Exklusiv für Buchkäufer!

Ihr eBook zum Download:
- www.haufe.de/ebook
- Buchcode: KXW-1396

HAUFE
HGB BILANZ KOMMENTAR

HAUFE

HGB BILANZ KOMMENTAR

8. Auflage

herausgegeben von

KLAUS BERTRAM
RALPH BRINKMANN
HARALD KESSLER
STEFAN MÜLLER

Haufe Gruppe
Freiburg · München · Stuttgart

Zitiervorschlag: *Autoren* in Haufe HGB Bilanz Kommentar § … Rz …

Bibliografische Information der Deutschen Bibliothek
Die Deutsche Bibliothek verzeichnet diese Publikation in der Deutschen Nationalbibliografie; detaillierte bibliografische Daten sind im Internet über http://dnb.ddb.de abrufbar.

HAUFE HGB BILANZ KOMMENTAR

ISBN 978-3-648-09809-7
Bestell-Nr. 02001-0008

8. Auflage 2017, © Haufe-Lexware GmbH & Co. KG

Herausgeber: Klaus Bertram, Prof. Ralph Brinkmann, Prof. Dr. Harald Kessler, Prof. Dr. Stefan Müller

ANSCHRIFT
Haufe-Lexware GmbH & Co. KG
Munzinger Straße 9, 79111 Freiburg
Telefon: 0761 898-0, Fax: 0761 898-3990
E-Mail: finance-office@haufe.de
Internet: http://www.haufe.de/finance

Kommanditgesellschaft, Sitz und Registergericht Freiburg, HRA 4408
Komplementäre: Haufe-Lexware Verwaltungs GmbH,
Sitz und Registergericht Freiburg, HRB 5557; Martin Laqua
Beiratsvorsitzende: Andrea Haufe

Geschäftsführung: Isabel Blank, Sandra Dittert, Markus Dränert, Jörg Frey, Birte Hackenjos, Markus Reithwiesner, Joachim Rotzinger, Dr. Carsten Thies

USt-IdNr.: DE 812398835, St.-Nr. 06392/11008

REDAKTION:
Gregor Bühler (V.i.S.d.P.), Dunja Beck (Assistenz)
Haufe-Lexware GmbH & Co. KG
Munzinger Straße 9, 79111 Freiburg
E-Mail: finance-office@haufe.de
Internet http://www.haufe.de

Die Angaben entsprechen dem Wissensstand bei Redaktionsschluss 30.9.2017. Alle Angaben/ Daten nach bestem Wissen, jedoch ohne Gewähr für Vollständigkeit und Richtigkeit. Dieses Werk sowie alle darin enthaltenen einzelnen Beiträge und Abbildungen sind urheberrechtlich geschützt. Jede Verwertung, die nicht ausdrücklich vom Urheberrechtsschutz zugelassen ist, bedarf der vorherigen Zustimmung des Verlages. Das gilt insbesondere für Vervielfältigungen, Bearbeitungen, Übersetzungen, Mikroverfilmungen, Auswertungen durch Datenbanken und für die Einspeicherung und Verarbeitung in elektronische Systeme.

Druckvorstufe: Reemers Publishing Services GmbH, Krefeld
Druck: Druckerei C.H. Beck, Nördlingen

Zur Herstellung der Bücher wird nur alterungsbeständiges Papier verwendet.

Geleitwort zur 1. Auflage

Das Bilanzrechtsmodernisierungsgesetz (BilMoG) vom 25.5.2009 hat das Handelsgesetzbuch (HGB) und insbesondere die Rechnungslegung in der Bundesrepublik Deutschland grundlegend novelliert. Damit haben sich die Europäische Union (EU) und die Bundesregierung durch die Deregulierung der HGB-Vorschriften ihrem Ziel einer Internationalisierung der Rechnungslegung genähert. Nach der Beschlussempfehlung und des Berichts des Rechtsausschusses wird mit der deutschen Bilanzrechtsreform insbesondere beabsichtigt,

„das bewährte HGB-Bilanzrecht zu einer dauerhaften und im Verhältnis zu den internationalen Rechnungslegungsstandards vollwertigen, aber kostengünstigeren und einfacheren Alternative weiter zu entwickeln, ohne die Eckpunkte des HGB-Bilanzrechts – die HGB-Bilanz bleibt Grundlage der Ausschüttungsbemessung und der steuerlichen Gewinnermittlung – und das bisherige System der Grundsätze ordnungsmäßiger Buchführung aufzugeben".

Diese Begründung könnte zu der Annahme verleiten, dass mit dem BilMoG keine umfassenden Neuerungen der handelsrechtlichen Rechnungslegungsvorschriften verbunden sind.
Allerdings ist genau das Gegenteil der Fall. Die Gesetzesreform ist in Umfang und Reichweite mit den tiefgreifenden Novellierungen durch das Bilanzrichtlinien-Gesetz im Jahre 1985 zu vergleichen und führt zu elementaren Modifikationen der deutschen Rechnungslegung, die vor allem eine Neufassung zentraler Ansatz-, Bewertungs- und Konsolidierungsvorschriften bewirkt haben.
Darüber hinaus sind von den Regelungen durch das BilMoG auch die Bereiche der Corporate Governance und der Abschlussprüfung betroffen, die von der Umsetzung der novellierten Achten EG-Richtlinie und der sog. EU-Änderungs-Richtlinie ausgelöst wurden.

Vor diesem Hintergrund bietet der Haufe HGB Bilanz Kommentar für Wissenschaft und Praxis eine hervorragende Entscheidungshilfe zur Lösung von Rechnungslegungs- und Prüfungsfragen, die durch die Neuerungen im Dritten Buch des HGB aufgeworfen wurden.
Herausgebern und Verlag ist es zudem gelungen, namhafte Autoren aus der rechnungslegenden und wirtschaftsprüfenden Praxis sowie der Wissenschaft für die Kommentierungen der einzelnen Paragrafen zu gewinnen, die die Informationen mit hoher Fachkompetenz praxisnah und leicht verständlich aufbereiten. Zudem werden dem Benutzer mit Beispielen, Übersichten, Grafiken und Checklisten nicht nur fundierte, sondern auch schnell umsetzbare Lösungen bei unterschiedlichen Fragestellungen angeboten. Die umfassenden Literaturhinweise ermöglichen eine unmittelbare, weiterführende Recherche.

Durch die überzeugende Synthese von Theorie und Praxis sowie die sorgfältige Bearbeitung und hohe Aktualität, verbunden mit einer übersichtlichen Darstellung und den durchdachten Zugriffsmöglichkeiten, gelingt es dem Haufe HGB Bilanz Kommentar eindrucksvoll, eine Lücke im einschlägigen Schrifttum zu schließen. Ich wünsche dem Werk eine weite Verbreitung und viele Neuauflagen.

Hamburg,
im November 2009

Prof. Dr. habil.
Carl-Christian Freidank,
Steuerberater
Universität Hamburg

Vorwort zur 8. Auflage

Rechnungslegung besteht bekanntermaßen aus den zentralen Elementen Jahresabschluss und Lagebericht. Insbesondere letzterer hat durch das CSR-Richtlinie-Umsetzungsgesetz vom 11. April 2017 und der damit verbundenen Einfügung der §§ 289b ff. und 315b ff. HGB weitere Bedeutung gewonnen. Die für bestimmte Unternehmen nunmehr verpflichtend vorgesehene Berichterstattung über Umweltbelange, Arbeitnehmerbelange, Sozialbelange, die Achtung der Menschenrechte sowie die Bekämpfung von Korruption und Bestechung im Lagebericht bzw. Konzernlagebericht sind im vorliegenden Werk mit der gebotenen Aktualität und Praxisrelevanz enthalten.

Im Bereich der Vorschriften für den Jahresabschluss war der Gesetzgeber seit der Vorauflage wie erwartet sehr zurückhaltend – es sind lediglich Einzelnormen im Kontext Offenlegungsverweigerungsordnungsgeldverfahren, Enforcement sowie bei Genossenschaften und Versicherungen in verschiedenen Gesetzgebungsverfahren mit geändert worden, die aktuell schon in Kraft sind. Gleichwohl galt es die durch die Vorjahre (zuletzt mit dem BilRUG) entstandenen Zweifelsfragen durch die zwischenzeitlichen Äußerungen in Rechtsprechung, Standardsettern und der Fachpresse zu aktualisieren.

Angesichts der in Arbeit befindlichen Projekte, können wir absehen, dass für die neunte Auflage wiederum Neuerungen zu verarbeiten sein werden. Größere Änderungen sind zu erwarten im Bereich der Berichterstattung des Abschlussprüfers, insbesondere zum Bestätigungsvermerk. Wir sind uns sicher, dass darüber hinaus weitere Änderungen auf uns zukommen werden. Wie gewohnt liefern wir Ihnen die Informationen über die gefühlsmäßig immer schneller aufeinander folgenden Änderungen nicht nur mit der jährlichen Aktualisierung des Kommentars in der Printversion, sondern auch schon unterjährig in der Online-Version, um Ihnen so zeitnah wie möglich Änderungen zukommen zu lassen.

Diese Aktualität ist für das gesamte Team des Haufe HGB Bilanz Kommentars gleichermaßen Ansporn wie Herausforderung. Daher gilt heute unser Dank jenen, die die achte Auflage des Kommentars möglich gemacht haben. Das sind neben den Autoren insbesondere das Team des Verlags um Gregor Bühler und Dunja Beck. Auf sie konnten wir uns wie gewohnt in allen verlegerischen, redaktionellen und technischen Fragen verlas-sen. Unsere Familien haben uns mit Ihrer Nachsicht erneut den Freiraum gegeben, um die Neuauflage zu stemmen. Auch dafür herzlichen Dank.

Wir sind offen für Ihre Hinweise und Anregungen und freuen uns über positive Reaktionen wie auch konstruktive Kritik. Lassen Sie uns an Ihren Erfahrungen mit dem neuen Haufe HGB Bilanz Kommentar teilhaben. Das erleichtert uns, das Werk weiter zu verbessern. Suchen Sie gerne über finance-office@haufe.de den Kontakt zu uns.

Mannheim, München, St. Ingbert, Oldenburg
im Oktober 2017

Klaus Bertram
Ralph Brinkmann
Harald Kessler
Stefan Müller

Autorenverzeichnis

WP/StB/CVA Klaus BERTRAM; DELTA Revision GmbH Wirtschaftsprüfungsgesellschaft Steuerberatungsgesellschaft, Mannheim

Dipl.-Kfm./Master M.B.L.T. (jur.)/CPA (IL, USA)/StB, MIBP, CGMA (AICPA/CIMA) Prof. Ralph BRINKMANN, Vice President German CPA Society e. V., Vorstand Bavaria Advisory AG StBG, München, Partner Bayern Treuhand International Auditing & Assurance GmbH WPG, München (Bayern Treuhand Obermeier & Kilger Gruppe), Professur für Internationale Rechnungslegung/ Wirtschaftsprüfung SRH Hochschule für Wirtschaft und Medien, Calw, Dozent Akademie für Internationale Rechnungslegung

WP/StB Thomas BUDDE; Budde van Hall Scholten PartG AccountingPartners Wirtschaftsprüfungsgesellschaft, Düsseldorf

CVA Dr. Jochen CASSEL; Zalando GmbH, Berlin

WP/StB Harm DODENHOFF; tätig in eigener Praxis, Bad Zwischenahn

WP/StB Dipl.-Kfm. Tobias DREIXLER; Referat Steuern, Rechnungslegung und Prüfungswesen, Audicon GmbH, Stuttgart

WP/StB Carsten ERNST; WirtschaftsTreuhand GmbH Wirtschaftsprüfungsgesellschaft Steuerberatungsgesellschaft, Stuttgart

WP/StB Lukas GRAF; tätig in eigener Praxis, Meißen

WP/StB Klaus HEININGER; FALK GmbH & Co KG Wirtschaftsprüfungsgesellschaft Steuerberatungsgesellschaft, Frankfurt a. M.

WP/StB Prof. Dr. Georg HENI; WirtschaftsTreuhand GmbH Wirtschaftsprüfungsgesellschaft Steuerberatungsgesellschaft, Stuttgart

Prof. Dr. Sabine HEUSINGER-LANGE; Technische Hochschule Bingen, Professur für Rechnungswesen und Controlling

Prof. Dr. Bert KAMINSKI; Helmut-Schmidt-Universität/Universität der Bundeswehr Hamburg, Fakultät für Wirtschafts- und Sozialwissenschaften, Institut für Betriebswirtschaftliche Steuerlehre

CVA Prof. Dr. Harald KESSLER; KLS Accounting & Valuation GmbH, Köln

CPA/CVA Prof. Dr. Axel KIHM; Hochschule Ludwigshafen am Rhein

WP/StB Dr. h.c. Liesel KNORR; Köln

PD Dr. Markus KREIPL; Head of Finance der shipcloud GmbH, Hamburg sowie Privatdozent an der Helmut-Schmidt-Universität/Universität der Bundeswehr, Professur für Allgemeine Betriebswirtschaftslehre, insbes. Rechnungslegung und Wirtschaftsprüfungswesen

MBA/CPA Andreas KRIMPMANN; Krimpmann MBA – CPA Unternehmensberatung, Berlin

Autorenverzeichnis

CVA Dr. Markus LEINEN; KLS Accounting & Valuation GmbH, Köln

WP/StB Bernd MACKEDANZ; EDEKA Verband kaufmännischer Genossenschaften e. V., Hamburg

RA/StB Annette MEIER-BEHRINGER; Reisinger, Schlierf und Kollegen Steuerberatungsgesellschaft mbH, Ingolstadt

Prof. Dr. Stefan MÜLLER; Helmut-Schmidt-Universität/Universität der Bundeswehr Hamburg, Institut für Betriebswirtschaftliche Steuerlehre, Professur für Allgemeine Betriebswirtschaftslehre (insb. Rechnungslegung und Wirtschaftsprüfungswesen)

RA/StB Daniel MÜNSTER; SGP Treuhand Gruber Münster Wiemers Partnerschaft, Freising

WP/StB Andreas NOODT; FIDES Treuhand GmbH & Co. KG Wirtschaftsprüfungsgesellschaft Steuerberatungsgesellschaft, Bremen

Prof. Dr. Karsten PAETZMANN; BDO AG, Hamburg

CVA Dipl.-Kfm. Benjamin PAULUS; KLS Accounting & Valuation GmbH, Köln

Dipl.-Oec. Jürgen Lars, SACKBROOK; Technische Universität Clausthal, Institut für Wirtschaftswissenschaft, Lehrstuhl für Betriebswirtschaftslehre, insb. Unternehmensrechnung, Clausthal-Zellerfeld

WP/StB/RA Dr. Holger SEIDLER; KPMG AG Wirtschaftsprüfungsgesellschaft, Berlin

WP/StB Prof. Dr. Bettina THORMANN; Deutsche Prüfstelle für Rechnungslegung DPR e. V., Berlin

WP/StB Dr. Stefan TICHY; FALK GmbH & Co. KG Wirtschaftsprüfungsgesellschaft Steuerberatungsgesellschaft, Heidelberg

WP/StB Dipl.-Kfm. Georg VAN HALL; Budde van Hall Scholten PartG mbB AccountingPartners Wirtschaftsprüfungsgesellschaft, Düsseldorf

WP/StB Dipl.-Oec. Dirk VELDKAMP; PKF FASSELT SCHLAGE Partnerschaft mbB Wirtschaftsprüfungsgesellschaft Steuerberatungsgesellschaft Rechtsanwälte, Duisburg

Dr. Christian WOBBE; Jade Hochschule Wilhelmshaven/Oldenburg/Elsfleth

Prof. Dr. Inge WULF; Technische Universität Clausthal, Institut für Wirtschaftswissenschaft, Lehrstuhl für Betriebswirtschaftslehre, insb. Unternehmensrechnung, Clausthal-Zellerfeld

WP Prof. Dr. Ingo ZEMPEL; Deutsche Prüfstelle für Rechnungslegung DPR e. V., Berlin

INHALT

Geleitwort		5
Vorwort		7
Autorenverzeichnis		9
Inhaltsverzeichnis		11
Abkürzungsverzeichnis		15
Allgemeines Schrifttum		27
§ 238	Buchführungspflicht	37
§ 239	Führung der Handelsbücher	52
§ 240	Inventar	76
§ 241	Inventurvereinfachungsverfahren	96
§ 241a	Befreiung von der Pflicht zur Buchführung und Erstellung eines Inventars	108
§ 242	Pflicht zur Aufstellung	114
§ 243	Aufstellungsgrundsatz	119
§ 244	Sprache. Währungseinheit	130
§ 245	Unterzeichnung	133
§ 246	Vollständigkeit. Verrechnungsverbot	139
§ 247	Inhalt der Bilanz	194
§ 248	Bilanzierungsverbote und -wahlrechte	223
§ 249	Rückstellungen	237
§ 250	Rechnungsabgrenzungsposten	319
§ 251	Haftungsverhältnisse	329
§ 252	Allgemeine Bewertungsgrundsätze	350
§ 253	Zugangs- und Folgebewertung	438
§ 254	Bildung von Bewertungseinheiten	571
§ 255	Bewertungsmaßstäbe	620
§ 256	Bewertungsvereinfachungsverfahren	705
§ 256a	Währungsumrechnung	717
§ 257	Aufbewahrung von Unterlagen. Aufbewahrungsfristen	737
§ 258	Vorlegung im Rechtsstreit	760
§ 259	Auszug bei Vorlegung im Rechtsstreit	765
§ 260	Vorlegung bei Auseinandersetzungen	768
§ 261	Vorlegung von Unterlagen auf Bild- oder Datenträgern	770
§ 263	Vorbehalt landesrechtlicher Vorschriften	773
§ 264	Pflicht zur Aufstellung; Befreiung	775
§ 264a	Anwendung auf bestimmte offene Handelsgesellschaften und Kommanditgesellschaften	834
§ 264b	Befreiung der offenen Handelsgesellschaften und Kommanditgesellschaften i. S. d. § 264a von der Anwendung der Vorschriften dieses Abschnitts	842
§ 264c	Besondere Bestimmungen für offene Handelsgesellschaften und Kommanditgesellschaften i. S. d. § 264a	853
§ 264d	Kapitalmarktorientierte Kapitalgesellschaft	872
§ 265	Allgemeine Grundsätze für die Gliederung	877

§ 266	Gliederung der Bilanz	888
§ 267	Umschreibung der Größenklassen	945
§ 267a	Kleinstkapitalgesellschaften	960
§ 268	Vorschriften zu einzelnen Posten der Bilanz. Bilanzvermerke	970
§ 270	Bildung bestimmter Posten	993
§ 271	Beteiligungen. Verbundene Unternehmen	999
§ 272	Eigenkapital	1017
§ 274	Latente Steuern	1090
§ 274a	Größenabhängige Erleichterungen	1140
§ 275	Gliederung	1152
§ 276	Größenabhängige Erleichterungen	1241
§ 277	Vorschriften zu einzelnen Posten der Gewinn- und Verlustrechnung	1245
§ 284	Erläuterung der Bilanz und der Gewinn- und Verlustrechnung	1257
§ 285	Sonstige Pflichtangaben	1306
§ 286	Unterlassen von Angaben	1370
§ 288	Größenabhängige Erleichterungen	1376
§ 289	Inhalt des Lageberichts	1381
§ 289a	Ergänzende Vorgaben für bestimmte Aktiengesellschaften und Kommanditgesellschaften auf Aktien	1418
§ 289b	Pflicht zur nichtfinanziellen Erklärung; Befreiungen	1426
§ 289c	Inhalt der nichtfinanziellen Erklärung	1433
§ 289d	Nutzung von Rahmenwerken	1439
§ 289e	Weglassen nachteiliger Angaben	1445
§ 289f	Erklärung zur Unternehmensführung	1447
§ 290	Pflicht zur Aufstellung	1458
§ 291	Befreiende Wirkung von EU/EWR-Konzernabschlüssen	1483
§ 292	Befreiende Wirkung von Konzernabschlüssen aus Drittstaaten	1502
§ 293	Größenabhängige Befreiungen	1516
§ 294	Einzubeziehende Unternehmen. Vorlage- und Auskunftspflichten	1541
§ 296	Verzicht auf die Einbeziehung	1553
§ 297	Inhalt	1570
§ 298	Anzuwendende Vorschriften. Erleichterungen	1616
§ 299	Stichtag für die Aufstellung	1637
§ 300	Konsolidierungsgrundsätze. Vollständigkeitsgebot	1645
§ 301	Kapitalkonsolidierung	1658
§ 303	Schuldenkonsolidierung	1747
§ 304	Behandlung der Zwischenergebnisse	1764
§ 305	Aufwands- und Ertragskonsolidierung	1784
§ 306	Latente Steuern	1791
§ 307	Anteile anderer Gesellschafter	1814
§ 308	Einheitliche Bewertung	1833
§ 308a	Umrechnung von auf fremde Währung lautenden Abschlüssen	1850
§ 309	Behandlung des Unterschiedsbetrags	1872
§ 310	Anteilmäßige Konsolidierung	1890
§ 311	Definition. Befreiung	1907

§ 312	Wertansatz der Beteiligung und Behandlung des Unterschiedsbetrags	1918
§ 313	Erläuterung der Konzernbilanz und der Konzern-Gewinn- und Verlustrechnung. Angaben zum Beteiligungsbesitz ...	1951
§ 314	Sonstige Pflichtangaben	1978
§ 315	Inhalt des Konzernlageberichts	2012
§ 315a	Ergänzende Vorschriften für bestimmte Aktiengesellschaften und Kommanditgesellschaften auf Aktien	2040
§ 315b	Pflicht zur nichtfinanziellen Konzernerklärung; Befreiungen	2049
§ 315c	Inhalt der nichtfinanziellen Konzernerklärung	2056
§ 315d	Konzernerklärung zur Unternehmensführung	2060
§ 315e	Rechnungslegungsstandards	2063
§ 316	Pflicht zur Prüfung	2073
§ 317	Gegenstand und Umfang der Prüfung	2083
§ 318	Bestellung und Abberufung des Abschlussprüfers	2136
§ 319	Auswahl der Abschlussprüfer und Ausschlussgründe	2163
§ 319a	Besondere Ausschlussgründe bei Unternehmen von öffentlichem Interesse	2197
§ 319b	Netzwerk	2210
§ 320	Vorlagepflicht. Auskunftsrecht	2216
§ 321	Prüfungsbericht	2233
§ 321a	Offenlegung des Prüfungsberichts in besonderen Fällen ...	2292
§ 322	Bestätigungsvermerk	2305
§ 323	Verantwortlichkeit des Abschlussprüfers	2367
§ 324	Prüfungsausschuss	2392
§ 324a	Anwendung auf den Einzelabschluss nach § 325 Abs. 2a ...	2401
§ 325	Offenlegung	2407
§ 325a	Zweigniederlassungen von Kapitalgesellschaften mit Sitz im Ausland	2458
§ 326	Größenabhängige Erleichterungen für kleine Kapitalgesellschaften und Kleinstkapitalgesellschaften bei der Offenlegung	2472
§ 327	Größenabhängige Erleichterungen für mittelgroße Kapitalgesellschaften bei der Offenlegung	2483
§ 327a	Erleichterung für bestimmte kapitalmarktorientierte Kapitalgesellschaften	2489
§ 328	Form und Inhalt der Unterlagen bei der Offenlegung, Veröffentlichung und Vervielfältigung	2492
§ 329	Prüfungs- und Unterrichtungspflicht des Betreibers des Bundesanzeigers	2505
§ 330	Verordnungsermächtigung für Formblätter	2511
§ 331	Unrichtige Darstellung	2520
§ 332	Verletzung der Berichtspflicht	2540
§ 333	Verletzung der Geheimhaltungspflicht	2549
§ 333a	Verletzung der Pflichten bei Abschlussprüfungen	2560
§ 334	Bußgeldvorschriften	2563
§ 335	Festsetzung von Ordnungsgeld	2581
§ 335a	Beschwerde gegen die Festsetzung von Ordnungsgeld; Rechtsbeschwerde; Verordnungsermächtigung	2605

§ 335b	Anwendung der Straf- und Bußgeld- sowie der Ordnungsgeldvorschriften auf bestimmte offene Handelsgesellschaften und Kommanditgesellschaften	2611
§ 335c	Mitteilung an die Abschlussprüferaufsichtsstelle	2612
§§ 336–341y	nicht kommentiert	2614
§ 342	Privates Rechnungslegungsgremium	2615
§ 342a	Rechnungslegungsbeirat	2621
§ 342b	Prüfstelle für Rechnungslegung	2624
§ 342c	Verschwiegenheitspflicht	2648
§ 342d	Finanzierung der Prüfstelle	2652
§ 342e	Bußgeldvorschriften	2655
Stichwortverzeichnis	....	2657

Hinweis:
Kommentierungen der Art. 66 EGHGB und Art. 67 EGHGB sowie ergänzendes Schrifttum zu den einzelnen Kommentierungen finden Sie auf Ihrer Online-Version.

Abkürzungsverzeichnis

a. A.	anderer Auffassung
AAB	Allgemeine Auftragsbedingungen für Wirtschaftsprüfer und Wirtschaftsprüfungsgesellschaften
abl.	ablehnend
Abl. EU	Amtsblatt der Europäischen Union
Acc	Accounting (Zeitschrift)
ADS	Adler/Düring/Schmaltz (siehe Schrifttum)
a. E.	am Ende
AfA	Absetzung für Abnutzung
AG	Aktiengesellschaft/Die Aktiengesellschaft (Zeitschrift)/Amtsgericht
AICPA	American Institute of Certified Public Accountants
AHK	Anschaffungs-/Herstellungskosten
AK	Anschaffungskosten
AktG	Aktiengesetz v. 6.9.1965, BGBl I 1965, S. 1089, zuletzt geändert durch Art. 9 G v. 17.7.2017 BGBl I S. 2446
Alt.	Alternative
AltfahrzeugG	Altfahrzeug-Gesetz v. 21.6.2002, BGBl I 2002, S. 2199, zuletzt geändert durch Art. 3 V v. 2.12.2016 BGBl I S. 2770
AltTZG	Altersteilzeitgesetz v. 23.7.1996, BGBl I 1996, S. 1078, zuletzt geändert durch Art. 151 G v. 29.3.2017 BGBl I S. 626
AO	Abgabenordnung (Neufassung) v. 1.10.2002, BGBl I 2002, S. 3866, zuletzt geändert durch Art. 6 G v. 18.7.2017 BGBl I S. 2745
ao	außerordentlich
AP	Abschlussprüfer
APAG	Abschlussprüferaufsichtsgesetz v. 27.12.2004, BGBl I 2004, S. 3846
APAK	Abschlussprüferaufsichtskommission
APAReG	Abschlussprüferaufsichtsreformgesetz v. 31.3.2016,. BGBl I 2016, S. 518 ff.
APAS	Abschlussprüferaufsichtsstelle
Apr.	Abschlussprüfung
AR	Aufsichtsrat
AReG	Abschlussprüfungsreformgesetz v. 10.5.2016, BGBl I 2016, Nr. 23 v. 17.5.2016, S. 1429
AReG-BegrRA	Begründung des Rechtsausschusses: Beschlussempfehlung und Bericht des Rechtsausschusses zu dem Gesetzentwurf der Bundesregierung zum Entwurf eines AReG (BT-Drs. 18/7902 v. 16.3.2016)
AReG-BegrRegE	Regierungsbegründung: Begründungsteil des RegE (BT-Drs. 18/6382 v. 8.10.2015)
Arge	Arbeitsgemeinschaft
ARUG	Gesetz zur Umsetzung der Aktionärsrechterichtlinie (ARUG) v. 30.7.2009, BGBl I 2009, S. 2479
AufwandsKons	Aufwandskonsolidierung
AV	Anlagevermögen
AVmG	Altersvermögensgesetz v. 26.6.2001, BGBl I 2001, S. 1310, zuletzt geändert am 20.12.2001, BGBl I 2001, S. 3877
BAB	Betriebsabrechnungsbogen
BaFin	Bundesanstalt für Finanzdienstleistungsaufsicht
BAG	Bundesarbeitsgericht
BAKred	Bundesaufsichtsamt für das Kreditwesen
BAnz	Bundesanzeiger

BARefG	Berufsaufsichtsreformgesetz v. 3.9.2007, BGBl I 2007, S. 2178
BB	Betriebs-Berater (Zeitschrift)
BBK	Buchführung, Bilanzierung, Kostenrechnung (Zeitschrift)
BC	Bilanzbuchhalter und Controller (Zeitschrift)
BDI	Bundesverband der Deutschen Industrie
BDSG	Bundesdatenschutzgesetz (Neufassung) v. 14.1.2003, BGBl I. 2003, S. 66, zuletzt geändert durch Art. 7 G v. 30.6.2017, BGBl I. S. 2097
Beck Bil-Komm.	Beck'scher Bilanzkommentar (siehe Schrifttum)
Beck HdR	Beck'sches Handbuch der Rechnungslegung
Beih.	Beihefter
BerlinFG	Berlinförderungsgesetz (Neufassung) v. 2.2.1990, BGBl I 1990, S. 173, zuletzt geändert am 5.12.2006, BGBl I 2006, S. 2748, 2755
BetrAVG	Gesetz zur Verbesserung der betrieblichen Altersversorgung (Betriebsrentengesetz) v. 19.12.1974, BGBl I 1974, S. 3610, zuletzt geändert durch Art. 1 G v. 14.8.2017 BGBl I S. 3214
BetrVG	Betriebsverfassungsgesetz (Neufassung) v. 25.9.2001, BGBl I 2001, S. 2518, zuletzt geändert durch Art. 6 G v. 17.7.2017, BGBl I S. 2509
BetUnt	Beteiligungsunternehmen
BFA	Bankenfachausschuss des IDW
BfJ	Bundesamt für Justiz
BewG	Bewertungsgesetz (Neufassung) v. 1.2.1991, BGBl I 1991, S. 230, zuletzt geändert durch Art. 2 G v. 4.11.2016 BGBl I S. 2464
BFH	Bundesfinanzhof
BFHE	Sammlung der Entscheidungen des Bundesfinanzhofs
BFH/NV	Sammlung amtlich nicht veröffentlichter Entscheidungen des Bundesfinanzhofs (Zeitschrift)
BFuP	Betriebswirtschaftliche Forschung und Praxis (Zeitschrift)
BGB	Bürgerliches Gesetzbuch (Neufassung) v. 2.1.2002, BGBl I, S. 42, zuletzt geändert durch Art. 1 G v. 20.7.2017 BGBl I S. 2787
BGBl	Bundesgesetzblatt
BGH	Bundesgerichtshof
BGHZ	Amtliche Sammlung von Entscheidungen des Bundesgerichtshofes in Zivilsachen (Zeitschrift)
BHO	Bundeshaushaltsordnung v. 19.8.1969, BGBl I 1969, S. 1284, zuletzt geändert durch Art. 11 G v. 14.8.2017, BGBl I S. 3122
BilKoG	Gesetz zur Kontrolle von Unternehmensabschlüssen (Bilanzkontrollgesetz) v. 15.12.2004, BGBl I 2004, S. 3408
BilKoUmV	Bilanzkontrollkosten-Umlageverordnung v. 9.5.2005, BGBl I 2005, S. 1259, zuletzt geändert durch Art. 15 G v. 20.11.2015 BGBl I S. 2029
BilMoG	Gesetz zur Modernisierung des Bilanzrechts (Bilanzrechtsmodernisierungsgesetz) v. 25.5.2009, BGBl I 2009, S. 1102
BilMoG-BgrRegE	Regierungsbegründung: Begründungsteil des RegE (BT-Drs. 16/10067 v. 30.7.2008)
BilMoG-BgrRA	Begründung des Rechtsausschusses: Beschlussempfehlung und Bericht des Rechtsausschusses zu dem Gesetzentwurf der Bundesregierung zum Entwurf eines BilMoG (BT-Drs. 16/12407 v. 24.3.2009)
BilReG	Gesetz zur Einführung internationaler Rechnungslegungsstandards und zur Sicherung der Qualität der Abschlussprüfung (Bilanzrechtsreformgesetz) v. 4.12.2004, BGBl I 2004, S. 3166

BilRUG	Gesetz zur Umsetzung der Richtlinie 2013/34/EU des Europäischen Parlaments und des Rates vom 26.6.2013 über den Jahresabschluss, den konsolidierten Abschluss und damit verbundene Berichte von Unternehmen bestimmter Rechtsformen und zur Änderung der Richtlinie 2006/43/EG des Europäischen Parlaments und des Rates und zur Aufhebung der Richtlinien 78/660/EWG und 83/349/EWG des Rates (Bilanzrichtlinie-Umsetzungsgesetz – BilRUG) vom 17.7.2015 BGBl I 2015, S. 1245
BilRUG-BegrRegE	Bilanzrichtlinie-Umsetzungsgesetz-RegE – BR-Drs. 23/15
BilRUG- BgrRA	Begründung des Rechtsausschusses: Beschlussempfehlung und Bericht des Rechtsausschusses zu dem Gesetzentwurf der Bundesregierung zum Entwurf eines BilRUG (Drucksache 18/5256 v. 18.6.2015)
BiRiLiG	Bilanzrichtlinien-Gesetz v. 19.12.1985, BGBl I 1985, S. 2355
BKR	Zeitschrift für das Bank- und Kapitalmarktrecht
BMF	Bundesministerium der Finanzen
BMJ	Bundesministerium der Justiz
BMJV	Bundesministerium der Justiz und für Verbraucherschutz
BMWT	Bundesministerium für Wirtschaft und Technologie
BoHdR	Bonner Handbuch der Rechnungslegung
BörsG	Börsengesetz (Neufassung) v. 16.6.2007, BGBl I 2007, S. 1330, zuletzt geändert mit Art. 7 G v. 23.6.2017 BGBl I S. 1693
BörsZulV	Börsenzulassungs-Verordnung (Neufassung) v. 9.9.1998, BGBl I 1998, S. 2832, zuletzt geändert durch Art. 1 V v. 12.7.2017, BGBl I 2011, S. 2359
Bp	Betriebsprüfung
BPG	Buchprüfungsgesellschaft
bps	Basispunkte
BR	Deutscher Bundesrat
BR-Drs.	Bundesrats-Drucksache
BRg	Business Reporting (Zeitschrift)
BRZ	BRZ – Zeitschrift für Bilanzierung und Rechnungswesen
BS WP/vBP	Satzung der Wirtschaftsprüferkammer über die Rechte und Pflichten bei der Ausübung der Berufe des Wirtschaftsprüfers und des vereidigten Buchprüfers (Berufssatzung für Wirtschaftsprüfer/vereidigte Buchprüfer)
BStBl	Bundessteuerblatt (Zeitschrift)
BSV	Bestätigungsvermerk
BT	Deutscher Bundestag
BT-Drs.	Bundestags-Drucksache
BuW	Betrieb und Wirtschaft (Zeitschrift)
BVerfG	Bundesverfassungsgericht
BVerfGE	Amtliche Sammlung von Entscheidungen des Bundesverfassungsgerichts
BW	Der Betriebswirt (Zeitschrift)
CA	Chartered Accountant
CESR	Committee of European Securities Regulators
CoC	Change-of-Control
CorpGov	Corporate Governance
COSO	Committee of Sponsoring Organizations of the Treadway Commission
CPA	Certified Public Accountant
CTA	Contractual Trust Arrangement

DB	Der Betrieb (Zeitschrift)
DBA	Doppelbesteuerungsabkommen
DBW	Die Betriebswirtschaft (Zeitschrift)
DCF	Discounted Cash Flow
DCGK	Deutscher Corporate Governance Kodex
DK	Der Konzern (Zeitschrift)
DM/DEM	Deutsche Mark
DMBilG	D-Markbilanzgesetz 1990 v. 3.9.1990, BGBl I 1994, S. 1842, zuletzt geändert durch Art. 14 Abs. 1 G v. 10.5.2016 BGBl I S. 1142
DMEB	DM-Eröffnungsbilanz
DNotZ	Deutsche Notar-Zeitung
DPR	Deutsche Prüfstelle für Rechnungslegung
DRÄS	Deutscher Rechnungslegungs Änderungsstandard
DRS	Deutscher Rechnungslegungs Standard
DRSC	Deutsches Rechnungslegungs Standards Commitee
DSR	Deutscher Standardisierungsrat
DStR	Deutsches Steuerrecht (Zeitschrift)
DStZ	Deutsche Steuer-Zeitung (Zeitschrift)
DVFA	Deutsche Vereinigung für Finanzanalyse und Asset Management
DZWiR	Deutsche Zeitschrift für Wirtschaftsrecht (Zeitschrift)
E	Entwurf
EBIT	Earnings Bevor Interest And Taxes
ED	Exposure Draft
EECS	European Enforcers Coordination Sessions
EE-Steuern	Steuern vom Einkommen und Ertrag
EGAktG	Einführungsgesetz zum Aktiengesetz v. 6.9.1965, BGBl I 1965 S. 1185, zuletzt geändert durch Art. 9 G v. 11.4.2017 BGBl I S. 802
EGGVG	Einführungsgesetz zum Gerichtsverfassungsgesetz v. 27.1.1877, BGBl 1877, S. 77, zuletzt geändert durch Art. 2 G v. 11.6.2017 BGBl I S. 1607
EGHGB	Einführungsgesetz zum Handelsgesetzbuch v. 31.7.2009, BGBl I 2009, S. 2509, zuletzt geändert durch Art. 4 G v. 17.07.2017 BGBl I S. 2434
EHUG	Gesetz über elektronische Handelsregister und Genossenschaftsregister sowie das Unternehmensregister v. 10.11.2006, BGBl I 2006, S. 2553
EK	Eigenkapital
EKfm/EKfl	Einzelkaufmann/Einzelkaufleute
EndKons	Endkonsolidierung
EnWG	Energiewirtschaftsgesetz v. 7.7.2005, BGBl I 2005, S. 1970, 3621, zuletzt geändert durch Art. 6 G v. 20.7.2017, BGBl I 2015, S. 2808
EPS	earnings per share
ErbStG	Erbschaftsteuer- und Schenkungsteuergesetz (Neufassung) v. 27.2.1997, BGBl I 1997, S. 378, zuletzt geändert durch Art. 6 G v. 18.7.2017 BGBl I S. 2730
Erg.	Ergänzung
Erl.	Erlass oder Erläuterung
ErstKons	Erstkonsolidierung
ESMA	European Securities and Markets Authority
EStÄR	Einkommensteuer-Änderungs-Richtlinien

EStDV	Einkommensteuer-Durchführungsverordnung (Neufassung) v. 10.5.2000, BGBl I 2000, S. 717, zuletzt geändert durch Art. 4 G v. 18.7.2017 BGBl I S. 2730
EStG	Einkommensteuergesetz (Neufassung) v. 8.10.2009, BGBl I 2009, S. 3366, BGBl I 2009, S. 3862, zuletzt geändert durch Art. 9 G v. 14.8.2017 BGBl I S. 3214
EStG-KompaktK	EStG KompaktKommentar (siehe Schrifttum)
EStH	Hinweise zu den Einkommensteuer-Richtlinien
EStR	Einkommensteuer-Richtlinien
EuGH	Europäischer Gerichtshof
EU-RL 2014/56/EU	Richtlinie 2014/56/EU des Europäischen Parlaments und des Rates vom 16. April 2014 zur Änderung der Richtlinie 2006/43/EG über Abschlussprüfungen von Jahresabschlüssen und konsolidierten Abschlüssen Text von Bedeutung für den EWR, Abl. EU L 158/196 vom 27.5.2014
EU-RL 2013/34/EU	Richtlinie 2013/34/EU des Europäischen Parlaments und des Rates v. vom 26.6.2013 über den Jahresabschluss, den konsolidierten Abschluss und damit verbundene Berichte von Unternehmen bestimmter Rechtsformen und zur Änderung der Richtlinie 2006/43/EG des Europäischen Parlaments und des Rates und zur Aufhebung der Richtlinien 78/660/EWG und 83/349/EWG des Rates, Abl. EU L 182/19 vom 29.6.2013
EuroBilG	Gesetz zur Anpassung bilanzrechtlicher Bestimmungen an die Einführung des Euro, zur Erleichterung der Publizität für Zweigniederlassungen ausländischer Unternehmen sowie zur Einführung einer Qualitätskontrolle für genossenschaftliche Prüfungsverbände v. 10.12.2001, BGBl I 2001 S. 3414
EuroEG	Euro-Einführungsgesetz (4. Fassung) v. 21.12.2000, BGBl I 2000, S. 1983
EU-VO Nr. 537/2014	Verordnung (EU) Nr. 537/2014 des Europäischen Parlaments und des Rates v. 16.4.2014 über spezifische Anforderungen an die Abschlussprüfung bei Unternehmen von öffentlichem Interesse und zur Aufhebung des Beschlusses 2005/909/EG der Kommission, Abl. EU L 158/77 v. 27.5.2014
EWS	Europäisches Wirtschafts- und Steuerrecht (Zeitschrift)
F	Framework (Rahmenkonzept)
F&E	Forschung und Entwicklung
FAIT	Fachausschuss für Informationstechnologie des IDW
FAMA	Fachausschuss für moderne Abrechnungssysteme des IDW
FAS	Financial Accounting Standards
FASB	Financial Accounting Standards Board
FAV	Finanzanlagevermögen
FB	Finanzbetrieb (Zeitschrift)
FG	Finanzgericht
FGG	Gesetz über die Angelegenheiten der freiwilligen Gerichtsbarkeit v. 20.5.1898, RGBl. 1898, S. 369, außer Kraft getreten am 1.9.2009 durch Gesetz v. 17.12.2008, BGBl I 2008, S. 2586
FGK	Fertigungsgemeinkosten
Fifo	first in – first out
FinDAG	Gesetz über die Bundesanstalt für Finanzdienstleistungsaufsicht v. 22.4.2002, BGBl I 2002, S. 1310, zuletzt geändert durch Art. 14 Abs. 3 G v. 17.7.2017, BGBl I S. 2446
FinMin	Finanzministerium
FinVerw	Finanzverwaltung

FK	Fremdkapital
FMStFG	Finanzmarktstabilisierungsfondsgesetz v. 17.10.2008, BGBl I 2008, S. 1982, zuletzt geändert durch Art. 24 Abs. 24 G v. 23.6.2017, BGBl I S. 1693
FMStFV	Verordnung zur Durchführung des Finanzmarktstabilisierungsfondsgesetzes v. 20.10.2008, zuletzt geändert am 10.12.2014, BGBl I 2014, S. 2091
FörderGG	Fördergebietsgesetz (Neufassung) v. 23.9.1993, BGBl I 1993, S. 1654, zuletzt geändert am 29.10.2001, BGBl I 2001, S. 2785
FRUG	Finanzmarktrichtlinieumsetzungsgesetz v. 16.7.2007, BGBl I 2007, S. 1330, zuletzt geändert an 21.12.2007, BGBl I 2007, S. 3089
FührposGleichberGG	Gesetz für die gleichberechtigte Teilhabe von Frauen und Männern an Führungspositionen in der Privatwirtschaft und im öffentlichen Dienst v. 24.4.2015, BGBl I 2015, S. 642
FTD	Financial Times Deutschland (Tageszeitung)
G	Gesetz
GbR	Gesellschaft bürgerlichen Rechts
GE	Geldeinheit
GDPdU	Grundsätze zum Datenzugriff und zur Prüfbarkeit digitaler Unterlagen
GemeinschaftsUnt	Gemeinschaftsunternehmen
GenG	Gesetz betreffend die Erwerbs- und Wirtschaftsgenossenschaften (Genossenschaftsgesetz) (Neufassung) v. 16.10.2006, BGBl I 2006, S. 2230, zuletzt geändert durch Art. 8 G v. 17.7.2017 BGBl I S. 2541
Ges.	Gesellschaft(en)
GesellschafterUnt	Gesellschafterunternehmen
GesV	Gesellschafterversammlung
GewSt	Gewerbesteuer
GewStG	Gewerbesteuergesetz (Neufassung) v. 15.10.2002, BGBl I 2002, S. 4167, zuletzt geändert durch Art. 4 G v. 27.6.2017 BGBl I S. 2074
GG	Grundgesetz vom 23.5.1949, zuletzt geändert durch Art. 1 G v. 17.7.2017, BGBl I S. 2347
gl. A.	gleicher Auffassung
GK-HGB	Gemeinschaftskommentar zum Handelsgesetzbuch (siehe Schrifttum)
GKV	Gesamtkostenverfahren
GKZ	Gemeinkostenzuschlag
GmbH	Gesellschaft mit beschränkter Haftung
GmbHG	Gesetz betreffend die Gesellschaften mit beschränkter Haftung v. 20.4.1892, zuletzt geändert durch Art. 10 G v. 17.7.2017, BGBl I S. 2446
GmbHR	GmbH-Rundschau (Zeitschrift)
GoA	Grundsätze ordnungsmäßiger Abschlussprüfung
GoB	Grundsätze ordnungsmäßiger Buchführung
GoBS	Grundsätze ordnungsmäßiger DV-gestützter Buchführungssysteme
GoF	Geschäfts- oder Firmenwert
GoI	Grundsätze ordnungsmäßiger Inventur
GoK	Grundsätze ordnungsmäßiger Konzernrechnungslegung
GoL	Grundsätze ordnungsmäßiger Lageberichterstattung
GoS	Grundsätze ordnungsmäßiger Speicherbuchführung
GrESt	Grunderwerbsteuer

GrEStG	Grunderwerbsteuergesetz (Neufassung) v. 26.2.1997, BGBl I 1997, S. 417, 418, zuletzt geändert durch Art. 18 G v. 18.7.2016 BGBl I S. 1679
Großkomm. HGB	Großkommentar Handelsgesetzbuch (siehe Schrifttum)
GrS	Großer Senat
GwG	Geldwäschegesetz v. 23.6.2017, BGBl I S. 1822, zuletzt geändert durch Art. 7 G v. 11.4.2016 BGBl I S. 720
H	Hinweis (z. B. EStH)
HB	Handelsbilanz
HBeglG	Haushaltsbegleitgesetz v. 9.12.2010, BGBl I 2010, S. 1885
HdB	Handbuch der Bilanzierung (siehe Schrifttum)
HdJ	Handbuch des Jahresabschlusses (siehe Schrifttum)
HdK	Handbuch der Konzernrechnungslegung (siehe Schrifttum)
HdR	Handbuch der Rechnungslegung (siehe Schrifttum)
HFA	Hauptfachausschuss des IDW
HFA 1/19..	Stellungnahmen des HFA (Nummer, Jahrgang) bis 1998
HGB	Handelsgesetzbuch v. 10.5.1897, zuletzt durch Art. 11 Abs. 28 G v. 18.7.2017 BGBl I S. 2745
HGrG	Haushaltsgrundsätzegesetz v. 19.8.1969, BGBl I 1969, S. 1273, zuletzt geändert durch Art. 10 G v. 14.8.2017, BGBl I S. 3122
Hifo	highest in – first out
HK	Herstellungskosten
HK-HGB	Heidelberger Kommentar zum Handelsgesetzbuch (siehe Schrifttum)
hM	herrschende Meinung
HR	Handelsregister
HURB	Handwörterbuch unbestimmter Rechtsbegriffe im Bilanzrecht des HGB, hrsg. von Leffson/Rückle/Großfeld, Köln 1986
HV	Hauptversammlung
HWB	Handwörterbuch der Betriebswirtschaftslehre (siehe Schrifttum)
HWRP	Handwörterbuch der Rechnungslegung und Prüfung (siehe Schrifttum)
HwR	Handwörterbuch des Rechnungswesens (siehe Schrifttum)
HwRev	Handwörterbuch der Revision (siehe Schrifttum)
IAASB	International Auditing and Assurance Standards Board
IAS	International Accounting Standards
IASB	International Accounting Standards Board
IAV	Immaterielles Anlagevermögen
IDW	Institut der Wirtschaftsprüfer in Deutschland e. V.
IDW EPH	IDW Prüfungshinweis Entwurf (Nummer)
IDW EPS	IDW Prüfungsstandard Entwurf (Nummer)
IDW-FN	IDW Fachnachrichten (Zeitschrift)
IDW PH	IDW Prüfungshinweis (Nummer)
IDW PS	IDW Prüfungsstandard (Nummer)
IDW RH HFA	IDW Rechnungslegungshinweis (Fachausschuss, Nummer)
IDW RS HFA	IDW Rechnungslegungsstandard (Fachausschuss, Nummer)
IDW VFA	IDW Versicherungsfachausschuss
IESBA	International Ethics Standards Board for Accountants
IFAC	International Federation of Accountants
IFRIC	International Financial Reporting Interpretations Committee
IFRS	International Financial Reporting Standards

IFRS-EA	IFRS-Einzelabschluss gem. § 325 Abs. 2a HGB
IFRS IC	IFRS Interpretations Committee
IFTs	Schriften des Institut „Finanzen und Steuern" e. V.
IKS	Internes Kontrollsystem
iL	in Liquidation
InsO	Insolvenzordnung v. 5.10.1994, BGBl I 1994, S. 2866, zuletzt geändert durch Art. 24 Abs. 3 G v. 23.6.2017, BGBl I S. 1693
InvG	Investmentgesetz v. 15.12.2003, BGBl I 2003, S. 2676, aufgehoben mit Gesetz v. 4.7.2013, BGBl I 2013, 1981
IR	Interne Revision (Zeitschrift)
IRZ	Zeitschrift für internationale Rechnungslegung
ISA	International Standards on Auditing
IÜS	Internes Überwachungssystem
JA	Jahresabschluss
JAP	Jahresabschlussprüfung
JW	Juristische Wochenschrift (Zeitschrift)
JZ	Juristenzeitung (Zeitschrift)
KA	Konzernabschluss
KAGB	Kapitalanlagegesetzbuch; eingeführt mit AIFM-UmsG v. 4.7.2013, BGBl I 2013, S. 1981, zuletzt geändert durch Art. 6 G v. 17.7.2017 BGBl I S. 2394
KAP	Konzernabschlussprüfung
KapAEG	Kapitalaufnahmeerleichterungsgesetz v. 20.4.1998, BGBl I 1994, S. 707
KapCoGes	Personenhandelsgesellschaften i.S.v. § 264a HGB (Kapitalgesellschaften & Co.)
KapCoRiLiG	Kapitalgesellschaften- und Co-Richtlinie-Gesetz v. 24.2.2000, BGBl I 2000, S. 154
KapG	Kapitalgesellschaft
KapKons	Kapitalkonsolidierung
KapSt	Kapitalertragsteuer
KFR	Kapitalflussrechnung
KfQK	Kommission für Qualitätskontrolle
KG	Kommanditgesellschaft
KGaA	Kommanditgesellschaft auf Aktien
KHFA	Krankenhausfachausschuss des IDW
KHG NRW	Krankenhausgesetz des Landes Nordrhein-Westfalen
Kifo	Konzern in – first out
Kilo	Konzern in – last out
KLB	Konzernlagebericht
KleinstKapG	Kleinstkapitalgesellschaft
Kl. Einzel-Kfl.	Kleine Einzelkaufleute
KM	Kapitalmarkt
KM-orientiert	kapitalmarktorientiert
KölnKomm. WpHG	Kölner Kommentar zum Wertpapierhandelsgesetz
KonBefrV	Konzernabschlussbefreiungsverordnung v. 15.11.1991, BGBl I 1991, S. 2122, zuletzt geändert am 17.7.2015, BGBl I 2015, S. 1245; aufgeh. durch Art. 9 Satz 2 G v. 17.7.2015 BGBl I S. 245 mit Wirkung vom 1.1.2019
Kons.	Konsolidierung

KonsKreis	Konsolidierungskreis
KonTraG	Gesetz zur Kontrolle und Transparenz im Unternehmensbereich v. 27.04.1998, BGBl I 1998, S. 786
KoR	Zeitschrift für kapitalmarktorientierte Rechnungslegung
KSt	Körperschaftsteuer
KStG	Körperschaftsteuergesetz (Neufassung) v. 15.10.2002, BGBl I 2002, S. 4144, zuletzt geändert durch Art. 5 G v. 18.7.2017, BGBl I S. 2730
KWG	Kreditwesengesetz (Neufassung) v. 10.7.1961, BGBl I 1961, S. 2776, zuletzt geändert durch Art. 14 Abs. 2 G v. 17.7.2017, BGBl I S. 2446
LB	Lagebericht
Lfg.	Lieferung
LG	Landgericht
Lifo	last in – first out
lit.	Buchstabe
LLP	Limited Liability Partnership
Lofo	lowest in – first out
L&L	Lieferungen und Leistungen
MaBV	Makler- und Bauträgerverordnung (Neufassung) v. 7.11.1990, BGBl I 1990, S. 2479, zuletzt geändert am 2.5.2012, BGBl I 2012, S. 1006
MaRisk	Mindestanforderungen an das Risikomanagement
mbH	mit beschränkter Haftung
MD&A	Management Discussion & Analysis
ME	Mengeneinheit
MEK	Materialeinzelkosten
MGK	Materialgemeinkosten
MicroBilG	Kleinstkapitalgesellschaften-Bilanzrechtsänderungsgesetz (MicroBilG) v. 20.12.2012, BGBl I 2012, S. 2751
MitBestG	Mitbestimmungsgesetz v. 4.5.1976, BGBl I 1976, S. 1153, zuletzt geändert am 24.4.2015, BGBl I 2015, S. 642
MU	Mutterunternehmen
MünchKomm. AktG	Münchener Kommentar zum Aktiengesetz (siehe Schrifttum)
MünchKomm. HGB	Münchener Kommentar zum Handelsgesetzbuch (siehe Schrifttum)
NJW	Neue Juristische Wochenschrift
NStZ	Neue Zeitschrift für Strafrecht
nv	nicht veröffentlicht
NWB	Neue Wirtschaftsbriefe (Zeitschrift)
NZG	Neue Zeitschrift für Gesellschaftsrecht
OHG	Offene Handelsgesellschaft
OLG	Oberlandesgericht
OTC-market	over-the-counter-market
OWiG	Ordnungswidrigkeitengesetz (Neufassung) v. 19.2.1987, BGBl I 1987, S. 602, zuletzt geändert durch Art. 5 G v. 17.8.2017, BGBl I S. 3202
pa	per annum
PartGmbB	Partnerschaftsgesellschaft mit beschränkter Berufshaftung
PartUnt	Partnerunternehmen
PartnerschaftsUnt	Partnerschaftsunternehmen
PCAOB	Public Company Accounting Oversight Board
PersG	Personenhandelsgesellschaft

PH	Prüfungshinweis
phG	persönlich haftender Gesellschafter
PIE	Public Interest Entity – Unternehmen von öffentlichem Interesse
PIR	Praxis der internationalen Rechnungslegung (Zeitschrift)
Pkw	Personenkraftwagen
prt	pro rata temporis
PrüfbV	Prüfungsberichtsverordnung für Kreditinstitute v. 11.6.2015, BGBl I 2015, S. 930, zuletzt geändert durch Art. 24 Abs. 32 G v. 23.6.2017, BGBl I S. 1693
PrüfV	Prüfungsberichteverordnung für Versicherungsunternehmen v. 3.6.1998, BGBl I 1998, S. 1209, zuletzt geändert am 17.7.2015, BGBl I 2015, S. 1245; aufgehoben durch Artikel 2 Nr. 1 V. v. 16.12.2015 BGBl I S. 2345
PS	Prüfungsstandard
PSV	Pensionssicherungsverein aG
PublG	Publizitätsgesetz v. 15.8.1969, BGBl I 1969, S. 1189, zuletzt geändert durch Art. 4 G v. 24.5.2016 BGBl I S. 1190
QuotenKons	Quotenkonsolidierung
R	Richtlinie (z.B. EStR)
RA	Rechtsanwalt
RAP	Rechnungsabgrenzungsposten
RechKredV	Verordnung über die Rechnungslegung der Kreditinstitute und Finanzdienstleistungsinstitute (Neufassung) v. 11.12.1998, BGBl I 1998, S. 3658, zuletzt geändert am 17.7.2015, BGBl I 2015, S. 1245
RechVersV	Verordnung über die Rechnungslegung von Versicherungsunternehmen v. 8.11.1994, BGBl I 1994, S. 3378, zuletzt geändert am 17.7.2015, BGBl I 2015, S. 1245
RefE BilMoG	Referentenentwurf eines Gesetzes zur Modernisierung des Bilanzrechts (Bilanzrechtsmodernisierungsgesetz – BilMoG) vom 8.11.2007, BT-Drs. 344/08
RefE	Referentenentwurf
RegBegr	Regierungsbegründung
RegE BilMoG	Regierungsentwurf eines Gesetzes zur Modernisierung des Bilanzrechts (Bilanzrechtsmodernisierungsgesetz – BilMoG) vom 21.5.2008, BT-Drs. 16/10067
RegE	Regierungsentwurf
rev	revised
RH	Rechnungslegungshinweis
RHB	Roh-, Hilfs- und Betriebsstoffe
RIC	Rechnungslegungs Interpretations Committee/Rechnungslegungsinterpretation
RL	Richtlinie
ROCE	Return on Capital Employed
ROI	Return on Investment
RS	Rechnungslegungsstandard
RST	Rückstellung
RückAbzinsV	Rückstellungsabzinsungsverordnung v. 18.11.2009, BGBl I 2009, S. 3790, zuletzt geändert durch Art. 9 G v. 11.3.2016 BGBl I S. 396
SABI	Sonderausschuss Bilanzrichtlinien-Gesetz des IDW
S.a.r.l.	Société à Responsabilité Limitée
SAV	Sachanlagevermögen
sbE	sonstige betriebliche Erträge

SCEAG	Gesetz zur Ausführung der Verordnung (EG) Nr. 1435/2003 des Rates vom 22. Juli 2003 über das Statut der Europäischen Genossenschaft (SCE) (SCE-Ausführungsgesetz – SCEAG) v. 14.8.2006, BGBl I 2006, S. 1911, zuletzt geändert durch Art. 7 G v. 5.6.2017, BGBl I S. 1476
SchuldenKons	Schuldenkonsolidierung
SE	Societas Europaea (Europäische (Aktien-)Gesellschaft)
SEAG	Ausführungsgesetz zur Societas Europaea (Europäischen (Aktien-) Gesellschaft) v. 22.12.2004, BGBl I 2004, S. 3675, zuletzt geändert durch Art. 7 G v. 10.5.2016 BGBl I S. 1142
SEC	Securities and Exchange Commission
SEEG	Gesetz zur Einführung der Europäischen Gesellschaft v. 22.12.2004, BGBl I 2004, S. 3675
SegmBer	Segmentberichterstattung
SFAS	Statement of Financial Accounting Standards
SG	Schmalenbach-Gesellschaft für Betriebswirtschaft e. V.
SIC	Standing Interpretations Commitee
SolZ	Solidaritätszuschlag
SOX	Sarbanes-Oxley Act
Sp.	Spalte
SPE	special purpose entity
Stb	Der Steuerberater (Zeitschrift)
Stbg	Die Steuerberatung (Zeitschrift)
StGB	Strafgesetzbuch, (Neufassung) v. 13.11.1998 BGBl I 1998, S. 3322, zuletzt durch Art. 1 G v. 17.8.2017, BGBl I S. 3202
StModG	Gesetz zur Modernisierung des Besteuerungsverfahrens
StuB	Steuern und Bilanzen (Zeitschrift)
TransPuG	Gesetz zur weiteren Reform des Aktien- und Bilanzrechts, zu Transparenz und Publizität (Transparenz- und Publizitätsgesetz) v. 19.7.2002, BGBl I 2002, S. 2681
TU	Tochterunternehmen
TUG	Transparenzrichtlinie-Umsetzungsgesetz v. 5.1.2007, BGBl I 2007, S. 10
UAbs.	Unterabsatz
ÜbernRUmsG	Übernahmerichtlinie-Umsetzungsgesetz v. 8.7.2006, BGBl I 2006, S. 1426
UBG	Unternehmensbeteiligungsgesellschaft
Ubg	Die Unternehmensbesteuerung (Zeitschrift)
UBGG	Gesetz über Unternehmensbeteiligungsgesellschaften (Neufassung) v. 9.9.1998, BGBl I 1998, S. 2765, zuletzt geändert durch Art. 24 Abs. 20 G v. 23.6.2017, BGBl I 2013, S. 1693
UG	Unternehmergesellschaft
UKV	Umsatzkostenverfahren
UmwG	Umwandlungsgesetz v. 28.10.1994, BGBl I 1994, S. 3210, BGBl I 1995, S. 428, zuletzt geändert durch Art. 5 G v. 17.7.2017, BGBl I 2015 S. 2434
Unt	Unternehmen
US GAAP	United States Generally Accepted Accounting Principles
USt	Umsatzsteuer
UV	Umlaufvermögen
V	Verordnung

VAG	Versicherungsaufsichtsgesetz v. 1.4.2015 (BGBl I S. 434), zuletzt geändert durch Art. 6 G v. 17.8.2017, BGBl I S. 3214
vBP	vereidigter Buchprüfer
VollKons	Vollkonsolidierung
VwVfG	Verwaltungsverfahrensgesetz (Neufassung) v. 23.1.2003, BGBl I. 2003, 102, zuletzt geändert durch Art. 11 Abs. 2 G v. 18.7.2017, BGBl I S. 2745
VFE-Lage	Vermögens-, Finanz- und Ertragslage
VG	Vermögensgegenstand
VO	Verordnung(en)
VollKonsKreis	Vollkonsolidierungskreis
VorstAG	Gesetz zur Angemessenheit der Vorstandsvergütung v. 31.7.2009, BGBl I 2009, S. 2509
VorstOG	Vorstandsvergütungs-Offenlegungsgesetz vom 3.8.2005, BGBl I 2005, S. 2267
wistra	Zeitschrift für Wirtschafts- und Steuerstrafrecht
WM	Wertpapiermitteilungen (Zeitschrift)
WP	Wirtschaftsprüfer
WPg	Die Wirtschaftsprüfung (Zeitschrift)
WPG	Wirtschaftsprüfungsgesellschaft
WpHG	Gesetz über den Wertpapierhandel (Wertpapierhandelsgesetz) (Neufassung) v. 9.9.1998, BGBl I 1998, S. 2708, zuletzt geändert durch Art. 14 G v. 17.8.2017, BGBl I S. 3202
WPK	Wirtschaftsprüferkammer
WPKM	WPK Magazin
WPO (WiPrO)	Wirtschaftsprüferordnung (Neufassung) v. 5.11.1975, BGBl I 1975, S. 2803, zuletzt geändert durch Art. 13 G v. 17.7.2017, BGBl I S. 2446
WpÜG	Wertpapiererwerbs- und Übernahmegesetz v. 20.12.2001, BGBl I 2001, S. 2850, zuletzt geändert durch Art. 9 G v. 23.6.2017 BGBl I S. 1693
XBRL	eXtensible Business Reporting Language
ZASt	Zinsabschlagsteuer
ZBB	Zeitschrift für Bankrecht und Bankwirtschaft
ZCG	Zeitschrift für Corporate Governance
ZfB	Zeitschrift für Betriebswirtschaft
ZfbF	Zeitschrift für betriebswirtschaftliche Forschung
ZGR	Zeitschrift für Unternehmens- und Gesellschaftsrecht
ZHR	Zeitschrift für das gesamte Handelsrecht und Wirtschaftsrecht
ZInsO	Zeitschrift für das gesamte Insolvenzrecht
ZIP	Zeitschrift für Wirtschaftsrecht
ZP	Zeitschrift für Planung
ZPO	Zivilprozessordnung (Neufassung) v. 5.12.2005, BGBl I 2005, S. 3202, zuletzt geändert durch Art. 11 Abs. 15 G v. 18.7.2017 BGBl I S. 2745
ZVK	Zusatzversorgungskasse

Allgemeines Schrifttum

Adler/Düring/Schmaltz, Rechnungslegung nach Internationalen Standards, Loseblatt, 2007 ff.;
zitiert als: *ADS* International, Abschn. ..., Rz ... (Datum);

Adler/Düring/Schmaltz, Rechnungslegung und Prüfung der Unternehmen, 6. Aufl., 1995-2001;
zitiert als: *ADS*, 6. Aufl. § ... HGB, Rz ...;

Ammann/Müller, Konzernbilanzierung, 2005;

Ammann/Müller, IFRS: International Financial Reporting Standards – Bilanzierungs-, Steuerungs- und Analysemöglichkeiten, 2. Aufl., 2006;

Baetge/Dörner/Kleekämper/Wollmert (Hrsg.), Rechnungslegung nach International Accounting Standards (IAS), Loseblatt, 2. Aufl., 2004 ff.;

Baetge/Kirsch/Thiele (Hrsg.), Bilanzrecht-Kommentar, Loseblatt, 2002 ff.;
zitiert als: *Autor* in *Baetge/Kirsch/Thiele*, Bilanzrecht, § ... HGB Rz ...;

Baetge/Kirsch/Thiele, Konzernbilanzen, 12. Aufl., 2017;

Baetge/Kirsch/Thiele, Bilanzanalyse, 2. Aufl., 2004;

Baetge/Kirsch/Thiele, Bilanzen, 14. Aufl., 2017;

Ballwieser, Das BilMoG zwischen Entrümpelung und Neugestaltung des HGB, in: Berichterstattung für den Kapitalmarkt 2009, S. 593;

Ballwieser/Coenenberg/von Wysocki (Hrsg.), Handwörterbuch der Rechnungslegung und Prüfung (HWRP), Loseblatt, 3. Aufl., 2002 ff.;

Bantleon/Gottmann, Bankrechnungslegung: Bilanzierung, Aufsicht und Prüfung der Kreditinstitute, 2009;

Baumbach/Hopt/Merkt (Hrsg.), Handelsgesetzbuch, 37. Aufl., 2016;
zitiert als: *Baumbach/Hopt/Merkt/Bearbeiter*, HGB, Aufl., Jahr § ... Rn ...

Anh § ... Rn ...

Einl ... vor § ...

Baumbach/Hueck (Hrsg.), GmbH-Gesetz, 21. Aufl., 2016;
zitiert als: *Baumbach/Hueck/Bearbeiter*, GmbHG, ... Aufl. § ... Rn ...

Anh § ... Rn ...

Einl ... vor § ...

Baumbach/Lauterbach/Albers/Hartmann (Hrsg.), Zivilprozessordnung und Ergänzungsband, 74. Aufl., 2016;

Beck'scher Bilanzkommentar, 10. Aufl., 2016;
zitiert als: *Autoren* in Beck Bil-Komm., 10. Aufl., § ... HGB, Rz ...;

Beck'sches IFRS-Handbuch, 5. Aufl., 2016,
zitiert als: *Autoren* in Beck IFRS-Komm., 5. Aufl., § ... Rz ...;

Beisse, Die Generalnorm des neuen Bilanzrechts, in: *Klein/Knobbe-Keuk/Moxter* (Hrsg.), Handelsrecht und Steuerrecht, FS Döllerer, 1988, S. 25;

Beisse, Die Generalnorm des neuen Bilanzrechts und ihre steuerliche Bedeutung, in: *Mellwig/Moxter/Ordelheide* (Hrsg.), Handels- und Steuerbilanz, Bd. 2, 1989, S. 15;

Beisse, Gläubigerschutz – Grundprinzip des deutschen Bilanzrechts, in: *Beisse/Lutter/Närger* (Hrsg.), FS Beusch, 1993, S. 77;

Beisse, Zehn Jahre „True and fair view", in: *Ballwieser/Moxter/Nonnenmacher* (Hrsg.), Rechnungslegung – Warum und wie, FS Clemm, 1996, S. 27;

Bieg/Kußmaul/Waschbusch, Externes Rechnungswesen, 6. Aufl., 2012;

Bieg/Kußmaul/Petersen/Waschbusch/Zwirner, Bilanzrechtsmodernisierungsgesetz: Bilanzierung, Berichterstattung und Prüfung nach dem BilMoG, 2009;

Bieg/Hossfeld/Kußmaul/Waschbusch, Handbuch der Rechnungslegung nach IFRS, 2. Aufl., 2009;

Bieker, HGB Reloaded: Die Bewertungskonzeption des BilMoG – fine tuning oder Paradigmawechsel, in: PiR 2008, S. 365;

Biener/Berneke, Bilanzrichtlinien-Gesetz, 1986;

Biener/Schatzmann, Konzernrechnungslegung, 1983;

Binger, Der Ansatz von Rückstellungen nach HGB und IFRS im Vergleich: Regelungsschärfe, Zweckadäquanz sowie Eignung für die Steuerbilanz, 2009;

Bischoff, Latente Steuern auf Derivate nach IFRS aus Basis des deutschen Steuerrechts, 2009;

Born, Rechnungslegung international – IAS/IFRS im Vergleich mit HGB und US-GAAP, 5. Aufl., 2007;

Brösel, Bilanzanalyse: Unternehmensbeurteilung auf der Basis von HGB- und IFRS-Abschlüssen, 16. Aufl., 2017;

Brösel/Müller/Homburg, Freiwillige Umstellung der Rechnungslegung von HGB auf IFRS – ein Weg auch für KMU?: Eine Analyse unter Berücksichtigung der zu erwartenden Änderungen durch das BilMoG, in: Controlling für kleine und mittlere Unternehmen 2009, S. 129;

Budde, Grundsätze ordnungsmäßiger Rechenschaftslegung, in: *Bierich/Hommelhoff/Kropff* (Hrsg.), Unternehmen und Unternehmensführung im Recht, FS Semler, 1993, S. 789;

Budde/Förschle, Das Verhältnis des „True and Fair View" zu den Grundsätzen ordnungsmäßiger Buchführung und zu den Einzelvorschriften, in: *Mellwig/Moxter/Ordelheide* (Hrsg.), Handels- und Steuerbilanz, Bd. 1, 1989, S. 27;

Bungartz, Einflüsse des BilMoG auf die Arbeit der Internen Revision, in: Freidank (Hrsg.), Das Gesetz zur Modernisierung des Bilanzrechts (BilMoG): Neue Herausforderungen für Rechnungslegung und Corporate Governance, 2009, S. 377;

Busse von Colbe/Ordelheide/Gebhardt/Pellens, Konzernabschlüsse: Rechnungslegung nach betriebswirtschaftlichen Grundsätzen sowie nach Vorschriften des HGB und der IAS/IFRS, 9. Aufl., 2010;

Büchel/von Rechenberg (Hrsg.), Handbuch des Fachanwalts Handels- und Gesellschaftsrecht, 2. Aufl., 2011;

Canaris/Schilling/Ulmer (Hrsg.), Staub, Großkommentar Handelsgesetzbuch, Loseblatt, 4. Aufl., 1983 ff.;
zitiert als: *Autor* in Großkomm. HGB, § ... Rn ...;

Clemm, Zur Problematik einer wahren Rechnungslegung, in: *Crezelius/Hirte/Vieweg* (Hrsg.), FS Röhricht, 2005, S. 767;

Coenenberg/von Wysocki (Hrsg.), Handwörterbuch der Revision, 2. Aufl., 1992;

Coenenberg/Haller/Schulze, Jahresabschluß und Jahresabschlußanalyse, 24. Aufl., 2016;

Coenenberg/Haller/Mattner/Schultze, Einführung in das Rechnungswesen: Grundlagen der Buchführung und Bilanzierung, 6. Aufl., 2016;

Ebenroth/Boujong/Joost (Hrsg.), Handelsgesetzbuch, Band 1, 3. Aufl., 2015;

Egger/Samer/Bertl, Der Konzernabschluss unter Einbeziehung der International Accounting Standards bzw. International Financial Reporting Standards, 7. Aufl., 2013;

Ensthaler (Hrsg.), Gemeinschaftskommentar zum Handelsgesetzbuch, 8. Aufl., 2014;
zitiert als: *Ensthaler/Bearbeiter*, GK-HGB § ... Rz ...;

Fink/Schultze/Winkeljohann, Bilanzpolitik und Bilanzanalyse nach neuem Handelsrecht, 2010;

Fischer/Günkel/Neubeck/Pannen/Deloitte (Hrsg.), Die Bilanzrechtsreform 2009/2010, 2. Aufl., 2010;

Freidank, Das Gesetz zur Modernisierung des Bilanzrechts (BilMoG): Neue Herausforderungen für Rechnungslegung und Corporate Governance, 2009;

Freidank/Altes (Hrsg.), Gesetz zur Modernisierung des Bilanzrechts, 2009;

Freidank/Bockmann, Rechnungslegung, Steuerung und Überwachung von Unternehmen: Aktuelle Entwicklungen, Krisenbewältigungen und Reformbestrebungen, 2010;

Freidank/Lachnit/Tesch (Hrsg.), Vahlens großes Auditing Lexikon, 2007;

Freidank/Velte, Rechnungslegung und Rechnungslegungspolitik, 2. Aufl., 2013;

Fülbier/Kuschel/Maier, BilMoG (Bilanzrechtsmodernisierungsgesetz): Internationalisierung des HGB und Auswirkungen auf das Controlling, 2009;

Geisel, in: Deloitte (Hrsg.), Rechnungslegung nach IFRS: Grundlagen und wesentliche Unterschiede zum deutschen Bilanzrecht; Ein Leitfaden für die Praxis, 3. Aufl., 2010;

Gelhausen/Fey/Kämpfer, Rechnungslegung und Prüfung nach dem Bilanzrechtsmodernisierungsgesetz, 2009;

Geßler/Hefermehl/Eckardt/Kropff, Aktiengesetz, Loseblatt, 1973 ff.;

Glade, Praxishandbuch der Rechnungslegung und Prüfung, 2. Aufl., 1995;

Glanegger u.a. (Hrsg.), Heidelberger Kommentar zum Handelsgesetzbuch, 7. Aufl., 2007;

Goette/Habersack (Hrsg.), Münchener Kommentar zum Aktiengesetz, 4. Aufl., 2014 ff.;
zitiert als: *Bearbeiter* in MünchKomm AktG;

Gräfer/Scheld, Grundzüge der Konzernrechnungslegung, 13. Aufl., 2016;

Graumann, Wirtschaftliches Prüfungswesen: Integrierende Darstellung von Berufsrecht und Berufspraxis, Prozessschritte der Abschlussprüfung, Prüfung wesentlicher Jahresabschlusspositionen, Kontrollfragen und Übungsaufgaben, 4. Aufl., 2015;

Großfeld/Luttermann, Bilanzrecht, 4. Aufl., 2005;

Hagedorn, Bilanzstrafrecht im Lichte bilanzrechtlicher Reformen, 2009;

Hahn (Hrsg.), BilMoG Kompakt, 2009;

Haller, Rechnungslegung für den Mittelstand: BilMoG versus Exposure Draft „IFRS for Small and Medium-sized Entities", in: Freidank (Hrsg.), Das Gesetz zur Modernisierung des Bilanzrechts (BilMoG): Neue Herausforderungen für Rechnungslegung und Corporate Governance, 2009, S. 223;

Haritz/Menner (Hrsg.), Umwandlungssteuergesetz, 4. Aufl., 2014;

Hennrichs, Haftung für falsche Ad-hoc-Mitteilungen und Bilanzen, in: Bork/Hoeren/Pohlmann (Hrsg.), FS Kollhosser, 2004, S. 201;

Herrmann/Heuer/Raupach, Einkommensteuer- und Körperschaftsteuergesetz – Kommentar, Loseblatt, 2010 ff.;
zitiert als: *Autor* in *Herrmann/Heuer/Raupach*, § 4h EStG Anm. J 07–3, Jahr;

Heuermann (Hrsg.), *Blümich*, EStG, KStG, GewStG, Loseblatt, 15. Aufl., 1995 ff.;

Heyd, BilMoG – das Bilanzrechtsmodernisierungsgesetz: Neuregelungen und ihre Auswirkungen auf Bilanzpolitik und Bilanzanalyse, 2010;

Hipp, Bilanzanalyse nach BilMoG: Grundlagen und Auswirkungen auf typische Bilanzkennzahlen, 2010;

Hofbauer/Kupsch (Hrsg.), Rechnungslegung – Aufstellung, Prüfung und Offenlegung des Jahresabschlusses Kommentar (vormals Bonner Handbuch der Rechnungslegung), Loseblatt, 1988 ff.;
zitiert als: *Autor* in *Hofbauer/Kupsch, Rechnungslegung*, § ... HGB Rz ...;

Hoffmann/Lüdenbach, NWB-Kommentar Bilanzierung, 8. Aufl., 2017;

Horn (Hrsg.), Heymann-Handelsgesetzbuch, 2. Aufl., 2005;

Hüffer/Koch, Aktiengesetz, 12. Aufl., 2016;
zitiert als: *Hüffer/Bearbeiter*, AktG, Aufl., Jahr § ... Rn ...;

Anh § ... Rn ...;

Einl ... vor § ...;

ICV-Facharbeitskreis „Controlling und IFRS" (Hrsg.), BilMoG und Controlling, 2009;

IDW (Hrsg.), IDW Positionspapier zu Inhalten und Zweifelsfragen der EU-Verordnung und der Abschlussprüferrichtlinie, Stand 11.4.2016;

IDW (Hrsg.), IDW Positionspapier zur Ausschreibung der Abschlussprüfung für Unternehmen von öffentlichem Interesse, Stand 30.5.2016;

IDW (Hrsg.), WP Handbuch, Wirtschaftsprüfung & Rechnungslegung, 15. Aufl., 2017;
zitiert als: WPH Edition, Wirtschaftsprüfung & Rechnungslegung, 15. Aufl., Abschn. ..., Tz ...;

Jackstein, Entwicklungslinien der Rechnungslegung nach HGB und IFRS: Unter besonderer Berücksichtigung der Aktivierung originärer Forschungs- und Entwicklungskosten, 2009;

Janssen, Rechnungslegung im Mittelstand: Eignung der nationalen und internationalen Rechnungslegungsvorschriften unter Berücksichtigung der Veränderungen durch den IFRS for Private Entities und das Bilanzrechtsmodernisierungsgesetz, 2009;

Jung, Zum Konzept der Wesentlichkeit bei Jahresabschlußerstellung und -prüfung, 1997;

Kessler/Leinen/Strickmann, Bilanzrechtsmodernisierungsgesetz-Regierungsentwurf (BilMoG-RegE), 2008;
zitiert als: *Autor* in *Kessler/Leinen/Strickmann*, BilMoG-RegE, 2008;

Kessler/Leinen/Strickmann, Bilanzrechtsmodernisierungsgesetz (BilMoG), 2. Aufl., 2010;
zitiert als: *Autor* in Kessler/Leinen/Strickmann, BilMoG, 2010;

Kirchhof (Hrsg.), EStG KompaktKommentar, Heidelberg, 8. Aufl., 2008;
zitiert als: *Autor* in *Kirchhof*, EStG KompaktK § ... Rn ...;

Kirchhof/Söhn/Mellinghoff (Hrsg.), Einkommensteuergesetz, Loseblatt;
zitiert als: *Autor* in *Kirchhof/Söhn/Mellinghoff*, EStG § ... Rn ...;

Kolvenbach, Bilanzielle Auslagerung von Pensionsverpflichtungen: Praxishandbuch unter Berücksichtigung arbeits- und steuerrechtlicher sowie bilanzieller und betriebswirtschaftlicher Aspekte, 2. Aufl., 2009;

Krain, Der Konzernbegriff der Zinsschranke nach dem BilMoG, in: StuB 2009, S. 486;

Kranz, Die Fair-Value-Bewertung von Finanzinstrumenten (HGB, IFRS): Eine kritische Analyse unter Berücksichtigung ausgewählter Aspekte der Finanzkrise, 2010;

Krasberg, Der Prüfungsausschuss des Aufsichtsrats einer Aktiengesellschaft nach dem BilMoG: Eine Darstellung der Aufgaben des Ausschusses unter besonderer Berücksichtigung der Innenhaftung seiner Mitglieder, 2010;

Kreipl, Die Deregulierung der HGB-Rechnungslegung als Herausforderung für die Unternehmensüberwachung: Chancen und Risiken des Bilanzrechtsmodernisierungsgesetzes (BilMoG), in: ZCG 2009, S. 135;

Krimpmann, Konsolidierung nach IFRS/HGB, 2009;

Krimpmann/Müller, Auswirkungen des Bilanzrechtsmodernisierungsgesetzes (BilMoG) auf das Controlling, in: Controller-Magazin 2009, S. 43;

Kropff/Semler (Hrsg.), Münchener Kommentar zum Aktiengesetz, Bd. 1–7, 3. Aufl., 2008–2012;

Kropff, Vorsichtsprinzip und Wahlrechte, in: *Fischer/Hömberg* (Hrsg.), Jahresabschluß und Jahresabschlußprüfung, FS Baetge, 1997, S. 65;

Kübler, Vorsichtsprinzip versus Kapitalmarktinformation, in: *Förschle/Kaiser/Moxter* (Hrsg.), Rechenschaftslegung im Wandel, FS Budde, 1995, S. 361;

Küpper/Wagenhofer (Hrsg.), Handwörterbuch Unternehmensrechnung und Controlling, 4. Aufl., 2002;

Kußmaul/Müller (Hrsg.), Handbuch der Bilanzierung, Loseblatt, 1960ff.; zitiert als: Autor in *Kußmaul/Müller*, HdB, Beitrag, Rz ...;

Küting/Pfitzer/Weber (Hrsg.), Das neue deutsche Bilanzrecht: Handbuch zur Anwendung des Bilanzrechtsmodernisierungsgesetzes (BilMoG), 2. Aufl., 2009; zitiert als: Bearbeiter in *Küting/Pfitzer/Weber*, Das neue deutsche Bilanzrecht, 2009, S ...;

Küting/Weber, Der Konzernabschluss, 13. Aufl., 2012;

Küting/Weber (Hrsg.), Handbuch der Konzernrechnungslegung, Bd. II, 2. Aufl., 1998;
zitiert als: Bearbeiter in *Küting/Weber*, HdK, Gesetz § ..., Rn ...;

Küting/Pfitzer/Weber (Hrsg.), Handbuch der Rechnungslegung – Einzelabschluss, Loseblatt, 5. Aufl., 2002ff.;
zitiert als: Bearbeiter, in *Küting/Pfitzer/Weber*, HdR, Gesetz § ..., Rn ..., Stand MM/JJJJ;

Lachnit/Müller, Bilanzanalyse, 2. Aufl., 2017;

Lachnit/Müller, Unternehmenscontrolling, 2. Aufl., 2012;

Leffson, Die Grundsätze ordnungsmäßiger Buchführung, 7. Aufl., 1987;

Leffson/Rückle/Großfeld (Hrsg.), Handwörterbuch unbestimmter Rechtsbegriffe im Bilanzrecht des HGB, 1986;

Littmann/Bitz/Pust, Das Einkommensteuerrecht, Loseblatt, 1992 ff.;

Lutter/Hommelhoff (Hrsg.), GmbH-Gesetz, 19. Aufl., 2016;
zitiert als: *Bearbeiter*, in *Lutter/Hommelhoff,*GmbH-Gesetz, 19. Aufl., 2016, § …, Rn …;

Lutter/Winter (Hrsg.), Umwandlungsgesetz, 5. Aufl., 2014;
zitiert als: *Bearbeiter*, in *Lutter/Winter*, UmwG;

Lück, Rechnungslegung im Konzern, 1994;

Lüdenbach/Hoffmann/Freiberg, Haufe IFRS-Kommentar, 15. Aufl., 2017;
zitiert als: *Lüdenbach/Hoffmann/Freiberg*, Haufe IFRS-Kommentar, 15. Aufl., 2017, § … Rz …;

Mäscher, Teilwertabschreibungen auf Aktien: Zugleich ein Beitrag zum Einfluss der Internationalen Rechnungslegungsstandards auf das deutsche Bilanzsteuerrecht, 2009;

Marten/Quick/Ruhnke, Wirtschaftsprüfung, 5. Aufl., 2015;

Meinert, Die Bildung objektübergreifender Bewertungseinheiten nach Handels- und Steuerrecht, 2010;

Melcher, Neuerungen des BilMoG für die handelsrechtliche Abschlussprüfung, in: Freidank (Hrsg.), Das Gesetz zur Modernisierung des Bilanzrechts (BilMoG): Neue Herausforderungen für Rechnungslegung und Corporate Governance, 2009, S. 359;

Melcher/Schaier, Zur Umsetzung der HGB-Modernisierung durch das BilMoG: Einführung und Überblick, in: DB 2009, Beilage 5, S. 4;

Meyer/Loitz/Lindner/Zerwas, Latente Steuern: Bewertung, Bilanzierung, Beratung, 2. Aufl., 2010;

Meyer-Landrut/Miller/Niehus (Hrsg.), Gesetz betreffend die Gesellschaften mit beschränkter Haftung (GmbHG), 1987;

Moxter, Betriebswirtschaftliche Gewinnermittlung, 1982;

Moxter, Bilanzlehre, Bd. I: Einführung in die Bilanztheorie, 3. Aufl., 1984;

Moxter, Bilanzlehre, Bd. II: Einführung in das neue Bilanzrecht, 3. Aufl., 1986;

Moxter, Rechnungslegungsmythen, in: BB 2000, S. 2143;

Moxter, Grundsätze ordnungsgemäßer Rechnungslegung, 2003;

Moxter, Bilanzrechtsprechung, 6. Aufl., 2007;

Padberg/Padberg/Werner, Das neue HGB: Bilanzrechtsmodernisierungsgesetz (BilMoG) – Kurzkommentierung, 2. Aufl., 2010;

Peemöller, Bilanzanalyse und Bilanzpolitik, 3. Aufl., 2003;

Pellens/Fülbier/Gassen, Internationale Rechnungslegung, 10. Aufl., 2017;
zitiert als: *Pellens/Fülbier/Gassen*, Internationale Rechnungslegung, 2017, S. ...;

Petersen/Zwirner (Hrsg.), Bilanzrechtsmodernisierungsgesetz (BilMoG), 2009;

Petersen/Zwirner, Konzernrechnungslegung nach HGB, 2009;

Pfitzer/Oser/Orth, Reform des Aktien-, Bilanz- und Aufsichtsrechts: BilMoG, MoMiG, TUG, EHUG und weitere Reformgesetze, 2009;

Philipps, Rechnungslegung nach BilMoG: Jahresabschluss und Lagebericht nach neuem Bilanzrecht, 2009;

Preißer/Pung (Hrsg.), Die Besteuerung der Personen- und Kapitalgesellschaften Kommentar, 2. Aufl., 2012;

Riebell, Die Praxis der Bilanzauswertung, 10. Aufl., 2015;

Ruhnke, Konzernbuchführung, 1995;

Scherrer, Konzernrechnungslegung nach HGB, 3. Aufl., 2012;

Schildbach/Stobbe/Brösel, Der handelsrechtliche Jahresabschluss, 10. Aufl., 2013;

Schildbach, Der handelsrechtliche Konzernabschluss, 4. Aufl., 1997;

Schildbach, Der Konzernabschluss nach HGB, IFRS und US-GAAP, 7. Aufl., 2008;

Schlegelberger, Handelsgesetzbuch, Loseblatt, 5. Aufl., 1973 ff.;

Schmidt (Hrsg.), Gesellschaftsrecht, 4. Aufl., 2002;

Schmidt (Hrsg.), Münchener Kommentar Handelsgesetzbuch, 3. Aufl., 2013;
zitiert als: *Bearbeiter*, in MünchKomm. HGB, 3. Aufl., § ... Rn ...;

Schmidt (Hrsg.), Einkommensteuergesetz, 36. Aufl., 2017;
zitiert als: *Schmidt/Autor* EStG § ... Rz ...;

Scholz, Kommentar zum GmbH-Gesetz, 11. Aufl., 2014;
zitiert als: *Scholz/Emmerich*, GmbHG, 11. Aufl., 2014, § ... Rn ...;

Theisen, Stärkung der Corporate Governance durch das BilMoG? in: Freidank (Hrsg.), Das Gesetz zur Modernisierung des Bilanzrechts (BilMoG): Neue Herausforderungen für Rechnungslegung und Corporate Governance, 2009, S. 341;

Thiere, Chancen- und Risikoberichterstattung, 2009;

Tipke/Kruse, Abgabenordnung Finanzgerichtsordnung – Kommentar, Stand 2007 ff.;

Uckermann, Betriebliche Altersversorgung und Zeitwertkonten: Arbeits- und Sozialrecht, Steuer- und Bilanzrecht, 2009;

Vinken/Seewald/Korth/Dehler, in: Bundessteuerberaterkammer/Deutscher Steuerberaterverband (Hrsg.), BilMoG: Bilanzrechtsmodernisierungsgesetz; Praxiskommentar für Steuerberater, 2. Aufl., 2011;

Weis, IFRS/HGB/BilMoG im Vergleich: Probleme und Lösungsansätze zum Bilanzrechtsmodernisierungsgesetz, 2009;

Wiedmann (Hrsg.), Bilanzrecht, 3. Aufl., 2014;
zitiert als: *Autoren* in Beck Bilanzrecht-Komm., 3. Aufl., § ... Rz ...;

Winkeljohann, Zukunft des Bilanzrechts in Familienunternehmen: Perspektiven und Modernisierungsansätze nach HGB und IFRS, 2009;

Winnefeld, Bilanz-Handbuch – Handels- und Steuerbilanz, Rechtsformspezifisches Bilanzrecht, Bilanzielle Sonderfragen, Sonderbilanzen, IAS/IFRS/US-GAAP, 5. Aufl., 2015;

Winter/Habersack/Ulmer (Hrsg.), GmbHG – Gesetz betreffend die Gesellschaften mit beschränkter Haftung: Großkommentar-Ergänzungsband zum MoMiG, 2. Aufl., 2010;

Wittmann/Kern/Köhler/Küpper/von Wysocki (Hrsg.), Handwörterbuch der Betriebswirtschaft (HWB), 6. Aufl., 2007;

von Wysocki/Schulze-Osterloh/Hennrichs (Hrsg.), Handbuch des Jahresabschlusses in Einzeldarstellungen (HdJ), Loseblatt, 1984 ff.;
zitiert als: *Bearbeiter*, Titel des Stichworts, HdJ, Abt. V/2 (1998), Rn ...;

Zöllner/Noack (Hrsg.), Kölner Kommentar zum Aktiengesetz, Bd. 1-9, 3. Aufl., 2008-2013;
zitiert als: *Bearbeiter* in Kölner Kommentar zum AktG, Jahr, § ..., Rn ...

§ 238 Buchführungspflicht

(1) ¹Jeder Kaufmann ist verpflichtet, Bücher zu führen und in diesen seine Handelsgeschäfte und die Lage seines Vermögens nach den Grundsätzen ordnungsmäßiger Buchführung ersichtlich zu machen. ²Die Buchführung muß so beschaffen sein, daß sie einem sachverständigen Dritten innerhalb angemessener Zeit einen Überblick über die Geschäftsvorfälle und über die Lage des Unternehmens vermitteln kann. ³Die Geschäftsvorfälle müssen sich in ihrer Entstehung und Abwicklung verfolgen lassen.

(2) Der Kaufmann ist verpflichtet, eine mit der Urschrift übereinstimmende Wiedergabe der abgesandten Handelsbriefe (Kopie, Abdruck, Abschrift oder sonstige Wiedergabe des Wortlauts auf einem Schrift-, Bild- oder anderen Datenträger) zurückzubehalten.

WP StB Lukas Graf

Inhaltsübersicht

	Rz
1 Überblick	1–15
1.1 Inhalt	1–5
1.2 Normenzusammenhang	6–10
1.3 Verletzung der Buchführungspflicht	11–15
2 Buchführungspflicht des Kaufmanns	16–29
2.1 Gewerbebetrieb	19–24
2.2 In kaufmännischer Weise eingerichteter Geschäftsbetrieb	25–26
2.3 Handelsgesellschaft als Kaufmann	27–28
2.4 Keine Buchführungspflicht für Scheinkaufleute	29
3 Beginn und Ende der Buchführungspflicht	30–33
3.1 Beginn der Buchführungspflicht	30–31
3.2 Ende der Buchführungspflicht	32–33
4 Einzelheiten der handelsrechtlichen Buchführung	34–53
4.1 Grundsätze ordnungsmäßiger Buchführung	34
4.2 Handelsgeschäft und Geschäftsvorfall	35–38
4.3 Überblick über die Geschäftsvorfälle und die Lage des Unternehmens	39
4.4 Nachvollziehbarkeit der Geschäftsvorfälle von ihrer Entstehung bis zur Abwicklung	40
4.5 Sachverständiger Dritter	41–42
4.6 Handelsbücher des Kaufmanns	43–53
5 Persönlicher Anwendungsbereich und Ort der Buchführung	54–59
5.1 Zur Buchführung verpflichtete Person	54–57
5.2 Ort der Buchführung	58–59
6 Grundsätze ordnungsmäßiger Konzernbuchführung	60–64
7 Aufbewahrungspflicht einer Kopie der abgesandten Handelsbriefe (Abs. 2)	65

1 Überblick

1.1 Inhalt

1 § 238 Abs. 1 Satz 1 HGB regelt die **Buchführungspflicht**; mit Buchführung meint das Gesetz die **kaufmännische Buchführung**. Keine kaufmännische Buchführung ist bspw. die über § 241a HGB zugelassene Einnahmenüberschussrechnung.

2 Buchführungspflichtig ist nur der **Kaufmann**; Kfm. ist, wer nach den §§ 1ff. HGB Kfm. ist oder als Kfm. gilt (vgl. Rz 16).

3 Mit der Buchführungspflicht nach § 238 Abs. 1 Satz 1 HGB ist grds. die Pflicht zur Einhaltung der gesamten Vorschriften der §§ 238–241 HGB sowie der nichtkodifizierten GoB verbunden. An die Buchführungspflicht knüpft auch die Bilanzierungspflicht nach §§ 242ff. HGB an sowie die damit verbundenen weiteren Rechnungslegungspflichten. Dies gilt nicht, wenn der Kfm. nach § 241a HGB auf die kaufmännische Buchführung verzichtet (vgl. dazu § 241a Rz 6).

4 § 238 Abs. 1 Sätze 2 und 3 HGB formulieren **grundlegende Anforderungen** an eine ordnungsmäßige Buchführung; die Buchführung muss für einen sachverständigen Dritten in angemessener Zeit nachvollziehbar sein und die Geschäftsvorfälle müssen sich in ihrer Entstehung und Abwicklung nachverfolgen lassen.

5 § 238 Abs. 2 HGB regelt die **Aufbewahrungspflicht einer Kopie aller Handelsbriefe**. Diese Vorschrift hat nur klarstellenden Charakter, da sich eine Aufbewahrungspflicht bereits aus der Nachvollziehbarkeitsforderung des § 238 Abs. 1 Satz 3 HGB ergibt. Detaillierte Vorschriften zu Aufbewahrung und Vorlage der Buchführung enthalten die §§ 257–261 HGB.

1.2 Normenzusammenhang

6 Die Vorschriften der §§ 238–241a HGB bilden den ersten Unterabschnitt des ersten Abschnitts des Dritten Buchs des HGB und enthalten die Vorschriften zu den Handelsbüchern. Die folgenden Vorschriften bauen auf § 238 HGB auf und beinhalten im Einzelnen:

7 § 239 HGB regelt die Art und Weise der **Führung der Handelsbücher** und enthält die kodifizierten Teile der **Grundsätze ordnungsmäßiger Buchführung**.

8 In § 240 HGB werden die **Inventurpflicht des Kaufmanns** sowie die Inventurerleichterungs- und Bewertungsvereinfachungsvorschriften zum **Festwert** und zur **Gruppenbewertung** geregelt. Die Inventur ist das Bindeglied zwischen Buchführung und Jahresabschlusserstellung, die in den Vorschriften der §§ 242ff. HGB geregelt ist.

9 § 241 HGB regelt **Inventurerleichterungsvorschriften** wie die Stichprobeninventur und die anderen Inventurverfahren (wie bspw. die permanente Inventur) sowie zur vor- bzw. nachverlegten Inventur.

10 Der § 241a HGB regelt für kleingewerbebetreibenden EKfl das Wahlrecht auf den **Verzicht auf die kaufmännische Buchführung**. Im Falle eines Verzichts entfällt über § 242 Abs. 4 HGB auch die Pflicht zur Jahresabschlusserstellung. Stattdessen muss der EKfm eine Einnahmenüberschussrechnung erstellen.

1.3 Verletzung der Buchführungspflicht

Die Verletzung der **öffentlich-rechtlichen Verpflichtung** zur Buchführung ist im Insolvenzfall strafbewehrt nach § 283 Abs. 1 Nr. 5 StGB (ordnungswidrige Führung oder Nichtführung von Handelsbüchern bei Überschuldung, drohender oder eingetretener Insolvenz) und § 283b StGB (Verletzung der Buchführungspflicht). Die Strafe kann bei besonders schweren Fällen bis zu zehn Jahre Haft betragen. 11

Ist das Unt **prüfungspflichtig**, so führt eine ordnungswidrige Buchführung i. d. R. zu einer Einschränkung des Bestätigungsvermerks. Fehlt der Buchführung jedoch die Beweiskraft und ist eine hinreichend sichere Beurteilung nicht möglich (bspw. unvollständige, nicht zeitgerechte Buchung, Fehlen von Handelsbüchern, fehlende oder schwerwiegend mangelhafte Bestandsnachweise), so ist eine Versagung des Bestätigungsvermerks erforderlich (§ 322 Rz 61).[1] 12

Die Verletzung der handelsrechtlichen Buchführungspflicht stellt wegen der gleichlautenden steuerlichen Vorschriften auch eine **Verletzung steuerlicher Pflichten** dar. Bei fehlender Beweiskraft der Buchführung können nach § 162 Abs. 2 Satz 2 AO die Steuern nach § 158 AO geschätzt werden. Die FinVerw kann zur Erzwingung der Erledigung der Buchführungspflicht nach §§ 328, 329 AO ein Zwangsgeld von bis zu 25.000 EUR androhen und festsetzen. Sind im Einzelfall die Buchführungsmängel als Steuergefährdung anzusehen, kann nach § 379 Abs. 1 Satz 1 Nr. 3 AO ein Bußgeld von bis zu 5.000 EUR verhängt werden; bei leichtfertiger Steuerverkürzung nach § 378 Abs. 1 Satz 1 AO i. V. m. § 370 Abs. 1 AO ist eine Geldbuße von bis zu 50.000 EUR möglich. Soweit Buchführungsverstöße ausländische Niederlassungen oder Betriebsstätten betreffen, kann dies eine Verletzung ausländischer, steuerlicher Buchführungspflichten darstellen. 13

Weiter kann die fehlende Beweiskraft der Buchführung wegen Buchführungsmängeln zum Verlust eines **Rechtsstreits** führen, wenn der Kfm berechtigte Ansprüche nicht nachweisen kann.[2] 14

Die Buchführung liegt in der **Verantwortung des Kaufmanns**; soweit er seinen Pflichten nicht nachkommt oder diese nicht mit der Sorgfalt eines ordentlichen Kfm. erfüllt, kann er schadenersatzpflichtig werden (bspw. § 43 GmbHG; § 93 AktG).[3] 15

2 Buchführungspflicht des Kaufmanns

§ 238 Abs. 1 HGB verpflichtet **jeden Kaufmann** zur Buchführung. Kfm. i. S. d. § 1 HGB ist, wer ein **Handelsgewerbe** gem. § 1 Abs. 1 HGB betreibt. Nach § 1 Abs. 2 HGB ist ein Handelsgewerbe jeder **Gewerbebetrieb**, der einen **in kaufmännischer Weise eingerichteten Geschäftsbetrieb** erfordert.[4] 16

Als Kfm. gilt auch, wer kein Kfm. i. S. d. § 1 HGB ist, aber sein gewerbliches Kleinunternehmen nach § 2 HGB im HR eintragen lässt (**im Handelsregister eingetragenes Kleingewerbe**). 17

Zur Frage der **Handelsgesellschaft** als Kfm. vgl. Rz 27 f. 18

---

[1] Vgl. WPH Edition, Wirtschaftsprüfung & Rechnungslegung, 15. Aufl., 2017, Abschn. M, Tz 866.
[2] Vgl. ADS, 6. Aufl., § 238 HGB, Rz 61.
[3] Zu weitergehenden steuerlichen Buchführungspflichten vgl. *Schnitter*, in *Frotscher/Geurts*, EStG, § 7 EStG Rz 61, Stand 1/2011.
[4] Vgl. *Winkeljohann/Henckel*, in Beck Bil-Komm., 10. Aufl., 2016, § 238 HGB, Rz 6 f.

2.1 Gewerbebetrieb

19 Ein **Gewerbebetrieb** aufgrund einer gewerblichen Tätigkeit liegt vor, wenn der Kfm.
- eine selbstständige Tätigkeit nachhaltig ausübt,
- in Gewinnerzielungsabsicht handelt und
- sich am allgemeinen wirtschaftlichen Verkehr beteiligt.

20 Eine **selbstständige Tätigkeit** setzt voraus, dass der Kfm. im Außenverhältnis ungebunden ist, er also rechtlich selbstständig ist. Wirtschaftliche Abhängigkeit oder interne Bindung des Kfm. an Weisungen oder Zustimmungen sind nicht schädlich für eine selbstständige Tätigkeit.

21 Eine Tätigkeit ist **nachhaltig**, wenn sie auf Dauer angelegt und auf eine Vielzahl von Geschäften ausgerichtet ist. Eine Tätigkeit gilt auch dann als nachhaltig, wenn sie nur für eine bestimmte Zeitdauer geplant, als Nebentätigkeit ausgeübt oder unterbrochen wird.

22 Nach hM ist für einen Gewerbebetrieb **Gewinnerzielungsabsicht** erforderlich.

23 Die **Teilnahme am allgemeinen wirtschaftlichen Verkehr** erfordert, dass der Kfm. seine Leistungen der Allgemeinheit – also einer unbestimmten Anzahl von Personen – anbietet.

24 **Kein Gewerbebetrieb** liegt vor bei Ausübung eines freien Berufs oder bestimmten land- und forstwirtschaftlichen Tätigkeiten.

2.2 In kaufmännischer Weise eingerichteter Geschäftsbetrieb

25 Ein Handelsgewerbe begründet nur dann die Kaufmannseigenschaft, wenn es **einen in kaufmännischer Weise eingerichteten Geschäftsbetrieb** erfordert. Der Begriff „in kaufmännischer Weise", der das Handelsgewerbe vom Kleingewerbe abgrenzt, ist zunächst an der Größe orientiert – man spricht von einem „Klein"gewerbe, wenn die Unternehmensstrukturen nicht „in kaufmännischer Weise" angelegt sind. Entscheidend ist aber nicht die Größe allein, sondern der Begriff „eingerichtet": Maßgeblich sind also – unabhängig von der Größe – die **„eingerichteten" Strukturen**. Ob die eingerichteten Strukturen einem in kaufmännischer Weise eingerichteten Geschäftsbetrieb entsprechen, entscheidet sich nach dem **Gesamtbild von Art und Umfang des Geschäftsbetriebs**.[5]
Dieses Gesamtbild bestimmt sich bspw. nach Art und Umfang
- der laufenden Geschäfte,
- der angebotenen Leistungen und Waren,
- der Kapitaleinlagen,
- des Geschäftslokals,
- des Sach- und FAVs,
- der Anzahl der Mitarbeiter,
- der Inanspruchnahme von Dienstleistungen,
- der übrigen Geschäftsbeziehungen sowie
- der Höhe der Umsätze und
- der Anzahl der Betriebsstätten.[6]

---

[5] Vgl. ADS, 6. Aufl., § 238 HGB, Rz 5 f.; *Aigner*, 2009, S. 32.
[6] Vgl. ADS, 6. Auf., § 238 HGB, Rz 5 f.

Feste Größengrenzen gibt es nicht; das Gesamtbild ist also eine Frage des Einzelfalls.[7]

> **Beispiel 1**
> Der EKfm. befindet sich in der Gründungsphase und einziger Geschäftszweck ist die Entwicklung einer neuen Software. Er erzielt noch keine Umsätze – erwirtschaftet aber große Verluste, da er 100 Mitarbeiter beschäftigt. Für die Zukunft plant er Millionenumsätze. Er ist Kfm. nach § 1 Abs. 1 HGB, da er einen in kaufmännischer Weise eingerichteten Geschäftsbetrieb unterhält.

> **Beispiel 2**
> Ein Kleingewerbetreibender programmiert in seiner Garage im Nebenerwerb Software. Er hat keine Angestellten, durchschnittlicher Jahresumsatz 10.000 EUR bzw. Einnahmenüberschuss 2.500 EUR. Er ist nicht Kfm., da er keinen in kaufmännischer Weise eingerichteten Geschäftsbetrieb hat und damit § 1 HGB nicht erfüllt ist. Damit ist das HGB insgesamt nicht anwendbar; es besteht keine Buchführungspflicht nach §§ 238 ff. HGB.

Liegt kein in kaufmännischer Weise eingerichteter Geschäftsbetrieb vor, so ist der Gewerbetreibende ein **Kleingewerbetreibender** und nicht Kfm. Kleingewerbetreibende sind nicht nach §§ 238 ff. HGB buchführungspflichtig.[8] 26

2.3 Handelsgesellschaft als Kaufmann

Die Vorschriften für Kfl. sind nach § 6 Abs. 1 HGB auch auf **Handelsgesellschaften** anzuwenden. Zu den Handelsgesellschaften gehören die PersG (OHG, KG, KapCoGes, wie bspw. die typische GmbH & Co. KG) und die KapG (SE, AG, KGaA, GmbH, UG). Die EWIV (Europäische wirtschaftliche Interessenvereinigung) ist wie eine OHG zu behandeln.[9] 27

Keine Handelsgesellschaften sind die (typische und atypische) stille Gesellschaft gem. §§ 230 ff. HGB, die eG und der VVaG. Die Partnerschaftsgesellschaft ist nach § 1 Abs. 1 PartG nur den freien Berufen zugänglich, betreibt also kein Handelsgewerbe und ist nicht Kfm. Dies gilt auch für den Fall einer beschränkten Berufshaftung. 28

2.4 Keine Buchführungspflicht für Scheinkaufleute

Scheinkaufleute sind keine Kfl., werden aber in analoger Anwendung des § 5 HGB in bestimmten Fällen wie solche behandelt. Scheinkaufleute sind handelsrechtlich nicht buchführungspflichtig. 29

---

[7] Vgl. *Winkeljohann/Henckel*, in Beck Bil-Komm., 10. Aufl., 2016, § 238 HGB, Rz 8.
[8] Vgl. *Winkeljohann/Henckel*, in Beck Bil-Komm., 10. Aufl., 2016, § 238 HGB, Rz 7.
[9] Vgl. EWIV-Ausführungsgesetz v. 14.4.1988, BGBl 1988 I S. 514, geändert am 23.10.2008, BGBl 2008 I S. 2026, 2041.

3 Beginn und Ende der Buchführungspflicht

3.1 Beginn der Buchführungspflicht

30 Die Buchführungspflicht der §§ 238 ff. HGB beginnt mit der **Aufnahme eines Handelsgewerbes** i.S.d. § 1 HGB und bei einem Kleingewerbetreibenden mit der Einrichtung eines **in kaufmännischer Weise eingerichteten Geschäftsbetriebs** bzw. der früheren freiwilligen **Eintragung im Handelsregister** nach § 2 HGB.

31 Bei Handelsgesellschaften beginnt die Buchführungspflicht mit der Gründung (Abschluss des Gesellschaftsvertrags). Bei einem Tätigwerden vor der Gründung kann eine Buchführungspflicht nach §§ 238 ff. HGB dann bestehen, wenn der Handelnde Kfm. i.S.d. § 1 HGB ist oder eine Handelsgesellschaft i.S.d. § 6 Abs. 1 HGB vorliegt.[10]

3.2 Ende der Buchführungspflicht

32 Die Buchführungspflicht endet, wenn die Kaufmannseigenschaft endet. Bei einem **Handelsgewerbe** endet die Buchführungspflicht, wenn der Kfm. sein Handelsgewerbe tatsächlich einstellt. Fraglich ist, was als **tatsächliche Einstellung des Handelsgewerbes** anzusehen ist. Eine zeitweilige Stilllegung, ein Liquidations- oder Abwicklungsbeschluss, Vermögenslosigkeit, Löschung im HR (bei fortbestehendem Handelsgewerbe) oder Insolvenzeröffnung reichen für eine tatsächliche Einstellung nicht aus. Für den **Kaufmann** ist die endgültige Einstellung des Geschäftsbetriebs maßgebend. Bei **Handelsgesellschaften** endet die werbende Tätigkeit mit der Auflösung der Handelsgesellschaft; die Kaufmannseigenschaft erlischt jedoch erst mit dem Ende der Abwicklung der Gesellschaft. Damit besteht auch für den Abwicklungszeitraum Buchführungspflicht.[11]

33 Bei einem **Kleingewerbetreibenden**, der sich freiwillig nach § 2 HGB im HR hat eintragen lassen, endet die Kaufmannseigenschaft mit der Löschung aus dem HR; dies gilt entsprechend, wenn ein einstmaliges Handelsgewerbe zum Kleingewerbe herabsinkt.[12]

4 Einzelheiten der handelsrechtlichen Buchführung

4.1 Grundsätze ordnungsmäßiger Buchführung

34 Die Vorschriften des § 238 Abs. 1 HGB verpflichten den Kfm., bei der Führung seiner Bücher die **Grundsätze ordnungsmäßiger Buchführung** einzuhalten. Die Anordnung in § 238 Abs. 1 HGB, dass die GoB einzuhalten sind, hat klarstellenden Charakter (zu Einzelheiten zu den GoB s. § 239 Rz 5 ff.).

---

10 Vgl. ADS, 6. Aufl., § 238 HGB, Rz 17, 21, 22.
11 Dies gilt auch in Insolvenzfällen, vgl. IDW RH HFA 1.012, Tz 4.
12 Vgl. *Winkeljohann/Henckel*, in Beck Bil-Komm., 10. Aufl., 2016, § 238 HGB, Rz 29; ADS, 6. Aufl., § 238 HGB, Rz 23 f., 28.

4.2 Handelsgeschäft und Geschäftsvorfall

Die Buchführungspflicht betrifft nur „seine" Handelsgeschäfte. 35
„Seine" Handelsgeschäfte sind die Geschäfte, die seinem kaufmännischen Ge- 36
schäftsbetrieb zuzuordnen sind. Nicht von der Buchführungspflicht erfasst sind
die Privatgeschäfte des Kfm.
Zum Begriff der **Handelsgeschäfte** vgl. Viertes Buch des HGB (§§ 343 ff. HGB). 37
Die Buchführungspflicht erstreckt sich weiter nur auf **Geschäftsvorfälle**; Um- 38
stände oder Gegebenheiten, die die wirtschaftliche Lage des Kfm. beeinflussen,
aber zu keinem Geschäftsvorfall geführt haben, können in der Buchführung
dagegen nicht verzeichnet werden.[13]

> **Beispiel**
> Der einzige Konkurrent des Kfm. geht in Insolvenz, wodurch der Kfm. Monopolstellung erlangt, womit sich seine Ertragslage in Zukunft wesentlich verbessern wird. Es liegt kein Geschäftsvorfall vor, der gebucht werden kann.

4.3 Überblick über die Geschäftsvorfälle und die Lage des Unternehmens

Nach § 238 Abs. 1 Satz 2 HGB müssen die Handelsbücher einen Überblick über 39
die Geschäftsvorfälle und die Lage des Unt ermöglichen. Dies setzt eine richtige,
zeitgerechte, vollständige und geordnete Buchführung voraus (vgl. § 239
Rz 15 ff.).

4.4 Nachvollziehbarkeit der Geschäftsvorfälle von ihrer Entstehung bis zur Abwicklung

Nach § 238 Abs. 1 Satz 3 HGB müssen sich alle Geschäftsvorfälle in ihrer 40
Entstehung und Abwicklung nachverfolgen lassen. Dazu muss die Buchführung
ihre **Belegfunktion** erfüllen (vgl. § 239 Rz 39). Bei einer papierbasierten wie auch
elektronischen Buchführung bedeutet dies, dass sich die Geschäftsvorfälle von
den Belegen zu den Buchungen und von den Buchungen zurück zu den Belegen
verfolgen lassen müssen. Bei einer digitalen oder automatisierten Buchführung
erfordert dies ggf. eine Verfahrensdokumentation (vgl. § 239 Rz 41 f.).

4.5 Sachverständiger Dritter

Die Bücher müssen nach § 238 Abs. 1 Satz 2 HGB für einen **sachverständigen** 41
Dritten nachvollziehbar sein. Das Gesetz bestimmt nicht, welches Maß an Sachkunde erforderlich ist, um sachverständiger Dritter zu sein. Ausreichende Sachkunde erfordert, die Technik der Buchführung zu beherrschen, Bilanzen vollständig lesen und beurteilen zu können. Als sachkundige Personen sind bspw. entsprechend erfahrene Buchhalter, Betriebsprüfer des Finanzamts, StB, vBP und WP sowie die DPR bzw. die APAS anzusehen. Die Stellung als sachverständiger Dritter setzt also hinreichende Kenntnisse im Bereich der Buchführung und Rechnungslegung voraus, wobei der erforderliche Sachverstand abhängig von

---

[13] Vgl. *Moxter*, 1986, S. 9.

der Art, Größe und Komplexität der Buchführung ist. So können für bestimmte Sachverhalte bspw. Branchenkenntnisse, technische Kenntnisse oder Programmierungskenntnisse erforderlich sein (bspw. komplexes EDV-basiertes Warenwirtschaftssystem oder eine digitalisierte und automatisierte Buchführung).[14]

Die Digitalisierung und Automatisierung der Buchführung verändert die Anforderungen an einen sachverständigen Dritten. Erforderlich ist zusätzlich die Kenntnis der EDV-Systeme und ggf. die Fähigkeit zum Nachvollziehen von Verfahrensdokumentationen (vgl. § 239 Rz 41 f.). Es ist zweifelhaft, ob in Zukunft Buchhalter noch stets als sachverständige Dritte anzusehen sind. Bei entsprechenden Kenntnissen ist dies aber weiterhin zu bejahen. Für Amtspersonen und Berufsträger ist die Sachkunde hingegen zu unterstellen. Bei Berufsträgern ergibt sich eine entsprechende Fortbildungspflicht aus § 57 Abs. 2a StBerG bzw. § 43 Abs. 2 Satz 4 WPO sowie § 5 BS WP/VBP.

42 Die Nachvollziehbarkeit muss in **angemessener Zeit** möglich sein; das Gesetz bestimmt nicht, was als angemessener Zeitraum gilt. Die Bestimmung der angemessenen Zeit ist deshalb eine Frage des Einzelfalls und abhängig von Art, Umfang und Komplexität der Buchführung.

4.6 Handelsbücher des Kaufmanns

43 Das Gesetz schreibt nicht vor, welches **Buchführungssystem** der Kfm. für seine Handelsbücher zu verwenden hat. Es kommen folgende Buchführungssysteme infrage:[15]
- kameralistische Buchführung,
- einfache Buchführung,
- doppelte Buchführung.

44 Die **kameralistische Buchführung** wird in der Praxis durch öffentliche Haushalte und öffentliche Betriebe angewandt, aber mit den Initiativen zur Umstellung der Rechnungslegung der öffentlichen Haushalte auf die doppelte Buchführung zunehmend verdrängt und hat für die kaufmännische Rechnungslegung keine Bedeutung.

45 Die **einfache Buchführung** ermittelt die Bestände auf den Bilanzkonten durch Inventur und den Periodenerfolg über den Weg des Vermögensvergleichs; eine GuV entsteht dabei nicht. Eine solche Buchführung erlaubt nur sehr eingeschränkt die Verschaffung eines Überblicks über die Lage des Unt. Sie ist deshalb nur bei Handwerkerbuchführungen und Kleinstunternehmen zulässig und genügt dort für steuerliche Zwecke.

Die einfache Buchführung ist einer Digitalisierung und Automatisierung nicht zugänglich, da Inventuren i. d. R. nicht automatisiert vorgenommen werden. Die einfache Buchführung hat in der Praxis ohnehin keine Bedeutung mehr. Die Literatur weist zurecht darauf hin, dass mit der EÜR in § 241a HGB eine einfache Alternative gesetzlich verankert wurde.[16]

---

[14] Vgl. ADS, 6. Aufl., § 238 HGB, Rz 44, 45.
[15] Vgl. IDW RS ÖFA 1, Tz 7; *Winkeljohann/Henckel*, in Beck Bil-Komm., 10. Aufl., 2016, § 238 HGB, Rz 111–121; *Drüen*, in *Tipke/Kruse*, AO FGO, § 141 AO, Rz 26.
[16] Vgl. *Winkeljohann/Henckel*, in Beck Bil-Komm., 10. Aufl., 2016, § 238 HGB, Rz 120.

Die **doppelte Buchführung** ist das vorherrschende Buchführungssystem. 46
Sämtliche Geschäftsvorfälle werden im Soll und im Haben erfasst, wodurch
ein (geschlossenes) Buchführungssystem entsteht, das systemimmanent rechnerische und buchungstechnische Kontrollen enthält. Bei kaufmännischen
EDV-Buchführungsprogrammen ist die doppelte Buchführung durch die Programmierung vorgegeben und damit alternativlos.
Wesentlicher Vorteil der doppelten Buchführung sind die Abgleich- und Kontrollmöglichkeiten, die sich aus der doppelten Erfassung eines Buchungssatzes
jeweils im Soll und Haben ergeben. Diese Funktion wird durch die Automatisierung der Buchführung an Bedeutung gewinnen. Automatisierte Buchungsvorgänge können bspw. mit Hilfe von Ausgleichs-, Verrechnungs- oder Transitkonten überwacht werden, bei denen die Vorteile der doppelten Erfassung für
Zwecke der Überwachung und Abstimmung automatisiert ablaufender Buchungsprozesse genutzt werden.

> **Beispiel**
> Ein Buchführungsprogramm soll über eine Automatikfunktion zur Aufrechnung von Kundenforderungen mit Lieferantenverbindlichkeiten verfügen. Wird ein solcher Verrechnungslauf gestartet, werden bei identischem Gläubiger und Schuldner Forderungen und Verbindlichkeiten unter Abzug von Skonto miteinander aufgerechnet. Die Verrechnung erfolgt über ein Aufrechnungs-Transitkonto, um den automatischen Buchungsvorgang überwachen zu können. Bei ordnungsgemäßem Ablauf müssen sich die Gesamtbeträge der aufgerechneten Forderungen und Verbindlichkeiten entsprechen, das Transitkonto also einen Saldo von 0,00 EUR aufweisen. Ist dies nicht der Fall, ist der Aufrechnungslauf fehlerhaft abgelaufen.

Kein zulässiges Buchführungssystem ist die **Einnahmenüberschussrechnung**. 47
Dies ergibt sich daraus, dass sie für den Kfm. erst zulässig wird, wenn er nach
§ 241a HGB auf die Buchführung verzichtet (§ 241a Rz 6).
Das Gesetz macht keine Vorschriften zur **Art der Buchführung**, ob bspw. die 48
Bücher manuell oder mithilfe der EDV geführt werden. In der Praxis kommen
heute weitgehend nur noch EDV-Buchführungen vor.
Das Gesetz bestimmt auch nicht, welche **Handelsbücher** im Rahmen der Buch- 49
führungspflicht zu führen sind. Dies ist auch sachgerecht, da der Kfm. im Einzelfall entsprechend der GoB entscheiden muss, welche Nebenbücher er in welcher
Form benötigt, um den Überblick über die Lage des Unt wahren zu können.
Folgende Handelsbücher können unterschieden werden:
1. Grundbuch (oder Journal),
2. Hauptbuch und
3. Nebenbuch (oder Hilfsbuch).
Unter einem **Grundbuch (oder Journal)** wird die zeitlich geordnete Aufzeich- 50
nung von Geschäftsvorfällen verstanden. Durch das Grundbuch kann die Zeitgerechtigkeit der Buchführung (vgl. § 239 Rz 21) nachgewiesen werden.
Als **Hauptbuch** wird die sachlich geordnete Zusammenstellung der Geschäfts- 51
vorfälle bezeichnet. Die sachlich geordnete Zusammenstellung erfolgt über die
Zuordnung auf Sachkonten. Der Kfm. legt dazu einen Kontenplan (auch Kon-

tenrahmen genannt) an, in dem alle Sachkonten des Unt verzeichnet sind und hinreichend untergliedert sein müssen. Ein Untergliederungserfordernis oder -interesse kann sich bspw. aus betriebswirtschaftlichen Informationsinteressen, gesetzlichen Ausweis- und Gliederungsvorschriften oder aufgrund steuerrechtlicher Vorschriften ergeben. Insb. der § 5b EStG (E-Bilanz) erfordert eine sehr detaillierte Gliederung des Sachkontenplans in der Buchführung, wenn die für das Besteuerungsverfahren erforderlichen Positionen bereits mit der Buchführung erfasst werden sollen. In EDV-Buchführungsprogrammen sind meist ein oder mehrere Musterkontenrahmen hinterlegt, die an die individuellen Bedürfnisse des Kfm. angepasst werden können. Die modernen Kontenrahmen orientieren sich am Industrie-Kontenrahmen,[17] der dem Abschlussgliederungsprinzip folgt, sich also an den Gliederungsvorschriften der §§ 266, 275 HGB orientiert. Aber es sind auch branchenbezogene Kontenrahmen üblich. Zur Mindestgliederung der Bilanz vgl. § 247 Rz 11.

52 Als **Nebenbuch** wird ein gesondert geführtes Buch für ein bestimmtes Hauptbuchkonto (Sachkonto) bezeichnet. Mit der Führung eines Nebenbuchs vermeidet der Kfm., dass bei vielbebuchten Sachkonten Klarheit und Übersichtlichkeit der Kontenführung verloren gehen. Nebenbücher werden häufig für das AV, für die Lagerwirtschaft (bspw. im Rahmen einer permanenten Inventur), für Kunden (Debitoren), Lieferanten (Kreditoren), die Kasse und die Lohn- und Gehaltsabrechnung geführt. Im Nebenbuch werden die Geschäftsvorfälle dabei in übersichtlicher Weise verzeichnet, während im Hauptbuch z. T. nur die Bestandsveränderung des Kontos in Summe gebucht wird.

Das Erfordernis zur Führung eines Nebenbuchs ist grundsätzlich im Einzelfall anhand der GoB zu bestimmen. Neben Art und Umfang der Buchführung sind hierbei auch technische Anforderungen einzubeziehen. Die Automatisierung einer Buchführung kann die Führung von Nebenbüchern erforderlich machen, wenn andernfalls eine Kontrolle der automatischen Systeme nicht mehr oder nur noch unter unverhältnismäßigem Aufwand möglich ist.

53 Keine Einigkeit besteht, ob auch das **Wareneingangsbuch** nach § 143 AO bzw. das **Warenausgangsbuch** nach § 144 AO Handelsbücher sind.[18] Jedoch sind Aufzeichnungen zum Wareneingang bzw. Warenausgang i. d. R. Unterlagen, die nach § 238 Abs. 1 Satz 3 HGB zum Nachvollziehen der zugrunde liegenden Geschäftsvorfälle erforderlich sind. Darüber hinaus werden im Rahmen des IKS insb. bei großen Buchführungen stets Aufzeichnungen zu den Warenbewegungen erforderlich sein (bspw. Lieferschein/Liefermeldung für die Prüfung der inhaltlichen Richtigkeit einer Lieferantenrechnung), sodass die Frage, ob hier Handelsbücher vorliegen oder nicht, anhand der jeweiligen Umstände entschieden werden muss. Die Frage hat aber für die Praxis nahezu keine materielle Bedeutung, da die Führung der Wareneingangs- und Warenausgangsbücher steuerlich vorgeschrieben ist.

---

[17] Vgl. beispielhaft für einen Kontenrahmen: *Bundesverband der Deutschen Industrie e. V.*, Industriekontenrahmen IKR, 3. Aufl. 1990; *Winkeljohann/Henckel*, in Beck Bil-Komm., 10. Aufl., 2016, § 238 HGB, Rz 112.
[18] Zustimmend: *Pfitzer/Oser*, in *Küting/Pfitzer/Weber*, HdR, § 238 HGB, Rz 13, Stand 4/2011; ablehnend: *Winkeljohann/Henckel*, in Beck Bil-Komm., 10. Aufl., 2016, § 238 HGB, Rz 114.

5 Persönlicher Anwendungsbereich und Ort der Buchführung

5.1 Zur Buchführung verpflichtete Person

Die zur Buchführung **verpflichtete Person ist der Kaufmann**, der auch die Verantwortung für eine den GoB entsprechende Erledigung dieser Pflicht trägt. Es handelt sich dabei nicht um eine höchstpersönliche Pflicht, weshalb der Kfm. für die Erledigung seiner Pflicht auch Hilfspersonen bzw. Dritte einsetzen darf bzw. innerhalb des Kreises der verpflichteten Personen die Pflicht einzelnen Personen zuweisen darf (bspw. Finanzvorstand). 54

Der Kfm. hat beim Einsatz von **Hilfspersonen** oder von **Dritten** Folgendes zu beachten: 55

- Der Kfm. muss sich bei der Zusammenstellung des Kreises der Verpflichteten bzw. bei der Auswahl von Hilfspersonen oder Dritten von deren **persönlicher Eignung** überzeugen. Eine Person ist i.d.S. geeignet, wenn an ihrer Zuverlässigkeit, Gesetzestreue und Verschwiegenheit kein Zweifel besteht.
- Der Kfm. muss sich von der **fachlichen Eignung** der mit der Buchführung beauftragten Person überzeugen. Dazu gehört, dass er sich von der Fachkompetenz und – bei der Übertragung von Leitungsaufgaben – auch von den Führungsqualitäten der beauftragten Person überzeugt. Erworbene Berufsabschlüsse (bspw. Bilanzbuchhalter) zusammen mit entsprechender Berufserfahrung können ein Hinweis für eine ausreichende fachliche Eignung sein. Mit der Digitalisierung und Automatisierung der Buchführung erlangen EDV-Kenntnisse sowie die Fähigkeit zum Umgang und Verständnis von Buchführungsprogrammen eine zentrale Bedeutung.
- Er muss sich davon überzeugen, dass ein sachgerecht aufgebautes und funktionsfähiges **internes Kontrollsystem** eingerichtet ist, das die Einhaltung der GoB und die Aufbewahrung der Buchführung sicherstellt. Dies gilt auch bei einer Auslagerung der Buchführung auf Dritte. Dazu gehören mit Bezug auf Hilfspersonen insb. eine sachgerechte Organisation der Arbeitsabläufe und die Erteilung von Arbeitsanweisungen sowie die Einrichtung von Kontrollen. Soweit Kontrollprozesse digital abgebildet werden oder automatisch erfolgen, muss der EDV-Einsatz umfassend durchgesetzt werden und die Anwender entsprechend geschult werden. Für die Überwachung digital abgebildeter interner Kontrollsysteme gilt, dass im Rahmen einer Softwareprüfung die Ordnungsmäßigkeit der Prozesse untersucht und ggf. eine Verfahrensdokumentation (vgl. § 239 Rz 41 f.) erstellt werden muss.
- Der Kfm. muss seinen **Aufsichtspflichten** nachkommen. Dazu sind uneingeschränkte **Kontrollrechte** erforderlich; der Kfm. muss sich stets das uneingeschränkte **Weisungsrecht** vorbehalten. Dies gilt insbesondere auch, wenn er die Buchführung auf Dritte auslagert. Weiter muss er in angemessenem Umfang eigene Kontrollen vornehmen. Dazu gehören zumindest eine **regelmäßige Durchsicht auf Plausibilität** und die Nachverfolgung und Beseitigung **festgestellter Fehler**. Für die Kontrolltätigkeit können auch automatische systeminterne Kontrollen oder externe Kontrollen

56 Bei **StB, vBp und WP** kann die persönliche Eignung wegen entsprechender Berufspflichten vorausgesetzt werden, ebenso wie die fachliche Eignung. Weiter ist davon auszugehen, dass durch eine adäquate Kanzleiorganisation ein sachgerecht aufgebautes und funktionierendes buchführungsbezogenes IKS gegeben ist.

(bspw. Massendatenanalysen) herangezogen werden. Bezüglich weiterer Besonderheiten bei der Auslagerung der Buchführung wird auf RS FAIT 5 verwiesen.[19]

57 Bei **Handelsgesellschaften** ist die Geschäftsführung der Ges. das für die Buchführung verantwortliche Organ (§ 114 HGB – ggf. i. V. m. § 161 Abs. 2 HGB –, § 91 AktG, § 41 GmbHG, § 6 EWIV-Ausführungsgesetz); bei **juristischen Personen, die Vollhafter einer Personengesellschaft sind** (bspw. GmbH & Co. KG), liegt die Verantwortung für die Buchführung beim geschäftsführenden Organ der juristischen Person.

5.2 Ort der Buchführung

58 Das HGB trifft keine Regelung, an welchem **Ort** die nach §§ 238 ff. HGB vorgeschriebene Buchführung erfolgen muss. Deshalb bestehen handelsrechtlich keine Bedenken, die Buchführung bei Dritten oder im Ausland vornehmen zu lassen, wenn dort die handelsrechtlichen und sonstigen deutschen gesetzlichen Vorschriften sowie die GoB eingehalten werden.

59 Zur **Sicherung der Besteuerung** hat jedoch der Steuergesetzgeber in § 146 Abs. 2 Satz 1 AO vorgeschrieben, dass die Handelsbücher grds. in Deutschland zu führen und aufzubewahren sind. Dies gilt nach § 146 Abs. 2 Satz 2 AO nicht für ausländische Betriebsstätten, wenn nach ausländischem Recht Bücher zu führen sind und der Kfm. dieser Pflicht nachkommt.[20] Mit dem Jahressteuergesetz 2009 hatte der Gesetzgeber diese Vorschrift gelockert und § 146 Abs. 2a AO eingefügt, nach dem – auf Antrag – die elektronischen Bücher und sonstigen elektronischen Aufzeichnungen in einem anderen EU-/EWR-Staat geführt werden dürfen, wenn mit diesem Staat eine Amtshilfevereinbarung besteht und der Zugriff der FinVerw auf die Buchführungsdaten sichergestellt ist.[21] Mit dem Jahressteuergesetz 2010 hat der Gesetzgeber nun auch die **Verlagerung der elektronischen Bücher und sonstigen elektronischen Aufzeichnungen in Länder außerhalb der EU/EWR** zugelassen und die Zustimmung der ausländischen Stelle zum Datenzugriff gestrichen.

Die Vorschrift erlaubte und erlaubt nur die **Verlagerung der elektronischen Bücher und der sonstigen elektronischen Aufzeichnungen**, nicht jedoch die Verlagerung der Papierdokumentation. Immerhin ermöglicht die Vorschrift es damit bspw. internationalen Konzernen, ihre weltweite Buchführung auf einem ausländischen Server zu speichern.

---

[19] Vgl. ADS, 6. Aufl., § 238 HGB, Rz 48, 49; IDW RS FAIT 5, Rz 45 f., Rz 62 f.
[20] Vgl. *Winkeljohann/Henckel*, in Beck Bil-Komm., 10. Aufl., 2016, § 238 HGB, Rz 132 ff.
[21] Vgl. *Lange/Regnier*, DB 2009, S. 1256 f.

> **Beispiel**
> Ein ausländischer, börsennotierter Konzern setzt eine internationale Buchführungssoftware ein, die bei den Tochterges. einheitlich zum Einsatz kommt. Sämtliche Daten der elektronischen Buchführung liegen auf einem Server in den USA, die Buchhalter der weltweiten Tochterges. greifen über einen Cloud-Zugang darauf zu. Handelsrechtlich bestehen gegen eine Lagerung der elektronischen Buchhaltungsdaten in den USA normalerweise keine Bedenken.
> Steuerlich darf die Lagerung der elektronischen Buchführung in den USA nur mit Zustimmung des Finanzamts erfolgen. Papierbelege müssen weiter in Deutschland aufbewahrt werden. Deren Lagerung in den USA ist steuerlich unzulässig; mit dem ersetzenden Scannen bzw. den elektronischen Rechnungen wird diese Beschränkung faktisch bedeutungslos.

6 Grundsätze ordnungsmäßiger Konzernbuchführung

In der Praxis wird zum Teil von **Konzernbuchführung** gesprochen. Es handelt sich hierbei jedoch nicht um eine Buchführung, sondern um die Bilanzierung von Konzernsachverhalten. Diese befasst sich mit

- der Festlegung der einzubeziehenden Jahresabschlüsse (Konsolidierungskreis),
- der Anpassung der einbezogenen Jahresabschlüsse an die konzerneinheitlichen Ansatz- und Bewertungsvorschriften (HB II) und Fortschreibung der Anpassungsbuchungen,
- der Umrechnung von Fremdwährungsabschlüssen,
- der Kapitalkonsolidierung,
- der Schuldenkonsolidierung,
- der Zwischengewinneliminierung,
- der Aufwands- und Ertragskonsolidierung,
- der Ermittlung der im Konzernabschluss anzusetzenden latenten Steuern,
- der Ermittlung und Fortschreibung von konsolidierungsbedingten Anpassungen und
- der Erfassung und Fortschreibung von originären Konzerngeschäftsvorfällen.

Die Vorschriften zur Konzernrechnungslegung selbst nehmen keinen Bezug auf die **Buchführungspflichten** der §§ 238 ff. HGB und schreiben damit zunächst keine Konzernbuchführung vor.

Jedoch verlangt § 297 Abs. 2 Satz 2 HGB, dass der Konzernabschluss unter Beachtung der GoB ein den tatsächlichen Verhältnissen entsprechendes Bild der Vermögens-, Finanz- und Ertragslage vermittelt. In Art. 27 Abs. 1 EGHGB spricht der Gesetzgeber von einer Einbeziehung in den Konzernabschluss entsprechend der **Grundsätze ordnungsmäßiger Konzernbuchführung**; in § 342 Abs. 2 HGB hat der Gesetzgeber für die Verlautbarungen des DRSC die Vermutung formuliert, dass es sich um Grundsätze ordnungsmäßiger Konzernbuchführung handelt, wenn die Verlautbarungen vom BMJ bekannt gemacht worden sind.

63 Der Auffassung,[22] die **GoB für die Buchführung seien auf den Konzernabschluss analog anzuwenden, kann nicht uneingeschränkt zugestimmt werden.** Der Gesetzgeber bezeichnet mit dem Begriff Buchführung die laufende Aufzeichnung von Geschäftsvorfällen bzw. die Inventur – in Abgrenzung zu Aufzeichnungen, die für die Erstellung eines Jahresabschlusses anzufertigen sind, also nicht laufend, sondern nur innerhalb der Aufstellungsfristen erfolgen müssen. Der Konzernabschluss nach HGB erfordert jedoch keine laufenden Aufzeichnungen und auch keine Inventur konzernspezifischer VG oder Schulden, da es sich hier um rechnerische Posten handelt, die keiner Inventurpflicht unterliegen. Lediglich nach IFRS ist als seltener Ausnahmefall bspw. eine zeitnahe Designation für das Hedge Accounting (die Bilanzierung von Sicherungsbeziehungen) auf Konzernebene vorgeschrieben, wobei sich nur bei abweichender Behandlung der Sicherungsbeziehung in IFRS-EA und IFRS-Konzernabschluss ein originärer Konzerngeschäftsvorfall ergibt.[23] Für solche originären Konzerngeschäftsvorfälle gelten die in den §§ 238–241 HGB kodifizierten GoB analog. Deshalb formuliert der Gesetzgeber nicht präzise, wenn er von Grundsätzen ordnungsmäßiger Konzernbuchführung spricht – gemeint sind **Grundsätze ordnungsmäßiger Konzernbilanzierung.**

64 Die GoB sind wie folgt in eingeschränktem Umfang auf die Konzernbilanzierung übertragbar: Auch Abschlussbuchungen für den Konzernabschluss müssen die Anforderung der **Nachvollziehbarkeit** erfüllen (vgl. § 239 Rz 15 ff.), weswegen sie dem Grundsatz der **Geordnetheit** (§ 239 Rz 26) entsprechen müssen. **Abkürzungen** müssen erläutert und eine **lebende Sprache** verwendet werden (vgl. § 239 Rz 5 ff.). Diese formalen Grundsätze gelten in gleicher Weise für die laufende Buchführung wie für die Bilanzierung. Unterschiede zeigen sich jedoch beim Grundsatz der **Zeitgerechtigkeit** nach § 239 Abs. 2 HGB (§ 239 Rz 21). Dieser gilt für die laufende Buchführung, nicht jedoch für die Inventur und die Bilanzierung. Die 30-Tage-Frist (vgl. § 239 Rz 25) ist für die Abschlussbuchungen für den Konzernabschluss gar nicht umsetzbar. Für die Abschlussbuchungen ist lediglich zu fordern, dass sie **vor der Aufstellung des Konzernabschlusses** vorgenommen wurden. Für das **Vollständigkeitserfordernis** des § 239 Abs. 2 HGB gelten für die Konzernbuchführung großzügigere Regeln wie für die Buchführung: § 296 Abs. 2 HGB erlaubt die Nichteinbeziehung unwesentlicher TU, ebenso gelten für die Schuldenkonsolidierung in § 303 Abs. 2 HGB, für die Zwischengewinneliminierung in § 304 Abs. 2 HGB, für die Aufwands- und Ertragskonsolidierung in § 305 Abs. 2 HGB und für die einheitliche Bewertung in § 308 Abs. 2 Satz 3 HGB Wesentlichkeitshürden, während in der Buchführung alle – auch unbedeutende Geschäftsvorfälle – zu erfassen sind. Für die **Richtigkeit** der Konzernbuchführung kann ebenfalls nur ein am Wesentlichkeitsgrundsatz angelehnter Maßstab gelten.
IDW RS HFA FAIT 4 befasst sich mit der Ordnungsmäßigkeit der **IT-gestützten Konzernbuchführung.** An die Ordnungsmäßigkeit eines IT-Prozesses sind andere Anforderungen zu stellen als an die Konzernbilanzierung, da die Ordnungsmäßigkeit eines Systems, nicht die Ordnungsmäßigkeit eines Konzernabschlusses zu beurteilen ist. Die an ein IT-System zu stellenden, strengeren

---

[22] Vgl. ADS, 6. Aufl., § 238 HGB, Rz 54 f.
[23] Vgl. *IAS* 39.88.

Anforderungen können nicht auf die Konzernbilanzierung übertragen werden. Der begrifflichen Gleichsetzung von Zeitgerechtigkeit und Periodengerechtigkeit kann auch aus IT-Sicht nicht gefolgt werden.

7 Aufbewahrungspflicht einer Kopie der abgesandten Handelsbriefe (Abs. 2)

§ 238 Abs. 2 HGB schreibt die **Zurückbehaltung einer Kopie der abgesandten Handelsbriefe** vor. An diese Vorschrift zur Zurückbehaltung knüpfen die Aufbewahrungsfristen des § 257 HGB an (§ 257 Rz 8). Zum Begriff **Handelsbrief** vgl. § 257 Rz 13. Zum Begriff **vollständige Kopie** bzw. zur **Aufbewahrung auf Datenträgern** vgl. § 257 Rz 17 ff.

§ 239 Führung der Handelsbücher

(1) ¹Bei der Führung der Handelsbücher und bei den sonst erforderlichen Aufzeichnungen hat sich der Kaufmann einer lebenden Sprache zu bedienen. ²Werden Abkürzungen, Ziffern, Buchstaben oder Symbole verwendet, muß im Einzelfall deren Bedeutung eindeutig festliegen.

(2) Die Eintragungen in Büchern und die sonst erforderlichen Aufzeichnungen müssen vollständig, richtig, zeitgerecht und geordnet vorgenommen werden.

(3) ¹Eine Eintragung oder eine Aufzeichnung darf nicht in einer Weise verändert werden, daß der ursprüngliche Inhalt nicht mehr feststellbar ist. ²Auch solche Veränderungen dürfen nicht vorgenommen werden, deren Beschaffenheit es ungewiß läßt, ob sie ursprünglich oder erst später gemacht worden sind.

(4) ¹Die Handelsbücher und die sonst erforderlichen Aufzeichnungen können auch in der geordneten Ablage von Belegen bestehen oder auf Datenträgern geführt werden, soweit diese Formen der Buchführung einschließlich des dabei angewandten Verfahrens den Grundsätzen ordnungsmäßiger Buchführung entsprechen. ²Bei der Führung der Handelsbücher und der sonst erforderlichen Aufzeichnungen auf Datenträgern muß insbesondere sichergestellt sein, daß die Daten während der Dauer der Aufbewahrungsfrist verfügbar sind und jederzeit innerhalb angemessener Frist lesbar gemacht werden können. ³Absätze 1 bis 3 gelten sinngemäß.

WP STB LUKAS GRAF

Inhaltsübersicht	Rz
1 Überblick	1–4
2 Die kodifizierten Grundsätze ordnungsmäßiger Buchführung	5–29
2.1 Lebende Sprache (Abs. 1 Satz 1)	5–13
2.2 Abkürzungen, Ziffern, Buchstaben und Symbole (Abs. 1 Satz 2)	14
2.3 Vollständigkeit (Abs. 2)	15–17
2.4 Richtigkeit (Abs. 2)	18–20
2.5 Zeitgerechte Erfassung (Abs. 2)	21–28
2.6 Geordnetheit (Abs. 2)	29
3 Unveränderlichkeit (Abs. 3)	30–35
4 Führung der Handelsbücher (Abs. 4 Satz 1)	36–54
4.1 Einführung	36
4.2 Belegbuchführung	37
4.3 Datenträger-/EDV-Buchführung	38–54
5 Verfügbarkeit und Lesbarmachung (Abs. 4 Satz 2)	55–59

1 Überblick

§ 239 HGB regelt für Kfl. Einzelheiten zur Führung der Handelsbücher; für Nichtkaufleute enthält § 146 AO nahezu inhaltsgleiche Anforderungen. § 239 HGB enthält folgende Regelungen:
- Abs. 1 regelt die **Sprache**, in der die Bücher zu führen sind (Rz 5f.), und benennt Voraussetzungen für die Verwendung von **Abkürzungen** u.a. (Rz 14),
- Abs. 2 enthält Vorschriften zu den **formalen Anforderungen an die Eintragungen** in den Handelsbüchern (Rz 15f.),
- Abs. 3 verlangt die **Unveränderlichkeit der Eintragungen** in den Handelsbüchern (Rz 30f.) und
- Abs. 4 erlaubt die Führung von Handelsbüchern als **geordnete Ablage** (Rz 37) oder **auf Datenträgern** (Rz 38f.).

Die Vorschrift des § 239 HGB enthält also Vorgaben zur **äußeren Form** der Handelsbücher.

Zum Normenzusammenhang der Vorschrift zu den §§ 238, 240–241a HGB vgl. § 238 Rz 6.

Zum **Anwendungsbereich** der Vorschrift vgl. § 238 Rz 1. Betreffend **Wegfall der Pflicht zur Führung von Handelsbüchern** vgl. § 241a Rz 4.

2 Die kodifizierten Grundsätze ordnungsmäßiger Buchführung

2.1 Lebende Sprache (Abs. 1 Satz 1)

§ 239 Abs. 1 Satz 1 HGB schreibt vor, dass der Kfm. seine Handelsbücher in einer **lebenden Sprache** führen muss. Im Normalfall wird ein nach HGB buchführungspflichtiger Kfm. seine Handelsbücher allein schon aus praktischen Erwägungen heraus in **deutscher Sprache** führen. Die Vorschrift lässt aber auch zu, dass der Kfm. seine Handelsbücher in einer Fremdsprache führt. Soweit er sich einer **Fremdsprache** bedient, kann die FinVerw nach § 146 Abs. 3 Satz 2 AO auf Kosten des Kfm. die Vorlage von Übersetzungen verlangen.

Sinn und Zweck dieser Vorschrift ist es, dem Kfm. die Benutzung seiner **Muttersprache** zu erlauben, um ihm die Führung der Handelsbücher und die Selbstinformation über die Lage seines Unt. zu erleichtern.[1]

Die **sorbische (wendische) Sprache** ist in den sorbischen Heimatkreisen in Sachsen (Landkreise Bautzen und Görlitz) bzw. dem angestammten Siedlungsgebiet in Brandenburg (Cottbus, Landkreise Dahme-Spreewald, Oberspreewald-Lausitz und Spree-Neiße) der deutschen Sprache gleichgestellt und darf ohne Kosten- und sonstige Nachteile vor deutschen Behörden verwendet werden (§ 8 SächsSorbG, § 9 SWG). Dies muss auch für die Buchführung gelten. Als lebende Sprache ist ihre Verwendung stets auch außerhalb der genannten Gebiete zulässig, es greift jedoch dann keine Regelung zum Kostenschutz mehr. Für den Jahresabschluss darf die sorbische Sprache nicht verwendet werden (vgl. Rz 13).

---

1 Vgl. *Drüen*, in *Tipke/Kruse*, AO FGO, § 146 AO Rz 53.

> **Beispiel**
> Der japanische Kfm. J kommt nach Düsseldorf und eröffnet ein Reisebüro, das sich auf Reiseangebote für die dort ansässigen Japaner spezialisiert. Der Kfm. J spricht nur japanisch. Er darf seine Handelsbücher in japanischer Sprache führen.

7   Der Kfm. darf aber auch eine **andere Fremdsprache** wählen;[2] dies kann zweckmäßig sein, um bspw. die Kontrolle durch ein ausländisches MU durch eine konzernweit einheitliche Sprache in der Buchführung zu erleichtern.

> **Beispiel**
> Die D-GmbH ist eine Vertriebstochter der UK Ltd. in London, hat nur im Vertrieb tätige Geschäftsführer und Angestellte und lässt die Buchführung durch einen deutschen StB erledigen. Damit der Beteiligungscontroller in England die Eintragungen in der Buchführung durch den StB nachvollziehen kann, hat er ihm nach § 239 Abs. 1 Satz 1 HGB zulässigerweise den Auftrag erteilt, für die Buchführung die englische Sprache zu verwenden.

8   Bei der Wahl der Sprache gelten **grds. keine Beschränkungen**. Es besteht auch keine Bindung an die Sprache eines MU oder TU bzw. einer ausländischen Zweigniederlassung.[3]

> **Beispiel**
> Eine in Deutschland neu gegründete GmbH führt ihre Handelsbücher in englischer Sprache, obwohl sie keine ausländischen Zweigniederlassungen hat und keine Geschäftsaktivitäten mit dem Ausland unterhält. Der Gesellschaftszweck sieht jedoch eine Expansion des Geschäfts ins Ausland vor, weshalb sich die Ges. von vornherein entschieden hat, die gesamten Bücher der Ges. in einer Weltsprache zu führen.

9   Es ist zulässig und in vielen Fällen sogar unvermeidbar, die Buchführung eines Unt in **mehreren lebenden Sprachen** zu führen – die Formulierung in § 239 Abs. 1 HGB „eine (...) lebende Sprache" ist nicht so auszulegen, dass nur eine unternehmenseinheitliche Sprache für die gesamte Buchführung zulässig ist. Es ist stets zulässig, eine **Niederlassungsbuchführung** in der jeweiligen Landessprache zu führen.

> **Beispiel**
> Die deutsche M-GmbH hat ihren Sitz in Meißen. Daneben hat die M-GmbH eine Zweigniederlassung in Arita (Japan).
> Die Buchführung in Meißen erfolgt in deutscher Sprache, für die Niederlassungsbuchführung in Arita verwendet die Ges. die dortige Landessprache –

---

[2] Vgl. *Winkeljohann/Henckel*, in Beck Bil-Komm., 10. Aufl., 2016, § 239 HGB, Rz 5; a. A. *Kußmaul*, in *Küting/Pfitzer/Weber*, HdR, § 239 HGB, Rz 2, Stand 3/2010.
[3] Vgl. ADS, 6. Aufl., § 239 HGB, Rz 14; a. A. *Kußmaul*, in *Küting/Pfitzer/Weber*, HdR § 239 HGB, Rz 2, Stand 3/2010.

> also das Japanische –, da die Buchhalter vor Ort nur japanisch sprechen. Die
> Führung der Handelsbücher der Ges. in deutscher und japanischer Sprache ist
> nach § 239 Abs. 1 HGB zulässig, da es sich um lebende Sprachen handelt.
> Der Jahresabschluss der M-GmbH muss dagegen nach § 244 HGB in deutscher Sprache aufgestellt werden.

Die Verwendung unterschiedlicher Sprachen in einer Buchführung darf jedoch nicht in einer solchen Weise erfolgen, dass die **Nachvollziehbarkeit** (§ 238 Rz 40) der Buchführung grundlegend beeinträchtigt wird; dennoch ist die Verwendung mehrerer Sprachen zulässig. 10

> **Beispiel**
> Ein deutsches Unt unterhält Niederlassungen in Belgien. Die Buchhaltungsabteilung ist in Liège (BE) ansässig und verwendet die französische Sprache. Die Niederlassung in Antwerpen bucht ihre Ausgangsrechnungen selbst und verwendet dafür die niederländische Sprache. Die monatlichen Abgrenzungen und Umlagen bucht die Zentrale in Deutschland in deutscher Sprache. Die Verwendung unterschiedlicher Sprachen ist zulässig – im Übrigen sind Französisch, Niederländisch und Deutsch offizielle Landessprachen in Belgien.

Abzulehnen ist eine **willkürliche Wahl** einer Sprache. Willkürlich ist die Wahl einer Sprache, wenn es für die Wahl keine sachlichen Gründe gibt oder die Wahl der Sprache treuwidrig ist. Nach der hier vertretenen Auffassung ist es unzulässig, dass der Kfm. eine Fremdsprache für die Buchführung verwendet, um bspw. einem Kommanditisten die Einsichtsrechte in die Buchführung nach § 166 Abs. 1 HGB zu erschweren. Es ist auch nicht mit der Sorgfaltspflicht eines Kfm. vereinbar, wenn durch Verwendung einer Fremdsprache hohe Übersetzungskosten bspw. bei Betriebsprüfungen anfallen. Die Auffassung, ein deutscher Kfm. dürfe für seine deutsche Buchführung nur die deutsche Sprache verwenden,[4] ist zu restriktiv und übersieht, dass der Kfm. ein berechtigtes Interesse an der Verwendung einer Fremdsprache haben kann (vgl. Rz 8). 11

Nicht zulässig ist die Verwendung einer **„toten" Sprache**. Der Gesetzgeber hat nicht bestimmt, was er als „tote" Sprache versteht. Dazu gehören nach allgemeiner Auffassung Latein, Altgriechisch und sonstige historische, nicht mehr gesprochene Sprachen; dazu gehören auch Kunstsprachen wie Esperanto, Kurzschrift oder Programmiersprachen.[5] Die früher geäußerte Auffassung, die Bücher einer deutschen Niederlassung eines „vatikanischen Unternehmens" dürften in Latein geführt werden, denn man dürfe in dieser Frage nicht „unpäpstlicher als der Papst" sein,[6] wird nicht geteilt. Der Autor hat diese Auffassung im Übrigen 12

---

[4] Vgl. *Kußmaul*, in *Küting/Pfitzer/Weber*, HdR, § 239 HGB, Rz 2, Stand 3/2010.
[5] Vgl. *Winkeljohann/Henckel*, in Beck Bil-Komm., 10. Aufl., 2016, § 239 HGB, Rz 5; *Drüen*, in *Tipke/Kruse*, AO FGO, § 146 AO, Rz 52.
[6] Vgl. *Hoffmann/Lüdenbach*, NWB-Kommentar Bilanzierung, 7. Aufl., 2016, § 239 HGB Rz 2; Auffassung inzwischen aufgegeben.

inzwischen aufgegeben.[7] Keine tote Sprache ist das Hebräische.[8] Ob auch Dialekte, sterbende Sprachen oder exotische Sprachen dem Gedanken der lebenden Sprache entsprechen, ist in der Literatur nicht abschließend geklärt.[9] Jedoch spricht vieles dafür, eine (noch) lebende Sprache dann wie eine „tote" Sprache zu behandeln, wenn es faktisch unmöglich ist, innerhalb angemessener Zeit eine Übersetzung oder einen Dolmetscher (bspw. wegen § 146 Abs. 3 Satz 2 AO) zu beschaffen, da ein solcher Umstand die Nachvollziehbarkeit behindert und der Beweiskraft der Buchführung nach § 258 HGB entgegensteht.[10] Die Forderung einer jederzeitigen Verfügbarkeit eines Dolmetschers oder Übersetzers ist jedoch zu restriktiv. Eine (noch) lebende Sprache ist nach der hier vertretenen Auffassung dann einer toten Sprache gleichzustellen, wenn die Sprache für Dinge des täglichen Geschäftslebens keine Begriffe vorhält, also **keine allgemeine Sprachfortentwicklung** (bspw. auch mittels Lehnwörter) mehr stattfindet. Nach diesem Maßstab sind Dialekte i. d. R. als lebende Sprachen einzustufen, exotische oder sehr seltene Sprachen dann als tote Sprachen einzustufen, wenn die allgemeine Sprachfortentwicklung beendet ist. Latein ist zwar offizielle Landessprache im Vatikan[11] – aber selbst ein mit Segen des Papstes für einen „vatikanischen Supermarkt" festgelegtes lateinisches Kunstwort für ein Kardinalspurpur-Waschmittel kann das Fehlen einer allgemeinen lateinischen Sprachfortentwicklung nicht ausgleichen. Die Verwendung einer Sprache, die keine Schriftsprache hat, scheidet schon aus praktischen Gründen aus.

13   Keine freie Sprachwahl hat der Kfm. dagegen beim gesetzlichen **Jahres- und Konzernabschluss** nach HGB bzw. **Einzel- und Konzernabschluss** nach IFRS; diese sind stets in deutscher Sprache aufzustellen (§ 244 Rz 4, § 298 Rz 7, § 315e Rz 17, § 325 Rz 64). Bei der **Offenlegung** des Jahresabschlusses einer ausländischen KapG mit Zweigniederlassung in Deutschland ist nach § 325a HGB eine Offenlegung in **englischer Sprache** zulässig (§ 325a Rz 35).

2.2 Abkürzungen, Ziffern, Buchstaben und Symbole (Abs. 1 Satz 2)

14   Die Verwendung von **Abkürzungen, Ziffern, Buchstaben und Symbolen** ist grds. zulässig;[12] soweit diese allgemein verständlich sind, unterliegt deren Anwendung keinen Einschränkungen. Soweit diese nicht allgemein verständlich

---

7   Vgl. *Hoffmann/Lüdenbach*, NWB-Kommentar Bilanzierung, 8. Aufl., 2017, § 239 HGB Rz 2.
8   Vgl. *Drüen*, in *Tipke/Kruse*, AO FGO, § 146 AO, Rz 52.
9   Bejahend: vgl. *Drüen*, in *Tipke/Kruse*, AO FGO, § 146 AO, Rz 52, der in diesem Zusammenhang ausführt, dass eine Sprache nicht so weit verbreitet sein müsse, dass jederzeit ein Dolmetscher kurzfristig erreichbar sei, es aber offenlässt, wie der Fall zu behandeln ist, wenn ein Dolmetscher nur schwer oder überhaupt nicht erreichbar ist; kritisch dagegen ADS, 6. Aufl., § 239 HGB, Rz 14; a. A. *Winkeljohann/Henckel*, in Beck Bil-Komm., 10. Aufl., 2016, § 239 HGB, Rz 5.; *Hoffmann/Lüdenbach*, NWB-Kommentar Bilanzierung, 8. Aufl., 2017, § 239 HGB Rz 2 gehen davon aus, dass eine tote Sprache sei, welche von niemandem als Muttersprache gesprochen wird, was eine sehr enge, aber auch eine sehr weite Auffassung sein kann.
10 Vgl. *Winkeljohann/Henckel*, in Beck Bil-Komm., 10. Aufl., 2016, § 239 HGB, Rz 5; *Kußmaul*, in *Küting/Pfitzer/Weber*, HdR, § 239 HGB, Rz 2, Stand 3/2010.
11 *Hoffmann/Lüdenbach*, NWB-Kommentar Bilanzierung, 8. Aufl., 2017, § 239 HGB Rz 2.
12 Vgl. ADS, 6. Aufl., § 239 HGB, Rz 12, 15; *Winkeljohann/Henckel*, in Beck Bil-Komm., 10. Aufl., 2016, § 239 HGB, Rz 8; *Drüen*, in *Tipke/Kruse*, AO FGO, § 146 AO, Rz 56; IDW RS FAIT 1, Tz 39.

sind, ist ein Abkürzungsverzeichnis anzulegen. Dieses unterliegt dann als Teil der Buchführung den Aufbewahrungs- und Beweissicherungsvorschriften der §§ 257–261 HGB. Nicht zulässig ist es jedoch, die gesamte Buchführung in Kurzschrift zu führen. Insbesondere moderne, komplexe Buchführungsprogramme kennzeichnen Buchungsvorgänge durch Abkürzungen, Buchungsschlüssel, Buchstaben oder Zahlen, die in der Programmdokumentation vollständig erläutert sein müssen.

> **Beispiel**
> Der Kfm. hat sein Buchführungsprogramm so programmieren lassen, dass offene Forderungen aus L&L, die älter als sechs Monate sind, automatisch um 50 % einzelwertberichtigt werden. Das Programm vermerkt dabei als Buchungstext die Abkürzung „EWB6M50 %". Diese Abkürzung muss in der Programmdokumentation erläutert werden.

2.3 Vollständigkeit (Abs. 2)

Die Buchführung muss **vollständig** sein; es gilt der Grundsatz „kein Beleg ohne Buchung", also die Verpflichtung zur lückenlosen Erfassung aller Geschäftsvorfälle.[13] An die erfassten Geschäftsvorfälle knüpfen dann die Aufbewahrungsvorschriften der §§ 257 f. HGB an (§ 257 Rz 10). 15

> **Beispiel**
> Der Kfm. betreibt eine Gaststätte. Einen Teil der Umsätze bucht er ein, den Rest steckt er „schwarz" ein. Die Buchführung des Kfm. ist unvollständig, da seine Umsätze nicht lückenlos in seinen Handelsbüchern verzeichnet sind.

Zur Sicherung der Vollständigkeit muss der Kfm. ein **internes Kontrollsystem** einrichten, das für die vollständige Erfassung aller Geschäftsvorfälle sorgt.[14] 16

Die Vollständigkeit der Buchführung ist jedoch dadurch begrenzt, dass **nur Geschäftsvorfälle** gebucht werden müssen.[15] Chancen, Risiken, Möglichkeiten oder Umstände, die zwar den Wert eines Unt wesentlich beeinflussen können, aber zu keinem Geschäftsvorfall geführt haben (und auch keine Rückstellung oder Abschreibung erfordern), werden durch die Buchführung nicht erfasst. 17

2.4 Richtigkeit (Abs. 2)

Die Forderung nach **Richtigkeit der Buchführung** bezieht sich auf Dokumente, Belege, Geschäftsvorfälle, Buchungen und Konten. Richtig bedeutet, dass der Gegenstand der Geschäftsvorfälle zutreffend abgebildet und die Buchung der Technik nach richtig vorgenommen wird.[16] Es ist nicht zulässig, fiktive Buchungen vorzunehmen. 18

---

13 Zur steuerlichen Anknüpfung an die Verfolgbarkeit in der Buchführung vgl. *Siewert*, in *Frotscher/Geurts*, EStG, § 6b EStG, Rz 99, Stand 1/2014.
14 Vgl. ADS, 6. Aufl., § 239 HGB, Rz 18; *Quick/Wolz*, in *Baetge/Kirsch/Thiele*, Bilanzrecht, § 239 HGB, Rz 22, Stand 6/2009.
15 Vgl. *Moxter*, 1986, S. 9.
16 Vgl. *Quick/Wolz*, in *Baetge/Kirsch/Thiele*, Bilanzrecht, § 239 HGB, Rz 25, Stand 6/2009.

> **Beispiel**
> Der Kfm. lässt sich zum Jahresende eine Rechnung über eine nicht empfangene Leistung ausstellen. In der Rechnung ist der Vorgang so dargestellt, als sei die Leistung bereits empfangen worden. Der Kfm. bucht sofort Aufwand – dies ist eine fiktive Buchung, da kein Geschäftsvorfall vorliegt. Im Folgejahr empfängt er die Leistung; eine Buchung nimmt er nicht mehr vor. Der Vorgang ist in beiden Gj nicht richtig dargestellt.

19 Im Rahmen von Betriebsprüfungen werden Buchhaltungsdaten zum Teil mittels Massendatenprüfungen auf ihre Richtigkeit – oder vielmehr auf Auffälligkeiten – hin untersucht. Dabei kommen „Prüfverfahren" wie bspw. der **Benford-Test** oder **Chi-Quadrat-Test** zum Einsatz. Zeigen diese Tests auffällige Werte, wird dies teilweise als Verstoß gegen das Richtigkeitsgebot der Buchführung aufgefasst. Es stellt sich deshalb die Frage, ob es so etwas wie eine „digitale Richtigkeit" der Buchführung gibt.
Das **Benford-Gesetz**[17] beruht auf der Auswertung einer großen Zahlenmenge und kommt zu dem Ergebnis, dass die Anfangsziffern von Zahlen ungleich verteilt sind. Nach Benford ist dabei die 1 die häufigste Anfangsziffer. Die übrigen Anfangsziffern bis zur 9 kommen dabei mit stetig abnehmender Wahscheinlichkeit vor. Eine vom Menschen „zufällig" gewählte Verteilung weicht dagegen von der „natürlichen" Verteilung nach Benford ab. Wird die Buchführung bspw. manipuliert, kann es zu auffälligen Abweichungen vom Benford-Gesetz kommen. Betriebsprüfer machen sich diese Erkenntnis bei der Datenprüfung zunutze. Es könnte deshalb angenommen werden, dass eine Abweichung vom Benford-Gesetz per se ein Verstoß gegen die Richtigkeit der Buchführung darstellt.

> **Beispiel**
> Die Datenauswertung eines Internet-Shops ergibt, dass die Anfangsziffern des Bestellwerts auffällig sind. Die Anfangsziffern 2 und 5 kommen auffällig häufig vor, die Anfangsziffer 1 ungewöhnlich selten. Der Betriebsprüfer legt dieses Prüfungsergebnis in der Schlussbesprechung vor und verlangt eine Erklärung.
> Für diese Auffälligkeit gibt es eine plausible Erklärung, die den Verdacht einer Manipulation ausräumt. Für Einkäufe unter 20,00 EUR wird vom Internet-Shop ein Mindermengenzuschlag von 5,00 EUR erhoben, weswegen viele Kunden weitere Artikel kaufen, bis die 20,00 EUR-Grenze erreicht oder überschritten ist. Deshalb kommt die 2 als Anfangsziffer ungewöhnlich häufig vor, die Anfangsziffer 1 dagegen so gut wie gar nicht. Dies gilt in gleicher Weise für die 5, da ab einem Bestellwert von 50,00 EUR die Versandkostenpauschale von 3,50 EUR entfällt.

---

[17] *Klindwort*, Handbuch der Datenprüfung, Hamburg 2006, S. 68 f., 81 f.; *Goldshteyn/Gabriel/Thelen*, Massendatenanalysen in der Jahresabschlussprüfung, Düsseldorf 2013, S. 218.

Der **Chi-Quadrat-Test**[18] beruht ebenfalls auf der Erkenntnis, dass Menschen unbewusst Zahlen vorziehen oder meiden und damit manipulierte Zahlen nicht der „natürlichen" Zahlenverteilung entsprechen.
Festzuhalten ist, dass es eine „digitale Richtigkeit" der Buchführung nicht gibt. Es gibt keinen zwingenden sachlogischen Zusammenhang, der von einer Auffälligkeit nach dem Chi-Quadrat-Test oder Benford-Test auf eine Manipulation und damit die fehlende Richtigkeit der Buchführung schließen lässt. Vielmehr ist eine Auffälligkeit lediglich ein Indiz, aber ohne weitere Nachweise kann die Ordnungsmäßigkeit der Buchführung nicht in Frage gestellt werden.
Wie dargestellt kann eine auffällige Buchhaltung vollständig richtig sein. Im Übrigen kann auch eine manipulierte Buchführung die Tests ohne Beanstandung durchlaufen, da diese Tests erst ab einem bestimmten Auffälligkeitsniveau anschlagen. Dies gilt für einmalige Manipulationen ebenso wie auch für systematische Manipulationen.
Auch zur Sicherung der Richtigkeit muss der Kfm. ein angemessenes **internes Kontrollsystem** einrichten.

2.5 Zeitgerechte Erfassung (Abs. 2)

Der Kfm. muss die Eintragungen in seinen Büchern und die sonst erforderlichen Aufzeichnungen **zeitgerecht** vornehmen.[19]
Was noch zeitgerecht ist, schreibt das Gesetz nicht ausdrücklich vor. Bei der Auslegung des Begriffs „zeitgerecht" ist deshalb auf den Sinn und Zweck der Vorschrift abzustellen. Die zeitgerechte Buchführung soll sicherstellen,
- dass der Kfm. sich kurzfristig einen Überblick über seine wirtschaftlichen Verhältnisse verschaffen kann,
- dass eine nachträgliche Verfälschung der Bücher verhindert wird und
- dass die Buchführung nicht in Unordnung gerät.

Die Frage der Zeitgerechtigkeit ist deshalb eine Frage des Einzelfalls und hängt wesentlich von der **Manipulations- und Verlustanfälligkeit, dem Umfang und der Komplexität der Buchführung** sowie der **wirtschaftlichen Lage** des Unternehmens ab.

> **Beispiel**
> Der Kfm. hat bisher seine Buchführung für den gesamten Monat am Monatsende erledigt. Dies war wegen der guten Wirtschaftslage und der Größe des Geschäfts bisher als zeitgerecht anzusehen.
> Aufgrund des Ausfalls einer großen Forderung gerät der Kfm. in Zahlungsschwierigkeiten; die Banken drohen mit Kreditkündigung. Es ist nun nicht mehr sachgerecht, dass der Kfm. solange zuwartet, da er die geltenden Fristen für die Insolvenzanmeldung nicht mehr rechtzeitig einhalten könnte.

§ 146 Abs. 1 Satz 2 AO aF schrieb bisher vor, dass **Kassenvorgänge täglich** festgehalten werden **sollen**. Mit dem Gesetz zum Schutz vor Manipulationen an

---

[18] *Klindwort*, Handbuch der Datenprüfung, Hamburg 2006, S. 68 f., 81 f.; *Goldshteyn/Gabriel/Thelen*, Massendatenanalysen in der Jahresabschlussprüfung, Düsseldorf 2013, S. 218.
[19] Vgl. ADS, 6. Aufl., § 239 HGB, Rz 24 f.

digitalen Grundaufzeichnungen vom 22.12.2016 wurde nunmehr in § 146 Abs. 1 Satz 2 AO nF geregelt, dass Kassenvorgänge täglich festzuhalten **sind**. Damit besteht nunmehr steuerlich eine **Pflicht zur täglichen Kassenführung**. Zur täglichen Führung genügt ein täglicher Eintrag im Kassenbuch – die zusätzliche EDV-mäßige Erfassung kann später erfolgen. Zur Frage der Zeitgerechtigkeit und Unveränderlichkeit bei ausschließlicher elektronischer Kassenführung wird auf Rz 35 verwiesen.

Die Pflicht zur täglichen Erfassung von umfangreichen Kassen und mit Bareinnahmen ist handels- wie steuerrechtlich unstrittig. Fraglich ist aber, ob diese strengen Vorschriften auch für sog. **„Erstattungskassen"** gelten, also Kleinkassen, die nur zur Rückerstattung von Barauslagen gegen Quittungseinreichung dienen.[20] Bareinnahmen sind in solchen Kassen fast nie zu verzeichnen. Nach alter Rechtslage konnte die Frage gestellt werden, ob die Anordnung „sollen" als Pflicht zu vestehen war oder weiter ausgelegt werden durfte. Nach neuer Rechtslage ist auch die Führung unbedeutender Kassen zwingend täglich vorzunehmen. Nach der hier vertretenen Auffassung ist eine nicht tägliche Führung reiner „Erstattungskassen" nur als formalen Verstoß gegen die (steuerlichen) GoB aufzufassen.

24 Die Buchführung muss also stets so zeitgerecht sein, dass der Kfm. solche Vorschriften erfüllen kann, die an die Zeitgerechtigkeit der Buchführung anknüpfen. Dies sind bspw. die Vorschriften zur **Insolvenzanmeldung** (§§ 17, 18 InsO), zur Anzeige des **hälftigen Verzehrs des Stammkapitals** (z.B. § 49 Abs. 3 GmbHG) und zur rechtzeitigen Anmeldung von **Sozialabgaben** sowie der **Lohn- und Umsatzsteuer**.

25 Die Erfassung von Geschäftsvorfällen in der laufenden Buchführung muss **nicht unmittelbar** erfolgen; die Zeitgerechtigkeit ist dabei in Abhängigkeit von der Größe des Unt zu beurteilen – bei großen Unternehmen ist normalerweise eine Erfassung innerhalb weniger Tage erforderlich (im Normalfall max. zehn Tage), bei kleineren, wirtschaftlich soliden Unt kann die Erfassung bis **höchstens einen Monat** aufgeschoben werden; bei einem Buchungsrückstand von mehr als einem Monat ist im Regelfall von einer nicht mehr zeitgerechten, also einer formal nicht mehr ordnungsmäßigen Buchführung auszugehen. Bei einer **Buchführung durch Dritte** – bspw. durch einen StB – erfolgt eine Erfassung im Buchführungssystem oft erst später; dies ist kein Verstoß gegen den Grundsatz der zeitgerechten Erfassung, wenn der Kfm. seinen Buchführungspflichten (in der Zwischenzeit) durch geordnete Ablage nachkommt.[21]
Im Einzelfall kann aber auch eine **kürzere Erfassungsfrist geboten** sein.

> **Beispiel**
> Ein Ekfm unterhält ein Day-Trading-Konto, auf dem er betriebliche und private Spekulationsgeschäfte ausführt. Ein gemeinsames Konto kann hier nur geführt werden, wenn vor der Ausführung des Geschäfts eine eindeutige und unveränderliche Zuordnung getroffen wird. Selbst eine Erfassung noch am gleichen Tag (wie bei Bargeschäften) würde nicht ausreichen, um eine nachträgliche, willkürliche Zuordnung zum Privat- oder Betriebsvermögen auszuschließen.

---

20 Vgl. *Graf*, MBP 10/2016, S. 168f.
21 Vgl. ADS, 6. Aufl., § 239 HGB, Rz 30, 31f.; *Drüen*, in *Tipke/Kruse*, AO FGO, § 146 AO Rz 12 mwN.

Die Frage der Zeitgerechtigkeit wird aktuell durch die Stellungnahme des BMF zu den „Grundsätzen zur ordnungsmäßigen Führung von Büchern, Aufzeichnungen und Unterlagen in elektronischer Form sowie zum Datenzugriff (GoBD)" aufgegriffen.[22] Die GoB sind im Handelsrecht geregelt bzw. als handelsrechtliche Übung nicht kodifizierte GoB und gelten – soweit in Steuergesetzen nichts Abweichendes geregelt ist – über die Maßgeblichkeit auch für das Steuerrecht. Die Stellungnahme des BMF ist als Darstellung des geltenden Rechts zu verstehen, eine über die Steuergesetze hinausgehende abweichende Auslegung entgegen Handelsrecht oder höchstrichterlicher Rechtsprechung wäre deshalb rechtswidrig. Die in der Praxis zum Teil verbreitete Auffassung, aufgrund der GoBD ergäben sich neue Anforderungen für die laufende Buchführung, ist deshalb nicht zutreffend. 26

Das BMF vertritt zu Recht die Auffassung, dass Geschäftsvorfälle zeitgerecht zu erfassen sind. Eine Zeitspanne von zehn Tagen für unbare Geschäftsvorfälle entspricht der höchstrichterlichen Rechtsprechung, war schon immer auch handelsrechtlich geboten und wird in Übereinstimmung mit der hM hier schon immer vertreten. Dies gilt in gleicher Weise für die Auffassung des BMF, dass eine geordnete Ablage (vgl. Rz 32) die Zeitgerechtigkeit der Buchführung dauerhaft sicherstellen kann. Solange die Buchführung rechtzeitig in einer geordneten Ablage geführt wird, liegt kein Verstoß gegen die Zeitgerechtigkeit vor, wenn eine Monatsbuchhaltung erst nach Ablauf der zehn Tage in der EDV gebucht (oder festgeschrieben) wird[23] oder eine sog. Quartals- bzw. Jahresbuchhaltung geführt wird. Es handelt sich bei der späteren Buchung um eine zusätzlich zur geordneten Ablage geführte EDV-Buchführung. Ein Sicherungsbedürfnis gegen Manipulationen besteht hier nicht, da beide Buchführungen übereinstimmen müssen und miteinander abgeglichen werden können. Die teilweise in der Praxis diskutierten Handlungsnotwendigkeiten bei verzögerter Buchung entsprechen weder der gültigen Rechtslage – noch dem BMF-Schreiben.

Die Anforderungen an die Zeitgerechtigkeit der laufenden Buchführung lassen sich nicht auf die Inventur bzw. Jahresabschlusserstellung übertragen. Die Buchung von Inventuren ist nur insofern zeitgerecht erforderlich, als im Rahmen einer Buchinventur oder einer sonstigen permanenten Erfassung Geschäftsvorfälle die Grundlage sind. Die Buchung der Inventur sollte zeitnah zur Auswertung der Inventare vorgenommen werden, die Abschlussbuchungen zeitnah zur Abschlusserstellung. Die Nichtanwendbarkeit der Anforderungen aus der Zeitgerechtigkeit auf die Inventur ergibt sich bereits daraus, dass im Falle einer nachverlegten Inventur eine Bestandsaufnahme bis zu zwei Monate nach dem Abschlussstichtag zulässig ist. Dies gilt in gleicher Weise für die Jahresabschlussbuchungen. Im Übrigen gibt es für diese Buchungen kein vordringliches Schutzbedürfnis gegen Manipulationen. Dies ergibt sich daraus, dass Bilanzierungswahlrechte im Laufe der Abschlusserstellung unterschiedlich ausgeübt werden dürfen. Ebenso sind für Bewertungs- bzw. Ermessensentscheidungen wertaufhellende Tatsachen oder bessere Kenntnis zu berücksichtigen oder es bestehen auch hier Wahlrechte, die noch abweichend ausgeübt werden dürfen. Wenn schon die Grundsätze ordnungsmäßiger Bilanzierung fordern oder erlauben, 27

---

[22] Vgl. BMF, Schreiben vom 14.11.2014, IV A 4, S 0316/13/10003; *Graf*, BBP 1/2016, S. 7.
[23] Vgl. ADS, 6. Aufl., § 239 HGB, Rz 53.

dass diese Buchungssätze an die aktuellen Gegebenheiten angepasst werden müssen oder dürfen, so entfällt damit auch die Notwendigkeit einer zeitgerechten Erfassung zum Schutz vor Manipulationen. Daraus folgt, dass nur die laufende Buchführung zeitgerecht erfasst werden muss, nicht aber die Inventur und die Abschlussbuchungen.

28 Bei der Zeitgerechtigkeit ist zu bedenken, dass diese heute im Vergleich zu früher für die Manipulationsabwehr und die Beweissicherung durch technische Entwicklungen einen großen Teil ihrer Bedeutung verloren hat. Barzahlungen, nicht adressierte Quittungen, Abschriften statt Kopien, Eigenbelege und mündliche Abreden haben heute im Geschäftsleben keine so zentrale Bedeutung mehr wie früher. Heute werden Bestellvorgängen elektronisch vorgenommen und dokumentiert, adressierte und detaillierte Rechnungen selbst bei Kleinstbeträgen ausgestellt, Rechnungen auf Webseiten zur Einsicht bzw. zum Abruf bereitgehalten, selbst kleinste Zahlungen durch Kontenüberweisung oder Kreditkartenbuchung eindeutig identifiziert. Diese vielfältigen elektronischen Spuren erlauben heute auch bei einer formal ordnungswidrigen, weil nicht zeitgerechten Erfassung in der Buchführung eine spätere manipulationsfreie Zuordnung. Ein Zeitgerechtigkeitsmangel ist heute in vielen Fällen behebbar. Diese Entwicklung wird sich mit der Digitalisierung und Automatisierung der Buchführung fortsetzen.

Nicht heilbar bleibt auch heute eine fehlenden Zeitgerechtigkeit bspw. bei nicht aufgezeichneten Bargeschäften, ohne Willkür nicht mehr der Betriebs- oder Privatsphäre zuordenbare Geschäfte, eine verspätete Insolvenzanmeldung oder eine unrettbar chaotische Buchhaltung – wenn also nicht behebbare oder nicht abgrenzbare Fehler vorliegen.

Für die Schwere eines Buchführungsverstoßes kommt es wesentlich auf dessen formale bzw. materielle Bedeutung an. Eine materiell nicht mehr zeitgerechte und damit ordnungswidrige Buchführung liegt im Rahmen einer Abschlussprüfung nur dann vor, wenn ein schwerer, nicht behebbarer Fehler verbleibt oder der Fehler nicht abgrenzbar ist; in diesem Fall ist ein eingeschränkter bzw. versagter Bestätigungsvermerk zu erteilen. Im Rahmen des Besteuerungsverfahrens kommt es dann regelmäßig zu Schätzungen oder Hinzuschätzungen. Kleinere Verstöße gegen die Zeitgerechtigkeit beeinträchtigen dagegen die Ordnungsmäßigkeit der Buchführung i.d.R. nicht, insbesondere dann nicht, wenn sie behoben wurden.

2.6 Geordnetheit (Abs. 2)

29 Die Eintragungen in der Buchführung sind **geordnet** vorzunehmen;[24] geordnet bedeutet, dass der gesamte Buchungsstoff in journal- und kontenmäßiger Ordnung verfügbar ist.[25] Dies erfordert:

---

[24] Vgl. ADS, 6. Aufl., § 239 HGB, Rz 31f.; *Winkeljohann/Henckel*, in Beck Bil-Komm., 10. Aufl., 2016, § 239 HGB, Rz 13, als Beispiel für einen Kontenrahmen: vgl. *Bundesverband der Deutschen Industrie e. V.*, Industriekontenrahmen IKR, 3. Aufl. 1990.

[25] Zur steuerlichen Anknüpfung an die Verfolgbarkeit in der Buchführung vgl. *Siewert*, in *Frotscher/Geurts*, EStG, § 6d EStG Rz 28, Stand 5/2001.

- die Einrichtung eines sachgerecht aufgebauten und funktionsfähigen IKS, das die geordnete Erfassung, Kontierung und Buchung der Geschäftsvorfälle sicherstellt,
- die Anlage eines den Bedürfnissen des Kfm. entsprechenden Kontenplans (Kontenrahmens),
- die tatsächlich geordnete Erfassung der Geschäftsvorfälle unter Vergabe von Belegnummern.

3 Unveränderlichkeit (Abs. 3)

Die Eintragung in den Büchern muss nach § 239 Abs. 3 Satz 1 HGB in einer unveränderlichen Form erfolgen. Die Eintragungen dürfen nicht wegradiert und überschrieben werden; ihr ursprünglicher Inhalt muss feststellbar bleiben. Soweit fehlerhafte Eintragungen in den Büchern vorgenommen wurden, müssen diese offen korrigiert werden – bspw. durch Stornobuchungen. 30

Zur Unveränderlichkeit gehört auch, dass der Kfm. nach § 239 Abs. 3 Satz 2 HGB keine unvollständigen Eintragungen macht oder Platzhalter lässt, denn solche Eintragungen können bzw. müssen später verändert werden. Solche Eintragungen lassen ungewiss, ob sie ursprünglich und zeitgerecht oder erst später gemacht wurden. 31

Unveränderlichkeit bedeutet heute insb. auch die Unveränderlichkeit von Buchungen in den EDV-Buchführungsprogrammen. Diese sind nur unveränderlich und damit ordnungsgemäß, wenn Buchungen nicht einfach gelöscht oder später verändert werden können. Dazu muss das EDV-Buchführungsprogramm seiner Programmierung nach den GoB entsprechen und ordnungsgemäß angewandt werden. Das IKS eines Unt muss dabei so ausgestaltet sein, dass es die Manipulation der Buchführungsdaten in einem EDV-Buchführungsprogramm wirksam verhindert.[26] 32

> **Beispiel**
> In einem Konzern sind kritische SAP-Berechtigungen vergeben (wie bspw. SAP_ALL etc.), mit denen eine Manipulation der Buchführungsdaten möglich ist.[27] Das IKS des Unt ist nicht sachgerecht aufgebaut und muss geändert werden. Kritische Berechtigungen dürfen nur zur Programmierung und Anpassung des Programms verwendet werden oder – unter strengsten Sicherungsmaßnahmen und der Dokumentation der Eingriffe – für die Reparatur bspw. einer defekten Datenbank.

Soweit Buchungen nicht unmittelbar festgeschrieben und damit unveränderlich werden, muss eine Festschreibung sehr zeitnah erfolgen (siehe dazu im Einzelnen Rz 30). Bei automatischen und/oder elektronischen Buchungsbelegen ist eine andere als unmittelbare Festschreibung nur im Ausnahmefall ordnungsgemäß. 33

---

[26] Vgl. *Winkeljohann/Henckel*, in Beck Bil-Komm., 10. Aufl., 2016, § 239 HGB, Rz 16.
[27] Vgl. Warnhinweis des Bundesamts für Sicherheit in der Informationstechnologie, abrufbar unter https://www.bsi.bund.de/DE/Themen/ITGrundschutz/ITGrundschutzKataloge/Inhalt/_content/m/m04/m04261.html, letzter Abruf am 9.8.2017.

34 In einigen EDV-Buchführungssystemen ist eine Vorerfassung von Buchungen möglich; diese Buchungen können später geändert werden, ohne dass die Änderung in der Buchführung erkennbar ist (bspw. als Stornobuchung). Erst durch eine spätere Festschreibung wird die Buchführung dann unveränderlich. Es wird in der Literatur[28] die Auffassung vertreten, dies sei zulässig und kein Verstoß gegen die Unveränderbarkeit der Buchführung. Dieser Auffassung ist grds. zuzustimmen, solange die vorerfassten Buchungen innerhalb angemessener Zeit im EDV-System festgeschrieben werden. Hierbei ist eine Orientierung an den Grundsätzen zur Zeitgerechtigkeit (vgl. Rz 21 ff.) geboten; das Festschreibungsintervall ist dabei entsprechend Art, Umfang, Organisation der Buchführung und der Manipulationsanfälligkeit sachgerecht festzulegen. Bei großen Einheiten wird eine nicht tägliche Festschreibung nur im Ausnahmefall noch als ordnungsgemäß anzusehen sein. Eine nicht unmittelbar erfolgende Festschreibung wird auch von der Finanzverwaltung als möglich angesehen.[29]

Der Grundsatz der Unveränderlichkeit der Buchführung soll verhindern, dass die Buchführung manipuliert wird. Es besteht jedoch keine Notwendigkeit, jeden Tippfehler, Zahlendreher oder die Fehleinspielungen von Daten („Datenmüll") im Einzelnen zu dokumentieren, da es sich hier nicht um eine Manipulation, sondern einen fehlgeschlagenen Buchungsvorgang handelt. Eine Vielzahl von Stornobuchungen würde im Übrigen die Nachvollziehbarkeit der Buchführung beeinträchtigen. Das IKS des Kfm. muss allerdings sicherstellen, dass solche dokumentationslose Korrekturen nur in einem engen zeitlichen Rahmen möglich sind und dass die Festschreibung und Vollständigkeit der Buchführung angemessen überwacht wird.

Soweit die Buchführung in der Form einer geordneten Ablage geführt wird, wird die Unveränderlichkeit durch die geordnete Ablage hergestellt, nicht durch eine nachgelagerte Erfassung in einer zusätzlichen EDV-Buchführung. Es liegt deshalb kein Verstoß gegen die Unveränderlichkeit vor, wenn ein mit der Buchführung beauftragter StB, WP oder vBP die Festschreibung nicht innerhalb der Fristen für die Zeitgerechtigkeit vornimmt und bis zur Jahresabschlusserstellung offen hält. Dem steht auch nicht entgegen, dass das BMF das Offenhalten von Stapelbuchungen bis zur Jahresabschlusserstellung und darüber hinaus – zutreffend – grundsätzlich für ordnungswidrig hält.[30] Entscheidend ist, dass hier keine Manipulationsmöglichkeit besteht, wenn die Buchführung in Form der geordneten Ablage mit der zusätzlichen EDV-Buchführung (abgesehen von Buchungsirrtümern) übereinstimmen muss und beide miteinander abstimmbar sind. Zu den Besonderheiten betreffend Unveränderlichkeit der Buchungen für Inventur und Abschluss wird auf die Ausführungen in Rz 21 ff. zur Zeitgerechtigkeit verwiesen; in analoger Anwendung folgt für die Unveränderlichkeit, dass hier weniger strenge Anforderungen wie für die laufende Buchführung gelten. Nachbuchungen müssen nur zeitnah zur Abschlusserstellung festgeschrieben werden. Eine Buchhaltungssoftware für Berufsträger (WP, StB, vBP) verstößt deshalb nicht per se gegen die Anforderungen der GoB, wenn eine Festschreibung der Buchführung erst bei bspw. der Offenlegung bzw. der Übermittlung der E-Bilanz erzwungen wird.

---

28 Vgl. ADS, 6. Aufl., § 239 HGB, Rz 37, 44, 70.
29 Vgl. BMF, Schreiben vom 14.11.2014, IV A 4, S 0316/13/10003, Rz. 85, 110.
30 Vgl. BMF, Schreiben vom 14.11.2014, IV A 4, S 0316/13/10003, Rz. 109.

Bei einer **elektronischen Kassenführung** (ohne manuelles Kassenbuch) müssen 35
die Buchungen unmittelbar unveränderlich sein. Eine nur tägliche Festschreibung ist nicht ausreichend.
Der Gesetzgeber hat mit dem Gesetz zum Schutz vor Manipulationen an digitalen Grundaufzeichnungen vom 22.12.2016 auf Betrugssoftware und technische Defizite von veralteten Kassensysteme reagiert. Mit dem Gesetz werden die Vorschriften in den §§ 146, 146a und 146b AO geändert bzw. neu geregelt. Der Gesetzgeber hat mit diesem Gesetz insbesondere die Anforderungen an elektronische Registrierkassen sowie ähnliche Aufzeichnungsgeräte deutlich verschärft.

4 Führung der Handelsbücher (Abs. 4 Satz 1)

4.1 Einführung

Grundsätzlich ist der Kfm. in der Wahl seiner Buchführungsform frei. Abs. 4 der 36
Vorschrift lässt explizit eine Belegbuchführung wie auch eine EDV- bzw. Datenträger-Buchführung zu; daneben sind auch klassische Buchführungsformen wie gebundene Bücher oder Loseblatt-Buchführungen zulässig. Es ist möglich, für abgeschlossene Teilbereiche der Buchführung unterschiedliche Buchführungsformen zu wählen. Die gewählten Buchführungsformen müssen gem. Abs. 4 Satz 3 den Grundsätzen ordnungsmäßiger Buchführung entsprechen; diese Anforderung hat jedoch nur klarstellenden Charakter.

4.2 Belegbuchführung

Bei der Belegbuchführung handelt es sich meist um eine Sammlung von Beleg- 37
doppeln, die so geordnet werden, dass die Belegsammlung zum einen die Journalfunktion und zum andern auch die Kontenfunktion erfüllt. Dazu wird der Beleg einmal nach der zeitlichen Ordnung (Journal) und das Doppel nach einer sachlichen Ordnung (Sachkonto, Kontenfunktion) abgelegt. Die Belegbuchführung hat in ihrer Reinform heute nur noch geringe Bedeutung. Die Belegbuchführung ist heute insoweit noch von Bedeutung, als die Erfassung der Buchführung in der EDV durch Dritte erfolgt – bspw. durch einen StB – und während der Zeit der Bearbeitung durch den Dritten der Kfm. die Buchführung durch geordnete Belegsammlung fortführt.[31] Wegen der Bedeutung der **geordneten Ablage** für die GoBD der Finanzverwaltung wird insbesondere auf Rz 25 f., 29 verwiesen.

4.3 Datenträger-/EDV-Buchführung

Die Buchführung auf **Datenträgern** ist nach § 239 Abs. 4 HGB zulässig; als 38
Datenträger kommen infrage:
- Mikrofilm oder andere Bildträger und
- EDV-Datenträger.

---

[31] Vgl. ADS, 6. Aufl., § 239 HGB, Rz 51 f., 53.

39 Bei der **Mikrofilm**-Buchführung erfolgt die Dokumentation der Buchführung nicht in Papierform, sondern auf Mikrofilm; diese Form der Buchführung spielt in der heutigen Praxis keine wesentliche Rolle mehr.

40 Bei der **EDV-Buchführung** handelt es sich um eine Buchführung, die auf Computern geführt und gespeichert wird. Bei einer EDV-Buchführung, die der Kfm. auch für Zwecke der Besteuerung in Deutschland führt, kann die FinVerw heute nach § 147 Abs. 6 AO die Einsicht in bzw. die Übergabe der in der Buchführung gespeicherten Daten verlangen; damit ist bei EDV-Buchführungen eine Datenarchivierung entsprechend der Grundsätze der §§ 257 f. HGB praktisch vorgeschrieben.

41 Grundlegend für die Zulässigkeit der EDV-Buchführung ist, dass sie folgende Funktionen erfüllt:
- Belegfunktion (Rz 47),
- Journalfunktion (Rz 52) und
- Kontenfunktion (Rz 49).

Die Erfüllung dieser Funktionen sichert die **Nachvollziehbarkeit** der Buchführung (§ 238 Rz 44); es ist weiter erforderlich, dass der Kfm. eine aussagekräftige Verfahrensdokumentation besitzt und nachweisen kann, dass er die darin enthaltenen Verfahrensvorschriften eingehalten hat. Dazu muss der Kfm. ein sachgerecht aufgebautes und funktionsfähiges **IKS** vorweisen können.

42 Die **Verfahrensdokumentation** wurde durch die Veröffentlichung der GoBD durch die Finanzverwaltung erstmals auf breiter Ebene in der Fachwelt wahrgenommen.[32] Sie war aber bereits in den GoBS – dem Vorgängerschreiben zu den GoBD – aus dem Jahr 1995 umfassend dargestellt. Es ist deshalb unstrittig, dass eine Verfahrensdokumentation erforderlich sein kann.

Nach den GoBS war eine Verfahrensdokumentation für jedes DV-gestützte Buchführungssystem vorgeschrieben. Die GoBS waren auf Großrechnersysteme wie auch für PC-Systeme anzuwenden; bei Fremdsoftware galten kleinere Erleichterungen. Sie umfasst insbesondere eine Beschreibung
- der sachlogischen Lösung
  (Aufgabenstellung, Anwenderoberflächen für Ein- und Ausgabe, Beschreibung der Datenbestände, Verarbeitungsregeln, Datenaustausch, maschinelle und manuelle Kontrollen, Fehlermeldungen und Fehlerbehebung, Schlüsselverzeichnisse und Schnittstellen zu anderen Systemen),
- der programmtechnischen Lösung
  (programmtechnische Umsetzung der sachlogischen Lösung, Tabellen zur Programmsteuerung),
- Maßnahmen zur Wahrung der Datenintegrität
  (bspw. Datensicherheit, Zugriffsberechtigungen),
- Maßnahmen zur Wahrung der Programmidentität
  (Freigabeerklärung, Testläufe, Daten für Testläufe sowie Anweisungen für die Programmeinsatzkontrollen),
- Arbeitsanweisungen für den Anwender
  (Handbücher, vorgeschriebene Kontrollen und Abstimmungen, Bedienung von Schnittstellen).

---

[32] BMF, Schreiben vom 14.11.2014, IV A 4 – S 0316/13/10003.

Durch die Verfahrensdokumentation muss ein Verständnis der Zusammenhänge zwischen Geschäftsvorfall einerseits und dessen Buchung sowie datentechnischer Verarbeitung andererseits ermöglicht werden, um einem sachverständigen Dritten innerhalb angemessener Zeit das Nachvollziehen der Geschäftsvorfälle sowie der Datenverarbeitungsroutinen zu ermöglichen.[33]
Ausgehend von einer Beschreibung des IKS ist der Nachweis der Funktionsfähigkeit des IKS Bestandteil der Verfahrensdokumentation.

Mit den GoBD wurden die Anforderungen an eine Verfahrensdokumentation neu formuliert. Auch nach den GoBD ist eine Verfahrensdokumentation für jedes DV-System vorgeschrieben; wesentliche inhaltliche Änderungen im Vergleich zu den GoBS sind nicht zu erkennen. Die Verfahrensdokumentation soll folgende Bestandteile umfassen:

- Allgemeine Beschreibung des Systems,
- Anwenderdokumentation,
- Technische Systemdokumentation,
- Betriebsdokumentation.

Aus den GoBS und den GoBD ergibt sich, dass die Verfahrensdokumentation hauptsächlich auf individuelle, individuell angepasste, automatisierte und komplexe Buchführungsprogramme zielt. Es ist einsichtig, dass solche Buchführungssysteme nicht unmittelbar nachvollziehbar sind und deshalb eine Verfahrensdokumentation zum Verständnis erforderlich ist.

Fraglich ist, was für einfache Systeme gilt. Die Verfahrensdokumentation ist historisch mit der EDV-Buchführung verbunden, für eine händische Buchführung wurde und wird sie nicht verlangt. Für eine händische Buchführung wird also unterstellt, dass sie ein sachverständiger Dritter bei ordnungsgemäßer Führung in angemessener Zeit nachvollziehen kann. Einfache Vorgänge wie die Rechnungsprüfung, die Kontierung, Buchung, die Buchführung, die Bilanzierung, die Belegablage etc. gelten damit als offensichtlich nachvollziehbar.

Interessant ist, dass die Finanzverwaltung erstmals mit den GoBD erkannt hat, dass auch EDV-Systeme ohne Verfahrensdokumentation nachvollziehbar sein können und hat damit – zurecht –Erleichterungen bei der Verfahrensdokumentation geregelt. Zunächst hält die Finanzverwaltung eine Beschränkung auf das zum Verständnis Erforderliche für zulässig; dieser Auffassung ist uneingeschränkt zuzustimmen.

Weiter wird ausgeführt, es läge kein formaler Mangel vor, der die Verwerfung der Buchführung rechtfertige, wenn eine fehlende oder ungenügende Verfahrensdokumentation die Nachvollziehbarkeit und Nachprüfbarkeit der Buchführung nicht beeinträchtige. Dieser Auffassung ist entgegenzutreten:

- Ein EDV-System, das offensichtlich technisch nachvollziehbar ist, bedarf keiner Verfahrensdokumentation, da sich die Notwendigkeit einer Verfahrensdokumentation gerade aus dem Erfordernis der Nachvollziehbarkeit ableitet.
- Eine fehlende, aber für die Nachvollziehbarkeit erforderliche Verfahrensdokumentation ist stets ein wesentlicher formaler Mangel, der bspw. im Rahmen einer Abschlussprüfung zu beanstanden ist. Die Tatsache, dass bisher

---

[33] BMF, Schreiben vom 7.11.1995, IV A 8 – S 0316–52/95, BStBl I 1995, S. 738 – inzwischen aufgehoben.

„alles gut gegangen ist", ist keine Rechtfertigung dafür, auf eine Verfahrensdokumentation weiterhin zu verzichten.
- Ein unwesentlicher formeller Mangel rechtfertigte noch nie das Verwerfen einer Buchführung, insbesondere dann nicht, wenn der Mangel geheilt ist – oder, wie hier, die Nachvollziehbarkeit nicht wesentlich beeinträchtigt ist. Zum Verwerfen einer Buchführung bedarf es eines besonders schweren formalen oder eines nennenswerten materiellen Mangels.

Es dürfte sich daher eher um eine unglücklich gewählte Formulierung handeln. Es ist deshalb zu begrüßen, dass die Finanzverwaltung mit den GoBD – zurecht – die Anforderungen an eine Verfahrensdokumentation herabsetzt. Diese Erleichterungen sollten bei einfachen Systemen genutzt werden dürfen.

45 Handelsrechtlich leitet sich die Erfordernis für eine Verfahrensdokumentation aus den Grundsätzen der **Nachvollziehbarkeit** und der **Richtigkeit** der Buchführung ab.

Eine Verfahrensdokumentation ist stets erforderlich, wenn diese für die **Nachvollziehbarkeit** eines Systems geboten ist. Offensichtlich nachvollziehbare Systeme bedürfen insoweit keiner Verfahrensdokumentation.

> **Beispiel**
> Ein Unt setzt eine komplexe Buchführungssoftware ein, die für Zwecke des Unt individuell angepasst wurde. Dabei wurden Buchungsläufe programmiert, die automatische Buchungen erzeugen.
> Es ist einem sachverständigen Dritten nicht zuzumuten, sich in den Programmcode einarbeiten zu müssen, um die automatisch erzeugten Buchungen nachzuvollziehen zu können. Eine Verfahrensdokumentation ist erforderlich, in der insbesondere die automatischen Abläufe und deren Ergebnis dargelegt sind.

Beim Einsatz von **Standardsoftware** hat der Anwender regelmäßig keinen Zugriff auf die Programmierebene. Damit fehlt jeder Einfluss auf die Programmfunktionen und den Softwarebetrieb. Die Ordnungsmäßigkeit des Programms ist zudem i. d. R. durch ein Softwaretestat nachgewiesen. Der Zugriff auf die Dokumentation des Softwareanbieter ist regelmäßig nicht durchsetzbar, da dieser kein Interesse an der Verbreitung seiner Betriebsgeheimnisse hat. Nach der hier vertretenen Auffassung genügt es, wenn eine Anwenderdokumentation vorhanden ist und das IKS des Unt angemessen dokumentiert ist.

> **Beispiel**
> Ein StB setzt die Standardsoftware der Branche ein. Die Software wird als Cloud-Lösung über Internet-Zugriff zur Verfügung gestellt und durch den Softwareanbieter administriert. Der StB verfügt über eine Kopie des Softwaretestats sowie entsprechende Anwenderhandbücher.
> Nach der hier vertretenen Auffassung verfügt er über eine ausreichende technische Dokumentation. Ob er zusätzlich im Rahmen einer ordnungsmäßen Kanzleiorganisation eine schriftliche Dokumentation seines IKS benötigt, ist eine Frage des Einzelfalls.

Aber auch beim Einsatz von Standardsoftware kann sich die Notwendigkeit einer Verfahrensdokumentation ergeben.

> **Beispiel**
> Ein Logistikunternehmen setzt für die Verwaltung des Logistikgeschäfts eine Branchensoftware ein. In dieser Software erzeugt er die Rechnungen an seine Kunden. Die Rechnungsdaten lassen sich daraus als elektronischer Datensatz exportieren.
> Für die Finanzbuchhaltung nutzt das Unt die Standardbuchführungssoftware seines StB. Diese kann aber die Daten aus der Branchensoftware nicht einlesen, weswegen sich das Unt eine Schnittstelle hat programmieren lassen. Für diese Schnittstelle ist eine Verfahrensdokumentation erforderlich.
> Im Übrigen ist hier eine Regelung zum IKS geboten. Die Schnittstelle ist regelmäßig auf ordnungsgemäßen Betrieb zu untersuchen. Die Umsatzsumme in der Logistiksoftware muss der Umsatzsumme in der Finanzbuchführung entsprechen. Treten Abweichungen auf, so ist zu untersuchen, ob Übertragungsfehler, Buchungsfehler oder technische Fehler an der Schnittstelle aufgetreten sind. Soweit erklärbare Abweichungen bestehen (bspw. Stornos, Forderungsverluste, Skonti werden nur in der Finanzbuchführung gebucht), sind diese Abweichungen zu dokumentieren, da andernfalls die Nachvollziehbarkeit gestört ist. Es ist nicht zu beanstanden, wenn dies bspw. mittels gesonderter Sachkonten erfolgt.

Durch die anstehende Automatisierung der Buchführung wird die Verfahrensdokumentation weiter an Bedeutung gewinnen. Automatisierte Prozesse bedürfen zu ihrer Nachvollziehbarkeit regelmäßig einer Verfahrensdokumentation.

> **Beispiel**
> Ein Unt setzt für die Bearbeitung seiner Kreditoren-Rechnungen einen Dienstleister ein. Dieser Dienstleister erhält sämtliche in Papierform erhaltenen Rechnungen, scannt diese ein und vernichtet diese nach einer kurzen Aufbewahrungsdauer von bspw. drei Monaten (sog. ersetzendes Scannen). Der Dienstleister erhält weiter in elektronischer Form sämtliche Bestelldaten des Unt. Die Schrifterkennungssoftware des Dienstleisters gleicht die Bestelldaten mit der Kreditoren-Rechnung ab: Bei Differenzen meldet er diese an das Unt und diese müssen durch die Buchhalter des Unt geklärt werden. Soweit Bestellung und Rechnung übereinstimmen, erzeugt der Dienstleister aus den Rechnungsdaten und der darauf vermerkten Bankverbindung einen Datensatz für den Zahllauf. Die Zahllaufdaten werden an das Unt übermittelt und ohne wesentliche weitere Prüfung zur Ausführung elektronisch an die Hausbank übermittelt.
> Die Nachvollziehbarkeit eines solchen Systems erfordert eine Verfahrensdokumentation. Diese muss neben der Beschreibung des Verfahrens und der Abläufe beim Dienstleister insbesondere auch eine Beschreibung enthalten, welche Daten wie miteinander abgeglichen werden. Zudem müssen Regelungen für das IKS des Unt enthalten sein, die die Überwachung des Prozesses regeln.

§ 239   Führung der Handelsbücher

> **Beispiel**
> Ein Unt hat einen Buchführungsroboter programmieren lassen. Dies ist eine Software, die menschliche Aufgaben übernimmt. Der Roboter greift automatisch auf zwei Softwaremodule zu – in einem Modul werden die Debitoren geführt, das andere Modul verwaltet die Bankbewegungen. Sobald der Roboter eine Entsprechung (bspw. Rechnungsnummer, Kundenname etc.) erkennt, bucht er automatisch die offene Forderung und die eingegangene Zahlung auf ein Zahlungsausgleichskonto und versieht die Buchung mit einem Ausziffungskennzeichen, mittels dessen das Ausgleichskonto automatisch ausgeziffert wird.
> Für den Buchführungsroboter ist eine Verfahrensdokumentation verpflichtend. Diese muss insbesondere erläutern, nach welchen Kriterien er Forderung und Zahlung miteinander verbindet und wie er ggf. aus Fehlern in der Vergangenheit lernt (Lernsoftware). Das IKS des Unt muss Regelungen vorsehen, wie der Roboter zu überwachen ist.

Eine Verfahrensdokumentation ist auch erforderlich, wenn eine solche für die Einhaltung der **Richtigkeit** der Buchführung notwendig ist.

> **Beispiel**
> Im einem komplexen Buchführungssystem wurden Daten eingespielt. Die Daten waren falsch formatiert – in ein Zahlenfeld wurde versehentlich Texte eingespielt. Dabei haben die systemseitigen Kontrollen des Programms versagt und die Einspielung nicht zurückgewiesen. Aufgrund der fehlerhaften Einspielung stürzt das Programm ab und kann nicht mehr benutzt werden. Sowohl das Programm wie auch der Datenbestand müssen repariert werden. Eine Stornobuchung kann den Fehler nicht beseitigen.
> Die Verfahrensdokumentation hat Regelungen zur Wahrung der Programmidentität und Datenintegrität zu enthalten, was durch ein funktionsfähiges IKS sicherzustellen ist.
> Die erforderlichen Änderungen am Programm müssen dokumentiert werden (bspw. Fehlermeldung bei Einspielen von Text in Zahlenfelder). Änderungen an Buchführungsdaten dürfen weiter nur unter strengen Sicherungsmaßnahmen vorgenommen werden, um Manipulationen der Buchführung auszuschließen. Die „harten" Änderungen an den Buchführungsdaten müssen ebenfalls dokumentiert werden, da sie nicht über Stornobuchungen nachvollzogen werden können.

> **Beispiel**
> Ein Kassensystem für Apotheker verfügt über einen geheimen Button. Wird dieser aktiviert, startet der Betrugsmodus. Mit der Betrugssoftware lassen sich nach Belieben Umsätze und Warenwirtschaft manipulieren. Der Betrugsmodus wurde bei der Erstellung der Verfahrensdokumentation „übersehen".
> Die Verfahrensdokumentation ist unvollständig. Ihre Unvollständigkeit ist zumindest ein schwerer formeller Mangel. Ob auch ein materieller Mangel vorliegt, ist eine Frage des Einzelfalls, wobei hier auf die Kenntnis des Benutzers bzw. Auffälligkeiten in der Buchführung abzustellen ist.

Zur Verfahrensdokumentation gehört auch die Dokumentation des IKS. Das IKS ist dabei in Abhängigkeit von der Größe, Art, Umfang, Fachkompetenz des eingesetzten Personals und Komplexität angemessen zu dokumentieren.

> **Beispiel**
> Bei einem international agierenden Konzern ist unstrittig, dass das IKS stets umfassend dokumentiert werden muss (Unternehmenshandbuch, Bilanzierungsrichtlinie etc.).
> Die Geschäftsleitung hat sich regelmäßig davon zu überzeugen, dass das IKS wirksam ist.

> **Beispiel**
> Ein EKfm mit wenigen Angestellten führt seine Bücher selbst. Es erscheint nicht sachgerecht, dass er sein eigenes Handeln umfassend dokumentieren muss.
> Es kann aber zum Nachweis der Funktionsfähigkeit des IKS geboten sein, ausgeführte Tätigkeiten über eine Checkliste zu dokumentieren, zentrale Auswertungen abzuzeichnen und wesentliche Ergebnisse zu dokumentieren.

Es ist unstrittig, dass der Umfang der Dokumentation des IKS eine Frage des Einzelfalls, also **skalierbar** ist. Insbesondere besteht keine Notwendigkeit, offensichtliche und leicht nachvollziehbare Abläufe (bspw. Rechnungsprüfung etc.) umfassend zu dokumentieren. Dagegen ist die technische Verfahrensdokumentation keiner Skalierung zugänglich, da es hier um die Verständlichmachung eines technischen Ablaufs geht.

> **Beispiel**
> Ein Unt führt seine Bücher digital, die Originalbelege werden nach dem ersetzenden Scannen vernichtet. Der StB des Unt empfiehlt, die „Verfahrensdokumentation" der Bundessteuerberaterkammer[34] zu verwenden. Eingesetzt wird die Standardsoftware des StB.
> Zunächst ist festzuhalten, dass es sich bei dieser „Verfahrensdokumentation" der Bundessteuerberaterkammer nicht um eine Verfahrensdokumentation im technischen Sinne handelt. Vielmehr handelt es sich um eine Dokumentation des IKS. Die Dokumentation des IKS des Mandanten kann in Abhängigkeit von Art, Umfang, Kompetenz und Komplexität der Buchhaltung sowie der Kompetenz der eingesetzen Mitarbeiter geboten sein. Nach der hier vertretenen Auffassung ist es zulässig, diese „Verfahrensdokumentation" sachgerecht zu skalieren.

> **Beispiel**
> Ein StB ist alleine, also ohne Angestellte tätig. Er führt die Bücher seiner Mandanten im Verfahren des ersetzenden Scannens. Dazu verwendet er die Standardsoftware der StB.

---

[34] Vgl. Berufsrechtliches Handbuch der Bundessteuerberaterkammer, Stand 2016.

> Dabei werden die Rechnungen eingescannt und als Scan in die Software übertragen. Die Software verfügt über ein Schrifterkennungsprogramm, das die auf der Rechnung aufgedruckten Daten erkennen kann. Aus den erkannten Daten zusammen mit einem im Hintergrund laufenden Lernprogramm erstellt die Software einen Buchungsvorschlag, den der StB zu prüfen, ggf. zu bearbeiten und dann für Zwecke der Buchung zu bestätigen hat. Der gescannte Beleg wird an den Buchungssatz angehängt. Eine vollautomatische Buchung liegt nicht vor.
> Die Anwendung der Software ist offensichtlich nachvollziehbar, das verfügbare Anwenderhandbuch erläutert hinreichend die Programmfunktionen und deren sachgerechte Benutzung. Ein Softwaretestat soll vorliegen.
> Nach der hier vertretenen Auffassung ist entsprechend der Erleichterungsregel der Finanzverwaltung keine technische Verfahrensdokumentation erforderlich. Weiter erscheint eine umfassende Dokumentation des IKS entsprechend der „Verfahrensdokumentation" der Bundessteuerberaterkammer als entbehrlich. Wesentlich notwendiger dürften Checklisten sein, in denen der Arbeitsfortschritt dokumentiert ist. Denn der StB muss ausschließen können, dass er Originalbelege vernichtet, die er nicht oder in ungenügender Qualität eingescannt hat.

46 Zusammenfassend wird für die Verfahrensdokumentation hier folgende Auffassung vertreten:
- Eine Verfahrensdokumentation ist stets erforderlich, wenn dies für das technische Verständnis, also der Nachvollziehbarkeit einer Buchführungssoftware, erforderlich ist. Weiter ist sie erforderlich, wenn Eingriffe in die Buchführung bzw. die Buchführungsdaten erforderlich sein können und eine Verfahrensdokumentation dann für die Sicherstellung der Richtigkeit der Buchführung geboten ist. Diese Anforderungen treffen regelmäßig auf **individuelle, komplexe Buchführungssysteme** zu.
- Für eine **Standardsoftware**, die keine Eingriffe in die Programmierung und den Datenbestand zulässt, genügt nach der hier vertretenen Auffassung für die Nachvollziehbarkeit und Richtigkeit eine angemessene Anwenderdokumentation sowie ein Softwaretestat. Bei diesen Programmen kann i.d.R. unterstellt werden, dass ein sachverständiger Dritter sie in angemessener Zeit nachvollziehen kann.
  Jedoch sind ggf. vorgenommene **Benutzereinstellungen** (bspw. Preisverzeichnis eines Gastwirts in der Kassensoftware) oder sonstige **individuelle Anpassungen** und Programmierungen (bspw. Exportschnittstellen) nach den allgemeinen Grundsätzen einer Verfahrensdokumentation zu behandeln.
- Die Verfahrensdokumentation hat im Regelfall eine **Dokumentation des IKS** zu enthalten. Der Umfang der Dokumentation ist abhängig von der Komplexität der Software und der Prozesse, der Größe und Art des Unt sowie dem Wissensstand der eingesetzen Benutzer. Bei kleineren Unt kann nach der hier vertretenen Auffassung auf die Regelung von offensichtlichen Prozessen verzichtet werden, bei ganz kleinen Unt (bspw. nur eine Person) kann eine Dokumentation des IKS im Ausnahmefall entbehrlich sein.

Eine Buchführung ist nur nachvollziehbar i.S.v. Abs. 1, wenn sich von jedem Beleg ausgehend sein Aufgehen in einem Posten der Bilanz oder GuV nachvollziehen lässt und wenn von jedem Posten der Bilanz und der GuV ausgehend sich die darin aufgegangenen Belege ermitteln lassen. Deshalb verlangt die **Belegfunktion**[35] der Buchführung für jede Buchung, dass sie durch Beleg nachgewiesen ist, also der Grundsatz „keine Buchung ohne Beleg" eingehalten ist. Im Rahmen einer EDV-Buchführung erfordert dies für konventionelle Belege (bspw. Papierbelege) deren sachgerechte Erstellung und Eingabe und für elektronische Belege eine sachgerechte Programmierung und Speicherung der Belege, also einen vorschriftsgemäßen Betrieb des Programms. 47

Grundsätzlich ist **jeder Geschäftsvorfall einzeln** zu berücksichtigen; es ist jedoch zulässig, Geschäftsvorfälle verdichtet zu berücksichtigen, wenn über die Verdichtung ein Beleg erstellt wird, aus dem sich die Einzelvorgänge nachvollziehen lassen (bspw. detaillierte Lohnbuchführung im Nebenbuch, Buchung im Hauptbuch nur in verdichteter Form, zusammengefasste Kassenveränderung). Grundsätzlich sind ein Kreditgeschäft und der zugehörige Tilgungsvorfall als unterschiedliche Geschäftsvorfälle gesondert zu erfassen. Lediglich bei sehr einfachen, übersichtlichen Buchführungen ist es nach R 5.2 Abs. 1 EStR 2012 zulässig, beide Geschäftsvorfälle in einen zusammenzufassen, also bspw. Aufwand direkt an Bank oder Bank direkt an Ertrag zu buchen. Voraussetzung dafür ist, dass die Übersichtlichkeit der Buchführung gewahrt bleibt. Zulässig ist eine solche Buchführung bspw. bei Kleinhandwerkern, Vorratsgesellschaften, einer Komplementär-GmbH, Holdinggesellschaften ohne Geschäftsbetrieb etc. 48

Für die **Anlagenbuchführung** vertritt das BMF die Auffassung[36], dass auch für langlebige VG (bspw. Gebäude) eine Aufbewahrungspflicht für den Ursprungsbeleg greift, um laufende Abschreibungen nachvollziehen zu können. Dieser Auffassung ist folgendes entgegenzuhalten: 49

- Die Buchführung der vorangegangenen Jahre muss mit ihrer Beweiskraft einen verlorengegangenen Beleg ersetzen können. Es geht bspw. nicht an, dass bei einer im Betriebsvermögen gehaltenen Wohnimmobilie, deren AK und laufenden Abschreibung mehreren Betriebsprüfungen unterlagen, im 50. Abschreibungsjahr die Anerkennung versagt wird, nur weil in Verkennung der Aufbewahrungsanforderungen der Finanzverwaltung der Beleg bereits vor Jahren geschreddert wurde.
- Die Berechnung der Abschreibung ist ein mechanischer Rechenvorgang, der sich aus den historischen AK und der damals festgelegten Nutzungsdauer ergibt und sich damit auch noch in vielen Jahren mechanisch fortführen lässt. Dazu bedarf es keines Ursprungsbelegs.
- Auch die in den vorangegangenen Jahren erstellten Inventare sind Buchführungsunterlagen, die Beweiskraft haben müssen. Das BMF stellt dies entgegen dem Gesetzeswortlaut ohne Begründung faktisch in Frage. Es kann noch weitergehender eingewandt werden, dass in vielen Fällen die Beweiskraft des Ursprungsbelegs für den Nachweis der laufenden Abschreibung verbraucht ist: Bei handels- oder steuerlichen Bewertungswahlrechten (bspw. § 6b EStG, § 7g EStG), beim Übergang zwischen Abschreibungsmethoden

---

[35] Vgl. IDW RS FAIT 1, Tz 33, 36, 37, 40, 41; ADS, 6. Aufl., § 239 HGB, Rz 67, 68.
[36] Vgl. BMF, Schreiben vom 14.11.2014, IV A 4, S 0316/13/10003, Rz. 81.

sowie bei außerplanmäßigen Abschreibungen bzw. späteren Wertaufholungen lassen sich die zutreffenden Bilanzansätze und laufenden Abschreibungen nicht anhand des Ursprungsbelegs nachvollziehen. Vielmehr ergibt sich die laufende Abschreibung ausschließlich aus den in den vorangegangenen Jahren erstellten Inventaren des Kfm., die hier alleine die Beweiskraft der Buchführung sicherstellen.
- Weiter sind die Vorschriften des § 257 Abs. 1, 4 und 5 HGB eindeutig: Weder ist erkennbar, dass eine Nutzungsdauer von AV über die gesetzliche Aufbewahrungsfrist hinaus die Frist nach § 257 Abs. 5 HGB hemmt, noch ist erkennbar, dass aufgrund einer planwidrigen Regelungslücke der Gesetzgeber eine Verlängerung der Aufbewahrungsfrist für Ursprungsbelege des AV gewollt haben könnte. Da an einen Verstoß gegen die Aufbewahrungspflicht ggf. strafrechtliche Konsequenzen anknüpfen, ist die Vorschrift auch nicht auslegungsfähig.

Die Auffassung des BMF ist also nach hier vertretener Auffassung rechtswidrig. Die Aufbewahrung ist dennoch zur Vermeidung von Auffassungsunterschieden mit der Finanzverwaltung zu empfehlen.

50 Für jeden Beleg muss der Kfm. eine Buchung erstellen, die folgende Informationen enthält:
- Konto,
- Gegenkonto,
- Betrag (oder Mengenangaben bei automatischer Berechnung),
- Belegnummer bzw. ein Ordnungskriterium,
- Belegdatum,
- Buchungsdatum,
- Buchungstext bzw. Buchungsschlüssel und
- ggf. einen Steuerschlüssel bei Umsatzsteuerpflicht bzw. Vorsteuerabzugsberechtigung.

51 Jede Buchung muss zudem autorisiert sein (bspw. durch ein Handzeichen, ggf. auch über eine Benutzerkennung bei EDV-Programmen).

52 Unter der **Journalfunktion** der Buchführung versteht man, dass alle Buchungen in ihrer zeitlichen Abfolge dokumentiert sind. Dadurch wird der Nachweis der Zeitgerechtigkeit der Buchführung nach Abs. 2 geführt. Bei einer EDV-Buchführung erfordert dies eine ordnungsgemäße Protokollierung aller Eingaben und Vorgänge durch das Programm.

53 Die **Kontenfunktion**[37] der Buchführung verlangt, dass alle Geschäftsvorfälle in eine sachliche Ordnung gebracht, also zu inhaltlich gleichartigen, aussagekräftigen Einheiten verdichtet werden. Dazu legt der Kfm. einen Kontenrahmen an; dieser enthält die Sachkonten des Hauptbuchs und die Personenkonten der Nebenbücher (§ 238 Rz 52). Die Nebenbücher werden vom EDV-Buchführungsprogramm nur als Saldo ins Hauptbuch übernommen (bei manuellen Buchführungen per Hand), weswegen hier die Kontenfunktion auch für das Nebenbuch erfüllt sein muss und der Nachweis der Abstimmung von Neben- zu Hauptbuch geführt werden muss. Die Sachkonten werden dann zu den Posten der Bilanz und GuV bspw. entsprechend den Bilanz- und GuV-Gliederungsvorschriften verdichtet. Für die EDV-Buchführung bedeutet dies, dass die Programmfunktionen

---

[37] Vgl. IDW RS FAIT 1, Tz 46; IDW PS 880.

eine solche Verdichtung des Buchungsstoffs vorsehen müssen und dass diese Funktionen auch ordnungsgemäß arbeiten.

Im Ergebnis ist es erforderlich, dass der Kfm. die Ordnungsmäßigkeit des EDV-Buchführungsprogramms nachweisen kann; dies kann durch ein **Softwaretestat** erfolgen, aber auch durch die Prüfung der Ordnungsmäßigkeit durch einen WP.

5 Verfügbarkeit und Lesbarmachung (Abs. 4 Satz 2)

Abs. 4 Satz 2 schreibt **für auf Datenträgern geführten Büchern** (Rz 38f.) vor, dass die geführten Handelsbücher während der Dauer der Aufbewahrungsfrist
- **verfügbar** sind und
- innerhalb einer **angemessenen Frist**
- **lesbar** gemacht werden können.

Eine gleichlautende Vorschrift enthält § 257 Abs. 3 Satz 1 Nr. 2 HGB, der eine Archivierung auf Bild- oder Datenträgern nur dann erlaubt, wenn die Daten für die Dauer der Aufbewahrungsfrist verfügbar und innerhalb angemessener Frist lesbar gemacht werden können (§ 257 Rz 19).

Verfügbar bedeutet in diesem Zusammenhang, dass der Kfm. über diese Unterlagen verfügen können muss; soweit sich die Unterlagen nicht in seinem Verfügungsbereich befinden, muss er sich vertragliche Zugriffsrechte zusichern lassen (bspw. bei Rechenzentren, Buchführung durch Dritte).

Die Lesbarmachung in **angemessener Frist** ist Voraussetzung für die Beweisfunktion der Buchführung nach § 258 HGB; zur Frage der angemessenen Frist vgl. § 238 Rz 42.

Lesbarmachung bedeutet, dass die gespeicherten Daten nicht nur als gespeicherte Datensätze vorhanden sind, sondern in lesbarer Form dargestellt werden können.[38] Die steuerrechtlichen Vorschriften des § 147 Abs. 6 AO sehen in diesem Zusammenhang vor, dass die Daten der Buchführung der FinVerw auf deren Wunsch hin überlassen werden; damit setzt Lesbarmachung auch Maschinenlesbarkeit voraus. Dies gilt auch für „Altdaten" beim Wechsel von Buchführungsprogrammen oder Softwareversionen.

---

[38] Vgl. ADS, 6. Aufl., § 239 HGB, Rz 91.

§ 240 Inventar

(1) Jeder Kaufmann hat zu Beginn seines Handelsgewerbes seine Grundstücke, seine Forderungen und Schulden, den Betrag seines baren Geldes sowie seine sonstigen Vermögensgegenstände genau zu verzeichnen und dabei den Wert der einzelnen Vermögensgegenstände und Schulden anzugeben.

(2) [1]Er hat demnächst für den Schluß eines jeden Geschäftsjahrs ein solches Inventar aufzustellen. [2]Die Dauer des Geschäftsjahrs darf zwölf Monate nicht überschreiten. [3]Die Aufstellung des Inventars ist innerhalb der einem ordnungsmäßigen Geschäftsgang entsprechenden Zeit zu bewirken.

(3) [1]Vermögensgegenstände des Sachanlagevermögens sowie Roh-, Hilfs- und Betriebsstoffe können, wenn sie regelmäßig ersetzt werden und ihr Gesamtwert für das Unternehmen von nachrangiger Bedeutung ist, mit einer gleichbleibenden Menge und einem gleichbleibenden Wert angesetzt werden, sofern ihr Bestand in seiner Größe, seinem Wert und seiner Zusammensetzung nur geringen Veränderungen unterliegt. [2]Jedoch ist i.d.R. alle drei Jahre eine körperliche Bestandsaufnahme durchzuführen.

(4) Gleichartige Vermögensgegenstände des Vorratsvermögens sowie andere gleichartige oder annähernd gleichwertige bewegliche Vermögensgegenstände und Schulden können jeweils zu einer Gruppe zusammengefaßt und mit dem gewogenen Durchschnittswert angesetzt werden.

WP StB Lukas Graf

Inhaltsübersicht	Rz
1 Überblick	1–2
2 Inventur und Inventar (Abs. 1 und 2)	3–41
2.1 Inventurpflicht (Abs. 1 und Abs. 2 Sätze 1 und 3)	3–17
2.1.1 Eröffnungsinventur	3–4
2.1.2 Schlussinventur	5–8
2.1.3 Inventurgrundsätze	9–15
2.1.4 Inventurstichtag	16–17
2.2 Inventurverfahren	18–22
2.3 Inventurdurchführung	23–33
2.3.1 Inventurplanung	23
2.3.2 Inventurvorbereitung	24
2.3.3 Zählen, Messen, Wiegen	25
2.3.4 Inventurüberwachung	26–29
2.3.5 Inventurauswertung	30–33
2.4 Inventar	34–41
3 Dauer des Geschäftsjahrs und Abschlussstichtag	42–49
4 Festwert- und Gruppenbewertungsverfahren (Abs. 3 und 4)	50–79
4.1 Vorbemerkung	50–51
4.2 Festwertverfahren (Abs. 3)	52–66
4.3 Gruppenbewertungsverfahren (Abs. 4)	67–79

1 Überblick

Zum Anwendungsbereich und Normenzusammenhang vgl. § 238 Rz 2 ff. § 240 HGB enthält in Abs. 1 und 2 die Pflicht zur Aufstellung des **Inventars** (Rz 34 f.). Daraus leitet sich die **Inventurpflicht** (Rz 3 f.) ab. In Abs. 3 und 4 sind mit dem Festwertverfahren und dem Gruppenbewertungsverfahren **Inventur- und Bewertungserleichterungsverfahren** (Rz 50 f.) geregelt.

Das Inventar und die dafür erforderliche Inventur gem. §§ 240, 241 HGB sind Bindeglied zwischen der laufenden Buchführung nach §§ 238, 239 HGB und der Aufstellung des Jahresabschlusses nach §§ 242 ff. HGB. Dabei sind Inventur und Inventar Teil der Buchführung und das Inventar als **Handelsbuch** nach § 257 HGB aufbewahrungspflichtig. Inventur und Inventar haben folgende Funktionen:

- Sie dienen dem **Abschluss der Buchführung** für das jeweilige Gj (bzw. der Vorbereitung der Buchführung beim Eröffnungsinventar).
- Die Inventur dient der **Korrektur der Buchführung**; durch Vergleich der Buchbestände mit den tatsächlich erfassten Beständen kann der Kfm. Fehler in seiner Buchführung feststellen und berichtigen.
- Sie dient damit der dauerhaften Erhaltung der **Richtigkeit** und der **Vollständigkeit** der Buchführung (§ 239 Abs. 2 HGB).
- Dadurch sichert sie die **Selbstinformationsfunktion** nach § 238 Abs. 1 HGB und macht die Buchführung **für Dritte nachvollziehbar**.
- Sie führt den Nachweis über das Vorhandensein von VG und Schulden; dient also der Sicherung der **Beweiskraft** der Buchführung nach § 258 HGB.[1]

2 Inventur und Inventar (Abs. 1 und 2)

2.1 Inventurpflicht (Abs. 1 und Abs. 2 Sätze 1 und 3)

2.1.1 Eröffnungsinventur

§ 240 Abs. 1 HGB schreibt dem Kfm. vor, zu Beginn seines Handelsgewerbes ein **Eröffnungsinventar** aufzustellen; das Eröffnungsinventar ist Grundlage für die nach § 242 Abs. 1 HGB aufzustellende Eröffnungsbilanz (§ 242 Rz 3).

Nach dem Gesetzeswortlaut sind darin Grundstücke, Forderungen, Bargeld, sonstige VG und Schulden des Kfm. mit ihrem Wert zu verzeichnen. Der Gesetzeswortlaut ist unvollständig und die Aufzählung nur beispielhaft (bspw. fehlen Sachanlagen). Aufzuzeichnen sind sämtliche VG und sämtliche Schulden, also alles, was **der Kaufmann in sein Betriebsvermögen bei Eröffnung eingelegt** hat.

2.1.2 Schlussinventur

Nach § 240 Abs. 2 Satz 1 HGB hat der Kfm. ein Inventar auch **am Ende eines jeden Gj** aufzustellen. Das **Schlussinventar** muss ebenfalls sämtliche vorhandenen VG und Schulden verzeichnen. Zur Frage des Endes des Gj vgl. Rz 44 f. Auch für **Zwischenabschlüsse** ist grds. eine **Zwischeninventur** erforderlich, wobei

---

[1] Zu weitergehenden steuerlichen Buchführungspflichten vgl. *Schnitter*, in *Frotscher/Geurts*, EStG, § 7 EStG Rz 61, Stand 1/2011.

hier mangels Bedeutung der Inventur für die Besteuerung bzw. dem Zweck der Rechnungslegung nach hM großzügiger als bei Inventuren auf den Abschlussstichtag mit Schätz- und Vereinfachungsverfahren gearbeitet werden darf, solange dadurch nicht die Vermögens-, Finanz- und Ertragslage beeinträchtigt wird.[2]

6 Für einige VG bzw. Schulden besteht **keine Inventurpflicht** bzw. deren Inventurpflicht ist strittig. Dies betrifft
- den Geschäfts- und Firmenwert,
- vor Einführung des BilMoG gebildete Sonderposten mit Rücklageanteil,
- die RAP,
- vor Einführung des BilMoG gebildete Bilanzierungshilfen und
- vor Einführung des BilMoG gebildete Aufwandsrückstellungen.

Die fehlende Inventurpflicht begründet die Literatur damit, dass es sich um **rein rechnerische Posten** handelt.[3] Damit ergibt sich auch keine Inventurpflicht für die **latenten Steuern**, da es sich hier um einen rechnerischen Posten handelt. Die Dokumentation von **Bewertungseinheiten** (vgl. § 254 Rz 47) fällt dagegen nicht in den Bereich der Inventur, da im Regelfall eine Erfassung bereits in der laufenden Buchführung erforderlich ist, soweit nicht eine Zuordnung zur Bewertungseinheit offensichtlich ist und noch bei Aufstellung des Jahresabschlusses erfolgen darf.

7 Für **selbst geschaffene immaterielle VG des AV** lässt § 248 Abs. 2 HGB (§ 248 Rz 10) ein Aktivierungswahlrecht zu. Da es sich nicht um rein rechnerisch ermittelte Posten handelt, besteht bei Aktivierung wegen des Grundsatzes der Ansatzstetigkeit (§ 246 Rz 131) dauerhaft Inventurpflicht; bei Nichtaktivierung entfällt die Inventurpflicht.

8 Die Frage, ob eine Inventurpflicht besteht oder nicht, ist nicht etwa nur akademischer Natur; besteht eine Inventur- bzw. Inventarpflicht für einen Posten, sind die **engen Fristen** (grds. Stichtagsinventur vgl. Rz 16f., bei Erfüllung der Voraussetzungen vor- oder nachverlegte Stichtagsinventur, § 241 Rz 28) für ihre Erfassung einzuhalten, nicht jedoch die **längeren Aufstellungsfristen** für den Jahresabschluss bspw. nach §§ 243 Abs. 3, 264 HGB.

2.1.3 Inventurgrundsätze

9 § 240 HGB enthält selbst keine Inventurgrundsätze; die Vorschrift verweist auch nicht ausdrücklich auf die GoB. In der Literatur haben sich jedoch **Grundsätze ordnungsmäßiger Inventur** (GoI) herausgebildet.[4]

10 Diese GoI fordern:
- die **Vollständigkeit** der Inventur,
- die **Richtigkeit** der Inventur,
- die **Einzelerfassung** der Bestände,
- die **Nachprüfbarkeit** der Inventur.
- Erleichternd gilt auch für Inventur und Inventar der **Wirtschaftlichkeitsgrundsatz**.

---

[2] Vgl. WPH Edition, Wirtschaftsprüfung & Rechnungslegung, 15. Aufl., 2017, Abschn. G, Tz 234.
[3] Vgl. ADS, 6. Aufl., § 240 HGB, Rz 8.
[4] Vgl. St HFA 1/1990.

Der Grundsatz der **Vollständigkeit** ergibt sich zum einen aus dem Vollständigkeitsgrundsatz der GoB in § 239 Abs. 2 HGB – aber auch nach § 246 Abs. 1 HGB sind sämtliche VG in den Jahresabschluss aufzunehmen. Der Grundsatz der Vollständigkeit verlangt, dass alle inventurpflichtigen VG und Schulden im Rahmen der Inventur erfasst werden. Der Kfm. muss deshalb sein IKS so ausgestalten, dass durch die Inventur eine vollständige Erfassung aller VG und Schulden sichergestellt ist. 11

Die **Richtigkeit** der Inventur erfordert, dass 12
- der VG seiner **Art** nach zutreffend erfasst wird,
- die **Menge** durch Zählen, Messen und Wiegen ggf. unter Anwendung von Schätz- und Stichprobenverfahren zuverlässig erfasst wird; dabei sind insb. **Doppelzählungen** zu vermeiden,
- **bewertungsrelevante Umstände** vollständig und zutreffend erfasst werden (bspw. Schäden, Qualitätsstufe, nutzlose Überbestände, technisch überholte Bestände oder unbrauchbare Bestände etc.).

Der Grundsatz der **Einzelerfassung** erfordert grds. die Erfassung jedes einzelnen vorhandenen VG bzw. jeder einzelnen vorhandenen Schuld. Dies ergibt sich aus dem Einzelbewertungsgrundsatz des § 252 Abs. 1 Nr. 3 HGB. Das Gesetz lässt folgende Ausnahmen vom Grundsatz der Einzelerfassung zu: 13
- Ansatz zum Festwert (Rz 52 ff.),
- die Gruppenbewertung (Rz 67 ff.),
- die Stichprobeninventur (§ 241 Rz 2).

Die Inventur und das Inventar müssen **nachprüfbar** sein. Dies ergibt sich aus dem Nachprüfbarkeitserfordernis für einen Dritten in § 238 Abs. 1 Satz 2 HGB. Dazu muss die Inventur dokumentiert werden; dies erfordert, dass 14
- eine **Inventurrichtlinie** erstellt wird, die entsprechend der Größe des Unt, dem Umfang der Inventur sowie deren Bedeutung für den Jahresabschluss angemessene Inventurmaßnahmen vorsieht,
- die Inventur anhand von **Aufnahmelisten** dokumentiert wird,
- der **Abschluss der Inventur** dokumentiert ist (bspw. Überprüfung der Vollständigkeit der Erfassungslisten, Verdichtung der Bestände etc.).

Der **Wirtschaftlichkeitsgrundsatz** ist eng auszulegen. Der Grundsatz der Vollständigkeit nach § 239 Abs. 2 HGB hat für Inventur und Inventar Vorrang. Die zulässigen Vereinfachungsregeln sind weitgehend gesetzlich geregelt. Zulässig sind: 15
- Ansatz zum Festwert (Rz 52 ff.),
- Gruppenbewertung (Rz 67 ff.),
- Buchinventur (Rz 22),
- Stichprobeninventur (§ 241 Rz 2) und
- Vor- oder Nachverlegung der Inventur (§ 241 Rz 28).

Die Nichtaufnahme von Beständen darüber hinaus ist regelmäßig unzulässig. Vereinfachend dürfen Wertmerkmale (bspw. regelmäßig auftretende Beschädigungen) bspw. durch pauschale Abschläge berücksichtigt werden. Die Nichtaufnahme von **schwer erfassbaren, unbedeutenden Beständen** ist aber nicht zu beanstanden.

> **Beispiel**
> Der Kfm. unterhält einen EDV-Handel (Hardware) mit zehn Angestellten. In geringem Umfang repariert er auch defekte Geräte; dafür hat er eine Sammlung von Spezialschrauben beschafft. Der Wert der Schraubenbestände ist unbedeutend. Es ist nicht zu beanstanden, wenn solche Kleinstbestände nicht inventarisiert werden.

2.1.4 Inventurstichtag

16 § 240 HGB schreibt keinen **Inventurstichtag** vor, sondern regelt lediglich, dass „zu Beginn" des Handelsgewerbes und „für den Schluss" eines Gj ein Inventar erstellt werden muss. Damit bleibt offen, ob die Inventur am jeweiligen Abschlussstichtag erfolgen muss oder auch an einem anderen Tag erfolgen darf. In § 241 Abs. 2 HGB heißt es, dass es bei Anwendung von anderen Inventurverfahren (bspw. der permanenten Inventur) „für diesen Zeitpunkt" keiner Inventur bedarf, wenn durch andere Verfahren die Bestände an diesem Tag ermittelt werden können. § 241 Abs. 3 HGB erlaubt die vor- und die nachverlegte Inventur. Daraus ergibt sich, dass der Gesetzgeber in § 240 Abs. 1 und 2 HGB von einer **Stichtagsinventur**, also einer Inventur am Abschlussstichtag, als Normalfall ausgeht.[5] Als Stichtagsinventur gilt auch eine **ausgeweitete Stichtagsinventur**. Hierbei handelt es sich um eine Inventur, die wenige Tage vor oder nach dem Abschlussstichtag stattfindet.[6] Steuerlich ist nach R 5.3 Abs. 1 EStR 2008 im Normalfall ein Zeitraum von zehn Tage vor bzw. nach dem Abschlussstichtag zugelassen.

> **Beispiel**
> Der Abschlussstichtag ist der 31.12., aber vom 24.12. bis 6.1. sind Betriebsferien. Lediglich in der Warenannahme arbeitet ein Notdienst, der eilige Ersatzteile dem Lager entnimmt und versendet. Die Inventur findet erst am 7.1. statt. Die nach dem 1.1. vom Notdienst entnommenen Ersatzteile müssen gesondert erfasst werden, damit der Bestand nach Menge und Wert auf den 31.12. zurückgerechnet werden kann.

17 Die Stichtagsinventur ist die einzig zulässige Form der Inventur bei **nicht bestandszuverlässigen Beständen**; hierbei handelt es sich um Bestände, bei denen das IKS keine zuverlässige buchmäßige Fortschreibung gewährleisten kann. Welche Bestände darunter fallen, ist eine Frage des Einzelfalls. Für folgende Bestände wird dies vermutet:[7]
- besonders wertvolle Stoffe/Bestände (bspw. Edelmetalle, medizinische Wirkstoffe),
- verderbliche Bestände,
- Bestände, die bspw. verdunsten oder versickern können oder die schlecht gelagert sind,

---

[5] A.A. ADS, 6. Aufl., § 240 HGB, Rz 5.
[6] Vgl. ADS, 6. Aufl., § 240 HGB, Rz 38.
[7] Vgl. St HFA 1/1981 i.d.F. 1990.

- zerbrechliche Bestände,
- Bestände mit hohen Ausschussquoten,
- Posten mit negativem oder unplausiblem Buchbestand,
- im Gj nicht bewegte Bestände und
- schwund- oder diebstahlgefährdete Bestände.

2.2 Inventurverfahren

§ 240 HGB schreibt kein bestimmtes Inventurverfahren vor. Das Gesetz geht jedoch vom Normalfall einer **körperlichen Bestandsaufnahme** aus. Darunter versteht man die Inaugenscheinnahme der Bestände, also deren Zählen, Messen und Wiegen. Bei der körperlichen Bestandsaufnahme erfasst der Kfm. sämtliche vorhandenen VG und Schulden in Inventurlisten und verzeichnet dort Menge und Art der Bestände sowie wertrelevante Umstände (bspw. Schäden). Durch Hinzufügen des Stichtagswerts entsteht aus der Inventarliste das Inventar.[8] 18

Von der körperlichen Bestandsaufnahme sind Inventurverfahren zu unterscheiden, bei denen nicht die Bestände selbst aufgenommen werden, sondern das Bestandserfassungs- und -fortschreibungssystem auf seine Ordnungsmäßigkeit bzw. Bestandszuverlässigkeit untersucht wird. Eine solche Systemprüfung setzt voraus, dass ein sachgerechtes und funktionsfähiges IKS eingerichtet ist. Die Untersuchung des Systems ist dabei darauf ausgerichtet, mit einem risikoorientierten Ansatz Schwächen im IKS zu entdecken und zu beseitigen sowie dadurch verursachte Bestandsabweichungen oder Bewertungsfehler zu ermitteln und zu berichtigen. 19

Diese Systemprüfung richtet sich auf eine Aussage zur Bestandszuverlässigkeit des Bestandserfassungs- und -fortschreibungssystems. Bestätigt diese Untersuchung die Bestandszuverlässigkeit, werden die vom System ermittelten Bestände bzw. Bestandswerte angesetzt. Ist dies nicht der Fall, muss der Kfm. (insoweit) die Bestände durch körperliche Bestandsaufnahme erfassen. Ist dies nicht (mehr) möglich, ist die Inventur (insoweit) ordnungswidrig. 20

Die Systemprüfung eines Bestandserfassungs- und -fortschreibungssystems hat folgende **Anwendungsbereiche**: 21
- **Buchinventur,** soweit sie sich auf ordnungsgemäß geführte Handelsbücher stützt (z. B. Inventur von nicht-körperlichen VG und Schulden, vgl. Rz 22),
- **Stichprobeninventur** (§ 241 Rz 2) bei Testverfahren,
- **Permanente Inventur** (§ 241 Rz 18),
- **Einlagerungsinventur** (§ 241 Rz 20),
- **Systemgestützte Werkstattinventur** (§ 241 Rz 27) bei Einsatz eines Bestandsfortschreibungssystems und
- **Bestandsfortschreibung bzw. -rückrechnung bei der vor- bzw. nachverlegten Stichtagsinventur** (§ 241 Rz 28).

Bei der **Buchinventur** handelt es sich um eine Inventur auf der Grundlage der vom Kfm. laufend geführten Bücher und der darin fortgeschriebenen Bestände. Eine Buchinventur ist u. U. unverzichtbar bei VG und Schulden ohne physische Substanz wie bspw.: 22

---

[8] Vgl. ADS, 6. Aufl., § 240 HGB, Rz 4.

- Immaterielle VG des AV oder des UV,
- Girosammelverwahrte Wertpapiere,
- Forderungen,
- unfertige Leistungen,
- Anzahlungen,
- Rückstellungen und
- Verbindlichkeiten.

2.3 Inventurdurchführung

2.3.1 Inventurplanung

23 Der Kfm. muss die Inventur planen. Diese Planung hält er in einer **Inventurrichtlinie** fest. Sie enthält grundlegende Regelungen zur Inventur.[9] Erfordernis und Umfang einer Inventurrichtlinie ist abhängig von der Größe des Unt, dem Umfang der Bestände und deren Bedeutung für den Jahresabschluss. Die Inventurrichtlinie muss bspw. enthalten:
- Inventurorte,
- Inventurzeitpunkte,
- Regelungen zu den Inventurabläufen,
- anzuwendende Inventur- und ggf. Stichprobenverfahren,
- Verantwortlichkeiten (Inventurleitung und -überwachung, Zähler, Schreiber),
- Regelungen zum Personaleinsatz (Anzahl der erforderlichen Personen, deren Mindestqualifikation, Sicherstellung der Unabhängigkeit von Zähler und Schreiber),
- Arbeitsanweisungen für die mit der Inventur betrauten Personen,
- Vorschriften zur Kennzeichnung erfasster Bestände.

2.3.2 Inventurvorbereitung

24 Für einen ordnungsmäßigen und reibungslosen Ablauf einer Inventur sind **Inventurvorbereitungen** erforderlich. Dazu gehören insb.:
- Vorkehrungen zur **Ermöglichung der Inventur** (bspw. Zutritt, Ruhen des Betriebs bzw. Absprachen zur Inventur bei laufendem Betrieb, Einweisung der mit der Inventur betrauten Mitarbeiter, Abgrenzung der Aufnahmebereiche, Bereitstellung der erforderlichen Arbeitsmittel wie bspw. Aufnahmebögen, Waagen, Zollstöcke etc.).
- Maßnahmen zur Sicherstellung der **Vollständigkeit** der Inventur (bspw. Ermittlung von Fremdlägern bei Dritten, Abgrenzung von für Dritte gelagerte Bestände (Fremdbestände), Maßnahmen zur Erfassung von unterwegs befindlichen Beständen, Abgrenzung und Einbeziehung von versandfertigen Beständen etc.).
- Maßnahmen zur **Richtigkeit** der Inventur (bspw. Aufnahme von bereits erkennbaren, wertbeeinflussenden Faktoren wie bspw. Schäden, Staub etc.; Aufräumen des Lagers; Ausgrenzung wertloser oder unbrauchbarer Bestände.

---

[9] Vgl. ADS, 6. Aufl., § 240 HGB, Rz 48, 49.

2.3.3 Zählen, Messen, Wiegen

Für die Inventurdurchführung ist Folgendes erforderlich:[10]

- Im Regelfall ist die Inventur von einem **Team** aus Zähler und Schreiber, die zur Sicherstellung des Vier-Augenprinzips nicht voneinander weisungsabhängig sind und nicht in einem engen beruflichen Verhältnis stehen.
- Die Inventur muss systematisch vorgenommen werden, damit sichergestellt ist, dass sie vollständig ist. **Sprunginventuren**, bei denen Bestände in unsystematischer Weise aufgenommen werden, sind im Regelfall unzulässig.
- Die erfassten Bestände sind zu **kennzeichnen**, damit eine Doppelerfassung vermieden wird.
- Bei der Inventur müssen **Menge, Art und wertbeeinflussende Faktoren** (wie bspw. Beschädigungen) erfasst werden.
- Die Inventur muss feststellen, ob die VG dem Kfm. **wirtschaftlich zugehörig** – also zuzurechnen – sind (bspw. Abgrenzung von Fremdlägern).
- Bei der Inventur muss auch die zutreffende **Periodenabgrenzung** sichergestellt werden (bspw. Bestände mit Annahmeverzug des Kunden, die als geliefert gelten und damit Forderungen aus L&L darstellen, dürfen nicht doppelt erfasst werden).

2.3.4 Inventurüberwachung

Der Kfm. hat Maßnahmen zur Inventurüberwachung zu treffen. Diese betreffen sowohl die Überwachung der körperlichen Bestandsaufnahme wie auch die anschließende Auswertung der Inventurergebnisse.

Die Bedeutung der Inventurüberwachung besteht darin, dass die Überwachungshandlungen die **Ordnungsmäßigkeit der Inventur** sicherstellen müssen. Ergeben die Überwachungshandlungen, dass die Inventur ordnungswidrig ist, muss der Kfm. die Inventur wiederholen.

Welchen **Umfang** diese Überwachungsmaßnahmen haben müssen, ist eine Frage des Einzelfalls in Abhängigkeit von der Art der Inventur, des Inventurfehlerrisikos sowie des eingesetzten Personals; i.d.R. wird aber eine stichprobenweise Überwachung ausreichen.

Soweit das Unt nach §§ 316f. HGB prüfungspflichtig ist, findet bei wesentlichen Beständen zusätzlich zur Überwachung durch den Kfm. eine **Inventurbeobachtung** durch den AP statt. Die Inventurbeobachtung kann dabei die Inventurüberwachung durch den Kfm. nicht ersetzen; vielmehr befasst sich die Inventurbeobachtung durch den AP mit der Überprüfung der Inventurvorschriften, der Inventurmaßnahmen sowie den Überwachungshandlungen des Kfm. und dem IKS der Ges.

2.3.5 Inventurauswertung

Bei der Inventurauswertung ist zwischen einer körperlichen Bestandsaufnahme und einer Systemprüfung des Bestandsfortschreibungssystems zu unterscheiden. Bei einer **körperlichen Bestandsaufnahme** ist eine Inventurauswertung als Soll-Ist-Vergleich möglich, wenn der Kfm. ein Bestandsfortschreibungssystem

---

[10] Vgl. WP-Handbuch, Bd. I, 14. Aufl., Abschn. R, Rz 435f. (Diese Auffassung ist in der aktuellen Auflage des WP-Handbuchs nicht mehr enthalten).

eingerichtet hat. Andernfalls ist mangels einer Bestandsfortschreibung ein Soll-Ist-Vergleich nicht möglich. Soll-Ist-Abweichungen geben Hinweise auf Erfassungsfehler oder Schwund.

31 Bei der Überprüfung des Bestandsfortschreibungssystems findet eine Inventurauswertung im eigentlichen Sinne nicht statt. Die Auswertung der Inventurergebnisse dient hier dem **Nachweis der Ordnungsmäßigkeit** von Inventur und Fortschreibungssystem.[11] Soweit eine solche Inventurauswertung die Bestandszuverlässigkeit des Fortschreibungssystems bestätigt, ist der durch die Bestandsfortschreibung ermittelte Buchbestand anzusetzen (ggf. gemindert um Abwertungen).

32 Soweit die Ordnungsmäßigkeit der Inventur nicht gegeben ist, muss der Kfm. die **Inventur wiederholen;** bei einer fehlgeschlagenen Bestätigung der Bestandsfortschreibung durch eine Untersuchung des Bestandsfortschreibungssystems bedeutet dies, dass eine Bestandsermittlung nur noch durch körperliche Bestandsaufnahme zulässig ist, da die Bestandszuverlässigkeit des Fortschreibungssystems nicht gegeben ist. Bei Buchinventuren können wesentliche Inventurdifferenzen ein Hinweis auf Buchführungsmängel sein.

33 Die Inventurauswertung muss der Kfm. **zeitnah** vornehmen, um die Gründe von Inventurdifferenzen noch ermitteln zu können bzw. bei Nichtordnungsmäßigkeit der Inventur diese fristgerecht nachholen zu können.[12] Deshalb bedeutet zeitnah i.d.R., dass die Inventurauswertung unmittelbar im Anschluss an die Bestandsaufnahme erfolgen muss, wobei der verbleibende Zeitrahmen eine Frage des Einzelfalls ist.

2.4 Inventar

34 Das Inventar ist das Bindeglied zwischen Buchführung und Inventur einerseits und dem Jahresabschluss andererseits. Das Inventar fasst die Bestände geordnet nach Posten zusammen und weist die Werte der jeweiligen Posten aus.

35 Zu den Bewertungsvereinfachungsverfahren in diesem Zusammenhang vgl. § 256 Rz 10.

36 § 240 Abs. 2 Satz 3 HGB schreibt die Aufstellung des Inventars „**innerhalb der einem ordnungsmäßigen Geschäftsgang entsprechenden Zeit**" vor. Der Wortlaut entspricht dem Wortlaut des § 243 Abs. 3 HGB, der die Aufstellung des Jahresabschlusses ebenfalls „innerhalb der einem ordnungsmäßigen Geschäftsgang entsprechenden Zeit" anordnet. Eine ähnliche Vorschrift enthält § 264 Abs. 1 Satz 3 HGB für kleine KapGes. Für die Buchführung schreibt § 239 Abs. 2 HGB dagegen eine „zeitgerechte" Buchführung vor (§ 239 Rz 21 f.). Die Regelungen zur Inventur in §§ 240, 241 HGB lassen besondere Fristen für eine ausgeweitete Stichtagsinventur (Rz 16) bzw. eine vor- oder nachverlegte Inventur zu (§ 241 Rz 28).

37 Zunächst ist festzuhalten, dass eine nicht zeitgerechte Buchführung bzw. eine Inventur außerhalb der zugelassenen Fristen ordnungswidrig ist und die Ordnungswidrigkeit von Buchführung und Jahresabschluss zur Folge haben kann.

---

[11] Vgl. im Ergebnis so ADS, 6. Aufl., § 240 HGB, Rz 54.
[12] Vgl. ADS, 6. Aufl., § 240 HGB, Rz 56.

Ein solch enges Zeitgerechtigkeitserfordernis ist für das Inventar – wie auch für den Jahresabschluss – nicht erkennbar. Das Inventar ist lediglich die Zusammenfassung und Bewertung der bei der Inventur ermittelten Bestände. Die dafür notwendigen Informationen müssen in einer ordnungsmäßigen Buchführung erfasst sein (bspw. Bewertungsgrundlagen) bzw. waren bei der Inventur zu ermitteln (bspw. Art, Mengen und bewertungsrelevante Umstände). Die Erstellung des Inventars ist deshalb zunächst ein rein **mechanischer Vorgang**. Bei der Besteuerung sind allerdings wertaufhellende Tatsachen bspw. für Wertberichtigungen oder Zuschreibungen zu berücksichtigen, die erst nach einer bestimmten Zeitdauer bekannt werden können. Allerdings besteht auch ein Bedürfnis, dass der Kfm. die Inventur für Zwecke der Beweissicherung abschließt; deshalb ist im Insolvenzfall die Nichterstellung von Inventar (oder Bilanz) nach § 283b Abs. 1 Nr. 3b StGB ein Straftatbestand. 38

Der Begriff „innerhalb der einem ordnungsmäßigen Geschäftsgang entsprechenden Zeit" ist **für Inventar und Jahresabschlussaufstellung grds. gleich auszulegen**. Allerdings zu beachten ist, dass die Inventaraufstellung der Aufstellung des Jahresabschlusses vorausgeht, weswegen die Jahresabschlussaufstellungsfristen nicht voll ausgeschöpft werden können.[13] 39

Der BFH[14] hat für den Jahresabschluss entschieden, dass der Zeitraum „innerhalb der einem ordnungsmäßigen Geschäftsgang entsprechenden Zeit"**längstens zwölf Monate** dauern darf. Der zulässige Zeitraum ist allerdings eine Frage des Einzelfalls. Zum einen sind die ggf. kürzeren, gesetzlichen Abschlussaufstellungsfristen zu beachten (bspw. § 264 Abs. 1 Sätze 2 und 3 HGB, § 290 Abs. 1 HGB, § 37v Abs. 1 Satz 1 WpHG, § 37w Abs. 1 Satz 1 WpHG, § 37x Abs. 3 WpHG, § 37y WpHG), zum anderen entspricht es insb. bei **Unternehmenskrisen** nicht einem ordnungsmäßigen Geschäftsgang, die Aufstellung des Inventars und des Jahresabschlusses unter Ausschöpfung aller Fristen zu verschleppen.[15] 40

Der Kfm. muss das Inventar **nicht unterzeichnen**; unterzeichnen muss der Kfm. nur den Jahresabschluss nach § 245 HGB. Es kann allerdings zu einem sachgerecht aufgebauten IKS gehören, dass wesentliche Vorgänge autorisiert werden. Deshalb ist in größeren Unt oder im Rahmen einer AP i.d.R. eine Unterzeichnung des Inventars durch die dafür verantwortliche Person erforderlich. 41

---

[13] Vgl. *Winkeljohann/Philipps*, in Beck Bil-Komm., 10. Aufl., 2016, § 240 HGB, Rz 67, 68; a.A. aber im Ergebnis kein Unterschied: ADS, 6. Aufl., § 240 HGB, Rz 61.

[14] Vgl. BFH Urteil v. 6.12.1983, BStBl 1984 II S. 227; der Auffassung des BFH, dass eine verspätete Bilanzaufstellung ein Buchführungsmangel sei, kann nicht gefolgt werden – zurecht aber hat der BFH eine Schätzung anstatt der verspätet erstellten Bilanz nur dann zugelassen, wenn die Verspätung mit einer Infragestellung der sachlichen Richtigkeit einhergeht. Im Urteilsfall war im Übrigen nicht nur die Bilanz verspätet aufgestellt worden, sondern es waren auch erhebliche inhaltliche Korrekturen vorgenommen worden, die auch als erhebliche Buchführungsmängel anzusehen waren.

[15] Vgl. *Schmidt/Usinger*, in Beck Bil-Komm. 10. Aufl., 2016, § 243 HGB, Rz 95.

3 Dauer des Geschäftsjahrs und Abschlussstichtag

42 Das Gesetz regelt die **Dauer des Geschäftsjahrs** nicht – das Gesetz spricht von „Geschäftsjahr", nicht von einem Jahr i. S. eines Zwölf-Monats-Zeitraums; lediglich § 240 Abs. 2 Satz 2 HGB begrenzt die Dauer des Gj auf höchstens zwölf Monate. Bereits die Überschreitung um nur einen Tag ist unzulässig.[16]

43 Damit hat der Gesetzgeber keine Mindestdauer festgeschrieben und auch keine Normaldauer bestimmt. Daraus könnte man schließen, dass der Kfm. die Dauer eines Gj frei bestimmen kann. Dies ist indes nicht der Fall: Das Gesetz spricht in § 242 Abs. 1 HGB von einem „Jahresabschluss" für den Zeitraum von Beginn bis zum Ende des Gj. Weiter hat der Gesetzgeber in den §§ 37w, 37x Abs. 3 WpHG für bestimmte Unt einen Halbjahres- bzw. Quartalsfinanzbericht geregelt. Der Gesetzgeber lässt dadurch nach hM keinen Zweifel, dass er von einer **normalen Geschäftsjahresdauer** von genau zwölf Monaten ausgeht.

44 Der Gesetzgeber wollte jedoch auch **Rumpfgeschäftsjahre** zulassen. Rumpfgeschäftsjahre sind Gj, die kürzer dauern als zwölf Monate. Dies erlaubt dem Kfm., das Geschäftsjahresende frei nach den Erfordernissen seines Betriebs zu bestimmen bzw. an geänderte Erfordernisse anzupassen.

45 Der Kfm. bestimmt sein Gj durch eigenes Handeln. Bei PersG und KapG ist die Bestimmung des Gj im Gesellschaftsvertrag oder in der Satzung erforderlich, wenn ein vom Kj abweichendes Gj gelten soll. Enthält der Gesellschaftsvertrag oder die Satzung keine Bestimmung zum Gj, so gilt das Kj als Gj vereinbart.

46 Der **Abschlussstichtag** ist bei Gründung des Unt frei wählbar. Damit kann der Kfm. bei der Wahl des Abschlussstichtags seinen betrieblichen und bestehenden gesetzlichen Anforderungen Rechnung tragen.

> **Beispiel**
> Der Kfm. betreibt einen Skilift. Da er im Winter Hochsaison hat, wählt er den 30.6. als Abschlussstichtag, da im Sommer sein Geschäft ruht und er Zeit für Verwaltungsarbeiten hat.
> Für einen Kfm., der ein Freibad betreibt, ist der 30.6. als Abschlussstichtag dagegen ungelegen. Für ihn ist ein Abschlussstichtag nach dem Ende der Badesaison viel sinnvoller, bspw. der 31.10.

> **Beispiel**
> Ein konzernrechnungslegungspflichtiges MU gründet am 24.4. ein TU. Es wählt als Abschlussstichtag den 31.12., da dies auch der Konzernabschlussstichtag ist. Somit vermeidet die Ges., dass zusätzlich zum Jahresabschluss ein Zwischenabschluss auf den 31.12. erstellt werden muss, damit das TU in den Konzernabschluss einbezogen werden kann.

47 § 240 Abs. 2 HGB enthält keine Anordnung, die den **späteren Wechsel des Abschlussstichtags** beschränkt. Jedoch ist der freie Wechsel aus folgenden Gründen unzulässig:

---

[16] Zur Einordnung von bspw. in den USA verwendeter Geschäftsjahresdauer von 52 Wochen, die nach deutschem Recht nicht zulässig sind: *Jürgenmeyer*, Zur Bestimmung des Geschäftsjahres, 2015, S. 18.

- Jahresabschlüsse müssen nach § 265 Abs. 2 HGB die Vorjahresvergleichszahlen enthalten und zusätzliche Angaben, wenn ein Vergleich mit dem Vj nicht möglich ist. Die **Vergleichbarkeit** ist bei Rumpfgeschäftsjahren jedoch erheblich gestört; ein dauernder Wechsel des Gj vermindert die Informationsfunktion des Jahresabschlusses und ist deshalb unzulässig.
- Mit der Änderung des Gj ist ein **Eingriff in das Gewinnbezugsrecht** des Gesellschafters verbunden. Zum einen kann es zu einer zeitlichen Verschiebung kommen, zum anderen kann es – insb. bei Saisonbetrieben – zu einer Beschneidung oder Überhöhung des Gewinnbezugsrechts durch Rumpfgeschäftsjahre kommen. Der Schutz der Gesellschafter bzw. der Schutz der Ges. und der Gläubiger erfordert deshalb eine Beschränkung des Wechsels des Gj.
- Schutzwürdig ist in gleicher Weise der **Fiskus**, wenn durch den willkürlichen Wechsel des Gj Steueransprüche gemindert oder zeitlich verschoben werden.
- Der Wechsel des Abschlussstichtags führt zudem zu **vermehrten Kosten** für bspw. die Erstellung von Jahresabschlüssen, Steuererklärungen, HV und Abschlussprüfungen.

In sachlich begründeten Ausnahmefällen überwiegt der Nutzen eines Wechsels die damit verbundenen Nachteile und ist dann zulässig:
- Anpassung des Abschlussstichtags an den **Konzernabschlussstichtag**.
- Herausbildung eines **saisonalen Geschäfts** oder Verschiebung der Saison und Verlegung des Abschlussstichtags auf einen Tag außerhalb der Saison.
- **Gesellschaftsrechtliche Vorgänge** wie bspw. Einbringung eines Unt, Umwandlungen, Verschmelzungen, etc.
- Besondere betriebliche Umstände wie bspw. die Anmeldung einer Liquidation oder Insolvenz.

Von dieser handelsrechtlichen Betrachtungsweise sind die Beschränkungen des Wechsels des Abschlussstichtags im **Steuerrecht** zu unterscheiden. Danach ist der Wechsel auf den 31.12. stets zulässig, während der Wechsel auf einen anderen Stichtag als den 31.12. der Zustimmung des Finanzamts bedarf (§ 4a Abs. 1 Satz 1 Nr. 2 Satz 2 EStG; § 8b EStDV). Stets auch steuerrechtlich zugelassen ist der Wechsel auf den Konzernabschlussstichtag.

4 Festwert- und Gruppenbewertungsverfahren (Abs. 3 und 4)

4.1 Vorbemerkung

Die Absätze 3 und 4 des § 240 HGB enthalten **Inventurerleichterungsverfahren**.
- § 240 Abs. 3 HGB regelt das **Festwertverfahren**,
- § 240 Abs. 4 HGB die **Gruppenbewertung**.

Die beiden Inventurerleichterungsverfahren des § 240 HGB unterscheiden sich grds. von den **Inventurvereinfachungsverfahren** des § 241 HGB. Die **Inventurerleichterungsverfahren** des § 240 HGB beinhalten nicht nur eine Vereinfachung der körperlichen Bestandsaufnahme, sondern stellen zugleich auch ein Bewertungserleichterungsverfahren dar, während die Inventurvereinfachungsverfahren des § 241 HGB nur Inventurvereinfachungen, nicht aber Bewertungsvereinfachungen enthalten.

51 Deshalb können die **Bewertungsvereinfachungsverfahren des § 256 HGB** (Verbrauchsfolgeverfahren) im Regelfall bei Inventurvereinfachungsverfahren nach § 241 HGB genutzt werden – nicht aber bei den Inventurerleichterungsverfahren des § 240 Abs. 3 und 4 HGB.

4.2 Festwertverfahren (Abs. 3)

52 Das **Festwertverfahren** erlaubt statt dem Ansatz einzelner VG den zusammengefassten Ansatz in einem gleich bleibenden Festwert.

53 Das Festwertverfahren ist nur bei kumulativer Einhaltung folgender **Anwendungsvoraussetzungen** zulässig:
- Es handelt sich um **VG des Sachanlagevermögens** oder um **RHB**.
- Der gesamte Festwert muss für das Unt einen Gesamtwert **von nachrangiger Bedeutung** haben.
- Der Bestand unterliegt in seiner Größe, seinem Wert und seiner Zusammensetzung nur **geringen Veränderungen**.
- Die in den Festwert einbezogenen VG müssen **regelmäßig** ersetzt werden.
- In der Regel **ist alle drei Jahre eine körperliche Bestandsaufnahme** vorzunehmen.

Zum Begriff des Sachanlagevermögens vgl. § 266 Rz 37; zum Begriff RHB vgl. § 266 Rz 66. Auf andere VG und auch auf Schulden darf das Festwertverfahren nicht angewandt werden.

54 Diese Beschränkung auf RHB und Sachanlagevermögen hat **eher klarstellenden, als einschränkenden Charakter**, da in der Praxis nur wenige Fälle denkbar sind, in denen andere Arten von VG oder Schulden „festwertgeeignet" sind. Festwertgeeignet sind nur solche Bilanzposten, die viele kleinteilige Einzelposten umfassen, die für den laufenden Geschäftsbetrieb dauerhaft in weitgehend unverändertem Umfang benötigt werden. Andere VG und die Schulden unterliegen oft starken Schwankungen, womit die Anwendung des Festwertverfahrens schon an den Anwendungsvoraussetzungen scheitern würde.

55 Der Festwert muss für den Kfm. von **nachrangiger Bedeutung** sein. Fraglich ist, ob die nachrangige Bedeutung für jeden einzelnen Festwert oder für alle Festwerte zusammen zu prüfen ist. Nach hM kommt es darauf an, dass ein Festwert allein von nachrangiger Bedeutung ist.[17] Dies soll sich aus dem Gesetzeswortlaut ergeben, der verlangt, „dass der Gesamtwert" der so bewerteten VG „für das Unternehmen von nachrangiger Bedeutung" ist und sich dabei auf „seinen Wert", also einen Einzelfestwert, bezieht. Zu Recht werden Zweifel an dieser Auffassung geäußert.[18] Das Festwertverfahren ist ein sehr grobes Vereinfachungsverfahren, bei dem der Gesetzgeber geringe Fehlbewertungen in Kauf genommen hat, weil der Vereinfachungs- und Erleichterungsgedanke im Vordergrund steht. Nur dann kann davon ausgegangen werden, dass wegen der nachrangigen Bedeutung insgesamt kein wesentlicher Bilanzierungs- und Bewertungsfehler auftreten kann. Es ist nicht mit den GoI vereinbar, wenn mehrere Festwerte zusammen zu Bewertungsfehlern in wesentlicher Höhe führen.

---

[17] Vgl. ADS, 6. Aufl., § 240 HGB, Rz 79; *Winkeljohann/Philipps*, in Beck Bil-Komm., 10. Aufl., 2016, § 240 HGB, Rz 86, 87.
[18] Vgl. *Winkeljohann/Philipps*, in Beck Bil-Komm., 10. Aufl., 2016, § 240 HGB, Rz 86 f.

Was nachrangig i. S. d. Gesetzes bedeutet, gibt das Gesetz nicht vor. Als Orientierungswert wird 5 % der Bilanzsumme als zulässige Obergrenze für die Summe aller Festwerte vorgeschlagen; jedoch wird zu Recht darauf verwiesen, dass dies eine Frage des Einzelfalls bleiben muss[19] (bspw. bei Gründung eines Unt. und vorrangiger Beschaffung der in den Festwert einbezogenen VG).

56

> **Beispiel**
> Ein Hotel betreibt eine Gaststätte mit 120 Sitzplätzen, für die eine große Anzahl von Tellern, Gläsern, Bestecken und Stoffservietten benötigt wird und aufgrund ihrer Zweckbestimmung Sachanlagevermögen darstellen. Der wesentliche Posten in der Bilanz des Hotels sind jedoch die Hotelimmobilie, die Möbel und die zum Betrieb erforderlichen Geräte (bspw. in der Küche oder Wäscherei), die Teller, Gläser, Bestecke und Stoffservietten sind dagegen gemessen an der Bilanzsumme von nachrangiger Bedeutung und dürfen deshalb zu einem Festwert zusammengefasst werden.

Der Festwert darf hinsichtlich Größe, Wert oder Zusammensetzung **nur geringen Veränderungen** unterliegen. Ein Festhalten an einem bereits angesetzten Festwert ist unzulässig, wenn wesentliche Veränderungen eintreten.

57

> **Beispiel**
> **Veränderung der Größe**
> Die Gaststätte wird um einen Biergarten mit 240 Sitzplätzen erweitert. Dafür werden zusätzliche Gläser, Teller und Besteckteile benötigt. Die Fortführung des bisherigen Festwerts ist unzulässig, da sich die Größe des Bestands wesentlich verändert hat. Es ist nicht zulässig, die Zukäufe im Jahr der Anschaffung in voller Höhe als Aufwand zu buchen. Der Kfm. muss deshalb eine Inventur vornehmen und einen neuen Festwert ermitteln.

> **Beispiel**
> **Veränderung Wert**
> Der Kfm. hat bisher Edelstahlbesteck beschafft. Er bekommt von einem Restaurantführer einen Stern verliehen. Er ersetzt sein Edelstahlbesteck Stück für Stück durch Silberbesteck. Der Kfm. darf den Festwert für die Bestecke nicht unverändert fortführen, da Silberbesteck ein Vielfaches des Edelstahlbestecks kostet.

> **Beispiel**
> **Veränderung Zusammensetzung**
> Der Kfm. betreibt eine Gastwirtschaft und ändert aus Altersgründen im Gj das Konzept; das Angebot an Speisen stellt er ein und richtet sich auf den Ausschank von Getränken aus. Deshalb kauft er keine Teller und Bestecke mehr nach, benötigt aber mehr Gläser, von denen er reichlich neue beschafft. Er darf den Festwertposten, in dem er Teller, Gläser und Bestecke zusam-

---

[19] Vgl. ADS, 6. Aufl., § 240 HGB, Rz 81.

> mengefasst hat, nicht unverändert fortführen, da sich die Zusammensetzung des Postens wesentlich verändert hat.

58 Die in den Festwert einbezogenen VG müssen **regelmäßig ersetzt** werden. In diesem Fall entsprechen die Aufwendungen für den Ersatz der VG in etwa den Abschreibungen, die sich ergeben hätten, wären die VG aktiviert und abgeschrieben worden. Deshalb ist ein Festwert bei **nicht abnutzbarem Vermögen** nicht zulässig, auch wenn das nicht abnutzbare Vermögen zum Sachanlagevermögen gehört. Im Ergebnis sind so faktisch auch **besonders langlebige** und **nur in geringer Zahl vorhandene VG** ausgeschlossen, da hier nur ab und zu ein VG ersetzt werden muss. Ein unmittelbarer Ersatz ist nicht erforderlich; es genügt, wenn in regelmäßigen Abständen die Bestände aufgefüllt werden. Nach einer geäußerten Auffassung sei der Verbrauch des Jahres grds. bis zum Abschlussstichtag zu ersetzen, da sonst die Voraussetzung nicht erfüllt sei, dass der Bestand nur geringen Veränderungen unterliege.[20] Eine solch enge Auslegung entspricht jedoch nicht dem Gedanken des Festwerts; eine Auffüllung ist nur regelmäßig, nicht jedoch vor jedem Abschlussstichtag erforderlich. Entscheidend ist, dass der nicht ersetzte Teil der VG nicht soweit ins Gewicht fällt, dass nicht mehr von einer geringfügigen Veränderung ausgegangen werden kann.[21]

> **Beispiel**
> Der Kfm. betreibt eine Gaststätte; im lebhaften Betrieb über Weihnachten und bei der Silvesterveranstaltung der Gaststätte geht das eine oder andere Glas zu Bruch. Für die Gläser hat der Kfm. zulässigerweise einen Festwert bilanziert. Abschlussstichtag ist der 31.12. Der Kfm. ersetzt aus Zeitmangel die zerbrochenen Gläser erst Mitte Januar. Der Wert und der Anteil der zerbrochenen Gläser soll hier unwesentlich sein. Deshalb ist die Beibehaltung des Festwerts zum 31.12. zulässig.

59 Liegt keine kurzfristige, geringfügige Bestandsschwankung vor, ist die Fortführung des Festwerts unzulässig.

> **Beispiel**
> Die Silvesterveranstaltung in der Gaststätte endet noch vor dem Silvesterfeuerwerk in einer handgreiflichen Auseinandersetzung; fast alle Gläser gehen zu Bruch. Der Kfm. beschafft bereits am 2.1. Ersatz. Eine Fortführung des Festwerts ist unzulässig, da es sich hier nicht um eine geringfügige Bestandsschwankung handelt.

60 Für die im Festwert zusammengefassten VG schreibt § 240 HGB vor, dass i.d.R. eine **Inventur alle drei Jahre** vorgenommen werden muss. Das **Steuerrecht** schreibt dagegen vor, dass für den Festwert i.d.R. alle drei Jahre, spätestens alle fünf Jahre eine Inventur erforderlich ist.[22] Das Steuerrecht erscheint somit weni-

---

[20] Vgl. ADS, 6. Aufl., § 240 HGB, Rz 78.
[21] Vgl. *Winkeljohann/Philipps*, in Beck Bil-Komm., 10. Aufl., 2016, § 240 HGB, Rz 84, 87.
[22] Vgl. R 5.4 Abs. 3 Satz 1 EStR 2012.

ger streng als das Handelsrecht; in der Praxis sind die Unterschiede jedoch eher theoretischer Natur. Zunächst bedeutet „i.d.R.", dass der Kaufmann **jedes Jahr** prüfen muss, ob er den Festwert des Vj beibehalten darf. Dazu muss er sich versichern, dass die Anwendungsvoraussetzungen weiter erfüllt sind (Rz 53). Sind diese Anwendungsvoraussetzungen erfüllt, so kann er insgesamt für drei Jahre auf eine Inventur verzichten. Ergibt sich aber bereits vorher eine wesentliche Änderung des Festwerts seiner Größe, Art oder Zusammensetzung nach, so ist eine Inventur bereits zum nächsten Abschlussstichtag erforderlich. Am Ende des dritten Jahrs ist dann i.d.R. eine Inventur vorzunehmen, jedoch kann der Kfm. darauf verzichten, wenn dies **sachlich gerechtfertigt** ist. Abzulehnen ist die Auffassung, dass die Verlängerung der Drei-Jahres-Frist dann zulässig sei, wenn der Festwert anhand plausibler Schlüsselgrößen angepasst wird;[23] dies entspricht nicht dem Gedanken des Festwerts, der ein Festhalten am Vorjahreswert erlaubt, nicht jedoch laufende Anpassungen anhand plausibler Verhältniszahlen zulässt. Es kommt deshalb vielmehr darauf an, dass der Festwert **in hohem Maße nur geringen Veränderungen** unterliegt. Ob dies der Fall ist, kann nur im Einzelfall beurteilt werden.

Die Fünf-Jahres-Frist des Steuerrechts wird auch für das Handelsrecht als Obergrenze gelten müssen. Zwar schreibt das Handelsrecht eine solche Obergrenze nicht ausdrücklich vor, jedoch widerspricht es dem Vorsichtsprinzip, wenn der Kfm. einen Wert ungeprüft und nur auf der Grundlage von Plausibilitätsüberlegungen dauerhaft in unveränderter Höhe ansetzt. 61

Eine Besonderheit ergibt sich bei der **erstmaligen Bildung** des Festwerts. Der Festwert geht davon aus, dass die darin enthaltenen VG im Durchschnitt die Hälfte der betrieblichen Nutzungsdauer bereits durchlaufen haben und deshalb die Ersatzbeschaffungen des Gj in etwa den laufenden Abschreibungen entsprechen. Dies gilt nicht, wenn sämtliche im Festwert zusammengefassten VG neu beschafft wurden, denn im Jahr der Anschaffung sind zunächst die vollen AK anzusetzen. Deshalb sind hier Abschreibungen vom Festwert solange erforderlich, bis der Restbuchwert den **Anhaltewert** erreicht hat. Der Kfm. darf als Anhaltewert einen vorsichtigen Wert wählen, sodass ein Bereich von 40–50 % der AK als zulässiger Bereich anzusehen ist.[24] 62

> **Beispiel**
> Der Kfm. gründet eine Gaststätte. Dazu beschafft er 1.000 neue Besteckteile zu 5 EUR/Stück, für die er zulässigerweise einen Festwert ansetzen darf. Die AK im Jahr der Gründung betragen damit 5.000 EUR. Die Nutzungsdauer der Besteckteile sei zehn Jahre; zerstörte oder verloren gegangene Besteckteile werden regelmäßig ersetzt. Der Kfm. wählt als Anhaltewert 2.500 EUR (50 % der AK). Er schreibt deshalb den Festwert zunächst für fünf Jahre mit 500 EUR/Jahr ab, bis der Anhaltewert von 2.500 EUR erreicht ist. Ersatzbeschaffungen bucht er sofort als Aufwand.

---

[23] Vgl. ADS, 6. Aufl., § 240 HGB, Rz 96.
[24] Vgl. ADS, 6. Aufl., § 240 HGB, Rz 101.

63 Besonderheiten ergeben sich auch bei einer **späteren Anpassung** des Festwerts. Ergibt die Inventur des Festwerts **Mindermengen**, muss der Kfm. den Festwert grds. herabsetzen, wobei unterschiedliche Auffassungen über die zulässige Toleranz bestehen. Einerseits wird die Auffassung vertreten, dass „immer" eine Anpassung erforderlich sei, eine andere Auffassung verlangt nur „grds." eine Abwertung, ohne auszuführen, welche Ausnahmen zugelassen sind. Das Steuerrecht formuliert die Abwertung ebenfalls nur als „Kann"-Vorschrift.[25] Eine Überbewertung eines Aktivpostens ist mit dem Vorsichtsprinzip unvereinbar und kann nur hingenommen werden, wenn sie unbedeutend ist. Jedoch entspricht es der Vereinfachungs- und Erleichterungsfunktion des Festwerts, dass kleine Schwankungen hingenommen werden. Deshalb ist es zulässig, wenn der Kfm. eine Herabsetzung des Festwerts unterlässt, wenn die festgestellte Unterschreitung des Festwerts auf einer **kurzfristigen, geringfügigen Schwankung** beruht (Rz 60), also wertmäßig unbedeutend ist und eine Wiederauffüllung der Bestände geplant ist.

64 Bei der Feststellung von **Mehrmengen** fordern Kommentierung[26] und Steuerrecht[27] übereinstimmend, dass eine Erhöhung des Festwerts erst erforderlich ist, wenn der im Rahmen der Inventur festgestellte Wert 10 % über dem bisherigen Anhaltewert liegt. Eine Erhöhung des Festwerts bei einer Überschreitung von weniger als 10 % ist zwar zulässig, aber entbehrlich.

65 Die **Aufgabe des Festwerts** ist erforderlich, wenn die Voraussetzungen für dessen Bildung entfallen sind. Es gilt der Grundsatz der **Bewertungsstetigkeit**, der die freiwillige Aufgabe nur in begründeten Ausnahmefällen zulässt (§ 252 Rz 137f.).

66 Das Steuerrecht erlaubt derzeit nach § 6 Abs. 2a EStG die Bildung eines **Sammelpostens für GWG**, deren AK mehr als 150 EUR betragen, aber 1.000 EUR nicht übersteigen, alternativ dazu kann der Kfm. auch die Sofortabschreibung von GWG mit AK über 150 EUR aber unter 410 EUR wählen. Der Kfm könnte deshalb daran denken, handelsrechtlich einen Festwert und steuerlich GWG anzusetzen. Eine solche abweichende Behandlungsmöglichkeit in HB und Steuerbilanz besteht jedoch nicht, da die FinVerw sich dafür entschieden hat, für den Festwert die uneingeschränkte Maßgeblichkeit der Handels- für die Steuerbilanz anzunehmen; unter Vereinfachungsgesichtspunkten ist dies zu begrüßen. Somit ist ein handelsrechtlicher Festwert in gleicher Höhe in der Steuerbilanz anzusetzen.[28]

4.3 Gruppenbewertungsverfahren (Abs. 4)

67 Nach § 240 Abs. 4 HGB kann der Kfm. verschiedene VG oder Schulden zu einer Gruppe zusammenfassen und als Gruppe bewerten (**Gruppenbewertungsverfahren**). Die Gruppenbewertung ist ein Vereinfachungsverfahren für Inventur und Bewertung.[29]

68 Für die Anwendung müssen folgende Voraussetzungen erfüllt sein:

---

[25] Vgl. R 5.4 Abs. 3 Satz 4 EStR 2012.
[26] Vgl. ADS, 6. Aufl., § 240 HGB, Rz 102.
[27] Vgl. R 5.4 Abs. 3 Satz 2 EStR 2012.
[28] Vgl. BMF, Schreiben v. 12.3.2010, IV C 6 – S-2133/09/10001, Rz 7.
[29] Vgl. *Winkeljohann/Philipps*, in Beck Bil-Komm., 10. Aufl., 2016, § 240 HGB, Rz 130f.

- Zugelassen sind VG des **Vorratsvermögens**, sonstige **bewegliche VG** und **Schulden**.
- Es muss sich beim **Vorratsvermögen** zusätzlich um **gleichartige VG** handeln.
- Bei den sonstigen beweglichen VG und den Schulden sind dagegen **gleichartige** oder **annähernd gleichwertige** VG oder Schulden zugelassen.

Die zu einer Gruppe zusammengefassten VG oder Schulden dürfen mit dem gewogenen **Durchschnittswert** bewertet werden. Auch bei einer Durchschnittsbewertung muss das **Niederstwertprinzip** (§ 253 Rz 292) eingehalten werden. 69

Zum Begriff **Vorratsvermögen** vgl. § 266 Rz 64. Der Begriff **bewegliche Vermögensgegenstände** umfasst sowohl bewegliche VG des AV (§ 266 Rz 37) wie auch des UV (§ 266 Rz 64); ausgeschlossen sind unbewegliche VG (wie bspw. Grundstücke, Immobilien; vgl. § 266 Rz 38). Einige bewegliche VG sind einer Gruppenbewertung nicht zugänglich (wie bspw. Forderungen aus L&L). Die Gruppenbewertung darf auch für **Schulden** (zum Begriff der Schulden vgl. § 247 Rz 111) angewandt werden (bspw. Urlaubsrückstellung, Mehrarbeitsrückstellung, Garantierückstellung etc.). 70

Nach § 253 Abs. 2 HGB sind Rückstellungen mit einer Laufzeit von mehr als einem Jahr abzuzinsen. Es ist fraglich, ob eine **Abzinsung von Rückstellungen im Rahmen der Gruppenbewertung** möglich ist. § 240 Abs. 4 HGB erlaubt keinen Verzicht auf eine Abzinsung. Deshalb sind auch in eine Gruppenbewertung einbezogene Rückstellungen abzuzinsen. Ob diese Abzinsung vereinfacht erfolgen kann, ist eine Frage des Einzelfalls. 71

Für **eine den Altersvorsorgeverpflichtungen vergleichbare langfristige Verpflichtung** (bspw. eine Altersteilzeitverpflichtung) ergibt sich eine zusätzliche Fragestellung: Solche Rückstellungen dürfen entweder nach § 253 Abs. 2 Satz 1 HGB bei individueller Bewertung mit dem laufzeitgerechten Zins oder bei pauschaler Bewertung alternativ nach § 253 Abs. 2 Satz 2 HGB mit dem durchschnittlichen Marktzins für eine Restlaufzeit von 15 Jahren abgezinst werden. Da die Gruppenbewertung nie ein Einzelbewertungsverfahren ist, könnte somit nur noch eine Bewertung mit dem durchschnittlichen Marktzins für eine Restlaufzeit von 15 Jahren zulässig sein. Die Gruppenbewertung von Altersvorsorgeverpflichtungen ist grds. zulässig. Soweit Gruppen nach Restlaufzeiten zusammengefasst werden, ist eine Abzinsung nach Jahresscheiben sachgerecht. Bei einer Gruppenzusammenfassung nach Periodenscheiben, die mehrere Jahre umfassen, kann vereinfachend mit einer durchschnittlichen Restlaufzeit gearbeitet werden, soweit damit kein wesentlicher Bewertungsfehler verbunden ist.[30] 72

Beim Gruppenbewertungsverfahren handelt es sich um ein **Inventurerleichterungs- und Bewertungsvereinfachungsverfahren**. Die Inventurerleichterung ergibt sich daraus, dass nur der Gruppenbestand erfasst werden muss. Die Bewertungsvereinfachung besteht in der Bewertung mit dem gewogenen Durchschnittswert. Der gewogene Durchschnitt wird dabei aus dem Gewicht der Zugangswerte der einzelnen VG oder Schulden ermittelt. 73

Zulässig ist nur der **gewogene Durchschnitt**, nicht jedoch der arithmetische Mittelwert, denn der arithmetische Mittelwert berücksichtigt nicht die Zusammensetzung des Bestands und führt nicht zu zutreffenden Werten. Zulässig ist die freie Wahl zwischen 74

---

[30] Vgl. IDW RS HFA 34, Rz 7 und 39.

- dem einfachen gewogenen Durchschnitt und
- dem gleitenden gewogenen Durchschnitt.

Beispiel
Der Kfm. fasst die Gruppen von VG A und B im Rahmen einer Gruppenbewertung zusammen. Dabei sollen die in der folgenden Tabelle aufgeführten Geschäftsvorfälle zu verzeichnen sein. Die nachfolgende Darstellung zeigt die Unterschiede zwischen einfachem und gleitendem gewogenen Durchschnitt. Beim gleitend gewogenen Durchschnitt wird nach jedem Bestandszu- bzw. -abgang ein neuer Durchschnittswert errechnet, beim einfach gewogenen Durchschnitt werden zunächst alle Zugänge erfasst, dann ein Durchschnittswert ermittelt und die Abgänge zu dem daraus ermittelten Durchschnittswert angesetzt. Die beiden Verfahren führen deshalb zu unterschiedlichen Ergebnissen.

Gleitender gewogener Durchschnitt

Tag	Vorfall	Menge	Preis	Wert gesamt	Wert gesamt	Bestand	Durch-schnitt
1.1.	Bestand A				100,-	100	1,0000
15.1.	Zugang B	100	1,10	110,-	210,-	200	1,0500
31.3.	Abgang A	–50	–1,05	–52,50	157,50	150	1,0500
20.6	Zugang A	150	1,15	172,50	330,-	300	1,1000
15.7.	Abgang A	–200	–1,10	–220,-	110,-	100	1,1000
10.9.	Zugang A	100	1,20	120,-	230,-	200	1,1500
19.11.	Zugang B	200	1,25	250,-	480,-	400	1,2000
6.12.	Abgang B	–300	–1,20	–360,-	120,-	100	1,2000
27.12.	Zugang B	100	1,30	130,-	250,-	200	1,2500
31.12.	Bestand A + B				250,-	200	1,2500

Einfacher gewogener Durchschnitt

Tag	Vorfall	Menge	Preis	Wert	Wert gesamt	Bestand gesamt	Durch-schnitt
1.1.	Bestand A				100,-	100	1,0000
15.1.	Zugang B	100	1,10	110,-			
20.6	Zugang A	150	1,15	172,50			
10.9.	Zugang A	100	1,20	120,-			
19.11.	Zugang B	200	1,25	250,-			
27.12.	Zugang B	100	1,30	130,-			
	Summe	650		782,50	882,50	750	1,1767
31.3.	Abgang A	–50					
15.7.	Abgang A	–200					
6.12.	Abgang B	–300					
	Summe	–550			–647,19	–550	–1,1767
31.12.	Bestand A + B				235,31	200	1,1767

Grundsätzlich ist das gewählte Verfahren wegen des **Grundsatzes der Bewertungsstetigkeit** beizubehalten (§ 252 Rz 128), sofern nicht ein Ausnahmetatbestand erfüllt ist (siehe § 252 Rz 137f.). 75

Bei **Vorratsvermögen** ist die **Gleichartigkeit** der einbezogenen VG erforderlich. Gleichartigkeit setzt nach hM nicht voraus, dass es sich um gleiche VG handelt – vielmehr genügt 76
- Gattungszugehörigkeit oder
- Funktionsgleichheit.

Bei **sonstigen beweglichen VG oder Schulden** fordert das Gesetz **Gleichartigkeit** oder eine **annähernde Gleichwertigkeit** (Rz 75). Bei der annähernden Gleichwertigkeit bestehen unterschiedliche Auffassungen in der Literatur: Eine Auffassung[31] geht davon aus, dass die annähernde Gleichwertigkeit entgegen dem Gesetzeswortlaut stets – ungeschriebene – Anwendungsvoraussetzung ist, also auch beim Vorratsvermögen. Nach aktueller hM wird diese Auffassung nicht geteilt.[32] Für die erste Auffassung spricht jedoch, dass erhebliche Wertunterschiede zu einer Überbewertung führen können, wenn die Gewichtung der einbezogenen VG oder Schulden in den Durchschnittsbewertungssatz wesentlich von ihrer Gewichtung im Bestand abweichen. Eine Preisabweichung von höchstens 20 % sei gerade noch zulässig. Da das Gruppenbewertungsverfahren nicht wie beim Festwertverfahren nur bei „nachrangiger Bedeutung" angewandt werden darf, wird man der Auffassung zustimmen müssen, dass die Gruppenbewertung nicht zu einer bedeutsamen Über- oder Unterbewertung führen darf (vgl. Rz 56). Deshalb ist eine annähernde Gleichwertigkeit i.d.R. Anwendungsvoraussetzung bei bedeutsamen Beständen, nicht aber bei Gruppen von **nachrangiger Bedeutung**. 77

Die **Aufgabe des Gruppenbewertungsverfahrens** ist stets erforderlich, wenn die Voraussetzungen für dessen Anwendung entfallen sind; in diesem Fall ist stattdessen eine Einzelbewertung erforderlich.[33] Ansonsten gilt der Grundsatz der **Bewertungsstetigkeit**, der die freiwillige Aufgabe der Gruppenbewertung nur in begründeten Ausnahmefällen zulässt (§ 252 Rz 137). 78

Zur Anwendung der **Bewertungsvereinfachungsverfahren** bei Anwendung des Festwert- oder Gruppenbewertungsverfahrens siehe § 256 Rz 8. 79

---

31 Vgl. ADS, 6. Aufl., § 240 HGB, Rz 126, 128.
32 Vgl. *Winkeljohann/Philipps*, in Beck Bil-Komm., 10. Aufl., 2016, § 240 HGB, Rz 136.
33 Vgl. ADS, 6. Aufl., § 240 HGB, Rz 118.

§ 241 Inventurvereinfachungsverfahren

(1) ¹Bei der Aufstellung des Inventars darf der Bestand der Vermögensgegenstände nach Art, Menge und Wert auch mit Hilfe anerkannter mathematisch-statistischer Methoden auf Grund von Stichproben ermittelt werden. ²Das Verfahren muß den Grundsätzen ordnungsmäßiger Buchführung entsprechen. ³Der Aussagewert des auf diese Weise aufgestellten Inventars muß dem Aussagewert eines auf Grund einer körperlichen Bestandsaufnahme aufgestellten Inventars gleichkommen.

(2) Bei der Aufstellung des Inventars für den Schluß eines Geschäftsjahrs bedarf es einer körperlichen Bestandsaufnahme der Vermögensgegenstände für diesen Zeitpunkt nicht, soweit durch Anwendung eines den Grundsätzen ordnungsmäßiger Buchführung entsprechenden anderen Verfahrens gesichert ist, daß der Bestand der Vermögensgegenstände nach Art, Menge und Wert auch ohne die körperliche Bestandsaufnahme für diesen Zeitpunkt festgestellt werden kann.

(3) In dem Inventar für den Schluß eines Geschäftsjahrs brauchen Vermögensgegenstände nicht verzeichnet zu werden, wenn

1. der Kaufmann ihren Bestand auf Grund einer körperlichen Bestandsaufnahme oder auf Grund eines nach Absatz 2 zulässigen anderen Verfahrens nach Art, Menge und Wert in einem besonderen Inventar verzeichnet hat, das für einen Tag innerhalb der letzten drei Monate vor oder der ersten beiden Monate nach dem Schluß des Geschäftsjahrs aufgestellt ist, und
2. auf Grund des besonderen Inventars durch Anwendung eines den Grundsätzen ordnungsmäßiger Buchführung entsprechenden Fortschreibungs- oder Rückrechnungsverfahrens gesichert ist, daß der am Schluß des Geschäftsjahrs vorhandene Bestand der Vermögensgegenstände für diesen Zeitpunkt ordnungsgemäß bewertet werden kann.

WP STB LUKAS GRAF

Inhaltsübersicht

	Rz
1 Überblick	1
2 Stichprobeninventur (Abs. 1)	2–15
2.1 Anwendungsvoraussetzungen	2
2.2 Anerkanntes mathematisch-statistisches Verfahren	3–6
2.3 Einhaltung der GoB	7–9
2.4 Bestandszuverlässigkeit der Lagerbuchführung	10–13
2.5 Gleichwertiger Aussagewert wie eine körperliche Bestandsaufnahme	14–15
3 Andere Inventurverfahren (Abs. 2)	16–27
3.1 Anwendungsvoraussetzungen	16–17
3.2 Permanente Inventur	18–19
3.3 Einlagerungsinventur	20–26
3.4 Systemgestützte Werkstattinventur	27

4 Vor- oder nachverlegte Inventur (Abs. 3)	28–42
4.1 Überblick	28–30
4.2 Anwendungsvoraussetzungen	31
4.3 Anwendung eines anderen Inventurverfahrens	32
4.4 Frist	33
4.5 Besonderes Inventar	34–35
4.6 Zeitweilige Bestandszuverlässigkeit	36–38
4.7 Zugelassene Bestände	39
4.8 Probleme der vor- bzw. nachverlegten Inventur	40–42
5 Kombination und Wechsel zwischen Inventurverfahren	43–45

1 Überblick

Zum Anwendungsbereich und Normenzusammenhang vgl. § 238 Rz 2 ff. § 241 HGB erlaubt die Anwendung von **Inventurvereinfachungsverfahren**. Dazu gehören:

- die **Stichprobeninventur** mithilfe von mathematisch-statistischen Verfahren gem. § 241 Abs. 1 HGB,
- die **anderen Inventurverfahren** gem. § 241 Abs. 2 HGB auf der Grundlage der geführten Handelsbücher und
- die **vor- und nachverlegte Stichtagsinventur**, bei der die Inventur an einem abweichenden Inventurstichtag stattfindet und auf den Abschlussstichtag fortgeschrieben bzw. zurückgerechnet wird.

2 Stichprobeninventur (Abs. 1)

2.1 Anwendungsvoraussetzungen

Die **Stichprobeninventur** ist unter folgenden Voraussetzungen anwendbar:[1]

- Verwendung einer anerkannten mathematisch-statistischen Methode (Rz 3),
- das angewandte Verfahren entspricht den GoB (Rz 7),
- der Aussagewert des Inventars ist dem einer Stichtagsinventur gleichwertig (Rz 14) und
- es liegt eine bestandszuverlässige Lagerbuchführung vor (Rz 10).

2.2 Anerkanntes mathematisch-statistisches Verfahren

Es dürfen nur **anerkannte** mathematisch-statistische Verfahren verwendet werden. Der Gesetzgeber definiert nicht, was als anerkannt gilt. Anerkannt sind Verfahren, für die die Mathematik beweisen kann, dass sie bei sachgerechter Anwendung mit hinreichend großer Wahrscheinlichkeit eine zutreffende Aussage erlauben.

Anerkannte **mathematisch-statistische Verfahren** sind Schätzverfahren oder Testverfahren, die sich folgendermaßen unterscheiden:

---

[1] Vgl. *Winkeljohann/Philipps*, in Beck Bil-Komm., 10. Aufl., 2016, § 241 HGB, Rz 5, 7, 8, 9 f., St/HFA 1/1990.

- **Schätzverfahren** ermitteln auf der Grundlage einer Stichprobe eine unbekannte Größe des Gesamtbestands (bspw. Fehleranteil, Fehleranzahl, durchschnittlicher Wert etc.).
- **Testverfahren** untersuchen auf Grundlage einer Stichprobe, ob der Buchbestand bestandszuverlässig ist. Dazu darf die festgestellte Bestandsabweichung in der Stichprobe einen bestimmten Wert nicht überschreiten. Trifft dies zu, ist der Buchbestand mit einer hinreichend großen Wahrscheinlichkeit richtig.

5 Zu den **zugelassenen Verfahren** gehören auch die freie und gebundene Hochrechnung, die einfache und geschichtete Mittelwertschätzung, die Differenzen-, Verhältnis- und Regressionsschätzung und der Sequenzialtest. **Nicht zugelassen** ist das *Monetary-Unit-Sampling*-Verfahren, da es eine Tendenz zur Über- oder Unterschätzung aufweist.

6 Mathematisch-statistische Verfahren sind stets mit einer **Fehlerwahrscheinlichkeit** behaftet; dies bedeutet, dass die getroffene Aussage (bspw. tatsächlicher Bestand entspricht dem Buchbestand) mit einer gewissen Wahrscheinlichkeit falsch ist. Der Kfm. muss deshalb die Stichprobe so wählen, dass diese Fehlerwahrscheinlichkeit hinreichend klein ist. In der Literatur werden ein Sicherheitsgrad von 95 % bzw. ein (relativer) Stichprobenfehler von 1 % als noch hinnehmbar genannt.

2.3 Einhaltung der GoB

7 Das mathematisch-statistische Verfahren muss den **Grundsätzen ordnungsmäßiger Buchführung** entsprechen. Die Vorschrift hat klarstellenden Charakter, da der Einsatz ordnungswidriger Verfahren ohnehin unzulässig ist.

8 Zu den Anforderungen an ein Inventurverfahren betreffend Einhaltung der GoB siehe § 240 Rz 9 ff.

9 Die Anwendung von Stichprobenverfahren ist kein Verstoß gegen den Grundsatz der **Einzelerfassung**, der **Vollständigkeit** oder der **Einzelbewertung** (§ 252 Rz 52). Bei der Anwendung der Stichprobenverfahren ergibt sich die Einzelerfassung nicht durch die körperliche Bestandsaufnahme der einzelnen Bestände. Vielmehr kommt es entweder zu einer sachgerechten Hochrechnung der Bestände oder aber das Stichprobenverfahren bestätigt die Bestandszuverlässigkeit der Lagerbuchführung, die die Bestände einzeln erfasst.[2]

2.4 Bestandszuverlässigkeit der Lagerbuchführung

10 Anwendungsvoraussetzung für die Inventurvereinfachungsverfahren des § 241 HGB ist die **dauerhafte Bestandszuverlässigkeit**. Für die vor- bzw. nachverlegte Stichtagsinventur muss Bestandszuverlässigkeit **lediglich für den Fortschreibungszeitraum** gegeben sein. Dazu muss das Bestandsführungssystem permanent die Bestände so erfassen, fortschreiben und korrigieren, dass die Buchbestände zu jedem Zeitpunkt nicht mehr als unwesentlich von den tatsächlichen Beständen im Lager abweichen. Dazu ist die Einrichtung eines sachgerecht aufgebauten und funktionsfähigen **internen Kontrollsystems** erforderlich; dies er-

---

[2] Vgl. ADS, 6. Aufl., § 241 HGB, Rz 12.

fordert, dass der Kfm. auf der Grundlage einer Analyse der Bestandszuverlässigkeitsrisiken ein System von **Sicherungsmaßnahmen** und **Kontrollen** einrichtet. Zu den **Sicherungsmaßnahmen** gehören bspw. physische und logische Zugangskontrollen sowie bauliche Sicherungsmaßnahmen (bspw. Tresor, Mauer, Alarmanlage, Behälter etc.) oder auch organisatorische Sicherungsmaßnahmen (bspw. Verfahrensabläufe, Werkschutz etc.). Auf der Grundlage der eingerichteten Sicherungsmaßnahmen und einer Einschätzung der verbleibenden Risiken für die Bestandszuverlässigkeit unter Berücksichtigung von in der Vergangenheit ermittelten Bestandsabweichungen muss der Kfm. entscheiden, welche Kontrollen erforderlich sind, um die Bestandszuverlässigkeit dauerhaft zu gewährleisten. Die erforderlichen **Kontrollen** beziehen sich dabei sowohl auf die eingerichteten Sicherungsmaßnahmen als auch auf die in den Büchern verzeichneten Bestände. Das Gesetz enthält keine Vorschrift, wie häufig die Kontrollen vorzunehmen sind. Die gesetzliche Regelung muss deshalb in Abhängigkeit vom erforderlichen Niveau der Bestandszuverlässigkeit ausgelegt werden. Trotzdem wird übereinstimmend die Auffassung vertreten, alle Bestände seien zumindest einmal pro Jahr zu erfassen. Bei einer solchen Orientierung an der Dauer des Gj von normalerweise zwölf Monaten bleibt allerdings unklar, warum bei Halbjahrs- bzw. Quartalsfinanzberichten nach §§ 37w, 37x Abs. 3 WpHG keine Verkürzung des Erfassungsintervalls gefordert wird. Dies legt den Schluss nahe, dass die Forderung nach einmal jährlicher Erfassung anhand der üblichen Geschäftsjahresdauer gegriffen und aus den GoB nicht unmittelbar herleitbar ist. Bei einer Systemprüfung eines Bestandsfortschreibungssystems (vgl. § 240 Rz 19) ergibt sich die erforderliche Erfassungshäufigkeit nicht aus der Geschäftsjahresdauer, sondern aus den Bestandszuverlässigkeitsrisiken. Deshalb ist bei geringen Bestandszuverlässigkeitsrisiken auch eine seltenere Erfassung denkbar; dies wird aber von der hM abgelehnt.

Führen die Ergebnisse aus der Anwendung des Stichprobenverfahrens (bspw. bei einem Sequenzialtest) zu einer **Ablehnung der Bestandszuverlässigkeit**, ist eine ordnungsmäßige Inventur auf der Grundlage einer Systemprüfung des Bestandsfortschreibungssystems (§ 240 Rz 19) nicht mehr möglich. Eine ordnungsmäßige Inventur ist dann nur noch durch körperliche Bestandsaufnahme möglich.

2.5 Gleichwertiger Aussagewert wie eine körperliche Bestandsaufnahme

Die Forderung nach einem **gleichwertigen Aussagewert wie die körperliche Bestandsaufnahme** wird auch als Grundsatz der **Aussageäquivalenz** bezeichnet.[3]

Die Forderung nach einem gleichwertigen Aussagewert steht in engem Zusammenhang mit der Forderung nach Einhaltung der GoB. Diese Anforderung hat klarstellenden Charakter, da eine Methode mit nicht gleichwertigem Aussagegehalt weder GoB noch GoI entspricht noch ein geeignetes Stichprobenverfahren ist (Rz 3f.).

---

[3] Vgl. *Winkeljohann/Philipps*, in Beck Bil-Komm., 10. Aufl., 2016, § 241 HGB, Rz 22f.; ADS, 6. Aufl., § 241 HGB, Rz 15.

3 Andere Inventurverfahren (Abs. 2)

3.1 Anwendungsvoraussetzungen

16 Nach § 240 Abs. 2 HGB darf der Kfm. auf eine Stichtagsinventur verzichten, wenn durch **andere Verfahren** eine ordnungsmäßige Bestandsermittlung möglich ist. Dabei muss der Kfm. folgende Anwendungsvoraussetzungen erfüllen:
- Das angewandte Verfahren muss den **Grundsätzen ordnungsmäßiger Buchführung** entsprechen.
- Es muss Bestandszuverlässigkeit gegeben sein.
- Der Bestand muss sich nach **Art, Menge und Wert** ohne körperliche Bestandsaufnahme feststellen lassen können.

17 **Andere Inventurverfahren** i. S. d. § 241 Abs. 2 HGB sind bspw.
- die permanente Inventur (Rz 18),
- die Einlagerungsinventur (Rz 20) und
- die systemgestützte Werkstattinventur (Rz 27).

3.2 Permanente Inventur

18 Bei der **permanenten Inventur** handelt es sich um ein Bestandsfortschreibungsverfahren, bei dem sämtliche Bestandsbewegungen unmittelbar erfasst und die jeweiligen Bestände nach Art, Menge und Wert fortgeschrieben werden. Bei ordnungsmäßiger Bestandsbuchführung ist es dann jederzeit möglich, aus den geführten Aufzeichnungen die aktuellen Bestände zu ermitteln. Soweit die Buchbestände von den tatsächlichen Beständen auf Lager nicht wesentlich abweichen – das System also bestandszuverlässig ist –, bedarf es keiner Stichtagsinventur zur Feststellung der Bestände.

19 Das Gesetz fordert, dass bei einer permanenten Inventur **Art, Menge und Wert** der Bestände aufgezeichnet werden.[4] In der Praxis führt die Fortschreibung der Werte zu Problemen. Dies liegt daran, dass bei Zugängen (bspw. Lagereingang) meist nur Art und Menge an der Erfassungsstelle bekannt sind, während der Wert der Bestände an anderer Stelle bekannt ist (bspw. Einkaufsabteilung, Rechnungswesen). Weiter ändern sich zum Zeitpunkt des Zugangs bekannte Werte später noch durch bspw. Skonti, Rabatte, nachträgliche Preisnachlässe (Boni). Die Zu- und Abgänge müssen laufend bewertet werden, um sie weiterverrechnen zu können (bspw. für laufende Einrechnung von Bestandsentnahmen in die HK von unfertigen Erzeugnissen). Deshalb erfordert eine permanente Inventur einen schnellen betriebsinternen Belegfluss und eine umgehende Buchung von Belegen. Soweit zur Umgehung dieses Problems mit festen Verrechnungspreisen gearbeitet wird, müssen bei der Inventaraufstellung entsprechende Wertanpassungen vorgenommen werden.

3.3 Einlagerungsinventur

20 § 241 Abs. 2 HGB lässt eine **Einlagerungsinventur** zu. Hier werden Art, Menge und Wert nur bei der Einlagerung erfasst. Die Bestände werden dann ohne Inventur bis zur Auslagerung fortgeführt. Bei der Auslagerung wird der gesamte

---

[4] Steuerliche Anforderungen vgl. *Frotscher*, in *Frotscher/Geurts*, EStG, § 5 EStG, Rz 19, Stand 7/2007.

Bestand als Abgang behandelt, Teilabgänge werden als Gesamtauslagerung und Einlagerung des nicht verbrauchten Restbestands abgebildet.

Anwendungsgebiet der Einlagerungsinventur sind **vollautomatische Lagersysteme** (bspw. Hochregallager). Ein Hochregallager ist ein zugangsgesperrter Lagerraum mit einem automatischen Einlagerungs- bzw. Auslagerungssystem, bei dem jeder gelagerten Einheit ein bestimmter Lagerplatz zugewiesen ist. Dadurch kann der gelagerte Bestand jederzeit nach Art, Menge und Wert identifiziert werden. Deshalb können Ein- und Auslagerungsvorgänge für die Inventur genutzt werden. 21

Dazu muss das IKS sicherstellen, dass **räumliche Sicherungsmaßnahmen** eingerichtet sind. Die Einlagerungsinventur baut darauf, dass das Lager ein sicherer, im Normalfall für Personen unzugänglicher Lagerplatz ist. Dies ist für die Annahme der Bestandszuverlässigkeit von zentraler Bedeutung, da Schwund, unzulässige Teilauslagerungen und Beschädigungen dann nahezu ausgeschlossen sind. 22

Besonderheiten ergeben sich bei der **Bewertung der Bestände**; da es prinzipiell möglich ist, jedem eingelagerten Bestand individuelle AHK zuzuweisen, stellt sich die Frage, ob die Bestandsbewertung stets **individuell** erfolgen muss oder ob ein **Verbrauchsfolgeverfahren** nach § 256 HGB angewandt werden kann. Beide Bewertungsverfahren sind handelsrechtlich zulässig, müssen aber stetig angewandt werden. 23

Das BMF lehnt dagegen die Anwendung des LIFO-Verfahrens nach § 6 Abs. 1 Nr. 2a EStG ab, wenn ohne zusätzlichen Aufwand die individuellen AK zugeordnet werden können.[5] Diese Auffassung wird in der Literatur kritisiert.[6] Dass durch geschickte Bestandsführung die LIFO-Methode nachgebildet werden kann und darüber hinaus eigentlich nicht zugelassene Verbrauchsfolgen (wie bspw. HIFO) hergestellt und steuerlich anerkannt werden müssen (vgl. Rz 24), scheint der Finanzverwaltung entgangen zu sein.

Bei einer **individuellen Bewertung** der Bestände stellt sich die Frage, ob das Unt durch Steuerung der Entnahmen auch Verbrauchsfolgen herstellen darf, die als Verbrauchsfolgeverfahren nicht anerkannt sind (bspw. Hifo, Lofo, Kifo, Kilo etc.), sich aber durch tatsächliche Entnahmen ergeben. Zunächst ist festzuhalten, dass die Verbrauchsfolgeverfahren eine Verbrauchsfiktion aufstellen, die nicht der tatsächlichen Verbrauchsfolge entsprechen muss. Bei der Einlagerungsinventur handelt es sich jedoch bei individueller Bewertung um eine tatsächliche Verbrauchsfolge. Eine nachgewiesene, tatsächliche Verbrauchsfolge ist deshalb stets anzuerkennen. Dies gilt auch steuerlich (vgl. Rz 23). 24

Werden bei der Einlagerungsinventur **Verbrauchsfolgeverfahren** gem. § 256 HGB angewandt, gelten für die Wahl des angewandten Verfahrens die allgemeinen Grundsätze (§ 256 Rz 17) und damit eine Beschränkung auf die handelsrechtlich zulässigen Verbrauchsfolgeverfahren. 25

In der Literatur wird laut hM gefordert, dass innerhalb des Gj **unbewegte Bestände** zumindest einmal im Jahr aufzunehmen sind (zur Kritik daran vgl. Rz 10f.). Die Kombination von Einlagerungsinventur und Stichprobeninventur ist zulässig (vgl. Rz 44f.). 26

---

[5] Vgl. BMF, Schreiben vom 12.5.2015, IV C 6, S2174/07/10001.
[6] Vgl. *Westhoff/Graf*, BMF nimmt zur Zulässigkeit der LIFO-Methode Stellung, BPP 2015, S. 147; *Graf*, Neue Entwicklung bei der LIFO-Methode in der Steuerbilanz, MBP 2015, S. 8.

3.4 Systemgestützte Werkstattinventur

27 Die **systemgestützte Werkstattinventur** ist ein Inventurverfahren, mit dem Bestände unterschiedlichen Fertigungsstands entsprechend der erreichten Fertigungsstufe erfasst und bewertet werden. Die Erfassung kann durch körperliche Bestandsaufnahme oder durch Produktionssteuerungsdaten erfolgen und ist auch bei laufendem Betrieb möglich, wenn der Fertigungsstand aufgezeichnet wird und diese Aufzeichnungen für die Inventur herangezogen werden können.[7]

Beispiel
Die Fertigung in einem Betrieb erfolge nach Fertigungsstationen. Dabei werden für jede Fertigungsstation Standardherstellungskosten ermittelt und nach Passieren der Fertigungsstation den HK des Halbfertigprodukts zugeschlagen.

Fertigungs-stand	HK/Stk	kumulierte HK über passierte Stationen	Anzahl	Bestand je Station
Station 1	150,00 EUR	150,00 EUR	150	22.500 EUR
Station 2	300,00 EUR	450,00 EUR	310	157.500 EUR
Station 3	75,00 EUR	525,00 EUR	420	220.500 EUR
...	...	...	...	...
etc.	...	...	...	...
Summe				... EUR

4 Vor- oder nachverlegte Inventur (Abs. 3)

4.1 Überblick

28 § 241 Abs. 3 HGB erlaubt dem Kfm. eine **vor- oder nachverlegte Stichtagsinventur**. Die vor- oder nachverlegte Stichtagsinventur ist zunächst ihrer Art nach eine Stichtagsinventur, die an einem (oder mehreren) Tag(en) vor bzw. nach dem Abschlussstichtag stattfindet. Die dabei ermittelten Bestände werden in einem **besonderen Inventar** festgehalten und bewertet und dann bis zum Abschlussstichtag **dem Wert nach** fortgeschrieben bzw. auf den Abschlussstichtag zurückgerechnet; eine Fortschreibung bzw. Rückrechnung von Art und Menge ist nicht erforderlich.[8]

---

[7] Vgl. ADS, 6. Aufl., § 241 HGB, Rz 31.
[8] Vgl. ADS, 6. Aufl., § 241 HGB, Rz 32f., 40.

Die **Wertrückrechnung** wird wie folgt vorgenommen: 29

Bestände am nachverlegten Inventurstichtag (Art, Menge, Wert)
+ Wert Abgänge seit dem Abschlussstichtag
− Wert Zugänge seit dem Abschlussstichtag
= Wert der Bestände am Abschlussstichtag

Die **Wertfortschreibung** wird wie folgt vorgenommen: 30

Bestände am vorverlegten Inventurstichtag (Art, Menge, Wert)
+ Wert Zugänge bis zum Abschlussstichtag
− Wert Abgänge bis zum Abschlussstichtag
= Wert der Bestände am Abschlussstichtag

4.2 Anwendungsvoraussetzungen

Der Kfm. darf die vor- bzw. nachverlegte Stichtagsinventur nach dem Gesetzeswortlaut unter folgenden Voraussetzungen anwenden: 31

- Der Kfm. nimmt eine **körperliche Bestandsaufnahme** vor oder er schreibt seine Bestände durch ein **anderes Inventurverfahren** i.S.d. § 241 Abs. 2 HGB fort und
- die körperliche Bestandsaufnahme findet **innerhalb von drei Monaten vor bzw. innerhalb von zwei Monaten nach dem Abschlussstichtag** statt und
- das Ergebnis der Bestandaufnahme wird in einem **besonderen Inventar** verzeichnet und
- der Kfm. nimmt eine **wertmäßige Bestandsfortschreibung bzw. Rückrechnung** vor, die den **GoB** entspricht.
- Darüber hinaus muss **Bestandszuverlässigkeit** für den Fortschreibungs- bzw. Rückrechnungszeitraum gegeben sein.
- Nach dem Gesetzeswortlaut ist die Anwendung nur für **VG** zulässig, jedoch ist die Anwendung nach hM auch für **Rückstellungen** zulässig.

4.3 Anwendung eines anderen Inventurverfahrens

Beispiel
Der Kfm. führt seine Bestände im Rahmen einer permanenten Inventur (= anderes Inventurverfahren i.S.d. § 241 Abs. 2 HGB). Statt regelmäßig einzelne Teilbestände zu zählen, nimmt er für den gesamten Bestand am 15.11. eine vorverlegte Inventur vor und schreibt den Bestand mithilfe der permanenten Inventur auf den Abschlussstichtag am 31.12. fort.

32

Die Anwendung der vor- oder nachverlegten Stichtagsinventur bei der Anwendung anderer Inventurverfahren ist zulässig, i.d.R. aber wenig hilfreich, da sie keine Erleichterung bringt.

4.4 Frist

33 Die Bestandsaufnahme darf nur innerhalb des Zeitraums von **drei Monaten vor** bzw. **zwei Monaten nach dem Abschlussstichtag** vorgenommen werden, wobei der Kfm. – für jedes Gj neu – den Tag frei wählen kann (wobei auch eine Verteilung auf mehrere Tage zulässig ist). Es ist auch zulässig, die Grundsätze der ausgeweiteten Stichtagsinventur auf den ersten möglichen bzw. letzten zulässigen Termin der vor- bzw. nachverlegten Inventur anzuwenden, wenn die Anwendungsvoraussetzungen für eine ausgeweitete Stichtagsinventur erfüllt sind, also auch eine mengen- und wertmäßige Fortschreibung der Bestände erfolgt.

4.5 Besonderes Inventar

34 Beim **besonderen Inventar** handelt es sich um ein Inventar, das auf den vor oder nach dem Abschlussstichtag liegenden Erfassungsstichtag (bzw. mehrere Erfassungsstichtage) aufgestellt wird.

35 Das besondere Inventar ist die Ausgangsbasis für die wertmäßige Fortschreibung bzw. Rückrechnung der Bestände auf den Abschlussstichtag.

4.6 Zeitweilige Bestandszuverlässigkeit

36 Zum Begriff **Bestandszuverlässigkeit** s. Rz 10f.

37 Anders als bei den übrigen Inventurvereinfachungsverfahren des § 241 HGB ist hier Bestandszuverlässigkeit **nur für den Rückrechnungs- bzw. Fortschreibungszeitraum** erforderlich.

38 Die vor- bzw. nachverlegte Inventur ist deshalb i.d.R. nicht für Bestände zulässig, die **nicht die Vermutung der Bestandszuverlässigkeit** in sich tragen (vgl. § 240 Rz 17).

4.7 Zugelassene Bestände

39 Dem Gesetzeswortlaut nach darf die vor- oder nachverlegte Stichtagsinventur nur auf **VG** angewandt werden. Nach hM ist aber die Anwendung auf die Inventur **bestimmter Rückstellungen** zulässig (insb. Personalbestand für Pensionsrückstellung). Für die Inventur der Pensionsverpflichtungen können die Personaldaten, die Bewertungsparameter und der maßgebliche Zinssatz in Übereinstimmung mit den Fristen für die vorverlegte Stichtagsinventur bis zu drei Monate vor dem Abschlussstichtag erhoben werden, sofern nicht bis zum (oder seit dem) Abschlussstichtag wesentliche Änderungen eingetreten sind.[9]

4.8 Probleme der vor- bzw. nachverlegten Inventur

40 Ein wesentliches Problem stellt die Anwendung des **Niederstwerttests** auf die Bestände (vgl. § 253 Rz 295) dar. Bei der **vorverlegten Stichtagsinventur** werden den Beständen an einem Tag vor dem Abschlussstichtag aufgezeichnet, zum Durchschnittswert bewertet und zu Bestandsgruppen zusammengefasst. Abgänge nach dem Inventurstichtag werden zu den ermittelten Durchschnittswer-

---

[9] Vgl. IDW RS HFA 30, Tz 14, 65.

ten ausgebucht. Zugänge nach dem vorverlegten Inventurstichtag werden jedoch nicht der Menge nach, sondern nur mit ihrem Zugangswert erfasst. Soweit sich dann Preisminderungen bis zum Abschlussstichtag ergeben, verfügt der Kfm. nicht über eine Bestandsmenge, die er auf den niedrigeren beizulegenden Wert abwerten kann. Deshalb birgt die vorverlegte Stichtagsinventur die **Gefahr der Überbewertung** der Bestände zum Abschlussstichtag. Bei der Gruppenbildung muss der Kfm. deshalb darauf achten, dass die in der Gruppe zusammengefassten Bestände der gleichen Wertentwicklung unterliegen. Die Abwertung einer Gruppe von Beständen kann dann bspw. mithilfe von Preisindizes erfolgen.[10]

> **Beispiel**
> Der Abschlussstichtag des Kfm. ist der 31.12.; er nimmt am 15.11. eine vorverlegte Stichtagsinventur vor.
> In seinem Bestand befindet sich eine große Zahl Schraubensorten. Die Schrauben werden nach Gewicht abgepackt. Die Wertentwicklung der Schrauben sei stark vom Weltmarktpreis von Metallen abhängig.
> Im Rahmen der vorverlegten Stichtagsinventur am 15.11. erfasst und bewertet der Kfm. seine gesamten Bestände und erstellt ein besonderes Inventar. Für die Schraubenbestände bildet er Bestandsgruppen nach dem Gewicht der Schraubenpäckchen.
> Für die Schraubenpäckchen mit 500 Gramm Gewicht soll sich dabei folgendes besonderes Inventar ergeben haben:
>
> | Art | Menge | Wert |
> | --- | --- | --- |
> | Sorte 1 | X Stück | X EUR |
> | Sorte 2 | Y Stück | Y EUR |
> | ... | ... | ... |
> | Sorte N | N Stück | N EUR |
> | Schrauben 500 Gramm | 2 175 Stück | 4.350 EUR |
>
> Damit ergibt sich ein Durchschnittswert von 2 EUR je Päckchen Schrauben zu 500 Gramm.
> Nach dem Inventurstichtag entnimmt der Kfm. insgesamt 450 Päckchen und erwirbt 300 Päckchen zu 1,50 EUR neu hinzu. Dadurch ergibt sich folgende Wertfortschreibung:
>
> | | |
> | --- | --- |
> | Bestand 15.11. | 4.350 EUR |
> | Abgänge (450 Päckchen zu 2,00 EUR) | −900 EUR |
> | Zugänge (300 Päckchen zu 1,50 EUR) | 450 EUR |
> | **Bestand 31.12.** | **3.900 EUR** |
>
> Vom 15.11. bis 31.12. soll sich der Wert eines Päckchens Schrauben aufgrund des gesunkenen Weltmarktpreises für Metalle im Durchschnitt von 2,00 EUR

---

10 Vgl. ADS, 6. Aufl., § 241 HGB, Rz 38.

auf 1,50 EUR vermindert haben, er ist also um 25 % gesunken. Der Kfm. muss deshalb den Bestand aufgrund des Niederstwertprinzips abwerten. Da bei der vorverlegten Stichtagsinventur die Bestandsmengen normalerweise nicht fortgeschrieben werden, ist es vertretbar, die allgemeine Preisentwicklung für Schrauben auf den fortgeschriebenen Bestandswert anzuwenden:

Fortgeschriebener Bestand 31.12.	3.900 EUR
Wertminderung 25 %	–975 EUR
Bilanzansatz 31.12.	**2.925 EUR**

Bei einer mengenmäßigen Bestandsfortschreibung wäre ein Bestand von 2.025 Päckchen Schrauben ermittelt worden, der bei einem Wert am Abschlussstichtag von 1,50 EUR zu einem Bilanzansatz nach Wertberichtigung von 3.037,50 EUR geführt hätte. Der Bewertungsfehler durch die Indizierung des Endbestands statt der Abwertung anhand der tatsächlichen Bestandsmenge ist bei der vorverlegten Stichtagsinventur i. d. R. hinnehmbar klein (hier im Beispiel ca. 3,5 % Unterbewertung des Bestands); im Übrigen führen konstant sinkende Preise nach dem Erfassungsstichtag bei diesem Verfahren regelmäßig zu Unterbewertungen, wenn Zugänge zu geminderten Preisen zu verzeichnen sind. Überbewertungen sind nur bei schwankenden Preisen nach dem Erfassungsstichtag denkbar.

41 Ein weiteres Problem stellt die Anwendung des **Lifo-Verfahrens** dar (§ 256 Rz 25). Das Lifo-Verfahren geht davon aus, dass die zuletzt erworbenen Bestände zuerst wieder entnommen werden. Da die Bestandsfortschreibung nur dem Wert, nicht aber der Menge nach erfolgt, ist die Ermittlung des Lifo-Abgangswerts von Abgängen nach dem Inventurstichtag nicht möglich; deshalb ist bei Anwendung des Lifo-Verfahrens zusätzlich eine art- und mengenmäßige Fortschreibung erforderlich.[11]

42 Ein grundlegendes Problem der **nachverlegten Stichtagsinventur** ist, dass bei Problemen mit der Bestandsrückrechnung die Inventur nicht den GoI entspricht. In der Praxis ist eine nachverlegte Stichtagsinventur deshalb nur zu empfehlen, wenn der Kfm. Probleme mit der Bestandsrückrechnung mit an Sicherheit grenzender Wahrscheinlichkeit ausschließen kann. Es ist empfehlenswert, die Bestandsfortschreibung zunächst im Rahmen einer vorverlegten Stichtagsinventur zu testen und erst in späteren Jahren zur nachverlegten Stichtagsinventur überzugehen.

5 Kombination und Wechsel zwischen Inventurverfahren

43 **Eine Kombination verschiedener Inventurverfahren** ist zulässig.

---

[11] Vgl. *Winkeljohann/Philipps*, in Beck Bil-Komm., 10. Aufl., 2016, § 241 HGB, Rz 55.

> **Beispiel**
> Der Kfm. führt sein Warenlager teilweise im Rahmen einer permanenten Inventur, teilweise nimmt er die Bestände durch Stichprobeninventur auf. Dabei hat er klar festgelegt, welche Bestandsgruppen nach welchem Verfahren aufzunehmen sind. Diese Kombination von Inventurverfahren ist zulässig.

Für die **Wahl der Inventurverfahren** gilt kein Stetigkeitsgebot; daran hat sich auch durch die Einführung des **Ansatzstetigkeitsprinzips** im Rahmen des BilMoG nichts geändert. **44**

Ein solches Stetigkeitsgebot wäre im Übrigen auch nicht sachgerecht. Da alle zulässigen Inventurverfahren die GoB und GoI einhalten müssen, führen sie bei sachgerechter Anwendung zu einem ordnungsgemäßen Ergebnis. **45**

§ 241a Befreiung von der Pflicht zur Buchführung und Erstellung eines Inventars

¹Einzelkaufleute, die an den Abschlussstichtagen von zwei aufeinander folgenden Geschäftsjahren nicht mehr als jeweils 600.000 Euro Umsatzerlöse und jeweils 60.000 Euro Jahresüberschuss aufweisen, brauchen die §§ 238 bis 241 nicht anzuwenden. ²Im Fall der Neugründung treten die Rechtsfolgen schon ein, wenn die Werte des Satzes 1 am ersten Abschlussstichtag nach der Neugründung nicht überschritten werden.

WP StB Lukas Graf

Inhaltsübersicht

		Rz
1	Überblick	1–5
	1.1 Normenzusammenhang	1–3
	1.2 Inhalt, Zweck und Grenzen der Vorschrift	4–5
2	Verzicht auf die kaufmännische Buchführung (Satz 1)	6–18
	2.1 Persönlicher Anwendungsbereich	6–10
	2.1.1 Anwendungsvoraussetzungen	6–7
	2.1.2 In kaufmännischer Weise eingerichteter Geschäftsbetrieb	8
	2.1.3 Anwendung des § 241a HGB bei freiwilliger Eintragung im Handelsregister	9
	2.1.4 Vereinfachtes Prüfungsschema	10
	2.2 Rechnungslegung bei Befreiung von der Buchführungspflicht	11–12
	2.3 Zeitlicher Anwendungsbereich	13–15
	2.4 Wahlrechtsausübung und Dauer des Wegfalls der kaufmännischen Buchführungspflicht	16–18
	2.4.1 Erklärung der Wahlrechtsausübung	16–17
	2.4.2 Dauer des Wegfalls	18
3	Besonderheiten bei der Neugründung (Satz 2)	19–22

1 Überblick

1.1 Normenzusammenhang

1 Die §§ 238–241 HGB regeln die Buchführungspflichten und die Vorschriften zum Inventar. § 241a HGB ist eine im Zuge des BilMoG geschaffene Ausnahmeregelung, die **kleine EKfl von der kaufmännischen Buchführung der §§ 238–241 HGB ausnimmt**.

2 Bei Verzicht auf die kaufmännische Buchführung lässt die Folgevorschrift des § 242 Abs. 4 HGB auch die Bilanzierungspflicht nach §§ 242 ff. HGB entfallen (§ 242 Rz 12).

§ 141 Abs. 1 AO schreibt unter Bezugnahme auf die §§ 238, 240, 241, 242 Abs. 1 HGB und §§ 243–256 HGB eine **steuerliche Rechnungslegung** vor. Damit hat der Gesetzgeber bei steuerlicher Buchführungspflicht nach § 141 AO eine Verzichtsmöglichkeit nach § 241a HGB ausgeschlossen. Ansonsten wäre bei Unterschreitung der Grenzen des § 241a HGB auch die steuerliche Buchführungs- und Bilanzierungspflicht weggefallen.

1.2 Inhalt, Zweck und Grenzen der Vorschrift

§ 241a HGB befreit **Einzelkaufleute** (Rz 8) von den Buchführungspflichten der §§ 238–241 HGB. Dadurch können EKfl statt der kaufmännischen Buchführung und der Erstellung eines Jahresabschlusses nach §§ 242ff. HGB eine Einnahmenüberschussrechnung erstellen. Diese Vorschrift ist nicht auf PersG, Genossenschaften oder die KleinstKapG (vgl. § 267a Rz 1ff.) übertragbar.

Die Vorschrift sollte einen wesentlichen Beitrag zum **Bürokratieabbau** leisten.[1] In der Praxis hat die Vorschrift keine breite Bedeutung erlangt. Folgender, begrenzter Anwenderkreis kommt in Betracht:
- EKfl, die sich freiwillig nach § 2 HGB im HR haben eintragen lassen und die bisher die Grenzen des § 141 AO nicht überschritten haben.
- EKfl, die Kfm i. S. d. § 1 HGB sind, aber die Grenzen des § 241a HGB (noch) nicht überschreiten (bspw. in Gründungs- oder Verlustphase).

2 Verzicht auf die kaufmännische Buchführung (Satz 1)

2.1 Persönlicher Anwendungsbereich

2.1.1 Anwendungsvoraussetzungen

§ 241a HGB kann jeder **EKfm** anwenden. Dies setzt voraus, dass Kaufmannseigenschaft (§ 238 Rz 16) gegeben ist, also ein Handelsgewerbe (§ 238 Rz 16) vorliegt, das einen in kaufmännischer Weise eingerichteten Geschäftsbetrieb erfordert (§ 238 Rz 25f.).

Einzelkaufmann ist, wer sein Handelsgewerbe alleine und nicht zusammen mit anderen Kfl. in einer Handelsgesellschaft (§ 6 HGB) betreibt. Unschädlich ist eine stille Gesellschaft i. S. d. §§ 230f. HGB.

2.1.2 In kaufmännischer Weise eingerichteter Geschäftsbetrieb

Zum Begriff „in kaufmännischer Weise eingerichteter Geschäftsbetrieb" s. § 238 Rz 25f.

2.1.3 Anwendung des § 241a HGB bei freiwilliger Eintragung im Handelsregister

Soweit für einen Gewerbebetrieb kein in kaufmännischer Weise eingerichteter Geschäftsbetrieb vorliegt, gilt dieser als Handelsgewerbe, wenn er gem. § 2 HGB

---

[1] Vgl. BilMoG-BgrRegE, S. 46.

freiwillig im Handelsregister eingetragen ist (§ 238 Rz 17). Durch eine freiwillige Eintragung entsteht Buchführungspflicht nach §§ 238f. HGB.

2.1.4 Vereinfachtes Prüfungsschema

Buchführungspflicht

```
                                Buchführungspflicht
                    ┌──────────────────────┴──────────────────────┐
              Gewerbebetrieb                              Handelsgesellschaft
        (Gewerblichkeit kraft Tätigkeit)           (Gewerblichkeit kraft Rechtsform)
                    │
        nein ── Selbstständigkeit
              │ ja
        nein ── Nachhaltigkeit
              │ ja
        nein ── Gewinnerzielungsabsicht
              │ ja
        nein ── Teilnahme am allgemeinen
              │   wirtschaftlichen Verkehr
              │ ja
        nein ── Kein freier Beruf oder
                  Land- und Forstwirtschaft
                    │ ja
              Kein in kaufmännischer Weise
              eingerichteter Geschäftsbetrieb
              │ ja                    │ nein
     Kleingewerbetreibender
              │
     Freiwillige Eintragung im HR ── ja
              │ nein
     ┌────────┴────────┐       ┌──────────────┐      ┌──────────┐
     │  Kein Kaufmann  │       │ Einzelkaufmann│      │ Kaufmann │
     └─────────────────┘       └──────────────┘      └──────────┘
                                      │
                            Grenzen des § 241a HGB über-
                            schritten/Wahlrecht nicht ausgeübt
                              nein           ja
     ┌──────────────────────────┐    ┌──────────────────────────────┐
     │ Keine kaufmännische      │    │ Kaufmännische Buchführungs-  │
     │ Buchführungspflicht      │    │ pflicht/Handelsbilanz        │
     └──────────────────────────┘    └──────────────────────────────┘
              │                                    │
     Überschreitung der Grenzen          Heranziehung für Besteuerung
     des § 141 AO                        über § 140 AO
              │ ja
     Aufforderung Finanzamt zum
     Übergang auf Buchführung
              │ ja
     nein  nein                                     Überleitung
           freiwillig*  Steuerliche Buchführungspflicht
     ┌─────────────────────────┐              ┌──────────────┐
     │ Einnahmenüberschuss-    │              │ Steuerbilanz │
     │ rechnung                │              │              │
     └─────────────────────────┘              └──────────────┘
```

* soweit Wahlrechtsausübung zulässig

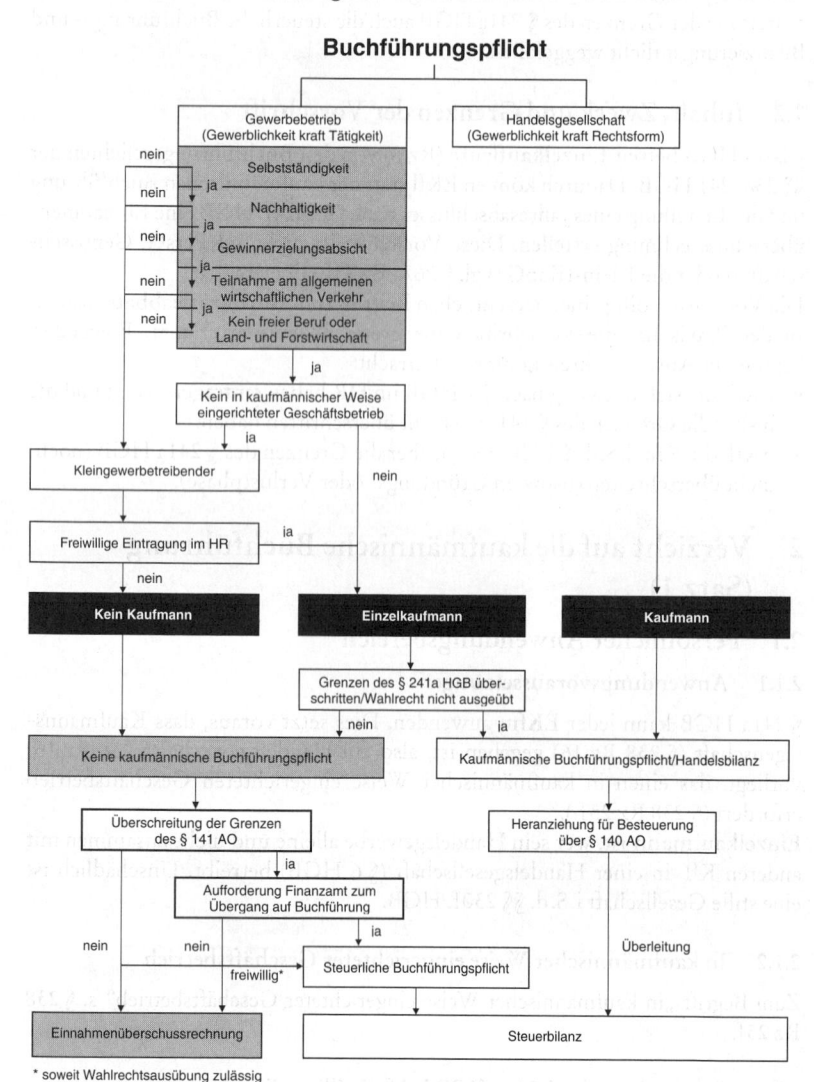

Abb. 1: Schema zur Prüfung der Buchführungspflicht

2.2 Rechnungslegung bei Befreiung von der Buchführungspflicht

§ 241a HGB enthält keine Bestimmung, welche Form der Rechnungslegung anstatt der kaufmännischen Buchführung nach §§ 238–241 HGB anzuwenden ist. Der Gesetzgeber hat jedoch in den Gesetzesmaterialien[2] klargestellt, dass nur eine **Einnahmenüberschussrechnung** i.S.d. § 4 Abs. 3 EStG zugelassen ist.[3]

Es kommt dabei nur eine **inhaltsgleiche Anwendung des § 4 Abs. 3 EStG** infrage.

2.3 Zeitlicher Anwendungsbereich

Das Gesetz regelt in § 241a HGB: „Einzelkaufleute, die an den Abschlussstichtagen von **zwei** aufeinander folgenden Geschäftsjahren nicht mehr als 600.000 EUR Umsatzerlöse und 60.000 EUR Jahresüberschuss aufweisen, brauchen die §§ 238 bis 241 HGB nicht anzuwenden". Damit ist für die Anwendung der Befreiungsvorschrift des § 241a HGB ein **zweimaliges Unterschreiten** der Größenkriterien erforderlich. Ein Überschreiten bereits im laufenden Gj steht einer Fortführung der Anwendung des § 241a HGB unmittelbar entgegen. Die Betragsgrenzen gelten für Gj mit einem Gj-Beginn nach dem 31.12.2015. Für Altfälle wird auf die Vorauflagen dieses Kommentars verwiesen.[4]

Maßgeblich ist das Unterschreiten am **Abschlussstichtag**. Nach der hier vertretenen Auffassung gilt dies auch für den Abschlussstichtag eines **Rumpfgeschäftsjahres**, andere Auffassungen gehen von einer zeitanteiligen Berechnung aus, die sich aber – anders als bei § 267 HGB – nicht aus dem Wortlaut des § 241a HGB herleiten lässt.[5]

Eine Einnahmenüberschussrechnung sieht kein abweichendes Wj vor; sie ist auf das Kj ausgerichtet.

Da es sich bei § 241a HGB um ein Wahlrecht handelt, ist eine **Ausübung des Wahlrechts auch in einem späteren als dem erstmöglichen Gj zulässig**, solange die Anwendungsvoraussetzungen weiter erfüllt sind.

2.4 Wahlrechtsausübung und Dauer des Wegfalls der kaufmännischen Buchführungspflicht

2.4.1 Erklärung der Wahlrechtsausübung

§ 241a HGB enthält **keine Vorschriften**, wie und ob die Ausübung des Wahlrechts zu erklären ist. Mangels Formvorschriften bestehen deshalb keine Bedenken, wenn der EKfm, statt eine Erklärung abzugeben, einfach eine Einnahmenüberschussrechnung erstellt oder die kaufmännische Buchführung einstellt (**faktische Wahlrechtsausübung**).

---

2 Vgl. BilMoG-BgrRegE, S. 46.
3 Zu Einzelheiten betreffend die Einnahmenüberschussrechnung: *Neufang* STBP 2009, S. 260.
4 *Bertram/Brinkmann/Kessler/Müller*, Haufe HGB Bilanz Kommentar, 7. Aufl., 2016.
5 Für eine zeitanteilige Berechnung: *Gelhausen/Fey/Kämpfer*, Rechnungslegung und Prüfung nach dem Bilanzrechtsmodernisierungsgesetz, Abschn. A, Rz 16; betreffend Schwellenwerte: vgl. *Winkeljohann/Lawall*, in Beck Bil-Komm., 10. Aufl., 2016, § 241a HGB, Rz 5.

Steuerlich gilt i.d.R. die Einreichung der Einnahmenüberschussrechnung beim Finanzamt als Zeitpunkt der Wahlrechtsausübung.

17 Mit der **Unterzeichnung (Aufstellung) des Jahresabschlusses nach § 245 HGB** endet das Wahlrecht, da der EKfm mit der Unterzeichnung des Jahresabschlusses sein Einverständnis mit dem Inhalt des Jahresabschlusses erklärt. Unschädlich ist dagegen, dass im folgenden Gj bereits mit einer kaufmännischen Buchführung begonnen wurde. Dies gilt auch steuerlich.

2.4.2 Dauer des Wegfalls

18 Art und Umfang der „laufenden" Prüfung hat der Gesetzgeber nicht geregelt; mangels vergleichbarer Vorschriften bleiben Art und Umfang einer solchen Prüfung weitgehend unbestimmt. Zu den Widersprüchen in diesem Zusammenhang s. 2. Auflage.

3 Besonderheiten bei der Neugründung (Satz 2)

19 Nach § 241a Satz 2 HGB muss eine kaufmännische Buchführung nach §§ 238–241 HGB bereits dann eingerichtet werden, wenn die Umsatz- und Jahresüberschussgrenzen bereits **am ersten Abschlussstichtag** überschritten werden.

20 Die **Vorschrift** stellt **ausdrücklich auf den Jahresüberschuss – nicht** auf den **Einnahmenüberschuss** – ab. Der Gesetzgeber lässt jedoch einen überschlägigen Nachweis zu.[6]

21 Wie dieser **überschlägige Nachweis** zu erfolgen hat, ist im Gesetz **nicht** geregelt und in der Gesetzesbegründung **nicht näher erläutert**. Es wird aber ein **zweifacher Nachweis** erforderlich sein: In zeitlicher Nähe zur Gründung muss der EKfm auf der Grundlage einer Grobplanung abschätzen, ob er die Grenzen des § 241a HGB voraussichtlich unterschreiten wird. **Soweit** sich **während des Gründungsjahrs** kein Anlass ergibt, zur **kaufmännischen Buchführung** überzugehen, muss der EKfm nach dem Ende des Gj seine **Endeinschätzung** dokumentieren, dass die Grenzen des § 241a HGB endgültig unterschritten wurden; damit wird dem in der Gesetzesbegründung geforderten überschlägigen Nachweis der berechtigten Inanspruchnahme Genüge getan. Soweit die berechtigte Inanspruchnahme offensichtlich ist, wird man an Art und Umfang der Endeinschätzung keine großen Anforderungen stellen müssen. **Soweit** jedoch die **Grenzen** nur sehr **knapp unterschritten** sind, kann in Extremfällen die **Erstellung einer fast vollständigen Bilanz und GuV** erforderlich sein.

Soweit wider Erwarten die Grenzen des § 241a HGB überschritten sind, muss der EKfm seine kaufmännischen Buchführungs- und Rechnungslegungspflichten unverzüglich nachholen. Soweit dies innerhalb angemessener Zeit erfolgt, spricht einiges dafür, die Buchführung insofern als zeitgerecht gelten zu lassen; abschließend geklärt ist dies aber nicht. Auf die von der Finanzverwaltung angestoßene Diskussion zur Zeitgerechtigkeit im Rahmen der GoBD wird verwiesen (vgl. § 239 Rz 21 f.).

---

[6] Vgl. BilMoG-BegrRegE, S. 46.

Mit der Anwendung des § 241a HGB entfällt auch die Pflicht zur **Eröffnungsinventur** nach § 240 Abs. 1 HGB. Aber auch bei unmittelbarer Erstellung einer Einnahmenüberschussrechnung ist eine Abgrenzung von privater und betrieblicher Vermögenssphäre notwendig. Deshalb besteht auch hier das Erfordernis, getätigte Einlagen in das Betriebsvermögen zum Zeitpunkt der Eröffnung aufzuzeichnen und zu bewerten.

§ 242 Pflicht zur Aufstellung

(1) ¹Der Kaufmann hat zu Beginn seines Handelsgewerbes und für den Schluß eines jeden Geschäftsjahrs einen das Verhältnis seines Vermögens und seiner Schulden darstellenden Abschluß (Eröffnungsbilanz, Bilanz) aufzustellen. ²Auf die Eröffnungsbilanz sind die für den Jahresabschluß geltenden Vorschriften entsprechend anzuwenden, soweit sie sich auf die Bilanz beziehen.
(2) Er hat für den Schluß eines jeden Geschäftsjahrs eine Gegenüberstellung der Aufwendungen und Erträge des Geschäftsjahrs (Gewinn- und Verlustrechnung) aufzustellen.
(3) Die Bilanz und die Gewinn- und Verlustrechnung bilden den Jahresabschluß.
(4) ¹Die Absätze 1 bis 3 sind auf Einzelkaufleute im Sinn des § 241a nicht anzuwenden. ²Im Fall der Neugründung treten die Rechtsfolgen nach Satz 1 schon ein, wenn die Werte des § 241a Satz 1 am ersten Abschlussstichtag nach der Neugründung nicht überschritten werden.

WP StB Andreas Noodt

Inhaltsübersicht	Rz
1 Überblick	1–2
2 Eröffnungsbilanz	3–6
3 Jahresabschluss	7–13
3.1 Jahresabschluss	7–11
3.2 Erleichterungen	12–13

1 Überblick

1 § 242 HGB enthält für alle Kfl. die öffentlich-rechtliche **Verpflichtung zur Aufstellung** einer Eröffnungsbilanz zu Beginn ihres Handelsgewerbes und eines Jahresabschlusses zum Schluss eines jeden Gj, bestehend aus Bilanz und GuV. Die Norm des § 242 HGB stellt somit ergänzend zu den Vorschriften über die Buchführungspflicht in den §§ 238 und 241a HGB die **Grundnorm zur Aufstellung eines handelsrechtlichen Jahresabschlusses** dar. Begrifflich ist die Aufstellung, die durch den Kfm. vorzunehmen ist, von der Erstellung zu unterscheiden, bei der es sich um die technische Durchführung der Aufstellung handelt, soweit sie von einem externen Sachverständigen übernommen wird.[1]

2 Der erste Abschnitt des dritten Buchs des HGB (§§ 238–263 HGB) betrifft alle Kfl. Dort sind im zweiten Unterabschnitt in den §§ 242–256a HGB die für alle Kfl. geltenden Vorschriften zum Jahresabschluss geregelt. Sie sind insb. von EKfl, Gesellschaftern der OHG und Komplementären der KG zu beachten. Diese grundsätzlichen Regelungen werden in den §§ 264 ff. HGB für KapG und KapCoGes ergänzt, die diese Bestimmungen zusätzlich beachten müssen. Hier-

---

[1] Vgl. WPH Edition, Wirtschaftsprüfung & Rechnungslegung, 15. Aufl., 2017, Abschn. B, Tz 26.

bei sind allerdings die §§ 264 Abs. 3 und 4, 264b HGB zu berücksichtigen, wonach unter bestimmten Voraussetzungen für Töchter von KapG und KapCo-Ges Ausnahmen von der Anwendung der zusätzlichen Vorschriften der §§ 264 ff. HGB gestattet sind. Der vierte Abschnitt des dritten Buchs (§§ 340 ff., §§ 341 ff. HGB) enthält zusätzliche, von den allgemeinen Regelungen zum Teil abweichende Bestimmungen für Genossenschaften, Kreditinstitute und Versicherungen. Die gesetzlichen Vorschriften zur Aufstellung des Jahresabschlusses sind nicht durch gesellschaftsvertragliche Regelungen einschränkbar. Der handelsrechtliche Grundsatz zur Aufstellung des Jahresabschlusses gilt gem. § 140 AO auch für steuerliche Zwecke.

2 Eröffnungsbilanz

Die Eröffnungsbilanz ist von jedem Kfm zu **Beginn seines Handelsgewerbes** aufzustellen. Als Handelsgewerbe gilt dabei jeder Gewerbebetrieb unter der Voraussetzung, dass er i.S.d. § 1 Abs. 2 HGB einen nach Art oder Umfang in kaufmännischer Weise eingerichteten Geschäftsbetrieb erfordert.[2] Der Zeitpunkt, wann eine Eröffnungsbilanz im Falle einer Neugründung aufzustellen ist, ist vom Gesetzgeber nicht festgelegt. Der Gewerbetreibende hat einen **Ermessensspielraum** für die Festlegung des Zeitpunkts zwischen dem Abschluss der Vorbereitungsphase und der Erfüllung der Voraussetzung des § 1 Abs. 2 HGB.[3] In der Vorbereitungsphase kann sich dennoch bereits eine Buchführungspflicht ergeben. Diese allein hat jedoch keine Auswirkung auf den maßgeblichen Zeitpunkt für die Eröffnungsbilanz. Ferner kann sich ebenso nach § 141 AO bereits eine steuerliche Buchführungspflicht ergeben. Die Eröffnungsbilanz ist jedenfalls spätestens dann aufzustellen, wenn sich das erste Gj auf die GuV auswirkt.[4] Aus praktischen Gründen empfiehlt es sich, die Eröffnungsbilanz auf den Stichtag des Beginns der Buchführung aufzustellen. 3

Bei der Gründung einer **KapG** ist es nicht sachgerecht, nach Abschluss der notariellen Gründung die Eröffnungsbilanz erst auf den Zeitpunkt der Eintragung in das HR aufzustellen, wenn die Geschäftstätigkeit bereits aufgenommen wurde (Vorgesellschaft).[5] 4

Außer bei Neugründungen ist bei der Entstehung einer **PersG** durch Eintritt einer weiteren Person in eine bereits existierende Einzelunternehmung eine Eröffnungsbilanz aufzustellen. Dies folgt bereits der Notwendigkeit der Gewinnermittlung bei den Mitunternehmern. Anders verhält es sich bei Gesellschafterwechseln einer PersG. Hier ist keine Eröffnungsbilanz anzufertigen.[6] 5

Weitere Zeitpunkte, zu denen eine Eröffnungsbilanz zu erstellen ist, sind neben der bereits erwähnten Ausweitung eines bestehenden Betriebs zu einem kaufmännischen Betrieb auch **Sonderfälle** wie Aufspaltungen, Insolvenzen, Liquida- 6

---

2 Zum Verhältnis zwischen § 1 Abs. 2 HGB und § 241a HGB vgl. § 241a Rz 6 ff.
3 Vgl. *Förschle/Kropp*, in Sonderbilanzen: Von der Gründungsbilanz bis zur Liquidationsbilanz, 4. Aufl. 2008, B Anm 41.
4 Vgl. *ADS*, 6. Aufl., § 242 HGB, Rz 19.
5 Vgl. *Förschle/Kropp/Schellhorn*, in Sonderbilanzen: Von der Gründungsbilanz bis zur Liquidationsbilanz, 4. Aufl. 2008, D Anm 68 ff., sowie *Winkeljohann/Phillips*, in Beck Bil-Komm., 10. Aufl., 2016, § 242 HGB, Rz 3.
6 Vgl. *ADS*, 6. Aufl., § 242 HGB, Rz 22.

tionen und Abwicklungen.[7] Des Weiteren ergibt sich aus § 242 Abs. 4 HGB i. V. m. § 241a HGB, dass bei einmaliger Nichterfüllung der Voraussetzungen die Pflicht zur Erstellung einer Eröffnungsbilanz besteht.[8] Stichtag für die dann zu erstellende Eröffnungsbilanz ist der erste Tag des folgenden Gj.

3 Jahresabschluss

3.1 Jahresabschluss

7 Gem. der Legaldefinition des § 242 Abs. 3 HGB setzt sich der Jahresabschluss aus Bilanz und GuV zusammen. Für KapG und KapCoGes wird diese Definition gem. § 264 Abs. 1 Satz 1 HGB um den Anhang erweitert. Durch Änderungen infolge des BilMoG wird der Jahresabschluss für KM-orientierte Unt i. S. d. § 264d HGB, die nicht zur Aufstellung eines Konzernabschlusses verpflichtet sind, um eine KFR und einen Eigenkapitalspiegel sowie – auf freiwilliger Basis – um eine SegmBer erweitert (§ 246 Abs. 1 Satz 2 HGB).

8 Die **Bilanz**, in diesem Fall die Jahresbilanz, ist gem. § 242 Abs. 1 Satz 1 HGB zum Schluss eines jeden Gj aufzustellen.[9] Das Gj darf den Zeitraum von zwölf Monaten nicht überschreiten. Gj mit einem geringeren Zeitraum (Rumpfgeschäftsjahr) sind in dem ersten Gj nach Gründung, bei einer Unternehmensveräußerung oder -insolvenz oder bei einer Umstellung auf einen anderen regelmäßigen Abschlussstichtag möglich.[10]

Bei der Aufstellung sind alle Geschäftsvorfälle zu berücksichtigen, die bis zum Bilanzstichtag stattgefunden haben. Die Bilanz stellt als Teil des Jahresabschlusses eine zeitpunktbezogene Gegenüberstellung der VG und Schulden zum Bilanzstichtag dar. Für die Bewertung sind die Verhältnisse am Abschlussstichtag maßgeblich. Die Berücksichtigung der Geschäftsvorfälle bis zum Abschlussstichtag wird als **Stichtagsprinzip** bezeichnet, vgl. § 252 Rz 58. Ereignisse, die nach dem Bilanzstichtag bekannt werden, sind insoweit zu berücksichtigen, als ihre Verursachung vor dem Bilanzstichtag liegt. Hierbei handelt es sich um **wertaufhellende** Tatsachen, die bei der Erstellung des Jahresabschlusses Berücksichtigung finden müssen.[11] Demgegenüber sind **wertbegründende** Tatsachen, die wertverändernde Verhältnisse nach dem Abschlussstichtag begründen, in der Rechnungslegung des folgenden Gj abzubilden.[12] Über den Maßgeblichkeitsgrundsatz des § 5 Abs. 1 Satz 1 EStG

---

[7] Vgl. ADS, 6. Aufl., § 242 HGB, Rz 21 ff.; detailliert Budde/Förschle/Winkeljohann, in Sonderbilanzen, Von der Gründungsbilanz bis zur Liquidationsbilanz, 4. Aufl. 2008, Kapitel I, R, S, T.
[8] Vgl. Kersting, BB 2008, S. 791. Nach Sinn und Zweck der Regelung wird man es genügen lassen müssen, dass ein Überschreiten der Schwellenwerte nicht zu erwarten ist; vgl. AEAO zu § 141 Nr. 4 S. 5: Danach soll bei einmaligem Überschreiten der Buchführungsgrenze auf Antrag Befreiung von der Buchführungspflicht bewilligt werden, wenn nicht zu erwarten ist, dass die Grenze auch später überschritten wird. Dies sollte für die handelsrechtliche Rechnungslegung analog gelten.
[9] Zum steuerlichen Wj. vgl. Frotscher, in Frotscher/Geurts, EStG, § 4a EStG, Rz 9, Stand 2/2013.
[10] Vgl. Ellerich/Swart, in Küting/Pfitzer/Weber, HdR, HGB § 242, Rn 13, Stand 8/2010; zur Umstellung des steuerlichen Wj. vgl. Frotscher, in Frotscher, EStG, § 4a EStG, Rz 29, Stand 2/2013.
[11] Vgl. WPH Edition, Wirtschaftsprüfung & Rechnungslegung, 15. Aufl., 2017, Abschn. F, Tz 96; Winkeljohann/Phillips, in Beck Bil-Komm., 10. Aufl., 2016, § 242 HGB, Rz 6.
[12] Vgl. IDW PS 203 Tz 8, sowie IDW PS 910 Tz 41.

gewinnen die handelsrechtlichen Bilanzansätze zusätzlich an Bedeutung, da sie die Grundlage für die steuerliche Gewinnermittlung bilden.[13]

Als weiterer Teil des Jahresabschlusses ist zum Schluss des Gj eine **GuV** aufzustellen. Die GuV wird in § 242 Abs. 2 HGB als Gegenüberstellung der Aufwendungen und Erträge des Gj definiert. Sie stellt somit ein zeitraumbezogenes Informationsinstrument dar.[14] Im Gegensatz zur Bilanz, welche den Status zum Abschlussstichtag abbildet, enthält die GuV die Erträge und Aufwendungen, die seit dem letzten Abschlussstichtag zu verzeichnen waren. 9

Die **Gliederung** des Jahresabschlusses für KapG und PersG i.S.d. § 264a HGB ist durch die ausführlichen Gliederungsvorschriften in den §§ 264c i.V.m. §§ 265ff. HGB vorgeschrieben. EKfl und PersG mit einer natürlichen Person als Vollhafter sind bei Aufstellung der Bilanz mit Ausnahme der Mindestgliederung (§ 247 Rz 10ff.) gem. § 247 Abs. 1 HGB an keine bestimmte Gliederungsvorschrift gebunden, soweit sie nicht besondere branchenbezogene Vorschriften zu beachten haben.[15] Eine detaillierte Gliederung der GuV nach dem GKV oder UKV, wie sie § 275 Abs. 2 und 3 HGB verlangt, ist nicht zwingend vorgeschrieben, die freiwillige Übernahme dieser Gliederungskriterien ist aber üblich (§ 275 Rz 2). Die Aufstellung des Jahresabschlusses hat unter Beachtung der GoB und insb. unter Beachtung des Grundsatzes der Klarheit und Übersichtlichkeit gem. § 243 Abs. 2 HGB zu erfolgen. I.d.R. stellt eine Anlehnung an die für PersG gem. § 264a HGB geltenden größenabhängigen Gliederungsvorschriften des HGB eine Basis für die Bestimmung der notwendigen Gliederungstiefe sowie die Postenbezeichnungen für EKfl und PersG, die nicht dem § 264a HGB unterliegen, dar.[16] 10

Unrichtige Darstellungen in der Eröffnungsbilanz sowie im Jahresabschluss können bei KapG und KapCoGes zu Freiheitsstrafen, Geldstrafen oder Ordnungswidrigkeiten mit Geldbuße führen. Für steuerliche Zwecke kann eine Nichterstellung der Bilanz zu einer Schätzung der Besteuerungsgrundlagen durch das Finanzamt gem. § 162 AO führen.[17] 11

3.2 Erleichterungen

Die Erleichterungen des Abs. 4 gelten nur für EKfl i.S.d. § 241a HGB. Für EKfl, die die Erleichterungen des § 241a HGB in Anspruch nehmen wollen, besteht mangels Buchführungspflicht auch keine Aufstellungspflicht für eine Eröffnungsbilanz bzw. einen Jahresabschluss. § 242 Abs. 4 HGB folgt somit unmittelbar den Überlegungen zur Inanspruchnahme des § 241a HGB. Für die steuerliche Aufstellungspflicht ist gleichwohl § 141 AO einschlägig.[18] Auch wenn keine Aufstellungspflicht für eine Bilanz besteht, ist für steuerliche Zwecke eine Abgrenzung zwischen Privat- und Betriebsvermögen erforderlich.[19] 12

---

13 Vgl. *ADS*, 6. Aufl., § 242 HGB, Rz 30.
14 Vgl. *ADS*, 6. Aufl., § 242 HGB, Rz 36.
15 Vgl. WPH Edition, Wirtschaftsprüfung & Rechnungslegung, 15. Aufl., 2017, Abschn. F, Tz 235.
16 Vgl. IDW RS HFA 7, Tz 41; zu weiteren Gliederungsvorschriften für Personenhandelsgesellschaften vgl. IDW RS HFA 7, Tz 42–58.
17 Vgl. *Winkeljohann/Philipps*, in Beck Bil-Komm., 10. Aufl., 2016, § 242 HGB, Rz 12.
18 Vgl. *Oser/Roß/Wader/Drögemüller*, WPg 2008, S. 675.
19 Vgl. *Frotscher*, in *Frotscher/Geurts*, EStG, § 4 EStG Rz 36, Stand 2/2013.

13   Es ist nicht erforderlich, dass eine Eröffnungsbilanz oder ein Jahresabschluss nach Maßgabe der handelsrechtlichen Vorschriften aufgestellt werden muss, um zu beurteilen und festzustellen, dass eine gesetzliche Verpflichtung dazu nicht besteht. Es ist vielmehr ausreichend, wenn nach überschlägiger Ermittlung unter Berücksichtigung der handelsrechtlichen Vorschriften zum Jahresabschluss ein Überschreiten der Schwellenwerte nicht zu erwarten ist. Diese Überwachungsverpflichtung, ob die Befreiungsvorschriften weiterhin vorliegen, besteht fort.[20]

---

[20] Vgl. BilMoG-BgrRegE, S. 46f.

§ 243 Aufstellungsgrundsatz

(1) Der Jahresabschluß ist nach den Grundsätzen ordnungsmäßiger Buchführung aufzustellen.
(2) Er muß klar und übersichtlich sein.
(3) Der Jahresabschluß ist innerhalb der einem ordnungsmäßigen Geschäftsgang entsprechenden Zeit aufzustellen.

WP STB ANDREAS NOODT

Inhaltsübersicht

	Rz
1 Überblick	1–2
2 Grundsätze ordnungsmäßiger Buchführung (Abs. 1)	3–19
2.1 Begriff und Rechtsnatur der GoB	3–7
2.2 Systematisierungsansätze zur Einteilung der GoB	8–19
3 Grundsatz der Klarheit und Übersichtlichkeit (Abs. 2)	20–33
3.1 Geltungsbereich	20
3.2 Konkretisierung des Grundsatzes der Klarheit und Übersichtlichkeit	21–31
3.3 Rechtsfolgen bei Verstößen gegen Abs. 2	32
3.4 Maßgeblichkeit (§ 5 Abs. 1 Satz 1 EStG)	33
4 Frist zur Aufstellung des Jahresabschlusses (Abs. 3)	34–39
4.1 Bedeutung	34
4.2 Handelsrechtliche Auslegung	35–36
4.3 Steuerliche Auslegung	37
4.4 Rechtsfolgen bei Versäumen der Frist	38–39

1 Überblick

§ 243 Abs. 1 HGB verpflichtet den Kfm., seinen Jahresabschluss nach den Grundsätzen ordnungsmäßiger Buchführung aufzustellen. Der Begriff der „Grundsätze ordnungsmäßiger Buchführung" ist von zentraler Bedeutung, da diese den übergeordneten Maßstab für die Ordnungsmäßigkeit von Jahresabschlüssen darstellen.[1] Im Folgenden werden die handelsrechtlichen GoB kommentiert; Ausführungen zur Maßgeblichkeit der HB für die Steuerbilanz, zum Wegfall der umgekehrten Maßgeblichkeit sowie zu Steuerlatenzen im Fall möglicher Abweichungen zwischen Handels- und Steuerbilanz erfolgen in der Kommentierung zu § 274 HGB (§ 274 Rz 131).

§ 243 Abs. 2 HGB normiert den Grundsatz der Klarheit und Übersichtlichkeit, damit wirtschaftliche Sachverhalte, die im Jahresabschluss abgebildet werden, eindeutig, verständlich und nachvollziehbar sind. Gegenstand des § 243 Abs. 3 HGB ist die Frist zur Aufstellung des Jahresabschlusses.

---

[1] Vgl. *Baetge/Fey/Fey/Klönne*, in *Küting/Pfitzer/Weber*, HdR, § 243 HGB, Rn 2, Stand 12/2011.

2   Die Vorschriften des § 243 HGB gelten für alle Kfl. Sie gelten für Einzelabschlüsse und über die ausdrückliche Erwähnung der GoB sowie der Klarheit und Übersichtlichkeit in § 297 Abs. 2 Sätze 1 und 2 HGB auch für Konzernabschlüsse. § 243 Abs. 3 HGB wird für KapG und KapCoGes in § 264 Abs. 1 HGB konkretisiert, s. § 264 Rz 41.

2 Grundsätze ordnungsmäßiger Buchführung (Abs. 1)

2.1 Begriff und Rechtsnatur der GoB

3   Nach § 243 Abs. 1 HGB ist der Jahresabschluss nach den Grundsätzen ordnungsmäßiger Buchführung aufzustellen. Mit dem Begriff der GoB werden sämtliche handelsrechtliche Buchführungs- und Bilanzierungsgrundsätze bezeichnet. Diese haben die Aufgabe, eine Leitlinie für die Behandlung aller Sachverhalte in Buchführung und Jahresabschluss zu bieten, selbst wenn keine kodifizierten Rechnungslegungsvorschriften existieren. Der Begriff der GoB wird vom Gesetzgeber mehrfach gebraucht, aber nicht definiert. Es handelt sich um einen **unbestimmten Rechtsbegriff**,[2] der im Zusammenwirken von Rechtsprechung, fachkundigen Praktikern und Vertretern der Betriebswirtschaftslehre auszulegen ist.

4   Die GoB umfassen den obersten Beurteilungsmaßstab der prinzipienbasierten deutschen Rechnungslegung, die im Gegensatz zu der eher regelbasierten Rechnungslegung anglo-amerikanischer Prägung steht. Sie beinhalten sowohl die kodifizierten gesetzlichen Vorschriften als auch nicht kodifizierte Rechnungslegungsnormen. Wegen der umfassenden Kodifizierung von GoB durch das BiRiLiG 1985 haben nicht kodifizierte Grundsätze seither deutlich an Bedeutung verloren.[3] Diese Tendenz hat sich im Zuge des **BilMoG** insb. durch die tendenzielle Einschränkung von Bilanzierungs- und Bewertungswahlrechten fortgesetzt. Trotz umfassender Änderungen der handelsrechtlichen Rechnungslegungsvorschriften erfordert das BilMoG jedoch keine Neuinterpretation einzelner GoB, das bisherige System der GoB wird vielmehr gestärkt.[4]

5   Bei der Ermittlung der GoB werden die induktive, die deduktive sowie die hermeneutische Methode unterschieden.[5] Bei der **induktiven** Methode wird das Verhalten eines durchschnittlichen ehrbaren Kfm. empirisch festgestellt und daraus die GoB abgeleitet. Diese Methode wird im Schrifttum einhellig abgelehnt.[6] Die Auffassung, dass die GoB nicht durch statistische Erhebungen, sondern durch Nachdenken ermittelt werden sollten, führte zu der **deduktiven** Methode. Diese Methode versucht, aus den Zwecken des handelsrechtlichen Abschlusses ein System von GoB zu entwickeln, wobei Entscheidungshilfen[7] zu beachten sind. Auch die deduktive Methode wird in der Literatur kritisiert. Zunehmende Bedeutung erlangt deshalb die **hermeneutische** Methode, die

---

2   Vgl. *Leffson*, Die Grundsätze ordnungsmäßiger Buchführung, 7. Aufl. 1987, S. 18f.
3   Vgl. *ADS*, 6. Aufl., § 243 HGB, Rz 10.
4   Vgl. *Solmecke*, Auswirkungen des Bilanzrechtsmodernisierungsgesetzes auf die handelsrechtlichen Grundsätze ordnungsmäßiger Buchführung, 2009, S. 263.
5   Zu den folgenden Ausführungen vgl. z.B. *Kirsch*, StuB 2008, S. 453 f.; *ADS*, 6. Aufl., § 243 HGB, Rz 13 ff.
6   Vgl. z.B. *Kirsch*, StuB 2008, S. 453; *ADS*, 6. Aufl., § 243 HGB, Rz 13.
7   Vgl. WPH Edition, Wirtschaftsprüfung & Rechnungslegung, 15. Aufl., 2017, Abschn. F, Tz 5.

durch eine ganzheitliche Betrachtungsweise charakterisiert ist. Diese Methode baut darauf auf, dass nach der nunmehr weitgehenden Kodifizierung von GoB nicht nur eine Ableitung von GoB erforderlich, sondern auch eine Auslegung der im Gesetz niedergelegten GoB vorzunehmen ist. Die hermeneutische Methode verlangt zur Ableitung der GoB die Berücksichtigung folgender Kriterien in der dargestellten Rangfolge:[8]

- Wortlaut und Wortsinn der gesetzlichen Vorschriften,
- Bedeutungszusammenhang der gesetzlichen Vorschriften,
- Entstehungsgeschichte der gesetzlichen Vorschriften sowie Gesetzesmaterialien und Ansichten des Gesetzgebers,
- teleologische Auslegung sowie betriebswirtschaftliche Kriterien,
- Konventionen und
- Konformität mit höherrangigem Recht.

Auch die hermeneutische Methode ist in der Literatur nicht unumstritten. Eine allseits akzeptierte Lehre zur Ermittlung der GoB hat sich in der Literatur bislang noch nicht herausgebildet.

Bereits seit Längerem wird ein zunehmender Einfluss der **IFRS** auf die deutsche Rechnungslegung sowie deren mögliche Anerkennung als GoB diskutiert.[9] Die Vermutung des zunehmenden Einflusses der IFRS auf die deutsche Rechnungslegung wurde durch die Umsetzung des BilMoG bestätigt. Insbesondere die stärkere Betonung der Informationsfunktion sowie die Kodifizierung der wirtschaftlichen Betrachtungsweise in Anlehnung an die IFRS-Terminologie zum wirtschaftlichen Eigentum zeigen eine Annäherung an die IFRS.[10] Nach Auffassung des Gesetzgebers erfordert die Umsetzung des BilMoG eine maßvolle Annäherung der handelsrechtlichen Vorschriften an die IFRS.[11] Daneben weist der Gesetzgeber ausdrücklich auf das Fortbestehen der bisherigen handelsrechtlichen GoB hin: „Insbesondere behalten das Vorsichtsprinzip, das Realisationsprinzip und das Stichtagsprinzip ihre bisherige Bedeutung. Einige der im Gesetzentwurf enthaltenen Vorschriften wurden lediglich punktuell anders gewichtet, d.h. die Informationsfunktion des handelsrechtlichen Jahresabschlusses wird insoweit stärker betont."[12] Handelsrechtliche GoB i.S.d. § 243 Abs. 1 HGB sind Rechtsnormen[13] und „bilden ein selbständiges Regelungswerk, das nicht etwa die IFRS einschließt oder von diesen verdrängt wird".[14] Da die IFRS ausschließlich auf Informationsvermittlung abzielen und das HGB darüber hinaus vor allem auch eine Gewinnausschüttungsbegrenzungsfunktion hat, bestehen insoweit grundlegende Unterschiede zwischen den Regelwerken. Es erscheint unwahrscheinlich, dass Gerichte einer Auslegung der Rechtsnormen der handelsrechtlichen GoB durch die IFRS folgen würden.[15, 16] Soweit dennoch bei Fehlen detaillierter und

---

[8] Vgl. z.B. *Kirsch*, StuB 2008, S. 453 f.; *ADS*, 6. Aufl., § 243 HGB, Rz 18.
[9] Vgl. *ADS*, 6. Aufl., § 243 HGB, Rz 23a.
[10] Vgl. *Kirsch*, StuB 2008, S. 459.
[11] Vgl. BilMoG-BgrRegE, S. 34.
[12] Vgl. BilMoG-BgrRegE, S. 35.
[13] Vgl. *Moxter*, WPg 2009, S. 12.
[14] *Moxter*, WPg 2009, S. 7.
[15] Vgl. *Moxter*, WPg 2009, S. 10, 12.
[16] Für die steuerliche Gewinnermittlung hat der IV. Senat des BFH der Anwendung des sog. Komponentenansatzes gem. IFRS abgelehnt, BFH, Urteil v. 14.4.2011, IV R 52/10 und I R 46/09, DStR 2011 S. 1024.

eigenständiger HGB-Rechnungslegungsnormen Auslegungshinweise in den IFRS gesehen werden,[17] sind diesen enge Grenzen gesetzt und auf die vom Gesetzgeber selektiv und kasuistisch aufgegriffenen und aus den IFRS in das HGB übernommenen Vorschriften beschränkt. IFRS können bei der Anwendung des HGB-Bilanzrechts lediglich als Erkenntnisquelle des Rechtsvergleichs, aber nicht als Rechtsquelle im juristischen Sinn berücksichtigt werden.[18]

7 Die Klärung bedeutender (steuerlicher) Streitfälle erfolgt durch die gerichtliche Letzt-Instanz, den **BFH**. Trotz der häufigen Befassung mit grundsätzlichen Fragen der GoB ist der BFH kein GoB-Standardsetzer, seine Rechtsprechung gilt vielmehr als eine von mehreren Erkenntnisquellen für die Ableitung der GoB. Im Zuge der durch das BilMoG erkennbaren zunehmenden Abkopplung der HB von der Steuerbilanz dürfte der Einfluss der BFH-Rechtsprechung auf die handelsrechtlichen GoB tendenziell abnehmen.

2.2 Systematisierungsansätze zur Einteilung der GoB

8 Die GoB werden im Schrifttum nicht einheitlich systematisiert. Mehrere Systematisierungen verwenden die Einteilung in Grundsätze der Informationsvermittlung und materielle Grundsätze. Letztere lassen sich wiederum in übergeordnete Systemgrundsätze und in Periodisierungsgrundsätze unterteilen. Die nachfolgende Abbildung stellt die einzelnen Grundsätze im Überblick dar:[19]

9

Grundsätze der Informationsvermittlung	Materielle Grundsätze	
	Systemgrundsätze	Periodisierungsgrundsätze
• Bilanzklarheit und Übersichtlichkeit (§ 243 Abs. 2 HGB) • Richtigkeit und Willkürfreiheit (§§ 243 Abs. 1, 264 Abs. 2 HGB) • Vollständigkeit (§ 246 Abs. 1 HGB) • Bilanzkontinuität (§ 252 Abs. 1 Nrn. 1 und 6 HGB) • Vergleichbarkeit (§ 252 Abs. 1 Nr. 6 HGB) • Wirtschaftlichkeit und Wesentlichkeit	• Einzelbewertung (§ 252 Abs. 1 Nr. 3 HGB) • Unternehmensfortführung (§ 252 Abs. 1 Nr. 2 HGB) • Pagatorik (§ 252 Abs. 1 Nr. 5 HGB)	• Vorsichts-, Realisations- und Imparitätsprinzip (§ 252 Abs. 1 Nr. 4 HGB) • Anschaffungskostenprinzip (§ 253 Abs. 1 HGB) • Grundsatz der Periodenabgrenzung

Die Grundsätze der Informationsvermittlung haben durch das BilMoG – trotz z. T. unveränderter Formulierungen im HGB – deutlich an Gewicht gewonnen.[20] Hierfür seien als Beispiele die Stärkung des Grundsatzes der Bilanzklarheit und

---

17 Siehe Kommentierung zu § 246 Rz 18.
18 Vgl. *Hennrichs*, WPg 2011, S. 867.
19 Vgl. *Kirsch*, StuB 2008, S. 455 ff.
20 Vgl. *Kirsch*, StuB 2008, S. 455 ff.

Übersichtlichkeit durch ausgeweitete Anhangangaben sowie die Stärkung des Grundsatzes der Willkürfreiheit durch Abschaffung ehemaliger Bilanzierungs- und Bewertungswahlrechte genannt. Auch die ggf. vorzunehmende Verrechnung von VG mit Verbindlichkeiten oder Rückstellungen dient neben der Betonung der wirtschaftlichen Betrachtungsweise dem Ziel der Informationsvermittlung.

Der **Grundsatz der Bilanzklarheit und Übersichtlichkeit** (§ 243 Abs. 2 HGB) wird in Abschnitt 3 (Rz 20 ff.) behandelt. 10

Nach dem **Grundsatz der Richtigkeit und Willkürfreiheit** (§§ 243 Abs. 1, 264 Abs. 2 HGB) ist ein Jahresabschluss nur dann richtig, wenn er entsprechend den gesetzlichen Vorschriften aufgestellt worden ist. Da ein Jahresabschluss aber niemals absolut richtig sein kann, müssen die Anforderungen an die Richtigkeit relativiert werden. Ansätze und Werte im Jahresabschluss müssen in nachprüfbarer, objektiver Form aus ordnungsgemäßen Belegen und aus ordentlichen Büchern nach den gültigen Vorschriften hergeleitet sein. Die Positionen müssen zutreffend bezeichnet sein und das umfassen, was in der jeweiligen Position auszuweisen ist. Schätzwerte können nur nach subjektivem Ermessen im Rahmen einer zulässigen Bandbreite willkürfrei und vertretbar festgelegt werden. 11

Zu Ausführungen zum **Grundsatz der Vollständigkeit** (§ 246 Abs. 1 HGB) wird auf § 246 Rz 5 ff. verwiesen. 12

Hinter den **Grundsätzen der Bilanzkontinuität** und der **Vergleichbarkeit** (§ 252 Abs. 1 Nrn. 1 und 6 HGB, s. § 252 Rz 16 ff. bzw. Rz 167 ff.) steht der Grundgedanke der besseren Vergleichbarkeit. Die bisher schon strengen Stetigkeitsvorgaben für KapG i. w. S. hinsichtlich der Gliederung in § 265 Abs. 1 HGB und das Gebot der Bewertungsstetigkeit in § 252 Abs. 1 Nr. 6 HGB wurden durch das BilMoG um das Gebot der Stetigkeit für den Bilanzansatz in § 246 Abs. 3 HGB (§ 246 Rz 131 ff.) ergänzt. 13

Der **Grundsatz der Wesentlichkeit und der Wirtschaftlichkeit** ist im HGB nicht explizit geregelt. An verschiedenen Stellen verlangt das Gesetz nur Angaben, wenn es sich um „erhebliche Beträge" handelt, sie „von Bedeutung" sind, „erhebliche Unterschiede" bestehen oder Beträge „einen nicht unerheblichen Umfang" haben.[21] 14

Ab wann eine Abweichung oder ein Fehler als unwesentlich anzusehen ist, richtet sich danach, welche Bedeutung das Weglassen einer Angabe oder eine fehlerhafte Darstellung für Entscheidungen der Adressaten des Jahresabschlusses hat. Dieses lässt sich naturgemäß nicht verallgemeinern oder in allgemein gültigen Schwellen- oder Grenzwerten ausdrücken. Eine Entscheidung ist grds. unter Berücksichtigung aller Umstände des Einzelfalls zu treffen. In der internationalen Praxis haben sich dennoch unterschiedliche Prozentsätze als Anhaltspunkte herausgebildet. Als pragmatisch ist u. E. ein Ansatz zu bezeichnen, nach dem ein Betrag i. H. v. 10 % und mehr von einem Grundbetrag als wesentlich, i. H. v. weniger als 5 % als unwesentlich angesehen werden sollte; zwischen den beiden Prozentsätzen soll die Entscheidung von den Umständen des Einzelfalls abhängen.

Der Grundsatz der Wesentlichkeit und Wirtschaftlichkeit wird trotz der mit verschiedenen Posten (u. a. latente Steuern) verbundenen Mehrarbeit für den Bilanzierenden durch die Änderungen im Zuge des BilMoG tendenziell gestärkt. Hierzu zählen u. a. die Verwendung von pauschalen Restlaufzeiten im Rahmen

---

[21] Vgl. WPH Edition, Wirtschaftsprüfung & Rechnungslegung, 15. Aufl., 2017, Abschn. F, Tz 918.

der Bewertung von Pensionsrückstellungen (s. § 253 Rz 145) und Bewertungsvereinfachungen bei der Währungsumrechnung (§ 256a Rz 17 und 19). Die Bildung eines steuerlich motivierten Sammelpostens i. S. d. § 6 Abs. 2a EStG (AHK über 150 bis 1.000 EUR) wird vom Gesetzgeber vor dem Hintergrund der damit verbundenen wirtschaftlichen Vereinfachung für Zwecke der handelsrechtlichen Rechnungslegung als ausnahmsweise zulässig angesehen; eine handelsrechtliche Verankerung der steuerlichen Vorschrift wird für nicht erforderlich gehalten, da davon auszugehen sein dürfte, dass sich die Praxis zu einem GoB entwickeln dürfte.[22] Dieses dürfte auch nach der Wiedereinführung der GWG-Grenze von 410 EUR zum 1.1.2010[23] gelten, wobei im Einzelfall handelsrechtliche Grenzen zu beachten sind.[24]

15 Der **Grundsatz der Einzelbewertung** (§ 252 Abs. 1 Nr. 3 HGB) wird eingeschränkt durch die Bildung von Bewertungseinheiten nach § 254 HGB gem. BilMoG. Für weitere Ausführungen zum Grundsatz der Einzelbewertung wird auf § 252 Rz 57 ff. verwiesen.

16 Der Grundsatz **der Fortführung der Unternehmenstätigkeit (Going-concern-Prinzip) wird unter** § 252 Rz 35 ff. kommentiert.

17 Hinsichtlich des Grundsatzes der Pagatorik sowie des Grundsatzes der Periodenabgrenzung **wird auf die Kommentierung** unter § 252 Rz 121 ff. verwiesen.

18 Das Vorsichts-, das **Realisations- und das Imparitätsprinzip** (§ 252 Abs. 1 Nr. 4 HGB) werden unter § 252 Rz 84 ff. ausführlich kommentiert.

19 Für den **Konzernabschluss** umfassen die GoB auch die **Grundsätze ordnungsmäßiger Konsolidierung**. Zusätzlich werden die Konzern-GoB durch § 342 Abs. 1 Satz 1 Nr. 1 HGB, der die Entwicklung von Empfehlungen zur Anwendung der Grundsätze über die Konzernrechnungslegung an ein privates Rechnungslegungsgremium überträgt, erweitert (§ 342 Rz 1 ff.). Diese Aufgabe wird in Deutschland durch das DRSC wahrgenommen. Die vom DRSC herausgegebenen Standards (DRS) haben gem. § 342 Abs. 2 HGB Gültigkeit, sobald sie vom BMJ bekannt gemacht werden.

3 Grundsatz der Klarheit und Übersichtlichkeit (Abs. 2)

3.1 Geltungsbereich

20 Laut § 243 Abs. 2 HGB muss der Jahresabschluss klar und übersichtlich sein. Der Grundsatz der Klarheit und Übersichtlichkeit gilt für **alle Kfl.**, also auch für KapG und KapCoGes sowie für Unt, die unter das PublG fallen.[25] Der Grundsatz ist demnach **rechtsformunabhängig**. Er gilt für den Jahresabschluss (§ 243 Abs. 2 HGB) und ausdrücklich auch für den Konzernabschluss (§ 297 Abs. 2 Satz 1 HGB).[26] Wird für Zwecke der Offenlegung ein IFRS-EA gem. § 325 Abs. 2a HGB verwendet, gilt das Gebot der Klarheit und Übersichtlichkeit auch für diesen.

---

22 Vgl. RegBegr BilMoG, S. 38.
23 Wachstumsbeschleunigungsgesetz v. 22.12.2009, BGBl I S. 3950.
24 Z.B. im Fall von Hotels mit AV, das zahlreiche VG bis 410 EUR umfasst.
25 Vgl. *Schmidt/Usinger*, in Beck Bil-Komm., 10. Aufl., 2016, § 243 HGB, Rz 51.
26 Vgl. *Luttermann*, in MünchKomm AktG, §§ 243, 342 HGB, Rn 74.

Der Grundsatz der Klarheit und Übersichtlichkeit bezieht sich auf den **gesamten Jahresabschluss**, also auf Bilanz und GuV sowie bei KapG und KapCoGes auch auf den Anhang und darüber hinaus auch auf den Lagebericht (§ 289 Rz 20).[27] Er gilt zudem für KM-orientierte Unt (§ 264d HGB) auch hinsichtlich der KFR, des Eigenkapitalspiegels sowie ggf. der SegmBer.

3.2 Konkretisierung des Grundsatzes der Klarheit und Übersichtlichkeit

Die Forderung nach Klarheit und Übersichtlichkeit bezieht sich auf eine möglichst weitgehende Erkennbarkeit des **formellen Inhalts** des Jahresabschlusses. Hierzu sind eine klare und übersichtliche Gliederung, aber auch eine klare Bezeichnung von Posten und Angaben sowie eine klare Darstellung und Erläuterung von Angaben und Inhalten im Anhang zu zählen. 21

Der Grundsatz der Klarheit und Übersichtlichkeit für Jahresabschlüsse von EKfl und KapCoGes ist neben § 243 Abs. 2 HGB nur in den §§ 246 Abs. 2 (Verrechnungsverbot sowie Einschränkungen dieses Verbots, vgl. § 246 Rz 100ff.) und 247 Abs. 1 HGB (gesonderter Ausweis und hinreichende Aufgliederung von AV und UV, EK, Schulden und RAP, vgl. § 247 Rz 2ff.) enthalten. Für KapG und KapCoGes ist der Grundsatz in den §§ 264–288 HGB präzisiert. Sehr viel konkretere **Gliederungsvorschriften** für Bilanz und GuV sind für KapG und KapCoGes in § 266 HGB (Gliederung der Bilanz, vgl. § 266 Rz 7ff.), § 275 HGB (Gliederung der GuV, vgl. § 275 Rz 28ff.), § 264c HGB (besondere Bestimmungen, vgl. § 264c Rz 7ff.) sowie § 265 HGB (allgemeine Grundsätze, vgl. § 265 Rz 20ff.) vorgegeben. Weitergehende Gliederungsvorschriften bestehen im HGB für Genossenschaften (§§ 336ff. HGB), Kredit- und Finanzdienstleistungsinstitute (§§ 340ff. HGB) sowie VersicherungsUnt und Pensionsfonds (§§ 341ff. HGB). Außerhalb des HGB gibt es weitere Gliederungsvorschriften.[28] Diese Einzelvorschriften gehen dem subsidiär geltenden allgemeinen Grundsatz des § 243 Abs. 2 HGB vor. 22

Für **EKfl** und **PersG**, die diesen strengeren Gliederungsvorschriften des Zweiten Abschnitts des Dritten Buchs nicht unterliegen, stellt sich die Frage, inwieweit diese Gliederungsvorgaben dennoch beachtet werden müssen, um dem allgemeinen Grundsatz der Klarheit und Übersichtlichkeit zu genügen. Hierzu gibt IDW RS HFA 7 die Leitlinie, nach der im Regelfall eine Anlehnung an die für KapCoGes geltenden größenabhängigen Gliederungsvorschriften des HGB eine Grundlage für die Bestimmung der notwendigen Gliederungstiefe sowie für die Postenbezeichnung der übrigen PersG darstellen.[29] In der **Praxis** hat sich durch die starke Verbreitung von EDV-Standardbilanzierungssoftware eine weitgehend freiwillige Verwendung der für KapG und KapCoGes vorgeschriebenen Gliederungsvorschriften und Postenbezeichnungen bei den übrigen Kfl. durchgesetzt. Dies ist sinnvoll, da dadurch der Jahresabschluss für einen Dritten (z.B. Kreditinstitute) in der gewohnten Form lesbar ist und etwaige Unklarheiten vermieden werden. Des 23

---

[27] Vgl. *ADS*, 6. Aufl., § 243, Rz 25.
[28] Z.B. Verordnungen über die Gliederung von Jahresabschlüssen von Wohnungsunternehmen, Krankenhäusern und Pflegeeinrichtungen sowie die für Konzernabschlüsse zusätzlich als GoB vermuteten DRS, aber auch im GmbHG und AktG.
[29] Vgl. IDW RS HFA 7, Rz 41.

Weiteren ist der Jahresabschluss mit denen anderer Unt besser vergleichbar. In Einzelfällen ist der Kfm. dessen ungeachtet nicht daran gehindert, den ihm durch die gesetzlichen Vorschriften eingeräumten Gestaltungsspielraum bei der Gliederung auszunutzen.

An grundlegenden Rahmenbedingungen für diese Gestaltungsspielräume sind zu nennen:

24 • Die Bilanz und die GuV können sowohl in **Konten- als auch in Staffelform** aufgestellt werden. Dagegen müssen KapG und KapCoGes nach § 266 Abs. 1 Satz 1 HGB die Bilanz in Kontoform und nach § 275 Abs. 1 Satz 1 HGB die GuV in Staffelform aufstellen.

25 • Die im ersten Jahr gewählte Form und Gliederung des Jahresabschlusses sowie die Bezeichnungen für die Posten der Bilanz und GuV sind in den darauffolgenden Jahren **beizubehalten**. Abweichungen sind nur in Ausnahmefällen zulässig. Diese in § 265 Abs. 1 HGB für KapG und KapCoGes geregelte Vorschrift gilt aufgrund des Gebots der Klarheit und Übersichtlichkeit auch für EKfl und andere PersG.[30]

26 • Der Grundsatz der Klarheit und Übersichtlichkeit wurde vom Gesetzgeber weiterhin im **Verrechnungsverbot** des § 246 Abs. 2 HGB präzisiert. Gem. § 246 Abs. 2 Satz 1 HGB dürfen Posten der Aktivseite nicht mit Posten der Passivseite, Aufwendungen nicht mit Erträgen und Grundstücksrechte nicht mit Grundstückslasten verrechnet werden, vgl. § 246 Rz 101 ff. Es gibt mehrere **Ausnahmen** von diesem allgemeinen Saldierungsverbot, vor allem das die Klarheit und Übersichtlichkeit des Jahresabschlusses fördernde Verrechnungsgebot von Altersvorsorgeverpflichtungen mit Deckungsvermögen sowie der entsprechenden Aufwendungen mit Erträgen (§ 246 Abs. 2 Satz 2 HGB); zu Einzelheiten vgl. § 246 Rz 101.

27 • Nach § 265 Abs. 8 HGB brauchen Posten der Bilanz und der GuV, die sowohl im aktuellen Jahresabschluss wie auch im Vorjahresabschluss **keinen Betrag** aufweisen, nicht aufgeführt zu werden, vgl. § 265 Rz 29.

28 • Entsprechend den Größenverhältnissen der Unt können die Zahlen des Jahresabschlusses auf volle EUR, TEUR oder auf Mio. EUR **gerundet** werden. Sofern die Aussagefähigkeit der Zahlenangaben erhalten bleibt, kann so die Übersichtlichkeit verbessert werden,[31] so dass dem Grundsatz der Klarheit und Übersichtlichkeit unter Verzicht auf größtmögliche Genauigkeit besser entsprochen werden kann.

29 • Nach § 265 Abs. 5 HGB dürfen **neue Posten** hinzugefügt werden, wenn ihr Inhalt nicht bereits von einem der vorgeschriebenen Posten abgedeckt wird, vgl. § 265 Rz 22 f. Bei neu eingefügten Posten nach § 265 Abs. 5 HGB sollte darauf geachtet werden, dass die gewählte Bezeichnung dem Grundsatz der Klarheit entspricht. Dieser ist erfüllt, wenn der Posten so bezeichnet ist, dass aus der Bezeichnung eindeutig hervorgeht, was er beinhaltet.[32] Bei Einfügen neuer

---

[30] Vgl. *Baetge/Fey/Fey/Klönne*, in *Küting/Pfitzer/Weber*, HdR, HGB § 243, Rn 45, Stand 12/2011 mwN, sowie *Schmidt/Usinger*, in Beck Bil-Komm., 10. Aufl., 2016, § 243 HGB, Rz 55.

[31] Vgl. *Schmidt/Usinger*, in Beck Bil-Komm., 10. Aufl., 2016, § 243 HGB, Rz 64, sowie WPH Edition, Wirtschaftsprüfung & Rechnungslegung, 15. Aufl., 2017, Abschn. F, Tz 13.

[32] Vgl. *Baetge/Fey/Fey/Klönne*, in *Küting/Pfitzer/Weber*, HdR, HGB § 243, Rn 45, Stand 12/2011 mwN.

Posten ist zu berücksichtigen, dass Bilanz und GuV nicht unübersichtlich werden. Eine zu weitgehende Untergliederung sollte daher vermieden werden.
- **Anhang** und **Lagebericht**[33] – auch sofern sie freiwillig aufgestellt werden – unterliegen ebenfalls dem Grundsatz der Klarheit und Übersichtlichkeit. Beide müssen klar gegliedert, verständlich geschrieben sowie eindeutig formuliert sein und sich auf wesentliche Inhalte beschränken. Es empfiehlt sich z.B., die Aussagen im Anhang entsprechend ihrer Reihenfolge in der Bilanz und der GuV zu erläutern[34] – mit dem BilRUG wird dies zur Pflicht werden. Die gleichen Grundsätze gelten für die durch das BilMoG ergänzten Bestandteile des Jahresabschlusses von KapG und KapCoGes, KFR, Eigenkapitalspiegel sowie ggf. SegmBer. Zur Verwendung von englischen Begriffen in Anhang und Lagebericht vgl. die Kommentierung zu § 244 Rz 4.

30

§ 243 Abs. 2 HGB ist im Zuge des **BilMoG** zwar unverändert geblieben, dennoch wurde der Grundsatz der Klarheit und Übersichtlichkeit gestärkt. Besonders zu erwähnen sind neben dem oben (Rz 7) angeführten Verrechnungsgebot von bestimmten Rückstellungen mit Deckungsvermögen die deutlich ausgeweiteten Anhangangaben zum Jahresabschluss, insb.

31

- über die Beziehungen zu nahe stehenden Personen (§ 285 Nr. 21 HGB, vgl. § 285 Rz 133 ff.),
- zu den Bewertungseinheiten nach § 254 HGB (§ 285 Nr. 23 HGB, vgl. § 285 Rz 147 ff.) und
- zum angewandten Bewertungsverfahren für Pensionsrückstellungen (§ 285 Nr. 24 HGB, vgl. § 285 Rz 157).[35]

3.3 Rechtsfolgen bei Verstößen gegen Abs. 2

Ein Verstoß gegen § 243 Abs. 2 HGB kann verschiedene Sanktionen nach sich ziehen. Die Folgen führen von der Einschränkung des Bestätigungsvermerks (im Falle der Prüfungspflicht gem. § 316 HGB) bis hin zur Nichtigkeit des Jahresabschlusses nach § 256 Abs. 4 AktG. Darüber hinaus kann ein Verstoß in besonders gravierenden Fällen Freiheits- und Geldstrafen (§ 331 Nr. 1 HGB) oder Bußgelder (§ 334 Abs. 1 Nr. 1a HGB) zur Folge haben. Für Unt, die dem PublG unterliegen, ergeben sich die strafrechtlichen Konsequenzen und die Bußgelder aus den §§ 17 Abs. 1 Nr. 1 und 20 Abs. 1 Nr. 1a PublG.[36]

32

---

[33] Der Lagebericht ist nicht Teil des Jahresabschlusses. Im Hinblick auf den Grundsatz der Klarheit und Übersichtlichkeit gilt hier jedoch nichts anderes. Vgl. für den Konzernlagebericht DRS 20 (§ 289 Rz 22).
[34] Vgl. *Baetge/Fey/Fey/Klönne*, in Küting/Pfitzer/Weber, HdR, HGB § 243, Rn 73, Stand 12/2011 mwN, sowie *Schmidt/Usinger*, in Beck Bil-Komm., 10. Aufl., 2016, § 243 HGB, Rz 67.
[35] Vgl. *Kirsch*, StuB 2008, S. 455.
[36] Vgl. *Schmidt/Usinger*, in Beck Bil-Komm., 10. Aufl., 2016, § 243 HGB, Rz 68 f. und 71.

3.4 Maßgeblichkeit (§ 5 Abs. 1 Satz 1 EStG)

33 Das Steuerrecht enthält keine Formvorschriften für die Steuerbilanz.[37] Der in § 243 Abs. 2 HGB geregelte Grundsatz der Klarheit und Übersichtlichkeit gilt über die Maßgeblichkeit nach § 5 Abs. 1 Satz 1 EStG gleichermaßen auch für die Steuerbilanz.[38]

4 Frist zur Aufstellung des Jahresabschlusses (Abs. 3)

4.1 Bedeutung

34 Dieser Vorschrift kommt nur eingeschränkte Bedeutung zu, sie gilt als Zeitrahmen nur für EKfl und PersG, da in zahlreichen Einzelbestimmungen konkrete Fristen zur Aufstellung des Jahresabschlusses vorgeschrieben sind.[39] So ist für AG, KGaA, GmbH und SE nach § 264 Abs. 1 HGB und für die unter das PublG fallenden Unt nach § 5 Abs. 1 PublG eine dreimonatige Frist nach Beendigung des Gj für die Aufstellung des Jahresabschlusses vorgesehen. Für kleine KapG und KapCoGes beträgt die Frist bis zu sechs Monate (§ 264 Abs. 1 Satz 3 HGB), für Genossenschaften fünf Monate (§ 336 Abs. 1 Satz 2 HGB), für Kreditinstitute drei Monate (§ 26 Abs. 1 KWG) und für VersicherungsUnt vier Monate (§ 341a Abs. 1 HGB; für Rückversicherungsunternehmen mit Bilanzstichtag 31.12. kommt eine Frist von zehn Monaten in Betracht, § 341a Abs. 5 HGB).[40]

4.2 Handelsrechtliche Auslegung

35 Nach dem Wortlaut des § 243 Abs. 3 HGB, wonach der „Jahresabschluss innerhalb der einem ordnungsmäßigen Geschäftsgang entsprechenden Zeit aufzustellen" ist, wird für alle Kfl., für die keine spezialgesetzliche Regelung gilt, keine eindeutig festgelegte Frist zur Aufstellung des handelsrechtlichen Jahresabschlusses kodifiziert.[41] Deswegen handelt es sich um einen unbestimmten Rechtsbegriff, der einer Auslegung bedarf.[42] Bei der Auslegung ist auf die Verhältnisse des betreffenden Unt und die billigerweise zu stellenden Anforderungen abzustellen.[43]

Im Schrifttum wird einerseits die Auffassung vertreten, dass die Frist bis zu sechs Monate betragen sollte.[44] Andere Autoren halten einen längeren Zeitraum für angebracht, da nur die EKfl und PersG, bei denen die Gesellschafter größere Mitspracherechte haben, von dieser Vorschrift betroffen seien.[45] Die hM im Schrifttum sieht in Übereinstimmung mit dem BFH[46] auch handelsrechtlich eine maximale Frist von zwölf Monaten als ausreichend an.

---

[37] Vgl. *Frotscher*, in *Frotscher/Geurts*, EStG, § 5 EStG, Rz 37, Stand 2/2015.
[38] Vgl. *Baetge/Fey/Fey/Klönne*, in *Küting/Pfitzer/Weber*, HdR, HGB § 243, Rn 43, Stand 12/2011, sowie *Leffson/Rückle/Großfeld*, 1986, S. 271 f. mwN.
[39] Vgl. *ADS*, 6. Aufl., § 243 HGB, Rz 37.
[40] Vgl. *ADS*, 6. Aufl., § 243 HGB, Rz 37.
[41] Vgl. *Baetge/Fey/Fey/Klönne*, in *Küting/Pfitzer/Weber*, HdR, HGB § 243, Rn 85, Stand 12/2011.
[42] Vgl. *ADS*, 6. Aufl., § 243 HGB, Rz 40.
[43] Vgl. *Schmidt/Usinger*, in Beck Bil-Komm., 10. Aufl., 2016, § 243 HGB, Rz 92.
[44] Vgl. *Baumbach/Hopt/Merkt/Merkt*, HGB, 34. Aufl., 2010, § 243 Rn 10.
[45] Vgl. *ADS*, 6. Aufl., § 243 HGB, Rz 42, sowie *Schmidt/Usinger*, in Beck Bil-Komm., 10. Aufl., § 243 HGB, Rz 93.
[46] Vgl. BFH, Urteil v. 6.12.1983, VIII R 110/79, BStBl 1984 II S. 227.

Für Unt, die sich in der Krise befinden, erhalten die Aufstellungsfristen ein elementares Gewicht, da dort Gläubigerschutzinteressen in besonderem Maße betroffen sind. Sobald Anhaltspunkte für eine Krise vorliegen, ist der Jahresabschluss zeitnah und ohne schuldhaftes Zögern aufzustellen. Hierzu wird eine Frist von zwei bis drei Monaten genannt.[47]

36

4.3 Steuerliche Auslegung

Für die Aufstellung der Steuerbilanz gibt es keine explizit normierten Fristen. Die für die Abgabe der Steuererklärungen geltenden Fristen (§ 149 Abs. 2 AO) greifen nur in eingeschränktem Maße für die Steuerbilanz.[48] Diese wird nur als „Unterlage" nach § 150 Abs. 4 Satz 1 AO den Steuererklärungen beigefügt. Die Steuerbilanz ist jedoch keine Steuererklärung i.S.d. § 152 AO. Aus diesem Grund ist ein Verspätungszuschlag bei nicht fristgerechter Steuerbilanzaufstellung nicht zulässig.[49]

37

Allerdings wird die Buchführung als nicht mehr ordnungsgemäß betrachtet, wenn die Steuerbilanz zu spät aufgestellt wird. Dies bedeutet, dass auch steuerlich die Frist gem. § 243 Abs. 3 HGB einzuhalten ist.[50] In der Literatur wird von einer steuerlich akzeptierten Frist von einem Jahr für die Aufstellung des Jahresabschlusses ausgegangen.[51]

4.4 Rechtsfolgen bei Versäumen der Frist

Die Frist zur Aufstellung des Jahresabschlusses ist durch keine Sanktionen gesichert. Die Buchführung wird aber bei Überschreiten der Frist für die Abschlusserstellung nicht mehr als ordnungsgemäß angesehen und damit liegt eine Verletzung des Abs. 1 der Vorschrift vor. Diese Verletzung wiederum stellt eine Ordnungswidrigkeit gem. § 334 Abs. 1 Nr. 1a HGB dar.[52]

38

Wird der Anforderung an Unt, die sich in der Krise befinden, ihren Jahresabschluss zeitnah und ohne schuldhaftes Zögern aufzustellen (vgl. Rz 36), nicht nachgekommen, sind gem. §§ 283, 283b StGB sowohl Geld- als auch Freiheitsstrafen vorgesehen.[53] Überdies können weitere strafrechtliche Folgen für die Handelnden aus einer Insolvenz des Unt herrühren.

39

---

[47] Vgl. *Baetge/Fey/Fey/Klönne*, in *Küting/Pfitzer/Weber*, HdR, HGB § 243, Rz 94, Stand 12/2011 mwN.
[48] Zum Begriff Steuerbilanz vgl. *Frotscher*, in Frotscher, EStG, § 5 EStG, Rz 35.
[49] Vgl. *ADS*, 6. Aufl., § 243 HGB, Rz 46 mwN.
[50] Vgl. *Schmidt/Usinger*, in Beck Bil-Komm., 10. Aufl., 2016, § 243 HGB, Rz 94 mwN.
[51] Vgl. *Baetge/Fey/Fey/Klönne*, in *Küting/Pfitzer/Weber*, HdR, HGB § 243, Rz 89, Stand 12/2011.
[52] Vgl. *ADS*, 6. Aufl., § 243 HGB, Rz 45, sowie *Schmidt/Usinger*, in Beck Bil-Komm., 10. Aufl., 2016, § 243 HGB, Rz 95.
[53] Vgl. *Schmidt/Usinger*, in Beck Bil-Komm., 10. Aufl., 2016, § 243 HGB, Rz 95.

§ 244 Sprache. Währungseinheit

Der Jahresabschluß ist in deutscher Sprache und in Euro aufzustellen.

WP StB ANDREAS NOODT

Inhaltsübersicht	**Rz**
1 Überblick	1–3
2 Sprache	4
3 Währung	5–7
4 Folgen bei Nichtbeachtung	8–10
5 Anwendung im Konzernabschluss	11–12

1 Überblick

1 § 244 HGB regelt die Verpflichtung zur Aufstellung des Jahresabschlusses in **deutscher Sprache** und in **Euro**. Die Vorschrift ist gem. § 325 Abs. 2a Satz 3 HGB auch auf den **IFRS-EA** anzuwenden. § 244 HGB ist nicht nur von sämtlichen inländischen Unt, sondern auch von Niederlassungen ausländischer Unt zu beachten, soweit sie die Kaufmannseigenschaft besitzen.

2 Der Jahresabschluss setzt sich zusammen aus **Bilanz** und **GuV** (§ 242 Abs. 3 HGB) und ist ggf. um einen Anhang zu erweitern (§§ 264 Abs. 1 Satz 1, 264a Abs. 1, 336 Abs. 1 HGB). Im Falle KM-orientierter Unt (§ 264d HGB) besteht der Jahresabschluss zudem aus einer **Kapitalflussrechnung** und einem **Eigenkapitalspiegel** sowie auf freiwilliger Basis aus einer Segmentberichterstattung. Obwohl keine gesetzliche Verpflichtung dazu besteht, ist auch ein ggf. aufgestellter **Lagebericht** in deutscher Sprache zu verfassen.[1] Dies gilt ebenso für **Sonderbilanzen** (z.B. Liquidationsbilanz).[2]

3 Mangels eigener Definition richtet sich § 244 HGB an jeden, der verpflichtet ist, einen Jahresabschluss aufzustellen, somit nach § 242 HGB an Kfl.[3] Ausnahmen für Kfl. i.S.d. § 241a HGB regelt § 242 Abs. 4 HGB. § 244 HGB ist auf Jahresabschlüssen von inländischen Unt sowie auf inländische Niederlassungen ausländischer Unt anzuwenden, wenn letztere die Kaufmannseigenschaft besitzen.[4] Auch für ausländische Zweigniederlassungen eines inländischen Kfm. gelten die Regelungen des § 244 HGB, auf ausländische Tochtergesellschaften inländischer Unt sind diese hingegen in deren Einzelabschluss nicht anzuwenden.[5]

---

[1] Vgl. *Wiedmann*, in *Ebenroth/Boujong/Joost/Strohn*, HGB, 2. Aufl., § 244 Rz 1.
[2] Vgl. *Schmidt/Ries*, in Beck Bil-Komm., 10. Aufl., 2016, § 244 HGB, Rz 2.
[3] Vgl. *Hüffer*, in Großkomm. HGB, 4. Aufl., § 244 Rn 3.
[4] Vgl. *Schmidt/Ries*, in Beck Bil-Komm., 10. Aufl., 2016, § 244 HGB, Rz 7.
[5] Vgl. *ADS*, 6. Aufl., § 244 HGB, Rz 4.

2 Sprache

Während § 239 Abs. 1 Satz 1 HGB den Kfm. lediglich verpflichtet, die **Handels-** 4
bücher und sonstigen Aufzeichnungen in einer lebenden Sprache zu führen, bestimmt § 244 HGB, dass der **Jahresabschluss** für handelsrechtliche Zwecke nur in deutscher Sprache aufgestellt werden darf. Es ist also möglich, die Bücher in einer fremden Sprache zu führen, z. B. bei Tochtergesellschaften oder Zweigniederlassungen ausländischer Muttergesellschaften, solange sichergestellt ist, dass der Jahresabschluss in deutscher Sprache aufgestellt wird. Zu den möglichen Konsequenzen der Führung der Bücher in fremder Sprache vgl. § 239 Rz 5.
Nicht ausdrücklich erwähnt ist die Sprache, in der der **Lagebericht** aufgestellt werden muss. Einen Hinweis liefert § 291 Abs. 1 Satz 1 HGB, wonach neben dem Konzernabschluss ein Konzernlagebericht in deutscher Sprache verfasst sein muss, um die befreiende Wirkung i. S. v. § 291 HGB zu erlangen. Dem Sinn und Zweck der Regelung nach gilt dies auch für den Jahresabschluss. Mangelnde Kenntnisse der deutschen Sprache setzen diese Regelung nicht außer Kraft.[6]
In der Praxis ist eine verbreitete Verwendung englischer Begriffe in Geschäftsberichten zu beobachten.[7] Um dem Deutschgebot des § 244 HGB als Ausprägung des Klarheitsgebots (§§ 243 Abs. 2, 297 Abs. 2 Satz 1 HGB) zu entsprechen, sind fremdsprachige Begriffe zumindest angemessen, z. B. im Text oder in einem Glossar, zu erläutern oder zu definieren, soweit sie nicht aus dem Kontext verständlich sind.

3 Währung

Die Pflicht zur Aufstellung des Jahresabschlusses in Euro[8] bezieht sich auf den 5
Jahresabschluss und den **Lagebericht**. Zum Bilanzstichtag sind daher in Fremdwährung erfasste VG und Schulden in Euro umzurechnen.[9] Dies gilt auch dann, wenn nur einzelne VG oder Verbindlichkeiten (z. B. Wertpapiere an ausländischen Börsen) in fremder Währung erfasst und bewertet sind.[10] Zur Umrechnung zum Bilanzstichtag ist der durch das BilMoG eingefügte § 256a HGB für den Jahresabschluss anzuwenden. Zu beachten ist, dass bei KapG und KapCoGes gem. § 284 Abs. 2 Nr. 2 HGB die Grundlagen für die Währungsumrechnung im Anhang anzugeben sind.
Die Führung von Handelsbüchern in ausländischer Währung (z. B. bei inländi- 6
schen Niederlassungen ausländischer Unt bzw. bei ausländischen Niederlassungen inländischer Unt) ist zulässig.[11]

---

6 Vgl. *Hüffer*, in Großkomm. HGB, 4. Aufl., § 244 Rn 7.
7 Vgl. Empirische Untersuchung von DAX 30-Geschäftsberichten 2009, *Olbrich/Fuhrmann*, in Die Aktiengesellschaft 9/2011, S. 328; die Autoren legen bei zu häufiger Verwendung englischer Begriffe den Verdacht eines Verstoßes gegen § 244 HGB und einer Verschleierung i. S. d. § 400 Abs. 1 Nr. 1 AktG nahe.
8 Zur steuerlichen Behandlung von Umstellungseffekten beim Übergang von DM auf EUR vgl. *Siewert*, in *Frotscher/Geurts*, EStG, § 6d EStG, Rz 20, Stand 5/2001.
9 Vgl. *Wiedmann*, in *Ebenroth/Boujong/Joost/Strohn*, HGB, 2. Aufl., § 244 Rz 3.
10 Vgl. *Schmidt/Ries*, in Beck Bil-Komm., 10. Aufl., 2016, § 244 HGB, Rz 7. Zur Währungsumrechnung von VG und Verbindlichkeiten vgl. die Kommentierung zu § 256a HGB.
11 Vgl. *Ellerich/Swart*, in *Küting/Pfitzer/Weber*, HdR, HGB § 244, Rn 5, Stand 12/2010.

7   Eine **Rundung** der Angabe im Jahresabschluss auf volle EUR, TEUR oder Mio. EUR zur übersichtlicheren Darstellung ist abhängig von der Größe des Unt zulässig.[12]

4 Folgen bei Nichtbeachtung

8   Die Nichtbeachtung des § 244 HGB stellt bei KapG und KapCoGes eine **Ordnungswidrigkeit** gem. § 334 Abs. 1 Nr. 1a HGB dar und kann gem. § 334 Abs. 3 HGB mit einer Geldbuße belegt werden.

9   Sofern der Jahresabschluss der Prüfung durch einen WP bzw. vBP unterliegt, kann ein Verstoß gegen § 244 HGB eine **Einschränkung bzw. im Extremfall eine Versagung des Bestätigungsvermerks** zur Folge haben. Dabei richten sich Einschränkung oder Versagung des Bestätigungsvermerks nach der Art der Beanstandung. Ist demnach eine eingeschränkt positive Gesamtaussage zu Jahresabschluss und Lagebericht noch möglich, kann die Einschränkung des Bestätigungsvermerks ausreichen. Sofern der Verstoß den gesamten Jahresabschluss betrifft und die Beeinträchtigung der Lesbarkeit wesentlich ist, wird eine Einschränkung des Bestätigungsvermerks nicht mehr angemessen sein. In diesem Fall ist es erforderlich, einen Versagungsvermerk zu erteilen.[13]

10 Darüber hinaus kann u. U. auch ein **Insolvenzstraftatbestand** i. S. v. §§ 283 ff. StGB vorliegen, wenn die Übersicht über den Stand des Vermögens durch den Mangel erschwert wird.[14]

5 Anwendung im Konzernabschluss

11 Die Regelungen des § 244 HGB sind gem. § 298 Abs. 1 HGB auf den **Konzernabschluss** bzw. gem. § 315e Abs. 1 HGB auf den **IFRS-KA** anzuwenden. Die Umrechnung und Darstellung in Euro ist hier von besonderer praktischer Relevanz, da gem. § 294 Abs. 1 HGB auch ausländische TU eines inländischen MU in den Konzernabschluss einzubeziehen sind.[15] Die gesetzlichen Regelungsnormen der §§ 290–315 HGB enthielten bis zum Inkrafttreten des § 308a HGB keine expliziten Vorgaben zur Währungsumrechnung. Mit der Einführung von § 308a HGB durch das BilMoG liegen nunmehr erstmalig gesetzliche Vorschriften zur Umrechnung von Fremdwährungsabschlüssen vor (vgl. Kommentierung zu § 308a HGB).

12 Für **befreiende Konzernabschlüsse** i. S. v. §§ 291 f. HGB i. V. m. der KonBefrV ergibt sich keine Aufstellungspflicht in Euro, da Befreiungsvoraussetzung hier nur die Offenlegung in deutscher Sprache ist.[16]

---

[12] Vgl. WPH Edition, Wirtschaftsprüfung & Rechnungslegung, 15. Aufl., 2017, Abschn. F, Rz 13.
[13] Vgl. *Ellerich/Swart*, in *Küting/Pfitzer/Weber*, HdR, HGB § 244, Rn 12, Stand 12/2010, sowie IDW PS 400 Tz 50, 65, 68a.
[14] Vgl. *Hüffer*, in Großkomm. HGB, 4. Aufl., § 244 Rn 20.
[15] Vgl. *Ellerich/Swart*, in *Küting/Pfitzer/Weber*, HdR, HGB § 244, Rn 1, Stand 12/2010.
[16] Vgl. *Schmidt/Ries*, in Beck Bil-Komm., 10. Aufl., 2016, § 244 HGB, Rz 5.

§ 245 Unterzeichnung

¹Der Jahresabschluß ist vom Kaufmann unter Angabe des Datums zu unterzeichnen. ²Sind mehrere persönlich haftende Gesellschafter vorhanden, so haben sie alle zu unterzeichnen.

WP StB ANDREAS NOODT

Inhaltsübersicht	Rz
1 Überblick	1–2
2 Unterzeichnungspflichtige	3–10
2.1 Einzelkaufmann	3
2.2 Personengesellschaften	4–5
2.3 Kapitalgesellschaften	6–7
2.4 Sonstige Rechtsformen	8–10
3 Unterzeichnung	11–14
3.1 Ort und Name	11–12
3.2 Zeitpunkt	13–14
4 Rechtsfolgen	15–17
5 Anwendung im Konzernabschluss	18

1 Überblick

§ 245 HGB regelt die **Verpflichtung des Kfm. zur Unterzeichnung** des datierten Jahresabschlusses. Dieser setzt sich zusammen aus Bilanz und GuV (§ 242 Abs. 3 HGB) bzw. im Falle von KapG und KapCoGes aus Bilanz, GuV und Anhang (§§ 264 Abs. 1 Satz 1, 264a Abs. 1, 336 Abs. 1 HGB). Kapitalmarktorientierte Unt (§ 264d HGB) haben den Jahresabschluss um eine KFR und einen Eigenkapitalspiegel zu erweitern. Der Jahresabschluss kann zudem durch eine SegmBer erweitert werden (§ 264 Abs. 1 Satz 2 HGB). Darüber hinaus verpflichtet § 264 Abs. 2 Satz 3 HGB die gesetzlichen Vertreter einer KapG/KapCoGes, die Inlandsemittent i. S. v. § 2 Abs. 7 WpHG ist, schriftlich zu versichern, dass – verkürzt dargestellt – der Jahresabschluss nach bestem Wissen ein den tatsächlichen Verhältnissen entsprechendes Bild i. S. v. § 264 Abs. 2 Satz 1 HGB vermittelt. Dieser sog. Bilanzeid ist nicht Teil des Jahresabschlusses und Lageberichts und ist auch nicht vom AP zu prüfen (§ 264 Rz 88 ff.). 1

Eine gesetzliche Pflicht zur Unterzeichnung des **Lageberichts** besteht nicht. Gleichwohl wird in der Literatur eine Unterzeichnung diskutiert und ist – insb. zur Erfüllung der Beweisfunktion – wünschenswert.[1] Teilweise wird davon ausgegangen, dass die Unterzeichnung des Jahresabschlusses auch den Lagebericht abdeckt.[2] Darüber hinaus ergibt sich aus § 242 Abs. 1 Satz 2 HGB die Pflicht zur 2

---

[1] Vgl. *ADS*, 6. Aufl., § 245 HGB, Rz 3 mwN; *Ellerich/Swart*, in *Küting/Pfitzer/Weber*, HdR, HGB § 245, Rn 7, Stand 12/2010; *Ballwieser*, in MünchKomm AktG, § 245 HGB, Rn 4.
[2] Vgl. WPH Edition, Wirtschaftsprüfung & Rechnungslegung, 15. Aufl., 2017, Abschn. F, Tz 1341.

Unterzeichnung der Eröffnungsbilanz. Weiterhin findet § 245 HGB auch auf **Sonderbilanzen** (z.B. Liquidationsbilanz gem. §§ 270 Abs. 2 Satz 2 AktG, 71 Abs. 2 Satz 2 GmbHG oder Verschmelzungsbilanz gem. § 17 Abs. 2 Satz 2 UmwG) Anwendung, soweit die Jahresabschlussvorschriften für diese gelten.[3] Sofern ein IFRS-EA anstelle eines HGB-JA gem. § 325 Abs. 2 HGB offengelegt wird, ergibt sich nach § 325 Abs. 2a Satz 3 HGB ebenfalls eine Unterzeichnungspflicht.[4] Zwischenberichte börsenorientierter Unt unterliegen dagegen keiner Unterzeichnungspflicht i.S.d. § 245 HGB. Soweit EKfl gem. § 241a HGB von der Buchführung befreit sind, betrifft die Unterschriftspflicht die den Jahresabschluss ersetzende Rechnungslegung, wie z.B. eine Einnahmenüberschussrechnung.

2 Unterzeichnungspflichtige

2.1 Einzelkaufmann

3   Der Jahresabschluss ist vom EKfm zu unterzeichnen. Es handelt sich dabei um eine **höchstpersönliche Rechtshandlung**, eine Vertretung durch Bevollmächtigte ist nicht zulässig.[5] Die Unterzeichnungspflicht wird auch nicht durch eine fehlende kaufmännische Ausbildung oder mangelnde Kenntnisse in Buchführung und Bilanzierung des Kfm. eingeschränkt. Er muss sich geeigneten fremden Sachverstand organisieren oder sich die entsprechenden Fachkenntnisse aneignen. Gleichwohl sind **Sonderfälle** möglich:[6] Die Unterzeichnungspflicht für Minderjährige beschränkt sich auf den oder die gesetzlichen Vertreter. Für eine Erbengemeinschaft sind alle Mitglieder unterzeichnungspflichtig. Ist eine inländische Zweigniederlassung eines ausländischen Unt verpflichtet, selbstständig Rechnung zu legen (bspw. Versicherungsunternehmen, Kreditinstitute), so ist der Geschäftsleiter oder Hauptbevollmächtigte dieser Zweigstelle unterzeichnungspflichtig. Im Fall der Insolvenz unterzeichnet der Insolvenzverwalter auch bei Fortführung des Geschäftsbetriebs.

2.2 Personengesellschaften

4   Gem. § 245 Satz 2 HGB haben **alle phG** den Jahresabschluss zu unterzeichnen. Dies gilt auch dann, wenn einzelne phG von der Geschäftsführung ausgeschlossen sind.[7] Somit sind bspw. alle Gesellschafter einer OHG oder alle Komplementäre einer KG unterzeichnungspflichtig.

5   Für die **GmbH & Co. KG** als Sonderform der Personenhandelsgesellschaft ist nach hM in sinngemäßer Anwendung des § 41 GmbHG der Jahresabschluss von sämtlichen Geschäftsführern der GmbH zu unterzeichnen.[8] Diese Regelungen sind auch für die GmbH & Co. OHG anzuwenden.

---

[3] Vgl. *ADS*, 6. Aufl., § 245 HGB, Rz 3.
[4] Vgl. *Winkeljohann/Schellhorn*, in Beck Bil-Komm., 10. Aufl., 2016, § 245 HGB, Rz 1.
[5] Vgl. *Ellerich/Swart*, in *Küting/Pfitzer/Weber*, HdR, HGB § 245, Rn 5, Stand 12/2010 mwN.
[6] Vgl. *Hüffer*, in Großkomm. HGB, 4. Aufl., § 245 Rn 9, sowie *Wiedmann*, in *Ebenroth/Boujong/Joost/Strohn*, HGB, 2. Aufl., § 245, Rz 6 mwN, sowie *ADS*, 6. Aufl., § 245 HGB, Rz 9 mwN.
[7] Vgl. *ADS*, 6. Aufl., § 245 HGB, Rz 10.
[8] Vgl. *Winkeljohann/Schellhorn*, in Beck Bil-Komm., 10. Aufl., 2016, § 245 HGB, Rz 2, sowie *Ellerich/Swart*, in *Küting/Pfitzer/Weber*, HdR, HGB § 245, Rn 3, Stand 12/2010; a.A. bspw. *ADS*, 6. Aufl., § 245 HGB, Rz 11 mwN: unterzeichnungspflichtig sind nur so viele GF, wie zur Vertretung notwendig sind.

2.3 Kapitalgesellschaften

Der Jahresabschluss ist von **sämtlichen Geschäftsführern** einer GmbH bzw. von **sämtlichen Vorstandsmitgliedern** einer AG zu unterzeichnen. Die Unterzeichnungspflicht gilt auch dann, wenn einzelne Unterzeichnungspflichtige nicht mit dem Jahresabschluss einverstanden sind.[9] Wenn Meinungsverschiedenheiten zwischen den Unterzeichnungspflichtigen allerdings daraus resultieren, dass der Jahresabschluss nicht im Einklang mit den gesetzlichen Vorschriften und den GoB steht, kann oder ggf. muss ein Geschäftsführer oder Vorstandsmitglied allerdings seine Unterschrift verweigern.[10]

6

Für Personen, die zum Zeitpunkt der Unterzeichnung (Rz 13) keine Stellung mehr innehaben, die ansonsten zur Unterzeichnung verpflichtet sind (z.B. ehemalige Vorstandsmitglieder), besteht keine Unterzeichnungspflicht. Dagegen besteht für die gesetzlichen Vertreter einer KapG, die zwischen Abschlussstichtag und Unterzeichnungszeitpunkt bestellt werden, Unterzeichnungspflicht.

Sind mehrere Personen unterzeichnungspflichtig, so besteht die Unterzeichnungspflicht sämtlicher Personen auch dann, wenn eine oder mehrere Personen aus wichtigem Grund (z.B. Reise oder Krankheit) abwesend sind. Eine Vertretung durch einen Mitunterzeichnungspflichtigen ist nicht zulässig (höchstpersönliche Rechtshandlung).[11] Nur wenn die Mitwirkung einer unterzeichnungspflichtigen Person durch **höhere Gewalt** (z.B. lebensgefährliche Krankheit o.ä. langfristige Verhinderung) unmöglich ist, kann eine Mitwirkungspflicht nicht gefordert werden. Bei der KGaA als weitere Form der KapG haben ebenfalls alle phG zu unterzeichnen. Für eine KapG in Abwicklung unterzeichnet der Abwickler.[12] Bei der SE haben sämtliche Leitungsmitglieder den Jahresabschluss zu unterzeichnen.[13]

7

2.4 Sonstige Rechtsformen

Für die eG sind sämtliche Mitglieder eines Vorstands unterzeichnungspflichtig.[14] Dies gilt auch für ehrenamtliche Vorstandsmitglieder.

8

Unternehmensverbundene Stiftungen haben im unternehmerischen Bereich die handelsrechtlichen Rechnungslegungspflichten einzuhalten. Damit ist von sämtlichen Vorständen einer Stiftung eine Unterzeichnung zu fordern. Das gilt auch für steuerbegünstigte Stiftungen, die einen steuerpflichtigen oder steuerbefreiten Geschäftsbetrieb führen, der nach Art und Umfang ein kaufmännisches Gewerbe darstellt.[15]

9

Sofern ein Verein auch ein Handelsgewerbe betreibt, gelten ebenfalls die handelsrechtlichen Rechnungslegungsvorschriften. Ferner kann sich die Verpflichtung

10

---

[9] Vgl. *Ellerich/Swart*, in *Küting/Pfitzer/Weber*, HdR, HGB § 245, Rn 3, Stand 12/2010 mwN.
[10] Vgl. *Oser*, in Der Betrieb 2011, S. 717ff.
[11] Vgl. *Winkeljohann/Schellhorn*, in Beck Bil-Komm., 10. Aufl., 2016, § 245 HGB, Rz 2, sowie *ADS*, 6. Aufl., § 245 HGB, Rz 13a; a.A. *Ellerich/Swart*, in *Küting/Pfitzer/Weber*, HdR, HGB § 245, Rn 5, Stand 12/2010.
[12] Vgl. *ADS*, 6. Aufl., § 245 HGB, Rz 11ff.
[13] Nach Art. 61 EG Verordnung 2157/2001 unterliegt die SE hinsichtlich der Aufstellung ihres Jahresabschlusses, des Lageberichts, der Prüfung sowie der Offenlegung den Vorschriften, die für AG in dem Sitzstaat der SE gelten. Für Kreditinstitute oder Finanzinstitute regelt Art. 62 der Verordnung Besonderheiten.
[14] Vgl. *Winkeljohann/Schellhorn*, in Beck Bil-Komm., 10. Aufl., 2016, § 245 HGB, Rz 2.
[15] Vgl. IDW RS HFA 5 Tz 23.

zur Anwendung dieser Vorschriften aus Spezialgesetzen ergeben (Krankenhausbuchführungsverordnung, Pflegebuchführungsverordnung, Werkstättenverordnung, Heimgesetz, Rettungsdienstgesetz, Kindergartengesetz).[16] Somit ist auch hier eine Unterzeichnung durch sämtliche Vorstände gefordert.

3 Unterzeichnung

3.1 Ort und Name

11 Eine gesetzliche Vorschrift zur Platzierung der Unterschrift liegt nicht vor. Sie ist so zu platzieren, dass sie den **gesamten Jahresabschluss abdeckt**,[17] damit die Übernahme der Verantwortung für alle Teile des Jahresabschlusses deutlich wird.[18] Grundsätzlich erfolgt die Unterschrift auf der letzten Seite des Jahresabschlusses, d.h. regelmäßig unter der GuV bzw. am Ende des Anhangs, soweit dieser aufzustellen ist oder freiwillig aufgestellt wird.[19] Eine grundsätzliche Reihenfolge der Bestandteile des Jahresabschlusses ist nicht gesetzlich vorgeschrieben.[20] Sie sind in der Form miteinander zu verbinden, dass sie eine Urkundeneinheit bilden und eine nachträgliche Trennung der Bestandteile ersichtlich wird. Soweit eine solche Urkundeneinheit besteht, genügt eine Unterschrift auf der letzten Seite der Urkunde. Falls eine Urkundeneinheit nicht gewährleistet wird, muss jedes Blatt des Jahresabschlusses unterschrieben werden.[21]

12 Die Unterschrift hat mit dem Namen zu erfolgen (ungenügend z.B. Faksimile). Eine Unterzeichnung entsprechend der beim Registergericht aufbewahrten Unterschrift inkl. Firmenzusatz ist nicht erforderlich.[22]

3.2 Zeitpunkt

13 Gem. § 245 Satz 1 HGB ist der Jahresabschluss unter Angabe des Datums zu unterzeichnen. Bei Ges., für die keine Feststellung des Jahresabschlusses vorgesehen ist, bezieht sich die Unterzeichnungspflicht auf den aufgestellten Jahresabschluss.

In der Literatur ist strittig, ob sich die **Unterzeichnungspflicht** auf den aufgestellten oder festgestellten Jahresabschluss bezieht. So wird z.T. bereits die Unterzeichnung des aufgestellten Jahresabschlusses verlangt.[23] Nach hM[24] bezieht sich die Unterzeichnungspflicht jedoch auf den festgestellten Jahresabschluss. Entscheidende Funktion der Unterzeichnung ist die Dokumentation der Verantwortlichkeit und Vollständigkeit des Jahresabschlusses. Da der aufgestellte Jahresabschluss oftmals z.B. durch wertaufhellende Ereignisse oder auch durch die Jahresabschlussprüfung noch Änderungen unterliegt, bezieht

---

[16] Vgl. IDW RS HFA 14 Tz 8f.
[17] Vgl. *ADS*, 6. Aufl., § 245 HGB, Rz 6.
[18] Vgl. *Hüffer*, in Großkomm. HGB, 4. Aufl., § 245 Rn 11.
[19] Vgl. *Ellerich/Swart*, in *Küting/Pfitzer/Weber*, HdR, HGB § 245, Rn 10, Stand 12/2010 mwN, sowie *ADS*, 6. Aufl., § 245 HGB, Rz 6 mwN.
[20] Vgl. *Winkeljohann/Schellhorn*, in Beck Bil-Komm., 10. Aufl., 2016, § 245 HGB, Rz 1.
[21] Vgl. *Hüffer*, in Großkomm. HGB, 4. Aufl., § 245 Rn 11.
[22] Vgl. *ADS*, 6. Aufl., § 245 HGB, Rz 5; a.A. *Hüffer*, in Großkomm. HGB, 4. Aufl., § 245 Rn 11.
[23] Vgl. *Küting/Kaiser*, WPg 2000, S. 585ff.
[24] Vgl. BGH, Urteil v. 28.1.1985 II ZR 79/84, BB 1985, S. 567; *Ellerich/Swart*, in *Küting/Pfitzer/Weber*, HdR, HGB § 245, Rn 13, Stand 12/2010.

sich die gesetzliche Unterzeichnungspflicht u. E. auf den **festgestellten Jahresabschluss (endgültige Fassung)**.[25] Dessen ungeachtet ist gleichwohl für Zwecke der Dokumentation (z. B. der rechtzeitigen Aufstellung des Jahresabschlusses) eine Unterzeichnung bereits des aufgestellten Jahresabschlusses allein aus praktischen Gründen zu empfehlen. Sofern in diesem Fall der aufgestellte Jahresabschluss dem später festgestellten Jahresabschluss entspricht, genügt die Unterzeichnung des aufgestellten JA.[26] In diesem Fall stellt die Unterschrift unter den aufgestellten Jahresabschluss gleichzeitig das Ende des Wertaufhellungszeitraums und damit das Ende der Jahresabschlussarbeiten dar.

Die Angabe des Datums sollte in der Form Tag, Monat und Jahr erfolgen, da so die **Nachweisfunktion** der Unterzeichnung eindeutig erfüllt wird.

14

4 Rechtsfolgen

Durch die Unterzeichnung dokumentieren die Unterzeichnenden die Richtigkeit und Vollständigkeit des Jahresabschlusses. Sie hat eine **Beweisfunktion** i. S. d. § 416 ZPO, sodass an ihr bspw. die Einhaltung der Aufstellungsfrist geprüft werden kann.[27] Bei KM-orientierten Unt wird dies durch den Bilanzeid des Vorstands noch verstärkt.

15

In der Literatur werden darüber hinaus **zivilrechtliche Folgen** aus der Unterzeichnung diskutiert. So wird die Ableitung schuldrechtlicher Ansprüche von Gläubigern verneint. Die in Anwendung des Vorsichtsprinzips erfolgte Passivierung einer nicht anerkannten Schuld führt demnach nicht zum Schuldanerkenntnis. Demgegenüber wird die Ableitung gesellschaftsrechtlicher Ansprüche der Mitgesellschafter oder Gewinnbeteiligten in Betracht gezogen. Der Eintritt solcher gesellschaftsrechtlicher Wirkungen ist jedoch stets Auslegungssache.[28] Teilweise wird eine zivilrechtliche Seite der Unterzeichnungspflicht auch verneint, da die Unterzeichnung lediglich als äußerer Tatbestand des Vertragskonsenses zwischen Gesellschaftern einer OHG oder KG hinsichtlich der bilanzmäßigen Ermittlung des Gewinns einzustufen ist.[29]

16

Ist der Jahresabschluss nicht unterzeichnet, entspricht er aber im Übrigen den gesetzlichen Anforderungen, hat dies keine strafrechtlichen Konsequenzen. Vielmehr handelt es sich bei Unt in der Rechtsform der KapG und KapCoGes bei **fehlender Unterzeichnung** um eine Ordnungswidrigkeit i. S. v. § 334 Abs. 1 Nr. 1a HGB.[30] Eine fehlende Unterzeichnung zieht insb. keine Nichtigkeit des Jahresabschlusses nach sich.[31]

17

---

25 Vgl. *Ellerich/Swart*, in *Küting/Pfitzer/Weber*, HdR, HGB § 245, Rn 13, Stand 12/2010.
26 Vgl. *ADS*, 6. Aufl., § 245 HGB, Rz 8.
27 Vgl. *Winkeljohann/Schellhorn*, in Beck Bil-Komm., 10. Aufl., 2016, § 245 HGB, Rz 6, sowie OLG Frankfurt, Urteil v. 10.5.1988, U 285/86, BB 1989 S. 395.
28 Vgl. *Ellerich/Swart*, in *Küting/Pfitzer/Weber*, HdR, HGB § 245, Rn 1, Stand 12/2010 mwN, sowie *ADS*, 6. Aufl., § 245 HGB, Rz 15 mwN; a. A. *Hüffer*, in Großkomm. HGB, 4. Aufl., § 245 Rn 2.
29 Vgl. *Hüffner*, in Großkomm. HGB, 4. Aufl., § 245 Rn. 2.
30 Vgl. *Ellerich/Swart*, in *Küting/Pfitzer/Weber*, HdR, HGB § 245, Rn 14, Stand 12/2010 mwN.
31 Vgl. OLG Frankfurt, Urteil v. 10.5.1988, 5 U 285/86, BB 1989 S. 395.

5 Anwendung im Konzernabschluss

18   Die Regelungen des § 245 HGB sind gem. § 298 Abs. 1 Satz 1 HGB auf den **Konzernabschluss** bzw. gem. § 315e Abs. 1 HGB auf den **IFRS-Konzernabschluss** anzuwenden. Die Unterzeichnungspflicht bezieht sich in diesem Fall auf die gesetzlichen Vertreter des MU. Bei Zusammenfassung von Konzernanhang und Anhang des Jahresabschlusses des MU gem. § 298 Abs. 3 HGB ist es ausreichend, wenn die Unterschrift nur einmal erfolgt.[32]

---

[32] Vgl. *Winkeljohann/Schellhorn*, in Beck Bil-Komm., 10. Aufl., 2016, § 245 HGB Rz 4.

§ 246 Vollständigkeit. Verrechnungsverbot

(1) ¹Der Jahresabschluss hat sämtliche Vermögensgegenstände, Schulden, Rechnungsabgrenzungsposten sowie Aufwendungen und Erträge zu enthalten, soweit gesetzlich nichts anderes bestimmt ist. ²Vermögensgegenstände sind in der Bilanz des Eigentümers aufzunehmen; ist ein Vermögensgegenstand nicht dem Eigentümer, sondern einem anderen wirtschaftlich zuzurechnen, hat dieser ihn in seiner Bilanz auszuweisen. ³Schulden sind in die Bilanz des Schuldners aufzunehmen. ⁴Der Unterschiedsbetrag, um den die für die Übernahme eines Unternehmens bewirkte Gegenleistung den Wert der einzelnen Vermögensgegenstände des Unternehmens abzüglich der Schulden im Zeitpunkt der Übernahme übersteigt (entgeltlich erworbener Geschäfts- oder Firmenwert), gilt als zeitlich begrenzt nutzbarer Vermögensgegenstand.
(2) ¹Posten der Aktivseite dürfen nicht mit Posten der Passivseite, Aufwendungen nicht mit Erträgen, Grundstücksrechte nicht mit Grundstückslasten verrechnet werden. ²Vermögensgegenstände, die dem Zugriff aller übrigen Gläubiger entzogen sind und ausschließlich der Erfüllung von Schulden aus Altersversorgungsverpflichtungen oder vergleichbaren langfristig fälligen Verpflichtungen dienen, sind mit diesen Schulden zu verrechnen; entsprechend ist mit den zugehörigen Aufwendungen und Erträgen aus der Abzinsung und aus dem zu verrechnenden Vermögen zu verfahren. ³Übersteigt der beizulegende Zeitwert der Vermögensgegenstände den Betrag der Schulden, ist der übersteigende Betrag unter einem gesonderten Posten zu aktivieren.
(3) ¹Die auf den vorhergehenden Jahresabschluss angewandten Ansatzmethoden sind beizubehalten. ²§ 252 Abs. 2 ist entsprechend anzuwenden.

WP StB Andreas Noodt

Inhaltsübersicht

	Rz
1 Überblick	1–4
2 Vollständigkeit der Bilanz	5–94
2.1 Begriffsabgrenzung	5–10
2.2 Personelle, sachliche und zeitliche Zurechnung	11–15
2.3 Zurechnung von Vermögensgegenständen	16–81
2.3.1 Allgemeines zum wirtschaftlichen Eigentum	16–18
2.3.2 Treuhandverhältnisse	19–27
2.3.3 Leasing	28–48
2.3.3.1 Begriff	28–30
2.3.3.2 Operating-Leasing	31
2.3.3.3 Finanzierungs-Leasing	32–33
2.3.3.4 Zurechnung von Leasinggegenständen	34–46
2.3.3.5 Bilanzierung von Leasingverträgen	47–48
2.3.4 Factoring	49–53
2.3.5 Dingliche Sicherungsrechte	54
2.3.6 Kommissionsgeschäfte	55–58

		2.3.7	Pensionsgeschäfte	59–62

		2.3.7 Pensionsgeschäfte	59–62
		2.3.8 Asset Backed Securities	63–68
		2.3.9 Derivatgeschäfte	69–75
		2.3.10 Strukturierte Finanzinstrumente – eingebettete Derivate	76–78
		2.3.11 Wertgarantien bei Veräußerungsgeschäften	79–80
		2.3.12 Nießbrauch	81
	2.4	Zurechnung von Schulden	82–85
	2.5	Geschäfts- oder Firmenwert	86–94
		2.5.1 Überblick	86–88
		2.5.2 Ansatz des Geschäfts- oder Firmenwerts	89–91
		2.5.3 Ermittlung des Geschäfts- oder Firmenwerts	92–93
		2.5.4 Negativer Geschäfts- oder Firmenwert	94
3	Vollständigkeit der Gewinn- und Verlustrechnung		95–99
4	Verrechnungsverbot/-gebot		100–130
	4.1	Grundsätzliches Verrechnungsverbot	100
	4.2	Verrechnungsgebot von Vermögensgegenständen und Schulden nach § 246 Abs. 2 Satz 2 HGB	101–123
		4.2.1 Gesetzliche Regelung	101–103
		4.2.2 Deckungsvermögen	104–110
		4.2.2.1 Anforderungen an das Deckungsvermögen	104
		4.2.2.2 Insolvenzsicherheit	105
		4.2.2.3 Zweckexklusivität	106
		4.2.2.4 Praxisfälle	107–110
		4.2.3 Erfasste Altersversorgungsverpflichtungen	111–114
		4.2.4 Saldierung	115–119
		4.2.5 Steuerliche Auswirkungen	120
		4.2.6 Sonstige Auswirkungen	121–123
	4.3	Weitere Einschränkungen des Verrechnungsverbots in der Bilanz	124–129
	4.4	Einschränkungen des Verrechnungsverbots in der Gewinn- und Verlustrechnung	130
5	Stetigkeit, Ansatzmethoden, Beibehaltungsgebot		131–136

1 Überblick

1 In § 246 Abs. 1 HGB wird der Grundsatz der **Vollständigkeit** geregelt. Gem. § 246 Abs. 1 Satz 1 HGB hat der Kfm. sämtliche VG, Schulden, RAP sowie Aufwendungen und Erträge in seinen Jahresabschluss aufzunehmen, soweit gesetzlich nichts anderes bestimmt ist. VG sind in die Bilanz des Eigentümers aufzunehmen; ist ein VG einem anderen als dem Eigentümer wirtschaftlich zuzurechnen, hat dieser ihn in seiner Bilanz auszuweisen. VG sind nach § 246 Abs. 1 Satz 2 HGB in die Bilanz des Eigentümers aufzunehmen, es sei denn, sie sind wirtschaftlich einem anderen zuzurechnen und dann bei diesem zu bilanzieren. Dieser in der Vergangenheit bereits angewandte Grundsatz der **wirtschaft-**

lichen Zurechnung von VG wurde durch das BilMoG zur Klarstellung im HGB verankert. Inhaltlich entspricht die Vorschrift § 39 AO.
Auch bei der Zurechnung von **Schulden** gibt es keine veränderte Rechtslage. Hier ist weiterhin grds. die rechtliche Zuordnung maßgeblich: § 246 Abs. 1 Satz 3 HGB schreibt vor, dass Schulden in der Bilanz des Schuldners auszuweisen sind. Mit § 246 Abs. 1 Satz 4 HGB wird der entgeltlich erworbene **Geschäfts- oder Firmenwert** im Weg einer Fiktion zum zeitlich begrenzt nutzbaren VG erhoben. Hieraus folgt, dass der entgeltlich erworbene GoF aktivierungspflichtig ist und den allgemeinen handelsrechtlichen Bewertungsvorschriften unterliegt. Das bisherige Aktivierungswahlrecht ist entfallen.

Das allgemeine **Verrechnungsverbot** des § 246 Abs. 2 Satz 1 HGB besagt, dass Posten der Aktivseite nicht mit Posten der Passivseite, Aufwendungen nicht mit Erträgen und Grundstücksrechte nicht mit Grundstückslasten verrechnet werden dürfen. Dieses Verbot der Verrechnung wird durch die in § 246 Abs. 2 Satz 2 HGB neu geregelte **Verrechnungspflicht** für bestimmte VG und Schulden bzw. Aufwendungen und Erträge eingeschränkt. Danach sind VG, die dem Zugriff aller übrigen Gläubiger entzogen sind und ausschließlich der Erfüllung von Schulden aus Altersversorgungsverpflichtungen oder vergleichbaren langfristig fälligen Verpflichtungen dienen, mit diesen Schulden zu verrechnen. Entsprechendes gilt für die zugehörigen Aufwendungen und Erträge aus der Abzinsung und aus dem zu verrechnenden Vermögen. Soweit die Verrechnung von VG und Schulden zu einem Aktivüberhang führt, ist dieser gesondert als letzter Posten der Aktivseite auszuweisen.

2

Durch § 246 Abs. 3 HGB wird die Bewertungsstetigkeit des § 252 Abs. 1 Nr. 6 HGB um das Gebot der **Ansatzstetigkeit** ergänzt. Die auf den vorhergehenden Jahresabschluss angewandten Ansatzmethoden sind demnach beizubehalten.

3

Als Vorschrift des Ersten Abschnitts im Dritten Buch des HGB gilt § 246 HGB für alle Kfl. Die Vorschrift ist auf Jahresabschlüsse und gem. § 298 Abs. 1 HGB auch auf Konzernabschlüsse anzuwenden.

4

2 Vollständigkeit der Bilanz

2.1 Begriffsabgrenzung

Das Vollständigkeitsgebot des § 246 Abs. 1 Satz 1 HGB bezieht sich auf VG, Schulden, RAP, Aufwendungen und Erträge. Die Begriffe VG und Schulden werden im Gesetz nicht definiert, sondern sind aus den GoB abzuleiten.

5

Der Begriff des **Vermögensgegenstands** umfasst körperliche Gegenstände, also Sachen i. S. d. § 90 BGB, und immaterielle Werte, soweit denen eine rechtliche oder tatsächliche Position von wirtschaftlichem Wert im Geschäftsverkehr beizumessen ist. Maßgebende Kriterien für das Vorliegen eines VG sind die selbstständige Bewertbarkeit und die selbstständige Verkehrsfähigkeit. Der handelsrechtliche Begriff des VG entspricht grds. dem bilanzsteuerlichen Begriff des (aktiven, nicht des passiven bzw. negativen) Wirtschaftsguts. Allerdings stellt die Rechtsprechung des BFH stärker auf die selbstständige Bewertbarkeit ab und misst der selbstständigen Verkehrsfähigkeit nur insoweit Bedeutung zu, wie Wirtschaftsgüter im Zusammenhang mit der Veräußerung des Betriebs übertragen werden können. Der Gesetzgeber hält in seiner Begründung zum Entwurf des BilMoG ausdrücklich an der bisherigen Definition des VG fest.¹ Gleichwohl schafft das BilMoG mehrere neue Varianten von Aktivposten: den derivativen GoF als zeitlich begrenzt nutzbaren VG (Rz 86 ff.), die optionalen aktiven latenten Steuern als „Sonderposten eigener Art" (§ 266 Rz 100) sowie die optionalen selbst geschaffenen immateriellen VG des AV (§ 248 Rz 10 ff.).²

6 Der Begriff der **Schulden** umfasst Verbindlichkeiten, Rückstellungen und sog. Eventualschulden, die als Haftungsverhältnisse unter der Bilanz zu vermerken sind. Zu Einzelheiten s. § 247 Rz 111 ff. sowie § 251 Rz 5 ff.

7 § 250 HGB definiert **Rechnungsabgrenzungsposten** als Ausgaben vor dem Abschlussstichtag, soweit sie Aufwand für eine bestimmte Zeit nach diesem Tag darstellen, bzw. Einnahmen vor dem Abschlussstichtag, soweit sie Ertrag für eine bestimmte Zeit nach diesem Tag darstellen. Ausgaben bzw. Einnahmen nach dem Abschlussstichtag, die Aufwand bzw. Ertrag der abgelaufenen Rechnungsperiode betreffen, sind als VG oder Schulden unter den Forderungen bzw. Verbindlichkeiten/Rückstellungen auszuweisen (§ 250 Rz 1).

8 Neben der Vollständigkeit der Bilanz regelt § 246 Abs. 1 Satz 1 HGB, dass die GuV sämtliche Aufwendungen und Erträge zu enthalten hat. Die Begriffe Aufwendungen und Erträge werden gesetzlich nicht definiert. Das Handelsrecht versteht unter **Aufwendungen** den einer Rechnungslegungsperiode zuzurechnenden bewerteten Verbrauch von Gütern und Dienstleistungen, während **Erträge** alle bewerteten Vermögensmehrungen einer Abrechnungsperiode beinhalten.³

9 Das Vollständigkeitsgebot wird durch gesetzlich geregelte Ansatzverbote sowie Ansatzwahlrechte durchbrochen. **Ansatzverbote** schließen die Einbeziehung von VG und Schulden in die Bilanz aus. § 248 HGB zählt eine Reihe von Ansatzverboten auf. Beispielhaft sei hier zum einen das in § 248 Abs. 2 Satz 2 HGB normierte Verbot der Aktivierung von selbst geschaffenen Marken, Drucktiteln, Verlagsrechten, Kundenlisten oder vergleichbaren immateriellen VG des AV genannt (§ 248 Rz 47).
Zum anderen regelt § 249 Abs. 2 HGB, dass für andere als in Abs. 1 genannte Zwecke (wie bspw. Rückstellungen für ungewisse Verbindlichkeiten oder Drohverlustrückstellungen) Rückstellungen nicht gebildet werden dürfen.

10 **Ansatzwahlrechte**, bei denen sich der Kfm für oder gegen die Einbeziehung von VG und Schulden in die Bilanz entscheiden kann, wurden durch das BilMoG, wie bspw. im Fall der Ingangsetzungs- und Erweiterungsaufwendungen oder der Aufwandsrückstellungen, erheblich eingeschränkt, mit dem Aktivierungswahlrecht für selbst geschaffene immaterielle VG des AV jedoch auch erweitert. Verblieben sind lediglich das Aktivierungswahlrecht für den positiven Saldo aus aktiven und passiven latenten Steuern (§ 266 Rz 100), das Disagio (§ 268 Rz 39) sowie das Passivierungswahlrecht für bestimmte Pensionsverpflichtungen nach Art. 28 Abs. 1 EGHGB (§ 249 Rz 77).

---

1 Vgl. BilMoG-BgrRegE, S. 35.
2 Vgl. *Stibi/Fuchs*, DB 2009, Beilage 5, S. 13 f.
3 Vgl. *Schmidt/Peun*, in Beck Bil-Komm., 10. Aufl., 2016, § 247 HGB, Rz 610 ff.

2.2 Personelle, sachliche und zeitliche Zurechnung

Voraussetzung für die Aufnahme von VG, Schulden, RAP sowie Aufwendungen und Erträgen in den Jahresabschluss ist, dass diese in personeller Hinsicht einem bestimmten Kfm sowie in sachlicher Hinsicht seinem Betriebs- und nicht seinem Privatvermögen zuzurechnen sind. Die **personelle Zurechnung** ist in § 246 Abs. 1 Satz 2 und Satz 3 HGB geregelt. Nach dieser ist bei VG beim Auseinanderfallen von rechtlichem und wirtschaftlichem Eigentum die wirtschaftliche Zurechnung maßgebend. Bei Schulden ist die rechtliche Zurechnung maßgebend. Angesichts der hohen Bedeutung der personellen Zurechnung von VG und Schulden für die Bilanzierung wird diese in den nachfolgenden Abschnitten (ab Kap. 2.3 Zurechnung von Vermögensgegenständen) ausführlich erläutert. 11

Die **sachliche Zurechnung** von VG zum Betriebsvermögen eines **Ekfm** bestimmt sich primär nach ihrer tatsächlichen Verwendung und damit insb. nach dem Willen des Kfm, der in der Eröffnungsbilanz sowie in der Buchführung dokumentiert wird. Verbindlichkeiten des Kfm rechnen zum Betriebsvermögen, wenn sie durch den Gewerbebetrieb verursacht sind, d.h. ihre Gegenleistung für das Unt bestimmt ist.[4] Steuerschulden des Kfm, die durch das Unt verursacht sind, dürfen in der Bilanz ausgewiesen werden.[5] In Zweifelsfällen gelten von einem Kfm vorgenommene Rechtsgeschäfte gem. § 344 Abs. 1 HGB als zum Betrieb seines Handelsgewerbes gehörig. 12

VG sind einer **PersG** sachlich zuzurechnen, wenn sie Gesellschaftsvermögen (Gesamthandsvermögen) sind. Dabei macht es keinen Unterschied, ob die VG betrieblich genutzt werden oder nicht. VG, die der Ges. auf der Grundlage einer gesellschaftsvertraglichen Einbringung zwar nicht zivilrechtlich, sondern zur Nutzung und dem Wert nach (*quoad sortem*), überlassen worden sind, gehören wirtschaftlich zum Gesellschaftsvermögen und sind zu bilanzieren.[6] VG, die einzelnen Gesellschaftern gehören, dürfen handelsrechtlich auch dann nicht von der Ges. bilanziert werden, wenn sie ihrem Geschäftsbetrieb dienen (sog. Sonderbetriebsvermögen).[7] Als Schulden sind in der Bilanz einer PersG nur Gesamthandsverbindlichkeiten auszuweisen.[8] 13

Einer **KapG** sind alle eingegangenen Rechtsgeschäfte und die daraus resultierenden VG sachlich zuzurechnen. Dabei sind die allgemeinen Vertretungsvorschriften, insb. der §§ 164ff. BGB, §§ 78ff. AktG, §§ 35ff. GmbHG, maßgeblich. Auf den wirtschaftlichen Zusammenhang mit dem Betrieb des Unt kommt es nicht an, da eine KapG nicht über Privatvermögen verfügt. Zudem sind KapG sämtliche in ihrem Namen begründete Schulden unabhängig von deren Veranlassung zuzurechnen. Für diese Zurechnung sind ebenfalls die allgemeinen Vertretungsvorschriften maßgeblich. Von den Anteilseignern im eigenen Namen eingegangene Schulden können nicht bei der KapG bilanziert werden, auch wenn sie in wirtschaftlichem Zusammenhang mit dem Betrieb des Unt stehen.[9] 14

---

[4] Vgl. *ADS*, 6. Aufl., § 246 HGB, Rz 428f.
[5] Vgl. *Schmidt/Ries*, in Beck Bil-Komm., 10. Aufl., 2016, § 246 HGB, Rz 70.
[6] Vgl. IDW RS HFA 7, Tz 11.
[7] Vgl. IDW RS HFA 7, Tz 12.
[8] Vgl. IDW RS HFA 7, Tz 23.
[9] Vgl. *Schmidt/Ries*, in Beck Bil-Komm., 10. Aufl., 2016, § 246 HGB, Rz 66ff.

15 Die Komponente der **zeitlichen Zurechnung** bei der Aufnahme von VG und Schulden in die Bilanz geht, auch was den Zeitpunkt ihres Zu- bzw. Abgangs betrifft, grds. von der zivilrechtlichen Rechtslage aus (Entstehen, Erwerb, Übertragung, Erlöschen von VG und Verbindlichkeiten). In vielen Fällen ist die Behandlung in der Bilanz jedoch nicht an die formalrechtliche Entstehung eines Rechts oder einer Verbindlichkeit geknüpft. Stattdessen ist die wirtschaftliche Betrachtungsweise maßgebend, die z.B. bei folgenden Fallkonstellationen zu beachten ist:[10]
- Zeitpunkt der Umsatzrealisation (Verfügungsmacht, Risikotragung),
- Abgrenzung schwebender Geschäfte,
- Aktivierung von Gewinnansprüchen,
- bedingte, befristete und gestundete Forderungen,
- Erfüllung, Aufrechnung und Erlass einer Forderung,
- bedingte Verbindlichkeiten.[11]

2.3 Zurechnung von Vermögensgegenständen

2.3.1 Allgemeines zum wirtschaftlichen Eigentum

16 Nach § 246 Abs. 1 Satz 2 HGB sind VG in der Bilanz des Eigentümers aufzunehmen. Nur wenn ein VG nicht dem zivilrechtlichen Eigentümer, sondern einem anderen zuzurechnen ist, hat ihn der andere – der wirtschaftliche Eigentümer – in seiner Bilanz aufzunehmen. Der Grundsatz der **wirtschaftlichen Zurechnung** ist mit dem BilMoG im HGB verankert worden. Er ist immer dann von Bedeutung, wenn rechtliches und wirtschaftliches Eigentum auseinanderfallen. Die explizite Aufnahme des Grundsatzes der wirtschaftlichen Zurechnung durch das BilMoG erfolgte, damit die bis dahin angewandte Rechtslage[12] – die auf langjähriger Entwicklung und Anwendung entsprechender Grundsätze beruht – besser als im zuvor geltenden Gesetzeswortlaut zum Ausdruck gebracht wird. Inhaltlich entspricht § 246 Abs. 1 Satz 2 HGB der Regelung des § 39 AO.[13]

17 Nach § 39 AO ist wirtschaftlicher Eigentümer grds. derjenige, der – ohne das rechtliche Eigentum haben zu müssen – die **tatsächliche Sachherrschaft** über einen VG in einer Weise ausübt, dass dadurch der nach bürgerlichem Recht Berechtigte wirtschaftlich auf Dauer von der Einwirkung ausgeschlossen ist. Die tatsächliche Sachherrschaft über einen VG hat i.d.R. derjenige, bei dem Besitz, Gefahr, Nutzen und Lasten des betreffenden VG liegen. Diese Elemente müssen jedoch nicht kumulativ gegeben sein und sind nicht als gleichrangig zu verstehen; ihre wirtschaftliche Bedeutung ist von der Art des jeweiligen Gegenstands abhängig. Das wirtschaftliche Eigentum umfasst hiernach regelmäßig das Verwertungsrecht durch Nutzung oder Veräußerung des Gegenstands, die Chancen und Risiken aus der laufenden Nutzung und die Chance der Wertsteigerung

---

[10] Vgl. zu Einzelheiten *ADS*, 6. Aufl., § 246 HGB, Rz 168f.
[11] Vgl. zur zeitlichen Erfassung bzw. Auflösung von aufschiebend bedingten bzw. auflösend bedingten Verbindlichkeiten, § 247 Rz 120 und Rz 121.
[12] Zur BFH-Rechtsprechung zum wirtschaftlichen Eigentum vgl. z.B. BFH, Urteil v. 22.7.2008, IX R 74/06, BStBl 2009 II S. 124; BFH, Urteil v. 12.12.2007, X R 17/05, BStBl 2008 II S. 579; BFH, Urteil v. 4.7.2007, VIII R 68/05, BStBl 2007 II S. 937; BFH, Urteil v. 11.7.2006, VIII R 32/04, BStBl 2007 II S. 296.
[13] Vgl. BilMoG-BgrRA, S. 109.

sowie das Risiko der Wertminderung bzw. des Verlusts einschl. des Risikos des zufälligen Untergangs.[14] Der Ausschluss des zivilrechtlichen Eigentümers von der Sachherrschaft muss für die gewöhnliche Nutzungsdauer des betreffenden VG gegeben sein. Maßgebend für den Zeitpunkt der Erlangung des wirtschaftlichen Eigentums ist der vereinbarte Übergang der Chancen und Risiken.

> **Beispiel**
> Ein Unternehmer (U) hat am 23.12.01 bei der X-GmbH Ware erworben. Die Lieferung erfolgte unter Eigentumsvorbehalt (§ 449 BGB) am 30.12.01. Am gleichen Tag erhielt U eine Rechnung, die er am 12.1.02 beglichen hat. Wem ist die Ware am 31.12.01 bilanziell zuzurechnen?
> Beim Eigentumsvorbehalt besitzt U zwar nicht das zivilrechtliche Eigentum an der Ware, er kann aber im Rahmen des normalen Geschäftsbetriebs frei über sie verfügen. U besitzt die tatsächliche Sachherrschaft über die Ware und trägt das Risiko ihres Untergangs. Er ist als wirtschaftlicher Eigentümer der Ware zu betrachten und muss sie in seine Bilanz aufnehmen.

Im Einzelfall richtet sich die Frage nach dem Übergang des wirtschaftlichen Eigentums nach dem **Gesamtbild der Verhältnisse**. Danach kann wirtschaftliches Eigentum unter Umständen auch dann anzunehmen sein, wenn einzelne seiner Merkmale nicht in vollem Umfang vorliegen.[15] Es ist nicht zwingend ausgeschlossen, dass es Einzelfälle gibt, in denen sowohl der rechtliche als auch der wirtschaftliche Eigentümer einen VG bilanzieren.[16] Bei Zweifelsfragen zum Übergang des wirtschaftlichen Eigentums könnten sich nach der durch das BilMoG verfolgten stärkeren Annäherung an die IFRS-Rechnungslegungsvorschriften bei Fehlen detaillierter und eigenständiger HGB-Rechnungslegungsnormen Auslegungshinweise in den IFRS ergeben.[17] Der Auslegung des HGB durch die IFRS sind jedoch enge Grenzen gesetzt (§ 243 Rz 6).

2.3.2 Treuhandverhältnisse

Der Begriff der **Treuhand** ist gesetzlich nicht geregelt. Allgemein wird unter einer Treuhand eine anvertraute Verfügung von Sachen und Rechten, die im Interesse einer anderen Person ausgeübt werden soll, verstanden. Neben der Übertragung des rechtlichen Eigentums vereinbaren die Parteien hierbei, dass der Treuhänder über den VG (Treugut) zwar im eigenen Namen, aber nur für Rechnung des Treugebers verfügen darf. Bei einem Treuhandverhältnis verwaltet der Treuhänder das Treugut im Interesse und für Rechnung des Treugebers.[18] Der Treuhänder erhält für seine Tätigkeit i.d.R. lediglich eine Vergütung.[19]

---

14 Vgl. IDW ERS HFA 13 nF, Tz 7.
15 Vgl. BFH, Urteil v. 12.12.2007, X R 17/05, BStBl 2008 II S. 579.
16 Vgl. IDW ERS HFA 13 nF, Tz 6. Zu einem Beispiel im Zusammenhang mit Pensionsgeschäften vgl. IDW ERS HFA 13 nF, Tz 20.
17 Ebenso *Kirsch*, StuB 2008, S. 458, und *Lüdenbach/Hoffmann*, DStR, Beihefter zu Heft 50/2007 S. 3 ff. Beachte die zurückhaltendere Formulierung des *BMJ*, BilMoG-BgrRegE, S. 34.
18 Vgl. *ADS*, 6. Aufl., § 246 HGB, Rz 279.
19 Vgl. IDW ERS HFA 13 nF, Tz 50.

Bei einer rechtsgeschäftlichen Treuhand fallen im Ergebnis das rechtliche und wirtschaftliche Eigentum i.d.R. auseinander. Die **bilanzielle Behandlung** des Treuguts richtet sich nach dem wirtschaftlichen Eigentum (§ 246 Abs. 1 Satz 2 HGB). Eine Ausnahme stellt die ausdrückliche Regelung für Institute (Kreditinstitute und Finanzdienstleistungsinstitute) sowie Zweigstellen i.S.d. § 1 RechKredV[20] in § 6 RechKredV dar, wonach das Treugut immer in der Bilanz eines Instituts, allerdings unter gesonderter Bezeichnung bzw. unter der Bilanz einer Kapitalanlagegesellschaft auszuweisen ist.

Grundsätzlich wird das Treugut in der Bilanz des **Treugebers** aktiviert. Das gilt auch dann, wenn der Treuhänder das Treugut zu treuen Händen für den Treugeber **selbst hergestellt oder erworben** hat.[21] Im Wesentlichen lassen sich drei Formen der Treuhand unterscheiden:

20 Eine **Vollrechtstreuhand** (auch als fiduziarische bzw. echte Treuhand bekannt) liegt vor, wenn der Treuhänder das zivilrechtliche Eigentum an dem Treugut erwirbt. Trotz des rechtlichen Eigentumsübergangs sehen die vertraglichen Regelungen vor, dass die Risiken des Untergangs sowie die Nutzungen und Lasten beim Treugeber verbleiben. Darüber hinaus hat der Treugeber gegenüber dem Treuhänder einen Anspruch auf Rückübertragung des treuhänderisch gehaltenen Vermögens. Damit tritt zwar der Treuhänder im Rechtsverkehr nach außen als Eigentümer auf, im Innenverhältnis ist jedoch allein der Treugeber weiterhin berechtigt und verpflichtet.[22] Der Treugeber verfügt somit wirtschaftlich auch weiterhin über das Treugut. In diesem Fall sind die übertragenen VG dem Treugeber zuzurechnen und in seiner Bilanz zu aktivieren.

21 Dagegen bleibt im Rahmen der **Ermächtigungstreuhand** (unechte Treuhand) der Treugeber Vollrechtsinhaber. Er ermächtigt lediglich den Treuhänder im Rahmen des § 185 BGB, das Treugut zu verwalten. Somit liegt im Unterschied zur Vollrechtstreuhand neben dem wirtschaftlichen auch das rechtliche Eigentum bei dem Treugeber. Der Treuhänder wird weder zivilrechtlich noch wirtschaftlich zum Eigentümer.[23] In diesem Fall ist das Treugut (erst recht) bei dem Treugeber zu aktivieren.

22 Bei einer **doppelseitigen Treuhand** wird das Treugut vom Gläubiger und Schuldner (beide sind Treugeber) auf einen Dritten (Treuhänder) übertragen. Dieser verwaltet das Treugut im Interesse beider Treugeber. Diese Art der Treuhand kommt insb. im gerichtlichen Vergleichsverfahren oder im außergerichtlichen Liquidationsvergleich vor. Wachsende Bedeutung haben in diesem Zusammenhang auch die sog. Contractual Trust Arrangements (CTA) zur bilanziellen Auslagerung von Pensionsverpflichtungen.[24] Bei der doppelseitigen Treuhand ist regelmäßig von den Parteien gewünscht, das wirtschaftliche Eigentum an dem Treugut aufrechtzuerhalten, sodass es bei einem Treugeber zu bilanzieren ist. Wer von den beiden Treugebern bilanzieren muss, hängt innerhalb dieser Beziehung ebenfalls vom wirtschaftlichen Eigentum ab. Da sich das Interesse des Gläubigers weitgehend auf die Befriedigung seiner Forderungen

---

[20] Vgl. Verordnung über die Rechnungslegung der Kreditinstitute und Finanzdienstleistungsinstitute v. 11.12.1998, BGBl 1998 I S. 3659.
[21] Vgl. WPH Edition, Wirtschaftsprüfung & Rechnungslegung, 15. Aufl., 2017, Abschn. E, Tz 43.
[22] Vgl. IDW ERS HFA 13 n.F., Tz 50.
[23] Vgl. *ADS*, 6. Aufl., § 246 HGB, Rz 276.
[24] Vgl. *Küting/Keßler*, DB 2009, S. 1717ff.

beschränkt, wird dies i.d.R. der Schuldner sein, der weiterhin Nutzen und Lasten aus dem übertragenen Treugut behalten will.[25]

Umstritten ist die Frage, ob das Treugut in Anlehnung an § 6 Abs. 1 RechKredV trotz der Zurechnung zum Treugeber ebenfalls in der **Bilanz des Treuhänders** zu erfassen ist. Nach dieser Vorschrift haben die betroffenen Institute das Treugut in der Bilanz zu aktivieren und eine Herausgabeverpflichtung gegenüber dem Treugeber als Treuhandverbindlichkeit zu passivieren. Mangels gesetzlicher Regelung bleibt für alle anderen Fälle unklar, ob der offene Ausweis analog § 6 Abs. 1 RechKredV ebenfalls auf die anderen Treuhänder Anwendung findet. Dies könnte noch am ehesten auf die Vollrechtstreuhand zutreffen, da der Treuhänder hier juristisch zum Eigentümer wird. Die h.M. geht jedoch weiterhin davon aus, dass der Treuhänder das Treugut nicht in der eigenen Bilanz zu aktivieren hat, jedoch zumindest ein Hinweis im Jahresabschluss, bspw. als Vermerk im Anhang einer KapG, erfolgen muss.[26]

23

> **Beispiel**
> Ein Unternehmer (U) möchte sich an einer PersG beteiligen. Aus wirtschaftlichen Gründen möchte er dabei gegenüber seinen Konkurrenten und Abnehmern geheim bleiben. Das kann U (Treugeber) durch die Einschaltung eines T (Treuhänders) erreichen. Im Auftrag des U beteiligt sich T an der PersG. Formal ist T somit der Inhaber der Beteiligung. Nach der zusätzlich im Innenverhältnis U-T getroffenen Treuhandabrede stehen aber die laufenden Erträge bzw. Aufwendungen dem U zu. Er trägt auch das Risiko der Wertschwankungen bei dem Verkauf der Beteiligung. T ist an Weisungen des U gebunden. Für seine Tätigkeit erhält T eine Treuhandvergütung.
> **Ergebnis:** Zivilrechtliches und wirtschaftliches Eigentum fallen auseinander. Die Beteiligung ist in der Bilanz des U zu aktivieren. Auch die Gewinne aus der Beteiligung sind bei U zu erfassen und zu versteuern.
> Die treuhänderisch gehaltenen Gesellschaftsanteile sowie daraus resultierende Gewinne sind bei U unter „Beteiligungen" bzw. „Erträgen aus Beteiligungen" auszuweisen. Verpflichtungen des Treugebers auf Aufwendungsersatz gegenüber dem Treuhänder sind unter den „Sonstigen Verbindlichkeiten" auszuweisen. Im Fall umfangreicher Verbindlichkeiten aus Treuhandgeschäften kann ein gesonderter Posten gebildet werden, der als „Verbindlichkeiten aus Treuhandgeschäften" bezeichnet wird.

Die **Bewertung** des Treuguts ist von der Gestaltung des Treuhandverhältnisses abhängig. Wird das Treugut unmittelbar durch den Treuhänder erworben oder hergestellt, so wird das Treugut durch den Treugeber mit den **AK/HK** aktiviert und – je nach Gestaltung – entweder der Aufwendungsersatzanspruch gegenüber

24

---

[25] Vgl. *Schmidt/Ries*, in Beck Bil-Komm., 10. Aufl., 2016, § 246 HGB, Rz 14.
[26] Vgl. ADS, 6. Aufl., § 246 HGB, Rz 291 f. Eine völlige Nichtberücksichtigung der Treuhand ließe die tatsächlich bestehenden Rechtsbeziehungen des Treuhänders außer Acht (z.B. die Eintragung im Grundbuch). Es wird jedoch auch die Auffassung vertreten, auf einen Ausweis könne gänzlich verzichtet werden (vgl. *Winnefeld*, Bilanz-Handbuch, 4. Aufl. 2006, D Rn 170). Teile des Schrifttums raten zu einem Ausweis auf der Aktivseite der Bilanz „unter dem Strich". Vgl. WPH Edition, Wirtschaftsprüfung & Rechnungslegung, 15. Aufl., 2017, Abschn. E, Tz 42.

dem Treuhänder oder eine Drittverbindlichkeit passiviert.[27] Ist dagegen das Treugut vom Treugeber erworben oder hergestellt, so findet eine Änderung der wirtschaftlichen Zugehörigkeit nicht statt. In diesem Fall ist der **Buchwert** des Treuguts in der Bilanz des Treugebers unverändert fortzuführen.

25 Die **Verbindlichkeiten** gegenüber Dritten, die der Treuhänder im Rahmen des Treuhandverhältnisses im eigenen Namen laufend eingeht, sind von diesem gleichwohl zu passivieren, da der Treuhänder ungeachtet des Treuhandverhältnisses das Risiko der Inanspruchnahme durch den Dritten trägt. Da er jedoch aus dem Treuhandverhältnis wirtschaftlich letztlich nicht belastet sein soll, ist im Gegenzug ein Freistellungs- bzw. Erstattungsanspruch gegenüber dem Treugeber zu aktivieren.[28] Die Bewertung dieses Erstattungsanspruchs richtet sich nach allgemeinen Grundsätzen und somit insb. nach der Beurteilung der Werthaltigkeit dieses Anspruchs.

26 Zwar ist der Treuhänder allein aufgrund seiner Eigenschaft als Treuhänder nicht grds. buchführungspflichtig. Wenn der Umfang des Treuhandauftrags jedoch eine eigene Rechnungslegung erfordert, hat der Treuhänder entweder eine Treuhandbuchführung einzurichten oder einen besonderen Kontenkreis (**Treuhandkreis**) in seiner eigenen Buchführung einzufügen.[29] Im letztgenannten Fall muss er die Trennung des Treuguts und der dazugehörigen Einnahmen und Ausgaben von seinem eigenen Vermögen strikt beachten. In der eigenen Buchführung hat der Treuhänder neben den vorgenannten Verbindlichkeiten und Forderungen dagegen lediglich seinen Anspruch aus der Treuhandvergütung auszuweisen.

27 In der **Steuerbilanz** ist gem. § 39 Abs. 2 Nr. 1 AO wie nach HGB die wirtschaftliche Zugehörigkeit für die Zuordnung entscheidend. Auch danach ist das Treugut stets beim Treugeber zu aktivieren, wenn er wirtschaftlicher Eigentümer ist.

2.3.3 Leasing

2.3.3.1 Begriff

28 Im deutschen Recht existiert keine Legaldefinition zum Begriff Leasing. Im wirtschaftlichen Sprachgebrauch bezeichnet Leasing die gewerbsmäßige Überlassung von Anlagegegenständen gegen Zahlung eines Nutzungsentgelts, ohne dass dafür (sofort) der volle Kaufpreis zu zahlen ist. Wirtschaftlich stellt Leasing somit eine Sonderform dar, um den Bedarf nach Anlagegegenständen zu decken.

29 Die Vertragsformen reichen von einem Mietvertrag bis zu einem versteckten Ratenkauf. Von einem **Mietvertrag** grenzt sich Leasing dadurch ab, dass i.d.R. sowohl die Haftung für Untergang und Beschädigung, für Sachmängel sowie für die Instandhaltung auf den Leasingnehmer übertragen werden. Bei sog. **Mietkaufverträgen** haftet hingegen der Vermieter. Darüber hinaus beinhaltet der Mietkaufvertrag im Gegensatz zum Leasingvertrag immer eine Kaufoption des Mieters.[30]

---

[27] Vgl. *ADS*, 6. Aufl., § 246 HGB, Rz 285.
[28] Vgl. *ADS*, 6. Aufl., § 246 HGB, Rz 294.
[29] Vgl. *Wöhe/Richter*, in *Küting/Pfitzer/Weber*, HdR, Kap. 6, Rn 331, Stand 6/2010.
[30] Vgl. *Weidenkaff*, in *Palandt*, Einf. v. § 535, Rn 30ff.

Charakteristisch für **Leasingverträge** ist, dass der Leasinggeber als zivilrechtlicher Eigentümer in einem von Vertrag zu Vertrag unterschiedlichen Ausmaß sowohl das ökonomische Nutzenpotenzial als auch Risiken und Verpflichtungen aus dem Leasinggegenstand auf den Leasingnehmer überträgt.[31]
Bei der Vertragsgestaltung von Leasingverträgen ist zwischen Operating-Leasing und Finanzierungs-Leasing zu unterscheiden.[32]

2.3.3.2 Operating-Leasing

Leasingverträge mit unbestimmter oder kurzer Laufzeit, die von beiden Vertragspartnern unter Einhaltung bestimmter Fristen ohne weitere Verpflichtungen jederzeit gekündigt werden können, werden als **Operating-Leasing** bezeichnet. Bei dieser Vertragsgestaltung bleiben die Gefahren einer wirtschaftlichen Entwertung durch technischen Fortschritt sowie weitere typische Eigentümerrisiken beim Leasinggeber. Um seine AHK sowie etwaige Neben- und Vorfinanzierungskosten (Gesamtinvestitionskosten) zu amortisieren, muss es dem Leasinggeber gelingen, den Leasinggegenstand entweder mehrfach an verschiedene Leasingnehmer zu verleasen oder mindestens i. H. d. nicht amortisierten Kosten zu verwerten. Damit trägt ausschließlich der Leasinggeber das Sach- und Investitionsrisiko. Der Leasingnehmer wird bei dieser Vertragsgestaltung in eine Stellung versetzt, die wirtschaftlich einem Mietvertrag entspricht.

> **Beispiel**
> Die Gesamtinvestitionskosten des Leasinggebers (LG) für einen Leasinggegenstand betragen 100 TEUR. Davon decken die vom Leasingnehmer (LN) an den LG während der Vertragslaufzeit zu zahlenden abdiskontierten Leasingraten 50 TEUR. Bei einer Vertragslaufzeit von 60 Monaten besteht für den LN nach 30 Monaten die Möglichkeit einer Austauschoption, um auf dem neuesten Stand der Technik zu bleiben.
> **Ergebnis**: Nimmt der LN seine Option in Anspruch und beträgt der Marktpreis zu diesem Zeitpunkt 60 TEUR, dann hat der LG die Chance der Wertsteigerung. Beträgt der Marktpreis hingegen nur 40 TEUR, dann trifft den LG das Risiko der Wertminderung. Der LG trägt das Investitionsrisiko.

2.3.3.3 Finanzierungs-Leasing

Beim **Finanzierungs-Leasing** werden Verträge über eine i. d. R. unkündbare Laufzeit, die regelmäßig einen Großteil der Nutzungsdauer des Leasinggegenstands abdeckt, geschlossen. Die typischen Eigentümerrisiken des Leasinggegenstands trägt der Leasingnehmer. Eine volle Amortisation der Gesamtinvestitionskosten des Leasinggebers erfolgt regelmäßig bereits durch die Leasingzahlungen des Leasingnehmers. Das Sach- und Investitionsrisiko liegt somit beim Leasingnehmer. Der Leasingnehmer wird in eine Stellung versetzt, die wirtschaftlich einem kreditfinanzierten Kauf entspricht.

---

[31] Vgl. *Küting/Hellen/Brakensiek*, BB 1998, S. 1465.
[32] Vgl. u. a. *ADS*, 6. Aufl., § 246 HGB, Rz 386.

33 > **Beispiel**
> Die Gesamtinvestitionskosten des LG für einen Leasinggegenstand betragen 100 TEUR. Die vom LN an den LG während der Vertragslaufzeit zu zahlenden abdiskontierten Leasingraten decken diesen Betrag vollständig. Für den LN besteht die Option, den Vertrag vorzeitig zu kündigen. In diesem Fall ist der LN verpflichtet, die noch ausstehende Amortisation an den LG zu zahlen.
> **Ergebnis:** Der LG wird immer seine Gesamtinvestitionskosten von 100 TEUR amortisieren. Der LN trägt das Risiko der Wertminderung. Der LN trägt somit das Investitionsrisiko.

2.3.3.4 Zurechnung von Leasinggegenständen

34 Entscheidendes Kriterium für die handelsrechtliche Bilanzierung von Leasingverträgen ist die Zurechnung des Leasinggegenstands. Handelsrechtlich existieren keine konkreten Zurechnungskriterien. Grundsätzlich erfolgt handelsrechtlich die Zurechnung zum zivilrechtlichen Eigentümer. Stimmen zivilrechtliche Gestaltung und wirtschaftlicher Gehalt eines Leasingvertrags jedoch nicht überein, erfolgt die Zurechnung nach dem allgemeinen **Grundsatz der wirtschaftlichen Betrachtungsweise**. Danach ist der Leasinggegenstand dem wirtschaftlichen Eigentümer (vgl. Rz 16 ff.) zuzurechnen. Der zivilrechtliche Eigentümer gibt wirtschaftliches Eigentum ab, wenn ein anderer ihn auf Dauer von der Entscheidungsbefugnis über die Art der Ertragserzielung sowie über die Verwendung der Substanz ausschließen kann.[33]

> **Beispiel**[34]
> 1. Sachverhalt
> Ein LG überlässt einen Leasinggegenstand dem LN über die gesamte wirtschaftliche Nutzungsdauer. Darüber hinaus erhält der LN eine günstige Kaufoption zum Ende der Vertragslaufzeit eingeräumt.
> 2. Sachverhalt
> Ein LG überlässt einen Leasinggegenstand dem LN über die Hälfte der wirtschaftlichen Nutzungsdauer. Nach Ablauf dieses Leasingvertrags wird ein Anschlussvertrag geschlossen, der die zweite Hälfte der wirtschaftlichen Nutzungsdauer sowie eine günstige Kaufoption umfasst.
> **Ergebnis:**
> 1. Sachverhalt
> Der LG ist erkennbar von Ertrag und Substanz ausgeschlossen. Darüber hinaus ist der LG auch von der Entscheidungsbefugnis über die Ertragserzielung ausgeschlossen. Ebenso ist der LG von der Entscheidungsbefugnis über die Verwendung der Substanz ausgeschlossen, da der Leasinggegenstand zum Zeitpunkt einer evtl. Nichtausübung der Option durch den LN bereits wirtschaftlich verbraucht ist. Es erfolgt eine Zurechnung zum LN.

---

[33] Vgl. *Mellwig/Weinstock*, DB 1996, S. 2347.
[34] Vgl. *Mellwig/Weinstock*, DB 1996, S. 2347.

> 2. Sachverhalt
> Der LG ist auch hier während der wirtschaftlichen Nutzungsdauer von Ertrag und Substanz ausgeschlossen. Jedoch steht dieses zum Beginn der wirtschaftlichen Nutzungsdauer nicht fest. Vielmehr hält sich der LG die Möglichkeit einer anderweitigen Verwendung offen. Es erfolgt zunächst eine Zurechnung zum LG. Mit Abschluss des zweiten Vertrags steht dagegen der Ausschluss des LG hinsichtlich Ertrag und Substanz fest. Fortan erfolgt die Zurechnung des Leasinggegenstands beim LN.

Aufgrund der Vielzahl an Möglichkeiten der Vertragsgestaltung ist keine allgemeingültige Aussage über die Zurechnung des Leasinggegenstands zu treffen. Vielmehr ist unter Zugrundelegung des jeweiligen Einzelfalls die Zurechnung des Leasingobjekts zu würdigen.[35]

Die **Zurechnung bei Operating-Leasingverträgen** ist unstritig. Der Leasinggegenstand wird dem Leasinggeber zugerechnet, da die Entscheidungsbefugnis über die Art der Ertragserzielung sowie über die Verwendung der Substanz dem Leasinggeber definitionsgemäß nicht dauerhaft entzogen werden kann und folglich der Leasinggeber ein echtes Restwertrisiko eingeht.

Ungleich komplexer ist die **Zurechnung bei Finanzierungs-Leasingverträgen**, da diese oftmals eine Mehrerlösbeteiligung oder eine Kauf- oder Mietverlängerungsoption des Leasingnehmers oder ein Andienungsrecht des Leasinggebers aufweisen.

In der handelsrechtlichen Praxis erfolgt die Zurechnung bei Finanzierungs-Leasingverhältnissen regelmäßig durch Rückgriff auf die **steuerlichen Leasingerlasse**, da diese auch dem allgemeinen handelsrechtlichen Grundsatz der wirtschaftlichen Betrachtungsweise Rechnung tragen.[36] Das BMF systematisiert Leasingverträge in den steuerlichen Leasingerlassen nach der Art des Leasinggegenstands in **Mobilienleasing** (bewegliche Leasinggegenstände, Rz 39) und **Immobilienleasing** (unbewegliche Leasinggegenstände, Rz 44) sowie nach der Amortisation der Gesamtinvestitionskosten des Leasinggebers. Wird eine Amortisation der Gesamtinvestitionskosten nicht bis zum Ende der unkündbaren Vertragslaufzeit (Grundmietzeit) erreicht, handelt es sich um **Teilamortisationsverträge**.[37] Wird die volle Amortisation bereits während der unkündbaren Grundmietzeit erreicht, handelt es sich hingegen um **Vollamortisationsverträge**.[38] In den steuerlichen Leasingerlassen ist typisierend dargestellt, in welchen Fällen das wirtschaftliche Eigentum dem Leasinggeber bzw. dem Leasingnehmer zuzurechnen ist. Je nach Einzelfall kann jedoch eine andere Würdigung der

35

36

---

[35] Vgl. *Küting/Hellen/Brakensiek*, BB 1998, S. 1467.
[36] Vgl. stellvertretend *Mellwig/Weinstock*, DB 1996, S. 2347; *ADS*, 6. Aufl., § 246 HGB, Rz 392; *Schmidt/Ries*, in Beck Bil-Komm, 10. Aufl., 2016, § 246 HGB, Rz 37; vgl. kritisch zur Anwendung der Leasingerlasse für Zwecke der handelsrechtlichen Zurechnung etwa *Baetge/Ballwieser*, DBW 1978, S. 8 ff.
[37] Vgl. BMF, Schreiben v. 22.12.1975, IV B 2 – S. 2170–161/75, DB 1975 S. 175; BMF, Schreiben v. 23.12.1991, IV B 2 – S. 2170–115/91, DB 1992 S. 112.
[38] Vgl. BMF, Schreiben v. 19.4.1971, IV B/2 – S. 2170–31/71, DB 1971 S. 795; BMF, Schreiben v. 21.3.1972, F/IV B 2 – S 2170–11/72, DB 1972 S. 651.

Zurechnungsfrage sachgerecht sein.[39] Die Kriterien der steuerlichen Leasingerlasse stellen somit lediglich Anhaltspunkte für die Zurechnungsfrage dar.

37 Durch das **BilMoG** hat das HGB **keine Änderung** im Hinblick auf die **Zurechnung von Leasingverträgen** erfahren. In der Gesetzesbegründung wird darauf verwiesen, dass die von der Rechtsprechung erarbeiteten Beurteilungskriterien sowie die steuerlichen Leasingerlasse weiterhin ihre Bedeutung behalten,[40] sodass sich bei der Zurechnung des Leasinggegenstands keine Veränderung zu der bisherigen Praxis ergibt.

2.3.3.4.1 Spezialleasing

38 Beim **Spezialleasing** erfolgt immer eine Zurechnung beim Leasingnehmer. Spezialleasing ist anzunehmen, wenn der Leasinggegenstand den Bedürfnissen des Leasingnehmers derart angepasst wurde, dass dieser ausschließlich von dem Leasingnehmer wirtschaftlich sinnvoll eingesetzt werden kann.[41]

> **Beispiel**
> Der LN hat einen Leasingvertrag (Laufzeit 90 Monate) über einen Spezialtransporter (betriebswirtschaftliche Nutzungsdauer 120 Monate) mit dem LG abgeschlossen. Der Spezialtransporter wurde mit besonderen Spezifikationen für die Beförderung eines von dem LN produzierten Industrieanlagenbauteils entsprechend den Bedürfnissen des LN gefertigt. Folglich sind die AK deutlich höher als für einen „normalen" Transporter. Grundsätzlich könnten auch andere Güter mit dem Spezialtransporter befördert werden.
> Die vom LN an den LG während der Grundmietzeit zu zahlenden abdiskontierten Leasingraten decken lediglich 75 % der Gesamtinvestitionskosten des LG. Darüber hinaus besteht im Anschluss an die Grundmietzeit die Option des LG, den Spezialtransporter i. H. d. Restamortisation dem LN anzudienen oder an einen Dritten D zu veräußern.
> **Ergebnis:** Der Spezialtransporter kann grds. von einem Dritten D genutzt werden, sodass eine Verwertung am Ende der Vertragslaufzeit grds. möglich erscheint. Ein Dritter D würde einen solchen Leasingvertrag bzw. einen Anschlussvertrag allerdings nur abschließen, wenn die Leasingraten nicht höher wären als für einen „normalen" Transporter. Damit ist nach Ablauf der Grundmietzeit faktisch nicht von einer Veräußerung bzw. Vermietung an einen Dritten D auszugehen, da dieser den Spezialtransporter wirtschaftlich nicht sinnvoll nutzen kann. Der Spezialtransporter ist daher dem LN zuzurechnen. Läge kein Spezialleasing vor, wäre der Transporter entsprechend der wirtschaftlichen Betrachtungsweise dem LG zuzuordnen.

2.3.3.4.2 Mobilienleasing

39 Die Zurechnung von beweglichen Leasinggegenständen erfolgt sowohl nach dem steuerlichen **Voll-** als auch nach dem **Teilamortisationserlass für Mobi-**

---

[39] Vgl. ADS, 6. Aufl., § 246 HGB, Rz 392.
[40] Vgl. BilMoG-BgrRegE, S. 47.
[41] Vgl. Goertzen, FR 1996, S. 551.

lien in einem zweistufigen Verfahren.⁴² In einer **ersten Stufe** ist der Übergang der Entscheidungsbefugnis über die Art der Ertragserzielung zu würdigen. Hierbei wird auf das Verhältnis von unkündbarer Grundmietzeit und der betriebsgewöhnlichen Nutzungsdauer⁴³ abgestellt. Die Grundmietzeit muss für Zwecke der Zurechnung beim Leasinggeber mindestens 40 % und darf höchstens 90 % der betriebsgewöhnlichen Nutzungsdauer betragen.⁴⁴ Die Wahrung der 40 %-/90 %-Grenze ist allerdings kein hinreichendes Kriterium für die Zurechnung zum Leasinggeber. In einer **zweiten Stufe** ist zusätzlich die Übertragung der Entscheidungsbefugnis über die Verwendung der Substanz zu würdigen. Somit sind die Vereinbarungen im Anschluss an die Grundmietzeit zu beurteilen, um eine endgültige Zurechnung zum Leasinggeber oder zum Leasingnehmer vornehmen zu können.⁴⁵

Im **Vollamortisationserlass** sind Verträge ohne Kauf- und Mietverlängerungsoption im Anschluss an die Grundmietzeit sowie Verträge mit Kauf- oder Mietverlängerungsoption geregelt. Bei Verträgen ohne Kauf- oder Mietverlängerungsoption erfolgt eine Zurechnung zum Leasinggeber, da dieser eine Einwirkungsmöglichkeit auf den Leasinggegenstand während der wirtschaftlichen Nutzungsdauer hat.⁴⁶ Um bei Verträgen mit einer Kauf- oder Mietverlängerungsoption eine Zurechnung zum Leasinggeber zu erreichen, ist der Kaufpreis bzw. die Anschlussmiete so zu bemessen, dass keine günstige Kauf- oder Mietverlängerungsoption für den Leasingnehmer besteht. D. h., der etwaige Kaufpreis des Leasingnehmers muss mindestens den Restbuchwert oder den niedrigeren gemeinen Wert decken. In diesem Fall geht der BFH ebenfalls davon aus, dass der Leasinggeber eine Einwirkungsmöglichkeit auf den Leasinggegenstand während der wirtschaftlichen Nutzungsdauer hat.⁴⁷

40

Bei den **Teilamortisationsverträgen** wird eine volle Amortisation der Gesamtinvestitionskosten des Leasinggebers hingegen erst durch besondere Restamortisationsvereinbarungen im Anschluss an die i. d. R. unkündbare Grundmietzeit erreicht. Um eine Zurechnung zum Leasinggeber zu erreichen, sind folgende Restamortisationsvereinbarungen zu treffen:

41

- Nach Ablauf der Grundmietzeit hat der Leasinggeber die Option, den Leasinggegenstand dem Leasingnehmer anzudienen (Andienungsrecht) oder am Markt zu verwerten. Damit hat der Leasinggeber die Chance der Wertsteigerung.

---

42 Vgl. *Mellwig*, in *Eckstein/Feinen*, Leasinghandbuch für die betriebliche Praxis, 7. Aufl. 2000, S. 70.
43 Gemeint ist die wirtschaftliche Nutzungsdauer. Aus Objektivierungsgründen wird in einer typisierenden Betrachtungsweise die wirtschaftliche Nutzungsdauer mit der in den amtlichen AfA-Tabellen festgelegten betriebsgewöhnlichen Nutzungsdauer gleichgesetzt; vgl. *Mellwig/Weinstock*, DB 1996, S. 2348.
44 Die wirtschaftliche Interpretation 40 %-/90 %-Grenze bedeutet, dass ein potenzieller Leasingnehmer nur bereit wäre, die volle Amortisation der Gesamtinvestition des Leasinggebers innerhalb eines Zeitraums von weniger als 40 % der betriebsgewöhnlichen Nutzungsdauer zu leisten, wenn er anschließend von der Überlassung des Leasinggegenstands ausgehen kann. Bei einer Grundmietzeit von mehr als 90 % der betriebsgewöhnlichen Nutzungsdauer ist der zivilrechtliche Herausgabeanspruch wirtschaftlich wertlos. Es erfolgt jeweils eine Zurechnung zum Leasingnehmer. Vgl. *Buhl*, BB 1992, S. 1758.
45 Vgl. *Mellwig*, in *Eckstein/Feinen*, Leasing-Handbuch für die betriebliche Praxis, 7. Aufl. 2000, S. 70.
46 Vgl. Leasing, Urteil des BFH v. 26.1.1970, IV R 144/66, BStBl 1970 II S. 264.
47 Vgl. Leasing, Urteil des BFH v. 26.1.1970, IV R 144/66, BStBl 1970 II S. 264.

- Erzielt der Leasinggeber im Rahmen der Verwertung des Leasinggegenstands im Anschluss an die Grundmietzeit einen Erlös, der die dem Leasinggeber entstandenen oder noch entstehenden Kosten übersteigt (kalkulierter Restwert), so wird der übersteigende Mehrerlös zwischen dem Leasinggeber (mindestens 25 %) und dem Leasingnehmer aufgeteilt. Unterschreitet der Verwertungserlös den kalkulierten Restwert, so hat der Leasingnehmer den Differenzbetrag auszugleichen (Mehrerlösbeteiligung).

> **Beispiel**
> Die Gesamtinvestitionskosten des LG für einen Leasinggegenstand (betriebsgewöhnliche Nutzungsdauer 60 Monate) betragen 100 TEUR. Davon decken die vom LN an den LG während der Grundmietzeit von 30 Monaten zu zahlenden Leasingraten 50 TEUR. Darüber hinaus besteht im Anschluss an die Grundmietzeit für den LN die Verpflichtung, eine Differenz zwischen der Restamortisation von 50 TEUR und einem geringeren Verwertungserlös des LG auszugleichen. Übersteigt der Verwertungserlös die Restamortisation, erhält der LG einen Anteil von 25 %.
> **Ergebnis**: Die Grundmietzeit liegt zwischen 40 % und 90 % der betriebsgewöhnlichen Nutzungsdauer. Beträgt der Marktpreis im Anschluss an die Grundmietzeit 60 TEUR, erhält der LG 2,5 TEUR. Der LG hat die Chance der Wertsteigerung. Beträgt der Marktpreis hingegen nur 40 TEUR, ist dem LN das Risiko der Wertminderung zuzurechnen, da der LN 10 TEUR an den LG zu zahlen hat. Der Leasinggegenstand ist dem LG zuzurechnen. Würde der LG einen Anteil von weniger als 25 % erhalten, hätte der LN die Chance der Wertsteigerung. Der Leasinggegenstand wäre dem LN zuzurechnen.

- Der Leasingnehmer hat nach Ablauf der Grundmietzeit ein ordentliches Kündigungsrecht, bei dessen Ausübung er eine Abschlusszahlung i. H. d. durch die bis dahin gezahlten Leasingraten nicht gedeckten Gesamtinvestitionskosten des Leasinggebers erbringen muss. Auf die Abschlusszahlung werden 90 % des erzielten Veräußerungserlöses angerechnet (kündbarer Vertrag).

Die Zurechnung zum Leasingnehmer erfolgt, wenn im Anschluss an die Grundmietzeit vom Übergang des zivilrechtlichen Eigentums auszugehen ist oder dem Leasinggegenstand aus Sicht des Leasinggebers kein wirtschaftlicher Wert mehr beizumessen ist.[48]

Folgende Tabelle fasst die Zurechnung von beweglichen Leasinggegenständen bei Voll- und Teilamortisationsverträgen zusammen:

---

[48] Vgl. *Küting/Hellen/Brakensiek*, BB 1998, S. 1467.

		Grundmietzeit ≥ 40 % und ≤ 90 % der gewöhnlichen ND	
		Ja	Nein
Vollamortisationsverträge			
Ohne Option		LG	
Günstige Kaufoption	Ja	LN	LN
	Nein	LG	LN
Günstige Mietverlängerungsoption	Ja	LN	LN
	Nein	LG	LN
Spezialleasing		LN	
Teilamortisationsverträge			
Andienungsrecht		LG	
Mehrerlösbeteiligung	Verwertungserlös geht zu mindestens 25 % an LG	LG	LN
	Verwertungserlös geht zu weniger als 25 % an LG	LN	LN
Kündbarer Leasingvertrag		LG	

Tab. 1: Zurechnung von Leasinggegenständen bei Voll- und Teilamortisationsverträgen beweglicher Leasinggegenstände

Bei einem **Vertrag mit Doppelfunktion**, d.h. der Vertrag kombiniert ein Andienungsrecht des Leasinggebers und eine Kaufoption des Leasingnehmers, liegen grds. sowohl das Risiko der Wertminderung als auch die Chance auf Wertsteigerung beim Leasingnehmer. Der Leasinggegenstand ist somit dem Leasingnehmer zuzurechnen.[49]

2.3.3.4.3 Immobilienleasing[50]

Die Zurechnung von Gebäuden erfolgt beim **steuerlichen Vollamortisationserlass für Immobilien** entsprechend der Zurechnung beim oben dargestellten Vollamortisationserlass für Mobilien, da die geregelten Vertragsvarianten identisch sind. Der Grund und Boden wird, bis auf bei Verträgen mit einer günstigen Kaufoption und beim Spezialleasing, dem Leasinggeber zugerechnet.
Folgende Tabelle fasst die Zurechnung von Gebäuden sowie Grund und Boden beim Immobilien-Leasingerlass zusammen:

---

[49] Vgl. *Christen*, in *Eckstein/Feinen*, Leasing-Handbuch für die betriebliche Praxis, 7. Aufl. 2000, S. 110.
[50] Unter dem Begriff Immobilienleasing werden auch solche Leasingverträge erfasst, die über Maschinen abgeschlossen werden, welche fest mit dem Gebäude verbunden sind sowie als Sachgesamtheit anzusehen sind, vgl. *Büschgen*, Praxishandbuch Leasing, 1998, § 1 Rz 31.

		Gebäude		Grund und Boden
		Grundmietzeit ≥ 40 % und ≤ 90 % der gewöhnlichen ND		
		Ja	Nein	
Ohne Option		LG	LN	LG
Günstige Kaufoption	Ja	LN		gemäß Gebäude
	Nein	LG		
Günstige Mietverlängerungsoption	Ja	LN		LG
	Nein	LG		LG
Spezialleasing		LN		LN

Tab. 2: Zurechnung von Leasinggegenständen bei Vollamortisationsverträgen unbeweglicher Leasinggegenstände

Der Vollamortisationsvertrag für Immobilien hat sich in der Praxis allerdings nicht durchgesetzt. Ein potenzieller Leasingnehmer wäre regelmäßig bei einem Anschlusserwerb der Immobilie nicht bereit, neben der vollen Amortisation der Gesamtinvestitionskosten des Leasinggebers während der Grundmietzeit, zusätzlich einen Optionspreis zu zahlen, der mindestens dem linearen steuerlichen Restbuchwert oder dem niedrigeren gemeinen Wert entspricht, bzw. eine Mietverlängerungsoption abzuschließen, bei der die Anschlussmiete mehr als 75 % einer marktüblichen Vergleichsmiete ausmacht.[51]

45 Beim **Teilamortisationserlass für Immobilien** erfolgt die Würdigung der Zurechnung der Gebäude in einem dreistufigen Verfahren. Grund und Boden folgen dem Gebäude. In einer **ersten Stufe** wird auf das Verhältnis von unkündbarer Grundmietzeit und der betriebsgewöhnlichen Nutzungsdauer abgestellt. Die Grundmietzeit darf für Zwecke der Zurechnung beim Leasinggeber höchstens 90 % der betriebsgewöhnlichen Nutzungsdauer betragen. In einer **zweiten Stufe** sind die Vereinbarungen im Anschluss an die Grundmietzeit zu würdigen. Eine Zurechnung zum Leasinggeber erfolgt nur bei Verträgen mit einer Kaufoption, in denen der Optionspreis nicht niedriger ist als der steuerliche Restbuchwert unter Berücksichtigung der AfA nach § 7 Abs. 4 EStG, oder bei Verträgen mit einer Mietverlängerungsoption die Anschlussmiete mehr als 75 % der ortsüblichen Miete beträgt. Um eine endgültige Zurechnung des Leasinggegenstands beim Leasinggeber zu erreichen, sind bei Verträgen mit Optionsrechten darüber hinaus in einer **dritten Stufe** 6 materielle Zurechnungskriterien zu würdigen, welche die Eigentümerposition des Leasinggebers betreffen. Schon die Abwälzung eines Kriteriums auf den Leasingnehmer führt zwingend zu einer Zurechnung zum Leasingnehmer.[52] Damit wird der Charakter des Teilamortisationsvertrags als Mietvertrag

---

[51] Vgl. *Gabele/Kroll*, DB 1991, S. 243; *Toth*, BB 1994, S. 263 f.
[52] So der Wortlaut des Teilamortisationserlasses für Immobilien, vgl. Ziffer II 2 b, dd, BMF, Schreiben v. 23.12.1991, IV B 2 – S 2170–115/91, DB 1992 S. 112; *Sobotka*, BB 1992, S. 828.

verdeutlicht, denn die steuerliche Abschreibungsdauer bei Immobilien ist i.d.R. geringer als die wirtschaftliche Nutzungsdauer.[53]

> **Beispiel**
> Die Gesamtinvestitionskosten des LG für einen Leasinggegenstand (betriebsgewöhnliche Nutzungsdauer 400 Monate) betragen 100 Mio. EUR. Davon decken die vom LN an den LG während der Grundmietzeit zu zahlenden Leasingraten 55 Mio. EUR. Darüber hinaus besteht im Anschluss an die unkündbare Grundmietzeit von 240 Monaten für den LN die Möglichkeit einer Kaufoption zu einem Kaufpreis von 45 Mio. EUR. Zu diesem Zeitpunkt beträgt der steuerliche Restbuchwert 40 Mio. EUR. Sämtliche Eigentümerrisiken verbleiben beim LG.
> **Ergebnis**: Die Grundmietzeit beträgt weniger als 90 % der betriebsgewöhnlichen Nutzungsdauer. Eine günstige Kaufoption besteht nicht, da der steuerliche Restbuchwert geringer ist als der Optionspreis. Somit trägt der LG ein echtes Restwert- und somit Investitionsrisiko, da der LN das Recht, nicht aber die Pflicht hat, den Leasinggegenstand für 45 Mio. EUR zu erwerben. Darüber hinaus wurden auch keine Eigentümerrisiken vom LN übernommen. Der Leasinggegenstand ist dem LG zuzurechnen.
> Hätte der LN keine günstige Kaufoption, aber der LG Eigentümerrisiken auf ihn abgewälzt, wäre der Leasinggegenstand dem LN zuzurechnen.

Folgende Tabelle fasst die Zurechnung von Gebäuden sowie Grund und Boden beim Teilamortisationsvertrag für Immobilien zusammen:

			Gebäude sowie Grund und Boden	
			Grundmietzeit ≤ 90 % der gewöhnlichen ND	
			Ja	Nein
Ohne Option und ohne oder mit zusätzlichen Verpflichtungen des LN			LG	LN
Günstige Kaufoption	Ja		LN	LN
	Nein	zusätzliche Verpflichtung des LN Ja	LN	LN
	Nein	zusätzliche Verpflichtung des LN Nein	LG	LN
Günstige Mietverlängerungsoption	Ja		LN	LN
	Nein	zusätzliche Verpflichtung des LN Ja	LN	LN
	Nein	zusätzliche Verpflichtung des LN Nein	LG	LN
Spezialleasing			LN	LN

Tab. 3: Zurechnung von Leasinggegenständen bei Teilamortisationsverträgen unbeweglicher Leasinggegenstände

---

[53] Vgl. *vor dem Esche*, BB 1992 Beilage 9, S. 16; *Christen*, in *Eckstein/Feinen*, Leasing-Handbuch für die betriebliche Praxis, 7. Aufl. 2000, S. 108.

2.3.3.4.4 Sale and lease back

46 Beim **sale and lease back** wird im ersten Schritt der Leasinggegenstand vom zukünftigen Leasingnehmer/Verkäufer an den Leasinggeber/Käufer verkauft. Im nächsten Schritt wird ein Leasingvertrag abgeschlossen, nach welchem der Leasingnehmer/Verkäufer den Leasinggegenstand zurückleast. Auch bei solchen Sale-and-lease-back-Transaktionen erfolgt die Zurechnung nach dem allgemeinen Grundsatz der wirtschaftlichen Betrachtungsweise, d. h., der Leasinggegenstand ist auf Grundlage der oben dargestellten Kriterien dem wirtschaftlichen Eigentümer zuzurechnen. Liegt das wirtschaftliche Eigentum beim Leasinggeber, geht der Leasinggegenstand bei einer Sale-and-lease-back-Transaktion beim Leasingnehmer ab und es kommt zu einer **Gewinnrealisierung**.[54] Verbleibt das wirtschaftliche Eigentum hingegen beim Leasingnehmer, kommt eine Gewinnrealisierung nicht in Betracht.[55] Bei Zweifelsfragen hinsichtlich Sale-and-lease-back-Geschäften sowie Sale-and-buy-back-Gestaltungen wird auf IDW ERS HFA 13 n. F. verwiesen.

2.3.3.5 Bilanzierung von Leasingverträgen

47 Bleibt der **Leasinggeber** wirtschaftlicher Eigentümer, hat er den Leasinggegenstand weiterhin in seiner Bilanz auszuweisen und nach allgemeinen Bewertungsregeln fortzuführen. Der Leasingnehmer erfasst die Leasingraten, wie bei einem Mietvertrag, als Aufwand.

Bei einem nicht sachgerechten Ausgleich von Nutzungswert und Leasingraten hat eine Abgrenzung der Leasingraten zu erfolgen. Wenn bspw. degressive Leasingraten vereinbart sind und diese nicht der tatsächlichen Nutzungsinanspruchnahme entsprechen, hat der Leasingnehmer einen Differenzbetrag aktivisch abzugrenzen.[56] Darüber hinaus ergibt sich ein Abgrenzungsbedarf bei erhöhten Leasingraten (Sonderzahlungen) sowie mietfreien Zeiten.

> **Beispiel**
> Die Gesamtinvestitionskosten des LG für einen Leasinggegenstand (betriebsgewöhnliche Nutzungsdauer 96 Monate) betragen 90 TEUR. Für die ersten 3 Jahre sind Leasingraten von 25 TEUR und für die restlichen 3 Jahre von 10 TEUR (insgesamt 105 TEUR) vereinbart. Der Zinssatz beträgt 5,7 %. Es besteht weder eine Kauf- noch eine Mietverlängerungsoption. Der kalkulierte Restwert am Ende der Grundmietzeit beträgt 6 TEUR.[57] Der Leasinggegenstand wird wirtschaftlich dem LG zugerechnet.
> Der Nutzen des Leasinggegenstands ist linear über die Grundmietzeit verteilt.

---

[54] Zur Gewinnrealisierung bei Sale-and-lease-back-Transaktionen vgl. *Gelhausen/Weiblen*, in *v. Wysocki/Schulze-Osterloh/Henrichs/Kuhner*, HdJ I/5, Rz 180 ff., Stand 5/2003.
[55] Vgl. *ADS*, 6. Aufl., § 246 HGB, Rz 395.
[56] Vgl. BFH, Urteil v. 28.2.2001, I R 51/00, BStBl 2001 II S. 645.
[57] Ungeachtet des kalkulierten Restwerts trägt die LG nicht das Investitionsrisiko, da bereits während der Grundmietzeit eine volle Amortisation der Gesamtinvestitionskosten des LG erfolgt.

in TEUR	degressive Leasingraten	Abgrenzung	lineare Nutzungsüberlassung	Umsatzerlös bzw. Aufwand
1.1.01	105,0		105,0	
Rate 01	−25,0	7,5	−17,5	−17,5
31.12.01	80,0		87,5	
Rate 02	−25,0	7,5	−17,5	−17,5
31.12.02	55,0		70,0	
Rate 03	−25,0	7,5	−17,5	−17,5
31.12.03	30,0		52,5	
Rate 04	−10,0	−7,5	−17,5	−17,5
31.12.04	20,0		35,0	
Rate 05	−10,0	−7,5	−17,5	−17,5
31.12.05	10,0		17,5	
Rate 06	−10,0	−7,5	−17,5	−17,5
31.12.06	0,0		0,0	

Ergebnis:
Der LG hat den Leasinggegenstand i.H.d. AK zu aktivieren und handelsrechtlich jährlich linear sowie unter Berücksichtigung des Restwerts von 6 TEUR i.H.v. 14 TEUR über die Grundmietzeit abzuschreiben.[58] Somit wird ein buchhalterisches Restwertrisiko i.H.v. 16,5 TEUR zum Ende der Grundmietzeit vermieden, welches entstehen würde, wenn der Leasinggegenstand unter Berücksichtigung der steuerlichen betriebsgewöhnlichen Nutzungsdauer von 96 Monaten abgeschrieben wird.

in TEUR	Handelsrecht		Steuerrecht	
	Abschreibung	Restbuchwert	Abschreibung	Restbuchwert
1.1.01		90,00		90,00
31.12.01	14,00	76,00	11,25	78,75
31.12.02	14,00	62,00	11,25	67,50
31.12.03	14,00	48,00	11,25	56,25
31.12.04	14,00	30,00	11,25	45,00
31.12.05	14,00	20,00	11,25	33,75
31.12.06	14,00	6,00	11,25	22,50
31.12.07			11,25	11,25
31.12.08			11,25	0,00

---

[58] Vgl. St/HFA 1/1989: Zur Bilanzierung beim Leasinggeber, WPg 1989, S. 625.

Darüber hinaus hat der LG die Leasingraten grds. als Umsatzerlöse zu erfassen; fraglich ist die Höhe. Da ein nicht sachgerechter Ausgleich von Leasingraten und Nutzungsüberlassung gegeben ist, hat eine Abgrenzung zu erfolgen.[59]
Im 1. Jahr hat der LG wie folgt zu buchen:

Datum	Konto	Soll	Haben
1.1.01	Sachanlagevermögen	90,0	
	Bank		90,0
31.12.01	Abschreibungen	14,0	
	Sachanlagevermögen		14,0
	Bank	25,0	
	Umsatzerlöse		17,5
	Passiver RAP		7,5

Im 2. und 3. Jahr hat der LG wie folgt zu buchen:
Jeweils am 31.12.

Datum	Konto	Soll	Haben
	Abschreibungen	14,0	
	Sachanlagevermögen		14,0
	Bank	25,0	
	Umsatzerlöse		17,5
	Passiver RAP		7,5

Im 4. bis 6. Jahr hat der LG wie folgt zu buchen:
Jeweils am 31.12.

Datum	Konto	Soll	Haben
	Abschreibungen	14,0	
	Sachanlagevermögen		14,0
	Bank	10,0	
	Umsatzerlöse		17,5
	Passiver RAP	7,5	

Darüber hinaus ist im 6. Jahr die Verwertung des Leasinggegenstands zu buchen.
Der LN hat die Leasingraten grds. als Aufwand zu erfassen; fraglich ist auch hier die Höhe. Da ein nicht sachgerechter Ausgleich von Leasingraten und Nutzen gegeben ist, hat wie beim LG eine Abgrenzung zu erfolgen.
Im 1. bis 3. Jahr hat der LN wie folgt zu buchen:
Jeweils am 31.12.

Datum	Konto	Soll	Haben
	Sonstiger betrieblicher Aufwand	17,5	
	Aktiver RAP	7,5	
	Bank		25,0

---

[59] Maßstab für die passive Abgrenzung der fälligen Leasingraten ist der Aufwandsverlauf; vgl. St/HFA 1/1989: Zur Bilanzierung beim Leasinggeber, WPg 1989, S. 626.

Im 4. bis 6. Jahr hat der LN wie folgt zu buchen:
Jeweils am 31.12.

Datum	Konto	Soll	Haben
	Sonstiger betrieblicher Aufwand	17,5	
	Aktiver RAP		7,5
	Bank		10,0

Wird dagegen der **Leasingnehmer** wirtschaftlicher Eigentümer, hat er den Leasinggegenstand i. H. d. Anschaffungskosten zzgl. etwaiger Nebenkosten zu aktivieren. Die Verpflichtung aus dem Leasingverhältnis hat er i. H. d. Barwerts der vertraglichen Leasingraten zu passivieren und unter den Verbindlichkeiten aus L&L auszuweisen. Während der Vertragslaufzeit hat der Leasingnehmer den Zinsanteil der Leasingraten als Zinsaufwand zu erfassen. Der Tilgungsanteil reduziert hingegen die passivierte Verpflichtung aus dem Leasingvertrag.[60]

Der Leasinggeber hat den Übergang des wirtschaftlichen Eigentums als Umsatzrealisation auszuweisen und als Forderungen aus L&L an den Leasingnehmer i. H. d. abgezinsten zukünftigen Leasingraten zu aktivieren. Die laufenden Leasingraten sind in einen erfolgswirksamen Zinsanteil sowie in einen erfolgsneutralen Tilgungsanteil aufzuteilen. Der Tilgungsanteil dient der Rückführung der aktivierten Forderungen aus L&L.[61]

48

> **Beispiel**
> Die Gesamtinvestitionskosten des LG für einen Leasinggegenstand (betriebsgewöhnliche und wirtschaftliche Nutzungsdauer 96 Monate) betragen 90 TEUR. Es besteht im Anschluss an die Grundmietzeit von 72 Monaten die Option, den Leasinggegenstand für 6 TEUR zu kaufen. Der gemeine Wert beträgt am Ende der Grundmietzeit voraussichtlich 20 TEUR, der steuerliche Restbuchwert 22,5 TEUR. Es besteht eine am Anfang der Vertragslaufzeit als günstig einzustufende Kaufoption für den LN, womit die wirtschaftliche Zurechnung beim LN erfolgt. Der LN hat bei einem Zinssatz von 6,6 % jährliche Leasingraten i. H. v. 17,5 TEUR und zum Ende der Grundmietzeit einen Kaufpreis von 6 TEUR zu zahlen.
>
> | in TEUR | Ford./Verb. L&L | Leasingraten | Zinsaufwand | Tilgung |
> |---|---|---|---|---|
> | 1.1.01 | 90,0 | | | |
> | 31.12.01 | 78,1 | 17,5 | 5,6 | 11,9 |
> | 31.12.02 | 65,4 | 17,5 | 4,8 | 12,7 |
> | 31.12.03 | 51,9 | 17,5 | 4,0 | 13,5 |
> | 31.12.04 | 37,4 | 17,5 | 3,1 | 14,4 |
> | 31.12.05 | 22,0 | 17,5 | 2,1 | 15,4 |
> | 31.12.06 | 0,0 | 23,5 | 1,5 | 22,0 |

---

[60] Vgl. BMF, Schreiben v. 19.4.1971, IV B/2 – S. 2170–31/71, DB 1971 S. 795.
[61] Vgl. BMF, Schreiben v. 19.4.1971, IV B/2 – S. 2170–31/71, DB 1971 S. 795.

Ergebnis: Der LN hat den Leasinggegenstand i. H. d. AK zu aktivieren und jährlich abzuschreiben. I. H. d. Barwerts der zukünftigen Leasingraten und der Kaufpreiszahlung ist eine korrespondierende Verbindlichkeit aus L&L gegenüber dem LG zu passivieren.
Im 1. Jahr hat der LN wie folgt zu buchen:

Datum	Konto	Soll	Haben
1.1.01	Sachanlagevermögen	90,0	
	Verbindlichkeiten aus L&L		90,0
31.12.01	Abschreibungen	11,25	
	Sachanlagevermögen		11,25
	Verbindlichkeiten aus L&L	11,9	
	Zinsaufwand	5,6	
	Bank		17,5

Im 6. Jahr hat der LN wie folgt zu buchen:

Datum	Konto	Soll	Haben
31.12.06	Abschreibungen	11,25	
	Sachanlagevermögen		11,25
	Verbindlichkeiten aus L&L	22,0	
	Zinsaufwand	1,5	
	Bank		23,5

Im 7. und 8 Jahr hat der LN wie folgt zu buchen:
Jeweils am 31.12.

Datum	Konto	Soll	Haben
31.12.	Abschreibungen	11,25	
	Sachanlagevermögen		11,25

Der LG hat den Leasinggegenstand auszubuchen, da die wirtschaftliche Zurechnung beim LN erfolgt. Die Ausbuchung führt beim LG zu Umsatzerlösen und zu Forderungen aus L&L an den LN i. H. d. abgezinsten Leasingraten und der abgezinsten Kaufpreiszahlung i. H. v. 90 TEUR.
Im 1. Jahr hat der LG wie folgt zu buchen:

Datum	Konto	Soll	Haben
1.1.01	Forderungen aus L&L	90,0	
	Umsatzerlöse		90,0
	Wareneinsatz	90,0	
	Vorräte		90,0
31.12.01	Bank	17,5	
	Forderungen aus L&L		11,9
	Zinsertrag		5,6

Im 6. Jahr hat der LG wie folgt zu buchen:

Datum	Konto	Soll	Haben
31.12.06	Bank	23,5	
	Forderungen aus L&L		22,0
	Zinsertrag		1,5

Im 7. und 8. Jahr erfolgen keine Buchungen.

2.3.4 Factoring

Unter dem Begriff **Factoring** wird der Forderungsverkauf durch Abtretung an einen Dritten (Factor) – hauptsächlich mit dem Ziel einer Liquiditätsverbesserung des Forderungsverkäufers (Factoring-Kunde) – verstanden. Je nach Vertragsgestaltung übernimmt der Faktor eine Finanzierungsfunktion, eine Delkrederefunktion (Übernahme des Ausfallrisikos) und/oder eine Dienstleistungsfunktion (Debitorenbuchhaltung, Mahn- und Inkassowesen und andere Serviceleistungen). 49

Für die Bilanzierung ist zwischen echtem Factoring (Forderungsverkauf) und unechtem Factoring (Zessionskredit) zu unterscheiden. Zudem kann, abhängig von der Anzeige des Forderungsverkaufs an die Debitoren, eine stille oder eine offene Abtretung unterschieden werden.

Bei **echtem Factoring** geht das Ausfallrisiko auf den Factor über.[62] Der Factoring-Kunde haftet lediglich für das rechtliche Bestehen der Forderungen. Es handelt sich rechtlich um einen Forderungsverkauf.[63] Da mit Wirksamkeit des Kaufgeschäfts Chancen und Risiken von Wertänderungen fortan beim Factor liegen, scheiden die an den Factor verkauften Forderungen aus dem Vermögen und der Bilanz des Factoring-Kunden aus. Sie sind sodann in der Bilanz des Factors anzusetzen. Bis zum Geldeingang des Betrags auf dem Konto des Forderungsverkäufers ist in der Bilanz des Factoring-Kunden nunmehr eine Forderung gegen den Factor, d.h. nicht mehr die zugrunde liegende Original-Forderung, auszuweisen.[64] 50

Bei dem in der Praxis eher selten auftretenden **unechten Factoring** gehen Chancen und Risiken von Wertänderungen nicht auf den Factor über. Nach hM liegt daher ein Kreditgeschäft vor,[65] bei der die Forderung (lediglich) zur Sicherung eines Kredits abgetreten wird. Das Forderungsausfallrisiko verbleibt bei dieser Gestaltung hingegen beim Factoring-Kunden, da dieser bei mangelnder Bonität der Debitoren wiederum durch den Factor in Anspruch genommen wird.[66] Die buchhalterische Behandlung ist für den Fall des unechten Factorings umstritten und von der Form der Abtretung (offen oder still) abhängig.[67] 51

Beim **stillen** Verfahren wird die Forderungsabtretung dem Debitor nicht angezeigt. Die Debitoren zahlen somit mangels Kenntnis weiterhin an den Factoring-Kunden, der die vereinnahmten Beträge an den Factor weiterzuleiten hat. Bei einer **offenen** Abtretung zeigt der Factoring-Kunde die Forderungsabtretung seinen Kunden durch einen Abtretungsvermerk auf der Rechnung an. 52

---

[62] Zur Frage des Übergangs des Adressenausfallrisikos vgl. IDW RS HFA 8, Tz 16 ff.
[63] Vgl. *ADS*, 6. Aufl., § 246 HGB, Rz 312.
[64] Eine umfassende Zusammenstellung höchstrichterlicher Rechtsprechung insbesondere zur Kollisionsthematik mit z.B. Eigentumsvorbehalten und Vorausabtretungen findet sich in *Schwarz*, Factoring, 4. Aufl. 2002, S. 100 ff.
[65] Vgl. *Strickmann*, in *Küting/Pfitzer/Weber*, HdR, Kap. 6 Rn 403, Stand 7/2011.
[66] Vgl. *ADS*, 6. Aufl., § 246 HGB, Rz 312.
[67] Vgl. WPH Edition, Wirtschaftsprüfung & Rechnungslegung, 15. Aufl., 2017, Abschn. T, Tz 1328 ff. Nach a. A. wird die Forderung ohne Unterscheidung immer beim Factoring-Kunden aktiviert. Vgl. *Winnefeld*, Bilanz-Handbuch, 5. Aufl. 2015, D 202.

53 > **Beispiel**
> Unternehmer (U) entscheidet sich für Factoring als ein Mittel der Unternehmensfinanzierung. Er tritt die Forderungen aus L&L an die Factoring-Bank (F) ab. Die Kunden von U werden schriftlich von ihm aufgefordert, künftig an F zu zahlen. F überweist daraufhin den Forderungskaufpreis unter Abzug einer Provision i. H. v. 2,5 %, Bevorschussungszinsen i. H. von 7 % p. a. und eines Einbehalts i. H. von 10 %. Dieser Einbehalt dient F zur Absicherung von Veritätsrisiken, d. h. den Risiken, dass Forderungen ganz oder teilweise nicht existent, bestritten oder mit Rechten Dritter belastet sind oder dass die gelieferten Waren mit Mängeln behaftet sind. Der Einbehalt wird von F auf ein Sperrkonto eingezahlt. Nach Fälligkeit der Rechnung erfolgt eine Anpassung über eine monatliche Abrechnung: Zahlt der Kunde, erhält U eine Gutschrift auf sein laufendes Konto. Die Führung der Debitorenbuchhaltung bleibt bei U, um die Factoringkosten zu senken.
> **Ergebnis:** Die Forderung ist wirtschaftlich dem F zuzurechnen.[68]

In der Praxis findet das sog. **Eigenservice-Verfahren** (insb. in Verbindung mit dem stillen Verfahren) zunehmende Verbreitung. Hierbei verbleibt die Debitorenbuchhaltung einschl. des Mahn- und Inkassowesens beim Factoring-Kunden, der diese Aufgaben treuhänderisch für den Factor ausübt. Der Factoring-Kunde berichtet dem Factor in geeigneter Form (Auflistungen, Datenträger) laufend über die Höhe und die Spezifikation der Außenstände.[69] Auf die Bilanzierung der Forderungen in der Bilanz des Factors (im Regelfall des echten Factorings) hat das Eigenservice-Verfahren keine Auswirkung.

In der **Steuerbilanz** ist aufgrund des Zurechnungsgrundsatzes nach § 39 AO ebenfalls zwischen echtem und unechtem Factoring zu unterscheiden und entsprechend den oben dargestellten handelsrechtlichen Grundsätzen zu bilanzieren.[70]

2.3.5 Dingliche Sicherungsrechte

54 Bei der Bestellung dinglicher Sicherungsrechte an VG verbleibt das wirtschaftliche Eigentum beim Sicherungsgeber, wenn es sich um Rechte wie **Eigentumsvorbehalte, Sicherungsübereignungen** oder **Sicherungsabtretungen** handelt. Daher werden die betroffenen VG weiterhin in der Bilanz des Sicherungsgebers aktiviert. Dies ergibt sich bereits aus dem Grundsatz der wirtschaftlichen Zurechnung von VG. Eine explizite gesetzliche Regelung, wie sie § 246 Abs. 1 Satz 2 HGB i.d.F. des BiRiLiG vorsah, ist durch das BilMoG entfallen. Inhaltlich ergibt sich durch die Streichung dieser Regelung kein Unterschied zur alten Rechtslage. Dies gilt nach § 39 Abs. 2 Nr. 1 Satz 2 AO auch für die Steuerbilanz. Nur falls die vereinbarten Verfügungsbefugnisse des Sicherungsnehmers über den Sicherungszweck hinausgehen, kann es zu einer Bilanzierung beim Sicherungsnehmer kommen.[71]

---

[68] Vgl. *Strickmann*, in *Küting/Pfitzer/Weber*, HdR, Kap. 6 Rn 426, Stand 7/2011.
[69] Vgl. *Schwarz*, Factoring, 4. Aufl. 2002, S. 4.
[70] Vgl. *Winnefeld*, Bilanz-Handbuch, 5. Aufl. 2015, D 204.
[71] Vgl. *Schmidt/Ries*, in Beck Bil-Komm., 10. Aufl., 2016, § 246 HGB, Rz 19 mwN sowie *ADS*, 6. Aufl., § 246 HGB, Rz 270. Insoweit ergäbe sich eine Abweichung bereits bei der Frage, wem das wirtschaftliche Eigentum zuzurechnen ist.

Eine Kennzeichnung der als Sicherheit dienenden VG ist in der Bilanz nicht notwendig und wird in der Praxis auch nicht vorgenommen.[72] Daher ist anhand der Bilanz für einen fremden Dritten nicht erkennbar, an welchen VG Sicherungsrechte bestehen. Im Anhang hat gem. § 285 Satz 1 Nr. 1 b HGB lediglich die Angabe des Gesamtbetrags der Verbindlichkeiten, die durch Pfandrechte oder ähnliche Rechte gesichert sind, unter Angabe von Art und Form der Sicherheiten zu erfolgen (§ 285 Rz 7 ff.).

2.3.6 Kommissionsgeschäfte

Ein Kommissionsgeschäft ist dadurch gekennzeichnet, dass es ein Kommissionär gewerbsmäßig übernimmt, Waren oder Wertpapiere für Rechnung eines anderen, des Kommittenten, in eigenem Namen zu kaufen oder zu verkaufen (§ 383 HGB). Vom Kommissionär in Kommission genommene Waren dürfen von diesem nicht aktiviert werden, da er zu keinem Zeitpunkt wirtschaftlicher Eigentümer dieser Waren wird. Von dem Kommittenten in Kommission gegebene Waren sind folglich mangels Realisierung eines Umsatzes bei dem Kommittenten unter den Waren und nicht unter den Forderungen auszuweisen.

55

Bei der **Verkaufskommission** verbleiben bis zum Verkauf sowohl das zivilrechtliche als auch das wirtschaftliche Eigentum an den dem Kommissionär übergebenen Kommissionsgütern beim Kommittenten.[73] Daher muss der Kommittent den VG weiterhin in seiner Bilanz aktivieren.[74] Der Kommissionär aktiviert nichts.

56

> **Beispiel**
> Ein Möbelhersteller (H) liefert Küchen an eine Möbelkette (Verkaufskommissionär). Die Möbelkette (M) verkauft die Küchen in ihren Filialen in eigenem Namen. Die Ware lagert M in ihrem Zentrallager und liefert sie von dort direkt an die Kunden. Den Kunden ist nicht bekannt, dass die Küchen nicht im Eigentum von M stehen und sie im Innenverhältnis zum Kommittenten H lediglich den Auftrag hat, die Ware zu veräußern. Für ihre Tätigkeit bekommt M eine Provision. Im Gegenzug leitet sie den Kaufpreis nach Abzug der Provision an H weiter.
> **Ergebnis**: Das Risiko des Nichtverkaufs der Küchen trägt H, denn M kann die Ware an H zurückgeben. Sowohl das zivilrechtliche als auch das wirtschaftliche Eigentum verbleiben somit bei H. Er muss die Küchen in seiner Bilanz unter Ansatz der HK aktivieren. Mit der Lieferung an M erfolgen keine Ausbuchung und Gewinnrealisierung, sondern erst zum Zeitpunkt des Verkaufs der Küchen von M an seine Kunden. Erst dann aktiviert H eine „Forderung aus L&L", die der Höhe nach dem Kaufpreis der Küchen abzgl. einer Verkaufsprovision entspricht. In der Praxis werden die Buchungen i.d.R. monatlich anhand der Abrechnungen/Gutschriften von M vorgenommen (Anzeigepflicht des Kommissionärs, § 384 Abs. 2 HGB).

---

72 Vgl. *Schmidt/Ries*, in Beck Bil-Komm., 10. Aufl., 2016, § 246 HGB, Rz 20 sowie *ADS*, 6. Aufl., § 246 HGB, Rz 271.
73 Vgl. *Schmidt/Ries*, in Beck Bil-Komm., 10. Aufl., 2016, § 246 HGB, Rz 22.
74 Vgl. *Ballwieser*, in MünchKomm. HGB, 3. Aufl., § 246 Rn 55.

57 Bei der **Einkaufskommission** wird der Kommissionär in dem Zeitpunkt zwar rechtlicher Eigentümer, in dem er die von ihm für Rechnung des Kommittenten erworbene Kommissionsware bezieht. Dabei geht das wirtschaftliche Eigentum jedoch nach h. M. sofort auf den Kommittenten über. Dementsprechend aktiviert der Kommissionär nur die Forderung gegen den Kommittenten und passiviert gleichzeitig die Verbindlichkeit aus dem abgeschlossenen Kaufvertrag mit dem Dritten. Damit erfolgt die Bilanzierung der Ware sofort beim Kommittenten nach Anzeige durch den Kommissionär (§ 384 Abs. 2 HGB). So verhält es sich auch mit der Passivierung der entsprechenden Verbindlichkeit gegenüber dem Kommissionär.[75]

58 Da sowohl die Forderung (im Fall der Einkaufskommission gegen den Kommissionär) als auch die Verbindlichkeit (gegen den Dritten) im Jahresabschluss des Kommissionärs gegenüber unterschiedlichen Parteien bestehen, ist eine **Saldierung nicht möglich**. Dies gilt jedoch nicht für den mit dem Verkauf gegenüber dem Kommittenten entstandenen Provisionsanspruch des Kommissionärs und dessen Verbindlichkeit gegenüber dem Kommittenten. In diesem Fall kann eine Saldierung vorgenommen werden, sofern sowohl die Forderung als auch die Verbindlichkeit am Bilanzstichtag fällig sind.[76] Insoweit gelten die Grundsätze der Aufrechnung gem. §§ 387 ff. BGB.

2.3.7 Pensionsgeschäfte

59 Pensionsgeschäfte sind nach § 340b Abs. 1 HGB Verträge, durch die der Eigentümer (Pensionsgeber) ihm gehörende VG einem anderen (Pensionsnehmer) gegen Zahlung eines Betrags überträgt und in denen gleichzeitig vereinbart wird, dass die VG später gegen Entrichtung des empfangenen oder eines im Voraus vereinbarten anderen Betrags an den Pensionsgeber zurückübertragen werden müssen oder können. Diese i. e. S. speziell für Kreditinstitute und Finanzdienstleistungsinstitute geltende Vorschrift wird aufgrund fehlender anderweitiger Definition auf Pensionsgeschäfte im Allgemeinen angewandt.[77] Es wird zwischen „echten" (§ 340b Abs. 2 HGB) und „unechten" (§ 340b Abs. 3 HGB) Pensionsgeschäften unterschieden. In der Praxis können Mischformen vorkommen.

60 Gem. § 340b Abs. 2 HGB handelt es sich um ein **echtes Pensionsgeschäft,** wenn der Pensionsnehmer verpflichtet ist, den VG zu einem bestimmten oder vom Pensionsgeber zu bestimmenden Zeitpunkt zurückzuübertragen. Anstelle der Verpflichtung des Pensionsnehmers zur Rückübertragung reicht auch eine diesbezügliche Option aus, die aller Erwartung nach ausgeübt wird, um das Pensionsgeschäft als ein echtes zu klassifizieren.[78] Bei einem echten Pensionsgeschäft sind die übertragenen VG gem. § 340b Abs. 4 HGB weiterhin in der Bilanz des Pensionsgebers auszuweisen. Er hat in der Höhe des für die Übertragung erhaltenen Betrags eine Verbindlichkeit gegenüber dem Pensionsnehmer zu passivieren.

---

[75] Vgl. *Schmidt/Ries,* in Beck Bil-Komm., 10. Aufl., 2016, § 246 HGB, Rz 23.
[76] Vgl. *Schmidt/Ries,* in Beck Bil-Komm., 10. Aufl., 2016, § 246 HGB, Rz 22.
[77] Vgl. *ADS,* 6. Aufl., § 246 HGB, Rz 331.
[78] Vgl. *Schmidt/Ries,* in Beck Bil-Komm., 10. Aufl., 2016, § 246 HGB, Rz 25.

Wenn der Pensionsnehmer lediglich berechtigt ist, die VG zu einem vorher bestimmten oder von ihm noch zu bestimmenden Zeitpunkt zurückzuübertragen und der Pensionsgeber kein Recht auf Rückübertragung hat, so handelt es sich gem. § 340b Abs. 3 HGB um ein **unechtes Pensionsgeschäft**. In diesem Fall kann der Pensionsgeber nicht mit Sicherheit von der Wiedererlangung der Verfügungsgewalt ausgehen, sodass das Pensionsgut bei dem Pensionsnehmer zu bilanzieren ist.[79] Gem. § 340b Abs. 5 Satz 2 HGB hat der Pensionsgeber in diesem Fall unter der Bilanz oder im Anhang die Höhe seiner Verpflichtung für den Fall der Rückübertragung anzugeben. Für evtl. drohende Verluste aus der Rücknahmepflicht ist gem. § 249 Abs. 1 Satz 1 HGB eine Rückstellung zu bilden.[80]

61

Bei einem **gemischten Pensionsgeschäft** liegen sowohl die Merkmale des echten als auch des unechten Pensionsgeschäfts vor, d. h., der Pensionsgeber hat eine Kauf- und der Pensionsnehmer hat zeitgleich eine Verkaufsoption. In diesem Fall ist zu prüfen, wer aufgrund der Gegebenheiten des Einzelfalls als wirtschaftlicher Eigentümer anzusehen ist. Dies wird im Regelfall der Pensionsgeber sein, da er sowohl die Chance der Wertsteigerung als auch das Risiko des Wertverfalls hat. Der Eigentumsübergang auf den Pensionsnehmer ist bei einem gemischten Pensionsgeschäft dann anzunehmen, wenn die beiderseitigen Optionen auf den Zeitwert lauten, was dazu führen würde, dass die Risiken aus dem Pensionsgut auf den Pensionsnehmer übergehen.[81]

62

2.3.8 Asset Backed Securities

Bei *Asset Backed Securities* (ABS) handelt es sich um Finanzierungsmodelle, bei denen eine nach bestimmten Kriterien ausgewählte Mehrzahl von VG (z.B. ein Portfolio von Forderungen aus L&L bzw. Darlehensforderungen) an eine **Zweckgesellschaft** (sog. *Special Purpose Entity*, SPE) verkauft und sachenrechtlich übertragen wird. Diese ZweckGes. refinanziert sich durch Ausgabe von Schuldtiteln am KM. Der Erlös aus der Refinanzierung wird zur Tilgung der Kaufpreisverbindlichkeit gegenüber dem Veräußerer verwendet.[82] Mit ABS können, ähnlich wie beim Factoring, langfristige Forderungen kurzfristig in liquide Mittel umgewandelt werden.[83] Bilanzielles Hauptziel der Gestaltungen ist es, die veräußerten Forderungen aus der HB ausbuchen zu können und eine Bilanzierung als gesichertes Darlehensgeschäft, bei der neben den als Kaufpreis zufließenden liquiden Mitteln eine korrespondierende Verbindlichkeit auszuweisen ist, zu vermeiden.[84]

63

Für den Abgang der Forderungen beim Veräußerer kommt es wesentlich auf den Übergang des wirtschaftlichen Eigentums auf die ZweckGes. an, insb. darf der Veräußerer keinerlei **Bonitätsrisiken** aus den verkauften Forderungen mehr ausgesetzt sein. Diese müssen vollständig auf die ZweckGes. übergegangen sein.

64

---

[79] Vgl. *Schmidt/Ries*, in Beck Bil-Komm., 10. Aufl., 2016, § 246 HGB, Rz 26 sowie IDW ERS HFA 13, Tz 17.
[80] Vgl. WPH Edition, Wirtschaftsprüfung & Rechnungslegung, 15. Aufl., 2017, Abschn. E, Tz 52.
[81] Vgl. *Schmidt/Ries*, in Beck Bil-Komm., 10. Aufl., 2016, § 246 HGB, Rz 27.
[82] Vgl. IDW RS HFA 8, Tz 4.
[83] Vgl. *ADS*, 6. Aufl., § 246 HGB, Rz 324.
[84] Vgl. IDW RS HFA 8, Tz 5.

Allein die Übernahme des Bonitätsrisikos etwa durch einen Kreditversicherer reicht nicht aus. Vielmehr bedarf es insb. der **Verfügungsbefugnis**, die Forderungen verwerten zu dürfen.[85] Die ZweckGes. muss daher eigentümertypische Rechte wie Veräußerung und Verpfändung ausüben können.[86]
Notwendig für den Eigentumsübergang ist also zunächst die **zivilrechtlich wirksame und endgültige Veräußerung**. Ist die wirksame dingliche Übertragung wegen eines Abtretungsverbots nicht möglich, so kann ausnahmsweise darauf verzichtet werden, wenn der Übergang des wirtschaftlichen Eigentums an den VG stattdessen z. B. durch eine Treuhandabrede erreicht wird. Eine Übertragung mit der Möglichkeit der Rückübertragung bei Unwirtschaftlichkeit der ABS-Gestaltung steht dem Übergang des wirtschaftlichen Eigentums zwar nicht grds. entgegen.[87] Eine Rückübertragung, wie bei den Pensionsgeschäften, darf allerdings nicht von vornherein vereinbart sein.[88] Insbesondere darf eine Rückübertragung[89] nicht dazu führen, dass im Vergleich zu dem veräußerten Forderungsbestand in überdurchschnittlichem Umfang nicht realisierte notleidende oder in erheblichem Maß risikobehaftete Forderungen zurückübertragen werden, es sei denn die Rückübertragung erfolgt zum dann aktuellen Zeitwert.[90]

65 Die Belassung des **Bonitätsrisikos** beim Veräußerer kann durch verschiedene Gestaltungen gegeben sein. Indizien, die gegen den Risikoübergang auf die ZweckGes. sprechen, können die Beteiligung des Veräußerers an der ZweckGes., die Vereinbarung einer Ausfallgarantie oder die Möglichkeit, den Kaufpreis rückwirkend anzupassen, sein.[91] All diese Gestaltungen führen im Ergebnis dazu, dass der Veräußerer trotz des Verkaufs nach wie vor das Bonitätsrisiko aus den Forderungen trägt.
Für die Übernahme aller Risiken durch die ZweckGes. wird der Veräußerer i. d. R. einen Kaufpreisabschlag hinnehmen. Dieser kann in seiner Höhe grds. frei vereinbart werden. Die Höhe des Kaufpreisabschlags ist für den Übergang des wirtschaftlichen Eigentums an die ZweckGes. ohne Relevanz. Bei einem von vornherein festgelegten Kaufpreisabschlag ist der Übergang des wirtschaftlichen Eigentums unabhängig von seiner Höhe zu bejahen.[92] Ist der Kaufpreisabschlag hingegen nicht endgültig vereinbart, so kommt es auf die Angemessenheit des Kaufpreisabschlags an. Indiz für die **Angemessenheit** ist z. B., dass der Kaufpreisabschlag den marktüblichen Delkrederesätzen (außerhalb von ABS-Transaktionen, wie etwa bei einem Factoring) oder den historischen Ausfallquoten

---

[85] Vgl. IDW RS HFA 8, Tz 7ff.
[86] Vgl. *Schmidt/Ries*, in Beck Bil-Komm., 10. Aufl., 2016, § 246 HGB, Rz 31.
[87] Vgl. IDW RS HFA 8, Tz 12ff.
[88] Vgl. *Schmidt/Ries*, in Beck Bil-Komm., 10. Aufl., 2016, § 246 HGB, Rz 31.
[89] Vgl. IDW RS HFA 8, Tz 12: Etwa im Rahmen eines sog. *Clean-up-call* für den Fall, dass der Bestand der Forderungen der SPE einen Umfang unterschreitet, der eine Fortführung der ABS-Gestaltung unwirtschaftlich werden lässt, z. B. nachdem der weit überwiegende Teil der veräußerten Forderungen getilgt ist.
[90] Vgl. IDW RS HFA 8, Tz 12: Bei einer Rückübertragung einer notleidenden Forderung erfolgt die wirtschaftliche Belastung der SPE gerade, indem der anzusetzende Kaufpreis die Bonität berücksichtigt und ein entsprechend hoher Abschlag daher in Kauf genommen wird.
[91] Vgl. IDW RS HFA 8, Tz 16 sowie WPH Edition, Wirtschaftsprüfung & Rechnungslegung, 15. Aufl., 2017, Abschn. E, Tz 1373.
[92] Vgl. IDW RS HFA 8, Tz 19 sowie *Schmidt/Ries*, in Beck Bil-Komm., 10. Aufl., 2016, § 246 HGB, Rz 32.

entspricht.⁹³ Ist der Abschlag insofern angemessen, geht das wirtschaftliche Eigentum auf die ZweckGes. über. Wird dagegen ein überhöhter Kaufpreisabschlag vereinbart, so trägt der Forderungsverkäufer weiterhin die mit der Einziehung der Forderungen verbundenen Risiken⁹⁴ und behält damit das wirtschaftliche Eigentum.

Verbleiben bei Vereinbarung eines **Total Return Swap**⁹⁵ im Rahmen der ABS-Transaktion sowohl das Marktpreisrisiko als auch das Bonitätsrisiko beim Forderungsveräußerer, so behält dieser ebenfalls das wirtschaftliche Eigentum, unabhängig von der Höhe des Kaufpreisabschlags.⁹⁶ 66

Muss der Forderungsverkäufer nicht mehr für die Bonität seiner Kunden einstehen, ist die Forderung grds. **der Zweckgesellschaft zuzurechnen** und bei ihr zu aktivieren. Der Forderungsverkäufer hat die Forderung auszubuchen. Davon ausgenommen ist der Fall, dass die ZweckGes. dem Forderungsverkäufer nahesteht. In solch einem Fall ist zu prüfen, ob der Forderungsverkäufer die Einziehung der Forderung nur zum Schein ausgelagert hat. Dieses kann als treuhänderische Verwaltung durch die ZweckGes. anzusehen sein, mit der Folge, dass die Forderung weiterhin bei dem Forderungsverkäufer als Treugeber bilanziell zu berücksichtigen ist.⁹⁷ 67

Sofern eine Forderung nach den erläuterten Kriterien weiterhin **dem Forderungsverkäufer zuzurechnen ist**, ist sie bei ihm zu bilanzieren. Korrespondierend werden die zugeflossenen liquiden Mittel ausgewiesen sowie eine Verbindlichkeit gegenüber der ZweckGes. passiviert.⁹⁸ KapG und KapCoGes haben die besicherte Verbindlichkeit gem. § 285 Satz 1 Nr. 1b) und Nr. 2 HGB im Anhang anzugeben. Die ZweckGes. hat in diesem Fall eine Forderung gegen den Forderungsverkäufer zu aktivieren. 68

> **Beispiel**
> Ein Unternehmen (U) schließt mit einer Finanzierungsgesellschaft (F) einen Rahmenvertrag ab, nach dem F in monatlichen Abständen die Forderungen aus L&L des U mit einer Laufzeit von über einem Jahr abkauft. Für das rechtliche Bestehen der Forderungen haftet U. Der Verkauf der Forderungen wird dem Kunden gegenüber nicht offengelegt.
> Bei der Veräußerung wird folgendermaßen abgerechnet: Von dem Buchwert der Forderungen werden vom Käufer zuerst alle Rabatte, Boni und Skonti abgezogen. Danach wird ein Abschlag zur Abdeckung des Ausfallrisikos festgesetzt, der in ein sog. Reservekonto fließt und der Besicherung dient. Der verbleibende Betrag wird an U überwiesen. Bei Zahlung der Debitoren wird der Abschlag voll erstattet.
> Der Abschlag wird anhand der tatsächlichen Ausfälle in der Vergangenheit zzgl. 3 % Risikozuschlag für die Unsicherheit einer künftigen Veränderung der Zahlungsfähigkeit der Kunden bemessen. Für die Ermittlung der Ausfall-

---

93 Vgl. IDW RS HFA 8, Tz 22.
94 Dies ist der Fall, wenn dieser Kaufpreisabschlag derart hoch ist, dass für den Erwerber aufgrund des unangemessen niedrigen Kaufpreises keinerlei Risiko mehr besteht.
95 Vgl. IDW ERS HFA 13 nF, Tz 52 ff.
96 Vgl. IDW RS HFA 8, Tz 16.
97 Vgl. *ADS*, 6. Aufl., § 246 HGB, Rz 326.
98 Vgl. IDW RS HFA 8, Tz 41.

> quote gelten die einen Monat nach der Fälligkeit nicht ausgeglichenen Forderungen als ausgefallen. Zum Zeitpunkt des Vertragsabschlusses wird die Ausfallquote auf 25 % geschätzt.
> **Ergebnis:** Für die wirtschaftliche Zuordnung der Forderungen ist es unerheblich, wer diese verwaltet und einzieht und wer für das rechtliche Bestehen haftet.[99] Der Kaufpreisabschlag hat aufgrund der möglichen Rückerstattung nur einen vorläufigen Charakter. Das entscheidende Kriterium ist daher die Angemessenheit des Kaufpreisabschlags. Die zu erwartenden Preisminderungen, wie Rabatte etc., stehen nicht zur Abdeckung des Forderungsausfalls bereit, daher sind sie bei der Angemessenheitsprüfung nicht zu berücksichtigen.[100] Generell spricht die tatsächliche Ausfallquote mit einem angemessenen Risikozuschlag für die Angemessenheit des Abschlags. Jedoch darf die hier vorgenommene Ausfallfiktion (pauschal nach Ablauf eines Monats nach Fälligkeit) nach den handelsrechtlichen Grundsätzen bei der Ermittlung der Ausfallquote nicht berücksichtigt werden.[101] Der Kaufpreisabschlag ist damit vorliegend als überhöht und unangemessen anzusehen, weil er über den üblicherweise vergleichbaren Abschlägen bei Forderungsverkauf liegt. Die Forderung ist weiterhin U zuzurechnen und weiterhin in seiner Bilanz zu aktivieren. Die auf dem Reservekonto der Zweckgesellschaft angesammelten Beträge dürfen in diesem Fall nicht aktiviert werden.[102]

Zur **Konsolidierung von Zweckgesellschaften** siehe § 290 Rz 45 ff. Soweit ZweckGes. nicht konsolidiert werden, kommen die Anhangangaben nach § 285 Nr. 3 bzw. § 314 Abs. 1 Nr. 3 HGB in Betracht.

2.3.9 Derivatgeschäfte

69 Derivate sind **Finanzkontrakte**, deren Wert sich vom Wert eines oder mehrerer zugrunde liegender Vermögenswerte (z. B. Aktien, Anleihen, Edelmetalle, Rohstoffe) oder Referenzsätze (z. B. Indizes, Währungen, Zinsen) ableitet. Es gibt **drei Grundtypen:** Optionen, Terminkontrakte und Swaps. In der Unternehmenspraxis werden Derivate zur Absicherung gegen spezielle Risiken oder zu Handelszwecken (Spekulation) eingesetzt.
Bis zur Einführung des BilMoG gab es für Derivatgeschäfte, abgesehen von bestimmten Angabe- und Berichtspflichten im Anhang des Jahresabschlusses und im Lagebericht, **keine speziellen Rechnungslegungsvorschriften.** Bilanzierung und Bewertung dieser Geschäfte wurden aus den allgemeinen Rechnungslegungsgrundsätzen abgeleitet, die im Dritten Buch des HGB (§§ 238–263 HGB) kodifiziert sind. Für die Erfassung in der Bilanz sind insb. der Vermögens-

---

[99] Vgl. IDW RS HFA 8, Tz 10, 20. Es handelt sich hierbei um Gewährleistungspflichten außerhalb des Bonitätsrisikos.
[100] Vgl. IDW RS HFA 8, Tz 24. Derlei sog. „*dilution*-Abschläge" berühren den Bestand der veräußerten Forderungen dem Grund nach, nicht jedoch die Bonitätsrisiken. Gleiches gilt für sog. „*yield*-Abschläge", aus denen sich der Erwerber zur Abdeckung des Zinsänderungsrisikos bedient.
[101] Vgl. IDW RS HFA 8, Tz 23.
[102] Vgl. IDW RS HFA 8, Tz 37. Eine Aktivierung eines Anspruchs aus dem Reservekonto kommt nicht in Betracht, da die Forderung selbst weiterhin bei U zu aktivieren ist. U passiviert die von F zugeflossenen liquiden Mittel als Verbindlichkeit.

gegenstandsbegriff, der Verbindlichkeitsbegriff sowie der Grundsatz der Nichtbilanzierung von schwebenden Geschäften maßgeblich.

Optionen sind Vereinbarungen, die den Optionskäufer gegen Zahlung eines Entgelts (Optionsprämie) berechtigen, bestimmte VG zu vorab festgelegten Bedingungen innerhalb einer bestimmten Frist oder zu einem bestimmten Zeitpunkt vom Optionsverkäufer (Stillhalter) zu erwerben (Kaufoption, Call) oder an diesen zu veräußern (Verkaufsoption, Put). Dementsprechend handelt es sich bei erworbenen Optionsrechten um aktivierungspflichtige **VG**, bei geschriebenen Stillhalterverpflichtungen um passivierungspflichtige **Verbindlichkeiten**, wobei die vereinbarte Optionsprämie die AK bildet. In den Folgeabschlüssen sind die Optionen nach allgemeinen Grundsätzen zu bewerten. Wie Optionen behandelt werden auch **Zinsbegrenzungsvereinbarungen**, bei denen der Aussteller gegen eine Prämie die Verpflichtung übernimmt, dem Berechtigten bei Überschreiten (**Cap**) oder Unterschreiten (**Floor**) einer bestimmten Zinsgrenze eine Ausgleichszahlung zu leisten. Bei Optionen handelt es sich um finanzielle, nicht um immaterielle VG. 70

Bei **Terminkontrakten** (Forwards, Futures)[103] handelt es sich um Vereinbarungen über die Lieferung eines bestimmten Gegenstands zu einem bestimmten späteren Zeitpunkt gegen ein vorab festgelegtes, bestimmtes oder bestimmbares Entgelt. Im Gegensatz zu den Optionen ist beim Abschluss von Termingeschäften von keiner Vertragspartei eine Prämie zu leisten; demzufolge gibt es auch keine AK. Nach den Grundsätzen für **schwebende Geschäfte** werden Termingeschäfte vor ihrer Erfüllung grds. nicht bilanziert. Für **drohende Verluste** sind ggf. Rückstellungen zu bilden (§ 249 Rz 119); dies gilt auch für nicht marktkonform kontrahierte Termingeschäfte. 71

Swaps sind Vereinbarungen über den Tausch von bestimmten Gegenständen, z.B. verschiedenen Währungen oder Zinszahlungsströmen, für einen bestimmten Zeitraum. Wie Terminkontrakte haben auch Swaps keine AK. Als **schwebende Geschäfte** werden sie grds. nicht bilanziert. Ist von einer Vertragspartei bei Laufzeitbeginn eine Ausgleichszahlung (**Upfront Payment**) zu leisten, so handelt es sich insoweit um vorausbezahlte Zinsen, die zunächst als RAP zu aktivieren und anschließend zeitanteilig zulasten des Zinsaufwands aufzulösen sind.[104] Am Bilanzstichtag aufgelaufene, noch nicht fällige **Zinsansprüche und -verpflichtungen** sind ggf. als RAP zu aktivieren bzw. zu passivieren. Für **drohende Verluste** sind ggf. Rückstellungen zu bilden (§ 249 Rz 119); dies gilt auch für nicht marktkonform kontrahierte Swapgeschäfte. 72

Eine Sonderform stellen **Credit Default Swaps** dar. Hierbei übernimmt eine Vertragspartei (Sicherungsgeber) gegen Erhalt einer Prämie von der anderen Vertragspartei (Sicherungsnehmer) das Risiko, dass ein vertraglich vereinbartes Kreditereignis (*Credit Event*) bzgl. einer bestimmten Adresse oder eines Referenzaktivums (z.B. Schuldtitel oder Kreditportfolio) eintritt. Bei Eintritt des Kreditereignisses hat der Sicherungsgeber dem Sicherungsnehmer eine Ausgleichszahlung (*Credit Event Payment*) zu leisten. Die vom Sicherungsgeber übernommenen Eventualrisiken sind unter dem Bilanzstrich als Eventualverbindlichkeiten (Verbindlichkeiten aus Bürgschaften und Gewährleistungsverträ- 73

---

[103] Im Unterschied zu den *Forwards* handelt es ich bei *Futures* um börsengehandelte Termingeschäfte.
[104] Vgl. *Spanier*, Bankinformation 11/2000, S. 61.

gen) zu zeigen. Droht für den Sicherungsgeber ernstlich die Inanspruchnahme aus einem *Credit Default Swap* in Form einer Ausgleichszahlung, ist in entsprechender Höhe eine Rückstellung für drohende Verluste aus schwebenden Geschäften zu bilden.[105]

74 Für die Bilanzierung von Derivaten, die **Sicherungszwecken** dienen, gelten abweichende Grundsätze; siehe § 254 HGB. Danach sind Sicherungsderivat und abgesichertes Grundgeschäft bei Vorliegen einer Bewertungseinheit kompensatorisch zu bilanzieren (zu Einzelheiten s. § 254 Rz 52 ff.). Für **Macro-Hedge-Geschäfte** der Banken zur Absicherung gegen das allgemeine Zinsänderungsrisiko haben sich besondere Grundsätze herausgebildet.[106]

75 Mit dem **BilMoG** sind neue Regelungen für die Bilanzierung von Finanzinstrumenten in das Dritte Buch aufgenommen worden. Sie betreffen auch die Derivate, da auch sie zu den Finanzinstrumenten zählen.[107] § 254 HGB enthält Regelungen für die bilanzielle Abbildung von **Bewertungseinheiten** (zu Einzelheiten s. § 254 Rz 52 ff.). Kreditinstitute haben zudem die Spezialvorschriften des § 340e Abs. 3 HGB zu beachten. Danach sind Finanzinstrumente des Handelsbestands zum beizulegenden Zeitwert abzgl. eines Risikoabschlags zu bewerten. Für derartige Finanzinstrumente gelten damit die AK nicht mehr als Wertobergrenze.

2.3.10 Strukturierte Finanzinstrumente – eingebettete Derivate

76 Strukturierte Finanzinstrumente (*Compound Instruments*) haben in der Praxis weite Verbreitung gefunden. Hierbei handelt es sich um Finanzinstrumente, die aus einem Basisinstrument, i.d.R. eine Forderung oder Schuldverschreibung, und einem oder mehreren Derivaten vertraglich zu einer Einheit zusammengesetzt sind. Aufgrund des eingebetteten Derivats werden die Zahlungsströme des strukturierten Finanzinstruments insgesamt oder teilweise ähnlichen Risiken in Abhängigkeit von einer Basisvariablen ausgesetzt wie durch ein freistehendes Derivat, z.B. der Entwicklung eines bestimmten Zinssatzes, der Preisentwicklung von bestimmten Aktien, Anleihen, Edelmetallen oder Rohstoffen, einer Indexentwicklung, einem Bonitätsrating oder einer anderen Variablen wie Wetter- oder Katastrophenereignisse. Zur Bilanzierung dieser Instrumente hat sich das IDW geäußert.[108] Danach sind diese Instrumente grds. als einheitlicher VG bzw. einheitliche Verbindlichkeit zu bilanzieren. Wenn sie jedoch durch das eingebettete Derivat im Vergleich zum Basisinstrument wesentlich erhöhte oder zusätzliche (andersartige) Risiken oder Chancen aufweisen, handelt es sich bei wirtschaftlicher Betrachtungsweise um zwei Instrumente, die im Interesse einer zutreffenden Darstellung der Vermögens-, Finanz- und Ertragslage grds. getrennt voneinander zu bilanzieren sind;[109] Beispiele hierfür sind im Folgenden beschrieben.

77 Eine **Equity Linked Note** oder auch Aktienanleihe ist eine Anleihe mit Rückzahlungswahlrecht in Aktien. Sie setzt sich bei wirtschaftlicher Betrachtung aus einer Festzinsanleihe und einer dem Emittenten eingeräumten Aktienverkaufs-

---

[105] Vgl. IDW RS BFA 1.24.
[106] Hinsichtlich weitergehender Erläuterungen hierzu wird auf die einschlägige Kommentarliteratur verwiesen; s. etwa bei *Krumnow/Spriβler* et al, Rechnungslegung der Kreditinstitute, 2. Aufl. 2004, HGB § 340e, Rz 151 ff.
[107] Vgl. BilMoG-BgrRegE, S. 53.
[108] Vgl. IDW RS HFA 22.
[109] Zu den Kriterien für eine getrennte Bilanzierung im Einzelnen vgl. IDW RS HFA 22 Tz 15 ff.

option zusammen. Durch das Optionsrecht des Emittenten wird die mit einer Festzinsanleihe üblicherweise verbundene Kapitalgarantie (Rückzahlung zu 100 %) aufgehoben. Sinkt der Kurs der Aktien unter den Basispreis der Verkaufsoption, wird der Emittent von seinem Recht auf Rückzahlung in Aktien Gebrauch machen. Je tiefer der Aktienkurs sinkt, desto geringer fällt die Rückzahlung aus. Für die Übernahme dieses Risikos erhält der Erwerber einer *Equity Linked Note* eine Prämie in Form eines Zinsaufschlags. Da bei einer *Equity Linked Note* neben dem Zinsrisiko mit dem Aktienkursrisiko ein wesentliches zusätzliches Risiko besteht, ist sowohl beim Emittenten als auch beim Erwerber grds. die eingebettete Option von der Anleihe getrennt zu bilanzieren.[110]

Eine **Credit Linked Note** ist eine Schuldverschreibung, die bei Fälligkeit nur dann zum Nennwert getilgt wird, wenn ein vertraglich definiertes Kreditereignis (*Credit Event*) bez. eines Referenzaktivums nicht eintritt. Die Emittenten des Referenzaktivums und der *Credit Linked Note* sind nicht identisch. Bei Eintritt des Kreditereignisses wird die *Credit Linked Note* nur i. H. d. Restwerts des Referenzaktivums getilgt. Wirtschaftlich betrachtet handelt es sich bei diesem Finanzinstrument somit um die Kombination einer Schuldverschreibung des Emittenten der *Credit Linked Note* mit einem *Credit Default Swap* in Bezug auf das Referenzaktivum. Die Prämie, die der Erwerber einer *Credit Linked Note* für die Übernahme des Ausfallrisikos erhält, ist als Zuschlag in den Zinscoupon der *Credit Linked Note* integriert. Das Ausfallrisiko aus dem eingebetteten *Credit Default Swap* ist sowohl beim Emittenten als auch beim Erwerber grds. von der *Credit Linked Note* abzuspalten und getrennt zu bilanzieren.[111]

2.3.11 Wertgarantien bei Veräußerungsgeschäften

Kaufverträge sehen oft vor, dass einzelne mit einem VG verbundene Chancen oder Risiken beim Verkäufer verbleiben. Für die bilanzielle Abbildung dieser Vereinbarungen und die Zuordnung des VG zum Käufer oder Verkäufer ist die Gestaltung dieser Nebenabreden entscheidend. Ist das beim Veräußerer verbleibende Risiko wesentlich, wie insb. das **Bonitätsrisiko bei Forderungen**, so verbleibt das wirtschaftliche Eigentum beim Verkäufer. In der Folge hat dieser auch weiterhin die Forderungen zu bilanzieren. Im Fall von **Gewährleistungsgarantien** aufgrund von Mängeln der gelieferten Sache, wie es üblicherweise in Kaufverträgen vereinbart ist, geht das wirtschaftliche Eigentum dagegen auf den Käufer über.[112]

Von besonderer Relevanz ist das Zurückbehalten des Wertminderungsrisikos beim Verkäufer oder eine Wertgarantie für den Käufer im Rahmen des **Unternehmensverkaufs**.

---

110 Für weitergehende Erläuterungen, insb. zur Aufteilung der AK, zur Folgebewertung und zum Ausweis der Erfolgsbeiträge, wird auf *Spanier*, Rechnungslegung, S. 63 f. verwiesen.
111 Nach IDW RS BFA 1 kann der gesonderte Ausweis der zusätzlichen Sicherungsgeberposition aus dem *Credit Default Swap* unterbleiben, sofern der Grundsatz der Wesentlichkeit nicht verletzt wird.
112 Vgl. IDW ERS HFA 13 nF, Tz 57 ff.

> **Beispiel**
> Ein Großhandelsunternehmen (G) möchte eine börsennotierte AG übernehmen. Bei den Kaufvertragsverhandlungen setzt G durch, dass der bisherige Mehrheitsaktionär der AG (E) bei Unterschreiten eines bestimmten Börsenkurses von mehr als 20 % ein Jahr nach der Veräußerung zum Wertausgleich verpflichtet ist. Der Wertausgleich ist auf 15 % des Kaufpreises beschränkt.
> **Ergebnis:** Das Wertminderungsrisiko bleibt zum Teil bei E. Ob E das wirtschaftliche Eigentum behält, hängt von der Dauer der Garantiefrist oder von der Erheblichkeit der Wertgarantie ab. Dabei sind die Umstände des Einzelfalls zu würdigen. Ist die Garantiefrist mehr als zwei bis drei Jahre[113] oder überschreitet die mögliche Kaufpreisanpassung 25 % des Kaufpreises,[114] so kann es sich nicht um übliche Risikoübernahme handeln. Die AG wäre weiterhin dem E zuzurechnen. In dem Beispiel ist der Verbleib des Risikos beim Verkäufer der Höhe und der Dauer nach derart beschränkt, dass ein wirtschaftlicher Eigentumsübergang stattgefunden hat. Der Verkauf führt dementsprechend zum Abgang der Beteiligung bei E und zur Aktivierung bei G. E hat seinerseits je nach Grad der Wahrscheinlichkeit der künftigen Inanspruchnahme wegen zurückbehaltener Risiken eine Rückstellung für ungewisse Verbindlichkeiten zu bilden oder einen Haftungsvermerk (Verbindlichkeiten aus Gewährleistungsverträgen) gem. § 251 HGB unter der Bilanz auszuweisen.

2.3.12 Nießbrauch

81

Das Eigentum an einer Sache verleiht dem Eigentümer im Wesentlichen drei Rechte: Nutzung, Fruchtziehung und Verfügung. Durch die Begründung eines Nießbrauchs überträgt der Eigentümer einer Sache das **Recht zur Nutzung und Fruchtziehung** an einen Dritten und behält nur das Verfügungsrecht für sich. VG, die mit einem Nießbrauchsrecht belastet sind, sind bilanziell grds. dem zivilrechtlichen Eigentümer zuzuordnen.[115] Regelmäßig wird Nießbrauch an einem VG begründet, um bestimmte Verbindlichkeiten zu sichern. Am (wirtschaftlichen) Eigentum an dem VG ändert dies jedoch nichts, sodass sich auch die bilanzielle Zuordnung des VG durch die Begründung des Nießbrauchs nicht ändert.

Davon abweichend ist der VG jedoch dann dem Nießbrauchsberechtigten zuzuordnen, wenn dessen Rechte an dem Gegenstand derart stark ausgestaltet sind, dass sie ein wirtschaftliches Eigentum daran begründen.[116] Dabei kommt es für die Beurteilung, ob wirtschaftliches Eigentum eines anderen als des zivilrechtlichen Eigentümers gegeben ist, nicht darauf an, welchen Gebrauch der andere von der ihm überlassenen Sache macht. Entscheidend ist allein, dass der Herausgabeanspruch des zivilrechtlichen Eigentümers wirtschaftlich wertlos ist, da

---

[113] Vgl. IDW ERS HFA 13 nF, Tz 56.
[114] Vgl. *Schmidt/Ries*, in Beck Bil-Komm., 10. Aufl., 2016, § 246 HGB, Rz 35.
[115] Vgl. *ADS*, 6. Aufl., § 246 HGB, Rz 396.
[116] Vgl. *Schmidt/Ries*, in Beck Bil-Komm., 10. Aufl., 2016, § 246 HGB, Rz 48.

bspw. der Nießbrauchsberechtigte die Sache aufgrund einer Vertragsgestaltung bis zu ihrer vollständigen technischen oder wirtschaftlichen Abnutzung nicht herauszugeben braucht.[117]

2.4 Zurechnung von Schulden

Gem. § 246 Abs. 1 Satz 3 HGB sind Schulden in die Bilanz des Schuldners aufzunehmen. Danach sind grds. alle im eigenen Namen eingegangenen Schulden zu passivieren. Das kaufmännische Vorsichtsprinzip erfordert, dass der rechtlich Verpflichtete Verbindlichkeiten stets zu bilanzieren hat, auch wenn wirtschaftlich ein Dritter die Belastung zu tragen hat. Eventuelle Ersatzansprüche an einen Dritten sind zu aktivieren, eine Saldierung ist gem. § 246 Abs. 2 Satz 1 HGB unzulässig.[118]

Treuhänderisch eingegangene Verbindlichkeiten sind dann beim Treuhänder auszuweisen, wenn er die Verpflichtungen Dritten gegenüber im eigenen Namen eingegangen ist, denn er trägt das Risiko der Inanspruchnahme durch den Dritten auch für den Fall, dass kein Ausgleich zu erlangen ist. Der ihm aus dem Treuhandvertrag zustehende Anspruch gegen den Treugeber auf Freistellung von der Verbindlichkeit oder auf Erstattung seiner Auslagen ist dann zu aktivieren. Dabei ist eine Kenntlichmachung, dass es sich um Ansprüche und Verbindlichkeiten aus Treuhandgeschäften handelt, zweckmäßig. Der Treugeber hat unabhängig von der Bilanzierung beim Treuhänder aufgrund der wirtschaftlichen Zurechnung ebenfalls die primäre Verbindlichkeit zu bilanzieren.[119]

Bei einer **Erfüllungsübernahme** hat ein Dritter für den Schuldner die Erfüllung einer Verbindlichkeit übernommen. Sofern im Innenverhältnis eine endgültige Entlastung des Schuldners beabsichtigt ist und der Schuldner gegenüber dem Übernehmer eine Gegenleistung erbringt, hat der Übernehmer die Verbindlichkeit als seine eigene zu passivieren. Der Schuldner hat die Verbindlichkeit bis zu ihrer Erfüllung durch den Dritten weiter zu bilanzieren. Der aus der Übernahme folgende Freistellungsanspruch gegen den Dritten ist auf der Aktivseite der Bilanz auszuweisen, da der Gläubiger den Schuldner persönlich in Anspruch nehmen kann.[120] Die Auswirkungen eines Betriebsübergangs nach § 613a BGB auf die Bilanzierung von Altersversorgungsverpflichtungen und vergleichbaren langfristig fälligen Verpflichtungen hängt von der konkreten Ausgestaltung im Einzelfall (z. B. Erfüllungsübernahme nur im Innenverhältnis, entgeltliche Übertragung) ab.[121]

Bei Vorliegen einer **Gesamtschuld** kann der Gläubiger gem. § 421 BGB von jedem der Schuldner die Leistung ganz oder zum Teil verlangen. Daher hat jeder Schuldner die Verbindlichkeit in voller Höhe in seiner Bilanz auszuweisen. Soweit ein Schuldner die Gesamtschuld beglichen hat, geht die Forderung des Gläubigers gegen die übrigen Schuldner nach § 426 BGB auf ihn über. Die wirtschaftliche Belastung des Bilanzierenden kann durch den Rückgriffs-

---

117 Vgl. BFH, Urteil v. 2.6.1978, III R 4/76, BStBl 1978 II S. 508.
118 Vgl. *Lutz/Schlag*, in *v. Wysocki/Schulze-Osterloh/Henrichs/Kuhner*, HdJ I/4, Rz 176, Stand 5/2010.
119 Vgl. *ADS*, 6. Aufl., § 246 HGB, Rz 414f.
120 Alternativ wird auch eine Absetzung des Freistellungsanspruchs von der Verbindlichkeit in der Vorspalte der Passivseite für zulässig gehalten, vgl. *ADS*, 6. Aufl., § 246 HGB, Rz 417f.
121 Vgl. IDW RS HFA 30, Tz 96ff.

anspruch reduziert werden. Eine Saldierung ist unter dem Gesichtspunkt des Verrechnungsverbots grds. nicht vorzunehmen. Besteht jedoch im Innenverhältnis eine ausdrückliche Vereinbarung zwischen den Schuldnern, dass jeder die Schuld anteilig zu erbringen hat, genügt es, wenn jeder von ihnen die Verbindlichkeit i. H. seines Anteils ausweist, sofern zu erwarten ist, dass jeder Schuldner seinen Anteil bei Fälligkeit begleichen wird. Der die anteilige Schuld übersteigende Betrag ist als Haftungsverhältnis gem. § 251 HGB zu vermerken. Ist dagegen wahrscheinlich, dass der Bilanzierende mit dem vollen Betrag in Anspruch genommen wird, ist die Verbindlichkeit in vollem Umfang zu passivieren. Die gegen die Mitschuldner bestehenden Ausgleichsansprüche sind zu aktivieren.[122]

85 Im Fall einer **Schuldmitübernahme bzw. eines Schuldbeitritts** ist nach deren Zweck zu unterscheiden. Bietet diese dem Gläubiger nur eine zusätzliche Sicherheit, ohne dass der der Verbindlichkeit Beitretende wirtschaftlich belastet werden soll, ist solange ein Haftungsverhältnis anzunehmen, wie eine Inanspruchnahme durch den Gläubiger nicht droht. Soll der Beitretende dagegen die Schuld auch wirtschaftlich ganz oder teilweise übernehmen, hat er die Schuld wie bei einer Erfüllungsübernahme zu passivieren. Beim ersten Schuldner, der rechtlich zur gesamten Leistung verpflichtet bleibt, darf auf die Bilanzierung der Verbindlichkeit nur verzichtet werden, wenn seine Inanspruchnahme so gut wie ausgeschlossen ist. Ist dies nicht der Fall, sind die Verbindlichkeiten sowie ein Freistellungsanspruch gegen den Übernehmer zu bilanzieren.[123]

2.5 Geschäfts- oder Firmenwert

2.5.1 Überblick

86 Mit dem durch das BilMoG eingeführten § 246 Abs. 1 Satz 4 HGB wird der entgeltlich erworbene GoF im Wege einer **Fiktion** zum zeitlich begrenzt nutzbaren VG erhoben. Eine Änderung des handelsrechtlichen VG-Begriffs geht nach der Regierungsbegründung damit nicht einher.[124] Die Gesetzesformulierung in § 246 Abs. 1 Satz 4 HGB, nach der der GoF als VG gilt, bringt somit zum Ausdruck, dass der GoF nach der Systematik des Gesetzes zwar kein VG, durch seine Behandlung wie ein VG aber zwingend zu aktivieren ist.[125] Das bis zur Änderung durch das BilMoG in § 255 Abs. 4 HGB aF vorgesehene Wahlrecht für die Bilanzierung des GoF ist entfallen und eine **Aktivierungspflicht** eingeführt worden.

87 Flankiert wird die Regelung durch die Pflicht, den GoF nach § 253 Abs. 3 Satz 1 HGB planmäßig über seine betriebliche Nutzungsdauer abzuschreiben. Bei einer voraussichtlich dauernden Wertminderung sind gem. § 253 Abs. 3 Satz 3 HGB außerplanmäßige Abschreibungen auf den niedrigeren beizulegenden Wert vorzunehmen. Ein niedrigerer Wertansatz eines GoF ist gem. § 253 Abs. 5 Satz 2 HGB beizubehalten (§ 253 Rz 332). Die Annahme einer betrieblichen Nutzungsdauer von mehr als fünf Jahren ist nach § 285 Nr. 13 HGB im Anhang zu begründen.

---

[122] Vgl. *ADS*, 6. Aufl., § 246 HGB, Rz 419 f.
[123] Vgl. *ADS*, 6. Aufl., § 246 HGB, Rz 421 f.
[124] Vgl. BilMoG-BgrRegE, S. 47 f.
[125] Vgl. *Arbeitskreis Bilanzrecht der Hochschullehrer Rechtswissenschaft*, BB 2008, S. 156.

Der **Zweck** der nunmehr verpflichtenden Aktivierung des GoF ist eine Verbesserung der Vergleichbarkeit des handelsrechtlichen Jahresabschlusses. Darüber hinaus wird angestrebt, die Darstellung der Vermögens-, Finanz- und Ertragslage stärker als bislang an die tatsächlichen Verhältnisse bzw. den tatsächlichen Werteverzehr anzunähern.[126]

Unabhängig davon wird in diesem Punkt eine Annäherung an die **steuerrechtliche Regelung** des § 7 Abs. 1 Satz 3 EStG erreicht, wonach der GoF zu aktivieren und über einen Zeitraum von 15 Jahren abzuschreiben ist,[127] gleichwohl ohne eine Identität zwischen handels- und steuerrechtlichen Regelungen herzustellen, da die Nutzungsdauer nach wie vor unterschiedlich angesetzt werden kann oder muss (§ 253 Rz 208).

88

2.5.2 Ansatz des Geschäfts- oder Firmenwerts

Der GoF besteht gem. § 246 Abs. 1 Satz 4 HGB aus dem Unterschiedsbetrag, um den die für die Übernahme eines Unt bewirkte Gegenleistung den Wert der einzelnen VG abzüglich der Schulden des Unt im Zeitpunkt der Übernahme übersteigt. Die Grundlage für die Ermittlung des GoF bildet somit ein **Unternehmenserwerb**. Der Ansatz eines originären, d.h. selbst geschaffenen Firmenwerts bleibt dagegen analog § 248 Abs. 2 HGB weiterhin ausgeschlossen.

89

§ 246 Abs. 1 Satz 4 HGB spricht von der Übernahme eines Unt, ohne diesen **Begriff** gesetzlich zu definieren. Als Unt i.S.d. Vorschrift sind neben Einzelunternehmen, PersG oder KapG auch einzelne Betriebe oder Teilbetriebe zu verstehen, wenn sie im Zeitpunkt der Übernahme die Fähigkeit besitzen, als selbstständige Einheit am Wirtschaftsverkehr teilzunehmen, auch wenn ihnen die rechtliche Selbstständigkeit fehlt. Entscheidend ist lediglich, dass der einzelne Teil auch für sich allein als Unt geführt werden und selbstständig am Wirtschaftsleben teilnehmen könnte.[128]

90

Die Übernahme eines Unt kann durch den Erwerb einer Beteiligung, dem sog. **share deal**, oder im Rahmen eines **asset deals** durch den Einzelerwerb von VG und Schulden erfolgen. Bei einem *share deal* kann in der Bilanz des Erwerbers kein derivativer GoF entstehen, da die Beteiligung als solche aktiviert und ein etwaiger GoF folglich als Bestandteil des Beteiligungsbuchwerts ausgewiesen wird. Ein GoF kann somit i.d.R. nur aus einem *asset deal*, bei dem sich regelmäßig ein Unterschiedsbetrag ergibt, resultieren.[129] Ein GoF kann jedoch auch bei einem Erwerb von Anteilen an einer PersG, wenn nicht sämtliche Anteile übernommen werden (sog. **Eintritt**), oder bei einem **Austritt**, wenn die ausscheidenden Gesellschafter Abfindungen von der PersG erhalten, anzusetzen sein. Beim letzteren Fall liegt bei wirtschaftlicher Betrachtung eine Teil-Liquidation der Personenhandelsgesellschaft vor, die in Bezug auf ihre bilanziellen Auswirkungen einem Anschaffungsvorgang gleichkommt. Die hierbei angesetzten immateriellen VG des AV sind insoweit entgeltlich erworben.[130] Bei Ver-

91

---

[126] Vgl. BilMoG-BgrRegE, S. 48.
[127] Vgl. BilMoG-BgrRegE, S. 48.
[128] Vgl. *ADS*, 6. Aufl., § 255 HGB, Rz 260.
[129] Vgl. *Reiner/Heußer*, in MünchKomm. HGB, 3. Aufl., § 266 Rz 28.
[130] Vgl. IDW RS HFA 7, Tz. 59.

äußerung von Anteilen an PersG durch Gesellschafter (Sonderrechtsnachfolge) sind derartige Aktivierungen allerdings nicht zulässig.

> **Beispiel**
> A, B und C sind Kommanditisten der X GmbH & Co. KG mit je 20 TEUR Kommanditkapital; die GmbH ist Komplementärin ohne Einlage. A scheidet aus der Ges. aus. Nach den gesellschaftsvertraglichen Regelungen hat A neben der Auszahlung des Guthabens auf sein Kapitalkonto auch Anspruch auf die Abgeltung von stillen Reserven in der Bilanz (hier: stille Reserven in angearbeiteten Aufträgen) und darüber hinaus von einem bestimmten Anteil an dem Firmenwert.
> **Ergebnis:** Die aufgedeckten stillen Reserven sind von der von B und C fortgeführten Ges. als entgeltlich erworben zu aktivieren. Das Auseinandersetzungsguthaben errechnet sich i. H. v. 100 TEUR, das wie folgt gebucht wird (fiktive Zahlen):
>
> | Datum | Konto | Soll | Haben |
> |---|---|---|---|
> | | Kommanditkapital A | 20 | |
> | | Unfertige Erzeugnisse | 35 | |
> | | GoF | 45 | |
> | | Verbindlichkeit A | | 100 |

2.5.3 Ermittlung des Geschäfts- oder Firmenwerts

92 Der GoF wird als **Differenzgröße** zwischen dem Betrag, den der Erwerber eines Unt aufwendet, und der Summe der Zeitwerte aller vorhandenen VG abzgl. der Schulden sowie ggf. RAP ermittelt.

	Kaufpreis für das Unt
./.	Summe der Zeitwerte aller zu aktivierenden VG
+/ ./.	RAP
+	Summe der Zeitwerte aller zu passivierenden Schulden
=	**Derivativer GoF**

Die bisherigen Buchwerte oder bei der Übernahme vereinbarten Preise spielen für die Bewertung der übernommenen VG keine Rolle. Für die Ermittlung des derivativen GoF sind allein die Zeitwerte im Übernahmezeitpunkt entscheidend.

93 Zur **Ermittlung** des derivativen GoF sind die einzeln erworbenen VG sowie Schulden vollständig zu erheben und mit dem im Erwerbszeitpunkt geltenden Zeitwert anzusetzen. Hierbei sind sämtliche VG zu erfassen, selbst wenn es sich um vom Veräußerer selbst geschaffene immaterielle VG handelt, wie z. B. selbst geschaffene Markennamen, ein Kundenstamm etc. Insoweit bestehen Parallelen zur Anwendung der Erwerbsmethode als Konsolidierungsmethode (vgl. § 301 Rz 49 f.).

Zu den einzubeziehenden Schuldposten gehören neben den Verbindlichkeiten auch die Rückstellungen, soweit es sich um Verbindlichkeitsrückstellungen handelt. Eine Bewertung zum Zeitwert hat insb. auch die in Anwendung von Art. 28 Abs. 1 EGHGB beim zu übernehmenden Unt bisher nicht angesetzten Pensionsrückstellungen zu berücksichtigen (§ 249 Rz 78). Nicht anzusetzen sind Aufwandsrückstellungen und von übernommenen Unt in Anspruch genommene Bilanzierungshilfen,[131] soweit diese für eine Übergangszeit nach deren Abschaffung durch das BilMoG noch fortgeführt werden. Aufwandsrückstellungen sind, soweit sie fortgeführt werden dürfen, bei der Ermittlung der Zeitwerte der Gegenstände zu berücksichtigen, auf die sie sich beziehen.[132]

Die Bewertung der übernommenen VG und Schulden ist – unabhängig vom Buchwert – zum Zeitwert vorzunehmen. Dabei sind die einzelnen Zeitwerte grds. unter Berücksichtigung des vorgesehenen Verwendungszwecks zu ermitteln. Das Vorsichtsprinzip ist bei der Wertermittlung zu beachten. Die Bestimmung der Zeitwerte aller VG und Schulden wird i. d. R. lediglich anhand von Schätzungen vorgenommen werden können.[133] Dies gilt auch für die Zeitbewertung von Rückstellungen. Zwar wird in der Regierungsbegründung darauf hingewiesen, dass mit der Verwendung des Begriffs Erfüllungsbetrag eine Über- bzw. Unterdotierung der Rückstellungen eingeschränkt und die Darstellung der Vermögens-, Finanz- und Ertragslage deutlicher an die tatsächlichen wirtschaftlichen Verhältnisse angepasst werden soll. Der Erfüllungsbetrag ist dabei nach vernünftiger kaufmännischer Beurteilung anzusetzen. Aus den unterschiedlichen Beurteilungen vernünftig urteilender Kfl kann sich gleichwohl eine Bandbreite möglicher Inanspruchnahmen für einen einzelnen Bilanzansatz ergeben.[134]

Aus einer gegenüber den steuerrechtlichen Vorschriften kürzeren handelsrechtlichen Abschreibungsdauer können aktive latente Steuern entstehen. Darüber hinaus können Abweichungen zwischen dem erstmaligen Ansatz des GoF in Handels- und Steuerbilanz bestehen. Auf die hieraus resultierende Differenz ist grds. eine latente Steuer zu ermitteln. § 274 HGB enthält anders als der für latente Steuern im Konzernabschluss geltende § 306 Satz 3 HGB keine Vorschrift, nach der auf dem verbleibenden Unterschiedsbetrag keine latenten Steuern anzusetzen sind. Da der GoF jedoch eine Restgröße darstellt, die sich aufgrund der Abgrenzung latenter Steuern wieder verändert, wäre eine Ermittlung nur im Rahmen eines Iterationsverfahrens möglich.[135] Wegen der damit einhergehenden Komplexität wurde im Konzernabschluss auf diese Abgrenzung verzichtet.[136]

Nachfolgendes Beispiel soll die Ermittlung des GoF in vereinfachter Form darstellen:

---

[131] Vgl. *Kußmaul*, in *Küting/Pfitzer/Weber*, HdR, HGB 246 Rn 19, Stand 11/2016.
[132] Vgl. *ADS*, 6. Aufl., § 255 HGB, Rz 268.
[133] Vgl. *Kußmaul*, in *Küting/Pfitzer/Weber*, HdR, HGB 246 Rn 19, Stand 11/2016.
[134] Vgl. *ADS*, 6. Aufl., § 253 HGB, Rz 190.
[135] Vgl. *Küting/Seel*, DB 2009, S. 923.
[136] Vgl. BilMoG-BgrRegE, S. 83.

Beispiel
Ein Unt übernimmt am 31.12.01 ein anderes Unt zu einem Preis i. H. v. 8,5 Mio. EUR. In diesem Unt liegen per 31.12.01 folgende Aktiva und Passiva vor:

	Bilanzwert in Mio. EUR 31.12.01	Zeitwert in Mio. EUR 31.12.01
Grundstücke und Gebäude	2,5	3,0
Wertpapiere	0,3	0,6
Maschinen	1,5	1,5
BGA	0,5	0,8
Forderungen	2,2	2,3
Sonstige Aktiva	4,0	4,0
Summe Aktiva	**11,0**	**12,2**
./. Verbindlichkeiten	3,8	3,8
./. Rückstellungen	0,5	0,9
./. Sonstige Passiva	0,3	0,2
Summe Passiva	**4,6**	**4,9**

	8,5 Mio. EUR (Kaufpreis für das Unt)
./.	12,2 Mio. EUR (Summe der Zeitwerte aller zu aktivierenden VG)
+	4,9 Mio. EUR (Summe der Zeitwerte aller zu passivierenden Schulden)
=	1,2 Mio. EUR (Derivativer GoF)

2.5.4 Negativer Geschäfts- oder Firmenwert

94 Aus dem obigen Ermittlungsschema kann sich ausnahmsweise auch ein **negativer Betrag** ergeben.

Sofern der für ein erworbenes Unt geleistete Gesamtkaufpreis der Höhe nach nicht den Saldo der Zeitwerte der einzelnen bewertbaren VG und Schulden erreicht, sind in einem ersten Schritt die Zeitwerte der übernommenen Aktiva aufgrund des Anschaffungskostenprinzips im Rahmen einer sog. **Abstockung** so weit zu kürzen, dass der Saldo der übernommenen Aktiva und Passiva der Höhe des gezahlten Kaufpreises entspricht.[137] Die Höhe der Abstockungsbeträge kann im Rahmen einer **Schätzung** bezogen auf die entsprechenden VG ermittelt werden. Eine proportionale Abstockung ist möglich, wenn auch nicht erforderlich, allerdings darf sie auch nicht willkürlich erfolgen.[138] Posten mit unmittelbarem Liquiditätsbezug wie liquide Mittel oder werthaltige Forderungen sind nicht abzustocken.

---

[137] Vgl. *Baetge/Kirsch/Thiele*, Bilanzen, 13. Aufl. 2014, S. 258 m. w. N. sowie *ADS*, 6. Aufl., § 255 HGB, Rz 107 und 295.
[138] Vgl. *ADS*, 6. Aufl., § 255 HGB, Rz 107.

Wenn nach der Einzelbewertung der VG und Schulden ein negativer GoF verbleibt, weil bspw. nicht ausreichend abstockbare Aktiva (z.B. Geldposten) oder aufstockbare Passiva vorhanden sind[139], stellt sich in einem weiteren Schritt die Frage, wie dieser zu behandeln ist. Die sich aus dem Vergleich des Kaufpreises mit dem Saldo der Zeitwerte der VG und Schulden ergebende Differenz darf gem. § 246 Abs. 1 Satz 4 HGB nur bilanziert werden, wenn sie positiv ist. Diese Vorgehensweise entspricht auch dem Anschaffungskostenprinzip des § 255 HGB.[140] Ein negativer GoF ist – anders als im Konzernabschluss – vom Grundsatz her nicht bilanzierungsfähig.[141] Diese Auffassung wird auch hier vertreten, sodass ein negativer GoF erfolgswirksam über die GuV aufzulösen ist.
Nach a.A. ist ein negativer GoF gesondert in der Bilanz auszuweisen, z.B. zur Abdeckung von zu erwartenden Verlusten (bad-will). Eine gewinnerhöhende Auflösung des Postens kommt erst dann in Betracht, wenn die zugrunde liegenden negativen Erwartungen eingetreten oder aber entfallen sind.[142] Im Fall eines „lucky buy" ist dennoch eine sofortige Vereinnahmung über die GuV vorzunehmen.

3 Vollständigkeit der Gewinn- und Verlustrechnung

Das Vollständigkeitsgebot bewirkt in der GuV den grds. **unsaldierten Ausweis** sämtlicher Erfolgsgrößen (Aufwendungen und Erträge) und stellt damit das Pendant zu der vollständigen Erfassung aller Bestandsgrößen (VG, Schulden, RAP) in der Bilanz dar. Die **Begriffe** Aufwendungen und Erträge werden gesetzlich nicht definiert. Unter Aufwendungen wird nach hM der gesamte Werteverzehr an Gütern und Dienstleistungen verstanden.[143] Ertrag stellt jede Erhöhung des Netto- oder Reinvermögens durch Güter und Dienstleistungen, die einer Geschäftsperiode zuzurechnen sind, dar.[144]

95

Bilanz und GuV stehen aufgrund der buchhalterischen **Systematik der Doppik** in einer unmittelbaren wechselseitigen Beziehung. So ist etwa die Aktivierung eines VG bei Vorliegen der Voraussetzungen geboten. Im Umkehrschluss erfolgt im Fall des Nichtvorliegens der Voraussetzungen eine Erfassung als Aufwand. Auf den Zeitpunkt der Zahlung kommt es weder für die Aufwendungen noch für die Erträge an (§ 252 Abs. 1 Nr. 5 HGB).

96

Einlagen und **Entnahmen** sind grds. erfolgsneutral zu behandeln. Dies gilt insb. für offene Einlagen in eine KapG oder PersG bzw. bei Maßnahmen zulasten des EK. Bei der Durchführung eines Reinvermögensvergleichs auf Basis der Bilanz sind derartige Vorgänge gleichwohl zu berücksichtigen. Bei EKfl ist die Abgrenzung von Privat- und Unternehmenssphäre aufgrund der juristischen Identität des Rechtsträgers besonders zu beachten, da etwa Aufwendungen des Handelsgewerbes aus privaten Mitteln gezahlt werden könnten. Tatsächlich handelt es sich hingegen um originäre Aufwendungen des Unt, auch wenn diese durch die (gedanklich zuvor erfolgte) Einlage des Unt finanziert wurden.

97

---

[139] Vgl. *ADS*, 6. Aufl., § 255 HGB Rz 295; *Heurung*, DB 1995, S. 390.
[140] Vgl. *Siegel/Bareis*, BB 1993, S. 1479 u. BB 1994, S. 318.
[141] Vgl. *Baetge/Kirsch/Thiele*, Bilanzen, 13. Aufl. 2014, S. 258.
[142] Vgl. *ADS*, 6. Aufl., § 255 HGB Rz 295.
[143] Vgl. *Ebenroth/Boujong/Joost/Strohn* (Hrsg.), HGB, § 246, Rz 11.
[144] Vgl. *ADS*, 6. Aufl., § 246 HGB, Rz 167 mwN.

98 Davon abweichend werden **verdeckte Einlagen und Entnahmen** bei PersG und KapG handelsrechtlich nicht eliminiert. Eine Ergebniskorrektur findet lediglich für steuerliche Zwecke außerhalb der handelsrechtlichen GuV statt. So ist ein (steuerlich) überhöhtes Gehalt für einen Gesellschafter in der GuV ungeachtet dessen als Personalaufwand auszuweisen, auch wenn es sich um eine verdeckte Gewinnausschüttung gehandelt hat. Ebenso wenig werden nicht fremdübliche Vorteile z.B. in Form einer marktunüblich niedrigen Miete, die etwa in der Absicht geleistet wurden, die Gewinnströme innerhalb eines Konzerns zu lenken, handelsrechtlich korrigiert.

99 Aufwendungen und Erträge sind in der GuV von KapG und KapCoGes unter den gem. § 275 HGB dafür vorgesehenen Posten auszuweisen (§ 275 Rz 6). Zulässig sind hierbei das i.d.R. verwendete GKV (§ 275 Abs. 2 HGB) und das UKV (§ 275 Abs. 3 HGB), auch wenn bei diesem nicht sämtliche Aufwendungen und Erträge erfasst werden und das Vollständigkeitsprinzip somit eingeschränkt wird.[145]

4 Verrechnungsverbot/-gebot

4.1 Grundsätzliches Verrechnungsverbot

100 Aus der Gesetzesformulierung des § 246 Abs. 2 Satz 1 HGB ist ein grds. Verrechnungs- bzw. Saldierungsverbot zu entnehmen. Dieses Verbot folgt dem allgemeinen Gebot der Klarheit und Übersichtlichkeit des Jahresabschlusses (§ 243 Abs. 2 HGB) als auch dem Vollständigkeitsgebot des § 246 Abs. 1 HGB. Das Verrechnungsverbot wird jedoch sowohl bzgl. der Bilanz als auch der GuV von zahlreichen Ausnahmen durchbrochen, auf die in den nachfolgenden Abschnitten eingegangen wird.

4.2 Verrechnungsgebot von Vermögensgegenständen und Schulden nach § 246 Abs. 2 Satz 2 HGB

4.2.1 Gesetzliche Regelung

101 § 246 Abs. 2 Satz 2 HGB i.d.F. des BilMoG schreibt vor, dass „Vermögensgegenstände, die dem Zugriff aller übrigen Gläubiger entzogen sind und ausschließlich der Erfüllung von Schulden aus Altersversorgungsverpflichtungen oder vergleichbaren langfristig fälligen Verpflichtungen dienen, […] mit diesen Schulden zu verrechnen" sind. Die zugehörigen Aufwendungen und Erträge aus der Abzinsung und aus dem zu verrechnenden Vermögen sind ebenfalls zu verrechnen. Da es in der Disposition des Unt liegt, das sog. Zweckvermögen oder auch Deckungsvermögen zu deklarieren oder nicht, kann in dem Saldierungsgebot trotz der gesetzlich klaren Verrechnungsvorschrift („… sind … zu verrechnen") praktisch ein Gestaltungswahlrecht gesehen werden.[146]

102 Flankiert wird die Regelung durch die Pflicht, dass die zu verrechnenden **Vermögensgegenstände mit Zeitwerten zu bewerten** sind (§ 253 Abs. 1 Satz 4 HGB). Zur Vermeidung des Ausweises und der Ausschüttung unrealisierter Gewinne wurde durch das BilMoG eine Ausschüttungs- und Abführungssperre

---

[145] Vgl. *ADS*, 6. Aufl., § 246 HGB, Rz 163.
[146] Vgl. *Küting/Kessler/Keßler*, in *Küting/Pfitzer/Weber*, Das neue deutsche Bilanzrecht, 2. Aufl. 2009, S. 354.

in § 268 Abs. 8 HGB eingeführt (§ 268 Rz 50ff.). Zu den gem. § 285 Nr. 25 HGB und § 314 Nr. 17 HGB erforderlichen Anhangangaben vgl. Rz 122.

Die Einführung des § 246 Abs. 2 Satz 2 HGB trägt einer Forderung der Praxis nach einer Vorschrift Rechnung, die es – vergleichbar der Berücksichtigung von Planvermögen (sog. *plan assets*) beim Ausweis der Pensionsrückstellungen nach den internationalen Rechnungslegungsstandards[147] – erlaubt, VG (als sog. Deckungsvermögen[148]) mit Schulden zu verrechnen.[149]

103

Zunächst widerspricht die Verrechnung zwar dem Verrechnungsverbot nach Art. 7 der 4. Bilanzrichtlinie. Gleichzeitig wird jedoch die durch die Bilanzrichtlinie verfolgte **Zwecksetzung**, den Abschlussadressaten ein den tatsächlichen Verhältnissen entsprechendes Bild der Vermögens-, Finanz- und Ertragslage zu vermitteln, besser erreicht. Soweit die VG ausschließlich der Erfüllung bestimmter Verpflichtungen dienen, stellen die aus den Verpflichtungen resultierenden Schulden letztlich keine wirtschaftliche Belastung des Unt mehr dar. Im Effekt soll somit nur noch diejenige Verpflichtung ausgewiesen werden, die das Unt noch wirtschaftlich trifft. Die gleichen Überlegungen gelten für die Verpflichtung zur Verrechnung der zugehörigen Aufwendungen und Erträge.

4.2.2 Deckungsvermögen

4.2.2.1 Anforderungen an das Deckungsvermögen

Vermögensgegenstände, die als Deckungsvermögen fungieren sollen, müssen zwei kumulative Voraussetzungen erfüllen:

104

(1) sie müssen dem Zugriff aller übrigen Gläubiger – also mit Ausnahme des Versorgungsberechtigten selbst – entzogen sein (Insolvenzsicherheit), und
(2) sie dienen ausschließlich der Erfüllung der zu deckenden Altersversorgungsverpflichtungen (Zweckexklusivität).

Die beiden folgenden Abschnitte enthalten weitere Ausführungen zur Insolvenzsicherheit und zur Zweckexklusivität. Praxisfälle werden in Abschn. 4.2.2.4 erörtert.

4.2.2.2 Insolvenzsicherheit

Das Kriterium der Insolvenzsicherheit ist stets erfüllt, wenn dem Versorgungsberechtigten im Fall der Insolvenz in Bezug auf den VG ein **Aussonderungsrecht** (§ 47 InsO) zusteht. Steht den Versorgungsberechtigten ein in der Praxis häufiger vorkommendes **Absonderungsrecht** (§ 49 InsO) zu, ist auch ein solches für das Vorliegen der Insolvenzsicherheit hinreichend.[150] Dieses kann bspw. bei speziellen Treuhandmodellen oder bei der Verpfändung von Wertpapierdepots oder Rückdeckungsversicherungsansprüchen der Fall sein. Bezüglich weiterer Ausführungen wird auf die in Abschn. 4.2.2.4 dargestellten Praxisfälle verwiesen. Dem Zugriff aller übrigen Gläubiger sind im Übrigen nur VG entzogen, die (im Verhältnis zu anderen als dem Versorgungsberechtigten) **unbelastet** sind. Bleibt

105

---

[147] Vgl. etwa IAS 19.54.
[148] Der vom HFA des IDW verwendete Begriff „Deckungsvermögen" grenzt sich sprachlich von dem international verbreiteten Ausdruck „*plan assets*" ab, was angesichts inhaltlicher Unterschiede geboten ist; vgl. *Bertram/Johanneweling/Roß/Weiser*, WPg 2011, S. 59.
[149] Vgl. BilMoG-BgRegE, S. 48.
[150] Vgl. IDW RS HFA 30, Tz. 23.

dem Unt die Verwertung vorbehalten, muss sich das Pfandrecht auch auf das Surrogat (z. B. den Verwertungserlös) erstrecken (Surrogatsklausel).[151]
Nach der Begründung zum BilMoG kann für Zwecke des § 246 Abs. 2 Satz 2 HGB auf jeden Fall davon ausgegangen werden, dass die VG dem Zugriff der übrigen Gläubiger entzogen sind, soweit die Voraussetzungen des § 7e Abs. 2 SGB IV (zur Insolvenzsicherung der Wertguthaben von Zeitwertkonten) vorliegen.[152]

4.2.2.3 Zweckexklusivität

106 Die neben der Insolvenzsicherheit geforderte Zweckexklusivität des Deckungsvermögens bedingt, dass die VG jederzeit zur Verwertung zur Erfüllung der gedeckten Verpflichtungen zur Verfügung stehen und dass auch etwaige laufende Erträge sowie Erträge aus der Realisierung von stillen Reserven der VG der Erfüllung der Verpflichtungen dienen. Im Falle einer Verpfändung von Wertpapieren müssen z.B. auch die Zins-, Dividenden- oder sonstigen Erträge aus diesen Wertpapieren an den Versorgungsberechtigten verpfändet sein.[153]
Zudem ist die Zweckexklusivität von Deckungsvermögen bei Treuhandverhältnissen (z.B. bei sog. CTA-Strukturen) nur dann gewahrt, wenn die Rückgewähr des Vermögens an den Treugeber ausgeschlossen ist. Davon ausgenommen sind Erstattungen durch den Treuhänder an das Unt für von diesem bereits an den Versorgungsberechtigten geleisteten Zahlungen sowie Rückgewährungen im Fall einer Überdotierung des Treuhandvermögens.[154]

4.2.2.4 Praxisfälle

107 Zur Absicherung von Pensionszusagen an Gesellschafter-Geschäftsführer von KapG oder KapCoGes sind in der Praxis Sicherstellungen der Begünstigten durch **Verpfändungen** von VG, bspw. **Wertpapierdepots**, anzutreffen. In den Fällen weniger oder relativ hoher Einzelzusagen werden auch **Rückdeckungsversicherungen** zur Finanzierung und zur Risikovorsorge zur Vermeidung unerwünschter Ergebnisauswirkungen bei vorzeitigem Eintritt von Versorgungsfällen abgeschlossen. Hierbei ist i.d.R. das Unt Versicherungsnehmer, Prämienzahler und Bezugsberechtigter und der Begünstigte Versicherter. Soweit die Rückdeckungsversicherungen an den Bezugsberechtigten verpfändet wurden, gilt das Verrechnungsgebot der Pensionsrückstellung mit dem Versicherungsaktivwert auch in diesem Fall.[155] Verpfändete Wertpapierdepots und Rückdeckungsversicherungen unterliegen der Verrechnungspflicht nach § 246 Abs. 2 Satz 2 HGB. Dieses gilt bei Rückdeckungsversicherungen jedoch nicht, soweit dem Unt ein einseitiges Verwertungsrecht (z.L. der Begünstigten) zusteht; hat sich das Unt die Verfügung über einen verpfändeten VG vorbehalten, ist dieses nur dann unschädlich, wenn durch eine Surrogatsklausel die Verpflichtung besteht, das Deckungsvermögen ungeschmälert zu lassen. Übt das Unt bspw. bei einer Rückdeckungsversicherung das vertragliche Rück-

---

[151] Vgl. IDW RS HFA 30, Tz. 24.
[152] Vgl. BilMoG-BgrRA, S. 110.
[153] Vgl. IDW RS HFA 30, Tz. 25.
[154] Vg. *Bertram/Johannleweling/Roß/Weiser*, WPg 2011, S. 60.
[155] Gl. A. *Höfer/Rhiel/Veit*, DB 2009, S. 1609.

kaufsrecht aus, muss es verpflichtet sein, entsprechenden Ersatz für das Deckungsvermögen zu schaffen.¹⁵⁶

In den letzten Jahren ist eine steigende Tendenz zur Hinterlegung der **Pensionsverpflichtungen** durch sog. plan assets festzustellen, um auf diese Weise nicht nur Liquiditätsvorsorge für zukünftige Versorgungszahlungen zu treffen, sondern auch den internationalen Bilanzierungsgewohnheiten verstärkt zu entsprechen.¹⁵⁷ Zunehmend werden damit Treuhandlösungen, sog. **Contractual Trust Arrangements** (CTA), zur Absicherung und Finanzierung langfristig fälliger Pensionsverpflichtungen wahrgenommen. Dies ist offenbar auch die vom Gesetzgeber präferierte Form der Besicherung, wie durch § 7e Abs. 2 SGB IV deutlich wird. In einer solchen Konstruktion werden VG auf einen von dem Unt unabhängigen Rechtsträger (z. B. Pensionsfonds, Treuhänder) übertragen und von diesem treuhänderisch verwaltet (Verwaltungstreuhand, einseitige Treuhand). Soweit der Treuhänder zudem noch die Stellung eines Sicherungstreuhänders innehat, gegen den die Begünstigten bei Eintritt des Sicherungsfalls eigenständige, gegen den Treuhänder gerichtete Leistungsrechte erwerben, spricht man von doppelseitiger Treuhand.¹⁵⁸

Wenn eine Rückübertragung des Deckungsvermögens an das Unt ausgeschlossen ist, ist der Insolvenzschutz für den Arbeitnehmer in diesem Fall gewährleistet, sodass eine Verrechnung des vom Treuhänder gehaltenen Vermögens mit der zugrunde liegenden Rückstellung demzufolge nach § 246 Abs. 2 Satz 2 HGB grds. vorgenommen werden muss; wegen der Vielzahl der in der Praxis vorkommenden Modelle ist eine Prüfung im Einzelfall erforderlich. CTA kommen auch als Sicherung für Altersteilzeit- und Zeitwertkonten infrage.¹⁵⁹ Zur Entwidmung von Deckungsvermögen aus einem CTA vgl. § 253 Rz 125.

Betriebsnotwendiges Anlagevermögen eignet sich – anders als bei der Bilanzierung nach IFRS – grds. nicht als Deckungsvermögen, da es nicht frei veräußert werden kann, ohne dass die eigentliche Unternehmensaufgabe hiervon berührt wird (funktionales Abgrenzungskriterium).¹⁶⁰ Ein Bürogebäude kann im Einzelfall dagegen als Deckungsvermögen infrage kommen.¹⁶¹

Im Fall von Ausfinanzierungen von Altersvorsorgeverpflichtungen über **externe Versorgungsträger** (Unterstützungskassen, Pensionsfonds, Pensionskassen, Direktversicherungen) verfügt das bilanzierende Unt über keine VG, die für eine Verrechnung zur Verfügung stehen. Deshalb entfallen weitere Überlegungen hinsichtlich einer Saldierung nach § 246 Abs. 2 Satz 2 HGB.

4.2.3 Erfasste Altersversorgungsverpflichtungen

In der Begründung zum BilMoG wird ausgeführt, dass das Verrechnungsgebot auf

- Pensionsverpflichtungen,
- Altersteilzeitverpflichtungen,

---

156 Vg. *Bertram/Johannleweling/Roß/Weiser*, WPg 2011, S. 60.
157 Vgl. *Bätzel*, DB 2008, S. 1761.
158 Vgl. *Gelhausen/Fey/Kämpfer*, WPg 2010, S. 27.
159 Vgl. *Bätzel*, DB 2008, S. 1762 f.
160 Vgl. IDW RS HFA 30, Tz. 29.
161 Vg. *Bertram/Johannleweling/Roß/Weiser*, WPg 2011, S. 60.

- **Verpflichtungen aus Lebensarbeitszeitmodellen** und
- **andere vergleichbare langfristig fällige Verpflichtungen**

beschränkt ist. Für alle übrigen bestehenden Verpflichtungen bleibt es bei dem bereits bisher bestehenden Verrechnungsverbot.[162]

Damit sind alle Arten von **kurzfristig fälligen Verpflichtungen** gegenüber Arbeitnehmern von einer Saldierung in jedem Fall ausgenommen, wobei in diesem Fall regelmäßig ohnehin kein Deckungsvermögen existiert, sodass eine Saldierung schon deshalb nicht infrage kommt. Zu denken ist insb. an Rückstellungen etwa für Urlaubsverpflichtungen, Überstunden, kurzfristig fällige Erfolgsbeteiligungen, Abfindungszahlungen für ausscheidende Mitarbeiter und ähnliche kurzfristig fällige Verpflichtungen.

Demgegenüber werden in der Regierungsbegründung zwar Verpflichtungen aus **Jubiläumsgeldzahlungen** nicht ausdrücklich genannt, jedoch sind diese als sonstige langfristige Verpflichtungen mit erfasst.[163]

112 Zwar lautet die Gesetzesformulierung, dass **langfristige** Rückstellungen zu saldieren sind. Ein Teil der benannten Rückstellungen ist jedoch regelmäßig **auch kurzfristiger** Natur (z. B. die laufende Auszahlung von Pensionen), sodass eine Aufteilung in einen lang- und einen kurzfristigen Teil denkbar wäre. Solch eine Aufteilung in einen lang- und einen kurzfristigen Teil ist jedoch nicht erforderlich. Dies würde dem Ziel des Gesetzes einer Darstellung der letztlich noch vorhandenen wirtschaftlichen Verpflichtung des Unt zuwiderlaufen und dem Abschlussleser insofern keinen Mehrwert an Informationen über die Vermögens-, Finanz- und Ertragslage liefern.

113 Regelmäßig zählen **unmittelbare Pensionsverpflichtungen** zu den ausgewiesenen Pensionsrückstellungen. Nach wie vor stellt die zugrunde liegende Direktzusage in Deutschland den vorherrschenden Durchführungsweg der betrieblichen Altersvorsorge dar.[164] Neben diesen unstrittig für eine Verrechnung mit VG infrage kommenden Verpflichtungen kommen in der Praxis **mittelbare Pensionsverpflichtungen**[165] und **sog. Altzusagen**[166] vor, die aufgrund von Wahlrechten nicht passiviert werden brauchen.[167] Soweit diese Pensionsverpflichtungen nicht passiviert werden, stehen sie für eine Verrechnung mit VG nicht zur Verfügung.

114 Personell bezieht sich das Verrechnungsgebot auf Verpflichtungen gegenüber **Mitarbeitern**, unabhängig davon, ob sie Arbeitnehmer im engen arbeitsrechtlichen Sinn sind oder nicht.[168] Eingeschlossen sind damit auch Verpflichtungen gegenüber **gesetzlichen Vertretern** einer KapG oder gegenüber **Mitgliedern eines gesellschaftsrechtlich zu bildenden Aufsichtsrates**, die nicht als Arbeit-

---

[162] Vgl. BilMoG-BgrRegE, S. 48.
[163] Vgl. *Rhiel/Veit*, DB 2008, S. 1511.
[164] Vgl. *Bätzel*, DB 2008, S. 1761 m. w. N, danach liegt der Anteil der Direktzusage an den Deckungsmitteln bei etwa 56 %.
[165] Pensionen oder Anwartschaften, die über besondere Rechtsträger, insb. Unterstützungskassen, gewährt werden, vgl. WPH Edition, Wirtschaftsprüfung & Rechnungslegung, 15. Aufl., 2017, Abschn. E, Tz 557.
[166] Rechtsanspruch wurde vor dem 1.1.1987 erworben oder ein vor diesem Zeitpunkt erworbener Rechtsanspruch hat sich nach dem 31.12.1986 erhöht, vgl. WPH Edition, Wirtschaftsprüfung & Rechnungslegung, 15. Aufl., 2017, Abschn. E, Tz 556.
[167] Passivierungswahlrechte gem. Art. 28 Abs. 1 EGHGB.
[168] Vgl. BilMoG-BgrRA, S. 110.

nehmer, sondern in ihrer Eigenschaft als Organ der Gesellschaft tätig werden.[169] Auch Verpflichtungen gegenüber ehemaligen Mitarbeitern und Rentnern sind von diesem Verrechnungsgebot erfasst.

4.2.4 Saldierung

Mit der Verrechnung der VG des **Deckungsvermögens** mit den zugehörigen Rückstellungen gem. § 246 Abs. 2 Satz 2 HGB wird beabsichtigt, nur diejenige Belastung auszuweisen, die das Unt tatsächlich noch wirtschaftlich trifft.[170] Die tatsächlich bestehende **wirtschaftliche Belastung** ergibt sich durch Saldierung der bestehenden Verpflichtungen mit den zu deren Erfüllung bestimmten VG. Dazu werden zunächst die Verpflichtungen gem. § 253 Abs. 1 Satz 2 HGB i. H. d. nach vernünftiger kaufmännischer Beurteilung notwendigen **Erfüllungsbetrags** ermittelt. Diese Ermittlung unterscheidet sich von der vor dem BilMoG vorherrschenden Ermittlung, die auch für die HB regelmäßig unter Anlehnung an die steuerrechtlichen Vorschriften stattgefunden hat (§ 253 Rz 82).

115

Die zu verrechnenden VG werden nach § 253 Abs. 1 Satz 4 HGB grds. mit ihrem **beizulegenden Zeitwert** (§ 253 Rz 117) bewertet. Dabei können Pensionsverpflichtungen grds. auch überdeckt sein, wenn sich die VG oder die Verpflichtungen aus Sicht des Arbeitgebers günstig entwickeln. Somit ist es durchaus möglich, dass zur Sicherung bestehende VG letztlich nicht vollständig zur Finanzierung der Pensionsverpflichtungen benötigt werden und dann an das Unt zurückfallen können.[171]

116

Im Fall einer positiven Wertentwicklung der VG wird es somit zu einer Aufdeckung stiller Reserven auch über die AK oder HK hinaus kommen. Im Fall einer negativen Wertentwicklung der VG ergibt sich durch die erforderliche Abschreibung auf die VG ein Unterschied zur alten Rechtslage, da ein Absinken des beizulegenden Zeitwerts nicht immer Ausdruck einer dauernden Wertminderung sein muss.

Soweit der beizulegende Zeitwert des zur Verrechnung vorgesehenen Vermögens die Altersversorgungsverpflichtungen übersteigt, ist der übersteigende Betrag (Aktivüberhang) unter einem gesonderten Posten in der Bilanz zu aktivieren (§ 246 Abs. 2 Satz 3 HGB). Bei dem im Gliederungsschema der Bilanz hierfür vorgesehenen Posten „**Aktiver Unterschiedsbetrag aus der Vermögensverrechnung**" handelt es sich nicht um einen VG im handelsrechtlichen Sinn, sondern um einen Verrechnungsposten (§ 266 Rz 102).[172]

117

Durch die Bewertung der VG zu einem die AK oder HK übersteigenden Betrag kommt es im Jahresabschluss des Unt zum Ausweis **noch nicht realisierter Gewinne**. Um eine Auszehrung des Kapitals durch eine Ausschüttung dieser noch nicht realisierten Gewinne zu unterbinden, regelt § 268 Abs. 8 HGB eine **Ausschüttungs- bzw. Abführungssperre**. Werden VG i. S. d. § 246 Abs. 2 Satz 2 HGB in der Bilanz ausgewiesen, so dürfen Gewinne nur ausgeschüttet werden, wenn die nach der Ausschüttung verbleibenden frei verfügbaren Rücklagen zzgl. eines Gewinnvortrags und abzgl. eines Verlustvortrags mindestens dem ins-

118

---

169 Vgl. *Winkeljohann/Lawall*, in Beck Bil-Komm. 10. Aufl., 2016, § 267 HGB Rz 11.
170 Vgl. BilMoG-BgrRegE, S. 49.
171 Vgl. *Rhiel/Veit*, DB 2008, S. 1510f.
172 Vgl. BilMoG-BgrRA, S 110.

gesamt angesetzten Betrag abzgl. der hierfür gebildeten passiven latenten Steuern, der die AK übersteigt, entsprechen (Beispiel vgl. § 268 Rz 55). Auch eine Ausschüttung durch einen Ergebnisabführungsvertrag ist nach § 301 AktG über den in § 268 Abs. 8 HGB ermittelten Betrag hinaus ausgeschlossen.[173]

119 Die **Verrechnung von Aufwendungen und Erträgen** aus der Abzinsung von Altersversorgungsverpflichtungen und aus dem zu verrechnenden Vermögen erfolgt innerhalb des Finanzergebnisses.[174] Dieses resultiert aus der durch das BilMoG vorgenommenen Einfügung des neuen Abs. 5 in den § 277 HGB, nachdem Aufwendungen und Erträge aus der Abzinsung in der GuV gesondert unter den Posten Zinsaufwand bzw. Zinsertrag auszuweisen sind (§ 277 Rz 15).

4.2.5 Steuerliche Auswirkungen

120 Das handelsrechtliche Verrechnungsgebot wird steuerrechtlich durch § 5 Abs. 1a Satz 1 EStG unterbunden. Die steuerliche Bewertung der zu verrechnenden VG und Schulden erfolgt gem. §§ 6 und 6a EStG. Zum Ansatz latenter Steuern aus abweichenden handelsrechtlichen und steuerlichen Wertansätzen vgl. § 274 Rz 25 ff.

4.2.6 Sonstige Auswirkungen

121 Durch die Saldierung reduziert sich die Bilanzsumme; bilanzorientierte Kennzahlen zum Jahresabschluss werden sich abhängig von der Höhe des bestehenden Deckungsvermögens teilweise gravierend verändern. Dies betrifft auch die sich erhöhende Eigenkapitalquote.

122 Gem. § 285 Nr. 25 HGB und § 314 Nr. 17 HGB sind die AK und die beizulegenden Zeitwerte der verrechneten VG, der Erfüllungsbetrag der verrechneten Schulden sowie die verrechneten Aufwendungen und Erträge im Anhang anzugeben. Für mit dem Zeitwert bewertete Finanzinstrumente sind im Fall der Verwendung von Bewertungsmethoden die zugrunde gelegten Annahmen anzugeben. Zu Einzelheiten vgl. § 285 Rz 158 f. und § 314 Rz 101 f.

123
> **Beispiel im Jahr 01**[175]
> Die B AG hat für an ihre Mitarbeiter erteilte Pensionszusagen zum 31.12.X1 eine Rückstellung i. H. v. 4,5 Mio. EUR ermittelt. Um die Finanzierbarkeit des künftigen Mittelbedarfs sicherzustellen, hat sich das Unt für eine Treuhandlösung entschieden. Diese weist folgende Merkmale auf:
> Die B AG wendet einem Treuhänder auf freiwilliger Basis zum 31.12.X1 VG zu, die unwiderruflich und ausschließlich zur Finanzierung der Pensionsverpflichtungen der Ges. dienen.

---

[173] Vgl. *Oser/Roß/Wader/Drögemüller*, WPg 2008, S. 687.
[174] Vgl. BilMoG-BgrRA, S. 110.
[175] Beispiel ist angelehnt an *Kessler/Leinen/Strickmann*, BilMoG-RegE, 2008, S. 73.

Fällige Pensionszahlungen leistet die B AG an die Berechtigten. Soweit die gezahlten Betriebsrenten ausfinanziert sind, leistet der Treuhänder eine Erstattung.
Im Fall der Insolvenz haben die Pensionsberechtigten einen unmittelbaren Anspruch auf Zahlung von Betriebsrenten durch den Treuhänder.
Der Buchwert der auf den Treuhänder übertragenen VG beträgt 2,7 Mio. EUR. Die VG haben einen Marktwert von 3,0 Mio. EUR. Latente Steuern bleiben in diesem Beispiel unberücksichtigt.
Ergebnis: Es liegt ein Fall des § 246 Abs. 2 Satz 2 HGB vor. Das auf den Treuhänder übertragene Vermögen dient ausschließlich der Erfüllung von Pensionsverpflichtungen der B AG. Der Zugriff der übrigen Gläubiger auf das Deckungsvermögen ist ausgeschlossen. Im Fall einer Insolvenz der B AG leistet der Treuhänder die Betriebsrenten. Das Unt ist daher nicht mehr wirtschaftlich belastet. In der Bilanz ist folglich das Deckungsvermögen von den Pensionsverpflichtungen abzuziehen. In der Bilanz erfolgt daher lediglich ein Ausweis von Pensionsverpflichtungen i. H. v. 1,5 Mio. EUR. (4,5 Mio. EUR Pensionsverpflichtungen ./. 3,0 Mio. EUR VG). In der GuV sind Pensionsaufwendungen sowie Erträge aus der Zeitbewertung des Deckungsvermögens auszuweisen.
Aus der folgenden Tabelle leiten sich die Angaben ab, die u.a.[176] im Anhang zu machen sind. Angaben zur Saldierung von Aufwendungen und Erträgen entfallen dabei, da das Deckungsvermögen erst zum 31.12.01 gebildet wurde.

Bilanz	31.12.01		
	vor Saldierung	Saldierung	Ausweis
Pensionsverpflichtung	4,5	3,0	1,5
Deckungsvermögen - beizulegender Zeitwert - Anschaffungskosten	3,0 2,7	3,0	0,0

Beispiel im Jahr 02
Die Pensionsverpflichtung hat sich auf 5,0 Mio. EUR erhöht. Ein Betrag i. H. v. 0,3 Mio. EUR wurde ergebnisneutral zulasten des Bankguthabens dem Deckungsvermögen zugeführt. Die VG haben nunmehr einen Buchwert von 3,0 Mio. EUR bei einem Marktwert von 3,7 Mio. EUR.
Ergebnis:[177] Zum 31.12.02 ergeben sich folgende Konsequenzen: Die Pensionsverpflichtungen werden mit dem Marktwert des Treuhandvermögens verrechnet (5,0 Mio. EUR ./. 3,7 Mio. EUR). In der Bilanz werden die Pensionsverpflichtungen mit 1,3 Mio. EUR ausgewiesen. Das Deckungsvermögen

---

176 Im Fall von Finanzinstrumenten sind noch Angaben über grundlegende Annahmen, die der Bestimmung des beizulegenden Zeitwerts von Finanzinstrumenten mithilfe allgemein anerkannter Bewertungsmethoden zugrunde gelegt wurden, erforderlich, § 285 Nr. 25 i. V.m. Nr. 20a HGB sowie § 314 Nr. 17 i. V.m. Nr. 12a HGB.
177 Latente Steuern bleiben in diesem Beispiel unberücksichtigt. Vgl. § 274 Rz 45.

wird nicht in der Bilanz ausgewiesen, da es mit den Pensionsverpflichtungen vollständig saldiert wird.

Bilanz	31.12.02		
	vor Saldierung	Saldierung	Ausweis
Pensionsverpflichtung	5,0	3,7	1,3
Deckungsvermögen – beizulegender Zeitwert – Anschaffungskosten	3,7 3,0	3,7	0,0
GuV			
Aufwand aus der Abzinsung (unter Zinsaufwand)	0,5	0,5	0,0
Ertrag aus Deckungsvermögen	0,7	0,5	0,2

4.3 Weitere Einschränkungen des Verrechnungsverbots in der Bilanz

124 Neben den durch das BilMoG aufgenommenen Ausnahmetatbeständen einer zwingenden Verrechnung von Aktiv- und Passivposten in der Bilanz war das Verrechnungsverbot des HGB i.d.F.d. BiRiLiG bereits von zahlreichen Ausnahmen durchbrochen. Eine der bedeutsamsten Ausnahmen war und bleibt das Vorliegen einer **Aufrechnungslage** (§§ 387 ff. BGB).

Forderungen und Verbindlichkeiten dürfen danach gegeneinander aufgerechnet werden, sofern sie zwischen denselben Personen am Bilanzstichtag bestehen und insb. sowohl gleichartig als auch fällig sind. Nach hM werden durch den saldierten Ausweis von Forderungen und Verbindlichkeiten das haftende Vermögen sowie die tatsächliche Liquiditätslage klarer dargestellt, da die betreffenden Forderungen und Verbindlichkeiten so ausgewiesen werden, wie sie sich nach einer jederzeit möglichen Aufrechnung darstellen würden.[178] Dabei kommt es nicht auf den tatsächlichen Willen einer Aufrechnung an, die rechtlich bestehende Möglichkeit dazu ist für Bilanzierungszwecke für die Vornahme der Aufrechnung ausreichend. Daher entspricht die Aufrechnung von Forderungen und Verbindlichkeiten in der Bilanz auch der Intention des Gesetzgebers, die Forderungen bzw. Verbindlichkeiten nur in der Höhe auszuweisen, wie das Unt noch tatsächlich einen wirtschaftlichen Vorteil hat bzw. belastet ist. Insofern ist eine bilanzielle Aufrechnung der zu bevorzugende bilanzielle Ausweis.

---

[178] Vgl. *Schmidt/Ries*, in Beck Bil-Komm., 10. Aufl., 2016, § 246 HGB, Rz 106, sowie WPH Edition, Wirtschaftsprüfung & Rechnungslegung, 15. Aufl., 2017, Abschn. E, Tz 71.

Eine Aufrechnung ist bereits dann möglich, wenn zwar die Forderung am Bilanzstichtag fällig, die dieser Forderung gegenüberstehende Verbindlichkeit jedoch noch nicht fällig, allerdings bereits erfüllbar ist.[179] In diesem Fall könnte das bilanzierende Unt durch die einseitige Erklärung der Aufrechnung die Forderung bzw. Verbindlichkeit eliminieren.[180] 125

Als nicht sachgerecht wird nach h. M. die Verrechnung beiderseits noch nicht fälliger Forderungen und Verbindlichkeiten angesehen, selbst wenn sich die Fälligkeiten nicht bzw. nur in geringem Maß unterscheiden.[181] In einem solchen Fall wäre ein ausreichender Gläubigerschutz nicht gewährleistet, da die Forderungen z. B. im Rahmen einer Insolvenz des Schuldners nicht mehr als vollwertig angesehen werden können. 126

Im Fall von **Gesamtschuldverhältnissen** (§ 241 BGB) kann der Gläubiger von jedem der Schuldner die volle Leistung verlangen. Im Innenverhältnis wird die wirtschaftliche Belastung des Bilanzierenden zwar ggf. bis auf null reduziert, dieser Rückgriffsanspruch ist jedoch von der Bonität des Rückgriffsschuldners abhängig. Aus diesem Grund sollte jeder Schuldner die gesamtschuldnerische Verpflichtung in voller Höhe passivieren. Soweit jedoch im Innenverhältnis die ausdrückliche Vereinbarung zwischen den Schuldnern besteht, dass jeder die Schuld anteilig zu erbringen hat, wird eine lediglich anteilmäßige Bilanzierung für zulässig erachtet.[182] Hinsichtlich des überschießenden Teils ist dessen ungeachtet ein Haftungsvermerk nach § 251 HGB erforderlich (§ 251 Rz 28). 127

Hat der Gläubiger allerdings bereits das bilanzierende Unt als Gesamtschuldner in Anspruch genommen, so ist eine Verrechnung nicht mehr zulässig, vielmehr sind die gegen die Mitschuldner bestehenden Rückgriffsansprüche als solche zu aktivieren und unter Vorsichtsgesichtspunkten zu bewerten – also ggf. wertzuberichtigen.[183]

Kontokorrentkonten bedürfen keiner Verrechnung, da eine Forderung oder Verbindlichkeit nur i. H. d. Abrechnungssaldos besteht. Dieser Abrechnungssaldo muss laufend oder in periodischen Abständen ermittelt werden.[184] 128

Neben den Forderungen und Verbindlichkeiten bestehen insb. folgende weitere Saldierungsmöglichkeiten bzw. -verpflichtungen in der Bilanz: Hinsichtlich des Postens **erhaltene Anzahlungen auf Bestellungen** besteht gem. § 268 Abs. 5 Satz 2 HGB die Möglichkeit, diesen Posten offen, anstelle einer Passivierung, vom Posten Vorräte abzusetzen (§ 268 Rz 33 ff.). Gem. § 272 Abs. 1 Satz 3 HGB sind nicht eingeforderte ausstehende Einlagen offen vom gezeichneten Kapital abzusetzen; eingeforderte, aber noch nicht gezahlte Einlagen sind unter den Forderungen gesondert auszuweisen (§ 272 Rz 76). Schließlich ist im Anlagenspiegel eine Verrechnung der Zuschreibungen mit den kumulierten Abschreibungen aus Vorjahren vorzunehmen (§ 284 Rz 69).[185] 129

---

179 Vgl. *Schmidt/Ries*, in Beck Bil-Komm., 10. Aufl., 2016, § 246 HGB, Rz 107.
180 Vgl. *ADS*, 6. Aufl., § 246 HGB, Rz 467.
181 Vgl. WPH Edition, Wirtschaftsprüfung & Rechnungslegung, 15. Aufl., 2017, Abschn. E, Rz 71 sowie inzwischen auch *Kußmaul*, in *Küting/Pfitzer/Weber*, HdR, HGB § 246, Rn 24, Stand 11/2016.
182 *ADS*, 6. Aufl., § 246 HGB, Rz 419 f.
183 Vgl. *Schmidt/Ries*, in Beck Bil-Komm., 10. Aufl., 2016, § 246 HGB, Rz 109.
184 Vgl. *ADS*, 6. Aufl., § 246 HGB, Rz 463 m. w. N.
185 Vgl. *Kußmaul*, in *Küting/Pfitzer/Weber*, HdR, HGB § 246, Rn 25, Stand 11/2016.

4.4 Einschränkungen des Verrechnungsverbots in der Gewinn- und Verlustrechnung

130 Auch in der GuV dürfen Erträge und Aufwendungen grds. nicht saldiert werden. Vom Bruttoprinzip gibt es, abgesehen von dem durch das BilMoG eingeführten Verrechnungsgebot bestimmter Erträge und Aufwendungen im Zusammenhang mit Altersvorsorgeverpflichtungen, folgende wesentliche Ausnahmen:
Eine Saldierung der Bestandserhöhungen mit Bestandsminderungen an fertigen und unfertigen Erzeugnissen ist unter der Position „**Bestandsveränderungen**" bei Anwendung des GKV vorzunehmen.[186] Weiterhin dürfen gem. § 276 HGB die Umsatzerlöse bei kleinen und mittelgroßen KapG mit bestimmten Aufwendungen verrechnet und in einem Posten „**Rohergebnis**" ausgewiesen werden; kleine KapG brauchen zudem Erläuterungen zu den Posten der außerordentlichen Erträge und Aufwendungen nicht zu machen.[187]
Bei **Pauschalrückstellungen** ist es zulässig, den Differenzbetrag zwischen dem Vorjahreswert und dem Wert am Abschlussstichtag auszuweisen.[188] Gleiches gilt für den Ausweis von Pauschalwertberichtigungen.
Steuererstattungen dürfen mit Steuernachzahlungen verrechnet werden.[189]
Beim **Abgang von VG des AV** wird nach Saldierung des Erlöses mit dem noch vorhandenen Buchwert ein Gewinn oder Verlust ausgewiesen. Streng genommen handelt es sich bei dieser Saldierung nicht um eine Einschränkung des Verrechnungsverbots, sondern um einen einzigen Geschäftsvorfall „Abgang VG".

5 Stetigkeit, Ansatzmethoden, Beibehaltungsgebot

131 Mit dem durch das BilMoG neu eingefügten Abs. 3 des § 246 HGB wurde die bislang schon durch § 252 Abs. 1 Nr. 6 HGB vorgeschriebene Bewertungsstetigkeit um das **Gebot der Ansatzstetigkeit** mit dem Ziel einer verbesserten Transparenz bzw. intertemporalen Vergleichbarkeit von Jahresabschlüssen erweitert. Damit ist es grds. geboten, auch beim Ansatz stetig zu verfahren.[190] Die Vorschrift verlangt die Beibehaltung einer Ansatzmethode immer dann, wenn gleichartige Sachverhalte zu beurteilen sind, d. h. wenn die anzusetzenden VG, Schulden, RAP und Sonderposten vergleichbaren Nutzungs- und Risikobedingungen unterworfen sind.[191] Abweichungen von diesem Gebot sind nur bei Vorliegen der Tatbestandsvoraussetzungen des § 252 Abs. 2 HGB bzw. der in DRS 13 genannten Tatbestände möglich.[192]

---

[186] Vgl. *Schmidt/Ries*, in Beck Bil-Komm., 10. Aufl., 2016, § 246 HGB, Rz 115.
[187] Für kleine und mittlere KapCoGes sowie die Nicht-KapG, die nicht den Sonderregelungen des PublG unterliegen, gelten die Grundsätze analog. Vgl. *Kußmaul*, in *Küting/Pfitzer/Weber*, HdR, HGB 246, Rn 26, Stand 11/2016.
[188] Vgl. *ADS*, 6. Aufl., § 246 HGB, Rz 477.
[189] Vgl. *Schmidt/Peun*, in Beck Bil-Komm., 10. Aufl., 2016, § 275 HGB, Rz 254.
[190] Vgl. *Kessler/Leinen/Strickmann*, BilMoG-RegE, 2008, S. 76.
[191] Vgl. IDW RS HFA 38, Tz 4.
[192] Vgl. BilMoG-BgrRegE, S. 49. Dies sind nach allgemeinem Verständnis Änderungen der Konzernzugehörigkeit, wesentliche Änderungen der Gesellschafter- oder Unternehmensstruktur, der Einschätzung oder Unternehmensentwicklung oder wesentliche technische Neuerungen. DRS 13 nimmt darüber hinaus Änderungen der rechtlichen Gegebenheiten (Gesetze, Richtlinien, Rechtsprechung) und eine Verbesserung der Darstellung der Vermögens-, Finanz- und Ertragslage als Gründe für eine Abweichung vom Stetigkeitsgebot. Vgl. hierzu auch IDW RS HFA 38, Tz 14f.

Unter **Ansatzmethoden** ist das planvolle Vorgehen bei der Ausübung von expliziten Ansatzwahlrechten einerseits und bei der Ausübung von Ermessensspielräumen im Rahmen der Entscheidung über den Ansatz von VG, Schulden, RAP und Sonderposten andererseits zu verstehen, sofern der Ausübung ein bestimmtes Verfahren bzw. eine Systematik zugrunde liegt. Der Begriff der „Ansatzmethode" i. S. d. § 246 Abs. 3 Satz 1 HGB wird von dem Begriff „Bilanzierungsmethode" i. S. d. § 284 Abs. 2 Nr. 1 und 3 HGB mit umfasst.[193] Zum Begriff der Bewertungsmethode vgl. § 252 Abs. 1 Nr. 6 HGB.

132

Die Bedeutung der Ansatzstetigkeit wird in Bezug auf die **Ansatzwahlrechte** aufgrund der Abschaffung der meisten bisherigen Ansatzwahlrechte zwar geringer, aber nicht zu vernachlässigen sein. Nach der Anpassung des HGB durch das BilMoG verbleiben von den bisherigen Ansatzwahlrechten

133

- das Aktivierungswahlrecht für selbst geschaffene immaterielle VG (§ 248 Abs. 2 HGB),
- das Disagio gem. § 250 Abs. 3 HGB,
- den Aktivüberhang an latenten Steuern gem. § 274 Abs. 1 Satz 2 HGB sowie
- das Passivierungswahlrecht von Pensionsverpflichtungen i. S. d. Art. 28 Abs. 1 EGHGB.

Die Ansatzstetigkeit fordert auch Stetigkeit bei der Ausübung von **Ermessensspielräumen**. Diese entstehen immer dann, wenn der Ansatz zwar durch ein gesetzliches Ansatzgebot, Ansatzwahlrecht oder Ansatzverbot geregelt ist, die Voraussetzungen oder Methoden zur Bestimmung des Ansatzes jedoch subjektiv interpretierbar bleiben. So darf etwa

134

- der Begriff der „geringen" oder „unwesentlichen" Bedeutung nicht mit unterschiedlichen Prozentsätzen einer Teilmenge im Verhältnis zur Gesamtmenge,
- der Begriff „wahrscheinlich" nicht mit unterschiedlichen Wahrscheinlichkeitsprozentsätzen oder
- der „erwartete Nutzenzufluss" nicht mit unterschiedlichen absoluten oder relativen Zahlen belegt werden.[194]

Bilanzpolitische Möglichkeiten der **Sachverhaltsgestaltung** – hierunter werden geschäftspolitische Maßnahmen verstanden, die sich auf die Gestaltung der Bilanz beziehen – werden nicht durch den Grundsatz der Ansatzstetigkeit erfasst.[195]

135

Abweichungen von Bilanzierungsmethoden sind im Anhang anzugeben und zu begründen und deren Einfluss auf die Vermögens-, Finanz- und Ertragslage gesondert darzustellen (vgl. § 284 Abs. 2 Nr. 3 HGB).

136

---

[193] Vgl. IDW RS HFA 38, Tz. 7.
[194] Vgl. *Küting/Tesche*, in *Küting/Pfitzer/Weber*, Das neue deutsche Bilanzrecht, 2. Aufl. 2009, S. 46.
[195] Vgl. *Küting/Tesche*, in *Küting/Pfitzer/Weber*, Das neue deutsche Bilanzrecht, 2. Aufl. 2009, S. 52.

§ 247 Inhalt der Bilanz

(1) In der Bilanz sind das Anlage- und das Umlaufvermögen, das Eigenkapital, die Schulden sowie die Rechnungsabgrenzungsposten gesondert auszuweisen und hinreichend aufzugliedern.
(2) Beim Anlagevermögen sind nur die Gegenstände auszuweisen, die bestimmt sind, dauernd dem Geschäftsbetrieb zu dienen.
(3) *(weggefallen)*

WP STB CVA KLAUS BERTRAM

Inhaltsübersicht   Rz
1 Überblick 1–16
 1.1 Inhalt 1–3
 1.2 Normenzusammenhang und Zweck 4–16
2 Anlagevermögen (Abs. 2) 17–51
 2.1 Abgrenzung Anlage- und Umlaufvermögen 17–39
 2.2 Umgliederungen 40–49
 2.3 Gliederung des Anlagevermögens 50–51
3 Umlaufvermögen 52–77
 3.1 Vorräte 52–58
 3.2 Forderungen und sonstige Vermögensgegenstände 59–68
  3.2.1 Forderungen aus Lieferungen und Leistungen 59–65
  3.2.2 Sonstige Vermögensgegenstände 66–68
 3.3 Wertpapiere des Umlaufvermögens 69–70
 3.4 Flüssige Mittel 71–77
4 Rechnungsabgrenzungsposten 78
5 Eigenkapital 79–110
 5.1 Grundsätzliches 79–82
 5.2 Eigenkapital des Einzelkaufmanns 83–85
 5.3 Eigenkapital der Personenhandelsgesellschaft 86–110
6 Schulden 111–131
 6.1 Grundsätzliches 111–116
 6.2 Rückstellungen 117
 6.3 Verbindlichkeiten 118–131
7 Mindestgliederung der Gewinn- und Verlustrechnung 132–140

1 Überblick

1.1 Inhalt

1 § 247 HGB ist eine für alle nach HGB rechnungslegungspflichtige Kfl. gültige Vorschrift. Neben dem Jahresabschluss ist die Vorschrift über § 298 Abs. 1 HGB auch für den Konzernabschluss anzuwenden.

§ 247 Abs. 1 HGB schreibt eine **Mindestgliederung** der Bilanz vor. Danach sind auf der Aktivseite der Bilanz AV und UV sowie RAP auszuweisen. Auf der Passivseite sind EK, Schulden und RAP voneinander abzugrenzen. Unter dem Begriff Schulden werden neben Verbindlichkeiten auch Rückstellungen erfasst. Abs. 2 der Vorschrift konkretisiert die Abgrenzung zwischen AV und UV (Rz 17). Die Posten sind außerdem hinreichend aufzugliedern.

Der vor einigen Jahren abgeschaffte Abs. 3 regelte das frühere Wahlrecht, auf der Passivseite einen Sonderposten mit Rücklageanteil bilden zu dürfen. Art. 67 Abs. 3 EGHGB enthält ein Beibehaltungswahlrecht für nach dem früheren § 247 Abs. 3 HGB gebildete Sonderposten mit Rücklageanteil (Art. 67 EGHGB Rz 57).

Auch nach dem Wegfall des Sonderpostens mit Rücklageanteil sind in der HB andere Sonderposten gleichwohl zulässig, z. B.

- Sonderposten für Investitionszuschüsse zum Anlagevermögen,[1]
- Sonderposten für unentgeltlich ausgegebene Emissionsberechtigungen.[2]

1.2 Normenzusammenhang und Zweck

§ 247 HGB gehört zum Bereich der Ansatzvorschriften. Die Vorschrift ergänzt das in § 246 Abs. 1 HGB enthaltene Vollständigkeitsgebot hinsichtlich des Ausweises der Aktiva und Passiva.[3] § 248 HGB begrenzt das grundsätzliche Ansatzgebot des § 246 Abs. 1 HGB, indem für selbst geschaffene immaterielle VG des AV ein Aktivierungswahlrecht, für bestimmte selbst geschaffene immaterielle VG des AV ein Aktivierungsverbot kodifiziert wird. § 249 HGB regelt Ansatzvorschriften für Rückstellungen. Gleiches erfolgt mit § 250 HGB für die RAP. § 251 HGB ergänzt den Inhalt der Bilanz insoweit, als unter der Bilanz Haftungsverhältnisse auszuweisen sind (sog. Unterstrich-Vermerke).

Die in Abs. 1 enthaltene Mindestgliederung der Bilanz wird für eine Vielzahl von Bilanzierenden durch strengere Spezialregelungen überlagert. **KapG/KapCoGes** haben die Gliederungsvorschrift von § 266 Abs. 2 und 3 HGB zu beachten. Gleiches gilt für **nach dem PublG rechnungslegungspflichtige Unternehmen** (§ 5 Abs. 1 Satz 2 PublG) sowie **Genossenschaften** (§ 336 Abs. 2 Satz 1 HGB), die aufgrund der spezialgesetzlichen Verweise ebenfalls § 266 HGB zu beachten haben.

Für **Kredit- und Finanzdienstleistungsinstitute** ist unabhängig von ihrer Rechtsform gem. § 340a Abs. 2 HGB die RechKredV zu beachten, die die Anwendung von Formblättern regelt. Gleiches gilt für **Versicherungsunternehmen** gem. § 341a Abs. 2 HGB, für die die Formblätter der RechVersV verbindlich sind.

Die in § 247 Abs. 1 HGB enthaltene Gliederung ist bei Bedarf um für alle KfI anwendbare Posten zu erweitern. § 246 Abs. 2 Satz 3 HGB schreibt den Ausweis eines Aktivüberhangs des Zeitwerts des Deckungsvermögens über die saldierten Verpflichtungen in einem gesonderten Posten vor (§ 246 Rz 117). Für KapG/KapCoGes hat der Gesetzgeber hierfür den Posten mit „Aktiver Unterschiedsbetrag aus der Vermögensverrechnung" bezeichnet (§ 266 Abs. 2 Buchst. E

---

[1] Vgl. St/HFA 1/1984 i.d.F. 1990, Abschn. 2dI.
[2] Vgl. IDW RS HFA 15, Tz 13.
[3] Vgl. *ADS*, 6. Aufl., § 247 HGB, Rz 2.

HGB). Die für KapG/KapCoGes anzuwendende Vorschrift zur Bilanzierung von latenten Steuern (§ 274 HGB) darf auch von Nichtkapitalgesellschaften angewendet werden.[4]

7 § 247 Abs. 1 HGB enthält keine allgemein verbindliche Mindestgliederung, sondern verlangt die genannten Posten „hinreichend aufzugliedern". Diese Forderung ergibt sich auch schon aus den GoB (§ 243 Abs. 1 HGB) und dem Grundsatz der Klarheit und Übersichtlichkeit (§ 243 Abs. 2 HGB); sie hat somit lediglich klarstellenden Charakter.[5]

8 Wie weit das hinreichende Aufgliedern zu gehen hat, definiert der Gesetzgeber nicht und hat sich somit an dem Zweck der Bilanzgliederung zu orientieren. Auch wenn Nichtkapitalgesellschaften nicht offenlegungspflichtig sind, dient die Bilanzgliederung den **Informationsbedürfnissen der Adressaten**. Dieser Adressatenkreis ist bei Nichtkapitalgesellschaften beschränkt. Als **interne Adressaten** kommen danach der Einzelunternehmer, die Gesellschafter einer Personenhandelsgesellschaft sowie andere Organe mit Kontroll- oder Aufsichtsfunktion (Aufsichtsrat, Beirat) sowie stille Gesellschafter in Betracht.[6] **Externe Adressaten** können Gläubiger (in erster Linie Fremdkapitalgeber), Finanzbehörden und Arbeitnehmer sein.[7] Bzgl. der Finanzbehörden ist darauf hinzuweisen, dass aufgrund der Vorschriften zur E-Bilanz (§ 5b EStG) diese eine an den Vorschriften für große KapG bzw. KapCoGes orientierte Gliederungstiefe ohnehin erhalten. Im Regelfall verfügen die internen Adressaten über umfassende Informations- und Kontrollrechte (z. B. für Kommanditisten gem. § 166 Abs. 1 HGB, stille Gesellschafter § 233 Abs. 1 HGB). Sofern jedoch einzelnen Gesellschaftern – z. B. im Fall einer Publikums-KG – nur beschränkte Informationsrechte zustehen, muss dies die Bilanzgliederung angemessen berücksichtigen. Sofern sich die Kontrollbefugnisse von Gesellschaftern auf die Vorlage des Jahresabschlusses beschränken und darüber hinaus keine Einsichtsrechte bestehen, sind an die Gliederung im Hinblick auf die Aussagekraft des Jahresabschlusses hohe Anforderungen zu stellen.[8] Wegen der fehlenden Offenlegungsverpflichtung des Jahresabschlusses bei Nichtkapitalgesellschaften kommt dem Informationsbedürfnis der externen Adressaten keine gesetzliche Bedeutung zu. Oftmals gibt es aber vertragliche Vereinbarungen (z. B. in Kreditverträgen), die eine Mindestgliederung vorsehen.

9 In der Praxis existieren häufig auch Regelungen in Gesellschaftsverträgen von PersG, die eine Mindestgliederung – z. B. nach den für kleine KapG geltenden Vorschriften – vorsehen. Für **PersG** wird sich die Mindestgliederung an die für KapCoGes geltenden größenabhängigen Gliederungsvorschriften des HGB anlehnen und eine Grundlage für die Bestimmung der notwendigen Gliederungstiefe sowie die Postenbezeichnungen darstellen.[9]

10 Die Bilanz nach § 247 HGB kann entweder in **Konto-** oder in **Staffelform** aufgestellt werden; beide Darstellungsvarianten sind zulässig. Da die Staffelform

---

[4] Vgl. IDW RS HFA 7, Tz 18.
[5] Vgl. *ADS*, 6. Aufl., § 247 HGB, Rz 11.
[6] Zu den Informationsbedürfnissen der Gesellschafter von Familienunternehmen vgl. *Fink/Heidbreder/Schäfer*, KoR 2008, S. 601.
[7] Vgl. *Förschle/Kropp*, DB 1989, S. 1096.
[8] Vgl. *ADS*, 6. Aufl., § 247 HGB, Rz 17.
[9] Vgl. IDW RS HFA 7, Tz 41.

der Bilanz ohne größere praktische Bedeutung ist, wird sich im Folgenden ausschließlich auf die nach der Kontoform aufgestellte Bilanz bezogen.

Aufgrund der in Abs. 1 der Vorschrift geforderten hinreichenden Aufgliederung ist die Mindestgliederung der Bilanz für EKfl und PersG, die nicht unter das PublG fallen bzw. KapCoGes darstellen, wie folgt darzustellen:[10]   **11**

Aktiva	Bilanz	Passiva

AV
  Imm VG
  Sachanlagen
  Finanzanlagen
UV
  Vorräte
  Forderungen /
  Sonst. VG
  Wertpapiere
  Flüssige Mittel
RAP
	EK
	Rückstellungen
	Verbindlichkeiten
	RAP	

In Einzelfällen mag auch eine hinreichende Aufgliederung dann gegeben sein, wenn die für KleinstKapG vorgegebene Mindestgliederung (§ 266 Rz 13) gewählt wird.[11] Dies setzt aber voraus, dass ähnlich einfache und überschaubare Verhältnisse vorliegen, wie sie bei Kleinstkapitalgesellschaften auftreten. Zu den Besonderheiten der Detaillierung bei KapG s. § 266 Rz 11 ff. und bei KapCoGes § 264c Rz 6 ff.

Für Nichtkapitalgesellschaften besteht kein gesetzliches Erfordernis zur Angabe   **12**
von **Vorjahreszahlen**, wie dies für KapG/KapCoGes in § 265 Abs. 2 Satz 1 HGB vorgegeben wird. Gleichwohl entspricht es weitverbreiteter Praxis, sodass dies nach hier vertretener Auffassung als GoB anzusehen ist (§ 243 Rz 23). Gleiches gilt für das Weglassen von **Leerposten**, das für KapG/KapCoGes in § 265 Abs. 8 HGB geregelt ist. Auch hier ist es GoB, dass ein Bilanzierender, der z. B. über kein AV verfügt, auch keinen Null-Ausweis nach § 247 HGB vornehmen muss.

Der in § 265 Abs. 1 HGB für KapG/KapCoGes kodifizierte Grundsatz der   **13**
Darstellungsstetigkeit gilt für Nichtkapitalgesellschaften als GoB gleichermaßen (§ 243 Rz 25).

Für die **GuV** existiert keine gesetzliche Mindestgliederung. § 246 Abs. 1 HGB   **14**
sieht lediglich vor, dass Aufwendungen und Erträge im Jahresabschluss enthalten sind. § 246 Abs. 2 Satz 1 HGB sieht darüber hinaus ein Saldierungsverbot von Aufwendungen und Erträgen vor (Ausnahme: Aufwendungen und Erträge aus Deckungsvermögen und Altersversorgungsverpflichtungen oder vergleichbaren

---

10 Vgl. *Müller*, in Baetge/Kirsch/Thiele, Bilanzrecht, § 247 HGB, Rz 36, Stand 2/2015.
11 Vg. *Fey/Deubert/Lewe/Roland*, BB 2013, S. 110.

langfristig fälligen Verpflichtungen, § 246 Rz 119). Zu einer aus den GoB abgeleiteten Mindestgliederung für die GuV s. Rz 132.

15 Die in Abs. 2 der Vorschrift vorgenommene **Definition des AV** gilt auch für KapG/KapCoGes, die ihre Bilanz nach § 266 HGB gliedern müssen.

16 **Sanktionen** bei Nichtbeachtung der Vorschrift sieht das HGB nicht vor. Die Strafgeld- und Bußgeldvorschriften der §§ 331–335 gelten nur für KapG/KapCoGes.

2 Anlagevermögen (Abs. 2)

2.1 Abgrenzung Anlage- und Umlaufvermögen

17 Der durch die Vorschrift bewirkten Abgrenzung zwischen AV und UV kommt nicht nur Ausweischarakter zu. Vielmehr hat die Zuordnung zum Anlage- bzw. Umlaufvermögen Auswirkungen auf die Bewertung. Für AV gilt das sog. gemilderte Niederstwertprinzip (§ 253 Abs. 3 Satz 3 HGB), für UV entsprechend das strenge Niederstwertprinzip (§ 253 Abs. 4 HGB). Zu Einzelheiten s. § 253 Rz 277. Darüber hinaus hat die Abgrenzung auch steuerliche Bedeutung, da sich aufgrund des Maßgeblichkeitsprinzips der HB für die Steuerbilanz (§ 5 Abs. 1 EStG) Folgewirkungen ergeben können, z. B. für § 6b-EStG-Rücklagen oder erhöhte AfA.[12]

18 Abs. 2 der Vorschrift bestimmt, dass dem AV solche Gegenstände zuzurechnen sind, die dauerhaft dem Geschäftsbetrieb dienen. Im Umkehrschluss bedeutet dies, dass alle VG, die diese Definition nicht erfüllen, UV darstellen. Gesetzliche Ausnahmen hiervon bestehen nur bzgl. RAP, nach Art. 67 Abs. 5 EGHGB fortgeführte Bilanzierungshilfen für Ingangsetzungs- und Erweiterungsaufwendungen (Art. 67 Rz 119) sowie für den Aktiven Unterschiedsbetrag aus der Vermögensverrechnung (§ 246 Rz 117).

19 Da für die Bilanz das Stichtagsprinzip gilt, ist für den **Beurteilungszeitpunkt** auf den Abschlussstichtag abzustellen. Eine erst nach dem Abschlussstichtag eintretende Zweckänderung (wertbegründendes Ereignis) ist daher unbeachtlich.[13] Umgekehrt sind Zweckänderungen im laufenden Gj für den Bilanzausweis am Abschlussstichtag zu berücksichtigen.

> **Beispiel**
> Im März 01 erwirbt der Bilanzierende ein Grundstück im Gewerbegebiet eines Nachbarorts mit der Absicht, dort eine Zweigniederlassung zu errichten. Er ordnet das Grundstück dem AV zu.
> Im August 01 erhält er die Möglichkeit in dem Nachbarort ein für seine Zwecke deutlich geeigneteres Grundstück langfristig anzumieten. Er entschließt sich, die Anmietung vorzunehmen und das im März 01 erworbene Grundstück wieder zu veräußern. Am Abschlussstichtag 31.12.01 ist das Grundstück noch nicht veräußert, obwohl inzwischen zwei Grundstücksmakler mit der Veräußerung beauftragt sind.
> Das Grundstück ist am Abschlussstichtag 31.12.01 als UV auszuweisen, da es nicht dazu bestimmt ist, dauerhaft dem Geschäftsbetrieb zu dienen.

---

[12] Vgl. *Hütten/Lorson*, in *Küting/Pfitzer/Weber*, HdR, § 247 HGB, Rz 44, Stand 08/2010.
[13] Vgl. *ADS*, 6. Aufl., § 247 HGB, Rz 106; *Müller*, in *Baetge/Kirsch/Thiele*, Bilanzrecht, § 247 HGB, Rz 282, Stand 2/2015.

Die Abgrenzung zwischen den beiden Vermögensarten AV und UV ist nach dem Gesetzeswortlaut mittels der Begriffe „Geschäftsbetrieb" und „dauernd" vorzunehmen. 20

Demnach können AV nur solche VG darstellen, die dem **Geschäftsbetrieb** des Unt dienen. Der Begriff Geschäftsbetrieb ist enger gefasst als der Begriff des unternehmerischen Zwecks schlechthin.[14] Es kommt somit auf die Zweckbestimmung des VG an, die aber auch für das zweite Kriterium wesentlich ist (vgl. nachfolgend).

Wann ein VG dem Geschäftsbetrieb eines Unt **dauernd** dient, ist nicht eindeutig zeitlich bestimmbar, sondern richtet sich neben der objektiv-sachlichen Komponente auch nach dem subjektiven Willen des Kaufmanns.[15] Die **objektiv-sachliche Komponente** ergibt sich danach aus der Art des VG bzw. dessen typischer Nutzung in einer Branche. 21

> **Beispiel**
> Betreibt der Kaufmann ein Immobiliengeschäft, wird ein Teil der Grundstücke regelmäßig zur Weiterveräußerung gehalten. Genauso verhält es sich mit Pkw bei Autohändlern.

Der subjektive Willen des Kaufmanns beinhaltet die **Widmung** des VG durch den Kaufmann, wie er den VG im Unt einsetzt. 22

Demgegenüber ist die **tatsächliche Dauer** der Verwendung allenfalls ein Anhaltspunkt dafür, dass eine dauerhafte Verwendung bezweckt ist (so z. B. bei der Abgrenzung zwischen Ausleihungen und Forderungen). Damit ein VG als AV zu qualifizieren ist, muss er in die Betriebsabläufe so eingegliedert sein, dass er dauerhaft zur wiederholten betrieblichen Nutzung zur Verfügung steht.[16] 23

In Anlehnung an die steuerliche Rechtsprechung[17] kann zwischen Gebrauchsgütern und Verbrauchsgütern unterschieden werden. Erstere rechnen zum AV, Zweitere dagegen zum UV. **Gebrauchsgüter** sind Nutzungs- und Abnutzungsgüter, deren Existenz die Aufrechterhaltung der Produktionsbereitschaft sichert. Im Gegensatz dazu stehen **Verbrauchsgüter** lediglich einmal für einen Nutzungsvorgang zur Verfügung. Diese zunächst recht eindeutig erscheinende Abgrenzung kann im konkreten Fall dennoch schwierig sein, wenn etwa an Formen, Werkzeuge, Modelle und andere Vorrichtungen, die bei der Durchführung eines Kundenauftrags innerhalb kurzer Zeit technisch oder wirtschaftlich verbraucht werden, gedacht wird. Nachfolgend sind einige Einzelfälle angeführt:[18] 24

- Bei **Werkzeugen** ist die Abgrenzung zwischen AV und UV zweckmäßigerweise danach vorzunehmen, ob die Werkzeuge dem Betrieb zu mehrmaligem Einsatz zur Verfügung stehen (AV) oder sich während der Ausführung eines Auftrags verbrauchen bzw. aufgrund ihrer Beschaffenheit nur für einen speziellen Auftrag Verwendung finden können (UV).[19] 25

---

14 Vgl. *ADS*, 6. Aufl., § 247 HGB, Rz 107.
15 Vgl. *Hütten/Lorson*, in *Küting/Pfitzer/Weber*, HdR, § 247 HGB, Rz 45, Stand 08/2010.
16 Vgl. *Schubert/F. Huber*, in Beck Bil-Komm., 10. Aufl., § 247 HGB, Rz 354.
17 Vgl. BFH, Urteil v. 9.4.1981, IV R 24/78, BStBl 1981 II S. 481.
18 Vgl. auch *Schmidt/Kulosa*, EStG, § 6 EStG, Rz 346.
19 Vgl. *Schubert/Huber*, in Beck Bil-Komm., 10. Aufl., § 247 HGB, Rz 352.

26 • **Kundengebundene Werkzeuge**, die für mehrere Aufträge eines Kunden (oder eines Konzerns, einer Unternehmensgruppe als Kunden) eingesetzt werden sollen, sind AV. Zum Ausweis von Zuschüssen des Kunden s. § 255 Rz 68.
27 • Sog. **fremde Werkzeuge** sind auftragsbezogen und zur Veräußerung an den Besteller bestimmt. Sie rechnen zum Vorratsvermögen und sind damit dem UV zuzurechnen.
28 • **Ersatzteile und Reparaturmaterialien**, die nur zum Einbau in im AV ausgewiesenen Maschinen oder technischen Anlagen vorgesehen sind, können als AV ausgewiesen werden.[20] **Spezialreserveteile**, die nur bei bestimmten Maschinen oder technischen Anlagen verwendet werden können, sowie die sog. **Erstausstattung an Ersatzteilen** sind im AV auszuweisen.
29 • **Musterküchen und Musterelektrogeräte**, die ein Groß- und Einzelhändler zum Zweck der Werbung von Kaufinteressenten aufgestellt hat, sind AV.[21]
30 • **Ausstellungsmöbel** eines Möbeleinzelhändlers rechnen zum UV, da sie nicht nur Ausstellungszwecken dienen, sondern auch zur Veräußerung bestimmt sind.[22]
31 • **Vorführwagen** eines Kfz-Händlers sind solange AV, bis sie zum Verkauf bestimmt sind (Umwidmung).[23]
32 • **Musterhäuser** eines Fertighausherstellers sind als AV auszuweisen.[24]
33 • vom Leasinggeber aktivierte **Leasinggegenstände** sind AV, da sie dem Betriebszweck des Leasingunternehmens dienen.
34 • **Leasinggegenstände**, die vom Leasingnehmer zu aktivieren sind, stellen ebenfalls AV dar. Zum wirtschaftlichen Eigentum bei Leasinggegenständen s. § 246 Rz 34.
35 • **Grundstücke** eines Grundstückshändlers, die zur Veräußerung bestimmt sind, stellen UV dar.[25]
36 • **Lithografien** im Druckereigewerbe rechnen zum AV.[26]
37 • Bei **Anteilen und Wertpapieren** ergibt sich aus der Natur des VG keine typische Bindungsdauer.[27] Sie dienen dem Geschäftsbetrieb nur mittelbar. Hier kommt es bei der Abgrenzung zwischen AV (dauerhafte Anlage) und UV (spekulative Anlage) auf die Zweckbestimmung des Kaufmanns an. Den Regelfall stellt allerdings die dauerhafte Anlage (AV) dar. Bei einem gewerblichen Beteiligungshandel liegt dagegen UV vor.[28]
38 • Bei **Ausleihungen** orientiert sich die Abgrenzung an der Gesamtlaufzeit, nicht der Restlaufzeit am Abschlussstichtag. Eine Gesamtlaufzeit von einem Jahr wird als ausreichend für die Zuordnung zum AV angesehen.[29]

---

[20] A. A. BFH, Urteil v. 2.12.1987, X R 19/81, BStBl 1988 II S. 502.
[21] Vgl. FG München, Urteil v. 28.9.1979, VII (V) 231/76, EFG 1980 S. 142.
[22] Vgl. FG Berlin, Urteil v. 11.5.1975, IV 167/75, EFG 1977 S. 2.
[23] Vgl. BFH, Urteil v. 17.11.1981, VIII R 86/78, BStBl 1982 II S. 344.
[24] Vgl. BFH, Urteil v. 31.3.1977, V R 44/73, BStBl 1977 II S. 684.
[25] Vgl. BFH, Urteil v. 18.4.1991, IV R 6/90, BStBl 1991 II S. 584.
[26] Vgl. BFH, Urteil v. 15.3.1991, III R 57/86, BStBl 1991 II S. 682.
[27] Zum Übergang des wirtschaftlichen Eigentums an KapG-Anteilen vgl. *Kleinheisterkamp/Schell*, DStR 2010, S. 833.
[28] Vgl. BFH, Urteil v. 25.7.2001, X R 55/97, BStBl 2001 II, S. 809.
[29] Vgl. WPH Edition, Wirtschaftsprüfung & Rechnungslegung, 15. Aufl., 2017, Abschn. F, Tz 348.

Im Einzelfall entscheidet die **Zweckbestimmung des Kaufmanns** über die Zuordnung zu AV oder UV. In der folgenden Übersicht sind Kriterien der Zuordnung von VG zum AV oder UV zusammengefasst:[30]

39

	AV	UV
Art, Eigenschaft	• Grundstücke, • Bauten, • technische Anlagen und Maschinen, • Betriebs- und Geschäftsausstattung, • immaterielle Anlagen (z. B. Konzessionen, Patente, gewerbliche Schutzrechte)	• Vorräte (z. B. Roh-, Hilfs- und Betriebsstoffe, unfertige und fertige Erzeugnisse und Waren) • Forderungen aus L&L, • Kassenbestand, • Guthaben bei Kreditinstituten
Funktion im Geschäftsbetrieb	Nicht zur Verarbeitung oder zum Verkauf, sondern zur dauernden Nutzung bestimmt	Zum Verkauf oder zur Verarbeitung im Fertigungsprozess bestimmt
Subjektives Ermessen	Absicht zur dauerhaften Nutzung	Absicht zur Weiterverarbeitung oder zum Verkauf
Hilfskategorien	Zeitdauer von mehr als einem Jahr	Zeitdauer von weniger als einem Jahr

Tab. 1: Entscheidungskriterien für die Abgrenzung AV/UV

2.2 Umgliederungen

Soweit sich die Zweckbestimmung eines VG ändert, ist auch die Zuordnung zu AV bzw. UV zu überprüfen und dem ggf. geänderten Zweck anzupassen. Maßgeblicher Beurteilungszeitpunkt für die Zuordnung in der Bilanz ist der Abschlussstichtag (Rz 19).[31] Ein Wechsel der Vermögensart zwischen AV und UV ist im Regelfall nicht im Jahresabschluss einer KapG/KapCoGes berichtspflichtig, es sei denn, dass zugleich eine Abweichung von Bilanzierungs- und Bewertungsmethoden vorliegt (§ 284 Rz 42).[32]

40

Innerhalb des AV werden Veränderungen von Bilanzpostenzuordnungen im Anlagespiegel bei KapG/KapCoGes.als **Umbuchung** dargestellt (§ 284 Rz 68).

41

> **Beispiel**
> Ein Unternehmen möchte auf einem Betriebsgrundstück ein Gebäude (Lagerhalle) errichten. Die im Jahr 01 angefallenen Aufwendungen werden als „Geleistete Anzahlungen und Anlagen im Bau" im Jahresabschluss zum

---

30 Vgl. *Hütten/Lorson*, in *Küting/Pfitzer/Weber*, HdR, § 247 HGB, Rz 50, Stand 08/2010.
31 Vgl. *Müller*, in *Baetge/Kirsch/Thiele*, Bilanzrecht, § 247 HGB, Rz 301, Stand 2/2015.
32 Vgl. *Schubert/Huber*, in Beck Bil-Komm., 10. Aufl., § 247 HGB, Rz 360.

> 31.12.01 ausgewiesen. In 02 fallen weitere Aufwendungen an, bis die Lagerhalle im Mai 02 fertiggestellt ist und in Gebrauch genommen wird.
> Die im Vorjahresabschluss als „Geleistete Anzahlungen und Anlagen im Bau" ausgewiesenen Anschaffungs- und Herstellungskosten der Lagerhalle sind in der Bilanz zum 31.12.02 als „Grundstücke, grundstücksgleiche Rechte und Bauten einschließlich der Bauten auf fremden Grundstücken" auszuweisen. Im Anlagespiegel erfolgt eine entsprechende Umbuchung.

42 Demgegenüber werden geänderte Postenzuordnungen zwischen AV und UV als **Umgliederung** bezeichnet. Dies gilt gleichermaßen für Anzahlungen, die auf VG geleistet worden sind.[33] Beispiele für derartige Umgliederungen zwischen AV und UV sind nachfolgend exemplarisch genannt:

43 • Ein bislang zum Verkauf bestimmter **Pkw eines Autohändlers** wird nunmehr **als Dienstwagen** eines Mitarbeiters dem AV zugeordnet.[34]

44 • Eine im Vorratsbestand befindliche **Maschine** eines Serienmaschinenherstellers wird nunmehr **für die eigene Produktion eingesetzt**.

45 • Eine zuvor betrieblich genutzte Anlage wird **stillgelegt**, um sie zu veräußern.[35] Wird die Anlage aber lediglich stillgelegt und ist eine spätere Wiederinbetriebnahme vorgesehen, verbleibt die Anlage im AV.[36]

46 • Eine im UV ausgewiesene Forderung wird durch **Novation** in eine langfristige Ausleihung umgewandelt.[37]

47 • Eine **Parzellierung** unbebauter Grundstücke zieht noch keinen Wechsel der Vermögensart nach sich. Soweit im Rahmen der Parzellierung aber die spätere Bebauung durch Beantragung eines Bebauungsplans aktiv vorbereitet wird, ist eine Umgliederung in das AV vorzunehmen.[38]

48 Ein VG des AV, der noch betrieblich genutzt wird, dessen **Veräußerung** am Abschlussstichtag aber **absehbar** ist, ist am Abschlussstichtag gleichwohl noch im AV auszuweisen, da es sich um keine Änderung der Zweckbestimmung handelt; vielmehr endet die ursprüngliche Zweckbestimmung mit der Veräußerung.[39]

> **Beispiel**
> Ein betrieblich genutzter Pkw ist im Jahresabschluss zum 31.12.01 als AV ausgewiesen, obwohl bekannt ist, dass er voraussichtlich im Frühjahr 02 durch ein neues Ersatzfahrzeug ausgetauscht und dann veräußert wird.

49 Die Zuordnungsgrundsätze gelten auch bei **Insolvenz** des Betriebs. Erst wenn der VG im Rahmen der Abwicklung erkennbar zum Verkauf bestimmt wird, ist

---

33 Vgl. *ADS*, 6. Aufl., § 247 HGB, Rz 122.
34 Vgl. *Müller*, in *Baetge/Kirsch/Thiele*, Bilanzrecht, § 247 HGB, Rz 302, Stand 2/2015.
35 Vgl. *Hütten/Lorson*, in *Küting/Pfitzer/Weber*, HdR, 5. Aufl. § 247 HGB, Rz 53, Stand 08/2010.
36 Vgl. *Müller*, in *Baetge/Kirsch/Thiele*, Bilanzrecht, § 247 HGB, Rz 304, Stand 2/2015.
37 Vgl. WPH Edition, Wirtschaftsprüfung & Rechnungslegung, 15. Aufl., 2017 Abschn. F, Tz 377.
38 Vgl. BFH, Urteil v. 31.5.2001, IV R 73/00, BFH/NV 2001 S. 1485; BFH, Urteil v. 25.10.2001, IV R 47, 48/00, BStBl 2002 II S. 289.
39 Vgl. *Wohlgemuth*, WPg 2008, S. 1170.

er von AV in UV umzugliedern.⁴⁰ Auch wenn VG des AV in derartigen Fällen ggf. unter Veräußerungsgesichtspunkten zu bewerten sind, sind sie in der Bilanz weiterhin als AV auszuweisen.⁴¹

2.3 Gliederung des Anlagevermögens

Abs. 1 der Vorschrift sieht lediglich den gesonderten Ausweis des AV sowie eine hinreichende Aufgliederung vor (Rz 7). Da sich insb. durch die weitgehende Verbreitung von Standardsoftware die für KapG/KapCoGes gültigen Gliederungsvorschriften des § 266 Abs. 2 HGB zum AV auch bei nicht dieser Vorschrift unterliegenden Kfl durchgesetzt haben, wird auf die Kommentierung zu § 266 HGB verwiesen (§ 266 Rz 19ff.). Zur Mindestgliederung s. Rz 11. 50

Soweit das Gliederungsschema des § 266 Abs. 2 HGB sowie ggf. weitergehende Untergliederungen genutzt werden, ist es aus Gründen der Klarheit und Übersichtlichkeit (§ 243 Abs. 2 HGB, § 265 Abs. 6 HGB) empfehlenswert, die Postenbezeichnungen an den tatsächlichen Posteninhalt ggf. einzuschränken. 51

3 Umlaufvermögen

3.1 Vorräte

Unter Vorräte sind VG zu verstehen, die zum Verbrauch oder zur Weiterveräußerung angeschafft oder hergestellt worden sind. Bei **ProduktionsUnt** sind hier Roh-, Hilfs- und Betriebsstoffe sowie unfertige und fertige Erzeugnisse auszuweisen. **HandelsUnt** weisen hier Handelswaren sowie Hilfsstoffe aus. **DienstleistungsUnt** weisen demgegenüber unfertige Leistungen im Vorratsvermögen aus. Darüber hinaus werden hier geleistete Anzahlungen ausgewiesen, die in unmittelbarem Bezug zum Vorratsvermögen stehen. Zu der Möglichkeit der aktivischen Absetzung von erhaltenen Anzahlungen von den Vorräten s. § 268 Rz 33. Auch wenn § 268 HGB nur für KapG/KapCoGes anzuwenden ist, ist eine freiwillige Anwendung für sonstige nach HGB rechnungslegende Kaufleute zulässig. 52

Roh-, Hilfs- und Betriebsstoffe sind fremdbezogene Stoffe, die (vom bilanzierenden Unt) noch unverarbeitet oder nicht verbraucht sind.⁴² Emissionsberechtigungen i.S.d. Treibhausgas-Emissionshandelsgesetzes (TEHG), die für den Produktionsprozess des Unternehmens verwendet werden, sind unter den Vorräten auszuweisen. Bei wesentlichen Beträgen ist in diesen Fällen eine Anpassung der Postenbezeichnung bzw. Erweiterung des Gliederungsschemas der Vorräte vorzunehmen, um die von § 247 Abs. 1 HGB geforderte hinreichende Aufgliederung zu gewährleisten.⁴³ 53

Leihemballagen (Pfandgut, Paletten, Transportkisten, Fässer etc.) sind grds. im AV unter Betriebs- und Geschäftsausstattung auszuweisen. Haben die Abnehmer allerdings ein Wahlrecht zwischen Erwerb und Rückgabe, ist ein Ausweis unter den Vorräten zulässig.⁴⁴ 54

---

40 Vgl. *Müller*, in *Baetge/Kirsch/Thiele*, Bilanzrecht, § 247 HGB, Rz 305, Stand 2/2015.
41 Vgl. IDW RS HFA 17, Tz 33.
42 Vgl. WPH Edition, Wirtschaftsprüfung & Rechnungslegung, 15. Aufl., 2017, Abschn. F, Tz 383.
43 Vgl. IDW RS HFA 15, Tz 7.
44 Vgl. WPH Edition, Wirtschaftsprüfung & Rechnungslegung, 15. Aufl., 2017, Abschn. F, Tz 385.

55 Eine Bilanzierung von Roh-, Hilfs- und Betriebsstoffen im Vorratsvermögen ist erst dann zulässig, wenn der Kaufmann (zumindest) **wirtschaftlicher Eigentümer** geworden ist. Dies ist im Regelfall dann anzunehmen, wenn die Gefahr des zufälligen Untergangs der Stoffe auf den Kaufmann übergegangen ist. In der Praxis anzutreffende Fälle von Konsignationslagern, just-in-time-Lieferungen, Materialbeistellung oder Veredelungsprozessen sind daher auf ihren rechtlichen Gehalt zu untersuchen, um den Übergang des wirtschaftlichen Eigentums beurteilen zu können (zu Einzelheiten zum wirtschaftlichen Eigentum s. § 246 Rz 16).

56 **Unfertige Erzeugnisse** sind regelmäßig die technische und zeitliche Vorstufe der **fertigen Erzeugnisse**. Zur Definition von unfertigen und fertigen Erzeugnissen s. § 266 Rz 69ff.

57 **Handelswaren** sind fremdbezogene VG, die ohne wesentliche Be- oder Verarbeitung zum Verkauf bestimmt sind. Auch von dritter Seite angeschafftes Zubehör zu selbst hergestellten Gütern rechnet hierzu.[45]

58 Im Bereich der Leistungen erfolgt eine Unterscheidung zwischen unfertigen und fertigen Leistungen insoweit, als fertige Leistungen als Forderungen auszuweisen sind (§ 266 Rz 72). **Unfertige Leistungen** sind nicht nur bei DienstleistungsUnt anzutreffen, sondern bspw. auch bei BauUnt, die halbfertige Arbeiten auf fremdem Grund und Boden bilanzieren.[46]

3.2 Forderungen und sonstige Vermögensgegenstände

3.2.1 Forderungen aus Lieferungen und Leistungen

59 Unter Forderungen aus L&L werden Forderungen aus den Vertriebsaktivitäten des Bilanzierenden gezeigt; der Gegenposten in der GuV stellt regelmäßig Umsatzerlöse dar (§ 266 Rz 78). Demgegenüber sind Forderungen aus nicht dem Hauptzweck der Geschäftstätigkeit dienenden L&L (z.B. Mietforderungen eines Industrieunternehmens, Forderungen aus Anlagenverkäufen) unter den Sonstigen VG auszuweisen. Zu beachten sind hier aber die durch das BilRUG (Stand RegE) beschlossenen, im Regelfall zukünftig anzuwendenden Definitionen der Umsatzerlöse vgl. § 275 Rz 44.

60 Bei **Lieferungen mit Rückgaberecht** ist zwar eine Forderung auszuweisen, allerdings darf noch keine Gewinnrealisation erfolgen. Die Forderung ist somit zu den AHK der gelieferten Waren oder Produkte abzgl. voraussichtlicher Rücknahmekosten und abzgl. Wertminderungen infolge Beschädigungen zurückzunehmender Waren zu bewerten.[47] Bei **VersandhandelsUnt** wird aus praktischen Erwägungen heraus die Forderung zum Nennbetrag eingebucht und i.H.d. Differenzbetrags zu dem an sich zu aktivierenden Betrag zzgl. der Rücknahmekosten und evtl. Wertminderungen wegen Beschädigung eine Rückstellung gebildet.[48]

Zu Einzelheiten zur **Gewinnrealisierung** s. § 252 Rz 104.

---

[45] Vgl. *Müller*, in *Baetge/Kirsch/Thiele*, Bilanzrecht, § 247 HGB, Rz 155, Stand 2/2015.
[46] Vgl. *Schubert/Roscher*, in Beck Bil-Komm., 10. Aufl., § 247 HGB, Rz 65; *Rogler/Jacobs*, BB 2000, S. 2408.
[47] Vgl. WPH Edition, Wirtschaftsprüfung & Rechnungslegung, 15. Aufl., 2017, Abschn. F, Tz 402.
[48] Vgl. *ADS*, 6. Aufl., § 246 HGB, Rz 57, § 277 HGB, Rz 28.

Der **Abgang** von Forderungen erfolgt im Regelfall durch Bezahlung. Bei Barzahlungen wird bei Eingang des Geldes in der Kasse die Forderung getilgt und ist auszubuchen. Gleiches gilt für erhaltene Schecks bzw. erhaltene Überweisungen, die beim Eingang beim Empfänger (Erhalt des Schecks bzw. Gutschrift auf dem Empfängerkonto) die Tilgung der Forderung bewirken.[49] Beim Gläubiger zahlungshalber eingehende Wechsel sind ebenfalls unter Forderungen auszuweisen. Erst bei Vorlage zum Inkasso oder im Fall des Indossaments bei Erhalt des um den Diskont geminderten Wechselbetrags erlischt die Forderung. Eine Abtretung der Forderung führt ebenfalls zum Abgang; dies gilt allerdings nicht bei sicherungshalber abgetretenen Forderungen, die weiterhin beim Zedenten auszuweisen sind. Eine Aufrechnung führt ebenfalls zum Erlöschen der Forderung. Hierbei sind die Regelungen von § 387 BGB zu beachten, wonach eine Aufrechnungslage gegeben sein muss (gleiche Fristigkeit, unbestrittene Forderungen). Zu Forderungsabgängen infolge echtem oder unechtem **Factoring** und bei **Asset-backed-securities**-Gestaltungen s. § 246 Rz 50, 63.[50]

Eine Aktivierung von **aufschiebend bedingten Forderungen** ist unzulässig.[51] Die Auffassung, dass eine Aktivierung im Ausnahmefall dann zulässig sei, wenn eine so hohe Wahrscheinlichkeit besteht, dass ein Bedingungseintritt so gut wie sicher sei,[52] wird hier nicht geteilt. Ein aufschiebend bedingtes Rechtsgeschäft erfüllt gerade nicht den Tatbestand der Gewinnrealisierung (§ 252 Abs. 1 Nr. 4 HGB) und widerspricht somit dem Stichtagsprinzip.

Auflösend bedingte Forderungen sind aktivierungspflichtig, allerdings nur bis zum Bedingungseintritt. Art und Wahrscheinlichkeit des Bedingungseintritts können die Bewertung beeinflussen.

Zur **Stundung** von Forderungen bzw. Novation s. § 266 Rz 79. Soweit Forderungen über das branchenübliche Zahlungsziel hinaus längerfristig fällig sind, sind sie gleichwohl unter Forderungen auszuweisen. Die für KapG/KapCoGes vorgeschriebene Angabe von Restlaufzeiten von mehr als 1 Jahr ist für Nichtkapitalgesellschaften und Einzelkfl nicht verbindlich, obwohl sie sich natürlich empfiehlt. Auch zweifelhafte Forderungen sind anzusetzen.[53] Die Zweifel an der Werthaltigkeit sind bei der Forderungsbewertung zu berücksichtigen.

Bei Forderungen aus **Unternehmensverflechtungen** erfordert die „hinreichende Aufgliederung" i.S.v. Abs. 1 im Regelfall einen gesonderten Ausweis, es sei denn, die Beträge sind von unwesentlicher Bedeutung.

3.2.2 Sonstige Vermögensgegenstände

Die Position stellt einen Sammelposten für alle nicht gesondert ausgewiesenen Posten des UV dar. Zu Einzelheiten und umfänglichen Beispielen s. § 266 Rz 83. Kurzfristig gehaltene **Genossenschaftsanteile** sind hier ebenfalls auszuweisen (Rz 70).

Hierunter fallen auch geleistete **Anzahlungen**, die nicht im Anlagevermögen (§ 266 Rz 48) oder unter den Vorräten (Rz 52) auszuweisen sind.

---

49 Vgl. *Schubert/Roscher*, in Beck Bil-Komm., 10. Aufl., § 247 HGB, Rz 110.
50 Vgl. IDW RS HFA 8, Tz 7.
51 Vgl. BFH, Urteil v. 26.4.1995, I R 92/94, BStBl 1995 II S. 594.
52 Vgl. *ADS*, 6. Aufl., § 246 HGB, Rz 53.
53 Vgl. *Müller*, in *Baetge/Kirsch/Thiele*, Bilanzrecht, § 247 HGB, Rz 146, Stand 2/2015.

3.3 Wertpapiere des Umlaufvermögens

69 Es kommen sämtliche Wertpapiere in Betracht, die auch grds. AV sein können. Die Entscheidung, ob es sich um AV oder UV handelt, bestimmt sich ausschließlich nach dem am Abschlussstichtag mit dem Wertpapier verfolgten Zweck (Rz 19).

70 Kurzfristig gehaltene Anteile an PersG, GmbH-Anteile sowie Genossenschaftsanteile sind nicht hier, sondern unter den Sonstigen VG auszuweisen.[54] Allerdings ist es nicht zu beanstanden, wenn Anteile an PersG und GmbH-Anteile, obwohl sie nicht die für Wertpapiere charakteristische Verbriefung aufweisen, ebenfalls hier ausgewiesen werden.[55]

3.4 Flüssige Mittel

71 Flüssige Mittel umfassen
- Kassenbestand,
- Bundesbankguthaben,
- Guthaben bei Kreditinstituten und
- Schecks.

72 Zum **Kassenbestand** rechnen in- und ausländische Devisen sowie Wertzeichen (z. B. Briefmarken) oder auch Guthaben auf Frankiergeräten (zu Einzelheiten s. § 266 Rz 95).

73 **Bundesbankguthaben** und **Guthaben bei Kreditinstituten** umfassen alle Sichteinlagen (Kontokorrentguthaben, Fest- und Termingelder) sowie auch Bausparguthaben. Soweit die Guthaben nicht „flüssig" sind, da das Kreditinstitut sie bspw. gesperrt hat, ist ein Ausweis unter Sonstige VG vorzunehmen (zu Einzelheiten sowie zum grundsätzlichen Saldierungsverbot s. § 266 Rz 96f.). Zinsansprüche bis zum Abschlussstichtag rechnen ebenfalls dazu, wobei auch ein Ausweis unter sonstige VG in Betracht kommt. Gleichermaßen sind hier am Abschlussstichtag „unterwegs befindliche Guthaben bei Kreditinstituten" auszuweisen.

> **Beispiel**
> Der Kaufmann unterhält Bankkonten bei verschiedenen Kreditinstituten. Am 30.12.01 tätigt er eine Überweisung von seinem Konto bei der Bank A auf sein Konto bei der Bank B. Die Bank A belastet am 30.12.01 seinem Bankkonto den Überweisungsbetrag, die Gutschrift bei der Bank B erfolgt erst am 2.1.02. Am Abschlussstichtag 31.12.01 wird das Guthaben weder von der Bank A noch der Bank B ausgewiesen. In der Bilanz zum 31.12.01 ist der Überweisungsbetrag gleichwohl unter flüssige Mittel zu erfassen.

74 Soweit von mehreren Unt (z. B. in einem Konzernverbund) ein **Cash Pool** unterhalten wird, stellen die in den Cash Pool eingebrachten Guthaben des Kaufmanns keine flüssigen Mittel, sondern Forderungen gegen den Cash-Pool-Führer dar.

---

[54] Vgl. *Schubert/Roscher*, in Beck Bil-Komm., 10. Aufl., § 247 HGB, Rz 125.
[55] Vgl. WPH Edition, Wirtschaftsprüfung & Rechnungslegung, 15. Aufl., 2017, Abschn. F, Tz 408.

In der Praxis werden in der Buchhaltung oftmals sog. **Bankzwischenkonten** verwendet, auf denen zur zutreffenden Periodenabgrenzung Gutschriften bzw. Belastungen des Kreditinstituts erfasst werden, die dem abgelaufenen Gj zuzurechnen sind, vom Kreditinstitut aber erst nach dem Abschlussstichtag (ggf. mit abweichender Valuta-Stellung) belastet bzw. gutgeschrieben wurden.

75

> **Beispiel**
> Der Rechnungsabschluss für das 4. Quartal 01 wird am 2.1.02 dem Bankkonto des Kaufmanns mit Valuta 31.12.01 belastet. In seiner Buchhaltung erfasst er den Rechnungsabschluss auf einem Bankzwischenkonto, das er in der Bilanz – auch wenn es einen Verbindlichkeitssaldo ausweist – unter den flüssigen Mitteln ausweist.

Soweit auf einem derartigen Bankzwischenkonto am Abschlussstichtag zur Bank eingereichte Überweisungen gebucht werden, stellt dieses noch keine Verminderung der Verbindlichkeiten dar, da noch keine Belastung auf dem Bankkonto erfolgt und somit die Verbindlichkeit noch nicht beglichen ist.

76

> **Beispiel**
> Der Kaufmann gibt am 31.12.01 einen Überweisungsauftrag zur Begleichung einer Kreditorenverbindlichkeit i.H.v. 100 an seine Hausbank. Diese führt die Überweisung am 2.1.02 aus und belastet an diesem Tag das Bankkonto des Kaufmanns.
> Der Kaufmann, der die Überweisung mittels sog. electronic banking vorgenommen hat, bucht am 31.12.01 bzw. 2.1.02 wie folgt:
>
> | Datum | Konto | Soll | Haben |
> |---|---|---|---|
> | 31.12.01 | Kreditor | 100 | |
> | | Bankzwischenkonto | | 100 |
> | 2.1.02 | Bankzwischenkonto | 100 | |
> | | Bankguthaben | | 100 |
>
> Das Bankzwischenkonto ist am Abschlussstichtag 31.12.01 unter den Verbindlichkeiten aus L&L auszuweisen, da von der Bank noch keine Überweisung ausgeführt wurde.

Unter **Schecks** werden Inhaber- und Orderschecks, Bar- und Verrechnungsschecks, Reise- und Tankschecks, über die der Kaufmann verfügen kann, ausgewiesen.[56] Hierzu zählen auch auf einen nach dem Abschlussstichtag liegenden Tag vordatierte Schecks, die nach Art. 28 Abs. 2 SchG am Tag der Vorlage fällig werden.

77

---

56 Vgl. *Marx/Dallmann*, in *Baetge/Kirsch/Thiele*, Bilanzrecht, § 266 HGB, Rz 116, Stand 2/2013.

4 Rechnungsabgrenzungsposten

78 Nicht in § 247 HGB erwähnt sind die RAP, die sowohl auf Aktiv- als auch auf Passivseite auftreten können. § 246 Abs. 1 HGB stellt klar, dass auch die RAP in die Bilanz aufzunehmen sind (§ 246 Rz 7).
Zu Einzelheiten zu RAP s. § 250 Rz 4 ff.

5 Eigenkapital

5.1 Grundsätzliches

79 Das EK wird in Abs. 1 der Vorschrift als separat auszuweisender Posten explizit angesprochen. Im Unterschied zu KapG und KapCoGes, für die in §§ 264c, 266, 268 und 272 HGB detaillierte Regelungen zum EK-Ausweis existieren, belässt es der erste Abschnitt des Dritten Buchs des HGB bei der Forderung nach separatem Ausweis.

80 Das bilanzielle EK (**Reinvermögen**) ergibt sich als Differenz zwischen den übrigen Positionen der Aktiva und Passiva; es stellt eine Residualgröße dar, der als Kennzahl erhebliche Bedeutung zukommt. Die Bedeutung dieser Kennzahl resultiert vor allem aus der Tatsache, dass EK als Verlustdeckungspotenzial zur Verfügung steht. Im Unterschied zu EK bei KapG braucht zur Qualifikation als EK das Kriterium der Dauerhaftigkeit der Mittelüberlassung bei Ekfl nicht erfüllt zu sein, da dieser jederzeit Entnahmen vornehmen kann. Gleiches gilt für Personenhandelsgesellschaften, da Entnahmen zulasten des EK jederzeit von den Gesellschaftern beschlossen werden können.[57]

81 **Genussrechtskapital** ist je nach Ausgestaltung entweder als EK oder als FK anzusetzen. Eine Qualifikation als EK ist dann geboten, wenn nachfolgende Kriterien kumulativ erfüllt sind:[58]
- Nachrangigkeit,
- Erfolgsabhängigkeit der Vergütung sowie Teilnahme am Verlust bis zur vollen Höhe und
- Längerfristigkeit der Kapitalüberlassung.

Da das letztgenannte Kriterium im Zeitablauf bei in Vorjahren als EK qualifizierten Genussrechten nicht mehr zutrifft, sind derartige Genussrechte bei Näherrücken des Rückzahlungstermins in das FK umzugliedern.
Darüber hinaus bestehen Sonderfragen bei Genussrechten, wie z. B. Agio-Emissionen, Wandel- oder Optionsgenussrechten.[59]

82 Der Ausweis von **Einlagen stiller Gesellschafter** ist mangels gesetzlicher Regelung sowie der in der Praxis anzutreffenden Vielzahl von Ausgestaltungsvarianten nicht eindeutig geregelt. Die im steuerlichen Verständnis als atypisch stille Gesellschaft qualifizierten Einlagen werden in der Praxis häufig in einem Sonderposten nach dem EK (Einlagen stiller Gesellschafter) ausgewiesen. Aber auch ein (gesonderter) Ausweis innerhalb des EK ist denkbar. Für die Zulässigkeit eines derartigen Ausweises ist entscheidend, ob die Einlagen des stillen Gesellschafters den für Genussrechtskapital entwickelten Tatbestandsvoraussetzungen für EK entspre-

---

[57] Vgl. IDW RS HFA 7, Tz 14.
[58] Vgl. zu Einzelheiten St/HFA 1/1994, Abschn. 2.1.1.
[59] Vgl. *Emmerich/Naumann*, WPg 1994, S. 685.

chen (Rz 81).[60] Bei den nach dem gesetzlichen Regelstatut von §§ 230 ff. HGB errichteten stillen Gesellschaften, die steuerlich als sog. typische stille Gesellschaft qualifiziert werden, kommt nur ein Ausweis als Verbindlichkeit in Betracht. Zu weiteren Einzelheiten s. § 266 Rz 130.

Aufgrund der erheblichen Rechtsformunterschiede wird im Folgenden zunächst das EK für Ekfl und anschließend für PersG betrachtet.

5.2 Eigenkapital des Einzelkaufmanns

Im Unterschied zu PersG besteht das EK des Ekfm ausschließlich aus einem variablen Kapitalanteil. Der Ekfm kann auch keine Forderungen bzw. Verbindlichkeiten gegen sich selbst ausweisen. 83

Eine weitergehende hinreichende Aufgliederung i.S.v. Abs. 1 der Vorschrift ist bei Ekfl nicht erforderlich. Eine Entwicklung des EK innerhalb der Bilanz wird aber oftmals vorgenommen, um die Veränderungen gegenüber dem Vorjahr darzustellen. Da der Ekfm keine schuldrechtlichen Verträge (z.B. Dienstvertrag, Mietvertrag) mit sich selbst schließen kann, muss er die Kosten seiner privaten Lebensführung regelmäßig aus dem EinzelUnt entnehmen. Das EK des Ekfm wird daher zum einen von dem Ergebnis der GuV des Gj, zum anderen von den Entnahmen sowie ggf. erfolgenden Einlagen beeinflusst. Eine Bildung von Gewinnrücklagen wird als zulässig erachtet,[61] hat aber mangels der Existenz von Schutzvorschriften für derartige Rücklagen nahezu keine praktische Bedeutung. Nachfolgende Entwicklung des EK eines Ekfm kann in der Bilanz dargestellt werden:[62] 84

Aktiva	Bilanz Ekfm	Passiva
	Eigenkapital	
	Stand 1.1.	
	Entnahmen	
	Einlagen	
	Ergebnis lt. GuV	
	Stand 31.12.	

Soweit das EK negativ wird, ist analog zur Vorgehensweise bei PersG ein aktivischer Ausweis geboten, der als „Nicht durch Vermögenseinlage gedeckte Verluste/Entnahmen des Geschäftsinhabers" bezeichnet und als letzter Posten auf der Aktivseite auszuweisen ist.[63] 85

5.3 Eigenkapital der Personenhandelsgesellschaft

Im Unterschied zu Ekfl können bei PersG neben dem EK auch Forderungen und Verbindlichkeiten gegen Gesellschafter bestehen, sodass eine eindeutige Tren- 86

---

60 Vgl. *Küting/Kessler*, BB 1994, S. 2114.
61 Vgl. *Hütten/Lorson*, in *Küting/Pfitzer/Weber*, HdR, § 247 HGB, Rz 31, Stand 08/2010.
62 Vgl. *ADS*, 6. Aufl., § 247 HGB, Rz 75.
63 Vgl. *Schmidt/Hoffmann*, in Beck Bil-Komm., 10. Aufl., § 247 HGB, Rz 155.

nung zwischen EK und FK von Gesellschaftern vorzunehmen ist.[64] EK liegt bei PersG nur dann vor, wenn die bereitgestellten Mittel der Gesellschaft als **Verlustdeckungspotenzial** zur Verfügung stehen. Dies ist dann gegeben, wenn[65]
- künftige Verluste mit den Mitteln bis zur vollen Höhe – auch mit Wirkung gegenüber den Gesellschaftsgläubigern – zu verrechnen sind und wenn
- im Fall der Insolvenz der Gesellschaft eine Insolvenzforderung nicht geltend gemacht werden kann oder wenn bei einer Liquidation der Gesellschaft Ansprüche erst nach Befriedigung aller Gesellschaftsgläubiger mit dem sonstigen EK auszugleichen sind.

87 Die gesetzlichen Regelungen sehen für jeden Gesellschafter einer PersG nur einen einzigen Kapitalanteil vor (für die OHG: § 120 Abs. 1 HGB). § 120 Abs. 2 HGB sieht die Veränderung des Kapitalanteils durch den jährlich erzielten, auf den jeweiligen Gesellschafter entfallenden Verlust vor. Für Kommanditisten bestimmt § 167 Abs. 2 HGB, dass Gewinne dem Kapitalanteil des Kommanditisten nur so lange gutgeschrieben werden, bis dieser den Betrag der sog. bedungenen Einlage erreicht. Unter **bedungene Einlage** ist die im Innenverhältnis der Gesellschafter im Gesellschaftsvertrag vereinbarte Einlage des Kommanditisten zu verstehen. Sie ist zu unterscheiden von der im Handelsregister eingetragenen **Haftsumme** des Kommanditisten (§ 171 Abs. 1 HGB). Diese kann mit der bedungenen Einlage (im Sprachgebrauch oftmals auch als Kommanditeinlage bezeichnet) identisch, aber auch abweichend davon sein.[66]

88 **Entnahmen** zulasten des Kapitalanteils sind für Gesellschafter einer OHG und Komplementäre einer KG innerhalb der Restriktionen des § 122 Abs. 1 HGB, für Kommanditisten einer KG nur nach § 169 Abs. 1 HGB gesetzlich geregelt.

89 Da Gesellschaftsverträge von PersG die dispositiven Regelungen des HGB zu den Kapitalanteilen und Entnahmen zumeist durch eigenständige Regelungen ersetzen, ist in der Praxis bez. der Abgrenzung von EK und FK bei PersG regelmäßig auf die Umstände des Einzelfalls abzustellen.

90 Sehr häufig werden in Gesellschaftsverträgen von PersG für jeden Gesellschafter mehrere Konten definiert. Für die Beurteilung der Qualifikation als EK ist dabei jedes dieser Konten separat zu beurteilen. Die Tatsache, dass die Gesellschafterkonten im Gesellschaftsvertrag als „Kapitalkonto" bezeichnet werden, ist für den Ausweis in der Bilanz grds. unbeachtlich.

91 Weit verbreitet ist die Bestimmung **fester Kapitalkonten** für jeden Gesellschafter, die zumeist Basis für die Gewinnverteilung darstellen.

92 Soweit die **Einlagen** auf diese festen Kapitalkonten am Abschlussstichtag ganz oder teilweise **nicht geleistet** und auch nicht eingefordert sind, sind diese in entsprechender Anwendung von § 272 Abs. 1 Satz 3 HGB passivisch offen von den Kapitalanteilen abzusetzen. Zwar gelten für Nicht-KapCoGes die Vorschriften des Zweiten Abschnitts des Dritten Buchs des HGB nicht unmittelbar; sie sind jedoch als GoB i. S. d. von § 247 Abs. 1 HGB geforderten hinreichenden Aufgliederung (weitgehend) analog anzuwenden (Rz 9).

---

64 Vgl. WPH Edition, Wirtschaftsprüfung & Rechnungslegung, 15. Aufl., 2017, Abschn. F, Tz 1438.
65 Vgl. IDW RS HFA 7, Tz 13.
66 Eine gegenüber dem Kommanditkapital erhöhte im Handelsregister eingetragene Haftsumme wird zumeist aus steuerlichen Gründen gewählt, da der Kommanditist Verlustzuweisungen aus der PersG steuerlich bis zur Höhe dieser Haftsumme gem. § 15a Abs. 1 Satz 2 EStG geltend machen kann.

> **Beispiel**
> Im Gesellschaftsvertrag der OHG ist für die beiden Gesellschafter ein Kapitalanteil von jeweils 100 EUR, insgesamt also 200 EUR, vereinbart. Am Abschlussstichtag 31.12.01 sind jeweils 10 EUR von den Gesellschaftern geleistet; der Restbetrag von jeweils 90 EUR ist nicht eingefordert.
>
> | Aktiva | Bilanz 31.12.01 (OHG) | Passiva |
> |---|---|---|
> | ... | Eigenkapital
– Kapitalanteile
... | 20 |

Für **eingeforderte ausstehende Einlagen** scheint dementsprechend ein aktivischer Ausweis unter den Forderungen in analoger Anwendung von § 272 Abs. 1 Satz 3 3. Hs. HGB sachgerecht.

93

> **Beispiel**
> Im Gesellschaftsvertrag der OHG ist für die beiden Gesellschafter ein Kapitalanteil von jeweils 100 EUR, insgesamt also 200 EUR, vereinbart. Am Abschlussstichtag 31.12.02 sind jeweils 20 EUR von den Gesellschaftern geleistet; der Restbetrag von jeweils 80 EUR ist eingefordert.
>
> | Aktiva | | Bilanz 31.12.02 (OHG) | Passiva |
> |---|---|---|---|
> | ... | | Eigenkapital | 200 |
> | Forderungen gegen phG | 160 | – Kapitalanteile
... | |

Während für KapCoGes gem. § 264c Abs. 2 Satz 2 HGB die **Saldierung von positiven und negativen Kapitalanteilen** einzelner Gesellschafter (auch innerhalb derselben Gesellschaftergruppe) unzulässig ist, ist dies für nicht unter § 264a HGB fallende PersG möglich. Das Gebot der Klarheit und Übersichtlichkeit von § 243 Abs. 2 HGB erfordert in Jahresabschlüssen von KGs, die nicht unter § 264a HGB fallen, allerdings eine Trennung der Kapitalanteile von phG und Kommanditisten.[67]

94

In Gesellschaftsverträgen von PersG finden sich häufig Regelungen zu Rücklagen. Für den bilanziellen Ausweis ist danach zu differenzieren, ob es sich um einzelnen Gesellschaftern zustehende **individuelle Rücklagen** handelt, die als Teil des Kapitalanteils des Gesellschafters zu behandeln sind, oder um **gesamthänderisch gebundene Rücklagen**, die separat von den Kapitalanteilen der Gesellschafter als weiteres Bestandteil des EK zu bilanzieren sind.

95

---

[67] Vgl. IDW RS HFA 7, Tz 43.

> **Beispiel**
> Eine OHG hat zwei Gesellschafter (A+B), die gem. Gesellschaftsvertrag Einlagen i.H. von jeweils 50 EUR geleistet haben. Darüber hinaus hat der Gesellschafter A eine Rücklage i.H. von 30 EUR, die gem. dem maßgeblichen Gesellschafterbeschluss ihm alleine zustehen. Die Bilanz der OHG weist folgendes EK-Bild aus:

Aktiva	Bilanz 31.12.01		Passiva
	Eigenkapital		
	Kapitalanteil A		
	– Einlage		50
	– Rücklage		30
			80
	Kapitalanteil B		
	– Einlage		50
			130

> **Beispiel**
> Eine OHG hat zwei Gesellschafter (A+B), die gem. Gesellschaftsvertrag Einlagen i.H. von jeweils 50 EUR geleistet haben. Der Gesellschaftsvertrag sieht vor, dass im Fall eines Gewinns dieser i.H. von 50 % in eine gesamthänderisch gebundene Rücklage einzustellen ist. Der Restgewinn ist als entnahmefähiger Gewinn dem Verrechnungskonto des jeweiligen Gesellschafters gutzuschreiben; Verlustsonderkonten bestehen nicht. Im Geschäftsjahr 02 wird ein Gewinn i.H. von 30 EUR erzielt. Die Bilanz der OHG weist folgendes EK-Bild aus:[68]

Aktiva	Bilanz 31.12.02		Passiva
	Eigenkapital		
	– Kapitalanteile		100
	– Rücklage		15
			115

96 Eine Differenzierung der Rücklagen nach Kapital- und Gewinnrücklagen, wie dies für KapG in §§ 266 Abs. 3, 272 Abs. 2 und 3 HGB vorgeschrieben ist, ist weder für KapCoGes noch für andere PersG gesetzlich vorgesehen.[69] Eine derartige Differenzierung der Rücklagen ist aber auch bei PersG zulässig.

97 Bei der Bilanzierung von **Gewinnanteilen** sind neben den gesetzlichen Regelungen auch die häufig vorhandenen abweichenden Regelungen des Gesellschafts-

---

[68] Der entnahmefähige Gewinn auf den Verrechnungskonten der Gesellschafter ist innerhalb der Verbindlichkeiten auszuweisen.
[69] Vgl. IDW RS HFA 7, Tz 46.

vertrags zu beachten. Soweit keine abweichenden gesellschaftsvertraglichen Regelungen bestehen, sind die Gewinnanteile von phG deren Kapitalanteilen zuzuschreiben (§§ 120 Abs. 2, 167 Abs. 1 HGB). Gewinnanteile von Kommanditisten werden gem. § 167 Abs. 2 HGB nur solange dem Kapitalanteil zugeschrieben, bis die (in Vorjahren durch Verluste oder Entnahmen geminderte) bedungene Einlage wieder erreicht ist. Ein darüber hinausgehender Gewinn ist als entnahmefähiger Gewinn einem **Verrechnungs- oder Privatkonto** des Kommanditisten zuzuschreiben, das Fremdkapitalcharakter hat und demgemäß unter den Verbindlichkeiten auszuweisen ist. In diesen Fällen wird in der Bilanz kein Jahresüberschuss ausgewiesen.[70]

Oftmals bestehen abweichende gesellschaftsvertragliche Regelungen, die auch für persönlich haftende Gesellschafter (nach Ausgleich etwaiger Verlustsonderkonten) eine Gutschrift des Gewinnanteils auf einem Verrechnungs- oder Privatkonto vorsehen, das als FK auszuweisen ist. | **98**

In Fällen, in denen im Gesellschaftsvertrag die vollständige oder teilweise Disposition eines Jahresüberschusses der GesV (oder ggf. einem Aufsichts- oder Beirat) obliegt, die über die Ergebnisverwendung im Rahmen der Feststellung des Jahresabschlusses zu entscheiden hat,[71] ist in der Bilanz der **Jahresüberschuss** unverteilt als eigenständiger Posten im EK auszuweisen.[72] | **99**

> **Beispiel**
> Der Gesellschaftsvertrag der Kommanditgesellschaft enthält eine Regelung, wonach die Feststellung des Jahresabschlusses und Ergebnisverwendung nach Vorlage des Jahresabschlusses durch den Komplementär durch die GesV zu erfolgen hat. Der Kapitalanteil des Komplementärs beläuft sich auf 70 EUR, der des Kommanditisten auf 30 EUR. Im abgelaufenen Gj wurde ein Jahresüberschuss von 20 EUR erzielt; Verlustsonderkonten bestehen nicht. Der EK-Ausweis in der Bilanz sieht folgendermaßen aus:

Aktiva	Bilanz 31.12.01		Passiva
...	Eigenkapital		
	– Kapitalanteil phG	70	
	– Kapitalanteil Komm.	30	
	– Jahresüberschuss	20	
			120
	...		

---

[70] Vgl. IDW RS HFA 7, Tz 47.
[71] Vgl. *Schulze-Osterloh*, BB 1995, S. 2519.
[72] Vgl. WPH Edition, Wirtschaftsprüfung & Rechnungslegung, 15. Aufl., 2017, Abschn. F, Tz 1438.

100 Eine teilweise Disposition des Jahresüberschusses durch die GesV liegt dann vor, wenn z. B. eine gesellschaftsvertragliche Regelung die Bildung von Rücklagen bei Aufstellung des Jahresabschlusses erlaubt. In derartigen Fällen ist in der Bilanz ein Bilanzgewinn auszuweisen.[73]

> **Beispiel**
> Der Gesellschaftsvertrag der Kommanditgesellschaft enthält eine Regelung, wonach die Feststellung des Jahresabschlusses und Ergebnisverwendung nach Vorlage des Jahresabschlusses durch den Komplementär durch die GesV zu erfolgen hat. Weiterhin dürfen gem. gesellschaftsvertraglicher Regelung bei Aufstellung des Jahresabschlusses bis zu 20 % eines sich laut GuV ergebenden Jahresüberschusses in Rücklagen eingestellt werden. Der Kapitalanteil des Komplementärs beläuft sich auf 70 EUR, der des Kommanditisten auf 30 EUR. Im abgelaufenen Gj wurde ein Jahresüberschuss von 20 EUR erzielt; Verlustsonderkonten oder Rücklagen bestehen bisher nicht. Bei Aufstellung des Jahresabschlusses nimmt der Komplementär eine Rücklagendotierung von 4 EUR (20 % des Jahresüberschusses) vor. Der EK-Ausweis in der Bilanz sieht folgendermaßen aus:
>
> | Aktiva | Bilanz 31.12.01 | | Passiva |
> |---|---|---|---|
> | ... | Eigenkapital | | |
> | | – Kapitalanteil phG | 70 | |
> | | – Kapitalanteil Komm. | 30 | |
> | | – Rücklage | 4 | |
> | | – Bilanzgewinn | 16 | |
> | | | | 120 |
> | | ... | | |

101 Nicht nur die Verwendung des Jahresergebnisses, sondern auch die Verteilung eines Gewinns auf die einzelnen Gesellschafter wird regelmäßig abweichend von den gesetzlichen Regelungen (§ 121 Abs. 1 HGB, § 168 Abs. 1 HGB) vorgenommen. Sehr häufig finden sich Bestimmungen, wonach die Gewinnverteilung nach den Festkapitalanteilen erfolgt. Z. T. werden Zinsen auf sämtliche oder bestimmte Gesellschafterkonten gem. den gesellschaftsvertraglichen Regelungen ermittelt, die im Rahmen der Gewinnverteilung als **Gewinnvorab** zu behandeln sind. Hiervon zu unterscheiden sind Zinsen auf Gesellschafterkonten, die als Aufwand der Gesellschaft in der GuV bereits im Rahmen der Gewinnentstehung zu erfassen sind.

102 Soweit im Geschäftsjahr ein Jahresfehlbetrag anfällt, sind gem. den gesetzlichen Regelungen bei PersG die **Verlustanteile** von den Kapitalanteilen der Gesellschafter abzuschreiben (§ 120 Abs. 2 HGB), wobei Kommanditisten nur bis zur

---

[73] Vgl. IDW RS HFA 7, Tz 48.

Höhe ihres Kommanditkapitals teilnehmen (§ 167 Abs. 3 HGB). Bestehen gesamthänderisch gebundene Rücklagen, können diese – soweit dem keine gesellschaftsvertraglichen Regelungen entgegenstehen – zunächst mit dem Verlust verrechnet werden, sodass nur ein darüber hinausgehender Verlust von den Kapitalanteilen der Gesellschafter abzuschreiben ist.[74]

Die gesetzlichen Regelungen werden ebenfalls sehr häufig durch gesellschaftsvertragliche Regelungen ersetzt. Dabei werden zumeist für jeden Gesellschafter separate **Verlustsonderkonten** (ggf. auch als Verlustvortragskonten bezeichnet) geführt. Derartige Regelungen sehen zumeist auch die Teilnahme der Kommanditisten an über die Höhe des Kapitalanteils hinausgehenden Verlusten vor. Die Verlustanteile stellen – wie die Festkapitalanteile auch – Teil des in der Bilanz ausweisenden Kapitalanteils dar.

103

Soweit in einem Jahresabschluss Verlustsonderkonten ausgewiesen werden und im darauffolgenden Gj ein Jahresüberschuss erzielt wird, ist nach den gesellschaftsvertraglichen Regelungen zu entscheiden, wie dieser in der Bilanz auszuweisen ist. Sehr häufig sehen Gesellschaftsverträge vor, dass Gewinne zunächst mit bestehenden Verlusten zu verrechnen sind und nur ein darüber hinausgehender Gewinn entnahmefähig ist bzw. zur Disposition der GesV steht. Aus Gesellschaftssicht ist es auch sinnvoll, dass zunächst das Festkapital wieder hergestellt wird, bevor Gewinne entnahmefähig werden. Es ist aber durchaus auch zu beobachten, dass Gesellschaftsverträge auch bei Bestehen von Verlustsonderkonten einen im Folgejahr entstehenden Gewinn sofort als entnahmefähig den Gesellschafterverrechnungskonten zuweisen. In derartigen Fällen ist eine Wiederherstellung des in Vorjahren durch Verluste aufgezehrten EK nur möglich, indem die Gesellschafter den Ausgleich der Verlustsonderkonten durch Mittelzufuhr (z. B. Bareinlagen oder durch Einlage ihrer Guthaben auf den Verrechnungskonten) beschließen.

104

Soweit der Kapitalanteil durch Verluste oder Entnahmen negativ wird, ist **der den Kapitalanteil übersteigende Verlust** am Schluss der Bilanz auf der Aktivseite analog § 264 Abs. 1 Satz 5 i. V. m. § 268 Abs. 3 HGB auszuweisen. Der Posten ist als „Nicht durch Vermögenseinlagen gedeckter Verlustanteil persönlich haftender Gesellschafter" bzw. „Nicht durch Vermögenseinlagen gedeckter Verlustanteil Kommanditisten" zu bezeichnen. Bezüglich der für Nicht-KapCo-Ges zulässigen Saldierung positiver und negativer Kapitalanteile s. Rz 94. Soweit der Gesellschaftsvertrag nichts Abweichendes vorsieht, führt auch bei phG ein negativer Kapitalanteil nicht zu einer Forderung der Ges.[75] Soweit im Gj der Kapitalanteil sowohl durch Verluste als auch durch Entnahmen (Rz 106) negativ wird, sind „zuerst die Entnahmen zu buchen, weil die Verluste erst mit Ablauf des Gj die Kapitalkonten der Gesellschafter belasten, während Entnahmen vorher erfolgt sind".[76]

105

Auch bei PersG sind wie bei EKfl Entnahmen und Einlagen möglich. Während die gesetzlichen Regelungen **Entnahmen** regelmäßig zulasten des Kapitalanteils vorsehen (§§ 122 Abs. 1, 169 Abs. 1 HGB), werden in der Praxis häufig auch schuldrechtliche Vereinbarungen zwischen Gesellschafter und Ges. als Entnahme bezeichnet. Eine Entnahme ist begrifflich jede Art von Leistung (Geld-

106

---

[74] Vgl. IDW RS HFA 7, Tz 50.
[75] Vgl. IDW RS HFA 7, Tz. 49.
[76] Vgl. IDW RS HFA 7, Tz 41.

oder Sachleistung), die die Gesellschaft gegenüber dem Gesellschafter erbringt, insb. natürlich Geldleistungen.[77] Häufig werden in Gesellschaftsverträgen von PersG den Gesellschaftern Entnahmerechte zugestanden, die auf einem Verrechnungs- oder Privatkonto mit Fremdkapitalcharakter auszuweisen sind. Dies gilt für die regelmäßig anzutreffenden Entnahmerechte für **Steuervorauszahlungen** im Zusammenhang mit der Gesellschaft genauso wie für die der PersG belasteten Steuerabzugsbeträge (ZASt, KapSt sowie darauf entfallender SolZ), die – da die PersG selbst kein Steuersubjekt bei der ESt ist – als Entnahme der Gesellschafter zu berücksichtigen sind.

> **Beispiel**
> Gesellschafter einer KG sind ein Komplementär mit einem Festkapital von 60 EUR sowie zwei Kommanditisten mit einem Kommanditkapital von jeweils 20 EUR. Die Gewinnverteilung erfolgt nach Kapitalanteilen. Im Gj 01 wurde ein Gewinn i.H. von 50 erzielt, der nach den gesellschaftsvertraglichen Regelungen auf Verrechnungskonten der Gesellschafter gebucht und in der Bilanz zum 31.12.01 als FK ausgewiesen wurde.
> Im Geschäftsjahr 02 wird der entnahmefähige Gewinn des Vorjahrs von den Gesellschaftern entnommen. Aufgrund der gesellschaftsvertraglichen Regelungen haben die Gesellschafter das Recht, Entnahmen für Steuervorauszahlungen im Zusammenhang mit ihrer Beteiligung zulasten ihres Verrechnungskontos zu entnehmen. Im Gj 02 hat der Komplementär Steuervorauszahlungen i.H. von 11 EUR vorgenommen, die beiden Kommanditisten i.H.v. jeweils 5 EUR. Im Gj 02 wird ein Gewinn i.H. von 40 EUR erzielt, der dem Komplementär mit 24 EUR (60 % von 40 EUR) und den beiden Kommanditisten mit jeweils 8 EUR (jeweils 20 % von 40 EUR) entsprechend den gesellschaftsvertraglichen Bestimmungen auf ihren Verrechnungskonten gutgeschrieben wird. Die als FK auszuweisenden Verrechnungskonten weisen zum 31.12.02 einen Stand von 13 EUR (24 ./. 11) für den Komplementär und jeweils 3 EUR (8 ./. 5) für die beiden Kommanditisten aus. Die Bilanz zeigt folgendes Bild:

Aktiva	Bilanz 31.12.02		Passiva
...	Eigenkapital		
	Kapitalanteil phG	60	
	Kapitalanteile Komm.		
		40	100
	Verbindlichkeiten		
	Verbindlk. phG	13	
	Verbindlk. Komm.		
		6	19
	...		

---

[77] Vgl. *Baumbach/Hopt/Merkt/Hopt*, HGB, 37. Aufl., § 122 HGB, Rn 1 mwN.

Einlagen von Gesellschaftern sind nach den gesetzlichen Regelungen als Erhöhung des Kapitalanteils zu behandeln (§ 121 Abs. 2 HGB) und demzufolge als EK in der Bilanz auszuweisen. Gesellschaftsvertragliche Regelungen präzisieren zumeist die Verwendung von Einlagen, indem bestimmt wird, auf welchem Konto des Gesellschafters diese erfasst werden. Der Ausweis in der Bilanz richtet sich dann nach der Qualifikation des betreffenden Kontos (Rz 90). 107

Bei PersG erfolgen neben gesellschaftsvertraglichen Verbindungen sehr häufig auch **schuldrechtliche Vereinbarungen** mit Gesellschaftern. Beispiele hierfür sind: 108

- Dienstverträge,
- Darlehensverträge,
- Miet- und Pachtverträge oder
- Sonstiger Lieferungs- und Leistungsverkehr.

Derartige Vertragsverhältnisse werden zwar steuerlich wie EK des Gesellschafters behandelt, stellen handelsrechtlich aber Forderungen und Verbindlichkeiten dar. Dies gilt auch für Darlehen eines Gesellschafters, für die er zur Vermeidung der Überschuldung der PersG einen Rangrücktritt ausgesprochen hat.[78] 109

Bei PersG besteht ein gesetzliches Kündigungsrecht des Gesellschafters, das auch nicht durch gesellschaftsvertragliche Regelung abbedungen werden kann (§ 133 Abs. 3 HGB). Soweit ein kündigender Gesellschafter einen Abfindungsanspruch gegen die PersG hat, ist diese **Abfindungsverpflichtung** als FK auszuweisen. 110

6 Schulden

6.1 Grundsätzliches

Schulden ist ein vom Gesetzgeber gewählter Oberbegriff, ohne dass dieser vom Gesetzgeber definiert wird. § 246 Abs. 1 HB bestimmt lediglich, dass der Jahresabschluss sämtliche Schulden des Kaufmanns zu enthalten hat. Bilanziell wird üblicherweise – in Anlehnung an die für KapG/KapCoGes vorgeschriebene Gliederung in § 266 Abs. 3 HGB – zwischen Rückstellungen und Verbindlichkeiten unterschieden. 111

Daneben existieren noch sog. Eventualschulden, die als Haftungsverhältnisse unter der Bilanz zu vermerken sind. Zu Einzelheiten s. § 251 Rz 5 ff. 112

Verbindlichkeiten stellen Außenverpflichtungen des Kaufmanns dar, die rechtlich bestehen und am Abschlussstichtag noch nicht erfüllt sind und deren Entstehung vor dem Ende des Geschäftsjahrs wirtschaftlich verursacht ist. 113

Bei **Rückstellungen** wird gem. § 249 Abs. 1 HGB unterschieden zwischen 114

- Rückstellungen für ungewisse Verbindlichkeiten,
- Rückstellungen für drohende Verluste und
- Aufwandsrückstellungen.

Nur bei der ersten Rückstellungskategorie ergeben sich Abgrenzungsschwierigkeiten zu den Verbindlichkeiten. Bei der dritten Kategorie, den Aufwandsrückstellungen, handelt es sich um Innenverpflichtungen des Kaufmanns (§ 249 Rz 9), die den Schuldbegriff nicht erfüllen. Dennoch werden unter dem Obergriff Schulden zumeist auch diese Rückstellungen mit erfasst. 115

---

[78] Vgl. *Hütten/Lorson*, in *Küting/Pfitzer/Weber*, HdR, § 247 HGB, Rz 36, Stand 08/2010.

116 Die **Abgrenzung** zwischen Rückstellungen für ungewisse Verbindlichkeiten und Verbindlichkeiten erfolgt nach dem Grad der Sicherheit betreffend Bestand und Höhe der Verpflichtung. Verbindlichkeiten liegen vor, wenn am Abschlussstichtag die Verpflichtung dem **Grunde**, der **Höhe** und der **Fälligkeit** nach bestimmt werden kann. Demgegenüber liegen Rückstellungen für ungewisse Verbindlichkeiten dann vor, wenn Bestand, Höhe oder Fälligkeit der Verpflichtung ungewiss ist.[79]

6.2 Rückstellungen

117 Das HGB enthält zum Ansatz von Rückstellungen eine Spezialvorschrift in § 249 HGB. Auf die dortigen Ausführungen wird hier verwiesen (§ 249 Rz 7 ff.). Zum Ausweis ist anzumerken, dass Ekfl und Nicht-KapCoGes zumindest den gesonderten Ausweis der Pensionsrückstellungen vorzunehmen haben, soweit es sich hierbei um wesentliche Beträge handelt, da diesen wegen ihres langfristigen Charakters besondere Bedeutung zukommt.[80] Im Regelfall werden sich aber auch diese Kfl am Gliederungsschema des § 266 Abs. 3 HGB orientieren und entsprechend separat ausweisen:
- Pensionsrückstellungen,
- Steuerrückstellungen und
- sonstige Rückstellungen.

Auch für EKfl und Nicht-KapCoGes stellt sich ggf. das Erfordernis, Rückstellungen für passive latente Steuern zu bilden.[81] Zu Einzelheiten s. § 249 Rz 42.

6.3 Verbindlichkeiten

118 Für KapG und KapCoGes existieren detaillierte Gliederungsvorschriften (§ 266 Rz 142 ff.). Für nicht diesen Vorschriften unterliegende Kfl. ist eine entsprechende Aufgliederung zwar empfehlenswert und in der Praxis auch üblich, allerdings nicht zwingend. Die hinreichende Aufgliederung i.S.v. Abs. 1 der Vorschrift erfordert zumindest die Angabe von Verbindlichkeiten gegenüber Gesellschaftern[82] bzw. sonstigen Unternehmensverflechtungen.

119 Sehr häufig halten diese Kfl aber eine an § 266 Abs. 3 HGB orientierte weitergehende Mindestgliederung ein, die unterscheidet zwischen:[83]
- Verbindlichkeiten gegenüber Kreditinstituten,
- Wechselverbindlichkeiten,
- Erhaltenen Anzahlungen,
- Verbindlichkeiten aus L&L sowie
- Sonstigen Verbindlichkeiten.

Zur grundlegenden Abgrenzung von Verbindlichkeiten zu EK.[84]

120 **Aufschiebend bedingte Verbindlichkeiten** sind erst mit Bedingungseintritt zu passivieren.[85] Vor Bedingungseintritt kann sich gleichwohl das Erfordernis der

---

[79] Vgl. Müller, in Baetge/Kirsch/Thiele, Bilanzrecht, § 247 HGB, Rz 262, 263, Stand 2/2015.
[80] Vgl. ADS, 6. Aufl., § 247 HGB, Rz 50.
[81] Vgl. IDW RS HFA 7, Tz 26.
[82] Vgl. IDW RS HFA 7, Tz 55.
[83] Vgl. Müller, in Baetge/Kirsch/Thiele, Bilanzrecht, § 247 HGB, Rz 268, Stand 2/2015.
[84] Vgl. St/HFA 1/1994, Abschn. 2.1.1 und IDW RS HFA 7, Tz 13 ff.
[85] Vgl. BFH, Urteil v. 4.2.1999, IV R 54/87, BStBl 2000 II S. 139.

Bildung einer Rückstellung für ungewisse Verbindlichkeiten stellen, wenn mit dem Bedingungseintritt ernsthaft zu rechnen ist und die künftigen Ausgaben wirtschaftlich in der Vergangenheit verursacht sind. Hierunter fallen auch **Besserungsscheine**[86] für von Gläubigern erlassene Verbindlichkeiten.[87]

Auflösend bedingte Verbindlichkeiten sind demgemäß solange zu passivieren, bis der Bedingungseintritt erfolgt. Ist allerdings der Bedingungseintritt nach den Verhältnissen am Abschlussstichtag u. U. zu erwarten, so handelt es sich um eine ungewisse Verbindlichkeit, die demgemäß als Rückstellung zu erfassen ist. 121

Soweit der Kaufmann eine bereits verjährte Verbindlichkeit nicht mehr begleichen will und er die Einrede der **Verjährung** nach § 214 Abs. 1 BGB erhebt, ist die Verbindlichkeit auszubuchen.[88] 122

Verbindlichkeiten sind auch dann zu passivieren, wenn der Gläubiger einen **Rangrücktritt** ausgesprochen hat.[89] Erst ein Erlass der Forderung durch den Gläubiger (§ 397 Abs. 1 BGB) bewirkt ein Erlöschen der Verbindlichkeit, sodass eine erfolgswirksame Ausbuchung vorzunehmen ist. 123

Genussrechte, die als FK auszuweisen sind (Rz 81), sollten als gesonderter Posten unter den Verbindlichkeiten ausgewiesen werden (§ 266 Rz 147). Bei Bilanzierenden, die den Jahresabschluss um einen Anhang erweitern (KapG/KapCoGes), kann auch eine separate Aufgliederung im Anhang erfolgen. 124

Bestrittene Verbindlichkeiten sind solange als Verbindlichkeiten auszuweisen, bis der Streit beglichen ist und im Fall des Obsiegens des Kaufmanns eine (ganz oder teilweise) Ausbuchung erfolgen kann. Es muss allerdings vom Bestehen eines Rechtsverhältnisses ausgegangen werden können, sodass offenkundig unbegründete Ansprüche (z. B. Forderung auf Bezahlung einer nicht bestellten Leistung) nicht passivierungspflichtig sind. Es kann aber ggf. eine Rückstellung für ungewisse Verbindlichkeiten in Betracht kommen. 125

Zum FK-Ausweis von Einlagen **stiller Gesellschafter** s. Rz 82.

Verbindlichkeiten **erlöschen** durch 126
- Erfüllung (§ 362 BGB),
- Aufrechnung (§§ 387–399 BGB oder aus einem vereinbarten Kontokorrentverhältnis gem. § 355 HGB),
- Novation (Schuldumwandlung in bspw. ein Darlehen),
- Erlass (§ 397 BGB),
- befreiende Schuldübernahme (§§ 414 ff. BGB).[90]

Erfüllung beinhaltet die Begleichung der Verbindlichkeit durch die vereinbarte Gegenleistung (i. d. R. Barmittel, aber auch Sachleistungen möglich). Eine Leistung an einen Dritten kann Erfüllungswirkung haben, wenn dieser vom Gläubiger zur Entgegennahme berechtigt wurde (§ 362 Abs. 2 BGB). 127

Eine **Aufrechnung** i. S. v. § 387 BGB ist nur möglich, wenn eine Aufrechnungslage gegeben ist, d. h. Gläubiger und Schuldner gegenseitig gleichartige Forderungen haben.[91] Die gesetzliche Möglichkeit der Aufrechnung kann durch Vertrag ausgeschlossen werden. Daneben gibt es gesetzliche Aufrechnungsverbote 128

---

86 Zum Begriff des Besserungsscheins vgl. *Gross/Fink*, BB 1991, S. 1379.
87 Vgl. WPH Edition, Wirtschaftsprüfung & Rechnungslegung, 15. Aufl., 2017, Abschn. F, Tz 665.
88 Vgl. *Müller*, in *Baetge/Kirsch/Thiele*, Bilanzrecht, § 247 HGB, Rz 272, Stand 2/2015.
89 Zum Begriff des Rangrücktritts: *Loitz/Schulze*, DB 2004, S. 769.
90 Vgl. zur Schuldübernahme auch St/WFA 1/1994, Abschn. B.
91 Zu Einzelheiten vgl. *Palandt/Grüneberg*, BGB, 75. Aufl., 2016, § 387 BGB, Rz 3 ff.

(z. B. §§ 390–395 BGB, § 17 Abs. 3 StromGVV/GasGVV, §§ 66 Abs. 1 Satz 2, 114 Abs. 2 Satz 2 AktG, § 19 Abs. 2 GmbHG).

129 Unter einer **Novation** (Schuldersetzung) ist die Aufhebung eines Schuldverhältnisses mit gleichzeitiger Begründung eines neuen Schuldverhältnisses zu verstehen.[92]

130 **Erlass** ist ein Vertrag zwischen Gläubiger und Schuldner, der den Forderungsverzicht des Gläubigers beinhaltet. Zu den in diesem Zusammenhang oftmals vereinbarten Besserungsscheinen s. Rz 120. Der Forderungsverzicht löst beim Schuldner eine erfolgswirksame Ausbuchung der Verbindlichkeit aus. Ist der verzichtende Gläubiger Gesellschafter des Schuldners, kommt bei PersG die Gutschrift auf einem Kapitalkonto (Einlage) in Betracht; bei KapG ist in derartigen Fällen auch die Einstellung in die Kapitalrücklage nach § 272 Abs. 2 Nr. 4 HGB denkbar, wenn eine Leistung in das EK beabsichtigt war (§ 272 Rz 144).

131 Bei einer **befreienden Schuldübernahme** erlischt das Schuldverhältnis erst, wenn die Voraussetzungen der Schuldübernahme erfüllt sind (Vertrag zwischen Gläubiger und Schuldübernehmer oder vom Gläubiger genehmigter Vertrag zwischen Alt- und Neuschuldner).[93] Von der befreienden Schuldübernahme zu unterscheiden ist der Schuldbeitritt (oder auch Schuldmitübernahme). Hierdurch entsteht zivilrechtlich keine Schuldbefreiung; der Gläubiger hat vielmehr zwei Gesamtschuldner. Der Schuldbeitritt wird zumeist so ausgestaltet, dass aus der Verbindlichkeit eine ungewisse Verbindlichkeit wird, für die eine Rückstellung mangels Wahrscheinlichkeit der Inanspruchnahme nicht zu bilden ist. Häufiger Anwendungsfall für derartige Schuldbeitritte ist die Übernahme von Pensionsverpflichtungen innerhalb eines Konzerns.[94]

> **Beispiel**
> Die Muttergesellschaft übernimmt durch Schuldbeitritt die Pensionsverpflichtungen der Tochtergesellschaft. Die Tochtergesellschaft leistet hierzu eine Abstandszahlung i. H. der passivierten Pensionsrückstellungen an die Muttergesellschaft. Die Pensionsberechtigten werden von der Muttergesellschaft über den erfolgten Schuldbeitritt informiert.
> Die Tochtergesellschaft ist durch den Schuldbeitritt der Muttergesellschaft zivilrechtlich nicht entlastet, d. h., sie steht den Pensionsberechtigten als Gesamtschuldner unverändert zur Verfügung. Solange keine Anhaltspunkte bestehen, dass die Muttergesellschaft die Pensionsverpflichtungen nicht mehr bedienen kann, hat die Tochtergesellschaft die Pensionsverpflichtungen gegen die geleistete Abstandszahlung auszubuchen. Sie hat allerdings ein Haftungsverhältnis für Gewährleistungsverpflichtungen auszuweisen (§ 251 Rz 28).
> Die Muttergesellschaft ist durch den erklärten Schuldbeitritt wirtschaftlich belastet und hat die Pensionsverpflichtungen als Pensionsrückstellungen zu passivieren.

---

[92] Vgl. *Palandt/Grüneberg*, BGB, 75. Aufl., 2016, § 311 BGB, Rz 8.
[93] Vgl. *Schubert*, in Beck Bil-Komm., 10. Aufl., § 247 HGB, Rz 239.
[94] Vgl. IDW RS HFA 30, Tz 101.

7 Mindestgliederung der Gewinn- und Verlustrechnung

§ 247 HGB regelt den Inhalt der Bilanz für Kaufleute. Eine Regelung zum Inhalt der GuV, die gem. § 242 Abs. 3 HGB Teil des Jahresabschlusses ist, enthält lediglich § 246 Abs. 1 HGB, wonach der Jahresabschluss sämtliche Aufwendungen und Erträge zu enthalten hat. Eine Anlage zur Bilanz, wie dies § 5 Abs. 5 Satz 3 PublG für Offenlegungszwecke ermöglicht, würde damit den Anforderungen der Gegenüberstellung von Aufwendungen und Erträgen nach § 242 Abs. 2 HGB nicht genügen.[95] Weitergehende Gliederungs- und Ausweispflichten bestehen für KapG/KapCoGes, für die § 275 HGB die Staffelform nach dem GKV (Abs. 2) bzw. dem UKV (Abs. 3) vorschreibt.

132

Für Ekfl. und PersG, die keine KapCoGes sind, ergeben sich aus dem ersten Abschnitt des Dritten Buchs des HGB folgende Anforderungen, die an eine GuV zu stellen sind:[96]

133

- Gegenüberstellung von Aufwendungen und Erträgen (§ 242 Abs. 2 HGB),
- Klarheit und Übersichtlichkeit (§ 243 Abs. 2 HGB),
- Vollständigkeit der Aufwendungen und Erträge (§ 246 Abs. 1 HGB),
- grundsätzliches Saldierungsverbot für Aufwendungen und Erträge (§ 246 Abs. 2 Satz 1 HGB, Ausnahme für Aufwendungen/Erträge aus Deckungsvermögen gem. § 246 Abs. 2 Satz 2 HGB).

Die für KapG/KapCoGes geforderte Staffelform für die GuV kann mangels gesetzlicher Vorschrift nicht gefordert werden, sodass auch die Kontoform zulässig wäre. Da die Kontoform für die GuV ohne größerer praktische Bedeutung ist, wird im Folgenden ausschließlich auf die Staffelform eingegangen.

134

Unter Berücksichtigung der Zwecke der GuV, wonach sie Erfolgsquellen aufzeigen und die Aufwands- und Ertragsstruktur darstellen soll, empfiehlt sich folgende Grundstruktur:

135

Beispiel	
	Betriebliches Ergebnis
+	Finanzergebnis
=	Ergebnis vor Steuern
−	ergebnisabhängige Steuern
=	Jahresergebnis

Diese Grundstruktur ist analog Abs. 1 der Vorschrift **hinreichend aufzugliedern**. Bei PersG wird wie bei der Gliederung der Bilanz (Rz 9) zumeist eine Anlehnung an die für KapCoGes geltenden größenabhängigen Bestimmungen erfolgen (§ 288 Rz 4).[97] Aber auch Ekfl werden sich allein schon aufgrund der bestehenden Kontenrahmen von gängiger Standardsoftware (vgl. z.B. DATEV-Kontenrahmen oder Industriekontenrahmen) an diesen Vorgaben orientieren.

136

---

[95] Vgl. *ADS*, 6. Aufl., § 247 HGB, Rz 77.
[96] Vgl. WPH Edition, Wirtschaftsprüfung & Rechnungslegung, 15. Aufl., 2017, Abschn. F, Tz 243f.
[97] Vgl. IDW RS HFA 7, Tz 41.

Durch die Änderungen der §§ 275 und 277 HGB im Rahmen des BilRUG sind einige Änderungen erfolgt (Neudefinition der Umsatzerlöse, Wegfall des ao Ergebnisses, die wahrscheinlich auch bei den Ekfl und reinen PersG Berücksichtigung finden werden. Als Mindestgliederung des betrieblichen Ergebnisses werden wohl das **Rohergebnis** sowie innerhalb der betrieblichen Aufwendungen der gesonderte Ausweis von **Personalaufwand** und **Abschreibungen** zu fordern sein.[98]

137 Steuern sind in ergebnisabhängige und sonstige Steuern zu trennen. Für Letztere ist ein Ausweis innerhalb des betrieblichen Ergebnisses analog der zu beobachtenden Praxis bei KapG/KapCoGes (§ 275 Rz 142) ebenfalls möglich.

138 Als ergebnisabhängige Steuern kommen sowohl bei Ekfl wie auch bei PersG für inländische Einkünfte derzeit nur die GewSt in Betracht, da die ESt des Ekfm und der Gesellschafter der PersG (sofern diese juristische Personen sind, deren KSt) keine betrieblichen Steuern sind. Eine analoge Anwendung von § 264a Abs. 3 Satz 2 HGB, wonach bei PersG nach dem Jahresüberschuss ein fiktiver ESt- bzw. KSt-Aufwand gezeigt wird, erscheint nach der hier vertretenen Auffassung zwar vertretbar, wird aber abgelehnt, zumal § 264a Abs. 3 Satz 2 HGB für KapCoGes ohne größerer praktische Relevanz ist. Da § 5 Abs. 5 Satz 2 PublG publizitätspflichtigen Ekfl und PersG gestattet, auch die ergebnisabhängigen Steuern unter den sonstigen betrieblichen Aufwendungen zu erfassen, dürfte dies auch kleineren Ekfl und PersG nicht zu verwehren sein.

139 Bei PersG ist das Jahresergebnis in der Bilanz i. d. R. nicht ersichtlich (Rz 97). Aus Gründen der Klarheit und Übersichtlichkeit empfiehlt sich daher die Fortführung der GuV nach dem Jahresergebnis in Form einer **Verwendungsrechnung** wie folgt:[99]

Beispiel		
	Jahresüberschuss/Jahresfehlbetrag	...
–/+	Gutschrift/Belastung auf Rücklagenkonten	...
–/+	Gutschrift/Belastung auf Kapitalkonten	...
–/+	Gutschrift/Belastung auf Verbindlichkeitenkonten	...
=	Ergebnis nach Verwendungsrechnung/Bilanzgewinn	

140 Zur Unterscheidung zwischen schuldrechtlichen Vergütungen an Gesellschafter, die aufwands- und ertragswirksam in der GuV zu erfassen sind, und gesellschaftsrechtlichen Vergütungen, die als Teil der Ergebnisverwendung das handelsrechtliche GuV-Ergebnis nicht mindern dürfen s. Rz 101.

---

[98] Vgl. *ADS*, 6. Aufl., § 247 HGB, Rz 93.
[99] Vgl. IDW RS HFA 7, Tz 56 f.; WPH Edition, Wirtschaftsprüfung & Rechnungslegung, 15. Aufl., 2017, Abschn. F, Tz 1447.

§ 248 Bilanzierungsverbote und -wahlrechte

(1) In die Bilanz dürfen nicht als Aktivposten aufgenommen werden:
1. Aufwendungen für die Gründung eines Unternehmens,
2. Aufwendungen für die Beschaffung des Eigenkapitals und
3. Aufwendungen für den Abschluss von Versicherungsverträgen.

(2) ¹Selbst geschaffene immaterielle Vermögensgegenstände des Anlagevermögens können als Aktivposten in die Bilanz aufgenommen werden. ²Nicht aufgenommen werden dürfen selbst geschaffene Marken, Drucktitel, Verlagsrechte, Kundenlisten oder vergleichbare immaterielle Vermögensgegenstände des Anlagevermögens.

WP StB CVA Klaus Bertram

Inhaltsübersicht	Rz
1 Überblick	1–9
1.1 Inhalt	1–3
1.2 Normenzusammenhang und Zweck	4–9
2 Selbst geschaffene immaterielle Vermögensgegenstände des Anlagevermögens	10–36
2.1 Immateriell	10–12
2.2 Vermögensgegenstand	13
2.3 Anlagevermögen	14–17
2.4 Immaterielle Vermögensgegenstände in der Entstehung	18–23
2.5 Nachträgliche Herstellungskosten	24–25
2.6 Einzelfälle selbst geschaffener immaterieller Vermögensgegenstände	26–36
2.6.1 Entwicklungskosten	26–27
2.6.2 Selbst erstellte Software	28–29
2.6.3 ABC selbst geschaffener immaterieller Vermögensgegenstände des AV	30–36
3 Aktivierungswahlrecht (Abs. 2 Satz 1)	37–41
4 Explizite Ansatzverbote	42–53
4.1 Aufwendungen für die Gründung eines Unternehmens (Abs. 1 Nr. 1)	42–44
4.2 Aufwendungen für die Beschaffung des Eigenkapitals (Abs. 1 Nr. 2)	45
4.3 Aufwendungen für den Abschluss von Versicherungsverträgen (Abs. 1 Nr. 3)	46
4.4 Selbst geschaffene Marken, Drucktitel, Verlagsrechte, Kundenlisten oder vergleichbare immaterielle Vermögensgegenstände des Anlagevermögens (Abs. 2 Satz 2)	47–53

1 Überblick

1.1 Inhalt

1 § 248 HGB regelt in Abs. 1 ein Bilanzierungsverbot für bestimmte Posten. Abs. 2 der Vorschrift enthält ein Aktivierungsverbot für bestimmte selbst geschaffene immaterielle VG des AV sowie ein Aktivierungswahlrecht für alle übrigen selbst geschaffenen immateriellen VG des AV.

2 Der Gesetzgeber wollte mit der Gewährung eines Aktivierungswahlrechts für selbst geschaffene immaterielle VG des AV der zunehmenden Bedeutung der immateriellen VG im Wirtschaftsleben Rechnung tragen und insb. Start-up-Unt die Möglichkeit der **verbesserten Außendarstellung** eröffnen.[1] Empirische Befunde zu den Jahresabschlüssen seit Einführung dieses Wahlrechts zeigen, dass von dem Aktivierungswahlrecht nur in sehr geringem Umfang von den Unt Gebrauch gemacht wird.[2]

Für Bilanzierende, deren Abschluss in einen IFRS-Konzernabschluss einbezogen wird, kann die Ausübung des Aktivierungswahlrechts nach § 248 Abs. 2 HGB ein Mittel zur Herstellung von Konvergenz zwischen HGB-Jahresabschluss und IFRS-Konzernabschluss sein.[3]

3 Mangels ausdrücklicher gesetzlicher Regelung erscheint die Anwendung des Aktivierungswahlrechts des § 248 Abs. 2 Satz 1 HGB auch auf **unentgeltlich erworbene immaterielle VG des AV** zweckmäßig.[4]

1.2 Normenzusammenhang und Zweck

4 § 248 HGB stellt eine für alle Kaufleute gültige Regelung dar, die neben der Aufstellung des Jahresabschlusses auch für die Aufstellung des Konzernabschlusses zu berücksichtigen ist (§ 298 Rz 13). Die Vorschrift regelt ein Bilanzierungsverbot für bestimmte Posten sowie den Ansatz von selbst geschaffenen immateriellen VG des AV. Die Bewertung dieser VG richtet sich nach § 255 Abs. 2a HGB.

5 Die Vorschrift des § 248 HGB ist ergänzend zu § 246 HGB zu verstehen, der die Vollständigkeit des Jahresabschlusses regelt (abstrakte Bilanzierungsfähigkeit von VG). § 248 HGB schränkt die Vollständigkeit des Jahresabschlusses insoweit ein, als bestimmte selbst geschaffene immaterielle VG des AV von der Bilanzierung ausgeschlossen werden und für andere ein Aktivierungswahlrecht eröffnet wird (konkrete Bilanzierungsfähigkeit).[5]

6 Bei einem selbst geschaffenen **Geschäfts- oder Firmenwert** handelt es sich nicht um einen VG,[6] sodass dieser nicht unter das Bilanzierungsverbot von § 248 HGB fällt, sondern vielmehr der speziellen Regelung des § 246 Abs. 1 Satz 4 HGB unterliegt.

---

1 Vgl. BilMoG-BgrRegE, S. 49.
2 Vgl. *Keitz/Wenk/Jagosch*, DB 2011, S. 2448.
3 Vgl. *Froschhammer/Haller*, KoR 2012, S. 20.
4 Vgl. WPH Edition, Wirtschaftsprüfung & Rechnungslegung, 15. Aufl., 2017, Abschn. F, Tz 63; DRS 24.39.
5 Vgl. *Kreide*, KoR 2015, S. 148, der die Regelung als „Nicht-Aktivierungswahlrecht" bezeichnet.
6 Vgl. BilMoG-BgrRegE, S. 47.

Das Bilanz-Gliederungsschema des für KapG/KapCoGes maßgeblichen § 266 Abs. 2 HGB enthält einen separaten Bilanzposten (selbst geschaffene gewerbliche Schutzrechte und ähnliche Rechte und Werte, § 266 Rz 25).

Im Zuge der Aktivierung selbst geschaffener immaterieller Vermögensgegenstände ist für KapG eine **Ausschüttungs- und Abführungssperre** zu beachten (§ 268 Rz 50).

§ 285 Nr. 22 HGB schreibt für KapG bestimmte Anhangangabepflichten im Zusammenhang mit selbst geschaffenen immateriellen VG des AV vor (§ 285 Rz 145).

2 Selbst geschaffene immaterielle Vermögensgegenstände des Anlagevermögens

2.1 Immateriell

Der Begriff „immateriell" ist nicht gesetzlich definiert. Für Zwecke der bilanzrechtlichen Abgrenzung wird sowohl im deutschen, als auch im anglo-amerikanischen Schrifttum zwischen immateriellen, materiellen und finanziellen Gütern unterschieden.[7] Auf dieser Grundlage können immaterielle Vermögensgegenstände „als Güter" [i. S. v. wirtschaftlicher Vorteil bzw. Nutzen] definiert werden, die keine [wesentliche] gegenständliche Substanz, d. h. keine Körperlichkeit bzw. Greifbarkeit aufweisen und im Unterschied zu finanziellen Gütern [Forderungen, Verbindlichkeiten etc.] nicht monetär sind.[8]

Soweit ein zusammengesetztes Gut aus einer materiellen und einer immateriellen Komponente besteht, sind die Komponenten grundsätzlich getrennt zu bilanzieren, sofern die einzelnen Komponenten jeweils die VG-Eigenschaft erfüllen. Hat eine Komponente jedoch nur untergeordnete Bedeutung oder lassen sich die Komponenten nicht funktions- oder wertgemäß trennen, handelt es sich um ein zusammengesetztes Gut, das entweder den materiellen oder den immateriellen VG zuzuordnen ist. Diese Zuordnung wird durch die jeweilige Hauptkomponente bestimmt, die sich aus dem wirtschaftlichen Interesse des Bilanzierenden an dem Gut ableitet.[9]

Eine **Kategorisierung** von immateriellen Gütern nach der Verlässlichkeit bez. Identifikation und Bewertung kann wie folgt vorgenommen werden:[10]

---

[7] Vgl. *Keitz*, 1997, S. 5.
[8] Vgl. *Haller* 1998, S. 564; so auch DRS 24.8 der den immateriellen VG definiert als „Nichtfinanzieller VG ohne bedeutende physische Substanz".
[9] Vgl. DRS 24.10.
[10] Vgl. *Küting/Ellmann*, in *Küting/Pfitzer/Weber*, Das neue deutsche Bilanzrecht, 2009, S. 266.

Identifizierbare, in ihrer Eigenart individuell bestimmbare und abgrenzbare immaterielle Vermögenswerte		Nicht identifizierbare Vermögenswerte
Rechte	Wirtschaftliche Werte	Rein wirtschaftliche Vorteile
Vertraglich oder rechtlich geschützt	Nicht rechtlich geschützt, aber können Gegenstand eines Rechtsgeschäfts sein	Weder isoliert im Rechtsverkehr übertragbar noch rechtlich zu schützen

Tab. 1: Kategorisierung immaterieller Güter

12 Allerdings erfüllen nicht alle Kategorien immaterieller Güter die Voraussetzungen für einen Vermögensgegenstand i.S.v. § 246 HGB, sodass hier weitere Konkretisierungen vorzunehmen sind.

2.2 Vermögensgegenstand

13 Voraussetzung einer Aktivierung eines selbst geschaffenen immateriellen VG ist die Erfüllung des Vermögensgegenstandsbegriffs (§ 246 Rz 5).
Da der Vermögensgegenstandsbegriff von dem Vermögenswertbegriff (**asset**) der IFRS abweicht, kann die Asset-Definition von IAS 38.8 nicht 1:1 in das deutsche Handelsrecht übertragen werden.[11] Das deutsche Handelsrecht stellt insb. auf die **selbstständige Verwertbarkeit** ab,[12] die von IAS 38.8 nicht angesprochen wird. Für die praktische Anwendung bleibt aber zu konstatieren, dass es im Regelfall keine Abweichungen zwischen den nach § 248 HGB aktivierungsfähigen VG und den nach IAS 38.8 aktivierungspflichtigen Vermögenswerten geben wird.[13] Zu den konkreten Aktivierungsvoraussetzungen vgl. Rz 17ff..

2.3 Anlagevermögen

14 Das Aktivierungswahlrecht betrifft VG des AV, d.h., sie müssen dem bilanzierenden Unternehmen dauerhaft zur Nutzung zur Verfügung stehen (§ 247 Rz 21). Für selbst geschaffene immaterielle VG des UV besteht seit jeher Aktivierungspflicht. Insofern kommt der Abgrenzung von AV und UV große Bedeutung zu.

> **Beispiel**
> Das bilanzierende Unternehmen (Maschinenbauer) hat mit einem Kunden (Autohersteller) einen Rahmenvertrag über die Lieferung von mehreren Maschinen mit einer neu zu entwickelnden Technologie geschlossen. Gemäß den Regelungen des Rahmenvertrags darf das Unternehmen die neu zu entwickelnde Technologie ausschließlich für die Herstellung von Maschinen

---

[11] Vgl. Arbeitskreis „Immaterielle Werte im Rechnungswesen" der Schmalenbach-Gesellschaft für Betriebswirtschaft e. V., DB 2008, S. 1814.
[12] Vgl. *Schülke*, DStR 2010, S. 994; DRS 24.17.
[13] GlA: *Gelhausen/Fey/Kämpfer*, BilMoG, 2009, Abschn. E, Rz 47.

> für diesen Kunden verwenden. Im Zuge der Entwicklung der neuen Technologie fallen Aufwendungen (im Wesentlichen Personal- und Materialaufwendungen) i. H. v. 400 TEUR an.
> Die Aufwendungen sind im Rahmen des Vorratsvermögens (unfertige Erzeugnisse, unfertige Leistungen) zu aktivieren.

§ 248 Abs. 2 HGB erfasst nur Fälle der **Herstellung** („selbst geschaffen") von immateriellen VG des AV. Anschaffungsfälle sind von der Vorschrift nicht erfasst; für diese besteht Aktivierungspflicht nach § 246 Abs. 1 HGB.[14] Immaterielle VG des AV sind immer dann selbst geschaffen, wenn der Bilanzierende den VG auf eigenes Risiko entwickelt oder herstellt bzw. diesen entwickeln oder herstellen lässt.[15] Zur weiteren Abgrenzung zwischen Anschaffung und Herstellung vgl. § 255 Rz 80.

15

Selbst geschaffene immaterielle VG werden regelmäßig durch den Anfall einer Vielzahl von Aufwendungen geprägt. So fallen Personalaufwendungen, Materialaufwendungen, Abschreibungen und verschiedene sonstige betriebliche Aufwendungen an, die im Zusammenhang mit der Schaffung der immateriellen VG stehen. Diese bleiben als Primäraufwendungen in der Gewinn- und Verlustrechnung enthalten. Die Einbuchung von selbst geschaffenen immateriellen Vermögensgegenständen in das AV (§ 266 Rz 25) erfolgt durch folgenden Buchungssatz:

16

Datum	Konto	Soll	Haben
	Selbst geschaffene gewerbliche Schutzrechte und ähnliche Rechte und Werte	10.000	
	Andere aktivierte Eigenleistungen		10.000

Ähnlich wie bei Sachanlagen ist auch bei immateriellen VG die Aktivierung in der GuV nach dem **Gesamtkostenverfahren** „brutto" darzustellen. Bei Anwendung des **Umsatzkostenverfahrens** in der GuV erfolgt ebenfalls ein „brutto"-Ausweis, indem in die sonstigen betrieblichen Erträge dieser Ertragsposten mit aufgenommen wird. Die korrespondierenden Aufwendungen werden in den Funktionsbereichen ausgewiesen (zu Einzelheiten: § 275 Rz 75).

17

2.4 Immaterielle Vermögensgegenstände in der Entstehung

Die unter Abschnitt 2.2 beschriebene Vermögensgegenstandseigenschaft ist für immaterielle VG in der Entstehung besonders problematisch, da es sich noch nicht um „fertige" VG handelt. Gleichwohl verlangt der Gesetzgeber bei Ausübung des Aktivierungswahlrechts eine Aktivierung bereits in der Entstehungsphase, soweit die Vermögensgegenstandseigenschaft bereits bejaht werden kann.[16] Wann diese Aktivierung in diesen Fällen zu erfolgen hat, kann anhand der folgenden kumulativ vorliegenden Kriterien geprüft werden:[17]

18

---

14 Vgl. DRS 24.15 lit a).
15 Vgl. DRS 24.27 sowie IDW RS HFA 11 zum sog. Herstellungsrisiko.
16 Vgl. BegrRA, S. 110.
17 Vgl. *Arbeitskreis „Immaterielle Werte im Rechnungswesen" der Schmalenbach-Gesellschaft für Betriebswirtschaft e. V.*, DB 2008, S. 1817.

Kriterium	Konkretisierung
Projektinitiierung	Geschäftsführungsbeschluss, Budgetfreigabe durch Aufsichtsrat
Projektabgrenzung und -beschreibung	Das Projekt kann hinsichtlich seiner sachlichen, zeitlichen und finanziellen Dimension hinreichend präzise abgegrenzt werden. Zur Erfüllung des Grundsatzes der Einzelverwertbarkeit müssen die projektbezogenen Ausgaben dem Projekt zurechenbar sein.
Projektnutzen ist darstellbar	Der mögliche Projektnutzen ist darstellbar und hinreichend dokumentiert. Hinreichende Dokumentation setzt insb. eine nachvollziehbare Abgrenzung zwischen Forschungs- und Entwicklungskosten sowie eine verlässliche Kostenrechnung bzw. F&E-Controlling voraus.
Aktive weitere Projektverfolgung ist sichergestellt	Es bestehen keine internen (z.B. Ausgabenstopp) oder externen (z.B. patentrechtliche Beschränkungen) Hinderungsgründe, die die weitere Projektverfolgung ungewiss erscheinen lassen.
Hohe Wahrscheinlichkeit	Die geforderte hohe Wahrscheinlichkeit für die Entstehung eines immateriellen Vermögensgegenstands ist im frühen Stadium von Entwicklungsprojekten zumeist nicht gegeben. Es ist davon auszugehen, dass die Wahrscheinlichkeit deutlich über 50 % liegen muss, auch wenn kein Erfordernis besteht, eine Quantifizierung der Wahrscheinlichkeit vorzunehmen.

Tab. 2: Ansatzkriterien für immaterielle Vermögensgegenstände in der Entstehung

Der unlängst veröffentlichte DRS 24 stellt auf folgende, ebenfalls kumulativ zu erfüllende Kriterien ab:[18]
- das zu aktivierende Gut befindet sich in der Entwicklung,
- das zu aktivierende Gut erfüllt die VG-Eigenschaften,
- mit hoher Wahrscheinlichkeit entsteht der angestrebte immaterielle VG,
- die Entwicklungskosten können dem zu aktivierenden immateriellen VG verlässlich zugerechnet werden,
- für den angestrebten immateriellen VG besteht kein Aktivierungsverbot.

19 Von besonderer Bedeutung ist insb. der Gesichtspunkt der **Einzelverwertbarkeit**. Die Einzelverwertbarkeit kann sich auf interne Verwertung (**Eigennutzung**) oder externe Verwertung (**Verkauf**) richten. Externe Verwertbarkeit muss nicht zwingend auf das fertige Endprodukt gerichtet sein, sondern kann auch bei verwertbaren Zwischenprodukten vorliegen.

---

[18] Vgl. DRS 24.45.

> **Beispiel**
> Softwaremodule sind für sich alleine nicht nutzbar. Gleichwohl gibt es externe Nutzer (Käufer), die bereit sind, für Softwaremodule etwas zu bezahlen.

Der nach den oben dargestellten Ansatzkriterien ermittelte Aktivierungszeitpunkt wird auch als **point of return** bezeichnet, womit der Zeitpunkt beschrieben wird, zu dem es in hohem Maße wahrscheinlich ist, dass aus der Entwicklung Nutzen gezogen werden kann. Erst Herstellungskosten, die nach dem point of return anfallen, dürfen aktiviert werden. Eine Nachaktivierung von vor dem point of return liegenden Aufwendungen ist unzulässig (vgl. zu im Aktivierungsjahr angefallenen Aufwendungen § 255 Rz 189). Dies gilt in jedem Fall für solche Aufwendungen, die in vor dem Zeitpunkt der erstmaligen Aktivierung liegenden Gj angefallen sind. In der Praxis wird es regelmäßig gewisse Unsicherheiten in der Bestimmung des maßgeblichen Zeitpunkts geben. Branchenabhängig liegt der **point of return** zu unterschiedlichen Zeitpunkten innerhalb des Entwicklungsprozesses, wie nachfolgende Abbildung verdeutlicht:[19]

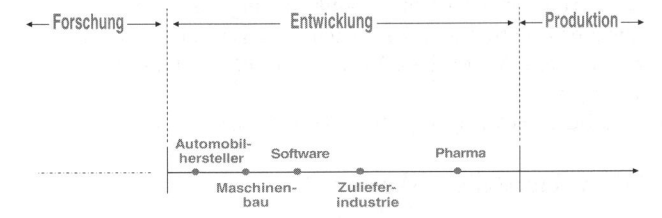

Abb. 1: point of return

Soweit die Aufwendungen noch nicht in einem Abschluss (Jahresabschluss, Konzernabschluss oder auch Halbjahresfinanzbericht) als Aufwand erfasst worden sind, sind sie in die Herstellungskosten des immateriellen VG einzubeziehen, auch wenn der point of return zeitlich nach dem Anfall der Aufwendungen, aber noch innerhalb der jeweiligen Berichtsperiode erreicht wird.[20]

Immaterielle VG in der Entstehung sind bei Vorliegen der Aktivierungsvoraussetzungen und Ausübung des Aktivierungswahlrechts (Rz 37) in der Bilanz zu aktivieren. Anders als bei den Sachanlagen, für die das Gliederungsschema von § 266 Abs. 2 HGB einen separaten Posten vorsieht (Geleistete Anzahlungen und Anlagen im Bau) ist dies für immaterielle VG nicht der Fall. Immaterielle VG in der Entstehung sind zusammen mit den „fertig gestellten", selbst geschaffenen immateriellen VG in dem Posten „Selbst geschaffene gewerbliche Schutzrechte und ähnliche Rechte und Werte" auszuweisen (zu Einzelheiten: § 266 Rz 25). Es wäre aber auch zulässig, entsprechend § 265 Abs. 5 Satz 2 HGB einen neuen Posten in das Bilanzschema aufzunehmen oder einen Davon-Vermerk einzufügen.[21]

Ändern sich bei immateriellen VG in der Entstehung nach dem Aktivierungszeitpunkt, aber vor Fertigstellung des immateriellen Vermögensgegenstands die

---

[19] Vgl. *Hüttche*, StuB 2008, S. 167.
[20] Vgl. DRS 24.86.
[21] DRS 24.121 empfiehlt dies bei entsprechender Bedeutung.

für die ursprüngliche Aktivierung erforderlichen Nachweise, ist ggf. eine **Ausbuchung** oder eine **Abschreibung** der aktivierten Aufwendungen vorzunehmen. Hierbei ist insb. auf das Kriterium „hohe Wahrscheinlichkeit" abzustellen. Ändert sich die ursprünglich angenommene hohe Wahrscheinlichkeit aufgrund geänderter Erkenntnisse hinsichtlich der **technischen Realisierbarkeit**, ist eine Ausbuchung vorzunehmen. Ändert sich die Wahrscheinlichkeit demgegenüber wegen fehlender oder **eingeschränkter Finanzierbarkeit,** dürfte ggf. eine Abschreibung des betreffenden Postens angezeigt sein (§ 255 Rz 201).[22]

23 Die erforderliche Trennung zwischen Forschungs- und Entwicklungskosten (§ 255 Abs. 2a HGB) eröffnet dem Bilanzierenden neben dem ohnehin bestehenden Abs. 2 Satz 1 (Rz 37) ggf. ein fallweise ausübbares faktisches Ansatzwahlrecht.[23] Beispiele, die auf Entwicklungsaktivitäten hindeuten, sind:[24]

- der Entwurf, die Konstruktion und das Testen von **Prototypen** und **Modellen** vor Aufnahme der eigentlichen Produktion oder Nutzung,
- der Entwurf von **Werkzeugen, Spannvorrichtungen, Prägestempeln** und **Gussformen** unter Verwendung neuer Technologien,
- der Entwurf, die Konstruktion und der Betrieb einer **Pilotanlage**, die von ihrer Größe her für eine wirtschaftliche Produktion ungeeignet ist,
- der Entwurf, die Konstruktion und das Testen einer gewählten **Alternative** für neue oder verbesserte Materialien, Vorrichtungen, Produkte, Verfahren oder Dienstleistungen,
- häufige **Schutzrechtsanmeldungen** (z. B. Patente, Gebrauchsmuster).

2.5 Nachträgliche Herstellungskosten

24 Nicht explizit im Gesetz geregelt ist der Problemkreis der Aktivierung **nachträglicher Herstellungskosten** bei selbst geschaffenen immateriellen VG des AV.[25] Die Abgrenzungsproblematik zwischen nachträglichen Herstellungskosten und sofort aufwandswirksamen Erhaltungsaufwendungen ist auch in diesen Fällen nach den allgemeinen Grundsätzen zu lösen (§ 255 Rz 89). Allerdings dürfte diese Problematik bei selbst geschaffenen immateriellen VG des AV mit erhöhter Schärfe auftreten, da neu entwickelte Technologien häufig einer ständigen Weiterentwicklung und Verbesserung unterliegen.[26]

> **Beispiel**
> Für selbst erstellte Software könnte z. B. eine praxisgerechte Abgrenzung dergestalt vorgenommen werden, dass Aufwendungen für einen Release-Wechsel (tiefgreifende Überarbeitung i. S. eines Generationenwechsels) als nachträgliche Herstellungskosten zu behandeln sind, während Aufwendungen für ein einfaches Update als Erhaltungsaufwendungen erfasst werden.[27]

---

22 Vgl. *Gelhausen/Fey/Kämpfer*, BilMoG 2009, Abschn. E, Rz 112, 113.
23 Vgl. *Wiechers*, BBK 2008, Fach 20, S. 2227.
24 Vgl. *Küting/Ellmann*, in *Küting/Pfitzer/Weber*, Das neue deutsche Bilanzrecht, 2009, S. 291.
25 Vgl. *Lüdenbach*, StuB 2010, S. 361.
26 Vgl. *Hennrichs*, DB 2008, S. 540.
27 Vgl. IDW RS HFA 11, Tz 21.

Wichtig ist in diesem Zusammenhang die Unterscheidung zwischen Modifikation und Wesensänderung des immateriellen VG. Von einer **Modifikation** ist auszugehen, wenn der immaterielle VG erweitert oder über seinen ursprünglichen Zustand hinaus wesentlich verbessert wird. Bei einer **Wesensänderung** wandelt sich dagegen die Funktion und damit die Zweckbestimmung des immateriellen VG, sodass ein neuer immaterieller VG entsteht.[28]

Kann nicht zweifelsfrei festgestellt werden, ob angefallene Aufwendungen eine Modifikation oder Erhaltungs- bzw. Modernisierungsaufwendungen darstellen, fordert DRS 24.36 eine Behandlung als Erhaltungs- bzw. Modernisierungsaufwand. Zu beachten ist bei nachträglichen Herstellungskosten die Ansatzstetigkeit nach § 246 Abs. 3 HGB. Soweit für den ursprünglichen VG das Ansatzwahlrecht des § 248 Abs. 2 HGB ausgeübt wurde, ist bei Anfall von nachträglichen HK aufgrund des Stetigkeitsgebots eine Ansatzpflicht zu beachten. Ausnahmen hiervon sind nur in begründeten Ausnahmefällen zulässig.[29]

2.6 Einzelfälle selbst geschaffener immaterieller Vermögensgegenstände

2.6.1 Entwicklungskosten

Entwicklungskosten sind einer der Hauptanwendungsfälle für selbst geschaffene immaterielle VG des AV. Es gelten die unter Abschnitt 2.1–2.5 genannten Ansatzkriterien entsprechend.

Darüber hinaus hat der Gesetzgeber über § 248 HGB hinaus ein weiteres, wesentliches Ansatzkriterium in eine Bewertungsvorschrift „ausgelagert", nämlich das Erfordernis, die Entwicklungs- von den Forschungskosten zuverlässig und nachvollziehbar abzugrenzen (vgl. hierzu ausführlich § 255 Rz 180).

2.6.2 Selbst erstellte Software

Hinsichtlich der Abgrenzung von Anschaffungs- und Herstellungsvorgängen kann auf die bestehenden GoB zurückgegriffen werden.[30] Danach ist das entscheidende Abgrenzungskriterium das sog. **Herstellungsrisiko**. Hierunter wird das wirtschaftliche Risiko einer nicht erfolgreichen Projektrealisierung verstanden.[31]

> **Beispiel**
> Ein Unt erwirbt Standardsoftware von einem Softwarehersteller. Das Unt modifiziert die Standardsoftware umfangreich (Einfügung neuer Funktionen, Veränderung bestehender Funktionen), um es an die betrieblichen Belange anzupassen.
> Lösung: Es handelt sich insgesamt um einen Herstellungsvorgang für die selbst erstellte Software,[32] d.h., auch der Kaufpreis für die erworbene Standardsoftware geht in die Herstellungskosten ein. Das Aktivierungswahlrecht

---

[28] Vgl. DRS 24.30 ff.
[29] Vgl. IDW RS HFA 38, Tz 14.
[30] Vgl. IDW RS HFA 11, Abschn. 4.
[31] Vgl. IDW RS HFA 11, Tz 9.
[32] Vgl. IDW RS HFA 11, Tz 14.

> nach § 248 Abs. 2 HGB kann für die selbst erstellte Software (unter Beachtung der Ansatzstetigkeit) ausgeübt werden.

29 Auch bei der Herstellung von Software ist eine Abgrenzung zwischen Forschungs- und Entwicklungsphase vorzunehmen, ansonsten greift das oben angesprochene Aktivierungsverbot (§ 255 Rz 182).[33]

2.6.3 ABC selbst geschaffener immaterieller Vermögensgegenstände des AV

30 • **Entwicklungskosten** (Rz 25).
31 • **Kundengewinnungskosten:** Die bei Abgabe eines verbilligten Mobiltelefons bei gleichzeitigem Abschluss eines zweijährigen Nutzungsvertrags i. H. d. durch den Abgabepreis nicht gedeckten Aufwendungen des Mobiltelefons entstehenden Aufwendungen stellen nach hier vertretener Auffassung keinen immaterieller VG des AV, sondern eine Forderung aus Lieferungen und Leistungen dar.[34]
32 • **Profisportler:** Aufwendungen eines Fußballprofiklubs für die spezielle Ausbildung eines besonders talentierten Nachwuchsprofis erfüllen die Ansatzkriterien von Entwicklungskosten.[35]
33 • **Rezepturen**: Aufwendungen zur Entwicklung einer speziellen Rezeptur für Lebensmittel, Parfüm etc. können die Ansatzkriterien für Entwicklungskosten erfüllen, soweit eine nachvollziehbare Trennung von Forschung und Entwicklung möglich ist.
34 • **Selbst erstellte Software** (Rz 28).
35 • **Website:** Während die Planungsaufwendungen für die Erstellung einer Website (Machbarkeitsstudie, Definition Hard-/Softwareanforderungen) den nicht aktivierungsfähigen Forschungskosten zuzurechnen sind, stellen Aufwendungen zur Entwicklung und Test der Software, zum Grafikdesign und zur Schaffung von Funktionalitäten für Direktbestellungen Entwicklungskosten dar. Demgegenüber stellen Werbeaufwendungen (Darstellung von Produkten, Fotos) nicht aktivierungsfähige Vertriebskosten dar. Aufwendungen zur Bereitstellung allgemeiner Informationen über das Unternehmen kann kein identifizierbarer Nutzen zugerechnet werden, sodass diese ebenfalls nicht aktivierungsfähig sind.[36]
36 **Emissionsberechtigungen** stellen demgegenüber immaterielle VG des UV dar.[37] **Werbekataloge** stellen Vertriebsaufwendungen dar, die keine Herstellungskosten i. S. v. § 255 Abs. 2 HGB sind. Demzufolge liegen keine aktivierungsfähigen immateriellen VG des AV vor.

---

[33] DRS 24.
[34] Vgl. hierzu auch IDW, IDW-FN 2015, S. 388; A. a. *Lüdenbach/Hoffmann/Freiberg*, Haufe IFRS-Kommentar, 15. Aufl., 2017, § 13, Rz 54.
[35] Vgl. *Lüdenbach/Hoffmann/Freiberg*, Haufe IFRS-Kommentar, 15. Aufl., 2017, § 13, Rz 41; *Kirsch/Weber*, DStR 2012, S. 1721; *Rade/Stobbe*, DStR 2009, S. 1113.
[36] Vgl. *Lüdenbach/Hoffmann/Freiberg*, Haufe IFRS-Kommentar, 15. Aufl., 2017, § 13, Rz 40.
[37] Zur Bilanzierung vgl. IDW RS HFA 15, WPg 2006, S. 574.

3 Aktivierungswahlrecht (Abs. 2 Satz 1)

Abs. 2 Satz 1 eröffnet dem Bilanzierenden ein Wahlrecht, **selbst geschaffene immaterielle VG des AV** zu aktivieren.
Das Aktivierungswahlrecht ist vom Wortlaut der Vorschrift her weit gefasst, d. h., es könnte demnach für jeden selbst geschaffenen VG des AV einzeln ausgeübt werden. Zu beachten ist jedoch das in § 246 Abs. 3 HGB bestehende **Stetigkeitsgebot für Ansatzmethoden** (§ 246 Rz 131).

37

Die Anwendung dieses Stetigkeitsgebots führt im Zusammenspiel mit dem Aktivierungswahlrecht nach § 248 Abs. 2 Satz 1 HGB dazu, dass gleiche Sachverhalte stetig zu beurteilen sind. D. h., entscheidet sich der Bilanzierende, z. B. Entwicklungskosten zu aktivieren, ist diese Entscheidung aufgrund des Stetigkeitsgebots auch für nachfolgende Aktivierungsentscheidungen bindend.[38] der zwar nur für den Bereich der Konzernrechnungslegung GoB definiert, dem aber auch eine Ausstrahlungswirkung für die einzelgesellschaftliche Rechnungslegung zugesprochen werden konnte.[39]

38

§ 246 Abs. 3 HGB sieht die entsprechende Anwendung von § 252 Abs. 2 HGB vor. Danach darf von dem Stetigkeitsgrundsatz nur in **begründeten Ausnahmefällen** abgewichen werden. Eine Abweichung ist nicht deshalb allein schon begründet, wenn sie im Anhang angegeben wird. Derartige sachlich begründete Ausnahmefälle liegen nur in Fällen vor, wenn[40]

39

1. die Abweichung unter Beachtung der Grundsätze ordnungsmäßiger Buchführung eine Verbesserung des Einblicks in die Vermögens-, Finanz- und Ertragslage der Gesellschaft vermittelt;
2. die Abweichung im Jahresabschluss zur Anpassung an konzerneinheitliche Bilanzierungs- und Bewertungsregelungen erfolgt;
3. die Abweichung durch eine Änderung der rechtlichen Gegebenheiten (insb. Änderung von Gesetz und Gesellschaftsvertrag/Satzung, Änderung der Rechtsprechung) veranlasst ist;
4. die Abweichung dazu dient, Ansatz- oder Bewertungsvereinfachungsverfahren in Anspruch zu nehmen;
5. die Abweichung erforderlich ist, um steuerliche Ziele zu verfolgen.

Insbesondere der 1. Durchbrechungsgrund – verbesserter Einblick in die Vermögens-, Finanz- und Ertragslage – lässt nur eine Durchbrechung der Stetigkeit dergestalt zu, dass ein Bilanzierender von „Nichtaktivierung" zu „Aktivierung" wechselt. Der umgekehrte Weg, von „Aktivierung" zu „Nichtaktivierung" zu wechseln, wird regelmäßig scheitern, da die Aktivierung von selbst geschaffenen immateriellen VG des AV gerade einen verbesserten Einblick in die Vermögens-, Finanz- und Ertragslage des Unternehmens gewährt.[41]

40

Gelingt es auch nicht, einen der anderen begründeten Ausnahmefälle für einen Wechsel von der „Aktivierung" zur „Nichtaktivierung" in Anspruch nehmen zu können, verbleiben als einzige Auswege aus der **„Ansatzfalle"** umwandlungs-

41

---

38 Vgl. DRS 13.7 sowie DRS 24.69 ff.
39 So auch der Anspruch von DRS 13, vgl. DRS 13.3.
40 Vgl. IDW RS HFA 38, Tz 14.
41 Vgl. BilMoG-BgrRegE, S. 49, wonach „insbesondere innovative mittelständische Unternehmen sowie Unternehmen, die erst am Beginn ihrer wirtschaftlichen Entwicklung stehen („start up's") ... die Möglichkeit erhalten, ihre Außendarstellung zu verbessern".

rechtliche Gestaltungen, z. B. Verschmelzung auf einen anderen Rechtsträger, der keine Aktivierung von selbst geschaffenen immateriellen VG des AV vornimmt.

> **Beispiel**
> Die gerade gegründete Start-up GmbH aktiviert in ihrem ersten Jahresabschluss zum 31.12.01 Entwicklungskosten nach § 248 Abs. 2 Satz 1 HGB. Die Aktivierung wird insb. vor dem Hintergrund der Außendarstellung gegenüber der finanzierenden Hausbank gewählt.
> Die Start-up GmbH ist gem. § 246 Abs. 3 HGB an die Ausübung des Aktivierungswahlrechts für Entwicklungskosten gebunden, d. h., sofern auch in Folgejahren aktivierungsfähige Entwicklungskosten anfallen, sind diese zu aktivieren. Die anfangs getroffene Entscheidung ist faktisch irreversibel. Nachdem im Zuge der Erstellung und Prüfung des Jahresabschlusses zum 31.12.01 die Geschäftsführung die Anforderungen an internes und externes Rechnungswesen als sehr aufwendig empfunden haben, wird überlegt, wie aus der „Ansatzfalle" wieder herauszukommen ist.
> Die Gesellschafter der Start-up GmbH gründen eine beteiligungsidentische neue GmbH und verschmelzen anschließend die Start-up GmbH auf die neue GmbH. Maßgeblich für die Bilanzierung bei der neuen GmbH sind deren Bilanzierungsgrundsätze. Somit könnte über diese umwandlungsrechtliche Gestaltung faktisch von der Aktivierungspflicht aufgrund des Stetigkeitsgebots wieder zur Nichtausübung des Aktivierungswahlrechts gewechselt werden.

4 Explizite Ansatzverbote

4.1 Aufwendungen für die Gründung eines Unternehmens (Abs. 1 Nr. 1)

42 Unter Aufwendungen für die Gründung eines Unt sind solche Aufwendungen zu verstehen, die für das **rechtliche Entstehen** des Unt erforderlich sind.
Unter das Ansatzverbot fallen somit insb. folgende Aufwendungen:[42]
- Notar- und Gerichtsgebühren,
- Kosten der Handelsregisteranmeldung und -eintragung,
- Genehmigungskosten,
- Aufwendungen für eine Gründungsprüfung,
- Gutachterkosten für die Bewertung von Sacheinlagen,
- Beratungskosten im Zusammenhang mit der Gründung (z. B. rechtliche Beratung für die Abfassung des Gesellschaftsvertrags),
- Vermittlungsprovisionen,
- Veröffentlichungskosten,
- Umgründungskosten,
- Kosten eines Formwechsels.

---

[42] Vgl. *ADS*, 6. Aufl., § 248 HGB, Rz 5.

Das Ansatzverbot bezieht sich nach dem Wortlaut des Gesetzestextes auf die 43
gesamte Bilanz, d. h. Aktiva und Passiva. Die Aufnahme von **Gründungsaufwendungen** als Passivposten in die Bilanz (z. B. als Rückstellung oder Verbindlichkeiten aus L&L) ist gleichwohl nach den allgemeinen Grundsätzen geboten.
Eine Berücksichtigung von **Gründungsaufwendungen in der Eröffnungs-** 44
bilanz einer Ges. ist dann erforderlich, wenn die Ges. nach Satzung oder Gesellschaftsvertrag bestimmte Gründungsaufwendungen zu tragen hat und diese bereits vor der Gründung von den Gründern beglichen sind.[43] Nach der hier vertretenen Auffassung sind diese Beträge als aktiver Rechnungsabgrenzungsposten in der Eröffnungsbilanz auszuweisen und im ersten Geschäftsjahr aufwandswirksam auszubuchen.[44]

4.2 Aufwendungen für die Beschaffung des Eigenkapitals (Abs. 1 Nr. 2)

Die Vorschrift bezieht sich sowohl auf die erstmalige Kapitalaufbringung bei der 45
Gründung als auch alle späteren Maßnahmen im Rahmen von Kapitalerhöhungen.[45] Hierzu gehören insb. die Aufwendungen im Zusammenhang mit der Ausgabe von Gesellschaftsanteilen (**Emissionskosten**), **Kosten der Börseneinführung** (z. B. Bankgebühren, Kosten des Börsenprospekts) und Kosten der **Bewertung von Sacheinlagen**.

4.3 Aufwendungen für den Abschluss von Versicherungsverträgen (Abs. 1 Nr. 3)

Von dem Aktivierungsverbot werden nicht nur zugelassene Versicherungsunter- 46
nehmen (§ 341 HGB) erfasst, sondern auch sonstige Personenunternehmen, die Versicherungsverträge abschließen.[46] Von dem Aktivierungsverbot unberührt bleibt das sog. **Zillmer-Verfahren**, das keine Aktivierung von Abschlusskosten, sondern eine Kürzung der Zuweisung zur Deckungsrückstellung betrifft.[47]

4.4 Selbst geschaffene Marken, Drucktitel, Verlagsrechte, Kundenlisten oder vergleichbare immaterielle Vermögensgegenstände des Anlagevermögens (Abs. 2 Satz 2)

Der Gesetzgeber wollte mit dieser Regelung eine bewusste Grenze des Aktivie- 47
rungswahlrechts für selbstgeschaffene immaterielle VG des AV einziehen. Bei den diesem Ansatzverbot unterliegenden VG ist eine zweifelsfreie Zurechnung

---

[43] Vgl. *Hachenburg-Goerdeler*, in GmbHG, § 41 GmbHG, Anm 19.
[44] A.A.: *Förschle/Kropp/Schellhorn*, in *Budde/Förschle/Winkeljohann*, Sonderbilanzen, 4. Aufl., Abschn. D, Anm 147; WPH Edition, Wirtschaftsprüfung & Rechnungslegung, 15. Aufl., 2017, Abschn. F, Tz 25.
[45] Vgl. *ADS*, 6. Aufl., § 248 HGB, Rz 8.
[46] Vgl. *Schmidt/Usinger*, in Beck Bil-Komm., 10. Aufl., § 248 HGB, Rz 7.
[47] Vgl. *ADS*, 6. Aufl., § 248 HGB, Rz 27 mwN.

von Herstellungskosten nicht möglich, da sich regelmäßig **Abgrenzungsprobleme zum selbst geschaffenen Geschäfts- und Firmenwert** ergeben.[48]

48 Die in der Vorschrift geregelten Ansatzverbote entsprechen den Regelungen von IAS 38.63.[49]

49 Unter das Ansatzverbot für selbst geschaffene **Marken** fallen die Aufwendungen zur Herstellung solcher Marken. Damit sind insb. Vertriebskosten erfasst, für die ohnehin schon ein Aktivierungsverbot besteht, da diese nicht zu den Herstellungskosten rechnen (§ 255 Rz 148). Kosten für die Registrierung von Marken sind ebenfalls nicht aktivierungsfähig.

50 Selbst erstellte **Drucktitel** umfassen z.B. Aufwendungen zur Schaffung von Titeln für Zeitungen oder Zeitschriften.

51 Unter **Verlagsrechten** sind die Aufwendungen zur Schaffung derartiger Rechte (z.B. alleiniges Verwertungsrecht) zu verstehen.

52 Selbst geschaffene **Kundenlisten** unterliegen ebenfalls dem Bilanzierungsverbot. Bei diesen wird die Nähe zum selbst geschaffenen Geschäfts- oder Firmenwert besonders deutlich.

53 Der Begriff **vergleichbare immaterielle Vermögensgegenstände, die nicht entgeltlich erworben wurden**, umfasst nicht sämtliche gewerbliche Schutzrechte. Hierfür spricht insb., dass die selbst geschaffenen gewerblichen Schutzrechte ausdrücklich im Bilanzgliederungsschema erwähnt werden (§ 266 Abs. 2 A.I.1. HGB). Unter das Bilanzierungsverbot sollen vielmehr solche selbst geschaffenen VG fallen, deren HK nicht eindeutig von den Aufwendungen für die Entwicklung des Unternehmens in seiner Gesamtheit abgrenzbar sind.[50]

---

[48] Vgl. BilMoG-BgrRegE, S. 50; glA *Arbeitskreis „Immaterielle Werte im Rechnungswesen" der Schmalenbach-Gesellschaft für Betriebswirtschaft e. V.*, DB 2008, S. 1816.
[49] Vgl. *Lüdenbach/Hoffmann/Freiberg*, Haufe IFRS-Kommentar, 15. Aufl., 2017, § 13, Rz 31.
[50] Vgl. DRS 24.56.

§ 249 Rückstellungen

(1) ¹Rückstellungen sind für ungewisse Verbindlichkeiten und für drohende Verluste aus schwebenden Geschäften zu bilden. ²Ferner sind Rückstellungen zu bilden für
1. im Geschäftsjahr unterlassene Aufwendungen für Instandhaltung, die im folgenden Geschäftsjahr innerhalb von drei Monaten, oder für Abraumbeseitigung, die im folgenden Geschäftsjahr nachgeholt werden,
2. Gewährleistungen, die ohne rechtliche Verpflichtung erbracht werden.

(2) ¹Für andere als die in Absatz 1 bezeichneten Zwecke dürfen Rückstellungen nicht gebildet werden. ²Rückstellungen dürfen nur aufgelöst werden, soweit der Grund hierfür entfallen ist.

WP StB CVA Klaus Bertram

Inhaltsübersicht	Rz
1 Überblick	1–22
1.1 Inhalt	1–6
1.2 Begriff und Merkmale von Rückstellungen	7–9
1.3 Bildung und Auflösung von Rückstellungen	10–22
1.3.1 Zeitpunkt der Rückstellungsbildung	13–18
1.3.2 Verbrauch und Auflösung von Rückstellungen	19–22
2 Rückstellungen für ungewisse Verbindlichkeiten (Abs. 1 Satz 1 1. Alt.)	23–118
2.1 Ansatzvoraussetzungen	23–47
2.1.1 Außenverpflichtung	24–34
2.1.1.1 Grundsatz	24–27
2.1.1.2 Privatrechtliche und öffentlich-rechtliche Verpflichtungen	28–29
2.1.1.3 Faktische Verpflichtungen	30–31
2.1.1.4 Nebenpflichten und Nebenleistungen	32
2.1.1.5 Erfüllungsrückstand	33–34
2.1.2 Rechtliche Entstehung bzw. wirtschaftliche Verursachung	35–42
2.1.3 Wahrscheinlichkeit der Inanspruchnahme	43–47
2.2 Pensionen und ähnliche Verpflichtungen	48–110
2.2.1 Unmittelbare Verpflichtungen	48–62
2.2.1.1 Arten von unmittelbaren Verpflichtungen	48–52
2.2.1.2 Entstehung von Verpflichtungen	53–62
2.2.2 Mittelbare Verpflichtungen	63–72
2.2.2.1 Direktversicherungen	65–66
2.2.2.2 Pensionskassen, Pensionsfonds, Zusatzversorgungskassen	67–70
2.2.2.3 Unterstützungskassen	71–72
2.2.3 Wechsel des Durchführungswegs	73–76

2.2.4	Sonderfälle	77–104
2.2.4.1	Passivierungswahlrecht für Altzusagen (Art. 28 EGHGB)	77–94
2.2.4.2	Pensionszusagen an Nichtarbeitnehmer	95–97
2.2.4.3	Pensionszusagen an Gesellschafter-Geschäftsführer von Kapitalgesellschaften und Gesellschafter von Personengesellschaften	98–99
2.2.4.4	Verpflichtungen aus Insolvenzsicherung und Verwaltungskosten	100–104
2.2.5	Auflösung und Verbrauch von Pensionsrückstellungen	105–110
2.3	Umweltschutzverpflichtungen	111–118
3	Rückstellungen für drohende Verluste aus schwebenden Geschäften (Abs. 1 Satz 1 2. Alt.)	119–174
3.1	Vorbemerkung	119
3.2	Schwebende Geschäfte	120–128
3.2.1	Begriff	120–122
3.2.2	Beginn und Ende	123–128
3.3	Drohende Verluste	129–174
3.3.1	Begriffsabgrenzung	129–131
3.3.2	Abgrenzung zu Verbindlichkeitsrückstellungen	132–134
3.3.3	Vorrang von Abschreibungen	135–138
3.3.4	Kompensationsbereich	139–146
3.3.5	Auf einmalige Leistung gerichtete Schuldverhältnisse	147–157
3.3.5.1	Beschaffungsgeschäfte über aktivierungsfähige Vermögensgegenstände oder Leistungen	147–151
3.3.5.2	Beschaffungsgeschäfte über nicht aktivierungsfähige Leistungen	152–153
3.3.5.3	Absatzgeschäfte	154–157
3.3.6	Dauerschuldverhältnisse	158–171
3.3.6.1	Grundlagen	158–160
3.3.6.2	Beschaffungsgeschäfte	161–169
3.3.6.3	Absatzgeschäfte	170–171
3.3.7	Ausweis in der Gewinn- und Verlustrechnung	172–174
4	Weitere Ansatzgebote (Abs. 1 Satz 2)	175–192
4.1	Rückstellungen für unterlassene Instandhaltung (Abs. 1 Satz 2 Nr. 1 1. Alt.)	175–185
4.2	Rückstellungen für Abraumbeseitigung (Abs. 1 Satz 2 Nr. 1 2. Alt.)	186–190
4.3	Rückstellungen für Gewährleistungen, die ohne rechtliche Verpflichtung erbracht werden (Abs. 1 Satz 2 Nr. 2)	191–192
5	ABC der Rückstellungen	193–338
6	Rückstellungsverbot für andere Zwecke (Abs. 2 Satz 1)	339
7	Auflösung bei Wegfall des Grundes (Abs. 2 Satz 2)	340–344

1 Überblick

1.1 Inhalt

§ 249 HGB ist eine für alle nach HGB rechnungslegungspflichtige Kfl. gültige Vorschrift. Neben dem Jahresabschluss ist die Vorschrift über § 298 Abs. 1 HGB auch für den Konzernabschluss anzuwenden.

§ 247 Abs. 1 HGB schreibt vor, dass in der Bilanz Schulden auszuweisen sind. Unter dem Begriff Schulden werden neben Verbindlichkeiten auch Rückstellungen erfasst (§ 247 Rz 111). Zur Abgrenzung von Verbindlichkeiten und Rückstellungen vgl. § 247 Rz 116.

§ 249 HGB regelt die Vorschriften für den **Ansatz** von Rückstellungen. Darüber hinaus existieren spezielle Ansatzvorschriften in §§ 341e–h HGB (sog. versicherungstechnische Rückstellungen), in § 56a VAG (Rückstellungen zur Berücksichtigung der Überschussbeteiligung der Versicherten), in § 17 DMBilG sowie in den Übergangsregelungen gem. Art. 28, Art. 66 Abs. 3, 5, 7, Art. 67 Abs. 1, 3, 5 EGHGB.

Die **Bewertung** von Rückstellungen beruht auf § 253 Abs. 1, 2 HGB unter Berücksichtigung der Übergangsregelungen gem. Art. 66 Abs. 3, 5, 7, Art. 67 Abs. 1, 4, 5, 6 EGHGB.

§ 266 Abs. 3 HGB enthält Regelungen zum **Ausweis** von Rückstellungen in der Bilanz von KapG und KapCoGes. § 277 Abs. 5 HGB enthält Regelungen zum GuV-Ausweis von Erträgen bzw. Aufwendungen aus der Abzinsung von Rückstellungen. Die für Rückstellungen erforderlichen Anhangangaben finden sich in §§ 284 Abs. 2 Nr. 1, 285 Nrn. 12, 24 HGB sowie Art. 28 Abs. 2, Art. 66 Abs. 2, 3, 5, Art. 67 Abs. 1, 2, 8 EGHGB.

Die in § 251 HGB geregelten **Haftungsverhältnisse** können bei entsprechender Konkretisierung zur Bildung von Rückstellungen führen (§ 251 Rz 47).

1.2 Begriff und Merkmale von Rückstellungen

Aus betriebswirtschaftlicher Sicht sind die statische und die dynamische Bilanzauffassung zu unterscheiden. Die **statische** Bilanzauffassung stellt die vollständige Abbildung der Verpflichtungen des Unt in den Vordergrund. Der Ausweis von Verbindlichkeitsrückstellungen ist nach dieser Sichtweise dann geboten, wenn zwar noch keine Verbindlichkeit vorliegt, am Abschlussstichtag aber bereits eine Verpflichtung gegenüber Dritten besteht oder zumindest nach den Grundsätzen einer vorsichtigen Bilanzierung (§ 252 Abs. 1 Nr. 4 HGB) von dem Bestehen einer Verpflichtung ausgegangen werden muss. Dieses Abstellen auf den Schuldcharakter der Rückstellung zeigt sich auch darin, dass eine Schuld nach dieser Sichtweise bereits dann vorliegt, wenn sie wirtschaftlich begründet ist, ohne dass dem Gläubiger ein Anspruch zustehen muss.

Die **dynamische** Bilanzauffassung stellt demgegenüber auf den zutreffenden Erfolgsausweis ab, d.h., die zutreffende Periodisierung nach dem Verursachungsprinzip steht hier im Vordergrund. Der dynamische Rückstellungsbegriff ist demzufolge weiter gefasst als der statische. Er beinhaltet nicht nur Verbindlichkeitsrückstellungen, sondern auch die Periodisierung von stoßweise anfallenden Ausgaben (z.B. Großreparaturen). Seit dem BilMoG hat der dynamische Rückstellungsbegriff deutlich an Bedeutung verloren, was sich insb. an dem

Wegfall der sog. Aufwandsrückstellung (§ 249 Abs. 2 HGB aF) zeigte. Gleichwohl hat die dynamische Bilanzauffassung unverändert Einfluss in das deutsche Bilanzrecht, wie sich z. B. bei der Periodisierung von Rückstellungen für Rückbauverpflichtungen zeigt (§ 253 Rz 66).

9 Der Ansatz von Rückstellungen nach § 249 HGB kann entsprechend in Außen- und Innenverpflichtungen[1] unterschieden werden, wie Tab. 1 verdeutlicht.

Ansatz von Rückstellungen nach § 249 HGB	
Außenverpflichtungen	Innenverpflichtungen
– Ungewisse Verbindlichkeiten (Abs. 1 Satz 1 1. Alt.)	– Unterlassene Instandhaltungsaufwendungen, die im folgenden Geschäftsjahr innerhalb von drei Monaten nachgeholt werden (Abs. 1 Satz 2 Nr. 1 1. Alt.)
– Drohende Verluste aus schwebenden Geschäften (Abs. 1 Satz 1 2. Alt.)	– Unterlassende Abraumbeseitigung, die im folgenden Geschäftsjahr nachgeholt wird (Abs. 1 Satz 2 Nr. 1 2. Alt.)
– Gewährleistungen, die ohne rechtliche Verpflichtung erbracht werden (Abs. 1 Satz 2 Nr. 2)	

Tab. 1: Ansatz von Rückstellungen

1.3 Bildung und Auflösung von Rückstellungen

10 Auch für Rückstellungen gelten die Grundsätze der Inventur (§ 240 Rz 5), da der Jahresabschluss sämtliche Schulden und damit auch Rückstellungen enthalten muss (§ 246 Abs. 1 HGB). Es ist daher zu jedem Abschlussstichtag eine **Inventur der Risiken** vorzunehmen, was je nach Unternehmensgröße entsprechende organisatorische Voraussetzungen erfordert. Gerade bei Rückstellungen besteht nämlich die Gefahr, dass die Vollständigkeit nicht alleine durch den für die Aufstellung des Jahresabschlusses Verantwortlichen (z. B. kfm. Leiter) gewährleistet werden kann.

11 Vielmehr sind unternehmensweit Untersuchungen betreffend rückstellungsrelevanter Sachverhalte anzustellen, die in allen Funktionsbereichen des Unt (z. B. Einkauf, Produktion, Verkauf) sowie den sonstigen Unternehmensabteilungen (z. B. F&E, Personalabteilung, Rechtsabteilung, Immobilienverwaltung) auftreten können. Derartige Untersuchungen können z. B. hinsichtlich folgender möglicher Rückstellungsgründe geboten sein (Aufzählung nicht abschließend):
- ausstehende Rechnungen für erhaltene L&L,
- Rechtsstreitigkeiten,
- behördliche Auflagen,

---

[1] Zur Passivierung von Innenverpflichtungen nach Inkrafttreten des BilMoG vgl. *Wehrheim/Rupp*, DStR 2010, S. 821.

- drohende Verluste aus Beschaffungs- und Absatzgeschäften oder aus Dauerschuldverhältnissen,
- Personalaufwendungen (Urlaubsrückstände, Tantieme, Altersteilzeit, Pensionszusagen).

Zur organisatorischen Verankerung der Risikoinventur kann es sinnvoll sein, sich an einem Rückstellungskatalog zu orientieren (Rz 193 ff.). 12

1.3.1 Zeitpunkt der Rückstellungsbildung

Eine Rückstellung ist immer dann im Jahresabschluss zu berücksichtigen, wenn eines der in § 249 HGB genannten Ansatzgebote vorliegt (vgl. hierzu Abschnitt e 2–4). Die Höhe der Rückstellung ist unbeachtlich, d. h., es gibt (derzeit) keinen **Wesentlichkeitsgrundsatz**. Ein Weglassen einer der Höhe nach für die Vermögens-, Finanz- und Ertragslage unbedeutenden Rückstellung ist somit ein Verstoß gegen § 246 HGB, unabhängig davon, ob dies zu einer Einschränkung des Bestätigungsvermerks des AP führt.[2] Durch die neugefasste EU-Bilanzrichtlinie[3] wurde auch im Bereich der Rechnungslegung ein Wesentlichkeitsgrundsatz kodifiziert (Art. 6 Abs. 1 lit. j) EU-Bilanzrichtlinie). 13

Der Abgrenzung zwischen **werterhellenden** und **wertbegründenden Tatsachen** (§ 252 Rz 60) kommt beim Ansatz von Rückstellungen oftmals besondere Bedeutung zu. 14

Der Kaufmann hat in seiner Bilanz Rückstellungen nur für solche Gründe aufzunehmen, von denen er bis zum Tag der Aufstellung der Bilanz Kenntnis hat. Dabei umfasst der Begriff Kaufmann in diesem Sinne auch den Kenntnisstand der Mitarbeiter des Kaufmanns, nicht allein des für die Aufstellung des Jahresabschlusses Verantwortlichen (GF, Vorstand). 15

> **Beispiel**
> Im November 01 hat ein Kunde gegenüber dem Vertriebsmitarbeiter eines Generatorenherstellers eine Schadensersatzforderung wegen eines mangelhaft gelieferten Produkts geltend gemacht. Der Vertriebsmitarbeiter informiert seinen Vorgesetzten. Aufgrund vorgelegter Unterlagen und diverser geführter Telefonate erkennt das Unt P im März 02 eine Schadensersatzzahlung i. H. v. 100 EUR an. Der für die Aufstellung des Jahresabschlusses 01 verantwortliche GF des Generatorenherstellers hat von dem Vorgang bis zum Tag der Aufstellung des Jahresabschlusses zum 31.12.01 (15.2.02) keine Kenntnis von dem Vorgang und im Jahresabschluss 01 auch keine Rückstellung berücksichtigt.
> **Lösung**
> Der den Jahresabschluss aufstellende Kfm. ist der Generatorenhersteller P. Die Nichtkenntnis des GF von dem Vorgang ist unbeachtlich. Es liegt bis zum Tag der Aufstellung des Jahresabschlusses (15.2.02) ein rückstellungsrelevanter Sachverhalt vor, der im Jahresabschluss zu berücksichtigen ist.

---

[2] Gl. A. ADS, 6. Aufl., § 249 HGB, Rz 46, a. A.: BFH, Urteil v. 18.1.1995, I R 44/94, BStBl 1995 II S. 743.
[3] RL 2013/34/EU des Europäischen Parlaments und des Rates vom 26.6.2013 über den Jahresabschluss, den konsolidierten Abschluss und damit verbundene Berichte von Unternehmen bestimmter Rechtsformen und zur Änderung der RL 2006/43/EG des Europäischen Parlaments und des Rates und zur Aufhebung der RL 78/660/EWG und 83/349/EWG des Rates, Abl. EU v. 29.6.2013, L 182/19.

16 Der bei Aufstellung des Jahresabschlusses maßgebende Kenntnisstand des Kfm. kann sich im Nachhinein als objektiv falsch herausstellen, ohne dass dadurch die Ordnungsmäßigkeit des Jahresabschlusses beeinträchtigt ist.

> **Beispiel**
> Im März 02 meldet sich ein Kunde bei dem Vertriebsmitarbeiter eines Generatorenherstellers und teilt ihm mit, dass aufgrund eines im Dezember 01 gelieferten schadhaften Generators ein Schadensersatz geltend gemacht wird. Es handele sich um einen versteckten Mangel, der erst nach mehreren Testläufen entdeckt wurde, weshalb der Mangel erst im März angezeigt werden konnte. Der Jahresabschluss zum 31.12.01 des Generatorenherstellers wurde am 15.2.02 aufgestellt, ohne dass eine Berücksichtigung einer Rückstellung für den Sachverhalt erfolgte. Bei Auslieferung des Generators im Dezember 01 hatten die Mitarbeiter des Generatorenherstellers keinen Mangel an dem Generator festgestellt. Nach Prüfung des Vorgangs wird im April 02 der Mangel zugestanden und dem Kunden ein Schadensersatzanspruch i. H. v. 100 EUR zugesprochen.
> **Lösung**
> Der Kfm. konnte bei Aufstellung der Bilanz nicht wissen, dass der ausgelieferte Generator mangelhaft war. Der Jahresabschluss zum 31.12.01 ist nicht zu beanstanden.

17 Die vom Großen Senat des BFH erfolgte Aufgabe des subjektiven Fehlerbegriffs[4] bezieht sich nur auf die Anwendung von Rechtsfragen, nicht aber auf die Ausübung von Ermessensentscheidungen.[5] Sachverhaltsfragen betreffen gerade im Bereich der Rückstellungen häufig die Vornahme von Schätzungen und Prognosen, die naturgemäß mit Unsicherheit behaftet sind. Wenn der Bilanzierende somit im Zeitpunkt der Feststellung des Jahresabschlusses eine vertretbare Auffassung seiner Bilanzierung zugrunde legt, so kann dies nicht im Nachhinein z. B. wegen einer ergangenen Gerichtsentscheidung zu einem fehlerhaften Jahresabschluss führen. Dieses Verständnis trägt auch dem Vertrauen der Öffentlichkeit in die Bestandskraft des festgestellten Jahresabschlusses Rechnung.[6]

Ändern sich dagegen durch Gerichtsurteile objektiv die Anwendung von Rechtsfragen, muss dies prospektiv vom Bilanzierenden berücksichtigt werden, d. h. am nächsten Abschlussstichtag muss diese neue Rechtsauffassung der Bilanzierung der Rückstellungen zugrunde gelegt werden.

> **Beispiel**
> Eine GmbH bildet im Jahresabschluss zum 31.12.01 eine Rückstellung für drohende Verluste aus einem Dauerschuldverhältnis (noch fünf Jahre laufender Mietvertrag, die Räumlichkeiten werden vom Kfm. nicht mehr benötigt).

---

[4] Vgl. BFH, Beschluss v. 13.1.2013, BStBl 2013 II S. 317.
[5] Vgl. zur Auswirkung des vom Großen Senat des BFH am 31.1.2013 getroffenen Beschlusses zur Aufgabe des subjektiven Fehlerbegriffs hinsichtlich der Anwendung von Rechtsfragen auf die HB: HFA, IDW-FN 2013, S. 358 sowie *Prinz*, WPg 2013, S. 650. A.A. *Weber-Grellet*, DStR 2013, S. 729, 732–733.
[6] Vgl. HFA, IDW-FN 2013, S. 359.

> In die Bewertung der Rückstellung bezieht die GmbH entsprechend der h. M. Vollkosten, d. h. auch zurechenbare Gemeinkostenanteile, ein.
> Der Jahresabschluss zum 31.12.01 wird am 25.3.02 aufgestellt und am 30.3.02 von der GesV festgestellt. Im Mai 02 fällt der BGH die Entscheidung, dass im Rahmen der Bewertung von Drohverlustrückstellungen nur direkt zurechenbare Einzelkosten zu berücksichtigen seien (Anm: Es handelt sich um ein fiktives Beispiel!).
> Der festgestellte Jahresabschluss zum 31.12.01 ist nicht fehlerhaft und es besteht keine Notwendigkeit der Korrektur des Jahresabschlusses. Bei Aufstellung des Jahresabschlusses 02 ist allerdings die neue Rechtsprechung des BGH zu berücksichtigen und die Rückstellung nunmehr ausschließlich unter Rückgriff auf die zurechenbaren Einzelkosten zu bewerten.

In der HB sind Rückstellungen, für die ein Ansatzgebot existiert, im letzten noch nicht festgestellten Jahresabschluss ergebnismindernd nachzuholen. Soweit eine Rückstellung fehlerhaft im Vorjahresabschluss nicht berücksichtigt wurde, ist ggf. zu prüfen, ob Nichtigkeit vorliegt.[7] In diesem Fall muss eine Rückwärtsberichtigung aller betroffenen Jahresabschlüsse erfolgen, in denen die Rückstellung fehlerhaft nicht enthalten ist.[8] Liegt dagegen keine Nichtigkeit vor, genügt eine Berichtigung in laufender Rechnung.

1.3.2 Verbrauch und Auflösung von Rückstellungen

Im Vorjahr ausgewiesene Rückstellungen sind im Folgejahr bei Anfall der durch die Rückstellung antizipierten Aufwendungen zu verbrauchen. **Verbrauch** einer Rückstellung bedeutet, dass die im Vorjahr gebildete Rückstellung in Anspruch genommen wird. Die im Folgejahr anfallenden Aufwendungen werden demgemäß nicht aufwandswirksam in die GuV, sondern direkt gegen die Rückstellung gebucht.

> **Beispiel**
> In Jahr 01 wird eine sonstige Rückstellung für ausstehende Gerichtsgebühren aus einem Klageverfahren i. H. v. 100 EUR gebildet. Tatsächlich fallen im Jahr 02 Kosten i. H. v. 90 EUR an. Der nicht benötigte Teil der Rückstellung von 10 EUR wird als Ertrag aus der Auflösung von Rückstellungen in den sonstigen betrieblichen Erträgen erfasst.
>
> | Datum | Konto | Soll | Haben |
> |---|---|---|---|
> | | Sonstige Rückstellungen | 100 | |
> | | Sonstige Verbindlichkeiten | | 90 |
> | | Sonstige betriebliche Erträge | | 10 |

In der Praxis wird von dieser „idealtypischen" Vorgehensweise vielfach abgewichen, indem trotz Bestehens einer im Vorjahr gebildeten Rückstellung der

---

[7] Vgl. hierzu *Hommel*, in *Baetge/Kirsch/Thiele*, Bilanzrecht, § 249 HGB, Rz 331 ff.
[8] Vgl. IDW RS HFA 6, Tz 15 ff.

anfallende Aufwand (zunächst) erfolgswirksam als Aufwand gegen Kreditor gebucht wird. Die Neutralisierung dieses (nochmaligen) Aufwands erfolgt erst bei Aufstellung des Jahresabschlusses bei Vornahme der Abschlussbuchungen, bei denen der unterjährig gebuchte Aufwand gegen die Rückstellung neutralisiert wird.

> **Beispiel**
> Im Jahr 01 wird für eine ausstehende Rechnung für im Dezember 01 durchgeführte Wartungsarbeiten eine Verbindlichkeitsrückstellung gebildet. Im März 02 – nachdem der Jahresabschluss 31.12.01 bereits aufgestellt und geprüft ist – geht die Rechnung in der Buchhaltung ein und wird vom Kreditorenbuchhalter wie eine laufende Rechnung des aktuellen Jahres kreditorisch gebucht. Bei Aufstellung des Jahresabschlusses zum 31.12.02 korrigiert der Leiter Rechnungswesen diesen Aufwand des Jahres 02 und bucht den Verbrauch der Rückstellung.
>
> | Datum | Konto | Soll | Haben |
> |---|---|---|---|
> | Jahr 01 | Sonstige betriebliche Aufwendungen | 100 | |
> | | Sonstige Rückstellungen | | 100 |
> | Jahr 02 | Sonstige betriebliche Aufwendungen | 100 | |
> | | Sonstige Vermögensgegenstände (Vorsteuer) | 19 | |
> | | Sonstige Rückstellungen | 100 | |
> | | Verbindlichkeiten aus L&L | | 119 |
> | | Sonstige betriebliche Aufwendungen | | 100 |

21   Lassen sich für eine im Vorjahr gebildete Rückstellung die im Folgejahr angefallenen Aufwendungen nicht im Detail identifizieren, weil z.B. eine Vielzahl von Aufwandskonten betroffen ist, kann anstelle der dargestellten Buchung ohne Berührung der GuV auch ein Bruttoausweis in der GuV in Betracht kommen, indem die Aufwendungen ergebnismindernd in der GuV enthalten sind, aber durch einen korrespondierenden Ertragsposten (**Erträge aus dem Verbrauch von Rückstellungen**) neutralisiert werden (§ 275 Rz 82).

22   Die **Auflösung** einer Rückstellung bedeutet demgegenüber, dass die im Vorjahr gebildete Rückstellung mangels Anfall entsprechender Aufwendungen ganz oder teilweise nicht mehr benötigt wird. Zur Zulässigkeit der Auflösung von Rückstellungen vgl. Rz 340.

> **Beispiel**
> Im Jahresabschluss für Jahr 01 wird eine Rückstellung für einen Rechtsstreit gebildet, die nach Rücksprache mit dem beauftragten Rechtsanwalt i.H.v. 100 EUR bewertet wird. Im Jahr 02 wird der Rechtsstreit gerichtlich entschieden. Das Unt wird zur Zahlung von 70 EUR verurteilt, daneben fallen Gerichts- und Beratungskosten i.H.v. 10 EUR an.

i. H. v. 80 EUR wird die Vorjahresrückstellung verbraucht, der nicht benötigte Teil von 20 EUR wird aufgelöst.

Datum	Konto	Soll	Haben
Jahr 01	Sonstige betriebliche Aufwendungen	100	
	Sonstige Rückstellungen		100
Jahr 02	Sonstige Rückstellungen	100	
	Sonstige Verbindlichkeiten		80
	Sonstige betriebliche Erträge		20

2 Rückstellungen für ungewisse Verbindlichkeiten (Abs. 1 Satz 1 1. Alt.)

2.1 Ansatzvoraussetzungen

Eine Rückstellung für **ungewisse Verbindlichkeiten** ist für am Abschlussstichtag bestehende Außenverpflichtungen des Bilanzierenden anzusetzen, bei denen **das Bestehen und/oder die Höhe** der Verpflichtung ungewiss ist.[9]

2.1.1 Außenverpflichtung

2.1.1.1 Grundsatz

Die Verpflichtung muss gegenüber einem Dritten bestehen. Reine Innenverpflichtungen, die sich der Bilanzierende selbst auferlegt, fallen nicht hierunter. Jedoch werden oftmals Kombinationen aus Drittverpflichtung und Eigeninteresse des Kaufmanns auftreten. In diesen Fällen reicht die Außenverpflichtung aus, die Rückstellungsverpflichtung als ungewisse Verbindlichkeit zu begründen.[10]

> **Beispiel**
> Ein Maschinenbauunternehmen ist wegen Korruptionsverdachts bei Auftragsvergaben von einer Behörde verklagt worden. Der Fall ist in der Öffentlichkeit durch mehrere Zeitungsartikel bekannt gemacht worden.
> Durch das eingeleitete Klageverfahren besteht eine Außenverpflichtung des Maschinenbauunternehmens. Das Eigeninteresse des Maschinenbauunternehmens, den Fall möglichst rasch und „geräuschlos" zu beenden, um die negativen Folgen für die Außendarstellung des Unt zu minimieren, dürfte mindestens genauso schwerwiegend sein, wie die Außenverpflichtung. Es ist gleichwohl eine Rückstellung für ungewisse Verbindlichkeiten im Jahresabschluss zu berücksichtigen.

---

[9] Vgl. ADS, 6. Aufl., § 249 HGB, Rz 42.
[10] A. A. BFH, Urteil v. 8.11.2000, I R 6/96, BStBl 2001 II S. 570. Der BFH sah im Urteilsfall trotz Vorliegens einer gesetzlichen Regelung keine hinreichende Konkretisierung der Außenverpflichtung gegeben.

25 Derartige Fallkonstellationen des Zusammentreffens von Außenverpflichtung und Eigeninteresse des Bilanzierenden gibt es in vielfältiger Weise, wie nachfolgende exemplarische Aufzählung zeigt:
- **Garantieverpflichtungen:** Aus dem Auftragsverhältnis mit dem Kunden besteht eine vertragliche Verpflichtung. Darüber hinaus hat das Unt ein Eigeninteresse an der Erfüllung derartiger Ansprüche, da eine kulante Garantiepolitik als Werbeargument verwendet werden kann.
- Alle Arten von **Kundenbindungsprogrammen,** die (derzeitigen oder potenziellen) Abnehmern gewährt werden, um diese an das Unt zu binden.
- Tarifvertraglich vereinbarte **Lohn- und Gehaltssteigerungen,** die neben den gewerkschaftlich organisierten Arbeitnehmern auch den nicht organisierten Mitarbeitern gewährt werden, um die Motivationswirkung über alle Mitarbeiter gleichermaßen zu verteilen.
- **Drohende Inanspruchnahmen aus Patronatserklärungen oder Bürgschaften,** die das MU für das TU abgibt, wenn die Geschäftstätigkeit des TU im Interesse des MU liegt.

26 Die Person des Gläubigers muss allerdings nicht notwendigerweise bekannt sein. Genauso wenig ist es erforderlich, dass der Gläubiger Kenntnis von seinem Anspruch hat.[11] Auch Verpflichtungen, die sich nicht aus einem konkreten Vertrag ergeben (z.B. Verpflichtungen aus Produzentenhaftung), aus unerlaubter Handlung oder aus der Verletzung fremder Schutzrechte sind Außenverpflichtungen (zu faktischen Verpflichtungen vgl. Rz 30).

27 Zivilrechtlich verjährte Ansprüche sind auch dann rückstellungsfähig, wenn der Schuldner davon ausgeht, von der Einrede der Verjährung keinen Gebrauch zu machen.

2.1.1.2 Privatrechtliche und öffentlich-rechtliche Verpflichtungen

28 Unter Außenverpflichtungen sind sowohl privatrechtliche als auch öffentlich-rechtliche Verpflichtungen zu verstehen. **Privatrechtliche Verpflichtungen** entstehen regelmäßig aufgrund vertraglicher Grundlagen (z.B. Kaufvertrag, Gesellschaftsvertrag). Öffentlich-rechtliche Verpflichtungen entstehen auch aus vertraglichen Regelungen (z.B. im Rahmen eines öffentlich-rechtlichen Vertrags), zumeist aber aus Verwaltungsakten oder aus direkt aus dem Gesetz ableitbaren Verpflichtungen.

29 Der BFH hat bez. der Berücksichtigung von Rückstellungen für **öffentlich-rechtliche Verpflichtungen** eine zurückhaltende Auffassung, die nach der hier vertretenen Auffassung nur schwer mit dem Gedanken des § 249 HGB in Einklang zu bringen ist. Danach liegt eine rückstellungspflichtige Außenverpflichtung erst dann vor, wenn die maßgebliche Rechtsnorm eine Frist für deren Erfüllung enthält, die am Abschlussstichtag abgelaufen ist.[12] Handelsrechtlich kann diese Sichtweise nicht überzeugen. Wenn eine Rechtsnorm existiert, aus der dem Bilanzierenden Aufwendungen zur Umsetzung dieser rechtlichen Vorgaben erwachsen (z.B. Erfüllung von Umweltschutzauflagen), hat er diese als Verbindlichkeitsrückstellung auszuweisen.

---

[11] Vgl. WPH Edition, Wirtschaftsprüfung & Rechnungslegung, Abschn. F, Tz 543; IDW, WPg 1994, S. 547.

[12] Vgl. BFH, Urteil v. 6.2.2013, I R 8/12, DB 2013, S. 1087 mit Anm *Oser*; BFH, Urteil v. 13.12.2007, IV R 85/05, BFH/NV 2008, S. 1029.

2.1.1.3 Faktische Verpflichtungen

Auch solche Verpflichtungen, bei denen kein rechtlich durchsetzbarer Leistungszwang besteht, sind rückstellungspflichtig. Voraussetzung hierfür ist, dass ein faktischer Leistungszwang für den Bilanzierenden besteht, d.h., er sich der Erfüllung nicht entziehen kann oder will.[13] Die Ursache des faktischen Leistungszwangs besteht zumeist in geschäftlichen, moralischen oder sittlichen Erwägungen.

30

> **Beispiel**
> Ein Unt kommt wegen Umweltverunreinigungen (Abwasserverschmutzung) in die öffentliche Diskussion, da sich Anwohner belästigt fühlen. Obwohl das Unt die maßgeblichen Grenzwerte einhält und rechtlich nicht belangt werden kann, führt der öffentliche Druck dazu, dass entsprechende Umweltschutzmaßnahmen zur Verminderung der Verschmutzung durchgeführt werden.

Weitere Fälle faktischer Verpflichtungen sind z.B.
- Verpflichtungen aus fehlerhafter Ges. oder
- Verpflichtungen aus nichtigen, aber durchgeführten Verträgen.[14]

Zu den faktischen Verpflichtungen zählen insbesondere auch die **Kulanzrückstellungen** (Rz 191), die explizit gesetzlich geregelt sind.
Eine allzu extensive Interpretation der Rückstellungspflicht für faktische Verpflichtungen ist allerdings abzulehnen.

31

2.1.1.4 Nebenpflichten und Nebenleistungen

Nebenpflichten und Nebenleistungen im Zusammenhang mit der eigentlichen Außenverpflichtung sind ebenfalls passivierungspflichtig. Der Bilanzierende hat alle Aufwendungen zurückzustellen, die zur Erfüllung einer Außenverpflichtung erforderlich sind. Maßgeblich ist die Sichtweise des Schuldners (Verpflichteten), nicht die des Gläubigers. Damit sind auch interne Aufwendungen in die Rückstellung mit einzubeziehen. Beispiele für rückstellungspflichtige Nebenpflichten und Nebenleistungen sind:
- interne Kosten der Jahresabschlusserstellung (im Wesentlichen Personalkosten der mit der Jahresabschlusserstellung betrauten Personen),
- Schadensbearbeitungskosten zur Erfüllung von versicherungsvertraglichen Verpflichtungen.[15]

32

2.1.1.5 Erfüllungsrückstand

Bei schwebenden Dauerschuldverhältnissen kann einer der beiden Vertragspartner mit seiner Leistung bzw. Gegenleistung im Rückstand sein. Dieser Leistungs- oder Erfüllungsrückstand ist bilanziell zu erfassen. Bei einer Vielzahl von Sachverhalten (z.B. Miet-, Pacht- oder Leasingverträge) wird diese bilanzielle Erfassung als

33

---

[13] Vgl. BGH, Urteil v. 28.1.1991, II ZR 20/90, BB 1991, S. 507.
[14] Vgl. *Madauß*, DB 1996, S. 637.
[15] Vgl. ADS, 6. Aufl., § 249 HGB, Rz 57; a.A. BFH, Urteil v. 10.5.1972, III R 76/66, BStBl 1972 II S. 827.

Verbindlichkeit erfolgen. Soweit aber Grund oder Höhe der Verpflichtung unsicher sind, ist eine Verbindlichkeitsrückstellung zu passivieren.

34 Dies ist nicht zu verwechseln damit, dass Leistung und Gegenleistung (aus Sicht des Bilanzierenden) nicht ausgeglichen sind, womit sich das Erfordernis der Bildung einer Drohverlustrückstellung stellen kann (Rz 119 ff.).
Rückstellungen für Erfüllungsrückstände treten insb. auf bei Arbeitsverhältnissen, z. B. wegen:
- ausstehenden Urlaubs,
- Zeitguthaben von Arbeitnehmern,
- Tantiemen und Gewinnbeteiligungen,
- Jubiläumszuwendungen,
- Pensionsverpflichtungen (Rz 48 ff.).

Weitere Anwendungsfälle sind
- Pachterneuerungsrückstellung,[16]
- Verpflichtung eines Leasinggebers, den Leasingnehmer nach Beendigung der Mietzeit am Verwertungserlös zu beteiligen.[17]

2.1.2 Rechtliche Entstehung bzw. wirtschaftliche Verursachung

35 Eine Verbindlichkeitsrückstellung erfordert weiterhin, dass sie am Abschlussstichtag rechtlich entstanden oder wirtschaftlich verursacht ist. Bei Auseinanderfallen der beiden Zeitpunkte ist für die Passivierungspflicht der jeweils frühere maßgeblich.[18] Der Zeitpunkt der Fälligkeit der Verpflichtung ist demgegenüber für die Passivierung ohne Bedeutung. Er spielt aber bei der Bewertung der Rückstellung eine gewichtige Rolle, da Abzinsungen vorzunehmen sind, wenn die Restlaufzeit am Abschlussstichtag mehr als ein Jahr beträgt (§ 253 Rz 127).

36 Eine Verbindlichkeit ist **rechtlich entstanden**, wenn sämtliche die Leistungspflicht auslösende Tatbestandsmerkmale erfüllt sind.[19] Dieser Zeitpunkt ist bei Vorliegen von Rechtsgeschäften (z. B. Verträgen), öffentlich-rechtlichen Verpflichtungen (z. B. durch Verwaltungsakt) oder aufgrund von Gesetzesvorschriften (z. B. gesetzliche Schadensersatzansprüche) zumeist exakt bestimmbar.

37 Zu beachten ist weiterhin, dass die Rückstellungspflicht nicht per se für jede rechtliche Verbindlichkeit besteht. Gerade im Falle schwebender Geschäfte geht das Handelsrecht grds. von der Nichtbilanzierung aus, da den Verbindlichkeiten mindestens gleichwertige Ansprüche gegenüberstehen. Erst wenn dies nicht der Fall sein sollte, ergibt sich eine Passivierungspflicht wegen drohender Verluste (Rz 129).

38 Die **wirtschaftliche Verursachung** einer Verbindlichkeit ist demgegenüber zumeist nicht eindeutig bestimmbar. Der Begriff gründet sich auf der dynamischen Bilanztheorie und stellt auf das Verursachungsprinzip ab. Rückstellungen sind in dem Geschäftsjahr zu bilden, in dem die Ursache gelegt wurde, d. h., die Tatsachen geschaffen wurden, die spätere Ausgaben auslösen werden.[20]

---

[16] Vgl. BFH, Urteil v. 3.12.1991, VIII R 88/87, BStBl 1993 II S. 89.
[17] Vgl. BFH, Urteil v. 15.4.1993, IV R 75/91, BB 1993, S. 1912.
[18] Vgl. BFH, Urteil v. 27.6.2001, I R 45/97, BStBl 2003 II S. 121; BFH, Urteil v. 8.9.2011, IV R 5/09, BStBl 2011 II S. 122.
[19] Vgl. *Kupsch*, BB 1992, S. 2324.
[20] Vgl. *Mayer-Wegelin*, in *Küting/Pfitzer/Weber*, HdR, HGB § 249, Rn 38, Stand 11/2012.

In der Literatur finden sich vielfältige Stimmen zum Grad der Auslegung des Prinzips der wirtschaftlichen Verursachung. Der BFH spricht sich für eine enge Auslegung aus. Danach müsse der Tatbestand der Verpflichtung im Wesentlichen in dem betreffenden Geschäftsjahr verwirklicht sein und das Entstehen der Verbindlichkeit nur noch von unwesentlichen Tatschen abhängen.[21] Demgegenüber steht die Auffassung des Realisationsprinzips, wonach die Erfüllung der jeweiligen Verpflichtung nicht an Vergangenes anknüpft, sondern auch Vergangenes abgelten muss. Im Kern geht es bei diesen unterschiedlichen Auffassungen darum, ob die durch die Rückstellungsbildung verursachten Aufwendungen im Zusammenhang mit zukünftigen Erträgen stehen (dann keine Passivierung) oder ob ein Zusammenhang mit bereits vereinnahmten Erträgen gesehen wird (dann Passivierung). 39

Für den Praktiker sind die verschiedenen Literaturmeinungen zur wirtschaftlichen Verursachung schwierig zu fassen, da die konkrete Beurteilung zumeist im Rahmen von steuerlichen Außenprüfungen und anschließenden Finanzgerichtsverfahren kasuistisch vorgenommen wird. Allerdings wird unabhängig von der wirtschaftlichen Verursachung bereits eine rechtliche Entstehung gegeben sein, womit die Rückstellungspflicht oftmals ausgelöst wird. Dies wird auch von den AP der prüfungspflichtigen Unt gefordert, die mit Verweis auf das Vollständigkeitsgebot (§ 246 HGB) m. E. zu Recht Rückstellungen einfordern, für die eine eindeutige rechtliche Verursachung vorliegt.[22] Dem Praktiker ist zu raten, **im Zweifel eine Rückstellung** zu bilden. Das Unsicherheitsmoment muss sich notwendigerweise in der Bewertung der Rückstellung widerspiegeln (§ 253 Rz 59). 40

Einen Sonderfall wirtschaftlicher Verursachung stellen die sog. Ansammlungs- oder Verteilungsrückstellungen dar (§ 253 Rz 66). 41

Die Thematik der wirtschaftlichen Verursachung ist im Zusammenhang mit dem Ansatz von Rückstellungen für **latente Steuern** bei kleinen KapG/KapCoGes und PersG intensiv diskutiert worden.[23] Da diese Bilanzierenden – soweit sie § 274 HGB nicht freiwillig anwenden – keine latenten Steuern nach § 274 HGB ausweisen müssen, ist die Bildung einer Verbindlichkeitsrückstellung dann geboten, wenn im abgelaufenen Gj Maßnahmen erfolgt sind, die voraussichtlich zu späteren Steuerzahlungen führen werden. Beispiele hierfür sind die Bildung einer Rücklage nach § 6b EStG in der Steuerbilanz oder unterschiedliche Abschreibungsverläufe bei planmäßigen Abschreibungen von VG des AV zwischen Handels- und Steuerbilanz. 42

Dass für derartige Fälle Rückstellungen für ungewisse (latente) Steuerverbindlichkeiten nach § 249 Abs. 1 Satz 1 HGB zu bilden sind, hatte der BilMoG-Gesetzgeber beabsichtigt,[24] sodass die Schärfe der geführten Diskussion überrascht. Nach der hier vertretenen Auffassung sind bei Differenzen zwischen den handelsrechtlichen Wertansätzen von VG, Schulden und RAP und den korrespondierenden steuerlichen Wertansätzen Rückstellungen für latente Steuern zu

---

21 Vgl. BFH, Urteil v. 27.6.2001, I R 45/97, BStBl 2003 II S. 121; vgl. zu „Rückstellungsdivergenzen" zwischen den verschiedenen BFH-Senaten: *Prinz*, DB 2013, S. 1816..
22 Gl. A. *Schubert*, in Beck Bil-Komm., 10. Aufl., 2016, § 249 HGB, Rz 34.
23 Vgl. für eine Rückstellungspflicht: IDW RS HFA 7, Tz 26; IDW RS HFA 34, Tz 2; *Graf von Kanitz*, WPg 2011, S. 895; *Breker*, WPg 2012, Heft 7, Seite I; Karrenbrock, BB 2013, S. 239. Gegen eine Rückstellungspflicht: *Müller*, DStR 2011, S. 1046; *Hoffmann*, DB 2012, Heft 18, S. M 1.
24 Vgl. BilMoG-BgrRegE, S. 68.

bilden, wenn sich diese Differenzen künftig „automatisch" abbauen und somit zu der voraussichtlichen Steuerbelastung führen. Sog. quasi-permanente Differenzen führen entsprechend nicht zu einer Rückstellung für latente Steuern.

Da bei der Beurteilung des Bestehens einer Passivierungspflicht auch aktive Aufrechnungsdifferenzen und Vorteile aus steuerlichen Verlustvorträgen mit einzubeziehen sind,[25] wird sich häufig keine Rückstellungsnotwendigkeit ergeben.

2.1.3 Wahrscheinlichkeit der Inanspruchnahme

43 Eine Rückstellung ist dann zu bilden, wenn der Bilanzierende ernsthaft mit der Inanspruchnahme rechnen muss.[26] Diese Voraussetzung findet sich zwar nicht im Gesetzestext von § 249 HGB, ist aber in Literatur und Praxis unstrittig. Die Unsicherheit bez. der Rückstellungsbildung kann bezogen werden auf die

- Wahrscheinlichkeit über das Be- oder Entstehen einer Verbindlichkeit (Rz 35) oder
- Wahrscheinlichkeit der Inanspruchnahme.

44 Es handelt sich um zwei unterschiedliche Risiken, wie folgendes Beispiel illustriert.

> **Beispiel**
> Ein produzierendes Unt hat bei Aufstellung des Jahresabschlusses zu entscheiden, ob wegen möglicher Verletzung von Emissionswerten eine Rückstellung für ein Bußgeld der zuständigen Behörde zu bilden ist.
> Hier besteht zum einen die Unsicherheit, ob überhaupt eine rechtlich belangbare Verletzung von Emissionswerten vorliegt. Zum anderen besteht die Unsicherheit, ob die zuständige Behörde den Fall aufgreifen und ein Bußgeldverfahren einleiten wird.

45 Wenn es um Wahrscheinlichkeiten geht, stellt sich die Frage nach möglicher Objektivierung, genauer **Quantifizierung** von Wahrscheinlichkeiten. Wahrscheinlichkeiten für Inanspruchnahmen lassen sich häufig nicht genau berechnen. Es ist zumeist lediglich die Bestimmung einer Größenordnung (z.B. 0%, 25%, 50%, 75%, 100%) möglich. Der BFH hat in seiner Rechtsprechung eine Wahrscheinlichkeit von mehr als 50% gefordert.[27] Diese „BFH-Formel" ist als zu hohe Objektivierungshürde z.T. kritisiert worden.[28] Außerdem wird vorgebracht, dass das dem deutschen Handelsrecht zugrunde liegende Vorsichtsprinzip (§ 252 Abs. 1 Nr. 4 HGB) eine Rückstellungsbildung auch dann erfordert, wenn die Wahrscheinlichkeit in einer Größenordnung von 25% liegt.[29]

Die Bestimmung von exakten Eintrittswahrscheinlichkeiten ist häufig nicht möglich, sodass hier das Gesamtbild der Verhältnisse des Einzelfalls zu würdigen ist. Die BFH-Formel erinnert stark an Ansatzregelungen, wie sie die IFRS

---

[25] Vgl. IDW RS HFA 7, Tz 27; a.A. BStBK: Verlautbarung der Bundessteuerberaterkammer zum Ausweis passiver latenter Steuern als Rückstellungen in der Handelsbilanz, DStR 2012, S. 2296.
[26] Vgl. BFH, Urteil v. 17.12.1998, IV R 21/97, BStBl 2000 II S. 116.
[27] Vgl. BFH, Urteil v. 19.10.2005, XI R 64/04, BStBl 2006 II S. 373 mwN.
[28] Vgl. *Küting/Kessler/Cassel/Metz*, WPg 2010, S. 325.
[29] Vgl. *Moxter*, DStR 2004, S. 1058.

für Außenverpflichtungen in IAS 37.15 vorsieht (more likely than not). Daher wird sich in der Praxis regelmäßig an dieser Formel zu orientieren sein. Wenn der Bilanzierende den Rückstellungsansatz mit Hinweis auf eine geschätzte Wahrscheinlichkeit von z. B. 45 % verneint, wird er dies entsprechend zu belegen und zu dokumentieren haben. Auch die EU-Bilanzrichtlinie legt sich hier nicht explizit fest, sondern verweist auf den besten Schätzwert von Aufwendungen, die wahrscheinlich eintreten werden.[30]

Wie die Wahrscheinlichkeit zu bestimmen ist, bleibt dem Bilanzierenden überlassen. Objektivierungsmaßstäbe hierzu können sein[31]
- Vergangenheitserfahrungen des Bilanzierenden und/oder
- Branchenerfahrungswerte.

Derartige Erfahrungswerte werden insb. Anwendung finden können bei häufig wiederkehrenden gleichartigen Sachverhalten (Gesetz der großen Zahl), bei denen ausreichend große Grundgesamtheiten zur Ableitung von Eintrittswahrscheinlichkeiten bestehen. Beispiele hierfür sind:
- Ableitung von Sterbetafeln für Pensionsrückstellungen,
- Schadensquoten bei industrieller Massenfertigung zur Bestimmung von Gewährleistungsverpflichtungen,
- Schadensquoten bei VersicherungsUnt,
- Rückgabequoten im Versandhandel.

46

Darüber hinaus ist es in typisierender Betrachtungsweise naheliegend, die Beurteilung der Wahrscheinlichkeit der Inanspruchnahme an dem begründenden Rechtsverhältnis zu orientieren. Ein Anhaltspunkt wird regelmäßig sein, ob der Anspruchsberechtigte überhaupt Kenntnis von seinem Anspruch hat. Der BFH hat hierzu Typisierungen vorgenommen.[32] Danach ist bei **vertraglichen Verpflichtungen** zu unterstellen, dass der Anspruchsberechtigte seine Rechte kennt und sie auch durchsetzt. Demgegenüber stellt der BFH bei **einseitigen Verpflichtungen** darauf ab, dass die für die Passivierung erforderliche Wahrscheinlichkeit erst dann gegeben sei, wenn die Kenntnisnahme der Gläubiger unmittelbar bevorstehe. Dieser Sichtweise ist nicht zuzustimmen, da dies dem Vorsichtsprinzip entgegensteht. Vielmehr ist bei einseitigen Verpflichtungen nach dem sog. **Unentziehbarkeitstheorem** die Wahrscheinlichkeit der Inanspruchnahme dann für eine Passivierung hinreichend, wenn sich der Bilanzierende den Verpflichtungen nicht mehr sanktionslos entziehen kann und nach objektiver Sicht eine Inanspruchnahme jederzeit droht.

47

> **Beispiel**
> Ein Unt begeht im abgelaufenen Geschäftsjahr eine Patentrechtsverletzung. Bis zum Tag der Bilanzaufstellung hat der Patentrechtsinhaber noch keine Ansprüche geltend gemacht. Bei dem Patentrechtsinhaber handelt es sich um ein multinational operierendes Unt, sodass davon auszugehen ist, dass dieses

---

30 Vgl. RL 2013/34/EU des Europäischen Parlaments und des Rates vom 26.6.2013 über den Jahresabschluss, den konsolidierten Abschluss und damit verbundene Berichte von Unternehmen bestimmter Rechtsformen und zur Änderung der RL 2006/43/EG des Europäischen Parlaments und des Rates und zur Aufhebung der RL 78/660/EWG und 83/349/EWG des Rates, Abl. EU, v. 29.6.2013, L 182/19, Art. 12 Abs. 12.
31 Vgl. *Hommel*, in *Baetge/Kirsch/Thiele*, Bilanzrecht, § 249 HGB, Rz 47.
32 Vgl. BFH, Urteil v. 19.10.1993, VIII R 14/92, BStBl 1993 II S. 891.

> die Patentrechtsverletzung rechtlich verfolgt wird. Die Wahrscheinlichkeit der Inanspruchnahme droht, sodass eine Rückstellung zu bilden ist.

2.2 Pensionen und ähnliche Verpflichtungen

2.2.1 Unmittelbare Verpflichtungen

2.2.1.1 Arten von unmittelbaren Verpflichtungen

48 Der Gesetzgeber verwendet in § 246 Abs. 2 Satz 2 sowie in § 253 Abs. 1 und 2 HGB den Begriff „Altersversorgungsverpflichtungen". Demgegenüber wird in § 266 Abs. 3 B 1. von „Rückstellungen für Pensionen" gesprochen. Die Begriffe „Altersversorgungsverpflichtungen" und „Pensionsverpflichtungen" werden als deckungsgleich behandelt (zur Abgrenzung der Begrifflichkeiten vgl. § 253 Rz 70).[33] Unter unmittelbaren Verpflichtungen sind solche Verpflichtungen des Bilanzierenden zu verstehen, bei denen der Bilanzierende unmittelbar die Leistungen (Zahlungen) an den Berechtigten erbringt. Diese Leistungen können als laufend zu zahlenden Pensionen oder als Einmalzahlungen (Kapitalzusagen[34]) ausgestaltet sein, wobei Ersteres der Regelfall ist.

Nach der Art der Verpflichtung können weiter unterschieden werden:

- **Leistungsorientierte Zusage**: Zusage einer festen Pension, z.B. 100 EUR p.M. oder 10 % des letzten Bruttogehalts. Hierunter fallen aber auch laufende Sachleistungen (Deputate) oder auch Beihilfen zu Krankenversicherungsbeiträgen bzw. Krankheitskosten der Betriebsrentner.[35]
- **Beitragsorientierte Zusage**: Es wird vom Arbeitgeber die Umwandlung eines regelmäßigen Beitrags in eine Anwartschaft auf Alters-, Invaliden- oder Hinterbliebenenversorgung zugesagt.[36]
- **Beitragszusage mit Mindestleistung**: Der Arbeitgeber verpflichtet sich, an einen Pensionsfonds, eine Pensionskasse oder eine Direktversicherung zu zahlen und garantiert eine bestimmte Mindestleistung.
- **Entgeltumwandlung**: Künftige Entgeltansprüche des Arbeitnehmers werden in eine wertgleiche Anwartschaft auf Versorgungsleistungen umgewandelt (sog. **deferred compensation**).
- Der Arbeitnehmer leistet Beiträge aus seinem Arbeitsentgelt zur Finanzierung von Leistungen der betrieblichen Altersversorgung an einen Pensionsfonds, eine Pensionskasse oder eine Direktversicherung und die Zusage des Arbeitgebers umfasst auch die Leistungen aus diesen Beiträgen; die Regelungen für Entgeltumwandlung sind hierbei entsprechend anzuwenden, soweit die zugesagten Leistungen aus diesen Beiträgen im Wege der Kapitaldeckung finanziert werden.

49 Der **Beginn der Pensionszahlung** erfolgt bei Eintritt vorher definierter Ereignisse (z.B. Erreichen einer Altersgrenze, Invalidität i.S.v. Erwerbs- oder Berufsunfähigkeit).

---

[33] Vgl. IDW RS HFA 30 nF, Tz 6.
[34] Kapitalzusagen unterliegen im Gegensatz zu laufenden Pensionen nicht der alle drei Jahre nach § 16 BetrAVG vorzunehmenden Anpassungsprüfung.
[35] Vgl. HFA, WPg 1994, S. 26; *Zwirner*, WPg 2012, S. 199.
[36] Vgl. § 1 Abs. 2 Nrn. 1–4 BetrAVG.

Das **Leistungsende** von Versorgungsleistungen wird ebenfalls fest vereinbart. 50
Bei **lebenslangen Pensionszahlungen** knüpfen diese an den Tod des Leistungsempfängers oder der hinterbliebenen Witwen, Witwer oder Waisen. Es existieren aber auch zeitlich begrenzte Versorgungsleistungen in Form **befristeter Leistungszusagen**.

> **Beispiel**
> Ein Unt gewährt langjährigen Mitarbeitern Pensionszusagen. Das betriebliche Versorgungswerk sieht vor, dass die Mitarbeiter bei Erreichen der gesetzlichen Altersgrenze nach ihrem Ausscheiden eine monatliche Pension i. H. v. 100 EUR erhalten. Um das biometrische Risiko für das Unt auszuschalten, sind die Pensionszahlungen auf (längstens) 15 Jahre begrenzt.

Das wesentliche Merkmal von laufenden Pensionen ist, dass die Leistung **versorgungshalber** erfolgt, d. h., eine Gegenleistung ist vom Empfänger nicht mehr zu erbringen.[37] Somit werden unter Pensionen auch solche Leistungen erfasst, die bei Eintritt biologischer Ereignisse fällig werden, auch wenn sie nicht als Pension bezeichnet werden.[38] Hierunter fallen z. B. Übergangsgelder, Treuegelder, Abfindungen oder Auslandszuschläge zur Pension. Voraussetzung der Qualifikation als Pension muss jedoch die rechtliche Beendigung des Arbeitsverhältnisses sein. Demzufolge stellen folgende Leistungen keine Pensionen dar: 51
- Vorruhestandsbezüge[39],
- Altersteilzeitregelungen (Rz 200).[40]

Bei unmittelbaren Verpflichtungen ist weiter zu differenzieren zwischen den 52
Verpflichtungen, die bereits zu erbringen sind (**laufende Pensionen**), und den noch in der sog. Erdienungsphase befindlichen Verpflichtungen (**Anwartschaften**), bei denen der Berechtigte noch Gegenleistungen (i. d. R. Arbeitsleistung) zu erbringen hat.

2.2.1.2 Entstehung von Verpflichtungen

Pensionsverpflichtungen entstehen i. d. R. durch vertragliche Vereinbarungen. 53
Diese sog. Direktzusagen können entstanden sein durch:
- Einzelzusage (Pensionszusage),
- Gesamtzusage (Pensions- oder Versorgungsordnung),
- Betriebsvereinbarung (§ 87 BetrVG),
- Tarifvertrag,
- Besoldungsordnung (unmittelbare Versorgungszusage durch den Arbeitgeber),
- Gesetz (z. B. Beamtenversorgungsgesetz, BeamtVG),
- betriebliche Übung (§ 1b Abs. 1 Satz 4 BetrAVG),
- Grundsatz der Gleichbehandlung (§ 1b Abs. 1 Satz 4 BetrAVG),
- gerichtliche Entscheidung.

---

[37] Vgl. *Grottel/Rhiel*, in Beck Bil-Komm., 10. Aufl., 2016, § 249 HGB, Rz 154.
[38] Vgl. BAG, Urteil v. 18.3.2003, 3 AZR 315/02, DB 2004, S. 1624.
[39] Vgl. HFA, WPg 1984, S. 331; a. A. BMF, Schreiben v. 16.10.1984, S – 2176–104/84 BStBl 1984 I S. 518.
[40] Vgl. IDW RS HFA 3 n. F., Tz 1.

54 Mündliche Zusagen sind handelsrechtlich genauso passivierungspflichtig, wie schriftliche Zusagen. Da das Steuerrecht (§ 6a EStG) das Schriftformerfordernis für die steuerrechtliche Anerkennung voraussetzt, werden in der Praxis regelmäßig schriftliche Zusagen erteilt. Ausnahmen hiervon sind bspw. möglich im Bereich von Übergangsgeldern, die allein aufgrund betrieblicher Übung an in den Ruhestand tretende Mitarbeiter gezahlt werden.[41] Hier besteht handelsrechtlich Passivierungspflicht, wenn die Voraussetzungen des § 1b Abs. 1 Satz 4 BetrAVG erfüllt sind.
Änderungen von Pensionszusagen bedürfen im Regelfall der Zustimmung der beteiligten Vertragspartner.

55 Mit der Abgabe der Willenserklärung des Arbeitgebers an den Arbeitnehmer ist grds. der **Zeitpunkt der Entstehung der Pensionsverpflichtung** gegeben. Bei einseitigen, begünstigenden Erklärungen des Arbeitgebers (z.B. Einzel- oder Gesamtpensionszusage) wird die Annahme ohne Zugang einer Erklärung an den Antragenden unterstellt (§ 151 BGB).

56 In der Pensionszusage werden regelmäßig auch **Höhe und Umfang** der Pensionsverpflichtung vereinbart. Zu beachten sind die Auswirkungen des BAG-Urteils vom 15.5.2012[42], mit dem das BAG eine in betrieblichen Versorgungsregelungen vor dem Rentenversicherungs-Altersgrenzenanpassungsgesetz vereinbarte Altersgrenze, die auf Vollendung des 65. Lebensjahrs abstellt, regelmäßig dahingehend auszulegen sei, „dass damit auf die Regelaltersgrenze in der gesetzlichen Rentenversicherung nach §§ 35, 235 Abs. 2 Satz 2 SGB VI Bezug genommen wird." Ob dieses Urteil generell auf vor dem Rentenversicherungs-Altersgrenzenanpassungsgesetz geschlossene betriebliche Versorgungsregelungen übertragbar ist, ist im jeweiligen Einzelfall unter Hinzuziehung arbeitsrechtlicher Experten zu beurteilen. Wurde bislang bei der Bewertung von Altersversorgungsverpflichtungen von einem Eintritt des Versorgungsfalls mit der Vollendung des 65. Lebensjahrs ausgegangen, sind vor dem Hintergrund der angesprochenen Rechtsprechung des BAG davon abweichende Regelungen der Bewertung der Rückstellungen zugrunde zu legen und die Rückstellung entsprechend ergebniswirksam anzupassen.[43]
Sog. **Blankettzusagen**, bei denen der Arbeitgeber die Einzelheiten über Höhe und Umfang einseitig bestimmen kann, sind die Ausnahme, zumal der Arbeitgeber gem. § 315 BGB einer gerichtlichen Billigkeitskontrolle unterworfen ist. Bleibt der Arbeitgeber in solchen Fällen untätig, wird die Blankettzusage durch Gerichtsurteil ausgefüllt.[44]

57 In Fällen eines **Betriebsübergangs** können entweder im Wege der Gesamtrechtsnachfolge (umwandlungsrechtliche Gestaltungen) oder im Wege der Einzelrechtsnachfolge nach § 613a BGB (z.B. Betriebsveräußerung, Betriebsverpachtung, Einbringung, Realteilung) Pensionsverpflichtungen auf einen anderen Bilanzierenden übergehen. Während bei einer Gesamtrechtsnachfolge sämtliche Pensionsverpflichtungen mit übergehen, erfolgt dies bei der Einzelrechtsnach-

---

41 Vgl. *Grottel/Rhiel*, in Beck Bil-Komm., 10. Aufl., 2016, § 249 HGB, Rz 158.
42 Vgl. BAG, Urteil v. 15.5.2012, Az. 3 AZR 11/10, DB 2012, S. 1756.
43 Vgl. HFA, IDW-FN 2013, S. 63.
44 Vgl. BAG, Urteil v. 23.11.1978, 3 AZR 708/77, DB 1979, S. 364.

folge ausschließlich für tätige Arbeitnehmer, nicht für die laufenden Pensionen von Betriebsrentnern sowie unverfallbare Anwartschaften ausgeschiedener Mitarbeiter.[45] Bei Letzteren ist ein (wirtschaftlicher) Übergang nur durch Schuldbeitritt durch den Erwerber möglich.

Werden Pensionsverpflichtungen durch **Schuldbeitritt mit Erfüllungsübernahme**, d. h. ohne schuldbefreiende Wirkung, wirtschaftlich auf ein anderes Unt übertragen, wird das übertragende Unt von seiner Pensionsverpflichtung befreit. Da derartige Übertragungen i. d. R. entgeltlich erfolgen (gegen Kaufpreis oder Gewährung von Anteilen) ist die Pensionsverpflichtung beim übertragenden Unt. dementsprechend gegen die Kaufpreisverbindlichkeit zu verbrauchen (zur Angabe eines Haftungsverhältnisses aus Gewährleistungsverpflichtung vgl. § 251 Rz 28). Soweit eine Inanspruchnahme aus der gesamtschuldnerischen Haftung droht, ist in entsprechender Höhe eine Rückstellung zu bilden.[46] 58

Erfolgt die Erfüllungsübernahme lediglich im Innenverhältnis, d. h. ohne Schuldbeitritt, hat das übertragende Unt unverändert die Pensionsverpflichtungen auszuweisen. In Höhe des Freistellungsanspruchs durch das übernehmende Unt ist eine Forderung zu aktivieren. Die vom übernehmenden Unt eingegangene Freistellungsverpflichtung ist als Verbindlichkeitsrückstellung gem. § 249 Abs. 1 Satz 1 HGB zu passivieren; es handelt sich nicht um eine Altersversorgungsverpflichtung.[47] Zur Bewertungsproblematik bei derartigen **angeschafften Rückstellungen** vgl. § 253 Rz 62.

Auch für Pensionsverpflichtungen sind die Grundsätze der **Inventur** (§ 240 Abs. 2 HGB) analog zu beachten.[48] Da für die Bilanzierung und insb. Bewertung von Pensionsverpflichtungen regelmäßig Sachverständigengutachten eingeholt werden, scheidet eine Inventur auf den Abschlussstichtag allein aus zeitlichen Gründen vielfach aus. In der Praxis wird daher regelmäßig das Mengengerüst zeitlich vor dem Abschlussstichtag ermittelt. Es handelt sich hierbei aber nicht um eine vorverlagerte Inventur i. S. v. § 241 Abs. 3 HGB, da diese nur für VG, nicht aber für Schulden vorgesehen ist. Sie würde auch daran scheitern, dass eine ordnungsgemäße Fortschreibung auf den Abschlussstichtag gegeben sein muss. Vielmehr wird auf einen ausreichend zeitlich vor dem Abschlussstichtag liegenden Inventurstichtag das Mengengerüst ermittelt, sodass genügend Zeit zur Verfügung steht, die Sachverständigengutachten einzuholen. 59

Übliche Veränderungen des Bestands zwischen Inventurstichtag und Abschlussstichtag können bei der Berechnung der Pensionsrückstellung aus Wesentlichkeitsüberlegungen unberücksichtigt bleiben (§ 253 Rz 76). Demgegenüber sind außergewöhnliche Veränderungen in Bezug auf Bestand und Höhe der Verpflichtungen zu berücksichtigen. 60

---

45 Vgl. IDW RS HFA 30 nF, Tz 96.
46 Vgl. zu den Voraussetzungen für die Ausbuchung von Pensionsrückstellungen bei der Übertragung von Altersversorgungsverpflichtungen *Reitmeier/Pen/Schönberger*, WPg 2017, S. 815.
47 Vgl. IDW RS HFA 30 nF, Tz 103.
48 IDW RS HFA 30 nF, Tz 14.

> **Beispiel**
> Die Inventur der Pensionsverpflichtungen einer mittelständischen GmbH ergibt Mitte Oktober des Jahres 01 einen Bestand von zehn Anwärtern und fünf Rentnern. Die erforderlichen Daten werden an einen Versicherungsmathematiker weitergeleitet, der Ende November ein Gutachten über die Bewertung der Pensionsverpflichtungen zum 31.12.01 vorlegt. Im Dezember 01 versterben drei Anwärter infolge eines tragischen Verkehrsunfalls.
> Es handelt sich um eine außergewöhnliche Veränderung, die eine wesentliche Veränderung der Bewertung der Pensionsrückstellung bewirkt. Zum 31.12.01 ist daher die Pensionsrückstellung auf Basis der Verhältnisse am Abschlussstichtag für die sieben verbliebenen Anwärter, fünf Rentner sowie ggf. bestehender Witwen-/Witweransprüche der drei Verstorbenen anzusetzen.

61   Zu einer ordnungsgemäßen Inventur der Pensionsverpflichtungen gehört die Erfassung der vertraglichen Grundlagen der Pensionsverpflichtungen. Hierzu zählen die in Rz 53 genannten Vereinbarungen sowie zwischenzeitlich vorgenommene Veränderungen. Insbesondere in Fällen der Übertragung von Pensionsverpflichtungen von einem Unt auf ein anderes können sich hier in der Praxis Probleme bei der Aufstellung des Inventars ergeben, da bspw. Personalakten nicht mehr im Zugriff sind. Weitere mögliche **Problemfälle bei der Inventarisierung der Pensionsverpflichtungen** können sein:
- ausgeschiedene Mitarbeiter, die über unverfallbare Ansprüche verfügen, aber noch nicht die vertragliche Altersgrenze erreicht haben;
- an ausländische Konzerngesellschaften entsandte Arbeitnehmer mit fortbestehender Anwartschaft;
- Anrechnung von Vordienstzeiten oder Ermittlung von Betriebszugehörigkeitsdauern bei Arbeitnehmern, die innerhalb eines Konzerns den Arbeitgeber wechseln;
- Abgrenzung von unmittelbaren und mittelbaren Pensionsverpflichtungen gegenüber Beamten und deren Hinterbliebenen.[49]

62   Da neben der handelsrechtlichen Passivierung von Pensionsrückstellungen regelmäßig auch eine Passivierung in der Steuerbilanz zu berücksichtigen ist, sollte die Einhaltung der steuerrechtlichen Vorschriften in § 6a EStG sowie der hierzu erlassenen Richtlinien der Finanzverwaltung (vgl. R 6a EStR 2012 sowie diverse BMF-Schreiben) zweckmäßigerweise bei der Inventur der Pensionsverpflichtungen mit beachtet werden. Durch die unterschiedlichen Bewertungsvorschriften treten regelmäßig unterschiedliche Wertansätze der Pensionsverpflichtungen in Handels- und Steuerbilanz auf. Gleichwohl stellt die Basis beider Bewertungen der Bestand an zu berücksichtigenden Pensionsverpflichtungen dar, der im Regelfall zwischen Handels- und Steuerbilanz nicht auseinanderfällt.
Zur Bewertung von Pensionsverpflichtungen vgl. § 253 Rz 70 ff.

---

[49] Vgl. IDW RS HFA 23, Tz 3.

2.2.2 Mittelbare Verpflichtungen

Mittelbare Pensionsverpflichtungen sind solche, bei denen die Erfüllung der Verpflichtungen nicht durch das Trägerunternehmen, sondern von einem anderen Rechtsträger vorgenommen wird. Die Verpflichtung des Trägerunternehmens besteht in der nach § 1 Abs. 1 Satz 3 BetrAVG gebotenen Einstandspflicht für die zugesagten Leistungen. Derartige mittelbare Verpflichtungen betreffen folgende Durchführungswege (vgl. § 1b Abs. 2–4 BetrAVG):
- Direktversicherungen,
- Pensionskasse,
- Pensionsfonds,
- Unterstützungskasse.

Für sämtliche mittelbaren Verpflichtungen gilt ein Passivierungswahlrecht gem. Art. 28 EGHGB (Rz 76ff.), sodass im Regelfall derartige Verpflichtungen nicht bilanziert werden, sondern lediglich im Anhang darüber berichtet wird.

2.2.2.1 Direktversicherungen

Direktversicherungen erfüllen die gleiche Funktion wie Pensionszusagen, da in beiden Fällen dem berechtigten Arbeitnehmer Leistungen für dessen Alters-, Invaliditäts- oder Hinterbliebenenversorgung zugesagt werden. Das bilanzierende Unt entledigt sich im Regelfall durch Beitragszahlung seiner Verpflichtung. Da die Beitragskalkulation der VersicherungsUnt aufsichtsrechtlich überwacht wird, kann bei Erfüllung der Beitragsverpflichtungen durch das TrägerUnt davon ausgegangen werden, dass die Pensionsverpflichtungen ausreichend abgesichert sind.

Rückstellungen für Pensionsverpflichtungen aus Direktversicherungen können sich beim TrägerUnt somit nur in solchen Fällen ergeben, in denen keine Leistungsverpflichtung des VersicherungsUnt besteht. Dies kann im Falle des § 2 Abs. 2 BetrAVG dann auftreten, wenn der Arbeitnehmer ausscheidet und eine **Deckungslücke** besteht, weil die dann beitragsfreie Versicherungsleistung nicht zur Erfüllung der Direktversicherungszusage ausreicht.[50] Derartige Deckungslücken stellen dann unmittelbare Verpflichtungen des Arbeitgebers dar, für die Passivierungspflicht besteht.

2.2.2.2 Pensionskassen, Pensionsfonds, Zusatzversorgungskassen

Pensionskassen sind rechtlich selbstständige Lebensversicherungsunternehmen, deren Zweck die Absicherung wegfallender Erwerbseinkommen wegen Alters, Invalidität oder Tod ist (§ 118a VAG). Die Finanzierung erfolgt über Beiträge des Arbeitgebers und ggf. der Versorgungsberechtigten. Die Versorgungsberechtigten haben einen eigenen Anspruch gegen die Pensionskasse.[51]

Ein **Pensionsfonds** stellt eine rechtsfähige Versorgungseinrichtung dar, die im Wege des Kapitaldeckungsverfahrens Leistungen der betrieblichen Altersversorgung für einen oder mehrere Arbeitgeber zugunsten von Versorgungsberechtigten erbringt. Die Versorgungsberechtigten haben auch hier einen direkten Rechtsanspruch auf Leistung gegen den Pensionsfonds (§ 112 Abs. 1 Satz 1

---

50 Vgl. *Grottel/Rhiel*, in Beck Bil-Komm., 10. Aufl., 2016, § 249 HGB, Rz 255.
51 Vgl. IDW RS HFA 30 nF, Tz 40.

VAG). Die Finanzierung des Pensionsfonds erfolgt durch Beitragszahlungen des Arbeitgebers sowie ggf. der Versorgungsberechtigten.[52]

69 Auf der Subsidiärhaftung des Arbeitgebers beruhende mittelbare Verpflichtungen durch Unterdeckungen können bei Pensionskassen aufgrund der vollständigen Anwartschaftsfinanzierung i.d.R. nicht entstehen. Bei Pensionsfonds ist dies aber denkbar.

70 **Zusatzversorgungskassen** (ZVK) gibt es insb. im öffentlichen Bereich (z.B. VBL). ZVK ähneln in ihrer Funktionsweise den Pensionskassen und finanzieren sich durch Beiträge im Umlageverfahren. Auch hierbei handelt es sich um mittelbare Verpflichtungen des MitgliedsUnt. Die gem. Art. 28 Abs. 2 EGHGB gebotene Angabe der Unterdeckung der ZVK in Form der Differenz zwischen den von der Einstandspflicht erfassten Versorgungsansprüchen (bewertet nach der für die Berechnung der Pensionsrückstellungen angewandten Methode) und dem anteiligen auf den Arbeitgeber entfallenden und zu Tageswerten bewerteten Vermögen der ZVK ist in der Praxis regelmäßig nicht möglich, weil die Angaben dem Bilanzierenden zumeist gar nicht bekannt sind. Daher werden in diesen Fällen mangels Quantifizierung der Unterdeckung **qualitative Angaben im Anhang** erforderlich, nämlich[53]
- die Art und die Ausgestaltung der Versorgungszusage,
- bei welcher ZVK der Arbeitgeber Mitglied ist,
- die Höhe der derzeitigen Beiträge oder Umlagen sowie deren voraussichtliche Entwicklung,
- die Summe der umlagepflichtigen Gehälter sowie
- die geschätzte Verteilung der Versorgungsverpflichtungen auf anspruchsberechtigte Arbeitnehmer, ehemalige Arbeitnehmer und Rentenbezieher (soweit ermittelbar).

2.2.2.3 Unterstützungskassen

71 Unterstützungskassen sind rechtlich selbstständige Versorgungseinrichtungen, die sich aus Zuwendungen eines oder mehrerer Trägerunternehmen sowie aus Erträgen der Vermögensanlage finanzieren. Die gem. § 4d Abs. 2 EStG steuerrechtlich zulässige Bildung von Rückstellungen für innerhalb eines Monats nach Aufstellung oder Feststellung der Bilanz des Trägerunternehmens geleistete Zuwendungen ist handelsrechtlich unzulässig.

72 Handelsrechtliche Rückstellungen sind geboten i.H. der am Abschlussstichtag bestehenden Unterdeckung zwischen dem Kassenvermögen und den Unterstützungskassenverpflichtungen.

2.2.3 Wechsel des Durchführungswegs

73 Der Übergang von einer mittelbaren in eine unmittelbare Zusage ist als Neuzusage zu beurteilen. Wurden im Zusammenhang mit dem Übergang auf das TrägerUnt VG von der Versorgungseinrichtung (z.B. Unterstützungskasse) übertragen, liegt insoweit eine Kaufpreisverbindlichkeit vor. Unbeschadet des Passivierungswahlrechts für Altzusagen (Rz 77) besteht für die übernommenen

---

[52] Vgl. IDW RS HFA 30 nF, Tz 41.
[53] Vgl. IDW RS HFA 30 nF, Tz 94; *Heger/Weppler*, DStR 2009, S. 241.

Pensionsverpflichtungen i.H. des zurechenbaren Werts der übernommenen VG eine Passivierungspflicht.[54]

Praktisch bedeutsamer sind die Fälle des Wechsels von einer unmittelbaren in eine mittelbare Zusage.[55] Beim Übergang von einer unmittelbaren in eine mittelbare Zusage darf die bislang gebildete Pensionsrückstellung nur in der Höhe aufgelöst werden, in der sie von der Versorgungseinrichtung (z.B. Unterstützungskasse, Pensionsfonds) auch übernommen wird. Zu beachten ist außerdem die unverändert verbleibende Subsidiärhaftung des Bilanzierenden.[56]

74

> **Beispiel**
> Die GmbH hat Altersversorgungsverpflichtungen in Form von Direktzusagen zum 31.12.01 zutreffend mit dem notwendigen Erfüllungsbetrag i.H.v. 850 TEUR passiviert. Zum 1.1.02 werden diese Verpflichtungen insgesamt auf einen Pensionsfonds übertragen. Um die Liquiditätsbelastung für die GmbH im verträglichen Rahmen zu halten, garantiert der Pensionsfonds lediglich 75 % der Verpflichtungen zu erfüllen; hierfür zahlt die GmbH einen Einmalbeitrag von 900 TEUR. Der Pensionsfonds rechnet aufgrund seiner aufsichtsrechtlichen Vorgaben[57] mit einer Gesamtverpflichtung von 1.200 TEUR. Da der Pensionsfonds nur 75 % der Verpflichtung garantiert (900 TEUR), verbleibt zum 1.1.02 eine Unterdeckung auf Ebene des Pensionsfonds i.H.v. 300 TEUR.
> Zum 1.1.02 sind folgende Bilanzierungsalternativen denkbar:
> 1. Da die GmbH 900 TEUR bezahlt hat, wird die Rückstellung von 850 TEUR in voller Höhe verbraucht, der darüber hinausgehende Betrag von 50 TEUR als Aufwand berücksichtigt.
> 2. Die GmbH verbraucht 75 % der Rückstellung (= 637,5 TEUR) und verbucht demzufolge einen Aufwand i.H.v. 262,5 TEUR. Soweit in künftigen Jahren der Überschuss des Pensionsfonds sukzessive zur Deckung des nicht garantierten Teils von 25 % verwendet wird, kann die fortzuführende Rückstellung (1.1.02: 212,5 TEUR) entsprechend aufgelöst werden.
> 3. Die GmbH passiviert eine Rückstellung i.H.d. beim Pensionsfonds bestehenden Unterdeckung von 300 TEUR, sodass im Gj 02 ein Aufwand von 350 TEUR anfällt. Da die Pensionsverpflichtungen insgesamt auf den Pensionsfonds übertragen worden sind (auch wenn dieser nur 75 % der Verpflichtungshöhe garantiert), ist es konsequent, sich an den Rechnungsgrundlagen des Pensionsfonds zu orientieren. Da dieser eine Unterdeckung von 300 TEUR ausweist, ist diese von der GmbH zu passivieren.
> Nach der hier vertretenen Auffassung ist die dritte Alternative die vorzugswürdige. Gegen die erste Alternative spricht § 249 Abs. 2 HGB, wonach eine Rückstellung nur aufgelöst werden darf, wenn der Grund hierfür weggefallen

---

54 Vgl. IDW RS HFA 30 nF, Tz 49.
55 Vgl. *Briese*, BB 2010, S. 2733; *Wellisch/Gellrich/Quiring*, BB 2010, S. 623.
56 Vgl. IDW RS HFA 30 nF, Tz 46, 47.
57 Der Pensionsfonds unterliegt den Regelungen des VAG und hat nicht die Bewertungsvorgaben des § 253 Abs. 2 HGB zu beachten, sondern die sog. Deckungsrückstellung entsprechend den Regelungen von § 341f HGB zu berechnen. Der hierbei anzuwendende Zinssatz liegt unter dem nach § 253 Abs. 2 HGB i.V.m. RückAbzinsV anzuwendenden Zinssatz, wodurch sich der im Beispiel unterstellte Verpflichtungswert von 1.200 TEUR erklärt.

ist (Rz 332 ff.). Die zweite Alternative bildet eher den Fall ab, dass nur 75 % der Verpflichtung übertragen werden und 25 % als unmittelbare Verpflichtung bei der GmbH verbleiben. Das wäre aber ein anderer Sachverhalt. Zu konstatieren bleibt allerdings, dass in derartigen Fällen noch keine gesicherte Rechtsprechung oder hM vorliegt, sodass die weitere Praxis hier beobachtet werden muss.

75 Schwieriger stellt sich die Beurteilung dar, wenn ein sog. Mischbestand übertragen wird, wie nachfolgendes Beispiel illustriert:

Beispiel
Ein Unt. beabsichtigt, hinsichtlich bislang unmittelbar zugesagter Leistungen der betrieblichen Altersversorgung den Durchführungsweg zu wechseln. Danach sollen die bestehenden Altersversorgungsverpflichtungen künftig nicht durch das Unt selbst, sondern unter Einschaltung eines sog. nicht-versicherungsförmigen Pensionsfonds erfüllt werden.
Ein Pensionsfonds erbringt Leistungen der betrieblichen Altersversorgung im Wege des Kapitaldeckungsverfahrens. Für nicht-versicherungsförmige Pensionsfonds ist aufsichtsrechtlich die Deckungsrückstellung in der Rentenbezugszeit prospektiv als Barwert der Leistungen zu bilden. Die prospektive Berechnung der Barwerte muss mit einem vorsichtigen Rechnungszins erfolgen, der sich an der Rendite des im Bestand des Pensionsfonds befindlichen Vermögens orientiert. Aus aufsichtsrechtlicher Sicht dürfte insofern der derzeitige Zinssatz gem. § 253 Abs. 2 HGB grundsätzlich zu hoch sein. Für Rentnerbestände ist aufsichtsrechtlich eine Bedeckung des Barwerts der laufenden Rentenleistungen mit Vermögen erforderlich. Demgegenüber ist für Anwärterbestände aufsichtsrechtlich keine Bedeckung mit Vermögen erforderlich. Etwaiges, tatsächlich vorhandenes Vermögen bestimmt in diesem Fall die zu passivierende Verpflichtung im Sinne einer retrospektiven Deckungsrückstellung.
Der abgezinste, nach vernünftiger kaufmännischer Beurteilung notwendige Erfüllungsbetrag nach § 253 Abs. 1 Satz 2, Abs. 2 HGB (im Folgenden verkürzt: notwendiger Erfüllungsbetrag) der Altersversorgungsverpflichtungen gegenüber Rentnern und aktiven Mitarbeitern aus Sicht des Unt betrage 100 GE für den Rentnerbestand sowie 50 GE für den Anwärterbestand. Die aufsichtsrechtlich benötigte Vermögensausstattung des Pensionsfonds belaufe sich im vorliegenden Beispielsfall für den Rentnerbestand auf 120 GE. Obwohl der Anwärterbestand aufsichtsrechtlich nicht erfasst wird, beabsichtigt das Unt 30 GE zusätzlich an den Pensionsfonds zu zahlen. Insgesamt beabsichtigt das Unt also, seine unmittelbaren Altersversorgungsverpflichtungen (Rentner- und Anwärterbestand) gegen Zahlung eines Einmalbetrags von 150 GE auf den Pensionsfonds zu übertragen, sodass auch der Zeitwert dessen Vermögens zum Zeitpunkt des Verpflichtungstransfers 150 GE beträgt und damit dem bisherigen notwendigen Erfüllungsbetrag der Verpflichtung (Rentner- und Anwärterbestand) nach § 253 Abs. 1 Satz 2, Abs. 2 HGB entspricht.

> **Lösung:**
> Handelsbilanzrechtlich setzt die Ausbuchung der Pensionsverpflichtung voraus, dass sich der Verpflichtete seiner unmittelbaren Verpflichtung entledigt und das Vermögen der Versorgungseinrichtung dem notwendigen Erfüllungsbetrag der Altersversorgungsverpflichtungen mindestens entspricht.[58] Nach der hier vertretenen Auffassung hat sich das Unt bei der Übertragung des Rentner- und des Anwärterbestands in einem einheitlichen Vorgang gegen einen Gesamtbetrag seiner unmittelbaren Altersversorgungsverpflichtungen in vollem Umfang entledigt, sodass die Pensionsrückstellung daher vollständig aufzulösen ist.

Die praktisch bedeutsamen Fälle im Zusammenhang mit der Errichtung eines CTA[59] stellen keinen Wechsel des Durchführungswegs dar, da in diesen Fällen die unmittelbare Verpflichtung des Bilanzierenden bestehen bleibt. Ziel dieser primär bilanziell motivierten Gestaltungen war die – bis zum Inkrafttreten des BilMoG nur nach IFRS mögliche – Saldierung der Pensionsrückstellungen mit Deckungsvermögen. Aufgrund der bestehenden Saldierungspflicht nach HGB (§ 246 Rz 101) haben derartige Gestaltungen in Deutschland zunehmend an Bedeutung gewonnen. 76

2.2.4 Sonderfälle

2.2.4.1 Passivierungswahlrecht für Altzusagen (Art. 28 EGHGB)

Art. 28 EGHGB
1¹Für eine laufende Pension oder eine Anwartschaft auf eine Pension auf Grund einer unmittelbaren Zusage braucht eine Rückstellung nach § 249 Abs. 1 Satz 1 des Handelsgesetzbuchs nicht gebildet zu werden, wenn der Pensionsberechtigte seinen Rechtsanspruch vor dem 1. Januar 1987 erworben hat oder sich ein vor diesem Zeitpunkt erworbener Rechtsanspruch nach dem 31. Dezember 1986 erhöht. ²Für eine mittelbare Verpflichtung aus einer Zusage für eine laufende Pension oder eine Anwartschaft auf eine Pension sowie für eine ähnliche unmittelbare oder mittelbare Verpflichtung braucht eine Rückstellung in keinem Fall gebildet zu werden.
2 Bei Anwendung des Absatzes 1 müssen Kapitalgesellschaften die in der Bilanz nicht ausgewiesenen Rückstellungen für laufende Pensionen, Anwartschaften auf Pensionen und ähnliche Verpflichtungen jeweils im Anhang und im Konzernanhang in einem Betrag angeben.

2.2.4.1.1 Unmittelbare Pensionsverpflichtungen (Abs. 1 Satz 1)

Die im Zuge der Einführung des BiRiLiG geschaffene Vorschrift schränkt das grundsätzliche Passivierungsgebot von § 249 Abs. 1 Satz 1 HGB für sog. Altzusagen ein. Altzusagen i.S.d. Art. 28 Abs. 1 EGHGB sind solche Pensionszusagen, die entweder 77

---

[58] Vgl. IDW RS HFA 30 nF, Tz 46–48.
[59] Zum Überblick zu CTA vgl. *Küppers/Louven*, BB 2004, S. 337; *Klemm*, DStR 2005, S. 1291; *Passarge*, DB 2005, S. 2746; *Rößler*, BB 2010, S. 1405.

- vor dem 1.1.1987 entstanden sind oder
- bei denen sich nach dem 31.12.1986 Erhöhungen einer Zusage ergeben haben.

78 Der **Abgrenzung zwischen Alt- und Neuzusagen** kommt daher Bedeutung zu und ist im Einzelfall auch problematisch, wie folgende Fallkonstellationen zeigen:
- Beinhaltet die Pensionszusage eine sog. **Vorschaltzeit**, so bestimmt sich der maßgebliche Zeitpunkt zur Abgrenzung zwischen Alt- und Neuzusage mit dem Beginn der Vorschaltzeit.[60]
- Eine am 31.12.1986 bestehende Pensionszusage auf Basis einer Betriebsvereinbarung wird später durch eine Einzelzusage „ausgetauscht". Es handelt sich lediglich um eine Präzisierung der vormals bestehenden Verbindlichkeit, sodass auch die spätere Einzelzusage als Altzusage einzustufen ist. Gleiches gilt auch, wenn eine mittelbare Altzusage in eine unmittelbare umgewandelt wird.[61]
- Wenn ein Unt Pensionsverpflichtungen eines anderen Unt übernimmt (z.B. durch umwandlungsrechtliche Gestaltungen im Wege der Gesamtrechtsnachfolge, wie z.B. Verschmelzung, aber auch durch Erwerb im Rahmen eines asset deal), handelt es sich gleichwohl um eine Altzusage. Allerdings ist die Verpflichtung mindestens i.H.d. für die Übernahme gezahlten Entgelts zu passivieren.[62]

79 Mit diesem Bilanzierungswahlrecht hat der Gesetzgeber eine zeitlich unbegrenzte Übergangsregelung geschaffen. Die Übergangsregelung bleibt daher so lange noch wirksam, bis die Altzusagen hinfällig geworden sind („biologische Lösung").

80 Das Wahlrecht stellt eine planmäßige Durchbrechung der einheitlichen Bilanzierungsgrundsätze dar, d.h., eine nach dem 31.12.1986 entstandene Pensionsverpflichtung (Neuzusage) führt nicht zu einem „Wahlrechtszwang" für Altzusagen.

81 Faktisch kann das Wahlrecht nur ein einziges Mal ausgeübt werden. Wenn Altzusagen passiviert werden, kann die Rückstellung mangels Wegfalls des Grundes gem. § 249 Abs. 2 Satz 2 nicht aufgelöst werden (Rz 33). Eine erneute spätere Ausübung des Wahlrechts mit dem Ziel, die im Vorjahr ausgewiesene Rückstellung rückgängig zu machen, scheitert auch an dem Grundsatz der Stetigkeit (§ 252 Abs. 1 Nr. 6 HGB). Eine sachliche Rechtfertigung liegt in solchen Fällen regelmäßig nicht vor, insb. würde die Rückgängigmachung der Vorjahresrückstellung nicht zu einem besseren Bild der Vermögens-, Finanz- und Ertragslage der Ges. führen.[63]

82 Die Ausübung des Wahlrechts sollte nach der hier vertretenen Auffassung nur einheitlich für sämtliche Altzusagen vorgenommen werden, da ansonsten der Bilanzierende ein unzulässiges Mittel zur Ergebnisglättung durch Wahlrechtsausübung hätte. Das Abstellen auf den Einzelbewertungsgrundsatz von § 252 Abs. 1 Nr. 3 HGB ist hier nicht zielführend, da gem. § 246 Abs. 3 HGB gleiche Sachverhalte gleich zu bilanzieren sind (§ 246 Rz 131).

---

[60] Vgl. ADS, 6. Aufl., § 249 HGB, Rz 87.
[61] Vgl. WPH Edition, Wirtschaftsprüfung & Rechnungslegung, 15. Aufl., 2017, Abschn. F, Tz 556.
[62] Vgl. *Höfer*, in *Küting/Pfitzer/Weber*, HdR, HGB § 249, Rn 648, Stand 06/2010; zur Anwendbarkeit der 15-jährigen Ansammlungsfrist gem. Art. 67 Abs. 1 Satz 1 EGHGB in derartigen Fällen vgl. *Fey/Riese/Lewe*, BB 2012; S. 824.
[63] Vgl. IDW RS HFA 38, Tz 15; IDW RS HFA 30, Tz 79a.

Da die Ansatzstetigkeit des § 246 Abs. 3 HGB erst mit dem BilMoG eingeführt wurde, kann sie keine Rückwirkung für die Vergangenheit entfalten, d.h., wurden diese Altzusagen vor Übergang auf dem BilMoG nicht passiviert, darf an dieser Vorgehensweise festgehalten werden. Entscheidet sich der Bilanzierende bei Übergang auf das BilMoG, auch neue Ansprüche aus Altzusagen nicht zu passivieren, ist dies nach Art. 28 EGHGB unverändert zulässig. Entscheidet er sich aber in einem späteren Gj für eine Passivierung, sind nach der hier vertretenen Auffassung auch die seit Inkrafttreten des § 246 Abs. 3 HGB erworbenen Ansprüche passivierungspflichtig.[64]

2.2.4.1.2 Mittelbare und ähnliche Verpflichtungen (Abs. 1 Satz 2)

Die Regelung für mittelbare und ähnliche Verpflichtungen betrifft nicht nur Altfälle, sondern gilt unabhängig vom Zeitpunkt des Entstehens für sämtliche mittelbare Verpflichtungen. Dem Passivierungswahlrecht unterliegt nicht die gesamte Pensionsverpflichtung, denn diese ist auf das TrägerUnt übertragen worden. Dem Passivierungswahlrecht unterliegen vielmehr Unterdeckungen des TrägerUnt, d.h. die das Vermögen des externen Versorgungsträgers übersteigenden Pensionsverpflichtungen. 83

Mittelbare Pensionsverpflichtungen (Rz 63) kommen im Regelfall nur bei Zwischenschaltung von Unterstützungskassen (§ 1b Abs. 4 BetrAVG) und Pensionsfonds in Betracht, nicht jedoch bei Direktversicherungen (§ 1b Abs. 2 BetrAVG) oder Pensionskassen (§ 1b Abs. 3 BetrAVG).[65] Darüber hinaus betreffen mittelbare Pensionsverpflichtungen auch Zusatzversorgungskassen (Rz 70). 84

Bei den im Gesetz genannten **ähnlichen Verpflichtungen** handelt es sich um einen Auffangtatbestand ohne praktische Relevanz.[66] 85

Auch für mittelbare Altersversorgungsverpflichtungen gelten nach der hier vertretenen Auffassung die **einheitliche Wahlrechtsausübung** (Rz 82) sowie das Verbot der Auflösung gebildeter Rückstellungen, soweit der Grund dafür nicht entfallen ist (Rz 340). 86

Auch für mittelbare Altersversorgungsverpflichtungen kommt eine Anwendung des Passivierungswahlrechts nach der hier vertretenen Auffassung allerdings dann nicht in Betracht, wenn derartige Verpflichtungen entgeltlich (z.B. im Rahmen eines asset deals) erworben werden. In derartigen Fällen ist die Rückstellung angeschafft und damit passivierungspflichtig. Eine auf das Aktivierungswahlrecht gestützte erfolgswirksame Vereinnahmung des erhaltenen Entgelts würde demgegenüber dem Realisationsprinzip (§ 252 Abs. 1 Nr. 2 HGB) widersprechen. 87

---

[64] A.A. *Fey/Ries/Lewe*, BB 2010, S. 1014, die lediglich für eine vom Bilanzierenden frei gewählte „zusammenhängende Kette" von Gj eine Nachholpflicht sehen.
[65] Vgl. *Lucius/Thurnes*, BB 2010, S. 3016.
[66] Vgl. IDW RS HFA 30, Tz 9; *Harth*, in *Kessler/Leinen/Strickmann*, BilMoG, 2009, S. 271; a.A. *Höfer*, in *Küting/Pfitzer/Weber*, HdR, HGB § 249, Rn 605 ff., Stand 06/2010.

2.2.4.1.3 Anhangangabe des Fehlbetrags (Abs. 2)

88 Die Angabepflicht beschränkt sich auf KapG sowie KapCoGes.[67] Die Ausweitung der Angabepflicht auch auf solche Unt, die gem. PublG einen Anhang aufstellen müssen, erscheint sachgerecht, auch wenn eine gesetzliche Regelung hierzu nicht existiert.[68]

89 Die Aufstellungserleichterungen für **kleine KapG** ermöglichen diesen, die Pensionsrückstellungen nicht gesondert, sondern innerhalb des Postens Rückstellungen auszuweisen (§ 266 Rz 10). Die Angabepflicht von Abs. 2 gilt auch für kleine KapG. Da aber der Betrag der bilanzierten Pensionsrückstellungen nicht ersichtlich ist, kann der Jahresabschluss-Leser den Gesamtbetrag aller Pensionsverpflichtungen nicht ermitteln. Die gleiche Problematik ergibt sich für **mittelgroße Gesellschaften** bei der Ausübung der Offenlegungserleichterungen (§ 327 Rz 13).

90 Durch das MicroBilG sind **Kleinstkapitalgesellschaften** (§ 267a HGB) von der Aufstellung eines Anhangs befreit. Damit entfällt auch die Angabepflicht des Fehlbetrags nach Art. 28 Abs. 2 EGHGB, da § 264 Abs. 1 Satz 5 HGB abschließend die nach HGB unter der Bilanz zu machenden Angaben benennt. Dort wird Art. 28 Abs. 2 EGHGB nicht erwähnt.[69]

91 Die Ermittlung des Fehlbetrags erfolgt in der Praxis analog zu der Berechnung der Pensionsrückstellungen durch ein versicherungsmathematisches Gutachten (Altzusagen) oder durch entsprechende Berechnungen des externen Versorgungsträgers (mittelbare Verpflichtungen). Der Fehlbetrag berechnet sich aus dem Erfüllungsbetrag der Altersversorgungsverpflichtungen, abzgl. der am Abschlussstichtag vorhandenen Vermögensmittel (beizulegender Zeitwert) des externen Trägers (bei mittelbaren Verpflichtungen). Eine Berechnung des Fehlbetrags anhand des Barwerts erwarteter zukünftiger Beitrags- oder Nachschusszahlungen erscheint dagegen unzulässig.[70]

92 Die Angabepflicht der Fehlbeträge im Konzernanhang ergibt sich explizit aus Abs. 2 sowie aus den Verweisen in § 298 Abs. 1 HGB auf § 249 HGB bzw. in § 13 Abs. 2 PublG auf § 298 HGB. Der in einem Betrag anzugebende Fehlbetrag des Konzerns beinhaltet die Fehlbeträge sämtlicher **vollkonsolidierter Tochtergesellschaften**. Fehlbeträge von gem. § 296 HGB nicht einbezogenen Tochtergesellschaften brauchen demgemäß nicht angegeben zu werden. In Einzelfällen kann die Höhe des Fehlbetrags der Tochtergesellschaft Einfluss auf die Frage haben, ob die untergeordnete Bedeutung für die Vermögens-, Finanz- und Ertragslage des Konzerns gem. § 296 Abs. 2 HGB gegeben ist.

93 Für Fehlbeträge gem. Abs. 2 von **assoziierten Unt** i. S. v. § 311 HGB, die nach der Equity-Methode in den Konzernabschluss einbezogen werden, ist die Einbeziehung in die Angabepflicht nicht geboten, da auch in den im Konzernabschluss ausgewiesenen Pensionsrückstellungen Verpflichtungen aus assoziierten Unt nicht enthalten sind.

---

[67] Vgl. IDW RS HFA 30 nF, Tz 90.
[68] Gegen eine Angabepflicht: *Grottel/Rhiel* in Beck'Bil-Komm, 10. Aufl., § 249 HGB, Rz 271; für eine Angabepflicht: St/HFA 2/1988, Tz 6.
[69] Vgl. auch HFA, IDW-FN 2013, S. 360, der Angabpflichten unter der Bilanz nur für solche Posten fordert, die in der Bilanz der KleinstKapG als separater Posten erscheinen.
[70] A. A. *Lucius/Veit*, BB 2010, S. 239.

Bei Anwendung der **Quotenkonsolidierung** gem. § 310 HGB ist in die Angabe im Konzernanhang der anteilige Fehlbetrag des Gemeinschaftsunternehmens einzubeziehen.

2.2.4.2 Pensionszusagen an Nichtarbeitnehmer

Pensionszusagen von Unt an Personen, die keine Arbeitnehmer der Ges. sind, sind ebenfalls rückstellungspflichtig. Denkbar sind solche Fälle bei Zusagen an arbeitnehmerähnliche Personen (z. B. Handelsvertreter, Hausgewerbetreibende, externe Berater).[71]

Erbringen die Nichtarbeitnehmer **laufende Tätigkeiten** für das Unt, die sich auf die Höhe der Pension auswirken, handelt es sich wie bei Arbeitnehmern um erdiente Pensionen, sodass der Pensionsaufwand über die voraussichtliche Anwartschaftsphase zu verteilen ist. In diesen Fällen ergeben sich regelmäßig keine Besonderheiten.

Anders verhält es sich mit Zusagen, die für eine **einmalige Tätigkeit** gewährt werden. Hier ist die gesamte Anwartschaft als Einmalrückstellung in der Bilanz zu berücksichtigen, wobei die allgemeinen Regelungen zur Rückstellungsbewertung (insb. Abzinsung) zur Anwendung kommen (§ 253 Rz 75, Rz 143).

2.2.4.3 Pensionszusagen an Gesellschafter-Geschäftsführer von Kapitalgesellschaften und Gesellschafter von Personengesellschaften

Handelsrechtlich bestehen hier keine Besonderheiten zu Arbeitnehmern. Allerdings gibt es umfangreiche steuerrechtliche Besonderheiten zu beachten, z. B. in der Abgrenzung zwischen beherrschenden Gesellschafter-Geschäftsführern und Nichtbeherrschenden.

Das handelsrechtliche Ansatzwahlrecht für Altzusagen gem. Art. 28 Abs. 1 EGHGB gilt hier ebenfalls (Rz 76 ff.).

2.2.4.4 Verpflichtungen aus Insolvenzsicherung und Verwaltungskosten

Verpflichtungen aus der Insolvenzsicherung betreffen Beiträge an den PSV, der gem. §§ 7–15 BetrAVG für die Insolvenzsicherung unverfallbarer Versorgungsansprüche zuständig ist.

Bis 2005 finanzierte sich der PSV im sog. Rentenwertumlageverfahren. Seit 2006 erfolgt die Finanzierung über ein Kapitaldeckungsverfahren, das auch solche Fälle berücksichtigt, in denen die Insolvenz des TrägerUnt zwar eingetreten ist, die eigentlichen Pensionsfälle aber noch nicht eingetreten waren. Diese waren handelsrechtlich auch schon vor 2006 zurückzustellen, wurden allerdings steuerrechtlich nicht anerkannt.[72] Für Altfälle, d. h. die Nachfinanzierung der bis zum 31.12.2005 zu sichernden unverfallbaren Anwartschaften, hat der PSV für die betroffenen Unt **Einmalbeiträge** ermittelt, die von den Unt in 15 gleichen Jahresraten jeweils zum 31.3. eines Jahres, letztmals zum 31.3.2021, zu zahlen sind. Alternativ ist auch eine vorfällig diskontierte Gesamtzahlung der Jahresraten möglich. Dieser Einmalbetrag ist als sonstige Verbindlichkeit zu passi-

---

[71] Vgl. IDW RS HFA 30, Tz 7.
[72] Vgl. BFH, Urteil v. 13.11.1991, I R 102/88, DB 1992, S. 867.

vieren und in den Davon-Vermerk „davon im Rahmen der sozialen Sicherheit" einzubeziehen.[73] Die Bewertung hat zum Barwert gem. § 253 Abs. 2 Satz 3 HGB zu erfolgen (zu Einzelheiten vgl. § 253 Rz 153).

102 Im Zuge der Durchführung der betrieblichen Altersversorgung entstehen regelmäßig (zumeist ungefähr gleichbleibend hohe) **Verwaltungskosten** durch
- Einholung von versicherungsmathematischen Gutachten,
- Erteilung von Rentenbescheiden,
- Auszahlung der Pensionszahlungen,
- Verwaltung und Betreuung der Pensionsbestände.

103 Soweit Verwaltungskosten auf ausgeschiedene Berechtigte mit unverfallbarer Anwartschaft entfallen, erscheint ihre Einbeziehung in die Bewertung dieser Pensionsverpflichtungen geboten.[74] Sie ist allerdings bislang nicht üblich, zumal sie steuerrechtlich auch nicht anerkannt wird.[75]

104 Für Lebensversicherungsunternehmen ist allerdings die Einbeziehung von Verwaltungskosten in die **Deckungsrückstellung** im Falle beitragsfreier Versicherungsjahre aufgrund aufsichtsrechtlicher Vorgaben vorgeschrieben.

2.2.5 Auflösung und Verbrauch von Pensionsrückstellungen

105 Für Pensionsrückstellungen gilt der Grundsatz von Abs. 2 Satz 2, wonach Rückstellungen nur aufgelöst werden dürfen, soweit der Grund dafür entfallen ist (Rz 340). Dies gilt auch für Rückstellungen, die aufgrund eines Passivierungswahlrechts gebildet wurden (z. B. Altzusagen nach Art. 28 Abs. 1 EGHGB).

106 Eine **Auflösung** einer Pensionsrückstellung ist dann geboten, wenn der Versorgungsberechtigte verstirbt oder wenn die zugesagten Versorgungsleistungen rechtswirksam herabgesetzt werden.

> **Beispiel**
> Im Jahresabschluss 31.12.01 ist eine Pensionsrückstellung für einen Rentner i. H. v. 100 EUR gebildet. Ende Dezember 02 verstirbt der Mitarbeiter infolge einer Krankheit. Die Versorgungsverpflichtung gegenüber dem Mitarbeiter ist hierdurch erloschen, es besteht aber eine Hinterbliebenenversorgung für die Witwenrente, die sich zum Jahresende 02 auf 60 EUR beläuft (zum Jahresende 02 sind noch keine Zahlungen an die Witwe erfolgt). Die Aufzinsung der Pensionsrückstellung von 100 EUR bis zum Todestag beläuft sich auf 5 EUR.
> Die Pensionsrückstellung ist im Jahresabschluss 31.12.02 teilweise aufzulösen. Unter Beachtung des Aufzinsungseffekts ergibt sich eine Auflösung i. H. v. 45 EUR.

107 Werden Pensionsverpflichtungen unter Bezugnahme auf Art. 28 EGHGB nur teilweise passiviert, darf eine Auflösung erst erfolgen, nachdem der nicht passivierte Fehlbetrag berücksichtigt worden ist.

---

[73] Vgl. HFA, IDW-FN 2007, S. 108.
[74] A. A. *Höfer*, in *Küting/Pfitzer/Weber*, HdR, HGB § 249, Rn 609, Stand 06/2010, der sie als ähnliche Verpflichtung einstuft, für die ein Passivierungswahlrecht besteht.
[75] Vgl. BMF, Schreiben v. 13.3.1987, IV B 1–2176–12/87, DB 1987, S. 716.

Die erforderliche Reduzierung der Pensionsrückstellung nach Eintritt des Versicherungsfalls stellt demgegenüber keine Auflösung, sondern einen **Verbrauch der Pensionsrückstellung** dar (zur Abgrenzung zwischen Auflösung und Verbrauch vgl. Rz 19). Dieser Verbrauch hat nach der **versicherungsmathematischen Methode** zu erfolgen. Dies bedeutet, dass sich der Verbrauch aus der Differenz zwischen den mit gewichteten Sterbewahrscheinlichkeiten abgezinsten zukünftigen Rentenzahlungen zu Beginn und zum Ende des Gj berechnet.[76]   108

Die **buchhalterische Methode**, nach der die laufenden Pensionszahlungen gegen die Pensionsrückstellung gebucht werden, bis diese aufgebraucht ist und weitergehende Pensionszahlungen aufwandswirksam erfasst werden, ist handels- und auch steuerrechtlich[77] unzulässig.   109

Werden rechtsverbindlich Pensionszusagen auf eine Unterstützungskasse, eine Pensionskasse, einen Pensionsfonds oder eine Versicherungsgesellschaft gegen laufende künftige Beitragszahlungen übertragen, ist eine Auflösung der Pensionsrückstellung unzulässig,[78] da der Rückstellungsgrund nicht weggefallen ist. Bei der Bewertung der Rückstellung ist die voraussichtlich vom Versorgungsträger zu erbringende Leistung (auf Basis der diesem als Einmalzahlung oder laufende Zahlung zur Verfügung gestellten Vermögenswerte) mindernd zu berücksichtigen.   110

2.3 Umweltschutzverpflichtungen

Umweltschutzverpflichtungen sind Verbindlichkeitsrückstellungen. Die dortigen Grundsätze gelten analog (Rz 23ff.). Soweit es sich um Umweltschutzverpflichtungen (z.B. Sanierungsverpflichtungen) auf privatrechtlicher Grundlage (z.B. Nachbarrecht, Deliktrecht[79], Umwelthaftungsgesetz[80]) handelt, ergeben sich keine Besonderheiten. Handelt es sich aber um öffentlich-rechtliche Verpflichtungen, sind nachfolgende Besonderheiten zu beachten.   111

Umweltschutzverpflichtungen beruhen zumeist auf **öffentlich-rechtlichen Verpflichtungen**. Derartige Verpflichtungen ergeben sich z.B. aus: 112
- Gesetz (z.B. Bundes-Immissionsschutzgesetz),
- Verordnung (z.B. TA Luft),
- Verwaltungsanordnung (durch eine Behörde).

Für Rückstellungen aufgrund öffentlich-rechtlicher Verpflichtungen gelten grds. keine strengeren Voraussetzungen als für sonstige Verbindlichkeitsrückstellungen. Demnach ist es grds. nicht erforderlich, dass der Gläubiger (hier: die zuständige Behörde) Kenntnis von der Verpflichtung hat. Um jedoch dem sog. **Unentziehbarkeitstheorem** (Rz 46) Rechnung zu tragen, nimmt die nunmehr (zumindest weitgehend) einheitliche Rechtsprechung des BFH die erforderliche Konkretisierung der Verpflichtung erst dann an:[81]   113
- bei einer **Verfügung** der zuständigen Behörde, wenn diese ein bestimmtes Handeln vorschreibt,

---
[76] Vgl. *Grottel/Rhiel*, in Beck Bil-Komm., 10. Aufl., 2016, § 249 HGB, Rz 235.
[77] Vgl. BFH, Urteil v. 30.3.1999, VIII R 8/97, NV, DStRE 1999, S. 900.
[78] Vgl. IDW RS HFA 30, Tz 47.
[79] Vgl. *Eilers*, DStR 1991, S. 103.
[80] Vgl. *Herzig/Köster*, DB 1991, S. 53.
[81] Vgl. BFH, Urteil v. 6.2.2013, I R 8/12, BStBl.2013 II, S. 686.

- bei einer gesetzlichen Grundlage,
  - wenn diese ein inhaltlich **genau bestimmtes Handeln** vorsieht,
  - das innerhalb eines **bestimmten Zeitraums** erfüllt sein muss und
  - dieses Handlungsgebot **sanktionsbewehrt** und damit durchsetzbar ist.

Eine Rückstellung ist nach der BFH-Rechtsprechung erst zulässig, wenn der behördlichen Anordnung bis zum Abschlussstichtag nachzukommen war, diese gleichwohl nicht erfüllt wurde. Im Ergebnis kommt somit eine Rückstellungspassivierung nach der BFH-Rechtsprechung nur dann in Betracht, wenn entgegen der behördlichen Auflage die gesetzte Frist zur Umsetzung der Auflage nicht eingehalten wurde (verspätete oder verweigerte Umsetzung).

114 Die o. g. Kriterien mögen auf bestimmte Umweltschutzverpflichtungen (z. B. Altlasten) zutreffen, aber längst nicht auf alle. Das Kriterium eines bestimmten Zeitraums wird nicht den Besonderheiten dieser Verpflichtungen gerecht. Sachverhaltsfeststellungen und Durchführung von Maßnahmen dauern oftmals Jahre.[82] Durch die Einbeziehung der zeitlichen Komponente in die Rückstellungsbewertung (Abzinsung, Berücksichtigung von Preis- und Kostensteigerungen) wird zudem dem zeitlichen Moment ausreichend Rechnung getragen.

115 Rückstellungen für Umweltschutzverpflichtungen auf öffentlich-rechtlicher Grundlage sind nach den gleichen Grundsätzen zu bilden, wie dies für andere Verbindlichkeitsrückstellungen auch gilt. Es reicht somit aus, wenn eine aufgrund Gesetzes oder Verfügung bestehende Handlungspflicht des Bilanzierenden besteht und diese auch von der zuständigen Behörde durchgesetzt werden kann.[83] Hieraus mögen sich durchaus Unterschiede zwischen Handels- und Steuerbilanz ergeben, da die BFH-Rechtsprechung zur Passivierung von Rückstellungen für Umweltrisiken restriktiv ist.[84]

116 Dies gilt im Übrigen auch für **faktische Verpflichtungen** im Bereich des Umweltschutzes, denen sich der Bilanzierende nicht entziehen kann (Rz 30).

> **Beispiel**
> Ein Unt kommt wegen Umweltverunreinigungen (Abwasserverschmutzung) in die öffentliche Diskussion, da sich Anwohner belästigt fühlen. Obwohl das Unt die maßgeblichen Grenzwerte einhält und rechtlich nicht belangt werden kann, führt der öffentliche Druck dazu, dass entsprechende Umweltschutzmaßnahmen zur Verminderung der Verschmutzung durchgeführt werden.

117 Bei **Altlastensanierungspflichten** kann außerdem eine **außerplanmäßige Abschreibung** auf das betreffende Grundstück gem. § 253 Abs. 3 Satz 3 HGB erforderlich sein. Dabei sind die Vornahme einer außerplanmäßigen Abschreibung und die Bildung einer Rückstellung für Altlastensanierung grds. unabhängig voneinander zu beurteilen; in der Summe sollten beide die erwarteten zukünftigen Sanierungsaufwendungen abdecken.[85] Zu beachten ist allerdings der Vorrang der außerplanmäßigen Abschreibung (Rz 135).

---

[82] Gl. A. *Meyer-Wegelin*, in *Küting/Pfitzer/Weber*, HdR, HGB § 249, Rn 95, Stand 03/2010.
[83] Vgl. *Schubert*, in Beck Bil-Komm., 10. Aufl., 2016, § 249 HGB, Rz 100 Altlastensanierung mwN.
[84] Vgl. zum Überblick der Rechtsprechung: *Prinz*, DB 2013, S. 1815; *Oser/Wirtz*, StuB 2015, S. 3.
[85] Zum Konkurrenzverhältnis vgl. IDW, WPg 1992, S. 326.

Eine dauerhafte Wertminderung infolge **Kontamination** kann z.B. darin begründet liegen, dass entgegen ursprünglicher Ansicht das Grundstück nicht mehr bebaut, sondern lediglich als Abstellfläche genutzt werden kann. Das Erfordernis der außerplanmäßigen Abschreibung ist insb. in solchen Fällen erforderlich, in denen bei Anschaffung des Grundstücks eine bestehende Kontamination (mangels Kenntnis) nicht kaufpreismindernd berücksichtigt worden ist oder wenn ein zuvor lastenfreies Grundstück während der Zugehörigkeit zum Betriebsvermögen kontaminiert wird. Ist dagegen bei Grundstückserwerb die Kontamination bekannt und wird sie kaufpreismindernd berücksichtigt, sind die Sanierungsaufwendungen im Regelfall als nachträgliche HK des Grundstücks zu behandeln, da hiermit eine wesentliche Verbesserung des Nutzenpotenzials des Grundstücks verbunden sein wird. Eine Abschreibung wegen eingeschränkter Nutzbarkeit mindert eine wegen der Sanierungsverpflichtung erforderliche Rückstellung, soweit die Sanierungsmaßnahmen zu nachträglichen HK führen, weil insoweit eine kompensierte Verpflichtung vorliegt.[86]

118

3 Rückstellungen für drohende Verluste aus schwebenden Geschäften (Abs. 1 Satz 1 2. Alt.)

3.1 Vorbemerkung

Drohverlustrückstellungen dienen der bilanziellen Erfassung von Verpflichtungsüberschüssen, indem Aufwandsüberschüsse aus schwebenden Geschäften zu passivieren sind. Sie sind somit Ausfluss des Imparitätsprinzips (§ 252 Abs. 1 Nr. 4 HGB).

119

3.2 Schwebende Geschäfte

3.2.1 Begriff

Schwebende Geschäfte stellen zweiseitig verpflichtende Verträge dar, die auf Leistungsaustausch i.S.v. § 320 BGB gerichtet sind und aus Sicht jedes Vertragspartners einen Anspruch und eine Gegenleistung begründen.[87]

120

Demnach stellen mangels Gegenleistung keine schwebenden Verträge dar:
- gesetzliche Haftung,
- Schenkung,
- Verlustübernahmeverpflichtung aufgrund eines Beherrschungs- und Gewinnabführungsvertrags nach § 302 Abs. 1 i. V. m. § 291 Abs. 1 AktG[88],
- Gesellschaftsvertrag.[89]

121

Für derartige Sachverhalte sind ggf. Rückstellungen für ungewisse Verbindlichkeiten zu bilden (Rz 23).

Schwebende Geschäfte sind als Ausfluss des **Realisationsprinzips** (§ 252 Abs. 1 Nr. 4 HGB) handelsrechtlich grds. nicht zu bilanzieren, da sich Leistung und Gegenleistung regelmäßig ausgleichen. Ausnahmen hiervon ergeben sich aus

122

---

[86] Vgl. *Förschle/Scheffels*, DB 1993, S. 1201.
[87] Vgl. IDW RS HFA 4, Tz 2.
[88] A. A. *Meyer-Wegelin*, in *Küting/Pfitzer/Weber*, HdR, HGB § 249, Rn 63, Stand 03/2010.
[89] Vgl. IDW RS HFA 4, Tz 2.

dem **Imparitätsprinzip**, wonach Verluste zu berücksichtigen sind, sobald sie bekannt, d.h. absehbar sind (§ 252 Rz 89ff.).

3.2.2 Beginn und Ende

123 Der **Beginn des Schwebezustands** erfolgt regelmäßig bei Vertragsabschluss. Ist der Vertrag unter einer **aufschiebenden Bedingung**, z.B. Gremienvorbehalt, geschlossen, ist wie folgt zu differenzieren:[90]

124 • Liegt die aufschiebende Bedingung im **Einflussbereich des Bilanzierenden**, ist dieser im Regelfall nicht an sein Angebot gebunden. Liegt allerdings ein faktischer Zwang vor, der den Gremienvorbehalt dominiert, ist, auch wenn zivilrechtlich noch kein schwebendes Geschäft vorliegt, bilanzrechtlich von einem schwebenden Geschäft auszugehen.

> **Beispiel**
> Ein Unt schließt mit einem Architekten einen Vertrag zur Planung eines aufwendigen Bürohauses. Der Architekt hat sich zuvor in einem Architektenwettbewerb gegen mehrere Konkurrenten durchgesetzt. Der Vertrag unterliegt der Zustimmung des Aufsichtsrats des Unt; diese wird im Januar 02 erteilt.
> Zum 31.12.01 besteht zivilrechtlich zwar noch kein schwebendes Geschäft. Da sich das Unt für den Fall der Nichtzustimmung durch den Aufsichtsrat einer Schadensersatzklage des Architekten aufgrund des gewonnenen Architektenwettbewerbs ausgesetzt sehen würde, ist bilanzrechtlich bereits zum 31.12.01 von einem schwebenden Geschäft auszugehen und bei Vorliegen eines Verpflichtungsüberhangs eine Rückstellung für drohende Verluste zu bilden.

125 • Liegt die aufschiebende Bedingung **im Einflussbereich des Vertragspartners**, so hat der Bilanzierende aufgrund des Vorsichtsprinzips davon auszugehen, dass es sich bei einem für ihn nachteiligen Geschäft bereits um ein schwebendes Geschäft handelt.

> **Beispiel**
> Ein Unt bestellt im Dezember 01 bei seinem Lieferanten dringend benötigte Ersatzteile für eine Maschine. Der Lieferant hat den Vertrag unter die aufschiebende Bedingung der Lieferbereitschaft eines Vorlieferanten gestellt. Der Vorlieferant erklärt im Januar 02 dem Lieferanten seine Lieferbereitschaft.
> Das Unt hat im Jahresabschluss 01 diesen Vorgang wie ein schwebendes Geschäft zu behandeln, da die aufschiebende Bedingung nicht in seinem Einflussbereich liegt. Soweit aus dem schwebenden Geschäft ein Verpflichtungsüberhang droht, ist demzufolge eine Rückstellung für drohende Verluste zu passivieren.

---

90 Vgl. IDW RS HFA 4, Tz 8, 9.

Im Einzelfall kann die Abgrenzung zwischen einem zu berücksichtigenden bindenden Angebot des Bilanzierenden (aufschiebende Bedingung im Einflussbereich des Vertragspartners), mit dessen Annahme unter den Umständen des Sachverhalts zu rechnen ist, und bloßen Absichtserklärungen schwierig sein. Die in der Praxis häufig zu beobachtenden **letter of intent** bzw. **memorandum of understanding** stellen zumeist bloße Absichtserklärungen dar, die keine Bindungswirkung entfalten.[91] Hiermit werden zumeist Rahmenbedingungen von Verhandlungen (Exklusivität, Verschwiegenheit, zeitliche Restriktionen) und grundsätzliches Verständnis vom Kaufgegenstand und erwarteter Preisspanne zwischen Anbieter und Interessent vereinbart.[92] Allerdings sind mit diesen Begriffen z. T. recht unterschiedliche Vereinbarungen verknüpft, sodass im Einzelfall auf die jeweiligen Absprachen abgestellt werden muss.

126

Das **Ende des Schwebezustands** wird durch die Erfüllung der Sachleistung bestimmt, d. h. die Lieferung der Ware, die Erbringung der vereinbarten Dienstleistung etc.

127

Ohne Auswirkung auf die Beendigung des Schwebezustands sind zwischenzeitlich erfolgte Zahlungen. Hierbei handelt es sich um **Anzahlungen** (= teilweise Erfüllung der Gegenleistung vor der Sachleistung) oder **Vorauszahlungen** (= vollständige Erfüllung der Gegenleistung vor der Sachleistung), die bilanziell als geleistete bzw. erhaltene Anzahlungen zu erfassen sind.[93]

128

3.3 Drohende Verluste

3.3.1 Begriffsabgrenzung

Der Begriff der drohenden Verluste wird durch zwei Voraussetzungen charakterisiert. Erstens muss es sich um einen Verlust handeln, zweitens muss dieser drohen.

129

Aus einem schwebenden Geschäft ergibt sich dann ein **Verlust**, wenn der Wert der vom Bilanzierenden zu erbringenden Leistung den Wert der zu empfangenden Gegenleistung übersteigt. Es handelt sich hierbei um einen sog. **Verpflichtungsüberschuss**.

130

> **Beispiel**
> Ein Autohändler schließt mit einem Kunden einen Kaufvertrag zur Lieferung eines Pkw mit genau spezifizierter Ausstattung. Der Kaufpreis wird mit 100 GE vereinbart. Für die Beschaffung und Auslieferung des Pkw muss der Autohändler Aufwendungen von 110 GE tragen.
> Es ergibt sich ein Verlust i. H. v. 10 GE.

Damit ein Verlust **droht**, müssen konkrete Anzeichen gegeben sein, denn die bloße Möglichkeit für einen Verlust ist nahezu bei jedem schwebenden Geschäft gegeben. Derartige konkrete Anzeichen sind regelmäßig aus den individuellen vertraglichen Vereinbarungen und den Umständen der Vertragsabwicklung (z. B.

131

---

[91] Vgl. IDW RS HFA 4, Tz 10.
[92] Vgl. *Schubert*, in Beck Bil-Komm., 10. Aufl., 2016, § 249 HGB, Rz 55.
[93] Vgl. IDW RS HFA 4, Tz 12.

Marktverhältnisse) abzuleiten.⁹⁴ Es müssen sich hieraus konkrete Anhaltspunkte ableiten lassen, die bei normaler Abwicklung des Geschäfts und vernünftiger kaufmännischer Beurteilung die Entstehung eines Verlusts erwarten lassen. Während bei sog. Einmalgeschäften (vgl. Rz 147 ff.) dies i. d. R. eindeutig festgestellt werden kann, ergeben sich bei Dauerschuldverhältnissen (vgl. Rz 158 ff.) besondere Schwierigkeiten, da der Beitrag der Gegenleistung zum Unternehmenserfolg i. d. R. nicht hinreichend objektiv bestimmt werden kann.

> **Beispiel**
> Ein Maschinenbauunternehmen schließt mit einem Kunden im September 01 einen Vertrag über die Lieferung, Installation und Inbetriebnahme einer Spezialmaschine. Als Kaufpreis werden 100 GE vereinbart. Zum Zeitpunkt des Abschlusses des Kaufvertrags rechnet das Maschinenbauunternehmen mit Gesamtaufwendungen von 80 GE. Zum Jahresende 01 sind die Konstruktionsarbeiten vorangeschritten. Danach wird der Bau der Maschine deutlich komplexer als bei Vertragsabschluss erwartet. Bei Aufstellung des Jahresabschlusses zum 31.12.01 kalkuliert das Maschinenbauunternehmen nunmehr mit Gesamtaufwendungen von 120 GE.
> **Fazit:** Es droht ein Verlust von 20 GE.

3.3.2 Abgrenzung zu Verbindlichkeitsrückstellungen

132 Sowohl Rückstellungen für drohende Verluste aus schwebenden Geschäften als auch Verbindlichkeitsrückstellungen betreffen Außenverpflichtungen des Bilanzierenden.⁹⁵

133 Verbindlichkeitsrückstellungen erfassen zukünftige Aufwendungen, denen keine zukünftigen Erträge gegenüberstehen. Hierunter fällt der sog. Erfüllungsrückstand, bei dem Aufwendungen anfallen, denen in der Vergangenheit zuordenbare Erträge gegenüberstehen, aber auch solche Aufwendungen, aus denen aus der Eigenart des Sachverhalts weder vergangene noch zukünftige Erträge zuzurechnen sind. Verbindlichkeitsrückstellungen betreffen somit regelmäßig den bereits abgewickelten Teil eines (vormals) schwebenden Geschäfts. Drohverlustrückstellungen erfassen demgegenüber zukünftige Aufwendungen, die mit zukünftigen Erträgen in Zusammenhang stehen.⁹⁶

134 Bei Verbindlichkeitsrückstellungen wird die gesamte Außenverpflichtung passiviert, während bei Drohverlustrückstellungen lediglich der Verpflichtungsüberschuss ausgewiesen wird.⁹⁷ Abb. 1 zeigt das Zusammenspiel von Verbindlichkeitsrückstellung und Drohverlustrückstellung am Beispiel eines Dauerschuldverhältnisses.

---

[94] Vgl. IDW RS HFA 4, Tz 15.
[95] Vgl. IDW RS HFA 4, Tz 17.
[96] Vgl. *Groh*, BB 1988, S. 27.
[97] Vgl. IDW RS HFA 4, Tz 19.

Rückstellungen § 249

```
Vertrags-              Abschluss-              Vertrags-
beginn                 stichtag                ende
   |←——— Erfüllungsrückstand ———→|←— Drohverlust —→|
   |←——————————— Vertragslaufzeit ———————————————→|
        Verbindlichkeitsrückstellung      Drohverlustrückstellung
```

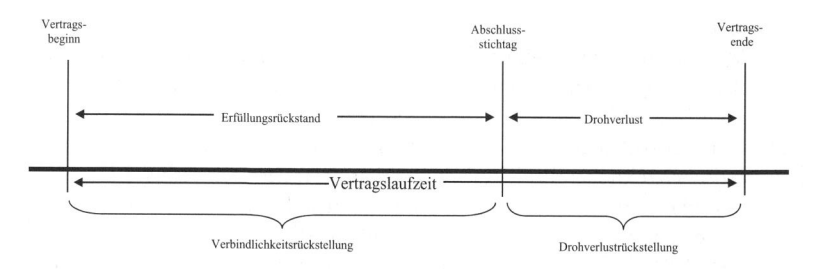

Abb. 1: Abgrenzung Verbindlichkeitsrückstellung von Drohverlustrückstellung bei Dauerschuldverhältnissen

3.3.3 Vorrang von Abschreibungen

Soweit bei Bilanzaufstellung im Zusammenhang mit dem schwebenden Geschäft stehende VG aktiviert werden (z. B. unfertige Leistungen im Vorratsvermögen), sind diese zunächst um den erwarteten Verlust abzuschreiben, da eine außerplanmäßige Abschreibung Vorrang vor einer Drohverlustrückstellung hat. Der Vorrang der aktivischen Abschreibung begründet sich aus Art. 20 Abs. 3 der 4. EU-RL, da Rückstellungen „keine Wertberichtigungen zu Aktivposten darstellen".[98] Erst nach Vollabschreibung von aktivierten VG darf ein darüber hinaus bestehender Verlust als Drohverlustrückstellung berücksichtigt werden.[99]

135

> **Beispiel**
> Eine Werbeagentur hat mit einem Kunden einen Vertrag über die Durchführung einer Werbekampagne geschlossen. Die Vergütung für die Werbekampagne ist mit 100 GE vereinbart. Zum Abschlussstichtag hat die Werbeagentur unter den Vorräten unfertige Leistungen i. H. v. 30 GE aktiviert. Bei Aufstellung des Jahresabschlusses rechnet die Werbeagentur mit Gesamtaufwendungen für die Durchführung der Werbekampagne von 150 GE.
> Zunächst sind die aktivierten unfertigen Leistungen i. H. v. 30 GE bis auf 0 GE abzuschreiben. Der darüber hinausgehende Verlust von 20 GE ist als Drohverlustrückstellung zu passivieren.

Soweit ein Drohverlustauftrag **über mehrere Geschäftsjahre abgewickelt** wird, stellt sich wegen des Abschreibungsvorrangs das Erfordernis, zunächst als Drohverlustrückstellungen berücksichtigte Verluste in Wertberichtigungen auf Vorräte umzuqualifizieren, wie nachfolgendes Beispiel illustriert.

136

---

[98] Dieser Grundsatz ist auch in der EU-Bilanzrichtlinie enthalten, Vgl. RL 2013/34/EU des Europäischen Parlaments und des Rates vom 26.6.2013 über den Jahresabschluss, den konsolidierten Abschluss und damit verbundene Berichte von Unternehmen bestimmter Rechtsformen und zur Änderung der RL 2006/43/EG des Europäischen Parlaments und des Rates und zur Aufhebung der RL 78/660/EWG und 83/349/EWG des Rates, Abl. EU, v. 29.6.2013, L 182/19, Art. 12 Abs. 12.
[99] Vgl. *Hommel*, in *Baetge/Kirsch/Thiele*, Bilanzrecht, § 249 HGB, Rz 145.

> **Beispiel**
> Ein Maschinenbauunternehmen schließt im September 01 einen Vertrag über die Herstellung, Lieferung und Inbetriebnahme einer Großanlage. Als Kaufpreis wird 100 GE vereinbart, die Inbetriebnahme ist für Frühjahr 03 vorgesehen. Bei Aufstellung des Jahresabschlusses zum 31.12.01 wird aufgrund der zwischenzeitlichen Projektplanung erkennbar, dass ein Verlust i.H.v. 40 GE bei dem Auftrag droht. Die zum 31.12.01 aufgelaufenen aktivierungspflichtigen Aufwendungen belaufen sich auf 10 GE.
> Zum 31.12.01 sind die unfertigen Leistungen i.H.v. 10 GE in voller Höhe wertzuberichtigen. Der darüber hinausgehende Verlust von 30 GE ist als Rückstellung für drohende Verluste auszuweisen.
> Zum 31.12.02 belaufen sich die aktivierungspflichtigen Aufwendungen auf 90 GE. Bei Aufstellung des Jahresabschlusses zum 31.12.02 wird unverändert mit einem Auftragsverlust von 40 GE gerechnet.
> Zum 31.12.02 ist die im Vorjahr gebildete Drohverlustrückstellung von 30 GE gegen die Wertberichtigung auf die unfertigen Leistungen zu verbrauchen. Der Bilanzansatz der unfertigen Leistungen beträgt zum 31.12.02 50 (90 GE ./. 40 GE), die Rückstellung für drohende Verluste beträgt 0 GE.
> Der Buchungssatz für den Verbrauch der Drohverlustrückstellung zum 31.12.02 im vorigen Beispiel lautet:

Datum	Konto	Soll	Haben
	Sonstige Rückstellungen	30	
	Unfertige Leistungen		30

137 Im Unterschied zum Steuerrecht sind handelsrechtlich **sämtliche aus dem Auftrag drohenden Verluste** von den aktivierten Vorräten abzuschreiben. Das Steuerrecht lässt demgegenüber nur eine entsprechend dem Auftragsfortschritt ratierliche Erfassung der Abschreibung zu.[100]

138 Der Vorrang von Abschreibungen vor Drohverlustrückstellungen kommt insb. bei Absatzgeschäften zum Tragen, da hier regelmäßig aktivierungspflichtige VG vorliegen.[101] Im Regelfall wird es sich dabei um VG des UV handeln, für die das strenge Niederstwertprinzip (§ 253 Abs. 4 HGB) gilt (§ 253 Rz 277). Soweit es sich bei den dem Absatzgeschäft zugrunde liegenden VG um AV handelt, ist eine Abschreibung nur in Fällen dauerhafter Wertminderung (§ 253 Abs. 3 Satz 3 HGB) geboten. Derartige Fälle treten zumeist im Bereich von Dauerschuldverhältnissen auf (z.B. Vermietung eines Gebäudes), in denen der VG nur mittelbar Gegenstand des verlustträchtigen Absatzgeschäfts ist.[102]

---

[100] Vgl. BMF, Schreiben v. 14.11.2000, BStBl 2000 I S. 1541; BMF, Schreiben v. 27.4.2001, DStR 2001, S. 1527.
[101] A. A. OLG Düsseldorf, Beschl. v. 19.5.2010, 26 W 4/08, DB 2010, S. 1454. Im Urteilsfall wird für Restwertrisiken aus Leasingverträgen konstatiert, dass eine Drohverlustrückstellung diese Risiken besser abbilde als eine außerplanmäßige Abschreibung der Leasingfahrzeuge. Diese Rechtsauslegung steht nach der hier vertretenen Auffassung im Widerspruch zu Art. 20 Abs. 3 der 4. EU-RL, die den Vorrang der außerplanmäßigen Abschreibung vor der Drohverlustrückstellung vorgibt. Dieser Grundsatz ist auch in der neugefassten EU-Bilanzrichtlinie beibehalten worden.
[102] Vgl. IDW RS HFA 4, Tz 23.

> **Beispiel**
> Ein Unt passt infolge rückläufiger Auftragseingänge seine Kapazitäten an. In diesem Zusammenhang wird ein bislang selbst genutztes Bürogebäude ab dem 1.1.02 fremdvermietet. Der im Oktober 01 abgeschlossene Mietvertrag hat eine Laufzeit von 5 Jahren. Dem Unt entstehen aus dem Gebäude nicht an den Mieter weiterbelastbare Aufwendungen (Abschreibungen, Finanzierungszinsen) von jährlich 100 GE. Die vereinbarte Miete beträgt jährlich 80 GE. Der Buchwert des Gebäudes beläuft sich zum 31.12.01 auf 300 GE. Zum 31.12.01 droht aus dem Mietvertrag ein Verlust i. H. v. 100 GE (5 Jahre × 20 GE). Ob eine vorrangig zu berücksichtigende Notwendigkeit zur Vornahme einer außerplanmäßigen Abschreibung auf das Gebäude besteht, kann dem Sachverhalt so nicht entnommen werden, da das Gebäude nur mittelbar Gegenstand des Absatzgeschäfts ist. Bei der Beurteilung, ob eine außerplanmäßige Abschreibung wegen voraussichtlich dauerhafter Wertminderung gegeben ist, sind weitere Gesichtspunkte einzubeziehen (Gesamtrestnutzungsdauer des Gebäudes, Kündigungsmöglichkeiten des Mietvertrags, ggf. bestehendes einseitiges Optionsrecht des Mieters auf Verlängerung des Mietvertrags zu unveränderten Konditionen).

3.3.4 Kompensationsbereich

Eine Drohverlustrückstellung ist dann zu bilden, wenn ein Verlust droht. Rückstellungspflichtig ist nur der sog. Verpflichtungsüberschuss, der eine Saldogröße darstellt (Rz 130). Da das Gesetz die Ermittlung einer Saldogröße erfordert, liegt bei deren Bilanzierung auch kein Verstoß gegen das Saldierungsverbot (§ 246 Abs. 2 Satz 1 HGB) vor. Die Abgrenzung der Ansprüche und Verpflichtungen aus dem schwebenden Geschäft betrifft nicht nur die vertraglich vereinbarten Haupt- und Nebenleistungspflichten (**schuldrechtliches Synallagma**), sondern darüber hinausgehende, durch das schwebende Geschäft verursachte konkrete wirtschaftliche Vorteile (**wirtschaftliches Synallagma**).[103] Ein alleiniges Abstellen auf die vertraglichen Hauptleistungspflichten würde dagegen zu einer ungerechtfertigten Einengung der Drohverlustrückstellung führen und ist daher unzulässig. **139**

Wirtschaftliche Vorteile sind dann hinreichend konkretisiert, wenn sie dem Grunde und der Höhe nach zu bestimmen sind. In den Kompensationsbereich dürfen daher nur solche wirtschaftlichen Vorteile einbezogen werden, die in ursächlichem wirtschaftlichem Zusammenhang mit dem dem schwebenden Geschäft zugrunde liegenden Vertrag stehen und z.B. durch Planungsrechnungen oder Erfahrungen der Vergangenheit bewertbar und in dieser Höhe hinreichend realisierbar sind.[104] **140**

Zu unterscheiden sind hierbei Vorteile **aus Anlass** des Vertragsschlusses von solchen, die sich **bei Gelegenheit** des Vertrags ergeben haben. Nur erstere **141**

---

[103] Vgl. *Schubert,* in Beck Bil-Komm., 10. Aufl., 2016, § 249 HGB, Rz 64.
[104] Vgl. IDW RS HFA 4, Tz 25.

beruhen kausal auf dem Vertragsschluss und sind in den Kompensationsbereich einzubeziehen, da nur diese ohne den Vertrag nicht erzielt werden könnten.

> **Beispiel**[105]
> Ein Apotheker mietet Geschäftsräume für den Betrieb seiner Apotheke an. In demselben Gebäude mietet er außerdem Räumlichkeiten an mit dem Ziel, diese an einen Arzt unterzuvermieten. Es gelingt ihm, einen Allgemeinmediziner zur Eröffnung einer Arztpraxis zu bewegen. Dieser mietet die Räume von dem Apotheker zu einem niedrigeren Mietzins an, als der Apotheker seinerseits an den Vermieter zahlt. Der Apotheker schließt den Untermietvertrag mit dem Arzt gleichwohl ab, da er sich aus dem Standortvorteil erhöhte Kundenfrequenz und damit höhere Umsätze erwartet.
> Der Abschluss des (isoliert betrachtet) nachteiligen Untermietvertrags stellt für den Apotheker aus rein schuldrechtlicher Sicht einen nachteiligen Vertrag dar. Dem Nachteil (Verlust) aus dem Untermietverhältnis stehen jedoch die aus Anlass der Begründung des Untermietverhältnisses entstandenen größeren Geschäftschancen infolge der zu erwartenden Kundenfrequenz gegenüber. Diese Vorteile sind **aus Anlass** des Abschlusses des Untermietvertrags entstanden; ohne den Untermietvertrag hätte der Arzt in dem Gebäude keine Arztpraxis eröffnet und die konkrete Aussicht auf Erhöhung der Kundenfrequenz wäre nicht gegeben.
> Bei der Beurteilung, ob der Apotheker eine Rückstellung für drohende Verluste aus dem Untermietvertrag mit dem Arzt zu bilden hat, sind die zu erwartenden wirtschaftlichen Standortvorteile durch die erhöhte Kundenfrequenz kompensatorisch zu berücksichtigen.

> **Abwandlung des Beispiels**
> Beispiel wie zuvor. Ein dem Allgemeinmediziner bekannter Augenarzt mietet in dem Gebäude eine Augenarztpraxis an, da er sich eine erhöhte Patientenfrequenz aufgrund des Vorhandenseins der Apotheke erhofft.
> Unzweifelhaft erwächst dem Apotheker mit der Eröffnung der Augenarztpraxis ein weiterer wirtschaftlicher Vorteil. Dieser Vorteil steht aber in keinem kausalen Zusammenhang mit dem Abschluss des Untermietvertrags, den der Apotheker mit dem Allgemeinmediziner geschlossen hat. Er ist dem Apotheker **bei Gelegenheit** des Abschlusses des Untermietvertrags erwachsen. Auch ohne das Bestehen des Untermietvertrags mit dem Allgemeinmediziner hätte dem Apotheker dieser wirtschaftliche Vorteil entstehen können, da der Augenarzt auch in diesem Fall seine Praxis hätte eröffnen können. Da kein kausaler Zusammenhang zu dem Untermietvertrag mit dem Allgemeinmediziner besteht, darf dieser wirtschaftliche Vorteil bei der Beurteilung, ob eine Drohverlustrückstellung bei dem Apotheker zu bilden ist, nicht kompensatorisch berücksichtigt werden.

---

[105] Vgl. BFH, Beschluss v. 23.6.1997, GrS 2/93, BStBl II 1997 S. 735.

Zum Kompensationsbereich zählen bspw. auch Zinserträge aus der zwischenzeitlich erfolgten Anlage von Einzahlungsüberschüssen aus An- und Vorauszahlungen.[106] 142

Der Kompensationsbereich ist allerdings dann überschritten, wenn der drohende Verlust aus einem Geschäft mit **Hoffnungen oder Erwartungen auf zukünftige Erträge** saldiert werden soll. 143

> **Beispiel**[107]
> Ein Unt bietet seine Produkte in einem neuen regionalen Markt, der bislang nicht von dem Unt besetzt ist, zu Preisen an, die unter den Selbstkosten des Unt liegen. Dieses „Kampfangebot" wird von dem Unt mit der Absicht der Markterschließung eingegangen, in deren Folge sich das Unt zukünftige Erträge aus diesem Markt erwartet.
> Das Unt hat für die am Abschlussstichtag abgeschlossenen, aber noch nicht erfüllten Kaufverträge (schwebende Geschäfte) eine Rückstellung für drohende Verluste zu bilden. Die Erwartung zukünftiger Erträge aus diesem Markt ist nicht hinreichend konkretisiert und darf nicht in den Kompensationsbereich einbezogen werden.

Ebenfalls nicht zum Kompensationsbereich rechnet eine **Verlustausgleichsverpflichtung** des MU gem. § 302 Abs. 1 AktG aufgrund eines Beherrschungs- und Ergebnisabführungsvertrags, da es hier an dem kausalen Zusammenhang zwischen dem verlustbringenden Geschäft und der Verlustübernahmeverpflichtung des MU mangelt (vgl. zur Verbindlichkeitsrückstellung Rz 327). 144

Bei der Abgrenzung des Kompensationsbereichs sind weiterhin **Bewertungseinheiten** zu berücksichtigen. Der auch für Drohverlustrückstellungen geltende Grundsatz der Einzelbewertung wird in Bezug auf Bewertungseinheiten (§ 254 HGB) durchbrochen. § 254 HGB stellt explizit klar, dass § 249 Abs. 1 HGB „in dem Umfang und für den Zeitraum nicht anzuwenden ist, in dem die gegenläufigen Wertänderungen und Zahlungsströme sich ausgleichen". Zu Einzelheiten zum Vorliegen von Bewertungseinheiten vgl. § 254 Rz 10 ff. 145

> **Beispiel**
> Ein Unt schließt im Juli 01 einen Kaufvertrag über die Lieferung einer Maschine an einen Abnehmer in den USA. Die Fakturierung erfolgt in USD. Es wird ein Kaufpreis i. H. v. 120 USD vereinbart. Zum Zeitpunkt des Abschlusses des Kaufvertrags lag der Kurs EUR/USD bei 1,20. Das Unt kalkuliert mit Aufwendungen zur Herstellung und Lieferung der Maschine von 90 EUR. Die Lieferung der Maschine ist für April 02, die Bezahlung der Rechnung für Mai 02 geplant. Das Unt schließt zeitnah zum Abschluss des Kaufvertrags über die Maschine ein Devisentermingeschäft zur Absicherung des Wechselkursrisikos dergestalt, dass es sich gegenüber einem Kreditinstitut verpflichtet, im Mai 02 120 USD zum Kurs EUR/USD 1,20 zu verkaufen.

---

[106] Vgl. IDW RS HFA 4, Tz 26.
[107] Vgl. IDW RS HFA 4, Tz 27.

> Bei Aufstellung des Jahresabschlusses zum 31.12.01 hat sich der Wechselkurs EUR/USD auf 1,50 erhöht. Aus dem eigentlichen Maschinenkaufvertrag droht somit ein Verlust, da den Aufwendungen von 90 EUR Zahlungszuflüsse i. H. v. 80 EUR gegenüberstehen (120 USD entsprechen im Mai 02 80 EUR).
> Es ist keine Rückstellung für drohende Verluste zu bilden, da eine Bewertungseinheit zwischen dem Maschinenkaufvertrag und dem Devisentermingeschäft besteht. Werden die Zahlungsströme beider Geschäfte zusammen betrachtet, fließen dem Unt 100 EUR zu (80 EUR aus der Maschinenlieferung, 20 EUR aus dem Devisentermingeschäft), denen Aufwendungen i. H. v. 90 EUR gegenüberstehen. Somit droht kein Verlust.

146 Bewertungseinheiten führen in einer Vielzahl von praktischen Fällen zu Anwendungsfällen der Einbeziehung in den Kompensationsbereich bei Drohverlustrückstellungen. Diese betreffen insb. Sicherungsgeschäfte (Devisen, Zinsen, Warenterminkontrakte). Zu Einzelheiten vgl. § 254 Rz 19ff.[108]

3.3.5 Auf einmalige Leistung gerichtete Schuldverhältnisse

3.3.5.1 Beschaffungsgeschäfte über aktivierungsfähige Vermögensgegenstände oder Leistungen

147 Bei derartigen Beschaffungsgeschäften ist der Vorrang etwaig vorzunehmender Abschreibungen zu beachten (Rz 136). Hierzu ist zwischen VG des AV (außerplanmäßige Abschreibung bei voraussichtlich dauerhafter Wertminderung) und VG des UV (strenges Niederstwertprinzip) zu differenzieren.

> **Beispiel**
> Ein Unt hat im November 01 einen Kaufvertrag für einen Pkw abgeschlossen. Der Pkw soll einem Vertriebsmitarbeiter als Firmen-Pkw überlassen werden. Aufgrund der Erfahrungswerte des Unt kann der Pkw bei vergleichbarer durchschnittlicher Fahrleistung voraussichtlich vier Jahre wirtschaftlich genutzt werden. Die Lieferung des Pkw soll im April 02 erfolgen. Der Kaufpreis ist mit 100 GE vereinbart worden.
> Zum Zeitpunkt der Aufstellung des Jahresabschlusses zum 31.12.01 sind die Marktpreise für derartige Pkw aufgrund massiver Nachfragerückgänge gesunken; der Pkw könnte nunmehr für einen Kaufpreis von 90 GE erworben werden. Nach den bei Bilanzaufstellung verfügbaren Informationen wird diese „Rabattschlacht" bei den Autohändlern voraussichtlich noch bis Jahresende 02 andauern; für das Frühjahr 03 werden aber wieder steigende Absatzzahlen der Pkw-Hersteller und sinkende Rabatte der Autohändler erwartet. Gegenstand der Drohverlustrückstellung ist die Verlustantizipation. Nur für den Fall, dass für den im April 02 zu liefernden Pkw, der dem AV zuzuordnen ist, vom Unt eine Wertberichtigung wegen voraussichtlich dauerhafter Wertminderung vorzunehmen wäre, wäre diese im Wege einer Drohverlustrückstellung zu berücksichtigen. Zwar ist der Marktpreis im Zeitpunkt der Liefe-

---

[108] Vgl. hierzu auch IDW RS HFA 35, Abschn. 2.4 und 4.2.

> rung des Pkw noch für ca. ein Jahr unterhalb der AK. Da für den Pkw eine Nutzungsdauer von vier Jahren angenommen wird, ist dieses nicht als voraussichtlich dauerhaft anzusehen. Eine Drohverlustrückstellung ist in der Bilanz zum 31.12.01 nicht zu bilden.

Die Drohverlustrückstellung dient der Erfassung drohender Verluste aus dem Beschaffungsgeschäft, nicht aber entgehender Gewinne aufgrund kurzfristig günstiger Beschaffungspreise. Eine Drohverlustrückstellung für VG des AV auf Basis einer nicht dauerhaften Wertminderung ist unzulässig.[109] **148**

Bei Beschaffungsgeschäften über VG des UV sind aufgrund des strengen Niederstwertprinzips Drohverlustrückstellungen geboten. **149**

> **Beispiel**
> Ein Unt hat am Abschlussstichtag Modeartikel als Handelsware bestellt, die aber noch nicht geliefert worden sind. Bei Bilanzaufstellung ist erkennbar, dass aufgrund der Schnelllebigkeit bei Modeartikeln der Beschaffungspreis für diese Artikel bereits am Abschlussstichtag signifikant gesunken ist. Gleiches gilt für die zu erwartenden Absatzpreise der Handelswaren, die aufgrund eines neuen „trendigeren" Konkurrenzprodukts ebenfalls stark rückläufig sind.
> Es ist im Jahresabschluss 01 eine Rückstellung für drohende Verluste zu bilden. Die Höhe bestimmt sich mit dem voraussichtlichen Abschreibungsbedarf, der im Zeitpunkt des Bezugs der Waren zu berücksichtigen ist.

Die Ermittlung des erwarteten Verlusts richtet sich bei VG des UV nach der Ermittlung des zu erwartenden Abschreibungsbedarfs bei Lieferung der VG gem. § 253 Abs. 4 HGB. Danach ist die Höhe der Drohverlustrückstellung anhand eines Börsen- oder Marktpreises oder – falls diese nicht vorhanden sind – des beizulegenden Werts zu bestimmen. Der beizulegende Wert kann sich grds. nach dem Absatz- oder Beschaffungsmarkt bestimmen, wobei nach der hier vertretenen Auffassung grds. auf den Absatzmarkt abzustellen ist (§ 253 Rz 292).[110] **150**

Da Drohverlustrückstellungen lediglich drohende Verluste, nicht aber entgehende Gewinne erfassen, ist bei der Bemessung des Verpflichtungsüberschusses ein **Gewinnaufschlag** des bilanzierenden Unt nicht zu berücksichtigen.[111] Gleiches gilt für **kalkulatorische Kosten**, da diese nicht zu bilanziellen Verlusten führen dürfen. **151**

3.3.5.2 Beschaffungsgeschäfte über nicht aktivierungsfähige Leistungen

Beschaffungsgeschäfte über nicht aktivierungsfähige Leistungen stellen z.B. Werkverträge für Dienstleistungen (z.B. Reparaturen, Beratungsleistungen) dar. Zur Ermittlung eines drohenden Verlusts aus einem derartigen Geschäft ist auf den wirtschaftlichen Wert der Leistung abzustellen. Eine Drohverlustrückstellung ist nur dann zu bilden, wenn der wirtschaftliche Wert der Leistung hinter **152**

---

[109] Vgl. IDW RS HFA 4, Tz 30.
[110] Vgl. WPH Edition, Wirtschaftsprüfung & Rechnungslegung, 15. Aufl., 2017, Abschn. F, Tz 191, 603.
[111] A. A. *Mayer-Wegelin*, in *Küting/Pfitzer/Weber*, HdR, HGB § 249, Rn 68, Stand 11/2012.

dem Wert der vom Bilanzierenden zu erbringenden Gegenleistung (Vergütungsanspruch) zurückbleibt. Dies ist in der Praxis zumeist schwer zu ermitteln, da der Beitrag der Leistung zum Unternehmenserfolg des Bilanzierenden objektiv regelmäßig nicht zu bestimmen ist.[112] Nicht zulässig wäre es, die Bestimmung eines drohenden Verlusts ausschließlich an den Wiederbeschaffungskosten vorzunehmen.

> **Beispiel**
> Ein Busunternehmen beauftragt im Dezember 01 ein Reinigungsunternehmen mit der Außen- und Innenreinigung seiner Busse. Die Reinigung soll im Januar und Februar 02 vorgenommen werden. Die vereinbarte Vergütung beläuft sich auf 100 GE. Bei Bilanzaufstellung wird bekannt, dass ein Konkurrenz-Reinigungsunternehmen dieselbe Leistung für 90 GE durchgeführt hätte.
> Es ist keine Rückstellung für drohende Verluste zu bilden. Das billigere Konkurrenzangebot stellt keinen drohenden Verlust, sondern einen entgangenen Gewinn dar.

Anwendungsfälle ergeben sich häufig beim Abschluss von Energielieferungsverträgen. Hierbei handelt es sich um nicht aktivierungsfähige Leistungen (Strom ist nicht speicherbar), sodass eine opportunitätskosten-orientierte Betrachtung zu kurz greift. Eine Rückstellungsbildung allein aufgrund gesunkener Wiederbeschaffungskosten ist somit nicht zulässig.

153 In Fällen, in denen die **Leistung** für das bilanzierende Unt **objektiv wertlos** ist (**Fehlmaßnahme**), ist eine Rückstellung für drohende Verluste zu bilden.

> **Beispiel**
> Ein Unt benötigt im Rahmen der Erstellung des Jahresabschlusses für die Bewertung der Pensionsrückstellungen ein Sachverständigengutachten. Versehentlich werden im Dezember 01 zwei Aktuare mit derselben Leistung beauftragt; die Durchführung ist für Januar 02 vorgesehen. Das vereinbarte Honorar beträgt jeweils 100 GE.
> Zwei Sachverständigengutachten auf denselben Bewertungsstichtag sind für das Unt objektiv wertlos. Für eines der beiden schwebenden Geschäfte ist eine Rückstellung für drohende Verluste zu bilden.

> **Abwandlung des Beispiels**
> Sachverhalt wie vor. Allerdings wird die doppelte Beauftragung noch im Dezember 01 bemerkt und einer der beiden Aufträge gekündigt. Der betroffene Sachverständige macht im Zuge der Kündigung des Vertrags einen Schaden für entgangenen Gewinn i. H. v. 10 GE geltend.
> Im Jahresabschluss zum 31.12.01 hat das Unt keine Rückstellung für drohende Verluste auszuweisen, da am Abschlussstichtag nur ein Geschäft schwebend ist. Bei diesem Geschäft ist die wirtschaftliche Leistung für das Unt nicht zu bestimmen; es gilt der Grundsatz der Ausgeglichenheit von Leistung und Gegenleistung.

---

[112] Vgl. IDW RS HFA 4, Tz 32.

> Für den gekündigten Gutachtervertrag ist eine Verbindlichkeitsrückstellung i.H.v. 10 GE oder – soweit keine Zweifel über Höhe und/oder Zeitpunkt der Schadensersatzleistung bestehen – eine sonstige Verbindlichkeit in der Bilanz zum 31.12.01 zu erfassen.

3.3.5.3 Absatzgeschäfte

Bei der Beurteilung, ob ein Verlust aus einem schwebenden Absatzgeschäft droht, ist auf Basis der am Abschlussstichtag aktivierten AHK zuzüglich der nach dem Abschlussstichtag noch anfallenden Aufwendungen zu ermitteln, ob diese den Wert der Gegenleistung (i.d.R. der Kaufpreis) übersteigen. 154

Bei der Bemessung der nach dem Abschlussstichtag anfallenden Aufwendungen sind sämtliche durch das Absatzgeschäft verursachten Aufwendungen einzubeziehen, unabhängig davon, ob diese beim Bilanzierenden ggf. aktivierungsfähig wären. Daher sind auch Aufwendungen für Auftragsfinanzierungen (z.B. Akkreditive) und erwarteter Gewährleistungsaufwand mit einzubeziehen.[113] Nicht einzubeziehen sind kalkulatorische Kosten (Rz 151). 155

Auch für vom Bilanzierenden **bewusst eingegangene Verlustgeschäfte** sind Drohverlustrückstellungen anzusetzen, da es sich hierbei um passivierungspflichtige Außenverpflichtungen des Kaufmanns handelt.[114] 156

> **Beispiel**
> Ein Möbelhersteller schließt im November 01 mit einem Möbelhändler einen Kaufvertrag über die Lieferung eines Schlafzimmers ab, das an einem bestimmten Platz der Ausstellungsflächen des Möbelhändlers für Verkaufszwecke platziert werden soll. Der Möbelhersteller gewährt dem Möbelhändler einen Rabatt i.H.v. 80 % (sog. Kojenrabatt), da er sich mit der Platzierung des Schlafzimmers an attraktiver Stelle im Möbelhaus Folgeaufträge erhofft. Die Lieferung des Schlafzimmers ist für Januar 02 vereinbart. Die Herstellungskosten des Möbelherstellers belaufen sich auf 100 GE, der vereinbarte Kaufpreis (unter Einbeziehung des Kojenrabatts) auf 70 GE.
> Es ist vom Möbelhersteller zum 31.12.01 eine Drohverlustrückstellung i.H.v. 30 GE zu bilden. Die bloße Hoffnung auf Folgeaufträge ist nicht so konkretisiert, damit sie in den Kompensationsbereich einbezogen werden kann.

> **Fortführung des Beispiels**
> Gleicher Sachverhalt wie voriges Beispiel. Im Januar 02 wird das Schlafzimmer im Möbelhaus aufgebaut. Die positive Kundenresonanz führt im Februar 02 dazu, dass drei weitere Schlafzimmer vom Möbelhaus geordert werden, diesmal aber zur Lieferung an Endabnehmer (private Kunden), weshalb kein Kojenrabatt anfällt. Für die Lieferung der drei Schlafzimmer rechnet der Möbelhersteller mit Gesamtaufwendungen von 300 GE bei

---

[113] Vgl. IDW RS HFA 4, Tz 35.
[114] Vgl. *Hommel*, in *Baetge/Kirsch/Thiele*, Bilanzrecht, § 249 HGB, Rz 121; zur Niederstbewertung von bewussten Verlustprodukten vgl. *Weindel*, DB 2013, S. 353.

> Erträgen von 350 GE. Im März 02 stellt der Möbelhersteller den Jahresabschluss zum 31.12.01 auf.
> Die nunmehr konkretisierten Folgeaufträge können nicht in den Kompensationsbereich für die Drohverlustrückstellung zum 31.12.01 einbezogen werden. Die Ausstellung des Schlafzimmers im Möbelhaus im Januar 01 und die darauf zurückzuführende positive Kundenresonanz, die zu den drei Folgeaufträgen geführt hat, sind wertbegründende Ereignisse, die bei der Bewertung der Drohverlustrückstellung zum 31.12.01 nicht berücksichtigt werden dürfen. Es ist wie im Ausgangsfall eine Drohverlustrückstellung i. H. v. 30 GE zum 31.12.01 zu passivieren.

157 Schwierigkeiten in der Abgrenzung des Kompensationsbereichs können dann auftreten, wenn **mehrere Absatzgeschäfte** mit einem Kunden **in engem zeitlichen Zusammenhang** geschlossen werden.

> **Beispiel**
> Ein Hersteller von Sondermaschinen verhandelt mit einem Kunden über die Lieferung von drei verschiedenen Maschinen. Beide werden sich schließlich einig. Es werden im Dezember 01 zeitgleich drei Kaufverträge abgeschlossen. Für alle drei Aufträge sind am Abschlussstichtag 31.12.01 keine aktivierungspflichtigen Aufwendungen angefallen. Bei Aufstellung des Jahresabschlusses zum 31.12.01 ermittelt der Sondermaschinenhersteller für den ersten Auftrag eine Unterdeckung von 20 GE, für die anderen beiden Aufträge eine Überdeckung von insgesamt 30 GE.
> Es ist keine Rückstellung für drohende Verluste aus schwebenden Geschäften auszuweisen, da die beiden gewinnbringenden Aufträge zeitgleich und **bei Gelegenheit** des Abschlusses des verlustträchtigen Auftrags abgeschlossen werden.

> **Abwandlung des vorigen Beispiels**
> Der Hersteller von Sondermaschinen schließt im November 01 zwei gewinnbringende Aufträge mit dem Kunden ab. Im Dezember 01 wird ein weiterer Auftrag mit dem Kunden abgeschlossen, der diesmal aber verlustträchtig ist. Bei der Beurteilung, ob eine Rückstellung für drohende Verluste für den dritten Auftrag zu bilden ist, kommt es darauf an, ob die beiden ersten Aufträge in den Kompensationsbereich einbezogen werden können. Allein die Tatsache, dass bereits zwei gewinnbringende Aufträge abgeschlossen worden sind, ist hierfür nicht ausreichend. Es muss vielmehr untersucht werden, ob ein kausaler Zusammenhang zwischen den drei Aufträgen besteht. Wenn bspw. alle drei Verträge gleichzeitig verhandelt wurden und lediglich aus formalen Gründen (z.B. verzögert sich die Rücksendung des dritten Kaufvertrags deshalb, weil der zuständige Einkaufsleiter des Kunden wegen einer zweiwöchigen Auslandsreise die Unterschrift nur verspätet leisten konnte) die zeitliche Verzögerung eingetreten ist, ist eine kompensatorische Wirkung der drei Verträge wohl sachgerecht. Es kommt aber in solchen Fällen auf die Umstände des jeweiligen Sachverhalts an. Der Nachweis der

> Kausalität (Dokumentation) ist vom Bilanzierenden zu führen. Im Zweifel greift hier das Vorsichtsprinzip (§ 252 Abs. 1 Nr. 4 HGB), sodass eine Rückstellung für drohende Verluste zu passivieren ist.

3.3.6 Dauerschuldverhältnisse

3.3.6.1 Grundlagen

Zur Abgrenzung der Verbindlichkeitsrückstellung aus Erfüllungsrückstand von den Drohverlustrückstellungen bei Dauerschuldverhältnissen vgl. Rz 131. Als Dauerschuldverhältnisse werden solche Vertragsverhältnisse bezeichnet, bei denen die Leistung über einen längeren Zeitraum erbracht und auch realisiert wird (zeitraumbezogene Leistungserbringung). Beispiele hierfür sind:
- Miet-, Pacht- und Leasingverträge,
- Verleihverträge,
- Kredit- und Darlehensverträge,
- Arbeitsverträge.

Zu den Dauerschuldverhältnissen rechnen auch **Sukzessivlieferverträge**. Hierunter sind solche Verträge zu verstehen, bei denen der Abnehmer nach Bedarf Leistungen zu fest vereinbarten Konditionen abnehmen kann (z.B. Wasser, Gas, Strom, Abrufverträge für Rohstoffe und Waren).[115] Kennzeichen derartiger Sukzessivlieferverträge ist, dass es sich um Rahmenkaufverträge handelt, bei denen die abzunehmende Menge bei Vertragsschluss unbekannt ist, im Extremfall sogar 0 betragen kann. Die eigentliche Leistungserbringung erfolgt durch Teillieferungen, die auf Abruf bzw. durch konkludentes Handeln (z.B. Verbrauch von Strom) des Abnehmers erfolgen.

158

159

Bei teilweiser Erbringung einer einzelnen Sachleistung ist danach zu differenzieren, ob eine abschnittsweise Abrechnung (z.B. monatlich) vorgesehen ist oder nicht. Ist eine solche abschnittsweise Abrechnung vorgesehen, endet der Schwebezustand für den erbrachten Leistungsaustausch mit der Teilleistung. Sieht der Vertrag hingegen eine abschnittsweise Abrechnung nicht vor und kann eine derartige auch im Auslegungswege nicht ermittelt werden, ist der gesamte Vertrag im Schwebezustand.

160

3.3.6.2 Beschaffungsgeschäfte

Eine Rückstellung für drohende Verluste kommt nur für den Teil eines Dauerschuldverhältnisses in Betracht, der am Abschlussstichtag noch nicht erfüllt ist.[116]

161

Eine Drohverlustrückstellung ist für den schwebenden Teil des Dauerbeschaffungsgeschäfts nur dann zu bilden, wenn ein Verlust droht. Eine Rückstellung wegen entgangener Gewinne kommt demgegenüber nicht in Betracht (Rz 151).

162

> **Beispiel**
> Ein Unt schließt im März 01 einen Darlehensvertrag mit einer Bank zu einem zu diesem Zeitpunkt marktüblichen Festzinssatz von 7,5 %. Bei Aufstellung

---

[115] Vgl. *Schubert*, in Beck Bil-Komm., 10. Aufl., 2016, § 249 HGB, Rz 54.
[116] Vgl. IDW RS HFA 4, Tz 14.

> des Jahresabschlusses auf den 31.12.01 ist der Marktzinssatz infolge einer im vierten Quartal 01 einsetzenden Finanz- und Wirtschaftskrise auf 6,0 % gesunken.
> Die Absenkung des Zinsniveaus bedeutet nicht automatisch, dass dem Unt in Zukunft Verluste drohen, da nicht ausgeschlossen werden kann, dass nicht zukünftig entgehende Gewinne vorliegen. Vielmehr ist der zukünftige Beitrag des Kreditvertrags zum Unternehmenserfolg mit den zukünftig noch zu zahlenden Aufwendungen zu vergleichen. Die Tatsache, dass der Kreditgeber das Darlehen voraussichtlich bis Laufzeitende im Unt belässt, kann dabei auch einen nicht zu unterschätzenden Erfolgsbeitrag für das Unt bedeuten.
> Eine Rückstellung für drohende Verluste ist nicht zu bilden.

163 In den Fällen, in denen die Gegenleistung für das Unt objektiv wertlos ist (**Fehlmaßnahmen**), ist eine Drohverlustrückstellung zu bilden. Ein Ansatz von Drohverlustrückstellungen bei Dauerschuldverhältnissen erfordert somit die Widerlegung der für schwebende Geschäfte geltenden Ausgeglichenheitsvermutung.

> **Beispiel**
> Ein norddeutsches Unt beabsichtigt, eine neue Zweigniederlassung in München zu errichten. Zu diesem Zweck wird im Oktober 01 ein Mietvertrag über Büroräumlichkeiten in München mit einer 5-jährigen Laufzeit, beginnend ab dem 1.1.02, abgeschlossen. Im Dezember 01 entscheidet die Geschäftsführung des Unt wegen eingetrübter Konjunkturaussichten, die Zweigniederlassung nun doch nicht zu errichten, da man sich auf den norddeutschen Kernmarkt konzentrieren möchte.
> Im Jahresabschluss zum 31.12.01 ist eine Rückstellung für drohende Verluste zu bilden.

164 Aber nicht nur für Fehlmaßnahmen kommt eine Drohverlustrückstellung in Betracht. Für den schwebenden Teil eines Dauerschuldverhältnisses ist dann eine Drohverlustrückstellung erforderlich, wenn die eigene Leistungsverpflichtung die zu empfangenden Leistungen übersteigt (**Verpflichtungsüberschuss**), auch wenn über die gesamte Laufzeit des Dauerschuldverhältnisses Leistung und Gegenleistung ausgeglichen sein mögen.[117] Es ist alleinig auf den noch schwebenden Teil des Geschäfts abzustellen.

> **Beispiel**
> Ein Unt hat am 1.7.01 ein Swapgeschäft mit einer Laufzeit von 5 Jahren abgeschlossen. Das Swapgeschäft stellt annahmegemäß kein Sicherungsgeschäft i. S. e. Bewertungseinheit nach § 254 HGB dar. In den Jahren 01 und 02 hat das Swapgeschäft gute Erträge für das Unt abgeworfen, da der Referenzzins (EURIBOR) ständig gestiegen ist. Gegen Ende des Jahrs 03 sinkt das Markzinsniveau dramatisch. Zwar weist die GuV für das Jahr 03 insgesamt

---

[117] Vgl. *Kessler*, in *Küting/Pfitzer/Weber*, HdR, HGB § 249, Rn 185, Stand 05/2014.

> noch einen positiven Ergebnisbeitrag aus dem Swapgeschäft aus; am Abschlussstichtag 31.12.01 (und annahmegemäß auch im Zeitpunkt der Bilanzaufstellung) ist der Marktwert (ermittelt nach der Mark-to-market-Methode) des Swapgeschäfts jedoch negativ i. H. v. 100 GE.
> Es ist eine Rückstellung für drohende Verluste i. H. v. 100 GE zu bilden. Die Tatsache, dass das Swapgeschäft seit Abschluss positive Ergebnisbeiträge abgeworfen hat, ist unbeachtlich, selbst wenn diese die zu erwartenden Verluste von 100 GE überstiegen hätten. Da bei der Berechnung von Marktwerten nach der Mark-to-market-Methode der unterschiedliche zeitliche Anfall von Zahlungen durch Abzinsung bereits berücksichtigt ist, braucht keine (weitere) Abzinsung nach § 253 Abs. 2 HGB vorgenommen werden.[118]

Schwierig wird die Ermittlung eines drohenden Verlusts bei Dauerschuldverhältnissen dann, wenn die Gegenleistung (Sachleistung) nicht einfach in Geldeinheiten zu beziffern ist, wie das in dem Beispiel zu Swapgeschäften der Fall ist. Während für Dauerschaffungsgeschäfte über aktivierungsfähige VG die für Einmalgeschäfte entwickelten Grundsätze übertragen werden können (Rz 147), ist dies bei Dauerbeschaffungsgeschäften über nicht aktivierungsfähige Leistungen besonders virulent. Eine an den **Wiederbeschaffungskosten orientierte Bewertung** würde die Anzahl der Anwendungsfälle sehr stark erhöhen, wie folgendes Beispiel illustriert: 165

> **Beispiel**
> Ein Unt mietet Büroräumlichkeiten zu einem Preis von 20 EUR/qm. Am Abschlussstichtag beläuft sich die Vergleichsmiete auf 18 EUR/qm.
> Eine rein an gesunkenen Wiederbeschaffungskosten orientierte Vorgehensweise würde auf Basis der Mietdifferenz von 2 EUR/qm für die Restlaufzeit des Mietvertrags eine Drohverlustrückstellung indizieren. Hierbei blieben qualitative Vorzüge des Mietobjekts (z. B. Erreichbarkeit, Lärmbelästigung, Gebäudeabnutzung) außer Betracht. Eine Drohverlustrückstellung kommt nicht in Betracht, da hiermit zukünftig entgehende Gewinne zurückgestellt würden.[119]

Eine Bemessung der Drohverlustrückstellung anhand einer **absatzorientierten Vorgehensweise** erfordert, den Beitrag der Gegenleistung zum Unternehmenserfolg des Bilanzierenden zu ermitteln. Dies ist bei einer nicht aktivierungsfähigen Leistung (z. B. einem Arbeitsvertrag) zumeist ausgesprochen schwierig, da die Ertragszurechenbarkeit von Leistung zumeist nicht hinreichend objektiv vorgenommen werden kann. Neben in Geldeinheiten auszudrückenden Erfolgsbeiträgen bereitet insb. die Bewertung qualitativer Leistungskomponenten, wie z. B. Verlässlichkeit, Pünktlichkeit, Genauigkeit, Gründlichkeit, Erfahrung besondere Schwierigkeiten. 166

---

[118] Vgl. IDW RS HFA 4, Tz 44.
[119] Vgl. IDW RS HFA 4, Tz 32.

> **Beispiel**
> Ein Unt beschäftigt seit dem 1.7.01 einen Mitarbeiter, der Waren mit dem Pkw an Kunden ausliefert. Der Mitarbeiter erhält ein monatliches Gehalt von 100 GE. Bei Aufstellung des Jahresabschlusses zum 31.12.05 wird bekannt, dass gleichwertige Mitarbeiter (gleiches Qualifikations- und Erfahrungsniveau) bereits für ein monatliches Gehalt von 70 GE eingestellt werden könnten.
> Eine Drohverlustrückstellung für das Arbeitsverhältnis wäre dann zu bilden, wenn ein offensichtliches Missverhältnis zwischen Leistung und Gegenleistung besteht. Hierzu sind die Erfolgsbeiträge des Mitarbeiters zum Unternehmenserfolg der dafür gewährten Gegenleistung (Gehalt, bezahlter Urlaub etc.) gegenüberzustellen, womit auch qualitative Aspekte wie Erfahrung, Zuverlässigkeit, Kundenakzeptanz mit zu bewerten wären. Selbst wenn man zum Ergebnis käme, dass der Erfolgsbeitrag des Mitarbeiters (tendenziell) niedriger als die eines am Arbeitsmarkt verfügbaren Alternativ-Mitarbeiters wäre, müsste immer noch untersucht werden, ob der Erfolgsbeitrag dieses Mitarbeiters niedriger ist als das, was das Unt dafür aufwenden muss.
> Es ist keine Drohverlustrückstellung zu bilden, da nicht hinreichend objektiv ersichtlich ist, dass die Gegenleistung des Mitarbeiters hinter der vom Unt gewährten Leistung zurückbleibt.

167 Da für schwebende Geschäfte aber der Grundsatz der Ausgeglichenheit von Leistung und Gegenleistung gilt, kann erst bei Vorliegen eines offensichtlichen Missverhältnisses zwischen Leistung und Gegenleistung davon ausgegangen werden, dass ein rückstellungsrelevanter Sachverhalt vorliegt. Dies ist gerade bei **Arbeitsverhältnissen** problematisch weil es eine Bewertung menschlicher Arbeit erfordert, was zum Teil auch aus ethischen Gründen abgelehnt wird. Allerdings gelten auch bei Arbeitsverhältnissen keine speziellen Bilanzierungsvorschriften, sodass die Bildung von Drohverlustrückstellungen hier auch in Betracht kommt.

168 Erst bei Vorliegen von **Fehlmaßnahmen**, bei denen kein oder so gut wie kein Beitrag mehr zum Unternehmenserfolg ermittelt werden kann, liegt ausreichend Objektivierung vor, sodass eine Drohverlustrückstellung zu bilden ist. Ein Indiz für eine Fehlmaßnahme ist dann gegeben, wenn bei einem Dauerschuldverhältnis der wirtschaftliche Wert der Dauerleistung nachprüfbar gegenüber dem Zustand bei Vertragsabschluss erheblich und dauerhaft gesunken ist, ohne dass die zu entrichtende Gegenleistung entsprechend angepasst worden ist.[120]

169 Bei **Sukzessivlieferverträgen** über nicht aktivierungsfähige Leistungen (z.B. Stromlieferungsverträge) gelten die vorstehenden Grundsätze analog. Die Tatsache, dass zum Abschlussstichtag dieselbe Leistung von einem Konkurrenten ggf. günstiger beschafft werden kann, reicht für die Bildung einer Drohverlustrückstellung regelmäßig nicht aus. Bei Sukzessivlieferungsverträgen über aktivierungsfähige Vermögensgegenstände gelten die für auf einzelne Leistung gerichtete Schuldverhältnisse dargestellten Grundsätze analog (Rz 147).

---

[120] Vgl. *Kessler*, in *Küting/Pfitzer/Weber*, HdR, HGB § 249, Rn 213, Stand 05/2014.

3.3.6.3 Absatzgeschäfte

Die für Dauerbeschaffungsgeschäfte dargestellten Grundsätze gelten analog. Eine Drohverlustrückstellung ist dann zu bilden, wenn und soweit der Wert der (noch) zu erbringenden Sach- oder Dienstleistung den Wert des Anspruchs auf die Gegenleistung übersteigt.[121] Die Bewertung der voraussichtlich noch anfallenden Aufwendungen hat auf Vollkostenbasis zu erfolgen. Zu Vollkosten gehören:[122]

- Einzel- und Gemeinkosten des Produktionsbereichs,
- direkt zurechenbare Sondereinzelkosten des Vertriebs,
- sonstige, direkt zurechenbare Kosten (z. B. Lagerkosten).

170

> **Beispiel**
> Ein Automobilzulieferer schließt einen Rahmenvertrag mit einem Automobilhersteller für einen Zeitraum von drei Jahren ab dem 1.7.01 ab. Danach hat der Zulieferer bei Bedarf des Automobilherstellers diesem Teile zu einem festen Preis von 10 EUR/Stück zu liefern. Beide Vertragspartner gehen bei Vertragsabschluss davon aus, dass jährlich ca. 50.000 Stück abgenommen werden. Bei Vertragsabschluss kalkuliert der Zulieferer mit Stückkosten von 9 EUR/Stück. Bei Aufstellung des Jahresabschlusses zum 31.12.01 zeigt sich, dass sich die geplanten Stückkosten aufgrund unvorhersehbar gestiegener Materialkostensteigerungen auf 11 EUR/Stück entwickelt haben und auf diesem Niveau auf absehbare Zeit bleiben werden. Verhandlungen mit dem Automobilhersteller über eine Anpassung der Abnahmepreise führen zu keinen Ergebnissen. Für die Jahre 02 und 03 wird unverändert die Abnahme von jeweils 50.000 Stück erwartet.
> Es ist eine Drohverlustrückstellung i. H. v. 100.000 EUR zu bilden (50.000 × 2 × 1 EUR Unterdeckung je Stück), die gem. § 253 Abs. 2 HGB mit einem laufzeitäquivalenten Zinssatz abzuzinsen ist.

Bei der Ermittlung der zurechenbaren Gemeinkosten ist die normale Kapazitätsauslastung oder ein höherer zu erwartender Beschäftigungsgrad zugrunde zu legen. Nicht einzubeziehen sind sog. **Leerkosten** (Kosten der Unterbeschäftigung). Die hierzu erforderliche Bestimmung der **Normalbeschäftigung** ist in der Praxis häufig schwierig, zumal sie sich im Zeitablauf ändern kann. Soweit jedoch Produktionsbereiche zeitweilig oder dauerhaft stillgelegt oder deutlich weniger als normal ausgelastet werden, sind die betreffenden Gemeinkosten als nicht produktionsnotwendige Leerkosten zu eliminieren.[123]

171

3.3.7 Ausweis in der Gewinn- und Verlustrechnung

Die Bildung von Rückstellungen für drohende Verluste ist in der GuV als **sonstiger betrieblicher Aufwand** im GKV zu erfassen. Im UKV ist ebenfalls ein Ausweis als sonstiger betrieblicher Aufwand oder aber im jeweilig betroffenen Funktionsbereich zulässig.

172

---

[121] Vgl. IDW RS HFA 4, Tz 33.
[122] Vgl. IDW RS HFA 4, Tz 35.
[123] Vgl. IDW RS HFA 31, Tz 21.

173 Ein Ausweis als ao Aufwand kam regelmäßig nicht in Betracht, da die betreffenden schwebenden Geschäfte nicht außerhalb der gewöhnlichen Geschäftstätigkeit abgeschlossen werden. Durch den Wegfall des ao Ergebnisses im Rahmen des BilRUG ist diese Frage nunmehr obsolet.

174 Soweit bei der Bildung von Drohverlustrückstellungen eine Abzinsung vorzunehmen ist, wird lediglich der Barwert der Rückstellungszuführung in der GuV ausgewiesen (sog. Nettomethode, vgl. § 253 Rz 138). Die in späteren Jahresabschlüssen vorzunehmende Aufzinsung stellt demgegenüber Zinsaufwand dar.

4 Weitere Ansatzgebote (Abs. 1 Satz 2)

4.1 Rückstellungen für unterlassene Instandhaltung (Abs. 1 Satz 2 Nr. 1 1. Alt.)

175 Es handelt sich um Aufwandsrückstellungen, da ihnen keine Außenverpflichtung des Kfm. zugrunde liegt (Rz 9). Die Rückstellung stellt eine Pflichtrückstellung dar, die auch steuerlich zu berücksichtigen ist (vgl. § 5 Abs. 1 EStG).

176 **Instandhaltung** umfasst alle Maßnahmen zur Erhaltung der Funktionsfähigkeit der betrieblichen VG. Darunter fallen
- Wartungsarbeiten,
- Inspektionen,
- Reparaturen,
- Generalüberholung.

177 Negativ abzugrenzen sind die Instandhaltungen von im Einzelfall aktivierungspflichtigem nachträglichem Herstellungsaufwand, für den keine Rückstellung gebildet werden darf.

178 Unterlassene Instandhaltung kann auch ein Indiz für eine ggf. erforderliche außerplanmäßige Abschreibung auf das AV sein (§ 253 Rz 241).

179 Instandhaltungsmaßnahmen fallen regelmäßig bei abnutzbaren Gegenständen des AV an, sodass der Hauptanwendungsfall bei Sachanlagen liegt. Es sind aber auch Instandhaltungsmaßnahmen bei immateriellen VG möglich.

> **Beispiel**
> Ein Unt hat die laufende Pflege (Kontenbereinigungen, Stammdatenpflege) einer aktivierten Anwendersoftware unterlassen. Im Februar 02 werden durch einen externen Dienstleister diese Maßnahmen nachgeholt. Im Jahresabschluss zum 31.12.01 ist eine Rückstellung für unterlassene Instandhaltung zu bilden.

180 Die Rückstellung ist für solche Instandhaltungen zu bilden, die
- im **Geschäftsjahr unterlassen** wurden und
- **innerhalb von drei Monaten** nach Ablauf des Gj **nachgeholt werden**.

181 Eine Instandhaltung ist dann **unterlassen**, wenn die Vornahme der Maßnahme aus betriebswirtschaftlicher Sicht notwendig gewesen wäre, d.h., der Bilanzierende hätte die Arbeiten unter normalen Umständen durchführen lassen. Anhaltspunkte hierfür können Instandhaltungspläne, die von Anlagenherstellern oder vom Bilanzierenden selbst erstellt werden, sowie Erfahrungswerte aus früheren Instandhaltungsmaßnahmen liefern. Außerdem kann bei Bilanzaufstel-

lung geprüft werden, ob die in dem Dreimonatszeitraum nach dem Abschlussstichtag tatsächlich durchgeführten Instandhaltungsmaßnahmen dem vergangenen Gj zuzurechnen sind.[124]

Die Instandhaltung muss außerdem **im laufenden Geschäftsjahr** unterlassen worden sein, d.h., es dürfen nach dem Gesetzeswortlaut nicht in früheren Geschäftsjahren unterlassene Instandhaltungen nachgeholt werden. Im Vorjahr gebildete Rückstellungen, die nicht verbraucht worden sind, sind damit erfolgswirksam aufzulösen (**Fortführungsverbot**). Da für diese Rückstellungen, wie für Verbindlichkeitsrückstellungen auch, das Realisationsprinzip (§ 252 Abs. 1 Nr. 4 HGB) gilt, dürfen sie nicht zukünftigen Erträgen aus der Nutzung der VG zugerechnet werden. Eine Nachholung von in früheren Gj nicht gebildeten Instandhaltungsrückstellungen ist demzufolge nicht zulässig.[125]   182

Die **Nachholung** muss **innerhalb der ersten drei Monate** des folgenden Gj erfolgen. Dabei ist es unerheblich, ob die Arbeiten durch das Unt selbst oder durch Dritte erbracht werden. Zur Einhaltung der Dreimonatsfrist ist es erforderlich, dass die Arbeiten bis zum 31. März des Folgejahrs abgeschlossen wurden.   183

> **Beispiel**
> Ein Unt lässt im Februar und März 02 Wartungsarbeiten an einer Maschine des AV von einem Dienstleister durchführen. Die Arbeiten werden Ende März abgeschlossen. Die Abrechnung des Dienstleisters für seine Arbeiten geht im April 02 in der Kreditorenbuchhaltung ein.
> Es ist im Jahresabschluss 01 eine Rückstellung für unterlassene Instandhaltung zu bilden. Der nach dem Dreimonatszeitraum erfolgte Rechnungseingang ist unbeachtlich, da es auf den Abschluss der Instandhaltung ankommt.

Ist bei Aufstellung des Jahresabschlusses der Dreimonatszeitraum noch nicht abgelaufen, kommt es für die Rückstellungsbildung darauf an, dass der Abschluss der Maßnahme innerhalb der drei Monate noch möglich sein muss.   184

Bei Rumpfgeschäftsjahren gilt der Dreimonatszeitraum unabhängig von der Länge des Rumpfgeschäftsjahrs.   185

> **Beispiel**
> Ein Unt hat ein abweichendes Gj, das auf den 30.11. endet. Das Gj wird im Jahr 01 auf das Kj umgestellt, sodass im Kj 01 zwei Jahresabschlüsse aufzustellen sind, nämlich auf den 30.11.01 sowie den 31.12.01. Es ergibt sich ein Rumpfgeschäftsjahr vom 1.12.–31.12.01.
> Im Jahresabschluss zum 30.11.01 sind solche Instandhaltungsmaßnahmen als Rückstellung zu erfassen, die innerhalb der ersten drei Monate nach Abschluss des Gj nachgeholt werden, d.h. bis zum 28.2.02. Dass innerhalb des Dreimonatszeitraums ein (weiterer) Abschlussstichtag liegt, ist für die Rückstellungsbildung unbeachtlich.

---

[124] Vgl. *Eifler*, 1976, S. 200.
[125] Gl. A. *Claussen/Korth*, in Kölner Kommentar zum AktG, 2. Aufl., § 249 HGB, Rn 19.

4.2 Rückstellungen für Abraumbeseitigung (Abs. 1 Satz 2 Nr. 1 2. Alt.)

186 Es handelt sich um Innenverpflichtungen des Bilanzierenden (Rz 9). Soweit aber gesetzliche oder vertragliche Verpflichtungen bestehen, kann es sich auch um Verbindlichkeitsrückstellungen handeln.

187 Abraumrückstände entstehen, wenn das über den Bodenschätzen befindliche Deckgebirge nicht in dem Ausmaß entfernt worden ist, wie es der ungehinderte Zugang zu den Bodenschätzen oder die Sicherheit erfordert. Die Rückstellung dient dem Zweck, der Förderung von Bodenschätzen im abgelaufenen Gj (Betriebsleistung) die zugehörigen Abraumaufwendungen zuzurechnen.

188 Die Rückstellungspflicht entsteht, wenn Aufwendungen für Abraumbeseitigung
- im Gj **unterlassen** wurden und
- im folgenden Gj **nachgeholt** werden.

189 Soweit die Abraumbeseitigung aufgrund gesetzlicher oder vertraglicher Verpflichtung von einem Dritten eingefordert werden kann, ist die Nachholung im folgenden Gj unbeachtlich, da es sich um eine Verbindlichkeitsrückstellung i. S. v. Abs. 1 Satz 1 handelt.[126]

190 Die Ausführungen zu in früheren Jahren unterlassener Instandhaltung (Rz 181) gelten analog.

4.3 Rückstellungen für Gewährleistungen, die ohne rechtliche Verpflichtung erbracht werden (Abs. 1 Satz 2 Nr. 2)

191 Unter die Vorschrift fallen nur Rückstellungen für Gewährleistungen, die ohne rechtliche Verpflichtung erbracht werden.[127] Die Regelung von Abs. 1 Satz 2 Nr. 2 ist eigentlich überflüssig, da faktische Verpflichtungen ohnehin als Verbindlichkeitsrückstellung nach Abs. 1 Satz 1 in der HB ausgewiesen werden. Die in der Praxis oftmals zu beobachtenden Fälle, in denen bei Unklarheit über das Bestehen einer Gewährleistungsverpflichtung **Kulanzleistungen** erbracht werden, um Rechtsstreitigkeiten zu vermeiden, fallen somit nicht unter Abs. 1 Satz 2 Nr. 2, sondern unter Verbindlichkeitsrückstellungen für faktische Verpflichtungen (Rz 30). Die Regelung wurde seinerzeit zur Sicherstellung der steuerlichen Anerkennung in das HGB aufgenommen.

192 Die Rückstellung stellt keinen Auffangposten für alle denkbaren Kulanzleistungen des Unt dar. Vielmehr muss ein Zusammenhang mit einer vorangegangenen Lieferung oder Leistung des Bilanzierenden bestehen. Voraussetzung für den Ansatz ist demnach
- die Behebung von Mängeln an eigenen L&L und
- dass die Mängel dem Bilanzierenden zuzurechnen (z. B. Material- und Funktionsfehler) und nicht auf natürlichen Verschleiß oder unsachgemäße Behandlung zurückzuführen sind.[128]

Hierunter fallen also nur solche Kulanzleistungen, die nach Ablauf der vereinbarten oder gesetzlichen Gewährleistungsfrist erbracht werden müssen.

---

[126] Vgl. *Mayer-Wegelin*, in *Küting/Pfitzer/Weber*, HdR, HGB § 249, Rn 87, Stand 03/2010.
[127] Vgl. WPH Edition, Wirtschaftsprüfung & Rechnungslegung, 15. Aufl., 2017, Abschn. F, Tz 610.
[128] Vgl. *Schubert*, in Beck-Bil-Komm., 10. Aufl., 2016, § 249 HGB, Rz 113.

5 ABC der Rückstellungen

Abbruchkosten: Für vertragliche Verpflichtungen zum Abbruch von Gebäuden auf fremdem Grund und Boden besteht Rückstellungspflicht.[129] Die Rückstellungsbildung erfolgt als sog. unechte Ansammlungsrückstellung bzw. Verteilungsrückstellung.[130] Für öffentlich-rechtliche Verpflichtungen ist analog zu verfahren, soweit mit einer hinreichenden Wahrscheinlichkeit der Inanspruchnahme zu rechnen ist.[131] Vgl. „Entfernungsverpflichtungen". 193

> **Beispiel**
> Ein Unt hat eine vertragliche Abbruchverpflichtung ab dem 1.1.01. Das Unt schätzt die nach zehn Jahren anfallenden Abbruchkosten unter Einbeziehung erwarteter Kostensteigerungen mit 50.000 EUR. Der nach § 253 Abs. 2 HGB anzuwendende Zinssatz beläuft sich annahmegemäß auf 6,0 %.[132] Der Rückstellungsbetrag ist linear auf die Laufzeit zu verteilen und abzuzinsen. Hieraus ergibt sich folgender Rückstellungsverlauf:

Jahr	Sonstiger betrieblicher Aufwand	Zinsen und ähnliche Aufwendungen	Gesamtaufwand	Rückstellung
01	2.959	0	2.959	2.959
02	3.137	178	3.315	6.274
03	3.325	376	3.701	9.975
04	3.525	599	4.124	14.099
05	3.736	846	4.582	18.681
06	3.961	1.121	5.082	23.763
07	4.198	1.426	5.624	29.387
08	4.450	1.763	6.213	35.600
09	4.717	2.136	6.853	42.453
10	5.000	2.547	7.547	50.000
	39.008	10.992	50.000	

Abfallbeseitigung und -recycling: Hierunter zählen alle laufenden Verpflichtungen zur Beseitigung von Abfällen, Verwertung von Reststoffen, Entsorgung radioaktiver Abfälle, Rücknahme von Verpackungen u. Ä. auf gesetzlicher oder behördlicher Grundlage. Sobald eine Außenverpflichtung besteht, einen bestimmten Erfolg herbeizuführen, ist Rückstellungspflicht gegeben. Die konkrete öffentlich-rechtliche Verpflichtung ergibt sich aus Verordnungen,[133] die Einzelheiten zu den Verpflichtungen, den Erzeugnissen und der Ausführung der erforderlichen Maßnahmen bestimmen. Vgl. „Entfernungsverpflichtungen", „Produktverantwortung". 194

---

[129] Vgl. BFH, Urteil v. 19.2.1975, I R 28/73, BStBl 1975 II S. 480.
[130] Vgl. *Küting/Kessler*, DStR 1998, S. 1941.
[131] Vgl. BFH, Urteil v. 12.12.1991, IV R 28/91, BStBl 1992 II S. 600.
[132] In der praktischen Handhabung wird der Zinssatz nicht gleichbleibend sein, sondern es ist jährlich der gem. RückAbzinsV zur Restlaufzeit passende Zinssatz zu verwenden.
[133] Z.B. BattV, VerpackV, AltölV, Lösemittel (HKWAbfV), AltautoV.

195 **Abfindung:** Für zukünftige Abfindungszahlungen an langjährige Mitarbeiter ist mangels hinreichender Konkretisierung keine Rückstellung zulässig.[134] Für am Abschlussstichtag noch nicht ausgesprochene, aber konkret absehbare Abfindungszahlungen für Mitarbeiter bzw. vertraglich bereits konkretisierte Verpflichtungen sind demgegenüber Rückstellungen zu passivieren.[135]

196 **Abrechnungsverpflichtungen:** Soweit am Abschlussstichtag Bauleistungen bereits abgenommen (§ 640 BGB), aber noch nicht abgerechnet sind (§ 14 VOB/B), so ist für die Abrechnungskosten eine Rückstellung zu bilden. Hierbei handelt es sich um eine Nebenleistungsverpflichtung zum Bauvertrag, die über die übliche Rechnungsstellung hinaus besondere Berechnungs- und Abrechnungsmodalitäten umfasst.[136] Gleiches gilt für Abrechnungen nach den allgemeinen Bedingungen für Gas- und Elektrizitätsversorgungsunternehmen.[137]

197 **Abschlussgebühren für Bausparverträge:** Bausparkassen haben eine Verbindlichkeitsrückstellung zu passivieren für die ungewisse Verpflichtung, an Bausparer, die nach Zuteilung auf das Bauspardarlehen verzichten, bei Vertragsabschluss erhobene unverzinsliche Einlagen zurückzuzahlen.[138] Der Rückstellungsbetrag ist anhand von Erfahrungswerten der Vergangenheit zu schätzen. Zum Ausweis einer zweckgebundenen Rücklage im „Fonds zur bauspartechnischen Absicherung" vgl. weitergehende Literatur.[139]

198 **Aktienorientierte Vergütung:** Bei Aktienoptionen war vor Inkrafttreten des BilMoG danach zu unterscheiden, ob das Unt im Zeitpunkt der Optionsgewährung die (eigenen) Aktien noch nicht besitzt oder ob die Aktien vor oder im Zuge der Optionsgewährung bereits erworben wurden. Im ersteren Fall ist nach hM eine Verbindlichkeitsrückstellung zu bilden, da der Mitarbeiter bis zum Zeitpunkt der Optionsausübung in Vorleistung (durch Erbringung der Arbeitsleistung) geht und somit für das Unt ein Erfüllungsrückstand besteht.[140] Auch für den zweiten Fall ist eine Verbindlichkeitsrückstellung zu bilden, wobei zu berücksichtigen ist, dass bzgl. der eigenen Anteile eine Bewertungseinheit vorliegt. Durch die seit Inkrafttreten des BilMoG geänderte Abbildung von eigenen Aktien (§ 272 Rz 79 ff.) hat sich bislang noch keine hM zur weiteren Bildung herausgebildet. Es gibt grds. die Möglichkeit, unverändert eine Verbindlichkeitsrückstellung zu bilden,[141] i. H. d. zu erfassenden Personalaufwands die Kapitalrücklage zu dotieren[142] oder bis zur Ausübung der Option gar keinen Personalaufwand zu erfassen.[143] Nach der hier vertretenen Auffassung ist die zweite Alternative (Buchungssatz: Personalaufwand an Kapitalrücklage), die im Übrigen im Wesentlichen IFRS 2 entspricht, zu präferieren.

199 **Altauto/Altbatterie:** Vgl. „Abfallbeseitigung".

---

[134] Vgl. BFH, Urteil v. 9.5.1995, IV B 97/94, BFH/NV 1995, S. 970.
[135] Zur Rückstellungsbildung bei Personalmaßnahmen vgl. *Wenk/Jagosch*, DStR 2009, S. 1715.
[136] Vgl. H 31c Abs. 3 EStH.
[137] Vgl. BFH, Urteil v. 18.1.1995, I R 44/94, BStBl 1995 II S. 742.
[138] Vgl. BFH, Urteil v. 12.12.1990, I R 153/86, BStBl 1991 II S. 479; BFH, Urteil v. 12.12.1990, I R 18/89, BStBl 1990 II S. 485; BFH, Urteil v. 12.12.1990, I R 27/88, BFH/NV 1992, S. 8.
[139] Vgl. St/BFA 1/1995, WPg 1995, S. 374.
[140] Zu Einzelheiten vgl. *Herzig*, DB 1999, S. 9.
[141] Vgl. *Kreher/Sailer/Rothenburger/Spang*, DB 2009, Beil 5, S. 103.
[142] Vgl. E-DRS 11.15 Anhang A (E-DRS 11 wird vom DRSC nicht weiter verfolgt, das Projekt ist eingestellt.); *Baetge/Kirsch/Thiele*, Bilanzen, 10. Aufl., S. 663.
[143] Vgl. *Roß/Baumunk*, in *Kessler/Sauter*: Handbuch Stock Options, 2003, Rn. 178–201 mwN.

Altersfreizeit bzw. -mehrurlaub: Für ältere Arbeitnehmer, die neben ihrem arbeitsvertraglichen Jahresurlaub zusätzlichen Altersmehrurlaub erhalten (z. B. aufgrund Betriebsvereinbarung, Tarifvertrag), ist keine Drohverlustrückstellung zu bilden.[144] 200

Altersteilzeitverpflichtungen: Altersteilzeitvereinbarungen können nach dem AltTZG in zwei Varianten vorkommen: Modell 1: Der Arbeitnehmer arbeitet während der gesamten Laufzeit mit einer reduzierten Arbeitszeit gegen reduziertes Entgelt. Modell 2 (sog. **Blockmodell**): Der Arbeitnehmer arbeitet in der ersten Phase (**Beschäftigungsphase**) der Laufzeit des Altersteilzeitvertrags mit unverminderter Arbeitszeit bei reduziertem Entgelt. In der zweiten Phase (**Freistellungsphase**) arbeitet der Arbeitnehmer gar nicht mehr, erhält aber unverändert das reduzierte Entgelt. In der Praxis ist das Blockmodell vorherrschend. Da sich der Charakter der Altersteilzeitverträge im Zeitablauf geändert hat[145], ist zwischen solchen Verträgen zu differenzieren, die Abfindungscharakter haben und solchen, die den Charakter einer zusätzlichen Entlohnung haben. Bei **Verträgen mit Abfindungscharakter** sind die Aufstockungsbeträge bei Vertragsabschluss in voller Höhe (abgezinst) zurückzustellen, während bei **Verträgen mit Entlohnungscharakter** eine ratierliche Ansammlung über den Zeitraum vom Inkrafttreten der Altersteilzeitvereinbarung (Wirksamwerden eines Tarifvertrags oder einer Betriebsvereinbarung oder Abschluss eines Einzelvertrags) bis zum Ende der Beschäftigungsphase vorzunehmen ist. Rückstellungen sind nicht nur für solche Mitarbeiter zu bilden, die bereits einen Altersteilzeitvertrag abgeschlossen haben, sondern auch für die am Abschlussstichtag erwartete Inanspruchnahme von Berechtigten (unter Beachtung von Belastungsgrenzen und rechtlicher Verpflichtung des Arbeitgebers[146]). Die Rückstellung darf nicht um etwaige Erstattungsansprüche der Bundesagentur für Arbeit gekürzt werden; diese sind – soweit die Ansatzkriterien erfüllt sind – als Sonstige VG zu aktivieren. Steuerlich wird die Rückstellung i. d. R. abweichend zur HB passiviert.[147] 201

Altlasten: Eine Verpflichtung zur Beseitigung von Altlasten ergibt sich i. d. R. nicht aus gesetzlichen Regelungen, sondern aus behördlichen Verfügungen. Derartige Verfügungen fordern den Bilanzierenden zu einem bestimmten Handeln auf. Der Zeitpunkt der erstmaligen Bilanzierung dieser Verpflichtung richtet sich nach dem Grad der Wahrscheinlichkeit der Inanspruchnahme, d. h. der Wahrscheinlichkeit, dass eine Verfügung erlassen wird. Bei den heutigen Verhältnissen ist davon auszugehen, dass bekannte oder neu entdeckte Altlasten zwangsläufig früher oder später den Behörden bekannt werden und eine Verfügung ergeht. Andererseits reicht das schlichte Vorliegen einer Verdachtsfläche für die Rückstellungsbildung noch nicht aus.[148] Es müssen ausreichend objektive Hinweise für das Vorhandensein von Altlasten (z. B. Schadstoffe im Boden) vorliegen; ein Gutachten kann nicht zwingend für eine Rückstellungsbildung gefor- 202

---

144 Vgl. Niedersächsisches FG, Urteil v. 15.10.1987, VI 59/85, DB 1988, S. 1976.
145 Vgl. IDW RS HFA 3 n F, Tz 7 ff.
146 Vgl. zum TV FlexÜ: HFA, IDW-FN 2009, S. 62; IDW-FN 2013, S. 356.
147 Vgl. zur Behandlung in der Steuerbilanz: LfSt Bayern, Schreiben v. 20.3.2008, 10 St 32/St 33; BMF, Schreiben v. 11.11.1999, IV C 2 – S 2176–102/99, BStBl 1999 I S. 959; *Bode/Hainz*, DB 2004, S. 2436.
148 Zur steuerlichen Beurteilung vgl. BMF-Schreiben v. 11.5.2010, IV C 6 – S 2137/07/10004.

dert werden. Ausreichend können auch betriebsinterne Untersuchungen (Bodenproben, chemische Untersuchungen) sein.[149]

203 **Angeschaffte Rückstellungen:** Soweit Verpflichtungen im Wege eines Veräußerungsgeschäfts (*asset deal*) auf einen anderen übertragen werden, sind bei diesem die angeschafften Rückstellungen zu passivieren. Dies gilt für Verbindlichkeitsrückstellungen gleichermaßen wie für Drohverlustrückstellungen. Angeschaffte Drohverlustrückstellungen sind – entgegen § 5 Abs. 4a EStG – auch in der Steuerbilanz anzusetzen.[150] Übernimmt ein Bilanzierender von einem anderen eine ungewisse Verbindlichkeit, die die Rückstellungskriterien erfüllt, und erhält er für diese Übernahme ein über dem nach § 253 Abs. 2 HGB zu ermittelnden Wert liegendes Entgelt, so wäre bei strikt wortgetreuer Auslegung der Bewertungsvorgaben des § 253 Abs. 2 HGB am nächsten Abschlussstichtag die ungewisse Verbindlichkeit mit dem niedrigeren Wert nach § 253 Abs. 2 HGB anzusetzen. Nach der hier vertretenen Auffassung ist dies unzulässig, da ansonsten ein nicht realisierter Gewinn ausgewiesen würde. Diese Auffassung teilt auch der BFH, der dies mit der Geltung des erfolgsneutralen Anschaffungskostenprinzips auch für Rückstellungen begründet (vgl. § 253 Rz 62). Eine sofortige Vereinnahmung dieses „Erwerbsgewinns" scheitert nach der hier vertretenen Auffassung auch daran, dass der Bilanzierende die ungewisse Verpflichtung noch erfüllen muss, er also noch Leistungen erbringen muss. Entsprechend kann aufgrund des Realisationsprinzips die Gewinnrealisierung erst erfolgen, wenn die Leistungserbringung erfolgt ist. Im Ergebnis ist der „Einbringungsgewinn" somit ratierlich zur Leistungserbringung (Bedienung der Verpflichtung) zu vereinnahmen.

Die vorstehenden Grundsätze gelten auch für angeschaffte Rückstellungen, für die eigentlich Art. 28 Abs. 1 EGHGB ein Passivierungswahlrecht eröffnet, d.h. bei entgeltlicher Anschaffung sind derartige Altzusagen bzw. mittelbare Pensionsverpflichtungen passivierungspflichtig (Rz 87).

204 **Ansammlungsrückstellung:** Vgl. „Verteilungsrückstellung".

205 **Anpassungsverpflichtungen:** Hierbei handelt es sich um Verpflichtungen, nach denen der Bilanzierende Vorsorge zu treffen hat, dass eine genehmigungspflichtige Anlage im Hinblick auf die Emissions- oder Sicherheitsstandards dem jeweiligen Stand der Technik entspricht. Derartige Anpassungsverpflichtungen sind dann hinreichend konkretisiert, sobald für eine Anlage feststeht, dass die Grenzwerte überschritten werden und eine Nachrüstung erforderlich ist oder dass die Voraussetzungen für die Erstellung einer Sicherheitsanalyse bzw. daraus hervorgehend weitere Sicherheitsvorkehrungen gegeben sind.[151] Etwaige Übergangsfristen müssen allerdings abgelaufen sein, d.h., die Verpflichtung zur Einhaltung der Grenzwerte muss rechtlich bestehen.[152] Eine Rückstellung ist nicht zu bilden, wenn der Aufwand zu HK führt. Vgl. „Anschaffungs- und Herstellungskosten".

206 **Anschaffungs- und Herstellungskosten:** Eine Rückstellung für künftige AHK kann nur im Einzelfall in Betracht kommen, wenn die AHK eines VG dessen Zeitwert überschreiten. Gewichtigster Anwendungsfall sind von den Energie-

---

[149] Zum Stand der BFH-Rechtsprechung vgl. *Prinz*, DB 2013, S. 1815.
[150] Vgl. BFH, Urteil v. 12.12.2012, I R 69/11, DStR 2013, S. 575; BFH, Urteil v. 14.12.2011, I R 72/10, DStR 2012, S. 452; weiterführend: *Schönherr/Krüger*, DStR 2012, S. 829.
[151] Vgl. *Meyer-Wegelin*, in *Küting/Weber*, HdR, HGB § 249, Rn 105, Stand 03/2010.
[152] Vgl. BFH, Urteil v. 13.12.2007, IV R 85/05, BFH/NV 2008, S. 1029.

versorgungsunternehmen gebildete Rückstellungen für die Kosten bestrahlter Brennelemente.[153] Die Herstellung von Brennelementen aus wiederaufbereiteten Brennelementen ist teurer als die Beschaffung neuer Brennelemente. Gleichwohl sind die Energieversorgungsunternehmen im Rahmen der Betriebsgenehmigungen regelmäßig verpflichtet, wiederaufbereitete Brennelemente einzusetzen. Aus diesem Grund ist i. H. der Differenz zwischen den für die schadlose Verwertung der radioaktiven Abfälle insgesamt aufzuwendenden Entsorgungskosten und dem Marktpreis eines neuen Brennelements eine Verbindlichkeitsrückstellung zu bilden. Gleiches gilt für bei Versandhandelsunternehmen üblichen Rückstellungen für Absatzgeschäfte, die am Abschlussstichtag vor einer Rückabwicklung stehen. Der aus diesen realisierte Veräußerungsgewinn ist durch eine Verbindlichkeitsrückstellung zu neutralisieren, die i. H. des zurückzuerstattenden Kaufpreises, abzgl. des bei Veräußerung abgegangenen Buchwerts des VG, zu berechnen ist.[154] Vgl. „Rücknahmeverpflichtung".

Arbeitnehmer: Aus Arbeitsverhältnissen können sich vielfältige Verpflichtungen ergeben, die rückstellungsrelevant sind. Diese begründen regelmäßig Verbindlichkeitsrückstellungen. Ein Ansatz von Drohverlustrückstellungen ist mangels objektivierter Bewertung des Beitrags zum Unternehmenserfolg häufig nicht möglich (Rz 166). Vgl. auch „Abfindung", „Altersfreizeit und -mehrurlaub", „Altersteilzeit", „Arbeitslosengeld nach § 147a SGB III", „Beihilfe", „Berufsausbildung", „Gratifikationen", „Jubiläumsaufwendungen", „Lohnfortzahlung", „Mutterschutz", „Schwerbehinderte", „Soziallasten", „Sozialplan", „Tantieme", „Verdienstsicherung". 207

Arbeitslosengeld nach § 147a SGB III: Unter bestimmten Voraussetzungen muss der Arbeitgeber an ältere ehemalige Arbeitnehmer gezahltes Arbeitslosengeld der Bundesagentur für Arbeit erstatten. Diese öffentlich-rechtliche Verpflichtung ist rückstellungspflichtig. 208

Arzneimittelhersteller: Keine Rückstellungspflicht für die Verpflichtung zur Analyse und Registrierung bislang zulassungsfreier Arzneimittel.[155] Gleiches gilt für in Werbeprospekten zugesagte unentgeltliche Abgabe von Ärztemustern.[156] Für sog. Nachprämienverpflichtungen aus Haftpflichtversicherungsverträgen besteht Rückstellungspflicht.[157] 209

Aufbewahrungspflichten: Künftige Aufwendungen aus der Erfüllung gesetzlicher Aufbewahrungspflichten für Geschäftsunterlagen (§ 257 HGB, § 147 AO) führen zur Rückstellungspflicht. Die Bewertungsvorgaben (künftige Kosten- und Preisverhältnisse, Abzinsung) sind zu beachten.[158] Steuerlich besteht ebenfalls Rückstellungspflicht, allerdings gelten hier andere Bewertungsvorgaben.[159] 210

---

[153] Vgl. *Küting/Kessler*, DStR 1998, S. 1942.
[154] Vgl. BFH, Urteil v. 25.1.1996, IV R 114/94, BStBl 1997 II S. 382; Niedersächsisches FG, Urteil v. 4.9.1996, II 97/95, DStRE 1997, S. 534.
[155] Vgl. BFH, Urteil v. 25.8.1989, II R 95/87, BStBl 1989 II S. 893.
[156] Vgl. BFH, Urteil v. 20.10.1976, I R 112/76, BStBl 1977 II S. 278.
[157] Zu Einzelheiten vgl. *Renz*, StBP 1984, S. 16 und 110; *Killinger*, StBP 1984, S. 108.
[158] Vgl. IDW RH HFA 1.009 n. F.
[159] Vgl. *Endert/Sepetauz*, DStR 2011, S. 2060.

> **Beispiel**[160]
> Die GmbH ermittelt für die Kosten der Aufbewahrungspflichten einen jährlich gleichbleibenden Aufwand von 100. Eine exakte Berechnung der Rückstellung muss zum einen den degressiven Verlauf der Aufwendungen[161] und zum anderen die sich im Zeitablauf ändernden Zinssätze berücksichtigen. Anstelle dieser aufwendigen, tranchenweisen Berechnung kann aus Wesentlichkeitsüberlegungen[162] eine vereinfachte Berechnung erfolgen: Der Verpflichtungsumfang bestimmt sich mit dem 5,5-fachen der jährlichen Kosten (5,5 × 100 = 550), denn im Durchschnitt sind die archivierungspflichtigen Unterlagen 5,5 Jahre aufzubewahren (10 Jahre + 1 Jahr). Da die Aufbewahrungskosten gleichmäßig innerhalb dieses Zeitraums anfallen, kann der mittlere Zeitpunkt mit 2,75 Jahren nach dem Abschlussstichtag angenommen werden. Bei einem angenommenen (durch Interpolation bestimmten) Zinssatz für 2,75 Jahre Restlaufzeit von 4,1 % ergibt sich bei einer Abzinsung über 2,75 Jahre ein Rückstellungsbetrag von 492.

211 **Aufsichtsratsvergütung:** Soweit Aufsichtsratsmitglieder ihre Tätigkeit entgeltlich erbringen, ist die Vergütung am Abschlussstichtag rechtlich entstanden, sodass eine Verpflichtung des Unt besteht. Soweit die Höhe der Vergütung noch nicht feststeht (§ 113 Abs. 1 Satz 2 2. Alt. AktG), ist eine Verbindlichkeitsrückstellung zu bilden. Steht dagegen die Höhe der Vergütung aufgrund Satzungsregelung fest (Regelfall), ist eine Verbindlichkeit auszuweisen.

212 **Ausgleichsanspruch des Handelsvertreters:** Für gem. § 89b HGB künftige Ausgleichsansprüche ist eine Rückstellung zu bilden, wenn die Zahlung der Abgeltung der ehemals erbrachten Tätigkeit dient, d.h. keine wirtschaftlichen Vorteile der Zeit nach Vertragsende abgegolten werden.[163] Wird während der Vertragslaufzeit des Handelsvertretervertrags dem Handelsvertreter eine auf den Ausgleichsanspruch anrechenbare Pensionszusage gegeben, ist diese in voller Höhe rückstellungspflichtig.[164]

213 **Ausgleichspflicht bei Kostenüberdeckungen:** Kommunale Zweckverbände, die in einer Preiskalkulationsperiode erzielte Kostenüberdeckungen in der nächsten Kalkulationsperiode entgeltmindernd einzupreisen haben, haben für eine derartige periodenübergreifende Ausgleichspflicht eine Rückstellung für ungewisse Verbindlichkeiten zu bilden.[165]

214 **Aussetzungszinsen:** Rückstellungspflicht für ungewisse Verbindlichkeiten. Da der Ausgang eines Rechtsbehelfs regelmäßig unsicher ist, ist die für die Passivierung gebotene Wahrscheinlichkeit der Inanspruchnahme hinreichend konkretisiert.[166]

---

160 Vgl. *Bertram/Kessler*, DB 2012, S. 988.
161 Der degressive Verlauf resultiert aus den unterschiedlichen Aufbewahrungsdauern für die im Laufe der Zeit angesammelten Unterlagen. Alle zu Beginn eines Gj der Aufbewahrungspflicht unterliegenden Dokumente sind mindestens ein Jahr aufzubewahren. Nur für die aus dem letzten Jahr stammenden Unterlagen beträgt die Aufbewahrungsfrist zehn Jahre.
162 Vgl. IDW RS HFA 34, Tz 39.
163 Vgl. BFH, Urteil v. 24.1.2001, DB 2001, S. 1227.
164 Vgl. FinMin NRW, Schreiben v. 28.2.1967. BStBl 1967 II S. 91.
165 Vgl. BFH, Urteil v. 6.2.2013, I R 62/11, BStBl 2013 II, S. 954.
166 Vgl. BFH, Urteil v. 8.11.2000, I R 10/98, BStBl 2001 II S. 349.

Ausstehende Rechnungen: Für bis zum Abschlussstichtag empfangene L&L, 215
für die bis zur Bilanzaufstellung noch keine Rechnungen vorliegen, ist eine
Rückstellung zu bilden; ansonsten besteht die Pflicht zur Passivierung einer
Verbindlichkeit.

> **Beispiel**
> Bei einem Unt ist 14 Tage nach dem Abschlussstichtag Buchungsschluss für
> die Kreditorenbuchhaltung, um den engen Zeitplan für die Aufstellung von
> Jahresabschlüssen einhalten zu können. Die zwischen Buchungsschluss Kreditorenbuchhaltung und der endgültigen Aufstellung des Jahresabschlusses eingehenden, das abgelaufene Gj betreffenden Rechnungen werden als Rückstellung für ausstehende Rechnungen unter den Sonstigen Rückstellungen erfasst.
> Die Rechnungen sind als Verbindlichkeiten aus L&L auszuweisen. Aus Wesentlichkeitsgründen wird der Ausweis unter Sonstige Rückstellungen aber häufig nicht zu beanstanden sein.

Avalprovisionen: Für auf zukünftige Zeiträume der Kreditgewährung entfallende 216
Avalprovisionen kann weder eine Verbindlichkeits- noch eine Drohverlustrückstellung gebildet werden.[167]

Baulast: Die gegen Entgelt übernommene öffentlich-rechtliche Verpflichtung 217
eines Parkhausunternehmens, eine bestimmte Anzahl von Pkw-Stellplätzen zur
Vermietung zum üblichen Mietzins bereitzuhalten, ist in zeitlicher Hinsicht nicht
hinreichend konkretisiert, sodass keine Rückstellung auszuweisen ist.[168]

Bausparkassenabschlussgebühr: Vgl. „Abschlussgebühren für Bausparverträge". 218

Beihilfe: Bilanzierende, die Pensionären und Mitarbeitern während der Zeit ihres 219
Ruhestands Beihilfen für Krankheits-, Geburts- und Todesfälle gewähren, haben
eine Verbindlichkeitsrückstellung zu bilden. Der Grundsatz der Nichtbilanzierung schwebender Geschäfte ist nicht anwendbar, weil die Verpflichtung nach
Beendigung des Schwebezustands zu erfüllen ist und insoweit keine Leistungserbringung dem Unt zugute kommt.[169]

Bergschäden: Aufgrund der §§ 114ff. BBergG besteht eine Haftung für Berg- 220
bauunternehmen für an der Erdoberfläche unmittelbar oder mittelbar entstehende Sachschäden. Zu unterscheiden sind Rückstellungen für Bergschäden, die
bereits entstanden sind, der Höhe nach aber noch nicht feststehen, und Rückstellungen für künftige Bergschäden, die bereits durch Abbaumaßnahmen verursacht, aber noch nicht entstanden oder erkannt sind.[170] Zu den rückstellungspflichtigen Aufwendungen zählen auch die Aufwendungen für die Ermittlung
der Schadensursache, Schadenshöhe und der Person des Schädigers.[171]

Berufsausbildung: Eine Drohverlustrückstellung ist zu bilden, wenn Unt über 221
ihren eigenen Bedarf hinaus aus politischer und sozialer Verantwortung Aus-

---

[167] Vgl. BFH, Urteil v. 12.12.1991, I B R 28/91, BStBl 1992 II S. 600.
[168] Vgl. BFH, Urteil v. 3.5.1983, VIII R 100/81, BStBl 1983 II S. 572.
[169] Vgl. BFH, Urteil v. 30.1.2002, I R 71/00, BStBl 2003 II S. 279; zur bilanziellen Einordnung vgl. *Zwirner*, WPg 2012, S. 198.
[170] Vgl. WPH Edition, Wirtschaftsprüfung & Rechnungslegung, 15. Aufl., 2017, Abschn. F, Tz 621.
[171] Vgl. *Schülen*, WPg 1983, S. 663.

zubildende beschäftigen und der Wert des Anspruchs auf die Arbeitsleistung der Auszubildenden deutlich hinter den Aufwendungen für die Ausbildungsverpflichtung zurückbleibt.[172] Die Bewertung der Arbeitsleistung, die im Rahmen des Ausbildungsverhältnisses von dem Auszubildenden erbracht wird, erfolgt anhand der insoweit ersparten Aufwendungen für ausgebildete Arbeitnehmer. Für die Ausbildungsverhältnisse des eigenen Bedarfs ist im Regelfall die Ausgeglichenheitsvermutung des schwebenden Arbeitsverhältnisses anzunehmen.[173]

222 **Berufsgenossenschaftsbeiträge:** Für die zu leistenden Beiträge des abgelaufenen Gj ist eine Rückstellung zu bilden. Zu den Berufsgenossenschaftsbeiträgen zählt auch die Umlage für das Insolvenzgeld.

> **Beispiel**
> Ein Unt stellt im Februar 03 den Jahresabschluss zum 31.12.02 auf. Die Meldung der beitragsrelevanten Arbeitslöhne für das Jahr 02 an die Berufsgenossenschaft liegt vor; ein Bescheid der Berufsgenossenschaft für das Jahr 02 existiert zu diesem Zeitpunkt noch nicht.
> Die Rückstellung wird zweckmäßigerweise auf Basis des Beitragsbescheids der Berufsgenossenschaft für das Jahr 01 mit den dortigen Parametern (Beitragsfüße) berechnet, es sei denn, es liegen begründete Erkenntnisse vor, dass sich die Parameter wesentlich ändern werden. Soweit im Bescheid für 01 ein Rabatt für Schadensfreiheit gewährt worden ist, kann dieser nur bei der Rückstellungsberechnung 02 angewendet werden, wenn in 02 keine Schadensfälle aufgetreten sind.

223 **Besserungsschein:** Soweit Gläubiger auf ihre Forderungen verzichten unter der Voraussetzung, dass das Unt bei besserem Geschäftsgang in späteren Jahren einen Teil seines Gewinns den Gläubigern zur Verfügung stellt, ist bei Eintritt des besseren Geschäftsgangs (der im Regelfall im Besserungsschein spezifiziert ist, z.B. Ausweis eines Bilanzgewinns ohne Berücksichtigung des Besserungsscheins) eine Verbindlichkeit im Jahresabschluss zu passivieren.[174] Eine Rückstellung kommt nur in Betracht, wenn wegen Unsicherheiten über Höhe oder Grund keine Verbindlichkeit gebildet werden kann.

224 **Bestandspflege:** Rückstellungen für Bestandspflege bei Versicherungsverträgen sind für sog. Nachbetreuungskosten zu bilden.[175]

225 **Betriebsprüfung:** Rückstellungen sind nicht allein deshalb zulässig, weil erfahrungsgemäß bei einer steuerlichen Außenprüfung mit Steuernachforderungen zu rechnen ist.[176] Soweit aber voraussichtlich strittige Einzelsachverhalte bestehen, ist eine Rückstellung zu bilden, auch wenn den Finanzbehörden der Sachverhalt noch nicht bekannt ist. Es ist für die Rückstellungsbildung nicht erforderlich,

---

[172] Vgl. *Kessler*, DStR 1994, S. 1291.
[173] Vgl. BFH, Urteil v. 3.2.1993, I R 37/91, BStBl 1993 II S. 441; BFH, Urteil v. 25.1.1984, I R 7/80 , BStBl 1984 II S. 344.
[174] Vgl. WPH Edition, Wirtschaftsprüfung & Rechnungslegung, 15. Aufl., 2017, Abschn. F, Tz 665.
[175] Vgl. BFH, Urteil v. 19.7.2011, X R 26/10, DStR 2011, S. 1990; *Endert*, DStR 2011, S. 2280; *Endert*, DB 2011, S. 2164.
[176] Vgl. *Schubert*, in Beck Bil-Komm., 10. Aufl., 2016, § 249 HGB, Rz 100 Betriebsprüfungsrisiko; a.A. ADS, 6. Aufl., § 253 HGB, Rz 216.

dass mit der Bp bereits begonnen wurde und der Prüfer Sachverhalte beanstandet hat bzw. mit der konkreten Überprüfung befasst ist.[177]

> **Beispiel**
> Das Unt hat im Gj 01 einen Sachverhalt nach einer vertretbaren steuerlichen Beurteilung durch den Steuerberater des Unt bilanziert. Das Finanzamt hat im Rahmen der Veranlagung für 01 den Sachverhalt nicht aufgegriffen und wie in der Steuererklärung beantragt veranlagt. Bei Aufstellung des Jahresabschlusses zum 31.12.02 wird bekannt, dass für derartige Fälle ein Musterverfahren beim BFH anhängig ist, dessen Ausgang ggf. zu einer für das Unt nachteiligen steuerlichen Beurteilung des Sachverhalts kommen kann. Das Unt hat eine Verbindlichkeitsrückstellung für das Steuerrisiko zu bilden, da durch das anhängige Musterverfahren hinreichende Konkretisierung gegeben ist.

Für Aufwendungen künftiger Betriebsprüfungen (z. B. interne Personalkosten, Kosten des StB, Bereitstellung von Räumlichkeiten und Hilfsmitteln) haben als Großbetriebe eingestufte Ges. Rückstellungen zu bilden, soweit diese am Abschlussstichtag bereits abgelaufene Wirtschaftsjahre betreffen.[178]

Bewertungseinheit: Soweit sich aus den erwarteten Zahlungsströmen aus dem Grundgeschäft und dem Sicherungsgeschäft ein Überhang der negativen Wertänderungen ergibt, ist für diese noch nicht realisierten Verluste eine Rückstellung für Bewertungseinheiten zu bilden.[179] Hierbei handelt es sich um eine Rückstellung für drohende Verluste i. S. d. § 249 Abs. 1 Satz 1 HGB. 226

Buchführung: Für das abgelaufene Gj betreffende laufende Buchführungsarbeiten, die nach dem Abschlussstichtag vorgenommen werden (z. B. Buchführung für Monat Dezember), ist eine Verbindlichkeitsrückstellung zu bilden, da es sich um eine öffentlich-rechtliche Verpflichtung nach § 238 HGB handelt.[180] 227

Bürgschaft: Eine Verbindlichkeitsrückstellung ist dann zu bilden, wenn eine Inanspruchnahme des Bürgen droht. Es ist nicht erforderlich, dass bis zur Bilanzaufstellung die Inanspruchnahme bereits erfolgt ist.[181] Verwertbare Sicherheiten sind bei der Rückstellungsbewertung zu berücksichtigen. Demgegenüber ist bei Passivierung der Bürgschaftsverpflichtung eine Rückgriffsforderung gegen den Hauptschuldner zu aktivieren, die zumeist wertzuberichtigen ist. 228

Bußgeld: Für Rechtsverstöße, die bis zum Abschlussstichtag begangen wurden, ist eine Verbindlichkeitsrückstellung zu bilden, soweit mit der Verhängung von Bußgeldern (z. B. Sanktionen des Kartell- oder Umweltrechts, EU-Geldbußen[182]) zu rechnen ist.[183] 229

Chartervertrag: Eine Drohverlustrückstellung ist für Zeitcharterverträge zu bilden, wenn aus dem Vertrag – unter Berücksichtigung der für die Fremd- 230

---

[177] A. A. BFH, Urteil v. 16.2.1996, I R 73/95, BStBl 1996 II S. 592.
[178] Vgl. BFH, Urteil v. 6.6.2012, I R 99/10, BFH/NV 2012, S. 1715.
[179] Vgl. IDW RS HFA 35, Tz 66.
[180] Vgl. BFH, Urteil v. 25.3.1992, I R 69/91, BStBl 1992 II S. 1010.
[181] Vgl. BFH, Urteil v. 15.10.1998, IV R 8/98, BStBl 1999 II S. 333 mwN.
[182] Vgl. *Lüdeke*, BB 2004, S. 1436.
[183] Vgl. WPH Edition, Wirtschaftsprüfung & Rechnungslegung, 15. Aufl., 2017, Abschn. F25, Tz 625.

finanzierung des Schiffs zu zahlenden Darlehenszinsen – ein Verlust droht.[184]

231 **Datenbereinigung:** Soweit aufgrund von Bestimmungen des Bundesdatenschutzgesetzes oder privatrechtlichen Vereinbarungen Verpflichtungen zum Löschen von gespeicherten Daten entstehen (z.B. Löschung personenbezogener Daten nach einer bestimmten Zeitperiode), sind die dadurch entstehenden Aufwendungen im Gj der Speicherung der Daten rückstellungspflichtig.[185]

232 **Datenschutz:** Soweit vor dem Abschlussstichtag begangene Verstöße gegen das Bundesdatenschutzgesetz oder andere Rechtsgrundlagen, die Ansprüche Dritter begründen, bei Bilanzaufstellung bekannt sind, sind für die daraus entstehenden Aufwendungen (z.B. zur Berichtigung oder Löschung von Daten) Rückstellungen zu bilden. Ggf. ist darüber hinaus auf Basis von Erfahrungswerten eine Pauschalrückstellung für noch nicht bekannte Verstöße zu bilden.

233 **Datenzugriff der Finanzverwaltung:** Aufgrund der Verpflichtungen aus §§ 146, 147 AO, ergänzt durch die Grundsätze zum Datenzugriff für die Finanzverwaltung,[186] ist für die gem. § 147 Abs. 6 Satz 3 AO erforderlichen Aufwendungen eine Verbindlichkeitsrückstellung zu bilden.[187]

234 **Dekontaminationsverpflichtungen:** Vgl. „Altlasten", Rz 202.

235 **Deputatverpflichtungen:** Eine Verbindlichkeitsrückstellung für der Höhe nach ungewisse Verpflichtungen ist zu bilden, wenn ähnliche wiederkehrende Leistungspflichten bestehen. Oftmals wird die Höhe der Deputatverpflichtung feststehen, sodass eine Verbindlichkeit auszuweisen ist. Soweit es sich um Verpflichtungen im Rahmen von Pensionsverpflichtungen handelt, besteht für Altzusagen (Rz 76) das Passivierungswahlrecht gem. Art. 28 EGHGB.

236 **Devisentermingeschäfte:** Zum Begriff vgl. § 246 Rz 71. Zu Bewertungseinheiten vgl. § 254 Rz 19. Soweit keine Bewertungseinheit vorliegt, sind bei negativen Marktwerten zum Abschlussstichtag Drohverlustrückstellungen zu bilden.[188] Neben dem Währungsrisiko besteht bei Devisentermingeschäften auch ein von der Bonität des Geschäftspartners abhängiges Erfüllungsrisiko, das ebenfalls eine Rückstellungsbildung erforderlich machen kann.[189]

237 **Druckbeihilfen:** Für die bedingte Verpflichtung eines Verlags zur Rückzahlung der von Autoren erhaltenen Druckbeihilfen bei Erreichen bestimmter Absatzzahlen ist eine Rückstellung zu bilden,[190] soweit das Erreichen der Absatzzahlen am Abschlussstichtag erwartet wird.

---

[184] Vgl. BFH, Urteil v. 11.2.1988, IV R 191/85, BStBl 1988 II S. 661.
[185] Vgl. *Blenkers/Czisz/Gerl*, 1994, S. 261 ff.; WPH Edition, Wirtschaftsprüfung & Rechnungslegung, 15. Aufl., 2017, Abschn. R, Tz 626.
[186] Vgl. BMF, Schreiben v. 16.7.2001, Grundsätze zum Datenzugriff und zur Prüfbarkeit digitaler Unterlagen (GDPdU), IV D 2 – S 0316–136/01, BStBl 2001 I S. 401.
[187] Vgl. *Groß/Matheis/Lindgens*, DStR 2003, S. 921; *Zwirner/Künkele*, BRZ 2009, S. 113; a.A.: OFD-Rheinland, Schreiben v. 5.11.2008, S 2137 – St 141–02/2008, DB 2008, S. 2730.
[188] Vgl. zur Bewertung *Gebhardt/Breker*, DB 1991, S. 1534.
[189] Vgl. IDW, IDW-FN 2009, S. 16.
[190] Vgl. BFH, Urteil v. 3.7.1997, IV R 49/96, BStBl 1996 II S. 244; *Moxter*, BB 1998, S. 2466; a.A.: *Schubert*, in Beck Bil-Komm., 10. Aufl., 2016, § 249 HGB, Rz 100 Druckbeihilfen.

Einkaufskontrakte: Soweit für am Abschlussstichtag bestellte, aber noch nicht gelieferte VG, wenn sie bereits im Bestand wären, nach § 253 Abs. 4 Satz 2 HGB eine außerplanmäßige Abschreibung erforderlich wäre, ist eine Drohverlustrückstellung zu bilden.[191] 238

Entfernungsverpflichtungen: Soweit öffentlich-rechtliche oder privatrechtliche Verpflichtungen (z.B. nach Ablauf eines Konzessions- oder Gestattungsvertrags) bestehen, Einrichtungen oder Anlagen von einem Grundstück zu entfernen, ist hierfür eine Verbindlichkeitsrückstellung zu bilden.[192] Sieht allerdings ein Bewilligungsbescheid zwar vor, dass der Bilanzierende die Anlage zu entfernen hat, besteht aber gleichzeitig ein Recht der Behörde, die Anlage auf staatliche Kosten beizubehalten, fehlt es an der hinreichenden Konkretisierung, sodass keine Rückstellung gebildet werden darf.[193] Die Rückstellung ist als sog. Verteilungsrückstellung über die Laufzeit des Vertrags anzusammeln.[194] Vgl. „Abbruchkosten", Rz 193. 239

Entsorgungsverpflichtungen: Hierzu zählen Rücknahmeverpflichtungen für Altbatterien, Altautos, Elektroaltgeräte. Gleichermaßen sind hier Entsorgungsverpflichtungen für Abfälle des Unt als Verbindlichkeitsrückstellung zu passivieren, da durch die Vorschriften des Abfallrechts eine sanktionsbewehrte Außenverpflichtung des Unt besteht.[195] 240

ERA-Anpassungsfonds: Für Lohn-/Gehalts-Anpassungsverpflichtungen aufgrund eines Entgeltrahmentarifvertrags (ERA-TV) der Metall- und Elektroindustrie sind nicht ausgezahlte Tariferhöhungen, die in einem Anpassungsfonds gesammelt werden, als Verbindlichkeitsrückstellung zu behandeln. Bei der Bewertung der Rückstellung sind die Arbeitgeberanteile zur Sozialversicherung mit einzubeziehen.[196] 241

Erbbaurecht: Für ein bestehendes Erbbaurecht kann beim Erbbauberechtigten ggf. eine Rückstellung für drohende Verluste zu bilden sein, z.B. aufgrund mangelnder Nutzungsmöglichkeit.[197] 242

Erfolgsprämien: Werden Arbeitnehmern Erfolgsprämien, Tantiemen, Gratifikationen oder andere gewinnabhängige Vergütungen vor dem Abschlussstichtag zugesagt, so sind hierfür Verbindlichkeitsrückstellungen in dem Gj zu bilden, an deren Erfolg (z.B. Jahresüberschuss, EBIT) die Erfolgsprämie geknüpft ist. Dies gilt auch, wenn die Erfolgsprämie an die Arbeitnehmer erst nach Ablauf mehrerer Jahre und unter der Bedingung weiterer Betriebszugehörigkeit ausgezahlt wird, allerdings der Höhe nach in bis zum Abschlussstichtag verwirklichten Merkmalen bemessen wird.[198] 243

Erneuerungsverpflichtung: Soweit ein Mieter oder Pächter verpflichtet ist, durch bestimmungsgemäße Nutzung im Zeitablauf unbrauchbar werdende Anlagen, die wirtschaftlich verbraucht sind, durch neue zu ersetzen, ist eine Ver- 244

---

[191] Vgl. IDW RS HFA 4, Tz 30.
[192] Vgl. BFH, Urteil v. 28.3.2000, VIII R 13/99, BStBl 2000 II S. 612.
[193] Vgl. BFH, Urteil v. 12.12.1991, IV R 28/91, BStBl 1992 II S. 600.
[194] Vgl. *Wulf*, KoR 2010, S. 342; zum Unterschied zwischen handels- und steuerrechtlicher Bewertung vgl. *Marx*, BB 2012, S. 563.
[195] Vgl. *Mayr*, DB 2003, S. 742; a.A.: BFH, Urteil v. 8.11.2000, I R 6/96, BStBl 2001 II S. 570.
[196] Vgl. HFA, IDW-FN 2004, S. 38, 305.
[197] Vgl. *Hütz*, StBP 1983, S. 6.
[198] Vgl. BFH, Urteil v. 7.7.1983, IV R 47/80, BStBl 1983 II S. 753.

bindlichkeitsrückstellung zu bilden. Der Miet- bzw. Pachtvertrag stellt ein schwebendes Geschäft dar. Durch die in der Vergangenheit erfolgte Nutzung der Anlagen ist jedoch ein Erfüllungsrückstand entstanden, der ratierlich als sog. echte Ansammlungsrückstellung zu passivieren ist.[199] Berechnungsbeispiel vgl. „Abbruchkosten", Rz 193.

245 **Garantie:** Soweit bei vom Bilanzierenden abgegebenen Garantien eine Inanspruchnahme droht, ist eine Rückstellung zu passivieren. Regelmäßig erfolgt dies bei sog. „Garantien auf erstes Anfordern", bei denen alle Einwendungsmöglichkeiten des Garanten ausgeschlossen sind. Wirtschaftlich betrachtet ist der Übergang zwischen einer Bürgschaft und einer Garantie fließend. Zu Garantien im weiteren Sinne rechnen auch sog. harte Patronatserklärungen[200] (§ 251 Rz 33). Die Höhe der Inanspruchnahme kann ggf. mittels Schätzverfahren ermittelt werden.[201] Vgl. „Bürgschaft", Rz 228, „Gewährleistung", Rz 249.

246 **Geschäftsbericht:** Eine Verpflichtung zur Erstellung eines Geschäftsberichts ist rückstellungspflichtig.[202] Eine derartige Verpflichtung kann auch aufgrund langjähriger Übung entstehen (zu faktischen Verpflichtungen s. Rz 30).

247 **Geschäftsrisiko:** Ein Ansatz einer Rückstellung für allgemeine Geschäftsrisiken, die sich etwa aus einer zukünftig notwendigen Geschäftsverlegung oder der Gefahr der Verschlechterung der künftigen Ertragslage ergeben, ist nicht zulässig.[203]

248 **Geschäftsunterlagen:** Vgl. „Aufbewahrungspflichten", Rz 210.

249 **Gewährleistung:** Rückstellungen für Gewährleistungsverpflichtungen bestehen regelmäßig gegenüber Vertragspartnern. Gewährleistungsverpflichtungen können auf vertraglicher (Zusicherung von Eigenschaften) oder gesetzlicher (z.B. § 477 BGB) Grundlage entstehen. Die Verpflichtungen betreffen z.B. kostenlose Nacharbeiten, Ersatzlieferungen, Minderungen, Rückgewährungen nach Rücktritt vom Vertrag, Schadensersatzleistungen. Die Rückstellung kann entweder als Einzelrückstellung für konkrete Einzelfälle oder als Pauschalrückstellung (z.B. ein anhand von Erfahrungswerten ermittelter Prozentsatz vom garantiebehafteten Umsatz) berechnet werden. Die Höhe der Inanspruchnahme kann ggf. mittels Schätzverfahren ermittelt werden.[204] Die Bewertung erfolgt i.H.d. zu erwartenden Aufwendungen für die Erfüllung der Verpflichtung, d.h., es sind sämtliche Aufwendungen einzubeziehen (Vollkosten). Eine vom Käufer nach dem Abschlussstichtag bis zum Tag der Bilanzaufstellung erfolgte Erklärung des Rücktritts vom Kaufvertrag ist wertbegründend und nicht in der Rückstellung zu berücksichtigen, soweit am Abschlussstichtag der Rücktritt nicht wahrscheinlich war.[205] Wurden allerdings am Abschlussstichtag bereits Verhandlungen über einen möglichen Rücktritt geführt und war die Ausübung des Rücktritts am Abschlussstichtag wahrscheinlich, ist dies der Rückstellungsbewertung zugrunde zu legen. Eine Verpflichtung zur Rücknahme einer mangelhaften Lieferung ist mit dem zurückzuzahlenden Kaufpreis abzüglich des Zeitwerts der

---

199 Vgl. BFH, Urteil v. 3.12.1991, VIII R 88/87, BStBl 1993 II S. 89.
200 Vgl. IDW RH HFA 1.013.
201 Vgl. *Hommel/Schulte*, BB 2004, S. 1674.
202 Vgl. BFH, Urteil v. 23.7.1980, I R 28/77, BStBl 1981 II S. 62.
203 Vgl. BFH, Urteil v. 24.8.1972, VIII R 31/70, BStBl 1972 II S. 943.
204 Vgl. *Hommel/Schulte*, BB 2004, S. 1674.
205 Vgl. BFH, Urteil v. 28.3.2000, VIII R 77/96, DStR 2000, S. 1176.

mangelhaften Ware zu bewerten.²⁰⁶ Soweit Automobilhersteller Gewährleistungsverpflichtungen gegenüber ihren Vertragshändlern durch die Erteilung von Gutschriften für die vom Hersteller gelieferten und vom Händler verwendeten Ersatzteile erfüllen, sind der Rückstellung die Nettopreise der Vertragshändler und nicht die eigenen Aufwendungen (Selbstkosten) zugrunde zu legen.²⁰⁷ Bestehen am Abschlussstichtag Rückgriffsansprüche gegen Dritte, ist deren Aktivierung zu prüfen. Zur Berücksichtigung nicht aktivierbarer Rückgriffsansprüche bei der Rückstellungsbewertung vgl. § 253 Rz 37. Wegen Gewährleistungsverpflichtungen, die ohne rechtliche Verpflichtung erbracht werden (§ 249 Abs. 1 Satz 2 Nr. 2 HGB), vgl. Rz 191.

Gewerbesteuer: Die für das laufende Gj anfallende voraussichtliche Gewerbesteuerabschlusszahlung ist als Verbindlichkeitsrückstellung (Steuerrückstellung) zu passivieren. Gleiches gilt für auf vorangegangene Gj zu erwartende Nachzahlungen aufgrund geänderter Veranlagung (z.B. infolge einer Bp). Bis zum Abschlussstichtag aufgelaufene bzw. zu erwartende Zinsen (§§ 233a–237 AO), Säumniszuschläge (§ 240 AO) oder Verspätungszuschläge (§ 152 AO) sind ebenfalls zu passivieren (Ausweis unter Verbindlichkeiten oder – soweit die Höhe unsicher ist – unter sonstige Rückstellungen). 250

Gewinnabhängige Vergütung: Vgl. „Erfolgsprämien", Rz 243. 251

Gleitzeitguthaben: Haben Arbeitnehmer (z.B. aufgrund Betriebsvereinbarung) bis zum Abschlussstichtag Gleitzeitguthaben erworben, ist hierfür eine Verbindlichkeitsrückstellung zu bilden. Es handelt sich um einen Erfüllungsrückstand, der vom Arbeitgeber im neuen Gj auszugleichen ist. Die Bewertung hat unter Einbeziehung der Sozialversicherungsanteile des Arbeitgebers zu erfolgen. Berechnungsbeispiel vgl. „Urlaub". Bestehen sowohl Verpflichtungen des Arbeitgebers aus Gleitzeitguthaben als auch Ansprüche gegen Arbeitnehmer, die am Abschlussstichtag gegenüber der Normalarbeitszeit Minderzeiten erbracht haben, sind diese separat zu bilanzieren. Die Verpflichtungen sind als Verbindlichkeitsrückstellung zu passivieren. Die Ansprüche des Arbeitgebers sind im Regelfall als Sonstige Vermögensgegenstände zu aktivieren; Voraussetzung hierfür ist allerdings, dass der Arbeitnehmer allein darüber entscheiden kann, ob überhaupt ein Minussaldo auf dem Gleitzeitkonto entsteht und wie dieser ausgeglichen werden soll. Hat allerdings der Arbeitgeber einseitig das Entstehen eines Minussaldos angeordnet (z.B. im Falle wesentlicher Auftragsrückgänge), scheidet ein Ansatz eines VG aus.²⁰⁸ 252

Gratifikationen: Vgl. „Erfolgsprämien". 253

Gruben- und Schachtversatz: Vgl. „Bergschäden". 254

Haftpflicht: Derartige Ansprüche können aus positiver Vertragsverletzung gegenüber Vertragspartnern oder unerlaubter Handlung (§§ 823 ff. BGB), anderen gesetzlichen Vorschriften aus Gefährdungshaftung (z.B. ProdHaftG, UmweltHG) entstehen. Haftpflichtverbindlichkeiten gegenüber Vertragspartnern werden regelmäßig durch Gewährleistungsrückstellungen abgedeckt (vgl. „Gewährleistung"). Haftungsinanspruchnahmen durch Dritte sind dann rückstellungspflichtig, wenn bis zur Bilanzaufstellung Schadensersatzansprüche geltend 255

---

²⁰⁶ A. A. BMF, Schreiben v. 21.1.2002, IV A 6 – S 2137–1402, WPg 2002, S. 390.
²⁰⁷ Vgl. BFH, Urteil v. 13.11.1991, I R 129/90, BStBl 1992 II S. 519.
²⁰⁸ Vgl. zu Einzelheiten: HFA, IDW-FN 2009, S. 322.

gemacht werden bzw. konkrete Tatsachen über das Vorliegen eines anspruchsbegründenden Sachverhalts bekannt sind; pauschale Rückstellungen sind unzulässig.[209] Bestrittene Rückgriffsansprüche (z. B. gegen Versicherungen) dürfen nicht aktiviert und auch nicht rückstellungsmindernd berücksichtigt werden. Unbestrittene Rückgriffsansprüche können dagegen rückstellungsmindernd berücksichtigt werden, ohne dass hierin ein Verstoß gegen den Einzelbewertungsgrundsatz gesehen wird.[210] Soweit aber die Voraussetzungen für die Aktivierung des Rückgriffsanspruchs vorliegen (z. B. Schadensmeldung an den Versicherer), ist dieser als VG zu aktivieren und die Rückstellung in voller Verpflichtungshöhe auszuweisen.

256 **Handelsvertreter:** Vgl. „Ausgleichsanspruch des Handelsvertreters", Rz 212.

257 **Hauptversammlung:** Die gesetzliche Verpflichtung (§ 120 Abs. 1 Satz 1 AktG), in den ersten acht Monaten nach Ablauf des Gj eine HV abzuhalten, begründet eine Außenverpflichtung des Unt, sodass für die erwarteten Aufwendungen eine Verbindlichkeitsrückstellung zu bilden ist.[211] Zwar werden auf einer HV auch häufig nicht das abgelaufene Gj betreffende Tagesordnungspunkte behandelt (z. B. Durchführung von Kapitalmaßnahmen, Wahl von Mitgliedern des Aufsichtsrats, Wahl des AP). Es werden aber regelmäßig die gesetzlichen Verpflichtungen, das abgelaufene Gj betreffend (Entlastung von Vorstand und Aufsichtsrat, Vorlage von Jahresabschluss/Konzernabschluss), erfüllt, sodass Rückstellungspflicht besteht. Es sind die gesamten, mit der Einladung und Durchführung der HV erwarteten Aufwendungen in die Rückstellung mit einzubeziehen.

258 **Heimfall:** Soweit eine Verpflichtung eines Mieters, Pächters oder Erbbauberechtigten besteht, eigene Anlagen unter bestimmten Voraussetzungen entschädigungslos zu übereignen, ist dies bei der Bemessung der planmäßigen Abschreibungen auf die Anlage und nicht durch Rückstellungsbildung zu berücksichtigen. Eine Rückstellungspflicht besteht nur insoweit, als bei der Übergabe der Anlagen noch bestimmte Ausgaben erforderlich sind.[212]

259 **Herstellungskosten:** Vgl. „Anschaffungs- und Herstellungskosten".

260 **Herstellungskostenbeiträge:** Soweit ein Unt HK-Zuschüsse von Kunden erhält, die verkaufspreismindernd zu berücksichtigen sind, sind diese gewinnerhöhend zu berücksichtigen. In derselben Höhe ist gleichzeitig eine Verbindlichkeitsrückstellung zu bilden, die über die voraussichtliche Dauer der Lieferverpflichtung aufzulösen ist. Dies gilt auch, wenn am Abschlussstichtag keine schwebenden Geschäfte bestehen, soweit ein faktischer Leistungszwang besteht.[213]

261 **Hinterzogene Steuern:** Der BFH lässt steuerlich eine Rückstellung für hinterzogene Mehrsteuern erst an dem Abschlussstichtag zu, an dem der Steuerpflichtige mit der Aufdeckung der Steuerhinterziehung rechnen musste.[214] Handelsbilanziell ist die Rückstellung in voller Höhe in den Jahresabschlüssen zu berücksichtigen, in denen sie entstanden sind. Eine unterschiedliche Behandlung

---

[209] Vgl. BFH, Urteil v. 30.6.1983, IV R 41/81, BStBl 1984 II S. 263.
[210] Vgl. BFH, Urteil v. 17.2.1993, X R 60/89, BStBl 1993 II S. 437.
[211] A. A. BFH, Urteil v. 23.7.1980, I R 28/77, BStBl 1981 II S. 62.
[212] Vgl. WPH Edition, Wirtschaftsprüfung & Rechnungslegung, 15. Aufl., 2017, Abschn. F, Tz 637.
[213] Vgl. BFH, Urteil v. 29.11.2000, I R 87/99, BStBl 2002 II S. 655.
[214] Vgl. BFH, Urteil v. 22.8.2012, X R 23/10, BStBl 2013 II S. 76.

von Mehrsteuern infolge von Steuerhinterziehungen gegenüber solchen aus einer Bp ist nach der hier vertretenen Auffassung nicht gerechtfertigt.

IFRS-Umstellung: Aufwendungen für eine IFRS-Umstellung sind rückstellungspflichtig, soweit eine Außenverpflichtung besteht. Dies trifft aber nur für die gem. § 315e HGB verpflichteten Mutterunternehmen zu, die geregelte Kapitalmärkte i.S.d. EU-Rechts in Anspruch nehmen bzw. einen Antrag auf Zulassung zu einem organisierten Markt i.S.v. § 2 Abs. 1 Satz 1 WpHG gestellt haben. Hieraus ergibt sich eine öffentlich-rechtliche Verpflichtung, die im Jahr des Erfüllens der Voraussetzungen (Antragstellung auf Zulassung zu einem organisierten Markt) rückstellungspflichtig ist. Liegt demgegenüber am Abschlussstichtag lediglich die begründete Absicht vor, einen derartigen Antrag zu stellen, liegt noch keine rechtliche Verbindlichkeit vor. In die Rückstellungsbewertung sind die erwarteten internen und externen Aufwendungen (nicht: AHK für aktivierungspflichtige VG) für die Umstellung einzubeziehen.

262

> **Beispiel**
> Die AG hat im Freiverkehr gehandelte Aktien begeben und veröffentlicht ausschließlich Jahresabschlüsse und Konzernabschlüsse nach HGB. Im Juni 01 stimmt die HV dem Antrag von Vorstand und Aufsichtsrat zu, zur Stärkung der Kapitalbasis eine Kapitalerhöhung verbunden mit einem Segmentwechsel in den geregelten Markt durchzuführen. Der Antrag auf Zulassung zum geregelten Markt wird im Dezember 01 gestellt. Aufgrund der anstehenden Umstellung der Rechnungslegung auf IFRS werden (neben nicht rückstellungsfähigen Investitionen in Hard- und Software) folgende Aufwendungen erwartet:
>
> | | |
> |---|---|
> | Externe Beratungskosten zur Umstellung der IT | 300 TEUR |
> | Interne Personalkosten zur Durchführung der IFRS-Umstellung | 200 TEUR |
>
> Darüber hinaus werden zwei weitere Mitarbeiter im Rechnungswesen benötigt, für die Personalkosten von jährlich 80 TEUR erwartet werden.
> Es ist eine Rückstellung i.H.v. 500 TEUR zu bilden, da eine Außenverpflichtung des Unt am Abschlussstichtag begründet ist. Die Personalkosten der beiden einzustellenden Mitarbeiter sind nicht zurückzustellen, da hier die Ausgeglichenheitsvermutung bei Dauerschuldverhältnissen gilt (vgl. Rz 166).

Instandhaltung: Zur unterlassenen Instandhaltung vgl. Rz 174. Aufwendungen für Großreparaturen sind mangels Außenverpflichtung nicht rückstellungsfähig. 263

Insolvenzsicherung: Vgl. Rz 100. 264

Inspektionsverpflichtung: Vgl. „Sicherheitsinspektionen", Rz 311. 265

Jahresabschluss: Kosten für die Erstellung, Prüfung und Offenlegung des Jahresabschlusses und Lageberichts sind rückstellungspflichtig. Für die Erstellung und Offenlegung bestehen öffentlich-rechtliche Verpflichtungen in Form der handelsrechtlichen Vorschriften. Auch Aufwendungen für die freiwillige Prüfung des Jahresabschlusses sind rückstellungspflichtig, soweit eine auf privatrechtlicher Grundlage bestehende Verpflichtung des Unt (z.B. in Satzung/Gesellschaftsver- 266 trag, Kreditverträgen) vorliegt. Die vom BFH vorgetragene Auffassung, eine sich alleinig aus dem Gesellschaftsvertrag ergebende Prüfungspflicht sei keine Außenverpflichtung,[215] überzeugt nicht und wird nach der hier vertretenen Auffassung abgelehnt.[216] Weiterhin sind die voraussichtlichen Aufwendungen für die Erstellung der betrieblichen Steuererklärungen für das abgelaufene Geschäftsjahr rückstellungspflichtig.[217] Unter dem Aspekt der wirtschaftlichen Verursachung ist es unerheblich, ob die Jahresabschlusskosten Verpflichtungen gegenüber Dritten begründen oder als interne Aufwendungen anfallen.[218]

267 **Jubiläum:** Erhalten Mitarbeiter aus Anlass von Dienstjubiläen (z. B. 10, 25, 40 Dienstjahre) zugesagte oder aufgrund betrieblicher Übung Zuwendungen (Bar- und/oder Sachzuwendungen), sind diese grds. als nachträgliche Vergütung für die Arbeitsleistungen anzusehen und dementsprechend in den einzelnen Perioden anteilig in der HB zurückzustellen.[219] Steuerlich bestehen spezielle Anforderungen an die Konkretisierung (u. a. Schriftformerfordernis, Mindestzugehörigkeit).[220]

268 **Körperschaftsteuer:** Vgl. „Gewerbesteuer", Rz 250.

269 **Konzernhaftung:** Vgl. „Verlustausgleichsverpflichtung", Rz 327, „Verlustübernahmeverpflichtung", Rz 328.

270 **Kulanz:** Vgl. Rz 191.

271 **Latente Steuern:** Vgl. Rz 41, Ekfl., PersG, die nicht unter § 264a HGB fallen, sowie kleine KapG/KapCoGes i. S. v. § 267 HGB, die nicht freiwillig § 274 HGB anwenden, haben gleichwohl nach § 249 Abs. 1 HGB Rückstellungen für latente Steuern auszuweisen[221] (§ 274a Rz 11).

272 **Leasingvertrag:** Rückstellungen für drohende Verluste aus schwebenden Leasingverhältnissen kommen sowohl beim Leasinggeber als auch beim Leasingnehmer in Betracht. Im Falle der Bilanzierung des Leasinggegenstands beim Leasinggeber ist beim Leasingnehmer eine Drohverlustrückstellung dann zu bilden, wenn die noch zu erbringenden Leasingraten den quantifizierbaren Beitrag der Nutzung des Leasinggegenstands für den Unternehmenserfolg übersteigen. Dies ist oftmals dann geboten, wenn die Leasingraten progressiv verlaufen, wobei es sich dann nicht um eine Drohverlustrückstellung, sondern um eine Verbindlichkeitsrückstellung wegen Erfüllungsrückstands handelt.[222] Beim Leasinggeber kommt eine Drohverlustrückstellung dann zum Ansatz, wenn die zukünftigen Aufwendungen aus dem Leasingvertrag (Abschreibungen, Zinsen Verwaltungskosten) die zukünftigen Leasingraten übersteigen. Weiterhin hat der Leasinggeber Bonitäts- und Restwertrisiken zurückzustellen, wobei allerdings der Vorrang der außerplanmäßigen Abschreibung aktivierter VG zu beachten ist (Rz 133).[223] Vgl. „Chartervertrag", „Mietvertrag".

273 **Leergut:** Vgl. „Leihemballagen".

---

[215] Vgl. BFH, Urteil v. 5.6.2014, IV R 26/11, BStBl. 2014 II, S. 886.
[216] Vgl. IDW, IDW-FN 2015, S. 54 unter Verweis auf IDW RH HFA 1.009.
[217] Vgl. BFH, Urteil v. 19.3.1998, IV R 1/93, BStBl 1993 II S. 352.
[218] Vgl. WPH Edition, Wirtschaftsprüfung & Rechnungslegung, 15. Aufl., 2017, Abschn. F, Tz 639.
[219] Vgl. HFA, WPg 1994, S. 27.
[220] Vgl. § 5 Abs. 4 EStG; BFH, Urteil v. 18.1.2007, IV R 42/04, BB 2007, S. 539; FG Düsseldorf, Urteil v. 29.6.2010, 6 K 7287/00, BB 2010, S. 2232.
[221] Vgl. IDW RS HFA 7, Tz 26.
[222] Vgl. WPH Edition, Wirtschaftsprüfung & Rechnungslegung, 15. Aufl., 2017, Abschn. F, Tz 643; vgl. auch BFH, Urteil v. 21.9.2011, I R 50/10, BB 2012, S. 184.
[223] A. A. OLG Düsseldorf, Beschluss v. 19.5.2010, 26 W 4/08, DB 2010, S. 1454.

Leihemballagen: Werden vom Bilanzierenden sowohl die Leihemballagen des Lieferanten (Pfandgut, Säcke etc.) als auch die Pfandgeldforderungen für unterwegs befindliches Leergut aktiviert bzw. Pfandgelder vereinnahmt, so sind i. H. der Pfandgeldforderungen bzw. der vereinnahmten Beträge Rückstellungen für die Rückzahlungsverpflichtungen an den Lieferanten zu bilden.[224] 274

Lohnfortzahlung: Der Lohnfortzahlungsanspruch des Arbeitnehmers im Krankheitsfall ist in die Ausgeglichenheitsvermutung des Arbeitsverhältnisses einzubeziehen.[225] Der Ausweis einer Drohverlustrückstellung ist somit regelmäßig nicht zulässig (Rz 165).[226] 275

Lohnsteuer: Eine Rückstellung wegen Lohnsteuerhaftung ist dann geboten, wenn mit dem Erlass eines Haftungsbescheids ernsthaft zu rechnen ist.[227] 276

Mehrerlösabschöpfung: Betreiber von Energieversorgungsnetzen haben für bestimmte Mehrerlöse, die periodenübergreifend an die Kunden wieder auszugleichen sind, eine Verbindlichkeitsrückstellung zu bilden.[228] 277

Mietvertrag: Für den Vermieter kommt die Bildung einer Drohverlustrückstellung erst dann in Betracht, wenn er den erwarteten Verlust aus dem Mietverhältnis nicht vollständig durch Abschreibungen auf das Mietobjekt berücksichtigen kann. Bei Untermietverhältnissen tritt – da keine aktivierten VG vorliegen – die Notwendigkeit der Bildung einer Drohverlustrückstellung entsprechend eher auf. Für den Mieter sind Drohverlustrückstellungen nicht allein deshalb schon zu bilden, weil gleichwertige Mieträume zu günstigeren Konditionen beschafft werden können, da nicht ausgeschlossen werden kann, dass statt zukünftig drohender Verluste zukünftig entgehende Gewinne zurückgestellt würden.[229] Der Mieter hat eine Drohverlustrückstellung zu bilden, wenn zurechenbare Erträge (z. B. aus einer Weitervermietung an einen Untermieter) den Mietaufwand nicht decken oder wenn eine Zurechnung von Erträgen nicht möglich ist, sofern der Mietgegenstand nicht oder nicht mehr in nennenswertem Umfang zu nutzen und auch nicht anderweitig verwertet werden kann. Vgl. Rz 163. Vgl. auch „Chartervertrag", „Leasingvertrag". 278

Minderung: Vgl. „Gewährleistung". 279

Mutterschutz: Soweit am Abschlussstichtag eine Meldung nach § 5 des Mutterschutzgesetzes vorliegt, ist eine Rückstellung für drohende Verluste zu bilden.[230] Zuschüsse für die Tage der Schutzfristen sind bei der Rückstellungsbewertung zu berücksichtigen. 280

Nachbetreuungsleistungen: Künftige Nachbetreuungsleistungen an Hör- und Sehhilfen von Hörgeräte-Akustikern und Optikern sind zurückzustellen, da es sich entweder um Garantieleistungen oder zumindest aber um faktische Verpflichtungen handelt.[231] 281

---

[224] Vgl. BMF, Schreiben v. 13.6.2005, IV B 2 – S 2137–30/05, BStBl 2005 I S. 715; BFH, Urteil v. 25.4.2006, VIII R 40/04, BStBl 2006 II S. 749.
[225] Vgl. *Hommel*, in Baetge/Kirsch/Thiele, Bilanzrecht, § 249 HGB Rz 298.
[226] Zur Lohnfortzahlung im Todesfall vgl. *Ollbrich*, WPg 1989, S. 390.
[227] Vgl. BFH, Urteil v. 16.2.1996, I R 73/95, BStBl 1996 II S. 592.
[228] Vgl. *Hruby*, DStR 2010, S. 127; *Hageböke*, DB 2011, S. 1480 und S. 1543.
[229] Vgl. IDW RS HFA 4, Tz 32.
[230] Vgl. *Schubert*, in Beck Bil-Komm., 10. Aufl., 2016, § 249 HGB, Rz 100 Mutterschutz; a. A.: BFH, Urteil v. 2.10.1997, IV R 82/96, BStBl 1998 II S. 205.
[231] A. A. BFH, Urteil v. 10.12.1992, XI R 34/91, BStBl 1994 II S. 158.

Bei Versicherungsvertretern und Versicherungsmaklern kommen für Nachbetreuungsleistungen ebenfalls Rückstellungen in Betracht.[232]

282 **Nachlaufkosten:** Soweit für realisierte Umsätze noch Nacharbeiten erforderlich sind, die nicht gesondert berechnet werden, sondern im vereinnahmten Entgelt enthalten sind, sind hierfür Verbindlichkeitsrückstellungen zu bilden.

> **Beispiel**
> Ein Maschinenbauunternehmen schließt am 1.2.01 einen Vertrag mit einem Kunden über den Bau, die Installation und Inbetriebnahme einer Spezialmaschine. In dem Vertrag ist darüber hinaus vereinbart, dass das Maschinenbauunternehmen die Mitarbeiter des Kunden in der Bedienung der Anlage zu schulen hat, ohne dass es sich hierbei um eine separat zu berechnende Teilleistung handelt. Am 31.12.01 ist die Maschine beim Kunden aufgestellt und von ihm abgenommen. Das Maschinenbauunternehmen hat den gesamten Umsatz im Gj 01 fakturiert. Die Schulung der Mitarbeiter des Kunden ist im Januar 02 erfolgt.
> Im Jahresabschluss zum 31.12.01 ist eine Verbindlichkeitsrückstellung für die Nachlaufkosten (hier: Schulungskosten) zu bilden, da die entsprechenden Erträge bereits vereinnahmt wurden.

283 **Offenlegung:** Vgl. „Jahresabschluss".
284 **Optionsgeschäfte:**[233] Der Verkäufer einer Kaufoption (Stillhalter) hat eine Rückstellung für drohende Verluste zu bilden, soweit der Basispreis der Optionsgegenstände zzgl. der erhaltenen Optionsprämie den Börsenkurs am Abschlussstichtag bzw. bei Aufstellung des Jahresabschlusses unterschreitet. Gleiches gilt für den Stillhalter einer Verkaufsoption, bei der ein Verlust droht, soweit der vereinbarte Basispreis abzüglich der Optionsprämie über dem Börsenkurs liegt.[234] Bei erwarteter Erfüllung des Geschäfts erfolgt die Bewertung nach der sog. Ausübungsmethode, ansonsten – wie in der Praxis vorherrschend – nach der Glattstellungsmethode.[235] Einer Drohverlustrückstellung bedarf es jedoch nur, soweit es sich um offene Positionen handelt (vgl. „Bewertungseinheiten", § 254 Rz 2).
285 **Pachterneuerungsverpflichtung:** Vgl. „Erneuerungsverpflichtung".
286 **Patentverletzung:** Konkrete, dem Unt bekannte Verletzungen von Patent-, Urheber- oder ähnlichen Schutzrechten sind rückstellungspflichtig, wenn die Inanspruchnahme erfolgt ist. Darüber hinaus sind Rückstellungen für mögliche, aber noch nicht bekannt gewordene Verletzungen zu bilden,[236] ggf. als Pauschalrückstellung. Die Bewertung der Rückstellung erfolgt auf Basis der zu § 139 Abs. 2 Satz 1 PatG anerkannten Schadensberechnungsarten.[237] Vgl. auch Rz 47.
287 **Pensionssicherungsverein:** Vgl. Rz 100.
288 **Pensionsverpflichtungen:** Vgl. Rz 48 ff.

---

[232] Vgl. *Schustek*, DB 2015, S. 882.
[233] Zur Bilanzierung von Optionsgeschäften vgl. IDW, St/BFA 2/1995, WPg 1995, S. 421.
[234] Vgl. WPH Edition, Wirtschaftsprüfung & Rechnungslegung, 15. Aufl., 2017, Abschn. F, Tz 1302.
[235] Vgl. *Windmöller/Breker*, WPg 1995, S. 398.
[236] Vgl. BFH, Urteil v. 9.2.2006, IV R 33/05, BStBl 2006 II S. 517.
[237] Vgl. *Venrooy*, StuW 1991, S. 31.

Pfand: Vgl. „Leihemballagen". 289

Prämiensparvertrag: Prämiensparverträge (Bonus- oder Zuwachssparverträge) 290
sehen am Ende der Vertragslaufzeit als zusätzliche Verzinsung des angesparten
Kapitals die Leistung einer Sparprämie vor. Hierfür ist wegen Erfüllungsrückstands eine Verbindlichkeitsrückstellung zu bilden.[238]

Preisnachlass: Veräußert ein Unt kundenbezogene Formen oder Werkzeuge, die 291
dem Unt dann vom Kunden überlassen werden und in der Folge zur Herstellung
von Produkten für den Kunden verwendet werden, bei denen dem Kunden
Preisnachlässe gewährt werden, darf es im Jahr der Veräußerung der Formen
und Werkzeuge keine Rückstellung bilden.[239]

Produkthaftung: Vgl. „Produzentenhaftung". 292

Produktverantwortung: Für öffentlich-rechtliche Verpflichtungen zur Rück- 293
nahme und Entsorgung von Verpackungen, gebrauchten Geräten und Materialien und anderem sind Rückstellungen zu passivieren, soweit die künftigen
Ausgaben durch Lieferungen im abgelaufenen Gj verursacht worden sind. Für
Altfahrzeuge besteht mit Art. 53 Abs. 1 EGHGB eine explizite Regelung, wonach ab dem ersten Gj, das nach dem 26.4.2002 endet, Verbindlichkeitsrückstellungen für die Rücknahmeverpflichtung von in Verkehr gebrachten Kfz zu
bilden sind. Die Notwendigkeit zur Bildung von Rückstellungen kann nicht nur
aufgrund öffentlich-rechtlicher Verpflichtung, sondern auch durch faktische
Verpflichtungen entstehen (Rz 30). Vgl. „Abfallbeseitigung und -recycling".

Produzentenhaftung: Ein Hersteller haftet nach dem ProdHafG für Folgeschä- 294
den aus der Benutzung seiner Produkte. Folgeschäden können entstehen aus der
Benutzung eines fehlerbehafteten Produkts durch den bestimmungsgemäßen
Verbraucher oder sonstige Personen. Rückstellungen sind zu bilden für konkrete
Einzelfälle, bei denen Schadensersatz geltend gemacht worden ist oder mindestens bis zur Bilanzaufstellung ernsthaft mit der Geltendmachung gerechnet
werden muss. Darüber hinaus sind ggf. Pauschalrückstellungen zu bilden, wenn
auf Basis von Erfahrungswerten davon ausgegangen werden muss, dass nachträglich Schadensfälle noch geltend gemacht werden. Schadensersatz kann nicht
nur von Vertragspartnern, sondern auch von Dritten geltend gemacht werden.
Die Bewertung der Rückstellung ist anhand von Erfahrungswerten des Unt, der
Branche oder von Versicherungsunternehmen abzuschätzen.[240] Vgl. „Haftpflicht".

Provisionen: Provisionsverpflichtungen sind i. d. R. mit Ausführung des vermit- 295
telten Geschäfts rechtlich entstanden (§ 87a Abs. 1 Satz 2 HGB) und passivierungspflichtig. Wirtschaftlich sind Provisionsverpflichtungen spätestens passivierungspflichtig, wenn der Ertrag aus dem vermittelten Geschäft realisiert wird.
In Fällen, in denen der Zeitpunkt der rechtlichen Entstehung zeitlich nach der
wirtschaftlichen Entstehung liegt, ist er bereits bei Ausführung des vermittelten
Geschäfts aufgrund wirtschaftlicher Verursachung zu passivieren.

---

[238] Vgl. BFH, Urteil v. 15.7.1998, I R 24/96, BStBl 1998 II S. 728.
[239] Vgl. BFH, Urteil v. 31.1.1973, I R 205/69, BStBl 1973 II S. 305.
[240] Vgl. *Vollmer/Nick*, DB 1985, S. 58; *Funk/Müller*, BB 2010, S. 2164.

> **Beispiel**
> Ein Unt hat für ein bestimmtes regionales Absatzgebiet einen Vertrag mit einem Handelsvertreter. Der Vertrag sieht vor, dass Provisionsansprüche des Handelsvertreters erst dann entstehen, wenn die aus den vermittelten Geschäften resultierenden Forderungen des Unt durch dessen Kunden bezahlt werden. Am Abschlussstichtag 31.12.01 weist das Unt Forderungen aus im Gj realisierten Umsätzen aus, die auf Vermittlung des Handelsvertreters entstanden sind.
> Auch wenn mangels Bezahlung der Forderungen durch die Kunden die Provision des Handelsvertreters rechtlich noch nicht entstanden ist, ist sie in der Bilanz auf den 31.12.01 als Rückstellung zu passivieren.

296 **Prozessrisiko:** Für in Aussicht stehende oder bereits schwebende[241] Prozesse sind Rückstellungen zu bilden. Bei Passivprozessen (Unt wird beklagt) sind neben den Prozesskosten die wahrscheinlichen Schadensersatzleistungen und Bußgelder zu berücksichtigen. Bei Aktivprozessen sind lediglich die Prozesskosten anzusetzen. Kosten höherer Instanzen sind mangels hinreichender Konkretisierung nicht zurückzustellen.[242] In die Rückstellung sind sämtliche Aufwendungen einzubeziehen, die durch die Prozessvorbereitung und -führung voraussichtlich entstehen, d. h. Aufwendungen für Anwälte, Gericht, Gutachter, Zeugen, Fahrten, Personal und Beschaffung von Beweismaterial.

297 **Prüfungskosten:** Vgl. „Jahresabschluss"

298 **Rechtsstreit:** Erwartete Kosten eines Rechtsstreits mit einem Vertragspartner oder einem sonstigen Dritten sind zu passivieren. In die Bewertung sind alle die mit der Vorbereitung und Durchführung des Rechtsstreits verbundenen Aufwendungen (Rechtsanwalt, Gutachten, Zeugenbeschaffung, Beweissicherung) einzubeziehen. Kosten eines etwaig späteren Prozesses sind nicht hinreichend konkretisiert und damit nicht einzubeziehen.[243] Vgl. „Prozessrisiko".

299 **Rekultivierungsverpflichtungen:** Abbau-, Wiederanlage-, Wiederaufforstungs- und Entfernungsverpflichtungen z. B. für Kiesgruben, Deponien oder im Tagebau oder Gruben- und Schachtversatz im Bergbau. Die Verpflichtung ist in dem Maße verursacht, in dem der Abbau erfolgt oder die sonstige Nutzung fortgeschritten ist. Entsprechend wird die Verpflichtung ratierlich als sog. Verteilungsrückstellung[244] zurückgestellt, d. h., es wird nicht die gesamte Rückbauverpflichtung, sondern nur der auf das jeweilige Jahr entfallende Anteil (gemessen an dem im Gj erfolgten Abbau) zurückgestellt. Berechnungsbeispiel vgl. „Abbruchkosten".

300 **Rückbauverpflichtung:** Vgl. „Entfernungsverpflichtungen".

301 **Rücknahmeverpflichtung:** Soweit der Abnehmer ein Rückgaberecht hat (z. B. im Versandhandel), kann trotz Lieferung der Produkte noch keine Umsatzrealisierung vorgenommen werden. Die Realisierung erfolgt erst durch Zeitablauf bzw. durch Erklärung des Abnehmers. Besteht eine derartige Rücknahme-

---

[241] Vgl. *Stängel*, BB 1993, S. 1403.
[242] Vgl. zur Konkretisierung: *Osterloh-Konrad*, DStR 2003, S. 1631 und 1675; *Küting/Kessler/Cassel/Metz*, WPg 2010, S. 315.
[243] Zu Einzelheiten vgl. *Stängel*, BB 1993, S. 1403.
[244] Vgl. *Küting/Kessler*, DStR 1998, S. 1941; vgl. auch BFH, Urteil v. 5.5.2011, IV R 32/07, BStBl 2012 II S. 98.

verpflichtung und ist der Marktpreis für die Produkte zwischenzeitlich gesunken, ist eine Drohverlustrückstellung zu passivieren.[245] Soweit bei Massengeschäften bereits bei Lieferung eine Forderung realisiert und der Gewinnausweis durch eine Rückstellung für Rücknahmeverpflichtung kompensiert wird, ist dem allenfalls aus praktischen Erwägungen zuzustimmen.[246]

Rückverkaufsoption: Ein Kfz-Händler, der sich in Rahmenverträgen mit Autovermietungsgesellschaften verpflichtet hat, die Kfz zu einem vorab festgelegten verbindlichen Preis zurückzukaufen sowie in bestimmten Fällen einen sog. „No-Return-Bonus" für die Nichtausübung dieser Option durch die Autovermietungsgesellschaft zu zahlen, hat hierfür eine Rückstellung zu bilden.[247] Fraglich ist allerdings, ob bzgl. der verkauften Fahrzeuge bereits eine Gewinnrealisierung erfolgen darf. 302

Sachleistungsverpflichtungen: Es handelt sich um Verpflichtungen zur Sach- oder Dienstleistung, die zu Vollkosten zu passivieren sind.[248] Soweit der Bilanzierende die zur Erfüllung der Sachleistungsverpflichtung erforderlichen RHB hält, kommt eine kompensatorische Bewertung der VG und der Sachleistungsverpflichtung in Betracht, auch wenn es sich um keine Bewertungseinheit nach § 254 HGB handelt. Die Rückstellung ist in diesem Fall mit dem Buchwert des VG zu bewerten; eine Abzinsung kommt in diesen Fällen nicht in Betracht. 303

Schadensersatz: Vgl. „Gewährleistung", „Haftpflicht", „Patentverletzung", „Produzentenhaftung". 304

Schadensrückstellungen: § 341g Abs. 1 Satz 1 HGB verpflichtet Versicherungsunternehmen zur Bildung einer Schadensrückstellung. Die Bewertung erfolgt i. H. d. Nettobetrags, wobei in der Bilanz der Bruttobetrag sowie der Rückversicherungsanteil in der Vorspalte anzugeben sind.[249] 305

Schutzrechtsverletzung: Vgl. „Patentverletzung". 306

Schwerbehinderte: Eine Drohverlustrückstellung kommt dann in Betracht, wenn der Wert der zukünftigen Leistung des schwerbehinderten Arbeitnehmers hinter den vom Unt zukünftig aufzuwendenden Gegenleistungen (Arbeitsentgelt und Nebenleistungen) liegt. I. d. R. wird der Wert der zukünftigen Arbeitsleistung nicht zuverlässig zu bestimmen sein, sodass die Ausgeglichenheitsvermutung für schwebende Arbeitsverhältnisse gilt (Rz 166) und keine Drohverlustrückstellung anzusetzen ist. 307

Schwerbehinderten-Ausgleichsabgabe: I. d. R. wird es sich um eine Verbindlichkeit handeln, da Höhe und zeitlicher Anfall der Ausgleichsabgabe zuverlässig ermittelt werden können. Eine Rückstellung kommt in Betracht, wenn Unsicherheit bez. der Anzahl der besetzten Pflichtplätze und damit der Rückstellungshöhe besteht. 308

SEPA-Umstellung: Die Bildung einer Verbindlichkeitsrückstellung zur Vorwegnahme zukünftig anfallender Anpassungsaufwendungen zur Umstellung der IT auf die SEPA-Anforderungen kommt nicht in Betracht, da die wirt- 309

---

[245] Vgl. BFH, Urteil v. 15.10.1997, I R 16/97, BFH/NV 1998, S. 773; zu Rücknahmeverpflichtungen im Automobilhandel vgl. *Kossow*, StuB 5/2010, S. 174.
[246] Vgl. *Piltz*, BB 1985, S. 1368.
[247] Vgl. BFH, Urteil v. 17.11.2010, I R 83/09, BStBl 2011 II S. 812.
[248] Vgl. IDW ERS HFA 34, Tz 20.
[249] WPH Edition, Wirtschaftsprüfung & Rechnungslegung, 15. Aufl., 2017, Abschn. F, Tz 651.

schaftliche Verursachung der Umstellungsaufwendungen nicht in den bis zum Inkrafttreten der SEPA-Verordnung[250] endenden, sondern erst in künftigen Gj erfolgt.[251]

310 **Serienaufträge:** Bei langfristigen Serienaufträgen (z. B. in der Automobilzulieferindustrie) können bei der Bewertung von hierfür zu bildenden Drohverlustrückstellungen u. U. Erfahrungskurveneffekte und Prozessverbesserungen des Lieferers zu berücksichtigen sein, wenn sie hinreichend bewertbar und realisierbar sind und in klarem wirtschaftlichem Zusammenhang mit dem Seriengeschäft stehen.[252]

311 **Sicherheitsinspektionen:** Für öffentlich-rechtliche Verpflichtungen zu regelmäßigen Sicherheitsinspektionen an technischen Anlagen, von denen Gefährdungen ausgehen können, ist keine Verbindlichkeitsrückstellung zu bilden, da die Aufwendungen dazu dienen, künftige Erträge zu ermöglichen.[253] Werden aber turnusgemäße Inspektionstermine überschritten, ist eine Verbindlichkeitsrückstellung zu passivieren, da der öffentlich-rechtlichen Verpflichtung nicht nachgekommen wurde.

312 **Soziallasten:** Nach Ansicht der Rechtsprechung ist für Soziallasten keine Rückstellung für drohende Verluste zulässig, da hier die Ausgeglichenheitsvermutung des Arbeitsverhältnisses greift.[254] Allerdings sind auch bei Arbeitsverhältnissen in Einzelfällen Drohverlustrückstellungen möglich. Einzelheiten vgl. Rz 166 ff. Vgl. „Altersteilzeit", „Arbeitnehmer", „Beihilfe", „Mutterschutz", „Schwerbehinderte", „Sozialplan".

313 **Sozialplan:** Gem. §§ 111, 112, 112a BetrVerfG sind bei Stilllegungen, Betriebseinschränkungen und anderen Betriebsänderungen Sozialpläne aufzustellen. Sozialpläne sehen regelmäßig Abfindungszahlungen an ausscheidende Arbeitnehmer vor, für die Rückstellungen zu bilden sind. Rückstellungen kommen bereits dann in Betracht, wenn ernsthaft mit Stilllegungen oder Betriebseinschränkungen zu rechnen ist. Rückstellungen sind spätestens zu bilden, wenn die entsprechenden Beschlüsse seitens der zuständigen Organe des Unt gefasst sind und die Unterrichtung des Betriebsrats bevorsteht.[255]

> **Beispiel**
> Die Geschäftsführung einer GmbH fasst im Oktober 01 den Entschluss, einen Betriebsteil zu schließen und in diesem Zusammenhang 70 Arbeitnehmern betriebsbedingt zu kündigen. Die gem. Gesellschaftsvertrag erforderliche Zustimmung der GesV der GmbH wird Ende Dezember 01 erteilt. Im Januar 02 wird der Betriebsrat unterrichtet und Verhandlungen über den Abschluss eines Sozialplans werden begonnen. Zum Zeitpunkt der Aufstel-

---

[250] Vgl. Verordnung (EU) Nr. 260/2012 des Europäischen Parlaments und des Rates vom 14.3.2012 zur Festlegung der technischen Vorschriften und der Geschäftsanforderungen für Überweisungen und Lastschriften in Euro und zur Änderung der Verordnung (EG) Nr. 924/2009, Abl. EU v. 30.3.2012, Nr. L 94, S. 22.
[251] Vgl. HFA, IDW-FN 2013, S. 237.
[252] Vgl. *Münstermann/Gnädinger*, PiR 2012, S. 113.
[253] Vgl. *Gelhausen/Fey*, DB 1993, S. 595; *Förschle/Scheffels*, DB 1993, S. 1199; a. A. *Klein*, DStR 1992, S. 1776.
[254] Vgl. BFH, Urteil v. 2.10.1997, IV R 82/96, BStBl 1998 II S. 205.
[255] Vgl. WPH Edition, Wirtschaftsprüfung & Rechnungslegung, 15. Aufl., 2017, Abschn. F, Tz 652.

> lung des Jahresabschlusses zum 31.12.01 (Februar 02) sind diese Verhandlungen noch nicht beendet. Die Geschäftsführung rechnet mit Abfindungen i. H. v. 20.000 EUR je Mitarbeiter.
> Es ist eine Verbindlichkeitsrückstellung i.H.v. 1,4 Mio. EUR im Jahresabschluss zum 31.12.01 zu berücksichtigen. Soweit im Zuge der teilweisen Betriebsschließung die Arbeitnehmer innerhalb der Kündigungsfristen von der Arbeitspflicht freigestellt werden sollen, ist dies ebenfalls in die Rückstellung mit einzubeziehen.

Steuererklärungen: Vgl. „Jahresabschluss". 314

Strafe: Rückstellung für strafrechtliche Anordnung des Verfalls von Gewinnen nach §§ 73, 73a StGB ist zulässig.[256] 315

Strafverteidiger: Eine Rückstellung ist nur zulässig, soweit betriebliche Veranlassung gegeben ist. Diese liegt nur vor, wenn die Straftat ausschließlich und unmittelbar in Ausübung der beruflichen Tätigkeit begangen wird.[257] Soweit aber z. B. arbeitsvertragliche Regelungen existieren, wonach das Unt dem Mitarbeiter Kosten der Strafverteidigung erstattet, ist zwingend eine Verbindlichkeitsrückstellung anzusetzen. 316

Substanzerhaltung: Vgl. „Erneuerungsverpflichtung". 317

Swapgeschäfte: Soweit geschlossene Positionen vorliegen, kommt eine Drohverlustrückstellung nicht in Betracht (Rz 145). Zu Bewertungseinheiten vgl. § 254 Rz 2. Bei offenen Positionen kommen demgegenüber Drohverlustrückstellungen nach allgemeinen Grundsätzen in Betracht (vgl. Rz 164). 318

Tantieme: Vgl. „Erfolgsprämien". 319

Termingeschäft: Vgl. „Devisentermingeschäfte". 320

Treuegelder: Vgl. „Jubiläum". 321

Überstunden: Vgl. „Gleitzeitguthaben", „Urlaub". 322

Umweltschutzverpflichtungen: Vgl. „Abfallbeseitigung und -recycling", „Altlasten", „Anpassungsverpflichtungen", „Bergschäden", „Entsorgung", „Leihemballagen", „Rekultivierungsverpflichtungen". 323

Urlaub: Für am Abschlussstichtag noch nicht genommenen Urlaub von Arbeitnehmern ist eine Rückstellung wegen Erfüllungsrückstand zu bilden, soweit der Urlaub im nachfolgenden Gj nachgeholt oder abgegolten werden muss.[258] Es bleibt abzuwarten, wie sich das BAG-Urteil vom 29.9.2011 auf die Urlaubsansprüche von jüngeren Beschäftigten auswirkt,[259] während für die Urlaubsansprüche von langzeiterkrankten Arbeitnehmern aufgrund der BAG-Rechtsprechung Klarheit herrscht, dass eine Geltendmachung eine grundsätzliche Akkumulation in Übereinstimmung mit der EuGH-Rechtsprechung ermöglicht, allerdings begrenzt auf den gesetzlichen Urlaub, nicht den aufgrund Tarif- oder Arbeitsvertrag weitergehenden Urlaub.[260] Bei abweichendem Gj ist die Rückstellung entsprechend zeitanteilig zu bilden.[261] Nach denselben 324

---

[256] Vgl. BFH, Urteil v. 6.4.2000, IV R 31/99, BStBl 2001 II S. 536.
[257] Vgl. BFH, Urteil v. 12.6.2002, XI R 35/01, BFH/NV 2002, S. 1441.
[258] Vgl. BFH, Urteil v. 6.12.1995, I R 14/95, BStBl 1996 II S. 406.
[259] Vgl. BAG, Urteil v. 29.9.2011, 2 AZR 177/10, DB 2012, S. 807.
[260] Zu Einzelheiten vgl. *Eppinger/Frik*, DB 2012, S. 132.
[261] Vgl. *Happe*, BBK 5/2010, S. 225.

Grundsätzen sind auch Rückstellungen für Arbeitszeitguthaben von Arbeitnehmern (Arbeitszeitkonten) zu bilden.[262] Die Bewertung der Rückstellung erfolgt i.H.d. bei Nachholung bzw. Abgeltung erwarteten Aufwendungen. Neben dem Grundlohn bzw. Grundgehalt sind einzubeziehen fest zugesagte Sonder- bzw. Einmalvergütungen (z.B. 13. Gehalt, umsatzabhängige Tantieme), periodisierte Anteile von Aufwendungen, die erst später ausgezahlt werden (z.B. Zuführungen zu Pensions- und Jubiläumsrückstellungen), Urlaubsgeld, Arbeitgeberanteile zur Sozialversicherung und anteilige Gemeinkosten.[263] Die Berechnung der Personalkosten je nach zu gewährenden Urlaubstag kann auf individueller oder durchschnittlicher Basis (ggf. getrennt für bestimmte Mitarbeitergruppen) vorgenommen werden. Bei dieser Berechnung ist der Jahresaufwand zu den tatsächlichen Arbeitstagen, d.h. den regulären Arbeitstagen, abzgl. neuen Urlaubsanspruchs und zu erwartender Ausfallzeiten (z.B. Krankheit), in Beziehung zu setzen.[264]

> **Beispiel**
> Ein Unt hat für einen Mitarbeiter eine Urlaubsrückstellung zum 31.12.01 zu bilden. Sämtliche übrigen Mitarbeiter haben aufgrund entsprechender Betriebsvereinbarung bis zum Abschlussstichtag ihren Jahresurlaub 01 vollständig genommen. Der eine Mitarbeiter konnte aufgrund betrieblicher Erfordernisse 5 Urlaubstage nicht nehmen und kann diese gem. Vereinbarung mit der Personalabteilung bis zum 31.3.02 nachholen. Der Mitarbeiter hat in 01 ein monatliches Gehalt i.H.v. 3.000 EUR erhalten. Er hat arbeitsvertraglich Anspruch auf 13 Monatsgehälter. Für Jubiläen werden jährlich 20 EUR je Mitarbeiter der Jubiläumsrückstellung zugeführt. Ab dem 1.1.02 ist tarifvertraglich eine Gehaltserhöhung von 3 % sowie ab dem 1.7.02 i.H. weiterer 2 % vorgesehen. Die Arbeitgeberanteile zur Sozialversicherung belaufen sich (inkl. Berufsgenossenschaftsbeiträge) auf 22 %. Das Gj 02 hat 365 Kalendertage abzgl. 104 Wochenendtage und 10 Feiertage, sodass 251 Arbeitstage zur Verfügung stehen. Der Mitarbeiter hat für 02 einen Urlaubsanspruch von 30 Tagen. Im Durchschnitt der letzten 3 Jahre war er jährlich 6 Arbeitstage krank.
> Die Berechnung der Urlaubsrückstellung erfolgt wie folgt:
> Personalaufwand
>
> – Gehalt $(13 \times 3.000 \times 1,03^{265})$ = 40.170
> – Sozialversicherungsaufwand 22 % = 8.837
> – Zuführung Jubiläumsrückstellung = 20
>   = 49.027
>
> Anzahl effektiver Arbeitstage in 02

---

[262] Vgl. WPH Edition, Wirtschaftsprüfung & Rechnungslegung, 15. Aufl., 2017, Abschn. F, Tz 659.
[263] Vgl. IDW, WPg 1992, S. 330; *Eppinger*, DB 2010, S. 9.
[264] Vgl. IDW, WPg 1992, S. 330; *Müller*, DB 1993, S. 1582; *Tonner*, DB 1992, S. 1594, a.A.: BFH, Urteil v. 8.7.1992, XI R 50/89, BStBl II S. 910.
[265] Da der Urlaub bis zum 31.3.02 nachzuholen ist, kommt lediglich die zum 1.1.02 anfallende Tariferhöhung, nicht jedoch die zum 1.7.02 erfolgende zum Ansatz.

> - Tage Gesamtjahr = 365
> - abzgl. Wochenenden = 104
> - abzgl. Feiertage = 10
> - abzgl. Urlaub 02 = 30
> - abzgl. erwartete Krankheitstage 02 = 6
>
>   = 215
>
> Die Personalkosten je Tag belaufen sich auf 49.027 / 215 = 228 EUR. Bei 5 ausstehenden Urlaubstagen beläuft sich die Urlaubsrückstellung auf 5 × 228 = 1.140 EUR.

Soweit einzelne Arbeitnehmer bereits im Vorgriff auf den Urlaub des neuen Gj ein **negatives Urlaubskonto** ausweisen, darf dieses nicht rückstellungsmindernd berücksichtigt werden, sondern es ist im Regelfall ein sonstiger VG auszuweisen.[266] Zu den Besonderheiten in der Bauwirtschaft vgl. weiterführende Literatur.[267] Vgl. „Gleitzeitguthaben".

Urheberrechtverletzung: Vgl. „Patentverletzung". 325

Verdienstsicherung: Soweit Vereinbarungen mit Arbeitnehmern bestehen, nach 326 denen diese nach Umsetzung auf Arbeitsplätze mit geringerem Vergleichsentgelt ihre bisherige (höhere) Vergütung behalten, kann eine Rückstellung für den Betrag der Mehrentlohnung in Betracht kommen, da die Mehrentlohnung wie eine zusätzliche Vergütung für früher geleistete Tätigkeiten beurteilt werden kann.[268] Dies gilt insb. dann, wenn die höhere Entlohnung an die Dauer der bisherigen Zugehörigkeit zum Unt geknüpft ist. Eine höhere Entlohnung kann auch in bezahlter Altersfreizeit zu sehen sein. Vgl. „Altersfreizeit und -mehrurlaub".

Verlustausgleichsverpflichtung: Eine Rückstellung wegen Verlustausgleichs- 327 verpflichtung kommt bei einem Mutterunternehmen, das nicht über einen Beherrschungs- und Ergebnisabführungsvertrag zum Verlustausgleich verpflichtet ist, nur in Betracht aufgrund einer Konzernhaftung nach analoger Anwendung von § 302 AktG im sog. qualifiziert faktischen Konzern. Die Bildung einer Rückstellung ist aber nur dann zulässig, wenn die vom BGH aufgestellten Grundsätze zur Konzernhaftung mit überwiegender Wahrscheinlichkeit erfüllt sind; dies wird regelmäßig nur schwer feststellbar sein.[269]

Verlustübernahmeverpflichtung: Bei Beherrschungs- und/oder Ergebnisabfüh- 328 rungsverträgen hat das MU gem. § 302 AktG für den beim TU entstandenen Verlust eine Rückstellung für ungewisse Verbindlichkeiten oder (Regelfall) eine Verbindlichkeit zu bilden. Liegt bei unterschiedlichen Abschlussstichtagen kein Zwischenabschluss des TU vor, ist der auf die Zeit bis zum Abschlussstichtag des MU anfallende Verlust zu schätzen. Die Rückstellung braucht sich grds. nur auf ein

---

[266] Vgl. HFA, IDW-FN 2009, S. 322.
[267] Vgl. Arbeitskreis „Steuern und Revision" im BDVB, DStR 1993, S. 661; *Feldmann*, FR 1993, S. 190.
[268] A. A. BFH, Urteil v. 25.2.1986, VIII R 377/83, BStBl 1986 II S. 465; BFH, Urteil v. 16.12.1987, I R 68/87, BStBl 1988 II S. 328;
[269] Vgl. *Oser*, WPg 1994, S. 317.

Jahr zu erstrecken; bei nachhaltiger Ertragslosigkeit des TU ist jedoch der Barwert der voraussichtlichen Zahlungen für den Zeitraum bis zur frühestmöglichen Kündigung des Unternehmensvertrags zurückzustellen,[270] soweit nicht zuvor die Beteiligung an dem TU abzuschreiben ist.[271] Ein Nichtansatz der Rückstellung erscheint dann zulässig, wenn das MU fest damit rechnen kann, dass die aufgrund der Verlustübernahme entstehenden Fehlbeträge jeweils von ihren Anteilseignern ausgeglichen werden.[272] Weiterhin kommen Drohverlustrückstellungen für Verpflichtungen aus **Ausgleichszahlungen** (Garantiedividenden nach § 304 Abs. 2 AktG) insoweit in Betracht, als die Belastung durch die Ausgleichszahlung die Vorteile des Unternehmensvertrags übersteigt.[273]

329 **Verteilungsrückstellung:** Verteilungsrückstellungen sind Rückstellungen für Verpflichtungen, die zwar rechtlich unmittelbar mit Verwirklichung des die Verpflichtung auslösenden Ereignisses in voller Höhe entstehen (z.B. Rückbauverpflichtungen), deren wirtschaftliche Verursachung sich jedoch über nachfolgende Gj erstreckt.[274] In diesen Fällen erfolgt eine ratierliche Verteilung der Aufwendungen (vgl. § 253 Rz 66). Verlängert sich der Verteilungszeitraum durch Prolongation eines bestehenden oder durch Abschluss eines neuen Vertrags mit dem Vertragspartner ist die Rückstellung am nächsten Abschlussstichtag entsprechend über den neuen Verteilungszeitraum zu verteilen, sodass sich im Ergebnis eine teilweise Auflösung der Rückstellung ergibt.[275]

330 **Wandlung:** Seit SchuModG: Rücktritt nach § 437 Nr. 2 BGB, vgl. „Gewährleistung".

331 **Wartungsaufwendungen:** Die Wartungsverpflichtung nach § 6 LuftBO ist wirtschaftlich nicht in der Vergangenheit verursacht, weil wesentliches Merkmal der Überholungsverpflichtung das Erreichen der zulässigen Betriebszeit ist. Somit ist keine Rückstellung für künftige Wartungsaufwendungen an Flugzeugen zulässig.[276]

332 **Wechselobligo:** Am Abschlussstichtag noch bestehende, weitergegebene Wechselverbindlichkeiten bergen das Risiko, hieraus in Anspruch genommen zu werden. Dieses Risiko kann eine Rückstellung erfordern. Soweit bei Bilanzaufstellung Ereignisse eingetreten oder bekannt geworden sind, die darauf schließen lassen, dass am Abschlussstichtag kein Risiko einer Inanspruchnahme bestand, ist eine Rückstellung unzulässig.[277]

Weihnachtsgeld: Die Verpflichtung zur Zahlung von Weihnachtsgeld ist zu passivieren. Soweit Grund, Höhe und zeitlicher Anfall feststehen, ist eine Sonstige Verbindlichkeit auszuweisen. Bei vom Kj abweichendem Gj ist der bei

---

[270] Vgl. ADS, 6. Aufl., § 249 HGB, Rz 133, § 253 HGB, Rz 268; teilw. a.A. *Schubert*, in Beck Bil-Komm., 10. Aufl., § 249 HGB, Rz 100 Verlustübernahme; *Kropff*, in FS Döllerer, 1988, S. 349; *Oser*, WPg 1994, S. 312 und S. 319.
[271] Art. 12 Abs. 12 der EU-Bilanzrichtlinie stellt den Vorrang der aktivischen Abschreibung gegenüber der Rückstellung klar, da Rückstellungen „keine Wertberichtigungen von Passivposten darstellen".
[272] Vgl. ADS, 6. Aufl., § 253 HGB, Rz 267.
[273] Vgl. ADS, 6. Aufl., § 277 HGB, Rz 67; *Scharpf*, DB 1990, S. 296.
[274] Vgl. IDW RS HFA 34, Tz 18.
[275] Vgl. BFH, Urteil v. 2.7.2014, I R 46/12, BStBl 2014 II S. 979.
[276] Vgl. BFH, Urteil v. 9.11.2016, I R 43/15, BB 2017, S. 879.
[277] Vgl. BFH, Urteil v. 19.12.1972, VIII R 18/70, BStBl 1973 II S. 218.

zeitproportionaler Aufteilung auf die Zeit bis zum Abschlussstichtag entfallende Betrag abzugrenzen.[278]

Werkzeugkostenzuschüsse: Vgl. „Herstellungskostenbeiträge". 333

Zinsen auf Steuern: Vgl. „Gewerbesteuer". 334

Zinsswap: Vgl. „Swapgeschäfte". 335

Zulassungskosten: Verfahrenskosten zur Zulassung von Pflanzenschutzmitteln 336 (Rezepturen) durch die zuständige Behörde sind mit Stellung des Antrags wirtschaftlich verursacht und somit rückstellungspflichtig.[279]

Zuweisungen an Unterstützungskassen: Vgl. Rz 72. 337

Zuwendungen, bedingt rückzahlbare: Soweit Zuwendungen aus künftigen 338 Gewinnen zurückzuzahlen sind (z.B. Sanierungsgewinne, Besserungsscheine), ist im Jahr der Gewinnerzielung eine Verbindlichkeit anzusetzen.[280] Ist die Rückzahlung an einen Erlös bzw. Erfolg aus dem geförderten Vorhaben geknüpft, ist die Rückzahlungsverpflichtung erst dann zu passivieren, wenn der maßgebliche Erfolg eingetreten ist.

6 Rückstellungsverbot für andere Zwecke (Abs. 2 Satz 1)

Die Vorschrift hat lediglich klarstellenden Charakter, da Abs. 1 abschließend die 339 Ansatzvoraussetzungen für Rückstellungen regelt.

7 Auflösung bei Wegfall des Grundes (Abs. 2 Satz 2)

Die Vorschrift hatte ursprünglich besondere Relevanz für die sog. Aufwands- 340 rückstellungen (§ 249 Abs. 2 HGB aF), deren Bildung nicht mehr zulässig ist. In der jetzigen Gesetzesfassung hat die Vorschrift lediglich klarstellenden Charakter, da die Auflösung einer passivierungspflichtigen Rückstellung schon dem **Ansatzgebot** gem. Abs. 1 Satz 1 widerspricht.

Der Wegfall eines Grunds ist im Regelfall **wertbegründend**, nicht werterhellend 341 (zur Abgrenzung vgl. § 252 Rz 59). Eine Rückstellung für einen Rechtsstreit darf erst dann aufgelöst werden, wenn die Klage rechtskräftig abgewiesen ist. Dies gilt auch dann, wenn der Bilanzierende erstinstanzlich gesiegt hat, der Prozessgegner aber gegen die Entscheidung noch Rechtsmittel einlegen kann. Ein nach dem Abschlussstichtag erfolgter Verzicht des Prozessgegners auf ein Rechtsmittel ist wertbegründend.[281] Soweit Unt Altzusagen nach Art. 28 EGHGB vor Inkrafttreten des BilMoG passiviert haben, kommen aufgrund der durch die geänderten Bewertungsregeln nach Inkrafttreten des BilMoG zu erwartenden deutlichen Rückstellungserhöhungen keine Auflösung der Rückstellung und Nichtansatz gem. Art. 28 EGHGB in Betracht, da der Grund für die einmal vorgenommene Passivierung nicht weggefallen ist.[282]

---

[278] Vgl. BFH, Urteil v. 26.6.1980, IV R 35/74, BStBl 1980 II S. 506.
[279] Vgl. BFH, Urteil v. 8.9.2011, IV R 5/09, DStR 2011, S. 2186; ergänzend: *Christiansen*, DStR 2011, S. 2483; *Schüttler/Berthold*, DStR 2011, S. 2485.
[280] Vgl. IDW, St/HFA 1/1984, WPg 1984, S. 614.
[281] Vgl. BFH, Urteil v. 30.1.2002, I R 68/00, DB 2002, S. 871.
[282] Vgl. *Löcher/Sartoris*, BetrAV 2008, S. 642.

342 Abs. 2 Satz 2 stellt eine Ansatzvorschrift dar. Auflösungen von Rückstellungen aufgrund geänderter Bewertungsannahmen (z. B. hinsichtlich des Verpflichtungsumfangs) sind davon nicht betroffen (vgl. § 253 Rz 53).

343 Die Vorschrift regelt nicht nur das Verbot, Rückstellungen bei Fortbestehen des Grunds aufzulösen, sondern darüber hinaus das Gebot Rückstellungen aufzulösen, soweit der Grund entfallen ist. Das „dürfen" in der Vorschrift ist als „müssen" zu interpretieren, wenn der Grund weggefallen ist.[283]

344 Soweit lediglich die Unsicherheit bez. des zeitlichen Anfalls weggefallen ist, ist die Rückstellung erfolgsneutral in die Verbindlichkeiten umzubuchen.

---

[283] Gl. A. *Schubert*, in Beck Bil-Komm., 10. Aufl., 2016, § 249 HGB, Rz 327.

§ 250 Rechnungsabgrenzungsposten

(1) Als Rechnungsabgrenzungsposten sind auf der Aktivseite Ausgaben vor dem Abschlußstichtag auszuweisen, soweit sie Aufwand für eine bestimmte Zeit nach diesem Tag darstellen.
(2) Auf der Passivseite sind als Rechnungsabgrenzungsposten Einnahmen vor dem Abschlußstichtag auszuweisen, soweit sie Ertrag für eine bestimmte Zeit nach diesem Tag darstellen.
(3) ¹Ist der Erfüllungsbetrag einer Verbindlichkeit höher als der Ausgabebetrag, so darf der Unterschiedsbetrag in den Rechnungsabgrenzungsposten auf der Aktivseite aufgenommen werden. ²Der Unterschiedsbetrag ist durch planmäßige jährliche Abschreibungen zu tilgen, die auf die gesamte Laufzeit der Verbindlichkeit verteilt werden können.

WP STB CVA KLAUS BERTRAM

Inhaltsübersicht	Rz
1 Überblick	1–5
1.1 Inhalt	1–2
1.2 Normenzusammenhang und Zweck	3
1.3 Auflösung und Bildung von Rechnungsabgrenzungsposten	4–5
2 Transitorische Abgrenzung (Abs. 1 und 2)	6–17
2.1 Ausgabe vor dem Abschlussstichtag	6–11
2.2 Aufwand für eine bestimmte Zeit	12
2.3 Besonderheiten passiver Rechnungsabgrenzung	13–17
3 Disagio (Abs. 3)	18–25
3.1 Wahlrecht	18
3.2 Unterschiedsbetrag	19–21
3.3 Abschreibung	22–25

1 Überblick

1.1 Inhalt

§ 250 HGB regelt die Bilanzierung **transitorischer Rechnungsabgrenzungsposten**, d.h., Ausgaben (Einnahmen), die Aufwand (Ertrag) für eine bestimmte Zeit nach dem Abschlussstichtag darstellen, sind aktiv (passiv) abzugrenzen. Demgegenüber dienen **antizipative Rechnungsabgrenzungsposten** der zutreffenden Periodisierung von erst später anfallenden Zahlungen. Antizipative RAP stellen bilanziell regelmäßig Forderungen bzw. Verbindlichkeiten dar und sind daher nicht vom Regelungsbereich des § 250 HGB erfasst. RAP sind keine VG oder Schulden; ihr Bilanzansatz ist Ausfluss der dynamischen Bilanztheorie von Schmalenbach.

1

```
                    ┌─────────────────────┐
                    │ Rechnungsab-        │
                    │ grenzungsposten     │
                    └──────────┬──────────┘
           ┌───────────────────┴───────────────────┐
    ┌──────┴──────┐                         ┌──────┴──────┐
    │ Transitorische│                       │ Antizipative│
    │     RAP     │                         │     RAP     │
    └──────┬──────┘                         └──────┬──────┘
      ┌────┴────┐                               ┌──┴────┐
┌─────┴───┐ ┌───┴──────┐                ┌───────┴─┐ ┌───┴────────┐
│Ausgabe vor,│ │Einnahme vor,│         │Aufwand vor,│ │Ertrag vor, Ein-│
│Aufwand nach│ │Ertrag nach  │         │Ausgabe nach│ │nahme nach      │
│Abschlussstichtag│ │Abschlussstichtag│ │Abschlussstichtag│ │Abschlussstichtag│
└─────┬──────┘ └──────┬──────┘         └──────┬─────┘ └──────┬─────┘
      │               │                       │              │
  Aktiver RAP    Passiver RAP            Verbindlichkeit   Forderung
```

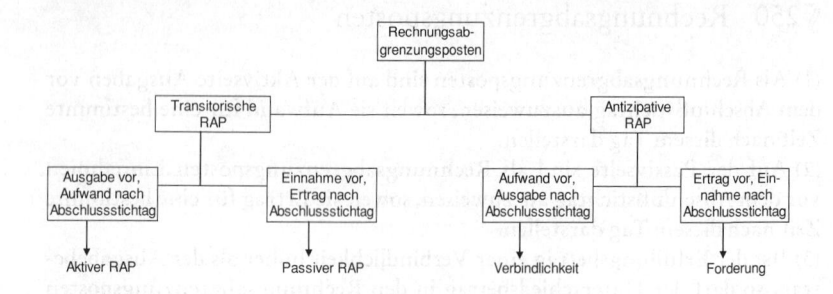

Abb. 1: Arten von Rechnungsabgrenzungsposten

2   Bei **Anzahlungen** (geleistete oder erhaltene) handelt es sich nicht um nach § 250 HGB zu bilanzierende RAP,[1] auch wenn eine Unterscheidbarkeit von Anzahlungen und RAP nur schwierig ist und zumeist nur kasuistisch vorgenommen werden kann: RAP beziehen sich regelmäßig auf Dauersachverhalte, während Anzahlungen zumeist Einmalvorgänge betreffen.

Bei **Werkzeugkostenzuschüssen** richtet sich die Beurteilung nach der Art des Vertrags:[2]

- Beruht der Zuschuss auf einer **zeitbezogenen Gegenleistung** (Lieferung der mit dem Werkzeug produzierten Teile über eine bestimmte, mindestens aber schätzbare Zeitdauer), hat der Zuschussgeber einen aktiven RAP, der Zuschussempfänger einen passiven RAP zu bilden.
- Beruht der Zuschuss auf einer **mengenmäßigen Gegenleistung** (Lieferung einer bestimmten Mindestmenge an Teilen), sind diese – mangels Zeitbezug – nicht als RAP, sondern als geleistete (Zuschussgeber) bzw. erhaltene (Zuschussempfänger) Anzahlung zu bilanzieren.
- Bei in der Praxis sehr häufig anzutreffenden **Kombinationen beider Gegenleistungen** ist ein Ansatz als RAP mangels ausschließlicher Zeitbestimmtheit nicht zulässig, d. h. auch hier hat ein Ausweis als geleistete bzw. erhaltene Anzahlung zu erfolgen.

1.2 Normenzusammenhang und Zweck

3   Bei § 250 HGB handelt es sich um eine für alle Kaufleute gültige Regelung, die gleichermaßen auf den Konzernabschluss anzuwenden ist (vgl. § 298 Abs. 1 HGB). § 246 HGB stellt klar, dass es sich bei RAP nicht um VG oder Schulden handelt. Damit gelten für RAP die Bewertungsvorschriften der §§ 252 ff. HGB nicht; insb. sind keine außerplanmäßigen Abschreibungen zulässig. Die Rechnungsabgrenzung hat für eine Vorleistung in dem Umfang zu erfolgen, in dem die noch ausstehende Gegenleistung zur gesamten Gegenleistung steht.[3] Hat die zukünftige Gegenleistung keinen oder einen nur geringen Wert, so muss der RAP in entsprechend geringerem Umfang gebildet bzw. (teilweise) aufgelöst werden.[4]

---

1   Vgl. BFH, Urteil v. 16.5.1973, I R 186/71, BStBl 1974 II S. 25; ADS, 6. Aufl., § 250 HGB, Rz 14.
2   Vgl. St-HFA 2/1996 i.d.F. 2010, Abschn. 2111.
3   BFH, Urteil v. 17.7.1974, I R 195/72, BStBl 1974 II S. 684.
4   Vgl. *Schubert/Waubke*, in Beck Bil-Komm., 10. Aufl., 2016, § 250 HGB, Rz 30.

RAP finden regelmäßig auf **gegenseitige Verträge** Anwendung, bei denen Leistungen für eine bestimmte Zeit zu erbringen sind, Leistung und Gegenleistung aber zeitlich auseinander fallen. Dabei ist nicht erforderlich, dass der Vertrag bereits geschlossen ist; es genügt, dass die Vorleistung in Erwartung eines Zustandekommens erbracht wurde.[5] Gleichermaßen fallen bestimmte öffentlich-rechtliche Verpflichtungen (z. B. Kfz-Steuer, Grundsteuer) in den Anwendungsbereich.

Werden im Zusammenhang mit zeitraumbezogenen Verträgen **Leistungen an Dritte** erbracht (z. B. Maklerprovision beim Mietvertrag) so ist hierfür kein RAP zu bilden,[6] es sei denn, die Leistung durch den Dritten selbst ist ebenfalls zeitraumbezogen.

1.3 Auflösung und Bildung von Rechnungsabgrenzungsposten

Dem in § 246 Satz 1 1. Hs. HGB kodifizierten Vollständigkeitsgebot der Bilanz unterliegen auch die RAP. Für KapG/KapCoGes schreibt § 264 HGB überdies vor, dass der Jahresabschluss ein den tatsächlichen Verhältnissen entsprechendes Bild vermitteln soll.

Die Höhe des zu bildenden **Abgrenzungsbetrags** richtet sich nach dem Zahlungsbetrag und dem Verhältnis von bis zum Abschlussstichtag erbrachter Leistung und noch ausstehender Gegenleistung.

Die **Auflösung** von RAP erfolgt im Umfang des wirtschaftlichen Anfalls des Aufwands (Ertrags). Bei Dauerschuldverhältnissen mindert sich der RAP jeweils um die zeitanteilig erbrachte Gegenleistung. Bei Leasingverträgen können sich besondere Abgrenzungsfragen stellen.[7] Dem Periodisierungsgedanken ist auch bei der sachgerechten Auflösung zu folgen, wie das nachfolgende Beispiel zeigt.

> **Beispiel**
> Eine GmbH erbringt Schulungsleistungen für Handwerker, die die Meisterprüfung ablegen wollen. Die GmbH vereinnahmt nach Vertragsschluss mit einem Schüler im Dezember 01 das vollständige Entgelt i. H. v. 100 für eine in den Jahren 02–04 zu erbringende Schulungsleistung. Die entsprechenden Kursleistungen erbringt die GmbH planmäßig im Jahr 02 mit 40 %, im Jahr 03 mit 40 % und im Jahr 04 mit 20 %.
> Lösung: Im Jahr 01 ist ein passiver RAP i. H. v. 100 zu bilden, da von der GmbH zwar bereits ein Entgelt vereinnahmt (Einnahme vor dem Abschlussstichtag), aber noch keine Leistung erbracht wurde. In den Jahren 02–04 ist das Entgelt über die Vertragslaufzeit aufzulösen. Der Periodisierungsgedanke erfordert hierbei eine Auflösung des passiven RAP im Jahr 02 i. H. v. 40, da in dieser Höhe bei der GmbH auch die entsprechenden Aufwendungen angefallen sind. Eine lineare Auflösung über die Gesamtlaufzeit von drei Jahren würde nach der hier vertretenen Auffassung nicht dem Periodisierungsprinzip des § 252 Abs. 1 Nr. 5 HGB entsprechen.

---

5   Vgl. *Schubert/Waubke*, in Beck Bil-Komm., 10. Aufl., 2016, § 250 HGB, Rz 7.
6   BFH, Urteil v. 11.2.1998, I R 23/96, BStBl 1998 II S. 381; BFH, Urteil v. 3.5.1983, BStBl 1983 II S. 572.
7   Vgl. ADS, 6. Aufl., § 250 HGB, Tz 119 ff., sowie St/HFA 1/1989.

2 Transitorische Abgrenzung (Abs. 1 und 2)

2.1 Ausgabe vor dem Abschlussstichtag

6   Die Aktivierung eines RAP setzt einen **Zahlungsvorgang** voraus. Unter Zahlungsvorgang sind neben baren (Kasse) und unbaren (Bank) Zahlungsvorgängen sowie der Hergabe und Entgegennahme von Schecks, Wechseln u. dgl. auch Einbuchungen von Forderungen und ähnlichen Ansprüchen bzw. Verbindlichkeiten oder Rückstellungen zu verstehen.

> **Beispiel**
> Der Kfm. mietet eine Maschine für den Zeitraum 1.10.01–31.3.02. Die Miete für den Sechsmonatszeitraum i. H. v. 60 EUR ist zum 31.12.01 fällig, wird aber erst am 2.1.02 durch den Kfm. beglichen.
> Der Kfm. hat am Abschlussstichtag 31.12.01 einen aktiven RAP i. H. v. 30 EUR, in der GuV 01 einen Aufwand (Aufwendungen für bezogene Leistungen bzw. Sonstige betriebliche Aufwendungen) i. H. v. 30 EUR sowie eine Verbindlichkeit (aus L&L) i. H. v. 60 EUR auszuweisen.

7   Die Formulierung im Gesetzestext, dass die Ausgaben „vor dem Abschlussstichtag" zu leisten sind, ist so zu verstehen, dass hiermit das Ende des Gj, also 24.00 Uhr am Abschlussstichtag, gemeint ist. **Zahlungen am Abschlussstichtag** selbst reichen somit zur Erfüllung der Voraussetzungen zur Bildung eines RAP aus.[8]

8   Die **Nichtbilanzierung von geringfügigen RAP** ist nach dem Grundsatz der Wesentlichkeit zulässig.[9] Der BFH hat für Kfz-Steuern gleichlautend entschieden.[10] Als Grenze für diese Kleinbeträge hat der BFH die für GWG bestehende Grenze von 410 EUR herangezogen. Zumeist wird diese Betrachtung auch handelsrechtlich zulässig sein.

9   **Verwaltungs- oder Bearbeitungsgebühren** bei Aufnahme eines Bankdarlehens stellen wirtschaftlich betrachtet Teil des Entgelts für die Darlehensüberlassung dar und sind somit als aktiver RAP abzugrenzen.[11] Gleiches gilt auch für im Voraus zu bezahlende Bearbeitungsgebühren, die der Bürgschaftsschuldner für die Übernahme der Bürgschaft an ein Kreditinstitut zu zahlen hat.[12] Bearbeitungsentgelte, die bei vorzeitiger Vertragsbeendigung nicht anteilig zurückzuzahlen sind, sind sofort als Aufwand zu berücksichtigen (keine Zeitraumbezogenheit). Dies gilt allerdings nicht, wenn das Bankdarlehen für mehrere Jahre zu festen Konditionen abgeschlossen wurde und eine vorzeitige Beendigung nur aus wichtigem Grund möglich ist.[13] Da dies häufig gegeben ist, werden Bearbei-

---

[8] Vgl. *Küting/Trützschler*, in *Küting/Pfitzer/Weber*, HdR, 5. Aufl., § 250 HGB, Rz 64, Stand 02/2016.
[9] Vgl. WPH Edition, Wirtschaftsprüfung & Rechnungslegung, 15. Aufl., 2017, Abschn. F, Tz 424.
[10] BFH, Urteil v. 18.3.2010, X R 20/09, BFH/NV 2010, S. 1796.
[11] A. A. *Herzig/Joisten*, DB 2011, S. 2014.
[12] Vgl. BFH, Urteil v. 19.1.1978, IV R 153/72, BStBl 1978 II, S. 262.
[13] Vgl. BFH, Urteil v. 22.6.2011, I R 7/10, BStBl 2011 II S. 870.

tungsgebühren i.d.R. als aktiver RAP abzugrenzen sein. Folgende Indikatoren können allerdings für eine laufzeitunabhängige Behandlung sprechen:[14]
- Die Höhe der Bearbeitungsgebühr ist unabhängig von der Laufzeit des Kredits. Verlangt die Bank die gleichen (angemessenen) Gebühren für Kredite mit unterschiedlichen Laufzeiten, dann handelt es sich folgerichtig nicht um ein laufzeitabhängiges Entgelt,
- Der Zinssatz für das Darlehen liegt im marktüblichen Bereich. Entsprechend kann die Bearbeitungsgebühr keinen versteckten Zinsanteil enthalten.
- Die Bearbeitungsgebühr wird neben einem Disagio verlangt. Dies zeigt, dass von den Vertragspartnern zwischen Zins- und anderen Kosten- bzw. Entgeltkomponenten unterschieden wird.
- Während der Darlehenslaufzeit werden weitere Bearbeitungsgebühren belastet. Dies lässt annehmen, dass die Bearbeitungsgebühr ausschließlich Kosten des Vertragsabschlusses und dessen Vorarbeiten betrifft.
- Die Bearbeitungsgebühr wird von einem externen Dritten verlangt, z.B. einem Kreditvermittler oder Finanzberater. Hier lässt sich ein eindeutiger Bezug zum Vertragsabschluss nachweisen, sodass es sich um keine laufzeitabhängige Vergütung handelt.

Auch bei Darlehen mit im Zeitablauf **fallenden Zinssätzen** sieht der BFH eine Ansatzpflicht für einen aktiven RAP dann geboten, wenn der Darlehensnehmer im Falle einer vorzeitigen Vertragsbeendigung die anteilige Erstattung der bereits gezahlten (höheren) Zinsen nicht verlangen kann.[15] Wirtschaftlich wird somit ein gleichbleibender Zinsaufwand für das Darlehen – unabhängig von den tatsächlichen Zahlungen – bewirkt. Diese Beurteilung ist dann kritisch zu sehen, wenn bei Vertragsabschluss wirtschaftlich nachvollziehbare Gründe für die Vereinbarung von fallenden Zinsen bestehen. Ein denkbarer Grund für die Vereinbarung von fallenden Zinsen kann bspw. in dem aufgrund laufender Tilgungsleistungen reduziertem Ausfallbetrag des Kreditinstituts liegen.

10

Die verbilligte Abgabe von Mobilfunktelefonen stellt nach Auffassung des BFH[16] einen Anwendungsfall für die Bildung eines aktiven RAP dar. Handelsrechtlich war bis dahin davon ausgegangen worden, derartige Verluste aus dem Verkauf der Mobilfunktelefone zu einem unter ihrem Buchwert liegenden Preis sofort aufwandswirksam zu erfassen. Dies wird vom BFH nicht für zwingend gehalten, sondern vielmehr sei aufgrund des unmittelbaren Zusammenhangs mit dem Abschluss eines zeitraumbezogenen Nutzungsvertrags ein Zeitbezug anzuerkennen.[17] Allerdings handelt es sich nach der hier vertretenen Auffassung bei diesem Aktivposten eher um eine Forderung aus Lieferung und Leistung als um einen aktiven RAP, da die Voraussetzungen für einen aktiven RAP nicht vorliegen, denn nicht der zur Geldleistung Verpflichtete tritt in Vorleistung, sondern das Mobilfunkunternehmen. Vielmehr erbringt das Mobilfunkunternehmen mit der Lieferung des Mobilfunkgeräts eine Leistung, für die es aufgrund der erhöhten Grundgebühr einen künftigen Anspruch auf Zahlung hat. Es handelt sich daher

11

---

14 Vgl. Arbeitskreis „Steuern und Revision" im Bund der Wirtschaftsakademiker (BWA) e.V., DStR 2011, S. 2213.
15 Vgl. BFH, Urteil v. 27.7.2011, I R 77/10, BFH/NV 2011 S. 2152.
16 Vgl. BFH, Urteil v. 15.5.2013, I R 77/08, DStR 2013, S. 1774.
17 Vgl. IDW, IDW-FN 2014, S. 196.

um eine aufschiebend bedingte Forderung, die bei hinreichend wahrscheinlichem Bedingungseintritt (Bereitstellung des Netzes) so gut wie sicher und damit anzusetzen ist. Zu beachten ist, dass entgegen der BFH-Lösung hierbei der Ertrag aus dem Gesamtgeschäft über die Grundlaufzeit verteilt wird, während der BFH lediglich den Aufwand aus der verbilligten Abgabe des Mobilfunkgeräts verteilt.

2.2 Aufwand für eine bestimmte Zeit

12 Hinsichtlich des Kriteriums der bestimmten Zeit sind bei kalendermäßig exakt bestimmbaren Zeiträumen die zutreffende Bildung und Auflösung von RAP unproblematisch. Das Kriterium gilt aber auch als erfüllt, wenn zwar nicht die Gesamtlaufzeit eines Vertragsverhältnisses, wohl aber ein Mindestzeitraum exakt festgelegt werden kann.[18] Die bestimmte Zeit nach dem Abschlussstichtag ist nicht auf das folgende Gj beschränkt, sondern kann auch mehrere Gj umfassen.[19] Die Abgrenzung zwischen zulässiger Berechenbarkeit und unzulässiger Schätzung des Zeitraums der bestimmten Zeit ist z.T. fließend, wie die umfängliche BFH-Rechtsprechung hierzu zeigt. Gem. dem Objektivierungsgrundsatz ist zur Vermeidung weiter Ermessensspielräume das Merkmal der zeitlichen Bestimmbarkeit eng auszulegen. Die z.T. in der Literatur vertretene Auffassung,[20] auch eine weite Begriffsauslegung sei zulässig, wird hier abgelehnt, da dies aus dem Gesetzeswortlaut nur schwer abzuleiten ist und darüber hinaus zu einem Verlust an Rechtssicherheit führt. Der Gesetzgeber wollte gerade durch das Erfordernis der bestimmten Zeit die Bildung von transitorischen RAP im weiteren Sinne, insb. Reklameaufwendungen (z.B. Aufwendungen zur Erstellung eines Katalogs) und Entwicklungskosten (hier aber Aktivierungswahlrecht als immaterieller VG des AV, vgl. § 248 HGB), verhindern.[21]

2.3 Besonderheiten passiver Rechnungsabgrenzung

13 Die passive Rechnungsabgrenzung entspricht der aktiven, allerdings mit umgekehrten Vorzeichen. Daher gelten die Ausführungen gem. Abschnitten 2.1 und 2.2 (Rz 6–7) spiegelbildlich. Das in § 252 Nr. 4 HGB geregelte **Vorsichtsprinzip** führt allerdings dazu, dass bei passiven RAP im Zweifel eher eine Ansatzpflicht anzunehmen ist, während bei aktiven RAP eher kein Ansatz geboten ist.
Voraussetzung für die Bildung eines passiven RAP ist das Vorliegen einer **Einnahme vor dem Abschlussstichtag**. Unter Einnahme ist dabei der Zufluss von Zahlungsmitteln sowie die Einbuchung von Forderungen bzw. die Ausbuchung von Verbindlichkeiten zu verstehen.[22]
Weitere Bedingung für den Ansatz eines passiven RAP ist das Vorliegen eines Ertrags nach dem Abschlussstichtag. Ertrag setzt eine Gegenleistung des Bilanzierenden voraus, die nach dem Abschlussstichtag realisiert wird (z.B. Mietraumgestellung durch Vermieter).

---

[18] Vgl. *Tiedchen*, BB 1997, S. 2471.
[19] Vgl. WPH Edition, Wirtschaftsprüfung & Rechnungslegung, 15. Aufl., 2017, Abschn. F, Tz 422.
[20] Vgl. *Küting/Trützschler*, in *Küting/Pfitzer/Weber*, HdR, 5. Aufl., § 250 HGB, Rz 73, Stand 02/2016, mwN.
[21] Vgl. *Tiedchen*, BB 1997, S. 2475; *Schubert/Waubke*, in Beck Bil-Komm., 10. Aufl., 2016, § 250 HGB, Rz 23.
[22] Zu Einzelheiten vgl. *ADS*, 6. Aufl., § 250 HGB, Rz 112.

> **Beispiel**
> Die Immobilien GmbH ist Eigentümer eines bebauten Grundstücks in der Fußgängerzone von München. Das aufstehende Gebäude ist an verschiedene Einzelhandelsgeschäfte vermietet. Das bislang unbebaute Nachbargrundstück wird von einem Investor erworben, der hierauf ein Einzelhandelskaufhaus errichten und betreiben möchte. Aus baurechtlichen Gründen ist eine Entfluchtung des Einzelhandelskaufhauses nur über das Grundstück der Immobilien GmbH möglich. Der Investor verhandelt daher mit der Immobilien GmbH über die Einräumung einer Baulast auf dem Grundstück der Immobilien GmbH, die diese Entfluchtung dauerhaft gewährleisten soll.
> Nach den Regelungen des Vertrags muss die Immobilien GmbH die Entfluchtung des Einzelhandelskaufhauses des Nachbargrundstücks gewährleisten, indem es eine Freifläche auf ihrem eigenen Grundstück als Fluchtweg bereithält. Für die Einräumung dieses Entfluchtungsrechts zahlt der Investor der Immobilien GmbH eine einmalige Pauschalzahlung von 300 TEUR. Die Höhe der Pauschalzahlung ist von beiden Vertragspartnern aufgrund einer geschätzten wirtschaftlichen Nutzungsdauer des Entfluchtungsrechts von 30 Jahren bestimmt worden.
> Die Immobilien GmbH hat die erhaltene Pauschalzahlung als passiven Rechnungsabgrenzungsposten über die geschätzte Dauer von 30 Jahren zu bilanzieren. Die Auflösung erfolgt prt, d.h. in jedem Jahr sind 10 TEUR ertragswirksam zu vereinnahmen. Eine sofortige Ertragsvereinnahmung scheidet aus, da den Erträgen noch zukünftig zu erbringende Leistungen (Duldung der Entfluchtung) der Immobilien GmbH gegenüberstehen.

In diesem Zusammenhang ist verschiedentlich über einen etwaigen Schuldcharakter des passiven RAP diskutiert worden.[23] Konkreter Anlass ist die Bilanzierung von signing fees, die insb. bei Fußballprofivereinen erhebliche Bedeutung haben. Eine signing fee wird bei Abschluss eines zeitlich befristeten Vertrags – i.d.R. eine Nutzungsrechtüberlassung – gezahlt. Die Gegenleistung des Zahlungsempfängers liegt in der Duldung des (regelmäßig exklusiven) Nutzungsrechts. Insofern handelt es sich um ein schwebendes Geschäft; das vereinnahmte Entgelt ist auf die Laufzeit als passiver RAP zu verteilen.[24] 14

Das Kriterium der bestimmten Zeit findet auch bei passiven RAP Anwendung. Insoweit gelten auch hier die Ausführungen zu aktiven RAP analog (vgl. Rz 9). Bezüglich der Ermittlung der bestimmten Zeit ergeben sich durch das Vorsichtsprinzip und das Realisationsprinzip (§ 252 Abs. 1 Nr. 4 HGB) bei passiven RAP jedoch zum Teil abweichende Ergebnisse. So ist der für die aktiven RAP hier befürworteten engen Auslegung der Objektivierung der bestimmten Zeit bez. der passiven RAP nicht zu folgen. Diese Auffassung ist letztlich Analogieschluss aus dem Imparitätsprinzip (§ 252 Abs. 1 Nr. 4 2. Hs. HGB), da der Nichtansatz eines 15

---

23 Vgl. *Küting/Strauß*, DB 2010, S. 1189; *Kudert/Marquart*, WPg 2010, S. 39.
24 *Hoffmann*, StuB 2010, S. 450.

passiven RAP automatisch zu einem höheren Gewinnausweis in der laufenden Periode führen würde.
Diese Sichtweise wird auch durch verschiedene Urteile des BFH gestützt,[25] wobei dieser die Zulässigkeit von Schätzungen z. T. unterschiedlich behandelt hat. So hat der BFH in diesem Zusammenhang die Nutzungsdauerschätzung für eine Maschine[26] sowie die Laufzeit eines Bausparvertrags[27] als nicht hinreichend objektiviert in Bezug auf das Kriterium der bestimmten Zeit interpretiert und folglich den Ansatz eines passiven RAP verneint.
Eine **Vergütung**, die der Kreditgeber **für** seine Bereitschaft zu einer für ihn nachteiligen **Änderung der Vertragskonditionen** vom Kreditnehmer vereinnahmt hat, ist in der Bilanz des Kreditgebers nicht passiv abzugrenzen, da es an einer zeitraumbezogenen Gegenleistung fehlt.[28]

16 Im Gegensatz dazu hat der Verkäufer eines Optionsscheins im Rahmen von **Optionsgeschäften** einen passiven RAP i. H. d. Optionsprämie zu bilden.[29]

17 Besonderheiten gelten auch hinsichtlich der Abgrenzung realisierter Erfolgsbeiträge bei rollierend abgeschlossenen Sicherungsgeschäften.[30]

3 Disagio (Abs. 3)

3.1 Wahlrecht

18 § 250 Abs. 3 HGB gibt dem Bilanzierenden ein Wahlrecht, den Unterschiedsbetrag zwischen dem Ausgabebetrag und dem höheren Erfüllungsbetrag von Verbindlichkeiten (Disagio) als aktiven RAP auszuweisen und in der Folge planmäßig aufzulösen. Bei Nichtausübung des Wahlrechts ist das Disagio sofort in voller Höhe aufwandswirksam zu erfassen.
Aufgrund des Gebots der Ansatzstetigkeit (§ 246 Abs. 3 HGB) ist die früher zulässige sachverhaltsbezogene oder auch nur für einen Teilbetrag des Disagios vorgenommene Wahlrechtsausübung nicht mehr zulässig.[31] Ohnehin ist die Ausübung nur im Zeitpunkt der Darlehensausgabe möglich; eine Nachaktivierung von ursprünglich nicht aktivierten Disagien in Folgejahren ist unzulässig.
Das Wahlrecht gilt nicht nur für die im Fall von Darlehens- oder Anleiheaufnahmen vereinbarten Disagien, sondern für alle Arten von Verbindlichkeiten. Bei **Zero-Bonds** ist allerdings eine abweichende Bilanzierungsweise zu beachten, nämlich die Passivierung des Ausgabebetrags und ratierliche „Zuschreibung" der Zinsverpflichtung.[32] Die Anwendung dieser Effektivzinsmethode soll nach der hier vertretenen Auffassung nicht nur für Zero-Bonds, sondern auch für

---

[25] BFH, Urteil v. 24.3.1982, BStBl 1982 II S. 643; BFH, Urteil v. 17.7.1980, BStBl 1981 II S. 669 ff.; BFH, Urteil v. 23.2.1977, BStBl 1977 II S. 392.
[26] BFH, Urteil v. 22.1.1992, BStBl 1992 II S. 488.
[27] BFH, Urteil v. 3.11.1982, BStBl 1983 II S. 132.
[28] BFH, Urteil v. 7.3.2007, BStBl 2007 II S. 697.
[29] Vgl. *Schubert/Waubke*, in Beck Bil-Komm., 10. Aufl., 2016, § 250 HGB, Rz 26.
[30] Vgl. *Göttgens/Prahl*, in WPg 1993, S. 503.
[31] Gl. A. *Hömberg/König*, in *Baetge/Kirsch/Thiele*, Bilanzrecht, § 250 HGB, Rz 86.1, Stand 4/2016; *Schubert/Waubke*, in Beck Bil-Komm., 10. Aufl., 2016, § 250 HGB, Rz 38.
[32] Vgl. St-HFA 1/1986; WPH Edition, Wirtschaftsprüfung & Rechnungslegung, 15. Aufl., 2017, Abschn. F, Tz 425.

andere bei Zugang bzw. Begebung in wesentlichem Umfang nominell unterverzinslichen Fremdkapitaltitel gelten.[33]

3.2 Unterschiedsbetrag

Der Gesetzeswortlaut spricht von einem Unterschiedsbetrag zwischen Ausgabe- und (höherem) Erfüllungsbetrag. Hierunter fällt das sog. **Ausgabedisagio** sowie ein **Rückzahlungsagio**.[34]
Unter **Erfüllungsbetrag** ist der Betrag zu verstehen, der gem. den Vertragsvereinbarungen am Ende der Laufzeit oder zu bestimmten, vertraglich im Voraus definierten Zeitpunkten vom Schuldner zu leisten ist (§ 253 Abs. 1 Satz 2 HGB). **Ausgabebetrag** ist der Betrag, der dem Schuldner gem. der Kapitalüberlassungsvereinbarung zu Beginn der Laufzeit oder – eher ungewöhnlich, aber nicht unmöglich – zu im Voraus bestimmten Zeitpunkten vom Gläubiger zufließt.[35]
Die **Einbeziehung weiterer Aufwendungen**, die an den Gläubiger geleistet werden, wie z.B. Bearbeitungsgebühren, Verwaltungsgebühren, Gebühren aus der Ausgabe von Anleihen in den Unterschiedsbetrag, ist umstritten.[36] Zu beachten ist hierbei allerdings die Konkurrenz zu Abs. 1, d.h., eine Nichteinbeziehung von Bearbeitungsgebühren in den Unterschiedsbetrag befreit nicht von der ggf. bestehenden Aktivierungspflicht, diese nach Abs. 1 als transitorischen RAP abzugrenzen (vgl. Rz 6 ff.).
Unstrittig ist, dass **Geldbeschaffungskosten**, die im Zuge der Darlehensaufnahme **durch Zahlungen an Dritte** entstehen (z.B. Vermittlungsprovisionen), nicht in den Unterschiedsbetrag einzubeziehen sind.[37]

3.3 Abschreibung

Der Unterschiedsbetrag ist nach Satz 2 der Vorschrift **planmäßig abzuschreiben**, wobei die Verteilung auch auf kürzere Laufzeiten als auf die Gesamtlaufzeit vorgenommen werden kann.[38]
Ist ein gegenüber der Kreditlaufzeit **kürzerer Zinsbindungszeitraum** vereinbart und wird das Disagio als vorausgezahlter Zinsaufwand interpretiert, dann stellt der Zeitraum, für den die Zinskonditionen festgeschrieben sind, die für die Abschreibungsberechnung maßgebliche Zeitspanne dar.[39]
Fehlt es an einer konkreten Darlehenslaufzeit, darf die Abschreibung auf die voraussichtliche Tilgungszeit verteilt werden; aus Gründen der Vorsicht sollte dies der Zeitpunkt sein, zu dem eine Kündigung frühestens möglich ist.[40] Ent-

---

33 Vgl. hierzu auch IDW, IDW-FN 2014, S. 595.
34 A.A.: *ADS*, 6. Aufl., § 250 HGB, Rz 87.
35 Vgl. *Hömberg/König*, in *Baetge/Kirsch/Thiele*, Bilanzrecht, § 250 HGB, Rz 91, Stand 4/2016.
36 Ablehnend: *Herzig/Joisten*, DB 2011, S. 1014; *ADS*, 6. Aufl., § 250 HGB, Rz 89; *Küting/Trützschler*, in *Küting/Pfitzer/Weber*, HdR, 5. Aufl., § 250 HGB, Rz 86, Stand 02/2016; zustimmend: *Schubert/Waubke*, in Beck Bil-Komm., 10. Aufl., 2016, § 250 HGB (mit Hinweis auf abweichende BFH-Auffassung), Rz 43; *Kupsch*, in BoHdR, § 250 HGB, Anm 72 sowie FG Köln, Urteil v. 12.11.2009, 13 K 3803/06, BB 2010 S. 565 (nrkr).
37 Vgl. *BFH*, Urteil v. 4.5.1977, I R 27/74, BStBl 1977 II S. 802.
38 Gl. A. *Küting/Trützschler*, in *KütingPfitzer/Weber*, HdR, 5. Aufl., § 250 HGB, Rz 93.
39 Vgl. *Kupsch*, in BoHdR, § 250 HGB, Anm 79.
40 Vgl. *Schubert/Waubke*, in Beck Bil-Komm., 10. Aufl., 2016, § 250 HGB, Rz 48.

schädigungszahlungen für eine vor Ablauf der Zinsbindung erfolgte Zinsanpassung erfüllen ebenfalls den Charakter eines Disagios.[41]

23 Das Gebot planmäßiger Abschreibung erfordert, dass zu Beginn des Abschreibungszeitraums ein Plan aufgestellt wird, von dem im Regelfall nicht abgewichen werden darf. Wird während des Abschreibungszeitraums die Darlehensdauer verkürzt, ist eine **Planberichtigung** erforderlich. Bei einer Verlängerung des Darlehenszeitraums ist eine Planberichtigung möglich, aber nicht erforderlich.[42]
Es gibt keine vorgeschriebenen Abschreibungsmethoden. In jedem Fall muss aber jährlich eine Abschreibung erfolgen, d.h., es darf nicht mit der Abschreibung planmäßig ausgesetzt werden.
Der Abschreibungsplan sollte sich an dem Umfang der Kapitalnutzung orientieren und hat sich somit an den Rückzahlungsvereinbarungen zu orientieren. Bei **Fälligkeitsdarlehen** (Tilgung in einer Summe am Ende der Laufzeit) ist der Unterschiedsbetrag linear auf die Kreditlaufzeit zu verteilen. Bei **Tilgungs- und Annuitätsdarlehen** sinkt der Zinsaufwand im Zeitablauf, sodass hier eine entsprechend höhere Abschreibung des Unterschiedsbetrags in den ersten Jahren der Laufzeit sachgerecht ist.[43]

24 **Außerplanmäßige Abschreibungen** auf das Disagio sind in Fällen denkbar, in denen **außerplanmäßige Tilgungen** (von Teilen oder des Gesamtbetrags) der Verbindlichkeit erfolgen, die eine vorzeitige erfolgswirksame Auflösung des Disagios erforderlich machen.[44] Eine **wesentliche Ermäßigung des Zinsniveaus** kann eine außerplanmäßige Abschreibung ebenfalls rechtfertigen. Auch eine freiwillige außerplanmäßige Abschreibung wird für zulässig erachtet.[45]

25 Hinsichtlich der für KapG/KapCoGes geltenden Ausweis- und Angabepflichten vgl. § 268 Rz 39.

---

[41] Vgl. *Lüdenbach*, StuB 2010, S. 194.
[42] Vgl. *ADS*, 6. Aufl., § 250 HGB, Rz 95.
[43] Zu Berechnungsformeln vgl. *Kupsch*, in BoHdR, § 250 HGB, Anm 77, 78.
[44] Vgl. *Hömberg/König*, in *Baetge/Kirsch/Thiele*, Bilanzrecht, § 250 HGB, Rz 100, Stand 4/2016; *Weber-Grellet*, BB 2010, S. 47.
[45] Vgl. WPH Edition, Wirtschaftsprüfung & Rechnungslegung, 15. Aufl., 2017, Abschn. F, Tz 426 mwN.

§ 251 Haftungsverhältnisse

¹Unter der Bilanz sind, sofern sie nicht auf der Passivseite auszuweisen sind, Verbindlichkeiten aus der Begebung und Übertragung von Wechseln, aus Bürgschaften, Wechsel- und Scheckbürgschaften und aus Gewährleistungsverträgen sowie Haftungsverhältnisse aus der Bestellung von Sicherheiten für fremde Verbindlichkeiten zu vermerken; sie dürfen in einem Betrag angegeben werden. ²Haftungsverhältnisse sind auch anzugeben, wenn ihnen gleichwertige Rückgriffsforderungen gegenüberstehen.

WP StB Klaus Heininger

Inhaltsübersicht Rz
1 Überblick 1–4
   1.1 Inhalt 1–3
   1.2 Anwendungsbereich, Normenzusammenhang 4
2 Informationsfunktion des Bilanzvermerks 5–11
3 Verbindlichkeiten aus der Begebung und Übertragung von Wechseln 12–14
4 Verbindlichkeiten aus Bürgschaften, Wechsel und Scheckbürgschaften 15–20
5 Verbindlichkeiten aus Gewährleistungsverträgen 21–38
   5.1 Arten von Gewährleistungsverpflichtungen 21–24
   5.2 Gewährleistungen für eigene Leistungen 25–26
   5.3 Gewährleistungen für fremde Leistungen 27–31
   5.4 Sonderform Patronatserklärung 32–36
   5.5 Sonstige Gewährleistungen 37–38
6 Haftungsverhältnisse aus der Bestellung von Sicherheiten für fremde Verbindlichkeiten 39–42
7 Bewertung der vermerkpflichtigen Haftungsverhältnisse 43–48
8 Ausweis der vermerkpflichtigen Haftungsverhältnisse 49–52

1 Überblick

1.1 Inhalt

§ 251 HGB regelt die Angabe zu möglichen künftigen Vermögensbelastungen, die sich aus zum Bilanzstichtag bestehenden **Haftungsverhältnissen** ergeben können. Diese Angaben stellen eine Zusatzinformation zu den aus der Bilanz ersichtlichen passivierten Rückstellungen oder Verbindlichkeiten dar. Die „unter der Bilanz" anzugebenden Haftungsverhältnisse betreffen im Einzelnen:

- Verbindlichkeiten aus der Begebung und Übertragung von Wechseln,
- Verbindlichkeiten aus Bürgschaften, Wechsel- und Scheckbürgschaften,

1

- Verbindlichkeiten aus Gewährleistungsverträgen,
- Haftungsverhältnisse aus der Bestellung von Sicherheiten für fremde Verbindlichkeiten.

Diese Aufzählung ist vollständig und abschließend, sonstige eventuelle Haftungsverhältnisse sind nicht anzugeben. Allerdings ist zu beachten, dass der Begriff der **„Gewährleistungsverträge"** gesetzlich nicht definiert ist und daher eine Vielfalt möglicher Haftungsverhältnisse umfasst, sodass der Umfang der Vermerkpflicht mit der weiteren Gestaltung und Entwicklung möglicher Haftungskonstruktionen „mit wachsen kann".

2 Die Gemeinsamkeit der in § 251 HGB aufgelisteten Haftungsverhältnisse besteht darin, dass eine Inanspruchnahme des Kfm. aufgrund einer rechtlichen Verpflichtung, der er sich nicht mehr entziehen kann, rechtlich möglich ist, am Bilanzstichtag jedoch nicht konkret erwartet wird und deshalb eine Passivierung (ganz oder teilweise) in der Bilanz nicht erfolgt. Es handelt sich um auf vertraglicher Grundlage beruhende einseitige rechtliche Verpflichtungen, die beim künftigen Eintritt eines Ereignisses oder einer Bedingung zu einer Vermögensbelastung führen können. Da die Inanspruchnahme vom Eintritt einer Bedingung abhängig ist, werden die aus den Haftungsverhältnissen resultierenden Eventualverbindlichkeiten auch als **bedingte Verbindlichkeiten** bezeichnet.

3 Der Vermerk unter der Bilanz umfasst grds. die mögliche Vermögensbelastung in voller Höhe. Eventuell bestehende **Rückgriffsforderungen** sind nicht zu berücksichtigen. Die Angabe der möglichen Vermögensbelastung darf allerdings nur einmal erfolgen, Doppelangaben sind zu vermeiden. Lt. Gesetzestext erfolgt der Vermerk nur, „sofern" entsprechende Verbindlichkeiten nicht auf der Passivseite auszuweisen sind. Nach übereinstimmender Literaturmeinung[1] ist dieses „sofern" des Gesetzestextes in ein „soweit" umzudeuten. Ein Vermerk entfällt nur dann, wenn eine Rückstellung oder Verbindlichkeit mit dem vollen Betrag der möglichen Haftung passiviert ist; erfasst die Passivierung nur einen Teilbetrag der Gesamtverpflichtung, so ist der Restbetrag der rechtlich möglichen Verpflichtung gem. § 251 HGB zu vermerken.

1.2 Anwendungsbereich, Normenzusammenhang

4 § 251 HGB ist eine für alle Kfl. gültige Regelung, die darüber hinaus über den Verweis in § 298 Abs. 1 HGB auch auf den Konzernabschluss anzuwenden ist.
Für KapG/KapCoGes sind in § 268 Abs. 7 HGB ergänzende Anforderungen geregelt: Die in § 251 HGB bezeichneten Haftungsverhältnisse sind jeweils gesondert unter der Bilanz oder im Anhang unter Angabe der gewährten Pfandrechte und sonstigen Sicherheiten anzugeben; bestehen solche Verpflichtungen gegenüber verbundenen Unternehmen, so sind sie gesondert anzugeben. Darüber hinaus ist für diese Ges. die Regelung des § 285 Nr. 9 HGB zu beachten, der zufolge die zugunsten der Organmitglieder eingegangenen Haftungsverhältnisse im Anhang anzugeben sind. Schließlich ist auf die mit dem BilMoG neu eingeführte Vorschrift des § 285 Nr. 27 HGB hinzuweisen: KapG/KapCoGes haben im Anhang für die nach § 251 HGB unter der Bilanz ausgewiesenen Verbindlichkeiten und Haftungsverhältnisse die Gründe der Einschätzung des Risikos der Inanspruchnahme anzugeben.

---

[1] Vgl. z. B. *ADS*, 6. Aufl., § 251 HGB, Rz 6.

2 Informationsfunktion des Bilanzvermerks

Die Funktionen des handelsrechtlichen Jahresabschlusses sind insb. in den folgenden Bereichen zu sehen:
- Gläubigerschutz,
- Kapitalerhaltung,
- Ausschüttungsbemessung.

Dagegen dient die internationale Rechnungslegung (IFRS) insb. der **Informationsfunktion**. Mit der Umsetzung des BilMoG wurde erstmals auch die „Informationsfunktion des handelsrechtlichen Jahres- und Konzernabschlusses" in der Gesetzesbegründung als eigenständiges Ziel definiert.[2] Während also die Informationsfunktion für die Rechnungslegungsregelungen im Allgemeinen erstmals mit dem BilMoG besondere Betonung findet, gilt dies für den Bilanzvermerk gem. § 251 HGB schon immer und ist auch gleichzeitig das einzige Ziel dieser Vorschrift. Die Vermerkpflicht dient zunächst der „Selbstinformation des Kaufmanns" und darüber hinaus selbstverständlich allen externen Adressaten des Jahresabschlusses als Zusatzinformation über nicht bilanzierungsfähige zusätzliche Risiken. Da der Bilanzvermerk der Gläubigerschutzfunktion des handelsrechtlichen Jahresabschlusses lediglich indirekt – i. S. v. zusätzlichen Informationen – und den Funktionen Kapitalerhaltung, Ausschüttungsbemessung sowie steuerliche Maßgeblichkeit überhaupt nicht dient, sind auch die hieraus abgeleiteten allgemeinen Grundsätze wie Realisationsprinzip, Vorsichtsprinzip und Stichtagsprinzip nicht bzw. nur in modifizierter Form zu beachten.

Die Unbeachtlichkeit des **Realisationsprinzips** zeigt sich bspw. darin, dass Haftungsverhältnisse, die in fremder Währung zu erfüllen sind, unabhängig von der Fristigkeit jeweils mit dem Geldkurs am Abschlussstichtag umzurechnen sind, auch wenn dieser Kurs unter dem Kurs zum Zeitpunkt des Entstehens des Haftungsverhältnisses liegt.[3] Soweit in der Kommentierung für diesen Fall lediglich auf die Regelungen für die Umrechnung von Währungsverbindlichkeiten hingewiesen wird,[4] ist dem in dieser allgemeinen Form nicht zuzustimmen, da eine Bindung an das Realisationsprinzip bei Angaben über Haftungsverhältnisse außerhalb der Bilanz mangels Konsequenzen für Entnahmen bzw. Ausschüttungen nicht sinnvoll ist. Die Anwendung des Stichtagskurses führt zu einer zutreffenderen Angabe möglicher künftiger Belastungen als die Verwendung eines historischen Anschaffungskurses.[5]

Das dem Niederstwertprinzip für Aktiva entsprechende Höchstwertprinzip für Rückstellungen gilt in diesem Fall nicht.

> **Beispiel**
> Die X-AG hat die Bürgschaft für eine langfristige Fremdwährungsverbindlichkeit von 1 Mio GBP ihrer Tochtergesellschaft T übernommen. Zum Bilanzstichtag 01 beträgt der Kurs GBP/EUR 1,30; unter der Bilanz ist ein Betrag von

---

2 Vgl. BegrReg, S. 1.
3 Vgl. *Fey*, in *Küting/Pfitzer/Weber*, HdR, HGB § 251, Rz 75, Stand 02/2011.
4 Vgl. *Karrenbrock*, in Baetge/Kirsch/Thiele, Bilanzrecht § 251 HGB, Rz 53, Stand 01/2012.
5 Vgl. *Fey*, in *Küting/Pfitzer/Weber*, HdR, HGB § 251, Rz 75, Stand 02/2011; *ADS*, 6. Aufl., § 251 HGB, Rz 102.

> 1,3 Mio EUR anzugeben. Zum Bilanzstichtag 02 beträgt der Kurs GBP/EUR 1,15; die Angabe gem. § 251 HGB reduziert sich auf 1,15 Mio EUR.

7 Das **Vorsichtsprinzip** findet insoweit Anwendung, als den Bilanzadressaten durch den Bilanzvermerk ein umfassendes und zutreffendes Bild aller möglichen künftigen Vermögensbelastungen, die zum Stichtag nicht zu bilanzieren sind, gegeben wird. Hierbei ist grds. nicht ein erwarteter oder wahrscheinlicher Wert anzugeben, wie dies z. B. für die Bemessung von Rückstellungen grds. geboten ist, sondern es ist stets die maximal mögliche Belastung, der sich der Kfm. nicht mehr entziehen kann, anzugeben. Allerdings ist es in Fällen, in denen eine verlässliche Schätzung nicht möglich ist, zulässig, lediglich einen **Merkposten** anzugeben und darüber hinaus **verbale Erläuterungen** zu geben, eine Vorgehensweise, die für Bewertungsentscheidungen in der Bilanz aufgrund des Vorsichtsprinzips nicht zulässig wäre.

8 Das **Stichtagsprinzip** ist in einer der Informationsfunktion des Bilanzvermerks entsprechenden Auslegung anzuwenden. Anzugeben sind grds. alle am Bilanzstichtag bestehenden Haftungsverhältnisse, die zu künftigen Vermögensbelastungen führen können. Die Inanspruchnahme muss von Bedingungen abhängen, die der Kfm. am Bilanzstichtag nicht oder jedenfalls nicht mehr wesentlich selbst beeinflussen kann. Soweit die eingegangenen Haftungsverhältnisse die Absicherung von Verpflichtungen eines Dritten betreffen, bedeutet das Stichtagsprinzip jedoch nicht, dass stets nur die zum Bilanzstichtag bestehende gesicherte **Hauptverbindlichkeit** im Bilanzvermerk anzugeben ist. So sind bspw. auch bei **Höchstbetragsbürgschaften**, die streng akzessorisch sind, d. h. sich unmittelbar nach der Höhe der Hauptverbindlichkeit richten, stets die möglichen Höchstbeträge der Belastungen anzugeben, nicht dagegen ein am Bilanzstichtag gegebener eventuell niedrigerer Betrag der Hauptschuld.[6]

Eine Vermerkpflicht besteht auch dann, wenn Haftungsverhältnisse für **künftige** oder **bedingte Hauptschulden** eingegangen worden sind. Die Entstehung der Haftungsverbindlichkeit hängt in diesem Fall von einer weiteren, zum Bilanzstichtag noch nicht eingetretenen Bedingung (Entstehung der Hauptschuld) ab. Gleichwohl besteht die Vermerkpflicht, da für den Bilanzierenden ein vertraglich konkretisiertes Haftungsrisiko vorliegt, dem er sich bei Eintritt der Voraussetzungen nicht mehr entziehen kann. Dies gilt auch dann, wenn das Entstehen der Hauptschuld nach den Verhältnissen des Bilanzstichtags als unwahrscheinlich anzusehen ist.[7]

9 Anwendung findet selbstverständlich das **Vollständigkeitsgebot**.[8] Der umfassenden Informationsfunktion des Bilanzvermerks entsprechend sind daher auch evtl. **strittige Haftungsverhältnisse** anzugeben. Bestehen Zweifel an der rechtlichen Wirksamkeit einer Vereinbarung, so ist das Haftungsverhältnis gleichwohl einzubeziehen, denn eine umfassende Information beinhaltet auch solche Risiken, deren Eintritt am Bilanzstichtag als unwahrscheinlich gilt. Solange eine

---

[6] Vgl. *Wiehn*, in *Castan/Böcking/Heymann/Pfitzer/Scheffler*, Handbuch des Rechnungswesens, B 250 Haftungsverhältnisse, Rz 92, Stand 05/2010.
[7] Vgl. *Karrenbrock*, in *Baetge/Kirsch/Thiele*, Bilanzrecht, § 251 HGB, Rz 34, Stand 01/2012.
[8] Vgl. *Kortmann*, DB 1987, S. 2579.

künftige Vermögensbelastung nicht definitiv auszuschließen ist, ist deshalb von einer Vermerkpflicht auszugehen. Es ist zu beachten, dass das Vollständigkeitsprinzip selbstverständlich nur für die vier Arten von Haftungsverhältnissen gilt, die im Gesetzestext ausdrücklich erwähnt sind.

Aufschiebend bedingte oder **zukünftige Haftungsverhältnisse** sind dadurch gekennzeichnet, dass nicht der Eintritt der gesicherten Hauptverbindlichkeit von einem künftigen Ereignis abhängt, sondern die Wirksamkeit des Haftungsverhältnisses selbst, wie z.b. die Übernahme einer aufschiebend bedingten Bürgschaft. Die Vermerkpflicht richtet sich auch in diesem Fall ausschließlich danach, ob der Eintritt der Haftung unabhängig vom Willen des Bilanzierenden möglich ist. In diesem Fall ist eine Vermerkpflicht stets gegeben. Ein Anwendungsfall liegt z.b. dann vor, wenn Gegenstand der Bedingung eine Vertragsverletzung durch den Hauptschuldner ist.[9] Auch die vertragliche Verpflichtung zu künftiger Sicherheitsleistung, wie z.b. die Erklärung, auf erstes Anfordern des Gläubigers eine Bürgschaft oder Garantie zu übernehmen oder Grundschulden zu bestellen, führt zur Vermerkpflicht einer als **Vorvertrag** einzuordnenden Verpflichtung zu künftiger Sicherheitsleistung. Sie ist anzugeben, weil der Verpflichtete zur Sicherheitenbestellung notfalls im Klageweg gezwungen werden kann.[10] Schließlich ist zu beachten, dass grds. neben **direkten** auch **indirekte**, d.h. durch einen Dritten übernommene **Verpflichtungen** vermerkpflichtig sein können.[11]

Die beschriebene besondere Informationsfunktion führt aber auch zu einer Einschränkung des Vollständigkeitsgebots. Die anzugebenden Haftungsverhältnisse beruhen grds. auf einer vertraglichen Grundlage, deren Zweck entweder unmittelbar oder zumindest mittelbar auf die Übernahme eines besonderen, über **die betriebs- oder branchenüblichen Haftungstatbestände** hinausgehenden Haftungsrisikos gerichtet ist. Als üblich können im Regelfall vertragliche Vereinbarungen angesehen werden, soweit deren Verpflichtungen mit gesetzlichen Vorschriften übereinstimmen oder in allgemeinen Geschäftsbedingungen festgelegt sind. Auch **gesetzliche Haftungen** führen nicht zu einem Bilanzvermerk.[12] Eine Vermerkpflicht ist in diesen Fällen nicht gegeben, da die Jahresabschlussadressaten mit derartigen Haftungstatbeständen auch ohne besonderen Hinweis ganz allgemein rechnen können, während es der besonderen Informationsfunktion des § 251 HGB entspricht, die Adressaten über alle über die allgemeinen rechtlichen und wirtschaftlichen sowie branchenüblichen Verpflichtungen hinausgehenden potenziellen Vermögensbelastungen ins Bild zu setzen. In diesem Sinne wurde im Jahr 2014 durch Änderung des IDW Standards zur Bilanzierung von Anteilen an Personenhandelsgesellschaften klargestellt, dass im Falle einer die Pflichteinlage des Kommanditisten übersteigenden Hafteinlage keine Pflicht besteht, den Differenzbetrag anzugeben.[13]

---

9 Vgl. *Grottel/Haußer*, in Beck Bil-Komm., 10. Aufl., 2016, § 251 HGB, Rz 6.
10 Vgl. *Gerth*, BB 1981, S. 1617; *ADS*, 6. Aufl., § 251 HGB, Rz 12.
11 Vgl. *Grottel/Haußer*, in Beck Bil-Komm., 10. Aufl., 2016, § 251 HGB, Rz 29.
12 Vgl. *Karrenbrock*, in *Baetge/Kirsch/Thiele*, Bilanzrecht, § 251 HGB, Rz 22, Stand 01/2012; *Kortmann*, DB 1987, S. 2579.
13 Vgl. IDW RS HFA 18, Tz. 40.

3 Verbindlichkeiten aus der Begebung und Übertragung von Wechseln

12 Die Vermerkpflicht bezieht sich auf das sog. **Wechseloblig0**, d. h. die Haftung aus der Begebung und Übertragung von Wechseln i. S. v. § 1 Wechselgesetz (WG). Angabepflichtig sind alle Wechsel, für die der Kfm. entweder **als Aussteller** (§ 9 Abs. 1 WG, Begebung von Wechseln) oder als sog. **Indossant** (§ 15 Abs. 1 WG, Übertragung von Wechseln) haftet. Die Vermerkpflicht umfasst den Gesamtbetrag aller Wechsel, die am Bilanzstichtag noch nicht fällig oder noch nicht eingelöst waren, sodass der Bilanzadressat über den Gesamtumfang der auf den Kfm. möglicherweise zukommenden Haftungsverpflichtungen zum Stichtag informiert wird. Die **Bonität** des Akzeptanten oder sonstiger in der Kette vorrangig Verpflichteter ist unbeachtlich. Allein das Vorliegen des wechselrechtlichen Obligos löst die Angabepflicht aus. Hieraus ergibt sich, dass bspw. auch Wechsel, die auf die öffentliche Hand gezogen sind, stets in den Vermerk einzubeziehen sind.[14] Die Bonität der übrigen Verpflichteten hat allerdings eine erhebliche Bedeutung für die Frage, ob mit einer wechselrechtlichen Inanspruchnahme tatsächlich zu rechnen ist und dementsprechend anstelle eines Bilanzvermerks die Bilanzierung einer Rückstellung geboten ist.

> **Beispiel**
> Unternehmer U hat von seinen Kunden K1 und K2 Wechsel über 500 TEUR (K1) und 300 TEUR (K2) hereingenommen und kurz vor dem Bilanzstichtag seiner Hausbank zur Gutschrift eingereicht. K1 ist bereits seit einiger Zeit aufgrund von Auftragsrückgängen in einer finanziell sehr schwierigen Lage; zu K2 bestehen keine besonderen, insb. keine negativen Erkenntnisse. Für die Verpflichtung aus dem Wechsel von K1 wird mit einer Inanspruchnahme i. H. v. 350 TEUR gerechnet. Es ist eine Rückstellung für ungewisse Verbindlichkeiten i. H. v. 350 TEUR zu bilden. Unter der Bilanz ist ein Vermerk für Verbindlichkeiten aus der Begebung und Übertragung von Wechseln i. H. v. 150 TEUR (K1) + 300 TEUR (K2) = 450 TEUR zu machen.

Eine Angabepflicht entfällt in den Fällen, in denen aus rechtlichen oder tatsächlichen Gründen kein Obligo besteht. Dies gilt für die Wechsel im eigenen Bestand sowie für die zum Inkasso weitergegebenen Wechsel. Dies gilt weiterhin für die Fälle, in denen die wechselrechtliche Haftung aus übertragenen Wechseln durch eine besondere Form des Indossaments ausgeschlossen ist. Ausgenommen sind daher Wechsel, die mit einem offenen Vollmachtsindossament (Art. 18 Abs. 1 WG), einem offenen Pfandindossament (Art. 19 Abs. 1 WG) oder mit einer sog. „Angstklausel" („ohne Obligo", Art. 15 WG) übertragen werden.[15]

13 Das wechselrechtliche Obligo erlischt an dem Tag, an dem der Wechsel durch den Bezogenen, den Aussteller oder einen Vorgiranten eingelöst wird. Der **Einlösetag** ist nicht automatisch der **Verfalltag**. Der Einlösetag kann grds. auch nach dem Verfalltag liegen. Allerdings ist dem Bilanzierenden, der den Wechsel

---

[14] Vgl. *Grottel/Haußer*, in Beck Bil-Komm., 10. Aufl., 2016, § 251 HGB, Rz 15; *ADS*, 6. Aufl., § 251 HGB, Rz 37.
[15] Vgl. *Karrenbrock*, in Baetge/Kirsch/Thiele, Bilanzrecht § 251 HGB, Rz 73, Stand 01/2012.

weitergegeben hat, der Einlösetag i.d.R. nicht bekannt. In der Bilanzierungspraxis wird allgemein davon ausgegangen, dass das Obligo spätestens fünf Tage nach dem Verfall des Wechsels erlischt, sofern dem Wechselverpflichteten kein Protest, der einen Rückgriff erlauben würde, bekannt gemacht worden ist.[16] Damit sind alle Wechsel angabepflichtig, bei denen am Bilanzstichtag die **Fünf-Tagefrist** noch nicht abgelaufen sowie nicht bekannt ist, dass der Wechsel vor dem Abschlussstichtag tatsächlich eingelöst wurde.[17] Erlangt das Unt bis zum Zeitpunkt der Bilanzaufstellung Kenntnis davon, dass der Wechsel bereits zum Bilanzstichtag eingelöst war, entfällt die Vermerkpflicht. Wird dagegen im Wertaufhellungszeitraum bis zur Bilanzaufstellung bekannt, dass ein Wechsel zum Protest gegeben wurde und der bilanzierende Kfm. demzufolge mit einer konkreten Inanspruchnahme zu rechnen hat, so ist eine entsprechende Passivierung und gleichzeitige Reduzierung des Bilanzvermerks vorzunehmen.

Die tatsächliche Inanspruchnahme wird aufgrund der relativ kurzen Fristen im Regelfall bis zur Bilanzerstellung bekannt sein. Neben der damit gebotenen Passivierung für den jeweiligen Einzelfall wird – sofern ein Wechselobligo aus einer größeren Anzahl von Wechseln resultiert – darüber hinaus eine **pauschale Rückstellung** für mögliche Inanspruchnahmen auch dann zu bilden sein, wenn konkrete Regressansprüche nicht geltend gemacht worden sind. Der entsprechende Betrag ist bei der Ermittlung des in den Vermerk aufzunehmenden Postens in Abzug zu bringen.

> **Beispiel**
> Der Gesamtbetrag der im Bilanzvermerk zu berücksichtigenden Wechsel beträgt zum Bilanzstichtag 800 TEUR. Aufgrund von Erfahrungen der Vergangenheit beträgt die durchschnittliche Inanspruchnahme für nicht im Einzelfall im Rahmen von Rückstellungen berücksichtigte Wechsel 4,0 %. Es wird eine pauschal ermittelte Rückstellung für drohende Wechselinanspruchnahme i.H.v. 32 TEUR gebildet sowie ein Bilanzvermerk i.H.v. 800 TEUR – 32 TEUR = 768 TEUR angegeben.

Die wechselrechtliche Haftung umfasst nicht nur den Nominalbetrag der Wechselsumme, sondern bezieht sich auch auf **Nebenkosten** wie Zinsen, Kosten des Protests und andere Auslagen. Nach hM soll es zulässig sein, diese Nebenkosten nicht in den Bilanzvermerk mit aufzunehmen, sondern sie im Rahmen der erwähnten Pauschalrückstellung zu berücksichtigen;[18] abweichende Auffassungen, denen hier nicht gefolgt wird, gehen davon aus, dass Nebenkosten überhaupt nicht von der Vermerkpflicht erfasst werden und somit auch nicht in eine eventuelle Pauschalrückstellung einzubeziehen sind.[19]

Nicht ausweispflichtig sind **Mobilisierungs- und Kautionswechsel** sowie **Depotwechsel** für eigene Verbindlichkeiten und **Gefälligkeitsakzepte**. In diesen Fällen liegen regelmäßig passivierungspflichtige Verbindlichkeiten

14

---

16 Vgl. *ADS*, 6. Aufl., § 251 HGB, Rz 39.
17 Vgl. *Wiehn*, in *Castan/Böcking/Heymann/Pfitzer/Scheffler*, Handbuch des Rechnungswesens, B 250 Haftungsverhältnisse, Rz 78, Stand 05/2010.
18 Vgl. *Karrenbrock*, in *Baetge/Kirsch/Thiele*, Bilanzrecht, § 251 HGB, Rz 79, Stand 01/2012.
19 Vgl. *ADS*, 6. Aufl., § 251 HGB, Rz 41.

vor, die durch ergänzende Ausstellung von Wechseln abgesichert werden. Nur wenn Kautionswechsel für eine bestimmte, nicht als Verbindlichkeit zu interpretierende Leistung (Unterlassung) hinterlegt werden, sind sie im Wechselobligo anzugeben.[20] Im Gegensatz zu Gefälligkeitsakzepten lösen Gefälligkeitsindossamente eine Vermerkpflicht aus. Nicht eindeutig geklärt ist allerdings, ob der Ausweis unter den Wechselverpflichtungen oder unter den Bürgschaften (i. S. e. Wechselbürgschaft) zu erfolgen hat.[21] Auch im sog. **Scheck-Wechselverfahren** gegebene Wechsel sind im Rahmen des Wechselobligos zu vermerken. Bei diesem Verfahren werden die Warenforderungen des bilanzierenden Kfm. vom Kunden zur Ausnutzung der Skontofrist mittels Scheck bezahlt und vom Kfm. wird in gleicher Höhe ein Finanzwechsel ausgestellt und auf den Kunden gezogen, der sich wiederum bei der Bank hiermit refinanziert.[22]

4 Verbindlichkeiten aus Bürgschaften, Wechsel und Scheckbürgschaften

15 Mit einer **Bürgschaft** geht der Bürge die vertragliche Verpflichtung ein, gegenüber dem Gläubiger eines Dritten für die Erfüllung der Verbindlichkeit dieses Dritten einzustehen (§ 765 Abs. 1 BGB). Es kann sich hierbei um bereits bestehende Verbindlichkeiten oder auch um künftige oder bedingte Verbindlichkeiten des Dritten handeln (§ 765 Abs. 2 BGB). Für die Bürgschaftserklärung ist grds. die Schriftform erforderlich (§ 766 Abs. 1 BGB); die Schriftform ist allerdings dann nicht erforderlich, wenn die Bürgschaft auf Seiten des Bürgen ein Handelsgeschäft ist (§ 350 HGB).

16 Die Vermerkpflicht umfasst neben der Bürgschaft i. e. S. gem. § 765 BGB auch die besonderen Formen der Bürgschaft, für die die §§ 765 ff. BGB gelten. Dies sind die **Nachbürgschaft**, die **Rückbürgschaft**, die **Ausfallbürgschaft**, die **Mitbürgschaft**, die **Kreditbürgschaft** u. a.[23] Selbstschuldnerische Bürgschaften sind ebenso anzugeben wie Bürgschaften, bei denen der Bürge nicht auf die Einrede der Vorausklage verzichtet hat. Ebenso ist hier die Haftung aus dem der Bürgschaft ähnlichen **Kreditauftrag** anzugeben. Derjenige, der einen anderen beauftragt, im eigenen Namen und auf eigene Rechnung einem Dritten Kredit zu geben, haftet dem Beauftragten für die aus der Kreditgewährung entstehende Verbindlichkeit als Bürge (§ 778 BGB).[24]

> **Beispiel**
> Das MU M beabsichtigt, eine steuerlich optimale Fremdfinanzierung der Unternehmensgruppe zu realisieren und beauftragt in diesem Zusammenhang seine Hausbank, dem Konzernunternehmen A einen Bankkredit i. H. v. 40 Mio. EUR mit einem Zinssatz von 6,0 % zu gewähren, sodass die

---

20 Vgl. *Grottel/Haußer*, in Beck Bil-Komm., 10. Aufl., 2016, § 251 HGB, Rz 17.
21 Vgl. *ADS*, 6. Aufl., § 251 HGB, Rz 43; *Grottel/Haußer*, in Beck Bil-Komm., 10. Aufl., 2016, § 251 HGB, Rz 17.
22 Vgl. *Wiehn*, in *Castan/Böcking/Heymann/Pfitzer/Scheffler*, Handbuch des Rechnungswesens, B 250 Haftungsverhältnisse, Rz 72, Stand 05/2010.
23 Vgl. *Palandt*, 71. Aufl. Einf v, § 765 BGB, Rz 6 ff.
24 Vgl. *Fey*, in *Küting/Pfitzer/Weber*, HdR, HGB § 251, Rz 45, Stand 02/2011.

> Freigrenze der steuerlichen Zinsschrankenregelung nicht erreicht wird. M
> haftet für das Bankdarlehen an A als Bürge und hat dies dementsprechend
> unter der Bilanz zu vermerken.

Anzugeben an dieser Stelle sind allerdings nur „**Bürgschaften im Rechtssinne**". Bürgschaftsähnliche Rechtsverhältnisse können als Verbindlichkeiten aus Gewährleistungsverträgen vermerkpflichtig sein, wobei sich gelegentlich Abgrenzungsprobleme ergeben können. Jedenfalls ist immer dann, wenn ein bestimmtes Risiko selbstständig, d. h. ohne unmittelbare Anknüpfung an die Verpflichtung des Dritten, übernommen wird, von einer selbstständigen Garantie auszugehen. Ob auch Eventualverbindlichkeiten aus **Bürgschaften nach ausländischem Recht** unter den „Verbindlichkeiten aus Bürgschaften" anzugeben sind oder ob sie den „Verbindlichkeiten aus Gewährleistungsverträgen" zuzuordnen sind, wird in der Literatur nicht einheitlich beurteilt. Für einen Vermerk im Rahmen der zuletzt genannten Kategorie spricht das formale Argument, dass für derartige Verpflichtungen § 765 BGB nicht anwendbar ist.[25] Ausschlaggebend für die Zuordnung des Vermerks sollte nach hier vertretener Auffassung allerdings die materielle Betrachtung sein, d. h. die Frage, ob die entsprechenden Auslandsbürgschaften denjenigen nach deutschem Recht direkt vergleichbar sind. Bejahendenfalls sollte der Ausweis unter den „Verbindlichkeiten aus Bürgschaften" erfolgen.[26] Da die angabepflichtigen Vermerke stets das Einstehen des Kfm. für eine fremde Verpflichtung betreffen, sind selbstverständlich Bürgschaften, die Dritte (auch verbundene Unt) zugunsten des Kfm. übernommen haben, nicht anzugeben. **Wechselbürgschaften** sind wechselmäßige Verpflichtungen i. S. d. Art. 30–32 WG. Die Bürgschaftserklärung wird jeweils auf den Wechsel selbst oder auf einen Anhang gesetzt. Sofern dies auf der Rückseite des Wechsels erfolgt, ist ein ausdrücklicher Zusatz, dass die wechselmäßige Verpflichtung als Bürge übernommen wird, notwendig. Dagegen gilt die auf die Vorderseite des Wechsels gesetzte Unterschrift stets als Bürgschaftserklärung, soweit es sich nicht um die Unterschrift des Bezogenen oder des Ausstellers handelt. Die Vermerkpflicht umfasst auch das sog. Gefälligkeitsgiro.[27] Die Vermerkpflicht umfasst weiterhin auch **Scheckbürgschaften**, die in Art. 25–27 Scheckgesetz geregelt sind. Die Bestimmungen entsprechen denjenigen des WG über die Wechselbürgschaften. Die Höhe der Bürgschaftsverpflichtung entspricht grds. derjenigen der jeweiligen **Hauptschuld**. Sofern die Hauptschuld endgültig erloschen ist, entfallen somit auch die Bürgschaftsschuld und die Vermerkpflicht. Die zu vermerkende Bürgschaftsverpflichtung ist grds. unabhängig von der Bilanzierung beim Hauptschuldner. Hat sich der Kfm. bis zu einem Höchstbetrag verbürgt und liegt es beim Hauptschuldner, wann und in welcher Höhe er das Limit in Anspruch nimmt, ist der jeweilige Höchstbetrag zu vermerken, auch wenn am Abschluss-

---

25 Vgl. *Fey*, in *Küting/Pfitzer/Weber*, HdR, HGB § 251, Rz 43, Stand 02/2011; aA: *Grottel/Haußer*, in Beck Bil.-Komm. 10. Aufl., 2016, § 251 HGB, Rz 21.
26 Vgl. *Karrenbrock*, in *Baetge/Kirsch/Thiele*, Bilanzrecht, § 251 HGB, Rz 85, Stand 01/2012; *ADS*, 6. Aufl., § 251 HGB, Rz 48.
27 Vgl. *ADS*, 6. Aufl., § 251 HGB, Rz 49.

stichtag keine oder eine geringere Hauptschuld vorliegt, da sich der Kfm. dieser ggf. höheren Verpflichtung nicht mehr entziehen kann.[28] Zum Teil wird auch eine stärkere Orientierung am Stand der Hauptverbindlichkeit als zulässig erachtet.[29] Bezieht sich die Bürgschaft auf eine Verbindlichkeit, die der regelmäßigen **Tilgung** unterliegt, so ist in diesem Fall nicht der Höchstbetrag anzugeben, sondern der Stand der Hauptschuld am Bilanzstichtag, sofern aufgrund der Tilgungsregelung keine über diesen Stand hinausgehende Inanspruchnahme des Bürgen mehr droht. Zur Höhe der Vermerkpflicht im Fall von Bürgschaften für Verpflichtungen aus Dauerschuldverhältnissen vgl. Rz 45 ff..

5 Verbindlichkeiten aus Gewährleistungsverträgen

5.1 Arten von Gewährleistungsverpflichtungen

21 Die Vermerkpflicht betrifft Verbindlichkeiten aus „**Gewährleistungsverträgen**". Dieser Begriff ist gesetzlich nicht definiert. Als Gewährleistungsvertrag i.S.d. § 251 HGB ist jede vertragliche Verpflichtung zu verstehen, „die das Einstehen für einen geschuldeten oder sonstigen Erfolg oder eine Leistung bzw. den Nichteintritt eines Erfolgs, eines bestimmten Nachteils oder Schadens zum Gegenstand hat und nicht schon unter Verbindlichkeiten aus der Begebung und Übertragung von Wechseln oder Verbindlichkeiten aus Bürgschaften, Wechsel- und Scheckbürgschaften fällt."[30] Die Gewährleistung kann für eigene Leistungen oder für Leistungen eines Dritten bestehen oder aber eine sonstige Leistung oder einen sonstigen Erfolg betreffen.

22 Nach dem Wortlaut des Gesetzes muss es sich stets um einen Vertrag handeln. Hieraus ergibt sich, dass **gesetzliche Gewährleistungen** sowie die Haftung für fremde Verbindlichkeiten aufgrund gesetzlicher Bestimmungen nicht unter die Vermerkpflicht fallen. Vermerkpflichtig sind nur Gewährleistungsverträge, die eine Eventualverbindlichkeit oder ein Haftungsverhältnis über das Ausmaß der gesetzlichen Haftung hinaus begründen. Bestehen besondere Haftungsverhältnisse, die auf gesetzlichen Bestimmungen aufgrund von Verträgen beruhen, so hat eine Vermerkpflicht zu unterbleiben, da der Adressat des Jahresabschlusses mit diesen Risiken auch ohne gesonderten Vermerk zu rechnen hat.[31] Dies gilt auch für vertragsbedingte Haftungen, die ihrer Natur nach ungewöhnlich sind[32], da eine sinnvolle Abgrenzung für solche Fälle nicht möglich ist und darüber hinaus nicht dem Gesetzeswortlaut entspricht.

23 Die Vermerkpflicht ist unabhängig davon, ob eine Gewährleistung für fremde Verbindlichkeiten vom Kfm. unmittelbar übernommen wird oder ob der Kfm. einen Dritten beauftragt, eine solche Gewährleistung an seiner Stelle zu über-

---

[28] Vgl. *Fey*, in *Küting/Pfitzer/Weber*, HdR, HGB § 251, Rz 48, Stand 02/2011; *ADS*, 6. Aufl., § 251 HGB, Rz 52.
[29] Vgl. *Grottel/Haußer*, in Beck Bil.-Komm., 10. Aufl., 2016, § 251 HBG, Rz 23; *ADS*, 6. Aufl., § 251 HGB, Rz 52; *Möller*, in *Ensthaler*, HGB Gemeinschaftskommentar zum HGB mit UN-Kaufrecht, § 251 HGB, Rz 12, Stand 2007.
[30] Vgl. *Grottel/Haußer*, in Beck Bil-Komm., 10. Aufl., 2016, § 251 HGB, Rz 25.
[31] Vgl. *Grottel/Haußer*, in Beck Bil-Komm., 10. Aufl., 2016, § 251 HGB, Rz 25; *Karrenbrock*, in *Baetge/Kirsch/Thiele*, Bilanzrecht, § 251 HGB, Rz 23, Stand 01/2012; a.A. *Fey*, in *Küting/Pfitzer/Weber*, HdR, HGB § 251, Rz 21, Stand 02/2011.
[32] Vgl. *Roß*, DB 2011, S. 2219.

nehmen und er aus diesem Auftrag haftet, d.h., auch eine **indirekte Garantie** ist entsprechend zu berücksichtigen.³³ Sofern die indirekte Garantie fremde Leistungen betrifft, ergibt sich stets eine Vermerkpflicht i.H. des möglichen Rückgriffsanspruchs desjenigen, der die Garantie erklärt hat. Betrifft diese Garantie dagegen eigene Leistungsverpflichtungen des Kfm. gegenüber Vertragspartnern, so ist i.d.R. kein Vermerk vorzunehmen, da die eigenen Leistungsverpflichtungen des Kfm. entweder bereits passiviert (Gewährleistungsrückstellung) oder als schwebendes Geschäft nicht zu bilanzieren sind.

Nicht unter die Vermerkpflicht fallen die sog. **Negativerklärungen**, in denen der Kfm. seinem Kreditgeber zusagt, bestimmte VG nicht zu veräußern oder über bestehende Belastungen hinaus nicht weiter zu belasten oder aber Dritten keine weiteren Sicherheiten zu gewähren o.Ä., da es sich hierbei lediglich um Zusatzvereinbarungen im Zusammenhang mit bereits passivierten Verbindlichkeiten handelt.³⁴   24

5.2 Gewährleistungen für eigene Leistungen

Gewährleistungen für eigene Leistungen des Kfm. können **unselbstständige Garantien** sein, z.B. Zusicherungen bestimmter Eigenschaften des Gegenstands von Lieferungen oder Leistungen. Es handelt sich hierbei um unselbstständige Elemente eines Kauf-, Werk-, Dienst- oder sonstigen Vertrags, die aber nur dann vermerkpflichtig sind, wenn die gewährte Garantie über gewöhnliche Gewährleistung hinausgeht. Mit Gewährleistungsverpflichtungen aus üblichen Liefer- und Leistungsbedingungen oder allgemeinen Geschäftsbedingungen muss der Abschlussadressat grds. rechnen, sodass ein Vermerk keine Zusatzinformation bedeuten würde.³⁵   25

Für **selbstständige Gewährleistungsverpflichtungen**, die sich auf eine eigene Leistungspflicht beziehen, besteht demgegenüber eine Vermerkpflicht, da sie ja gerade selbstständig, d.h. zusätzlich zu dem Grundgeschäft, vereinbart werden. In derartigen Fällen übernimmt der Kfm. regelmäßig ein über den branchenüblichen Rahmen hinausgehendes Risiko. Beispielsweise haftet der Kfm. für zugesicherte Eigenschaften auch in den Fällen, in denen er nach Kauf- oder Werkvertragsrecht nicht verpflichtet wäre oder wenn er Gewähr für einen Erfolg oder Zustand übernimmt, der weitgehend oder völlig unabhängig von der Beschaffenheit der eigenen Leistungen ist und dementsprechend seiner Einflussnahme entzogen ist. Typisches Beispiel hierfür ist die Garantie eines bestimmten wirtschaftlichen Erfolgs für veräußerte Vermögensgegenstände, z.B. **Mietgarantien** oder **Hotelbelegungsgarantien** bei Immobilienveräußerungen oder **Kursgarantien** im Fall der Veräußerung von Wertpapieren.³⁶ Zu prüfen ist bei derartigen Konstellationen aber stets, ob die Übernahme, d.h. Zurückbehaltung von Risiken, in Verkaufsfällen so wesentlich ist, dass möglicherweise ein Abgang des entsprechenden VG (bzw. eine Gewinnrealisierung hieraus) überhaupt nicht zulässig ist.³⁷   26

---

33 Vgl. *Wiehn*, in *Castan/Böcking/Heymann/Pfitzer/Scheffler*, Handbuch des Rechnungswesens, B 250 Haftungsverhältnisse, Rz 96, Stand 05/2010.
34 Vgl. *Grottel/Haußer*, in Beck Bil-Komm., 10. Aufl., 2016, § 251 HGB, Rz 28.
35 Vgl. *ADS*, 6. Aufl., § 251 HGB, Rz 62.
36 Vgl. *Grottel/Haußer*, in Beck Bil-Komm., 10. Aufl., 2016, § 251 HGB, Rz 27.
37 Vgl. *IDW RS HFA* 13, Tz 55–64.

Solche Verpflichtungen können auch im Zusammenhang mit Dienstleistungsverträgen stehen, z. B. die Garantie eines bestimmten Betriebsergebnisses im Rahmen von Hotelmanagementverträgen (sog. GOP-Garantie). Schwierigkeiten bestehen bei dieser Art von Verpflichtungen oft bei der Ermittlung des anzugebenden Betrags (Rz 45–47).

5.3 Gewährleistungen für fremde Leistungen

27 Die Vermerkpflicht betrifft Eventualverpflichtungen, die zugunsten des Gläubigers eines Dritten eingegangen werden, aber keine Bürgschaft sind. Derartige **bürgschaftsähnliche Verpflichtungen** gibt es in sehr unterschiedlichen Ausprägungen. Auch die Verpflichtung des Kfm., dem Gläubiger eines Dritten auf erste Anforderung eine Bürgschaft zu bestellen oder sonstige Sicherheiten zu gewähren oder Zahlungen zu leisten, ist im Rahmen der Verbindlichkeiten aus Gewährleistungsverträgen vermerkpflichtig, jedenfalls dann, wenn die Hauptschuld zum Bilanzstichtag bereits besteht.[38]

28 Durch eine **Schuldübernahme**, einen **Schuldbeitritt** oder eine **kumulative Schuldübernahme** geht der Kfm. eine rechtlich selbstständige Verpflichtung ein, die Verbindlichkeit eines Dritten zusätzlich zu diesem Dritten als eigene Verbindlichkeit zu übernehmen. Der übernehmende Kfm. und der Dritte werden Gesamtschuldner i. S. d. § 421 BGB. Der Kfm. wird selbst zum Schuldner, sodass er grds. eine Eigenverbindlichkeit zu passivieren hat. Allerdings kann die hier gebotene wirtschaftliche Betrachtung zu einem abweichenden Ergebnis führen. Immer dann, wenn die Schuldmitübernahme lediglich der Absicherung des Gläubigers dient, sodass sie sich wirtschaftlich als ein bürgschaftsähnliches Rechtsverhältnis darstellt, ist sie als Gewährleistung zu qualifizieren und damit nicht passivierungspflichtig, sondern vermerkpflichtig gem. § 251 HGB. Dies ist regelmäßig auch dann gegeben, wenn im Innenverhältnis weiterhin der ursprüngliche Schuldner die Leistung zu erbringen hat und dem Übernehmer im Fall der Inanspruchnahme ein Regressanspruch in voller Höhe gegen den ursprünglichen Schuldner zusteht.[39] Dies ist regelmäßig auch dann gegeben, wenn der Kfm. zur Absicherung von Zahlungsansprüchen des Gläubigers einem Dauerschuldverhältnis beitritt (z. B. Miet-, Pacht- oder Leasingvertrag).

Im Zusammenhang mit der Veräußerung von Betrieben oder Betriebsteilen können sich Haftungsverhältnisse aufgrund der Übertragung von Pensionsverpflichtungen ergeben.[40] Werden von dem Erwerber laufende Pensionsverpflichtungen gegenüber Rentnern oder unverfallbare Anwartschaften gegenüber ausgeschiedenen Mitarbeitern übernommen, so sind diese als Bestandteile der Kaufpreisschuld zu passivieren. Aufgrund der besonderen Regelung gem. § 4 BetrAVG liegt i. d. R. keine befreiende Schuldübernahme vor, sodass der frühere Betriebsinhaber rechtlich verpflichtet bleibt, während die vertraglichen Regelungen eine Erfüllung der Verpflichtung durch den Erwerber vorsehen. In diesem

---

[38] Vgl. *ADS*, 6. Aufl., § 251 HGB, Rz 64; zu sehr speziellen Angabepflichten bei Kreditderivaten im Nichthandelsbestand von Kreditinstituten, die hier nicht weiter vertieft werden können s. IDW ERS BFA 1 n. F. v. 22.08.2014.
[39] Vgl. *Wiehn*, in *Castan/Böcking/Heymann/Pfitzer/Scheffler*, Handbuch des Rechnungswesens, B 250 Haftungsverhältnisse, Rz 108, Stand 05/2010.
[40] Vgl. IDW RS HFA 30, Tz 99.

Fall sind die entsprechenden Verpflichtungen beim Erwerber zu passivieren, beim Veräußerer dagegen mit dem versicherungsmathematischen Wert als Verbindlichkeit aus Gewährleistungsverträgen zu vermerken.[41]

Vermerkpflichtig ist auch ein **Delkredere-Risiko**, das der Kfm. übernimmt. Anwendungsbereich hierfür ist das sog. „unechte" Factoring, bei dem das Risiko des Forderungsausfalls beim Verkäufer der Forderung verbleibt. Diese Factoring-Gestaltung kann wirtschaftlich als eine besondere Finanzierungsvereinbarung verstanden werden, bei der die Abtretung der Forderung zur Sicherung des Kreditanspruchs dient. Soweit aufgrund der Ausgestaltung und unter Berücksichtigung der Grundsätze für die Übertragung wirtschaftlichen Eigentums ein Abgang der Forderung zulässig ist, ist die verbleibende Haftung des Kfm. vermerkpflichtig. Eine Vermerkpflicht besteht auch für die Delkredere-Haftung des **Kommissionärs**, sofern dieser diese Haftung ausdrücklich übernommen hat oder dies dem maßgebenden Handelsbrauch entspricht (§ 394 Abs. 1 HGB). Er hat in diesem Fall für die Erfüllung der Verbindlichkeit des Kunden einzustehen. Obwohl Grundlage für diese Verpflichtung die entsprechende gesetzliche Regelung ist, handelt es sich nach hM um eine vertraglich begründete und damit vermerkpflichtige Haftung.[42] Diese Vermerkpflicht steht in Übereinstimmung mit der Informationsfunktion, da die Haftung nicht bei jedem Kommissionsgeschäft besteht und der Bilanzadressat insoweit nicht automatisch mit diesem Risiko zu rechnen hat. Eine Vermerkpflicht besteht weiterhin, wenn eine Einkaufsgesellschaft gegenüber den Lieferanten die Delkredere-Haftung für Verbindlichkeiten der Abnehmer übernimmt.[43] 29

Im Fall von **Erwerbs- oder Abkaufverpflichtungen** kann sich eine Vermerkpflicht ergeben, je nach Art des VG, auf den sich die Verpflichtung bezieht. Verpflichtet sich der Kfm. auf erstes Anfordern oder bei Vorliegen bestimmter Bedingungen zum Kauf von Forderungen eines Kreditgebers gegenüber einem Dritten, so ist das daraus entstehende bürgschaftsähnliche Rechtsverhältnis vermerkpflichtig. Die Unterschiede zu einer Bürgschaft sind i.d.R. rein formaler Art. Die „Gegenleistung", die der Kfm. in Form der Forderung erwirbt, unterscheidet sich wirtschaftlich nicht von einem Rückgriffsanspruch eines Bürgen.[44] Eine Vermerkpflicht besteht dagegen nicht, wenn sich die Abkaufverpflichtung auf andere VG bezieht, auch wenn der Kfm. das mit dem VG verbundene Risiko zu tragen hat. Für den Verpflichteten liegt ein bedingtes Erwerbsgeschäft vor, das nach den für schwebende Geschäfte geltenden Grundsätzen zu beurteilen ist. Ggf. sind drohende Verluste nach § 249 Abs. 1 Satz 1 HGB zu passivieren.[45] 30

> **Beispiel**
> Di X-Holding AG ist zu 100 % an der X-GmbH beteiligt. Die X-GmbH verpflichtet sich gegenüber dem Autohaus A zum Kauf von mindestens fünf Dienst-Pkw im laufenden Jahr; sie erhält hierdurch besonders hohe Firmen-

---

41 Vgl. *ADS*, 6. Aufl., § 251 HGB, Rz 66; *Grottel/Haußer*, in Beck-Bil-Komm. 10. Aufl., 2016, § 251 HGB, Rz 37.
42 Vgl. *Karrenbrock*, in *Baetge/Kirsch/Thiele*, Bilanzrecht, § 251 HGB, Rz 70, Stand 01/2012.
43 Vgl. *ADS*, 6. Aufl., § 251 HGB, Rz 70.
44 Vgl. *Karrenbrock*, in *Baetge/Kirsch/Thiele*, Bilanzrecht, § 251 HGB, Rz 100, Stand 01/2012; *Gerth*, BB 1981, S. 1617.
45 Vgl. *Fey*, in *Küting/Pfitzer/Weber*, HdR, HGB § 251, Rz 23, Stand 02/2011.

> rabatte. Die X-Holding AG verpflichtet sich gegenüber dem Autohaus A, dessen Kaufpreisforderungen an die X-GmbH zu kaufen, sofern diese nicht spätestens vier Wochen nach Fälligkeit ausgeglichen sind. Für die Verpflichtung der X-GmbH zum Erwerb von fünf Pkw ist keine Angabe gem. § 251 HGB vorzunehmen; dagegen hat die X-Holding AG eine Angabe für die der Forderungsbesicherung dienende Verpflichtung i. H. der zum Bilanzstichtag noch offenen Kaufpreisforderungen zu machen.

31 Im Fall der Kreditgewährung an mehrere Konzernunternehmen oder bei bestimmten Arten von Cash-Management-Systemen unter Einschaltung von Kreditinstituten wird mit dem Kreditgeber oftmals eine sog. **Konzernverrechnungsklausel** vereinbart. Danach ist es dem Kreditgeber gestattet, unter bestimmten Voraussetzungen Verbindlichkeiten eines Konzernunternehmens mit Guthaben anderer Konzernunternehmen zu verrechnen. Für Konzernunternehmen mit Guthaben bei dem Kreditinstitut ist insoweit eine Inanspruchnahme für Verbindlichkeiten anderer Konzernunternehmen möglich. Wirtschaftlich ist das hiermit verbundene Risiko dem einer Bestellung von Sicherheiten für fremde Verbindlichkeiten ähnlich; gleichwohl wird gem. hM eine Vermerkpflicht unter den Gewährleistungsverträgen gesehen. Die Höhe der Vermerkpflicht ist auf die Höhe des Bankguthabens des bilanzierenden Kaufmanns begrenzt, auch wenn die mit der Konzernverrechnungsklausel abgesicherten Verbindlichkeiten höher sind.[46]

5.4 Sonderform Patronatserklärung

32 Der Begriff „**Patronatserklärung**" ist gesetzlich nicht geregelt. In der Praxis wird der Begriff für eine Vielzahl unterschiedlicher Erklärungen verwendet, deren Gemeinsamkeit darin besteht, dass eine Muttergesellschaft dem Gläubiger einer Tochtergesellschaft oder einer anderen Konzerngesellschaft Maßnahmen oder Unterlassungen in Aussicht stellt oder zusagt, um die Kreditwürdigkeit der Konzerngesellschaft zu erhalten oder zu verbessern. Die Patronatserklärung kann unmittelbar dem oder den betroffenen Gläubigern gegenüber abgegeben werden; sie kann aber auch zunächst gegenüber der Konzerngesellschaft abgegeben werden mit anschließender Begründung von Rechten der Gläubiger durch Abtretung von Ansprüchen oder Vereinbarung eines Vertrags zugunsten Dritter. Schließlich sind in der Praxis auch Patronatserklärungen gebräuchlich, die von der Muttergesellschaft pauschal gegenüber **allen Gläubigern** oder gar gegenüber der **Allgemeinheit** abgegeben werden.[47] Der Verpflichtungsgehalt muss sich nicht unbedingt aus einer expliziten Erklärung ergeben; er kann auch aus allgemeinen Aussagen über die geschäftspolitischen Absichten der Muttergesellschaft abzuleiten sein.

33 Je nach der Konkretisierung des Verpflichtungsgehalts werden die Patronatserklärungen üblicherweise eingeteilt in sog. **harte** und **weiche Patronatserklä-**

---

[46] Vgl. *Wiehn*, in *Castan/Böcking/Heymann/Pfitzer/Scheffler*, Handbuch des Rechnungswesens, B 250 Haftungsverhältnisse, Rz 117, Stand 05/2010.
[47] Vgl. *Karrenbrock*, in *Baetge/Kirsch/Thiele*, Bilanzrecht, § 251 HGB, Rz 104, Stand 01/2012; IDW RH HFA 1.013, Tz 2, 3.

rungen. Eine Vermerkpflicht besteht nur für harte Patronatserklärungen. IDW RH HFA 1.013 unterscheidet fünf Grundformen von Patronatserklärungen:[48] Die Muttergesellschaft sagt dem Gläubiger der Tochtergesellschaft zu, für die Dauer des Kreditverhältnisses
1. das Gesellschaftsverhältnis mit der Tochtergesellschaft beizubehalten,
2. den Unternehmensvertrag mit der Tochtergesellschaft nicht zu ändern, aufzuheben oder zu kündigen,
3. die Tochtergesellschaft dahingehend zu beeinflussen, dass sie ihren Verbindlichkeiten (gegenüber dem Gläubiger) nachkommt,
4. die Tochtergesellschaft finanziell so ausgestattet zu halten, dass sie ihren Verbindlichkeiten (gegenüber dem Gläubiger) nachkommen kann,
5. eine bestimmte Kapitalausstattung bei der Tochtergesellschaft aufrechtzuerhalten.

Die Grundformen 1 bis 3 werden als sog. **weiche Patronatserklärungen** qualifiziert. Sie sind nicht auf Zahlung, sondern auf sonstige Handlungen gerichtet. Die Grundformen 1 und 2 sind reine Verhaltensverpflichtungen, deren Befolgung in der alleinigen Entscheidungskompetenz der Muttergesellschaft liegen. Sollten sich aus Nichtbeachtung Schadensersatzverpflichtungen ergeben, so wären diese nach allgemeinen Bilanzierungsregeln zu behandeln. Auch für den Fall, dass bei Nichteinhaltung Sicherheitsleistungen zu stellen wären, würde keine Vermerkpflicht ausgelöst, da der Eintritt der Bedingungen für die Stellung von Sicherheiten allein in der Entscheidungsbefugnis der Muttergesellschaft liegt.[49] Auch die Grundform 3 ist noch als weiche Patronatserklärung zu qualifizieren, da keine direkte Verpflichtung zur Bedienung von Verbindlichkeiten der Tochtergesellschaft, sondern lediglich eine „indirekte" Verpflichtung übernommen wird, die Tochtergesellschaft dahingehend zu beeinflussen, dass sie ihre Geschäfte diesbezüglich mit der Sorgfalt eines ordentlichen Kfm. führt. Ein bestimmter Erfolg wird dem Kreditgeber gegenüber jedoch nicht versprochen. Mögliche Schadensersatzverpflichtungen, die aus einer Verletzung der Handlungspflichten der Muttergesellschaft entstehen können, sind nach allgemeinen Bilanzierungsregeln zu behandeln.[50] Sollte die Muttergesellschaft über den Kerngehalt der Grundform 3 hinaus ergänzende Erklärungen abgeben, so kann dies u. U. eine Vermerkpflicht auslösen. Die Abgrenzung zwischen den Grundformen 3 und 4 kann durchaus fließend sein.[51]

> **Beispiel**
> Die Muttergesellschaft M erklärt im Zusammenhang mit einem Bankdarlehen ihrer Tochter T gegenüber der Bank B: „Wir haben zur Kenntnis genommen, dass Sie unserer Tochtergesellschaft T ein Darlehen i. H. v. 1.000 TEUR gewährt haben. Wir werden während der gesamten Laufzeit des Darlehens unsere Tochtergesellschaft T dahingehend beeinflussen, dass sie ihren Verbindlichkeiten aus dem Darlehensvertrag nachkommt und werden dafür sorgen, dass unsere Tochtergesellschaft T ihre Verbindlichkeiten erfüllt."

---

[48] Vgl. IDW RH HFA 1.013, Tz 8.
[49] Vgl. IDW RH HFA 1.013, Tz 11–15; *ADS*, 6. Aufl., § 251 HGB, Rz 80, 81.
[50] Vgl. IDW RH HFA 1.013, Tz 16; *Gerth*, BB 1981, S. 1614.
[51] Vgl. IDW RH HFA 1.013, Tz 17.

> M hat die Einstandspflicht für einen zugesagten Erfolg, hier die Befriedigung der Bank B, übernommen und muss erforderlichenfalls die benötigten Mittel zur Verfügung stellen. Eine Vermerkpflicht ist gegeben.

35 Die Grundformen 4 und 5 sind **harte Patronatserklärungen** und somit vermerkpflichtig, da in beiden Fällen ein bestimmter Erfolg garantiert wird; die Muttergesellschaft muss möglicherweise zur Bewirkung des Erfolgs eigene Mittel einsetzen, ohne dass ihr ein entsprechender Gegenwert zuwächst. Zwar steht dem Gläubiger i.d.R. kein unmittelbarer Anspruch auf Zahlung zu, da er nur verlangen kann, dass die Muttergesellschaft ihre Tochtergesellschaft entsprechend ausstattet. Hierbei unterscheidet sich die Grundform 5 gegenüber der Grundform 4 insb. dadurch, dass nicht nur die Schuldendeckung, sondern darüber hinaus ein bestimmtes Eigenkapital zugesichert wird. Allerdings steht dem Gläubiger ein Schadensersatzanspruch gegen die Mutter zu, wenn diese die Ausstattungsverpflichtung nicht erfüllt.[52]

36 Für die Höhe des anzugebenden Betrags ist zu unterscheiden zwischen Erklärungen, die gegenüber **einzelnen Gläubigern** abgegeben werden, und solchen, die pauschal gegenüber der **Gesamtheit der Gläubiger** oder gegenüber der **Allgemeinheit** abgegeben werden. Bei der Abgabe gegenüber bestimmten Gläubigern und Bezugnahme auf konkrete Verbindlichkeiten der Tochtergesellschaft diesen gegenüber ist i.d.R. die entsprechende Stichtagsverbindlichkeit anzugeben. Umfasst die Erklärung dagegen nicht nur eine bestimmte Verbindlichkeit zu einem Stichtag, sondern weitere Verpflichtungen (z.B. bei einer Kreditlinie), so ist – ähnlich einer Höchstbetragsbürgschaft – die Angabe der höchstmöglichen Belastung geboten. Lässt sich diese nicht bestimmen, so ist der Stichtagsbetrag anzugeben und durch verbale Erläuterungen zu ergänzen.
Gelegentlich werden gegenüber bestimmten Gläubigern die Verpflichtungen der Muttergesellschaft allgemein formuliert, d.h., die Tochtergesellschaft ist so auszustatten, dass sie alle ihre Verbindlichkeiten erfüllen kann. Obwohl die Verpflichtung dem Wortlaut nach über die den Erklärungsempfängern gegenüber geschuldeten Beträge hinausgeht, beschränkt sich die Vermerkpflicht i.d.R. auf die Höhe der Schuld gegenüber den konkreten Erklärungsempfängern. Wird die Erklärung allerdings pauschal gegenüber allen Gläubigern oder gegenüber der Allgemeinheit abgegeben, muss das gesamte Haftungsrisiko, soweit es bestimmbar ist, angegeben werden; ggf. ist eine verbale Erläuterung erforderlich.[53]

5.5 Sonstige Gewährleistungen

37 **Ausbietungsgarantien** können vermerkpflichtig sein, je nach dem Umfang der durch den Kfm. eingegangenen Verpflichtung. Bei der Ausbietungsgarantie verpflichtet sich der Kfm. zu einem bestimmten Verhalten im Rahmen des Zwangsversteigerungsverfahrens, um den Grundpfandgläubiger in diesem Fall abzusichern. Handelt es sich um eine umfassende Garantie derart, dass der Grundpfandrechtsgläubiger bei der Zwangsversteigerung nicht ausfallen wird, so besteht eine Vermerkpflicht, da ein bestimmter Erfolg bzw. der Nichteintritt

---

[52] Vgl. IDW RH HFA 1.013, Tz 18, 22; *Gerth,* BB 1981, S. 1614.
[53] Vgl. IDW RH HFA 1.013, Tz 20, 21; *ADS,* 6. Aufl., § 251 HGB, Rz 55.

eines Schadens garantiert wird. Verpflichtet sich der Kfm. dagegen „nur", im Zwangsversteigerungsfall ein Gebot in bestimmter Höhe abzugeben, so wird lediglich ein bestimmtes Verhalten, nicht jedoch der Eintritt eines Erfolgs bzw. der Nichteintritt eines Schadens garantiert (**Ausbietungsgarantie mit Bietungspflicht**). Es besteht lediglich eine Verpflichtung zum Erwerb eines Grundstücks zu bestimmten Konditionen. Sofern hieraus ein Verlust droht, ist eine Drohverlustrückstellung zu bilden. Eine Vermerkpflicht besteht nicht.[54]

Bei Dividendengarantien ist zwischen sog. Rentengarantien und Rentabilitätsgarantien zu unterscheiden. Bei der **Rentengarantie** verpflichtet sich i. d. R. die Muttergesellschaft, an andere Gesellschafter der Tochtergesellschaft selbst eine Dividende in bestimmter Höhe zu zahlen. Diese vertragliche Verpflichtung ist nach hM grds. als schwebendes Geschäft zu behandeln; drohen für die Zukunft Verluste, auf die sich die Dividendengarantie bezieht, so ist ggf. eine Drohverlustrückstellung zu bilden.[55] Verpflichtet sich die Muttergesellschaft dagegen, im Rahmen einer sog. **Rentabilitätsgarantie** die Tochtergesellschaft so zu stellen, dass sie in der Lage ist, bestimmte Mindestdividenden auszuschütten, so liegt eine vermerkpflichtige Verbindlichkeit aus einem Gewährleistungsvertrag vor, die ihrem Charakter nach den Patronatserklärungen gem. Grundformen 4 und 5 verwandt ist. Auch hier stellt sich die Frage des anzugebenden Betrags; ggf. sind Annahmen zu treffen und Schätzungen vorzunehmen. Oftmals werden verbale Erläuterungen erforderlich sein.

38

6 Haftungsverhältnisse aus der Bestellung von Sicherheiten für fremde Verbindlichkeiten

Die Vermerkpflicht umfasst grds. Haftungsverhältnisse, bei denen der Kfm. eigene VG zur Besicherung fremder Verbindlichkeiten zur Verfügung stellt. Als vermerkpflichtige Haftungsverhältnisse kommen **dingliche Sicherheiten** wie Sicherungsübereignung von VG (z. B. Warenlager, Sachanlagen), Sicherungsabtretungen von Forderungen (z. B. auch Globalabtretungen und Mantelzessionen), Pfandrechte an beweglichen Sachen sowie Grundpfandrechte in Betracht. Sicherungsbestellungen für eigene Verbindlichkeiten gehören nicht zu den hier vermerkpflichtigen Angaben; vermerkpflichtig sind allerdings solche Sicherheiten, die zunächst für eigene Verbindlichkeiten bestellt wurden, aber aufgrund von **Konzernklauseln** auch für Verbindlichkeiten verbundener Unternehmen haften.[56]

39

Unter der Bilanz eines Einzelunternehmens besteht eine Vermerkpflicht auch, wenn VG des Betriebsvermögens als Sicherheit für private Schulden dienen. Die mit § 251 HGB verbundene Informationsfunktion gebietet eine Angabe, auch wenn die **Privatschulden** im Rechtssinne keine fremden Verbindlichkeiten sind. Da die Privatschulden nicht in der Bilanz passiviert werden dürfen, müssen sie insoweit wie fremde Verbindlichkeiten behandelt werden. Der Bilanzadressat ist auf dieses zusätzliche Risiko durch den Bilanzvermerk hinzuweisen.

40

---

54 Vgl. *Grottel/Haußer*, in Beck Bil-Komm., 10. Aufl., 2016, § 251 HBG, Rz 44.
55 Vgl. *ADS*, 6. Aufl., § 251 HGB, Rz 92, 93.
56 Vgl. *Fey*, in *Küting/Pfitzer/Weber*, HdR, HGB § 251, Rz 60, Stand 02/2011.

41 Eine Sicherheitenbestellung für fremde Verbindlichkeiten ist formal auch gegeben, wenn eine **Leasinggesellschaft** ihre künftigen Leasingforderungen an ein Kreditinstitut verkauft und zur Sicherstellung die in ihrem Eigentum stehenden Leasinggegenstände an das Kreditinstitut übereignet. Ein Bilanzvermerk würde allerdings zu einem zweifachen Ausweis führen, da die vom Kreditinstitut erhaltenen Finanzmittel i.d.R. als passiver RAP zu bilanzieren sind. Der überwiegende Teil der Literatur lehnt daher für diesen Fall einen Bilanzvermerk mit guten Gründen ab.[57]

42 Vermerkpflichtig ist grds. der Betrag, in dessen Höhe am Bilanzstichtag eine Haftung für **Fremdverbindlichkeiten** besteht. Dieser wird sich i.d.R. an dem Betrag orientieren, zu dem die fremde Verbindlichkeit zum Bilanzstichtag valutiert. Die Angabe eines höheren Betrags kann verpflichtend sein, wenn Sicherungsabreden bestehen, die in der Höhe denen einer Höchstbetragsbürgschaft vergleichbar sind (Rz 20). Der Wert des zur Sicherheit zur Verfügung gestellten VG ist grds. nicht maßgeblich. Allerdings ist zu beachten, dass das Risiko des sicherheitsstellenden Kfm. auf den **Zeitwert des Sicherungsgegenstands** begrenzt ist. Dieser Wert stellt daher grds. den Höchstbetrag des Bilanzvermerks dar, wenn die gesicherte Verbindlichkeit den Zeitwert übersteigt.[58]

7 Bewertung der vermerkpflichtigen Haftungsverhältnisse

43 Die Vermerkpflicht besteht grds. i.H. der vertraglich übernommenen Gewährleistung bzw. i.H. des Schuldbetrags eines Dritten, für den der Kfm. am Bilanzstichtag eine Sicherheit gewährt oder vertragliche Verpflichtung übernommen hat. Im letzteren Fall kann die Höhe des anzugebenden Betrags, wie bereits dargestellt, über die Höhe der zum Bilanzstichtag bestehenden Schuld eines Dritten hinausgehen, z.B. im Fall der Höchstbetragsbürgschaft (Rz 8, 22). Gleichzeitig ist zu beachten, dass keine Doppelberücksichtigung stattfinden darf, d.h. im Rahmen des Bilanzvermerks sind Beträge nur insoweit anzugeben, als nicht bereits aufgrund einer zum Bilanzstichtag drohenden Konkretisierung der Inanspruchnahme eine Passivierung vorzunehmen ist.[59] Weiterhin ist zu beachten, dass **Rückgriffsforderungen**, die die tatsächliche Belastung möglicherweise mindern können, bei der Bewertung nicht zu berücksichtigen sind. Dies gilt unabhängig davon, ob die Rückgriffsforderung als werthaltig eingeschätzt wird. Das **Saldierungsverbot** ist einzuhalten.[60] Daher ist z.B. auch bei gesamtschuldnerischer Haftung für nicht passivierte Verbindlichkeiten oder im Fall von Gesamtbürgschaften stets der volle Betrag anzugeben, da die im Fall überproportionaler Inanspruchnahme entstehende Rückgriffsforderung den Betrag des Bilanzvermerks nicht reduzieren darf.[61] Ob ggf. auch eine Angabe der Rückgriffsforderung vorgenommen werden kann, ist gesondert zu beurteilen (Rz 52).

---

[57] Vgl. *Fey*, in *Küting/Pfitzer/Weber*, HdR, HGB § 251, Rz 61, Stand 02/2011; *Wiehn*, in *Castan/Böcking/Heymann/Pfitzer/Scheffler*, Handbuch des Rechnungswesens, B 250 Haftungsverhältnisse, Rz 132, Stand 05/2010; a.A. *Schnoor*, DB 1988, S. 2421.

[58] Vgl. *ADS*, 6. Aufl., § 251 HGB, Rz 95.

[59] Vgl. *Karrenbrock*, in *Baetge/Kirsch/Thiele*, Bilanzrecht § 251 HGB, Rz 31, Stand 01/2012.

[60] Vgl. *Fey*, in *Küting/Pfitzer/Weber*, HdR, HGB § 251, Rz 73, Stand 02/2011.

[61] Vgl. *ADS*, 6. Aufl., § 251 HGB, Rz 99; *Wiehn*, in *Castan/Böcking/Heymann/Pfitzer/Scheffler* Handbuch des Rechnungswesens, B 250 Haftungsverhältnisse, Rz 22, Stand 05/2010.

Nur in den Fällen, in denen eine künftige wirtschaftliche Belastung ausnahmsweise völlig ausgeschlossen ist oder alleine vom Willen des Bilanzierenden abhängt, entfällt die Angabepflicht. Eine Deckung des Haftungsverhältnisses durch andere, d.h. **nachrangig Haftende** oder auch **Versicherungen**, schließt das Risiko einer tatsächlichen Belastung i.d.R. nicht völlig aus, sodass die Angabepflicht auch in diesen Fällen weiterhin besteht.[62]

Besondere Probleme kann die Ermittlung des zu vermerkenden Betrags ergeben, wenn die zugrunde liegenden Verpflichtungen aus **Dauerschuldverhältnissen** resultieren. Hierzu gehören die Fälle, in denen Gewährleistungen für Verpflichtungen eines Dritten aus dessen Dauerschuldverhältnissen übernommen werden, z.b. durch Mietbürgschaften, Schuldbeitritte zu Miet- oder Leasingverträgen o.Ä. Hierzu gehören aber auch Fälle, in denen vertragliche Gewährleistungen übernommen werden, die dauerhaften oder zumindest mehrperiodigen Bestand haben, wie z.b. Mietgarantien oder Betriebsergebnisgarantien im Hotelbereich (GOP-Garantien). Diese Gewährleistungen können sowohl im Zusammenhang mit der Veräußerung von Immobilien oder Betrieben stehen, aber auch eine Gewährleistung aus einem sonstigen Vertrag betreffen, z.b. eine GOP-Garantie im Zusammenhang mit einem Hotelmanagementvertrag.

Im Fall der Gewährleistung für **Dauerschuldverpflichtungen eines Dritten** (z.B. aus einem Mietvertrag) ist nicht nur ein Betrag i.H. der bis zum Abschlussstichtag entstandenen, noch nicht beglichenen Schuld des Dritten anzugeben, sondern es sind auch die nach dem Abschlussstichtag entstehenden Verpflichtungen, für die der Kfm. ggf. einstehen muss, anzugeben. In der Kommentierung wird diskutiert, ob in diesem Fall der volle mögliche Haftungsumfang, soweit er nachvollziehbar ermittelt werden kann, anzugeben ist oder ob es ausreicht, die maximale Belastung des Folgejahrs zu vermerken.[63] Für die Begrenzung auf die Angabe eines **Jahresbetrags** wird argumentiert, dass bei weit in die Zukunft reichenden Gewährleistungen für sukzessiv entstehende Verpflichtungen eines Dritten die Informationsfunktion des § 251 HGB in Konflikt mit dem Stichtagsprinzip geraten könne, da die Kumulation zukünftiger Risiken zur Angabe eines Betrags führen könne, der auf den Stichtag bezogen als unzutreffend angesehen werden müsste bzw. zu Fehlinterpretationen führen könne. Die hM neigt in diesen Fällen wohl zu der Angabe eines Jahresbetrags.[64] Hier ist jedoch zu beachten, dass die Angabe eines Jahresbetrags im Fall einer mehrjährigen Verpflichtung zunächst willkürlich erscheint und isoliert gesehen ebenso zu Fehlinterpretationen führen kann. Die Reduzierung auf einen Jahresbetrag kann vor dem Hintergrund der Informationsfunktion des § 251 HGB aber dann akzeptiert werden, wenn zusätzlich **verbale Erläuterungen**, insb. zur Gesamtlaufzeit der Verpflichtung, unter der Bilanz gemacht werden.[65] In diesem Fall erhält der Bilanzleser ein umfassendes Bild der möglichen Haftungsrisiken.

---

62 Vgl. *Fey*, in *Küting/Pfitzer//Weber*, HdR, HGB § 251, Rz 34, Stand 02/2011.
63 Vgl. *ADS*, 6. Aufl., § 251 HGB, Rz 105; *Wiehn*, in *Castan/Böcking/Heymann/Pfitzer/Scheffler*, Handbuch des Rechnungswesens, B 250 Haftungsverhältnisse, Rz 198, Stand 05/2010; *Fey*, in *Küting/Pfitzer/Weber*, HdR, HGB § 251, Rz 78, Stand 02/2011.
64 Vgl. *ADS*, 6. Aufl., § 251 HGB, Rz 106.
65 Vgl. *ADS*, 6. Aufl., § 251 HGB, Rz 106; *Fey*, in *Küting/Pfitzer/Weber*, HdR, HGB § 251, Rz 78, Stand 02/2011; *Wiedmann*, in *Ebenroth/Boujong/Joost/Strohn*, HGB 2. Aufl., § 251 HGB, Rz 3.

47 Soweit selbstständige **Gewährleistungsverpflichtungen für eigene Leistungen mit Dauerschuldcharakter** übernommen werden (z. B. Betriebsergebnisgarantie) ist zu beachten, dass bei drohender Inanspruchnahme zunächst eine Rückstellung für drohende Verluste aus Dauerschuldverhältnissen zu bilden ist. Diese Rückstellung muss grds. den Gesamtverlust, der über die gesamte Laufzeit des Dauerschuldverhältnisses zu erwarten ist, abbilden. Soweit am Bilanzstichtag keine Inanspruchnahme droht, jedoch aufgrund der erteilten Gewährleistung möglich ist, tritt eine Vermerkpflicht gem. § 251 HGB ein. Auch hier sollte, soweit die Beträge nachvollziehbar ermittelt werden können, die mögliche **Gesamtbelastung** oder zumindest eine Jahresrate mit entsprechender **verbaler Erläuterung** unter der Bilanz angegeben werden.[66]

48 In zahlreichen Fällen wird eine nachvollziehbare Ermittlung der drohenden Vermögensbelastung nicht möglich sein. Dies betrifft im besonderen Maß zwar Dauerschuldverpflichtungen, ist aber auch in sonstigen Fällen möglich. Auch im Zusammenhang mit angabepflichtigen harten Patronatserklärungen können sich erhebliche Probleme bei der Ermittlung des anzugebenden Werts ergeben.[67] In diesen Fällen ist der zu vermerkende Betrag nach vernünftiger kaufmännischer Beurteilung zu schätzen und dieser **Schätzbetrag** in den Vermerk einzubeziehen. Sofern eine Bezifferung in begründbarer nachvollziehbarer Weise überhaupt nicht möglich ist, ist zur Berücksichtigung des Vollständigkeitsgebots ein **Merkposten** von 1 EUR anzugeben.[68] Darüber hinaus ist es nach der hM auch in diesem Fall erforderlich, zusätzliche **verbale Erläuterungen** oder Hinweise unter der Bilanz zu geben.[69] Der abweichenden Auffassung, zusätzliche verbale Erläuterungen oder Hinweise könnten nach § 251 HGB für den Kfm. nicht gefordert werden,[70] kann nicht gefolgt werden, da ein Merkposten von 1 EUR ohne weitere Erläuterungen weitgehend ohne Aussage ist bzw. – bei Vorliegen mehrerer vermerkpflichtiger Tatbestände am Bilanzstichtag – gewissermaßen im Rahmen der übrigen Haftungsverhältnisse „untergeht" und somit für den Jahresabschlussadressaten keinerlei Informationsgehalt hat.

8 Ausweis der vermerkpflichtigen Haftungsverhältnisse

49 Nach dem eindeutigen Wortlaut des § 251 HGB sind die Angaben **unter der Bilanz** zu machen; ein Ausweis an anderer Stelle, etwa die Aufnahme in die Bilanz (z. B. in Form nicht mit addierter Vorspalten oder eines gleich hohen Ausweises von Aktiv- und Passivposten) ist damit nicht zulässig. Zulässig erscheint allerdings, die Angaben in einen **freiwilligen Anhang** aufzunehmen, sofern unter der Bilanz darauf hingewiesen wird. In diesem Fall ist in analoger Anwendung der Regelung in § 268 Abs. 7

---

[66] Vgl. *ADS*, 6. Aufl., § 251 HGB, Rz 106; *Fey,* in *Küting/Pfitzer/Weber,* HdR, HGB § 251, Rz 78, Stand 02/2011.
[67] Vgl. IDW RH HFA 1.013, Tz 19–21; *ADS*, 6. Aufl., § 251 HGB, Rz 108.
[68] Vgl. *ADS*, 6. Aufl., § 251 HGB, Rz 109; *Grottel/Haußer,* in Beck Bil-Komm., 10. Aufl., 2016, § 251 HBG, Rz 11.
[69] Vgl. *ADS*, 6. Aufl., § 251 HGB, Rz 109; *Fey,* in *Küting/Pfitzer/Weber,* HdR, HGB § 251, Rz 78, Stand 02/2011; IDW RH HFA, 1.013, Tz 21.
[70] Vgl. *Ellrott,* in Beck Bil-Komm., 8. Aufl., § 251 HBG, Rz 11, Auffassung in 10. Aufl. nunmehr aufgegeben.

HGB eine inhaltliche Angabe unter der Bilanz nicht erforderlich. Für den Vermerk ist grds. die Formulierung aus dem Gesetzestext zu übernehmen: „Verbindlichkeiten aus der Begebung und Übertragung von Wechseln, aus Bürgschaften, Wechsel- und Scheckbürgschaften und aus Gewährleistungsverträgen sowie Haftungsverhältnisse aus der Bestellung von Sicherheiten für fremde Verbindlichkeiten"; hier darf eine entsprechende **Kürzung des Textes** vorgenommen werden, wenn ein Haftungsverhältnis keinen Betrag ausweist. Es wird als zulässig angesehen, eine Kurzbezeichnung „Haftungsverhältnisse", möglichst unter Hinweis auf § 251 HGB, zu verwenden. Es besteht ein Wahlrecht, die Angabe für alle Arten von Haftungsverhältnissen in einem Betrag vorzunehmen oder darüber hinausgehend Beträge für die einzelnen Arten von Haftungsverhältnissen anzugeben. Für den Fall, dass keine Haftungsverhältnisse vorliegen, ist ein Negativvermerk nicht erforderlich.

Umstritten ist die Frage, ob die Angabe von **Vorjahresbeträgen** erforderlich ist. Dies wird offenbar überwiegend mit der formalen Begründung verneint, dass sich die entsprechende Verpflichtung zur Angabe von Vorjahresbeträgen gem. § 265 Abs. 2 und 8 HGB auf die Posten der Bilanz, nicht jedoch auf unter der Bilanz zu vermerkende Haftungsverhältnisse bezieht.[71] Nach abweichender Auffassung, der i.S.d. Informationsfunktion gefolgt werden sollte, ist die Vorschrift des § 265 Abs. 2 und 8 HGB auch unter Einbeziehung des Grundsatzes der Darstellungsstetigkeit auf die Angaben „unter der Bilanz", d.h. nach der Bilanzsumme, analog anzuwenden.

50

Sofern eine Verbindlichkeit durch **mehrere Haftungsverhältnisse** gesichert wird, darf das Haftungsrisiko nur einmal vermerkt werden. Im Fall einer Angabe aller Haftungsverhältnisse in einem Gesamtbetrag darf der entsprechende Teilbetrag daher nur einmal einbezogen werden. Im Fall einer getrennten Angabe unter unterschiedlichen Kategorien der Haftungsverhältnisse darf das Risiko nur unter einer Kategorie angegeben werden. Dies macht eine Zuordnung zu einer der Kategorien erforderlich. Hierbei sollte der Ausweis stets unter dem jeweils stärkeren Haftungsverhältnis erfolgen. Weiterhin ist die Mit-Zugehörigkeit zu einer anderen Gruppe von Haftungsverhältnissen zu vermerken.[72]

51

Haftungsverhältnisse sind sowohl dem Grunde als auch der Höhe nach unabhängig davon zu vermerken, ob eventuelle **Rückgriffsforderungen** bestehen. Es ist allerdings zulässig, Rückgriffsforderungen unter der Bilanz auf der Aktivseite zu vermerken oder, alternativ, einen Zusatz beim Vermerk der Haftungsverhältnisse auf der Passivseite anzubringen: „davon durch Rückgriffsforderungen gesichert".[73] Die Ermittlung eines Werts von Rückgriffsforderungen sollte äußerst vorsichtig vorgenommen werden; ist die Werthaltigkeit zweifelhaft, sollte der Vermerk der Rückgriffsforderung unterbleiben.[74] Insbesondere bei Rückgriffsforderungen gegen den Schuldner, für den ein Haftungsverhältnis eingegangen worden ist, dürfte die Werthaltigkeit der Rückgriffsforderung i.d.R. zu bezweifeln sein. Anders kann sich dies für Rückgriffsforderungen gegenüber Dritten bzw. für besicherte Rückgriffsforderungen darstellen.

52

---

71 Vgl. *Karrenbrock*, in *Baetge/Kirsch/Thiele*, Bilanzrecht, § 251 HGB, Rz 43, Stand 01/2012; *ADS*, 6. Aufl., § 251 HGB, Rz 30.
72 Vgl. *Wiehn*, in *Castan/Böcking/Heymann/Pfitzer/Scheffler*, Handbuch des Rechnungswesens, B 250 Haftungsverhältnisse, Rz 33, Stand 05/2010.
73 Vgl. *ADS*, 6. Aufl., § 251 HGB, Rz 34, 35.
74 Vgl. *Wiehn*, in *Castan/Böcking/Heymann/Pfitzer/Scheffler*, Handbuch des Rechnungswesens, B 250 Haftungsverhältnisse, Rz 22, Stand 05/2010.

§ 252 Allgemeine Bewertungsgrundsätze

(1) Bei der Bewertung der im Jahresabschluß ausgewiesenen Vermögensgegenstände und Schulden gilt insbesondere folgendes:
1. Die Wertansätze in der Eröffnungsbilanz des Geschäftsjahrs müssen mit denen der Schlußbilanz des vorhergehenden Geschäftsjahrs übereinstimmen.
2. Bei der Bewertung ist von der Fortführung der Unternehmenstätigkeit auszugehen, sofern dem nicht tatsächliche oder rechtliche Gegebenheiten entgegenstehen.
3. Die Vermögensgegenstände und Schulden sind zum Abschlußstichtag einzeln zu bewerten.
4. Es ist vorsichtig zu bewerten, namentlich sind alle vorhersehbaren Risiken und Verluste, die bis zum Abschlußstichtag entstanden sind, zu berücksichtigen, selbst wenn diese erst zwischen dem Abschlußstichtag und dem Tag der Aufstellung des Jahresabschlusses bekanntgeworden sind; Gewinne sind nur zu berücksichtigen, wenn sie am Abschlußstichtag realisiert sind.
5. Aufwendungen und Erträge des Geschäftsjahrs sind unabhängig von den Zeitpunkten der entsprechenden Zahlungen im Jahresabschluß zu berücksichtigen.
6. Die auf den vorhergehenden Jahresabschluss angewandten Bewertungsmethoden sind beizubehalten.

(2) Von den Grundsätzen des Absatzes 1 darf nur in begründeten Ausnahmefällen abgewichen werden.

PD Dr. Markus Kreipl/Prof. Dr. Stefan Müller

Inhaltsübersicht

	Rz
1 Überblick	1–23
1.1 Inhalt und Regelungszweck	1–6
1.2 Anwendungsbereich	7–15
1.3 Normenzusammenhänge	16–23
2 Explizit normierte Bewertungsgrundsätze (Abs. 1)	24–141
2.1 Grundsatz der Bilanzidentität (Nr. 1)	24–34
2.2 Grundsatz der Unternehmensfortführung (Nr. 2)	35–56
2.2.1 Regelungsinhalt	35–36
2.2.2 Fortführungszeitraum	37–38
2.2.3 Prüfung auf Fortführung	39
2.2.4 Entgegenstehende Gegebenheiten	40–46
2.2.4.1 Tatsächliche Gegebenheiten	41–43
2.2.4.2 Rechtliche Gegebenheiten	44–46
2.2.5 Bewertung (und Ansatz) bei Unternehmensfortführung	47
2.2.6 Bewertung (und Ansatz) bei Wegfall der going-concern-Prämisse	48–53
2.2.7 Anhang und Lagebericht	54–56

2.3		dsatz der Einzelbewertung und Stichtagsprinzip 3, Nr. 4 Hs. 1)	57–83
	2.3.1	Stichtagsprinzip	58–71
		2.3.1.1 Regelungsinhalt	58–59
		2.3.1.2 Wertaufhellende und wertbegründende Tatsachen	60–66
		2.3.1.3 Wertaufhellungszeitraum	67–69
		2.3.1.4 Spezialvorschriften und Ausnahmen vom Stichtagsprinzip	70–71
	2.3.2	Einzelbewertungsgrundsatz	72–83
		2.3.2.1 Regelungsinhalt	72
		2.3.2.2 Abgrenzung von Bewertungsobjekten	73–81
		2.3.2.3 Spezialvorschriften und Ausnahmen vom Einzelbewertungsgrundsatz	82–83
2.4	Vorsichts-, Imparitäts- und Realisationsprinzip (Nr. 4)		84–120
	2.4.1	Vorsichtsprinzip (Nr. 4 Hs. 1)	84–88
		2.4.1.1 Regelungsinhalt	84–87
		2.4.1.2 Ausnahmen vom Vorsichtsprinzip	88
	2.4.2	Imparitätsprinzip (Nr. 4 Hs. 1)	89–95
		2.4.2.1 Regelungsinhalt	89–93
		2.4.2.2 Wertaufhellungsprinzip	94
		2.4.2.3 Ausnahmen vom Imparitätsprinzip	95
	2.4.3	Realisationsprinzip (Nr. 4 Hs. 2)	96–120
		2.4.3.1 Regelungsinhalt	96–97
		2.4.3.2 Gewinnrealisation	98–118
		2.4.3.3 Ausnahmen vom Realisationsprinzip	119–120
2.5	Grundsatz der Pagatorik und Periodenabgrenzung (Nr. 5)		121–127
	2.5.1	Regelungsinhalt	121–125
	2.5.2	Spezialvorschriften und Ausnahmen vom Periodisierungsgrundsatz	126–127
2.6	Grundsatz der Bewertungsstetigkeit (Nr. 6)		128–141
	2.6.1	Regelungsinhalt	128–136
	2.6.2	Spezialvorschriften und Ausnahmen vom Stetigkeitsprinzip	137–141
3	Abweichungen von den allgemeinen Bewertungsgrundsätzen (Abs. 2)		142–148
3.1	Regelungsinhalt und Anwendungsbereich		142–144
3.2	Ausnahmefälle		145–147
3.3	Anhangangabepflichten		148
4	Implizite Bewertungsgrundsätze		149–161
4.1	Aus anderen Vorschriften ableitbare Grundsätze		149
4.2	Grundsatz der Methodenbestimmtheit		150
4.3	Grundsatz des Willkürverbots		151–152
4.4	Grundsatz der Wirtschaftlichkeit		153–157
4.5	Grundsatz der Wesentlichkeit		158–161
5	Grundsätze ordnungsmäßiger Buchführung im Steuerrecht		162–169
6	Rechtsfolgen bei Pflichtverletzung		170

1 Überblick

1.1 Inhalt und Regelungszweck

1 § 252 Abs. 1 HGB enthält zunächst die folgenden expliziten Bewertungsgrundsätze bzw. -prinzipien:
- Grundsatz der Bilanzidentität, Nr. 1 (Rz 24 ff.)
- Grundsatz der Unternehmensfortführung, Nr. 2 (Rz 35 ff.)
- Grundsatz der Einzelbewertung und Stichtagsprinzip, Nr. 3 (Rz 57 ff.)
- Vorsichtsprinzip, Nr. 4 Hs. 1 (Rz 84 ff.)
- Imparitätsprinzip, Nr. 4 Hs. 2 (Rz 89 ff.)
- Realisationsprinzip, Nr. 4 Hs. 2 (Rz 96 ff.)
- Grundsatz der Pagatorik und Periodenabgrenzung, Nr. 5 (Rz 121 ff.)
- Grundsatz der Bewertungsstetigkeit, Nr. 6 (Rz 128 ff.)

2 § 252 Abs. 2 HGB beinhaltet darüber hinaus Vorschriften bzgl. einer Abweichung von den Bewertungsgrundsätzen bzw. -prinzipien in begründeten Ausnahmefällen (Rz 142 ff.).

3 Neben den explizit aufgeführten allgemeinen Bewertungsgrundsätzen enthält § 252 HGB weitere implizite Bewertungsgrundsätze, die sich einerseits aus der nicht abschließenden Aufzählung des Abs. 1 („insbesondere") und andererseits aus der Ausnahmeregelung des Abs. 2 ergeben.[1] Aus § 252 HGB folgt zunächst keine Pflicht zur Anwendung der nicht explizit geregelten Grundsätze im Rahmen der Jahresabschlusserstellung. Da es sich bei den in Abs. 1 normierten Grundsätzen aber um kodifizierte **Grundsätze ordnungsmäßiger Buchführung** (zum Begriff und der Rechtsnatur der GoB s. § 243 Rz 3 ff.) handelt, ergibt sich die Vorgabe zu deren Beachtung aus § 243 Abs. 1 HGB, die jeden Kfm. zur Aufstellung seines Jahresabschlusses nach den GoB verpflichtet (§ 243 Rz 1 ff.).

4 Die in den Nr. 1–6 normierten Grundsätze sind ihrem **GoB**-Charakter geschuldet entsprechend als ergänzende und konkretisierende Generalklauseln zu verstehen, die insb. dann greifen, wenn Sachverhalte in den Einzelvorschriften nicht oder nur unzureichend geregelt sind[2], was sich etwa infolge der Markteinführung neuer Finanzprodukte ergeben kann. Auch hier greift insofern der auch über das Handelsrecht hinaus gültige Rechtsgrundsatz „lex specialis derogat legi generali".

5 Die Vorschriften wirken sich mitunter auch auf den handelsrechtlichen **Ansatz** aus. Als Grundsätze mit ansatzrelevantem Charakter sind dabei der Grundsatz der Periodenabgrenzung (Nr. 5), das Imparitätsprinzip (Nr. 4 Hs. 2) sowie das Realisationsprinzip zu verstehen.[3] Darüber hinaus ergeben sich infolge des weiterhin bestehenden Maßgeblichkeitsprinzips gem. § 5 Abs. 1 EStG direkte Auswirkungen auf die **steuerrechtliche Abbildung**, solange der Anwendung dieser Grundsätze keine einschränkenden steuerrechtlichen Regelungen gegenüberstehen. Gleichzeitig sind die Regelungen des § 252 HGB häufig Gegenstand der steuerrechtlichen Rechtsprechung, was zu GoB-setzenden bzw. -konkretisierenden Auswirkungen führt.

---

[1] Vgl. *Winkeljohann/Büssow*, in Beck Bil-Komm., 10. Aufl., 2016, § 252 HGB, Rz 1.
[2] Vgl. dazu *Ballwieser*, in MünchKomm. HGB, 3. Aufl., § 252. Rn 2.
[3] Vgl. anstatt vieler *Baetge/Ziesemer/Schmidt*, in *Baetge/Kirsch/Thiele*, Bilanzrecht, § 252 HGB, Rz 3, Stand 10/2011.

Die Grundsätze sind von **Gleichrangigkeit** gekennzeichnet, sodass ihre Anwendung unabhängig von der Anwendung der jeweils anderen Prinzipien erfolgt[4], was sich bereits daraus ergibt, dass den GoB Vorrang- oder Nachrangverhältnisse grds. nicht inhärent sind.[5] Dies bleibt auch von der Klassifizierung der Grundsätze der Unternehmensfortführung, Einzelbewertung und Pagatorik als Systemgrundsätze unberührt.

6

Wenngleich in der Praxis wohl eher selten vorzufinden, kann sich daraus ein **Anwendungsdilemma** ergeben, wenn sich zwei Grundsätze in einem konkreten Fall entgegenstehen, d.h. die Anwendung eines Grundsatzes zwangsläufig zur Missachtung eines anderen führt. Abhilfe kann in einem solchen Fall einzig die Regelung des Abs. 2 schaffen, die eine Abweichung eben in begründeten Ausnahmefällen gestattet, wobei ein solcher in dieser Situation wohl stets vorliegen dürfte.

1.2 Anwendungsbereich

Die Vorschriften des § 252 HGB gelten für **alle Kfl.** und sind sowohl im Einzel- als auch im Konzernabschluss zu beachten. Die Pflicht zur Beachtung der GoB auch im Konzernabschluss ergibt sich dabei bereits aus § 297 Abs. 1 Satz 1 und 2 HGB, der vorschreibt, dass der Konzernabschluss klar und übersichtlich aufzustellen ist und unter Beachtung der Grundsätze ordnungsmäßiger Buchführung ein den tatsächlichen Verhältnissen entsprechendes Bild der Vermögens-, Finanz- und Ertragslage zu vermitteln hat (§ 297 Rz 85 ff.), wobei der gesonderte Hinweis auf den Grundsatz der Klarheit und der Übersichtlichkeit redundant ist. Der in § 298 HGB explizit normierte Verweis u. a. auf die Vorschriften des § 252 HGB verdeutlicht die Pflicht zur Beachtung der Grundsätze im Rahmen der Konzernabschlusserstellung nochmals, wobei der Verweis analog zu der Vorgabe zur klaren und übersichtlichen Ausgestaltung des Konzernabschlusses aus § 297 Abs. 1 Satz 1 HGB als redundant zu bezeichnen ist.

7

Die Vorschriften des § 252 HGB gelten für den Einzelabschluss von Unt in Gestalt eines **Kreditinstituts** analog, wobei spezielle Bewertungsregelungen insb. in § 340e HGB Vorrang haben. Da der § 297 Abs. 1 Satz 1 und 2 HGB in den Vorschriften der §§ 340 ff. HGB nicht als „nicht-anzuwenden" i.S.v. § 340i Abs. 1 HGB bestimmt wird, gilt § 252 HGB auch für den Konzernabschluss eines Kreditinstituts analog, wenngleich § 340i Abs. 2 Satz 2 HGB implizit durch die nicht-Anwendung des § 298 Abs. 1 HGB den § 252 HGB ausschließt. Durch dieses Vorgehen – Ausschluss der Anwendung von § 298 Abs. 1 HGB und damit des expliziten Verweises auf § 252 HGB ohne Ausschluss der generellen Vorgabe zur Beachtung der GoB auch im Konzernabschluss aus § 297 Abs. 1 HGB – ergibt sich entsprechend eine auslegungsbedürftige Inkonsistenz, die der Gesetzgeber künftig beheben sollte.

8

---

4 Vgl. *Winkeljohann/Büssow*, in Beck Bil-Komm., 10. Aufl., 2016, § 252 HGB, Rz 2; ADS, 6. Aufl. § 252 HGB, Rz 6.

5 So etwa auch *Baetge/Ziesemer/Schmidt*, in *Baetge/Kirsch/Thiele*, Bilanzrecht, § 252 HGB, Rz 5, Stand 10/2011, wobei diese m.w.N. auch auf die im Schrifttum mitunter geäußerte Nachrangigkeit des Stetigkeitsgrundsatzes vor der Einführung des BilMoG infolge seiner Ausprägung als Sollvorschrift eingehen.

9   Die unter Rz 8 gemachten Ausführungen zu Kreditinstituten gelten – auch hinsichtlich der Inkonsistenz der nicht-Anwendungsvorgaben – für **Versicherungsunt** analog, wobei hier die Vorschriften der §§ 341 ff. HGB maßgeblich sind.
10 Ist ein Unt zur Rechnungslegung nach dem **PublG** verpflichtet, sind die Vorschriften des § 252 HGB ebenfalls anzuwenden.[6]
11 Infolge der Implementierung des **Maßgeblichkeitsprinzips** in § 5 Abs. 1 EStG entfaltet § 252 HGB auch Ausstrahlungswirkung auf die Steuerbilanz. Entsprechend ist der Ansatz des Betriebsvermögens geboten, das sich nach den handelsrechtlichen Normen und GoB ergibt, wobei steuerrechtliche Spezialvorschriften ebenfalls Vorrang besitzen und alle steuerlichen Wahlrechte unabhängig von der Handelsbilanz ausgeübt werden können (§ 5 Abs. 1 Satz 1 2. Hs. EStG: „es sei denn, im Rahmen der Ausübung eines steuerlichen Wahlrechts wird oder wurde ein anderer Ansatz gewählt"). Ausführlicher zur aktuellen Maßgeblichkeitsdefinition s. § 274 Rz 130 ff.
12 § 252 HGB unterlag **keinen direkten Änderungen durch das BilRUG. Allerdings** ergaben sich indirekte Folgeänderungen hinsichtlich der Pflicht zur Berichterstattung im Lagebericht betreffend die Regelungen des § 252 HGB und damit hinsichtlich des Gefüges des Normzusammenhangs. § 289 Abs. 2 Nr. 1 HGB aF, der Angaben über Vorgänge von besonderer Bedeutung, die nach dem Schluss des Gj eintreten, verlangte, wurde mit dem BilRUG leicht verändert in den Anhang verlagert.
13 Wenngleich § 252 Abs. 2 HGB, der Abweichungen von den allgemeinen Bewertungsgrundsätzen des § 252 Abs. 1 HGB in begründeten Ausnahmefällen vorsieht (dazu detailliert Rz 142 ff.), im Zuge des **BilRUG** keine Überarbeitung erfahren hat, **ergibt sich in Konsequenz der neuen EU-Bilanzrichtlinie** künftig **das Erfordernis** zur **engeren Auslegung** des Anwendungsbereichs der **Ausnahmeregelung**. Hintergrund ist das Aufgehen der Regelung zu den Ausnahmefällen aus Art. 31 Abs. 2 der 4. EG-Richtlinie in Art. 4 Abs. 4 Bilanzrichtlinie 2013/34/EU nebst inhaltlichen Änderungen. Art. 4 Abs. 4 Bilanzrichtlinie 2013/34/EU sieht (in letzter Instanz) eine zwingende Nichtanwendung der Vorschriften vor, die eine Nichterfüllung des Erfordernisses zur Darstellung eines den tatsächlichen Verhältnissen entsprechenden Bildes der Vermögens-, Finanz- und Ertragslage des Unt bedingen. Korrespondierend ist die Generalnorm als sog. overriding principle ausgestaltet.
Zwar hat der **deutsche Gesetzgeber** im Rahmen der Nationalisierung der Bilanzrichtlinie 2013/34/EU Art. 4 Abs. 4 **nicht in deutsches Recht überführt** (und damit eindeutig gegen europäisches Recht verstoßen), **zumindest aber** im Rahmen der **Auslegung** des § 252 Abs. 2 HGB wird Art. 4 Abs. 4 Bilanzrichtlinie 2013/34/EU künftig **zu beachten** sein, da die Ausnahmeregelung mit besonderem Bezug zu den allgemeinen Bewertungsvorschriften des § 252 Abs. 1 HGB bzw. den diesen zu Grunde liegenden Regelungen des Art. 6 Abs. 1 Bilanzrichtlinie 2013/34/EU in eine Ausnahmeregelung mit Fokus auf die Vermittlung eines den tatsächlichen Verhältnissen entsprechenden Bildes der Vermögens-, Finanz- und Ertragslage des Unt transformiert wurde.[7]

---

[6] Vgl. *Baetge/Ziesemer/Schmidt*, in *Baetge/Kirsch/Thiele*, Bilanzrecht, § 252 HGB, Rz 10, Stand 10/2011.
[7] Vgl. dazu detailliert *Wengerofsky*, DB 2015, S. 874 ff.

Obwohl die in Art. 6 Abs. 1 Buchst. h Bilanzrichtlinie 2013/34/EU kodifizierte wirtschaftliche Betrachtungsweise, die eine Berücksichtigung des wirtschaftlichen Gehalts von Geschäftsvorfällen bzw. Vereinbarungen sowohl im Rahmen der Bilanzierung als auch des Ausweises der Posten der Bilanz sowie der GuV verlangt, im Wesentlichen dem seit der Einführung des BilMoG im HGB explizit normierten **Grundsatz der Wirtschaftlichkeit** entspricht, ergeben sich **auch Änderungsnotwendigkeiten hinsichtlich der Praxis der Zuordnung von VG**. 14

Der Materiality-Grundsatz ist impliziter Bestandteil des True-and-fair-view-Prinzips und ist implizit in die Generalnorm des § 264 Abs. 2 HGB integriert (Rz 159). Ferner stellen einige Normen des HGB explizit auf das Kriterium der **Wesentlichkeit** ab (Rz 159). Eine darüber hinausgehende **Integration als übergreifendes Konzept** hat der Gesetzgeber im Zuge des **BilRUG** allerdings **nicht vorgenommen**, obgleich Art. 6 Abs. 1 Buchstabe j Bilanzrichtlinie 2013/34/EU die Pflicht zur (expliziten) Umsetzung des Wesentlichkeitsgrundsatzes zunächst[8] sowohl für Ansatz, Bewertung, Darstellung, Offenlegung und Konsolidierung in nationales Recht vorsieht. Allenfalls ließe sich aus deutscher Perspektive argumentieren, dass sich die allumfassende Gültigkeit des Wesentlichkeitsprinzips nach herrschender Meinung aus den GoB ergibt. **Allerdings** ist der Grundsatz im HGB durch das Schrifttum und die Rechtspraxis in relativ enge Grenzen gesetzt, während die explizite Implementierung sowie die der EU-Bilanzrichtlinie inhärente deutliche Annäherung an die IFRS, für deren Normsystem der Grundsatz der Materiality von großer Bedeutung ist (Rz 160), für eine (künftig) **erheblich größere Bedeutung des Grundsatzes** sprechen. Aus Art. 6 Abs. 1 Buchstabe j Bilanzrichtlinie 2013/34/EU ergibt sich somit wohl das **Erfordernis einer weiteren Auslegung**. 15

1.3 Normenzusammenhänge

Da § 252 HGB nicht von abschließendem **Charakter** ist, was sich bereits aus der Verwendung der Formulierung „insbesondere" in Abs. 1 ergibt, stehen alle anderen Normen des Handelsgesetzbuches mit § 252 HGB zumindest in indirekter Beziehung, die GoB-Bezug aufweisen respektive GoB konkretisieren. Dies betrifft sowohl § 238 Abs. 1 HGB für die Buchführung, die §§ 243 Abs. 1 und 264 Abs. 2 HGB für den Jahresabschluss wie etwa auch die §§ 240 Abs. 3, 285 Nr. 3, 286 Abs. 3 Nr. 1 und 289 Abs. 1 Satz 3 HGB, die explizit auf den Wesentlichkeitsgrundsatz zurückgreifen. 16

Die Vorgabe zur Beachtung der nicht explizit in § 252 HGB kodifizierten Grundsätze ergibt sich dabei aus der in § 243 Abs. 1 HGB festgeschriebenen Pflicht zur Aufstellung des Jahresabschlusses unter Berücksichtigung der GoB. Dieser Zusammenhang gilt für die handelsrechtlichen **Spezialvorschriften**, insb. die bewertungsbezogenen Regelungen der §§ 253 ff. HGB, die – ungeachtet der Bilanzrichtlinie 2013/34/EU (dazu detailliert Rz 20) weiterhin – stets vorrangig anzuwenden sind, entsprechend. 17

Das in § 252 Abs. 1 Nr. 4 Hs. 2 HGB kodifizierte Realisationsprinzip wird durch die Vorgabe zur Zeitwertbewertung für VG, die dem Zugriff aller übrigen Gläubi-

---

[8] Gemäß Art. 6 Abs. 4 Bilanzrichtlinie 2013/34/EU besteht die Möglichkeit, den Anwendungsbereich des Wesentlichkeitsgrundsatzes auf die Darstellung und Offenlegung zu begrenzen.

ger entzogen sind und ausschließlich der Erfüllung von Schulden aus Altersversorgungsverpflichtungen oder vergleichbaren langfristig fälligen Verpflichtungen dienen, gem. § 253 Abs. 1 Satz 4 i. V. m. § 246 Abs. 2 Satz 2 HGB durchbrochen. In diesen Fällen greift dann die Ausschüttungssperre des § 268 Abs. 8 HGB bzw. für Aktiengesellschaften die Abführungssperre des § 301 AktG.

Ebenfalls GoB-durchbrechend bzw. zumindest mit diesen in Konflikt stehend sind zudem die Vorschriften des § 256a Satz 2 HGB zur Währungsumrechnung sowie jene zur Bewertung von Rückstellungen zum Erfüllungsbetrag nach § 253 Abs. 1 Satz 2 HGB.

Mit § 254 HGB betreffend die Behandlung von Bewertungseinheiten ergibt sich zumindest eine Durchbrechung des in § 252 Abs. 1 Nr. 3 HGB normierten Grundsatzes der Einzelbewertung.[9]

Mit den Vorschriften des § 253 Abs. 3, 4 HGB hinsichtlich der Niederstwertbewertung sowie jenen des § 249 Abs. 1 Satz 1 HGB zur Rückstellungsbildung für Drohverluste aus schwebenden Geschäften erfolgt zudem eine Konkretisierung des Imparitätsprinzips (§ 252 Abs. 1 Nr. 4 Hs. 2 HGB).

18 Die im Schrifttum mitunter vereinzelt skizzierten weitreichenden (wohl als negativ aufzufassenden) **Folgen**[10] **der Durchbrechungen** sind u. E. nach nicht zu befürchten[11], was sich bereits aus dem Rechtsgrundsatz „lex specialis derogat legi generali" und aus dem von gleicher Stelle aufgeführten Sinn und Zweck der Grundsätze – nämlich der Konkretisierung offen formulierter oder spielraumbehafteter Spezialvorschriften sowie der Ergänzung dieser in Fällen fehlender Regelungen[12] – ergibt. Da in den Durchbrechungsfällen weder Ergänzungen noch Konkretisierungen und damit im Umkehrschluss keine Grundsätze erforderlich sind, ist kaum begründbar, warum es hier zu einer Erschütterung des Grundsatzgefüges kommen soll.

19 Aus dem **Anwendungsvorrang** der Spezialvorschriften ergibt sich folgende Normen-Rangfolge handels- und gesellschaftsrechtlicher Regelungen (§ 264 Rz 53):
- Branchenbezogene Spezialnormen (z. B. Formblattverordnungen)
- Rechtsform-spezifische Spezialnormen (z. B. §§ 150 ff. AktG)
- Ergänzende Vorschriften für KapG und ihnen gleichgestellte KapCoGes (§§ 264-289f HGB, ohne § 264 Abs. 2 HGB)
- Vorschriften für alle Kfl. (§§ 242-256 HGB)
- Grundsätze ordnungsgemäßer Buchführung
- Generalnorm des § 264 Abs. 2 Satz 1 HGB

20 In Deutschland kommt der Generalnorm nicht die in den international anerkannten Rechnungslegungsvorschriften verankerte Funktion eines **Overriding Principle** zu, sie hat lediglich eine Subsidiärfunktion. Sie ist ergänzend heranzuziehen, wenn Einzelnormen keine Lösung bieten oder der Auslegung bedürfen.[13] Dies erklärt sich gerade auch aus § 264 Abs. 2 Satz 2 HGB. Wenn die Generalnorm die Primärfunktion hätte, müsste der Jahresabschluss immer ein

---

[9] Vgl. *Baetge/Ziesemer/Schmidt*, in *Baetge/Kirsch/Thiele*, Bilanzrecht, § 252 HGB, Rz 13, Stand 10/2011.
[10] So *Fülbier/Kuschel/Selchert*, in *Küting/Pfitzer/Weber*, HdR, HGB § 252, Rn 16, Stand 12/2010.
[11] Im Ergebnis ebenso *Hoffmann/Lüdenbach*, NWB-Kommentar Bilanzierung, 8. Aufl., 2017, § 252 HGB Rz 8.
[12] Vgl. *Fülbier/Kuschel/Selchert*, in *Küting/Pfitzer/Weber*, HdR, HGB § 252, Rn 15, Stand 12/2010.
[13] Vgl. *Baetge/Commandeur/Hippel*, in HdR, § 264 HGB Rz. 19ff., Stand 12/2013.

den tatsächlichen Verhältnissen entsprechendes Bild liefern und § 264 Abs. 2 Satz 2 HGB wäre überflüssig.[14]
Auch die Umsetzung der **Bilanzrichtlinie 2013/34/EU** – die in letzter Instanz eine Nichtanwendung von Vorschriften vorsieht, die zu einer Durchbrechung der Darstellung eines den tatsächlichen Verhältnissen entsprechenden Bilds der Vermögens-, Finanz- und Ertragslage führen (Art. 4 Abs. 4 Bilanzrichtlinie 2013/34/EU) – mit dem BilRUG ist ohne Anpassung bzw. Erweiterung der Generalnorm erfolgt. So kommt es in zweifacher Weise bei der Stellung der Generalnorm zu einer **Abweichung von der Richtlinie**. Zum einen fehlt der Zusatz „unter Beachtung der GoB" im Richtlinientext. Zum anderen ist Art. 4 Abs. 3 und 4 der Richtlinie, der inhaltlich den Regelungen der IAS 1.15 und 17 entspricht, klar als Overriding Principle ausgestaltet, was bedeutet, dass die Generalnorm mit der Forderung der tatsachengemäßen Abbildung Vorrang vor den Einzelnormen hat.[15]
Zwar wird den Mitgliedstaaten im Zusammenhang mit der Ausgestaltung als Overriding Principle gestattet, Ausnahmefälle zu bezeichnen und die in diesen Fällen anzuwendenden Ausnahmeregelungen festzulegen (Art. 4 Abs. 4 Satz 3 Bilanzrichtlinie 2013/34/EU), eine extrem weite Auslegung dieser Option im Sinne einer unterlassenen Implementierung dürfte dadurch aber nicht erfasst sein. Dennoch verändert das BilRUG das HGB hier nicht und steht damit in der Tradition des Beharrens auf den im deutschen Rechtssystem verankerten Prinzipien, das bereits bei der (Nicht-)Umsetzung der fast wortgleichen 4. EU-Richtlinie nicht europarechtlich geahndet wurde.
Eine Überlagerung von Einzelvorschriften mit einem Verweis auf die Generalnorm kommt somit auch weiterhin nicht in Betracht. Es bleibt bei der unter Rz 19 skizzierten Rangfolge.

Hinsichtlich des **Anhangs** sind einerseits Angabepflichten, konkret des § 284 Abs. 2 Nr. 1, 2 HGB betreffend die Regelungen des § 252 HGB und andererseits mit den in § 252 HGB festgeschriebenen Grundsätzen in Verbindung stehende Anhangvorschriften, wie die der §§ 285 Nr. 3, 286 Abs. 3 Nr. 1 HGB (diese greifen auf den in § 252 HGB implizit enthaltenen Wesentlichkeitsgrundsatz zurück) zu berücksichtigen. Zudem fordert § 285 Nr. 33 HGB Angaben über weder in der GuV noch in der Bilanz berücksichtigte Vorgänge von besonderer Bedeutung, die nach dem Schluss des Gj eingetreten sind.

Gleiches gilt für den **Lagebericht** sowie den nichtfinanziellen Bericht. §§ 289 Abs. 1 Satz 3 HGB und 289c Abs. 3 HGB greifen explizit auf den Wesentlichkeitsgrundsatz zurück.

Durch die in § 297 Abs. 1 Satz 1 und 2 HGB implementierte Pflicht zur Beachtung der GoB auch im **Konzernabschluss** und den Verweis auf die Anwendung des § 252 HGB in § 298 HGB steht die Regelung des § 252 HGB darüber hinaus in direkter Verbindung mit den aufgeführten Normen betreffend den Konzernabschluss.

---

14 Vgl. *Winkeljohann/Schellhorn*, in Beck Bil-Komm., 10. Aufl., 2016, § 264 HGB Rz. 25.
15 Vgl. *Kreipl*, KoR 2013, S. 201; *Kreipl/Müller*, in Jahrbuch für Controlling und Rechnungswesen, 2014, S. 280 f.

2 Explizit normierte Bewertungsgrundsätze (Abs. 1)

2.1 Grundsatz der Bilanzidentität (Nr. 1)

24 Die Wertansätze der Eröffnungsbilanz haben nach § 252 Abs. 1 Nr. 1 HGB den Wertansätzen in der Schlussbilanz des vorherigen Gj zu entsprechen. Mittels Normierung des Grundsatzes der **Bilanzidentität**[16] – der im Steuerrecht primär als Grundsatz des Bilanzzusammenhangs bezeichnet wird[17] – soll sichergestellt werden, dass sämtliche Geschäftsvorfälle in das neue Gj übertragen werden, ohne dass Erfolgsbeiträge aus der GuV eliminiert und damit den Anteilseignern vorenthalten werden können.[18] Die Regelung ist dabei Ausdruck des Stetigkeitsgebots sowie der Willkürfreiheit und dient einer periodengerechten Gewinnermittlung. Darüber hinaus wird argumentiert, dass nur so eine korrekte Darstellung des zumindest gedanklichen Totalgewinns der Unternehmung, der der Summe der Jahresüberschüsse und -fehlbeträge über alle Gj der gesamten Lebensdauer eines Unt entspricht, erreicht werden kann und sich die Schwankungen der Wertansätze im Zeitverlauf ausgleichen.[19] Allerdings handelt es sich bei dem Konstrukt des Totalgewinns lediglich um ein theoretisches Gebilde und etwa in den Übergangsvorschriften zum BilMoG wurde eine erfolgsneutrale Erfassungen von Erträgen aus der Umstellung bei bestimmten Sachverhalten im Widerspruch zu dem Grundsatz der Bilanzidentität gefordert bzw. erlaubt (z. B. Art. 67 EGHGB Rz 36).

25 Da weder dem HGB noch den GoB eine Pflicht zur Aufstellung einer **Eröffnungsbilanz** für jedes Gj inhärent ist, ist unter der in § 252 HGB irreführenderweise verwendeten Formulierung „Eröffnungsbilanz" die Übereinstimmung der Saldenvorträge auf den Bestandskonten mit den Schlusssalden der entsprechenden Konten aus dem vorangegangenen (Rumpf-)Gj zu verstehen. Auch aus der Regelung des § 252 HGB ergibt sich eine Pflicht zur Aufstellung einer Eröffnungsbilanz nicht. Die Pflicht zur Aufstellung einer solchen liegt nur im Falle des Beginns eines Handelsgewerbes (§ 242 Abs. 1 Satz 1 HGB) oder etwa gem. § 71 Abs. 1 GmbHG im Falle einer Liquidation vor, wobei die Liquidationseröffnungsbilanz – vorbehaltlich abweichender Vorgaben – bei GmbH sachlich der Eröffnungsbilanz des § 242 Abs. 1 Satz 1 HGB und inhaltlich der Schlussbilanz entspricht.[20]

Ebenfalls folgt aus der Regelung kein Gebot zur **Gliederungsstetigkeit**.[21] Es ist entsprechend nicht erforderlich, die Kontengliederung des vorangegangenen Gj für das neue Gj zu verwenden. Allerdings ergibt sich i. S. d. Bilanzidentität bei

---

[16] *Winkeljohann/Büssow*, in Beck Bil-Komm., 10. Aufl., 2016, § 252 HGB, Rz 3. etwa verwenden die Bezeichnung „formelle Bilanzkontinuität".
[17] Vgl. BFH v. 29.11.1965, GrS 1/65, BStBl 1966 III S. 142.
[18] Vgl. *Baetge/Ziesemer/Schmidt*, in Baetge/Kirsch/Thiele, Bilanzrecht, § 252 HGB, Rz 21, Stand 10/2011; *Winkeljohann/Büssow*, in Beck Bil-Komm., 10. Aufl., 2016, § 252 HGB, Rz 4.
[19] So etwa *Winkeljohann/Büssow*, in Beck Bil-Komm., 10. Aufl., 2016, § 252 HGB, Rz 4; *Ballwieser*, in MünchKomm. HGB, 3. Aufl., § 252. Rn 5; *Baetge/Ziesemer/Schmidt*, in Baetge/Kirsch/Thiele, Bilanzrecht, § 252 HGB, Rz 21, Stand 10/2011.
[20] Vgl. *Roth/Altmeppen*, in Beck'scher GmbHG Kommentar, 7. Aufl., § GmbHG § 71 Rz. 15.
[21] Vgl. ADS, 6. Aufl., § 252 HGB, Rz 11.

Änderungen die Anforderung zur Vorlage von Überleitungen und der Beibehaltung der Kontengliederungen für ein Gj.[22]

Während § 252 Abs. 1 Nr. 1 HGB zunächst nur allgemein von der Übernahme der Wertansätze spricht, ergibt sich aus § 252 Abs. 1 Satz 1 HGB die Spezifizierung, dass darunter die **Wertansätze** der im Jahresabschluss ausgewiesenen VG und Schulden zu verstehen ist. Allerdings umfasst der Grundsatz der Bilanzidentität darüber hinaus nicht nur den Wertansatz sämtlicher Aktiva und Passiva und damit auch der Posten des EK, sondern vielmehr auch den übereinstimmenden **Ansatz** dieser.[23] Daraus folgt neben der Vorgabe zur unveränderten Übernahme der Wertansätze der ausgewiesenen Posten unter Ausschluss von Weglassungen oder Ergänzungen auch die Pflicht zur Beibehaltung der Zuordnung zu den Aktiv- und Passivpositionen genauso wie das Erfordernis zur Übernahme der Wertansätze zusammengefasster und nicht gesondert ausgewiesener (Unter-)Positionen in den Fällen unveränderter Gesamtwerte.[24] Darüber hinaus ergibt sich in Konsequenz der Grundsatzanwendung auch das **Verbot** zur Anpassung infolge einer **abweichenden Steuerbilanz**.[25]

26

> **Beispiel**
> Die X GmbH hat im am 31.12.X1 endenden Gj im Rahmen der Zugangsbewertung gem. § 255 Abs. 2 Satz 2 HGB sämtliche dem einzelnen Erzeugnis unmittelbar zurechenbare Aufwendungen und damit die Pflichtbestandteile der HK i. H. v. insgesamt 550.000 EUR sowie nach § 255 Abs. 2 Satz 3 HGB alle wahlrechtsgemäßen Gemeinkosten, die unabhängig von der Produktionsmenge angefallen sind (allgemeine Verwaltungskosten, Kosten für soziale Einrichtungen des Betriebs und freiwillige soziale Leistungen, sowie Kosten der betrieblichen Altersvorsorge), i. H. v. insgesamt 150.000 EUR in die aktivierten HK einbezogen.
> Infolge des Grundsatzes der Bilanzidentität ist es der X GmbH nicht gestattet, im Rahmen der Eröffnungsbuchungen nur die Pflichtbestandteile der HK i. H. v. insgesamt 550.000 EUR für das Gj X2 vorzutragen. Der Schlusssaldo von insgesamt 700.000 EUR ist zu übernehmen.

Die Praxis der **Berücksichtigung von** bereits vorhandenen **Gewinnveränderungsbeschlüssen** und den damit etwaig verbundenen Änderungen der Eigenkapital- und Verbindlichkeitskonten bzw. Umbuchungen von Gewinnen/Verlusten oder Gewinn-/Verlustvorträgen bereits im Zuge der Eröffnungsbuchungen als Alternative zur Erfassung erst im Laufe des neuen Gj soll keine Durchbrechung des Grundsatzes darstellen.[26] U.E. nach kann dies so nicht gelten und widerspricht

27

---

[22] Vgl. *Baetge/Ziesemer/Schmidt*, in *Baetge/Kirsch/Thiele*, Bilanzrecht, § 252 HGB, Rz 26, Stand 10/2011.
[23] Vgl. anstatt vieler *Baetge/Ziesemer/Schmidt*, in *Baetge/Kirsch/Thiele*, Bilanzrecht, § 252 HGB, Rz 25, Stand 10/2011.
[24] Ebenso etwa *Winkeljohann/Büssow*, in Beck Bil-Komm., 10. Aufl., 2016, § 252 HGB, Rz 4 ff.
[25] Vgl. *Winkeljohann/Büssow*, in Beck Bil-Komm., 10. Aufl., 2016, § 252 HGB, Rz 6.
[26] So *Baetge/Ziesemer/Schmidt*, in *Baetge/Kirsch/Thiele*, Bilanzrecht, § 252 HGB, Rz 27, Stand 10/2011; ADS, 6. Aufl., § 252 HGB, Rz 16; im Ergebnis ebenso *Winkeljohann/Büssow*, in Beck Bil-Komm., 10. Aufl., 2016, § 252 HGB, Rz 8; a. A. *Fülbier/Kuschel/Selchert*, in *Küting/Pfitzer/Weber*, HdR, HGB § 252, Rn 35, Stand 12/2010.

dem mitunter von gleicher Seite vorgebrachten Argument hinsichtlich eines Verbots zur Änderung der Zuordnung von Aktiv- und Passivposten.[27] Warum eine Änderung der Zuordnung bei VG nicht, bei Positionen des EK dagegen gestattet sein soll, erschließt sich nicht, da der Anwendungsbereich des Grundsatzes Positionen des EK nach hM umfasst. Auch der vereinzelt aufgebrachte Hinweis auf die Vereinbarkeit dieser Vorgehensweise mit dem Inhalt bzw. Zweck des Grundsatzes[28] trotz formeller Durchbrechung heilt diesen Fehler nicht. Insbesondere als kritisch zu erachten sind aufwands- oder ertragsbezogene Konsequenzen, wie etwa Steuern, die u. E. klar zu einer nicht nur formellen Durchbrechung führen.[29] Das ebenfalls vorgebrachte Argument, es handle sich bei dem Jahresabschluss und dem Gewinnverwendungsbeschluss um eine Einheit, mag ebenfalls nicht überzeugen, da einerseits § 252 Abs. 1 Nr. 1 HGB auf den unmittelbaren Zusammenhang der Wertansätze und nicht die Regelwerke als Ganzes abstellt[30] und der Gewinnverwendungsbeschluss mit dem Jahresabschluss eben gerade keine Einheit bildet sondern als selbständige Ergänzung zu betrachten ist.

Im Ergebnis ergibt sich die Konsequenz, dass Gewinnverwendungsbeschlüsse und die damit verbundenen Folgen nicht bereits im Zuge der Saldenvorträge umgesetzt werden dürfen.[31]

28 Umstritten hinsichtlich des Zeitpunkts der Veränderungsberücksichtigung, d. h. konkret der Umsetzung von Sachverhalten bereits im Zuge der Eröffnungsbuchungen, ist auch der Fall von **Umwandlungen** – insb. mit Übertragung von Aktiva und Passiva. Diese umfassen gem. § 1 Abs. 1 UmwG die umwandlungsrechtlichen Vorgänge der Verschmelzung (§§ 2–122l UmwG),[32] der Spaltung (§§ 123–173 UmwG)[33] als auch von Vermögensübertragungen (§§ 174–189 UmwG).[34]

29 Der **Zugangszeitpunkt** von Sachanlagen sowie entgeltlich erworbenen immateriellen VG des AV richtet sich im Wege von Umwandlungen grds. nach der Übertragung der Verfügungsmacht, nicht nach dem rechtlichen Wirksamwerden der Übertragung.[35] Abweichend davon ist im Zuge von Verschmelzungen und Spaltungen der Verschmelzungsstichtag[36] für den Zugangszeitpunkt maßgebend.[37] Der Stichtag der Schlussbilanz i.S.d. UmwG, der dem Verschmelzungsstichtag entspricht, muss dabei nicht dem Stichtag des Jahresabschlusses entsprechen. Allerdings entfällt bei gleichem Stichtag die Pflicht zur Aufstellung einer gesonderten Schlussbilanz i.S.d. UmwG. Der steuerliche Übertragungsstichtag entspricht wiederum zwingend dem Stichtag der Schlussbilanz i.S.d. UmwG. Der mitunter vertretenen Auffassung, dass der Umwandlungsstichtag nicht mit dem Stichtag der Schlussbilanz i.S.d. UmwG und damit auch dem

---

27 So etwa *Winkeljohann/Büssow*, in Beck Bil-Komm., 10. Aufl., 2016, § 252 HGB, Rz 7.
28 So *Winkeljohann/Büssow*, in Beck Bil-Komm., 10. Aufl., 2016, § 252 HGB, Rz 8.
29 Gl. A. *Fülbier/Kuschel/Selchert*, in *Küting/Pfitzer/Weber*, HdR, HGB § 252, Rn 35, Stand 12/2010.
30 Zurecht so *Fülbier/Kuschel/Selchert*, in *Küting/Pfitzer/Weber*, HdR, HGB § 252, Rn 35, Stand 12/2010.
31 Gl. A. *Fülbier/Kuschel/Selchert*, in *Küting/Pfitzer/Weber*, HdR, HGB § 252, Rn 35, Stand 12/2010.
32 Vgl. *Kreipl/Müller*, in *Federmann/Kußmaul/Müller*, HdB, Beitrag Verschmelzung, Rz. 1 ff.
33 Vgl. *Kreipl/Müller*, in *Federmann/Kußmaul/Müller*, HdB, Beitrag Spaltung, Rz. 1 ff.
34 Vgl. *Kreipl/Müller*, in *Federmann/Kußmaul/Müller*, HdB, Beitrag Vermögensübertragung, Rz. 1 ff.
35 Vgl. ADS, 6. Aufl., § 268 HGB, Rz. 74.
36 Zeitpunkt, von dem an die Handlungen der übertragenden Ges. als für Rechnung der übernehmenden oder neuen Ges. vorgenommen gelten.
37 Vgl. *Grottel/Huber*, in Beck Bil-Komm, 10. Aufl., 2016, § 284 HGB, Rz. 267.

steuerlichen Übertragungsstichtag übereinstimmen kann, sondern dem Tag entspricht, der diesem folgt, entbehrt jedweder Grundlage, sodass u. E. diese, auch von der FinVerw vertretene Auffassung nicht geteilt werden kann.
Fraglich ist dabei nun, wann die **Verfügungsmacht** übergeht bzw. wie der Stichtag terminiert ist. Auch wenn grds. alle umwandlungsrelevanten Tatbestände Berücksichtigung finden müssen,[38] dürfte sich die vertragliche Ausgestaltung als maßgebend zeichnen. Wird der Stichtag des regulären Jahresabschlusses als Umwandlungsstichtag gewählt bzw. wird die Übertragung zu diesem festgelegt, so sind die Auswirkungen noch in diesem Gj zu berücksichtigen. Dies gilt auch bei Verwendung der Formulierung „zum 31.12.20XX, 24 Uhr". Ebenfalls unkritisch ist die Festlegung des Umwandlungsstichtags auf den 1.1.20XX+1 oder die Verwendung der Formulierung „zum 1.1.20XX+1, 0 Uhr". Problematisch dagegen ist etwa eine Vermögensübertragung mit wirksamem Übergang der Verfügungsmacht zum „31.12.20XX, 24 Uhr/1.1.20XX+1, 0 Uhr", da eine eindeutige Zuordnung hier nicht möglich ist. Ergeben sich hier nicht aus der Würdigung der Gesamtumstände Anhaltspunkte für eine Zuordnung zu einem der beiden Gj, was nach Auffassung des BFH in Ausnahmefällen möglich ist[39], besteht insofern ein Zuordnungswahlrecht.[40] Die aus den Ausführungen des BFH abzuleitende Auffassung, dass dann auch eine Berücksichtigung im Zuge der Eröffnungsbuchungen gestattet ist, ist handelsrechtlich nach hM **zunächst** abzulehnen.[41]

30

Allerdings wird es Fälle geben, in denen eine Abweichung von der Pflicht zur Übernahme der Wertansätze der Schlussbilanz des vorherigen Gj für die Wertansätze der Eröffnungsbilanz unter Rückgriff auf die Ausnahmeregelung des § 252 Abs. 2 HGB gestattet sein muss. Da grds. von begründeten **Ausnahmefällen** in diesem Sinne gesprochen werden kann, wenn sich grundlegende Änderungen der rechtlichen, wirtschaftlichen und organisatorischen Verhältnisse ergeben,[42] die weder dem einen noch dem anderen Gj zuzuordnen sind, ist eine Durchbrechung des Grundsatzes der Bilanzidentität insb. in Fällen einer Verschmelzung oder Spaltung unter Berufung auf § 252 Abs. 2 HGB möglich,[43] wenn diese zeitlich zwischen zwei Gj zu verorten ist[44] – anderenfalls dürfte kein begründeter Ausnahmefall i. S. v. § 252 Abs. 2 HGB vorliegen.

---

38 So FG Köln, Urteil v. 28.4.1981, EFG 1982, S. 81; *Fülbier/Kuschel/Selchert*, in *Küting/Pfitzer/Weber*, HdR, HGB § 252, Rn 42, Stand 12/2010.
39 Vgl. BFH, Urteil v. 2.5.1974, BStBl 1974 II S. 709.
40 Vgl. *Baetge/Ziesemer/Schmidt*, in *Baetge/Kirsch/Thiele*, Bilanzrecht, § 252 HGB, Rz 28, Stand 10/2011.
41 Gl. A. *Fülbier/Kuschel/Selchert*, in *Küting/Pfitzer/Weber*, HdR, HGB § 252, Rn 40–42, Stand 12/2010; *Baetge/Ziesemer/Schmidt*, in *Baetge/Kirsch/Thiele*, Bilanzrecht, § 252 HGB, Rz 28, Stand 10/2011; nach der Pflicht zur Erstellung eines Anlagegitters differenzierend *Winkeljohann/Büssow*, in Beck Bil-Komm., 10. Aufl., 2016, § 252 HGB, Rz 8; *Hoffmann/Lüdenbach*, NWB-Kommentar Bilanzierung, 8. Aufl. 2017, § 252 HGB Rz 20.
42 Vgl. *Fülbier/Kuschel/Selchert*, in *Küting/Pfitzer/Weber*, HdR, HGB § 252, Rn 43, Stand 12/2010.
43 M. w. N. *Fülbier/Kuschel/Selchert*, in *Küting/Pfitzer/Weber*, HdR, HGB § 252, Rn 44, Stand 12/2010.
44 Vgl. *Hoffmann/Lüdenbach*, NWB-Kommentar Bilanzierung, 8. Aufl. 2017, § 252 HGB Rz 20a.

31 Erforderliche **Korrekturen** fehlerfreier[45] oder fehlerbehafteter[46] Jahresabschlüsse begründen **handelsrechtlich** kein Abweichen vom Grundsatz der Bilanzidentität. Ist der Mangel durch Zeitablauf geheilt und kann die Nichtigkeit nicht mehr geltend gemacht werden bzw. gestatten Art und Schwere des Fehlers dies, kommt neben der rückwärtsgerichteten Korrektur auch die Korrektur in dem nächsten aufzustellenden Jahresabschluss in Betracht.[47] Anderenfalls hat eine Rückwärtsänderung zu erfolgen. Sofern als Alternative zu einer Korrektur in dem nächsten aufzustellenden Jahresabschluss die Option der rückwärtsgerichteten Korrektur gewählt wird oder ohnehin einzig diese zulässig ist, müssen alle Jahresabschlüsse zurück bis zu dem korrekturbedürftigen Abschluss korrigiert werden.[48] Die Änderung nur des fehlerhaften Jahresabschlusses ist infolge der Vorgabe zur Einhaltung des Grundsatzes der Bilanzidentität gem. § 252 Abs. 1 Nr. 1 HGB nicht gestattet.

32 **Beispiel**[49]
Das Unt U erwirbt zum 31.12.X1 ein neues Verwaltungsgebäude samt Grundstück für 1.000 TEUR. Die gesamten AK verteilt U zu 900 TEUR auf das Gebäude und zu 100 TEUR auf das Grundstück. Das Gebäude schreibt U linear über 33 Jahre erfolgswirksam ab. Eine steuerliche Außenprüfung im Jahr X5 beanstandet die von U vorgenommene Kaufpreisallokation der Verwaltungsimmobilie und stellt die Fehlerhaftigkeit der bereits festgestellten Jahresabschlüsse X1 bis X4 fest. U hätte die gesamten AK zu 600 TEUR auf den Gebäudekomplex und zu 400 TEUR auf das Grundstück aufteilen müssen. Die folgende Übersicht stellt die Buchwerte der Immobilie bei fehlerhafter und bei berichtigter Kaufpreisaufteilung im Zeitablauf gegenüber.

Bilanzausweis	Gebäude		Grundstück		Verwaltungsimmobilie gesamt	
	fehlerhaft (EUR)	berichtigt (EUR)	fehlerhaft (EUR)	berichtigt (EUR)	fehlerhaft (EUR)	berichtigt (EUR)
31.12.X1	900.000	600.000	100.000	400.000	1.000.000	1.000.000
31.12.X2	872.727	581.818	100.000	400.000	972.727	981.818
31.12.X3	845.455	563.636	100.000	400.000	945.455	963.636
31.12.X4	818.182	545.455	100.000	400.000	918.182	945.455

Unter Berücksichtigung eines Steuersatzes von 30 % ergeben sich in Abhängigkeit von der gewählten AK-Aufteilung nachstehende Ergebnisauswirkungen für die Perioden X1-X4.

---

[45] Zu den möglichen Fällen einer Korrektur fehlerfreier Jahresabschlüsse s. IDW RS HFA 6, Rz. 9–13.
[46] Zu den möglichen Fällen einer Korrektur fehlerhafter Jahresabschlüsse s. IDW RS HFA 6, Rz. 14.
[47] Vgl. IDW RS HFA 6, Rz. 15 f.
[48] Vgl. IDW RS HFA 6, Rz. 27.
[49] Leicht modifiziert entnommen aus § 252 Rz 21–23, 3. Aufl.

Allgemeine Bewertungsgrundsätze § 252

Erfolgs-auswir-kungen in	Vor Steuern		Steuern		Nach Steuern	
	fehler-haft (EUR)	berich-tigt (EUR)	fehler-haft (EUR)	berich-tigt (EUR)	fehler-haft (EUR)	berich-tigt (EUR)
X1	0	0	0	0	0	0
X1 bis X4 je	–27.273	–18.182	8.182	5.455	–19.091	–12.727

Es wird unterstellt, dass in diesem Fall beide Arten der Fehlerkorrektur zulässig sind.

Variante 1
U kann die Fehlerkorrektur rückwärtsgerichtet vornehmen. Alle Jahresabschlüsse bis zur Fehlerquelle im Jahr X1 sind lückenlos zu berichtigen. U hat so zu bilanzieren, als ob die Kaufpreisaufteilung von Beginn an richtig, also im Verhältnis 60 % zu 40 % (Gebäude zu Grundstück), vorgenommen worden wäre. Der kumulierte Korrekturbedarf der Vj.-Jahresabschlüsse stellt sich wie folgt dar:

Kumu-lierter Korrek-turbe-darf	Periodenerfolg (+) = Ertrag/(-) = Aufwand			Bilanzposten		
	Vor Steuern (EUR)	Steuern (EUR)	Nach Steuern (EUR)	Ge-bäude (EUR)	Grund-stück (EUR)	Ver-bindlich-keiten ggü. Fi-nanzamt (EUR)
31.12.X1	0	0	0	–300.000	300.000	0
31.12.X2	9.091	–2.727	6.364	–290.909	300.000	2.727
31.12.X3	18.182	–5.455	12.727	–281.818	300.000	5.455
31.12.X4	27.273	–8.182	19.091	–272.727	300.000	8.182

Die jeweiligen Buchungssätze zur Rückwärtsänderung in den Gj X1 bis X4 ergeben sich betragsmäßig aus den Differenzen der jeweiligen Gj im Vergleich zum jeweiligen Vj.

Variante 2
U kann die Fehlerkorrektur auch in dem letzten offenen (noch nicht festgestellten) Jahresabschluss berichtigen. Eine solche Korrektur vermeidet die Anpassung der Vj.-Jahresabschlüsse X1–X4. Sie beseitigt die Fehler lediglich in laufender Rechnung des Gj X5. Hiernach erfolgt in X5 folgende Korrekturbuchung:

Datum	Konto	Soll	Haben
	Grundstück	300.000	
	Steueraufwand	8.182	
	Gebäude		272.727
	Abschreibung Gebäude		27.273
	Verbindlichkeiten aus Steuern		8.182

33 Die BFH-Rechtsprechung favorisiert für **Steuerbilanzkorrekturen** ebenfalls die Rückwärtsänderung aller Abschlüsse zurück bis zum fehlerhaften Jahresabschluss.[50] Ist diese nicht möglich,[51] ist der Fehler im ersten änderbaren Jahresabschluss zu korrigieren. Eine Durchbrechung des Grundsatzes der Bilanzidentität ist dabei nur gestattet, sofern der Fehler ohne Auswirkungen oder bedingt durch bewusste Falschansätze entstanden ist.[52]

34 Ergibt sich infolge einer **Sonderprüfung** gem. den §§ 258 ff. AktG und der in diesem Zuge ermittelten nicht unwesentlichen Unterbewertung in einem festgestellten Jahresabschluss ein höherbewertungsbedingter Ertrag, hat eine Korrektur in dem nächsten aufzustellenden Jahresabschluss zu erfolgen[53] – eine rückwärtsgerichtete Korrektur aller auf jenen mit wesentlich unterbewerteten Posten folgenden Jahresabschluss ist nicht erforderlich. Eine Korrektur einzig des Abschlusses mit unterbewerteten Posten unter Durchbrechung des Grundsatzes der Bilanzidentität kommt nicht in Betracht.

2.2 Grundsatz der Unternehmensfortführung (Nr. 2)

2.2.1 Regelungsinhalt

35 Nach § 252 Abs. 1 Nr. 2 HGB ist bei der Bewertung von der Fortführung der Unternehmenstätigkeit auszugehen, sofern dieser nicht tatsächliche oder rechtliche Gegebenheiten entgegenstehen. Der vom Gesetz damit **unterstellte Regelfall** wird auch als going-concern-Prämisse/Prinzip bezeichnet. Dem Prinzip zufolge sind die VG und Schulden gem. ihrer tatsächlich beabsichtigten bzw. planmäßigen Verwertung abzubilden, die sich bei normaler Geschäftstätigkeit ergibt, solange die Annahme der Fortführung der Unternehmenstätigkeit nicht aufgegeben werden muss.[54] Maßgebend für die Beurteilung, ob (weiter) von einer Fortführung auszugehen ist, ist dabei die Frage, ob nach vernünftiger kaufmännischer Beurteilung für einen überschaubaren, hinreichend sicheren Zeitraum (Rz 37) mit einer Fortführung zu rechnen ist.[55] Stehen dem keine tatsächlichen oder rechtlichen Gegebenheiten entgegen, so hat die Bewertung unter Anwendung der Vorschriften der §§ 253 bis 256a HGB zu erfolgen (zu den darüber hinaus zu beachtenden Vorschriften s. Rz 47).

Unter Fortführung ist dabei nicht lediglich uneingeschränkte unternehmerische Aktivität, sondern vielmehr – mitunter eingeschränkte oder ausgesetzte – Aktivität i. S. d. Unternehmenszwecks zu verstehen. Insofern gilt die Vermutung der Unternehmensfortführung – vorbehaltlich entgegenstehender rechtlicher oder tatsächlicher Gegebenheiten – auch für Mantelgesellschaften, ruhende Unt und Vermögensverwaltungsgesellschaften.

Eine Unterscheidung bei der Bewertung von VG und Schulden in Abhängigkeit einer etwaigen Fortführung der Unternehmenstätigkeit ist insofern erforderlich,

---

50 Vgl. BFH, Urteil v. 30.11.1967, BStBl 1968 II S. 144.
51 Als möglicher Fall gilt hier etwa die Rechtskräftigkeit von Veranlagungen. Vgl. m. w. N. *Fülbier/Kuschel/Selchert*, in *Küting/Pfitzer/Weber*, HdR, HGB § 252, Rn 37, Stand 12/2010.
52 Vgl. *Fülbier/Kuschel/Selchert*, in *Küting/Pfitzer/Weber*, HdR, HGB § 252, Rn 37, Stand 12/2010.
53 Vgl. ADS, 6. Aufl., § 252 HGB, Rz. 22.
54 Vgl. anstatt vieler *Baetge/Ziesemer/Schmidt*, in *Baetge/Kirsch/Thiele*, Bilanzrecht, § 252 HGB, Rz 41, Stand 10/2011.
55 Vgl. ADS, 6. Aufl., § 252 HGB, Rz. 24.

als das sich der Wert dieser regelmäßig in Abhängigkeit des Fortbestehens bemisst bzw. in Abhängigkeit davon variiert. Im Umkehrschluss ergibt sich bei Vorliegen entgegenstehender Gegebenheiten die Vorgabe zur Berücksichtigung der gegebenen Situation im Rahmen der Bewertung (Rz 48ff.).
Über den Verweis auf § 252 HGB in § 298 Abs. 1 HGB ist der Grundsatz der Unternehmensfortführung auch im **Konzernabschluss** anzuwenden. Er gilt infolge einer ähnlichen Regelung in IAS 1.25 auch für nach den **IFRS** aufgestellte Konzernabschlüsse und Jahresabschlüsse. IAS 1.25 sieht dabei vor, dass ein Abschluss auf der Grundlage der Annahme der Unternehmensfortführung aufzustellen ist, bis das Management beabsichtigt, das Unt aufzulösen oder das Geschäft einzustellen bzw. es keine realistische Alternative mehr zu einer Aufgabe/Einstellung gibt.

Die going-concern-Prämisse ist über das Handelsrecht hinaus auch im **Steuer-, Insolvenz- und Gesellschaftsrecht** verankert. § 6 Abs. 1 Nr. 1 Satz 3 EStG etwa verlangt im Rahmen der Bewertung der als Betriebsvermögen anzusetzenden Wirtschaftsgüter – konkret beim Teilwertansatz – die Berücksichtigung der Annahme der Fortführung des Betriebs. Im Insolvenzrecht, das seiner Logik folgend den Umkehrfall regelt, liegt etwa gem. § 19 InsO dann eine Überschuldung[56] vor, wenn das Vermögen des Schuldners die bestehenden Verbindlichkeiten nicht mehr deckt, es sei denn, die Fortführung des Unternehmens ist überwiegend wahrscheinlich. In diesem Kontext ist jedoch zu beachten, dass der insolvenzrechtliche Fortführungsbegriff von jenem des HGB abweicht.[57] Im Aktienrecht sieht § 91 Abs. 2 AktG vor, dass der Vorstand Maßnahmen zu treffen hat, um Entwicklungen früh erkennen zu können, die den Fortbestand der Ges. gefährden.

36

2.2.2 Fortführungszeitraum

Der Gesetzgeber hat eine **Konkretisierung des Zeitraums** unterlassen, für den die Annahme der Fortführung der Unternehmenstätigkeit zutreffen muss, damit der gesetzlich unterstellte Regelfall eintritt. Dies ist kaum verwunderlich, da es infolge unternehmensindividueller Gegebenheiten kaum eine allgemeingültige Bestimmung geben kann. Dies wird bspw. deutlich, wenn man volatile Branchen (etwa IT, Mobile Applications und im Lichte politischer Unbeständigkeit mittlerweile u. U. sogar Energieversorgung) im Vergleich zu weniger von externen Einflüssen beinflussbaren Branchen betrachtet. Auch die Fertigungsdauer (etwa sekundenschnelle Fertigung von Kleinteilen im Vergleich zur ggf. jahrelangen Fertigung von Kreuzfahrtschiffen) und Saisonabhängigkeit beeinflussen die Zeitraumerwägungen. Insofern ist auf einen unternehmensspezifischen, überschaubaren und hinreichend konkreten Zeitraum abzustellen. Da eine derart offene Definition in der Praxis aber nur bedingt praktikabel ist und die Pflicht zur jährlich revolvierenden Aufstellung die Bedeutung der Angaben in einem Jahresabschluss zumindest betreffend die Unternehmensfortführung begrenzt, kann u. E. bei einem **Zwölf-Monats-Zeitfenster** ab dem Abschlussstichtag im

37

---

[56] Die Überschuldung stellt neben der Zahlungsunfähigkeit und der drohenden Zahlungsunfähigkeit einen der drei Gründe für die Eröffnung eines Insolvenzverfahrens dar.
[57] Mit einer Synopse zur going-concern-Prämisse im Handels- und Insolvenzrecht *Groß/Amen*, DB 2005, S. 1861 ff.

Regelfall von einem entsprechenden Zeitraum gesprochen werden,[58] wobei für die Beurteilung der Abschlussstichtag bzw. letztlich der Zeitpunkt der Aufstellung unter Berücksichtigung wertaufhellender Sachverhalte maßgeblich ist.[59] Dies heißt aber keinesfalls, dass von diesem Zeitfenster nicht abgewichen werden darf. In Abhängigkeit der Situation des Unt sind jederzeit Abweichungen möglich und mitunter auch geboten. Die verbreitet vertretene Auffassung, dass Abweichungen nach oben unkritisch, jene nach unten dagegen – wenn überhaupt – nur in extremen Ausnahmefällen gestattet sind,[60] ist letztlich trotz der höheren Unsicherheiten langfristiger Prognosen durch die klaren Vorgaben in IDW PS 270 zumindest für prüfungspflichtige Unt zu übernehmen, wenn ein Versagensvermerk verhindert werden soll. Unternehmerisches Risiko ist stets gegeben und Prognosen sind regelmäßig nur für Monate (hinreichend) sicher.[61] Dennoch kann bei einem Unt, welches nur für einen Sechs-Monats-Zeitraum eine hinreichend sichere Prognose erstellen kann, nicht von einer Unternehmensfortführung ausgegangen werden. Ein AP wird nach IDW PS 270, Rz 20a die Unternehmensführung zu einer Ausweitung des Zeitraums auf zwölf Monate auffordern müssen, was analog auch von der Geschäftsführung nichtprüfungspflichtiger Unt zu fordern wäre. Ggf. ist dann über die dabei bestehenden Unsicherheiten dieser Ausweitung zu berichten.

38 Unter **hinreichend sicher** bzw. überschaubar ist im Kontext des Prognosezeitraums eine Prognose auf Basis gesicherter Erkenntnisse losgelöst von bloßen Vermutungen zu verstehen.

2.2.3 Prüfung auf Fortführung

39 Bereits aus dem Charakter als gesetzlich unterstellter Regelfall ergibt sich, dass eine Prüfung auf Nichtbestehen der Fortführungsprämisse bzw. auf das Vorliegen entgegenstehender rechtlicher oder wirtschaftlicher Gegebenheiten nur dann zu erfolgen hat, sofern Anhaltspunkte für die Abweichung vom Regelfall vorliegen.[62] Eine Pflicht zur indizienlosen jährlich revolvierenden Überprüfung der Einhaltung der Fortbestehungsvermutung ist nicht ableitbar. Vielmehr kann in offenkundigen Fällen, das IDW unterstellt dies, wenn das Unt in der Vergangenheit nachhaltig Gewinne erzielt hat, in denen das Unt leicht auf finanzielle Mittel zurückgreifen kann und keine bilanzielle Überschuldung droht, eine explizite Prüfung unterbleiben.[63] Als Indizien für ein Nichtbestehen der Fort-

---

58 Gl. A. *Winkeljohann/Büssow*, in Beck Bil-Komm., 10. Aufl., 2016, § 252 HGB, Rz 11; *Fülbier/Kuschel/Selchert*, in *Küting/Pfitzer/Weber*, HdR, HGB § 252, Rn 48, Stand 12/2010; keinen Regelzeitraum bzw. Richtwert akzeptierend dagegen ADS, 6. Aufl. § 252 HGB, Rz 24.
59 Ebenso IDW PS 270, Tz. 8; ADS, 6. Aufl. § 252 HGB, Rz 24; *Winkeljohann/Büssow*, in Beck Bil-Komm., 10. Aufl., 2016, § 252 HGB, Rz 12; *Baetge/Ziesemer/Schmidt*, in *Baetge/Kirsch/Thiele*, Bilanzrecht, § 252 HGB, Rz 60 f., Stand 10/2011.
60 So *Fülbier/Kuschel/Selchert*, in *Küting/Pfitzer/Weber*, HdR, HGB § 252, Rn 48, Stand 12/2010. Mindestens zwölf Monate fordernd IDW PS 270, Tz. 8.
61 Ähnlich *Baetge/Ziesemer/Schmidt*, in *Baetge/Kirsch/Thiele*, Bilanzrecht, § 252 HGB, Rz 59, Stand 10/2011; ADS, 6. Aufl. § 252 HGB, Rz 24.
62 Ebenso *Claussen*, in Kölner Kommentar zum HGB, 2011, § 252 HGB, Rz. 21; ADS, 6. Aufl. § 252 HGB, Rz 25; im Ergebnis ähnlich IDW PS 270, Tz. 9; a. A. *Baetge/Ziesemer/Schmidt*, in *Baetge/Kirsch/Thiele*, Bilanzrecht, § 252 HGB, Rz 51, Stand 10/2011, die zumindest eine jährliche „grundlose" Grobprüfung verlangen.
63 So auch IDW PS 270, Tz. 44.

führungsprämisse, die eine genauere Prüfung bedingen, können etwa folgende Gegebenheiten gewertet werden:[64]
- Massive Verluste
- Knappe Eigenkapitalausstattung
- Schlechte Auslastung/leere Auftragsbücher (insb. bei Unt mit sonst üblicher langer Vorbestellungsfrist)
- Knappe Liquiditätslage

Möglich sind in diesem Zusammenhang etwa die Verwendung von Kennzahlenanalysen und die Einordnung in Gefährdungsklasse.[65] Dabei handelt es sich nicht um eine Prüfung auf tatsächliches Vorliegen entgegenstehender rechtlicher oder wirtschaftlicher Gegebenheiten, sondern lediglich um eine Art Vorprüfung. Zur Prüfung auf Vorliegen entgegenstehender Gegebenheiten s. Rz 40.

2.2.4 Entgegenstehende Gegebenheiten

Liegen Anhaltspunkte für eine mögliche Durchbrechung der Fortführungsprämisse (Rz 39) vor oder ergibt sich eine solche ohne entsprechende Indizien, so ist **eingehend zu prüfen**, ob der Fortführung der Unternehmenstätigkeit tatsächliche (Rz 41f.) oder rechtliche (Rz 44f.) Gegebenheiten entgegenstehen und diese in der Gesamtschau der Fortführung entgegenstehen.

40

Dies gilt **auch für den Wegfall** der going-concern-Prämisse **bei selbständigen Betriebsteilen**.[66] Rechtliche Gegebenheiten gehen dabei mit einem hohen Grad an Endgültigkeit einher. Die Prüfung sollte so objektiv wie möglich erfolgen. Die mitunter geäußerten Forderungen nach uneingeschränkter Objektivität[67] – teils unter Verweis auf den Wortlaut „tatsächliche oder rechtliche" – muss insofern akademischer Natur sein, als dass es Objektivität grds. und insb. in diesem Bereich kaum geben dürfte.

Die Objektivitätsanforderung spricht in Bezug auf tatsächlich entgegenstehende – also primär wirtschaftliche – Gegebenheiten zunächst für die Verwendung von Kennzahlen. Allerdings sind weder einheitliche bzw. eindeutige Grenzwerte existent, noch ergibt sich aus einigen schlechten Kennzahlenausprägungen zwangsläufig eine Durchbrechung der Fortführungsprämisse, was regelmäßig zu erheblichen Ermessensspielräumen führen dürfte. Da letztlich nicht auf Basis einzelner Kennzahlen, sondern der Gesamtsituation eines Unt über die Beibehaltung der Unternehmensfortführung zu entscheiden ist[68], spielen neben Kennzahlen insb. auch eingeleitete oder zumindest mögliche Rettungsmaßnahmen eine große Rolle. Diese können etwaig negativen bzw. bedrohlichen Kennzahlen entgegenwirken und so eine Fortführung sicherstellen. Zu diesen Rettungsmaßnahmen zählen etwa:
- Tilgungsaussetzungen
- Sanierungszuschüsse

---

[64] Teilweise in Anlehnung an ADS, 6. Aufl. § 252 HGB, Rz 25.
[65] Dies vorschlagend *Baetge/Ziesemer/Schmidt*, in *Baetge/Kirsch/Thiele*, Bilanzrecht, § 252 HGB, Rz 53, Stand 10/2011.
[66] Vgl. *Winkeljohann/Büssow*, in Beck Bil-Komm., 10. Aufl., 2016, § 252 HGB, Rz 21; ADS, 6. Aufl. § 252 HGB, Rz 36.
[67] So *Winkeljohann/Büssow*, in Beck Bil-Komm., 10. Aufl., 2016, § 252 HGB, Rz 14; *Baetge/Ziesemer/Schmidt*, in *Baetge/Kirsch/Thiele*, Bilanzrecht, § 252 HGB, Rz 54, Stand 10/2011.
[68] Vgl. *Fülbier/Kuschel/Selchert*, in *Küting/Pfitzer/Weber*, HdR, HGB § 252, Rn 50, Stand 12/2010.

- Rangrücktrittserklärungen
- Forderungsverzicht/Verbindlichkeitserlass bzw. -verringerung
- Lohn-/Gehaltsverzicht
- Patronatserklärungen
- Steuerstundung

Auch ist zu bedenken, dass ein **berechtigtes Interesse** der Unt vorliegt, eine Nicht-Fortführung infolge tatsächlicher Gegebenheiten zumindest solange nicht umzusetzen und damit letztlich auch offenzulegen, wie diese durch Sanierungsmaßnahmen zumindest noch mit niedriger Wahrscheinlichkeit abzuwenden ist. Wird der Jahresabschluss oder Konzernabschluss unter Durchbrechung der Fortführungsprämisse aufgestellt und trägt er damit den Stempel „nicht mehr zu retten", dürften Sanierungsmaßnahmen erheblich erschwert werden. Liegen Anhaltspunkte für eine Durchbrechung vor, wird das Management im Rahmen der einhegenden Prüfung also weniger versuchen, Argumente gegen ein Fortbestehen zu finden als vielmehr zu begründen, warum das Unt trotz vorliegend kritischer Situation unter der Annahme der Unternehmensfortführung steht.[69]

> **Beispiel**
> **Konsequenzen einer Durchbrechung(soffenlegung) für eine Sanierung**
> Als Beispiel kann in diesem Kontext der Prozess des ehemaligen Medienunternehmers Kirch bzw. seiner Erben gegen die Deutsche Bank AG aufgeführt werden. Die Kläger werfen der Deutschen Bank AG vor, durch die Aussage des ehemaligen Vorstandsvorsitzenden Rolf E. Breuer betreffend die Lage der KirchGruppe erst die tatsächliche Zahlungsunfähigkeit ausgelöst bzw. eine Sanierung unmöglich gemacht zu haben. Ähnlich einem Stempel „nicht mehr zu retten" infolge der Aufstellung des Jahresabschlusses/Konzernabschlusses unter Durchbrechung der Fortführungsprämisse wurden Sanierungsversuche so im Keim erstickt. Das OLG München folgte mit seiner Entscheidung[70] letztlich der Auffassung der Kläger, ließ die Schadenssumme aber noch offen.

2.2.4.1 Tatsächliche Gegebenheiten

41 Unter tatsächlichen Gegebenheiten, die zur Aufgabe der Fortführungsprämisse führen, sind primär **wirtschaftliche** Umstände bzw. Probleme zu verstehen, die bereits eingetreten sind oder mit hoher Wahrscheinlichkeit eintreten werden und infolge ihrer schwerwiegenden Auswirkungen einem Fortbestehen des Unt entgegenstehen. Darüber hinaus können auch **nicht-wirtschaftliche** Tatbestände zu einer Durchbrechung des Grundsatzes der Unternehmensfortführung führen. Zu den (möglichen) tatsächlichen Gegebenheiten zählen etwa[71]:
- Eingetretene oder erwartete negative Zahlungssalden
- Schulden übersteigen das Vermögen
- Kredite ohne realistische Aussichten auf Verlängerung oder Rückzahlung
- Übermäßige kurzfristige Finanzierung langfristiger Vermögenswerte

---

69 Vgl. *Hoffmann/Lüdenbach*, NWB-Kommentar Bilanzierung, 8. Aufl., 2017, § 252 HGB Rz 21.
70 OLG München, Urteil v. 14.12.2012–5 U 2472/09.
71 In Anlehnung an IDW PS 270, Tz. 11.

- Erhebliche Betriebsverluste oder erhebliche Wertminderungen bei betriebsnotwendigem Vermögen
- Ausschüttungsrückstände oder Aussetzung der Ausschüttung
- Notwendigkeit zum Verzicht auf Skonto
- Wegfall von Lieferantenkrediten
- Fehlende Finanzmittel für wichtige Entwicklungen/Investitionen
- Angespannte finanzielle Situation im Konzernverbund
- Ersatzloses Ausscheiden von Schlüsselpositionen
- Verlust eines Hauptabsatzmarkts
- Verlust von Hauptlieferanten
- Verlust von wesentlichen Kunden
- Kündigung von bedeutenden Franchise-Verträgen
- Gravierende Personalprobleme
- Unerfüllbare zu erwartende Schadensersatzverpflichtungen
- Änderungen in der Gesetzgebung oder Politik mit entsprechend negativen wirtschaftlichen Konsequenzen (z. B. Atomausstieg)
- Fehlende Unternehmernachfolge

Die tatsächlichen Gegebenheiten sind dabei stets **im gesamtwirtschaftlichen Kontext eines Unt** unter Berücksichtigung des unternehmerischen Ziels (geplante Liquidation/Fortführungswille) sowie etwaiger Sanierungsmaßnahmen zu betrachten. Infolge der Konsequenzen einer Durchbrechung(soffenlegung) für eine Sanierung (Rz 40) und mangels objektiver Kriterien bzw. Schwellenwerte für tatsächliche Gegebenheiten dürfte eine Aufgabe der Fortführungsprämisse in der Praxis unter Berufung auf tatsächliche Gegebenheiten zumindest dann kaum vorzufinden sein, wenn der Unternehmer bzw. das Management das Unt fortführen/retten will.[72]

42

Die tatsächlichen Gegebenheiten sind dabei gewissermaßen als **Vorstufe zu den rechtlichen Gegebenheiten** zu betrachten. Werden sie nicht erkannt oder scheinen geplante Sanierungsmaßnahmen geeignet, diese Umstände zu beseitigen, erzielen dann aber letztlich nicht die geplanten Effekte, so führen schlussendlich stets rechtliche Gegebenheiten zur Aufgabe der Fortführung.

43

2.2.4.2 Rechtliche Gegebenheiten

Zu rechtlichen Gegebenheiten, die einer Fortführung der Unternehmstätigkeit entgegenstehen können, zählen insb. die Eröffnung eines Insolvenzverfahrens, die Verfassung eines Auflösungsbeschlusses – i. d. R. zur Einleitung der Liquidation oder Einleitung bestimmter Umwandlungsmaßnahmen i. S. d. UmwG (bei der Auflösung vermögensloser Ges. erfolgt eine Löschung) – sowie sonstige gesetzliche oder behördliche Vorschriften oder Auflagen, die eine Fortführung verhindern.

44

Als rechtliche Gegebenheiten i. S. eines Auflösungsbeschlusses sind dabei die (freiwilligen) nicht insolvenzbedingten Auflösungsgründe relevant, da die Einleitung eines Insolvenzverfahrens, die zeitlich vor dem Auflösungsbeschluss erfolgt, bereits eine rechtliche Gegebenheit begründet und diese nicht erst mit

45

---

[72] Ähnlich *Hoffmann/Lüdenbach*, NWB-Kommentar Bilanzierung, 8. Aufl., 2017, § 252 HGB Rz 23.

dem Auflösungsbeschluss vorliegt. Gründe für eine Auflösung und damit die mögliche Durchbrechung der Fortführung in diesem Kontext sind etwa folgende:
- GmbHG (§ 60 Abs. 1 GmbHG):
  - Gesellschafterbeschluss;
  - Gerichtliches Urteil oder Entscheidung des Verwaltungsgerichts oder der Verwaltungsbehörde;
  - Eröffnung des Insolvenzverfahrens;
  - Rechtskraft des Beschlusses, durch den die Eröffnung des Insolvenzverfahrens mangels Masse abgelehnt worden ist;
  - Rechtskraft einer Verfügung des Registergerichts, durch welche nach § 399 des Gesetzes über das Verfahren in Familiensachen und in den Angelegenheiten der freiwilligen Gerichtsbarkeit ein Mangel des Gesellschaftsvertrags festgestellt worden ist;
  - Löschung der Ges. wegen Vermögenslosigkeit nach § 394 des Gesetzes über das Verfahren in Familiensachen und in den Angelegenheiten der freiwilligen Gerichtsbarkeit.
- AG (§ 262 Abs. 1 AktG):
  - Ablauf der in der Satzung bestimmten Zeit;
  - Hauptversammlungsbeschluss;
  - Eröffnung des Insolvenzverfahrens;
  - Rechtskraft des Beschlusses, durch den die Eröffnung des Insolvenzverfahrens mangels Masse abgelehnt wird;
  - Rechtskraft einer Verfügung des Registergerichts, durch welche nach § 399 des Gesetzes über das Verfahren in Familiensachen und in den Angelegenheiten der freiwilligen Gerichtsbarkeit ein Mangel der Satzung festgestellt worden ist;
  - Löschung der Ges. wegen Vermögenslosigkeit nach § 394 des Gesetzes über das Verfahren in Familiensachen und in den Angelegenheiten der freiwilligen Gerichtsbarkeit.

46 **Allerdings ist zu bedenken,** dass trotz bzw. nach gefasstem Auflösungsbeschluss während der Liquidation ggf. auch (wieder) eine Fortführung beschlossen werden kann. Daraus ergibt sich die Anforderung, dass die Auflösung auch **tatsächlich beabsichtigt sein muss**, um von einer Durchbrechung der Prämisse der Unternehmensfortführung auszugehen.[73] Auch die Eröffnung eines Insolvenzverfahrens schließt nicht sofort die Prämisse der Unternehmensfortführung aus. Dies wäre nur der Fall, wenn keine Anhaltspunkte dafür bestehen, dass das Unt fortgeführt werden kann.[74] Als **Eröffnungsgründe für eine Insolvenz** sehen die §§ 17-19 InsO die Zahlungsunfähigkeit, die drohende Zahlungsunfähigkeit und für juristische Personen auch die Überschuldung vor. Da eine Überschuldung nur vorliegt, wenn das Vermögen des Schuldners die bestehenden Verbindlichkeiten nicht mehr deckt, es sei denn, die Fortführung des Unt ist nach den Umständen überwiegend wahrscheinlich,[75] kommen somit nur die drohende u. die einge-

---

[73] Ebenso etwa *Baetge/Ziesemer/Schmidt*, in *Baetge/Kirsch/Thiele*, Bilanzrecht, § 252 HGB, Rz 57.1, Stand 10/2011.
[74] Vgl. IDW RH HFA 1.012, Tz. 36.
[75] Vgl. zur Überschuldungsprüfung und der Unterscheidung zur Fortführungsprognose z. B. *Weller*, in *Federmann/Kußmaul/Müller*, HdB, Beitrag Überschuldung, Rz. 18 ff., Stand 4/2014.

tretene Zahlungsunfähigkeit als Möglichkeiten in Betracht, in denen eine Fortführung zumindest denkbar erscheinen kann und für die Sanierungskonzepte vorzulegen sind (IDW S6, Rz 10.).

> **Beispiel**
> Beispiele für sonstige gesetzliche oder behördliche Vorschriften oder Auflagen, die eine Fortführung verhindern können, sind – entsprechende Konsequenzen für das Unt vorausgesetzt – etwa folgende:
> - Unternehmensindividuelle Auflage zur Investition z. B. in technische Anlagen etwa zur Verringerung der Umweltbelastungen;
> - Änderung gesetzlicher Grenzwerte für Emissionen;
> - gesetzliche Verbote bestimmter Technologien oder Chemikalien, die
>   - vom Unt hergestellt oder
>   - benötigt werden;
> - Entzug von Konzessionen z. B. für
>   - den Ausschank von Alkohol oder
>   - den Betrieb bestimmter genehmigungspflichtiger Einrichtungen;
> - Aussetzen von Einzelgenehmigungen trotz Gesetzeskonformität infolge politischen Drucks, wie etwa beim sog. Fracking.

Darüber hinaus können **satzungs- oder gesellschaftsvertragsbegründete** Auflösungen zu rechtlichen Gegebenheiten führen, die einer Fortführung des Unt entgegenstehen. Dies liegt bereits darin begründet, dass die gesellschaftsrechtlichen Vorschriften des § 60 Abs. 2 GmbHG als auch des § 262 Abs. 2 AktG die Festlegung weiterer Auflösungsgründe gestatten.

2.2.5 Bewertung (und Ansatz) bei Unternehmensfortführung

Sofern einer Unternehmensfortführung keine Gegebenheiten entgegenstehen hat die Bewertung unter Anwendung etwaiger branchenbezogener Spezialnormen (z. B. Formblattverordnungen), etwaiger rechtsform-spezifischer Spezialnormen, der Vorschriften der §§ 253 bis 256a HGB sowie unter Berücksichtigung der GoB und der Generalnorm des § 264 Abs. 2 Satz 1 HGB zu erfolgen. Obwohl sich § 252 Abs. 1 Nr. 2 HGB explizit nur auf die Bewertung bezieht, ergeben sich aus einer Aufgabe der Fortführung der Unternehmenstätigkeit auch Konsequenzen für den Ansatz (Rz 53) – bei bestehender Annahme der Unternehmensfortführung bleiben die Ansatzvorschriften insofern unberührt.

47

2.2.6 Bewertung (und Ansatz) bei Wegfall der going-concern-Prämisse

Im Umkehrschluss ergibt sich aus der Vorschrift des § 252 Abs. 1 Nr. 2 HGB bei Vorliegen entgegenstehender Gegebenheiten die Vorgabe zur **Berücksichtigung der gegebenen Situation** im Rahmen der Bewertung und entsprechend i. d. R. das Erfordernis zur abweichenden Bewertung. Wie genau aber eine derartige, abweichende Bewertung zu erfolgen hat, ist gesetzlich nicht geregelt. Das IDW sieht dann nicht mehr die nutzbringende Verwendung der VG im Rahmen der bislang üblichen Unternehmenstätigkeit, sondern die Zerschlagung des Unt mit

48

einer Orientierung der Bewertung der VG am Absatzmarkt für gegeben an.[76] In Konsequenz ergibt sich, dass die handelsrechtlichen Bewertungsvorschriften der §§ 253 bis 256a HGB (insb. das AHK-Prinzip) sowie allen voran das Vorsichts-Realisations- und Imparitätsprinzip bis auf wenige Ausnahmen grds. weiterhin gültig bleiben (müssen).[77] Allerdings hat eine Auslegung der handelsrechtlichen Bewertungsvorschriften unter Berücksichtigung des Wegfalls der Unternehmensfortführung und insofern ein Abweichen von den Wertansätzen in Richtung von Zerschlagungswerten zu erfolgen.[78] Bereits das Erfordernis zur Berücksichtigung der Aufgabe der Unternehmensfortführung macht dabei deutlich, dass der Grundsatz der Bewertungsstetigkeit in diesen Fällen nicht gelten kann.

49 Mit den §§ 71 Abs. 2 Satz 3 GmbHG und § 270 Abs. 2 Satz 3 AktG gibt es – zunächst beschränkt auf GmbH und AG – für **Liquidationsbilanzen** Vorschriften zur abweichenden Bewertung. Diese sind nach hM auch auf andere Rechtsformen anzuwenden.[79] Die Vorschriften über den Jahresabschluss sind demnach grds. auf die (Liquidations-)Eröffnungsbilanz, den erläuternden Bericht und auch auf den (Liquidations-)Jahresabschluss anzuwenden.

Dies **untermauert** die grundsätzliche Anwendung der handelsrechtlichen Bewertungsvorschriften, etwa des AHK-Prinzips und des Aktivierungsverbots für bestimmte selbst geschaffene immaterielle VG des AV (§ 248 Abs. 2 HGB), sowie der GoB auch in der Handelsbilanz bei Durchbrechung der Fortführungsprämisse. Dies liegt darin begründet, dass eine Liquidation bei tatsächlich beabsichtigter Beendigung als rechtliche Gegebenheit i.S. einer Aufgabe der going-concern-Prämisse gewertet werden muss, was die Analogien zwischen einer Liquidationsbilanz und einer vorgelagerten Handelsbilanz unter Durchbrechung der Unternehmensfortführung verdeutlicht. Entsprechend kann kaum argumentiert werden, dass bspw. das AHK-Prinzip in der (vorgelagerten) Handelsbilanz ohne Fortführung nicht, in der Liquidationsbilanz dagegen schon Beachtung zu finden hat.[80]

Für Liquidationsbilanzen ist zudem eine explizite Ausnahme von den handelsrechtlichen Bewertungsvorschriften vorgesehen. Unter der Voraussetzung, dass die Veräußerung von VG des AV innerhalb eines übersehbaren Zeitraums beabsichtigt ist oder diese VG nicht mehr dem Geschäftsbetrieb dienen, hat eine Bewertung unter Anwendung der Vorschriften für UV zu erfolgen. Dies entspricht letztlich einer Ausrichtung der Bewertung an Veräußerungs- bzw. Auflösungsgesichtspunkten, wie sie auch für die Handelsbilanz bei Wegfall der going-concern-Prämisse gefordert wird (Rz 50).

50 Aus der Notwendigkeit zur Berücksichtigung der aktuellen Unternehmenslage mit Beendigung der Unternehmensfortführung ergibt sich nach hM – in den Grenzen der handelsrechtlichen Bewertungsvorschriften – entsprechend das

---

[76] Vgl. IDW RS HFA 17, Tz. 18.
[77] Vgl. *Baetge/Ziesemer/Schmidt*, in *Baetge/Kirsch/Thiele*, Bilanzrecht, § 252 HGB, Rz 65, Stand 10/2011; *Hoffmann/Lüdenbach*, NWB-Kommentar Bilanzierung, 8. Aufl., 2017, § 252 HGB Rz 34; ADS, 6. Aufl. § 252 HGB, Rz 33; *Fülbier/Kuschel/Selchert*, in *Küting/Pfitzer/Weber*, HdR, HGB § 252, Rn 55, Stand 12/2010; IDW RS HFA 17, Tz. 19.
[78] Vgl. *Baetge/Ziesemer/Schmidt*, in *Baetge/Kirsch/Thiele*, Bilanzrecht, § 252 HGB, Rz 65, Stand 10/2011.
[79] Vgl. anstatt vieler *Winkeljohann/Büssow*, in Beck Bil-Komm., 10. Aufl., 2016, § 252 HGB, Rz 19; ADS, 6. Aufl. § 252 HGB, Rz 35.
[80] Ebenso *Baetge/Ziesemer/Schmidt*, in *Baetge/Kirsch/Thiele*, Bilanzrecht, § 252 HGB, Rz 66, Stand 10/2011.

Erfordernis zur **Ausrichtung** der Bewertung **an Veräußerungs- bzw. Auflösungsgesichtspunkten**[81], wobei dann ggf. zwischen folgenden Optionen zu unterscheiden ist:
- Auslaufende Produktion
- Umwandlungsrechtliche Vorgänge
- Veräußerung
  - des gesamten Betriebs
  - eines Teilbetriebs
  - der einzelnen VG

Dabei ist auch zu berücksichtigen, ob das Unt bereits nach der Satzung für einen bestimmten Zeitraum (Rz 45) oder etwa auch projektbezogen gegründet wurde. Mit der Festschreibung einer zeitlich begrenzten Lebensdauer etwa in der Satzung steht der Unternehmensfortführung bereits von Anfang an eine rechtliche Gegebenheit entgegen. Kommt dazu zudem der tatsächliche Wille zur Auflösung nach Ablauf des Zeitraums, erfolgt die Bilanzierung grds. bereits im ersten Gj unter Durchbrechung der Fortführungsprämisse. Während z. B. bei einem auf vier Jahre limitierten Bestehen des Unt im letzten Jahr ein Ausrichten der Bewertung an der Veräußerungs- bzw. Auflösungsabsicht zu erfolgen hat, ließe sich etwa ein Ansatz von Nettoveräußerungspreisen bereits im ersten Jahr nicht begründen.[82] Etwa hinsichtlich der Nutzungsdauer kommt eine Berücksichtigung der zeitlich begrenzten Lebensdauer des Unt bereits im ersten Gj aber durchaus in Betracht.[83]

Unter Berücksichtigung der bisherigen Ausführungen zur Bewertung bei Wegfall der going-concern-Prämisse ergeben sich folgende **Bewertungskonsequenzen:**[84]

- Bei der Bewertung von Schulden mit ihrem Erfüllungsbetrag ist die ggf. infolge der wirtschaftlich kritischen Situation mögliche vorzeitige Fälligkeit zu beachten. Dies gilt insb. auch bei der Ermittlung des Erfüllungsbetrags von Rückstellungen sowie der Bestimmung des Abzinsungszinssatzes.
- Bewertung der VG und Schulden unter Berücksichtigung des allgemeinen handelsrechtlichen Rahmens, insb. des Vorsichts-, Realisations- und Imparitätsprinzips.
- Berücksichtigung von Veräußerungs- bzw. Auflösungsgesichtspunkten nur gedeckelt bei den AHK.
- Berücksichtigung von Abbruch-, Entsorgungs- u.ä. Kosten sofern möglich im Rahmen der Bewertung.
- Berücksichtigung der voraussichtlichen Dauer der Abwicklung/Liquidation bei der Ermittlung der Zeitwerte der VG.
- Beachtung des Grundsatzes der Bilanzidentität, d. h. Erfassung von etwaigen Vermögensänderungen infolge des Wegfalls der Fortführungsprämisse als laufende Geschäftsvorfälle im Jahresabschluss.

---

[81] Vgl. IDW RS HFA 17, Tz. 4; ADS, 6. Aufl. § 252 HGB, Rz 33; *Claussen*, in Kölner Kommentar zum HGB, 2011, vor § 252 HGB, Rz. 22. Eine Bewertung unter Veräußerungsgesichtspunkten dagegen nur bei Einzelveräußerung gestattend *Fülbier/Kuschel/Selchert*, in *Küting/Pfitzer/Weber*, HdR, HGB § 252, Rn 56f., Stand 12/2010.

[82] Vgl. *Baetge/Ziesemer/Schmidt*, in *Baetge/Kirsch/Thiele*, Bilanzrecht, § 252 HGB, Rz 64, Stand 10/2011.

[83] Vgl. *Baetge/Ziesemer/Schmidt*, in *Baetge/Kirsch/Thiele*, Bilanzrecht, § 252 HGB, Rz 64, Stand 10/2011.

[84] Vgl. zum vierten Punkt *Fülbier/Kuschel/Selchert*, in *Küting/Pfitzer/Weber*, HdR, HGB § 252, Rn 56, Stand 12/2010; im Übrigen vgl. IDW RS HFA 17, Tz. 18 ff.

- Beachtung des Einzelbewertungsgrundsatzes in den Grenzen der §§ 252 Abs. 2, 254 Satz 1 HGB.
- Keine Berücksichtigung von Mehrerlösen bei einem (geplanten) Verkauf des gesamten Betriebs oder von Betriebsteilen. Gewinnrealisierung vorbehaltlich der besonderen Bewertungsvorgaben der §§ 253 Abs. 1 Satz 4, 340e Abs. 3 Satz 1 HGB erst beim Abgang.
- Keine Saldierung dieser (geplanten) Erlöse mit Rückstellungen für Einstellungsaufwendungen
- Keine Beachtung des Stichtagsprinzips.[85]
- Abweichung von den Grundsätzen der Ansatz- und der Bewertungsstetigkeit. Damit gelten nach dem Wegfall der going-concern-Prämisse grundsätzlich die GoB weiter.[86]

52 Für den **Ausweis** ergibt sich bei Wegfall der going-concern-Prämisse Folgendes:[87]
- Beibehaltung der allgemeinen ausweisbezogenen Vorschriften des HGB für Posten der Bilanz und GuV.
- Ausweis von VG das AV trotz Bewertung dieser unter Veräußerungsgesichtspunkten bzw. unter Anwendung der UV-bezogenen Bewertungsvorschriften im AV.
- Ausweis außerplanmäßiger Abschreibungen auf VG des AV im Anlagenspiegel in einer gesonderten Spalte auszuweisen.
- Beibehaltung der Darstellung des EK.
- Gesonderter Ausweis von mit Sonderkündigungsrechten belegter Verbindlichkeiten mit einer Restlaufzeit von mehr als einem Jahr im Verbindlichkeitenspiegel.
- Berücksichtigung etwaig gekürzter Verbindlichkeitslaufzeiten bei der Zuordnung zu den jeweiligen Restlaufzeitenkategorien.
- Ausweis von Erfolgsänderungen infolge der Änderungen der Bilanzierung und Bewertung unter den Posten „außerordentliche Erträge" und „außerordentliche Aufwendungen" – ggf. weiter untergliedert und im Anhang ausgeführt.

53 Aus einer Aufgabe der Fortführung der Unternehmenstätigkeit ergeben sich zudem folgende Konsequenzen für den **Ansatz:**[88]
- Ansatz nur der bis zum Zeitpunkt der Beendigung des Geschäftsbetriebs verwertbaren VG.
- Ansatz von Rückstellungen für Vertragsstrafen und Abfindungen sowie Abbruch-, Entsorgungs- u.ä. Kosten, sofern eine Berücksichtigung dieser im Rahmen der Bewertung (Abwertung von VG) nicht möglich ist.
- Berücksichtigung von Sonderkündigungsrechten beim Ansatz von VG, d.h. ggf. Berücksichtigung des Verlustes des wirtschaftlichen Eigentums.
- Ausbuchung von nach § 248 Abs. 2 Satz 1 HGB aktivierten selbst geschaffenen VG des AV.
- Weiterhin kein Ansatz eines originären Geschäfts- oder Firmenwerts.

---

[85] So IDW RS HFA 17, Tz. 25; a. A. *Hoffmann/Lüdenbach*, NWB-Kommentar Bilanzierung, 8. Aufl., 2017, § 252 HGB Rz 32.
[86] Vgl. *Zwirner/Zimny*, DB 2017, S. 84.
[87] Vgl. dazu IDW RS HFA 17, Tz. 33ff.
[88] Vgl. zum ersten Punkt *Fülbier/Kuschel/Selchert*, in *Küting/Pfitzer/Weber*, HdR, HGB § 252, Rn 56, Stand 12/2010; zum vorletzten Punkt *Hoffmann/Lüdenbach*, NWB-Kommentar Bilanzierung, 8. Aufl., 2017, § 252 HGB Rz 33; im Übrigen vgl. IDW RS HFA 17, Tz. 6ff.

- Auflösung von RAP für Vorleistungen, sofern der Vertrag infolge der beabsichtigten Einstellung des Geschäftsbetriebs nicht erfüllt wird.
- Bilanzierung von etwaigen Rückforderungsansprüchen bzw. Rückzahlungsverpflichtungen oder Vertragsstrafen wegen Nichterfüllung von Verträgen im Zusammenhang mit Vorleistungen unter den sonstigen VG bzw. sonstigen Verbindlichkeiten oder Rückstellungen.
- Ausbuchung eines aktivierten Disagios, soweit die korrespondierende Verbindlichkeit vorzeitig zurückgezahlt wird.
- Bilanzierung von etwaigen Rückforderungsansprüchen im Zusammenhang mit einem aktivierten Disagio unter den sonstigen VG.
- Grundsätzlich nicht rückzahlungspflichtige öffentliche Zuwendungen sehen oft eine Rückzahlungsverpflichtung des Empfängers vor, wenn dieser bestimmte Bindungsfristen nicht einhält. Eine Passivierung der Rückzahlungsverpflichtung während der Bindungsfrist ist dann geboten, wenn die Nichteinhaltung der Bindungsfrist (z. B. durch Veräußerung des bezuschussten VG innerhalb der Bindungsfrist) feststeht, beabsichtigt oder zu erwarten ist.
- Auflösung eines passivierten Sonderpostens für erhaltene öffentliche Zuschüsse bei feststehender, beabsichtigter oder zu erwarteter Nichteinhaltung der Bindungsfrist und erfolgswirksame Berücksichtigung des den Buchwert des bisher bilanzierten Sonderpostens übersteigenden Anteils der Rückzahlungsverpflichtung.
- Passivierung von Pensionsrückstellungen auch für mittelbare Pensionsverpflichtungen und Altzusagen i. S. v. Art. 28 Abs. 1 EGHGB.
- Kritische Überprüfung angesetzter aktiver und/oder passiver latenter Steuern.
- Ausbuchung latenter Steuern auf Verlustvorträge.
- Weiterhin Passivierung von Gesellschafterdarlehen.

2.2.7 Anhang und Lagebericht

Mitunter wird unter Verweis auf § 264 Abs. 2 Satz 2 HGB, der für den Fall, dass besondere Umstände dazu führen, dass der Jahresabschluss ein den tatsächlichen Verhältnissen entsprechendes Bild der Vermögens-, Finanz- und Ertragslage der KapG nicht vermittelt, zusätzliche Angaben im Anhang fordert, ein Pflicht zur Begründung der weiteren Anwendung der Fortführungsprämisse für KapG in **Zweifelsfällen** gesehen.[89] Andernfalls solle der Jahresabschluss kein den tatsächlichen Verhältnissen entsprechendes Bild vermitteln. Dem ist eindeutig zu widersprechen.[90] **Anhangangaben** sind auch in diesen Fällen **nicht erforderlich**. Sind die einer Fortführung ggf. entgegenstehenden tatsächlichen und rechtlichen Gegebenheiten nicht hinreichend konkret, um von einer Durchbrechung der Prämisse auszugehen, besteht die Vermutung der Fortführung fort. Eine Verletzung der Generalnorm des § 264 HGB kann dann keinesfalls attestiert werden und eine entsprechende Angabe ist nicht begründbar. An dieser Stelle sei angemerkt, dass nicht einmal Erleichterungen, die die Darstellung eines den tatsächlichen Verhältnissen entsprechenden Bildes der Vermögens-, Finanz- und Er-

---

[89] So *Winkeljohann/Büssow*, in Beck Bil-Komm., 10. Aufl., 2016, § 252 HGB, Rz 15.
[90] Ebenso ADS, 6. Aufl. § 264 HGB, Rz 118.

tragslage einschränken, zu einer Angabepflicht unter Berufung auf § 264 Abs. 2 Satz 2 HGB führen (§ 264 Rz 67).[91]

55 **Wird die Fortführungsprämisse aufgegeben** und führen besondere Umstände dazu, dass der Jahresabschluss ein den tatsächlichen Verhältnissen entsprechendes Bild der Vermögens-, Finanz- und Ertragslage der KapG nicht vermittelt, **sind dagegen** zusätzliche **Angaben** im Anhang i.S.d. § 264 Abs. 2 Satz 2 HGB zu machen. Zudem sind dann Anhangangaben nebst Begründung i.S.d. § 284 Abs. 2 Nr. 2 Hs. 1 HGB erforderlich, wenn aufgrund des Wegfalls der going-concern-Prämisse der Grundsatz der Ansatz- und/oder Bewertungsstetigkeit durchbrochen wird.[92] Nach § 284 Abs. 2 Nr. 2 Hs. 2 HGB ist zudem der Einfluss auf die Vermögens-, Finanz- und Ertragslage darzustellen. Aus § 284 Abs. 2 Nr. 1 HGB ergibt sich dann die Anforderung zur Angabe der auf die Posten der Bilanz und GuV angewandten (neuen/abweichenden) Bilanzierungs- und Bewertungsmethoden (§ 284 Rz 26 ff.).

56 Wird der Grundsatz der Unternehmensfortführung durchbrochen, ist dies zudem im **Lagebericht** zu berücksichtigen.[93] Neben der Nennung der Gründe ist zu erläutern, welcher Zeitraum vermutlich zur Liquidation der VG bzw. Begleichung der Schulden erforderlich ist, wie die Beendigung der Geschäftsaktivitäten erfolgen soll und mit welchen finanziellen Auswirkungen voraussichtlich zu rechnen ist.

2.3 Grundsatz der Einzelbewertung und Stichtagsprinzip (Nr. 3, Nr. 4 Hs. 1)

57 § 252 Abs. 1 Nr. 3 HGB enthält mit der Vorgabe zur einzelnen Bewertung von VG und Schulden zum Abschlussstichtag **zwei unabhängige GoB**. Einerseits ist so das Stichtagsprinzip, d.h. der Grundsatz der Bewertung nach Maßgabe der am Abschlussstichtag herrschenden Verhältnisse, sowie andererseits der Einzelbewertungsgrundsatz, der – außerhalb der Ausnahmetatbestände des HGB – eine Bewertung losgelöst von anderen VG und Schulden bzw. jenseits einer Gesamtbetrachtung oder einer Teilaggregation selbständiger Posten sicherstellen soll, kodifiziert.

2.3.1 Stichtagsprinzip

2.3.1.1 Regelungsinhalt

58 Bei der Bewertung der im Jahresabschluss ausgewiesenen VG und Schulden ist als logische Konsequenz einer periodengerechten Rechnungslegung[94] auf die **Verhältnisse am Abschlussstichtag** (s. zum Abschlussstichtag § 242 Rz 7 ff.) abzustellen. Über die Kodifizierung als GoB in § 252 Abs. 1 Nr. 3 HGB hinaus findet das Stichtagsprinzip auch in zahlreichen weiteren Normen des Handelsrechts Erwähnung. So ist etwa gem. § 253 Abs. 3 Satz 5 HGB bei VG des AV bei

---

[91] Ebenso auch WPH Edition, Wirtschaftsprüfung & Rechnungslegung, 15. Aufl., 2017, Abschn. F, Tz 962.
[92] Dazu und zum Folgenden ebenso IDW RS HFA 17, Tz. 40.
[93] Vgl. dazu und im Folgenden ebenso IDW RS HFA 17, Tz. 41.
[94] So *Baetge/Ziesemer/Schmidt*, in *Baetge/Kirsch/Thiele*, Bilanzrecht, § 252 HGB, Rz 92, Stand 10/2011.

voraussichtlich dauernder Wertminderung der Wert anzusetzen, der ihnen am Abschlussstichtag beizulegen ist. Gleiches gilt in Bezug auf den Bemessungszeitpunkt mit § 253 Abs. 4 Satz 1 HGB auch für VG des UV. Es ergibt sich zudem bereits aus dem in § 252 Abs. 1 Nr. 4 HGB implementierten Vorsichtsprinzip und letztlich dem Imparitätsprinzip (Rz 89).

Da es auf die Verhältnisse und nicht den Wissensstand am Abschlussstichtag ankommt[95], sind über die ohnehin selbstverständliche Berücksichtigung aller vor dem Abschlussstichtag entstandenen und zu diesem Zeitpunkt bereits bekanntgewordenen Ereignisse hinaus **wertaufhellende Tatsachen** bei der Erstellung des Jahresabschlusses bzw. hier konkret der Bewertung von VG und Schulden zu berücksichtigen. 59

Entsprechend sind Ereignisse, die vor dem Bilanzstichtag verursacht aber erst bis zum Aufstellungsstichtag bekanntgeworden sind (Rz 60 ff.), zu beachten. Tatsachen, die im Zeitraum während dem Abschluss- und dem Aufstellungsstichtag bekanntwerden, jedoch erst nach dem Abschlussstichtag verursacht wurden, sog. wertbegründende Tatsachen, sind dagegen nicht zu berücksichtigen (Rz 60 ff.). Die mitunter vertretene Auffassung, dass es richtig erscheint, negative **wertbegründende Ereignisse** mit wesentlichen Auswirkungen auf die Vermögens-, Finanz- und Ertragslage eines Unt zu berücksichtigen[96], ist eindeutig abzulehnen.[97] Das Vorsichtsprinzip (Rz 84) ist keinesfalls als Durchbrechung des Stichtagsprinzips zu interpretieren.[98]

2.3.1.2 Wertaufhellende und wertbegründende Tatsachen

Das **Wertaufhellungsprinzip** und die entsprechende Unterscheidung zwischen wertaufhellenden und wertbegründenden Tatsachen folgt aus der Systematik der Trennung von Abschlussstichtag (s. zum Abschlussstichtag § 242 Rz 7 ff.) und dem Stichtag der Bilanzaufstellung (§ 243 Rz 34, § 264 Rz 43) i. V. m. § 252 Abs. 1 Nr. 3 HGB sowie § 252 Nr. 4 Hs. 1 HGB. Wenngleich es bei kleineren Ges. in Einzelfällen zu einer zeitlichen Deckung der beiden Zeitpunkte kommen kann, weichen Abschlussstichtag und Erstellungstag i. d. R. voneinander ab. Basierend auf dieser (zumindest möglichen) Trennung und bereits aus der Vorgabe des § 252 Abs. 1 Nr. 3 HGB zur Abstellung auf die Verhältnisse am Abschlussstichtag folgt die Pflicht zur etwaigen Berücksichtigung wertaufhellender Ereignisse, die zwischen diesen beiden Zeitpunkten bekannt geworden sind jedoch bereits vor dem Bilanzstichtag verursacht wurden. Die gem. § 252 Abs. 1 Nr. 4 HGB vorgeschriebene Berücksichtigung von vorhersehbaren Risiken und Verlusten, die bis zum Abschlussstichtag entstanden sind, selbst wenn sie erst zwischen dem Abschlussstichtag und dem Tag der Aufstellung bekannt geworden sind (Imparitätsprinzip), konkretisiert/untermauert die Pflicht zur Berücksichtigung wertaufhellender Tatsachen. Für die Gewinnrealisierung gilt dagegen mit § 252 Nr. 4 Hs. 2 HGB das Realisationsprinzip. Allerdings hat der BFH 60

---

[95] Vgl. *Winkeljohann/Büssow*, in Beck Bil-Komm., 10. Aufl., 2016, § 252 HGB, Rz 38; ADS, 6. Aufl. § 252 HGB, Rz 76.
[96] So ADS, 6. Aufl. § 252 HGB, Rz 44.
[97] Gl. A. *Winkeljohann/Büssow*, in Beck Bil-Komm., 10. Aufl., 2016, § 252 HGB, Rz 38; *Baetge/Ziesemer/Schmidt*, in *Baetge/Kirsch/Thiele*, Bilanzrecht, § 252 HGB, Rz 100, Stand 10/2011.
[98] Vgl. *Baetge/Ziesemer/Schmidt*, in *Baetge/Kirsch/Thiele*, Bilanzrecht, § 252 HGB, Rz 100, Stand 10/2011.

unter Einschränkung des Realisationsprinzips entschieden, dass die Reduktion von Verlustrisiken oder deren Wegfall durchaus zu berücksichtigen ist.[99] Und auch im Schrifttum wird die Auffassung vertreten, dass nicht nur Risiken und Verluste, sondern auch positive Ereignisse als wertaufhellende Tatsachen zu berücksichtigen sind.[100] Dem ist zuzustimmen.

Da der Unterschied zwischen der Verringerung von Verlustrisiken und Gewinnen in letzter Instanz gering ist, lässt sich allerdings bereits erkennen, dass die Grenzen zwischen wertaufhellenden und wertbegründenden Tatsachen wie auch jene zwischen dem Imparitäts- und dem Realisationsprinzip fließend sind.

61 Die Abgrenzung zwischen wertaufhellenden und wertbegründenden Ereignissen hat dabei zwei Dimensionen: den **Merkmalsbereich der zeitlichen Verursachung** vor dem Abschlussstichtag und den **Merkmalsbereich des Bekanntwerdens**. Der BFH hat im Kontext der Abgrenzung bereits ein passendes, wenn auch überzeichnetes und stark vereinfachtes Beispiel zur Abgrenzung wertaufhellender und wertbegründender Ereignisse skizziert, auf dem aufbauend auch die Auslegungsschwierigkeiten innerhalb der zwei Dimensionen veranschaulicht werden können.

> **Beispiel[101]**
> **Abgrenzung zwischen wertaufhellenden und wertbegründenden Ereignissen I**
> **Sachverhalt**
> Der Kunde A zahlt seine Rechnungen bis zum Bilanzstichtag zunehmend schleppend und der Forderungsbestand nimmt korrespondierend immer weiter zu.
> Fall 1:
> Kurz nach dem Bilanzstichtag meldet der Kunde Insolvenz an.
> Fall 2:
> Der Kunde erbt kurz nach dem Bilanzstichtag oder macht einen Lottogewinn. Der Vermögenszuwachs deckt die Forderung voll ab und Kunde A begleicht sogleich alle offenen Forderungen.
> **Beurteilung**
> In Fall 1 ist dem Gläubiger zwischen Abschlussstichtag und Aufstellung des Abschlusses bekannt geworden, dass die Forderungen gegenüber dem Schuldner A nicht oder zumindest nur teilweise einbringlich sind. Da Kunde A die Rechnungen bis zum Bilanzstichtag bereits zunehmend schleppend gezahlt hat, ist zudem von einer Entstehung bereits bis zum Abschlussstichtag auszugehen. Entsprechend handelt es sich um eine wertaufhellende Tatsache, die bereits im Jahresabschluss des abgelaufenen Gj Berücksichtigung finden muss.
> In Fall 2 ist zwar das Tatbestandsmerkmal des Bekanntwerdens zwischen Abschlussstichtag und Aufstellung, nicht jedoch jenes der zeitlichen Verursachung vor dem Abschlussstichtag erfüllt. Der Lottogewinn bzw. die Erbschaft

---

[99] Vgl. BFH, Urteil v. 15.9.2004, I R 216/19, BStBl 2009 II S. 100.
[100] Vgl. *Winkeljohann/Büssow*, in Beck Bil-Komm., 10. Aufl., 2016, § 252 HGB, Rz 38; *Baetge/Ziesemer/Schmidt*, in *Baetge/Kirsch/Thiele*, Bilanzrecht, § 252 HGB, Rz 99, Stand 10/2011.
[101] Erweitert in Anlehnung an BFH, Urteil v. 4.4.1973, I R 130/71, BStBl 1974 II S. 485.

> sind erst nach dem Abschlussstichtag eingetreten. Insofern handelt es sich um eine wertbegründende Tatsache, die erst im laufenden Gj zu erfassen ist.

Anders als im skizzierten Beispielfall können jedoch sowohl im Merkmalsbereich der zeitlichen Verursachung vor dem Abschlussstichtag als auch im Merkmalsbereich des Bekanntwerdens Unklarheiten auftreten, die die Abgrenzung zwischen wertaufhellenden und wertbegründenden Tatsachen erschweren und regelmäßig zu **Ermessensspielräumen** führen. 62

Hinsichtlich des Tatbestandsmerkmals der zeitlichen **Entstehung vor dem Abschlussstichtag** kann insb. unklar sein, ob Forderungen trotz bekanntgewordener Insolvenz zwischen Abschlussstichtag und Aufstellung bereits nicht mehr werthaltig waren und damit die Entstehung des Ereignisses bereits vor dem Abschlussstichtag gegeben ist. Daraus ergeben sich zwangsläufig Ermessensspielräume, wie folgendes Beispiel zeigt. 63

> **Beispiel**
> **Abgrenzung des Tatbestandsmerkmals der zeitlichen Entstehung I**
> **Sachverhalt**
> Abweichend vom letzten Beispiel zahlt Kunde A erstmals im Dezember Rechnungen verspätet. Eine feiertagsbedingte Schließung des Betriebs über die Festtage ist nicht erfolgt. Lange nach dem Bilanzstichtag und erst kurz vor der Aufstellung der Bilanz meldet der Kunde Insolvenz an. Genaue Insolvenzgründe sind nicht bekannt.
> **Beurteilung**
> Das Tatbestandsmerkmal des Bekanntwerdens zwischen Abschlussstichtag und Aufstellung ist erfüllt. Unklar dagegen ist, ob das Risiko des (teilweisen) Forderungsausfalls bis zum Abschlussstichtag entstanden ist. Eine eindeutige Lösung ist in diesem Fall nicht möglich, sodass sich mehrere Lösungsansätze skizzieren lassen. Dies liegt insb. daran, dass das Kriterium des sorgfältigen Kfm. bzw. der sorgfältigen kaufmännischen Beurteilung keinesfalls von Präzision, sondern vielmehr durch Unklarheit gezeichnet ist. Ein sorgfältiger Kfm. könnte die verspätete Zahlung als vorhersehbares Risiko werten und von einer reduzierten Werthaltigkeit der Forderungen ausgehen, ein anderer mag unter sorgfältiger kaufmännischen Beurteilung zu dem Ergebnis kommen, dass verspätete Rechnungen im Dezember festtags- bzw. urlaubsbedingt durchaus vorkommen und dies keinesfalls als vorhersehbares Risiko einstufen oder die Wahrscheinlichkeit eines Forderungsausfalls zumindest für vernachlässigbar[102] halten. Die mitunter geäußerten Forderungen nach Objektivität[103] müssen insofern akademischer Natur sein, als dass es Objektivität grds. und insb. in diesem Bereich kaum geben dürfte. Zu Recht wird im Schrifttum mitunter aufgeführt, dass der Kfm. in diesem Kontext nichts wissen, sondern lediglich vermuten kann und bei Vermutungen grds. nicht von Objektivität gesprochen werden kann.[104]

---

[102] Bei der Abgrenzung auf das Kriterium der vernachlässigbaren Wahrscheinlichkeit abstellend *Baetge/Ziesemer/Schmidt*, in *Baetge/Kirsch/Thiele*, Bilanzrecht, § 252 HGB, Rz 97, Stand 10/2011.
[103] So etwa BFH, Urteil v. 30.1.2002, I R 68/00, BStBl 2002 II S. 688.
[104] So *Hoffmann/Lüdenbach*, NWB-Kommentar Bilanzierung, 8. Aufl., 2017, § 252 HGB Rz 78.

64 Abweichend von den bisherigen Beispielen ist jedoch auch der Fall denkbar, dass das Tatbestandsmerkmal der zeitlichen Entstehung vor dem Abschlussstichtag trotz Insolvenz zwischen dem Stichtag des Abschlusses und seiner Aufstellung eindeutig nicht erfüllt ist.

> **Beispiel**
> **Abgrenzung des Tatbestandsmerkmals der zeitlichen Entstehung II**
> **Sachverhalt**
> Kunde A zahlt wie im letzten Beispiel erstmals im Dezember Rechnungen verspätet. Eine feiertagsbedingte Schließung des Betriebs über die Festtage ist nicht erfolgt. Lange nach dem Bilanzstichtag und erst kurz vor der Aufstellung der Bilanz meldet der Kunde Insolvenz an. Allerdings wird im Zuge der Insolvenzanmeldung bekannt, dass die Insolvenz auf einen insolventen Großkunden von A zurückzuführen ist, der im Februar fällige Forderungen nicht mehr begleichen konnte.
> **Beurteilung**
> Zwar ist die Insolvenz zwischen Abschlussstichtag und Aufstellung bekannt geworden, ihre Entstehung ist infolge der Mitteilung über den Insolvenzgrund von Kunde A aber nicht zeitlich vor den Abschlussstichtag zu verorten. Die verspätete Zahlung der Rechnungen aus dem Dezember hängt nicht mit der Insolvenz zusammen, sodass keine wertaufhellende Tatsache vorliegt.

65 Über das **Tatbestandsmerkmal** der zeitlichen Entstehung hinaus ist auch jenes **des Bekanntwerdens** zwischen dem Abschlussstichtag und dem Tag der Aufstellung des Jahresabschlusses problembehaftet. Im Schrifttum und der Rechtspraxis sind in diesem Kontext **zwei** verschiedene **Wertaufhellungskonzeptionen** einschlägig.[105] Einerseits wird die Auffassung vertreten, dass die Bilanzierung so vorzunehmen ist, als ob sie zum Bilanzstichtag erstellt worden wäre (subjektive Wertaufhellungskonzeption).[106] Dabei wird unterstellt, dass „ein – fiktiver vorsichtiger und ordentlicher – Kaufmann unter verständiger Würdigung aller Umstände und Verhältnisse am Bilanzstichtag aufgestellt hätte".[107] Ohne diese Unterstellung bestünde ansonsten kein Unterschied zur Außerachtlassung auch wertaufhellender Ereignisse. Andererseits und mittlerweile nach hM ist im Rahmen der Bilanzierung der Sachstand der Verhältnisse zum Bilanzstichtag am Tag der Aufstellung der Bilanz zu berücksichtigen (objektive Wertaufhellungskonzeption).[108] Entsprechend ist nicht maßgeblich, was selbst ein fiktiver vorsichtiger und ordentlicher Kfm. unter größter Sorgfalt am Bilanzstichtag hätte wissen können, sondern was dem Kfm. unter möglichst objektiven Gesichtspunkten bis zum Tag der Aufstellung bekannt geworden ist bzw. bekannt hätte

---

[105] Vgl. anstatt vieler *Winkeljohann/Büssow*, in Beck Bil-Komm., 10. Aufl., 2016, § 252 HGB, Rz 38.
[106] So etwa RFH, Urteil v. 17.10.1934, VI A 749/33, StuW 1935 II Nr. 16 Sp. 35; a.A. *Winkeljohann/Büssow*, in Beck Bil-Komm., 10. Aufl., 2016, § 252 HGB, Rz 38; *Hoffmann/Lüdenbach*, NWB-Kommentar Bilanzierung, 8. Aufl., 2017, § 252 HGB Rz 73 ff.; *Baetge/Ziesemer/Schmidt*, in *Baetge/Kirsch/Thiele*, Bilanzrecht, § 252 HGB, Rz 97, Stand 10/2011.
[107] *Hoffmann/Lüdenbach*, NWB-Kommentar Bilanzierung, 8. Aufl., 2017, § 252 HGB Rz 73.
[108] Vgl. *Winkeljohann/Büssow*, in Beck Bil-Komm., 10. Aufl., 2016, § 252 HGB, Rz 38; *Hoffmann/Lüdenbach*, NWB-Kommentar Bilanzierung, 8. Aufl., 2017, § 252 HGB Rz 73 ff.; *Baetge/Ziesemer/Schmidt*, in *Baetge/Kirsch/Thiele*, Bilanzrecht, § 252 HGB, Rz 97, Stand 10/2011.

sein müssen.[109] Die Anwendung der objektiven Wertaufhellungskonzeption ergibt sich u.E. bereits aus dem Wortlaut des § 252 Abs. 1 Nr. 4 Hs. 1 HGB, spätestens jedoch aus der Unsinnigkeit der Nichtberücksichtigung vor dem Abschlussstichtag entstandener Ereignisse, die definitiv erst nach dem Abschlussstichtag erkennbar waren. Im Schrifttum wird daher im Zusammenhang mit der subjektiven Konzeption – zurecht ablehnend – davon gesprochen, sich künstlich dümmer zu machen, als man ist.[110] Die Unterschiede der beiden Konzeptionen werden anhand des folgenden Beispiels deutlich.

Beispiel
Unterschiede zwischen subjektiver und objektiver Wertaufhellungskonzeption
Sachverhalt
Lebensmittelproduzent B produziert kurz vor Ablauf eines Gj am 29.12. eine Charge Dosenravioli, die noch am gleichen Tag in den Handel geht. Stiftung Warentest beginnt am folgenden Tag unabhängig und geheim eine Untersuchung über Verunreinigungen in Lebensmittelkonserven und kauft dazu – auch von Lebensmittelproduzent B – 20 entsprechende Produkte, die noch am gleichen Tag in ein Labor zur Analyse gegeben werden. Dieser Test dauert immer mindestens vier Tage. Obwohl in der gesamten Firmengeschichte von Lebensmittelproduzent B noch nie auch nur eine Dose verunreinigt war, wird am Anfang des folgenden Gj nach Veröffentlichung durch Stiftung Warentest noch vor dem Tag der Aufstellung des Jahresabschlusses von B bekannt, dass seine Konserven verunreinigt waren. Lebensmittelproduzent B wird entsprechend zu einer teuren Rückrufaktion gezwungen.
Beurteilung bei Anwendung der subjektiven Wertaufhellungskonzeption
Bereits die Labortests durch Stiftung Warentest waren auch unter verständiger Würdigung aller Umstände und Verhältnisse am Bilanzstichtag durch einen – fiktiven vorsichtigen und ordentlichen – Kfm. nicht zu erahnen. Darüber hinaus hätte das Ergebnis zweifelsfrei erst im neuen Gj bekannt werden können. Die Anwendung der subjektiven Wertaufhellungskonzeption, d.h. die Durchführung der Bilanzierung als ob sie zum Bilanzstichtag erstellt worden wäre, kann in diesem Fall nur eine Nichtberücksichtigung der noch im Gj verursachten (verunreinigte Produktion am 29.12) Verunreinigung zur Folge haben.
Beurteilung bei Anwendung der objektiven Wertaufhellungskonzeption
Bei einer Anwendung dieser Konzeption ist abweichend von der subjektiven Konzeption als wertaufhellende Tatsache zu berücksichtigen, was dem Kfm. unter möglichst objektiven Gesichtspunkten bis zum Tag der Aufstellung bekannt geworden ist. Es spielt also keine Rolle, dass Lebensmittelproduzent B zum Abschlussstichtag unter keinen Umständen etwas von einer (möglichen) Verunreinigung hätte wissen können. Da die Verunreinigung zudem im abgelaufenen Gj verursacht wurde, ist diese entsprechend im Zuge der Jahresabschlussaufstellung zu berücksichtigen.

---

[109] Ebenso *Winkeljohann/Büssow*, in Beck Bil-Komm., 10. Aufl., 2016, § 252 HGB, Rz 38; *Hoffmann/Lüdenbach*, NWB-Kommentar Bilanzierung, 8. Aufl., 2017, § 252 HGB Rz 73 ff.; *Baetge/Ziesemer/Schmidt*, in *Baetge/Kirsch/Thiele*, Bilanzrecht, § 252 HGB, Rz 97, Stand 10/2011.
[110] So *Hoffmann/Lüdenbach*, NWB-Kommentar Bilanzierung, 8. Aufl., 2017, § 252 HGB Rz 73.

66 Allerdings führt **auch die Anwendung der objektiven Wertaufhellungskonzeption** zu **Abgrenzungsproblemen**. Hier stellt sich die Frage, was dem Kfm. unter möglichst objektiven Gesichtspunkten bis zum Tag der Aufstellung bekannt geworden ist bzw. hätte werden müssen. Wie bereits betreffend des Tatbestandsmerkmals der zeitlichen Entstehung vor dem Abschlussstichtag diskutiert (Rz 63), erwachsen daraus entsprechend Ermessensspielräume, da Objektivität hinsichtlich des Kenntnisstands des sorgfältigen Kfm. nicht existiert. Das nachfolgende Beispiel verdeutlicht diese Problematik.

> **Beispiel**
> **Abgrenzung des Tatbestandsmerkmals des Bekanntwerdens – Ermessensspielräume bei der Anwendung der objektiven Wertaufhellungskonzeption**
> **Sachverhalt**
> Der große mittelständische Hersteller von Eisenwaren und Handwerkerbedarf, die Dübel GmbH, mit einem Direktvertriebsmodell für gewerbliche Kunden vertreibt seine Produkte an über 50.000 Handwerksbetriebe in Deutschland. Die Zahlung erfolgt stets auf Rechnung. Der kleine Kunde X zahlt seine Rechnungen i. H. v. maximal 100 EUR im letzten Quartal bis zum Bilanzstichtag zunehmend verzögert und der Forderungsbestand nimmt korrespondierend immer weiter zu. Die Dübel GmbH erstellt ihre Bilanz am 20.3. des folgenden Gj. Indes hat Kunde X einen Insolvenzantrag gestellt und das Insolvenzgericht hat die Eröffnung des Insolvenzverfahrens am 19.3. auf der Plattform www.insolvenzbekanntmachungen.de bekannt gemacht. Die gem. § 30 InsO vorgeschriebene besondere Zustellung des Beschlusses über die Eröffnung geht der Dübel GmbH jedoch erst am 21.3. zu.
> **Beurteilung**
> Eine eindeutige Beurteilung kann es in diesem Fall nicht geben, wenngleich das Kriterium der Entstehung bis zum Abschlussstichtag erfüllt und die Insolvenz einen Tag vor Aufstellung der Bilanz veröffentlicht wurde. Einerseits lässt sich argumentieren, dass die Insolvenz einem sorgfältigen Kfm. unter möglichst objektiven Gesichtspunkten bis zum Tag der Aufstellung bekannt hätte werden müssen, da das Insolvenzgericht die Eröffnung des Verfahrens einen Tag vor Aufstellung des Jahresabschlusses auf dem Justizportal veröffentlicht hat. Andererseits und u. E. nach kann von einem Unt mit 50.000 Kunden nicht verlangt werden, einen Tag vor Aufstellung eine aktive Überprüfung von jedem einzelnen – mitunter kleinem – Kunden über das Justizportal vorzunehmen. Auch ein sorgfältiger Kfm. hätte dieser Argumentation zufolge unter möglichst objektiven Gesichtspunkten nicht vor der Aufstellung von dieser Insolvenz Kenntnis erlangen müssen. Erst infolge der besonderen Zustellung durch das Insolvenzgericht, die jedoch erst nah der Aufstellung erfolgte, könnte dieser Argumentation nach sicher von einem Bekanntwerden gesprochen werden.
> Anders bzw. eindeutiger stellt sich die Situation dar, wenn Kunde X von größerer Bedeutung für die Dübel GmbH ist und zu den 50 Großkunden mit aktuell erheblichen laufenden Bestellungsvolumina bzw. Verbindlichkeiten zählt. Hier wird man wohl zu Recht davon sprechen müssen, dass ein

> sorgfältiger Kfm. unter möglichst objektiven Gesichtspunkten darüber hätte Kenntnis durch die Überprüfung hätte erlangen müssen. Dies verdeutlicht jedoch auch das Dilemma der Abgrenzung: Wo verläuft die Grenze?

2.3.1.3 Wertaufhellungszeitraum

Unklar ist über die bisher diskutierten Abgrenzungsprobleme zwischen wertaufhellenden und wertbegründenden Ereignissen hinaus im Kontext des Tatbestandsmerkmals des Bekanntwerdens zwischen dem Abschlussstichtag und der Aufstellung auch die Frage, was bzw. **welcher Zeitpunkt unter der Aufstellung genau zu verstehen ist.** Diese Frage wird dabei von der Gegebenheit getragen, dass es sich in der Praxis i.d.R. nicht um einen zeitpunktbezogenen Vorgang etwa innerhalb eines Tages, sondern einen ggf. mehrmonatigen Prozess handelt.[111] Weder § 252 Abs. 1 Nr. 3 HGB noch § 252 Abs. 1 Nr. 4 Hs. 1 HGB bieten hier eine Lösung. Im Zuge der Normierung des Stichtagsprinzips in § 252 Abs. 1 Nr. 3 HGB ist lediglich von einer (einzelnen) Bewertung „zum Abschlussstichtag" die Rede. § 252 Abs. 1 Nr. 4 Hs. 1 HGB formuliert ebenfalls unklar „…und dem Tag der Aufstellung…". Infolge der fehlenden Normierung haben sich hinsichtlich des Einzelabschlusses in Schrifttum und Rechtspraxis **folgende mögliche Zeitpunkte** herauskristallisiert:[112]

67

- Abschluss des vom wertaufhellenden Ereignis betroffenen Postens.
- Im Falle der Prüfung durch den AP: Abschluss und Prüfung des vom wertaufhellenden Ereignis betroffenen Postens.
- Abschluss aller Posten bzw. des Abschlusses als Ganzes.
- Unterzeichnung des Abschlusses durch die Geschäftsführung.
- Prüfung des Abschlusses durch den WP bzw. Erteilung des Bestätigungsvermerks.
- Im Falle von KapG der Tag der Feststellung.

Im Konzernabschluss kommt anstatt der Feststellung die Billigung des Konzernabschlusses durch den Aufsichtsrat i.S.d. § 171 Abs. 1 Satz 2 AktG in Betracht.[113] Mittlerweile unstrittig ist dabei, dass **in Abhängigkeit der Bedeutung** der wertaufhellenden Sachverhalte, d.h. deren Wesentlichkeit, unterschiedlich verfahren werden kann.[114] Ist die Bedeutung eines Postens unwesentlich bzw. ohne Bedeutung, spricht entsprechend nichts dagegen, bereits den Abschluss des vom wertaufhellenden Ereignis betroffenen Postens als Aufstellungszeitpunkt zu betrachten.

68

---

111 Vgl. *Winkeljohann/Büssow*, in Beck Bil-Komm., 10. Aufl., 2016, § 252 HGB, Rz 39; *Baetge/Ziesemer/Schmidt*, in *Baetge/Kirsch/Thiele*, Bilanzrecht, § 252 HGB, Rz 106, Stand 10/2011.
112 Zusammenführung aus ADS, 6. Aufl. § 252 HGB, Rz 77; *Hoffmann/Lüdenbach*, NWB-Kommentar Bilanzierung, 8. Aufl., 2017, § 252 HGB § 94f.; *Fülbier/Kuschel/Selchert*, in *Küting/Pfitzer/Weber*, HdR, HGB § 252, Rn 16, Stand 12/2010; BFH, Urteil v. 15.9.2004, I R 5/04, BFH/NV 2005 S. 421.
113 So *Baetge/Ziesemer/Schmidt*, in *Baetge/Kirsch/Thiele*, Bilanzrecht, § 252 HGB, Rz 111, Stand 10/2011.
114 So etwa BFH, Urteil v. 15.9.2004, I R 5/04, BFH/NV 2005 S. 421; *Hoffmann/Lüdenbach*, NWB-Kommentar Bilanzierung, 8. Aufl., 2017, § 252 HGB Rz 95; *Baetge/Ziesemer/Schmidt*, in *Baetge/Kirsch/Thiele*, Bilanzrecht, § 252 HGB, Rz 110, Stand 10/2011; dies lediglich als Ausnahme im Notfall für zulässig erachtend *Winkeljohann/Büssow*, in Beck Bil-Komm., 10. Aufl., 2016, § 252 HGB, Rz 39.

69 **Jenseits einer unwesentlichen Bedeutung** herrscht indes weiterhin Uneinigkeit. Dies ist insb. durch die Auffassungen geprägt, dass der Wertaufhellungszeitraum im Interesse der Rechenschaft,[115] der Kapitalerhaltung[116] sowie der Richtigkeit[117] möglichst lang sein sollte, die Feststellungsorgane nicht wissentlich einen „falschen" Abschluss feststellen dürften und der gegenläufigen limitierenden Auffassung, dass unter dem Begriff Aufstellung nicht auch die Feststellung subsumiert werden kann[118] (wobei dann noch die Prüfung umstritten ist).
Bei gebotener Feststellung und (ggf. pflichtgemäß) erfolgter Prüfung
Sowohl dem AP als auch den Feststellungsorganen kommt eine überprüfende Funktion im Interesse der Darstellung eines den tatsächlichen Verhältnissen entsprechenden Bildes der Vermögens-, Finanz- und Ertragslage zu. Erstreckt sich der Wertaufhellungszeitraum nicht auch auf diese, könnte es zur Feststellung eines nicht der tatsächlichen Lage entsprechenden Bildes kommen.[119] Abschlussprüfung und Feststellung wären zumindest eines Teils ihrer Funktion beraubt. Insofern hat bei gebotener Feststellung u. E. – losgelöst von formalen Spitzfindigkeiten – eine Berücksichtigung wertaufhellender Tatsachen bis zur Feststellung zu erfolgen. Ist keine Feststellung erforderlich, wird jedoch freiwillig eine Prüfung vorgenommen, so ist diese maßgeblich für die Wertaufhellung.
Ohne Feststellung und Prüfung
Sofern weder eine Feststellungs- noch eine Prüfungspflicht bestehen und auch keine freiwillige Prüfung erfolgt, ist der formale Akt der Bilanzaufstellung[120], d.h. die Unterzeichnung des Abschlusses durch die Geschäftsführung (§ 245 Rz 1), und nicht der Abschluss aller Posten bzw. des Abschlusses als Ganzes[121] maßgeblich.

2.3.1.4 Spezialvorschriften und Ausnahmen vom Stichtagsprinzip

70 Mit den **Spezialvorschriften** zur Bewertung von Verbindlichkeiten und Rückstellungen zum (nach kaufmännischer Beurteilung notwendigen) Erfüllungsbetrag und damit zur Berücksichtigung künftiger Gegebenheiten (§ 253 Rz 29 ff.) sowie dem Wahlrecht für außerplanmäßige Abschreibungen auch bei voraussichtlich nicht dauernder Wertminderung von VG des FAV bzw. dem im Umkehrschluss möglichen Verzicht auf eine Einhaltung des Stichtagsprinzips (§ 253 Rz 265 ff.) kennt das HGB explizite „Abweichungen" vom Stichtagsprinzip, wobei es sich dabei nicht um Ausnahmen im eigentlichen Sinne handelt, da die Grundsätze nur beim Nichtbestehen von Spezialvorschriften zum Tragen kommen (Rz 18 ff. und Rz 142 ff.).

---

[115] So etwa *Baetge/Ziesemer/Schmidt*, in *Baetge/Kirsch/Thiele*, Bilanzrecht, § 252 HGB, Rz 108, Stand 10/2011.
[116] So etwa *Fülbier/Kuschel/Selchert*, in *Küting/Pfitzer/Weber*, HdR, HGB § 252, Rn 87, Stand 12/2010.
[117] So etwa *Hoffmann/Lüdenbach*, NWB-Kommentar Bilanzierung, 8. Aufl., 2017, § 252 HGB Rz 94.
[118] So ADS, 6. Aufl. § 252 HGB, Rz 77, die deshalb den Abschluss der Aufstellung im Ganzen für maßgeblich halten.
[119] Vgl. *Baetge/Ziesemer/Schmidt*, in *Baetge/Kirsch/Thiele*, Bilanzrecht, § 252 HGB, Rz 108 f., Stand 10/2011.
[120] So BFH, Urteil v. 15.9.2004, I R 5/04, BFH/NV 2005 S. 421 und wohl auch *Hoffmann/Lüdenbach*, NWB-Kommentar Bilanzierung, 8. Aufl., 2017, § 252 HGB Rz 95.
[121] Dies fordernd ADS, 6. Aufl. § 252 HGB, Rz 77 f.

In Fällen des **Wegfalls der going-concern-Prämisse** kommen Abweichungen vom Stichtagsprinzip in Betracht (Rz 51).[122]**Weitere Ausnahmefälle** unter Rückgriff auf § 252 Abs. 2 HGB sind ebenfalls denkbar. Dazu zählen etwa **Sanierungsfälle** (die nicht zwingend unter Wegfall der Prämisse der Unternehmensfortführung durchgeführt werden). Hier kommt ein Rückbezug von Sanierungsgewinnen auf die Vorperiode innerhalb des Wertaufhellungszeitraums in Frage, sofern diese ihren Ursprung in vorperiodischen Maßnahmen haben.[123]

71

2.3.2 Einzelbewertungsgrundsatz

2.3.2.1 Regelungsinhalt

§ 252 Abs. 1 Nr. 3 HGB verlangt neben einer Bewertung auf Grundlage der Verhältnisse zum Abschlussstichtag (Rz 58 ff.) die einzelne Bewertung der im Jahresabschluss ausgewiesenen (selbständigen) VG und Schulden. Die bereits in § 240 Abs. 1 HGB geforderte **Einzelbewertung** entspringt dem Vorsichtsprinzip[124] (Rz 84) und soll – jenseits der bestehenden Ausnahmeregelungen infolge von handelsrechtlichen Spezialvorschriften oder Ausnahmen i.S.d. § 252 Abs. 2 HGB (Rz 136 ff.) – eine Zusammenfassung bzw. abhängige Bewertung und/oder Saldierung (i.S.d. Bewertung) von VG und Schulden – mitunter auch zwecks Objektivierung des Jahresabschlusses – ausschließen. Eine von anderen VG und Schulden bzw. deren Wertverhältnissen beeinflusste Bewertung ist dabei ebenfalls unter einer Zusammenfassung zu subsummieren. Entsprechend dürfen weder VG mit anderen VG oder Schulden mit anderen Schulden zusammengefasst noch VG mit Schulden saldiert werden, solange sie voneinander abzugrenzen sind. Darin spiegelt sich letztlich auch der Grundgedanke des HGB wider, das Vermögen am Abschlussstichtag und nicht einen Unternehmenswert zu ermitteln.[125]

72

Grundlage der Einzelbewertung bildet die Identifizierung und Abgrenzung von/zwischen einzelnen VG und Schulden und damit die Frage nach der Selbstständigkeit dieser. Nicht selbständige bzw. nicht voneinander abgrenzbare VG und Schulden sind dann korrespondierend von einer getrennten Bewertung ausgeschlossen.

2.3.2.2 Abgrenzung von Bewertungsobjekten

Mangels einer gesetzlichen Vorgabe zur Abgrenzung zwischen Bewertungsobjekten im Handelsrecht obliegt dem Kfm. dabei die Verantwortung zur – im Zweifelsfall einzelfallbezogenen – sachgerechten Trennung dieser.[126] Die Abgrenzung zwischen einzelnen VG und Schulden beschränkt sich dabei auf die Klärung wirtschaftlicher Aspekte.[127] Allerdings kommt den rechtlichen Abgren-

73

---

[122] Vgl. IDW RS HFA 17, Tz. 25; a.A. *Hoffmann/Lüdenbach*, NWB-Kommentar Bilanzierung, 8. Aufl., 2017, § 252 HGB Rz 32.
[123] Vgl. *Baetge/Ziesemer/Schmidt*, in *Baetge/Kirsch/Thiele*, Bilanzrecht, § 252 HGB, Rz 113, Stand 10/2011.
[124] Mit einer Darlegung der Verknüpfung des Einzelbewertungsgrundsatzes mit dem Vorsichts- bzw. dem Realisations- und Imparitätsprinzip als Ausprägung dieses *Fülbier/Kuschel/Selchert*, in Küting/Pfitzer/Weber, HdR, HGB § 252, Rn 63, Stand 12/2010.
[125] Vgl. *Hoffmann/Lüdenbach*, NWB-Kommentar Bilanzierung, 8. Aufl., 2017, § 252 HGB Rz 44.
[126] Ebenso anstatt vieler *Hoffmann/Lüdenbach*, NWB-Kommentar Bilanzierung, 8. Aufl., 2017, § 252 HGB Rz 46.
[127] Vgl. etwa ADS, 6. Aufl. § 252 HGB, Rz 23; *Fülbier/Kuschel/Selchert*, in *Küting/Pfitzer/Weber*, HdR, HGB § 252, Rn 64, Stand 12/2010; *Baetge/Kirsch/Thiele*, Bilanzrecht, § 252 HGB, Rz 119, Stand 10/2011.

zungskriterien durchaus eine Indikatorfunktion zu, die Anhaltspunkte für wirtschaftliche Trennungskriterien liefern kann.[128]

74 Unter wirtschaftlichen Aspekten ist dabei die wirtschaftlich einheitliche Verfügung, d. h. letztlich die **wirtschaftlich selbstständige Nutzbarkeit** oder anders gesagt die Einzelverwertbarkeit, zu verstehen. Infolge eines BHF-Urteils[129] hat sich in diesem Kontext auch der Begriff des „**betrieblichen Nutzungs- und Funktionszusammenhangs**" herausgeprägt.[130] In Abhängigkeit vom Kontext können zwei identische VG entsprechend sowohl als einzelner VG als auch als Teil einer Einheit mit anderen VG betrachtet und entsprechend sowohl getrennt voneinander sowie zusammengefast bewertet werden. Relevant sind dabei die wirtschaftlichen Gegebenheiten auf Ebene des Kfm. bzw. Unt. Häufig wird bei der Abgrenzung von einzelnen Bewertungsobjekten auch auf etwaig bestehende technische Verbindungen bzw. Einheiten abgestellt.

> **Beispiel**
> **Technische Verbindungen/Einheiten als Abgrenzungskriterium**
> Als Beispiel der Nutzung technischer Verbindungen als Abgrenzungskriterium – bzw. im Umkehrschluss als Kriterium für eine wirtschaftliche unselbständige Nutzung – von VG können etwa Pkw dienen.
> Werden Pkw-Teile aus dem Lager entnommen oder just-in-time geliefert und mit den weiteren benötigten Teilen zur technischen Einheit Pkw verbunden, ist infolge der technischen Verbindung von einer wirtschaftlichen Einheit auszugehen.
> Auf Ebene der Lagerhaltung, d. h. vor der Herstellung der technischen Verbindung, scheidet ein analoges Vorgehen dagegen aus (dazu detaillierter Rz 77). Gleiches gilt etwa auch, wenn die Geschäftsleitung Sitze, die sonst in einem Pkw des Unt verbaut werden, als Empfangsstühle nutzt.

75 **Unproblematisch** sind aber auch die **Definitionen** der wirtschaftlich selbständigen Nutzbarkeit oder des betrieblichen Nutzungs- und Funktionszusammenhangs oder der Rückgriff auf technische Verbindungen in deren Kontext freilich nicht. Die in (Steuer-)Rechtspraxis und Schrifttum mitunter verwendeten Unterkriterien, gemeinsame Zweckbestimmung, Festigkeit und Zeitraum etwaiger Verbindungen sowie äußeres Erscheinungsbild[131], lösen dieses Dilemma nicht.[132] Unterschiede hinsichtlich der Abgrenzungsergebnisse sind **auch in Abhängigkeit** der verwendeten Abgrenzungsdefinition, also etwa „wirtschaftlich selbständige Nutzbarkeit" oder „betrieblicher Nutzungs- und Funktionszusammenhang" zu erwarten. Ebenfalls ist unklar, ob bereits die Erfüllung eines Unterkriteriums (wohl kaum) ausreicht, um einen entsprechenden Zusammenhang als gegeben zu

---

[128] Vgl. etwa *Fülbier/Kuschel/Selchert*, in *Küting/Pfitzer/Weber*, HdR, HGB § 252, Rn 64, Stand 12/2010; *Baetge/Ziesemer/Schmidt*, in *Baetge/Kirsch/Thiele*, Bilanzrecht, § 252 HGB, Rz 119, Stand 10/2011.
[129] BFH, Urteil v. 26.11.1973, BStBl 1974 II S. 132.
[130] Vgl. *Fülbier/Kuschel/Selchert*, in *Küting/Pfitzer/Weber*, HdR, HGB § 252, Rn 65, Stand 12/2010.
[131] Zur Liste vgl. *Hoffmann/Lüdenbach*, NWB-Kommentar Bilanzierung, 8. Aufl. 2017, § 246 HGB Rz 66.
[132] Ähnlich *Hoffmann/Lüdenbach*, NWB-Kommentar Bilanzierung, 8. Aufl. 2017, § 246 HGB Rz 66.

erachten oder es dazu einer Erfüllung zweier, dreier oder aller Kriterien bedarf. Dazu im Folgenden zunächst einige Beispiele.

> **Beispiel**
> **Unterkriterien der wirtschaftlich selbständigen Nutzbarkeit/des betrieblichen Nutzungs- und Funktionszusammenhangs**
> **Sachverhalt I**
> Eine Transportfluggesellschaft hat jedes ihrer zehn Transportflugzeuge (zehn verschiedene Modelle) mit zehn Transportcontainern ausgestattet, die nur für diesen Flugzeugtyp verwendet werden können. Die Verbindung zwischen den Flugzeugen und Containern kann jederzeit (wohl besser nur am Boden) elektronisch/mechanisch getrennt werden[133] und diese Verbindungen werden nach (jedem) erfolgtem Transportauftrag in Abhängigkeit etwaiger Zwischenlagerungszeiten auf bestimmte Zeit unterbrochen. Darüber hinaus weichen Lebensdauer von Flugzeug und Container voneinander ab. Vom (äußeren) Erscheinungsbild mag man wohl auch eher nicht von einer Einheit ausgehen.
> **Beurteilung I**
> Beide Bewertungsobjekte dienen zweifelsfrei einem gemeinsamen Zweck. Von einer festen Verbindung kann allerdings genau wie von einem (ausreichenden) Zeitraum der Verbindung wohl nicht ausgegangen werden.
> Während man in diesem Fall bei Rückgriff auf den betrieblichen Nutzungs- und Funktionszusammenhang daher wohl dazu tendieren wird, nicht von einem solchen auszugehen (Konsequenz: getrennte Bewertung), da wohl weder von Festigkeit und einem ausreichenden Zeitraum einer etwaigen Verbindung noch einheitlichem äußerem Erscheinungsbild ausgegangen werden kann, ist die Antwort aus der Perspektive der wirtschaftlich selbständigen Nutzbarkeit bereits unklarer. Da der Container in keinem anderen Flugzeug des Unt verwendet werden kann, ließe sich argumentieren, dass eine selbständige Nutzbarkeit nicht gegeben ist, sofern es keine andere Verwendungsmöglichkeit (etwa die Zwischenlagerung von Gütern am Boden) gibt. Einzeln verwertbar im Sinne eines Verkaufs sind die Container dagegen durchaus.
> **Sachverhalt II**
> Abweichend von Sachverhalt I findet jeweils nur eine extrem kurze Zwischenlagerung der Container statt und diese werden bei jedem Flug mit entsprechenden Halterungen im Flugzeug verschweißt.
> **Beurteilung II**
> Abweichend zu Sachverhalt I könnte in diesem Beispiel durchaus von einer festen Verbindung ausgegangen werden, was dazu führen würde, dass zumindest ein weiteres Unterkriterium erfüllt ist. Die Verbindungen müssen allerdings natürlich nach jedem Einsatz wieder gelöst werden. Der Unterschied liegt hier dann vor allem im Werkzeug – zentrale Steuerung, Schraubwerkzeug oder Schweißbrenner – und unter Umständen in der für die Trennung benötigten Zeit. Nun mag ein extrem feingewindiger langer Bolzen allerdings bei der Demontage auch durchaus mehr Zeit als eine Schweißverbindung erfordern.

---

[133] Eine feste Verbindung liegt laut BFH entsprechend nicht vor: BFH, Urteil v. 9.8.2001, III R 30/00, BStBl 2001 II S. 842.

> In diesem Kontext ist ebenfalls unklar, ob nun von einem ausreichenden Zeitraum der ggf. festen Verbindung ausgegangen werden kann, der die Bewertungsobjekte „verbindet". Es kann hinsichtlich des Zeitraums nicht darauf ankommen, dass diese permanent und auf Lebenszeit der Bewertungsobjekte besteht. Anderenfalls dürften Komponenten mit kurzer Lebensdauer oder jene, die zu Wartungszwecken regelmäßig „entfernt" werden müssen, nur getrennt bewertet werden.

76 **Mangels einer greifbaren Auslegung** der Abgrenzungskriterien bzw. -prinzipien (wirtschaftlich selbständige Nutzbarkeit, betrieblicher Nutzungs- und Funktionszusammenhang etc.) werden daher **in der Praxis** häufig **zwei Wege** verfolgt. Es handelt sich dabei einerseits um den Rückgriff auf die (Ab-)Nutzungsdauern der Bewertungsobjekte nebst entsprechender Abgrenzung (auch) auf dieser Basis sowie andererseits die Verwendung steuerrechtlicher Entscheidungen[134], sofern solche vorhanden sind. Von Zweifels- oder Ermessensspielraumfreiheit kann dabei allerdings ebenfalls nicht gesprochen werden und die Anwendung steuerrechtlicher Vorgaben/Entscheidungen ist seit dem Wegfall der umgekehrten Maßgeblichkeit zumindest kritisch zu sehen, wenngleich wir sie in Ermangelung adäquater Alternativen für zulässig und aus Wirtschaftlichkeitsgründen mitunter sogar für angebracht halten.

77 Korrespondierende Zweckbestimmungen und Abnutzungsdauern alleine rechtfertigen i. d. R. aber noch keine Unterstellung eines Nutzungs- und Funktionszusammenhangs bzw. keine Klassifizierung als unselbständiger VG. Andernfalls wäre im Beispiel unter Rz 75 stets von einer zusammengefassten Bewertung auszugehen, wenn die Abnutzungsdauern von Transportflugzeug und Containern identisch wären – ungeachtet davon, ob überhaupt eine Verbindung besteht. Im **Umkehrschluss** kann aus einem abweichenden **Abnutzungszeitraum** nicht auf das Nichtbestehen einer wirtschaftlich selbständigen Nutzbarkeit oder eines betrieblichen Nutzungs- und Funktionszusammenhangs geschlossen werden. Ein Rückgriff auf die Abnutzungszeiträume ist in diesem Kontext daher wohl auch mehr als Teil des Entscheidungsprozesses oder als Entscheidungshilfe zu verstehen, was nachfolgendes Beispiel verdeutlicht.

> **Beispiel**
> Der Abnutzungszeitraum als Abgrenzungskriterium der wirtschaftlich selbständigen Nutzbarkeit/des betrieblichen Nutzungs- und Funktionszusammenhangs
> **Sachverhalt I**
> Aufbauend auf dem Beispiel unter Rz 75 ist nun davon auszugehen, dass Container und Flugzeug der gleichen Abnutzungsdauer unterliegen.
> **Beurteilung I**
> Nimmt man Bezug auf Sachverhalt I, ist u. E. auch infolge der einheitlichen Abnutzungsdauer nicht von einem Bewertungsobjekt zu sprechen. Daran

---

[134] Die Anwendung steuerrechtlicher Entscheidungen ebenfalls für zulässig bzw. geboten erachtend *Baetge/Ziesemer/Schmidt*, in *Baetge/Kirsch/Thiele*, Bilanzrecht, § 252 HGB, Rz 119, Stand 10/2011.

> ändert auch die einheitliche Abnutzungsdauer nichts. Anders mag es sich dagegen bei Bezugnahme auf Sachverhalt II verhalten, der in beide Richtungen interpretierbar ist. Letztlich kann sich in diesem Beispiel durch die einheitliche Abnutzungsdauer so der Ausschlag für eine Vorgehensweise innerhalb des ermessensbehafteten Sachverhaltes ergeben.
>
> **Sachverhalt II**
> Ein Pkw mit einer Abnutzungsdauer von zehn Jahren ist mit Scheibenbremsen ausgestattet. Sowohl die Bremssättel als auch die Bremsscheiben sind über Schraubverbindungen miteinander verbunden. Die Bremsbeläge sind geklickt. Die Abnutzungsdauer der Bremssättel entspricht mit zehn Jahren jener des restlichen Pkw. Die Bremsbeläge sind nach zwei und die Bremsscheiben nach vier Jahren abgenutzt.
>
> **Beurteilung II**
> Zwar sind die Komponenten während ihrer Lebensdauer – i.d.R. ohne Unterbrechung – miteinander verbunden, allerdings weicht ihr Abnutzungszeitraum erheblich voneinander ab. Obendrein kann von Festigkeit nicht wirklich gesprochen werden. U.E. lässt sich eine getrennte Bewertung in diesem Fall allerdings dennoch kaum begründen.

Steuerrechtliche Entscheidungen hinsichtlich der Abgrenzung von Bewertungsobjekten sind insb. für Abgrenzungsfragen zwischen Grundstücksteilen, Grundstücken und Gebäuden sowie Gebäudeteilen verfügbar. Der BFH[135] unterscheidet bei Grundstücksbestandteilen auf Basis des folgenden Abgrenzungsmusters. 78

Abgrenzung von Grundstücksbestandteilen

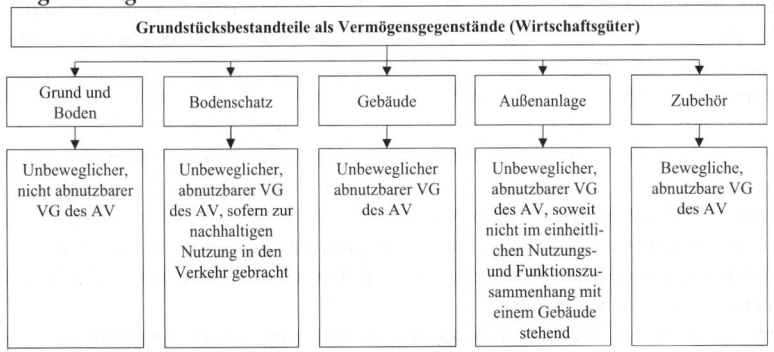

Grundstücksbestandteile als Vermögensgegenstände (Wirtschaftsgüter)					
Grund und Boden	Bodenschatz	Gebäude	Außenanlage		Zubehör
Unbeweglicher, nicht abnutzbarer VG des AV	Unbeweglicher, abnutzbarer VG des AV, sofern zur nachhaltigen Nutzung in den Verkehr gebracht	Unbeweglicher, abnutzbarer VG des AV	Unbeweglicher, abnutzbarer VG des AV, soweit nicht im einheitlichen Nutzungs- und Funktionszusammenhang mit einem Gebäude stehend		Bewegliche, abnutzbare VG des AV

Abb. 1: Abgrenzungsmuster bei Grundstücksbestandteilen auf Basis des BFH[136]

Auf Ebene des Grundstücksbestandteils „Gebäude" sind dann weitere Untergliederungen möglich bzw. geboten, wobei dann die skizzierten Abgrenzungs- 79

---

[135] Vgl. BFH, Urteil v. 16.7.1968, GrS 7/64, BStBl 1968 II S. 108.
[136] Entnommen aus § 252 Rz 39, 3. Auflage.

kriterien (Nutzungs- und Funktionszusammenhang etc., Rz 74) greifen.[137] Die nachfolgende Abbildung veranschaulicht, welche Teile dabei als selbständige Gebäudebestandteile gelten, die nicht mit dem Gebäude in einem Nutzungs- und Funktionszusammenhang stehen.

Abgrenzung von Gebäudebestandteilen

Gebäudebestandteile als Vermögensgegenstände (Wirtschaftsgüter)				
Unselbständige Gebäudebestandteile	Selbstständige Gebäudebestandteile			
	Betriebsvorrichtungen	Ladeneinbauten u. Ä.	Scheinbestandteile	Gebäudebestandteile i.e.S.
Einheitlicher Nutzungs- und Funktionszusammenhang mit dem Gebäude	Maschinen und sonstige Vorrichtungen aller Art, die zu einem Betriebsvermögen gehören, selbst wenn sie wesentliche Bestandteile eines Grundstücks/ Gebäudes sind	Unbewegliche VG des AV, die einem schnellen Wandel des modischen Geschmacks unterliegen	Bewegliche VG des AV, die nur zu einem vorübergehenden Zweck oder in Ausübung eines dinglichen Rechts am Grundstück mit dem Gebäude verbunden wurden	• eigenbetrieblich genutzt • fremdbetrieblich genutzt • zu fremden Wohnzwecken genutzt • eigenen Wohnzwecken dienend

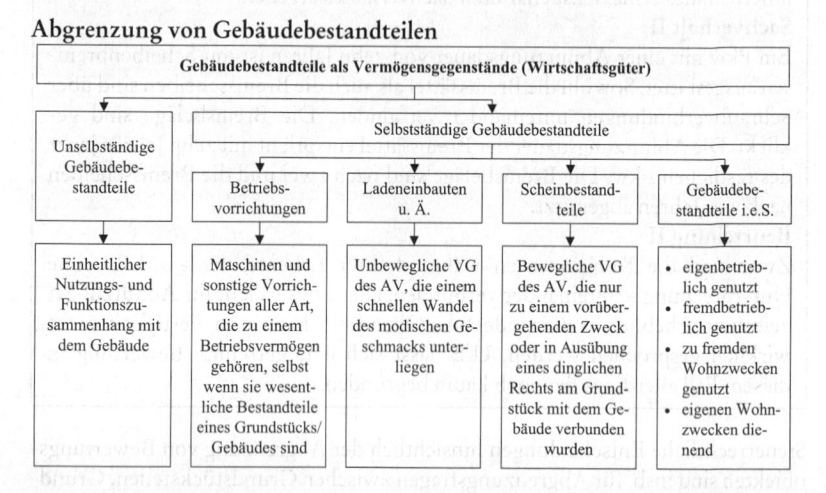

Abb. 2: Abgrenzungsmuster bei Gebäudebestandteilen[138]

Bis ins letzte Detail sollte man sich allerdings nicht auf die Abgrenzungsentscheidungen der steuerrechtlichen Rechtsprechung verlassen, die in **zahlreichen Entscheidungen** deutlich tiefer gehen als die hier skizzierte Systematik. So hat der BFH[139] z. B. entschieden, dass Personenfahrstühle anders als Lastenaufzüge (Betriebsvorrichtungen) als Gebäudebestandteile zu werten sind. Dieser Entscheidung ist u. E. nicht zu folgen.

Zur Abmilderung dieses Grenzbereichs hat das IDW den aus den IFRS bekannten **Komponentenansatz** übernommen, der den Einzelbewertungsgrundsatz grds. nicht verletzt, da lediglich der Werteverzehr eines VG über die komponentenweise erfolgende Betrachtung genauer bestimmt wird. Handelsrechtlich ist dies nach IDW RH HFA 1.016, Tz. 5 nur zulässig, wenn physisch separierbare Komponenten ausgetauscht werden, die in Relation zum gesamten VG des Sachanlagevermögens wesentlich sind.

80 Im Kontext des **Vorratsvermögens** ist für **zum Absatz bestimmte VG** i. d. R. eine Ausrichtung der Aggregation einzelner VG zu einem selbständigen Bewertungsobjekt an den am Markt üblichen oder vom Kfm. bzw. Unt gehandelten Absatzeinheiten[140] geboten und entsprechend ungleich ein-

---

[137] Für einen tieferen Einblick s. die Kommentierung von *Frotscher*, in *Frotscher/Geurts*, EStG Kommentar, § 4 EStG, Rz. 92 ff., Stand 2/2011.
[138] Entnommen aus § 252 Rz 39, 3. Auflage.
[139] Vgl. BFH, Urteil v. 7.10.1977, III R 48/76, BStBl 1978 II S. 186.
[140] Diesbezüglich ebenso *Baetge/Ziesemer/Schmidt*, in *Baetge/Kirsch/Thiele*, Bilanzrecht, § 252 HGB, Rz 123, Stand 10/2011.

facher. Dabei ist sowohl der Kontext des Unt als auch der der einzelnen Produkte zu beachten.

> **Beispiel**
> **Abgrenzung von zum Verkauf bestimmtem Vorratsvermögen**
> Der Kfz-Teilehändler A verkauft Auspuffanlagen – marktüblich oder infolge einer unternehmensindividuellen Verkaufsstrategie – stets im Set mit den passenden Befestigungsschellen. Die Befestigungsschellen verkauft A darüber hinaus einzeln, da Kunden mitunter auch nur die Schellen tauschen (müssen).
> Wenngleich infolge des Einzelverkaufs auf eine getrennte Bewertung auch der Einzelteile des Sets geschlossen werden könnte, ergibt sich infolge der Berücksichtigung der markt- bzw. unternehmensüblichen Absatzeinheit „Auspuffset" eine gekoppelte Bewertung dieser Nutzungs- und Funktionseinheit.

Bewertungsobjekte des Vorratsvermögens, die **im Rahmen der Produktion weiterverarbeitet** werden, sind in der Aggregationseinheit zu bewerten, wie sie zusammenhängend (Verbindung) auf der nächsthöheren Produktionsstufe zum Einsatz kommen.[141]

Hinsichtlich der Abgrenzung von **Schulden** ergeben sich i.d.R. anders als bei VG kaum Schwierigkeiten. Eine hinreichende Abgrenzung ergibt sich bereits aus dem der Schuld zugrundeliegenden Ereignis i.V.m. dem jeweiligen Anspruchssteller bzw. Gläubiger.

81

2.3.2.3 Spezialvorschriften und Ausnahmen vom Einzelbewertungsgrundsatz

Mit den **Spezialvorschriften** zu Sammelbewertungsverfahren in § 240 Abs. 3, 4 HGB sowie § 256 HGB (dazu im Detail § 240 Rz 50 ff. sowie § 256 Rz 17 ff.), der Bildung von Bewertungseinheiten nach § 254 HGB (dazu im Detail § 254 Rz 1 ff.) sowie dem Verrechnungsgebot von VG, die dem Zugriff aller übrigen Gläubiger entzogen sind und ausschließlich der Erfüllung von Schulden aus Altersversorgungsverpflichtungen oder vergleichbaren langfristig fälligen Verpflichtungen dienen, mit diesen Schulden gem. § 246 Abs. 2 HGB (dazu im Detail § 246 Rz 101 ff.) kennt das HGB explizite „Abweichungen" vom Einzelbewertungsgrundsatz, wobei es sich dabei nicht um Ausnahmen im eigentlichen Sinne handelt, da die Grundsätze nur beim Nichtbestehen von Spezialvorschriften zum Tragen kommen (Rz 18 ff. und Rz 142 ff.).

82

In Konsequenz der seit Einführung des BilRUG gebotenen engeren Auslegung des Anwendungsbereichs der Ausnahmeregelung (dazu detailliert Rz 142 ff.) kommt eine Anwendung des § 252 Abs. 2 HGB nur noch dann in Betracht, wenn eine Beibehaltung der Bewertungsgrundsätze der Vermittlung eines den tatsächlichen Verhältnissen entsprechenden Bildes der Vermögens-, Finanz- und Ertragslage des Unt entgegenstehen würde oder mit Blick auf den Grundsatz der Wesentlichkeit und/oder jenen der Wirtschaftlichkeit auf eine Beibehaltung

83

---

[141] Vgl. *Baetge/Ziesemer/Schmidt*, in *Baetge/Kirsch/Thiele*, Bilanzrecht, § 252 HGB, Rz 123, Stand 10/2011.

dieser verzichtet werden kann und daraus zumindest keine Verschlechterung der Vermittlung eines den tatsächlichen Verhältnissen entsprechenden Bildes der Vermögens-, Finanz- und Ertragslage resultiert.
Ausnahmen i.S.d. § 252 Abs. 2 HGB, d.h. in begründeten Einzelfällen, kommen entsprechend in Betracht, sofern der Einzelbewertung ein unvertretbarer Zeit- und Kostenaufwand gegenübersteht (oder diese sogar unmöglich ist)[142] und damit keine Verschlechterung der Vermittlung eines den tatsächlichen Verhältnissen entsprechenden Bildes der Vermögens-, Finanz- und Ertragslage verbunden ist.
Derartige Fälle liegen etwa bei folgenden Sachverhalten vor:[143]
- Garantierückstellungen
- Urlaubsrückstellungen
- Abschläge auf beschädigtes Vorratsvermögen
- Pauschalwertberichtigungen
- Pensionsrückstellungen[144]

2.4 Vorsichts-, Imparitäts- und Realisationsprinzip (Nr. 4)

2.4.1 Vorsichtsprinzip (Nr. 4 Hs. 1)

2.4.1.1 Regelungsinhalt

84   § 252 Abs. 1 Nr. 4 Hs. 1 HGB verlangt im Kontext der Bewertung der im Jahresabschluss ausgewiesenen VG und Schulden ein vorsichtiges Vorgehen, d.h. eine **vorsichtige Bewertung**. Aus der explizit bewertungsbezogenen Vorschrift, die auch als vorsichtige Bewertung i.e.S. bezeichnet wird,[145] wurde und wird – wenn auch zunehmend seltener – im Schrifttum ein bilanzierungsbezogenes Oberprinzip abgeleitet.[146] Der dann mitunter auch als „allgemeines Vorsichtsprinzip" bezeichnete,[147] nicht kodifizierte GoB wird dann/so letztlich zu einem regelmäßig übergeordneten – ggf. vorrangig anzuwendenden – GoB mit Ausstrahlungswirkung auf nahezu alle Fragen der Bilanzierung und zu dem zentralen (positiven) Charakteristikum des HGB hochstilisert. Diese Rolle verklärt aber die Zwecke der handelsrechtlichen Rechnungslegung und die Normenrangfolge innerhalb des Handelsrechts. Zunächst sind Spezialvorschriften nicht als Ausprägungen eines GoB zu betrachten und erliegen nicht dem Diktat der (vorrangigen) Anwendung eines GoB. GoB kommen nur zum Tragen, sofern Spezi-

---

[142] Vgl. ADS, 6. Aufl. § 252 HGB, Rz 57; ähnlich BFH, Urteil v. 15.10.1997, BStBl 1998 II S. 251; BFH, Urteil v. 17.2.1998, BStBl 1998 II S. 508; dem zustimmend *Fülbier/Kuschel/Selchert*, in *Küting/Pfitzer/Weber*, HdR, HGB § 252, Rn 67f., Stand 12/2010, die allerdings von „...nicht kodifizierten Spezialregeln" sprechen und ohnehin nur in wenigen dieser Fälle eine Abkehr vom Einzelbewertungsgrundsatz sehen wollen.
[143] Liste aggregiert aus ADS, 6. Aufl. § 252 HGB, Rz 57; *Baetge/Ziesemer/Schmidt*, in *Baetge/Kirsch/Thiele*, Bilanzrecht, § 252 HGB, Rz 129, Stand 10/2011; *Fülbier/Kuschel/Selchert*, in *Küting/Pfitzer/Weber*, HdR, HGB § 252, Rn 68, Stand 12/2010.
[144] Zu einem Beispiel im Kontext von etwaigen Erträgen aus der Auflösung von Rückstellungen bei bestehendem Unterschiedsbetrag infolge der Möglichkeit zur Streckung der Zuführung zu Pensionsrückstellungen gem. Art. 67 EGHGB s. Art. 67 Rz. 15ff.
[145] So ADS, 6. Aufl. § 252 HGB Rz 61.
[146] So *Winkeljohann/Büssow*, in Beck Bil-Komm., 10. Aufl., 2016, § 252 HGB, Rz 30; ADS, 6. Aufl. § 252 HGB, Rz 60f.; *Fülbier/Kuschel/Selchert*, in *Küting/Pfitzer/Weber*, HdR, HGB § 252, Rn 75, Stand 12/2010.
[147] So *Fülbier/Kuschel/Selchert*, in *Küting/Pfitzer/Weber*, HdR, HGB § 252, Rn 76, Stand 12/2010.

alvorschriften nicht existieren oder Regelungslücken aufweisen (dazu im Detail Rz 18 ff.). Obgleich einige Spezialvorschriften explizit oder implizit ein aus menschlicher Sicht vorsichtiges Vorgehen vorsehen, kann daraus kein übergeordnetes (handelsrechtliches) Prinzip abgeleitet werden. Andernfalls könnte im Umkehrschluss aus den – dieser Vorsichtsinterpretation nach – unvorsichtigen Spezialvorschriften auch auf ein „Prinzip der unvorsichtigen Bilanzierung" geschlossen werden. Darüber hinaus beschränkt sich die Zielsetzung der handelsrechtlichen Rechnungslegung (auf Ebene des Jahresabschlusses und EA nach § 325 Abs. 2a HGB) weder auf den Gläubigerschutz noch ist dieser im Verhältnis zu den anderen Rechnungslegungszwecken vorrangig zu behandeln oder schließen sich diese zwingend gegenseitig aus.[148]

85 Bei dem „**allgemeinen Vorsichtsprinzip**" handelt es sich vielmehr um eine allgemeine menschliche Beurteilungskategorie, die **keinesfalls** mit dem **bewertungsbezogenen Grundsatz der Vorsicht** i. S. d. § 252 Abs. 1 Nr. 4 Hs. 1 HGB **verwechselt** werden darf **und nicht als handelsrechtliches Prinzip bezeichnet werden sollte**. Davon unbenommen bleibt jedem Individuum selbstredend etwas als „vorsichtiges" oder „unvorsichtiges" Vornehmen einzuschätzen, was im Übrigen hochgradig subjektiv ist. Die Ableitung des allgemeinen Vorsichtsprinzips ergibt sich wohl regelmäßig auch aus der subjektiven und/oder kulturell geprägten Einschätzung, dass das HGB etwa im Vergleich zu den IFRS „vorsichtiger" bewertet.

Ferner wäre mit einer **Dominanz des Vorsichtsprinzips** stets die **Gefahr** der Bildung (erheblicher) stiller Reserven und der Unterbewertung verbunden. Dies gilt im Besonderen im Hinblick auf das „allgemeine Vorsichtsprinzip", aber auch hinsichtlich der mitunter attestierten Vorrangigkeit des kodifizierten bewertungsbezogenen Vorsichtsprinzips vor anderen GoB. Dies würde auch regelmäßig zu einer Durchbrechung des Stichtagsprinzips führen.

86 Im Schrifttum besteht – unabhängig von einer etwaigen Einordnung als Oberprinzip – mittlerweile allerdings theoretisch Einigkeit darüber, dass das (bewertungsbezogene) Vorsichtsprinzip **nicht** im Sinne einer stets gebotenen **worst case-Bewertung** zu interpretieren ist.[149] Dem letztlich jedoch selbst widersprechend wird dann regelmäßig eine Orientierung zumindest in Richtung der worst case-Bewertung vorgeschlagen (s. Konzeptliste unter Rz 87).

Im Ergebnis kommt das Vorsichtsprinzip i. S. d. § 252 Abs. 1 Nr. 4 Hs. 1 HGB im Kontext der Bewertung zum Tragen, sofern sich Ermessensspielräume bzw. Schätzungserfordernisse ergeben.

87 **Vorsichtig** meint dabei die sorgfältige Erfassung bzw. Berücksichtigung sämtlicher wertbeeinflussender Faktoren (Risiken und Chancen). Daraus ergibt sich zunächst eine Bewertungsbandbreite, die von der worst case-Bewertung auf der einen Seite und der best case-Bewertung auf der anderen Seite begrenzt wird. Umstritten ist diesbezüglich weiterhin, welcher Wert innerhalb der Bandbreite zu wählen ist. Folgende Konzepte sind hier u. a. im Schrifttum vorhanden:

---

[148] Im Ergebnis ähnlich *Hoffmann/Lüdenbach*, NWB-Kommentar Bilanzierung, 8. Aufl., 2017, § 252 HGB Rz 54.
[149] Vgl. etwa ADS, 6. Aufl. § 252 HGB, Rz 68 f.; *Baetge/Ziesemer/Schmidt*, in *Baetge/Kirsch/Thiele*, Bilanzrecht, § 252 HGB, Rz 143, Stand 10/2011. Im Ergebnis auch *Winkeljohann/Büssow*, in Beck Bil-Komm., 10. Aufl., 2016, § 252 HGB, Rz 33; *Hoffmann/Lüdenbach*, NWB-Kommentar Bilanzierung, 8. Aufl., 2017, § 252 HGB Rz 59 ff.

- Bilanzierung „eines" pessimistischen Werts der Bandbreite (da die zu favorisierende Bewertung mit dem Mittelwert der Bandbreite nebst der Bilanzierung einer Bandbreitenrückstellung i. H. der Differenz zwischen Mittelwert und ungünstigerem Wert nicht zulässig ist);[150]
- willkürfreie Schätzung, wobei Folgendes gilt: Bei den Aktiva nahe am unteren Grenzwert und bei Rückstellungen nahe am oberen Grenzwert;[151]
- Schätzung nach vernünftigem kaufmännischem Ermessen, sofern möglich auf Basis statistischer Grundlage bzw. von Szenario-Modellen;[152]
- Wahrscheinlichkeitsverteilung unter Berücksichtigung von Risikoaversion, d. h. in Konsequenz tendenziell eher niedrige Wertansätze auf der Aktivseite und eher höhere auf der Passivseite;[153]
- Faktoren, die zu einer niedrigeren Bewertung führen, ist „ggf." ein größeres Gewicht beizumessen.[154]

U. E. ist aus der Vorgabe zur vorsichtigen Bewertung nicht auf eine gebotene Abweichung von den (statistisch) wahrscheinlichsten Werten innerhalb der Bandbreite bzw. von den Erwartungswerten zu schließen. Abgesehen davon, dass eine **pauschale Höhergewichtung niedriger/ungünstiger/pessimistischer Werte** keinesfalls frei von Ermessensspielräumen ist, muss diese – ihrem pauschalen Charakter entsprechend – zwangsläufig zu einer Abweichung von der Realität bzw. der individuellen Situation und damit zu einer nicht tatsachengerechten Darstellung der Vermögens-, Finanz- und Ertragslage führen. Warum eine pauschale/einkalkulierte Abweichung von der Realität „vorsichtig" sein soll, ist **nicht nachvollziehbar**. Pauschalen Vorgehensweisen kommt vielmehr grundlegend der Charakter von Willkür zu. Im Übrigen ergeben sich im Handelsrecht unzählige Ermessensspielräume, deren Ausnutzung dem Kfm. innerhalb vernünftiger kaufmännischer Beurteilung bzw. Willkürfreiheit ohnehin zugestanden wird (zur Diskussion über Objektivität s. etwa Grundsatz des Willkürverbots Rz 151 ff.).

Bei Zulässigkeit **mehrerer Bewertungsmethoden** ist dabei jeweils die Bandbreite innerhalb der gewählten Methode zu betrachten. Irrelevant ist dabei, ob die alternativen Methoden hinsichtlich der Bewertungsuntergrenze (-obergrenze) zu einem noch niedrigeren (höheren) Bandbreitengrenzwert kommen. Das Vorsichtsprinzip kann sich nicht auf die Wahl innerhalb der zulässigen Methoden auswirken.[155]

> **Beispiel**
> **Vorsichtige Bewertung**
> **Sachverhalt**
> Der Konsumgüterhersteller S – der sich bislang auf die Produktion von Tablets beschränkt und noch keine Smartphones hergestellt hat – hat in Deutschland im Laufe des Gj ein Smartphone auf den Markt gebracht – das Stetigkeitsgebot ist infolge der nicht gegebenen Art- und Funktionsgleichheit (Rz 129 ff.) insofern hier nicht zu beachten. Im Rahmen der Rückstellungs-

---

[150] So *Baetge/Ziesemer/Schmidt*, in *Baetge/Kirsch/Thiele*, Bilanzrecht, § 252 HGB, Rz 144, Stand 10/2011.
[151] So *Winkeljohann/Büssow*, in Beck Bil-Komm., 10. Aufl., 2016, § 252 HGB, Rz 33.
[152] So *Hoffmann/Lüdenbach*, NWB-Kommentar Bilanzierung, 8. Aufl., 2017, § 252 HGB Rz 63 f.
[153] So *Fülbier/Kuschel/Selchert*, in *Küting/Pfitzer/Weber*, HdR, HGB § 252, Rn 78, Stand 12/2010.
[154] So WPH Edition, Wirtschaftsprüfung & Rechnungslegung, 15. Aufl., 2017, Abschn. F, Tz 92.
[155] Ebenso ADS, 6. Aufl. § 252 HGB, Rz 70.

bewertung stellt sich daher die Frage nach der Höhe des nach vernünftiger kaufmännischer Beurteilung notwendigen Erfüllungsbetrags für eine entsprechende Gewährleistungsrückstellung. Zur Ermittlung des Erfüllungsbetrags greift S (in Abhängigkeit seiner Produktarten) regelmäßig entweder auf vergangenheitsorientierte Gewährleistungsquoten, externe Gutachten oder interne Analysen eines Technik- und Statistikteams zurück. Die drei Ermittlungsmethoden führen hinsichtlich der Gewährleistungsrückstellung für das Smartphone zu den nachfolgenden Ergebnissen bzw. Erfüllungsbeträgen.

Vergangenheitsorientierte Gewährleistungsquote: Die Quote schwankte in Abhängigkeit der verschiedenen Produktarten in den vergangenen zehn Jahren im Bereich von 2–3 %, wobei statistische Analysen ergeben haben, dass mit einer Wahrscheinlichkeit von 80 % eine Quote von 2,3 % zu erwarten war/ist. Ausgehend von der wahrscheinlichsten Quote errechnet sich ein notwendiger Erfüllungsbetrag (abgezinster Nominalbetrag) von 4.600.000 EUR.

Externes Gutachten: Die Gutachter kommen für die Gewährleistungsquote auf eine Bandbreite von 2,2–3,4 %. Innerhalb der Bandbreite ergibt sich mit einer Wahrscheinlichkeit von 75 % eine Quote von 2,6 %. Ausgehend von der wahrscheinlichsten Quote errechnet sich ein notwendiger Erfüllungsbetrag (abgezinster Nominalbetrag) von 5.200.000 EUR.

Interne Analysen eines Technik- und Statistikteams: Das Team geht auf Basis seiner Analysen von einer Bandbreite für die Gewährleistungsquote von 1,8–2,4 % aus. Innerhalb der Bandbreite ergibt sich mit einer Wahrscheinlichkeit von 70 % eine Quote von 2,1 %. Ausgehend von der wahrscheinlichsten Quote errechnet sich ein notwendiger Erfüllungsbetrag (abgezinster Nominalbetrag) von 4.100.000 EUR.

Beurteilung
Aus dem Vorsichtsprinzip kann – wie oben aufgeführt – nicht auf ein Gebot zur pauschalen Höhergewichtung niedriger/ungünstiger/pessimistischer Werte geschlossen werden. Innerhalb der drei Methoden ist jeweils der mit der höchsten Wahrscheinlichkeit eintretende Wert zu wählen (hinsichtlich der ggf. zu beachtenden Vermeidung einer sich dennoch insgesamt ergebenden Unterdotierung in anderen (Verteilungs-)Fällen s. § 253 Rz 57 ff.).

Auch wirkt sich das Vorsichtsprinzip nicht auf die Wahl der zulässigen Methoden aus. Keinesfalls können die Prozentwerte für die wahrscheinlichsten Quoten miteinander verglichen werden. Sie beziehen sich lediglich auf die Verteilung innerhalb einer Methode und sagen nichts über die Güte der Methoden im Vergleich aus. S steht es entsprechend frei, welche Methode hier zum Einsatz kommt. Ein Gebot zur Passivierung des höchsten Betrags im Vergleich der Methoden, d. h. zur Anwendung der Gutachtenmethode, besteht nicht.

Wenn alle drei Methoden für letztlich gleichwahrscheinlich gehalten werden, besteht in diesem Beispiel die **freie Methodenwahl**, die dann aber stetig beizubehalten ist. Die Verwendung eines Mittelwerts aus den drei Ergebnissen wäre als eine vierte Methode zu verstehen, die auf den Ergebnissen der drei dargestellten aufbaut. Diese kann aber nicht verpflichtend verlangt werden.

2.4.1.2 Ausnahmen vom Vorsichtsprinzip

88 Ausnahmen i.S.d. § 252 Abs. 2 HGB, d.h. in begründeten Einzelfällen, sind zwar theoretisch möglich, denkbare Szenarien allerdings nicht erkennbar.

2.4.2 Imparitätsprinzip (Nr. 4 Hs. 1)

2.4.2.1 Regelungsinhalt

89 § 252 Abs. 1 Nr. 4 Hs. 1 HGB schreibt neben der vorsichtigen Bewertung (Rz 84 ff.) konkret die Berücksichtigung aller vorhersehbaren Risiken und Verluste vor, die bis zum Abschlussstichtag entstanden sind. Zudem ist in diesem Zuge das Wertaufhellungsprinzip zu beachten (Rz 94 und detailliert Rz 60 ff.). Das – unglücklicherweise – mitunter auch als Verlustantizipation bezeichnete[156] Imparitätsprinzip umfasst entsprechend die **Berücksichtigung von am Abschlussstichtag wirtschaftlich entstandenen Risiken und Verlusten**,[157] die jedoch noch nicht realisiert sind. Insofern erklärt sich auch die Bezeichnung des Prinzips – sie folgt aus der ungleichen, also der imparitätischen Behandlung von Gewinnen und Verlusten. Während Gewinne erst ergebniswirksam zu berücksichtigen sind, wenn ihre Realisierung bis zum Abschlussstichtag erfolgt ist (Rz 96 ff.), ist bei (erwarteten) Verlusten und Risiken nicht die Realisierung, sondern der Zeitpunkt der Verursachung i.V.m. dem Zeitpunkt ihrer Vorhersehbarkeit maßgeblich. Künftige, d.h. nicht bereits zum Abschlussstichtag entstandene, negative Erfolgsbeiträge fallen dagegen nicht unter die Berücksichtigungspflicht, was auch die Problematik des Begriffs „Antizipation" (Vorwegnahme) verdeutlicht.[158]

90 Aus dem Imparitätsprinzip sowie der Anwendung des Verursachungsprinzips im Rahmen der Periodisierung von Aufwendungen (Rz 121 ff.) auf der einen und dem Realisationsprinzip (das auf die Periodisierung von Erträgen ausstrahlt) auf der anderen Seite ergeben sich aus Sicht der Erfolgsermittlung mitunter **ungleichmäßige Verteilungsverläufe**. In diesem Zusammenhang wird – u. E. fälschlicherweise – auch von einer Durchbrechung der periodengerechten Erfolgsermittlung durch das Imparitätsprinzip gesprochen.[159] Dies könnte jedoch nur gelten, wenn die periodengerechte Erfolgsermittlung vollständig nach Maßgabe des Realisationsprinzips durchgeführt werden müsste. Dies ist insofern nicht zutreffend als dass in § 252 Abs. 1 Nr. 5 HGB nicht weiter konkretisiert ist, wie infolge der Vorgabe zur Erfolgsermittlung unabhängig von den zugehörigen Zahlungszeitpunkten bei der periodengerechten Erfassung von Aufwendungen und Erträgen vorzugehen ist. In Konsequenz hat sich die Auffassung etabliert, dass die Periodisierung von Aufwendungen nach dem Verursachungsprinzip und damit in Analogie zum Imparitätsprinzip und jene von Erträgen nach dem Realisationsprinzip zu erfolgen hat (Rz 96 ff.). Im Ergebnis kann periodengerecht nicht mit „stets in der gleichen Periode" gleichgesetzt werden. Von einer Durchbrechung der periodengerechten Erfolgsermittlung durch das Imparitätsprinzip kann entsprechend nicht gesprochen

---

[156] So ADS, 6. Aufl. § 252 HGB, Rz 74.
[157] Vgl. *Baetge/Ziesemer/Schmidt*, in *Baetge/Kirsch/Thiele*, Bilanzrecht, § 252 HGB, Rz 162, Stand 10/2011.
[158] M.w.N. *Hoffmann/Lüdenbach*, NWB-Kommentar Bilanzierung, 8. Aufl., 2017, § 252 HGB Rz 99.
[159] So *Baetge/Ziesemer/Schmidt*, in *Baetge/Kirsch/Thiele*, Bilanzrecht, § 252 HGB, Rz 162, Stand 10/2011.

werden. Darüber hinaus ist dieses Prinzipiengeflecht vom Gesetzgeber mit der Normierung bewusst in das HGB integriert worden. Für die daher mitunter geforderte Begrenzung der Anwendung des Imparitätsprinzips[160] ist u. E. kein Raum.[161]

Mangels Spezifizierung unklar ist im Kontext des Imparitätsprinzips, was **unter Risiken und Verlusten** eigentlich **zu verstehen** ist. Der Verlustbegriff ergibt sich dabei nicht in Anlehnung an § 275 HGB und damit an den Jahresfehlbetrag, sondern vielmehr i. V. m. dem Einzelbewertungsgrundsatz des § 252 Abs. 1 Nr. 3 HGB (Rz 72 ff.).[162] In Konsequenz ist unter einem **Verlust** i. S. d. § 252 Abs. 1 Nr. 4 Hs. 1 HGB ein (konkretisierter) negativer Erfolgsbeitrag[163] auf Ebene eines Bewertungsobjekts (zur Abgrenzung einzelner Bewertungsobjekte s. Rz 70 ff.) zu verstehen. Dieser ergibt sich als negativer Unterschiedsbetrag aus den einem Bewertungsobjekt zuzuordnenden Aufwendungen und Erträgen, d. h. er entspricht dem Betrag um den die Aufwendungen die Erträge auf Ebene der einzelnen VG/Schulden/Geschäfte übersteigen. Der **Risiko**begriff ergibt sich in diesem Kontext auf Basis der gleichen Systematik. Einziger Unterschied ist der geringe(re) Grad an Konkretisierung. Es handelt sich bei Risiken demgemäß um noch nicht konkretisierte negative Erfolgsbeiträge[164] bzw. Sachverhalte mit Verlustpotenzial.[165] Daraus ergibt sich zudem, dass lediglich bilanzierbare Risiken umfasst sind, weshalb die Formulierung „…alle…Risiken" zu Recht als missverständlich bezeichnet wird.[166] Ab wann ein Risiko als hinreichend konkret betrachtet werden muss, ergibt sich aus dem Kriterium der Vorhersehbarkeit (dazu Rz 92), das sich insofern auch nur auf Risiken und nicht auf Verluste beziehen muss.

Von **vorhersehbaren** Risiken (für Verluste ist das Kriterium der Vorhersehbarkeit infolge der bereits erfolgten Konkretisierung irrelevant[167]) ist in diesem Kontext auszugehen, wenn mit deren Eintritt ernsthaft zu rechnen ist,[168] d. h. dieser zu einem gewissen Grad wahrscheinlich, ist. Dabei wird regelmäßig das Kriterium der vernünftigen kaufmännischen Beurteilung im Kontext der unternehmensindividuellen Situation maßgeblich sein. Im Ergebnis ergeben sich daraus für den Bilanzierenden Ermessensspielräume, da (absolute) Objektivität im Kontext der vernünftigen kaufmännischen Beurteilung nicht existieren kann (zur Diskussion über Objektivität s. etwa Grundsatz des Willkürverbots Rz 145 ff.). Letztlich kommt es auf die (sachliche) Begründbarkeit der subjektiven Einschätzung an.[169]

---

[160] So *Baetge/Ziesemer/Schmidt*, in *Baetge/Kirsch/Thiele*, Bilanzrecht, § 252 HGB, Rz 162, Stand 10/2011.
[161] Ebenso ADS, 6. Aufl. § 252 HGB, Rz 75.
[162] Vgl. *Baetge/Ziesemer/Schmidt*, in *Baetge/Kirsch/Thiele*, Bilanzrecht, § 252 HGB, Rz 163, Stand 10/2011.
[163] Begriff geprägt von *Leffson*, GoB, S. 248.
[164] Vgl. *Baetge/Ziesemer/Schmidt*, in *Baetge/Kirsch/Thiele*, Bilanzrecht, § 252 HGB, Rz 165, Stand 10/2011.
[165] Formulierung verwendet von *Hoffmann/Lüdenbach*, NWB-Kommentar Bilanzierung, 8. Aufl., 2017, § 252 HGB Rz 101.
[166] So *Hoffmann/Lüdenbach*, NWB-Kommentar Bilanzierung, 8. Aufl., 2017, § 252 HGB Rz 101.
[167] Vgl. *Baetge/Ziesemer/Schmidt*, in *Baetge/Kirsch/Thiele*, Bilanzrecht, § 252 HGB, Rz 165, Stand 10/2011.
[168] M. w. N. allerdings auch von Verlusten sprechend *Winkeljohann/Büssow*, in Beck Bil-Komm., 10. Aufl., 2016, § 252 HGB, Rz 35.
[169] Hinsichtlich der Begründbarkeit zustimmend *Fülbier/Kuschel/Selchert*, in *Küting/Pfitzer/Weber*, HdR, HGB § 252, Rn 82, Stand 12/2010.

93 Die **Höhe** der zu berücksichtigenden vorhersehbaren Risiken und Verluste ist nicht geregelt und dem Sinn und Zweck der Vorschrift entsprechend unter Beachtung aller aus diesen Risiken und Verlusten erwachsenden Aufwendungen zu bemessen. Sofern eine Berechnung dieser nicht möglich ist – was der Regelfall sein dürfte – sind Schätzungen vorzunehmen.[170]

2.4.2.2 Wertaufhellungsprinzip

94 Die Berücksichtigung von vorhersehbaren Risiken und Verlusten hat dabei gem. § 252 Abs. 1 Nr. 4 Hs. 1 HGB auch solche Risiken und Verluste zu umfassen, die bis zum Abschlussstichtag entstanden, aber erst zwischen dem Abschlussstichtag und dem Tag der Aufstellung des Jahresabschlusses bekanntgeworden sind. Das **Wertaufhellungsprinzip** und die entsprechende Unterscheidung zwischen wertaufhellenden und wertbegründenden Tatsachen folgt aus der Systematik der Trennung von Abschlussstichtag (zum Abschlussstichtag s. § 242 Rz 7 ff.) und dem Stichtag der Bilanzaufstellung (§ 243 Rz 34, § 264 Rz 43). Neben § 252 Abs. 1 Nr. 4 Hs. 1 HGB ergibt es sich bereits aus § 252 Abs. 1 Nr. 3 HGB, weshalb auf die Kommentierung unter Rz 60 ff. verwiesen wird.

2.4.2.3 Ausnahmen vom Imparitätsprinzip

95 **Ausnahmen** i. S. d. § 252 Abs. 2 HGB, d. h. in begründeten Einzelfällen, dürften überaus selten sein, nachdem in Spezialvorschriften etwa bzgl. der Bildung von Bewertungseinheiten (§ 254 Rz 1 ff.) und der Zulassung von Marktzeitwerten für bestimmte VG im Rahmen der Erbringung von Pensionsverpflichtungen (§ 253 Rz 117) einige Zweifelsfälle geregelt sind.

2.4.3 Realisationsprinzip (Nr. 4 Hs. 2)

2.4.3.1 Regelungsinhalt

96 Gemäß § 252 Abs. 1 Nr. 4 Hs. 2 HGB sind Gewinne erst dann bzw. nur dann zu berücksichtigen, wenn sie am Abschlussstichtag realisiert sind. Das dadurch kodifizierte sog. **Realisationsprinzip** stellt letztlich das Gegenstück zum Imparitätsprinzip (Rz 89 ff.) und damit der Berücksichtigung von vorhersehbaren unrealisierten Risiken und Verlusten, die bis zum Abschlussstichtag entstanden sind, dar. Für die Berücksichtigung von Gewinnen ist der Zeitpunkt der Verursachung dieser irrelevant – es kommt einzig auf den Zeitpunkt der Realisierung an. Neben der Frage, was unter Gewinn zu verstehen ist (Rz 97), ist im Rahmen des Realisierungsprinzips insb. der Zeitpunkt der Realisierung bzw. dessen Bestimmung im Einzelfall von Bedeutung (Rz 98 ff.).

97 Hinsichtlich der Gewinndefinition im Kontext des Realisationsprinzips finden im Schrifttum zwei Konzeptionen Anwendung:
- **Gewinn i. e. S.**[171]: Gewinn in diesem Sinne entspricht dem positiven Unterschiedsbetrag aus Verwertungsertrag und nachkalkulierten Vollkosten. Damit

---

[170] Vgl. *Winkeljohann/Büssow*, in Beck Bil-Komm., 10. Aufl., 2016, § 252 HGB, Rz 42.
[171] So *Baetge/Ziesemer/Schmidt*, in *Baetge/Kirsch/Thiele*, Bilanzrecht, § 252 HGB, Rz 187, Stand 10/2011; *Hoffmann/Lüdenbach*, NWB-Kommentar Bilanzierung, 8. Aufl., 2017, § 252 HGB, Rz 102.

werden einzig positive Erfolgsbeiträge berücksichtigt. Dem VG zurechenbare, jedoch von einer Aktivierung entweder ausgeschlossene oder wahlrechtsgemäß nicht aktivierte Kosten bzw. Aufwendungen werden nicht berücksichtigt.
- **Gewinn i. w. S.**[172]: Gewinn in diesem Sinne entspricht dem positiven Unterschiedsbetrag aus Verwertungsertrag und Bilanzansatz. Damit werden neben den positiven Erfolgsbeiträgen auch negative berücksichtigt. Dem VG zurechenbare, von einer Aktivierung ausgeschlossene oder wahlrechtsgemäß nicht aktivierte Kosten bzw. Aufwendungen werden mitberücksichtigt.

Die Beschränkung des Realisationsprinzips auf den Gewinn i. e. S. erfordert zwecks Erfassung der den Erträgen zuzuordnenden nicht aktivierten Aufwendungen die nachgelagerte Einführung eines weiteren (nicht kodifizierten) Grundsatzes – konkret des Grundsatzes der Abgrenzung der Sache und der Zeit nach.[173] Nicht zuletzt deshalb wird hier die **Anwendung des Gewinns i. w. S. favorisiert.** Im Ergebnis dieser Auslegung ist das Realisationsprinzip auch bei der Periodisierung von bestimmten Aufwendungen maßgeblich. Die von einer Aktivierung im Rahmen der AHK ausgenommen und diesem VG zurechenbaren Aufwendungen, wie etwa Vertriebskosten, sind wie auch andere nicht aktivierte Aufwendungen unter Anwendung des Realisationsprinzips anzusetzen.

2.4.3.2 Gewinnrealisation

2.4.3.2.1 Im Allgemeinen

§ 252 Abs. 1 Nr. 4 Hs. 2 HGB ist keine Vorgabe hinsichtlich des **Realisationszeitpunkts** zu entnehmen. Demnach kommen theoretisch etwa folgende Realisationszeitpunkte in Betracht:[174]

98

- Vertragsabschluss
- Zugang zur produktionsnachgelagerten Lagerung
- Erfüllung der Lieferungs-/Leistungsverpflichtung
- Erfolgte Gegenleistung/Zahlung
- Ablauf der Gewährleistung
- Ablauf der Produkthaftung

Nach hM sowohl im Schrifttum[175] als auch der BFH-Rechtsprechung[176] ist dann von Gewinnrealisation i. S. d. GoB auszugehen, wenn die **Lieferungs-/Leistungsverpflichtung erfüllt** ist. Von einer Erfüllung kann im Allgemeinen regelmäßig dann ausgegangen werden, wenn ein quasi-sicherer, ausschüttungsfähiger

---

[172] So *Claussen*, in Kölner Kommentar zum HGB, 2011, vor § 252 HGB, Rz. 44; ADS, 6. Aufl. § 252 HGB, Rz 79f.; wohl auch *Ballwieser*, in MünchKomm. HGB, 3. Aufl., § 252. Rn 72.

[173] Siehe dazu *Baetge/Ziesemer/Schmidt*, in *Baetge/Kirsch/Thiele*, Bilanzrecht, § 252 HGB, Rz 187, Stand 10/2011.

[174] Vgl. *Baetge/Ziesemer/Schmidt*, in *Baetge/Kirsch/Thiele*, Bilanzrecht, § 252 HGB, Rz 188, Stand 10/2011; mit eine kürzeren Liste *Hoffmann/Lüdenbach*, NWB-Kommentar Bilanzierung, 8. Aufl., 2017, § 252 HGB Rz 105.

[175] Vgl. etwa *Claussen*, in Kölner Kommentar zum HGB, 2011, vor § 252 HGB, Rz. 45; *Fülbier/Kuschel/Selchert*, in *Küting/Pfitzer/Weber*, HdR, HGB § 252, Rn 91, Stand 12/2010; *Winkeljohann/Büssow*, in Beck Bil-Komm., 10. Aufl., 2016, § 252 HGB, Rz 44; *Hoffmann/Lüdenbach*, NWB-Kommentar Bilanzierung, 8. Aufl., 2017, § 252 HGB Rz 110; *Baetge/Ziesemer/Schmidt*, in *Baetge/Kirsch/Thiele*, Bilanzrecht, § 252 HGB, Rz. 189, Stand 10/2011.

[176] Vgl. anstatt vieler BFH, Urteil v. 8.12.1982, I R 142/81, BStBl 1983 II S. 369; BFH, Urteil v. 31.3.1995, I R 74/93, BStBl 1995 II S. 683.

Erfolgsbeitrag vorliegt[177] bzw. die Gefahr (Preis, Untergang etc.) übergegangen und der geschuldete Lieferungs-/Leistungsauftrag wirtschaftlich erfüllt ist.[178] Daraus ergibt sich auch, dass sowohl der Vertragsabschluss als auch der Zugang zur produktionsnachgelagerten Lagerung als Realisationszeitpunkte ausscheiden. Der **Gefahrenübergang** (auf den Käufer/Auftraggeber) ist in diesen Fällen noch nicht erfolgt. Aus der Vorschrift des § 252 Abs. 1 Nr. 5 HGB wiederum folgt, dass Aufwendungen und Erträge unabhängig von den Zeitpunkten der entsprechenden Zahlungen zu berücksichtigen sind (Rz 121 ff.) und damit der Zeitpunkt der erfolgten Gegenleistung/Zahlung für die Realisation irrelevant ist. Zur Berücksichtigung von Gewährleistungs- sowie Produkthaftungsrisiken bedarf es keiner Ausdehnung/Verschiebung des Realisationszeitpunkts.[179] Vorhersehbare Risiken und Verluste, die bis zum Abschlussstichtag entstanden sind, sind gem. § 252 Abs. 1 Nr. 4 Hs. 1 HGB zu berücksichtigen (Rz 89 ff.).

Erfolgt die Gegenleistung/Zahlung vor Erfüllung der Lieferungs-/Leistungsverpflichtung, so ändert dies nichts an der Realisation erst mit Gefahrenübergang. In diesen Fällen erfolgt buchhalterisch eine Berücksichtigung der Zahlung als erhaltene Anzahlung unter den Verbindlichkeiten (C.3.).

Hinsichtlich der Frage, wann im Speziellen von einer entsprechenden Erfüllung der Lieferungs-/Leistungsverpflichtung bzw. einem Übergang der Gefahr auszugehen ist, ist zwischen den möglichen Geschäftsarten (Verkaufsgeschäfte, Dienstleistungen, Nutzungsvergütungen etc.) sowie möglichen Ausprägungen dieser (etwa kurz- oder langfristige Auftragsfertigung) zu differenzieren. Dazu nachfolgend die Rz 99 ff.

2.4.3.2.2 Verkaufsgeschäfte

99 Im Rahmen von **Verkaufsgeschäften** ist von einer Erfüllung der Lieferungs-/Leistungsverpflichtung und damit einer Gewinn-/Ertragsrealisation auszugehen, wenn die Gefahr des zufälligen Untergangs und der zufälligen Verschlechterung[180] bzw. die Chancen und Risiken[181] auf den Käufer übergehen. Dies erfolgt gem. § 446 Satz 1 BGB mit der Übergabe der verkauften Sache (dazu das Schrifttum teilweise einschränkend; s. Rz 102).

Bei der Übergabe kommt es zudem auf den Übergang des wirtschaftlichen und nicht (erst) des rechtlichen Eigentums an. Dies kann sich auch dann nicht ändern, wenn das rechtliche Eigentum vor dem wirtschaftlichen Eigentum übergeht. Dies insofern hinsichtlich des rechtlichen Eigentumsübergangs bei Grundstücken durch Grundbucheintragung vor Übergabe zutreffend unterlegend *Hoffmann/Lüdenbach*.[182]

---

[177] Vgl. *Baetge/Ziesemer/Schmidt*, in *Baetge/Kirsch/Thiele*, Bilanzrecht, § 252 HGB, Rz 190, Stand 10/2011.
[178] Vgl. *Claussen*, in Kölner Kommentar zum HGB, 2011, vor § 252 HGB, Rz. 45; *Hoffmann/Lüdenbach*, NWB-Kommentar Bilanzierung, 8. Aufl., 2017, § 252 HGB Rz 110.
[179] Vgl. *Winkeljohann/Büssow*, in Beck Bil-Komm. 10. Aufl., 2016, § 252 HGB, Rz 44.
[180] Korrespondierend dazu auch der BFH. Siehe dazu etwa BFH, Urteil v. 3.8.2005, I R 94/03, BStBl 2006 II S. 20; BFH, Urteil v. 3.8.2005, I R 94/03, BStBl 2006 II S. 20.
[181] Formulierung nach *Hoffmann/Lüdenbach*, NWB-Kommentar Bilanzierung, 8. Aufl., 2017, § 252 HGB Rz 110.
[182] Siehe dazu *Hoffmann/Lüdenbach*, NWB-Kommentar Bilanzierung, 8. Aufl., 2017, § 252 HGB Rz 115 f.

Im Kontext von **Versendungsverkäufen** ist hinsichtlich des Gefahrenübergangs zwischen einem Verbrauchsgüterverkauf und einem Verkauf nicht an Verbraucher zu unterscheiden. Gemäß § 447 Abs. 1 BGB erfolgt jenseits eines Verbrauchsgüterverkaufs der Gefahrenübergang, sobald der Verkäufer die Sache dem Spediteur, dem Frachtführer oder der sonst zur Ausführung der Versendung bestimmten Person oder Anstalt ausgeliefert hat. Handelt es sich allerdings um einen Verbrauchsgüterkauf, geht die Gefahr erst über, wenn der Verbraucher die Sache erhalten hat. 100

Die in einigen Branchen/Unt gängige Praxis der Forderungsverbuchung im Zuge bzw. infolge der **Rechnungsstellung** ist streng genommen unzulässig. Zwar können Erfüllung der Lieferungs-/Leistungsverpflichtung und Rechnungsstellung zusammenliegen, es bleibt jedoch grds. bei der Maßgeblichkeit der Erfüllung der Lieferungs-/Leistungsverpflichtung. Allerdings kann der Zeitpunkt der Rechnungsstellung nicht zuletzt aus Wirtschaftlichkeitsgründen u. E. hilfsweise als Realisationszeitpunkt dienen, sofern Rechnungsstellung (in diesen Fällen gleich Forderungsverbuchung) und Erfüllung der Lieferungs-/Leistungsverpflichtung entsprechend der eingerichteten Prozesse im Regelfall am gleichen Tag erfolgen oder die Rechnungsstellung nach dem Gefahrenübergang erfolgt. Ergeben sich diesbezüglich zeitliche Differenzen aus nicht plan- bzw. steuerbaren Einzelfällen, kann in diesen Ausnahmefällen unter Beibehaltung der Vorgehensweise vorgegangen werden, sofern diese Zeitpunkte nicht wesentlich auseinander liegen.[183] Dieser gewisse Spielraum ist in der Praxis – insb. bei Versendungsverkäufen an Verbraucher – u. E. geboten, da es regelmäßig Situationen geben kann, die zu einem (außerplanmäßigen) kurzen Verzug der Erfüllung der Lieferungs-/Leistungsverpflichtung führen können. In diesem Kontext die Ausnahmeregelung des § 252 Abs. 2 HGB zu aktivieren, halten wir in diesen Fällen für kritisch, – infolge der erforderlichen Begründung – zumindest aber für überzogen. Dazu nachfolgende Beispiele. 101

> **Beispiel**
> **Außerplanmäßiger Verzug der Erfüllung der Lieferungs-/Leistungsverpflichtung**
> **Grundsachverhalt**
> Der Händler A, der Autoteile an gewerbliche und private Kunden liefert, fertigt die Rechnungen tagesaktuell aus und versendet diese im Regelfall direkt mit der Ware am gleichen Tag. Im Zuge der Ausfertigung der Rechnungen erfolgt auch die Forderungsverbuchung.
> **Abwandlung I – Versendungsverkauf nicht an Verbraucher**
> Der gewerbliche Kunde M bestellt mittags per Telefon einen Satz Bremsscheiben. Die Bremsscheiben liegen auf Lager und sollen noch am gleichen Tag mit der letzten Abholung durch den Versanddienstleister versendet werden. Die Rechnung wird ausgefertigt und zusammen mit der Ware verpackt. Der Versendungsdienstleister kann die letzte der vertraglich vereinbarten Abholungen der Waren infolge einer technischen Panne nicht vornehmen. Die Ware wird daher erst am Morgen des Folgetags an den Versanddienstleister überge-

---

[183] Dies nur dann für zulässig erachtend, wenn die Rechnungsstellung am Tag des Gefahrenübergangs oder später erfolgt *Fülbier/Kuschel/Selchert*, in *Küting/Pfitzer/Weber*, HdR, HGB § 252, Rn 94, Stand 12/2010.

> ben. Buchhalterischer Realisationszeitpunkt und Erfüllung der Lieferungs-/Leistungsverpflichtung (Gefahrenübergang sobald der Verkäufer die Sache dem Spediteur, dem Frachtführer oder der sonst zur Ausführung der Versendung bestimmten Person oder Anstalt ausgeliefert/übergeben hat) liegen hier ausnahmsweise auseinander.
>
> **Abwandlung II – Versendungsverkauf an Verbraucher**
> Verbraucher P bestellt im Laden einen neuen Schaltknauf, da dieser derzeit nicht auf Lager ist. Der Schaltknauf soll von A versendet werden, wenn er wieder verfügbar ist. Der Schaltknauf wird am nächsten Tag vom Großhändler geliefert. Er soll noch am gleichen Tag mit der letzten Abholung durch den Versanddienstleister versendet werden. Da die Rechnung an einen Verbraucher gerichtet ist und die Gefahr bei einem Verbrauchsgüterkauf erst übergeht, wenn der Verbraucher die Sache erhalten hat, erstellt und versendet Händler A die Rechnung drei Tage nach Versand der Ware (die übliche und mit dem Versanddienstleister vereinbarte Lieferfrist beträgt zwei Tage). Aufgrund von Problemen beim Versanddienstleister trifft die Ware erst einen Tag nach der Ausfertigung der Rechnung und Verbuchung der Forderung beim Kunden ein. Buchhalterischer Realisationszeitpunkt und Erfüllung der Lieferungs-/Leistungsverpflichtung liegen hier ausnahmsweise auseinander.

Aus Abwandlung II wird ein Problem der Festlegung des Realisationszeitpunkts auf den Zeitpunkt der Erfüllung der Lieferungs-/Leistungsverpflichtung deutlich. Verfügt ein Händler (meist infolge einer gewissen (geringen) Betriebsgröße) nicht über entsprechende IT-Systeme zur automatischen Nachverfolgung des Sendungsstatus, ist ihm regelmäßig nicht bekannt, wann der Verbraucher die Sache erhalten hat bzw. kann er diese Informationen nur mit unverhältnismäßig hohem Aufwand gewinnen (sofern möglich etwa tägliche und manuelle Eingabe aller Sendungsnummern).

102 Bestehen gesetzliche **Widerrufs- oder Rückgaberechte** – etwa infolge eines Verbrauchsgüterkaufs bei Fernabsatzverträgen i.S.d. §§ 312d oder 356 BGB – oder wird dem Verbraucher ein Rückgaberecht eingeräumt, soll eine Gewinn-/Ertragsrealisation nach einer in der Literatur vertretenen Auffassung grds. und stets erst nach Ablauf der Frist erfolgen dürfen.[184] Davon abweichend wird mitunter für eine situationsabhängige Gewinn-/Ertragsrealisation nebst Rückstellungsbildung plädiert.[185] Dies wird damit begründet, dass abseits von Verbraucherverkäufen „regelmäßig ein (verdecktes) Kommissionsgeschäft" vorliegt und eine Realisation entsprechend unzulässig sein soll.[186] Diese Auffassungen sind u.E. weder rechtstheoretisch hinreichend sicher, noch sachgerecht. Der BFH spricht etwa von der Erfüllung der Lieferungs-/Leistungsverpflichtung und damit einer Gewinn-/Ertragsrealisation, wenn die Gefahr des zufälligen

---

[184] So *Baetge/Ziesemer/Schmidt*, in *Baetge/Kirsch/Thiele*, Bilanzrecht, § 252 HGB, Rz 195, Stand 10/2011; ADS, 6. Aufl. § 252 HGB, Rz. 82.

[185] Obwohl zunächst wohl für eine undifferenzierte Realisation nebst Rückstellungsbildung plädierend *Hoffmann/Lüdenbach*, NWB-Kommentar Bilanzierung, 8. Aufl., 2017, § 252 HGB Rz 129, die im Nachgang unter Rz. 131 zwischen Verbrauchsgüterverkäufen (zulässig, sofern kein neues Produkt) und dem Verkauf nicht an Verbraucher (wohl unzulässig) unterscheiden.

[186] So *Hoffmann/Lüdenbach*, NWB-Kommentar Bilanzierung, 8. Aufl., 2017, § 252 HGB Rz 131.

Untergangs und der zufälligen Verschlechterung auf den Käufer übergeht.[187] Diese Gefahr wird eben (auch) regelmäßig in der Sphäre des Käufers liegen. Noch deutlicher heißt es beim BFH auch „eine spätere Vertragsauflösung steht, unabhängig davon, auf welchen Gründen sie beruht, der Gewinnrealisierung grundsätzlich nicht entgegen."[188]

Mag man infolge eines Widerrufs- oder Rückgaberechts dennoch keinen Gefahrenübergang erkennen, so lässt sich eine abweichende Behandlung von Gewährleistungs- oder Produkthaftungsrisiken ebenfalls nicht begründen. Ein Preisrisiko – und nach zweifacher erfolgloser Nacherfüllung auch ein Recht zum Rücktritt vom Kaufvertrag – liegt hier ebenfalls vor.

Auch die pauschale Unterstellung eines (verdeckten) Kommissionsgeschäftes[189] sowie die Argumentation, Verbraucher hätten kein erhebliches Rückgabeinteresse[190] ist u. E. weder begründbar noch sachgerecht. An dieser Stelle sei etwa auf die extrem hohen Rücksendequoten bei Onlineversandhändlern verwiesen. Eine unterschiedliche Behandlung hinsichtlich der Zulässigkeit der Realisation nebst Rückstellungsbildung kann sich daraus nicht ergeben.

Abschließend sei noch auf die schwierige zutreffende umsatzsteuerliche Erfassung im Fall einer Realisation erst nach Ablauf der Widerrufs- oder Rückgabefrist und den möglichen Missbrauch im Kontext der Gewinn-/Ertragsrealisation durch (ggf. extreme) Ausdehnung der Rückgabefristen hingewiesen.

Im Ergebnis ist u. E. auch die Berücksichtigung einer statistischen Rücksendungsquote durch eine Rückstellung in Kombination mit einer Gewinnrealisation nach (erwarteter) Zustellung zulässig.[191]

2.4.3.2.3 Sonderfall Langfristfertigung/-leistung

Besondere Bedeutung hat die Frage nach der Gewinn-/Ertragsrealisation bei der sog. langfristigen Auftragsfertigung/-leistung, d. h. der mindestens stichtagsübergreifenden[192] auftragsgemäßen Erbringung von Sach- oder Dienstleistungen auf Basis von Werk[193]- oder Werklieferverträgen.[194] Da bei Werkverträgen eine Realisation mangels Gefahrenübergang bzw. Erfüllung der Lieferungs-/Leistungsverpflichtung (erst) mit der Abnahme erfolgt (Rz 107), ergibt sich regelmäßig auch bei langfristiger Auftragsfertigung/-leistung eine Realisation erst nach im Gesamten bewirkter Lieferung/Leistung, d. h. nach Abnahme. Dies wird auch als sog. **Completed-Contract-Methode** bezeichnet. Daraus resultiert jedoch mitunter eine „verzerrte" Darstellung der Ertragslage – es kann zunächst neben dem

---

[187] Korrespondierend dazu auch der BFH. Siehe dazu etwa BFH, Urteil v. 3.8.2005, I R 94/03, BStBl 2006 II S. 20.
[188] BFH, Urteil v. 28.3.2000, VIII R 77/96, BStBl 2002 II S. 227 mwN u.a. auf BFH, Urteil v. 12.10.1977, I R 248/74, BStBl 1978 II S. 191.
[189] So *Hoffmann/Lüdenbach*, NWB-Kommentar Bilanzierung, 8. Aufl., 2017, § 252 HGB Rz 131.
[190] So *Hoffmann/Lüdenbach*, NWB-Kommentar Bilanzierung, 8. Aufl., 2017, § 252 HGB Rz 131.
[191] Ebenso etwa *Petersen/Künkele/Göttler*, DStR 2012, S. 214.
[192] MwN. *Baetge/Ziesemer/Schmidt*, in *Baetge/Kirsch/Thiele*, Bilanzrecht, § 252 HGB, Rz 201, Stand 10/2011.
[193] „Durch den Werkvertrag wird der Unternehmer zur Herstellung des versprochenen Werkes, der Besteller zur Entrichtung der vereinbarten Vergütung verpflichtet." § 631 Abs. 1 BGB.
[194] „Auf einen Vertrag, der die Lieferung herzustellender oder zu erzeugender beweglicher Sachen zum Gegenstand hat, finden die Vorschriften über den Kauf Anwendung." § 651 Satz 1 BGB.

104 ausbleibenden Ausweis von Gewinnanteilen zum Ausweis von negativen Erfolgsbeiträgen[195] i.V.m. mit einer späteren zu hohen Gewinnrealisation kommen.[196] Insofern bestehen Überlegungen bzw. Versuche dieses Problem zu umgehen.

104 Der dazu (sachlich) geeigneten international üblichen **Percentage-of-Completion-Methode** – anteilige/prozentuale Realisation entsprechend des Fertigstellungsgrads – steht nach hM mangels Gefahrenübergang bzw. Erfüllung der Lieferungs-/Leistungsverpflichtung handelsrechtlich das Realisationsprinzip entgegen (zur Frage der Anwendung der Methode im Ausnahmefall siehe Rz 120).[197] Klarstellend bzw. abgrenzend ist zu ergänzen, dass es sich um eine **Teilrealisation ohne Teilabnahmen** handelt.

105 Ein weiterer mithin wohl weitestgehend akzeptierter Ansatz besteht in der **Teilrealisation mit Teilabnahmen**.[198] Die Gesamtlieferung/-leistung wird in diesem Zuge vertraglich in Teillieferungen/-leistungen zerlegt, die mit einer Abnahme der Teilleistungen verbunden sind, wobei bereits eine vertraglich eröffnete Option zur Zerlegung in Teillieferungen/-leistungen nebst Teilabnahmen der Anforderung der vertraglichen Regelung genügt. Dies ist insofern konsequent, als dass bei Werkverträgen eben gerade die Abnahme eine Realisation infolge des Gefahrenübergang bzw. der Erfüllung der Lieferungs-/Leistungsverpflichtung begründet (Rz 101). Das vereinzelt aufgebrachte Argument,[199] es bedürfe in diesem Rahmen eines zusätzlichen Kunstgriffs, da der Gefahrenübergang gem. § 646 BGB erst mit Vollendung erfolge, ist nicht nachvollziehbar. § 646 BGB bezieht sich explizit nur auf den Fall einer beschaffenheitsbedingt unmöglichen Abnahme.[200]

Dennoch bedarf es zur Teilrealisation mit Teilabnahmen zusätzlicher Voraussetzungen. Unstreitig sind wohl die Anforderungen der Abgrenzbarkeit der Teillieferungen/-leistungen und deren getrennte Abrechnungsfähigkeit. Gleiches gilt für die Anforderung der voraussichtlichen Nichtentstehung eines Verlustes aus dem Gesamtauftrag.[201]

Das aufgebrachte Kriterium der erfolgten Zahlung des Auftraggebers entsprechend dem Leistungsfortschritt[202] ist u.E. nicht tragbar. Aus der Vorschrift des § 252 Abs. 1 Nr. 5 HGB folgt, dass Aufwendungen und Erträge unabhängig von

---

[195] Nicht als HK aktivierungsfähige oder wahlrechtsgemäß nicht aktivierte Kosten. In diesem Kontext sind die verschiedenen Gewinndefinitionen zu beachten (Rz 91).
[196] Vgl. etwa *Baetge/Ziesemer/Schmidt*, in *Baetge/Kirsch/Thiele*, Bilanzrecht, § 252 HGB, Rz 202, Stand 10/2011.
[197] Vgl. *Fülbier/Kuschel/Selchert*, in *Küting/Pfitzer/Weber*, HdR, HGB § 252, Rn 100, Stand 12/2010; *Baetge/Ziesemer/Schmidt*, in *Baetge/Kirsch/Thiele*, Bilanzrecht, § 252 HGB, Rz 203, Stand 10/2011; wohl auch *Hoffmann/Lüdenbach*, NWB-Kommentar Bilanzierung, 8. Aufl., 2017, § 252 HGB Rz 126.
[198] Vgl. BFH, Urteil v. 5.12.1956, II 71/56 U, BStBl 1957 III S. 28; BFH, Urteil v. 8.12.1982, I R 142/81, BStBl 1983 II S. 269; *Fülbier/Kuschel/Selchert*, in *Küting/Pfitzer/Weber*, HdR, HGB § 252, Rn 99, Stand 12/2010; *Baetge/Ziesemer/Schmidt*, in *Baetge/Kirsch/Thiele*, Bilanzrecht, § 252 HGB, Rz 203, Stand 10/2011; dem wohl grundlegend zustimmend, aber mit einer gewissen Skepsis begegnend *Hoffmann/Lüdenbach*, NWB-Kommentar Bilanzierung, 8. Aufl., 2017, § 252 HGB Rz 124f.
[199] So *Hoffmann/Lüdenbach*, NWB-Kommentar Bilanzierung, 8. Aufl., 2017, § 252 HGB Rz 124.
[200] „Ist nach der Beschaffenheit des Werkes die Abnahme ausgeschlossen, so tritt in den Fällen des … an die Stelle der Abnahme die Vollendung des Werkes."§ 646 BGB.
[201] So gefordert etwa von BFH, Urteil v. 13.12.1979, IV R 69/74, BStBl 1980 II S. 239; *Baetge/Ziesemer/Schmidt*, in *Baetge/Kirsch/Thiele*, Bilanzrecht, § 252 HGB, Rz 203, Stand 10/2011.
[202] So BFH, Urteil v. 13.12.1979, IV R 69/74, BStBl 1980 II S. 239.

den Zeitpunkten der entsprechenden Zahlungen zu berücksichtigen sind (Rz 121) und damit der Zeitpunkt der erfolgten Gegenleistung/Zahlung für die Realisation irrelevant ist. Dennoch sieht der BFH in seinem Urteil vom 14.5.2014[203] bei Werkverträgen bei Architekten und Ingenieuren den Anspruch von Abschlagszahlungen als Realisationszeitpunkt an. Dabei erfordert eine Gewinnrealisierung bei Werkverträgen zwar die Abnahme des Werks, sie kann nach Gerichtsmeinung jedoch vorzuziehen sein, wenn die Entstehung des Entgeltanspruchs durch Sonderregelungen wie eine Gebührenordnung modifiziert wird. Abschlagszahlungen nach § 8 Abs. 2 HOAI dürfen daher nach Gerichtsmeinung nicht wie Anzahlungen auf schwebende Geschäfte bilanziert werden und sind als realisiert anzusehen. Das BMF hatte daraufhin in seinen Schreiben vom 13.5.2015[204] und 29.6.2015[205] zunächst die Reichweite des BFH-Urteils auf sämtliche Abschlagszahlungen nach § 632a BGB von Werkverträgen i. S. d. § 631 BGB ausgeweitet. Nach der in diesen Schreiben dargelegten Auffassung des BMF handelte es sich bei diesen Abschlagszahlungen um die Abrechnung von bereits verdienten Ansprüchen, da der Schuldner des Werkvertrags seine Leistung bereits erbracht hatte. Die Abschlagszahlungen mussten nach der Weisung aber von Forderungen auf einen Vorschuss abgegrenzt werden, für die nach Verwaltungsmeinung keine Gewinnrealisierung eintrat.

Dies war u. E. als höchst widersprüchlich anzusehen. Entweder die Leistung ist erbracht und abgenommen, dann ist sie realisiert, oder es fehlt an diesen Merkmalen. Die Zahlung ist für die Realisation irrelevant.[206]

Am 15.3.2016 hat das BMF im Einvernehmen mit den obersten Landesbehörden der Länder hinsichtlich der Gewinnrealisierung von Abschlagszahlungen in Fällen jenseits des BFH-Urteils vom 14.5.2014 (Werkverträge bei Architekten und Ingenieuren) jedoch ohnehin die ursprüngliche Rechtslage wiederhergestellt.[207] Die Verwaltungsanweisung vom 29.6.2015 wurde aufgehoben. Die Anwendung der Grundsätze des BFH-Urteils vom 14.5.2014 wurde insofern auf Abschlagszahlungen nach § 8 Abs. 2 HOAI aF begrenzt.[208] Das Urteil findet entsprechend keine Anwendung mehr auf Abschlagszahlungen gem. der 2013 modifizierten HOAI und nach § 632a BGB.

2.4.3.2.4 Dienstleistungen

Im Kontext von **Dienstleistungen** ergibt sich der Realisationszeitpunkt bzw. der Zeitpunkt der Leistungserbringung in Abhängigkeit der Vertragsart (Dienst- oder Werkvertrag) sowie im Fall von Dienstverträgen weiterhin in Abhängigkeit der Einordnung als zeitpunkt- oder zeitraumbezogen.

106

---

[203] BFH, Urteil v. 14.5.2014, VIII R 25/11, BStBl II S. 968.
[204] BMF, Schreiben v. 13.5.2015 (unveröffentlicht), IV C 6 – S 2130/15/10001; inhaltlich gleichlautend: Bayerisches Landesamt für Steuern, Verfügung v. 21.5.2015, S 2132 b 1.1–1/2 St 32.
[205] BMF, Schreiben v. 29.6.2015, IV C 6 – S 2130/15/10001, S. 1–2.
[206] So auch *Velte/Stawinoga*, StuW 2016, S. 118–133.
[207] BMF, Schreiben v. 15.3.2016, IV C 6 – S 2130/15/10001.
[208] § 8 Absatz 2 HOAI aF gilt für Leistungen, die bis zum 17.8.2009 vertraglich vereinbart wurden. Zur Vermeidung von Härten kann der Steuerpflichtige dabei den aus der erstmaligen Anwendung der Grundsätze der BFH-Entscheidung resultierenden Gewinn gleichmäßig entweder auf das Wirtschaftsjahr der erstmaligen Anwendung und das folgende Wirtschaftsjahr oder auf das Wirtschaftsjahr der erstmaligen Anwendung und die beiden folgenden Wirtschaftsjahre verteilen. Zur buchhalterischen Behandlung in diesen Fällen siehe *Oser/Bolik/Wirtz*, DB 2016, S. 421 ff.

107 **Werkverträge** i.S.d. § 631 BGB sind durch die Vereinbarung zur Schuldung eines bestimmten Werkes bzw. Arbeitsergebnisses gekennzeichnet. Gemäß § 640 BGB ist der Besteller (Auftraggeber) zur Abnahme des vertragsmäßig hergestellten Werks/Arbeitsergebnisses verpflichtet, sofern einer Abnahme nicht die Beschaffenheit des Werks entgegensteht.[209] Insofern erfolgt der Gefahrenübergang im Rahmen eines Werkvertrags (erst) mit der Abnahme durch den Besteller. Daraus ergibt sich eine Gewinn-/Ertragsrealisation (auch erst) zu diesem Zeitpunkt. Abschlagszahlungen oder Vorschüsse begründen keine (Teil-)Gewinnrealisation.[210] Wird die Leistung nicht wie vereinbart erbracht, unterliegen diese mitunter einer Rückzahlungspflicht. Es mangelt entsprechend am Gefahrenübergang. Hinsichtlich einer etwaigen Teil-Gewinnrealisation wird auf die Ausführungen zur Langfristfertigung/-leistung (Rz 103 f.) verwiesen.

108 In Abgrenzung zu Werkverträgen wird im Rahmen von **Dienstleistungsverträgen** kein vertragsmäßig hergestelltes Werk/Arbeitsergebnis, sondern die Leistung der versprochenen Dienste geschuldet. Ist die vereinbarte Dienstleistung **zeitpunktbezogen** und die Hauptleistung erbracht, so gilt diese als wirtschaftlich erbracht und der Gefahrenübergang ist erfolgt.[211] Im Ergebnis hat eine Gewinn-/Ertragsrealisation zu diesem Zeitpunkt zu erfolgen. Offenstehende Nebenleistungen verhindern keine Realisation. Bei **zeitraumbezogenen** Dienstleistungen kommt eine ratierliche Realisation in Betracht. Es handelt sich um Wiederkehr- bzw. Dauerschuldverhältnisse (dazu auch Rz 109). Bereits erbrachte Leistungseinheiten (etwa Beratertage oder Stundensätze) sind realisiert. Anders als bei Werkverträgen erfolgt der Gefahrenübergang nicht erst mit Erbringung der letzten Leistungseinheit. Eine gleichmäßige Verteilung der Leistungseinheiten ist hierfür nicht erforderlich.[212] In der Praxis dürfte in diesem Kontext wohl regelmäßig eine Realisation zum Zeitpunkt der Rechnungsstellung bzw. zum Ablauf der vereinbarten Rechnungsperiode erfolgen, die bei kurzen zeitraumbezogenen Dienstleistungen häufig nach Erbringung der gesamten Leistungseinheiten und bei längeren zeitraumbezogenen Dienstleistungen nach vereinbarten Abrechnungsintervallen vorgenommen wird. Die hilfsweise Abstellung auf bestimmte Abrechnungsperioden ist u.E. in diesem Zusammenhang gestattet, wenngleich dadurch mitunter eine Realisation erst nach Erfüllung der Leistungsverpflichtung erfolgt.

2.4.3.2.5 Dauerschuldverhältnisse/Nutzungsüberlassungen

109 Dauerschuldverhältnisse, d.h. Schuldverhältnisse jenseits einmaliger Erfüllungshandlungen mit während der Laufzeit wiederkehrenden Leistungspflichten, haben eine ratierliche/anteilige Gewinn-/Ertragsrealisation (prt) entsprechend der Leistungserbringung zur Folge.[213] Zu den Dauerschuldverhältnissen zählen etwa:

---

[209] Vgl. *Baetge/Ziesemer/Schmidt*, in *Baetge/Kirsch/Thiele*, Bilanzrecht, § 252 HGB, Rz 196, Stand 10/2011.
[210] Vgl. *Baetge/Ziesemer/Schmidt*, in *Baetge/Kirsch/Thiele*, Bilanzrecht, § 252 HGB, Rz 196, Stand 10/2011.
[211] Vgl. *Hoffmann/Lüdenbach*, NWB-Kommentar Bilanzierung, 8. Aufl., 2017, § 252 HGB Rz 140.
[212] Dies zumindest in einigen Fällen in Zweifel ziehend *Hoffmann/Lüdenbach*, NWB-Kommentar Bilanzierung, 8. Aufl., 2017, § 252 HGB Rz 141.
[213] Vgl. *Baetge/Ziesemer/Schmidt*, in *Baetge/Kirsch/Thiele*, Bilanzrecht, § 252 HGB, Rz 197, Stand 10/2011.

- Mietverträge
- Pachtverträge
- Leasingverträge
- Darlehensverträge
- Bürgschaften
- Lizenzen (ggf. unter Einschränkungen, Rz 110)
- Versicherungen

Bereits erbrachte Leistungseinheiten (z. B. monatliche Mietzahlung) sind realisiert. Hinsichtlich der Realisation zum Zeitpunkt der Rechnungsstellung bzw. zum Ablauf der vereinbarten Rechnungsperiode s. Rz 101.

In Abweichung zu den üblichen Lizenzmodalitäten, die Lizenzgebühren entweder für einen bestimmten Zeitraum, eine bestimmte Stückzahl oder etwa einen bestimmten Umsatz vorsehen, soll eine Festpreislizenz ohne zeitliche Begrenzung keine Gewinn-/Ertragsrealisation prt zur Folge haben.[214] Die Realisation sei mit Vertragsabschluss (gemeint sein müsste hier wohl der Beginn der Lizenzgewährung) erfolgt.[215] Eine Realisation mit Beginn der/des Lizenzgewährung/Vertragsabschlusses ist hier insofern kritisch, als dass insb. bei US-amerikanischen Patenten keinesfalls mit einem sicheren Bestand der Patente gerechnet werden kann und vertragliche Regelungen bei einem Verlust des Patentschutzes nahezu immer eine vollständige oder teilweise Rückzahlung der Lizenzgebühr – ggf. nebst Schadensersatzleistungen – vorsehen. Zumindest in Fällen bestehender Rückzahlungsvereinbarungen halten wir eine (zeit)anteilige Realisation für angebracht, die sich an der maximalen Patentlaufzeit orientieren kann.

110

2.4.3.2.6 Mehrkomponentengeschäfte

Mehrkomponentengeschäfte sind durch die Zusammenfassung mehrerer verschiedener (Teil-)Leistungen oder mehrerer Einzelverträge gekennzeichnet, die wirtschaftlich eng verbunden sind.[216]

111

Zu Mehrkomponentengeschäften zählen etwa:
- Verkaufsgeschäfte in Kombination mit einer Finanzierung
- Verkaufsgeschäfte in Kombination mit Servicedienstleistungen
- Verkaufsgeschäfte mit Bonuspunktesystem

Die einzelnen Komponenten sind hinsichtlich der Realisation dabei regelmäßig unterschiedlich zu beurteilen. Insofern besteht das Erfordernis zur Abgrenzung der einzelnen Komponenten bzw. insb. ihrer Realisationszeitpunkte. Der Gesamtertrag aus dem Mehrkomponentenertrag ist dazu auf die einzelnen Komponenten aufzuteilen, wobei die beizulegenden Zeitwerte der Komponenten bzw. die Relation dieser zueinander maßgeblich für die Aufteilung sind.[217] Dies setzt die Bestimmbarkeit der beizulegenden Zeitwerte voraus.[218] Daraus ergibt sich im Umkehr-

---

214 So *Hoffmann/Lüdenbach*, NWB-Kommentar Bilanzierung, 8. Aufl., 2017, § 252 HGB Rz 146 mwN.
215 Vgl. *Hoffmann/Lüdenbach*, NWB-Kommentar Bilanzierung, 8. Aufl., 2017, § 252 HGB Rz 146.
216 Vgl. *Winkeljohann/Büssow*, in Beck Bil-Komm., 10. Aufl., 2016, § 252 HGB, Rz 44.
217 Vgl. *Fülbier/Kuschel/Selchert*, in *Küting/Pfitzer/Weber*, HdR, HGB § 252, Rn 102, Stand 12/2010; *Winkeljohann/Büssow*, in Beck Bil-Komm., 10. Aufl., 2016, § 252 HGB, Rz 44; *Hoffmann/Lüdenbach*, NWB-Kommentar Bilanzierung, 8. Aufl., 2017, § 252 HGB Rz 150.
218 Vgl. *Fülbier/Kuschel/Selchert*, in *Küting/Pfitzer/Weber*, HdR, HGB § 252, Rn 102, Stand 12/2010; *Winkeljohann/Büssow*, in Beck Bil-Komm., 10. Aufl., 2016, § 252 HGB, Rz 44; *Hoffmann/Lüdenbach*, NWB-Kommentar Bilanzierung, 8. Aufl., 2017, § 252 HGB Rz 150.

schluss, dass eine Aufteilung bzw. eine einzelkomponentenbezogene (Teil-)Realisation bei unmöglicher Bestimmbarkeit der beizulegenden Zeitwerte ausscheidet. Eine Realisation kann dann erst mit Abschluss des gesamten Mehrkomponentengeschäfts erfolgen. Die mitunter explizit geforderte sachliche Trennbarkeit[219] ergibt sich u. E. automatisch – andernfalls liegen keine einzelnen Komponenten vor.

2.4.3.2.7 Strukturierte Geschäfte

112 Unter **strukturierten Geschäften** sind Geschäfte zu verstehen, deren wirtschaftlicher Gehalt von der darunterliegenden formalrechtlichen/schuldrechtlichen Ausgestaltung abweicht.[220] Derartige Strukturierungen liegen etwa dann vor, wenn zwei Verkaufsgeschäfte durch Vertragsgestaltung oder zeitgleiche bzw. nur kurz auseinanderliegende Einzelverträge derart kombiniert werden, dass sich dem wirtschaftlichen Gehalt nach faktisch eine Nutzungsüberlassung ergibt (**Sale-and-buy-back-Geschäfte**[221]). Auch kann sich hinter einer Nutzungsüberlassung dem wirtschaftlichen Gehalt nach ein Verkaufsgeschäft verbergen.[222] Strukturierte Geschäfte werden etwa mit dem Ziel der zwischenzeitlichen Beeinflussung der Bilanzstruktur oder der Erzielung von Erträgen aus der vorübergehenden Überlassung von VG vorgenommen.[223]

113 Besteht kein enger Zusammenhang zwischen den formalrechtlichen/schuldrechtlichen Komponenten bzw. Verträgen, ist dies aus der Perspektive der Gewinn-/Ertragsrealisation als unkritisch zu erachten.[224]**Kritisch und hinsichtlich der Zeitpunkte der Gewinn-/Ertragsrealisation fraglich** dagegen ist ein enger zeitlicher oder sachlicher Zusammenhang der formalrechtlichen/schuldrechtlichen Komponenten oder deren gleichzeitige Zusammenfassung von Anfang an. Dies liegt daran, dass es auf die (formalrechtlichen) Eigentumsverhältnisse bei der Gewinn-/Ertragsrealisation gerade nicht ankommt und mitunter vom Ausbleiben eines Gefahrenübergangs ausgegangen werden muss (dazu im Detail Rz 98f.). Hierin ein Mehrkomponentengeschäft zu sehen,[225] wird zu Recht als zu kurz gegriffen abgelehnt.[226]
Verbleiben bei derartigen Strukturierungen bei wirtschaftlicher Betrachtungsweise wesentliche Elemente beim „Verkäufer" und bleibt ein Gefahrenübergang demgemäß aus oder ist eine Nutzungsüberlassung im Umkehrfall aus der Perspektive des Risiko-/Gefahrenübergangs wirtschaftlich als Verkaufsgeschäft zu betrachten, hat eine Berücksichtigung dieser Sachlage bei der Gewinn-/Ertragsrealisation zu erfolgen.[227]

---

[219] So *Hoffmann/Lüdenbach*, NWB-Kommentar Bilanzierung, 8. Aufl., 2017, § 252 HGB Rz 150.
[220] Vgl. *Hoffmann/Lüdenbach*, NWB-Kommentar Bilanzierung, 8. Aufl., 2017, § 252 HGB Rz 154ff.
[221] „Solche Sale-and-buy-back-Geschäfte sind auch dann gegeben, wenn – bei Gattungssachen – nicht dieselben VG zurückerworben werden, sondern VG gleicher Art, Menge und Güte. Dies kommt insbesondere bei Wertpapieren und bei Beteiligungsrechten, aber auch bei Waren vor." IDW ERS HFA 13, n.F. Tz. 12.
[222] Mit konkreten Beispielen *Hoffmann/Lüdenbach*, NWB-Kommentar Bilanzierung, 8. Aufl., 2017, § 252 HGB Rz 155f.
[223] Vgl. IDW ERS HFA 13 n.F., Tz. 1.
[224] Vgl. (mit explizitem Bezug zu Sale-and-buy-back-Geschäften) IDW ERS HFA 13 n.F., Tz. 2.
[225] So BFH, Urteil v. 11.10.2007, IV R 52/04, BStBl 2009 II S. 705.
[226] So explizit *Hoffmann/Lüdenbach*, NWB-Kommentar Bilanzierung, 8. Aufl., 2017, § 252 HGB Rz 158; im Ergebnis ebenso IDW ERS HFA 13 n.F., Tz. 6ff.
[227] Gl. A. *Hoffmann/Lüdenbach*, NWB-Kommentar Bilanzierung, 8. Aufl., 2017, § 252 HGB Rz 154f.; *Winkeljohann/Büssow*, in Beck Bil-Komm., 10. Aufl., § 252 HGB, Rz 44; mit explizitem Bezug zu Sale-and-buy-back-Geschäften IDW ERS HFA 13 n.F., Tz. 6ff.

2.4.3.2.8 Genehmigungs- und Gremienvorbehalte

Bestehen gegen einen Realisationsvorgang **Genehmigungsvorbehalte**, etwa in Abhängigkeit einer Entscheidung des Kartellamts, so kommt es auf den Grad der Wahrscheinlichkeit der Zustimmung bzw. Genehmigungserteilung an. Ist mit hoher Wahrscheinlichkeit von einer Genehmigung auszugehen, so steht die schwebende Unwirksamkeit einer Realisation nicht entgegen.[228] Ist die Genehmigung dagegen höchst unsicher, kommt eine Gewinn-/Ertragsrealisation nicht in Betracht.[229] Die Beurteilung der Wahrscheinlichkeit kann einzig dem Diktat der vernünftigen kaufmännischen Beurteilung folgen, die jedoch keinesfalls mit „absoluter Objektivität" gleichzusetzen ist (zur Diskussion über Objektivität s. etwa Grundsatz des Willkürverbots Rz 151 ff.). Allerdings bzw. zusätzlich besteht ohnehin keine konkrete Wahrscheinlichkeitsgrenze. Die Entscheidung bleibt insofern in der subjektiven Sphäre des bilanzierenden bzw. ggf. einer richterlichen Instanz. **Gremienvorbehalte**, etwa infolge eines Katalogs zustimmungspflichtiger Geschäfte, stehen einer Realisation entgegen.[230] Eine Gewinn-/Ertragsrealisation kommt erst nach erfolgter Genehmigung in Betracht. 114

115

2.4.3.2.9 Gewinne aus Beteiligungen an Kapital- und Personengesellschaften

Gewinne aus **Beteiligung an KapG** sind zum **Zeitpunkt des Gewinnausschüttungsbeschlusses** realisiert, der den Gewinnanspruch rechtlich begründet.[231] Davon abweichend bzw. als ergänzende „Sonderfälle" werden in Schrifttum und höchstrichterlicher Rechtsprechung zwei weitere Realisationszeitpunkte gesehen. Sofern die Beteiligungsgewinne TU im Mehrheitsbesitz betreffen und das MU in der HV/GesV infolge der Stimmrechte eine bestimmte Gewinnausschüttung bestimmen kann, könne eine Realisation auch bereits dann erfolgen, wenn die Feststellung des Jahresabschlusses des TU erfolgt ist, der Abschlussstichtag nicht nach dem des Jahresabschlusses des MU liegt und ein korrespondierender Gewinnvorschlag vorliegt.[232] Dem BGH[233] und dem EuGH[234] zufolge handelt es sich bei Gewinnen aus Beteiligungen an KapG um ansatzerhellende Ereignisse, wenn die Beteiligung am TU 100 % beträgt, das TU abhängiges Konzernunt ist, Feststellung und Gewinnausschüttungsbeschluss beim TU vor dem Ende der Abschlussprüfung beim MU liegen und die Gj der Unt übereinstimmen.[235] Dies führt zur **periodengleichen Gewinnvereinnahmung**. Dieser Auffassung wird man sich wegen der gewichtigen Entscheidungsinstanzen aber wohl nur schwer entziehen können. *Hoffmann/Lüdenbach* sehen hierin zu Recht eine Möglichkeit 116

---

[228] Vgl. *Hoffmann/Lüdenbach*, NWB-Kommentar Bilanzierung, 8. Aufl., 2017, § 252 HGB Rz 166 mwN.: BGH, Urteil v. 31.10.1978, KZR 5/77, BB 1979 S. 543; BGH, Urteil v. 25.6.2009, IV R 3/07, BStBl 2010 II S. 182.
[229] Vgl. *Hoffmann/Lüdenbach*, NWB-Kommentar Bilanzierung, 8. Aufl., 2017, § 252 HGB Rz 166 ff.
[230] Vgl. *Hoffmann/Lüdenbach*, NWB-Kommentar Bilanzierung, 8. Aufl., 2017, § 252 HGB Rz 167.
[231] Vgl. ADS, 6. Aufl. § 252 HGB, Rz 82; *Hoffmann/Lüdenbach*, NWB-Kommentar Bilanzierung, 8. Aufl., 2017, § 252 HGB Rz 91; *Fülbier/Kuschel/Selchert*, in *Küting/Pfitzer/Weber*, HdR, HGB § 252, Rn 16, Stand 12/2010.
[232] So mwN. ADS, 6. Aufl. § 252 HGB, Rz 82.
[233] BGH, Urteil v. 12.1.1998, II ZR 82/83, DStR 1998, S. 383.
[234] EuGH, Urteil v. 27.6.1996, Rs. C-234/94, BB 1996, S. 1492.
[235] Dies dagegen abweisend BFH, Beschluss v. 7.8.2000, GrS 2/99, BStBl 2000 II S. 632.

zur Steuerung des Vereinnahmungszeitpunkts infolge der möglichen Datierung des Gewinnausschüttungsbeschlusses.[236]

117 Die Realisation von Gewinnen aus **Beteiligungen an PersG** ist analog zu jener aus Beteiligungen an KapG umstritten. Mitunter wird die Auffassung vertreten, dass bei PersG – sofern im Gesellschaftsvertrag nicht abweichend geregelt – das Entstehen des Gewinnanspruchs regelmäßig bereits zum Abschlussstichtag der PersG gesichert ist,[237] was deren Realisation begründet. Diese sichere Entstehung soll zumindest dann gegeben sein, wenn das Gj der PersG spätestens mit dem des Gesellschafters endet und innerhalb des Wertaufhellungszeitraums des Gesellschafters alle wesentlichen Bilanzierungs- und Bewertungsentscheidungen der PersG hinreichend konkretisiert seien.[238] Die hinreichende Konkretisierung könne, müsse aber nicht (!), durch die Feststellung belegt werden.[239]

Diese Auffassung ist – dem Charakter der Feststellung als zwingender Rechtsakt geschuldet – abzulehnen. Es bedarf zwingend der Feststellung.[240]

2.4.3.2.10 Ansprüche aus Gewinnabführungsverträgen

118 Den Realisationszeitpunkt im Zusammenhang mit Ansprüchen aus Gewinnabführungsverträgen markiert der Tag der Feststellung des Jahresabschlusses des abführungspflichtigen Unt. Sofern die Abschlussstichtage des abführenden und des berechtigten Unt identisch sind oder der des berechtigten Unt nach jenem des abführenden Unt liegt, soll dann auch nichts gegen eine Realisation der Ansprüche aus Gewinnabführungsverträgen am Stichtag sprechen, wenn das anspruchsberechtigte Unt die Höhe der Gewinnabführung bestimmen kann.[241]

2.4.3.3 Ausnahmen vom Realisationsprinzip

119 Grundsätzlich keine Ausnahmefälle i.S.d. § 252 Abs. 2 HGB stellen die **Spezialvorschriften** dar, die zu einer Durchbrechung des Realisierungsgrundsatzes führen. Dem Rechtsprinzip „lex specialis derogat legi generali" folgend bedarf es in diesen Fällen keiner gesonderten Ausnahmeregelung in Gestalt einer expliziten Regelung wie jener des § 252 Abs. 2 HGB (Rz 142 ff.; s. zur Norm-Rangfolge auch Rz 19).[242]

---

[236] Vgl. *Hoffmann/Lüdenbach*, NWB-Kommentar Bilanzierung, 8. Aufl., 2017, § 252 HGB Rz 92.
[237] So etwa IDW RS HFA 18, Tz. 13 f.; ADS, 6. Aufl. § 252 HGB, Rz 82; a.A. *Hoffmann/Lüdenbach*, NWB-Kommentar Bilanzierung, 8. Aufl., 2017, § 255 HGB Rz 176 f.
[238] Vgl. IDW RS HFA 18, Tz. 14.
[239] So IDW RS HFA 18, Tz. 15.
[240] Gl.A. *Hoffmann/Lüdenbach*, NWB-Kommentar Bilanzierung, 8. Aufl., 2017, § 255 HGB Rz 176 ff.; *Fülbier/Kuschel/Selchert*, in *Küting/Pfitzer/Weber*, HdR, HGB § 252, Rn 97, Stand 12/2010.
[241] Vgl. ADS, 6. Aufl. § 252 HGB, Rz 82.
[242] Gl.A. *Fülbier/Kuschel/Selchert*, in *Küting/Pfitzer/Weber*, HdR, HGB § 252, Rn 24, Stand 12/2010, die jedoch inkonsistent zu dieser Grundsatzaussage innerhalb der Kommentierung zu Nr. 5 abweichend argumentieren (Rn 118); *Ballwieser*, in MünchKomm. HGB, 3. Aufl., § 252 Rn 117; *Baetge/Ziesemer/Schmidt*, in *Baetge/Kirsch/Thiele*, Bilanzrecht, § 252 HGB, Rz 271, Stand 10/2011; *Hoffmann/Lüdenbach*, NWB-Kommentar Bilanzierung, 8. Aufl., 2017, § 252 HGB Rz 230; a.A. *Winkeljohann/Büssow*, in Beck Bil-Komm., 10. Aufl., 2016, § 252 HGB, Rz 54.

Als Spezialvorschriften im Kontext des Realisationsprinzips sind etwa
- die Verrechnung von bestimmten[243] VG und Schulden nebst entsprechender Behandlung der zugehörigen Aufwendungen und Erträgen aus der Abzinsung und aus dem zu verrechnenden Vermögen gem. § 246 Abs. 2 Satz 2, 3 HGB oder
- die Aktivierung selbst geschaffener immaterieller VG des AV nach § 248 Abs. 2 Satz 1 HGB

zu nennen.

Ausnahmen i. S. d. § 252 Abs. 2 HGB, d. h. in begründeten Einzelfällen, kommen grds. in Betracht, dürften in der Praxis aber selten sein. Die mitunter vertretene Auffassung, Ausnahmen kämen beim Realisationsprinzip – infolge ihres tragenden Charakters – nicht in Betracht,[244] ist abzulehnen.[245] Einerseits liegt innerhalb der Grundsätze weder eine Rangfolge vor (Rz 6), die eine Ausnahme dieser aus der Vorschrift des § 252 Abs. 2 HGB bzw. einen tragenden Charakter begründet, noch besteht dafür eine gesetzliche Grundlage. Diese Auffassung ist vielmehr von der Doktrin der Unantastbarkeit der „guten alten" Prinzipien des HGB getrieben – die ohnehin nie eine Rechtsgrundlage hatte (hier sei auf die handelsrechtliche Normenrangfolge unter Rz 18 ff. verwiesen).

120

Gleiches gilt auch hinsichtlich der Frage, inwieweit die Anwendung der Percentage-of-Completion-Methode (Teilgewinnrealisation ohne Teilabnahmen; hier ist die Abgrenzung zur Teilgewinnrealisation mit Teilabnahmen zu beachten; dazu Rz 103 ff.) als Ausnahmefall i. S. d. § 252 Abs. 2 HGB in Frage kommt – was keinesfalls heißen soll, dass die Percentage-of-Completion-Methode als generell zulässig anzusehen und als stets zulässige Ausnahme zu betrachten ist.[246] Auch ein Verweis auf die Generalnorm des § 264 Abs. 2 HGB kann nicht zu einer grundsätzlichen Deklarierung der Percentage-of-Completion-Methode als genereller Ausnahmefall herangezogen werden.[247] Dies ergibt sich bereits aus der Normenrangfolge des HGB (Rz 18 ff.). Allerdings schließt dies eine einzelfallbezogene Anwendung der Methode unter diesem Hinweis auch nicht aus. § 252 Abs. 2 HGB spricht nicht von „einer bestimmten Begründung" bzw. „einem bestimmten auslösenden Ereignis".

Im Ergebnis ist die Methode als in Ausnahmefällen unter Berufung auf § 252 Abs. 2 HGB **mögliche** Ausnahme zu verstehen, sofern dafür eine Begründung vorliegt.

---

[243] „… die dem Zugriff aller übrigen Gläubiger entzogen sind und ausschließlich der Erfüllung von Schulden aus Altersversorgungsverpflichtungen oder vergleichbaren langfristig fälligen Verpflichtungen dienen."

[244] So *Ballwieser*, in MünchKomm. HGB, 3. Aufl., § 252 Rn 116; *Baetge/Ziesemer/Schmidt*, in Baetge/Kirsch/Thiele, Bilanzrecht, § 252 HGB, Rz 272, Stand 10/2011.

[245] Im Ergebnis ebenso *Winkeljohann/Büssow*, in Beck Bil-Komm., 10. Aufl., 2016, § 252 HGB, Rz 72.

[246] Dies ebenfalls verneinend, dann aber wohl überhaupt keinen Raum für einen entsprechenden Ausnahmefall sehend *Fülbier/Kuschel/Selchert*, in *Küting/Pfitzer/Weber*, HdR, HGB § 252, Rn 105, Stand 12/2010.

[247] Die Formulierung in ADS, 6. Aufl. § 252 HGB, Rz 87 deutet auf eine derartige Auffassung hin, ist aber so ausgestaltet, dass man darin auch nur ihre Zulässigkeit als einzelner Ausnahmefall verstehen kann.

2.5 Grundsatz der Pagatorik und Periodenabgrenzung (Nr. 5)
2.5.1 Regelungsinhalt

121 § 252 Abs. 1 Nr. 5 HGB schreibt die **periodengerechte Erfassung von Aufwendungen und Erträgen** vor. Anders als bei einer Einnahmenüberschussrechnung i.S.v. § 4 Abs. 3 EStG, die für Steuerpflichtige ohne gesetzliche Buchführungs- und Abschlusserstellungspflicht eine Gewinnermittlung aus der Saldierung der Betriebseinnahmen und der Betriebsausgaben gestattet, hat damit die Gewinnermittlung unabhängig von den zugehörigen Zahlungszeitpunkten zu erfolgen. Neben dem Grundsatz der Periodenabgrenzung im eigentlichen Sinne stellt die Vorschrift auch einen Bezug zwischen den Aufwendungen und Erträgen sowie dem jeweiligen Zahlungsvorgang her (Grundsatz der Pagatorik bzw. Periodenabgrenzung im weiteren Sinne).[248] Entsprechend sind nur Aufwendungen und Erträge zu erfassen, die bereits auf Zahlungen zurückzuführen sind oder zu einem späteren Zeitpunkt einen Zahlungsvorgang auslösen bzw. auslösen sollen. Die Berücksichtigung kalkulatorischer Verrechnungen scheidet aus.[249]

122 Die Normierung innerhalb des § 252 HGB ist dabei insofern **irreführend**, als dass der Grundsatz **nicht bewertungsbezogen** ist.[250] Auch ist infolge der Verwendung des Begriffs „Zahlungen" im Kontext des § 252 Abs. 1 Nr. 5 HGB auf die **Abgrenzung** des Begriffs **Zahlungen** und damit letztlich dessen Ausprägungen („**Auszahlungen**" und „**Einzahlungen**") von den Begriffen „**Ausgaben**" und „**Einnahmen**" zu achten. Während unter Ausgaben/Einnahmen Veränderungen des Nettogeldvermögens[251] zu verstehen sind, umfassen Aus- und Einzahlungen Veränderungen des Bestands an liquiden Mitteln.[252]
Maßgeblich für die Erfolgsermittlung bzw. deren Periodenzuordnung ist damit nicht (erst) der Zeitpunkt, in dem ein Rechtsanspruch bzw. eine Rechtsverpflichtung entsteht oder die liquiden Mittel zu- oder abfließen, wobei Deckungsgleichheit der Zeitpunkte aber natürlich gegeben sein kann.

123 Nicht weiter konkretisiert ist in § 252 Abs. 1 Nr. 5 HGB wie in Folge der Vorgabe zur Erfolgsermittlung unabhängig von den zugehörigen Zahlungszeitpunkten bei der periodengerechten Erfassung von Aufwendungen und Erträgen vorzugehen ist. In Konsequenz hat sich in Schrifttum und Rechtspraxis die Anwendung des **Verursachungsprinzips** herauskristallisiert,[253] wobei sich die Anwendung dieses Prinzips letztlich auf die Periodisierung von Aufwendungen beschränkt. **Für** die **Ertragsperiodisierung** ist das **Realisationsprinzip maßgeblich** (Rz 96ff.)[254] – der Zeitpunkt der Verursachung der Aufwendungen liegt regelmäßig vor der

---

[248] Vgl. *Fülbier/Kuschel/Selchert*, in *Küting/Pfitzer/Weber*, HdR, HGB § 252, Rn 107, Stand 12/2010.
[249] Vgl. ADS, 6. Aufl. § 252 HGB, Rz 95.
[250] Zu einer Begründung für diese „Falschplatzierung" s. einzig ADS, 6. Aufl. § 252 HGB, Rz 94.
[251] Liquide Mittel zzgl. Forderungen und abzgl. Verbindlichkeiten.
[252] Zu einer detaillierteren Abgrenzung s. etwa *Wulf/Müller*, Bilanztraining, 15. Aufl., 2016, S. 55f.; *Baetge/Kirsch/Thiele*, Bilanzen, 2012, S. 1ff.
[253] Vgl. etwa *Winkeljohann/Büssow*, in Beck Bil-Komm., 10. Aufl., 2016, § 252 HGB, Rz 52; *Fülbier/Kuschel/Selchert*, in *Küting/Pfitzer/Weber*, HdR, HGB § 252, Rn 112, Stand 12/2010; ADS, 6. Aufl. § 252 HGB, Rz 97; WPH Edition, Wirtschaftsprüfung & Rechnungslegung, 15. Aufl., 2017, Abschn. F, Tz 97; BFH, Urteil v. 20.3.1980, BStBl 1980 II S. 298f.; BFH, Urteil v. 18.6.1980, BStBl 1980 II S. 742.
[254] Ebenso *Fülbier/Kuschel/Selchert*, in *Küting/Pfitzer/Weber*, HdR, HGB § 252, Rn 116, Stand 12/2010; ADS, 6. Aufl. § 252 HGB, Rz 101.

Ertragsentstehung und Ertrags- sowie Gewinnrealisation liegen entsprechend zeitlich auf gleicher Ebene. Umstritten ist, inwieweit das Realisationsprinzip dabei nur den Gewinn i.e.S.,[255] d.h. den positiven Unterschiedsbetrag aus Verwertungsertrag und nachkalkulierten Vollkosten, oder auch negative Erfolgsbeiträge erfasst (Gewinn i.w.S.).[256] Die Beschränkung des Realisationsprinzips auf den Gewinn i.e.S. erfordert die nachgelagerte Einführung eines weiteren (nicht kodifizierten) Grundsatzes – konkret des Grundsatzes der Abgrenzung der Sache und der Zeit nach.[257] Nicht zuletzt deshalb wird hier die Anwendung des Gewinns i.w.S. favorisiert (dazu auch Rz 97).

Aus dem **Verursachungsprinzip folgt** die Erfassung von (ggf. nicht vom Realisationsprinzip abgedeckten) Aufwendungen in der Periode der wirtschaftlichen Verursachung.[258] Letztlich handelt es sich aber erneut um ein Prinzip mit Konkretisierungsbedarf[259] und mangelnder eindeutiger Bestimmbarkeit[260], d.h. im Ergebnis mit Ermessensspielräumen.

124

Beispiel
Ermessensspielräume im Kontext des Verursachungsprinzips
Sachverhalt
Eines der Schiffe des Offshore-Transportunternehmens C ist am 1. Februar in einem schweren Sturm in der Nordsee auf eine Sandbank aufgelaufen. Das Schiff wurde schwer beschädigt. Bereits am 28. Dezember des vorherigen Gj ist das Bugstrahlruder ausgefallen – die Reparatur in der Werft war für Mitte Februar angesetzt. Am 26. Januar ist zudem das Echolot ausgefallen.
Beurteilung
Eine eindeutige Periodenzurechnung der Aufwendungen ist – zumindest auf Basis der vorliegenden Informationen – nicht möglich. Sowohl das defekte Bugstrahlruder als auch das defekte Echolot können die Havarie verursacht haben. In Abhängigkeit der Argumentation über die Auswirkungen der beiden Defekte kann sich eine wirtschaftliche Verursachung sowohl in der vergangenen als auch der aktuellen Periode ergeben.

Liegt den Aufwendungen nicht ein Verursachungsereignis, sondern eine **Ursachenkette** zugrunde, ist der Periodisierung das letzte Ereignis der Kette zugrunde zu legen.[261]

125

---

[255] So *Baetge/Ziesemer/Schmidt*, in *Baetge/Kirsch/Thiele*, Bilanzrecht, § 252 HGB, Rz 187, Stand 10/2011; *Hoffmann/Lüdenbach*, NWB-Kommentar Bilanzierung, 8. Aufl., 2017, § 252 HGB Rz 102.
[256] So *Claussen*, in Kölner Kommentar zum HGB, 2011, vor § 252 HGB, Rz. 44; ADS, 6. Aufl. § 252 HGB, Rz 79f.; wohl auch *Ballwieser*, in MünchKomm. HGB, 3. Aufl., § 252 Rn 72.
[257] Siehe dazu *Baetge/Ziesemer/Schmidt*, in *Baetge/Kirsch/Thiele*, Bilanzrecht, § 252 HGB, Rz 187, Stand 10/2011.
[258] Mit einer Liste korrespondierender BFH-Urteile *Fülbier/Kuschel/Selchert*, in *Küting/Pfitzer/Weber*, HdR, HGB § 252, Rn 112, Stand 12/2010.
[259] Ebenso *Hoffmann/Lüdenbach*, NWB-Kommentar Bilanzierung, 8. Aufl., 2017, § 252 HGB Rz 207; *Baetge/Ziesemer/Schmidt*, in *Baetge/Kirsch/Thiele*, Bilanzrecht, § 252 HGB, Rz 230, Stand 10/2011.
[260] So *Fülbier/Kuschel/Selchert*, in *Küting/Pfitzer/Weber*, HdR, HGB § 252, Rn 113, Stand 12/2010.
[261] Vgl. *Fülbier/Kuschel/Selchert*, in *Küting/Pfitzer/Weber*, HdR, HGB § 252, Rn 114, Stand 12/2010.

Einschränkend ist zudem zu berücksichtigen, wenn die rechtliche Entstehung einer Verpflichtung bis zum Bilanzstichtag erfolgt ist, die wirtschaftliche Verursachung aber in eine spätere Periode zu verorten ist. In diesen Fällen ist die Periode der rechtlichen Entstehung maßgeblich.[262]

2.5.2 Spezialvorschriften und Ausnahmen vom Periodisierungsgrundsatz

126 Grundsätzlich keine Ausnahmefälle i.S.d. § 252 Abs. 2 HGB stellen die **Spezialvorschriften** dar, die zu einer Durchbrechung des Periodisierungsgrundsatzes führen. Dem Rechtsprinzip „lex specialis derogat legi generali" folgend bedarf es in diesen Fällen keiner gesonderten Ausnahmeregelung in Gestalt einer expliziten Regelung wie jener des § 252 Abs. 2 HGB (Rz 142 ff.; s. zur Norm-Rangfolge auch Rz 19).[263] Zudem handelt es sich streng genommen nicht um Abweichungen vom Grundsatz der Periodisierung losgelöst von Zahlungen, sondern lediglich von der Komponente der perioden- bzw. ursachengerechten Zuordnung.
Als Spezialvorschriften im Kontext des Grundsatzes der Periodenabgrenzung sind meist handelsrechtliche **Ansatz- und Bewertungswahlrechte** zu sehen. Infolge von Ansatzwahlrechten ergibt sich i.d.R. infolge einer Nichtaktivierung oder Passivierung eine frühere Verrechnung[264] und damit eine abweichende Periodisierung. Entsprechende Wirkungen folgen **etwa** aus

- § 250 Abs. 3 HGB, der die Aufnahme des Unterschiedsbetrags zwischen dem Erfüllungsbetrag einer Verbindlichkeit und dem Ausgabebetrag (Disagio) in den RAP auf der Aktivseite unter planmäßiger jährlicher Abschreibungen gestattet;
- § 253 Abs. 3 Satz 6 HGB, der die Vornahme von außerplanmäßigen Abschreibungen auch bei voraussichtlich nicht dauernder Wertminderung für FAV gestattet;
- § 255 Abs. 2 Satz 3 HGB, der bei der Berechnung der HK gestattet, angemessene Teile der Kosten der allgemeinen Verwaltung sowie angemessene Aufwendungen für soziale Einrichtungen des Betriebs, für freiwillige soziale Leistungen und für die betriebliche Altersversorgung einzubeziehen, soweit diese auf den Zeitraum der Herstellung entfallen.

127 **Ausnahmen** i.S.d. § 252 Abs. 2 HGB, d.h. in begründeten Einzelfällen, kommen grds. in Betracht, dürften in der Praxis aber selten sein. Denkbar ist dies etwa in **Sanierungsfällen**. Hier kommt ein Rückbezug von Sanierungsgewinnen auf die Vorperiode innerhalb des Wertaufhellungszeitraumes in Frage, sofern diese ihren Ursprung in vorperiodischen Maßnahmen haben.[265]

---

[262] Vgl. BFH, Urteil v. 27.6.2001, BStBl 2003 II S. 121 ff.
[263] Gl. A. *Fülbier/Kuschel/Selchert*, in *Küting/Pfitzer/Weber*, HdR, HGB § 252, Rn 24, Stand 12/2010, die jedoch inkonsistent zu dieser Grundsatzaussage innerhalb der Kommentierung zu Nr. 5 abweichend argumentieren (Rn 118); *Ballwieser*, in MünchKomm. HGB, 3. Aufl., § 252 Rn 117; *Baetge/Ziesemer/Schmidt*, in *Baetge/Kirsch/Thiele*, Bilanzrecht, § 252 HGB, Rz 271, Stand 10/2011; *Hoffmann/Lüdenbach*, NWB-Kommentar Bilanzierung, 8. Aufl., 2017, § 252 HGB Rz 230; a. A. *Winkeljohann/Büssow*, in Beck Bil-Komm., 10. Aufl., 2016, § 252 HGB, Rz 54.
[264] Vgl. ADS, 6. Aufl. § 252 HGB, Rz 102.
[265] Vgl. *Baetge/Ziesemer/Schmidt*, in *Baetge/Kirsch/Thiele*, Bilanzrecht, § 252 HGB, Rz 113, Stand 10/2011.

2.6 Grundsatz der Bewertungsstetigkeit (Nr. 6)
2.6.1 Regelungsinhalt

§ 252 Abs. 1 Nr. 6 HGB verlangt im Zuge der Bewertung der im Jahresabschluss ausgewiesenen VG und Schulden die **Beibehaltung** der auf den vorhergehenden Abschluss angewandten **Bewertungsmethoden**. Die Bilanzrichtlinie 2013/34/EU spricht dagegen formal von **Rechnungslegungsmethoden und Bewertungsgrundlagen**. Eine Übernahme der Formulierung aus der EU-Bilanzrichtlinie im Zuge des BilRUG ist insofern nicht erfolgt. Die daraus mitunter geforderte Ausweitung der Bewertungsstetigkeit auf „... jedwede angewandten Prinzipien und Praktiken, grundlegenden Überlegungen und getroffenen Konventionen, für die sich der Rechnungslegende bei der Aufstellung des Jahresabschlusses entscheidet ..."[266] kann daraus u.E. nicht abgeleitet werden. Vor dem Hintergrund der bereits zuvor vorliegenden Unklarheiten hinsichtlich der Trennung von Bewertungsmethoden und methodenfreien Vorgehensweisen (Rz 132ff.) und der ohnehin weiten Auslegung des Begriffs „Bewertungsmethoden" sind u.E. keine Fälle ersichtlich, in denen die bislang praktizierte Herangehensweise der Formulierung der Bilanzrichtlinie 2013/34/EU widerspricht. Die Fälle methodenfreier Vorgehensweisen im Rahmen der Bewertung (Rz 132ff.) sind u.E. von dem Begriff „Bewertungsgrundlagen" ebenfalls nicht umfasst. Überdies wurde die Formulierung – mitunter nicht zuletzt deshalb – nicht in das HGB übernommen.

128

Der auf die Bewertung begrenzte Regelungsinhalt deckt sich mit der korrespondierenden ansatzbezogenen Vorschrift des § 246 Abs. 3 HGB (§ 246 Rz 131ff.). Der Grundsatz der Bewertungsstetigkeit dient – wie auch die Vorgabe zur Beibehaltung der Ansatzmethoden – dazu, die Vergleichbarkeit zweier aufeinander folgender Jahresabschlüsse sicherzustellen bzw. zu verbessern.[267] Letztlich steht hinter dem Grundsatz auch das Ziel der Vermeidung bilanzpolitischer Maßnahmen zur Beeinflussung der Darstellung der Ertragslage mittels Variierung der Bewertungsmethoden. Der Stetigkeitsgrundsatz ist dabei zwar explizit auf VG und Schulden begrenzt. Rechnungsabgrenzungsposten, latente Steuern und Sonderposten (etwa infolge der Übergangsregelungen der Art. 66, 67 EGHGB oder der in der Handelsbilanz weiterhin ansatzfähigen Sonderposten[268]) sollten vom Regelungszweck ausgehend dennoch sinnvollerweise stetig i.S.v. § 252 Abs. 1 Nr. 6 HGB bewertet werden.[269]

Daraus ergibt sich, dass die Wahl der Bewertungsmethoden im Zeitpunkt der erstmaligen Bilanzierung eines (neuen) Sachverhalts erheblichen Einfluss auf die künftige Darstellung der Ertragslage hat. Zwar stellt § 252 Abs. 1 Nr. 6 HGB jeweils nur auf zwei aufeinanderfolgende Jahresabschlüsse ab, in der zeitlichen

---

[266] Vgl. dazu detailliert *Wengerofsky*, StuB 2015, S. 172ff.
[267] Vgl. IDW RS HFA 38, Tz. 4; *Winkeljohann/Büssow*, in Beck Bil-Komm., 10. Aufl.,2016, § 252 HGB, Rz 55; ADS, 6. Aufl. § 252 HGB, Rz 103.
[268] Zu den möglichen, in der Handelsbilanz weiterhin ansatzfähigen Sonderposten zählen Sonderposten für Kapitaleinlagen stiller Gesellschafter, für Investitionszuschüsse zum AV, für unentgeltlich ausgegebene Emissionsberechtigungen und für Genussrechtskapital.
[269] Ebenso WPH Edition, Wirtschaftsprüfung & Rechnungslegung, 15. Aufl., 2017, Abschn. F, Tz 100; IDW RS HFA 38, Tz. 4; a.A. *Hoffmann/Lüdenbach*, NWB-Kommentar Bilanzierung, 8. Aufl., 2017, § 252 HGB Rz 209; wohl auch *Winkeljohann/Büssow*, in Beck Bil-Komm., 10. Aufl., 2016, § 252 HGB, Rz 58; ADS, 6. Aufl. § 252 HGB, Rz 103f.

Reihe ergibt sich daraus jedoch letztlich die Vorgabe zur Beibehaltung der erstmaligen Bewertungsmethodenwahl innerhalb gleichartiger Sachverhalte, sofern diese über den gesamten Betrachtungszeitraum durchgehend vorlagen (dazu Rz 129 ff.) und/oder sich keine Durchbrechung in einem Ausnahmefall ergeben hat.

129 Das Stetigkeitsgebot kennt dabei sowohl eine **zeitliche** (stetig von Jahr zu Jahr) als **auch** eine **sachliche Perspektive** (stetig innerhalb eines Bewertungsobjekts bzw. gleichartiger Sachverhalte). Jenseits der Ausnahmefälle i. S. d. § 252 Abs. 2 HGB (Rz 142 ff.) sind gleichartige Sachverhalte entsprechend stetig zu bewerten – ob VG und Schulden auf Ebene der einzelnen Bewertungsobjekte bereits im Vj. vorhanden waren oder nicht, spielt dabei nach hM keine Rolle.[270] Es kommt vielmehr darauf an, ob im Vj. bereits **art- und funktionsgleiche**[271] Bewertungsobjekte existent waren. Lagen im vorhergehenden Abschluss art- und funktionsgleiche Bewertungsobjekte vor, sind auch im laufenden Gj. neu zugegangene Bewertungsobjekte unter Rückgriff auf die Bewertungsmethoden zu bewerten, die auf die art- und funktionsgleichen Bewertungsobjekte angewendet wurden. Ohne die sachliche Perspektive der Bewertungsstetigkeit würde der Grundsatz regelmäßig ins Leere laufen[272], was anhand des folgenden Beispiels verdeutlicht werden soll.

> **Beispiel**
> **Sachliche Perspektive der Bewertungsstetigkeit I**
> **Sachverhalt**
> Der Hersteller von Elektrofahrzeugen M hat Anfang des laufenden Gj. mit der Produktion der neuen Fahrzeuggeneration begonnen. Das Modell soll die nächsten fünf Jahre produziert werden. Die neue Karosserie bezieht M dabei vom Autoteilezulieferer C. M plant einen stets verfügbaren Mindestbestand an Karosserien von 50 Stück zur Sicherung der Wochenproduktion. Ansonsten werden die Karosserien just in time geliefert. Der Mindestbestand wird erstmals am 2. Januar des laufenden Gj. aufgefüllt. Die Produktion des Altmodells wurde am 15. Dezember des vorhergegangenen Gj. eingestellt. Der Bestand an Altkarosserien wurde im vorhergegangenen Gj. vollends verbraucht.
> **Beurteilung unter Berücksichtigung der sachlichen Perspektive**
> Da es sich bei der Karosserie des Altmodells und der der neuen Modellvariante um art- und funktionsgleiche Bewertungsobjekte handelt, ist die neue Karosserie unter Anwendung der auf die Altkarosserie angewandten Methoden zu bewerten. Eine abweichende Anwendung von Bewertungsmethoden würde zu einer Durchbrechung des Grundsatzes der Bewertungsstetigkeit führen, die nur in begründeten Ausnahmefällen gestattet ist.

---

[270] Vgl. *Fülbier/Kuschel/Selchert*, in *Küting/Pfitzer/Weber*, HdR, HGB § 252, Rn 141, Stand 12/2010; *Winkeljohann/Büssow*, in Beck Bil-Komm., 10. Aufl., 2016, § 252 HGB, Rz 58; *Hoffmann/Lüdenbach*, NWB-Kommentar Bilanzierung, 8. Aufl., 2017, § 252 HGB Rz 210 f.; WPH Edition, Wirtschaftsprüfung & Rechnungslegung, 15. Aufl., 2017, Abschn. F, Tz 102.
[271] Vgl. ADS, 6. Aufl. § 252 HGB, Rz 107.
[272] Im Ergebnis ähnlich etwa *Hoffmann/Lüdenbach*, NWB-Kommentar Bilanzierung, 8. Aufl., 2017, § 252 HGB Rz 211.

Allgemeine Bewertungsgrundsätze § 252

> **Beurteilung ohne Berücksichtigung der sachlichen Perspektive**
> Auf die Art- und Funktionsgleichheit der Bewertungsobjekte würde es bei dieser Vorgehensweise nicht ankommen. Die neue Karosserie als „neues" Bewertungsobjekt könnte unter abweichender Anwendung der Bewertungsmethoden bewertet werden, ohne dass es zu einer Durchbrechung des Grundsatzes der Bewertungsstetigkeit kommen würde.

Die Frequenz, mit der der Bewertungsstetigkeitsgrundsatz bei Nichtberücksichtigung der sachlichen Perspektive regelmäßig ins Leere laufen würde, hängt dabei regelmäßig von der Dauer der Produktlebenszyklen ab. Dazu nachfolgendes Beispiel.

> **Beispiel**
> **Sachliche Perspektive der Bewertungsstetigkeit II**
> **Sachverhalt**
> Der Hersteller von Feuerwerkskörpern R verkauft sein aktuelles Produktsortiment stets vollständig vor Ablauf des Gj. R bezieht alle erforderlichen Komponenten bei Zulieferern, die diese nach den Wünschen bzw. Vorgaben von R produzieren (z. B. längere/kürzere Zündschnur, kleinere/größere Zündkapsel). Grundsätzlich bestehen die Feuerwerkskörper aber stets zu 80 % aus den gleichen Komponentenarten (Zündschnur, Zündkapsel etc.). Lediglich 20 % der Komponenten sind hinsichtlich Art und Funktion neu. Die Produktion der Artikel für die laufende Sylvester-Saison wird stets gegen Mitte Dezember abgeschlossen und das Vorratsvermögen wird dabei vollständig verbraucht. Aus Marketinggründen ändert R jedes Jahr alle Artikel im Sortiment (ggf. geringfügig). Entsprechend weichen die Bewertungsobjekte im Vorratsvermögen von Jahr zu Jahr voneinander ab. Dabei kommen zu 20 % – auch hinsichtlich Art und Funktion – neue Komponenten und zu 80 % lediglich modifizierte art- und funktionsgleiche Komponenten zum Einsatz.
> **Beurteilung unter Berücksichtigung der sachlichen Perspektive**
> Die art- und funktionsgleichen neuen Komponenten (80 %) sind unter Einhaltung des Stetigkeitsgrundsatzes zu bewerten. Lediglich bei den 20 %, die hinsichtlich Art und Funktion neu sind, greift der Grundsatz der Bewertungsmethodenstetigkeit nicht.
> **Beurteilung ohne Berücksichtigung der sachlichen Perspektive**
> Auch die art- und funktionsgleichen neuen Komponenten wären als neue Bewertungsobjekte zu klassifizieren. Sämtliche neue Komponenten – hier 100 % – wären als neue Bewertungsobjekte zu klassifizieren. Eine abweichende Anwendung der Bewertungsmethoden wäre bei R beim gesamten Vorratsvermögen möglich, ohne dass es zu einer Durchbrechung des Grundsatzes der Bewertungsstetigkeit kommen würde.

Der gebotenen Berücksichtigung auch der sachlichen Komponente des Grundsatzes der Bewertungsmethodenstetigkeit ist dabei allerdings das **Problem** der **Abgrenzung** art- und funktionsgleicher Bewertungsobjekte inhärent. Pauschale Lösungsansätze kann es dabei nicht geben. Im Rahmen des Grundsatzes der Willkürfreiheit (Rz 151 ff.) bestehen diesbezüglich insofern Ermessensspielräume. 130

Allerdings soll das Problem entfallen, sofern Unt Bewertungsmethoden per Definition auf Bilanzpositionen oder Gruppen von Bilanzpositionen einheitlich anwenden. In Konsequenz dieser Vorgehensweise seien die im vorhergegangenen Jahresabschluss angewandten Bewertungsmethoden auch auf neue Bewertungsobjekte innerhalb dieser Position(en) anzuwenden, wenngleich sie nicht art- und funktionsgleich sind.[273] Dies geht u. E. jedoch zu weit. Es bleibt beim Kriterium der Art- und Funktionsgleichheit.

131 § 252 Abs. 1 Nr. 6 HGB bezieht sich betreffend die Bewertung im aktuellen Jahresabschluss zeitlich explizit auf den vorhergegangenen Jahresabschluss. Selbst bei Art- und Funktionsgleichheit ist insofern nicht stetig zu bewerten, als dass das über Jahre hinweg gegebene Vorhandensein von hinsichtlich Art/Funktion gleichen VG oder Schulden vorhergegangenen Gj. bzw. Jahresabschlüsse durchbrochen wird. Waren art- und funktionsgleiche Bewertungsobjekte nicht im vorhergegangenen Gj., sondern **lediglich in einem weiter zurückliegenden Gj.** vorhanden, kann im aktuellen Jahresabschluss unter Anwendung abweichender Bewertungsmethoden bewertet werden. Eine Pflicht zur Ausdehnung der Bewertungsstetigkeit auf Abschlüsse, die mehr als ein Gj. zurückliegen[274], kann u. E. keinesfalls abgeleitet werden, wenngleich eine stetige Bewertung auch in diesen Fällen sinnvoll ist.

132 Fraglich ist im Kontext des § 252 Abs. 1 Nr. 6 HGB, **was unter Bewertungsmethoden zu verstehen ist.** Der Gesetzeswortlaut bietet hierzu weder konkrete Vorgaben noch Anhaltspunkte. Im Allgemeinen sind unter Bewertungsmethoden bestimmte Verfahren der Wertfindung zu verstehen, die in ihrem Ablauf definiert sind[275] und deren Abläufe entsprechend i. d. R. dem Diktat der Replikation unterworfen sind. Diese müssen eine nachvollziehbare Ableitung eines Werts aus den die Bewertung bestimmenden Faktoren gewährleisten[276] und GoB-konform sein.[277] *Hoffmann/Lüdenbach* verwenden im Kontext von Bewertungsmethoden die Formulierung „technische Verfahren".[278] Die mitunter verwendete Methodenklassifikation als sich zwangsläufig wiederholende Schrittfolge[279] entspricht zwar auf den ersten Blick dem allgemeinen Verständnis einer Methode, stößt aber mitunter an Grenzen. Neuronale Netze, die etwa bei Zeitreihenanalysen und darauf aufbauenden Trendvorhersagen (man denke etwa an Renten oder Gehaltstrends im Rahmen der Ermittlung von Pensionsrückstellungen) eingesetzt werden, sind infolge des Lernverhaltens genau genommen nicht von einer sich zwangsläufig wiederholenden Schrittfolge geprägt. Hier stellt sich dann die Frage, was unter einer Schrittfolge genau zu verstehen ist.

---

[273] So *Fülbier/Kuschel/Selchert*, in *Küting/Pfitzer/Weber*, HdR, HGB § 252, Rn 142, Stand 12/2010.
[274] Dies fordernd ADS, 6. Aufl. § 252 HGB, Rz 108.
[275] Vgl. *Winkeljohann/Büssow*, in Beck Bil-Komm., 10. Aufl., 2016, § 252 HGB, Rz 56; IDW RS HFA 38, Tz. 8; *Fülbier/Kuschel/Selchert*, in *Küting/Pfitzer/Weber*, HdR, HGB § 252, Rn 123, Stand 12/2010; *Hoffmann/Lüdenbach*, NWB-Kommentar Bilanzierung, 8. Aufl., 2017, § 252 HGB Rz 210.
[276] Vgl. IDW RS HFA 38, Tz. 8.
[277] Vgl. ADS, 6. Aufl. § 252 HGB, Rz 105; *Fülbier/Kuschel/Selchert*, in *Küting/Pfitzer/Weber*, HdR, HGB § 252, Rn 123, Stand 12/2010.
[278] Siehe *Hoffmann/Lüdenbach*, NWB-Kommentar Bilanzierung, 8. Aufl., 2017, § 252 HGB Rz 210.
[279] So *Fülbier/Kuschel/Selchert*, in *Küting/Pfitzer/Weber*, HdR, HGB § 252, Rn 123, Stand 12/2010.

Abweichende Bewertungsmethoden ergeben sich dabei regelmäßig auf Basis folgender Sachverhalte[280]:
- Gesetzliche Vorschiften
- GoB
- Steuerrechtliche Vorschriften
- Unternehmens- und Konzernvorgaben
- Vorgehensweise in der Vergangenheit

133

Aus handelsrechtlicher Perspektive ergeben sich aus diesen Sachverhalten dann verschiedene Bewertungsmethoden, wenn (hinsichtlich der Methodik) gesetzliche oder GoB-basierte Bewertungswahlrechte bestehen oder dem Bilanzierenden Ermessensspielräume eröffnet werden. Dazu im Folgenden einige Beispiele:

134

Gesetzliche Bewertungswahlrechte:
- Bestandteile der HK (§ 255 Rz 80ff.);
- Bewertungsvereinfachungsverfahren (§ 256 Rz 1ff.);
- Abzinsung von Rückstellungen für Altersversorgungsverpflichtungen (§ 253 Rz 127ff.).

GoB-/Steuerrecht-basierte Wahlrechte:
- Option zur Sofortabschreibung geringwertiger Anlagegüter
  - Entweder von VG des AV bis 410 EUR (netto) gem. § 6 Abs. 2 EStG
  - oder zur Poolbildung bei VG des AV, die einen Wert von 150 EUR (netto) übersteigen aber 1.000 EUR (netto) unterschreiten i.V.m. einer Sofortabschreibung für VG unter 150 EUR (netto) gem. § 6 Abs. 2a EStG.

Ermessensspielräume:
- Schlüsselung/Zuschlagssatzberechnung von/bei Gemeinkosten zur Zuordnung zu den Kostenträgern oder Kostenstellen (§ 255 Rz 106f.);
- Auswahl von Schätz-/Berechnungsverfahren bei der Ermittlung von beizulegenden Zeitwerten/Marktpreisen (§ 255 Rz 215ff.);
- Auswahl des Schätzverfahrens bei der Ermittlung des nach vernünftiger kaufmännischer Beurteilung notwendigen Erfüllungsbetrags (§ 253 Rz 33ff.);
- Schätzung ab welchem Prozentsatz mit einer wahrscheinlichen Inanspruchnahme im Kontext von Rückstellungen zu rechnen ist (§ 249 Rz 43ff.).

Im Kontext von Ermessensspielräumen ist zu beachten, dass Einzelfälle mit nicht vorhandener Wiederholung oder zumindest mit geringer Wiederholungsrate – etwa blanke Schätzungen ohne Rückgriff auf Schätzverfahren – nicht als Bewertungsmethoden klassifiziert werden können.[281] Diese Bewertungen sind **methodenfrei**. Der Grundsatz der Bewertungs(methoden)stetigkeit greift insofern nicht. **Unklar** ist dabei allerdings, wann von blanken Schätzungen und damit von Methodenfreiheit gesprochen werden kann. Dazu nachfolgendes Beispiel:

135

---

[280] Vgl. dazu und zur nachfolgenden Liste *Fülbier/Kuschel/Selchert*, in *Küting/Pfitzer/Weber*, HdR, HGB § 252, Rn 125, Stand 12/2010; *Hoffmann/Lüdenbach*, NWB-Kommentar Bilanzierung, 8. Aufl., 2017, § 252 HGB Rz 214.
[281] Vgl. *Fülbier/Kuschel/Selchert*, in *Küting/Pfitzer/Weber*, HdR, HGB § 252, Rn 131, Stand 12/2010; *Hoffmann/Lüdenbach*, NWB-Kommentar Bilanzierung, 8. Aufl., 2017, § 252 HGB Rz 222ff.

> **Beispiel**
> **Abgrenzung von methodenfreien Ermessensspielräumen**
> **Sachverhalt**
> Bewertungsabschläge auf eine einzelne Forderung gegenüber einem säumigen Kunden aus China aus der Lieferung eines kundenspezifischen Produkts.
> **Beurteilung I**
> Hinsichtlich des „singulären Sachverhalts" der Einzelbewertung einer entsprechenden Forderung kann nach Auffassung von Teilen des Schrifttums nicht von einem methodischen Vorgehen gesprochen werden.[282] Bewertungsstetigkeit sei mangels Methodik nicht geboten.
> **Beurteilung II**
> Infolge einer damit verbundenen Differenzierung von Bewertungsabschlägen, etwa in Abhängigkeit des erwarteten Zahlungseingangs, kann nach anderer Auffassung dagegen nicht von Methodenfreiheit gesprochen werden (hier wird die Verwendung eines derartigen Abschlagsmusters infolge der Vorgabe zur kaufmännisch vernünftigen Beurteilung unter Wahrung der allgemeinen Bewertungsvorsicht letztlich als erforderlich/gegeben unterstellt).[283] Im Ergebnis sei Stetigkeit zu waren.

Aus den skizierten Lösungen im vorangegangenen Beispiel erwachsen u.E. folgende Fragen:
- Kann – infolge des Kriteriums der kaufmännisch vernünftigen Beurteilung respektive unter Bezugnahme auf die allgemeine Bewertungsvorsicht – von der Existenz eines derartigen Abschlagsmusters oder anderer impliziter Methoden ausgegangen werden bzw. ist hier infolgedessen zwingend ein methodisches Vorgehen geboten?
- Was wäre, wenn der zuständige Manager oder Unternehmer dieses (implizit unterstellte) Abschlagsraster nicht im Unt etabliert, sondern dieses nur „im Kopf" hat?
- Was wäre wenn der zuständige Manager oder Unternehmer dieses Abschlagsraster nur unterbewusst anwendet?
- Durch welche Charakteristika wird ein Vorgang methodisch? Dokumentation? Bewusste Anwendung durch ein Individuum? Oder bereits durch unterbewusste Anwendung?

In Abhängigkeit der Bedeutung der Forderungen wird sich – zumindest **der aus betriebswirtschaftlicher Sicht vernünftige Kfm.** – i.d.R. **keine Gedanken** darüber machen, ob seiner Einschätzung möglicherweise unterbewusst/implizit eine entsprechende Methode zugrunde liegt bzw. liegen müsste. Und daran ist nichts auszusetzen. U.E. kann hier auch nicht unter dem Diktat der Bewertungsvorsicht auf eine Methodik bzw. die Notwendigkeit zur Anwendung einer solchen in diesen Fällen geschlossen werden. Andernfalls wäre es auch obsolet, überhaupt von der Möglichkeit der Methodenfreiheit zu sprechen – Bewertungsvorsicht, vernünftige kaufmännische Beurteilung und ggf. weitere Grundsätze

---

[282] Im Kontext eines ähnlichen Beispiels so *Hoffmann/Lüdenbach*, NWB-Kommentar Bilanzierung, 8. Aufl., 2017, § 252 HGB Rz 223f.
[283] So *Fülbier/Kuschel/Selchert*, in *Küting/Pfitzer/Weber*, HdR, HGB § 252, Rn 132, Stand 12/2010.

würden dazu führen, dass kein Bewertungssachverhalt methodenfrei wäre. Dies wirkt auch vor dem Hintergrund möglicher Pauschalwertberichtigungen und Wesentlichkeitsüberlegungen als nicht begründbar. Das Ergebnis ist jedoch zumindest für KapG und KapCoGes stets vor dem Hintergrund der Generalnorm der tatsachengemäßen Abbildung der Vermögens-, Finanz- und Ertragslage unter Beachtung der GoB zu überprüfen – methodenfrei darf nicht willkürlich bedeuten, sondern muss die für die Abbildung der Vermögens-, Finanz- und Ertragslage bestmögliche Bewertung verlangen.

Nicht vom Stetigkeitsgebot erfasst sind zudem reine Faktoranpassungen – etwa der Nutzungsdauer – infolge von Änderungen der wirtschaftlichen Verhältnisse oder der Schätzungen auf Basis der bisherigen Ermittlungsvorgehensweise bzw. -methodik.[284] Hierbei handelt es sich um Bewertungsanpassungen und nicht um Änderungen bei der Bewertungsmethode. Im Kontext von Nutzungsdauern etwa stellt nicht bereits die Festlegung dieser an sich die Methode dar.[285] Unter Methode ist hier die Systematik zu verstehen, wie diese ermittelt wird. Beispielhaft kann hier etwa die Verwendung der statistisch mittleren Nutzungsdauer gleicher oder ähnlicher VG im Unt genannt werden.

136

2.6.2 Spezialvorschriften und Ausnahmen vom Stetigkeitsprinzip

Grundsätzlich keine Ausnahmefälle i. S. d. § 252 Abs. 2 HGB stellen die **Spezialvorschriften** dar (Rz 142 ff.; s. zur Norm-Rangfolge auch Rz 19).[286] Im Kontext der Bewertungsmethoden stehen bspw. folgende Spezialvorschriften der Stetigkeit entgegen bzw. verhindern eine Anwendung des der Spezialvorschrift nachgelagerten Grundsatzes:

- Außerplanmäßige Abschreibungen bei VG des AV bei voraussichtlich dauernder Wertminderung;
- Außerplanmäßige Abschreibungen bei FAV auch bei voraussichtlich nicht dauernder Wertminderung;
- Abschreibungen von VG des UV auf den niedrigeren Wert, der sich aus einem Börsen- oder Marktpreis am Abschlussstichtag ergibt;
- Wegfall der Voraussetzungen für die Bildung von Bewertungseinheiten i. S. d. § 254 HGB (etwa Wegfall des Kriteriums der Vergleichbarkeit oder des Ausgleichs);
- Verkürzung der Restlaufzeit von auf fremde Währung lautenden VG und Schulden auf ein Jahr oder weniger mit der Konsequenz der möglichen Abkehr vom AHK-Prinzip (§ 253 Abs. 1 Satz 1 HGB) sowie von § 252 Abs. 1 Nr. 4 Hs. 2 HGB (Rz 96 ff.).

137

---

[284] Ebenso IDW RS HFA 38, Tz. 10; *Hoffmann/Lüdenbach*, NWB-Kommentar Bilanzierung, 8. Aufl., 2017, § 252 HGB Rz 225.

[285] Ebenso *Hoffmann/Lüdenbach*, NWB-Kommentar Bilanzierung, 8. Aufl., 2017, § 252 HGB Rz 225.

[286] Gl. A. *Fülbier/Kuschel/Selchert*, in *Küting/Pfitzer/Weber*, HdR, HGB § 252, Rn 24, Stand 12/2010, die jedoch inkonsistent zu dieser Grundsatzaussage innerhalb der Kommentierung zu Nr. 5 abweichend argumentieren (Rn 118); *Ballwieser*, in MünchKomm. HGB, 3. Aufl., § 252 Rn 117; *Baetge/Ziesemer/Schmidt*, in *Baetge/Kirsch/Thiele*, Bilanzrecht, § 252 Rn 271, Stand 10/2011; *Hoffmann/Lüdenbach*, NWB-Kommentar Bilanzierung, 8. Aufl., 2017, § 252 HGB Rz 230; a. A. *Winkeljohann/Büssow*, in Beck Bil-Komm., 10. Aufl., 2016, § 252 HGB, Rz 54.

Die Änderung der voraussichtlichen Nutzungsdauer bei VG als Ausfluss der Spezialvorschrift des § 253 Abs. 3 Satz 2 HGB ohne Änderung der Ermittlungsmethodik etwa stellt dagegen ohnehin keine Abkehr vom Grundsatz der Bewertungsmethodenstetigkeit bzw. Verhinderung der Anwendung des der Spezialvorschrift nachgelagerten Grundsatzes dar. In diesen Fällen ändert sich zwar die Bewertung, nicht jedoch die Bewertungsmethode.

138 In Konsequenz der seit Einführung des BilRUG gebotenen engeren Auslegung des Anwendungsbereichs der Ausnahmeregelung (dazu detailliert Rz 142 ff.) kommt eine Anwendung des § 252 Abs. 2 HGB nur dann in Betracht, wenn eine Beibehaltung der Bewertungsgrundsätze der Vermittlung eines den tatsächlichen Verhältnissen entsprechenden Bildes der Vermögens-, Finanz- und Ertragslage des Unt entgegenstehen würde oder mit Blick auf den Grundsatz der Wesentlichkeit und/oder jenen der Wirtschaftlichkeit auf eine Beibehaltung dieser verzichtet werden kann und daraus zumindest keine Verschlechterung der Vermittlung eines den tatsächlichen Verhältnissen entsprechenden Bildes der Vermögens-, Finanz- und Ertragslage resultiert.

Ausnahmen von der stetigen Anwendung von Bewertungsmethoden i. S. d. § 252 Abs. 2 HGB, d. h. in begründeten Einzelfällen, kommen insofern u. E. grds. in Betracht, sofern die Beibehaltung von Bewertungsmethoden der Einhaltung der Generalnorm des § 264 Abs. 2 HGB zuwider läuft oder (erst) die Durchbrechung zu einem klaren und übersichtlichen Jahresabschluss führt.[287]

139 Als unstrittige begründete Ausnahmefälle sind im Schrifttum (nicht abschließend) folgende Sachverhalte aufgeführt[288]:
- Änderungen bei den Bilanzierungsvorschriften bzw. Gesetzen
- Änderungen in der Rechtsprechung
- Anpassung an die Ergebnisse einer steuerlichen Außenprüfung
- Änderungen bei der Konzernzugehörigkeit
- Einleitung von Sanierungsmaßnahmen
- Aufgabe der Unternehmensfortführung[289]
- Wesentliche Veränderungen der Gesellschafterstruktur
- Wechsel des Managements unter Wechsel auch der Unternehmensstrategie
- Wesentlich veränderte Einschätzung der Unternehmensentwicklung
- Inanspruchnahme oder Wegfall der Anwendung von Bewertungsvereinfachungsverfahren
- (ggf. wesentliche) technische Änderungen/Neuerungen
- (ggf. wesentliche) Änderungen der Finanz- und Kapitalstruktur
- (ggf. wesentliche) Veränderungen des Beschäftigungsgrades
- (ggf. wesentliche) Produktions- und Sortimentsumstellungen[290]

---

[287] Vgl. *Winkeljohann/Büssow*, in Beck Bil-Komm., 10. Aufl., 2016, § 252 HGB, Rz 59.
[288] Vgl. *Hoffmann/Lüdenbach*, NWB-Kommentar Bilanzierung, 8. Aufl., 2016, § 252 HGB Rz 226; ADS, 6. Aufl. § 252 HGB, Rz 113; *Fülbier/Kuschel/Selchert*, in *Küting/Pfitzer/Weber*, HdR, HGB § 252, Rn 68, Stand 12/2010.
[289] Diesbezüglich lediglich *Fülbier/Kuschel/Selchert*, in *Küting/Pfitzer/Weber*, HdR, HGB § 252, Rn 150, Stand 12/2010.
[290] Diesbezüglich lediglich *Hoffmann/Lüdenbach*, NWB-Kommentar Bilanzierung, 8. Aufl., 2017, § 252 HGB Rz 226; ADS, 6. Aufl. § 252 HGB, Rz 113.

- (ggf. wesentliche) Absatzmarktverschlechterungen[291]
- Änderungen im System der Kostenrechnung[292]

Das IDW[293] geht davon aus, dass begründete Ausnahmefälle bzw. „sachlich gerechtfertigte Abweichungen" nur in folgenden Fällen vorliegen:
- Änderung der rechtlichen Gegebenheiten (insb. Änderung von Gesetz und Satzung, Änderung der Rechtsprechung)
- Bessere Vermittlung eines den tatsächlichen Verhältnissen entsprechenden Bildes der Vermögens-, Finanz- und Ertragslage
- Inanspruchnahme von Bewertungsvereinfachungsverfahren
- Anpassung an konzerneinheitliche Bilanzierungsrichtlinien
- Verfolgung steuerlicher Ziele

Diese Limitierung ist vor dem Hintergrund der (bewusst) fehlenden Deckelung entsprechender Ausnahmefälle in § 252 Abs. 2 HGB und der entsprechend offenen Regelung i. V. m. der Sinnhaftigkeit der Berücksichtigung rechtlicher, wirtschaftlicher und organisatorischer Sachverhalte im Kontext der Verbesserung der Vergleichbarkeit, Klarheit und Übersichtlichkeit (bessere Darstellung eines den tatsächlichen Verhältnissen entsprechenden Bildes der Vermögens-, Finanz- und Ertragslage ist auch vom IDW vorgesehen) weder zweckmäßig noch begründbar.[294] Hinsichtlich der Verfolgung von steuerlichen Zielen geht das IDW allerdings über andere Auffassungen im Schrifttum hinaus (s. dazu nachfolgende Auflistung umstrittener Ausnahmefälle).

Umstritten dagegen sind Durchbrechungen unter Rückgriff auf § 252 Abs. 2 HGB in folgenden Fällen:
- Steuerliche Ziele: Während deren Verfolgung mitunter nicht limitiert wird,[295] wird anderenorts nur die Nutzung eines anderenfalls entfallenden Verlustvortrags, nicht dagegen die Abweichung zwecks erreichen einer niedrigeren Besteuerung als zulässig erachtet.[296]
- Vermeidung einer Verlustanzeige gem. § 92 Abs. 1 AktG[297]: Dies wird einerseits infolge der Anhangangabepflicht des § 284 Abs. 2 Nr. 2 HGB (§ 284 Rz 42 ff.) für zulässig[298] und andererseits für grds. unzulässig[299] erachtet.

---

[291] Diesbezüglich lediglich *Claussen*, in Kölner Kommentar zum HGB, 2011, vor § 252 HGB, Rz. 72.

[292] Diesbezüglich lediglich ebenso *Fülbier/Kuschel/Selchert*, in *Küting/Pfitzer/Weber*, HdR, HGB § 252, Rn 153, Stand 12/2010.

[293] IDW RS HFA 38, Tz. 15; der Mindermeinung wohl zustimmend konsequenterweise WPH Edition, Wirtschaftsprüfung & Rechnungslegung, 15. Aufl., 2017, Abschn. F, Tz 962103.

[294] Direkt formuliert oder aus der Auflistung möglicher Ausnahmen ableitbar ebenso *Hoffmann/Lüdenbach*, NWB-Kommentar Bilanzierung, 8. Aufl., 2017, § 252 HGB Rz 226; ADS, 6. Aufl. § 252 HGB, Rz 113; *Fülbier/Kuschel/Selchert*, in *Küting/Pfitzer/Weber*, HdR, HGB § 252, Rn 68, Stand 12/2010; *Claussen*, in Kölner Kommentar zum HGB, 2011, vor § 252 HGB, Rz. 72; ADS, 6. Aufl. § 252 HGB, Rz 61.

[295] So IDW RS HFA 38, Tz. 15.

[296] So *Claussen*, in Kölner Kommentar zum HGB, 2011, vor § 252 HGB, Rz. 73, der auch die Nutzung eines steuerrechtlichen Wahlrechts aufführt.

[297] „Ergibt sich bei Aufstellung der Jahresbilanz oder einer Zwischenbilanz oder ist bei pflichtmäßigem Ermessen anzunehmen, daß ein Verlust i.H.d. Hälfte des Grundkapitals besteht, so hat der Vorstand unverzüglich die Hauptversammlung einzuberufen und ihr dies anzuzeigen."

[298] So ADS, 6. Aufl. § 252 HGB, Rz 115.

[299] So ADS, 6. Aufl. § 252 HGB, Rz 62; *Claussen*, in Kölner Kommentar zum HGB, 2011, vor § 252 HGB, Rz. 73.

3 Abweichungen von den allgemeinen Bewertungsgrundsätzen (Abs. 2)

3.1 Regelungsinhalt und Anwendungsbereich

142 § 252 Abs. 2 HGB gestattet Abweichungen von den allgemeinen Bewertungsgrundsätzen des Abs. 1 in begründeten **Ausnahmefällen**, wobei die Vorschrift als grundsätzliches Abweichungsverbot in unbegründeten Fällen und nicht als Wahlrecht zu verstehen ist.[300] Entsprechend ist § 252 Abs. 2 HGB als Ausnahmeregelung zu verstehen, der nur in seltenen und stets begründeten Fällen zum Tragen kommt.

143 Die Vorschrift gestattet dabei explizit **Abweichungen von sämtlichen Bewertungsgrundsätzen** des § 252 Abs. 1 HGB. Die mitunter vertretenen Auffassung, Ausnahmen kämen bei einigen Bewertungsgrundsätzen – explizit beim Vorsichts-, Realisations- und Imparitätsprinzip – infolge ihres tragenden Charakters nicht in Betracht,[301] ist abzulehnen.[302] Einerseits liegt innerhalb der Grundsätze weder eine Rangfolge vor (Rz 6), die eine Ausnahme dieser aus der Vorschrift des § 252 Abs. 2 HGB bzw. einen tragenden Charakter begründet, noch besteht dafür eine gesetzliche Grundlage. Diese Auffassung ist vielmehr von der Doktrin der Unantastbarkeit der „guten alten" Prinzipien des HGB getrieben. Spätestens infolge der Neuerungen des HGB durch das BilMoG sind diese Prinzipien (explizit auch jene mit „tragendem" Charakter) an zahlreichen Stellen durchbrochen und tendenziell durch IFRS-orientierte Regelungen ersetzt worden – zu verweisen ist hier auf die Bewertung mit dem beizulegenden Zeitwert. Hinsichtlich des § 252 Abs. 2 HGB auf dieser Argumentationsbasis eine nicht vom Gesetz gedeckte Limitierung der expliziten Regelung vorzunehmen scheint weder sachlich richtig noch zeitgemäß. Nichtsdestotrotz dürften Ausnahmen in Bezug auf einzelne Grundsätze – etwa den Grundsatz der Bilanzidentität oder der Periodisierung – sehr selten sein.[303]

144 Wenngleich § 252 Abs. 2 HGB im Zuge des **BilRUG keine Überarbeitung** erfahren hat, ergibt sich **in Konsequenz** der neuen **EU-Bilanzrichtlinie** künftig das **Erfordernis zur engeren Auslegung des Anwendungsbereichs** der Ausnahmeregelung. Hintergrund ist das Aufgehen der Regelung zu den Ausnahmefällen aus Art. 31 Abs. 2 der 4. EG-Richtlinie in Art. 4 Abs. 4 EU-Bilanzrichtlinie nebst inhaltlichen Änderungen. Art. 4 Abs. 4 EU-Bilanzrichtlinie sieht (in letzter Instanz) eine zwingende Nichtanwendung der Vorschriften vor, die eine Nichterfüllung des Erfordernisses zur Darstellung eines den tatsächlichen Verhältnissen entsprechenden Bildes der Vermögens-, Finanz- und Ertragslage des Unt bedingen. Korrespondierend ist die Generalnorm als sog. overriding principle ausgestaltet.

Zwar hat der deutsche Gesetzgeber im Rahmen der Nationalisierung der EU-Bilanzrichtlinie Art. 4 Abs. 4 nicht in deutsches Recht überführt (und damit eindeutig

---

[300] Vgl. *Baetge/Ziesemer/Schmidt*, in *Baetge/Kirsch/Thiele*, Bilanzrecht, § 252 HGB, Rz 271, Stand 10/2011; *Ballwieser*, in MünchKomm. HGB, 3. Aufl., § 252 Rn 116.

[301] So *Ballwieser*, in MünchKomm. HGB, 3. Aufl., § 252 Rn 116; *Baetge/Ziesemer/Schmidt*, in *Baetge/Kirsch/Thiele*, Bilanzrecht, § 252 HGB, Rz 272, Stand 10/2011.

[302] Im Ergebnis ebenso *Winkeljohann/Büssow*, in Beck Bil-Komm., 10. Aufl., 2016, § 252 HGB, Rz 72.

[303] Bezüglich der beiden Beispiele ebenso *Winkeljohann/Büssow*, in Beck Bil-Komm., 10. Aufl., 2016, § 252 HGB, Rz 72. Bezüglich dieser a. A. *Hoffmann/Lüdenbach*, NWB-Kommentar Bilanzierung, 8. Aufl., 2017, § 252 HGB Rz 229, wenngleich betreffend des Grundsatzes der Bilanzidentität daraufffolgend sogleich wieder anders argumentiert wird.

gegen europäisches Recht verstoßen), zumindest aber im Rahmen der Auslegung des § 252 Abs. 2 HGB wird Art. 4 Abs. 4 EU-Bilanzrichtlinie künftig zu beachten sein, da die Ausnahmeregelung mit besonderem Bezug zu den allgemeinen Bewertungsvorschriften des § 252 Abs. 1 HGB bzw. den diesen zu Grunde liegenden Regelungen des Art. 6 Abs. 1 EU-Bilanzrichtlinie in eine Ausnahmeregelung mit Fokus auf die Vermittlung eines den tatsächlichen Verhältnissen entsprechenden Bildes der Vermögens-, Finanz- und Ertragslage des Unt transformiert wurde.[304]
Eine Anwendung des § 252 Abs. 2 HGB kommt damit nur noch dann in Betracht, wenn eine Beibehaltung der Bewertungsgrundsätze der Vermittlung eines den tatsächlichen Verhältnissen entsprechenden Bildes der Vermögens-, Finanz- und Ertragslage des Unt entgegenstehen respektive diese gefährden würde[305] oder mit Blick auf den Grundsatz der Wesentlichkeit auf eine Beibehaltung dieser verzichtet werden kann und daraus zumindest keine Verschlechterung der Vermittlung eines den tatsächlichen Verhältnissen entsprechenden Bildes der Vermögens-, Finanz- und Ertragslage resultiert.

3.2 Ausnahmefälle

Grundsätzlich keine Ausnahmefälle i. S. d. § 252 Abs. 2 HGB stellen die **Spezialvorschriften** dar, die zu einer Durchbrechung der Grundsätze des Abs. 1 führen. Dem Rechtsprinzip „lex specialis derogat legi generali" folgend bedarf es in diesen Fällen keiner gesonderten Ausnahmeregelung in Gestalt einer expliziten Regelung wie jener des § 252 Abs. 2 HGB (s. zur Norm-Rangfolge auch Rz 19).[306]   145

§ 252 Abs. 2 HGB enthält dabei keine Angaben zu den begründeten **Ausnahmefällen**, sodass eine Vielzahl möglicher Fälle in Betracht kommt. Hinsichtlich möglicher Ausnahmen **im Speziellen** wird auf die entsprechenden Gliederungspunkte der Kommentierung unter den einzelnen Grundsätzen betreffend Ausnahmefälle eben dieser verwiesen: 146
- Ausnahmen vom Grundsatz der Bilanzidentität (Rz 30 ff.)
- Ausnahmen vom Grundsatz der Unternehmensfortführung (Rz 40 ff.)
- Ausnahmen vom Grundsatz der Einzelbewertung und vom Stichtagsprinzip (Rz 71 ff., Rz 82 ff.)
- Ausnahmen vom Vorsichtsprinzip (Rz 88)
- Ausnahmen vom Imparitätsprinzip (Rz 95)
- Ausnahmen vom Realisationsprinzip (Rz 119 f.)
- Ausnahmen vom Grundsatz der Pagatorik und Periodenabgrenzung (Rz 126 f.)
- Ausnahmen vom Grundsatz der Bewertungsstetigkeit (Rz 137 ff.)

Im Allgemeinen kann zunächst (weiterhin) von begründeten **Ausnahmefällen** in diesem Sinne gesprochen werden, wenn sich grundlegende Änderungen der wirt-   147

---

[304] Vgl. dazu detailliert *Wengerofsky*, DB 2015, S. 873 ff.
[305] Ebenso *Wengerofsky*, DB 2015, S. 876.
[306] Gl. A. *Fülbier/Kuschel/Selchert*, in *Küting/Pfitzer/Weber*, HdR, HGB § 252, Rn 24, Stand 12/2010, die jedoch inkonsistent zu dieser Grundsatzaussage innerhalb der Kommentierung zu Nr. 5 abweichend argumentieren (Rn 118); *Ballwieser*, in MünchKomm. HGB, 3. Aufl., § 252 Rn 117; *Baetge/Ziesemer/Schmidt*, in *Baetge/Kirsch/Thiele*, Bilanzrecht, § 252 HGB, Rn 271, Stand 10/2011; *Hoffmann/Lüdenbach*, NWB-Kommentar Bilanzierung, 8. Aufl., 2017, § 252 HGB Rz 230; a. A. *Winkeljohann/Büssow*, in Beck Bil-Komm., 10. Aufl., 2016, § 252 HGB, Rz 54.

schaftlichen und organisatorischen Verhältnisse ergeben,[307] welche neben Änderungen bei den Bilanzierungsvorschriften insb. in Fällen einer Verschmelzung, Spaltung, Vermögensübertragung, einem Formwechsel, einer Anpassung an die Methoden der Konzernmutter nach Kons[308] oder im System der Kostenrechnung[309] vorliegen. Darüber hinaus kommen Ausnahmen i.S.d. § 252 Abs. 2 HGB grds. zunächst auch dann in Betracht, wenn sie sich aus den Zwecken oder Zielen des Jahresabschlusses bzw. entsprechenden Änderungen dieser ergeben.[310]
Allerdings sind die begründeten Ausnahmefälle i.S.d. § 252 Abs. 2 HGB dabei – infolge der EU-Bilanzrichtlinie (dazu Rz 144) – unter dem Aspekt der Darstellung eines den tatsächlichen Verhältnissen entsprechenden Bildes der Vermögens-, Finanz- und Ertragslage – ggf. unter Berücksichtigung des Grundsatzes der Wesentlichkeit – zu beurteilen.[311]
Vor dem Hintergrund der gebotenen Berücksichtigung der Auswirkungen auf die Darstellung eines den tatsächlichen Verhältnissen entsprechenden Bildes der Vermögens-, Finanz- und Ertragslage und ggf. des Grundsatzes der Wesentlichkeit sind dabei insofern insbesondere organisatorische Veränderungen kritisch und im Einzelfall auf eine mögliche Anwendung als Ausnahmeabweichung zu prüfen.[312] Wenngleich die im Kontext der Ausnahmeregelung vereinzelt geäußerte Befürchtung einer Willkürbilanzierung[313] infolge dieser „allgemeinen" änderungsbegründenden Tatbestände durchaus nachvollziehbar ist, darf darunter keinesfalls ein Freibrief zur Bilanzierung nach Belieben verstanden werden (was sich bereits aus der Anforderung der Begründung nicht nur des Vorliegens eines Ausnahmefalls, sondern auch der dann vorgenommenen Vorgehensweise und ferner dem Grundsatz der Willkürfreiheit ergibt – dazu nachfolgendes Beispiel); dies gilt insbesondere vor dem Hintergrund der nunmehr gebotenen Würdigung der Auswirkungen der Inanspruchnahme eines Ausnahmefalls auf die Darstellung eines den tatsächlichen Verhältnissen entsprechenden Bildes der Vermögens-, Finanz- und Ertragslage.

Beispiel
Willkürbilanzierung im Zusammenhang mit § 252 Abs. 2 HGB
Die geäußerte Befürchtung einer Willkürbilanzierung wird mit nachfolgenden Beispielen untermauert:[314]
„Die Holding H AG erwirbt alle Anteile an der T GmbH und schließt mit ihr einen Organschaftsvertrag ab. Bislang galt bei der T die Devise: „Gewinne

---

[307] Vgl. anstatt vieler etwa *Fülbier/Kuschel/Selchert*, in *Küting/Pfitzer/Weber*, HdR, HGB § 252, Rn 26, 43; a.A *Hoffmann/Lüdenbach*, NWB-Kommentar Bilanzierung, 8. Aufl., 2017, § 252 HGB Rz 231.
[308] Vgl. zu diesem Punkt ADS, 6. Aufl. § 252 HGB, Rz 119.
[309] Vgl. zu diesem Punkt *Winkeljohann/Büssow*, in Beck Bil-Komm., 10. Aufl., 2016, § 252 HGB, Rz 76.
[310] Ebenso *Fülbier/Kuschel/Selchert*, in *Küting/Pfitzer/Weber*, HdR, HGB § 252, Rn 26; ADS, 6. Aufl. § 252 HGB, Rz 119; *Baetge/Fey/Fey*, in *Küting/Pfitzer/Weber*, HdR, HGB § 243, Rn 7f., Stand 12/2010; a.A. *Hoffmann/Lüdenbach*, NWB-Kommentar Bilanzierung, 8. Aufl., 2017, § 252 HGB Rz 231.
[311] Vgl. detailliert und mit einer Würdigung ausgewählter Einzelfälle *Wengerofsky*, DB 2015, S. 876 ff. Vgl. zudem Arbeitskreis Bilanzrecht der Hochschullehrer Rechtswissenschaft, BB 2014, S. 2732; DRSC, HGB-FA – öffentliche Sitzungsunterlage, http://www.drsc.de/docs/sitzungen/hgb-fa/ 013/13_04a_HGB-FA_HGB-Reform_Art_1–6.pdf, letzter Abruf am 21.4.2017, S. 8.
[312] Vgl. *Wengerofsky*, DB 2015, S. 877.
[313] Siehe *Hoffmann/Lüdenbach*, NWB-Kommentar Bilanzierung, 8. Aufl., 2017, § 252 HGB Rz 231.
[314] Beispiel entnommen aus *Hoffmann/Lüdenbach*, NWB-Kommentar Bilanzierung, 8. Aufl., 2017, § 252 HGB Rz 231.

möglichst verstecken." Nun verlangt die H eine höchstmögliche Gewinnabführung. Die Zielsetzung des Jahresabschlusses wird dadurch „gewichtig" verschoben. Außerdem liegt durch den Organschaftsvertrag (...) eine grundlegende Änderung der rechtlichen und organisatorischen Verhältnisse vor. Sollte dann tatsächlich die Ausnahmeregelung greifen, wäre z. B. unter Durchbrechung des Bilanzenzusammenhangs die buchtechnische Vorgehensweise im Beispiel unter Rz 10 (s. unten) mit Berufung auf § 252 Abs. 2 HGB erlaubt; u. E. ein unmögliches Ergebnis. Zielführend kann nur eine differenzierende Beurteilung nach dem ökonomischen Gehalt des Vorgangs sein. Die Ausnahmeregelung des § 252 Abs. 2 HGB bedarf einer höchst restriktiven Anwendung, um nicht dem gesamten Katalog des § 252 Abs. 1 HGB den Titel „Papiertiger" anzuheften, wie dies bzgl. des Methodenwechsels zutreffend der Fall ist (...)."
Beispiel aus Rz. 10[315]:
„Das Maschinenbauunternehmen M bildet zum 31.12.01 eine Gewährleistungsrückstellung für einen Einzelfall i. H. v. 100. Nach Erstellung und Feststellung des Jahresabschlusses 01 stellt sich als Verhandlungslösung mit der Gegenpartei ein Rückstellungserfordernis von lediglich 40 heraus. Deshalb stellt M in die Eröffnungsbilanz zum 1.1.02 nur einen Betrag von 40 ein. Durch diese Vorgehensweise würde über die Gesamtperiode hinweg ein um 60 zu hoher Aufwand des Unternehmens dargestellt. Nach dem Grundsatz der Bilanzidentität muss deshalb ein Betrag von 100 in die Eröffnungsbilanz eingestellt werden, obwohl sich dieser im Nachhinein als „falsch" herausgestellt hat. Die in 02 erforderliche Auflösung der Rückstellung stellt in zwischenperiodischer Betrachtung oder aus Sicht der Totalperiode das „richtige" Ergebnis dar. Zweimal falsch ist einmal richtig."
Kommentierung des Beispiels
Das aufgeführte Beispiel ist u. E. nicht zur Untermauerung dieser Position geeignet. Es liegen keine begründbaren Argumente für eine derartige (Falsch-)Bilanzierung vor. Der Sachverhalt des Bekanntwerdens der zu hohen Rückstellungssumme ist eindeutig dem neuen Gj zuzuordnen, eine Korrektur im Zuge der Eröffnungsbuchungen entsprechend keinesfalls begründbar. Abweichungen vom Grundsatz der Bilanzidentität kommen nur in begründeten Ausnahmefällen in Betracht, die – begründbar – zeitlich zwischen den Gj zu verorten sind. Siehe dazu auch Rz 30.

3.3 Anhangangabepflichten

§ 284 Abs. 2 Nr. 2 Hs. 1 HGB verlangt von KapG und ihnen gleichgestellten KapCoGes. in Fällen einer Abweichung i. S. d. § 252 Abs. 2 HGB die Angabe und Begründung von Abweichungen im Anhang. Die Vorschrift verlangt dabei nicht nur die Angabe und Begründung von Abweichungen von Bilanzierungs- und Bewertungsmethoden, sondern nach § 284 Abs. 2 Nr. 2 Hs. 2 HGB auch die gesonderte Darstellung des Einflusses der Abweichungen auf die Vermögens-, Finanz- und Ertragslage. Siehe dazu detailliert § 284 Rz 42.

148

---

[315] Entnommen aus *Hoffmann/Lüdenbach*, NWB-Kommentar Bilanzierung, 8. Aufl., 2017, § 252 HGB Rz 10.

4 Implizite Bewertungsgrundsätze

4.1 Aus anderen Vorschriften ableitbare Grundsätze

149 Über die in § 252 HGB explizit oder implizit verankerten (Bewertungs-)Grundsätze mit nachgelagerter Normen-Rangfolge (s. hierzu Rz 19) hinaus hat der Gesetzgeber weitere allgemeine Bewertungsgrundsätze in den Spezialvorschriften der §§ 253 ff. HGB verankert. Zu diesen zählen etwa das Anschaffungs-/Herstellungskostenprinzip (zur Bewertung mit den AHK s. § 253 Rz 18 f.; zur AK-Ermittlung § 255 Rz 1 ff. und zur HK-Ermittlung § 255 Rz 77 ff.) oder das strenge/gemilderte Niederstwertprinzip (§ 253 Rz 20).

4.2 Grundsatz der Methodenbestimmtheit

150 Der Grundsatz der Methodenbestimmtheit enthält die Vorgabe zur Ermittlung von Wertansätzen von VG und Schulden unter konsistenter Anwendung einer bestimmten Bewertungsmethode.[316] Gemeint ist damit, dass bei einem vorliegenden Methodenwahlrecht kein Zwischenwert aus den verschiedenen möglichen Methoden angesetzt werden darf, es also zu keiner Durchmischung der Methodenergebnissen kommt. KapG unterliegen dabei nach § 284 Abs. 2 Nr. 1, 2 HGB zudem der Pflicht zur Angabe der angewendeten Bewertungsmethode (§ 284 Rz 26 ff.).

4.3 Grundsatz des Willkürverbots

151 Der Grundsatz des Willkürverbots, der sich auf die Bewertung bezieht, ist ebenfalls nicht explizit kodifiziert. Er ergibt sich aus dem Gesamtkonstrukt der GoB im Allgemeinen und aus den Bewertungsgrundsätzen – etwa des § 252 Abs. 1 Nr. 4, 6 HGB – im Speziellen. Der fehlenden expliziten Normierung und der entsprechend fehlenden Ausgestaltung qua Gesetz geschuldet, gibt es allerdings keine eindeutige Definition von Willkürfreiheit. Auch im Schrifttum ist keine einheitliche Definition vorzufinden, wobei diese in vielen Fällen zumindest im Kern zum gleichen Ergebnis führen. So wird unter einer willkürfreien Bewertung etwa verstanden, dass diese realitätsnah und nach Auffassung des Kfm. zutreffend ist.[317] Ebenfalls zu finden sind Forderungen nach plausibel begründbaren/argumentierbaren Wertansätzen[318] oder objektiven Ansätzen i.S. einer intersubjektiven Nachprüfbarkeit.[319] Wirkliche Lösungsansätze bieten diese Definitionen freilich nicht. Letztendlich wird ein undefinierter Grundsatz mit einer ebenso schwer greifbaren Auslegung umschrieben. Dabei zeigen die im Ergebnis kaum konkreteren Definitionen, dass im Zusammenhang mit dem Grundsatz weder von Objektivität noch davon gesprochen werden kann, dass hier ein Grundprinzip ohne Spielräume vorliegt.

Letztlich soll als Ergebnis der Definitionsbestrebungen zumindest dann ein willkürfreier Jahresabschluss vorliegen, wenn er frei von sachfremden Erwägungen ist.[320] Zu diesen sollen etwa die Berücksichtigung von Auswirkungen auf die

---

[316] Ebenso etwa *Winkeljohann/Büssow*, in Beck Bil-Komm., 10. Aufl., 2016, § 252 HGB, Rz 67.
[317] So *Leffson*, GoB, S. 202 ff.
[318] So *Baetge*, HdR, Kap. II, Rz. 128.
[319] So *Kupsch*, BoHdR, Einf. B, Rz. 175.
[320] So *Winkeljohann/Büssow*, in Beck Bil-Komm., 10. Aufl., 2016, § 252 HGB, Rz 68; ADS, 6. Aufl., § 252 HGB Rz. 126.

Ertragslage oder den ausschüttungsfähigen Gewinn zählen.[321] Diese Forderung nach letztlicher Freiheit des Jahresabschlusses von bilanzpolitischen Maßnahmen dürfte aber dazu führen, dass kaum ein Abschluss in der Praxis unter Einhaltung des Grundsatzes erstellt wird.

Mitunter wird darüber hinaus aufgeführt, dass es – wenn auch als Ausnahmen – Fälle gibt, in denen qua Spezialvorschrift zwei Bewertungsmethoden zur Verfügung stehen, aber eine dieser Methoden nicht angewendet werden darf, wenn bzw. weil sie dem Grundsatz der Willkürfreiheit widerspricht.[322] Dem ist grds. zu widersprechen. Sieht eine Spezialvorschrift ein Bewertungswahlrecht vor, bedarf es keiner Konkretisierung oder Ergänzung mangels expliziter Regelung durch einen Grundsatz. In diesen Fällen greifen die Grundsätze nicht und besitzen keinesfalls Vorrang vor den Spezialvorschriften (zum Anwendungsvorrang der Spezialvorschriften und der sich daraus ergebenden handelsrechtlichen Normen-Rangfolge siehe Rz 19).

Indes ist auch dann von Willkürfreiheit zu sprechen, wenn „sachfremde" Erwägungen i.S. bilanzpolitischer Maßnahmen den Jahresabschluss beeinflussen, solange sich diese im Rahmen legaler Maßnahmen bewegen. Ebenfalls nicht dem Grundsatz der Willkürfreiheit widersprechend ist die grds. freie Wahl zwischen zwei explizit gewährten Bewertungswahlrechten.

Im Ergebnis ist u.E. stets dann von einer Einhaltung des Grundsatzes zu sprechen, wenn Bewertungsentscheidungen begründet sind, wobei eben bereits eine subjektive Begründung ausreichend ist, da Objektivität in diesen Fällen ohnehin in der Praxis nie gegeben ist und diese Forderung/Diskussion rein akademischen Charakters ist.

152

4.4 Grundsatz der Wirtschaftlichkeit

Der eng mit dem Grundsatz der Wesentlichkeit (Rz 158 ff.) verknüpfte Wirtschaftlichkeitsgrundsatz spiegelt den dominierenden **Sachzwang des wirtschaftlichen Handelns** unter Abwägung der Kosten-Nutzen-Aspekte wider.[323] Die im Umkehrschluss aus dem Grundsatz ableitbare Option zum Verzicht auf die Darstellung von Sachverhalten im Rahmen der Rechnungslegung aus Wirtschaftlichkeitsgründen ist dabei mit der Anforderung der Unwesentlichkeit dieser verbunden.

153

Die Möglichkeit zur Bewertung von VG unter Rückgriff auf Bewertungsvereinfachungsverfahren nach **§ 256 HGB** unter Einhaltung der GoB kann als **Beispiel** des Grundsatzes und seiner Verbindung zum Wesentlichkeitsprinzip dienen.[324] Unter Durchbrechung des Grundsatzes der Einzelbewertung nach § 252 Abs. 1 Nr. 3 HGB gestattet § 256 Satz 1 HGB die Verwendung von Verbrauchsfolgeverfahren zur vereinfachten zeit- und kostensparenden Bewertung des Vorratsvermögens (§ 256 Rz 1 ff.). Letztlich steht diese Option unter der Annahme, dass eine exakte Ermittlung und Darstellung des Vorratseinsatzes als nicht wesentlich zu erachten ist und die Bewertungsvereinfachungsverfahren gleichzeitig mit wirtschaftlichen Vorteilen verbunden sind.

154

---

321 So *Winkeljohann/Büssow*, in Beck Bil-Komm., 10. Aufl., 2016, § 252 HGB, Rz 68.
322 So ADS, 6. Aufl., § 252 HGB Rz. 126.
323 Vgl. *Hoffmann/Lüdenbach*, NWB-Kommentar Bilanzierung, 8. Aufl., 2017, § 252 HGB Rz 243.
324 M.a.N. *Hoffmann/Lüdenbach*, NWB-Kommentar Bilanzierung, 8. Aufl., 2017, § 252 HGB Rz 243.

155 Der Sachzwang des wirtschaftlichen Handelns und damit der Grundsatz der Wirtschaftlichkeit kommen dabei nicht nur bei der Bewertung von VG, sondern bereits bei der Frage der Zuordnung zum Tragen. So sieht § 246 Abs. 1 Satz 2 Hs. 1 HGB die **Aufnahme von VG** in die Bilanz des Eigentümers vor. In diesem Zusammenhang war für die Abgrenzung des Eigentums bis zur Einführung des BilRUG respektive der Bilanzrichtlinie 2013/34/EU zunächst auf das zivilrechtliche Eigentum abzustellen[325], wobei der Aspekt der rechtlichen Verfügungsgewalt über einen VG dann gem. § 246 Abs. 1 Satz 2 Hs. 2 HGB in den Hintergrund trat, wenn zivilrechtliches und wirtschaftliches Eigentum an einem VG nicht zusammenlagen. In letzter Instanz war insofern ohnehin bereits auf das wirtschaftliche Eigentum abzustellen. Eine grundsätzliche Außerachtlassung der rechtlichen Betrachtungsweise kam allerdings nicht in Betracht, da es Fälle gab, in denen eine Bilanzierung eines VG sowohl beim rechtlichen als auch beim wirtschaftlichen Eigentümer vorgenommen wird/wurde bzw. werden kann/konnte.[326]

156 Wenngleich die in Art. 6 Abs. 1 Buchst. h Bilanzrichtlinie 2013/34/EU kodifizierte wirtschaftliche Betrachtungsweise, die eine Berücksichtigung des wirtschaftlichen Gehalts von Geschäftsvorfällen bzw. Vereinbarungen sowohl im Rahmen der Bilanzierung als auch des Ausweises der Posten der Bilanz sowie der GuV verlangt, in Teilen dem bereits seit der Einführung des BilMoG im HGB normierten Grundsatz der Wirtschaftlichkeit entspricht, ergaben sich im Zuge der Einführung des BilRUG respektive in Konsequenz der Bilanzrichtlinie 2013/34/EU Änderungsnotwendigkeiten hinsichtlich der Praxis der Zuordnung von VG. Während zuvor im Rahmen der Prüfung auf Eigentümerschaft „neben" dem Kriterium des wirtschaftlichen Eigentümers (letztinstanzlich ausschlaggebend) zunächst auf den Aspekt des rechtlichen Eigentums abzustellen war und eine grundsätzliche Außerachtlassung der rechtlichen Betrachtungsweise nicht in Betracht kam (Rz 155), ist nunmehr einzig auf die wirtschaftliche Betrachtungsweise abzustellen. Eine Notwendigkeit zur formalen Anpassung des § 246 Abs. 1 Satz 2 HGB und des § 39 AO im Zuge es BilRUG infolge der Implementierung des allgemeinen Grundsatzes der wirtschaftlichen Betrachtungsweise in Art. 6 Abs. 1 Buchst. h Bilanzrichtlinie 2013/34/EU bestand/besteht indes nicht, da die Formulierung der Altfassung bei Auseinanderliegen des rechtlichen und des wirtschaftlichen Eigentums bereits auf die wirtschaftliche Zuordnung abstellte und der Gesetzeswortlaut ohnehin nur allgemein von Eigentum sprach/spricht. Letztlich bleibt es damit bei einer geänderten Normauslegung.

157 Zwecks der **Verortung des wirtschaftlichen Eigentums** ist auf die tatsächliche Sachherrschaft über einen VG abzustellen (§ 246 Rz 17) – weitgehende Verfügungsmöglichkeiten alleine begründen kein wirtschaftliches Eigentum.[327] Tatsächliche Sachherrschaft setzt dabei den dauerhaften, d.h. einen mindestens der betriebsgewöhnlichen Nutzungsdauer entsprechenden[328], Ausschluss des rechtlichen Eigentümers von der Einwirkung bzw. Verfügung auf/über den VG voraus. Liegen Besitz, Gefahr, Nutzen und Lasten der Sache bei der entsprechen-

---

[325] Vgl. etwa Schmidt/Ries, in Beck Bil-Komm., 10. Aufl., 2016, § 246 HGB, Rz 5.
[326] Vgl. IDW ERS HFA 13 n.F., Rz. 6. Mit einem Beispiel im Zusammenhang mit Pensionsgeschäften vgl. IDW ERS HFA 13 n.F., Rz. 20.
[327] Vgl. Schmidt/Ries, in Beck Bil-Komm., 10. Aufl., 2016, § 246 HGB Rz. 7.
[328] S. dazu auch § 39 Abs. 2 Nr. 1 AO.

den (juristischen) Person, kann von einer Erfüllung der erforderlichen Kriterien ausgegangen werden.[329] Die im Wege der Bilanzierung nach IFRS verwendeten Zurechnungskriterien der Chancen und Risiken finden dabei zusehends Eingang in die handelsrechtliche Bilanzierungspraxis.[330] In der Konsequenz umfasst wirtschaftliches Eigentum entsprechend das Recht zur Nutzung oder Veräußerung des VG sowie die Chancen und Risiken aus der laufenden Nutzung sowie etwaigen Wertänderungen.[331] Dabei hat eine Gewichtung der Chancen und Risiken in Abhängigkeit des Charakters des VG zu erfolgen (§ 246 Rz 17).

4.5 Grundsatz der Wesentlichkeit

Der Grundsatz der Wesentlichkeit sieht die Berücksichtigung und Offenlegung aller Sachverhalte vor, die für die Jahresabschlussadressaten von Relevanz, d.h. für diese zwecks der Beurteilung der tatsächlichen Vermögens-, Finanz- und Ertragslage wesentlich, sind. Im Umkehrschluss ergibt sich die Möglichkeit zur Außerachtlassung eben der nicht wesentlichen Tatbestände.[332]   158

Der Materiality-Grundsatz ist impliziter Bestandteil des True-and-fair-view-Prinzips und damit impliziter Bestandteil des Regelungsgefüges der EU-Bilanzrichtlinie.[333] Er ist dem HGB in der Generalnorm des § 264 Abs. 2 HGB ebenfalls implizit inhärent. Ein den tatsächlichen Verhältnissen entsprechendes Bild der Vermögens-, Finanz- und Ertragslage erfordert nach hM stets dessen Berücksichtigung.[334] Wenngleich nicht immer unter expliziter Verwendung der Begriffe „wesentlich" oder „Wesentlichkeit" stellen einige Paragrafen/GoB zudem explizit auf das Kriterium der Wesentlichkeit ab, so etwa: 159

- § 240 Abs. 3 HGB gestattet unter der Voraussetzung des **nachrangigen** Gesamtwerts für das Unt i. V. m. weiteren Kriterien den Festwertansatz von VG des Sachanlagevermögens sowie RHB.
- § 285 Nr. 3 HGB verlangt Angaben über nicht in der Bilanz enthaltene Geschäfte, soweit diese **für die Beurteilung** der Finanzlage **wesentlich** ist.
- § 286 Abs. 3 Nr. 1 HGB sieht den möglichen Verzicht auf die gem. § 285 Nr. 11 und 11b HGB geforderten Angaben unter der Voraussetzung deren **untergeordneter Bedeutung** für die Darstellung der Vermögens-, Finanz- und Ertragslage vor.
- § 289 Abs. 1 Satz 3 HGB schreibt die Einbeziehung der für die Geschäftstätigkeit **bedeutsamsten** finanziellen Leistungsindikatoren in die Analyse des Geschäftsverlaufs und der Lage der Ges. vor.
- § 303 Abs. 2 HGB gestattet die Nichtanwendung von Abs. 1, wenn die wegzulassenden Beträge im Rahmen der Schuldenkons für die Vermittlung eines den tatsächlichen Verhältnissen entsprechenden Bildes der Vermögens-, Finanz- und Ertragslage des Konzerns nur von **untergeordneter Bedeutung** sind.

---

329 Vgl. *Schmidt/Ries,* in Beck Bil-Komm., 10. Aufl., 2016, § 246 HGB Rz. 7.
330 Vgl. IDW ERS HFA 13 n.F., Rz. 6f.
331 Vgl. IDW ERS HFA 13 n.F., Rz. Tz 7.
332 Vgl. etwa *Niehus,* WPg 1981, S. 2f., sowie detailliert *Lück,* Materiality, S. 59ff.
333 Vgl. – wenngleich noch mit Bezug auf die 4. EG-RL inhaltlich jedoch übertragbar – *Niehus,* WPg 1981, S. 2f., sowie detailliert *Lück,* Materiality, S. 59ff.
334 Vgl. dazu etwa *Niehus,* WPg 1981, S. 2ff.; *Ossadnik,* BB 1993, S. 1763.

- § 304 Abs. 2 HGB sieht ebenfalls die Nichtanwendung des Abs. 1 betreffend die Zwischenergebniseliminierung bei **untergeordneter Bedeutung** für die Vermittlung eines den tatsächlichen Verhältnissen entsprechenden Bildes der Vermögens-, Finanz- und Ertragslage des Konzerns vor.
- § 305 Abs. 2 HGB bietet die Option zum Verzicht auf die Weglassung von Aufwendungen und Erträge gem. Abs. 1 im Falle einer **untergeordneten Bedeutung** der Beträge für die Vermittlung eines den tatsächlichen Verhältnissen entsprechenden Bildes der Vermögens-, Finanz- und Ertragslage des Konzerns.
- Die steuerrechtlichen Vorschriften zu **geringwertigen Wirtschaftsgütern** aus § 6 Abs. 2 und Abs. 2a EStG, die als Ausprägung des Grundsatzes der Wesentlichkeit zu verstehen sind, und deren fakultatives Anwendungswahlrecht im HGB als GoB anerkannt ist, was auch nach der Erhöhung des seit über 50 Jahren unveränderten Betrages auf 800 EUR[335] so bleiben wird.

160 Eine darüber hinausgehende Integration als übergreifendes Konzept hat der Gesetzgeber im Zuge des BilRUG allerdings nicht vorgenommen, obgleich Art. 6 Abs. 1 Buchstabe j Bilanzrichtlinie 2013/34/EU die Pflicht zur (expliziten) Umsetzung des Wesentlichkeitsgrundsatzes – zunächst[336] sowohl für Ansatz, Bewertung, Darstellung, Offenlegung und Konsolidierung – in nationales Recht vorsieht. Allenfalls lässt sich aus deutscher Perspektive argumentieren, dass sich die allumfassende Gültigkeit des Wesentlichkeitsprinzips nach herrschender Meinung aus den GoB ergibt.

Anders als in der internationalen Rechnungslegung, für deren Normsystem der Grundsatz der Materiality von großer Bedeutung ist,[337] ist der Grundsatz im **HGB** durch das Schrifttum und die Rechtspraxis allerdings in **relativ enge Grenzen** gesetzt. Aus Art. 6 Abs. 1 Buchstabe j Bilanzrichtlinie 2013/34/EU ergibt sich nicht zuletzt deshalb u. E. wohl das Erfordernis einer weiteren Auslegung. Allerdings ist die Generalnorm des § 264 HGB weiterhin nicht als overriding principle ausgestaltet, weshalb auch weiterhin die handelsrechtlichen Normen-Rangfolge (Rz 19) zu beachten ist.

Die vereinzelt im Schrifttum vertretene Ansicht, in Abhängigkeit der betroffenen Posten vier „fixe" quantitative Schwellenwerte von 0,25 % (gemessen am Grundkapital), 1 % (bei direkter Beeinflussung der GuV), 5 % (bei Posten mit erheblicher Aussage- und Ertragskraft) sowie 10 % (bei Fehlern und Fortlassungen)[338] festlegen zu können ist u. E. (auch weiterhin) abzulehnen.[339] Dies ändert sich auch nicht vor dem Hintergrund der Berücksichtigung des durchaus gewichtigen Arguments des information overload.[340] Dies liegt einerseits daran, dass sich nur bedingt argumentieren lässt, dass einige wenige auf Basis des Grundsatzes weggelassene numerische Darstellungen oder Korrekturen numerischer Fehler den

---

[335] Pressemitteilung des Bundesministeriums für Wirtschaft und Energie vom 7.3.2017, https://www.bmwi.de/Redaktion/DE/Pressemitteilungen/2017/20170307-zypries-zu-gwg.html, letzter Abruf am 20.4.2017.
[336] Gemäß Art. 6 Abs. 4 Bilanzrichtlinie 2013/34/EU besteht die Möglichkeit, den Anwendungsbereich des Wesentlichkeitsgrundsatzes auf die Darstellung und Offenlegung zu begrenzen.
[337] Vgl. *Zülch/Fischer*, Münch Komm – IFRS, IAS 1 Rz. 20; ADS, § 252 HGB Rz. 127; *Jung*, Wesentlichkeit, S. 24 ff; *Kuhlewind*, Bilanzrechtstheorie, S. 94 ff.; *Lück*, Materiality, S. 41; a. A. *Biener*, Vierte Richtlinie, S. 1, 3.
[338] So *Claussen*, in Kölner Kommentar zum HGB, 2011, vor § 252 HGB, Rz. 19–20.
[339] Ebenso etwa ADS, 6. Aufl. § 252 HGB, Rz 127f.
[340] So *Claussen*, in Kölner Kommentar zum HGB, 2011, vor § 252 HGB, Rz. 21.

Jahresabschluss vor einer Informationsüberfrachtung etwa infolge von massiven Anhang- und Lageberichtsangaben bewahren. Andererseits ist eine derartig pauschale Grenzziehung weder durch die Gesetzeslage noch durch Rechtsprechung und Schrifttum gedeckt. Bereits aus dem Anwendungsvorrang der Spezialvorschriften und der sich daraus ergebenden handelsrechtlichen Normen-Rangfolge (Rz 19) i. V. m. der fehlenden Ausgestaltung der Generalnorm des § 264 HGB als overriding principle (§ 264 Rz 52) ergibt sich, dass der Grundsatz auch weiterhin nur dann zur Anwendung kommen kann, wenn eine Spezialvorschrift dies explizit vorsieht bzw. deren Ausgestaltung dem Grundsatz nicht widerspricht und dieser seinem Sinn und Zweck als Ergänzungs- und Konkretisierungsregelung (Rz 18) entsprechend greifen kann und darf.

Wenngleich der Grundsatz in den **IFRS** bereits im Framework[341] als fundamentales qualitatives Charakteristikum nützlicher Informationen definiert ist und IFRS 8 sogar explizit eine quantitative Wesentlichkeitsgrenze von 10 % vorsieht, ist darüber hinaus zu bedenken, dass den IFRS ebenfalls keine allgemeingültige(n) quantitative(n) Wesentlichkeitsgrenze(n) inhärent ist/sind. Trotz erheblicher Ausgestaltungsdifferenzen bei IFRS-Anwendern und Kontrollinstanzen sowie in Abhängigkeit der Regelungssachverhalte unterscheidet sich die Gewichtung des Grundsatzes zudem von jener im HGB. Verantwortlich für diese Unterschiede in der Bedeutung dürfte neben der rechnungslegungskulturellen Ausgestaltung der IFRS einerseits sowie der konservativen und tendenziell vorsichtigen Rechnungslegungsprägung kontinentaleuropäischer Systeme andererseits auch der explizite Charakter als IFRS-Generalnorm sein.

Hinsichtlich einer Wesentlichkeitsgrenze im **Steuerbilanzrecht** besteht selbst innerhalb der Senate des BFH Uneinigkeit. Hat der X. Senat in einem Beschluss 2010 geringfügige Kfz-Steuerbeträge als unwesentlich eingestuft,[342] sind laut diesem dagegen einem Urteil aus dem Jahre 2011 zufolge bei Nachbetreuungskosten von Versicherungsunt keine Wesentlichkeitsaspekte zu berücksichtigen.[343] Der I. Senat hat im Hinblick auf voraussichtlich dauernde Wertminderungen sogar einen quantitativen Schwellenwert (5 %) festgelegt.[344] Weiterführend wird auf die Kommentierungen im Haufe EStG Kommentar[345] verwiesen.

161

5 Grundsätze ordnungsmäßiger Buchführung im Steuerrecht

§ 5 Abs. 1 EStG schreibt für die **steuerliche Gewinnermittlung** den Ansatz des sich nach den handelsrechtlichen Grundsätzen ordnungsmäßiger Buchführung und Bilanzierung ergebenden Vermögens in der Bilanz vor. Da nach § 60 Abs. 2 EStDV die aus dem Handelsrecht bzw. der ordnungsmäßigen Buchführung abgeleitete Bilanz die Grundlage der Besteuerung bildet und ggf. vorliegende abweichende steuerliche Bestimmungen durch Zusätze oder Anmerkungen zu der Handelsbilanz angepasst werden, bezieht sich die Maßgeblichkeit dabei explizit

162

---

341 Vgl. IASB, Conceptual Framework for Financial Reporting 2010, QC11.
342 Siehe BFH, Beschluss v. 18.3.2010, X R 20/09, DStRE 2010 S. 1036.
343 Siehe BFH, Urteil v. 19.7.2011, X R 26/10, DStRE 2011 S. 1990.
344 Siehe BFH, Urteil v. 21.9.2011, I R 89/10, DStRE 2012 S. 21.
345 *Frotscher/Watrin*, in *Frotscher/Geurts*, EStG Kommentar, § 5 EStG Rz. 361 f., Stand 2/2015.

auf das Verhältnis zwischen den handelsrechtlichen Grundsätzen ordnungsmäßiger Buchführung und Bilanzierung und den steuerrechtlichen Vorschriften. Entsprechend sind für die steuerliche Gewinnermittlung auch die handelsrechtlichen GoB maßgebend. § 5 Abs. 1 Satz 1 EStG formuliert dabei explizit nur die Bindung an die Grundsätze ordnungsmäßiger Buchführung, was zu Diskussionen hinsichtlich der Bindung auch an die übrigen handelsrechtlichen Vorschriften ohne GoB-Charakter geführt hat. Mit den Argumenten, dass der Inhalt der GoB auch durch die zwingenden gesetzlichen Regelungen gebildet wird und § 141 AO ausdrücklich die handelsrechtlichen Vorschriften in Bezug nimmt, umfasst der Maßgeblichkeitsgrundsatz nach hM jedoch alle zwingenden gesetzlichen Buchführungs- und Bilanzierungsvorschriften sowie impliziten Grundsätze.[346]

163 Die Bindung des Steuerrechts an das Handelsrecht besteht dabei allerdings lediglich hinsichtlich des **Betriebsvermögens**, das bei Beachtung der GoB auszuweisen ist.[347] Unabhängig davon, ob eine Handelsbilanz überhaupt aufgestellt worden ist oder nicht, gilt entsprechend die Maßgeblichkeit der handelsrechtlichen Vorschriften und explizit sowie implizit der kodifizierten handelsrechtlichen GoB.[348] Im Umkehrschluss besteht an eine unrichtige – etwa unter der Missachtung der GoB aufgestellte – Handelsbilanz keine Bindung.[349]

164 Aus der Bindungswirkung der Gewinnermittlung nach EStG für jene nach **GewStG** folgt gleichzeitig auch die Bindung der gewerbesteuerrechtlichen Regelungen an die Handelsbilanz.[350]

165 Analog zur Normen-Rangfolge innerhalb des HGB (Rz 19) ergibt sich daraus jedoch keinesfalls ein **Vorrang** der handelsrechtlichen Vorschriften und GoB vor abweichenden steuerrechtlichen Regelungen. Einschränkend stellt § 6 Abs. 1 Satz 1 EStG klar, dass die Vorschriften des § 6 EStG für die **Bewertung** der gem. § 5 EStG anzusetzenden Wirtschaftsgüter gelten. Aus den Vorschriften des § 7 EStG ergibt sich der gleiche Normenvorrang hinsichtlich der AfA. Hinsichtlich der Vorrangigkeit der §§ 6 und 7 EStG wird für einen tieferen Einblick auf die einschlägige Literatur[351] verwiesen.

Daraus ergibt sich, dass die Bindung an die Handelsbilanz vorrangig hinsichtlich des **Ansatzes** von Wirtschaftsgütern greift. Bewertungsbezogene handelsrechtliche Regelungen, denen keine steuerrechtlichen Vorschriften (der §§ 6 und 7 EStG) entgegenstehen, sind jedoch weiterhin maßgeblich.

166 Hinsichtlich der regelmäßigen greifenden Maßgeblichkeit der handelsrechtlichen Vorschriften/GoB im Zuge des **Ansatzes** sind allerdings ebenfalls **Einschränkungen** einschlägig. Das Vermögen des Kfm. i. S. v. § 242 Abs. 1 HGB ist nicht mit dem steuerrechtlichen Betriebsvermögen i. S. v. § 5 Abs. 1 Satz 1 EStG gleichzusetzen[352], welches lediglich notwendiges oder gewillkürtes (Betriebs-)Vermögen umfasst.[353]

---

[346] So etwa *Frotscher/Watrin*, in *Frotscher/Guerts*, EStG Kommentar, § 5 EStG, Rz. 47b, Stand 2/2015; Ähnlich auch etwa *Hennrichs*, StuW 1999, S. 138.
[347] *Frotscher/Watrin*, in *Frotscher/Guerts*, EStG Kommentar, § 5 EStG, Rz. 37f., Stand 2/2015.
[348] Vgl. BFH, Urteil v. 8.10.2008, I R 61/07, BStBl 2011 II S. 62, BFH/NV 2009 S. 504.
[349] Vgl. BFH, Urteil v. 13.6.2006, I R 58/03, BStBl 2006 II S. 928, BFH/NV 2006 S. 1754.
[350] Vgl. BFH, Urteil v. 25.4.1985, IV R 83/83, BStBl 1986 II S. 350; BFH, Urteil v. 9.8.1989, X R 110/87, BStBl 1990 II S. 195.
[351] Etwa *Söffing*, DB 1988, S. 241; *Wahl*, DStR 1988, S. 375.
[352] Vgl. *Frotscher/Watrin*, in *Frotscher/Geurts*, EStG Kommentar, § 5 EStG, Rz. 49, Stand 2/2015.
[353] Siehe zum Begriff *Frotscher*, in *Frotscher/Geurts*, EStG Kommentar, § 4 EStG, Rz. 21ff., Stand 2/2011.

Das Betriebsvermögen umfasst ferner lediglich Wirtschaftsgüter und nicht die Gesamtheit der VG, zu denen etwa auch steuerrechtlich nicht ansatzfähige Bilanzierungshilfen gehören.

Aus dem Anwendungsvorrang der steuerrechtlichen Spezialvorschriften ergibt sich i. V. m. der handelsrechtlichen Normen-Rangfolge folgende **Gesamt-Normen-Rangfolge** bei der Erstellung der steuerlichen Gewinnermittlung: 167
- (Entgegenstehende) steuerrechtliche Vorschriften. Sie besitzen sowohl Vorrang vor den (handelsrechtlichen) GoB als auch den HGB-Vorschriften ohne GoB-Charakter, wobei es im Detail zu folgender Rangfolge im Zusammenhang mit dem Maßgeblichkeitsgrundsatz kommt:[354]
  – Handelsrechtliche **Bilanzierungshilfen** führen stets zu einer Durchbrechung des Maßgeblichkeitsprinzips, sie dürfen steuerrechtlich nicht bilanziert werden, da es sich nicht um Wirtschaftsgüter handelt.
  – Hinsichtlich der Zurechnung von Wirtschaftsgütern bzw. VG enthalten Handels- und Steuerrecht regelmäßig übereinstimmende Vorschriften. In Ausnahmefällen kommt es jedoch zur Durchbrechung des Maßgeblichkeitsgrundsatzes. Führt das Steuerrecht bei der **persönlichen Zurechnung** zu vom Handelsrecht abweichenden Entscheidungen, wird das Maßgeblichkeitsprinzip auf Grundlage von § 39 Abs. 2 AO durchbrochen.
  – Ergeben sich nach Handelsrecht hinsichtlich der **Zurechnung zu einem Betriebsvermögen** vom Steuerrecht abweichende Ergebnisse/Konsequenzen, gilt der Maßgeblichkeitsgrundsatz ebenfalls nicht. Es kommt zum Ansatz des steuerrechtlichen Betriebsvermögens.
  – Bei den **Ansatzvorschriften** für Wirtschaftsgüter greift regelmäßig der Maßgeblichkeitsgrundsatz. Nur soweit das Steuerrecht entgegenstehende Regelungen enthält, ergibt sich eine Durchbrechung. Sind die handels- und steuerrechtlichen Ansatzvorschriften identisch bzw. gibt es keine dem Handelsrecht entgegenstehenden steuerrechtlichen Regelungen, handelt es sich nur um eine scheinbare Durchbrechung – der Maßgeblichkeitsgrundsatz gilt weiterhin. Ansatzbezogene Durchbrechungen ergeben sich etwa hinsichtlich/infolge
    • von § 5 Abs. 3 und Abs. 4 EStG,
    • des handelsrechtlichen Aktivierungswahlrechts für selbst geschaffene immaterielle Wirtschaftsgüter,
    • des uneingeschränkten steuerlichen Saldierungsverbots,
    • des handelsrechtlichen Aktivierungsverbots für die aktive Abgrenzung für Zölle, Verbrauchsteuern und USt auf Anzahlungen und
    • der Beteiligung an PersG (steuerliche Bilanzierung des Ergebnisses der gesonderten Gewinnfeststellung bei den Gesellschaftern).
  – Bei der **Bewertung** greift der Maßgeblichkeitsgrundsatz regelmäßig nicht. Die §§ 6, 7 EStG sehen explizit abweichende Bewertungsvorschriften vor. Nur soweit das Steuerrecht keine entgegenstehenden Regelungen enthält, ergibt sich keine Durchbrechung. Dann ggf. bestehende Beurteilungsspielräume (z. B. Schätzung bei Rückstellungen) sind in der „Steuerbilanz" analog zur Handelsbilanz auszunutzen.

---

[354] Vgl. zum Folgenden *Frotscher/Watrin*, in *Frotscher/Geurts*, EStG Kommentar, § 5 EStG, Rz. 50, Stand 2/2015.

- Branchenbezogene Spezialnormen (z. B. Formblattverordnungen)
- Rechtsform-spezifische Spezialnormen (z. B. §§ 150 ff. AktG)
- Ergänzende Vorschriften für KapG und ihnen gleichgestellte Personenhandelsgesellschaften (§§ 264–289f HGB, ohne § 264 Abs. 2 HGB)
- Vorschriften für alle Kfl. (§§ 242–256 HGB)
- GoB
- Generalnorm des § 264 Abs. 2 Satz 1 HGB

Liegen keine dem entgegenstehende steuerrechtlichen Regelungen vor, führen vom Prinzip her handelsrechtliche Aktivierungsgebote und Aktivierungswahlrechte dabei zu Aktivierungsgeboten in der Steuerbilanz.[355] Allerdings ist das verbleibende Aktivierungswahlrecht für selbstgeschaffene VG des AV steuerrechtlich mit einem Ansatzverbot belegt. Handelsrechtliche Passivierungsgebote sind – vorbehaltlich entgegenstehender steuerlicher Vorschriften – auch für die steuerliche Gewinnermittlung maßgeblich. Liegen handelsrechtlich Bewertungswahlrechte vor, ohne dass eigenständige steuerliche Regelungen bestehen, schlagen diese infolge des Maßgeblichkeitsprinzips auch auf den Wertansatz in der Steuerbilanz durch – sie sind analog zur Handelsbilanz auszuüben. Wahlrechte, die sowohl handelsrechtlich als auch steuerrechtlich bestehen, können in der Handelsbilanz und in der Steuerbilanz unterschiedlich ausgeübt werden.[356] Wahlrechte, die nur steuerrechtlich bestehen, können unabhängig vom handelsrechtlichen Wertansatz ausgeübt werden.

168 Eine **GoB-Durchbrechung** ergibt sich etwa infolge der von den handelsrechtlichen Vorschriften des § 246 HGB abweichenden steuerrechtlichen Vorgabe des § 5 Abs. 1a Satz 2 EStG. Während § 5 Abs. 1a Satz 2 EStG korrespondierend zu § 254 HGB als Ausnahme vom **Saldierungsverbot** die Bildung von Bewertungseinheiten durch Zusammenfassung von VG, Schulden, schwebenden Geschäften usw. mit in der Wirkung gegenläufigen Finanzinstrumenten gestattet, ist die zweite handelsrechtliche Ausnahme vom Saldierungsverbot steuerrechtlich unzulässig. VG, die dem Zugriff aller übrigen Gläubiger entzogen sind und ausschließlich der Erfüllung von Schulden aus Altersversorgungsverpflichtungen oder vergleichbaren langfristig fällig werdenden Verbindlichkeiten dienen, dürfen gem. § 246 Abs. 2 Satz 2 HGB mit diesen Verbindlichkeiten verrechnet werden. § 5 Abs. 1a Satz 2 EStG dagegen verbietet eben diese Verrechnung.

169 **Umstritten** sind GoB-durchbrechende Vorgehensweisen im Zusammenhang mit **Pensionsverpflichtungen** und **Teilwertabschreibungen**. Hinsichtlich der Teilwertabschreibungen sieht § 6 Abs. 1 Nr. 2 Satz 2 EStG dem Wortlaut nach ein Wahlrecht vor („Ist der Teilwert ... niedriger, so kann dieser angesetzt werden."). Gemäß § 6a EStG dürfen Pensionsverpflichtungen dagegen nur unter bestimmten Voraussetzungen gebildet werden. Das BMF sieht hinsichtlich Ansatz und Bewertung von Pensionsverpflichtungen i. S. v. § 6a EStG vor, dass das handelsrechtliche Passivierungsgebot des § 249 HGB daher grds. auch für die steuerliche Gewinnermittlung gilt, diese in der steuerlichen Gewinnermittlung aber nur anzusetzen sind, wenn die Voraussetzungen des § 6a Abs. 1 und 2 EStG

---

[355] Vgl. dazu und im Folgenden BMF, Schreiben v. 12.3.2010, IV C 6 – S 2133/09/10001.
[356] Zunächst a. A. *Hoffmann/Lüdenbach*, NWB-Kommentar Bilanzierung, 8. Aufl., 2017, § 252 HGB Rz 274. Sich selbst anschließend widersprechend *Hoffmann/Lüdenbach*, NWB-Kommentar Bilanzierung, 8. Aufl., 2017, § 252 HGB Rz 286.

(z. B. Schriftformerfordernis, § 6a Abs. 1 Nr. 3 EStG) erfüllt sind.[357] Bezüglich einer Teilwertabschreibung führt das BMF auf, dass nach § 6 Abs. 1 Nr. 1 Satz 2 und Nr. 2 Satz 2 EStG bei einer voraussichtlich dauernden Wertminderung der Teilwert angesetzt werden kann und die Vornahme einer außerplanmäßigen Abschreibung in der Handelsbilanz nicht zwingend in der Steuerbilanz durch eine Teilwertabschreibung nachzuvollziehen ist. Nach mitunter vertretener Auffassung im Schrifttum soll die vom BMF skizzierte Vorgehensweise nicht dem Sinne des Gesetzgebers entsprechen und entsprechend nicht zulässig sein.[358] Vor dem Hintergrund des explizit formulierten Willens des Gesetzgebers hinsichtlich des Teilwertansatzes[359] ist diese Argumentation nachvollziehbar, wenngleich wir die geforderte Vorgehensweise infolge der gesetzlichen Tatsächlichkeit und der grundlegenden Nachrangigkeit der GoB ablehnen.[360] Warum das BMF hier angeblich einen Unterschied zwischen zwei „identischen" Sachverhalten (Wahlrechten) macht,[361] ist dagegen nicht nachvollziehbar. Es ist eben nicht korrekt, hier die Formulierungen „kann" und „darf" zu vergleichen, da der Gesetzeswortlaut von „kann" und „darf nicht" spricht. Anders als „kann" ist „darf nicht" nicht als originäres Wahlrecht, sondern als Verbot in bestimmten Fällen zu verstehen. Die abweichende Behandlung ist insofern nur konsequent.

6 Rechtsfolgen bei Pflichtverletzung

Ein Verstoß gegen die Vorschriften des § 252 HGB ist ihrem Grundsatzcharakter und den Ausnahmeregelungen in Abs. 2 geschuldet weder direkt bußgeldbewährt noch erfüllt er den Tatbestand einer Straftat. Bezüglich der Rechtsfolgen bei Pflichtverletzungen im Zusammenhang mit den bewertungsrelevanten Einzelvorschriften wird auf die Kommentierungen der §§ 253–256a HGB verwiesen. Hinsichtlich der indirekten Rechtsfolgen aus einer Verletzung der Pflicht zur Aufstellung des Jahresabschlusses unter Beachtung der GoB wird auf die Kommentierung zu den §§ 243, 264 sowie 264a HGB verwiesen.

170

---

[357] Vgl. Verwaltungsanweisung BMF, 12.3.2010, IV C 6 – S 2133/09/10001.
[358] So *Hoffmann/Lüdenbach*, NWB-Kommentar Bilanzierung, 8. Aufl., 2017, § 252 HGB Rz 275.
[359] „Auch nach dem Verzicht auf die umgekehrte Maßgeblichkeit ändert sich an der Systematik der außerplanmäßigen Abschreibungen/der Teilwertabschreibung wegen dauernder Wertminderung nichts. Ein Ansatz mit dem niedrigeren beizulegenden Wert nach § 253 Abs. 3 Satz 3 HGB-E ist vorzunehmen (Niederstwertprinzip). Aufgrund der Maßgeblichkeit der Handelsbilanz für die Steuerbilanz ist steuerlich eine Teilwertabschreibung nach § 6 Abs. 1 Nr. 1 Satz 2 EStG vorzunehmen. Ein steuerliches Wahlrecht besteht insoweit nicht. Ein niedrigerer Ansatz mit dem beizulegenden Wert nach § 253 Abs. 3 Satz 4 HGB-E ist wegen des Bewertungsvorbehaltes in § 5 Abs. 6 in Verbindung mit § 6 Abs. 1 Nr. 1 Satz 2 EStG (Voraussetzung für eine Teilwertabschreibung ist eine voraussichtlich dauernde Wertminderung) in der Steuerbilanz nicht zulässig." Siehe BT-Drs. 16/10067, S. 124.
[360] Ebenso *Prinz*, in *Prinz/Kanzler*, NWB-Kommentar Bilanzsteuerrecht, III.1 Rz 363.
[361] So *Hoffmann/Lüdenbach*, NWB-Kommentar Bilanzierung, 8. Aufl., 2017, § 252 HGB Rz 276.

§ 253 Zugangs- und Folgebewertung

(1) ¹Vermögensgegenstände sind höchstens mit den Anschaffungs- oder Herstellungskosten, vermindert um die Abschreibungen nach den Absätzen 3 bis 5, anzusetzen. ²Verbindlichkeiten sind zu ihrem Erfüllungsbetrag und Rückstellungen i. H. d. nach vernünftiger kaufmännischer Beurteilung notwendigen Erfüllungsbetrages anzusetzen. ³Soweit sich die Höhe von Altersversorgungsverpflichtungen ausschließlich nach dem beizulegenden Zeitwert von Wertpapieren im Sinn des § 266 Abs. 2 A. III. 5 bestimmt, sind Rückstellungen hierfür zum beizulegenden Zeitwert dieser Wertpapiere anzusetzen, soweit er einen garantierten Mindestbetrag übersteigt. ⁴Nach § 246 Abs. 2 Satz 2 zu verrechnende Vermögensgegenstände sind mit ihrem beizulegenden Zeitwert zu bewerten. ⁵Kleinstkapitalgesellschaften (§ 267a) dürfen eine Bewertung zum beizulegenden Zeitwert nur vornehmen, wenn sie von keiner der in § 264 Absatz 1 Satz 5, § 266 Absatz 1 Satz 4, § 275 Absatz 5 und § 326 Absatz 2 vorgesehenen Erleichterungen Gebrauch machen. ⁶Macht eine Kleinstkapitalgesellschaft von mindestens einer der in Satz 5 genannten Erleichterungen Gebrauch, erfolgt die Bewertung der Vermögensgegenstände nach Satz 1, auch soweit eine Verrechnung nach § 246 Absatz 2 Satz 2 vorgesehen ist.

(2) ¹Rückstellungen mit einer Restlaufzeit von mehr als einem Jahr sind abzuzinsen mit dem ihrer Restlaufzeit entsprechenden durchschnittlichen Marktzinssatz, der sich im Falle von Rückstellungen für Altersversorgungsverpflichtungen aus den vergangenen zehn Geschäftsjahren und im Falle sonstiger Rückstellungen aus den vergangenen sieben Geschäftsjahren ergibt. ²Abweichend von Satz 1 dürfen Rückstellungen für Altersversorgungsverpflichtungen oder vergleichbare langfristig fällige Verpflichtungen pauschal mit dem durchschnittlichen Marktzinssatz abgezinst werden, der sich bei einer angenommenen Restlaufzeit von 15 Jahren ergibt. ³Die Sätze 1 und 2 gelten entsprechend für auf Rentenverpflichtungen beruhende Verbindlichkeiten, für die eine Gegenleistung nicht mehr zu erwarten ist. ⁴Der nach den Sätzen 1 und 2 anzuwendende Abzinsungszinssatz wird von der Deutschen Bundesbank nach Maßgabe einer Rechtsverordnung ermittelt und monatlich bekannt gegeben. ⁵In der Rechtsverordnung nach Satz 4, die nicht der Zustimmung des Bundesrates bedarf, bestimmt das Bundesministerium der Justiz und für Verbraucherschutz im Benehmen mit der Deutschen Bundesbank das Nähere zur Ermittlung der Abzinsungszinssätze, insbesondere die Ermittlungsmethodik und deren Grundlagen, sowie die Form der Bekanntgabe.

(3) ¹Bei Vermögensgegenständen des Anlagevermögens, deren Nutzung zeitlich begrenzt ist, sind die Anschaffungs- oder die Herstellungskosten um planmäßige Abschreibungen zu vermindern. ²Der Plan muss die Anschaffungs- oder Herstellungskosten auf die Geschäftsjahre verteilen, in denen der Vermögensgegenstand voraussichtlich genutzt werden kann. ³Kann in Ausnahmefällen die voraussichtliche Nutzungsdauer eines selbst geschaffenen immateriellen Vermögensgegenstands des Anlagevermögens nicht verlässlich geschätzt werden, sind planmäßige Abschreibungen auf die Herstellungskosten über einen Zeitraum von zehn Jahren vorzunehmen. ⁴Satz 3

findet auf einen entgeltlich erworbenen Geschäfts- oder Firmenwert entsprechende Anwendung. ⁵Ohne Rücksicht darauf, ob ihre Nutzung zeitlich begrenzt ist, sind bei Vermögensgegenständen des Anlagevermögens bei voraussichtlich dauernder Wertminderung außerplanmäßige Abschreibungen vorzunehmen, um diese mit dem niedrigeren Wert anzusetzen, der ihnen am Abschlussstichtag beizulegen ist. ⁶Bei Finanzanlagen können außerplanmäßige Abschreibungen auch bei voraussichtlich nicht dauernder Wertminderung vorgenommen werden.

(4) ¹Bei Vermögensgegenständen des Umlaufvermögens sind Abschreibungen vorzunehmen, um diese mit einem niedrigeren Wert anzusetzen, der sich aus einem Börsen- oder Marktpreis am Abschlussstichtag ergibt. ²Ist ein Börsen- oder Marktpreis nicht festzustellen und übersteigen die Anschaffungs- oder Herstellungskosten den Wert, der den Vermögensgegenständen am Abschlussstichtag beizulegen ist, so ist auf diesen Wert abzuschreiben.

(5) ¹Ein niedrigerer Wertansatz nach Absatz 3 Satz 5 oder 6 und Absatz 4 darf nicht beibehalten werden, wenn die Gründe dafür nicht mehr bestehen. ²Ein niedrigerer Wertansatz eines entgeltlich erworbenen Geschäfts- oder Firmenwertes ist beizubehalten.

(6) ¹Im Falle von Rückstellungen für Altersversorgungsverpflichtungen ist der Unterschiedsbetrag zwischen dem Ansatz der Rückstellungen nach Maßgabe des entsprechenden durchschnittlichen Marktzinssatzes aus den vergangenen zehn Geschäftsjahren und dem Ansatz der Rückstellungen nach Maßgabe des entsprechenden durchschnittlichen Marktzinssatzes aus den vergangenen sieben Geschäftsjahren in jedem Geschäftsjahr zu ermitteln. ²Gewinne dürfen nur ausgeschüttet werden, wenn die nach der Ausschüttung verbleibenden frei verfügbaren Rücklagen zuzüglich eines Gewinnvortrags und abzüglich eines Verlustvortrags mindestens dem Unterschiedsbetrag nach Satz 1 entsprechen. ³Der Unterschiedsbetrag nach Satz 1 ist in jedem Geschäftsjahr im Anhang oder unter der Bilanz darzustellen.

WP STB CVA KLAUS BERTRAM/PROF. DR. SABINE HEUSINGER-LANGE/PROF. DR. HARALD KESSLER, CVA

Inhaltsübersicht

	Rz
1 Überblick	1–17
1.1 Inhalt	1–8
1.2 Anwendungsbereich	9–13
1.3 Normenzusammenhang	14–17
2 Bewertungsgrundsätze (Abs. 1)	18–126
2.1 Bewertung von Vermögensgegenständen (Abs. 1 Satz 1)	18–20
2.2 Bewertung von Verbindlichkeiten (Abs. 1 Satz 2)	21–32
2.3 Bewertung von Rückstellungen (Abs. 1 Sätze 2 und 3)	33–116
2.3.1 Schätz- und Bewertungsmaßstab	33–34
2.3.2 Bewertungsobjekt	35–39
2.3.3 Bewertungsstichtag	40–43
2.3.4 Schätzung des Verpflichtungsumfangs	44–59

	2.3.4.1	Annahme einer planmäßigen Erfüllung..	44
	2.3.4.2	Zu berücksichtigende Aufwendungen...	45–55
	2.3.4.3	Vorsichtige Bewertung..............	56–59
2.3.5	Höchstwertprinzip........................		60–65
2.3.6	Ansammlungs- oder Verteilungsrückstellungen...		66–69
2.3.7	Rückstellungen für Altersversorgungsverpflichtungen und vergleichbare langfristig fällige Verpflichtungen...........................		70–116
	2.3.7.1	Begriffe	70–74
	2.3.7.2	Altersversorgungsverpflichtungen	75–113
	2.3.7.3	Vergleichbare langfristig fällige Verpflichtungen	114–116

- 2.4 Saldierungspflichtiges Deckungsvermögen (Abs. 1 Satz 4). 117–126
- 3 Abzinsung von Schulden (Abs. 2) 127–155
  - 3.1 Rückstellungen allgemein (Abs. 2 Satz 1)............. 127–142
    - 3.1.1 Grundsatz 127–128
    - 3.1.2 Abzinsungssatz..................... 129–135
    - 3.1.3 Bestimmung der Restlaufzeit 136–137
    - 3.1.4 Darstellung in der GuV/Rückstellungsspiegel 138–142
  - 3.2 Vereinfachungen für Altersversorgungsverpflichtungen und vergleichbare langfristig fällige Verpflichtungen 143–149
    - 3.2.1 Altersversorgungsverpflichtungen............. 143–147
    - 3.2.2 Vergleichbare langfristig fällige Verpflichtungen .. 148–149
  - 3.3 Rentenschulden (Abs. 2 Satz 3)................. 150–155
- 4 Abschreibung von Vermögensgegenständen des Anlagevermögens (Abs. 3) 156–276
  - 4.1 Planmäßige Abschreibung (Abs. 3 Sätze 1 und 2)......... 156–218
    - 4.1.1 Abzuschreibende Vermögensgegenstände 156–160
    - 4.1.2 Abschreibungspläne 161–187
      - 4.1.2.1 Planmäßigkeit................. 161–163
      - 4.1.2.2 Anschaffungs-/Herstellungskosten und Restwert...................... 164–167
      - 4.1.2.3 Voraussichtliche Nutzungsdauer 168–173
      - 4.1.2.4 Abschreibungsmethoden 174–187
    - 4.1.3 Wahl der Abschreibungsmethode und Plananpassung.......................... 188–193
    - 4.1.4 Einzelfragen 194–218
      - 4.1.4.1 Komponentenansatz................ 194–201
      - 4.1.4.2 Geringwertige Wirtschaftsgüter 202–205
      - 4.1.4.3 Geschäfts- oder Firmenwert.......... 206–212
      - 4.1.4.4 Immaterielle Vermögensgegenstände des Anlagevermögens.................. 213–218
  - 4.2 Außerplanmäßige Abschreibung (Abs. 3 Sätze 3 und 4)... 219–276
    - 4.2.1 Gemildertes Niederstwertprinzip 219–241
      - 4.2.1.1 Grundsatz 219–222
      - 4.2.1.2 Beizulegender Wert 223–231
      - 4.2.1.3 Voraussichtlich dauernde Wertminderung 232–241
    - 4.2.2 Immaterielles Anlagevermögen 242–247

4.2.3 Sachanlagen	248–259
4.2.4 Finanzanlagen	260–276
5 Abschreibung von Vermögensgegenständen des Umlaufvermögens (Abs. 4)	277–326
5.1 Strenges Niederstwertprinzip	277–290
5.1.1 Börsen- oder Marktpreis	282–284
5.1.2 Beizulegender Wert	285–290
5.2 Vorratsvermögen	291–308
5.2.1 Roh-, Hilfs- und Betriebsstoffe	291–299
5.2.2 Unfertige Erzeugnisse und Leistungen und Fertigerzeugnisse	300–304
5.2.3 Handelswaren	305–308
5.3 Forderungen und sonstige Vermögensgegenstände	309–321
5.4 Wertpapiere des Umlaufvermögens	322–325
5.5 Liquide Mittel	326
6 Wertaufholung (Abs. 5)	327–333
6.1 Wertaufholungsgebot (Abs. 5 Satz 1)	327–331
6.2 Zuschreibungsverbot für den Geschäfts- oder Firmenwert (Abs. 5 Satz 2)	332–333
7 Ausschüttungssperre (Abs. 6)	334–337

1 Überblick

1.1 Inhalt

§ 253 HGB enthält die Bewertungsvorschriften für VG und Schulden und bildet damit einen Eckpfeiler der bilanzrechtlichen Bewertungsvorschriften. 1

Nach Abs. 1 Satz 1 sind VG zu **fortgeführten Anschaffungs- oder Herstellungskosten**, also unter Berücksichtigung planmäßiger und außerplanmäßiger Abschreibungen sowie von Zuschreibungen, zu bewerten. Abweichend hiervon sieht Satz 4 eine **erfolgswirksame Zeitwertbewertung** für nach § 246 Abs. 2 Satz 2 HGB mit Schulden zu verrechnende VG (§ 246 Rz 102) vor. Verbindlichkeiten sind zum Erfüllungsbetrag, Rückstellungen i. H. d. nach vernünftiger kaufmännischer Beurteilung notwendigen Erfüllungsbetrags anzusetzen (Satz 2). Durch die geforderte bilanzielle Vorwegnahme künftiger Preis- und Kostenentwicklungen (Rz 48) sowie die Abzinsung ungewisser Verbindlichkeiten mit einer Restlaufzeit von mehr als einem Jahr zielt auch die Bewertungsvorschrift für Rückstellungen näherungsweise auf einen Zeitwertansatz. Unmittelbar verwirklicht ist dieser in Satz 3 für bestimmte wertpapiergebundene Altersversorgungsverpflichtungen. 2

Abs. 2 präzisiert das **Abzinsungsgebot** für längerfristige **Rückstellungen**. Die Diskontierung erfolgt nicht mit einem Stichtagszins, sondern mit einem durchschnittlichen Marktzins der vergangenen sieben Gj (Satz 1). Rückstellungen für Altersversorgungsverpflichtungen sind mit einem 10-Jahresdurchschnittszins abzuzinsen. Aus Objektivierungsgründen stellt die Deutsche Bundesbank die 3 relevanten Marktzinssätze nach Maßgabe der RückAbzinsV vom 21.3.2016[1] fest (Sätze 4, 5).[2] Die Abzinsungsregelung gilt sinngemäß für auf Rentenverpflichtungen beruhende Verbindlichkeiten, für die eine Gegenleistung nicht mehr zu erwarten ist (Satz 3). Aus **Vereinfachungsgründen** dürfen Rückstellungen für Altersversorgungsverpflichtungen oder vergleichbare langfristig fällige Verpflichtungen pauschal mit einem durchschnittlichen Marktzins für eine angenommene Restlaufzeit von 15 Jahren abgezinst werden. Die im März 2016 in Kraft getretene Abzinsungsregelung für Altersversorgungsrückstellungen mit einem 10-Jahresdurchschnitt durfte wahlweise auch schon im Jahresabschluss und Konzernabschluss 2015 angewendet werden.[3]

4   Die Abs. 3–5 regeln die **Folgebewertung des Vermögens**. Das Bewertungsprogramm differenziert zwischen einzelnen Arten von VG und gilt **rechtsformübergreifend** für KapG und Nicht-KapG.

5   Die **Bewertungsvorgaben für das Anlagevermögen** (Abs. 3) sehen planmäßige Abschreibungen für abnutzbare VG (Sätze 1, 2) sowie außerplanmäßige Abschreibungen bei voraussichtlich dauernden Wertminderungen vor (Satz 3). Für Finanzanlagen besteht zudem ein Abschreibungswahlrecht bei voraussichtlich nicht dauernder Wertminderung (Satz 4).

6   Die **Niederstbewertung des Umlaufvermögens** (Abs. 4) erfordert Abschreibungen auf diese VG, wenn sich für sie am Abschlussstichtag ein niedrigerer Wert aus einem Börsen- oder Marktpreis ergibt oder ihr beizulegender Wert den Buchwert unterschreitet.

7   Fallen die Gründe für eine außerplanmäßige Abschreibung weg, besteht nach Abs. 5 ein **Wertaufholungsgebot,** von dem lediglich der entgeltlich erworbene GoF ausgenommen ist.

8   Abs. 6 sieht eine **Ausschüttungssperre** i. H. d. Betrags vor, um den die für Altersversorgungsverpflichtungen auf Basis des 10-Jahresdurchschnittszinssatzes ermittelte Rückstellung jenen Wertansatz unterschreitet, der sich unter Anwendung des bisherigen 7-Jahresdurchschnittszins ergeben hätte.

1.2 Anwendungsbereich

9   Die Vorschriften zur Zugangs- und Folgebewertung gelten **sachlich** für alle Kfl., kraft expliziter Verweisung auch für Kreditinstitute und Finanzdienstleistungsinstitute (vgl. § 340a Abs. 1 HGB) und für VersicherungsUnt und Pensionsfonds (vgl. § 341a Abs. 1 HGB). Letztere haben jedoch die für sie geltenden geschäftszweigspezifischen Bewertungsgrundsätze und -bestimmungen (vgl. z. B. §§ 340e, 340f bzw. 341b–341h HGB) vorrangig zu beachten.
Der mit dem MicroBilG eingefügte Satz 5 in Abs. 1 schließt eine Zeitwertbewertung von Deckungsvermögen bei KleinstKapG aus, wenn die Unt bestimmte für sie geschaffene Erleichterungen in Anspruch nehmen, indem sie

---

[1] Abrufbar unter https://www.gesetze-im-internet.de/r_ckabzinsv/RückAbzinsV.pdf, letzter Abruf am 30.7.2017.
[2] Vgl. *Stapf/Elgg*, BB 2009, S. 2134.
[3] Art. 75 Abs. 7 EGHGB.

- ihren Jahresabschluss ohne Anhang aufstellen (vgl. § 264 Abs. 1 Satz 5 HGB; näher hierzu unter § 264 Rz 45) oder
- die Bilanz in verkürzter Form aufstellen (vgl. § 266 Abs. 1 Satz 4 HGB; näher hierzu unter § 266 Rz 13) oder
- die GuV in verkürzter Form aufstellen (vgl. § 275 Abs. 5 HGB; näher hierzu unter § 275 Rz 265) oder
- ihrer Offenlegungspflicht durch Hinterlegung der Bilanz beim Betreiber des BAnz nachkommen (vgl. § 326 Abs. 2 HGB; näher hierzu unter § 326 Rz 24).

In diesem Fall erfolgt die Bewertung der sich als Deckungsvermögen qualifizierenden VG zu AHK.

In **zeitlicher Hinsicht** war der mit dem BilMoG neu gefasste § 253 HGB erstmals für Gj anzuwenden, die nach dem 31.12.2009 begannen (vgl. Art. 66 Abs. 3 Satz 1 EGHGB). Eine freiwillige vorzeitige Anwendung für Gj, die nach dem 31.12.2008 beginnen, war zulässig, jedoch nur im Verbund mit allen in Art. 66 Abs. 3 Satz 1 EGHGB genannten Vorschriften (vgl. Art. 66 Abs. 3 Satz 6 EGHGB). Die Neufassung des Abs. 2 Satz 1 und der neu geschaffene Abs. 6 waren erstmals auf Jahresabschlüsse und Konzernabschlüsse für das nach dem 31.12.2015 endende Gj anzuwenden.[4]

Sie durften wahlweise auch auf Jahresabschlüsse bzw. Konzernabschlüsse für Gj angewendet werden, die nach dem 31.12.2014 und vor dem 1.1.2016 enden,[5] d.h. bei kalendergleichem Gj auf den Jahresabschluss bzw. Konzernabschluss zum 31.12.2015.

Mit dem BilRUG sind die Vorschriften zu planmäßigen Abschreibung selbst geschaffener immaterieller VG und entgeltlich erworbener GoF neu gefasst worden. Die Neuregelung war erstmals auf nach dem 31.12.2015 aktivierte immaterielle VG sowie auf GoF anzuwenden, die aus Erwerbsvorgängen nach dem 31.12.2015 stammen (vgl. Art. 75 Abs. 4 EGHGB). Für früher zugegangene selbst geschaffene immaterielle VG und GoF gelten die allgemeinen Abschreibungsregelungen, die mit dem BilMoG eingeführt wurden.[6]

Die in Abs. 1 Satz 5 angesprochenen Erleichterungen für KleinstKapG waren erstmals in Jahresabschlüssen und Konzernabschlüssen für nach dem 30.12.2012 liegende Abschlussstichtage anzuwenden (Art. 70 Abs. 1 EGHGB). Entsprechendes gilt für das an die Inanspruchnahme dieser Befreiungen anknüpfende Verbot der Zeitwertbewertung von Deckungsvermögen.

1.3 Normenzusammenhang

§ 253 HGB konkretisiert die allgemeinen **Bewertungsgrundsätze** des § 252 HGB durch Bewertungsanweisungen für VG und Schulden. Diese Anweisungen verwenden unterschiedliche Bewertungsmaßstäbe, die teilweise an anderen Stellen des Gesetzes erläutert sind.

Die zentralen Maßstäbe für die Zugangsbewertung, die **Anschaffungs- und Herstellungskosten**, sind in § 255 Abs. 1–3 HGB präzisiert. Den beizulegenden

---

[4] Vgl. Art. 75 Abs. 6 EGHGB.
[5] Vgl. Art 75 Abs. 7 EGHGB
[6] S. hierzu Bertram/Brinkmann/Kessler/Müller (Hrsg.), Haufe HGB Bilanz Kommentar, 6. Aufl., 2015.

Zeitwert definiert § 255 Abs. 4 HGB. Zudem formuliert die Vorschrift Vorgaben für seine Ermittlung. Der Ansatz von nach § 246 Abs. 2 Satz 2 HGB mit Schulden zu verrechnenden VG über ihren (ggf. fortgeführten) Zugangswerten führt bei KapG zu einer **Ausschüttungssperre**, die nach § 268 Abs. 8 Satz 3 HGB zu ermitteln ist.

16 Für die Umrechnung auf fremde Währung lautender VG und Verbindlichkeiten mit einer Restlaufzeit von maximal einem Jahr gilt das in § 253 Abs. 1 Satz 1 HGB enthaltene **Anschaffungswertprinzip** nicht (vgl. § 256a HGB). Verdrängt wird es ferner durch die besonderen Bilanzierungsvorschriften für Bewertungseinheiten nach § 254 HGB (zu Einzelheiten s. § 254 Rz 3).

17 Die Auswirkungen bestimmter Bewertungsvorgänge nach § 253 HGB sind in der GuV gesondert anzugeben oder im **Anhang** zu erläutern. Das betrifft etwa außerplanmäßige Abschreibungen (vgl. § 277 Abs. 3 Satz 1 HGB), Aufwendungen und Erträge aus der Abzinsung (vgl. § 277 Abs. 5 Satz 1 HGB) oder aus der Währungsumrechnung (vgl. § 277 Abs. 5 Satz 2 HGB), die Nichtabschreibung von VG des FAV bei einer voraussichtlich nicht dauernden Wertminderung (vgl. § 285 Nr. 18 HGB), den Nichtansatz von Derivaten zum beizulegenden Zeitwert (vgl. § 285 Nr. 19 HGB) und die Bewertung von Deckungsvermögen zum beizulegenden Zeitwert (vgl. § 285 Nr. 25 HGB).

2 Bewertungsgrundsätze (Abs. 1)

2.1 Bewertung von Vermögensgegenständen (Abs. 1 Satz 1)

18 Abs. 1 Satz 1 regelt die grundsätzliche Bewertung von VG nach Handelsrecht (zur Ausnahme bei saldierungspflichtigem Deckungsvermögen s. Rz 117). Die **Wertobergrenze** von VG bilden die AHK, vermindert um obligatorische Abschreibungen. Die AHK selbst sind in § 255 HGB definiert (§ 255 Rz 17ff., 77ff.).

19 Obligatorische Abschreibungen betreffen planmäßige Abschreibungen bei VG des AV (Rz 156) sowie außerplanmäßige Abschreibungen bei VG des AV und UV. Nach den rechtsformunabhängig ausgestalteten Bewertungsvorschriften zu außerplanmäßigen Abschreibungen und Wertaufholungen entspricht die **Wertuntergrenze** nahezu durchgängig der Wertobergrenze. Eine Ausnahme bilden VG des FAV, bei denen über die gebotenen Abwertungen hinaus Abschreibungen bei voraussichtlich nicht dauernden Wertminderungen vorgenommen werden können.

20 Die nachfolgende Übersicht zeigt die zu berücksichtigenden Regelungen des Niederstwertprinzips für AV (gemildert) und UV (streng):

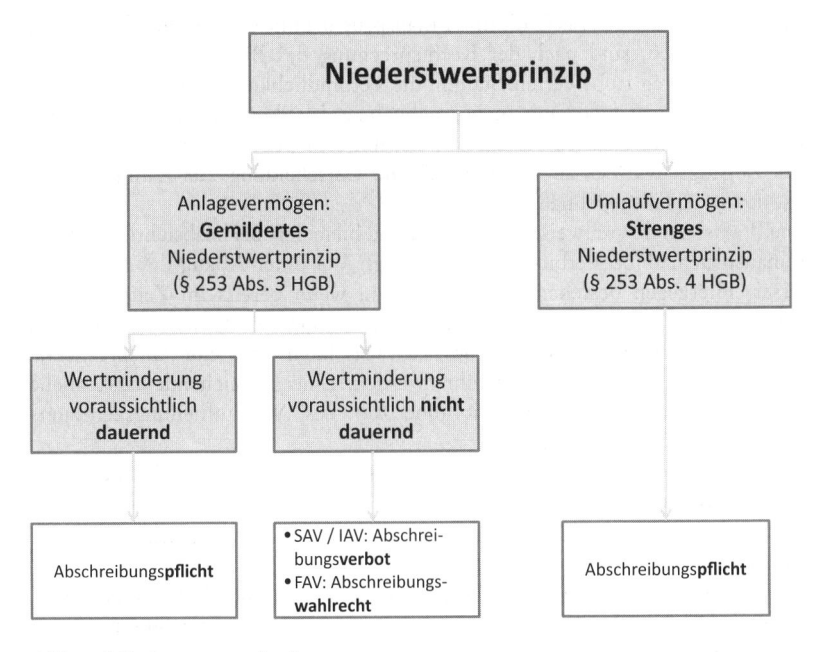

Niederstwertprinzip

```
                    Niederstwertprinzip
                    /                 \
   Anlagevermögen:                    Umlaufvermögen:
   Gemildertes                        Strenges
   Niederstwertprinzip                Niederstwertprinzip
   (§ 253 Abs. 3 HGB)                 (§ 253 Abs. 4 HGB)
   /              \                           |
 Wertminderung   Wertminderung                |
 voraussichtlich voraussichtlich nicht        |
 dauernd         dauernd                      |
   |                |                         |
 Abschreibungs-   • SAV / IAV: Abschrei-    Abschreibungs-
 pflicht           bungsverbot               pflicht
                 • FAV: Abschreibungs-
                   wahlrecht
```

Abb. 1: Niederstwertprinzip

Einzelheiten zu außerplanmäßigen Abschreibungen regeln Abs. 3 für das AV (Rz 221) und Abs. 4 für das UV (Rz 277).

2.2 Bewertung von Verbindlichkeiten (Abs. 1 Satz 2)

Verbindlichkeiten sind nach Abs. 1 Satz 2 mit dem **Erfüllungsbetrag** anzusetzen. Der Erfüllungsbetrag einer Verbindlichkeit bestimmt sich nach dem Betrag, der zur Begleichung der Verbindlichkeit aufzuwenden ist. In Geld zu erbringende Verbindlichkeiten sind mit dem Nennbetrag (zu Ausnahmen vgl. Rz 29) oder Rückzahlungsbetrag anzusetzen. 21

Der Erfüllungsbetrag einer Verbindlichkeit aus erhaltenen L&L beinhaltet auch die vom Gläubiger in Rechnung gestellte **Umsatzsteuer**. Erhaltene Anzahlungen sind demgegenüber netto zu bilanzieren. Die abzuführende Umsatzsteuer führt zum Ansatz einer Verbindlichkeit gegenüber dem Finanzamt. Bei der Nettobilanzierung bleibt es auch, wenn die Umsatzsteuer abgeführt ist. Scheitert das Geschäft, ist gegenüber dem Kunden zwar der Bruttobetrag zu erstatten. In Höhe des Umsatzsteueranteils wächst dem Unt. allerdings ein Rückerstattungsanspruch gegenüber dem Finanzamt zu. Solange keine Hinweise auf eine bevorstehende Rückabwicklung der empfangenen gegenseitigen Leistungen vorliegen, ist dieser rechtlich noch nicht entstandene Anspruch gegen das Finanzamt nach den Grundsätzen des Subunternehmerurteils des BFH[7] mit der Verbindlichkeit aus der erhaltenen Anzahlung zu verrechnen. 22

---

[7] Vgl. BFH, Urteil v. 17.2.1993, X R 60/89, BStBl 1993 II S. 437.

23 Verbindlichkeiten aus L&L, die unter Inanspruchnahme eines **Skontos** beglichen werden können, sind nach der Rechtsprechung des BFH zum ungekürzten Erfüllungsbetrag zu bewerten. Stammt die Verbindlichkeit aus dem Erwerb von VG, sind deren AK erst mit Inanspruchnahme des Skontoabzugs zu mindern. Begründen lässt sich diese Verfahrensweise mit dem Gebot, die AK im Zeitpunkt des Zugangs des VG zu bestimmen.[8] Die Entscheidung zur Zahlung unter Skontoabzug fällt regelmäßig später.
Die Praxis verfährt teilweise abweichend und bilanziert bei beabsichtigter Skontoinanspruchnahme Verbindlichkeit und ggf. VG unter Abzug des Preisnachlasses. Hiergegen bestehen keine Bedenken, wenn bereits im Zeitpunkt des Zugangs der Verbindlichkeit endgültig entschieden wird, den Skontoabzug wahrzunehmen.[9] Der erforderliche Nachweis kann über eine entsprechende Praxis in der Vergangenheit geführt werden. Eine abweichende tatsächliche Regulierung der Verbindlichkeit innerhalb des Wertaufhellungszeitraums schließt einen Skontoabzug aus.

24 In dem (seltenen) Fall eines Rückzahlungsdisagios umfasst der Erfüllungsbetrag nicht das **Rückzahlungsagio**.

Beispiel

Die A-GmbH nimmt am 1.1.01 ein Darlehen i. H. v. 100 auf, das vollständig ausgezahlt wird. Die Rückzahlung des Darlehens ist in einer Summe zum 31.12.03 vereinbart. Am Rückzahlungstag ist darüber hinaus ein Rückzahlungsagio i. H. v. 9 zu erbringen. Die vereinbarten Zinsen von 5 % sind jeweils zum Ende eines Kalenderjahrs fällig.

Die A-GmbH bilanziert am 1.1.01 eine Verbindlichkeit i. H. des Rückzahlungsbetrags von 100. Der am 31.12.03 zusätzlich geschuldete Betrag von 9 hat wirtschaftlich Zinscharakter. Er ist über die Laufzeit des Kreditverhältnisses verteilt zu erfassen. Das macht es erforderlich, die effektive Zinsbelastung aus der Verbindlichkeit zu ermitteln und den passivierten Darlehensbetrag jährlich um die (noch) nicht gezahlten Zinsen zu erhöhen. Unter Wesentlichkeits- und Wirtschaftlichkeitsgesichtspunkten kann eine lineare Verteilung des Rückzahlungsagios vertretbar sein. Die Buchungssätze lauten in diesem Fall:

Datum	Konto	Soll	Haben
1.1.01	Guthaben bei Kreditinstituten	100	
	Sonstige Verbindlichkeit		100
31.12.01	Zinsen und ähnliche Aufwendungen	8	
	Sonstige Verbindlichkeit		3
	Guthaben bei Kreditinstituten		5
31.12.02	Zinsen und ähnliche Aufwendungen	8	
	Sonstige Verbindlichkeit		3
	Guthaben bei Kreditinstituten		5
31.12.03	Zinsen und ähnliche Aufwendungen	8	
	Sonstige Verbindlichkeiten	106	
	Guthaben bei Kreditinstituten		114

---

[8] Vgl. BFH, Urteil v. 27.2.1991, I R 176/84, BStBl 1991 II S. 456.
[9] So auch *Schubert/Gadeck*, Beck Bil-Komm., 10. Aufl., 2016, § 255 HGB Rz 63.

Bei einem (ebenfalls eher seltenen) **Auszahlungsagio** ist der Auszahlungsbetrag 25
höher als der Rückzahlungsbetrag der Verbindlichkeit. Wirtschaftlich liegt darin
eine Kompensation für die vom Schuldner während der Laufzeit des Darlehens
zu leistenden (gemessen an der marktüblichen Verzinsung) erhöhten Zinszahlungen. Der Erfüllungsbetrag der Verbindlichkeit bestimmt sich in diesem Fall
nach dem Rückzahlungsbetrag. Das darüber hinaus zugeflossene Auszahlungsagio ist als passiver RAP auszuweisen, der über die Laufzeit der Verbindlichkeit
korrespondierend zu den Zinsaufwendungen aufzulösen ist.[10] Bei wesentlichen
Beträgen muss die Auflösung des RAP nach der Effektivzinsmethode erfolgen.

Zerobonds sind vom Emittenten nur mit dem am Abschlussstichtag geschuldeten Betrag anzusetzen (Nettomethode).[11] Dieser berechnet sich als Summe aus 26
Ausgabebetrag und bis zum Abschlussstichtag aufgelaufener Zinsschuld, ermittelt nach der kapitalabhängigen Effektivzinsberechnung.[12] Insofern erhöht sich
der Erfüllungsbetrag dieser Verbindlichkeiten im Zeitablauf kontinuierlich.

Erhöhen sich jährlich die von einem Schuldner während der Laufzeit eines 27
Darlehens zu zahlenden Zinsen, kann i. H. d. Differenz zur rechnerischen Durchschnittsverzinsung ein Erfüllungsrückstand zu passivieren sein. Das ist der Fall,
wenn der Gläubiger entweder bei vorzeitiger Beendigung des Darlehensverhältnisses einen Zinsnachzahlungsanspruch hat oder die Parteien der Möglichkeit
einer vorzeitigen Beendigung des Vertrags allenfalls eine theoretische Bedeutung
beigemessen haben.[13]

Umgekehrt sind zu Beginn eines Darlehens „überhöht" gezahlte Zinsen abzugrenzen, wenn dem Schuldner bei vorzeitiger Vertragsbeendigung ein anteiliger
Rückzahlungsanspruch zusteht oder das Darlehen eine feste Laufzeit aufweist.[14]

Fremdwährungsverbindlichkeiten sind im Zugangszeitpunkt mit dem zum 28
Devisenkassageldkurs in Euro umgerechneten Erfüllungsbetrag anzusetzen.
Zur Wahrung der Bewertungskonsistenz mit der Folgebewertung ist auch eine
Umrechnung zum Devisenkassamittelkurs zulässig. Die Folgebewertung regelt
§ 256a HGB. Danach sind Verbindlichkeiten mit einer Restlaufzeit von bis zu
einem Jahr zum Devisenkassamittelkurs am Abschlussstichtag umzurechnen.
Bei Fremdwährungsverbindlichkeiten mit einer Restlaufzeit von mehr als einem
Jahr steht diese Umrechnungsanweisung unter dem Vorbehalt der Vereinbarkeit
mit dem Realisationsprinzip gem. § 252 Abs. 1 Nr. 4 HGB (zu Einzelheiten s.
§ 256a Rz 17).

> **Beispiel**
> Ein Unt. hat am Abschlussstichtag eine Darlehensverbindlichkeit i. H. v.
> 1.500 TUSD, die in 18 Monaten fällig ist. Bei Aufnahme des Darlehens betrug
> der Wechselkurs 1,20 USD/EUR, sodass sich ein Zugangswert i. H. v.
> 1.250 TEUR ergeben hat. Am Abschlussstichtag beläuft sich der Wechselkurs
> auf 1,50 USD/EUR. Der Gegenwert der Verbindlichkeit in EUR beträgt damit
> 1.000 TEUR.

---

10 Vgl. *Thiele/Kahling*, in *Baetge/Kirsch/Thiele*, Bilanzrecht, § 253 HGB Rz 87.
11 Vgl. WPH Edition, Wirtschaftsprüfung & Rechnungslegung, 15. Aufl., 2017, Abschn. F, Tz 161.
12 Vgl. IDW, St/HFA 1/1986, Abschn. 2.
13 Vgl. BFH, Urteil v. 25.5.2016, I R 17/15, BStBl 2016 II, S. 930; *Dörfler*, WPg 2017, S. 595.
14 Vgl. BFH, Urteil v. 27.7.2011, I R 77/10, BStBl. 2011 II, S. 915.

> Da es sich um eine Fremdwährungsverbindlichkeit mit einer Restlaufzeit von mehr als einem Jahr handelt, ist das Realisationsprinzip des § 252 Abs. 1 Nr. 4 HGB zu beachten (§ 256a Satz 2 HGB). Die Verbindlichkeit ist in der Bilanz weiterhin zum Zugangswert von 1.250 TEUR zu bewerten.

29 Auch **unverzinsliche Verbindlichkeiten** sind mit dem Erfüllungsbetrag anzusetzen. Hiervon zu unterscheiden sind formal unverzinslich gestundete Verbindlichkeiten aus dem Erwerb von VG. Bei dieser Konstellation beinhaltet der geschuldete Betrag ein Gesamtentgelt für die erworbenen VG und die zusätzlich gewährte Kreditleistung. Dieses Gesamtentgelt ist nach dem Einzelbewertungsgrundsatz angemessen auf die beiden Leistungen aufzuteilen.[15]

> **Beispiel**
> Ein Unt. erwirbt am 31.12.01 eine Maschine zu einem Kaufpreis von 1.000, der in zwei Jahren fällig ist. Der vereinbarte Kaufpreis stellt bei wirtschaftlicher Betrachtung ein Gesamtentgelt dar, das die Gegenleistung für die Maschine und ein Entgelt für die Kreditgewährung umfasst. Die Aufteilung des Gesamtentgelts erfolgt üblicherweise durch Abzinsung des geschuldeten Nominalbetrags. Alternativ kann der Zinsanteil durch Vergleich des Barzahlungspreises mit dem kreditierten Kaufpreis ermittelt werden. Für die Abzinsung der Verbindlichkeit gilt die Vorschrift des § 253 Abs. 2 HGB nicht. Der Zinssatz ist vielmehr nach den Verhältnissen im Zeitpunkt des Entstehens der Schuld unter Berücksichtigung ihrer Fristigkeit und der Bonität des Schuldners zu bestimmen. Bei einem angenommenen Zinssatz von 4,0 % ermitteln sich AK für die Maschine von 924,6. In dieser Höhe ist zugleich eine Verbindlichkeit aus L&L anzusetzen.
> Der Differenzbetrag von 75,4 stellt einen verdeckten Zinsanteil dar. Er ist ratierlich über die Laufzeit der Kaufpreisstundung (2 Jahre) des Kreditverhältnisses nach der Effektivzinsmethode als Aufwand zu erfassen bei gleichzeitiger Aufstockung der Verbindlichkeit.

30 **Sachleistungsverbindlichkeiten**[16] sind Verpflichtungen zur Erbringung von Sach- oder Dienstleistungen und werden zumeist im Rahmen schwebender Absatzgeschäfte eingegangen, die grds. nicht zu bilanzieren sind (zu drohenden Verlusten aus solchen Geschäften s. § 249 Rz 153). Nicht durch Gegenleistungsansprüche kompensierte Sachleistungsverbindlichkeiten sind mit ihrem Erfüllungsbetrag i. H. d. zur Begleichung der Schuld erforderlichen Aufwendungen anzusetzen. Anwendungsfälle für Sachleistungsverbindlichkeiten sind:
- **Tauschgeschäfte** (zur Bestimmung der AK bei Tauschgeschäften s. § 255 Rz 29),
- **Betriebsverpachtung:** Bei einer Betriebsverpachtung werden dem Pächter regelmäßig VG mit der Verpflichtung überlassen, bei Pachtende VG gleicher Art, Menge und Güte zurückzugeben.

---

[15] Vgl. *Brösel/Olbrich*, in *Küting/Pfitzer/Weber*, HdR, HGB § 253, Rn 266, Stand 06/2010.
[16] Zum Begriff vgl. ADS, 6. Aufl., § 253 HGB, Rz 118.

> **Beispiel**
> In einem Betriebsverpachtungsvertrag hat sich der Pächter verpflichtet, das Vorratsvermögen zum Zeitpunkt der Beendigung des Pachtverhältnisses in gleicher Art, Menge und Güte zurückzugeben. Der Erfüllungsbetrag dieser Sachleistungsverbindlichkeit des Pächters bemisst sich nach den Wiederbeschaffungskosten im Zeitpunkt der voraussichtlichen Beendigung des Pachtvertrags.

Das vorstehende Beispiel macht deutlich: Bei Sachleistungsverbindlichkeiten kommt der Abgrenzung zwischen Verbindlichkeiten und Rückstellungen besondere Bedeutung zu (vgl. hierzu § 247 Rz 116). Während Rückstellungen nach § 253 Abs. 2 Sätze 1 und 2 HGB abzuzinsen sind, kommt ein Barwertansatz für Verbindlichkeiten grds. nicht in Betracht (zur Ausnahme von auf Rentenverpflichtungen beruhenden Verbindlichkeiten s. Rz 150). Würde die in dem obigen Beispiel dargestellte Sachleistungsverbindlichkeit als Verbindlichkeitsrückstellung beurteilt, weil Unsicherheiten bez. der Höhe der Sachleistungsverpflichtung bestehen, wäre diese mit dem notwendigen Erfüllungsbetrag anzusetzen, der entsprechend § 253 Abs. 2 HGB abzuzinsen ist (zur Problematik der Schätzung von Erfüllungszeitpunkten im Zusammenhang mit der gebotenen Abzinsung s. Rz 136). 31

Der Erfüllungsbetrag einer Verbindlichkeit ist zu jedem Abschlussstichtag neu zu bestimmen, da er sich z.B. durch **Wertsicherungsklauseln** verändern kann. Bei der Anpassung der Bewertung ist das Imparitätsprinzip zu beachten (vgl. § 252 Rz 89). 32

2.3 Bewertung von Rückstellungen (Abs. 1 Sätze 2 und 3)

2.3.1 Schätz- und Bewertungsmaßstab

§ 253 Abs. 1 Satz 2 HGB enthält einen Schätzmaßstab und einen Bewertungsmaßstab für Rückstellungen. Alle passivierungspflichtigen Außen- und Innenverpflichtungen des Unt sind mit dem aus Sicht des Abschlussstichtags zu schätzenden **notwendigen Erfüllungsbetrag** anzusetzen. Das ist bei **Schuldrückstellungen** der zur Begleichung der ungewissen Verbindlichkeit bzw. zum Ausgleich eines Verpflichtungsüberschusses aus einem schwebenden Geschäft voraussichtlich aufzubringende Betrag. Aufwandsrückstellungen sind mit dem Geldbetrag bzw. mit dem Geldwert der Aufwendungen anzusetzen, den das Unt zur Erfüllung der ihnen zugrunde liegenden Innenverpflichtung im kommenden Gj wird aufwenden müssen (zum Ansatz von Innenverpflichtungen s. § 249 Rz 9). Der Gesetzeswortlaut in § 253 Abs. 1 Satz 2 HGB legt den Schluss nahe, dass der **„nach vernünftiger kaufmännischer Beurteilung notwendige Erfüllungsbetrag"** den bereits abgezinsten Nominalbetrag der Verpflichtung darstellt. Dieses Begriffsverständnis wird im Folgenden zugrunde gelegt, d.h. unter dem notwendigen Erfüllungsbetrag wird der Buchwert der Rückstellung verstanden.[17] 33

Der notwendige Erfüllungsbetrag ist nach vernünftiger kaufmännischer Beurteilung zu schätzen. Dieser Schätzmaßstab schränkt das subjektive Ermessen des Bilanzierenden ein. Er fordert eine nachvollziehbare Rückstellungsbemessung, 34

---

[17] So auch IDW RS HFA 34, Tz 17.

die im Einklang mit den am Abschlussstichtag vorliegenden Tatsachen sowie den stichtagsnachgelagerten wertaufhellenden Entwicklungen steht. Eine bewusste Über- oder Unterbewertung von Rückstellungen ist unzulässig.

2.3.2 Bewertungsobjekt

35 Nach dem **Einzelbewertungsgrundsatz** (vgl. § 252 Abs. 1 Nr. 3 HGB) sind „Schulden ... zum Abschlussstichtag einzeln zu bewerten". Diese Anweisung gilt auch für Rückstellungen. Die Schätzung des notwendigen Erfüllungsbetrags ist danach an den individuellen Merkmalen der zu passivierenden Verpflichtung auszurichten. Eine verpflichtungskompensierende Berücksichtigung von Vorteilserwartungen aus anderen Geschäften, Ereignissen oder sonstigen Umständen erlaubt der Einzelbewertungsgrundsatz nicht (zur gesetzlichen Ausnahmeregelung bei Bewertungseinheiten s. § 254 Rz 3).

36 Nach § 252 Abs. 2 HGB ist in begründeten Ausnahmefällen vom Einzelbewertungsgrundsatz abzuweichen. Anlass hierzu können zum einen Risiken aus einer Vielzahl gleichartiger Geschäftsvorfälle geben. Ist der daraus zu erwartende künftige Ausgabenanfall nur durch eine **Sammelbewertung** zuverlässig zu schätzen, ist die Rückstellung auf dieser Grundlage zu bemessen. § 240 Abs. 4 HGB lässt im Übrigen auch für Schulden eine Gruppenbewertung zu (§ 240 Rz 70).

> **Beispiel**
> Ein Bauträger hat in einem Neubaugebiet 30 Eigenheime errichtet. Bis zur Aufstellung des Jahresabschlusses haben 5 Bauherren Mängel angezeigt und Nachbesserung verlangt.
> **Fall 1:** Nach den Erfahrungen der Vergangenheit machen rund 30 % der Bauherren innerhalb der Gewährleistungsfrist Ansprüche wegen teils größerer, teils kleinerer Baumängel geltend.
> **Fall 2:** Die Errichtung privater Eigenheime stellt ein neues Geschäftsfeld des Bauträgers dar. Verlässliche betriebliche Erfahrungen zur Höhe der zu erwartenden Aufwendungen für Nacharbeiten, Minderungen und Schadensersatzleistungen liegen nicht vor. Erhebungen für die Baubranche insgesamt gehen von durchschnittlichen Gewährleistungsaufwendungen i. H. v. 5 % der Umsätze aus.
> Für die bis zum Abschlussstichtag geltend gemachten Mängel sind Einzelrückstellungen zu bilden. Das darüber hinausgehende Risiko, aus abgenommenen und abgerechneten Bauleistungen in Anspruch genommen zu werden, ist durch eine pauschale Gewährleistungsrückstellung zu erfassen. Die Grundlage für die Bemessung dieser Rückstellung bilden in **Fall 1** die betrieblichen Erfahrungen der Vergangenheit. Zurückzustellen ist der Betrag der in Zukunft voraussichtlich noch zu erbringenden Gewährleistungsaufwendungen. Ausgangspunkt hierzu kann ein Prozentsatz der getätigten Umsätze sein. Der danach insgesamt zu erwartende Aufwand ist zu kürzen um die bereits angefallenen Gewährleistungsaufwendungen.[18]

---

[18] Vgl. *Kessler/Ranker*, StuB 2001, S. 325; BFH, Urteil v. 30.6.1983, IV R 41/84, BStBl 1984 II S. 263.

> In **Fall 2** kommt die Bildung einer Rückstellung auf Basis der branchenmäßigen Erfahrungen in Betracht. Das setzt deren Übertragbarkeit auf die betrieblichen Verhältnisse beim Bauträger voraus. Das ist u. a. anhand der Art der Bauleistungen sowie der Gewährleistungszeiträume zu beurteilen.

Vom Einzelbewertungsgrundsatz kann auch dann abzuweichen sein, wenn eine ungewisse Verpflichtung durch einen Vermögensvorteil aus einer anderen Rechtsbeziehung kompensiert wird. Diese Voraussetzung ist bei **Rückgriffsansprüchen** dann erfüllt, „wenn 37

- sie derart in einem unmittelbaren Zusammenhang mit der drohenden Inanspruchnahme stehen, dass sie dieser wenigstens teilweise spiegelbildlich entsprechen,
- sie in rechtlich verbindlicher Weise der Entstehung oder Erfüllung der Verbindlichkeit zwangsläufig nachfolgen; die rechtliche Verbindlichkeit kann sich aus einer vorweg abgeschlossenen Vereinbarung (z.B. einem Versicherungsvertrag) oder aus gesetzlichen Haftungstatbeständen (z.B. einer unerlaubten Handlung) ergeben,
- sie vollwertig sind, d.h. vom Rückgriffsschuldner nicht bestritten werden; dieser muss von zweifelsfreier Bonität sein".[19]

Die ersten beiden Voraussetzungen laufen auf die Forderung nach einer **konditionalen Verknüpfung** von Verpflichtung und kompensierendem Anspruch hinaus. Die Vollwertigkeit des Rückgriffsanspruchs ist nur dem Grunde nach als Voraussetzung für eine kompensierende Betrachtung erforderlich. Die Bonität des Rückgriffsschuldners ist dagegen auf der Ebene der Verpflichtungsbewertung zu berücksichtigen.[20] 38

Eine gewisse (auch hohe) Wahrscheinlichkeit genügt für eine rückstellungsmindernde Berücksichtigung von Vorteilserwartungen nicht. Das gilt auch dann, wenn sie statistisch oder über Erfahrungswerte abgesichert ist.[21] Dazu das folgende Beispiel:

> **Beispiel**
> Eine Leasinggesellschaft hat 500 Pkw in unterschiedlichen Farben im Wege eines Mietleasing an private Endkunden vermietet. Die Fahrzeuge sind nach Ablauf der Leasingdauer von der Leasinggesellschaft zurückzunehmen. Nach den Erfahrungen der Vergangenheit geht sie davon aus, 70 % der zurückzunehmenden Pkw mindestens 2.000 über Buchwert veräußern zu können. Für die übrigen 30 % der Fahrzeuge erwartet die Leasinggesellschaft einen durchschnittlichen Veräußerungsverlust von 3.000 pro Pkw.

---

[19] BFH, Urteil v. 17.2.1993, X R 60/89, BStBl 1993 II S. 440; IDW RS HFA 34, Tz 30.
[20] BFH, Urteil. v. 17.2.1993, X R 60/89, BStBl 1993 II S. 440 (im Original zum Teil gesperrt); bestätigt durch BFH, Urteil v. 3.8.1993, BStBl 1994 II S. 444ff.; BFH, Urteil v. 8.2.1995, BStBl 1995 II S. 412; IDW RS HFA 34, Tz 30.
[21] Das gilt nicht für die Steuerbilanz; vgl. BFH, Beschluss v. 21.8.2013, I B 60/12; BFH/NV 2014, S. 28, der unter Berufung auf § 6 Abs. 1 Nr. 3a Buchst. c EStG die kompensatorische Berücksichtigung von Kippgebühren als zukünftig zu erwartende Vorteile bei der Bewertung von Rekultivierungsrückstellungen für eine ausgebeutete Kiesgrube fordert.

> Die Gesellschaft hat eine Drohverlustrückstellung i. H. v. 450.000 zu bilden (30 % von 500 × 3.000). Zwischen den gewinnbringenden und den verlustträchtigen Leasinggeschäften besteht keine konditionale Verknüpfung. Aus den Rücknahmevereinbarungen mag sich wahrscheinlichkeitstheoretisch kein Verlust ergeben. Allerdings folgen die Gewinne aus dem Verkauf zurückgenommener Fahrzeuge den entsprechenden Verlusten nicht zwangsläufig nach. Eine rückstellungsmindernde Berücksichtigung dieser Vorteile verbietet sich damit.[22]

39 Am Abschlussstichtag rechtlich oder wirtschaftlich entstandene Ansprüche sind zu aktivieren (Bruttobilanzierung).[23] Ihrer kompensatorischen Einbeziehung in die Rückstellungsbewertung steht das Verrechnungsverbot des § 246 Abs. 2 Satz 1 HGB entgegen.

> **Fortsetzung des Beispiels in Rz 36**
> Die Beseitigung der von den 5 Bauherren gerügten Mängel wird nach den Erwartungen des Bauträgers Aufwendungen von 200.000 verursachen. 80 % der Arbeiten wurden von Subunternehmern ausgeführt. Diese haben sich gegenüber dem Bauträger verpflichtet, etwaige Nacharbeiten wegen nicht ordnungsgemäßer Bauausführung kostenfrei vorzunehmen.
> Für die gerügten Mängel hat der Bauträger eine Rückstellung i. H. v. 200.000 zu bilden. Die Rückgriffsansprüche gegen die Subunternehmer sind rechtlich am Abschlussstichtag entstanden und daher unter dem Posten „Sonstige Vermögensgegenstände" zu aktivieren. Für die Bewertung des Rückgriffsanspruchs gelten die Grundsätze zur Forderungsbewertung sinngemäß.

2.3.3 Bewertungsstichtag

40 Nach § 252 Abs. 1 Nr. 3 HGB sind „Schulden ... zum Abschlussstichtag ... zu bewerten. Das darin zum Ausdruck kommende Stichtagsprinzip verlangt nach überwiegender Ansicht eine Wertbemessung nach den (objektiven) Verhältnissen am Abschlussstichtag. Wie hoch die ungewisse Verbindlichkeit tatsächlich ist, zeigen vielfach erst die stichtagsnachgelagerten Entwicklungen. Inwieweit diese bei der Bewertung zu berücksichtigen sind, ist umstritten.

41 Nach der hier vertretenen Auffassung ist wie folgt zu differenzieren: Soweit es um das **Bestehen oder Nichtbestehen einer Schuld** geht, ist zwischen (berücksichtigungspflichtigen) ansatzerhellenden und (bilanziell unbeachtlichen) ansatzbegründenden Umständen zu unterscheiden. Während ansatzerhellende Informationen bessere Erkenntnisse über die objektiven Vermögensverhältnisse am Abschlussstichtag vermitteln, sind ansatzbegründende Informationen Ausdruck einer nachträglichen Änderung des Schuldenstands (vgl. allgemein § 252 Rz 147). Letztere liegen dann vor, wenn durch Entwicklungen nach dem Stichtag neue Verpflichtungen begründet werden oder ursprünglich vorhandene Schulden weg-

---

[22] Vgl. IDW RS HFA 4, Tz. 26.
[23] Vgl. IDW RS HFA 34, Tz 33.

fallen. Ein Beispiel für den erstgenannten Fall stellt die fortgesetzte Abbautätigkeit eines Gewinnungsbetriebs dar, durch die nach dem Abschlussstichtag zusätzliche Rekultivierungs(teil)verpflichtungen wirtschaftlich verursacht werden. Ein Ereignis, das zum nachträglichen Wegfall einer am Abschlussstichtag bestehenden Schuld führt, liegt in der Aufhebung eines zulasten des Bilanzierenden unausgewogenen Vertrags.[24] Entsprechendes gilt, wenn eine streitbefangene Verbindlichkeit nach dem Abschlussstichtag durch ein rechtskräftiges Urteil, durch den Verzicht des Gläubigers auf die Einlegung von Rechtsmitteln oder wegen eines mit dem Gläubiger geschlossenen Vergleichs wegfällt.[25]

Eine andere Beurteilung ergibt sich, soweit die Bemessung der **Rückstellungshöhe** eine subjektive Schätzung des Bilanzierenden erfordert. Sie hat nach den Erkenntnismöglichkeiten am Abschlussstichtag zu erfolgen. Eine Rückbeziehung bis zum Tag der Abschlusserstellung gewonnener Erkenntnisse unter dem Aspekt der Wertaufhellung kommt dann in Betracht, wenn die stichtagsnachgelagerte Entwicklung am Abschlussstichtag bei angemessener Sorgfalt abzusehen war.[26] Im Übrigen wird eine zum Abschlussstichtag geforderte subjektive Wertschätzung durch Einbeziehung später erlangter Informationen nicht „richtiger". Vielmehr verschiebt sich der Bewertungszeitpunkt – entgegen der Anweisung des § 252 Abs. 1 Nr. 3 HGB – in die Zukunft. Die vom Großen Senat des BFH erfolgte Aufgabe des subjektiven Fehlerbegriffs[27] bezieht sich nur auf die Anwendung von Rechtsfragen, nicht aber auf tatsächliche Beurteilungen.[28] Soweit die Würdigung eines Sachverhalts nach dem am Abschlussstichtag erkennbaren Umständen zu einer vertretbaren Bewertung der anzusetzenden Rückstellung geführt hat, vermag der nachträgliche Geschehensverlauf daran nichts zu ändern.

42

Ob die vom Bilanzierenden der Rückstellungsbewertung zugrunde gelegte Einschätzung vertretbar war, kann gleichwohl nicht losgelöst vom weiteren Geschehensverlauf beurteilt werden. Diesem kommt vielmehr die Funktion eines Beweisanzeichens für die aus Sicht des Stichtags gebotene Beurteilung zu. Sieht sich die Einschätzung durch die tatsächliche Entwicklung nach dem Abschlussstichtag bestätigt, spricht das für die Angemessenheit der Rückstellungsbewertung. Entwickeln sich die Dinge anders als vom Bilanzierenden erwartet, hat er darzulegen, warum der tatsächliche Geschehensverlauf aus der Perspektive des Abschlussstichtags nicht als überwiegend wahrscheinliches Szenario zu erwarten war. Dieser Beurteilungsansatz dient der Bilanzobjektivierung und begrenzt das subjektive Ermessen des Bilanzierenden.

43

> **Beispiel**
> Automobilhersteller A hat Erkenntnisse über Probleme mit der Hinterachse des neuen Mittelklassemodells. Nach den bisherigen Erfahrungen zeigen sich bei 15 % der ausgelieferten Fahrzeuge nach einer gewissen Zeit Ermüdungs-

---

[24] Vgl. BFH, Urteil v. 17.11.1987, BStBl 1988 II S. 430f.
[25] Vgl. BFH, Urteil v. 16.12.2014, BFH/NV 2015 S. 1183; BFH, Urteil v. 30.1.2002, BStBl 2002 II S. 688; BFH, Urteil v. 27.11.1997, BStBl 1998 II S. 375.
[26] Auch nach IDW RS HFA 34, Tz 14 sind wertaufhellende Erkenntnisse zu berücksichtigen.
[27] Vgl. BFH, Beschluss v. 31.1.2013, BStBl 2013 II S. 317.
[28] Vgl. zur Auswirkung des vom Großen Senat des BFH am 31.1.2013 getroffenen Beschlusses zur Aufgabe des subjektiven Fehlerbegriffs hinsichtlich der Anwendung von Rechtsfragen auf die Handelsbilanz: HFA, IDW-FN 2013, S. 358 sowie *Prinz*, WPg 2013, S. 650.

erscheinungen in der Aufhängung. Bei hoher Beanspruchung treten die Mängel innerhalb des Gewährleistungszeitraums auf, in der Mehrzahl der Fälle erst später. Im 1. Fall trägt A sämtliche Kosten der Reparatur, im 2. Fall übernimmt er aus Kulanz die Materialkosten. Auf dieser Basis rechnet A aus Sicht des Abschlussstichtags (31.12.01) mit künftigen Aufwendungen für Gewährleistung von 300 Mio.

Nachdem das Kraftfahrtbundesamt im Januar 02 eine Untersuchung des Vorgangs eingeleitet hat, fordert es A im März 02 zu einer Rückrufaktion auf. Die zusätzlichen Kosten der Rückrufaktion veranschlagt A mit 50 Mio. Zudem erwartet A einen Anstieg der Gewährleistungsaufwendungen für Instandsetzungen von Hinterachsaufhängungen wegen eines steigenden Entdeckungsrisikos innerhalb des Gewährleistungszeitraums.

Da die Verpflichtung zur Durchführung einer Rückrufaktion objektiv nach dem Abschlussstichtag entstanden ist, sind die Aufwendungen zum 31.12.01 nicht rückstellungsfähig. Die Gewährleistungsrückstellung für die Aufhängungsdefekte ist entsprechend dem (möglichen) Erkenntnisstand am Abschlussstichtag mit 300 Mio. anzusetzen. Auch die Erhöhung der Aufwendungen infolge der Rückrufaktion ist bei der Schätzung des Verpflichtungsumfangs zum 31.12.01 nicht zu berücksichtigen, da die zusätzliche Inanspruchnahme am Abschlussstichtag jenseits des möglichen Erkenntnishorizonts lag.

Anders stellte sich die Situation dar, wenn das Kraftfahrtbundesamt bereits im Jahr 01 Untersuchungen eingeleitet hat und am Abschlussstichtag mit der Anordnung einer Rückrufaktion zu rechnen ist. Die tatsächlich ergangene Aufforderung im März 02 liefert in diesem Fall ein Beweisanzeichen dafür, wie der Bilanzierende die Situation am Stichtag einschätzen musste.

2.3.4 Schätzung des Verpflichtungsumfangs

2.3.4.1 Annahme einer planmäßigen Erfüllung

44 Nach dem Grundsatz der Unternehmensfortführung (vgl. § 252 Rz 35) ist die Höhe einer Rückstellung unter der Annahme einer Erfüllung der ungewissen Verbindlichkeit entsprechend den betriebsindividuellen Planungen zu schätzen. Etwas anderes gilt, wenn von einer Fortführung der Unternehmenstätigkeit nicht auszugehen ist (vgl. hierzu § 252 Rz 40).

Dieser Bewertungsprämisse kommt dann Bedeutung zu, wenn der zur Erfüllung einer Schuld aufzuwendende Betrag vom Zeitpunkt ihrer Begleichung abhängt. Ursächlich hierfür können etwa inflationsbedingte Kostensteigerungen bei Sachleistungsverpflichtungen oder nach einer Übergangsfrist zu beachtende strengere Auflagen bei Umweltschutzverpflichtungen sein. In derartigen Fällen ist der Verpflichtungsumfang nach den Verhältnissen im Zeitpunkt der voraussichtlichen Begleichung der ungewissen Verbindlichkeit zu schätzen. Das gilt auch dann, wenn die Schuld entgegen den betrieblichen Planungen bereits am Abschlussstichtag erfüllt werden könnte.

2.3.4.2 Zu berücksichtigende Aufwendungen

Ungewisse **Geldleistungsverpflichtungen** sind mit dem Betrag anzusetzen, den das Unt voraussichtlich wird zahlen müssen, um die Schuld zu begleichen. Bei **Sachleistungsverpflichtungen** bemisst sich der Erfüllungsbetrag nach dem Wertverzehr für das Bewirken der geschuldeten Leistung. Das sind die der Erfüllungshandlung direkt oder im Weg einer Schlüsselung zurechenbaren **Vollkosten**.[29]

Orientierungsmaßstab für die Abgrenzung der zu berücksichtigenden Aufwendungen ist das Gebot des vollständigen Schuldenausweises. Danach sind alle Aufwendungen zurückzustellen, die das Unt in Kauf nehmen muss, um sich der Außenverpflichtung zu entledigen. Dazu gehören auch Fixkosten, wenn die betreffenden Kapazitäten nicht abgebaut werden können, ohne zusätzliche Aufwendungen zur Erfüllung der ungewissen Verbindlichkeit tätigen zu müssen. Das trifft etwa auf die planmäßigen Abschreibungen einer Halle zu, in der Gewährleistungen erbracht werden. Die Abschreibung des Verwaltungsgebäudes, in dem ausschließlich administrative Tätigkeiten verrichtet werden, ist dagegen nicht Teil der in die Rückstellung einzurechnenden Vollkosten. Die betreffenden Aufwendungen fallen nicht in Erfüllung einer Rechtsverpflichtung an. Sie sind daher der Erfüllungshandlung auch nicht mittelbar zuzurechnen.

Ebenfalls nicht rückstellungsfähig sind vermeidbare Unterbeschäftigungskosten (**Leerkosten**). Dazu zählen Aufwendungen nicht genutzter Kapazitäten. Diese können abgebaut werden, ohne die Erfüllungshandlung zu beeinträchtigen. Die Eliminierung von Leerkosten bei Kapazitäten, die zur Erfüllung einer Sachleistungsverpflichtung eingesetzt werden, scheidet dagegen aus. Das gilt jedenfalls dann, wenn die gleiche Leistung unter Einsatz vorhandener Ressourcen nicht zu niedrigeren Kosten erbracht werden könnte. Eine Angemessenheitsprüfung, wie sie bei der Bewertung der vom Unt hergestellten VG obligatorisch ist, kollidiert auf der Passivseite mit dem Gebot des vollständigen Schuldenausweises. Es verlangt die Einbeziehung aller unvermeidbaren Aufwendungen in den Erfüllungsbetrag, unabhängig davon, ob diese für die Leistungserbringung notwendig sind oder nicht. Allerdings gibt eine signifikante Unterauslastung von Anlagegütern Anlass, eine außerplanmäßige Abschreibung der betreffenden VG zu prüfen. Sie reduziert ggf. die in die Rückstellung einzubeziehenden Aufwendungen auf ein übliches Maß.

Die Vorgabe, Rückstellungen zum **notwendigen** Erfüllungsbetrag anzusetzen, macht es erforderlich, erwartete Steigerungen der Faktorpreise bis zum Zeitpunkt des Anfalls der Aufwendungen bei der Bewertung vorwegzunehmen. Darin liegt kein Bruch mit dem Stichtagsprinzip. Schulden sind „zum Abschlussstichtag … zu bewerten" (§ 252 Abs. 1 Nr. 3 HGB). Diese Formulierung lässt zumindest Raum für einen Zugriff auf die künftigen Preise aus Sicht des Abschlussstichtags. Zudem trägt diese Verfahrensweise dem Zukunftsbezug des Bewertungsmaßstabs für Rückstellungen Rechnung.

---

29 Der in der Literatur zum § 253 HGB aF diskutierte Ansatz von Rückstellungen für Sachleistungsverpflichtungen zu Teilkosten lässt sich nach dem für die Bewertung selbst erstellter VG vorgeschriebenen Vollkostenansatz (§ 255 Abs. 2 HGB) auch nicht mehr sinngemäß aus der Herstellungskostenregelung ableiten; gl. A. *Küting/Cassel/Metz*, in *Küting/Pfitzer/Weber*, Das neue deutsche Bilanzrecht, 2009, S. 328. Vgl. auch IDW RS HFA 34, Tz 21.

49 Auch **rückläufige Preisentwicklungen** sind zu antizipieren. Der Einwand, in der Begründung zum BilMoG sei nur von Kostensteigerungen die Rede,[30] überzeugt nicht. Erklärtes Ziel der Gesetzesänderung war es klarzustellen, „dass die Höhe einer Rückstellung von den Preis- und Kostenverhältnissen im Zeitpunkt des tatsächlichen Anfalls der Aufwendungen – mithin der Erfüllung der Verpflichtung – abhängt". Auf diese Weise sollte „die Über- und Unterdotierung der Rückstellungen eingeschränkt" und die Darstellung der Vermögens-, Finanz- und Ertragslage „stärker als bisher den tatsächlichen (wirtschaftlichen) Verhältnissen angenähert werden".[31] Eine einseitige Berücksichtigung nur sich abzeichnender Preis- und Kostensteigerungen würde dieses Grundanliegen konterkarieren.[32]

50 Neben den am Abschlussstichtag feststehenden Faktorpreisänderungen bis zum Erfüllungszeitpunkt (z. B. aus abgeschlossenen Tarifvertragsabschlüssen) sind erwartete Änderungen im Mengen- und Preisgerüst einer Rückstellung zu berücksichtigen. Eine **Begrenzung** ergibt sich aus der gesetzlichen Anweisung, nur den nach vernünftiger kaufmännischer Beurteilung notwendigen Erfüllungsbetrag anzusetzen. Sie verlangt nach „ausreichende(n) objektive(n) Hinweise(n), die auf den Eintritt künftiger Preis- und Kostensteigerungen schließen lassen".[33] Diese Forderung trägt dem Gedanken der **Bilanzobjektivierung** Rechnung und gilt in gleicher Weise für die Schätzung des künftigen Mengengerüsts der Erfüllungshandlung.

Einen wichtigen Anhaltspunkt für erwartete Änderungen des Preisniveaus liefern vom bilanzierenden Unt ermittelte **Trends der Vergangenheit**.[34] Verfügt das Unt über keine dokumentierten eigenen Erfahrungswerte, bietet sich der Rückgriff auf Veröffentlichungen von Branchenverbänden oder anderer Institutionen an (z. B. Deutsche Bundesbank, Europäische Zentralbank, Institut für Wirtschaftsforschung, Institut für Weltwirtschaft).[35] Abweichungen zwischen den der Rückstellung zugrunde gelegten Erfahrungen des Unt und Branchentrends sind zu begründen.

Die **Trendprojektion** auf den Erfüllungszeitpunkt kann – je nach Bedeutung des Rückstellungssachverhalts – mehr oder weniger ausgefeilt erfolgen. Für wesentliche Verpflichtungen liegt es nahe, die Kostenentwicklung mittels einer Regressionsanalyse zu bestimmen und fortzuschreiben. Das setzt allerdings die Verfügbarkeit hinreichend aussagekräftiger Vergangenheitsdaten voraus. Bei komplexeren Kostenstrukturen ist die Trendfortschreibung ggf. für einzelne Kostenarten (z. B. Personalkosten, Materialkosten) gesondert vorzunehmen. In anderen Fällen mag eine einfache Durchschnittsbildung genügen, die den Ausgangspunkt für die einheitliche Fortschreibung aller Kostenarten bildet.

51 Zu berücksichtigen sind ferner nur solche **Preis- und Kostenänderungen**, die vom Bilanzierenden nicht beeinflusst werden können und denen er sich somit nicht entziehen kann. Das rechtfertigt nicht, alle erwarteten Kostenänderungen

---

30 So *Theile/Stahnke*, DB 2008, S. 1759; zustimmend *Küting/Cassel/Metz*, DB 2008, S. 2318.
31 BilMoG-BgrRegE, S. 52, alle Zitate.
32 Im Ergebnis wie hier *Küting/Cassel/Metz*, in *Küting/Pfitzer/Weber*, Das neue deutsche Bilanzrecht, 2009, S. 327.
33 BT-Drucks. 16/10067, S. 52.
34 Vgl. IDW RS HFA 34, Tz 27.
35 Vgl. *Vereinigung zur Mitwirkung an der Entwicklung des Bilanzrechts für Familiengesellschaften e. V. (VMEBF)*, KoR 2008, S. 360.

unberücksichtigt zu lassen, die auf Entscheidungen des Bilanzierenden zurückgehen. Muss ein Unt aus faktischen Zwängen einen Anstieg des Verpflichtungsbetrags im Zeitablauf hinnehmen, ist dem bei der Rückstellungsbewertung Rechnung zu tragen. Faktisch nicht abwendbare Kostensteigerungen können etwa bei Personalrückstellungen aus zu erwartenden Lohn- und Gehaltsanpassungen resultieren, auf die das Unt aus Gründen des Betriebsfriedens nicht verzichten kann. Nach dem Grundsatz der **Bewertungsvorsicht** (vgl. hierzu Rz 56 ff.) sind an die Einbeziehung rückläufiger Kostenentwicklungen (z.B. aufgrund technologischen Fortschritts) in den Erfüllungsbetrag ungewisser Verbindlichkeiten tendenziell höhere Anforderungen zu stellen als an die Berücksichtigung von Kostensteigerungen.[36] Sind die erwarteten Kostenermäßigungen unsicher, hat die Bewertung auf Basis der Stichtagspreisverhältnisse zu erfolgen.[37] Entsprechendes gilt für erwartete Änderungen im Mengengerüst der Verpflichtung.   52

Die bei der Rückstellungsbewertung berücksichtigten Preis- und Kostentrends sind zu jedem Abschlussstichtag zu überprüfen und ggf. an veränderte Verhältnisse anzupassen. Im Fall einer Trendkorrektur ist der Rückstellungsbetrag erfolgswirksam an die revidierte Schätzung des notwendigen Erfüllungsbetrags anzupassen. Einer teilweisen Auflösung einer Rückstellung infolge von Bewertungsänderungen steht das Auflösungsverbot des § 249 Abs. 2 Satz 2 HGB nicht entgegen, da dieses sich auf den Ansatz von Rückstellungen bezieht.[38]   53

Zur Bestimmung des Verpflichtungsumfangs für **drohende Verluste aus schwebenden Geschäften** s. § 249 Rz 146 ff.   54

Beispiel[39]
Ein Unt hat für einen Mitarbeiter eine Urlaubsrückstellung zum 31.12.01 zu bilden. Sämtliche übrigen Mitarbeiter haben aufgrund entsprechender Betriebsvereinbarung bis zum Abschlussstichtag ihren Jahresurlaub 01 vollständig genommen. Der Mitarbeiter konnte aufgrund betrieblicher Erfordernisse 5 Urlaubstage nicht nehmen und kann diese gem. Vereinbarung mit der Personalabteilung bis zum 31.3.02 nachholen. Der Mitarbeiter hat in 01 ein monatliches Gehalt i.H.v. 3.000 erhalten. Er hat arbeitsvertraglich Anspruch auf 13 Monatsgehälter. Für Jubiläen werden jährlich 20 je Mitarbeiter der Jubiläumsrückstellung zugeführt. Ab dem 1.1.02 ist tarifvertraglich eine Gehaltserhöhung von 3 % sowie ab dem 1.7.02 von weiteren 2 % vorgesehen. Die Arbeitgeberanteile zur Sozialversicherung belaufen sich (inkl. Berufsgenossenschaftsbeiträgen) auf 22 %. Das Geschäftsjahr 02 hat 365 Kalendertage abzgl. 104 Wochenendtage und 10 Feiertage, sodass 251 Arbeitstage zur Verfügung stehen. Der Mitarbeiter hat für 02 einen Urlaubsanspruch von 30 Tagen. Im Durchschnitt der letzten 3 Jahre war er jährlich 6 Arbeitstage krank.

---

[36] So auch *Schubert*, in Beck Bil-Komm., 10. Aufl., 2016, § 253 Rz 158; vgl. hierzu *Münstermann/Gnädinger*, PiR 2012, S. 113, die den Einbezug erwarteter technologischer Fortschritts (Erfahrungskurveneffekte, Prozessverbesserungen) bei begründeter Erwartbarkeit fordern.
[37] Vgl. *Gelhausen/Fey/Kämpfer*, Rechnungslegung und Prüfung nach dem Bilanzrechtsmodernisierungsgesetz, Kap. I, Tz. 20.
[38] Vgl. IDW RS HFA 34, Tz 8.
[39] Vgl. weiterführend auch § 249 Rz 318.

§ 253 Zugangs- und Folgebewertung

Versteht man die Verpflichtung des Arbeitgebers zur Gewährung von Urlaub mit der hM in der Literatur als Sachleistungsschuld, berechnet sich die Urlaubsrückstellung wie folgt:
Personalaufwand
- Gehalt ($13 \times 3.000 \times 1{,}03^{40}$)   = 40.170
- Sozialversicherungsaufwand 22 %   = 8.837
- Zuführung Jubiläumsrückstellung   = 20
   = 49.027

Anzahl effektiver Arbeitstage in 02
- Tage Gesamtjahr   = 365
- abzgl. Wochenenden   = 104
- abzgl. Feiertage   = 10
- abzgl. Urlaub 02   = 30
- abzgl. erwartete Krankheitstage 02   = 6
   215

Die Personalkosten je Tag belaufen sich auf 49.027/215 = 228. Bei 5 ausstehenden Urlaubstagen ermittelt sich für die Urlaubsrückstellung ein Erfüllungsbetrag von $5 \times 228 = 1.140$.

Der BFH lässt demgegenüber nur die Passivierung des Urlaubsentgelts zu, das bei Erfüllung der Verpflichtung am Stichtag aufzuwenden wäre. Nach dieser Deutung der Urlaubsverpflichtung als Geldschuld sind nur die laufenden Lohn- und Gehaltsaufwendungen, die lohnabhängigen Nebenkosten (z.B. Sozialversicherungsanteil) und ein etwaiges Urlaubsgeld in die Rückstellung einzubeziehen. Die Bewertung erfolgt gem. § 6 Abs. 1 Nr. 3a Buchst. f EStG nach den Verhältnissen am Abschlussstichtag. Die sich nach diesen Grundsätzen ermittelnde Jahresvergütung ist – anders als nach der hM im Handelsrecht – nicht auf die tatsächlichen, sondern die regulären Arbeitstage der Mitarbeiter im Gj zu beziehen.

Angewendet auf den obigen Sachverhalt bedeutet das:
Personalaufwand
- Gehalt (13×3.000^{41})   = 39.000
- Sozialversicherungsaufwand 22 %   = 8.580
   = 47.580

Anzahl regulärer Arbeitstage in 02
- Tage Gesamtjahr   = 365
- abzgl. Wochenenden   = 104
- abzgl. Feiertage   = 10
   251

---

[40] Da der Urlaub bis zum 31.3.02 nachzuholen ist, kommt lediglich die zum 1.1.02 anfallende Tariferhöhung, nicht jedoch die zum 1.7.02 erfolgende, zum Ansatz.
[41] Da der Urlaub bis zum 31.3.02 nachzuholen ist, kommt lediglich die zum 1.1.02 anfallende Tariferhöhung, nicht jedoch die zum 1.7.02 erfolgende, zum Ansatz.

> Es errechnen sich Personalkosten je Tag von 47.580/251 Tage = 190. Bei 5 ausstehenden Urlaubstagen beläuft sich die Urlaubsrückstellung auf 5 × 190 = 950. Beide Deutungen der Urlaubsverpflichtung erscheinen vertretbar. Die Bewertung der Rückstellung im Jahresabschluss hat in jedem Fall einheitlich als Geld- oder Sachleistungsschuld zu erfolgen

Zu beachten ist bei der Bilanzierung von Urlaubsrückstellungen auch die jüngste arbeitsrechtliche Rechtsprechung des EuGH, wonach im Falle des Todes eines Arbeitnehmers der Urlaubsabgeltungsanspruch nicht untergeht.[42]

2.3.4.3 Vorsichtige Bewertung

Die Ermittlung des Erfüllungsbetrags von Rückstellungen kann in mehrfacher Hinsicht Schätzungen erfordern. Für die Vornahme von Schätzungen gilt das Prinzip der Bewertungsvorsicht als Ausprägung des allgemeinen Vorsichtsprinzips. Danach sind Rückstellungen **im Zweifel** eher zu hoch als zu niedrig zu bemessen. Die bewusste Überbewertung ungewisser Verbindlichkeiten ist dadurch allerdings nicht gedeckt. Ihr steht das Gebot der vernünftigen kaufmännischen Beurteilung entgegen.

Was vorsichtige Bewertung bedeutet, lässt sich nur in Abhängigkeit von der jeweiligen Bewertungssituation konkretisieren. Kann für einen künftigen Ausgabenanfall ein **Punktwert** mit hoher Wahrscheinlichkeit oder Sicherheit angegeben werden, ist dieser der Rückstellungsbewertung zugrunde zu legen. Das betrifft solche Verpflichtungen, die der Höhe nach bekannt sind, deren Entstehen dem Grund nach allerdings noch ungewiss ist. Beispiele sind Rückstellungen für voraussichtlich zu zahlende Vertragsstrafen, Urlaubsrückstellungen oder Steuerrückstellungen.[43] Das Prinzip der Bewertungsvorsicht wirkt sich bei diesen praktisch nicht aus.

Entsprechendes gilt für Pauschalrückstellungen, denen eine **Mehrzahl gleichartiger Verpflichtungen** zugrunde liegt (z. B. Gewährleistungsrückstellungen, Jubiläums- und Gratifikationsrückstellungen). Sie sind i. H. d. **Erwartungswerts** der künftigen Ausgaben zu passivieren. Bei einem statistisch mit hoher Wahrscheinlichkeit zu erwartenden Ausgleich von Mehr- und Minderausgaben bei einzelnen Verpflichtungstatbeständen verbietet sich die Einrechnung einer rückstellungserhöhenden Vorsichtskomponente. Etwas anderes gilt dann, wenn aufgrund einer zu geringen Grundgesamtheit das Risiko einer über den Erwartungswert hinausgehenden Inanspruchnahme nicht vernachlässigbar ist. Ob und, wenn ja, in welchem Umfang diesem Risiko durch eine zusätzliche Vorsichtskomponente Rechnung zu tragen ist, bedarf einer Entscheidung im Einzelfall.

Als problematisch erweist sich die Bewertung solcher Verpflichtungen, für die sich lediglich eine **Bandbreite möglicher Erfüllungsbeträge** angeben lässt. Zu denken ist etwa an Sachleistungsverpflichtungen (z. B. Rekultivierungs-, Instandsetzungs- und Erneuerungsverpflichtungen, Verpflichtungen zur Beseitigung von Umweltschäden, Entfernungs- und Entsorgungsverpflichtungen), bei denen Ungewissheit über die künftige Preis- und Kostenentwicklung besteht. Auch der

---

[42] Vgl. *Frik/Eppinger/Daubner*, DB 2017, S. 257.
[43] Zur Problematik bestrittener Steuerschulden vgl. *Kessler/Leinen*, WPg 2013, S. 67.

Erfüllungsbetrag zahlreicher Geldleistungsverpflichtungen lässt sich vielfach nur relativ grob angeben. Das gilt bspw. für drohende Inanspruchnahmen aus Bürgschaften oder für Sozialplanverpflichtungen, die noch durch eine Betriebsvereinbarung zu konkretisieren sind. Die für derartige Verpflichtungen in der Kommentarliteratur angebotenen Bewertungsanweisungen sind in der Mehrzahl der Fälle wenig hilfreich. Wie soll etwa der Betrag mit der höchsten Eintrittswahrscheinlichkeit[44] bei Ungewissheit bestimmt werden? Die gleiche Frage stellt sich im Hinblick auf den alternativ vorgeschlagenen Erwartungswert aller möglichen Ausgabenbeträge, der ggf. um eine (wie auch immer zu bestimmende) Vorsichtskomponente zu erhöhen ist.[45] Bewertungsanweisungen dieser Art sind nur dann umsetzbar, wenn – z.B. aufgrund betrieblicher oder branchenspezifischer Erfahrungen – belastbare Wahrscheinlichkeiten vorliegen. Unter dieser Voraussetzung spricht viel für den Ansatz des wahrscheinlichsten Werts. Eine Nebenbedingung ist dabei zu beachten: Die Rückstellung darf nicht mit überwiegender Wahrscheinlichkeit unterdotiert sein. Aus diesem Grund ist bei singulären Verpflichtungen auch die Verknüpfung von Bestandsunsicherheit und Bewertungsfrage abzulehnen. Dazu die folgenden beiden Beispiele:

> **Beispiel 1**
> Ein Kunde hat einen Defekt des neu installierten Transportbands beanstandet. Nach der Fehlerbeschreibung sind 3 Ursachen denkbar, die unterschiedlich hohe Reparaturkosten verursachen und für die nach den betrieblichen Erfahrungen unterschiedliche Eintrittswahrscheinlichkeiten vorliegen: mechanischer Defekt des Antriebsmotors (10; 25 %), Überspannungsschaden in der elektronischen Antriebssteuerung (8; 35 %) oder fehlerhafter Steuerungs-Chip (3; 40 %).
> Der Ansatz des Betrags mit der höchsten Wahrscheinlichkeit (3) verletzt das Vorsichtsprinzip, da die Rückstellung mit einer Wahrscheinlichkeit von 60 % unterdotiert ist. Auch der Erwartungswert (6,5) hat diesen Mangel. Mindestens anzusetzen ist im vorliegenden Fall ein Betrag von 8. Aufgrund der geringen Abweichung zwischen den Wahrscheinlichkeiten für einen Defekt des Antriebsmotors (25 %) und einen Überspannungsschaden (35 %) ist auch der Ansatz der maximalen Reparaturkosten (10) vertretbar.

> **Beispiel 2**
> Auf dem Betriebsgrundstück ist eine Altlast entdeckt worden. Es ist unklar, ob von ihr eine Gefährdung des Grundwassers ausgeht. Die Untersuchungen dauern im Aufstellungszeitpunkt des Jahresabschlusses noch an. Sollte eine Gefährdungslage vorliegen, schätzt das Unt die Schadensbeseitigungskosten auf 500. Andernfalls sind während der Dauer des Fortbestehens des Betriebs keine Sanierungsmaßnahmen veranlasst. Nach der vorläufigen Einschätzung der Umwelttechniker ist mit überwiegender Wahrscheinlichkeit (ca. 60–80 %) von einer Grundwassergefährdung auszugehen.

---

[44] Vgl. *Schubert*, in Beck Bil-Komm., 10. Aufl., 2016, § 253 HGB Rz 155.
[45] Vgl. ADS, 6. Aufl., § 253 HGB, Rz 192.

> Die Umweltschutzrückstellung ist mit 500 anzusetzen. Eine Einbeziehung der Bestandsunsicherheit in die Bewertung und Bildung einer Rückstellung i. H. v. 300 (60 % von 500) bis 400 (80 % von 500) vermischt in unzulässiger Weise Ansatz- und Bewertungsfrage.[46]

Liegen keine nachvollziehbaren Wahrscheinlichkeitsschätzungen für diskrete Erfüllungsbeträge vor, ist zunächst die denkbare Bandbreite der möglichen Inanspruchnahmen des Unt zu bestimmen. Entsprechend der vom Gesetz geforderten vernünftigen kaufmännischen Beurteilung ist bereits auf dieser Stufe dem Vorsichtsprinzip Rechnung zu tragen, mithin im Zweifel eine eher ungünstige Entwicklung zu unterstellen. Die Einbeziehung extrem pessimistischer Schätzwerte, deren Eintritt sehr unwahrscheinlich ist, verbietet sich dagegen.[47] Sodann ist aus dem Schätzintervall der anzusetzende Rückstellungsbetrag auszuwählen. Sprechen nach Abwägung aller Argumente gute Gründe für den Eintritt eines bestimmten Szenarios, erscheint der Ansatz des bei dieser Entwicklung zu erwartenden Erfüllungsbetrags angemessen. Ist diese Voraussetzung nicht erfüllt oder kann der Bilanzierende sein Wahrscheinlichkeitsurteil nicht quantifizieren, ist nach dem Prinzip der Bewertungsvorsicht der am stärksten erfolgsmindernde Wert innerhalb des zuvor bestimmten Schätzintervalls anzusetzen.[48]

2.3.5 Höchstwertprinzip

Der Wertansatz von Rückstellungen ist zu jedem Abschlussstichtag zu überprüfen. Fraglich ist, inwieweit das Höchstwertprinzip die Anpassung des ursprünglich angesetzten Betrags an zwischenzeitlich eingetretene Entwicklungen oder neu gewonnene Erkenntnisse begrenzt. Hält man dieses Prinzip auf Rückstellungen für anwendbar, sind Rückstellungen mit ihrem Zugangswert oder dem höheren Abschlussstichtagswert zu passivieren.[49] Dies gilt jedenfalls solange, wie eine Wiederkehr der den Zugangswert der Schuld bestimmenden Faktoren bis zum Zeitpunkt ihrer Erfüllung möglich ist. Eine Teilauflösung von Rückstellungen für **Sachleistungsverpflichtungen** wegen gesunkener Lohn- oder Materialkosten kommt nach dieser Auffassung nicht in Betracht, wenn ein erneuter Preisanstieg bis zum Zeitpunkt der Erfüllung denkbar erscheint. Entsprechendes gilt für ungewisse **Verpflichtungen, die in fremder Währung** zu erfüllen sind. Auch ihr Wertansatz ist nach dem Höchstwertprinzip wegen eines im Vergleich zum Zeitpunkt ihrer Ersterfassung gesunkenen Fremdwährungskurses nicht zu reduzieren. Nach einer anderen Auffassung soll das Höchstwertprinzip für Verbindlichkeits- und Drohverlustrückstellungen nicht gelten.[50] Diese seien vielmehr zu jedem Stichtag ohne Rücksicht auf ihren Wertansatz in der Vergangenheit neu zu bewerten, was ggf. ein Unterschreiten des Zugangswerts erforderlich mache. Begründet wird diese Auffassung mit der Auflösungsvorschrift des § 249 Abs. 2 Satz 2 HGB.

---

[46] A. A. ADS, 6. Aufl., § 253 HGB, Rz 193.
[47] Vgl. auch IDW RS HFA 34, Tz 16.
[48] Vgl. *Kessler*, 1992, S. 415.
[49] So *Moxter*, BB 1989, S. 947.
[50] Vgl. WPH Edition, Wirtschaftsprüfung & Rechnungslegung, 15. Aufl., 2017, Abschn. F, Tz 554.

62 Den Gesetzesmaterialien ist keine klare Antwort auf diese Auslegungsfrage zu entnehmen. Zur Umrechnung von Fremdwährungsgeschäften heißt es in der Begründung zum BilMoG, Rückstellungen seien „an jedem Abschlussstichtag neu zu bewerten bzw. zu ermitteln und zum dann gültigen Devisenkassakurs umzurechnen. Die Restriktionen des § 252 Abs. 1 Nr. 4 und des § 253 Abs. 1 Satz 1 HGB gelten hier nicht".[51] Diese Formulierung deutet auf die Unbeachtlichkeit des Höchstwertprinzips für Rückstellungen hin. Dagegen scheinen die Ausführungen zum Diskontierungszins zu sprechen. Hier liest man, „die Anwendung eines unternehmensindividuellen Zinssatzes würde bei sinkender Bonität des Unt zu einem steigenden Abzinsungszinssatz und infolgedessen zu einer erfolgswirksam zu berücksichtigenden Verminderung des zurückgestellten Betrags führen". Das sei „mit dem Vorsichts- und Höchstwertprinzip nicht zu vereinbaren".[52]

63 Auch die Gesetz gewordene Abzinsungsregelung kann in Zeiten steigender Zinsen zu einer Teilauflösung in der Vergangenheit gebildeter Rückstellungen führen. Da der Gesetzgeber das in Kauf nimmt, scheint er seine Bedenken gegen eine vorbehaltlose Stichtagsbewertung aufgegeben zu haben. Ermittelt sich als Folge von Preis-, Zins- oder Währungsänderungen bzw. aufgrund eines geänderten Mengengerüsts der Verpflichtung ein niedrigerer Erfüllungsbetrag für eine ungewisse Verbindlichkeit, ist mithin eine Anpassung der Rückstellung ohne Rücksicht auf das Höchstwertprinzip veranlasst.[53]
Die aufgrund mehrerer neuerer BFH-Urteile[54] geführte steuerliche Diskussion für sog. angeschaffte Verbindlichkeitsrückstellungen wirft aus handelsrechtlicher Sicht die Frage auf, ob das Höchstwertprinzip auch dann nicht gelten soll, wenn sich der Zugangswert einer Rückstellung aus einer Transaktion mit Dritten ableitet. Sie wird insb. dann relevant, wenn ein Bilanzierender von einem anderen eine passivierungspflichtige ungewisse Verbindlichkeit übernimmt und dafür ein den notwendigen Erfüllungsbetrag nach § 253 Abs. 2 HGB übersteigendes Entgelt erhält. Ohne Höchstwertprinzip wäre die mit ihren „Anschaffungskosten" eingebuchte Rückstellung bei unveränderter Datenlage zum nächsten Abschlussstichtag mit dem niedrigeren Wert nach § 253 Abs. 2 HGB anzusetzen und damit teilweise aufzulösen.
Diese Verfahrensweise ist insb. dann bedenklich, wenn die gesetzliche Bewertungsanweisung den sich im Transaktionspreis widerspiegelnden Marktwert der Verpflichtung verfehlt, weil – wie in der gegenwärtigen Situation zu beobachten – für die Barwertermittlung nach § 253 Abs. 2 HGB überhöhte historische Zinssätze zur Anwendung kommen. Unter diesen Vorzeichen führt die Teilauflösung der Rückstellung nicht nur zum Ausweis eines unrealisierten Gewinns, sondern zur Erfassung einer Vermögensmehrung, die sich voraussichtlich niemals einstellen wird. Näher liegt in diesem Fall mit dem BFH zu argumentieren, die Verpflichtung habe sich i. H. d. für ihre Übernahme erlangten Gegenleistung manifestiert. Danach ist an der erfolgsneutralen Behandlung des Anschaffungsvorgangs so lange festzuhalten, bis sich ein etwaiger „Erwerberge-

---

51 Vgl. BilMoG-BgrRegE, S. 62.
52 Vgl. BilMoG-BgrRegE, S. 55.
53 So auch IDW RS HFA 34, Tz 8.
54 Vgl. BFH, Urteil v. 12.12.2012, I R 69/11, DStR 2013, S. 575 mwN.

winn" verwirklicht hat.⁵⁵ Davon ist auszugehen, wenn die ungewisse Verpflichtung ganz oder teilweise wegfällt. Sieht man von dieser Möglichkeit ab, ist ein Ertrag aus der Auflösung der Rückstellung nur in dem Maße zu vereinnahmen, wie sich im Zuge der Erfüllung der Verpflichtung niedrigere Aufwendungen ergeben. Mit dem Realisations- und Vorsichtsprinzip nicht zu vereinbaren ist dagegen, die Rückstellung mit Blick auf die vom Schuldner noch zu erbringenden Leistungen ertragswirksam aufzulösen. Dagegen spricht schon das insoweit fortbestehende Erfüllungsrisiko.

Denkbar ist auch der umgekehrte Fall, in dem der Erfüllungsbetrag nach § 253 HGB niedriger als der erhaltene Kaufpreis ist. Ein solcher Sachverhalt kann bspw. auftreten, wenn mit der Übernahme einer Rekultivierungsverpflichtung zugleich (unrealisierte) Ertragschancen verbunden sind (Kippgebühren), die nicht unmittelbar aus demselben Geschäft resultieren, sodass sie nicht in den Kompensationsbereich der Rückstellung einzubeziehen sind. Das Recht auf die Verfüllung der Grube und die damit erhaltene Chance der Generierung von Kippgebühren führt i.d.R. zu einem im Vergleich zum Erfüllungsbetrag niedrigeren Übernahmepreis. In Höhe der Differenz zwischen Erfüllungsbetrag und Kaufpreis ein immaterieller VG für das Recht zur Erlangung von Kippgebühren zu erfassen.⁵⁶

64

Eine Änderung der Rückstellungsbewertung ist unzulässig, soweit sich die relevanten Bewertungsparameter im Vergleich zur letzten Bewertung nicht verändert haben. Das gilt für Bewertungsanpassungen nach unten wie nach oben. Die Änderung der Rückstellungshöhe könnte in diesem Fall nur mit der Neuausübung eines Beurteilungsspielraums begründet werden. Ihr steht – soweit kein begründeter Ausnahmefall i.S.d. § 252 Abs. 2 HGB vorliegt (§ 252 Rz 142) – der Grundsatz der Bewertungsstetigkeit entgegen.

65

2.3.6 Ansammlungs- oder Verteilungsrückstellungen

Der notwendige Erfüllungsbetrag einer ungewissen Verbindlichkeit kann – von einer etwaigen Abzinsung abgesehen – sofort in voller Höhe oder ratierlich über mehrere Berichtsperioden einer Rückstellung zuzuführen sein. Im letzteren Fall liegt eine Ansammlungs- oder Verteilungsrückstellung vor.

66

Ansammlungsrückstellungen sind zu bilden für ungewisse Verbindlichkeiten, die über einen längeren Zeitraum sukzessive anwachsen. Ursächlich für das Anwachsen der Leistungspflicht können Handlungen des Bilanzierenden sein (z.B. die fortgesetzte Ausbeutung eines Kiesgrundstücks bei Rekultivierungsverpflichtungen) oder einseitige Vorleistungen der anderen Partei bei gegenseitigen Verträgen, die zu einem zunehmenden Erfüllungsrückstand des Kaufmanns führen (z.B. die Erbringung von Arbeitsleistung bei Pensions- oder Jubiläumsrückstellungen). Als wirtschaftlich verursacht und damit rückstellungspflichtig gilt in diesen Fällen nur jener Teil der Leistungspflicht, den der Schuldner aufgrund der bis zum Abschlussstichtag eingetretenen Sachverhalts-

---

⁵⁵ Gl. A. IDW, Berichterstattung über die 239. HFA-Sitzung, IDW-FN 2015, S. 237. Neben der auch vom HFA präferierten Lösung des BFH sind andere Formen der Verteilung des Erwerbsgewinns i.H.d. Differenz zwischen dem Transaktionspreis für die ungewisse Schuld und ihrem Wertansatz nach der gesetzlichen Bewertungsanweisung denkbar, so z.B. die Bildung eines passiven RAP, wenn die Voraussetzungen hierfür vorliegen.
⁵⁶ Vgl. HFA, IDW Life 2016, S. 57.

entwicklung einseitig nicht mehr abwenden kann und der nicht durch noch ausstehende Gegenleistungen eines Dritten kompensiert wird.

Hiervon zu unterscheiden sind Verpflichtungen, die – obwohl sie durch einen Vorgang oder ein Ereignis unmittelbar in voller Höhe entstehen – durch eine ratierliche Rückstellungsdotierung über einen längeren Zeitraum erfasst werden. Beispiele sind Abbruch-, Entfernungs-, Rückbau- und bestimmte Entsorgungsverpflichtungen. Die verteilte Einbuchung ihres Erfüllungsbetrags lässt sich nicht mit dem Anstieg der Verpflichtung im Zeitablauf, sondern nur mit dem Realisationsprinzip erklären: Hiernach sollen die Erträge aus der Nutzung der zu beseitigenden Anlagen mit den Aufwendungen belastet werden, die der Bilanzierende zu ihrer Erzielung in Kauf nimmt. § 6 Abs. 1 Nr. 3a Buchst. d EStG spricht daher von Verpflichtungen, für deren Entstehen im wirtschaftlichen Sinne der laufende Betrieb ursächlich ist. In Abgrenzung zu den für im Zeitablauf anwachsende Verpflichtungen zu bildenden Ansammlungsrückstellungen werden die hier angesprochenen Rückstellungen als **Verteilungsrückstellungen** bezeichnet.[57]

67 Geht man von einer gleichmäßigen Verursachung der Aufwendungen über die Verteilungsperiode aus, bestehen 2 Möglichkeiten für die aufwandswirksame Verteilung des Erfüllungsbetrags:[58]

- **Barwertverfahren**: Der auf das jeweilige Gj entfallende operative Aufwand entspricht jeweils dem mit dem aktuellen restlaufzeitadäquaten Zinssatz auf den Abschlussstichtag abgezinsten anteiligen Nominalwert der Verpflichtung. Der anteilige Nominalbetrag ergibt sich durch Division des gesamten voraussichtlichen Verpflichtungsumfangs durch die Anzahl der Gj, die auf die Verteilungsperiode entfallen. Das Barwertverfahren führt zu einem im Zeitablauf steigenden operativen Aufwand.
- **Annuitätenverfahren** (Gleichverteilungsverfahren): Zu jedem Abschlussstichtag wird unter Berücksichtigung des maßgeblichen restlaufzeitadäquaten Zinssatzes der Betrag ermittelt, der sich bei annuitätischer Verteilung des gesamten voraussichtlichen Verpflichtungsumfangs ergibt. Bei konstantem Zinssatz führt dieses Verfahren zu einem konstanten jährlichen operativen Aufwand.

Das folgende Beispiel verdeutlicht die Rückstellungsberechnung nach den beiden Bewertungsmethoden (§ 249 Rz 192).

> **Beispiel**
> Ein Unt hat eine zum 1.1.01 rechtlich begründete Abbruchverpflichtung. Das Unt schätzt die nach 10 Jahren anfallenden Abbruchkosten unter Einbeziehung erwarteter Kostensteigerungen mit 50.000. Der nach § 253 Abs. 2 HGB anzuwendende Zinssatz wird während der Laufzeit der Verpflichtung als konstant angenommen und beträgt 2,0 %. Der Rückstellungsbetrag ist linear auf die Laufzeit zu verteilen und abzuzinsen. Hieraus ergibt sich bei Anwendung des Barwertverfahrens folgender Rückstellungsverlauf:

---

[57] Vgl. hierzu *Kessler*, DStR 1996, S. 1437; IDW RS HFA 34, Tz 18.
[58] Vgl. IDW RS HFA 34, Tz 19.

Jahr	Nomineller Erfüllungsbetrag	Verteilungsquote	Sonstiger betrieblicher Aufwand	Zinsen und ähnliche Aufwendungen	Gesamtaufwand	Rückstellung
01	50.000	10 %	4.184	0	4.184	4.184
02	50.000	20 %	4.267	84	4.351	8.535
03	50.000	30 %	4.353	171	4.523	13.058
04	50.000	40 %	4.440	261	4.701	17.759
05	50.000	50 %	4.529	355	4.884	22.643
06	50.000	60 %	4.619	453	5.072	27.715
07	50.000	70 %	4.712	554	5.266	32.981
08	50.000	80 %	4.806	660	5.465	38.447
09	50.000	90 %	4.902	769	5.671	44.118
10	50.000	100 %	5.000	882	5.882	50.000
		Summe	45.811	4.119	50.000	

Bei Anwendung des **Annuitätenverfahrens** ist der Erfüllungsbetrag von 50.000 in eine Annuität zu überführen. Sie ermittelt sich im Beispiel wie folgt: $50.000 \cdot i / ((1 + i)^n - 1) = 50.000 \cdot 0,02 / (1,02^{10} - 1) = 4.566$.
Die Abbruchrückstellung ist damit in jedem Jahr um einen sonstigen betrieblichen Aufwand von 4.566 sowie um die Verzinsung des jeweiligen Vorjahresbetrags zu erhöhen.

Wie das Beispiel zeigt, führt die Annuitätenmethode in den ersten Jahren zu höheren Rückstellungszuführungen als die Barwertmethode. Infolgedessen ergeben sich bis zum geplanten Erfüllungstag höhere Verpflichtungsbeträge. Das kann insb. mit Blick auf die steuerliche Gewinnermittlung erwünscht sein. Nach § 6 Abs. 1 Nr. 3a lit. d EStG sind Verteilungsrückstellungen in der Steuerbilanz „zeitanteilig in gleichen Raten anzusammeln". Dieser Wortlaut spricht dafür, die Annuitätenmethode als das steuerlich favorisierte Verteilungsverfahren anzusehen. Sie ermittelt vor Aufzinsung der Rückstellung jährlich konstante Zuführungsbeträge, während die Zuführungen bei Anwendung des Barwertverfahrens jährlich ansteigen. Kommt in der HB das Barwertverfahren zur Anwendung, können nach der von der Finanzverwaltung vertretenen Auslegung des Maßgeblichkeitsprinzips[59] die handelsrechtlichen Rückstellungswerte die steuerliche Bewertung limitieren, sofern der Unterschiedsbetrag zwischen Annuitätenmethode (Steuerbilanz) und Barwertmethode (HB) nicht durch eingerechnete Kostensteigerungen und den abweichenden Abzinsungszinssatz kompensiert wird. 68

Die der Rückstellungsbewertung zugrunde gelegten Annahmen (insb. Abzinsungszinssatz, Kostensteigerungen, Fälligkeit der Verpflichtung) sind zu **jedem Abschlussstichtag** zu überprüfen und ggf. anzupassen. Bspw. verlangt eine Zinssatzänderung bei Anwendung der Annuitätenmethode eine Neuberechnung der jährlichen Rückstellungszuführungen für die verbleibende Restlaufzeit. Verkürzt 69

---

[59] Vgl. R 6.11 Abs. 3 Satz 1 EStR.

sich der Verteilungszeitraum der Rückstellung, ist ihr der noch nicht angesammelte, aber wirtschaftlich verursachte Betrag sofort zuzuführen.[60] Bei einer Verlängerung des Verteilungszeitraums ist die Rückstellung um den Betrag aufzulösen, der bei einer von Anfang an über den verlängerten Zeitraum erfolgten Dotierung noch nicht zugeführt worden wäre (retrospektive Anpassung). Das für die HB bis 2014 vertretene Beibehaltungswahlrecht ist in Anlehnung an die Entscheidung des BFH vom 2.7.2014 aufgehoben worden.[61] Dass die Ausübung einer Mietvertragsverlängerungsoption gleichzeitig eine sachverhaltsgestaltende Maßnahme bei der Jahresabschlusserstellung sein kann, zeigt nachfolgendes Beispiel:

Beispiel
U hat zu Beginn des Jahrs 01 Umbauten in angemieteten Büroräumen vorgenommen, die nach Ablauf des Mietvertrags zurückzubauen sind. Der Mietvertrag hat eine Laufzeit von 10 Jahren. Die Aufwendungen für den Rückbau zum Ende des Mietvertrags schätzt U auf Basis der Kostenverhältnisse am 31.12.01 auf 200.000. Die jährliche Kostensteigerung beläuft sich auf 3 %. Der handelsrechtliche Abzinsungszinssatz sei mit 2 % p. a. während der Laufzeit des Mietvertrags konstant.
Am 31.12.09 wird der Mietvertrag um fünf Jahre bis zum 31.12.15 verlängert. Der nominelle Erfüllungsbetrag der Rückbauverpflichtung am Ende der ursprünglichen Laufzeit des Mietvertrags beträgt 260.955 (200.000 · 1,02^9). Die für den Rückbau anzusetzende Verteilungsrückstellung entwickelt sich nach dem Barwertverfahren vor Berücksichtigung der Mietvertragsverlängerung wie folgt:

Stichtag	Erfüllungsbetrag nominell	Zinssatz laut Bundesbank	Erfüllungsbetrag Barwert	Rückstellungsentwicklung		
				Stand 1.1.	Zuführung	Stand 31.12.
31.12.01	260.955	2,0 %	218.355	0	21.836	21.836
31.12.02	260.955	2,0 %	222.722	21.836	22.709	44.544
31.12.03	260.955	2,0 %	227.177	44.544	23.609	68.153
31.12.04	260.955	2,0 %	231.720	68.153	24.535	92.688
31.12.05	260.955	2,0 %	236.355	92.688	25.489	118.177
31.12.06	260.955	2,0 %	241.082	118.177	26.472	144.649
31.12.07	260.955	2,0 %	245.903	144.649	27.483	172.132
31.12.08	260.955	2,0 %	250.821	172.132	28.525	200.657
31.12.09	260.955	2,0 %	255.838	200.657	29.597	230.254
31.12.10	260.955	-	260.955	230.254	30.701	260.955

Nach der zum Ende des Jahrs 09 vereinbarten Verlängerung des Mietvertrags um 5 Jahre ist die Rückstellung neu zu berechnen. Die Ermittlung des Wertansatzes zum Ende des Jahrs 09 erfordert dazu die Einrechnung von Kostensteigerungen in den nominellen Erfüllungsbetrag für weitere 5 Jahre und eine

---

[60] Vgl. IDW RS HFA 34, Tz. 20.
[61] Vgl. IDW RS HFA 34, Tz. 20; BFH, Urteil v. 2.7.2014, I R 49/12, BStBl. II 2014, S. 979.

Abzinsung über 6 Jahre statt über 1 Jahr. Sodann sind 9/15 des Barwerts in die Rückstellung einzustellen. In den Folgejahren ist die Rückstellung nach den allgemeinen Bewertungsregeln fortzuführen. Der ab dem Jahr 09 angepasste Rückstellungsverlauf ist nachstehend dargestellt.

Stichtag	Erfüllungsbetrag nominell	Zinssatz laut Bundesbank	Erfüllungsbetrag Barwert	Rückstellungsentwicklung		
				Stand 1.1.	Auflösung/Zuführung	Stand 31.12.
31.12.09	302.518	2,0 %	268.627	200.657	-39.481	161.176
31.12.10	302.518	2,0 %	274.000	161.176	21.490	182.667
31.12.11	302.518	2,0 %	279.480	182.667	22.285	204.952
31.12.12	302.518	2,0 %	285.069	204.952	23.104	228.056
31.12.13	302.518	2,0 %	290.771	228.056	23.946	252.001
31.12.14	302.518	2,0 %	296.586	252.001	24.812	276.814
31.12.15	302.518	-	302.518	276.814	25.704	302.518

Die Verlängerung des Mietvertrags führt zu einer ertragswirksamen Auflösung der Rückstellung um 39.481. Das entspricht rund einem Fünftel des bis zum Jahr 08 zugeführten Betrags. Steuerlich fällt die Rückstellungsauflösung deutlich höher aus, da die Rückbauverpflichtung nach den Preis- und Kostenverhältnissen am jeweiligen Abschlussstichtag zu bewerten ist. Damit wird der handelsrechtlich die Verlängerung des Verteilungs- und Abzinsungszeitraums teilweise kompensierende Preissteigerungseffekt in der StB erst in der Zukunft wirksam.

2.3.7 Rückstellungen für Altersversorgungsverpflichtungen und vergleichbare langfristig fällige Verpflichtungen

2.3.7.1 Begriffe

Im Zusammenhang mit der Bewertung von Rückstellungen verbinden § 246 Abs. 2 Satz 2 HGB und § 253 Abs. 1 und Abs. 2 HGB bestimmte Bewertungsvorschriften mit den Begriffen „**Altersversorgungsverpflichtungen**" und „**vergleichbar langfristig fällige Verpflichtungen**". Begriffsdefinitionen finden sich weder im Gesetz noch in der Gesetzesbegründung. Lediglich in der Gesetzesbegründung zu § 246 Abs. 2 Satz 2 HGB findet sich eine Aufzählung von Verpflichtungen, die der Gesetzgeber von diesen Begrifflichkeiten erfasst sieht. Danach zählen zu den Altersversorgungsverpflichtungen und vergleichbaren langfristig fälligen Verpflichtungen Pensionsverpflichtungen, Altersteilzeitverpflichtungen und Verpflichtungen aus Lebensarbeitszeitmodellen.[62]

Diese Begrifflichkeiten stehen in einem Spannungsverhältnis mit dem an anderer Stelle weiter verwendeten Begriff der **Pensionen und ähnlichen Verpflichtun-**

---

[62] Vgl. BilMoG-BgrRegE, S. 48. IDW RS HFA 30 nF, Tz 7 spricht nunmehr von Verpflichtungen gegenüber „Versorgungsberechtigten". Mit dem gegenüber dem Begriff „Arbeitnehmer" weiter gefassten Begriff werden auch solche Verpflichtungen erfasst, in denen ein Bilanzierender die Verpflichtungen im Wege eines Schuldbeitritts übernommen hat.

gen. So schreiben § 266 Abs. 3 HGB den separaten Bilanzausweis von Rückstellungen für Pensionen und ähnliche Verpflichtungen und § 285 Nr. 24 HGB die Angabe der Bewertungsannahmen für Pensionen und ähnliche Verpflichtungen vor. Inhaltlich besteht zwischen den Begriffen „Altersversorgungsverpflichtungen" und „Pensionsverpflichtungen" Deckungsgleichheit.[63]

72 Entsprechend der ständigen Rechtsprechung des BAG sind dem Begriff der **Pensionen** alle Verpflichtungen aus Leistungszusagen eines Arbeitgebers aus Anlass des Arbeitsverhältnisses an einen Mitarbeiter zu subsumieren, die für die biologischen Ereignisse Alter, Invalidität oder Tod (§§ 1 Abs. 1 Satz 1, Abs. 2 i. V. m. 17 Abs. 1 Satz 2 BetrAVG) einen Versorgungsanspruch beinhalten. Mit Eintritt des den Versorgungsanspruch auslösenden biologischen Ereignisses endet rechtlich das Arbeitsverhältnis. Merkmale von Pensionen sind, dass diese versorgungshalber und ohne eine vom Empfänger zu erbringende Gegenleistung gezahlt werden. Zu den Pensionen zählen sowohl laufend zu zahlende Bezüge (Pensionen, Renten, Ruhegelder) als auch Einmalzahlungen (Kapitalzusagen).

73 Bezüglich des Begriffs der **vergleichbaren langfristig fälligen Verpflichtungen** erscheint vor dem Hintergrund des Gesetzeswortlauts fraglich, ob eine Vergleichbarkeit mit den Altersversorgungsverpflichtungen in zeitlicher oder in inhaltlicher Hinsicht gegeben sein muss. Die Vergleichbarkeit muss insb. in inhaltlicher Hinsicht gegeben sein, denn das Merkmal „vergleichbar" bezieht sich als Adjektiv auf die Verpflichtungen und nicht als Attribut auf langfristig fällig.[64] Demzufolge rechnen zu den vergleichbaren langfristig fälligen Verpflichtungen solche, die nicht bereits Altersversorgungsverpflichtungen i. S. v. § 1 Abs. 1 Satz 1 BetrAVG darstellen, die aber aufgrund des Vorliegens von biometrischen Risiken „vergleichbar" sind.[65] Zu den vergleichbaren langfristig fälligen Verpflichtungen rechnen daher **Vorruhestandsbezüge** und Verpflichtungen aus **Altersteilzeitvereinbarungen** (§ 249 Rz 51). In beiden Fällen handelt es sich nicht um Leistungszusagen, die der Arbeitgeber aus Anlass des Arbeitsverhältnisses gewährt, sondern um Leistungen aus Anlass zur (vorzeitigen) Beendigung der Arbeit. Gleiches gilt auch für **Übergangsgelder, Treuezahlungen, Abfindungen** oder **Auslandszuschläge**, wenn diese erst bei Eintritt eines biologischen Ereignisses fällig werden (§ 249 Rz 51). Verpflichtungen zur Zahlung von **Übergangsbezügen** und **Überbrückungsgeldern** werden ebenfalls den vergleichbar langfristig fälligen Verpflichtungen zugerechnet. Wegen Geringfügigkeit werden sie aber regelmäßig nicht bewertet.[66] Versorgungszusagen über laufende **Sachleistungen, Beihilfen zu Krankenversicherungsbeiträgen** oder die **Erstattung von Krankheitskosten** stellen ebenfalls vergleichbare langfristig fällige Verpflichtungen dar. Weitere Anwendungsfälle sind Jubiläumsverpflichtungen und Verpflichtungen aus Lebensarbeitszeitkonten.

74 Die Begriffsbestimmung der **(pensions-) ähnlichen Verpflichtungen** ist seit jeher diffus. Teilweise wird gemutmaßt, der Gesetzgeber hätte die Verpflichtung zur Zahlung von Vorruhestandsbezügen als pensionsähnliche Verpflich-

---

[63] Vgl. IDW RS HFA 30 nF, Tz 6.
[64] Vgl. *Bertram/Johannleweling/Roß/Weiser*, WPg 2011, S. 2.
[65] Vgl. IDW RS HFA 30, Tz 8; *Lucius/Veit*, BB 2010, S. 235.
[66] Vgl. *Grottel/Rhiel*, in Beck Bil-Komm., 10. Aufl., 2016, § 249 HGB Rz 154.

tung ansehen wollen.⁶⁷ Eine solche Einordnung wird in der Literatur jedoch überwiegend abgelehnt, da es sich vielmehr um Abfindungszahlungen handelt.⁶⁸ Teilweise werden auch Überbrückungsgelder oder Pensionsverpflichtungen aufgrund betrieblicher Übung oder des Gleichbehandlungsgrundsatzes dem der pensionsähnlichen Verpflichtung subsumiert.⁶⁹ Im Allgemeinen wird in dem Begriff der (pensions-)ähnlichen Verpflichtungen jedoch ein Auffangtatbestand ohne praktische Relevanz gesehen.

2.3.7.2 Altersversorgungsverpflichtungen

2.3.7.2.1 Grundsatz

Bewertungsmaßstab für alle Rückstellungen ist nach § 253 Abs. 1 Satz 2 HGB der **nach vernünftiger kaufmännischer Beurteilung notwendige Erfüllungsbetrag** (Rz 33). Im Hinblick auf die Bestimmung des Erfüllungsbetrags unterscheidet § 253 Abs. 1 Satz 3 HGB bei den Altersversorgungsverpflichtungen zwischen **nicht wertpapiergebundenen** (Rz 77) und **wertpapiergebundenen** Verpflichtungen (Rz 98). Keine Unterschiede bei der Bewertung bestehen hinsichtlich des Bewertungsstichtags, der Berücksichtigung von biometrischen Wahrscheinlichkeiten und der Fluktuation. 75

Für beide Arten von Pensionsverpflichtungen stellt gem. § 252 Abs. 1 Nr. 3 HGB der Abschlussstichtag den **Bewertungsstichtag** dar. In der Praxis wird die Pensionsbewertung jedoch oftmals zwei bis drei Monate vor dem Abschlussstichtag nach Maßgabe der geschätzten Verhältnisse zu diesem Tag erstellt. Dieses in der Praxis etablierte Verfahren wird in der Regierungsbegründung im Wesentlichen nicht beanstandet. Etwas anderes soll nur dann gelten, wenn sich „zwischen der Erstellung eines Pensionsgutachtens und dem Abschlussstichtag Änderungen beim Mengengerüst oder den einzelnen zugrunde gelegten Bewertungsparametern ergeben, die zu wesentlichen Abweichungen führen".⁷⁰ Im Umkehrschluss billigt damit der Gesetzgeber gleichzeitig, dass nicht nur die Personalinventur zur Bestimmung des zugrunde zu legenden Mengengerüsts, sondern auch die Festlegung der Bewertungsannahmen einschließlich des Abzinsungssatzes (Rz 125) vorgezogen wird.⁷¹ Änderungen, die zu wesentlichen Abweichungen führen, dürften sich hauptsächlich auf Änderungen des Mengengerüsts beschränken. Annahmen über langfristige Kostentrends unterliegen ebenso wenig kurzfristigen Schwankungen wie der nunmehr 10-jährige Durchschnittszinssatz (vgl. Rz 146). Für wertpapiergebundene Pensionsverpflichtungen gilt die Vereinfachung nur für das Mengengerüst, nicht aber für die Bewertungsparameter (Rz 105). 76

---

67 Vgl. *Grottel/Rhiel*, in Beck Bil-Komm., 10. Aufl., 2016, § 249 HGB Rz 162.
68 Vgl. IDW RS HFA 30, Tz 9; *ADS*, 6. Aufl., § 249 Rz 116; *Grottel/Rhiel*, in Beck Bil-Komm., 10. Aufl., 2016, § 249 HGB Rz 154; a. A. *Höfer*, in *Küting/Pfitzer/Weber*, HdR, HGB § 249, Rn. 605, Stand 06/2010.
69 Vgl. *Ahrend/Förster/Rößler*, 8. Teil, Rz 13.
70 BilMoG-BgrRegE, S. 55.
71 Vgl. auch IDW RS HFA 30, Tz 65.

2.3.7.2.1.1 Nicht wertpapiergebundene Altersversorgungsverpflichtungen

77 Zu den wesentlichen Bewertungsannahmen gehört die Verwendung von **biometrischen Wahrscheinlichkeiten**. Eine Eigenschaft von Pensionsverpflichtungen ist es, dass die Leistungspflicht durch biologische Ereignisse wie Alter, Invalidität oder Tod ausgelöst wird. Die Eintrittswahrscheinlichkeiten dieser die Leistungspflicht auslösenden Ereignisse sind nach den Regeln der Versicherungsmathematik zu bewerten. Entsprechend dem Gesetz der großen Zahlen wird der Risikoverlauf mit steigender Anzahl von Anspruchsberechtigten besser approximiert.

78 Die zur Bewertung benötigten Wahrscheinlichkeiten unterliegen im Zeitlauf einem steten Wandel. Hinlänglich bekannt ist die konstante Erhöhung der Lebenserwartung. Die künftige Entwicklung der biometrischen Rechengrundlage ist angemessen zu berücksichtigen. Als Rechengrundlage sind nur solche **Statistiken** geeignet, die sich entweder auf die Gesamtheit aller Pensionsberechtigten bzw. -empfänger oder auf eine bestimmte Untergruppe aus dieser Gesamtheit beziehen. Die Verwendung von biometrischen Wahrscheinlichkeiten, die sich nur auf eine Untergruppe (z.B. chemische Industrie) beziehen, ist zulässig, wenn die zu bewertende Gesamtheit der entsprechenden Untergruppe zugerechnet werden kann. So eignen sich die **Sterbetafeln**, die sich nur auf privat Renten- und Krankenversicherte beziehen, nicht zur Bewertung eines Personalbestands, der auch Arbeiter einschließt, da Erstere im Durchschnitt eine höhere Lebenserwartung aufweisen. I. d. R. ist dem Bewertungserfordernis des § 253 Abs. 2 HGB Genüge getan, wenn für inländische Verpflichtungen die Richttafeln von K. Heubeck zugrunde gelegt werden.[72] Teilweise kann es angezeigt sein, diese durch entsprechende Zu- oder Abschläge für z.B. kürze oder längere Lebenserwartung zu modifizieren. Durch Zu- oder Abschläge können auch sich abzeichnende Veränderungen berücksichtigt werden, die noch keinen Eingang in die Richttafeln von K. Heubeck gefunden haben, da diese nicht jährlich aktualisiert werden. In der Praxis finden die Richttafeln von K. Heubeck im Allgemeinen jedoch ohne Modifikationen Anwendung. Gegen ein Abweichen von Heubeck-Tafeln sprechen auch steuerliche Gründe. Sollten die modifizierten Tafeln auch für die steuerliche Gewinnermittlung verwendet werden, ist im Zweifel detailliert darzulegen, inwieweit die modifizierten Tafeln die betrieblichen Verhältnisse zutreffender widerspiegeln als die Heubeck-Tafeln. Für im Ausland zu erbringende Verpflichtungen werden regelmäßig länderspezifische Sterbetafeln Verwendung finden. Bei unwesentlichem Umfang dieser Verpflichtungen können aber auch für diese Fälle die Richttafeln von K. Heubeck Verwendung finden.

> **Beispiel**
> Ein deutsches Unt hat den ersten zwei Führungsebenen seiner Mitarbeiter Pensionszusagen erteilt. Es handelt sich um 40 Berechtigte. Einer dieser Berechtigten ist Leiter der Zweigniederlassung in Frankreich und dort auch ansässig. Das Unt bewertet die Altersversorgungsverpflichtungen einheitlich unter Anwendung der Richttafeln von K. Heubeck. Die Tatsache, dass nur ein Berechtigter kein Inländer ist, führt zu keinen signifikanten Verwerfungen in den Bewertungsannahmen.

---

[72] Vgl. *Bertram/Johannleweling/Roß/Weiser*, WPg 2011, S. 6.

> Etwas anderes müsste gelten, wenn z. B. die Hälfte der Berechtigten Inländer, die andere Hälfte Franzosen wären. Dann wären für die französischen Verpflichtungen die dortigen Sterbetafeln zu verwenden.

In gleicher Weise bedeutsam für die Bewertung von Altersversorgungsrückstellungen ist die Berücksichtigung der **Fluktuation**. Die Berücksichtigung von Fluktuationswahrscheinlichkeiten ist fester Bestandteil der Rückstellungsermittlung. Oftmals wurden in der Praxis jedoch die aus der steuerlichen Bewertung nach § 6a EStG bekannten pauschalen Ansätze akzeptiert, wonach Rückstellungen erst ab Erreichen einer bestimmten, vom Datum der Zusage abhängigen Altersgrenze gebildet werden. Derartige pauschale Ansätze sind handelsbilanziell unzulässig, sodass die Fluktuation bei der Ermittlung des notwendigen Erfüllungsbetrags als eigene Ausscheidensursache einzurechnen ist. Es wird sowohl auf Branchenwerte oder auf unternehmensspezifische Erfahrungswerte zurückgegriffen werden können.[73] Statistisch fundierte Auswertungen werden i. d. R. nicht vorliegen. Die Erfahrung aus der internationalen Bewertung zeigt jedoch, dass der exakten Abbildung der Fluktuation aufgrund ihrer geringen materiellen Auswirkungen in der Praxis keine allzu große Relevanz zukommt.[74] 79

Als weitere Bewertungsannahme ist bei Anwartschaftsverpflichtungen die **Altersgrenze** zu berücksichtigen. Neben der vertraglich oder gesetzlich vorgesehenen Altersgrenze können hier auch voraussichtliche Pensionierungsgewohnheiten zu berücksichtigen sein.[75] Zu beachten sind die Auswirkungen des BAG-Urteils vom 15.5.2012[76], mit dem das BAG eine in betrieblichen Versorgungsregelungen vor dem Rentenversicherungs-Altersgrenzenanpassungsgesetz vereinbarte Altersgrenze, die auf Vollendung des 65. Lebensjahrs abstellt, regelmäßig dahingehend auszulegen sei, „dass damit auf die Regelaltersgrenze in der gesetzlichen Rentenversicherung nach §§ 35, 235 Abs. 2 Satz 2 SGB VI Bezug genommen wird." Ob dieses Urteil generell auf vor dem Rentenversicherungs-Altersgrenzenanpassungsgesetz geschlossene betriebliche Versorgungsregelungen übertragbar ist, ist im jeweiligen Einzelfall unter Hinzuziehung arbeitsrechtlicher Experten zu beurteilen. Wurde bislang bei der Bewertung von Altersversorgungsverpflichtungen von einem Eintritt des Versorgungsfalls mit der Vollendung des 65. Lebensjahrs ausgegangen, sind vor dem Hintergrund der angesprochenen Rechtsprechung des BAG ggf. davon abweichende Regelungen der Bewertung der Rückstellungen zugrunde zu legen und die Rückstellung entsprechend ergebniswirksam anzupassen.[77] 80

> **Beispiel**
> Die Pensionszusage von Arbeitnehmern eines Unt legt den planmäßigen Beginn der Rentenzahlung mit dem Zeitpunkt des Erreichens des gesetzlichen Rentenalters fest. Ein früherer Rentenbezug ist unter Inkaufnahme von Abschlägen bei der Betriebsrente innerhalb gewisser Fristen möglich. In der

---

[73] Vgl. IDW RS HFA 30, Tz 62.
[74] Vgl. *Lucius*, BetrAV 2009, S. 520.
[75] Vgl. IDW RS HFA 30, Tz 62.
[76] Vgl. BAG, Urteil v. 15.5.2012, 3 AZR 11/10, DB 2012, S. 1756.
[77] Vgl. HFA, IDW-FN 2013, S. 63.

> Vergangenheit haben die überwiegende Anzahl der Pensionsberechtigten von dem früheren Rentenbezug Gebrauch gemacht.
> Bei der Bewertung der Pensionsrückstellung ist der voraussichtlich frühere Rentenbeginn zu berücksichtigen.

81 Der Erfüllungsbetrag nicht wertpapiergebundener Altersversorgungsverpflichtungen ist mithilfe geeigneter **Bewertungsverfahren** zu ermitteln. Hinsichtlich des anzuwendenden **Bewertungsverfahrens** ergeben sich aus dem Gesetz keine Vorgaben. Das angewandte Verfahren muss lediglich dem Anspruch genügen, den nach vernünftiger kaufmännischer Beurteilung notwendigen Erfüllungsbetrag zu ermitteln. Da Altersversorgungsverpflichtungen sowohl hinsichtlich der Auszahlungszeitpunkte als auch der Höhe nach ungewiss sind, können diese nur nach versicherungsmathematisch statistischen Bewertungsverfahren unter Zugrundelegung angemessener Bewertungsparameter geschätzt werden. Im Allgemeinen müssen die Bewertungsverfahren den folgenden Anforderungen genügen:[78]

- Verpflichtungen, für die keine Gegenleistung mehr zu erwarten ist, sind mit ihrem Barwert anzusetzen. Dies betrifft laufende Pensionsverpflichtungen und unverfallbare Anwartschaften ausgeschiedener Pensionsberechtigter.
- Verpflichtungen, für die noch eine Gegenleistung erwartet wird, d.h. bei Versorgungsanwartschaften von noch aktiven Versorgungsanwärtern, sind nach einem Verfahren zu bewerten, das entsprechend dem Verlauf des Erdienens der Ansprüche zu einer betriebswirtschaftlich sachgerechten Mittelansammlung bis zum erwarteten Eintritt des Versorgungsfalls führt. Dies ist gegeben, wenn in Abhängigkeit von der Versorgungszusage das gewählte Verfahren den Pensionsaufwand verursachungsgerecht über den Zeitraum verteilt, über den der Versorgungsanwärter seine Leistung erbringt.

82 Das in § 6a EStG geregelte **steuerliche Teilwertverfahren** erfüllt diese Forderung nicht, da Mittelansammlung und Erdienensverlauf voneinander losgelöst werden. Hinzu kommt, dass das steuerliche Teilwertverfahren kein prospektives Verfahren ist. Bei der Ermittlung der Teilwertprämie wird nicht auf die tatsächlich realisierte Vergangenheit, sondern auf die ursprüngliche Erwartung abgestellt. Das steuerliche Teilwertverfahren stellt keinen handelsrechtlich zulässigen Wertansatz dar, da wesentliche Bewertungsparameter nicht berücksichtigt werden (Lohn-, Gehalts- und Rententrends; bzw. in pauschalierter Form Fluktuation sowie der Diskontierungszinssatz). Ein nach § 6a EStG ermittelter steuerlicher Teilwert einer Altersversorgungsverpflichtung kann auch keinen Mindestwert für die Handelsbilanz begründen.[79]

83 In jedem Fall anwendbar ist das international übliche **Anwartschaftsbarwertverfahren** (Projected-Unit-Credit-Methode). Nach den vorliegenden empirischen Ergebnissen hat sich dieses Verfahren handelsrechtlich durchgesetzt.[80] Die Schwächen des steuerlichen Teilwertfahrens lassen sich durch entsprechende

---

[78] Vgl. IDW RS HFA 30, Tz 60.
[79] A. A. *Höfer/Hagemann*, DStR 2008, S. 1748; *Höfer*, in *Küting/Pfitzer/Weber* HdR, HGB § 249, Rn. 688, Stand 06/2010.
[80] Vgl. *Herzig*, DB 2012, S. 1345; *Kreipl/Lange/Müller* in Haufe HGB Bilanz Kommentar Erfahrungsbericht BilMoG, 2012, S. 177.

Modifikationen zwar beheben.[81] Allerdings führt auch ein **modifiziertes bzw. versicherungsmathematisches Teilwertverfahren** in solchen Fällen zu handelsrechtlich unzulässigen Wertansätzen, in denen die Verteilung der Verpflichtung über die gesamte aktive Dienstzeit aufgrund vertraglicher Regelungen nicht sachgerecht ist. Beispielsweise führt eine Berechnung nach dem Teilwertverfahren bei einer auf einer einmaligen Entgeltumwandlung beruhenden Versorgungsverpflichtung zu unzutreffenden Wertansätzen. Für das Anwartschaftsbarwertverfahren sprechen die internationale Anerkennung und Verbreitung sowie die Tatsache, dass gerade bei unverfallbaren Pensionsanwartschaften i.S.v. § 2 BetrAVG die dem Verfahren immanente zeitratierliche Erdienung zu einer zutreffenden Abbildung der Verpflichtung führt.[82]

In Bezug auf die Bewertung von nicht wertpapiergebundenen Altersversorgungsverpflichtungen sind insb. folgende Bewertungseffekte zu beachten: Berücksichtigung von Preis- und Kostensteigerungen (Rz 85), Normierung des Diskontierungszinssatzes (Rz 129) und verpflichtende Verrechnung mit VG, die ausschließlich der Erfüllung der Verpflichtungen dienen (Rz 117). 84

Die Anweisung, Rückstellungen nach § 253 Abs. 1 Satz 2 HGB mit dem „nach vernünftiger kaufmännischer Beurteilung notwendigen Erfüllungsbetrag" anzusetzen, verlangt die bilanzielle Vorwegnahme erwarteter **Preis- und Kostensteigerungen.** Eine strenge Stichtagsbewertung, wie sie das Steuerrecht vorsieht ist in der HB nicht zulässig. 85

In Bezug auf Pensionsverpflichtungen stellt sich die Frage, welche Preis- und Kostenentwicklungen zu berücksichtigen sind. Die Höhe des voraussichtlichen Erfüllungsbetrags und damit die zu berücksichtigenden Preis- und Kostenfaktoren hängen von der konkreten Ausgestaltung der Versorgungszusage ab. In Betracht kommen vor allem die Berücksichtigung von zukünftigen **Lohn-, Gehalts-** und **Rententrends.** Ausweislich der Regierungsbegründung sind künftige Preis- und Kostensteigerungen nur dann zu berücksichtigen, wenn „ausreichende objektive Hinweise für den Eintritt"[83] vorliegen. Mögliche Effekte aus Gesetzesänderungen (z.B. Erhöhung des Rentenalters oder von Gesundheitsreformen) sind erst nach Verabschiedung durch die gesetzgebenden Organe zu berücksichtigen. 86

Ein **Lohn- und Gehaltstrend** ist bei allen gehaltsabhängigen Pensionsanwartschaften zwingend zu berücksichtigen. Typisches Beispiel für gehaltsabhängige Anwartschaften sind die sogenannten Endgehaltszusagen. Bei ihnen errechnen sich die späteren Rentenansprüche nach der Höhe des letzten Gehalts. Zumindest bei nicht tarifgebundenen Arbeitnehmern steht es dem Unt zwar prinzipiell frei, über Gehaltserhöhungen zu entscheiden, gleichwohl wird es sich zukünftigen Gehaltserhöhungen nicht entziehen können. Das Unt befindet sich auf dem Arbeitsmarkt im Wettbewerb mit anderen Unt. Dieser wird u.a. über die Höhe des Gehalts ausgetragen. Der Schätzung des Erfüllungsbetrags ist folglich ein Lohn- und Gehaltstrend zugrunde zu legen. Auch die Entwicklung der Beitragsbemessungsgrenzen in der gesetzlichen Rentenversicherung ist als Bewertungs- 87

---

81 Vgl. *Engbroks*, BetrAV 2008, S. 568 ff.
82 Vgl. IDW RS HFA 30, Tz 61; *Lucius/Thurnes*, BB 2010, S. 3016.
83 Vgl. BilMoG-BgrRegE, S. 52.

parameter zu berücksichtigen, wenn z. B. bei gehaltsabhängigen Versorgungszusagen der die Beitragsbemessungsgrenze übersteigende Teil des Gehalts stärker gewichtet wird.[84]

88 Ein **Rententrend** ist für gewöhnlich aufgrund **gesetzlicher Vorschriften oder vertraglicher Vereinbarungen** zu berücksichtigen. So sehen gesetzliche Vorschriften oder vertragliche Vereinbarungen oftmals in regelmäßigen Abständen eine Erhöhung der laufenden Ansprüche wie auch der Anwartschaften zum Schutz gegen Preisinflation vor. Die vorgeschriebene Erhöhung kann bspw. in Abhängigkeit eines Preisindexes oder mit einem festgelegten Prozentsatz erfolgen. Der Erfüllungsbetrag schließt die periodischen Erhöhungen demzufolge mit ein. Dementsprechend sind gesetzlich oder vertraglich festgelegte Anpassungen bei der Bemessung der Verpflichtungshöhe zu berücksichtigen.[85]

89 Bezüglich gesetzlicher Regelungen betrifft dies insb. die Anpassung nach § 16 BetrAVG. § 16 Abs. 1 BetrAVG verpflichtet den Arbeitgeber, alle 3 Jahre eine Anpassung der laufenden Leistungen der betrieblichen Altersversorgung zu prüfen. Die Verpflichtung gilt nach § 16 Abs. 2 BetrAVG als erfüllt, wenn die Anpassung nicht geringer ist als die Höhe des Verbraucherindexes bzw. der Nettolöhne vergleichbarer Arbeitnehmer des Unt. Wenn, wie nach § 16 Abs. 2 BetrAVG die Höhe der Anpassung nicht fixiert ist, ist sie im Schätzweg zu ermitteln. Hierzu kann entweder eine Trendannahme aus Erfahrungswerten der Vergangenheit abgeleitet oder auf allgemeine Zielsetzungen wie die der Europäischen Zentralbank zurückgegriffen werden, die Inflation langfristig unter 2 % p. a. zu halten.[86]

90 Teilweise knüpfen Anpassungsvereinbarungen an das Vorhandensein einer ausreichenden Ertragslage des Unt an. Soweit die **Bedingung** gegenwärtig und in der jüngeren Vergangenheit erfüllt ist bzw. erfüllt war, ist für die Abschätzung des Erfüllungsbetrags auch der zukünftige Eintritt dieser Bedingung anzunehmen. Seitens des Unt besteht die bedingte Verpflichtung, die bereits erworbenen Versorgungsansprüche entsprechend anzupassen. Dieser Anpassungsverpflichtung kann sich das Unt nur bei einer unzureichenden wirtschaftlichen Lage entziehen. Inwieweit eine unzureichende wirtschaftliche Lage als dauerhafter Zustand angenommen werden kann, hängt einerseits von Vereinbarung und anderseits von der wirtschaftlichen Gesamtsituation des Unt ab. Im Allgemeinen wird man für Bewertungszwecke aber nicht per se unterstellen können, dass eine gegenwärtige unzureichende wirtschaftliche Lage auf Dauer anhält und so auf eine Berücksichtigung einer Anpassung verzichtet werden kann. Sofern in der Vergangenheit unterbliebene Anpassungen nachgeholt werden müssen, sind sie im entsprechenden Umfang zu berücksichtigen.

91 Auch die **gesetzliche Anpassungspflicht** nach § 16 Abs. 1 BetrAVG steht unter dem Vorbehalt, dass es künftig wahrscheinlich möglich sein wird, die Erhöhung der Versorgungsbezüge aus den Wertzuwächsen des Unt und dessen Erträgen aufzubringen.[87] Die wirtschaftlichen Verhältnisse vor dem Anpassungszeitpunkt

---

[84] Vgl. *Gelhausen/Fey/Kämpfer*, BilMoG, 2009, Abschn. I, Rz 69; *Bertram/Johannleweling/Roß/Weiser*, WPg 2011, S. 6.
[85] Vgl. *Harth*, in *Kessler/Leinen/Strickmann*, BilMoG, 2. Aufl. 2010, S. 357.
[86] Vgl. *Grottel/Rhiel*, in Beck Bil-Komm., 10. Aufl., 2016, § 249 HGB Rz 195.
[87] Vgl. BAG, Urteil v. 17.4.1996, 3 AZR 56/95; BAG, Urteil v. 23.10.1996, 3 AZR 514/95; BAG, Urteil v. 23.5.2000, 3 AZR 83/99; BAG, Urteil v. 23.1.2001, 3 AZR 287/00.

werden dabei regelmäßig als Indiz für die weitere Entwicklung des Unt gewertet.[88] Bei der Beurteilung der zukünftigen wirtschaftlichen Lage wird den Eigenkapitalgebern jedoch eine angemessene Rendite einschließlich eines Risikozuschlags für das unternehmerische Risiko zugebilligt.[89] Eine positive Einschätzung der zukünftigen wirtschaftlichen Situation (maßgebend ist der Zeitraum bis zum nächsten Anpassungszeitpunkt) ist allein jedoch nicht hinreichend für eine Anpassungspflicht nach § 16 Abs. 1 BetrAVG. Verluste aus Vorperioden können zu Substanzeinbußen oder zu einem erhöhten Investitionsbedarf geführt haben. Um nicht die wirtschaftliche Entwicklung des Unt und damit auch den Fortbestand von Arbeitsplätzen zu gefährden, sind zuerst die Verluste auszugleichen bzw. die erforderlichen Investitionen vorzunehmen.[90] Auch ist die zukünftige Ertragskraft eines eigenständigen Unt anders zu beurteilen, als die einer in einen Konzern eingebundenen Ges. In Abhängigkeit von der Art der Einbindung kann für die Einschätzung der wirtschaftlichen Leistungsfähigkeit diejenige des herrschenden Unt maßgeblich sein anstatt derjenigen der Tochtergesellschaft.[91] Ein sog. Berechnungsdurchgriff wurde nach ständiger höchstrichterlicher Rechtsprechung angenommen, wenn eine verdichtete Konzernverbindung bestand, d.h., es lag ein Beherrschungs- oder Ergebnisabführungsvertrag vor und die Leitungsmacht wurde tatsächlich zum Nachteil der beherrschten Gesellschaft ausgeübt.[92] Im Fall einer Beendigung des Beherrschungsvertrags hat das herrschende Unt das abhängige Unt grds. so auszustatten, dass dieses zur Anpassung der Betriebsrenten wirtschaftlich in der Lage ist.[93] Selbiges gilt, wenn Versorgungsverbindlichkeiten durch umwandlungsrechtliche Ausgliederung auf eine Rentnergesellschaft übertragen werden.[94]

Für die Bewertung als unproblematisch erweisen sich Anpassungen, die vertraglich oder gesetzlich der Höhe nach fixiert sind. Um der allgemeinen Anpassungspflicht nach § 16 Abs. 1 BetrAVG Genüge zu tun, sehen Pensionszusagen oftmals gem. **§ 16 Abs. 3 BetrAVG** eine jährliche Erhöhung der Versorgungsbezüge um 1 % vor. Diese garantierte Anpassung kann nach § 30c Abs. 1 BetrAVG aber nur für Versorgungszusagen vereinbart werden, die nach dem 1.1.1999 erteilt wurden.

92

Ungleich schwieriger zu beurteilen ist die Berücksichtigung von Anpassungen, wenn diese nicht gesetzlich oder vertraglich festgelegt sind, sondern auf **Ermessensentscheidungen** des Unt beruhen. Aufgrund der Möglichkeit des Unt, nach freiem Ermessen über Erhöhungen des Erfüllungsbetrags zu entscheiden, kann sich das Unt durch eine entsprechende Ermessensentscheidung einer höheren

93

---

[88] Vgl. BAG, Urteil v. 23.5.2000, 3 AZR 83/99; BAG, Urteil v. 23.4.1985, 3 AZR 156/83.
[89] Die angemessene Eigenkapitalverzinsung besteht aus einem Basiszins und einem Risikozuschlag. Der Basiszins entspricht der Umlaufrendite öffentlicher Anleihen. Der Risikozuschlag beträgt für alle Unt einheitlich 2 %; vgl. BAG, Urteil v. 23.5.2000, 3 AZR 146/99; BAG, Urteil v. 18.2.2003, 3 AZR 172/02.
[90] Vgl. BAG, Urteil v. 23.5.2000, 3 AZR 83/99; BAG, Urteil v. 23.5.2000, 3 AZR 146/99; BAG, Urteil v. 23.1.2001, 3 AZR 287/00; BAG, Urteil v. 18.2.2003, 3 AZR 172/02.
[91] Vgl. BAG, Urteil v. 17.4.1996, 3 AZR 56/95.
[92] Vgl. BAG, Urteil v. 14.12.1993, 3 AZR 519/93; BAG, Urteil v. 4.10.1994, 3 AZR 910/93; BAG, Urteil v. 18.2.2003, 3 AZR 172/02; möglicherweise a. A. BAG, Urteil v. 26.5.2009, 3 AZR 369/07; kritisch hierzu Cisch/Kruip, NZA 2010, S. 540; Schipp, DB 2010, S. 112.
[93] Vgl. BAG, Urteil v. 26.5.2009, 3 AZR 369/07.
[94] Vgl. BAG, Urteil v. 11.3.2008, 3 AZR 358/06.

Verpflichtung entziehen. Insoweit scheint es fraglich, ob solche zukünftigen Kostenbestandteile bei der Rückstellungsbemessung einzurechnen sind. Eine Beantwortung wird zwar letztlich nur im konkreten Einzelfall möglich sein, aber als allgemeiner Maßstab wird das vergangene Verhalten des Unt heranzuziehen sein. Hat das Unt bspw. in der Vergangenheit die Versorgungszusagen regelmäßig freiwillig angepasst, könnte durch diese geübte betriebliche Praxis bei den Begünstigten eine berechtigte Erwartungshaltung bez. künftiger Anpassungen geweckt worden sein. In diesem Fall entsteht eine faktische Verpflichtung (§ 249 Rz 30) zur regelmäßigen Anpassung der Zusagen, die bei der Bewertung der bereits erworbenen Ansprüche zu berücksichtigen ist. Etwas anderes gilt, wenn das Unt in der Vergangenheit nur sporadisch, z. B. nach einem besonders erfolgreichen Gj, die Ansprüche angepasst hat. Hier fehlt es an ausreichenden objektiven Hinweisen, die eine Einbeziehung zukünftiger Anpassungen bei der Schätzung des voraussichtlichen Erfüllungsbetrags rechtfertigen.[95]

94 Die Berücksichtigung zukünftiger Karrieresprünge des Mitarbeiters erfolgt mittels eines sog. **Karrieretrends**, der als Zuschlag auf die angenommene Regelgehaltserhöhung berücksichtigt wird.[96]

95 Keine Berücksichtigung darf die Möglichkeit einer zukünftigen **Änderung der Versorgungsordnung, der Pensionsformel** oder die mit einer Beförderung bzw. Versetzung eventuell verbundene **Aufnahme in eine andere Versorgungsordnung** finden. Hierbei handelt es sich um singuläre, wertbegründende Ereignisse, die am Abschlussstichtag noch nicht eingetreten waren, sodass eine Berücksichtigung bei der Bemessung des Erfüllungsbetrags ausscheidet.

96 Die Bewertungsparameter werden in der betrieblichen Praxis nicht individuell für jede einzelne Altersversorgungsverpflichtung, sondern insgesamt für den Pensionsbestand bestimmt. In vielen Fällen wird es sachgerecht sein, bestimmte Gruppierungen vorzunehmen und für jede Gruppe individuelle Bewertungsparameter festzulegen. Beispielsweise erfolgt regelmäßig eine Trennung zwischen Anwartschaften und Rentenbeziehern, da bei Letzteren lediglich ein Rententrend, bei Ersteren dagegen darüber hinaus Lohn-, Gehaltstrends sowie ein Karrierezuschlag Berücksichtigung finden. Weitere Gruppierungen innerhalb der Anwartschaftsberechtigten sind häufig zweckmäßig (z. B. inländische und ausländische Verpflichtungen).

> **Beispiel**
> Die GmbH hat ihren Sitz in Frankfurt/Main sowie eine Niederlassung in Wismar. Pensionsberechtigte sind an beiden Standorten vorhanden. Da für Frankfurt/Main als starkem Wirtschaftsstandort am Abschlussstichtag von einer längerfristig positiven Wirtschaftsentwicklung mit entsprechenden Folgewirkungen auf das Lohn- und Gehaltsniveau auszugehen ist, während für Wismar eher zurückhaltende Erwartungen bestehen, ist es sachgerecht für beide Standorte unterschiedliche Lohn- und Gehaltstrends bei der Bewertung der Altersversorgungsverpflichtungen zu berücksichtigen.

---

[95] Vgl. *Harth*, in *Kessler/Leinen/Strickmann*, BilMoG, 2. Aufl. 2010, S. 358.
[96] Vgl. IDW RS HFA 30, Tz 54; *Bertram/Johannleweling/Roß/Weiser*, WPg 2011, S. 6.

Der Erfüllungsbetrag von Versorgungszusagen über laufende **Sachleistungen**, **Beihilfen zu Krankenversicherungsbeiträgen** oder die **Erstattung von Krankheitskosten** sind unter Zugrundelegung von Kostentrends zu bemessen. Der für ihre Erfüllung notwendige Betrag hängt unmittelbar oder mittelbar von der zukünftigen Kostenentwicklung ab.[97]

97

2.3.7.2.1.2 Wertpapiergebundene Altersversorgungsverpflichtungen

§ 253 Abs. 1 Satz 3 HGB stellt eine vereinfachte Bewertungsvorschrift für die sogenannten wertpapiergebundenen Altersversorgungsverpflichtungen dar. Die wertpapiergebundenen Pensionszusagen haben in der Unternehmenspraxis vermehrt Zuspruch gefunden, da die Unt immer weniger bereit sind, das biometrische Risiko aus Versorgungszusagen zu tragen. Die vereinfachende Bewertungsvorschrift dient zudem der Kostenreduzierung der Rechnungslegung, da für die Bewertung dieser Verpflichtungen keine kostenträchtigen Pensionsgutachten einzuholen sind.[98]

98

§ 253 Abs. 1 Satz 3 HGB versteht unter wertpapiergebundenen Pensionszusagen Versorgungszusagen, deren Höhe sich ausschließlich nach dem beizulegenden Zeitwert von **Wertpapieren** i.S.d. § 266 Abs. 2 A.III.5 HGB zu einem bestimmten Zeitpunkt (z.B. der Eintritt des Versorgungsfalls) richtet; d.h. der Höhe der Verpflichtung korrespondiert mit dem beizulegenden Zeitwert der Wertpapiere. Die Ausschließlichkeit ist grundsätzlich zu verstehen, denn soweit die Zusage mit einem garantierten Mindestbetrag gekoppelt ist, ist dieser maßgeblich, wenn er höher ist. Der Erfüllungsbetrag der garantierten Mindestleistung ist nach den allgemeinen Regeln zur Bewertung von Pensionsverpflichtungen zu bestimmen; d.h. der Mindestbetrag als Erfüllungsbetrag der Garantieleistung unterliegt dem Abzinsungsgebot des § 253 Abs. 2 HGB.[99] Der beizulegende Zeitwert der Wertpapiere ermittelt sich gem. § 255 Abs. 4 HGB.

99

Der Gesetzgeber nennt in der Gesetzesbegründung zwar namentlich Fondsanteile, Aktien, Schuldverschreibungen als Referenzobjekte für wertpapiergebundene Leistungszusagen. Der Verweis auf § 266 Abs. 2 Posten A.III.5 HGB (§ 266 Rz 60) stellt jedoch klar, dass **alle Wertpapiere**, die unter diesem Posten auszuweisen sind, als Referenzobjekt für wertpapiergebundene Altersversorgungszusagen i.S.v. § 253 Abs. 1 Satz 3 HGB in Betracht kommen, d.h. bspw. auch

100

- Pfandbriefe,
- Industrie- und Bankobligationen,
- Kommunalobligationen,
- Anteile an offenen Immobilienfonds,
- Genussscheine,
- Wandelschuldverschreibungen,
- Optionsscheine.

Keine Wertpapiere stellen demgegenüber **GmbH-Anteile** dar, da hier keine Verbriefung vorliegt. Durch die Beschränkung auf Wertpapiere reduziert der Gesetzgeber die bei nur schwer fungiblen Vermögenswerten bestehende „Bewertungssubjektivität".[100]

101

---

97 Vgl. *Harth*, in *Kessler/Leinen/Strickmann*, BilMoG, 2. Aufl. 2010, S. 355.
98 Vgl. BilMoG-BgrRA, S. 111.
99 Vgl. auch IDW RS HFA 30, Tz. 71.
100 Vgl. *Grottel/Rhiel*, in Beck Bil-Komm., 10. Aufl., 2016, § 249 HGB Rz 204.

102 Die Bezugnahme auf die unter § 266 Abs. 2 A.III.5 HGB auszuweisenden Wertpapiere setzt nicht voraus, dass die entsprechenden Wertpapiere von dem Unt auch tatsächlich gehalten werden müssen. Sie können auch dann als Referenzobjekt für die Bemessung des Werts der Pensionsverpflichtung dienen, wenn sie nicht im wirtschaftlichen Eigentum des Unt stehen oder in ein Sondervermögen ausgegliedert sind, welches die Voraussetzungen für eine Verrechnung nach § 246 Abs. 2 Satz 2 HGB erfüllt. Eine fiktive Unterlegung reicht aus.[101]

103 Eine wertpapiergebundene Pensionsverpflichtung liegt auch dann vor, wenn sich die Höhe der Verpflichtung ausschließlich nach dem beizulegenden Zeitwert einer **Rückdeckungsversicherung** bestimmt.[102] Auch, wenn Ansprüche aus einer Rückdeckungsversicherung keine Wertpapiere i.S.v. § 266 Abs. 2 A.III.5 HGB darstellen, sind derartige Verpflichtungen gleichwohl als wertpapiergebundene Altersversorgungszusage zu behandeln. Merkmal der wertpapiergebundenen Pensionszusagen ist, dass sich die Höhe der Leistung nach dem beizulegenden Zeitwert eines Referenzobjekts bemisst. Unter diesen Voraussetzungen räumt § 253 Abs. 1 Satz 3 HGB eine vereinfachte Bewertung ein. Selbiges trifft für Pensionsansprüche zu, deren Leistungen sich nach den Leistungen einer Rückdeckungsversicherung richten (sog. leistungskongruent rückgedeckte Versorgungszusagen.[103] Der beizulegende Zeitwert des Versicherungsanspruchs entspricht regelmäßig dem vom Versicherungsunt mitgeteilten Aktivwert.[104]

104 Die Bewertungsvorschrift bezweckt eine Vereinfachung. Auf ein versicherungsmathematisches **Gutachten** kann **verzichtet** werden. Der Erfüllungsbetrag bestimmt sich nach dem beizulegenden Zeitwert der Wertpapiere zum Abschlussstichtag, soweit dieser einen gegebenenfalls **garantierten Mindestbetrag** übersteigt. Deckt der beizulegende Zeitwert der VG nicht diese garantierte Mindestversorgung, ist die Verpflichtung i.H.d. Mindestbetrags anzusetzen. Die Ermittlung des Mindestbetrags muss den allgemeinen Bewertungsnormen zur Bestimmung des Erfüllungsbetrags genügen. So hat die Ermittlung des Mindestbetrags bspw. unter Beachtung der Abzinsungsvorschriften des § 253 Abs. 2 HGB zu erfolgen (Rz 129). Dabei ist für jeden Versorgungsberechtigten einzeln der Barwert der abgezinsten Mindestleistung mit dem beizulegenden Zeitwert der ihm zuzuordnenden Wertpapiere zu vergleichen.

> **Beispiel**
> Ein Unt gewährt einem Mitarbeiter eine wertpapiergebundene Direktzusage. Die Höhe der späteren Versorgungsleistung bemisst sich dabei nach den eingezahlten Beiträgen zuzüglich der Wertentwicklung eines Aktienfonds, mindestens aber i.H.d. eingezahlten Beträge. Zum Abschlussstichtag sind Beiträge im Nominalwert von 100 einbezahlt, der Wert des Aktienfonds beträgt 80.
> Da der beizulegende Zeitwert geringer ist als die Summe der eingezahlten Beträge, ist die Pensionsverpflichtung mit dem garantierten Mindestbetrag

---

[101] Vgl. *Bertram/Johannleweling/Roß/Weiser*, WPg 2011, S. 9
[102] Vgl. *Wellisch/Machill*, BB 2009, S. 1351; *Rhiel/Veit*, PiR 2009, S. 167.
[103] Leistungskongruenz liegt vor, wenn die aus der Rückdeckungsversicherung erfolgenden Zahlungen sowohl der Höhe als auch der Zeitpunkte deckungsgleich sind zu den Zahlungen an den Versorgungsberechtigten, vgl. IDW RS HFA 30, Tz 74.
[104] Vgl. IDW RS HFA 30, Tz 68; *Lucius/Thurnes*, BB 2010, S. 3015; a.A. *Thaut*, DB 2011, S. 1646.

> von 100 zu bewerten. Da die Leistung erst mit Eintritt ins Rentenalter zu erbringen ist, ist der Mindestbetrag gem. § 253 Abs. 2 HGB abzuzinsen und mit dem Barwert anzusetzen.

Häufig wird in der Praxis die **Bewertung** der Pensionsverpflichtungen zwei bis drei Monate vor dem **Abschlussstichtag** nach Maßgabe der geschätzten Verhältnisse zu diesem Tag erstellt (Rz 76). Für wertpapiergebundene Versorgungszusagen kann diese Aufweichung des strengen Stichtagsprinzips nur für die Ermittlung des Mengengerüsts und des Mindestbetrags gelten. Der beizulegende Zeitwert der Wertpapiere mit denen die Versorgungszusage unterlegt ist, ist stets zum Abschlussstichtag zu ermitteln, da der beizulegende Zeitwert der Wertpapiere regelmäßig einfach zu ermitteln sein dürfte, sodass es nicht einer weiteren Vereinfachung der Bewertung bedarf. 105

Je nachdem, ob der Bilanzierende die der Altersversorgungszusage zugrunde liegenden Wertpapiere selbst im Bestand hält, sind 3 Fallkonstellationen zu unterscheiden:[105] 106

- Fallkonstellation 1: Der Bilanzierende hält die Wertpapiere nicht im Bestand.
- Fallkonstellation 2: Der Bilanzierende hält die Wertpapiere im Bestand und die Wertpapiere erfüllen die Anforderungen an saldierungspflichtiges Deckungsvermögen (Rz 117).
- Fallkonstellation 3: Der Bilanzierende hält die Wertpapiere im Bestand; die Wertpapiere erfüllen nicht die Anforderungen an saldierungspflichtiges Deckungsvermögen.

In der **Fallkonstellation 1** richtet sich die Bewertung der Rückstellung ausschließlich nach dem beizulegenden Zeitwert der betreffenden Wertpapiere. Der Zeitwert dieser Wertpapiere bestimmt sich nach den Regelungen des § 255 Abs. 4 HGB (zu Einzelheiten zur Bewertungshierarchie und zur Bestimmung des beizulegenden Zeitwerts vgl. § 255 Rz 209 ff.). Eine Abzinsung des beizulegenden Zeitwerts ist nicht vorzunehmen, da Zeitwerte implizit der Zeitpräferenz des Geldes Rechnung tragen. 107

In der **Fallkonstellation 2** greift die Saldierungsregelung des § 246 Abs. 2 Satz 2 HGB. Die Altersversorgungsverpflichtung und die zugrunde liegenden Wertpapiere sind mit dem beizulegenden Zeitwert nach § 255 Abs. 4 HGB zu bewerten und zu saldieren. Im Ergebnis erfolgt ein Bilanzausweis i. H. v. null. Da sich die Bewertung der Pensionsverpflichtung einerseits und der Wertpapiere andererseits der Höhe nach genau gegenläufig entsprechen, entfällt eine Ausschüttungssperre nach § 268 Abs. 8 Satz 3 HGB.[106] Zu Einzelheiten zum Deckungsvermögen vgl. Rz 112 und § 246 Rz 104. 108

Bei der **Fallkonstellation 3** liegt kein Deckungsvermögen vor, weil die Voraussetzungen (z. B. Zweckexklusivität) hierfür nicht vorliegen. Da Altersversorgungsverpflichtung und zugrunde liegende Wertpapiere durch die Bestimmungen der Altersversorgungsverpflichtung miteinander verknüpft sind, liegt im Regelfall 109

---

[105] Vgl. IDW RS HFA 30, Tz 76.
[106] Vgl. IDW RS HFA 30, Tz 75.

eine Bewertungseinheit i.S. v. § 254 HGB vor.[107] Die Altersversorgungszusage ist das Grundgeschäft und die Wertpapiere des Bilanzierenden stellen das Sicherungsgeschäft dar. Die Wertänderungen der Altersversorgungszusage und des Referenzobjekts gleichen sich aus, sofern der beizulegende Zeitwert des Referenzobjekts nicht unter die Mindestleistung fällt. Bei einer Zusammenfassung zu einer Bewertungseinheit sind nach der sog. Durchbuchungsmethode nicht nur die Verpflichtung, sondern unter Außerachtlassung des Anschaffungskostenprinzips sowie des Realisationsprinzips auch die Wertpapiere zum beizulegenden Zeitwert zu bewerten. Im Unterschied zur Behandlung als Deckungsvermögen scheidet eine Saldierung der Wertpapiere mit der Verpflichtung aus. Die Ausschüttungssperre nach § 268 Abs. 8 Satz 3 HGB greift ebenfalls nicht.

> **Beispiel**
> Ein Unt gewährt einem Mitarbeiter eine wertpapiergebundene Direktzusage. Die Höhe der späteren Versorgungsleistung bemisst sich dabei nach den eingezahlten Beiträgen zzgl. der Wertentwicklung eines Aktienfonds, mindestens aber i.H. der eingezahlten Beträge. Zum Abschlussstichtag sind Beträge im Nominalwert von 100 einbezahlt, der beizulegende Zeitwert des Aktienfonds beträgt 180, die AK 100.
> Das Unt behandelt Aktienfonds und Pensionszusage für bilanzielle Zwecke als Bewertungseinheit. Sowohl die Wertpapiere als auch die Altersversorgungszusage sind mit dem beizulegenden Zeitwert der Wertpapiere, d. h. 180, zu bewerten.

110 In der Fallkonstellation 3 ist allerdings auch vorstellbar, dass die Wertpapiere vom Bilanzierenden ganz oder teilweise wieder veräußert werden. Bei einem Verkauf läge mangels Vorliegens eines Sicherungsgeschäfts eine Bewertungseinheit nicht mehr vor. An der Bewertung der Pensionsverpflichtung würde sich hierdurch nichts ändern, d.h., diese wäre mit dem beizulegenden Zeitwert der (nicht mehr im Bestand gehaltenen) Wertpapiere zu bewerten (entsprechend Fallkonstellation 1, s. Rz 107). Bei einer nur teilweisen Veräußerung stünden die verbleibenden Wertpapiere weiterhin als Sicherungsgeschäft zur Verfügung. Allerdings wäre die Bewertungseinheit – da nur noch teilweise Sicherung besteht – nur teilweise effektiv.

Auch bei Vorliegen einer Bewertungseinheit sind etwaige Regelungen zu einem **Mindestbetrag** (Rz 104) zu beachten. Unterschreitet der beizulegende Zeitwert den Mindestbetrag ist, die Bewertungseinheit in derartigen Fällen (teilweise) ineffektiv.

111 Die obigen Ausführungen zur Behandlung des Referenzobjekts als Deckungsvermögen bzw. über die Bildung einer Bewertungseinheit gelten sinngemäß auch für Versicherungsansprüche. Versicherungsansprüche zählen zu den Finanzinstrumenten und können daher mit der Verpflichtung nach § 254 Abs. 1 HGB zu einer Bewertungseinheit zusammengefasst werden.[108]

---

[107] Hierzu bedarf es einer entsprechenden Bilanzierungsentscheidung zur Zusammenfassung von Grund- und Sicherungsgeschäft, die aber regelmäßig ausgeübt werden wird, vgl. IDW RS HFA 35, Tz 12.
[108] Vgl. *Förschle/Usinger*, in Beck Bil-Komm., 10. Aufl., 2016, § 254 HGB Rz 23.

Die Wertveränderungen der Pensionsrückstellung gegenüber dem bisherigen Buchwert sind bei wertpapiergebundenen Zusagen in Ermangelung anders lautender Vorschriften unmittelbar **erfolgswirksam** im Personalaufwand bzw. in den sonstigen betrieblichen Erträgen (bei Zeitwertverminderungen) auszuweisen. Da keine Abzinsung der Verpflichtung vorzunehmen ist, ist das Finanzergebnis bei Vorliegen von wertpapiergebundenen Altersversorgungsverpflichtungen nicht mit Zinseffekten belastet. Soweit die Wertpapiere im Bestand des Bilanzierenden gehalten werden, werden die laufenden Erträge hieraus im Finanzergebnis („Erträge aus anderen Wertpapieren und Ausleihungen des Finanzanlagevermögens" bzw. „Sonstige Zinsen und ähnliche Erträge") ausgewiesen. Fraglich ist allerdings, in welcher GuV-Position Zeitwertveränderungen der Wertpapiere ausgewiesen werden. Da eine Zeitwerterhöhung der Pensionsverpflichtung im Personalaufwand ausgewiesen wird, könnte daran gedacht werden, die korrespondierende Werterhöhung der Wertpapiere ebenfalls im operativen Ergebnis, d. h. in den sonstigen betrieblichen Erträgen auszuweisen, zumal in diesem Posten auch realisierte Veräußerungsgewinne von Wertpapieren ausgewiesen werden. Nach der hier vertretenen Auffassung ist demgegenüber vorzugswürdig eine Erfassung derartiger Werterhöhungen im Finanzergebnis;[109] bei wesentlichen Beträgen kann sich eine Erweiterung des gesetzlichen Gliederungsschemas gem. § 265 Abs. 5 Satz 2 HGB anbieten. Aufgrund der Spezialregelung von § 253 Abs. 1 Satz 3 HGB, die auch nicht durch § 254 Satz 1 HGB außer Kraft gesetzt wird, ist im Fall von wertpapiergebundenen Altersversorgungsverpflichtungen ausschließlich die sog. **Durchbuchungsmethode** (§ 254 Rz 55) zulässig. Nur die Durchbuchungsmethode erfüllt in diesem Fall die gesetzliche Vorgabe, die Altersversorgungsverpflichtung zum beizulegenden Zeitwert anzusetzen.

112

> **Beispiel**
> Zum 31.12.01 besteht eine wertpapiergebundene Altersversorgungsverpflichtung. Die entsprechenden Wertpapiere werden vom Bilanzierenden im Bestand gehalten; die Voraussetzungen für Deckungsvermögen liegen annahmegemäß nicht vor. Der Zeitwert der Wertpapiere beläuft sich zum 31.12.01 auf 500.000. Die Bilanz weist demzufolge (vereinfacht) folgendes Bild aus:
>
> | Aktiva | Bilanz 31.12.01 | | Passiva |
> |---|---|---|---|
> | ... | | ... | |
> | Wertpapiere des AV | 500.000 | Pensionsrückstellungen | 500.000 |
> | ... | | | |

---

[109] IDW RS HFA 30, Tz 87, 88 gewährt den Bilanzierenden hier ein (stetig auszuübendes) Zuordnungswahlrecht, die Ergebniswirkungen entweder im operativen Ergebnis oder im Finanzergebnis abzubilden.

Zum 31.12.02 beläuft sich der beizulegende Zeitwert der Wertpapiere auf 600.000. Nach der Durchbuchungsmethode ist folgende Buchung zum 31.12.02 vorzunehmen:

Datum	Konto	Soll	Haben
	Wertpapiere des AV	100.000	
	Erträge aus anderen Wertpapieren des FAV		100.000
	Soziale Abgaben und Aufwendungen für Altersversorgung und für Unterstützung	100.000	
	Pensionsrückstellungen		100.000

Die vereinfachte Bilanz zum 31.12.02 sieht entsprechend wie folgt aus:

Aktiva	Bilanz 31.12.02		Passiva
...		...	
Wertpapiere des AV	600.000	Pensionsrückstellungen	600.000
...		...	

113 Nach dem Gesetzeswortlaut ist die Anwendung des § 253 Abs. 1 Satz 3 HGB auf Altersversorgungsverpflichtungen beschränkt. Vertretbar scheint zudem eine Übertragung der Vorschrift auch auf andere **wertpapiergebundene Verpflichtungen**. Die diesbezügliche Begründung des Rechtsausschusses nimmt sowohl auf Altersversorgungs- als auch auf vergleichbare langfristig fällige Verpflichtungen Bezug.[110] Insoweit scheint – trotz abweichendem Gesetzeswortlaut – eine analoge Anwendung der Bewertungsvereinfachung auf andere wertpapiergebundene Verpflichtungen zulässig.[111]

2.3.7.3 Vergleichbare langfristig fällige Verpflichtungen

114 Vergleichbare langfristig fällige Verpflichtungen stellen insb. folgende Verpflichtungen dar (Rz 73):
- Verpflichtungen aus Lebensarbeitszeitmodellen,
- Übergangs- oder Sterbegelder,
- Altersteilzeitverpflichtungen,
- Jubiläumsverpflichtungen,
- Vorruhestandsgelder,
- Beihilfen.

115 Bei der Bewertung von **Altersteilzeitverpflichtungen** ist auf der ersten Stufe nach den zwei Modellen gem. AltTZG zu unterscheiden: Modell 1: Der Arbeitnehmer arbeitet während der gesamten Laufzeit mit einer reduzierten Arbeitszeit gegen reduziertes Entgelt (**Gleichverteilungsmodell**). Modell 2: Der Arbeitnehmer arbeitet in der ersten Phase (Beschäftigungsphase) der Laufzeit des Alters-

---

[110] Vgl. BilMoG-BgrRA, S. 111.
[111] So auch IDW RS HFA 30, Tz. 77.

teilzeitvertrags mit unverminderter Arbeitszeit bei reduziertem Entgelt. In der zweiten Phase (**Freistellungsphase**) arbeitet der Arbeitnehmer gar nicht mehr, erhält aber unverändert das reduzierte Entgelt (**Blockmodell**). In der Praxis ist das Blockmodell vorherrschend.

Bei dieser Form der Altersteilzeitregelung ist danach zu differenzieren, ob der Aufstockungsbetrag Abfindungs- oder Vergütungscharakter hat.[112] Bei **Verträgen mit Abfindungscharakter** sind die Aufstockungsbeträge bei Vertragsabschluss in voller Höhe (abgezinst) zurückzustellen, während bei **Verträgen mit Entlohnungscharakter** eine ratierliche Ansammlung über den Zeitraum vom Inkrafttreten der Altersteilzeitvereinbarung (Wirksamwerden eines Tarifvertrags oder einer Betriebsvereinbarung oder Abschluss eines Einzelvertrags) bis zum Ende der Beschäftigungsphase vorzunehmen ist. Rückstellungen sind nicht nur für solche Mitarbeiter zu bilden, die bereits einen Altersteilzeitvertrag abgeschlossen haben, sondern auch für die am Abschlussstichtag erwartete Inanspruchnahme von Berechtigten. Denn bereits der Abschluss eines Tarifvertrags oder einer Betriebsvereinbarung begründet zumeist eine Verpflichtung des Arbeitgebers, auch wenn die konkret die Regelung in Anspruch nehmenden Mitarbeiter noch nicht bekannt sind. Hinsichtlich der zu erwartenden Inanspruchnahmen sind Belastungsgrenzen und rechtliche Verpflichtung des Arbeitgebers zu beachten, die sich aus den jeweils geltenden Tarifverträgen oder Betriebsvereinbarungen ergeben.[113]

Die Differenzierung zwischen Altersteilzeitvereinbarungen mit Abfindungs- bzw. Entlohnungscharakter muss im jeweiligen Einzelfall erfolgen, wobei gleichartige Verträge (z.B. auf Basis einer zugrunde liegenden Betriebsvereinbarung) einheitlich zu beurteilen sind. Indikatoren für eine Klassifikation von Altersteilzeitverträgen mit Entlohnungscharakter können sein:[114]

- Altersteilzeitvereinbarungen dienen der Honorierung der langjährigen Betriebszugehörigkeit von Mitarbeitern,
- Tarifverträge oder Betriebsvereinbarungen werden nach Auslaufen der staatlichen Förderung der Altersteilzeit abgeschlossen und sehen die Fortführung der Altersteilzeit als zusätzliche Vergütungskomponente vor,
- Das Entstehen der Ansprüche der Arbeitnehmer auf Abschluss eines Altersteilzeitvertrags ist von der Erfüllung bestimmter tätigkeitsbezogener Kriterien abhängig (z.B. Arbeiten in Wechselschicht oder unter besonders starken Umwelteinflüssen).

Die Rückstellung darf nicht um etwaige Erstattungsansprüche der Bundesagentur für Arbeit gekürzt werden; diese sind – soweit die Ansatzkriterien erfüllt sind – unter dem Posten „Sonstige Vermögensgegenstände" zu aktivieren. Steuerlich wird die Rückstellung i.d.R. abweichend zur HB passiviert,[115] sodass hier regelmäßig Anwendungsfälle für latente Steuern nach § 274 HGB vorliegen.

---

112 Vgl. IDW RS HFA 3, Tz 7 ff.
113 Vgl. zum TV FlexÜ: HFA, IDW-FN 2009, S. 62.
114 Vgl. IDW RS HFA 3, Tz 9 f.
115 Vgl. zur Behandlung in der Steuerbilanz: LfSt Bayern, Schreiben v. 20.3.2008, 10 St 32/St 33; BMF, Schreiben v. 11.11.1999, IV C 2 – S 2176–102/99, BStBl 1999 I S. 959; *Bode/Hainz*, DB 2004, S. 2436.

Beispiel
Ein Unt hat im Jahr 01 eine Rückstellung für eine Altersteilzeitverpflichtung für einen Mitarbeiter zu bilden, da im Juli 01 eine Betriebsvereinbarung zur Altersteilzeit geschlossen und zeitgleich ein entsprechender Altersteilzeitvertrag mit dem Mitarbeiter geschlossen wurde. Der Abschluss des Altersteilzeitvertrags erfolgte mit der Intention, dem Mitarbeiter einen gleitenden Übergang in den Ruhestand zu ermöglichen. Annahmegemäß erfüllen keine anderen Mitarbeiter die persönlichen Voraussetzungen für die Inanspruchnahme von Altersteilzeit. Der Mitarbeiter erhält ein monatliches Gehalt von 3.000. Die Altersteilzeit nach dem Blockmodell beginnt am 1.1.02 mit der Beschäftigungsphase, die 2 Jahre dauert. Ab dem 1.1.04 beginnt die Freistellungsphase. Der Mitarbeiter erhält ein Gehalt von monatlich 80 % = 2.400. Für die Jahre 03–05 wird mit einer Gehaltsanpassung von jeweils 2 % gerechnet. Die Lohnnebenkosten werden mit 20 % für den gesamten Zeitraum geschätzt, sodass sich die monatlichen Gesamtaufwendungen auf 2.880 belaufen (34.560 p. a. in 02). Der zu verwendende Abzinsungssatz beläuft sich annahmegemäß auf 4,0 %.
In die Rückstellungsbewertung einzubeziehen ist der sog. **Erfüllungsrückstand** in der Beschäftigungsphase, in der der Arbeitnehmer 100 % arbeitet, aber lediglich 50 % Entgelt erhält. Dieser Erfüllungsrückstand beläuft sich dementsprechend in 02 auf 22.472,64 (1.500 × 12 × 1,2 zzgl. zwei Steigerungen von jeweils 2 %), der in der Beschäftigungsphase ratierlich nach Erbringung der Arbeitsleistung zu berücksichtigen ist. Der darüber hinausgehende Entgeltbetrag von 30 % = 10.800,00 in 02 (900 × 12, kein SV-Anteil) hat als sog. **Aufstockungsbetrag** aufgrund der dem Vertragsabschluss zugrunde liegenden Intention Abfindungscharakter und ist demzufolge in voller Höhe als Rückstellung zu berücksichtigen. Es ergibt sich folgender Rückstellungsverlauf:[116]

	Erfüllungsrückstand			Aufstockungsbetrag			Rückstellung
	Zahlung	Verpflichtung	abgezinst	Zahlung	Verpflichtung	abgezinst	
	(1)	(2)	(3)	(4)	(5)	(6)	(7)=(3)+(6)
01	0,00	0,00	0,00	0,00	44.513,37	41.155,11	41.155,11
02	22.472,64	22.472,64	20.777,22	10.800,00	33.713,37	31.787,19	52.564,41
03	22.922,09	45.394,73	42.801,15	11.016,00	22.697,37	21.824,39	64.625,55
04	−22.472,64	22.922,09	22.040,47	11.236,32	11.461,05	11.28,48	33.278,69
05	−22.922,09	0,00	0,00	11.461,05	0,00	0,00	0,00

Die Abzinsung erfolgt beim Erfüllungsbetrag in den Jahren 02–04 mit den durchschnittlichen Erfüllungszeitpunkten 2, 1,5 und 1 Jahren. Beim Aufstockungsbetrag sind in den Jahren 01–04 durchschnittliche Erfüllungszeit-

---

[116] Soweit sich durch den Abschluss des Altersteilzeitvertrags weitere Zahlungsverpflichtungen des Arbeitgebers ergeben, sind diese ebenfalls in die Rückstellung einzubeziehen. Bspw. sehen tarifvertragliche Regelungen häufig am Ende des Altersteilzeitverhältnisses eine Einmalzahlung zum pauschalen Ausgleich von Rentenabschlägen bei der gesetzlichen Rentenversicherung wegen vorzeitigen Rentenbeginns vor. Derartige Einmalzahlungen sind entsprechend wie die Aufstockungsbeträge bereits im Jahr 01 in voller Höhe in die Rückstellungsbewertung einzubeziehen.

punkte von 2, 1,5, 1 und 0,5 Jahre verwendet worden. Soweit der durchschnittliche Erfüllungszeitpunkt 1 Jahr oder weniger beträgt, könnte auf die Abzinsung auch verzichtet werden.

Beispiel
Abwandlung des vorigen Beispiels:
Der betreffende Arbeitnehmer erfüllt – da er in Wechselschicht arbeitet und über eine langjährige Betriebszugehörigkeit verfügt – die in der Betriebsvereinbarung geregelten Voraussetzungen für die Inanspruchnahme der Altersteilzeit. Dem Altersteilzeitvertrag kommt somit **Entlohnungscharakter** zu, da mit dem Betriebsrat des Unt eine Betriebsvereinbarung geschlossen wurde, die für langjährige Mitarbeiter mit besonderen Tätigkeitsmerkmalen als zusätzlichen Entlohnungsbestandteil die Möglichkeit der Altersteilzeit vorsieht. Aufgrund des Entlohnungscharakters sind die Aufstockungsbeträge wirtschaftlich auf den Zeitraum ihrer Erdienung zu verteilen. Da in dem Altersteilzeitvertrag hierzu keine Konkretisierungen enthalten sind, muss das bilanzierende Unt die Aufstockungsbeträge über den Zeitraum vom Abschluss der Betriebsvereinbarung bzw. des Altersteilzeitvertrags (1.7.01) bis zum Ende der Beschäftigungsphase (31.12.03), d. h. über 30 Monate, verteilen.[117]
Die Aufstockungsbeträge belaufen sich nominal auf 44.513,37, sodass sich bei Verteilung über 30 Monate ein monatlich zu berücksichtigender Aufwand von 1.483,78 ergibt. Zum Ende des Jahres 01 sind somit nominal 6 × 1.483,78 = 8.902,67 der Bewertung zugrunde zu legen. Die Rückstellung zeigt dann folgenden Verlauf:

	Erfüllungsrückstand			Aufstockungsbetrag			Rückstellung
	Zahlung	Verpflichtung	abgezinst	Zahlung	Verpflichtung	abgezinst	
	(1)	(2)	(3)	(4)	(5)	(6)	(7)=(3)+(6)
01	0,00	0,00	0,00	0,00	8.902,67	8.231,02	8.231,02
02	22.472,64	22.472,64	20.777,22	10.800,00	26.708,02	25.182,09	45.959,31
03	22.922,09	45.394,73	42.801,15	11.016,00	44.513,37	42.801,32	85.602,47
04	−22.472,64	22.922,09	22.040,47	11.236,32	33.277,05	32.630,83	54.671,31
05	−22.922,09	0,00	0,00	11.461,05	21.816,00	20.170,12	20.170,12

Die in Spalte 5 ausgewiesenen Verpflichtungsbeträge betreffen die über die Zeit vom 1.7.01 bis 31.12.03 (Ende der Arbeitsphase) ratierlich anzusammelnden Aufstockungsbeträge i. H. v. insgesamt 44.513,37. Da der Mitarbeiter nur bis zum 31.12.03 arbeitet, sind die Aufstockungsbeträge bis dahin aufwandswirksam anzusammeln. Bei Aufstockungsbeträgen mit Entlohnungscharakter handelt es sich im bilanzrechtlichen Sinne ebenfalls um Erfüllungsrückstände. Die in der Tabelle mit Erfüllungsrückstand (im engeren Sinne) bezeichneten Beträge betreffen den in der Arbeitsphase auftretenden Umstand, dass der Mitarbeiter zwar 100 % arbeitet, aber nur zu 50 % vergütet wird. Der Zeitraum der Rückstellungsbildung ist für den Erfüllungsrückstand (im engeren

---

[117] Vgl. IDW RS HFA 3, Tz 22.

> Sinne) identisch mit dem Zeitraum des Altersteilzeitvertrags (1.1.02–31.12.05), während bei den Aufstockungsbeträgen bereits ab Abschluss der Betriebsvereinbarung (1.7.01) Aufwendungen zu berücksichtigen sind.

116 Auch bei den vergleichbaren langfristig fälligen Verpflichtungen kann sich eine Saldierungspflicht mit Deckungsvermögen ergeben (§ 246 Rz 115).

2.4 Saldierungspflichtiges Deckungsvermögen (Abs. 1 Satz 4)

117 Nach § 246 Abs. 2 HGB sind „Vermögensgegenstände, die dem Zugriff aller übrigen Gläubiger entzogen sind und ausschließlich zur Erfüllung von Schulden aus Altersversorgungsverpflichtungen oder vergleichbaren langfristig fälligen Verpflichtungen dienen, [...] mit diesen Schulden zu verrechnen". Soweit diese Bedingungen vorliegen (§ 246 Rz 104), fordert § 253 Abs. 1 Satz 4 HGB eine Bewertung des zu saldierenden (**Deckungs-**)**Vermögens** mit dem beizulegenden Zeitwert.

118 Bei einem Vergleich mit der Regelung nach IAS 19 ist zu beachten, dass sich die handelsrechtliche Definitionen von saldierungspflichtigem Deckungsvermögen von derjenigen von Planvermögen nach IAS 19 unterscheidet.[118] Zwar wird handelsrechtliches Deckungsvermögen und Planvermögen nach IAS 19 in sehr vielen Fällen übereinstimmen, es sind aber Fallkonstellationen möglich, bei denen es zu Abweichungen kommt:

- IAS 19.7 sieht für Vermögen, welches durch einen langfristig ausgelegten Fonds gehalten wird, die Ausgliederung in eine rechtlich unabhängige Einheit vor. Dies ist nach Handelsrecht für eine Qualifikation als Deckungsvermögen nicht erforderlich.
- Die von § 246 Abs. 2 HGB geforderte Zweckexklusivität des Deckungsvermögens ist für betriebsnotwendiges AV[119] (z.B. eigengenutztes Grundstück) nicht gegeben, da dieses nicht jederzeit veräußert werden kann.[120] Demgegenüber kann nach IAS 19 auch betriebsnotwendiges AV als Planvermögen gelten.

119 § 253 Abs. 1 Satz 4 HGB schreibt für Deckungsvermögen die Bewertung zum beizulegenden Zeitwert vor. Die Vorschrift gilt nicht für KleinstKapG, die bestimmte Erleichterungen bei der Aufstellung ihres Jahresabschlusses und der Offenlegung in Anspruch nehmen (vgl. Rz 9, 13).

120 § 253 Abs. 1 Satz 4 HGB schreibt für Deckungsvermögen die Bewertung zum beizulegenden Zeitwert vor. Gemäß § 255 Abs. 4 Satz 1 HGB entspricht der beizulegende Zeitwert dem **Marktpreis**. Sofern für die zu verrechnenden Vermögensgegenstände keine Marktpreise existieren, sind sie nach § 255 Abs. 4 Satz 1 HGB anhand anerkannter Bewertungsmethoden zu ermitteln. Lässt sich auch auf diesem Weg kein beizulegender Zeitwert ermitteln, sind nach § 255 Abs. 4 Satz 3 HGB die Anschaffungs- oder Herstellungskosten gem. § 253 Abs. 4 HGB fortzuführen (zu Einzelheiten hierzu s. § 255 Rz 255 ff.).[121]

---

[118] Vgl. *Lucius*, BetrAV, 2009, S. 523 f.; dies gilt im Übrigen auch für die im Juni 2011 überarbeitete Fassung von IAS 19.
[119] Vgl. zum Begriff „betriebsnotwendig": IDW S 1, Tz 59.
[120] Vgl. *Bertram/Johannleweling/Roß/Weiser*, WPg 2011, S. 4.
[121] So auch IDW RS HFA 30, Tz. 67.

Für Wertpapiere lassen sich regelmäßig relativ einfach Marktpreise bestimmen, sofern sie auf einem aktiven Markt gehandelt werden. Schwieriger erweist sich die Bestimmung des beizulegenden Zeitwerts von Versicherungsansprüchen. So kommen bei Lebensversicherungen verschiedene Werte in Betracht. Rückkaufswerte enthalten eine Beteiligung an Bewertungsreserven und Schlussüberschüssen, werden aber durch Stornierungsabschläge gemindert. Nach hM setzt sich der beizulegende Zeitwert aus dem geschäftsplanmäßigen Deckungskapital zuzüglich eines etwaig vorhandenen Guthabens aus Beitragsrückerstattungen zusammen.[122] Der von den Versicherungen regelmäßig mitgeteilte Aktivwert entspricht dieser Vorgabe.[123]

Sofern eine **Rückdeckungsversicherung** eine oder alle Leistungsarten der Versorgungszusage kongruent abdeckt, bildet der versicherungsmathematische Barwert der Verpflichtung gleichzeitig den beizulegenden Zeitwert der Rückdeckungsversicherung ab. Eine Rückdeckungsversicherung ist **leistungskongruent**, wenn die Leistungen der Fälligkeit und der Höhe nach derjenigen der Versorgungszusage entsprechen. Eine Rückdeckungsversicherung ist der Fälligkeit nach kongruent, wenn die Zeitpunkte der Zahlungsströme aus der Versicherung für jede Leistungsart im Leistungsfall den Zeitpunkten der Leistungen der Versorgungszusage entsprechen. Sie ist der Höhe nach kongruent, wenn sie zum Abschlussstichtag für jede Leistungsart jeweils die erdienten Leistungen gem. der Versorgungszusage vollständig abdeckt. Unter diesen Voraussetzungen scheint es zudem vertretbar, allein die jährlichen Versicherungsbeiträge als (Personal-) Aufwand zu verrechnen.

Eine Rückdeckungsversicherung ist zum Abschlussstichtag teilweise kongruent zur Versorgungszusage, wenn

- die Zeitpunkte der Zahlungsströme nur für einzelne Leistungsarten im Leistungsfall den Zeitpunkten der Leistung gem. der Versorgungszusage entsprechen, oder
- nicht für alle, sondern nur für einzelne Leistungsarten die Höhe der Versicherungsleistung der erdienten Leistung gem. Versorgungszusage entspricht, oder
- die Höhe der Versicherungsleistung die jeweils erdiente Leistung gem. Versorgungszusage für alle oder einzelne Leistungsarten nur partiell abdeckt.

Durch die Erfassung des Vermögens auf Zeitwertbasis kommt es zum Ausweis von nicht realisierten Gewinnen.[124] Bilanzrechtlich steht dieser Vorgehensweise das **Realisationsprinzip** entgegen.[125] Es erlaubt die Erfassung von Vermögensmehrungen erst, wenn diese am Abschlussstichtag realisiert sind. Hiermit sollen der Ausweis und die Ausschüttung unrealisierter Gewinne verhindert werden.[126] Ausweislich der Regierungsbegründung soll die Bedeutung des Realisationsprinzips grds. beibehalten werden,[127] erfährt aber faktisch hierdurch eine zwar partielle, aber durchaus gewichtige Einschränkung.

---

122 Vgl. IDW RS HFA 30, Tz. 68; a. A. *Thaut*, DB 2011, S. 1646.
123 Vgl. *Hagemann/Ocking/Wunsch*, DB 2010, S. 1024.
124 Vgl. *Harth*, in Kessler/Leinen/Strickmann, BilMoG, 2. Aufl. 2010, S. 365.
125 Vgl. *Arbeitskreis Bilanzrecht der Hochschullehrer Rechtswissenschaft*, BB 2008, S. 212.
126 Vgl. *Füllbier/Kuschel/Selchert*, in Küting/Pfitzer/Weber, HdR, HGB § 252, Rn 90ff., Stand 12/2010.
127 Vgl. BilMoG-BgrRegE, S. 34.

123 Aufgrund des mit der Verwendung von Durchschnittszinssätzen erreichten Glättungseffekts besteht eine **Diskrepanz** zwischen der Bewertung der Verpflichtung (Rz 129) und der Bewertung eines eventuell vorhandenen Deckungsvermögens. Letzteres wird mit dem stichtagsbezogenen beizulegenden Zeitwert bewertet. Damit unterliegt die Bewertung des Deckungsvermögens stärkeren Schwankungen als die Bewertung der Verpflichtung.[128]

124 Die vorzunehmende Saldierung von Deckungsvermögen mit Pensionsverpflichtungen sowie Bewertungswirkungen von **Zeitwertänderungen** des Deckungsvermögens soll das folgende Beispiel illustrieren:

> **Beispiel**
> Die M-GmbH hat Altersversorgungsverpflichtungen gegenüber aktiven Mitarbeitern. Zum Abschlussstichtag 31.12.01 werden diese auf Basis eines versicherungsmathematischen Gutachtens eines Aktuars mit 2.000.000 bewertet. Das Unt hat im Gj 01 Wertpapiere erworben, die annahmegemäß die Voraussetzungen für Deckungsvermögen erfüllen. Die Wertpapiere haben AK von 1.200.000, der beizulegende Zeitwert der Wertpapiere am Abschlussstichtag beläuft sich auf 1.400.000.
> Bei Erwerb der Wertpapiere hat die M-GmbH wie folgt gebucht:
>
> | Datum | Konto | Soll | Haben |
> | --- | --- | --- | --- |
> | | Wertpapiere des AV | 1.200.000 | |
> | | Guthaben bei Kreditinstituten | | 1.200.000 |
>
> Zum 31.12.01 sind die Wertpapiere gem. § 253 Abs. 1 Satz 4 HGB mit dem beizulegenden Zeitwert anzusetzen. Die Buchung hierzu ergibt sich wie folgt:
>
> | Datum | Konto | Soll | Haben |
> | --- | --- | --- | --- |
> | | Wertpapiere des Anlagevermögens | 200.000 | |
> | | Erträge aus Wertpapieren des Anlagevermögens[129] | | 200.000 |
>
> In der Bilanz zum 31.12.01 sind die Pensionsverpflichtungen von 2.000.000 mit dem Deckungsvermögen zu saldieren. Die Bilanz weist (vereinfacht) folgendes Bild aus:
>
> | Aktiva | Bilanz 31.12.01 | | Passiva |
> | --- | --- | --- | --- |
> | ... | ... | | |
> | | Pensionsrückstellungen | | 600.000 |
> | | ... | | |
>
> Im Gj 02 ergeben sich keine Veränderungen in den Pensionszusagen und kein weiterer Erwerb oder eine Veräußerung von Deckungsvermögen. Zum 31.12.02 beläuft sich der Wert der Pensionsverpflichtung gem. versicherungsmathemati-

---

[128] Vgl. *Gohdes*, KoR 2009, S. 188; *Lucius*, BetrAV 2009, S. 524.
[129] Zu beachten ist bei Aufstellung der GuV, dass die Erträge aus dem Deckungsvermögen – zu denen auch Erhöhungen des beizulegenden Zeitwerts gehören – mit den Zinsaufwendungen aus den Pensionsrückstellungen zu saldieren sind.

schen Gutachten auf 2.300.000. Die Erhöhung gegenüber dem Vorjahr betrifft mit 200.000 den Personalaufwand und mit 100.000 den Zinsaufwand. Der beizulegende Zeitwert des Deckungsvermögens beläuft sich zum 31.12.02 auf 1.600.000. Im Gj 02 sind laufende Erträge aus den Wertpapieren i.H.v. 150.000 angefallen. In der Bilanz zum 31.12.02 sind wiederum Altersversorgungsverpflichtungen (2.300.000) und Deckungsvermögen (1.600.000) zu saldieren, sodass die Bilanz (vereinfacht) folgendes Bild aufweist:

Aktiva	Bilanz 31.12.02		Passiva
...		...	
		Pensionsrückstellungen	700.000
		...	

Die GuV des Gj 02 weist einen Personalaufwand (Aufwendungen für soziale Abgaben und Aufwendungen für Altersversorgung und für Unterstützung) i.H.v. 200.000 auf. Aufgrund der gebotenen Saldierung der Aufwendungen und Erträge aus Deckungsvermögen und Aufzinsung der Rückstellung ergibt sich im Finanzergebnis unter Erträge aus Wertpapieren ein Ertrag von 250.000, der sich zusammensetzt aus:
- Erhöhung beizulegender Zeitwert des Deckungsvermögens: 200.000.
- Laufende Erträge des Deckungsvermögens (Dividenden, Zinserträge, realisierte Kursgewinne/-verluste aus Umschichtungen im Wertpapierdepot): 150.000.
- Zinsaufwand aus der Aufzinsung der Pensionsrückstellung und der Änderung des der Abzinsung zugrunde zu legenden Diskontierungszinssatzes: 100.000.

Wie bei denkbaren Fällen der **Entwidmung** von Deckungsvermögen vorzugehen ist, ist weniger ein bilanzielles als ein rechtliches Problem. Denn die Zweckexklusivität des Deckungsvermögens erfordert gerade, dass das bilanzierende Unt nicht nach Belieben (z.B. zum Ausgleich kurzfristigen Liquiditätsbedarfs) Deckungsvermögen entwidmen kann. Eine Entwidmung von Deckungsvermögen aus einem CTA ist wohl nur dann zulässig, wenn – z.B. aufgrund exorbitanter Kursgewinne bei Wertpapieren – eine derartige Überdotierung der Verpflichtungen besteht, dass auch nach Entwidmung eines Teils das verbleibende Deckungsvermögen zur Deckung der Verpflichtungen voraussichtlich ausreicht. Derartige Konstellationen werden wohl eher den Ausnahmefall darstellen.

Sofern VG aus dem Deckungsvermögen entnommen werden, sind sie entsprechend der für sie geltenden Bewertungsnormen anzusetzen, d.h., das Anschaffungskostenprinzip erhält wieder Gültigkeit und etwaige Zuschreibungen auf einen höheren beizulegenden Zeitwert unter dem Bewertungsregime des § 253 Abs. 1 Satz 4 HGB sind wieder zurückzunehmen. Etwaige planmäßige Abschreibungen bei abnutzbaren VG sind zu berücksichtigen.[130]

125

---

[130] Vgl. IDW RS HFA 30, Tz. 70.

Deckungsvermögen kann nicht nur bei Pensionsverpflichtungen vorkommen, sondern auch bei **vergleichbaren langfristig fälligen Verpflichtungen**. Erfolgt die **Altersteilzeit** im Blockmodell, sammelt sich während der Aktivphase ein Erfüllungsrückstand seitens des Arbeitgebers an. Da der Erfüllungsrückstand, das sog. Wertguthaben, in der Insolvenz nicht bevorrechtigt behandelt wird, ist der Arbeitgeber nach § 8a AltTZG verpflichtet, das Wertguthaben in geeigneter Weise gegen eine Verwertung im Insolvenzverfahren abzusichern, wenn das Guthaben das dreifache Regelarbeitsentgelt einschließlich des Arbeitgeberanteils am Sozialversicherungsbeitrag übersteigt. Geeignete Formen der Insolvenzsicherung sind Bankbürgschaften, dingliche Sicherheiten und Verpfändung von Wertpapieren zugunsten des Arbeitnehmers. Sofern Wertpapiere verpfändet werden, erfüllen diese aufgrund der Anforderungen des § 8a AltTZG die Voraussetzung zur Behandlung als Deckungsvermögen und sind mit der Verpflichtung zu saldieren.

Ähnliches gilt für Wertguthaben auf **Zeitwertkonten**, wenn die Bedingungen des § 7e Abs. 2 SGB IV vorliegen. Die Wertguthaben gelten als insolvenzsicher, wenn sie von einem Dritten ohne Anspruch auf Rückführung der Mittel geführt werden, der für die Erfüllung der Verpflichtung des Arbeitgebers einsteht. Als wirksame Sicherungsmittel gelten Treuhandverhältnisse, Versicherungsmodelle oder Verpfändungs- oder Bürgschaftsmodell. Sofern die Wertguthaben mit Vermögenswerten hinterlegt sind, sind diese als Deckungsvermögen mit der Verpflichtung zu saldieren.

Daher ist das Saldierungsgebot nicht nur bei Pensionsrückstellungen, sondern gleichermaßen bei sonstigen Rückstellungen anzuwenden.

3 Abzinsung von Schulden (Abs. 2)

3.1 Rückstellungen allgemein (Abs. 2 Satz 1)

3.1.1 Grundsatz

127 § 253 Abs. 2 HGB enthält ein **generelles Abzinsungsgebot** für ungewisse Verbindlichkeiten. Der Barwertansatz soll den Abschlussadressaten realitätsnahe Informationen über die **wahre Belastungswirkung** ungewisser Verbindlichkeiten vermitteln und auf diese Weise ein den tatsächlichen Verhältnissen eher entsprechendes Bild der Vermögens-, Finanz- und Ertragslage der Unt zeichnen. Bei der Bewertung von Rückstellungen dürfe „nicht unberücksichtigt bleiben, dass die in den Rückstellungen gebundenen Finanzmittel investiert und daraus Erträge realisiert werden können".[131] Es geht also bei der Abzinsung um die Kürzung ungewisser Verbindlichkeiten um erwartete Erträge. Das bedeutet einen Bruch mit dem Realisationsprinzip, der die Gläubigerschutzfunktion des handelsrechtlichen Jahresabschlusses nachhaltig beeinträchtigt (vgl. hierzu das Beispiel in Rz 128).[132]

128 Das Abzinsungsgebot betrifft Rückstellungen mit einer **Laufzeit von mehr als einem Jahr** (§ 253 Abs. 2 Satz 1 HGB). Für Rückstellungen mit einer Laufzeit bis

---

[131] Vgl. BilMoG-BgrRegE, S. 54.
[132] Ähnlich *Arbeitskreis Bilanzrecht der Hochschullehrer Rechtswissenschaft*, BB 2008, S. 209; anders *Petersen/Zwirner*, KoR 7/2008, Beil. 3, S. 9.

zu einem Jahr besteht kein Abzinsungsgebot. Ein Verbot der Abzinsung ergibt sich für diese Verpflichtungen jedoch nicht, sodass hier ein – in Anbetracht des gegenwärtigen Zinsniveaus eher unbedeutendes – Gestaltungspotenzial besteht.[133] Die Verfahrensweise bei der Bewertung von Verpflichtungen mit einer Restlaufzeit von maximal einem Jahr, also die Wahl zwischen Barwert- und Nominalwertansatz, ist dem Bilanzierenden vielmehr freigestellt.[134] Einschränkend wirkt der Grundsatz der Bewertungsmethodenstetigkeit (vgl. § 252 Rz 128).

3.1.2 Abzinsungssatz

Im Interesse einer Objektivierung der Bewertungsannahmen ist ein normierter **Abzinsungssatz** zu verwenden.[135] Die Barwertermittlung hat auf der Grundlage eines durchschnittlichen Marktzinssatzes unter Berücksichtigung der Restlaufzeit der Rückstellungen bzw. der diesen zugrunde liegenden Verpflichtungen zu erfolgen. Als Folge der Neufassung des Abs. 2 durch das BilRUG ist zwischen Rückstellungen für Altersversorgungsverpflichtungen und allen übrigen Rückstellungen zu unterscheiden. Erstere sind mit einem 10-jährigen Durchschnittszinssatz abzuzinsen, letztere wie bisher mit dem 7-jährigen Durchschnittssatz. Anzuwenden ist der jeweilige Durchschnittszinssatz der letzten 7 bzw. 10 Jahre für Laufzeiten, die der Fristigkeit der ungewissen Verbindlichkeit am jeweiligen Stichtag entsprechen (zur Ermittlung der anzuwendenden Zinssätze s. Rz 136). 129

Die Neufassung des Abs. 2 ist erstmals auf Jahresabschlüsse und Konzernabschlüsse für das nach dem 31.12.2015 endende Gj anzuwenden,[136] d. h. Unternehmen, deren Abschlussstichtag der 31.3. ist, haben bereits zum 31.3.2016 die Neuregelungen anzuwenden. Das Gesetz eröffnet darüber hinaus eine wahlweise Anwendung der neuen Bestimmungen bereits für Gj, die nach dem 31.3.2014 beginnen und vor dem 1.1.2016 enden.[137] Damit kann auch rückwirkend für den Jahresabschluss bzw. Konzernabschluss zum 31.12.2015 die Neuregelung in Anspruch genommen werden, dann aber nur insgesamt unter Beachtung der Ausschüttungssperre gem. Abs. 6 (vgl. Rz 334 ff.). 130

Rechtsgrundlage für die Zinssatzermittlung durch die Deutsche Bundesbank ist die Verordnung über die über die Ermittlung und Bekanntgabe der Sätze zur Abzinsung von Rückstellungen (**RückAbzinsV**) vom 18.11.2009, zuletzt geändert am 11.3.2016.[138] Die Datengrundlage zur Bestimmung der Marktzinssätze liefert danach eine Null-Kupon-Euro-Zinsswapkurve, in die auf Euro lautende Festzins-Swapsätze mehrerer Swap-Anbieter für unterschiedliche Laufzeiten von einem Jahr bis 50 Jahre eingehen. Die veröffentlichten Zinssätze berücksichtigen zusätzlich einen Aufschlag für auf Euro lautende Unternehmensanleihen aller Laufzeiten mit einer hochklassigen Bonitätseinstufung (AA oder Aa).[139] 131

Die Verwendung eines Durchschnittszinssatzes soll Ergebnisschwankungen entgegenwirken, die sich allein aus der Wahl von Jahr zu Jahr unterschiedlicher 132

---

[133] Vgl. *Bertram/Kessler*, DB 2012, S. 985; IDW RS HFA 34 spricht hier explizit von einem Wahlrecht.
[134] A. A. wohl *Petersen/Zwirner*, KoR 7/2008, Beil. 3, S. 10.
[135] Vgl. *Kessler*, in *Kessler/Leinen/Strickmann*, BilMoG, 2. Aufl. 2010, S. 328 f.
[136] Vgl. Art. 75 Abs. 6 EGHGB.
[137] Vgl. Art. 75 Abs. 7 EGHGB.
[138] Vgl. BGBl. I 2016, S. 396.
[139] Vgl. § 2 RückAbzinsV; Begründung zur RückAbzinsV, S. 3.

Zinssätze ergeben.[140] Mit der Entscheidung für einen Marktzins hat der Gesetzgeber einer von den wirtschaftlichen Verhältnissen des Unt unabhängigen Schuldenbewertung den Vorzug gegeben. Sie schließt im Interesse des Vorsichts- und Höchstwertprinzips eine allein auf die sinkende Bonität des Unt zurückgehende niedrigere Rückstellungsbemessung aus. Schließlich wurde die Ermittlung der für die Diskontierung ungewisser Schulden maßgeblichen Zinssätze der Deutschen Bundesbank übertragen. Sie stellt monatlich die von allen Unt heranzuziehenden Abzinsungssätze auf ihrer Website zur Verfügung. Aufgrund der differenzierten Abzinsungsregelung sind dort sowohl die Durchschnittszinssätze auf Basis eines 10-jährigen Durchschnittszinssatzes (Altersversorgungsverpflichtungen) wie auch auf Basis eines 7-jährigen Durchschnittszinssatzes verfügbar.[141] Die dreifache Normierung der Zinssätze (Durchschnittszinssatz, Marktzinssatz, zentrale Ermittlung) soll die Vergleichbarkeit der Jahresabschlüsse in Bezug auf die Bewertung längerfristiger Rückstellungen gewährleisten. Zudem erspart sie den Unt die Aufwendungen für die Herleitung des Abzinsungssatzes.

133 Für die Barwertermittlung ist der am Bewertungsstichtag gültige Zinssatz heranzuziehen, der der **Restlaufzeit** der Rückstellung entspricht. Sie lässt sich problemlos für Verpflichtungen ermitteln, die zu einem bestimmten Zeitpunkt in der Zukunft fällig und erfüllt werden. Das betrifft etwa Gratifikations- und Jubiläumsverpflichtungen, Abfindungsverpflichtungen, Verpflichtungsüberschüsse aus Beschaffungsgeschäften über aktivierungspflichtige VG oder einfache Entfernungsverpflichtungen. Bei diesen stellt sich allenfalls die Frage, welcher Abzinsungssatz bei nicht ganzjährigen Fristigkeiten zu verwenden ist. Drei Lösungen sind denkbar:[142]

- Lineare Interpolation der von der Deutschen Bundesbank veröffentlichten Zinssätze auf die exakte Rückstellungsrestlaufzeit;
- Verwendung des jeweils niedrigeren Ganzjahreszinssatzes (Vorsichtsprinzip);[143]
- Verwendung des Zinssatzes, der näher an der tatsächlichen Restlaufzeit liegt.

> **Beispiel**
> Eine zum 31.12.01 zu bewertende Gratifikationsverpflichtung ist zum 31.3.06 unter der Bedingung der bis dahin fortgesetzten Betriebszugehörigkeit der begünstigten Mitarbeiter auszuzahlen. Der von der Deutschen Bundesbank veröffentlichte Marktzins für eine Restlaufzeit von 4 (5) Jahren beträgt 2,1 % (2,3 %).
> Bei linearer Interpolation ermittelt sich ein Abzinsungssatz von 2,15 % (2,1 % + 90/360 × 0,2 %). Bei Verwendung des niedrigeren Ganzjahreszinssatzes oder des Zinssatzes, der näher an der tatsächlichen Restlaufzeit liegt, ist die Rückstellung mit 2,1 % abzuzinsen.

---

[140] Vgl. Begründung zur RückAbzinsV, S. 1.
[141] Abrufbar unter http://www.bundesbank.de/Navigation/DE/Statistiken/Geld_und_Kapitalmaerkte/Zinssaetze_und_Renditen/Abzinsungssaetze/Tabellen/tabellen.html, letzter Abruf am 30.7.2017.
[142] Vgl. IDW RS HFA 34, Tz 42; Beispiele bei *Bertram/Kessler*, DB 2012, S. 986 ff.
[143] Diese Variante steht unter dem Vorbehalt einer „normalen" Zinsstrukturkurve. Eine normale Zinsstrukturkurve ist durch ein Ansteigen der Zinssätze mit zunehmender Laufzeit gekennzeichnet. Vgl. IDW RS HFA 34, Tz 42.

Die lineare Interpolation ergibt das genaueste Ergebnis. Sie ist in jedem Fall zulässig, da auch die von der Deutschen Bundesbank veröffentlichten Zinssätze teilweise nach dieser Methode ermittelt werden.[144] In der Praxis wird aus Wesentlichkeitsgründen eine Abzinsung mit den von der Deutschen Bundesbank veröffentlichten Zinssätzen für ganzjährige Restlaufzeiten genügen, zumal der Gesetzgeber die Interpolation explizit nur für die Pensionsverpflichtungen erwähnt hat.[145]

Die Abzinsungsregelung des § 253 Abs. 2 HGB differenziert aus Vereinfachungsgründen nicht nach der Währung, in der die passivierten ungewissen Verbindlichkeiten zu erfüllen sind. **Rückstellungen, die in einer fremden Währung zu erfüllen sind,** sind dementsprechend ebenfalls mit den von der Deutschen Bundesbank ermittelten Abzinsungssätzen zu diskontieren. Diese Vereinfachung gilt nicht, wenn sie den Einblick in die Vermögens-, Finanz- und Ertragslage des Unt erkennbar beeinträchtigt. In diesem Fall hat der Bilanzierende einen für die Fremdwährung der ungewissen Verbindlichkeit gültigen Durchschnittszins nach den Vorgaben des § 253 Abs. 2 Satz 1 HGB und der RückAbzinsV selbst zu ermitteln oder diesen von privaten Anbietern zu beziehen.[146]

134

Ist Bestandteil der zu passivierenden Schuld neben der eigentlichen Hauptverpflichtung auch eine Verzinsungsregelung (z. B. Zinsen auf am Abschlussstichtag strittige Schadensersatzverpflichtungen, Zinsen auf Steuernachzahlungsverpflichtungen), ist diese bei der Bestimmung des Verpflichtungsumfangs mit einzubeziehen, da es sich wirtschaftlich um Preis- und Kostensteigerungen handelt. Die Abzinsung dieser **verzinslichen Verpflichtungen** hat mit den nach der RückAbzinsV ermittelten Zinssätzen zu erfolgen. Soweit der Diskontierungszinssatz von der der Schuld zugrunde liegenden Verzinsungsregelung nur geringfügig abweicht, darf die Abzinsung mit diesem Zinssatz erfolgen, sodass die Verpflichtung mit dem Nominalwert ausgewiesen wird.[147] Das Vorliegen einer nur geringfügigen Abweichung ist an jedem Abschlussstichtag zu überprüfen.

135

3.1.3 Bestimmung der Restlaufzeit

Zur Auswahl des Abzinsungssatzes ist die Restlaufzeit der zurückzustellenden ungewissen Verbindlichkeit zu ermitteln. Das ist der gesamte Zeitraum vom Abschlussstichtag bis zum Erfüllungszeitpunkt der passivierten Schuld.[148]

136

> **Beispiel**
> Eine zum 31.12.01 bilanzierte ungewisse Verbindlichkeit ist am 31.12.02 (Fall 1) bzw. am 31.12.03 (Fall 2) zu begleichen.
> In Fall 1 besteht keine Verpflichtung zur Abzinsung der Rückstellung, da die Restlaufzeit nicht mehr als ein Jahr beträgt. In Fall 2 muss die Abzinsung über zwei Jahre erfolgen. Eine Kürzung des Diskontierungszeitraums um die von einer Abzinsung ausgenommene Zeitspanne ist nicht zulässig.

---

[144] Vgl. § 2 RückAbzinsV.
[145] Vgl. BilMoG-BgrRegE, S 54.
[146] Vgl. IDW RS HFA 30, Tz 66; IDW RS HFA 34, Tz 46.
[147] Vgl. IDW RS HFA 34, Tz 35.
[148] Vgl. BT-Drucks. 16/12407, S. 85 f.; IDW RS HFA 34, Tz 36.

Steht der Erfüllungszeitpunkt nicht fest (z. B. bei bestrittenen Schadensersatzverpflichtungen oder Strafgeldern), ist die Restlaufzeit der ungewissen Verbindlichkeit zu schätzen. Das eröffnet dem Bilanzierenden einen Beurteilungsspielraum. Bei der Schätzung der **ungewissen Restlaufzeit** ist – wie bei der Bewertung von Rückstellungen allgemein (vgl. Rz 52) – das Vorsichtsprinzip zu berücksichtigen. Dazu ist als Erfüllungszeitpunkt jener Tag anzunehmen, zu dem das Unt frühestens in Anspruch genommen werden kann. Die Schätzung ist zu jedem Abschlussstichtag zu überprüfen.

> **Beispiel**[149]
> U ist auf Schadensersatz i. H. v. 200 Mio. verklagt worden. Da die Anwälte mit überwiegender Wahrscheinlichkeit vom Bestehen des geltend gemachten Anspruchs ausgehen, sieht sich U zur Bildung einer Rückstellung veranlasst. Ein Urteil in dem Prozess erwarten die Anwälte frühestens in einem Jahr. Schöpft U den Rechtsweg vollends aus, ist in drei bis vier Jahren mit dem letztinstanzlichen Urteil zu rechnen. Von einer Verzinsung des Schadensersatzanspruchs sei aus Vereinfachungsgründen abgesehen.
> Die Rückstellung ist nicht abzuzinsen. Zur Ermittlung der Restlaufzeit ist auf den Tag abzustellen, zu dem das Unt bei üblichem Gang der Dinge frühestens in Anspruch genommen werden wird. Die Möglichkeit, Rechtsmittel gegen ein erstinstanzliches Urteil einzulegen, bleibt unberücksichtigt, solange sich dieser Fortgang der Streitsache nicht klar abzeichnet. Diese Auslegung der Abzinsungsregelung korrespondiert mit der Vorgabe des Gesetzgebers, bei der Schätzung künftiger Änderungen des Erfüllungsbetrags in der Zukunft liegende singuläre Ereignisse nicht in Betracht zu ziehen.[150]

137 Das Gesetz regelt nicht, wie Schulden abzuzinsen sind, die über einen längeren Zeitraum hinweg erfüllt werden (z. B. Aufbewahrungspflichten, Entsorgungs-, Abbruch-, Rekultivierungs- und Wiederherstellungsverpflichtungen, Verpflichtungsüberschüsse aus Dauerschuldverhältnissen). Denkbar wäre, für jeden Teilerfüllungszeitpunkt die anfallenden Ausgaben mit dem der jeweiligen Restlaufzeit entsprechenden Zinssatz einzeln abzuzinsen (tranchenweise Abzinsung der Jahresscheiben).[151] Diese Verfahrensweise ist allerdings bei einer hohen Anzahl von Erfüllungszeitpunkten nur eingeschränkt praktikabel, wie das Beispiel von Altersversorgungsverpflichtungen zeigt. Näher liegt die Wahl eines einheitlichen Diskontierungszinssatzes für alle Ausgabenbeträge. Das setzt die Bestimmung einer einheitlichen Restlaufzeit der ungewissen Verbindlichkeit voraus. Zu ihrer Ermittlung könnte abgestellt werden auf
1. den Zeitraum bis zum Beginn der Erfüllung entsprechend der steuerrechtlichen Regelung (vgl. § 6 Abs. 1 Nr. 3a Buchst. e EStG);
2. den Zeitraum bis zum Beginn der Erfüllung plus halbe Erfüllungsdauer;
3. die durchschnittliche Kapitalbindungsdauer;
4. die Duration (gewogener Mittelwert der Zeitpunkte, zu denen die Zahlungen für die Erfüllung der Verbindlichkeit anfallen).

---

[149] Vgl. *Bertram/Kessler*, DB 2012, S. 986.
[150] Vgl. IDW RS HFA 34, Tz 26.
[151] Vgl. IDW RS HFA 34, Tz 39.

Beispiel
Für die Verpflichtung, ein ausgebeutetes Grundstück zu rekultivieren, hat U am 31.12.01 eine Rückstellung zu bilden. Die Rekultivierungsmaßnahmen sollen am 1.1.04 beginnen und sich über drei Jahre erstrecken. Die undiskontierten Aufwendungen für die Wiederherstellung des Grundstücks schätzt U wie folgt:

- Gj 04: 400.000
- Gj 05: 400.000
- Gj 06: 800.000

Aus Vereinfachungsgründen sei von einem Anfall der Aufwendungen jeweils zur Jahresmitte ausgegangen. Die aus den Veröffentlichungen der Deutschen Bundesbank durch Interpolation abgeleiteten Marktzinssätze (7-Jahresdurchschnitt) betragen am 31.12.01

- für eine Restlaufzeit von 2,5 Jahren: 4,1 %
- für eine Restlaufzeit von 3,5 Jahren: 4,3 %
- für eine Restlaufzeit von 4,5 Jahren: 4,5 %

Nach der steuerrechtlichen Regelung (Lösung 1) beträgt der Diskontierungszeitraum 2 Jahre (31.12.01 bis 1.1.04). Bei der Lösung 2 (Restlaufzeit = Zeitraum bis zum Beginn der Erfüllung plus halbe Erfüllungsdauer) ermittelt sich ein Diskontierungszeitraum von 3,5 Jahren (2 Jahre plus 3 Jahre/2). Auf Basis der durchschnittlichen Kapitalbindungsdauer beträgt die Restlaufzeit 3,75 Jahre [(400.000 × 2,5 Jahre + 400.000 × 3,5 Jahre + 800.000 × 4,5 Jahre)/1.600.000]. Die Duration der ungewissen Verbindlichkeit beläuft sich auf 3,716 Jahre. Sie ermittelt sich wie folgt:

Restlaufzeit [Jahre]	Zahlung	Zinssatz	Barwert	Duration
2,5	400.000	4,1 %	361.771	0,663
3,5	400.000	4,3 %	345.195	0,886
4,5	800.000	4,5 %	656.246	2,166
–	1.600.000	–	1.363.212	3,716

Im ersten Schritt sind die zur Erfüllung der Rekultivierungsverpflichtung zu leistenden Zahlungen mit dem ihrer Restlaufzeit entsprechenden durchschnittlichen Marktzins auf den Bewertungsstichtag (31.12.01) abzuzinsen. Zur Ermittlung der Duration werden die Barwerte mit der zugehörigen Restlaufzeit multipliziert und durch die Summe der Barwerte dividiert. Aus der Addition der Einzelergebnisse ermittelt sich die Duration von 3,716 Jahren. Ausgehend von der ermittelten Restlaufzeit der Rückstellung ist der einheitliche Diskontierungssatz für die Rekultivierungsverpflichtung durch Interpolation aus den von der Deutschen Bundesbank veröffentlichten Jahreszinssätzen zu gewinnen.

Die steuerliche Verfahrensweise ist für die Bewertung in der HB nicht akzeptabel, da sie nur auf die Restlaufzeit der ersten Tilgungsausgabe, nicht aber der Verpflichtung insgesamt abstellt.[152] Dem die Abzinsung tragenden Gedanken wird am ehesten die aus der Pensionsbewertung bekannte **Durationslösung** gerecht. Den Ansatz längerfristiger ungewisser Verbindlichkeiten zum Barwert erachtet die Bundesregierung deshalb als angemessen, weil aus der Anlage der Rückstellungsgegenwerte Erträge zu erwarten sind, die zur Begleichung der Schuld eingesetzt werden können. Aus dieser Perspektive setzen sich die künftigen Mittelabflüsse aus einem Tilgungsanteil und einem Zinsanteil zusammen. Indem das Durationskonzept nur die Barwerte der Zahlungen betrachtet, stellt es zur Ermittlung der Restlaufzeit der Rückstellung allein auf die „Tilgungsbeträge" ab, die es mit ihrer individuellen Fristigkeit gewichtet. Das Konzept der durchschnittlichen Kapitalbindungsdauer verzichtet demgegenüber auf eine Zerlegung der erwarteten Mittelabflüsse in einen wirtschaftlichen Zinsanteil und eine Tilgungskomponente. Es führt im Regelfall nur zu geringfügigen Abweichungen bei der Ermittlung der Restlaufzeit und kann daher bei der Mehrzahl der Verpflichtungen bedenkenlos angewendet werden. Variante 2 (Zeitraum bis zum Beginn der Erfüllung plus halbe Erfüllungsdauer) stellt ebenfalls eine Vereinfachungslösung dar, die nur angewendet werden sollte, wenn die Aufwendungen in den einzelnen Jahren annähernd in gleicher Höhe anfallen.[153] Entsprechend führt sie bei Rückstellungen, die kontinuierlich über einen längeren Zeitraum erfüllt werden, zum gleichen Ergebnis wie Variante 3.

3.1.4 Darstellung in der GuV/Rückstellungsspiegel

138 Die Einbuchung und Fortschreibung einer Rückstellung kann in der GuV nach der **Bruttomethode** oder nach der **Nettomethode** dargestellt werden. Bei der Bruttomethode wird i.H. des nicht abgezinsten Erfüllungsbetrags der Rückstellung ein Aufwand im operativen Ergebnis und i.H. der Differenz zum passivierten Barwert der ungewissen Verbindlichkeit ein Ertrag aus der Abzinsung erfasst. Demgegenüber ist bei der von der Praxis favorisierten Nettomethode der abgezinste Erfüllungsbetrag zulasten des operativen Ergebnisses einzubuchen. In den Folgejahren sind die jährlichen Aufzinsungsbeträge sowie die Effekte aus der Anpassung des Diskontierungssatzes im Finanzergebnis auszuweisen.

> **Beispiel**
> Ein Unt hat zum 31.12.01 eine Rückstellung für die Verpflichtung zur Anpassung einer Anlage an strengere Umweltschutzauflagen zu bilden. Der Verpflichtungsumfang beträgt 100. Der Anfall der Ausgaben wird zwei Jahre nach dem Abschlussstichtag erwartet. Der anzuwendende Zinssatz soll während des gesamten Betrachtungszeitraums 4,0 % betragen. Am Abschlussstichtag 31.12.01 ergeben sich bei Anwendung der Brutto- bzw. der Nettomethode folgende Buchungssätze:

---

[152] Vgl. zur Abzinsungspflicht von Rückstellungen für die Aufbewahrung von Geschäftsunterlagen IDW RH HFA 1.009 nF, Tz 9.
[153] Vgl. *Bertram/Kessler*, DB 2012, S. 987.

Bruttomethode:

Datum	Konto	Soll	Haben
	Sonstige betriebliche Aufwendungen	100	
	Sonstige Zinsen und ähnliche Erträge		7,5
	Sonstige Rückstellungen		92,5

Nettomethode:

Datum	Konto	Soll	Haben
	Sonstige betriebliche Aufwendungen	92,5	
	Sonstige Rückstellungen		92,5

In den Folgejahren führen beide Vorgehensweisen zum gleichen GuV-Ausweis. Zum 31.12.02 beläuft sich die Rückstellung auf 96,2. Der Buchungssatz für die Aufzinsung lautet demzufolge:

Datum	Konto	Soll	Haben
	Zinsen und ähnliche Aufwendungen	3,7	
	Sonstige Rückstellungen		3,7

Bei **Ansammlungs-** oder **Verteilungsrückstellungen** erfordert die Trennung der operativen Erfolgsbeiträge vom Ergebnis der Abzinsung teilweise aufwendigere Berechnungen. Das gilt insb. dann, wenn im Zeitablauf mit unterschiedlichen Zinssätzen zu rechnen ist. Das illustriert das folgende Beispiel. 139

Beispiel
Unt U hat zu Beginn des Jahres 01 in angemieteten Büroräumen Umbauten vorgenommen, die nach Ablauf des Mietvertrags in zehn Jahren zurückzubauen sind. Zum 31.12.01 schätzt U den notwendigen Erfüllungsbetrag der Rückstellung auf 400. Unter Verwendung der von der Deutschen Bundesbank veröffentlichten Abzinsungssätze (7-Jahresdurchschnitt) ergibt sich nach dem Barwertverfahren[154] die folgende Rückstellungsentwicklung:

Stichtag	Nomineller Verpflichtungsbetrag	Zinssatz lt. Bundesbank	Erfüllungsbetrag	Rückstellungsentwicklung		
				Stand 1.1.	Zuführung	Stand 31.12.
31.12.01	400,0	5,0 %	257,8	0,0	25,8	25,8
31.12.02	400,0	5,2 %	266,6	25,8	27,5	53,3
31.12.03	400,0	5,5 %	275,0	53,3	29,2	82,5
31.12.04	400,0	5,1 %	296,8	82,5	36,2	118,7
31.12.05	400,0	4,6 %	319,4	118,7	41,0	159,7
31.12.06	400,0	4,7 %	332,9	159,7	40,0	199,7
31.12.07	400,0	4,3 %	352,5	199,7	47,1	246,8
31.12.08	400,0	3,9 %	370,5	246,8	49,7	296,4
31.12.09	400,0	3,3 %	387,2	296,4	52,1	348,5
31.12.10	400,0	–	400,0	348,5	51,5	400,0

---

[154] Zu der alternativ zulässigen Annuitätenmethode vgl. Rz 67.

Nach der **Bruttomethode** ergibt sich die folgende Aufteilung der Zuführungsbeträge:

Stichtag	Nomineller Verpflichtungsbetrag	Nominelle Rückstellungszuführung	Barwert der Rückstellungszuführung	Zinsertrag	Zinsaufwand
31.12.01	400,0	40,0	25,8	14,2	0,0
31.12.02	400,0	40,0	27,5	12,5	0,0
31.12.03	400,0	40,0	29,2	10,8	0,0
31.12.04	400,0	40,0	36,2	3,8	0,0
31.12.05	400,0	40,0	41,0	0,0	−1,0
31.12.06	400,0	40,0	40,0	0,0	0,0
31.12.07	400,0	40,0	47,1	0,0	−7,1
31.12.08	400,0	40,0	49,7	0,0	−9,7
31.12.09	400,0	40,0	52,1	0,0	−12,1
31.12.10	400,0	40,0	51,5	0,0	−11,5
Summe	−	400,0	400,0	41,3	−41,3

Die **Nettomethode** führt demgegenüber zu dem folgenden Ergebnis:

Stichtag	Erfüllungsbetrag vor Verteilung	Ertrag/Aufwand aus Abzinsung			operativer Aufwand	Buchwert Stand 31.12.
		Aufzinsung	Zinsänderung	Summe		
31.12.01	257,8	0,0	0,0	0,0	25,8	25,8
31.12.02	266,6	1,3	−0,4	0,9	26,7	53,3
31.12.03	275,0	2,8	−1,1	1,7	27,5	82,5
31.12.04	296,8	4,5	2,0	6,5	29,7	118,7
31.12.05	319,4	6,1	3,0	9,1	31,9	159,7
31.12.06	332,9	7,3	−0,6	6,7	33,3	199,7
31.12.07	352,5	9,4	2,4	11,8	35,3	246,8
31.12.08	370,5	10,6	2,0	12,6	37,1	296,4
31.12.09	387,2	11,6	1,8	13,3	38,7	348,5
31.12.10	400,0	11,5	0,0	11,5	40,0	400,0
Summe	−	65,1	9,1	74,1	325,9	−

Als operativer Aufwand des Gj ist jeweils der der Rückstellung zuzuführende anteilige Erfüllungsbetrag auszuweisen. Das ist im Beispiel 1/10 des zum jeweiligen Abschlussstichtag ermittelten Barwerts des Erfüllungsbetrags (Spalte 6). Die Differenz zum Buchwert der Rückstellung stellt den im Finanzergebnis zu erfassenden Ertrag bzw. Aufwand aus der Abzinsung dar. Er setzt sich aus zwei Komponenten zusammen: dem Aufwand aus der Aufzinsung des zum Ende des Vorjahrs ermittelten Rückstellungsbetrags (Spalte 4) und dem Aufwand bzw. Ertrag aus der Anpassung des Zinssatzes (Spalte 5). Eine Aufsplittung des Zinseffekts in Aufzinsungseffekt („Zinsen und ähnliche Aufwendungen") und Änderungen des Diskontierungszinssatzes (je nach Wirkung unter „Sonstige Zinsen und ähnliche Erträge" bzw. „Zinsen und ähnliche Aufwendungen") ist nicht erforderlich.

Die Ermittlung des Aufwands bzw. Ertrags aus der Abzinsung erweist sich nach dieser zweiten Interpretation als relativ komplex. Das betrifft insb. die Bestimmung des Effekts aus der Änderung des Diskontierungssatzes. Aus Vereinfachungsgründen darf unterstellt werden, dass Abzinsungssatz und Verpflichtungsumfang jeweils nur zum Ende des laufenden Gj neu geschätzt werden.[155]

> **Beispiel**[156]
> Arzneimittelhersteller P schätzt zum 31.12.01 den Verpflichtungsumfang aus einem Rechtsstreit mit 100.000 bei einer erwarteten Inanspruchnahme in 3 Jahren. Der restlaufzeitäquivalente Abzinsungssatz gem. RückAbzinsV beträgt 4,09 % (7-Jahresdurchschnitt). Die Rückstellung wird zum 31.12.01 mit dem Erfüllungsbetrag von 88.669 erstmalig eingebucht. Aus der Aufzinsung zum 31.12.02 ist im Finanzergebnis (Zinsen und ähnliche Aufwendungen) ein Aufwand i. H. v. 3.627 (= 4,09 % von 88.699) zu erfassen.
> Zum 31.12.02 beläuft sich der Abzinsungssatz bei nur noch 2-jähriger Restlaufzeit auf 3,93 %. Die Rückstellung ist somit mit $100.000 \times 1,0393^{-2} = 92.580$ anzusetzen. Hierdurch sind weitere 284 als Aufwand aus der Zinssatzänderung zu erfassen, wahlweise im operativen Ergebnis oder im Finanzergebnis (s. Rz 141).

Bei der **Bruttomethode** wird der gesamte Erfüllungsbetrag zulasten des operativen Ergebnisses gebucht. Diesem Aufwand wird der erhoffte Finanzierungseffekt aus der Anlage der über die Rückstellungsbildung im Unt gebundenen Mittel gegenübergestellt. Diese Darstellung offenbart die der Abzinsung zugrunde liegende Verrechnung des in der Periode wirtschaftlich verursachten Erfüllungsaufwands mit einem unrealisierten Ertrag, den das Unt in der Zukunft erst noch erwirtschaften muss. Sie ist im Interesse einer klaren Abgrenzung des Betriebsergebnisses vom Finanzergebnis vorzugswürdig. Für die **Nettomethode** spricht dagegen die bessere Vergleichbarkeit mit einem Abschluss nach IFRS, in den die Erfüllungskosten langfristig fälliger Verpflichtungen ebenfalls nur mit ihrem Barwert in das Betriebsergebnis eingehen. Zudem mag die vom Gesetzgeber mit dem Abzinsungsgebot intendierte Stärkung der Informationsfunktion des handelsrechtlichen Jahresabschlusses für diese Darstellung sprechen.[157] Rückstellungen haben nicht nur Schuld-, sondern auch Finanzierungscharakter. Dieser betriebswirtschaftlichen Erkenntnis trägt die Nettomethode Rechnung. Schließlich hat sie aus Unternehmenssicht den Vorteil, das operative Ergebnis nur i. H. d. abgezinsten Erfüllungsbetrags zu belasten. Das führt im mehrjährigen Vergleich ceteris paribus zum Ausweis höherer operativer Ergebnisse als nach der Bruttomethode. Wohl auch deshalb favorisiert die Bilanzierungspraxis ganz überwiegend die Nettomethode.[158]

140

Während § 277 Abs. 5 Satz 1 HGB für den Aufwand aus der Aufzinsung der (Vorjahres-) Rückstellung den Ausweis im Finanzergebnis (Zinsen und ähnliche

141

---

[155] Vgl. IDW RS HFA 34, Tz 12.
[156] Vgl. *Bertram/Kessler*, DB 2012, S. 989.
[157] IDW RS HFA 30, Tz 59 und IDW RS HFA 34, Tz 11 lassen ausschließlich die Nettomethode zu.
[158] Vgl. *Kreipl/Lange/Müller* in Haufe HGB Bilanz Kommentar Erfahrungsbericht BilMoG, 2012, S. 175.

Aufwendungen) vorgibt, ist die GuV-Darstellung der folgenden Effekte auf die Folgebewertung nicht geregelt:
- Zinssatzänderungen,
- Schätzungsänderungen bzgl. der Restlaufzeit,
- teilweiser Verbrauch der Vorjahresrückstellung.

Für den Ausweis von Effekten aus Zinssatzänderungen und Schätzungsänderungen bzgl. der Restlaufzeit bestehen Argumente für einen Ausweis im operativen Ergebnis wie auch im Finanzergebnis.[159] Es besteht ein Ausweiswahlrecht, das vom Bilanzierenden einheitlich und stetig auszuüben ist.[160]

Wird die Vorjahresrückstellung im laufenden Gj teilweise verbraucht, ist fraglich wie die in der GuV auszuweisenden Aufwendungen aus der Aufzinsung der Vorjahresrückstellung zu bestimmen sind. Eine exakte Bestimmung des Zeitpunkts des Verbrauchs ermöglicht zwar die rechnerisch genaueste Bestimmung des Zinsaufwands, ist aber insb. dann aufwendig, wenn der Verbrauch kontinuierlich über das Gj anfällt.[161]

U. E. spricht nichts dagegen, vereinfachend von einer Änderung des Verpflichtungsumfangs (durch teilweisen Verbrauch oder auch durch Schätzungsänderungen) zu Beginn oder zum Ende des Gj auszugehen. Auch diese Entscheidung unterliegt dem Stetigkeitsgebot.

> **Beispiel**[162]
> Die B-GmbH weist zum 31.12.01 eine Rückstellung mit einer Nominalverpflichtung von 2.000 und einer geschätzten Restlaufzeit von 4 Jahren mit ihrem Erfüllungsbetrag i. H. v. 1.694 aus (angenommener 7-Jahresdurchschnittszinssatz gem. RückAbzinsV: 4,24 %). Entgegen der ursprünglichen Schätzung der Restlaufzeit erfolgt zum 31.8.02 eine Inanspruchnahme von 40 % = 800. Zum 31.12.02 wird die restliche Verpflichtung (unverändert) mit 1.200 bei einer Restlaufzeit von 3 Jahren geschätzt. Unter der Annahme eines unveränderten Abzinsungszinssatzes kann der im Finanzergebnis des Gj 02 auszuweisende Aufzinsungsaufwand wie folgt ermittelt werden:
> **Variante A**: Fiktion des Verbrauchs zum 1.1.02. Der Aufzinsungsaufwand berechnet sich mit 51 (4,24 % von 1.200).
> **Variante B**: Fiktion des Verbrauchs zum 31.12.02: Der Aufzinsungsaufwand beträgt 85 (4,24 % von 2.000).
> **Variante C**: Monatsgenaue Berechnung. Der Aufzinsungsaufwand berechnet sich mit 4,24 % von 2.000 für 8 Monate + 4,24 % von 1.200 für 4 Monate = 73. Gegenüber der exakten Variante C ergeben die Varianten A und B deutlich abweichende Ergebnisse. Der Vorteil dieser Methoden liegt in ihrer einfachen Handhabbarkeit. In allen Fällen ist der sich zum 31.12.02 ergebende Rückstellungsbetrag anhand der zum Abschlussstichtag gültigen Parameter zu überprüfen.

---

[159] Zu Einzelheiten vgl. *Bertram/Kessler*, DB 2012, S. 980.
[160] Vgl. IDW RS HFA 34, Tz 49.
[161] Eine Rückstellung für die Aufbewahrung von Geschäftsunterlagen verbraucht sich wirtschaftlich kontinuierlich das gesamte Jahr über, auch wenn rechtlich erst am Jahresende die Verpflichtung für ein zurückliegendes Gj erlischt.
[162] Entnommen aus *Bertram/Kessler*, DB 2012, S. 989.

§ 253 Zugangs- und Folgebewertung

Die in der Praxis im Anhang von Jahresabschlüssen oder weitergehenden Erläuterungen (z.B. im Erstellungs- oder Prüfungsbericht) weit verbreitete Form der Darstellung der Rückstellungsveränderungen mittels eines **Rückstellungsspiegels** sollte eine explizite Berücksichtigung der Zinseffekte vorsehen. Eine mögliche Form der Darstellung sieht wie folgt aus:[163]

142

	Buchwert 1.1.01	Verbrauch	Auflösung	Zuführung	Aufzinsung und Zinssatzanpassung*	Buchwert 31.12.01
	EUR	EUR	EUR	EUR	EUR	EUR
Gesonderte Darstellung wesentlicher Rückstellungsgruppen	...	...	...	...	...	...
	...	...	...	...	...	...
	...	...	...	...	...	...
Summe	...	...	...	...	...	...

*Auch bei der Nettomethode können sich Abzinsungserträge ergeben, wenn z.B. der Erfüllungszeitpunkt einer Verpflichtung gegenüber dem Vorjahr später eingeschätzt wird.

Tab. 2: Rückstellungsspiegel

> **Beispiel**
> Die M-GmbH ist von einem Kunden auf Schadensersatz verklagt worden. Der Anspruch wird inzwischen in einem gerichtlichen Klageverfahren geltend gemacht. Den nominellen Verpflichtungsumfang schätzt die M-GmbH auf 100. Bei Aufstellung des Jahresabschlusses zum 31.12.01 wird der Erfüllungszeitpunkt mit 2 Jahren nach dem Abschlussstichtag geschätzt. Auf Basis eines Diskontierungszinssatzes für zweijährige Laufzeiten von 4,0 % (7-Jahresdurchschnitt) ergibt sich ein Barwert der Rückstellung von 92,5, der zulasten des operativen Ergebnisses am 31.12.01 zurückzustellen ist.
> 31.12.01
>
> | Datum | Konto | Soll | Haben |
> |---|---|---|---|
> | | Sonstige betriebliche Aufwendungen | 92,5 | |
> | | Sonstige Rückstellungen | | 92,5 |
>
> Aufgrund vergeblicher Versuche, im Gj 02 einen Vergleich mit dem Kunden zu erzielen, hat die Unternehmensleitung entschieden, im Klageverfahren alle Rechtsmittel bis in die letzte Instanz auszuschöpfen. Der nominelle Verpflichtungsumfang wird nunmehr mit 150, der Erfüllungszeitpunkt in 3 Jahren nach dem Abschlussstichtag geschätzt. Auf Basis eines Abzinsungssatzes für 3-jährige Restlaufzeiten von 4,20 % ergibt sich ein Barwert der Rückstellung (Erfüllungsbetrag) von 132,6. Der Anstieg der Rückstellung resultiert aus der Erhöhung der geschätzten Inanspruchnahme und den gegenläufigen Zinseffekten. Am 31.12.02 ist wie folgt zu buchen:

---

[163] In Anlehnung an *Kessler*, in *Kessler/Leinen/Strickmann*, BilMoG, 2. Aufl. 2010, S. 393.

31.12.02			
Datum	Konto	Soll	Haben
	Sonstige betriebliche Aufwendungen	44,2	
	Zinsen und ähnliche Erträge		4,1
	Sonstige Rückstellungen		40,1

Die Einzelbeträge ermitteln sich wie folgt: Die Erhöhung der erwarteten Schadensersatzzahlung um 50 lässt den notwendigen Erfüllungsbetrag unter Berücksichtigung einer 3-jährigen Abzinsung mit 4,20 % um 44,2 ansteigen. Für den bisher geschätzten Verpflichtungsbetrag von 100 ermittelt sich bei einer 3-jährigen Abzinsung mit 4,20 % ein Barwert von 88,4. Verglichen mit dem Barwert des Vorjahrs von 92,5 ergibt sich ein Aufzinsungsertrag von 4,1. Der Rückstellungsspiegel für das Gj 02 stellt sich wie folgt dar:

	Buchwert 1.1.02	Zuführung	Aufzinsung	Buchwert 31.12.02
Rückstellung für Schadensersatz	92,5	44,2	– 4,1	132,6

3.2 Vereinfachungen für Altersversorgungsverpflichtungen und vergleichbare langfristig fällige Verpflichtungen

3.2.1 Altersversorgungsverpflichtungen

143 Praktische **Vereinfachungen** sind für die Barwertermittlung von **Altersversorgungsverpflichtungen** vorgesehen. Diese betreffen zunächst den Zeitpunkt der Rückstellungsberechnung. Die in der Praxis etablierte Verfahrensweise, Pensionsgutachten 2 bis 3 Monate vor dem Abschlussstichtag nach Maßgabe der geschätzten Verhältnisse am Abschlussstichtag einzuholen, ist im Regelfall nicht zu beanstanden (Rz 76).

144 Nach dem Einzelbewertungsgrundsatz ist jede Pensionsverpflichtung einzeln zu bewerten. Das erfordert die Wahl eines individuellen, der jeweiligen geschätzten Restlaufzeit der Verpflichtung entsprechenden Zinssatzes. Diese Verfahrensweise ist nicht nur aufwendig, sondern bereitet zusätzliche Ermittlungsprobleme, wenn die Restlaufzeit als Duration ermittelt wird und die Fristigkeit einzelner Pensionszahlungen mehr als 50 Jahre beträgt. Da die Deutsche Bundesbank Zinsstrukturkurven für Festzinsswaps für diese Zeiträume nicht zur Verfügung stellt, wäre der zu wählende Zinssatz durch Extrapolation zu ermitteln.[164]

145 Um die Bewertung von Pensionsrückstellungen zu vereinfachen, erlaubt § 253 Abs. 2 Satz 2 HGB, „Altersversorgungsverpflichtungen oder vergleichbare langfristig fällige Verpflichtungen **pauschal** mit dem durchschnittlichen Marktzinssatz" abzuzinsen, „der sich bei einer angenommenen **Restlaufzeit von 15 Jahren** ergibt" (Hervorhebungen durch den Verf.). Diese Ausnahme vom Einzelbewertungsgrundsatz steht ebenfalls unter dem Vorbehalt, das vom Jahresabschluss zu vermittelnde, den tatsächlichen Verhältnissen entsprechende Bild der Vermögens-, Finanz- und Ertragslage nicht zu beeinträchtigen. Insbesondere bei einem hohen

---

[164] IDW RS HFA 34, Tz 45 lässt für derartige Verpflichtungen aus Wesentlichkeitsgesichtspunkten die Verwendung des Abzinsungssatzes für 50-jährige Restlaufzeiten zu. Die Abzinsung hat aber auf Basis der erwarteten (längeren) Restlaufzeit zu erfolgen.

Durchschnittsalter der Pensionsberechtigten kann diese Vereinfachungslösung problematisch sein. Liegt die Restlaufzeit der Verpflichtungen deutlich unter 15 Jahren, führt die Abzinsung mit dem typisierten Durchschnittszins bei normaler Zinsstrukturkurve zu einer Unterdotierung der Pensionsrückstellungen und verstößt damit gegen das Gebot des vollständigen Schuldenausweises. Die Frage, wann ein Jahresabschluss nicht mehr ein den tatsächlichen Verhältnissen entsprechendes Bild der Vermögens-, Finanz- und Ertragslage zeigt, bleibt offen und enthält daher einen nicht unerheblichen Beurteilungsspielraum.[165]

Kompensatorische Effekte durch etwaig vorhandenes Deckungsvermögen ergeben sich nicht, weil das Deckungsvermögen – im Unterschied zur Pensionsverpflichtung – an jedem Abschlussstichtag zum beizulegenden Zeitwert, d. h. mit aktuellen (also gegenwärtig niedrigen) Zinssätzen anzusetzen ist (vgl. Rz 123).

Die Vereinfachungslösung ist sowohl für Altersversorgungsverpflichtungen als auch für „vergleichbare langfristig fällige Verpflichtungen" anwendbar. Allerdings ist zu beachten, dass aufgrund der Neufassung von Abs. 2 Satz 1 der Vorschrift Altersversorgungsverpflichtungen nunmehr mit einem **10-Jahresdurchschnitt** abzuzinsen sind, während für vergleichbare langfristig fällige Verpflichtungen der bisherige 7-Jahresdurchschnitt weiterhin gilt. Insofern kommt der Abgrenzung der Altersversorgungsverpflichtungen von den vergleichbaren langfristig fälligen Verpflichtungen große Bedeutung zu (vgl. Rz 70 ff.).

Ein Abweichen von der Vereinfachungslösung dürfte in der Praxis allerdings nur in Ausnahmefällen geboten sein. Die bei Wahl eines einheitlichen Zinssatzes gesetzlich festgeschriebene Restlaufzeit von 15 Jahren berücksichtigt bereits den infolge der demografischen Entwicklung durchschnittlich bestehenden Überhang älterer Arbeitnehmer. Weicht die Duration der Altersversorgungsverpflichtungen des Unt deutlich von der unterstellten durchschnittlichen Restlaufzeit nach oben (bei relativ großem Anteil junger Berechtigter) oder nach unten (bei überwiegend aus Rentnern bestehenden Beständen) ab, kann die Anwendung des Wahlrechts zu einer nicht den tatsächlichen Verhältnissen entsprechenden Darstellung der Vermögens-, Finanz- und Ertragslage führen. In diesem Fall darf die Vereinfachungslösung keine Anwendung finden.[166] Stattdessen ist der Abzinsungssatz nach den allgemeinen gesetzlichen Vorgaben anhand der Duration der Pensionsverpflichtungen am Abschlussstichtag zu ermitteln. Das kann sowohl im Weg einer Einzelbewertung als auch mittels Gruppenbewertung nach § 240 Abs. 4 HGB erfolgen, die für Pensionen mit annähernd gleicher Duration einen einheitlichen Zinssatz bestimmt. Mangels konkreter Vorgaben des Gesetzgebers verbleibt dem Bilanzierenden allerdings in der Frage, wann von der Vereinfachungslösung des § 253 Abs. 2 Satz 2 HGB abzurücken ist, ein nicht unerheblicher Beurteilungsspielraum.[167]

Altersversorgungsverpflichtungen, die **in Fremdwährung** zu erfüllen sind, unterliegen ebenfalls den Regelungen des Abs. 2. Zur Ermittlung ihres Barwerts kann der von der Deutschen Bundesbank veröffentlichte Zinssatz herangezogen werden, solange diese Verfahrensweise nicht zu deutlichen Verwerfungen im Vergleich zu einer Abzinsung mit einem währungskongruenten Zinssatz führt.

---

[165] Vgl. *Göllert*, DB 2008, S. 1166.
[166] Vgl. BilMoG-BegrRegE, S. 55; IDW RS HFA 30, Tz 57.
[167] Vgl. *Göllert*, DB 2008, S. 1166.

und damit den Einblick in die Vermögens-, Finanz- und Ertragslage beeinträchtigt. Auch in diesem Punkt fehlen Hinweise, bis zu welcher Zins- bzw. Barwertdifferenz die Diskontierung mit dem fristadäquaten Zinssatz für den Euroraum noch vertretbar ist. Die Antwort auf diese Frage hängt zum einen von der Bedeutung der Altersversorgungsverpflichtungen für das Unt ab. Zum anderen ist das Zusammenwirken des Abzinsungssatzes mit den übrigen Parametern für die Rückstellungsbewertung zu berücksichtigen. Das gilt insb. für die antizipierten Lohn-, Gehalts- und Rentensteigerungen.

> **Beispiel**
> Ein Unt unterhält eine Zweigniederlassung in Brasilien. Für die dortigen Mitarbeiter bestehen Pensionszusagen. Bei der Schätzung des notwendigen Erfüllungsbetrags der Verpflichtungen wird aufgrund der hohen Inflation in Brasilien von einem Lohn- und Gehaltstrend von 15 % ausgegangen. Würden diese notwendigen Erfüllungsbeträge mit einem im Euroraum ermittelten Diskontierungszinssatz abgezinst, ergäbe sich eine deutliche Überdotierung. Daher sind die Verpflichtungen mit einem währungskongruenten Diskontierungszinssatz (10-Jahresdurchschnitt) aus Brasilien abzuzinsen.

3.2.2 Vergleichbare langfristig fällige Verpflichtungen

148 Zum Begriff der vergleichbaren langfristig fälligen Verpflichtungen vgl. Rz 73. Auch für ihre Diskontierung eröffnet § 253 Abs. 2 Satz 2 HGB die Möglichkeit, den einer Restlaufzeit von 15 Jahren entsprechenden durchschnittlichen Marktzins heranzuziehen (Rz 145). Diese Vereinfachung kommt nach der Regierungsbegründung wie bei Altersversorgungsverpflichtungen nur in Betracht, wenn sie das Einblicksgebot des § 264 Abs. 2 Satz 1 HGB nicht verletzt. Bedenklich erscheint ihre Anwendung daher auf Altersteilzeitverpflichtungen, deren durchschnittliche Restlaufzeit nur wenige Jahre beträgt. Ihre pauschale Abzinsung mit einem Zinssatz, der sich bei einer angenommenen Restlaufzeit von 15 Jahren ergibt (7-Jahresdurchschnitt), führt bei einer normalen Zinsstruktur zu einer zu niedrigen Rückstellungsbewertung. Vielmehr ist zu empfehlen, einen **an der durchschnittlichen Duration der Verpflichtungen orientierten Zinssatz** einheitlich zu verwenden, d. h. anstelle des 15-jährigen Diskontierungszinssatzes bei Altersteilzeitverpflichtungen z. B. den für zwei- oder dreijährige Restlaufzeiten anzuwendenden Zinssatz.[168]

149 Für Jubiläumsrückstellungen und Verpflichtungen aus Lebensarbeitszeitmodellen kann die Pauschalierung einer 15-jährigen Restlaufzeit zu angemessenen Ergebnissen führen. Eine Einzelbewertung unter Berücksichtigung ihrer individuellen Restlaufzeit ist daher in vielen Fällen nicht erforderlich.

3.3 Rentenschulden (Abs. 2 Satz 3)

150 Abs. 2 Satz 3 der Vorschrift schreibt für auf Rentenverpflichtungen beruhende Verbindlichkeiten die entsprechende Anwendung der Sätze 1 und 2 vor. Der-

---

[168] Gl. A. *Johannleweling*, BetrAV 2010, S. 451, der sich hierbei auf § 256 Satz 2 i. V. m. § 240 Abs. 4 HGB stützt.

artige Rentenschulden sind demnach wie Rückstellungen abzuzinsen. Anders als bei Rückstellungen allgemein dient die Abzinsung hier jedoch der Eliminierung eines im Verpflichtungsumfang enthaltenen Zinsanteils für künftige Kapitalüberlassungen. Dieser ist – wie bei anderen gestundeten Verbindlichkeiten aus Austauschgeschäften auch – nicht passivierungsfähig.

Unter **Renten** sind für eine bestimmte Zeitdauer (Zeitrente) oder während der Lebenszeit eines Menschen (Leibrente) periodisch wiederkehrende Leistungen in Geld, Geldeswert oder vertretbaren Sachen aufgrund eines selbstständigen Rechts (Rentenstammrechts) zu verstehen.[169] Nicht unter den Begriff der auf Rentenverpflichtungen beruhenden Verbindlichkeiten fallen die Altersversorgungsverpflichtungen. Aufgrund der ihnen eigenen Ungewissheit dem Grund und der Höhe nach, die sich in der Verwendung biometrischer Rechnungsgrundlagen äußert, sind sie als Rückstellungen und nicht als Verbindlichkeiten auszuweisen. Typische Fälle von Rentenverpflichtungen i. S. d. § 253 Abs. 2 Satz 3 HGB sind verrentete Kaufpreisschulden.

151

152

> **Beispiel**
> Der 60-jährige Unternehmer A verkauft sein Unt an die F-GmbH. Der Kaufpreis von 1.000 wird nach den Regelungen des Kaufvertrags verrentet. Danach erhält A eine lebenslange jährliche Rente von 75. Die Rente wurde auf Basis einer Lebenserwartung von 80 Jahren und eines Zinssatzes von 5,0 % von den Kaufparteien berechnet.

Die Abzinsung derartiger Rentenschulden hat ebenfalls mittels der von der Deutschen Bundesbank veröffentlichten Diskontierungszinssätze zu erfolgen, wie Abs. 3 der Vorschrift eindeutig anweist. Da es sich nicht um Rückstellungen für Altersversorgungsverpflichtungen handelt, kommt der 7-Jahresdurchschnittszins zur Anwendung (Rz 125). Danach ist entsprechend der voraussichtlichen Restlaufzeit der Verpflichtung – ermittelt nach dem Durationskonzept (Rz 148) – der laufzeitäquivalente Sieben-Jahresdurchschnittszins anzuwenden. Alternativ kann auch der pauschalierte 15-Jahreszins nach Satz 2 der Vorschrift angewendet werden, sofern diese Verfahrensweise zu keinen wesentlichen Abweichungen von der genauen Barwertermittlung führt.

153

Fraglich ist, wie vorzugehen ist, wenn die Vertragsparteien wie in dem obigen Beispiel explizit einen Zinssatz der Bestimmung der Rentenverpflichtung zugrunde legen, der vom Sieben-Jahresdurchschnittszins abweicht.

154

> **Beispiel**
> Die F-GmbH hat sich verpflichtet, dem Unternehmer A als Gegenleistung für die Übertragung seines Unt. eine lebenslange Rente von jährlich 75 zu zahlen. Der F-GmbH steht das Recht zu, die Rentenverpflichtung mit einer Kündigungsfrist von zwölf Monaten zum Barwert ablösen, der sich auf der Grundlage eines Zinssatzes von 6 % p. a. und einer Lebenserwartung von 80 Jahren ergibt. Zum 1.1.2020 kündigt die F-GmbH die Rentenschuld, um diese abzulösen. Es ermittelt sich ein Ablösungsbetrag von rd. 585. Die Abzinsung

---

[169] Vgl. *Kessler*, in *Kessler/Leinen/Strickmann*, BilMoG, 2. Aufl. 2010, S. 397.

> der während der erwarteten Restlebenszeit des Verkäufers zu leistenden Rentenzahlungen nach der Vereinfachungslösung des § 253 Abs. 2 Satz 2 HGB auf den 31.12.2019 ergibt auf Basis eines angenommenen Zinssatzes von 5,2 % einen Barwert von rund 603.
> Durch den vertraglich vereinbarten Ablösungsbetrag ist die Verzinsung des von der F-GmbH in Form von Rentenzahlungen zu leistenden Kaufpreises auf 6 % p. a. fixiert. Die Barwertermittlung mit einem abweichenden Zinssatz führt damit zwangsläufig zu einer falschen Schuldenbewertung. Das zeigt sich im Zeitpunkt der Ablösung. Zum 31.12.2019 beläuft sich die Rentenschuld nach der Bewertungsanweisung des § 253 Abs. 2 Satz 3 HGB auf 603. Wird diese zum 1.1.2020 zu 585 abgelöst, weist die F-GmbH einen Gewinn aus dem Abgang der Schuld von 18 aus. Das ist die Folge der fehlerhaften Barwertermittlung in den Vorjahren.

In Fällen einer expliziten Verzinsungsabrede erscheint eine teleologische Reduktion von § 253 Abs. 2 Satz 3 HGB sachgerecht, sodass anstelle des nach der RückAbzinsV zum jeweiligen Abschlussstichtag zu ermittelnden 7-Jahresdurchschnittszinssatzes der von den Vertragsparteien tatsächlich vereinbarte Zins zu verwenden ist.[170] Dazu muss allerdings der von den Vertragsparteien zugrunde gelegte Zinssatz **objektiv aus der Vereinbarung** hervorgehen. Der Gesetzgeber will durch die Abzinsungsregelung einen zutreffenden Schuldenausweis bei gleichzeitiger Ausschaltung von bilanzpolitischen Gestaltungsspielräumen bei der Wahl des Abzinsungssatzes erreichen.[171] In der dargestellten Konstellation wird die Schuld des Käufers durch eine objektiv nachprüfbare Verzinsungsabrede determiniert. Da dieser unter Dritten vereinbarter Zinssatz die vom Gesetzgeber beabsichtigte Objektivierung gewährleistet, besteht die Gefahr der bilanzpolitischen Gestaltung nicht.

155 Im Gegensatz zu Rückstellungen unterliegt die Bewertung von Rentenschulden dem Höchstwertprinzip.[172] Eine Herabsetzung ihres Buchwerts unter den Zugangswert ist deshalb nur zulässig, wenn die Vermutung der Wiederkehr des höheren Verpflichtungsbetrags so gut wie ausgeschlossen ist. Dazu sei das vorstehende Beispiel wie folgt abgewandelt:

> **Beispiel**
> Die F-GmbH hat für das Ende 01 erworbene Unt von A eine jährliche lebenslange Rente von 75 an den Unternehmer A zu zahlen. In Anwendung der Vereinfachungsregelung des § 253 Abs. 2 Satz 2 HGB zinst sie diese mit dem einer Restlaufzeit von 15 Jahren entsprechenden durchschnittlichen Marktzins ab. Die durchschnittliche Restlebenserwartung von A liegt am 31.12.01 bei 20 Jahren. Zu den einzelnen Bewertungsstichtagen veröffentlicht die Deutsche Bundesbank die folgenden bewertungsrelevanten Marktzinssätze:

---

[170] Vgl. *Kessler*, in *Kessler/Leinen/Strickmann*, BilMoG, 2. Aufl. 2010, S. 399.
[171] Vgl. BilMoG-BgrRegE, S. 55.
[172] Vgl. *Schubert*, in Beck Bil-Komm., 10. Aufl. 2016, § 253 Rz 186.

Stichtag	31.12.01	31.12.02	31.12.03	31.12.04	31.12.05
Zinssatz	5,0 %	4,8 %	5,3 %	4,9 %	5,2 %

Im Jahresabschluss zum 31.12.01 ist die Rentenverbindlichkeit aus dem Unternehmenserwerb mit einem Zugangswert von 935 einzubuchen. Sieht man von Zinsänderungen ab, entwickelt sich der Buchwert der Rentenverbindlichkeit bis zum 31.12.05 wie in Spalte 4 der nachstehenden Übersicht dargestellt.[173]

Stichtag	Undiskontierte Schuld	Restlaufzeit (Jahre)	Barwert 5,0 %	Barwert aktueller Zins	Buchwert
31.12.01	1.500	20,0	935	935	935
31.12.02	1.425	19,0	906	921	921
31.12.03	1.350	18,0	877	857	877
31.12.04	1.275	17,0	846	852	852
31.12.05	1.200	16,0	813	801	813

Die Diskontierung mit dem am jeweiligen Abschlussstichtag gültigen fristadäquaten Marktzinssatz führt zu der in Spalte 5 dargestellten Barwertentwicklung. Da zum 31.12.03 der aktuelle Diskontierungszins erstmals über dem Zinssatz im Zeitpunkt der Einbuchung der Schuld liegt, unterschreitet der aktuelle Barwert zu diesem Stichtag den planmäßig fortgeführten Zugangswert um 20. Der Wertansatz von 857 würde gegen das Höchstwertprinzip verstoßen, da die Vermutung der Wiederkehr des höheren fortgeführten Zugangswerts nicht entkräftet ist. Die Rentenschuld ist daher zu den einzelnen Stichtagen mit dem höheren Betrag aus fortgeführtem Zugangswert (Spalte 4) und Barwert auf Basis des aktuellen fristadäquaten Marktzinssatzes (Spalte 5) zu bewerten (Spalte 6).

4 Abschreibung von Vermögensgegenständen des Anlagevermögens (Abs. 3)

4.1 Planmäßige Abschreibung (Abs. 3 Sätze 1 und 2)

4.1.1 Abzuschreibende Vermögensgegenstände

§ 253 Abs. 3 Satz 1 HGB regelt, dass die Wertansätze aller VG, deren **Nutzbarkeit zeitlich begrenzt** ist, durch planmäßige Abschreibungen gemindert werden müssen. Die begrenzte Nutzbarkeit eines VG resultiert im Wesentlichen entweder aus einer **mengenmäßigen Abnutzung** (z.B. als technischer Verschleiß durch Abnutzung oder Substanzverringerung durch Abbau), aus einer **wertmäßigen Abnutzung** (z.B. wegen technischen Fortschritts oder Modell-

---

[173] Biometrische Wahrscheinlichkeiten bleiben unberücksichtigt.

wechseln) oder **einer rechtlichen Abnutzung** (z. B. bei einer begrenzten Schutzwirkung von Rechten). Nicht entscheidend ist dagegen, ob ein (in seiner Nutzbarkeit nicht begrenzter) VG in einem bestimmten Unt nur für eine zeitlich begrenzte Nutzung vorgesehen ist.[174]

157 Einer planmäßigen Abschreibung sind gleichermaßen materielle wie immaterielle VG des AV zu unterziehen. Unter die **materiellen** VG, die planmäßig abzuschreiben sind, fallen grds. alle beweglichen und unbeweglichen VG des **Sachanlagevermögens** (§ 266 Rz 37 ff.). Ausnahmen bilden hier im Wesentlichen Grundstücke (sofern sie nicht ausgebeutet werden)[175] und Anlagen im Bau. Unter die **immateriellen** VG, die wegen einer begrenzten Nutzbarkeit planmäßig abzuschreiben sind, fallen insb. **zeitlich befristete Rechte** wie Konzessionen, gewerbliche Schutzrechte u. ä. Rechte oder Lizenzen, aber auch selbst erstelltes IAV mit Ausnahme von selbst geschaffenen Marken, Drucktiteln oder Kundenlisten (s. hierzu auch Rz 213 ff.).

158 Auch der **derivative GoF** gilt gem. § 246 Abs. 1 Satz 4 HGB als zeitlich begrenzt nutzbarer VG. Daher muss seine Folgebewertung stets auf der Grundlage von planmäßigen Abschreibungen nach § 253 HGB durchgeführt werden (s. hierzu auch Rz 209 ff.).

159 Seit dem Inkrafttreten des BilRUG ist für den Fall, dass die voraussichtliche Nutzungsdauer von selbst erstellten immateriellen VG des AV bzw. von derivativen GoF nicht verlässlich geschätzt werden kann, gem. § 253 Abs. 3 HGB eine planmäßige Abschreibung über einen Zeitraum von zehn Jahren vorgesehen[176] (s. hierzu Rz 206 ff. und 213 ff.).

160 **Nicht** unter die abnutzbaren VG fallen **geleistete Anzahlungen** (auf Sachanlagevermögen oder auf immaterielle VG) sowie **Finanzanlagen**. Sie unterliegen somit auch nicht den Bestimmungen der planmäßigen Abschreibung.

4.1.2 Abschreibungspläne

4.1.2.1 Planmäßigkeit

161 Die planmäßige Abschreibung von zeitlich begrenzt nutzbarem AV erfordert für jeden **einzelnen VG** das **Aufstellen eines Abschreibungsplans**. Dazu muss bereits mit Beginn der Abschreibungen der jährliche Abschreibungsbetrag für die **gesamte Nutzungsdauer** festgelegt werden, indem zumindest die rechnerischen Grundlagen hierfür definiert wurden. Ziel des Abschreibungsplans ist es, die AHK auf die voraussichtliche Nutzungsdauer des jeweiligen VG zu verteilen. Dadurch wird der Wert des VG am Abschlussstichtag ermittelt und der jährliche Aufwand durch dessen Abnutzung periodisiert und erfolgswirksam erfasst.[177]

162 Die Planmäßigkeit impliziert, dass wegen des Grundsatzes der Bewertungsstetigkeit gem. § 252 Abs. 1 Nr. 6 HGB an einem **einmal aufgestellten Plan festgehalten** werden muss.[178] Nur in begründeten **Ausnahmefällen**, z. B. wegen

---

[174] Vgl. *Schubert/Andrejewski/Roscher*, in Beck Bil-Komm., 10. Aufl., 2016, § 253 HGB Rz 212; ADS, 6. Aufl., § 253 HGB, Rz 355.
[175] Vgl. ADS, 6. Aufl., § 253 HGB, Rz 356 und 357.
[176] Diese Regelung ist vorgesehen für selbst erstellte immaterielle VG des AV, die nach dem 31.12.2015 aktiviert wurden, sowie für aus Erwerbsvorgängen nach dem 31.12.2015 hervorgegangene GoF. Vgl. BGBl 2015 I S. 1245.
[177] Vgl. ADS, 6. Aufl., § 253 HGB, Rz 358.
[178] Dies wurde durch das BilMoG bekräftigt, indem die ursprüngliche Sollvorschrift als verpflichtende Vorschrift formuliert wurde. Vgl. BilMoG-BgrRegE, S. 52.

erforderlicher Korrekturen, können **Änderungen** des Abschreibungsplanes vorgenommen werden (s. auch Rz 192).

Abschreibungspläne werden durch die folgenden **Rahmenbedingungen** festgelegt:
- AHK sowie ein etwaiger Restwert (s. Rz 164),
- voraussichtliche Nutzungsdauer (s. Rz 168),
- gewählte Abschreibungsmethode (s. Rz 175).

163

4.1.2.2 Anschaffungs-/Herstellungskosten und Restwert

Die **AHK** (§ 255 Abs. 1 und 2 HGB) sind im Rahmen einer planmäßigen Abschreibung über die (voraussichtliche) Nutzungsdauer zu verteilen. Es handelt sich dabei zugleich um die Bewertungsobergrenze, zu dem abnutzbare VG des AV bilanziell abgebildet werden dürfen (§ 253 Abs. 1 Satz 1 HGB). Eine Ausnahme von diesem Grundsatz besteht allerdings bei der Bewertung von Deckungsvermögen bei Altersversorgungsverpflichtungen (s. dazu Rz 117). Soweit keine entsprechenden Informationen vorliegen, wird i.d.R. bei einer planmäßigen Abschreibung davon ausgegangen, dass am Ende der Nutzungsdauer eines VG kein oder kein nennenswerter **Restwert** (z.B. Schrottwert) vorliegt. In diesem Falle werden die AHK vollständig über die voraussichtliche Nutzungsdauer verteilt.[179] Ist dagegen mit ausreichender Sicherheit davon auszugehen, dass am Ende der Nutzungsdauer ein (nicht unwesentlicher) Restwert vorhanden ist, muss dieser u.E. berücksichtigt werden, indem die AHK um diesen Betrag (abzgl. eventuell in diesem Zusammenhang anfallender Aufwendungen) vermindert werden.[180]

164

165

> **Beispiel**
> Die A-AG erwirbt am 1.1.01 eine Maschine zu AK von 1 Mio.. Die voraussichtliche Nutzungsdauer beträgt 10 Jahre. Da die Maschine wesentliche Bauteile aus Stahl enthält und die Stahlpreise in den vergangenen Jahren stetig angestiegen sind, kann die A-AG mit ausreichender Sicherheit davon ausgehen, dass auch nach der vollständigen Abnutzung der Maschine in 10 Jahren ein Restwert (Schrottwert) für die Maschine vorhanden sein wird. Die AK der Maschine sind daher um diesen Restwert zu vermindern und anschließend über die Nutzungsdauer von 10 Jahren zu verteilen.
> Wenn der abzuziehende Restwert bspw. 100 beträgt (Gewicht der Bauteile aus Stahl × künftig erwarteter Stahlpreis), sind lediglich 900 über die Nutzungsdauer von zehn Jahren zu verteilen.

Es sind auch solche Restwerte zu berücksichtigen, die vor einer vollständigen Abnutzung des VG erzielt werden.[181] Während in der betrieblichen Praxis aufgrund von Schätzunsicherheiten bzgl. des voraussichtlichen Restwerts zumeist von einer Berücksichtigung von Restwerten abgesehen wird,[182] gibt es

166

---

[179] Vgl. *Schubert/Andrejewski/Roscher*, in Beck Bil-Komm., 10. Aufl., 2016, § 253 HGB Rz 223.
[180] Vgl. ADS, 6. Aufl., § 253 HGB, Rz 415.
[181] Vgl. *Brösel/Olbrich*, in *Küting/Pfitzer/Weber*, HdR, HGB § 253, Rn 455, Stand 11/2012.
[182] Vgl. WPH Edition, Wirtschaftsprüfung & Rechnungslegung, 15. Aufl., 2017, Abschn. F, Tz 177.

gleichwohl eine Vielzahl denkbarer Anwendungsfälle, wie das nachfolgende Beispiel illustriert.

Beispiel
Die X-GmbH erwirbt am 1.1.01 einen Pkw für einen Vertriebsmitarbeiter. Die AK betragen 30.000. Die betriebsgewöhnliche Nutzungsdauer des Pkw wird mit 5 Jahren bestimmt. Bei keiner Berücksichtigung eines Restwerts und unter Verwendung der linearen Abschreibungsmethode ergibt sich folgende Entwicklung der Buchwerte und Abschreibungen in den 5 Gj:

Abschlussstichtag	Buchwert	Abschreibung
31.12.01	24.000,00	6.000,00
31.12.02	18.000,00	6.000,00
31.12.03	12.000,00	6.000,00
31.12.04	6.000,00	6.000,00
31.12.05	0,00	6.000,00

Tatsächlich geht die X-GmbH gar nicht von einer betriebsgewöhnlichen Nutzungsdauer von 5 Jahren aus. Da der Vertriebsmitarbeiter aufgrund seiner Reisetätigkeit hohe jährliche Laufleistungen des Pkw verursacht, werden die Fahrzeuge der Vertriebsmitarbeiter nach 3 Jahren ersetzt. Erfahrungsgemäß ist bei einer erwarteten Laufleistung von 150.000 km nach 3 Jahren die Reparaturanfälligkeit hoch, sodass die Fahrzeuge dann veräußert werden. Anhand der Schwacke-Liste lässt sich der zu erwartende Restwerterlös nach 3 Jahren mit 9.000 bestimmen. Würde die X-GmbH den Pkw über die voraussichtliche Nutzungsdauer von 3 Jahren unter Berücksichtigung des Restwerts von 9.000 abschreiben, ergäbe sich folgendes Bild:

Abschlussstichtag	Buchwert	Abschreibung
31.12.01	23.000	7.000
31.12.02	16.000	7.000
31.12.03	9.000	7.000

Die Abschreibung spiegelt in dieser Variante den tatsächlichen Werteverzehr zutreffend wider. Bei Veräußerung des Pkw am 31.12.03 fällt kein Buchgewinn oder -verlust an. Demgegenüber ergäbe sich in der obigen Variante (Abschreibung für 5 Jahre ohne Restwertberücksichtigung) bei Veräußerung des Pkw bei einem Veräußerungserlös von 9.000 und einem Buchwert von 12.000 ein Veräußerungsverlust von 3.000. Wirtschaftlich entspricht dieser Veräußerungsverlust der in den 3 Gj zu niedrigen Abschreibung von jeweils 1.000 (7.000 ./. 6.000).

167 Die Berücksichtigung von Restwerten führt zu einem zutreffenderen Aufwandsverlauf und vermeidet zudem den Anfall „absehbarer" Veräußerungsgewinne und -verluste. Dies gilt allerdings nur für solche VG, bei denen sich Restwerte zuverlässig bestimmen lassen, wie das bei Pkw gegeben ist, zumal es sich um gleichartige VG handelt, für die ein entsprechender Käufermarkt vorhanden ist.

Bei anderen VG des AV – z.B. Spezialmaschinen – ist die Restwertabschätzung häufig schwierig, da nicht nur der eigentliche Veräußerungserlös, sondern auch Veräußerungskosten (z.B. Transport- oder Abbruchkosten) zur Bestimmung des Restwerts berücksichtigt werden müssen. Zudem führt die Berücksichtigung von Restwerten bei der Schätzung von Abschreibungsverläufen zu einer höheren Wahrscheinlichkeit der Notwendigkeit einer Plananpassung. Wäre in dem obigen Beispiel zum Ende des Gj 02 erkennbar, dass sich die erwarteten Veräußerungserlöse zum 31.12.03 nicht mehr auf 9.000, sondern auf z.B. nur noch 5.000 beliefen, wäre eine Plankorrektur erforderlich. Bei der Schätzung von Restwerten, die bei der Bestimmung von Abschreibungsverläufen berücksichtigt werden, ist stets das Vorsichtsprinzip zu beachten, d.h., im Zweifel ist eher ein niedrigerer als ein höherer Restwert anzusetzen.

4.1.2.3 Voraussichtliche Nutzungsdauer

Das zweite wesentliche Kriterium, welches einen Abschreibungsplan bestimmt, ist die voraussichtliche Nutzungsdauer des abnutzbaren Anlageguts. Die Nutzungsdauer bestimmt den **Abschreibungszeitraum** des VG und **beginnt** mit dessen Lieferung/Überlassung bzw. mit dessen Fertigstellung und Inbetriebnahme.[183] Entscheidend ist dabei, dass das Anlagegut ab diesem Zeitpunkt bestimmungsgemäß genutzt werden könnte.[184] Auf den tatsächlichen Beginn der Nutzung, der sich ggf. aus innerbetrieblichen Gründen verzögern kann, kommt es dagegen nicht an.[185] 168

Der Abschreibungszeitraum **endet** mit dem voraussichtlichen Ende der **betriebsindividuellen Nutzung** eines Anlageguts und kann daher wesentlich durch die Einschätzungen des Kfm. beeinflusst werden. Grundsätzlich werden das technische, das wirtschaftliche und das rechtliche Nutzungsende unterschieden. 169

Das **technische Nutzungsende** wird durch den Zeitpunkt bestimmt, bis zu dem das Anlagegut in einem Unt technisch einwandfrei genutzt werden kann. Hierbei handelt es sich i.d.R. um die längst mögliche Nutzungsdauer eines VG. Die **wirtschaftliche Nutzungsdauer** wird dagegen durch Rentabilitätsaspekte geprägt und endet, wenn die Nutzung eines Anlageguts z.B. auf der Grundlage von Investitionsberechnungen nicht mehr rentabel ist.[186] Die **rechtliche Nutzungsdauer** wird schließlich durch Fristablauf bestimmt, indem eine Nutzung durch entsprechende Verträge zeitlich begrenzt wird oder entsprechende Nutzungsrechte auslaufen.[187] Hiervon sind vor allem immaterielle VG (z.B. Lizenzen) betroffen. 170

Im konkreten Fall hat die Bestimmung der betriebsindividuellen Nutzungsdauer eines Anlageguts gem. § 252 Abs. 4 HGB **vorsichtig** zu erfolgen. Der Vorsichtsgedanke ist deshalb besonders zu berücksichtigen, weil die Ermittlung der Nutzungsdauer in weiten Teilen von den Einschätzungen des Kfm. abhängt und sich daher umfassende **Ermessensspielräume** ergeben. Grundsätzlich können 171

---

[183] Vgl. *Schubert/Andrejewski/Roscher*, in Beck Bil-Komm. 10. Aufl., 2016, § 253 HGB, Rz 224.
[184] So auch der BFH, Urteil v. 22.9.2016, IV R 1/14, DStR 2016, S. 2895; dazu *Hoffmann*, StuB 2017, S. 89.
[185] Vgl. *Brösel/Olbrich*, in *Küting/Pfitzer/Weber*, HdR, HGB § 253, Rn 460, Stand 11/2012.
[186] Vgl. *Brösel/Olbrich*, in *Küting/Pfitzer/Weber*, HdR, HGB § 253, Rn 464, Stand 11/2012.
[187] Vgl. ADS, 6. Aufl., § 253 HGB, Rz 373.

Erfahrungswerte des Kfm. oder **Branchenwerte** von vergleichbaren Anlagegütern nützliche Hinweise für die voraussichtliche Nutzugsdauer liefern. Denkbar und in der Praxis auch weit verbreitet ist eine Orientierung an den **branchengebundenen AfA-Tabellen,** die in Zusammenarbeit zwischen dem BMF und den entsprechenden Verbänden der Wirtschaft originär für steuerliche Zwecke herausgegeben werden. Vielfach werden aber auch die, ebenfalls für steuerliche Abschreibungen generierten, **nicht branchenspezifischen AfA-Tabellen** für allgemein verwendbare Anlagegüter herangezogen.[188]

172 Seit der Neufassung der **AfA-Tabellen für allgemein verwendbare Anlagegüter** im Jahr 2000 stellt das BMF für die Bemessung der jährlichen steuerlichen Abschreibungsbeträge auf die technische Nutzungsdauer eines Anlageguts ab. Für die vorsichtsgeprägten handelsrechtlichen Zwecke ist jedoch die (i.d.R. kürzere) betriebsindividuelle Nutzbarkeit und somit primär die wirtschaftliche Nutzungsdauer entscheidend. Deshalb ist seither die generelle Anwendung der steuerlichen AfA-Tabellen für handelsrechtliche Zwecke, wie sie lange Jahre üblich war, problematisch. Seit dem Inkrafttreten des BilMoG ist sie darüber hinaus grds. gar nicht mehr erlaubt. Stattdessen muss die Nutzungsdauer stets eigens für handelsrechtliche Zwecke überprüft werden.[189]

173 Mit Schreiben vom 6.12.2001 hat das BMF allerdings die Möglichkeit eingeräumt, steuerlich eine kürzere Nutzungsdauer als die technische anzuwenden, wenn dies glaubhaft gemacht werden kann.[190] Insoweit wäre denkbar, die für handelsrechtliche Zwecke durchgeführte zwingende Überprüfung der (wirtschaftlichen) Nutzungsdauer mit entsprechendem Nachweis auch steuerlich anzuwenden.[191] Eine Veranschlagung von unterschiedlichen Nutzungsdauern für handels- und steuerrechtliche Zwecke bei ein und demselben Anlagegut dürfte nämlich weder tatsächlich sinnvoll noch inhaltlich begründbar sein. Gleichzeitig ließe sich durch diese Vorgehensweise ein Mehraufwand, der sich durch die separaten Beurteilungen ergäbe, sowie eine deutliche Auseinanderentwicklung von Handels- und Steuerbilanz verhindern oder zumindest eingrenzen, auch wenn der Gesetzgeber dies insb. durch die Aufgabe der umgekehrten Maßgeblichkeit zumindest billigend in Kauf genommen hat.[192]

4.1.2.4 Abschreibungsmethoden

174 Als weiteres wesentliches Kriterium wird die planmäßige Abschreibung von AV durch die gewählte Abschreibungsmethode bestimmt. Da § 253 Abs. 3 Satz 2 HGB lediglich fordert, die AHK auf die Gj der voraussichtlichen Nutzung des VG zu verteilen, bleibt es dem Kfm. weitgehend freigestellt, welche Abschreibungsmethode er zugrunde legt. Entscheidend ist, dass die jährlichen Abschrei-

---

[188] Vgl. BMF, Schreiben v. 15.12.2000, IV D 2 – S 1551–188/0; BStBl 2000 I S. 1532ff.
[189] Vgl. *Schubert/Andrejewski/Roscher,* in Beck Bil-Komm., 10. Aufl., 2016, § 253 HGB Rz 231; *Lorson/Toebe,* BBK 2009, S. 458.
[190] Vgl. BMF, Schreiben v.6.12.2001, IV D 2-S 1551–498/01, BStBl I 2001, 860.
[191] I. d. S. wohl auch *Marx,* StuB 2012, S. 293, der diese Vorgehensweise speziell für einen GoF befürwortet.
[192] Siehe hierzu auch die Ausführungen des BMF-Schreibens v. 12.3.2010, IV C 6 – S 2133/09/10001, insb. Rz 9.

bungen **nicht willkürlich** festgelegt werden und darüber hinaus den **GoB** entsprochen wird.[193] Dies ist dann der Fall, wenn der Nutzen- und der Wertminderungsverlauf einander entsprechen.[194]

Die folgenden, überwiegend in der Praxis verwendeten Abschreibungsmethoden sind als **GoB-konform** für handelsrechtliche Zwecke anerkannt: 175
- linear (s. Rz 177),
- degressiv (geometrisch bzw. arithmetisch degressiv, s. Rz 179),
- progressiv (s. Rz 184),
- Leistungsabschreibung (s. Rz 186).

Die rechnerisch **einfachste** und in der Praxis **gebräuchlichste** Abschreibungsmethode ist die **lineare Abschreibung**. Hierbei werden die historischen AHK durch die voraussichtliche Nutzungsdauer (ND) dividiert. Es ergibt sich für jedes Nutzungsjahr der gleiche Abschreibungsbetrag (a) und am Ende der Nutzungsdauer ist das Anlagegut vollständig abgeschrieben (zur Berücksichtigung von Restwerten vgl. Rz 165). 176

> **Beispiel**
> Die A-AG erwirbt eine maschinelle Anlage zu einem Kaufpreis von 90.000. Als die Anlage am 1.7.01 geliefert und in Betrieb genommen wird, fallen zusätzlich Montagekosten i. H. v. 10.000 an. Die Nutzungsdauer der Anlage wird nach vorsichtiger Einschätzung der A-AG 10 Jahre betragen.
> Der von der A-AG jährlich erfolgswirksam zu berücksichtigende Abschreibungsbetrag beläuft sich auf 10.000:
>
> $$a = \frac{AHK}{ND} = \frac{(90.000 + 10.000)}{10 \text{ Jahre}}$$
>
> Da die A-AG die maschinelle Anlage im Gj 01 unterjährig erworben hat, ist jedoch im Jahr der Anschaffung nicht der volle, sondern nur der anteilige Abschreibungsbetrag (d. h. 5.000) ergebnismindernd zu berücksichtigen.

Der jährlich gleich bleibende Abschreibungsbetrag impliziert einen konstanten Abnutzungsverlauf eines Anlageguts. Dies ist in der Praxis zwar meist nicht der Fall, lässt sich aber unter Berücksichtigung steigender Instandhaltungs- und Wartungsmaßnahmen mit zunehmendem Alter des Vermögenswerts rechtfertigen. Zudem kann eine vorsichtige Schätzung der Nutzungsdauer dazu beitragen, die Gefahr einer Überbewertung des Anlageguts zu verhindern.[195] 177

Die **degressive Abschreibungsmethode** ist durch jährlich sinkende Abschreibungsbeträge charakterisiert, die zu Abschreibungsbeginn üblicherweise über den linearen Sätzen liegen. Grundsätzlich werden die geometrisch-degressive und die arithmetisch-degressive Abschreibungsmethode unterschieden. Bei der **geometrisch-degressiven** Abschreibung wird für die Ermittlung des jährlichen 178

---

[193] Vgl. ADS, 6. Aufl., § 253 HGB, Rz 385; *Schubert/Andrejewski/Roscher*, in Beck Bil-Komm., 10. Aufl., 2016, § 253 HGB Rz 238.
[194] Vgl. *Brösel/Olbrich*, in *Küting/Pfitzer/Weber*, HdR, HGB § 253, Rz 478, Stand 11/2012.
[195] Vgl. ADS, 6. Aufl., § 253 HGB, Rz 391.

Abschreibungsbetrags ein fester Prozentsatz unterstellt, der mit dem Restbuchwert zu Beginn des Jahrs bzw. zum Ende des Vorjahrs multipliziert wird.

> **Beispiel**
> Die A-AG erwirbt eine maschinelle Anlage zu einem Kaufpreis von 90.000. Als die Anlage am 1.7.01 geliefert und in Betrieb genommen wird, fallen zusätzlich Montagekosten i. H. v. 10.000 an. Die Nutzungsdauer der Anlage wird nach vorsichtiger Einschätzung der A-AG 10 Jahre betragen. Die A-AG unterstellt einen Abschreibungssatz von 20 %.
> Es ergibt sich folgender Abschreibungsplan:
>
> | Jahr | jährliche AfA (at) | Restbuchwert am Ende des Jahres |
> |---|---|---|
> | 1 | 10.000 | 90.000 |
> | 2 | 18.000 | 72.000 |
> | 3 | 14.400 | 57.600 |
> | ... | ... | ... |
> | 10 | 3.020 | 12.080 |
>
> Berechnung:
> a1 = 100.000 × 20 % × 1/2
> a2 = 90.000 × 20 %
> a3 = 72.000 × 20 % usw.

179 Da der Restbuchwert jährlich kleiner wird, vermindern sich ebenso die jährlichen Abschreibungsbeträge. Ein Restbuchwert von null ist hierbei nicht zu erreichen. Der im letzten Jahr der Nutzungsdauer verbleibende Restbuchwert muss in diesem letzten Jahr vollständig abgeschrieben werden. Um zu verhindern, dass ein Gj mit der Abschreibung eines hohen Restbuchwerts belastet wird, wird in der Praxis üblicherweise ein Übergang auf die lineare Abschreibungsmethode durchgeführt. Der Wechsel von der degressiven zur linearen Abschreibung erfolgt in dem Gj, in dem der jährliche lineare Abschreibungsbetrag den der degressiven Abschreibung übersteigt. Dazu wird am Ende jedes Gj überprüft, ob die Verteilung des Restbuchwerts über die verbleibende Nutzungsdauer im folgenden Gj einen höheren Abschreibungsbetrag ergibt als die degressive Abschreibung.

> **Beispiel**
> Die Fortschreibung des oben begonnenen degressiven Abschreibungsplans der A-AG ergibt Folgendes:
>
> | Jahr | jährliche AfA (at) | Restbuchwert am Ende des Jahres |
> |---|---|---|
> | ... | ... | .... |
> | 4 | 11.520 | 46.080 |
> | 5 | 9.216 | 36.864 |
> | 6 | 7.373 | 29.491 |

Jahr	jährliche AfA (at)	Restbuchwert am Ende des Jahres
7	5.898	23.593
...	...	...

Berechnung der linearen Abschreibung für
Jahr 6 = 36.864 : 5 Jahre = 7.373/Jahr
Jahr 7 = 29.491 : 4 Jahre = 7.373/Jahr
Spätestens in Jahr 7 wird die A-AG von der degressiven auf die lineare Abschreibung übergehen, da dann die jährliche lineare Abschreibung höher ist als die degressive. In Jahr 6 sind beide Abschreibungsbeträge identisch, sodass es unerheblich ist, ob linear oder degressiv abgeschrieben wird.

Der vor Inkrafttreten des BilMoG verbreiteten Praxis, als degressive Abschreibungssätze die steuerlichen Sätze des § 7 Abs. 2 Satz 4 EStG zu verwenden, ist durch die Abkopplung der HB von der Steuerbilanz die Grundlage entzogen worden. Daher muss stets eine Prüfung erfolgen, ob die der degressiven Abschreibung zugrunde gelegten Prozentsätze den Nutzungsverlauf des Anlageguts widerspiegeln[196] und somit den handelsrechtlichen Abschreibungserfordernissen unter Berücksichtigung des Vorsichtsgedankens genügen.[197] Dementsprechend kann ein und derselbe VG in der HB mit einem anderen degressiven Satz abgeschrieben werden als steuerlich.[198] Allerdings ist gem. § 7 Abs. 2 EStG steuerlich für VG, die nach dem 31.12.2010 angeschafft wurden, die degressive Abschreibung ohnehin nicht mehr zulässig.

180

Die zweite Ausprägung der degressiven Abschreibungsmethode ist die **arithmetisch degressive**, die üblicherweise in Form der **digitalen Abschreibung** zur Anwendung kommt. Sie ist dadurch geprägt, dass die jährlich sinkenden Abschreibungsbeträge stets um einen konstanten Betrag, den Degressionsbetrag (d), vermindert werden. Am Ende der Nutzungsdauer wird ein Restbuchwert von null erreicht. Zur Ermittlung des jährlichen Abschreibungsbetrages wird zunächst der Degressionsbetrag ermittelt, indem die AHK durch die aufsummierten Nutzungsjahre dividiert werden. Der so ermittelte Degressionsbetrag wird anschließend mit der verbleibenden Restnutzungsdauer (inkl. des betrachteten Jahrs) multipliziert.

181

Beispiel
Die A-AG erwirbt am 1.1.01 eine maschinelle Anlage zu AK von 120.000. Die Nutzungsdauer wird vorsichtig auf 5 Jahre geschätzt.
Es ergibt sich folgender Abschreibungsplan:

Jahr	jährliche AfA (at)	Restbuchwert am Ende des Jahres
1	40.000	80.000
2	32.000	48.000
3	24.000	24.000

---

[196] Vgl. *Püttner*, BBK 2009, S. 942.
[197] Vgl. IDW RH HFA 1.015, Tz 8.
[198] Vgl. BMF, Schreiben v. 12.3.2010, IV C 6 – S 2133/09/10001, Rz 16.

Jahr	jährliche AfA (at)	Restbuchwert am Ende des Jahres
4	16.000	8.000
5	8.000	0

Berechnung:

$$d = \frac{120.000}{1+2+3+4+5} = 8.000$$

a1 = d × 5 = 8.000 × 5 = 40.000
a2 = d × 4 = 8.000 × 4 = 32.000 usw.

182 Da vor Inkrafttreten des BilMoG die handelsrechtlichen planmäßigen Abschreibungen verbreitet an den steuerlichen Vorschriften ausgerichtet wurden, die digitale Abschreibung aber bereits seit dem Steuerbereinigungsgesetz 1985 steuerlich nicht mehr anerkannt ist, kommt dieser Abschreibungsmethode in der Praxis schon seit längerer Zeit kaum Bedeutung zu.

183 Die **progressive Abschreibungsmethode** zeichnet sich durch jährlich steigende Abschreibungsbeträge aus. Sie kann auch als **umgekehrte degressive** Abschreibungsmethode verstanden werden. Dementsprechend werden zunächst die Abschreibungsbeträge nach der geometrisch oder arithmetisch degressiven Abschreibungsmethode ermittelt (s. hierzu Rz 178) und dann in umgekehrter Reihenfolge verrechnet.[199]

184 Allgemein wird die progressive Abschreibungsmethode kritisch betrachtet, da sie insb. die Gefahr einer wirtschaftlichen Überalterung von Anlagegütern nicht abbilden kann. Sie wird insoweit **nur in Ausnahmefällen** als anwendbar angesehen.[200] Da die Anwendungsfälle, die einen progressiven Abschreibungsverlauf in Anlehnung an den Nutzungsverlauf rechtfertigen, gering sind und die progressive Abschreibungsmethode zudem steuerlich nicht zugelassen ist, hat sie seit jeher nur geringe praktische Bedeutung erfahren, obwohl sie vom Gesetzgeber im Rahmen des BilMoG sogar explizit als **GoB-konform** anerkannt wurde.[201] Insoweit kann an dieser Stelle weiterhin ein Verweis auf die schon zuvor im Schrifttum aufgeführten Anwendungsbeispiele wie Großkraftwerke oder Rechenzentren, deren Kapazitäten zu Beginn nicht voll ausgelastet sind,[202] genügen.

185 Die **Leistungsabschreibung** als weitere Abschreibungsmethode bemisst die jährlichen Abschreibungsbeträge in Abhängigkeit von der **konkreten Leistungsabgabe** eines Anlageguts in dem betrachteten Jahr. Dazu werden die AHK durch die voraussichtliche Gesamtleistung des VG dividiert und mit der Leistungsabgabe des jeweiligen Jahrs multipliziert. Diese Methode führt zu jährlich schwankenden Abschreibungsbeträgen (at), die zwar den (technischen) Verschleiß des Anlageguts abbilden, nicht aber die wirtschaftliche Abnutzung

---

[199] Vgl. *Brösel/Olbrich*, in *Küting/Pfitzer/Weber*, HdR, HGB § 253, Rn 484, Stand 11/2012.
[200] Vgl. ADS, 6. Aufl., § 253 HGB, Rz 402; *Schubert/Andrejeswki/Roscher*, in Beck Bil-Komm., 10. Aufl., 2016, § 253 HGB Rz 246; *Brösel/Olbrich*, in *Küting/Pfitzer/Weber*, HdR, HGB § 253, Rn 484, Stand 11/2012.
[201] Vgl. BilMoG-BgrRegE, S. 56.
[202] Vgl. *Schubert/Andrejewski/Roscher*, in Beck Bil-Komm., 10. Aufl., 2016, § 253 HGB Rz 246; *Brösel/Olbrich*, in *Küting/Pfitzer/Weber*, HdR, HGB § 253, Rn 484, Stand 11/2012.

durch Überalterung oder technischen Fortschritt. Letzteres hat in der Praxis vielfach dazu geführt, dass eine Aufteilung des Abschreibungswerts in einen linearen und einen leistungsabhängigen Anteil vorgenommen wird, um ein wirtschaftlich begründetes Minimum der Wertminderung sicherzustellen[203] und so dem Nutzenverlauf des Anlageguts besser Rechnung zu tragen.

Beispiel
Eine Schnapsbrennerei erwirbt am 1.1.01 eine Destillationsanlage zu AK von 100.000. Die Nutzungsdauer der Anlage wird vorsichtig auf 5 Jahre geschätzt und die Gesamtleistung auf 10.000 hl. In 01 ergibt sich eine Leistung der Anlage von 2.000 hl, in 02 3.000 hl, in 03 1.500 hl, in 04 2.000 hl und in 05 1.500 hl. Da Destillationsanlagen auch einer technischen Weiterentwicklung unterliegen, schreibt die Ges. die Anlage hälftig linear und hälftig leistungsbezogen ab.
Es ergibt sich folgender Abschreibungsplan:

Jahr	jährliche AfA (at) linear + leistungsabhängig	Restbuchwert am Ende des Jahres
1	10.000 + 10.000	80.000
2	10.000 + 15.000	55.000
3	10.000 + 7.500	37.500
4	10.000 + 10.000	17.500
5	10.000 + 7.500	0

Berechnung:
jährliche lineare Abschreibung:
a = 100.000 × 50 % : 5 Jahre = 10.000/Jahr
leistungsabhängige Abschreibung:

$$a1 = \frac{50.000 \times 2.000 \text{ hl}}{10.000 \text{ hl}} = 10.000$$

$$a2 = \frac{50.000 \times 3.000 \text{ hl}}{10.000 \text{ hl}} = 15.000 \text{ usw.}$$

Das größte praktische **Problem** der leistungsabhängigen Abschreibung liegt in der **Schätzung der voraussichtlichen Gesamtleistung** eines Anlageguts. Dementsprechend hat sich diese Methode überwiegend für solche VG durchgesetzt, für die sich die Gesamtleistungen hinreichend genau ermitteln lassen (z. B. Pkw). Für bewegliche Wirtschaftsgüter des AV ist die Leistungsabschreibung gem. § 7 Abs. 1 Satz 6 EStG auch **steuerlich** anerkannt, wenn dies wirtschaftlich begründet ist. Da ebenso unter handelsrechtlichen Aspekten die Anwendung der Leistungsabschreibung **wirtschaftlich orientiert** ist, dürfte es zwischen der handels- und steuerrechtlichen Anwendung dieser Abschreibungsmethode keine Unterschiede geben. Weiterhin dürfte auch die Beschränkung der steuerlichen Anwendbarkeit

---

[203] Vgl. Schubert/Andrejewski/Roscher, in Beck Bil-Komm., 10. Aufl., 2016, § 253 HGB Rz 245; Brösel/Olbrich, in Küting/Pfitzer//Weber, HdR, HGB § 253, Rn 487, Stand 11/2012.

ausschließlich auf bewegliches AV eher von untergeordneter Bedeutung sein, da für die verbleibenden Anlagekategorien ohnehin i.d.R. keine Gesamtleistung zu ermitteln ist und somit die Leistungsabschreibung meist nicht in Frage kommt.

4.1.3 Wahl der Abschreibungsmethode und Plananpassung

188 Die Wahl der Abschreibungsmethode stellt ein gewichtiges bilanzpolitisches Instrument dar. Seit der Aufgabe der umgekehrten Maßgeblichkeit ist eine Übernahme rein steuerlich orientierter Abschreibungsmethoden und Nutzungsdauern nicht mehr der Regelfall und aufgrund konkurrierender Rechtsvorschriften teilweise auch nicht mehr möglich (vgl. hierzu das Beispiel in Rz 189). Durch sachgerechte Bestimmung von Nutzungsdauern, Abschreibungsmethoden und der Berücksichtigung etwaiger Restwerte sind handelsrechtlich daher deutlich realitätsnähere Aufwandsverläufe bei den Abschreibungen möglich. Ceteris paribus reduziert dies die Notwendigkeit der Vornahme außerplanmäßiger Abschreibungen. Mit der **Entkopplung der Handels- von der Steuerbilanz** verbunden ist im Bereich des AV die Führung zweier separater Anlagenbuchführungen; eine für handelsrechtliche Zwecke und eine für steuerliche Zwecke (vgl. § 5 Abs. 1 Satz 2 EStG).

189 Zu beachten ist bei der Wahl der Abschreibungsmethode der Grundsatz der Bewertungsstetigkeit (§ 252 Abs. 1 Nr. 6 HGB). Danach ist es in der HB nicht zulässig, gleiche Sachverhalte unterschiedlich zu bewerten (zu Einzelheiten vgl. § 252 Rz 128).

> **Beispiel**
> Ein Unt erwirbt im Gj 2010 einen Pkw. Der Pkw wird mit seinen AK aktiviert und über die betriebsgewöhnliche Nutzungsdauer – die nach den AfA-Tabellen für allgemein verwendbare Anlagegüter bestimmt wird – abgeschrieben. Das Unt entscheidet sich für die degressive Abschreibungsmethode, zumal dies im Gj 2010 auch steuerrechtlich nach § 7 Abs. 2 Satz 1 EStG zulässig ist. Soweit der hierdurch ermittelte Abschreibungsverlauf nicht wesentlich dem tatsächlichen Nutzenverbrauch widerspricht, ist diese Vorgehensweise in der HB zulässig.
> Im Gj 2011 erwirbt das Unt einen weiteren Pkw. Nach dem Grundsatz der Bewertungsstetigkeit ist dieser in der HB zwingend degressiv abzuschreiben. In der Steuerbilanz besteht diese Möglichkeit nicht mehr, da durch das Gesetz zur Umsetzung steuerrechtlicher Regelungen des Maßnahmenpakets „Beschäftigungssicherung durch Wachstumsstärkung" vom 21.12.2008 die degressive Abschreibung bis zum 31.12.2010 befristet worden ist. Es kommt zu unterschiedlichen Wertansätzen in Handels- und Steuerbilanz aufgrund der unterschiedlichen Abschreibungsmethoden.

190 Es empfiehlt sich daher, ähnlich den amtlichen AfA-Tabellen, betriebsindividuelle Abschreibungstabellen zu entwickeln, in denen Nutzungsdauer, Abschreibungsmethode etc. für die im Betrieb vorhandenen VG des AV normiert werden. Insb. in Fällen einer Konzernzugehörigkeit ist dies zur Sicherstellung der einheitlichen Bilanzierung und Bewertung (§ 300 Abs. 2 HGB) im Konzernabschluss zumeist unerlässlich.

191 Losgelöst von der gewählten Abschreibungsmethode, sind für handelsrechtliche Zwecke wegen des Stetigkeitsgrundsatzes (§ 252 Abs. 1 Nr. 6 HGB) eine einmal gewählte Abschreibungsmethode und mithin ein einmal gewählter Abschrei-

bungsplan beizubehalten. Nur in begründeten Ausnahmefällen darf eine **Änderung des Abschreibungsplans** vorgenommen werden. Ein solcher begründeter Ausnahmefall liegt etwa dann vor, wenn aufgrund neuer Erkenntnisse oder sich verändernder Verhältnisse ersichtlich wird, dass der ursprüngliche Abschreibungsplan nicht (mehr) korrekt ist. Dies ist regelmäßig dann der Fall, wenn eine Fehleinschätzung der Nutzungsdauer und/oder eine Fehlvorstellung über den Entwertungsverlauf des Anlageguts oder eine Veränderung der Abschreibungsbemessungsgrundlage vorliegt.[204]

Eine Änderung des Abschreibungsplans ist bspw. dann erforderlich, wenn eine bislang im Einschichtbetrieb genutzte Maschine durch eine dauerhafte Verwendung im **Mehrschichtbetrieb** deutlich schneller verbraucht wird, als dies bei der Bestimmung der Nutzungsdauer (auf Basis des erwarteten Einschichtbetriebs) geschätzt worden ist. Die Praxis berücksichtigt eine mehrschichtige Nutzung bei Anwendung der linearen Abschreibung verbreitet mit Zuschlägen von 25 bis 50 % auf die im Normalbetrieb verrechneten Abschreibungen.[205]   192

Nicht als Änderung des Abschreibungsplans ist ein Übergang von der degressiven auf die lineare Abschreibung anzusehen, wenn dieser Übergang bereits bei Aufstellung des Abschreibungsplans entsprechend berücksichtigt wurde.   193

4.1.4 Einzelfragen

4.1.4.1 Komponentenansatz

Lange Zeit wurde in der handelsrechtlichen Kommentierung davon ausgegangen, dass ein planmäßig abzuschreibender VG nach einem einheitlichen Plan insgesamt einheitlich abzuschreiben ist.[206] Grundlage hierfür ist der **Einzelbewertungsgrundsatz** (§ 252 Abs. 1 Nr. 3 HGB), der bislang einer Atomisierung eines VG in mehrere technisch definierte Komponenten entgegenstand.[207]   194

Zwischenzeitlich hat sich eine Fortentwicklung der handelsrechtlichen GoB aber dahingehend konkretisiert, dass durch eine komponentenweise Abschreibung von VG deren Werteverzehr zutreffender abgebildet werden kann, ohne dass ein Verstoß gegen den Einzelbewertungsgrundsatz vorliegt.[208] Ein Verstoß gegen den Einzelbewertungsgrundsatz liegt danach genauso wenig vor, wie ein Verstoß gegen die Abgrenzung von VG nach dem Konzept des einheitlichen Nutzungs- und Funktionszusammenhangs.[209] Der VG bleibt unverändert die zu bilanzierende und zu bewertende Einheit. Lediglich die Methode der planmäßigen Abschreibung soll zu einer **zutreffenderen Approximation des tatsächlichen Werteverzehrs** führen. Kritikern dieser Überlegungen kann entgegengehalten werden, dass auch früher schon aufgrund steuerlicher Besonderheiten in der HB (in Übereinstimmung mit der Steuerbilanz) komponentenweise abgeschrieben wurde. Sog. **Betriebsvorrichtungen** (vgl. R 7.1 Abs. 3 EStR 2008) werden nach   195

---

[204] Vgl. ADS, 6. Aufl., § 253 HGB, Rz 260; *Schubert/Andrejewski/Roscher*, in Beck Bil-Komm., 10. Aufl., 2016, § 253 HGB Rz 260; *Brösel/Olbrich*, in *Küting/Pfitzer/Weber*, HdR, HGB § 253, Rn 531/532, Stand 11/2012.
[205] Vgl. ADS, 6. Aufl., § 253 HGB, Rz 413.
[206] Vgl. *Schubert/Andrejewski/Roscher*, in Beck Bil-Komm., 10. Aufl., 2016, § 253 HGB Rz 221.
[207] Vgl. *Wiechers*, BBK 2009, S. 837.
[208] Vgl. IDW RH HFA 1.016, Tz 4, 8.
[209] Vgl. IDW RH HFA 1.016, Tz 9; zum Konzept des einheitlichen Nutzungs- und Funktionszusammenhangs vgl. *Winkeljohann/Büssow*, in Beck Bil-Komm., 10. Aufl., 2016, § 252 HGB Rz 23.

weit verbreiteter betrieblicher Praxis separat abgeschrieben, obwohl sie wesentliche Bestandteile des Gebäudes sind. Deutlich wird dies am Beispiel eines Lastenaufzugs, der die Vermögensgegenstandseigenschaft nicht erfüllt, da er nicht selbstständig verwertbar ist, gleichwohl aber aufgrund der steuerlichen Behandlung auch bislang schon in der HB separat abgeschrieben wurde. Trotz einer langjährigen faktischen Anwendung des Komponentenansatzes sowohl in der HB als auch in der Steuerbilanz, ist er steuerlich – im Gegensatz zum Handelsrecht – nach wie vor unzulässig.[210,211]

196 Voraussetzung für die Anwendung des Komponentenansatzes ist, dass der VG in **physisch separierbare Komponenten** zerlegt werden kann, die in Relation zum VG auch wesentlich sind. Einer Atomisierung von VG in seine Einzelteile soll damit vorgebeugt werden. Für jede Komponente wird eine eigene Nutzungsdauer bestimmt, über die diese abgeschrieben wird.

197 Anwendungsfälle ergeben sich insb. in solchen Konstellationen, bei denen einzelne wesentliche Komponenten deutlich kürzere Nutzungsdauern aufweisen als der gesamte VG. Wird die mit einer kürzeren Nutzungsdauer abgeschriebene Komponente durch eine neue ersetzt, ist demnach ein Teilabgang des VG i. H. des Restbuchwerts der alten Komponente zu berücksichtigen. Die AHK der Ersatzkomponente stellen dementsprechend nachträgliche AHK dar, die wiederum über die Laufzeit der Komponente zu verteilen sind.[212]

> **Beispiel**
> Ein Unt baut ein Bürogebäude, das betrieblich genutzt werden soll. Von den Gesamt-HK i. H. v. 750.000 entfällt ein Teilbetrag von 150.000 auf das Dach. Nach dem Komponentenansatz sind Dach und Restgebäude separat abzuschreiben. Während für das Dach eine Nutzungsdauer von 20 Jahren geschätzt wird, wird für das Restgebäude eine Nutzungsdauer von 60 Jahren angesetzt. Es kommt jeweils die lineare Methode zur Anwendung. Zu Beginn des Jahrs 21 wird das Dach durch ein neues ersetzt, dessen HK sich auf 200.000 belaufen.
>
> | Jahr | Buchwert Dach | Abschreibung Dach | Buchwert Restgebäude | Abschreibung Restgebäude | Buchwert des VG Gebäude | Abschreibung des VG Gebäude |
> |---|---|---|---|---|---|---|
> | | (1) | (2) | (3) | (4) | (5)=(1)+(3) | (6)=(2)+(4) |
> | 01 | 142.500 | 7.500 | 590.000 | 10.000 | 732.500 | 17.500 |
> | 02 | 135.000 | 7.500 | 580.000 | 10.000 | 715.000 | 17.500 |
> | ... | ... | 7.500 | ... | 10.000 | ... | 17.500 |
> | 20 | 0 | 7.500 | 400.000 | 10.000 | 400.000 | 17.500 |
> | 21 | 190.000 | 10.000 | 390.000 | 10.000 | 580.000 | 20.000 |
> | ... | | | | | | |

---

[210] Vgl. auch *Urbahns*, StuB 8/2010, S. 302, der auf ein Urteil des FG-Niedersachsen zur Abschreibung und Nutzungsdauer von Windkraftanlagen und damit in Zusammenhang stehenden VG in einem Windpark hinweist.
[211] In seinem Urteil vom 14.4.2011 bekräftigt der BFH, dass der Komponentenansatz für steuerliche Zwecke ohne Bedeutung sei. Vgl. BFH, Urteil v. 14.4.2011 IV R 46/09, BStBl. II 2011, 696.
[212] Vgl. IDW RH HFA 1.016, Tz 6.

> Durch die separate Abschreibung der Komponente „Dach" wird ein gleichmäßiger Aufwandsverlauf erreicht. Deutlich wird dies am Jahr 21, in dem der Austausch des Dachs erfolgt. Würde das Gebäude einheitlich über 60 Jahre abgeschrieben, ergäbe sich zwar in den Jahren 1–20 eine niedrigere Abschreibung (800.000/60 Jahre = 13.300). Im Jahr 21 wäre aber der Ersatz des Dachs als Reparaturaufwand voll aufwandswirksam zu behandeln. Dies entspricht nicht dem tatsächlichen Nutzenverlauf, da das neue Dach erneut 20 Jahre halten wird.

Außerplanmäßige Abschreibungen nach § 253 Abs. 3 Satz 3 HGB kommen auch bei Anwendung des Komponentenansatzes nur für den VG insgesamt in Betracht. Somit reichen Wertminderungen bei einzelnen Komponenten nicht zur Begründung einer außerplanmäßigen Abschreibung aus; sie sind vielmehr mit etwaigen stillen Reserven bei den restlichen Komponenten zu saldieren. Nur, wenn für den VG insgesamt die Voraussetzungen für eine außerplanmäßige Abschreibung vorliegen (sog. Niederstwerttest, vgl. Rz 255), hat eine außerplanmäßige Abschreibung zu erfolgen.[213] 198

Die Bedeutung des **einheitlichen Nutzungs- und Funktionszusammenhangs** des gesamten VG erfordert in der praktischen Umsetzung des Komponentenansatzes, dass in der Anlagenbuchführung für den VG ein Anlagenstammsatz anzulegen ist und die eigentliche Abschreibung mittels separater Unterstammsätze durchgeführt wird. Heutige Anlagenbuchführungsprogramme können derartige Sachverhalte abbilden. Gleichwohl benötigt es einiges an organisatorischem Aufwand, um eine zutreffende handelsbilanzielle Abbildung zu gewährleisten. 199

Der Komponentenansatz stellt eine Fortentwicklung handelsrechtlicher GoB dar,[214] sodass seine Anwendung derzeit nicht zwingend vorzunehmen ist. Im Ergebnis hat der Bilanzierende hierdurch ein Bilanzierungswahlrecht. Wie bei anderen Wahlrechten auch, ist der **Grundsatz der Bewertungsstetigkeit** (§ 252 Abs. 1 Nr. 6 HGB) zu beachten, sodass der Bilanzierende gleiche Sachverhalte auch gleich zu behandeln hat. D. h., es wäre in Anknüpfung an das Beispiel in Rz 197 nicht zulässig, ein Gebäude mittels Komponentenansatz und ein anderes vergleichbares Gebäude einheitlich über die Nutzungsdauer des VG abzuschreiben. 200

Zu beachten ist, dass die Überlegungen zum Komponentenansatz im Zuge der Einführung des Verbots der Bildung von sog. **Aufwandsrückstellungen** durch das BilMoG entstanden sind. Denn bis dahin hatten die Bilanzierenden die Möglichkeit, über die Bildung derartiger Aufwandsrückstellungen die Ergebniseffekte von Großreparaturen oder Generalüberholungen bilanziell zu glätten. Der Komponentensatz stellt somit eine neue Form der Abschreibungsmethode dar, die unverkennbar Elemente der IFRS aufgreift, auch wenn keine vollständige Übereinstimmung mit dem Komponentenansatz nach IAS 16.43–49 besteht. 201

---

[213] Vgl. IDW RH HFA 1.016, Tz 10.
[214] Zustimmend hierzu: *Hommel/Rößler*, BB 2009, S. 2530.

4.1.4.2 Geringwertige Wirtschaftsgüter

202 Die grundsätzliche Idee, wahlweise die AHK von GWG im Jahr ihrer Anschaffung, Herstellung oder Einlage **sofort ergebniswirksam abzuschreiben**, entstammt originär steuerlichen Vorschriften. Danach handelt es sich bei GWG um abnutzbares bewegliches AV, das einer selbstständigen Nutzung fähig ist und (seit der Änderung durch das Wachstumsbeschleunigungsgesetz[215] wie bereits vor der Änderung durch die Unternehmensteuerreform 2008[216]) einen (Netto-)Wert von 410 EUR nicht überschreitet. Für entsprechende Wirtschaftsgüter, die nach dem 31.12.2017 erworben werden, ist auf der Grundlage des Gesetzes gegen schädliche Steuerpraktiken im Zusammenhang mit Rechteüberlassungen diese Grenze auf 800 EUR (netto) angehoben worden.[217]

203 Mit Verweis auf Vereinfachungs- und Wesentlichkeitsgründe und zum Zweck einer wirtschaftlichen Rechnungslegung wird die Sofortabschreibung seit jeher **explizit auch als handelsrechtliche Abschreibungsmethode anerkannt**.[218] Aus diesem Grund sind sowohl die steuerliche Begrenzung der GWG auf bewegliches abnutzbares AV als auch die wertmäßige Begrenzung auf einen Nettowert von 410 EUR bzw. bei Wirtschaftsgütern, die nach dem 31.12.2017 angeschafft werden, 800 EUR für eine sofortige handelsrechtliche Abschreibung nicht zwingend zu berücksichtigen.[219]

204 Neben der Möglichkeit geringwertiges bewegliches selbstständig nutzbares AV bis zu einem Wert von 410 EUR bzw. bei Wirtschaftsgütern, die nach dem 31.12.2017 angeschafft werden, 800 EUR (netto) entweder planmäßig oder sofort ergebniswirksam abzuschreiben, sieht § 6 Abs. 2a EStG davon abweichend für steuerliche Zwecke das Wahlrecht vor, Wirtschaftsgüter, die einen Wert von **150 EUR** bzw. bei Anschaffung nach dem 31.12.2017 **250 EUR**[220] **(netto), aber nicht 1.000 EUR (netto) übersteigen**, in einem **Sammelposten** zusammenzufassen. Der Sammelposten ist ab dem Jahr der Bildung jeweils zum Ende eines Wirtschaftsjahrs pauschal (also z.B. auch bei Rumpf-Gj) um ein Fünftel gewinnmindernd aufzulösen. Das Wahlrecht kann nur einheitlich für alle Wirtschaftsgüter eines Wirtschaftsjahrs mit AHK von mehr als 150 EUR bzw. bei Anschaffung nach dem 31.12.2017 mehr als 250 EUR und nicht mehr als 1.000 EUR in Anspruch genommen werden.[221] Eine Sofortabschreibung von GWG bis zu einem Wert von 410 EUR bzw. 800 EUR bei Anschaffung nach dem 31.12.2017 bei gleichzeitiger Bildung eines Sammelpostens für entsprechende Wirtschaftsgüter mit AHK über 410 EUR bzw. 800 EUR und unter 1.000 EUR ist nicht möglich. Die Bildung und Auflösung eines Sammel-

---

[215] Vgl. das Gesetz zur Beschleunigung des Wirtschaftswachstums v. 22.12.2009, BGBl I 2009 S. 3950.
[216] Vgl. BGBl 2007 I S. 1912.
[217] Vgl. BR-Drs. 366/17 v. 12.5.2017, Art. 1 Nr. 4 i.V.m. Art. 1 Nr. 7c und BR-Drs. 366/17 v. 2.6.2017 (Beschluss).
[218] Vgl. *ADS*, 6. Aufl., § 253 HGB, Rz 410/411; *Thiele/Breithaupt*, in *Baetge/Kirsch/Thiele*, Bilanzrecht, § 253 HGB, Rz 279.
[219] Vgl. *Schubert/Andrejewski/Roscher*, in Beck Bil-Komm., 10. Aufl., 2016, § 253 HGB Rz 275, die von einer konkreten Obergrenze bis zu 1.000 EUR sprechen. Allerdings finden aus Vereinfachungsgründen in der Praxis häufig die steuerlichen Wertgrenzen auch handelsrechtlich Anwendung.
[220] Vgl. das Gesetzes gegen schädliche Steuerpraktiken im Zusammenhang mit Rechteüberlassungen, BR-Drs. 366/17 v. 12.5.2017, Art. 1 Nr. 4 i.V.m. Art. 1 Nr. 7c und BR-Drs. 366/17 v. 2.6.2017 (Beschluss); zur Neuregelung der GWG-Abschreibung vgl. *Wengerofsky*, StuB 2017, S. 369 ff.
[221] Vgl. BMF, Schreiben v. 30.9.2010, BStBl 2010 I S. 755.

postens nach den steuerlichen Regelungen analog auch handelsrechtlich vorzunehmen, ist eher kritisch zu sehen. Da in einem Sammelposten die betreffenden VG als Gesamtheit erfasst und unabhängig von ihrem tatsächlichen Verbleiben im Unt pauschal über fünf Jahre abgeschrieben werden, besteht die Gefahr, dass insb. gegen das **handelsrechtliche Einzelbewertungs- und Vorsichtsprinzip verstoßen** wird. Letzteres ist z.b. bei der Überbewertung eines Pools denkbar, wenn ein VG aus diesem Pool vor Ablauf der 5-Jahres-Frist veräußert wird, eine Ausbuchung des abgehenden VG aber entsprechend der steuerlichen Vorschriften nicht durchgeführt wird.[222] Trotz dieser Bedenken wird unter dem Aspekt der Wirtschaftlichkeit des Rechnungswesens die Bildung dieses steuerlichen Sammelpostens auch handelsrechtlich ausnahmsweise für zulässig erachtet.[223] Soweit aber in Ausnahmefällen die GWG wesentliche Bedeutung für die Vermögens-, Finanz- und Ertragslage des Bilanzierenden haben (z.B. Hotelindustrie, Getränkeindustrie), ist diese pauschalierte Behandlung handelsrechtlich nicht ohne Weiteres zu übernehmen. In derartigen Fällen sind die Sammelposten ggf. über eine kürzere Nutzungsdauer abzuschreiben oder tatsächliche Abgänge größeren Umfangs zu erfassen.[224]

GWG, deren AHK 150 EUR bzw. bei Anschaffung nach dem 31.12.2017 250 EUR[225] (netto) nicht übersteigen, brauchen gem. § 6 Abs. 2 Satz 4 HGB nicht in einem separaten Verzeichnis erfasst zu werden. Aus Vereinfachungs- und Praktikabilitätsgründen erscheint es zulässig und sinnvoll, diese Grenze auch für handelsrechtliche Zwecke zu verwenden.[226]

205

4.1.4.3 Geschäfts- oder Firmenwert

Der **entgeltlich erworbene GoF** gilt als zeitlich begrenzt nutzbarer VG[227] und muss zwingend aktiviert werden (s. dazu § 246 Rz 86). Für seine Folgebewertung sind die allgemeinen Abschreibungsregelungen des § 253 HGB anzuwenden, so dass der GoF über seine **individuelle betriebliche Nutzungsdauer planmäßig**, oder, falls entsprechende Voraussetzungen vorliegen, außerplanmäßig (s. dazu Rz 243) abgeschrieben werden muss.[228]

206

Durch die Umsetzung der EU-Richtlinie 2013/34/EU in deutsches Recht ist mit dem BilRUG seit 2016 für ausgewählte Fälle des derivativen GoF eine Rückkehr zur typisierten Abschreibung erfolgt: Gem. § 253 Abs. 3 HGB soll nunmehr ein entgeltlich erworbener GoF planmäßig über einen Zeitraum von 10 Jahren abge-

207

---

[222] Zustimmend *Mujkanovic*, StuB 2008, S. 26/27 mwN.
[223] Vgl. BilMoG-BgrRegE, S. 38. So im Ergebnis auch der HFA des IDW in seiner 208. Sitzung, der den Sammelposten allerdings nur für zulässig hält, wenn er insgesamt von untergeordneter Bedeutung ist; vgl. IDW-FN 2007, S. 506.
[224] Vgl. HFA, IDW-FN 2007, S. 506.
[225] Mit dem Zweiten Gesetz zur Entlastung insbesondere der mittelständischen Wirtschaft von Bürokratie (Zweites Bürokratieentlastungsgesetz) ist eine Anhebung der Grenze für eine Aufzeichnungspflicht beschlossen worden; vgl. BR-Drs. 305/17 v. 21.4.2017 Nr. 1 und BR-Drs. 305/17 v. 12.5.2017 (Beschluss).
[226] Vgl. *Schubert/Andrejewski/Roscher*, in Beck Bil-Komm., 10. Aufl., 2016, § 253 HGB Rz 275. Zustimmend auch *Püttner*, BBK 2010, S. 71.
[227] Vgl. BilMoG-BgrRegE, S. 47.
[228] Vgl. BilMoG-BgrRegE, S. 48.

schrieben werden, wenn ausnahmsweise dessen voraussichtliche Nutzungsdauer nicht zuverlässig geschätzt werden kann.[229]

Diesem Wortlaut ist zu entnehmen, dass der Gesetzgeber üblicherweise von einer Schätzbarkeit der individuellen betrieblichen Nutzungsdauer des entgeltlich erworbenen GoF ausgeht[230] und die typisierte Abschreibung über 10 Jahre daher nur **ausnahmsweise** für erforderlich erachtet.[231] Die Frage, wie die Nutzungsdauer ermittelt werden soll bzw. wann eine Schätzung gerade nicht mehr zuverlässig ist und daher die Typisierung gerechtfertigt sein soll, thematisiert der Gesetzgeber nicht.

208 Neu sind die praktischen **Probleme**, welche mit der **Ermittlung der individuellen betrieblichen Nutzungsdauer eines GoF** einhergehen, allerdings nicht. Vielmehr bestanden sie sogar schon vor Inkrafttreten des BilMoG als der GoF alternativ zu einer typisierten Abschreibung auch planmäßig über die Gj der voraussichtlichen Nutzung abgeschrieben werden konnte.

209 Als **Anhaltspunkte für die Schätzung der individuellen betrieblichen Nutzungsdauer** werden – weitgehend analog zu DRS 23[232] – in der Regierungsbegründung des BilMoG die folgenden recht allgemein und breit gefassten Beispiele herangezogen, die natürlich auch künftig unterstützend verwendet werden können:[233]

- Art und voraussichtliche Bestandsdauer des erworbenen Unt,
- Stabilität und Bestandsdauer der Branche des erworbenen Unt,
- Lebenszyklus der Produkte des erworbenen Unt,
- Auswirkungen von Veränderungen der Absatz- und Beschaffungsmärkte sowie der wirtschaftlichen Rahmenbedingungen auf das erworbene Unt,
- Umfang der erforderlichen Erhaltungsaufwendungen, um den erwarteten ökonomischen Nutzen des erworbenen Unt zu realisieren,
- Laufzeit wichtiger Absatz- oder Beschaffungsverträge des erworbenen Unt,
- voraussichtliche Tätigkeit von wichtigen Mitarbeitern/Mitarbeitergruppen für das erworbene Unt,
- erwartetes Verhalten potenzieller Wettbewerber des erworbenen Unt,
- voraussichtliche Dauer der Beherrschung des erworbenen Unt.

Beispiel[234]

Die Mode AG ist ein Bekleidungsunt. Sie hat am 1.1.01 die vor sechs Jahren gegründete Duft GmbH, die Parfum herstellt, aufgekauft, um ihr eigenes Produktsortiment dauerhaft zu erweitern. In der Vergangenheit waren die von der Duft GmbH entwickelten Parfums trotz einer Vielzahl von Konkurrenzangeboten durchschnittlich drei Jahre am Markt gut zu verkaufen. Danach erwarteten die Kunden erfahrungsgemäß einen neuen Duft. Der Erfolg der Duft GmbH basiert insb. auf der Kreativität der drei Firmengründer, die die jeweiligen Düfte entwickelt haben. Sie haben sich verpflichtet, nach dem

---

[229] Vgl. BGBl 2015 I S. 1245.
[230] Vgl. *Mujkanovic*, StuB 2014, S. 753 und 754.
[231] Vgl. BT-Drs. 18/5256 in der Begründung der Beschlussempfehlung, S. 82.
[232] DRS 23 hat DRS 4 ersetzt und ist für Gj anzuwenden, die nach dem 31.12.2016 beginnen. Vgl. BAnz AT 23.2.2016, Tz. 121.
[233] BilMoG-BgrRegE, S. 48 und 70.
[234] Angelehnt an *Kessler*, in *Kessler/Leinen/Strickmann*, BilMoG 2010, S. 239 ff.

> Unt-Verkauf ca. fünf Jahre weiterhin für die Mode AG tätig zu sein. Anschließend werden sie sich voraussichtlich (aus Altersgründen) zurückziehen. Die Duft GmbH hat wegen des in der Mode- und Parfumindustrie typischen Saisongeschäfts ihre Beschaffungs- und Absatzvereinbarungen bisher immer nur für eine Saison festgelegt.
> Unter Berücksichtigung der o. g. Anhaltspunkte für die Schätzung der betriebsindividuellen Nutzungsdauer des GoF bei der Mode AG sind folgende Aussagen möglich:
> - Die Stabilität und Bestandsdauer der Branche, in der die Duft GmbH angesiedelt ist, sind wegen des schnell wechselnden Modegeschmacks als tendenziell kurz einzustufen.
> - Die Produktlebenszyklen in der Duft GmbH wurden auf durchschnittlich drei Jahre beziffert.
> - Die Duft GmbH hat nur saisonale Absatz- und Beschaffungsverträge abgeschlossen.
> - Die für die Parfumentwicklung verantwortlichen Personen werden voraussichtlich nach fünf Jahren das Unt verlassen.
>
> Auch wenn weder die Bestandsdauer der Duft GmbH noch die voraussichtliche Beherrschung der Duft GmbH durch die Mode AG zeitlich befristet ist, wird der betriebsindividuelle Nutzen aus dem im Rahmen des Unt-Erwerbs entstandenen GoF für die Mode AG nicht unbegrenzt sein. Unter Vorsichtsaspekten wird eine eher kurze Abschreibungsdauer erforderlich sein, die sinnvollerweise zwischen drei und fünf Jahren liegen wird.

Wie anhand des vorgenannten Beispiels ersichtlich wird, setzt sich ein GoF i. d. R. aus einer Vielzahl verschiedener Faktoren zusammen.[235] Daher ist die Schätzung seiner betriebsindividuellen Nutzungsdauer regelmäßig mit Unsicherheiten behaftet[236] und hängt letztendlich auch von den Einschätzungen des bilanzierenden Kfm. ab.[237] Mit einer entsprechenden Argumentation wird es in einem konkreten Fall grds. möglich sein, sowohl die Bestimmbarkeit als auch die Nichtbestimmbarkeit der Nutzungsdauer zu begründen und somit typisiert über 10 Jahre abzuschreiben oder auch nicht.[238]

Vor dem Hintergrund dieser Unsicherheiten scheint aus Gründen der Objektivierung, aber auch unter Wirtschaftlichkeitsaspekten, eine grundsätzliche Typisierung der Abschreibung eines entgeltlich erworbenen GoF sinnvoll.[239]

Die im BilRUG festgesetzte Nutzungsdauer von 10 Jahren für die typisierte Abschreibung des GoF, wenn die Nutzungsdauer nicht verlässlich schätzbar ist, wird in der Literatur unter Berücksichtigung des Vorsichtsgedankens z. T. als zu lang kritisiert.[240] Da aber, wie bereits in Rz 210 betont, die Schätzung der

---

235 Vgl. *Mujkanovic*, StuB 2014, S. 753.
236 In der Literatur wird daher vielfach unterstellt, dass die Festlegung der Nutzungsdauer eher willkürlich sein wird. So z. B. *Brösel/Olbrich*, HdR, HGB § 253, Rn. 520, Stand 11/2012 oder *Mujkanovic*, StuB 2010, S. 171. Kritisch dazu *Petersen/Zwirner/Boecker*, StuB 2011, S. 404.
237 Vgl. *Freiberg*, PiR 2014, S. 279.
238 Vgl. *Theile*, BBK 2014, S. 826. Zustimmend auch *Haaker*, StuB 2015, S. 12.
239 So auch *Haaker*, PiR 2014, S. 278; *Mujkanovic*, StuB 2014, S. 753 und *Philipps*, BBK 2015, S. 1097.
240 Vgl. *Haaker*, PiR 2014, S. 278; vgl. *Mujkanovic*, StuB 2014, S. 754 und *Mujkanovic*, StuB 2015, S. 292.

betriebsindividuellen Nutzungsdauer eines GoF stets stark ermessensbehaftet sein wird, ist u. E. eine Abschreibung über einen Zeitraum von 10 Jahren nicht zu beanstanden.[241] Der deutsche Gesetzgeber hat mit den 10 Jahren zwar das obere Ende der in Art. 12 Abs. 11 EU-Richtlinie 2013/34/EU vorgesehenen Bandbreite von 5 bis 10 Jahren ausgewählt, bleibt damit aber deutlich unter der nach § 7 Abs. 1 Satz 3 EStG steuerlich anzusetzenden Nutzungsdauer von 15 Jahren. Auch das DRSC hat sich mit dem seit dem 1.1.2017 anzuwenden DRS 23[242] der Begrenzung der Nutzungsdauer von GoF auf 10 Jahre angeschlossen[243] und die noch in DRS 4.31 vorgeschlagene Obergrenze von 20 Jahren verworfen.

Obwohl seit dem Inkrafttreten des BilMoG für einen entgeltlich erworbenen GoF stets eine eigenständige, insb. auch von steuerlichen Regelungen unabhängige, Überprüfung seiner Nutzungsdauer vorzunehmen ist,[244] dürfte aus o. g. Gründen zu erwarten sein, dass mit Inkrafttreten des BilRUG vermehrt eine Abschreibung über einen Zeitraum von 10 Jahren erfolgen wird. Vor dem Hintergrund der vorgenannten Unsicherheiten könnte unter Objektivierungs- und Wirtschaftlichkeitsaspekten sogar eine grundsätzliche Typisierung der Abschreibung eines entgeltlich erworbenen GoF sinnvoll sein,[245] was i. W. einer Rückkehr zur Gesetzeslage vor BilMoG entspräche.[246]

Gem. der durch das BilRUG erfolgten Änderung des § 285 Nr. 13 HGB[247] bedarf es aber auf jeden Fall einer Erläuterung des Zeitraums, über den ein GoF abgeschrieben wird. Die Erläuterung kann ggf. auch der Hinweis auf eine fehlende Schätzbarkeit und der damit einhergehenden Abschreibung über einen Zeitraum von 10 Jahren sein.[248]

212 Ein weiteres Problem bei der Bewertung von entgeltlich erworbenen GoF stellt der **Entwertungsverlauf** dieses Postens und damit die Wahl der zutreffenden Abschreibungsmethode dar. Da dieser Verlauf regelmäßig nur sehr schwer nachvollziehbar sein wird, ist zumindest unter Praktikabilitäts- und Vereinfachungsgründen ein **linearer Abschreibungsverlauf** zu befürworten.[249] Wenn allerdings in Ausnahmefällen überzeugende Gründe für einen anderen Nutzenverlauf sprechen, sollte von der linearen Abschreibungsmethode abgewichen werden und die dem Nutzenverlauf besser entsprechende Abschreibungsmethode zur Anwendung kommen.[250]

---

[241] Zustimmend *Philipps*, BBK 2015, S. 1097.
[242] DRS 23 ersetzt DRS 4 und ist für Gj anzuwenden, die nach dem 31.12.2016 beginnen.
[243] Vgl. DRS 23 Tz. 122.
[244] Vgl. u. a. *Schubert/Andrejewski/Roscher*, in Beck Bil-Komm., 10. Aufl., 2016, § 253 HGB Rz 672; *Brösel/Olbrich*, HdR, HGB § 253, Rn 519, Stand 11/2012; *Petersen/Zwirner/Boecker*, StuB 2011, S. 400; *Wiechers*, BBK 2011, S. 737.
[245] S. dazu auch Rz 210; so auch *Haaker*, PiR 2014, S. 278 und *Mujkanovic*, StuB 2014, S. 753.
[246] So auch *Theile*, BBK 2015, S. 134/135 und *Theile*, BBK 2015, S. 643.
[247] Vgl. BGBl. I, 2015, S. 1248.
[248] So auch *Theile*, BBK 2015, S. 135.
[249] Vgl. DRS 23 Tz. 119. Vgl. auch *Mujkanovic*, StuB 2010, S. 170. So bereits für GoF vor Inkrafttreten des BilMoG: *Knop/Küting*, in *Küting/Pfitzer/Weber*, HdR, HGB § 255, Rn 462, Stand 11/2003.
[250] Vgl. *Schubert/Andrejewski/Roscher*, in Beck Bil-Komm., 10. Aufl., 2016, § 253 HGB Rz 674 und *Mujkanovic*, StuB 2010, S. 170. Vgl. auch DRS 23, Tz. 119. So bereits für den GoF vor Inkrafttreten des BilMoG: ADS, 6. Aufl., § 255 HGB, Rz 282.

4.1.4.4 Immaterielle Vermögensgegenstände des Anlagevermögens

Gem. § 253 Abs. 3 HGB müssen auch die AHK **zeitlich begrenzt nutzbarer immaterieller VG des AV** planmäßig über ihre voraussichtliche Nutzungsdauer abgeschrieben werden. Die **Ermittlung des Nutzungszeitraums** ist in solchen Fällen weitgehend unproblematisch, bei denen eine gesetzliche oder vertragliche Begrenzung zu beachten ist. Allerdings sollte diese zeitliche Begrenzung als Obergrenze angesehen werden, da wegen technischen Fortschritts oder wirtschaftlicher Überholung unter Vorsichtsaspekten die Anwendung einer kürzeren Nutzungsdauer sinnvoll bzw. geboten sein kann.[251]

213

Das DRSC spricht in diesem Zusammenhang von der **unternehmensindividuellen Nutzungsdauer**, die anhand von rechtlichen, wirtschaftlichen und sonstigen Faktoren zu bestimmen ist und deren Ermittlung z. B. anhand der folgenden Kriterien erfolgen kann:[252]

- voraussichtliche Nutzung des VG durch das Unt. unter Berücksichtigung der unternehmensindividuellen Gegebenheiten,
- Produktlebenszyklus vergleichbarer und ähnlich genutzter immaterieller VG,
- technische, technologische und andere Arten der Veralterung,
- wirtschaftliche Stabilität der Branche, in der der immaterielle VG zum Einsatz kommt,
- Abhängigkeit der Nutzungsdauer des immateriellen VG von der Nutzungsdauer anderer VG des Unt.

Auch wenn die vorgenannten Kriterien helfen können, die betriebsindividuelle Nutzungsdauer von IAV zu bestimmen, wenn sie nicht offensichtlich gesetzlich oder vertraglich begrenzt ist, so hängt die Bestimmung der Nutzungsdauer aber dennoch, ähnlich wie bei einem GoF, oft stark von den Einschätzungen des Bilanzierenden ab (s. dazu oben Rz 210). Zwar ist es im Vergleich zum GoF einfacher, die Nutzungsdauer eines einzelnen VG zu bestimmen, doch werden sich auch hier immer gute Gründe für oder gegen eine bestimmte Nutzungsdauer und sogar für oder gegen eine grundsätzliche Bestimmbarkeit der Nutzungsdauer finden lassen. Daher ist unter Vorsichtsaspekten grds. zumindest von einer begrenzten Nutzungsdauer von IAV auszugehen (s. dazu auch Rz 214 und Rz 215.) Sofern die Nutzungsdauer eines immateriellen VG **nicht verlässlich geschätzt** werden kann, wird seit dem Inkrafttreten des BilRUG in § 253 Abs. 3 HGB zumindest für **selbsterstellte immaterielle VG des AV** eine planmäßige Abschreibung über einen Zeitraum von 10 Jahren gefordert. Als nicht verlässlich schätzbar wird die unternehmensindividuelle Nutzungsdauer dann angesehen, wenn die der Schätzung zugrunde liegenden Faktoren nicht plausibel, nachvollziehbar oder willkürfrei bestimmbar sind.[253] Dies hält der Gesetzgeber allerdings nur in Ausnahmefällen für gegeben.[254]

214

Die Typisierung des Abschreibungszeitraumes auf 10 Jahre, wenn eine verlässliche Schätzung nicht möglich ist, ist u. E. nicht zu beanstanden. Die Gründe für

---

[251] Vgl. *Baetge/Fey/Weber/Sommerhoff*, HdR, HGB § 248, Rn. 40, Stand 03/2010, die i. d. R. eine maximale Nutzungsdauer von 5 Jahren unterstellen. Vgl. auch *Küting/Pfirmann/Ellmann*, KoR 2008, S. 694.
[252] Vgl. DRS 24 Tz. 97 und 98.
[253] Vgl. DRS 24, Tz. 100.
[254] Vgl. § 253 Abs. 3 Satz 3 HGB.

die Dauer der Abschreibung über 10 Jahre sind analog zu denen beim GoF, sodass an dieser Stelle ein Verweis auf die Diskussion im Zusammenhang mit dem GoF in Rz 210 und Rz 211 genügen kann.
Die praktischen Probleme bei der Ermittlung der betriebsindividuellen Nutzungsdauer von IAV lassen insgesamt erwarten, dass Unt unter Vereinfachungs- und Objektivierungsaspekten künftig verstärkt auf die Nutzungsdauer von 10 Jahren zurückgreifen werden.[255] Die Möglichkeit, prinzipiell auf eine Überprüfung der Nutzungsdauer zu verzichten, geht damit jedoch nicht einher.
Obwohl im Falle einer nicht verlässlichen Schätzung der Nutzungsdauer die Typisierung auf 10 Jahre gesetzlich nur für **selbsterstellte** immaterielle VG des AV verankert ist, ist u. E. auch eine Anwendung für **entgeltlich erworbenes** IAV möglich und dürfte künftig auch zu erwarten sein. Inwieweit die Neuregelung des BilRUG aber tatsächlich für selbsterstellte immaterielle VG des AV von größerer praktischer Bedeutung sein wird, bleibt dagegen abzuwarten, da deutsche Unt bislang von dem Aktivierungswahlrecht des § 248 Abs. 2 HGB insgesamt eher verhalten Gebrauch gemacht haben.[256]

215 Eine planmäßige Abschreibung immaterieller VG des AV darf allerdings dann **nicht** erfolgen, wenn eine **Nutzung zeitlich unbegrenzt** ist.[257] Ebenso wie eine fehlende verlässliche Bestimmbarkeit der Nutzungsdauer ist lt. DRSC mit Verweis auf eine wirtschaftliche Veralterung auch dies nur **ausnahmsweise** der Fall.[258]
Vielmehr bedeutet eine zeitlich unbegrenzte Nutzungsdauer nicht auch gleichzeitig eine unendliche Nutzbarkeit eines immateriellen VG.[259] Unter Vorsichtsaspekten ist daher regelmäßig eine zeitliche Begrenzung für die Nutzbarkeit von immateriellen VG anzunehmen.[260]

216 Um einen Abschreibungsplan für IAV erstellen zu können, ist neben der Frage nach der Nutzungsdauer die Frage, ab welchem Zeitpunkt mit der **Abschreibung begonnen** werden soll sowie welcher **Entwertungsverlauf** dem Abschreibungsplan zugrunde zu legen ist, von Bedeutung.

217 Hinsichtlich des **Zeitpunkts**, ab dem mit der planmäßigen Abschreibung eines immateriellen VG des AV zu beginnen ist, kommt es auf das Erreichen des **betriebsbereiten Zustandes** an (wenn er entgeltlich erworben ist) oder auf dessen **Fertigstellung** (wenn er selbst erstellt ist). Beides ist unabhängig von der tatsächlichen Ingebrauchnahme des VG grds. dann gegeben, wenn eine **bestimmungsgemäße Nutzung** entsprechend seines vorgesehenen Verwendungszwecks **möglich** ist.[261]

---

[255] So auch *Theile*, BBK 2015, S. 135.
[256] Vgl. *Mujaknovic*, StuB 2014, S. 753, Fußnoten 5–9, wo er auf verschiedene Firmenauswertungen Bezug nimmt.
[257] Eine solche zeitlich unbegrenzte Nutzungsdauer hat der BFH in seinem Urteil v. 21.2.2017 (VIII R 56/14, BStBl. 2017 II, S. 694) für den wirtschaftlichen Vorteil aus einer Vertragsarztzulassung bejaht.
[258] Vgl. DRS 24, Tz. 107.
[259] Vgl. DRS 24, Tz. 109.
[260] Vgl. u.a. ADS, 6. Aufl., § 253 HGB, Rz 356 oder *Schubert/Andrejewski/Roscher*, in Beck Bil-Komm., 10. Aufl., 2016, § 253 HGB Rz 382.
[261] Vgl. *Schubert/Andrejewski/Roscher*, in Beck Bil-Komm., 10. Aufl., 2016, § 253 HGB Rz 381 i.V.m. *Schubert/Gadek*, in Beck Bil-Komm., 10. Aufl., 2016, § 255 HGB Rz 23 und i.V.m. *Schubert/Pastor*, in Beck Bil-Komm., 10. Aufl., 2016, § 255 HGB Rz 367f. Vgl. auch DRS 24, Tz. 104.

Dem steht nicht entgegen, dass vor der bestimmungsgemäßen Nutzung – d. h. bei selbst geschaffenen immateriellen VG des AV ggf. sogar schon vor der grundsätzlichen Entstehung eines VG – bereits HK aktiviert werden, da mit der bloßen Aktivierung noch keine planmäßige Abschreibung einhergeht.[262] Diese Vorgehensweise ist etwa vergleichbar mit der bilanziellen Behandlung von Anlagen im Bau[263] (vgl. zu Entwicklungskosten in der Entstehung § 248 Rz 18).

Bezüglich des zu unterstellenden **Entwertungsverlaufs** und mithin der anzuwendenden **Abschreibungsmethode** von immateriellem AV werden gesetzlich keine Vorgaben getroffen. Entscheidend ist, dass die Abschreibungsmethode den Verlauf der Wertminderung des immateriellen VG für das Unt widerspiegelt.[264] Da der Entwertungsverlauf aber gerade bei immateriellem Vermögen meist schwer nachvollziehbar ist, kann unter Praktikabilitäts- und Vereinfachungsgründen ein **linearer Abschreibungsverlauf** befürwortet werden.[265] Wenn allerdings überzeugende Gründe für einen anderen Nutzenverlauf sprechen, sollte von der linearen Abschreibungsmethode abgewichen werden und die dem Nutzenverlauf besser entsprechende Abschreibungsmethode zur Anwendung kommen.[266] Dies wird i. d. R. dann die degressive Abschreibungsmethode sein, da z. B. bei Patenten oder Rechten in den ersten Jahren eine höhere Wertminderung unterstellt werden kann.[267] Für steuerliche Zwecke ist für diese Posten allerdings die lineare Abschreibungsmethode gem. § 7 Abs. 1 Satz 1 EStG die einzig zulässige.

218

4.2 Außerplanmäßige Abschreibung (Abs. 3 Sätze 3 und 4)

4.2.1 Gemildertes Niederstwertprinzip

4.2.1.1 Grundsatz

Für AV schreibt Abs. 3 Satz 3 eine außerplanmäßige Abschreibung auf den niedrigeren beizulegenden Wert vor, wenn es sich um eine voraussichtlich dauernde Wertminderung handelt. Nur vorübergehende Wertminderungen berechtigen im Sachanlagevermögen und im IAV nicht zu einer außerplanmäßigen Abschreibung (**gemildertes Niederstwertprinzip**[268]). Im FAV besteht in diesem Fall ein Abwertungswahlrecht, das dem Stetigkeitsgrundsatz (vgl. § 252 Rz 128) unterliegt. Die Vorschriften zur außerplanmäßigen Abschreibung finden gem. § 253 Abs. 1 Satz 4 HGB keine Anwendung auf VG des AV, die als saldierungspflichtiges **Deckungsvermögen** i. S. v. § 246 Abs. 2 Satz 2 HGB zum beizulegenden Zeitwert bewertet werden (Rz 117). VG des AV, die als Grundgeschäft oder Siche-

219

220

---

[262] Vgl. *Laubach/Kraus/Bornhofen*, DB 2009, Beil. 5, S. 23; *Seidel/Grieger/Muske*, BB 2009, S. 1289, die allerdings in speziellen Ausnahmefällen auch eine vorgezogene Abschreibung zulassen, die aber eher einer außerplanmäßigen Abschreibung gleichkommen dürfte.
[263] Vgl. *Schubert/Andrejewski/Roscher*, in Beck Bil-Komm., 10. Aufl., 2016, § 253 HGB Rz 381.
[264] Vgl. DRS 24, Tz. 102.
[265] Vgl. *Brösel/Olbrich*, in Küting/Weber, HdR, HGB § 253, Rn 497, Stand 11/2012; *Küting/Pfirmann/Ellmann*, KoR 2008, S. 695; *Seidel/Grieger/Muske*, BB 2009, S. 1289. DRS 24 sieht die lineare Abschreibung darüber hinaus verpflichtend vor, wenn der Verlauf der Wertminderung immaterieller VG nicht verlässlich bestimmt werden kann; vgl. auch DRS 24, Tz. 102.
[266] Vgl. *Küting/Pfirmann/Ellmann*, KoR 2008, S. 695.
[267] Vgl. *Brösel/Olbrich*, in HdR, HGB § 253, Rn 497, Stand 11/2012; *Schubert/Andrejewski/Roscher*, in Beck Bil-Komm., 10. Aufl., 2016, § 253 HGB Rz 382.
[268] Vgl. ADS 6. Aufl., § 253 HGB, Rz 443; *Brösel/Olbrich*, in Küting/Pfitzer/Weber, HdR, HGB § 253, Rn 572, Stand 2/2012.

rungsinstrument zu einer **Bewertungseinheit** i.S.v. § 254 Satz 1 HGB gehören, unterliegen einzeln nur im Hinblick auf nicht abgesicherte Risiken dem Niederstwertprinzip (zu den Voraussetzungen für eine Qualifikation als Bewertungseinheit s. § 254 Rz 10).

221 Während planmäßige Abschreibungen i.S.v. Abs. 3 Satz 1 nur für VG des AV vorgesehen sind, deren Nutzung zeitlich begrenzt ist, gelten die Sätze 3 und 4 der Vorschrift für sämtliche VG des AV.[269]

> **Beispiel**
> Ein unbebautes Grundstück des AV unterliegt keiner planmäßigen Abschreibung. Gleichwohl ist an jedem Abschlussstichtag zu untersuchen, ob der beizulegende Wert voraussichtlich dauerhaft unter den Buchwert gesunken ist, womit sich das Erfordernis einer außerplanmäßigen Abschreibung ergäbe. Gleiches gilt für das gesamte FAV. Auch hier ergibt sich kein planmäßiger Nutzenverbrauch.

222 § 277 Abs. 3 HGB schreibt einen **gesonderten Ausweis** von außerplanmäßigen Abschreibungen auf VG des AV in GuV oder ihre Angabe im Anhang vor (§ 277 Rz 7).

4.2.1.2 Beizulegender Wert

223 Die Vorschrift ordnet den Vergleich zweier Wertansätze an, nämlich Buchwert und beizulegender Wert. Eine Definition des **beizulegenden Werts** enthält das Gesetz nicht. Er ist nicht zu verwechseln mit dem in § 255 Abs. 4 HGB definierten beizulegenden Zeitwert (vgl. hierzu § 255 Rz 209). In der Praxis haben sich verschiedene Hilfswerte zur Bestimmung des beizulegenden Werts herausgebildet:[270]

224 • **Wiederbeschaffungs(zeit)wert:** Unter dem Wiederbeschaffungswert wird der Wert verstanden, zu dem ein gleichartiger (ggf. gebrauchter) VG am Markt erworben werden könnte. Der Wiederbeschaffungswert ist nur dann zuverlässig zu bestimmen, wenn ein Markt für derartige VG existiert. Diese Voraussetzung erfüllen nur wenige VG des AV wie Pkw, Grundstücke und Wertpapiere, da hier vielfach funktionierende Märkte bestehen. In der Mehrzahl der Fälle lässt sich ein Wiederbeschaffungswert nicht ermitteln, so z.B. bei Spezialmaschinen und bei Anteilen an nicht börsennotierten Ges. Bei abnutzbaren VG ist zwischen dem Wiederbeschaffungsneuwert und dem Wiederbeschaffungszeitwert zu unterscheiden. Sofern sich Letzterer am Markt nicht ermitteln lässt, kann er näherungsweise durch Abzug dem Alter des VG entsprechender planmäßiger Abschreibungen vom Wiederbeschaffungsneuwert ermittelt werden.

225 • **Rekonstruktionswert:** Für VG, für die kein Beschaffungsmarkt existiert (z.B. selbst hergestellte VG), kommt anstelle des Wiederbeschaffungswerts der Rekonstruktionswert als Vergleichswert zu den (fortgeführten) AHK in Betracht.[271] Bei seiner Ermittlung ist auf die Kosten abzustellen, die notwendig sind, um entweder ein exaktes Duplikat des VG oder einen nutzenäquiva-

---

[269] Vgl. WPH Edition, Wirtschaftsprüfung & Rechnungslegung, 15. Aufl., 2017, Abschn. F, Tz 181.
[270] Vgl. *Thiele/Breithaupt*, in *Baetge/Kirsch/Thiele*, Bilanzrecht, § 253 HGB, Rz 307ff.
[271] Vgl. *Schubert/Andrejewski/Roscher*, in Beck Bil-Komm., 10. Aufl., 2016, § 253 HGB Rz 308.

lenten VG herzustellen. In beiden Fällen ist zu prüfen, ob bei der Ableitung des Vergleichswerts Abschläge zur Berücksichtigung technischer, physischer und/oder wirtschaftlicher Veralterung geboten sind. Der Rekonstruktionswert wird verschiedentlich auch herangezogen, um den beizulegenden Zeitwert erworbener VG bei der Kaufpreisallokation zu bestimmen.[272] Er eignet sich nicht zur Ermittlung einer Wertminderung bei VG, die einen über dem beizulegenden Zeitwert liegenden Betriebszugehörigkeitswert aufweisen, also dem Unt einen höheren Nutzen stiften, als bei ihrer Einzelveräußerung erzielbar wäre. Das kann etwa auf unternehmensindividuelle Softwarelösungen oder Mietereinbauten zutreffen.

- **Ertragswert:** Der beizulegende Wert von VG des AV ist häufig nur anhand des Ertragswerts zu bestimmen. Hierbei handelt es sich um den Barwert der auf den Bewertungsstichtag abgezinsten zukünftigen Nettoerträge, die aus dem VG voraussichtlich zu erzielen sind.[273] Die Methode findet insb. Anwendung zur Bewertung von Beteiligungen[274] oder bei bestimmten immateriellen VG des AV. 226

- **DCF-Wert:** Die international üblichen DCF-Methoden beruhen auf demselben finanzmathematischen Konzept (Kapitalwertkalkül) wie die Ertragswertmethode. Anstelle von Ertragsüberschüssen werden bei den DCF-Verfahren Zahlungsüberschüsse (cash flows) diskontiert.[275] Der Anwendungsbereich der DCF-Methoden ist deckungsgleich mit denen der Ertragswertmethode. 227

- **Einzelveräußerungswert:** Der Einzelveräußerungswert repräsentiert den Preis, der beim isolierten Verkauf des zu bewertenden VG voraussichtlich erzielt werden kann. Bei der Bestimmung des Einzelveräußerungswerts sind vom voraussichtlichen Verkaufserlös die Verkaufsaufwendungen (z. B. Maklerkosten, Provisionen) abzuziehen. Der Einzelveräußerungswert kommt bei der Bestimmung des beizulegenden Werts von VG des AV nur in Ausnahmefällen in Betracht, da VG des AV dem Unt dauerhaft dienen und gerade nicht zur Veräußerung bestimmt sind.[276] Mögliche Anwendungsfälle bei VG des AV sind entbehrliche VG, dauerhaft stillgelegte Anlagen oder nicht betrieblich genutzte Grundstücke.[277] 228

- **Teilwert:** Der steuerliche Vergleichswert zu den AHK bezeichnet den Betrag, den ein Erwerber des ganzes Betriebs im Rahmen des Gesamtkaufpreises für das einzelne Wirtschaftsgut unter der Annahme einer Fortführung des Betriebs ansetzen würde (vgl. § 6 Abs. 1 Nr. 1 Satz 3 EStG). Ihrer theoretischen Konzeption nach zielt die Teilwertidee auf die Ermittlung über den Einzelveräußerungspreisen liegender Betriebszugehörigkeitswerte von Wirtschaftsgütern. Entgegen verbreiteter Ansicht geht es nicht darum, den Unternehmensgesamtwert auf die einzelnen Bewertungsobjekte herunterzubrechen. Der Teilwert steht vielmehr unter dem Primat der Einzelbewertung. Gesucht ist der Wert, den ein fiktiver Erwerber für unentbehrliche Wirtschaftsgüter aufwenden müsste, die beim Betriebserwerb nicht mitübertragen werden. Dieser Gedanke führt 229

---

272 Vgl. IDW RS HFA 16, Tz. 39 ff.
273 Zu Einzelheiten zur Ertragswertmethode vgl. IDW S 1, Tz 102 ff.
274 Vgl. IDW RS HFA 10 sowie Rz 251.
275 Vgl. zu den DCF-Verfahren IDW S 1, Tz 124 ff.
276 Vgl. IDW PS 315, Tz 7; IDW RH HFA 1.005, Tz 9.
277 Vgl. *Thiele/Breithaupt*, in *Baetge/Kirsch/Thiele*, Bilanzrecht, § 253 HGB, Rz 312.

unmittelbar zu den Wiederbeschaffungskosten. Sie stehen denn auch im Mittelpunkt der von der steuerlichen Rechtsprechung entwickelten Teilwertvermutungen.[278] Konzeptionell besteht damit zwischen den Bewertungsmaßstäben des beizulegenden Werts und des Teilwerts kein Unterschied.[279] Aus diesem Grund kommt – unbeschadet der zunehmenden Abkopplung der Handels- von der Steuerbilanz – der Rechtsprechung der Finanzgerichte eine wesentliche Bedeutung für die Ermittlung beizulegender Werte zu.

230 Bei der Bestimmung des beizulegenden Werts mittels der vorgenannten Hilfswerte sind die Grundsätze der **Einzelbewertung** (vgl. § 252 Abs. 1 Nr. 3 HGB), der **vorsichtigen Bewertung** (§ 252 Abs. 1 Nr. 4 HGB) und der **Fortführung der Unternehmenstätigkeit** (vgl. § 252 Abs. 1 Nr. 2 HGB) zu beachten. Im Gegensatz zum UV sind die Vergleichswerte im AV mit Blick auf den anvisierten Betriebszugehörigkeitswert wiederbeschaffungs- bzw. nutzenorientiert zu ermitteln.[280] Eine absatzorientierte Bewertung kommt nur bei VG in Betracht, die keinen über dem Einzelveräußerungspreis liegenden beizulegenden Wert aufweisen. Das betrifft im Wesentlichen nicht betriebsnotwendige bzw. entbehrliche VG.

231 Die vorgenannten Hilfswerte sind in der praktischen Anwendung häufig schwierig zu ermitteln. Eine objektivierte Bestimmung des beizulegenden Werts gelingt zumeist nur, wenn Markt- oder Börsenpreise vorliegen. Dies trifft nur auf wenige VG wie Finanzanlagen (börsennotierte Wertpapiere) zu. In anderen Fällen werden Sachverständigengutachten eingeholt, um die Wertfindung bei wesentlichen VG zu objektivieren.[281]

> **Beispiel**
> Die Bestimmung des beizulegenden Werts eines bebauten Grundstücks erfolgt häufig durch die Einholung eines Gutachtens eines Immobiliensachverständigen, der den beizulegenden Wert anhand von Ertragswertüberlegungen approximiert. Gleiches gilt für die Bewertung von immateriellen VG (z.B. Patent, Marke) oder von ganzen Unt bzw. Unternehmensteilen.

4.2.1.3 Voraussichtlich dauernde Wertminderung

232 Nach Satz 3 sind außerplanmäßige Abschreibungen dann vorzunehmen, wenn der Wert von VG des AV voraussichtlich dauernd gemindert ist. Wann eine Wertminderung als voraussichtlich dauernd gilt, ist in Praxis und Literatur umfassend diskutiert worden. Die Grenzziehung erfolgt überwiegend anhand sehr pragmatischer Ansätze.

233 Der Unterscheidung zwischen voraussichtlich dauernden und vorübergehenden Wertminderungen kommt auch bei Teilwertabschreibungen in der Steuerbilanz Bedeutung zu. Wenngleich diese Abschreibungen eigenständig geregelt sind, erscheint eine unterschiedliche Auslegung dieses Tatbestandsmerkmals der voraussichtlich dauernden Wertminderung in Handels- und Steuerbilanz aufgrund

---

[278] Vgl. zu Teilwertvermutungen *Schmidt/Kulosa*, EStG § 6, Rz 241f.
[279] Vgl. ausführlich *Kammann*, Stichtagsprinzip und zukunftsorientierte Bilanzierung, Köln 1988, S. 217ff.
[280] Vgl. *Schubert/Andrejewski/Roscher*, in Beck Bil-Komm., 10. Aufl., 2016, § 253 HGB Rz 308.
[281] Vgl. zum objektivierten Wert von Unternehmensanteilen IDW S 1, Tz 13.

des übereinstimmenden Zwecks von außerplanmäßigen Abschreibungen und Teilwertabschreibungen nicht vertretbar. Tatsächlich weichen die handelsrechtlichen Konkretisierungen der dauernden Wertminderung in Einzelfällen signifikant von jenen der steuerlichen Rechtsprechung und der FinVerw[282] ab. Das gilt etwa für Finanzanlagen (vgl. Rz 271). Der Grund liegt in einer bisweilen unterschiedlichen Gewichtung des Vorsichtsprinzips aus handels- und steuerrechtlicher Sicht. Für die Bewertung in der HB kommt der steuerrechtlichen Auslegung des Merkmals der dauernden Wertminderung dennoch Bedeutung zu, da sie deutlich macht, wann in keinem Fall mehr auf eine Abschreibung verzichtet werden darf.

In Ermangelung einer gesetzgeberischen Klärung des unbestimmten Rechtsbegriffs ist an der langjährigen Auslegung des Tatbestandsmerkmals festzuhalten.[283] Sie differenziert nach der **Art des VG**.[284] Bei Gegenständen des **abnutzbaren AV** ist danach eine dauernde Wertminderung anzunehmen, wenn der jeweilige Stichtagswert voraussichtlich während eines erheblichen Teils der verbleibenden Nutzungsdauer unter dem planmäßigen Restbuchwert liegt.[285] Im nicht abnutzbaren AV sind strengere Grundsätze anzulegen, da hier ein möglicher Bewertungsfehler aufgrund der fehlenden planmäßigen Abschreibung im Zeitablauf nicht automatisch korrigiert wird.[286] Bei unterverzinslichen Wertpapieren oder Ausleihungen des FAV wird demgegenüber selbst bei voraussichtlich längerfristig andauernden Kursverlusten keine dauernde Wertminderung i.S.d. § 253 Abs. 2 HGB angenommen, solange das bilanzierende Unt in der Lage ist, den Rückzahlungstermin abzuwarten und keine Ausfälle drohen.[287] Bei Beteiligungen kommt es darauf an, ob die Wertminderung lediglich auf Anlaufverlusten bzw. vorübergehenden Ertragseinbrüchen beruht oder ob ihr Ertragswert den Buchwert innerhalb eines überschaubaren Zeitraums voraussichtlich nicht mehr erreichen wird.[288]

Unter einem erheblichen Teil der Restnutzungsdauer versteht die hM die **halbe Restnutzungsdauer**, teilweise **begrenzt auf fünf Jahre**.[289]

Beispiel
Eine am 31.12.01 erworbene Computeranlage wird linear über sechs Jahre abgeschrieben. Die AK betragen 600.000. Am 31.12.03 ermittelt sich auf Basis von Wiederbeschaffungskosten ein beizulegender Wert von 300.000.
Es liegt keine voraussichtlich dauernde Wertminderung vor. Zwar liegt der beizulegende Wert am 31.12.03 100.000 unter den fortgeführten AK von 400.000. Der Differenzbetrag wird allerdings in der halben Restnutzungsdauer von zwei Jahren mehr als aufgeholt.

---

[282] Vgl. BMF, Schreiben v. 2.9.2016, BStBl 2016 I S. 995 sowie Rz 256.
[283] Vgl. *Kessler*, in *Kessler/Leinen/Strickmann*, BilMoG, 2010, S. 244 f.
[284] Vgl. *Kessler*, DB 1999, S. 2579 mwN.
[285] Vgl. *Schubert/Andrejewski/Roscher*, in Beck Bil-Komm., 10. Aufl., 2016, § 253 Rz 316.
[286] Vgl. z.B. *Brösel/Olbrich*, in *Küting/Pfitzer/Weber*, HdR, HGB § 253, Rn 602, Stand 2/2012.
[287] Vgl. ADS, 6. Aufl., § 253 HGB, Tz. 473.
[288] Vgl. WPH Edition, Wirtschaftsprüfung & Rechnungslegung, 15. Aufl., 2017, Abschn. F, Tz. 183.
[289] Vgl. *Schubert/Andrejewski/Roscher*, in Beck Bil-Komm., 10. Aufl., 2016, § 253 HGB, Rz 316; *Brösel/Olbrich*, in *Küting/Pfitzer/Weber*, HdR, HGB § 253, Rn 600, Stand 2/2012; *Küting*, DB 2005, S. 1121 mwN, BFH, Urteil v. 14.3.2006, I R 22/05, BStBl 2006 II S. 680 mwN, ebenso BFH, Urteil v. 29.4.2009, I R 74/08, DStR 2009 S. 1687. Für Immobilien des AV, die nicht zum Verkauf bzw. Abriss vorgesehen sind, wird eine nur vorübergehende Wertminderung nur innerhalb eines Zeitraums von drei bis fünf Jahren angenommen. Vgl. IDW RS IFA 2, Tz 40.

Nach dieser Entscheidungsregel sind außerplanmäßige Abschreibungen bei abnutzbaren VG nur in seltenen Fällen, nämlich bei signifikanten Wertminderungen und/oder kurzen Restnutzungsdauern, vorzunehmen. Gegen dieses Ergebnis bestehen keine Bedenken, wenn – wie im obigen Beispiel – trotz gesunkener Wiederbeschaffungskosten eines VG seine betriebliche Nutzung unbeeinträchtigt ist. Dann aber kommt es nicht darauf an, wann der niedrigere Stichtagswert durch die fortgeführten AHK wieder erreicht wird. Findet der VG dagegen nur noch eingeschränkt im Unt Verwendung, erscheint der Vergleich des beizulegenden Werts mit dem planmäßig fortgeführten Buchwert nach Ablauf der halben Restnutzungsdauer willkürlich, um eine voraussichtlich dauernde Wertminderung zu identifizieren.[290]

236 Um diesen Mängeln des gängigen Beurteilungsansatzes abzuhelfen, wird in der Literatur vorgeschlagen, bei gesunkenen Marktpreisen von Anlagegütern stets eine voraussichtlich dauernde Wertminderung anzunehmen.[291] Da im (informationseffizienten) **Marktpreis** alle Erwartungen der Marktteilnehmer über die Zukunft enthalten sind, bestehe kein Grund zu der Annahme, der beizulegende Wert werde in absehbarer Zeit wieder ansteigen.
Der Vorzug dieses Beurteilungsansatzes liegt darin, die Entscheidung über die Dauerhaftigkeit dem Markt zu überlassen, anstatt dieses Tatbestandsmerkmal mit wohlklingenden, aber im Wesentlichen nichtssagenden Worten zu umschreiben. Zudem trägt er dem Vorsichtsprinzip stärker Rechnung, da er immer dann eine Abwertung erzwingt, wenn – was ausnahmslos der Fall ist – unsicher ist, ob sich die Diskrepanz zwischen fortgeführten AHK und dem niedrigeren beizulegenden Zeitwert in absehbarer Zeit wieder ausgleichen wird.

237 Ein ausschließlich marktorientierter Ansatz hat aber auch Schwächen. Er neigt dazu, das Ausmaß der durch außerplanmäßige Abschreibungen zu berücksichtigenden Wertminderungen zu überschätzen. So lässt etwa die Ingebrauchnahme eines neuen Pkw dessen Marktpreis erfahrungsgemäß signifikant sinken. Der Nutzen des Anlageguts für den Betrieb bleibt davon unberührt, wenn ein unmittelbarer Wiederverkauf nicht beabsichtigt ist. Das hat den Gesetzgeber des EStG veranlasst, die Niederstbewertung des zum dauernden Gebrauch bestimmten AV von der Orientierung an Einzelveräußerungspreisen zu lösen und am Teilwert als Ausdruck des Betriebszugehörigkeitswerts auszurichten.[292] Nichts anderes will der beizulegende Wert.

238 Zielführender als der gängige Beurteilungsansatz und die alleinige Ausrichtung der Niederstbewertung des AV an Marktpreisen erscheint daher eine **indikatorgestützte Prüfung** der voraussichtlich dauernden Wertminderung. Sie fragt – ähnlich wie der Impairment-Test nach IAS 36 – auf der ersten Stufe, ob qualitative Hinweise auf eine voraussichtlich dauernde Wertminderung eines VG des AV vorliegen. Gemeint sind solche Umstände, die auf ein mögliches Sinken des Betriebszugehörigkeitswerts eines Anlageguts hindeuten. Liegen solche Indizien vor, ist der VG auf den mittels obiger (vgl. Rz 225) Hilfswerte approximierten beizulegenden Wert abzuschreiben. Ergeben sich keine Anzeichen für einen eingeschränkten betrieblichen Nutzen des VG, scheidet eine außerplanmäßige

---

[290] Vgl. zur Kritik an der gängigen Beurteilungspraxis auch *Hoffmann/Lüdenbach*, NWB-Kommentar Bilanzierung, 8. Aufl. 2017, § 253, Rz 191 ff.
[291] So wohl *Hoffmann/Lüdenbach*, NWB-Kommentar Bilanzierung, 8. Aufl. 2017, § 253, Rz 200.
[292] Vgl. *Kammann*, Stichtagsprinzip und zukunftsorientierte Bilanzierung, Köln 1988, S. 217 f.

Abschreibung auch dann aus, wenn der – wie auch immer ermittelte – Marktpreis unter dem Buchwert liegt.
Als mögliche Indikatoren für einen voraussichtlich dauerhaft unter die fortgeführten AHK gesunkenen beizulegenden Wert sind insb. zu nennen:

- technische Überalterung/wirtschaftliche Überholung,
- mangelnde Kapazitätsauslastung,
- verschlechterte Einsatzbedingungen für das Anlagegut, die sich z. B. in einer Veräußerungsabsicht, einem Restrukturierungsplan oder einer Verkürzung der geplanten Einsatzdauer zeigen,
- fehlende Rentabilität,
- (übermäßiger) technischer Verschleiß durch ungeplant intensive Nutzung (z. B. im Mehrschichtbetrieb oder unter besonders schwierigen Einsatzbedingungen),
- signifikant gesunkene Wiederbeschaffungswerte.

239

Die **zweistufige Wertminderungsprüfung** – qualitativer Eingangstest, Quantifizierung des Abschreibungsbedarfs durch Vergleich des Buchwerts mit dem regelmäßig beschaffungsmarktorientiert ermittelten beizulegenden Wert des VG – ist in gleicher Weise auf nicht abnutzbare VG des AV anzuwenden. Wird der beizulegende Wert wie bei Beteiligungen und bestimmten immateriellen VG über den Ertragswert des VG approximiert, bedarf es keiner eine Wertminderung anzeigenden Indizien. Zum einen zielt der aus Sicht des Unt ermittelte Ertragswert unmittelbar auf den vom beizulegenden Wert anvisierten Betriebszugehörigkeitswert. Zum anderen ermittelt dieser Bewertungsansatz aufgrund seiner in die Zukunft gerichteten Betrachtung konzeptionell eine dauernde Wertminderung.[293] Entsprechendes gilt, wenn die Bewertung finanzieller VG unter Rückgriff auf Preise an einem aktiven Markt, insb. an einer Börse mit ausreichenden Handelsaktivitäten, erfolgt. Preise, die nicht das Ergebnis einer Wertschätzung durch eine Mehrzahl unabhängiger Marktteilnehmer sind, sind dagegen nicht in jedem Fall geeignet, eine voraussichtlich dauernde Wertminderung anzuzeigen. In diesen Fällen liegt eine zweistufige Werthaltigkeitsprüfung nahe, wie sie vorstehend für materielle VG aufgezeigt worden ist.

240

Bewertungszeitpunkt ist der jeweilige Abschlussstichtag. Nach dem Abschlussstichtag auftretende singuläre Ereignisse sind wertbegründend und lösen keine Verpflichtung zur Vornahme einer außerplanmäßigen Abschreibung zum Abschlussstichtag aus (zur Abgrenzung zwischen wertbegründenden und werterhellenden Tatsachen vgl. § 252 Rz 59).

241

> **Beispiel**
> Eine Lagerhalle wird am 10.1.02 durch ein Feuer schwer beschädigt, sodass unzweifelhaft eine dauerhafte Wertminderung gegeben ist. Zum Abschlussstichtag 31.12.01 ist keine außerplanmäßige Abschreibung zu berücksichtigen, da es sich bei dem Brand um ein wertbegründendes Ereignis nach dem Abschlussstichtag handelt.
> Mittelgroße und große KapG haben ggf. im Anhang über Art und finanzielle Auswirkungen des Schadens zu berichten (vgl. § 285 Nr. 33 HGB).

---

[293] Vgl. auch BFH, Urteil v. 21.9.2011, I R 89/10, BFHE 235 S. 263; BFH, Urteil v. 21.9.2011, I R 7/11, BFHE 235 S. 273.

4.2.2 Immaterielles Anlagevermögen

242 Zur Definition des IAV s. § 266 Rz 22.

243 Das immaterielle Vermögen unterliegt häufig einer **schnellen technischen Veralterung** aufgrund technischen Fortschritts. Der Bestimmung der wirtschaftlichen Nutzungsdauer für die planmäßige Abschreibung und ihrer Überprüfung im Zeitablauf kommen daher große Bedeutung zu (Rz 168). Unabhängig davon kann sich aufgrund unerwarteter Entwicklungen die Notwendigkeit einer außerplanmäßigen Abschreibung ergeben.

> **Beispiel**
> Ein Unt erwirbt eine Softwarelizenz für ein Materialwirtschaftssystem. Die betriebsgewöhnliche Nutzungsdauer wird mit 8 Jahren geschätzt. Nach 3 Jahren ist ein neues, deutlich anwenderfreundlicheres und leistungsfähigeres Konkurrenzprodukt auf dem Markt. Im Jahr 5 entscheidet sich das Unt, die bestehende Software nicht länger zu nutzen und auf das Konkurrenzprodukt zu wechseln.
> Das Auftreten des Konkurrenzprodukts macht es erforderlich, die ursprünglich geschätzte Nutzungsdauer zu überprüfen und ggf. zu verkürzen. In diesem Fall ist der Restbuchwert über die neu geschätzte Restnutzungsdauer zu verteilen.
> Sieht das Unt zunächst keinen Anlass, den Abschreibungsplan für die Software zu revidieren, und entscheidet es sich im Jahr 5 spontan für den Übergang auf das Konkurrenzprodukt, ist eine außerplanmäßige (Voll-)Abschreibung der Softwarelizenz veranlasst, soweit die ursprüngliche Software keine betriebliche Verwendung mehr findet und ein Veräußerungserlös nicht erzielbar ist.

244 Auch in Fällen, bei denen die Bestimmung der wirtschaftlichen Nutzungsdauer unproblematisch ist, kann sich infolge einer veränderten Bedeutung von VG für den Betrieb die Notwendigkeit außerplanmäßiger Abschreibungen ergeben.

> **Beispiel**
> Bauunt B betreibt sein Unt auf einem nur schwer zugänglichen Betriebsgrundstück. Die benötigten Baustoffe werden B von den Lieferanten mittels Schwerlastwagen angeliefert, die entsprechende Zufahrtsmöglichkeiten benötigen. Um die Belieferung sicherzustellen, hat B vor Jahren ein ursprünglich A zustehendes Wegerecht am Nachbargrundstück, das die benötigten Zufahrtsmöglichkeiten eröffnet, zum Preis von 20.000 erworben. B hat das Wegerecht mit seinen AK als immaterieller VG des AV aktiviert, den er über die Laufzeit des Rechts von 20 Jahren planmäßig abschreibt.
> 5 Jahre nach dem Erwerb des Wegerechts baut die Gemeinde eine neue Erschließungsstraße, die B einen direkten Anschluss an den nahgelegenen Autobahnzubringer verschafft. Nach Fertigstellung der Straße im 6. Jahr nutzen B und seine Lieferanten nahezu ausschließlich die verkehrsgünstiger gelegene direkte Anbindung an die Autobahn. Das Wegerecht besteht zwar noch für weitere 14 Jahre, hat aber keinen wirtschaftlichen Nutzen mehr. Es liegt eine voraussichtlich dauernde Wertminderung vor, für die eine außerplanmäßige Abschreibung nach Satz 3 vorzunehmen ist.

Bei **selbst geschaffenen immateriellen VG des AV**, die in Ausübung des Wahl- 245
rechts gem. § 248 Abs. 2 Satz 1 HGB aktiviert worden sind (§ 248 Rz 37), ist die
Bestimmung des beizulegenden Werts besonders problematisch, da im Regelfall
weder ein Markt- oder Börsenpreis existiert noch ein Wiederbeschaffungswert
oder Einzelveräußerungswert verlässlich zu ermitteln ist. Ein Reproduktions-
wert wird sich zwar ggf. bestimmen lassen, als Näherungswert für den beizulegenden Werts derartiger VG taugt er i. d. R. jedoch nicht, da bei immateriellen VG
kein Substanzverzehr auftritt, der Anlass zu einer außerplanmäßigen Abschreibung geben könnte. Die Gründe für ihre (unerwartete) Entwertung liegen eher in
der technischen Veralterung.

> **Beispiel**
> Die start-up-GmbH entwickelt einen Verfahrensprozess, mit dem ein beste-
> hender Produktionsablauf zur Herstellung von Kunststofftragetaschen opti-
> miert werden soll. Sie aktiviert den selbst geschaffenen VG des AV und
> schreibt ihn – beginnend nach Fertigstellung des Verfahrensprozesses – über
> die geschätzte wirtschaftliche Nutzungsdauer von 4 Jahren planmäßig ab.
> Nach 2 Jahren verbieten neue gesetzlichen Vorschriften die weitere Produk-
> tion von Kunststofftragetaschen aus umweltrechtlichen Gründen. Der ent-
> wickelte Verfahrensprozess ist somit – auch wenn er technisch noch nutzbar
> wäre – aus rechtlichen Gründen nicht länger im Unt einsetzbar. Sein Rest-
> buchwert ist mithin auf null abzuschreiben.

Die Ermittlung des beizulegenden Werts von immateriellen VG des AV erfolgt 246
zumeist nach auf dem Kapitalwertkalkül beruhenden Bewertungsverfahren, für
die jeweils mehrere Bewertungsmethoden existieren. Folgende **Bewertungsverfahren und -methoden** kommen in der Praxis zur Anwendung:[294]

Verfahren	Marktpreisorien-tiertes Verfahren (market approach)	Kapitalwertorien-tiertes Verfahren (income approach)	kostenorientier-tes Verfahren (cost approach)
Methoden	Marktpreise auf aktivem Markt	Methode der unmittelbaren Cashflow-Prognose	Reproduktions-kostenmethode
	Analogiemethoden	Methode der Lizenz-preisanalogie	Wiederbeschaf-fungskosten-methode
		Residualwert-methode	
		Mehrgewinn-methode	

Tab. 3: Bewertungsverfahren für immaterielle VG

Die außerplanmäßige Abschreibung eines **Geschäfts- oder Firmenwerts** erfor- 247
dert ebenfalls die Bestimmung seines beizulegenden Werts. Ein im Jahres-

---

[294] Vgl. IDW S 5, Tz 18. Vgl. zur Bewertung einer Gaming-Plattform eines Glücksspielanbieters auch FG Hamburg, Urt. V. 12.2.2014, 6 K 203/11.

abschluss ausgewiesener GoF ist regelmäßig das Ergebnis eines Asset Deal, d. h. des Erwerbs bestimmter VG und Schulden eines Betriebs oder Betriebsteils. Ein solcher Betrieb wird vom Erwerber häufig nicht unverändert weitergeführt, sondern in die bestehende Organisation eingebunden. Das führt zu Abgrenzungsproblemen bei der Bewertung des GoF, da nur der derivative, nicht aber der originäre GoF zu aktivieren ist (§ 246 Rz 89).

> **Beispiel**
> Eine GmbH erwirbt vom Insolvenzverwalter den Betriebsteil eines Konkurrenten, der Komponenten für die Automobilindustrie herstellt. Der Grund für die Übernahme liegt nicht allein in den guten Ertragsaussichten des Betriebsteils selbst. Die GmbH erhofft sich von der Übernahme zudem, selbst produzierte Produkte, die bislang ausschließlich an die Haushaltsgeräteindustrie geliefert wurden, an die Automobilindustrie zu veräußern.
> Nach Verteilung des für den Betriebsteil gezahlten Kaufpreises auf die erworbenen VG und Schulden ermittelt sich ein GoF i. H. v. 1.500.000, der von der GmbH aktiviert und über die geschätzte wirtschaftliche Nutzungsdauer von fünf Jahren planmäßig abgeschrieben wird.
> Der erworbene Betriebsteil wird organisatorisch mit einem bislang schon bei der GmbH befindlichen Betriebsteil zusammengelegt. U. a. werden die Vertriebsaktivitäten der beiden Betriebsteile zusammengefasst, um die beabsichtigte Belieferung der Automobilindustriekunden mit sämtlichen von der GmbH nunmehr hergestellten Produkten zu ermöglichen. Die Strategie erweist sich als erfolgreich.
> Nach drei Jahren verzeichnet die GmbH aufgrund eines technisch hochwertigeren Konkurrenzprodukts deutliche Umsatzrückgänge für die Produkte des erworbenen Betriebsteils. Der erworbene GoF steht Ende des Jahres 03 mit fortgeführten AHK von 600.000 zu Buche.
> Zur Ermittlung des beizulegenden Werts des GoF ist zunächst der Ertragswert des übernommenen Betriebsteils zu ermitteln. Hier zeigen sich Abgrenzungsprobleme, da der Betriebsteil nicht mehr so vorhanden ist, wie er vor drei Jahren erworben wurde. Zur Lösung dieses Bewertungsproblems könnte man daran denken, den Ertragswert des neu geschaffenen gemeinsamen Betriebsteils zu ermitteln, um auf dieser Basis das über die bilanzierten VG hinausgehende Ertragspotenzial mittels produktbezogener Absatzstatistiken auf den derivativen GoF des erworbenen Betriebsteils einerseits und den originären GoF des schon vormals bei der GmbH befindlichen Betriebsteils andererseits aufzuteilen. Eine alternative Vorgehensweise besteht darin, in der Folgebewertung nicht zwischen entgeltlich erworbenem und derivativem GoF zu trennen. Nicht nur aus Objektivierungserwägungen, sondern auch konzeptionell erscheint letzterer Ansatz vorzugswürdig. Hätte die GmbH statt einer Sachgesamtheit eine Beteiligung an einem anderen Unt erworben und diesem den Verkauf von Produkten der GmbH übertragen, würde die Werthaltigkeit der Beteiligung in der Folgezeit ebenfalls nicht allein auf der Grundlage des erworbenen Geschäfts, sondern unter Berücksichtigung der Ertragsaussichten des Unt insgesamt beurteilt.

4.2.3 Sachanlagen

Zum Begriff vgl. § 266 Rz 37. 248
Unbebaute Grundstücke unterliegen keiner planmäßigen Abschreibung. Um eine Überbewertung zu vermeiden, ist bei ihrer Bewertung der ggf. bestehenden Notwendigkeit von außerplanmäßigen Abschreibungen besonderes Augenmerk zu widmen. Der beizulegende Wert eines Grundstücks kann bspw. abgeleitet werden aus
- beobachteten Markttransaktionen (z. B. Veräußerung eines Nachbargrundstücks),
- aktuellen Bodenrichtwerten des Gutachterausschusses der jeweiligen Gemeinde,
- Sachverständigengutachten zum Marktwert des Grundstücks.

Sachverständigengutachten kommen auch bei **bebauten Grundstücken**, insb. 249
Mietobjekten, zur Bestimmung des beizulegenden Werts in Betracht. Entsprechend den Vorgaben der Wertermittlungsverordnung bestimmen diese Gutachten zumindest den Marktwert von Gebäuden regelmäßig nach dem Ertragswertverfahren. Da sich die relevanten Bewertungsparameter schnell ändern können, sind derartige Gutachten über den konkreten Bewertungszeitpunkt hinaus nur bedingt verwertbar.

> **Beispiel**
> Die I-AG hat mehrere Bürogebäude langfristig vermietet. Die Bürogebäude werden im AV ausgewiesen und zu fortgeführten AHK bewertet. Bei Aufstellung des Jahresabschlusses zum 31.12.01 berichtet die örtliche Presse über signifikante Leerstände von Büroflächen sowie ein deutlich gesunkenes Mietpreisniveau in der Region. Auf Hinweis des AP holt die Geschäftsführung von einem Immobiliensachverständigen ein Bewertungsgutachten für die Gebäude ein. Bei 2 Gebäuden ergibt sich ein signifikant unter dem Buchwert liegender beizulegender Wert. Da in den Sachverständigengutachten die Stichtagswerte auf Basis zukünftiger Ertragserwartungen abgeleitet sind, ist von einer voraussichtlich dauernden Wertminderung auszugehen. Die I-AG nimmt in ihrem Jahresabschluss zum 31.12.01 entsprechende außerplanmäßige Abschreibungen vor. Am 31.12.02 hat sich das Mietniveau nochmals verringert. Das Zinsniveau für Immobilienkredite ist demgegenüber unverändert auf dem Niveau des Vorjahrs. Da sowohl das Mietniveau als auch das Zinsniveau bewertungsrelevante Parameter für die Ermittlung des beizulegenden Werts der Bürogebäude darstellen, können die Sachverständigengutachten aus dem Vorjahr nicht zur Bestätigung der Buchwerte herangezogen werden. Vielmehr sind neue Gutachten einzuholen, zumindest aber sind die zum Ende des Vorjahrs ermittelten Werte anhand der aktuellen Bewertungsparameter fortzuschreiben.

Bei Grundstücken geben häufig Altlasten, Verunreinigungen und andere **Umwelt-** 250
belastungen Anlass zu außerplanmäßigen Abschreibungen. Der Wertkorrektur des Grundstücks kommt insoweit Vorrang vor einer Rückstellungsbildung zu.[295]

---

[295] Vgl. Art. 12 Abs. 12 der RL 2013/34/EU des Europäischen Parlaments und des Rates über den Jahresabschluss, den konsolidierten Abschluss und damit verbundene Berichte von Unternehmen bestimmter Rechtsformen vom 26.6.2013, da Rückstellungen „keine Wertberichtigungen zu Aktivposten darstellen"; zum Konkurrenzverhältnis vgl. IDW, WPg 1992, S. 326.

Außerplanmäßige Abschreibungen sind insb. erforderlich, wenn bei Anschaffung des Grundstücks eine bestehende Kontamination (mangels Kenntnis) nicht kaufpreismindernd berücksichtigt worden ist oder ein lastenfreies Grundstück während der Zugehörigkeit zum Betriebsvermögen kontaminiert wird.

251 War bei Grundstückserwerb die Kontamination bekannt und kaufpreismindernd berücksichtigt worden, sind die Sanierungsaufwendungen im Regelfall als nachträgliche HK des Grundstücks zu behandeln, da sie eine wesentliche Verbesserung des Grundstücks über den ursprünglichen Zustand hinaus bewirken.[296] Wurde ein kontaminiertes Grundstück wegen eingeschränkter Nutzbarkeit abgeschrieben, scheidet eine Rückstellung wegen der Sanierungsverpflichtung aus, soweit die Sanierungsmaßnahmen zu nachträglichen HK führen. Die Aktivierungspflicht der zukünftigen Ausgaben deutet auf eine kompensierte Verpflichtung hin, die das Vermögen wirtschaftlich nicht belastet. Zu Rückstellungen für Umweltschutzverpflichtungen s. § 249 Rz 110.

Beispiel[297]
CS betreibt Copy-Shops in zahlreichen Städten in Deutschland. Bei einer routinemäßigen technischen Überprüfung eines von CS betriebenen Copy-Shops im Gj 01 sind Bodenproben im Bereich des Grundstücks entnommen worden, auf dem die leeren Tonerkartuschen bis zur Entsorgung gelagert werden. Die Untersuchung der Proben hat eine erhebliche Belastung des Grundstücks mit giftigen Tonerrückständen ergeben. Da von dieser Belastung keine unmittelbare Umweltgefährdung ausgeht, hat die Umweltbehörde eine sofortige Sanierung der Anlage nicht zur Auflage gemacht. Spätestens bei Stilllegung des Betriebs ist diese jedoch vorzunehmen.
CS schätzt die Sanierungskosten für ihr Grundstück auf 50.000. Der Buchwert des Grundstücks entspricht den AK und beträgt 180.000. Nach den aktuellen Bodenrichtwerten geht CS von einem Zeitwert i. H. v. 210.000 aus. Bis zur Aufstellung des Jahresabschlusses wurden noch keine Sanierungsmaßnahmen eingeleitet.
Zur Feststellung einer etwaigen Wertminderung des Grundstücks ist dessen Buchwert (180.000) mit seinem beizulegenden Wert zu vergleichen. Der beizulegende Wert ermittelt sich als Differenz zwischen dem Marktwert des Grundstücks ohne Schadstoffbelastung und den Sanierungskosten.

Wiederbeschaffungskosten unbelastetes Grundstück	210.000
./. Sanierungskosten	50.000
= beizulegender Wert	160.000

Die abschreibungskompensierende Berücksichtigung der stillen Reserven des Grundstücks verstößt nicht gegen das Realisationsprinzip. Der beizulegende Wert unterliegt nicht der Restriktion des Anschaffungswertprinzips, sondern soll den Betriebszugehörigkeitswert des Grundstücks am Abschlussstichtag

---

[296] Vgl. *Förschle/Scheffels*, DB 1993, S. 1201.
[297] Vgl. *Kessler*, in *Kessler/Leinen/Strickmann*, BilMoG, 2010, S. 245 ff.

approximieren. Er wird auch durch stille Reserven beeinflusst, die sich während der Haltedauer gebildet haben.
Es ermittelt sich eine Wertminderung i. H. v. 20.000 (180.000 ./. 160.000). Die Kontamination eines Grundstücks gilt als Ereignis, das zu einer voraussichtlich dauernden Wertminderung führt. Damit ist zum 31.12.01 eine außerplanmäßige Abschreibung des Grundstücks geboten.

Variante
Abweichend vom Ausgangsfall sei angenommen, CS habe noch im Gj 01 mit einem Entsorgungsunt einen Vertrag über die Sanierung des Grundstücks im ersten Halbjahr 02 geschlossen.
Auch in diesem Fall liegt eine voraussichtlich dauernde Wertminderung vor. Zwar ist aufgrund der Sanierung des Grundstücks ein kurzfristiger Anstieg seines beizulegenden Werts zu erwarten. Die auf die Kontamination zurückgehende Wertminderung des Vermögens von CS entfällt damit jedoch nicht, da die Maßnahme Aufwendungen verursacht. Das Nettovermögen bleibt mithin über die Sanierung hinaus vermindert.

Nicht abnutzbare VG des AV sind nur außerplanmäßig abzuschreiben, wenn aufgrund objektiver Umstände mit einem langfristigen Anhalten der Wertminderung gerechnet werden muss. Fraglich ist, wie diese gesetzliche Vorgabe bei VG auszulegen ist, die mit **Veräußerungsabsicht** gehalten, aber **gleichwohl im AV** ausgewiesen werden.

252

Beispiel
Zum Betriebsvermögen von U gehören am 31.12.01 mehrere nicht für betriebliche Zwecke genutzte unbebaute Grundstücke. Um finanzielle Mittel für geplante Investitionen freizusetzen, bietet U die Grundstücke zum Verkauf an. Die eingeholten Wertgutachten lassen einen Veräußerungspreis unter den AK erwarten. Anfang 02 verkauft U die Grundstücke tatsächlich mit Verlust. Nach der Rechtsprechung des BFH ist von einer voraussichtlich dauernden Wertminderung auszugehen, wenn aus Sicht des Abschlussstichtags auf Grund objektiver Anzeichen ernstlich mit einem langfristigen Anhalten der Wertminderung zu rechnen ist. Es müssen mehr Gründe für als gegen das Andauern der Wertminderung sprechen. Der maßgebliche Prognosehorizont soll sich nach den prognostischen Möglichkeiten zum Abschlussstichtag richten, die je nach Art des VG und des auslösenden Moments für die Wertminderung variieren. Diese Grundsätze wendet die Rechtsprechung unabhängig davon an, ob ein VG des AV weiterhin gehalten werden soll oder zur Veräußerung bestimmt ist.[298] Für die Vornahme einer Teilwertabschreibung komme es auch bei Letzteren auf die zu erwartende nachhaltige Wertentwicklung an und nicht auf eine punktuelle Betrachtung anlässlich des geplanten Verkaufs zu einem bestimmten Zeitpunkt. Abzustellen sei daher auf die objektive (Rest-) Nutzungsdauer und nicht auf die individuelle Verbleibensdauer beim betreffenden Bilanzierenden. Die Veräußerung eines unbebauten Grundstücks mit

---

[298] Vgl. BFH, Urteil v. 9.9.2010, IV R 38/08, BB 2011 S. 242.

> Verlust könne zwar eine voraussichtlich dauernde Wertminderung indizieren. Diese Annahme sei jedoch durch weitere Anhaltspunkte zu objektivieren. Der Entscheidung ist weder handels- noch steuerrechtlich zu folgen. Bei VG, die zur Veräußerung bestimmt sind, liegt eine voraussichtlich dauernde Wertminderung vor, wenn ihr Anhalten bis zum Abgang des VG zu erwarten ist. Auf die weitere (vermutliche) Wertentwicklung des VG im Vermögen des Erwerbers kann es nicht ankommen, da sich der Wertverlust mit der Veräußerung realisiert und damit endgültig ist. Für eine außerplanmäßige Abschreibung wegen eines zu erwartenden Verkaufs unter dem Buchwert sind allerdings nachvollziehbare Hinweise auf die objektiv bestehende Veräußerungsabsicht am Abschlussstichtag (z. B. Beauftragung eines Maklers) zu fordern. Die tatsächliche Veräußerung nach dem Stichtag kann insoweit als Anscheinsbeweis gelten.
> Wurde der VG bereits bis zum Abschlussstichtag zur Veräußerung hergerichtet (z. B. durch Räumung des Grundstücks), ist er in das UV umzugliedern (vgl. § 247 Rz 45). Auf die Bewertung wirkt sich der Ausweiswechsel nicht aus. Es bleibt bei dem Abwertungsgebot auf den geschätzten niedrigeren Nettoveräußerungspreis.[299]

253 Bei bebauten Grundstücken des AV ist zu beachten, dass Grund und Boden sowie aufstehendes Gebäude zwei voneinander unabhängige VG darstellen.[300] Insofern können bei der Bemessung von ggf. erforderlichen außerplanmäßigen Abschreibungen auf das Gebäude Werterhöhungen des Grund und Bodens nicht verrechnet werden.

254 Bei Sachanlagen wird in bestimmten Konstellationen vertreten, die VG nicht einheitlich, sondern nach dem **Komponentenansatz** in einzelne kalkulatorische Abschreibungskomponenten aufzuteilen, die jeweils gesondert abzuschreiben sind (zu Einzelheiten s. Rz 195). Eine außerplanmäßige Abschreibung kommt in diesen Fällen nur für den VG insgesamt in Betracht; für einzelne Komponenten ermittelte Wertminderungen geben für sich genommen keinen Anlass zu einer außerplanmäßigen Abschreibung. Gegenstand der Niederstbewertung ist nur der VG insgesamt.[301]

255 Bei **abnutzbaren Sachanlagen** nimmt die hM eine voraussichtlich dauernde Wertminderung nur an, wenn der beizulegende Wert für mindestens die Hälfte der Restnutzungsdauer unter den fortgeführten AK liegt (Rz 236 f.). Dieser Beurteilungsansatz sieht sich zu Recht der Kritik ausgesetzt, da er die Gefahr einer Überbewertung birgt.[302] Ihm liegt die – im Kern zutreffende – Vorstellung zugrunde, nicht jedes Absinken der Wiederbeschaffungskosten unter die fortgeführten AK eines VG sei Ausdruck einer voraussichtlich dauernden Wertminderung. Zur Identifizierung der eine Abschreibung gebietenden Wertminderungen ist der Beurteilungsansatz jedoch weitgehend ungeeignet. Das Verhältnis von heutigem beizulegendem Wert und fortgeführten AK nach Ablauf der halben Restnutzungs-

---

[299] Vgl. hierzu auch IDW RS IFA 2, Tz 45, der für in Veräußerungsabsicht gehaltene Immobilien des AV die Bewertung nach den für UV geltenden Regelungen, d. h. strenges Niederstwertprinzip, fordert.
[300] Vgl. IDW RS IFA 2, Tz 37.
[301] Vgl. IDW RH HFA 1.016, Tz 10.
[302] Vgl. *Hoffmann/Lüdenbach*, DB 2009 S. 578, die dies am Beispiel eines Pkw illustrieren.

dauer sagt darüber allenfalls zufällig etwas aus. Überzeugender ist eine zweistufige Beurteilung, die in einer indikatorgestützten Eingangsprüfung nach qualitativen Hinweisen auf einen nachhaltigen Rückgang des beizulegenden Werts unter die fortgeführten AK sucht. Eine auf diese Weise identifizierte mögliche Wertminderung des VG ist sodann durch Vergleich seines beizulegenden Werts – approximiert durch die üblichen Hilfswerte (vgl. Rz 226 ff.) – mit dem Buchwert zu quantifizieren. Bestätigt dieser Vergleich die Wertminderung, ist eine außerplanmäßige Abschreibung veranlasst. Im Ergebnis fällt nach diesem Beurteilungsansatz der **indikatorgestützten qualitativen Prüfung** die Aufgabe zu, voraussichtlich dauernde Wertminderungen dem Grund nach zu identifizieren. Ihre Bestimmung der Höhe nach orientiert sich sodann an den bekannten Hilfswerten zur näherungsweisen Bestimmung des beizulegenden Werts.

§ 240 Abs. 3 HGB ermöglicht für VG des Sachanlagevermögens unter bestimmten Voraussetzungen (§ 240 Rz 53) den Ansatz eines **Festwerts**. In derartigen Fällen ist der beizulegende Wert für die Gesamtheit der im Festwert zusammengefassten VG nach den dargestellten Grundsätzen zu bestimmen. Da der Gesamtwert der zu einem Festwert zusammengefassten VG für das Unt von Gesetzes wegen von nachrangiger Bedeutung sein muss, sind an die Ermittlung des beizulegenden Werts keine überzogenen Anforderungen zu stellen. Es sollte genügen, die Erfassung signifikanter Wertminderungen des Festwerts sicherzustellen.

Eine weitere Vereinfachung stellt die **Gruppenbewertung** gem. § 240 Abs. 4 HGB dar. Sie erlaubt, gleichartige oder annähernd gleichwertige VG des AV jeweils zu einer Gruppe zusammenzufassen und mit dem gewogenen Durchschnittswert anzusetzen (zu Einzelheiten s. § 240 Rz 69). Auch in diesem Fall sollte eine außerplanmäßige Abschreibung bei Hinweisen auf einen signifikant gesunkenen betrieblichen Nutzen der betreffenden Anlagegüter erfasst werden (vgl. Rz 237). Die Höhe der Wertminderung ist durch Vergleich des beizulegenden Werts mit dem Durchschnittswert der zu einer Gruppe zusammengefassten VG zu ermitteln.

Beispiel
Ein Leasingunt weist in seinem AV eine Vielzahl von Pkw aus, für die es eine Gruppenbewertung gem. § 240 Abs. 4 HGB praktiziert. Dazu werden gleichartige oder annähernd gleichwertige Pkw (in etwa gleiche AK, gleiche Ausstattung, gleiche Laufleistung) zu Gruppen zusammengefasst und die gesamte Gruppe mit dem gewogenen Durchschnitt der fortgeführten AK bewertet. Zur Ermittlung des beizulegenden Werts wird für jeden Pkw anhand der aktuellen Schwacke-Liste der Zeitwert bestimmt. Die Gegenüberstellung von gewogenem Durchschnittswert und beizulegendem Wert zeigt für fünf zu einer Gruppe zusammengefasste Pkw folgendes Bild:

Pkw	Buchwert (gewogener Durchschnitt)	Beizulegender Wert (Schwacke-Liste)
Pkw A		17.000
Pkw B		14.000
Pkw C		13.000

Pkw	Buchwert (gewogener Durchschnitt)	Beizulegender Wert (Schwacke-Liste)
Pkw D		16.500
Pkw E		17.500
Gesamtbestand	75.000	78.000

Bei Pkw B und C ermitteln sich durch Vergleich ihres mittels Durchschnittsbewertung bestimmten Buchwerts von jeweils 15.000 (75.000 / 5) mit dem individuellen beizulegenden Wert Wertminderungen von 1.000 bzw. 2.000. Soweit die Wertminderungen voraussichtlich dauernd sind, erfordern sie eine außerplanmäßige Abschreibung der VG. Eine verlustkompensierende Berücksichtigung der bei den übrigen Pkw bestehenden stillen Reserven würde gegen den Grundsatz der Einzelbewertung und das Imparitätsprinzip verstoßen.
Die Buchwertermittlung nach der Gruppenbewertung beruht dagegen auf einer (zulässigen) Durchschnittsbetrachtung. Bei einer Einzelbewertung wären die individuellen Buchwerte jedes einzelnen Pkw mit deren beizulegenden Werten zu vergleichen. Daraus könnten sich höhere oder niedrigere Wertminderungen ergeben.

258 Auch bei **geleisteten Anzahlungen und Anlagen im Bau** kann sich die Notwendigkeit zur Berücksichtigung außerplanmäßiger Abschreibungen ergeben. Das ist etwa der Fall, wenn ein begonnenes Bauvorhaben aufgegeben wird oder an den Bauträger geleistete Zahlungen aufgrund seiner Insolvenz nicht wiedererlangbar sind.

> **Beispiel**
> U möchte aufgrund im 1. Halbjahr 01 gestiegener Absatzerwartungen seine Lagerkapazitäten erweitern und plant die Errichtung einer neuen Lagerhalle. Nach Vorliegen der Baugenehmigung beginnt U im Oktober 01 mit dem Bau. Bis zum 31.12.01 fallen Aufwendungen i. H. v. 100.000 an, die als Anlagen im Bau aktiviert werden.
> Im Dezember 01 trüben sich die Absatzerwartungen aufgrund der Insolvenz eines Großkunden nachhaltig ein. Die zusätzlichen Lagerkapazitäten werden nicht mehr benötigt. Bei der Bestimmung des beizulegenden Werts zum Abschlussstichtag stellt U folgende Überlegungen an:
> Die Fertigstellung der Lagerhalle wird noch Aufwendungen i. H. v. 250.000 erfordern. Die gesamten HK für die Lagerhalle belaufen sich damit auf 350.000. Da eine Eigennutzung der Lagerhalle nicht absehbar ist, soll diese vermietet werden. Aufgrund des durch die besondere Lage erschwerten Zugangs zur Halle kalkuliert das Unt mit einem vorsichtig geschätzten Barwert der künftigen Nettomieterträge von 280.000. Daraus ermittelt sich eine Wertminderung von 70.000, die eine außerplanmäßige Abschreibung auf die Anlagen im Bau im Jahresabschluss zum 31.12.01 erfordert.

259 Der Abschreibungsgrund einer **fehlenden oder gesunkenen Rentabilität** eines VG ist zu unterscheiden von der fehlenden oder gesunkenen Rentabilität des den

VG haltenden Unt. Die Tatsache, dass ein Unt Verluste (ggf. auch mehrjährig) ausweist, liefert für sich genommen keinen Anlass, eine außerplanmäßige Abschreibung auf VG vorzunehmen. Allerdings kann in derartigen Fällen die Zulässigkeit einer Bilanzierung unter Fortführungsgesichtspunkten zu prüfen sein (zu Einzelheiten hierzu s. § 252 Rz 35). Auch wird man fragen müssen, ob sich für einzelne Anlagegüter nicht die Frage ihrer Veräußerung stellt, die eine wiederbeschaffungsorientierte Niederstbewertung ausschließt.

4.2.4 Finanzanlagen

Zum Begriff der Finanzanlagen s. § 266 Rz 50.

260

Finanzanlagen unterliegen keiner planmäßigen Abschreibung. Eine außerplanmäßige Abschreibung ist bei voraussichtlich dauernder Wertminderung geboten. Bei einer voraussichtlich nicht dauernden Wertminderung eröffnet § 253 Abs. 3 Satz 4 HGB ein Abschreibungswahlrecht. Seine Ausübung unterliegt dem Stetigkeitsgebot gem. § 252 Abs. 1 Nr. 6 HGB. Sowohl die Inanspruchnahme des Abwertungswahlrechts als auch der Verzicht auf eine Abschreibung begründen eine Bewertungsmethode. An die jeweilige Entscheidung ist der Bilanzierende gebunden, soweit er keinen begründeten Ausnahmefall geltend machen kann (vgl. hierzu § 252 Rz 137). Mit der erstmaligen Ausübung bzw. Nichtausübung des Wahlrechts ist zugleich die Verfahrensweise in vergleichbaren Fällen bei anderen Finanzanlagen vorbestimmt (Grundsatz der Einheitlichkeit der Bewertung; vgl. § 252 Rz 128).

261

Der beizulegende Wert von Finanzanlagen ist vorrangig aus einem Börsen- oder Marktpreis abzuleiten. Scheidet diese Möglichkeit aus, ist auf ein Ertragswertoder ein DCF-Verfahren zurückzugreifen (zu diesen Wertermittlungsmethoden s. Rz 228 f.).

262

Der beizulegende Wert von **börslich gehandelten Unternehmensanteilen** ist im Regelfall aus dem Börsenkurs am Bewertungsstichtag abzuleiten.[303] Das gilt nicht, wenn die Anteile dem Investor z. B. aufgrund der Höhe der Beteiligungsquote eine besondere Machtposition im Verhältnis zur Beteiligungsgesellschaft verschaffen. Diesem Umstand ist durch Paket- oder Kontrollzuschläge Rechnung zu tragen.[304] Unabhängig davon sind beobachtete Börsenkurse daraufhin zu untersuchen, ob sie verzerrenden Einflüssen unterliegen (z. B. geringer Anteil börsengehandelter Anteile, besondere Marktsituationen[305]). Auch das kann Anlass geben, die Wertermittlung auf Basis des Börsenkurses durch geeignete Zu- und Abschläge zur Bestimmung des beizulegenden Werts zu modifizieren oder den beizulegenden Wert der Anteile mittels einer Bewertungsmethode zu ermitteln.

263

Der für die Niederstbewertung nicht börslich gehandelter **Beteiligungen** (z. B. GmbH-Anteile, Anteile an PersG) heranzuziehende Vergleichswert zum Buchwert ist als Ertragswert oder DCF-Wert zu bestimmen.[306] Ausgangspunkt einer Ertragswertberechnung stellt die Unternehmensplanung der zu bewertenden Beteiligung dar. Bei der Berechnung der dem bilanzierenden Unt aus der Beteiligung voraussichtlich zuzurechnenden Erträge sind auch die vom Inhaber der

264

---

[303] Vgl. IDW S 1, Tz 15.
[304] Vgl. *Fey/Mujkanovic*, WPg 2003, S. 212.
[305] Vgl. IDW S 1, Tz 15; so auch BFH, Urteil v. 21.9.2011, I R 89/10m, BFHE 235 S. 263.
[306] Vgl. IDW RS HFA 10, Tz 3 f.

Beteiligung realisierbaren Synergieeffekte zu berücksichtigen.[307] Welche Synergieeffekte in einem Konzernverbund aus Sicht der einzelnen Unt realisiert werden können und damit bei der Ermittlung des beizulegenden Werts von Beteiligungen zu berücksichtigen sind, hängt von den gesellschaftsrechtlichen Verhältnissen ab.

Beispiel
Der A-Konzern wird von der A-AG geführt. Zum Abschlussstichtag hält die A-AG jeweils 100 % der Anteile an den im nachstehenden Organigramm aufgeführten Unt.

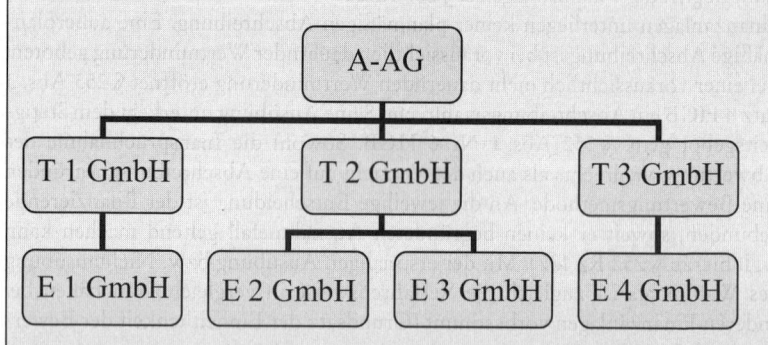

```
                    A-AG
        ┌────────────┼────────────┐
    T 1 GmbH     T 2 GmbH     T 3 GmbH
        │         ┌───┴───┐        │
    E 1 GmbH  E 2 GmbH  E 3 GmbH  E 4 GmbH
```

Die T 2 GmbH hat den beizulegenden Wert der von ihr gehaltenen Beteiligungen an E 2 und E 3 zu bestimmen. Während sich für E 2 ein über dem Beteiligungsbuchwert liegender Ertragswert ermittelt, unterschreitet der Ertragswert von E 3 den Beteiligungsbuchwert deutlich. Aus Sicht des A-Konzerns mag die Beteiligung an E 3 dennoch werthaltig sein, z.B. wenn E 4 erhebliche Vorteile aus der Geschäftsbeziehung mit E 3 zieht.
Bei der Bewertung der Beteiligungen auf Ebene der T 2 GmbH dürfen dagegen nur Synergieeffekte berücksichtigt werden, die von T 2, E 2 oder E 3 erzielbar sind. Synergieeffekte, die sich bei anderen Unt des Konzerns realisieren (hier bei Schwesterunt E 4), dürfen keine Beachtung finden.
Würde demgegenüber die Beteiligung an E 4 ebenfalls von T 2 gehalten, wären die Synergieeffekte aus der Kooperation von E 3 und E 4 bei der Bewertung der von T 2 an E 3 gehaltenen Beteiligung zu berücksichtigen, da sie dem Inhaber der Anteile zugutekommen.

---

265 Die Beteiligungsbewertung erfolgt somit aus der subjektiven Perspektive des beteiligten Unt und berücksichtigt z.B. künftige Investitionsmöglichkeiten, Synergieeffekte und steuerliche Vor- und Nachteile. Die Ertragsteuerbelastung des bilanzierenden Unt ist bei der Ermittlung des Ertragswerts zu berücksichtigen.[308]

266 Zeichnet sich eine **Veräußerung der Anteile** ab (z.B. aufgrund eines Beschlusses des Managements oder aufgrund einer kartellrechtlichen Auflage), entspricht der

---

[307] Vgl. IDW RS HFA 10, Tz 5 f.
[308] Vgl. IDW RS HFA 10, Tz 4, 8.

beizulegende Wert der Anteile dem verbindlichen Angebotspreis eines potenziellen Erwerbers (soweit ein solcher vorliegt). Ansonsten ist mittels eines kapitalwertorientierten Verfahrens ein **objektivierter Unternehmenswert** als Ausdruck für jenen Preis zu bestimmen, der aufgrund der Eigenschaften des Bewertungsobjekts am Markt voraussichtlich erzielbar wäre. Bei seiner Ermittlung sind nur (unechte) Synergieeffekte zu berücksichtigen, die ein beliebiger Erwerber realisieren könnte.[309] Bei Anzeichen für eine Liquidation des Beteiligungsunt tritt an die Stelle des potenziellen Veräußerungswerts für die Anteile der **auf sie entfallende Teil des Liquidationswerts**.[310]

Für **Beteiligungen an Personengesellschaften** gelten die vorstehenden Grundsätze sinngemäß.[311] Die steuerliche Spiegelbildmethode ist handelsrechtlich unzulässig. Soweit die Anteile weiterhin vom Bilanzierenden gehalten werden sollen, sind etwaige Bewertungsklauseln im Gesellschaftsvertrag der PersG (z. B. Abfindung zum Buchwert) irrelevant, da sich der Wert der Beteiligung als Zukunftserfolgswert bestimmt und daher auf den Ertragswert abzustellen ist. Etwas anderes gilt dann, wenn die Veräußerung oder eine Kündigung des Gesellschaftsanteils geplant ist.

Der beizulegende Wert von **Ausleihungen** entspricht dem Barwert der voraussichtlichen Rückflüsse einschließlich etwaiger Zinsen. Bei seiner Ermittlung sind folgende Faktoren zu berücksichtigen:
- Zahlungsfähigkeit/Bonität des Schuldners,
- Zahlungswilligkeit des Schuldners und Möglichkeit von Zwangsmaßnahmen,
- Verzinslichkeit (verdeckte oder offene),
- Marktzinsniveau (risikoloser Zinssatz),
- Ansässigkeit des Schuldners (bei ausländischen Schuldnern können rechtliche oder sonstige Schwierigkeiten bei der Durchsetzung des Anspruchs auftreten),
- Besicherung der Forderung,
- Währungskurse (bei Ausleihungen in Fremdwährung),
- abgegebene Rangrücktrittserklärungen oder ähnliche Erklärungen.

Ist für **Wertpapiere des AV** ein Börsen- oder Marktpreis verfügbar, bildet dieser den Ausgangspunkt zur Ermittlung des beizulegenden Werts. Da die Zugehörigkeit zum AV eine beschaffungsorientierte Bewertung nahelegt, sind zusätzlich beim Erwerb anteilig anfallende Erwerbsnebenkosten zu berücksichtigen.[312] (anders bei den nicht als Daueranlage bestimmten Wertpapieren des UV, s. Rz 314). Auch wenn Börsenkurse grds. die zukünftigen Erwartungen des Markts widerspiegeln, soll nach Ansicht des VFA des IDW ein am Abschlussstichtag unter den AK liegender Börsenkurs nicht in allen Fällen eine **voraussichtlich dauernde Wertminderung** (Rz 228) signalisieren. Zur Beurteilung des Charakters der Wertminderung können nach Ansicht des VFA folgende Kriterien herangezogen werden:[313]

---

309 Vgl. IDW RS HFA 10, Tz 11–13.
310 Zur Bestimmung des Liquidationswerts vgl. IDW S 1, Tz 5, 170.
311 Vgl. IDW RS HFA 18, Tz. 31 ff.
312 So die Rechtsprechung zum Teilwert börsennotierter Anteile; vgl. BFH, Urteil v. 21.8.2011, I R 89/10, BFHE 235 S. 263, Rz 24.
313 Vgl. IDW RS VFA 2, Tz 19.

- Unterschiedsbetrag zwischen Buchwert und Börsenkurs/Zeitwert: je größer die Differenz, desto eher ist eine voraussichtlich dauernde Wertminderung anzunehmen,
- bisherige Dauer einer bereits eingetretenen Wertminderung,
- von der allgemeinen Kursentwicklung stark abweichender Kursverlauf (ermittelt durch Korrelation mit Indexwerten),
- Substanzverluste des Emittenten durch betriebliche Verluste, Ausschüttungen oder Geldwertänderungen,
- Verschlechterung der Zukunftsaussichten des Emittenten oder der Branche des Emittenten,
- erhebliche finanzielle Schwierigkeiten des Emittenten,
- hohe Wahrscheinlichkeit der Insolvenz oder sonstiger Sanierungsbedarf des Emittenten.

270 Ausgehend von diesen Merkmalen schlägt der für die Bilanzierung in der Versicherungswirtschaft erarbeitete Standard vor, eine voraussichtlich dauernde Wertminderung eines Wertpapiers anzunehmen, wenn[314]
- sein beizulegender Zeitwert am Abschlussstichtag und in den **sechs vorangegangenen Monaten** permanent um **mehr als 20 %** unter dem Buchwert lag oder
- der **Durchschnittswert** der täglichen Börsenkurse des Wertpapiers am Abschlussstichtag und **in den letzten zwölf Monaten** um **mehr als 10 %** unter dem Buchwert lag.

271 Ist mindestens ein Kriterium erfüllt, soll von einer außerplanmäßigen Abschreibung nur abzusehen sein, wenn nachweisbare Umstände auf eine nur vorübergehende Wertminderung hindeuten. Ertragswert- oder DCF-Schätzungen durch das bilanzierende Unt genügen hierzu regelmäßig nicht, es sei denn, das Unt verfügt als Insider über substanzielle Hinweise auf eine Unterbewertung des Wertpapiers durch die Marktteilnehmer. Darüber hinaus ist nach Ansicht des VFA insoweit von einer voraussichtlich nicht dauernden Wertminderung auszugehen, als der Börsenkurs bis zur Aufstellung der Bilanz wieder angestiegen ist.

272 In seinem Urteil v. 21.9.2011[315] ist der BFH der vom VFA vertretenen Auslegung des Tatbestandsmerkmals der voraussichtlich dauernden Wertminderung bei der Bewertung **börsennotierter Aktien** entgegengetreten. Nach seiner Auffassung rechtfertigt bei diesen grds. jeder Rückgang des Börsenkurses unter die AK eine Teilwertabschreibung. Das Abstellen auf den Börsenkurs entspreche der gebotenen Objektivierung der Bewertung und sichere einen gleichmäßigen Gesetzesvollzug. Daran ändere die zunehmend in Frage gestellte Informationseffizienz der Kapitalmärkte nichts. Die Notwendigkeit einer verifizierbaren Schätzung des Teilwerts bei einer Vielzahl von Bewertungsfällen rechtfertige seine Gleichsetzung mit dem Börsenkurs. Diese typisierende Vermutung gelte allerdings nicht, wenn Bewertungsanomalien (z.B. Marktmanipulationen, geringer Handel) nachweisbar sind.

273 Bei Gültigkeit der Annahme eines effizienten KM sieht der BFH keinen Anlass, die Zulässigkeit einer Teilwertabschreibung davon abhängig zu machen, ob der Börsenkurs die AK um gewisse Schwellenwerte unterschreitet. Zur Verein-

---

[314] Vgl. IDW, IDW-FN 2002, S. 667.
[315] Vgl. BFH, Urteil v. 21.9.2011, I R 89/10, BFHE 235 S. 263.

fachung des Besteuerungsverfahrens will er allerdings geringfügige Kursverluste bei der bilanziellen Bewertung unberücksichtigt lassen. In Anlehnung an den bilanzrechtlichen Wesentlichkeitsgrundsatz sieht er eine Bagatellgrenze bei 5 % der Notierung im Erwerbszeitpunkt. Eine weitere Konsequenz zieht der BFH aus der typisierend unterstellten Kapitalmarkteffizienz: Kursanstiege nach dem Abschlussstichtag haben keine werterhellende Kraft, sondern stellen wertbegründende Entwicklungen dar. Die dargestellten Grundsätze gelten nach einer weiteren Entscheidung des I. Senats vom gleichen Tag auch für Aktienfonds, die nach ihren vertraglichen Bedingungen zumindest überwiegend direkt oder indirekt (als Dachfonds) in börsennotierte Aktien investieren. Zur Ermittlung ihres Teilwerts ist im Regelfall auf den Ausgabepreis der Anteile abzustellen. Das gilt jedenfalls dann, wenn die Anteile im Interesse der Aufrechterhaltung des eigenen Geschäftsbetriebs erworben wurden und keine entbehrlichen Wirtschaftsgüter darstellen.[316] Das BMF hat sich dieser Sichtweise im Schreiben vom 2.9.2016 im Wesentlichen angeschlossen. Die Bagatellgrenze von 5 % will die Finanzverwaltung bei börsennotierten, börsengehandelten und aktienbasierten Wertpapieren des AV und UV nur bei Vornahme einer Teilwertabschreibung berücksichtigen, nicht hingegen bei einer späteren Wertaufholung. Sie soll in jedem Fall geboten sein, wenn der Börsenwert des WG am Abschlussstichtag über dem Buchwert liegt.[317]

Fraglich ist, ob die Rechtsprechung des BFH sinngemäß auch auf die Bewertung börsennotierter Anteile in der HB anzuwenden ist. Dafür sprechen die folgenden Erwägungen:

- Steuerlicher Teilwert und beizulegender Wert von Anteilen unterscheiden sich im Ergebnis nicht. Soweit mit den Anteilen keine individuellen Vorteile für das sie haltende Unt verbunden sind (z. B. bei größeren Anteilspaketen, die als solche nicht an der Börse gehandelt werden), liegt es nahe, beide Wertmaßstäbe unter Rückgriff auf den Börsenpreis zu konkretisieren.
- Den Begriff der voraussichtlich dauernden Wertminderung verwenden § 253 Abs. 3 Satz 3 HGB und § 6 Abs. 1 Nr. 1 Satz 2 EStG ohne erkennbaren Unterschied. Eine abweichende Auslegung dieses Tatbestandsmerkmals für Zwecke der handels- und steuerrechtlichen Gewinnermittlung drängt sich nicht auf.
- Die Argumentation des BFH ist nicht spezifisch steuerlich ausgerichtet. Seine Erwägungen, warum ein gesunkener Aktienkurs im Regelfall Ausdruck einer voraussichtlich dauernden Wertminderung ist, fußen vielmehr auf übergreifenden finanzwissenschaftlichen Erkenntnissen und sind zudem von Objektivierungserwägungen geleitet.
- Auch gegen die Bagatellgrenze von 5 % sollten aus handelsrechtlicher Sicht im Regelfall keine Bedenken bestehen, da sie auf ein verbreitetes Verständnis des bilanzrechtlichen Wesentlichkeitsgrundsatzes zurückgeht. Die von der Finanzverwaltung favorisierte imparitätische Ausprägung dieser Vereinfachungsregelung trägt demgegenüber erkennbar fiskalische Züge. Ihr fehlt (zumindest) aus handelsrechtlicher Sicht jede Berechtigung.

Der HFA des IDW will demgegenüber die Grundsätze des BFH-Urteils v. 21.9.2011 nicht unmittelbar auf die HB anwenden und hat – in Übereinstimmung mit dem BFH und dem VFA – entschieden, für Zwecke der handelsrechtlichen

---

[316] Vgl. BFH, Urteil v. 21.9.2011, I R 7/11, BFHE 235 S. 273.
[317] Vgl. BMF, Schreiben v. 2.9.2016, BStBl 2016 I S. 995, Rz. 17.

Bewertung börsennotierter Aktien an den Aufgreifkriterien des VFA festzuhalten. Entgegen der Ansicht des BFH sei nicht jedes Absinken des Börsenkurses Ausdruck einer voraussichtlich dauernden Wertminderung. Die Aussage gelte vielmehr nur bei im Zeitablauf konstanten finanziellen Überschüssen. Da die steuerliche Beurteilung der voraussichtlich dauernden Wertminderung im Urteil des BFH losgelöst vom Handelsrecht erfolge, sind nach Auffassung des HFA aus der Entscheidung keine Konsequenzen für die Handelsbilanz zu ziehen.[318]

275 Folgt man der Rechtsprechung des BFH auch handelsrechtlich, ergibt sich ein Unterschied zwischen handels- und steuerbilanzieller Bewertung börsennotierter Anteile nur in den Rechtsfolgen. Während § 253 Abs. 3 Satz 3 HGB bei voraussichtlich dauernder Wertminderung eine Abwertung anordnet, besteht steuerlich ein bloßes Abwertungswahlrecht. Bei Anteilen, die in den Anwendungsbereich des § 8b KStG fallen, dürfte dieses Wahlrecht mit Blick auf die Folgen einer steuerlichen Zuschreibung oder eines Verkaufs der Anteile über Buchwert kaum ausgeübt werden.[319] Daher werden Wertminderungen bei derartigen Anteilen häufig zu abweichenden Bilanzansätzen in Handels- und Steuerbilanz führen. Das kann Anlass sein, die Bildung latenter Steuern in Betracht zu ziehen (Einzelheiten hierzu s. § 274 Rz 26).

276 Zum Ganzen das folgende Beispiel:

> **Beispiel**
> U hat im Jahr 01 nicht benötigte liquide Mittel in Aktien angelegt. Das Investment hat seither kontinuierlich an Wert verloren:
>
> AK am 10.10.01: 200
>
> Börsenkurs 31.12.01: 179
>
> Börsenkurs 31.12.02: 142
>
> Börsenkurs bei Aufstellung des Jahresabschlusses für 02: 155
>
> Hinweise auf wirtschaftliche Schwierigkeiten des Emittenten liegen bislang nicht vor. Der Index, in dem die Aktien enthalten sind, ist im relevanten Zeitraum um 20 % gesunken. Hinweise auf Marktmanipulationen oder einen unzureichenden Handel in den Aktien bestehen nicht.
>
> Nach IDW RS VFA 2 ergibt sich folgende Beurteilung:
>
> Stichtag 31.12.01: Die Kriterien des VFA sprechen für die Annahme einer nicht dauernden Wertminderung. Der Kursverlust im Vergleich zu den AK beträgt zwar 11,5 %. Die Wertminderung hält aber noch keine drei Monate an. Zudem liegen keine Hinweise auf wirtschaftliche Schwierigkeiten des Emittenten vor.
>
> Stichtag 31.12.02: Der Kursverlust im Vergleich zum Buchwert per 31.12.01 (AK) beträgt 29 %. Da die Wertminderung seit mehr als einem Jahr anhält, ist nach den Kriterien des VFA eine voraussichtlich dauernde Wertminderung der Aktien zu vermuten. Sie wird insoweit widerlegt, als der Börsenkurs der Aktien im Aufstellungszeitraum für den Jahresabschluss 02 wieder angestiegen ist.

---

[318] Vgl. IDW-FN 2012, S. 322.
[319] Vgl. hierzu *Atilgan*, StuB 2017, S. 456 ff.

> Im Ergebnis darf damit – soweit mit dem Stetigkeitsgrundsatz vereinbart – zum 31.12.01 eine Abwertung auf 179 erfolgen. Zum 31.12.02 ist eine außerplanmäßige Abschreibung der Aktien auf 155 geboten. In Höhe der Differenz zum Stichtagskurs am 31.12.02 von 13 besteht ein Abwertungswahlrecht. Nach den vom BFH aufgestellten Grundsätzen müssen die Aktien in der HB zum 31.12.01 auf 179 abgeschrieben werden. Der Kursrückgang zum 31.12.02 auf 142 erfordert eine weitere Abwertung um 37. Steuerlich besteht in beiden Fällen ein Wahlrecht zur Teilwertabschreibung.

5 Abschreibung von Vermögensgegenständen des Umlaufvermögens (Abs. 4)

5.1 Strenges Niederstwertprinzip

Abs. 4 verlangt bei VG des UV Abschreibungen vorzunehmen, wenn sich aus einem Börsen- oder Marktpreis am Abschlussstichtag ein niedrigerer Wert ergibt (Satz 1). Ist kein Börsen- oder Marktpreis feststellbar, bildet der niedrigere beizulegende Wert den relevanten Vergleichsmaßstab (Satz 2). Diese unter dem Begriff **strenges Niederstwertprinzip** bekannte Bewertungsanweisung gilt für sämtliche VG des UV. Die Abgrenzung zwischen AV und UV ist damit nicht nur für den Ausweis von Bedeutung, sie zieht auch unterschiedliche Bewertungsfolgen nach sich (zur Abgrenzung AV/UV s. § 247 Rz 17; zum Begriff des UV s. § 266 Rz 63). 277

VG des UV sind nach Abs. 1 zu **AHK** anzusetzen (zum Begriff s. § 255 Rz 1 und 77). Zu ihrer Ermittlung sind bestimmte Bewertungsvereinfachungen nach § 240 Abs. 3 HGB (**Festwert**), § 240 Abs. 4 HGB (**Gruppenbewertung**) bzw. § 256 HGB (Verbrauchsfolgeverfahren, Lifo oder Fifo) vorgesehen. Eine planmäßige Abschreibung kommt nicht in Betracht. Eine außerplanmäßige Abschreibung ist vorzunehmen, wenn der relevante Vergleichswert am Abschlussstichtag niedriger ist. Optionale Abschreibungen sieht § 253 Abs. 4 HGB nicht vor. 278

Abs. 4 findet gem. § 253 Abs. 1 Satz 4 HGB keine Anwendung auf VG, die als saldierungspflichtiges **Deckungsvermögen** i.S.v. § 246 Abs. 2 Satz 2 HGB zu behandeln sind (s. Rz 117). VG des UV, die als Grundgeschäfte oder Sicherungsinstrumente zu einer **Bewertungseinheit** i.S.v. § 254 Satz 1 HGB gehören, unterliegen einzeln nur im Hinblick auf nicht abgesicherte Risiken dem Niederstwertprinzip (zu den Voraussetzungen für eine Qualifikation als Bewertungseinheit s. § 254 Rz 10). 279

Bewertungszeitpunkt ist der jeweilige Abschlussstichtag. Später eintretende Änderungen der relevanten Vergleichswerte sind wertbegründend und vermögen weder eine außerplanmäßige Abschreibung zum Abschlussstichtag zu begründen noch zu verhindern (zur Abgrenzung wertbegründender und werterhellender Tatsachen vgl. § 252 Rz 59). Eine andere Beurteilung ist nur denkbar, wenn es sich bei den am Abschlussstichtag festgestellten Börsen-, Markt- oder sonstigen Preisen um Zufallskurse handelt (vgl. Rz 286). 280

Einen **gesonderten Ausweis** außerplanmäßiger Abschreibungen auf VG des UV in der GuV oder ihre Angabe im Anhang, wie dies für das AV in § 277 Abs. 3 281

HGB vorgeschrieben ist, verlangt das Gesetz nicht. Lediglich bei Anwendung des GKV ist der Teilbetrag der Abschreibungen gesondert in der GuV auszuweisen, der das bei der Ges. übliche Maß übersteigt (zu Einzelheiten s. § 275 Rz 124).

5.1.1 Börsen- oder Marktpreis

282 Unter dem **Börsenpreis** ist der Kurs zu verstehen, der an einer amtlich anerkannten Börse am Abschlussstichtag festgestellt wird.[320] Auch im Freiverkehr[321] sowie an ausländischen Börsen festgestellte Kurse sind unter diesen Begriff zu fassen.[322] Börsenpreise lassen sich am ehesten für Wertpapiere ermitteln. Verschiedentlich existieren auch Börsen für commodities (Rohstoffbörsen).

> **Beispiel**
> An der European Energy Exchange (EEX) in Leipzig werden u.a. CO_2-Emissionsberechtigungen gehandelt. Auch wenn hier ein von einem privaten Unt betriebener Handelsplatz vorliegt, gelten die festgestellten Kurse als Börsenkurse i.S.v. § 253 Abs. 4 Satz 1 HGB.

283 Unter **Marktpreis** ist derjenige Preis zu verstehen, der an einem Handelsplatz für Waren einer bestimmten Gattung von durchschnittlicher Art und Güte zu einem bestimmten Zeitpunkt im Durchschnitt festzustellen ist.[323] Maßgebend sind Preisfeststellungen an dem für den Bilanzierenden maßgeblichen Handelsplatz; auch internetbasierte elektronische Handelsplattformen können die Voraussetzungen eines Markts i.S.v. Abs. 4 Satz 1 erfüllen.[324] Ergeben sich signifikant vom allgemeinen Kursniveau abweichende **Zufallskurse**, sind diese nicht bewertungsrelevant; in derartigen Fällen sind Durchschnittskurse zu verwenden. Das gilt unabhängig davon, ob die Kurse nach oben oder nach unten verzerrt sind.

284 Börsen- oder Marktpreise stellen nicht den unmittelbaren Vergleichswert zum Buchwert dar, sondern geben lediglich den Ausgangspunkt der Wertermittlung ab. Abs. 4 Satz 1 verlangt die Abschreibung auf einen niedrigeren Wert, „der sich aus einem Börsen- oder Marktpreis am Abschlussstichtag ergibt". Die **Ableitung aus einem Börsen- oder Marktpreis** erfolgt durch Berücksichtigung von Transaktionskosten. Bei einer beschaffungsmarktorientierten Bewertung sind diese hinzuzurechnen, bei einer absatzmarktorientierten Bewertung abzuziehen.

5.1.2 Beizulegender Wert

285 Das Gesetz enthält keine Definition des beizulegenden Werts. Indem er auf den betriebsindividuellen Wert des VG für das bilanzierende Unt abzielt, unterscheidet sich der Wertmaßstab konzeptionell vom beizulegenden Zeitwert gem. § 255 Abs. 4 HGB (vgl. hierzu § 255 Rz 209). Letzterer berücksichtigt lediglich die allgemeine Wertschätzung eines Guts durch den Markt. Im UV werden sich allerdings – anders als im AV – regelmäßig keine über den allgemeinen Markt-

---

[320] Vgl. ADS, 6. Aufl., § 253, Rz 504.
[321] Vgl. *Brösel/Olbrich*, in *Küting/Pfitzer/Weber*, HdR, HGB § 253, Rn 626, Stand 2/2012.
[322] Vgl. *Thiele/Prigge*, in *Baetge/Kirsch/Thiele*, Bilanzrecht, § 253 HGB, Rz 396.
[323] Vgl. ADS, 6. Aufl., § 253 HGB, Rz 508.
[324] Vgl. *Thiele/Prigge*, in *Baetge/Kirsch/Thiele*, Bilanzrecht, § 253 HGB, Rz 397.

preisen liegende Betriebszugehörigkeitswerte feststellen lassen. Davon geht auch der Gesetzgeber aus, da die beiden übrigen Vergleichsmaßstäbe zum Buchwert am beizulegenden Zeitwert ausgerichtet sind. Unabhängig davon finden die für das AV vorgeschlagenen Hilfswerte zur Approximation des beizulegenden Werts (Rz 226) im Grundsatz auch zur Bewertung von VG des UV Anwendung.

Die Gesetzessystematik schreibt den **Vorrang der Berücksichtigung eines Börsen- oder Marktpreises** vor. Der daraus abzuleitende Vergleichswert zu den AHK repräsentiert eine ganz bestimmte Ausprägung des beizulegenden Werts am Stichtag. Die allgemeine Bewertungsanweisung des Abs. 3 Satz 2 greift demgegenüber nur subsidiär, nämlich wenn „ein Börsen- oder Marktpreis nicht festzustellen (ist)".

Die Bestimmung des beizulegenden Werts kann beschaffungsmarkt- oder absatzmarktorientiert erfolgen. In bestimmten Fällen sollen beide Verfahrensweisen der Wertfindung erforderlich sein (**doppelte Maßgeblichkeit**). Hiergegen bestehen Bedenken (vgl. Rz 293). 286

Eine Orientierung am **Beschaffungsmarkt** stellt auf die Ermittlung von Wiederbeschaffungskosten ab. Zur Ableitung des Vergleichswerts sind übliche Anschaffungsnebenkosten (z. B. Transportkosten) und Anschaffungskostenminderungen (Rabatte, Skonti) zu berücksichtigen. Lieferantenboni sind nur abzuziehen, wenn sie für die innerhalb einer bestimmten Periode (Gj, Quartal) abgenommenen Produkte insgesamt gewährt werden. Als solche rechnen sie zu den Anschaffungskostenminderungen eines VG. Das gilt nicht, wenn die Rückvergütung i. S. eines Treuebonus die Geschäftsbeziehung mit dem Kunden als solche und weniger die Bezugsmengen in einem zurückliegenden Zeitraum honorieren soll (vgl. § 255 Rz 70). 287

Der Orientierung am **Absatzmarkt** liegt das Prinzip der **verlustfreien Bewertung** zugrunde.[325] Die Grundidee besteht darin, einen Nettoverkaufswert für das zu bewertende Vorratsgut zu ermitteln, der den Betrag zum Ausdruck bringt, mit dessen Zufluss aus der Verwertung des VG das Unt aus Sicht des Abschlussstichtags mindestens rechnen kann. Das erfordert es, vom geschätzten Verkaufserlös alle nach dem Abschlussstichtag noch anfallenden Aufwendungen abzusetzen, die das Einzahlungspotenzial der Vorräte am Stichtag belasten. 288

Das HGB enthält keine unmittelbaren Hinweise, ob der beizulegende Wert von VG des UV vom Beschaffungs- oder vom Absatzmarkt abzuleiten ist. Für einzelne Arten von VG des UV haben sich folgende Konventionen herausgebildet:[326]

Bilanzposten	Ableitung des beizulegenden Werts vom
Roh,- Hilfs- und Betriebsstoffe	Beschaffungsmarkt
Unfertige Erzeugnisse und Leistungen und Fertigerzeugnisse	Absatzmarkt
Handelswaren	Beschaffungs- und Absatzmarkt
Wertpapiere	Absatzmarkt, ggf. auch Beschaffungsmarkt

Tab. 4: Ableitung des beizulegenden Werts

---

[325] Vgl. ADS, 6. Aufl., § 253 HGB, Rz 495.
[326] Vgl. *Schubert/Roscher*, in Beck Bil-Komm., 10. Aufl., 2016, § 253 HGB Rz 516; ADS, 6. Aufl., § 253 HGB, Rz 488; *Brösel/Olbrich*, in *Küting/Pfitzer/Weber*, HdR, HGB § 253, Rn 638, Stand 2/2012.

Ausnahmen zu den vorgenannten Grundsätzen werden bei den jeweiligen Bilanzposten erläutert.

289 Sieht man die Aufgabe des Niederstwertprinzips darin, zwecks Information über die Schuldenbegleichungsfähigkeit des Bilanzierenden die Bedeutung der Buchwerte als Ausdruck von Mindesteinzahlungserwartungen zu gewährleisten, liegt eine konsequent **absatzmarktorientierte Bewertung** des Vorratsvermögens nahe. Nur mit Blick auf die Verwertungsmöglichkeiten ermittelte Vermögensverluste signalisieren eine verminderte Fähigkeit des Kfm., seine Schulden zu begleichen.[327] Unter diesen Werten liegende Wiederbeschaffungskosten indizieren lediglich entgehende Gewinne (Opportunitätskosten).[328] Ihre bilanzielle Berücksichtigung sieht sich durch das Imparitätsprinzip nicht gedeckt. Allein aus Objektivierungsgründen erscheint es vertretbar, im Einzelfall die Niederstbewertung hilfsweise an den Verhältnissen des Beschaffungsmarkts auszurichten. Das gilt etwa für RHB. Sie entziehen sich aufgrund der notwendigen Zurechnungsfiktionen regelmäßig einer nachvollziehbaren, systematisch zutreffenden verwertungsorientierten Bewertung.

290 Kritisch ist danach insb. die doppelte Maßgeblichkeit bei Waren zu beurteilen. Das Abstellen auf den niedrigeren Wert aus beschaffungs- und absatzorientiert ermitteltem beizulegendem Wert ist Ausdruck eines überzogenen Vorsichtsdenkens, dem der Gesetzgeber in den letzten Jahren durch mehrere Änderungen bei den Bewertungsvorschriften die Grundlage entzogen hat.[329] U. E. sollten **Handelswaren** ausschließlich absatzmarktorientiert bewertet werden. Eine außerplanmäßige Abschreibung scheidet danach aus, wenn ein Verkauf der Waren zu einem über den AK liegenden Preis zu erwarten ist.[330]

5.2 Vorratsvermögen

5.2.1 Roh-, Hilfs- und Betriebsstoffe

291 Für RHB ist die Ermittlung des beizulegenden Werts beschaffungsmarktorientiert vorzunehmen. Der beizulegende Wert bestimmt sich i. d. R. nach den **Wiederbeschaffungskosten** am Abschlussstichtag. Den Ausgangspunkt zu ihrer Ermittlung bilden die am Abschlussstichtag zu beobachtenden Preise. Anschaffungsnebenkosten (z. B. Transportkosten, Verpackungs- oder Abfüllkosten) sind ebenso zu berücksichtigen wie Anschaffungskostenminderungen (Skonti, Rabatte, bedingt: Boni). Kann der mindestens kostendeckende Verkauf von RHB oder deren verlustfreie anderweitige Verwertung plausibel gemacht werden, ergibt sich keine Verpflichtung einer Abschreibung auf die gesunkenen Wiederbeschaffungskosten.[331]

292 In der betrieblichen Praxis findet für RHB-Bestände häufig ein **vereinfachter Niederstwerttest** Anwendung. Hierbei wird dem Inventurwert der Vorräte der aus dem letzten Einkauf abgeleitete Beschaffungspreis gegenübergestellt und, falls dieser niedriger ist, eine Abwertung vorgenommen. Dieser Verfahrensweise

---

[327] So bereits *Kammann*, Stichtagsprinzip und zukunftsorientierte Bilanzierung, Köln 1988, S. 278f.
[328] Gl. A. *Weindel*, DB 2013, S. 355.
[329] Gl. A. WPH Edition, Wirtschaftsprüfung & Rechnungslegung, 15. Aufl., 2017, Abschn. F, Tz 191 m. w. N.
[330] So bereits *Kessler*, DStR 1995, S. 839ff.; *Kessler*, WPg 1996, S. 3ff.
[331] Vgl. IDW, FN 11/2013, S. 500.

liegt die Annahme zugrunde, dass der letzte Zukauf des jeweiligen Artikels die Wiederbeschaffungskosten am Abschlussstichtag approximiert. Für Bestände, bei denen der letzte Zukauf schon längere Zeit zurückliegt, kommt die Vereinfachung nicht in Betracht, da es an der erforderlichen Nähe der Preisermittlung zum Abschlussstichtag fehlt. Der vereinfachte Niederstwerttest verbietet sich außerdem, wenn
- in der Zeit zwischen dem letzten Beschaffungsvorgang und dem Abschlussstichtag ein rückläufiges Preisniveau für alle oder bestimmte RHB zu beobachten ist oder
- die zu bewertenden RHB am Markt von anderen Lieferanten günstiger bezogen werden und der letzte Einkauf aus anderen Erwägungen bei anderen Anbietern getätigt wurde (z. B. um vom Jahresbezug abhängige Rückvergütungen zu erlangen oder um nahe stehende Unt wirtschaftlich zu fördern).

Beispiel
Produktionsunt P bewertet seine RHB zum gleitenden Durchschnittspreis, der auch zur Inventurbewertung dient. Bei der Aufstellung des Jahresabschlusses wird zum Abschlussstichtag ein Niederstwerttest für solche Artikel durchgeführt, bei denen innerhalb der letzten drei Monate vor dem Abschlussstichtag ein Zukauf erfolgt ist. Hierzu gehören u. a. Kupferbestände, die für das Unt einen bedeutenden Rohstoff darstellen.
Zum Jahresende 01 ist der Weltmarktpreis für Kupfer signifikant gesunken. P hat hiervon bis zum Abschlussstichtag noch nicht profitieren können, da die mit dem Kupferlieferanten geschlossene Rahmenvereinbarung bis zum Jahresende einen konstanten Einkaufspreis für Kupfer vorsieht. Aufgrund einer an der Jahresbezugsmenge ausgerichteten Bonusstaffel hat P davon abgesehen, Kupfer bei anderen Lieferanten einzukaufen.
Der vereinfachte Niederstwerttest führt für den Rohstoff Kupfer nicht zu einer zutreffenden Ermittlung des nach § 253 Abs. 4 HGB erforderlichen Abschreibungsbedarfs. P hat seine Kupferbestände auf Basis der am Abschlussstichtag am Markt feststellbaren Wiederbeschaffungskosten zu bewerten.

Für **Überbestände** von RHB, d.h. Bestände, für die das Unt selbst keine betriebliche Verwendung mehr hat, ist anstelle einer an den Wiederbeschaffungskosten ausgerichteten Niederstbewertung eine absatzmarktorientierte Bewertung vorzunehmen. Relevanter Vergleichswert zu den AHK ist der vorsichtig geschätzte Verkaufserlös (unter Berücksichtigung von Alter und Zustand der Bestände), abzgl. zu erwartender Veräußerungskosten (z. B. Transportkosten). 293

Die Wiederbeschaffungskosten können dann nicht unmittelbar als Bewertungsgrundlage übernommen werden, wenn die Bestände in ihrer Verwendungsfähigkeit eingeschränkt sind.[332] Gründe hierfür können sein: 294
- Überalterung (z. B. nur noch kurze Mindesthaltbarkeit von Lebensmitteln),
- Beschädigung (z. B. Rostansatz, Farbausbleichung),
- beschränkte technische Verwendbarkeit (z. B. wegen geänderter Produktionsverfahren oder -programme),

---

[332] Vgl. *Brösel/Olbrich*, in *Küting/Pfitzer/Weber*, HdR, HGB § 253, Rn 655, Stand 2/2012.

- wirtschaftliche Verwendungsbeschränkung (kostengünstigere oder technisch hochwertigere Substitutionsprodukte),
- rechtliche Verwendungsbeschränkung (z.B. zeitliche Beschränkung einer Lizenz zur Herstellung eines Produkts).

295 Zur Berücksichtigung dieser eingeschränkten Verwendungsfähigkeit sind **Gängigkeitsabschläge** vorzunehmen. Hierbei handelt es sich um pauschale Abschläge auf die AHK großer Lagerbestände. Sie tragen Bewertungsrisiken Rechnung, die sich bei einer Vielzahl unterschiedlicher Bestände nicht für jeden einzelnen VG praktikabel ermitteln lassen.[333] Derartige pauschale Abschläge bei großen Lagebeständen sind in der HB seit Langem anerkannt. Sie stellen eine zulässige Durchbrechung des Grundsatzes der Einzelbewertung (§ 252 Abs. 1 Nr. 3 HGB) dar.[334] Gängigkeitsabschläge werden zumeist anhand der Lagerumschlagshäufigkeit des jeweiligen Artikels und daraus abgeleiteter Lagerreichweiten bemessen. Nach der hier favorisierten absatzorientierten Niederstbewertung sind sie nur zulässig, soweit sie nach den Verhältnissen am Abschlussstichtag zu erwartende Verluste bei der Verwertung der Vorräte bilanziell vorwegnehmen. Erwartete Lager- und Kapitaldienstkosten gehören regelmäßig nicht dazu, da sie keinen Rückschluss auf den beizulegenden Wert der VG am Abschlussstichtag erlauben.[335]

296 Auch wenn VG des UV nicht mit ihren individuell ermittelten AHK angesetzt werden, sondern zu einem **Festwert** (§ 240 Abs. 3 HGB), einem **gewogenen Durchschnittswert** für eine Gruppe gleichartiger VG oder unter Anwendung eines der zulässigen **Verbrauchsfolgeverfahrens** (§ 256 HGB, Lifo oder Fifo), sind Abschreibungen auf einen niedrigeren Börsen- oder Marktpreis bzw. beizulegenden Wert nach Abs. 4 zu prüfen.

297 Auf **Emissionsberechtigungen** gem. TEHG (Treibhausgas-Emissionshandelsgesetz) ist das strenge Niederstwertprinzip ebenfalls anzuwenden, da diese im Vorratsvermögen auszuweisen sind.[336] Der relevante Vergleichswert kann unmittelbar aus den Notierungen an der European Energy Exchange (EEX) in Leipzig abgeleitet werden.

298 Die Praxis erfasst die nach Abs. 4 erforderlichen Abschreibungen in der Finanzbuchhaltung häufig auf **separaten Wertberichtigungskonten** zum Vorratsvermögen. Der sich aus der Materialwirtschaft ergebende Bestandswert wird dabei – insb. bei mit der Materialbestandsführung integrierten IT-Systemen – nicht angepasst, sondern durch das separate Wertberichtigungskonto in der Überleitung auf den Bilanzausweis korrigiert.

299 Abschreibungen auf RHB sind in der nach dem GKV aufgestellten **GuV** in den „Aufwendungen für Roh-, Hilfs- und Betriebsstoffe und für bezogene Waren" (Pos. 5a des Gliederungsschemas gem. § 275 Abs. 2 HGB) auszuweisen. Nur bei ungewöhnlich hohen Wertberichtigungen kommt ein Ausweis unter den unüblichen „Abschreibungen auf VG des UV" in Betracht (Pos. 7b des Gliederungsschemas gem. § 275 Abs. 2 HGB; s.a. § 275 Rz 124). Bei Anwendung des UKV sind Abschreibungen auf Vorratsgüter generell in den Herstellungskosten des Umsatzes (Pos. 2 des Gliederungsschemas gem. § 275 Abs. 3 HGB) auszuweisen (s. § 275 Rz 214).

---

[333] Vgl. Schubert/Roscher, in Beck Bil-Komm., 10. Aufl., 2016, § 253 HGB Rz 529.
[334] Vgl. ADS, 6. Aufl., § 253 HGB, Rz 518.
[335] Vgl. hierzu auch BFH, Urteil v. 24.2.1994, IV R 18/92, BStBl. 1994 II S. 514.
[336] Vgl. IDW RS HFA 15, Tz 5, 20.

5.2.2 Unfertige Erzeugnisse und Leistungen und Fertigerzeugnisse

Bei unfertigen und fertigen Erzeugnissen sowie Leistungen ist die Ermittlung eines etwaigen Abschreibungsbedarfs absatzmarktorientiert vorzunehmen. Abweichend hiervon hält die hM für Überbestände an unfertigen Erzeugnissen oder bei solchen unfertigen Erzeugnissen, die auch fremd bezogen werden können, eine beschaffungsmarktorientierte Bewertung für möglich bzw. geboten.[337] Dem ist nicht zu folgen, da für diese VG ein (zusätzlicher) Bezug von Dritten gerade nicht in Betracht kommt.

Börsen- oder Marktpreise als Ausgangspunkt zur Ableitung des beizulegenden Werts existieren allenfalls für fertige Erzeugnisse. Fehlt es daran, ist der beizulegende Wert anderweitig zu bestimmen. Entsprechendes gilt für unfertige Erzeugnisse und Leistungen. Nach dem Grundsatz der verlustfreien Bewertung (Rz 291) ist der für sie erzielbare Nettoverkaufspreis vorsichtig zu schätzen. Er ermittelt sich als Differenz zwischen dem voraussichtlichen Absatzpreis des fertigen Produkts oder Erzeugnisses und den bis zur Veräußerung noch anfallenden Aufwendungen. Soweit der Nettoveräußerungspreis die bis zum Abschlussstichtag angefallenen AHK unterschreitet, ist eine Abschreibung geboten.

Beispiel

Ein Maschinenbauunt stellt Spezialmaschinen her. Am Abschlussstichtag ist ein Auftrag mit einem vereinbarten Kaufpreis von 100.000 noch nicht fertiggestellt. Die unter den unfertigen Leistungen ausgewiesenen AHK belaufen sich auf 60.000. Die Aufwendungen zur Fertigstellung der Maschine werden wie folgt geschätzt:
- Restliche Aufwendungen zur Herstellung: 20.000
- Transport- und Installationsaufwendungen: 5.000
- Schulung des Personals beim Kunden: 10.000
- Fertigstellung der Dokumentation (Handbücher, techn. Zeichnungen etc.): 15.000

Erwarteter Verkaufserlös (unter Abzug von vereinbarten Preisnachlässen)	100.000
Abzgl. nach dem Abschlussstichtag noch anfallende Kosten	
Herstellungsaufwendungen	./. 20.000
Transport und Installation	./. 5.000
Schulung des Personals	./. 10.000
Dokumentation	./. 15.000
= Nettoverkaufspreis	50.000
Bis zum Abschlussstichtag angefallene AHK	./. 60.000
= Zu erwartender Verlust	./. 10.000

Es ist eine außerplanmäßige Abschreibung i.H.v. 10.000 auf den mittels verlustfreier Bewertung ermittelten niedrigeren beizulegenden Wert vorzunehmen.

---

[337] Vgl. *Schubert/Roscher*, in Beck Bil-Komm., 10. Aufl., 2016, § 253 HGB Rz 517.

302 Nach dem Abschlussstichtag anfallende Aufwendungen sind zu **Vollkosten** anzusetzen, also inkl. Gemeinkostenzuschläge.[338] Dabei ist von einer **Normalauslastung** der Kapazität auszugehen. Eine Erhöhung des abzuschreibenden Betrags um einen Gewinnzuschlag ist unzulässig. Die Niederstwertabschreibungen sollen eingetretene Vermögensminderungen zum Ausdruck bringen und keine gewinnsichernde Bewertung gewährleisten.

303 Auch wenn nicht explizit im Gesetz angesprochen, hat die Ermittlung der nach dem Abschlussstichtag anfallenden Aufwendungen mit den **Kosten- und Preisverhältnissen bei Anfall der Aufwendungen** (Rz 49) zu erfolgen. Insoweit kann nichts anderes gelten als für die Bewertung von Drohverlustrückstellungen. Beide Rechtsinstitute – Drohverlustrückstellung und die ihr vorgehende Niederstwertabschreibung[339] – haben ihre Wurzel im Imparitätsprinzip. Dieses Prinzip erfordert im Interesse eines zutreffenden Stichtagsvermögensausweises den Vorgriff auf künftige Preisverhältnisse, wenn diese die aus der Verwertung der VG zu erwartenden Mindesteinzahlungserwartungen beeinflussen.

304 Abschreibungen auf unfertige Erzeugnisse und Leistungen bzw. Fertigerzeugnisse werden in der nach dem GKV aufgestellten **GuV** in den „Bestandsveränderungen der fertigen und unfertigen Erzeugnisse" (Pos. 2 des Gliederungsschemas gem. § 275 Abs. 2 HGB) ausgewiesen. Nur bei ungewöhnlich hohen Abwertungen kommt ein Ausweis unter den unüblichen „Abschreibungen auf VG des UV" in Betracht (Pos. 7b des Gliederungsschemas gem. § 275 Abs. 2 HGB; s.a. § 275 Rz 124). Bei Anwendung des UKV sind die Abschreibungen in den „Herstellungskosten des Umsatzes" auszuweisen (Pos. 2 des Gliederungsschemas gem. § 275 Abs. 3 HGB; s. § 275 Rz 214).

5.2.3 Handelswaren

305 Die Ermittlung des beizulegenden Werts hat bei Handelswaren nach überwiegender Auffassung sowohl beschaffungs- als auch absatzmarktorientiert zu erfolgen (**doppelte Maßgeblichkeit**, vgl. Rz 289).

> **Beispiel**
> Die Handels-AG verfügt am Abschlussstichtag über Handelswaren, die zu AK von 10.000 im Bestand geführt werden. Unter Berücksichtigung von Anschaffungsnebenkosten belaufen sich die Wiederbeschaffungskosten (beschaffungsmarktorientiert) auf 9.000. Den erwarteten Verkaufserlös (nach Abzug erwarteter Erlösschmälerungen) schätzt die Handels-AG auf 10.500. Bei einer Veräußerung fallen weitere Aufwendungen (Transportkosten) von 800 an.
> Für Zwecke der bilanziellen Bewertung zum Abschlussstichtag werden üblicherweise die folgenden Wertansätze gegenübergestellt:

---

[338] Vgl. *Schubert/Roscher*, in Beck Bil-Komm., 10. Aufl., 2016, § 253 HGB Rz 522; *Thiele/Prigge*, in *Baetge/Kirsch/Thiele*, Bilanzrecht, § 253 HGB, Rz 416; a.A. ADS, 6. Aufl., § 253 HGB, Rz 528, die in bestimmten Fällen nur variable Gemeinkosten einbeziehen möchten.

[339] Der Vorrang der aktivischen Abschreibung begründet sich aus Art. 12 Abs. 12 der EU-Bilanzrichtlinie vom 26.6.2013, da Rückstellungen „keine Wertberichtigungen zu Aktivposten darstellen".

	Buchwert	Beizulegender Wert Beschaffungsmarkt	Beizulegender Wert Absatzmarkt
AHK	10.000		
Wiederbeschaffungskosten		9.000	
Erwarteter Verkaufserlös			10.500
Noch anfallende Aufwendungen			./. 800
Niederstwerttest	10.000	9.000	9.700

Nach dem Prinzip der doppelten Maßgeblichkeit ist auf den niedrigsten der drei Werte, d. h. auf 9.000, abzuschreiben, sodass eine außerplanmäßige Abschreibung i. H. v. 1.000 zu berücksichtigen ist.

U. E. genügt bei Waren ein Abgleich mit dem Absatzmarkt, um etwaige Vermögensminderungen zu identifizieren. Im Beispiel reduziert sich damit die notwendige Abschreibung auf 300. Den Verhältnissen am Beschaffungsmarkt kommt keine Bedeutung zu. Unter dem Nettoverkaufswert liegende Wiederbeschaffungskosten bringen bloße Opportunitätsverluste zum Ausdruck, deren bilanzielle Erfassung durch das Imparitätsprinzip nicht gedeckt ist (s. auch Rz 293).[340]

Auch bei Handelswaren kommen **Gängigkeitsabschläge** wegen eingeschränkter Verwendungsfähigkeit in Betracht. Dies betrifft z. B.
- Lebensmittel wegen Ablauf des Mindesthaltbarkeitsdatums bei einzelnen Produkten,
- Modeartikel im Textileinzelhandel, die nur mit deutlichen Preisabschlägen im Rahmen von Sonderverkäufen (z. B. Sommer-/Winterschlussverkauf) veräußert werden können,[341]
- modische Schmuckkollektionen von Juwelieren.[342]

306

Beispiel
Getränkegroßhändler G verfügt über drei Filialen in einer Großstadt. Zum 31.12.01 liegen die nachstehenden Informationen zum Bestand und zum Umschlag von Fruchtsäften vor. Der Fruchtsaft hat eine Mindesthaltbarkeitsdauer von durchschnittlich drei Monaten. Ein Monat vor Ende der Mindesthaltbarkeit reduziert G die Preise und verkauft die betreffenden Bestände 20 % unter dem Einstandspreis. Auf diese Weise lässt sich der Absatz um 30 % steigern. Die auf diese Weise nicht abgesetzte Menge verkauft G wenige Tage vor Ablauf der Mindesthaltbarkeit mit einem Abschlag von 60 % auf den Einstandspreis.

307

---

[340] Vgl. mit eingehender Begründung *Kessler*, Rückstellungen und Dauerschuldverhältnisse, Stuttgart 1992, S. 359 ff.; *Kamann*, Stichtagsprinzip und zukunftsorientierte Bilanzierung, Köln 1988, S. 278 ff.; gl. A. offensichtlich *Brösel/Olbrich*, in *Küting/Pfitzer/Weber*, HdR, HGB § 253, Rn 661, Stand 2/2012.
[341] Vgl. BFH, Urteil v. 6.11.1975, IV R 205/71, BStBl 1977 II S. 377; BFH, Urteil v. 5.6.1985, I R 65/82, BFH/NV 1986 S. 204.
[342] Vgl. BFH, Urteil v. 22.8.1968, IV R 234/67, BStBl 1968 II S. 801.

Fruchtsäfte [Flaschen]	Filiale 1	Filiale 2	Filiale 3
Bestand zum 31.12.01	8.000	4.000	11.000
Einstandspreis (EP) pro Flasche	0,90	0,90	0,90
Umschlag pro Monat	2.000,00	1.500,00	4.500,00
Verlust pro Flasche bei Rabattierung	-0,18	-0,18	-0,18
Verlust bei Verkauf über Sonderfläche	-0,54	-0,54	-0,54

Die Absatzplanung liefert die folgenden Informationen für die Vornahme von Gängigkeitsabschlägen:

Filiale 1
- Nach den Planungen von G wird Filiale 1 nur die Hälfte des vorhandenen Bestands innerhalb der kommenden beiden Monate verkaufen.
- Der verbleibende Bestand wird zunächst mit 20 % rabattiert. Auf diese Weise lassen sich weitere 2.600 Flaschen (130 % von 2.000 Flaschen) verkaufen.
- Der Restbestand von 1.400 Flaschen muss verramscht werden.

Filialen 2 und 3
- Der abzuwertende Bestand beträgt 1.000 bzw. 2.000 Flaschen.
- Durch die Rabattaktion können sämtliche Flaschen vor Ablauf des Mindesthaltbarkeitsdatums verkauft werden.

Insgesamt ergibt sich aus der Absatzplanung das folgende Mengengerüst für die Vornahme von Gängigkeitsabschlägen:

Fruchtsäfte [Flaschen]	Filiale 1	Filiale 2	Filiale 3
Bestand zum 31.12.01	8.000	4.000	11.000
Erwarteter Umsatz in 2 Monaten	4.000	3.000	9.000
Abzuwertender Bestand	4.000	1.000	2.000
Erwarteter Absatz im nächsten Monat	2.600	1.000	2.000
Absatz über Sonderfläche	1.400	0	0

Die auf Basis dieser Planung vorzunehmende Gängigkeitsabschreibung von 1.764 ermittelt sich wie folgt:

Ermittlung der Gängigkeitsabschläge	Filiale 1	Filiale 2	Filiale 3	Summe
Rabattierung (0,19 je Flasche)	-468	-180	-360	-1.008
Sonderfläche (0,54 je Flasche)	-756	0	0	-756
Summe	-1.224	-180	-360	-1.764

308   Abschreibungen auf Handelswaren werden in der nach dem GKV aufgestellten **GuV** in den „Aufwendungen für Roh,- Hilfs- und Betriebsstoffe und für bezogene Waren" (Pos. 5a des Gliederungsschemas gem. § 275 Abs. 2 HGB) ausgewiesen. Nur bei ungewöhnlich hohen Wertberichtigungen kommt ein Ausweis unter den unüblichen „Abschreibungen auf VG des UV in Betracht" (Pos. 7b des Gliederungsschemas gem. § 275 Abs. 2 HGB; s.a. § 275 Rz 124). Bei Anwendung des UKV sind die Abschreibungen generell in den „Herstellungskosten des Umsatzes" (Pos. 2 des Gliederungsschemas gem. § 275 Abs. 3 HGB) auszuweisen (§ 275 Rz 214).

5.3 Forderungen und sonstige Vermögensgegenstände

Forderungen sind nach Abs. 1 Satz 1 zu AK (§ 255 Rz 17) in der Bilanz anzusetzen. Eine Abschreibung ist im Falle eines niedrigeren beizulegenden Werts vorzunehmen. Sie kann durch die Realisation der folgenden Risiken veranlasst sein:

- **Ausfallrisiko:** Risiko einer nicht vollständigen Begleichung der Forderung wegen mangelnder Bonität des Schuldners,
- **Verzögerungsrisiko:** Risiko einer verspäteten Zahlung seitens des Schuldners ohne Kompensation durch einen Anspruch auf Zinsen,
- **Preisminderungsrisiko:** Risiko der Geltendmachung von Abschlägen aus rechtlichen Gründen (z. B. wegen mangelhafter Leistung) durch den Schuldner,
- **Währungsrisiko:** Risiko eines Wertverlusts aufgrund einer Abwertung der Währung, in der die Forderung denominiert ist (vgl. hierzu § 256a Rz 17),
- **Länderrisiko:** Risiko einer mangelnden vollständigen Durchsetzbarkeit der Forderung aus Gründen, die das Land des Schuldners betreffen.

Forderungen sind grds. mit dem Betrag anzusetzen, mit dem sie wahrscheinlich realisiert werden können.[343] Der beizulegende Wert hat alle bis zum Abschlussstichtag eingetretenen erkennbaren Risiken und Verluste zu berücksichtigen (§ 252 Abs. 1 Nr. 4 HGB): Zweifelhafte Forderungen sind mit ihrem wahrscheinlichen Wert und uneinbringliche Forderungen mit (einem Nettobetrag von) Null anzusetzen.

309

> **Beispiel**
> Ein Unt hat Forderungen gegen einen inländischen Kunden i. H. v. 11.900, die überfällig sind und trotz Mahnung nicht beglichen wurden. Der Kunde stellt kurz nach dem Abschlussstichtag des Unt einen Antrag auf Eröffnung des Insolvenzverfahrens. Noch vor Aufstellung des Jahresabschlusses wurde das Insolvenzverfahren mangels Masse eingestellt.
> Auch wenn am Abschlussstichtag noch kein Antrag auf Eröffnung des Insolvenzverfahrens gestellt worden ist, muss aufgrund der stichtagsnachgelagerten Entwicklung (spätestens) zu diesem Stichtag von der Uneinbringlichkeit der Forderung ausgegangen werden. Am Abschlussstichtag ist die Forderung daher zum beizulegenden Wert, d. h. i. H. d. USt-Anteils von 1.900 zu bewerten. I. H. v. 10.000 (= Nettobetrag der Forderung) hat eine Abschreibung der Forderung zu erfolgen.
> Nach Ablehnung des Antrags auf Insolvenzeröffnung ist die Forderung vollständig auszubuchen. Für den auflebenden Anspruch auf Erstattung des abgeführten Umsatzsteueranteils ist eine eigene Forderung gegen das Finanzamt auf Rückerstattung der abgeführten USt anzusetzen.

Hinsichtlich der Bewertung (formal) unverzinslicher Forderungen ist zu unterscheiden: **Darlehensforderungen** sind auch bei fehlender Verzinsung mit dem Nennwert als AK einzubuchen. Ihre Unterverzinslichkeit (im Grenzfall: Unverzinslichkeit) wirkt sich als wertmindernder Umstand auf den beizulegenden Wert aus und erfordert im UV die Vornahme einer außerplanmäßigen Abschreibung. Zur Ermittlung des Vergleichswerts zu den AK sind die künftigen Zah-

310

---

[343] Vgl. *Brösel/Olbrich*, in *Küting/Pfitzer/Weber*, HdR, HGB § 253, Rn 664, Stand 2/2012.

lungsansprüche mit einem risiko- und fristadäquaten Zinssatz auf den Bewertungsstichtag zu diskontieren.[344]

Bei **Forderungen aus Austauschgeschäften** liegt bei einer längerfristigen Stundung der Gegenleistung ein Mehrkomponentengeschäft vor, das zu einer Aufteilung der Vergütung in das Entgelt für die Lieferung oder Leistung und ein Entgelt für die Kreditgewährung zwingt.

> **Beispiel**
> Ein Unt hat eine gebrauchte Produktionsanlage zum Preis von 10.000 verkauft. Aufgrund von Liquiditätsengpässen des Erwerbers hat der Verkäufer den Kaufpreis zwei Jahre lang unverzinslich gestundet. Der für die Laufzeit der Kreditgewährung und das Kreditrisiko angemessene Zinssatz beträgt 8 % p.a. Der vereinbarte Kaufpreis von 10.000 stellt ein Gesamtentgelt für die gelieferte Maschine und für die Kreditgewährung dar. Nach dem Einzelbewertungsgrundsatz ist das Entgelt auf beide Leistungen angemessen aufzuteilen. Das geschieht üblicherweise nach der Restwertmethode, indem die Vergütung für das Kreditgeschäft vom Gesamtentgelt abgespalten wird. Zu diesem Zweck ist der Betrag von 10.000 über zwei Jahre mit 8 % abzuzinsen. Das ergibt einen Barwert von 8.573. Der Differenzbetrag von 1.427 ist ratierlich über die Laufzeit des Kredits als Zinsertrag zu erfassen.
> Aus Wesentlichkeitserwägungen erscheint es vertretbar, auf eine Aufteilung des Gesamtentgelts bei Kaufpreisstundungen bis zu einem Jahr zu verzichten.

311 Obwohl auch ein **Skonto** wirtschaftlich als Vergütung für ein längeres Zahlungsziel angesehen werden kann, ist es aus dem Zugangswert von Forderungen aus Austauschgeschäften nicht zu eliminieren. Stattdessen ist die Forderung i.H.d. nominellen Gegenleistungsanspruchs einzubuchen, während das Erlösschmälerungsrisiko als Folge des Skontoabzugs durch eine (Pauschal-) Wertberichtigung berücksichtigt wird.

312 In einer Entscheidung vom 12.2.2014 hat sich das FG Hamburg[345] eingehend mit der Bewertung von **Gesellschafterforderungen** befasst. Anlass dazu gab die Frage, ob der von einem MU gegenüber einem TU zur Vermeidung einer Überschuldung ausgesprochene Forderungsverzicht als verdeckte Einlage zu behandeln oder die Verbindlichkeit wegen Wertlosigkeit der Forderung gewinnerhöhend auszubuchen war. In der Entscheidung heißt es, der Teilwert einer Gesellschafterforderung beurteile sich nach drei Faktoren, nämlich
- dem Vermögensstatus des Schuldners am Bewertungsstichtag,
- der Liquiditätsprognose für den Schuldner und
- der funktionalen Bedeutung des Schuldners für den Konzernverbund.

Ist der Kreditnehmer unter Einbeziehung stiller Reserven überschuldet, beträgt der Teilwert i.d.R. null. Etwas anderes gilt, soweit die Forderung aufgrund der prognostizierten Gewinne und Cashflows künftig voraussichtlich erfüllt werden kann. Der auf diese Weise rückführbare Teil der Forderung ist durch Diskon-

---

[344] Steuerlich kommt eine Teilwertabschreibung nicht in Betracht, da die Unterverzinslichkeit einer Forderung keine voraussichtlich dauernde Wertminderung begründet; vgl. BFH, Urteil v. 24.10.2012, I R 43/11, BStBl 2013 II, S. 162; BMF, Schreiben v. 2.9.2016, BStBl 2016 I, S. 995, Rz. 15.
[345] Vgl. FG Hamburg, Urteil v. 12.2.2014, 6 K 203/11.

tierung der erwarteten Zahlungen mit einem marktüblichen Zinssatz für die Darlehensüberlassung zu ermitteln. Schließlich kann nach Ansicht des FG ein Rückhalt des Schuldners im Konzern (z. B. aufgrund seiner strategischen Bedeutung für das Gesamtgebilde) eine Sicherheit für den Gläubiger darstellen, die bei der Teilwertermittlung zu berücksichtigen ist.
Den Erwägungen des Gerichts ist auch für die handelsrechtliche Bewertung zu folgen. Unterschiede zwischen dem Teilwert und dem beizulegenden Wert von Forderungen sind nicht auszumachen.

Häufig wird für Gesellschafterdarlehen bei wirtschaftlicher Schwäche des darlehensempfangenden TU ein Rangrücktritt ausgesprochen. Ein Rangrücktritt ist kein Forderungserlass (§ 397 BGB), sondern bewirkt lediglich eine veränderte Rangordnung, in der die (subordinierte) Forderung des Gesellschafters aus dem Vermögen der Gesellschaft befriedigt wird.[346] Nach der Rechtsprechung des BFH[347] sind Verbindlichkeiten, die nur aus einem Liquidationsüberschuss oder einem künftigen Jahresüberschuss zu erfüllen sind, nicht zu passivieren, da sie das gegenwärtige Vermögen des Schuldners nicht belasten. Entsprechendes gilt, wenn aufgrund einer Rangrücktrittsvereinbarung Tilgung und Zinsen für ein Darlehen nur aus künftigen Bilanzgewinnen verlangt werden können, und der Schuldner am Abschlussstichtag nicht über ausreichende offene Rücklagen verfügt. Aus Gläubigersicht stellt sich bei derartigen Vereinbarungen nicht mehr die Frage einer Wertberichtigung. Aufgrund des wirtschaftlichen Untergangs der Verbindlichkeit ist nach Auffassung des BFH vielmehr auch die Forderung auszubuchen. Der HFA des IDW hält demgegenüber unverändert eine Passivierung des Darlehens bei Rangrücktritt für geboten.[348]

313

Nach dem Grundsatz der Einzelbewertung (§ 252 Abs. 1 Nr. 3 HGB) ist jede Forderung nach ihren individuellen Merkmalen gesondert zu bewerten. Insbesondere bei großen Forderungsbeständen kommen neben Einzelwertberichtigungen häufig **pauschalierte Wertberichtigungsverfahren** zur Anwendung. Um eine Doppelerfassung von Wertminderungen auszuschließen, sind Letztere nur auf die nicht einzeln wertberichtigten Forderungen anzuwenden.[349]

314

Bei **Einzelwertberichtigungen** sind die individuellen Umstände beim Schuldner sowie die Ausstattungsmerkmale der Forderung zu berücksichtigen. Dazu zählen

315

- mangelnde Zahlungsfähig- oder -willigkeit des Schuldners,
- Verzinslichkeit der Forderung,
- Wechselkursrisiken bei Fremdwährungen (hier sind zusätzlich die Bewertungsregeln des § 256a HGB zu berücksichtigen),
- Länderrisiken,
- Kosten der Beitreibung der Forderung (z. B. Gebühren für Rechtsanwalt oder Mahnbescheid),
- gewährte Sicherheiten (z. B. Bürgschaften, Patronatserklärungen von Dritten),
- Ausfallversicherungen.[350]

---

346 Vgl. *Oser/Wirtz*, StuB 2015, S. 5.
347 Vgl. BFH, Urteil v. 30.11.2011, I R 100/10, BStBl 2012 II S 332; BFH, Urteil v. 15.4.2015, I R 44/14 BStBl 2015 II S 769.
348 Vgl. HFA des IDW, IDW Life 2016, S. 1000; vgl. auch *Schulze-Osterloh*, BB 2017, S. 427.
349 Vgl. *Schubert/Roscher*, in Beck Bil-Komm., 10. Aufl., 2016, § 253 HGB Rz 567 ff.
350 Vgl. *Thiele/Prigge*, in *Baetge/Kirsch/Thiele*, Bilanzrecht, § 253 HGB, Rz 431.

316 Die Ermittlung des beizulegenden Werts einer jeden einzelnen Forderung ist bei großen Forderungsbeständen aufwendig und wird daher häufig durch Clusterbildung handhabbar gemacht. Dazu ist der Gesamtbestand in verschiedene homogene Cluster aufzuteilen, die dann jeweils insgesamt bewertet werden.[351]

> **Beispiel**
> Ein Unt hat am Abschlussstichtag einen Forderungsbestand von 14,2 Mio., der sich auf ca. 150.000 Debitoren verteilt. Zur Bemessung des Abschreibungsbedarfs orientiert sich das Unt an den nachfolgenden Mahnstufen:
> Mahnstufe 1 (M 1): Forderung seit mehr als einem Monat überfällig
> Mahnstufe 2 (M 2): Forderung seit mehr als 3 Monaten überfällig
> Mahnstufe 3 (M 3): Forderung seit mehr als 6 Monaten überfällig
> Mahnstufe 4 (M 4): Forderung vom Kunden bestritten
> Mahnstufe 5 (M 5): Forderung zur Eintreibung beim Rechtsanwalt
> Anhand der auf Erfahrungswerten beruhenden Realisationsquoten werden folgende Wertberichtigungen vorgenommen:
>
> | | M 1 | M 2 | M 3 | M 4 | M 5 | Σ |
> |---|---|---|---|---|---|---|
> | Forderung | 1.250.000 | 380.000 | 250.000 | 50.000 | 400.000 | 2.330.000 |
> | abzgl. 19 % USt | 199.580 | 60.672 | 39.916 | 7.983 | 63.866 | 372.017 |
> | Nettobetrag | 1.050.420 | 319.328 | 210.084 | 42.017 | 336.134 | 1.957.983 |
> | Ausfallgefährdet | 25 % | 50 % | 100 % | 75 % | 100 % | |
> | Wertberichtigung | 262.605 | 159.664 | 210.084 | 31.513 | 336.134 | 1.000.000 |
>
> Für die Forderungen mit einem Bruttobetrag von 2.330.000 ergeben sich somit Wertberichtigungen i. H. v. 1.000.000. Für den nicht einzelwertberichtigten Betrag an Forderungen (14.200.000 ./. 2.330.000 = 11.870.000) ist ggf. eine Pauschalwertberichtigung vorzusehen.

317 **Pauschalwertberichtigungen** sollen vornehmlich das allgemeine Ausfall- und Kreditrisiko erfassen.[352] Basis für die Ermittlung des anzuwendenden pauschalen Abschlags sind Erfahrungen der Vergangenheit. Am Abschlussstichtag vorliegende Umstände, die eine Veränderung des Prozentsatzes im nächsten Gj erwarten lassen (z. B. signifikante Zunahme der Insolvenzen in der betreffenden Branche wegen schwacher Branchenkonjunktur), sind zu berücksichtigen.

> **Beispiel**
> Fortführung des vorigen Beispiels.
> Die nicht einzelwertberichtigten Forderungen belaufen sich auf 11.870.000. Nach den Erfahrungen der Vergangenheit ist bei nicht einzelwertberichtigten Auslandsforderungen mit Ausfällen von durchschnittlich 5 %, bei Inlandsforderungen mit durchschnittlich 3 % zu rechnen.

---

[351] Vgl. ADS, 6. Aufl., § 253 HGB, Rz 533; *Schubert/Roscher*, in Beck Bil-Komm., 10. Aufl., 2016, § 253 HGB Rz 572.
[352] Vgl. *Schubert/Roscher*, in Beck Bil-Komm., 10. Aufl., 2016, § 253 HGB Rz 577.

	Inland	Ausland	Σ
Forderung	8.211.000	3.659.000	11.870.000
abzgl. 19 % USt	1.311.000	0	1.311.000
Nettobetrag	6.900.000	3.659.000	10.559.000
Uneinbringlich	3 %	5 %	
Wertberichtigung	207.000	182.950	389.950

Für die Vornahme von Einzelwertberichtigungen auf **Forderungen im Verbundbereich** gelten die dargestellten Grundsätzen sinngemäß. Pauschalwertberichtigungen kommen bei diesen nicht in Betracht. Bei der Beurteilung der Werthaltigkeit der Forderungen ist das **Gesamtengagement** beim verbundenen Unt bzw. beim Beteiligungsunt zu berücksichtigen. Daher sind in eine derartige Betrachtung ebenfalls einzubeziehen:
- Anteile am verbundenen Unt bzw. am Beteiligungsunt,
- Ausleihungen an das verbundene Unt bzw. das Beteiligungsunt.

318

Ist eine nur teilweise Abwertung des Gesamtengagements erforderlich, werden regelmäßig – aufgrund des strengen Niederstwertprinzips – zunächst die Forderungen, sodann die Ausleihungen und schließlich der Beteiligungsbuchwert wertberichtigt. Als bewertungserhebliche Tatsachen sind ferner **Patronatserklärungen** oder **Rangrücktrittserklärungen** zu berücksichtigen.

319

Abschreibungen/Wertberichtigungen auf Forderungen werden in der nach dem GKV aufgestellten **GuV** in den „sonstigen betrieblichen Aufwendungen" (Pos. 8 des Gliederungsschemas gem. § 275 Abs. 2 HGB) ausgewiesen. Nur bei ungewöhnlich hohen Wertberichtigungen kommt ein Ausweis unter den unüblichen „Abschreibungen auf VG des UV" in Betracht (Pos. 7b des Gliederungsschemas gem. § 275 Abs. 2 HGB; s. a. § 275 Rz 124). Bei Anwendung des UKV werden die Abschreibungen zumeist in den „Vertriebsaufwendungen" (Pos. 4 des Gliederungsschemas gem. § 275 Abs. 3 HGB) ausgewiesen (s. § 275 Rz 239).

320

Bei bestrittenen Steuerforderungen kommt eine Aktivierung nur dann in Betracht, wenn das Vorliegen der Anspruchsvoraussetzungen mit an Sicherheit grenzender Warscheinlichkeit vorliegt. Das trifft nur auf wenige Sachverhalte zu (z. B. offenbare Unrichtigkeit, §§ 129, 173a AO). Wenn die Finanzbehörde in Kenntnis der abweichenden Auffassung des Steuerpflichtigen das Vorliegen eines Steuererstattungsanspruchs verneint und die Steuer abweichend festsetzt, liegt kein aktivierungsfähiger Steuererstattungsanspruch vor.[353]

321

5.4 Wertpapiere des Umlaufvermögens

Bei Wertpapieren des UV wird der Abschreibungsbedarf üblicherweise aus ihrem Börsenkurs abgeleitet. Der Börsenkurs, identisch mit dem beizulegenden Zeitwert gem. § 255 Abs. 4 HGB, ist allerdings nicht der endgültige Bewertungsmaßstab, sondern bildet nur die Ausgangsgröße. Da Wertpapiere des UV regelmäßig zur Veräußerung vorgesehen sind, ist eine verwertungsorientierte Bewertung vorzunehmen. Folglich sind die bei einer Veräußerung anfallenden Veräußerungskosten (z. B. Bankspesen) vom Börsenkurs abzusetzen.

322

---

[353] Vgl. HFA des IDW, IDW Life 2017, S. 528; anders nach IFRS: vgl. IFRIC Update Juli 2014.

323 Die z.T. vertretene Ansicht, bei Wertpapieren, die zunächst noch im Unt verbleiben, sei eine beschaffungsmarktorientierte Bewertung zu Wiederbeschaffungskosten (d.h. Börsenkurs zzgl. Erwerbsnebenkosten) zulässig,[354] teilen wir nicht. Durch die Zuordnung zum UV hat der Bilanzierende seine Entscheidung dokumentiert, das Wertpapier nicht dauerhaft zu halten. An dieser Zweckbestimmung hat sich die Niederstbewertung auch dann zu orientieren, wenn sich die Veräußerung der Wertpapiere bei Aufstellung des Jahresabschlusses noch nicht abzeichnet.

324 Sonderfragen werfen die Bewertung von **Zerobonds**,[355] **Genussrechten**,[356] des **Bondstrippings**[357] und die Bewertung von **Wertpapieren bei Versicherungsunt**[358] auf. Insoweit sei auf die Spezialliteratur verwiesen.

325 Die Ermittlung des beizulegenden Werts von im UV ausgewiesenen Anteilen an verbundenen Unt richtet sich im Fall einer Börsennotiz nach den vorstehenden Grundsätzen für andere Wertpapiere des UV. Ist kein Börsen- oder Marktpreis festzustellen, ist ihr beizulegender Wert nach den für die Bewertung dieser Anteile im AV geltenden Grundsätzen zu bestimmen (Rz 271).

5.5 Liquide Mittel

326 Bei der Bewertung von liquiden Mittel stellen sich außerhalb des Anwendungsbereichs von § 256a HGB (Fremdwährungsguthaben, Devisen) keine besonderen Fragen.
Soweit ein Kreditinstitut, bei dem Einlagen bestehen, in wirtschaftliche Schwierigkeiten gerät, die eine Realisierung der Bankguthaben ganz oder teilweise fraglich erscheinen lassen, ist eine Bewertung nach den für Forderungen des UV dargestellten Grundsätzen (Rz 312) vorzunehmen. Etwaige Erstattungsansprüche gegen Einlagensicherungsfonds sind wie Ausfallversicherungen bei Forderungen verlustkompensierend zu berücksichtigen.

6 Wertaufholung (Abs. 5)

6.1 Wertaufholungsgebot (Abs. 5 Satz 1)

327 Abs. 5 Satz 1 der Vorschrift enthält ein umfassendes Wertaufholungsgebot für außerplanmäßig abgeschriebene VG des AV (Abs. 3) bzw. des UV (Abs. 4), soweit der Grund für die Abschreibung nachträglich entfallen ist.

328 Eine Wertaufholung setzt den Wegfall des Grunds für eine vormalige außerplanmäßige Abschreibung voraus. Folglich muss der wirtschaftliche Eigentümer der VG in der Vergangenheit eine solche Abschreibung vorgenommen haben.

> **Beispiel**
> Die M-GmbH hält 100 % der Anteile an der T-GmbH. Im Jahresabschluss zum 31.12.01 der T-GmbH wird ein Wertpapier des AV wegen voraussichtlich dauernder Wertminderung außerplanmäßig abgeschrieben. Die AK des

---

[354] Vgl. *ADS*, 6. Aufl., § 253 HGB, Rz 502; *Schubert/Roscher*, in Beck Bil-Komm. 10. Aufl., 2016, § 253 HGB, Rz 609.
[355] Vgl. IDW, St/HFA 1/1986, Abschn. 3.
[356] Vgl. IDW, St/HFA 1/1994, Abschn. 3.
[357] Vgl. IDW RH BFA 1.001.
[358] Vgl. IDW RS VFA 1.

> Wertpapiers belaufen sich auf 100, die zum 31.12.01 vorgenommene Abschreibung auf 30, der Buchwert zum 31.12.01 mithin auf 70.
> Mit Wirkung zum 1.1.02 wird die T-GmbH auf die M-GmbH verschmolzen. Die Verschmelzung erfolgt zu Buchwerten, sodass nach § 24 UmwG bei der M-GmbH der Buchwert der Wertpapiere von 70 als AK gilt.
> Zum 31.12.02 hat sich der Kurs des Wertpapiers nachhaltig erholt. Der Börsenkurs beläuft sich auf 130. Eine Wertaufholung nach § 253 Abs. 5 HGB kommt bei der M-GmbH nicht in Betracht, da sie das Wertpapier zu AK i.S.v. § 253 Abs. 1 HGB von 70 ausweist.

Der Grund für eine vorgenommene Abschreibung braucht nicht vollständig weggefallen zu sein, um das Wertaufholungsgebot auszulösen; eine teilweise Werterholung reicht aus. **329**

> **Beispiel**
> Ein Unt hat zum 31.12.01 ein Wertpapier des UV mit AK i.H.v. 2.000 auf den aus dem Börsenkurs abgeleiteten beizulegenden Wert von 350 abgeschrieben. Zum 31.12.02 ergibt sich ein aus dem Börsenkurs abgeleiteter beizulegender Wert i.H.v. 1.850.
> Auch wenn der Grund für die außerplanmäßige Abschreibung nicht vollständig weggefallen ist, hat die Wertaufholung **insoweit** zu erfolgen, als sich der Wert erholt hat.

Für die Beibehaltung des niedrigeren beizulegenden Werts reicht es aus, wenn am Abschlussstichtag ein Wertminderungsgrund besteht. Dies braucht **nicht derselbe Grund** zu sein, der zur Vornahme der außerplanmäßigen Abschreibung berechtigte. Umgekehrt ist eine Zuschreibung immer dann vorzunehmen, wenn der beizulegende Wert eines außerplanmäßig abgeschriebenen VG zu einem späteren Abschlussstichtag wieder angestiegen ist. Auf den Grund für den Wertzuwachs kommt es nicht an. **330**

> **Beispiel**
> In der Bilanz zum 31.12.01 des Unt wird eine Forderung gegen einen Auslandskunden auf den niedrigeren beizulegenden Wert nach § 253 Abs. 4 HGB abgeschrieben. Die Wertminderung hat ihren Grund in der Abwertung der Auslandswährung. Sie wurde unter Berücksichtigung der Vorschriften zur Währungsumrechnung nach § 256a HGB ermittelt.
> Am 31.12.02 ist infolge eines erneuten Anstiegs des Wechselkurses der Fremdwährung der Grund für die letztjährige Abschreibung weggefallen. Allerdings ist nunmehr der beizulegende Wert der Forderung wegen Zahlungsschwierigkeiten des Kunden gemindert, und zwar zu 100 %.
> Auch wenn der Grund für die Abschreibung weggefallen ist, hat keine Wertaufholung zu erfolgen. Vielmehr ist eine zusätzliche Abschreibung nach Abs. 4 auf den beizulegenden Wert, in diesem Fall null, vorzunehmen.

331 Bei VG, die planmäßig abgeschrieben werden, ist bei der Ermittlung eines etwaigen Zuschreibungsbedarfs nicht auf den letzten Buchwert vor Durchführung der außerplanmäßigen Abschreibung abzustellen. Vielmehr begrenzen die auf den Abschlussstichtag **fortgeführten AHK** ohne Berücksichtigung der außerplanmäßigen Abschreibung das Zuschreibungspotenzial.

> **Beispiel**
> Das Unt bilanziert im Sachanlagevermögen eine zum 1.1.01 erworbene Bestandsimmobilie (Gebäude) mit AK von 1,0 Mio. Die planmäßige Abschreibung erfolgt linear über 25 Jahre (4 % p.a.). Zum 31.12.03 ist wegen einer Asbestbelastung eine außerplanmäßige Abschreibung auf den niedrigeren beizulegenden Wert von 440.000 vorgenommen worden. Nach der Beseitigung der Umweltlast im Gj 05 ist der Grund für die außerplanmäßige Abschreibung weggefallen. Folgende Übersicht verdeutlicht die Bewertung des Gebäudes im Betrachtungszeitraum einschl. der Ermittlung des Zuschreibungsbetrags:
>
> | Jahr | planmäßige Abschreibung | außerplanmäßige Abschreibung | Zuschreibung | Buchwert lt. Bilanz | fortgeführte AHK |
> |------|------------------------|------------------------------|--------------|---------------------|------------------|
> | 01 | 40.000 | | | 960.000 | 960.000 |
> | 02 | 40.000 | | | 920.000 | 920.000 |
> | 03 | 40.000 | 440.000 | | 440.000 | 880.000 |
> | 04 | 20.000 | | | 420.000 | 840.000 |
> | 05 | 20.000 | | 400.000 | 800.000 | 800.000 |
> | 06 | 40.000 | | | 760.00 | 760.000 |
>
> Im Jahr 04 ist die planmäßige Abschreibung aufgrund der zum 31.12.03 vorgenommenen außerplanmäßigen Abschreibung anzupassen. Eine lineare Verteilung des Restbuchwerts von 440.000 über die Restnutzungsdauer von 22 Jahren ergibt eine Abschreibung von 20.000 p.a. Die Zuschreibung im Jahr 05 ist auf die fortgeführte AHK von 800.000 begrenzt. Sie beträgt damit 400.000.

6.2 Zuschreibungsverbot für den Geschäfts- oder Firmenwert (Abs. 5 Satz 2)

332 Der GoF ist gem. § 246 Abs. 1 Satz 4 HGB als ein zeitlich begrenzt nutzbarer VG zu behandeln. Daher bestünde nach der allgemeinen Regelung des § 253 Abs. 5 Satz 1 HGB bei Wegfall des Grunds für eine außerplanmäßige Abschreibung eine Pflicht zur Wertaufholung auf die fortgeführten AHK.

333 Diese Rechtsfolge ist vom Gesetzgeber nicht gewünscht, weshalb er für den GoF ein explizites Zuschreibungsverbot vorgesehen hat. Zwar kann sich der beizulegende Wert eines GoF nach einer vormaligen außerplanmäßigen Abschreibung wieder erholen. Eine entsprechende Zuschreibung könnte im Ergebnis allerdings zumindest teilweise zur Aktivierung eines originären GoF führen, für den ein explizites Ansatzverbot besteht (§ 246 Rz 89).

7 Ausschüttungssperre (Abs. 6)

Der durch das Gesetz zur Umsetzung der Wohnimmobilienkreditrichtlinie[359] neu geschaffene Abs. 6 sieht eine Ausschüttungssperre bei Rückstellungen für Altersversorgungsverpflichtungen vor. Danach ist i. H. d. Betrags, um den die auf Basis des (neuen) 10-jährigen Durchschnittszinssatzes ermittelte Rückstellung den nach dem (bisherigen) 7-jährigen Durchschnittszinssatz berechneten Wertansatz unterschreitet, eine Ausschüttungssperre zu beachten. Dieser Unterschiedsbetrag ist im Anhang oder unter der Bilanz anzugeben. Bei Kaufleuten, die einen Anhang aufstellen müssen, empfiehlt sich eine Anhangangabe, ggf. zusammen mit weiteren ausschüttungsgesperrten Beträge i. S. d. § 268 Abs. 8 (§ 285 Rz 170).

334

Für den Jahresabschlussersteller bedeutet dies, dass die Gutachten für die Pensionsrückstellungen beide Werte enthalten müssen, d. h. die Rückstellungsberechnung einmal mit dem 10-jährigen Durchschnittszinssatz und einmal mit dem 7-jährigen Durchschnittszinssatz.

335

> **Beispiel**
> Die GmbH weist in ihrem Jahresabschluss Pensionsrückstellungen aus. Gem. dem versicherungsmathematischen Gutachten eines Aktuars beläuft sich der handelsrechtliche Rückstellungsbetrag (vor Saldierung mit Deckungsvermögen) auf 550.000 (ermittelt mit dem 10-jährigen Durchschnittszinssatz). Eine Berechnung mit dem 7-jährigen Durchschnittszinssatz würde laut dem Gutachten zu einem Rückstellungsbetrag in Höhe von 600.000 führen.
> In Höhe des Unterschiedsbetrags von 50.000 ist eine Ausschüttungssperre gem. § 253 Abs. 6 HGB zu berücksichtigen und im Anhang anzugeben. Die nach einer Ausschüttung verbleibenden frei verfügbaren Rücklagen (erhöht um einen Gewinnvortrag und gekürzt um einen Verlustvortrag) müssen danach mindestens 50.000 betragen.[360]

Das Gesetz lässt offen, ob bei der Anhangangabe auch der jeweilige Vorjahresbetrag anzugeben ist. Nach der hier vertretenen Auffassung sind keine Vorjahresbeträge anzugeben, da die Vorschrift in den für alle Kaufleute gültigen Vorschriften enthalten ist, für die die Regelung des § 265 Abs. 2 HGB nicht gilt.

Die Ausschüttungssperre gilt aufgrund der unterschiedlichen Haftungsverfassungen von KapG und PersG nur für KapG. Bei PersG und EKfl gibt es keine Gewinnausschüttung, sodass auch die Ausschüttungssperre insoweit ins Leere greift.[361] Unabhängig davon haben diese gleichwohl die Angabepflicht unter der Bilanz oder im Anhang zu beachten. Für PersG (auch für haftungsbeschränkte nach § 264a HGB) stellt sich die Frage, ob der Unterschiedsbetrag – analog zu den Ausschüttungssperren gem. § 268 Abs. 8 HGB – vom Kapitalanteil in Abzug zu bringen ist, wenn zu beurteilen ist, inwieweit Entnahmen eines Kommanditisten zu einem Wiederaufleben seiner Außenhaftung führen (§ 172 Abs. 4 HGB). U. E.

336

---

[359] Vgl. Beschlussempfehlung und Bericht des Ausschusses für Recht und Verbraucherschutz zu dem Gesetzentwurf der Bundesregierung zum Entwurf eines Gesetzes zur Umsetzung der Wohnimmobilienkreditrichtlinie, BT-Drs. 18/7584 v. 17.2.2016.
[360] Zum Begriff der freien Rücklagen vgl. die Kommentierung des § 268 Rz 56.
[361] So auch IDW RS HFA 30 n. F., Tz 55c; a. A. *Pohl*, NWB 2017, S. 2292; *Zwirner*, StuB 2016, S. 207.

337 § 253 Abs. 6 HGB regelt ausschließlich eine Ausschüttungssperre. Bei Bilanzierenden, die als abhängige Ges. einen Ergebnisabführungsvertrag geschlossen haben, stellt sich die Frage, ob eine entsprechende **Abführungssperre** besteht. Auch insoweit hat der Gesetzgeber auf eine analoge Regelung verzichtet. Aus gesetzessystematischen Erwägungen liegt es nahe, auch ohne den expliziten Verweis in § 301 AktG eine Abführungssperre für den Unterschiedsbetrag anzunehmen. Juristisch setzt die Annahme einer solchen Abführungssperre in § 301 AktG allerdings eine planwidrige, d. h. „versehentliche" Gesetzeslücke voraus. Im Gesetzgebungsverfahren wurde indes mehrfach die Einführung einer zusätzlichen Abführungssperre angemahnt. Gleichwohl hat der Gesetzgeber diese nicht in das Gesetz aufgenommen. Deshalb mag man der Auffassung sein, der Gesetzgeber habe bewusst von einer Anpassung des § 301 AktG abgesehen. Für die betroffenen Unt schafft dies eine erhebliche Unsicherheit und vor allem steuerliche Risiken, da ein nicht ordnungsgemäß durchgeführter Ergebnisabführungsvertrag von der Finanzverwaltung nicht anerkannt wird. Eine Klarstellung von gesetzgeberischer Seite ist daher mehr als wünschenswert. Mindestens die Finanzverwaltung hat sich nunmehr dazu geäußert und dargelegt, dass nach ihrer Auffassung keine Abführungssperre besteht.[363] Danach sind zur ordnungsgemäßen Durchführung eines Ergebnisabführungsvertrags auch die Bewertungsgewinne abzuführen. Eine mittelbare Ausschüttungssperre ergibt sich für diese Beträge auch nicht auf Ebene des beherrschenden Unt.[364]

---

[362] Vgl. IDW RS HFA 30 n. F., Tz. 55c; zustimmend *Busch/Zwirner*, StuB 2017 S. 409; a. A. *Pohl*, NWB 2017, S. 2293.
[363] Vgl. BMF, Schreiben v. 23.12.2016, IV C 2 – S 2770/16/10002, DB 2017, S. 35.
[364] Vgl. *Oser/Wirtz*, DB 2017, S. 261; *Pohl*, NWB 2017, S. 2295 f.; *Henckel*, StuB 2017, S. 345 ff.

§ 254 Bildung von Bewertungseinheiten

¹Werden Vermögensgegenstände, Schulden, schwebende Geschäfte oder mit hoher Wahrscheinlichkeit erwartete Transaktionen zum Ausgleich gegenläufiger Wertänderungen oder Zahlungsströme aus dem Eintritt vergleichbarer Risiken mit Finanzinstrumenten zusammengefasst (Bewertungseinheit), sind § 249 Abs. 1, § 252 Abs. 1 Nr. 3 und 4, § 253 Abs. 1 Satz 1 und § 256a in dem Umfang und für den Zeitraum nicht anzuwenden, in dem die gegenläufigen Wertänderungen oder Zahlungsströme sich ausgleichen. ²Als Finanzinstrumente im Sinn des Satzes 1 gelten auch Termingeschäfte über den Erwerb oder die Veräußerung von Waren.

Prof. Dr. Harald Kessler, CVA/Dr. Jochen Cassel, CVA

Inhaltsübersicht	Rz
1 Überblick	1–6
1.1 Regelungszweck und Inhalt	1–3
1.2 Anwendungsbereich	4
1.3 Normenzusammenhänge	5–6
2 Pflicht oder Wahlrecht zur Bildung von Bewertungseinheiten?	7
3 Zulässige Bewertungseinheiten	8–9
4 Anforderungen an die Bildung von Bewertungseinheiten	10–51
4.1 Grundsatz	10
4.2 Zulässige Grundgeschäfte	11–18
4.3 Geeignete Sicherungsinstrumente	19–30
4.4 Ausgleich gegenläufiger Wert- oder Zahlungsstromänderungen	31–46
4.4.1 Überblick	31–32
4.4.2 Grundlegende Anforderungen	33–36
4.4.3 Prospektive Effektivität	37–43
4.4.4 Retrospektive Effektivität	44–46
4.5 Dokumentation	47–51
5 Rechtsfolgen der Bildung von Bewertungseinheiten	52–65
5.1 Identifizierung von Wertänderungen	53–54
5.2 Einfrierungsmethode versus Durchbuchungsmethode	55–58
5.3 Abwicklung gesicherter Beschaffungs- und Absatzgeschäfte	59–61
5.4 Beendigung einer Sicherungsbeziehung	62–65
6 Abschließende Fallbeispiele zur Bildung von Bewertungseinheiten	66

1 Überblick

1.1 Regelungszweck und Inhalt

1   Zahlreiche Geschäfte, die Unt eingehen, sind mit **Risiken** behaftet. Zu diesen Risiken rechnen Währungsrisiken, Zinsänderungsrisiken und andere Marktpreisrisiken. Nahezu alle Risiken können **abgesichert** werden. So lässt sich etwa das Wertminderungsrisiko einer Fremdwährungsforderung durch ein Devisentermingeschäft oder das Risiko höherer Zinszahlungen aus einer variabel verzinslichen Finanzierung durch einen *Payer-Zinsswap* reduzieren oder ausschließen. Die bilanzielle Darstellung derartiger Sicherungsbeziehungen nach den allgemeinen GoB ignoriert die Risikokompensation. Das liegt am Einzelbewertungsgrundsatz. Er erzwingt die isolierte Anwendung von Realisations- und Imparitätsprinzip auf die einzelnen Bestandteile einer Sicherungsbeziehung, was in vielen Fällen zum Ausweis fiktiver Verluste führt.

> **Beispiel**
> U hat Waren zum Preis von 1 Mio. USD in die USA geliefert. Der Kaufpreis ist in 15 Monaten fällig. Im Zeitpunkt der Forderungseinbuchung (30.11.01) belief sich der Wechselkurs auf 1 EUR = 1 USD. Um sich gegen das Risiko eines schwächer werdenden US Dollars abzusichern, hat U am 31.12.01 1 Mio. USD per Termin 1.4.03 verkauft. Am 31.12.01 notiert der US Dollar bei
>
> - Fall 1:   1 EUR = 1,25 USD
> - Fall 2:   1 EUR = 0,80 USD
>
> Zinseffekte bleiben unberücksichtigt.
> **Fall 1:**
> 30.11.01: Die Forderung ist mit ihren Anschaffungskosten von 1 Mio. EUR einzubuchen.
> 31.12.01: Die Forderung weist nur noch einen Gegenwert von 0,8 Mio. EUR auf (1 Mio. USD/1,25 EUR/USD).
> Das Devisentermingeschäft ist demgegenüber um 0,2 Mio. EUR wertvoller geworden (Verkauf von 1 Mio. USD zum Preis von 1 Mio. EUR bei einem Marktpreis von 0,8 Mio. EUR).
> Nach den allgemeinen GoB ist
> - die Forderung um 0,2 Mio. EUR abzuwerten (Imparitätsprinzip).
> - die Wertsteigerung des Devisentermingeschäfts bilanziell unbeachtlich (Realisationsprinzip).
>
> **Fall 2:**
> 30.11.01: Die Forderung ist mit ihren Anschaffungskosten von 1 Mio. EUR einzubuchen.
> 31.12.01: Die Forderung ist im Wert auf 1,25 Mio. EUR angestiegen (1 Mio. USD/0,8 EUR/USD).
> Das Devisentermingeschäft weist einen negativen Marktwert von 0,25 Mio. EUR auf (Verkauf von 1 Mio. USD zum Preis von 1 Mio. EUR bei einem Marktpreis von 1,25 Mio. EUR).
> Nach den allgemeinen GoB ist

- für das Devisentermingeschäft eine Drohverlustrückstellung zu bilden (Imparitätsprinzip).
- der Wertanstieg der Forderung um 0,25 Mio. EUR bilanziell unbeachtlich (Realisationsprinzip).

In beiden Fällen werden fiktive Verluste ausgewiesen, die nicht eintreten werden. Verhindern lässt sich dieses Ergebnis, indem Forderung und Devisentermingeschäft zu einer Bewertungseinheit zusammengefasst werden. Die Regelung in § 254 HGB bildet die Grundlage dafür.

Bilanziell kann der Verlustausweis auf zwei Wegen vermieden werden:

Einfrierungsmethode:
Der unrealisierte Verlust aus einer Komponente wird mit dem unrealisierten Gewinn aus der anderen Komponente der Bewertungseinheit verrechnet.
In beiden Fällen ist die Forderung zum 31.12.01 mit 1 Mio. EUR zu bewerten; das Devisentermingeschäft bleibt unbilanziert.

Durchbuchungsmethode:
Die sich aus der Absicherung gegenüberstehenden unrealisierten Gewinne und Verluste werden ausgewiesen.
Fall 1: Ansatz der Forderung mit 0,8 Mio. EUR; Aktivierung des Devisentermingeschäfts mit 0,2 Mio. EUR.
Fall 2: Ansatz der Forderung mit 1,25 Mio. EUR; Ansatz einer Drohverlustrückstellung für das Devisentermingeschäft von 0,25 Mio. EUR.
Nicht in allen Fällen sind beide Darstellungsmethoden zulässig (vgl. Rz 57 f.).

Die in § 254 HGB zugelassene Bildung von Bewertungseinheiten begegnet diesem konzeptionellen Mangel der handelsbilanziellen Vermögensermittlungskonzeption, indem sie den Einzelbewertungsgrundsatz einschränkt und eine Zusammenfassung risikobehafteter Grundgeschäfte mit geeigneten Sicherungsinstrumenten zu einer **Bewertungseinheit** erlaubt. Inwieweit das abgesicherte Risiko eine bilanzielle Vorsorge erfordert, ist durch Anwendung des Realisations- und Imparitätsprinzips auf die Bewertungseinheit insgesamt zu entscheiden. Soweit sich gegenläufige Wertentwicklungen bei den Grundgeschäften und Sicherungsinstrumenten (nicht nur zufällig) ausgleichen, werden diese in Abkehr vom Einzelbewertungsgrundsatz auch bilanziell verrechnet. Auf diese Weise vermeidet die Anwendung des § 254 HGB den Ausweis nur theoretisch denkbarer Verluste.

§ 254 HGB regelt sowohl die Tatbestandsvoraussetzungen als auch die Rechtsfolgen einer Bildung von Bewertungseinheiten nur rudimentär. Die Vorschrift bleibt in vielen Punkten auslegungsbedürftig. Eine wesentliche Erkenntnisquelle zur Beantwortung der Auslegungsfragen bildet die **Praxis** vor Inkrafttreten des § 254 HGB. Sie sollte durch die Regelung abgesichert werden.[1] Mit seiner Stellungnahme „Handelsrechtliche Bilanzierung von Bewertungseinheiten (IDW RS HFA 35)" hat das IDW die Auffassung des Berufsstands der WP zur bilanziellen Abbildung von Sicherungsbeziehungen publik gemacht und Erläuterungen zur Anwendung der Vorschrift gegeben. Im Hinblick auf die zulässigen Grundgeschäfte und Sicherungsinstrumente orientiert sich § 254 HGB zudem

---

[1] Vgl. BilMoG-BgrRegE, S. 57.

teilweise an den Bestimmungen des IAS 39 zum *Hedge Accounting*. Sie können ebenfalls zur Klärung offener Fragen herangezogen werden, soweit Wortlaut und Regelungszweck des § 254 HGB dem nicht entgegenstehen.

Sind die Voraussetzungen zur Bildung einer Bewertungseinheit erfüllt, treten die in § 254 Satz 1 HGB festgehaltenen **Rechtsfolgen** ein. Unter Einschränkung des Einzelbewertungsgrundsatzes sowie des Realisations-, Imparitäts- und Anschaffungskostenprinzips unterbindet § 254 HGB dann den Ausweis nur theoretisch denkbarer Verluste.

Mit Blick auf § 5 Abs. 1a Satz 2 EStG hat der Gesetzgeber mit § 254 HGB eine Regelungslücke beseitigt. Die steuerliche Norm hat bereits auf die in der handelsrechtlichen Rechnungslegung zur Absicherung finanzwirtschaftlicher Risiken gebildeten Bewertungseinheiten Bezug genommen, bevor diese Praxis durch eine ausdrückliche Regelung im HGB abgesichert worden ist.[2]

1.2 Anwendungsbereich

4   Als Teil des ersten Abschnitt s des Dritten Buchs des HGB gilt § 254 HGB für **alle bilanzierenden Kaufleute**. Die Vorschrift war erstmals auf Jahresabschlüsse für Gj anzuwenden, die nach dem 31.12.2009 beginnen. Zur Erstanwendung und zu den Übergangsvorschriften s. Kommentierung zur 2. Aufl.

1.3 Normenzusammenhänge

5   Unt ist es gestattet, risikobehaftete Grundgeschäfte und zugehörige Sicherungsgeschäfte für bilanzielle Zwecke als Einheit zu behandeln, soweit sich die gegenläufigen Wertänderungen ausgleichen. Diese dem wirtschaftlichen Gehalt einer Sicherungsbeziehung Rechnung tragende Bilanzierung erfordert es, bestimmte handelsrechtliche Bewertungsgrundsätze einzuschränken. Dazu zählen das **Realisations- und das Imparitätsprinzip** (§ 252 Abs. 1 Nr. 4 HGB), das **Anschaffungskostenprinzip** (§ 253 Abs. 1 HGB) sowie die Vorschriften zur **Umrechnung** von Fremdwährungsgeschäften (§ 256a HGB). Soweit sich die gegenläufigen Wertänderungen ausgleichend gegenüberstehen, sind Grund- und Sicherungsgeschäft(e) als Einheit zu betrachten. Der **Einzelbewertungsgrundsatz** (§ 252 Abs. 1 Nr. 3 HGB) kommt nicht zur Anwendung. Abwertungen einzelner Komponenten der Bewertungseinheit sowie Drohverlustrückstellungen scheiden insoweit aus.

6   Die sich kompensierenden Wertänderungen von Grundgeschäft und Sicherungsinstrument können unter bestimmten Voraussetzungen brutto gezeigt (Durchbuchungsmethode) oder verrechnet werden (Einfrierungsmethode). Im letzten Fall kommt es zur Einschränkung des **Verrechnungsverbots** (§ 246 Abs. 2 HGB), wenn der Ansatz einer Drohverlustrückstellung für eine Komponente der Bewertungseinheit unterbleibt oder auf den Ausweis der sich ausgleichenden Erträge und Aufwendungen in der GuV verzichtet wird. § 285 Nr. 23 HGB sieht bei der Bildung von Bewertungseinheiten für KapG und KapCoG zusätzliche **Angaben** im Anhang vor. Zu berichten ist über Art und Umfang der gebildeten Bewertungseinheiten, Art und Höhe der abgesicherten Risiken und die Wirksamkeit der Sicherungsbeziehung. Zusätzlich zu erläutern sind Bewertungseinheiten für hochwahrscheinlich erwartete künftige Transaktionen (s. hierzu § 285 Rz 147 ff.).

---

[2] Vgl. BilMoG-BgrRegE, S. 57 f.

2 Pflicht oder Wahlrecht zur Bildung von Bewertungseinheiten?

Die an eine Bewertungseinheit geknüpften Rechtsfolgen treten ein, falls „Vermögensgegenstände, Schulden, schwebende Geschäfte oder mit hoher Wahrscheinlichkeit erwartete Transaktionen zum Ausgleich gegenläufiger Wertänderungen oder Zahlungsströme aus dem Eintritt vergleichbarer Risiken mit Finanzinstrumenten zusammengefasst" (§ 254 Satz 1 HGB) werden. Der Gesetzeswortlaut lässt offen, ob eine vom Kfm. aus betriebswirtschaftlichen Gründen vorgenommene Risikoabsicherung dazu verpflichtet, die betreffenden Grund- und Sicherungsgeschäfte unter den in § 254 HGB genannten Voraussetzungen zu einer Bewertungseinheit zusammenzufassen und nach den für sie geltenden Vorschriften im Jahresabschluss abzubilden.[3]

Die Frage wird in der Literatur unterschiedlich beantwortet. *Gelhausen/Fey/Kämpfer* unterstützen das von *Herzig* aus dem Wortlaut des § 254 HGB abgeleitete faktische Bewertungswahlrecht, „da ein Unternehmen in seiner Entscheidung frei ist, eine derartige Widmung für bilanzielle Zwecke („werden ... zusammengefasst") vorzunehmen".[4] Die Autoren trennen also die ökonomische Entscheidung zur Risikoabsicherung von der Entscheidung, den Geschäftsvorfall auch für bilanzielle Zwecke zusammenzufassen. § 254 Satz 1 HGB fokussiert in ihren Augen lediglich die Rechtsfolgen, die sich an eine Designation für bilanzielle Zwecke anschließen. Konsequenterweise gilt das Bewertungswahlrecht für sie auch in denjenigen Fällen, „in denen es anhand der Umstände des Einzelfalls nahezu ausgeschlossen erscheint, dass der Erwerb eines Finanzinstruments zu anderen als zu den Sicherungszwecken erfolgt".[5] Dieser Meinung hat sich das IDW in RS HFA 35 angeschlossen. Nach Ansicht des HFA knüpft § 254 Satz 1 HGB die Bildung einer Bewertungseinheit an „eine bewusste Entscheidung des Bilanzierenden." Da der Grundsatz der sachlichen Bewertungsstetigkeit keine Anwendung finde, könne diese Entscheidung „auch im Falle gleichartiger Sachverhalte jeweils unterschiedlich getroffen werden". Unabhängig davon empfiehlt der HFA „die Bildung von Bewertungseinheiten in Übereinstimmung mit dem praktizierten Risikomanagement."[6]

Im Gegensatz dazu sieht *Scharpf* eine Pflicht zur Bildung handelsrechtlicher Bewertungseinheiten, wenn eine Risikoabsicherung von Grundgeschäften durch Abschluss von Sicherungsgeschäften angestrebt wird. Seiner Ansicht nach knüpfen die in § 254 Satz 1 HGB enthaltenen Rechtsfolgen automatisch an die ökonomische Entscheidung der Risikoabsicherung an, falls die Voraussetzungen zur

---

[3] *Herzig* erkennt im Wortlaut der Vorschrift ein faktisches Bewertungswahlrecht des Bilanzierenden. Er lässt aber offen, ob eine Auslegung der Vorschrift seiner Wortlautdeutung folgen sollte; vgl. *Herzig*, DB 2008, S. 1344.

[4] *Gelhausen/Fey/Kämpfer*, Rechnungslegung und Prüfung nach dem BilMoG, 2009, Abschnitt H, Rn 86; so auch *Hoffmann/Lüdenbach*, NWB-Kommentar Bilanzierung, 8. Aufl., 2017, § 254 Rn 11 f.

[5] *Gelhausen/Fey/Kämpfer*, Rechnungslegung und Prüfung nach dem BilMoG, 2009, Abschnitt H, Rn 87.

[6] IDW RS HFA 35, Rn 12 (alle Zitate). Zu einer empirischen Auswertung der Bilanzierungspraxis zur (Nicht-)Bildung von Bewertungseinheiten in nicht-kapitalmarktorientierten mittelständigen Konzernen s. *Oser* u. a., StuB 2012, S. 93.

Bildung einer Bewertungseinheit gegeben sind.[7] „Bei einer gewollten, wirtschaftlich sinnvollen und von einem sachverständigen Dritten zweifelsfrei erkennbaren Sicherungsbeziehung (können) allein durch eine bewusste Nichtdokumentation die Rechtsfolgen des § 254 Satz 1 HGB nicht (willkürlich) vermieden werden. Dies würde dem Postulat der willkürfreien Bildung und Bilanzierung von Bewertungseinheiten widersprechen".[8]

Die Auslegung von § 254 Satz 1 HGB muss den mit der Regelung verfolgten Sinn und Zweck respektieren. In der RegBegr ist zu lesen: „Die Neufassung des § 254 HGB beruht auf Artikel 2 Abs. 5 Satz 3 der Bilanzrichtlinie. Danach können die Mitgliedstaaten Ausnahmeregelungen festlegen, wenn die Anwendung einer Vorschrift der Bilanzrichtlinie dazu führt, dass der Jahresabschluss ein den tatsächlichen Verhältnissen entsprechendes Bild der Vermögens-, Finanz- und Ertragslage des Unternehmens nicht vermittelt. Mit § 254 HGB wird die Darstellung der Vermögens-, Finanz- und Ertragslage stärker als bisher und in Abweichung von dem in Artikel 31 Abs. 1 Buchst. e der Bilanzrichtlinie (Grundsatz der Einzelbewertung) an den tatsächlichen (wirtschaftlichen) Verhältnissen eines Unternehmens orientiert".[9] Der in diesem Zitat zum Ausdruck kommende Sinn und Zweck der Vorschrift legt es nahe, Grund- und Sicherungsgeschäfte, die die Anforderungen von § 254 HGB erfüllen, nach den Vorschriften für Bewertungseinheiten abzubilden. Ein Wahlrecht würde das gesetzliche Anliegen eines besseren Einblicks in die Vermögens-, Finanz- und Ertragslage des Unt konterkarieren. Dessen ungeachtet wird man in Ansehung der vorherrschenden Auslegung der Vorschrift den bewussten Verzicht auf die Bildung einer Bewertungseinheit bis zu einer gerichtlichen Klärung der Frage als eine **vertretbare Bilanzierung** beurteilen müssen.

3 Zulässige Bewertungseinheiten

8   Als zulässig erachtet der Gesetzgeber alle in der Praxis bekannten Arten von Bewertungseinheiten, also *Micro-Hedges*, *Portfolio-Hedges* und *Macro-Hedges*.[10] Insbesondere die Unterscheidung zwischen *Portfolio-* und *Macro-Hedge* ist in der Praxis nicht immer eindeutig.

Bei einem **Micro-Hedge** steht dem aus einem einzelnen Grundgeschäft resultierenden Risiko ein individuelles Sicherungsinstrument unmittelbar gegenüber (1 : 1-Beziehung).

Der **Portfolio-Hedge** sichert die Risiken mehrerer gleichartiger Grundgeschäfte durch ein oder mehrere Sicherungsinstrument(e) ab (m : n-Beziehung). Er setzt eine Homogenität der Risiken der im Portfolio zusammengefassten Grundgeschäfte voraus.[11] Die Forderung nach einem ähnlichen Risikoprofil aller in einem *Portfolio-Hedge* zusammengefassten Grundgeschäfte macht einen Homogenitätstest erforderlich: Die auf das abgesicherte Risiko zurückgehende

---

[7] Vgl. *Scharpf*, in *Küting/Pfitzer/Weber*, HdR, Stand 2/2012, HGB § 254, Rn 19f.; *Scharpf*, DB 2012, S. 357f. Ein Wahlrecht ebenfalls ablehnend *Velte/Haaker*, StuW 2013, S. 194.
[8] *Scharpf*, in *Küting/Pfitzer/Weber*, HdR, Stand 2/2012, HGB § 254, Rn 26.
[9] BilMoG-BgrRegE, S. 59.
[10] Vgl. BilMoG-BgrRegE, S. 58; *Bieg/Kußmaul/Petersen/Waschbusch/Zwirner*, Bilanzrechtsmodernisierungsgesetz, 2009, S. 68f.; *Kopatschek/Struffert/Wolfgarten*, KoR 2010, S. 272f.
[11] Vgl. *Hoffmann/Lüdenbach*, NWB Kommentar Bilanzierung, 8. Aufl., 2017, § 254 Rn 43.

erwartete Änderung des beizulegenden Zeitwerts oder der Cashflows jedes einzelnen Postens muss in etwa der auf das gesicherte Risiko zurückzuführenden Änderung des beizulegenden Zeitwerts oder der Cashflows des Portfolios entsprechen.[12] Der Homogenitätstest ist nach einer zu IAS 39 entwickelten Auslegung dann als erfüllt anzusehen, wenn sich bei einer auf das abgesicherte Risiko zurückgehenden Zeitwertänderung des Portfolios von 10 % die Wertänderungen der einzelnen Posten in einer Bandbreite von 9 % bis 11 % bewegen.[13] Die Absicherung eines Aktienportfolios mithilfe eines Indexderivats ist somit nach den handelsrechtlichen Abbildungsregeln für Bewertungseinheiten i. d. R. unzulässig: Die einzelnen Aktien weisen im Allgemeinen kein den Anforderungen entsprechendes Risikoprofil auf. Sie scheiden mithin als Grundgeschäfte aus.[14] Die Absicherung mehrerer Beschaffungsgeschäfte auf Fremdwährungsbasis gegen Wechselkursrisiken oder die Absicherung mehrerer variabel verzinslicher Kredite gegen steigende Zinsen sind dagegen denkbare Beispiele für das *Portfolio-Hedging*.[15]

Beispiel
U hat bei fünf Banken variabel verzinsliche Darlehen aufgenommen. Um sich gegen einen Anstieg der kurzfristigen Zinsen abzusichern, hat er einen *Payer-Zinsswap* i. H. des Nominalvolumens aller Kredite erworben.
Ein *Payer-Zinsswap* verpflichtet die eine Partei zur Zahlung fester Zinsen, den Vertragspartner zur Leistung variabler Zinsen auf das Nominal des Swaps. Abgesichert werden soll ein Portfolio gleichartiger Verbindlichkeiten. Gleichartigkeit setzt im Wesentlichen übereinstimmende Ausstattungsmerkmale der Verbindlichkeiten voraus. Relevant sind solche Ausstattungsmerkmale, die sich auf das abgesicherte Risiko beziehen.
Das sind im Fallbeispiel folgende Merkmale:
- Währung
- Restlaufzeiten
- Referenzzinssätze (z. B. 3-Monats-Euribor)

Sind die fünf Darlehen in Bezug auf diese Punkte gleichartig, können sie mit dem *Payer-Zinsswap* zu einem *Portfolio-Hedge* zusammengefasst werden.

Die Bildung von **Macro-Hedges** dient der Absicherung einer risikohomogenen Nettoposition aus einer Mehrzahl sich teilweise kompensierender Grundgeschäfte durch ein oder mehrere Sicherungsinstrumente. Unter den Begriff „*Macro-Hedges*" ist bspw. die Steuerung von Nettozinsrisiken mehrerer Wert-

---

12 So auch IAS 39.83. Dort heißt es: „Des Weiteren muss zu erwarten sein, dass die dem abgesicherten Risiko der einzelnen Posten der Gruppe zuzurechnende Änderung des beizulegenden Zeitwerts zu der dem abgesicherten Risiko der gesamten Gruppe zuzurechnenden Änderung des beizulegenden Zeitwerts in etwa in einem proportionalen Verhältnis steht."
13 Vgl. IDW RS HFA 9, Rn 313.
14 Vgl. auch IAS 39.IGf.2.20.
15 Vgl. auch *Arbeitskreis „Externe Unternehmensrechnung" der Schmalenbach-Gesellschaft*, DB 1997, S. 638.

papierportfolien zu fassen. Eine Abgrenzung vom *Portfolio-Hedge* dürfte „in der Praxis nicht immer zweifelsfrei möglich sein".[16]

9 *Löw/Scharpf/Weigel* schlagen daher eine „semantisch schlüssigere Lösung"[17] für die Abgrenzung der einzelnen Arten von Sicherungsbeziehungen vor: Ein **Portfolio-Hedge** soll danach anzunehmen sein, „wenn die Nettorisikoposition eines **Portfolios unterschiedlicher Grundgeschäfte**, bis hin zur Einbeziehung von Aktiva und Passiva, abgesichert wird".[18] Die Absicherung mehrerer gleichartiger Grundgeschäfte gegen ein spezifisches Risiko wollen sie unter den Begriff **Macro-Hedge** subsumieren.[19] Mit Blick auf die im Zuge des Gesetzgebungsverfahrens veröffentlichte Begründung des Rechtsausschusses dürfte es schwerfallen, eine wie auch immer bezeichnete Absicherung von Gruppen von Grundgeschäften, die unterschiedlichen Risiken ausgesetzt sind, überhaupt noch zu rechtfertigen. In den Augen des Gesetzgebers sollen nur „eindeutig ermittelbare einzelne Risiken"[20] absicherungsfähig sein. Andernfalls könnten die gegenläufigen Wertänderungen oder Zahlungsströme nicht verlässlich gemessen werden. Nur wenn der Bewertungseinheit vergleichbare Risiken zugrunde liegen, kann verhindert werden, dass für sich nur zufällig ausgleichende Wertänderungen Bewertungseinheiten gebildet werden.[21] Durch diese Klarstellung sind der **Portfolio-Bewertung** bei Kreditinstituten Grenzen gesetzt. Sind die Grundgeschäfte unterschiedlichen Risiken ausgesetzt, können sie nicht mehr in einem *Portfolio-Hedge* zusammengefasst werden.[22]

> **Beispiel**
> U bietet in diversen Ländern im Nachmittagsprogramm Topf- und Pfannensets an, die er in Fernost auf Dollarbasis einkauft. Verkauft werden die Produkte in unterschiedlichen Währungen, teilweise auch in US Dollar. U plant fortlaufend den Nettobedarf an US Dollar für die kommenden 12 Monate. Um sich gegen das Währungsrisiko abzusichern, schließt er Termingeschäfte und Optionsgeschäfte über den Kauf dieses Devisenbedarfs ab. Soweit sich die gegenläufigen Zahlungsstromänderungen aus Kursschwankungen des US Dollars nach den Ergebnissen des Risikomanagements voraussichtlich ausgleichen werden, kann U die hoch wahrscheinlichen Beschaffungen und Verkäufe in US Dollar mit den zur Absicherung eingesetzten Derivaten zu einer Bewertungseinheit zusammenfassen.

---

[16] *Scharpf*, in *Küting/Pfitzer/Weber*, Das neue deutsche Bilanzrecht, 2. Aufl., 2009, S. 204. Die übliche „Gesamtbanksteuerung" des allgemeinen Zinsrisikos von Banken (sog. Aktiv-/Passivsteuerung) will *Scharpf* nicht unter die so definierten Begrifflichkeiten eines *Macro-* oder *Portfolio-Hedges* subsumiert wissen. Es handele sich um eine bankentypische „Bilanzierungskonvention", „bei der das Bankbuch keiner zinsbedingten Einzelbewertung unterzogen wird und in der Folge auch die zur Zinssteuerung des Bankbuchs eingesetzten Derivate keiner Einzelbewertung unterliegen" (*Scharpf*, in *Küting/Pfitzer/Weber*, Das neue deutsche Bilanzrecht, 2. Aufl., 2009, S. 205, beide Zitate).
[17] *Löw/Scharpf/Weigel*, WPg 2008, S. 1017 (im Original ohne Hervorhebung).
[18] *Löw/Scharpf/Weigel*, WPg 2008, S. 1017.
[19] Vgl. *Löw/Scharpf/Weigel*, WPg 2008, S. 1017.
[20] BilMoG-BgrRA, S. 112.
[21] Vgl. BilMoG-BgrRA, S. 112.
[22] Vgl. hierzu *Cassel*, in *Kessler/Leinen/Strickmann*, Handbuch BilMoG, 2. Aufl., 2010, S. 526f.; zur Kritik an der vormals gängigen Praxis vgl. auch *Jessen/Haaker*, DStR 2009, S. 499ff.

Auf die Arten von Bewertungseinheiten wird noch zurückzukommen sein. Ihrer unterschiedlichen Komplexität ist durch abgestufte Anforderungen an die Wirksamkeit der Sicherungsbeziehung Rechnung zu tragen.

4 Anforderungen an die Bildung von Bewertungseinheiten

4.1 Grundsatz

Die Bildung einer Bewertungseinheit ist an eine **Risikoabsicherung** gebunden, mithin muss ein „objektiver Absicherungsbedarf bestehen".[23] Im Bildungszeitpunkt muss der bilanzierende Kfm. die Absicht verfolgen, die Bewertungseinheit so lange aufrechtzuerhalten, bis sie ihren Zweck erfüllt hat (**Durchhalteabsicht**).[24] Gleichwohl erlaubt der Gesetzgeber die vorzeitige Beendigung der Bewertungseinheit aus nachvollziehbaren wirtschaftlichen Erwägungen. Die Bildung von Bewertungseinheiten darf damit allein der Risikoabsicherung und nicht der Steuerung des Jahresergebnisses dienen.[25] Rein **bilanzpolitisch** motivierten Gestaltungen sollen zum einen die speziellen Anforderungen entgegenwirken, die der Gesetzgeber an das abzusichernde Grundgeschäft, das Sicherungsinstrument und die Effektivität der Sicherungsbeziehung stellt,[26] sowie zum anderen die Dokumentationsanforderungen.

10

4.2 Zulässige Grundgeschäfte

Als absicherungsfähige Grundgeschäfte kommen nach § 254 Satz 1 HGB
- VG,
- Schulden,
- schwebende Geschäfte und
- mit hoher Wahrscheinlichkeit erwartete Transaktionen

in Betracht, sofern diese Posten oder Transaktionen risikobehaftet sind. Das abgesicherte Grundgeschäft kann während des Bestehens einer *Hedge*-Beziehung auch wechseln. So verhält es sich bei hoch wahrscheinlichen Warenbeschaffungsgeschäften in Fremdwährung, die bis zur Begleichung der Kaufpreisschuld gegen das Fremdwährungsrisiko abgesichert werden. Das Grundgeschäft bildet hier zunächst die hochwahrscheinliche Transaktion, sodann das schwebende Beschaffungsgeschäft und nach Lieferung der Waren schließlich die bilanzierte Schuld gegenüber dem Lieferanten.

11

Vermögensgegenstände, Schulden, schwebende Geschäfte und mit hoher Wahrscheinlichkeit erwartete Transaktionen, die **kein absicherungsfähiges Risiko** in sich tragen, können nicht Grundgeschäft einer Bewertungseinheit sein.[27] Allein

---

[23] *Scharpf*, in *Küting/Pfitzer/Weber*, Das neue deutsche Bilanzrecht, 2. Aufl., 2009, S. 207.
[24] So auch *Arbeitskreis Externe Unternehmensrechnung der Schmalenbach-Gesellschaft*, DB 1997, S. 639.
[25] Vgl. BilMoG-BgrRegE, S. 59.
[26] Vgl. hierzu auch *Küting/Cassel*, KoR 2008, S. 770 f.
[27] Vgl. BilMoG-BgrRegE, S. 58.

schon aufgrund der fehlenden Vermögensgegenstandseigenschaft qualifiziert sich der originäre GoF ebenfalls nicht als Grundgeschäft einer Bewertungseinheit.[28] Als **absicherungsfähige Risiken** kommen sowohl Wertänderungsrisiken (*Fair Value*-Risiko) als auch Zahlungsstromrisiken (*Cashflow*-Risiko) in Betracht.[29] Das Wertänderungsrisiko bezeichnet das Risiko einer für den Bilanzierenden nachteiligen Änderung des beizulegenden Zeitwerts eines Grundgeschäfts in einem bestimmten Zeitraum. Das Zahlungsstromrisiko beschreibt das Risiko einer nachteiligen Veränderung der aus dem Grundgeschäft erwarteten Zahlungsströme.

> **Beispiel**
> U hat eine Forderung aus L&L i. H. v. 4 Mio. USD durch ein Devisentermingeschäft (Verkauf von 4 Mio. USD per Fälligkeit der Forderung) gegen währungsbedingte Wertschwankungen abgesichert.
> Abgesichert wird der beizulegende Zeitwert eines einzelnen VG (Forderung aus L&L). Die Absicherung betrifft das währungsbedingte Wertänderungsrisiko (*Micro-Hedge* als **Fair Value Hedge**). Wird der Fokus auf die Absicherung der künftigen Einzahlungen aus der Forderung gegen währungsbedingte Schwankungen gelegt, kann die Bewertungseinheit auch als **Cashflow Hedge** interpretiert werden.

Zu den Risiken, denen ein Grundgeschäft ausgesetzt sein kann, zählen u. a.:[30]
- **Zinsänderungsrisiken**: Sie betreffen sowohl festverzinsliche als auch variabel verzinsliche, als Grundgeschäft designierte Finanzinstrumente. Bei festverzinslichen Anleihen tritt das Zinsänderungsrisiko als Wertänderungsrisiko, bei variabel verzinslichen Anleihen als Zahlungsstromrisiko in Erscheinung.
- **Währungsrisiken**: Der Wert eines Grundgeschäfts oder Zahlungsstroms aus einem Grundgeschäft kann durch eine Wechselkursänderung sinken. Typische, einem Währungsrisiko ausgesetzte Grundgeschäfte sind Fremdwährungsforderungen, Fremdwährungsverbindlichkeiten und schwebende Absatz- oder Beschaffungsgeschäfte, die in fremder Währung zu erfüllen sind.
- **Ausfall- oder Adressenrisiken**: Risiko der nicht vollständigen oder nicht fristgerechten Leistung vertraglich geschuldeter Zahlungen durch einen Schuldner. Darunter fällt insb. das bonitätsbedingte Wertänderungsrisiko einer Forderung.
- **Preisänderungsrisiken**: Sie umfassen andere Wertänderungsrisiken von VG und Schulden, etwa in Form von Warenpreisrisiken oder Aktienkursrisiken.

Das Gesetz zieht den **Kreis der für bilanzielle Zwecke absicherungsfähigen Grundgeschäfte bewusst weit.** Dem Gesetzgeber war daran gelegen, die aus den allgemeinen GoB abgeleitete Bilanzierungspraxis nicht zu beschneiden. Insb. die in der Praxis übliche Absicherung antizipativer Grundgeschäfte sollte von der Regelung des § 254 HGB erfasst sein.[31]

---

[28] Vgl. *Gelhausen/Fey/Kämpfer*, Rechnungslegung und Prüfung nach dem BilMoG, 2009, Abschnitt H, Rn 14.
[29] Vgl. IDW RS HFA 35, Rn 21.
[30] Vgl. auch *Gelhausen/Fey/Kämpfer*, Rechnungslegung und Prüfung nach dem BilMoG, 2009, Abschnitt H, Rn 34; *Hoffmann/Lüdenbach*, NWB-Kommentar Bilanzierung, 8. Aufl., 2017, § 254 Rn 41.
[31] Vgl. BilMoG-BgrRegE, S. 58.

Für **erwartete Transaktionen** (antizipative Grundgeschäfte)[32] muss eine hohe Wahrscheinlichkeit für den tatsächlichen Abschluss des Rechtsgeschäfts bestehen, er muss mithin „so gut wie sicher"[33] sein. Davon ist auszugehen, wenn dem Abschluss „allenfalls noch außergewöhnliche Umstände entgegenstehen, die außerhalb des Einflussbereichs des Unternehmens liegen".[34] Das Vorliegen dieser Voraussetzung ist anhand nachprüfbarer Fakten darzulegen; bloße Absichtserklärungen reichen nicht aus. Aktuelle Business-Pläne können die Absehbarkeit einer geplanten künftigen Transaktion untermauern.[35] Die Beurteilung der Verlässlichkeit von Business-Plänen hat sich u. a. auf folgende Indikatoren zu stützen:[36] 12

- prozentualer Anteil von in der Vergangenheit designierten antizipativen Grundgeschäften, bei denen der tatsächliche Erwerb in der Folge nicht stattgefunden hat (Plan-Ist-Analyse);[37]
- Art des designierten Grundgeschäfts; routinemäßigen Transaktionen, die im Zuge des normalen Liefer- und Leistungsverkehrs des Unt getätigt werden sollen, ist eine höhere Wahrscheinlichkeit zuzusprechen als einmaligen Transaktionen;[38]
- finanzielle Situation des Unt; sie kann Aufschluss darüber geben, ob für die Durchführung der erwarteten Transaktion überhaupt genügend finanzielle Mittel zur Verfügung stehen;
- Möglichkeit zur Alternativ-Investition; sie ist nicht gegeben, wenn es sich um zwingend erforderliche Produktionsfaktoren handelt;
- Volumen der erwarteten Transaktion; ein „Sicherheitsabschlag" vom eigentlich beabsichtigten Gesamtvolumen kann die geforderte hohe Wahrscheinlichkeit für das Zustandekommen der in die Bewertungseinheit einzubeziehenden Transaktionen sicherstellen;[39]
- bis zur geplanten Transaktion verbleibender Zeitraum; je weiter die erwartete Transaktion in der Zukunft liegt, desto größer ist das Risiko ihres Nichtzustandekommens;
- Stand der Vertragsverhandlung bei bedeutenden Transaktionen.

§ 254 HGB erlaubt nur die Absicherung „**vergleichbarer Risiken**". Die in Bewertungseinheiten zusammengefassten Grund- und Sicherungsgeschäfte müssen – mit umgekehrten Vorzeichen – einem ähnlichen Risiko ausgesetzt sein. Ob die abzusichernden Risiken vergleichbar sind, kann mithilfe von Korrelations- 13

---

32 Zu empirischen Erhebungen von Bewertungseinheiten mit antizipativen Grundgeschäften in der Bilanzierungspraxis s. *Mueller/Ergün*, DStR 2012, S. 1404 ff.; *Oser* u. a., StuB 2012, S. 93 f.
33 BilMoG-BgrRegE, S. 58.
34 BilMoG-BgrRegE, S. 58; IDW RS HFA 35, Rn 32. Nach Auffassung von *Rimmelspacher/Fey* muss das Zustandekommen des antizipierten Grundgeschäfts nicht außerhalb des Einflussbereichs des Unt liegen; vgl. *Rimmelspacher/Fey*, WPg 2011, S. 807.
35 Vgl. *Hoffmann/Lüdenbach*, NWB-Kommentar Bilanzierung, 8. Aufl., 2017, § 254 Rn 18 f.
36 Vgl. auch IDW RS HFA 35, Rn 60 f.
37 Vgl. BilMoG-BgrRegE, S. 58. So auch schon *Groh*, DB 1986, S. 874. Die IFRS halten in IAS 39.IG.F.3.7 zusätzliche Beispiele vor, die eine erwartete Transaktion untermauern können; vgl. hierzu auch *Hoffmann/Lüdenbach/Freiberg*, in *Lüdenbach/Hoffmann/Freiberg*, Haufe IFRS-Kommentar, 15. Aufl., 2017, § 28a Rz 24. Weitere Indikatoren, die der AP seiner ex ante-Beurteilung zugrunde legen kann, finden sich bei *Löw*, WPg 2004, S. 1121.
38 Vgl. *auch Gelhausen/Fey/Kämpfer*, Rechnungslegung und Prüfung nach dem BilMoG, 2009, Abschnitt H, Rn 20: *Rimmelspacher/Fey*, WPg 2011, S. 807.
39 So auch IDW RS HFA 35, Rn 60.

analysen nachgewiesen werden.[40] Absicherungsfähig sind nur eindeutig identifizierbare Einzelrisiken.[41] In der Begründung des Rechtsausschusses sind beispielhaft Zins-, Währungs-, Ausfall- und andere Preisrisiken aufgeführt. Die Absicherung mehrerer Risiken innerhalb einer Sicherungsbeziehung ist denkbar. So können bspw. das Zinsänderungsrisiko und das Währungsrisiko aus einer variabel verzinslichen Verbindlichkeit in fremder Währung durch Abschluss eines Zins-/Währungsswaps (cross currency swap) ausgeschlossen werden. Sich lediglich zufällig ausgleichende Wert- oder Zahlungsstromänderungen aus unterschiedlichen Risiken rechtfertigen die Bildung einer Bewertungseinheit nicht.

14 Die einem Grundgeschäft anhaftenden Einzelrisiken können vollständig oder teilweise abgesichert werden. Die Bildung einer Bewertungseinheit für eine Teilabsicherung setzt die separate Identifizierbarkeit der abzusichernden Risikokomponente voraus. Zudem müssen sich die gegenläufigen Wert- bzw. Zahlungsstromänderungen fristenkongruent ausgleichen bzw. der Abschluss von Anschlussgeschäften muss beabsichtigt und möglich sein.

15 Eine **qualitative Teilabsicherung** von Grundgeschäften liegt vor, wenn von mehreren identifizierbaren Risiken nur einzelne abgesichert werden.

> **Beispiel**
> U hat überschüssige liquide Mittel vorübergehend in einem variabel verzinslichen Wertpapier angelegt, das eine amerikanische Bank emittiert hat. Das Wertpapier lautet auf US Dollar. Die anhaltende Diskussion um die Verschuldung der USA und die von der Euro-Krise ausgehenden Gefahren für die Finanzwelt rücken die Risiken des Investments in den Fokus von U.
> Das Investment von U weist drei Risiken auf: Währungsrisiko, Zinsrisiko und Bonitätsrisiko.
> Jedes einzelne Risiko kann isoliert abgesichert werden:
> - Absicherung nur gegen das Währungsrisiko:
>   – Verkauf des Fremdwährungsbetrags per Termin (Fälligkeit des Wertpapiers)
>   – Kauf einer Devisenverkaufsoption
> - Absicherung nur gegen das Zinsrisiko: Kauf eines *Receiver-Zinsswaps* (Zahlung variabler Zinsen, Erhalt fester Zinsen)
> - Absicherung gegen das Bonitätsrisiko: Kauf eines Credit Default Swap
>   – Sicherungsnehmer: Zahlung einer einmaligen Prämie bei Abschluss und laufender Prämien während der Laufzeit des Instruments
>   – Sicherungsgeber: Zahlung eines Ausgleichs bei Eintritt eines im Vertrag definierten Ausfallereignisses

Das Inflationsrisiko stellt regelmäßig kein separat identifizierbares Risiko dar. Für die Absicherung einer Beschaffung von Rohstoffen gegen einen preissteigerungsbedingten Anstieg der Rohstoffpreise kommt daher die Bildung einer Bewertungseinheit nicht in Betracht. Bilanziell darstellbar ist dagegen eine Sicherungsbeziehung, mit der das Risiko eines auf alle denkbaren Ursachen

---

[40] Vgl. *Scharpf*, in *Küting/Pfitzer/Weber*, Das neue deutsche Bilanzrecht, 2. Aufl. 2009, S. 206.
[41] Vgl. auch IAS 39.AG110.

zurückzuführenden Anstiegs der Rohstoffpreise ausgeschlossen werden soll. Wird das Inflationsrisiko in einem Vertrag formelmäßig bestimmt, kann es ausnahmsweise identifizierbar und (im bilanziellen Sinne) absicherbar sein. Als schwierig mag sich in diesem Fall mit Blick auf die geforderte Wirksamkeit der Sicherungsbeziehung die Wahl eines geeigneten Sicherungsinstruments erweisen. Eine qualitative Teilabsicherung von Grundgeschäften bietet sich in bestimmten Fällen an, um die Wirksamkeit der Sicherungsbeziehung (vgl. Rz 37ff.) zu verbessern bzw. die Beurteilung der Wirksamkeit zu vereinfachen. Dazu das folgende Beispiel:

16

> **Beispiel**
> U hat ein variabel verzinsliches Darlehen mit einem Nominalbetrag von 8 Mio. EUR aufgenommen. Das Darlehen ist zum 3-Monats-Euribor plus 3 % zu verzinsen. Die Bank hat sich vorbehalten, die Höhe des Credit Spread halbjährlich und bei Eintritt besonderer Ereignisse anzupassen.
> Um sich gegen das Risiko steigender Zinsauszahlungen abzusichern, erwirbt U einen Payer-Zinsswap mit einem identischen Nominalbetrag. Der Zinsswap gewährt U einen Anspruch auf variable Zinsen i.H.d. 3-Monats-Euribor und verpflichtet ihn zur Zahlung fester Zinsen in Höhe von 0,8 %.
> U kann die aus dem Darlehen zu leistenden variablen Zinszahlungen in voller Höhe als abgesichertes Risiko identifizieren. Diese Sicherungsstrategie birgt das Risiko einer Ineffektivität. Die zu leistenden variablen Zinsen sind abhängig von der Höhe des 3-Monats-Euribor und des Credit Spread. Demgegenüber richten sich die Zinszahlungen aus dem Zinsswap ausschließlich nach dem 3-Monats-Euribor. Ändert sich die variable Verzinsung aus dem Darlehen als Folge einer Anpassung des Credit Spread, entsteht eine Ineffektivität, da die Änderung der Zinszahlung insoweit nicht durch eine Anpassung der Konditionen des Zinsswaps kompensiert wird.
> Um das Risiko einer solchen Ineffektivität auszuschließen, kann U die Bewertungseinheit auf das Risiko höherer Zinszahlungen als Folge eines Anstiegs des 3-Monats-Euribor (ohne Credit Spread) beschränken.
> Die das abgesicherte Risiko betreffenden Cashflows dürfen nicht größer sein als die gesamten Cashflows aus dem Grundgeschäft. Eine Absicherung gegen Schwankungen eines Benchmark-Zinssatzes ist daher nicht zulässig, wenn dieser Zinssatz über dem vereinbarten Zinssatz des Grundgeschäfts liegt.

Erstreckt sich die Sicherungsbeziehung nur auf einen bestimmten Teil der Laufzeit eines Grundgeschäfts, liegt eine **zeitliche Teilabsicherung** vor.

17

> **Beispiel**
> U hat ein variabel verzinsliches Darlehen i.H.v. 5 Mio. EUR mit einer Laufzeit von 10 Jahren aufgenommen. Da U kurzfristig steigende Zinsen erwartet, hat er einen *Payer-Zinsswap* mit einem Nominalbetrag von 5 Mio. EUR und einer Laufzeit von 3 Jahren erworben.[42]

---

[42] Vgl. auch *Schmidt*, BB 2009, S. 884; *Hoffmann/Lüdenbach*, NWB-Kommentar Bilanzierung, 8. Aufl., 2017, § 254 Rn 22.

> U kann sich gegen das Risiko einer steigenden Zinsbelastung aus der Darlehensverbindlichkeit für die kommenden 3 Jahre absichern. Dazu werden das Darlehen als Grundgeschäft (variabel verzinsliches Darlehen) und als abgesichertes Risiko das Zinsänderungsrisiko bezogen auf den Nominalbetrag innerhalb der kommenden 3 Jahre designiert.
> Ob U nach Ablauf von 3 Jahren eine Anschlusssicherung vornimmt, steht ihm frei. Der mit der Sicherungsbeziehung angestrebte Sicherungszweck (Absicherung gegen das Zinsänderungsrisiko innerhalb der kommenden 3 Jahre) wird im Beispiel vollständig erreicht.

18 Als dritte Möglichkeit einer Teilabsicherung von Grundgeschäften kommt die Absicherung eines bestimmten prozentualen Anteils eines Grundgeschäfts in Betracht (**quantitative Teilabsicherung**).

> **Beispiel**
> Energieversorger E kauft während der Wintermonate Energie in der Schweiz ein, um den höheren Grundlastbedarf zu decken. Im Durchschnitt der letzten 3 Jahre lag das Importvolumen für die ersten 3 Monate des Folgejahrs bei 500 Mio. SFR. In einem strengen Winter steigt das Volumen bis auf 700 Mio. SFR an. In Jahren mit eher milden Temperaturen belief sich das importierte Stromvolumen auf ca. 400 Mio. SFR.
> Entsprechend der Vorhersage der Meteorologen plant E für das erste Quartal des kommenden Jahres ein Importvolumen von 500 Mio. SFR. E beabsichtigt, sich gegen das Währungsrisiko aus den geplanten Stromgeschäften abzusichern. Ein Devisenterminkauf über 700 Mio. SFR kann nicht als Sicherungsinstrument designiert werden, da ein Transaktionsvolumen in dieser Höhe nicht hochwahrscheinlich ist. Dieses Transaktionsvolumen wird nur bei einem strengen Winter erwartet. Das Nichteintreten eines strengen Winters liegt zwar außerhalb der Einflusssphäre von E, ist aber kein außergewöhnliches Ereignis. Entsprechendes gilt für ein Transaktionsvolumen von 500 Mio. SFR. Auch in diesem Umfang ist ein Energiebezug allenfalls wahrscheinlich, nicht aber hochwahrscheinlich. Zulässig sollte dagegen sein, 400 Mio. SFR auf Termin zu kaufen und dieses Finanzinstrument mit dem Grundgeschäft i. H. v. 80 % des im Folgejahr geplanten Energiebezugs in SFR zu einer Bewertungseinheit zusammenzufassen.
> Erhöhen lässt sich das in eine Bewertungseinheit einbeziehbare Volumen geplanter Energiebeschaffungen, indem der Betrachtungszeitraum auf mehrere Jahre ausgedehnt wird. Einschränkend zu berücksichtigen ist die mit zunehmendem zeitlichen Abstand vom Abschlussstichtag wachsende Unsicherheit, ob die erwarteten Transaktionen tatsächlich zustande kommen werden.

4.3 Geeignete Sicherungsinstrumente

19 Als Sicherungsinstrumente i. S. d. § 254 HGB qualifizieren sich nur Finanzinstrumente. In Betracht kommen originäre **und** derivative Finanzinstrumente. **Originäre Finanzinstrumente** sind solche, die keinen derivativen Charakter aufwei-

sen. Zu ihnen rechnen Forderungen, Verbindlichkeiten, Bankguthaben und Wertpapiere. Ausgeschlossen sind erhaltene und geleistete Anzahlungen, da sie nicht auf den Ab- bzw. Zufluss liquider Mittel gerichtet sind.

Ein **derivatives Finanzinstrument** definiert der Gesetzgeber als 20
- „schwebendes Vertragsverhältnis,
- dessen Wert auf Änderungen des Werts eines Basisobjekts – bspw. eines Zinssatzes, Wechselkurses, Rohstoffpreises, Preis- oder Zinsindexes, der Bonität, eines Kreditindexes oder einer anderen Variablen – reagiert,
- bei dem AK nicht oder nur in sehr geringem Umfang anfallen und
- das erst in der Zukunft erfüllt wird."[43]

Als Grundformen der **Derivate** gelten unbedingte Termingeschäfte, Optionen und *Swaps*. **Unbedingte Termingeschäfte** zeichnen sich durch das Recht und die Verpflichtung des Käufers (Halter) aus, ein Basisobjekt zu einem bestimmten Zeitpunkt vom Verkäufer (Stillhalter) zu einem festgelegten Preis zu erwerben. Zu unterscheiden sind börsengehandelte standardisierte Termingeschäfte (**Futures**) und Geschäfte, deren Bedingungen frei zwischen den Parteien vereinbart werden (**Forwards**). **Optionen** gewähren demgegenüber in ihrer einfachsten Form (**Plain-vanilla-Optionen**) dem Käufer (Inhaber) das Recht, ein Basisobjekt innerhalb eines festgelegten Zeitraums (amerikanische Option) oder zu einem bestimmten Zeitpunkt (europäische Option) zu einem bestimmten Preis vom Verkäufer (Stillhalter) zu erwerben (*Call*) oder an den Verkäufer zu veräußern (*Put*). Werden Zahlungsströme aus zwei Basisobjekten während eines bestimmten Zeitraums getauscht, liegt ein **Swap** vor. Als Sicherungsinstrumente werden Zinsswaps und Währungsswaps verbreitet eingesetzt. Im ersten Fall werden zumeist feste gegen variable Zinsen auf ein bestimmtes Kapital getauscht. Der Währungsswap sieht einen Tausch in unterschiedlichen Währungen denominierter Kapital- und Zinszahlungen vor. Auch **Kombinationen** aus diesen Grundformen kommen als Sicherungsinstrumente in Betracht, z.B. Zinsbegrenzungsvereinbarungen wie *Collars* oder Optionen auf *Zinsswaps (Swaptions)*.

Um die in der Praxis gängige Absicherung eines Kaufs oder Verkaufs von Waren 21 gegen Preisrisiken zu ermöglichen, rechnet § 254 Satz 2 HGB ferner **Warentermingeschäfte** zu den Finanzinstrumenten. Dabei kommt es nicht darauf an, ob diese Geschäfte eine physische Lieferung vorsehen oder durch Barausgleich glattgestellt werden.[44] Der Begriff der Waren ist mit Blick auf den Sinn und Zweck der Vorschrift weit auszulegen. Er umfasst nicht nur die Waren im handelsbilanziellen Sinne von § 266 Abs. 2 B. I Nr. 3 HGB, sondern sämtliche handelbaren (materiellen und immateriellen) Güter, wie Energie, Metalle oder Emissionsrechte.[45] Das Termingeschäft will der Gesetzgeber i.S.v. § 1 Abs. 11 Satz 4 Nr. 1 KWG verstanden wissen.[46]

---

[43] BilMoG-BgrRegE, S. 53 (im Original ohne Aufzählungszeichen).
[44] Nach Meinung des Gesetzgebers war die explizite Aufnahme der Warentermingeschäfte als Sicherungsinstrumente notwendig, „weil es sich bei Warentermingeschäften nicht um Finanzinstrumente im Sinn des § 254 Satz 1 HGB handelt" (BT-Drs. 16/12407, S. 112). Das betrifft nur solche Geschäfte, die nicht durch Ausgleichszahlungen erfüllt werden.
[45] Vgl. *Gelhausen/Fey/Kämpfer*, Rechnungslegung und Prüfung nach dem BilMoG, 2009, Abschnitt H, Rn 34; *Hoffmann/Lüdenbach*, NWB-Kommentar Bilanzierung, 8. Aufl., 2017, § 254 Rn 31.
[46] Vgl. BilMoG-BgrRA, S. 112.

22 Zur Absicherung gegen Wertänderungs- und Zahlungsstromrisiken, denen ein Grundgeschäft ausgesetzt sein kann, eignen sich bspw. folgende Sicherungsinstrumente, sofern sie – im Vergleich zum Grundgeschäft – gegenläufige Wert- oder Zahlungsstromänderungen aufweisen:[47]
- Zinsänderungsrisiken: Zinsswaps, Zinsfutures, Forward Rate Agreements, Zinsoptionen, Zinsbegrenzungsvereinbarungen
- Währungsrisiken: Devisentermingeschäfte, Devisenoptionen, Währungs-Swaps
- Ausfall- oder Adressenrisiken: Credit Default Swaps, Total Return Swaps, Credit Linked Notes, Credit Spread Options
- (Sonstige) Preisänderungsrisiken: *Futures*, *Forwards* oder Optionen

Der Gesetzgeber zieht den Kreis qualifizierender Sicherungsinstrumente weiter als nach den Vorschriften des **IAS 39**. Der Standard erlaubt die Designation nicht-derivativer Finanzinstrumente als Sicherungsgeschäfte grds. nicht. Einzige Ausnahme bildet die Absicherung eines Währungsrisikos.[48]

Im Gegensatz dazu ist die Absicherung eines Währungsrisikos in der RegBegr nur als ein möglicher Anwendungsfall originärer Finanzinstrumente beschrieben.[49]

Geschriebene Optionen qualifizieren sich nicht zur Absicherung von Grundgeschäften, es sei denn, sie werden zur Glattstellung einer erworbenen Option eingesetzt.[50] Da der mögliche Verlust aus einer geschriebenen Option erheblich höher ausfallen kann als der Wertzuwachs aus dem zugehörigen Grundgeschäft, stellen sie kein wirksames Mittel dar, um Verlustrisiken zu begrenzen.

23 Der Einsatz von Finanzinstrumenten als Sicherungsgeschäfte i. S. d. § 254 HGB erfordert eine ausdrückliche **Designationsentscheidung**. Sie kann nicht rückwirkend, sondern **nur für die Zukunft** erfolgen.[51] Die Entscheidung ist nachvollziehbar zu dokumentieren (vgl. hierzu Rz 47 ff.).

24 Ebenso wie bei Grundgeschäften besteht auch bei Sicherungsinstrumenten die Möglichkeit einer **partiellen Designation**. Unproblematisch ist eine Aufteilung von Finanzinstrumenten in **quantitativer Hinsicht**. Sie kann erforderlich sein, wenn das Nominalvolumen des Grundgeschäfts geringer als das des Finanzinstruments ist oder eine nur partielle Risikoabsicherung angestrebt wird.

> **Beispiel**
> Pharma-Hersteller P hat eine Beteiligung an einem amerikanischen Biotech-Unt zum Preis von 100 Mio. USD gekauft. P will sich gegen das Risiko eines währungsbedingten Wertverlusts des Investments absichern. Zeitgleich mit dem Beteiligungserwerb hat P eine Dollar-Verbindlichkeit von 120 Mio. USD aufgenommen.
> Das Währungsrisiko ist ein absicherbares Risiko der Beteiligung. Es kommt für die Bildung einer Bewertungseinheit nicht darauf an, ob sich die Realisation von Risiken unmittelbar (z. B. in Gestalt von Aufwendungen) auf den

---

[47] Zum Folgenden *Gelhausen/Fey/Kämpfer*, Rechnungslegung und Prüfung nach dem BilMoG, 2009, Abschnitt H, Rn 34.
[48] Vgl. IAS 39.72. Der für am oder nach dem 1.1.2018 anzuwendende IFRS 9 sieht den Einsatz originärer Finanzinstrumente in größerem Umfang vor.
[49] Vgl. BilMoG-BgrRegE, S. 58.
[50] Vgl. *Schmidt/Usinger*, in Beck Bil-Komm., 10. Aufl., 2016, § 254 HGB Rn 27; so auch IAS 39.72 i. V. m. IAS 39.AG94.
[51] Vgl. *Löw*, WPg 2004, S. 1120.

> Abschluss auswirkt. Es genügt, wenn der VG als solcher einem Wertänderungsrisiko ausgesetzt ist. Diese Voraussetzung liegt zweifelsohne vor.
> Die Dollarverbindlichkeit stellt ein geeignetes Sicherungsinstrument dar. Um eine Bewertungseinheit zu begründen, kann P die Fremdwährungsverbindlichkeit bspw. i. H. v. 100 Mio. USD als Sicherungsinstrument designieren. Auch eine partielle Absicherung des Grundgeschäfts (z. B. i. H. v. 60 Mio. USD) mit entsprechender anteiliger Designation der Dollarverbindlichkeit ist zulässig.

Stimmen Laufzeit von Grundgeschäft und Finanzinstrument nicht überein, ist wie folgt zu unterscheiden: Weist das Finanzinstrument eine längere Laufzeit als das Grundgeschäft auf, besteht die Möglichkeit, das Finanzinstrument nur für einen **begrenzten Zeitraum** als Sicherungsinstrument zu designieren. Bei dieser Konstellation kann allerdings die Wirksamkeit der Sicherungsbeziehung (vgl. Rz 37 ff.) negativ beeinflusst werden. Im umgekehrten Fall – die Laufzeit des Grundgeschäfts übersteigt die des Sicherungsinstruments – kommt die Bildung einer Bewertungseinheit nur in Betracht, wenn Anschlussgeschäfte möglich und nach der Dokumentation der Sicherungsstrategie vorgesehen sind. 25

> **Beispiel**
> In Abwandlung des vorstehenden Beispiels sei angenommen, P habe zeitgleich mit dem Beteiligungserwerb einen Währungs-Swap mit einem Volumen von 100 Mio. USD erworben, der eine Laufzeit von 3 Jahren aufweist. P will die Beteiligung frühestens in 5 Jahren veräußern.
> Auch der Währungs-Swap eignet sich als Sicherungsinstrument. Die Bildung einer Bewertungseinheit macht es erforderlich, das abgesicherte Risiko in qualitativer, quantitativer und zeitlicher Hinsicht genau zu identifizieren. Qualitativ wird die Absicherung gegen einen währungsbedingten Wertverlust der Beteiligung angestrebt. In quantitativer Hinsicht mag sich die Absicherung auf das gesamte Investment von 100 Mio. USD beziehen. Den Absicherungszeitraum könnte P auf genau 3 Jahre festlegen. In diesem Fall stimmen die Laufzeiten von Grundgeschäft und Sicherungsinstrument überein. Soll dagegen das Währungsrisiko über die Laufzeit des Währungs-Swaps hinaus z. B. bis zur Zeit des erwarteten Verkaufs abgesichert werden, muss P die Durchhalteabsicht glaubhaft machen. Dazu hat das Unt die Fähigkeit und die objektive Möglichkeit, Anschlussgeschäfte zu tätigen, darzulegen.

Eine **qualitative Aufteilung** von Finanzinstrumenten scheitert dann, wenn das Sicherungsinstrument nur in seiner Gesamtheit einer Bewertung zugänglich ist. Ausnahmen sind zulässig, falls einzelne Bestandteile des Finanzinstruments verlässlich zu bewerten sind. So kann etwa nur der innere Wert einer Option als Sicherungsinstrument designiert werden. Der Zeitwert der Option bleibt dann ausgeklammert. Zulässig ist ebenfalls, von einem Terminkontrakt (*forward*) die Zinskomponente abzuspalten und nur die Kassakomponente als Sicherungs- 26 instrument zu designieren.[52] Mit diesen qualitativen Zerlegungen kann eine Verbesserung der Effektivität der Sicherungsbeziehung verbunden sein.[53]

> **Beispiel**
> In erneuter Abwandlung des obigen Beispiels sei angenommen, P beabsichtigte, die Beteiligung an dem Biotech-Unt 3 Jahre lang zu halten und anschließend wieder zu veräußern. Um sich gegen das Währungsrisiko abzusichern, hat P 100 Mio. USD per Termin verkauft. Das Zinsniveau ist in den USA gegenwärtig rund 2 %-Punkte höher als in Europa. Der Kassakurs des Euro zum US Dollar beträgt 1,2.
> Aufgrund des Zinsgefälles zum Euro liegt der Terminkurs des Dollar unter dem Kassakurs. Damit ist die Sicherungsbeziehung nicht voll wirksam: Ändert sich der Kassakurs des US Dollar zum Euro nicht, erzielt P aus dem Termingeschäft einen Verlust i.H.d. die Zinsdifferenz zwischen den Ländern zum Ausdruck bringenden Swapsatzes. Um eine 100 %ige Effektivität zu erreichen, hat P die Möglichkeit, nur die Kassakomponente des Termingeschäfts als Sicherungsinstrument zu designieren. In diesem Fall ist die Zinskomponente nach den allgemeinen Bilanzierungsgrundsätzen zu behandeln.
> Über den **Swapsatz** lässt sich der rechnerische Terminkurs bestimmen:
>
> | | | |
> |---|---|---|
> | | Zinsdifferenz [%] | 2,00 |
> | • | Kassakurs [USD je EUR] | 1,2 |
> | • | Laufzeit des Termingeschäfts [Jahre] | 3,0 |
> | = | Swapsatz | 0,072 |
> | + | Kassakurs [USD je EUR] | 1,200 |
> | = | Terminkurs | 1,272 |
>
> P hat 100 Mio. USD zum Kurs von 1,272 per Termin verkauft. Das entspricht 78,616 Mio. EUR. Die Kassakomponente des Geschäfts besteht aus dem Verkauf von 100 Mio. USD zum Kassakurs von 1,2 (83,333 Mio. EUR = 100 Mio. USD/1,2 EUR/USD). Die Zinskomponente repräsentiert den Preis für die Absicherung zum Kassakurs (4,717 Mio. EUR).
> Bei konstantem Kassakurs bis zum Fälligkeitstag ändert sich der beizulegende Zeitwert der Kassakomponente nicht. Der Vorteil einer sicheren Anlage in US Dollar verflüchtigt sich. Daraus resultiert ein Verlust i.H. des (aufgezinsten) Absicherungspreises von 5,66 Mio. USD = 4,717 Mio. EUR. Der Verlust ist als ineffektiver Teil der Sicherungsbeziehung in der GuV zu erfassen. Änderungen des Kassakurses führen zu gegenläufigen Wertentwicklungen von Beteiligung und Termingeschäft. Sie unterliegen als effektiver Teil der Sicherungsbeziehung den Vorgaben des § 254 HGB.

---

[52] Vgl. IAS 39.74.
[53] Vgl. *Küting/Cassel*, KoR 2008, S. 773 ff.

> **Tipp**
> Abweichend vom vorstehenden Beispiel erlaubt IAS 39 für Zwecke der Effektivitätsbeurteilung, die erwartete Änderung der Cashflows aus dem Grundgeschäft auf Basis des gesicherten Terminkurses zu ermitteln. Wird die Wirksamkeit der Bewertungseinheit auf diese Weise beurteilt, führt eine Zinsdifferenz zwischen den Währungen bei einer vollständigen Designation des Devisentermingeschäfts (inkl. Zinskomponente) nicht zu einer rechnerischen Ineffektivität. Diese Verfahrensweise sollte auch nach HGB als zulässig anzusehen sein. Sie erweist sich in ihrer Umsetzung als deutlich einfacher als die Aufteilung des Sicherungsinstruments in die Kassakomponenten und den nicht in die Bewertungseinheit einbezogenen Swapsatz.

Sicherungsinstrumente können auch **kombiniert** werden, um ein bestimmtes Risikoprofil abzusichern. Aus dem Zusammenwirken der Sicherungsinstrumente darf sich allerdings im Ergebnis nicht die Wirkung einer geschriebenen Option ergeben.[54]

Damit ein Ausgleich gegenläufiger Wert- oder Zahlungsstromänderungen zu erwarten ist, müssen Grundgeschäft und Sicherungsinstrument weitgehend übereinstimmende Merkmale aufweisen. Deshalb bietet sich im Regelfall der Einsatz einfacher Derivate (**Plain Vanilla-Instrumente**) zur Risikoabsicherung an, die über keine besonderen Ausstattungsmerkmale wie knock in- bzw. knock out-Ereignisse oder Hebel verfügen. Werden zur Verringerung der Kosten einer Risikoabsicherung komplexere Varianten von Derivaten eingesetzt, ist die Zulässigkeit der Bildung einer Bewertungseinheit kritisch zu hinterfragen. Dazu das folgende Beispiel:

> **Beispiel**
> U kauft einen signifikanten Teil der für die Herstellung von Erzeugnissen benötigten Rohstoffe im Dollarraum ein. Das durchschnittliche monatliche Einkaufsvolumen beläuft sich auf 2 Mio. USD. Zur Absicherung gegen das Währungsrisiko bietet ihm seine Hausbank den Abschluss eines Vertrags über eine Serie von 24 Termingeschäften mit folgendem Inhalt an:
> - Monatlicher Bezugsbetrag: 1,5 Mio. USD zum Targetkurs
> - Targetkurs: 1,32 USD je EUR
> - knock out-Ereignis: Ein knock out-Ereignis gilt als eingetreten, wenn die Summe aller positiven Differenzen zwischen Targetkurs und Devisenkassakurs die knock out-Schwelle von 0,5 übersteigt. Bei Eintritt eines knock out-Ereignisses werden alle künftigen Transaktionen beendet und verfallen wertlos.
> - Hebel: Ein Hebelereignis gilt als eingetreten, wenn der Devisenkassakurs an einem Feststellungstag über dem Targetkurs notiert. Bei Eintritt eines Hebelereignisses verdoppelt sich der Bezugsbetrag.
>
> Die Termingeschäfte stellen keine geeigneten Sicherungsinstrumente zu den geplanten Rohstoffeinkäufen in Dollar dar, da sie von den Grundgeschäften abweichende Merkmale aufweisen und nur sehr bedingt geeignet sind, das Währungsrisiko auszuschließen oder zu vermindern.

---

[54] Vgl. auch IAS 39.77.

> Als problematisch erweist sich zum einen das knock out-Ereignis. Die Serie von Termingeschäften endet, wenn U aus den abgewickelten Geschäften im Vergleich zu den Kassakursen einen kumulierten Gewinn von 692.905 EUR gemacht hat (1.500.000 USD / 0,82–1.500.000 / 1,32). Bei volatilen Wechselkursen kann diese Bedingung relativ schnell eintreten. Das Risiko des Entfalls von Termingeschäften beeinflusst den beizulegenden Zeitwert des Sicherungsinstruments. Hierzu gibt es keine Entsprechung im Grundgeschäft.
> Aufgrund des vereinbarten Hebels muss U die doppelte Menge an Dollar (3 Mio. USD) abnehmen, wenn der Kassakurs über dem Targetkurs liegt. Diese Vereinbarung ist im Vergleich zu einem plain vanilla-Termingeschäft für U ungünstig und führt zu einer zusätzlichen Unwirksamkeit, die bei der prospektiven Effektivitätsbeurteilung (vgl. Rz 37ff.) zu berücksichtigen ist. Zudem erscheint aufgrund des Hebels fraglich, ob die Serie von Termingeschäften überhaupt geeignet ist, das Währungsrisiko von U zu reduzieren. Der bei Eintritt des Hebelereignisses abzunehmende Dollarbetrag übersteigt das durchschnittliche Volumen der Grundgeschäfte (2 Mio. USD) um 1 Mio. USD. Da U die zusätzlichen Dollar teurer kauft als am Kassamarkt, entstehen ihm aus dem Hebel Verluste.

30 Auch das Grundgeschäft kann mit besonderen Merkmalen ausgestattet sein, die keine Entsprechung bei einem zur Risikoabsicherung eingesetzten Plain Vanilla-Derivat finden. So vereinbaren Banken bei variabel verzinslichen Darlehen seit einigen Jahren regelmäßig einen Floor von 0 %, um bei negativen Zinsen am Geldmarkt das Risiko von Zinszahlungen an den Kreditnehmer auszuschließen.[55]

> **Beispiel**
> U hat am 31.12.01 ein endfälliges Darlehen in Höhe von 10 Mio. EUR mit einer Laufzeit von 5 Jahren aufgenommen. Als variable Verzinsung sind 3-Monats-Euribor, mindestens 0 %, plus 1 % Credit Spread vereinbart. Die Zinszahlungen erfolgen jeweils nachschüssig zum Ende eines jeden Quartals. Um sich gegen das Risiko eines möglichen Zinsanstiegs abzusichern, hat U einen in Laufzeit und Volumen zum Grundgeschäft kongruenten Zinsswap abgeschlossen. Die aus dem Zinsswap zu leistenden festen Zinsen betragen 1 %. Aus Kostengründen hat U den Zinsswap ohne Euribor-Floor vereinbart. Sinkt der 3-Monats-Euribor unter 0 %, zahlt U mithin aus dem Zinsswap sowohl die festen Zinsen von 1 % als auch variable Zinsen i. H. d. absoluten 3-Monats-Euribor.
> Obwohl es sich bei dem Sicherungsinstrument um ein plain vanilla-Derivat handelt, lässt die Bewertungseinheit aus variabel verzinslichem Darlehen und Zinsswap keine vollständige Risikokompensation erwarten. Der Grund liegt in der Ausgestaltung des Darlehens als strukturiertes Finanzinstrument. Es setzt sich zusammen aus einem zum 3-Monats-Euribor verzinsten originären Finanzinstrument und einem eingebetteten Derivat in Form eines 3-Monats-

---

[55] In Österreich hat der OGH mit Urteil vom 3.5.2017, 4Ob60/17b (abrufbar unter https://www.ris.bka.gv.at, letzter Abruf am 29.8.2017) die von den Banken favorisierte Auslegung von Kreditverträgen verworfen, den Referenzzinssatz ohne explizite Vereinbarung mit null anzusetzen, wenn dieser negativ wird.

> Euribor-Floor. Die Bildung einer Bewertungseinheit aus Darlehen und Payer-Zinsswap droht auch hier an der inkongruenten Ausgestaltung von Grundgeschäft und (möglichem) Sicherungsinstrument zu scheitern. Das gilt insb. bei negativen Geldmarktzinsen. In diesem Fall bewirkt der Zinsswap keine Reduzierung, sondern eine Erhöhung der Zinsbelastung von U.
> Dem lässt sich auch nicht durch eine Abspaltung des 3-Monats-Euribor-Floor vom Grundgeschäft begegnen. Zwar regelt das HGB nicht, unter welchen Voraussetzungen eingebettete Derivate von einem Basiskontrakt zu trennen und als eigenständige Bilanzierungsobjekte zu behandeln sind. Orientiert man sich indes gem. IDW RS HFA 22 an den Vorgaben des IAS 39, sind eingebettete Caps und Floors im Regelfall nicht trennungsfähig, da sie keine wesentlich erhöhten oder andersartigen Chancen und Risiken im Vergleich zu jenen des Grundgeschäfts begründen.

4.4 Ausgleich gegenläufiger Wert- oder Zahlungsstromänderungen

4.4.1 Überblick

Die besonderen Bilanzierungsvorschriften für Bewertungseinheiten sehen eine Abkehr von zentralen GoB vor und führen zu einer weniger vorsichtigen Gewinnermittlung. Diese Wirkung verlangt mit Blick auf die Gläubigerschutzorientierung der handelsrechtlichen Rechnungslegung eine restriktive Anwendung der Ausnahmeregelungen. Der Gesetzgeber begrenzt ihre Anwendung zweifach. Zum einen erkennt er die Bildung von Bewertungseinheiten nur an, soweit diese eine nicht nur zufällige Risikokompensation erwarten lassen. Zum anderen bleibt die Anwendung der besonderen Regeln auf den wirksamen Teil der Sicherungsbeziehung beschränkt. 31

Damit eine systematische Risikokompensation innerhalb einer Bewertungseinheit erwartet werden kann, müssen
1. Grundgeschäft und Sicherungsinstrument vergleichbaren Risiken ausgesetzt sein und
2. die Volumina von Grundgeschäft und Sicherungsinstrument Wert- oder Zahlungsstromänderungen erwarten lassen, die sich betragsmäßig und hinsichtlich ihres zeitlichen Anfalls weitgehend kompensieren.

Unmittelbar mit diesen grundlegenden Anforderungen an Bewertungseinheiten (siehe nachfolgend Rz 33ff.) verbunden ist die Bedingung der Wirksamkeit (**Effektivität**). Die Effektivität einer Bewertungseinheit bezeichnet das Ausmaß, in dem sich die gegenläufigen Wert- oder Zahlungsstromänderungen von Grundgeschäft und Sicherungsinstrument im Hinblick auf das abgesicherte Risiko ausgleichen. Sie ist bei Begründung einer Bewertungseinheit und mindestens zu jedem Abschlussstichtag für die Zukunft zu beurteilen (prospektive Effektivität). Ferner hat das Unt zu jedem Abschlussstichtag rückblickend für die Vergangenheit zu messen, inwieweit der Risikoausgleich tatsächlich eingetreten ist (restrospektive Effektivität). Die Ansätze zur Beurteilung bzw. Messung der Effektivität einschließlich der zulässigen Vereinfachungen sind unter Rz 37ff. erläutert. 32

4.4.2 Grundlegende Anforderungen

33 Die in die Bewertungseinheit einbezogenen Grundgeschäfte und Sicherungsinstrumente müssen vergleichbaren Risiken ausgesetzt sein. Maßgeblich sind allein die abzusichernden Risiken. Das erfordert
- eine klare Bestimmbarkeit der Risiken, die abgesichert werden sollen,
- eine verlässliche Bewertbarkeit der Zeitwert- bzw. Zahlungsstromrisiken und
- den Nachweis einer hohen Korrelation nicht identischer Risiken.

Da keine Identität der Risiken von Grundgeschäft und Sicherungsinstrument gefordert ist, kommt die Bildung einer Bewertungseinheit auch dann in Betracht, wenn die beiden Komponenten **vergleichbaren Risiken** ausgesetzt sind, die hoch korreliert sind. So mag sich das Zinsänderungsrisiko aus einem zum 1-Monats-Euribor plus Credit Spread verzinsten Darlehen wirksam durch Abschluss eines Payer-Zinsswaps auf Basis des 6-Monats-Euribor begrenzen lassen. Die hohe Korrelation der beiden Zinssätze ist bei Begründung der Bewertungseinheit plausibel zu machen. Dazu eignet sich bspw. eine **Regressionsanalyse** (vgl. hierzu das Beispiel in Rz 41).

34 Der Forderung nach einer **Betragsidentität** ist entsprochen, wenn die Volumina von Grundgeschäft und Sicherungsinstrument sich gegenseitig ausgleichende Wert- oder Zahlungsstromänderungen erwarten lassen. Sie definiert sich nicht zwingend über die Mengeneinheiten von Grundgeschäft und Sicherungsinstrument, sondern über den erwarteten Risikoausgleich. Bei ungleichen Beträgen ist der übersteigende Betrag nach den allgemeinen GoB zu behandeln.

35 In den meisten Fällen erfordert die Bedingung der Betragsidentität ein Hedge Ratio von 1 : 1. Das ist etwa der Fall, wenn Fremdwährungsverbindlichkeiten durch Devisentermingeschäfte in der entsprechenden Währung oder variable verzinsliche Darlehen durch Zinsswaps abgesichert werden. Ein abweichendes Hedge Ratio ist dann zu definieren, wenn Grundgeschäft und Sicherungsinstrument keine identischen Risiken aufweisen. Um eine möglichst hohe Risikokompensation zu erzielen, kann es in diesen Fällen geboten sein, unterschiedliche Mengeneinheiten von Grundgeschäft und Sicherungsinstrument zu einer Bewertungseinheit zusammenzufassen (z. B. bei der Absicherung von Forderungen auf US Dollar durch einen Forward über Kanada Dollar).

36 Grundgeschäft und Sicherungsinstrument müssen einen **zeitgleichen Eintritt** der gegenläufigen Wert- und Zahlungsstromänderungen erwarten lassen. Ist diese **Fristenkongruenz** aufgrund abweichender Laufzeiten von Grundgeschäft und Sicherungsinstrument nicht erfüllt, muss eine Überbrückung der zeitlichen Inkongruenzen durch Anschlussgeschäfte möglich und beabsichtigt sein.

> **Beispiel**
> U plant für das kommende Jahr Exporte in die USA im Volumen von 2 Mio. USD. Das Fremdwährungsrisiko will U durch Abschluss von Devisentermingeschäften begrenzen. Zu diesem Zweck hat U einen Forward mit einem Nominalbetrag von 2 Mio. USD abgeschlossen, der im März des Folgejahrs fällig wird. Die Fremdwährungsbeträge aus den Exporten werden teilweise vor und teilweise nach Fälligkeit des Devisentermingeschäfts eingehen. Um eine Fristenkongruenz zwischen Grundgeschäft und Sicherungsinstrument herzustellen, bietet es sich an, die vor Fälligkeit des Termingeschäfts eingehenden Dollarbeträge auf einem Währungskonto anzulegen. Reichen die bis zur Fälligkeit des

> Forward eingegangenen Dollarbeträge nicht aus, um das Termingeschäft zu erfüllen, kann U den Fehlbetrag über Devisenswaps beschaffen, die ihrerseits bei Fälligkeit aus den Dollarzuflüssen der Grundgeschäfte bedient werden.

4.4.3 Prospektive Effektivität

Die Wirksamkeit einer Sicherungsbeziehung ist im Zeitpunkt ihrer Begründung und fortan zu jedem Abschlussstichtag **prospektiv** zu beurteilen.[56] Zu diesem Zweck hat der Bilanzierende abzuschätzen, ob und in welchem Umfang sich die gegenläufigen Wert- oder Zahlungsstromänderungen einer Bewertungseinheit am Bilanzstichtag und voraussichtlich in der Zukunft ausgleichen werden.[57] Der Gesetzgeber hat davon Abstand genommen, für die Effektivität einer Bewertungseinheit eine **Mindestanforderung** zu normieren.[58] In der Begründung des Rechtsausschusses heißt es: „Etwaige Effektivitätsspannen, wie sie die *International Financial Reporting Standards* (IFRS) für die Annahme einer wirksamen Bewertungseinheit vorsehen, haben handelsrechtlich keine Bedeutung".[59] Dementsprechend kann es bei der Abschätzung des zu erwartenden Risikoausgleichs nur darum gehen, die objektive Eignung des Sicherungsinstruments zur Risikokompensation zu beurteilen. Das soll einer willkürlichen Definition von Bewertungseinheiten und der damit verbundenen Einschränkung zentraler GoB entgegenwirken.[60] Um eine Sicherungsbeziehung dem Grunde nach anzuerkennen, wird man gleichwohl eine **Mindestwirksamkeit** verlangen müssen. Sie wird verschiedentlich in einer Spanne von 50 %–200 % gesehen.[61] Jenseits dieser Grenzen muss von einer zufälligen Risikokompensation ausgegangen werden, die für die Anwendung des § 254 HGB schädlich ist.

Der Umfang des erwarteten Ausgleichs der gegenläufigen Wertänderungen oder Zahlungsströme innerhalb einer Bewertungseinheit ist für Zwecke der Anhangberichterstattung zu dokumentieren (s. § 285 Nr. 23b HGB; § 285 Rz 147 ff.).

Die Anforderungen an den Effektivitätsnachweis variieren in Abhängigkeit von der Art und dem Umfang der Sicherungsbeziehung. Der Gesetzgeber hat es dem Bilanzierenden überlassen, eine geeignete Methode zur Beurteilung der **prospektiven Effektivität** einer Sicherungsbeziehung zu wählen.[62]

Die Beurteilung kann auf der Grundlage eines der Art und dem Umfang der Risiken sowie der Art und dem Umfang der Grundgeschäfte angemessenen Risikomanagementsystems erfolgen. Eine einmal gewählte Methode unterliegt dem Stetigkeitsgebot.[63] Der Übergang auf eine andere Methode ist zulässig, wenn diese verlässlichere Ergebnisse ermittelt und damit zu einem besseren Einblick in die Vermögens-, Finanz- und Ertragslage führt.[64]

---

56 Vgl. BilMoG-BgrRegE, S. 58.
57 BilMoG-BgrRA, S. 112.
58 Vgl. BilMoG-BgrRA, S. 112.
59 BilMoG-BgrRA, S. 112.
60 Vgl. auch IDW RS HFA 35, Rn 54.
61 Vgl. *Hoffmann/Lüdenbach*, NWB-Kommentar Bilanzierung, 8. Aufl., 2017, § 254 Rn 48.
62 Vgl. BilMoG-BgrRegE, S. 58; BilMoG-BgrRA, S. 112.
63 Vgl. IDW RS HFA 35, Rn 52.
64 Vgl. IDW RS HFA 38, Rn 15.

39 Bei **Micro-Hedges** kann die prospektive Effektivitätsbeurteilung in der Mehrzahl der Fälle ohne Rückgriff auf komplexe mathematisch-statistische Verfahren erfolgen. Sind die maßgeblichen Risikoparameter von Grundgeschäft und Sicherungsinstrument aufeinander abgestimmt, lässt sich der zu erwartende vollständige Risikoausgleich häufig anhand der **critical terms match**-Methode belegen. Danach ist eine perfekte Sicherungsbeziehung anzunehmen, wenn im Hinblick auf das abgesicherte Risiko alle wertbestimmenden Faktoren von Grundgeschäft und Sicherungsinstrument übereinstimmen. Alle nicht übereinstimmenden Wertkomponenten müssen demgegenüber das nicht abgesicherte Risiko betreffen. Ein Zinsswap ist nach diesem Beurteilungsansatz dann als voll wirksames Sicherungsinstrument einzustufen, wenn Nominal- und Kapitalbetrag, Währung, Laufzeiten, Zinsanpassungstermine, die Zeitpunkte von Zins- und Tilgungszahlungen sowie die Bemessungsgrundlage für die Zinsanpassung für Grund- und Sicherungsgeschäft übereinstimmen.[65]

> **Beispiel**
> Maschinenbauer M hat sich Ende 01 verpflichtet, an einen Kunden in Großbritannien eine Fertigungsanlage zum Preis von 50 Mio. GBP zu liefern. Der Kaufpreis ist am 1.1.03 in einem Betrag fällig. Um sich gegen das Währungsrisiko abzusichern, hat M ein marktkonformes Devisentermingeschäft (Verkauf) über 50 Mio. GBP mit gleicher Fälligkeit wie der Kaufpreisanspruch abgeschlossen. Kassa- und Terminkurs des britischen Pfunds stimmen überein. Es liegt eine perfekte Sicherungsbeziehung vor, da die Währung, das Volumen und die Laufzeit der Geschäfte übereinstimmen und zudem kein störender Einfluss aus Zinsunterschieden zwischen Deutschland und Großbritannien resultiert. Die nicht übereinstimmenden Wertkomponenten (z. B. Bonitätsrisiko des Vertragspartners) betreffen nicht das abgesicherte Risiko. Die prospektive Effektivität ist damit dargelegt. Bei der bilanziellen Abbildung der Sicherungsbeziehung kann ebenfalls von einem vollständigen Ausgleich der gegenläufigen Wertänderungen von Grundgeschäft und Sicherungsgeschäft ausgegangen werden (retrospektive Effektivität).
> **Variante 1:**
> Abweichend vom Ausgangsfall sei angenommen, das Termingeschäft werde am 1.1.02 mit einer Laufzeit von einem Jahr abgeschlossen. Zu diesem Zeitpunkt beträgt der Kassakurs des britischen Pfund 1,2 GBP je EUR. Das Zinsniveau ist in Großbritannien um 3 % höher als in der Eurozone. M hat entschieden, das Termingeschäft vollständig (einschl. Zinskomponente) als Sicherungsinstrument zu designieren. Die Wert- bzw. Zahlungsstromänderungen aus dem Grundgeschäft beurteilt M auf Basis des Kassakurses. Es ermittelt sich ein rechnerischer Terminkurs von 1,236:

---

[65] Vgl. IDW RS HFA 35, Rn 58; so auch IAS 39.AG108.

Berechnung	1.1.02
Zinsdifferenz [%]	3,00
• Kassakurs [GBP je EUR]	1,2
• Laufzeit des Termingeschäfts [Jahre]	1,0
= Swapsatz	0,036
+ Kassakurs [GBP je EUR]	1,200
= Terminkurs	1,236

Ökonomisch liegt keine perfekte Sicherungsbeziehung vor, da die Wertänderung des Devisentermingeschäfts auch von der Zinsdifferenz zwischen der Eurozone und Großbritannien beeinflusst wird. Bleibt der Kassakurs des britischen Pfunds bis zur Fälligkeit des Kaufpreises konstant, ändert sich der beizulegende Zeitwert des Grundgeschäfts bezogen auf das abgesicherte Risiko nicht. Das Devisentermingeschäft verliert demgegenüber an Wert, da die Fremdwährung zu einem ungünstigeren Kurs als dem Kassakurs veräußert worden ist. Die grundsätzliche Eignung der Sicherungsbeziehung zur Risikokompensation steht aufgrund der teilweisen Ineffektivität nicht infrage. Bei der bilanziellen Abbildung des Geschäfts zu den einzelnen Bilanzstichtagen ist allerdings zwischen dem effektiven und dem ineffektiven Teil der Wertänderungen des Derivats zu unterscheiden (vgl. Rz 53 ff.), sofern das Unt die Cashflow-Änderung des Grundgeschäfts nicht anhand des Terminkurses beurteilt (vgl. Rz 27).

Liegen die Voraussetzungen für die Annahme einer perfekten Hedge-Beziehung auf Basis der **critical terms match**-Methode nicht vor, ist die hohe Korrelation zwischen der Veränderung der beizulegenden Zeitwerte der Cashflows des Grundgeschäfts und des Sicherungsinstruments mittels anderer Methoden nachzuweisen. Da das Gesetz keine Vorgaben macht, lohnt ein Blick in die internationale Bilanzierungspraxis. Zur Messung der prospektiven Effektivität finden hier 40
- historische Analysen,
- statistische Nachweise und
- Sensitivitätsanalysen

Anwendung. **Historische Analysen** vergleichen in der Vergangenheit beobachtete Wert- oder Zahlungsstromänderungen aus dem Grund- und Sicherungsgeschäft. Die bekannteste Methode ist die historische **Dollar-Offset-Methode**.[66] Sie stellt den auf das abgesicherte Risiko zurückgehenden Wertänderungen des Grundgeschäfts jene des Sicherungsinstruments gegenüber. Sollen Cashflow-Änderungen gemessen werden, stößt die einfache Dollar-Offset-Methode an ihre Grenzen.

Beispiel
U sichert sich gegen das Risiko steigender Zinsen aus einer variabel verzinslichen Darlehensverbindlichkeit durch Kauf eines Payer-Zinsswaps ab. Ein Vergleich der durch Marktzinsänderungen induzierten Wertänderungen von Grundgeschäft und Sicherungsinstrument gibt in diesem Fall keinen Aufschluss über die Wirksamkeit

---

[66] Vgl. *Löw/Scharpf/Weigel*, WPg 2008, S. 1018.

> der Sicherungsbeziehung. Während der beizulegende Zeitwert des Darlehens ausschließlich durch die variablen Zins-Cashflows bestimmt wird, hängt der beizulegende Zeitwert des Zinsswaps zusätzlich von der Festzinsseite des Derivats ab. Zinsänderungen am Markt führen dementsprechend beim Zinsswap zu deutlich stärkeren Schwankungen des beizulegenden Zeitwerts als beim Grundgeschäft.

Um im vorstehenden Beispiel die Effektivität mittels der Dollar-Offset-Methode messen zu können, ist als Stellvertreter für das Grundgeschäft ein hypothetisches Derivat heranzuziehen, das in allen bewertungsrelevanten Bedingungen dem Grundgeschäft entspricht und über eine Festzinsseite verfügt, die einen anfänglichen beizulegenden Zeitwert von null ergibt. Auf diese Weise gelingt es, den Einfluss der Festzinsseite des Zinsswaps zu neutralisieren.

> **Beispiel**
> U hat vor 2 Jahren ein Darlehen über 500.000 EUR aufgenommen, das mit 12-Monats-Euribor plus 0,4 % (gegenwärtig: 1,67 %) verzinst wird. Da U kurzfristig steigende Zinsen erwartet, erwirbt er am 1.7.01 einen Payer-Zinsswap mit folgender Ausstattung:
>
> - Nominalbetrag: 500.000 EUR
> - Feste Zinszahlung: 1,2 %, 30/360
> - Variable Zinszahlung: 6-Monats-Euribor
> - Zinsperiode: 6 Monate
> - Laufzeit: 3 Jahre
>
> Das Darlehen hat am 1.7.01 eine Restlaufzeit von 3,5 Jahren. Die Zinsen sind jährlich nachschüssig zu entrichten und werden jeweils am letzten Börsentag des Gj für das kommende Jahr festgelegt.
> Es liegt kein perfekter Hedge vor, da Grundgeschäft und Sicherungsinstrument nicht in allen wesentlichen Merkmalen (*critical terms*) übereinstimmen, sondern sich in der Laufzeit, den Referenzzinssätzen und in den Zinszahlungsterminen unterscheiden.
> Da die Volumina von Darlehen und Zinsswap übereinstimmen und bei den übrigen Konditionen keine signifikanten Abweichungen vorliegen, dürfte die prospektive Effektivität dennoch erfüllt sein. Im Zweifel ist sie über ein mathematisches Verfahren nachzuweisen (z. B. Basis-Point-Value-Methode; vgl. Rz 42).
> Da keine perfekte Sicherungsbeziehung vorliegt, muss der ineffektive Teil periodisch bestimmt werden. Die einfache historische Dollar-Offset-Methode eignet sich dazu nicht, da sich die beizulegenden Zeitwerte von Grundgeschäft und Zinsswap schon deshalb unterschiedlich entwickeln, weil in den beizulegenden Zeitwert des Zinsswaps zusätzlich dessen Festzinsseite eingeht. Denkbar erscheint eine Effektivitätsmessung mittels der **Hypothetischen Derivatemethode**. Als Stellvertreter für das Grundgeschäft ist dabei ein Receiver-Zinsswap zu wählen, der die gleichen *critical terms* aufweist wie das Grundgeschäft selbst:

- Volumen: 500.000 EUR
- Laufzeit: 3,5 Jahre
- Referenzzins: 12-Monats-Euribor
- Zinsanpassungstermin: jährlich (letzter Börsentag)

Die Wirksamkeit der Sicherungsbeziehung ermittelt sich als Verhältnis der Wertänderungen von Sicherungsinstrument und hypothetischem Derivat.

Statistische Nachweise greifen ebenfalls auf historische Daten zurück, bereiten diese jedoch z. B. durch Regressionsanalysen auf.[67] Dadurch wirken sich Ausreißer weniger stark auf das Ergebnis der Effektivitätsmessung aus.

41

Beispiel

U hat vor einem Jahr ein Darlehen von 1 Mio. EUR aufgenommen, das zum 1-Monats-Euribor verzinst wird. Mitte April weist das Darlehen eine Restlaufzeit von 2 Jahren auf. Da U steigende Zinsen erwartet, will er die Zinsbelastung aus dem Darlehen für die verbleibende Laufzeit durch Kauf eines Payer-Zinsswaps festschreiben. Nach Auskunft der Bank ist die Zinsabsicherung auf Basis des 3-Monats-Euribor günstiger als durch Einsatz eines Zinsswaps, der den 1-Monats-Euribor zahlt.

Eine Analyse mittels **einfacher linearer Regression** liefert den folgenden Zusammenhang zwischen dem 3-Monats-Euribor und dem 1-Monats-Euribor für die beiden zurückliegenden zwei Jahre:

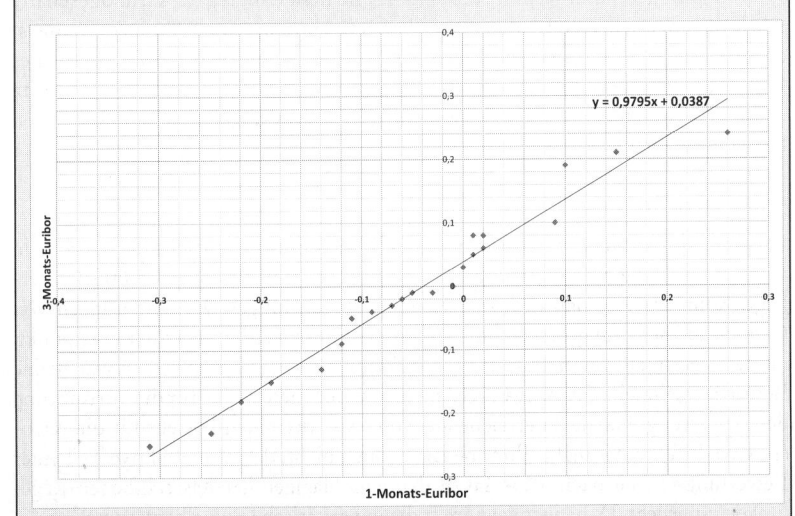

Abb. 1: Regressionsanalyse

---

[67] Vgl. IDW RS HFA 9, Rn 328.

> Nach dem Ergebnis der Analyse sind die beiden Geldmarktzinssätze hoch korreliert. Der Korrelationskoeffizient beträgt 99,07 %. Da das Bestimmtheitsmaß einen Wert nahe 1 annimmt (R^2 = 98,15 %), vermag die Entwicklung des 3-Monats-Euribor jene des 1-Monats-Euribor sehr gut zu erklären (und umgekehrt). Die Bewertungseinheit ist damit prospektiv als hoch wirksam zu beurteilen.

42 Anders als die historischen Analysen simulieren **Sensitivitätsanalysen** wie die Basis Point Value-Methode, wie sich eine bestimmte Änderung der abzusichernden Risikovariablen auf den Wert oder den Zahlungsstrom des Grund- bzw. Sicherungsinstruments auswirkt. Zu diesem Zweck sind z. B. die Auswirkung einer parallelen Verschiebung der Zinsstrukturkurve um 100 Basispunkte auf die zu erwartenden Zinszahlungen aus einem variabel verzinslichen Darlehen und einem Payer-Zinsswap oder die Auswirkung eines Anstiegs des Kassakurses um 10 % auf den Wert eines Zahlungsanspruchs aus einem schwebenden Absatzgeschäft und aus einem Devisenterminverkauf zu simulieren. Bonitätsbedingte Wertänderungen müssen nicht separiert werden.[68] Die Wirksamkeit der Bewertungseinheit beurteilt sich anhand eines Vergleichs der absoluten Änderungsbeträge für Grundgeschäft und Sicherungsinstrument.

Durationen und Marktdaten-Shift-Methode sind weitere Beispiele von Sensitivitätsanalysen.

43 Bei **Portfolio-** und **Macro-Hedges** ist der Wert- und Zahlungsstromausgleich nicht zwingend auf individualisierter Basis zu beurteilen. Die Effektivität der Bewertungseinheit kann stattdessen mittels einer Methode der internen Risikosteuerung eingeschätzt werden, die der Art und dem Umfang der Grundgeschäfte sowie der abgesicherten Risiken angemessen Rechnung trägt.[69] Voraussetzung ist ein dokumentiertes, funktionsfähiges Risikomanagementsystem. Wie ein solches Überwachungssystem im Einzelfall ausgestaltet sein muss, lässt sich dem Gesetz nicht entnehmen. Auch die Bankenaufsicht hat es abgelehnt, den Instituten konkrete Vorgaben zu machen.[70]

4.4.4 Retrospektive Effektivität

44 Die stichtagsbezogene **retrospektive Effektivitätsmessung** entscheidet darüber, in welchem Umfang die Bewertungseinheit den Rechtsfolgen von § 254 HGB unterliegt. Kann das Ausmaß des Ausgleichs der gegenläufigen Wertänderungen von Grund- und Sicherungsgeschäft nicht mehr bestimmt werden, ist ab dem Zeitpunkt, zu dem letztmals der Betrag der Unwirksamkeit verlässlich messbar war, keine Bewertungseinheit i. S. v. § 254 HGB mehr anzunehmen.[71] Eine für die Fortführung der Bewertungseinheit zu erreichende Mindestwirksamkeit besteht für die retrospektive Effektivität nicht. Ihrer bedarf es auch nicht, da der ineffektive Teil einer Bewertungseinheit nach § 254 HGB den einschlägigen handelsrechtlichen Regelungen unterliegt. D. h., insoweit greift die imparitätische Einzelbewertung.[72]

---

[68] IDW RS HFA 35, Rn 55.
[69] IDW RS HFA 35, Rn 52; BilMoG-BgrRegE, S. 58.
[70] Vgl. *Bischof*, Makrohedges in Bankbilanzen nach GoB und IFRS, 2006, S. 67.
[71] IDW RS HFA 35, Rn 50.
[72] IDW RS HFA 35, Rn 49.

Liegt keine perfekte Sicherungsbeziehung vor, greift die Praxis zur Messung der 45
retrospektiven Effektivität verbreitet auf die in Rz 40 erläuterte **Dollar-Offset-Methode** zurück. Sie vergleicht die auf das abgesicherte Risiko zurückgehende Wertänderung des Grundgeschäfts mit jener des Sicherungsgeschäfts.

> **Beispiel**
> Ausgehend vom obigen Beispiel in der Variante 1 (vgl. Rz 39) zur Absicherung eines künftigen Kaufpreisanspruchs in Fremdwährung durch ein Devisentermingeschäft sei angenommen, der Kassakurs des britischen Pfunds betrage zum 31.12.02 weiterhin 1,2. Die Zinsdifferenz zwischen den Währungen soll ebenfalls unverändert sein.
> Zum 31.12.02 ergeben sich damit folgende Auswirkungen:
>
> | Berechnung | 31.12.02 |
> |---|---|
> | Zinsdifferenz [%] | 3,00 |
> | • Kassakurs [GBP je EUR] | 1,2 |
> | • Laufzeit des Termingeschäfts [Jahre] | 0 |
> | = Swapsatz | 0,00 |
> | + Kassakurs [GBP je EUR] | 1,20 |
> | = Terminkurs | 1,20 |
>
> M hat am 1.1.02 einen Betrag von 50 Mio. GBP zum Terminkurs von 1,236 fest verkauft. Das entspricht einem Gegenwert von 40,45 Mio. EUR (50 Mio. GBP/1,236 GBP je EUR). Am 31.12.02 zahlt der Markt für 50 Mio. GBP einen Gegenwert von 41,67 Mio. EUR (50 Mio. GBP/1,2 GBP je EUR). Das Termingeschäft weist am 31.12.02 einen negativen beizulegenden Zeitwert von 1,214 Mio. EUR auf. Im Vergleich zur Situation ohne Abschluss des Termingeschäfts fällt der Erlös von M in Euro um 1,214 Mio. EUR niedriger aus. Die Differenz entspricht dem Zinsverlust (= Kosten der Währungsabsicherung) und ist Ausdruck der retrospektiv ermittelten Ineffektivität der Sicherungsbeziehung.
> **Variante 2:**
> Abweichend von Variante 1 sei angenommen, M habe nur die Kassakomponente des Devisentermingeschäfts als Sicherungsinstrument designiert.
> Für die Bewertungseinheit ergibt sich eine vollständige Effektivität. Zum 1.1.02 beträgt der erwartete Gegenwert aus dem schwebenden Absatzgeschäft 41,67 Mio. EUR (50 Mio. GBP/1,2 GBP je EUR). Der Gegenwert schwankt mit der Veränderung des Kassakurses für das britische Pfund. Die Kassakomponente des Devisentermingeschäfts entwickelt sich exakt gegenläufig. Die Wertänderungen von Grundgeschäft und Sicherungsinstrument gleichen sich damit vollständig aus.
> Die Wertveränderung der nicht in die Bewertungseinheit einbezogenen Zinskomponente des Termingeschäfts ist zu jedem Stichtag zu ermitteln. Sie beläuft sich zum 31.12.02 auf 1,214 Mio. EUR. Ihre bilanzielle Behandlung richtet sich nach den allgemeinen Grundsätzen. Für sie ist bis zur Glattstellung bzw. Erfüllung des Termingeschäfts eine Drohverlustrückstellung zu bilden.

46 Ermitteln sich bei einer nicht vollwirksamen Sicherungsbeziehung nur geringe Wertänderungen für das Grundgeschäft und das Sicherungsinstrument, signalisiert die Dollar Offset-Methode trotz eines weitgehenden absoluten Ausgleichs der gegenläufigen Wert- oder Zahlungsstromänderungen vielfach eine geringe relative Wirksamkeit der Bewertungseinheit. Um diesem Effekt zu begegnen, definiert die Praxis **Toleranzwerte**, bei deren Einhaltung die Sicherungsbeziehung als wirksam gilt.

> **Beispiel**
> U hat am 15.7.01 eine Fremdwährungsverbindlichkeit aus einem Beschaffungsgeschäft i. H. v. 6 Mio. SFR gegen das Risiko einer Abwertung des Euro mit einem Devisentermingeschäft abgesichert. Die retrospektive Wirksamkeit der Bewertungseinheit beurteilt er nach der Dollar Offset-Methode. Zu diesem Zweck vergleicht U die Wertänderung des Grundgeschäfts auf Basis des Kassakurses mit der gegenläufigen Wertänderung des Devisentermingeschäfts. Zum 31.12.01 beläuft sich der Gegenwert der Verbindlichkeit auf 5 Mio. EUR. Im Vergleich zum Zeitpunkt der Begründung der Bewertungseinheit ermittelt U die folgenden währungsbedingten Wertänderungen: Fremdwährungsverbindlichkeit: – 2.000 EUR, DTG: +5.000 EUR.
> Nach der Dollar Offset-Methode ergibt sich eine rechnerische Wirksamkeit der Bewertungseinheit von 40 % (-2000/5.000). Die verschiedentlich geforderte Mindestwirksamkeit von mehr als 50 % wird damit nicht erreicht. Das Ergebnis erscheint bedenklich: Die niedrige Effektivität hat ihren Grund in der geringen Änderung der abgesicherten Risikovariablen. Wertänderungen aus anderen Gründen (Bonität, Zinskomponente) fallen deshalb besonders stark ins Gewicht und führen zu einer optisch niedrigen Effektivität. Bei einer stärkeren Änderung der abgesicherten Risikovariablen mag die Bewertungseinheit dagegen nahezu vollwirksam sein.
> Um diesen Nachteil der Dollar Offset-Methode zu vermeiden, kann U festlegen, dass die Bewertungseinheit innerhalb festgelegter absoluter (z.B. 5.000 EUR) oder relativer Grenzwerte (z.B. 0.2 % des Nominalvolumens des abgesicherten Geschäfts) als vollwirksam gilt. Derartige Toleranzwerte sollten als Teil der Risikomanagementstrategie dokumentiert werden.

4.5 Dokumentation

47 Die RegBegr zum BilMoG sah die Dokumentation einer Sicherungsbeziehung als tatbestandliche Voraussetzung einer Bewertungseinheit vor. In der Begründung des Rechtsausschusses heißt es nur noch lapidar: „Die Dokumentation wird nicht zum Tatbestandsmerkmal erhoben. Deshalb enthält § 285 Nr. 23 HGB umfangreiche Angabepflichten".[73] Diese Aussage kann leicht missverstanden werden. Die formale Dokumentation einer Sicherungsbeziehung ist zwar – anders als nach IFRS – keine explizite Tatbestandsvoraussetzung für die Bildung einer Bewertungseinheit. Ihre Notwendigkeit leitet sich jedoch aus dem allgemeinen Schutzzweck der Handelsbilanz ab.

---

[73] BilMoG-BgrRA, S. 112.

Die öffentlich-rechtliche Bilanzierungspflicht dient dem Schutz Dritter. Sie soll Gläubiger, aber auch andere Unternehmenskoalitionäre wie Gesellschafter, vor Vermögensschäden bewahren. Zu diesem Schutzzweck gehört die Schaffung von Beweismaterial. Beleg hierfür sind die Vorschriften zur Vorlage der Bilanz im Rechtsstreit und bei Auseinandersetzungen (vgl. §§ 258–261 HGB). Beweismaterial muss nachvollziehbar sein. In der Rechnungslegung bedeutet das: Aus den anzufertigenden Unterlagen muss hervorgehen, welche Sachverhalte zu beurteilen waren und wie sie abgebildet wurden. Bei Sicherungsgeschäften kommt diesem Grundsatz besondere Bedeutung zu, da das Gesetz für sie unterschiedliche Darstellungsformen vorsieht: die Abbildung nach den allgemeinen GoB und nach den besonderen Vorschriften für Bewertungseinheiten. Um eine willkürfreie, jederzeit nachvollziehbare Rechnungslegung zu gewährleisten, muss aus der Buchführung erkennbar werden, in welchem Umfang der Bilanzierende von den Sondervorschriften für Bewertungseinheiten Gebrauch gemacht hat. Das gilt insb., wenn man aus § 254 HGB – wie die wohl hM – ein von der Risikosteuerung unabhängiges Wahlrecht zur Bildung von Bewertungseinheiten herausliest. **48**

Aus dem Zweck der Dokumentation, **beweiskräftige Erläuterungen** zur bilanziellen Behandlung von Sicherungsbeziehungen zu schaffen, leiten sich die an sie zu stellenden **Anforderungen** ab. Diese differieren in Abhängigkeit von Umfang und Komplexität der Bewertungseinheiten. Im Einzelnen muss sich aus der Dokumentation ergeben, **49**

- wann eine Bewertungseinheit begründet und wann sie ggf. beendet wurde,
- aus welchen Komponenten sie sich zusammensetzt,
- das Absicherungsziel,
- inwieweit die Voraussetzungen für die Bildung einer Bewertungseinheit erfüllt sind.[74]

Um die Bewertungseinheit exakt abzugrenzen, müssen die in sie einbezogenen Grundgeschäfte und die eingesetzten Sicherungsinstrumente identifizierbar sein. Dazu kann es sich bei Finanzinstrumenten anbieten, die **Vertragsdaten** festzuhalten. Auch der Umfang, in dem sie in die Bewertungseinheit einbezogen wurden, ist festzuhalten.[75] Bei der Absicherung erwarteter Transaktionen sind das geplante Grundgeschäft und sein hoch wahrscheinliches Zustandekommen anderweitig darzulegen.

Zum Absicherungsziel ist nicht nur die Art des abgesicherten Risikos zu dokumentieren, sondern auch die geplante Dauer der Absicherung.

Eine wesentliche Voraussetzung für die Bildung einer Bewertungseinheit besteht in der **Effektivität** der Sicherungsbeziehung. Sie ist durch Angaben zur Art ihrer Beurteilung (prospektiv) bzw. Messung (retrospektiv) und zum erwarteten bzw. erreichten Grad der Wirksamkeit zu erläutern. Zudem kann die objektive Eignung der abgesicherten Grundgeschäfte und eingesetzten Sicherungsinstrumente darzulegen sein. Zusätzliche Informationen können zur Erfüllung der Angabepflichten für den Anhang festzuhalten sein. Das betrifft die angewandten Bilanzierungs- und Bewertungsmethoden (z.B. Einfrierungsmethode, Durchbuchungsmethode) und die speziellen Angabepflichten zu den gebildeten Bewertungseinheiten (s. § 285 Nr. 23 HGB; § 285 Rz 147 ff.).

---

[74] Ähnlich IDW RS HFA 35, Rn. 43.
[75] Vgl. auch *Wulf*, DStZ 2012, S. 540.

50 Betreibt ein Unt Risikoabsicherung nur durch **Micro-Hedges**, können sich die entsprechenden Informationen bereits aus den Buchführungsunterlagen ergeben.[76] Das gilt insb. dann, wenn Grundgeschäfte und Sicherungsinstrumente exakt aufeinander abgestimmt sind. In jedem Fall müssen Tatsache und Zeitpunkt der Designationsentscheidung aus den Aufzeichnungen hervorgehen, damit ersichtlich wird, ab wann die Rechtsfolgen des § 254 HGB eintreten. Bei **Portfolio-Hedges** müssen sich zusätzlich der Umfang des Grundgeschäfts und die Gleichartigkeit der abgesicherten Risiken aus der Dokumentation ergeben. **Macro-Hedges** erfordern aussagekräftige Nachweise über die Wirksamkeit der Sicherungsbeziehung. Dazu muss diese nicht nur klar definiert sein. Nachzuweisen ist auch die Eignung der eingesetzten Sicherungsinstrumente zur (nicht nur zufälligen) Risikominderung. Ein geeignetes Risikomanagementsystem wird diese Informationen bereitstellen.

51 Um einem missbräuchlichen Einsatz des Instituts der Bewertungseinheit entgegenzuwirken, ist die Dokumentation zeitnah zur Begründung einer Bewertungseinheit anzulegen. Demgegenüber sieht das IDW eine nachträgliche Dokumentation von Bewertungseinheiten bis zur Aufstellung des Jahresabschlusses als zulässig an.[77] Diese großzügige Auslegung ist mit dem Grundsatz der Bilanzobjektivierung nicht zu vereinbaren. Für sie besteht auch kein praktisches Bedürfnis.[78]

5 Rechtsfolgen der Bildung von Bewertungseinheiten

52 An die Bildung einer Bewertungseinheit knüpfen **Rechtsfolgen** an. Sie betreffen einerseits die bilanzielle Abbildung der Sicherungsbeziehung im Jahresabschluss. Andererseits ergeben sich Auswirkungen auf die Berichterstattung im Anhang.

5.1 Identifizierung von Wertänderungen

53 Erfüllt eine Sicherungsbeziehung die allgemeinen Anforderungen einer Bewertungseinheit nach § 254 HGB, sind auf die Bilanzierung und Bewertung von Grund- und Sicherungsgeschäft „§ 249 Abs. 1, § 252 Abs. 1 Nr. 3 und 4, § 253 Abs. 1 Satz 1 und § 256a HGB nicht anzuwenden" (§ 254 Satz 1 HGB). Unrealisierte Verluste werden somit nur dann erfasst, wenn sie sich für die Bewertungseinheit als Ganzes ergeben. Ein ineffektiver Teil der Sicherungsbeziehung ist nach den allgemeinen Grundsätzen in der Bilanz und in der GuV abzubilden.
Mit Blick auf diese gesetzliche Systematik sind bei der bilanziellen Abbildung einer Sicherungsbeziehung **drei Arten von Wertänderungen** zu unterscheiden:

---

[76] So auch *Hoffmann/Lüdenbach*, NWB-Kommentar Bilanzierung, 8. Aufl., 2017, § 254 Rn 56 ff.; *Schmidt*, BB 2009, S. 885; *Gelhausen/Fey/Kämpfer*, Rechnungslegung und Prüfung nach dem BilMoG, 2009, Abschnitt H, Rn 88; *Schmidt/Usinger*, in Beck Bil-Komm., 10. Aufl., 2016, § 254 HGB Rn 41.

[77] Vgl. IDW RS HFA 35, Rn. 14; so auch *Gelhausen/Fey/Kämpfer*, Rechnungslegung und Prüfung nach dem BilMoG, 2009, Abschnitt H, Rn 89.

[78] Eine Dokumentationspflicht zu Beginn der Sicherungsbeziehung fordern auch *Hoffmann/Lüdenbach*, NWB-Kommentar Bilanzierung, 8. Aufl., 2017, § 254 Rn 54 ff.; *Schmidt/Usinger*, in Beck Bil-Komm., 10. Aufl., 2016, § 254 HGB Rn 41; *Scharpf*, in *Küting/Pfitzer/Weber*, HdR, HGB § 254 Rn 23, Stand 2/2012.

- Wertänderungen von Grund- und Sicherungsgeschäft als Folge des abgesicherten Risikos, die sich gegenseitig ausgleichen,
- Überhang der negativen Wertänderungen von Grund- und Sicherungsgeschäft als Folge des abgesicherten Risikos und
- Wertänderungen, die nicht auf das abgesicherte Risiko zurückgehen.

Nur soweit sich die auf das abgesicherte Risiko zurückgehenden Wertänderungen von Grund- und Sicherungsgeschäften ausgleichen, kommt § 254 HGB zur Anwendung. In den beiden übrigen Fällen sind die allgemeinen GoB zu beachten. Diese differenzierte Behandlung erfordert eine genaue Analyse der bei den Komponenten einer Bewertungseinheit eingetretenen Wert- oder Zahlungsstromänderungen.

Die buchungsrelevanten Beträge lassen sich nach dem folgenden **Ablaufschema** ermitteln:

```
┌─────────────────────────┐
│ Ermittlung der gesamten │
│  Wertänderung in der    │
│   Bewertungseinheit     │
└───────────┬─────────────┘
            │
            ▼
┌─────────────────────────┐
│  Abspaltung des Teils,  │
│  der nicht auf das ab-  │────┐
│  gesicherte Risiko      │    │
│  zurückgeht             │    │
└───────────┬─────────────┘    │
            │                  │
            ▼                  │
┌─────────────────────────┐    │
│ Abspaltung eines etwai- │    │
│  gen ineffektiven Teils │────┤
│  der übrigen Wert-      │    │
│  änderung               │    │
└───────────┬─────────────┘    │
            │                  │
            ▼                  ▼
┌─────────────────────┐  ┌─────────────────┐
│ Erfassung der ver-  │  │ Erfassung nach  │
│ bleibenden Wertän-  │  │ den allgemeinen │
│ derungen nach den   │  │      GoB        │
│ Regeln des § 254 HGB│  │                 │
└─────────────────────┘  └─────────────────┘
```

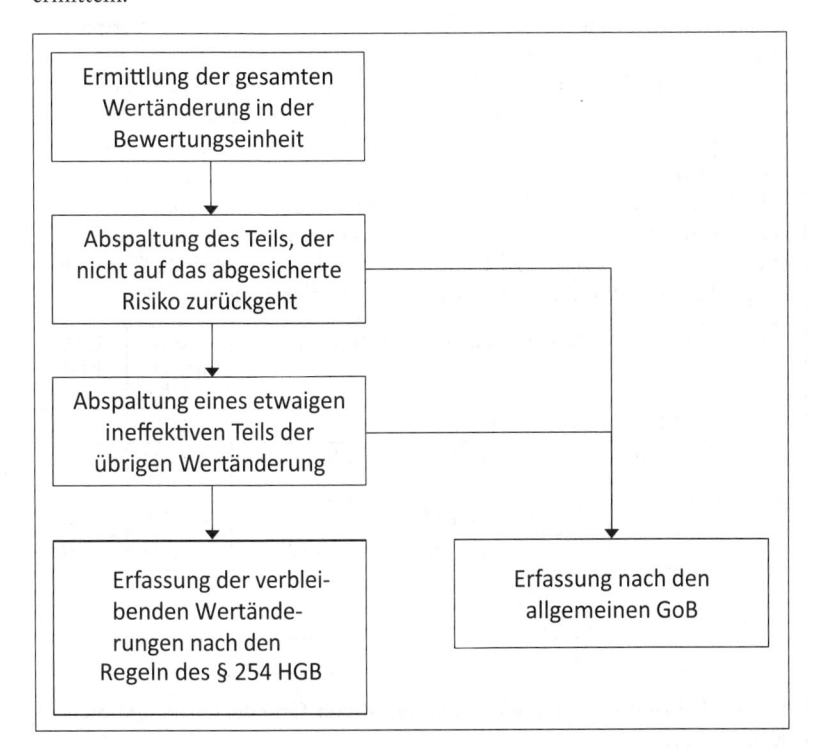

Abb. 2: Ermittlung der buchungsrelevanten Beträge

Im ersten Schritt sind sämtliche Wertänderungen von Grundgeschäft und Sicherungsinstrument seit Beginn der Sicherungsbeziehung ohne Rücksicht auf deren Ursache zu ermitteln.

In der anschließenden Ursachenanalyse sind zunächst jene Wertänderungen zu isolieren, die auf das abgesicherte Risiko zurückgehen. Die verbleibenden Wertänderungen unterliegen einer imparitätischen Einzelbewertung. Wertsteigerungen bleiben mithin unberücksichtigt, Wertminderungen sind durch Rückstellungsbildung oder außerplanmäßige Abschreibungen zu erfassen. Hierunter fallen bspw.

bonitätsbedingte Abwertungen von Fremdwährungsforderungen, die ausschließlich gegen das Risiko von Wechselkursschwankungen abgesichert wurden.
Die auf das abgesicherte Risiko zurückgehenden gegenläufigen Wertänderungen von Grundgeschäft und Sicherungsinstrument sind sodann in den effektiven und den ineffektiven Teil aufzuspalten. Während der effektive Teil den besonderen Vorschriften des § 254 HGB unterliegt, sind Ineffektivitäten erneut imparitätisch zu behandeln. Ein Überhang der negativen Wertänderungen der in die Bewertungseinheit einbezogenen Komponenten führt zum Ansatz einer „Rückstellung für Bewertungseinheiten". Ein Überhang der positiven Wertänderungen bleibt unberücksichtigt.

Beispiel[79]
U hat zum 1.1.01 ein auf US Dollar lautendes festverzinsliches Wertpapier erworben und dem Anlagevermögen zugerechnet. Die zum Zugangszeitpunkt umgerechneten AK betragen 100 TEUR. Um sich gegen das Währungsrisiko abzusichern, hat U den Rückzahlungsbetrag zum Fälligkeitszeitpunkt des Wertpapiers veräußert. Das marktkonform abgeschlossene Devisentermingeschäft (DTG) hat einen anfänglichen beizulegenden Zeitwert von null. U bildet die Bewertungseinheit nach der Einfrierungsmethode ab.
Nach einer Abwertung des US Dollars und einer Änderung der Zinsniveaus in den USA und Deutschland ermittelt U zum 31.12.01 folgende Wertänderungen für das Grundgeschäft und das Sicherungsinstrument:

Zeile	Datum	Bewertungsrelevante Informationen	Wertpapier (EUR)	DTG (EUR)
1	1.1.01	Sicherungsbeziehung	100.000	0
2	31.12.01	Beizulegender Zeitwert am Abschlussstichtag	90.000	9.000
3		Wertänderung in 01	–10.000	9.000
4		davon: aus nicht abgesichertem Risiko	–2.000	1.500
5		davon: aus abgesichertem Risiko	–8.000	7.500
6		davon: wirksam	–7.500	7.500
7		davon: unwirksam	–500	0

Schritt 1: Ermittlung der Wertänderungen von Grundgeschäft und Sicherungsbeziehung.
Die gesamte Wertänderung seit Beginn der Sicherungsbeziehung ist in Zeile 3 ausgewiesen.
Sie beträgt
- für das Grundgeschäft: –10.000 EUR
- für das Sicherungsinstrument: +9.000 EUR

---

[79] Vgl. auch IDW RS HFA 35, Rn. 67.

> **Schritt 2:** Abspaltung des nicht auf das abgesicherte Risiko zurückgehenden Teils der Wertänderungen. Die Wertänderungen sind in Zeile 4 ausgewiesen. Sie sind einzeln nach den allgemeinen GoB zu erfassen.
> Wertpapier: Soweit die Wertminderung voraussichtlich dauernd ist, muss das Wertpapier außerplanmäßig abgeschrieben werden, ansonsten besteht ein Abschreibungswahlrecht.
> Derivat: Die Wertsteigerung darf nach dem Realisationsprinzip keine Berücksichtigung finden.
> **Schritt 3:** Erfassung des ineffektiven Teils der Wertänderungen, die auf das abgesicherte Risiko zurückgehen. Das abgesicherte Risiko hat beim Wertpapier zu einer Wertminderung von 8.000 EUR geführt, der eine Wertsteigerung beim Derivat von 7.500 EUR gegenübersteht (Zeile 5). In Höhe der betragsgleichen gegenläufigen Wertänderung von 7.500 EUR ist die Sicherungsbeziehung effektiv. Die Wertänderungen wirken sich nicht auf die Bilanz und GuV aus. Der ineffektive Teil der durch das abgesicherte Risiko ausgelösten Wertänderungen beiträgt -500 EUR (Zeile 7).
> Im Fallbeispiel ergibt sich ein Überhang der negativen Wertänderung. In Höhe dieses Betrags ist eine Rückstellung für Bewertungseinheiten erfolgswirksam zu bilden. Es kommt nicht darauf an, ob eine aufwandswirksame Erfassung auch dann geboten wäre, wenn die Bewertungseinheit insgesamt ein einziges Bilanzierungsobjekt darstellte.

Die *Dollar-Offset*-Methode zur Ermittlung des ineffektiven Teils der Wertänderungen kann auf periodischer oder kumulativer Basis angewendet werden. Im ersten Fall ist die Ineffektivität jeweils für den betrachteten Zeitabschnitt (z.B. ein Quartal) zu ermitteln, wobei in früheren Perioden aufgelaufene Ineffektivitäten keine Berücksichtigung finden. Bei einer kumulierten Betrachtung ist der ineffektive Teil einer Sicherungsbeziehung auf Basis der seit Beginn der Bewertungseinheit aufgelaufenen Wertänderungen von Grundgeschäft und Sicherungsinstrument zu ermitteln.

> **Beispiel**
> In Fortsetzung des obigen Beispiels sei zum 31.12.02 von folgenden Wertänderungen für das Grundgeschäft und das Sicherungsinstrument ausgegangen:
>
> | Zeile | Datum | Bewertungsrelevante Informationen | Wertpapier (EUR) | DTG (EUR) |
> |---|---|---|---|---|
> | 1 | 1.1.02 | Sicherungsbeziehung | 90.000 | 9.000 |
> | 2 | 31.12.02 | Beizulegender Zeitwert am Abschlussstichtag | 97.000 | 1.800 |
> | 3 | | Wertänderung in 02 | 7.000 | –7.200 |
> | 4 | | davon: aus nicht abgesichertem Risiko | 500 | –1.100 |
> | 5 | | davon: aus abgesichertem Risiko | 6.500 | –6.100 |
> | 6 | | davon: wirksam | 6.500 | –6.100 |
> | 7 | | davon: unwirksam | 0 | 0 |

U ermittelt den ineffektiven Teil der Sicherungsbeziehung auf kumulativer Basis.
Schritt 1: Ermittlung der Wertänderungen von Grundgeschäft und Sicherungsbeziehung.
Die gesamte Wertänderung seit Beginn der Sicherungsbeziehung ist in Zeile 3 ausgewiesen.
Sie beträgt

- für das Grundgeschäft: +7.000 EUR
- für das Sicherungsinstrument: −7.200 EUR

Schritt 2: Abspaltung des nicht auf das abgesicherte Risiko zurückgehenden Teils der Wertänderungen. Die Wertänderungen sind in Zeile 4 ausgewiesen. Sie sind einzeln nach den allgemeinen GoB zu erfassen. Wurde das Wertpapier in 01 abgeschrieben, gibt der in 02 eingetretene Wertanstieg Anlass zu einer Zuschreibung. Für das Derivat ergeben sich keine bilanziellen Konsequenzen. Kumuliert ist die nicht auf das abgesicherte Risiko zurückgehende Wertänderung noch positiv (+400 EUR).
Schritt 3: Erfassung des ineffektiven Teils der Wertänderungen, die auf das abgesicherte Risiko zurückgehen. Das abgesicherte Risiko hat beim Wertpapier zu einem Wertanstieg von 6.500 EUR geführt, dem eine Abnahme des Werts des Derivats von −6.100 EUR gegenübersteht (Zeile 5). Der sich per Saldo ermittelnde Wertanstieg der Bewertungseinheit in 02 von 400 EUR ist auf kumulierter Basis Teil der effektiven Wertänderung. Im Vj. wurde für die Bewertungseinheit ein Verlust wegen teilweiser Ineffektivität von −500 EUR erfasst. Der Nettowertanstieg der Bewertungseinheit in 02 von 400 EUR hat somit die kumulierte Ineffektivität auf −100 EUR reduziert. Die Erfassung des Nettowertanstiegs von 400 EUR in 02 verstößt folglich nicht gegen das Realisationsprinzip.

5.2 Einfrierungsmethode versus Durchbuchungsmethode

55 § 254 HGB regelt nicht, wie sich die Nichtanwendung der §§ 249 Abs. 1, 252 Abs. 1 Nr. 3 und 4, 253 Abs. 1 Satz 1 und 256a HGB bilanziell auswirkt, soweit sich die gegenläufigen Wert- oder Zahlungsstromänderungen aus dem abgesicherten Risiko ausgleichen. Nach der RegBegr steht es den Unt frei, den wirksamen Teil der Bewertungseinheit entweder nach der Einfrierungs- oder nach der Durchbuchungsmethode bilanziell abzubilden.[80]

Das Wesen der **Einfrierungsmethode** besteht darin, die sich kompensierenden Wertänderungen von Grundgeschäft und Sicherungsinstrument in Bilanz und GuV unberücksichtigt zu lassen. Ein ineffektiver Teil der Sicherungsbeziehung ist imparitätisch durch Ansatz einer Rückstellung für Bewertungseinheiten zu erfassen.

---

[80] Vgl. BilMoG-BgrRegE, S. 95. So auch *Wiechens/Helke*, DB 2008, S. 1336; *Schmitz*, DB 2009, S. 1621; *Hoffmann/Lüdenbach*, NWB-Kommentar Bilanzierung, 8. Aufl., 2017, § 254 Rn 61; *Gelhausen/Fey/Kämpfer*, Rechnungslegung und Prüfung nach dem BilMoG, 2009, Abschnitt H, Rn 98; *Schmidt/Usinger*, in Beck Bil-Komm., 10. Aufl., 2016, § 254 Rn 52f.; *Schmidt*, BB 2009, S. 886; a. A. *Scharpf*, in *Küting/Pfitzer/Weber*, HdR, HGB § 254 Rn 304f., Stand: 2/2012.

Die **Durchbuchungsmethode** berücksichtigt demgegenüber die sich ausgleichenden Wertänderungen aus dem abgesicherten Risiko im Wege einer Bruttobilanzierung von Grundgeschäft und Sicherungsinstrument in der Bilanz. Für die GuV empfiehlt das IDW, auf die Erfassung der gegenläufigen Aufwendungen und Erträge zu verzichten. Mangels einer gesetzlichen Regelung muss allerdings auch insoweit eine unsaldierte Darstellung als zulässig angesehen werden.[81]

Beispiel
Energieversorger E hat am 1.1.01 eine Beteiligung an einem amerikanischen Unt zum Preis von 120 Mio. USD gekauft. Zur Absicherung gegen das Risiko eines währungsbedingten Wertverlusts hat E im Erwerbszeitpunkt eine marktkonform verzinste langfristige Verbindlichkeit über 120 Mio. USD aufgenommen. Im Erwerbszeitpunkt belief sich der Wechselkurs auf 1 EUR = 1,0 USD. Anschließend entwickelt er sich wie folgt:

- 31.3.01:   1 EUR = 1,2 USD
- 30.6.01:   1 EUR = 0,9 USD

Im Euro- und US Dollarraum herrscht während des Betrachtungszeitraums ein übereinstimmendes Zinsniveau. Die Absicherung ist zu 100 % effektiv. Zudem sei von einem konstanten Ertragswert der Beteiligung ausgegangen. Zum 1.1.01 sind die Beteiligung und die Verbindlichkeit mit 120 Mio. EUR einzubuchen. Am 31.3.01 betragen die umgerechneten Zugangswerte

- Beteiligung: 100 Mio. EUR (120 Mio. USD/1,2)
- Verbindlichkeit: 100 Mio. EUR (120 Mio. USD/1,2)

Ohne Bildung einer Bewertungseinheit ist die Beteiligung zum 31.3.01 (bei angenommener voraussichtlich dauernder Wertminderung) um 20 Mio. EUR abzuwerten. Der Zugangswert der langfristigen Fremdwährungsverbindlichkeit ist beizubehalten.
Am 30.6.01 ergeben sich folgende Eurowerte:

- Beteiligung: 133 Mio. EUR (120 Mio. USD/0,9)
- Verbindlichkeit: 133 Mio. EUR (120 Mio. USD/0,9)

Bei isolierter Betrachtung ist die Verbindlichkeit um 13 Mio. EUR, die Beteiligung auf den Zugangswert von 120 Mio. EUR aufzuwerten.
Fasst E Beteiligung und Fremdwährungsverbindlichkeit im Hinblick auf das Währungsrisiko zu einer Bewertungseinheit zusammen, verlangt die **Einfrierungsmethode** zu beiden Stichtagen eine unveränderte Bewertung der beiden Komponenten zum Zugangswert von 120 Mio. EUR (Nichtanwendung von § 256a HGB, § 252 Abs. 1 Nr. 4 HGB).
Bei Anwendung der **Durchbuchungsmethode** sind Beteiligung und Verbindlichkeit zum 31.3.01 jeweils um 20 Mio. EUR auf 100 Mio. EUR abzuwerten

---

[81] Vgl. IDW RS HFA 35, Rn 81. Eine unsaldierte Darstellung der Aufwendungen und Erträge aus der Durchbuchungsmethode in der GuV empfehlen *Velte/Haaker*, StuW 2013, S. 193.

> (Nichtanwendung der §§ 256a HGB, 253 Abs. 1 Satz 1 HGB). Für die Erfassung der Wertveränderungen in der GuV besteht ein Wahlrecht: In Betracht kommt ein Ausweis unter „Sonstige betriebliche Aufwendungen" (Beteiligung) bzw. „Sonstige betriebliche Erträge" (Verbindlichkeit) oder in einem neu einzufügenden Posten. Alternativ kann auf einen GuV-Ausweis verzichtet und nur in der Bilanz gebucht werden. Zum 30.6.01 sind beide Posten mit 133 Mio. EUR zu bewerten. Das erfordert jeweils eine Aufwertung um 53 Mio. EUR. Sie kann wiederum mit oder ohne Berührung der GuV erfasst werden.

56 Die Annahme eines **Wahlrechts** zwischen der Einfrierungs- und Durchbuchungsmethode ist umstritten,[82] entspricht aber heute der hM.[83] Sie kann sich auf die RegBegr zum BilMoG berufen, in der es heißt: „Da § 254 HGB keine Vorschriften zur Art und Weise der bilanziellen Erfassung von Bewertungseinheiten enthält, bleibt es den Unternehmen weiterhin selbst überlassen, die gegenläufigen Wertänderungen oder Zahlungsströme entweder `durchzubuchen' oder die Bilanzierung einzufrieren."[84] Unter Informationsgesichtspunkten wird die Durchbuchungsmethode teilweise als informativer angesehen.[85]

57 Das **IDW** empfiehlt, Bewertungseinheiten nach der Einfrierungsmethode abzubilden.[86] Ausgenommen davon sind Fälle, in denen mindestens eine Komponente der Sicherungsbeziehung zum beizulegenden Zeitwert zu bewerten ist. Diese Konstellation liegt bei der Zusammenfassung wertpapiergebundener Pensionsverpflichtungen und der zu ihrer Erfüllung dienenden Wertpapiere zu einer Bewertungseinheit vor, wenn Letztere die Voraussetzungen für Deckungsvermögen nicht erfüllen. Die Durchbuchungsmethode kommt als Alternative zur Einfrierungsmethode nur dann in Betracht, wenn sie nicht gegen das Vollständigkeitsgebot des § 246 HGB verstößt. Unproblematisch sind unter diesem Gesichtspunkt Bewertungseinheiten, die der Absicherung von Wertänderungen bei VG, Schulden und schwebenden Geschäften dienen. Werden Risiken aus erwarteten Transaktionen abgesichert, verbietet sich die Anwendung der Durchbuchungsmethode, da für derartige Grundgeschäfte kein Bilanzposten angesetzt werden darf.

58 Fraglich ist, wie die Durchbuchungsmethode bei **Portfolio- und Macro-Hedges** anzuwenden ist, da das gesicherte Grundgeschäft hier aus einer Mehrzahl von Posten besteht, die insgesamt zu der zu erfassenden Wertänderung geführt haben.[87] Nach den Gesetzesmaterialien ist sowohl „eine quotale Aufteilung als auch die Berücksichtigung der Wertänderung bei nur einzelnen Vermögensgegenständen für zulässig" zu erachten.[88]

---

[82] Vgl. weiterführend zur Diskussion um die bilanzrechtliche Zulässigkeit der Durchbuchungsmethode *Küting/Cassel*, KoR 2008, S. 771 ff.
[83] Vgl. Fn. 79.
[84] Vgl. BilMoG-BgrRegE, S. 95.
[85] Vgl. DSR, Stellungnahme zum Referentenentwurf eines Gesetzes zur Modernisierung des Bilanzrechts (Bilanzrechtsmodernisierungsgesetz – BilMoG) v. 8.11.2007, S. 19; *Schmidt*, BB 2009, S. 886.
[86] Vgl. IDW RS HFA 35, Rn 73.
[87] Vgl. *Wiechens/Helke*, DB 2008, S. 1336 ff.; *Bischof*, Makrohedges in Bankbilanzen nach GoB und IFRS, 2006, S. 66.
[88] BMJ, Gegenäußerung der Bundesregierung zur Stellungnahme des Bundesrates zum Entwurf eines Gesetzes zur Modernisierung des Bilanzrechts (Bilanzrechtsmodernisierungsgesetz – BilMoG) – BR-Drs. 344/08 (Beschluss) –, S. 3.

Denkbar erscheint u. E. auch der Ansatz eines gesonderten Postens, der zusammen mit den Bestandteilen des Grundgeschäfts der betreffenden Bilanzseite auszuweisen ist.

5.3 Abwicklung gesicherter Beschaffungs- und Absatzgeschäfte

Werden abgesicherte Beschaffungs- oder Absatzgeschäfte abgewickelt, ist umstritten, wie von den besonderen Bewertungsvorschriften für Bewertungseinheiten auf die allgemeinen GoB überzugehen ist. Was das Sicherungsinstrument angeht, ergibt sich zunächst die Notwendigkeit, eine bislang noch nicht erfasste effektive Wertänderung in Bezug auf das abgesicherte Risiko festzuhalten. Unklar ist dagegen, wie die AK der zugehenden VG aus **Beschaffungsgeschäften** bzw. wie der Erlös für die erbrachte Lieferung oder Leistung bei Absatzgeschäften zu ermitteln sind.

59

> **Beispiel**
> U hat am 10.11.01 Waren zum Preis von 2 Mio. USD bestellt und zur Absicherung gegen das Cashflow-Risiko ein Devisentermingeschäft über die Kaufpreissumme abschlossen. Die Lieferung der Waren erfolgt am 1.2.02. Einen Tag später wird der Kaufpreis beglichen.
> Der Kurs Euro zu US Dollar entwickelt sich wie folgt:
>
> - 10.11.01: 1,00
> - 31.12.01: 1,25
> - 1.2.02: 1,25
>
> Unterschiede zwischen Kassa- und Terminkurs bestehen nicht.
> Es liegt eine perfekte Sicherungsbeziehung vor. Die Wertänderung aus dem Termingeschäft kompensiert vollständig die währungsbedingte Wertänderung aus dem schwebenden Beschaffungsgeschäft.
> U bildet die Sicherungsbeziehung nach der Einfrierungsmethode ab. Zum 31.12.01 ist weder das Grundgeschäft noch das Termingeschäft bilanziell zu erfassen. Die am 1.2.02 zugehenden Waren bucht U mit ihren AK ein. Zu ihrer Ermittlung bestehen zwei Auffassungen. Nach Auffassung des IDW bildet der **Sicherungskurs** die Grundlage für die Umrechnung.[89] Es ermitteln sich AK von 2 Mio. EUR. Dazu ist der Wertverlust aus dem Termingeschäft von 0,4 Mio. EUR auf das Grundgeschäft zu übertragen. Die Verbindlichkeit geht mit ihrem Stichtagswert am 1.1.02 von 1,6 Mio. EUR zu. Das Sicherungsinstrument selbst ist – da es zunächst nicht glattgestellt wird – mit seinem beizulegenden Zeitwert von 0,4 Mio. EUR als Rückstellung anzusetzen. Mit der Begleichung der Kaufpreisverbindlichkeit am 2.2.02 und der Glattstellung des Devisentermingeschäfts sind die beiden Schuldposten auszubuchen.
> *Hoffmann/Lüdenbach* wollen dagegen die Waren mit den umgerechneten **AK im Zugangszeitpunkt** (1,6 Mio. EUR) einbuchen und den Wertverlust aus dem Derivat als Aufwand in der GuV erfassen. Ihre abweichende Auf-

---

[89] So IDW RS BFA 6, Rn 44; IDW RS HFA 35, Rn 92 (bei Abwicklung geplanter Geschäfte).

> fassung begründen sie mit dem Hinweis, weder § 254 HGB noch andere Bilanzierungsgrundsätze lieferten eine Grundlage, beim Übergang auf die Einzelbilanzierung die gegenläufigen Wertänderungen aus dem Grundgeschäft und dem Sicherungsinstrument zu verrechnen.[90]

60 Bei Absatzgeschäften besteht eine analoge Diskussion: Umstritten ist hier, ob der Erlös für die erbrachte Lieferung oder Leistung auf Basis des gesicherten Kurses[91] oder des Kurses im Zeitpunkt der Leistungserbringung[92] zu ermitteln ist. Anders als bei Beschaffungsgeschäften führen die unterschiedlichen Sichtweisen bei der Abwicklung von Absatzgeschäften nicht zu einem abweichenden Gewinnausweis. Der Unterschied besteht allein darin, ob der Erfolg aus der Transaktion vollständig dem Absatzgeschäft zuzurechnen oder der auf die Wertänderung des Sicherungsinstruments entfallende Erfolgsanteil gesondert zu erfassen ist. Handelsrechtlich geht es damit nur um die Art des Ausweises in der GuV. Aufgrund einer unterschiedlichen steuerlichen Behandlung der beiden Teilerfolge können sich allerdings Auswirkungen auf die Höhe der Ertragsteuerlast ergeben. Das ist etwa der Fall, wenn der Verkauf von Beteiligungen gegen Fremdwährungsrisiken abgesichert wird.

61 Die wohl hM neigt der Auffassung des IDW zu und spricht sich für die Ermittlung der AK beschaffter VG bzw. des Umsatz- oder Veräußerungserlöses aus erbrachten Leistungen auf Basis des jeweiligen Sicherungskurses aus.[93] Die hiergegen von *Hoffmann/Lüdenbach* angeführten Argumente sind aus dogmatischer Sicht beachtlich. Dennoch dringen sie u.E. nicht durch. Die Sinnhaftigkeit einer Bildung von Bewertungseinheiten und damit der Zweck des § 254 HGB werden in Frage gestellt, wenn beim Übergang auf die Bilanzierung nach den allgemeinen GoB der Kompensationsgedanke wieder verdrängt und die Transaktionen am Ende so abgebildet wird, als wäre auf die Bildung einer Bewertungseinheit verzichtet worden.

5.4 Beendigung einer Sicherungsbeziehung

62 Führt die **Abwicklung** von Grundgeschäft und Sicherungsinstrument zu **teilweise gegenläufigen, nicht zu bilanzierenden Zahlungsströmen** (z.B. bei der Absicherung von Fremdwährungsforderungen durch ein Devisentermingeschäft), ist mit IDW RS HFA 35 in der GuV eine Nettodarstellung zu favorisieren, bei der nur der Zahlungsüberhang erfolgswirksam wird. Das gilt unabhängig davon, ob das Unt die Sicherungsbeziehung nach der Einfrierungs- oder der Durchbuchungsmethode abgebildet hat.

63 Endet eine Sicherungsbeziehung vorzeitig durch **Veräußerung** oder **Glattstellung des Sicherungsinstruments**, ist bei Anwendung der Einfrierungsmethode wie folgt zu verfahren:[94]

---

[90] Vgl. *Hoffmann/Lüdenbach*, NWB-Kommentar Bilanzierung, 8. Aufl., 2017, § 254 Rn 89 ff.
[91] So IDW RS BFA 6, Rn 322.
[92] So *Hoffmann/Lüdenbach*, NWB-Kommentar Bilanzierung, 8. Aufl., 2017, § 254 Rn 105.
[93] Vgl. z.B. *Schmidt/Usinger*, in Beck Bil-Komm., 10. Aufl., 2016, § 254 HGB Rn 54.
[94] Vgl. IDW RS HFA 35, Rn 87. Vgl. auch *Rimmelspacher/Fey*, WPg 2013, S. 998 ff.

- Der aus der Veräußerung oder Glattstellung vereinnahmte bzw. gezahlte Betrag ist erfolgsneutral mit dem Buchwert des Grundgeschäfts zu verrechnen, soweit er auf den wirksamen Teil der Sicherungsbeziehung entfällt.[95]
- Ein verbleibender Betrag ist vorrangig mit den für das Sicherungsinstrument aktivierten (z.B. Optionsprämie) bzw. passivierten (z.B. Rückstellung für Bewertungseinheiten) Beträgen zu verrechnen, im Übrigen erfolgswirksam zu erfassen.

Bei Anwendung der Durchbuchungsmethode entfällt der erste Verrechnungsschritt, da er Teil der laufenden Bilanzierung ist.

Fällt das Grundgeschäft **vor der Fälligkeit des Sicherungsinstruments** weg, ist das Sicherungsinstrument nach den allgemeinen Vorschriften einzeln zu bewerten. Eine daraus resultierende Anpassung des Buchwerts führt nur insoweit zu einem Ertrag oder Aufwand, als ihm wegen einer bestehenden Unwirksamkeit kein gegenläufiger Aufwand bzw. Ertrag aus dem **Wegfall des Grundgeschäfts** gegenübersteht.[96] Das gilt unabhängig davon, ob das Unt die Einfrierungsmethode oder die Durchbuchungsmethode anwendet.

Endet eine zeitlich begrenzte Absicherung von VG oder Schulden gegen Wertänderungsrisiken **planmäßig**, sind die Vorschriften für Bewertungseinheiten letztmals zum Zeitpunkt der Beendigung der Sicherungsbeziehung anzuwenden. Hat das Unt von der Einfrierungsmethode Gebrauch gemacht, sind die Buchwerte von Grundgeschäft und Sicherungsinstrument in gleicher Weise anzupassen wie bei Anwendung der Durchbuchungsmethode. Die neuen Buchwerte bilden den Ausgangspunkt für die Folgebewertung.[97]

6 Abschließende Fallbeispiele zur Bildung von Bewertungseinheiten

> **Beispiel**
> Um sich gegen Risiken aus Grundgeschäften abzusichern, hat die B AG Sicherungsgeschäfte abgeschlossen, die im Jahresabschluss der B AG zum 31.12.01 nach § 254 HGB zu beurteilen sind.
>
> **Sachverhalt 1:**
> Zur Finanzierung ihrer Geschäftsaktivitäten hat die B AG im vergangenen Jahr ein Darlehen i.H.v. 8.000 TEUR aufgenommen. Für das Darlehen ist eine variable Verzinsung i.H.v. EURIBOR plus 70 bps (1 % = 100 bps) zu zahlen. Um sich gegen das Risiko eines Anstiegs der kurzfristigen Zinsen abzusichern, hat die B AG im laufenden Gj einen marktkonformen *Payer-Zinsswap* erworben. Dieser verpflichtet die Ges. zu einer festen Zinszahlung von 3,6 % auf Basis eines Kapitalbetrags von 8.000 TEUR. Im Gegenzug erhält sie aus der Vereinbarung variable Zinsen i.H.v. EURIBOR plus 30 bps.

---

[95] A.A. für *Cashflow Hedges* Rimmelspacher/Fey, WPg 2013, S. 1004.
[96] IDW RS HFA 35, Rn 88.
[97] IDW RS HFA 35, Rn 89.

Nach einem Rückgang der Zinsen zum 31.12.01 weist der *Payer-Zinsswap* einen negativen Marktwert von 400 TEUR auf.

Beurteilung:
Das variabel verzinsliche Darlehen und die Swap-Vereinbarung sind geeignet, eine Bewertungseinheit i. S. d. § 254 HGB zu bilden.
Als Grundgeschäft designiert die B AG das variabel verzinsliche Darlehen. Der als Sicherungsinstrument eingesetzte Payer-Zinsswap soll das Risiko ausschalten, infolge eines Anstiegs der Marktzinsen höhere Zinszahlungen aus dem variabel verzinslichen Darlehen leisten zu müssen. Das Effektivitätserfordernis ist erfüllt, da eine Änderung des EURIBOR kompensierende Wertänderungen von Grundgeschäft und Sicherungsinstrument nach sich zieht: Grundgeschäft und Sicherungsinstrument stimmen in allen wesentlichen Bedingungen überein (*Critical Terms Match*). Die Sicherungsbeziehung kann somit als zu 100 % effektiv angesehen werden. Um eine Bewertungseinheit zu begründen, ist die Sicherungsbeziehung nachvollziehbar zu dokumentieren.
Da die beiden Geschäfte die Voraussetzungen einer Bewertungseinheit i. S. v. § 254 HGB erfüllen, sind die Rechtsfolgen von § 254 HGB zu beachten: Die beiden Geschäfte unterliegen jeweils für sich genommen nicht den Vorschriften von § 249 Abs. 1, § 252 Abs. 1 Nr. 3, 4 und § 253 Abs. 1 Satz 1 HGB zur Erfassung unrealisierter Verluste. Unrealisierte Verluste könnten nur für die Bewertungseinheit insgesamt zu erfassen sein. Die sich nach einem Rückgang des Zinsniveaus einstellende Überverzinslichkeit der Darlehensverbindlichkeit gibt dazu keinen Anlass.

Sachverhalt 2:
Die B AG hat am 1.11.01 Waren in den USA zum Preis von 500 TUSD bestellt. Die Lieferung soll am 15.3.02, die Zahlung am 30.4.02 erfolgen.
Um dem Risiko einer Aufwertung des US Dollar zu begegnen, schließt die B AG zeitgleich mit der Bestellung ein Devisentermingeschäft über 500 TUSD per Ende April 02 ab. Es fallen keine AK an. Als Ergebnis eines im Zeitablauf fester notierenden US Dollar bei übereinstimmenden Zinsniveaus im Euro- und US Dollar-Raum (10 %) entwickelt sich das Devisentermingeschäft (DTG) wie folgt:

Datum	Kassa-kurs	Zinsen		Termin-kurs	DTG
	USD pro EUR	Deutsch-land	USA	USD pro EUR	Fair Value [EUR]
01.11.01	1,300	10 %	10 %	1,3000	0
31.12.01	1,240	10 %	10 %	1,2400	18.000
15.3.02	1,210	10 %	10 %	1,2100	28.252
30.4.02	1,190	10 %	10 %	1,1900	35.553

Bildung von Bewertungseinheiten § 254

Datum	Kassa-kurs USD pro EUR	Grundgeschäft			DTG		Effekti-vität
		Fair Value [EUR]	Auf-zin-sung [EUR]	Δ Fair Value [EUR]	Δ Fair Value [EUR]		
01.11.01	1,300	365.857	0	0	0		–
31.12.01	1,240	390.006	372.006	18.000	18.000		1,00
15.3.02	1,210	408.090	379.838	28.252	28.252		1,00
30.4.02	1,190	420.168	384.615	35.553	35.553		1,00

Beurteilung:
Beschaffungsgeschäft und Devisentermingeschäft sind geeignet, eine Bewertungseinheit i. S. d. § 254 HGB zu bilden. Auch in diesem Fall besteht nach der *Critical Terms Match*-Methode eine 100 %ige Effektivität.
Abzusicherndes Grundgeschäft ist die Warenbeschaffung in Fremdwährung, genauer die daraus resultierende Fremdwährungsverpflichtung. Als Sicherungsinstrument dient das Devisentermingeschäft. Die Sicherungsbeziehung schützt die B AG vor höheren Beschaffungskosten infolge eines Dollaranstiegs. Um eine Bewertungseinheit zu begründen, ist die Sicherungsbeziehung nachvollziehbar zu dokumentieren. In diesem Fall unterliegen die beiden Geschäfte für sich genommen nicht den Vorschriften der §§ 249 Abs. 1, 252 Abs. 1 Nr. 3, 4 und § 253 Abs. 1 Satz 1 HGB zur Erfassung unrealisierter Verluste.
Entscheidet sich die B AG im Beispiel zur Anwendung der Einfrierungsmethode, sind zum 31.12.01 keine Buchungen veranlasst. Bei einer Abbildung der Bewertungseinheit nach der Durchbuchungsmethode sind sowohl die Wertänderung des Grundgeschäfts als auch die des Sicherungsinstruments in der Bilanz zu erfassen. Zum 31.12.01 sind die folgenden Buchungen durchzuführen:

Datum	Konto	Soll	Haben
31.12.01	Derivat aus Bewertungseinheit	18.000	
	Sonstige betriebliche Erträge		18.000

Datum	Konto	Soll	Haben
31.12.01	Sonstige betriebliche Aufwendungen	18.000	
	Drohverlustrückstellung für Einkaufskontrakt		18.000

Alternativ besteht die Möglichkeit, die gegenläufigen Wertänderungen ausschließlich in der Bilanz, also ohne Berührung der GuV, zu erfassen. Da es sich bei der Sicherungsbeziehung um einen perfekten *Hedge* handelt, wirken sich die Wertänderungen von Grund- und Sicherungsgeschäft nicht auf das Jahresergebnis der B AG aus.

Bedenken gegen die Anwendbarkeit der Durchbuchungsmethode sind unbegründet. Der mit einer Wechselkursänderung einhergehende Ansatz eines Aktivpostens für das Devisentermingeschäft verstößt nicht gegen das Vollständigkeitsgebot. Dieser Posten hat anerkanntermaßen die Qualität eines VG, wie das Beispiel einer Kaufpreisallokation lehrt. Auch hier werden schwebende Geschäfte mit einem positiven beizulegenden Zeitwert als Teil des erworbenen bilanziellen Nettovermögens aktiviert.[98] Der Ansatz einer Drohverlustrückstellung für das schwebende Beschaffungsgeschäft ist ohnehin durch § 249 Abs. 1 Satz 1 HGB gedeckt.

Sachverhalt 3:
Abweichend von den Ausgangsdaten des Sachverhalts 2 sei von einem im Zeitablauf schwächer werdenden US Dollar ausgegangen. Die B AG geht davon aus, die Waren mit Gewinn veräußern zu können. Dollarkurs und Devisentermingeschäft entwickeln sich in der Zeit bis zur Zahlung wie folgt:

Datum	Kassakurs USD pro EUR	Zinsen Deutschland	Zinsen USA	Terminkurs USD pro EUR	DTG Fair Value [EUR]
01.11.01	1,300	10 %	10 %	1,3000	0
31.12.01	1,350	10 %	10 %	1,3500	−13.778
15.3.02	1,380	10 %	10 %	1,3800	−22.020
30.4.02	1,410	10 %	10 %	1,4100	−30.005

Datum	Kassakurs USD pro EUR	Grundgeschäft Fair Value [EUR]	Grundgeschäft Aufzinsung [EUR]	Grundgeschäft Δ Fair Value [EUR]	DTG Δ Fair Value [EUR]	Effektivität
01.11.01	1,300	365.857	0	0	0	–
31.12.01	1,350	358.228	372.006	−13.778	−13.778	1,00
15.3.02	1,380	357.818	379.838	−22.020	−22.020	1,00
30.4.02	1,410	354.610	384.615	−30.005	−30.005	1,00

Beurteilung:
Der im Zeitablauf schwächer werdende US Dollar führt zu einem zunehmend negativen beizulegenden Zeitwert des Devisentermingeschäfts. Das Grundgeschäft, die Fremdwährungsverpflichtung aus der Warenbeschaffung, reduziert sich zu den einzelnen Stichtagen jeweils um den gleichen Betrag. Die gegenläufigen Wertänderungen gleichen sich aus. Beschaffungsgeschäft und Devisentermingeschäft bilden bei entsprechender Dokumentation eine Bewertungseinheit i.S.d. § 254 HGB. Ein unrealisierter Verlust könnte nur für die Bewertungseinheit insgesamt zu erfassen sein. Diese Voraussetzung mag man im Beispiel als erfüllt ansehen. Die bestellten Waren wären am Ab-

---

[98] Im Ergebnis wie hier IDW RS HFA 35, Rn 80.

schlussstichtag um 13.778 EUR günstiger (nämlich zu einem niedrigeren US Dollarkurs) wiederzubeschaffen. Niedrigere Wiederbeschaffungskosten geben bei Beschaffungsgeschäften über Waren nach verbreiteter Auffassung Anlass zur Bildung einer Drohverlustrückstellung. Folgt man dieser herkömmlichen Auslegung des Imparitätsprinzips, ergeben sich nach der Durchbuchungsmethode zum 31.12.01 die folgenden Buchungen. Auf den Ausweis der gegenläufigen Aufwendungen und Erträge in der GuV kann erneut verzichtet werden.

Datum	Konto	Soll	Haben
31.12.01	Sonstige betriebliche Aufwendungen	13.778	
	Derivat aus Bewertungseinheit		13.778

Datum	Konto	Soll	Haben
31.12.01	Sonstiger VG aus Einkaufskontrakt	13.778	
	Sonstige betriebliche Erträge		13.778

Datum	Konto	Soll	Haben
31.12.01	Materialaufwand	13.778	
	Drohverlustrückstellung		13.778

Nach der Einfrierungsmethode entfallen die ersten beiden Buchungen. Die opportunitätskostenorientierte Verlusterfassung wird zu Recht zunehmend als Ausdruck einer übertriebenen Vorsicht abgelehnt (s. § 253 Rz 306). Echte Vermögensminderungen können sich nur bei der Verwertung der Waren ergeben. Deshalb genügt es im Regelfall, eine Abschreibung vorzunehmen, wenn ein Verlust aus dem Verkauf der beschafften Waren droht.[99] Das ist im Beispiel annahmegemäß nicht der Fall. Der Verzicht auf die Bildung einer Drohverlustrückstellung zum 31.12.01 ist daher zumindest vertretbar. Vor dem Zugang der Waren sind die Wertansätze des VG aus dem Einkaufskontrakt und der Schuld aus dem Derivat an den weiter gesunkenen Dollarkurs anzupassen. Für beide Posten ergibt sich zum 15.3.02 ein Buchwert von 22.020 EUR.
Die Vorräte sind bei Lieferung nach hM mit ihren fixierten AK von 379.838 EUR einzubuchen (vgl. zur Gegenmeinung Rz 61). Dazu ist der für das Beschaffungsgeschäft zum 15.3.02 aktivierte Betrag (22.020 EUR) auf die Waren zu übertragen. Darüber hinaus ist zum 15.3.02 eine Verbindlichkeit aus Lieferung und Leistung i.H.v. 357.818 EUR zu passivieren. Die ggf. zum 15.12.01 i.H.v. 13.778 EUR angesetzte Drohverlustrückstellung ist im Zuge der Folgebewertung in eine Niederstwertabschreibung auf die Vorräte umzuwidmen. Die weitere Abwertung des US Dollar seit dem 31.12.01 wirkt sich auf die Vorratsbewertung zunächst nicht aus, da unterjährig keine außerplanmäßigen Abschreibungen vorzunehmen sind. Für die Vorräte ergibt sich somit ein Buchwert von 366.060 EUR. Favorisiert die B AG eine ausschließlich absatzorientierte Niederstbewertung der Waren, bleibt es zum 15.3.02 bei einem Ansatz der AK von 378.838 EUR.

---

[99] Vgl. auch Kessler, in Küting/Pfitzer/Weber, HdR, HGB § 249 Rn 197, Stand 5/2014.

Um Verluste aus einem währungsbedingten Anstieg der Kaufpreisverbindlichkeit auszuschließen, liegt es nahe, die Sicherungsabsicht durch eine entsprechende Dokumentation bis zum Zeitpunkt der Tilgung dieser Schuld am 30.4.02 zu erstrecken. In diesem Fall heben sich die gegenläufigen Wertänderungen von Grundgeschäft (Fremdwährungsverbindlichkeit) und Sicherungsinstrument (Devisentermingeschäft) auf. Zum 30.4.02 ist das Derivat gegenüber der kontrahierenden Bank glattzustellen. Die sich aufrechnenden Gewinne und Verluste aus Kursschwankungen des US Dollar müssen in der GuV nicht gezeigt werden. Für die Folgebewertung der eingebuchten Waren gilt § 253 Abs. 4 Satz 1 HGB.

Sachverhalt 4:
Es gelten die Ausgangsdaten des Sachverhalts 2 mit der folgenden Modifikation: Der Terminkurs für den US Dollar weicht aufgrund niedrigerer US Dollarzinsen von dem Kassakurs ab. Das Devisentermingeschäft entwickelt sich in der Zeit bis zur Lieferung der Vorräte wie folgt:

Datum	Kassakurs	Zinsen		Terminkurs	Devisentermingeschäft		
	USD pro EUR	Deutschland	USA	USD pro EUR	Fair Value [EUR]	Kassakomp.	Differenz
01.11.01	1,300	10 %	5 %	1,2679	0	0	0
31.12.01	1,240	10 %	5 %	1,2195	15.137	18.000	–2.863
15.3.02	1,210	10 %	5 %	1,2025	21.195	28.252	–7.057
30.4.02	1,190	10 %	5 %	1,1900	25.816	35.553	–9.737

Datum	Kassakurs	Grundgeschäft			DTG		Effektivität
	USD pro EUR	Fair Value [EUR]	Aufzinsung	Δ Fair Value [EUR]	Δ Fair Value [EUR]		
01.11.01	1,300	365.857	0	0	0		–
31.12.01	1,240	390.006	372.006	18.000	15.137		1,19
15.3.02	1,210	408.090	379.838	28.252	21.195		1,33
30.4.02	1,190	420.168	384.615	35.553	25.816		1,38

Beurteilung:
Die *Fair Value*-Änderung des Devisentermingeschäfts ist von zwei Effekten beeinflusst: Erstens notiert der US Dollar im Zeitablauf fester. Das lässt das Devisentermingeschäft im Wert ansteigen. In die entgegengesetzte Richtung wirkt der Zinsunterschied zwischen Deutschland und den USA: Unter der Annahme eines konstanten Kassakurses könnte der US Dollar – aufgrund der im Zeitablauf abnehmenden Differenz zwischen Kassa- und Terminkurs – zunehmend günstiger erworben werden als zum 1.11.01 im Devisentermingeschäft kontrahiert. Das wirkt sich negativ auf den Fair Value des Devisentermingeschäfts aus.

Designiert die B AG das Devisentermingeschäft unter Einschluss der Zinskomponente als Sicherungsinstrument und ermittelt sie die währungsbedingte Wertänderung der Kaufpreisverpflichtung auf Basis des Kassakurses, ergeben sich die in der unteren Tabelle dargestellten Effektivitäten. Der Zinsunterschied führt zu einer partiellen Ineffektivität der Sicherungsbeziehung. Die für die Möglichkeit einer Verschuldung in US Dollar und einer Anlage der Mittel zu höheren Euro-Zinsen gezahlte Prämie verflüchtigt sich im Zeitablauf.

Soweit eine Sicherungsbeziehung ineffektiv ist, greifen nach § 254 HGB die §§ 253, 249 HGB. Dementsprechend treten zum 31.12.01 die Rechtsfolgen des § 254 HGB nur in dem Umfang ein, wie sich die Wertänderungen aus Grund- und Sicherungsgeschäft aufheben. Im Beispiel übersteigt die negative Veränderung des beizulegenden Zeitwerts der Kaufpreisverpflichtung die positive Wertänderung des Sicherungsgeschäfts. In Höhe der Differenz ist die Bildung einer Rückstellung für Bewertungseinheiten veranlasst. Zum 31.12.01 erfordert die Durchbuchungsmethode mithin die folgenden Buchungen:

Datum	Konto	Soll	Haben
31.12.01	Derivat aus Bewertungseinheit	15.137	
	Sonstige betriebliche Erträge		15.137

Datum	Konto	Soll	Haben
31.12.01	Sonstige betriebliche Aufwendungen	15.137	
	Drohverlustrückstellung aus Einkaufskontrakt		15.137

Datum	Konto	Soll	Haben
31.12.01	Sonstige betriebliche Aufwendungen	2.863	
	Rückstellung für Bewertungseinheiten		2.863

Bildet die B AG die Bewertungseinheit nach der Einfrierungsmethode ab, entfallen erneut die beiden ersten Buchungen.

Sachverhalt 5

Es gelten die Ausgangsdaten des Sachverhalts 2 mit folgender Modifikation: Um eine in 02 **geplante Beschaffung** von Vorräten gegen einen Dollaranstieg abzusichern, hat die B AG am 1.11.01 ein Devisentermingeschäft im Umfang von 500 TUSD abgeschlossen. Die B AG ermittelt die währungsbedingte Wertänderung der Kaufpreisverpflichtung auf Basis des Kassakurses. Dollarkurs und Devisentermingeschäft haben sich bis zum Abschlussstichtag wie folgt entwickelt:

Datum	Kassakurs USD pro EUR	Zinsen Deutschland	Zinsen USA	Terminkurs USD pro EUR	Devisentermingeschäft Fair Value [EUR]	Devisentermingeschäft Kassakomp.	Devisentermingeschäft Differenz
01.11.01	1,300	10 %	5 %	1,2679	0	0	0
31.12.01	1,350	10 %	5 %	1,3277	− 17.175	− 13.778	− 3.397
15.3.02	1,380	10 %	5 %	1,3714	− 29.392	− 22.020	− 7.372
30.4.02	1,410	10 %	5 %	1,4100	− 39.742	− 30.005	− 9.737

Datum	Kassa-kurs USD pro EUR	Grundgeschäft			DTG	Effektivi-tät
		Fair Value [EUR]	Aufzin-sung [EUR]	Δ Fair Value [EUR]	Δ Fair Value [EUR]	
01.11.01	1,300	365.857	0	0	0	–
31.12.01	1,350	358.228	372.006	−13.778	−17.175	0,80
15.3.02	1,380	357.818	379.838	−22.020	−29.392	0,75
30.4.02	1,410	354.610	384.615	−30.005	−39.742	0,76

Beurteilung:
Antizipative Grundgeschäfte bilden nach § 254 HGB absicherungsfähige Grundgeschäfte, wenn die erwartete Transaktion so gut wie sicher zustande kommt. Entscheidet sich das Unt für die Bildung einer Bewertungseinheit, unterliegt das Devisentermingeschäft erneut keiner separaten Bewertung. Die währungsinduzierten Wertänderungen sind stattdessen zusammen mit jenen des geplanten Grundgeschäfts nach den Regeln des § 254 HGB zu würdigen. Im vorliegenden Sachverhalt weist das Devisentermingeschäft aufgrund eines im Zeitablauf schwächer werdenden US Dollar einen zunehmend negativen beizulegenden Zeitwert auf. Verstärkt wird dieser Effekt durch den sich verflüchtigenden Zinsvorteil in Deutschland gegenüber den USA. Designiert die B AG das Devisentermingeschäft unter Einschluss der Zinskomponente als Sicherungsinstrument, führt das Zinsgefälle zu einer partiellen Ineffektivi-tät der Sicherungsbeziehung. Die Bilanzierung des ineffektiven Teils der Sicherungsbeziehung folgt nach den einschlägigen Regeln.

Die Sicherungsbeziehung kann in der Bilanz der B AG nur nach der Ein-frierungsmethode abgebildet werden. Die Durchbuchungsmethode verletzt das Vollständigkeitsgebot, da bei einer Erfassung der gegenläufigen wäh-rungsbedingten Wertänderungen für eine lediglich erwartete Transaktion ein VG oder ein Schuldposten anzusetzen wäre.

Die sich ausgleichenden Wertänderungen von Grundgeschäft und Siche-rungsinstrument aus der Änderung des Dollarkurses bleiben somit bilanziell unberücksichtigt. Da die B AG die währungsbedingte Wertänderung der Kaufpreisverpflichtung auf Basis des Kassakurses ermittelt (s. Rz 26 f.), weist die Bewertungseinheit eine Ineffektivität auf. Sie resultiert aus der Verände-rung der Zinskomponente als Bestimmungsfaktor des Terminkurses. Für die auf sie zurückzuführende Wertänderung des Devisentermingeschäfts ist zum 31.12.01 eine Rückstellung für Bewertungseinheiten zu passivieren:

Datum	Konto	Soll	Haben
31.12.01	Sonstige betriebliche Aufwendungen	3.397	
	Rückstellung für Bewertungseinheiten		3.397

Obwohl die Vorräte zum Abschlussstichtag währungsbedingt um 13.778 EUR günstiger erworben werden könnten als zum Zeitpunkt der Begründung der Bewertungseinheit, ist die Bildung einer Drohverlustrückstellung mangels

Vorliegen eines schwebenden Geschäfts nicht veranlasst. Der Schwebezustand eines Geschäfts beginnt erst mit rechtswirksamen Abschluss des Beschaffungsvertrags. Erwartete Transaktionen begründen weder einen Anspruch noch eine Verpflichtung.[100]

---

[100] Vgl. IDW RS HFA 4, Rn 7.

§ 255 Bewertungsmaßstäbe

(1) ¹Anschaffungskosten sind die Aufwendungen, die geleistet werden, um einen Vermögensgegenstand zu erwerben und ihn in einen betriebsbereiten Zustand zu versetzen, soweit sie dem Vermögensgegenstand einzeln zugeordnet werden können. ²Zu den Anschaffungskosten gehören auch die Nebenkosten sowie die nachträglichen Anschaffungskosten. ³Anschaffungspreisminderungen, die dem Vermögensgegenstand einzeln zugeordnet werden können, sind abzusetzen.

(2) ¹Herstellungskosten sind die Aufwendungen, die durch den Verbrauch von Gütern und die Inanspruchnahme von Diensten für die Herstellung eines Vermögensgegenstands, seine Erweiterung oder für eine über seinen ursprünglichen Zustand hinausgehende wesentliche Verbesserung entstehen. ²Dazu gehören die Materialkosten, die Fertigungskosten und die Sonderkosten der Fertigung sowie angemessene Teile der Materialgemeinkosten, der Fertigungsgemeinkosten und des Wertverzehrs des Anlagevermögens, soweit dieser durch die Fertigung veranlasst ist. ³Bei der Berechnung der Herstellungskosten dürfen angemessene Teile der Kosten der allgemeinen Verwaltung sowie angemessene Aufwendungen für soziale Einrichtungen des Betriebs, für freiwillige soziale Leistungen und für die betriebliche Altersversorgung einbezogen werden, soweit diese auf den Zeitraum der Herstellung entfallen. ⁴Forschungs- und Vertriebskosten dürfen nicht einbezogen werden.

(2a) ¹Herstellungskosten eines selbst geschaffenen immateriellen Vermögensgegenstands des Anlagevermögens sind die bei dessen Entwicklung anfallenden Aufwendungen nach Absatz 2. ²Entwicklung ist die Anwendung von Forschungsergebnissen oder von anderem Wissen für die Neuentwicklung von Gütern oder Verfahren oder die Weiterentwicklung von Gütern oder Verfahren mittels wesentlicher Änderungen. ³Forschung ist die eigenständige und planmäßige Suche nach neuen wissenschaftlichen oder technischen Erkenntnissen oder Erfahrungen allgemeiner Art, über deren technische Verwertbarkeit und wirtschaftliche Erfolgsaussichten grundsätzlich keine Aussagen gemacht werden können. ⁴Können Forschung und Entwicklung nicht verlässlich voneinander unterschieden werden, ist eine Aktivierung ausgeschlossen.

(3) ¹Zinsen für Fremdkapital gehören nicht zu den Herstellungskosten. ²Zinsen für Fremdkapital, das zur Finanzierung der Herstellung eines Vermögensgegenstands verwendet wird, dürfen angesetzt werden, soweit sie auf den Zeitraum der Herstellung entfallen; in diesem Falle gelten sie als Herstellungskosten des Vermögensgegenstands.

(4) ¹Der beizulegende Zeitwert entspricht dem Marktpreis. ²Soweit kein aktiver Markt besteht, anhand dessen sich der Marktpreis ermitteln lässt, ist der beizulegende Zeitwert mit Hilfe allgemein anerkannter Bewertungsmethoden zu bestimmen. ³Lässt sich der beizulegende Zeitwert weder nach Satz 1 noch nach Satz 2 ermitteln, sind die Anschaffungs- oder Herstellungskosten gem. § 253 Abs. 4 fortzuführen. ⁴Der zuletzt nach Satz 1 oder 2 ermittelte beizulegende Zeitwert gilt als Anschaffungs- oder Herstellungskosten im Sinn des Satzes 3.

Dr. Markus Leinen, CVA/Prof. Dr. Stefan Müller/Dr. Markus Kreipl (Abs. 2 und 3)/WP StB CVA Klaus Bertram (Abs. 2a)/WP StB Dr. Stefan Tichy/CPA StB MBLT (Jur.) Prof. Ralph Brinkmann (Abs. 4)

Inhaltsübersicht

	Rz
1 Begriff der Anschaffungskosten (Abs. 1)	1–16
1.1 Grundlegendes	1–2
1.2 Anschaffungsvorgang	3–16
1.2.1 Erwerb	3–7
1.2.2 Zustand der Betriebsbereitschaft	8–16
2 Umfang der Anschaffungskosten (Abs. 1)	17–76
2.1 Ermittlungsschema	17
2.2 Anschaffungspreis	18–57
2.2.1 Rechnungsbetrag und USt	18–19
2.2.2 Sonderfälle bei der Ermittlung des Anschaffungspreises	20–57
2.2.2.1 Anschaffungspreis in Fremdwährung	20–25
2.2.2.2 Erwerb auf Ziel zu unüblichen Konditionen	26–28
2.2.2.3 Erwerb durch Tausch	29–32
2.2.2.4 Unentgeltlicher Erwerb	33–36
2.2.2.5 Nicht aufgeteilter Gesamtkaufpreis	37–41
2.2.2.6 Leasing	42–44
2.2.2.7 Erwerb auf Rentenbasis	45–48
2.2.2.8 Erwerb im Versteigerungsverfahren	49–50
2.2.2.9 Anschaffungskosten bei Sacheinlagen	51–53
2.2.2.10 Anschaffungskosten bei Unternehmensumstrukturierungen	54–57
2.3 Anschaffungsnebenkosten	58–63
2.4 Nachträgliche Anschaffungskosten	64–67
2.5 Anschaffungspreisminderungen	68–76
2.5.1 Grundlegendes	68
2.5.2 Rabatte, Boni, Skonti	69–71
2.5.3 Erhaltene Zuwendungen	72–76
3 Herstellungskosten (Abs. 2)	77–179
3.1 Inhalt und Regelungszweck	77–79
3.2 Begriff der Herstellungskosten (Abs. 2 Satz 1)	80–100
3.2.1 Grundlegendes und Abgrenzung zu den Anschaffungskosten	80–82
3.2.2 Vorgang der Herstellung	83–100
3.2.2.1 Herstellung im engeren Sinn (Neuschaffung)	85–86
3.2.2.2 Herstellung im weiteren Sinn (nachträgliche Herstellung)	87–93
3.2.2.3 Zeitraum der Herstellung	94–100

3.3	Umfang der Herstellungskosten (Abs. 2 Sätze 2–4, Abs. 3)	101–152
	3.3.1 Herstellungskostenuntergrenze und -obergrenze..	101–103
	3.3.2 Abgrenzung von Einzel- und Gemeinkosten.....	104–107
	3.3.2.1 Einzelkosten......................	104–105
	3.3.2.2 Gemeinkosten	106
	3.3.2.3 Unechte Gemeinkosten	107
	3.3.3 Grundsatz der Angemessenheit	108–109
	3.3.4 Die Pflichtbestandteile im Einzelnen (Abs. 2 Satz 2)	110–133
	3.3.4.1 Materialeinzelkosten	110–114
	3.3.4.2 Fertigungseinzelkosten.............	115–116
	3.3.4.3 Sondereinzelkosten der Fertigung......	117–124
	3.3.4.4 Materialgemeinkosten	125–127
	3.3.4.5 Fertigungsgemeinkosten.............	128–129
	3.3.4.6 Werteverzehr des Anlagevermögens	130–133
	3.3.5 Die Einbeziehungswahlrechte im Einzelnen (Abs. 2 Satz 3, Abs. 3 Satz 2)	134–144
	3.3.5.1 Allgemeine Verwaltungskosten........	134–137
	3.3.5.2 Aufwendungen für soziale Einrichtungen des Betriebs	138–139
	3.3.5.3 Aufwendungen für freiwillige soziale Leistungen	140–141
	3.3.5.4 Aufwendungen für die betriebliche Altersversorgung	142–143
	3.3.5.5 Bestimmte Fremdkapitalzinsen........	144
	3.3.6 Einbeziehungsverbote (Abs. 2 Satz 4, Abs. 3 Satz 1)	145–151
	3.3.6.1 Forschungskosten (Abs. 2 Satz 4)	145–146
	3.3.6.2 Vertriebskosten (Abs. 2 Satz 4)........	147–150
	3.3.6.3 Fremdkapitalzinsen (Abs. 3 Satz 1).....	151
	3.3.7 Behandlung von Steuern	152
3.4	Anpassung der Kosten- und Leistungsrechnung an die geänderten Abbildungsregeln	153–167
	3.4.1 Grundlegendes	153
	3.4.2 Kostenartenrechnung	154–159
	3.4.3 Kostenstellenrechnung	160–163
	3.4.4 Kostenträgerrechnung.....................	164–167
3.5	Beispiel für die Herstellungskostenerfassung...........	168–171
3.6	Herstellungskostenerfassung im Kontext einer GuV-Verfahrensumstellung................................	172–179
	3.6.1 Wechsel vom GKV auf das UKV nach HGB	175–177
	3.6.2 Überleitung vom GKV nach HGB auf das UKV nach IFRS	178–179
4	Herstellungskosten eines selbst geschaffenen immateriellen Vermögensgegenstands des Anlagevermögens (Abs. 2a)	180–200
4.1	Abgrenzung Forschung und Entwicklung.............	180–189
4.2	Erstmalige Bewertung...........................	190–192
4.3	Folgebewertung	193–200
5	Zinsen für Fremdkapital (Abs. 3).......................	201–208
5.1	Grundsätzliches Aktivierungsverbot.................	201–205

5.2	Ausnahme vom Aktivierungsverbot in bestimmten Fällen..	206–208
6 Beizulegender Zeitwert (Abs. 4)		209–262
6.1	Übersicht...	209–224
	6.1.1 Inhalt und Zweck	209–217
	6.1.2 Anwendungsbereich	218–224
	6.1.2.1 Sachlich	218–222
	6.1.2.2 Zeitlich...........................	223–224
6.2	Ermittlung des beizulegenden Zeitwerts	225–262
	6.2.1 Marktpreis als beizulegender Zeitwert (Abs. 4 Satz 1)..	228–242
	6.2.1.1 Aktiver Markt	228–235
	6.2.1.2 Verlässliche Ermittlung	236
	6.2.1.3 Marktpreis.......................	237–242
	6.2.2 Allgemein anerkannte Bewertungsmethoden (Abs. 4 Satz 2)..	243–254
	6.2.2.1 Grundsätze zur Methodenwahl	243–247
	6.2.2.2 Mögliche Bewertungsmethoden	248–254
	6.2.3 Fortführung der Anschaffungs- oder Herstellungskosten (Abs. 4 Sätze 3 u. 4).....................	255–262

1 Begriff der Anschaffungskosten (Abs. 1)

1.1 Grundlegendes

§ 255 Abs. 1 Satz 1 HGB definiert die **AK** als die Aufwendungen, die geleistet werden, um einen VG zu erwerben und ihn in einen betriebsbereiten Zustand zu versetzen. Derartige Aufwendungen müssen dem VG einzeln zuordenbar sein. Nach § 255 Abs. 1 Satz 2 HGB zählen zu den AK auch die Nebenkosten sowie die nachträglichen AK. Anschaffungspreisminderungen, die den VG einzeln zuzuordnen sind, reduzieren den ursprünglichen Anschaffungspreis (§ 255 Abs. 1 Satz 3 HGB).

Der Begriffsinhalt der AK gilt für alle bilanzierenden Kfl. Die AK stellen den **Zugangswert** dar, mit dem ein angeschaffter VG erstmals bilanziert wird. **Zweck der Bewertung eines VG zu AK** ist zum einen, die Anschaffung als einen **erfolgsneutralen Vorgang** abzubilden,[1] denn die AK eines erworbenen VG bestimmen sich durch die Gegenleistung des Erwerbers (Prinzip der Maßgeblichkeit der Gegenleistung).[2] Zum anderen stellen die AK grds. die **Wertobergrenze** dar, mit der von außerhalb des Unt bezogene VG bilanziell erfasst werden. Dies gilt auch für den Fall von (vermeintlich) überhöhten AK. Ein Kfm. wird nur bereit sein, den Betrag zur Erlangung eines VG zu leisten, der den Wert widerspiegelt, den er dem VG zum Zeitpunkt des Erwerbs (mindestens) beimisst. Erweisen sich die AK eines VG im Nachhinein tatsächlich als

---

[1] Vgl. *Bieg/Kußmaul/Waschbusch*, Externes Rechnungswesen, 6. Aufl. 2012, S. 136; *Moxter*, Bilanzlehre, Bd. II, 3. Aufl. 1986, S. 41 ff.
[2] Vgl. ADS, 6. Aufl. § 255 HGB, Rz 5.

überhöht, so ist in der Folgebewertung eine Abwertung des VG auf den niedrigeren Stichtagswert durch die Vornahme einer außerplanmäßigen Abschreibung in Betracht zu ziehen.[3]

1.2 Anschaffungsvorgang

1.2.1 Erwerb

3 In Abgrenzung zur Herstellung eines VG handelt es sich bei der Anschaffung eines VG um den Zugang eines bereits existierenden VG von einem Dritten (Aspekt des Fremdbezugs). Der Anschaffungsvorgang beinhaltet den Erwerb eines VG sowie dessen erstmalige Versetzung in einen betriebsbereiten Zustand.

4 Unter dem **Erwerb eines VG** ist die Überführung eines VG aus einer fremden Verfügungsgewalt in die eigene Verfügungsgewalt zu verstehen.[4] Das Erlangen der eigenen Verfügungsgewalt findet im **Zeitpunkt des Übergangs des wirtschaftlichen Eigentums** an einem VG statt. Die wirtschaftliche Betrachtungsweise ist heranzuziehen, um einem Hauptzweck der Bilanz – der Darstellung eines zutreffenden Bildes der Vermögenslage – gerecht zu werden.[5]

5 Die Zuordnung von VG zum Vermögen eines Bilanzierenden richtet sich demzufolge nicht allein nach dem zivilrechtlichen Eigentum, sondern auch nach wirtschaftlichen Gesichtspunkten. Wirtschaftlicher Eigentümer eines VG ist, wer über einen VG die tatsächliche Sachherrschaft in einer Weise ausübt, die es ihm ermöglicht, den rechtlichen Eigentümer wirtschaftlich auf Dauer von der Einwirkung auf den VG auszuschließen.[6] Dem Herausgabeanspruch des rechtlichen Eigentümers darf hierbei keine nennenswerte wirtschaftliche Bedeutung zukommen. Die tatsächliche Sachherrschaft übt derjenige über einen VG aus, dem – bezogen auf die wirtschaftliche Nutzungsdauer – Eigenbesitz, Gefahr, Nutzen und Lasten zustehen.[7]

> **Beispiel**
> Die im Elektroeinzelhandel tätige B-KG bestellt am 1.12.01 bei dem Großhändler G-GmbH Schaltschränke im Gesamtwert von 50 TEUR. Die G-GmbH liefert die Schaltschränke am 15.12.01 an die B-KG mit einem firmeneigenen Lkw aus. In den Lieferbedingungen behält sich die G-GmbH bis zur vollständigen Bezahlung der Waren das Eigentum an den gelieferten Schaltschränken vor. Außerdem wurde vereinbart, dass der Gefahrenübergang der Waren mit dem Zeitpunkt der Anlieferung beim Kunden erfolgen soll. Die Schaltschränke werden bei der B-KG auf Lager gelegt.

---

[3] Vgl. ADS, 6. Aufl. § 255 HGB, Rz 18.
[4] Vgl. BFH, Urteil v. 24.5.1968, VI R 6/67, BStBl 1968 II S. 574; BFH, Urteil v. 3.8.1976, BStBl 1977 II S. 65.
[5] Vgl. dazu *Moxter*, Grundsätze ordnungsgemäßer Rechnungslegung, 2003, S. 63 ff.; *Moxter*, StuW 1989, S. 232 ff.
[6] Vgl. *Bieg/Kußmaul/Petersen/Waschbusch/Zwirner*, Bilanzrechtsmodernisierungsgesetz – Bilanzierung, Berichterstattung und Prüfung nach dem BilMoG, 2009, S. 37 ff.
[7] Vgl. BFH, Urteil v. 8.3.1977, VIII R 180/74, BStBl 1977 II S. 629; BFH, Urteil v. 22.8.1966, GrS 2166, BStBl 1966 III S. 672; BFH, Beschluss v. 12.6.1978, GrS 1/77, BStBl 1978 II S. 620.

> **Beurteilung**
> Aufgrund des Eigentumsvorbehalts bleibt die G-GmbH bis zum Zeitpunkt der vollständigen Bezahlung der Waren rechtlicher Eigentümer der an die B-KG gelieferten Schaltschränke. Im Zeitpunkt der Anlieferung gingen allerdings der Besitz, die Gefahr des zufälligen Untergangs (Diebstahl, Schwund) sowie der Nutzen und die Lasten (möglicher Gewinn/Verlust aus dem Verkauf) der Schaltschränke auf die B-KG über. Die B-KG ist damit im Zeitpunkt der Anlieferung wirtschaftlicher Eigentümer der Schaltschränke geworden. Die VG sind deshalb dem bilanziellen Vermögen der B-KG zuzurechnen. Die B-KG hat die Schaltschränke zum 31.12.01 zu bilanzieren, um in ihrer Bilanz ein den tatsächlichen Verhältnissen entsprechendes Bild der Vermögenslage zu zeigen.

> **Beispiel**
> Die X-OHG kauft am 1.7.01 auf Rechnung einen Gabelstapler zum Preis von 16 TEUR. Der Gabelstapler wird am gleichen Tag beim Händler abgeholt. Die betriebsgewöhnliche Nutzungsdauer beträgt acht Jahre.
> Die X-OHG hat am 1.7.01 den Zugang des Gabelstaplers in der Buchhaltung abzubilden. Weiterhin ist am Bilanzstichtag der Werteverzehr für sechs Monate i. H. v. 1 TEUR durch die Verrechnung planmäßiger Abschreibungen (hier lineare Vorgehensweise) als Aufwand zu verbuchen.
>
> Buchungssatz am 1.7.01 (in TEUR):
>
> | Datum | Konto | Soll | Haben |
> |---|---|---|---|
> | | Betriebs- und Geschäftsausstattung | 16 | |
> | | Verbindlichkeiten aus L&L | | 16 |
>
> Buchungssatz am Bilanzstichtag (31.12.01) (in TEUR):
>
> | Datum | Konto | Soll | Haben |
> |---|---|---|---|
> | | Abschreibungen auf Sachanlagen | 1 | |
> | | Betriebs- und Geschäftsausstattung | | 1 |

Der Erwerbsvorgang ist grds. auf einen bestimmten Zeitpunkt bezogen. AK können jedoch auch bereits **vor dem eigentlichen Erwerb** und dem Übergang des (wirtschaftlichen) Eigentums anfallen. Bspw. sind die bei einem Grundstückskauf getätigten Aufwendungen wie Maklergebühren und Notarkosten bereits AK.[8] Diese Aufwendungen sind als Anschaffungsnebenkosten zu aktivieren; ihre Verrechnung als Aufwand der Periode ist aufgrund der bestehenden Aktivierungspflicht nicht zulässig (zu den Anschaffungsnebenkosten s. Rz 58 ff.). Der Erwerb eines VG beginnt also bereits dann, wenn die ersten Aufwendungen anfallen, die vom Erwerber zur Erlangung des (wirtschaftlichen) Eigentums an einem VG in Kauf genommen werden müssen.

Auch **nach dem Anschaffungszeitpunkt** können noch AK anfallen. In erster Linie handelt es sich dabei um nachträgliche AK sowie um Aufwendungen, die erforderlich sind, um einen VG in einen betriebsbereiten Zustand zu versetzen.

---

[8] Vgl. BFH, Urteil v. 13.10.1983, IV R 160/78, BStBl 1984 II S. 101.

Der Anschaffungsvorgang eines VG kann sich folglich über einen längeren Zeitraum erstrecken. Sämtliche in diesem Zeitraum anfallenden Aufwendungen, die mit dem Ziel in Kauf genommen werden, das (wirtschaftliche) Eigentum (final) an einem VG zu erlangen, stellen AK dar.[9]

1.2.2 Zustand der Betriebsbereitschaft

8 Neben dem Erwerb beinhaltet der Begriff des Anschaffungsvorgangs das Versetzen eines VG in den betriebsbereiten Zustand. Vor allem im Bereich des Sachanlagevermögens findet der **Begriff der Betriebsbereitschaft** Verwendung. Ein VG gilt dann als betriebsbereit, wenn er entsprechend seiner Zweckbestimmung verwendet werden kann.[10] Welchen Zweck ein erworbener VG erfüllen soll, bestimmt der Erwerber. Die Zweckbestimmung beschreibt die konkrete Art und Weise, mit der der Erwerber den VG künftig zur Erzielung von Einnahmen nutzen will.[11]

9 Typische Aufwendungen, die in die AK einzubeziehen sind, um einen VG in Betriebsbereitschaft zu versetzen, sind:
- Aufwendungen für Fundamentierungsarbeiten,
- Aufwendungen für Montage- und Anschlussarbeiten,
- Aufwendungen für Probeläufe,
- Aufwendungen für innerbetriebliche Transporte.

10 Aufwendungen der vorstehenden Art dürfen allerdings als Teil der AK nur aktiviert werden, wenn sie dem erworbenen VG **einzeln** zugerechnet werden können und auf die Herstellung der Betriebsbereitschaft ausgerichtet sind (Zweckbezogenheit). Durch das Einbeziehen der Betriebsbereitschaftskosten in die AK soll der Vorgang der Anschaffung eines VG möglichst erfolgsneutral behandelt werden.

11 Vermögensgegenstände des UV (z.B. Vorräte) werden i.d.R. nicht in einen betriebsbereiten Zustand versetzt.

12 Umstritten ist die Einordnung von sog. **anschaffungsnahen Aufwendungen.** Hierbei handelt es sich um Aufwendungen, die bei der Instandsetzung bzw. der Umrüstung von gebraucht erworbenen VG anfallen. Fraglich ist, ob es sich dabei um AK, HK oder einen laufenden Erhaltungsaufwand handelt.

13 Wird ein VG erworben, jedoch erst zu einem späteren Zeitpunkt in Betriebsbereitschaft versetzt, handelt es sich bei den damit verbundenen Aufwendungen ebenfalls um AK.

> **Beispiel**
> Die in der spanabhebenden Industrie tätige X-KG kauft am 2.1.01 eine CNC-Fräsmaschine zu einem Preis von 165 TEUR. Die betriebsgewöhnliche Nutzungsdauer der CNC-Fräsmaschine beträgt sechs Jahre. Die CNC-Fräsmaschine wird zunächst nicht in der Produktion eingesetzt, sondern auf Lager vorgehalten. Am 15.4.01 stößt die X-KG aufgrund voller Auftragsbücher an ihre Kapazitätsgrenze. Das Management beschließt daher, die auf Lager vorgehaltene CNC-Fräsmaschine umgehend in der Produktion einzusetzen. Zu diesem Zweck müssen jedoch zunächst ein Fundament gegossen sowie umfang-

---

[9] Vgl. BFH, Urteil v. 24.2.1987, IX R 114/82, BStBl 1987 II S. 812f.
[10] Vgl. BFH, Urteil v. 12.9.2001, IX R 52/00, BStBl 2003 II S. 574.
[11] Vgl. BFH, Urteil v. 12.9.2001, IX R 52/00, BStBl 2003 II S. 576.

reiche Installationsarbeiten durchgeführt werden. Insgesamt fallen hierfür 15 TEUR an. Die Arbeiten werden von einem externen Dienstleistungsunt durchgeführt. Die CNC-Fräsmaschine wird am 1.5.01 in Betrieb genommen.

Beurteilung
Die X-KG hat am 2.1.01 die Maschine mit 165 TEUR anzusetzen. Nach Abschluss der Inbetriebnahme sind weitere 15 TEUR zu aktivieren. Die gesamten AK der CNC-Fräsmaschine betragen somit 180 TEUR.

Buchungssatz am 2.1.01 (in TEUR):

Datum	Konto	Soll	Haben
	Maschinen	165	
	Verbindlichkeiten aus L&L		165

Buchungssatz nach der Inbetriebnahme am 1.5.01 (in TEUR):

Datum	Konto	Soll	Haben
	Maschinen	15	
	Verbindlichkeiten aus L&L		15

Aufgrund des engen zeitlichen Zusammenhangs von Anschaffung und Inbetriebnahme (erstmalige Nutzung) der CNC-Fräsmaschine kann von einer wirtschaftlichen Abnutzung im Zeitraum der Lagerung der CNC-Fräsmaschine abgesehen werden.[12] Der Abschreibungsbeginn der CNC-Fräsmaschine kann somit auf den Zeitpunkt der erstmaligen Nutzung (1.5.01) festgelegt werden. Bei Anwendung der linearen Abschreibung beträgt die planmäßige Abschreibung für das Jahr 01 20 TEUR.

Buchungssatz am Bilanzstichtag (31.12.01) (in TEUR):

Datum	Konto	Soll	Haben
	Abschreibungen auf Sachanlagen	20	
	Maschinen		20

Auch Umrüstkosten zählen zu den AK, sofern ein gebraucht erworbener VG erst nach den Umrüstungsmaßnahmen seiner Zweckbestimmung zugeführt werden kann.[13] Um AK i.S.d. § 255 Abs. 1 HGB handelt es sich auch bei bereits in Betriebsbereitschaft befindlichen VG, die durch nachträgliche AK in einen objektiv höherwertigen betriebsbereiten Zustand versetzt werden. Im Wesentlichen handelt es sich dabei um Wohn- und Bürogebäude. Bei Wohn- und Bürogebäuden gehört zur Zweckbestimmung die Entscheidung, welchen Standard das Gebäude erfüllen soll. Der BFH[14] stuft den möglichen Standard eines Gebäudes ein in:
- sehr einfach,
- mittel oder
- sehr anspruchsvoll.

Führt der Erwerber eines Gebäudes, welches zwar betriebsbereit ist, jedoch nur einem sehr einfachen Standard entspricht, im Zuge des Erwerbs **Baumaßnahmen**

14

15

---

12 Vgl. ADS, 6. Aufl. § 253 HGB, Rz 439.
13 Vgl. BFH, Urteil v. 14.11.1985, IV R 170/83, BStBl 1986 II S. 60.
14 Vgl. BFH, Urteil v. 12.9.2001, IX R 52/00, BStBl 2003 II S. 574.

durch, die das Gebäude auf einen vom Erwerber gewünschten höheren Standard anheben, so handelt es sich bei den zu diesem Zweck anfallenden Aufwendungen um **AK** i.S.d. § 255 Abs. 1 HGB, weil durch diese Baumaßnahmen der Zustand der Betriebsbereitschaft eines **höheren Gebäudestandards** erreicht wird. Plant der Erwerber hingegen beim Erwerb eines Gebäudes, welches in einem sehr einfachen Standard betriebsbereit ist, dieses grundlegend durch Baumaßnahmen in einen höheren Standard zu versetzen, werden diese Pläne jedoch erst zu einem **späteren Zeitpunkt** verwirklicht, so handelt es sich bei den hierbei anfallenden Aufwendungen **nicht um AK** i.S.d. § 255 Abs. 1 HGB. Die Aufwendungen sind in diesem Fall entweder **HK oder Erhaltungsaufwand**.

16 Nach dem Verständnis des Gesetzes endet der Anschaffungsvorgang eines VG nicht bereits mit dem Übergang der wirtschaftlichen Verfügungsmacht, sondern erst mit der erstmaligen Versetzung des VG in den betriebsbereiten Zustand.[15] Fallen allerdings Aufwendungen erst nach dem Anschaffungsvorgang an (bspw. für Schönheitsreparaturen), zählen diese nicht zu den AK.

> **Beispiel**
> Die S-GmbH erwirbt am 27.7.01 ein leer stehendes Bürogebäude zu einem Kaufpreis von 800 TEUR. Die vorhandenen Installationen wie Heizung, sanitäre Anlagen sowie Fenster sind im Wesentlichen funktionsbereit, jedoch renovierungsbedürftig.
>
> **Variante 1:**
> Unmittelbar nach dem Erwerb werden die Büroräume von der S-GmbH genutzt. In den folgenden Wochen werden Schönheitsreparaturen sowie Instandsetzungsarbeiten durchgeführt.
>
> **Beurteilung**
> Da das Bürogebäude bereits zum Zeitpunkt des Erwerbs dem vom Erwerber bestimmten Zweck (Nutzung der Räumlichkeiten) zugeführt werden kann, handelt es sich bei den Aufwendungen für Schönheitsreparaturen sowie Instandsetzungsarbeiten lediglich um Maßnahmen der Funktionserhaltung und somit nicht um Aufwendungen zur Herstellung der Betriebsbereitschaft. Die Betriebsbereitschaft lag bereits zum Zeitpunkt des Erwerbs vor.
>
> **Variante 2:**
> Unmittelbar nach dem Erwerb lässt die S-GmbH das Bürogebäude durch entsprechende Baumaßnahmen auf einen höheren als den bisherigen Standard bringen.
>
> **Beurteilung**
> Die mit dem Anheben des Standards des Bürogebäudes vor dessen erstmaliger Nutzung verbundenen Aufwendungen gelten als Aufwendungen für das Versetzen des Bürogebäudes in den gewünschten betriebsbereiten Zustand. Sie zählen somit zu den AK nach § 255 Abs. 1 HGB.[16]

---

[15] Vgl. ADS, 6. Aufl. § 255 HGB, Rz 12.
[16] Vgl. BFH, Urteil v. 12.9.2001, IX R 52/00, BStBl 2003 II S. 574.

2 Umfang der Anschaffungskosten (Abs. 1)

2.1 Ermittlungsschema

Die AK eines VG setzen sich aus den folgenden Bestandteilen zusammen: 17

    Anschaffungspreis
+ Anschaffungsnebenkosten, sofern einzeln zurechenbar
+ nachträgliche AK
− Anschaffungspreisminderungen, sofern einzeln zurechenbar

= AK

Abb. 1: Ermittlungsschema der AK

2.2 Anschaffungspreis

2.2.1 Rechnungsbetrag und USt

Die Ausgangsgröße zur Ermittlung der AK eines VG stellt regelmäßig der **Anschaffungspreis** dar. Dieser entspricht dem in der Rechnung ausgewiesenen Betrag. Die Größe „Anschaffungspreis" ist daher im Allgemeinen recht einfach zu bestimmen. Bei Unt, die gem. § 15 UStG vorsteuerabzugsberechtigt sind, stellt die in der Rechnung ausgewiesene **USt** (Vorsteuer) keinen Bestandteil des Anschaffungspreises dar,[17] da es sich bei diesen Unt bei der Vorsteuer um einen durchlaufenden Posten handelt. Hingegen entspricht der Anschaffungspreis bei nicht zum Vorsteuerabzug berechtigten Unt dem Bruttorechnungsbetrag,[18] also dem Nettopreis zzgl. der darauf entfallenden USt. 18 19

2.2.2 Sonderfälle bei der Ermittlung des Anschaffungspreises

2.2.2.1 Anschaffungspreis in Fremdwährung

Wird ein VG in einer Fremdwährung bezahlt, so ist für die Ermittlung des Anschaffungspreises eine **Währungsumrechnung** in Euro vorzunehmen. Hierfür sind insb. der **Zeitpunkt der Umrechnung** sowie eine evtl. vorgenommene **Kurssicherung** von Belang. 20

Die Umrechnung von Fremdwährungsgeschäften wird durch § 256a reglementiert (s. § 256a Rz 1 ff.). Dieser Paragraf betrifft zwar, ausgehend vom Wortlaut der Vorschrift, lediglich die Folgebewertung von auf fremde Währung lautenden VG und Schulden, jedoch findet der Gesetzesbegründung zufolge die Vorschrift der **Umrechnung** von auf fremde Währung lautenden VG und Schulden **mit dem Devisenkassamittelkurs** auch **im Zugangszeitpunkt** eines VG oder einer Schuld Anwendung.[19] 21

---

[17] Vgl. statt vieler *Knop u. a.*, in *Küting/Weber*, HdR, HGB § 255, Rn 20, Stand 12/2015.
[18] Vgl. *Wohlgemuth/Radde*, in *Böcking/Castan/Heymann/Pfitzer/Scheffler*, Beck'sches HdR, B 162, Rz 30, Stand 3/2016.
[19] Vgl. Begr. RegE BilMoG, S. 137; ferner *Bieg/Kußmaul/Petersen/Waschbusch/Zwirner*, Bilanzrechtsmodernisierungsgesetz – Bilanzierung, Berichterstattung und Prüfung nach dem BilMoG, 2009, S. 24.

22 Bei der **Anschaffung eines auf fremde Währung lautenden VG gegen Vorauszahlung oder Barzahlung** richtet sich der Anschaffungspreis nach dem tatsächlich hingegebenen Betrag. Die Fremdwährung wird hierbei mithilfe des Devisenkassamittelkurses (= arithmetisches Mittel zwischen Geld- und Briefkurs) umgerechnet.

> **Beispiel**
> Die Z-AG schließt am 2.1.01 mit einem US-amerikanischen Hersteller einen Vertrag über die Abnahme eines Passagierflugzeugs. Vereinbarungsgemäß überweist die Z-AG am 15.3.01 sowie am 29.6.01 jeweils eine Hälfte des Gesamtkaufpreises i. H. v. 240 Mio. USD.
> Der Wechselkurs (Devisenkassamittelkurs) beträgt am 15.3.01 1,20 USD/EUR und am 29.6.01 1,25 USD/EUR.
>
> **Beurteilung**
> Der Anschaffungspreis des Passagierflugzeugs in Euro beläuft sich somit auf (120.000.000 USD/1,20 USD/EUR) + (120.000.000 USD/1,25 USD/EUR) = 100.000.000 EUR + 96.000.000 EUR = 196.000.000 EUR.

23 Sofern der **Anschaffungspreis** beim geplanten Erwerb eines VG durch einen antizipativen Hedge im Vorhinein fixiert wurde und die Sicherungsbeziehung die Anforderungen des § 254 HGB an die Bildung von Bewertungseinheiten erfüllt (s. § 254 Rz 10 ff.), ist grds. folgende Vorgehensweise anzuwenden:[20]
- Die Wertänderungen des Sicherungsinstruments werden zunächst in einer Nebenbuchhaltung erfasst. Die Sicherungsbeziehung wird laufend auf ihre Wirksamkeit hin überprüft; für die unwirksamen Teile ist, sofern sie einen (unrealisierten) Verlust darstellen, eine Rückstellung zu bilanzieren.
- Die in der Nebenbuchhaltung ermittelten kumulierten Wertänderungen des Sicherungsinstruments sowie die evtl. durch das Sicherungsinstrument verursachten Zahlungen sind mit dem Anschaffungspreis des VG zu verrechnen.

24 Bei der **Begleichung des Kaufpreises eines auf fremde Währung lautenden VG aus vorgehaltenen Währungsbeständen** ist dieser aus Vereinfachungsgründen ebenfalls mit dem im Zugangszeitpunkt (Zahlungszeitpunkt) gültigen Devisenkassamittelkurs umzurechnen. Dabei kann – abhängig vom Buchwert der vorgehaltenen Währungsbestände in Euro – die Realisierung eines Kursgewinns oder -verlusts eintreten.[21]

25 Wird ein **auf fremde Währung lautender VG auf Ziel erworben,** so fixiert auch hier der Devisenkassamittelkurs im Zeitpunkt der Anschaffung den Anschaffungspreis. Gleichzeitig mit dem VG ist eine Kaufpreisverbindlichkeit einzubuchen. Spätere Wechselkursschwankungen wirken sich dann im Rahmen der Folgebewertung lediglich noch auf die Höhe der Kaufpreisverbindlichkeit aus; die AK des VG sind dagegen nicht mehr anzupassen.[22]

---

20 Vgl. *Scharpf/Schaber*, KoR 2008, S. 540.
21 Vgl. auch *Schubert/Gadek*, in Beck Bil-Komm., 10. Aufl., § 255 HGB, Rz 54.
22 Vgl. auch BFH, Urteil v. 16.12.1977, III R 92/75, BStBl 1978 II S. 233.

Bewertungsmaßstäbe § 255

> **Beispiel**
> Die Z-AG erwirbt am 1.4.02 eine Enteisungsanlage für Flugzeuge. Diese hat einen Kaufpreis von 10,35 Mio. USD. Es wird ein Zahlungsziel von zwölf Monaten vereinbart. Der Wechselkurs (Devisenkassamittelkurs) beträgt am 1.4.02 1,15 USD/EUR, am 31.12.02 liegt er bei 1,25 USD/EUR. Die AK der Enteisungsanlage betragen somit 10.350.000 USD/1,15 USD/EUR = 9.000.000 EUR.
> Buchungssatz am 1.4.02 (in TEUR):
>
> | Datum | Konto | Soll | Haben |
> |---|---|---|---|
> | | Technische Anlagen und Maschinen | 9.000 | |
> | | Verbindlichkeiten aus L&L | | 9.000 |
>
> Eine Anpassung der AK der Enteisungsanlage findet zum 31.12.02 trotz des veränderten Wechselkurses nicht statt.

2.2.2.2 Erwerb auf Ziel zu unüblichen Konditionen

Erwirbt ein Unt einen VG zu **unüblichen Konditionen**, ist regelmäßig eine Anpassung des Rechnungspreises zu prüfen. Ein solcher Fall liegt bspw. dann vor, wenn der Verkäufer dem Erwerber einen **formal unverzinslichen Lieferantenkredit** gewährt. In diesem Fall gilt der Barwert der Verpflichtung anstelle des Rechnungspreises als AK, sofern die Beträge wesentlich voneinander abweichen. Zu begründen ist dies durch die Rechtsnatur dieses Geschäfts, das sich eigentlich aus zwei eigenständigen Geschäften (dem Verkauf des VG und der Kreditgewährung) zusammensetzt.[23]

26

> **Beispiel**
> Die Bau-OHG benötigt für einen anstehenden Großauftrag dringend einen Spezialbagger. Für diesen Spezialbagger liegt der Bau-OHG ein Angebot des Herstellers A vor. Die Bau-OHG und der Hersteller A vereinbaren einen Kaufpreis i.H.v. 250.000 EUR und ein Zahlungsziel von sechs Monaten (180 Tagen). Bei Zahlung innerhalb von 14 Tagen wird ein Skontoabzug i.H.v. 5 % gewährt.
> Aufgrund ihrer derzeit angespannten Liquiditätslage ist die Bau-OHG darauf angewiesen, den Spezialbagger auf Ziel zu erwerben. Am 1.10.01 wird der Kaufvertrag mit dem Hersteller A geschlossen; noch am selben Tag wird der Spezialbagger geliefert. Die Skontofrist lässt die Bau-OHG ungenutzt verstreichen.
>
> **Beurteilung**
> Für den sechsmonatigen Lieferantenkredit des Herstellers ergibt sich ein effektiver Jahreszinssatz von ca. 11,8 %. Der Barwert der Verpflichtung beträgt in diesem Fall bei Anwendung des ICMA-Verfahrens 250.000 × $1,118^{-0,5}$ = 236.439 EUR. Der Zinsanteil beläuft sich somit auf 250.000 EUR − 236.439 EUR = 13.561 EUR.

---

[23] Vgl. zu diesem Absatz ADS, 6. Aufl. § 255 HGB, Rz 78.

Leinen

Buchungssatz am 1.10.01 (in EUR):

Datum	Konto	Soll	Haben
	Technische Anlagen und Maschinen	236.439	
	Verbindlichkeiten aus L&L		236.439

Buchungssatz am 31.12.01 (in EUR) (auf die Darstellung von Abschreibungen wird verzichtet):

Datum	Konto	Soll	Haben
	Zinsaufwand	6.780,50	
	Verbindlichkeiten aus L&L		6.780,50

Buchungssätze am 31.3.02 (in EUR):

Datum	Konto	Soll	Haben
	Zinsaufwand	6.780,50	
	Verbindlichkeiten aus L&L	243.219,50	
	Bank		250.000

27 Eine Anpassung der AK ist ebenso geboten, wenn sich ein **zinsgünstiges Finanzierungsgeschäft und überhöhte AK** gegenüberstehen, da die überhöhten AK bei einer wirtschaftlichen Betrachtung als vorausgezahlte Zinsen zu interpretieren sind.[24] Zur Bestimmung der AK ist der Rechnungspreis um den Zinsanteil zu verringern.

> **Beispiel**
> Der Bau-OHG liegt ein Angebot über einen Muldenkipper vor. Der Kaufpreis beträgt 250.000 EUR. Die Kaufpreiszahlung ist ein Jahr nach Abschluss des Kaufvertrags fällig. Zusätzlich werden Zinsen i.H.v. 1 % p.a. des Kaufpreises erhoben. Diese sind halbjährlich zu entrichten. Marktüblich wäre ein Zinssatz von 5 % p.a. Der Vertragsabschluss und die Auslieferung des Muldenkippers fallen auf den 1.7.01.
>
> **Beurteilung**
> In dem vorliegenden Beispiel wird der Kauf des Muldenkippers mit einem Finanzierungsgeschäft verbunden. Der Zinssatz des Finanzierungsgeschäfts liegt mit 1 % p.a. deutlich unter dem marktüblichen Zinssatz i.H.v. 5 % p.a. Weicht – wie in diesem Fall – der Zinssatz des Finanzierungsgeschäfts stark zugunsten des Käufers vom üblichen Marktzins ab, so kann regelmäßig von überhöhten AK ausgegangen werden.
> Einschließlich Zinsen beläuft sich die Verbindlichkeit der Bau-OHG auf 252.500 EUR. Die Diskontierung mit dem marktüblichen Zinssatz i.H.v. 5 % p.a. ergibt den Barwert der Verbindlichkeit und somit die angepassten AK: 252.500 EUR/1,05 = 240.476 EUR.

---

[24] Vgl. *Wohlgemuth/Radde*, in *Böcking/Castan/Heymann/Pfitzer/Scheffler*, Beck'sches HdR, B 162, Rz 35, Stand 3/2016.

Buchungssatz am 1.7.01 (in EUR):

Datum	Konto	Soll	Haben
	Technische Anlagen und Maschinen	240.476	
	Verbindlichkeiten aus L&L		240.476

Buchungssätze am 31.12.01 (in EUR) (auf die Darstellung von Abschreibungen wird verzichtet):

Datum	Konto	Soll	Haben
	Zinsaufwand	1.250	
	Bank		1.250
	Zinsaufwand	4.762	
	Verbindlichkeiten aus L&L		4.762

Buchungssätze am 30.6.02 (in EUR):

Datum	Konto	Soll	Haben
	Zinsaufwand	4.762	
	Zinsaufwand	1.250	
	Verbindlichkeiten aus L&L	245.238	
	Bank		251.250

Umgekehrt ist bei einem **günstigen Kaufpreis und überhöhten Zinszahlungen** 28 der Kaufpreis um den Barwert des Zinsanteils (der in diesem Fall einen verdeckten Kaufpreisanteil darstellt) zu erhöhen. Dieser Zinsanteil erhöht die korrespondierende Verbindlichkeit aus L&L. Er wird als Teil des erfolgsneutralen Anschaffungsvorgangs nicht aufwandswirksam.

Beispiel
Die Bau-OHG kann einen Radlader zu einem vergleichsweise günstigen Kaufpreis von 150.000 EUR erwerben. Die Kaufpreiszahlung nebst Zinsen ist erst in einem Jahr fällig. Der Zinssatz beträgt 50 % p.a. des Kaufpreises. Der marktübliche Zinssatz liegt bei 5 % p.a. Der Vertragsabschluss und die Lieferung des Radladers finden am 1.7.01 statt.

Beurteilung
In diesem Fall liegt der Zinssatz des Finanzierungsgeschäfts weit über dem marktüblichen Zinssatz. Im Gegenzug kann die Bau-OHG den Radlader zu einem günstigen Kaufpreis erwerben. Nach einem Jahr sind insgesamt 150.000 EUR × (1 + 0,50) = 225.000 EUR zu zahlen. Um die angepassten AK zu ermitteln, wird dieser Betrag mit dem marktüblichen Zinssatz diskontiert: 225.000 EUR / (1 + 0,05) = 214.286 EUR.
Im vereinbarten Zinsanteil i.H.v. 75.000 EUR ist demnach ein verdeckter Kaufpreisanteil i.H.v. 214.286 EUR – 150.000 EUR = 64.286 EUR enthalten.

Buchungssatz am 1.7.01 (in EUR):

Datum	Konto	Soll	Haben
	Technische Anlagen und Maschinen	214.286	
	Verbindlichkeiten aus L&L		214.286

Buchungssätze am 31.12.01 (in EUR) (auf die Darstellung von Abschreibungen wird verzichtet):

Datum	Konto	Soll	Haben
	Zinsaufwand	5.357	
	Verbindlichkeiten aus L&L		5.357

Buchungssätze am 30.6.02 (in EUR):

Datum	Konto	Soll	Haben
	Zinsaufwand	5.357	
	Verbindlichkeiten aus L&L	219.643	
	Bank		225.000

2.2.2.3 Erwerb durch Tausch

29 Bei der **Anschaffung eines VG durch einen Tausch**, bei dem die Aufwendungen für die Anschaffung nicht in Form von Zahlungsmitteln, sondern durch die Hingabe eines anderen bewertbaren VG anfallen, besteht **handelsbilanziell** ein **Wahlrecht** zwischen der Buchwertfortführung, der Gewinnrealisierung und der erfolgsneutralen Behandlung:[25]

30 • Bei der **Buchwertfortführung** (erste Variante) wird der angeschaffte VG mit den fortgeführten AHK des hingegebenen VG angesetzt, höchstens jedoch zum niedrigeren Zeitwert des angeschafften VG.

31 • Soll beim Tausch eine **Gewinnrealisierung** (zweite Variante) stattfinden, ist der angeschaffte VG mit dem (höheren) Zeitwert des hingegebenen VG zu bewerten. Diese Variante ist jedoch handelsrechtlich nur zulässig, sofern der Tausch betriebswirtschaftlich notwendig war und nicht lediglich aus jahresabschlusspolitischen Überlegungen heraus getätigt wurde.[26] **Steuerrechtlich** ist die Gewinnrealisierung beim Tausch verpflichtend vorzunehmen (§ 6 Abs. 6 Satz 1 EStG). Das eingetauschte Wirtschaftsgut ist danach mit dem (höheren) gemeinen Wert (gem. § 9 Abs. 2 BewG) des hingegebenen Wirtschaftsguts zu bewerten, woraus i.d.R. eine Ertragsteuerbelastung resultiert.[27]

32 • Aus diesem Grund wird handelsrechtlich auch eine (komplett) **erfolgsneutrale Behandlung** des Tauschs (dritte Variante) für zulässig gehalten, die als modifizierte Buchwertfortführung angesehen werden kann.[28] Der Buchwert wird bei dieser Variante um eine eventuelle ertragsteuerliche Belastung erhöht, um damit die mit dem Tausch verbundene Belastung zu neutralisieren.[29]

---

[25] Vgl. auch *Kahle u.a.*, in *Baetge/Kirsch/Thiele*, Bilanzrecht, § 255 HGB, Rz 72, Stand 1/2016; ADS, 6. Aufl. § 255 HGB, Rz 89; *Schubert/Gadek*, in Beck Bil-Komm., 10. Aufl., § 255 HGB, Rz 40; *Knop u.a.*, in *Küting/Weber*, HdR, HGB § 255, Rn 110, Stand 12/2015; a.A. sind *Wohlgemuth/Radde*, in *Böcking/Castan/Heymann/Pfitzer/Scheffler*, Beck'sches HdR, B 762, Rz 51ff., Stand 3/2016; diese verlangen die Bewertung des erhaltenen VG mit dem aus Sicht des Unt vorsichtig zu schätzenden Zeitwert des hingegebenen VG, zzgl. Anschaffungsnebenkosten und abzgl. Anschaffungskostenminderungen.
[26] Vgl. ADS, 6. Aufl. § 255 HGB, Rz 91.
[27] Vgl. auch *Kußmaul*, Betriebswirtschaftliche Steuerlehre, 7. Aufl. 2014, S. 60.
[28] Vgl. *Knop u.a.*, in *Küting/Weber*, HdR, HGB § 255, Rn 113, Stand 12/2015.
[29] Vgl. *Kahle u.a.*, in *Baetge/Kirsch/Thiele*, Bilanzrecht, § 255 HGB, Rz 72, Stand 1/2016.

> **Beispiel**
> Die Bau-GmbH tauscht einen nicht mehr benötigten Bagger (Restbuchwert 25.000 EUR, Zeitwert 28.000 EUR) gegen eine dringend benötigte Walze ein. Die erhaltene Walze hat einen Zeitwert von 26.000 EUR.
>
> **Beurteilung**
> - Buchwertfortführung: Der Bagger wird mit 25.000 EUR ausgebucht und die Walze wird mit dem Restbuchwert des Baggers, d.h. mit 25.000 EUR, in die Bilanz aufgenommen.
> - Gewinnrealisation: Der Bagger wird mit 25.000 EUR ausgebucht und die Walze mit 28.000 EUR eingebucht. Es resultiert hieraus ein Gewinn i. H. v. 3.000 EUR. Bei einer angenommenen 30 %igen Besteuerung sind somit 900 EUR Steuern abzuführen.
> - Modifizierte Buchwertfortführung: Der Bagger wird mit 25.000 EUR ausgebucht und die Walze mit dem Restbuchwert des Baggers zzgl. der entstandenen Steuerlast eingebucht, d.h. mit 25.000 EUR + 900 EUR = 25.900 EUR. Der dadurch entstehende buchmäßige Ertrag gleicht den entstandenen Steueraufwand gerade aus, wodurch eine vollständig erfolgsneutrale Abbildung des Tauschs im handelsrechtlichen Jahresabschluss zustande kommt.

2.2.2.4 Unentgeltlicher Erwerb

Beim unentgeltlichen Erwerb eines VG (z.B. im Fall einer Erbschaft oder einer Schenkung) erbringt der Erwerber für den Erhalt des VG **keine Gegenleistung**. Die Aktivierung unentgeltlich erworbener VG ist daher im Fachschrifttum heftig umstritten; die Auffassungen erstrecken sich von einem Aktivierungsverbot über ein Aktivierungswahlrecht bis hin zu einem Aktivierungsgebot.

Die hier vertretene Auffassung spricht sich für eine uneingeschränkte **Beachtung des Vollständigkeitsgebots** des § 246 Abs. 1 HGB und damit für eine **Aktivierungspflicht von unentgeltlich erworbenen VG** aus.[30] Vom Vollständigkeitsgebot des § 246 Abs. 1 HGB kann nach dem Wortlaut der Regelung nur dann abgewichen werden, wenn durch das Gesetz etwas Anderes bestimmt ist. Eine abweichende Regelung wird allerdings vom Gesetz für den Fall des unentgeltlichen Erwerbs von VG nicht getroffen. Die **Höhe der (fiktiven) AK** eines unentgeltlich erworbenen VG richtet sich nach dem **Marktpreis des VG im Anschaffungszeitpunkt**.[31]

Als Gegenkonto bei der Verbuchung des Zugangs eines unentgeltlich erworbenen VG kommt regelmäßig nur ein Ertragskonto infrage. Eine erfolgsneutrale Gegenbuchung im EK ist nur möglich, sofern es sich bei dem unentgeltlich erworbenen VG um eine Kapitaleinlage in Form einer Sacheinlage handelt.[32]

33

34

35

---

[30] Gl. A. *Knop u.a.*, in *Küting/Weber*, HdR, HGB § 255, Rn 107, Stand 12/2015; *Kahle u.a.*, in *Baetge/Kirsch/Thiele*, Bilanzrecht, § 255 HGB, Rz 75, Stand 1/2016; a.A. ADS, 6. Aufl. § 255 HGB, Rz 83, die hier generell ein Aktivierungswahlrecht sehen. Im Fall des unentgeltlichen Erwerbs eines immateriellen VG gehen *Knop u.a.* allerdings von einem Aktivierungswahlrecht aus.
[31] Vgl. *Ballwieser*, in MünchKomm., HGB, 3. Aufl., § 255, Rn 45.
[32] Vgl. *Ballwieser*, in MünchKomm., HGB, 3. Aufl., § 255, Rn 46.

Leinen

36 Unter der Voraussetzung, dass keine Sacheinlage vorliegt, ist ein unentgeltlich erworbenes einzelnes Wirtschaftsgut in der **Steuerbilanz** mit dem gemeinen Wert (gem. § 9 Abs. 2 BewG) als fiktive AK zu bewerten (§ 6 Abs. 4 EStG).

2.2.2.5 Nicht aufgeteilter Gesamtkaufpreis

37 In dem (nicht seltenen) Fall, dass für mehrere VG nur ein einziger Kaufpreis vereinbart und gezahlt wird, ist gem. dem **Einzelbewertungsgrundsatz** (§ 252 Abs. 1 Nr. 3 HGB) eine Aufteilung dieses Gesamtkaufpreises auf die einzelnen VG zwingend geboten. Die Notwendigkeit zu einer solchen Aufteilung wird insb. in den Fällen deutlich, in denen zu einem Gesamtkaufpreis mehrere VG erworben wurden, die entweder nur zum Teil planmäßig abzuschreiben sind oder bei denen sich die Abschreibungsverfahren oder Nutzungsdauern unterscheiden.[33]

38 Ein Gesamtkaufpreis ist grds. unter **Beachtung der Zeitwerte** der einzelnen erworbenen VG auf diese aufzuteilen.[34] Sind für die erworbenen VG Zeitwerte nicht oder nur schwer zu ermitteln, ist auch die Orientierung an anderen zweckmäßigen Maßstäben, bspw. den bisherigen Buchwerten, denkbar. Eine Ermittlung der AK nach der Restwertmethode, bei der einem VG sein Zeitwert und dem anderen der Rest vom Gesamtkaufpreis zugeteilt wird, muss – da willkürlich – als unzulässig ausscheiden.[35]

39 Enthält der Kaufvertrag eine **Aufteilung des Gesamtkaufpreises** auf die einzelnen VG, so spricht nichts dagegen, dieser Aufteilung zu folgen, sofern sie sachlich gerechtfertigt erscheint.[36] Problematisch sind allerdings die Fälle, in denen sich der Gesamtkaufpreis von der Summe der **beizulegenden Zeitwerte** der erworbenen VG unterscheidet. Dabei sind sowohl Situationen denkbar, in denen der Gesamtkaufpreis die Summe der beizulegenden Zeitwerte übersteigt, als auch solche, in denen er unter der Summe der beizulegenden Zeitwerte liegt.

40 **Übersteigt der Gesamtkaufpreis die Summe der beizulegenden Zeitwerte der erworbenen VG**, ist zunächst wieder zwischen zwei Situationen zu unterscheiden. Wurde ein Unt oder ein Teilbetrieb als Ganzes erworben, so ist der (positive) Differenzbetrag gem. § 246 Abs. 1 Satz 4 HGB zwingend als GoF zu aktivieren. Dagegen ist beim Erwerb anderer Gruppen von VG der Mehrbetrag im Verhältnis der jeweiligen Zeitwerte auf die einzelnen VG zu verteilen.[37] Die anschließend durchzuführende Bewertung kann jedoch eine außerplanmäßige Abschreibung nach § 253 Abs. 3 oder Abs. 4 HGB nach sich ziehen.[38]

41 Liegt der **Gesamtkaufpreis unterhalb der Summe der beizulegenden Zeitwerte der erworbenen VG**, ist dieser (negative) Unterschiedsbetrag sinnvoll auf die erworbenen VG zu verteilen. Zulässig erscheint auch hier eine Aufteilung der

---

[33] Vgl. *Wohlgemuth/Radde*, in *Böcking/Castan/Heymann/Pfitzer/Scheffler*, Beck'sches HdR, B 162, Rz 79, Stand 3/2016.
[34] Vgl. BFH, Urteil v. 19.12.1972, VIII R 124/9, BStBl 1973 II S. 295; *Knop u. a.*, in *Küting/Weber*, HdR, HGB § 255, Rn 24, Stand 12/2015.
[35] Vgl. ADS, 6. Aufl. § 255 HGB, Rz 105.
[36] Vgl. BFH, Urteil v. 31.1.1973, I R 197/70, BStBl 1973 II S. 391; *Schubert/Gadek*, in Beck Bil-Komm., 10. Aufl., § 255 HGB, Rz 80.
[37] Vgl. auch BFH, Urteil v. 16.12.1981, I R 131/78, BStBl 1982 II S. 320, der eine Aufteilung im Verhältnis der Teilwerte vorsieht.
[38] Vgl. *Knop u. a.*, in *Küting/Weber*, HdR, HGB § 255, Rn 25, Stand 12/2015.

Differenz nach dem Verhältnis der Zeitwerte der einzelnen VG. In Ausnahmefällen sind jedoch auch andere Verteilungsmethoden wie bspw. ein prozentualer Abschlag von den Zeitwerten sämtlicher VG – mit Ausnahme der liquiden Mittel – oder eine Verteilung anhand des Risikos oder der Rentabilität der betroffenen VG denkbar.[39]

Beispiel
Die A-GmbH erwirbt zum 1.1.01 ein Grundstück mit einer darauf stehenden Lagerhalle für insgesamt 400.000 EUR. Da das Grundstück dem nicht abnutzbaren, die Lagerhalle jedoch dem abnutzbaren AV zugeordnet wird, bestellt die A-GmbH einen Gutachter zwecks Aufteilung des Gesamtkaufpreises. Dieser ermittelt Zeitwerte i. H. v.
- Fall 1: 100.000 EUR für die Lagerhalle und 300.000 EUR für das Grundstück;
- Fall 2: 150.000 EUR für die Lagerhalle und 350.000 EUR für das Grundstück;
- Fall 3: 75.000 EUR für die Lagerhalle und 225.000 EUR für das Grundstück.

Beurteilung
Im Fall 1 entspricht der Gesamtkaufpreis der Summe der Zeitwerte. In diesem unproblematischen Fall sind beide VG jeweils mit ihrem Zeitwert als AK zu bilanzieren.
Im Fall 2 übersteigt die Summe der Zeitwerte den Gesamtkaufpreis für die beiden VG um 100.000 EUR. Der negative Unterschiedsbetrag i.H.v. 100.000 EUR soll hier im Verhältnis der Zeitwerte auf beide VG verteilt werden:
- Lagerhalle: (150.000 EUR/500.000 EUR) × 100.000 EUR = 30.000 EUR; damit ist die Lagerhalle mit 150.000 EUR - 30.000 EUR = 120.000 EUR in der Bilanz anzusetzen;
- Grundstück: (350.000 EUR/500.000 EUR) × 100.000 EUR = 70.000 EUR; damit ist das Grundstück mit 350.000 EUR - 70.000 EUR = 280.000 EUR in der Bilanz anzusetzen;
- die Summe beider Bilanzwerte entspricht hiermit dem Gesamtkaufpreis i. H. v. 400.000 EUR.

Im Fall 3 übersteigt der Gesamtkaufpreis die Summe der Zeitwerte für Lagerhalle und Grundstück um 100.000 EUR. Hier ist zunächst der positive Unterschiedsbetrag auf die beiden VG zu verteilen:
- Lagerhalle: (75.000 EUR/300.000 EUR) × 100.000 EUR = 25.000 EUR; damit ist die Lagerhalle mit 75.000 EUR + 25.000 EUR = 100.000 EUR in der Bilanz anzusetzen;
- Grundstück: (225.000 EUR/300.000 EUR) × 100.000 EUR = 75.000 EUR; damit ist das Grundstück mit 225.000 EUR + 75.000 EUR = 300.000 EUR in der Bilanz anzusetzen;
- die Summe beider Bilanzwerte entspricht hiermit dem Gesamtkaufpreis i. H. v. 400.000 EUR.

---

[39] Vgl. *Wohlgemuth/Radde*, in *Böcking/Castan/Heymann/Pfitzer/Scheffler*, Beck'sches HdR, B 162, Rz 81, Stand 3/2016; *Knop u.a.*, in *Küting/Weber*, HdR, HGB § 255, Rn 24, Stand 12/2015.

> Im Rahmen der nachgelagerten Bewertungsmaßnahmen ist sodann im Fall 3 die Vornahme einer außerplanmäßigen Abschreibung auf den jeweiligen beizulegenden Wert im Rahmen der Vorschriften des § 253 Abs. 3 HGB zu prüfen.

2.2.2.6 Leasing

42 Ist handelsrechtlich die Zuordnung eines Leasinggegenstands (s. § 246 Rz 34 ff.) zum Leasingnehmer vorzunehmen, so gilt der **Barwert der Leasingraten** als **Anschaffungspreis des Leasinggegenstands**. Aus den Leasingraten sind zu diesem Zweck allerdings diejenigen Anteile herauszurechnen, die auf zukünftige Dienstleistungen des Leasinggebers (bspw. Wartungsarbeiten) entfallen; diese Anteile stehen in keinerlei Zusammenhang mit dem Anschaffungsvorgang.[40]

43 Der zur Ermittlung des Barwerts der Leasingraten heranzuziehende **Diskontierungszinssatz** entspricht i.d.R. dem im Leasingvertrag vereinbarten Zinssatz. Alternativ ist ein fristenkongruenter Zinssatz für einen Kredit, den der Leasingnehmer ansonsten zur Beschaffung des VG hätte aufnehmen müssen, heranzuziehen.

44 Keine Sonderregelungen gelten bez. der Berücksichtigung von Anschaffungsnebenkosten (s. Rz 58 ff.), von nachträglichen AK (s. Rz 64 ff.) sowie von Anschaffungspreisminderungen (s. Rz 68 ff.).[41]

2.2.2.7 Erwerb auf Rentenbasis

45 Beim Erwerb eines VG auf Rentenbasis bestimmt sich die Höhe des Anschaffungspreises **durch den Barwert der eingegangenen Rentenverpflichtung** (§ 253 Abs. 2 Satz 3 HGB) im Zeitpunkt des Erwerbs (§ 253 HGB).[42]

46 Zur **Ermittlung des Barwerts** der eingegangenen Rentenverpflichtung ist regelmäßig der **restlaufzeitkongruente durchschnittliche Marktzinssatz der vergangenen sieben Gj** heranzuziehen (§ 253 Abs. 2 Satz 3 HGB i.V.m. § 253 Abs. 2 Satz 1 HGB); bei einem größeren Bestand solcher Rentenverpflichtungen ist – aus Vereinfachungsgründen – auch eine Abzinsung mit dem durchschnittlichen Marktzinssatz, der sich bei einer angenommenen Restlaufzeit von 15 Jahren ergibt, zulässig (§ 253 Abs. 2 Satz 3 HGB i.V.m. § 253 Abs. 2 Satz 2 HGB). Die im Einzelnen anzuwendenden Abzinsungssätze werden von der Deutschen Bundesbank nach Maßgabe einer Rechtsverordnung ermittelt und monatlich bekannt gegeben (§ 253 Abs. 2 Satz 4 HGB).[43]

47 Bei Rentenzahlungen im Zusammenhang mit dem Erwerb eines VG lassen sich grds. zwei verschiedene Formen von Renten unterscheiden. Zum einen kann für

---

[40] Vgl. *Wohlgemuth/Radde*, in *Böcking/Castan/Heymann/Pfitzer/Scheffler*, Beck'sches HdR, B 162, Rz 42, Stand 3/2016.
[41] Vgl. ADS, 6. Aufl. § 255 HGB, Rz 73.
[42] Vgl. auch *Knop u.a.*, in *Küting/Weber*, HdR, HGB § 255, Rn 81 i.V.m. Rn 77, Stand 12/2015.
[43] Vgl. zu den Ausführungen dieses Absatzes auch *Bieg/Kußmaul/Petersen/Waschbusch/Zwirner*, Bilanzrechtsmodernisierungsgesetz – Bilanzierung, Berichterstattung und Prüfung nach dem BilMoG, 2009, S. 81 ff.

den erworbenen VG die Zahlung einer Rente über einen vorher fest vereinbarten begrenzten Zeitraum erfolgen (**Zeitrente**).[44] In diesem Fall ermittelt sich der Barwert der eingegangenen Rentenverpflichtung durch die Abzinsung aller vereinbarten Zahlungen auf den Erwerbszeitpunkt. Zum anderen ist jedoch auch die Kopplung der Rentenzahlungen an die Lebenszeit einer Person – regelmäßig an die des Verkäufers – möglich und üblich (**Leibrente**). In einem solchen Fall ist die Ermittlung des Barwerts der eingegangenen Rentenverpflichtung nur unter Zuhilfenahme versicherungsmathematischer Verfahren unter Einbeziehung der Lebenserwartung des Begünstigten der Rente möglich. Hierfür ist die Lebenserwartung der jeweils aktuellsten Version der Sterbetafel zu entnehmen; dabei sind jegliche individuellen Faktoren außer Acht zu lassen.[45]

Erhöhungen der Rentenzahlung, die dem Beschaffungsvorgang nachgelagert sind, sind bei der Ermittlung der AK nur dann zu berücksichtigen, wenn diese bereits beim Erwerb vertraglich vereinbart und nicht vom Eintritt bestimmter zukünftiger Ereignisse abhängig gemacht wurden.[46] In allen anderen Fällen der nachträglichen Erhöhung der Rente, z. B. auch bei vereinbarten Wertsicherungsklauseln, begründet sich die Anpassung nicht mehr aus dem Erwerb des VG, sondern aus dem der Beschaffung nachgelagerten Finanzierungsgeschäft, sodass von einer solchen Anpassung nur noch die Höhe der Kaufpreisverbindlichkeit, nicht aber die AK selbst betroffen sind.[47]

48

> **Beispiel**
> A führt seit 30 Jahren in X-Stadt erfolgreich einen großen Weinhandel. Im Alter von 65 Jahren verkauft er dieses Geschäft gegen die Gewährung einer lebenslangen Rente (Leibrente) an seinen Konkurrenten B. Beide vereinbaren eine jährliche Rente i. H. v. 36.000 EUR. Außerdem beinhaltet der Vertrag eine Bestimmung, die besagt, dass
> - Fall 1: die Leibrente um 2 % pro Jahr zum Ausgleich der Inflation steigen soll;
> - Fall 2: die Leibrente um 2 % pro Jahr zum Ausgleich der Inflation steigen soll, solange der Umsatz nicht unter 90 % des zuletzt von A erreichten Werts sinkt.
>
> Nach einer anerkannten Sterbetafel ergibt sich für A eine Lebenserwartung von 75 Jahren. Der Diskontierungszinssatz beträgt 6 %.
>
> **Beurteilung**
> Der Vertrag beinhaltet im Fall 1 eine unbedingte und im Fall 2 eine bedingte Anpassung der Rente:
> - Fall 1: Die fest vereinbarte Rentenanpassung erfordert eine Berücksichtigung der zukünftigen Steigerungen im Zeitpunkt der Begründung der Kaufpreisverbindlichkeit und somit auch eine Berücksichtigung im Rah-

---

[44] Vgl. hierzu und nachfolgend *Wohlgemuth/Radde*, in *Böcking/Castan/Heymann/Pfitzer/Scheffler*, Beck'sches HdR, B 162, Rz 38, Stand 3/2016.
[45] Vgl. BFH, Urteil v. 5.2.1969, I R 21/66, BStBl 1969 II S. 334; BFH, Urteil v. 30.7.2003, X R 12/01, BStBl 2004 II S. 211.
[46] Vgl. *Wohlgemuth/Radde*, in *Böcking/Castan/Heymann/Pfitzer/Scheffler*, Beck'sches HdR, B 162, Rz 41, Stand 3/2016.
[47] Vgl. *Winnefeld*, Bilanz-Handbuch, Kap. E. III., Rn 522.

> men der Ermittlung der AK des B für den Weinhandel des A. Der Barwert der Rentenverpflichtung beträgt im gegebenen Fall rund 277.177 EUR.
> - Fall 2: Da die jährliche Anpassung der Rente in diesem Fall nur unter der Bedingung eines (nahezu) gleichbleibenden Umsatzes erfolgt, sind die zukünftig möglichen Rentensteigerungen bei der Anschaffungskostenermittlung außer Acht zu lassen. Der Barwert der Rentenverpflichtung und die AK des Weinhandels betragen somit für B rund 264.963 EUR.

2.2.2.8 Erwerb im Versteigerungsverfahren

49 Auch beim Erwerb eines VG im Versteigerungsverfahren gilt das Prinzip der Maßgeblichkeit der Gegenleistung (s. Rz 2), d. h., die AK des erworbenen VG entsprechen grds. dem tatsächlich hingegebenen Betrag.[48] Dies gilt generell auch bei einem Erwerb im Rahmen einer **Zwangsversteigerung**. Als schwierig können sich hierbei allerdings solche Fälle erweisen, in denen der Ersteigerer eine an dem ersteigerten VG dinglich besicherte Forderung besitzt und er demzufolge den VG nur deshalb ersteigert, um einen Verlust aus dieser Forderung zu verhindern bzw. zu verringern. Über den hingegebenen Betrag hinaus kann dann ein eventuell verbleibender Ausfall aus dieser Forderung dem hingegebenen Betrag hinzugerechnet werden.[49]

50 Mit Rücksicht auf den **Einzelbewertungsgrundsatz** und im Hinblick auf die Tatsache, dass Gewinne aus einem Beschaffungsgeschäft keine Verluste aus einem Darlehensgeschäft mindern dürfen, erweist sich diese Ansicht allerdings als problematisch.[50] Eine **Hinzurechnung** (des werthaltigen Teils) der ausgefallenen Forderung zu dem hingegebenen Betrag kann aufgrund der vorgenannten Bedenken daher **nur im Einzelfall** entschieden werden; sie erscheint insb. dann zulässig, wenn in der Forderung eine Anzahlung auf den VG gesehen werden kann.[51]

2.2.2.9 Anschaffungskosten bei Sacheinlagen

51 Der Tatbestand der **Sacheinlage** liegt bei folgenden Gegebenheiten vor:
- Einbringung von VG bei der Gründung von Einzelunternehmen oder Ges.,
- Überführung von VG aus dem Privatvermögen in das Betriebsvermögen durch Ekfl,
- Einbringung von VG gegen Gewährung von Gesellschaftsrechten durch Gesellschafter.[52]

52 Sacheinlagen sind handelsrechtlich **wahlweise** mit dem **Buchwert** oder dem **(höheren) Zeitwert** im Zeitpunkt der Einlage zu bilanzieren.[53] Darüber hinaus ist die **erfolgsneutrale Behandlung zulässig,** sofern die Sacheinlage beim einlegenden

---

[48] Vgl. *Knop u. a.*, in *Küting/Weber*, HdR, HGB § 255, Rn 118, Stand 12/2015.
[49] Vgl. BFH, Urteil v. 11.11.1987, I R 7/84, BStBl 1988 II S. 424.
[50] Vgl. *Knop u. a.*, in *Küting/Weber*, HdR, HGB § 255, Rn 119, Stand 12/2015; eine Erhöhung der AK um den Forderungsausfall komplett ablehnend *Wohlgemuth/Radde*, in *Böcking/Castan/Heymann/Pfitzer/Scheffler*, Beck'sches HdR, B 162, Rz 88, Stand 3/2016.
[51] Vgl. *Knop u. a.*, in *Küting/Weber*, HdR, HGB § 255, Rn 119f., Stand 12/2015.
[52] Vgl. *Schmidt*, in *Federmann/Kußmaul/Müller*, HdB, Anschaffungskosten, Rz 112, Stand 7/2015.
[53] Vgl. IDW RS HFA 18 Tz 9, FN-IDW 7/2014, S. 417.

Gesellschafter zu einer Ertragsteuerbelastung führt.[54] In diesem Fall findet ein Ansatz zum Buchwert der Sacheinlage zzgl. der aus dem Abgang beim Gesellschafter resultierenden Ertragsteuern statt. Der Ansatz eines **Zwischenwertes** ist hingegen **unzulässig**.[55] Somit erfolgt eine mit Tauschgeschäften vergleichbare Behandlung (s. Rz 29ff.).[56] KapG und KapCoGes haben über die gewählte Methode gem. § 284 Abs. 2 Nr. 1 HGB im Anhang zu berichten.[57] Sofern von dem Wahlrecht einer Bilanzierung zum (höheren) Zeitwert der Sacheinlage Gebrauch gemacht wird, besteht für KapG die Verpflichtung zur Dotierung der Kapitalrücklage i. H. d. Differenz zwischen dem Zeitwert des Einlageobjekts und dem Nennbetrag der im Gegenzug gewährten Anteile (§ 272 Abs. 2 Nr. 1 HGB).[58]

Steuerrechtlich hat bei der Überführung eines Wirtschaftsguts aus dem Privatvermögen in das Betriebsvermögen ein **Ansatz zum Teilwert** der Einlage im Zeitpunkt der Zuführung zu erfolgen (§ 6 Abs. 1 Nr. 5 Satz 1 EStG). Sofern das zugeführte Wirtschaftsgut innerhalb der letzten drei Jahre vor dem Zeitpunkt der Zuführung angeschafft oder hergestellt wurde oder es sich um eine Beteiligung i. S. v. § 17 EStG handelt, dürfen jedoch höchstens die früheren AHK angesetzt werden (§ 6 Abs. 1 Nr. 5 Satz 1 Buchst. a EStG). Bei der Einlage von abnutzbaren Wirtschaftsgütern sind die AHK um Absetzungen für Abnutzung (AfA) zu kürzen, die auf den Zeitraum zwischen der Anschaffung oder Herstellung des Wirtschaftsguts und der Einlage entfallen (§ 6 Abs. 1 Nr. 5 Satz 2 EStG).

53

2.2.2.10 Anschaffungskosten bei Unternehmensumstrukturierungen

Während bei Unternehmensumstrukturierungen im Wege der **Einzelrechtsnachfolge** die übertragenen VG entsprechend zu den Sacheinlagen zu bewerten sind (s. Rz 51ff.), ergeben sich bei Unternehmensumstrukturierungen im Wege einer **Gesamtrechtsnachfolge** oder eines **Wechsels der Rechtsform** die handelsrechtlichen AK der übertragenen VG nach den Regelungen des UmwG, wobei § 1 Abs. 1 UmwG zwischen den folgenden vier **Grundformen der Umwandlung** unterscheidet:[59]

54

- die Verschmelzung (durch Neugründung bzw. durch Aufnahme),
- die Spaltung (Aufspaltung, Abspaltung, Ausgliederung),
- die Vermögensübertragung (Vollübertragung, Teilübertragung) und
- den Formwechsel.

Für die steuerlichen Werte der übertragenen VG ist das UmwStG zu beachten.[60] Die Verschmelzung, die Spaltung sowie die Vermögensübertragung lassen sich unter dem Begriff „**übertragende Umwandlungen**" zusammenfassen, da es bei

55

---

54 Vgl. IDW RS HFA 18 Tz 9, FN-IDW 7/2014, S. 417.
55 Vgl. IDW RS HFA 18 Tz 9, FN-IDW 7/2014, S. 417; *Schubert/Gadek*, in Beck Bil-Komm., 10. Aufl., § 255 HGB, Rz 146.
56 Vgl. ADS, 6. Aufl. § 253 HGB, Rz 44.
57 Vgl. IDW RS HFA 18 Tz 9, FN-IDW 7/2014, S. 417, S. 1303.
58 Vgl. ADS, 6. Aufl. § 255 HGB, Rz 97.
59 Vgl. auch *Kahle u. a.*, in *Baetge/Kirsch/Thiele*, Bilanzrecht, § 255 HGB, Rz 38f., Stand 1/2016; *Richter/Künkele, K. P./Zwirner*, in *Petersen/Zwirner/Brösel* (Hrsg.), Systematischer Praxiskommentar Bilanzrecht, § 255 HGB, Rz 69f.
60 Vgl. dahin gehend u. a. *Kußmaul*, Betriebswirtschaftliche Steuerlehre, 7. Aufl. 2014, S. 639ff.; *Kahle u. a.*, in *Baetge/Kirsch/Thiele*, Bilanzrecht, § 255 HGB, Rz 50ff., Stand 1/2016; *Richter/Künkele, K. P./Zwirner*, in *Petersen/Zwirner/Brösel* (Hrsg.), Systematischer Praxiskommentar Bilanzrecht, § 255 HGB, Rz 77ff.

diesen Umwandlungsformen zu tatsächlichen Vermögensübertragungen zwischen verschiedenen Rechtsträgern kommt und damit stets eine Anschaffung bei dem übernehmenden Rechtsträger vorliegt. Bei einem **Formwechsel** ändert sich im Gegensatz dazu nur das Rechtskleid des Rechtsträgers (daher auch „formwechselnde Umwandlung").[61]

56 Bei **übertragenden Umwandlungen** bestimmen sich die AK der übertragenen VG bei dem übernehmenden Rechtsträger nach § 24 UmwG. Obwohl sich § 24 UmwG auf die Umwandlungsform der Verschmelzung bezieht, sind seine Regelungen durch entsprechende Verweise auch auf die Umwandlungsformen der Spaltung (§ 125 UmwG) und der Vermögensübertragung (§§ 178 Abs. 1, 179 Abs. 1, 180 Abs. 1, 184 Abs. 1, 186, 188 Abs. 1, 189 Abs. 1 UmwG) anzuwenden.[62] § 24 UmwG sieht für den Ansatz der AK ein **Wahlrecht** vor. Danach dürfen die übertragenen VG und Schulden entweder mit den tatsächlichen AK i. S. d. §§ 253 Abs. 1, 255 Abs. 1 HGB oder mit den Buchwerten der Schlussbilanz des übertragenden Rechtsträgers angesetzt werden.[63]

57 Bei einem **Formwechsel** findet keine Vermögensübertragung statt. Die Identität des Rechtsträgers bleibt bestehen; es ändert sich lediglich seine rechtliche Organisation. Da somit auch kein Anschaffungsvorgang vorliegt, werden nach dem Formwechsel die bisherigen Buchwerte fortgeführt.[64]

2.3 Anschaffungsnebenkosten

58 Anschaffungsnebenkosten sind dem erworbenen VG **einzeln** zurechenbare Aufwendungen, die in einem unmittelbaren Zusammenhang mit dem Erwerb und der erstmaligen Versetzung des VG in einen betriebsbereiten Zustand stehen.[65] Zweck der Einbeziehung der Anschaffungsnebenkosten in die AK ist eine **periodenrichtige Verteilung des Aufwands**.[66] Anschaffungsnebenkosten können unternehmensextern oder unternehmensintern anfallen.

59 Zu den **unternehmensexternen Anschaffungsnebenkosten** gehören die **Nebenkosten des Erwerbs** wie z. B. Provisionen, Courtagen, Kommissionskosten, Vermittlungs- und Maklergebühren, Anlieger- und Erschließungsbeiträge, Gutachtergebühren, Notariats-, Gerichts- und Registerkosten. Darüber hinaus zählen die mit dem Erwerb des VG zusammenhängenden **Zölle und nicht erstattungsfähigen Steuern** wie z. B. Einfuhrzölle, die Grunderwerbsteuer und die USt, sofern kein Vorsteuererstattungsanspruch besteht, zu den unternehmensexternen Anschaf-

---

[61] Vgl. *Kahle u. a.*, in *Baetge/Kirsch/Thiele*, Bilanzrecht, § 255 HGB, Rz 39, Stand 1/2016; *Richter/Künkele, K.P./Zwirner*, in *Petersen/Zwirner/Brösel* (Hrsg.), Systematischer Praxiskommentar Bilanzrecht, § 255 HGB, Rz 71.

[62] Vgl. *Knop u. a.*, in *Küting/Pfitzer/Weber*, HdR, HGB § 255, Rn 86, Stand 12/2015; *Kahle u. a.*, in *Baetge/Kirsch/Thiele*, Bilanzrecht, § 255 HGB, Rz 43, Stand 1/2016; *Richter/Künkele/Zwirner*, in *Petersen/Zwirner/Brösel* (Hrsg.), Systematischer Praxiskommentar Bilanzrecht, § 255 HGB, Rz 73.

[63] Vgl. weiterführend *Knop u. a.*, in *Küting/Weber*, HdR, HGB § 255, Rn 87 ff., Stand 5/2015; *Kahle*, in *Baetge/Kirsch/Thiele*, Bilanzrecht, § 255 HGB, Rz 43 ff., Stand 2/2015; *Richter/Künkele, K.P./Zwirner*, in *Petersen/Zwirner/Brösel* (Hrsg.), Systematischer Praxiskommentar Bilanzrecht, § 255 HGB, Rz 73 ff.

[64] Vgl. *Knop u. a.*, in *Küting/Weber*, HdR, HGB § 255, Rn 96, Stand 12/2015; *Kahle u. a.*, in *Baetge/Kirsch/Thiele*, Bilanzrecht, § 255 HGB, Rz 48, Stand 1/2016; *Richter/Künkele, K.P./Zwirner*, in *Petersen/Zwirner/Brösel* (Hrsg.), Systematischer Praxiskommentar Bilanzrecht, § 255 HGB, Rz 72.

[65] Vgl. *Schubert/Gadek*, in Beck Bil-Komm., 10. Aufl., § 255 HGB, Rz 70.

[66] Vgl. *Bieg/Kußmaul/Waschbusch*, Externes Rechnungswesen, 6. Aufl. 2012, S. 136; *Wöhe*, Bilanzierung und Bilanzpolitik, 9. Aufl. 1997, S. 379.

fungsnebenkosten. Zudem werden den unternehmensexternen Anschaffungsnebenkosten die **Kosten der Anlieferung** wie z. b. Speditionskosten, Transportversicherungen, Eingangsfrachten, Rollgelder, Wiegegelder, Anfuhr- und Abladekosten ebenso hinzugerechnet wie die **Nebenkosten der Inbetriebnahme** wie z. b. Montage- und Fundamentierungskosten, Anschlusskosten, Umbaukosten, Kosten der Abnahme von Gebäuden und Anlagen, Sicherheitsüberprüfungen und Probeläufe.

Unternehmensinterne Anschaffungsnebenkosten dürfen nur dann als Anschaffungsnebenkosten aktiviert werden, wenn sie dem angeschafften VG als **Einzelkosten** direkt zurechenbar sind. Bspw. sind einzelne mit der Anschaffung verbundene Aktivitäten wie Montage- und Fundamentierungsarbeiten, die durch eigene Arbeitskräfte des Unt ausgeführt werden und die mithilfe von innerbetrieblichen Aufträgen oder Einzelaufschreibungen dem VG direkt zugeordnet werden können, als unternehmensinterne Anschaffungsnebenkosten zu aktivieren.[67]

Nicht zu den Anschaffungsnebenkosten zählen die Kosten der Entscheidungsfindung und der genauen Bestimmung des zu erwerbenden VG;[68] dies sind z. B. Besichtigungskosten.[69]

Grundsätzlich sind die Anschaffungsnebenkosten bei jedem Beschaffungsvorgang individuell dem erworbenen VG zuzurechnen. Eine **Pauschalierung** zur Vereinfachung der Erfassung der Anschaffungsnebenkosten ist jedoch **zulässig**, sofern es sich um sog. unechte Gemeinkosten handelt und das Ergebnis durch die Schlüsselungsverrechnung allenfalls unwesentlich von der exakten Ermittlung abweicht.[70] Dies ist z. B. bei solchen Nebenkosten der Fall, die im Verhältnis zum Warenwert gleichbleibend oder geringfügig sind und deren Einzelzurechnung mit einem wesentlichen Arbeitsaufwand verbunden wäre.

Fremdkapitalzinsen sind grds. kein Bestandteil der Anschaffungsnebenkosten. Die Einbeziehung von Fremdkapitalzinsen in die Anschaffungsnebenkosten wird allenfalls insofern für zulässig erachtet, als diese für Kredite entrichtet werden, die der Finanzierung von Anzahlungen oder Vorauszahlungen für Neuanlagen mit längerer Bauzeit (z. B. im Schiffsbau) dienen.[71] In diesen Fällen werden die Kosten für das andernfalls zu verzinsende Kapital des Lieferanten gemindert, was insoweit aus Sicht des Erwerbers zu einer Reduzierung des Anschaffungspreises führen dürfte.[72] Die **Zinskosten** fallen daher beim Abnehmer statt beim Lieferanten an. Der Abnehmer hat im Gegenzug den niedrigeren Anschaffungspreis zu entrichten. Die Aktivierung von **Eigenkapitalzinsen** ist dagegen eindeutig unzulässig.[73]

---

67 Vgl. ADS, 6. Aufl. § 255 HGB, Rz 28.
68 Vgl. *Knop u. a.*, in *Küting/Weber*, HdR, HGB § 255, Rn 28, Stand 12/2015.
69 Vgl. BFH, Urteil v. 10.3.1981, VIII R 195/77, BStBl 1981 II S. 470; BFH, Urteil v. 24.2.1972, IV R 4/68, BStBl 1972 II S. 422.
70 Vgl. *Kahle u. a.*, in *Baetge/Kirsch/Thiele*, Bilanzrecht, § 255 HGB, Rz 106, Stand 1/2016.
71 Vgl. *Bieg/Kußmaul/Waschbusch*, Externes Rechnungswesen, 6. Aufl. 2012, S. 136; ADS, 6. Aufl. § 255 HGB, Rz 36.
72 Vgl. ADS, 6. Aufl. § 255 HGB, Rz 36; *Knop u. a.*, in *Küting/Weber*, HdR, HGB § 255, Rn 40, Stand 12/2015; a. A. *Kahle u. a.*, in *Baetge/Kirsch/Thiele*, Bilanzrecht, § 255 HGB, Rz 80, Stand 1/2016, die sich gegen eine Aktivierung von Fremdkapitalzinsen ausspricht.
73 Vgl. *Bieg/Kußmaul/Waschbusch*, Externes Rechnungswesen, 6. Aufl. 2012, S. 136; *Knop u. a.*, in *Küting/Weber*, HdR, HGB § 255, Rn 39, Stand 12/2015; *Wöhe*, Bilanzierung und Bilanzpolitik, 9. Aufl. 1997, S. 382.

> **Beispiel**
> Die K-AG beabsichtigt, in Periode 01 eine katalytische Crackanlage zu erwerben. Die Errichtung der neuen Anlage erfolgt durch einen externen Spezialisten für derartige Bauvorhaben. Die Bauarbeiten beginnen am 24.3.01 und dauern voraussichtlich 18 Monate an. Weiterhin muss die K-AG ein Grundstück erwerben, auf dem die Anlage errichtet werden soll. Hierfür fallen Maklergebühren, Grunderwerbsteuer, Erschließungsbeiträge, Notariatskosten sowie Kosten für die Grundbuchumschreibung beim Amtsgericht an. Außerdem fielen Reisekosten für die Besichtigung des später erworbenen Grundstücks an. Die Finanzierung des Investitionsprojekts erfolgt ausschließlich durch Fremdkapital (Aufnahme eines Kredits). Zur Realisierung des Vorhabens wurde vertraglich eine Vorauszahlung vereinbart, die die K-AG zu Baubeginn leistet. Nach Fertigstellung der Anlage erfolgen die Abnahme sowie diverse Probeläufe.
>
> **Beurteilung**
> In die AK des Grundstücks sind der Kaufpreis, die Maklergebühren, die Grunderwerbsteuer, die Erschließungsbeiträge, die Notariatskosten sowie die Amtsgerichtskosten einzubeziehen. Die Reisekosten für die Besichtigung des später erworbenen Grundstücks stellen Kosten der Entscheidungsfindung dar und sind daher nicht Bestandteil der AK.
> Zu den AK der katalytischen Crackanlage zählen der Kaufpreis sowie die Aufwendungen für die Abnahme und die Probeläufe (bei Letzteren handelt es sich um Anschaffungsnebenkosten für die Inbetriebnahme der Anlage). Die Fremdkapitalzinsen für die Vorauszahlung sind ebenfalls in die AK einzubeziehen, weil es sich um einen Kredit handelt, der ausschließlich dazu dient, die Anschaffung der neuen Anlage, deren Bauzeit sich über einen längeren Zeitraum erstreckt, durch eine Vorauszahlung zu finanzieren. In diesem Fall trägt der Käufer einen Teil der Finanzierungsaufwendungen des Bauträgers, die sich im Anschaffungspreis niedergeschlagen hätten, wenn keine Vorauszahlung vereinbart worden wäre.

2.4 Nachträgliche Anschaffungskosten

64 **Aufwendungen**, die erst **nach Abschluss des eigentlichen Anschaffungszeitraums** anfallen, sind unter bestimmten Voraussetzungen als **nachträgliche AK** zu aktivieren. Dabei kann zwischen zwei verschiedenen **Formen nachträglicher AK** unterschieden werden:[74]
- dem Anfallen **nachträglicher Aufwendungen** für den Erwerb und die Herstellung der Betriebsbereitschaft des VG und
- **nachträglichen Erhöhungen** des eigentlichen Kaufpreises, der Anschaffungsnebenkosten oder der nachträglichen AK.

65 Damit **nachträgliche Aufwendungen** als nachträgliche AK gelten können, müssen die Ausgaben in einem finalen Zusammenhang mit der Anschaffung des VG stehen, d.h., ihr Anfall muss mit dem Erwerb des VG oder dessen Versetzung in einen betriebsbereiten Zustand einhergehen. Daher kommen nur solche Auf-

---

[74] Vgl. ADS, 6. Aufl. § 255 HGB, Rz 41.

wendungen als nachträgliche AK infrage, die als Anschaffungs- oder Anschaffungsnebenkosten aktiviert worden wären, wenn sie bereits im Zeitpunkt der Anschaffung bekannt gewesen wären.[75]

In die Kategorie der nachträglichen AK fallen u. a. Erschließungsbeiträge, Kanalanschlussgebühren sowie Straßenanliegerbeiträge.[76] Derartige Aufwendungen sind als nachträgliche AK eines Grundstücks zu aktivieren, sofern sie für eine erstmalige Maßnahme erhoben werden und somit auch den Wert und die Benutzbarkeit des Grundstücks erhöhen. Ergänzungsbeiträge, die bspw. für eine Erneuerung von bereits bestehenden Kanalanschlüssen erhoben werden, sind dagegen **Erhaltungsaufwand**; sie führen zu keiner wesentlichen Verbesserung oder Erweiterung der Benutzbarkeit des Grundstücks und sind daher nicht zu aktivieren.[77] **Nachträgliche AK** entstehen bspw. aber auch dann, wenn ein bebautes Grundstück mit der Absicht erworben wird, das darauf stehende Gebäude, das technisch und wirtschaftlich wertlos ist, abzureißen, um das Grundstück zukünftig als Parkplatz zu nutzen. Die späteren Abbruchkosten zählen in diesem Fall zu den AK des Grund und Bodens.[78] 66

> **Beispiel**
> Die X-KG erwirbt von einem Bauer einen Hektar Ackerland. Das Grundstück liegt am Ortsrand der Gemeinde Y in direkter Nachbarschaft zum eigenen Betriebsgrundstück. Da eine Straßenverbindung vorhanden ist, wird das Grundstück teilweise als Bedarfsparkplatz für Firmenfahrzeuge genutzt. 2 Jahre später wird von der Gemeinde Y dort ein Neubaugebiet ausgewiesen. Die X-KG muss infolgedessen Erschließungsgebühren für einen Kanal-, einen Wasser- und einen Gasanschluss sowie für die Erneuerung der Zufahrtsstraße bezahlen.
>
> **Beurteilung**
> Nachträgliche AK stellen in diesem Fall lediglich die Anschlussgebühren für Kanal, Wasser und Gas dar. Die Erneuerung der Straße erhöht dagegen nicht die Benutzbarkeit des Grundstücks; dieser Anteil der Erschließungsgebühren ist somit als Erhaltungsaufwand einzustufen.

Als nachträgliche AK sind auch **nachträgliche Änderungen des Kaufpreises** zu erfassen. Dies betrifft z. B. Fälle, in denen der Kaufpreis (oder auch ein Bestandteil der Anschaffungsnebenkosten) nachträglich durch ein Gerichtsurteil oder einen Vergleich heraufgesetzt wird.[79] Gleiches gilt, wenn der Kaufpreis zum Teil vom späteren Eintritt ungewisser Ereignisse, z. B. dem Erreichen von Gewinngrenzen, abhängig gemacht wurde.[80] 67

---

[75] Vgl. *Knop u. a.*, in *Küting/Weber*, HdR, HGB § 255, Rn 44, Stand 12/2015.
[76] Vgl. ADS, 6. Aufl. § 255 HGB, Rz 43.
[77] Vgl. BFH, Urteil v. 13.9.1984, IV R 101/82, BStBl 1985 II S. 49; BFH, Urteil v. 4.11.1986, VIII R 322/83, BStBl 1987 II S. 333.
[78] Vgl. *Wöhe*, Bilanzierung und Bilanzpolitik, 9. Aufl. 1997, S. 377.
[79] Vgl. ADS, 6. Aufl. § 255 HGB, Rz 45.
[80] Vgl. *Kahle u. a.*, in *Baetge/Kirsch/Thiele*, Bilanzrecht, § 255 HGB, Rz 111, Stand 1/2016.

> **Beispiel**
> Die A-GmbH erwirbt von B dessen Anteile an der B-GmbH. Aufgrund der angespannten gesamtwirtschaftlichen Lage wird nur ein niedriger Kaufpreis vereinbart. B setzt jedoch durch, dass die A-GmbH einen Nachschlag zahlen muss, wenn das Umsatzwachstum der B-GmbH in den beiden Jahren nach dem Eigentumsübergang insgesamt mindestens 20 % beträgt.
>
> **Beurteilung**
> Erreicht die B-GmbH diese Grenze des Umsatzwachstums, muss die A-GmbH dem B den vereinbarten Nachschlag zahlen; die AK der Anteile an der B-GmbH erhöhen sich um diesen Betrag.

2.5 Anschaffungspreisminderungen

2.5.1 Grundlegendes

68 Anschaffungspreisminderungen (§ 255 Abs. 1 Satz 3 HGB) sind von den AK abzusetzen, um die Erfolgsneutralität von Anschaffungsvorgängen zu gewährleisten.[81] Trotz der im Gesetz gewählten Formulierung fallen hierunter nicht nur **Minderungen des Anschaffungspreises**, sondern auch Reduzierungen der Anschaffungsnebenkosten und der nachträglichen AK.[82] Damit bestimmt letztlich das Prinzip der Maßgeblichkeit der Gegenleistung (s. Rz 2) die Höhe der AK. Durch das BilRUG wurde klargestellt, dass Anschaffungspreisminderungen nur zu berücksichtigen sind, wenn sie dem VG **einzeln** zugerechnet werden können.[83] Bedeutung hat dies im Besonderen für mengen- bzw. umsatzabhängige Boni.

2.5.2 Rabatte, Boni, Skonti

69 Anschaffungspreisminderungen können insb. in Form von Rabatten, Boni und Skonti vorliegen:
- Der **Rabatt** ist ein Nachlass auf den Anschaffungspreis, durch der den Rechnungsbetrag i. d. R. unmittelbar gemindert wird.[84] Sofern Rabatte nachträglich gewährt werden, sind sie analog zu Boni, die den Charakter von Anschaffungspreisminderungen haben, zu behandeln.[85] Rabatte werden z. B. als Mengen- oder als Treuerabatt eingeräumt.[86] Wird der Rabatt in Form der Hingabe einer größeren Menge zum Preis der bestellten Menge gewährt (Naturalrabatt), führt dies zu einer Anschaffungskostenminderung pro Stück.[87]

---

[81] Vgl. *Kahle u. a.*, in *Baetge/Kirsch/Thiele*, Bilanzrecht, § 255 HGB, Rz 121, Stand 1/2016.
[82] Vgl. *Knop u. a.*, in *Küting/Weber*, HdR, HGB § 255, Rn 56, Stand 5/2015.
[83] Die Gesetzesbegründung verbindet mit der Präzisierung der Tatbestandsvoraussetzung für das Vorliegen von Anschaffungspreisminderungen keine grundlegende Änderung der bisherigen Bilanzierungspraxis, vgl. RegBegr BilRUG, BT-Drs. 18/4050, S. 57.
[84] Vgl. *Kahle u. a.*, in *Baetge/Kirsch/Thiele*, Bilanzrecht, § 255 HGB, Rz 123, Stand 1/2016.
[85] Vgl. ADS, 6. Aufl. § 255 HGB, Rz 51.
[86] Vgl. *Schmidt*, in *Federmann/Kußmaul/Müller*, HdB, Anschaffungskosten, Rz 63, Stand 7/2015.
[87] Vgl. *Schubert/Gadek*, in Beck Bil-Komm., 10. Aufl., § 255 HGB, Rz 61.

> **Beispiel**
> Die A-KG erwirbt von einem Maschinenbauer zehn Verpackungsmaschinen zum Listenpreis von 100.000 EUR/Stück. Der Hersteller gewährt ab einer Abnahme von fünf Stück jeweils 10 % Rabatt auf den Listenpreis.
> Buchungssatz (in TEUR):
>
> | Datum | Konto | Soll | Haben |
> |---|---|---|---|
> | | Maschinen | 900 | |
> | | Verbindlichkeiten aus L&L | | 900 |

- Ein mengen- oder umsatzabhängiger **Bonus** ist eine Vergütung, die der Lieferant seinem Abnehmer im Allgemeinen in Bezug auf eine bestimmte Abnahmemenge oder auf einen bestimmten Umsatz innerhalb einer gewissen Zeitperiode nachträglich gewährt.[88] Häufig werden **Boni** als eine Art Treueprämie bzw. Pauschalprämie für gute und stetige Geschäftsbeziehungen eingeräumt. In einem solchen Fall fehlt es allerdings an der für den Abzug geforderten Einzelzurechnung des Bonus zum beschafften VG, sodass eine Erfassung als Anschaffungspreisminderung nicht infrage kommt. Ist die **Einzelzurechenbarkeit** gegeben, dürfen Boni allerdings nur insoweit anschaffungspreismindernd berücksichtigt werden, als die gekauften VG, auf die sich der jeweilige Bonus bezieht, noch im Unt vorhanden und als solche aktiviert sind.[89]

70

> **Beispiel**
> **Sachverhalt**
> Die U GmbH hat im Gj 01 Rohstoffe von Lieferant L in Höhe von insgesamt 1,2 Mio. EUR netto erworben. Der mit L vereinbarte Rahmenvertrag sieht bei einem kumulierten Bestellvolumen ab 1,0 Mio. EUR netto pro Gj einen nachträglichen Bonus von 2 % auf die von L insgesamt in Rechnung gestellten Beträge vor. Am 31.12.01 waren 80 % der bestellten Rohstoffe zu Fertigerzeugnissen verarbeitet. Die restlichen 20 % liegen auf Lager. Die aus den Rohstoffen hergestellten Fertigerzeugnisse hat U zu 90 % noch im Gj 01 veräußert. Am 10.1.02 erhält U von L eine Rückvergütung in Höhe von 24.000 EUR netto (2 % von 1,2 Mio. EUR).
>
> **Beurteilung**
> Die nachträgliche Bonuszahlung von L ist den erworbenen Rohstoffen **einzeln** zurechenbar. Aufgrund der vertraglichen Fixierung hat U mit Ablauf des Gj einen Anspruch auf die Bonuszahlung erworben.
> Dieser Anspruch auf Bonuszahlung reduziert die AK der Rohstoffe, die noch auf Lager liegen. Für die Rohstoffe, die in noch nicht veräußerte fertige Erzeugnisse eingegangen sind, müssen folgende Anpassungen vorgenommen werden:
> - Korrektur des Materialaufwands und der erfassten Bestandserhöhungen
> - Korrektur des Wertansatzes der Fertigerzeugnisse

---

[88] Vgl. ADS, 6. Aufl. § 255 HGB, Rz 50.
[89] Vgl. ADS, 6. Aufl. § 255 HGB, Rz 50; a. A. *Kahle u. a.*, in *Baetge/Kirsch/Thiele*, Bilanzrecht, § 255 HGB, Rz 122, Stand 1/2016.

Der auf die veräußerten Fertigerzeugnisse entfallende Teil der Bonuszahlung reduziert den Materialaufwand. Eine eigenständige Korrektur der Bestandsveränderungen ist hier nicht notwendig, da diese quasi automatisch erfolgt.
Buchungssatz zur Korrektur der AK der noch nicht verarbeiteten Rohstoffe (31.12.01)

Datum	Konto	Soll	Haben
	Sonstige Forderungen	5.712	
	Vorsteuer		912
	Rohstoffe		4.800

Der Anspruch auf Bonuszahlung entfällt zu 20 % (4.800 EUR) auf die noch nicht verarbeiteten Rohstoffe.
Buchungssatz zur Berücksichtigung der Bonuszahlung bei den verarbeiteten und noch nicht über die Fertigerzeugnisse verkauften Rohstoffe (31.12.01)

Datum	Konto	Soll	Haben
	Sonstige Forderungen	2.285	
	Vorsteuer		365
	Materialaufwand		1.920
	Bestanderhöhungen	1.920	
	Fertige Erzeugnisse		1.920

Die AK der noch auf Lager liegenden Fertigerzeugnisse sind durch den Anspruch auf Bonus in Höhe von 1.920 EUR (10 % von 80 % von 24.000 EUR) zu korrigieren.
Buchungssatz zur Berücksichtigung der Bonuszahlung bei den verarbeiteten und veräußerten Rohstoffen (31.12.01)

Datum	Konto	Soll	Haben
	Sonstige Forderungen	20.563	
	Vorsteuer		3.283
	Materialaufwand		17.280

Der Korrekturbetrag beim Materialaufwand beträgt 17.280 EUR (90 % von 80 % von 24.000 EUR).
Buchungssatz Eingang der Bonuszahlung (10.1.02)

Datum	Konto	Soll	Haben
	Bank	28.560	
	Sonstige Forderungen		28.560

Sachverhalt (Variante 1)
Abweichend vom Ausgangssachverhalt sei angenommen, U erhalte nach dem mit dem Lieferanten geschlossenen Rahmenvertrag einen fixen Bonus von 20.000 EUR (netto), sofern das kumulierte Bestellvolumen mindestens 1,0 Mio. EUR pro Gj beträgt.

Beurteilung
Die Rückvergütung wird für die Gesamtbestellmenge gewährt. Damit ist die Höhe pro VG abhängig vom Bestellvolumen. Ab der den Bonusfall auslösenden Mindestbestellmenge von 1,0 Mio. EUR fließt eine fixe Rückvergütung von 20.000 EUR. Diese Zahlung ist den gekauften Rohstoffen **einzeln** zurechenbar. Lediglich der prozentuale (und absolute) Betrag der Anschaffungs-

preisminderung schwankt in Abhängigkeit von der bestellten Menge. Damit bleibt es im Ergebnis bei der Lösung des Grundfalls.

Sachverhalt (Variante 2)
L zahlt U nach Ablauf des Gj 01 einen Bonus von 30.000 EUR netto für die langjährige Geschäftsbeziehung und die Verlängerung des Rahmenvertrags für weitere drei Jahre.

Beurteilung
Die Bonuszahlung steht in keinem unmittelbaren Verhältnis zu Jahresbezugsmenge an Rohstoffen. Sie ist den beschafften VG damit nicht einzeln zurechenbar. Die Bonuszahlung ist deshalb nicht als Anschaffungspreisminderung, sondern als sonstiger betrieblicher Ertrag zu vereinnahmen.
Buchungssatz Eingang der Bonuszahlung (10.01.02)

Datum	Konto	Soll	Haben
	Bank	35.700	
	USt		5.700
	Sonstiger betrieblicher Ertrag		30.000

- Unter einem **Skonto** versteht man die Differenz zwischen dem sofort oder innerhalb einer kurzen Frist zu entrichtenden Kaufpreis und dem Zielpreis des angeschafften Gegenstands.[90] Skonti sind nach der Rechtsprechung des BFH erst dann als Anschaffungspreisminderungen zu behandeln, wenn sie in Anspruch genommen werden.[91]

71

Beispiel
Die C-AG erwirbt von einem Maschinenbauer eine neue Produktionsstraße. Die Rechnung weist einen Nettopreis von 3.000 TEUR aus. Bei Zahlung innerhalb von 14 Tagen lässt der Maschinenbauer einen Skontoabzug i. H. v. 2 % des Nettopreises zu.
Die C-AG bezahlt die Rechnung nach zehn Tagen unter Abzug der 2 % Skonto.
Buchungssatz bei Lieferung (in TEUR):

Datum	Konto	Soll	Haben
	Maschinen	3.000,00	
	Vorsteuer	570,00	
	Verbindlichkeiten aus L&L		3.570,00

Buchungssatz bei Zahlung mit Skontoabzug (in TEUR):

Datum	Konto	Soll	Haben
	Verbindlichkeiten aus L&L	3.570,00	
	Bank		3.498,60
	Maschinen		60,00
	Vorsteuer		11,40

---

[90] Vgl. *Knop u. a.*, in *Küting/Weber*, HdR, HGB § 255, Rn 58, Stand 12/2015.
[91] Vgl. BFH, Urteil v. 27.2.1991, I R 176/84, BStBl 1991 II S. 456.

2.5.3 Erhaltene Zuwendungen

72 Bei Zuwendungen der öffentlichen Hand, die u. a. in Form von **Investitionszuschüssen** oder **Investitionszulagen** gewährt werden, ist z.T. strittig, inwiefern sie als **Anschaffungskostenminderungen** zu berücksichtigen oder sofort als Ertrag zu vereinnahmen sind. Der systematische Unterschied zwischen diesen beiden Subventionsarten liegt darin, dass Erstere vom Grundsatz her steuerpflichtig,[92] Letztere hingegen stets steuerbefreit sind (§ 13 Satz 1 InvZulG 2010).

73 Die Zuwendung eines Dritten kann nur dann zu Anschaffungskostenminderungen führen, wenn sie zur Abdeckung der AK eines VG zur Verfügung gestellt wurde. Wurde sie also entweder vorrangig zu laufenden Aufwendungen oder Erträgen gewährt (Vorliegen eines Aufwandszuschusses bzw. Ertragszuschusses) oder ist sie unbedingt rückzahlbar (Vorliegen einer Verbindlichkeit), so ist eine Anschaffungskostenminderung nicht vertretbar.[93]

74 Erfolgt dagegen die Zuwendung als **nicht rückzahlbarer Investitionszuschuss der öffentlichen Hand** zur Abdeckung der AK eines VG, so sind nach der hier vertretenen Auffassung die AK des subventionierten VG handelsrechtlich regelmäßig um den Zuschuss zu kürzen.[94] Zu begründen ist dies mit dem Prinzip der Maßgeblichkeit der Gegenleistung (s. Rz 2), denn effektiv hat das Unt nur den um den Zuschuss geminderten Anschaffungspreis zum Erwerb des VG aufgewendet. Bei dieser Vorgehensweise wird der Zuschuss im Jahr der Vereinnahmung erfolgsneutral erfasst; eine Erfolgswirkung stellt sich aufgrund der um den Zuschuss verminderten zukünftigen planmäßigen Abschreibungen erst in den Folgeperioden ein.

75 **Steuerrechtlich** besteht für Investitionszuschüsse ein **Wahlrecht**, diese entweder erfolgsneutral von den steuerlichen AK des subventionierten Wirtschaftsguts abzusetzen oder sie im Jahr des Zuflusses sofort ertragswirksam zu vereinnahmen (R 6.5 Abs. 2 EStR). Investitionszuschüsse sind üblicherweise nicht steuerfrei (s. Rz 72).

76 Steuerfreie **Investitionszulagen** (s. Rz 72) dürfen im Gegensatz zu den Investitionszuschüssen nicht die steuerlichen AK mindern; sie sind stattdessen stets als steuerfreie Erträge sofort erfolgswirksam zu vereinnahmen (§ 13 Satz 2 InvZulG 2010).[95] Handelsrechtlich ist nach der hier vertretenen Auffassung ebenfalls eine sofortige ertragswirksame Verrechnung erforderlich.[96]

3 Herstellungskosten (Abs. 2)

3.1 Inhalt und Regelungszweck

77 Die handelsrechtliche Bestimmung der **HK-Ermittlung** erfolgt ähnlich der geltenden steuerrechtlichen Bewertungskonzeption und der Bewertungskonzep-

---

[92] Vgl. BFH, Urteil v. 17.9.1987, III R 225/83, BStBl 1988 II S. 324.
[93] Vgl. *Grottel/Gadek*, in Beck Bil-Komm., 10. Aufl., § 255 HGB, Rz 115; ADS, 6. Aufl. § 255 HGB, Rz 59.
[94] So auch *Kahle u. a.*, in *Baetge/Kirsch/Thiele*, Bilanzrecht, § 255 HGB, Rz 81, Stand 1/2016; ADS, 6. Aufl. § 255 HGB, Rz 56.
[95] Vgl. *Schmidt*, in *Federmann/Kußmaul/Müller*, HdB, Anschaffungskosten, Rz 83, Stand 7/2015.
[96] So auch *Richter/Künkele/Zwirner*, in *Petersen/Zwirner/Brösel* (Hrsg.), Systematischer Praxiskommentar Bilanzrecht, § 255 HGB, Rz 334.

tion nach IFRS. Dies fördert die Vergleichbarkeit des handelsrechtlichen Jahresabschlusses.[97] Zunächst hatte die Finanzverwaltung im Zusammenhang mit den erfolgten Änderungen durch das BilMoG hinsichtlich der Auslegung der Maßgeblichkeit[98] jedoch die nach R 6.3 Abs. 4 EStR 2008 bestehende Möglichkeit der Übernahme der verbleibenden handelsrechtlichen Wahlrechtsbestandteile in die Steuerbilanz zur Pflicht erklärt, was in einer Anhebung der steuerlichen Herstellungskostenuntergrenze resultierte und mit den Einkommensteuer-Änderungsrichtlinien 2012 (EStÄR 2012) explizit geregelt wurde. Allerdings hatte das BMF diese Regelung mittels eines BMF-Schreibens vom 25.3.2013[99] bereits wieder neutralisiert und eine Übergangsregelung veröffentlicht, nach der nicht beanstandet wurde, wenn bis zur Verifizierung des damit verbundenen Erfüllungsaufwands, spätestens aber bis zu einer Neufassung der Einkommensteuer-Richtlinien, die bisherigen Kriterien für die Ermittlung der HK (R 6.3 Abs. 4 EStR 2008) weiter angewandt wurden. Mit dem Gesetz zur Modernisierung des Besteuerungsverfahrens (StModG)[100] wurde die Regelung der Einkommensteuer-Änderungsrichtlinien 2012 nun endgültig wieder auf den alten Stand mit der Übernahme der Wahlrechte zurückgesetzt[101] (dazu detailliert Rz 103).

Die **Wertuntergrenze** der aktivierungspflichtigen HK umfasst im Rahmen der Zugangsbewertung gem. § 255 Abs. 2 Satz 2 HGB sämtliche dem einzelnen Erzeugnis unmittelbar zurechenbare Aufwendungen. Gemeinkosten, die unabhängig von der Produktionsmenge anfallen und damit Fixkostencharakter aufweisen, wie allgemeine Verwaltungskosten, Kosten für soziale Einrichtungen des Betriebs und freiwillige soziale Leistungen, sowie Kosten der betrieblichen Altersvorsorge können dagegen nach § 255 Abs. 2 Satz 3 HGB per **Wahlrecht** einbezogen werden. Der Gesetzgeber verzichtet zwar auf die Verwendung der Fachtermini „fixe und variable Kosten", dieses Kriterium wird aber dennoch maßgeblich zur Abgrenzung zwischen Aktivierungspflicht und -wahlrecht herangezogen.[102] Auffällig ist dabei die explizite Gleichsetzung der Kriterien der Zurechenbarkeit und der Beschäftigungsabhängigkeit. In der Kostenrechnung werden diese klassischerweise als zwei getrennte Kriterien betrachtet, die zwar eng miteinander verbunden sind, aber letztlich doch andere Kernaspekte problematisieren.

Trotz der Konkretisierungsbestrebungen des Gesetzgebers bestehen **Spielräume** bei der HK-Ermittlung, die allein aus der Unmöglichkeit resultieren, eine genaue Zurechnung der Kosten auf die Produkte herbeizuführen. Ihr Umfang wird letztlich von der spezifischen Ausgestaltung der Kostenrechnung bestimmt, sodass sich hier individuelle Gestaltungsspielräume eröffnen.

---

97 Vgl. BilMoG-BgrRegE, S. 59.
98 Vgl. BMF, Schreiben v. 12.3.2010, IV C6 – S 2133/09/10001 und BMF, Schreiben v.22.6.2010, IV C6 – S 2133/09/10001; s. auch den EStÄR 2012.
99 Vgl. BMF, Schreiben v. 25.3.2013, IV C 6 – S 2133/09/10001 :004.
100 BGBl I 2016, S. 1679.
101 Vgl. *Meyering/Gröne*, DStR 2016, S. 1696; *Rodermond*, WPg 2016, S. 818; *Schoor*, b+b 2/2017, S. 12; *Velte*, StuB 2016, S. 407; *Zwirner*, BC 2016 S. 461.
102 Vgl. BilMoG-BgrRegE, S. 60.

3.2 Begriff der Herstellungskosten (Abs. 2 Satz 1)
3.2.1 Grundlegendes und Abgrenzung zu den Anschaffungskosten

80 HK sind die Aufwendungen[103], die durch den **Verbrauch von Gütern** und die **Inanspruchnahme von Diensten** für die Herstellung eines VG, seiner Erweiterung oder für eine über seinen ursprünglichen Zustand hinausgehende wesentliche Verbesserung entstehen. Bei den AK handelt es sich um Aufwendungen, die dazu verwandt werden, einen VG zu erwerben und in einem betriebsbereiten Zustand zu versetzen. Sofern sie dem VG einzeln zugeordnet werden können, fallen unter die AK ferner die Nebenkosten sowie die nachträglichen AK (vgl. zu den AK Rz 1ff.). Das grundlegende Abgrenzungskriterium für das Vorliegen von AK oder HK stellt entsprechend der Erwerb dar. Da sich der Herstellungsvorgang sowohl im eigenen Unt als auch mittels Fremdherstellung vollziehen kann, erlangt die weitere Beschäftigung mit der Abgrenzung zwischen den AK und den HK jedoch eine darüber hinausgehende Bedeutung. Bei einer Erstellung von VG durch fremde Dritte ist für die Abgrenzung relevant, wer das wirtschaftliche Risiko trägt.

81 Die **handelsrechtlichen Vorgaben** zu den HK sollen sicherstellen, dass nur **tatsächlich** angefallene Ausgaben aktiviert werden und die Herstellung so zu einer erfolgsneutralen Vermögensumschichtung führt. Der handelsrechtliche Begriff der HK ist wie jener der AK demnach **pagatorischer Natur**. Kosten ohne Verbindung zu Ausgaben, sog. Zusatzkosten, oder Anderskosten, denen abweichende Ausgaben gegenüberstehen, dürfen nicht angesetzt werden. Die Kostenrechnung ist entsprechend daran auszurichten (Rz 154ff.). Das Prinzip der Erfolgsneutralität führt dabei zu einem **finalen HK-Verständnis** – grds. sind sämtliche getätigte Ausgaben, die mit dem Ziel der Herstellung verknüpft sind, den HK zuzurechnen.[104] Wird der Vorgang der Herstellung jedoch zu weit gefasst und werden Kosten eingerechnet, denen kein entsprechender Wert gegenübersteht, kann es zu Überbewertungen kommen. Dem **Vorsichtsprinzip** folgend ist bei drohender Überbewertung dann von einer Aktivierung abzusehen.[105] Wie auch die AK müssen die HK werthaltig sein.[106]

82 Auch wenn mit der Streichung der umgekehrten **Maßgeblichkeit** der Einfluss steuerrechtlicher Regelungen auf die Auslegung des Handelsrechts formal verhindert wird, ist weiter von einer engen Verbindung auszugehen, da einerseits allein aufgrund des Postulats der Wirtschaftlichkeit keine unnötigen Abweichungen zwischen der handels- und steuerrechtlichen Abbildung sinnvoll sind und andererseits aufgrund der umfangreichen Spruchpraxis der Finanzgerichte auch bereits vielfach GoB geschaffen wurden, die grds. als GoB auch im Handelsrecht gelten. Neben der Rechtsprechung und steuerlichen Änderungen (auch nach dem Wegfall der umgekehrten Maßgeblichkeit und

---

[103] Die vom Gesetzgeber mit der Formulierung vorgenommene Klassifizierung als Aufwendungen bezieht sich auf noch nicht periodisierte Ausgaben.
[104] Vgl. *Döllerer*, BB 1966, S. 1405; BFH, Urteil v. 13.10.1983, IV R 160/78, BStBl 1984 II S. 101; *Moxter*, Bilanzrechtsprechung, S. 188.
[105] Vgl. *Kahle/Haas/Schulz*, in *Baetge/Kirsch/Thiele*, Bilanzrecht, § 255 HGB Rz 134, Stand 1/2016; zur Anforderung der Werthaltigkeit s. auch BFH, Urteil v. 4.7.1990, GrS 1/89, BStBl 90II, S. 830; *Moxter*, Bilanzrechtsprechung, S. 189; ADS, 6. Aufl. § 255 HGB, Rz 118.
[106] Vgl. *Ballwieser*, in MünchKomm. HGB, 3. Aufl., § 255 Rn 51.

damit ohne entsprechenden Bezug bzw. entsprechende (explizite) Steuerrechtverknüpfung), beeinflussen regelmäßig auch Verlautbarungen des IDW, Diskussionen des DRSC oder des IASB sowie international anerkannte Rechnungslegungsnormen (IFRS) die GoB als allgemein anerkannte Regeln über das Führen der Handelsbücher und das Erstellen des Jahresabschlusses aus Rechtsprechung, Schrifttum und Praxis. Für Sachverhalte, die nicht im HGB geregelt sind, kann es kein Diktat des Bezugs zu handelsrechtlichen Vorschriften geben.

3.2.2 Vorgang der Herstellung

Grundtatbestand der Herstellung ist die Schaffung eines neuen VG (**Herstellung im engeren Sinn**). Darüber hinaus zählen sowohl die Erweiterung als auch die wesentliche Verbesserung eines VG über seinen ursprünglichen Zustand hinaus, die auch als nachträgliche Herstellung bezeichnet werden, zur Herstellung (**Herstellung im weiteren Sinn**). Eine Abgrenzung der nachträglichen HK von Instandhaltungsaufwendungen kann unter Rückgriff auf die steuerliche Rechtsprechung erfolgen.[107] HK können nach Meinung des BFH auch für fremde VG anfallen, die nicht im wirtschaftlichen Eigentum des Unt stehen, da die tatsächliche Sachherrschaft insoweit nicht vorliegt, als andere von der Einwirkung auf das Wirtschaftsgut nicht ausgeschlossen werden können. Dieser HK-Vorgang sei „wie ein materielles Wirtschaftsgut" zu aktivieren und nach den Abschreibungsregeln des Gebäudes abzuschreiben.[108] Nach § 246 Abs. 1 Satz 2 HGB ist das wirtschaftliche Eigentum jedoch Grundvoraussetzung für die Bilanzierung (§ 246 Rz 16), so dass auch in diesen Fällen stets ein VG vorliegen muss, ggf. als Konstrukt des sog. Mietereinbaus oder eines Ausgleichsanspruchs.

83

Der Herstellungsvorgang kann sich dabei sowohl im eigenen Unt (Regelfall) als auch mittels **Fremdherstellung** vollziehen. Im Rahmen der **Eigenherstellung** geschaffene VG sind gem. § 275 Abs. 2 Nr. 3 HGB (GKV) in der **GuV** gesondert unter dem Posten „andere aktivierte Eigenleistung" auszuweisen. Eine Fremdherstellung berührt die GuV nicht, sie wird wie eine Anschaffung als Umschichtung des Vermögens behandelt. Liegt eine Fremdherstellung vor, fallen aufgrund der eindeutigen Zurechenbarkeit der Aufwendungen zum VG ausschließlich aktivierungspflichtige Kosten an.[109] Zur Abgrenzung der HK bei Erstellung des VG durch fremde Dritte von AK ist auf den Träger des wirtschaftlichen Risikos abzustellen.

84

3.2.2.1 Herstellung im engeren Sinn (Neuschaffung)

Die Herstellung im engeren Sinn umfasst zunächst die **Neuschaffung** noch nicht existenter VG. Ferner sind unter der Herstellung von VG im engeren Sinn handelsrechtlich auch die Nutzbarmachung eines zerstörten oder verschlisse-

85

---

[107] Vgl. etwa bzgl. anschaffungsnaher HK bei Gebäuden BMF, Schreiben v. 18.7.2003, BStBl 2003 I S. 386; SenFin Berlin, Erlass v. 20.11.2013, III B – S 2211–2/2005–2; DB 2013, S. 372.
[108] Vgl. BFH, Urteil v. 19.12.2012, IV R 29/09, BFH/NV 6/2013, S. 1003; DStR 16/2013, S. 802; DB 16/2013, S. 846.
[109] Vgl. dazu und im Folgenden *Schubert/Pastor*, in Beck Bil-Komm., 10. Aufl., § 255 HGB, Rz 334.

nen VG sowie die Änderung der betrieblichen Funktion zu verstehen.[110] Die Überholung eines noch nutzbaren VG fällt dagegen nicht darunter. Hier sind die Aktivierungsvoraussetzungen für nachträgliche HK zu prüfen (Rz 87 ff.). IDW RS IFA 1 betreffend die Abgrenzung von Erhaltungsaufwand und HK bei Gebäuden verlangt bei einer entfallenen Nutzbarkeit eines Gebäudes in seiner bisherigen Funktion, dass infolge der Nutzbarmachung eine Klassifizierung als „in bautechnischer Hinsicht neu" gegeben sein muss.[111] Darunter wird der Austausch von für die Nutzungsdauer des Gebäudes bestimmenden verschlissenen Teilen verstanden.[112]

86 Zu den HK im Rahmen einer Neuschaffung zählen neben den direkten produktionsbedingten Kosten auch Kosten für vorgelagerte Planungs- und Vorbereitungsmaßnahmen, die Beschaffung sowie die Lagerung der RHB und der unfertigen Erzeugnisse.[113] Auch im Zuge der Andienung von Dienstleistungen sind entsprechende Planungs- und Vorbereitungsmaßnahmen zu berücksichtigen.[114]

3.2.2.2 Herstellung im weiteren Sinn (nachträgliche Herstellung)

3.2.2.2.1 Erweiterungen

87 Unter einer Erweiterung ist eine Vergrößerung oder eine **Substanzmehrung** (Erweiterung der Nutzungsmöglichkeiten) zu verstehen[115], die sich auf den VG als Ganzes bezieht, und keine Wesensänderung mit sich bringt.[116] § 255 Abs. 2 Satz 1 HGB setzt dabei keine Wesentlichkeit voraus, sodass grds. auch kleine Erweiterungen zu aktivieren sind. Maßnahmen, die lediglich die Funktionsfähigkeit erhalten, fallen aber auch dann nicht unter Erweiterungen i. S. d. Norm, wenn dafür neue Teile verwendet werden.

88 **Beispiel**
Eine Erweiterung der Nutzungsmöglichkeiten ist etwa ein Anbau, eine Aufstockung oder der Einbau eines bislang nicht vorhandenen Fahrstuhls bei Gebäuden. In vielen Fällen wird eine Substanzmehrung aber im Einzelfall zu beurteilen sein.[117] Ob der Ersatz eines Flachdachs durch ein Satteldach etwa zu einer Aktivierung von HK führen darf, wird regelmäßig von der jeweiligen Nutzung abhängen. Während etwa ein Ladenbetreiber, für den die Raum-

---

110 Vgl. *Kahle/Haas/Schulz*, in *Baetge/Kirsch/Thiele*, Bilanzrecht, § 255 HGB Rz 137, Stand 1/2016; ADS, 6. Aufl. § 255 HGB, Rz 121; *Glanegger*, DB 1987, S. 2173. Im Kontext der Abgrenzung von Erhaltungsaufwand und Herstellungskosten bei Gebäuden ebenfalls IDW ERS IFA 1, Tz. 4f.
111 Vgl. IDW RS IFA 1, Tz. 4.
112 Vgl. IDW RS IFA 1, Tz. 4.
113 Vgl. *Selchert*, BB 1986, S. 2298; BFH, Urteil v. 11.3.1976, IV R 176/72, BStBl 1976 II S. 614; BFH, Urteil v. 23.11.1978, IV R 20/75, BStBl 1979 II S. 143.
114 Vgl. ADS, 6. Aufl. § 255 HGB, Rz 119.
115 IDW RS IFA 1, Tz. 5 nennt im Zusammenhang mit der Abgrenzung von Erhaltungsaufwand und HK bei Gebäuden die Aufstockung, den Anbau, die sonstige Vergrößerung der nutzbaren Fläche sowie den nachträglichen Einbau neuer Bestandteile mit bisher nicht vorhandenen Funktionen als Beispiele für die Erweiterung.
116 Vgl. anstatt vieler *Kahle/Haas/Schulz*, in *Baetge/Kirsch/Thiele*, Bilanzrecht, § 255 HGB Rz 138, Stand 1/2016.
117 Zu den Fällen einer Substanzmehrung von VG, insb. im Hinblick auf eine Aufstockung sowie einen Anbau s. detaillierter auch *Schmidt*, im *Federmann/Kußmaul/Müller*, HdB, Herstellungskosten, Rz 18 ff, Stand 10/2013.

> höhe nicht von wirtschaftlicher Bedeutung ist, so keine HK verursacht[118], ließe sich bspw. bei dem Betreiber eines Hochlagers durchaus eine Substanzmehrung begründen.

3.2.2.2.2 Wesentliche Verbesserungen

Analog zu Erweiterungen müssen sich **wesentliche Verbesserungen** eines VG über seinen ursprünglichen Zustand hinaus auf den VG als Ganzes beziehen. Eine lediglich teilweise Verbesserung führt zu regelmäßigem Erhaltungsaufwand.[119] Mangels eindeutiger Formulierung respektive Definition der Merkmale „wesentlich" und „ursprünglicher Zustand" bedingt die Festlegung weiterer Tatbestandsmerkmale den Rückgriff auf **Auslegungen** der handelsrechtlichen Bilanzierungsvorschriften durch den **BFH**, der auch ohne umgekehrte Maßgeblichkeit hier als GoB-setzend anzusehen ist.

Entsprechend ist eine Verbesserung **als wesentlich einzustufen**, wenn sie den Gebrauchswert des VG im Ganzen **über die zeitgemäße Erneuerung hinaus deutlich erhöht**. Der BFH verlangt eine damit einhergehende maßgeblich höherwertige Nutzungsmöglichkeit.[120]

89

90

91

> **Beispiel**
> Bei Wohngebäuden etwa ist bei einer Anhebung von einer Qualitätsstufe auf die nächste (einfach auf mittel und mittel auf sehr anspruchsvoll) von einer höherwertigen Nutzungsmöglichkeit i.S.d. § 255 Abs. 2 Satz 1 HGB auszugehen.[121] Zu den maßgeblich gebrauchswertbestimmenden Einrichtungen bei Wohngebäuden zählen dabei insb. die Heizungs-, Sanitär- und Elektroinstallationen sowie die Fenster.[122] Qualitative Verbesserungen kommen dabei regelmäßig durch einen wesentlichen Anstieg der erzielbaren Miete zum Ausdruck.[123]
> Von einer Steigerung der Gebrauchs- bzw. Nutzungsmöglichkeit kann auch bei einer wesentlichen Verlängerung der (technischen und wirtschaftlichen) Nutzungsdauer des Gebäudes ausgegangen werden.[124]

Instandhaltungsmaßnahmen bzw. **Modernisierungshandlungen** in nicht maßgeblichem Umfang, die für sich allein genommen Erhaltungsmaßnahmen darstellen, können **als Einheit betrachtet** zu einer wesentlichen Verbesserung führen und entsprechend als HK angesetzt werden. Voraussetzung ist, dass insgesamt mindestens drei der vier wesentlichen Einrichtungen[125] betroffen sind,

92

---

[118] Beispielhaft BMF, Schreiben v. 18.7.2003, IV C 3 – S 2211–94/03, BStBl 2003 I S. 386.
[119] Anstatt vieler BFH, Urteil v. 19.7.1985, BFH/NV 1986 S. 24; mit besonderer Fokussierung von wesentlichen Verbesserungen bei Gebäuden *Schmidt*, in *Federmann/Kußmaul/Müller*, HdB, Herstellungskosten, Rz 32ff., Stand 10/2013.
[120] S. dazu BFH, Urteil v. 13.10.1998, BStBl 1999 II S. 282.
[121] Vgl. etwa BFH, Urteil v. 12.9.2001, BB 2002, S. 1350, BStBl 2003 II S. 569; BFH, Urteil v. 20.8.2002, BFH/NV 2003 S. 35; BFH, Urteil v. 3.12.2002, BStBl 2003 II S. 590.
[122] S. dazu BFH, Urteil v. 22.1.2003, BFH/NV 2003 S. 766.
[123] Vgl. IDW RS IFA 1, Tz. 12.
[124] Vgl. IDW RS IFA 1, Tz. 11.
[125] Heizungs-, Sanitär- und Elektroinstallationen sowie Fenster. Vgl. dazu BFH, Urteil v. 22.1.2003, BFH/NV 2003 S. 766.

und die Maßnahmen im Rahmen einer gebündelten Baumaßnahme erfolgen.[126] Von einer gebündelten Baumaßnahme (bautechnisches Ineinandergreifen[127]) kann dabei ausgegangen werden, wenn die Schaffung des betriebsbereiten Zustands oder etwaige Herstellungsarbeiten das Bündel der Erhaltungsarbeiten bedingen.[128] Die Beurteilung der sog. **anschaffungsnahen Aufwendungen** ist entgegen früherer Rechtsprechung so nicht mehr allein unter Rückgriff auf deren Höhe und zeitliche Nähe zur Anschaffung vorzunehmen. Wenngleich in der Literatur umstritten, erfüllt eine erhebliche Verlängerung der Nutzungsdauer regelmäßig das Tatbestandsmerkmal der wesentlichen Verbesserung.[129]

93 Als „**ursprünglicher Zustand**" ist nach GoB-setzender Rechtsprechung des BFH der **Zeitpunkt des entgeltlichen Erwerbs** durch den Steuerpflichtigen zu verstehen[130], sofern die erstmalige Bilanzierung im Unt zu Verkehrswerten erfolgt. Das IDW spricht bei Gebäuden vom Zustand zum Zeitpunkt der Aufnahme in das Vermögen des Eigentümers.[131] Eine Veränderung dieses Zugangswerts mittels nachträglicher AHK bzw. außerplanmäßiger Abschreibungen infolge eines Substanzverlustes ist entsprechend zu berücksichtigen. Der fortgeführte Zugangswert ist dann als ursprünglicher Zustand zu definieren.[132] Erfolgt zum Zeitpunkt der erstmaligen Bilanzierung im Unt kein Ansatz zu Verkehrswerten, ist der Zustand unmittelbar vor der Maßnahmenergreifung als Vergleichswert heranzuziehen.[133]

3.2.2.3 Zeitraum der Herstellung

94 Der **Beginn der Herstellung** ist **nicht** mit dem **Beginn des technischen Herstellungsprozesses** gleichzusetzen. Das erstmalige Anfallen von Ausgaben, die in sachlichem bzw. engem wirtschaftlichen Zusammenhang mit der Erstellung der Leistung stehen, begründet bereits den Herstellungsbeginn.[134] Der Entschluss zur Herstellung eines VG stellt dabei den frühestens möglichen Zeitpunkt der Herstellung dar. Neben dem VG unmittelbar zurechenbaren Einzelkosten inkl. auftragsgebundener Vorbereitungskosten (z.B. Planungs- und Konstruktionskosten) können auch zurechenbare Gemeinkosten bereits den Beginn der Herstellung markieren.[135] Auch bei Gemeinkosten kann eine enge wirtschaftliche Verbindung mit der Erstellung der Leistung vorliegen. Die Ausdehnung des § 255 Abs. 2 Satz 2 HGB auf angemessene Teile der MGK und der FGK untermauert diese Position. Auch die Nachaktivierung von Vorbereitungshand-

---

[126] S. dazu BFH, Urteil v. 12.9.2001, BB 2002, S. 1353.
[127] Das IDW spricht von einem engen räumlichen, zeitlichen und sachlichen Zusammenhang zwischen den einzelnen Baumaßnahmen, die dergestalt ineinandergreifen, dass sie sich bautechnisch bedingen. Vgl. IDW ERS IFA 1, Tz. 18. Von einem engen zeitlichen Zusammenhang kann dabei auch gesprochen werden, wenn sich die Baumaßnahmen planmäßig über mehrere Gj erstrecken. Vgl. IDW RS IFA 1, Tz. 17–18.
[128] S. dazu BMF, Schreiben v. 18.7.2003, IV C 3 – S 2211–94/03, BStBl 2003 I S. 386.
[129] So auch IDW RS IFA 1, Tz. 11.
[130] S. dazu BFH, Urteil v. 11.8.1989, BStBl 1990 II S. 53; BFH, Urteil v. 30.7.1991, BStBl 1992 II S. 30; BFH, Urteil v. 9.5.1995, BStBl 1996 II S. 632; BFH, Urteil v. 3.12.2002, BStBl 2003 II S. 590.
[131] Vgl. IDW RS IFA 1, Tz. 8.
[132] S. dazu BFH, Urteil v. 9.5.1995, BStBl 1996 II S. 632; Vgl. IDW RS IFA 1, Tz. 9.
[133] Vgl. *Schubert/Pastor*, in Beck Bil-Komm., 10. Aufl., § 255 HGB, Rz 383–384.
[134] S. dazu BFH, Urteil v. 12.6.1978, GrS 1/77, BStBl II 78 S. 620; BFH, Urteil v. 23.11.1978, BStBl 1979 II S. 143.
[135] Vgl. IDW RS HFA 31, Rz 7.

lungen in späteren Perioden ist zulässig, sofern der Zusammenhang mit dem Herstellungsbeginn erst nach Abschlussaufstellung erkennbar wird.[136] Sofern eine Nach-Aktivierung vorgenommen werden soll, verlangt das IDW als Voraussetzung, dass eine Änderung des Abschlusses nach den allgemeinen Grundsätzen zulässig gewesen wäre.[137]

Ist die **Materiallagerung** fertigungstechnisch **erforderlich,** sind die daraus resultierenden Kosten **aktivierungsfähig** – sie sind als Teil des Herstellungsprozesses zu betrachten.[138]   95

Kosten, die die **Betriebsbereitschaft gewährleisten**, sind dagegen nicht als Teil des Herstellungsprozesses zu betrachten und entsprechend nicht i.V.m. dem Beginn der Herstellung zu bringen.[139]   96

Wird der **Herstellungszeitraum** über kleine Störungen hinaus **unterbrochen** und sind maßgebliche Herstellungsmerkmale[140] nicht erfüllt, gilt analog ein **Aktivierungsverbot** für in diesem Zeitraum anfallende Kosten.   97

Grundsätzlich bleibt festzuhalten, dass eine klare Terminierung des Herstellungsbeginns nicht immer eindeutig vorgenommen werden kann und entsprechend **Handlungsspielräume** für den Bilanzierenden verbleiben.   98

> **Beispiel**
> Der BFH hat in einem Urteil[141] entschieden, dass die Beschaffung eines Gebäudes bei bestehender Abbruchabsicht bereits zur Herstellung eines neu zu erstellenden Gebäudes gehört, obwohl daraus unserer Einschätzung nach eine Verletzung des einzuhaltenden **Grundsatzes der Einzelbewertung** (§ 252 Rz 69 ff.) resultiert.[142] Dem Ziel des maximalen HK-Ansatzes folgend, ist eine Anlehnung an passende BFH-Einzelfallentscheidungen aber möglicherweise zielführend.

Den **Abschluss der Herstellung** markiert bei VG des **AV** die Fertigstellung bzw. die Fähigkeit zur dauernden Nutzung entsprechend der Bestimmung.[143] Der **Fertigstellungszeitpunkt** richtet sich folglich nach der vorgesehenen Verwendung des VG. Wenn be- oder verarbeitungsbedingte Wertsteigerungen nicht mehr erfolgen oder der VG für das Unt genutzt werden kann[144] bzw. etwa bewohnbar ist[145], ist der Abschluss der Herstellung anzunehmen. Restarbeiten oder Mängelbehebungen sind dabei aber nicht vom Herstellungsprozess abgegrenzt.[146]   99

---

[136] Vgl. IDW RS HFA 31, Rz 8.
[137] Vgl. IDW RS HFA 31, Rz 8.
[138] Vgl. IDW RS HFA 31, Rz 10; *Kahle/Haas/Schulz,* in *Baetge/Kirsch/Thiele,* Bilanzrecht, § 255 HGB Rz 183, Stand 1/2016.
[139] Anstatt vieler vgl. *Küting,* BB 1989, S. 587.
[140] S. dazu *Wohlgemuth,* in HdJ 2001, Abt. 1/10, Rz 104.
[141] BFH, Urteil v. 12.6.1978, GrS 1/77, BStBl 1978 II S. 620.
[142] Ebenso *Ballwieser,* in MünchKomm. HGB, 3. Aufl., § 255 Rn 69; *Schubert/Pastor,* in Beck Bil-Komm., 10. Aufl., § 255 HGB, Rz 366, 373; als weiteren Verstoß gegen den Grundsatz der Einzelbewertung s. BFH, Urteil v. 29.11.1983, BStBl 1984 II S. 303.
[143] Vgl. BFH, Urteil v. 1.4.1981, I R 27/79, BStBl II 81 S. 660.
[144] Vgl. IDW RS HFA 31, Rz 11.
[145] Vgl. BFH, Urteil v. 20.2.1975, IV R 79/74, BStBl 1975 II S. 510.
[146] S. dazu etwa BFH, Urteil v. 1.12.1987, BStBl 1988 II S. 431.

100 Die Herstellung von VG des **UV** ist abgeschlossen, sofern die Fähigkeit zur Auslieferung und/oder dem Absatz vorliegt. Möglicherweise während der Herstellung anfallende **Vertriebskosten** sind funktionsbedingt von den HK abzugrenzen.[147]

3.3 Umfang der Herstellungskosten (Abs. 2 Sätze 2–4, Abs. 3)

3.3.1 Herstellungskostenuntergrenze und -obergrenze

101 § 255 Abs. 2–3 HGB listet die Bestandteile der HK abschließend auf. Aus der Unterteilung in aktivierungspflichtige, wahlweise aktivierbare und aktivierungsverbotene Ausgaben resultieren eine handelsrechtliche HK-Untergrenze sowie eine -Obergrenze.
Aktivierungspflichtig und somit als **HK-Untergrenze** anzusehen sind gem. § 255 Abs. 2 Satz 2 HGB die Materialkosten, die Fertigungskosten und die Sonderkosten der Fertigung sowie angemessene Teile der MGK, der FGK und des Werteverzehrs des AV, soweit dieser durch die Fertigung veranlasst ist.

102 Ein **Aktivierungswahlrecht** besteht nach § 255 Abs. 2 Satz 3 HGB für angemessene Teile der Kosten der allgemeinen Verwaltung sowie angemessene Aufwendungen für soziale Einrichtungen des Betriebs, für freiwillige soziale Leistungen und für die betriebliche Altersversorgung, soweit diese auf den Zeitraum der Herstellung entfallen. § 255 Abs. 3 HGB sieht zudem ein Aktivierungswahlrecht für Fremdkapitalzinsen vor, die auf den Zeitraum der Herstellung entfallen. Sie gelten aber nur dann als HK des VG, wenn das FK allein zur Finanzierung der Herstellung eines VG verwendet wird. (Rz 201 ff.)

103 Explizit von der Aktivierung ausgenommen sind gem. § 255 Abs. 2 Satz 4 HGB Forschungs- und Vertriebskosten und nach § 255 Abs. 3 Satz 1 HGB zunächst auch grds. Zinsen für FK – für bestimmte Fremdkapitalzinsen schaltet § 255 Abs. 3 Satz 2 HGB jedoch ein Wahlrecht nach. Die Aktivierungsverbote deckeln die HK. Die **HK-Obergrenze** ergibt sich somit aus der Summe der Aktivierungspflichten und den voll ausgeschöpften Aktivierungswahlrechten. Der folgenden Tabelle sind die handelsrechtlichen, steuerrechtlichen und internationalen Aktivierungspflichten, -wahlrechte und -verbote zu entnehmen:

	HGB*	IFRS*	EStG/ EStR
MEK	Pflicht	Pflicht	Pflicht
Fertigungseinzelkosten	Pflicht	Pflicht	Pflicht
Sondereinzelkosten der Fertigung	Pflicht	Pflicht	Pflicht
MGK****	Pflicht	Pflicht	Pflicht
FGK****	Pflicht	Pflicht	Pflicht
Werteverzehr des AV	Pflicht	Pflicht	Pflicht

---

[147] S. dazu etwa BFH, Urteil v. 26.2.1975, I R 72/73, BStBl 1976 II S. 13, BFH, Urteil v. 20.5.88, III R 31/84, BStBl 1988 II, S. 961.

	HGB*	IFRS*	EStG/ EStR
Aufwendungen***** für:			
soziale Einrichtungen des Betriebs	Wahlrecht	Pflicht***	Wahlrecht
freiwillige soziale Leistungen	Wahlrecht	Pflicht***	Wahlrecht
die betriebliche Altersversorgung	Wahlrecht	Pflicht***	Wahlrecht
Allgemeine Verwaltungskosten****	Wahlrecht	Verbot	Wahlrecht
Herstellungsbezogene Fremdkapitalzinsen	Wahlrecht	Pflicht**	Wahlrecht
Vertriebskosten	Verbot	Verbot	Verbot
Forschungskosten	Verbot	Verbot	Verbot

* (Ggf.) inkl. Entwicklungskosten, sofern Kriterien erfüllt.
** Für „qualifying assets" seit 2009; früher grds. als Aufwand zu erfassen, nur bei „qualifying assets" auch aktivierungsfähig.
*** Zur anteiligen Aktivierung der herstellungsbezogenen Aufwendungen, sonst/Rest Verbot.
**** (Ggf.) nur angemessene Teile
***** (Ggf.) nur angemessene Teile und sofern diese auf den Zeitraum der Herstellung entfallen

Tab. 1: HK nach Handels- und Steuerrecht sowie nach IFRS

Waren allgemeine Verwaltungskosten sowie Aufwendungen für soziale Einrichtungen des Betriebs, freiwillige soziale Leistungen und die betriebliche Altersversorgung bis zur Einführung des BilMoG auch nach Steuerrecht eindeutig als Wahlrechte ausgestaltet und galt dies im Grunde auch nach BilMoG (nach R 6.3 Abs. 4 EStR 2008 bestand die Möglichkeit zur Übernahme der verbliebenen handelsrechtlichen Wahlrechtsbestandteile in die Steuerbilanz), bestand nach Auffassung des BMF v. 12.3.2010 für die handelsrechtlichen Wahlrechte des § 255 Abs. 2 Satz 3 HGB (zwischenzeitlich) eine **Ansatzpflicht**. Das BMF begründete dies damit, dass bei der steuerlichen Gewinnermittlung nach § 6 Abs. 1 Nr. 2 Satz 1 EStG die HK anzusetzen seien und zu diesen alle Aufwendungen, die ihrer Art nach HK sind[148], gehörten. Wegen des Bewertungsvorbehalts in § 5 Abs. 6 EStG griffe hier dann die handelsrechtliche Regelung trotz Maßgeblichkeitsprinzip nicht.[149] Dies wurde dann auch explizit in R 6.3 Abs. 1 EStÄR 2012 aufgenommen. Allerdings war infolge eines BMF-Schreibens v. 25.3.2013[150] bis zur Verifizierung der damit einhergehenden Bürokratiekosten, spätestens aber bis zu einer Neufassung der Einkommensteuer-Richtlinien, weiterhin noch das aus R 6.3 Abs. 4 EStR 2008 abgeleitete Wahlrecht bei der Ermittlung der HK anwendbar.

---

[148] Vgl. BFH, Urteil v. 21.10.1993, BStBl 1994 II S. 176.
[149] Vgl. BMF, Schreiben v. 12.3.2010, IV C6 – S 2133/09/10001 und BMF, Schreiben v. 22.6.2010, IV C6 – S 2133/09/10001.
[150] BMF, Schreiben v. 25.3.2013, IV C 6 – S 2133/09/10001:004; BStBl 2013 I S. 296, Haufe-Index: 3678423.

Durch das Gesetz zur Modernisierung des Besteuerungsverfahrens (**StModG**)[151] wurde die – durch das BMF-Schreiben vom 25.3.2013 ohnehin vorübergehend neutralisierte – verpflichtende Anhebung der steuerlichen Herstellungskostenuntergrenze nivelliert und durch ein mit der Handelsbilanz gleichlaufendes **steuerliches Aktivierungswahlrecht** für den Nicht-Einbezug handelsrechtlicher Wahlbestandteile in die steuerliche Herstellungskostenermittlung ersetzt.[152] Konkret wurde nach § 6 Abs. 1 Nr. 1a EStG eine Nummer 1b eingefügt, die regelt, dass die angemessenen Teile der Kosten der allgemeinen Verwaltung sowie die angemessenen Aufwendungen für soziale Einrichtungen des Betriebs, für freiwillige soziale Leistungen und für die betriebliche Altersversorgung i. S. d. § 255 Abs. 2 Satz 3 HGB nicht in die Herstellungskosten einbezogen werden müssen, soweit diese auf den Zeitraum der Herstellung entfallen. Dabei gilt nach § 6 Abs. 1 Nr. 1b Satz 2 EStG zudem die Voraussetzung, dass auch in der Handelsbilanz entsprechend verfahren wird.[153]

3.3.2 Abgrenzung von Einzel- und Gemeinkosten

3.3.2.1 Einzelkosten

104 Unter den **Einzelkosten** werden jene Kosten verstanden, die sich durch direkte Zurechenbarkeit zu einem Bezugsobjekt – Kostenstelle oder Kostenträger – ohne Rückgriff auf einen Verteilungsschlüssel auszeichnen. Die direkte Zurechenbarkeit setzt dabei einen **eindeutigen quantitativen Zusammenhang** zwischen dem zu bewertenden VG und den HK voraus.[154] Trennscharf ist das Merkmal der direkten Zurechenbarkeit ohne Schlüsselung dabei nicht. So sind Fertigungslöhne, die stunden- und nicht produktweise bezahlt werden, kostentheoretisch nicht als Einzelkosten zu betrachten – die Umlage auf das Produkt erfordert eine Schlüsselung und auch der quantitative Zusammenhang ist umstritten.[155] Nach hM hat ungeachtet bestehender Bedenken jedoch eine Zuordnung der Fertigungslöhne zu den Einzelkosten zu erfolgen.[156]

Der im Schrifttum infolge der Formulierung der Gesetzesbegründung zum BilMoG „Unter stärkerer Berücksichtigung der Informationsfunktion des handelsrechtlichen Jahresabschlusses wird der Wortlaut der Vorschrift dahin gehend interpretiert, dass unmittelbar zurechenbar solche Aufwendungen sind, die in Abhängigkeit von der Erzeugnismenge variieren."[157] mitunter aufgebrachten Forderung, nur die Teile der Fertigungslöhne in die Einzelkosten einzubeziehen, die in Abhängigkeit von der Erzeugnismenge variieren und

---

[151] BGBl I 2016, S. 1679.
[152] Vgl. *Meyering/Gröne*, DStR 2016, S. 1696; *Rodermond*, WPg 2016, S. 818; *Schoor*, b+b 2/2017, S. 12; *Velte*, StuB 2016, S. 407; *Zwirner*, BC 2016, S. 344.
[153] Zur Nutzung der Wahlrechte in der Praxis vgl. *Kreipl/Lange/Müller* in Haufe HGB Bilanz Kommentar Erfahrungsbericht BilMoG, 2012, Rz 109 ff.
[154] Vgl. IDW RS HFA 31, s. Rz 13; BFH, Urteil v. 21.10.1993, IV R 87/92, BStBl 94 II, S. 176; *Kahle/Haas/Schulz*, in *Baetge/Kirsch/Thiele*, Bilanzrecht, § 255 HGB Rz 159, Stand 1/2016.
[155] Keinen quantitativen Zusammenhang attestierend, im Ergebnis jedoch dennoch eine Zuordnung zu den Einzelkosten vornehmend *Kahle/Haas/Schulz*, in *Baetge/Kirsch/Thiele*, Bilanzrecht, § 255 HGB Rz 160, Stand 1/2016; a. A. *Schubert/Pastor*, in Beck Bil-Komm., 10. Aufl., § 255 HGB, Rz 347.
[156] Anstatt vieler vgl. IDW RS HFA 31, Rz 14.
[157] Begr. RegE BilMoG, S. 131.

keinen Fixkostencharakter aufweisen,[158] ist aus theoretischer Sicht durchaus etwas abzugewinnen und wäre bei einer engen Anlehnung an die Gesetzesbegründung entsprechend geboten. Als Einzelkosten ansatzpflichtig wären dann lediglich die über den Mindestlohn hinausgehenden Zuschläge (Akkord-, Überstunden-, Schichtdienst- sowie Sonn- und Feiertagszuschläge). Die damit einhergehenden Kosten und der damit verbundene zeitliche Anpassungsaufwand in der Kostenrechnung rechtfertigt aus Sicht der Autoren jedoch eine grundlegende Beibehaltung der Zuordnung zu den Einzelkosten. Dies gilt insb. auch im Hinblick auf die fehlende Konsequenz des Gesetzgebers in Bezug auf diesen Sachverhalt. So hat er es unterlassen, dies direkt in die Norm mit aufzunehmen und widerspricht sich zudem in der Begründung selbst dadurch, dass er gleichzeitig aufführt, dass die Änderung des § 255 HGB kostenneutral vonstattengeht/gehen soll.[159] Eine Zuordnung von Teilen der Fertigungslöhne zu den Gemeinkosten ist jedoch aufgrund der Bedingung der Angemessenheit eben gerade nicht kostenneutral. Außerdem stellt der Gesetzgeber der oben aufgeführten Formulierung gleich nach, dass dazu auch die MGK und die FGK gehören[160], was im Umkehrschluss der Interpretation widerspricht, dass die variierenden Teile den Einzelkosten zuzuordnen sind.

Der Verzicht auf eine Schlüsselung im Rahmen der **(relativen) Deckungsbeitragsrechnung** führt ausschließlich zu (relativen) Einzelkosten – eine Anwendung dieses Kostenrechnungssystems im Zuge der Jahresabschlusserstellung muss daher unterbleiben.[161]

105

3.3.2.2 Gemeinkosten

Die **Gemeinkosten** sind als Komplement zu den Einzelkosten zu verstehen. Unter Gemeinkosten werden entsprechend jene Kosten subsumiert, die den Kostenträgern oder Kostenstellen unter Verwendung von Zuschlagssätzen bzw. jedweder Form der Schlüsselung zugeordnet werden. Die **Zuordnung** erfolgt also **mittelbar**. Zum Sonderfall der Fertigungslöhne s. Rz 104.

106

3.3.2.3 Unechte Gemeinkosten

Kosten, die in der Kostenrechnung aus Gründen der Praktikabilität als Gemeinkosten behandelt werden, theoretisch jedoch eindeutig einem Bezugsobjekt direkt zugeordnet werden können, sind handelsrechtlich **als Einzelkosten** zu betrachten; entscheidend für die Zuordnung ist einzig die Möglichkeit, nicht die tatsächliche Vornahme in der Kostenrechnung.[162] Lediglich aus Wirtschaftlichkeitsgründen darf auf eine Zuordnung zu den Einzelkosten verzichtet werden. Im Rahmen der Zuordnung zu den Kostenarten ist in diesem Zusammenhang somit auf die theoretische Möglichkeit der direkten Zurechnung der sog. **unechten Gemeinkosten** zu den einzelnen VG und nicht

107

---

[158] So etwa *Rade*, DStR 2011, S. 1334 ff.
[159] Vgl. Begr. RegE BilMoG, S. 92.
[160] Vgl. Begr. RegE BilMoG, S. 131.
[161] Vgl. *Schubert/Pastor*, in Beck Bil-Komm., 10. Aufl., § 255 HGB, Rz 348; *Kahle/Haas/Schulz*, in *Baetge/Kirsch/Thiele*, Bilanzrecht, § 255 HGB Rz 163, Stand 1/2016.
[162] Vgl. IDW RS HFA 31, Rz 19.

die tatsächlich praktizierte Übung abzustellen, solange eine theoretische unmittelbare Zurechnung noch als wirtschaftlich betrachtet werden kann.[163]

3.3.3 Grundsatz der Angemessenheit

108 § 255 Abs. 2 Sätze 2 und 3 HGB verlangen/gestatten die Einbeziehung von angemessenen Teilen der Gemeinkosten resp. Aufwendungen für soziale Einrichtungen des Betriebs, für freiwillige soziale Leistungen und für die betriebliche Altersversorgung. Unter angemessenen Teilen sind Kosten/Ausgaben zu verstehen, deren Zurechnung zu den Gemeinkosten auf **vernünftigen betriebswirtschaftlichen Überlegungen** bzw. **Kriterien** fußt. Somit sind etwa über das übliche Maß an technischen und personellen Fertigungskapazitäten hinausgehende Leerkosten nicht einzubeziehen und es ist stets von einer Normalbeschäftigung auszugehen.[164] An dieser Stelle muss jedoch erwähnt werden, dass eine Abweichung von der Normalbeschäftigung in der Praxis nur im Fall erheblicher Auslastungsspitzen oder der Stilllegung von Fertigungslinien anzunehmen ist, was dem Bilanzierenden deutliche Spielräume eröffnet. Gleiches gilt für die Leerkosten. Hier entsteht das Problem einer Definition des üblichen Maßes. Wenngleich einige Autoren im Schrifttum feste Grenzwerte (etwa 20 % oder 43 % über den (fixen) Normalkosten) definieren, mag diese statische Festlegung wenig überzeugen und findet freilich keine Entsprechung seitens der Norm – aus Sicht der Autoren ist auf den Einzelfall abzustellen und etwa branchen- oder geschäftsmodelltypische Volatilitätsraten in Bezug auf die Normalkosten sind zu berücksichtigen.

109 Mit der Ausdehnung der konkreten Forderung der Angemessenheit auf sämtliche aktivierungspflichtigen und aktivierbaren Gemeinkosten im Rahmen der BilMoG-Einführung hat der Gesetzgeber Klarheit in Bezug auf die grundsätzliche Pflicht zur Einhaltung des Grundsatzes der Angemessenheit geschaffen, die aus § 252 Abs. 1 Nr. 4 HGB abzuleiten und Art. 35 Abs. 3 Buchst. b der 4. EG-RL zu entnehmen war, stellenweise jedoch angezweifelt wurde.[165]

3.3.4 Die Pflichtbestandteile im Einzelnen (Abs. 2 Satz 2)

3.3.4.1 Materialeinzelkosten

110 Zu den **MEK** zählen allen voran Ausgaben für **Rohstoffe**, die zur Herstellung der unfertigen und fertigen Erzeugnisse sowie der selbsterstellten Anlagen verwendet werden. **Hilfsstoffe** werden, sofern ihnen keine mengen- oder wertmäßige Bedeutung zukommt, meist als (unechte) Gemeinkosten erfasst. Entsprechend ihrem Einzelkostencharakter sind sie bei mengen- oder wertmäßiger Bedeutung handelsrechtlich jedoch **als Einzelkosten** aktivierungspflichtig.[166]

111 Selbsthergestellte **Halb-** und **Fertigfabrikate,** recycelte Überschüsse bzw. **Abfälle** sowie wiederverwertungsunfähige **Materialverluste** gehören ebenfalls zu

---

163 Ebenso *Schubert/Pastor,* in Beck Bil-Komm., 10. Aufl., § 255 HGB, Rz 347; *Kahle/Haas/Schulz,* in *Baetge/Kirsch/Thiele,* Bilanzrecht, § 255 HGB Rz 161, Stand 1/2016.
164 Vgl. IDW RS HFA 31, Rz 21.
165 So etwa *Moxter,* BB 1988, S. 937.
166 So etwa auch *Kahle/Haas/Schulz,* in *Baetge/Kirsch/Thiele,* Bilanzrecht, § 255 HGB Rz 164, Stand 1/2016.

den MEK. Ist die **Materiallagerung** fertigungstechnisch erforderlich, sind zudem die daraus resultierenden Kosten als MEK aktivierungsfähig (Rz 95).
Von Dritten **bezogene Leistungen** sind als Einzelkosten zu aktivieren, wenn sie einem VG unmittelbar zugerechnet werden können. Eine Zurechnung von für Fremde erstellte Leistungen zu den Einzelkosten ist nur dann vorzunehmen, sofern das wirtschaftliche Risiko noch beim Unt liegt. 112
Betriebsstoffe finden keinen Eingang in die herzustellenden Produkte und sind daher i.d.R. nicht als Einzelkosten aktivierungspflichtig.[167] 113
Die **Bewertung** der Einzelkosten hat grds. mit den AHK, den durchschnittlichen AK oder unter Rückgriff auf ein zulässiges Verbrauchsfolgeverfahren gem. § 256 HGB zu erfolgen. Grenze der vom HGB zunächst gewährten Bewertungsfreiheit bilden die tatsächlichen AK sowie die Vorgabe, dass die Wahl verschiedener Bewertungsmethoden nicht zum Ausweis unrealisierter Gewinne führen darf. Die Restriktion, dass unrealisierte Gewinne nicht ausgewiesen werden dürfen, kann dabei eine zweifache Bewertung des Verbrauchs – zum einen für die RHB und zum anderen für die HK-Ermittlung – bedingen. Materialverbrauch, der aus abgewerteten Vorjahresbeständen gedeckt wird, ist zum Buchwert anzusetzen.[168] Ist der Abwertungsgrund entfallen, ist jedoch auch eine Bewertung mit den AHK gestattet.[169] 114

3.3.4.2 Fertigungseinzelkosten

Fertigungseinzelkosten sind insb. **Fertigungslöhne** (zur grundlegenden Diskussion, ob diese den Einzel- oder den Gemeinkosten zuzuordnen sind, s. Rz 104), soweit sie nicht zu den Sonderkosten der Fertigung (Rz 117), den betrieblichen Sozialkosten (Rz 138f.), der betrieblichen Altersvorsorge (Rz 142f.) oder zur Verwaltung (Rz 134) gehören. Die Fertigungslöhne sind in diesem Zusammenhang einschließlich der **Lohnnebenkosten** zu verstehen – sämtliche Kostenpositionen, die aufgrund gesetzlicher oder tarifrechtlicher Bestimmungen zu entrichten sind, sind als Einzelkosten aktivierungspflichtig. Dazu zählen etwa Arbeitgeberanteile zur Sozialversicherung, vom Arbeitgeber abgeführte Lohn- und Kirchensteuern, Feiertags- und Überstundenzuschläge sowie Leistungsprämien. Entgegen teilweise vertretener Meinung sind auch Lohnfortzahlungen im Krankheitsfall, an Feier- oder an Urlaubstagen als Einzelkosten zu aktivieren.[170] Voraussetzung für den **Ansatz als Einzelkosten** bildet dabei grds. die Möglichkeit der direkten Zurechnung zu dem bei der Fertigung herzustellenden VG. 115

Hilfslöhne fallen i.d.R. unter die FGK. Eine saubere Trennung von den Fertigungslöhnen dürfte in der Praxis dabei aber kaum zu realisieren sein. Die Einbeziehung der FGK in die HK-Untergrenze lässt die Bedeutung der Trennung im Rahmen der handelsrechtlichen Rechnungslegung jedoch nahezu ins 116

---

[167] Vgl. *Knop/Küting/Knop*, in *Küting/Pfitzer/Weber*, HdR, HGB § 255, Rn 169, Stand 11/2016.
[168] Vgl. BFH, Urteil v. 11.10.1960, BStBl 1961 III S. 492.
[169] So auch *Schubert/Pastor*, in Beck Bil-Komm., 10. Aufl., § 255 HGB, Rz 351; ADS, 6. Aufl. § 255 HGB, Rz 145.
[170] Ebenso ADS, 6. Aufl. § 255 HGB, Rz 147; *Schubert/Pastor*, in Beck Bil-Komm., 10. Aufl., § 255 HGB, Rz 352; a.A. *Kahle,/Haas/Schulz* in *Baetge/Kirsch/Thiele*, Bilanzrecht, § 255 HGB Rz 169, Stand 1/2016; *Knop/Küting/Knop*, in *Küting/Pfitzer/Weber*, HdR, HGB § 255, Rn 185, Stand 11/2016.

Leere laufen. Lediglich die Beschränkung auf den pflichtgemäßen Ansatz von „angemessenen Teilen" (Rz 108) könnte in diesem Zusammenhang noch Relevanz besitzen.

3.3.4.3 Sondereinzelkosten der Fertigung

117 **Sonderkosten der Fertigung** können sowohl Einzel- als auch Gemeinkosten sein.[171] Sie fallen etwa für Modelle, Spezialwerkzeuge, Entwürfe, Schablonen, Materialversuche sowie Lizenzgebühren ohne Vertriebsbezug an. Die **Zuordnung** der **Sonderkosten** zu den Einzel- oder Gemeinkosten muss sich dabei an dem Merkmal der unmittelbaren Zurechenbarkeit orientieren.[172]

118 **Auftrags- oder objektgebundene Kosten** sind als Sondereinzelkosten der Fertigung aktivierungspflichtig.[173]

119 **Neuentwicklungskosten** für Erzeugnisse dürfen mangels Zusammenhang mit einem bestimmten VG nicht als Einzelkosten, wohl aber ggf. als Gemeinkosten aktiviert werden.[174] Kosten der **Weiterentwicklung** von Produkten, die sich bereits in der Produktion befinden, sind als (Sonder-)Gemeinkosten der Fertigung zu aktivieren.[175]

120 Probleminhärent im Rahmen der Bilanzierung der Sonderkosten der Fertigung ist die Abgrenzung zu aktivierungsverbotenen Forschungs- und aktivierbaren **Entwicklungskosten** (Rz 180 ff.), wobei insb. die Grenze zu den aktivierungsverbotenen Forschungskosten relevant ist.

121 **Prototypen** zeichnen sich nicht durch ihre Materialität, sondern vielmehr durch ihre Entwicklungsleistung aus. Ihre körperliche Komponente hat i. d. R. lediglich eine Trägerfunktion. Als selbst geschaffene immaterielle Anlagegüter unterliegen die Kostenanteile, die nicht unmittelbar der Produktion der Prototypen zugeordnet werden können, dem Aktivierungswahlrecht des § 248 Abs. 2 HGB.[176] Die direkt der Produktion zurechenbaren Teile sind als Sonderkosten der Fertigung zu aktivieren.

122 **Forschungskosten** (Rz 145 f.) sind dagegen aktivierungsverboten. Die Forschungsphase ist insofern durch den fehlenden Bezug zu konkreten Produkten oder Produktionsverfahren sowie die fehlende Möglichkeit der marktorientierten Bewertung gekennzeichnet.

---

[171] Bis zur Einführung des BilMoG war umstritten, ob die Sondergemeinkosten, die in Abs. 2 nicht explizit aufgeführt waren/sind, den Sondereinzelkosten „zugeordnet" werden sollten und entsprechend aktivierungspflichtig waren (so etwa *Ballwieser*, in MünchKomm. HGB, 3. Aufl., § 255 Rn 64), oder ob für ihre Aktivierung ein Wahlrecht bestand (so etwa ADS, 6. Aufl., § 255 HGB, Rz 150; *Schubert/Pastor*, in Beck Bil-Komm., 10. Aufl., § 255 HGB, Rz 424). Relevant war diese Zuordnungsdebatte insb. bei Kosten der Weiterentwicklung, deren Zuordnung zu den Einzel- bzw. Gemeinkosten strittig war/ist. Mit der Einführung der Aktivierungspflicht für angemessene Teile der FGK hat sich diese Diskussion – zumindest im Ergebnis – erübrigt.

[172] Vgl. Art. 35 Abs. 3 Buchst. a der 4. EG-Richtlinie.

[173] Vgl. *Ballwieser*, in MünchKomm. HGB, 3. Aufl., § 255 Rn 64.

[174] Ebenso etwa *Knop/Küting/Knop*, in *Küting/Pfitzer/Weber*, HdR, HGB § 255, Rn 195, 280, Stand 11/2016.

[175] Eine Zuordnung zu den Sondereinzelkosten vornehmend *Ballwieser*, in MünchKomm. HGB, 3. Aufl., § 255 Rn 64; mittlerweile ebenso eine Zuordnung zu den Sondereinzelkosten vornehmend – dabei zudem keine Unterscheidung in Neu- oder Weiterentwicklung vornehmend – *Schubert/Pastor*, in Beck Bil-Komm., 10. Aufl., § 255 HGB, Rz 425.

[176] Im Ergebnis ebenso ADS, 6. Aufl. § 255 HGB, Rz 152.

Werden dagegen **im Auftrag Dritter** Forschungs- und Entwicklungsarbeiten 123
getätigt, sind diese bis zu ihrer Fertigstellung als Sondereinzelkosten der Fertigung zu aktivieren.[177]
Zur Zuordnung einzelner Steuerarten zu den Sonderkosten der Fertigung s. 124
Rz 152.

3.3.4.4 Materialgemeinkosten

Zu den **MGK** gehören insb. die mit der Materialwartung und Lagerung in 125
Verbindung stehenden Kosten sowie Ausgaben für Hilfsstoffe (zu den Voraussetzungen für einen Ansatz der unechten Gemeinkosten als MGK s. Rz 107).
Von **praktischer Bedeutung** sind dabei insb. die Kosten für die **Warenannahme**, die **Materialverwaltung**, die **Einkaufsabteilung**, den **innerbetrieblichen Transport** sowie **Materialversicherungen**.[178]
Der Teil der **aktivierungspflichtigen MGK**, der den **Anschaffungsnebenkosten** 126
zuzuordnen ist und theoretisch als Bestandteil der MEK aktiviert wird, ist
wie auch die Hilfsstoffe an die Restriktion der wirtschaftlichen Bedeutsamkeit
gebunden. Auf eine Aktivierung im Rahmen der **MEK** darf aus Wirtschaftlichkeitsgründen entsprechend nur verzichtet werden, wenn dies nicht zu einer
wesentlichen Darstellungsverzerrung führt. Die Bedeutung der Trennung zwischen Einzel- und Gemeinkosten ist infolge der Streichung des Aktivierungswahlrechts für MGK jedoch nur noch von untergeordneter Bedeutung.
Der Ansatz der MGK ist dabei an das **Angemessenheitsgebot** (s. dazu Rz 108) 127
gebunden.

3.3.4.5 Fertigungsgemeinkosten

Zu den **FGK** zählen sämtliche Aufwendungen, die nicht unter die Material- und 128
Fertigungseinzelkosten, die MGK, die Sondereinzelkosten der Fertigung sowie
die Verwaltungs- oder Vertriebskosten fallen.

> **Beispiel**
> Beispielhaft seien Energiekosten, Sachversicherungsbeiträge für Fertigungsanlagen, Werkzeuge, das Lohnbüro, die Lagerverwaltung, die Qualitäts- bzw. Fertigungsprüfung, Vorbereitungsmaßnahmen, Reinigungsarbeiten im Fertigungsbereich sowie Kosten der **Weiterentwicklung** von Produkten, die sich bereits in der Produktion befinden, genannt.

Zur Zuordnung einzelner Steuerarten zu den FGK s. Rz 152.
Der Ansatz der FGK ist dabei an das **Angemessenheitsgebot** (s. dazu Rz 108) 129
gebunden.

---

[177] Vgl. *Kahle/Haas/Schulz*, in *Baetge/Kirsch/Thiele*, Bilanzrecht, § 255 HGB Rz 171, Stand 1/2016.
[178] Ebenso ADS, 6. Aufl. § 255 HGB, Rz 172; *Kahle/Haas/Schulz*, in *Baetge/Kirsch/Thiele*, Bilanzrecht, § 255 HGB Rz 189, Stand 1/2016; die Kosten der Einkaufsabteilung und der Warenannahme den Kosten der allgemeinen Verwaltung zurechnend etwa *Schubert/Pastor*, in Beck Bil-Komm., 10. Aufl., § 255 HGB, Rz 422.

3.3.4.6 Werteverzehr des Anlagevermögens

130 § 255 Abs. 2 Satz 2 HGB setzt für die Einbeziehung der Abschreibungen in die HK voraus, dass diese **durch die Fertigung veranlasst** sein müssen. Abschreibungen auf Material sowie VG der Verwaltung und des Vertriebs sind insofern von einem Ansatz ausgeschlossen.[179] Bei **Saisonbetrieben** folgt daraus lediglich die Möglichkeit bzw. Pflicht einer anteiligen Abschreibungseinbeziehung. Unter der fertigungsbezogenen Veranlassung ist neben der **technischen Bedingung** dabei auch die **wirtschaftliche Verursachung** zu verstehen.

131 Die Restriktion des Einbezugs einzig angemessener Teile der Gemeinkosten gilt beim Werteverzehr des AV analog. Unter **Angemessenheit** ist in diesem Zusammenhang zu verstehen, dass aus dem aktivierungspflichtigen Teil der Abschreibungen ein Wertezuwachs bei dem mit den verzehrten Fertigungsanlagen erstellten VG erwächst.[180]

132 Eine Fertigungsveranlassung und/oder Angemessenheit besteht insb. **nicht bei außerplanmäßigen Abschreibungen, Abschreibungen auf nicht notwendige Reserveanlagen** sowie **stillgelegte** oder **außer Betrieb genommene Anlagen**.

133 Strittig ist, ob die einbeziehungspflichtigen Abschreibungen auf Basis der **kalkulatorischen Abschreibungen** zu ermitteln sind, die auf Grundlage der Wiederbeschaffungswerte errechnet werden, **oder** ob die **planmäßigen bilanziellen Abschreibungen** als Grundlage dienen müssen. Die Ableitung der HK aus der Kostenrechnung muss aus Sicht der Autoren zunächst zum Rückgriff auf kalkulatorische Abschreibungen führen, die jedoch von den planmäßigen bilanziellen Abschreibungen – dem Ansatz lediglich pagatorischer Kosten im Rahmen der HK-Ermittlung geschuldet – gedeckelt werden.[181] Zulässig ist eine Überschreitung nur dann, wenn in den Vorjahren handelsrechtlich außerplanmäßige Abschreibungen vorgenommen wurden.

3.3.5 Die Einbeziehungswahlrechte im Einzelnen (Abs. 2 Satz 3, Abs. 3 Satz 2)

3.3.5.1 Allgemeine Verwaltungskosten

134 Zu den **Verwaltungskosten** gehören insb. Gehälter und Löhne des Verwaltungsbereichs, die entsprechenden Abschreibungen sowie die sonstigen Gemeinkosten des Verwaltungsbereichs (etwa Reisekosten, Kommunikationskosten, Kosten der Abschlussprüfung oder Beratungskosten).

135 Der Ansatz allgemeiner Verwaltungskosten ist an das **Angemessenheitsgebot** (s. dazu Rz 108) gebunden und bedingt zudem, dass die Ausgaben auf den **Zeitraum der Herstellung** entfallen (s. dazu Rz 94 ff.).

136 Zu **unterscheiden** sind die Kosten der **allgemeinen Verwaltung** von jenen der **technischen Verwaltung**. Früher unproblematisch, hat die Trennung nunmehr dahin gehend Bedeutung, dass die Kosten der technischen Verwaltung den

---

[179] Ebenso *Ballwieser*, in MünchKomm. HGB, 3. Aufl., § 255 Rn 73; a. A. ADS, 6. Aufl. § 255 HGB, Rz 190.
[180] Ebenso *Küting/Lorsen*, DStR 1994, S. 666; ADS, 6. Aufl. § 255 HGB, Rz 183.
[181] Im Ergebnis ebenso ADS, 6. Aufl. § 255 HGB, Rz 184; *Kahle/Haas/Schulz*, in *Baetge/Kirsch/Thiele*, Bilanzrecht, § 255 HGB Rz 193, Stand 1/2016; a. A. Vgl. IDW RS HFA 31, Rz 22; *Knop/Küting/Knop*, in *Küting/Pfitzer/Weber*, HdR, HGB § 255, Rn 246, Stand 11/2016; *Kußmaul*, StB 1992, S. 178.

Fertigungs- oder MGK zuzurechnen und entgegen den einbeziehbaren Kosten der allgemeinen Verwaltung damit – beschränkt auf die angemessenen Teile – **aktivierungspflichtig** sind. Die Kostenpositionen der technischen Verwaltung sind dabei durch ihren engen Bezug zur Fertigung/zum Materialbereich gekennzeichnet. Beispielhaft können hier Kosten für die Lager- und Materialverwaltung, das Lohnbüro sowie die Qualitäts- bzw. Fertigungsprüfung aufgeführt werden.[182]

Das **Einbeziehungsverbot für Vertriebskosten** gem. § 255 Abs. 2 Satz 4 HGB gebietet zudem, dass in die Kosten der allgemeinen Verwaltung keine derartigen Ausgaben eingerechnet werden. Zur Trennung s. im Detail Rz 147. 137

3.3.5.2 Aufwendungen für soziale Einrichtungen des Betriebs

Unter **sozialen Einrichtungen des Betriebs** sind allen voran Ausgaben für Betriebskantinen inkl. etwaiger Zuschüsse[183], Krankenstationen, Betriebsärzte sowie Sport- und Erholungseinrichtungen zu subsumieren.[184] 138

Der Ansatz ist dabei an das **Angemessenheitsgebot** (s. dazu Rz 108) gebunden und bedingt zudem, dass die Ausgaben auf den **Zeitraum der Herstellung** entfallen (s. dazu Rz 94 ff.). 139

3.3.5.3 Aufwendungen für freiwillige soziale Leistungen

Als **freiwillige soziale Leistungen** gelten insb. Weihnachtsgelder, Wohnungs- und Umzugsbeihilfen, Jubiläumsgeschenke, Betriebsausflüge sowie sonstige freiwillige Beihilfen. **Voraussetzung** für die Ausübung des Einbeziehungswahlrechts bildet dabei stets die Freiwilligkeit der Leistung. Sind Beihilfen – ausgenommen Ausgaben für die betriebliche Altersversorgung (Rz 142) – **arbeits- oder tarifvertraglich geregelt** bzw. in jedweder anderer Form festgeschrieben, sind die entsprechenden Ausgaben im Rahmen der Fertigungskosten oder als allgemeine Verwaltungskosten zu berücksichtigen.[185] Ist eine **Zuordnung zu den Fertigungskosten** oder den **allgemeinen Verwaltungskosten** aufgrund der Nichterfüllung in diesem Zusammenhang festgesetzter Kriterien **nicht möglich**, sind die Ausgaben **nicht aktivierungsfähig**. 140

Der Ansatz ist dabei zudem grds. an das **Angemessenheitsgebot** (s. dazu Rz 108) gebunden und bedingt, dass die Ausgaben auf den **Zeitraum der Herstellung** entfallen (s. dazu Rz 94). 141

3.3.5.4 Aufwendungen für die betriebliche Altersversorgung

Zu den **aktivierungsfähigen Aufwendungen für die betriebliche Altersversorgung** zählen u.a. Direktversicherungen, Zuwendungen an Pensions- und Unterstützungskassen sowie Pensionsfonds als auch Einstellungen in die Pensi- 142

---

[182] Mit einer ähnlichen Liste etwa *Wohlgemuth/Ständer*, WPg 2003, S. 203.
[183] Vgl. *Kahle/Haas/Schulz*, in *Baetge/Kirsch/Thiele*, Bilanzrecht, § 255 HGB Rz 198, Stand 1/2016; ADS, 6. Aufl. § 255 HGB, Rz 197.
[184] Vgl. dazu auch R 6.3 Abs. 4 Satz 4 EStR.
[185] Ebenso ADS, 6. Aufl. § 255 HGB, Rz 198; nur einen Ansatz als Fertigungskosten aufführend *Schubert/Pastor*, in Beck Bil-Komm., 10. Aufl., § 255 HGB, Rz 435.

onsrückstellungen.[186] Der Ansatz ist dabei an das **Angemessenheitsgebot** (s. dazu Rz 108) gebunden und bedingt zudem, dass die Ausgaben auf den **Zeitraum der Herstellung** entfallen (s. dazu Rz 94). Zuführungen zu Pensionsrückstellungen, die frühere Jahre betreffen, sind daher nicht ansatzfähig. Gleiches gilt für Aufwendungen für die Versorgung ausgeschiedener Arbeitnehmer.

143 **Fremdkapitalzinsen** gehören grds. **nicht** zu den **HK**. Entsprechend ist der **Zinsanteil** zu eliminieren. Einzige **Ausnahme** vom Aktivierungsverbot bilden Zinsen für FK, das zur Finanzierung der Herstellung eines VG verwendet wird. S. dazu im Detail Rz 206 ff.

3.3.5.5 Bestimmte Fremdkapitalzinsen

144 Zu den Ausnahmen vom Aktivierungsverbot für Fremdkapitalzinsen s. Rz 201 ff.

3.3.6 Einbeziehungsverbote (Abs. 2 Satz 4, Abs. 3 Satz 1)

3.3.6.1 Forschungskosten (Abs. 2 Satz 4)

145 Gemäß § 255 Abs. 2 Satz 4 HGB besteht für **Forschungskosten** ein Einbeziehungsverbot. Die Regelung ist als **Folge der Einführung des Aktivierungswahlrechts** (mit bestimmten Ausnahmen) für selbst geschaffene immaterielle VG des AV (§§ 248 Abs. 2, 255 Abs. 2a HGB) zu sehen, unter denen der Gesetzgeber lediglich die bei deren **Entwicklung** anfallenden Aufwendungen nach Abs. 2 versteht.

146 Forschungskosten sind **als Aufwand** in der Periode zu erfassen, in der sie anfallen. Der **Abgrenzung** zwischen der Forschungs- und der Entwicklungsphase kommt dabei – insb. weil eine Aktivierung von Entwicklungskosten bei nicht verlässlicher Trennbarkeit ausgeschlossen ist – eine entscheidende Bedeutung zu. In diesem Zusammenhang sind erhebliche praktische Schwierigkeiten zu erwarten. Zur Abgrenzung s. im Detail Rz 180 ff.

3.3.6.2 Vertriebskosten (Abs. 2 Satz 4)

147 § 255 Abs. 2 Satz 4 HGB legt fest, dass **Vertriebskosten** nicht in die HK einbezogen werden dürfen. Eine Beschränkung des Einbeziehungsverbots auf **Vertriebsgemeinkosten** ist dem Gesetzeswortlaut nicht zu entnehmen. Entsprechend unterliegen auch **Vertriebseinzelkosten** und **Sondereinzelkosten des Vertriebs** dem Aktivierungsverbot.[187]

148 Nachgelagerte Kosten gehören grds. zu den Vertriebskosten. Vertriebskosten i.S.d. § 255 Abs. 2 Satz 4 HGB fallen aber nicht nur nach Beendigung der Leistungserstellung an. Möglicherweise vor oder während der Herstellung anfallende Vertriebskosten sind funktionsbedingt von den HK abzugrenzen.[188]

---

[186] Vgl. *Ballwieser*, in MünchKomm. HGB, 3. Aufl., § 255 Rn 76; *Schubert/Pastor*, in Beck Bil-Komm., 10. Aufl., § 255 HGB, Rz 434; *Kahle/Haas/Schulz*, in *Baetge/Kirsch/Thiele*, Bilanzrecht, § 255 HGB Rz 200, Stand 1/2016; ADS, 6. Aufl. § 255 HGB, Rz 199; vgl. dazu auch EStR 33 Abs. 4 Satz 5.

[187] Ebenso etwa IDW HFA 5/1991, WPg 1992, S. 94; *Schubert/Pastor*, in Beck Bil-Komm., 10. Aufl., § 255 HGB, Rz 442; *Kahle/Haas/Schulz*, in *Baetge/Kirsch/Thiele*, Bilanzrecht, § 255 HGB Rz 201, Stand 1/2016.

[188] S. dazu etwa BFH, Urteil v. 26.2.1975, I R 72/73, BStBl 1976 II S. 13, BFH, Urteil v. 20.5.1988, III R 31/84, BStBl 1988 II S. 341.

Eine **funktionsabhängige Abgrenzung** von den HK ist insb. auch in den mit Trennungsschwierigkeiten verbundenen Bereichen der Lagerung sowie der Verpackung geboten.

> **Beispiel**
> Ist die Lagerung als Teil des Fertigungsprozesses zu verstehen und resultiert daraus eine Wertsteigerung, wie etwa bei Wein, ist eine Aktivierung als HK geboten. Gleiches gilt bei der Verpackung, sofern diese den Verkauf erst ermöglicht, wie etwa bei Milch.

Wenngleich mitunter als Sondereinzelkosten des Betriebs bezeichnet, gehören auch **Kosten der Auftragsvorbereitung** nach Erteilung zu den HK. 149

Zu den typischen aktivierungsverbotenen Vertriebskosten zählen etwa: 150
- Werbung/Marketing,
- Verkaufslizenzen,
- Vertriebsnetz,
- Marktforschung,
- Personal- und Sachkosten des Vertriebsbereichs,
- Verpackung, sofern sie den Verkauf nicht erst ermöglichen,
- Lagerung und Transport fertiger Produkte,
- Innenlagerung ohne Wertsteigerung.

3.3.6.3 Fremdkapitalzinsen (Abs. 3 Satz 1)

Fremdkapitalzinsen gehören zunächst grds. **nicht** zu den **AHK**. Die Finanzierung ist als eigenständiger, von der Anschaffung oder Herstellung **unabhängiger Vorgang** zu verstehen.[189] 151

Für bestimmte Fremdkapitalzinsen besteht allerdings eine **Ausnahme** vom Aktivierungsverbot. S. dazu im Einzelnen Rz 206 ff.

3.3.7 Behandlung von Steuern

Die Zuordnung von **Steuern zu den HK** ist von der jeweiligen Steuerart abhängig. **Substanzsteuern** auf VG unterliegen sowohl handels- als auch steuerrechtlich anteilig einer Aktivierungspflicht, sofern sie den FGK zuzuordnen sind.[190] **Ertragsteuern** fallen nicht in den Herstellungsprozess und dürfen handelsrechtlich nicht aktiviert werden. Dies gilt grds. auch nach Steuerrecht. Die Gewerbesteuern sind seit 2008 mit § 4 Abs. 5b EStG keine Betriebsausgaben mehr. Bei **Verbrauchssteuern** auf ein hergestelltes Produkt handelt es sich um dem einzelnen Endprodukt zurechenbare Steuern, die das Endprodukt erst verkehrsfähig machen und Sondereinzelkosten der Fertigung darstellen.[191] Da ein Ansatz als RAP nicht mehr erfolgen darf, besteht handelsrechtlich eine 152

---

[189] Zunächst a.A. *Schubert/Pastor*, in Beck Bil-Komm., 10. Aufl., § 255 HGB, Rz 502, über die Voraussetzung, dass das FK zur Herstellung eines VG verwendet werden muss, aber wie bei den im Folgenden angesprochenen Ausnahmefällen mit gleichem Ergebnis *Schubert/Pastor*, in Beck Bil-Komm., 10. Aufl., § 255 HGB, Rz 504; zur Ausschluss-Begründung, dass AK nur mittelbar der Anschaffung dienen, s. zudem BFH, Urteil v. 24.5.1968, BStBl II S. 574.
[190] Vgl. *Kahle/Haas/Schulz*, in *Baetge/Kirsch/Thiele*, Bilanzrecht, § 255 HGB Rz 204, Stand 1/2016.
[191] S. dazu *Knop/Küting/Knop*, in *Küting/Pfitzer/Weber*, HdK, HGB § 255, Rn 196 ff., Stand 11/2016.

Einbeziehungspflicht. Steuerrechtlich sind Verbrauchssteuern auf ein hergestelltes Produkt zwingend als RAP auszuweisen. (§ 5 Abs. 5 Satz 2 Nr. 1 EStG). Der folgenden Tabelle sind die handelsrechtlichen, steuerrechtlichen und internationalen Aktivierungspflichten, -wahlrechte und -verbote für die unterschiedlichen Steuerarten zu entnehmen:

	HGB	IFRS	EStG/EStR
Substanzsteuern	Pflicht**	Pflicht*	Pflicht**
Ertragsteuern	Verbot	Verbot	Verbot
Verbrauchsteuern für hergestellte Produkte	Pflicht	Pflicht*	Verbot

* zur anteiligen Aktivierung der herstellungsbezogenen Steuern, sonst/Rest Verbot
** sofern Zuordnung zu den FGK

Tab. 2: Behandlung von Steuern nach Handels- und Steuerrecht sowie nach IFRS

3.4 Anpassung der Kosten- und Leistungsrechnung an die geänderten Abbildungsregeln

3.4.1 Grundlegendes

153 Die geänderten Vorschriften zur HK-Ermittlung entfalten zwangsläufig Wirkungen auf die Kostenrechnung. Im Rahmen der Umstellung war von Unt die Frage zu adressieren, ob ein vollständiger Wechsel zum handels- und steuerrechtlichen Vollkostenansatz unter Orientierung am Handelsrecht vollzogen oder ob die ggf. verfolgte Teilkostenansatz parallel zur handels- und steuerrechtlich angelehnten Kostenrechnung weitergeführt werden sollte. Sofern diese Entscheidung vertagt oder zugunsten der parallelen Weiterführung entschieden wurde, ist dies mit Hinblick auf Einsparungspotenzial ggf. zu überdenken. Dabei dürften insb. die Unternehmensgröße und die Unternehmensphilosophie (ist eine eigenständige Kostenrechnung als Steuerungsinstrument gewollt und/oder notwendig? Wenn ja, wie liegt die Grenze zwischen Nutzen und Kosten?) eine Rolle spielen.

3.4.2 Kostenartenrechnung

154 Im Hinblick auf die HK-Ermittlung kommt der **Kostenartenrechnung** die Aufgabe zu, die im Unt angefallenen Kosten vollständig zu erfassen und diese insb. nach dem Kriterium der Leistungsabhängigkeit in ausbringungsmengeninduzierte und nicht-ausbringungsmengeninduzierte Bestandteile zu unterteilen. Die Güte der so gewonnenen Kostenartenklassifizierung in fixe und variable Kosten hängt dabei – neben dem verwendeten Instrumentarium – nicht zuletzt davon ab, welcher Betrachtungszeitraum gewählt wird. Somit hat bereits der **Fristigkeitsgrad** der Kostenplanung Einfluss auf den Umfang der aktivierungspflichtigen HK. Auch wenn im Allgemeinen zumeist dann von fixen Kosten ausgegangen wird, wenn für den Abbau dieser Kosten mindestens ein Jahr benötigt wird, ist diese zeitliche Abgrenzung letztlich nur in enger

Abhängigkeit der für die jeweilige Branche unterstellten Kostenremanenz unternehmensspezifisch durchführbar.

Sofern eine direkte Übernahme der Werte aus der Kostenrechnung für bilanzielle Zwecke nicht möglich ist, müssen bereits auf der Ebene der Kostenartenrechnung die Kostenerfassung und -auswertung entsprechend angepasst werden. Bestand bisher aufgrund des Aktivierungswahlrechts produktionsbezogener Abschreibungen und des Grundsatzes, dass sich die HK nur aus kostengleichen Aufwendungen zusammensetzen dürfen, bei Nichtausübung des Aktivierungswahlrechts die Notwendigkeit zur isolierten Eliminierung der kalkulatorischen Abschreibungen, so sind jetzt zwingend in einem 2. Schritt – wie bislang bereits für steuerliche Bewertungszwecke erforderlich – den zunächst bereinigten Daten der Betriebsbuchhaltung die Abschreibungsbeträge der Finanzbuchhaltung wieder hinzuzurechnen. **155**

Als Grundvoraussetzung der HK-Ermittlung müssen innerhalb des Kostenrechnungssystems die vom Gesetzgeber geforderten **Aufwandskategorien in der Kostenartenrechnung getrennt erfasst** werden, um diese im weiteren Verlauf den entsprechenden Kostenträgern und -stellen zuordnen zu können. Dies gilt nun auch für die Abschreibungen, die auf die in den Produktionsprozess eingebundenen immateriellen VG entfallen. Wobei es ggf. einer auf die handelsrechtlichen und steuerrechtlichen Dokumentationspflichten ausgerichteten getrennten Erfassung bedarf, da im Steuerrecht auch weiterhin an dem Aktivierungsverbot für selbst geschaffene immaterielle Vermögenswerte festgehalten wird. **156**

Gleichzeitig sind bereits bei der Kostenerfassung durch die Vergabe bestimmter **Kontierungsschlüssel** die Voraussetzungen für die spätere Zuordnung zu den einzelnen Kostenstellen zu schaffen, sodass eine wesentliche Aufgabe der Anpassung an die HGB-Vorschriften darin besteht, die Abschreibungen auf stellenübergreifend eingesetzte selbst geschaffene immaterielle VG zunächst kostenstellengenau und später kostenträgergenau zu erfassen. **157**

Analog sind auch die weiteren Unterschiede zwischen handels- und steuerrechtlicher Darstellung zu identifizieren und gesondert zu erfassen. Dies betrifft etwa die unterschiedlichen Abschreibungen aus der Nutzung steuerrechtlicher Wahlrechte oder die als Wahlrecht einzubeziehenden Aufwendungen für die Altersversorgung (deutliche Unterschiede bei der Pensionsrückstellungsbewertung). **158**

Verliert die **Unterteilung der Kostenarten** in **variable** und **fixe Kosten** vor allem für die Differenzierung zwischen **Einzel- und Gemeinkosten** und damit die Bestimmung der **aktivierungspflichtigen Wertuntergrenze** durch das **Vollkostenkonzept** in gewissem Maß an Bedeutung, so ist der Rückgriff auf dieses Kriterium insb. für die Beurteilung des Normalcharakters und die Angemessenheit der Kostenbelastung im Verhältnis zur realisierten Kapazitätsauslastung weiterhin unabdingbar. Dabei gilt unverändert, dass während für die Ausgestaltung der Kostenrechnung im internen Rechnungswesen vor allem pragmatisch-betriebswirtschaftliche Überlegungen maßgeblich sind, für handels- und steuerrechtliche Zwecke deutlich strengere Maßstäbe zugrunde zu legen sind. **159**

3.4.3 Kostenstellenrechnung

160 Das in der Kostenartenrechnung thematisierte Verhältnis zwischen fixen und variablen Gemeinkosten wird insb. von der Tiefe und Qualität der **Kostenstellenrechnung** determiniert. So wird die Möglichkeit, Gemeinkosten im Hinblick auf ihre Abhängigkeit der Beschäftigung der jeweiligen Kostenstelle zu klassifizieren, maßgeblich von dem Feinheitsgrad der Kostenstellengliederung bestimmt. Eine bewusst grobe Kostenstellengliederung bedingt somit einen niedrigen Anteil (aktivierungspflichtiger) Gemeinkosten und stellt damit eine Stellschraube der Bilanzpolitik dar.[192]

161 Als integraler Bestandteil der Kostenstellenrechnung wird die Ermittlung geeigneter **Bezugsgrößen zur späteren Kostenverrechnung** der Kostenträgergemeinkosten auf die betreffenden Kostenträger betrachtet. Dabei gilt im Rahmen der Auslegung der handelsrechtlichen Bestimmungen als Konsens, dass es sich bei den Fertigungslöhnen von der Sache her zwar vielfach um Gemeinkosten handelt, diese aber aufgrund der weit verbreiteten Praxis unabhängig von ihrer tatsächlichen unmittelbaren Beschäftigungsabhängigkeit als Einzelkosten behandelt werden dürfen. Durch die klare Definition der „unmittelbar zurechenbaren Kosten" bestehen im Zweifelsfall modifizierte Dokumentationsanforderungen, denen dahin gehend nachgekommen werden sollte, dass die von der Unternehmung verwendete Bezugsgrößensystematik auf Verlangen hinsichtlich ihrer Höhe und Art jederzeit dargelegt werden kann. Dennoch wird die Möglichkeit bzw. Notwendigkeit der fallweisen Zuordnungsentscheidung verbleiben. Gleiches gilt für die sich daran anschließende, für die Zuschlagskalkulation typische Verrechnung der FGK auf Basis der Fertigungslöhne.

162 Die Berechnung der bilanziellen **Gemeinkosten-Zuschlagssätze** sollte in folgenden Schritten erfolgen:
- Übernahme der **kalkulatorischen Werte** aus dem BAB;
- Eliminierung der **primären Gemeinkosten-Arten**, die einem **Einbeziehungsverbot** unterliegen;
- Eliminierung der primären **Gemeinkosten-Arten**, für die weiterhin ein **Einbeziehungswahlrecht** besteht, sofern auf dessen Einbeziehung verzichtet wird;
- Durchführung der Umlage der **sekundären Gemeinkosten**, sofern deren Einbeziehung in die HK erlaubt und beabsichtigt ist.

163 Sind im konkreten Einzelfall die Unterschiede zwischen den kostenrechnerischen Herstellkosten und den handelsrechtlichen HK sehr vielfältig, so wird auch die Erstellung eines völlig eigenständigen handels- bzw. steuerrechtlichen BAB empfohlen. In diesen bilanziellen BAB werden von vornherein nur die zu berücksichtigenden kostengleichen Aufwendungen bzw. kostengleichen abzugsfähigen Betriebsausgaben erfasst.[193]

3.4.4 Kostenträgerrechnung

164 Empfehlungen oder Verbote hinsichtlich möglicher Verfahren zur **Kostenträgerstückrechnung** sind dem Gesetz nicht zu entnehmen. Dennoch ist auch die

---

[192] Vgl. *Lengenfeld/Wielenberg*, Zur Herstellkostenuntergrenze des BilMoG, 2008, S. 11.
[193] Vgl. *Wohlgemuth*, in HdJ 2001, Abt. 1/10, Rz 127.

Kostenträgerrechnung der Unternehmung auf einen möglichen Anpassungsbedarf an das Handelsrecht zu überprüfen. So stellt sich insb. die Frage, welches Verfahren zur Berechnung der Stückkosten dem geltenden Vollkostenprinzip am besten entspricht.

Empirische Untersuchungen zeigen hier, dass mittelständische Unt lediglich zu 32 % den Vollkostenansatz für externe Adressaten für informativer halten und dass 30 % von einer besseren Eignung für die interne Steuerung ausgehen.[194] Diese Ergebnisse deuten stark darauf hin, dass in der mittelständischen Praxis vielfach noch keine ausreichend enge Verknüpfung des externen Rechnungswesens zum internen Bereich gegeben ist.[195] Konnte dieser Teilkostengedanke früher als Argument für die Verwendung der in der Praxis dominierenden Zuschlagskalkulation mit ihrem differenzierten Ausweis der einzelnen Kostenbestandteile herangezogen werden, die immerhin 9 von 10 Unt angewandt haben,[196] so kommt hier insb. bei einem EinproduktUnt ggf. ein Wechsel zur Divisionskalkulation in Betracht. 165

Bei diesem lässt sich durch die Division des aus dem handelsrechtlichen und/oder steuerlichen BAB unter Ausschluss der Vertriebskosten zu entnehmenden Gesamtkostenbetrags durch die Anzahl der produzierten Erzeugnisse die Obergrenze der handels- und steuerrechtlichen HK ableiten. Nur für den Fall, dass die Wahlrechte zur Bilanzierung i. H. der Wertuntergrenze genutzt werden sollen, müssen hierfür eigene Sonderrechnungen durchgeführt werden, die eine Trennung in Einzelkosten und Gemeinkosten zulassen. 166

Im Hinblick auf einzelne **HK-Bestandteile** kann die bisherige Diskussion, ob Kosten für Entwürfe, Konstruktionszeichnungen, Arbeitsmodelle und dergleichen zur Fertigung eines Prototyps auch bei einer mehrjährigen Nutzbarkeit des immateriellen Vermögenswerts als Sondereinzelkosten der Fertigung aktiviert werden dürfen, als obsolet betrachtet werden, da diese Kosten über die auf sie entfallenden Abschreibungen die aktivierungspflichtigen HK erhöhen. Stattdessen müssen sich hier die Bemühungen des internen Rechnungswesens darauf konzentrieren, die früher in der Kosten- und Leistungsrechnung verwendeten Kriterien mit den neuen explizit genannten Anhaltspunkten zur Abgrenzung der entstandenen Entwicklungskosten zwischen einem aktivierbaren und einem nicht aktivierbaren Teil abzugleichen. 167

3.5 Beispiel für die Herstellungskostenerfassung

Die Ermittlung und die Verbuchung der HK sind durch die alternativen GuV-Gliederungen in den jeweiligen Kontenplänen unterschiedlich durchzuführen. Grundsätzlich ergeben sich nach dem GKV folgende Zusammenhänge: 168

---

[194] Vgl. *DRSC (Hrsg.)/Haller/Eierle*, Ergebnisse der Befragung deutscher mittelständischer Unternehmen zum Entwurf eines internationalen Standards zur Bilanzierung von Small and Medium-sized Entities (ED-IFRS for SMEs), http://www.drsc.de/docs/sme_befragung_final_280907.pdf, letzter Abruf am 21.4.2017, S. 43.
[195] Vgl. *Weißenberger*, IFRS für Controller, S. 191–226.
[196] Vgl. *Rautenstrauch/Müller*, DB 2007, S. 1822.

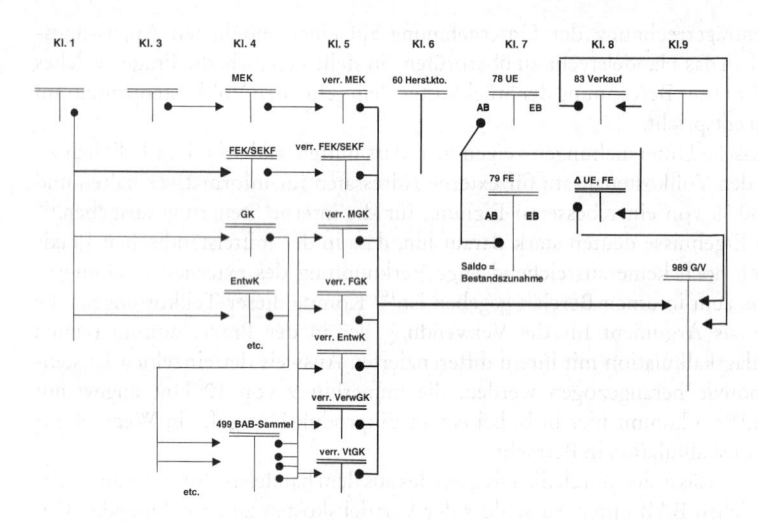

Abb. 2: Kontenmäßige Darstellung der Zusammenhänge beim GKV

169 Im Unterschied zum UKV werden den Erlösen dabei alle Kosten, die in der betrachteten Rechnungsperiode bei der betrieblichen Leistungserstellung entstanden sind, gegenübergestellt. Sofern sich die Lagerbestände verändern oder aktivierte Eigenleistungen vorliegen, wird i.H. der dafür angefallenen Kosten eine Bestandserhöhung/-minderung bzw. eine Eigenleistung berücksichtigt.

170 Das GKV ist neben den handelsrechtlichen Vorschriften auch nach den IAS gestattet, wenngleich IAS 1.92 das UKV favorisiert, da es trotz erheblicher Ermessensspielräume bei der Zuordnung der Aufwendungen zu den Funktionen meist mehr/bessere Informationen für die Adressaten liefert. Nach den US-GAAP ist das GKV nicht zulässig.

> **Beispiel**
> **Buchung von HK i.e.S. nach GKV:**
> Bei der Herstellung von 2.000 Stück eines Fertigerzeugnisses fallen folgende Einzelkosten an:
> - Verr. MEK i.H.v. 4.000 EUR
> - Verr. Fertigungseinzelkosten i.H.v. 3.000 EUR
> - Verr. Sondereinzelkosten der Fertigung i.H.v. 1.000 EUR
>
> Nach Schlüsselung und Verbuchung über das BAB-Sammelkonto können den Erzeugnissen folgende Entwicklungs- und Gemeinkosten zugerechnet werden:
> - Verr. Materialgemeinkosten i.H.v. 800 EUR
> - Verr. Fertigungsgemeinkosten i.H.v. 600 EUR
> - Verr. Verwaltungsgemeinkosten i.H.v. 1.200 EUR
> - Verr. Vertriebsgemeinkosten i.H.v. 400 EUR
> - Verr. Entwicklungskosten i.H.v. 1.400 EUR
>
> Die Gesamtkosten betragen in diesem Beispiel demnach 12.400 EUR.

Der Anfangsbestand der Fertigerzeugnisse vor der Herstellung der hier behandelten Erzeugnisse betrug 0,00 EUR. Weitere Produkte wurden/werden nicht produziert; die Verwaltungskosten werden einbezogen.
Merke: Die Gliederung in MEK, FEK etc. und die entsprechenden Buchungen folgen den Vorschriften des § 255 HGB zur Bilanzierung. Die Kostenpositionen finden entsprechend der obigen Darstellung Eingang in die GuV. Der Ausweis in der GuV hat dagegen jedoch den Gliederungsvorschriften des § 275 HGB zu entsprechen. Zur Ausweisumschlüsselung bieten sich dabei insb. Umrechnungstabellen an.

Fall 1: Es erfolgt kein Verkauf; die Produktion läuft auf Halde (GKV)

Datum	Konto	Soll	Haben
	GuV	12.400	
	MEK		4.000
	FEK		3.000
	SEKF		1.000
	MGK		800
	FGK		600
	EntwK		1.400
	VerwGK		1.200
	VtGK		400

Datum	Konto	Soll	Haben
	Bestandsveränderung Fertigerzeugnisse	12.000	
	GuV		12.000
	Fertigerzeugnisse	12.000	
	Bestandsveränderung Fertigerzeugnisse		12.000

Fall 2: Die Fertigerzeugnisse werden sofort verkauft (GKV)
In Abwandlung des vorherigen Falls werden nun die produzierten Stücke sofort verkauft. Der Verkaufspreis entspricht dem Zweifachen der zur Herstellung der Erzeugnisse anfallenden Gesamtkosten.

Datum	Konto	Soll	Haben
	GuV	12.400	
	MEK		4.000
	FEK		3.000
	SEKF		1.000
	MGK		800
	FGK		600
	EntwK		1.400
	VerwGK		1.200
	VtGK		400

Datum	Konto	Soll	Haben
	Umsatzerlöse (Verkauf)	24.800	
	GuV		24.800

Nach dem UKV ergeben sich die Zusammenhänge grds. wie folgt:

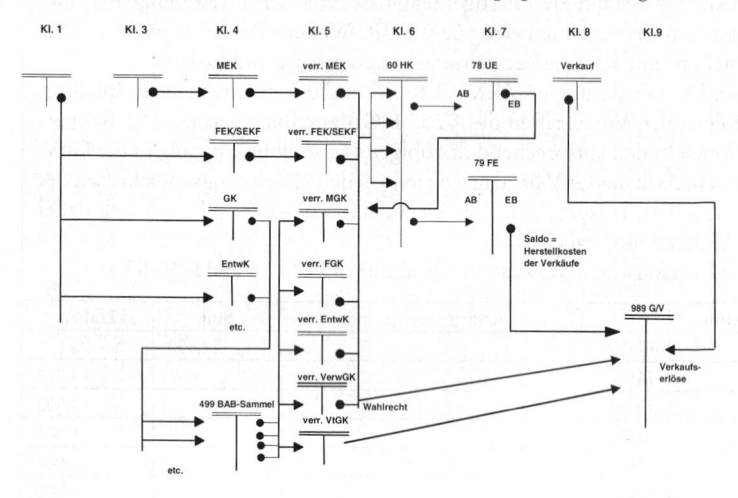

Abb. 3: Kontenmäßige Darstellung der Zusammenhänge beim UKV

171 Das UKV berücksichtigt im Gegensatz zum GKV keine Bestandsveränderungen. Beim UKV auf Vollkostenbasis werden die pro Periode verkauften Produkte mit ihren anteiligen Fixkosten belastet. Das Betriebsergebnis nach UKV auf Vollkostenbasis und das nach dem GKV sind grds. identisch.

> **Beispiel**
> **Buchung von HK i. e. S. nach UKV:**
> Das UKV wird auf der gleichen Datenbasis wie im Fall 1 auf Vollkostenbasis durchgeführt. Die Gesamtkosten betragen daher 12.400 EUR. Das Verbot zur Einbeziehung der Vertriebsgemeinkosten in die HK bedingt, dass sich die gesamten aktivierbaren HK dabei auf lediglich 12.000 EUR belaufen. Der Anfangsbestand der Fertigerzeugnisse vor der Herstellung der hier behandelten Erzeugnisse betrug 0,00 EUR. Weitere Produkte wurden/werden nicht produziert. Das Wahlrecht zur Einbeziehung der Verwaltungsgemeinkosten in die HK wird genutzt!
> Merke: Die durch die von § 255 HGB abweichende Definition des HK-Begriffs in § 275 HGB bedingte Trennung der allgemeinen Verwaltungsgemeinkosten von den HK (§ 275 Rz 223 ff.) bezieht sich nur auf den gesonderten Ausweis der Kostenpositionen entsprechend den Gliederungsvorschriften des § 275 HGB – auf die Aktivierung der VerwGK hat dies jedoch keinen Einfluss! Die unterschiedlichen Definitionen des HK-Begriffs nach § 255 und § 275 HGB in Bezug auf das UKV führen dabei in der Praxis zu erheblichen Problemen. Zur Lösung des Dilemmas/der Ausweisumschlüsselung bieten sich dabei insb. Umrechnungstabellen an.
> **Fall 3:** Es erfolgt kein Verkauf; die Produktion läuft auf Halde (UKV)

Datum	Konto	Soll	Haben
	HK	12.000	
	MEK		4.000
	FEK		3.000
	SEKF		1.000
	MGK		800
	FGK		600
	EntwK		1.400
	VerwGK		1.200

Datum	Konto	Soll	Haben
	Fertigerzeugnisse	12.000	
	HK		12.000

Datum	Konto	Soll	Haben
	GuV	12.400	
	VtGK		400
	Fertigerzeugnisse		12.000

Fall 4: Fertigerzeugnisse werden sofort verkauft (UKV)
Die Fertigerzeugnisse erzielen einen Verkaufspreis von 24.800 EUR.

Datum	Konto	Soll	Haben
	HK	12.000	
	MEK		4.000
	FEK		3.000
	SEKF		1.000
	MGK		800
	FGK		600
	EntwK		1.400
	VerwGK		1.200

Datum	Konto	Soll	Haben
	Fertigerzeugnisse	12.000	
	HK		12.000

Datum	Konto	Soll	Haben
	Umsatzerlöse	24.800	
	GuV		24.800

Datum	Konto	Soll	Haben
	GuV	12.400	
	Fertigerzeugnisse		12.000
	VtGK		400

3.6 Herstellungskostenerfassung im Kontext einer GuV-Verfahrensumstellung

Eine **Umstellung vom GKV auf das UKV** erfordert tiefgreifende Eingriffe in die Systeme eines Unt. Von herausragender Bedeutung ist dabei die Implementierung des UKV in der Buchhaltung. Die notwendige funktionsbezogene

172

Kostenerfassung und -verbuchung im Kontenplan respektive die Umgliederung von Kostenpositionen erfordert zunächst die Ausweitung des Kontenplans oder die Verwendung eines neuen Kontenplans. Eine **Erweiterung des Kontenplans** führt dabei zur Abkehr von einem logischen Kontenplanaufbau und erfordert eine komplexe Kontenverdichtung, weshalb trotz erforderlichem Saldenvortrag ein **neuer Kontenplan** zu präferieren ist.[197]

173 Darauf aufbauend ist für die Kostenarten bzw. die Konten i. V. m. den Kostenstellen nach GKV eine Überführung in die Konten i. V. m. den Kostenstellen nach UKV vorzunehmen. **In Abhängigkeit der Posten** ist entweder eine **unveränderte Übernahme** (infolge der teilweisen Überschneidungen zwischen beiden Systemen) möglich **oder** es sind **weitergehende Verteilungen bzw. Zuordnungen sowie Korrekturen** erforderlich. Änderungserfordernisse ergeben sich dabei, sofern Aufwendungen mit unterschiedlichem Funktionsbezug auf einem Konto i. V. m. einer Kostenstelle verbucht werden und eine funktionsbezogene Erfassung und Verbuchung entsprechend nicht ohne Verteilung/Zuordnung möglich ist.

174 Zwecks Vergleichbarkeit ist eine vollständige **parallele Anwendung** beider Verfahren **im ersten Anwendungsjahr zu empfehlen**, was insofern mit einem Wechsel im Rahmen der Jahresabschlusserstellung erst im zweiten Anwendungsjahr einhergeht. Entsprechend stehen dann sowohl im ersten Jahr der Anwendung im Zuge des Jahresabschlusses als auch im vorhergehenden Gj vergleichbare **Vorjahreszahlen** zur Verfügung. Zwingend erforderlich ist nach § 265 Abs. 2 HGB ohnehin in jedem Fall eine Anpassung der Vorjahresbeträge. Die bloße Angabe und Erläuterung im Anhang bei fehlender Vergleichbarkeit i. S. d. § 265 Abs. 2 Satz HGB scheidet mangels Übereinstimmung der Positionen aus. Eine unterjährige Umstellung ohne rückwirkende Anpassung zum Beginn eines Gj (nebst Anpassung der Vorjahreswerte) scheidet infolge der Vorgabe zur Beibehaltung der Form der Darstellung und insb. der Gliederung der GuV gem. § 265 Abs. 1 Satz 1 Halbs. 1 HGB grds. aus. Die Umstellung vom GKV auf das UKV oder umgekehrt ist ohnehin nur möglich, wenn sie als **Ausnahmefall i. S. d. § 265 Abs. 1 Satz 1 Halbs. 2 HGB** zu verstehen ist, d. h. sofern wegen besonderer Umstände Abweichungen erforderlich sind. Von besonderen Umständen ist in diesem Kontext etwa auszugehen, wenn sich die Gegebenheiten in der Geschäftstätigkeit oder der Kostenrechnung geändert haben, sich eine Konzernzugehörigkeit ergeben hat oder entfallen ist oder Umwandlungen i. S. d. UmwG erfolgt sind.[198] Da infolge der neuen Zuordnung der Überblick auf die einzelnen Kostenarten verloren geht, wird die Erstellung von Matrizenmodellen empfohlen, die eine Gemeinkostenbetrachtung mit einer Umsatzkostenbetrachtung und einer Kostenstellenbetrachtung kombinieren.[199]

3.6.1 Wechsel vom GKV auf das UKV nach HGB

175 Ausgehend von den handelsrechtlichen GuV-Gliederungsvorschriften für **Unt ohne größenabhängige Befreiungen** kann infolge der Deckungsgleichheit der

---

[197] Vgl. *Krimpmann*, Accounting 7/2005, S. 13.
[198] Vgl. dazu etwa *Reiner/Haußer*, MünchKomm HGB, 3. Aufl., § 275 HGB Rz. 19.
[199] So *Krimpmann*, Accounting 7/2005, S. 11, 12, 14.

Positionen 1 und 4 sowie 8 bis 17 GKV mit den Positionen 1 und 4 sowie 7 bis 16 UKV diesbezüglich zunächst eine Postenübernahme erfolgen.
Die Erhöhungen/Verminderungen des Bestands an un-/fertigen Erzeugnissen (Position 2 GKV), die anderen aktivierten Eigenleistungen (Position 3 GKV) sowie Teile des Material- und Personalaufwandes (Positionen 5 und 6 GKV) und der Abschreibungen (Position 7 GKV) sind – hinsichtlich der Erhöhungen/Verminderungen des Bestands größtenteils respektive i. d. R. – **den HK** der zur Erzielung der Umsatzerlöse erbrachten Leistung (Position 2 UKV) **zuzuordnen**. Erhöhungen des Bestands an un-/fertigen Erzeugnissen wirken sich wie auch andere aktivierte Eigenleistungen mindernd auf die HK aus, während Verminderungen des Bestands an un-/fertigen Erzeugnissen zu einer Erhöhung dieser führen.

Die Zuordnung der Erhöhungen/Verminderungen des Bestands an un-/fertigen Erzeugnissen (Position 2 GKV) zu den HK der zur Erzielung der Umsatzerlöse erbrachten Leistung (Position 2 UKV) bezieht sich dabei auf die dem Herstellungsbereich zuzurechnenden Teile der Aufwendungen der auf Lager produzierten Erzeugnisse. Sofern bspw. allgemeine Verwaltungskosten oder Fremdkapitalzinsen in den HK der auf Lager produzierten Erzeugnisse enthalten sind, hat eine Zuordnung zu den entsprechenden UKV-Positionen zu erfolgen. Im Rahmen der **Zuordnung der Material- und Personalaufwendungen sowie der Abschreibungen** sind Umrechnungsschlüssel aus der Kostenrechnung zu verwenden, die eine funktionsbezogene Aufteilung auf die HK, die allgemeinen Verwaltungskosten und die Vertriebskosten gewährleisten.

Von der funktionsbezogenen Zuordnung mittels Schlüsselung sind im Rahmen der Aufteilung der Material- und Personalaufwendungen sowie der Abschreibungen die Kosten betroffen, die nicht einem Kostenträger direkt zugerechnet werden können. MEK müssen korrespondierend nicht geschlüsselt, unbeachtet dessen aber sachlogisch zugeordnet, werden.

Bei einem **Wechsel** vom GKV auf das UKV nach HGB ergeben sich die folgenden **Zuordnungserfordernisse**.

§ 255 Bewertungsmaßstäbe

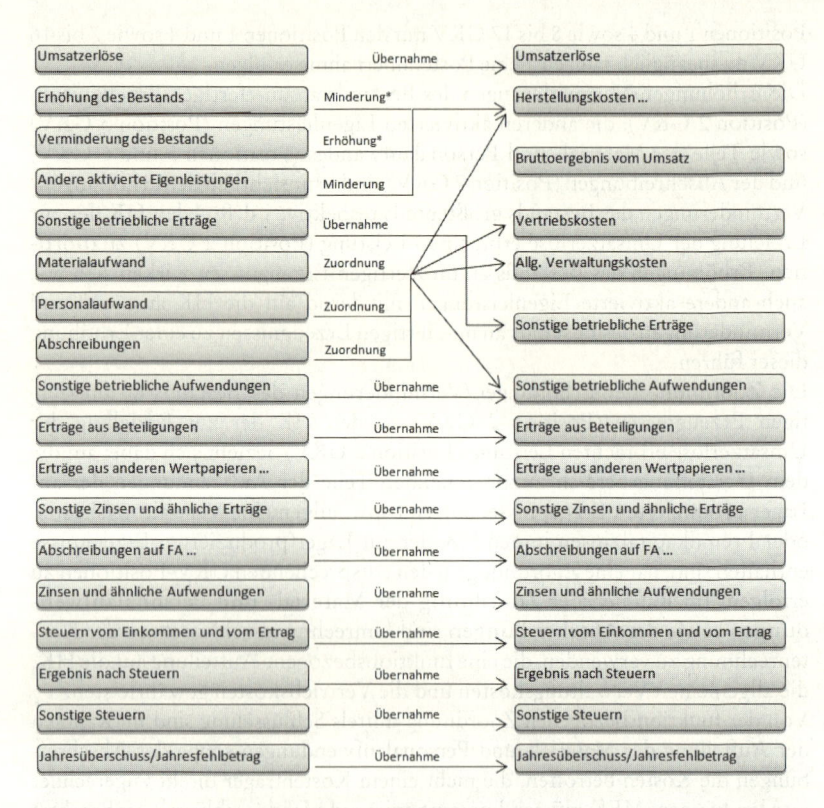

GKV		UKV
Umsatzerlöse	Übernahme	Umsatzerlöse
Erhöhung des Bestands	Minderung*	Herstellungskosten ...
Verminderung des Bestands	Erhöhung*	
Andere aktivierte Eigenleistungen	Minderung	Bruttoergebnis vom Umsatz
Sonstige betriebliche Erträge	Übernahme	Vertriebskosten
Materialaufwand	Zuordnung	Allg. Verwaltungskosten
Personalaufwand	Zuordnung	Sonstige betriebliche Erträge
Abschreibungen	Zuordnung	
Sonstige betriebliche Aufwendungen	Übernahme	Sonstige betriebliche Aufwendungen
Erträge aus Beteiligungen	Übernahme	Erträge aus Beteiligungen
Erträge aus anderen Wertpapieren ...	Übernahme	Erträge aus anderen Wertpapieren ...
Sonstige Zinsen und ähnliche Erträge	Übernahme	Sonstige Zinsen und ähnliche Erträge
Abschreibungen auf FA ...	Übernahme	Abschreibungen auf FA ...
Zinsen und ähnliche Aufwendungen	Übernahme	Zinsen und ähnliche Aufwendungen
Steuern vom Einkommen und vom Ertrag	Übernahme	Steuern vom Einkommen und vom Ertrag
Ergebnis nach Steuern	Übernahme	Ergebnis nach Steuern
Sonstige Steuern	Übernahme	Sonstige Steuern
Jahresüberschuss/Jahresfehlbetrag	Übernahme	Jahresüberschuss/Jahresfehlbetrag

* Die Zuordnung der Erhöhungen/Verminderungen des Bestands an un-/fertigen Erzeugnissen zu den HK der zur Erzielung der Umsatzerlöse erbrachten Leistung bezieht sich auf die dem Herstellungsbereich zuzurechnenden Teile der Aufwendungen der auf Lager produzierten Erzeugnisse. Sofern bspw. allgemeine Verwaltungskosten oder Fremdkapitalzinsen in den HK der auf Lager produzierten Erzeugnisse enthalten sind, hat eine Zuordnung zu den entsprechenden UKV-Positionen zu erfolgen.

Abb. 4: Zuordnung beim Wechsel vom GKV auf das UKV innerhalb des HGB

3.6.2 Überleitung vom GKV nach HGB auf das UKV nach IFRS

178 Sofern etwa infolge einer Konzernzugehörigkeit eine Überleitung des handelsrechtlichen Abschlusses in einen IFRS Abschluss erfolgt, sind in Abweichung zum Wechsel von GKV auf UKV nach HGB hinsichtlich der Umstellung der GuV-Gliederung Besonderheiten zu beachten bzw. erweitern sich die Zuordnungsanforderungen.
Aufgrund der geringeren Mindestgliederungsanforderungen nach IFRS kann keine allgemeingültige Zuordnung der Gliederungspositionen erfolgen. Entspre-

chend ist die nachfolgend erläuterte Teil-Zuordnung – zumindest hinsichtlich einiger Gliederungspositionen – als Muster zu verstehen.
Umsatzerlöse (Position 1 GKV) und sonstige betriebliche Erträge (Position 4 GKV) werden in korrespondierende Gliederungspositionen übernommen.
Die Erhöhungen/Verminderungen des Bestands an un-/fertigen Erzeugnissen (Position 2 GKV), die anderen aktivierten Eigenleistungen (Position 3 GKV) sowie Teile des Material- und Personalaufwandes (Positionen 5 und 6 GKV) und der Abschreibungen (Position 7 GKV) werden – hinsichtlich der Erhöhungen/Verminderungen des Bestands größtenteils respektive i. d. R. – den Umsatzkosten entsprechend dem Verursachungsprinzip zugeordnet. Erhöhungen des Bestands an un-/fertigen Erzeugnissen wirken sich wie auch andere aktivierte Eigenleistungen mindernd auf die Umsatzkosten aus, während Verminderungen des Bestands an un-/fertigen Erzeugnissen zu einer Erhöhung dieser führen. Die Zuordnung der Erhöhungen/Verminderungen des Bestands an un-/fertigen Erzeugnissen zu den Umsatzkosten bezieht sich dabei auf diese zuzurechnenden Teile der Aufwendungen der auf Lager produzierten Erzeugnisse. Sofern bspw. allgemeine Verwaltungskosten in den auf Lager produzierten Erzeugnissen enthalten sind, hat eine Zuordnung zu der entsprechenden UKV-Position zu erfolgen.
Die übrigen Teile des Material- und Personalaufwandes (Positionen 5 und 6 GKV) und der Abschreibungen (Position 7 GKV) werden wie die sonstigen betrieblichen Aufwendungen (Position 8 GKV nach HGB) den Umsatz-, Vertriebs- und allg. Verwaltungskosten sowie den sonstigen betrieblichen Aufwendungen funktionsbezogen zugeordnet.
Erträge aus Beteiligungen (Position 9 GKV nach HGB), ggf. at-equity-Erträge im Konzernfall (gem. § 311 Abs. 1 HGB), Erträge aus anderen Wertpapieren und Ausleihungen des FAV (Position 10 GKV nach HGB), sonstige Zinsen und ähnliche Erträge (Position 11 GKV nach HGB) sowie Abschreibungen auf Finanzanlagen und auf Wertpapiere des UV (Position 12 GKV nach HGB) werden in das Ergebnis aus at equity bewerteten Anteilen und/oder (übrige) Finanzerträge übergeführt.
Zinsen und ähnliche Aufwendungen (Position 13 GKV nach HGB) werden den (übrigen) Finanzaufwendungen zugeordnet.
Die gem. IAS 1.82 obligatorischen Steueraufwendungen umfassen nach IAS 12.5 die tatsächlichen und latenten Steuern, die in die Ermittlung des Gewinns oder Verlusts der Periode eingehen, und damit die Steuern vom Einkommen und vom Ertrag (Position 14 GKV nach HGB). Hinsichtlich der sonstigen Steuern erfolgt in Abhängigkeit der Steuerart entweder ein Direktabzug von den Umsatzerlösen und/oder eine Zuordnung zu weiteren Kosten-/Aufwandspositionen.
Bei einer **Überleitung** vom GKV nach HGB auf das UKV nach IFRS ergeben sich **beispielhaft** die folgenden **Zuordnungserfordernisse**, wobei aufgrund der abweichenden Ansatz- und Bewertungsregelungen stets weitere Anpassungen notwendig sind.

179

Umsatzerlöse	Übernahme	Umsatzerlöse
Erhöhung des Bestands	Minderung*	Umsatzkosten
Verminderung des Bestands	Erhöhung*	
Andere aktivierte Eigenleistungen	Minderung	
Sonstige betriebliche Erträge	Übernahme	Vertriebskosten
Materialaufwand	Zuordnung	Allg. Verwaltungskosten
Personalaufwand	Zuordnung	
Abschreibungen	Zuordnung	Sonstige betriebliche Erträge
Sonstige betriebliche Aufwendungen	Zuordnung	Sonstige betriebliche Aufwendungen
Erträge aus Beteiligungen	Zuordnung	Ergebnis at equity bewertete Anteile
Erträge aus anderen Wertpapieren …	Zuordnung	
Sonstige Zinsen und ähnliche Erträge	Zuordnung	(Übrige) Finanzerträge
Abschreibungen auf FA …	Zuordnung	(Übrige) Finanzaufwendungen
Zinsen und ähnliche Aufwendungen	Übernahme	
Steuern vom Einkommen und vom Ertrag	Übernahme	Steueraufwendungen
Sonstige Steuern	Direktabzug von den Umsatzerlösen und/oder Zuordnung zu weiteren Kosten-/Aufwandspositionen	

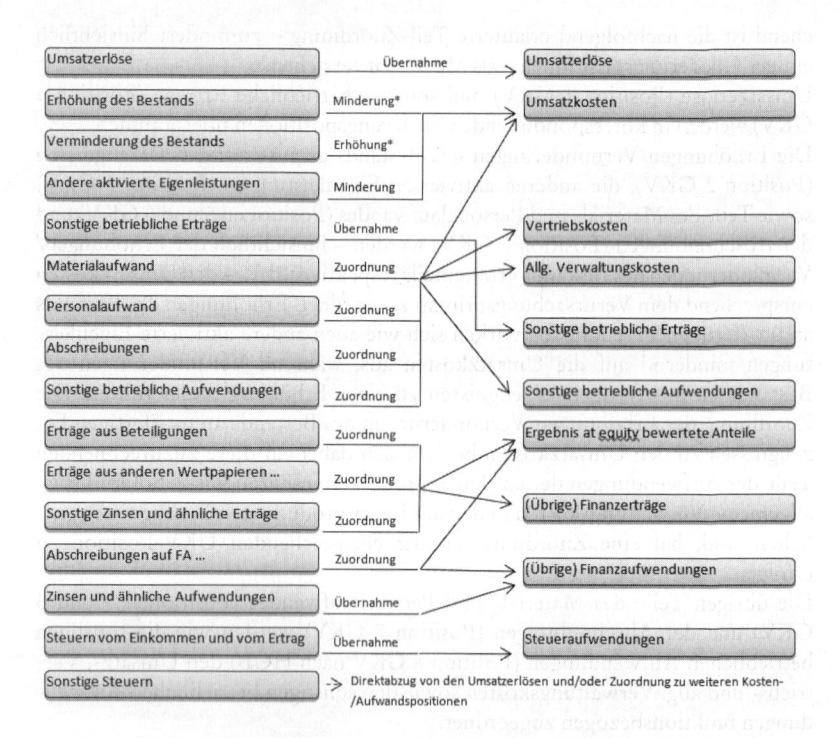

* Die Zuordnung der Erhöhungen/Verminderungen des Bestands an un-/fertigen Erzeugnissen zu den Umsatzkosten bezieht sich auf diese zuzurechnenden Teile der Aufwendungen der auf Lager produzierten Erzeugnisse. Sofern bspw. allgemeine Verwaltungskosten in den auf Lager produzierten Erzeugnissen enthalten sind, hat im Rahmen der IFRS-Erstanwendung eine gesonderte Erfassung zu erfolgen.

Abb. 5: Zuordnung bei Überleitung vom GKV nach HGB auf das UKV nach IFRS

4 Herstellungskosten eines selbst geschaffenen immateriellen Vermögensgegenstands des Anlagevermögens (Abs. 2a)

4.1 Abgrenzung Forschung und Entwicklung

180 Satz 4 der Vorschrift stellt im Ergebnis eine Ansatzvorschrift dar. Somit kommt der Abgrenzung von F&E besondere Bedeutung zu.[200]
Der Gesetzgeber hat dieses Problem aufgegriffen und mit den Sätzen 2 und 3 der Vorschrift versucht, sachgerechte Definitionen zu geben. Ob diese Definitionen

---

[200] Vgl. BilMoG-BgrRegE, S. 60 sowie E-DRS 32.49.

allerdings ausreichen, eine sachgerechte Abgrenzung vorzunehmen, darf bezweifelt werden.[201]
F&E ist Teil des Innovationsprozesses, der wie folgt dargestellt werden kann:[202] **181**

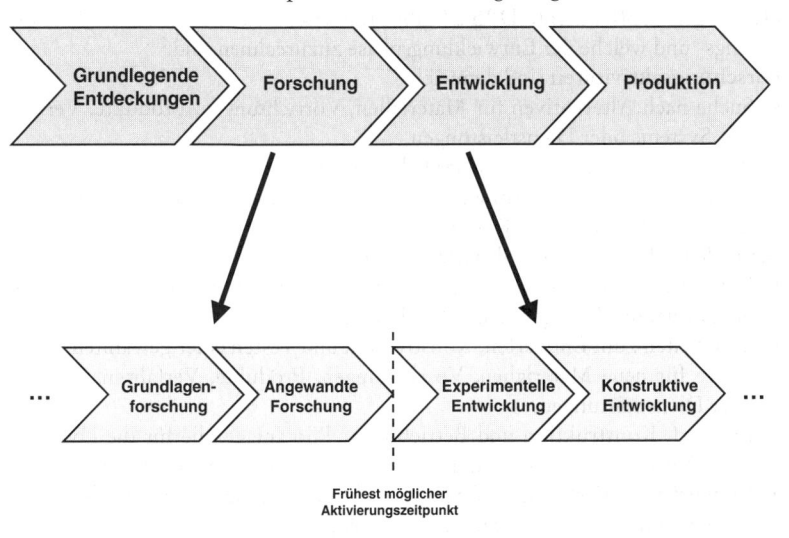

```
Grundlegende Entdeckungen  >  Forschung  >  Entwicklung  >  Produktion

...  >  Grundlagen-      >  Angewandte  >  Experimentelle  >  Konstruktive  >  ...
        forschung           Forschung      Entwicklung        Entwicklung

                                         Frühest möglicher
                                         Aktivierungszeitpunkt
```

Abb. 6: Innovationsprozess

Soweit dieser idealtypische Innovationsprozess im konkreten Fall auch tatsächlich sequenziell abläuft, dürfte bei entsprechend ausgeprägter Kostenrechnung eine sachgerechte Trennung von Forschungs- und Entwicklungskosten möglich sein.[203] In der Praxis finden sich aber vielfach auch Fälle, in denen der Forschungs- und Entwicklungsprozess nicht sequenziell, sondern iterativ abläuft. So ist bspw. in der Softwareentwicklung der früher unter dem Begriff „Wasserfallmodell" bekannte Drei-Phasen-Prozess (sequenziell) in der Praxis durch das sog. *Extreme Programming* (zyklisch, iterativ) abgelöst worden,[204] mit dem Ergebnis, dass eine nachvollziehbare Trennung von F&E nicht möglich ist. Gem. Satz 4 der Vorschrift ist in diesen Fällen keine Aktivierung von Entwicklungskosten zulässig. **182**

Der Gesetzgeber hat zwar in die Vorschrift eine Definition von F&E aufgenommen. Diese ist aber recht allgemein gehalten und stellt für den Bilanzierenden allenfalls eine Entscheidungshilfe dar.[205] Die verschiedentlich geäußerten Bedenken, dass die Aktivierung selbst geschaffener immaterieller VG zu einer gewissen Entobjektivierung der Rechnungslegung führe,[206] gründen sich auf diesen un- **183**

---

[201] Vgl. *Hüttche*, StuB 2008, S. 164.
[202] In Anlehnung an *Hüttche*, StuB 2008, S. 164.
[203] Vgl. *Rade/Stobbe*, DStR 2009, S. 1113, die für die Aktivierung von selbst geschaffenen Fußballspielerwerten exemplarisch mögliche Abgrenzungskriterien anhand der Zugehörigkeit zu den verschiedenen Jugendklassen im DFB aufzeigen.
[204] Vgl. *Hoffmann*, in *Lüdenbach/Hoffmann/Freiberg*, Haufe IFRS-Kommentar, 15. Aufl. 2017, § 13 Rz 38.
[205] Vgl. *Küting/Ellmann*, in *Küting/Pfitzer/Weber*, Das neue deutsche Bilanzrecht, 2009, S. 270.
[206] Vgl. *Herzig*, DB 2008, S. 5.

scharfen Abgrenzungskriterien, sodass neben dem eigentlichen Aktivierungswahlrecht in § 248 Abs. 2 HGB auch noch ein faktisches Aktivierungswahlrecht in der möglichen oder eben nicht möglichen Trennung von F & E besteht.

184 Der jüngst veröffentlichte DRS 24 gibt Hinweise, welche Aktivitäten der Forschungs- und welche der Entwicklungsphase zuzurechnen sind.[207]
Forschungsaktivitäten sind demnach:
- Suche nach Alternativen für Materialien, Vorrichtungen, Produkte, Verfahren, Systeme oder Dienstleistungen,
- Aktivitäten zur Erlangung neuer Erkenntnisse,
- Untersuchungen, Bewertungen und Auswahl von neuen Forschungsergebnissen und zugehörigem Know-how.

Beispiele für **Entwicklungsaktivitäten** sind:
- Entwurf, Konstruktion und Testen von neuen Prototypen und Modellen vor der Aufnahme der eigentlichen Produktion,
- Tätigkeiten zum Entwerfen, Konstruieren und Testen einer gewählten Alternative für neue Materialien, Vorrichtungen, Produkte, Verfahren, Systeme oder Dienstleistungen,
- Entwurf, Konstruktion und Betrieb einer Pilotanlage, die für die kommerzielle Nutzung ungeeignet sind, sondern als Prototyp und Modell dienen,
- Entwurf von Werkzeugen, Spannvorrichtungen, Prägestempeln oder Gussformen unter Verwendung neuer Technologien.

185 Aufwendungen für sog. **Grundlagenforschung** sind den Forschungskosten zuzuordnen und damit nicht aktivierungsfähig. Demgegenüber muss bei der sog. **Zweckforschung** unterschieden werden zwischen Aufwendungen für die Neu- und Weiterentwicklung von Erzeugnissen.[208] Während Aufwendungen für die **Neuentwicklung** von Erzeugnissen regelmäßig noch in keinem konkreten Zusammenhang mit einem bestimmten zu bewertenden VG und damit nicht aktivierungsfähig sind, können Aufwendungen für die **Weiterentwicklung** von Erzeugnissen als FGK der produzierten Erzeugnisse anzusehen sein.[209] Bei **Prototypen** steht nicht der körperliche Gegenstand, sondern die Entwicklungsleistung im Vordergrund, sodass sie als selbst geschaffene immaterielle VG des AV zu den aktivierungsfähigen Entwicklungskosten rechnen.[210]

186 Die Abgrenzung zwischen F&E-Kosten eröffnet dem Bilanzierenden faktische Bilanzierungswahlrechte, die auch über das Gebot der Ansatz- und Bewertungsstetigkeit (§§ 246 Abs. 3, 252 Abs. 1 Nr. 6 HGB) kaum begrenzt werden können.[211] Allerdings sind hohe Anforderungen an die Dokumentation und damit die Nachvollziehbarkeit der getroffenen Abgrenzung zu stellen.[212]

187 Dass die Abgrenzung von Forschungs- und Entwicklungsaktivitäten sowohl für GroßUnt als auch für Mittelständler eine konkrete Bilanzierungs- und Bewertungsfrage ist, zeigen folgende Beispiele:

---

[207] Vgl. DRS 24.46, 47 sowie B 46, 47.
[208] Vgl. ADS 6. Aufl., § 255 HGB, Rz 151.
[209] Vgl. *Schubert/Pastor*, in Beck Bil-Komm., 10. Aufl., § 255 HGB, Rz 485.
[210] Vgl. DRS 24.47.
[211] Vgl. *Kahle/Haas*, WPg 2010, S. 38.
[212] Vgl. *Küting/Ellmann*, DStR 2010, S. 1305.

> **Beispiel**[213]
> Ein Hersteller von Offset-Druckmaschinen will neben der Verwendung von Farben die Zugabe von Wasser im Druckprozess vermeiden. Die Labortests und weitere physikalisch-technische Untersuchungen sind so lange „Forschungskosten", wie die Anwendung der Ergebnisse im Druckverfahren nicht sicher erscheint. Sobald dieses aber der Fall ist, gelten alle weiteren Arbeiten als „Entwicklungskosten".

> **Beispiel**[214]
> Ein Hersteller von qualitativ hochwertigen Musikinstrumenten möchte ein neues Modell für eine hochwertige Trompete entwickeln. Zunächst werden alternative Materialien gesucht und getestet, danach entscheidet man sich für ein konkretes Material. Im Anschluss wird ein Prototyp gefertigt, der dann von Profimusikern getestet wird. Nach mehreren Qualitätsverbesserungsiterationen soll diese Trompete entsprechend dem Prototyp produziert und vertrieben werden.
> Die Aufwendungen zur Suche alternativer Materialien sind als Forschungskosten von der Aktivierung ausgeschlossen. Die Fertigung des Prototyps, der Test durch die Profimusiker und die Qualitätsverbesserungsiterationen stellen Entwicklungskosten dar.

Hinsichtlich des **Zeitpunkts der Aktivierung** vgl. die entsprechenden Ansatzvorschriften (§ 248 Rz 20). Danach darf eine Aktivierung erst zu dem Zeitpunkt erfolgen, an dem die **Ansatzkriterien** erfüllt sind.[215] **188**
Liegt dieser Aktivierungszeitpunkt im laufenden Gj, so sind sämtliche Entwicklungskosten des Gj zu aktivieren, auch wenn sie zeitlich vor dem Aktivierungszeitpunkt liegen. Entscheidend ist vielmehr, dass diese Entwicklungskosten noch nicht in einem Abschluss (Jahresabschluss, Konzernabschluss oder auch Halbjahresfinanzbericht) als Aufwand erfasst worden sind.[216]

> **Beispiel** **189**
> Die GmbH beginnt im Jahr 01 mit der Entwicklung eines neuen Produktionsverfahrens. Im Oktober 02 ist der Entwicklungsprozess soweit fortgeschritten, dass eine Aktivierung erfolgen kann. Übt die GmbH das Aktivierungswahlrecht des § 248 Abs. 2 S. 1 aus, hat sie sämtliche Entwicklungskosten des Gj 02 in die HK einzubeziehen. Die Entwicklungskosten des Gj 01 sind demgegenüber in der Vorperiode bereits als Aufwand erfasst und können nicht nachaktiviert werden.

---

213 Vgl. *Lüdenbach/Hoffmann/Freiberg*, Haufe IFRS-Kommentar, 15. Aufl. 2017, § 13 Rz 27.
214 Beispiel in Anlehnung an *Henckel/Ludwig/Lüdke*, DB 2008, S. 198.
215 Gl. A. *van Hall/Kessler*, in *Kessler/Leinen/Strickmann*, BilMoG, 2009, S. 150.
216 Vgl. DRS 24.86.

4.2 Erstmalige Bewertung

190 Die Bewertung von **Entwicklungskosten** richtet sich nach allgemeinen Grundsätzen, wie Satz 1 der Vorschrift klarstellt. Entwicklungskosten sind demzufolge mit den **HK** anzusetzen (vgl. hierzu ausführlich Rz 101 ff.). Demnach umfassen die HK:
- MEK,
- MGK,
- Fertigungseinzelkosten,
- FGK,
- Sondereinzelkosten der Fertigung,
- Abschreibungen des AV.

191 Darüber hinaus besteht ein **Wahlrecht zur Einbeziehung** nachfolgender Aufwendungen, soweit sie auf den Zeitraum der Entwicklung entfallen:
- Kosten der allgemeinen Verwaltung,
- Aufwendungen für soziale Einrichtungen des Betriebs,
- Aufwendungen für freiwillige soziale Leistungen,
- Aufwendungen für die betriebliche Altersversorgung.

192 Die in Rz 180 ff. dargestellte Notwendigkeit der Trennung von F&E-Kosten stellt hohe Anforderungen an internes und externes Rechnungswesen. Es reicht nicht mehr aus, lediglich eine Kostenstelle „Entwicklung" zu führen. Vielmehr muss ein leistungsfähiges F&E-Controlling vorhanden sein, das über Projektkostenstellen u. Ä. die zuverlässige Zurechnung der Kostenbestandteile gewährleistet. Derartige Erfordernisse gab es auch schon vor dem BilMoG im Zuge der Bewertung von anderen aktivierten Eigenleistungen im Sachanlagevermögen. Die Zurechenbarkeit von Kosten auf immaterielle VG des AV in der Entstehung dürfte wegen der fehlenden Greifbarkeit aber ungleich komplexer sein, als dies bei materiellen Gütern der Fall ist.[217]

4.3 Folgebewertung

193 Die zunächst als „Entwicklungskosten in der Entstehung" (§ 248 Rz 18) zu aktivierenden Aufwendungen sind nach Fertigstellung des VG, d. h. nach Abschluss der Entwicklung, **planmäßig abzuschreiben**. Auch hierzu gelten die allgemeinen Grundsätze (§ 253 Rz 213).

194 Der Bestimmung der wirtschaftlichen Nutzungsdauer kommt große Bedeutung zu. Da infolge des unverändert geltenden Aktivierungsverbots im Steuerrecht (§ 5 Abs. 2 EStG) hierzu keine als Anhaltspunkte zu verwendenden steuerlichen AfA-Tabellen vorliegen, muss der Kaufmann die Nutzungsdauer selbstständig schätzen. Im Fall von **neu entwickelten Produkten** kann sich die Nutzungsdauer an dem voraussichtlichen Produktlebenszyklus orientieren, der anhand von betriebsindividuellen oder branchenmäßigen Erfahrungswerten abgeleitet werden kann. Da die Innovationsintensität in vielen Branchen infolge des Wettbewerbs sehr hoch ist, gebietet das Vorsichtsprinzip, die Nutzungsdauern eher

---

[217] Vgl. Arbeitskreis „Immaterielle Werte im Rechnungswesen" der Schmalenbach-Gesellschaft für Betriebswirtschaft e. V., DB 2008, S. 1818.

kürzer als länger zu wählen, um nicht in die Notwendigkeit der Berücksichtigung außerplanmäßiger Abschreibungen zu kommen (§ 253 Rz 218).[218]
Soweit im Ausnahmefall die Nutzungsdauer nicht verlässlich geschätzt werden kann, sieht DRS 24 für derartige Fälle eine Nutzungsdauer von 10 Jahren vor.[219] Zwar kommt durch die Verwendung des Begriffs „Ausnahmefall" zum Ausdruck, dass zumeist eine verlässliche Schätzung möglich sein dürfte. Ob dies in der Bilanzierungspraxis aber entsprechend nur sehr zurückhaltend verwendet wird, bleibt abzuwarten.

195

Bei der Aktivierung von **selbst geschaffenen gewerblichen Schutzrechten** ist der Zeitraum des Schutzrechts nur als Obergrenze für die wirtschaftliche Nutzungsdauer zu verstehen. So wird bei der Patentierung von Erfindungen für einen Zeitraum von bspw. zehn Jahren die wirtschaftliche Nutzung infolge des technischen Fortschritts oftmals darunter liegen.[220]

196

Bei sonstigen aktivierten Entwicklungskosten, wie z. B. Produktionsverfahren, Vorrichtungen, Systemen, ist die Nutzungsdauer nach den oben dargestellten Grundsätzen abzuschätzen. Hierbei ist der Grundsatz der Vorsicht (§ 252 Abs. 1 Nr. 4 HGB) zu berücksichtigen, d.h. im Zweifel ist die Nutzungsdauer eher kürzer als länger zu schätzen.

197

Denkbar ist auch, dass selbst geschaffene immaterielle VG des AV einer unbegrenzten Nutzungsdauer unterliegen, weil sie sich nicht verbrauchen (z. B. Wegerechte). Nach der hier vertretenen Auffassung unterliegen auch derartige VG im Regelfall einer begrenzten wirtschaftlichen Nutzung, sodass eine planmäßige Abschreibung vorzunehmen ist.[221]

198

Hinsichtlich der Abschreibungsmethode wird wohl zumeist die lineare Methode sachgerecht sein, zumal diese auch nach IFRS favorisiert wird.[222] Je nach Verlauf des wirtschaftlichen Nutzens erscheint in Ausnahmefällen aber auch eine degressive Abschreibung u.U. sachgerecht.[223] Kann der Verlauf des wirtschaftlichen Werts des immateriellen VG nicht verlässlich bestimmt werden, sieht E-DRS 32 die verpflichtende Verwendung der linearen Abschreibungsmethode vor.[224]

199

Neben planmäßigen Abschreibungen kommen auch **außerplanmäßige Abschreibungen** nach allgemeinen Regelungen (§ 253 Rz 219 ff.) zur Anwendung. Eine Abschreibung auf den niedrigeren beizulegenden Wert ist danach vom Absatz- und Beschaffungsmarkt vorzunehmen. Da wegen der oftmals nur unternehmensintern erfolgenden Nutzung ein Absatzmarkt nicht zur Verfügung steht, verbleibt es zumeist bei der Bestimmung des beizulegenden Werts von der Beschaffungsmarktseite. Soweit dies nicht möglich ist, ist der beizulegende Wert über den Ertragswert zu ermitteln.[225]

200

Nachträgliche HK sind bei selbst geschaffenen immateriellen VG des AV grds. genauso zu berücksichtigen wie bei anderen VG. Allerdings ist die Erfüllung der

---

[218] Vgl. *Seidel/Grieger/Muske*, BB 2009, S. 1289.
[219] Vgl. DRS 24.99
[220] Vgl. *Küting/Ellmann*, in *Küting/Pfitzer/Weber*, Das neue deutsche Bilanzrecht, 2009, S. 278.
[221] Vgl. *Schmidtbauer*, DStR 2004, S. 1445.
[222] Vgl. *Lüdenbach/Hoffmann/Freiberg*, Haufe IFRS-Kommentar, 15. Aufl. 2017, § 13 Rz 91.
[223] Gl. A. *Küting/Ellmann*, in *Küting/Pfitzer/Weber*, Das neue deutsche Bilanzrecht, S. 278.
[224] Vgl. DRS 24.102.
[225] Vgl. *Glade*, 1991, S. 217.

Ansatzvoraussetzungen zumeist schwieriger, da neben den Voraussetzungen des Abs. 2a auch die allgemeinen Voraussetzungen von Abs. 1 Satz 1 vorliegen müssen, d.h., es muss sich um eine wesentliche Verbesserung handeln.[226] Da immaterielle VG des AV besonders hohem technischem Wandel ausgesetzt sind, werden nachträgliche HK eher der Ausnahmefall sein.[227] Im Regelfall dienen die nachträglichen Aufwendungen der Erhaltung bzw. Sicherung des zukünftig erwarteten Nutzens aus dem immateriellen VG, sodass es sich um nicht aktivierungsfähigen Erhaltungsaufwand handelt. Ausnahmen sind denkbar bei selbst erstellter Software, bei der die Aufnahme wesentlicher neuer Funktionalitäten zu nachträglichen HK führen kann (§ 248 Rz 24).[228]

5 Zinsen für Fremdkapital (Abs. 3)

5.1 Grundsätzliches Aktivierungsverbot

201 Fremdkapitalzinsen gehören grds. nicht zu den AHK. Die Finanzierung ist als eigenständiger, von der Anschaffung oder Herstellung **unabhängiger Vorgang** zu verstehen.[229] Eine Aktivierung würde dem Realisationsprinzip widersprechen, weil die angefallenen Aufwendungen sonst neutralisiert und in eine andere Periode verlagert würden (§ 252 Rz 96ff.). Die Aktivierung von Eigenkapitalzinsen scheidet zudem schon aufgrund des fehlenden pagatorischen Charakters (§ 252 Rz 121ff.) aus.[230]

202 Einzige **Ausnahme** vom Aktivierungsverbot für Fremdkapitalzinsen bilden Zinsen für FK, das zur Finanzierung der Herstellung eines VG verwendet wird. Die Beschränkung des Aktivierungsverbots geht dabei zudem mit der Anforderung einher, dass die entsprechenden Zinsen auf den Zeitraum der Herstellung entfallen. Die limitierte Möglichkeit der Einbeziehung von Fremdkapitalzinsen in die HK gewährt das Handelsrecht dabei sowohl bei VG des AV als auch des UV.[231] Auch steuerrechtlich wird weiterhin mit R 6.3 Abs. 5 EStR 2012 bzgl. des Einbezugs dieser Fremdkapitalzinsen in die HK das Aktivierungswahlrecht aus dem HGB übernommen. Das Wahlrecht kann jedoch nur auf Ebene des Handelsrechts ausgeübt werden, was faktisch einer Aktivierungspflicht bzw. einem Aktivierungsverbot auf steuerrechtlicher Ebene entspricht. Die Einbeziehung der Bauzeitzinsen in die HK setzt entsprechend voraus, dass dies auch handelsrechtlich erfolgt (formelle Maßgeblichkeit).

203 Unter Rückgriff auf den Ausnahmetatbestand aktivierte Fremdkapitalzinsen sind per Legaldefinition[232] nicht als echte HK zu verstehen. Vielmehr hat der Gesetzgeber mit § 255 Abs. 3 Satz 2 HGB **fiktive HK** geschaffen. Sowohl der Gesetzgeber als auch ein Großteil der Literatur sprechen beim Einbeziehungs-

---

[226] Vgl. *Kessler*, in *Kessler/Leinen/Strickmann*, BilMoG, 2009, S. 189.
[227] Vgl. IAS 38.20.
[228] Vgl. *Kessler*, in *Kessler/Leinen/Strickmann*, BilMoG, 2009, S. 189.
[229] Zur Ausschluss-Begründung, dass AK nur mittelbar der Anschaffung dienen, s. BFH, Urteil v. 24.5.1968, BStBl II S. 574.
[230] Vgl. *Kahle*/Haas/Schulz, in *Baetge/Kirsch/Thiele*, Bilanzrecht, § 255 HGB Rz 227, Stand 1/2016.
[231] Vgl. *Kahle/Haas/Schulz*, in *Baetge/Kirsch/Thiele*, Bilanzrecht, § 255 HGB Rz 221, Stand 1/2016; ADS, 6. Aufl. § 255 HGB, Rz 202.
[232] § 255 Abs. 2 HGB spricht von HK als „Aufwendungen, die durch den Verbrauch von Gütern und die Inanspruchnahme von Dienstleistungen" entstehen.

wahlrecht für bestimmte Fremdkapitalzinsen daher nicht von einem Bewertungswahlrecht, sondern einer **Bewertungshilfe**.[233] Wenngleich bestehende Bedenken, etwa dass der Begriff der Bewertungshilfe möglicherweise der zwingenden Einhaltung des Stetigkeitsgebots entgegensteht, nicht gänzlich von der Hand zu weisen sind, scheint die Verwendung des Begriffs der Bewertungshilfe aber auch deshalb zulässig, weil aufgrund des fiktiven Charakters letztlich auch der Begriff des Bewertungswahlrechts nicht zutreffend ist.

Wird die Bewertungshilfe in Anspruch genommen, hat bei KapG und ihnen gleichgestellten PersG gem. § 284 Abs. 2 Nr. 4 HGB eine Betragsangabe im **Anhang** zu erfolgen.

Im Rahmen einer Einbeziehung von Fremdkapitalzinsen ist der Grundsatz der **Bewertungsstetigkeit** (§ 252 Rz 128 ff.) zu berücksichtigen.

5.2 Ausnahme vom Aktivierungsverbot in bestimmten Fällen

Die **Voraussetzungen eines sachlichen Bezugs** sind gegeben, sofern ein tatsächlicher Zusammenhang zwischen der Fremdkapitalaufnahme und der Herstellung des VG vorliegt. Abgesehen von Kreditverträgen, die unter direkter oder indirekter Bezugnahme[234] auf den herzustellenden VG abgeschlossen bzw. verlängert werden und damit eindeutig in einen tatsächlichen Bezug gesetzt werden können, gestaltet sich der Nachweis eines tatsächlichen Zusammenhangs in der Praxis als äußerst schwierig. Wenngleich in der Literatur nicht einstimmig akzeptiert, ist insb. aber gerade im Interesse der Praktikabilität als zulässig zu erachten, dass Fremdkapitalzinsen quotal einzelnen VG zugeordnet und entsprechend in die HK einbezogen werden, sofern dem keine tatsächlichen Fakten entgegenstehen.[235]

Beispiel[236]

Aktiva		Bilanz* 31.12.01 (GmbH)	Passiva	
AV	190	EK		100
Erzeugnisse	200	FK		400
Übriges UV	110			
	500			500

* in Mio. EUR
Annahmen:
Für das FK sind im Gj. 01 Zinsen i. H. v. 20 Mio. EUR angefallen.

---

[233] BT-Drs. 10/317 S. 88, BilMoG-BgrRegE zu § 260 HGB-E; anstatt vieler zudem *Dziadkowski*, BB 1982, S. 1336; a. A. ADS, 6. Aufl. § 255 HGB, Rz 210.
[234] Eine Benennung im Kreditvertrag ist nicht erforderlich. Im Zuge der Prüfung der Voraussetzungserfüllung ist auf den tatsächlichen Bezug abzustellen; ebenso ADS, 6. Aufl. § 255 HGB, Rz 203; *Schubert/Pastor*, in Beck Bil-Komm., 10. Aufl., § 255 HGB, Rz 505.
[235] Vgl. *Knop/Küting/Knop*, in *Küting/Pfitzer/Weber*, HdK, HGB § 255, Rn 314, Stand 11/2016; wohl auch *Schubert/Pastor*, in Beck Bil-Komm., 10. Aufl., § 255 HGB, Rz 505; *Kahle/Haas/Schulz*, in *Baetge/Kirsch/Thiele*, Bilanzrecht, § 255 HGB Rz 224, Stand 1/2016; a. A. *Wohlgemuth*, in HdJ, Abt. I/10, Rz 34; IDW HFA 5/1991, Abschn. 6, WPg 1992, S. 94.
[236] In Anlehnung an ADS, 6. Aufl. § 255 HGB, Rz 204.

> Einer quotalen Zuordnung von Fremdkapitalzinsen zu einzelnen VG stehen keine tatsächlichen Fakten entgegen.
> Bei einer quotalen Zuordnung entfallen 40 % (200 von 500 Mio. EUR) der Fremdkapitalzinsen auf die Erzeugnisse. Der Herstellungszeitraum der Erzeugnisse beginnt am 1.1.01. und endet am 30.6.01. Zeitanteilig können daher 4 Mio. EUR (20 Mio. EUR * 0,4 * 0,5) in die HK der Erzeugnisse eingerechnet werden.

207 Unter die aktivierungsfähigen Fremdkapitalzinsen i.S.d. § 255 Abs. 3 HGB fallen neben dem Nominal- bzw. Durchschnittszinsen bei quotaler Zurechnung auch **Aufwendungen mit zinsähnlichem Charakter**, wie etwa ein gezahltes Disagio. Eine Einbeziehung von Provisionen und weiteren Finanzmittelbeschaffungskosten scheitert an der Aktivierungsvoraussetzung des zeitlichen Bezugs.[237] Ein **zeitlicher Bezug** liegt vor, sofern die Fremdkapitalzinsen auf den Zeitraum der Herstellung entfallen. Die Voraussetzung entspricht damit den Anforderungen des § 255 Abs. 2 Satz 3 HGB für das Aktivierungswahlrecht für Kosten der allgemeinen Verwaltung, Aufwendungen für soziale Einrichtungen des Betriebs, für freiwillige soziale Leistungen und für die betriebliche Altersversorgung. Der **Beginn der Herstellung** ist dabei nicht mit dem Beginn des technischen Herstellungsprozesses gleichzusetzen. Das erstmalige Anfallen von Aufwendungen, die in sachlichem Zusammenhang mit der Erstellung der Leistung stehen, begründet bereits den Herstellungsbeginn.[238] Den **Abschluss der Herstellung** markiert die Fertigstellung bzw. die Fähigkeit zur dauernden Nutzung entsprechend der Bestimmung bei VG des AV.[239]

208 Sofern Grundstücke und Gebäude, die zur Veräußerung vorgesehen sind, finanziert werden, dürfen neben den Fremdkapitalzinsen für den Erwerb der Grundstücke auch die Zinsen für das FK zur Herstellung der Gebäude – unter der üblichen Voraussetzung des zeitlichen Zusammenhangs mit der Herstellung – mit in die HK einbezogen werden.[240] Dies liegt darin begründet, dass zwischen diesen ein Nutzungs- und Funktionszusammenhang besteht, der zu einer Klassifikation als einheitlicher VG des UV führt. Sofern diese Zusammenfassung aufgrund eines nicht möglichen Verkaufs des Grund und Bodens entfällt, ist der Grund und Boden in das AV umzugliedern, sofern damit die Entscheidung verbunden ist, diesen VG nun dauerhaft zu nutzen, was regelmäßig der Fall sein dürfte, sofern sich ein Verkauf als unmöglich herausstellt. Maßgeblich für die Buchwertbemessung im Rahmen einer etwaigen Umgliederung ist das Verhältnis der Zeitwerte der beiden Komponenten.

---

[237] So auch IDW HFA 5/1991, Abschn. 6, WPg 1992, S. 94; *Kahle/Haas/Schulz*, in *Baetge/Kirsch/Thiele*, Bilanzrecht, § 255 HGB Rz 225, Stand 1/2016; a.A. ADS, 6. Aufl. § 255 HGB, Rz 206.
[238] S. dazu BFH, Urteil v. 12.6.1978, GrS 1/77, BStBl II 1978 S. 620.
[239] Vgl. BFH, Urteil v. 1.4.1981, I R 27/79, BStBl II 1981 S. 660.
[240] Vgl. dazu und im Folgenden IDW RS HFA 31, Rz 26.

6 Beizulegender Zeitwert (Abs. 4)

6.1 Übersicht

6.1.1 Inhalt und Zweck

§ 255 Abs. 4 HGB definiert den Bewertungsbegriff „beizulegender Zeitwert". 209
Die Vorschrift ist Teil der allgemeinen handelsrechtlichen Bewertungsmaßstäbe.
Der beizulegende Zeitwert entspricht grds. dem **Marktpreis**. Nur für den Fall, 210
dass sich kein Marktpreis ermitteln lässt, ist der beizulegende Zeitwert durch
anerkannte Bewertungsmethoden zu bestimmen. Die anerkannten Bewertungsmethoden müssen zu einem beizulegenden Zeitwert führen, der an den Marktpreis angenähert ist. Ist die Ermittlung des beizulegenden Zeitwerts durch eine anerkannte Bewertungsmethode nicht möglich, sind die AHK gem. § 253 Abs. 4 HGB fortzuführen, wobei der zuletzt ermittelte beizulegende Zeitwert als AHK gilt.

Der **beizulegende Zeitwert** nach § 255 Abs. 4 HGB darf **nicht** mit dem **beizulegenden Wert** nach § 255 Abs. 3 Satz 3, Abs. 4 Satz 2 HGB verwechselt 211
werden. Der beizulegende Zeitwert entspricht im Wesentlichen dem Einzelveräußerungspreis eines VG oder einer Schuld. Demgegenüber ist der beizulegende Wert in Abhängigkeit von der Art der VG beschaffungsmarkt- oder absatzmarktorientiert zu ermitteln. Bspw. wird der beizulegende Wert von Sachanlagen i. S. d. § 253 Abs. 3 Satz 3 HGB grds. durch ihre Wiederbeschaffungskosten (in Abhängigkeit von Alter, Zustand, technischem Stand) bestimmt. Einzelveräußerungspreise sind nur soweit anzusetzen, wie eine Veräußerungsabsicht besteht.[241]

> **Beispiel**
> Ein Wertpapier wird zu einem Kurs von 100 EUR erworben. Beim Erwerb sind Anschaffungsnebenkosten (Provision etc.) von 5 EUR (5 %) angefallen, sodass sich die AK mit 105 EUR bestimmen. Am Bilanzstichtag wird das Wertpapier an der Börse zu einem Kurs von 120 EUR gehandelt; es besteht keine Veräußerungsabsicht.
> Der beizulegende Zeitwert entspricht dem Marktwert, also 120 EUR. Der beizulegende Wert bestimmt sich demgegenüber mit 126 EUR (120 EUR zzgl. 5 %).

Sinn und Zweck der Bewertung zum beizulegenden Zeitwert ist es, dem Abschlussadressaten ein **zutreffenderes Bild** von der **Vermögenslage** des berichtenden Unt zu geben, als dies bei anderen Bewertungsvorschriften wie z.B. der 212
Bewertung zu fortgeführten AHK der Fall ist. Dabei bezieht sich die verbesserte Informationsfunktion auf die Bilanz und die „richtige" Vermögensermittlung. Die Informationsfunktion des Periodenergebnisses i. S. e. nachhaltigen prognosefähigen Ergebnisses wird demgegenüber eingeschränkt. Das Periodenergebnis kann von zufälligen Schwankungen des beizulegenden Zeitwerts überlagert werden.

Fraglich ist, ob die Bilanzierung zum beizulegenden Zeitwert dem Grundsatz des 213
Realisationsprinzips (§ 252 Abs. 1 Nr. 4 2. Hs. HGB) widerspricht. Nach dem

---

[241] Vgl. IDW PS 314 n. F., Tz 15; IDW RH HFA 1.005, Tz 11.

Realisationsprinzip sind Gewinne nur zu berücksichtigen, wenn sie am Abschlussstichtag realisiert sind. Teilweise wird die Auffassung vertreten, dass die Bilanzierung zum beizulegenden Zeitwert dem Realisationsprinzip dann nicht widerspricht, wenn der beizulegende Zeitwert dem Marktpreis auf einem aktiven Markt entspricht.[242] In diesen Fällen würde die Bewertung zum beizulegenden Zeitwert das Realisationsprinzip konkretisieren. Durch das Bestehen eines aktiven Markts sei die Wertänderung des Bewertungsobjekts jederzeit realisierbar. Der Grundsatz des quasisicheren Gewinns sei erfüllt. Würde hingegen eine Bewertung zu fortgeführten AHK als Wertobergrenze gefordert, wäre dem Bilanzierenden ein faktisches Wahlrecht bzgl. des Realisierungszeitpunkts eröffnet. Aufgrund des Bestehens eines aktiven Markts könnte er den zu bewertenden VG jederzeit veräußern und kurze Zeit später wieder zurück erwerben. Alternativ könnte er die bisherigen AHK als Bewertungsobergrenze fortführen.

U. E. widerspricht die Bewertung zum beizulegenden Zeitwert dem Realisationsprinzip.[243] Der Gewinn aus der Bewertung zu einem höheren beizulegenden Zeitwert wird nicht durch einen Umsatzakt realisiert. Den o.a. Ausführungen zum faktischen Wahlrecht bzgl. des Realisationszeitpunkts kann nicht gefolgt werden. Zum einen ist dieses Wahlrecht lediglich ein Gestaltungs- und kein Bilanzierungswahlrecht. Zum anderen ergeben sich aus den beiden Alternativen (VG wird unverändert fortgeführt oder VG wird veräußert und zeitnah zurückerworben) aufgrund der Nebenkosten für Veräußerung und Rückerwerb unterschiedliche Konsequenzen.

Außerdem widerspricht die Bewertung zum beizulegenden Zeitwert in den Fällen dem Realisationsprinzip, in denen der beizulegende Zeitwert aufgrund fehlender aktiver Märkte durch allgemein anerkannte Bewertungsmethoden zu bestimmen ist. In diesen Fällen besteht eine besondere Unsicherheit bzgl. der Gewinne aus den Wertänderungen. Es entsteht kein quasisicherer Gewinn.[244]

Da § 255 Abs. 4 HGB jedoch **lex specialis** gegenüber dem Realisationsprinzip ist, schränkt der Widerspruch gegenüber dem Realisationsprinzip seinen Anwendungsbereich nicht ein. § 255 Abs. 4 HGB ist eine gesetzlich kodifizierte **Ausnahme vom Realisationsprinzip**.

214 Soweit VG i.S.d. § 246 Abs. 2 Satz 2 HGB (Deckungsvermögen für Altersversorgungsverpflichtungen) zu ihrem über den AK liegenden beizulegenden Zeitwert bilanziert werden, besteht eine **Ausschüttungssperre** (§ 268 Abs. 8 Sätze 1 u. 3 HGB). Danach dürfen Gewinne nur ausgeschüttet werden, wenn die nach der Ausschüttung verbleibenden frei verfügbaren Rücklagen zzgl. eines Gewinnvortrags und abzgl. eines Verlustvortrags mindestens dem Betrag entsprechen, um den die zum beizulegenden Zeitwert bilanzierten VG i.S.d. § 246 Abs. 2 Satz 2 HGB ihre AK übersteigen, abzüglich der hierfür gebildeten passiven latenten Steuern (zu Einzelheiten s. § 268 Rz 50 ff.).

215 Für Finanzinstrumente des Handelsbestands von Kredit- und Finanzdienstleistungsinstituten enthält § 340e Abs. 3 Satz 1 HGB durch den **Risikoabschlag** ein

---

[242] Vgl. *Böcking/Torabian*, BB 2008, S. 267; *Schmidt*, KoR 2008, S. 2; *Helke/Wiechens/Klaus*, DB 2009, Beil. Nr. 5, S. 35.
[243] Vgl. auch *Zülch/Hoffmann*, DB 2009, S. 190.
[244] Vgl. *Jessen/Haaker*, DStR 2009, S. 502.

Surrogat für die Ausschüttungssperre.[245] Nach § 340e Abs. 3 Satz 1 HGB sind die Finanzinstrumente zum beizulegenden Zeitwert abzgl. eines Risikoabschlags zu bewerten.
Soweit eine Bewertung zum beizulegenden Zeitwert erfolgt, sind grds. die Vorschriften zu **latenten Steuern** (§ 274 HGB) zu beachten. Im Ertragsteuerrecht existiert der Bewertungsbegriff „beizulegender Zeitwert" grds. nicht. Eine Ausnahme gilt für Finanzinstrumente des Handelsbestands von Kredit- und Finanzdienstleistungsinstituten, die nicht in einer Bewertungseinheit i. S. d. § 5 Abs. 1a Satz 2 EStG abgebildet werden. Sie sind entsprechend § 340e Abs. 3 Satz 1 HGB mit dem beizulegenden Zeitwert abzgl. eines Risikoabschlags zu bewerten (§ 6 Abs. 1 Nr. 2b EStG).

216

Mit § 255 Abs. 4 HGB wird **Art. 42b der Vierten RL 78/660/EWG**[246] grds. in deutsches Recht umgesetzt.[247]

217

6.1.2 Anwendungsbereich

6.1.2.1 Sachlich

§ 255 Abs. 4 HGB ist als allgemeiner Bewertungsmaßstab von **allen Bilanzierenden** zu beachten. Jedoch ist sein Anwendungsbereich auf wenige Sachverhalte beschränkt. Zur Bestimmung seines Anwendungsbereichs ist zwischen Zugangs- bzw. Folgebewertung und Anhangangaben zu unterscheiden.

218

Für Zwecke der **Zugangs- und Folgebewertung** ist der beizulegende Zeitwert in folgenden Fällen anzusetzen:

219

- VG, die dem Zugriff aller übrigen Gläubiger entzogen sind und ausschließlich der Erfüllung von Schulden aus Altersversorgungsverpflichtungen oder vergleichbaren langfristig fälligen Verpflichtungen dienen (sog. Deckungsvermögen), sind zu ihrem beizulegenden Zeitwert anzusetzen (§ 246 Abs. 2 Satz 2 HGB i. V. m. § 253 Abs. 1 Satz 4 HGB);
- Rückstellungen für Altersversorgungsverpflichtungen, deren Höhe sich nach dem beizulegenden Zeitwert von Wertpapieren i. S. d. § 266 Abs. 2 A. III. 5. HGB bestimmt, sind zum beizulegenden Zeitwert dieser Wertpapiere anzusetzen, soweit dieser einen ggf. garantierten Mindestbetrag übersteigt (§ 253 Abs. 1 Satz 3 HGB);
- Finanzinstrumente des Handelsbestands von Kredit- und Finanzdienstleistungsinstituten sind zum beizulegenden Zeitwert abzgl. eines Risikoabschlags zu bewerten (§ 340e Abs. 3 Satz 1 HGB).

In folgenden Fällen ist der beizulegende Zeitwert ausschließlich für Zwecke der **Zugangsbewertung** zu verwenden:

220

- VG, Schulden, RAP und Sonderposten (mit Ausnahme von Rückstellungen und latenten Steuern) sind zur Ermittlung des EK von TU im Rahmen der erstmaligen KapKons mit ihrem beizulegenden Zeitwert anzusetzen (§ 301 Abs. 1 Sätze 2 u. 3 HGB);
- VG, Schulden, RAP und Sonderposten (mit Ausnahme von Rückstellungen und latenten Steuern) von assoziierten Unt sind im Rahmen der bei der

---

[245] Vgl. BilMoG-BgrRegE, S. 95.
[246] Vgl. Vierte RL 78/660/EWG zum Gesellschaftsrecht des Rates über den Jahresabschluss von Gesellschaften bestimmter Rechtsformen v. 25.7.1978, Abl. EU Nr. L 222 v. 14.8.1978 S. 0011–0031.
[247] Vgl. zur möglichen Ausnahme Rz 234.

Equity-Methode vorzunehmenden Kaufpreisallokation mit ihrem beizulegenden Zeitwert zu bewerten (§ 312 Abs. 2 Sätze 1 u. 3 HGB).

221 Darüber hinaus verlangen verschiedene **Anhangvorschriften** die Angabe des beizulegenden Zeitwerts sowie teilweise auch Angaben zur Ermittlung des beizulegenden Zeitwerts. Danach ist anzugeben
- für zu den Finanzanlagen (§ 266 Abs. 2 A. III. HGB) gehörende Finanzinstrumente, die über dem beizulegenden Zeitwert ausgewiesen werden, da eine außerplanmäßige Abschreibung nach § 253 Abs. 3 Satz 4 HGB unterblieben ist, der beizulegende Zeitwert (§§ 285 Abs. 1 Nr. 18, 314 Abs. 1 Nr. 10 HGB);
- für jede Kategorie nicht zum beizulegenden Zeitwert bilanzierter derivativer Finanzinstrumente deren beizulegender Zeitwert unter Angabe der angewandten Bewertungsmethode bzw. für den Fall, dass eine verlässliche Ermittlung nicht möglich ist, die Gründe, warum der beizulegende Zeitwert nicht bestimmt werden kann (§§ 285 Abs. 1 Nr. 19, 314 Abs. 1 Nr. 11 HGB);
- für zum beizulegenden Zeitwert bewertete Finanzinstrumente des Handelsbestands von Kredit- und Finanzdienstleistungsinstituten die grundlegenden Annahmen zur Bestimmung des beizulegenden Zeitwerts mithilfe allgemein anerkannter Bewertungsmethoden (§§ 285 Abs. 1 Nr. 20, 314 Abs. 1 Nr. 12 HGB);
- im Fall der Verrechnung von VG und Schulden nach § 246 Abs. 2 Satz 2 HGB der beizulegende Zeitwert der verrechneten VG sowie die grundlegenden Annahmen zur Bestimmung des beizulegenden Zeitwerts mithilfe allgemein anerkannter Bewertungsmethoden (§§ 285 Abs. 1 Nr. 25, 314 Abs. 1 Nr. 17 HGB).

222 Daneben wirkt sich die Bewertung zum beizulegenden Zeitwert insb. auf die **Ausschüttungssperre** (§ 268 Abs. 8 Sätze 1 u. 3 HGB) und die **latenten Steuern** (§ 274 HGB) aus (Rz 214, 216).

6.1.2.2 Zeitlich

223 Die Bewertungsvorschrift von § 255 Abs. 4 HGB wurde durch das BilMoG[248] neu in das HGB eingeführt.

224 Der Begriff des beizulegenden Zeitwerts ist bereits durch das BilReG[249] in das HGB eingeführt worden.[250] Auf der einen Seite war die Anwendung des beizulegenden Zeitwerts zu diesem Zeitpunkt jedoch auf die Anhangangaben zu Finanzinstrumenten beschränkt. Auf der anderen Seite definierte bereits § 285 Sätze 3 und 4 HGB i. d. F. d. BilReG die Ermittlung des beizulegenden Zeitwerts. Die Vorschrift wurde durch das BilMoG gestrichen. Die Ermittlungstechnik des beizulegenden Zeitwerts wurde grds. ohne materielle Änderungen in § 255 Abs. 4 HGB übernommen,[251] auch wenn der Wortlaut beider Vorschriften nicht übereinstimmt.

---

[248] Vgl. Gesetz zur Modernisierung des Bilanzrechts (Bilanzrechtsmodernisierungsgesetz – BilMoG) v. 25.5.2009, BGBl 2009 I S. 1102.
[249] Vgl. Gesetz zur Einführung internationaler Rechnungslegungsstandards und zur Sicherung der Qualität der Abschlussprüfung (Bilanzrechtsreformgesetz – BilReG) v. 4.12.2004, BGBl 2004 I S. 3166.
[250] Vgl. zur Historie der deutschen Zeitwertbilanzierung *Zülch/Hoffmann*, DB 2009, S. 189.
[251] Vgl. *Böcking/Torabian*, BB 2008, S. 266; *Löw/Scharpf/Weigel*, WPg 2008, S. 1012; zur möglichen Ausnahme vgl. Rz 241.

6.2 Ermittlung des beizulegenden Zeitwerts

Zur Ermittlung des beizulegenden Zeitwerts sieht § 255 Abs. 4 HGB eine strenge **Bewertungshierarchie** vor. Der beizulegende Zeitwert entspricht grds. dem Marktpreis (§ 255 Abs. 4 Satz 1 HGB). Nur in den Fällen, in denen kein aktiver Markt besteht, anhand dessen sich der Marktpreis ermitteln lässt, ist der beizulegende Zeitwert mithilfe allgemein anerkannter Bewertungsmethoden zu bestimmen (§ 255 Abs. 4 Satz 2 HGB). Lässt sich der beizulegende Zeitwert auch nicht durch allgemein anerkannte Bewertungsmethoden ermitteln, sind die AHK gem. § 253 Abs. 4 HGB fortzuführen, wobei der zuletzt ermittelte beizulegende Zeitwert als AHK gilt (§ 255 Abs. 4 Sätze 3 u. 4 HGB).

225

Liegt ein aktiver Markt vor, hat der Bilanzierende den notierten Marktpreis auch dann als beizulegenden Zeitwert anzusetzen, wenn eine allgemein anerkannte Bewertungsmethode anzeigt, dass der durch sie ermittelte beizulegende Zeitwert vom notierten Marktpreis abweicht.

226

> **Beispiel**[252]
> Der Bilanzierende hält festverzinsliche Bundeswertpapiere. Die Europäische Zentralbank gibt eine Zinsentscheidung bekannt. Während die Futures auf dem Terminmarkt (Eurex) bereits auf die Entscheidung reagieren, reagiert der Kassamarkt für das festverzinsliche Wertpapier erst am nächsten Handelstag. Der beizulegende Zeitwert der festverzinslichen Bundeswertpapiere ist dennoch anhand ihrer notierten Marktpreise (Kassamarkt) zu ermitteln; auch wenn die Futures anzeigen, dass dieser Marktpreis bereits überholt ist.

Es ergibt sich folgende Bewertungshierarchie zur Ermittlung des beizulegenden Zeitwerts:

227

---

[252] Vgl. zu IAS 39 IDW RS HFA 9, Tz 85.

```
┌─────────────────────────┐    Ja    ┌─────────────────────────┐
│ Lässt sich ein Marktpreis auf │ ──────→  │ Bewertung zum           │
│ einem aktiven Markt verlässlich │        │ beizulegenden Zeitwert, │
│ ermitteln?              │          │ ermittelt durch Marktpreis │
└─────────────────────────┘          └─────────────────────────┘
            │ Nein
            ▼
┌─────────────────────────┐    Ja    ┌─────────────────────────┐
│ Kann der beizulegende Zeitwert │ ──→ │ Bewertung zum           │
│ mit Hilfe allgemein anerkannter │   │ beizulegenden Zeitwert, │
│ Bewertungsmethoden bestimmt │     │ ermittelt mit Hilfe einer │
│ werden?                 │          │ Bewertungsmethode       │
└─────────────────────────┘          └─────────────────────────┘
            │ Nein
            ▼
┌─────────────────────────┐
│ Fortführung der AHK gem. │
│ § 253 Abs. 4 HGB,       │
│ wobei der zuletzt ermittelte │
│ beizulegende Zeitwert als AHK │
│ gilt                    │
└─────────────────────────┘
```

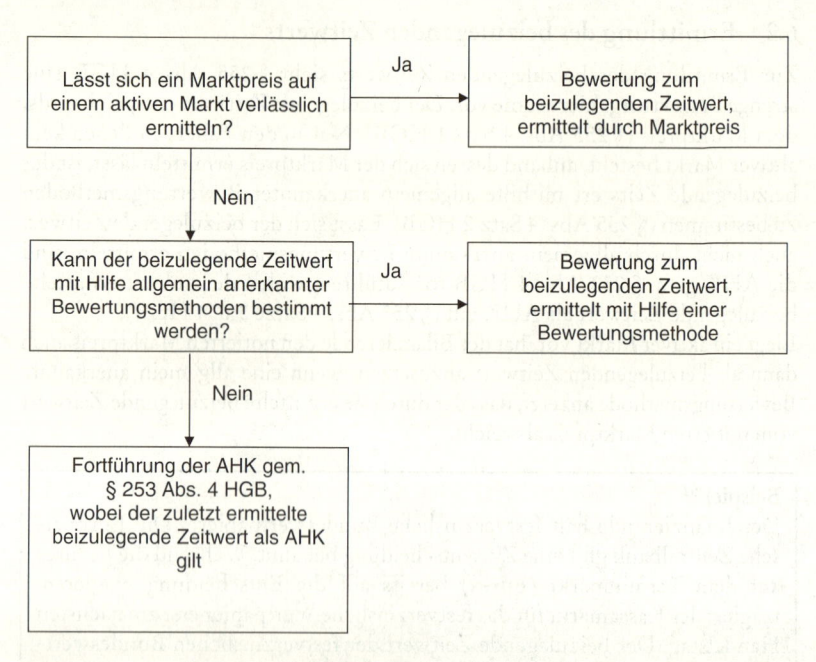

Abb. 7: Bewertungshierarchie für den beizulegenden Zeitwert

6.2.1 Marktpreis als beizulegender Zeitwert (Abs. 4 Satz 1)

6.2.1.1 Aktiver Markt

228 Voraussetzung für die Bestimmung des beizulegenden Zeitwerts durch den Marktpreis ist das Bestehen eines aktiven Markts. Ein **aktiver Markt** liegt vor, wenn der Marktpreis an einer Börse, von einem Händler, von einem Broker, von einer Branchengruppe, von einem Preisberechnungsservice (z.B. Reuters oder Bloomberg) oder von einer Aufsichtsbehörde leicht und regelmäßig erhältlich ist und auf aktuellen und regelmäßig auftretenden Markttransaktionen zwischen unabhängigen Dritten beruht.[253] D. h., die Preise müssen der Öffentlichkeit zur Verfügung stehen und grds. können jederzeit vertragswillige Käufer und Verkäufer gefunden werden. Zusätzlich müssen die gehandelten Produkte homogen sein.[254]

229 Zur Beurteilung, ob die Marktpreise leicht und regelmäßig erhältlich sind, ist das **Alter der verfügbaren Marktpreise** zu berücksichtigen. Die Frage, bis zu welchem Alter die verfügbaren Marktpreise noch zu akzeptieren sind, kann nur im Einzelfall beurteilt werden.[255]

230 Der Begriff des aktiven Markts ist erheblich weiter gefasst als der Begriff des **organisierten Markts** nach § 2 Abs. 5 WpHG. Der organisierte Markt nach

---

[253] Vgl. BilMoG-BgrRegE, S. 61; IDW RH HFA 1.005, Tz 8.
[254] Vgl. *Oser/Holzwarth*, in *Küting/Weber*, HdK, HGB § 284–288, Rn 400.
[255] Vgl. IDW RS HFA 9, Tz 77.

§ 2 Abs. 5 WpHG setzt ein durch eine staatliche Stelle genehmigtes, geregeltes und überwachtes Handelssystem voraus. In Deutschland sind die Börsensegmente „Amtlicher Markt" und „Geregelter Markt" an den deutschen Wertpapierbörsen sowie der Handel an der Eurex Deutschland und der Startup Market an der Hanseatischen Wertpapierbörse Hamburg organisierte Märkte nach § 2 Abs. 5 WpHG.[256] Grundsätzlich ist bei einem organisierten Markt davon auszugehen, dass die Voraussetzungen eines aktiven Markts erfüllt sind.[257] Ist jedoch das Handelsvolumen an einem organisierten Markt relativ gering, sind im konkreten Einzelfall die allgemeinen Voraussetzungen für das Vorliegen eines aktiven Markts zu prüfen.

Stellen **Market Maker** (offizielle Börsenmitglieder, die für bestimmte Wertpapiere Geld- und Briefkurse bereitstellen und auf eigenes Risiko und Rechnung handeln; meist Banken oder Broker) verbindliche An- und Verkaufskurse bereit, können diese grds. zur Ermittlung des beizulegenden Zeitwerts herangezogen werden. Der *Market Maker* verpflichtet sich, mit dem Kontrahenten einen Geschäftsabschluss zum notierten Preis zu tätigen.[258] **231**

Bei **OTC-Märkten** handelt es sich i.d.R. um aktive Märkte i.S.d. § 255 Abs. 4 Satz 1 HGB.[259] Allerdings wird teilweise die Auffassung vertreten, dass insb. bei OTC-Derivaten grds. kein aktiver Markt vorliegt.[260] **232**

Zur Abgrenzung von **aktiven und nicht aktiven Märkten** können u.a. folgende Indikatoren herangezogen werden:[261] **233**
- abweichende Preisquotierungen von *Brokern* oder *Market Makern*, sodass z.B. eine risikolose Arbitrage möglich wäre, wenn Umsätze tatsächlich getätigt werden würden,
- signifikante Ausweitung der Geld-/Briefspanne (z.B. Erhöhung um das Fünffache des „üblichen" Niveaus),
- signifikanter Rückgang des historischen Handelsvolumens (z.B. Rückgang um 90 %),
- signifikante Preisschwankungen im Zeitablauf,
- signifikante Preisschwankungen zwischen Marktteilnehmern,
- signifikante Veränderung der Korrelationen von Finanzinstrumenten mit relevanten Indizes,
- signifikante Ausweitung der Liquiditätsspreads,
- keine laufende Verfügbarkeit von Preisen,
- rückläufige Emissionsaktivitäten.

Bei Beurteilung der vorstehenden Indikatoren hat der Bilanzierende einen **Ermessensspielraum**, den er allerdings unter Beachtung des Grundsatzes der Bewertungsstetigkeit (§ 252 Abs. 1 Nr. 6 HGB) ausüben muss. **234**

---

[256] Vgl. zu einer Auflistung sämtlicher organisierter Märkte in europäischen Ländern die „Übersicht über die geregelten Märkte und einzelstaatliche Rechtsvorschriften zur Umsetzung der entsprechenden Anforderungen der Wertpapierdienstleistungsrichtlinie", RL 93/22/EWG des Rates v. 10.5.1993, ABl. L 141 v. 11.6.1993, S. 27.
[257] Vgl. IDW RS HFA 9, Tz 77.
[258] Vgl. IDW RS HFA 9, Tz 80; a.A. *Scharpf/Schaber/Märkl*, in *Küting/Weber/Pfitzer*, HdR, HGB § 255, Rn 431.
[259] Vgl. *Goldschmidt/Weigel*, WPg 2009, S. 195; *Oser/Holzwarth*, in *Küting/Weber*, HdK, HGB § 284–288, Rn 400.
[260] Vgl. *Löw/Scharpf/Weigel*, WPg 2008, S. 1013; offen *Klaus/Pelz*, DB 2008 Beil. Nr. 1, S. 25.
[261] Vgl. *Goldschmidt/Weigel*, WPg 2009, S. 195 f.; *Helke/Wiechens/Klaus*, DB 2009, Beil. Nr. 5, S. 35.

235 Kein aktiver Markt liegt vor, wenn z. B. wegen einer **geringen Anzahl umlaufender Aktien** im Verhältnis zum Gesamtvolumen der emittierten Aktien nur kleine Volumina gehandelt werden oder in einem engen Markt **keine aktuellen Marktpreise** verfügbar sind (z. B. auch im Fall des *Squeeze Out*).[262] Weist der Bilanzierende nach, dass eine **geplante Transaktion** mangels Vertragspartner nicht zustande kam, liegt kein aktiver Markt vor. Ebenso folgt aus einer Markttransaktion dann kein Marktpreis auf einem aktiven Markt, wenn es sich um ein **erzwungenes Geschäft**, eine **zwangsweise Liquidation** oder einen **Notverkauf** handelt. Ein Notverkauf kann insb. dann vorliegen, wenn zeitlicher Verkaufsdruck besteht und aufgrund gesetzlicher oder zeitlicher Restriktionen lediglich ein potenzieller Käufer vorhanden ist.

6.2.1.2 Verlässliche Ermittlung

236 Der Marktpreis muss **verlässlich** ermittelt werden können. Dieses ungeschriebene Tatbestandsmerkmal resultiert aus dem Vorsichtsprinzip (§ 252 Abs. 1 Nr. 4 HGB).[263] Ist keine verlässliche Ermittlung möglich, darf der Marktpreis nicht als beizulegender Zeitwert verwendet werden.

Damit eine verlässliche Ermittlung des Marktpreises möglich ist, müssen grds. vollkommene Marktbedingungen gegeben sein. D. h., es müssen gleichartige Produkte gehandelt werden, es müssen kauf- und verkaufswillige Marktteilnehmer vorhanden sein und die zustande kommenden Preise müssen allen Marktteilnehmern zugänglich sein.

Falls eine signifikante Bandbreite verschiedener Marktwerte besteht, ist keine verlässliche Ermittlung möglich.

6.2.1.3 Marktpreis

237 Erfolgt die Bewertung zum Marktpreis, ist der **notierte** Marktpreis maßgebend.[264] Der öffentlich notierte Marktpreis ist der bestmögliche, objektive Hinweis für den beizulegenden Zeitwert.

238 Der beizulegende Zeitwert orientiert sich nicht an den AK. **Transaktionskosten**, wie z. B. Steuern, öffentliche Abgaben und Gebühren oder Beiträge, die von Aufsichtsbehörden oder Wertpapierbörsen erhoben werden, sowie **sonstige Anschaffungsnebenkosten** sind bei Ermittlung des beizulegenden Zeitwerts nicht zu berücksichtigen (zur Abgrenzung zum beizulegenden Wert s. Rz 218).[265] Die bei Erwerb entstehenden Anschaffungsnebenkosten sind unmittelbar als Aufwand zu erfassen.[266] I. d. R. ist der Kaufpreis ohne Anschaffungsnebenkosten der notierte Marktpreis und damit als beizulegender Zeitwert anzusetzen.

239 Ebenso sind aufgrund der Bewertung zu notierten Marktpreisen keine **Paketzu- oder Paketabschläge** zu berücksichtigen.[267]

---

[262] Vgl. BilMoG-BgrRegE, S. 61.
[263] Vgl. BilMoG-BgrRegE, S. 61.
[264] Vgl. BilMoG-BgrRegE. S. 61.
[265] Vgl. IDW RH HFA 1.005, Tz 10 u. 11.
[266] Vgl. *Löw/Scharpf/Weigel*, WPg 2008, S. 1012.
[267] Vgl. BilMoG-BgrRegE, S. 61.

Wird das Bewertungsobjekt an **verschiedenen Börsensegmenten** gehandelt, kann der Bilanzierende bestimmen, welches Segment für ihn den besten Zugang bietet und am vorteilhaftesten ist.[268] Bspw. kann eine Aktie an verschiedenen Börsensegmenten wie Xetra, auf dem Parkett der Frankfurter Wertpapierbörse und weiteren Wertpapierbörsen in Deutschland jeweils zu unterschiedlichen Preisen gehandelt werden. Hält der Bilanzierende z. B. eine große Aktienposition, dürfte der Xetra-Preis für ihn aufgrund der Marktliquidität am vorteilhaftesten sein. 240

Fraglich ist, ob der **Brief-, Geld- oder Mittelkurs** maßgebend ist. Nach herkömmlichem Verständnis sind VG mit dem **Briefkurs** und Schulden mit dem **Geldkurs** zu bewerten.[269] In Analogie zur Neuregelung der Währungsumrechnung (§ 256a HGB) durch das BilMoG könnte man auch für Zwecke des beizulegenden Zeitwerts die Auffassung vertreten, dass eine Bewertung zum **Mittelkurs** zulässig ist. Nach dem Grundgedanken des beizulegenden Zeitwerts als Einzelveräußerungspreis sollte u. E. jedoch für VG auf den Briefkurs bzw. für Schulden auf den Geldkurs abgestellt werden, unabhängig von der Art des Bewertungsobjekts. 241

Für die Bewertung zum beizulegenden Zeitwert ist der am Bilanzstichtag notierte Marktpreis maßgeblich, sodass keine Möglichkeit besteht, **wertaufhellende Tatsachen** nach dem Bilanzstichtag im Hinblick auf Wertschwankungen zu berücksichtigen.[270] Etwas anderes gilt allerdings für wertaufhellende Tatsachen hinsichtlich des Bestehens eines aktiven Markts zum Bilanzstichtag. 242

6.2.2 Allgemein anerkannte Bewertungsmethoden (Abs. 4 Satz 2)

6.2.2.1 Grundsätze zur Methodenwahl

Sofern der beizulegende Zeitwert nicht verlässlich durch den **Marktpreis** eines aktiven Markts ermittelt werden kann, ist der beizulegende Zeitwert mithilfe allgemein anerkannter Bewertungsmethoden zu bestimmen. 243

Sinn und Zweck der Anwendung einer Bewertungsmethode ist es, einen beizulegenden Zeitwert zu ermitteln, der sich **angemessen an einen Marktpreis annähert**, wie er sich zwischen unabhängigen Geschäftspartnern unter normalen Geschäftsbedingungen ergeben hätte.[271] Gewährleistet eine Bewertungsmethode keine angemessene Annäherung an den Marktpreis, darf sie nicht angewandt werden. 244

Bei Ermittlung des beizulegenden Zeitwerts mithilfe allgemein anerkannter Bewertungsmethoden ist ein Bewertungsmodell zu wählen, das dem **Marktstandard** entspricht. D. h., es ist ein Modell zu verwenden, das üblicherweise von den Marktteilnehmern genutzt wird. Das Bewertungsmodell muss die am Markt herrschenden Preisbildungsmechanismen widerspiegeln, die Markterwartungen berücksichtigen und die dem Bewertungsobjekt inhärenten Risiken und Chancen angemessen abbilden.

---

[268] Vgl. IDW RS HFA 9, Tz 82.
[269] Vgl. *Oser/Holzwarth*, in *Küting/Weber*, HdK, HGB § 284–288, Rn 402.
[270] Vgl. Rz 208; *Scharpf/Schaber/Märkl*, in *Küting/Weber/Pfitzer*, HdR, HGB § 255, Rn 436.
[271] Vgl. BilMoG-BgrRegE, S. 61.

245 Den Bewertungsmodellen sind in größtmöglichem Umfang **Marktdaten** zugrunde zu legen, bevor auf **unternehmensspezifische Daten** zurückgegriffen wird. Ziel ist es, einen möglichst **objektivierten Zeitwert** zu ermitteln. Es müssen sämtliche Faktoren berücksichtigt werden, die Marktteilnehmer auch berücksichtigen würden. Eigene **Schätzungen und Annahmen** müssen mit den Schätzungen und Annahmen der Marktteilnehmer konsistent sein.

246 Die angewandte Bewertungsmethode muss den beizulegenden Zeitwert **verlässlich ermitteln**. Dieses ungeschriebene Tatbestandsmerkmal resultiert – wie im Fall der Ermittlung des Marktpreises – aus dem Vorsichtsprinzip (§ 252 Abs. 1 Nr. 4 HGB). Kann die Bewertungsmethode den beizulegenden Zeitwert nicht verlässlich ermitteln, darf sie nicht angewandt werden. Existiert keine verlässliche Bewertungsmethode, haben Zugangs- und Folgebewertung zu AHK zu erfolgen.
Eine Bewertungsmethode ermittelt den beizulegenden Zeitwert nicht verlässlich, wenn die angewandte Bewertungsmethode eine **Bandbreite möglicher Werte** zulässt, die Abweichung der Werte voneinander signifikant ist und eine Gewichtung der Werte nach Eintrittswahrscheinlichkeiten nicht möglich ist.[272]

247 Die vorstehend genannten Grundsätze beinhalten zahlreiche **Ermessensentscheidungen**. Dabei ist der Grundsatz der Bewertungsmethodenstetigkeit (§ 252 Abs. 1 Nr. 6 HGB) zu beachten (vgl. § 252 Rz 128).

6.2.2.2 Mögliche Bewertungsmethoden

248 Grundsätzlich stehen zwei Arten von Bewertungsmethoden zur Auswahl.
- **Vergleichsverfahren**: Z.B. kann der beizulegende Zeitwert aus dem Vergleich mit dem vereinbarten Marktpreis jüngerer vergleichbarer Geschäftsvorfälle zwischen sachverständigen, vertragswilligen und unabhängigen Geschäftspartnern abgeleitet werden;
- **andere wirtschaftlich anerkannte Bewertungsmethoden**: z.B. Discounted-Cash-Flow-Verfahren, Ertragswertverfahren und Optionspreismodelle (bspw. Black-Scholes-Merton-Modell, Binominalmodell).

249 Fraglich ist, ob die beiden vorstehenden Bewertungsmethoden in der **Bewertungshierarchie** nebeneinander stehen oder ob zunächst das Vergleichsverfahren anzuwenden ist und nur für den Fall, dass ein Vergleichswert nicht ermittelbar ist, auf andere wirtschaftlich anerkannte Bewertungsmethoden zurückzugreifen ist.
Da der Gesetzeswortlaut lediglich die Anwendung von allgemein anerkannten Bewertungsmethoden vorschreibt, könnte die Auffassung vertreten werden, dass der Bilanzierende ein Wahlrecht hat, ob er ein Vergleichsverfahren oder ein anderes wirtschaftlich anerkanntes Bewertungsverfahren anwenden möchte.
Ein solches Wahlrecht wäre eine Änderung gegenüber der Ermittlung des beizulegenden Zeitwerts nach § 285 Sätze 3 u. 4 HGB aF.[273] Danach war der beizulegende Zeitwert, sofern dies möglich ist, aus den Marktwerten der einzelnen Bestandteile des Finanzinstruments oder aus dem Marktwert eines gleich-

---

[272] Vgl. BilMoG-BgrRegE, S. 61.
[273] Vgl. Gesetz zur Einführung internationaler Rechnungslegungsstandards und zur Sicherung der Qualität der Abschlussprüfung (Bilanzrechtsreformgesetz – BilReG) v. 4.12.2004, BGBl 2004 I S. 3166.

wertigen Finanzinstruments abzuleiten, andernfalls mithilfe allgemein anerkannter Bewertungsmodelle und -methoden zu bestimmen. Außerdem würde ein Wahlrecht gegen Art. 42b Abs. 1 der Vierten RL 78/660/EWG[274] verstoßen. Dieser fordert für den Fall, dass sich der Marktwert für ein Finanzinstrument nicht als Ganzes bestimmen lässt, dass der Marktwert des Finanzinstruments aus den jeweiligen Marktwerten seiner Bestandteile oder dem Marktwert eines gleichartigen Finanzinstruments abgeleitet werden soll. Erst wenn eine solche Ermittlung des Marktwerts nicht möglich ist, ist der Marktwert mithilfe allgemein anerkannter Bewertungsmodelle und -methoden zu bestimmen.

U. E. rechtfertigt ein möglicher Verstoß gegen Art. 42b Abs. 1 der Vierten RL 78/660/EWG nicht die Einschränkung des Gesetzeswortlauts.[275] Der Gesetzeswortlaut fordert lediglich die Anwendung einer allgemein anerkannten Bewertungsmethode. Hierunter fallen sowohl Vergleichsverfahren als auch andere wirtschaftlich anerkannte Bewertungsverfahren. Allerdings ist nach dem Sinn und Zweck der Bewertungsmethoden diejenige Bewertungsmethode auszuwählen, bei der sich der beizulegende Zeitwert am besten an einen Marktpreis annähert. Es ist diejenige Bewertungsmethode zu verwenden, in die in größtmöglichem Umfang Marktdaten und so wenig wie möglich unternehmensspezifische Daten einfließen. I. d. R. werden in ein Vergleichsverfahren mehr Marktdaten einfließen als in ein anderes wirtschaftlich anerkanntes Bewertungsverfahren wie z. B. ein Optionspreismodell. Im Ergebnis entspricht die Bewertungshierarchie des § 255 Abs. 4 HGB sowohl § 285 Sätze 3 u. 4 HGB aF[276] als auch Art. 42b Abs. 1 der Vierten RL 78/660/EWG. Der beizulegende Zeitwert ist zunächst durch ein Vergleichsverfahren zu bestimmen. Nur wenn dies nicht möglich ist, ist er durch andere wirtschaftlich anerkannte Bewertungsverfahren zu ermitteln.

6.2.2.2.1 Vergleichsverfahren

Wird der beizulegende Zeitwert durch ein Vergleichsverfahren ermittelt, stehen grds. zwei Alternativen zur Auswahl.[277] Der beizulegende Zeitwert kann entweder aus den Marktwerten der **einzelnen Bestandteile des Bewertungsobjekts** oder aus den Marktwerten eines **gleichartigen Bewertungsobjekts** abgeleitet werden.

Einzelne Bestandteile eines zu bewertenden Finanzderivats können z.B. sein: Referenzzinssatz, aktueller Zinssatz am Bilanzstichtag, Volatilität, Basispreis, Kassakurs am Bilanzstichtag.

Bei der Wertermittlung durch gleichartige Bewertungsobjekte sollte die Gleichartigkeit nicht zu eng verstanden werden. Auch **vergleichbare Bewertungs-**

---

[274] Vgl. Vierte RL 78/660/EWG zum Gesellschaftsrecht des Rates über den Jahresabschluss von Gesellschaften bestimmter Rechtsformen v. 25.7.1978, Abl. EU Nr. L 222 v. 14.8.1978, S. 0011–0031.
[275] Vgl. mit a. A. für eine Auslegung von § 255 Abs. 4 Satz 2 HGB entsprechend Art. 42b der Vierten RL 78/660/EWG *Mujkanovic*, StuB 2009, S. 331.
[276] Vgl. für eine materielle Übereinstimmung zwischen § 285 Sätze 3 u. 4 HGB aF und § 255 Abs. 4 HGB *Böcking/Torabian*, BB 2008, S. 266.
[277] Vgl. Art. 42b Abs. 1 der Vierten RL 78/660/EWG zum Gesellschaftsrecht des Rates über den Jahresabschluss von Gesellschaften bestimmter Rechtsformen v. 25.7.1978, Abl. EU Nr. L 222 v. 14.8.1978, S. 0011–0031.

objekte sollten bei der Wertermittlung berücksichtigt werden. Zur Feststellung der Gleichartigkeit ist im 1. Schritt zu prüfen, ob es sich bei dem Bewertungsobjekt um dieselbe Art (z. B. Aktien) wie bei dem Vergleichsobjekt handelt. Im 2. Schritt sind bei Finanzinstrumenten u. a. folgende Faktoren zu untersuchen:[278]

- Restlaufzeit,
- Nominalwert,
- Cashflow-Struktur,
- Währung,
- Ausfallrisiko,
- Besicherung und
- Zinsbasis.

Besonderheiten, die die Vergleichbarkeit beeinträchtigen, sind zu bereinigen. Sofern für das gleichartige Bewertungsobjekt keine aktuellen Marktpreise vorhanden sind, können **Marktpreise aus der Vergangenheit** (maximal zwölf Monate) herangezogen werden, die an den aktuellen Bilanzstichtag anzupassen sind.[279] Voraussetzung für die Herleitung aus älteren Transaktionen ist jedoch, dass sich die wirtschaftlichen Verhältnisse in der Zwischenzeit nicht wesentlich verändert haben.[280]

6.2.2.2.2 Kapitalwertverfahren

253 Die anderen wirtschaftlich anerkannten Bewertungsmethoden beinhalten neben den Optionspreismodellen insb. die *Discounted-Cash-Flow-* und Ertragswertverfahren. Sowohl die **Discounted-Cash-Flow-Verfahren** als auch die **Ertragswertverfahren** beruhen auf der gleichen konzeptionellen Grundlage, dem Kapitalwertkalkül. Beide Verfahren führen bei gleichen Bewertungsannahmen zum gleichen Ergebnis.[281]

254 Bei Anwendung eines *Discounted-Cash-Flow*-Verfahrens bzw. Ertragswertverfahrens werden die prognostizierten künftigen *Cashflows* bzw. Erträge mit **laufzeit- und risikoäquivalenten Zinssätzen** auf den Gegenwartswert diskontiert. Dabei ist neben den *Cashflows* bzw. Erträgen die Bestimmung des Zinssatzes von zentraler Bedeutung. Im Fall der Ermittlung eines beizulegenden Zeitwerts nach § 255 Abs. 4 HGB ist die sachgerechte Bestimmung eines angemessenen Zinssatzes umso schwieriger, da die Bewertungsverfahren gerade dann für die Bewertung zum beizulegenden Zeitwert heranzuziehen sind, wenn kein aktiver Markt vorhanden ist.[282]

Der Zinssatz setzt sich im Wesentlichen aus drei Komponenten zusammen: **risikofreier Basiszinssatz** *(risk-free interest rate)*, **Zuschlag für das Kreditrisiko** *(credit spread)* und **Zuschlag für das Liquiditätsrisiko** *(liquidity spread)*. Soweit einzelne Zinskomponenten aus Markdaten abgeleitet werden können, sind sie vorrangig zu berücksichtigen. Soweit keine Marktdaten zur Verfügung stehen, sind unternehmensindividuelle Schätzungen notwendig.[283]

---

[278] Vgl. *Oser/Holzwarth*, in Küting/Weber, HdK, HGB § 284–288, Rn 408.
[279] Vgl. *Grottel*, in Beck Bil-Komm., 10. Aufl., § 285 HGB, Rz 575.
[280] Vgl. *Oser/Holzwarth*, in Küting/Weber, HdK, HGB § 284–288, Rn 402.
[281] Vgl. IDW RS HFA 10, Tz 3.
[282] Vgl. IDW RH HFA 1.014, IDW-FN 2009, S. 61.
[283] Vgl. IDW RH HFA 1.014, Tz. 32, IDW-FN 2009, S. 62.

Da das zum beizulegenden Zeitwert zu bewertende Bewertungsobjekt auf keinem aktiven Markt gehandelt wird und keine Vergleichspreise vorhanden sind, wird der Zuschlag für das Kreditrisiko i.d.R. nicht oder nur teilweise unter Rückgriff auf Marktdaten ermittelt werden können. Der Zuschlag für das Liquiditätsrisiko ist an die Tatsache anzupassen, dass kein aktiver Markt für das zu bewertende Bewertungsobjekt vorhanden ist.[284]

6.2.3 Fortführung der Anschaffungs- oder Herstellungskosten (Abs. 4 Sätze 3 u. 4)

Lässt sich der beizulegende Zeitwert weder durch den Marktpreis auf einem aktiven Markt noch durch allgemein anerkannte Bewertungsmethoden bestimmen, sind die AHK gem. § 253 Abs. 4 HGB fortzuführen (§ 255 Abs. 4 Satz 3 HGB). Der zuletzt zuverlässig ermittelte beizulegende Zeitwert gilt dann als AHK (§ 255 Abs. 4 Satz 4 HGB).
Nach dem Gesetzeswortlaut sind die Bewertungsobjekte somit **wie Umlaufvermögen** unter Beachtung des strengen Niederstwertprinzips zu bilanzieren. Soweit es sich um die Folgebewertung von **Finanzinstrumenten des Handelsbestands von Kredit- und Finanzdienstleistungsinstituten mit einem positiven Wert** handelt, ist die vorgeschriebene Bewertung verständlich. Die Finanzinstrumente werden auf diejenige Bewertung übergeleitet, der sie ohne die verpflichtende Bilanzierung zum beizulegenden Zeitwert unterliegen würden.[285]
Bei der Folgebewertung von **VG i.S.d. § 246 Abs. 2 Satz 2 HGB** (Deckungsvermögen) könnte sich die Frage stellen, ob nicht eine Bewertung entsprechend der für das AV geltenden Grundsätze zutreffender wäre. Dies könnte der Fall sein, wenn das Deckungsvermögen dazu dient, dauernd dem Geschäftsbetrieb zu dienen. Bspw. können Rückdeckungsversicherungen statt im UV auch im AV ausgewiesen werden, wenn sie nicht dem Zugriff aller übrigen Gläubiger entzogen sind und somit die Voraussetzungen von Deckungsvermögen nicht erfüllen.[286] Aufgrund des Vorsichtsprinzips ist jedoch der Wortlaut des § 255 Abs. 4 Satz 3 HGB nicht zu erweitern. Das Deckungsvermögen ist entsprechend den Grundsätzen für UV zu bewerten.
Die Folgebewertung von **Finanzinstrumenten des Handelsbestands von Kredit- und Finanzdienstleistungsinstituten mit einem negativen Wert** (z.B. Termingeschäfte) oder **Rückstellungen für Altersversorgungsverpflichtungen**, deren Höhe nach dem beizulegenden Zeitwert von Wertpapieren des AV zu bestimmen ist, ist unklar und gesetzlich nicht geregelt. U.E. sind die allgemeinen Bewertungsvorschriften für Schulden (= Erfüllungsbetrag) anzuwenden.[287]
Ist nach den vorstehenden Grundsätzen die Bewertung nach § 253 Abs. 4 HGB notwendig und kann der beizulegende Wert i.S.d. § 253 Abs. 4 Satz 2 HGB nicht zuverlässig geschätzt werden, spricht das Vorsichtsprinzip grds. für eine **Abschreibung in voller Höhe**.[288] Ansonsten droht die Bilanzierung eines *Nonvaleurs*.

---

[284] Vgl. IDW RH HFA 1.014, Tz. 33, IDW-FN 2009, S. 62.
[285] Vgl. BilMoG-BgrRegE, S. 61.
[286] Vgl. WPH Edition, Wirtschaftsprüfung & Rechnungslegung, 15. Aufl., 2017, Abschn. F, Rz 380.
[287] Vgl. *Mujkanovic*, StuB 2009, S 332; *Kessler*, in *Kessler/Leinen/Strickmann*, BilMoG, 2009, S. 216.
[288] Vgl. *Mujkanovic*, StuB 2009, S 332; *Kessler*, in *Kessler/Leinen/Strickmann*, BilMoG, 2009, S. 217.

260 Ist bereits im **Zugangszeitpunkt** keine Ermittlung des beizulegenden Zeitwerts nach § 255 Abs. 4 Satz 1 oder 2 HGB möglich, hat die Bewertung entsprechend den vorstehenden Grundsätzen zu erfolgen. VG sind zu fortgeführten AHK zu bewerten.[289] Rückstellungen und Verbindlichkeiten sind entsprechend den allgemeinen Vorschriften zum Erfüllungsbetrag anzusetzen. § 255 Abs. 4 Satz 4 HGB findet keine Anwendung.

261 Konnte ein Bewertungsobjekt seit dem Zugangszeitpunkt oder im Rahmen einer Folgebewertung nicht mehr durch den Marktpreis oder eine allgemein anerkannte Bewertungsmethode bewertet werden und besteht zu einem **späteren Zeitpunkt** wieder die Möglichkeit, den beizulegenden Zeitwert durch einen Marktpreis oder eine allgemein anerkannte Bewertungsmethode zu bestimmen, ist dieser neu ermittelte Wert anzusetzen.[290] Die Differenz zwischen Buchwert und beizulegendem Zeitwert ist dann entsprechend der jeweiligen Bilanzierungsvorschrift (§ 253 Abs. 1 Satz 3 HGB, § 253 Abs. 2 Satz 4 HGB, § 340e Abs. 3 Satz 1 HGB) erfolgswirksam zu erfassen.

262 Zu den möglichen **Anhangangaben**, die sich aus der Änderung der Bewertung zwischen dem beizulegenden Zeitwert nach § 255 Abs. 4 Sätze 1 u. 2 HGB und dem Wert nach § 255 Abs. 4 Satz 3 HGB ergeben können, sind § 284 Abs. 2 Nr. 1 u. 3 HGB zu beachten.

---

[289] Vgl. BilMoG-BgrRegE, S. 61.
[290] Vgl. *Mujkanovic*, StuB 2009, S. 332; offen *Knop/Küting*, in *Küting/Pfitzer/Weber*, HdR, HGB § 255, Rn 443.

§ 256 Bewertungsvereinfachungsverfahren

¹Soweit es den Grundsätzen ordnungsmäßiger Buchführung entspricht, kann für den Wertansatz gleichartiger Vermögensgegenstände des Vorratsvermögens unterstellt werden, daß die zuerst oder daß die zuletzt angeschafften oder hergestellten Vermögensgegenstände zuerst verbraucht oder veräußert worden sind. ²§ 240 Abs. 3 und 4 ist auch auf den Jahresabschluß anwendbar.

Prof. Dr. Axel Kihm, CPA, CVA

Inhaltsübersicht   Rz
1 Überblick 1–9
   1.1 Inhalt 1–3
   1.2 Anwendungsbereich 4–8
   1.3 Normenzusammenhang 9
2 Anwendungsvoraussetzungen der Verbrauchsfolgeverfahren
   (Satz 1, 1. Hs.). 10–16
   2.1 Gleichartigkeit der Vermögensgegenstände des Vorratsvermögens 10–12
   2.2 Konformität mit den Grundsätzen ordnungsmäßiger Buchführung. 13–16
3 Zulässige Verbrauchsfolgeverfahren (Satz 1, 2. Hs.). 17–31
   3.1 Bedeutung und Gemeinsamkeiten 17–20
   3.2 Fifo-Verfahren („Silo-Prinzip") 21–24
   3.3 Lifo-Verfahren („Stapel-Prinzip"). 25–31
4 Fest- und Gruppenbewertung (Satz 2). 32

1 Überblick

1.1 Inhalt

§ 256 Satz 1 HGB regelt die handelsrechtliche Zulässigkeit der sog. **Verbrauchs-** **folgeverfahren** und ermöglicht damit die vereinfachte Bewertung gleichartiger VG des Vorratsvermögens. Abweichend vom **Einzelbewertungsgrundsatz** des § 252 Abs. 1 Nr. 3 HGB kann im Vorratsvermögen, in dem eine durchgängige Identifikation der VG infolge komplexer Lagerhaltungs- und Leistungserstellungsprozesse oder aufgrund ihrer physischen Beschaffenheit aufwendig oder gar unmöglich ist, eine Verbrauchsfolge unterstellt werden, die von der tatsächlichen Reihenfolge des Vorratseinsatzes abweichen kann (**Verwendungsfiktion**). Folglich stellen sowohl der sich ergebende bilanzielle Endbestand als auch der Vorratsverbrauch **Schätzwerte** dar, deren Ermittlung sich gegenüber der (evtl. möglichen) exakten Wertermittlung arbeitserleichternd sowie zeit- und kostensparend auswirkt. Aufgrund des weiterhin zu beachtenden **strengen Niederst-**

1

wertprinzips (§ 253 Abs. 4 HGB) ist daher stets zu prüfen, ob nicht ein niedrigerer Börsen-, Markt- oder beizulegender Wert anzusetzen ist.

2   Zur (vereinfachten) Bewertung des Vorratsvermögens kann eine der folgenden zeitlichen Verbrauchsfolgen unterstellt werden, wobei darauf zu achten ist, dass die gewählte Verwendungsfiktion den **GoB** entspricht:
- Die zuerst angeschafften VG sind zuerst verbraucht (**Fifo** = first in – first out, „Silo-Prinzip").
- Die zuletzt angeschafften VG sind zuerst verbraucht (**Lifo** = last in – first out, „Stapel-Prinzip").

Preisorientierte (Hifo = highest in – first out, Lofo = lowest in – first out) oder andere Verbrauchsfiktionen (z.B. Kifo = Konzern in – first out, Kilo = Konzern in – last out) sind **unzulässig**. Die bisherige ergänzende Formulierung in § 256 Satz 1 HGB „oder in einer sonstigen bestimmten Folge" wurde im Zuge des BilMoG gestrichen (zur Begründung vgl. Rz 17).

3   Mit § 256 Satz 2 HGB wird die Anwendbarkeit der Inventurvorschriften zur **Festbewertung** (§ 240 Abs. 3 HGB) und **Gruppenbewertung** (§ 240 Abs. 4 HGB) auf den handelsrechtlichen Jahresabschluss kodifiziert.

1.2 Anwendungsbereich

4   Die Anwendung der **Verbrauchsfolgeverfahren** i.S.d. § 256 Satz 1 HGB ist auf **gleichartige VG des Vorratsvermögens**, also gleichartige RHB, unfertige und fertige Erzeugnisse sowie Waren beschränkt; eine Anwendung auf geleistete Anzahlungen scheidet von der Natur der Sache her aus.[1] Die Anwendung auf bestimmte **Kapitalanlagen** (z.B. Aktien und Investmentanteile) bei VersicherungsUnt und Pensionsfonds ist explizit zugelassen (vgl. § 341b Abs. 2 HGB).

5   Für die **Festbewertung** gem. § 256 Satz 2 i.V.m. § 240 Abs. 3 HGB kommen unter engen Voraussetzungen sowohl **VG des Sachanlagevermögens** als auch **RHB** infrage (§ 240 Rz 53). Die **Gruppenbewertung** gem. § 256 Satz 2 i.V.m. § 240 Abs. 4 HGB ist – wie die Verbrauchsfolgebewertung – zulässig für **gleichartige VG des Vorratsvermögens**; außerdem können auch **andere gleichartige oder annähernd gleichwertige bewegliche VG und Schulden** zusammengefasst bewertet werden (§ 240 Rz 68).

6   § 256 HGB ist als bilanzielle Bewertungsvorschrift des Ersten Abschnitts des Dritten Buchs des HGB für **alle (bilanzierenden) Kaufleute** verbindlich. Im Fall erheblicher Abweichungen vom letzten Börsen- und Marktpreis infolge der Anwendung von Verbrauchsfolgeverfahren oder der Gruppenbewertung haben mittelgroße und große **KapG** gesonderte Anhangangaben gem. § 284 Abs. 2 Nr. 4 HGB zu machen (§ 284 Rz 49ff.); mit § 341b Abs. 2 u. 3 HGB sind besondere Anwendungsvorschriften von **VersicherungsUnt** und **Pensionsfonds** zu beachten.

7   Die folgende Abb. gibt einen Überblick über die Bewertungsvereinfachungsverfahren nach § 256 HGB.

---

[1] Eine Ausweitung auf andere VG des UV ist (weiterhin) abzulehnen; vgl. *Grottel/Huber*, in Beck Bil-Komm., 10. Aufl., 2016, § 256 HGB, Rz 4; *Drüen*, in Großkomm. HGB, § 256 Rn 5, und *Mayer-Wegelin*, in *Küting/Weber*, HdR, HGB § 256, Rn 35, Stand 7/2016; für eine erweiterte Anwendung auf das gesamte UV vgl. ADS, 6. Aufl., § 256 HGB, Rz 24f., sowie *Niemann*, IFSt-Schrift Nr. 401, 2002, S. 36f.

Verfahren	Verbrauchsfolge-verfahren	Festbewertung	Gruppen-bewertung
Rechtsgrundlage	§ 256 Satz 1 HGB (vgl. nur Lifo: § 6 Abs. 1 Nr. 2a EStG, R 6.9 EStR)	§ 256 Satz 2 i.V.m. § 240 Abs. 3 HGB (vgl. auch H 6.8 EStH)	§ 256 Satz 2 i.V.m. § 240 Abs. 4 HGB (vgl. auch R 6.8 Abs. 4 EStR)
Wertansatz	Wert gemäß Fifo- oder Lifo-Verfahren	Festwert	Gewogener Durchschnittswert
Anwendungs-bereich Vorrats-vermögen	Gleichartige Vermögensgegen-stände des Vorrats-vermögens	RHB-Stoffe, sofern regelmäßig ersetzt und von nachran-giger Bedeutung, geringe Änderungen bzgl. Größe, Wert, Zusammensetzung	Gleichartige Vermögensgegen-stände des Vorrats-vermögens
Ergänzender Anwendungs-bereich	–	Sachanlagen, sofern regelmäßig ersetzt und von nachrangiger Bedeutung, geringe Änderungen bzgl. Größe, Wert, Zusammensetzung	Andere gleichartige oder annähernd gleichwertige beweg-liche Vermögens-gegenstände und Schulden

Abb. 1: Bewertungsvereinfachungsverfahren nach § 256 HGB

1.3 Normenzusammenhang

Mit der Anwendung der Bewertungsvereinfachungsverfahren gem. §§ 256 u. 240 Abs. 3 u. 4 HGB wird vom Einzelbewertungsgrundsatz des § 252 Abs. 1 Nr. 3 HGB abgewichen, wobei der Bilanzierende nach der Wahl der Bewertungs-methode durch das Stetigkeitsgebot des § 252 Abs. 1 Nr. 6 HGB gebunden ist; Abweichungen lässt § 252 Abs. 2 HGB nur in begründeten Ausnahmefällen zu. Unabhängig vom Bewertungsverfahren ist stets zu prüfen, ob Ab- oder Zu-schreibungen gem. § 253 Abs. 4 u. 5 HGB vorzunehmen sind. Bei KapG sind die Anhangangabepflichten gem. § 284 Abs. 2 Nr. 3 u. 4 HGB zu beachten, bei VersicherungsUnt und Pensionsfonds die Anwendungsvorschriften des § 341b Abs. 2 u. 3 HGB.

2 Anwendungsvoraussetzungen der Verbrauchsfolgeverfahren (Satz 1, 1. Hs.)

2.1 Gleichartigkeit der Vermögensgegenstände des Vorratsvermögens

Gleichartigkeit von VG ist grds. erfüllt bei Gleichheit (**Identität**). Aufgrund des technischen Fortschritts werden allerdings regelmäßig solche VG des Vorrats-vermögens (wieder-)beschafft, die nicht mehr mit den verbrauchten Gütern identisch sind. Insofern gelten nach hM auch diejenigen VG als **gleichartig**, die hinsichtlich ihrer **Beschaffenheit** übereinstimmen (z.B. Zugehörigkeit zur gleichen **Warengattung**) oder die die **gleiche Funktion** erfüllen (§ 240 Rz 76). Obwohl dem Gesetzeswortlaut nicht wörtlich zu entnehmen, wird hier der Auffassung gefolgt, dass Gleichartigkeit auch eine **annähernde Gleichwertigkeit** der VG impliziert (§ 240 Rz 77), sofern Wertunterschiede innerhalb einer (wertmäßig heterogenen) Gruppe von untergeordneter Bedeutung sind.[2]

11 Differenziert nach den relevanten Untergruppen des Vorratsvermögens kann die Gleichartigkeit wie folgt konkretisiert werden:[3]
- **Roh-, Hilfs- und Betriebsstoffe**: annähernde Gleichwertigkeit und Funktionsgleichheit;
- **unfertige Erzeugnisse**: Ausrichtung auf ein im Wesentlichen gleiches Endprodukt, Zugehörigkeit zur gleichen Produktionsstufe, Erstellung mit annähernd gleichen Einsatzstoffen im annähernd gleichen Verfahren wie im Vorjahr;
- **fertige Erzeugnisse und Waren**: Zugehörigkeit zur gleichen Warengattung (damit gleichartige Beschaffenheit) und annähernd gleicher Wert.

12 Das Kriterium der gleichen Warengattung ist stets vor dem Hintergrund der gleichartigen Beschaffenheit zu prüfen und nach der hier vertretenen Auffassung – wie auch das Kriterium der Funktionsgleichheit – im Zweifelsfall **eng** auszulegen; demgemäß ist das Kriterium der annähernden Wertgleichheit auch als **einschränkendes Korrektiv** zu verstehen.

Beispiel
- Gleichartige Beschaffenheit:
  - Bandeisen verschiedener Abmessungen
  - Herrensocken verschiedener Größen, Muster und Farben (gleiche Warengattung)
  - Essbestecke aus Metall mit unterschiedlichem Design (gleiche Warengattung)
- Funktionsgleichheit:
  - Schrauben/Nägel aus Stahl oder Messing
  - Versandhüllen aus Papier oder Kunststoff
  - Transportbehälter aus Metall oder Kunststoff
- Annähernde Wertgleichheit:
  - bei geringwertigen Gegenständen Preisunterschiede bis zu 20 %[4]
  - bei höherwertigen Gegenständen Preisunterschiede bis ca. 5 %[5]

---

[2] Vgl. insb. ADS, 6. Aufl., § 256 HGB, Rn 22f. sowie WPH Edition, Wirtschaftsprüfung & Rechnungslegung, 15. Aufl., 2017, Abschn. F, Tz 197, wonach auf annähernde Gleichwertigkeit auch bei Anwendung geeigneter Indexverfahren verzichtet werden kann; deren Anwendung wird aber überwiegend abgelehnt (vgl. Rz 31); generell die Notwendigkeit der annähernden Gleichwertigkeit ablehnend insb. *Mayer-Wegelin*, in *Küting/Weber*, HdR, HGB § 256, Rn 28, aber auch relativierend Rn 30, Stand 7/2016.

[3] Vgl. *Niemann*, IFSt-Schrift Nr. 401, 2002, S. 32, unter Hinweis insb. auf *Geßler/Hefermehl/Eckhardt/Kropff*, Aktiengesetz, § 155 Tz 26ff.; vgl. auch ähnlich *Drüen*, in Großkomm. HGB, § 256, Rn 6, mwN.

[4] Vgl. noch in der 4. Aufl. m.w.N. *Kleindiek*, in Großkomm. HGB, § 256, Rn 2, der allerdings 20 % als klare Obergrenze ansieht und im Regelfall von kleineren Werten ausgeht.

[5] Vgl. zum Prozentsatz *Horn/Heymann*, Handelsgesetzbuch, 2. Aufl. 1999, § 256, Rn 7, mit Verweis auf *Schmidt/Glanegger*, EStG, § 6, Rn 348.

2.2 Konformität mit den Grundsätzen ordnungsmäßiger Buchführung

Obwohl nach § 243 Abs. 1 HGB schon generell die GoB bei der Aufstellung des Jahresabschlusses zu beachten sind, fordert § 256 Satz 1 HGB wiederholend und damit verschärfend die Einhaltung der GoB bei der Entscheidung für die Anwendung bewertungsvereinfachender Verbrauchsfolgeverfahren. Dadurch soll sichergestellt werden, dass ein **GoB-konformer Ausgleich** zwischen der auf einer Fiktion beruhenden, zweckgerechten **Bewertungsvereinfachung** und den (allgemeinen) **Rechnungslegungszielen** gefunden wird,[6] insb. soll offensichtlicher Missbrauch ausgeschlossen werden.[7]

13

> **Beispiele**[8]
> - Ein GoB-konformer Ausgleich kann angenommen werden, wenn die Ermittlung der individuellen AK im Einzelfall ausgeschlossen ist (z. B. im Fall der Vermischung von Flüssigvorräten) oder mit unvertretbar hohem Aufwand verbunden wäre (z. B. bei Massenartikeln).
> - Im Fall eines Autohändlers ist die Anwendung des Lifo-Verfahrens zur Bewertung von zum Verkauf bestimmter Pkw nicht mit den GoB vereinbar. Die (absolut betrachtet) hohen Erwerbsaufwendungen und die ohne Weiteres mögliche individuelle Ermittlung und Zuordnung der AK rechtfertigen mangels einer konkreten, die Rechnungslegung vereinfachenden Wirkung nicht die Abkehr vom Einzelbewertungsgrundsatz.

Mit den GoB grds. **vereinbar** ist, dass die unterstellte Verbrauchs- oder Veräußerungsfolge nicht mit der tatsächlichen übereinstimmt; eine Abweichung liegt gerade in der Natur einer Verbrauchsfolgefiktion. Von einer **Unzulässigkeit** der Verbrauchsfolgebewertung wird nur in den (Ausnahme-)Fällen ausgegangen, in denen die zugrunde gelegte Fiktion vor dem Hintergrund der tatsächlichen betrieblichen Verhältnisse **völlig undenkbar** erscheint.

14

> **Beispiel**
> Bewertung von leicht verderblicher Ware wie z. B. Fisch oder Fleisch nach dem Lifo-Verfahren.

---

[6] Vgl. *Ballwieser*, in MünchKomm HGB, 3. Aufl., 2013, § 256, Rn 3; vgl. auch BFH, Urteil v. 20.6.2000, VIII R 32/98, BStBl 2001 II S. 636, mit Hinweis auf einen Wertungskompromiss zwischen den Grundsätzen der Einzelbewertung und der periodengerechten Aufwandsabgrenzung einerseits und dem vom Wesentlichkeitsprinzip bestimmten Grundsatz der Wirtschaftlichkeit andererseits.

[7] Vgl. ADS, 6. Aufl., § 256 HGB, Rn 14.

[8] Vgl. hierzu BFH, Urteil v. 20.6.2000, VIII R 32/98, BStBl 2001 II S. 636; vgl. zur durchaus kontroversen Diskussion dieses Urteils mwN *Kessler/Suchan*, DStR 2003, S. 345 ff. sowie *Hüttemann/Meinert*, Anwendungsfragen der Lifo-Methode in Handels- und Steuerbilanz, DB 2013, S. 1867 f.; das Urteil unterstützend *Lüdenbach*, StuB 2009, S. 655; vgl. kritisch zur Übertragung der Grundsätze des Urteils auf die computergestützte Lagerhaltung *Hildebrandt*, DB 2011, S. 1999 ff.; vgl. (für die generelle steuerbilanzielle Zulässigkeit) klarstellend BMF-Schreiben v. 12.5.2015, IV C 6 – S 2174/07/10001 :002, Rz 5 f., wonach allerdings bei Handelswaren die Anwendung des Lifo-Verfahrens unzulässig ist, sofern es „z. B. durch im Betrieb eingesetzte moderne EDV-Systeme technisch möglich (ist, d. Verf.), die individuellen Anschaffungskosten der einzelnen Wirtschaftsgüter ohne weiteres zu ermitteln (z. B. durch Codierung)".

15 Entsprechend dem **Grundsatz der Bewertungsstetigkeit** des § 252 Abs. 1 Nr. 6 HGB ist bei Vorliegen gleicher wertbestimmender Bedingungen objektübergreifend das gewählte Verfahren auf alle gleichen oder gleichartigen VG anzuwenden (§ 252 Rz 129). Abweichungen lässt § 252 Abs. 2 HGB nur in begründeten Ausnahmefällen zu (§ 252 Rz 129, Rz 138 ff.).

16 Unabhängig von dem gewählten Verbrauchsfolgeverfahren ist nach dessen Abschluss stets die Einhaltung des (strengen) **Niederstwertprinzips** gem. § 253 Abs. 4 HGB zu prüfen (§ 253 Rz 277 ff.), da die Bewertungsvereinfachungsverfahren nicht sicherstellen, dass ein ermittelter Schätzwert für das Vorratsvermögen dessen Börsen- oder Marktwert, respektive beizulegenden Wert, nicht übersteigt; bei Wegfall der Gründe für die außerplanmäßige Abschreibung wird eine entsprechende **Zuschreibung** gem. § 253 Abs. 5 Satz 1 HGB erforderlich (§ 253 Rz 329 ff.).

3 Zulässige Verbrauchsfolgeverfahren (Satz 1, 2. Hs.)

3.1 Bedeutung und Gemeinsamkeiten

17 Durch das BilMoG wurden die bisher zulässigen Verbrauchsfolgeverfahren auf das **Fifo-** und das **Lifo-Verfahren** und folglich auf die Unterstellung einer **zeitlichen** Verbrauchsfolge beschränkt; unangetastet blieb die Anwendung des Durchschnitts(preis)verfahrens (Rz 32 u. § 240 Rz 69).[9] Als Begründung wird eine damit einhergehende bessere Vergleichbarkeit der handelsrechtlichen Jahresabschlüsse angeführt.[10] Die konkreten Auswirkungen dieser Gesetzesänderung dürften indes vernachlässigbar sein, da die nicht mehr zulässigen Bewertungsvereinfachungsverfahren in der Praxis allenfalls eine Randerscheinung darstellten.[11] Da das Steuerrecht – neben dem gewogenen Durchschnittsverfahren[12] (§ 240 Rz 74) – nur noch das Lifo-Verfahren[13] zur Bewertungsvereinfachung zulässt[14], hat dieses auch von den handelsrechtlich zulässigen Verbrauchsfolgeverfahren die größte Bedeutung erlangt.[15]

18 Beide Verbrauchsfolgeverfahren ermitteln **näherungsweise** den bilanziellen Endbestand gleichartiger VG des Vorratsvermögens – und damit letztlich auch den Waren- bzw. Materialeinsatz – auf Basis der AHK bestimmter Zugangsmengen (einschl. der des Anfangsbestands) und des (mengenmäßigen) Inventars am Ende des Gj.

---

[9] Vgl. *Bieg/Kußmaul/Petersen/Waschbusch/Zwirner*, Bilanzrechtsmodernisierungsgesetz, 2009, S. 110.
[10] Vgl. BilMoG-BgrRegE, S. 61.; der verschiedentlich erhobenen Forderung nach Beschränkung der Bewertungsvereinfachungsverfahren auf die Durchschnittsmethode wurde nicht gefolgt. *Kessler/Leinen/Strickmann* vermuten, dass die steuerliche Zulässigkeit der Lifo-Methode nicht gefährdet werden sollte (vgl. *Kessler/Leinen/Strickmann*, BilMoG-RegE, 2008, S. 228); *Brösel/Mindermann* nehmen an, dass über die steuerlich motivierte Begründung hinaus die in IAS 2.25 formulierte Zulässigkeit des Fifo-Verfahrens (neben der Durchschnittsmethode) Anlass für den Verzicht auf eine weitergehende Wahlrechtsbeschränkung war (vgl. *Brösel/Mindermann*, in *Petersen/Zwirner*, Bilanzrechtsmodernisierungsgesetz BilMoG, 2009, S. 450).
[11] Vgl. *Kessler/Leinen/Strickmann*, BilMoG-RegE, 2008, S. 228, sowie *Küting*, in *Küting/Pfitzer/Weber*, Das neue deutsche Bilanzrecht, 2009, S. 117.
[12] Vgl. R 6.8 Abs. 4 EStR.
[13] Vgl. § 6 Abs. 1 Nr. 2a EStG u. R 6.9 EStR.
[14] Vgl. *Mutscher*, in *Frotscher/Geurts*, EStG, § 6 EStG, Rz 63, Stand 7/2015.
[15] Vgl. *Drüen*, in Großkomm. HGB, § 256, Rn 12.

Der **Vorteil** der Verbrauchsfolgebewertung im Vergleich zur **Einzelbewertung** 19
– sofern eine solche z. B. bei Vermischungsprozessen überhaupt durchführbar ist
– liegt vor allem darin, dass lediglich die im Rahmen der Inventur ohnehin
ermittelten Bestandsmengen sowie die Zugänge mengen- und wertmäßig erfasst
werden müssen; eine detaillierte und aufwendige Bestands- und Wertfortschreibung entfällt. Im Unterschied zur **Durchschnittsbewertung**, bei der alle Zugänge in die Bewertung einfließen und dennoch stark pauschalierte Wertansätze
resultieren, besteht durch die Wahl zwischen dem Fifo- und dem Lifo-Verfahren
die Möglichkeit, die auf einer Fiktion beruhende Bewertung des Vorratsvermögens besser an die tatsächlichen Verhältnisse im Unt anzupassen.[16]
Sowohl das Fifo- als auch das Lifo-Verfahren sind in der **periodischen** oder der 20
permanenten Variante denkbar. Bei den periodischen Verfahren wird einmalig und
ohne zusätzlichen Erfassungsaufwand eine Bewertung zum Ende des Gj durchgeführt; hingegen erfordern die permanenten Verfahren die Erfassung aller Abgänge
entsprechend der unterstellten Verbrauchsfolge, sodass zumindest eine vereinfachte
Bestandsfortschreibung der Mengen und Werte notwendig wird. Aufgrund des
erhöhten Aufwands sind die permanenten Varianten wenig praxisrelevant.

3.2 Fifo-Verfahren („Silo-Prinzip")

Beim Fifo-Verfahren („first in – first out") wird angenommen, dass „**die zu-** 21
erst ... angeschafften oder hergestellten Vermögensgegenstände zuerst verbraucht oder veräußert worden sind" (§ 256 Satz 1 HGB); damit wird unterstellt, dass der bilanzielle Endbestand aus den jüngsten Zugängen besteht und die
ältesten Zugänge (einschl. des Anfangsbestands) als verbraucht oder verwendet
gelten. Diese Verwendungsfiktion entspricht bspw. bei verderblichen Waren
oder bei Durchlaufregallagerung regelmäßig der tatsächlichen Verbrauchsfolge
(„Silo-Prinzip").
Aufgrund der unterstellten Verbrauchsfolge wird grds. der Einblick in die **Ver-** 22
mögenslage verbessert, da eine Bewertung anhand stichtagsnaher AHK erfolgt
und damit der Einfluss von Preisänderungen reduziert wird; gleichzeitig leidet
der Einblick in die **Ertragslage**, da die Aufwandsverrechnung veraltete Wiederbeschaffungskosten zugrunde legt. Demnach ist bei **steigenden Preisen** die
Bildung **stiller Reserven** – im Gegensatz zum Lifo-Verfahren (Rz 26) – nur in
geringem Maß möglich (vgl. auch das nachfolgende Beispiel), während die
Gefahr des Ausweises von **Scheingewinnen** zunimmt. Bei **fallenden Preisen**
werden Scheingewinne eher vermieden, stille Reserven verstärkt gebildet, wobei
das strenge Niederstwertprinzip gem. § 253 Abs. 4 HGB korrigierend wirkt.[17]
Die Anwendung der **permanenten** Variante des Fifo-Verfahrens ist – obwohl 23
theoretisch möglich – nicht sinnvoll. Sie ist aufzeichnungstechnisch wesentlich
aufwendiger als das **periodische** Fifo-Verfahren, liefert aber keinen zusätzlichen
Erkenntnisgewinn;[18] sie stellt lediglich zeitnäher sicher, dass zunächst der Anfangsbestand, dann die ältesten Zugänge als verbraucht gelten. Vergleichbar dem
Vorgehen beim permanenten Lifo-Verfahren (Rz 27) wäre es beim permanenten

---

[16] Vgl. *Mayer-Wegelin*, in Küting/Weber, HdR, HGB § 256, Rn 16, Stand 7/2016.
[17] Vgl. *Baumbach/Hopt/Merkt*, HGB, 37. Aufl., 2016 § 256, Rn 2; *Kusterer*, in HK-HGB, 7. Aufl., 2007, § 256, Rz 5, und *Mayer-Wegelin*, in *Küting/Weber*, HdR, HGB § 256, Rn 73, Stand 7/2016.
[18] Vgl. auch *Tanski*, in HdB, Bewertungsvereinfachungsverfahren, Rn 17, Stand 9/2013.

Fifo-Verfahren zwar grds. denkbar, die Anwendung des Fifo-Prinzips (zunächst) auf den Zeitraum zwischen den letzten beiden Abgängen zu beschränken und erst bei Fehlmengen auf den früheren Zeitraum auszuweiten; diese Methodenvermischung widerspricht aber den GoB (und der Natur der Sache) und wird insofern abgelehnt.

24 Der Vorteil des (periodischen) Fifo-Verfahrens liegt in seiner **Einfachheit**, da unterjährig lediglich eine Aufzeichnung der Zugänge erforderlich ist. Zur Ermittlung des wertmäßigen Endbestands werden die letzten Zugänge mengen- und wertmäßig solange kumuliert, bis der mengenmäßige Endbestand erreicht ist.

Beispiel
Der Kfm. bewertet das Vorratsvermögen gem. § 256 Satz 1 HGB nach dem **Fifo-Verfahren**. Dabei sollen die in der folgenden Tabelle aufgeführten Geschäftsvorfälle zu verzeichnen sein (analog dem Beispiel zur Gruppenbewertung (§ 240 Rz 74) und denen zu den Lifo-Verfahren (Rz 27 u. Rz 29)). Aufgrund der Ausführungen unter Rz 23 kann das Beispiel sowohl für die periodische als auch für die permanente Variante des Fifo-Verfahrens herangezogen werden.

Datum	Geschäftsvorfall			Verbrauch		Endbestand	
	Vorfall	ME	Preis/-ME	ME	Wert	ME	Wert
1.1.	Anfangsbestand	100	1,00	−100	−100,00		
15.1.	Zugang	100	1,10	−100	−110,00		
31.3.	Abgang	−50					
20.6.	Zugang	150	1,15	−150	−172,50		
15.7.	Abgang	−200					
10.9.	Zugang	100	1,20	−100	−120,00		
19.11.	Zugang	200	1,25	−100	−125,00	100	125,00
6.12.	Abgang	−300					
27.12.	Zugang	100	1,30			100	130,00
31.12.	Endbestand	200		−550	−627,50	200	255,00

Zur Bewertung des Endbestands von 200 ME werden die Zugänge vom 27.12. (100 ME) und vom 19.11. (100 ME) zugrunde gelegt. Aufgrund des unterjährigen Preisanstiegs liegt der Wert des **Endbestands** mit **255,00** (erwartungsgemäß) über den entsprechenden Werten nach einfach bzw. gleitend gewogenem Durchschnitt (235,31 bzw. 250,00; § 240 Rz 74) sowie über denen des periodischen und des permanenten Lifo-Verfahrens (Rz 27 u. 29). Dennoch werden infolge des Preisanstiegs (immer noch) **stille Reserven** gelegt. Unterstellt man den Preis vom 27.12. als Stichtagswert, belaufen sich die stillen Reserven auf **5,00** (= 200 × 1,30 ./. 255,00); eine Wertberichtigung ist nicht notwendig. Auf Basis der gleichen Wiederbeschaffungskosten wird ein **Scheingewinn** i. H. v. **87,50** (= 550 × 1,30 ./. 627,50) ausgewiesen.

3.3 Lifo-Verfahren („Stapel-Prinzip")

Beim Lifo-Verfahren („last in – first out") wird angenommen, dass „**die zuletzt** 25 **angeschafften oder hergestellten Vermögensgegenstände zuerst verbraucht oder veräußert worden sind**" (§ 256 Satz 1 HGB); damit wird unterstellt, dass sich der Lagerbestand am Ende der Periode aus den ältesten Zugängen (inkl. Anfangsbestand) zusammensetzt und die neuesten Zugänge als verbraucht oder verwendet gelten. Diese Verwendungsfiktion entspricht bspw. der Lagerung von Schüttgut in einer Mulde oder der Einschubregallagerung („Stapel-Prinzip").

Aufgrund der unterstellten Verbrauchsfolge wird der Einblick in die **Ertragslage** 26 verbessert, da die fingierte Zeitnähe zwischen Erwerb und Verbrauch oder Veräußerung des Vorratsvermögens den Einfluss von Preisänderungen auf den Waren- bzw. Materialeinsatz und damit das Jahresergebnis verringert. Dies erschwert allerdings den Einblick in die **Vermögenslage**. So werden **bei Preissteigerungen stille Reserven** gebildet, deren (spätere) Realisierung zumindest fragwürdig ist; gleichzeitig bleibt dagegen die Gefahr des Ausweises von **Scheingewinnen** gering, da die Verbrauchsermittlung auf zeitnahen Wiederbeschaffungskosten beruht.[19] Bei **sinkenden Preisen** hingegen wird – dem strengen Niederstwertprinzip gem. § 253 Abs. 4 HGB folgend – eine **außerplanmäßige Abschreibung** auf den niedrigeren Börsen- oder Marktwert bzw. beizulegenden Wert notwendig.

Das Lifo-Verfahren ist sowohl in der permanenten als auch in der periodischen 27 Variante möglich und sinnvoll, wobei sich i.d.R. unterschiedliche Verbräuche und Bestände ergeben (vgl. auch das nachfolgende Beispiel mit dem unter Rz 29). Das **permanente Lifo-Verfahren** ist sehr arbeitsaufwendig und führt kaum zu einer Vereinfachung,[20] da eine chronologische mengen- und wertmäßige Erfassung aller Zu- und Abgänge erforderlich ist. Die Abgänge werden dann der Verbrauchsfiktion folgend auf Basis der letzten Zugänge und – sofern diese nicht ausreichen – der Zwischenbestände bzw. des Anfangsbestands bewertet; folglich können aufgrund unterjähriger Bestandsschwankungen stille (Bestands-)Reserven aufgelöst werden, infolgedessen bei steigenden Preisen Scheingewinne ausgewiesen werden.

Beispiel
Der Kfm. bewertet das Vorratsvermögen gem. § 256 Satz 1 HGB nach dem **permanenten Lifo-Verfahren**. Dabei sollen die in der folgenden Tabelle aufgeführten Geschäftsvorfälle zu verzeichnen sein (analog dem Beispiel zur Gruppenbewertung (§ 240 Rz 74) und zum Fifo-Verfahren (Rz 24)).

Datum	Geschäftsvorfall			Verbrauch		Endbestand	
	Vorfall	ME	Preis/-ME	ME	Wert	ME	Wert
1.1.	Anfangsbestand	100	1,00			100	100,00
15.1.	Zugang	100	1,10	– 100	– 110,00		

---

[19] Vgl. Grottel/Huber, in Beck Bil-Komm., 10. Aufl., 2016, § 256 HGB, Rz 62 f.; Drüen, in Großkomm. HGB, § 256, Rn 1 und 11; Tanski, in HdB, Bewertungsvereinfachungsverfahren, Rn 30 f., Stand 9/2013 sowie Böcking/Gros, in Ebenroth/Boujong/Joost/Strohn, 3. Aufl., 2014, § 256 Rn 8.
[20] Vgl. auch Tiede, BBK 2010, S. 546.

§ 256   Bewertungsvereinfachungsverfahren

Datum	Geschäftsvorfall			Verbrauch		Endbestand	
	Vorfall	ME	Preis/-ME	ME	Wert	ME	Wert
31.3.	Abgang	−50					
20.6.	Zugang	150	1,15	−150	−172,50		
15.7.	Abgang	−200					
10.9.	Zugang	100	1,20	−100	−120,00		
19.11.	Zugang	200	1,25	−200	−250,00		
6.12.	Abgang	−300					
27.12.	Zugang	100	1,30			100	130,00
31.12.	Endbestand	200		−550	−652,50	200	230,00

Die Bewertung des Endbestands von 200 ME erfolgt schließlich auf Basis des Zugangs vom 27.12. (100 ME) und des Anfangsbestands (100 ME), da bei jedem Verbrauch der Abgang der jeweils letzten Zugänge unterstellt wird. Im Unterschied zum periodischen Lifo-Verfahren (Rz 29) ist der Zugang vom 27.12. noch auf Lager, da anschließend (tatsächlich) kein Abgang mehr erfolgt. Der Wert des **Endbestands** liegt mit **230,00** noch unter den entsprechenden Werten nach einfach bzw. gleitend gewogenem Durchschnitt (235,31 bzw. 250,00; § 240 Rz 74) und nach dem Fifo-Verfahren (255,00; Rz 24). Infolge des Preisanstiegs ergeben sich **stille Reserven** i.H.v. **30,00** (= 200 × 1,30 ./. 230,00); der **Scheingewinn** beträgt **62,50** (= 550 × 1,30 ./. 652,50).

28 Aufgrund der Komplexität des permanenten Verfahrens kommt in der Praxis häufiger das **periodische Lifo-Verfahren** zum Einsatz, bei dem lediglich am Ende der Abrechnungsperiode (i.d.R. das Gj, aber auch Halbjahr, Quartal, Monat) eine Bestandsbewertung vorzunehmen ist und folglich Bestandsschwankungen innerhalb der Periode keinen Einfluss auf die Bewertung haben.[21]

29 In der **einfachen Version** des periodischen Lifo-Verfahrens (ohne differenzierte Erfassung der Mehrbestände in Layern; vgl. Rz 30) wird im Fall der (mengenmäßigen) Lagerbestandserhöhung der wertmäßige Endbestand aus dem Wert des Anfangsbestands zzgl. des Werts der ältesten Zugänge berechnet (vgl. hierzu das nachfolgende Beispiel); im Fall der (mengenmäßigen) Lagerbestandsminderung wird der Wert des Anfangsbestands proportional zu der mengenmäßigen Minderung zum Endbestandswert gekürzt.

Beispiel
Der Kfm. bewertet das Vorratsvermögen gem. § 256 Satz 1 HGB nach dem (einfachen) **periodischen Lifo-Verfahren** (analog dem Beispiel zur Gruppenbewertung (§ 240 Rz 74), zum Fifo-Verfahren (Rz 21) und zum permanenten Lifo-Verfahren (Rz 27)).

---

[21] Vgl. *Mayer-Wegelin*, in *Küting/Weber*, HdR, HGB § 256, Rn 46, Stand 7/2016.

Datum	Geschäftsvorfall			Verbrauch		Endbestand	
	Vorfall	ME	Preis/-ME	ME	Wert	ME	Wert
1.1.	Anfangsbestand	100	1,00			100	100,00
15.1.	Zugang	100	1,10			100	110,00
31.3.	Abgang	−50					
20.6.	Zugang	150	1,15	−150	−172,50		
15.7.	Abgang	−200					
10.9.	Zugang	100	1,20	−100	−120,00		
19.11.	Zugang	200	1,25	−200	−250,00		
6.12.	Abgang	−300					
27.12.	Zugang	100	1,30	−100	−130,00		
31.12.	Endbestand	200		−550	−672,50	200	210,00

Zur Bewertung des Endbestands von 200 ME werden der Anfangsbestand (100 ME) sowie der erste Zugang vom 15.1. (100 ME) zugrunde gelegt. Der Wert des **Endbestands** liegt mit 210,00 unter den entsprechenden Werten nach einfach bzw. gleitend gewogenem Durchschnitt (235,31 bzw. 250,00; § 240 Rz 74), nach dem Fifo-Verfahren (255,00; Rz 24) und nach dem permanenten Lifo-Verfahren (230,00; Rz 27). Die stillen Reserven belaufen sich auf **50,00** (= 200 × 1,30 ./. 210,00), es resultiert ein **Scheingewinn** von **42,50** (= 550 × 1,30 ./. 672,50).

Eine weitergehende Umsetzung des Lifo-Prinzips auch beim Verbrauch des Lagerbestands verfolgt die **Layer**-gestützte Version des periodischen Lifo-Verfahrens, wonach im Vergleich zu einem Anfangsbestand (Basisbestand) je Periode aufgebaute Mehrbestände (Layer) isoliert betrachtet und bewertet werden. Der Bewertung eines Mehrbestands sind nach der hier vertretenen Auffassung die Preise der ersten Zugänge während der Periode zugrunde zu legen, allenfalls ist ein durchschnittlicher Zugangswert ggf. unter Berücksichtigung der Abgänge zulässig.[22] Werden die Mehrbestände nach Perioden getrennt in Layern fortgeführt, können in den Folgeperioden (auch) Bestandsminderungen Lifo-konform berücksichtigt und bewertet werden, indem die zuletzt gebildeten Layer zuerst aufgelöst werden; ein Niederstwerttest ist dann nach hM layerbezogen durchzuführen.[23] Wird der Mehrbestand mit dem Basisbestand (regelmäßig) zu einem einheitlichen Gesamtbestand zusammengefasst, bleibt für nachfolgende

30

---

[22] Vgl. auch *Grottel/Huber*, in Beck Bil-Komm., 10. Aufl., 2016, § 256 HGB, Rz 49 und *Mayer-Wegelin*, in *Küting/Weber*, HdR, HGB § 256, Rn 48, Stand 7/2016; vgl. hierzu ausführlich ADS, 6. Aufl., § 256 HGB, Rz 39ff., die allerdings auch weitergehende Varianten zur Bewertung des Mehrbestands als zulässig erachten.

[23] Vgl. *Grottel/Huber*, in Beck Bil-Komm., 10. Aufl., 2016, § 256 HGB, Rz 53; *Mayer-Wegelin*, in *Küting/Weber*, HdR, HGB § 256, Rn 55, Stand 7/2016, und *Böcking/Gros*, in *Ebenroth/Boujong/Joost/Strohn*, 3. Aufl., 2014, § 256, Rn 10.

Bestandsminderungen (nur) die Bewertung mit dem durchschnittlichen Stückpreis.

31 Als (wertorientierte) Variante des Lifo-Verfahrens gilt das sog. **Indexverfahren**, das darauf abzielt, den innerhalb einer Periode entstandenen Wertzuwachs einer Bewertungseinheit in einen realen Vermögenszuwachs und einen reinen Preissteigerungsanteil aufzuteilen;[24] letztlich wird der Vermögenszuwachs nicht durch einen Mengenvergleich – wie nach § 256 Satz 1 HGB erforderlich –, sondern nur durch einen Wertevergleich ermittelt. Wegen begründeter Zweifel an der GoB-Konformität wird die handelsrechtliche Zulässigkeit des Index-Verfahrens überwiegend abgelehnt.[25]

4 Fest- und Gruppenbewertung (Satz 2)

32 Nach § 256 Satz 2 HGB dürfen die für die Bewertung des **Inventars** zulässigen Verfahren der Festbewertung (§ 240 Abs. 3 HGB) und der Gruppenbewertung nach dem gewogenen Durchschnitt (§ 240 Abs. 4 HGB) auch für die Bewertung im **Jahresabschluss** eingesetzt werden (vgl. zu den Verfahren § 240 Rz 52 ff. u. § 240 Rz 67 ff.). Ohne diese (gesetzestechnisch notwendige) **Übernahme** der Inventar-Regelungen in die Bewertungsvorschriften zur Erstellung des Jahresabschlusses wäre für Zwecke des Jahresabschlusses eine Neubewertung durchzuführen.[26]

---

[24] Vgl. zur Darstellung des Index-Verfahrens insb. *Siepe/Husemann/Borges*, WPg 1994, S. 646 ff.
[25] Vgl. ausführlich *Ballwieser*, in MünchKomm HGB, 3. Aufl., 2013, § 256, Rn 12; vgl. auch *Brösel/Mindermann*, in *Petersen/Zwirner*, Bilanzrechtsmodernisierungsgesetz BilMoG, 2009, S. 449; *Grottel/Huber*, in Beck Bil-Komm., 10. Aufl., 2016, § 256 HGB, Rz 67; *Drüen*, in Großkomm. HGB, § 256, Rn 15; *Mayer-Wegelin*, in *Küting/Weber*, HdR, HGB § 256, Rn 60, Stand 7/2016, und *Siegel*, DB 1991, S. 1946; a.A. ADS, 6. Aufl. § 256 HGB, Rz 63; *Siepe/Husemann/Borges*, WPg 1994, S. 655 und *Böcking/Gros*, in *Ebenroth/Boujong/Joost/Strohn*, 3. Aufl., 2014, § 256, Rn 11.
[26] Vgl. auch *Mayer-Wegelin*, in *Küting/Weber*, HdR, HGB § 256, Rn 90, Stand 7/2016 und *Böcking/Gros*, in *Ebenroth/Boujong/Joost/Strohn*, 3. Aufl., 2014, § 256, Rn 14.

§ 256a Währungsumrechnung

¹Auf fremde Währung lautende Vermögensgegenstände und Verbindlichkeiten sind zum Devisenkassamittelkurs am Abschlussstichtag umzurechnen. ²Bei einer Restlaufzeit von einem Jahr oder weniger sind § 253 Abs. 1 Satz 1 und § 252 Abs. 1 Nr. 4 Halbsatz 2 nicht anzuwenden.

PROF. DR. HARALD KESSLER, CVA/WP STB DIRK VELDKAMP

Inhaltsübersicht   Rz
1   Überblick   1–5
2   Definitionen   6
3   Umrechnung von Fremdwährungsgeschäften   7–40
    3.1   Umrechnung bei der Zugangsbewertung   7–16
    3.2   Umrechnung bei der Folgebewertung   17–29
    3.3   Folgebewertung bei verschiedenen Bilanzposten –
          Zusammenfassung   30–31
    3.4   Ausweis von Umrechnungserfolgen in der Bilanz und
          in der Gewinn- und Verlustrechnung   32–36
    3.5   Angaben in Anhang und Lagebericht   37–39
    3.6   Abschließendes Beispiel   40
4   Latente Steuern   41–44

1 Überblick

Mit der Einführung des Euro ist die Problematik der Umrechnung von Fremdwährungsgeschäften in weiten Teilen Europas entfallen. Angesichts der fortschreitenden Globalisierung der Güter-, Finanz- und Kapitalmärkte haben Geschäfte in fremder Währung für die Unt gleichwohl an Bedeutung gewonnen. Der zunehmenden Internationalisierung der Geschäftstätigkeit deutscher Unt steht die Verpflichtung zur Bilanzierung in Euro gegenüber, da der Jahresabschluss nach § 244 HGB in **Euro** aufzustellen ist. 1

Mit der Umrechnung von Fremdwährungsgeschäften befasst sich § 256a HGB. Die Vorschrift regelt den Themenkomplex nicht umfassend, sondern belässt es bei punktuellen Hinweisen. **Sachlich** behandelt § 256a HGB die Umrechnung von VG und Verbindlichkeiten. Für alle übrigen Posten hat der Gesetzgeber keinen Regelungsbedarf gesehen. Die Umrechnungsregeln beziehen sich **zeitlich** zudem nur auf die **Folgebewertung**. Zur erstmaligen Erfassung von VG oder Schulden, die in fremder Währung denominiert sind, äußert sich die Vorschrift nicht. Verdrängt werden die Umrechnungsregeln des § 256a HGB durch die Spezialvorschriften des § 254 HGB zur Behandlung von Bewertungseinheiten und des § 340e Abs. 3 Satz 1 HGB zur Zeitwertbewertung von Finanzinstrumenten des Handelsbestands.[1] 2

---

[1] Vgl. BilMoG-BgrRA, S. 112.

3 § 256a HGB sieht – mit den nachfolgenden Einschränkungen – eine Umrechnung von auf fremde Währung lautenden VG und Schulden zum **Devisenkassamittelkurs des Abschlussstichtags** vor. Zumindest bei der Folgebewertung bedarf es damit keiner Unterscheidung zwischen Geld- und Briefkurs. Das soll die Währungsumrechnung in der Praxis vereinfachen.[2]

4 Die Regelung hat nicht den Charakter einer Bewertungsvorschrift, sondern bringt eine **reine Transformationsanweisung** zum Ausdruck. Das Ergebnis der Umrechnung steht mithin unter dem Vorbehalt der allgemeinen Bewertungsgrundsätze, namentlich des **Anschaffungswert- und Realisationsprinzips**. Allerdings lässt § 256a Satz 2 HGB bei kurzfristigen VG und Schulden eine Durchbrechung des Anschaffungswert- und Realisationsprinzips zu: Forderungen und Verbindlichkeiten mit einer Restlaufzeit von einem Jahr oder weniger sind auch dann zum Devisenkassamittelkurs umzurechnen, wenn sich daraus ein Währungsgewinn ergibt.

5 In der **GuV** sind Erträge und Aufwendungen aus der Währungsumrechnung nach § 277 Abs. 5 HGB gesondert unter den sonstigen betrieblichen Erträgen bzw. Aufwendungen auszuweisen („Davon"-Vermerk). Zur Reichweite dieser Ausweisvorschrift s. Rz 33.

2 Definitionen

6 Die Kommentierung verwendet die folgenden Definitionen:
Briefkurs: Kurs, zu dem Marktteilnehmer (i. d. R. Banken) bereit sind, Fremdwährungsbeträge gegen Euro anzukaufen.
Devisenkurs: Kurs zur Umrechnung von auf fremde Währung lautendem Buchgeld (Bankguthaben, Schecks, Wechsel, Forderungen, Wertpapiere) und Verbindlichkeiten. Nicht zu den Devisen gehören Bargeldbestände in fremder Währung (Sorten).
Devisenkassakurs: Wechselkurs, der sich am Kassamarkt für den sofort zu erfüllenden Kauf oder Verkauf von Devisen bildet.
Geldkurs: Kurs, zu dem Marktteilnehmer (i. d. R. Banken) bereit sind, Fremdwährungsbeträge gegen Euro anzukaufen.
Mittelkurs: Kurs, zu dem Devisengeschäfte zwischen Banken abgerechnet werden; arithmetisches Mittel aus Geld- und Briefkurs.
Sorten: Bargeld (Banknoten und Münzen) in fremder Währung.
Kursangaben erfolgen im Einklang mit der seit Einführung des Euro gültigen Konvention am Devisenmarkt in **Mengennotiz**. Das Wechselkursverhältnis gibt nach der Mengennotiz an, wie viele Einheiten an Fremdwährung gegen einen Euro eingetauscht werden.

3 Umrechnung von Fremdwährungsgeschäften

3.1 Umrechnung bei der Zugangsbewertung

7 § 256a HGB gilt nur für die Umrechnung von Fremdwährungsgeschäften zu einem auf die Ersterfassung folgenden Abschlussstichtag. Angesichts der inso-

---

[2] Vgl. BilMoG-BgrRA, S. 112f.

weit angeordneten Anwendung des Devisenkassamittelkurses und der Geltung des Anschaffungswertprinzips sollen nach der RegBegr „laufende Geschäftsvorfälle auch im Zugangszeitpunkt mit dem Devisenkassakurs umzurechnen"[3] sein. Das gilt für VG, Schulden, RAP, latente Steuern, Aufwendungen und Erträge. Die Regierungsbegründung spricht lediglich von einer Umrechnung zum Devisenkassakurs, nicht – wie in § 256a HGB – vom Devisenkassa**mittel**kurs. Daraus wird verschiedentlich abgeleitet, bei der erstmaligen Umrechnung von Fremdwährungsgeschäften sei – anders als bei der Folgebewertung – zwischen **Geldkurs** und **Briefkurs** zu unterscheiden.[4] Andere Autoren wollen dagegen aus Vereinfachungsgründen und wegen der Bewertungskonsistenz auch im Zugangszeitpunkt eine Umrechnung zum Mittelkurs zulassen.[5]

Man wird differenzieren müssen: Geht es um die erstmalige Erfassung eines VG oder einer Schuld aus einem (seiner Art nach) erfolgsneutralen Anschaffungsvorgang und stehen die AK in Euro fest, stellt sich die Frage nach dem Umrechnungskurs nicht. Der betreffende Posten ist mit den tatsächlich in Euro angefallenen AK einzubuchen. Die Ersterfassung des zugegangenen VG bzw. der eingegangenen Schuld mit einem Betrag, der mit einem von den tatsächlichen AK abweichenden Devisenkassamittelkurs umgerechnet wurde, führte zum Ausweis eines Aufwands oder Ertrags. Das verträgt sich nicht mit dem Grundsatz der Erfolgsneutralität von Anschaffungsvorgängen. Die Verwendung des Devisenkassamittelkurses wird man in diesen Fällen unter Praktikabilitätsgesichtspunkten akzeptieren können, wenn sie keine wesentlichen Erfolgseffekte zeigt.[6]

> **Beispiel** 8
> U überweist unter Einschaltung seiner Hausbank 500.000 USD an einen amerikanischen Lieferanten als Vorauszahlung für eine Warenbestellung. Die Bank belastet U mit dem zum Geldkurs von 1,25 USD je EUR umgerechneten Gegenwert von 400.000 EUR.
> Die Forderung gegen den Lieferanten ist mit 400.000 EUR einzubuchen. Der Betrag stellt zugleich den Anschaffungspreis der gelieferten Güter dar. Eine Umrechnung der geleisteten Vorauszahlung zum Devisenkassamittelkurs führte zu einer Einbuchung der Forderung mit einem niedrigeren Betrag und damit zum Ausweis eines „störenden" Aufwands. Verändert sich der Wechselkurs bis zum Abschlussstichtag nicht, bewirkt die für die Folgebewertung angeordnete Umrechnung mit dem Devisenkassamittelkurs allerdings zwangsläufig eine entsprechende Abwertung der Forderung. Dieser Umstand lässt es bei unwesentlichen Effekten vertretbar erscheinen, bereits für Zwecke der Zugangsbewertung den Mittelkurs heranzuziehen.

Anders stellt sich die Situation dar, wenn der Zugangswert eines Fremdwährungspostens nicht durch eine vom Bilanzierenden gewährte oder empfangene 9

---

[3] Vgl. BilMoG-BgrRegE, S. 62.
[4] Vgl. *Grottel/Leistner*, in Beck Bil-Komm., 10. Aufl., 2016, § 256a Rz 35.
[5] Vgl. *Hoffmann/Lüdenbach*, NWB-Kommentar Bilanzierung, 8. Aufl., 2017, § 256a Rz 8; *Küting/Pfirmann/Mojadadr*, StuB 2010, S. 412.
[6] Wie hier *Roß*, WPg 2012, S. 21.

Gegenleistung bestimmt wird. Das betrifft etwa die gewinnrealisierende Einbuchung von Fremdwährungsforderungen aus Absatzgeschäften oder den Erwerb von in fremder Währung fakturierten VG auf Kredit. In diesen Fällen besteht ein **Wahlrecht**, den Zugangswert des Postens durch Umrechnung mit dem der relevanten Marktseite entsprechenden Kurs oder vereinfachend unter Verwendung des Devisenkassamittelkurses zu ermitteln. Ob der **Geldkurs** oder der **Briefkurs** heranzuziehen ist, bestimmt sich danach, ob der Bilanzierende Devisen zur Abwicklung der Transaktion künftig beschaffen muss (dann Geldkurs) oder ob der Sachverhalt einen Umtausch von Devisen in Euro erfordert (dann Briefkurs).

Beispiel
U hat Waren zum Preis von 120.000 GBP nach Großbritannien geliefert. Zum Zeitpunkt der Forderungseinbuchung sind der Devisenkassamittelkurs der Fremdwährung mit 1,20 GBP je EUR und der Briefkurs mit 1,22 GBP je EUR festgestellt worden.
Die Einbuchung der Forderung zum Devisenkassamittelkurs ergibt einen Zugangswert von 100.000 EUR. Unter Verwendung des Briefkurses betragen die AK der Forderung 98.361 EUR. Die Vereinfachungslösung führt somit zu einem um 1.639 EUR höheren Ansatz der Forderung und der Umsatzerlöse. Der Einwand, die Umrechnung zum Devisenkassamittelkurs widerspreche dem Vorsichtsprinzip, da U beim Umtausch der Devisen in Euro keine 100.000 EUR erhalte, überzeugt nicht. Geht die Forderung noch im gleichen Gj ein, wird der überhöhte Umsatz bei konstantem Wechselkurs der Fremdwährung durch einen entsprechenden Aufwand aus dem Verkauf der Devisen zum Briefkurs kompensiert. Besteht die Forderung am Abschlussstichtag noch und haben sich die Wechselkurse seit ihrer Einbuchung nicht verändert, ist sie auch bei einer vorausgegangenen Einbuchung zum Briefkurs mit 100.000 EUR anzusetzen, da für die Folgebewertung der Mittelkurs heranzuziehen ist.

Geschäftsvorfall		Einbuchung zum Briefkurs		Einbuchung zum Mittelkurs	
		Umsatz (EUR)	s.b.E. / s.b.A (EUR)	Umsatz (EUR)	s.b.E. / s.b.A (EUR)
Fall 1	Lieferung der Waren	98.361		100.000	
	Eingang der Forderung				−1.639
Fall 2	Lieferung der Waren	98.361		100.000	
	Bewertung der Forderung		1.639		

Der Unterschied zwischen beiden Verfahrensweisen besteht somit nur darin, ob die Differenz zwischen der Umrechnung der Forderung zum Briefkurs und zum Mittelkurs als zusätzlicher Umsatzerlös oder als Ertrag aus der Währungsumrechnung ausgewiesen wird. Die Entscheidung für eine Methode unterliegt dem Grundsatz der Bewertungsmethodenstetigkeit.

Ähnlich stellt sich die Situation bei Anschaffungen in fremder Währung dar. 10

> **Beispiel**
> U hat Rohstoffe aus Kanada zum Preis von 390.000 CAD bezogen. Die Kaufpreisverbindlichkeit ist im kommenden Jahr fällig. Bei Auslieferung der Rohstoffe ist der Devisenkassamittelkurs der Fremdwährung mit 1,30 CAD je Euro, der Geldkurs mit 1,27 CAD je EUR festgestellt worden.
> Die Einbuchung der Verbindlichkeit zum Devisenkassamittelkurs ergibt einen Zugangswert von 300.000 EUR. Bei Umrechnung zum Geldkurs errechnet sich eine Verbindlichkeit von 307.087 EUR. Die Vereinfachungslösung führt im Beispiel mithin zu einem um 7.087 EUR niedrigeren Ansatz der Verbindlichkeit und der Rohstoffe. Wird die Verbindlichkeit noch im gleichen Jahr beglichen, weist U bei einer Beschaffung der Devisen zum (unveränderten) Geldkurs einen Aufwand i. H. d. Differenzbetrags aus. Diesem währungskursbedingten Aufwand entspricht ein höherer Materialeinsatz im Fall der Umrechnung des Beschaffungsgeschäfts zum Geldkurs. Hat U die Verbindlichkeit am Abschlussstichtag noch nicht erfüllt, ist die zunächst zum Geldkurs umgerechnete Schuld um 7.087 EUR auf 300.000 EUR aufzulösen. Dieser Ertrag aus der Folgebewertung zum Mittelkurs findet bei Wahl der Vereinfachungslösung seine Entsprechung in einem niedrigeren Materialaufwand aus der Verarbeitung der Rohstoffe.
>
> | Geschäftsvorfall | | Einbuchung zum Geldkurs | | Einbuchung zum Mittelkurs | |
> |---|---|---|---|---|---|
> | | | Materialaufw. (EUR) | s.b.E. / s.b.A (EUR) | Materialaufw. (EUR) | s.b.E. / s.b.A (EUR) |
> | Fall 1 | Verbrauch der Rohstoffe | –307.087 | | –300.000 | |
> | | Begleichung der Verbindlichkeit | | | | –7.087 |
> | Fall 2 | Verbrauch der Rohstoffe | –307.087 | | –300.000 | |
> | | Bewertung der Verbindlichkeit | | | | 7.087 |
>
> Die beiden Verfahrensweisen unterscheiden sich nur in der Periodisierung des Differenzbetrags zwischen der Umrechnung der Verbindlichkeit zum Geldkurs und zum Mittelkurs sowie in der Art des Ausweises in der GuV. Die Entscheidung für die eine oder andere Form der Zugangsbewertung unterliegt dem Grundsatz der Bewertungsmethodenstetigkeit.

Bei verzinslichen Forderungen bzw. Verbindlichkeiten in fremder Währung sind neben den Kapitalbeträgen die Zinsen in Euro umzurechnen. Auch hier ist zwischen der Umrechnung im Zugangszeitpunkt und zu den folgenden Abschlussstichtagen zu unterscheiden. Dazu das folgende Beispiel (s. auch die Fortsetzung in Rz 14 und in Rz 18). 11

12

Beispiel
Am 31.3.01 hat das in Deutschland ansässige Mutterunternehmen (MU) seinem Tochterunternehmen (TU) in der Schweiz ein endfälliges Darlehen i. H. v. 500.000 SFR mit einer Laufzeit von vier Jahren gewährt. Den Fremdwährungsbetrag hat die Hausbank des MU zur Verfügung gestellt. Das Darlehen ist mit 5 % p. a. zu verzinsen. Die Zinszahlung erfolgt jährlich zum 31.3. Der Kurs des Schweizer Franken hat sich zum Euro wie folgt entwickelt:

Datum	Kassakurs SFR pro EUR		
	Briefkurs	Geldkurs	Mittelkurs
31.3.01	1,520	1,480	1,500
31.12.01	1,620	1,580	1,600

Das Darlehen ist im Jahresabschluss von MU zum 31.12.01 zu bewerten.
Ermittlung des Zugangswerts zum 31.3.01 in Euro:
Da MU den an TU ausgereichten Fremdwährungsbetrag von ihrer Hausbank beschafft hat, ist die Forderung mit den tatsächlich aufgewendeten AK einzubuchen (Rz 9). Sie ergeben sich durch Umrechnung der beschafften Devisen zum Geldkurs von 1,48. Es errechnet sich ein Euro-Gegenwert von 337.838 EUR (500.000 SFR/1,48 SFR/EUR).

13 **Aufwendungen und Erträge** in fremder Währung sind im Regelfall (zu Ausnahmen vgl. Rz 15) mit dem im Zeitpunkt ihres Anfalls gültigen Kurs umzurechnen. Fallen sie gleichmäßig während eines abgegrenzten Zeitraums an, ist ein (Tages-, Wochen- oder Monats-) Durchschnittskurs heranzuziehen. Auch bei der Umrechnung von Erfolgsbeiträgen kann von einem Wahlrecht zwischen Mittelkurs und Geld- bzw. Briefkurs ausgegangen werden. Führen die Aufwendungen und Erträge erst in einem späteren Gj zu Zahlungen, sind zum Abschlussstichtag Schulden oder Forderungen zu bilanzieren. Da ihre Umrechnung zum Stichtagskurs erfolgt, ergeben sich üblicherweise Umrechnungsdifferenzen, die in der GuV als Erfolge aus der Währungsumrechnung gesondert unter den sonstigen betrieblichen Aufwendungen oder Erträgen auszuweisen sind (vgl. näher hierzu Rz 32). Unter Wesentlichkeitsgesichtspunkten mag es im Einzelfall vertretbar sein, zur Vereinfachung der Währungsumrechnung auch die in fremder Währung angefallenen Erfolgsbeiträge zum Stichtagskurs umzurechnen.

14

Fortsetzung des Beispiels aus Rz 12
Erfassung der zum 31.12.01 aufgelaufenen Zinsen in Euro:
Zum 31.12.01 sind Zinsen in Fremdwährung von 18.750 SFR (5 % von 500.000 SFR für neun Monate) zu erfassen. Die Zinsforderung ist zum Durchschnittskurs der Periode umzurechnen. Da aus Sicht von MU die zufließenden Zinsen in Euro umzutauschen sind, liegt eine Umrechnung zum Briefkurs nahe. Nach den oben (vgl. Rz 9f.) angestellten Erwägungen bestehen keine Bedenken, die für die Folgebewertung geltende Vereinfachungsregelung sinngemäß anzuwenden und die aufgelaufenen Zinsen zum Mittelkurs umzurechnen.

> Macht MU von dieser Möglichkeit Gebrauch, ermittelt sich ein Zugangswert der Zinsforderung von 12.097 EUR (18.750 SFR/1,55 SFR/EUR).
> Insgesamt beläuft sich die Fremdwährungsforderung (Darlehen plus Zinsen) zum 31.12.01 auf 518.750 SFR. Ihr Zugangswert in Euro beträgt 349.935 EUR (337.838 EUR + 12.097 EUR).
> Die Bewertung der Forderung entspricht jener, die sich ergeben hätte, wenn das Fremdwährungsgeschäft von Anfang an in allen relevanten Aspekten in der Währung von MU (Euro) erfasst worden wäre.
> Zum 31.12.01 ist nicht nur die Zinsforderung, sondern auch die Kapitalforderung einer Folgebewertung zu unterziehen, um eine etwaige Abschreibung oder den Ausweis eines Umrechnungsgewinns zu prüfen. Das erfordert eine Umrechnung nach den Vorgaben des § 256a HGB (vgl. hierzu die Fortsetzung des Beispiels in Rz 18).

Nicht alle aus Fremdwährungsgeschäften resultierende Erfolgsbeiträge sind mit dem Kurs im Zeitpunkt ihrer Erfassung umzurechnen. Bei Aufwendungen und Erträgen aus der Auflösung von RAP etwa ist bereits mit Abgrenzung der betreffenden Einnahmen bzw. Ausgaben eine Umrechnung vorzunehmen.[7] Spätere Währungsschwankungen wirken sich nicht mehr erfolgswirksam aus. Ein ähnliches Bild zeigt sich bei Abschreibungen auf Anlagegüter, deren AK Fremdwährungsbestandteile enthalten. Sie sind mit dem tatsächlich aufgewendeten Euro-Betrag bzw. mit dem in Euro umgerechneten Verpflichtungsbetrag bei Zugang des VG einzubuchen. In der Folgezeit stellt sich die Frage der Fremdwährungsumrechnung nicht mehr. Das gilt auch für die zu erfassenden Abschreibungen auf das Anlagegut. 15

Latente Steuern unterliegen nur ausnahmsweise der Fremdwährungsumrechnung nach § 256a HGB. Denkbar ist dieser Fall bei Unt, die eine rechtlich unselbstständige Zweigniederlassung oder Betriebsstätte im Ausland unterhalten, die dort der Besteuerung unterliegt. Führt diese Einheit ihre Bücher in fremder Währung, können aus Abweichungen der Buchwerte von den Steuerwerten oder ungenutzten steuerlichen Verlustvorträgen latente Steuern in Fremdwährung resultieren. 16

3.2 Umrechnung bei der Folgebewertung

§ 256a HGB regelt nur die Umrechnung auf fremde Währung lautender VG und Verbindlichkeiten in der Zeit nach ihrer erstmaligen Erfassung. Die Vorschrift unterscheidet **zwei Fälle**: Beträgt die Restlaufzeit der Fremdwährungsposten mehr als ein Jahr, steht ihre Umrechnung unter dem Vorbehalt der allgemeinen Bewertungsgrundsätze, namentlich des Anschaffungswertprinzips (vgl. § 253 Abs. 1 Satz 1 HGB) und des Realisationsprinzips (vgl. § 252 Abs. 1 Nr. 4 2. Hs. HGB). Andernfalls hat die Umrechnung nach dem Wortlaut der Vorschrift **ohne Rücksicht auf den Ausweis unrealisierter Gewinne** zum Devisenkassamittelkurs zu erfolgen. 17

---

[7] Vgl. BilMoG-BegrRegE, S. 62.

18 | **Fortführung des Beispiels aus Rz 12**
Folgebewertung des Fremdwährungsdarlehens zum 31.12.01 in Euro:

Für Zwecke der Stichtagsbewertung ist der Fremdwährungsbetrag von 518.750 SFR (ausgereichter Darlehensbetrag von 500.000 SFR zzgl. aufgelaufener Zinsen von 18.750 SFR) zum Devisenkassamittelkurs umzurechnen. Das ergibt einen Euro-Betrag von 324.219 EUR (518.750 SFR / 1,60 SFR/ EUR). Die Darlehensforderung ist damit i. H. v. 25.716 EUR (349.935 EUR – 324.219 EUR) wertgemindert.

FW-Posten	Zugangs-wert in EUR	Datenbasis Folgebewertung zum 31.12.01			
		FW-Betrag	Kurs	Euro-Gegenwert	Wertänderung
Kapitalforderung	337.838	500.000	1,600	312.500	–25.338
Zinsforderung	12.097	18.750	1,600	11.719	–378
Gesamtforderung	349.935	518.750	1,600	324.219	–25.716

Hinsichtlich der Behandlung der Wertminderung ist wie folgt zu differenzieren:
Hat sich der Kurs des Schweizer Franken bis zur Aufstellung des Abschlusses nicht erholt, ist von einer voraussichtlich dauernden Wertminderung auszugehen. Es besteht handelsrechtlich eine Abschreibungspflicht (vgl. § 253 Abs. 3 Satz 5 HGB).
In dem Maß, wie sich der Kurs des Schweizer Franken im Aufstellungszeitraum erholt, wird verbreitet argumentiert, die Stichtagswertminderung der Fremdwährungsforderung sei aus Sicht des Abschlussstichtags nicht von dauernder Natur. Folgt man dieser Auslegung des Merkmals der voraussichtlich dauernden Wertminderung, ergibt sich handelsrechtlich für die dem FAV zuzurechnende Kapitalforderung nach § 253 Abs. 3 Satz 6 HGB ein Abwertungswahlrecht auf den niedrigeren Stichtagswert der Forderung. Dieses Verständnis des gesetzlichen Tatbestandsmerkmals „voraussichtlich dauernd" begegnet indes Bedenken. Unter dem Buchwert liegende Preise an aktiven Märkten sind – wie der BFH zu Recht für börsennotierte Aktien festgestellt hat – regelmäßig Ausdruck einer voraussichtlich dauernden Wertminderung.[8] Sie berücksichtigen alle Zukunftserwartungen der Marktteilnehmer. Etwas anderes kann nur gelten, wenn die Effizienzhypothese als Folge von Marktstörungen wie Kursmanipulationen nachweislich nicht gilt. Davon wird man bei den deutlich liquideren Devisenmärkten noch weniger ausgehen können als bei Aktienmärkten. U. E. ist daher die Kapitalforderung auf den niedrigeren Stichtagswert abzuwerten, solange keine Hinweise auf ein Marktversagen vorliegen.
Für die Zinsforderung ergibt sich eine eindeutige Beurteilung. Sie ist nach dem Sachverhalt innerhalb eines Jahres fällig und damit dem UV zuzurech-

---

[8] Vgl. BFH, Urteil v. 21.9.2011, IR 89/10, BFHE 235, S. 263; s. hierzu auch § 253 Rz 273.

nen. Damit besteht für sie in jedem Fall Abwertungspflicht auf den niedrigeren Stichtagswert.

Variante des Beispiels aus Rz 12:
Abweichend vom Ausgangsfall sei angenommen, der Schweizer Franken habe zum 31.12.01 auf 1,400 SFR je EUR aufgewertet. Für die Zeit vom 31.3.-31.12.01 ermittelt sich ein Durchschnittskurs von 1,450 SFR je EUR. Folgebewertung des Fremdwährungsdarlehens zum 31.12.01 in Euro:

Zum 31.12.01 beläuft sich der Zugangswert der Fremdwährungsforderung inkl. aufgelaufener Zinsen auf 350.769 EUR (337.838 EUR + (18.750 SFR / 1,45 SFR/EUR)). Die Umrechnung des Forderungsbetrags in Fremdwährung zum Devisenkassamittelkurs am Stichtag ergibt einen Euro-Betrag von 370.536 EUR (518.750 SFR / 1,40 SFR/EUR). Es ermittelt sich eine unrealisierte Wertsteigerung von 19.767 EUR (370.536 EUR − 350.769 EUR). Da die Restlaufzeit der Kapitalforderung mehr als ein Jahr beträgt, darf der auf sie entfallende unrealisierte Währungsgewinn von 19.305 EUR (500.000 SFR / 1,40 SFR/EUR − 500.000 SFR / 1,48 SFR/EUR) nicht erfasst werden. Anders stellt sich die Situation im Hinblick auf die Zinsforderung dar. Da die Zinsen jährlich fällig sind, beträgt die Restlaufzeit des Zinsanspruchs weniger als ein Jahr. Nach dem Wortlaut des § 256a Satz 2 HGB ist der auf diesen Anspruch entfallende unrealisierte Währungsgewinn von 462 EUR (18.750 SFR / 1,40 SFR/EUR − 18.750 SFR / 1,45 SFR/EUR) zu erfassen. Insgesamt führt das zu einem Forderungsansatz zum 31.12.01 mit 351.231 EUR (350.769 EUR + 462 EUR).

FW-Posten	Zugangswert in EUR	Datenbasis Folgebewertung zum 31.12.01			
		FW-Betrag	Kurs	Euro-Betrag	Wertänderung
Kapitalforderung	337.838	500.000	1,400	357.143	19.305
Zinsforderung	12.931	18.750	1,400	13.393	462
Gesamtforderung	350.769	518.750	1,400	370.536	19.767

Der RegE BilMoG begründete die aus dem seinerzeitigen Wortlaut nur implizit abzuleitende **Vernachlässigung des Anschaffungswert- und Realisationsprinzips** bei kurzfristigen VG und Verbindlichkeiten mit Praktikabilitätserwägungen. An eine substanzielle Einschränkung dieser Grundsätze bei der Fremdwährungsumrechnung war nicht gedacht. Nach der von der Bundesregierung vorgeschlagenen Fassung des § 256a HGB hätte daher ein Ausweis unrealisierter Gewinne aus der Umrechnung kurzfristiger Fremdwährungsposten nur innerhalb der Grenzen des Wesentlichkeitsgrundsatzes toleriert werden können. Zudem bestand keine zwingende Notwendigkeit, vom Anschaffungswert- und Realisationsprinzip abzuweichen. 19

Fraglich ist, ob auch die Gesetz gewordene Vorschrift diese Auslegung trägt. Der Wortlaut, „bei einer Restlaufzeit von einem Jahr oder weniger sind § 253 Abs. 1 Satz 1 HGB und § 252 Abs. 1 Nr. 4 2. Hs. HGB nicht anzuwenden (Hervor- 20 hebung durch die Verf.)", spricht auf den ersten Blick dagegen. Es scheint, als habe der Gesetzgeber eine unbedingte Umrechnung zum Stichtagskurs anordnen wollen. Diese Auslegung würde allerdings den angestrebten Vereinfachungseffekt konterkarieren. Das zeigt bereits das vorstehende Beispiel, in dem Kapital- und Zinsforderung mit unterschiedlichen Kursen zum Abschlussstichtag umzurechnen sind. Bei **Tilgungsdarlehen** macht die Unterscheidung zwischen dem kurzfristigen Teil der Forderung bzw. der Verbindlichkeit und dem nach mehr als einem Jahr fälligen Teil die Fremdwährungsumrechnung noch diffiziler.

21

Beispiel

U hat am 30.6.01 ein Darlehen i. H. v. 10,0 Mio. USD aufgenommen, das mit 5 % p. a. zu verzinsen ist. Das Darlehen hat eine Laufzeit von zehn Jahren und ist jährlich mit 1,0 Mio. USD zu tilgen. Bei Aufnahme des Darlehens beträgt der Wechselkurs 1,50 USD je EUR. Zum 31.12.01 notiert der Dollar schwächer mit 1,60 USD je EUR.

Zum 31.12.01 führt die Fremdwährungsumrechnung zu folgenden Ergebnissen:

FW-Posten	Nominal in USD	Zugangswerte per 30.6.01		Folgebewertung zum 31.12.01	
		Kurs	Betrag in EUR	Stichtagskurs	Wertänderung
Verbindlichkeit, RLZ > 1 Jahr	9.000.000	1,50	6.000.000	1,60	−375.000
Verbindlichkeit, RLZ = 1 Jahr	1.000.000	1,50	666.667	1,60	−41.667
Zinsverbindlichkeit, RLZ < 1 Jahr	250.000	1,55	161.290	1,60	−5.040
Summe	10.250.000	−	6.827.957	−	−421.707

Der Zugangswert des Darlehens einschl. der aufgelaufenen Zinsen für sechs Monate beläuft sich auf 6.827.957 EUR. Die Bewertung zum niedrigeren Stichtagskurs ergibt unrealisierte Währungsgewinne i. H. v. insgesamt 421.707 EUR. Davon sind bei wörtlicher Auslegung des § 256a HGB jene Teile sofort erfolgswirksam zu erfassen, die auf die im Folgejahr fällige Tilgungsrate (41.667 EUR) und auf die Zinsforderung (5.040 EUR) entfallen. Der Rückgang des Euro-Gegenwerts des Darlehensbetrags, der eine Restlaufzeit von mehr als einem Jahr aufweist (9.000.000 USD), bleibt nach dem Anschaffungswert- und Realisationsprinzip hingegen unberücksichtigt.

Diese eingeschränkte Beachtung des Realisationsprinzips macht es erforderlich, die zu unterschiedlichen Kursen umgerechneten Kredit- und Zinsverbindlichkeiten aus der Darlehensaufnahme gesondert fortzuführen, um etwaige Währungserfolge aus der Begleichung dieser Schulden zutreffend zu erfassen.

Im obigen Beispiel mag diese differenzierte Umrechnung der Fremdwährungsverbindlichkeit noch relativ einfach zu handhaben sein. Die Berechnung wird komplexer, wenn U bspw. monatliche Zahlungen zu leisten hat und eine annuitätische Tilgung des Darlehens vereinbart ist. Hier verkehrt sich die als Vereinfachungslösung gedachte Umrechnungsvorschrift des § 256a Satz 2 HGB in ihr Gegenteil. Weitaus einfacher wäre es, den gesamten Darlehensbetrag unter Beachtung des Anschaffungswert- und Realisationsprinzips umzurechnen. Bei dieser Verfahrensweise wird zumindest der Kapitalbetrag mit einem einheitlichen Wechselkurs umgerechnet. Da die Zinsabgrenzung ohnehin gesondert gebucht wird, sollte ihre Umrechnung mit einem ggf. abweichenden Kurs keine übermäßigen Schwierigkeiten verursachen.

Wie sich aus der Begründung des Rechtsausschusses ergibt, war mit dem im Vergleich zum RegE BilMoG angefügten Satz 2 des § 256a HGB keine geänderte Rechtsfolge beabsichtigt. Er sollte vielmehr auf Wunsch der beteiligten Kreise die Vereinfachungslösung für kurzfristige VG und Verbindlichkeiten absichern (vgl. BilMoG-BgrRA, S. 113). Aufgrund dieser Zwecksetzung erscheint es nicht angemessen, aus dem bloßen Wortlaut der Vorschrift auf eine generelle Verpflichtung zur Umrechnung kurzfristiger Posten ohne Beschränkung auf die AK als Obergrenze zu schließen, soweit dies die Währungsumrechnung erschwert. Es liegt nahe, die Anweisung des § 256a Satz 2 HGB in diesen Fällen **teleologisch** auf den beabsichtigten Regelungsgehalt zu **reduzieren**. Folgt man dieser Auslegung des § 256a HGB, stellt sich die Frage, ob kurzfristige Fremdwährungspositionen auch dann unter Beachtung des Anschaffungswert- und Realisationsprinzips umgerechnet werden dürfen, wenn die in § 256a Satz 2 HGB vorgesehene Verfahrensweise keine Erschwernis darstellt. U. E. ist dies zu bejahen.[9] Nach der Regierungsbegründung zum BilMoG kommt der Bezugnahme auf das Anschaffungswert- und Realisationsprinzip bei der Währungsumrechnung eine „besondere Bedeutung"[10] zu. Nur aus Praktikabilitätserwägungen sollte davon bei kurzfristigen VG und Verbindlichkeiten abgesehen werden (dürfen). Dieser Regelungszweck trägt kein Gebot zur Durchbrechung des Anschaffungswert- und Realisationsprinzips. Das gilt umso mehr, als die Bundesregierung von der Vereinfachungsregelung des § 256a Satz 2 HGB offenbar keinen wesentlichen Effekt erwartet hat. Ansonsten hätte es nahe gelegen, für erfasste unrealisierte Gewinne – analog zur Zeitwertbewertung verrechnungspflichtiger VG nach § 253 Abs. 1 Satz 4 HGB – eine Ausschüttungssperre vorzusehen. 22

Den beiden Varianten der Fremdwährungsumrechnung gem. § 256a HGB – Umrechnung mit und ohne Bewertungsvorbehalt – lassen sich weitere Sachverhalte unterordnen. Ebenfalls ohne Beachtung der Vorgaben der §§ 253 Abs. 1 Satz 1, 252 Abs. 1 Nr. 4 2. Hs. HGB zum Devisenkassamittelkurs umzurechnen sind **Finanzinstrumente des Handelsbestands** bei Kreditinstituten und Finanzdienstleistungsinstituten (§ 340e Abs. 3 Satz 1 HGB). Der Grund für die Befreiung dieser Finanzinstrumente von den Bewertungsrestriktionen des Anschaffungswert- und Realisationsprinzips liegt in der Neubewertung dieser VG zu jedem Abschlussstichtag. Fraglich ist, ob es bei der reinen Stichtagsumrechnung 23

---

9 Vgl. dazu auch das abschließende Beispiel unter Rz 37; dagegen *Grottel/Leistner*, in Beck Bil-Komm., 10. Aufl., 2016, § 256a HGB Rz 50; *Hoffmann/Lüdenbach*, NWB-Kommentar Bilanzierung, 8. Aufl., 2017, § 256a HGB Rz 17, 19, die allerdings bei der Tilgung unterliegenden Forderungen und Verbindlichkeiten für Zwecke der Währungsumrechnung die Annahme einer einheitlichen Restlaufzeit als zulässig erachten.

10 Vgl. BilMoG-BgrRegE, S. 62.

auch dann bleibt, wenn nach Wegfall des aktiven Markts für diese Finanzinstrumente auf die AK-Bewertung überzugehen ist. Das dürfte zu verneinen sein. § 256a HGB i. d. F. des RegE sah keinen generellen Vorrang der Bewertungsvorschriften für zu Handelszwecken erworbene Finanzinstrumente vor der Umrechnungsvorschrift vor. Letztere sollte lediglich bei der Marktbewertung dieser Finanzinstrumente nicht zum Tragen kommen. Die endgültige Gesetzesfassung verzichtet „im Interesse einer besseren Lesbarkeit"[11] auf diese Bezugnahme. Bei nicht zum beizulegenden Zeitwert bewerteten Finanzinstrumenten ist damit – soweit sie eine Restlaufzeit von mehr als einem Jahr aufweisen – von einer Begrenzung der Fremdwährungsumrechnung durch das Anschaffungswert- und Realisationsprinzip auszugehen.

24 Auch **Rückstellungen** und **latente Steuern** sollen nach den gesetzlichen Bewertungsanweisungen zu jedem Abschlussstichtag ohne Rücksicht auf ihren Zugangswert neu zu bewerten sein.[12] Dem entspricht es, diese Posten ohne Einschränkung zum Devisenkassamittelkurs am Abschlussstichtag umzurechnen.

25
Beispiel
U hat am 1.11.01 eine Rückstellung für eine Schadenersatzverpflichtung i. H. v. 1,28 Mio. USD gebildet.
Auf Basis des Devisenkassamittelkurses am Einbuchungstag (1,28 USD/ EUR) beläuft sich die Rückstellung auf 1 Mio. EUR (1,28 Mio. USD / 1,28 USD/EUR).
Zum 31.12.01 beträgt der Devisenkassamittelkurs 1,34 USD/EUR. U rechnet mit einer Dauer des Verfahrens von mindestens 16 Monaten.

Datum	Kassakurs USD pro EUR		
	Briefkurs	Geldkurs	Mittelkurs
1.11.01	1,29	1,27	1,28
31.12.01	1,35	1,33	1,34

Ermittlung des Wertansatzes zum 31.12.01:
Der Sachverhalt fällt nicht unter die Auflösungsvorschrift des § 249 Abs. 2 Satz 2 HGB, da der Grund für die Rückstellungsbildung nicht entfallen ist. Es geht um eine reine Bewertungsfrage und damit um den Ansatz des nach vernünftiger kaufmännischer Beurteilung notwendigen Erfüllungsbetrags (vgl. § 253 Abs. 1 Satz 2 HGB; IDW RS HFA 34, Tz 8). Bei Anwendung dieser Vorschrift gilt das Höchstwertprinzip nicht.[13] Unabhängig von der Fristigkeit der ungewissen Verbindlichkeit ist daher die Rückstellung auf 955.224 EUR (1,28 Mio. USD / 1,34 USD/EUR) zu reduzieren.

26 Das Anschaffungswert- und Realisationsprinzip dürfte schließlich auch bei **Sortenbeständen** zu vernachlässigen sein. Aufgrund ihrer regelmäßig untergeordneten Bedeutung für die Darstellung der Vermögens-, Finanz- und Ertrags-

---

[11] Vgl. BilMoG-BgrRA, S. 112.
[12] Vgl. BilMoG-BgrRegE, S. 62.
[13] Vgl. BilMoG-BgrRegE, S. 62.

lage führt ihre Umrechnung zum Devisenkassamittelkurs am Abschlussstichtag allenfalls zum Ausweis unwesentlicher unrealisierter Währungsgewinne.[14]

Nicht alle Transaktionen, die ursprünglich in einer fremden Währung getätigt wurden, unterliegen in der Folgebewertung einer erneuten Umrechnung. Nur einmalig umzurechnen sind in Fremdwährung geleistete Zahlungen im Rahmen von Dauerschuldverhältnissen, die als aktive oder passive **RAP** zu bilanzieren sind.[15] Diese Behandlung geht von einer störungsfreien Abwicklung des Geschäfts aus. Unter diesen Vorzeichen haben Wechselkursschwankungen keine Auswirkungen auf die Höhe des Vermögens. Ist dagegen eine vorzeitige Beendigung oder Rückabwicklung des Geschäfts mit (vollständiger oder teiweiser) Rückgewähr der gezahlten Beträge wahrscheinlich, sind die **RAP** wie Forderungen und Verbindlichkeiten einer Folgebewertung nach den allgemeinen Grundsätzen zu unterwerfen. 27

In gleicher Weise ist mit in fremder Währung geleisteten oder erhaltenen **Anzahlungen** zu verfahren. Obwohl diese formal Ausdruck von Forderungen und Verbindlichkeiten sind, erübrigt sich im Regelfall ihre erneute Umrechnung in der Folgezeit, da sie nicht durch (Rück-)Zahlung, sondern durch Erbringung der Gegenleistung beglichen werden.[16] Tritt eine Leistungsstörung ein, die eine Rückgewähr der Anzahlungen erwarten lässt, gilt das zu RAP Gesagte (vgl. Rz 27) sinngemäß. 28

Ebenfalls keiner währungsbedingten Folgebewertung unterliegen für gewöhnlich **nicht-monetäre Posten**. Dazu gehören Sachanlagen, immaterielle VG und Vorräte. Etwas anderes gilt für Wertpapiere (z.B. Aktien), die (nur) an ausländischen Börsen gehandelt werden. Ferner kann bei materiellen VG (z.B. Vorräten) für Zwecke der Niederstbewertung eine Fremdwährungsumrechnung erforderlich werden. Das ist der Fall, wenn der Beschaffungspreis am Abschlussstichtag aus einem ausländischen Markt abzuleiten ist. Der Vergleichswert zu den AK nach § 253 Abs. 4 HGB ergibt sich dann durch Umrechnung des Wiederbeschaffungspreises mit dem aktuellen Stichtagskurs, ggf. unter Berücksichtigung von Anschaffungsnebenkosten. Entsprechendes gilt bei einer verlustfreien Bewertung von Vorräten, für die ein Verkaufspreis in fremder Währung zu erwarten ist.[17] 29

3.3 Folgebewertung bei verschiedenen Bilanzposten – Zusammenfassung

Nachfolgend werden die getroffenen Feststellungen zur währungsbedingten Folgebewertung für verschiedene Bilanzposten übersichtsartig zusammengefasst.[18] 30

Im Regelfall keine erneute Umrechnung: 31
- RAP (s. Rz 27)
- Erhaltene Anzahlungen (s. Rz 28)
- Nicht-monetäre Posten (Sachanlagevermögen, immaterielle VG, Vorräte; s. Rz 29)

---

14 Vgl. auch BilMoG-BgrRegE, S. 62.
15 Vgl. BilMoG-BgrRegE, S. 62.
16 Das entspricht ihrer Deutung als nicht-monetäre Posten entsprechend der Sichtweise nach IFRS; vgl. *Lüdenbach/Hoffmann/Freiberg*, Haufe IFRS-Kommentar, 15. Aufl. 2017, § 27, Rz 18.
17 Vgl. dazu die Übersicht in *Kessler/Leinen/Strickmann*, BilMoG-RegE, 2008, S. 233.
18 In Anlehnung an *Kessler/Leinen/Strickmann*, BilMoG-RegE, 2008, S. 233.

Umrechnung zum Devisenkassamittelkurs am Abschlussstichtag ohne Bewertungsvorbehalt:
- VG mit einer Restlaufzeit bis ein Jahr (s. Rz 17)
- Verbindlichkeiten mit einer Restlaufzeit bis ein Jahr (s. Rz 17)
- Zu Handelszwecken erworbene Finanzinstrumente bei Kredit- und Finanzdienstleistungsunternehmen (s. Rz 23)
- Rückstellungen (s. Rz 24)
- Latente Steuern (s. Rz 24)
- Sorten (s. Rz 26)

Umrechnung zum Devisenkassamittelkurs am Abschlussstichtag mit Bewertungsvorbehalt:
- (Monetäre) VG mit einer Restlaufzeit größer ein Jahr (s. Rz 17)
- Verbindlichkeiten mit einer Restlaufzeit größer ein Jahr (s. Rz 17)
- In Fremdwährung notierte nicht-monetäre Posten (außer zu Handelszwecken erworbene Finanzinstrumente bei Kredit- und Finanzdienstleistungsunternehmen) (s. Rz 29)
- Alle übrigen Posten aus Fremdwährungsgeschäften

3.4 Ausweis von Umrechnungserfolgen in der Bilanz und in der Gewinn- und Verlustrechnung

32 Auswirkungen der Fremdwährungsumrechnung bei VG oder Schulden sind in der **Bilanz** unmittelbar durch Anpassung des jeweiligen Buchwerts zu berücksichtigen.

33 In der **GuV** sind Erträge und Aufwendungen aus der Fremdwährungsumrechnung nach § 277 Abs. 5 Satz 2 HGB **gesondert** unter den Posten „**sonstige betriebliche Erträge**" bzw. „**sonstige betriebliche Aufwendungen**" auszuweisen. Dazu bietet sich ein Davon-Vermerk oder ein Vorspaltenausweis an. Die Praxis präferiert entgegen dem Wortlaut des § 277 Abs. 5 Satz 2 HGB eine Angabe der umrechnungsbedingten Erfolge im Anhang.

34 Die Ausweisvorschrift gilt nicht für währungsbedingte Abschreibungen nichtmonetärer VG. Sind Vorratsgüter aufgrund währungsbedingt gesunkener Wiederbeschaffungskosten auf einen niedrigeren beizulegenden Wert abzuschreiben, ist der entsprechende Aufwand bei Anwendung des **GKV** unter den Bestandsveränderungen (Posten Nr. 2), im Materialaufwand (Posten Nr. 5) oder – soweit die Abwertung die bei der KapG üblichen Abschreibungen übersteigt – im Posten Nr. 7b des gesetzlichen Gliederungsschemas auszuweisen. Für das **UKV** gelten diese Feststellungen sinngemäß. Entsprechend seiner funktionsorientierten Gliederung erfasst es fertigungsbezogene Abschreibungen infolge geänderter Wechselkurse in den HK des Umsatzes (Posten Nr. 2). Für Zuschreibungen ist ein Ausweis unter den sonstigen betrieblichen Erträgen (Posten Nr. 4 nach GKV bzw. Nr. 6 nach UKV) vorzusehen.

35 Nach Streichung der Posten „**außerordentliche Aufwendungen**" und „**außerordentliche Erträge**" aus dem Gliederungsschema der GuV durch das BilRUG für nach dem 31.12.2015 beginnende Gj stellt sich die Frage eines gesonderten Ausweises außerhalb der gewöhnlichen Geschäftstätigkeit angefallener Erfolge aus der Währungsumrechnung nicht mehr. Zur Rechtslage vor Inkrafttreten des BilRUG s. Vorlauflage.

Der Gesetzeswortlaut lässt nicht klar erkennen, ob von der Ausweisvorschrift 36
des § 277 Abs. 5 Satz 2 HGB nur unrealisierte Erfolge aus der Anwendung des
§ 256a HGB erfasst werden oder ob zusätzlich die in der Berichtsperiode
realisierten währungsbedingten Aufwendungen und Erträge angabepflichtig
sind. Dazu das folgende Beispiel:

Beispiel
U hat im Gj 01 drei Krane in die USA exportiert. Die nachstehende Übersicht gibt Auskunft über den Kurs des Euro zum US-Dollar im Zeitpunkt der Auslieferung der Krane, bei Eingang der Kaufpreisforderungen und am Abschlussstichtag. U hat sich gegen das Währungsrisiko nicht abgesichert.

Datum	Vorgang	Betrag [USD]	Kurs EUR zu USD	Betrag [EUR]	FW-- Erfolg [EUR]
28.09.01	Lieferung Kran 1	3.500.000	1,20	2.916.667	0
12.10.01	Bezahlung Kran 1	3.500.000	1,16	3.017.241	100.574
15.10.01	Lieferung Kran 2	3.000.000	1,20	2.500.000	0
15.11.01	Bezahlung Kran 2	3.000.000	1,24	2.419.355	–80.645
20.12.01	Lieferung Kran 3	4.800.000	1,33	3.600.000	0
31.12.01	Fremdwährungs- umrechnung	4.800.000	1,25	3.840.000	240.000
20.01.02	Bezahlung Kran 3	4.800.000	1,22	3.934.426	94.426

Vertritt man die Auffassung, die Ausweisvorschrift des § 277 Abs. 5 Satz 2 HGB beziehe sich auf alle in der GuV erfassten realisierten und unrealisierten Erfolge aus der Währungsumrechnung[19], hat U in der GuV sonstige betriebliche Erträge aus Währungsumrechnung von 340.574 EUR (100.574 EUR + 240.000 EUR) sowie sonstige betriebliche Aufwendungen aus der Währungsumrechnung von -80.645 EUR anzugeben.
Sieht man den Anwendungsbereich der Regelung dagegen auf reine Umrechnungserfolge i. S. d. § 256a HGB begrenzt, ist lediglich der unrealisierte Erfolg von 240.000 EUR angabepflichtig.

U. E. verlangt § 277 Abs. 5 Satz 2 HGB nur eine Angabe der stichtagsbezogenen Aufwendungen und Erträge aus Währungsumrechnung, nicht dagegen der unterjährig realisierten Erfolge. Dafür spricht die Entstehungsgeschichte der Vorschrift. Sie ist zusammen mit der Umrechnungsvorschrift des § 256a HGB bzw. als Ergebnis ihrer Überarbeitung im Vergleich zum RegE in das Gesetz aufgenommen worden. Zudem spricht sie von Erträgen und Aufwendungen aus der Währungsumrechnung. Realisierte Währungserfolge (z. B. aus der Tilgung von Fremdwährungsforderungen oder – verbindlichkeiten) sind dem-

---

19 Vgl. *Grottel/Leistner*, in Beck Bil-Komm., 10. Aufl., 2016, § 256a HGB Rz 231, mit der Empfehlung einer gesonderten Erläuterung im Anhang.

gegenüber nicht das Ergebnis einer Umrechnung, sondern einer Erfüllungshandlung.[20] Ungeachtet dieser Auslegung der Ausweisvorschrift steht es dem Bilanzierenden frei, sämtliche realisierten und unrealisierten Fremdwährungserfolge der Berichtsperiode in der GuV gesondert auszuweisen oder im Anhang anzugeben. Diese Darstellung sollte jedoch mit einer Erläuterung im Anhang und einer gesonderten Angabe der Umrechnungserfolge gem. § 256a HGB verbunden sein.

3.5 Angaben in Anhang und Lagebericht

37 Seit Inkrafttreten des BilRUG besteht keine ausdrückliche Verpflichtung mehr, die Grundlagen für die Umrechnung von Posten in Euro im Anhang anzugeben. Tätigt das Unt Fremdwährungsgeschäfte in nicht unerheblichem Umfang, sind die Angaben nunmehr als Teil der Bilanzierungs- und Bewertungsmethoden zu machen (vgl. hierzu § 284 Rz 29).

38 Die Anhangangabe ist weiter gefasst als der Regelungsbereich von § 256a HGB, der vom Wortlaut her nur auf fremde Währung lautende VG und Verbindlichkeiten umfasst. Neben Fremdwährungsforderungen und -verbindlichkeiten können von der Angabepflicht insb. auch Rückstellungen für drohende Verluste aus Fremdwährungsgeschäften oder aus Währungssicherungsgeschäften betroffen sein (vgl. § 284 Rz 40).

39 Im **Lagebericht** sind gem. § 289 Abs. 1 Sätze 1 u. 2 HGB der Geschäftsverlauf und die Lage der Ges darzustellen und zu analysieren (vgl. § 289 Rz 28). Hierbei ist u.a. auf die gesamtwirtschaftlichen Rahmenbedingungen einzugehen (s. § 289 Rz 25). Soweit sich wesentliche Auswirkungen aus der Entwicklung der Wechselkurse ergeben haben, sind diese darzulegen. Davon ist insb. dann auszugehen, wenn die Ges umfangreiche Import- und Exportbeziehungen zu „Nicht-Euro-Ländern" unterhält oder wesentliche Beteiligungen in diesen Ländern hält.[21]
§ 289 Abs. 1 Satz 4 HGB ordnet ferner an, im Lagebericht auf die voraussichtliche Entwicklung der Ges mit ihren Chancen und Risiken einzugehen (vgl. § 289 Rz 45). Das erfordert es, bei den von Wechselkursschwankungen stärker betroffenen Unt im Lagebericht die möglichen Auswirkungen von für denkbar gehaltenen Wechselkursentwicklungen aufzuzeigen (s. § 289 Rz 56).

3.6 Abschließendes Beispiel

40 Das nachfolgende Beispiel verdeutlicht das **Zusammenwirken von Zugangs- und Folgebewertung** bei der Umrechnung von Fremdwährungsgeschäften unter Berücksichtigung der Vereinfachungsregelung für kurzfristige Forderungen und Verbindlichkeiten:

---

[20] Im Ergebnis wie hier auch *Zwirner/Künkele/Froschhammer*, BB 2011, S. 1323. *Roß* bevorzugt ebenfalls diese Auslegung, ohne allerdings die andere Ausweisvariante ausschließen zu wollen, vgl. *Roß*, WPg 2012, S. 25.
[21] Vgl. *Grottel/Leistner*, in Beck Bil-Komm., 10. Aufl., 2016, § 256a HGB Rz 276; *Küting/Mojadadr*, in *Küting/Weber*, HdR, HGB § 256a, Rn 120, Stand 6/2010.

Beispiel:[22]
U hat am 1.11.01 von einem Lieferanten in den USA Waren erhalten. Als Zahlungsbedingungen wurden vereinbart:
Variante 1: Kaufpreis 260.000 USD, zahlbar Anfang Januar 02,
Variante 2: Kaufpreis 280.000 USD, zahlbar Anfang Januar 03; ohne Zahlungsziel hätte der Kaufpreis 260.000 USD betragen.
Der Kurs des US-Dollar hat sich zum Euro wie folgt entwickelt:

Datum	Kassakurs USD pro EUR		
	Briefkurs	Geldkurs	Mittelkurs
1.11.01	1,29	1,27	1,28
31.12.01	1,35	1,33	1,34
31.12.02	1,43	1,41	1,42

Zu bewerten ist die Forderung im Jahresabschluss von U zum 31.12.01 und (für Variante 2 zusätzlich) zum 31.12.02.

Variante 1:

Zur Erfüllung der Verbindlichkeit muss U US-Dollar gegen Euro beschaffen. Das legt eine Umrechnung der Fremdwährungsschuld zum Geldkurs nahe. Da die Verbindlichkeit im kommenden Jahr beglichen wird, spricht nichts dagegen, die für die Folgebewertung vorgesehene Vereinfachung auch bei der Zugangsbewertung anzuwenden. Umgerechnet zum Devisenkassamittelkurs von 1,28 ist die Verbindlichkeit danach zum 1.11.01 mit einem Euro-Gegenwert von 203.125 EUR (260.000 USD / 1,28 USD/EUR) einzubuchen.

Zum Abschlussstichtag (31.12.01) ist die Fremdwährungsverbindlichkeit zum aktuellen Devisenkassamittelkurs umzurechnen. Da der US-Dollar gegenüber dem Euro schwächer geworden ist, ermittelt sich eine Verbindlichkeit von nur noch 194.030 EUR (260.000 USD / 1,34 USD/EUR). Der Ansatz des niedrigeren Stichtagswerts verstößt zwar gegen das Realisationsprinzip. § 256a Satz 2 HGB sieht bei kurzfristigen Fremdwährungspositionen indes ausdrücklich eine Stichtagsbewertung vor. Da die Verwendung des Stichtagskurses die Bewertung lediglich vereinfachen soll, bestehen u.E. keine Bedenken gegen einen Ansatz der Verbindlichkeit zum umgerechneten (höheren) Zugangswert (Rz 19ff.). Das ergibt im Beispiel einen Wertansatz von 203.125 EUR. Im Ergebnis besteht nach dieser Auslegung des § 256a HGB ein faktisches Wahlrecht zum Ausweis eines unrealisierten Gewinns aus der Währungsumrechnung von 9.095 EUR, das dem Grundsatz der Bewertungsmethodenstetigkeit unterliegt.

Variante 2:

Werden Verbindlichkeiten aus Austauschgeschäften gestundet, ist im Erfüllungsbetrag ein Zinsanteil anzunehmen. Zinsen, die auf das am Abschlussstichtag noch schwebende Kreditgeschäft entfallen, dürfen nicht passiviert werden. Dementsprechend ist die Kaufpreisschuld zum 1.11.01 mit dem

---

[22] In Anlehnung an *Kessler/Veldkamp*, KoR 2009, S. 248ff.

Barzahlungspreis von 260.000 USD anzusetzen. Das entspricht einem Zugangswert in Euro von 203.125 EUR (260.000 USD / 1,28 USD/EUR).
Für Zwecke der Folgebewertung ist die Verbindlichkeit zunächst in Fremdwährung aufzuzinsen.
Das geschieht mit jenem Zinssatz, der den Barzahlungspreis (260.000 USD) bis zum Fälligkeitstag auf den Zielpreis (280.000 USD) aufzinst. Er lässt sich bspw. durch eine Zielwertsuche in einem Tabellenkalkulationsprogramm errechnen. Das Ergebnis dieser Zielwertsuche liefert einen Zinssatz von 5,94 %. Das entspricht einer monatlichen Verzinsung der Lieferantenverbindlichkeit von 0,495 % (5,94 %/12).

Datum	Entwicklung der Lieferantenverbindlichkeit in USD		
	Monatsanfang	Zinsen	Monatsende
01.11.01	260.000	1.288	261.288
01.12.01	261.288	1.294	262.582
01.01.02	262.582	1.301	263.883
01.02.02	263.883	1.307	265.190
01.03.02	265.190	1.313	266.503
01.04.02	266.503	1.320	267.823
01.05.02	267.823	1.326	269.149
01.06.02	269.149	1.333	270.482
01.07.02	270.482	1.340	271.822
01.08.02	271.822	1.346	273.168
01.09.02	273.168	1.353	274.521
01.10.02	274.521	1.360	275.881
01.11.02	275.881	1.366	277.247
01.12.02	277.247	1.373	278.620
01.01.03	278.620	1.380	280.000

Zum 31.12.01 beläuft sich die Verbindlichkeit aus dem Warenbezug auf 262.582 USD. Um den Gegenwert in Euro zu ermitteln, ist in einem ersten Schritt die Kaufpreisschuld (260.000 USD) umzurechnen. Der am Stichtag gültige Devisenkassamittelkurs von 1,34 USD/EUR liefert einen Betrag von 194.030 EUR. Da die Verbindlichkeit zum 31.12.01 eine Restlaufzeit von mehr als einem Jahr hat, darf der unter dem Zugangswert von 203.125 EUR liegende Stichtagswert bilanziell keine Berücksichtigung finden.
Der umgerechnete Zugangswert der Kaufpreisschuld ist sodann um die aufgelaufenen Zinsen fortzuschreiben. Dazu sind die Zinsen von 2.582 USD mit dem Durchschnittskurs für November und Dezember 01 von 1,31 USD/EUR umzurechnen. Das ergibt einen Betrag von 1.971 EUR. Insgesamt errechnet sich damit für die Kaufpreisverbindlichkeit zum 31.12.01 ein Buchwert von 205.096 EUR. Eine Abwertung auf den niedrigeren Stichtagswert

von 195.957 EUR (262.582 USD / 1,34 USD/EUR) würde erneut gegen das Realisationsprinzip verstoßen und scheidet damit aus.

Eine alternative Deutung des Anschaffungswert- bzw. Realisationsprinzips könnte darin gesehen werden, die Kaufpreisverbindlichkeit zum Stichtag mit dem höheren Wert aus ihrem Zugangswert (203.125 EUR) und dem umgerechneten, in US-Dollar fortgeschriebenen Stichtagswert (195.957 EUR) anzusetzen. Im Beispiel wäre nach dieser Sichtweise der zum 1.11.01 eingebuchte Zugangswert der Verbindlichkeit zum 31.12.01 beizubehalten. Ökonomisch mag man diese Verfahrensweise mit dem Gedanken begründen, die Verpflichtung gegenüber dem Lieferanten habe sich im Vergleich zum Zeitpunkt ihrer Begründung nicht erhöht, da der Anstieg aufgrund der aufgelaufenen Zinsen durch den Währungsgewinn aus der Dollarschwäche mehr als kompensiert worden ist. Dieser Auslegung des § 256a HGB ist nicht zu folgen. Ihr steht zum einen die Vorschrift des § 246 Abs. 2 HGB entgegen, nach der Aufwendungen (hier: der Zinsaufwand aus der Kreditierung der Lieferantenverbindlichkeit) nicht mit Erträgen (hier: der Währungsgewinn) verrechnet werden dürfen. In materieller Hinsicht würde diese Verrechnung zum anderen das Höchstwertprinzip unterlaufen.

Zum 31.12.02 valutiert die aufgezinste Lieferantenverbindlichkeit mit 278.620 USD. Der fortgeschriebene Euro-Gegenwert ermittelt sich als Summe aus dem umgerechneten Zugangswert der Lieferantenverbindlichkeit (203.125 EUR) und dem Zugangswert der im Gj 01 aufgelaufenen Zinsen (1.971 EUR) zzgl. des mit dem Durchschnittskurs errechneten Zugangswerts der im Gj 02 angefallenen Zinsen (11.622 EUR = 16.038 USD / 1,38 USD/EUR). Das sind insgesamt 216.718 EUR. Der zum Devisenkassamittelkurs am 31.12.02 umgerechnete Stichtagswert der Lieferantenverbindlichkeit beläuft sich demgegenüber auf 196.211 EUR (278.620 USD / 1,42 USD/EUR). Da die Verbindlichkeit nunmehr eine Restlaufzeit von weniger als einem Jahr hat, ist dieser Wert nach dem Wortlaut des § 256a HGB anzusetzen. Nach der hier vertretenen Auffassung spricht allerdings nichts dagegen, dem Höchstwert- und Realisationsprinzip Vorrang einzuräumen und auf eine Abwertung der Verbindlichkeit unter den um aufgelaufene Zinsen fortgeführten Zugangswert zu verzichten.

Entscheidet sich U für die Umrechnung der Verbindlichkeit zum Stichtagskurs, ist in der GuV das Verrechnungsverbot des § 246 Abs. 1 HGB zu beachten. D. h., die im Gj 02 angefallenen Zinsaufwendungen sind im Finanzergebnis und der Ertrag aus dem Rückgang des Dollarkurses ist (gesondert) unter den sonstigen betrieblichen Erträgen zu erfassen.

4 Latente Steuern

Die Umrechnung von Geschäftsvorfällen in fremder Währung kann zu **Abweichungen** zwischen den **HGB-Wertansätzen** der betreffenden VG und Schulden und deren **Steuerwerten** führen. Bei großen und mittelgroßen KapG können daraus latente Steuern nach § 274 HGB zu erfassen sein. 41

42 Temporäre Differenzen ergeben sich bei Fremdwährungsgeschäften aus der nur eingeschränkten Geltung des Anschaffungswert- und Realisationsprinzips in der HB. Wertet der Euro gegenüber einer fremden Währung auf, führt das bei **kurzfristigen Fremdwährungsforderungen** zu einem Anstieg ihres Gegenwerts in Euro. Der daraus resultierende Ertrag ist nach dem Wortlaut des § 256a Satz 2 HGB (vgl. aber auch Rz 40) unter Umgehung des Realisationsprinzips in der handelsrechtlichen GuV auszuweisen. In der **Steuerbilanz** gilt demgegenüber nach § 6 EStG das **Anschaffungswertprinzip**.[23] Dementsprechend dürfen die Euro-AK der Forderung nicht überschritten werden. Aufgrund des höheren Vermögensausweises in der HB sind nach § 274 HGB passive latente Steuern zu bilden.

43 Spiegelbildlich stellt sich die Situation auf der Passivseite der Bilanz dar. Wertet der Euro im Vergleich zur fremden Währung auf, sinkt der Euro-Gegenwert der betreffenden **Fremdwährungsverbindlichkeit**. Wiederum fordert § 256a Satz 2 HGB bei kurzfristigen Schulden den Ansatz des niedrigeren Stichtagswerts. In der Steuerbilanz bleibt es beim Ansatz des höheren Rückzahlungsbetrags. Auf den Bewertungsunterschied sind passive latente Steuern zu bilden.

44 Auch die währungskursbedingte Abwertung von VG bzw. Aufwertung von Schulden kann Anlass für eine Steuerlatenzierung sein. Das ist der Fall, soweit die handelsrechtlich erfasste Wertkorrektur voraussichtlich nicht dauernd ist. Da in der Steuerbilanz der niedrigere bzw. (bei Schulden) höhere Teilwert in diesen Fällen nicht angesetzt werden darf, weichen die handels- und steuerrechtlichen Wertansätze voneinander ab. Aufgrund des niedrigeren (Netto-)Vermögensausweises in der HB ist die Bildung aktiver latenter Steuern in Erwägung zu ziehen.[24]

---

[23] Vgl. *Mutscher*, in *Frotscher*, EStG, § 6 EStG, Rz 34, Rz 118.
[24] Vgl. zur Teilwertabschreibung bei voraussichtlich dauernder Wertminderung BMF, Schreiben v. 2.9.2016, IV C 6 – S 2171, BStBl. I 2016, S. 995.

§ 257 Aufbewahrung von Unterlagen. Aufbewahrungsfristen

(1) Jeder Kaufmann ist verpflichtet, die folgenden Unterlagen geordnet aufzubewahren:
1. Handelsbücher, Inventare, Eröffnungsbilanzen, Jahresabschlüsse, Einzelabschlüsse nach § 325 Abs. 2a, Lageberichte, Konzernabschlüsse, Konzernlageberichte sowie die zu ihrem Verständnis erforderlichen Arbeitsanweisungen und sonstigen Organisationsunterlagen,
2. die empfangenen Handelsbriefe,
3. Wiedergaben der abgesandten Handelsbriefe,
4. Belege für Buchungen in den von ihm nach § 238 Abs. 1 zu führenden Büchern (Buchungsbelege).

(2) Handelsbriefe sind nur Schriftstücke, die ein Handelsgeschäft betreffen.

(3) ¹Mit Ausnahme der Eröffnungsbilanzen und Abschlüsse können die in Absatz 1 aufgeführten Unterlagen auch als Wiedergabe auf einem Bildträger oder auf anderen Datenträgern aufbewahrt werden, wenn dies den Grundsätzen ordnungsmäßiger Buchführung entspricht und sichergestellt ist, dass die Wiedergabe oder die Daten
1. mit den empfangenen Handelsbriefen und den Buchungsbelegen bildlich und mit den anderen Unterlagen inhaltlich übereinstimmen, wenn sie lesbar gemacht werden,
2. während der Dauer der Aufbewahrungsfrist verfügbar sind und jederzeit innerhalb angemessener Frist lesbar gemacht werden können.

²Sind Unterlagen auf Grund des § 239 Abs. 4 Satz 1 auf Datenträgern hergestellt worden, können statt des Datenträgers die Daten auch ausgedruckt aufbewahrt werden; die ausgedruckten Unterlagen können auch nach Satz 1 aufbewahrt werden.

(4) Die in Absatz 1 Nr. 1 und 4 aufgeführten Unterlagen sind zehn Jahre, die sonstigen in Absatz 1 aufgeführten Unterlagen sechs Jahre aufzubewahren.

(5) Die Aufbewahrungsfrist beginnt mit dem Schluß des Kalenderjahrs, in dem die letzte Eintragung in das Handelsbuch gemacht, das Inventar aufgestellt, die Eröffnungsbilanz oder der Jahresabschluß festgestellt, der Einzelabschluss nach § 325 Abs. 2a oder der Konzernabschluß aufgestellt, der Handelsbrief empfangen oder abgesandt worden oder der Buchungsbeleg entstanden ist.

WP STB DIRK VELDKAMP

Inhaltsübersicht

		Rz
1	Überblick	1–9
2	Gegenstand der Aufbewahrungspflicht (Abs. 1 und 2)	10–16
	2.1 Unterlagen mit einer Aufbewahrungspflicht von zehn Jahren	10–14
	2.2 Unterlagen mit einer Aufbewahrungspflicht von sechs Jahren	15
	2.3 Mögliche Zweifelsfragen	16

3	Formen und Ort der Aufbewahrung (Abs. 3)	17–26
	3.1 Formen der Aufbewahrung.........................	17–23
	3.2 Ort der Aufbewahrung............................	24–26
4	Dauer der Aufbewahrung..............................	27–34
	4.1 Aufbewahrungsfristen (Abs. 4).....................	27–29
	4.2 Fristberechnung (Abs. 5)..........................	30–34
5	Recht zur Vernichtung nach Fristablauf	35
6	Rechtsfolgen bei Verletzung der Aufbewahrungspflicht	36–37

1 Überblick

1 Die **handelsrechtlichen** Aufbewahrungspflichten des § 257 HGB sind im Zusammenhang mit den Buchführungs- und Aufzeichnungspflichten nach § 238 HGB zu sehen. Den Aufbewahrungsvorschriften kommen insb. Dokumentations- und Beweissicherungsfunktionen zu. Für die mit der Aufbewahrung verbundenen Aufwendungen sind Rückstellungen zu bilden (vgl. § 249 Rz 210).[1]

2 **Adressaten** von § 257 HGB sind alle Kfl. sowie alle Körperschaften, die, ohne Kfm. zu sein, Bücher nach den Vorschriften des HGB führen müssen und keine anderen Aufbewahrungspflichten zu befolgen haben.[2]

3 **Verantwortlich** für die Erfüllung der Aufbewahrungspflicht ist der Kfm. selbst. Bei der OHG sind das alle Gesellschafter, bei der KG und der KGaA der Komplementär, bei KapG die zuständigen Organe. Die Eigenverantwortung des Kfm. gilt auch, wenn die Buchführung außer Haus durchgeführt wird.[3]

4 § 257 HGB bezieht sich vor allem auf Jahresabschlüsse und Konzernabschlüsse, Lageberichte und Konzernlageberichte sowie IFRS-Abschlüsse nach § 325 Abs. 2a HGB. Weiterhin umfasst die Vorschrift Eröffnungsbilanzen, Zwischenabschlüsse sowie Abschlüsse für Rumpf-Gj.

5 Aufbewahrungs- und Buchführungspflichten beginnen mit dem Beginn und enden mit der Beendigung der Kaufmannseigenschaft. Die Aufbewahrungspflicht überdauert den Tod des Kfm. ebenso wie die Insolvenz, die Auflösung und die Veräußerung des Handelsgeschäfts.[4]

6 > **Beispiel 1**
> Die M GmbH stellt am 1.1.01 einen Insolvenzantrag. Am 2.1.01 bestellt das Amtsgericht den X als vorläufigen Insolvenzverwalter. Nach Eröffnung des Insolvenzverfahrens zu Beginn des 20.1.01 wird Z als endgültiger Insolvenzverwalter der Z bestellt.
> Bis zum Ablauf des 1.1.01 ist die Geschäftsführung für die Aufbewahrungspflichten zuständig. Vom 2.1.01 bis zum Ablauf des 19.1.01 ist X (§§ 21, 22 InsO), ab dem 20.1.01 Z (§§ 35, 36, 148 InsO) für die Erfüllung der Aufbewahrungspflichten verantwortlich.

---

[1] Vgl. dazu auch *IDW* RH HFA 1.009.
[2] Ergänzend zum Adressatenkreis vgl. etwa ADS, 6. Aufl., § 257 HGB, 9ff.; *Isele*, in *Küting/Pfitzer/Weber*, HdR, HGB § 257, Rn 12ff., Stand 04/2011.
[3] Vgl. IDW RS FAIT 1, Tz 18 i.V.m. Tz 114.
[4] Ergänzend vgl. etwa ADS, 6. Aufl., § 257 HGB, 10f.

> **Beispiel 2** 7
> Die A GmbH beantragt am 15.10.01 die Liquidation. Am 30.10.01 wird die Ges. als A GmbH i.L. ins HR eingetragen, als Liquidator wird L bestellt. Am 25.12.03 wird die A GmbH iL im Handelsregister gelöscht.
> Bis zum Ablauf des 29.10.01 ist die Geschäftsführung für die Aufbewahrungspflichten zuständig. In der Abwicklungsphase vom 30.10.01 bis zum 25.12.03 besteht die Ges. mit geändertem Zweck weiter, der dann agierende Liquidator L ist in diesem Zeitraum der Aufbewahrungspflicht unterworfen (§ 71 Abs. 2 GmbHG). Die bis zum 25.12.03 angefallenen Unterlagen[5] sind für zehn Jahre einem der bisherigen Gesellschafter oder einem Dritten in Verwahrung zu geben. Grundsätzlich ist der Gesellschaftsvertrag für die Regelung der Aufbewahrungspflicht maßgeblich, notfalls beschließt das Gericht (§ 74 Abs. 2 GmbHG). Der Fristlauf beginnt mit dem auf die Hinterlegung folgenden Tag (§ 187 Abs. 1 BGB).
> Hinweis: Für die OHG und die KG gilt Vergleichbares nach § 157 Abs. 2 HGB. Für die AG bestimmt das Registergericht den Ort der Aufbewahrung von Amts wegen (§ 273 Abs. 2 AktG).

Die **steuerrechtlichen** Aufbewahrungsfristen sind in § 147 AO geregelt. Der Kreis der Aufbewahrungspflichtigen geht über denjenigen des § 257 HGB hinaus, die §§ 140 ff. AO umfassen etwa auch die nicht in das HR eingetragenen Kann-Kfl. 8

Der Umfang der aufzubewahrenden Unterlagen ist nach Steuerrecht größer als nach Handelsrecht[6]: Das Steuerrecht umfasst z.B. auch außersteuerrechtliche Buchführungs- und Aufzeichnungsvorschriften. 9

2 Gegenstand der Aufbewahrungspflicht (Abs. 1 und 2)

2.1 Unterlagen mit einer Aufbewahrungspflicht von zehn Jahren

Zu den aufbewahrungspflichtigen **Handelsbüchern** gehören auch Nebenbücher wie Kassenbücher und Lagerbücher, Wechsel- und Scheckkopierbücher, Unterlagen der Lohnbuchführung, Belege einer Offene-Posten-Buchhaltung und die Betriebsabrechnung (zum Begriff der Handelsbücher vgl. auch § 238 Rz 43).[7] MU müssen ergänzend die für die Konzernrechnungslegung erforderlichen Unterlagen aufbewahren. 10

Zu den **Inventurunterlagen** gehören insb. Aufnahmelisten und Verzeichnisse (z.B. Anlagenverzeichnis, Saldenlisten für Debitoren und Kreditoren). 11

Eröffnungsbilanzen sind nur zu Beginn des Handelsgewerbes bzw. zu Beginn der Buchführungspflicht aufzubewahren. Die Aufbewahrungspflicht gilt damit 12

---

5   Gegenstand der Verwahrung sind die Bücher und Schriften der Ges. i.S.d. § 257 HGB einschl. der im Laufe der Liquidation angefallenen Unterlagen (insb. die Schlussrechnung und Belege über den Gläubigeraufruf).
6   Vgl. z.B. *Seemann*, in *Frotscher/Geurts*, EStG, § 50b EStG, 34, Stand 1/2008; *Drüen*, in *Tipke/Kruse*, AO/FGO, § 140 AO, Tz 12–14.
7   Vgl. *Winkeljohann/Philipps*, in Beck Bil-Komm., 10. Aufl., § 257 HGB, Rz 10; ADS, 6. Aufl., § 257 HGB, Rz 16 f.

nicht für die Eröffnungsbilanz des jeweiligen Gj (gleich Schlussbilanz des abgelaufenen Gj).
Jahresabschlüsse, EA nach § 325 Abs. 2a HGB und Lageberichte sind in der gesetzlich vorgeschriebenen Form, d.h. vom Kfm. nach § 245 HGB unterzeichnet (und bei prüfungspflichtigen Unt mit dem Bestätigungsvermerk versehen), aufzubewahren.
Für **Konzernabschlüsse und Konzernlageberichte** gelten die vorgenannten Ausführungen entsprechend.

13 Zum **Verständnis erforderliche Arbeitsanweisungen und sonstige Organisationsunterlagen** sind in § 257 Abs. 1 Nr. 1 HGB separat genannt. Dazu können etwa Kontenpläne, Verfahrensdokumentationen oder Unterlagen zum Risikofrüherkennungssystem zählen.[8] Auch zur Ableitung des Konzernabschlusses erforderliche Aufzeichnungen (z.B. Fortentwicklungen von Firmenwerten, stillen Reserven und Lasten) dürften unter diese Vorschrift zu fassen sein.

14 **Buchungsbelege** sind alle Nachweise, die die einzelnen Geschäftsvorfälle widerspiegeln. Unter den Buchungsbelegen sind sowohl Eigen- als auch Fremdbelege zu verstehen.

2.2 Unterlagen mit einer Aufbewahrungspflicht von sechs Jahren

15 **Handelsbriefe** sind Schriftstücke, die die Vorbereitung, den Abschluss und die Durchführung eines Handelsgeschäfts betreffen (§ 257 Abs. 2 HGB). Die Aufbewahrungspflicht empfangener Handelsbriefe richtet sich nach § 257 Abs. 1 Nr. 2 HGB, die der abgesandten Handelsbriefe (Kopien) nach § 257 Abs. 1 Nr. 3 HGB. Über telefonische rechtsgeschäftliche Erklärungen gefertigte Notizen sind ebenfalls aufbewahrungspflichtig.[9] Zu den aufbewahrungspflichtigen Schriftstücken gehören auch Telefaxe oder elektronische Nachrichten.[10]
Sofern **Handelsbriefe gleichzeitig als Buchungsbelege** dienen (z.B. durch Hinzufügung von Buchungsanweisungen, Kontierungsstempel), gilt für sie eine Aufbewahrungspflicht von zehn Jahren.

2.3 Mögliche Zweifelsfragen

16 Trotz der Fülle an Vorgaben in § 257 HGB verbleiben Zweifelsfälle. **Unklar** ist etwa, **wie lange Prüfungsberichte** des AP und Vorstands- bzw. Aufsichtsratsprotokolle **aufbewahrungspflichtig** sind. Stellt man auf ihre Bedeutung für das Verständnis der Geschäftsvorfälle und/oder des Jahresabschlusses ab, so ist eine Aufbewahrung von zehn Jahren nahe liegend.[11] Auch die Aufbewahrungsfrist von **Unterlagen zur Dokumentation von Bewertungseinheiten** lässt sich aus dem Gesetz **nicht** eindeutig entnehmen. Nach der hier vertretenen Auffassung müsste – wegen der Nähe zur Buchführung – eine Frist von zehn Jahren gelten

---

[8] Vgl. dazu IDW RS FAIT 1, Tz 52 ff.
[9] Vgl. *Winkeljohann/Philipps*, in Beck Bil-Komm., 10. Aufl., § 257 HGB, Rz 15; ADS, 6. Aufl., § 257 HGB, Rz 34.
[10] Bzgl. der Aufbewahrungspflichten beim EDI (*Electronic Data Interchange*) vgl. IDW RS FAIT 2, Tz 47 ff.
[11] Vgl. *Winkeljohann/Philipps*, in Beck Bil-Komm., 10. Aufl., § 257 HGB, Rz 17; ADS, 6. Aufl., § 257 HGB, Rz 43.

(zu den Anforderungen an die Dokumentation bei der Bildung von Bewertungseinheiten vgl. § 254 Rz 47).

3 Formen und Ort der Aufbewahrung (Abs. 3)

3.1 Formen der Aufbewahrung

Die Unterlagen sind **geordnet** aufzubewahren. Sie müssen so übersichtlich angelegt und gegliedert sein, dass sie in angemessener Zeit und unter angemessenen Kosten problemlos zugänglich und für sachverständige Dritte durchschaubar gemacht werden können.

Alle Unterlagen **können** im **Original** aufbewahrt werden. Im Original **müssen** die **Eröffnungsbilanzen** und die anderen **Abschlüsse** (Jahresabschlüsse, EA und Konzernabschlüsse) aufbewahrt werden. Grund hierfür ist die besondere Bedeutung dieser Unterlagen für die Dokumentation und Nachprüfbarkeit.[12] Dabei muss es sich jeweils um ein Exemplar handeln, das den gesetzlichen Anforderungen genügt. D. h., es muss ggf. unterschrieben und testiert sein.[13]

Für alle anderen Unterlagen genügt die Aufbewahrung in Form der Wiedergabe auf einem Bildträger oder die Aufbewahrung auf anderen Datenträgern (vgl. § 239 Rz 38 ff.). Auf Datenträgern hergestellte Unterlagen dürfen nach § 257 Abs. 3 Satz 2 HGB auch ausgedruckt aufbewahrt werden.

Bildliche Übereinstimmung wird für empfangene Handelsbriefe und Buchungsbelege verlangt. Bei den übrigen Unterlagen genügt die inhaltliche Übereinstimmung, d.h., die Wiedergaben müssen vollständig und inhaltlich richtig sein. Vollständigkeit ist z.B. bei empfangenen Handelsbriefen nur gegeben, wenn auch die mitübersandten AGB reproduziert werden.[14]

Für die Wiedergabe von Bildträgern hat der AWV Mikrofilm-Grundsätze formuliert. Bei den **Mikroverfilmungen** kann es sich um bildliche und/oder inhaltliche Aufzeichnungen handeln. Bildliche und/oder inhaltliche Übereinstimmung kann auch mittels elektronischer oder digital optischer Archivierung erreicht werden.[15]

Zu den **anderen Datenträgern** i.S.v. § 257 Abs. 3 HGB zählen z.B. Magnetband, Magnetplatte, Bildplatte, Diskette, CD-ROM und Festspeicher. Auch diese Form der Aufbewahrung muss den GoB entsprechen. Der Begriffsinhalt des Datenträgers ist so gefasst, dass er für neuere technische Entwicklungen offen ist.[16]

Neuere Entwicklungen sind regelmäßig der EDV zuzuordnen und nach den GoBS zu beurteilen. Nach § 257 Abs. 3 Satz 2 HGB können die auf Datenträgern hergestellten Unterlagen auch als Ausdrucke dieser Daten aufbewahrt werden.[17]

---

12 Vgl. *Isele*, in *Küting/Pfitzer/Weber*, HdR, HGB § 257, Rn 62, Stand 04/2011.
13 Vgl. ADS, 6. Aufl., § 257 HGB, Rz 51.
14 Vgl. *Winkeljohann/Philipps*, in Beck Bil-Komm., 10. Aufl., § 257 HGB, Rz 20.
15 Vgl. IDW RS FAIT 3, Tz 64 f.
16 Vgl. *Winkeljohann/Philipps*, in Beck Bil-Komm., 10. Aufl., § 257 HGB, Rz 20.
17 Vgl. zu den neueren Speichermedien allgemein auch IDW RS FAIT 3.

3.2 Ort der Aufbewahrung

24 **Handelsrechtlich** ist kein Ort der Aufbewahrung vorgeschrieben (vgl. § 238 Rz 58). Der Ort der Aufbewahrung lässt sich allenfalls aus §§ 238 Abs. 1 Satz 2, 239 Abs. 4 Satz 2, 257 Abs. 3 Satz 1 Nr. 2 HGB ableiten, wonach die Unterlagen innerhalb angemessener Zeit verfügbar sein müssen. Demzufolge sind etwa inländische Zweigniederlassungen ausländischer Unt handelsrechtlich nicht verpflichtet, ihre Unterlagen im Inland aufzubewahren.

25 **Steuerrechtlich** sind gem. § 146 Abs. 2 Satz 1 AO die Bücher und die sonstigen Aufzeichnungen im Geltungsbereich der AO zu führen und aufzubewahren. Die handelsrechtliche Aufbewahrung wird i.d.R. gleichzeitig steuerrechtlichen Pflichten dienen. Daher wird die Aufbewahrung auch handelsrechtlich gem. § 146 Abs. 2 Satz 1 AO stattfinden. Innerhalb des Geltungsbereichs der AO kann der Ort der Aufbewahrung zwar frei gewählt werden. Allerdings bestimmt § 146 Abs. 5 Satz 2 AO, dass die Daten jederzeit verfügbar sein müssen und deren Lesbarkeit unverzüglich hergestellt werden können muss. Dadurch wird die Wahl des Aufbewahrungsorts zumindest eingeschränkt. Im Gegensatz zum Handelsrecht sind auch inländische Zweigniederlassungen ausländischer Unt verpflichtet, ihre Unterlagen im Inland aufzubewahren (vgl. § 238 Rz 59). Denkbar ist allerdings der Antrag auf Bewilligung einer Erleichterung nach § 148 AO.

26 **Zusammenfassend** lässt sich daher sagen, dass der Aufbewahrungsort im Inland grds. frei gewählt werden kann, soweit die Verfügbarkeit in angemessener Zeit gewährleistet ist.

4 Dauer der Aufbewahrung

4.1 Aufbewahrungsfristen (Abs. 4)

27 Die **handelsrechtliche** Aufbewahrungsfrist beträgt zehn oder sechs Jahre. Die Aufbewahrungsfrist von **zehn** Jahren gilt für
- Handelsbücher,
- Inventare,
- Eröffnungsbilanzen,
- Jahreabschlüsse, Lageberichte,
- Konzernabschlüsse, Konzernlageberichte,
- EA nach § 325 Abs. 2a HGB,
- Arbeitsanweisungen und sonstige Organisationsunterlagen,
- Buchungsbelege.

Die Aufbewahrungsfrist von **sechs** Jahren gilt für die übrigen aufbewahrungspflichtigen Unterlagen, also etwa für
- empfangene Handelsbriefe,
- Wiedergaben der abgesandten Handelsbriefe.

28 Für die Aufbewahrung nach **Steuerrecht** gelten nach der AO grds. die gleichen Fristen, sofern nicht in anderen Gesetzen kürzere Fristen zugelassen sind. Allerdings läuft nach § 147 Abs. 3 AO die Aufbewahrungsfrist nicht ab, soweit und solange die Unterlagen für Steuern von Bedeutung sind, für welche die Festsetzungsfrist noch nicht abgelaufen ist.

Die **Aufbewahrungsfristen** für ausgewählte wichtige Unterlagen zeigt die nachfolgende Übersicht. Eine umfangreiche Auflistung findet sich in der AWV-Schrift Nr. 09 155.[18]

Beleg	Aufbewahrungsfrist
Abbaumeldungen (soweit Buchungsbelege)	10 Jahre
Abfallsammelmeldungen (soweit Buchungsbelege)	10 Jahre
Abhängigkeitsberichte	10 Jahre
Ablaufdiagramme (für gesetzlich vorgeschriebene Konzernabschlüsse)	10 Jahre
Abrechnungsübersichten	0 Jahre
Abrechnungsunterlagen (soweit Buchungsbelege)	10 Jahre
Abschlagszahlungen	10 Jahre
Abschlussbuchungsbelege	10 Jahre
Abschlusskonten	10 Jahre
Abschlussrechnungen	10 Jahre
Abschreibungsunterlagen	10 Jahre
Abtretungserklärungen nach Erledigung	6 Jahre
Abwertungsbelege	10 Jahre
Akkordunterlagen (soweit Buchungsbelege)	10 Jahre
Akkreditive	6 Jahre
Aktenregister, allgemeine	0 Jahre
Aktenvermerke (soweit Buchungsbelege)	10 Jahre
An- und Abwesenheitsmeldungen (soweit Buchungsbelege)	10 Jahre
An-, Ab- und Ummeldungen zur Krankenkasse	6 Jahre
Änderungsnachweise der EDV-Buchführung	10 Jahre
Angebote, die zum Auftrag geführt haben	6 Jahre
Angebotsunterlagen, die nicht zum Auftrag geführt haben	0 Jahre
Angestelltenversicherung (soweit Buchungsbelege)	10 Jahre
Anhang zum Jahresabschluss (§ 264 HGB)	10 Jahre

---

[18] Weitere Auflistungen finden sich bei *Winkeljohann/Philipps*, in Beck Bil-Komm., 10. Aufl., § 257 HGB, Rz 27, und *Pulte*, NWB 2008, Fach 18, S. 939 ff.

Beleg	Aufbewahrungsfrist
Anlageninventare	10 Jahre
Anlagenunterhaltungskosten (soweit Buchungsbelege)	10 Jahre
Anlagenverzeichnis	10 Jahre
Anlagevermögensbücher und -karteien	10 Jahre
Anleihebücher	10 Jahre
Anleihen	6 Jahre
Anträge auf Arbeitnehmersparzulagen	6 Jahre
Anträge des Steuerpflichtigen	0 Jahre
Anwesenheitslisten, soweit für die Lohnbuchhaltung erforderlich	10 Jahre
Anzahlungsunterlagen	6 Jahre
Arbeitgeberdarlehen	6 Jahre
Arbeitgeberzuschusskarten (soweit Buchungsbelege)	10 Jahre
Arbeitsanweisungen für EDV-Buchführung	10 Jahre
Arbeitsanweisungen für Fachabteilungen (für gesetzlich vorgeschriebene Konzernabschlüsse)	10 Jahre
Arbeitsaufträge	0 Jahre
Arbeitsplatzbeschreibungen	0 Jahre
Aufbewahrungsvorschriften für betriebliche EDV-Dokumentationen	10 Jahre
Aufsichtsratsvergütung (soweit Buchungsbelege)	10 Jahre
Auftragsbücher	6 Jahre
Auftragskostenbelege	10 Jahre
Auftragseingangs- und Bestandslisten	0 Jahre
Aufzeichnungen	10 Jahre
Ausfuhrunterlagen	6 Jahre
Außenprüfungsunterlagen	0 Jahre
Ausgangsrechnungen	10 Jahre
Aushänge	0 Jahre
Auskunftsunterlagen	0 Jahre
Ausschusslisten als Buchungsbelege	10 Jahre

Beleg	Aufbewahrungsfrist
Außendienstabrechnungen	10 Jahre
Außenhandelsunterlagen	6 Jahre
Auszahlungsbelege	10 Jahre
Bahnabrechnungen	10 Jahre
Bankbelege	10 Jahre
Bankbürgschaften	6 Jahre
Bareinkaufs- und -verkaufsunterlagen	10 Jahre
Bauantragskostennachweise	6 Jahre
Baubeschreibungen	6 Jahre
Baubücher (Inventurunterlagen)	10 Jahre
Baugenehmigungen	6 Jahre
Bedienerhandbücher Rechnerbetrieb	10 Jahre
Beförderungssteuernachweise	6 Jahre
Beherrschungsverträge (nach Vertragsende)	10 Jahre
Beitragsabrechnungen der Sozialversicherungsträger (soweit Buchungsbelege)	10 Jahre
Belege, soweit Buchfunktion (Offene-Posten-Buchhaltung)	10 Jahre
Belegformate	10 Jahre
Bergschädenunterlagen als Buchungsbelege	10 Jahre
Bestandsberichtigungen	10 Jahre
Bestandsermittlungen (Inventurunterlagen)	10 Jahre
Bestandsverzeichnisse	10 Jahre
Bestell- und Auftragsunterlagen	6 Jahre
Betriebsabrechnungsbögen mit Belegen als Bewertungsunterlagen	10 Jahre
Betriebskostenrechnungen	10 Jahre
Betriebsprüfungsberichte	6 Jahre
Betriebsratsangelegenheiten	0 Jahre
Betriebsunfallunterlagen	6 Jahre
Bewertungsunterlagen (soweit Buchungsbelege)	10 Jahre

Beleg	Aufbewahrungsfrist
Bewirtungsunterlagen (soweit Buchungsbelege)	10 Jahre
Bezugskostennachweise	10 Jahre
Bilanzbücher	10 Jahre
Bilanzen (Jahresbilanzen)	10 Jahre
Bilanzkonten	10 Jahre
Bilanzunterlagen	10 Jahre
Blockdiagramme, soweit Verfahrensdokumentation	10 Jahre
Börsenaufträge	6 Jahre
Bruttoerlösnachweise	6 Jahre
Bruttolohnlisten	6 Jahre
Bruttolohnsammelkarten	6 Jahre
Bruttolohnstreifen	6 Jahre
Buchführungsrichtlinien (für gesetzlich vorgeschriebene Konzernabschlüsse)	10 Jahre
Buchungsanweisungen	10 Jahre
Buchungsbelege	10 Jahre
Budget und Budgetunterlagen	0 Jahre
Bürgschaftsunterlagen	6 Jahre
Bußgeldrechtliche Ermittlungen	0 Jahre
Carnetunterlagen (Nachweis der ordnungsgemäßen Durchführung der Beförderung)	6 Jahre
Clearing-Auszüge	6 Jahre
Clearing-Belege	10 Jahre
Code-Pläne zum Verständnis der Buchführung	10 Jahre
Codierungslisten	10 Jahre
COM-Verfahrensbeschreibungen	10 Jahre
cpd-Konten (Konto pro Diverse)	10 Jahre
Datenträger (von Handelsbüchern, Inventaren, Lageberichten, Konzernlageberichten einschließlich der zum Verständnis erforderlichen Arbeitsanweisungen und Organisationsunterlagen)	10 Jahre
Datenträger von Buchungsbelegen	10 Jahre

Beleg	Aufbewahrungsfrist
Datenträger von Handelsbriefen	6 Jahre
Darlehenskonten	10 Jahre
Darlehensunterlagen nach Ablauf des Vertrags	6 Jahre
Darlehensverträge nach Ablauf des Vertrags	6 Jahre
Datensicherungsregeln	10 Jahre
Dateiverzeichnisse	10 Jahre
Dauerauftragsunterlagen	10 Jahre
Dauervorschüsse	10 Jahre
Debitorenkonten	10 Jahre
Debitorenlisten, soweit Bilanzunterlagen	10 Jahre
Deklarationen (Versandunterlagen)	6 Jahre
Depotauszüge	10 Jahre
Depotbücher	10 Jahre
Deputatunterlagen	6 Jahre
DIN-Blätter	0 Jahre
Devisenunterlagen	6 Jahre
Dokumentation für Programme und Systeme bei EDV	10 Jahre
Doppelbesteuerungsunterlagen	6 Jahre
Dubiosenbücher	10 Jahre
Edelmetallbestände	10 Jahre
Edelmetallumsätze	10 Jahre
Effektenbuch	10 Jahre
Effektenkassenquittungen	10 Jahre
Eichaufnahmen	6 Jahre
Einfuhrunterlagen	6 Jahre
Eingabebeschreibungen bei EDV-Buchführungen	10 Jahre
Eingangsrechnungen	10 Jahre
Eingangsüberweisungsträger	6 Jahre
Eingliederungsverträge	10 Jahre
Einheitswertunterlagen	10 Jahre

Beleg	Aufbewahrungsfrist
Einkaufsbücher	10 Jahre
Einnahmenüberschussrechnung	10 Jahre
Einzahlungsbelege	10 Jahre
Energieverbrauchsunterlagen	6 Jahre
Erlösjournale	10 Jahre
Eröffnungsbilanzen	10 Jahre
Erlösstatistiken	0 Jahre
Ersatzkassenunterlagen	6 Jahre
Essensmarkenabrechnungen	6 Jahre
Eventualverbindlichkeiten	10 Jahre
Exportunterlagen	6 Jahre
Expressauslieferungsbücher	10 Jahre
Fahrtkostenerstattungen	10 Jahre
Fehlerjournale (soweit Buchungsbelege)	10 Jahre
Fehlermeldungen, Fehlerkorrekturanweisungen bei EDV-Buchführung	10 Jahre
Fernschreiben (Handelsbriefe)	6 Jahre
Feuerversicherungsunterlagen	6 Jahre
Finanzberichte	6 Jahre
Frachtbriefe	6 Jahre
Frachttarife	0 Jahre
Freistellungsaufträge für Kapitalerträge	6 Jahre
Freistemplerabrechnungen	10 Jahre
Fremdenbücher (Hotel- und Pensionsgewerbe)	10 Jahre
Fürsorgeunterlagen	6 Jahre
Garantiekarten, Garantiescheine	0 Jahre
Gebrauchsanweisungen	0 Jahre
Gebrauchsmusterunterlagen	6 Jahre
Gehaltsabrechnungen/Bücher (soweit Bilanzunterlagen/Buchungsbelege)	10 Jahre
Gehaltslisten	10 Jahre

Beleg	Aufbewahrungsfrist
Gehaltsquittungen	10 Jahre
Gehaltsvorschusskonten	10 Jahre
Gemeinkostenverteilungsschlüssel	6 Jahre
Gesamtkostenzusammenstellungen	6 Jahre
Geschäftsberichte	10 Jahre
Geschäftsbriefe (außer Rechnungen oder Gutschriften)	6 Jahre
Geschenknachweise	6 Jahre
Gesellschaftsverträge	10 Jahre
Gewährleistungsverpflichtungen	6 Jahre
Gewerbesteuerunterlagen	6 Jahre
Gewinn- und Verlustrechnung (Jahresrechnung)	10 Jahre
Gewinnabführungsverträge	10 Jahre
Gewinnfeststellungen	6 Jahre
Grundbuchauszüge	10 Jahre
Grundbücher	10 Jahre
Grundlohnlisten	10 Jahre
Grundstücksverzeichnisse (soweit Inventar)	10 Jahre
Gutschriften	10 Jahre
Haftungsverhältnisunterlagen als Bilanzunterlagen	10 Jahre
Handelsbilanzen	10 Jahre
Handelsbriefe	6 Jahre
Handelsbücher	10 Jahre
Handelsregisterauszüge	6 Jahre
Hauptabschlussübersicht (wenn anstelle der Bilanz)	10 Jahre
Hauptbücher und -karteien	10 Jahre
Hauptversammlung (u.a. Beschlüsse)	10 Jahre
Hinterlegungsanträge	6 Jahre
Hinterlegungsscheine	6 Jahre
Hypothekenbriefe nach Einlösung	6 Jahre
Hypothekenpfandbriefe nach Einlösung	6 Jahre

Beleg	Aufbewahrungsfrist
Importrechnungen	10 Jahre
Importunterlagen (Einfuhrunterlagen)	6 Jahre
Inkassobücher	10 Jahre
Inkassokarteien	6 Jahre
Inkassoquittungen	10 Jahre
Interne Berichte	0 Jahre
Inventare als Bilanzunterlagen	10 Jahre
Inventurvorschriften (für gesetzlich vorgeschriebene Konzernabschlüsse)	10 Jahre
Investitionsabrechnungen	6 Jahre
Investitionsanträge	0 Jahre
Investitionszulageunterlagen	6 Jahre
Jahresabschlüsse	10 Jahre
JA-Erläuterungen	10 Jahre
Jahreskontoblätter	10 Jahre
Jahreslohnnachweise für Berufsgenossenschaften	6 Jahre
Journale für Hauptbuch und Kontokorrent (soweit Buchungsbelege)	10 Jahre
Jubilarfeierunterlagen	10 Jahre
Jubiläumsunterlagen (soweit Buchungsbelege)	10 Jahre
Kalkulationsunterlagen	6 Jahre
Kantinenunterlagen (soweit Buchungsbelege)	10 Jahre
Kapitalerhöhungsunterlagen	6 Jahre
Kapitalertragsteuerunterlagen	6 Jahre
Kassenberichte	10 Jahre
Kassenbücher, -blätter	10 Jahre
Kassenzettel	6 Jahre
Kaufverträge	6 Jahre
Kilometergeldabrechnungen	10 Jahre
Konnossemente	6 Jahre
Konsignationsunterlagen	10 Jahre

Beleg	Aufbewahrungsfrist
Kontenpläne	10 Jahre
Kontenpläne und Kontenplanänderungen	10 Jahre
Kontenregister	10 Jahre
Kontenübersichten (soweit Buchungsbelege)	10 Jahre
Kontoauszüge	10 Jahre
Kontokorrentbücher	10 Jahre
Konzernabschlüsse	10 Jahre
Konzernlagebericht	10 Jahre
Kostenartenpläne	10 Jahre
Kostenstellenpläne	6 Jahre
Kostenstellenstatistiken	0 Jahre
Kostenträgerrechnungen	10 Jahre
Kreditorenkonten	10 Jahre
Kreditunterlagen (soweit Buchungsbelege)	10 Jahre
Kreditunterlagen (nach Ablauf des Vertrags)	6 Jahre
Kurssicherungsunterlagen	10 Jahre
Kurzarbeitergeldanträge	6 Jahre
Kurzarbeitergeldlisten	6 Jahre
Laborberichte	0 Jahre
Ladescheine	10 Jahre
Lageberichte (auch für Konzerne)	10 Jahre
Lagerbuchführungen	10 Jahre
Lastschriftanzeigen	10 Jahre
Leasingunterlagen	6 Jahre
Leasingverträge (nach Vertragsende)	6 Jahre
Leergutabrechnungen	10 Jahre
Lieferscheine (soweit Buchungsbelege)	10 Jahre
Liquidation einer GmbH (Bücher und Schriften)	10 Jahre
Lizenzunterlagen	6 Jahre
Lohnbelege	10 Jahre

Beleg	Aufbewahrungsfrist
Lohnlisten	10 Jahre
Lohnsteuer-Jahresausgleichsunterlagen	10 Jahre
Lohnsteuerpauschalierung	6 Jahre
Lohnsteuerunterlagen	10 Jahre
Lohnvorschusskonten	10 Jahre
Luftfrachtbriefe	6 Jahre
Magnetbänder mit Buchfunktion	10 Jahre
Mahnbescheide	6 Jahre
Mahnungen	6 Jahre
Maklerschlussnoten	6 Jahre
Marktberichte	0 Jahre
Materialabrechnungen	10 Jahre
Materialbeanstandungen	6 Jahre
Mietunterlagen (nach Ablauf des Vertrags)	6 Jahre
Mikrofilmverfahrensbeschreibungen	10 Jahre
Mineralölunterlagen	10 Jahre
Montageversicherungsakten	10 Jahre
Monatsinventuren	0 Jahre
Mutterschaftsgeldunterlagen	10 Jahre
Nachkalkulationen	10 Jahre
Nachnahmebelege	10 Jahre
Nebenbücher	10 Jahre
Nettolohnlisten	10 Jahre
Normblätter	0 Jahre
Normvorschriften	0 Jahre
Nutzflächenermittlungen (soweit steuerlich relevant)	10 Jahre
Obligationen nach Entwertung	6 Jahre
Offenbarungseidanträge	6 Jahre
Orderlimitbücher	0 Jahre
Orderpapiere	6 Jahre

Beleg	Aufbewahrungsfrist
Organisationsunterlagen und -pläne (für gesetzlich vorgeschriebene Konzernabschlüsse)	10 Jahre
Organschaftsabrechnungen	10 Jahre
Organschaftsverträge nach Vertragsende	10 Jahre
Pachtunterlagen (nach Ablauf des Vertrags)	6 Jahre
Packzertifikate (Container)	6 Jahre
Patentunterlagen nach Ablauf	6 Jahre
Pensionskassenunterlagen	10 Jahre
Pensionsrückstellungsunterlagen	10 Jahre
Pensionszahlungen	10 Jahre
Pfandleihbücher	10 Jahre
Pfändungsunterlagen	10 Jahre
Portokassenbücher	10 Jahre
Postaufträge	6 Jahre
Postbankauszüge	10 Jahre
Postgebühren	10 Jahre
Postscheckbelege	10 Jahre
Preislisten	6 Jahre
Preisvereinbarungen als Handelsbrief	6 Jahre
Privatentnahmebelege	10 Jahre
Proteste (Scheck/Wechsel)	6 Jahre
Provisionsabrechnungen	10 Jahre
Provisionsgutschriften	10 Jahre
Prozessakten nach Abschluss des Prozesses	10 Jahre
Prüfungsberichte (Abschlussprüfer)	10 Jahre
Prüfungsberichte (Innenrevision)	0 Jahre
Qualitätsberichte	6 Jahre
Quartalsabschlüsse, freiwillige	0 Jahre
Quartalsabschlüsse, vorgeschriebene	10 Jahre
Quittungen (soweit Buchungsbelege)	10 Jahre
Rabattangelegenheiten	10 Jahre

Beleg	Aufbewahrungsfrist
Rechnungen	10 Jahre
Rechnungsabgrenzungsermittlungen	10 Jahre
Rechtsbehelfsverfahren	0 Jahre
Reisekostenabrechnungen	10 Jahre
Rentabilitätsberechnungen	0 Jahre
Repräsentationsaufwendungen	10 Jahre
Rückscheine	6 Jahre
Rückstellungsunterlagen	10 Jahre
Rückwareneingangsjournale	6 Jahre
Sachanlagevermögenskarteien	10 Jahre
Sachkonten	10 Jahre
Saldenbestätigungen	6 Jahre
Saldenbilanzen	10 Jahre
Schadensmeldungen	6 Jahre
Schadensunterlagen (soweit Buchungsbelege)	10 Jahre
Scheck- und Wechselunterlagen	6 Jahre
Scheckbestandsaufnahmen	10 Jahre
Schriftwechsel	6 Jahre
Schuldscheine	6 Jahre
Schuldtitel	10 Jahre
Sicherungsübereignungen	6 Jahre
Skontounterlagen	10 Jahre
Sondergutschriften	10 Jahre
Sozialleistungsunterlagen (soweit Buchungsbelege)	10 Jahre
Sozialpläne	6 Jahre
Sozialversicherungsbeitragskonten	6 Jahre
Sparbücher	6 Jahre
Sparprämienanträge	6 Jahre
Sparurkunden	6 Jahre
Speditionsversicherungsscheine	6 Jahre

Beleg	Aufbewahrungsfrist
Spendenbescheinigungen	10 Jahre
Steuerabzugsnachweise	6 Jahre
Steuererklärungen/Steuerbescheide	10 Jahre
Steuerstrafrechtliche Ermittlungen	0 Jahre
Steuerrückstellungsberechnungen	10 Jahre
Steuerunterlagen (soweit nicht für die Finanzverwaltung von Bedeutung)	10 Jahre
Stornobelege	10 Jahre
Stundenlohnzettel (soweit Buchungsbelege)	10 Jahre
Stundungsbelege	6 Jahre
Tätigkeitsberichte (soweit Buchungsbelege)	10 Jahre
Tagebücher der Handelsmakler	10 Jahre
Teilzahlungsbelege	10 Jahre
Telefonkostennachweise	10 Jahre
Testate als Bilanzteil	10 Jahre
Transportschadenunterlagen	6 Jahre
Transportversicherungsanmeldungen	6 Jahre
Transportversicherungsaufträge	6 Jahre
Übereignungsverträge	6 Jahre
Übernahmebescheinigungen (Spediteur)	6 Jahre
Überstundenlisten	6 Jahre
Überweisungsbelege	10 Jahre
Umbuchungsbelege	10 Jahre
Umsatzsteuervergütungen	6 Jahre
Umwandlungsbilanzen	10 Jahre
Umwandlungsunterlagen	6 Jahre
Unfallverhütungsvorschriften	0 Jahre
Unfallversicherungsunterlagen	6 Jahre
Unterlagen (von Bedeutung für die Besteuerung)	6 Jahre
Unternehmerlohnverrechnungen	6 Jahre
Urlaubsanträge	0 Jahre

Beleg	Aufbewahrungsfrist
Urlaubslisten für Rückstellungen	10 Jahre
Valuta-Belege	10 Jahre
Verbindlichkeiten (Zusammenstellungen)	10 Jahre
Verfrachtungsaufträge	6 Jahre
Verkaufsbelege	10 Jahre
Verkaufsbücher, -journale	10 Jahre
Vermögensteuerunterlagen	6 Jahre
Vermögensverzeichnis	10 Jahre
Vermögenswirksame Leistungen (soweit Buchungsbelege)	10 Jahre
Vermögenswirksame Leistungen (Handelsbriefe)	6 Jahre
Vermögenswirksame Leistungen (Unterlagen)	10 Jahre
Verpfändungsunterlagen	10 Jahre
Verrechnungskonten	10 Jahre
Verrechnungspreisunterlagen	10 Jahre
Versandanmeldungen	6 Jahre
Versand- und Frachtunterlagen (soweit Buchungsbelege)	10 Jahre
Verschiffungsunterlagen (soweit Buchungsbelege)	10 Jahre
Versicherungspolicen	6 Jahre
Versorgungsunterlagen (soweit Buchungsbelege)	10 Jahre
Versteigerungsunterlagen	6 Jahre
Verträge	6 Jahre
Verträge (soweit handels-/steuerrechtlich von Bedeutung)	10 Jahre
Vertreterunterlagen	6 Jahre
Vertreterverzeichnisse	0 Jahre
Verwahrungsbücher für Wertpapiere	10 Jahre
Verzugszinsbelastungen	6 Jahre
Viehregister	10 Jahre
Vollmachten (Urkunden)	6 Jahre

Beleg	Aufbewahrungsfrist
Vollständigkeitserklärungen	10 Jahre
Vorauszahlungsbelege	10 Jahre
Vorläufige Steuerfestsetzung (Unterlagen)	0 Jahre
Vorschusskonten	10 Jahre
Vorschusslisten (soweit Buchungsbelege)	10 Jahre
Währungsforderungen (soweit Buchungsbelege)	10 Jahre
Warenabgabescheine	6 Jahre
Warenbestandsaufnahmen (Inventuren)	10 Jahre
Wareneingangs- und -ausgangsbücher	10 Jahre
Warenverkehrsbescheinigungen	6 Jahre
Wechsel (soweit Buchungsbelege)	10 Jahre
Wechselobligolisten als Bilanzunterlagen	10 Jahre
Weihnachtsgratifikation (soweit Buchungsbelege)	10 Jahre
Werbekosten (Belege)	10 Jahre
Werksrentenanträge	6 Jahre
Werkstattabrechnungen (soweit Buchungsbelege)	10 Jahre
Werkzeugkosten (Belege)	10 Jahre
Werkzeugregister als Inventar	10 Jahre
Wertberichtigungen (Inventurunterlage)	10 Jahre
Wertpapieraufstellungen als Bilanzunterlagen	10 Jahre
Wertpapierkurse als Buchungsbelege	10 Jahre
Wildhandelsbücher	10 Jahre
Wochenzettel für Gruppenakkord (soweit Buchungsbelege)	10 Jahre
Zahlungsanweisungen (soweit Buchungsbelege)	10 Jahre
Zahlungsträger	10 Jahre
Zeichnungsvollmachten	6 Jahre
Zessionen	6 Jahre
Zinsabrechnungen	10 Jahre
Zinsberechnungsunterlagen	6 Jahre
Zinsstaffeln	6 Jahre

Beleg	Aufbewahrungsfrist
Zollbelege	10 Jahre
Zugangsjournale	6 Jahre
Zuschüsse des Arbeitgebers	10 Jahre
Zustellungsquittungen	6 Jahre
Zwischenbilanz (bei Gesellschafterwechsel/Umstellung des Wirtschaftsjahrs)	10 Jahre
Zwischengewinnermittlungen (für gesetzlich vorgeschriebene Konzernabschlüsse)	10 Jahre

Tab. 1: Aufbewahrungsfristen für einzelne Unterlagen

4.2 Fristberechnung (Abs. 5)

30 Die Aufbewahrungsfrist **beginnt** mit dem Schluss des Kj., in dem die letzte Eintragung in den Büchern, die Erstellung des Inventars, die Versendung bzw. der Erhalt von Handelsbriefen oder Feststellung des Jahresabschlusses oder die Erstellung des Buchungsbelegs erfolgt.[19] Es kommt also nicht auf ein evtl. abweichendes Gj an. Durch diese Regelung **verlängert** sich die **Aufzeichnungsfrist** für Unterlagen, die vor Jahresende entstanden sind, **über die zehn bzw. sechs Jahre hinaus.**

31 **Beispiel**
Die M GmbH stellt ihren Jahresabschluss zum 31.12.01 auf. Die Abschlussarbeiten werden im Januar 02 vorgenommen. So wird der Buchungsbeleg für die Abschreibungen des Gj 01 am 11.1.02 erstellt, und die Abschreibungen werden am 11.1.02 gebucht.
Hier ist es als zulässig anzusehen, wenn im Interesse der Vereinheitlichung der Aufbewahrungsfristen der Buchungsbeleg für die Abschreibungen als für das Gj-Ende 31.12.01 erstellt behandelt wird, er also noch dem Jahr 01 zugeordnet wird.[20]

32 Die Aufbewahrungsfrist **endet** nach sechs bzw. zehn Jahren mit Ablauf des 31.12.

33 **Fortsetzung Beispiel**
Der vorgenannte Buchungsbeleg für die Abschreibungen des Gj 01 ist bis zum Ablauf des 31.12.11 aufzubewahren.

---

[19] Vgl. ergänzend ADS, 6. Aufl., § 257 HGB, Rz 70.
[20] So auch ADS, 6. Aufl., § 257 HGB, Rz 70, und *Isele*, in *Küting/Pfitzer/Weber*, HdR, HGB § 257, Rn 96, Stand 04/2011.

Im Gegensatz zum Steuerrecht kennt das Handelsrecht **keine Ablaufhemmung** der Aufbewahrungsfrist. Insofern endet die Aufbewahrungspflicht grds. immer, wenn die Aufbewahrungsfrist kalendermäßig verstrichen ist.[21] In Bezug auf die Aufbewahrungsfristen nach **Steuerrecht** ist zu beachten, dass die **Festsetzungsfrist** (§ 169 AO) in vielen Fällen noch nicht abgelaufen ist, wenn die Aufbewahrungsfrist (handelsrechtlich) kalendermäßig endet. In diesen Fällen könnten die Unterlagen zwar handelsrechtlich, aber nicht steuerrechtlich vernichtet werden. Der steuerpflichtige Kfm. muss sich daher für jede einzelne Unterlage vergewissern, ob sie für steuerliche Sachverhalte von Bedeutung ist, deren Festsetzungsfrist noch nicht abgelaufen ist.

34

5 Recht zur Vernichtung nach Fristablauf

Ist die Aufbewahrungsfrist **abgelaufen**, können die Unterlagen grds. vernichtet werden, ohne dass hieraus nachteilige Konsequenzen (weder handels- noch steuerrechtlich) resultieren. Dies gilt jedoch nur im Hinblick auf § 257 bzw. § 147 AO. Sofern nach anderen Vorschriften eine längere Aufbewahrung geboten ist oder die Fristen anders berechnet werden, verbleibt es hierbei.[22]

35

6 Rechtsfolgen bei Verletzung der Aufbewahrungspflicht

Das **Handelsrecht** kennt keine Zwangsmaßnahmen zur Sicherung der Aufbewahrungspflicht. Die vorzeitige Vernichtung von Unterlagen ist für sich genommen weder strafbar noch als Ordnungswidrigkeit mit einer Sanktion bedroht. Allerdings ist die Aufbewahrungspflicht Bestandteil einer ordnungsmäßigen Buchführung. Bei wesentlichen Verstößen wird der AP daher zu erwägen haben, ob Konsequenzen für den Bestätigungsvermerk zu ziehen sind.[23] Weiterhin ist die Vorlage von Handelsbüchern von Bedeutung für die Beweisführung im Rechtsstreit (§ 258 HGB), bei Auseinandersetzungen (§ 260 HGB) sowie bei Wirtschafts- und Insolvenzstraftaten (§§ 283 ff. StGB).

36

Wird die **steuerrechtliche** Aufbewahrungspflicht nach § 147 AO verletzt, ist die Buchführung nicht ordnungsgemäß. Unter Umständen sind die Besteuerungsgrundlagen dann zu schätzen (§ 162 Abs. 2 Satz 2 AO). Im Einzelfall kann die Verletzung der Aufbewahrungspflicht als Steuerhinterziehung oder fahrlässige Steuerverkürzung strafbar oder ordnungswidrig sein.[24]

37

---

21 Vgl. zur Ausnahme der Änderung des Jahresabschlusses nach Feststellung ADS, 6. Aufl., § 257 HGB, Rz 71.
22 Vgl. dazu etwa ADS, 6. Aufl., § 257 HGB, Rz 75 ff.
23 Vgl. ADS, 6. Aufl., § 257 HGB, Rz 80; *Winkeljohann/Philipps*, in Beck Bil-Komm., 10. Aufl., § 257 HGB, Rz 35.
24 Vgl. *Drüen*, in *Tipke/Kruse*, AO/FGO, § 147 AO, Tz 64a.

§ 258 Vorlegung im Rechtsstreit

(1) Im Laufe eines Rechtsstreits kann das Gericht auf Antrag oder von Amts wegen die Vorlegung der Handelsbücher einer Partei anordnen.
(2) Die Vorschriften der Zivilprozeßordnung über die Verpflichtung des Prozeßgegners zur Vorlegung von Urkunden bleiben unberührt.

Dr. Markus Leinen, CVA/Benjamin Paulus, CVA

Inhaltsübersicht   Rz
1 Überblick 1
2 Gerichtliche Anordnung zur Vorlegung 2–8
   2.1 Voraussetzungen, Anordnungsverfahren und Folgen der Nichtvorlage 2–6
   2.2 Handelsbücher 7–8
3 Pflicht zur Urkundenvorlegung nach der ZPO 9–11

1 Überblick

1 Die Vorschriften der §§ 258 bis 261 HGB dienen der Beweiserhebung in bürgerlichen Rechtsstreitigkeiten und knüpfen an die Beweissicherungsfunktion von Handelsbüchern an. Als selbstständige Vorschrift ergänzt § 258 HGB die Vorschriften der §§ 422, 423 ZPO. Gerichte können auf der Rechtsgrundlage des § 258 Abs. 1 HGB die Vorlage von Handelsbüchern eines Kaufmanns im Rechtsstreit anordnen. Anders als nach § 142 ZPO bedarf es dazu keiner Bezugnahme auf die Handelsbücher durch eine der Streitparteien. Dies soll den Gerichten den Zugriff auf die Handelsbücher als bedeutende Beweise sichern und die Beweisführung erleichtern und beschleunigen.[1] Die Anordnung auf Vorlage betrifft insbesondere, aber nicht ausschließlich die Handelsbücher nicht beweisführender Kaufleute im Rechtsstreit. Unberührt bleiben die Pflichten eines Prozessgegners des Beweisführers zur Vorlage von Urkunden nach §§ 415 ff. ZPO.

2 Gerichtliche Anordnung zur Vorlegung

2.1 Voraussetzungen, Anordnungsverfahren und Folgen der Nichtvorlage

2 Die Vorlagepflichten nach gerichtlicher Anordnung gem. § 258 Abs. 1 HGB betreffen Kaufleute in schwebenden bürgerlichen Rechtsstreitigkeiten einschließlich Prozessen des Unterhalts- oder Arbeitsrechts. Sie beschränken sich nicht auf Handelsgeschäfte nach § 95 GVG.[2] Begrenzt ist die Anordnungsberechtigung des

---
[1] Vgl. Pöschke, in Staub, HGB, § 258, Rn 9, 5. Aufl., 2014; Reich/Szczesny/Voß, in Heidel, HGB Handkommentar, § 258, Rn 5., 2. Aufl., 2015.
[2] Vgl. Winkeljohann/Philipps, in Beck Bil-Komm., HGB § 258, Anm. 2, 10. Aufl., 2016; Reich/Szczesny/Voß, in Heidel, HGB Handkommentar, § 258, Rn 5, 2. Aufl., 2015.

Gerichts vom Zeitpunkt der eintretenden Rechtsanhängigkeit bis zum Ende der Zulässigkeit der Beweiserhebung. Unterliegt ein Schiedsverfahren nicht den Vereinbarungen der Parteien, liegt die Beweiserhebung aufgrund § 1042 ZPO im Ermessen des Schiedsgerichts. Der Anwendung von § 258 HGB bedarf es insoweit nicht.[3] Nicht einschlägig ist § 258 HGB für Strafprozesse.[4] Dort gelten eigene Sicherstellungs- und Herausgabevorschriften (§§ 94 ff. StPO). Auch bei Finanzgerichten geführte Prozesse unterliegen selbstständigen Vorlegungspflichten (§§ 76 Abs. 1, 85 Satz 2 FGO). Strittig ist die Anwendbarkeit des § 258 HGB bei Verfahren der freiwilligen Gerichtsbarkeit.[5]

Vorlagepflichtig sind nur Kaufleute, die einer Buchführungspflicht i. S. d. § 238 HGB unterliegen. Nach § 241a HGB buchführungsbefreite Einzelkaufleute kann das Gericht nicht zu einer Vorlage verpflichten.[6] Die Vorlagepflicht nach Gerichtsanordnung gem. § 258 HGB erstreckt sich zudem nur auf Prozessparteien, nicht auf Dritte. Letztere können als Zeugen gehört werden. Auf Einsichtnahme in ihre Handelsbücher besteht nach § 258 HGB kein Recht. Sind Dritte, wie bspw. Steuerberater oder Wirtschaftsprüfer, im Besitz der Handelsbücher einer Prozesspartei, sind sie auf Anordnung des Gerichts zur Vorlage der Handelsbücher der Prozesspartei verpflichtet.[7]   3

Die Befugnis des Gerichts zur Vorlageanordnung nach § 258 Abs. 1 HGB setzt keinen Antrag eines Klägers oder Beklagten voraus. Vielmehr kann die Anordnung von Amts wegen erfolgen. Dem Gericht entsteht aus einem Antrag einer Streitpartei auch keine Verpflichtung zur Anordnung der Handelsbüchervorlage.[8] Unabhängig von einem vorausgegangenen Antrag entscheidet das Gericht über die Anordnung zur Vorlage nach § 258 Abs. 1 HGB im pflichtgemäßen Ermessen. Der Antrag einer Streitpartei erhält aber die Bedeutung eines formellen Beweisantrags, wenn er den Voraussetzungen der §§ 422 ff. ZPO genügt.[9] Die pflichtgemäße Ermessensausübung untersagt die Einsichtnahme in die Handelsbücher zum Zwecke einer allgemeinen Ausforschung des vorlegenden Kaufmanns.[10] Ein berechtigtes Interesse des Kaufmanns auf Geheimhaltung hat das Gericht bei seinem abwägenden Ermessen zu berücksichtigen.[11] Zur Vorlageanordnung der Handelsbücher als Beweismittel bedarf es einer bisher nicht   4

---

[3] Vgl. *Pöschke*, in *Staub*, HGB, § 258, Rn 5, 5. Aufl., 2014, der auf die Unschärfe der häufig anzutreffenden Aussage zur Anwendbarkeit von § 258 HGB in Schiedsverfahren hinweist. § 258 HGB auch für Schiedsverfahren als einschlägig erachtend vgl. *Ballwieser*, in *Schmidt*, MüKo HGB, §§ 258–260, Rn 1, 3. Aufl., 2013; *Weber/Eichenlaub*, in *Küting/Pfitzer/Weber* HdR-E, HGB § 258, Rn 5, Stand 07/2011; *Winkeljohann/Philipps*, in Beck Bil-Komm., HGB § 258, Anm. 1, 10. Aufl., 2016.
[4] Vgl. *Weber/Eichenlaub*, in *Küting/Pfitzer/Weber* HdR-E, HGB § 258, Rn 5, Stand 07/2011.
[5] Für ihre Anwendbarkeit *Reich/Szczesny/Voß*, in *Heidel*, HGB Handkommentar, § 258, Rn 5., 2. Aufl., 2015. A. A. ADS, 6. Aufl., HGB § 258, Rz 2.
[6] Vgl. *Pöschke*, in *Staub*, HGB, § 258, Rn 4, 5. Aufl., 2014.
[7] Vgl. *Claussen/Korth*, in *Claussen/Scherrer*, Kölner Kommentar zum Rechnungslegungsrecht, HGB § 258, Rn. 4, Stand 2011.
[8] Vgl. mwN *Böcking/Gros*, in *Wiedmann/Böcking/Gros*, Bilanzrecht, HGB § 258, Rz. 5, 3. Aufl., 2014.
[9] Vgl. *Pöschke*, in *Staub*, HGB, § 258, Rn 9, 5. Aufl., 2014; *Reich/Szczesny/Voß*, in *Heidel*, HGB Handkommentar, § 258, Rn 5., 2. Aufl., 2015.
[10] Vgl. *Böcking/Gros*, in *Wiedmann/Böcking/Gros*, Bilanzrecht, HGB § 258, Rz 5, 3. Aufl., 2014; *Pöschke*, in *Staub*, HGB, § 258, Rn 10, 5. Aufl., 2014; *Reich/Szczesny/Voß*, in *Heidel,HGB* Handkommentar, § 258, Rn 5, 2. Aufl., 2015.
[11] Vgl. *Winkeljohann/Philipps*, in Beck Bil-Komm., HGB § 258, Anm. 2, 10. Aufl., 2016.

bewiesenen Tatsachendarstellung durch mindestens eine der Streitparteien, gegen die der Prozessgegner Einwendungen erhebt. Eine Vorlageanordnung muss das Gericht in diesem Falle treffen, wenn nach seinem Ermessen die Vorlage der Handelsbücher zur Klärung der Sachverhaltsdarstellung beiträgt, d. h. sie die Bestätigung einer schlüssigen Tatsachenvorbringung oder erheblicher Einwendungen verspricht.[12] Zum Umfang der Einsichtnahme siehe § 259.

5   § 258 HGB ist keine Verfahrensvorschrift. Maßgeblich dafür sind die Vorschriften der ZPO. Eine gerichtliche Anordnung kann verfahrenstechnisch durch Beweisbeschluss (§§ 358, 425 ZPO) oder durch prozessleitende Verfügung (§ 273 Abs. 2 Nr. 5, 142 ZPO) erfolgen. Eine verpflichtete Streitpartei kann sie nicht anfechten (§ 355 Abs. 2 ZPO analog).

6   Das Gericht kann keine Zwangsmittel zur Durchsetzung der Vorlageanordnung erheben. Weder §§ 258 ff. HGB noch die ZPO enthalten dazu Regelungen. Legt der Vorlageverpflichtete die Handelsbücher nicht vor, können ihn jedoch Nachteile in der Würdigung der Tatsachenbehauptungen entsprechend § 427 ZPO treffen.[13] Das Gericht kann die Richtigkeit der von der anderen Streitpartei vorgelegten Abzüge aus den Handelsbüchern oder deren Behauptungen zu Inhalt und Beschaffenheit der Handelsbücher annehmen (§ 427 ZPO analog). Die behaupteten Sachverhalte selbst können aber nicht ohne weitere freie Beweiswürdigung als bewiesen anerkannt werden.[14]

2.2 Handelsbücher

7   Die Beweismittelvorlagepflicht nach § 258 Abs. 1 HGB beschränkt sich ausschließlich auf Handelsbücher eines streitenden Kaufmanns.[15] Diesem Handelsbücherbegriff liegt das gleiche Verständnis wie in den §§ 238, 257 Abs. 1 Nr. 1 HGB zugrunde. Darunter fallen das Grundbuch, das Hauptbuch und die Nebenbücher (siehe weiterführend, insbesondere zur strittigen Klassifizierung von Wareneingangs- und Warenausgangsbüchern § 238 Rz 53; siehe auch § 257 Rz 10). Die Unterlagen sind unabhängig von der Speichertechnik dem Gericht vorzulegen (zu weiteren Pflichten des Vorlageverpflichteten bei der Dokumentation der Handelsbücher auf Datenträgern siehe § 261). Andere nach § 257 Abs. 1 HGB vom Kaufmann aufzubewahrende Unterlagen (z. B. Inventare, Eröffnungsbilanzen, Jahres- und Konzernabschlüsse, (Konzern-)Lageberichte, Handelsbriefe, Buchungsbelege) schließt die Vorlagepflicht nicht ein. Sind diese anderen Unterlagen nicht öffentlich zugänglich, kommt eine Vorlage nur im Anwendungsbereich der ZPO in Betracht. Tagebücher von Handelsmaklern sind nicht nach § 258 HGB, ggf. aber nach § 102 HGB vorlagepflichtig. Die unter Berücksichtigung der Geheimhaltungsinteressen des buchführungspflichtigen Kaufmanns zu treffende Ermessensentscheidung des Gerichts nach § 258 Abs. 1 HGB bezieht sich nicht nur auf die Vorlageanordnung (Rz 3), sondern auch auf den Umfang der vorzulegenden Handelsbücher. Soweit das Gericht nicht darauf

---

[12] Vgl. *Böcking/Gros*, in *Wiedmann/Böcking/Gros*, Bilanzrecht, HGB § 258, Rz 5; 3. Aufl., 2014; *Pöschke*, in *Staub*, HGB § 258, Rn 1, 5. Aufl., 2014.
[13] Vgl. *Reich/Szczesny/Voß*, in *Heidel*, HGB Handkommentar, § 258, Rn 5, 2. Aufl., 2015.
[14] Vgl. *Pöschke*, in *Staub* HGB, § 258, Rn 23, 5. Aufl., 2014.
[15] Vgl. z. B. *Claussen/Korth*, in Kölner Kommentar zum Rechnungslegungsrecht, HGB § 258, Rn 5, Stand 2011.

verzichtet, sind die Handelsbücher im Original vorzulegen. Eine Vorlage der Originale ist immer geboten, wenn die antragstellende Streitpartei nach den Vorschriften der ZPO einen Anspruch auf deren Vorlage hat.

Nach Ablauf der zehnjährigen Aufbewahrungsfrist (§ 257 Abs. 4, 5 HGB) noch nicht vernichtete Handelsbücher unterliegen weiterhin der Vorlagepflicht durch das Gericht.[16] Ihre Nichtvorlegung kann zu Nachteilen bei der Würdigung von Sachverhaltsbehauptungen führen (Rz 6).[17] Kaufleute, die zulässigerweise ihre Handelsbücher vernichteten, kann keine Vorlagepflicht mehr treffen. Ihnen dürfen aus der zulässigen Vernichtung keine Nachteile entstehen. Solche Fälle können jedoch eine Umkehr der Beweislast bewirken.[18] Die zehnjährige Aufbewahrungsfrist von Handelsbüchern kann das Gericht im aktienrechtlichen Spruchstellenverfahren unter entsprechender Anwendung von § 258 HGB verlängern.[19]

8

3 Pflicht zur Urkundenvorlegung nach der ZPO

Die ZPO enthält in den §§ 422, 423 ZPO Vorschriften zur Vorlage von Urkunden durch den Prozessgegner des Beweisführers. Diese Regelungen berührt § 258 HGB nicht (§ 258 Abs. 2 HGB). § 258 HGB schränkt keine prozessrechtlichen Beweiserhebungsvorschriften ein, die den Prozessgegner des Beweisführers zur Vorlage von Urkunden verpflichten können.[20]

9

§ 422 ZPO verpflichtet den Prozessgegner des Beweisführers zur Vorlage aller Urkunden, deren Herausgabe oder Vorlage der Beweisführer nach den Vorschriften des bürgerlichen Rechts verlangen kann. Die Herausgabeansprüche resultieren z. B. aus Eigentümerpositionen (§§ 952, 985 BGB) oder aus Auslieferungsansprüchen des Schuldrechts (z. B. §§ 402, 667 BGB). Als Vorlagevorschrift kommt § 810 BGB besondere praktische Bedeutung zu. § 810 BGB kodifiziert das Recht auf Einsicht eines rechtlich Interessierten in Urkunden in fremdem Besitz. Neben einem rechtlichen Interesse setzt der Einsichtsanspruch alternativ voraus:

10

- die Beurkundung im Interesse des Interessierten,
- die Beurkundung eines Rechtsverhältnisses zwischen dem Interessierten und einem anderen,
- die Beurkundung von Verhandlungen über Rechtsgeschäfte zwischen dem Interessierten und einem anderen oder zwischen dem Interessierten bzw. dem anderen und einem gemeinschaftlichen Vermittler.

Vorlageanspruchsberechtigt können darüber hinaus z. B. Handelsvertreter (§ 87c Abs. 4 HGB) oder Gesellschafter (z. B. nach §§ 118 Abs. 1, 157 Abs. 3, 166 Abs. 1 HGB; § 51a Abs. 1 GmbHG) sein.

---

16 Vgl. BGH, Urteil v. 10.10.1994, II ZR 95/93, BB 1994 S. 2376f.
17 Vgl. *Reich/Szczesny/Voß*, in *Heidel*, HGB Handkommantar, § 258, Rn 7, 2. Aufl., 2015. Wohl a. A. *Weber/Eichenlaub*, in *Küting/Pfitzer/Weber* HdR-E, HGB § 258, Rn 9, Stand 07/2011; wohl auch a. A. in der Vorauflage *Strickmann*, in Haufe HGB Bilanz Kommentar, § 258, Rz 9, 6. Aufl., 2015.
18 Vgl. BGH, Urteil v. 9.12.1971, II ZR 268/67, WM 1972 S. 281. Eine generelle Beweislastumkehr, so z. B. ADS, 6. Aufl., HGB § 258, Rz 6, ist jedoch nicht zutreffend; vgl. *Pöschke*, in *Staub*, HGB, § 258, Rn 8, 5. Aufl., 2014; *Reich/Szczesny/Voß*, in *Heidel*, HGB Handkommentar, § 258, Rn 6, 2. Aufl., 2015.
19 Vgl. BayObLG, Beschluss v. 1.4.1993, BReg. 3 Z 17/90, DStR 1993 S. 957.
20 Vgl. *Pöschke*, in *Staub*, HGB, § 258, Rn 13, 5. Aufl., 2014.

11   Nach § 423 ZPO hat der Prozessgegner alle in seinem Besitz befindlichen Urkunden vorzulegen, auf die er im Verfahren Bezug genommen hat.[21] Dies setzt anders als § 422 ZPO keine materiell-rechtliche Vorlagepflicht voraus. Auf die Urkunde muss zum Zwecke der Beweisführung Bezug genommen worden sein.[22]

---

21 Vgl. *Böcking/Gros*, in *Wiedmann/Böcking/Gros*, Bilanzrecht, HGB § 258, Rz 8, 3. Aufl., 2014.
22 Die Bezugnahme kann auch in einem vorbereitenden Schriftsatz erfolgt sein; vgl. *Berger*, in *Stein/Jonas*, Kommentar zur ZPO, § 423, Rz. 1, 22. Aufl., 2013.

§ 259 Auszug bei Vorlegung im Rechtsstreit

¹Werden in einem Rechtsstreit Handelsbücher vorgelegt, so ist von ihrem Inhalt, soweit er den Streitpunkt betrifft, unter Zuziehung der Parteien Einsicht zu nehmen und geeignetenfalls ein Auszug zu fertigen. ²Der übrige Inhalt der Bücher ist dem Gericht insoweit offenzulegen, als es zur Prüfung ihrer ordnungsmäßigen Führung notwendig ist.

DR. MARKUS LEINEN, CVA/BENJAMIN PAULUS, CVA

Inhaltsübersicht	Rz
1 Überblick	1–2
2 Streitpunktbezogene Einsichtnahme	3–5
3 Erweiterte Offenlegung	6

1 Überblick

§ 259 HGB konkretisiert die Art und Weise sowie den Umfang der Einsichtnahme in Handelsbücher bei Rechtsstreitigkeiten. Der Anwendungsbereich des § 259 HGB bezieht eine Vorlagepflicht nach § 258 HGB ein, ist aber nicht darauf beschränkt. Die Konkretisierung betrifft vielmehr alle Vorlegungen von Handelsbüchern in bürgerlichen Rechtsstreitigkeiten (§ 258 Rz 2) zur Würdigung von Tatsachenbehauptungen mittels Urkundenbeweis.[1] § 259 HGB ist nur einschlägig für gegenüber einem Gericht bestehende Vorlagepflichten. Auf die Rechte zur Einsichtnahme in Handelsbücher durch Gesellschafter oder aufgrund gesondert getroffener Vereinbarungen ist § 259 HGB nicht anzuwenden.[2] Zum Begriff der Handelsbücher siehe § 257 Rz 10. 1

§ 259 HGB differenziert dazu zwischen der parteiöffentlichen Einsichtnahme streitpunktbezogener Inhalte der Handelsbücher (Rz 3 ff.) und der über die streitpunktbezogenen Inhalte der Handelsbücher hinausgehende Einsichtnahme des Gerichts zur Prüfung der Ordnungsmäßigkeit der Buchführung (Rz 6). Die Vorschrift zielt auf die Einsichtnahme in die Handelsbücher unter Wahrung der Geheimhaltungsinteressen des vorlagepflichtigen Kaufmanns.[3] Eine Ausforschung des Kaufmanns über den zur Tatsachenwürdigung notwendigen Umfang hinaus soll vermieden werden. 2

---

[1] Vgl. ADS, 6. Aufl., HGB § 259, Rz 2; *Reich/Szczesny/Voß*, in *Heidel*, HGB Handkommentar, § 259, Rn 5, 2. Aufl., 2015; *Weber/Eichenlaub*, in *Küting/Pfitzer/Weber* HdR-E, HGB § 259, Rn 2, Stand 07/2011.

[2] Vgl. *Pöschke*, in *Staub*, HGB, § 259, Rn 3, 5. Aufl., 2014; *Reich/Szczesny/Voß*, in *Heidel*, HGB Handkommentar, § 259, Rn 4, 2. Aufl., 2015.

[3] Vgl. *Böcking/Gros*, in *Wiedmann/Böcking/Gros*, Bilanzrecht, HGB § 259, Rz 1, 3. Aufl., 2014.

2 Streitpunktbezogene Einsichtnahme

3 Das Gericht nimmt Einsicht in den streitpunktbezogenen Teil der Handelsbücher und zieht zu dieser Einsichtnahme die Streitparteien hinzu (§ 259 Satz 1 HGB). Im Vorfeld hat das Gericht die Streitparteien zu benachrichtigen (§§ 214, 176 ZPO) bzw. den Termin zur Einsichtnahme zu verkünden (§ 218 ZPO) und auf die streitpunktrelevanten Inhalte der Handelsbücher hinzuweisen. Eine Nichtteilnahme einer Streitpartei trotz ordnungsgemäßer Benachrichtigung hindert die Einsichtnahme nicht.[4] Über die erhobenen Beweise verhandeln die Prozessbeteiligten (§ 285 ZPO). Der Einsichtnahme kann das Gericht auch einen Sachverständigen hinzuziehen (§ 144 ZPO).

4 Die parteiöffentliche Einsichtnahme in die Handelsbücher des streitbeteiligten Kaufmanns durch das Gericht beschränkt sich auf diejenigen Eintragungen in den Büchern, die der Würdigung von Tatbestandsbehauptungen und auf sie bezogene Einwendungen der Prozessparteien dienlich sind. Legt ein Kaufmann zur Beweisführung seine Handelsbücher vor, hat er die streitpunktrelevanten Inhalte der Handelsbücher anzuführen.[5] Einem Streitgegner einer vorlagepflichtigen Streitpartei ist ein solcher Hinweis aufgrund der Informationsnachteile regelmäßig nicht möglich. Er hat den vermutlich gebuchten Sachverhalt zu benennen und weitere Hinweise zur Buchung und ihrer Lokalisierung in den Handelsbüchern anzubringen.[6] Die Konkretisierung der streitpunktbezogenen Inhalte der Handelsbücher obliegt dann zunächst dem vorlegungspflichtigen Kaufmann. Erst wenn er dieser Präzisierung nicht nachkommt, sichtet das Gericht die Handelsbücher und benennt die streitpunktbezogenen Inhalte.[7]

5 Sind die streitpunktbezogenen Inhalte der Handelsbücher als Beweis für die Bestätigung der Tatsachenbehauptungen oder der darauf bezogenen Einwendungen relevant, erstellt das Gericht einen Abzug dieser Inhalte und fügt sie den Gerichtsakten hinzu.[8]

3 Erweiterte Offenlegung

6 Das Gericht würdigt die streitpunktbezogenen Inhalte der Handelsbücher für seine Einschätzung der ergangenen Tatsachenbehauptungen und Einwände frei (freie Beweiswürdigung i. S. d. § 286 ZPO). Zur Beurteilung ihres Beweiswerts kann das Gericht nach § 259 Satz 2 HGB die Ordnungsmäßigkeit der Handelsbücher eines vorlagepflichtigen Kaufmanns prüfen. Dazu kann es die Handelsbücher über die streitpunktbezogenen Eintragungen hinaus einsehen. Ob und in welchem Umfang das Gericht zur Beurteilung der Ordnungsmäßigkeit von dieser Möglichkeit Gebrauch macht, unterliegt seinem pflichtgemäßen Ermessen und ist vom Einzelfall abhängig.[9] Die Hinzuziehung eines Sachverständigen zur

---

[4] Vgl. *Pöschke*, in *Staub*, HGB, § 259, Rn 4, 5. Aufl., 2014.
[5] Vgl. *Winkeljohann/Philipps*, in Beck Bil-Komm., HGB § 259, Anm. 2, 10. Aufl., 2016.
[6] Vgl. ADS, 6. Aufl., § 259 HGB, Rz 4; *Pöschke*, in *Staub*, HGB, § 259, Rn 7, 5. Aufl., 2014. Ebenfalls höhere Anforderungen an beweisführende vorlegende Kaufleute stellend vgl. *Reich/Szczesny/Voß*, in *Heidel*, HGB Handkommentar, § 259, Rn 5., 2. Aufl., 2015.
[7] Vgl. ADS, 6. Aufl., § 259 HGB, Rz 5; *Pöschke*, in *Staub*, HGB, § 259, Rn 7, 5. Aufl., 2014.
[8] Vgl. *Pöschke*, in *Staub*, HGB, § 259, Rn 9, 5. Aufl., 2014.
[9] Vgl. ADS, 6. Aufl., § 259 HGB, Rz 8; *Pöschke*, in *Staub*, HGB, § 259, Rn 10, 5. Aufl., 2014.

Beurteilung der Ordnungsmäßigkeit ist zulässig.[10] Weiteren Personen neben dem Gericht und einem von ihm eingesetzten Sachverständigen gewährt § 259 Satz 2 HGB keine erweiterte Einsichtnahme. Das gilt auch für die Streitparteien. § 259 Satz 2 HGB schützt insoweit durch die beschränkte erweiterte Offenlegung das Datenschutzinteresse des vorlagepflichtigen Kaufmanns. Eine Abschrift des Gerichts erweitert offengelegter Inhalte der Handelsbücher ist nicht vorgesehen.[11]

---

[10] Vgl. z.B. *Winkeljohann/Philipps*, in Beck Bil-Komm., HGB § 259, Anm. 3, 10. Aufl., 2016.
[11] Vgl. z.B. *Reich/Szczesny/Voß*, in *Heidel*, HGB Handkommentar, § 259, Rn 5., 2. Aufl., 2015.

§ 260 Vorlegung bei Auseinandersetzungen

Bei Vermögensauseinandersetzungen, insbesondere in Erbschafts-, Gütergemeinschafts- und Gesellschaftsteilungssachen, kann das Gericht die Vorlegung der Handelsbücher zur Kenntnisnahme von ihrem ganzen Inhalt anordnen.

Dr. Markus Leinen, CVA/Benjamin Paulus, CVA

Inhaltsübersicht	Rz
1 Überblick	1
2 Anwendungsbereich	2–3
3 Einsichtnahme	4

1 Überblick

1 § 260 HGB kodifiziert die gerichtlichen Befugnisse zur Beweiserhebung von Handelsbüchern speziell in Auseinandersetzungen über das Vermögen eines Kaufmanns. Nach hM besteht die gerichtliche Anordnungsbefugnis gem. § 260 HGB nicht nur in Rechtsstreitigkeiten, die verfahrenstechnisch der ZPO unterliegen, sondern auch bei Verfahren der freiwilligen Gerichtsbarkeit (Rz 3). Das Gericht kann in solchen Vermögensauseinandersetzungen unter Hinzuziehung der Streitparteien in die gesamten Handelsbücher des Kaufmanns Einsicht nehmen (Rz 4, anders § 259 HGB). Anordnung und Umfang der Kenntnisnahme liegen im Ermessen des Gerichts (Rz 4).

2 Anwendungsbereich

2 Die Anordnungsbefugnis des Gerichts aus § 260 HGB bezieht sich auf gerichtliche Vermögensauseinandersetzungen. Die Streitigkeiten müssen das Vermögen eines buchführungspflichtigen Kaufmanns betreffen. Dazu zählt auch der Besitz sämtlicher Anteile an einer Personengesellschaft.[1] Für geringere Beteiligungen an Gesellschaften ist § 260 HGB nicht anwendbar. In diesen Fällen sind die Einblicksrechte nach §§ 118, 166, 233 HGB und § 51a GmbHG einschlägig. Das Vermögen nach § 241a HGB nicht buchführungspflichtiger Kaufleute ist nicht betroffen. Nicht abschließend („insbesondere") weist § 260 HGB beispielhaft auf Streitfälle bei Erbschaften (§§ 2042ff. BGB) und Gütergemeinschaften (§§ 1471ff. BGB) sowie Gesellschafterauseinandersetzungen nach Gesellschaftsteilungen (z.B. §§ 145ff. HGB; §§ 730ff. BGB) hin. In den Anwendungsbereich fallen bspw. Auseinandersetzungen stiller Gesellschaften, Auflösung von Bruchteilsgemeinschaften oder Zugewinnausgleichsverfahren.[2] Ist die Höhe des Aus-

---

[1] Vgl. mwN *Böcking/Gros*, in *Wiedmann/Böcking/Gros*, Bilanzrecht, HGB § 260, Rz 2, 3. Aufl., 2014; *Hoffmann/Lüdenbach*, NWB Bilanzkommentar, 8. Aufl., 2017, § 260, Rz 1, 2.
[2] Vgl. mwN *Weber/Eichenlaub*, in *Küting/Pfitzer/Weber* HdR-E, HGB § 260, Rn 5, Stand 07/2011.

einandersetzungsguthabens Gegenstand des Prozesses eines ausgeschiedenen Gesellschafters gegen die Gesellschaft, sind dem Gericht Einsichtsrechte in die Handelsbücher der Gesellschaft entsprechend § 260 HGB zu gewähren.³ Anders als § 258 HGB (§ 258 Rz 2) schränkt nach hM § 260 HGB die gerichtliche Einsichtsbefugnis in Handelsbücher nicht auf Rechtsstreitigkeiten ein, deren gerichtliche Zuständigkeit die ZPO bestimmt. Das Recht zur Vorlageanordnung steht außerhalb von Zivilgerichtsbarkeiten auch freiwilligen Gerichtsbarkeiten (z. B. bei Streitigkeiten über den Nachlass gem. §§ 363 ff. FamFG oder zu Gütergemeinschaften gem. § 373 FamFG) zu.⁴ Diese Ansicht ist nicht unbestritten,⁵ eine praktische Bedeutung ist diesem Anwendungsdisput indes nicht beizumessen. Unabhängig von § 260 HGB hat das Gericht in Verfahren der freiwilligen Gerichtsbarkeit nach § 26 FamFG von Amts wegen Ermittlungen zur Feststellung entscheidungserheblicher Tatsachen aufzunehmen.

3

3 Einsichtnahme

Das Recht zur Vorlageanordnung und zur Einsichtnahme nach § 260 HGB bezieht sich ausschließlich auf Handelsbücher. Das Begriffsverständnis entspricht den §§ 257 bis 259 HGB (§ 257 Rz 10; siehe auch § 238 Rz 44). Für andere Buchführungsunterlagen (z. B. Inventare, Eröffnungsbilanzen, Jahres- und Konzernabschlüsse, (Konzern)Lageberichte, Handelsbriefe, Buchungsbelege) gilt die Vorlagebefugnis nicht. § 260 HGB gewährt ein umfassendes Einsichtsrecht. Einer generellen Einsichtsbeschränkung auf bestimmte Inhalte der Handelsbücher unterliegt das Gericht nicht. Dies ist insoweit konsequent, als sich die Auseinandersetzungen im Anwendungsbereich des § 260 HGB auf das Kaufmannsvermögen beziehen, zu deren Beurteilung die Einsicht in seine Handelsbücher im Ganzen notwendig sein kann. Etwaige Geheimhaltungsinteressen des Kaufmanns treten zurück. Ob und inwieweit das Gericht von seiner Vorlage- und Einsichtsbefugnis Gebrauch macht, liegt in seinem pflichtgemäßen Ermessen.⁶ Je nach Umfang der Bücher bieten sich in der Praxis Einschränkungen an. Auf den Antrag einer Streitpartei kommt es nicht an. Auch eine Vorlageanordnung von Amts wegen ist zulässig. Das Gericht sieht die Bücher unter Hinzuziehung der Streitparteien ein.⁷

4

---

3   Vgl. *Pöschke*, in *Staub*, HGB, § 260, Rn 3, 5. Aufl., 2014; *Reich/Szczesny/Voß*, in *Heidel*, HGB Handkommentar, § 260, Rn 5., 2. Aufl., 2015.
4   Vgl. *Hoffmann/Lüdenbach*, NWB Bilanzkommentar, 8. Aufl., 2017, § 260, Rz 1, 2; *Weber/Eichenlaub*, in *Küting/Pfitzer/Weber* HdR-E, HGB § 260, Rn 5, Stand 07/2011; *Winkeljohann/Philipps*, in Beck Bil-Komm., 10. Aufl., 2016, § 260 HGB Rz. 2.
5   Zur a. A. entgegen dem Wortlaut siehe *Pöschke*, in *Staub*, HGB, § 260 Rn 2, 5. Aufl., 2014.
6   Vgl. *Reich/Szczesny/Voß*, in *Heidel*, HGB Handkommentar, § 260, Rn 7., 2. Aufl., 2015.
7   Vgl. *Pöschke*, in *Staub*, HGB, § 260, Rn. 5, 5. Aufl., 2014.

§ 261 Vorlegung von Unterlagen auf Bild- oder Datenträgern

Wer aufzubewahrende Unterlagen nur in der Form einer Wiedergabe auf einem Bildträger oder auf anderen Datenträgern vorlegen kann, ist verpflichtet, auf seine Kosten diejenigen Hilfsmittel zur Verfügung zu stellen, die erforderlich sind, um die Unterlagen lesbar zu machen; soweit erforderlich, hat er die Unterlagen auf seine Kosten auszudrucken oder ohne Hilfsmittel lesbare Reproduktionen beizubringen.

DR. MARKUS LEINEN, CVA/BENJAMIN PAULUS, CVA

Inhaltsübersicht	Rz
1 Überblick	1
2 Anwendungsbereich	2–3
3 Mitwirkungspflichten	4–5
4 Kosten	6

1 Überblick

1 Kaufleute müssen ihrer Buchführungspflicht und der Pflicht zur Aufbewahrung der Unterlagen nicht ausschließlich in Papierform nachkommen. Die Unterlagen können auf Datenträgern geführt (§§ 238 Abs. 2, 239 Abs. 4 HGB) und teilweise als Wiedergabe auf einem Bildträger oder auf anderen Datenträgern aufbewahrt werden (§ 257 Abs. 3 HGB; gilt nicht für Eröffnungsbilanzen und Abschlüsse). § 261 HGB konkretisiert ergänzend die Vorlage solcher ausschließlich auf Bild- oder Datenträgern dokumentierten Unterlagen durch den Kaufmann. Diesen Speicherformen gleichzusetzen sind neuere Speicherungsformen, wie das Speichern von Daten in einer Cloud. Die Vorschrift setzt eine Vorlagepflicht nach anderen Vorschriften voraus. Ihr Anwendungsbereich ist aber nicht auf eine gerichtlich angeordnete Vorlagepflicht nach § 258 HGB beschränkt, sondern gilt auch bei anderen Vorlagepflichten.[1] Die Vorschrift soll den Rechtsverkehr erleichtern und die Kostenübernahme klären. Dazu verpflichtet sie den vorlagepflichtigen Kaufmann zur Bereitstellung der Unterlagen in lesbarer Form und gegebenenfalls zur Anfertigung von Ausdrucken bzw. Reproduktionen und verpflichtet ihn zur Übernahme der dazu anfallenden Kosten.

2 Anwendungsbereich

2 § 261 HGB konstituiert keine Vorlagepflichten für Kaufleute. Die Vorschrift setzt diese voraus (Rz 3). Die Pflichten und Rechte aus § 261 HGB beziehen sich nur auf solche vorzulegenden Unterlagen, die beim Kaufmann ausschließlich auf einem Bild- oder Datenträger und nicht in anderer Form, insbesondere auf Papier,

---

[1] Vgl. BT-Drs. 4/2865 S. 9.

vorliegen. Von den nach § 257 Abs. 1 HGB aufzubewahrenden Unterlagen kann dies Lageberichte, Konzernlageberichte, Inventare, Handelsbücher, zu ihrem Verständnis notwendige Arbeitsanweisungen und sonstige Organisationsunterlagen, empfangene Handelsbriefe sowie Wiedergaben abgesandter Handelsbriefe und Buchungsbelege betreffen (§ 257 Abs. 3 HGB). Eröffnungsbilanzen, Jahres- und Konzernabschlüsse betrifft die Vorschrift nicht. Sie sind zur Erfüllung der Aufbewahrungspflichten nach § 257 Abs. 1 nicht ausschließlich auf Bild- oder Datenträgern verwahrbar (§ 257 Abs. 3 Satz 1 HGB). Vorlagepflichten treffen auch solche Unterlagen, die nach Ablauf der Aufbewahrungsfristen noch vorhanden sind (z.B. § 258 Rz 8; zur Kostentragung in diesen Fällen siehe Rz 6).

Unabhängig von der gesetzessystematischen Nähe ist § 261 HGB nicht auf die Vorlagepflichten des § 258 HGB beschränkt. Die Pflicht zur Vorlage von Unterlagen eines Kaufmanns kann auf zivil- oder prozessrechtlichen Rechtsgrundlagen beruhen. § 261 HGB findet auch auf Vorlagepflichten außerhalb gerichtlicher Verfahren Anwendung.[2] Strittig ist die Anwendbarkeit des § 261 HGB auf Strafprozesse. Der Streitpunkt bez. strafprozessrechtlicher Vorlagevorschriften bezieht sich insbesondere auf eine etwaige Kostenübernahmepflicht des Kaufmanns.[3]

3 Mitwirkungspflichten

Bewahrt ein Kaufmann Unterlagen ausschließlich auf einem Bild- oder Datenträger auf, hat er nach § 261 HGB Hilfsmittel zur Verfügung zu stellen, die die Unterlagen für den Einsichtnehmenden lesbar gestalten. § 261 HGB verpflichtet den Kaufmann, die Lesbarkeit am Erfüllungsort der Vorlagepflicht (im Prozess regelmäßig vor dem Prozessgericht)[4] sicherzustellen. Mit welchen Hilfsmitteln der Kaufmann dies erreicht, regelt die Vorschrift nicht. Einzelfallabhängig sind alle erforderlichen technischen und personellen Hilfsmittel vom Kaufmann bereitzustellen. Bei einer EDV basierten Buchführung betrifft dies bspw. die Bereitstellung von Speichermedien und entsprechender Wiedergabegeräte (z.B. Notebook mit gespeicherten Daten oder Zugangsschnittstellen zum Speichermedium wie bspw. CD-Laufwerken oder USB-Schnittstellen). Zur Bedienung der technischen Hilfsmittel hat der Kaufmann in hinreichender Zahl ausreichend qualifiziertes Personal zur Verfügung zu stellen. Eine Vorlage der Originale schreibt § 261 HGB nicht ausdrücklich vor. Bei der Wiedergabe von Reproduktionen hat der Vorlegende aber auf seine Kosten den Nachweis zur Übereinstimmung von Reproduktion und Original zu erbringen.[5] Der Kaufmann hat auch sämtliche Hilfsmittel aufzubringen, um einem Einsichtsberechtigten oder einem hinzugezogenen Sachverständigen nach deren Willen lesbare Unterlagen in seinen Geschäftsräumen zur Verfügung zu stellen.

---

[2] Vgl. BT-Dr. 4/2865 S. 9 sowie z.B. mwN *Reich/Szczesny/Voß*, in *Heidel*, HGB Handkommentar, § 261, Rn 2, 2. Aufl., 2015.
[3] Siehe weiterführend mwN *Pöschke*, in *Staub*, HGB, § 261, Rn 5 f., 5. Aufl., 2014.
[4] Vgl. *Pöschke*, in *Staub*, HGB, § 261, Rn 7, 5. Aufl., 2014.
[5] Vgl. *Reich/Szczesny/Voß*, in *Heidel*, HGB Handkommentar, § 261, Rn 5, 2. Aufl., 2015; *Weber/Eichenlaub*, in *Küting/Pfitzer/Weber* HdR-E, HGB § 261, Rn 9, Stand 07/2011. *Winkeljohann/Philipps*, in Beck Bil-Komm., HGB § 261, Anm. 2, 10. Aufl., 2016.

5   Sofern Ausdrucke oder Reproduktionen der Unterlagen oder Inhalte daraus erforderlich sind, hat der Kaufmann diese anzufertigen (§ 261 2. Hs. HGB). Auch sie müssen lesbar sein. Ihre Notwendigkeit und die Anzahl der Reproduktionen bzw. Ausdrucke ist einzelfallabhängig. Insbesondere zur vollständigen Führung von Gerichtsakten ist in gerichtlichen Rechtsstreitigkeiten die Bereitstellung von Ausdrucken oder ohne Hilfsmittel lesbaren Reproduktionen im Regelfall notwendig.[6] Sie können z.b. auch erforderlich werden, falls die Einsichtnahme nicht am Ort der Vorlegungserfüllung möglich ist.

4 Kosten

6   Der vorlagepflichtige Kaufmann hat die Kosten der Lesbarmachung auf Bild- oder Datenträgern aufbewahrter Unterlagen zu tragen (§ 261 HGB). Sie umfassen alle durch die Bereitstellung der technischen und personellen Hilfsmittel anfallenden Kosten. Den Kaufmann treffen auch alle Kosten, die eine erforderliche Erstellung von Ausdrucken oder ohne Hilfsmittel lesbaren Reproduktionen erzeugt. Dem Kaufmann soll die Erstellung solcher Kopien aber nur zugemutet werden, soweit sie zur Beweiserhebung erforderlich sind (§ 261 2. Hs. HGB). Der Kaufmann hat auch die Kosten zum Nachweis der Originaltreue etwaiger Kopien zu tragen.[7] Von der Kostenübernahme ist er auch nicht befreit, sofern die Vorlagepflicht nach Ablauf einer Aufbewahrungspflicht noch nicht vernichtete Unterlagen betrifft.[8] Strittig ist die Kostenübernahme bei Vorlage von Unterlagen eines Kaufmanns in strafrechtlichen Ermittlungsverfahren. Das betrifft z.B. die einem Kreditinstitut entstehenden Kosten zur Bereitstellung von Unterlagen auf Veranlassung des Gerichts in strafrechtlichen Ermittlungsverfahren.[9]

---

[6] Vgl. *Reich/Szczesny/Voß*, in *Heidel*, HGB Handkommentar, § 261, Rn 3, 2. Aufl., 2015.
[7] Vgl. *Reich/Szczesny/Voß*, in *Heidel*, HGB Handkommentar, § 261, Rn 5, 2. Aufl., 2015.
[8] A. A. *Strickmann*, in Haufe HGB Bilanz Kommentar, § 261, Rz 7, 6. Aufl., 2015.
[9] S. mwN ADS, 6. Aufl., HGB § 261, Rz 7 ff.; *Pöschke*, in *Staub*, HGB, § 261, Rn 10 f., 5. Aufl., 2014.

§ 263 Vorbehalt landesrechtlicher Vorschriften

Unberührt bleiben bei Unternehmen ohne eigene Rechtspersönlichkeit einer Gemeinde, eines Gemeindeverbands oder eines Zweckverbands landesrechtliche Vorschriften, die von den Vorschriften dieses Abschnitts abweichen.

Dr. Markus Leinen, CVA/Benjamin Paulus, CVA

Inhaltsübersicht	Rz
1 Überblick	1
2 Anwendungsbereich und landesrechtliche Vorschriften	2–5

1 Überblick

Kaufleute (§§ 1 ff. HGB) unterliegen den Vorschriften der §§ 238 ff. HGB. Das gilt auch für Unternehmen mit Kaufmannseigenschaft einer Gemeinde, eines Gemeindeverbands oder eines Zweckverbands. Fehlt es diesen Unternehmen an Rechtspersönlichkeit, gewährt § 263 HGB von den §§ 238 ff. HGB abweichenden landesrechtlichen Vorschriften Vorrang gegenüber den §§ 238 ff. HGB. Die meisten Bundesländer haben landesrechtliche Vorschriften veröffentlicht. § 263 HGB betrifft insbesondere kommunale Eigenbetriebe.[1] Für Unternehmen, die dem PublG unterliegen, enthält § 3 Abs. 2 Satz 1 Nr. 1a PublG eine vergleichbare Vorschrift. 1

2 Anwendungsbereich und landesrechtliche Vorschriften

§ 263 HGB setzt einen die Kaufmannseigenschaft nach den §§ 1 ff. HGB begründenden Gewerbebetrieb (Unternehmen i. S. d. § 263 HGB) voraus.[2] Träger eines solchen Unternehmens im Anwendungsbereich des § 263 HGB können nur Gemeinden, Gemeindeverbände oder Zweckverbände sein. Gemeinden und Gemeindeverbände (z. B. Landkreise oder Landschaftsverbände) stellen kommunale Gebietskörperschaften mit auf ihrem Hoheitsgebiet ausgestatteten Rechten dar. Zweckverbände dienen als Körperschaften des öffentlichen Rechts der interkommunalen Zusammenarbeit von Gemeinden oder Gemeindeverbänden für eine bestimmte öffentliche Aufgabe. Sie werden bspw. zur Wasserversorgung oder Abwasserentsorgung oder zur Betreibung eines Krankenhauses oder des öffentlichen Personennahverkehrs gegründet. Für Unternehmen des Bundes und der Bundesländer ist die Ausnahmevorschrift des § 263 HGB nicht einschlägig. 2

Einen Vorrang landesrechtlicher Vorschriften kodifiziert § 263 HGB ausschließlich für Unternehmen, denen es an einer eigenen Rechtspersönlichkeit fehlt. Rechtsträger des Unternehmens muss die Gemeinde, der Gemeindeverband 3

---

[1] Vgl. *Reich/Szczesny/Voß*, in *Heidel*, HGB Handkommentar, § 263, Rn 1, 2. Aufl., 2015.
[2] Vgl. *Pöschke*, in *Staub*, HGB, § 263, Rn 3, 5. Aufl., 2014.

oder der Zweckverband selbst sein, und zwar unmittelbar. Kapital- oder Personengesellschaften, bei denen Gemeinden, Gemeinde- oder Zweckverbände Gesellschafter sind, fallen nicht darunter.[3] Gleiches gilt für die rechtsfähigen Anstalten des öffentlichen Rechts.[4]

4 Diese Voraussetzungen erfüllen insbesondere kommunale Eigenbetriebe, entsprechende Betriebe eines Gemeinde- oder Zweckverbands als Rechtsträger sowie Regiebetriebe. Letztere können als Brutto- oder als Nettobetrieb geführt werden.[5]

5 § 263 HGB kommt nur zur Anwendung, sofern für die Unternehmen von §§ 238 ff. HGB abweichende landesspezifische Rechnungslegungsvorschriften bestehen. Für Eigenbetriebe haben mit Ausnahme von Hamburg alle Bundesländer von ihrer Gesetzgebungsbefugnis im Eigenbetriebsrecht (Art. 30 GG) Gebrauch gemacht und Eigenbetriebsgesetze und -verordnungen erlassen.[6] Sie verpflichten die Eigenbetriebe regelmäßig zur Erstellung von Jahresabschlüssen entsprechend den für große Kapitalgesellschaften geltenden Vorschriften der §§ 238 ff. HGB. In Teilbereichen haben sie jedoch ergänzende und abweichende Vorschriften gem. § 263 HGB vorzugswürdig vor den §§ 238 ff. HGB zu beachten.[7] Für die Bilanz, die Erfolgsrechnung und für Anlagennachweise bestehen meist Formblätter.[8] Eigenbetriebe haben auch eine Kostenrechnung, einen Erfolgsplan, einen Wirtschaftsplan sowie einen Finanzplan aufzustellen.[9]

---

3 Vgl. *Pöschke*, in *Staub*, HGB, § 263, Rn 4, 5. Aufl., 2014.
4 Vgl. WP-Handbuch, Bd. I, Abschn. L, Rz 31, 14. Aufl., 2012.
5 Weiterführend ADS, 6. Aufl., HGB § 263, Rz 6 (in der Neuauflage des WP-Handbuchs nicht mehr enthalten).
6 Zu einer Übersicht der Rechtsgrundlagen auf Länder- und Kommunalebene siehe WP-Handbuch, Bd. I, Abschn. L, Rz 4, 14. Aufl., 2012 (in der Neuauflage des WP-Handbuchs nicht mehr enthalten).
7 Vgl. WP-Handbuch, Bd. I, Abschn. L, Rz 8, 14. Aufl., 2012 (in der Neuauflage des WP-Handbuchs nicht mehr enthalten).
8 Weiterführend siehe z. B. WP-Handbuch, Bd. I, Abschn. L, Rz 8 ff., 14. Aufl., 2012 (in der Neuauflage des WP-Handbuchs nicht mehr enthalten).
9 Vgl. *Winkeljohann/Philipps*, in Beck Bil-Komm., HGB § 263, Anm. 3, 10. Aufl., 2016.

§ 264 Pflicht zur Aufstellung; Befreiung

(1) ¹Die gesetzlichen Vertreter einer Kapitalgesellschaft haben den Jahresabschluß (§ 242) um einen Anhang zu erweitern, der mit der Bilanz und der Gewinn- und Verlustrechnung eine Einheit bildet, sowie einen Lagebericht aufzustellen. ²Die gesetzlichen Vertreter einer kapitalmarktorientierten Kapitalgesellschaft, die nicht zur Aufstellung eines Konzernabschlusses verpflichtet ist, haben den Jahresabschluss um eine Kapitalflussrechnung und einen Eigenkapitalspiegel zu erweitern, die mit der Bilanz, Gewinn- und Verlustrechnung und dem Anhang eine Einheit bilden; sie können den Jahresabschluss um eine Segmentberichterstattung erweitern. ³Der Jahresabschluß und der Lagebericht sind von den gesetzlichen Vertretern in den ersten drei Monaten des Geschäftsjahrs für das vergangene Geschäftsjahr aufzustellen. ⁴Kleine Kapitalgesellschaften (§ 267 Abs. 1) brauchen den Lagebericht nicht aufzustellen; sie dürfen den Jahresabschluß auch später aufstellen, wenn dies einem ordnungsgemäßen Geschäftsgang entspricht, jedoch innerhalb der ersten sechs Monate des Geschäftsjahres. ⁵Kleinstkapitalgesellschaften (§ 267a) brauchen den Jahresabschluss nicht um einen Anhang zu erweitern, wenn sie
1. die in § 268 Absatz 7 genannten Angaben,
2. die in § 285 Nummer 9 Buchstabe c genannten Angaben und
3. im Falle einer Aktiengesellschaft die in § 160 Absatz 3 Satz 2 des Aktiengesetzes genannten Angaben
unter der Bilanz angeben.

(1a) ¹In dem Jahresabschluss sind die Firma, der Sitz, das Registergericht und die Nummer, unter der die Gesellschaft in das Handelsregister eingetragen ist, anzugeben. ²Befindet sich die Gesellschaft in Liquidation oder Abwicklung, ist auch diese Tatsache anzugeben.

(2) ¹Der Jahresabschluß der Kapitalgesellschaft hat unter Beachtung der Grundsätze ordnungsmäßiger Buchführung ein den tatsächlichen Verhältnissen entsprechendes Bild der Vermögens-, Finanz- und Ertragslage der Kapitalgesellschaft zu vermitteln. ²Führen besondere Umstände dazu, daß der Jahresabschluß ein den tatsächlichen Verhältnissen entsprechendes Bild i.S.d. Satzes 1 nicht vermittelt, so sind im Anhang zusätzliche Angaben zu machen. ³Die gesetzlichen Vertreter einer Kapitalgesellschaft, die Inlandsemittent i.S.d. § 2 Absatz 7 des Wertpapierhandelsgesetzes und keine Kapitalgesellschaft i.S.d. § 327a ist, haben bei der Unterzeichnung schriftlich zu versichern, dass nach bestem Wissen der Jahresabschluss ein den tatsächlichen Verhältnissen entsprechendes Bild i.S.d. Satzes 1 vermittelt oder der Anhang Angaben nach Satz 2 enthält. ⁴Macht eine Kleinstkapitalgesellschaft von der Erleichterung nach Absatz 1 Satz 5 Gebrauch, sind nach Satz 2 erforderliche zusätzliche Angaben unter der Bilanz zu machen. ⁵Es wird vermutet, dass ein unter Berücksichtigung der Erleichterungen für Kleinstkapitalgesellschaften aufgestellter Jahresabschluss den Erfordernissen des Satzes 1 entspricht.

(3) ¹Eine Kapitalgesellschaft, die als Tochterunternehmen in den Konzernabschluss eines Mutterunternehmens mit Sitz in einem Mitgliedstaat der

Europäischen Union oder einem anderen Vertragsstaat des Abkommens über den Europäischen Wirtschaftsraum einbezogen ist, braucht die Vorschriften dieses Unterabschnitts und des Dritten und Vierten Unterabschnitts dieses Abschnitts nicht anzuwenden, wenn alle folgenden Voraussetzungen erfüllt sind:
1. alle Gesellschafter des Tochterunternehmens haben der Befreiung für das jeweilige Geschäftsjahr zugestimmt;
2. das Mutterunternehmen hat sich bereit erklärt, für die von dem Tochterunternehmen bis zum Abschlussstichtag eingegangenen Verpflichtungen im folgenden Geschäftsjahr einzustehen;
3. der Konzernabschluss und der Konzernlagebericht des Mutterunternehmens sind nach den Rechtsvorschriften des Staates, in dem das Mutterunternehmen seinen Sitz hat, und im Einklang mit folgenden Richtlinien aufgestellt und geprüft worden:
    a) Richtlinie 2013/34/EU des Europäischen Parlaments und des Rates vom 26. Juni 2013 über den Jahresabschluss, den konsolidierten Abschluss und damit verbundene Berichte von Unternehmen bestimmter Rechtsformen und zur Änderung der Richtlinie 2006/43/EG des Europäischen Parlaments und des Rates und zur Aufhebung der Richtlinien 78/660/EWG und 83/349/EWG des Rates (ABl. L 182 vom 29.6.2013, S. 19), die zuletzt durch die Richtlinie 2014/102/EU (ABl. L 334 vom 21.11.2014, S. 86) geändert worden ist,
    b) Richtlinie 2006/43/EG des Europäischen Parlaments und des Rates vom 17. Mai 2006 über Abschlussprüfungen von Jahresabschlüssen und konsolidierten Abschlüssen, zur Änderung der Richtlinien 78/660/EWG und 83/349/EWG des Rates und zur Aufhebung der Richtlinie 84/253/EWG des Rates (ABl. L 157 vom 9.6.2006, S. 87), die durch die Richtlinie 2013/34/EU (ABl. L 182 vom 29.6.2013, S. 19) geändert worden ist;
4. die Befreiung des Tochterunternehmens ist im Anhang des Konzernabschlusses des Mutterunternehmens angegeben und
5. für das Tochterunternehmen sind nach § 325 Absatz 1 bis 1b offengelegt worden:
    a) der Beschluss nach Nummer 1,
    b) die Erklärung nach Nummer 2,
    c) der Konzernabschluss,
    d) der Konzernlagebericht und
    e) der Bestätigungsvermerk zum Konzernabschluss und Konzernlagebericht des Mutterunternehmens nach Nummer 3.

Hat bereits das Mutterunternehmen einzelne oder alle der in Satz 1 Nummer 5 bezeichneten Unterlagen offengelegt, braucht das Tochterunternehmen die betreffenden Unterlagen nicht erneut offenzulegen, wenn sie im Bundesanzeiger unter dem Tochterunternehmen auffindbar sind; § 326 Absatz 2 ist auf diese Offenlegung nicht anzuwenden. Satz 2 gilt nur dann, wenn das Mutterunternehmen die betreffende Unterlage in deutscher oder in englischer Sprache offengelegt hat oder das Tochterunternehmen zusätzlich eine beglaubigte Übersetzung dieser Unterlage in deutscher Sprache nach § 325 Absatz 1 bis 1b offenlegt.

(4) Absatz 3 ist nicht anzuwenden, wenn eine Kapitalgesellschaft, das Tochterunternehmen eines Mutterunternehmens ist, das einen Konzernabschluss nach den Vorschriften des Publizitätsgesetzes aufgestellt hat, und wenn in diesem Konzernabschluss von dem Wahlrecht des § 13 Abs. 3 Satz 1 des Publizitätsgesetzes Gebrauch gemacht worden ist; § 314 Absatz 3 bleibt unberührt.

PROF. DR. STEFAN MÜLLER

Inhaltsübersicht	Rz
1 Überblick	1–18
1.1 Inhalt und Regelungszweck	1–2
1.2 Anwendungsbereich	3–7
1.3 Normenzusammenhänge	8–12
1.4 Exkurs: Unterjährige Berichterstattungspflichten	13–18
2 Erweiterter Jahresabschluss der Kapitalgesellschaft (Abs. 1)	19–48
2.1 Umfang und Einheit des Jahresabschlusses	19–34
2.1.1 Anhang	22–27
2.1.2 Kapitalflussrechnung	28–31
2.1.3 Eigenkapitalspiegel	32
2.1.4 Segmentberichterstattung	33
2.1.5 Einheitsthese	34
2.2 Lagebericht	35–37
2.3 Aufstellungspflicht	38–42
2.4 Fristen	43–44
2.5 Anhangbefreiung für Kleinstkapitalgesellschaften	45–48
3 Notwendigkeit zu allgemeinen Angaben im Abschluss (Abs. 1a)	49
4 Generalnorm (Abs. 2)	50–91
4.1 Inhalt und Verhältnis zu den Einzelvorschriften	50–64
4.2 Vermögens-, Finanz- und Ertragslage	65–78
4.2.1 Vermögenslage	65–68
4.2.2 Finanzlage	69–73
4.2.3 Ertragslage	74–76
4.2.4 Integration der Teillagen zum Gesamtbild der Vermögens-, Finanz- und Ertragslage	77–78
4.3 Grundsätze ordnungsmäßiger Buchführung	79–81
4.4 Angabepflichten bei Nichtvermittlung des tatsächlichen Bilds	82–86
4.5 Vermutung der Darstellung des tatsächlichen Bilds bei Kleinstkapitalgesellschaften	87
4.6 Bilanzeid	88–91
5 Erleichterungen für Tochter-Konzerngesellschaften (Abs. 3 und 4)	92–123
5.1 Grundsachverhalte	92–103
5.2 Befreiungsvoraussetzungen	104–119

	5.2.1	Einbezug als Tochterunternehmen in den Konzernabschluss des Mutterunternehmens	105–107
	5.2.2	Zustimmung der Gesellschafter	108–109
	5.2.3	Einstandspflicht	110–114
	5.2.4	Anforderungen an den Konzernabschluss und Konzernlagebericht	115–116
	5.2.5	Angaben bzgl. der Befreiung im Konzernabschluss	117
	5.2.6	Mitteilungen bzgl. der Wahrnehmung der Erleichterungen für das Tochterunternehmen	118–119
5.3	Umfang der Befreiung	120–122
5.4	Besonderheiten für Konzernabschlüsse nach dem PublG (Abs. 4)	123
6	Rechtsfolgen bei Pflichtverletzung	124–126
7	Zahlungsbericht (länderbezogene Berichterstattung)	127–154
7.1	Inhalt und Regelungszweck	127
7.2	Anwendungsbereich	128–137
	7.2.1	Industriezugehörigkeit	128–131
	7.2.2	Größenklassenzugehörigkeit	132
	7.2.3	Unternehmen von öffentlichem Interesse	133
	7.2.4	Befreiung von der Zahlungsberichterstattung	134
	7.2.5	Konzernzahlungsberichterstattung	135–137
		7.2.5.1 Bei Industriezugehörigkeit des Mutterunternehmens	135–136
		7.2.5.2 Bei Industriezugehörigkeit eines Tochterunternehmens	137
7.3	Zahlungsbericht	138–148
	7.3.1	Grundlegendes	138
	7.3.2	Zu erfassende staatliche Stellen	139–141
	7.3.3	Berichtspflichtige Zahlungen und Erleichterung	142–144
	7.3.4	Pflichtangaben und Gliederung	145–147
	7.3.5	Negativbericht	148
7.4	Konzernzahlungsbericht	149–150
	7.4.1	Einzubeziehende Unternehmen	149
	7.4.2	Ausgestaltung/Inhalt	150
7.5	Prüfung und Offenlegung	151–152
7.6	Rechtsfolgen bei Pflichtverletzung	153–154

1 Überblick

1.1 Inhalt und Regelungszweck

1 § 264 HGB verpflichtet die gesetzlichen Vertreter von KapG, ggf. mit Ausnahme von KleinstKapG, zur **Erweiterung des Jahresabschlusses** um einen Anhang sowie – mit Ausnahme von kleinen KapG (§ 267 Rz 2 ff.) – zur Erstellung eines Lageberichts. Sollte eine KM-orientierte KapG zulässigerweise keinen Konzernabschluss erstellen, so haben deren gesetzliche Vertreter den Jahresabschluss zusätzlich noch um eine KFR und einen EK-Spiegel zu erweitern. Der Jahres-

abschluss darf zudem um eine SegmBer erweitert werden. Zudem wird die Aufstellungsfrist grds. auf drei Monate festgelegt. Für kleine KapG wird sie auf sechs Monate verlängert. Zusätzlich bedarf es gem. Abs. 2 Satz 3 für KapG, die Inlandsemittenten sind, der Abgabe einer Versicherung über die Ordnungsmäßigkeit der Berichterstattung, die aber nicht Teil des Jahresabschlusses ist.

In § 264 Abs. 2 HGB hat der Gesetzgeber eine **Generalnorm** expliziert, die für die Jahresabschlüsse von KapG verlangt, dass unter Beachtung der GoB ein den tatsächlichen Verhältnissen entsprechendes Bild der Vermögens-, Finanz- und Ertragslage vermittelt wird. Diese Norm ist jedoch, wie auch aus der Überschrift des zweiten Abschnitts deutlich wird, derzeit noch lediglich ergänzend zu verstehen, sodass sie nicht – wie aus Art. 2 Abs. 5 der 4. EU-RL eigentlich klar zu verstehen – als overriding principle zu betrachten ist.[1] Sie unterstreicht zwar die Informations- und Rechenschaftsfunktion des Jahresabschlusses,[2] doch haben die Einzelregelungen, die sich etwa aus den übrigen handelsrechtlichen, aktienrechtlichen oder GmbH-rechtlichen Vorschriften ergeben, sowie explizit auch die der GoB Vorrang (lex specialis geht vor lex generalis). Auch mit der Umsetzung der EU-Richtlinie 2013/34/EU über den Jahresabschluss, den konsolidierten Abschluss und damit verbundene Berichte von Unternehmen bestimmter Rechtsformen[3] übernimmt der Gesetzgeber diese klare Positionierung der Generalnorm[4] wie bereits mit dem BiRiLiG weiterhin nicht in das HGB.

2

1.2 Anwendungsbereich

Relevant ist die Regelung zunächst nur für **KapG und KapCoGes.** Darüber hinaus gilt die Vorschrift durch gesetzliche Verweisung auch für Genossenschaften (§ 336 Abs. 2 HGB), Kredit- und Finanzdienstleistungsinstitute (§ 340a Abs. 1 HGB), Versicherungsunt (§ 341a HGB) sowie für publizitätspflichtige Institutionen (§§ 1 und 5 PublG). Zudem verweist § 87 Abs. 1 Satz 1 BHO für Bundesbetriebe, die nach den Regeln der kaufmännischen doppelten Buchführung buchen, auf die Anwendung von Abs. 1 Satz 1. Ferner kann von einer großen Ausstrahlungswirkung der Inhalte insb. von § 264 Abs. 2 HGB auch auf EKfl und andere als in § 264a HGB erfasste PersG ausgegangen werden, ohne dass es jedoch zu einer expliziten gesetzlichen Verpflichtung zur Beachtung kommt.

3

Zeitlich geht die Vorschrift auf das BiRiLiG zurück, mit welchem das deutsche Handelsrecht an die Vorgaben der 4. Gesellschaftsrechtlichen EG-RL über die Rechnungslegung, Publizität und Prüfung von KapG angepasst wurde. Mit dem D-Markbilanzgesetz wurde 1994 die Befreiung von der Pflicht zur Erstellung des Lageberichts für kleine KapG und mit dem KapAEG 1998 die Befreiung für Tochter-KapG eingeführt. Der Bilanzeid, den gesetzliche Vertreter einer KapG bzw. eines MU, das Inlandsemittent gem. § 2 Abs. 7 WpHG und keine kleine

4

---

1 Vgl. *Lachnit*, WPg 1993, S. 193–201.
2 Vgl. *Ballwieser*, in *Baetge/Kirsch/Thiele*, Bilanzrecht, § 264 HGB, Rz 1, Stand 8/2015.
3 RL 2013/34/EU des europäischen Parlaments und des Rates, vom 26.6.2013 über den Jahresabschluss, den konsolidierten Abschluss und damit verbundene Berichte von Unternehmen bestimmter Rechtsformen und zur Änderung der RL 2006/43/EG des Europäischen Parlaments und des Rates zur Aufhebung der RL 78/660/EWG und 83/349/EWG des Rates, EU-Amtsblatt v. 29.6.2013, L 182/19–76.
4 Vgl. *Kreipl/Müller*, in *Seicht/Janschek*, Jahrbuch für Controlling und Rechnungswesen 2014, S. 280f.

KapG i.S.d. § 327a HGB ist, abgeben müssen, wird mit dem TUG für Gj, die nach dem 31.12.2006 begannen, verlangt. Die Erweiterung des Umfangs des Jahresabschlusses von KM-orientierten Unt, die nicht zur Konzernrechnungslegung verpflichtet sind, ist mit dem BilMoG eingeführt worden und erstmals für Gj, die nach dem 31.12.2009 beginnen, anzuwenden.

5 Mit dem MicroBilG wurde für Gj, die nach dem 30.12.2012 enden, der Umfang des Jahresabschlusses von KleinstKap auf Bilanz und GuV verringert, soweit unter der Bilanz einige Angaben erfolgen. Zudem wird für diesen verkürzten Jahresabschluss die Vermittlung eines den tatsächlichen Verhältnissen entsprechenden Bilds der Vermögens-, Finanz- und Ertragslage vermutet.

6 Mit dem MicroBilG wurde für Gj, die nach dem 31.12.2012 beginnen, die Befreiungsmöglichkeit für TU von den Regelungen nach den §§ 264 ff. HGB bei Einbeziehung in einen Konzernabschluss deutlich erweitert, da nicht mehr auf einen Konzernabschluss nach § 290 HGB abgestellt wird, sondern ein Konzernabschluss eines MU mit Sitz in einem Mitgliedstaat der EU oder einem anderen Vertragsstaat des Abkommens über den EWR Ausgangspunkt der Befreiung dienen kann. Weiterhin müssen aber noch drei weitere Voraussetzungen erfüllt sein.

7 Mit dem Gesetz zur Änderung des Handelsgesetzbuchs[5] wurde das Redaktionsversehen im MicroBilG bereinigt, dass die Ausführungen bzgl. der Einhaltung der Generalnorm von KleinstKapG vor dem Bilanzeid eingeordnet wurden. Da auf den sog. Bilanzeid mit der Angabe gem. § 264 Abs. 2 Satz 3 HGB von anderen Stellen verwiesen wird, muss er auch als Satz 3 aufgeführt sein, was nun wieder erfolgt ist. Mit dem BilRUG sind für Gj, die nach dem 31.12.2015 beginnen, Änderungen bez. der Pflichtangaben für KleinstKap, der Forderung nach allgemeinen Informationsangaben im Jahresabschluss sowie der Neufassung der Erleichterungen für bestimmte TU in Abs. 3 und 4 in Kraft getreten.
Mit dem **CSR-RL-Umsetzungsgesetz**[6] wurde in Abs. 3 der Stand der RL 2013/34/EU nach dem Beitritt Kroatiens konkretisiert.

1.3 Normenzusammenhänge

8 Explizit gilt § 264 HGB zunächst nur für KapG; KapCoGes haben die Vorschrift aufgrund des Verweises von § 264a HGB anzuwenden. Als ergänzende Vorschrift bestehen enge Normenzusammenhänge zu den allgemeinen Aufstellungsvorschriften, wie insb. §§ 242 ff. HGB.

9 Die Generalnorm des Abs. 2 wird in § 297 Abs. 2 Satz 2–4 HGB für den **Konzernabschluss** nachgebildet und ist somit in allen Konzernabschlüssen, deren Aufstellungspflicht aus dem HGB für KapG oder aus § 13 Abs. 2 Satz 1 PublG für weitere Bilanzierende erwächst, zu beachten.[7]

10 Die Vorschrift ist auf **Steuerneutralität** ausgelegt, weshalb keine Auswirkungen auf die steuerliche Gewinnermittlung bestehen. Lediglich über die umgekehrte Maßgeblichkeit waren bis zum BilMoG etwa im Bereich der steuerlichen Sonderabschreibungen und des Sonderpostens mit Rücklageanteil bestimmte Abhängigkeiten festzustellen, die durch die Übergangswahlrechte in Art. 67 Abs. 3

---

5 BGBl 2013 I S. 3746.
6 Gesetz zur Stärkung der nichtfinanziellen Berichterstattung der Unternehmen in ihren Lage- und Konzernlageberichten (CSR-Richtlinie-Umsetzungsgesetz) BGBl 2017 I, S. 802.
7 Vgl. *Ballwieser*, in *Baetge/Kirsch/Thiele*, Bilanzrecht, § 264 HGB Rz 9, Stand 8/2015.

und 4 EGHGB für Altfälle beibehalten werden konnten und daher als Verzerrungen noch in aktuellen Jahresabschlüssen enthalten sein können. Auch die erweiterten Bestandteile des Jahresabschlusses mit Anhang sowie ggf. die KFR und der EK-Spiegel wie auch der ergänzende Lagebericht haben keine steuerrechtliche Entsprechung, wenngleich auf Basis des Steuerbürokratieabbaugesetzes v. 20.12.2008[8] (E-Bilanz) Taxonomien für diese Bestandteile veröffentlicht wurden.[9] Gleichwohl sind Zusammenhänge über die weiter bestehende Maßgeblichkeit des Jahresabschlusses nach HGB auf die steuerrechtliche Gewinnermittlung zu konstatieren. Auch werden die GoB in Theorie und Praxis nicht bzw. kaum getrennt in eine handelsrechtliche und steuerrechtliche Ausprägung, wie etwa die Übernahme der Poolabschreibungen über fünf Jahre auf Wirtschaftsgüter, deren AK zwischen 150 und 1.000 EUR betragen, nach § 6 Abs. 2a EStG „binnen kürzester Zeit"[10] in die GoB belegt. Auch die alternativ geltende Möglichkeit zur Sofortabschreibung für Wirtschaftsgüter bis 410 EUR nach § 6 Abs. 2 EStG wird als GoB für die handelsrechtliche Rechnungslegung angesehen,[11] was ebenfalls für den Fall der angekündigten[12] Erhöhung des seit über 50 Jahren unveränderten Betrags auf 800 EUR ab dem 1.1.2018 zu erwarten ist. Ebenso wird die steuerrechtliche Rechtsprechung bzw. steuerbehördliche Auslegung, soweit sie die GoB zum Gegenstand haben, handelsrechtlich übernommen. So haben etwa die Steuererlasse zum Leasing weiterhin Gültigkeit im HGB. Diese Auslegung erleichtert den Unt die Rechnungslegung, da viele Sachverhalte einheitlich behandelt werden können; allerdings entspricht das nicht der immer stärkeren von Seiten des Gesetzgebers und der Steuerbehörden vorangetriebenen Trennung von Handels- und Steuerbilanz und führt zu Konflikten zwischen dem Objektivierungsstreben des Steuerrechts einerseits und der Informationsfunktion des Handelsrechts andererseits.

Der **Bilanzeid** in Abs. 2 Satz 3 wird gem. § 289 Abs. 1 Satz 5 HGB auch für den Lagebericht gefordert (§ 289 Rz 68). Daher ist die Versicherung der Mitglieder des vertretungsberechtigten Organs auch auf die Lageberichterstattung der als Inlandsemittenten auftretenden KapG auszuweiten.

Inlandsemittenten von Wertpapieren haben nach § 37v WpHG innerhalb von vier Monaten nach Abschluss des Gj einen Jahresfinanzbericht zu veröffentlichen, sofern sie nicht bereits durch das HGB zur Offenlegung verpflichtet sind. Zudem werden zum einen in § 37w WpHG die Aufstellung und Veröffentlichung **unterjähriger Berichte** gefordert von Unt, die als Inlandsemittenten Aktien oder Schuldtitel i.S.d. § 2 Abs. 1 Satz 1 WpHG begeben, es sei denn, es handelt sich bei den zugelassenen Wertpapieren um Schuldtitel, die unter § 2 Abs. 1 Satz 1 Nr. 2 WpHG fallen oder die ein zumindest bedingtes Recht auf den Erwerb von Wertpapieren nach § 2 Abs. 1 Satz 1 Nr. 1 oder 2 WpHG begründen.

---

8 BGBl 2008 I S. 2850 ff.
9 Vgl. *Richter/Kruczynski*, in *Federmann/Kußmaul/Müller*, HdB, Beitrag E-Bilanz, Rz 45, Stand 4/2012. Taxonomien (Version 5.4) sind abrufbar unter http://www.esteuer.de/#ebilanz, letzter Abruf am 3.8.2017.
10 Vgl. BilMoG-BegrRegE, S. 82.
11 Zur Anwendung in der Praxis s. *Lange/Kreipl/Müller* in Haufe HGB Bilanz Kommentar Erfahrungsbericht BilMoG, 2012, Rz 176 ff.
12 Pressemitteilung des Bundesministeriums für Wirtschaft und Energie vom 7.3.2017, https://www.bmwi.de/Redaktion/DE/Pressemitteilungen/2017/20170307-zypries-zu-gwg.html, letzter Abruf am 3.8.2017.

Konkret sind nach dieser Vorschrift Halbjahresfinanzberichte und Zwischenmitteilungen zu veröffentlichen. Die unterjährige Berichterstattung bezieht sich im Fall von konzernrechnungslegungspflichtigen MU stets nur auf den **Konzern** (§ 37y Nr. 2 WpHG). Dabei haben diese KM-orientierten Unt die von der EU übernommenen IFRS zu beachten (§ 315e HGB).

1.4 Exkurs: Unterjährige Berichterstattungspflichten

13 Konkret sind **Halbjahresfinanzberichte** sechs Monate nach dem Gj-Ende zu erstellen und dann innerhalb von drei weiteren Monaten nach Ablauf des Berichtszeitraums der Öffentlichkeit zur Verfügung zu stellen. Der DCGK fordert in Tz. 7.1.2 auch in der im Februar 2017 überarbeiteten Version weiterhin widerlegbar, die Offenlegung unterjähriger Finanzinformationen innerhalb von 45 Tagen beim Unternehmensregister vorzunehmen.[13] Dabei ist auch der DRS 16 (2012) zu beachten, der mit der Vermutung der Entsprechung der GoB für die Konzernbilanzierung vom BMJ am 4.12.2012 im BAnz bekannt gemacht wurde und aktuell mit E-DRÄS 7 auf die neue Gesetzeslage hin angepasst wurde. Die Bestandteile des Halbjahresfinanzberichts sind ein verkürzter Abschluss, ein Zwischenlagebericht und gem. § 37w Abs. 2 Nr. 3 WpHG eine Versicherung der Mitglieder des vertretungsberechtigten Organs (Bilanzeid). Der verkürzte Abschluss muss nach § 37w Abs. 3 WpHG als Mindestbestandteile enthalten:
- eine verkürzte Bilanz zum Stichtag des Berichtszeitraums und eine verkürzte Bilanz zum Stichtag des vorangegangenen Gj,
- eine verkürzte GuV für den Berichtszeitraum und für den entsprechenden Zeitraum des vorangegangenen Gj sowie
- einen verkürzten Anhang.

Die nach IAS 34.8 darüber hinaus als Pflichtbestandteile geforderte verkürzte Eigenkapitalveränderungsrechnung und die verkürzte KFR nach DRS 16.16 wird lediglich zur Ergänzung des Zwischenabschlusses empfohlen. Als Verkürzung der Abschlussbestandteile brauchen im Zwischenabschluss nur die wesentlichen Positionen der Bilanz, GuV sowie des Anhangs angegeben zu werden. Nach Art. 3 Abs. 2 der Durchführungsrichtlinie zur Transparenzrichtlinie sind dies die Überschriften und die Zwischensummen, die im zuletzt veröffentlichten Jahresabschluss des Emittenten enthalten sind. Zusätzliche Posten und Erläuterungen sind nach DRS 16.17, ähnlich wie nach IAS 34.10, nur dann erforderlich, wenn ihr Weglassen den Zwischenbericht irreführend erscheinen lassen würde. Nach DRS 16.31 sind im verkürzten Anhang des Zwischenabschlusses insb. folgende Angaben aufzunehmen, soweit sie nicht im Zwischenlagebericht enthalten sind:
- Angabe, dass dieselben Bilanzierungs- und Bewertungsmethoden im Zwischenabschluss befolgt werden wie im letzten Konzernabschluss oder, wenn diese Methoden wesentlich geändert worden sind, eine Beschreibung der Art und betragsmäßigen Auswirkung der Änderung,
- Darstellung und Erläuterung der Auswirkung von wesentlichen Änderungen in der Zusammensetzung des KonsKreises einschl. Unternehmenszusammen-

---

[13] Zur Ausgestaltung s. *Strieder/Ammedick*, in *Federmann/Kußmaul/Müller*, HdB, Beitrag Zwischenberichterstattung, Rz 27 ff., Stand 3/2014.

schlüssen, des Erwerbs oder der Veräußerung von TU sowie die wesentlichen Grundannahmen der sachgerechten Schätzung bei der erstmaligen Einbeziehung von TU,
- Erläuterungen, die ein angemessenes Verständnis der wesentlichen Änderungen der Posten der verkürzten Bilanz und der verkürzten GuV gegenüber den dargestellten Vergleichszahlen sowie der Entwicklungen im Berichtszeitraum gewährleisten.

Auch wenn das Ziel der Zwischenberichterstattung zunächst lediglich darin besteht, unterjährig entscheidungsnützliche Informationen über die Vermögens-, Finanz- und Ertragslage und die voraussichtliche Entwicklung des Konzerns zu geben, kommt in der Formulierung der Versicherung der gesetzlichen Vertreter in DRS 16.56 zum Ausdruck, dass der Zwischenabschluss ein den tatsächlichen Verhältnissen entsprechendes Bild der Vermögens-, Finanz- und Ertragslage des Konzerns vermitteln soll. Somit bleibt trotz vermeintlicher Einschränkungen im Detail das mit dem Jahresabschluss vergleichbare Ziel erhalten.

Der **Zwischenlagebericht** hat die Aufgabe, den nach DRS 16.14–33 oder nach IAS 34 erstellten Halbjahresfinanzbericht zu ergänzen, indem bestimmte Ereignisse und Geschäftsvorfälle des Zwischenberichtszeitraums erläutert und bestimmte prognoseorientierte Informationen des letzten Konzernjahresberichts aktualisiert werden. Konkret sind gem. § 37w Abs. 4 WpHG mindestens 14
- die wichtigen Ereignisse des Berichtszeitraums im Unt des Emittenten und ihre Auswirkungen auf den verkürzten Abschluss darzustellen,
- die wesentlichen Chancen und Risiken für die dem Berichtszeitraum folgenden sechs Monate des Gj zu beschreiben sowie
- Angaben zu wesentlichen Geschäften mit nahestehenden Personen im Berichtszeitraum aufzunehmen.

Letzterer Punkt ist jedoch beschränkt auf die Unt, die als Inlandsemittenten Aktien begeben. Den übrigen Unt werden Angaben zu nahestehenden Personen lediglich empfohlen. Es besteht ein Wahlrecht, die Ausführungen zu nahestehenden Personen statt im Lagebericht auch im Anhang zu geben. Konkret bestimmt Art. 4 Abs. 1 der Durchführungsrichtlinie zur Transparenzrichtlinie, dass neben den Geschäften mit nahestehenden Unt und Personen, die während der ersten sechs Monate des aktuellen Gj stattgefunden haben und die die Finanzlage oder das Geschäftsergebnis des Unt während dieses Zeitraums wesentlich beeinflusst haben, auch all jene Geschäfte zu benennen, bei denen es im Vergleich zum letzten Jahresbericht zu Veränderungen gekommen ist und die wesentlich für die Berichtsperiode gewesen sein könnten.

Die Versicherung der Mitglieder des vertretungsberechtigten Organs gem. § 37w 15 Abs. 2 Nr. 3 WpHG wird von DRS 16.56 unter Berücksichtigung der Ergänzung des IDW für den Fall eines zur Konzernrechnungslegung verpflichteten Unt wie folgt ausgestaltet:

Beispielformulierung des Bilanzeids nach DRS 16.55
„Wir versichern nach bestem Wissen, dass gem. den anzuwendenden Rechnungslegungsgrundsätzen für die Zwischenberichterstattung der Konzernzwischenabschluss unter Beachtung der Grundsätze ordnungsmäßiger Buchführung ein den tatsächlichen Verhältnissen entsprechendes Bild der Vermögens-,

> Finanz- und Ertragslage des Konzerns vermittelt und im Konzernzwischenlagebericht der Geschäftsverlauf einschließlich des Geschäftsergebnisses und die Lage des Konzerns so dargestellt sind, dass ein den tatsächlichen Verhältnissen entsprechendes Bild vermittelt wird sowie die wesentlichen Chancen und Risiken der voraussichtlichen Entwicklung des Konzerns im verbleibenden Geschäftsjahr beschrieben sind."

Eine Prüfung des Halbjahresfinanzberichts muss in Übereinstimmung mit der EU-Transparenzrichtlinie nicht pflichtmäßig erfolgen. Der Halbjahresfinanzbericht kann gem. § 37w Abs. 5 WpHG lediglich einer prüferischen Durchsicht unterzogen werden. Nach kontroverser Diskussion um die Einbindung des Halbjahresfinanzberichts in den zweistufigen Enforcement-Prozess wurde als Kompromiss durch Ergänzung des § 324b Abs. 2 HGB festgelegt, dass es nur eine anlassbezogene, nicht aber auch eine stichprobenbezogene materielle Enforcement-Prüfung geben darf.

16 Die nach § 37x WpHG aF geforderten **Zwischenmitteilungen** eines Unt, das als Inlandsemittent Aktien begibt, ist für Gj, die nach dem 31.12.2015 beginnen, nach dem WpHG **nicht mehr notwendig**. Mit der RL 2013/50/EU,[14] die am 26.11.2015 in deutsches Recht überführt wurde, sind nur noch Jahres- und Halbjahresfinanzberichte zu erstellen, wobei auch die Maximalfrist der Offenlegung des Halbjahresfinanzberichts auf drei Monate verlängert wurde (Art. 5 Abs. 1 RL EU 2004/109/EG nF).

Bisher mussten diese, in einem Zeitraum zwischen zehn Wochen nach Beginn und sechs Wochen vor Ende der ersten und zweiten Hälfte des Gj jeweils eine Zwischenmitteilung der Geschäftsführung veröffentlichen. Eine Zwischenmitteilung der Geschäftsführung hatte nach DRS 16.64 zum einen eine Darstellung und Erläuterung der wesentlichen Ereignisse und Geschäfte des Mitteilungszeitraums und deren Auswirkungen auf die Vermögens-, Finanz- und Ertragslage des Konzerns und zum anderen eine allgemeine Darstellung der Vermögens-, Finanz- und Ertragslage zu enthalten.[15] Die Zwischenmitteilung konnte durch einen Quartalsbericht mit den Ausgestaltungsanforderungen des Halbjahresfinanzberichts ersetzt werden, wobei dann jedoch der Bilanzeid entbehrlich ist. Durch diese Regelung war es im Umkehrschluss etwa für Unt, die im Prime Standard der Frankfurter Wertpapierbörse gelistet sind und eine Quartalsberichterstattung nach IFRS vorzulegen haben, nicht noch zusätzlich nötig, die Zwischenmitteilung zu veröffentlichen. Allerdings war die Berichterstattung nach IAS 34 zu ergänzen um den Zwischenlagebericht, nicht aber im ersten und dritten Quartal um die Versicherung der gesetzlichen Vertreter.

---

[14] RL 2013/50/EU des Europäischen Parlaments und des Rates vom 22.10.2013 zur Änderung der RL 2004/109/EG des Europäischen Parlaments und des Rates zur Harmonisierung der Transparenzanforderungen in Bezug auf Informationen über Emittenten, deren Wertpapiere zum Handel auf einem geregelten Markt zugelassen sind, der RL 2003/71/EG des Europäischen Parlaments und des Rates betreffend den Prospekt, der beim öffentlichen Angebot von Wertpapieren oder bei deren Zulassung zum Handel zu veröffentlichen ist, sowie der RL 2007/14/EG der Kommission mit Durchführungsbestimmungen zu bestimmten Vorschriften der RL 2004/109/EG, EU-Amtsblatt v. 6.11.2013, L 294/13–27.

[15] Zur Ausgestaltung s. DRS 16.61 ff. und *Strieder/Ammedick*, in *Federmann/Kußmaul/Müller*, HdB, Beitrag Zwischenberichterstattung, Rz 27 ff., Stand 3/2014.

Die unterjährige Berichterstattung bezieht sich im Fall von konzernrechnungslegungspflichtigen MU stets nur auf den **Konzern** (§ 37y Nr. 2 WpHG). Dabei haben diese KM-orientierten Unt die von der EU übernommenen IFRS, konkret IAS 34 „Zwischenberichterstattung", zu beachten.[16]   17

Zudem ist die konkrete Ausgestaltung auch vom Börsensegment abhängig, in dem die Aktien gehandelt werden. Dabei gelten im **General Standard** die Regelungen nach §§ 37w, 37x und 37y WpHG, wobei für Gj, die am oder nach dem 26.11.2016 beginnen, § 37x WpHG statt der Zwischenmitteilung nun für bestimmte Rohstoffproduzenten eine Zahlungsberichterstattung gem. §§ 341r–y HGB verlangt. Im **Prime Standard** ergibt sich aus § 51 Abs. 2 BörsO-FW die Pflicht, statt einer Zwischenmitteilung nach § 37x WpHG bzw. seit dem Gj 2016 statt eines Zwischenberichts eine vollwertige Quartalsfinanzberichterstattung zu veröffentlichen, wobei IAS 34 zu verwenden ist. Im **Entry Standard**, in den Unt aufgenommen werden können, die nicht am geregelten Markt notiert sein wollen und für die somit § 37w–y WpHG nicht gilt, verlangen die AGB für den Freiverkehr an der Frankfurter Wertpapierbörse dennoch eine unterjährige Berichterstattung, wobei sich diese auf einen Halbjahresfinanzbericht beschränkt, der drei Monate nach Ablauf des Berichtszeitraums z. B. auf der Internetseite des Unt zu veröffentlichen ist.[17]   18

2 Erweiterter Jahresabschluss der Kapitalgesellschaft (Abs. 1)

2.1 Umfang und Einheit des Jahresabschlusses

Der nach § 242 Abs. 3 HGB für alle Kfl. obligatorische Jahresabschluss umfasst neben der Bilanz (§ 266 HGB) die GuV (§ 275 HGB). Sind KapG und KapCo-Ges angesprochen, so impliziert der Jahresabschluss verpflichtend zudem den Anhang. Eine Ausnahme besteht für KleinstKapG, die unter bestimmten Voraussetzungen auf die Aufstellung des Anhangs verzichten können (Rz 45 ff.).   19

Bei **KM-orientierten KapG**, die nicht zur Aufstellung eines Konzernabschlusses verpflichtet sind, erweitert sich der Jahresabschluss ferner um die Rechenwerke **KFR und Eigenkapitalspiegel**. Zudem können diese Unt einen **SegmBer** freiwillig erstellen, der den Jahresabschluss erweitert. Ziel ist es, dass diese Unt den KM-orientierten MU gleichgestellt werden. So sind nach § 315e Abs. 1 HGB KM-orientierte Unt zur Aufstellung ihres Konzernabschlusses nach den von der EU übernommenen IFRS verpflichtet. Zum Umfang eines vollständigen IFRS-Abschlusses s. § 297 Rz 6 ff. Das Ziel der Gleichstellung verkennt jedoch den unterschiedlichen Nutzen der ergänzenden Rechnungslegungsinstrumente. Im Konzernabschluss sind KFR und EK-Spiegel notwendig, um die durch Konzernspezifika erschwerte Analyse zu erleichtern. Im EA bedarf es dieser Instrumente kaum, da die gebotenen Informationen bereits im Abschluss enthalten sind und durch geeignete Analyseinstrumente (Mittelherkunfts- und Mittelverwendungsrechnungen) vom Adressaten extrahiert werden können.[18]   20

---

16   Vgl. *Müller/Stute*, BB 2006, S. 2803–2810.
17   Vgl. *Ammedick/Strieder*, in MünchKomm Bilanzrecht, IAS 34, Rdn. 30 ff.; *Strieder/Ammedick*, in *Federmann/Kußmaul/Müller*, HdB, Beitrag Zwischenberichterstattung, Rz 92 ff., Stand 3/2014.
18   Vgl. z. B. *Lachnit*, Bilanzanalyse 2004, S. 299–306.

21 Der Fall, dass ein KM-orientiertes Unt nicht zur **Konzernrechnungslegung** verpflichtet ist, muss direkt aus der Nichtanwendung des § 290 HGB oder aus der Nutzung von Einbeziehungswahlrechten nach § 296 HGB für alle vorhandenen TU (§ 296 Rz 1 ff.) resultieren. Die Nutzung von größenabhängigen Befreiungen nach § 293 HGB ist für KM-orientierte Unt ebenso wenig möglich (§ 293 Rz 37) wie die Befreiung durch Einbezug in einen Konzernabschluss aus Drittstaaten nach § 292 HGB oder durch Einbezug in einen übergeordneten Konzernabschluss gem. § 291 Abs. 3 Nr. 1 HGB (§ 291 Rz 17 ff.). Aus diesem Grund wird der Fall eines auch um KFR und EK-Spiegel pflichtgemäß erweiterten Jahresabschluss selten vorkommen.

2.1.1 Anhang

22 Die wesentlichen **Inhalte** des Anhangs sind in den §§ 284–288 HGB expliziert. Darüber hinaus ergeben sich aus weiteren handelsrechtlichen Einzelvorschriften sowie anderen Gesetzen zusätzliche Angabepflichten.

> **Beispiel**
> § 265 Abs. 1 Satz 2 HGB fordert eine Angabe und Begründung von Abweichungen in der Form der Darstellung und Gliederung von Bilanz und GuV;
> § 160 Abs. 1 AktG fordert für AG spezielle Angaben zum EK.

Zudem sind Wahlpflichtangaben notwendig, die sich aus der Möglichkeit ergeben, Informationen aus den übrigen Rechenwerken des Jahresabschlusses in den Anhang zu verlagern.

> **Beispiel**
> § 277 Abs. 3 Satz 1 HGB fordert die Angabe von außerplanmäßigen Abschreibungen nach § 253 Abs. 3 Sätze 3 und 4 HGB in der Bilanz oder im Anhang;
> § 42 Abs. 3 GmbHG fordert für GmbH spezielle Angaben über Ausleihungen, Forderungen und Verbindlichkeiten gegenüber Gesellschaftern in der Bilanz oder im Anhang.

Obwohl vom Gesetzgeber nicht ausdrücklich beschrieben, können im Anhang auch weitere freiwillige Informationen dargeboten werden.

> **Beispiel**
> Ebenso wie § 265 HGB eine weitere Untergliederung von Posten in der Bilanz und GuV erlaubt, kann auch im Anhang detaillierter berichtet werden.

Ebenso wie Bilanz und GuV existieren für den Anhang größenabhängige Erleichterungen für Aufstellung und noch weitergehend auch für die Offenlegung.[19]

---

[19] Vgl. für einen Musteranhang einer kleinen KapG z.B. *Kreipl/Müller*, StuB 2013, S. 292 ff.

> **Beispiel**
> Nach § 288 Abs. 1 HGB gibt es Aufstellungs- und nach § 326 Abs. 1 HGB Offenlegungserleichterungen für kleine KapG und denen gleichgestellte KapCoGes; nach § 288 Abs. 2 HGB gibt es in deutlich geringerem Maße Aufstellungs- und nach § 327 HGB Offenlegungserleichterungen für mittelgroße KapG und denen gleichgestellte KapCoGes.

Dem Anhang kommen somit Erläuterungs-, Entlastungs-, Ergänzungs- und Korrekturfunktionen zu.[20]

Die **Erläuterungsfunktion** entspringt der Tatsache, dass die angewandten Bilanzierungs- und Bewertungsmethoden aus den Zahlenwerken der Bilanz und GuV häufig nicht direkt abzuleiten sind (§ 284 Rz 5–8). 23

Die **Entlastungsfunktion** rührt aus dem Gebot der Klarheit. Damit Bilanz und GuV die notwendige Übersicht vermitteln, sind bestimmte geforderte Informationen nur komprimiert in die Schemata aufzunehmen. Im Anhang kann die Information dann in geeigneter Weise klar und übersichtlich dargestellt werden (§ 284 Rz 5–8). 24

Darüber hinaus sind auch weitere Informationen nach dem HGB im Jahresabschluss von KapG notwendig (**Ergänzungsfunktion**), die jedoch nicht in die Bilanz oder GuV aufgenommen werden können, da dies als zweckwidrig anzusehen wäre. 25

In weit selteneren Fällen kommt dem Anhang eine **Korrekturfunktion** zu. Diese greift gem. § 264 Abs. 2 Satz 2 HGB dann, wenn der Jahresabschluss ein den tatsächlichen Verhältnissen entsprechendes Bild der Vermögens-, Finanz- und Ertragslage der KapG nicht vermittelt. In diesem Fall sind Angaben zur Erreichung dieses Bildes notwendig. 26

Für den Anhang ist bislang keine **Gliederung** vorgesehen. Mit Art. 15 der RL 2013/34/EU und § 284 Abs. 1 Satz 1 HGB wird nun zumindest die Forderung aufgestellt, die Anhangangaben in der Reihenfolge der Darstellung der Posten in der Bilanz und in der GuV darzustellen. 27

2.1.2 Kapitalflussrechnung

Als Zusatzinstrument für die Dokumentation von Entwicklung, Herkunft und Verwendung der Finanzmittel eignet sich die KFR, da durch die im Jahresabschluss neben der Darstellung von Vermögen und Kapital als Stichtagswerte in der Bilanz sowie der Erträge und Aufwendungen als Zeitraumrechnung in der GuV dann auch die Ein- und Auszahlungen der betrachteten Periode abgebildet werden. In Deutschland ist die KFR erst seit 1998 für börsennotierte Gesellschaften und seit 2004 für alle MU als Teil des Konzernabschlusses zu erstellen, wobei DRS 21[21] trotz kritischer Einschätzung in der Literatur[22] als vermutete GoB zu beachten ist. Seit 2010 wird die Erweiterung des Jahresabschlusses durch 28

---

20 Vgl. *Kirsch*, in *Federmann/Kußmaul/Müller*, HdB, Beitrag Anhang nach HGB, Rz 4–7, Stand 4/2016.
21 Bekannt gemacht durch das BMJV am 8.4.2014 im BAnz unter AT 8.4.2014 B2.
22 Vgl. *Lorson/Müller/ICV-Fachkreis IFRS & Controlling*, DB 2014, S. 965, *Eiselt/Müller*, BB 2014, S. 1067.

nicht konzernrechnungslegungspflichtige, aber KM-orientierte Unt um eine KFR gefordert.[23] Für eine detailliertere Abhandlung zur KFR wird auf § 297 Rz 14–49 verwiesen. Im Jahresabschluss können DRS zunächst grds. nur Empfehlungscharakter haben, da sie stets vom BMJV nach § 342 Abs. 2 HGB nur mit der Vermutung, es handle sich um GoB für die Konzernrechnungslegung, im BAnz bekannt gemacht werden. Dies schließt nicht aus, dass es andere ebenfalls GoB-gemäße Auslegungen zur KFR gibt – kommt es jedoch zu Abweichungen von geltenden DRS, sind im Konzernabschluss Angaben notwendig. Ansonsten kann eine Nichtbeachtung im Konzernabschluss zumindest zu Hinweisen im Prüfungsbericht oder sogar zu einer Einschränkung des Testats führen (IDW PS 201, Rz 12). Dagegen sind im Jahresabschluss die DRS nach Ansicht des IDW nur insoweit relevant, wie gesetzliche Anforderungen an die Rechnungslegung durch einen DRS konkretisiert werden und es sich um Auslegungen der allgemeinen gesetzlichen Grundsätze handelt (IDW PS 201, Rz 12). Dies ist bei der Ausgestaltung der KFR jedoch nicht der Fall, weshalb auf dieser Ebene auch andere Normen zur Anwendung kommen können, wobei eine Angabe nach § 284 Abs. 2 Nr. 1 HGB in Analogie zu den Angabepflichten für Bilanz und GuV anzunehmen ist (§ 284 Rz 19ff.).

Die Hauptaufgabe der KFR besteht in der detaillierten Offenlegung der Zahlungsströme, um Unternehmensführung, Gläubigern, Investoren und der Öffentlichkeit Informationen zu liefern über

- die Fähigkeit des Unt, Zahlungsüberschüsse zu erwirtschaften;
- den künftigen Finanzierungsbedarf;
- die Fähigkeit des Unt, Verbindlichkeiten zu erfüllen und Dividenden zu zahlen;
- die Insolvenzanfälligkeit des Unt im Rahmen von Kreditwürdigkeitsprüfungen;
- mögliche Divergenzen zwischen dem ausgewiesenen Jahresergebnis und den zugehörigen Zahlungsströmen;
- die Auswirkungen zahlungswirksamer und zahlungsunwirksamer Investitions- und Finanzierungsvorgänge auf die finanzielle Lage des Unt.

29 Im Jahresabschluss kann eine KFR aufgrund der Prinzipien der Bilanzidentität und allgemein der Doppik auch von externer Seite erstellt werden. Diese **derivativ abgeleitete KFR** wird auf Basis zweier aufeinander folgender Jahresabschluss erstellt. Zunächst werden die Beständedifferenzen aus den Salden der einzelnen Bestände zweier aufeinander folgender Stichtagsbilanzen abgeleitet. Durch Umgliederung der negativen Beständedifferenzen auf die jeweils andere Seite der Bilanz entsteht ein Bewegungsbild, wobei die ermittelten Bestandsdifferenzen als Mittelbewegungen interpretiert werden können, die die finanzwirtschaftlichen Vorgänge anzeigen. Die Finanzflüsse sind jedoch noch nicht direkt aus der Bewegungsbilanz zu entnehmen, da bspw. Aktivminderungen auch durch Abschreibungen, die stets nicht von Zahlungen begleitet sind, verursacht sein können.

30 Es ist daher nötig, das in der Bewegungsbilanz unter Passivmehrung ausgewiesene **Jahresergebnis durch** die gesamten Positionen der **GuV** zu **ersetzen**, wobei zunächst die Aufwendungen als Mittelverwendung und die Erträge als Mittelherkunft klassifiziert werden. Bei ausreichender Detailliertheit der Unterglie-

---

[23] Vgl. *Zwirner/Peterson/König*, DB 2012, S. 61.

derung können jetzt die aus Abgrenzungsbuchungen resultierenden, nicht zahlungsbegleiteten Vorgänge sowohl in der GuV als auch in der Bewegungsbilanz visualisiert werden. Da durch das System der doppelten Buchhaltung Kontenbewegungen stets Soll und Haben berühren, finden sich die zu eliminierenden, nicht zahlungsbegleiteten Vorgänge sowohl auf der Mittelherkunfts- als auch auf der Mittelverwendungsseite. So stehen z.B. die aktivmindernden Abschreibungen, die zunächst fälschlich als Mittelherkunft interpretiert wurden, in der GuV unter den Aufwendungen, die zunächst als Auszahlungen und damit als Mittelverwendung klassifiziert wurden. Durch beidseitige Eliminierung dieser Vorgänge sind die tatsächlichen Finanzflüsse zu erhalten.

Im Folgenden werden die so identifizierten Finanzströme gem. DRS 21 in verschiedene Kategorien unterteilt, was in § 297 Rz 24–45 dargestellt ist. Dabei ist neben weiterer Ungenauigkeiten im Rahmen der indirekten Darstellung des Cashflows aus laufender Geschäftstätigkeit aufgrund der Zuordnung der zahlungswirksamen Finanzergebnisbestandteile in den Cashflow aus Investitionstätigkeit ohne eine klare Mitzuordnung der Steuern der Standard sehr kritisch zu sehen und sollte daher nur mit einer modifizierten Mindestgliederung angewandt werden.[24]

2.1.3 Eigenkapitalspiegel

Der EK-Spiegel, alternativ EK-Veränderungsrechnung genannt, sollte im Einzelabschluss **in Anlehnung an DRS 22**[25] erstellt werden, der als vermutete GoB für Konzernabschlüsse zu verstehen ist. Gleichwohl kann dies nur als Empfehlung und nicht als Verpflichtung gelten (Rz 28). DRS 22 ersetzt den DRS 7 ab dem Gj 2017. Der Zweck der Eigenkapitalveränderungsrechnung liegt darin, über die Veränderung des EK zwischen zwei Bilanzstichtagen die Zu- und Abnahme des nach den Rechnungslegungsnormen bestimmten Reinvermögens während dieser Periode widerzuspiegeln. Auf die Ausführungen in § 297 Rz 50–64 wird verwiesen.

2.1.4 Segmentberichterstattung

Die Segmentberichterstattung, die als Instrument zur **Verringerung der Informationsasymmetrien** zu verstehen ist, kann den Jahresabschluss ergänzen. Nach der Verabschiedung des BilReG sind gem. § 315e Abs. 1 und 2 HGB durch Verweis auf die IAS-Verordnung und den IFRS 8 lediglich Konzernabschlüsse von börsennotierten MU bzw. von MU, die einen Börsengang eingeleitet haben, um einen nach internationalen Rechnungslegungsstandards erstellten SegmBer zu erweitern. Für nicht zur Rechnungslegung nach internationalen Standards verpflichtete Unt stellt der SegmBer nach wie vor keinen obligatorischen Bestandteil des Jahresabschlusses oder Konzernabschlusses dar. Allerdings kann gem. Abs. 1 Nr. 2 der Jahresabschluss bzw. gem. § 297 Abs. 1 Satz 2 HGB der Konzernabschluss freiwillig erweitert werden.[26] Für Letzteres ist DRS 3 „Segmentberichterstattung" zu beachten.

---

[24] Vgl. *Lorson/Müller/ICV-Fachkreis IFRS & Controlling*, DB 2014, S. 965; *Eiselt/Müller*, BB 2014, S. 1067.
[25] BAnz AT v. 23.2.2016, B1, S. 1–18.
[26] Dies trifft gem. § 13 Abs. 2 PublG auch auf publizitätspflichtige Nicht-KapG zu.

Der Gesetzgeber sieht eine freiwillige Erweiterung explizit für EA von nicht konzernrechnungslegungspflichtigen, aber KM-orientierten Unt vor. Darüber hinaus bleibt es auch weiterhin jedem Unt unbenommen, neben der geforderten Aufgliederung der Umsatzerlöse nach § 285 Nr. 4 HGB in den Anhang weitere Informationen i. S. einer SegmBer freiwillig aufzunehmen sowie diese prüfen zu lassen und offenzulegen. Für eine detailliertere Abhandlung zur SegmBer wird auf § 297 Rz 66–80 verwiesen.

Beispiel[27]
Schema einer SegmBer im Einzelabschluss:

	A	B	C	Sonstige Segmente	Überleitung	Gesamt
• Umsatzerlöse • mit externen Dritten • Intersegmenterlöse						
• Ergebnis • darin enthalten • Abschreibungen • andere nicht zahlungswirksame Posten • Ergebnis aus Beteiligung						
Vermögen						
Investitionen						
Schulden						

2.1.5 Einheitsthese

34 Der Jahresabschluss bildet nach Abs. 1 Satz 1 bei KapG (ggf. mit Ausnahme der KleinstKapG) eine **Einheit** aus Bilanz, GuV und Anhang. Bei nicht konzernrechnungslegungspflichtigen, aber KM-orientierten KapG wird diese Einheit in Satz 2 noch um die KFR und den EK-Spiegel erweitert. Nur durch dieses Konstrukt der Einheit ist es möglich, dass etwa der Anhang seine Entlastungsfunktion übernimmt. Im Zusammenspiel der unterschiedlichen Teile können Zielkonflikte etwa bez. Kapitalerhaltung und Information zumindest gemildert werden.[28] Dies ist darin zu begründen, dass nur die Gesamtheit des Jahresabschlusses, nicht aber die jeweiligen Einzelteile ein den tatsächlichen Verhältnissen entsprechendes Bild (Rz 34 ff.) zu vermitteln haben.[29] Auch kann der Jahresabschluss nur als Ganzes geprüft (§ 316 Abs. 1 HGB), unterzeichnet (§ 245 Satz 1 HGB),

---

[27] In Anlehnung an DRS 3 Anhang 2.
[28] Vgl. *Reiner*, in MünchKomm. HGB, 3. Aufl., § 264 Rn 5.
[29] Vgl. *Clemm, FS Budde*, S. 155; *Moxter, FS Budde*, S. 426–428; *Moxter, FS Baetge*, S. 106, 110; *Winkeljohann/Schellhorn*, in Beck Bil-Komm., 10. Aufl., 2016, § 264 HGB, Rz 9; *Wölk*, S. 107–111.

Geschäftsordnung nichts Abweichendes regeln, einstimmig entscheiden.³⁷ Bei der Delegation an eine externe Person sind die Regelungen zur Unabhängigkeit des AP zu beachten, da eine gleichzeitige Mitwirkung an der Aufstellung und Prüfung nach § 319 Abs. 3 Nr. 3 HGB in aller Regel ausgeschlossen ist (§ 319 Rz 49 ff.).

Die **Aufstellung** als Aufgabe der gesetzlichen Vertreter ist dann beendet, wenn Jahresabschluss und Lagebericht nach Einschätzung dieser den gesetzlichen Vorgaben entsprechen und an die nächste Institution auf dem Weg zur Offenlegung weitergereicht werden. Diese Institutionen sind bei prüfungspflichtigen Unt der AP, bei anderen KapG der Aufsichtsrat (§ 170 Abs. 1 Satz 1 AktG) oder die Gesellschafter (§ 42a Abs. 1 Satz 1 GmbHG). Da im Rahmen der Prüfung oder durch neue Erkenntnisse noch Änderungsbedarf entstehen kann, sind der aufgestellte Jahresabschluss und Lagebericht nicht endgültig, sondern können noch verändert werden.³⁸ Diese Veränderungen gelten aber nicht mehr als Aufstellung. Für den Arbeitsprozess wird es daher als überaus sinnvoll erachtet, schon vor oder während der Aufstellung problematische Sachverhalte mit den prüfenden Institutionen zu klären, wobei aber immer die Problematik einer möglichen Vermengung von Aufstellung und Prüfung zu beachten ist.³⁹

2.4 Fristen

Während in § 243 Abs. 3 HGB noch ungenau die Aufstellung des Jahresabschlusses innerhalb einer einem ordnungsmäßigen Geschäftsgang entsprechenden Zeit verlangt wurde, wird dies in Abs. 1 für KapG und KapCoGes auf drei Monate, für kleine Ges. i. S. d. § 267 Abs. 1 HGB auf höchstens sechs Monate nach dem Bilanzstichtag begrenzt. Ein Jahresabschluss eines kalenderjahrgleichen Gj ist somit innerhalb einer dem ordnungsmäßigen Geschäftsgang entsprechenden Zeit bis einschl. 31. März oder bei kleinen Ges. bis einschließlich 30. Juni des Folgejahrs aufzustellen. Der Gesetzgeber hat bei der Erweiterung der **Frist** für kleine Ges. jedoch explizit die Forderung nach der Erstellung innerhalb des ordnungsmäßigen Geschäftsgangs wiederholt. Dies ist insb. vor dem Hintergrund der Informationszwecke von Jahresabschlüssen und Lageberichten auch notwendig, da die enthaltenen Informationen mit zunehmendem Zeitablauf deutlich an Entscheidungsrelevanz für die internen und externen Adressaten von Abschluss und Lagebericht verlieren. Daher dürfen auch kleine KapG nicht generell von einer Sechsmonatsfrist ausgehen. Diese gilt nur als oberste Begrenzung, die im üblichen Geschäftsverlauf nur im Ausnahmefall anzutreffen sein sollte. Während eine Verkürzung der **Fristen** durch Satzung oder Gesellschaftsvertrag zumindest im Innenverhältnis möglich⁴⁰ bzw. in Krisensituationen im Hinblick auf §§ 283 Abs. 1 Nr. 7b und 283b Abs. 1 StGB auch geboten erscheint,⁴¹ ist eine Verlängerung ausgeschlossen.⁴² Ein Überschreiten der Aufstellungsfrist wird jedoch bis-

---

37 Vgl. *Winkeljohann/Schellhorn*, in Beck Bil-Komm., 10. Aufl., 2016, § 264 HGB, Rz 12.
38 Vgl. *Reiner*, in MünchKomm. HGB, 3. Aufl., § 264 Rn 21; *Winkeljohann/Schellhorn*, in Beck Bil-Komm., 10. Aufl., 2016, § 264 HGB, Rz 19.
39 Vgl. ADS, 6. Aufl., § 264 HGB, Rz 32; *Reiner*, in MünchKomm. HGB, 3. Aufl., § 264 Rn 21.
40 Vgl. *Baetge/Commandeur/Hippel*, HdR, HGB § 264, Rn 5, Stand 12/2013.
41 Vgl. BVerfG, Urteil v. 15.3.1978, DB 1978, S. 1393.
42 Vgl. BayOLG, Urteil v. 5.3.1987, BB 1987, S. 869.

lang nicht direkt, sondern nur indirekt bei nicht erfolgter Offenlegung nach zwölf Monaten (bzw. vier Monaten für KM-orientierte Unt, für die § 327a HGB nicht zutrifft) mit einem Ordnungsgeld nach § 335 Abs. 1 Satz 1 Nr. 1 HGB sanktioniert. Daneben handelt es sich aber bei Überschreiten der Frist um eine schuldhafte Pflichtverletzung der Sorgfaltspflicht der gesetzlichen Vertreter (insb. §§ 84 Abs. 3 und 93 Abs. 2 AktG oder §§ 30 und 43 Abs. 2 GmbHG), die zivilrechtliche Rechtsfolgen auslösen kann.

44 Für Unt, die unter das **PublG** fallen, gilt eine Frist zur Aufstellung des Jahresabschlusses von drei Monaten (§ 5 Abs. 1 Satz 1 PublG), für Genossenschaften von fünf Monaten (§ 336 HGB), für Kreditinstitute von drei Monaten (§ 340a Abs. 1 HGB), für Versicherungen von vier Monaten (§ 341a Abs. 1 HGB) und für Rückversicherungen von zehn Monaten (§ 341a Abs. 5 HGB).

2.5 Anhangbefreiung für Kleinstkapitalgesellschaften

45 KleinstKapG (§ 267a HGB) dürfen auf die Erweiterung des Jahresabschlusses um einen Anhang unter der Voraussetzung von **Bewertungseinschränkungen** und **Angaben unter der Bilanz** verzichten.

46 So ist zunächst auf die **Bewertung zum beizulegenden Zeitwert** zu verzichten. Relevant ist dabei nur die gem. § 253 Abs. 1 Satz 4 HGB pflichtgemäß vorgesehene Bewertung von nach § 246 Abs. 2 Satz 2 HGB zu verrechnenden VG, die dem Zugriff aller übrigen Gläubiger entzogen sind und ausschließlich der Erfüllung von Schulden aus Altersversorgungsverpflichtungen oder vergleichbaren langfristig fälligen Verpflichtungen dienen (**Deckungsvermögen**). Hier haben KleinstKapG, soweit dieser Fall der Deckung von Pensions- oder ähnlichen Verpflichtungen vorliegt, gem. § 253 Abs. 1 Sätze 5–6 HGB nicht den beizulegenden Zeitwert, sondern die **fortgeführten Anschaffungskosten** für die zu saldierenden VG zu verwenden. Entsprechend entfällt dann auch die Ausschüttungssperre für die (dann nicht) ausgewiesenen, nicht realisierten Gewinne nach § 268 Abs. 8 HGB. Die auf den europäischen Vorgaben beruhende Formulierung des Gesetzestextes ist dabei insofern schwammig respektive unglücklich, als dass das Verbot zur Bewertung mit dem beizulegenden Zeitwert bei Inanspruchnahme der Erleichterungen nicht direkt auf die Bewertung von VG Bezug nimmt, sondern pauschal gehalten ist, obwohl hier einzig die Bewertung von Deckungsvermögen gemeint sein kann und ausweislich der RegBegr auch ist.[43] Dies kann zu Missverständnissen der Art führen, dass Anwender das Bewertungsverbot auch auf Rückstellungen für Altersversorgungsverpflichtungen, deren Höhe sich ausschließlich nach dem beizulegenden Zeitwert von Wertpapieren bemisst, beziehen und entsprechend eine Fehlbewertung mit den fortgeführten AK vornehmen. Im Fall der Rückstellungsermittlung ist jedoch der nach vernünftiger kaufmännischer Beurteilung notwendige Erfüllungsbetrag maßgebend, der den beizulegenden Zeitwerten der zugesagten Wertpapiere oder Geldäquivalente entspricht.

47 Zudem sind von KleinstKapG nach Abs. 1 Satz 5 einige **Anhangangabepflichten** des HGB sowie des AktG unter der Bilanz auszuweisen:[44]

---

[43] Vgl. *Müller/Kreipl*, DB 2013, S. 73.
[44] Vgl. zum Vergleich von Musterabschlüssen einer KleinstKap zu einer kleinen KapG *Kreipl/Müller*, StuB 2013, S. 292 ff.

- **Haftungsverhältnisse** i.S.d. § 268 Abs. 7 HGB:
  - Sofern diese nicht bereits auf der Passivseite auszuweisen sind, ist Folgendes in einem Betrag und unabhängig von Rückgriffsforderungen zu vermerken, wobei gesondert Verpflichtungen betreffend die Altersversorgung und Verpflichtungen gegenüber verbundenen oder assoziierten Unternehmen anzugeben sind:
    - Verbindlichkeiten und Haftungsverhältnisse aus der Begebung und Übertragung von Wechseln,
    - Verbindlichkeiten und Haftungsverhältnisse aus Bürgschaften,
    - Wechsel- und Scheckbürgschaften und
    - Verbindlichkeiten und Haftungsverhältnisse aus Gewährleistungsverträgen.
    - Haftungsverhältnisse aus der Bestellung von Sicherheiten für fremde Verbindlichkeiten.
- **Vorschüsse/Kredite** an Mitglieder der Verwaltungs-, Geschäftsführungs- oder Aufsichtsorgane i.S.d. § 285 Nr. 9 Buchst. c HGB, getrennt nach Personengruppen, wobei Angaben notwendig sind bzgl. Zinssätzen, wesentlicher Bedingungen, ggf. im Gj zurückgezahlter Beträge sowie zugunsten dieser Personen eingegangene Haftungsverhältnisse.
- **Transaktionen eigener Aktien** i.S.d. § 160 Abs. 3 Satz 2 AktG:
  - Der Bestand an eigenen Aktien der Ges., sofern erworben oder als Pfand genommen durch ein abhängiges oder im Mehrheitsbesitz der Ges. stehendes Unt, anderes Unt für Rechnung der Ges., abhängiges Unt und im Mehrheitsbesitz der Ges. stehendes Unt. Dabei sind anzugeben:
    - die Zahl dieser Aktien,
    - der auf die Aktien entfallende Betrag des Grundkapitals,
    - der Anteil der Aktien am Grundkapital sowie ferner
    - für erworbene Aktien,
    - der Zeitpunkt des Erwerbs und
    - die Gründe für den Erwerb.
  - Wurden Aktien in diesem Sinne im Gj erworben oder veräußert, ist ferner zu berichten über den Erwerb und die Veräußerung. Dabei ist zu berichten über die Zahl dieser Aktien, der auf sie entfallende Betrag des Grundkapitals, der auf sie entfallende Anteil am Grundkapital, der Erwerbs- oder Veräußerungspreis und die Verwendung des Erlöses. Diese Regelung ist aber seit dem Gj 2016 nur mit der Maßgabe anzuwenden, dass die Gesellschaft nur Angaben zu von ihr selbst oder durch eine andere Person für Rechnung der Gesellschaft erworbenen und gehaltenen eigenen Aktien machen muss und über die Verwendung des Erlöses aus der Veräußerung eigener Aktien nicht zu berichten braucht.

Im Zuge der Ausweitung von Erleichterungen für kleine KapG im Rahmen der RL 2013/34/EU wurden in Abs. 1 Satz 5 Nr. 1 mit dem BilRUG keine Angaben nach § 251 HGB zu **Haftungsverhältnissen** mehr unter der Bilanz verlangt. Aus dem gleichen Grund und wegen der Neufassung von § 160 Abs. 3 AktG sind für AGs nach Abs. 1 Satz 5 Nr. 3 nur noch Angaben zu von ihr selbst oder durch eine andere Person für Rechnung der Gesellschaft erworbenen und gehaltenen **eigenen Aktien** unter der Bilanz notwendig; die Angabepflicht über die Verwendung des Erlöses aus der Veräußerung eigener Aktien entfällt damit.

Explizit sind zudem zusätzliche Angaben über Abweichungen von einem den tatsächlichen Verhältnissen entsprechenden Bild der Vermögens-, Finanz- und Ertragslage bei besonderen Umständen für KleinstKapG unter der Bilanz nötig, wie die Ergänzung von § 264 Abs. 2 HGB durch § 264 Abs. 2 Sätze 4 und 5 HGB klarstellt. Allerdings wird der Umfang dieser zusätzlichen Angaben vom Gesetzgeber eingeschränkt (Rz 87).

48 Umstritten ist die Frage, ob mit dieser Aufzählung alle anderen Angabepflichten aus HGB oder rechtsformspezifischen Gesetzen entfallen. Grundsätzlich kann argumentiert werden, dass alle Angaben, die alternativ in Bilanz oder Anhang erfolgen dürfen, durch den Verzicht der Anhangerstellung mit wegfallen.[45] Dafür spricht, dass der Gesetzgeber etwa beim Wahlrecht nach § 268 Abs. 7 HGB explizit einen Ausweis unter der Bilanz gefordert hat. Bei Formulierungen wie „bei jedem gesondert ausgewiesenen Posten", wie in § 268 Abs. 4 HGB, kann argumentiert werden, dass der Gesetzgeber durch die verkürzte Gliederung eben keine gesonderten Posten (und damit Zusatzangaben) fordert.[46] Zumindest die nach § 268 Abs. 3 HGB notwendige Angabe des **nicht durch Eigenkapital gedeckten Fehlbetrags** dürften auch KleinstKapG in der Bilanz auszuweisen haben, da dieser Posten letztlich dem bilanziellen EK entspricht. Dagegen dürften **die weiteren Postenerläuterungen** hinsichtlich Gewinn-/Verlustvortrag sowie Restlaufzeiten der Forderungen und Verbindlichkeiten mit der verkürzten Bilanz **obsolet** sein. Die Angaben der **Beziehungen zu den Eigenkapitalgebern** nach § 272 HGB und § 42 GmbHG sind dagegen deutlich umstrittener. Als Auffangtatbestand ist immer § 264 Abs. 2 Satz 2 HGB heranzuziehen, der bei Beeinträchtigungen der abgebildeten Vermögens-, Finanz- und Ertragslage durch besondere Umstände eine Angabe verlangt. Für die für kleine AG und KGaA bestehenden Angabepflichten gem.
- § 152 Abs. 1 AktG (auf jede Aktiengattung entfallender Betrag des Grundkapitals, bedingtes Kapital sowie die Gesamtstimmenzahl der Mehrstimmrechtsaktien und die der übrigen Aktien, sofern vorhanden),
- § 152 Abs. 2 AktG (Kapitalrücklage: Einstellungen und Entnahmen) sowie
- § 152 Abs. 3 AktG (Gewinnrücklagen: Einstellungen und Entnahmen)

ist dagegen mit § 152 Abs. 4 AktG eine Befreiungsnorm eingefügt worden.

3 Notwendigkeit zu allgemeinen Angaben im Abschluss (Abs. 1a)

49 Nach § 264 Abs. 1a HGB sind ab dem Gj 2016 im Jahresabschluss die Firma, der Sitz, das Registergericht und die Nummer, unter der die Ges. in das Handelsregister eingetragen ist, anzugeben. Befindet sich die Ges. in Liquidation oder Abwicklung, ist auch diese Tatsache anzugeben. Die zusätzlichen Informationen ermöglichen es den Adressaten, zielgerichteter und effizienter an zusätzliche Informationen über das Unternehmen zu gelangen, etwa mithilfe der Internetplattform des Unternehmensregisters. Aus dem Gesetzeswortlaut sind weder der

---

[45] Vgl. *Hoffmann*, StuB 2012, S. 730.
[46] Vgl. *Hoffmann*, StuB 2012, S. 730.

Ort noch ein Sammelbegriff für die Informationen zu entnehmen. Es wäre also denkbar, die Angaben an beliebiger Stelle im Anhang zu positionieren.[47] Die Gesetzesbegründung schlägt auch das Deckblatt vor, was aber nicht zum Jahresabschluss gehört und daher ausscheiden muss. Im Kontext der IFRS-Annäherung erscheint es sinnvoll, diese Angaben am Anfang des Anhangs zu positionieren[48] und um das angewandte Rechnungslegungssystem („HGB") sowie einen Hinweis auf ggf. genutzte größenklassenabhängige Erleichterungen zu ergänzen („als mittelgroße Kapitalgesellschaft"). Bei KleinstKapG sollte die Angabe aufgrund des fehlenden Anhangs in der Überschrift zur Bilanz erfolgen.[49]
Denkbar wäre es natürlich auch, die Angaben in Form einer Kopf- oder Fußzeile zu tätigen, sofern dadurch die Klarheit und die Übersichtlichkeit des Abschlusses nicht eingeschränkt werden. Dazu wäre eine Limitierung der Angabe in der Fuß- oder Kopfzeile auf die Rechenwerke sicherlich geeignet.[50]
Als **Überschrift** oder Oberbegriff können die Ausdrücke „Registerinformationen" oder „Registerbericht" dienen. Es ist aber auch denkbar, die Informationen als „einleitenden Teil" zum Jahresabschluss zu betiteln, wenn sie an den Anfang des Abschlusses gestellt werden.

4 Generalnorm (Abs. 2)

4.1 Inhalt und Verhältnis zu den Einzelvorschriften

Die in Abs. 2 Satz 1 explizierte Generalnorm für die Rechnungslegung von KapG und KapCoGes verlangt vom Jahresabschluss unter Beachtung der GoB die Vermittlung eines den tatsächlichen Verhältnissen entsprechenden Bilds der Vermögens-, Finanz- und Ertragslage des Unternehmens. Für den Lagebericht sind die Einschränkungen „unter Beachtung der GoB" und „Bild der Vermögens-, Finanz- und Ertragslage" nicht in den Gesetzestext des § 289 Abs. 1 Satz 1 HGB übernommen worden. Vielmehr hat dieser ein den tatsächlichen Verhältnissen entsprechendes Bild zu vermitteln. Für den Konzernabschluss erfolgt die Übernahme in § 297 Abs. 2 Satz 2 HGB analog zu § 264 Abs. 2 Satz 1 HGB.

50

Die mit dem BiRiLiG ins Gesetz aufgenommene und aus Art. 2 Abs. 3 der 4. EG-RL 78/660/EWG stammende Formulierung kann als Kompromiss angesehen werden. Von deutscher Seite wurde eine Beibehaltung des Texts von § 149 AktG aF beabsichtigt, nach dem der Jahresabschluss einen im Rahmen der Bewertungsvorschriften möglichst sicheren Einblick in die Vermögens- und Ertragslage der Ges. geben muss. Von britischer Seite wurde dagegen die Verankerung des „true and fair view"-Prinzips angestrebt. Als Kompromiss entstand die jetzt im Gesetz stehende Formulierung für die EG-RL. Allerdings wurde der Text um Art. 2 Abs. 5 ergänzt. Demnach sind die übrigen Vorschriften der RL in Ausnahmefällen nicht anzuwenden, wenn damit das durch den Jahresabschluss vermittelte Bild nicht den tatsächlichen Verhältnissen entsprechen würde. Dieser Satz ist vom damaligen Gesetzgeber nicht in den § 264 Abs. 2 HGB übernommen, sondern durch die Ergänzungspflicht des § 264 Abs. 2 Satz 2 HGB bzgl.

51

---

47 Vgl. *Zwirner*, DStR 2015, S. 375.
48 So auch *Winkeljohann/Schellhorn*, in Beck Bil-Komm., 10. Aufl., 2016, § 264 HGB, Rz 21.
49 Vgl. *Oser/Orth/Wirth*, DB 2015, S. 1734.
50 Vgl. *Lange* in *Kreipl/Lange/Müller*, Schnelleinstieg BilRUG, 2016, S. 108.

notwendiger Angaben im Anhang ersetzt worden. Diese greifen, wenn besondere Umstände dazu führen, dass der Jahresabschluss ein den tatsächlichen Verhältnissen entsprechendes Bild i.S.d. Satzes 1 nicht bietet. Die EU hat inzwischen die Richtlinie über den Jahresabschluss, den konsolidierten Abschluss und damit verbundene Berichte von Unt bestimmter Rechtsformen – RL 2013/34/EU des Europäischen Parlaments und des Rates vom 26.6.2013 veröffentlicht.[51] Sie wurde mit dem BilRUG umgesetzt, ohne dass eine Anpassung erfolgt wäre. So kommt es in zweifacher Weise bei der Stellung der Generalnorm zu einer Abweichung zur RL. Zum einen fehlt der Zusatz „unter Beachtung der GoB" im Richtlinientext. Zum anderen ist Art. 4 Abs. 3 und 4 der RL, der inhaltlich den Regelungen der IAS 1.15 und 17 entspricht, klar als overriding principle ausgestaltet, was bedeutet, dass die Generalnorm mit der Forderung der tatsachengemäßen Abbildung Vorrang vor Einzelnormen hat.[52] Das DRSC, das IDW und der Arbeitskreis Bilanzrecht Hochschullehrer Rechtswissenschaft unterstützen den Gesetzgeber in der nichtrichtlinienkonformen Umsetzung, da im Bereich der Generalnorm kein Änderungsbedarf gesehen wird.[53] Dies kann nur mit der deutschen Rechtstradition, nach der die Generalnorm stets hinter die Einzelnorm zurückzutreten hat, der Möglichkeit der Abweichung von den allgemeinen Bewertungsgrundsätzen in § 252 Abs. 2 HGB (§ 252 Rz 142) und dem Grundsatz der Bilanzwahrheit als zentrale GoB begründet werden.

52 In Deutschland hat daher trotz der Entstehungsgeschichte durch die aktuelle Umsetzung das Prinzip des true and fair view bislang keine größere Bedeutung erlangt. Der deutschen Rechtssystematik folgend, steht stets der Wortlaut der Vorschrift im Vordergrund. Der Generalnorm kommt somit nicht die in den international anerkannten Rechnungslegungsvorschriften verankerte Funktion eines overriding principle zu, sondern sie hat lediglich eine **Subsidiärfunktion**. Sie ist ergänzend heranzuziehen, wenn Einzelnormen keine Lösung bieten oder der Auslegung bedürfen.[54] Dies erklärt sich gerade auch aus dem ergänzenden Satz 2. Wenn die Generalnorm die Primärfunktion hätte, so müsste der Jahresabschluss immer ein den tatsächlichen Verhältnissen entsprechendes Bild liefern und Satz 2 wäre überflüssig.[55]

53 Somit ergibt sich für die Anwendung von Rechtsvorschriften der Rechnungslegung eine bestimmte Reihenfolge, die nach hM wie folgt zu beschreiben ist:
1. branchenbezogene Spezialnormen (z.B. Formblattverordnung für Kreditinstitute),
2. rechtsformspezifische Spezialnormen (z.B. §§ 150ff. AktG),
3. ergänzende Vorschriften für KapG sowie KapCoGes (§§ 264–289a HGB, ohne § 264 Abs. 2 HGB),

---

51 EU-Amtsblatt v. 29.6.2013, L 182/19–76.
52 Vgl. *Kreipl*. KoR 2013, S. 201 sowie *Kreipl/Müller*, in *Seicht/Janschek* Jahrbuch für Controlling und Rechnungswesen 2014, S. 280f.
53 Vgl. Empfehlungen zur Umsetzung der RL 2013/34/EU ins HGB vom DRSC, Schreiben an das BMJV vom 11.2.2014, https://www.drsc.de/app/uploads/2017/03/140211_DRSC_Empfehlungen_HGB-Reform.pdf, letzter Abruf am 3.8.2017. *Arbeitskreis Bilanzrecht Hochschullehrer Rechtswissenschaft*, NZG 2014, S. 892; IDW zur Umsetzung der EU-Bilanzrichtlinie in deutsches Recht, FN-IDW 2014, S. 325.
54 Vgl. *Baetge/Commandeur*/Hippel, HdR, HGB § 264, Rn 19, Stand 12/2013.
55 Vgl. *Winkeljohann/Schellhorn*, in Beck Bil-Komm., 10. Aufl., 2016, § 264 HGB, Rz 25.

4. Vorschriften für alle Kfl. (§§ 242–256 HGB),
5. nicht kodifizierte GoB,
6. die Generalnorm des § 264 Abs. 2 Satz 1 HGB.

Durch die Notwendigkeit der richtlinienkonformen Auslegung des Gesetzes, der jüngsten Gesetzesänderungen sowie zunehmend auch durch Urteile des EuGH[56] kommt es aber langsam zu einer **Angleichung** der angloamerikanischen und deutschen Rechtsvorstellungen.[57]

Letztlich sind zwar beide Vorstellungen nicht weit auseinander, können aber nicht das eigentliche Problem lösen: Allen **Abbildungsmodellen** ist das Problem inhärent, dass die Abbildung sozioökonomischer Systeme nur innerhalb der das Modell beschreibenden Prämissen objektiv möglich ist.[58] Eine Abbildung kann somit nur so gut sein, wie die bei der Erstellung beachteten Prämissen. Jede Prämisse fußt dabei auf einer Hypothese bzgl. des Wirkungszusammenhangs zwischen Abbildungsobjekt und Abbildungsregel. Dabei gibt es vielfältige Konfliktfelder, von denen hier nur das zentrale Problem der Relevanz einer Abbildung einerseits und der Glaubwürdigkeit der Abbildung andererseits anzuführen ist.[59] Unter der Annahme, dass die Aussagekraft und damit die Relevanz einer Abbildung mit steigender Exaktheit zunehmen, muss festgestellt werden, dass die damit einhergehende Subjektivität von Bewertungen, Zukunftseinschätzungen usw. die geforderte Glaubwürdigkeit zunehmend einschränken. Zwischen diesen beiden Extremen ist somit ein Kompromiss zu finden, was für verschiedene Abbildungszwecke letztlich die Aufgabe einer einheitlichen Abbildung zugunsten zweckabhängig ausgestalteter Detailbetrachtungen bedeutet. So existieren in Deutschland etwa neben der extern geforderten und die Glaubwürdigkeit betonenden Abbildung der Rechnungslegung von Unt oft interne Unternehmensrechnungen, die – etwa als Planrechnungen ausgestaltet – den Schwerpunkt deutlich mehr in Richtung Relevanz verschieben. Schlussendlich führt dies zu der Erkenntnis der exakten und gleichzeitig objektiven Unabbildbarkeit von sozioökonomischen Systemen, was dazu führt, dass bestehende Rechnungen stets als unbefriedigend empfunden werden. Konsequenterweise wird dann entweder versucht, die Abbildungsprämissen zweckgerichtet zu optimieren, was im Bereich der externen Rechnungslegung von Konzernunternehmen durch die Erlaubnis zur Nutzung international anerkannter Rechnungslegungsnormen zu beobachten ist (§ 315e Rz 1 ff.), oder die Abbildung um andere, bestimmte Aspekte stärker betonende Zusatzabbildungen etwa im Lagebericht zu ergänzen (§ 289 Rz 1 ff.).

Ob die geforderte **objektivierte tatsachengemäße Abbildung** im Jahresabschluss daher durch Ausgestaltung der Prämissen entweder innerhalb der GoB erfolgt oder im Rahmen des Verständnisses von true and fair view, ist somit nicht bedeutsam. In beiden Fällen schlägt sich eine sich verändernde Umwelt in der Anpassung der Prämissen aufgrund der Einschätzung einer unbestimmten Mehrheit von Beteiligten nieder. Dies ist etwa an den in den GoB entwickelten

---

[56] Vgl. z. B. EuGH, Urteil v. 27.6.1996, DB 1996, S. 1400; EuGH, Urteil v. 7.1.2003, IStR S. 95; EuGH, Urteil v. 3.5.2005, C-387/02, Slg. 2005 I S. 3565.
[57] Vgl. *Luttermann*, in MünchKomm AktG, § 245 Rn 88; *Winkeljohann/Schellhorn*, in Beck Bil-Komm., 10. Aufl., 2016, § 264 HGB, Rz 24.
[58] Vgl. *Müller*, Konvergentes Management-Rechnungswesen, 2003, S. 97–99.
[59] Vgl. *Kirschenheiter*, Journal of Accounting Research 1996, S. 43–60.

Regelungen zur Behandlung von Bewertungseinheiten im Rahmen von Absicherungsgeschäften (§ 254 Rz 1 ff.) zu beobachten.

57 Aus diesem Grund kann es sich bei den tatsächlichen Verhältnissen auch nicht um eine absolut wahrheitsgemäße Abbildung handeln, sondern nur um eine im Prämissensystem kodifizierte oder aufgrund von Expertenmeinungen definierte Wahrheit. In diesem Sinne kann konkretisierend von einer „**Redlichkeit**"[60] des Jahresabschlusses gesprochen werden.[61] Die Wahrheit im Verständnis der Rechnungslegung ist eben keine exakte Aufnahme der Wirklichkeit, sondern impliziert stets Bewertungen, Einschätzungen und Ermessen,[62] für die der Gesetzgeber – ergänzt um die GoB – einen Rahmen i.S. einer Objektivierbarkeit vorgibt. So bleibt ein Jahresabschluss tatsachengemäß, wenn aus Wesentlichkeitsüberlegungen Teile aus der Betrachtung ausgeklammert oder Erleichterungen vorgenommen werden. *Luttermann* sieht die Generalnorm als der europäischen Rechtstradition des gemeinen Gebots getreuen Handelns unter Rechtsgenossen entstammen, die Bilanzwahrheit gebietet und damit den moralischen Anspruch des Bilanzrechts markiert, was etwa Rechnungsleger und Prüfer zu einer ethischen Anspannung bei der Umsetzung auffordert.[63]

58 Ein zentraler Problembereich im Zusammenhang mit der Anwendung der Generalnorm bleibt, wenn auch durch jüngere Gesetzesänderungen zumindest für Neufälle deutlich verringert, das Verhältnis zu den vom Gesetzgeber vorgesehenen **Wahlrechten**.[64] Aus logischen Überlegungen heraus kann es nicht mehrere tatsachengemäße Abbildungen desselben Unt – zumindest mit Blick auf einen bestimmten Rechenzweck oder einen bestimmten Kompromiss aus Rechenzwecken – geben. Dies schließt somit das Vorhandensein von Wahlrechten aus dem Blickwinkel des true and fair view prinzipiell aus. Gleichwohl resultieren Wahlrechte auch z.T. aus der Problematik der zutreffenden Abbildung. Konnte oder wollte sich der Gesetzgeber nicht für eine Variante der Abbildung entscheiden, so überlässt er durch Wahlrechte die Entscheidung dem Bilanzierenden, der seine Entscheidung i.d.R. im Anhang zu erläutern hat.

59 Die noch im HGB enthaltenen wesentlichen **expliziten Ansatzwahlrechte** betreffen
- die selbst geschaffenen immateriellen VG des AV (§ 248 Rz 37 ff.),
- das Disagio (§ 250 Rz 17),
- die aktiven latenten Steuern (§ 274 Rz 25 ff.) sowie
- die mittelbaren Pensionsverpflichtungen und die sog. Altpensionsverpflichtungen, die vor dem 1.1.1987 entstanden (Art. 28 Abs. 1 EGHGB).

60 Als wesentliche explizite Bewertungswahlrechte gelten
- die Bewertungsvereinfachungsverfahren (§ 240 Rz 50 ff.),
- das gemilderte Niederstwertprinzip für FAV (§ 253 Rz 261 ff.) und
- die Einbeziehungsmöglichkeiten im Rahmen der Bewertung der HK, wobei diese bereits stark eingeschränkt wurde (§ 255 Rz 134 ff.).

---

[60] Vgl. BFH, Beschluss v. 7.8.2000, GrS 2/99, BStBl 2000 II S. 632.
[61] Vgl. zu entsprechenden Übersetzungen in anderen europäischen Ländern *Reiner*, in MünchKomm HGB, 3. Aufl., § 264 Rn 25.
[62] Vgl. *Reiner*, in MünchKomm. HGB, 3. Aufl., § 264 Rn 25.
[63] Vgl. *Luttermann*, NZG 2013, S. 1128, 1130.
[64] Vgl. *Ballwieser*, in *Baetge/Kirsch/Thiele*, Bilanzrecht, § 264, Rz 58–60, Stand 8/2015.

Zudem wirken einige 2009 gestrichene Wahlrechte für Ansatz und Bewertung aufgrund von Beibehaltungswahlrechten in den Übergangsvorschriften auf das BilMoG ggf. weiter fort (Art. 67 EGHGB Rz 1 ff.).
Hinzu kommen erheblich größere **implizite Wahlrechte**. Diese ergeben sich daraus, dass 61
- der Gesetzgeber keine Hinweise für die Bilanzierung gibt, wie zur Methode der planmäßigen Abschreibung (§ 253 Rz 188 ff.) oder der Ermittlung der Pensionsverpflichtungen (§ 253 Rz 75 ff.),
- die Sachverhalte aufgrund geringer Objektivierbarkeit einer Einschätzung bedürfen, was Ermessensspielräume für den Bilanzierenden zur Folge hat, wie die Entscheidung über Vorliegen einer voraussichtlich dauernden Wertminderung (§ 253 Rz 232 ff.), die Nutzungsdauer von abnutzbarem AV (§ 253 Rz 168 ff.), den beizulegenden Wert (§ 255 Rz 209 ff.), die Bildung einer Rückstellung (§ 249 HGB), den Zeitpunkt des Übergangs von der Forschungs- in die Entwicklungsphase (§ 255 Rz 180 ff.), die Bestimmung der Effektivität im Rahmen der Bildung einer Bewertungseinheit (§ 254 Rz 1 ff.) usw.,
- der Bilanzierende um die Abbildung der Sachverhalte weiß und diese daher im Vorfeld zielorientiert beeinflussen kann, wie der Abschluss eines Leasingvertrags mit einer bestimmten gewollten Abbildung im Jahresabschluss, die Dokumentation für die Bildung von Bewertungseinheiten usw.

Um die Auswirkungen der Wahlrechte zu mildern, waren und sind die meisten expliziten Ansatz- und Bewertungswahlrechte vom Gesetzgeber mit entsprechenden **Angabepflichten** im Anhang versehen, sodass es einer weiteren Angabe über § 264 Abs. 2 Satz 2 HGB i. d. R. nicht bedurfte bzw. weiterhin nicht bedarf. Bei den impliziten Wahlrechten sind die Angabepflichten häufig schon deutlich allgemeiner und ergeben sich eher aus § 284 Abs. 2 Nr. 1 HGB. Insbesondere in Richtung der letztgenannten sachverhaltsgestaltenden Ausprägungen sind sie aber weitgehend nicht mehr vorhanden. 62

Da die Generalnorm bislang lediglich eine Subsidiärfunktion im Verhältnis zu den konkretere Wahlrechte enthaltenden Einzelregelungen einnimmt, wird deren Nutzung auch lediglich über die GoB und die darin ausgestalteten Prinzipien der **Willkürfreiheit** und der **Stetigkeit** eingeschränkt.[65] Aus der Schaffung weiterer Wahlrechte mit dem BiRiLiG im Bereich der besonderen Vorschriften für KapG, die mit dem BilMoG nun teilweise wieder gestrichen wurden, wird zudem die vom Gesetzgeber bisher gewollte Rolle der Generalnorm eben gerade nicht als overriding principle erneut deutlich.[66] 63

In dieser Interpretation ist auch der in Satz 2 formulierte Zusatz, dass, falls besondere Umstände dazu führen, dass der Jahresabschluss ein den tatsächlichen Verhältnissen entsprechendes Bild i. S. d. Generalnorm nicht bietet, im Anhang zusätzliche Angaben zu machen sind, sinnvoll (zu Einzelheiten vgl. Rz 82 ff.). 64

---

[65] Vgl. *Ballwieser*, in *Baetge/Kirsch/Thiele*, Bilanzrecht, § 264 HGB Rz 59, Stand 08/2015.
[66] Vgl. ADS, 6. Aufl., § 264 HGB, Rz 49.

4.2 Vermögens-, Finanz- und Ertragslage

4.2.1 Vermögenslage

65 Das von den gesetzlichen Vertretern einer KapG im Jahresabschluss unter Beachtung der GoB zu vermittelnde Bild hat sich auf die tatsachengemäße Darstellung der Vermögens-, Finanz- und Ertragslage zu konzentrieren. Dies bedeutet eine Einschränkung der mit dem Jahresabschluss erreichten Abbildung, die vom Lagebericht daher zu ergänzen ist. So ist die Darstellung im Jahresabschluss primär vergangenheitsorientiert und relevante Informationen werden gar nicht oder aufgrund des Objektivierungsgebots sogar ökonomisch falsch erfasst. Als Beispiel für Letzteres seien Forschungsergebnisse, selbst erstellte Marken, Kundenbeziehungen oder Weiterbildungsausgaben genannt, die nach § 248 Abs. 2 HGB nicht aktivierungsfähig sind. Der Zukunftsaspekt findet seinen Niederschlag primär lediglich in der Annahme der „going concern"-Prämisse (§ 252 Abs. 1 Nr. 2 HGB) sowie – mit Einschränkungen – im Jahresabschluss durch das Imparitätsprinzip nur mit Blick auf negative Erwartungen, wie z. B. in Form von Rückstellungen oder Forderungsabwertungen.

66 Die **Vermögenslage** bezieht sich auf die Darstellung der VG und Schulden sowie des Reinvermögens (EK), welches aus dem Saldo der beiden Kategorien ermittelt wird. Die Informationen sind primär in der Bilanz auszuweisen; Wahlpflichtangaben sowie ergänzende Angaben finden sich aber auch im Anhang. Sowohl bzgl. des Ansatzes als auch der Bewertung wird die Darstellung der Vermögenslage jedoch von zahlreichen Einzelvorschriften und den GoB determiniert. So sind trotz des Gebots der Vollständigkeit einerseits bestimmte immaterielle VG des AV nicht anzusetzen (§ 248 Rz 42 ff.). Andererseits bestehen Wahlrechte für den Ansatz von VG, Schulden sowie Bilanzierungshilfen, wie etwa bzgl. des Disagios gem. § 250 Abs. 3 HGB oder bestimmter Pensionsverpflichtungen gem. Art. 28 Abs. 1 EGHGB, wobei zusätzlich die impliziten Wahlrechte („Wann wird eine Rückstellung angesetzt?") eine große Bedeutung haben.

67 Die **Bewertungsregeln** stellen sich im Vergleich zu einer theorieabgeleiteten ökonomischen Darstellung als Kompromiss verschiedener Ansätze dar. So ist die dynamische Bilanztheorie, die die Bilanz als Abgrenzungsrechnung zwischen Aus- und Einzahlungen und den Aufwendungen und Erträgen bzw. umgekehrt versteht und daher eine Obergrenze für den Wertansatz bei den historischen AHK auf der Vermögensseite verlangt, in einigen Vorschriften umgesetzt. Daneben kommen auch der statischen Bilanztheorie folgend Abwertungen in Betracht, die zwar unter der Prämisse der Unternehmensfortführung nicht zwangsläufig zu den Zerschlagungswerten führen, da auch Überlegungen von Ertragswertbetrachtungen mit einfließen, aber dennoch einer periodengerechteren Gewinnermittlung aus dem Blickwinkel der meisten Abschlussadressaten dienen sollen (Ausschüttungsstatik). Für die Schulden ist als genereller Wertansatz der Erfüllungsbetrag vorgeschrieben, der größere Einschätzungsspielräume enthält. Die Darstellung wird zusätzlich insofern beeinträchtigt, als das Realisationsprinzip zu beachten ist, welches Wertaufholungen nur bis zu den (fortgeführten) historischen AHK zulässt.[67] Auch wenn viele explizite Bewertungswahlrechte aus dem Gesetzbuch gestrichen wurden, bleiben einige Wahlrechte bestehen, wobei insb. die impliziten Wahlrechte

---

[67] Zu den Beeinträchtigungen s. a. ADS, 6. Aufl., § 264 HGB, Rz 67–69.

("Wann wird abgewertet?") eine große Bedeutung haben, da diese auch nicht mit ergänzenden Anhangangaben informationell ausgeglichen werden.

Aus Sicht der **Abschlussadressaten** sind die Analyse von Art und Zusammensetzung des Vermögens sowie die Dauer der Vermögensbindung und die dahinterliegenden Geschehnisse im Bereich von Vermögenslogistik und Investitionstätigkeit im Rahmen der Interpretation der im Jahresabschluss gebotenen Vermögenslage relevant. Die Vermögensstruktur ist unter dem Gesichtspunkt der Bindungsdauer ein Indiz für die eingegangenen finanziellen Bindungsrisiken, für die Liquidierbarkeit der Positionen und für die Anpassungsflexibilität bei sich verändernden Gegebenheiten im Umfeld. Die Vermögensausstattung ist für die betriebliche Leistungsfähigkeit und Rentabilität, aber auch für die finanzielle Stabilität und Flexibilität des Unt von Bedeutung.[68] Im Zentrum stehen daher Betrachtungen bzgl. der Liquiditätsnähe und Bindungsdauer des Vermögens bei normalem Geschäftsgang, der Liquidierbarkeit und des Wertverlusts bei möglichen Anpassungsmaßnahmen, der Nutzungsintensität und des Finanzmittelbedarfs des Vermögens sowie der Gewinn- und Cashflowkraft der Vermögensteile.[69]

4.2.2 Finanzlage

Die **Finanzlage** ist sehr eng mit der Vermögenslage verbunden und kann isoliert häufig nicht sinnvoll interpretiert werden. Im Fokus steht die Finanzstruktur des Unt, die sich einerseits aus der Passivseite der Bilanz und den dort dargestellten Kapitalquellen des Unt ergibt. Andererseits bedarf es zur Einschätzung der Finanzlage aber auch Informationen über Finanzflüsse, die in einer KFR geboten werden. Auch wenn diese für den Konzernabschluss und nur in ganz seltenen Fällen auch für den EA explizit vom HGB gefordert werden (Rz 28) und auch nach internationalen Rechnungslegungsnormen zu einem vollständigen Abschluss gehören, ist es nach hM ausreichend, die geforderte Darstellung der Finanzlage lediglich mit den explizit vorgeschriebenen Bestandteilen Bilanz, GuV und Anhang zu erfüllen. Aus den in diesen Bestandteilen enthaltenen Einzelinformationen müssen sich dann die Abschlussadressaten eine KFR ableiten (Rz 29f.). Der Bedarf an einer Darstellung der Finanzlage in Form von Cashflow-Ermittlungen oder KFR wird gleichwohl in der Theorie gesehen[70] und in der Praxis auch vielfach auf freiwilliger Basis gedeckt.

Die **Analyse der Finanzlage** soll Erkenntnisse über die Fähigkeit eines Unt zur finanzwirtschaftlichen Aufgabenerfüllung liefern. Dabei geht es vor allem um die Sicherung der jederzeitigen Zahlungsfähigkeit, aber auch um die Unterstützung der betrieblichen Güterwirtschaft durch Optimierung der finanziellen Rahmenbedingungen sowie um die Aufwands- und Ertragswirkungen finanzieller Entscheidungen. Die Finanzanalyse beschäftigt sich zum einen mit der Analyse der Finanzstruktur als beständebezogene Finanzanalyse und zum anderen mit der Analyse des Finanzgeschehens als bewegungsbezogene Analyse.[71]

---

[68] Vgl. *Müller*, in *Federmann/Kußmaul/Müller*, HdB, Beitrag Bilanzanalyse, Rz 143 ff, Stand 9/2012.
[69] Vgl. *Lachnit*, Bilanzanalyse, 2004, S. 268.
[70] Vgl. z. B. ADS, 6. Aufl., § 264 HGB, Rz 75.
[71] Vgl. *Müller*, in *Federmann/Kußmaul/Müller*, HdB, Beitrag Bilanzanalyse, Rz 138 ff., Stand 9/2012.

71 Während die **beständebezogene Finanzanalyse** primär auf das Stichtagsbild von Vermögen und Kapital, d.h. auf Vermögensstruktur, Kapitalstruktur und Deckungsrelationen von Vermögen und Kapital, abstellt und versucht, Finanzstrukturen als Indiz für finanzpolitische Ausgewogenheit zu erkennen und künftige Zahlungsströme aus Beständen abzuleiten, soll die bewegungsbezogene Finanzanalyse untersuchen, welche Finanzmittel durch die Unternehmenstätigkeit erwirtschaftet und wie diese verwendet worden sind.

72 Die stromgrößenorientierte Analyse zielt des Weiteren auf eine Prognose künftiger Zahlungsströme ab, indem diese aus Zahlungsströmen der Vergangenheit abgeleitet werden. Im Mittelpunkt der **bewegungsbezogenen Finanzanalyse** steht eine umfassende Cashflow-Analyse, welche, soweit keine freiwillige Angabe vorliegt, Cashflow-Ermittlung, Cashflow-Kennzahlen, Cashflow-Verwendung und **KFR** (Cashflow-Statement) umfasst.[72]

73 Besonders zur Einschätzung von **zukünftigen Entwicklungen** ist es nachteilig, dass das HGB für sonstige finanzielle Verpflichtungen lediglich eine Pflichtabgabe im Anhang verlangt und auf die symmetrische Darstellung der sonstigen finanziellen Einzahlungen verzichtet. Auch darf die Asymmetrie von Ansatz und Bewertung zwischen Vermögen und Schulden nicht außer Acht gelassen werden. So werden dem Imparitätsprinzip folgend an den Ansatz und die Bewertung von VG deutlich höhere Anforderungen gestellt als an Ansatz und Bewertung von Schulden. Erstere sind erst anzusetzen, wenn sie quasi sichere Ansprüche verkörpern, und sind bei der Bewertung auf einen Abwertungsbedarf hin zu untersuchen, Letztere dürfen einen weit höheren Grad an Unsicherheit aufweisen und unterliegen eher dem Höchstwerttest.[73]

4.2.3 Ertragslage

74 Trotz der begrifflichen Verkürzung auf den Ertrag statt auf den Erfolg können unter der **Ertragslage** die Gesamtheit der die Ertragskraft bestimmenden Parameter und ihrer Auswirkungen auf Erfolgsindikatoren verstanden werden.[74] Die Ertragskraft ist die Fähigkeit des Unt, gegenwärtig und in Zukunft Gewinne zu erwirtschaften. Im Jahresabschluss ist die GuV, ergänzt um entsprechende Informationen im Anhang, das Instrument zur Darstellung der Ertragslage der Unternehmung. Die Berichterstattung umfasst die Ermittlung des Periodenerfolgs und die Beschreibung zentraler erfolgsbestimmender Komponenten und Faktoren, wobei mit dem GKV und dem UKV in § 275 Abs. 2 und 3 HGB zwei unterschiedliche Darstellungsweisen für die GuV geboten werden (§ 275 Rz 1ff.).

75 Aus Sicht der **Abschlussadressaten** stellen sich bei der Analyse der Ertragslage von Unt auf dieser Basis aber grundlegende Probleme. Zum einen soll die Fähigkeit der Unt, zukünftig Gewinne zu erzielen, vermittelt werden.[75] Die veröffentlichte GuV und die entsprechenden Anhanginformationen liefern aber lediglich eine auf eine vergangene Periode gerichtete Darstellung, daher verbleibt bei der externen Erfolgsanalyse nur die Möglichkeit, von den vergangenen auf die

---

[72] Vgl. *Lachnit*, Bilanzanalyse, 2004, S. 5.
[73] Vgl. *Ballwieser*, in *Baetge/Kirsch/Thiele*, Bilanzrecht, § 264 HGB Rz 41, Stand 8/2015.
[74] *Baetge/Commandeur/Hippel*, in *Küting/Pfitzer/Weber*, HdR, HGB § 264 Rn 26, Stand 12/2013 daher mit dem Vorschlag, den Begriff „Ertragslage" durch den Begriff „Erfolgslage" zu ersetzen.
[75] Vgl. *Müller*, in *Federmann/Kußmaul/Müller*, HdB, Beitrag Bilanzanalyse, Rz 56ff., Stand 9/2012.

zukünftigen Ergebnisse zu schließen, wofür prospektive Erfolgsanalysen, approximative Hochrechnungen oder Prognosen erforderlich sind. Eine umfassende retrospektive Erfolgsanalyse legt jedoch mit differenzierten Erkenntnissen zu Erfolgshöhe, -zusammensetzung, -ursachen und -interpretation wesentliche Grundlagen für die prospektive Einschätzung der Erfolgsentwicklung von Unt, wobei auch die Informationen des Lageberichts in die Analyse einbezogen werden können. Zum anderen kann das in der GuV ausgewiesene Jahresergebnis nicht als betriebswirtschaftlich zutreffender Indikator für den Erfolg einer vergangenen Periode selbst angesehen werden. Die Größe entspricht wegen bilanzpolitischer Eingriffe sowie der zwangsläufig aus den GoB und den Einzelnormen zu Ansatz und Bewertung resultierenden stillen Reserven und Lasten manchmal nicht einmal annähernd dem betriebswirtschaftlich als tatsachengemäß einzuschätzenden Jahresergebnis.

Für eine ausgewogene **Analyse der Ertragslage** von Unt ist demnach eine umfassende retrospektive und prospektive Erfolgsbetrachtung erforderlich, in deren Rahmen detaillierte Analysen im Hinblick auf Höhe und Zusammensetzung des Erfolgs sowie dessen Entstehung nach Ergebnisquellen und -komponenten notwendig sind. Weitere Aussagen über die Ertragslage von Unt liefern Rentabilitätsanalysen, wertorientierte Performanceanalysen, Cashflow- und Wertschöpfungsanalysen sowie KM-orientierte Aktienkennzahlen.[76]

4.2.4 Integration der Teillagen zum Gesamtbild der Vermögens-, Finanz- und Ertragslage

Alle drei Teillagen sind eng miteinander verknüpft und keine Lage genießt Vorrang vor den anderen.[77] Gleichwohl werden die Adressaten des Jahresabschlusses für ihre Zwecke i.d.R. eine konkrete Reihenfolge für die sie interessierenden Lageinformationen haben. Den gesetzlichen Vertretern obliegt es daher, einen **Kompromiss** zwischen den verschiedenen Interessenten zu finden, wobei durch die vorgeschriebenen Pflichtangaben bereits als Ausgangsbasis ein vom Gesetzgeber als Mindestmaß definierter Kompromiss existiert. Letztlich ergibt sich jedoch auch erst aus der Gesamtbetrachtung der Teillagen ein mögliches Gesamtbild der wirtschaftlichen Lage des Unt. Aufgrund der doppelten Buchhaltung ist die GuV als Unterkonto des EK direkt in die Bilanz eingebunden. Ebenso entspricht die Veränderung der liquiden Mittel der Bilanz im Vergleich zum Vorjahr i.d.R. genau den in der KFR dargestellten Finanzflüssen. Geringfügige Abweichungen sind jedoch denkbar, die sich primär aus der wirtschaftlichen Betrachtungsweise ergeben.[78]

Beispiel
Änderungen könnten resultieren aus
- der Umrechnung von liquiden Mitteln in Fremdwährungen;
- Termingeldern, die in der Bilanz als liquide Mittel ausgewiesen werden, in der KFR mangels sofortiger Verfügbarkeit nicht im Finanzmittelbestand erfasst werden;

---

[76] Vgl. *Lachnit*, Bilanzanalyse, 2004, S. 164.
[77] Vgl. *Baetge/Commandeur*/Hippel, in HdR, HGB § 264, Rn 24, Stand 12/2013.
[78] Vgl. *Müller*, in FS *Lachnit*, 2008, S. 290.

> - verpfändeten Bankguthaben (z. B. zur Insolvenzsicherung von Altersteilzeitverpflichtungen);
> - der Einbeziehung kurzfristiger Verbindlichkeiten gegenüber Kreditinstituten (analog DRS 21) in den Finanzmittelbestand, sodass sich teilweise sogar negative Finanzmittelbestände in den KFR finden, was aber bei externer Berechnung unerheblich ist;
> - sog. „cash pool"-Verrechnungskonten, bei denen die in der Bilanz ausgewiesenen liquiden Mittel = 0 sind. Das wirtschaftliche Äquivalent liegt in dem „cash pool"-Verrechnungskonto, das in den Forderungen gegen verbundene Unt in der Bilanz ausgewiesen wird, während es in der KFR – wirtschaftlicher Betrachtungsweise folgend – als Bestandteil des Finanzmittelbestands ausgewiesen wird.

78 Aus dem Blickwinkel der Ein- und Auszahlungen sowie der Erträge und Aufwendungen ist die Bilanz lediglich für die Abgrenzung der Zahlungen, die noch nicht Ertrag oder Aufwand geworden sind bzw. umgekehrt, notwendig. Die Vernetzungen zwischen Erfolgsrechnung, Bilanz und KFR sind im Überblick aus folgender Abbildung ersichtlich:[79]

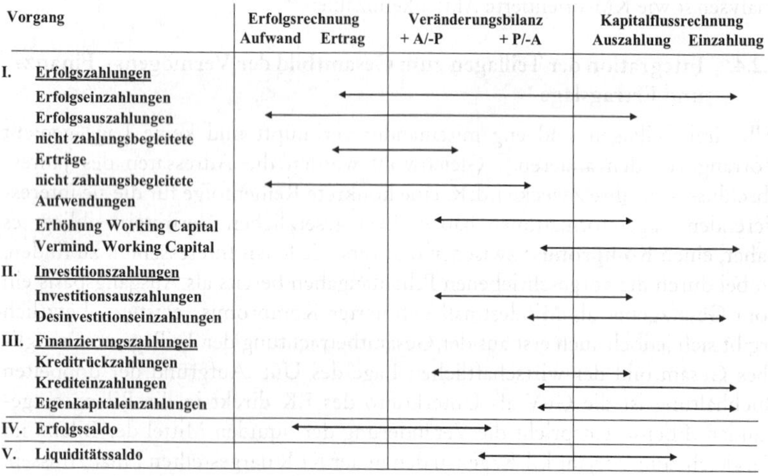

Vorgang	Erfolgsrechnung Aufwand Ertrag	Veränderungsbilanz + A/-P + P/-A	Kapitalflussrechnung Auszahlung Einzahlung
I. Erfolgszahlungen			
Erfolgseinzahlungen		→	→
Erfolgsauszahlungen	←	←	
nicht zahlungsbegleitete Erträge	→	←	
nicht zahlungsbegleitete Aufwendungen	←	→	
Erhöhung Working Capital		→	←
Vermind. Working Capital		←	→
II. Investitionszahlungen			
Investitionsauszahlungen		→	←
Desinvestitionseinzahlungen		←	→
III. Finanzierungszahlungen			
Kreditrückzahlungen		←	←
Krediteinzahlungen		→	→
Eigenkapitaleinzahlungen		→	→
IV. Erfolgssaldo	←		
V. Liquiditätssaldo			← →

Abb. 1: Vernetzung von Erfolgsrechnung, Bilanz und KFR

Es wird deutlich, dass letztlich die Ertragslage ein Vorlaufindikator für die Finanz- oder Vermögenslage sein kann. Ebenso kann umgekehrt von einer guten Vermögenslage auch auf eine ggf. zeitlich verschobene gute Ertragslage geschlossen werden.

---

[79] Entn. aus *Lachnit/Müller*, Unternehmenscontrolling, 2. Aufl., 2012, S. 203.

4.3 Grundsätze ordnungsmäßiger Buchführung

Das vom Jahresabschluss zu vermittelnde, den tatsächlichen Verhältnissen entsprechende Bild der Vermögens-, Finanz- und Ertragslage muss unter Beachtung der **GoB** erfolgen. Bereits § 243 Abs. 1 HGB fordert, dass der Jahresabschluss nach den GoB aufzustellen ist (§ 243 Rz 3 ff.); § 238 Abs. 1 HGB verlangt, dass diese für die Buchführung zu beachten sind (§ 238 Rz 34). Die in den Paragrafen des Handels- und Steuerrechts kodifizierten Regelungen können, weil sie prinzipienorientiert formuliert sind, die konkrete Handhabung der Rechnungslegung einzelner Sachverhalte in Unt nur in Grundzügen bestimmen.[80] In der wirtschaftlichen Praxis existiert eine solche Fülle an differenzierten Problemen, dass der Gesetzgeber dieses Spektrum an Einzelproblemlagen gar nicht vollständig regeln kann und zur Erhaltung der notwendigen Anpassungsflexibilität an veränderte wirtschaftliche Lagen auch nicht vollständig regeln sollte. Die GoB umfassen daher kodifizierte Regelungen mit unbestimmten Rechtsbegriffen sowie rechtsnormergänzende Konkretisierungen zur Handhabung der verschiedenen praktisch auftretenden Rechnungslegungsprobleme. Es sind allgemein anerkannte Regeln über das Führen der Handelsbücher und das Erstellen des Jahresabschlusses des Unt. Die GoB stellen zwingende Rechtssätze dar, die, da sie nicht komplett gesetzlich kodifiziert sind, das Gesetz ergänzen und immer dort greifen, wo Gesetzeslücken auftreten bzw. spezifische Gesetzesvorschriften einer Auslegung bedürfen. Durch die gesetzliche Verweisung wird die den GoB zugrunde liegende Ordnungsvorstellung zum unmittelbaren **Normbefehl**.[81]

Für KapG und PersG ohne natürlichen Vollhafter wird in § 264 Abs. 2 HGB explizit formuliert, dass der Jahresabschluss **unter Beachtung der GoB** ein den tatsächlichen Verhältnissen entsprechendes Bild der Vermögens-, Finanz- und Ertragslage zu vermitteln hat. Damit kommt der tatsachengemäßen Darstellung (true and fair view) des Unt im Jahresabschluss keine übergeordnete Funktion zu (Rz 52). Vielmehr fungieren die GoB als übergeordneter Grundsatz, unabhängig von der Frage, ob damit ein den tatsächlichen Verhältnissen entsprechendes Bild entsteht.

Im Hinblick auf die Jahresabschlusserstellung können die GoB in Rahmen-, System-, Ansatz-, Definitions- und Kapitalerhaltungsgrundsätze untergliedert werden.[82] Die **Rahmengrundsätze** legen die grundlegenden Anforderungen an eine aussagekräftige Abbildung des wirtschaftlichen Geschehens von Unt fest. Dazu zählen die Grundsätze der Wahrheit, der Klarheit und Übersichtlichkeit, der Vollständigkeit, der Vergleichbarkeit, der Wirtschaftlichkeit sowie das Bilanzstichtags- und Periodisierungsprinzip. Bei den **Systemgrundsätzen** handelt es sich um generelle Regeln für die anderen GoB. Diese können als Klammer zwischen den Jahresabschlusszwecken und den anderen GoB gesehen werden. Dazu zählen das Prinzip der Unternehmensfortführung, der Grundsatz der Pagatorik und der Grundsatz der Einzelbewertung.

---

[80] Vgl. *Schmidt*, in *Federmann/Kußmaul/Müller*, HdB, Grundsätze ordnungsmäßiger Buchführung, Rz 7, Stand 8/2010.
[81] Vgl. *Baetge/Apelt*, HdJ, Abt. I/2, Rn 2.
[82] Vgl. *Ballwieser*, in *Baetge/Kirsch/Thiele* (Hrsg.), Bilanzrecht, § 264, Rz 51–118, Stand 8/2015; *Leffson*, Die Grundsätze ordnungsmäßiger Buchführung, 7. Aufl., 1987; *Moxter*, Grundsätze ordnungsmäßiger Buchführung, 2003.

Die **Definitionsgrundsätze für den Jahreserfolg** legen fest, wann die Ein- und Auszahlungen erfolgswirksam in der GuV oder erfolgsneutral in der Bilanz zu erfassen sind. Es wird zwischen zwei Ausprägungen (Realisationsprinzip sowie Grundsatz der Abgrenzung der Sache und der Zeit nach) unterschieden. Der **Grundsatz der Kapitalerhaltung** hängt mit dem Rechnungslegungszweck der Gewinnermittlung/Zahlungsbemessungsfunktion zusammen. Zu den Kapitalerhaltungsgrundsätzen zählen das Imparitäts- und das Vorsichtsprinzip (§ 252 Rz 84 ff.).

Insgesamt sind die GoB deutlich dynamischer als der prinzipienorientierte Gesetzestext. So beeinflusst die Rechtsprechung das theoretische Bilanz(rechts)verständnis und kann zu relativ kurzfristigen Änderungen der GoB führen. Ebenso werden steuerliche Änderungen, wie jüngst die Poolabschreibung, Verlautbarungen des IDW, Diskussionen des DRSC oder des IASB, z. T. schnell als GoB übernommen.

4.4 Angabepflichten bei Nichtvermittlung des tatsächlichen Bilds

82 In der schärfsten Befehlsform des Gesetzes fordert der Gesetzgeber in Abs. 2 Satz 2 zusätzliche Angaben im Anhang, wenn besondere Umstände dazu führen, dass der Jahresabschluss ein den tatsächlichen Verhältnissen entsprechendes Bild der Vermögens-, Finanz- und Ertragslage nicht zu vermitteln mag. Diese „Brücke zum true and fair view" wird, wie schon bei der Einordnung der Generalnorm hinter die Einzelvorschriften deutlich wird, in der deutschen Praxis bislang kaum genutzt. Grund dafür ist, dass, entgegen der bereits in Art. 2 Abs. 5 Satz 1 der 4. EG-RL und nun in Art. 4 Abs. 3 und 4 der EU-RL 2013/34 explizierten Regelung, der deutsche Gesetzgeber im Konfliktfall dem getreuen Bild eben keinen Vorrang vor den Einzelvorschriften eingeräumt hat (Rz 51). Daher wird diese **Korrekturvorschrift** bislang auch nur sehr eng in der Weise interpretiert, dass Angaben nur notwendig sind, wenn „der Jahresabschluss trotz Anwendung der gesetzlichen Vorschriften ohne zusätzliche Angaben im Anhang nicht diejenige Aussagekraft erreichen würde, die „ein ordentlicher Kaufmann" von einem gesetzmäßigen Jahresabschluss eines durchschnittlichen Unternehmens, für das die gleichen Rechnungslegungsvorschriften gelten, erwartet."[83] Zu dieser engen Auslegung hat auch die Einschränkung im Gesetzestext auf „besondere Umstände" und nicht zuletzt die insgesamt mangelnde Informationsbereitschaft deutscher Unt geführt, was etwa an den extrem geringen Veröffentlichungsquoten vor Inkrafttreten des EHUG zu belegen ist.[84] Letztlich stellt diese enge Auslegung auch den Sinn der Vorschrift selbst infrage, bestehen doch bereits in zahlreichen Einzelvorschriften Angabeverpflichtungen. Zudem fordert § 264 Abs. 2 Satz 1 HGB gerade die tatsachengemäße Darstellung, sodass Satz 2 letztlich bei enger Auslegung eine Tautologie darstellt. So ist auch etwa eine unzuläs-

---

[83] *Winkeljohann/Schellhorn*, in Beck Bil-Komm., 10. Aufl., 2016, § 264 HGB, Rz 48.
[84] Diese lag 2005 nach Schätzungen von *Liebscher/Scharf*, NJW 2006, S. 3750, bei nur 5 % der nach § 325 HGB zur Offenlegung verpflichteten Unt.

sige Abweichung von Rechnungslegungsvorschriften nicht mit Abs. 2 Satz 2 zu heilen.[85] Diese Vorschrift hat somit Subsidiärfunktion.

> **Beispiel**
> Nach dem Bilanzstichtag (auf den für die Bewertung der Bilanzposten abzustellen ist) erfolgt eine Rückzahlung eines Kredits. Im Jahresabschluss wurde eine Rückstellung für das Ausfallrisiko gebildet. Dies stellt nach Ansicht des EuGH keine Tatsache dar, die eine rückwirkende Neubewertung einer Rückstellung erfordert, die sich auf diesen Kredit bezieht und auf der Passivseite der Bilanz ausgewiesen ist. Die Beachtung des Grundsatzes des den tatsächlichen Verhältnissen entsprechenden Bilds verlangt jedoch, dass im Jahresabschluss der Wegfall des mit dieser Rückstellung erfassten Risikos erwähnt wird.[86]

Als weitere Beispiele für **zusätzliche Anhangangabenotwendigkeiten** werden in der Literatur nach dem Hinweis auf die enge Auslegung erstaunlich viele praxisrelevante Sachverhalte benannt. Konkret finden sich etwa folgende berichtenswerte Sachverhalte:[87]

83

> **Beispiel**
> - ungewöhnliche abschlusspolitische Maßnahmen, wie Sale-and-lease-back-Geschäfte;
> - aperiodische Gewinnrealisierungen aus dem Abverkauf von VG oder der Abrechnung langfristiger Fertigungsprojekte;[88]
> - Auswirkungen aus der Bildung oder Auflösung stiller Reserven und damit eine verzerrte Darstellung von Entwicklungstendenzen;[89]
> - wesentliche Beeinflussungen des Gewerbesteueraufwands durch Ergänzungs- und Sonderbilanzen bei PersG gem. § 264a HGB;
> - bestehende wesentliche Chancen bei einer Berichterstattung über nicht bilanzierungsfähige Risiken gem. § 285 Satz 1 Nr. 3 HGB;
> - stille Reserven in ganz ungewöhnlicher Höhe oder stark schwankendes Auftrags- und Fertigungsvolumen aus langfristiger Fertigung.[90]

Dagegen stellen nach hM keine Angabenotwendigkeiten dar:[91]

84

> **Beispiel**
> - Umstände, die zukünftige Gj beeinflussen werden, wie die Insolvenz wichtiger Kunden oder das Auslaufen von Lizenzen; diese sind in den Lagebericht aufzunehmen;
> - (gewöhnliche) stille Wahlrechts- oder Zwangsreserven, die sich aus den Prämissen der Abbildung nach HGB ergeben. Dabei werden unter Wahl-

---

85 Vgl. *Reiner*, in MünchKomm. HGB, 3. Aufl., § 264 Rn 84.
86 Vgl. EuGH, Urteil v. 7.1.2003, C-306/99 (BIAO).
87 Vgl. *Winkeljohann/Schellhorn*, in Beck Bil-Komm., 10. Aufl., 2016, § 264 HGB, Rz 50.
88 Vgl. WPH Edition, Wirtschaftsprüfung & Rechnungslegung, 15. Aufl., Abschn. F, Tz 962.
89 Vgl. ADS, 6. Aufl., § 264 HGB, Rz 99, 121.
90 *Hoffmann/Lüdenbach*, NWB-Kommentar, 8. Aufl., 2017, § 264 HGB, Rz. 21.
91 Vgl. *Winkeljohann/Schellhorn*, in Beck Bil-Komm., 10. Aufl., 2016, § 264 HGB, Rz 50.

> rechtsreserven diejenigen verstanden, die das Ergebnis eines Wahlrechts sind, wie etwa aktive latente Steuern nach § 274 HGB. Zwangsreserven resultieren aus dem Unterschied einer vom HGB geforderten Bilanzierung zu einer vom Interessenten als zutreffend eingeschätzten Wertgröße, etwa bei Grundstücken, die einen deutlich höheren Marktzeitwert haben als der aufgrund des Realisations- und Imparitätsprinzips resultierende Buchwert aus den AK.

85 Angesichts der vom Gesetzgeber tendenziell vorgenommenen Stärkung der **Informationsfunktion** des handelsrechtlichen Abschlusses ist daher eine deutlich weitere Auslegung für die Korrekturregelungen als bislang in der Praxis angewandt zu fordern, die sich letztlich auch aus den aufgeführten Beispielen ergibt. Auch vor dem Hintergrund, dass etwa bei Kreditvergabeverfahren für die Ratingerstellung häufig deutlich mehr Informationen (insb. über stille Wahlrechts- oder Zwangsreserven) von den Unt bereitgestellt werden, in denen nicht selten Erklärungen enthalten sind, warum das im Jahresabschluss gegebene und auch testierte Bild der Vermögens-, Finanz- und Ertragslage eben nicht als tatsächlich angesehen wird, ist es nicht schlüssig, diese Vorschrift dermaßen eng zu interpretieren. Dabei ist jedoch zu berücksichtigen, dass die Abweichung zwischen der im Jahresabschluss dargestellten und der für tatsachengemäß gehaltenen wirtschaftlichen Lage erheblich sein muss; unwesentliche Abweichungen sind für den Jahresabschlussadressaten irrelevant.

86 Werden Angaben für nötig gehalten, so reicht ein einfacher Hinweis, dass der Jahresabschluss das angestrebte Bild nicht vermittelt, nicht aus. Vielmehr sind alle Angaben notwendig, damit der Jahresabschluss in Kenntnis dieser Informationen ein den tatsächlichen Verhältnissen i.S.d. Generalnorm entsprechendes Bild der Vermögens-, Finanz- und Ertragslage vermittelt.[92] Im Normalfall haben die Angaben im Anhang zu erfolgen. KleinstKapG haben diese jedoch aufgrund der Befreiungsmöglichkeit vom Anhang nach § 264 Abs. 2 Satz 4 HGB unter der Bilanz anzugeben.

4.5 Vermutung der Darstellung des tatsächlichen Bilds bei Kleinstkapitalgesellschaften

87 In § 264 Abs. 2 Satz 5 HGB wird für den nach den Vorschriften für KleinstKapG aufgestellten Jahresabschluss die Vermittlung eines den tatsächlichen Verhältnissen entsprechenden Bilds der Vermögens-, Finanz- und Ertragslage vermutet. Letztlich wird damit eine Beweislasterleichterung[93] ins Gesetz eingeführt, die für KleinstKapG zunächst immer für eine Erfüllung der Generalnorm des § 264 Abs. 2 HGB auch bei Inanspruchnahme der Erleichterungen sorgt. Zu den Erleichterungen bei Aufstellung des Jahresabschlusses gehören:
- Verzicht auf den Anhang (bei gewissen Mindestangaben unter der Bilanz),
- verkürztes Bilanzgliederungsschema,
- verkürztes GuV-Gliederungsschema.

---

[92] Vgl. *Reiner*, in MünchKomm. HGB, 3. Aufl., § 264 Rn 87.
[93] Vgl. *Hommelhoff/Schwab*, BFuP 1998, S. 42.

Analog zu anderen KapG besteht daher eine Angabepflicht bei Nichterreichung der tatsachengemäßen Abbildung der Vermögens-, Finanz- und Ertragslage nur in besonderen Fällen. Mit dieser Regelung reduziert der Gesetzgeber den Umfang und die Ausgestaltung des Jahresabschlusses für die KleinstKapG auf das absolute Minimum der für die Adressaten notwendigen Informationen. Ohne diese Regelung würden die Erleichterungen ansonsten ggf. durch die notwendige Angabepflicht aus Abs. 2 Satz 2 wieder konterkariert. Allerdings zeigt dies auch, wie wenig Relevanz der Gesetzgeber der Informationsfunktion des Jahresabschlusses zumindest in dieser Größenklasse zubilligt. Da derzeit regelmäßig auch Holding-Ges. unter die Kategorie der KleinstKapG fallen dürften (mit dem BilRUG wird dies teilweise eingeschränkt (§ 267a Rz 15 ff.)), ist dieser Vermutungstatbestand nicht unproblematisch. So können etwa mit dem verkürzten GuV-Schema alle Finanzerträge und -aufwendungen in sonstigen Erträgen und Aufwendungen zusammengefasst werden. Auch leidet die Selbstinformation der Unt durch die stark verkürzten Ausweise, sodass es auch der Insolvenzprophylaxe des handelsrechtlichen Jahresabschlusses schadet. Dies erfordert daher ggf. intern weitere Rechnungsweseninstrumente, wobei auch für die steuerliche Gewinnermittlung in den Taxonomien der E-Bilanz konkretere Angaben erforderlich sind.[94]

4.6 Bilanzeid

Mit dem in Abs. 2 Satz 3 geforderten sog. Bilanzeid haben die gesetzlichen Vertreter (im Lagebericht seit dem CSR-RL-Umsetzungsgesetz wird genauer von den Mitgliedern des vertretungsberechtigten Organs gesprochen) einer KapG bzw. eines MU, das Inlandsemittent gem. § 2 Abs. 7 WpHG und keine kleine KapG i.S.d. § 327a HGB ist,[95] bei Unterzeichnung eine Versicherung abzugeben, dass – nach bestem Wissen – der Jahresabschluss ein den tatsächlichen Verhältnissen entsprechendes Bild i.S.v. § 264 Abs. 2 Satz 1 HGB vermittelt oder für den Fall, dass dies nicht zutrifft, im Anhang entsprechende Angaben enthalten sind. Eine entsprechende Forderung findet sich für den Lagebericht, wo die Mitglieder des vertretungsberechtigten Organs zu versichern haben, dass der Geschäftsverlauf einschließlich des Geschäftsergebnisses und die Lage der KapG so dargestellt sind, dass ein den tatsächlichen Verhältnissen entsprechendes Bild vermittelt wird und dass die wesentlichen Chancen und Risiken i.S.v. § 289 Abs. 1 Satz 4 HGB beschrieben sind (§ 289 Abs. 1 Satz 5 HGB).

Aus der Transparenzrichtlinie und auch der Formulierung in § 37v Abs. 2 Nr. 3 WpHG sowie auch aus Praktikabilitätsgründen wird eine **gemeinsame Erklärung** für Jahresabschluss und Lagebericht (Lageberichtseid, § 289 Rz 68 ff.) für zulässig erachtet. Die Versicherung bezieht sich nach hM auf den festgestellten Jahresabschluss.[96]

88

89

---

[94] Vgl. *Winkeljohann/Lawall*, in Beck Bil-Komm., 10. Aufl., 2016, § 267a HGB, Rz 15.
[95] Gemeint sind KapG, die ausschließlich zum Handel an einem organisierten Markt zugelassene Schuldtitel i.S.d. § 2 Abs. 1 Satz 1 Nr. 3 WpHG mit einer Mindeststückelung von 50 TEUR oder dem am Ausgabetag entsprechenden Gegenwert einer anderen Währung begeben haben.
[96] Vgl. *Reiner*, in MünchKomm. HGB, 3. Aufl., § 264 Rn 104.

> **Beispiel (Formulierung gem. DRS 20.K235)**
> Bilanzeid aus dem Konzernabschluss der EWE AG für 2014:[97]
> Versicherung der gesetzlichen Vertreter
> Wir versichern nach bestem Wissen, dass gem. den anzuwendenden Rechnungslegungsgrundsätzen der Konzernabschluss ein den tatsächlichen Verhältnissen entsprechendes Bild der Vermögens-, Finanz- und Ertragslage des Konzerns vermittelt und im Konzernlagebericht der Geschäftsverlauf einschließlich des Geschäftsergebnisses und die Lage des Konzerns so dargestellt sind, dass ein den tatsächlichen Verhältnissen entsprechendes Bild vermittelt wird sowie die wesentlichen Chancen und Risiken der voraussichtlichen Entwicklung des Konzerns beschrieben sind.
> Oldenburg, den 9. Februar 2015
> Der Vorstand
> (Unterschriften)

90 Die Ausgestaltung der Erklärung erfolgte in expliziter Anlehnung an Sec 302, **Sarbenes-Oxley Act** von 2002. In der EU-Richtlinie wird dieser Sachverhalt zwar geregelt, es gibt aber keine Verpflichtung für die Mitgliedstaaten, strafrechtliche Sanktionen für eine Verletzung vorzusehen. Die Bundesregierung hat den Weg beschritten, den Verstoß in Form einer Nichtabgabe oder einer unrichtigen Abgabe analog zu den schon bestehenden Regelungen der unrichtigen Wiedergabe oder Verschleierung der Verhältnisse der KapG im (Konzern-)Jahresabschluss oder im (Konzern-)Lagebericht nach § 331 Nrn. 1 und 2 HGB zusätzlich als Nummer 3a in diesen Paragrafen einzufügen. Somit wurde auf eine Ausgestaltung als **eidesstattliche Versicherung**, z.B. § 807 ZPO, verzichtet, deren vorsätzliche und fahrlässige Verletzung über §§ 156 und 163 StGB unter Strafe steht. Zudem wurde die Regelung des Gesetzentwurfs im Rahmen der Beratung im Bundesrat noch mit einem Wissensvorbehalt versehen, sodass die strafrechtlichen Folgen hinter denen des amerikanischen Vorbilds zurückbleiben. Der subjektive Tatbestand des § 331 Nr. 3a HGB setzt ebenso wie die Regelungen unter Nrn. 1 und 2 lediglich bedingten Vorsatz voraus. Alle gesetzlichen Vertreter der KapG (Rz 40) haben sich daher nach besten Kräften und im Rahmen des Zumutbaren um einen optimalen Wissensstand zu bemühen.

91 Zudem bestehen gegen den Bilanzeid in der verabschiedeten Ausgestaltung weiterhin **rechtsdogmatische Bedenken**, da hinsichtlich des Rechtsguts, des Beginns der Strafbarkeit und des subjektiven Tatbestands große Unklarheiten auszumachen sind. Zivilrechtlich wird es weiterhin schwierig bleiben, den erforderlichen Nachweis über den Vorsatz bei unrichtigen Jahresabschluss zu erbringen.[98] Insgesamt ergibt sich weniger eine substanzielle Änderung für den gesetzlichen Vertreter einer den organisierten KM in Anspruch nehmenden KapG als vielmehr eine aus der Makroperspektive des Reformgesetzgebers vertrauensbildende Funktion der Neuregelung, die eine gewisse Signalfunktion für die Glaubwürdigkeit der Rechnungslegung haben kann. Die Abgabe der Versicherung bezieht sich aufgrund der strukturverwandten Regelung des § 245 HGB

---

[97] *EWE AG* (Hrsg.), Geschäftsbericht 2014, S. 175.
[98] Vgl. *Fleischer*, ZIP 2007, S. 103.

bzgl. der Unterzeichnung des Jahresabschlusses wohl auf den festgestellten Jahresabschluss und ist wie die Unterzeichnung des Jahresabschlusses gem. § 245 HGB eine höchstpersönliche Rechtshandlung (§ 245 Rz 15). Die geforderte Schriftlichkeit muss durch die eigenhändige Namensunterschrift belegt werden. Im Gegensatz zur Unterzeichnung nach § 245 HGB, die nach hM auch dann vorzunehmen ist, wenn ein Vorstandsmitglied mit dem Inhalt nicht einverstanden ist, muss es beim Bilanzeid durch die Rechtsfolge bei Nichtabgabe zu einer externen „Eidesverweigerung" kommen können. Der Bilanzeid ist nicht Teil des Jahresabschlusses und Lageberichtes und ist auch nicht vom AP zu prüfen. Eine Positionierung innerhalb des Jahresabschlusses muss somit ausscheiden.[99] Eine Unterzeichnung einzig des Bilanzeids ohne eine gesonderte Unterzeichnung des Jahresabschlusses ist unzulässig, weshalb sowohl der Jahresabschluss (üblicherweise am Ende des Anhangs) als auch der Bilanzeid (im Anschluss an den Anhang) zu unterzeichnen sind.[100] Da sich der Bilanzeid auf den Jahresabschluss bezieht, empfiehlt sich eine Positionierung im direkten Anschluss an den Jahresabschluss.[101]

5 Erleichterungen für Tochter-Konzerngesellschaften (Abs. 3 und 4)

5.1 Grundsachverhalte

Die ergänzenden Vorschriften für KapG und KapCoGes brauchen von TU für Gj, **die nach dem 31.12.2012 beginnen,** in der Rechtsform einer KapG, die in einen Konzernabschluss eines **MU mit Sitz innerhalb eines Mitgliedstaats der EU oder eines anderen Vertragsstaats des Abkommens über den EWR** einbezogen ist, unter bestimmten Voraussetzungen nicht beachtet zu werden. Damit hatte der Gesetzgeber eine weitreichende Erleichterung von der zunächst nur auf deutsche Konzernabschlüsse eingeschränkte Erleichterungsmöglichkeit vorgenommen, die jedoch im Hinblick auf die europäische Harmonisierung ohnehin überfällig war[102] und u. U. auch gerichtlich verlangt wird.[103] Es erfolgte damit auch eine Angleichung des Kreises der erleichterungsberechtigten TU an die Regelung des § 264b HGB für PersG, ohne dass dieser jedoch komplett deckungsgleich ist (§ 264b Rz 1 ff.).

92

Nachdem die Erleichterungen für TU somit in den letzten Jahren bereits mehrfach geändert wurden, sah der Gesetzgeber sich mit Umsetzung der Bilanzrichtlinie nun erneut zu einer kompletten Neuformulierung von Abs. 3 und 4 genötigt. Dabei erfolgte eine 1:1-Umsetzung der entsprechenden Regelung der RL 2013/34/EU, die für Gj, die nach dem 31.12.2015 beginnen, gelten.[104]

93

---

99 A. A. *Reiner*, in MünchKomm. HGB, 3. Aufl., § 264 Rn 105.
100 So etwa Volkswagen AG Geschäftsbericht 2013, S. 44 und 45. A. A. *Winkeljohann/Schellhorn*, in Beck Bil-Komm., 10. Aufl., 2016, § 264 HGB, Rz 78.
101 Wenngleich aus anderer Intention heraus, im Ergebnis ebenso *Winkeljohann/Schellhorn*, in Beck Bil-Komm., 10. Aufl., 2016, § 264 HGB, Rz 78.
102 So bereits länger die Forderung von *Ballwieser*, in Baetge/Kirsch/Thiele, Bilanzrecht, § 264 HGB Rz 123, Stand 8/2015, *Luttermann*, in MünchKomm AktG, § 264 HGB, Anm. 175.
103 Es liegt eine Verfassungsbeschwerde beim BVerfG vor (Az.: 1 BvR 121/11).
104 Vgl. *Hargarten/Seidler*, BB 2016, S. 2795.

94 Zudem wird die mit dem MicroBilG völlig offene Formulierung „Eine Kapitalgesellschaft, die in den Konzernabschluss eines Mutterunternehmens mit Sitz in einem Mitgliedstaat der Europäischen Union..." nun mit § 264 Abs. 3 HGB dahingehend konkretisiert, dass der Konzernabschluss im Einklang mit der Bilanzrichtlinie 2013/34/EU aufgestellt und im Einklang mit der Abschlussprüferrichtlinie 2006/43/EG geprüft sein muss. Es reicht somit ein freiwillig erstellter Konzernabschluss aus, wenn er diese strengen Voraussetzungen erfüllt. Durch die vorgenommene Einfügung der Einbeziehung „als Tochterunternehmen" wird klargestellt, dass eine schon bislang umstrittene Selbstbefreiung des MU nicht infrage kommt.[105]

95 Der Inhalt der Befreiung ist unverändert geblieben. Es entfällt etwa die **Pflicht zur Aufstellung eines Anhangs** und zur Beachtung der ergänzenden Vorschriften der §§ 264–288 HGB eines Lageberichts (§ 289 HGB) sowie die Pflicht zur Prüfung (§§ 316–324 HGB) und Offenlegung (§§ 325–329 HGB). Der Verzicht auf den Anhang impliziert auch, dass alle **rechtsformspezifischen Angabepflichten** entfallen können, wie z.B. die aus § 160 AktG. Es bleibt aber bei der Aufstellungspflicht des Jahresabschlusses gem. § 242 HGB für alle Kfl. sowie auch ggf. bei einer separaten Konzernrechnungslegungspflicht gem. § 290 HGB für den Fall, dass das TU gleichzeitig selber MU ist.[106]

96 In Abs. 4, der ursprünglich durch das KapCoRiLiG eingefügt wurde, wird diese Erleichterung unter bestimmten Voraussetzungen auch auf TU ausgeweitet, die in einen Konzernabschluss einbezogen sind, zu dem das MU gem. § 11 PublG verpflichtet ist. Dazu muss im Konzernabschluss § 314 Abs. 1 Nr. 6 HGB bzgl. der Angaben zu den Organbezügen trotz des Wahlrechts nach § 13 Abs. 3 Satz 1 PublG beachtet worden sein. Da jedoch nun in Abs. 3 allgemein von „in den Konzernabschluss ... einbezogen" gesprochen wird, dürfte diese explizite Ausweitung auf TU von MU gem. § 11 PublG ins Leere laufen, es sei denn, Abs. 4 wäre als Spezialnorm zu Abs. 3 zu verstehen, dem hier nicht gefolgt wird.[107]

97 Die nur für KapG geltende Regelung wird auf bestimmte **PersG gem. § 264a HGB** durch die in § 264b HGB übernommene und etwas weiter gefasste Formulierung ausgeweitet (§ 264b Rz 1). Die geringfügig weitere Formulierung führt in der Praxis jedoch zu zwei gewaltigen Unterschieden, da § 264b HGB keine Verpflichtung zur Verpflichtungsübernahme erfordert und außerdem eine Selbstbefreiung unter bestimmten Voraussetzungen ermöglicht. Im Ergebnis kommen TU in der Rechtsform der PersG faktisch immer in die Befreiungsregelung, während bei KapG mangels Abschlusses einer Erklärung zur Verpflichtungsübernahme sehr oft die Regelung nicht angewendet werden kann.

98 Einen eingeschränkten **Anwenderkreis** erhält die Befreiung des Abs. 3 und 4 seit dem TUG. Unt, die als Inlandsemittent Wertpapiere begeben, müssen nach § 37v WpHG einen Jahresfinanzbericht erstellen, der zu prüfen und offenzulegen ist. Eine Erleichterung kommt für diese Unt daher generell nicht in Betracht.

99 Aufgrund branchenbezogener Spezialregelungen existieren **Einschränkungen** bzgl. der Inanspruchnahme der Erleichterungen, wobei hier nur die zentralen aufgeführt sind:

---

[105] Vgl. *Zwirner/Busch*, BC 2014, S. 512.
[106] Zu den dann ggf. greifenden Befreiungsmöglichkeiten vgl. §§ 291, 292 HGB.
[107] Vgl. *Oser*, DB 2012, S. 2647f., der hier den Gesetzgeber noch zur Klarstellung aufgefordert hat.

- Kreditinstitute und Versicherungsunt dürfen aus aufsichtsrechtlichen Gründen lediglich auf die Offenlegung des Jahresabschlusses verzichten (§ 340a Abs. 2 Satz 4 HGB sowie § 341a Abs. 2 Satz 4 HGB).
- EnergieversorgungsUnt sind unabhängig von ihrer Rechtsform zur Erstellung eines Jahresabschlusses unter Beachtung der ergänzenden Vorschriften gem. § 10 Abs. 1 EnWG[108] verpflichtet, sodass die Erleichterungen nicht in Betracht kommen.
- KapG, deren Gesellschafter eine Gebietskörperschaft ist, dürfen gem. § 65 Abs. 1 Nr. 4 BHO sowie analoger Vorschriften in LHO ebenfalls höchstens auf eine Offenlegung verzichten.
- Genossenschaften dürfen die Erleichterungen gar nicht nutzen, da § 366 Abs. 2 HGB keinen diesbezüglichen Verweis enthält.

Darüber hinaus ist die **Inanspruchnahme der Erleichterungen** ggf. im Vorfeld gesellschaftsrechtlicher Veränderungen oder ähnlicher Maßnahmen beschränkt:[109]   100
- Kapitalerhöhungen aus Gesellschaftermitteln bedürfen der vorliegenden und geprüften Jahresbilanz (§§ 57c-57o GmbHG bzw. §§ 207–210 AktG), wobei allerdings nicht die erweiterten Rechnungslegungspflichten der §§ 264–289 HGB zur Anwendung kommen müssen.
- Umwandlungsvorgänge bedürfen dagegen im Allgemeinen Jahresabschlüsse als Schlussbilanzen, bei denen lediglich auf die Offenlegung verzichtet wurde. Konkret verweist § 17 Abs. 2 Satz 2 UmwG auf die ergänzenden Vorschriften sowie die Prüfung.[110]

Bei dem unterjährigen Erwerb eines TU, das dann, um den Stichtag an den Konzernabschluss anzupassen, ein Rumpf-Gj einlegt, kann eine **Befreiungslücke** bestehen, da die Voraussetzungen für die Befreiung nach dem Wortlaut des Gesetzes nicht erbracht werden können. Dennoch wird eine teleologische Auslegung in der Literatur die Möglichkeit gesehen, dies zu verhindern.[111]   101

Die **Wirkung der Erleichterung** ist auch durch die Tatsache begrenzt, dass der Jahresabschluss in den Konzernabschluss einzubeziehen ist. Dies bedeutet, dass die ergänzten Ansatz-, Bewertungs- und Ausweisregelungen doch von den TU zu beachten sind, da der Konzernabschluss eine grundsätzliche Einheitlichkeit von Ansatz (z. B. § 300 Rz 10ff.), Bewertung und Ausweis (z. B. § 308 Rz 1ff.) voraussetzt. Da das Recht des MU als große KapG für die Konzernrechnungslegung maßgeblich ist, sind die §§ 264–289 HGB oder vergleichbare nationale Vorschriften des europäischen MU zu beachten. Vorteile ergeben sich jedoch ab dem Gj 2013 für TU, die in einen ausländischen Konzernabschluss einbezogen werden, da diese nun die erweiterten HGB-Regelungen nicht mehr direkt, sondern in der jeweils nationalen Umsetzung der 4. EU-RL, der RL 2013/34/EU bzw. der IFRS des MU benötigen.   102

Auch die Befreiung von der **Prüfungspflicht** ist insoweit zu relativieren, da gem. § 317 Abs. 3 HGB eine gesonderte Prüfungspflicht für ungeprüfte Abschlüsse für die Konzernabschlussprüfung besteht. Somit entfällt im Ergebnis nicht die   103

---

108 Gesetz über die Elektrizitäts- und Gasversorgung (Energiewirtschaftsgesetz – EnWG) v. 7.7.2005, BGBl 2005 I S. 1970.
109 Vgl. *Winkeljohann/Deubert*, in Beck Bil-Komm., 10. Aufl., 2016, § 264 HGB, Rz 108.
110 So IDW RS HFA 42 Tz. 13; a. A. *Reiner*, in MünchKomm. HGB, 3. Aufl., § 264 Rn 121.
111 Vgl. *Hargarten/Rabenhorst/Schieler*, WPg 2016 S. 1343.

Prüfung des Jahresabschlusses, sondern lediglich die Wahl des AP und die Erstellung eines Prüfungsberichts auf Tochterabschlussebene.

In der Praxis hat die Vorschrift somit nicht vollumfänglich, sondern primär isoliert auf den Bereich der Offenlegung Relevanz. D. h., die Konzern-TU stellen einen vollumfänglichen Jahresabschluss und Lagebericht als HB II auf, der auch vom AP geprüft wird. Lediglich für die Offenlegung wird dann von dem Wahlrecht (partiell) Gebrauch gemacht.

5.2 Befreiungsvoraussetzungen

104 Abs. 3 enthält sechs **kumulativ zu erfüllende Voraussetzungen** für die Befreiung:
- Vorliegen eines Mutter-Tochter-Verhältnisses und Einbezug in den Konzernabschluss eines MU mit Sitz in einem Mitgliedstaat der EU oder einem anderen Vertragsstaat des Abkommens über den EWR (Rz 105 ff.),
- Zustimmung aller Gesellschafter des TU zur Befreiung für das jeweilige Gj und Offenlegung des Beschlusses nach § 325 HGB (Rz 108 ff.),
- Erklärung des MU zum Einstand für bis zum Gj-Ende entstandenen Verpflichtungen des TU bis zum Ende des kommenden Gj (Rz 111 ff.),
- der Konzernabschluss erfüllt hinsichtlich Aufstellung und Prüfung bestimmte europäische Voraussetzungen (Rz 115 f.),
- Angabe der Befreiung des TU im Anhang des vom MU aufgestellten und nach § 325 HGB durch Einreichung beim Betreiber des BAnz offengelegten Konzernabschluss (Rz 117),
- Mitteilung der Befreiung im BAnz für das TU unter Bezugnahme auf § 264 Abs. 3 Nr. 4b HGB und Angabe des MU (Rz 117).

5.2.1 Einbezug als Tochterunternehmen in den Konzernabschluss des Mutterunternehmens

105 Die Befreiung gem. Abs. 3 erfordert die **kumulative Erfüllung** aller im Gesetzestext genannten Voraussetzungen. Grundvoraussetzung für die Befreiung ist dabei zunächst, dass nach § 264 Abs. 3 HGB ein **TU** in den Konzernabschluss eines MU mit Sitz in einem Mitgliedstaat der EU oder einem anderen Vertragsstaat des Abkommens über den EWR einbezogen ist. Dabei liegt ein TU vor, wenn die Voraussetzungen des § 290 HGB bzw. der entsprechenden nationalen Umsetzung der RL 2013/34/EU erfüllt sind, d. h., auf das TU kann unmittel- oder mittelbar ein beherrschender Einfluss ausgeübt werden (§ 290 Rz 27 ff.). Es ist dabei unerheblich, ob es sich bei dem TU auch um eine Beteiligung des MU handelt (§ 301 Rz 2).

106 Da explizit von einem in den Konzernabschluss **einbezogenen TU** gesprochen wird, greift die Befreiung nicht, wenn das TU wegen § 296 HGB oder vergleichbarer Vorschriften (Wahlrecht der Einbeziehung) nicht in den Konzernabschluss einbezogen wurde und das MU die Tochter im Konzernabschluss als gehaltene Beteiligung in Form eines assoziierten Unt at equity oder sogar lediglich als Beteiligung bilanziert hat. Bei der Einbeziehung des TU in den Konzernabschluss sind dann für die HB II nach §§ 300, 308 HGB bzw. vergleichbaren Vorschriften auf Basis der RL 2013/34/EU die für KapG geltenden Bilanzierungsvorschriften der §§ 264–289 HGB bzw. der vergleichbaren Vorschriften auf Basis dieser RL oder nach den IFRS zu beachten.

Eine Befreiung kommt nicht nur in Betracht, wenn das MU konzernabschlusspflichtig ist, sondern es reicht lediglich ein **freiwillig erstellter Konzernabschluss**. Bis zum Gj 2012 wird aufgrund der explizit benannten Voraussetzung des verpflichtenden Konzernabschlusses von einigen Autoren vertreten, dass ein freiwilliger Konzernabschluss für die TU nicht zu der Erleichterung führen kann.[112] Allerdings hat der Gesetzgeber in seiner Gesetzesbegründung[113] auch die Möglichkeit der Anwendung auf freiwillige Konzernabschluss eingeräumt. Zudem sind die Befreiungen als Wahlrecht formuliert. Somit besteht die Verpflichtung zur Konzernrechnungslegung zunächst unabhängig davon, ob etwa die größenabhängige Befreiung genutzt wird oder nicht.[114] Daher wird auch hier die Auffassung vertreten, dass ein freiwilliger Konzernabschluss, der allen gesetzlichen Normen genügt, d.h. insb. auch der Offenlegung, befreiende Wirkung für das TU entfaltet.

107

5.2.2 Zustimmung der Gesellschafter

Aufgrund der **erheblichen Einschränkung** der zur Verfügung stehenden Information und ggf. auch Einschränkungen bei der Gewinnverteilung müssen alle Gesellschafter jährlich in einem Beschluss, der den gesetzlichen und satzungsmäßigen Vorgaben entsprechen muss, zustimmen, damit die Erleichterung genutzt werden kann.[115] Die jährliche Zustimmungspflicht ist nötig, da sich Kreis und Interessenlage der Gesellschafter stetig verändern können.[116] Dabei sind allerdings Gesellschafter, die erst nach der GesV Gesellschafter geworden sind, an die Entscheidung der damaligen Gesellschafter zur Zustimmung für die Nutzung der Befreiung gebunden; umgekehrt wird aber eine nachträgliche Erteilung der Zustimmung für möglich gehalten, wenn der Verkäufer die Zustimmung verweigert hat. *Hoffmann/Lüdenbach* differenzieren nur im ersten Fall der erfolgten Zustimmung noch, ob der Gesellschafterwechsel während oder nach dem Ende des Gj, für die die Erleichterungen genutzt werden sollen, erfolgt. Demnach wäre die Zustimmung nur von den am Bilanzstichtag oder später beteiligten Gesellschaftern möglich.[117] Diese weitere Verschärfung kann mE nicht gefordert werden, da im Ergebnis dann stets erst nach dem Ende des Gj feststeht, ob die Befreiung genutzt werden kann oder nicht.[118] Es reicht nicht aus, wenn der Beschluss in der GesV einstimmig verabschiedet wird, soweit die Gesellschafter nicht vollzählig anwesend sind. Eine Delegation der Zustimmungsrechte an einen anderen Gesellschafter wird nicht für zulässig gehalten.[119] Zeitlich kann der Beschluss innerhalb des laufenden Gj sowie zum Anfang des Folgejahrs innerhalb der Aufstellungsfrist des Jahresabschlusses nach § 252 Abs. 1 Nr. 4 HGB, spätestens sogar bis zu dessen Feststellung, ggf., wenn nur auf die Offenlegung verzichtet werden soll, auch noch

108

---

112 Vgl. *Reiner*, in MünchKomm HGB, 3. Aufl., § 264 Rn 121.
113 Vgl. BilMoG-BegrRegE, KapAEG, BT-Drs. 13/7141 S. 10.
114 Vgl. ADS (Ergänzungsband), § 264 HGB n.F., Rz 11; *Winkeljohann/Deubert*, in Beck Bil-Komm., 10. Aufl., 2016, § 264 HGB, Rz 119.
115 Vgl. *Reiner*, in MünchKomm. HGB, 3. Aufl., § 264 Rn. 113; a.A. ADS (Ergänzungsband), § 264 HGB n.F. Rz 43; *Winkeljohann/Deubert*, in Beck Bil-Komm., 10. Aufl., 2016, § 264 HGB, Rz 126, die neben dem förmlichen Beschluss auch eine andere eindeutige Erklärung der Gesellschafter gegenüber der KapG für ausreichend halten.
116 Vgl. *Ballwieser*, in *Baetge/Kirsch/Thiele*, Bilanzrecht, § 264 HGB Rz 126, Stand 8/2015.
117 Vgl. *Hoffmann/Lüdenbach*, NWB-Kommentar, 8. Aufl., 2017, § 264 HGB, Rz. 44.
118 Im Ergebnis auch *Winkeljohann/Deubert*, in Beck Bil-Komm., 10. Aufl., 2016, § 264 HGB, Rz 130.
119 Vgl. *Kraft*, in FS *Müller*, S. 467.

innerhalb der Offenlegungsfrist erfolgen.[120] Aufgrund des notwendigen zeitlichen Vorlaufs bietet es sich jedoch an, dass der Beschluss zusammen mit der Feststellung des Vorjahresabschlusses erfolgt.[121]

109 Der **Beschluss** ist zudem im Interesse etwaiger Dritter nach § 325 HGB offenzulegen. Konkret haben die gesetzlichen Vertreter von KapG den Wortlaut des Zustimmungsbeschlusses beim Betreiber des BAnz elektronisch einzureichen. Dabei sollte die Offenlegung unverzüglich, spätestens jedoch vor Ablauf der Offenlegungsfrist erfolgen. Diese späteste Frist ist dann zu lang, wenn sich die Erleichterung auch auf die inhaltlichen Rechnungslegungskriterien, d. h., die ergänzenden Ansatz- und Bewertungsregelungen für KapG werden nicht beachtet, beziehen soll. Dann muss die Offenlegung, die Voraussetzung für die Nutzung der Erleichterung ist, bereits bei der Feststellung des Jahresabschlusses erfolgen.[122]

5.2.3 Einstandspflicht

110 Als zentrale Voraussetzung für die Erleichterungsmöglichkeiten muss das MU eine Erklärung, für die zum Bilanzstichtag eingegangenen Verpflichtungen des TU im folgenden Gj einzustehen, abgeben.[123] Damit wird von der bis zum Gj 2015 geforderten Verlustübernahme nach § 302 AktG abgerückt. Der Gesetzgeber begründet dies mit einem redaktionellen Versehen, das bereits mit dem BiRiLiG ins HGB kam. Art. 37 Abs. 3 EU-Richtlinie verlangt eine Haftung des MU für das jeweilige Gj. Dies muss nicht zwingend eine Außenhaftung sein – es reicht eine **Innenhaftung des MU gegenüber dem zu befreienden TU**.[124] Somit ist kein Verweis auf § 302 AktG bzgl. einer infolge eines Beherrschungs- oder Gewinnabführungsvertrags eintretenden gesetzlichen Verlustübernahme mehr nötig. Allerdings bedeutet dies in der Praxis eine Ausweitung über die Verlustübernahmepflicht hinaus,[125] etwa auch auf **auszugleichende Engpässe in der Liquidität** des TU, selbst wenn das TU einen Jahresüberschuss ausgewiesen hat. Ein unmittelbarer Schuldbeitritt zu den Verpflichtungen des TU ist dazu nicht erforderlich. Die Verpflichtung kann nach der Gesetzesbegründung aber bspw. durch eine Nachschusspflicht oder eine Patronatserklärung gegenüber dem TU begründet werden.[126] Ob eine gesellschaftsvertraglich oder privat-/schuldrechtlich verankerte **Nachschusspflicht** tatsächlich ausreichen kann, ist allerdings umstritten,[127] da im ersten Fall etwa nach GmbHG stets eine erneute GesV über den Nachschuss zu beschließen hat und für die Gläubiger eine Zustimmung nicht im Voraus sichergestellt werden kann. Auch privat- und schuldrechtliche Vereinbarungen scheitern an den hohen Hürden der Einstandspflicht. Daher erscheint im Rahmen der Innenverpflichtung nur eine **(harte) Patronatserklärung** geeignet, um die Anforderungen an § 264 Abs. 3 Nr. 2 HGB zu erfüllen. Ausgestaltungsformen wären Liquiditäts- oder Kapitalausstattungsgarantien.

---

[120] Vgl. ADS (Ergänzungsband), § 264 HGB nF, Rz 32.
[121] Vgl. *Winkeljohann/Deubert*, in Beck Bil-Komm. 10. Aufl., 2016, § 264 HGB, Rz 133.
[122] Vgl. ADS (Ergänzungsband), § 264 HGB nF, Rz 45.
[123] Vgl. *Zwirner/Busch*, BC 2014, S. 509 ff.
[124] Vgl. BT-Drs. 18/5256, S. 82.
[125] Vgl. *Beine/Roß*, Börsen-Zeitung 20.1.2015, S. 8.
[126] Vgl. BilRUG-RegE, BR-Drs. 23/15, S. 69.
[127] Vgl. *Winkeljohann/Deubert*, in Beck Bil-Komm. 10. Aufl., 2016, § 264 HGB, Rz 139.

Durch die Klarstellung des Rechtsausschusses, dass auch durch die Neufassung der 111
Nr. 2 **keine Änderung der bisherigen Praxis** notwendig ist,[128] kann auch weiterhin eine **Verlustübernahmeerklärung** für die Erlangung der Befreiung genügen.[129] Dies kann entweder nach § 302 AktG über einen Beherrschungs- oder Gewinnabführungsvertrag bzw. über einen Betriebspacht- oder Betriebsüberlassungsvertrag, über eine freiwillige Erklärung, die nach § 325 HGB offengelegt wird, oder nach vergleichbaren Regelungen des MU im Falle eines europäischen MU ausgestaltet sein. Für die GmbH reicht ein Vertrag bzgl. einer Verlustübernahmeverpflichtung aus, der an § 302 AktG angelehnt ist. Indiz ist, dass eine körperschaftsteuerliche Organschaft gem. § 17 Satz 2 Nr. 2 KStG besteht. Ebenfalls werden eine Eingliederungshaftung sowie eine gesamtschuldnerische Haftung der Hauptgesellschafter für die eingegliederte Ges. als gleichwertig angesehen.[130] Die Verlustübernahmeverpflichtung nach § 302 AktG sollte nach der FinVerw folgenden Wortlaut aufweisen:[131]

> **Beispiel**
> **Verlustübernahmeverpflichtung**
> „Die ... GmbH verpflichtet sich, entsprechend § 302 AktG jeden während der Vertragsdauer sonst entstehenden Jahresfehlbetrag der ... GmbH auszugleichen, soweit dieser nicht dadurch ausgeglichen wird, dass den freien Gewinnrücklagen Beträge entnommen werden, die während der Vertragsdauer in sie eingestellt worden sind."

Die Einstandspflicht des MU muss zu dem **Zeitpunkt** bestehen, **zu dem das TU** 112
die Befreiungsmöglichkeit nutzen will. Das bedeutet, dass bei Verzicht auf die Offenlegung des Jahresabschlusses zumindest das MU für alle Verpflichtungen des TU einzustehen hat, die am Bilanzstichtag bestehen, auch wenn sie in früheren Gj entstanden sind. Die Einstandspflicht muss sich außerdem mindestens auf das Gj beziehen, das dem erleichterten Jahresabschluss folgt. Dies erklärt sich aus den Interessen der übrigen Abschlussadressaten; muss doch für das kommende Gj die Verlustübernahme gewährleisten, dass die verschlechterte Informationslage kompensiert wird. Der Jahresabschluss wird von den Adressaten primär zukunftsorientiert ausgewertet werden, da die zu treffenden Entscheidungen i.d.R. die Zukunft betreffen, wie Entscheidungen über die Kreditvergabe, kann aber im Regelfall auf die Dauer eines Jahres begrenzt werden, weil nach Ablauf eines Jahres nach dem Bilanzstichtag Daten aus einem neuen Gj zur Verfügung stehen müssen oder eine erneute Verlängerung der Einstandspflicht wieder eine Befreiung ermöglicht. Daher umfasst die Dauer der Einstandspflicht die maximale gesetzliche Offenlegungsfrist (und damit auch die Zeit der entfallenden Aufstellung, Prüfung und Feststellung des Jahresabschlusses). Ein späteres Erlöschen der Einstandspflicht ist unschädlich.

---

128 Vgl. BT-Drs. 18/5256, S. 80.
129 Vgl. *Zwirner/Busch,* BC 2016, S. 509.
130 Vgl. ADS (Ergänzungsband), § 264 HGB nF, Rz 51.
131 Vgl. BMF, Schreiben v. 19.10.2010, IV C 2 – S 2770/08/10004, BStBl 2010 I S. 836. S. zur Diskussion hierüber *Grieser/Wirges,* DStR 2010, S. 2288.

113 Für das TU ist die Einstandsverpflichtung des MU nach § 325 HGB im BAnz zu veröffentlichen. Eine Wiederholung der Erklärung, die bereits gem. § 302 AktG oder nach dem für das MU maßgeblichen Recht offengelegt ist, ist unnötig. Bei der Veröffentlichung, die analog zur Offenlegung des Gesellschafterbeschlusses erfolgen muss, wird die Wiedergabe der wesentlichen Inhalte für ausreichend erachtet.[132]

114 Der Gesetzgeber hat nicht auf den **mehrstufigen Konzern** abgestellt. Daher muss sich die Einstandsverpflichtung auf das gleiche MU beziehen wie die Einbeziehungspflicht.[133] So reicht entgegen dem Wortlaut eine Einstandsverpflichtung, die nicht zwischen dem MU und einem TU, sondern nur zwischen zwei TU geschlossen wurde, als Befreiungsvoraussetzung nur dann aus, wenn die übergeordnete Tochter einen Teilkonzernabschluss erstellt, in den das die Erleichterung in Anspruch nehmende untergeordnete TU einbezogen ist.[134] Gegen eine Ausgestaltung in der Art, dass das oberste MU den Konzernabschluss aufstellt, in das die untergeordnete Tochter einbezogen ist, und die Einstandsverpflichtung direkt von der Mutter oder mittelbar über eine lückenlose Kette von Einstandsverpflichtungen erfolgt, ist jedoch auch nichts einzuwenden.[135] Das folgende Beispiel verdeutlicht diese Ausgestaltungen:

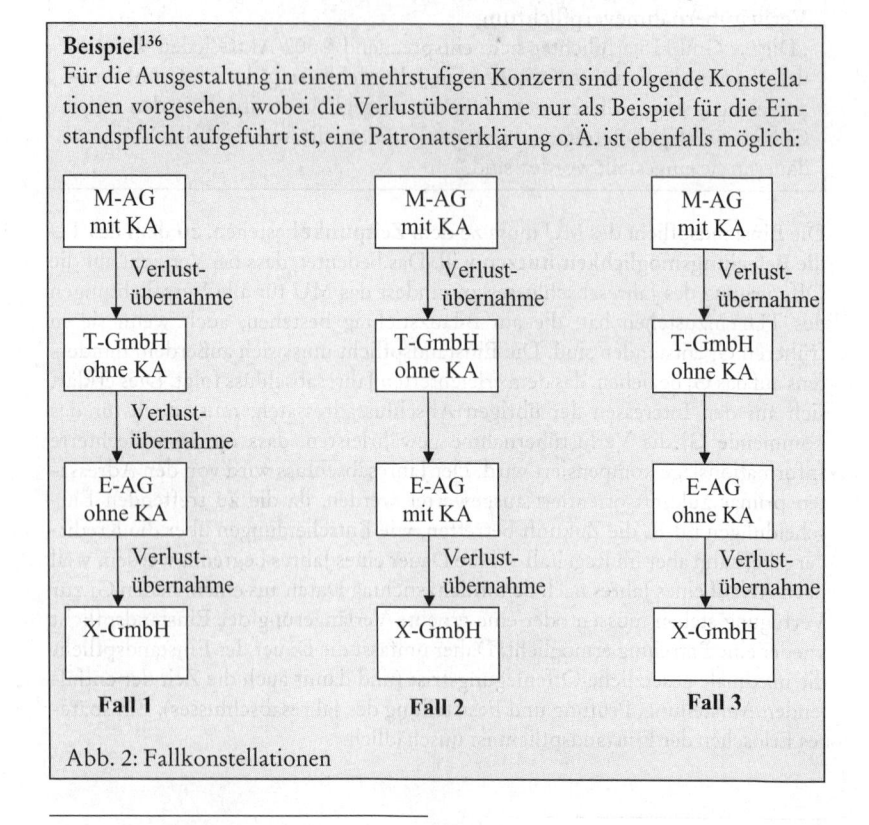

Beispiel[136]
Für die Ausgestaltung in einem mehrstufigen Konzern sind folgende Konstellationen vorgesehen, wobei die Verlustübernahme nur als Beispiel für die Einstandspflicht aufgeführt ist, eine Patronatserklärung o. Ä. ist ebenfalls möglich:

Fall 1	Fall 2	Fall 3
M-AG mit KA	M-AG mit KA	M-AG mit KA
Verlustübernahme	Verlustübernahme	Verlustübernahme
T-GmbH ohne KA	T-GmbH ohne KA	T-GmbH ohne KA
Verlustübernahme		
E-AG ohne KA	E-AG mit KA	E-AG ohne KA
Verlustübernahme	Verlustübernahme	Verlustübernahme
X-GmbH	X-GmbH	X-GmbH

Abb. 2: Fallkonstellationen

---

[132] Vgl. ADS (Ergänzungsband), § 264 HGB nF, Rz 61.
[133] LG Bonn, Der Konzern 2014, S. 191.
[134] Vgl. *Ballwieser*, in *Baetge/Kirsch/Thiele*, Bilanzrecht, § 264, Rz 127, Stand 8/2015.
[135] Vgl. *Winkeljohann/Deubert*, in Beck Bil-Komm., 10. Aufl., 2016, § 264 HGB, Rz 135.
[136] In Anlehnung an ADS (Ergänzungsband), § 264 HGB nF, Rz 23.

> Es liegen auf allen Stufen jeweils Mutter-Tochter-Verhältnisse vor. Alle untergeordneten Gesellschaften sind in die jeweils übergeordneten aufgestellten und veröffentlichten Konzernabschlüsse einbezogen.
> In **Fall 1** ist die Anwendung der Erleichterungen bei den Töchtern T-GmbH, E-AG und X-GmbH möglich.
> In **Fall 2** können nur die T-GmbH und die X-GmbH die Erleichterungen nutzen, da es an einer (mittelbaren) Einstandsverpflichtung zwischen T und E fehlt.
> In **Fall 3** kann nur noch die T-GmbH die Erleichterungen nach § 264 Abs. 3 HGB nutzen. Allen anderen untergeordneten Ges. fehlen die entsprechenden Voraussetzungen.

5.2.4 Anforderungen an den Konzernabschluss und Konzernlagebericht

Der für die befreiende Wirkung notwendige Konzernabschluss sowie der Konzernlagebericht müssen jeweils nach dem für das MU geltende und **in Übereinstimmung mit der RL 2013/34/EU stehende Recht aufgestellt** worden sein. Der mit dem CSR-RL-Umsetzungsgesetz erfolgte Zusatz „die zuletzt durch die Richtlinie 2014/102/EU (ABl. L 334 vom 21.11.2014, S. 86) geändert worden ist" bezieht sich lediglich auf den Beitritt der Republik Kroatien in die EU. Mit der Formulierung in Nr. 3 können auch freiwillige Abschlüsse befreiende Wirkung für die Befreiung entfalten, soweit die erforderlichen Normen bei der Aufstellung beachtet wurden. Zudem wird auch ein Konzernabschluss nach IFRS als gleichwertig erklärt; dieser ist dann allerdings um einen Konzernlagebericht zu ergänzen.[137]

115

Weitere Voraussetzung ist die im Einklang mit den EU-Richtlinien zur Abschlussprüfung erfolgte **Prüfung** von Konzernabschluss und Konzernlagebericht. Mit dem BilRUG erfolgte hier eine notwendige Klarstellung, war doch die Änderung durch das MicroBilG diesbezüglich redaktionell überaus unglücklich formuliert.[138]

116

5.2.5 Angaben bzgl. der Befreiung im Konzernabschluss

Die Angabe der Nutzung der Erleichterungsmöglichkeit ist in jedem Gj der Nutzung im **Konzernanhang** des MU anzugeben. Dabei wird keine besondere Form im Gesetzestext gefordert. Nötig erscheint zumindest Name und Sitz des jeweiligen TU und die Angabe, dass Erleichterungen aus § 264 Abs. 3 HGB genutzt wurden. Angaben zum Umfang der Nutzung der Befreiung sind nicht notwendig.[139] Die Angabe kann im Rahmen der Erläuterung der einbezogenen TU nach § 313 Abs. 2 Nr. 1 HGB erfolgen, wobei folgende Formulierung geeignet erscheint:[140]

117

---

[137] BT-Drs. 5256, S. 80–81.
[138] HFA, IDW-FN 2014, S. 197.
[139] Gl. A. *Winkeljohann/Deubert*, in Beck Bil-Komm., 10. Aufl., 2016, § 264 HGB, Rz 185.
[140] Vgl. *Winkeljohann/Deubert*, in Beck Bil-Komm., 10. Aufl., 2016, § 264b HGB, Rz 66.

> **Beispiel**
> Die xy-AG, Musterstadt, ist gem. § 264 Abs. 3 HGB von einer Verpflichtung befreit, einen handelsrechtlichen Jahresabschluss und einen Lagebericht nach den für KapGes geltenden Vorschriften aufzustellen, prüfen zu lassen und offenzulegen.

Eine Kombination der Erleichterung aus § 264 Abs. 3 HGB und der Nutzung der Schutzklausel aus § 313 Abs. 3 HGB bzgl. der dem MU oder einem seiner TU bei vernünftiger kaufmännischer Beurteilung entstehenden erheblichen Nachteile aus dem Bekanntwerden der Unt-Verbindung ist nicht erlaubt.

5.2.6 Mitteilungen bzgl. der Wahrnehmung der Erleichterungen für das Tochterunternehmen

118   Abschließend ist die Voraussetzung für die Befreiung von der Anwendung der speziellen Vorschriften als KapG für ein TU die Offenlegung der in § 264 Abs. 3 Nr. 5 HGB genannten Unterlagen. Konkret müssen die **gesetzlichen Vertreter des TU im BAnz** in deutscher Sprache den Beschluss der GesV bez. der Zustimmung für die Nutzung der Erleichterungen, der die Erklärung zur Einstandsverpflichtung des MU, der Konzernabschlüsse und Konzernlageberichte sowie der dazu erteilte Bestätigungsvermerk zur Bekanntmachung einreichen. Die Offenlegungsfrist reicht grundsätzlich analog zu den ansonsten notwendigen Einreichungen der Unterlagen des Jahresabschlusses spätestens bis Ablauf des zwölften Monats des dem Abschlussstichtag nachfolgenden Gj. Sollen allerdings inhaltliche Erleichterungen in Anspruch genommen werden und ist dafür eine Offenlegung nach § 325 Abs. 1–1b HGB Voraussetzung, hat zumindest die Einreichung der Zustimmung der Gesellschafter sowie die Erklärung zur Einstandsverpflichtung bis zur Aufstellung des Jahresabschlusses zu erfolgen, da ansonsten die zwingenden Voraussetzungen für die Nutzung der Aufstellungserleichterungen nicht vorliegen.[141] Inhaltlich hat der Beschluss der GesV nur die Tatsache (Zustimmung zur Inanspruchnahme von Erleichterungen nach § 264 Abs. 3 HGB aller Gesellschafter) und das betreffende Gj zu enthalten. Die Einstandsverpflichtungserklärung des MU für das TU ist dagegen aufgrund der vielen denkbaren Ausgestaltungsformen im Wortlaut offenzulegen, wobei auch der Zeitraum der Gültigkeit anzugeben ist; bestehen Verlustübernahmeverpflichtungen nach § 302 AktG, dürfte aber ein Verweis auf das Bestehen für den gesetzlich geforderten Zeitraum mit Nennung der Vorschrift ausreichen.[142] Sollten in einem mehrstufigen Konzern die Verpflichtungsübernahmen nicht unmittelbar von dem obersten den Konzernabschluss aufstellenden MU erfolgt sein (Rz 114), so ist darauf im Rahmen der Offenlegung gesondert einzugehen. Entgegen der bisherigen Praxis ist vom TU kein Verweis mehr auf den Offenlegungsort von Konzernabschluss, Konzernlagebericht und Bestätigungsvermerk zu geben. Vielmehr wird vom BAnz sichergestellt, dass beim Suchen der Unter-

---

[141] Gl. A. ADS (Ergänzungsband), § 264 HGB, Rz 45; *Winkeljohann/Deubert*, in Beck Bil-Komm., 10. Aufl., 2016, § 264 HGB, Rz 197.
[142] Vgl. *Deubert*, DB 2015, Beilage 5, S. 47.

lagen des TU neben dem Gesellschafterbeschluss und der Einstandsverpflichtungserklärung auch die übrigen befreienden Unterlagen angezeigt werden.[143]
Zur Vermeidung der Mehrfachoffenlegung wird daher auch in § 264 Abs. 3 Satz 2 HGB ausdrücklich auf die Möglichkeit der **Einreichung der Unterlagen durch das MU** hingewiesen. Die gesetzlichen Vertreter des MU dürfen dann dafür auch die englische Sprache verwenden (Abs. 3 Satz 3). Allerdings ist aus der Begründung des BT-Rechtsausschusses zu erkennen, dass hiervon der Beschluss der Gesellschafter und die Einstandsverpflichtung ausgenommen sein sollen, die daher in deutscher Sprache offenzulegen sind.[144] Die gesetzlichen Vertreter des TU haben dafür Sorge zu tragen, dass die Unterlagen vollständig offengelegt werden und müssen im Falle fehlerhafter oder unvollständiger Unterlagen diese selber in **deutscher Sprache** zur Bekanntmachung beim BAnz einreichen. Für den Fall, dass ein ausländisches MU für mehrere TU in Deutschland eine Befreiung nach § 264 Abs. 3 HGB erwirken will, müssen grundsätzlich alle TU den (ggf. übersetzten) Konzernabschluss, Konzernlagebericht und Bestätigungsvermerk offenlegen, es sei denn, es ist sichergestellt, dass der nur von einem TU eingereichte Konzernabschluss, Konzernlagebericht und Bestätigungsvermerk auch bei Abfrage der übrigen TU angezeigt wird.[145]

119

5.3 Umfang der Befreiung

Da die Erleichterungen in Form einer Aufzählung und nicht einer „Entweder-oder-Option" erfolgen, können die Gesellschafter selbst über den **Umfang der Erleichterungen** entscheiden. Auch wenn die Voraussetzungen und Rechtsfolgen dieselben bleiben, kann somit etwa nur auf die Offenlegung oder zusätzlich auf die isolierte Prüfung des Jahresabschlusses des TU verzichtet werden. Allerdings ist die Reihenfolge zu beachten.

120

Jahresabschlüsse, die unter Inanspruchnahme der Befreiungsvorschrift erstellt werden, können weiterhin nach § 316 HGB geprüft und nach § 325 HGB **offengelegt** werden, wobei sich die Aussagen im Bestätigungsvermerk des AP dann nur auf die für alle Kfl. gültigen Vorschriften der §§ 238–263 HGB beziehen.[146]

121

Wird von der Erleichterung des Entfallens der **Prüfung des Jahresabschlusses und Lageberichts** nicht Gebrauch gemacht, so ist mit dem AP ausdrücklich nur eine freiwillige Prüfung zu vereinbaren. Ohne diese ausdrückliche Vereinbarung muss der AP eine Pflichtprüfung gem. §§ 316 ff. HGB vornehmen, wobei das Problem auftritt, dass regelmäßig die Prüfung der Voraussetzungen der Befreiung nach § 264 Abs. 3 HGB nicht erfolgen kann. Ein uneingeschränkter Bestätigungsvermerk ist dann nur möglich, wenn für den AP keine Anhaltspunkte ersichtlich sind, die gegen die voraussichtliche Erfüllung der Voraussetzungen sprechen.[147]

122

---

[143] Vgl. Bgr. BilRUG-RegE, DRS 23/15, S. 70.
[144] Vgl. BT-Drs. 18/5256, S. 81.
[145] Vgl. *Deubert*, DB 2015, Beilage 5, S. 46.
[146] Vgl. IDW PH 9.200.1.
[147] Vgl. *Winkeljohann/Deubert*, in Beck Bil-Komm., 10. Aufl., 2016, § 264 HGB, Rz 224.

5.4 Besonderheiten für Konzernabschlüsse nach dem PublG (Abs. 4)

123 Nachdem mit dem BilRUG ab dem Gj 2016 die Erleichterungen für TU eines einen Konzernabschluss veröffentlichenden MU in einer anderen Rechtsform als KapG oder KapCoGes, die ihren Konzernabschluss nach § 11 PublG erstellen, bereits in Abs. 3 eingeräumt werden (Rz 96), erfolgt in Abs. 4 lediglich die Benennung einer weiteren Voraussetzung neben den in § 264 Abs. 3 Nrn. 1–5 HGB benannten. Konkret ist zusätzliche Voraussetzung, dass in dem Konzernabschluss § 314 Abs. 1 Nr. 6 HGB – die Angabe zu den Organbezügen sowie Krediten und sonstigen Rechtsgeschäften mit Organmitgliedern – angewendet wurde, obwohl nach § 13 Abs. 3 Satz 1 PublG hierfür keine Verpflichtung besteht. Zu den Vorschriften zur Konzernrechnungslegung nach dem PublG s. § 290 Rz 10 ff.

6 Rechtsfolgen bei Pflichtverletzung

124 Ein Verstoß gegen die Verpflichtung zur Aufstellung eines Jahresabschlusses nach § 264 Abs. 1 HGB wird erst bei nicht erfolgter Offenlegung gem. § 335 Abs. 1 HGB mit einem gem. § 335 Abs. 4 HGB nach Unt-Größenklassen gestaffelten **Ordnungsgeld** bis maximal 25 TEUR (KM-orientierte Unt nach § 335 Abs. 1a: maximal der höchste Betrag aus 10 Mio. EUR, 5 % des jährlichen Gesamtumsatzes oder das Zweifache des aus der unterlassenen Offenlegung gezogenen wirtschaftlichen Vorteils) belegt. § 334 Abs. 1 Nr. 1 Buchst. a HGB ordnet die Zuwiderhandlung gegen § 264 Abs. 2 HGB ebenfalls als **Ordnungswidrigkeit** ein, die mit einer Geldbuße von bis zu 50 TEUR geahndet werden kann. Allerdings greifen schon bei verzögerter Aufstellung zivilrechtliche Sanktionen aufgrund schuldhafter Pflichtverletzung der Sorgfaltspflicht der gesetzlichen Vertreter (insb. §§ 84 Abs. 3 und 93 Abs. 2 AktG oder §§ 30 und 43 Abs. 2 GmbHG).

125 Daneben droht § 331 Nr. 1 HGB Mitgliedern des vertretungsberechtigten Organs oder des Aufsichtsrats einer KapG für unrichtige und verschleiernde Angaben in der Eröffnungsbilanz, im Jahresabschluss, im Lagebericht oder im Zwischenabschluss nach § 340a Abs. 3 HGB mit einer **Freiheitsstrafe** von bis zu drei Jahren oder mit einer Geldstrafe. Dies betrifft insb. das in § 264 Abs. 2 Satz 1 HGB geforderte Bild der Vermögens-, Finanz- und Ertragslage und soll die Öffentlichkeit vor fehlerhaften Jahresabschlüssen und Lageberichten durch Bilanzfälschung und Bilanzverschleierung schützen.[148] Dies trifft nach § 331 Nr. 3a HGB auch für die unrichtig abgegebene Versicherung der gesetzlichen Vertreter einer KapG nach § 264 Abs. 2 Satz 3 HGB zu.

126 Diese strafrechtliche Haftung für die Verletzung des **Bilanzeids** hat jedoch nicht den Stellenwert einer eidesstattlichen Versicherung, die nach §§ 156, 163 StGB bei vorsätzlicher und fahrlässiger Verletzung unter Strafe steht.[149] Zudem wird durch den eingebauten Wissensvorbehalt das eigenständige Rechtsgut des Bilanzeids, das lediglich auf das Vertrauen in die subjektive Ehrlichkeit der

---

[148] S. dazu Diskussionsentwurf des BMF zur Umsetzung der RL 2004/109/EG (Transparenzrichtlinie-Umsetzungsgesetz) v. 3.5.2006, S. 56.
[149] Vgl. *Fleischer*, ZIP 2007, S. 97, 102.

Bilanzverantwortlichen zielt, betont. Die Nichtabgabe des Bilanzeids fällt nicht unter den Tatbestand des § 331 Nr. 3a HGB. Somit ist die Nichtabgabe als Ordnungswidrigkeitstatbestand gem. § 334 Abs. 1 Nr. 1 Buchst. a HGB einzuordnen, was auch der Rechtsfolge der Nichtbefolgung der Unterzeichnungspflicht für alle Kfl. nach § 245 HGB entspricht.

7 Zahlungsbericht (länderbezogene Berichterstattung)

7.1 Inhalt und Regelungszweck

Mit den §§ 341q–y HGB wurde die Pflicht zur Berichterstattung über Zahlungen an staatliche Stellen in deutsches Recht übernommen. Unt (MU) i. S. d. § 341q HGB i. V. m. § 341r Nrn. 1–2 HGB nF (i. V. m. § 341v Nr. 1 HGB),

- die in der **mineralgewinnenden Industrie** bzw. im **Holzeinschlag in Primärwäldern** tätig und gleichzeitig
- als KapG oder diesen gleichzustellende PersG ohne natürlichen Vollhafter i. S. d. § 264a HGB zu klassifizieren sind sowie
- als „**groß**" i. S. d. § 267 HGB gelten (also auch alle KM-orientierten Unt, Kredit- und Finanzdienstleistungsinstitute, VersicherungsUnt oder Pensionsfonds),

haben demnach ab dem nach dem 23.7.2015 beginnenden Gj jährlich einen Bericht (Konzernbericht) über Zahlungen an staatliche Stellen zu erstellen und offenzulegen.[150]

In Deutschland sind davon laut Regierungsbegründung **60 Unt betroffen**, wobei die Reduzierung um rund 50 Unt gegenüber dem RefE (110 betroffene Unt) nur als Augenwischerei verstanden werden kann. Diese Unt sind zwar durch den Bericht auf übergeordneter Konzernebene (MU im europäischen Ausland) zunächst befreit, haben diese Informationen aber natürlich dennoch zu ermitteln und an das MU zu kommunizieren. Die berichtsbezogenen Aufwendungen reduzieren sich so nur um jene resultierend aus der Offenlegung, d. h. minimal. Die durchschnittliche einmalige Mehrbelastung pro Unt beziffert der Gesetzgeber auf knapp 2 Mio. EUR. Die jährlichen Mehrbelastungen werden mit knapp 500.000 EUR veranschlagt.[151]

Die länderbezogene Berichterstattung liegt ausweislich der EU-Bilanzrichtlinie[152] im Interesse einer größeren **Transparenz** hinsichtlich der an staatliche Stellen geleisteten Zahlungen. Zum einen soll verhindert werden, dass Holz aus illegalem Einschlag auf den Markt der Union gelangt. Zum anderen geht um es **Korruptionsbekämpfung**. Nicht in der Begründung zur EU-Bilanzrichtlinie aufgeführt, jedoch infolge der zunehmenden Diskussionen über Steuervermeidungstaktiken

---

150 Vgl. IDW Praxishinweis 1/2017, Tz. 4–9 sowie *Trepte/Siegel*, WPg 2017, S. 317.
151 Begr. BilRUG-RegE, BR-Drs. 23/15, S. 65.
152 Begr. EU-Bilanzrichtlinie (2013/34/EU), Abl. L182/24.

auf EU-Ebene[153] als weiterer Einführungsgrund zu sehen sind Steuerzahlungs- respektive Steuervermeidungsanalysen und darauf aufbauend regulierende Maßnahmen durch die Mitgliedstaaten oder auf europäischer Ebene.

7.2 Anwendungsbereich

7.2.1 Industriezugehörigkeit

128 Unter **Unt der mineralgewinnenden Industrie** sind gem. § 341r Nr. 1 HGB jene zu verstehen, die auf dem Gebiet der Exploration, Prospektion, Entdeckung, Weiterentwicklung und Gewinnung von Mineralien, Erdöl-, Erdgasvorkommen oder anderen Stoffen in den Wirtschaftszweigen tätig sind, die in Abschnitt B Abteilungen 05–08 von Anhang I der Verordnung (EG) Nr. 1893/2006[154] aufgeführt sind. Als **Unt des Holzeinschlags** in Primärwäldern gelten nach § 341r Nr. 2 HGB jene, die in den in Abschnitt A Abteilung 02 Gruppe 02.20 aufgelisteten Bereichen von Anhang I der Verordnung (EG) Nr. 1893/2006 aufgeführt und in natürlich regenerierten Wäldern mit einheimischen Arten tätig sind, in denen es keine deutlich sichtbaren Anzeichen für menschliche Eingriffe gibt und wo die ökologischen Prozesse nicht wesentlich gestört sind.

Die Regelung des Anwendungsbereichs in Bezug auf die berichtspflichtigen Industriezweige respektive Unt/Konzerne wurde vom deutschen Gesetzgeber dabei lediglich leicht verändert aus der EU-Richtlinie 2013/34/EU in das BilRUG übernommen. Eine weitere Konkretisierung der Richtlinienregelung ist nicht erfolgt. Dies führt dann zu **Rechtsunsicherheit**, wenn entweder eine vertikale Integration von Tätigkeiten, eine horizontale Integration von Tätigkeiten oder eine beliebige Kombination von Tätigkeiten innerhalb eines Unt erfolgt und diese **mehr als einer NACE-Klasse** zuzurechnen sind.[155] Dazu detailliert Rz 131.

129 Dem Wirtschaftszweig der **mineralgewinnenden Industrie** gem. der Verordnung (EG) Nr. 1893/2006 sind dabei Unt zuzuordnen, die Tätigkeiten in einer der folgenden Gruppen – nebst den auf tieferer Gliederungsebene liegenden zugehörigen Klassen – ausführen:[156] 05.1 Steinkohlenbergbau, 05.2 Braunkohlenbergbau, 06.1 Gewinnung von Erdöl, 06.2 Gewinnung von Erdgas, 07.1 Eisenerzbergbau, 07.2 NE-Metallerzbergbau, 08.1 Gewinnung von Natursteinen, Kies, Sand, Ton und Kaolin, 08.9 Sonstiger Bergbau; Gewinnung von Steinen und Erden a. n. g.

---

[153] S. dazu etwa *EU-Rat* (Hrsg.), Clamping down on corporate tax avoidance, http://www.consilium.europa.eu/en/press/press-releases/2015/01/council-adopts-anti-abuse-clause, letzter Abruf am 20.4.2017, und den zugehörigen Richtlinienentwurf vom 25.11.2013; *EU-Rat* (Hrsg.), Council directive amending Directive 2011/96/EU on the common system of taxation applicable in the case of parent companies and subsidiaries of different Member States, COM (2013) 814 final; *EU-Kommission* (Hrsg.), Commission investigates transfer pricing arrangements on corporate taxation of Apple (Ireland) and Starbucks (Netherland) and Fiat Finance and Trade (Luxembourg), http://europa.eu/rapid/press-release_IP-14-663_en.htm, letzter Abruf am 20.4.2017; *EU-Kommission* (Hrsg.), Fight against tax fraud and tax evasion, http://ec.europa.eu/taxation_customs/taxation/tax_fraud_evasion/index_de.htm, letzter Abruf 20.4.2017.
[154] Verordnung (EG) Nr. 1893/2006, EU-Amtsblatt 2006, L 393/1 ff.
[155] Vgl. IDW Praxishinweis 1/2017, Tz. 23; *Upmeier*, KOR 2016, S. 468.
[156] Vgl. Verordnung (EG) Nr. 1893/2006, EU-Amtsblatt 2006, L 393/8.

Dem **Wirtschaftszweig des Holzeinschlags** gem. der Verordnung (EG) Nr. 1893/2006 sind dabei Unt zuzuordnen, die Tätigkeiten in der Gruppe 02.20 Holzeinschlag ausführen.[157]

130

Nicht abschließend geregelt ist dabei, ob bei der Beurteilung der Industrie- bzw. Wirtschaftszweigzugehörigkeit auf die **NACE-Einordnungssystematik** (NACE-Code gem. Hauptwirtschaftstätigkeit) abzustellen ist[158] oder die Ausübung von Tätigkeiten in einem der Industrie-/Wirtschaftszweige ohne Berücksichtigung des Anteils der Tätigkeiten an der Wertschöpfung (NACE-Kriterium für die Identifikation der Hauptwirtschaftstätigkeit)[159], d. h. **auch** dann, wenn es sich lediglich um eine **Nebentätigkeit** handelt, eine Pflicht zur Zahlungsberichterstattung i. S. d. §§ 341s ff. HGB auslöst. Konkret geht es um die Frage, inwiefern Unt, die nur in geringem Umfang in den von § 341r Nrn. 1–2 HGB genannten Wirtschaftszweigen tätig sind, respektive ihren Schwerpunkt gem. NACE-Einordnungssystematik in einer anderen NACE-Abteilung haben, in den Anwendungsbereich des § 341q HGB fallen. Das IDW stellt im Praxishinweis 1/2017 beide Sichtweisen dar, ohne sich jedoch eindeutig zu positionieren.[160]

131

Nach der hier verfolgten Auffassung ist bei der Beurteilung der Industrie- bzw. Wirtschaftszweigzugehörigkeit auf die NACE-Einordnungssystematik respektive den – bei mehreren und integrierten Tätigkeiten – ggf. nach der Top-down-Methode zugeteilten NACE-Code abzustellen.[161] Nebentätigkeiten in einem der erfassten Industriezweige sind insofern unbeachtlich. Maßgeblich für die Zuordnung eines NACE-Codes zu einer Einheit ist dabei deren Hauptwirtschaftstätigkeit, wobei unter der Haupttätigkeit jene zu verstehen ist, die den größten Beitrag zur Wertschöpfung dieser Einheit leistet.[162] Sofern Tätigkeiten einer Einheit mehr als einer NACE-Klasse zuzurechnen sind und keine der Tätigkeiten mehr als 50 % der Wertschöpfung ausmacht (in diesen Fällen ist die Hauptwirtschaftstätigkeit eindeutig identifizierbar), ist die Einheit gem. einer Top-down-Methode[163] einzuordnen.[164]

Auslösend für die Berichtspflicht ist nicht der Ort der Tätigkeitserbringung, sondern der Ort des Sitzes der Ges., die die Tätigkeit ausübt. Dieser muss in Deutschland sein.[165]

---

157 Vgl. Verordnung (EG) Nr. 1893/2006, EU-Amtsblatt 2006, L 393/7.
158 So die in der Literatur vertretene Auffassung, z. B. *Bischoff/Kreipl/Müller*, WPg 2016, S. 288 ff.
159 So Bundesamt für Justiz (zitiert nach IDW Praxishinweis 1/2017, Tz. 23).
160 Vgl. IDW Praxishinweis 1/2017, Tz. 23 und Tz. 31.
161 Vgl. *Bischoff/Kreipl/Müller*, WPg 2016, S. 288 ff.
162 Vgl. dazu und im Folgenden *Eurostat* (Hrsg.), NACE Revision 2: Statistische Systematik der Wirtschaftszweige in der Europäischen Gemeinschaft, http://www.bundesbank.de/Redaktion/DE/Downloads/Service/Meldewesen/Bankenstatistik/Kundensystematik/nace_rev_2.pdf?__blob=publicationFile, letzter Abruf am 3.8.2017, S. 27 ff.
163 Vgl. dazu *Eurostat* (Hrsg.), NACE Revision 2: Statistische Systematik oder Wirtschaftszweige in der Europäischen Gemeinschaft, http://www.bundesbank.de/Redaktion/DE/Downloads/Service/Meldewesen/Bankenstatistik/Kundensystematik/nace_rev_2.pdf?__blob=publicationFile, letzter Abruf am 3.8.2017, S. 28 ff.
164 Vgl. für Beispiele *Bischoff/Kreipl/Müller*, WPg 2016, S. 290 und *Kreipl*, KOR 2016, S. 300.
165 Vgl. *Zwirner/Busch*, BC 2016, S. 504.

7.2.2 Größenklassenzugehörigkeit

132 Der Anwendungsbereich der länderbezogenen Berichterstattung erfasst gem. § 341q HGB zunächst alle **großen KapG** und **ihnen gleichgestellte PersG**. Da Art. 75 Abs. 2 EGHGB die Anwendung des § 267 HGB bereits erstmals auf Jahresabschlüsse und Konzernabschlüsse für das nach dem 31.12.2013 beginnende Gj gestattet, ist hierbei für die Gj 2015 bis 2016 ggf. bereits auf die erhöhten Schwellenwerte des § 267 HGB (§ 267 Rz 10ff.) abzustellen. Zu beachten ist in diesem Kontext, dass die vorzeitige Anwendung der geänderten §§ 267, 267a Abs. 1, § 277 Abs. 1 sowie § 293 HGB für das nach dem 31.12.2013 beginnende Gj nach Art. 75 Abs. 2 EGHGB bedingt, dass diese insgesamt angewendet werden.

7.2.3 Unternehmen von öffentlichem Interesse

133 § 341q HGB sieht vor, dass die Pflicht zur Erstellung eines Zahlungsberichts auch für KapG aus der mineralgewinnenden Industrie und des Holzeinschlags in Primärwäldern greift, wenn diese gem. den Schwellenwerten der Größenklasse der kleinen oder mittelgroßen Kapitalgesellschaften zuzuordnen sind, jedoch die für große KapG vorgesehenen Vorschriften anzuwenden haben. Dies trifft neben kapitalmarktorientierten Unt/Konzernen i.S.d. § 264d HGB auf Kredit- und Finanzdienstleistungsinstitute sowie VersicherungsUnt und Pensionsfonds zu, die nach § 340a Abs. 1 HGB und § 341a Abs. 1 HGB die für große KapG geltenden Vorschriften anzuwenden haben.

7.2.4 Befreiung von der Zahlungsberichterstattung

134 Gem. § 341s Abs. 2 HGB entfällt die Erstellungspflicht, sofern eine **Einbeziehung in einen Konzernzahlungsbericht** unter den Rechtsvorschriften eines Mitgliedstaats erfolgt. In diesem Fall hat die KapG im Anhang jedoch anzugeben, bei welchem Unternehmen sie einbezogen ist und wo dieser erhältlich ist. Gleiches gilt nach § 341s Abs. 3 HGB bei der Erstellung und Offenlegung eines äquivalenten Berichts im Einklang mit den Rechtsvorschriften eines Drittstaats, dessen Berichtspflichten die Europäische Kommission als gleichwertig bewertet hat. Von einer erheblichen Erleichterung kann indes bei einer Befreiung infolge der Einbeziehung in den Zahlungsbericht eines anderen Unt nicht ausgegangen werden. Der Hauptaufwand resultiert aus der Datengewinnung und -verarbeitung. Dieser fällt insofern weiterhin an, als die entsprechenden Informationen zwecks Übermittlung an das berichtende KonzernUnt ermittelt, aggregiert und aufbereitet werden müssen. Letztlich entfällt lediglich die gesonderte Offenlegung.

7.2.5 Konzernzahlungsberichterstattung

7.2.5.1 Bei Industriezugehörigkeit des Mutterunternehmens

135 Nach § 341v Abs. 1 Satz 1 HGB i.V.m. § 341q HGB haben **MU mit Sitz im Inland** aus der mineralgewinnenden Industrie und der Industrie des Abbaus von Holz in Primärwäldern jährlich einen Konzernzahlungsbericht zu erstellen.

Die Pflicht zur Konzernzahlungsberichterstattung ist dabei mit der Pflicht zur Aufstellung eines Konzernabschlusses verknüpft. Insofern ist auf die Beherrschungskriterien des § 290 HGB abzustellen (§ 290 Rz 27 ff.).

Gem. § 341v Abs. 2 HGB werden MU jedoch bei **Einbeziehung in einen übergeordneten** Zahlungsbericht eines anderen MU mit Sitz in einem Mitgliedstaat der EU oder in einem anderen Vertragsstaat des Abkommens über den Europäischen Wirtschaftsraum von der Erstellung eines Konzernzahlungsberichts befreit. 136

7.2.5.2 Bei Industriezugehörigkeit eines Tochterunternehmens

Die Pflicht zur Erstellung eines Konzernzahlungsberichts durch ein MU gem. § 341v Abs. 1 Satz 1 HGB liegt nach § 341v Abs. 1 Satz 2 HGB auch bereits dann vor, wenn nur **ein TU** in der mineralgewinnenden Industrie oder im Holzeinschlag in Primärwäldern tätig ist. Mitunter ist eine Änderung der Beteiligungsstruktur zu prüfen, d.h. eine Einbeziehung lediglich als Gemeinschafts- oder assoziierte/s Unt zwecks Vermeidung einer Zahlungsberichterstattungspflicht. Dies ist insb. zu empfehlen, sofern nur ein oder zumindest nur sehr wenige TU die Pflicht zur länderbezogenen Berichterstattung auslöst/auslösen. 137

7.3 Zahlungsbericht

7.3.1 Grundlegendes

Berichtspflichtige KapG oder ihnen gleichgestellte KapCoGes haben gem. § 341t Abs. 1 Satz 1 HGB im Zahlungsbericht **sämtliche Zahlungen an staatliche Stellen** im Zusammenhang mit der Geschäftstätigkeit in der mineralgewinnenden Industrie oder mit dem Betrieb des Holzeinschlags in Primärwäldern anzugeben, die im Berichtszeitraum getätigt wurden. Im Umkehrschluss werden andere Zahlungen von einer Integration in einen anzufertigenden Zahlungsbericht ausgeschlossen. Eine freiwillige Erweiterung ist insofern unzulässig. 138

7.3.2 Zu erfassende staatliche Stellen

Unter **staatlichen Stellen i.S.d. Vorschriften** zum (Konzern-)Zahlungsbericht sind nach § 341r Abs. 4 HGB nationale, regionale oder lokale Behörden eines Mitgliedstaats, eines anderen Vertragsstaats des Abkommens über den Europäischen Wirtschaftsraum oder eines Drittlands zu verstehen. Ferner sind von diesen Behörden kontrollierte Abteilungen oder Agenturen bzw. von diesen kontrollierte Unt unter staatliche Stellen zu subsummieren. Maßgeblich für die Beurteilung einer möglichen Kontrolle ist dabei das Kriterium des beherrschenden Einflusses i.S.v. § 290 HGB (§ 290 Rz 27 ff.). 139

Das Nachvollziehen von **Beherrschungszusammenhängen zwischen Behörden** und von diesen kontrollierten Abteilungen oder Agenturen bzw. von diesen kontrollierten Unt dürfte in der Praxis – insb. in Drittländern – grundsätzlich zu erheblichen Problemen führen. Die Verknüpfung mit § 290 HGB zwecks Beurteilung einer etwaigen Beherrschung durch eine staatliche Stelle mutet dabei nur auf den ersten Blick als logische Vereinfachung an. Bei näherer Betrachtung entpuppt sich dieses Vorgehen als höchst problematisch bzw. als weitere Verschärfung der Beherrschungseinschätzung. Auf Angaben lokaler Behörden oder 140 aus Jahresabschlüssen zu Beherrschungsverhältnissen kann i.d.R. nicht zurückgegriffen werden, da die lokalen Bilanzierungsvorschriften oft abweichende Kriterien anlegen werden. Insofern ist jede Zahlung respektive jeder Zahlungsempfänger einzeln auf Zuordnung zur Gruppe der staatlichen Stellen i.S.d. § 341r Abs. 4 HGB zu überprüfen. Anders als innerhalb eines Konzerns bestehen gegenüber Behörden, Abteilungen oder Agenturen i.d.R. jedoch keinerlei Auskunftsrechte. Gleiches gilt für Unt, die von Behörden (potenziell) beherrscht werden – insb. außerhalb der EU.

In Konsequenz dürfte die Beurteilung in der Praxis mitunter unmöglich sein. Eine **Befreiungsvorschrift** bei faktisch unmöglicher Beherrschungsermittlung – etwa analog zu jener des § 296 Abs. 1 Nr. 2 HGB – **ist nicht gegeben**. Unklar ist entsprechend, wie zu verfahren ist, wenn für einen Zahlungsempfänger nicht beurteilt werden kann, ob es sich um eine staatliche Stelle i.S.d. § 341r Abs. 4 HGB handelt. U.E. ist im Zweifelsfall eine Aufnahme in den Zahlungsbericht zu empfehlen. Zwar dürfen andere Zahlungen gem. § 341t Abs. 1 Satz 2 HGB nicht in den Zahlungsbericht aufgenommen werden, die mangelnde Regelung/Präzision der handelsrechtlichen Vorschriften wird man berichtenden Unt aber nicht zur Last legen können. Auch ist die Aufnahme möglicherweise nicht umfasster Zahlungen bei Unsicherheit im Vergleich zum Weglassen möglicherweise berichtspflichtiger Zahlungen vor dem Hintergrund von Sanktionen (Rz 153f.) kritisch zu beurteilen.

141 Zumindest betreffend Zahlungen an einen **staatlichen Paymaster als Zwischenempfänger** von Zahlungen für mehrere staatliche Stellen ist mit § 341t Abs. 2 HGB eine Erleichterung vorgesehen. Demnach ist nur über die staatlichen Stellen zu berichten, an die Zahlungen unmittelbar geleistet wurden. Sofern eine staatliche Stelle Zahlungen für mehrere verschiedene staatliche Stellen einzieht, d.h. als Paymaster fungiert, ist nur über diese bzw. über Zahlungen an diese zu berichten.

7.3.3 Berichtspflichtige Zahlungen und Erleichterung

142 Unter Zahlungen an staatliche Stellen sind nach § 341t Abs. 4 Satz 1 HGB geleistete Zahlungen, Zahlungsreihen sowie Sachleistungen im Tätigkeitsbereich der Unt zu verstehen, sofern sich diese auf **100.000 EUR oder mehr** belaufen. Bei regelmäßigen Zahlungen/Raten, d.h. verbundenen Zahlungsreihen, ist gem. § 341t Abs. 4 Satz 2 HGB nF der Gesamtbetrag innerhalb eines Berichtszeitraums relevant. Bei Zahlungen in Gestalt von Sachleistungen besteht nach § 341t Abs. 5 HGB neben der pflichtmäßigen Vorgabe zur **Angabe des Werts der Sachleistungen** ggf. die Notwendigkeit, deren Umfang anzugeben.

Mit § 341t Abs. 4 Satz 3 HGB wird zudem klargestellt, dass nicht nur einzelne Zahlungen oder Zahlungsreihen unter dem Grenzwert, sondern staatliche Stellen gänzlich aus dem Bericht ausgeschlossen werden können, wenn diese im Berichtszeitraum insgesamt weniger als 100.000 EUR von dem berichtspflichtigen Unt erhalten haben. Eine Negativmitteilung i.S.v. „Behörde X in Land Y hat (eine) Zahlung(en) mit einem (Gesamt-)Betrag von weniger als 100.000 EUR erhalten" ist in diesen Fällen nicht erforderlich.

Die größenabhängige Erleichterung befreit in der Praxis i.d.R. nicht von der **laufenden Erfassung sämtlicher Zahlungen**. Dies liegt darin begründet, dass die Ex-ante-Abschätzung der Volumina der Zahlungen nur bei eindeutiger Unterschreitung der Grenzwerte verlässlich möglich ist. Künstliche Aufteilungen oder Zusammenfassungen mit dem Ziel, die Vorgaben zu umgehen, sind dabei gem. § 341t Abs. 6 HGB unzulässig.

Zu den **berichtspflichtigen Zahlungen** zählen gem. § 341r Nr. 3 HGB folgende: 143
- Produktionszahlungsansprüche;
- Steuern auf Erträge, die Produktion oder die Gewinne von KapG; Verbrauchsteuern, Umsatzsteuern, Mehrwertsteuern sowie Lohnsteuern der in KapG beschäftigten Arbeitnehmer sind wie auch vergleichbare Steuern ausgenommen;
- Nutzungsentgelte;
- Dividenden und andere Gewinnausschüttungen aus Gesellschaftsanteilen;
- Unterzeichnungs-, Entdeckungs- und Produktionsboni;
- Lizenz-, Miet- und Zugangsgebühren sowie sonstige Gegenleistungen für Lizenzen oder Konzessionen;
- Zahlungen für die Verbesserung der Infrastruktur.

Mit § 341t Abs. 3 HGB wurde eine begrenzende Conditio betreffend **Dividenden und andere Gewinnausschüttungen aus Gesellschaftsanteilen** ins Handelsrecht implementiert. Es sind nur solche Dividenden oder Gewinnanteile zu berücksichtigen, die anstelle von Produktionsrechten oder Nutzungsentgelten gezahlt wurden oder die nicht unter denselben Bedingungen wie jene an andere Gesellschafter oder Aktionäre mit vergleichbaren Anteilen oder Aktien gleicher Gattung gezahlt wurden. 144

7.3.4 Pflichtangaben und Gliederung

Der Zahlungsbericht ist gem. § 341u Abs. 1 HGB **zunächst nach Staaten** zu gliedern. Je Staat sind dann diejenigen **staatlichen Stellen** zu bezeichnen, an die im Berichtszeitraum Zahlungen geleistet wurden. Im Rahmen der Bezeichnung ist auf eine eindeutige Identifizierbarkeit der staatlichen Stellen zu achten, wobei regelmäßig die amtliche Bezeichnung der staatlichen Stellen ausreichend und nur in Ausnahmefällen auf eine anderslautende Bezeichnung auszuweichen ist. Die amtliche Bezeichnung der staatlichen Stellen ist dann um Angaben zu Ort und Region des Sitzes zu erweitern. 145

Zu den **Pflichtangaben** im Zahlungsbericht zählen gem. § 341u Abs. 2 Nrn. 1–2 HGB folgende:
1. Gesamtbetrag der Zahlungen je staatliche Stelle;
2. Untergliederung der Zahlungen je staatliche Stelle nach der Art der Zahlung bzw. des Sachverhalts (§ 341r Nr. 3 Buchst. a–g HGB).

Sofern Zahlungen an eine staatliche Stelle für mehr als ein **Projekt** getätigt wurden, sind für jedes Projekt nach § 341u Abs. 3 Nrn. 1–3 HGB ergänzend nachfolgend aufgeführte Angaben zu machen. Entsprechend sind die Zahlungen an eine staatliche Stelle dann projektbezogen zu **untergliedern**.[166] 146
1. Eindeutige Bezeichnung des Projekts/der Projekte;
2. Gesamtbetrag der Zahlungen je Projekt;

---

[166] Für eine exemplarische Umsetzung vgl. *Kreipl/Müller*, KoR 2014, S. 552ff.

3. Gesamtbetrag der Zahlungen je Projekt, weiter untergliedert nach der Art der Zahlung bzw. des Sachverhalts (§ 341r Nr. 3 Buchst. a–g HGB).

Auf diese Angaben kann jedoch verzichtet werden, wenn die Zahlungen nicht projektspezifisch sind. Dies ist etwa der Fall, wenn eine staatliche Stelle ein pauschales Nutzungsentgelt für alle Projekte verlangt.

147 Unter einem **Projekt** ist dabei gem. § 341r Nr. 5 Satz 1 Halbs. 1 HGB – unter Beachtung der Voraussetzungen des § 341r Nr. 5 Satz 1 Buchst. a-b HGB – die Zusammenfassung operativer Tätigkeiten zu verstehen, die die Grundlage für Zahlungsverpflichtungen gegenüber einer staatlichen Stelle bilden. Voraussetzung für die Einordnung als Projekt ist gem. § 341r Nr. 5 Satz 1 Buchst. a HGB, dass die Zahlungsverpflichtungen auf einem Vertrag, einer Lizenz, einem Mietvertrag, einer Konzession oder einer ähnlichen rechtlichen Vereinbarung basieren. Gem. § 341r Nr. 5 Satz 1 Buchst. b HGB gilt diese Voraussetzung auch als erfüllt, wenn eine Gesamtheit von operativ und geografisch verbundenen Verträgen, Lizenzen, Mietverträgen oder Konzessionen oder damit verbundenen Vereinbarungen mit einer staatlichen Stelle vorliegt, die im Wesentlichen ähnlichen Bedingungen unterworfen sind.

7.3.5 Negativbericht

148 Die Pflicht zur Erstellung eines jährlichen Zahlungsberichts ist unabhängig vom tatsächlichen Vorliegen etwaiger Zahlungen. Sofern der Anwendungskreis tangiert wird, ist auch dann ein Zahlungsbericht aufzustellen, wenn im Berichtszeitraum keine berichtspflichtigen Zahlungen geleistet wurden. In diesem Fall ist im Zahlungsbericht gem. § 341t Abs. 1 HGB jedoch lediglich anzugeben, dass eine Geschäftstätigkeit in der mineralgewinnenden Industrie ausgeübt oder Holzeinschlag in Primärwäldern betrieben wurde, jedoch keine Zahlungen i. S. d. § 341r Nr. 3 HGB i. V. m. § 341t HGB erfolgten.

7.4 Konzernzahlungsbericht

7.4.1 Einzubeziehende Unternehmen

149 In einen etwaig zu erstellenden Konzernzahlungsbericht sind gem. § 341v Abs. 3 Satz 1 Halbs. 1 HGB das **MU und zunächst alle TU** einzubeziehen, wobei deren Sitz nicht von Bedeutung ist. Allerdings nimmt § 341v Abs. 4 Satz 1 HGB TU jenseits eines der beiden Industriezweige gleichwohl wieder von einer Einbeziehung aus. Auch die Befreiungswirkungen des Konzernabschlusses werden teilweise auf den Konzernzahlungsbericht übertragen. Auf eine Einbeziehung kann verzichtet werden, wenn TU nach § 296 Abs. 1 Nrn. 1–3 HGB nicht in den KonsKreis einbezogen sind, wobei mit Blick auf die übertragende Anwendung des § 296 Abs. 1 Nr. 2 HGB zusätzlich erforderlich ist, dass die für die Erstellung des Konzernzahlungsberichts erforderlichen Angaben ebenfalls nur mit unverhältnismäßig hohen Kosten oder ungebührlichen Verzögerungen zu erhalten sind.[167] Zahlungen an staatliche Stellen von TU mit untergeordneter Bedeutung für den Konzernabschluss, für die gem. § 296 Abs. 2 HGB ein Einbeziehungswahlrecht gilt, sind dagegen einzubeziehen.

---

[167] Vgl. *Zwirner/Busch*, BC 2016, S. 505.

7.4.2 Ausgestaltung/Inhalt

Hinsichtlich der Vorschriften zur Ausgestaltung/zum Inhalt des Konzernzahlungsberichts wird in § 341v Abs. 5 Satz 1 HGB auf die für den Zahlungsbericht geltenden Vorschriften der §§ 341s–u HGB verwiesen. Die Begriffsbestimmungen/Definitionen des § 341r HGB gelten ohnehin sowohl für den Zahlungsbericht als auch den Konzernzahlungsbericht. Auf die Ausführungen in den entsprechenden Kapiteln wird verwiesen. 150

7.5 Prüfung und Offenlegung

Die **Offenlegung** des Zahlungs- oder Konzernzahlungsberichts hat gem. § 341w Abs. 1–2 HGB durch die gesetzlichen Vertreter (bei Konzernzahlungsberichten jene des MU) **spätestens ein Jahr nach dem Abschlussstichtag** mittels elektronischer Einreichung beim Betreiber des BAnz nebst Bekanntmachung zu erfolgen. Die §§ 328 und 329 Abs. 1, 3 und 4 HGB betreffend Form und Inhalt der Unterlagen bei Offenlegung (§ 328 HGB) sowie betreffend die Prüfungs- und Unterrichtungspflichten des Betreibers des BAnz (§ 329 HGB) gelten über einen Verweis in § 341w Abs. 3 HGB analog für (Konzern-)Zahlungsberichte. 151

Eine **Prüfung** des Zahlungsberichts **ist nicht vorgesehen**. 152

7.6 Rechtsfolgen bei Pflichtverletzung

Sanktionen bei Pflichtverletzung im Zusammenhang mit der Aufstellung und Offenlegung eines (Konzern-)Zahlungsberichts werden in den §§ 341x und 341y HGB geregelt. Ein Verstoß gegen Erstellungspflichten im Hinblick auf Inhalt oder Gliederung eines (Konzern-)Zahlungsberichts wird gem. § 341x Abs. 1 HGB als Ordnungswidrigkeit gewertet und kann nach § 341x Abs. 2 HGB mit einer Geldbuße von bis zu 50.000 EUR sanktioniert werden. 153

Offenlegungsverstöße führen gem. § 341y Abs. 1 HGB zur Durchführung eines Ordnungsgeldverfahrens durch das BfJ unter Anwendung der §§ 335 HGB und 335b HGB. Ein Ordnungsgeldverfahren kann sowohl gegen die Mitglieder des vertretungsberechtigten Organs einer KapG i.S.d. § 341q HGB/eines MU i.S.d. § 341v HGB als auch gegen die KapG selbst gerichtet werden. 154

§ 264a Anwendung auf bestimmte offene Handelsgesellschaften und Kommanditgesellschaften

(1) Die Vorschriften des Ersten bis Fünften Unterabschnitts des Zweiten Abschnitts sind auch anzuwenden auf offene Handelsgesellschaften und Kommanditgesellschaften, bei denen nicht wenigstens ein persönlich haftender Gesellschafter
1. eine natürliche Person oder
2. eine offene Handelsgesellschaft, Kommanditgesellschaft oder andere Personengesellschaft mit einer natürlichen Person als persönlich haftendem Gesellschafter

ist oder sich die Verbindung von Gesellschaften in dieser Art fortsetzt.
(2) In den Vorschriften dieses Abschnitts gelten als gesetzliche Vertreter einer offenen Handelsgesellschaft und Kommanditgesellschaft nach Absatz 1 die Mitglieder des vertretungsberechtigten Organs der vertretungsberechtigten Gesellschaften.

PROF. DR. STEFAN MÜLLER

Inhaltsübersicht	Rz
1 Überblick	1–2
2 Tatbestandsmerkmale	3–14
2.1 Personenhandelsgesellschaft	3–5
2.2 Persönlich haftender Gesellschafter	6–12
2.3 Mittelbare Haftung bei mehrstöckigen Gesellschaften	13–14
3 Rechtsfolgen des § 264a HGB	15
4 Gesetzlicher Vertreter gem. § 264a Abs. 2 HGB	16

1 Überblick

1   In § 264a Abs. 1 HGB wird bestimmt, unter welchen Voraussetzungen OHG und KG bez. Aufstellung, Prüfung und Offenlegung ihrer Jahresabschlüsse und ggf. auch ihrer Konzernabschlüsse wie **KapG** behandelt werden. Soweit haftungsbeschränkte **PersG** die Voraussetzungen des § 264b Nrn. 1–3 HGB erfüllen, sind sie von den Pflichten, die aus § 264a Abs. 1 HGB resultieren, befreit. In § 264a Abs. 2 HGB wird festgelegt, dass die Mitglieder des vertretungsberechtigten Organs der vertretungsberechtigten Ges. jeweils als gesetzliche Vertreter der PersG einzustufen sind.

2   Voraussetzung für eine solche Behandlung als KapG nach Abs. 1 ist, dass bei der PersG weder mittelbar noch unmittelbar ein phG eine natürliche Person ist und damit gegenüber den Gläubigern der Ges. unbeschränkt haftet. Betroffen sind damit solche Konstruktionen, bei denen regelmäßig ausnahmslos KapG (im Sonderfall aber auch beispielhaft Stiftungen, eingetragene Genossenschaften oder auch wirtschaftliche Vereine) die Funktion des Vollhafters übernehmen.

Der deutsche Gesetzgeber folgt damit dem Grundsatz, dass infolge der durch die Konstruktion erzielten **Haftungsbeschränkung** zwangsläufig die Stringenz der Publizität ansteigt. Die Bestimmung des § 264a HGB ist eine Folge der schon 1990 von der EU erlassenen GmbH&Co-RL 90/605/EWG. Vor dem Inkrafttreten des § 264a HGB waren haftungsbeschränkte PersG zur Aufstellung, Prüfung und Offenlegung eines Jahresabschlusses und ggf. eines Konzernabschlusses nach den Bestimmungen des PublG verpflichtet, soweit die Größenmerkmale entsprechend § 1 Abs. 1 PublG erfüllt wurden. Das PublG gewährte insb. in Bezug auf die Offenlegung der GuV für PersG einige Erleichterungen, die infolge der Regelungen des § 264a HGB wegfallen. Durch die vollständige Behandlung wie KapG über § 264a HGB sind diese Erleichterungen entfallen. Rechtssystematisch sind die haftungsbeschränkten PersG über § 3 Abs. 1 Nr. 1 PublG aus dem Anwendungsbereich des PublG ausgenommen worden.

2 Tatbestandsmerkmale

2.1 Personenhandelsgesellschaft

Die Qualifizierung als **OHG** bestimmt sich nach § 105 HGB. Danach muss der Zweck der Ges. auf den Betrieb eines Handelsgewerbes unter einer gemeinschaftlichen Firma ausgerichtet sein. Zudem existieren keine Haftungsbeschränkungen von Gesellschaftern gegenüber Gläubigern der Ges. Der Begriff des Handelsgewerbes ist in § 1 Abs. 2 HGB geregelt und erfasst jeden Gewerbebetrieb, der einen in kaufmännischer Weise eingerichteten Geschäftsbetrieb erfordert. Entsprechend § 105 Abs. 2 HGB ist auch dann von einer offenen Handelsgesellschaft auszugehen, wenn der Gesellschaftszweck auf die Verwaltung von eigenem Vermögen beschränkt bzw. ein in kaufmännischer Weise eingerichteter Geschäftsbetrieb nicht erforderlich ist, jedoch die Eintragung der Firma im HR erfolgte. 3

Die Merkmale einer **KG** ergeben sich aus § 161 HGB. Es handelt sich dabei um eine Ges., die ein Handelsgewerbe unter gemeinschaftlicher Firma betreibt. Im Gegensatz zur OHG ist bei einigen Gesellschaftern (= Kommanditisten) die Haftung gegenüber den Gesellschaftsgläubigern auf einen bestimmten, vorher festgeschriebenen Betrag begrenzt, während andere Gesellschafter (= Komplementäre) keinen Haftungsbeschränkungen unterliegen. 4

Eine Anwendung des § 264a Abs. 1 HGB auf PersG, die weder eine OHG noch eine KG sind, darf nicht erfolgen. Zu denken wäre hier bspw. an eine Ges. bürgerlichen Rechts (GbR).[1] 5

2.2 Persönlich haftender Gesellschafter

§ 264a Abs. 1 Nr. 1 HGB verlangt eine natürliche Person als Vollhafter. Die Erfüllung dieses Tatbestandsmerkmals setzt zunächst voraus, dass sich die natürliche Person rechtswirksam als **Vollhafter** an der Ges. beteiligt hat. Davon kann ausgegangen werden, wenn die Gesellschaftsbeteiligung zum einen auf den Namen und zum anderen auf Rechnung der natürlichen Person gehalten wird. 6

---

1 Vgl. *Zimmer/Eckholt*, NJW 2000, S. 1363; *Patt*, DStZ 2000, S. 77.

Dadurch sollen Konstellationen der Beteiligung für Rechnung einer KapG oder auch treuhänderische Beteiligungen ausgeschlossen werden.

7 Des Weiteren muss die natürliche Person **geschäftsfähig** sein. Dies setzt die Vollendung des 18. Lebensjahres voraus bzw. für den Fall einer beschränkten Geschäftsfähigkeit (Vollendung des 7. Lebensjahres, aber noch keine Vollendung des 18. Lebensjahres) den Vertragsschluss mit dem gesetzlichen Vertreter und die Genehmigung durch das Vormundschaftsgericht.

8 PhG ist die natürliche Person entweder durch Übernahme des Gesellschafterstatus bei einer OHG oder durch Übernahme des Komplementärstatus bei einer KG. **Verlustübernahmen** aufgrund rein schuldrechtlicher Vereinbarungen oder auch aufgrund von Bürgschaftsübernahmen können die gesellschaftsrechtliche Vollhafterstellung nicht kompensieren. Fraglich ist bislang, ob die **Aufnahme eines Vollhafters**, die faktisch die Haftungsbasis über das Gesellschaftskapital hinaus nicht verbreitert, weil die Vollhafterfunktion der natürlichen Person z. B. aufgrund vorliegender Mittellosigkeit gar nicht ausgefüllt werden kann, auch zu einer Vermeidung von Offenlegungspflichten analog der Vorschriften für KapG führt. Unter Rückgriff auf die Rechtsprechung des BGH[2] wird in Teilen des Schrifttums[3] die Auffassung vertreten, dass § 264a HGB nicht an eine angemessene Finanzausstattung des persönlich haftenden Gesellschafters anknüpft, sodass wohl lediglich eine vorsätzliche sittenwidrige Schädigung i. S. d. § 826 BGB beanstandet werden könnte.[4]

9 Die Frage der **Staatsangehörigkeit** der natürlichen Person ist unerheblich. Eine konkrete Tätigkeit des persönlich haftenden Gesellschafters für die PersG ist nicht erforderlich. Entsprechend den Vorschriften des § 115 Abs. 1 HGB und des § 125 Abs. 1 HGB ist es danach durchaus unschädlich, wenn der persönlich haftende Gesellschafter von der **Geschäftsführung** und/oder **Vertretung** der PersG durch eine Regelung im Gesellschaftsvertrag **ausgeschlossen** wird.[5] Es ist lediglich gesellschaftsvertraglich sicherzustellen, dass ein Gesellschafter zur **Geschäftsführung** und **Vertretung berechtigt** ist. Dies kann auch eine juristische Person sein.

10 Bezüglich des Beurteilungszeitpunktes für die Anwendung von § 264a Abs. 1 Nr. 1 HGB ist nach herrschender Meinung der Bilanzstichtag maßgeblich. Nach Mindermeinung wird als maßgeblicher Zeitpunkt sogar der Tag der Aufstellung des Jahresabschlusses angesehen.[6] Auch bei Anwendung des Bilanzstichtags als maßgeblicher Beurteilungszeitpunkt bleibt festzuhalten, dass die **Offenlegungspflicht** damit auch für Zeiträume vor dem Eintritt der natürlichen Person als phG entfallen kann. Diese Auffassung geht auf eine Entscheidung des Landgerichts Osnabrück vom 1.7.2005[7] zurück. Danach führt die Aufnahme einer natürlichen Person als Vollhafter dazu, dass auch Abschlüsse zu Stichtagen vor der **Aufnahme** des natürlichen **Vollhafters** nicht mehr offenzulegen sind.

---

2 Vgl. BGH, Urteil v. 14.1.1985, II ZR 103/84, BGHZ 93, S. 250.
3 Vgl. *Thiele/Sickmann*, in Baetge/Kirsch/Thiele, Bilanzrecht, § 264a HGB Rz 62, Stand 9/2007.
4 Vgl. *Herrmann*, WPg 2001, S. 273.
5 Vgl. BGH, Urteil v. 27.6.1955, II ZR 232/54, BGHZ 17, S. 393; BGH, Urteil v. 9.12.1968, II ZR 33/67, BGHZ 51, S. 201.
6 Vgl. *Reiner*, in MünchKomm. HGB, 3. Aufl., § 264a–c Rn 7.
7 Vgl. LG Osnabrück, Urteil v. 1.7.2005, 15 T 6/05, BB 2005, S. 2461.

Aufgrund des Urteils des Landgerichts hat das IDW Tz 5 seiner einschlägigen Stellungnahme ergänzt.[8] Erfolgt der Eintritt einer natürlichen Person als phG erst nach dem Abschlussstichtag, entfällt die Pflicht zur Anwendung der Regeln für KapG gem. § 264 HGB bis § 330 HGB sowohl mit Wirkung für die Zukunft als auch mit Wirkung für die Vergangenheit. Es besteht vom Zeitpunkt des **Eintritts** einer natürlichen Person als **Vollhafter** nicht mehr das Bedürfnis, die strengeren für KapG geltenden Vorschriften anzuwenden. Die Wirkung auch mit Bezug auf die Vergangenheit ist nach der Urteilsbegründung des Landgerichts deshalb geboten, weil der Eintretende gem. §§ 161 Abs. 2, 130 Abs. 1 HGB ab dem Eintrittszeitpunkt auch für alle bereits entstandenen Verbindlichkeiten persönlich unbeschränkt haftet. Insoweit bedürfen die Gläubiger der Ges. weder eines vergangenheits- noch eines zukunftsbezogenen erweiterten Schutzes durch die **Offenlegung von Jahresabschlüssen** der Ges.[9] Für die gestaltende Praxis ist von Interesse, dass bei dem zugrunde liegenden Urteilsfall die **Registereintragung** des Gesellschaftereintritts erst zeitlich nach dem Erlass der Verfügung vollzogen wurde, mithin zu einem Zeitpunkt, in dem sich das Unternehmen bereits im Anordnungsverfahren wegen der Verletzung von Offenlegungspflichten befand. Für die Praxis kann damit davon ausgegangen werden, dass ein offenlegungsbefreiender **Gesellschaftereintritt** zu jedem Zeitpunkt des **Justizverwaltungsverfahrens**, d.h. auch nach Erlass der Verwaltungsverfügung durch das Bundesamt für Justiz, wirksam vollzogen werden kann. Es besteht bei einer pflichtwidrigen Verletzung der Offenlegungspflicht damit für die PersG das Wahlrecht, der Aufforderung durch das Bundesamt für Justiz nachzukommen oder bis zum rechtskräftigen Abschluss des Verfahrens von der befreienden Wirkung einer natürlichen Person als Vollhafter Gebrauch zu machen. Nach Literaturauffassung[10] bezieht sich der rückwirkende Wegfall nicht nur auf Offenlegungspflichten (gewissermaßen als Einzelpflicht aus dem Katalog der §§ 264 ff. HGB), sondern auch auf die Vorschriften zur Aufstellung und Prüfung des Jahresabschlusses. Allerdings kann die Wirksamkeit eines festgesetzten Ordnungsgeldes durch den erfolgten Eintritt eines phG erst nach Ablauf der festgesetzten Nachfrist nicht verhindert werden.[11]

Tritt der persönlich haftende Gesellschafter nach dem Bilanzstichtag (als relevanter Beurteilungszeitpunkt) wieder aus der Ges. aus, so kommt es nicht zu einer rückwirkenden Anwendung von § 264a Abs. 1 HGB.[12]

Diese Modalitäten zum Beurteilungszeitpunkt für den Ein- und Austritt legen die Frage nahe, ob z.B. ein wiederholter Eintritt in die Ges. unmittelbar vor dem Bilanzstichtag in Verbindung mit einem wiederholten Austritt unmittelbar nach dem Bilanzstichtag die Regelungsnorm unterlaufen kann. Im Schrifttum[13] geht man dann von einer Sanktionsmöglichkeit aus, wenn die Aufnahme des persönlich haftenden Gesellschafters erkennbar erfolgte, um das Gesetz zu unterlaufen, mithin Vorsatz unterstellt werden kann. Davon ist bei einer Konstellation wie vorstehend geschildert auszugehen.

11

---

8 Vgl. IDW RS HFA 7, WPg 2008, S. 797.
9 Vgl. *Kanitz*, WPg 2008, S. 1062.
10 Vgl. *Kanitz*, WPg 2008, S. 1063.
11 Vgl. LG Bonn, Urteil v. 13.11.2009, 30 T 1279/09, BB 2010, S. 304; GRASHOFF, BB 2010, S. 306.
12 Vgl. *Bitter/Grashoff*, DB 2000, S. 838.
13 Vgl. *Waßmer*, GmbHR 2002, S. 419.

12 Der Eintritt muss zum Beurteilungszeitpunkt gegenüber Dritten wirksam vollzogen worden sein. Der wirksame Eintritt ist zum einen gegeben, wenn eine entsprechende **Eintragung im HR** erfolgt ist, und zum anderen dann, wenn die Ges. mit Zustimmung des eingetretenen Gesellschafters ihre Geschäfte fortsetzt. Eine HR-Eintragung ist in diesem Fall entbehrlich, weil sie keinen konstitutiven, sondern lediglich einen deklaratorischen Charakter besitzt.

Erfolgt keine Eintragung des phG im HR, so entsteht für den Fall eines späteren Ausscheidens eine zeitlich unbegrenzte Haftung für die Verbindlichkeiten der Ges. Die im Regelfall geltende **Nachhaftungsfrist** von fünf Jahren gem. § 160 Abs. 1 HGB kommt bei einer solchen Konstellation nicht in Betracht, weil sie an die Eintragung des Ausscheidungszeitpunkts geknüpft ist.[14]

2.3 Mittelbare Haftung bei mehrstöckigen Gesellschaften

13 § 264a Abs. 1 Nr. 2 HGB erweitert die Haftung über eine direkte Beteiligung einer natürlichen Person auch auf Beteiligungsstrukturen, die durch die **indirekte Beteiligung** einer oder mehrerer Ges. gekennzeichnet sind. Diese Zwischengesellschaften müssen in der Rechtsform der PersG (also i.d.R. einer OHG oder KG, aber auch der EWIV, der GbR[15] oder der Partnerschaftsgesellschaft) geführt werden und ebenfalls phG sein bzw. als phG wiederum eine zwischengeschaltete Ges. aufweisen, die eine natürliche Person als phG hat.

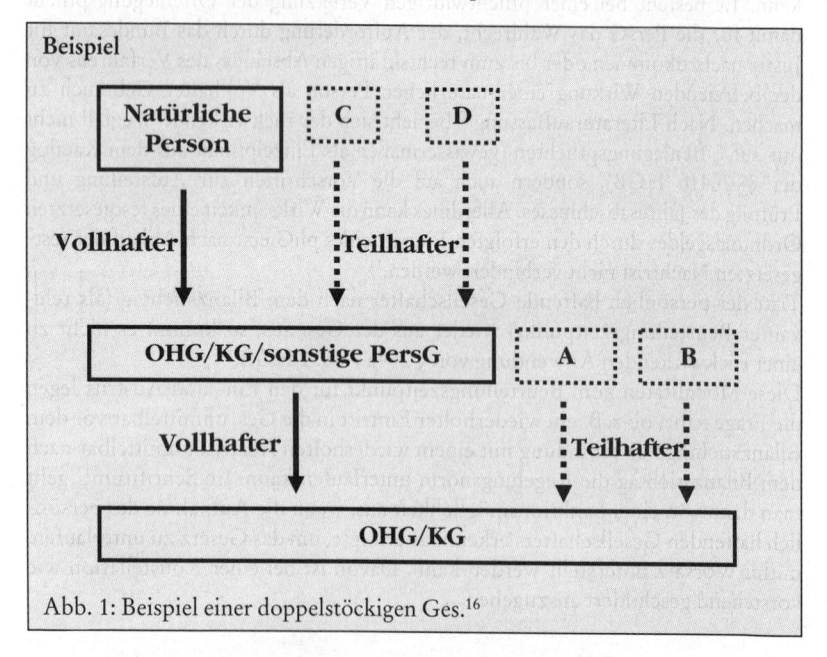

Beispiel

```
    ┌──────────────┐       ┌╌╌╌┐  ┌╌╌╌┐
    │  Natürliche  │       ╎ C ╎  ╎ D ╎
    │   Person     │       └╌╌╌┘  └╌╌╌┘
    └──────┬───────┘           ╎      ╎
           │                   ╎      ╎
      Vollhafter            Teilhafter
           │                   ╎      ╎
           ▼                   ▼      ▼
    ┌────────────────────────┐    ┌╌╌╌┐  ┌╌╌╌┐
    │ OHG/KG/sonstige PersG  │    ╎ A ╎  ╎ B ╎
    └──────┬─────────────────┘    └╌╌╌┘  └╌╌╌┘
           │                        ╎      ╎
      Vollhafter                Teilhafter
           │                        ╎      ╎
           ▼                        ▼      ▼
    ┌────────────────────────────────────────┐
    │              OHG/KG                    │
    └────────────────────────────────────────┘
```

Abb. 1: Beispiel einer doppelstöckigen Ges.[16]

---

[14] Vgl. *Kanitz*, WPg 2003, S. 324.
[15] Die Möglichkeit, dass auch eine GbR Gesellschafter einer PersG sein kann, wurde schlussendlich zumindest für den Fall der Kommanditistenstellung bei einer Kommanditgesellschaft durch den BGH in seiner Entscheidung vom 16.7.2001 (II-ZB 23/00) bestätigt.
[16] Vgl. *Schmidt/Usinger*, in Beck Bil-Komm., 10. Aufl., 2016, § 264a HGB, Rz 39.

Insoweit ist insb. bei **mehrstöckigen Gesellschaftskonstellationen** unter dem Gesichtspunkt der Befreiung von den Vorschriften der §§ 264 ff. HGB darauf zu achten, dass an einer beliebigen Stelle der **Beteiligungskette** eine natürliche Person bzw. eine PersG mit natürlicher Person als Vollhafter existiert und somit zumindest der Tatbestand der **mittelbaren Vollhaftung** erfüllt werden kann. Eine Beschränkung der Rechtsform der **Zwischengesellschaft** lediglich auf deutsche Rechtsformen ist nicht zulässig. Damit dürfen auch ausländische Rechtsformen als Zwischengesellschaft fungieren, wenn eine Übereinstimmung bzw. Annäherung zum Rechtscharakter der PersG nach deutschem Recht festgestellt werden kann. Entscheidendes Beurteilungskriterium zur Ableitung der Rechtsfolge aus § 264a HGB ist die Frage, ob am Ende einer theoretisch beliebig langen Beteiligungskette die Funktion des phG durch eine natürliche Person ausgefüllt wird oder nicht. Auch bei der Beurteilung ausländischer Rechtsformen ist letztendlich die **Durchgriffshaftung** auf das Vermögen einer natürlichen Person entscheidend. Die Auffassung, dass auf jeder Ebene der vertikalen Beteiligungskette eine natürliche Person als Vollhafter existent sein muss[17], würde der Zielsetzung der Regelung zuwiderlaufen.[18]

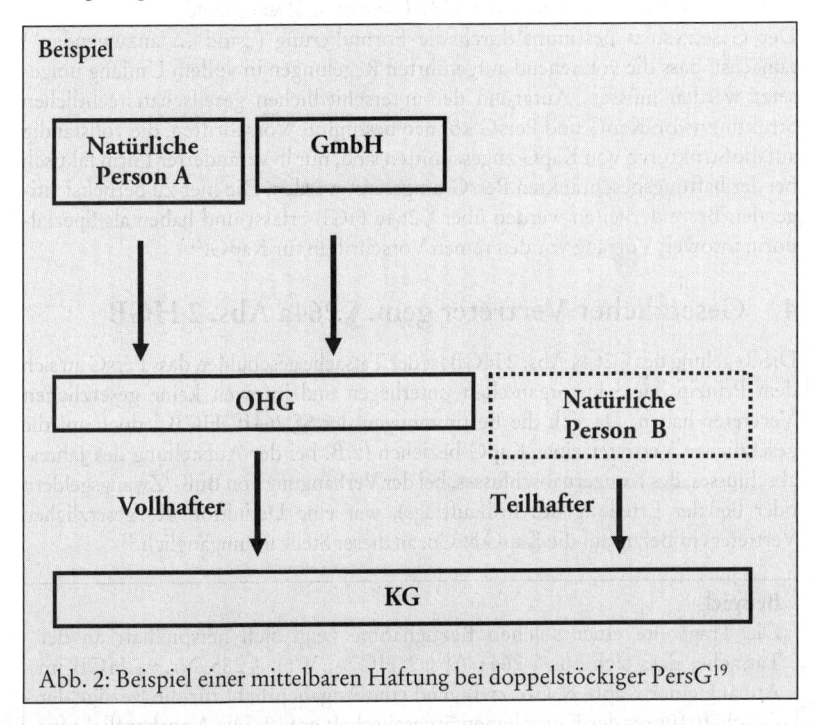

Beispiel

Abb. 2: Beispiel einer mittelbaren Haftung bei doppelstöckiger PersG[19]

Die Forderung nach einer PersG in § 264a Abs. 1 Nr. 2 HGB ist eng und im Zusammenspiel mit dem **Haftungsdurchgriff** auf eine natürliche Person auszulegen. Insoweit führt denn auch die Übernahme der Funktion des phG durch

14

---

17 Vgl. *Luttermann*, ZIP 2000, S. 519.
18 Vgl. *Thiele/Sickmann*, in *Baetge/Kirsch/Thiele*, Bilanzrecht, § 264a HGB Rz 71, Stand 9/2007.
19 Vgl. *Thiele/Sickmann*, in *Baetge/Kirsch/Thiele*, Bilanzrecht, § 264a HGB Rz 71, Stand 9/2007.

eine KGaA zur Ableitung der Rechtsfolge des § 264a HGB. Der phG der KGaA ist nach dem gesetzlichen Idealbild zwar eine natürliche Person, doch die Ges. selbst gehört zu den KapG. Unter Bezugnahme auf die gesellschaftsrechtliche Praxis ist darauf hinzuweisen, dass der phG einer KGaA nahezu immer eine haftungsbeschränkte Ges., im Regelfall eine GmbH & Co ist.

3 Rechtsfolgen des § 264a HGB

15 Sind die Tatbestandsmerkmale des § 264a HGB erfüllt, so liegt eine sog. haftungsbeschränkte PersG vor, die neben den allgemeinen Vorschriften der §§ 238–263 HGB folgende Spezialvorschriften zu beachten hat:[20]

- §§ 264–289f HGB: Jahresabschluss der KapG und Lagebericht
- §§ 290–315e HGB: Konzernabschluss und Konzernlagebericht
- §§ 316–324a HGB: Prüfung
- §§ 325–329 HGB: Offenlegung
- § 330 HGB: Verordnungsermächtigungen für Formblätter und andere Vorschriften
- §§ 331–335b HGB: Straf-/Bußgeldvorschriften, Zwangsgelder

Der Gesetzestext bestimmt durch die Formulierung („sind ... anzuwenden") zunächst, dass die vorstehend aufgeführten Regelungen in vollem Umfang umgesetzt werden müssen. Aufgrund der unterschiedlichen gesellschaftsrechtlichen Strukturen von KapG und PersG können bestimmte Vorschriften, die vollständig auf die Strukturen von KapG zugeschnitten sind, nur in veränderter Form faktisch bei der haftungsbeschränkten PersG umgesetzt werden. Die hier zu berücksichtigenden Besonderheiten werden über § 264c HGB erfasst und haben als Spezialnorm insoweit Vorrang vor den reinen Vorschriften für KapG.[21]

4 Gesetzlicher Vertreter gem. § 264a Abs. 2 HGB

16 Die Regelung des § 264a Abs. 2 HGB ist der Tatsache geschuldet, dass PersG an sich dem Prinzip der Selbstorganschaft unterliegen und insoweit keine **gesetzlichen Vertreter** haben. Da sich die Bestimmungen der §§ 264ff. HGB jedoch auf die gesetzlichen Vertreter einer KapG beziehen (z.B. bei der Aufstellung des Jahresabschlusses, des Konzernabschlusses, bei der Verhängung von Buß-/Zwangsgeldern oder bei der Erteilung des Prüfauftrags), war eine Definition des gesetzlichen Vertreters in Bezug auf die KapG & Co. an dieser Stelle unumgänglich.[22]

> **Beispiel**
> Die Tragweite einer solchen Bezugnahme zeigt sich beispielhaft an der Tatsache, dass sich aus § 264a Abs. 2 HGB i.V.m. § 285 Nr. 9a HGB im Anhang einer KapG & Co. zwingend eine Angabepflicht für die Bezüge der Geschäftsführer der Komplementärgesellschaft ergibt. Die Angabepflicht für die Geschäftsführergehälter ist unabhängig davon, ob die Bezüge dem Geschäftsführer von der Komplementär-GmbH oder der KG gewährt werden.

---

20 Vgl. *Strobel*, DB 2000, S. 56.
21 Vgl. *Thiele/Sickmann*, in *Baetge/Kirsch/Thiele*, Bilanzrecht, § 264a HGB, Rz 82, Stand 9/2007.
22 Vgl. BilMoG-BegrRegE, BT-Drs. 14/1806 S. 18.

Die Aufstellung des Jahresabschlusses ist bei PersG i.S.d. § 264a HGB pflichtgemäß durch den phG vorzunehmen. Bei einer KapG & Co. kann das damit nicht der phG (z.B. eine GmbH oder eine AG) unmittelbar sein, sondern die Mitglieder des jeweils **vertretungsberechtigten Organs**, d.h. die Mitglieder des Vorstands bei einer AG (vgl. § 78 AktG) oder die bzw. der Geschäftsführer bei einer GmbH (vgl. § 35 GmbHG). Besteht das vertretungsberechtigte Organ nicht nur aus einem, sondern aus mehreren Mitgliedern, so sind grds. sämtliche Mitglieder dieses Organs vertretungsberechtigt. Diesen Personenkreis trifft letztendlich auch die Pflicht, die Anwendung der ergänzenden Vorschriften für KapG sicherzustellen. Liegt eine **Beteiligungskette** vor, bei der der vertretungsberechtigte Gesellschafter wiederum aus einer PersG besteht, so verlagert sich die vorstehend genannte Verpflichtung auf die jeweils nächste Stufe, bis ein vertretungsberechtigtes Organ eines phG festgestellt werden kann.

§ 264b Befreiung der offenen Handelsgesellschaften und Kommanditgesellschaften i. S. d. § 264a von der Anwendung der Vorschriften dieses Abschnitts

Eine Personenhandelsgesellschaft i. S. d. § 264a Absatz 1 ist von der Verpflichtung befreit, einen Jahresabschluss und einen Lagebericht nach den Vorschriften dieses Abschnitts aufzustellen, prüfen zu lassen und offenzulegen, wenn alle folgenden Voraussetzungen erfüllt sind:
1. die betreffende Gesellschaft ist einbezogen in den Konzernabschluss und in den Konzernlagebericht
   a) eines persönlich haftenden Gesellschafters der betreffenden Gesellschaft oder
   b) eines Mutterunternehmens mit Sitz in einem Mitgliedstaat der Europäischen Union oder einem anderen Vertragsstaat des Abkommens über den Europäischen Wirtschaftsraum, wenn in diesen Konzernabschluss eine größere Gesamtheit von Unternehmen einbezogen ist;
2. die in § 264 Absatz 3 Satz 1 Nummer 3 genannte Voraussetzung ist erfüllt;
3. die Befreiung der Personenhandelsgesellschaft ist im Anhang des Konzernabschlusses angegeben und
4. für die Personenhandelsgesellschaft sind der Konzernabschluss, der Konzernlagebericht und der Bestätigungsvermerk nach § 325 Absatz 1 bis 1b offengelegt worden; § 264 Absatz 3 Satz 2 und 3 ist entsprechend anzuwenden.

Prof. Dr. Stefan Müller

Inhaltsübersicht	Rz
1 Überblick	1–2
2 Tatbestandsmerkmale	3–25
2.1 Konzernabschluss eines persönlich haftenden Gesellschafters (Nr. 1a)	3–14
2.1.1 Auslegung	3–7
2.1.2 Ausweis des Anteils anderer Gesellschafter	8–10
2.1.3 Befreiende Wirkung eines Konzernabschlusses von Nichtmutterunternehmen	11–12
2.1.4 Erweiterte Angabepflichten	13–14
2.2 Einbeziehung in einen Konzernabschluss eines Mutterunternehmens (Nr. 1b)	15–18
2.3 Ordnungsmäßigkeit des Konzernabschlusses i. S. v. § 264b Nr. 2 HGB	19–23
2.4 Angabe der Befreiung im Konzernanhang	24
2.5 Offenlegung des Konzernabschlusses, Konzernlagebericht und Bestätigungsvermerk	25

1 Überblick

In § 264b HGB werden die Voraussetzungen genannt, unter denen TU und ggf. auch MU in der Rechtsform einer **PersG** i.S.d. § 264a Abs. 1 HGB durch Integration in einen Konzernabschluss (sog. befreiender Konzernabschluss) die ergänzenden Vorschriften zur Rechnungslegung für KapG nicht berücksichtigen müssen.

Die Bestimmung des § 264b HGB ist gewissermaßen eine Sondervorschrift zu § 264 Abs. 3 HGB für KapG & Co. Auch hier werden die Voraussetzungen genannt, unter denen die Anwendung der ergänzenden Vorschriften für KapG hinsichtlich **Aufstellung, Prüfung** und **Offenlegung** des **Jahresabschluss** und **Lagebericht** entbehrlich sind.[1] Allerdings kommt es nicht zu einer kompletten Übernahme der Regelung für KapG. Mit dem BilRUG ist § 264b HGB für Gj, die nach dem 31.12.2015 beginnen, neu gefasst worden. Weiterhin ist im Unterschied zu § 264 Abs. 3 HGB eine Selbstbefreiung unter bestimmten Bedingungen möglich.

Für die Erleichterung sind zusätzliche Anforderungen erforderlich, weil der Verzicht auf die Erfordernisse der §§ 264 ff. HGB Risiken für die Adressaten der Rechnungslegung mit sich bringt, die auf diese Weise kompensiert werden sollen. Die praktische Bedeutung der Befreiungsregelung hält sich in Bezug auf die Aufstellung und Prüfung des Jahresabschlusses jedoch in Grenzen, da die Einbeziehung in den Konzernabschluss immer eine HB II voraussetzt, in der die Regelungen der §§ 264 ff. HGB regelmäßig zu beachten sind. Deutliche Erleichterungen ergeben sich allerdings in Bezug auf die Offenlegung.

In der Praxis werden die **Befreiungsmöglichkeiten** oftmals nicht insgesamt, sondern lediglich teilweise und dann häufig lediglich unter Ausnutzung der Erleichterungen in Bezug auf die Offenlegung ausgenutzt. Die praktische Bedeutung des § 264b HGB ergibt sich zudem aus der Tatsache, dass für PersG im Gegensatz zu der für KapG geltenden Vorschrift des § 264 Abs. 3 HGB keine Einstandsverpflichtung erforderlich ist, sodass weniger restriktive Voraussetzungen für die Erreichung der Erleichterungen notwendig sind.

Durch die Verpflichtung zum Einklang mit der RL 2013/34/EU muss der einzubeziehende Jahresabschluss der KapCoGes die innerhalb des Konzerns geltenden Ansatz-, Bewertungs- und Ausweisvorschriften berücksichtigen. Damit ist fast zwangsläufig die Berücksichtigung der ergänzenden Vorschriften für KapGes oder der IFRS verbunden.

Die ergänzend in § 264 Abs. 3 HGB aufgeführte Zustimmungspflicht aller Gesellschafter und die **Verlustübernahmeverpflichtung** sind für die Regelung des § 264b HGB nicht erforderlich. In Bezug auf die Zustimmungspflicht aller Gesellschafter bleibt festzuhalten, dass die Gesellschafter einer PersG im Vergleich zu den Gesellschaftern einer KapG nach Einschätzung des BGH[2] ohnehin umfangreichere **Verweigerungsrechte** z.B. im Hinblick auf die Ausübung von ergebnisrelevanten Bilanzierungsentscheidungen oder auch in Bezug auf die Feststellung des Jahresabschlusses haben, womit eine explizite Forderung nach der Zustimmung der Gesellschafter nicht notwendig ist.

---

1 Vgl. *Giese/Rabenhorst/Schindler*, BB 2001, S. 515 f.; *Keller*, StuB 2001, S. 214.
2 Vgl. BGH, Urteil v. 29.3.1996, II ZR 263/94, DB, S. 926.

Die nach § 264 Abs. 3 Nr. 2 HGB geforderte **Erklärung zur Einstandspflicht** des MU (§ 264 Rz 110) ist deshalb entbehrlich, weil der phG einer PersG ohnehin persönlich vollumfänglich haftet.

Der Passus „ist von der Verpflichtung befreit" darf nach Literatureinschätzung[3] nicht als Wahlrechtsverbot ausgelegt werden, d. h., die PersG hat auch weiterhin die Möglichkeit, freiwillig nach den Vorschriften der §§ 264 ff. HGB Rechnung zu legen, wobei sogar eine teilweise Nutzung der Erleichterungen möglich ist (§ 264 Rz 120).[4] Werden die Erleichterungen nach § 264b HGB wahrgenommen, so bleibt es selbstverständlich bei der Verpflichtung, gleichwohl einen Abschluss entsprechend der für alle Kfl. geltenden Vorschriften der §§ 238–263 HGB aufzustellen.

2 Eine KapCoGes kann auch dann mit befreiender Folge in einen **Konzernabschluss** einbezogen werden, wenn sich der einzubeziehende Jahresabschluss lediglich auf ein Rumpfgeschäftsjahr bezieht. Ein derartiger Sachverhalt könnte sich z. B. bei Neugründungen oder auch bei einem unterjährigen Erwerb ergeben.

> **Beispiel**
> Die Befreiung gilt auch, wenn die PersG z. B. im Oktober erworben und im Konzernabschluss ab dem 1.10. enthalten ist. Dies ist insb. deshalb erwähnenswert, weil rein materiell gesehen damit die ersten 9 Monate der GuV letztendlich nicht im Konzernabschluss enthalten sind.

2 Tatbestandsmerkmale

2.1 Konzernabschluss eines persönlich haftenden Gesellschafters (Nr. 1a)

2.1.1 Auslegung

3 Eine Befreiungswirkung tritt ein, wenn der **Konzernabschluss** vom **phG** aufgestellt wird.[5] Durch die Einfügung dieser Alternative wird verdeutlicht, dass der Gesetzgeber nicht automatisch ein Mutter-Tochter-Verhältnis zwischen dem phG und der PersG annimmt. Dies würde, der Organisation einer KapCoGes entsprechend, dem gesetzlichen Normalstatut entsprechen.

> **Beispiel**
> In der Praxis können sich beispielhaft Konstellationen ergeben, bei denen die Weisungs- und Geschäftsführungsrechte per Gesellschaftsvertrag auf die Kommanditisten übergegangen sind. Die Möglichkeit einer Beherrschung nach § 290 Abs. 1 HGB durch den phG wäre in einem solchen Fall ausgeschlossen. Gleiches gilt, wenn die KapCoGes sämtliche Anteile an der Komplementär-KapG hält und damit eine sog. Einheitsgesellschaft entstanden ist.

---

3 Vgl. *Reiner*, in MünchKomm. HGB, 3. Aufl., § 264a–c, Rz 10.
4 Vgl. *Winkeljohann/Deubert*, in Beck Bil-Komm., 10. Aufl., 2016, § 264b HGB, Rz 11.
5 Vgl. *Krietenstein*, WPg 2005, S. 1202.

Besonderheiten, die zu einer Verschiebung des Mutter-Tochter-Verhältnisses führen, können auch dann eintreten, wenn die KapCoGes zwar in den Konzernabschluss des MU einbezogen wird, ansonsten jedoch die weiteren Voraussetzungen des § 264b Nrn. 2, 3 und 4 HGB nicht erfüllt werden. Ein zusätzlich von der Komplementär-GmbH erstellter Konzernabschluss hätte dann ggf. eine entsprechende Befreiungswirkung.

Die Übernahme der Funktion als Muttergesellschaft kann zudem nicht unabhängig von der Prüfung eines wirtschaftlichen Eigeninteresses beurteilt werden. Zu denken ist hier in erster Linie an Sachverhalte, bei denen der **phG** nur geringfügig oder gar nicht am Kapital der KapCoGes **beteiligt** ist. Primäres Ziel des Komplementärs ist damit nicht eine möglichst hohe Partizipation am Gewinn (Ausschüttung oder zumindest Teilhabe an der Wertsteigerung des Unternehmens), sondern lediglich die Erlangung einer Geschäftsführungsvergütung. Für den Fall, dass im Gegenzug eine entsprechend hohe Beteiligung des Kommanditisten vorliegt und damit gleichzeitig das Haftungsrisiko des Komplementärs faktisch ausgeschlossen ist, wird der Kommanditist mit Unternehmereigenschaft als Muttergesellschaft der KapCoGes anzusehen sein.[6]

Eine Pflicht zur Erstellung eines Konzernabschlusses kann sich aus § 264b Nr. 1a HGB nicht ergeben, sondern es handelt sich ausnahmslos um **freiwillig erstellte Konzernabschlüsse**.[7]

Im Gegensatz zu den gesetzlichen Regelungen für KapG verlangt § 264b HGB nicht die Zustimmung aller Gesellschafter. Dies resultiert wohl aus der Annahme, dass der Verbund zwischen den Gesellschaftern ohnehin enger ist, sodass im Gegenzug ein geringeres **Schutzbedürfnis** im Vergleich zur KapG besteht.[8] Zudem haben die Gesellschafter stärkere Mitspracherechte bei der Entscheidung über die Nutzung von Wahlrechten im Rahmen der Aufstellung des Jahresabschlusses. Bezogen auf den Sitz des phG gibt es keine Restriktionen, d. h., es ist nicht nur ein Sitz innerhalb der EU oder dem EWR, sondern auch im sonstigen Ausland denkbar und unschädlich.

Für die Erfüllung der Voraussetzungen ist auch die **Rechtsform** des **phG** variabel. Mithin sind hier auch Genossenschaften, andere PersG, rechtsfähige Vereine, Körperschaften bzw. Anstalten des öffentlichen Rechts oder Stiftungen denkbar. Lediglich natürliche Personen selbst oder PersG mit einer natürlichen Person als Vollhafter scheiden als phG aus, da bei derartigen Konstellationen erst gar keine Verpflichtung i. S. d. § 264a Abs. 1 Nrn. 1, 2 HGB zur umfangreicheren Rechnungslegung analog der Vorschriften für KapG entstehen würde.

Hinsichtlich der anzuwendenden **Konsolidierungsmethode** für den befreienden Konzernabschluss des Vollhafters ist zwingend die VollKons vorgeschrieben. Insoweit entspricht das den Vorschriften zum Konzernabschluss der Muttergesellschaft.

Eine quotale Einbeziehung oder eine Einbeziehung at equity würde schon allein dann zu praktischen Problemen führen, wenn der phG gar nicht am Kapital der PersG beteiligt ist. Somit fehlt es an einer Kapitalbeteiligung als Ausgangspunkt,

---

[6] Vgl. *Küting/Weber/Pilhofer*, WPg 2003, S. 798.
[7] Vgl. BilMoG-BegrRegE, BT-Drs. 14/1806 S. 19.
[8] Vgl. *Giese/Rabenhorst/Schindler*, BB 2001, S. 516.

um überhaupt einen Abschlussposten in den aufzustellenden Konzernabschluss übernehmen zu können.

2.1.2 Ausweis des Anteils anderer Gesellschafter

8   Problematisch im Zusammenhang mit der Konsolidierung ist der Ausweis von **Anteilen der Kommanditisten**. Insbesondere dann, wenn der phG seine primäre Haftungsfunktion durch ein relativ geringes EK wahrnimmt und im Vergleich dazu die Kapitalanteile der Kommanditisten eine wesentlich bedeutendere Rolle einnehmen.[9] Unbestritten ist, dass die Anteile der Kommanditisten in einem Ausgleichsposten entsprechend § 307 HGB auszuweisen sind. Fraglich ist allerdings, ob die **dabei gängige Bezeichnung** „Nicht beherrschende Anteile" oder „Anteile anderer Gesellschafter" den realen Sachverhalt korrekt abbildet. Zum einen sind die **Kommanditisten** häufig gar keine **Minderheitsgesellschafter und** zum anderen sind die Kommanditisten der PersG häufig zugleich auch Gesellschafter des Komplementärs.[10] Das geschilderte Ausweisproblem soll anhand nachfolgenden Beispiels[11] (auch rechnerisch) verdeutlicht werden.

	GmbH	KG	Summen-bilanz	Konsolidierung		Konzern-bilanz
				Soll	Haben	
Anteile an verbundenen Unternehmen	0	0	0			0
Ausleihungen an verbundene Unternehmen	50		50		50	
div. Aktiva		1.000	1.000			1.000
Summe Aktiva	50	1.000	1.050			1.000
Gez. Kapital/Kapitalanteile	50	200	250	200		50
Nicht beherrschende Anteile					200	200
Summe EK	50	200	250			250
Verbindlichkeiten gegenüber Gesellschaftern		50	50	50		
div. Passiva	0	750	750			750
Summe Passiva	50	1.000	1.050			1.000

Tab. 1: KapKons auf das Kapital der Komplementär-GmbH im einstufigen Konzern

---

9   Vgl. *Lüdenbach*, GmbHR 2000, S. 848.
10 Vgl. *Lüdenbach*, GmbHR 2000, S. 848.
11 Vgl. *Pawelzik/Theile*, DStR 2000, S. 2149.

Das Beispiel zeigt, dass die nicht beherrschenden Anteile vollständig aus den Kapitalanteilen der Kommanditisten bestehen. Problematisch an derartigen Konstellationen ist, dass ein externer Bilanzadressat den Sachverhalt nur erschwert deuten kann. Entsprechend der Einheitstheorie werden zwar die Anteilseigner des MU und die Anteilseigner der konsolidierten TU zusammen als Eigenkapitalgeber angesehen, dennoch wird die Eigenkapitalunterposition „Nicht beherrschende Anteile" häufig nicht als vollwertiges EK eingeschätzt. Ein zusätzliches Problem ergibt sich im Anwendungsbereich von § 307 Abs. 2 HGB. So ist in der Konzern-Gewinn- und Verlustrechnung der **Gewinn- oder Verlustanteil**, der auf **nicht beherrschende Anteile** entfällt, gesondert auszuweisen, sodass auch hier eine deutliche Differenzierung fortgeführt wird. In der wissenschaftlichen Diskussion wurde in der Vergangenheit häufiger die Notwendigkeit einer wirtschaftlichen Betrachtungsweise eingebracht. Insbesondere dann, wenn eine **Beteiligungsidentität** zwischen der KG und der GmbH vorliegt, ist es nicht sachgerecht, Anteile „anderer" Gesellschafter bzw. nicht beherrschender Anteile auszuweisen. Die Kommanditisten bestimmen bei einer derartigen Konstellation über ihre Gesellschafterposition beim Komplementär ganz wesentlich auch über die Ausrichtung des Konzerns und müssen daher als Träger des Unternehmens im wirtschaftlichen Sinne angesehen werden. Bei einer Beteiligungsidentität wird daher vorgeschlagen in Analogie zu einer Einheitsgesellschaft zu verfahren. Demnach wären die Kommanditeinlagen und das gezeichnete Kapital der Komplementär-GmbH zu einer Position „Gesellschaftskapital" zusammenzufassen.[12]

Die Gegenmeinung[13] innerhalb der wissenschaftlichen Literatur hält eine Differenzierung zwischen materieller oder wirtschaftlicher Betrachtungsweise nicht für sinnvoll. Entscheidend ist demnach, dass die Anteile nicht der Komplementär-GmbH (und damit dem MU) gehören. Genau dieser Sachverhalt ist Gegenstand des Gesetzestextes und damit in der Auslegung unzweifelhaft.

Vermittelnd wird daher vorgeschlagen, den Ausgleichsposten im Anwendungsbereich des § 264b Nr. 1a HGB mit der Bezeichnung „Anteile der Kommanditisten" zu versehen.[14] Denkbar wäre auch, dass die Bilanzposition „Nicht beherrschende Anteile" in mindestens zwei Unterposten aufgegliedert wird. Hier wäre dann eine weitere Unterteilung in „Anteile der Kommanditisten" und „Nicht beherrschende Gesellschafter" denkbar, um das besondere Näheverhältnis zu verdeutlichen. Eine derartige weitere Unterteilung wäre in jedem Fall durch die Untergliederungsoption des § 265 Abs. 5 Satz 1 HGB gedeckt. Gem. § 265 Abs. 5 Satz 1 HGB besteht die Möglichkeit einen bereits vorhandenen Bilanzposten aus dem gesetzlichen oder durch Verordnung erlassenen Gliederungsschema in weitere Komponenten zu unterteilen. Im Rahmen der Untergliederungsoption wird zwischen **Aufgliederungen, Ausgliederungen** und „**Davon-Vermerken**" differenziert. Grundsätzlich sind weitere Untergliederungen sowohl in der Bilanz als auch in der Gewinn- und Verlustrechnung dann zulässig und geboten, wenn wegen der Bedeutung der zusätzlich eingefügten Position nur so der erforderliche Einblick gewährt wird oder Fehlinterpretationen vermieden werden können. Insoweit

---

12 Vgl. *Pawelzik/Theile*, DStR 2000, S. 2151.
13 Vgl. z. B. *Lüdenbach*, GmbHR 2000, S. 848.
14 Vgl. *Thiele/Sickmann*, in *Baetge/Kirsch/Thiele*, Bilanzrecht, § 264b HGB Rz 43.1, Stand 9/2007.

wäre hier, der letzteren Möglichkeit folgend, eine weitere Untergliederung z. B. unter Zuhilfenahme von „Davon-Vermerken" begründbar und sinnvoll.

2.1.3 Befreiende Wirkung eines Konzernabschlusses von Nichtmutterunternehmen

11 Wird der Konzernabschluss von einem Unt (hier der Komplementär-Ges.) aufgestellt, das nicht zugleich auch Muttergesellschaft ist, so wird letztendlich im Wege der VollKons ein Unt integriert, das nicht TU i. S. d. § 294 Abs. 1 HGB ist. Vermögensgegenstände und Schulden werden dem Konzern zugerechnet und innerhalb des KonsKreis einheitlich bewertet, obwohl eine Rechtfertigung dafür aufgrund eines Beherrschungsverhältnisses gem. § 290 HGB nicht abgeleitet werden kann.

Gem. § 297 Abs. 2 HGB hat der Konzernabschluss unter Beachtung der Grundsätze ordnungsgemäßer Buchführung ein den tatsächlichen Verhältnissen entsprechendes Bild der Vermögens-, Finanz- und Ertragslage des Konzerns abzubilden. Der befreiende Konzernabschluss des phG kann dieses Ziel nicht erreichen, weil eine wirtschaftliche Einheit (Darstellung als ein Unt) der in den Konzernabschluss einbezogenen Unt nicht vorliegt. Insoweit wird eine wirtschaftliche Einheit lediglich fingiert. Im Vordergrund steht hier vielmehr die Inanspruchnahme von Erleichterungen bei der Bilanzierung, Prüfung und Offenlegung.

Weitere Probleme auf der Abbildungsebene ergeben sich, wenn die einzubeziehende PersG zudem noch als Muttergesellschaft gegenüber weiteren PersG oder KapG fungiert. Derartige TU können in Ermangelung einer Beherrschungsmöglichkeit nach § 290 HGB nicht in den befreienden Konzernabschluss des phG einbezogen werden.[15]

12 Fraglich ist letztendlich auch, wie in der Praxis überhaupt ein Konzernlagebericht erstellt werden kann. Nach § 315 Abs. 1 HGB sind im Konzernlagebericht der Geschäftsverlauf und die Lage des Konzerns so darzustellen, dass ein den tatsächlichen Verhältnissen entsprechendes Bild vermittelt wird. Wenn allerdings der Berichtsgegenstand kein Konzern im eigentlichen Sinne ist, weil es u. a. an einer wirtschaftlichen Einheit fehlt, so kann auch die Vorschrift zum Konzernlagebericht letztendlich nicht eingehalten werden.

Ist die tatsachenkonforme Abb. der Vermögens-, Finanz- und Ertragslage zu bezweifeln, kann nach Literatureinschätzung auch keine Übereinstimmung mit der RL 2013/34/EU vorliegen.[16] Die Regierungsbegründung[17] zu § 264b HGB folgt dieser Einschätzung allerdings nicht, sondern hält die Aufstellung eines Konzernabschlusses durch ein Unt, das nicht als MU qualifiziert werden kann, für zulässig. Die praktische Relevanz des systemischen Widerspruchs im Rahmen der Bestimmung des § 264b Nr. 1a HGB ist allerdings relativ gering. Dies liegt darin begründet, dass bei der KapCoGes die wesentlichen VG und Verbindlichkeiten nicht durch den Komplementär, sondern durch die PersG eingebracht

---

15 Vgl. *Schulze-Osterloh*, BB 2002, S. 1310.
16 Vgl. *Schulze-Osterloh*, BB 2002, S. 1307; *Thiele/Sickmann*, in *Baetge/Kirsch/Thiele*, Bilanzrecht, § 264b HGB Rz 43.2, Stand 9/2007.
17 Vgl. RegE, BT-Drs. 14/1806 S. 19.

gleichzeitig als MU einen Konzernabschluss aufstellt. Kosteneinsparungen für die KG ergeben sich aus dem Beschluss des LG Bonn nicht. Durch die pflichtmäßige oder freiwillige Aufstellung und Offenlegung eines Konzernabschlusses kann jedoch die Publizität des EA vermieden werden. Dies könnte in Einzelfällen dann interessant sein, wenn verhindert werden soll, dass Konkurrenten des Unt über die Analyse des EA relevante Kennzahlen ermitteln können, die bei bloßer Veröffentlichung des Konzernabschlusses verborgen blieben. Mit dem BilRUG wurde für KapG in § 264 Abs. 3 HGB explizit die Selbstbefreiung eines MU ausgeschlossen. Im neu formulierten § 264b HGB erfolgte dies jedoch nicht, allerdings muss für Gj, die nach dem 31.12.2015 beginnen, der Konzernabschluss eine größere Gesamtheit von Unt umfassen, wobei der Gesetzgeber dabei von mind. drei Unt ausgeht.[27]

2.3 Ordnungsmäßigkeit des Konzernabschlusses i. S. v. § 264b Nr. 2 HGB

Der befreiende Konzernabschluss und der Konzernlagebericht müssen hinsichtlich Aufstellung, Prüfung und Offenlegung analog zu den Anforderungen aus § 264 Abs. 3 Nr. 3 HGB mit der RL 2013/34/EU sowie den entsprechenden AP-RL konform sein. Zudem müssen der Konzernabschluss und der Konzernlagebericht den aufstellungs-, prüfungs- und offenlegungsrelevanten Rechtsanforderungen entsprechen, die auf das Unt anzuwenden sind, das den befreienden Konzernabschluss aufstellt (§ 264 Rz 115). Damit wird die **Richtlinienkonformität** verlangt.   19

Im Hinblick auf die inhaltlichen Anforderungen liegt eine Identität zwischen § 264b Nr. 2 HGB und § 291 Abs. 2 Satz 1 Nr. 2 und 3 HGB (§ 291 Rz 12 ff.) vor.   20

Für den Fall, dass der befreiende Konzernabschluss nach §§ 11 ff. PublG aufgestellt wurde, gilt eine entsprechende Anwendung. Konkret: § 5 Abs. 6 PublG bestimmt, dass Unt, die unter das PublG fallen, von den Vorschriften des KapCoRiLiG befreit sind, wenn sie in den Konzernabschluss eines MU i. S. v. § 11 PublG oder § 290 HGB einbezogen werden. Allerdings wird als Voraussetzung für die Nutzung der Befreiung auf den kompletten § 264 Abs. 3 verwiesen, was bedeutet, dass auch der Zustimmungsbeschluss der Gesellschafter und die Erklärung zur Verpflichtungsübernahmen des MU benötigt werden. Die Erstellung eines Konzernabschlusses nach PublG ergibt sich dann, wenn die Kommanditistenstellung bei der KapCoGes durch eine PersG wahrgenommen wird und der Vollhafter durch entsprechend gesellschaftsvertragliche Vereinbarungen nur noch weitgehend weisungsgebunden agieren kann.   21

Auch Konzernabschlüsse, die nach internationalen Rechnungslegungsstandards aufgestellt wurden, können grds. den Befreiungstatbestand erfüllen, soweit kein Verstoß gegen europäisches Recht vorliegt. Konkret sind Konzernabschlüsse, die nach IFRS aufgestellt wurden, mit § 264b HGB vereinbar, wenn die IFRS von der EU-Kommission i. S. v. § 315e HGB übernommen wurden (§ 315e Rz 1 ff.).[28]

Im Vergleich zu den Bestimmungen des § 291 Abs. 2 Nr. 2 und 3 HGB liegt eine Erweiterung der Voraussetzung des § 264b Nr. 2 HGB in der Weise vor, dass   22

---

[27] Vgl. BT-Drs. 18/5256, S. 83.
[28] Vgl. *Thiele/Sickmann*, in *Baetge/Kirsch/Thiele*, Bilanzrecht, § 264b HGB, Rz 52, Stand 9/2007.

eine Pflicht zur Offenlegung des befreienden Konzernabschlusses und des Konzernlageberichts besteht. Sofern das MU in Deutschland ansässig ist, sind die Unterlagen elektronisch beim BAnz einzureichen. Der Betreiber des BAnz leitet die Unterlagen zudem an das **Unternehmensregister** weiter, sodass auch hier die Möglichkeit einer Einsichtnahme besteht.

23 Soweit es sich also bspw. um einen durch den Komplementär, der nicht zugleich auch Muttergesellschaft ist, aufgestellten Konzernabschluss handelt, wird die Voraussetzung des § 264b Nr. 2 HGB auch dann erfüllt, wenn keine Offenlegung erfolgt ist. Hierbei handelt es sich allerdings um eine sehr formelle Betrachtungsweise, die insb. unter Berücksichtigung der Vorschrift des § 264b Nr. 4 HGB keinen Bestand hat. Der **BAnz** akzeptiert eine **Befreiung** nur, wenn der Konzernabschluss gem. § 264b Nr. 4 HGB auch beim BAnz offengelegt wird.

2.4 Angabe der Befreiung im Konzernanhang

24 In § 264b Nr. 3 HGB wird geregelt, dass der Befreiungstatbestand im Anhang des Konzernabschlusses angegeben werden muss, wobei nicht der Umfang der Befreiung, sondern lediglich die Tatsache, dass die Befreiungsmöglichkeit überhaupt in Anspruch genommen wird, berichtet werden muss (§ 264 Rz 117).[29] In § 313 Abs. 2 HGB wird eine Reihe von Angabepflichten für den Konzernanhang genannt, unter die auch der Befreiungstatbestand subsummiert werden könnte.

2.5 Offenlegung des Konzernabschlusses, Konzernlagebericht und Bestätigungsvermerk

25 Als weitere Voraussetzung, um eine Befreiung gem. § 264b HGB zu erlangen, gelten die zwingende **Einreichung** und **Offenlegung von Konzernabschluss, Konzernlagebericht und Bestätigungsvermerk** beim **BAnz** durch das aufstellende MU oder durch den phG. Ergänzend zum Konzernabschluss sind auch der Konzernlagebericht sowie ein Bestätigungs- oder Versagungsvermerk beizufügen. Bezüglich der Sprache, in der die einzureichenden Unterlagen verfasst sein müssen, ist zu unterscheiden: Werden die Unterlagen vom TU eingereicht, dann muss zwingend die deutsche Sprache verwendet werden. Reicht das MU die Unterlagen ein, dürfen diese auch in Englisch verfasst sein. Zu Einzelheiten § 264 Rz 119. Die Offenlegungsfrist reicht grundsätzlich analog zu den ansonsten notwendigen Einreichungen der Unterlagen des Jahresabschlusses spätestens bis Ablauf des zwölften Monats des dem Abschlussstichtag nachfolgenden Gj. Diese Frist reicht für die Nutzung der Offenlegungsvermeidung aus. Allerdings ist die Befreiung von Aufstellungs- und Prüfungspflichten erst wirksam, wenn der Konzernabschluss, Konzernlagebericht und Bestätigungsvermerk offengelegt wurden.[30] Zur Frage der Prüfung s. § 264 Rz 122.

Eine weitergehende Mitteilungspflicht der Inanspruchnahme der Befreiung durch die phG, wie dies in § 265b Nr. 3b HGB aF gefordert wurde, ist mit dem BilRUG entfallen.

---

[29] WPH Edition, Wirtschaftsprüfung & Rechnungslegung, 15. Aufl., 2017, Abschn. F, Tz 265.
[30] Vgl. *Winkeljohann/Deubert*, in Beck Bil-Komm., 10. Aufl., 2016, § 264b HGB, Rz 74.

§ 264c Besondere Bestimmungen für offene Handelsgesellschaften und Kommanditgesellschaften i. S. d. § 264a

(1) ¹Ausleihungen, Forderungen und Verbindlichkeiten gegenüber Gesellschaftern sind i. d. R. als solche jeweils gesondert auszuweisen oder im Anhang anzugeben. ²Werden sie unter anderen Posten ausgewiesen, so muss diese Eigenschaft vermerkt werden.
(2) ¹§ 266 Abs. 3 Buchstabe A ist mit der Maßgabe anzuwenden, dass als Eigenkapital die folgenden Posten gesondert auszuweisen sind:
I. Kapitalanteile
II. Rücklagen
III. Gewinnvortrag/Verlustvortrag
IV. Jahresüberschuss/Jahresfehlbetrag.
²Anstelle des Postens „Gezeichnetes Kapital" sind die Kapitalanteile der persönlich haftenden Gesellschafter auszuweisen; sie dürfen auch zusammengefasst ausgewiesen werden. ³Der auf den Kapitalanteil eines persönlich haftenden Gesellschafters für das Geschäftsjahr entfallende Verlust ist von dem Kapitalanteil abzuschreiben. ⁴Soweit der Verlust den Kapitalanteil übersteigt, ist er auf der Aktivseite unter der Bezeichnung „Einzahlungsverpflichtungen persönlich haftender Gesellschafter" unter den Forderungen gesondert auszuweisen, soweit eine Zahlungsverpflichtung besteht. ⁵Besteht keine Zahlungsverpflichtung, so ist der Betrag als „Nicht durch Vermögenseinlagen gedeckter Verlustanteil persönlich haftender Gesellschafter" zu bezeichnen und gem. § 268 Abs. 3 auszuweisen. ⁶Die Sätze 2 bis 5 sind auf die Einlagen von Kommanditisten entsprechend anzuwenden, wobei diese insgesamt gesondert gegenüber den Kapitalanteilen der persönlich haftenden Gesellschafter auszuweisen sind. ⁷Eine Forderung darf jedoch nur ausgewiesen werden, soweit eine Einzahlungsverpflichtung besteht; dasselbe gilt, wenn ein Kommanditist Gewinnanteile entnimmt, während sein Kapitalanteil durch Verlust unter den Betrag der geleisteten Einlage herabgemindert ist, oder soweit durch die Entnahme der Kapitalanteil unter den bezeichneten Betrag herabgemindert wird. ⁸Als Rücklagen sind nur solche Beträge auszuweisen, die auf Grund einer gesellschaftsrechtlichen Vereinbarung gebildet worden sind. ⁹Im Anhang ist der Betrag der im Handelsregister gem. § 172 Abs. 1 eingetragenen Einlagen anzugeben, soweit diese nicht geleistet sind.
(3) ¹Das sonstige Vermögen der Gesellschafter (Privatvermögen) darf nicht in die Bilanz und die auf das Privatvermögen entfallenden Aufwendungen und Erträge dürfen nicht in die Gewinn- und Verlustrechnung aufgenommen werden. ²In der Gewinn- und Verlustrechnung darf jedoch nach dem Posten „Jahresüberschuss/ Jahresfehlbetrag" ein dem Steuersatz der Komplementärgesellschaft entsprechender Steueraufwand der Gesellschafter offen abgesetzt oder hinzugerechnet werden.
(4) ¹Anteile an Komplementärgesellschaften sind in der Bilanz auf der Aktivseite unter den Posten A.III.1 oder A.III.3 auszuweisen. ²§ 272 Abs. 4 ist mit der Maßgabe anzuwenden, dass für diese Anteile i. H. d. aktivierten Betrags

nach dem Posten „Eigenkapital" ein Sonderposten unter der Bezeichnung „Ausgleichposten für aktivierte eigene Anteile" zu bilden ist.
(5) ¹Macht die Gesellschaft von einem Wahlrecht nach § 266 Absatz 1 Satz 3 oder Satz 4 Gebrauch, richtet sich die Gliederung der verkürzten Bilanz nach der Ausübung dieses Wahlrechts. ²Die Ermittlung der Bilanzposten nach den vorstehenden Absätzen bleibt unberührt.

PROF. DR. STEFAN MÜLLER

Inhaltsübersicht   Rz
1   Überblick   1–6
2   Ausweis- und Angabevorschriften im Einzelnen   7–39
    2.1 Ausweis von Ansprüchen und Verbindlichkeiten gegenüber
         Gesellschaftern (Abs. 1)   7–12
         2.1.1 Ausweis gem. § 264c Abs. 1 Satz 1 HGB   7–11
         2.1.2 Ausweis gem. § 264c Abs. 1 Satz 2 HGB   12
    2.2 Ausweis und Zusammensetzung des Eigenkapitals (Abs. 2)   13–25
    2.3 Ausweis von Privatvermögen und Steueraufwand (Abs. 3)   26–28
    2.4 Ausweis der eigenen Anteile und des Sonderpostens
         (Abs. 4)   29–36
         2.4.1 Ausweis der Anteile   29
         2.4.2 Ausweis des Sonderpostens   30–32
         2.4.3 Bildung des Sonderpostens   33–36
    2.5 Befreiungsregelungen (Abs. 5)   37–39

1 Überblick

1   Die PersG weisen in Teilen besondere gesellschaftsrechtliche Strukturen auf, sodass eine vollumfängliche Übernahme der Vorschriften der §§ 264 ff. HGB für haftungsbeschränkte PersG nicht möglich ist. Dieser Tatsache trägt § 264c HGB Rechnung, indem die Vorschriften der §§ 264 ff. HGB verändert und ergänzt werden.¹

2   § 264c Abs. 1 HGB orientiert sich zunächst an § 42 Abs. 3 GmbHG. Kerngedanke dieser Regelung ist, dass die Informationsfunktion des Jahresabschlusses es gebietet, dass Rechtsbeziehungen zwischen Ges. und Gesellschafter, die z. B. schuldrechtlicher Art sind, für den Adressaten des Jahresabschlusses zweifelsfrei erkennbar abgebildet werden. Das ist u. a. auch deshalb erforderlich, weil derartige schuldrechtliche Beziehungen anders zu beurteilen sind, als schuldrechtliche Beziehungen der Ges. mit außenstehenden Dritten.²

3   In § 264c Abs. 2 HGB wird der bilanzielle Ausweis des EK geregelt, der aufgrund unterschiedlicher Kapitalstrukturen bei KapG und PersG auch zu abweichenden gesetzlichen Regelungen bei beiden Gesellschaftsformen führen muss.

---
1   Reiner, in MünchKomm. HGB, 3. Aufl., §§ 264a–c, Rz 13.
2   Vgl. Scholz/Emmerich, GmbHG, 10. Aufl. 2006, § 42 Rz 18.

Durch die Bestimmung des § 264c Abs. 3 Satz 1 HGB wird die Notwendigkeit einer Trennung zwischen Gesellschaftsvermögen und Privatvermögen herausgestellt, die zur Folge hat, dass sich Aufwendungen und Erträge des Privatvermögens nicht auf die GuV niederschlagen dürfen. § 264c Abs. 3 Satz 2 HGB hat zum Hintergrund, dass der Jahresüberschuss der PersG mit dem Jahresüberschuss einer KapG vergleichbar gemacht werden soll. Daher wird auch der PersG gestattet, einen dem Steuersatz der Komplementär-Ges. entsprechenden Steueraufwand offen abzusetzen. In der Praxis der Rechnungslegung ist diese Regelung allerdings weitgehend ohne Relevanz.

Über § 264c Abs. 4 Sätze 1 und 2 HGB wird bestimmt, dass die Anteile, die von der OHG oder KG an ihrem phG gehalten werden, über einen „Ausgleichsposten für aktivierte eigene Anteile" auf der Passivseite der Bilanz korrigiert werden. Die Regelung des § 264c Abs. 4 Satz 3 HGB wird schließlich mit Einf. des BilMoG gestrichen. Dies ist folgerichtig, da das BilMoG den Wegfall der dort genannten Bilanzierungshilfen vorsieht.

Mit dem MicroBilG sind für die Anwendung für Gj, die nach dem 30.12.2012 enden, d.h. schon bei kalenderjahrgleichen Gj. das Gj. 2012, für kleine und KleinstKapCoGes. Befreiungsregelungen für die geforderten Ausweise nach Abs. 1 bis 4 mit § 264c Abs. 5 HGB eingeführt worden. Konkret muss eine tiefere Untergliederung der Bilanz nicht erfolgen, wenn die verkürzten Bilanzgliederungsschemata nach § 266 Abs. 1 Satz 3 oder 4 HGB genutzt werden.

2 Ausweis-und Angabevorschriften im Einzelnen

2.1 Ausweis von Ansprüchen und Verbindlichkeiten gegenüber Gesellschaftern (Abs. 1)

2.1.1 Ausweis gem. § 264c Abs. 1 Satz 1 HGB

§ 264c Abs. 1 HGB will die Transparenz der Rechtsbeziehungen zwischen der Ges. und ihren Gesellschaftern für die Jahresabschlussadressaten erhöhen. Zugleich sollen mögliche Interessenkonflikte frühzeitig offengelegt werden. So kann es etwa sein, dass Forderungen und Verbindlichkeiten zwischen der Ges. und ihren Gesellschaftern nicht zu marktüblichen Konditionen zustande gekommen sind oder bei Zahlungsschwierigkeiten auch nicht mit der gleichen Konsequenz beigetrieben werden, als dies bei Forderungen und Verbindlichkeiten gegenüber außenstehenden Dritten der Fall wäre. Erfasst sind davon sowohl Ansprüche und Verbindlichkeiten gegenüber Komplementären als auch gegenüber Kommanditisten. Ein getrennter Ausweis nach Gesellschaftergruppen wird insoweit allerdings nicht verlangt.[3] Mittelbare Beteiligungen, wie sie z.B. über die Gesellschafter des phG (also über herrschende Gesellschafter des Gesellschafters der Ges.) entstehen könnten, sind von der Regelung nicht erfasst, sodass hier dann ggf. ein **Sonderausweis** in Betracht kommt („Ansprüche/Verbindlichkeiten gegenüber verbundenen Unternehmen" oder „Ansprüche/Verbindlichkeiten gegenüber Unternehmen, mit denen ein Beteiligungsverhältnis besteht").

---

[3] Vgl. *Theile*, BB 2000, S. 555.

Im Rahmen des § 264c Abs. 1 Satz 1 HGB ist der **Gesellschafterbegriff** eng auszulegen, d. h., stille Gesellschafter sind keine Gesellschafter der Ges. Das gilt unabhängig von der im Einzelfall vorliegenden Ausstattung mit Mitwirkungs- oder Mitbestimmungsrechten. Anders gelagert ist der Fall nur dann, wenn der stille Gesellschafter zugleich auch die Position eines Komplementärs oder Kommanditisten innehat. Die Einlage des stillen Gesellschafters ist im Regelfall, sofern keine Qualifizierung als EK vorgenommen werden kann[4], als „sonstige Verbindlichkeit" in der Bilanz zu zeigen.[5]

8   Zu den Rechtsbeziehungen, die nach § 264c Abs. 1 Satz 1 HGB einen **Sonderausweis** nach sich ziehen, gehören beispielhaft **Mietverhältnisse** zwischen der Ges. und ihrem Gesellschafter, **befristete Kapitalüberlassungen** und sonstige Leistungs- bzw. Lieferungsbeziehungen. Es ist klarstellend darauf hinzuweisen, dass die genannten Leistungsbeziehungen an sich nicht zu einem Sonderausweis führen. Entscheidend ist die Tatsache, dass sie die Grundlage einer zu bilanzierenden Forderung bzw. Verbindlichkeit darstellen, die dann einem Sonderausweis unterliegt. Herauszustellen bleibt, dass der vorzunehmende Sonderausweis an die Existenz einer schuldrechtlichen Beziehung geknüpft ist. Gesellschaftsrechtliche Vereinbarungen finden ihren Niederschlag hingegen im Rahmen der Verwendung des Ergebnisses.

Ergänzend ist allerdings festzuhalten, dass es in der Praxis sehr wohl auch Vermischungen zwischen schuldrechtlichen und gesellschaftsrechtlichen Vereinbarungen gibt.

> **Beispiel**
> Eine Vermischung zwischen schuldrechtlichen und gesellschaftsrechtlichen Vereinbarungen tritt zum Beispiel bei der **Haftungsvergütung** für die **Komplementär**-GmbH auf. Die Haftungsvergütung selbst ist zweifellos eine gesellschaftsrechtliche Vereinbarung (Gesellschaftsvertrag mit der KG). Zumeist wird diese aber ebenfalls auf Grundlage des Gesellschaftsvertrags handelsrechtlich als Aufwand behandelt. Damit ist jedoch, zumindest unter der Voraussetzung, dass am Bilanzstichtag die Haftungsvergütung noch nicht bezahlt ist, eine Verbindlichkeit der KG zu bilanzieren.

9   Nach dem Wortlaut des § 264c Abs. 1 Satz 1 HGB können für die Kennzeichnung der Forderungen und Verbindlichkeiten gegenüber Gesellschaftern zwei Möglichkeiten herangezogen werden. Zum einen kommt ein Ausweis über einen gesonderten Posten in der Bilanz in Betracht und zum anderen ist es ebenfalls alternativ möglich, die jeweiligen Beträge der Ausleihungen, Forderungen oder Verbindlichkeiten gegenüber Gesellschaftern im Anhang anzugeben. Wird die zweite Variante gewählt, muss die Darstellung so erfolgen, dass die Erläuterungen der einzelnen Bilanzposten im Anhang jeweils die Beträge, die auf Gesellschafter entfallen, gesondert erkennen lassen. Praktisch kann dieses Problem in Anlehnung an § 264c Abs. 1 Satz 2 HGB durch einen entsprechenden „Davon-Vermerk" gelöst werden.

---

[4]   Vgl. zu den Kriterien für Eigenkapital: IDW HFA RS 7, Tz. 13.
[5]   Vgl. *Thiele/Sickmann*, in *Baetge/Kirsch/Thiele*, Bilanzrecht, § 264c HGB, Rz 21.1, Stand 3/2008.

Unabhängig davon, welche der beiden Varianten gewählt wird, ist zu berücksichtigen, dass es Sonderausweise gibt, die den Regelungen in § 264c Abs. 1 HGB vorgehen. Dazu gehören Sonderausweise für die Forderung auf eingeforderte Einlagen nach § 272 Abs. 1 S. 3 HGB und für Einzahlungsverpflichtungen der phG bzw. für Einzahlungsverpflichtungen von Kommanditisten gem. § 264c Abs. 2 S. 4 HGB.

Der Ausweis mithilfe eines separaten Bilanzpostens ist auch bei kleinen Ges. gem. § 267 Abs. 1 HGB zulässig. Diese Möglichkeit besteht allerdings nur dann, wenn kleine Ges., wie in der Praxis häufig üblich, für das Bilanzgliederungsschema die Langform anwenden. Grundsätzlich haben kleine Ges. die Möglichkeit der Publizität einer verkürzten Bilanz entsprechend § 266 Abs. 1 Satz 3 HGB. Danach können kleine KapG das Bilanzgliederungsschema des § 266 Abs. 2 und 3 HGB unter Zuhilfenahme der dort für einzelne Posten aufgeführten Buchstaben und römischen Zahlen verwenden. Wird die Möglichkeit einer verkürzten Bilanz gewählt, so fällt die in § 266 Abs. 2 und 3 HGB mit arabischen Zahlen gekennzeichnete Gliederungsebene weg. Damit könnte dann auch der geforderte separate Bilanzposten zur Kennzeichnung des spezifischen Gesellschafterbezugs nicht zusätzlich eingefügt werden.

10

Die Frage, ob beide Ausweisalternativen, die in § 264c Abs. 1 Satz 1 HGB genannt werden, gleichwertig nebeneinander stehen, wird in der wissenschaftlichen Literatur[6] unterschiedlich beantwortet. Eine vermittelnde Position geht davon aus, dass aus dem Gesetzeswortlaut keine Präferenz für eine der beiden Varianten abgeleitet werden kann. Insoweit wird davon ausgegangen, dass beide Möglichkeiten gleichwertig nebeneinander stehen.[7] Diese Auffassung trägt sowohl der Tatsache Rechnung, dass auch die internationalen Rechnungslegungsvorschriften den Anhang als gleichwertig zu Bilanz und GuV ansehen, als auch der Rechnungslegungspraxis, die von der Möglichkeit der Anhangdarstellung umfangreich Gebrauch macht.

11

Nach der hier vertretenen Auffassung kann allerdings, gestützt durch die wissenschaftliche Literatur, ein gleichwertiges Nebeneinander unter Berücksichtigung von § 264 Abs. 2 Satz 1 HGB nicht zwangsläufig als gerechtfertigt angesehen werden. In Anlehnung an die **Generalnorm** hat der Jahresabschluss unter Beachtung der GoB ein den tatsächlichen Verhältnissen entsprechendes Bild der Vermögens-, Finanz- und Ertragslage zu vermitteln. Dabei ist unter dem Begriff der tatsächlichen Vermögenslage der vollständige Ansatz aller aktivierungspflichtigen VG, RAP und Schulden zu verstehen. Dies impliziert, dass die Höhe, Struktur und Veränderung sowohl des Vermögens als auch des EK und FK im Jahresabschluss kenntlich gemacht werden.[8] Erreicht wird dies letztendlich nur durch Gliederungsvorschriften, die die Art der Vermögensteile und Schulden möglichst exakt offenlegen. Das zutreffende Bild von der Vermögens-, Finanz- und Ertragslage ist primär durch die Bilanz bzw. die GuV zu geben. Die Möglichkeit des Rückgriffs auf eine Anhangdarstellung greift demnach erst

---

6 Für einen Vorrang der bilanziellen Darstellung vgl. *Kleindiek*, in *Lutter/Hommelhoff*, GmbHG, 16. Aufl. 2004, § 42, Rz 38.
7 Vgl. *Thiele/Sickmann*, in *Baetge/Kirsch/Thiele*, Bilanzrecht, § 264c HGB, Rz 24, Stand 3/2008; *Crezelius*, in *Scholz*, GmbHG, 10. Aufl., § 42 Rz 19.
8 Vgl. *Hinz*, in *Castan* u.a. (Hrsg.), Beck'sches Handbuch der Rechnungslegung, B 106, Rn 14.

Müller

subsidiär.⁹§ 264c Abs. 1 Satz 1 HGB ist demnach so auszulegen, dass primär zunächst ein gesonderter Bilanzposten in Betracht gezogen werden sollte.

2.1.2 Ausweis gem. § 264c Abs. 1 Satz 2 HGB

12 Über § 264c Abs. 1 Satz 2 HGB wird die Möglichkeit des Einsatzes von „**Davon-Vermerken**" eingeräumt. Diese Option kommt dann zum Tragen, wenn Ausleihungen, Forderungen oder Verbindlichkeiten gegenüber Gesellschaftern nicht mit einem gesonderten Bilanzposten, sondern letztendlich unter anderen Bilanzposten ausgewiesen werden. Neben der Möglichkeit der Hinzufügung eines neuen Bilanzpostens und der Erläuterung der entsprechenden Beträge im Anhang ist diese Möglichkeit als dritte Darstellungsvariante anzusehen.[10] In Relation zu dieser letztgenannten Variante sind die anderen beiden Möglichkeiten vorzugswürdig. Dies wird schon aus der Formulierung „i.d.R." des § 264c Abs. 1 Satz 1 HGB deutlich.[11] Die in § 264c Abs. 1 Satz 2 HGB genannte Variante kommt mithin nur dann zum Tragen, wenn die Ausnutzung des „Davon-Vermerks" letztendlich zu einer besseren Darstellung im Jahresabschluss führt. Von einer solchen verbesserten Darstellung ist insb. dann auszugehen, wenn Ausleihungen, Forderungen und Verbindlichkeiten gegenüber Gesellschaftern eine quantitativ so geringe Bedeutung haben, dass die Hinzufügung eines separaten zusätzlichen Bilanzpostens nicht zu rechtfertigen wäre. Ein sinnvoller Einsatz des „Davon-Vermerks" wird auch dann angenommen, wenn sich die Forderungen gegenüber Gesellschaftern inhaltlich nicht von den üblichen Umsatzvorgängen der Ges. unterscheiden.

2.2 Ausweis und Zusammensetzung des Eigenkapitals (Abs. 2)

13 Gem. § 264c Abs. 2 Satz 1 HGB müssen haftungsbeschränkte **PersG** eine **Kapitalgliederung** vornehmen, die separat folgende Positionen beinhaltet: (I.) Kapitalanteile, (II.) Rücklagen, (III.) Gewinnvortrag/Verlustvortrag und (IV.) Jahresüberschuss/Jahresfehlbetrag. Im Vergleich zur Kapitalgliederung nach § 266 Abs. 3 A. HGB ist damit an die Stelle des „gezeichneten Kapitals" die Position „Kapitalanteile" und an die Stelle der Position „Kapitalrücklage und Gewinnrücklage" die Position „Rücklagen" getreten. Alle weiteren Positionen des EK sind unverändert erhalten geblieben. Ebenfalls in Übereinstimmung mit § 266 Abs. 3 A. HGB bildet die Liquidierbarkeit der Positionen das zugrunde liegende Gliederungsprinzip (zunehmende Verfügbarkeit von oben nach unten).
Folgt man allerdings dem gesetzlichen Regelstatus, dann bestimmt sich der Begriff des Kapitalanteils nach den §§ 120–122 HGB. Danach würde der Posten Kapitalanteile das gesamte EK einer OHG zeigen, ohne dass ein separater Ausweis von Jahresüberschuss, Gewinnvortrag, Rücklagen oder Verlustpositionen möglich wäre. Eine separate Kapitalgliederung setzt daher abweichend vom Regelstatus immer entsprechende gesellschaftsvertragliche Regelungen voraus.

14 Unter den Kapitalanteilen werden die **Kapitalkonten** der **Gesellschafter** ausgewiesen. In der Praxis des Rechnungswesens werden häufig mehrere einzelne

---

9 Vgl. *Leffson*, WPg 1980, S. 290; *Großfeld*, in *Leffson/Rückle/Großfeld*: Handwörterbuch unbestimmter Rechtsbegriffe im Bilanzrecht des HGB, S. 203 f.; a. A.: *Winkeljohann/Schellhorn*, in Beck Bil-Komm., 10. Aufl., 2016, § 264 HGB, Rz 30.
10 Vgl. *Theile*, BB 2000, S. 555; *Wiechmann*, WPg 1999, S. 916.
11 Vgl. *Schulze-Osterloh*, in *Baumbach/Hueck/Fastrich*, GmbHG, § 42, Rz 57.

Konten für die Gesellschafter geführt. Dies ist in aller Regel ein festes pro Gesellschafter, dass die jeweilige Kapitaleinlage ausweist und insoweit auch die Anteilsverhältnisse erkennen lässt (= Grundlage für die Verteilung von Gewinnen und Verlusten). Daneben wird zumindest für jeden Gesellschafter ein variables Kapitalkonto geführt, auf dem Entnahmen, Verluste bzw. Gewinne verbucht werden können.

> **Beispiel**
> In der Praxis finden sehr oft Gesellschaftsverträge Anwendung, die vor der Einführung von § 264c HGB geschlossen wurden. In diesen werden oftmals Kapitalkonten der Gesellschafter definiert, die, an handelsrechtlichen Maßstäben gemessen, als Forderungen bzw. Verbindlichkeiten anzusehen sind.[12]
> Des Weiteren finden sich in der betrieblichen Praxis neben den im Gesetzestext enthaltenen gesamthänderisch gebundenen Rücklagen auch oftmals individuelle Rücklagen einzelner Gesellschafter, die Teil des Kapitalanteils sind.

Entsprechend der Vorschrift des § 264c Abs. 2 Satz 2 HGB dürfen **Kapitalanteile** mit jeweils gleichem Vorzeichen auch **zusammengefasst** dargestellt werden. Eine Saldierung von Kapitalkonten mit unterschiedlichen Vorzeichen würde § 264c Abs. 2 Sätze 4, 5 HGB widersprechen. Nach § 264c Abs. 2 Satz 4 HGB hat der Ausweis eines etwaigen Negativsaldos auf der Aktivseite entweder als „Einzahlungsverpflichtung phG" oder als „Nicht durch Vermögenseinlagen gedeckter Verlustanteil phG" zu erfolgen. Dabei stellt die an erster Stelle genannte Ausweisvariante in der Praxis die Ausnahme dar und setzt entsprechende gesellschaftsvertragliche Abreden in Bezug auf die Einzahlungsverpflichtung voraus. Eine **Einzahlungsverpflichtung** kraft Gesetz gilt nur im Fall der Liquidation der Ges. und kann somit unter Geltung der Going-Concern-Prämisse ausgeschlossen werden. Würden jeweils Saldierungen vorgenommen, so wären Einzahlungsverpflichtungen gar nicht mehr feststellbar. Hinzu würde ein Verstoß gegen das Verrechnungsverbot des § 246 Abs. 2 HGB treten.

15

> **Beispiel**
> Rücklagenanteil der Komplementäre: 50 TEUR
> Kapitalanteil der Komplementäre: – 70 TEUR
> **Bilanzausweis:**
> Der sich ergebende Saldo von 20 TEUR ist aktivisch als „Nicht durch Vermögenseinlage gedeckter Verlustanteil der Komplementäre" (Voraussetzung: Es besteht keine gesellschaftsvertragliche Einzahlungsverpflichtung) auszuweisen. Ein Rücklagenanteil der Komplementäre dürfte dann nicht unter den Passiva ausgewiesen werden.

Gemäß § 264c Abs. 2 Satz 3 HGB müssen die auf den phG entfallenden **Verlustanteile** vom jeweiligen Kapitalkonto abgeschrieben werden. Wichtig ist in

---

[12] Vgl. IDW RS HFA 7, Rz 40ff.

diesem Zusammenhang, dass der **Abzug** der **Verlustanteile** erst dann erfolgt, wenn die **Entnahmen** von **Kapitalbeträgen** bereits vorgenommen wurden.

Beispiel
Beispiel zur Verlustverteilung
Ausgangslage:
- Bilanzverlust der PersG im Jahre 09: 81.900 EUR
- Die phG A und B sind mit je 50 % beteiligt.
- A erhält eine Vergütung i. H. v. 30.000 EUR, die bei der PersG nicht gewinnmindernd gebucht wird (Abschluss über Privatkonto).
- An sich stellt die Vergütung an A eine Vorwegnahme von Gewinn dar; da die PersG hier einen Verlust macht, beträgt der tatsächliche Verlust 111.900 EUR.

		phG A	phG B
Bilanzverlust	81.900 EUR	30.000 EUR	
Vergütung	30.000 EUR	– 55.950 EUR	
Realer Verlust	111.900 EUR		– 55.950 EUR
Verlust/Köpfe		– 25.950 EUR	– 55.950 EUR

Die vorstehende Verlustverteilung wird anhand folgender Buchungssätze dokumentiert:

Datum	Konto	Soll	Haben
	Privatkto. A	30.000 EUR	
	Bank		30.000 EUR
	Privatkto. A	25.950 EUR	
	Privatkto. B	55.950 EUR	
	GuV		81.900 EUR
	Kap.kto. A	55.950 EUR	
	Privatkto. A		55.950 EUR
	Kap.kto. B	55.950 EUR	
	Privatkto. B		55.950 EUR

16 Entsteht infolge einer **Verlustzurechnung** ein insgesamt **negativer Kapitalanteil** für einen Gesellschafter, so ist in Bezug auf den Bilanzausweis zu differenzieren, ob der betroffene Gesellschafter nach den gesellschaftsvertraglichen Regelungen gegenüber der Ges. ausgleichspflichtig ist oder nicht. Besteht eine Ausgleichspflicht, so ist der negative Differenzbetrag gem. § 264c Abs. 2 Satz 4 HGB auf der Aktivseite unter der Position „**Einzahlungsverpflichtungen phG**" zu zeigen. Besteht keine Ausgleichspflicht, so ist der Differenzbetrag nach § 264c Abs. 2 Satz 5 HGB als „Nicht durch Vermögenseinlagen gedeckter Verlustanteil phG" auszuweisen. Entscheidend ist, ob die Zahlungsverpflichtung gegenüber der Gesellschaft oder gegenüber Gesellschaftern besteht. Lediglich eine Zahlungsverpflichtung gegenüber der Ges. ist hier relevant. Solange die Einlage durch Verluste lediglich gemindert wird, entsteht keine Zahlungsverpflichtung des phG. Eine Zahlungsverpflichtung muss demnach entweder gesellschaftsvertraglich vereinbart worden sein oder sie ist im Rahmen der Liquidation der Ges.

entstanden. Daraus folgt bereits, dass im Regelfall ein „Nicht durch Vermögenseinlagen gedeckter Verlustanteil phG" in der Bilanz zu zeigen sein wird.[13]

§ 264c Abs. 2 Sätze 6ff. HGB bestimmt, dass die Kapitalanteile der Kommanditisten ebenfalls unter den Kapitalanteilen ausgewiesen werden, jedoch eine Trennung von den Kapitalanteilen der phG vorzunehmen ist. Für die Höhe des Ausweises ist die geleistete Pflichteinlage maßgeblich. Wurde die Pflichteinlage durch den Kommanditisten noch nicht vollständig erbracht, so ist kein Ausweis als „Ausstehende Einlage" geboten, da der Bruttoausweis von ausstehenden Einlagen in diesen Fällen entfällt.   17

Im Bereich des **EK** wird es zukünftig zu einem international üblichen **Nettoausweis** kommen, da eigene Anteile und noch nicht eingeforderte Eigenkapitalbeträge nicht mehr auf der Aktivseite der Bilanz ausgewiesen werden dürfen, sondern stattdessen direkt im Eigenkapital als **Abzugsposten** zu zeigen sind. Über § 272 Abs. 1 Satz 3 HGB wird klargestellt, dass sich die Vorschrift zum Ausweis ausstehender Einlagen nur auf die **ausstehenden Einlagen** auf das gezeichnete Kapital i.S.d. § 272 Abs. 1 Satz 1 HGB bezieht (vgl. § 272 Rz 18ff.). Ist der Kapitalanteil eines Kommanditisten durch Verluste aufgezehrt, wird für den Fall des Bestehens einer Einzahlungsverpflichtung eine entsprechende Position auf der Aktivseite ausgewiesen („**Einzahlungsverpflichtung gegenüber Kommanditisten**"). Unter Rückgriff auf § 167 Abs. 3 i.V.m. § 169 Abs. 2 HGB kann eine Einzahlungsverpflichtung allerdings im Regelfall ausgeschlossen werden. Eine Ausnahme könnte sich bei gesellschaftsvertraglichen Abreden ergeben, die eine Nachschusspflicht des Kommanditisten vorsehen. Im Regelfall ergibt sich damit bei übersteigendem Verlust ein „nicht durch Vermögenseinlage gedeckter Verlustanteil des Kommanditisten" auf der Aktivseite der Bilanz. Der gesetzliche Regelstatus für die Ergebnisverwendung bei Kommanditisten ergibt sich aus § 167 HGB. Danach ist auch bei Kommanditisten ohne abweichende gesellschaftsvertragliche Regelungen lediglich eine einzige Kapitalposition (Kapitalanteile) zu führen (vgl. Rz 13). Allerdings sieht der gesetzliche Regelstatus bei Kommanditisten abweichend zu den Regelungen bei phG vor, dass bei Erreichen der bedungenen Einlage übersteigende Gewinnanteile als Verbindlichkeit der Ges. gezeigt werden, weil der Kommanditist darauf nach § 169 Abs. 1 HGB einen Entnahmeanspruch hat.

§ 264c Abs. 2 Satz 7 HGB greift weitere Konstellationen auf, bei denen es zu einer Nachschusspflicht des Kommanditisten kommen kann. Für den Fall, dass der Kommanditist Entnahmen tätigt, können, entsprechende gesellschaftsvertragliche Vereinbarungen vorausgesetzt, Nachschusspflichten entstehen. Dies wird insb. dann der Fall sein, wenn die Einlage durch Entnahmen des Kommanditisten unter den Betrag der Hafteinlage sinkt. Gleiches gilt auch, wenn der Kommanditist Gewinnentnahmen tätigt und sein Kapitalanteil gleichzeitig durch Verluste unter den Betrag der geleisteten und vereinbarten Einlage (Haftsumme) sinkt.   18

---

[13] Vgl. *Hoffmann*, DStR 2000, S. 840.

> **Beispiel**
> Kommanditist A hat seine Einlage (= Haftsumme) i.H. von 10.000 EUR einbezahlt. Aufgrund von Verlusten aus den Geschäftsjahren 06 und 07 weist das Verlustvortragskonto des Kommanditisten einen Saldo von 2.000 EUR aus. Vom Gewinn des Geschäftsjahres 08 entfällt auf den Kommanditisten A ein Anteil von 1.000 EUR, den er auch entnimmt.
> Aufgrund der Entnahme des Gewinnanteils lebt die unmittelbare und persönliche Haftung des Kommanditisten A i.H. von 1.000 EUR wieder auf. Bilanziell wären damit ein Kapitalanteil i.H. von 8.000 EUR sowie eine Einzahlungsverpflichtung des Kommanditisten als Forderung i.H. von 1.000 EUR zu zeigen.
> In der Praxis werden derartige Konstellationen, die dem gesetzlichen Regelstatut entsprechen, eher selten vorliegen. Die Gesellschaftsverträge von PersG sehen in aller Regel vor, dass Gewinne erst nach Abbau von Verlustsonderkonten (Verlustvorträgen) entnommen werden dürfen.

Aufgrund gesellschaftsrechtlicher Vereinbarungen können gem. § 264c Abs. 2 Satz 8 HGB auch im Personengesellschaftsrecht Rücklagen gebildet werden. Der Regelfall (ohne zusätzliche gesellschaftsvertragliche Vereinbarungen) sieht somit keine Rücklagenbildung vor, sondern ordnet die jeweiligen Eigenkapitalbestandteile den einzelnen Gesellschaftern zu. In der Literatur[14] wird eine Differenzierung der Rücklagen in die Kategorien „nicht jederzeit entnahmefähige, die Pflichteinlage übersteigende Einlagen" und „Nicht jederzeit entnahmefähige Gewinnanteile" vorgenommen.

19 Die erstgenannte Kategorie wird dann relevant, wenn gesellschaftsvertragliche Vereinbarungen bestehen, nach denen über die Pflichteinlage hinaus weitere Einzahlungen durch die Gesellschafter vorzunehmen sind. Diese können entweder den bestehenden Kapitalanteilen zugeschrieben oder aber in eine separate Rücklage eingebucht werden. In der Praxis tritt eine die Pflichteinlage übersteigende Einzahlung häufig auch dann auf, wenn ein neuer **Gesellschafter** eintritt und für den Erwerb seines Kapitalanteils auch stille Reserven des Unternehmens mitvergüten muss. Insoweit kann der dann den Nominalkapitalanteil überschießende Betrag in eine Rücklage eingebucht werden, die insoweit letztendlich den Charakter einer **Kapitalrücklage** hat.

20 Die letztgenannte Rücklagekategorie wird dann gebildet, wenn gesellschaftsvertragliche Vereinbarungen bestehen, aufgrund derer ein Teil des Jahresüberschusses nicht unmittelbar den Kapitalanteilen der Gesellschafter zugeschrieben wird, sondern eine Vorabdotierung in bestimmter (meist prozentualer) Höhe zugunsten der Rücklage erfolgen muss. Diese Rücklage ist dabei zweifellos wie eine Gewinnrücklage zu qualifizieren.

Ein getrennter Ausweis dieser beiden Rücklagekategorien ist nach dem Wortlaut des Gesetzes nicht vorgeschrieben. Zu diesem Ergebnis kommt auch das IDW: „Werden aufgrund des Gesellschaftsvertrags oder durch Mehrheitsbeschluss Rücklagen gebildet, sind diese als Teil des EKs gesondert auszuweisen. Eine Aufteilung in "**Kapitalrücklagen** und **Gewinnrücklagen** ist nicht erforderlich

---

[14] Vgl. *Baetge/Kirsch/Thiele*, Bilanzen, 13. Aufl. 2014, S. 534.

und auch für **PersG**, die die besonderen Bestimmungen des § 264c HGB zu beachten haben, nicht gesetzlich vorgeschrieben.[15] Auch ein getrennter Ausweis der Rücklagen differenziert nach phG und Kommanditisten ist nicht vorgeschrieben. Dies wäre auch unzutreffend, da gesamthänderische Rücklagen der Gesamtheit der Gesellschafter zuzuordnen sind. Abweichendes käme nur bei individuellen Rücklagen einzelner Gesellschafter in Betracht.

Über § 264c Abs. 2 Satz 9 HGB wird bestimmt, dass der Betrag, mit dem die Kommanditisten noch persönlich für die Schulden der KG haften, über eine Angabe im Anhang offengelegt werden muss. Grundsätzlich kommt eine derartige Angabe immer dann in Betracht, wenn sich eine Differenz zwischen der im HR einzutragenden und im Außenverhältnis wirksamen Hafteinlage des Kommanditisten und der gesellschaftsvertraglichen Pflichteinlage des Kommanditisten ergibt. Derartige Differenzen können sich bspw. ergeben, wenn die Hafteinlage von vornherein höher als die Pflichteinlage vereinbart wurde. Dies ist oftmals aus steuerlicher Perspektive (vgl. § 15a EStG) bei Ges. mit erwarteten Anlaufverlusten gegeben. Differenzen zeigen sich auch dann, wenn grds. zwar **Haft- und Pflichteinlage** in gleicher Höhe vereinbart wurden, aber die Pflichteinlage bspw. aufgrund von Entnahmen des Kommanditisten oder aufgrund noch nicht vollständiger Erbringung der Einlageleistung weiter unter dem Betrag der Hafteinlage liegt. 21

Vereinzelte Stimmen innerhalb der wissenschaftlichen Literatur[16] sind für den Fall, dass die Pflichteinlage noch nicht vollständig erbracht wurde, abweichend von den vorstehenden Ausführungen bislang der Meinung, dass dieser Mangel über § 272 Abs. 1 Sätze 2, 3 HGB geheilt wird. Eine Anhangangabe soll deshalb entbehrlich sein, weil die noch ausstehende Einlage bislang ohnehin auf der Aktivseite gesondert ausgewiesen wird. Künftig fordert das BilMoG jedoch die offene Absetzung vom EK (= Nettoausweis). 22

Der vorstehend genannten Auffassung wird hier nicht gefolgt, weil eine generelle Handhabung für sämtliche Fälle einer Differenz zwischen Hafteinlage und Pflichteinlage anzustreben ist. Somit erfolgt für den Fall, dass die Pflichteinlage noch nicht vollständig erbracht wurde, sowohl ein bilanzieller Ausweis über § 272 Abs. 1 Sätze 2, 3 HGB als auch über eine zusätzliche Angabe im Anhang. Um einen sachgerechten Eindruck über die Höhe der Haftung zu vermitteln, sollten die bereits innerhalb der Bilanz erfassten Differenzbeträge als solche bei den einschlägigen Anhangangaben kenntlich gemacht werden.[17]

Für die Angabepflicht gem. § 264c Abs. 2 Satz 9 HGB ist die im **HR** eingetragene Höhe der **Hafteinlage** maßgeblich, d.h. **unterjährige Veränderungen** in der Höhe der Hafteinlage wirken sich nur dann auf die Anhangangabe aus, wenn sie auch registermäßig vollzogen wurden. 23

> **Beispiel**
> Praktisch bedeutsam sind damit solche Fälle, bei denen die **Anmeldung** der neuen **Hafteinlage** beim HR vor dem Bilanzstichtag erfolgte, die Eintragung der Hafteinlage im HR aber erst nach dem Bilanzstichtag vorgenommen

---

15 Vgl. IDW, RS HFA 7, Rz 36, WPg 2002, S. 1262.
16 Vgl. *Theile*, BB 2000, S. 555.
17 Vgl. *Thiele/Sickmann*, in *Baetge/Kirsch/Thiele*, Bilanzrecht, § 264c HGB, Rz 62, Stand 3/2008.

> wurde. Maßgeblich für die Angabepflicht ist die am Bilanzstichtag in das HR eingetragene Hafteinlage, sodass die angemeldete (aber noch nicht eingetragene) Hafteinlage zunächst unberücksichtigt bleibt.

24 Die abschließend in § 264c Abs. 2 HGB genannten Eigenkapitalposten „Gewinnvortrag/Verlustvortrag" und „Jahresüberschuss/Jahresfehlbetrag" weisen keine inhaltlichen Abweichungen gegenüber § 266 Abs. 3 HGB auf, sodass die entsprechenden Anforderungen theoretisch auf die Bilanzierung bei der PersG ohne natürlichen Vollhafter übertragen werden können. Im Regelfall werden jedoch bei KapCoGes die o.g. Positionen nicht ausgewiesen. Entscheidend für den Ausweis der beiden Positionen ist letztlich die Regelung im Gesellschaftsvertrag. Ebenso wie bei KapG können die beiden Posten auch zum „Bilanzgewinn/Bilanzverlust" zusammengefasst werden.

> **Beispiel**
> In der betrieblichen Praxis kommt dem Ausweis des Jahresergebnisses in der Bilanz der PersG eine erhebliche Bedeutung zu. Bezogen auf die Behandlung von Gewinnanteilen sind zunächst folgende Fallkonstellationen denkbar:
> Wurde keine gesellschaftsvertragliche Regelung getroffen, so sind zum Abschlussstichtag die Gewinnanteile der phG deren Kapitalanteilen zuzuschreiben. Insofern kommt es dann nicht zu einem bilanziellen Ausweis des Jahresüberschusses.
> Ein Ausweis des Jahresüberschusses unterbleibt auch bei Gewinnanteilen von Kommanditisten, wenn der Kapitalanteil die vereinbarte Höhe der Einlage noch nicht erreicht hat. Ist die Höhe der bedungenen Einlage erreicht, so werden überschießende Gewinnanteile dem sog. **Privatkonto** des **Kommanditisten** gutgebracht, das Fremdkapitalcharakter hat.
> Besteht hingegen eine gesellschaftsvertragliche Vereinbarung, die besagt, dass die Verwendung des Jahresüberschusses ganz oder teilweise von der Gesellschafterversammlung bestimmt werden kann, so ist ein **Jahresüberschuss** bzw. für den Fall einer teilweise ausstehenden **Verwendung** des Jahresüberschusses durch die GesV ein Bilanzgewinn auszuweisen.[18]

Für die Behandlung von Verlustanteilen ist Folgendes zu berücksichtigen:

> **Beispiel**
> Die **Kapitalanteile** der Gesellschafter sind um die **Verlustanteile** zu **kürzen**. Vor der Abschreibung des Kapitalanteils sind Verluste allerdings grds. vorweg mit gesamthänderisch gebundenen **Rücklagen zu verrechnen**. Eine Ausnahme besteht nur dann, wenn abweichende gesellschaftsvertragliche Regelungen getroffen wurden. Grundsätzlich führen Verluste nicht zu Forderungen der Ges. gegenüber den Gesellschaftern. Dies gilt auch für Verlustanteile, die von phG zu tragen sind. Dieser Grundsatz gilt dann nicht, wenn abweichende vertragliche Abreden getroffen wurden. Die Tatsache, dass grds.

---

[18] Vgl. IDW RS HFA 7, Rz 36f., WPg 2002, S. 1262.

> keine bilanzielle Forderung der Ges. entsteht, entbindet die phG natürlich nicht von der Haftungspflicht gegenüber den Gläubigern der Ges., wenn durch einen eingetretenen Verlust die bilanziellen Passiva die Aktiva übersteigen.
> Für den Fall, dass die Verluste die Kapitalanteile übersteigen, müssen PersG i.S.d. § 264a HGB die besonderen Vorschriften des § 264c Abs. 2 Sätze 3–6 HGB berücksichtigen. Die Verlustanteile, die den Kapitalanteil übersteigen, sind in der Bilanz als nicht durch Vermögenseinlagen gedeckte Verlustanteile phG und/oder Kommanditisten zu zeigen. Der Ausweis erfolgt getrennt und am Schluss der Bilanz auf der Aktivseite gem. § 268 Abs. 3 HGB. Gegenüber § 264c Abs. 2 Satz 1 HGB sind diese Regelungen als Spezialvorschrift anzusehen. Es kommt damit in der Bilanz nicht zum Ausweis eines Jahresfehlbetrags oder eines Verlustvortrags.[19]

Eine unter § 264a fallende KG oder OHG muss hinsichtlich eines ggf. aufzustellenden Konzernabschlusses ebenfalls die Vorschrift des § 264c Abs. 2 HGB beachten. Dies ergibt sich aus dem Verweis des § 298 Abs. 1 auf § 266. Nach § 264c Abs. 2 ist § 266 Abs. 3 von KapCoGes unter Berücksichtigung der genannten Abweichungen anzuwenden. Dies schließt die Anwendung auf den Konzernabschluss ein.[20] Unter Berücksichtigung der Regelungen zur Ergebnisverteilung bei phG und Kommanditisten (Zu- oder Abschreibung von den Kapitalanteilen bzw. ggf. Ausweis als Verbindlichkeit der Ges.) ergibt sich im Zusammenhang mit der Handhabung im Konzernabschluss dann ein Problem, wenn der Konzernabschluss ein höheres EK ausweist, als sich aus der Summe der Kapitalanteile im Jahresabschluss des MU ergibt. Bei einer solchen Konstellation wird der Differenzbetrag als Gewinnrücklage im Konzernabschluss gezeigt. Weist der Konzernabschluss ein niedrigeres EK aus, so muss ein passiver Ausgleichsposten im EK des Konzernabschlusses gezeigt werden. Für dessen Bezeichnung wird ein „Ausgleichsposten für gegenüber dem Mutterunternehmen niedrigere Konzernergebnisse" vorgeschlagen.[21]

25

2.3 Ausweis von Privatvermögen und Steueraufwand (Abs. 3)

Über § 264c Abs. 3 HGB wird konkretisiert, dass nur die VG bei der PersG erfasst und bewertet werden dürfen, die sich in ihrem wirtschaftlichen Eigentum befinden. Privatvermögen der Gesellschafter spielt insoweit für die Bilanz der KonzernabschlussprüfungCoGes keine Rolle.[22] Auch die im Rahmen der einkommensteuerrechtlichen Gewinnermittlung erforderliche Definition eines gesellschafterbezogenen Sonderbereichs mit entsprechender Differenzierung in Sonderbetriebsvermögen sowie Sonderbetriebseinnahmen und -ausgaben spielt für die hier interessierende HB keine Rolle. Gleiches gilt auch für die vom Gesellschafter geschuldeten Körperschaft- und Einkommensteuerbeträge, die

26

---

19 Vgl. IDW RS HFA 7, Rz 38 ff., WPg 2002, S. 1263.
20 Vgl. *Herrmann*, WPg 2001, S. 281.
21 Vgl. *Kanitz*, WPg 2003, S. 344.
22 Zur steuerlichen Abgrenzung vgl. *Frotscher*, in Frotscher/Geurts, EStG, § 4 EStG, Rz 36, Stand 2/2011.

zu den persönlichen Steuern gehören und nicht als Steueraufwand der Ges. angesehen werden dürfen. Bei der Zuordnung von Steuerbeträgen zum Gesellschafter oder zur Ges. muss die Frage leitend sein, wer jeweils Steuerschuldner ist. Zum Ertragsteueraufwand der PersG gehört lediglich die Gewerbeertragsteuer.

> **Beispiel**
> In der betrieblichen Praxis treten im Zusammenhang mit Steuerfragen zwei Problemkreise auf:
> Der erste Problemkreis sind **einbehaltene** Abzugsteuern (z. B. Abgeltungsteuer auf Zinserträge der PersG), die handelsbilanziell im Regelfall als Forderung gegen den Gesellschafter ausgewiesen wird.
> Der zweite Problemkreis ist die gesellschaftsrechtlich oftmals zulässige Entnahme von Beträgen zur Begleichung von **privater Einkommen-** bzw. **Körperschaftsteuer** des **Gesellschafters**. Hier sind insb. die Zulässigkeit unterjähriger Entnahmen für private Steuern oder auch Nachzahlungen von privater Einkommensteuer aufgrund von Betriebsprüfungen von Bedeutung.

27 Damit trotz alldem eine Vergleichbarkeit des Jahresüberschusses der KapG & Co. mit dem Jahresüberschuss der KapG (auch körperschaftsteuerpflichtig) vorgenommen werden kann, sieht § 264c Abs. 3 Satz 2 HGB vor, dass nach dem Jahresergebnis ein dem Steuersatz der Komplementärgesellschaft entsprechender Steueraufwand der Gesellschafter offen abgesetzt oder hinzugerechnet werden darf. Es handelt sich dabei also um einen **fiktiven Steueraufwand**, der durch die beiden Parameter Steuersatz und Bemessungsgrundlage bestimmt wird. Bezüglich des Steuersatzes ist seit 2008 gem. § 23 Abs. 1 KStG von 15 % auszugehen. Ebenfalls ist zusätzlich ein Solidaritätszuschlag i. H. von 5,5 % zu berücksichtigen. Genauere Aussagen zur Ermittlung der Bemessungsgrundlage sind dem Gesetzestext nicht zu entnehmen. Da allerdings der Betrag, der der KSt unterlegen hätte, wenn es sich bei der PersG um eine KapG gehandelt hätte („Als-ob-Veranlagung")[23], ermittelt werden soll, muss die Bemessungsgrundlage nach den Vorschriften des § 8 Abs. 1 KStG i. V. m. § 4 Abs. 1 EStG berechnet werden. Es sind also auch nicht abziehbare Aufwendungen und steuerfreie Erträge zu berücksichtigen. Um dem Grundsatz der Bilanzklarheit Rechnung zu tragen, sollte die genaue Berechnung im **Anhang** erläutert werden. Übereinstimmung besteht darüber, dass bei der Ermittlung der Bemessungsgrundlage zur Ermittlung der KSt eine grobe Schätzung ausreichend ist.[24]
Hinzuweisen bleibt auf die Tatsache, dass die vom Gesetzgeber vorgesehene Möglichkeit des Ausweises eines fiktiven Steueraufwands ohne jegliche praktische Relevanz ist.

28 Der auf diese Weise berechnete Steueraufwand ist unmittelbar nach dem Posten „Jahresüberschuss/Jahresfehlbetrag" **auszuweisen** und so zu kennzeichnen, dass die Fiktivität herausgestellt wird. Vorgeschlagen wird hier eine Bezeichnung wie etwa **„fiktive KSt"**.[25] Wird die fiktive KSt mit dem Jahresergebnis verrechnet, so

---

23 Vgl. *Kanitz*, WPg 2003, S. 339.
24 Vgl. *Thiele/Sickmann*, in *Baetge/Kirsch/Thiele*, Bilanzrecht, § 264c HGB, Rz 74.1, Stand 3/2008.
25 Vgl. *Thiele/Sickmann*, in *Baetge/Kirsch/Thiele*, Bilanzrecht, § 264c HGB, Rz 75, Stand 3/2008.

muss auch bei dem sich dann ergebenden rechnerischen Saldo die fiktive Einflussdeterminante deutlich herausgestellt werden. Zu denken ist hier an eine Position mit der Bezeichnung „Jahresüberschuss/Jahresfehlbetrag nach fiktiver KSt".[26]

2.4 Ausweis der eigenen Anteile und des Sonderpostens (Abs. 4)

2.4.1 Ausweis der Anteile

§ 264c Abs. 4 Satz 1 HGB bestimmt, dass **Anteile**, die von der **haftungsbeschränkten PersG** an ihrem phG gehalten werden, in Abhängigkeit von der Beteiligungshöhe ausgewiesen werden müssen. Infrage kommt hier entweder ein Ausweis als Anteile an verbundenen Unt (vgl. §§ 271 Abs. 2, 290 HGB) oder ein Ausweis als Beteiligung innerhalb des Anlagevermögens. Der Begr. zum Regierungsentwurf ist zu entnehmen, dass die Anteile am phG gesondert (z.B. mit einem „Davon-Vermerk" oder durch eine entsprechende Anhangangabe) ausgewiesen werden müssen.[27] Durch diesen separaten Posten wird letztendlich deutlich, in welcher Größenordnung in der Bilanz der KapG & Co. Vermögen ausgewiesen wird, auf das die Gläubiger der PersG direkt über die GmbH als phG zugreifen können.[28]

29

2.4.2 Ausweis des Sonderpostens

Aus dem Erwerb von Anteilen resultiert in der Bilanz der KapCoGes ein entsprechender Aktivposten, der ohne weitere bilanzielle Korrekturen eine Erhöhung des bilanziellen EK zur Folge hätte, wenn die Komplementärgesellschaft die erhaltenen Mittel verwendet, um ihre Einlageverpflichtung bei der PersG zu erfüllen. Um eine solche Kapitalvermehrung, die letztendlich durch die Beteiligung „an sich selbst" und ohne Mittelzufluss von außen entsteht, zu verhindern, fordert der Gesetzestext in § 264c Abs. 4 Satz 2 HGB die Bildung eines **Sonderpostens**. Dieser ist i. H. der aktivierten Beteiligung und nach dem Posten „EK" in der Bilanz als **„Ausgleichsposten"** für aktivierte **eigene Anteile** auszuweisen. Im Zusammenhang mit der Bildung dieses Sonderpostens verweist der Gesetzestext auf § 272 Abs. 4 HGB als analoge Vorschrift für KapG.

30

Rein formal wird die Bezeichnung des Sonderpostens als „Ausgleichsposten für aktivierte eigene Anteile" als problematisch angesehen, weil es sich faktisch nicht um Anteile an der PersG., sondern um Anteile an der Komplementär-KapG handelt und damit keine „eigenen Anteile" vorliegen.[29] Es wäre im Fall einer wechselseitigen kapitalmäßigen Beteiligung allenfalls gerechtfertigt, von einem „mittelbaren eigenen Anteil" zu sprechen, weil letztendlich eine volle Eigenfinanzierung des Anteils durch die PersG erfolgt und kein externer Mittelzufluss vorliegt.[30]

31

Problematisch im Zusammenhang mit der Handhabung des Sonderpostens sind im Wesentlichen zwei Aspekte: Zum einen stellt sich die Frage, warum der

32

---

[26] Vgl. *Thiele/Sickmann*, in *Baetge/Kirsch/Thiele*, Bilanzrecht, § 264c HGB, Rz 75, Stand 3/2008.
[27] Vgl. BilMoG-BegrRegE, BT-Drs. 14/1806 v. 15.10.1999, S. 21; *Schmidt/Hoffmann*, in Beck Bil-Komm., 10. Aufl., 2016, § 264c HGB, Rz 80; WPH Edition, Wirtschaftsprüfung & Rechnungslegung, 15. Aufl., 2017, Abschn. F, Tz 347.
[28] Vgl. *Zeyer*, BB 2008, S. 1443.
[29] Vgl. *Wiechmann*, WPg 1999, S. 916, 922.
[30] Vgl. *Kanitz*, WPg 2003, S. 336.

Gesetzgeber nur die Konstellation im Zusammenhang mit Anteilen an der Komplementär-KapG aufgreift. Möglich wäre ebenso die Beteiligung an einem Kommanditisten mit entsprechendem Kapitalrückfluss. Auch daraus würde ein Zuwachs der Kapitalbasis resultieren, der letztendlich über einen Sonderposten korrigiert werden müsste. Insoweit wird in der Literatur auch bei **Anteilen an Kommanditisten** die Bildung eines Sonderpostens gefordert.[31]
Zum anderen ist nicht ersichtlich, warum der Gesetzestext in § 264c Abs. 4 Satz 2 HGB nicht unterscheidet, ob die Komplementär-GmbH am Kapital der GmbH & Co. KG beteiligt ist oder nicht. Für den Fall, dass keine Beteiligung an der PersG vorliegt, besteht auch nicht die Gefahr, dass die Kapitalbasis entgegen der tatsächlichen Lage zu hoch ausgewiesen wird. Auf eben diesen Fall zielt die Notwendigkeit der Bildung eines Sonderpostens jedoch ab. Wenn die Komplementär-Ges. weder eine Einlage in die KG geleistet hat noch am Ergebnis der KG beteiligt ist, sollte daher auf die Bilanzierung eines Ausgleichspostens verzichtet werden.[32]
Bildung und Ausweis eines Sonderpostens sind nicht nur in den Fällen erforderlich, in denen das Vermögen der GmbH ausschließlich aus der Beteiligung an der PersG besteht und damit die Anteile schon unter dem Gesichtspunkt der Substanzbetrachtung wertlos sind und somit eine Wertkorrektur durch den Sonderposten erfordern, sondern auch in den Fällen, in denen die GmbH neben der Beteiligung an der PersG noch weiteres Vermögen hält, das jedoch in Relation zum Gesamtvermögen von untergeordneter Bedeutung ist.[33] Nach anderer Literaturmeinung ist selbst die untergeordnete Größenordnung des sonstigen Vermögens nicht erforderlich,[34] dem zuzustimmen ist.

2.4.3 Bildung des Sonderpostens

33 Die Bildung des Sonderpostens soll nach den Vorschriften des § 264c Abs. 4 Satz 2 HGB entsprechend § 272 Abs. 4 HGB erfolgen. Nach dem reinen Wortlaut des Gesetzes muss die Bildung des Ausgleichspostens bereits immer dann erfolgen, wenn die PersG über einen Anteil an der Komplementär-KapG verfügt. Wie die PersG den Kapitalanteil letztendlich finanziert hat, ist für die Verpflichtung zur Bildung des Ausgleichspostens danach unerheblich.[35]

> **Beispiel**
> **Überhöhter Ausweis des Haftkapitals**
> Der Kommanditist K beteiligt sich an einer KG mit einer Pflichteinlage (gleichzeitig auch Hafteinlage) i. H. von 200.000 EUR. Als Komplementärin fungiert die G-GmbH, die ein Stammkapital i. H. von 100.000 EUR ausweist. Nachdem der Gründungsvorgang von GmbH und KG abgeschlossen ist, veräußert K seinen Anteil am Stammkapital der G-GmbH an die KG für 100.000 EUR. Weiterhin soll unterstellt werden, dass die Komplementärin

---

31 Vgl. *Thiele/Sickmann*, in *Baetge/Kirsch/Thiele*, Bilanzrecht, § 264c HGB, Rz 84, Stand 3/2008.
32 Vgl. *Schmidt/Hoffmann*, in Beck Bil-Komm., 10. Aufl., 2016, § 264c HGB, Rz 86f.; *Theile*, GmbHR 2000, S. 1135, 1138.
33 Vgl. *Zeyer*, BB 2008, S. 1444.
34 Vgl. *Thiele/Sickmann*, in *Baetge/Kirsch/Thiele*, Bilanzrecht, § 264c HGB, Rz 86, Stand 3/2008.
35 Vgl. *Kanitz*, WPg 2003, S. 336.

> am Festkapital der KG entweder gar nicht oder i. H. von x EUR beteiligt ist. Bei einer solchen Konstellation steht den Gläubigern effektiv ein Haftungsfonds i. H. von 200.000 EUR zur Verfügung.

Die Notwendigkeit der Bildung eines Sonderpostens sieht der Gesetzgeber hier aufgrund der Tatsache, dass der Kommanditist durch den Verkauf seines GmbH-Anteils an die KG die zuvor in das Vermögen der Komplementärin geleistete Einlage wieder zurück erhält und es somit (ohne Bildung eines Sonderpostens) zu einer überhöhten Darstellung des Haftungsfonds gegenüber etwaigen Gläubigern käme.

Bei KapG wird die Rücklage für eigene Anteile zulasten frei verfügbarer Gewinnrücklagen, zulasten eines Gewinnvortrags sowie zulasten des Jahresergebnisses gebildet.[36] Das ein positives Jahresergebnis infolge der Dotierung der Rücklage in einen Bilanzverlust umschlagen kann, wird dabei in Kauf genommen.[37] Bei einer Anlehnung an die Dotierungssystematik für KapG ist allerdings problematisch, dass das EK bei PersG anteilig den einzelnen Gesellschaftern zuzurechnen ist. Es stellt sich damit die Frage, zulasten der Kapitalanteile welcher Gesellschafter der Ausgleichsposten gebildet werden darf. In der Literatur wird sowohl die Auffassung vertreten, dass die Bildung des Sonderpostens lediglich zulasten der Kapitalanteile der Kommanditisten zu erfolgen hat,[38] als auch die Auffassung, dass der Ausgleichsposten allein zulasten des Kapitalanteils der Komplementär-GmbH gebildet werden muss.[39] Eine pauschale Bildung zulasten der Anteile von Kommanditisten wird deshalb abgelehnt, weil dadurch auch Kommanditisten betroffen wären, die infolge des GmbH-Anteilserwerbs gar keine Einlagen zurückgewährt bekommen haben.[40]

Aus der Perspektive des Haftungsrechts muss in jedem Fall bedacht werden, dass sowohl das Stammkapital des phG als auch die **Hafteinlagen** der Kommanditisten nicht nur aufgebracht, sondern auch **nicht zurückgezahlt** werden dürfen. In diesem Zusammenhang wurde aus der Perspektive der Kommanditisten die **Schutzvorschrift** des § 172 Abs. 6 HGB eingeführt. Danach gilt die Einlage eines Kommanditisten als nicht erbracht, wenn sie in Anteilen an dem phG bewirkt wurde. Die PersG ist daher gehalten, das Komplementärkapital aus freiem Vermögen, d. h. aus Vermögen, das das Haftkapital übersteigt, zu finanzieren.[41]

Von entscheidender Bedeutung ist daher die Frage, ob im Zuge des **Anteilserwerbs** eine **Einlagenrückgewähr** stattgefunden hat oder nicht. Handelt es sich um eine beteiligungsidentische GmbH & Co. KG (= GmbH & Co. KG, bei der sämtliche Anteile der Komplementär-GmbH durch die KG gehalten werden), die zugleich auch die Voraussetzungen einer Einheits-GmbH & Co. KG erfüllt, so liegt durch den Verkauf der GmbH-Anteile an die KG automatisch immer eine Einlagenrückgewähr vor. Somit wäre in diesem Fall auch eine Dotierung des

---

36 Vgl. IDW HFA RS 7, Tz 16.
37 Vgl. *Kusterer/Kirnberger/Fleischmann*, DStR 2000, S. 608.
38 Vgl. IDW, RS HFA 7, Tz 17.
39 Vgl. *Schmidt/Hoffmann*, in Beck Bil-Komm., 10. Aufl., 2016, § 264c HGB, Rz 84.
40 Vgl. *Zeyer*, BB 2008, S. 1445.
41 Vgl. *Esch*, BB 1991, S. 1129.

Ausgleichspostens zulasten der Kapitalanteile der Kommanditisten sachgerecht. Zur Klarstellung und Abgrenzung: Eine beteiligungsidentische GmbH & Co.KG ist dann gegeben, wenn die Beteiligungsverhältnisse in der GmbH identisch sind zu denen in der KG, d.h., die Gesellschafter der GmbH sind in gleicher Höhe als Kommanditist an der KG beteiligt. Die GmbH ist zwar Komplementärin, aber mit 0 % am Kapital und Ergebnis der KG beteiligt. Bei einer Einheits-GmbH & Co.KG werden hingegen die Anteile an der Komplementär-GmbH zu 100 % von der KG selbst gehalten. Dies ist unabhängig davon zu sehen, ob die Komplementärin selbst wiederum an Kapital bzw. Ergebnis der KG beteiligt ist oder nicht.

2.5 Befreiungsregelungen (Abs. 5)

37 In § 264c Abs. 5 HGB hat der Gesetzgeber mit dem MicroBilG für Gj, die nach dem 30.12.2012 enden, umfangreiche Befreiungen von den zuvor genannten Angabe- und Untergliederungspflichten vorgesehen. Für kleine KapG und KleinstKapG gelten die in § 264c Abs. 1–4 HGB festgeschriebenen Sondervorschriften für KapCoGes. nur bei der Ermittlung – nicht jedoch der Gliederung. Da der Gesetzgeber in § 264c Abs. 5 HGB nicht nur auf den neu eingeführten § 266 Abs. 1 Satz 4 HGB für KleinstKapG, sondern auch auf 266 Abs. 1 Satz 3 HGB für kleine KapG verweist, wurde mit dieser Regelung gleichzeitig auch eine **neue Erleichterung für kleine KapCoGes** eingeführt, die ihrer Bilanz bislang auch bei der für kleine KapG verkürzten Bilanzen um diese rechtsformspezifischen Angaben zu erweitern hatten.

38 Die Bezeichnungen **„Ermittlung"** sowie **„Gliederung"** sind insofern unglücklich, als dass diese Begriffe im Zusammenhang mit der Bilanz so nicht geläufig sind. Mit der Ermittlung kann nur die Berechnung und mit der Gliederung nur der Ausweis gemeint sein.[42] Dies bedeutet, dass bei diesen Ges. zunächst die gem. § 264c Abs. 1–4 HGB vorgeschriebenen Angaben/Posten zu ermitteln sind. Konkret sind dies:
- § 264c Abs. 1 HGB: Ausleihungen, Forderungen und Verbindlichkeiten gegenüber Gesellschaftern (alternativ auch im Anhang),
- § 264c Abs. 2 HGB: Kapitalanteile, Rücklagen, Gewinn-/Verlustvortrag und Jahresüberschuss/-fehlbetrag im Eigenkapital,
- § 264c Abs. 4 Satz 2 HGB: Ausgleichsposten für aktivierte eigene Anteile.

Im Rahmen des Ausweises kann auf diese Posten dann jedoch verzichtet werden, da dies nach Auffassung der Bundesregierung für reine KapG ebenso gilt und kein Anlass für eine schärfere Regelung für KapCoGes. gesehen wird.[43] Dabei ist die Nutzung des Ausweiswahlrechts für ein verkürztes Bilanzgliederungsschema jedoch explizit als Voraussetzung genannt. Somit müssen kleine KapCoGes. grds. auch die verkürzte Bilanz nur mit den mit Buchstaben oder römischen Zahlen bezeichneten Posten von § 266 Abs. 2 und 3 HGB ausweisen. Eine freiwillige weitere Untergliederung i.S.v. § 265 Abs. 5 HGB dürfte jedoch in geringem Maße unschädlich sein. Wählt die kleine KapCoGes. jedoch die volle

---

[42] Vgl. *Müller/Kreipl*, DB 2013, S. 74 f.
[43] Vgl. BegrRegE MicroBilG, S. 21.

Bilanzgliederung, so sind auch die Untergliederungsnotwendigkeiten und weiteren Angaben zu beachten. Gleiches gilt für die KleinstKapG.
Damit müssen kleine und Kleinst-KapCoGes. zwar für die **Ermittlung des** 39 **Anlagevermögens, Umlaufvermögens, Eigenkapitals und der Verbindlichkeiten** die Regelungen des § 264c HGB beachten, d. h. insb. die Kapitalanteile, Verbindlichkeiten und Forderungen der Gesellschafter sowie Anteile an Komplementärgesellschaften bestimmen, doch ergibt sich keine Notwendigkeit, die geforderten Einzelposten entsprechend der aufgeführten Regelungen in der Bilanz oder bei kleinen Ges. im Anhang bzw. bei KleinstGes. unter der Bilanz gesondert auszuweisen.

§ 264d Kapitalmarktorientierte Kapitalgesellschaft

Eine Kapitalgesellschaft ist kapitalmarktorientiert, wenn sie einen organisierten Markt im Sinn des § 2 Abs. 5 des Wertpapierhandelsgesetzes durch von ihr ausgegebene Wertpapiere im Sinn des § 2 Absatz 1 des Wertpapierhandelsgesetzes in Anspruch nimmt oder die Zulassung solcher Wertpapiere zum Handel an einem organisierten Markt beantragt hat.

Prof. Dr. Stefan Müller

Inhaltsübersicht	Rz
1 Überblick	1–3
2 Tatbestandsmerkmale	4–6
2.1 Nutzung eines organisierten Markts	4
2.2 Ausgabe von Wertpapieren	5–6
3 Rechtsfolgen einer Qualifikation als kapitalmarktorientierte Kapitalgesellschaft	7–9
3.1 Jahresabschluss und Lagebericht	7
3.2 Konzernabschluss und Konzernlagebericht	8
3.3 Sonstige Regelungen	9

1 Überblick

1 Kapitalmarktorientierte KapG unterliegen im Rahmen des HGB gesonderten Bestimmungen. Aus diesem Grund ist es notwendig, den Terminus der „Kapitalmarktorientierten Kapitalgesellschaft" zu definieren. Diese Aufgabe kommt § 264d HGB zu. Werden künftig Änderungen des WpHG vorgenommen, so sind diese automatisch über § 264d HGB erfasst und müssen lediglich auf ihre Kongruenz mit dem Regelungsumfang dieser handelsrechtlichen Norm überprüft werden.
Ein eigenständiger Regelungsgehalt i.S. e. Rechnungslegungsbestimmung kann § 264d HGB nicht entnommen werden.
Im Anwendungsbereich des § 264d HGB gelten alle KM-orientierten KapG als große Ges. i.S.d. HGB unter entsprechender Anwendung der einschlägigen Vorschriften zur gesetzlichen Abschlussprüfung. Die Legaldefinition der KM-orientierten KapG bringt damit keine materiellen Neuerungen in Bezug auf den persönlichen Anwendungsbereich der gesetzlichen Abschlussprüfung mit sich.[1]

2 Das Gesetz verwendet an verschiedenen Stellen neben dem Begriff der KM-orientierten KapG auch die verwandten Begriffe **börsennotierte AG** und **börsennotierte KapitalG**.[2]
Unter Rückgriff auf § 3 Abs. 2 AktG ist eine börsennotierte AG eine AG, „deren Aktien zu einem Markt zugelassen sind, der von staatlich anerkannten Stellen

---

[1] Vgl. Orth/Müller, in Küting/Pfitzer/Weber, Das neue deutsche Bilanzrecht, 2008, S. 610.
[2] Vgl. Zwirner, PIR 2000, S. 93.

geregelt und überwacht wird, regelmäßig stattfindet und für das Publikum mittelbar oder unmittelbar zugänglich ist." Eine KM-orientierte AG kann im Gegensatz zur börsennotierten AG auch nur Schuldtitel an einem regulierten Markt ausgegeben haben. Dies gilt allerdings nur, wenn dies an einer Börse im EU/EWR-Raum vorgenommen wurde.
Hat eine AG Aktien lediglich an einer überwachten Börse außerhalb des EU/EWR-Raums ausgegeben, so ist sie nicht kapitalmarktorientiert i.S.d. § 264d HGB, wohl aber börsennotiert. Die vorstehenden Ausführungen zur börsennotierten AG gelten auch für die SE und die KGaA.

Börsennotierte AGs müssen im Jahresabschluss und Lagebericht (für den Konzernabschluss und Konzernlagebericht gelten analoge Regeln) ergänzend folgende Regelungen berücksichtigen:
- individualisierte Angaben zu den Vorstandsbezügen (vgl. § 285 Nr. 9 u. § 314 Abs. 1 Nr. 6 HGB).
- Erklärung zur Abgabe, zur Einhaltung und zum Veröffentlichungsort des Corporate Governance Kodex (vgl. § 285 Nr. 16 u. § 314 Abs. 1 Nr. 8 HGB).
- Grundzüge des Vergütungssystems für Vorstände (vgl. § 289 Abs. 2 Nr. 5 u. § 315 Abs. 2 Nr. 4 HGB).
- Erklärung zur Unternehmensführung (vgl. § 289f HGB).
- Beim Prüfungsumfang ist zu berücksichtigen, dass die Außenprüfung um die Prüfung des nach § 91 Abs. 2 AktG einzurichtenden Überwachungssystems zu erweitern ist.

Börsennotierte KapG müssen zusätzlich beachten:
- Für Organmitglieder sind ergänzende Angaben zu Aufsichtsrat-Mandaten erforderlich (vgl. § 285 Nr. 10 HGB).
- Es bestehen erweiterte Angabepflichten zu Beteiligungen an großen KapG (vgl. § 285 Nr. 11 u. § 313 Abs. 2 Nr. 4 HGB).

2 Tatbestandsmerkmale

2.1 Nutzung eines organisierten Markts

Im Rahmen der Darstellung der Tatbestandsmerkmale des § 264d HGB ist eine Bezugnahme auf zentrale Vorschriften des Wertpapierhandelsgesetzes erforderlich.[3] Durch das WpHG wird in Deutschland der Wertpapierhandel reguliert. Gleichzeitig sind hier Kontrollmechanismen für Dienstleistungsunt, die mit Wertpapieren oder Finanztermingeschäften handeln, festgelegt. Ferner werden im WpHG Veröffentlichungspflichten konkretisiert, die für börsennotierte Unt gelten. Entsprechend der Regelung des § 2 Abs. 5 WpHG besteht für den Begriff des organisierten Markts folgende Legaldefinition:

> **§ 2 Abs. 5 WpHG:**
> „Organisierter Markt im Sinne dieses Gesetzes ist ein im Inland, in einem anderen Mitgliedstaat der Europäischen Union oder einem anderen Vertragsstaat des Abkommens über den Europäischen Wirtschaftsraum betriebenes

---

[3] Vgl. *Kessler/Leinen/Strickmann*, BilMoG, 2009, S. 108.

> oder verwaltetes, durch staatliche Stellen genehmigtes, geregeltes und überwachtes multilaterales System, das die Interessen einer Vielzahl von Personen am Kauf und Verkauf von dort zum Handel zugelassenen Finanzinstrumenten innerhalb des Systems und nach festgelegten Bestimmungen in einer Weise zusammenbringt oder das Zusammenbringen fördert, die zu einem Vertrag über den Kauf dieser Finanzinstrumente führt."

Vereinfacht können damit die Kriterien für einen organisierten Markt i.S.d. § 2 Abs. 5 WpHG wie folgt skizziert werden:[4]
- Markt, der von staatlichen Stellen geregelt und überwacht wird.
- Kontinuierliches Handelsgeschehen (Regelmäßigkeit).
- Öffentlichkeit hat mittelbaren oder unmittelbaren Zugang.

Zudem greift unter Berücksichtigung von § 2 Abs. 5 WpHG eine räumliche Eingrenzung. Danach liegt ein organisierter Markt nur vor, wenn er im Inland, in der EU oder dem EWR betrieben wird. Ein Unt, das z.B. Wertpapiere in den USA begeben hat, ist somit keine KM-orientierte KapG i.S.d. § 264d HGB.

Die gesetzlichen Marksegmente sind in Deutschland der geregelte Markt und der Freiverkehr. Der Begriff des organisierten Markts in § 2 Abs. 5 WpHG ist ein Oberbegriff, der den regulierten bzw. geregelten Markt umfasst. Der Freiverkehr genügt nicht den Bestimmungen des § 2 Abs. 5 WpHG. Auf der Grundlage der gesetzlichen Marktsegmente können die Wertpapierbörsen eigene Teilmärkte bilden. So hat bspw. die Frankfurter Wertpapierbörse als weitere Teilmärkte unterhalb des organisierten Markts den General Standard und den Prime Standard gebildet. Beide Teilmärkte erfüllen die Voraussetzungen nach § 2 Abs. 5 WpHG. Auch für den Freiverkehr gibt es z.B. an der Frankfurter Wertpapierbörse einen Teilmarkt, den sog. Entry Standard. Ebenso wie der Freiverkehr genügt auch der Entry Standard nicht den Bestimmungen des § 2 Abs. 5 WpHG.

Sämtliche geregelten Märkte nach der EU-Wertpapierdienstleistungsrichtlinie (2004/39/EG) werden jährlich im Amtsblatt der EU als Verzeichnis veröffentlicht.[5]

2.2 Ausgabe von Wertpapieren

5 Der Begriff des Wertpapiers ist in § 2 Abs. 1 WpHG geregelt:

> **§ 2 Abs. 1 WpHG:**
> Wertpapiere im Sinne dieses Gesetzes sind, auch wenn keine Urkunden über sie ausgestellt sind, alle Gattungen von übertragbaren Wertpapieren mit Ausnahme von Zahlungsinstrumenten, die ihrer Art nach auf den Finanzmärkten handelbar sind, insbesondere.
> 1. Aktien,
> 2. andere Anteile an in- oder ausländischen juristischen Personen, Personengesellschaften und sonstigen Unternehmen, soweit sie Aktien vergleichbar sind, sowie Zertifikate, die Aktien vertreten,

---

[4] Vgl. *Kessler/Leinen/Strickmann*, BilMoG, 2009, S. 109.
[5] Vgl. https://ec.europa.eu/info/node/7511, letzter Abruf am 3.8.2017.

3. Schuldtitel,
   a. insb. Genussscheine und Inhaberschuldverschreibungen und Orderschuldverschreibungen sowie Zertifikate, die Schuldtitel vertreten,
   b. sonstige Wertpapiere, die zum Erwerb oder zur Veräußerung von Wertpapieren nach den Nummern 1 und 2 berechtigen oder zu einer Barzahlung führen, die in Anhängigkeit von Wertpapieren, von Währungen, Zinssätzen oder anderen Erträgen, von Waren, Indices oder Messgrößen bestimmt wird.

Im praktischen Umgang sind damit von § 2 Abs. 1 WpHG im Wesentlichen folgende Wertpapiere erfasst, deren Existenz im Zusammenhang mit der Feststellung der Voraussetzungen des § 264d HGB geprüft werden muss:
- Aktien;
- Zertifikate, die Aktien vertreten;
- Schuldverschreibungen;
- Genussscheine;
- Optionsscheine;
- vorstehend noch nicht genannte Wertpapiere, bei denen eine Vergleichbarkeit mit Schuldverschreibungen oder Aktien gegeben ist.

Zum Bereich der im Rahmen des § 264d HGB definierten Wertpapiere gehören nach dem Wortlaut des Gesetzestexts ausdrücklich nicht Anteile an Investmentvermögen, die von einer Kapitalanlagegesellschaft oder einer ausländischen Investmentgesellschaft ausgegeben wurden. Diese Negativabgrenzung ergibt sich aus § 2 Abs. 2b WpHG.

3 Rechtsfolgen einer Qualifikation als kapitalmarktorientierte Kapitalgesellschaft

Die Rechtsfolgen einer Qualifikation als KM-orientierte KapG können danach differenziert werden, ob sie sich auf den Jahresabschluss und Lagebericht, auf den Konzernabschluss und Konzernlagebericht oder auf sonstige Regelungen beziehen.

3.1 Jahresabschluss und Lagebericht

- Für den Fall, dass kein Konzernabschluss aufzustellen ist, sind Ergänzungen des Jahresabschlusses um eine KFR und einen EK-Spiegel notwendig (vgl. § 264 Abs. 1 Satz 2 HGB).
- Es gibt keine größenabhängigen Erleichterungen, da die KM-orientierte KapG stets als große KapG anzusehen ist (vgl. § 267 Abs. 3 Satz 2 HGB).
- Auch für den Fall, dass die Angaben nach vernünftiger kaufmännischer Beurteilung geeignet sind, der KapG einen erheblichen Nachteil zuzufügen, können Angaben zu Beteiligungen nicht unterbleiben (vgl. § 286 Abs. 3 Satz 3 HGB).
- Es sind Ergänzungen des Lageberichts um wesentliche Merkmale des internen Kontroll- und des Risikomanagementsystems im Hinblick auf den Rechnungslegungsprozess vorzunehmen (vgl. § 289 Abs. 5 HGB).

- Es gilt eine verkürzte Offenlegungspflicht für den Jahresabschluss u. a. von vier Monaten (vgl. § 325 Abs. 4 HGB).
- Bei KM-orientierten Nicht-KapG muss der Jahresabschluss um einen Anhang ergänzt werden (vgl. § 5 Abs. 2a PublG).

3.2 Konzernabschluss und Konzernlagebericht

- Für den Konzernabschluss und den Konzernlagebericht gilt eine verkürzte Aufstellungsfrist von vier Monaten (vgl. § 290 Abs. 1 Satz 2 HGB).
- Die Befreiung von der Aufstellung eines Konzernabschlusses durch ein übergeordnetes MU darf von KM-orientierten KapG nicht in Anspruch genommen werden. Diese Beschränkung gilt noch nicht, wenn lediglich der Antrag auf Zulassung gestellt wurde (vgl. § 291 Abs. 3 Nr. 1 HGB).
- Es gibt keine größenabhängige Befreiung von der Pflicht zur Aufstellung eines Konzernabschlusses (vgl. § 293 Abs. 5 HGB).
- Auch für den Fall, dass die Angaben nach vernünftiger kaufmännischer Beurteilung geeignet sind, der KapG einen erheblichen Nachteil zuzufügen, können Angaben zu Beteiligungen nicht unterbleiben (vgl. § 313 Abs. 3 Satz 3 HGB).
- Es sind Ergänzungen des Lageberichts um wesentliche Merkmale des internen Kontroll- und des Risikomanagementsystems im Hinblick auf den Rechnungslegungsprozess vorzunehmen (vgl. § 315 Abs. 2 Nr. 5 HGB).
- Aufstellung eines Konzernabschlusses nach IFRS. Das gilt noch nicht, wenn lediglich die Zulassung zum Handel an einem ausländischen Markt beantragt wurde (vgl. § 315e HGB).
- Für bestimmte KM-orientierte MU gelten verkürzte Aufstellungsfristen (vgl. § 13 Abs. 1 Satz 2 PublG).
- Die Ergänzung des Konzernabschlusses um eine KFR und einen EK-Spiegel ist bei KM-Orientierung vorzunehmen (vgl. § 13 Abs. 3 Satz 2 PublG).

3.3 Sonstige Regelungen

- Es sind besondere Ausschlussgründe für AP zu berücksichtigen (vgl. § 319a Abs. 1 HGB).
- Es besteht die Verpflichtung zur Einrichtung eines Prüfungsausschusses (vgl. § 324 Abs. 1 HGB).
- KM-orientierte Kreditinstitute (auch Nicht-KapG) haben die Verpflichtung zur Einrichtung eines Prüfungsausschusses (vgl. § 340k Abs. 5 HGB).
- Die Verpflichtung zur Einrichtung eines Prüfungsausschusses gilt auch für Versicherungsunt (vgl. § 341k Abs. 4 HGB).
- Innerhalb des Aufsichtsrats muss mind. ein unabhängiges Mitglied über Sachverstand auf den Gebieten der Rechnungslegung oder Abschlussprüfung verfügen (vgl. § 100 Abs. 5 AktG wie § 36 Abs. 4 GenG).
- Für den Fall, dass der Aufsichtsrat einen Prüfungsausschuss einrichtet, muss mind. ein unabhängiges Mitglied über Sachverstand auf den Gebieten der Rechnungslegung oder Abschlussprüfung verfügen (vgl. § 107 Abs. 4 AktG wie § 38 Abs. 1a GenG).
- Wurde ein Prüfungsausschuss eingerichtet, so muss sich der Vorschlag des Aufsichtsrats zur Wahl des AP auf die Empfehlung des Ausschusses stützen (vgl. § 124 Abs. 3 S. 2 AktG).

§ 265 Allgemeine Grundsätze für die Gliederung

(1) ¹Die Form der Darstellung, insbesondere die Gliederung der aufeinanderfolgenden Bilanzen und Gewinn- und Verlustrechnungen, ist beizubehalten, soweit nicht in Ausnahmefällen wegen besonderer Umstände Abweichungen erforderlich sind. ²Die Abweichungen sind im Anhang anzugeben und zu begründen.

(2) ¹In der Bilanz sowie in der Gewinn- und Verlustrechnung ist zu jedem Posten der entsprechende Betrag des vorhergehenden Geschäftsjahrs anzugeben. ²Sind die Beträge nicht vergleichbar, so ist dies im Anhang anzugeben und zu erläutern. ³Wird der Vorjahresbetrag angepaßt, so ist auch dies im Anhang anzugeben und zu erläutern.

(3) Fällt ein Vermögensgegenstand oder eine Schuld unter mehrere Posten der Bilanz, so ist die Mitzugehörigkeit zu anderen Posten bei dem Posten, unter dem der Ausweis erfolgt ist, zu vermerken oder im Anhang anzugeben, wenn dies zur Aufstellung eines klaren und übersichtlichen Jahresabschlusses erforderlich ist.

(4) ¹Sind mehrere Geschäftszweige vorhanden und bedingt dies die Gliederung des Jahresabschlusses nach verschiedenen Gliederungsvorschriften, so ist der Jahresabschluß nach der für einen Geschäftszweig vorgeschriebenen Gliederung aufzustellen und nach der für die anderen Geschäftszweige vorgeschriebenen Gliederung zu ergänzen. ²Die Ergänzung ist im Anhang anzugeben und zu begründen.

(5) ¹Eine weitere Untergliederung der Posten ist zulässig; dabei ist jedoch die vorgeschriebene Gliederung zu beachten. ²Neue Posten und Zwischensummen dürfen hinzugefügt werden, wenn ihr Inhalt nicht von einem vorgeschriebenen Posten gedeckt wird.

(6) Gliederung und Bezeichnung der mit arabischen Zahlen versehenen Posten der Bilanz und der Gewinn- und Verlustrechnung sind zu ändern, wenn dies wegen Besonderheiten der Kapitalgesellschaft zur Aufstellung eines klaren und übersichtlichen Jahresabschlusses erforderlich ist.

(7) Die mit arabischen Zahlen versehenen Posten der Bilanz und der Gewinn- und Verlustrechnung können, wenn nicht besondere Formblätter vorgeschrieben sind, zusammengefaßt ausgewiesen werden, wenn
1. sie einen Betrag enthalten, der für die Vermittlung eines den tatsächlichen Verhältnissen entsprechenden Bildes i. S. d. § 264 Abs. 2 nicht erheblich ist, oder
2. dadurch die Klarheit der Darstellung vergrößert wird; in diesem Falle müssen die zusammengefaßten Posten jedoch im Anhang gesondert ausgewiesen werden.

(8) Ein Posten der Bilanz oder der Gewinn- und Verlustrechnung, der keinen Betrag ausweist, braucht nicht aufgeführt zu werden, es sei denn, daß im vorhergehenden Geschäftsjahr unter diesem Posten ein Betrag ausgewiesen wurde.

Prof. Dr. Inge Wulf

Inhaltsübersicht   Rz
1 Überblick und Anwendungsbereich 1–4
2 Darstellungsstetigkeit (Abs. 1) 5–9
   2.1 Beibehaltung der Darstellungsform 5–7
   2.2 Ausnahmen der Darstellungsstetigkeit 8–9
3 Angabe von Vorjahresbeträgen (Abs. 2) 10–13
4 Zuordnung zu mehreren Posten (Abs. 3) 14–16
5 Mehrere Geschäftszweige (Abs. 4) 17–19
6 Weitere Untergliederung, neue Posten und Zwischensummen
   (Abs. 5).. 20–23
   6.1 Weitere Untergliederung.......................... 21
   6.2 Neue Posten und Zwischensummen 22–23
7 Änderung von Gliederung und Bezeichnung (Abs. 6) 24–25
8 Zusammenfassung von Posten (Abs. 7) 26–28
9 Leerposten (Abs. 8)................................. 29
10 Sanktionen 30

1 Überblick und Anwendungsbereich

1 § 265 HGB beinhaltet Grundsätze für die Gliederung der Jahresabschlüsse und schreibt in Abs. 1 die Darstellungsstetigkeit fest. Abs. 2 fordert Angaben zu Vorjahresbeträgen und zielt auf die formale Vergleichbarkeit ab. Darüber hinaus schreibt Abs. 3 einen Mitzugehörigkeitsvermerk und Abs. 4 eine Gliederungsergänzung bei mehreren Geschäftszweigen vor. Abs. 5 erlaubt eine weitere Untergliederung, Einfügung neuer Posten und Zwischensummen. Nach Abs. 6 sind ggf. Änderungen in Gliederung und Bezeichnung vorzunehmen, und Abs. 7 bietet unter bestimmten Bedingungen die Möglichkeit, Posten zusammenzufassen. Abs. 8 enthält Hinweise zu Leerposten.

2 Die **Gliederungsregeln** dienen der **Klarheit und Übersichtlichkeit** und sind für die Gewährleistung einer **Vergleichbarkeit** unverzichtbar.[1] Einerseits soll die innerbetriebliche Vergleichbarkeit sichergestellt werden, indem die Darstellungsform des früheren Jahresabschlusses auch für den nachfolgenden Abschluss anzuwenden ist. Dies hat den Vorteil, dass ein Leser sich nur einmalig mit dem Aufbau des Jahresabschlusses des Unt auseinandersetzen muss und Veränderungen in nachfolgenden Abschlüssen schnell identifizieren kann. Andererseits erleichtern Gliederungsregeln den überbetrieblichen Vergleich von Jahresabschlüssen.

3 Diese Vorschrift gilt grds. für KapG und PersG i.S.d. § 264a HGB. Entsprechende Anwendung findet § 265 HGB auch für alle unter das PublG fallende Unt sowie für eingetragene Genossenschaften. Falls der Anhang wie bei publizitätspflichtigen EKfl. oder reinen PersG gem. § 5 Abs. 2 Satz 1 PublG entfällt, darf Abs. 7 Nr. 2 nicht angewendet werden und Änderungen in der Darstellung sind

---

[1] Vgl. *Ballwieser*, in *Baetge/Kirsch/Thiele*, Bilanzrecht, § 265 HGB, Rz 2, Stand 8/2015.

bspw. in der Bilanz selbst zu vermerken. Die allgemeinen Gliederungsgrundsätze sind nicht unmittelbar auf die Jahresabschlüsse aller anderen Kfl., die nicht KapG bzw. KapCoGes sind, anwendbar. Meistens handelt es sich hierbei um EKfl. oder reine PersG; auch inländische Zweigstellen von ausländischen Industrie-KapG sind nicht an diese Regelungen gebunden.

Die in § 265 HGB aufgeführten allgemeinen Grundsätze sind mit Ausnahme des Grundsatzes der Darstellungsstetigkeit lediglich eingeschränkt über § 243 Abs. 2 HGB zu beachten, weil die in § 265 Abs. 2–8 HGB aufgeführten Gliederungsgrundsätze nur teilweise zu den GoB zählen.[2]   4

2 Darstellungsstetigkeit (Abs. 1)

2.1 Beibehaltung der Darstellungsform

Die Vorschrift des § 265 Abs. 1 HGB verlangt die Beibehaltung der Form der Darstellung, insb. die Gliederung der aufeinanderfolgenden Bilanzen und GuV. Der Zusatz „insb." kann so zu verstehen sein, dass die Darstellungsstetigkeit auch für Anhang und Lagebericht gilt.[3] In jedem Fall greift für den Anhang mittelbar die Darstellungsstetigkeit für Angaben, die wahlweise in Bilanz bzw. GuV oder Anhang gemacht werden dürfen (sog. Ausweiswahlrechte), wie z. B. Fristigkeiten von Forderungen und Verbindlichkeiten oder Anlagespiegel.[4] Obwohl nicht explizit vorgeschrieben, ist von einer Beachtung der Darstellungsstetigkeit auch für den Anhang auszugehen. Zudem ist diese Vorschrift – für den Konzernabschluss und für bestimmte KM-orientierte Unt (§ 264 Abs. 1 Satz 2 HGB) – mittelbar für den Eigenkapitalspiegel, die KFR und – so erstellt – SegmBer (§ 264 Rz 28 ff., § 297 Rz 24 ff.) zu beachten.   5

Mit dem Grundsatz der Darstellungsstetigkeit wird der in § 252 Abs. 1 Nr. 1 HGB festgelegte Grundsatz der **formellen Bilanzkontinuität** (§ 252 Rz 16) auf die Darstellungsform ausgeweitet. Unternehmen sind nur bei der erstmaligen Ausübung von Ausweiswahlrechten frei in der Ausgestaltung, in den Folgeperioden sind sie an die zuvor getroffene Entscheidung gebunden. Mit den genannten Regelungen soll dem Bilanzleser der Vergleich von zeitlich nachfolgenden Jahresabschlüssen erleichtert werden.   6

Die Darstellungsstetigkeit **umfasst**
- den Aufbau der Bilanz, der GuV, des Anhangs und des Lageberichts sowie Eigenkapitalspiegel, KFR und SegmBer,
- die Gliederung betreffend ausgewiesener Posten, die Bezeichnungen der Posten, Reihenfolge der Posten und sonstiger Informationen,
- die Posteninhalte und sonstige Informationen,
- die Abgrenzung zwischen der Darstellung in den Rechenwerken, insb. Bilanz, GuV, und Anhang.[5]

---

2 Vgl. *Winkeljohann/Büssow*, in Beck Bil-Komm., 10. Aufl., 2016, § 265 HGB, Rz 19.
3 Vgl. *Ballwieser*, in *Baetge/Kirsch/Thiele*, Bilanzrecht, § 265 HGB, Rz 21, Stand 8/2015.
4 Vgl. *Hoffmann/Lüdenbach*, NWB-Kommentar Bilanzierung, 8. Aufl., 2017, § 265, Rz 8.
5 Vgl. *Ballwieser*, in *Baetge/Kirsch/Thiele*, Bilanzrecht, § 265 HGB, Rz 21, Stand 8/2015; *Hütten/Lorson*, in *Küting/Pfitzer/Weber*, HdR, HGB § 265, Rn 8 ff., Stand 08/2010.

7   Für **Anhang und Lagebericht** existieren keine expliziten Gliederungsvorschriften, aber es ist ein gewisses Maß an formaler Kontinuität zu beachten.[6] Inhalt und Gliederung des Lageberichts ergeben sich aus den relevanten gesetzlichen Vorschriften (§ 289 Rz 18). Für den Anhang hat sich ein Fußnotensystem etabliert (§ 284 Rz 12), bei dem z.B. die zu kommentierenden Bilanz- und GuV-Posten mit entsprechenden Fußnoten versehen werden und die Kommentierung selbst im Anhang unter der entsprechenden Fußnotennummer erfolgt.[7]
Für die **KFR, Segmentberichterstattung** und Eigenkapitalspiegel enthält das HGB keine expliziten Vorschriften. Insoweit ist auf DRS 21, DRS 3 und DRS 22 zu verweisen.

2.2 Ausnahmen der Darstellungsstetigkeit

8   Die vorgeschriebene Darstellungsstetigkeit gilt nicht absolut, weil dies jede Änderung der Darstellungsform ausschließen würde. Insofern lässt das HGB in **Ausnahmefällen** Abweichungen von der bisherigen Darstellungsweise „wegen besonderer Umstände" zu, d.h., es sind gewichtige Gründe notwendig.[8]

> **Beispiel**
> Als besonderer Umstand gilt bspw. das Ausgliedern einer geschäftsleitenden Holding, der Wechsel der Konzernzugehörigkeit oder das Anpassen an die GuV eines neuen Mehrheitsgesellschafters.

Die Aufnahme neuer Gliederungsposten oder ein getrennter Ausweis von bisher zusammengefassten Posten ist keine Durchbrechung der formellen Stetigkeit i.S.d. Abs. 1.

9   Weiterhin ist eine Änderung der Darstellungsweise erforderlich, wenn dies aufgrund geänderter Vorschriften geboten ist, z.B. Wegfall des Ausweises eigener Anteile im UV und vorgeschriebene Verrechnung mit dem EK gem. § 272 Abs. 1a HGB. Analog kann ein Unterschreiten von Schwellenwerten gem. § 267 HGB eine Änderung der Darstellung auslösen, wenn die damit verbundenen Erleichterungen (z.B. verkürzte GuV oder Bilanz) in Anspruch genommen werden (§ 267 Rz 10 ff.). Die Darstellungsweise ist wieder anzupassen, wenn die Erleichterungen bei Überschreiten dieser Schwellenwerte nicht mehr erlaubt sind. Zudem kann eine Verbesserung der Klarheit und Übersichtlichkeit der Darstellung (§ 243 Abs. 2 HGB) zu einer Darstellungsänderung führen.
Abweichungen sind im **Anhang anzugeben** und zu **erläutern**. Dabei reicht ein Verweis auf den Gesetzestext nicht aus, vielmehr soll die Erläuterung externen Adressaten helfen, den Sachverhalt nachvollziehen zu können.[9]

---

[6] Vgl. *Emmerich*, WPg 1986, S. 700.
[7] Vgl. *Ballwieser*, in *Baetge/Kirsch/Thiele*, Bilanzrecht, § 265 HGB, Rz 23, Stand 8/2015.
[8] Vgl. WPH Edition, Wirtschaftsprüfung & Rechnungslegung, 15. Aufl., 2017, Abschn. F, Tz 277.
[9] Vgl. *Winkeljohann/Büssow*, in Beck Bil-Komm., 10. Aufl., 2016, § 265 HGB Rz 4.

> **Beispiel**
> Die GuV wird seit diesem Gj nach dem UKV erstellt. Der Grund für den Wechsel ist die zunehmende Verbreitung in der Branche und eine Verbesserung der überbetrieblichen Vergleichbarkeit.[10]

3 Angabe von Vorjahresbeträgen (Abs. 2)

Um die zeitliche Vergleichbarkeit der Jahresabschlüsse zu gewährleisten, sind Vorjahresbeträge in Bilanz und GuV anzugeben. Dies gilt auch dann, wenn eigentlich keine Vergleichbarkeit gegeben ist, z.B. aufgrund eines vorhergehenden Rumpf-Gj. (§ 240 HGB),[11] bei einem Wechsel zwischen UKV und GKV oder der Umstellung auf ein anderes Rechnungslegungssystem gem. § 315e und § 325 Abs. 2a HGB. 10

DRS 21 bzw. DRS 22 sehen für KFR und Eigenkapitalspiegel analoge Anforderungen vor. Für den Anhang gilt die Angabe von Vorjahresbeträgen nur mittelbar, wenn Angaben im Anhang anstatt in der Bilanz oder GuV gemacht werden (Wahlpflichtangaben).[12]

Die Angabepflicht gilt auch für im Gliederungsschema vorgeschriebene „Davon-Vermerke";[13] sie ist i.S.d. Zwecksetzung dieser Vorschrift auch für **gesetzlich geforderte oder freiwillige Vermerke** sowie für zusätzliche Untergliederungen zu beachten.[14] 11

Wenn die Beträge des Gj nicht mit den Vorjahreswerten vergleichbar sind (Abs. 2 Satz 2), sind Tatsache und Gründe der **Nichtvergleichbarkeit** im Anhang zu benennen und zu erläutern. Eine zahlenmäßige Angabe ist nicht explizit gefordert; zahlenmäßige Angaben sind jedoch bei wesentlichen Beträgen notwendig. 12

Können nicht vergleichbare Vorjahresbeträge nur teilweise angepasst werden (z.B. Rumpfgeschäftsjahr), sind eine Angabe und Erläuterung im Anhang geboten (Abs. 2 Satz 3). Bei **Anpassungen** sind die Beträge auszuweisen, die sich bei Anwendung der aktuellen Bewertungsmethode im Vorjahr ergeben hätten.[15] 13

4 Zuordnung zu mehreren Posten (Abs. 3)

Bei der Anwendung des Gliederungsschemas des § 266 HGB kann es zu Überschneidungen einzelner Bilanzposten kommen. Die Möglichkeit der Zuordnung von VG und Schulden zu mehr als einem Bilanzposten resultiert daraus, dass die Bilanzgliederung verschiedenen Gliederungsprinzipien folgt (Bindungsdauer oder Rechtsverhältnisse). 14

---

10 In Anlehnung an *Hoffmann/Lüdenbach*, NWB-Kommentar Bilanzierung, 8. Aufl., 2017, § 265, Rz 15.
11 Vgl. *Reiner/Haußer*, in MünchKomm. HGB, 3. Aufl., § 265, Rn 8.
12 IDW RS HFA 39, Rz 1.1.
13 Vgl. WPH Edition, Wirtschaftsprüfung & Rechnungslegung, 15. Aufl., 2017, Abschn. F, Tz 278.
14 Vgl. IDW HFA 5/1988, Rz 1.
15 Vgl. *Ballwieser*, in Baetge/Kirsch/Thiele, Bilanzrecht, § 265 HGB, Rz 35–36, Stand 8/2015.

Zuordnungsprobleme können sich z. B. bei der Behandlung von Forderungen aus L&L gegen oder Verbindlichkeiten aus L&L gegenüber verbundenen Unt oder Unt, mit denen ein Beteiligungsverhältnis besteht, ergeben.

> **Beispiel**[16]
> Die U-GmbH hat Debitoren von 100 Mio. EUR, die sich wie folgt zusammensetzen:
>
> | | |
> |---|---:|
> | Gesellschafter, die zugleich verbundene Unt sind: | 6 Mio. EUR |
> | Sonstige Gesellschafter: | 5 Mio. EUR |
> | Verbundene Unt, die nicht Gesellschafter sind: | 3 Mio. EUR |
> | Dritte | 86 Mio. EUR |
>
> Infrage kommen u. a. folgende Ausweisalternativen:
> Die Debitoren werden mit 100 ausgewiesen, dabei sind folgende Davon-Vermerke (oder Anhangangaben) nötig:
>
> | | |
> |---|---:|
> | davon verbundene Unt (ohne Gesellschafter) | 3 Mio. EUR |
> | davon Gesellschafter | 11 Mio. EUR |
>
> Die Debitoren werden mit 86 ausgewiesen. In jeweils einer separaten Position werden Forderungen gegen verbundene Unt (ohne Gesellschafter) (3) und Forderungen gegen Gesellschafter (11) gezeigt. Bei den Forderungen gegen Gesellschafter werden zwei Davon-Vermerke aufgenommen:
>
> | | |
> |---|---:|
> | davon Debitoren: | 11 Mio. EUR |
> | davon verbundene Unt: | 6 Mio. EUR |

Die Formulierung des Abs. 3 bezieht sich explizit auf VG und Schulden, sodass zum einen RAP, Sonderposten und latente Steuern nicht unter diesen Anwendungsbereich fallen. Zum anderen gilt für GuV-Posten der Mitzugehörigkeitsvermerk nicht,[17] da hier keine unterschiedlichen Gliederungsprinzipien Anwendung finden.

15 Angaben nach Abs. 3 sind nur dann geboten, wenn es i. S. d. Klarheit und Übersichtlichkeit des Jahresabschlusses (§ 243 Abs. 2 HGB) erforderlich ist. Ein Ausweis bei dem Posten der gesetzlichen Bilanzgliederung ist vorgeschrieben, wenn dieser seiner „Eigenart nach und im Interesse an einem den tatsächlichen Verhältnissen entsprechenden Bild der Unternehmenslage (§ 264 Abs. 2 Satz 1 HGB) vorrangig zugeordnet werden"[18] kann. Bei gleichwertiger Zugehörigkeit eines Postens zu anderen Posten liegt es in der Ausweisentscheidung des Unt, d. h., es besteht **faktisch ein Ausweiswahlrecht**.

16 Die **Mitzugehörigkeit** eines Postens zu anderen Bilanzposten ist gem. § 265 Abs. 3 HGB durch einen „Davon"-Vermerk bei dem Posten anzugeben, unter

---

[16] Entnommen aus: *Hoffmann/Lüdenbach*, NWB-Kommentar Bilanzierung, 8. Aufl., 2017, § 265, Rz 54.
[17] Vgl. *Glade*, Praxishandbuch, 1995, Rz 27.
[18] *Reiner/Haußer*, in MünchKomm. HGB, 3. Aufl., § 265, Rn 11.

dem der Bilanzausweis erfolgt. Alternativ ist eine Anhangangabe möglich, „wenn dies zur Aufstellung eines klaren und übersichtlichen Jahresabschlusses erforderlich ist" (faktisches Ausweiswahlrecht). Durch diese zusätzliche Angabepflicht werden die überbetriebliche Vergleichbarkeit sowie der Informationsgehalt des Abschlusses erhöht und der geforderten Klarheit und Übersichtlichkeit des Jahresabschlusses nach § 243 Abs. 2 HGB entsprochen.[19]

5 Mehrere Geschäftszweige (Abs. 4)

Falls ein Unt in mehreren Geschäftszweigen aktiv ist, können verschiedene Gliederungen entsprechend den Vorschriften für die jeweiligen Zweige maßgeblich sein. Als Gliederungsvorschriften nach Abs. 4 kommen neben den gesetzlichen Gliederungsvorgaben für Bilanz und GuV (§§ 266, 268 und 275, 277 HGB) auch ergänzende Vorschriften nach §§ 162 und 158 AktG, § 42 GmbHG und Formblätter, die für einzelne Branchen durch RVO vorgeschrieben sind (Krankenhäuser, Pflegeeinrichtungen, Pensionsfonds, Kreditinstitute, Zahlungsinstitute, Verkehrsbetriebe, Versicherungs- und Wohnungsunt), in Betracht. Es besteht kein qualitativer Unterschied zwischen Formblättern und anderen Vorschriften (§ 330 Rz 7). Ferner existieren durch Landesrecht erlassene Gliederungen für Versorgungsbetriebe und zum Teil für Verkehrsbetriebe. 17

Wenn ein Unt in mehreren Geschäftszweigen tätig ist, ist das Gliederungsschema des **Hauptgeschäftszweigs** maßgebend, um möglichst wenige Ergänzungen vornehmen zu müssen und die Vergleichbarkeit am besten zu sichern. 18

Ist ein Hauptgeschäftszweig bei **Gleichwertigkeit der Geschäftszweige** nicht zu identifizieren, liegt es letztlich in der Entscheidung des Unt (faktisches Wahlrecht), nach welchem Geschäftszweig sich das Gliederungsschema vorrangig bestimmt. Die gewählte Grundgliederung muss um die Posten ergänzt werden, die für die Darstellung der übrigen Geschäftszweige notwendig sind.[20] Die vorgenommenen Ergänzungen müssen im **Anhang** angegeben und begründet werden, damit Abschlussadressaten die Auswahl für das Schema als Hauptschema nachvollziehen können. 19

6 Weitere Untergliederung, neue Posten und Zwischensummen (Abs. 5)

Durch das gesetzlich vorgegebene Gliederungsschema für Bilanz und GuV gibt der Gesetzgeber einen Mindeststandard vor. Gleiches gilt für die KFR und den Eigenkapitalspiegel nach DRS 21 bzw. DRS 22. Darüber hinaus können weitere Untergliederungen vorgenommen und **neue Posten** hinzugefügt werden. 20

6.1 Weitere Untergliederung

Bei einer **Untergliederung** handelt es sich um die Aufgliederung eines Postens in seine wesentlichen Komponenten oder um Ausgliederungen aus Sammelposten. 21

---

19 Vgl. *Reiner/Haußer*, in MünchKomm. HGB, 3. Aufl., § 265, Rn 10.
20 Vgl. *Ballwieser*, in *Baetge/Kirsch/Thiele*, Bilanzrecht, § 265 HGB, Rz 51, Stand 8/2015.

Untergliederungen beziehen sich auf einen bereits existierenden Posten aus dem gesetzlichen Gliederungsschema.[21]
Aufgliederungen können als „Davon"-Vermerk oder in einer Vorspalte erfolgen. Eine Untergliederung ist zulässig, wenn sie den Einblick in die Unternehmenslage verbessert und zu einem Informationsgewinn führt.
Eine freiwillige Aufgliederung i. S. v. § 265 Abs. 5 HGB liegt nur dann vor, wenn das Gesetz auf eigene Untergliederungen in den Rechenwerken verzichtet hat.
Beispiele für **gesetzlich vorgeschriebene Untergliederungen** von Bilanzposten sind u. a. Angaben von Forderungen und Verbindlichkeiten mit einer Restlaufzeit bis zu einem Jahr (§ 268 Abs. 4 und 5 HGB). Des Weiteren können bestimmte Informationspflichten durch entsprechende Ausweise in Bilanz bzw. GuV oder durch Angaben im Anhang erfüllt werden. Das gilt bspw. für die Angabe eines aktivierten Disagios (§ 268 Abs. 6 HGB) oder von außerplanmäßigen Abschreibungen nach § 253 Abs. 3 HGB (§ 277 Abs. 3 HGB).
Bei **freiwilligen Untergliederungen nach Abs. 5** muss das vorgegebene Gliederungsschema beibehalten werden.[22] Eine Untergliederung für unwesentliche Posten aus Gründen der Klarheit und Übersichtlichkeit ist nicht zulässig.

> **Beispiel**[23]
> Bei der Autovermietung Europa besteht ein wesentlicher Teil der Betriebs- und Geschäftsausstattung aus dem Fuhrpark. Hier ist eine freiwillige Aufgliederung der Bilanzposition Betriebs- und Geschäftsausstattung in die Positionen Fuhrpark und Sonstige Betriebs- und Geschäftsausstattung möglich.
> Ausgliederungen können für Provisionserträge und periodenfremde Erträge erfolgen, die separat von den sonstigen betrieblichen Erträgen ausgewiesen werden.[24]
> Bei LeasingUnt ist es zulässig, Leasingvermögen als neue Kategorie (z. B. „Vermietete Vermögensgegenstände") auszugliedern. Gleiches gilt für Leasingverbindlichkeiten.

Aufgliederungen können als „Davon"-Vermerk oder in einer Vorspalte erfolgen. Die Ausgliederung kann auch in einer Hauptspalte vorgenommen werden.[25] Eine Untergliederung ist zulässig, wenn sie den Einblick in die Unternehmenslage verbessert und zu einem Informationsgewinn führt.

6.2 Neue Posten und Zwischensummen

22 Kann ein Bilanzierungssachverhalt nicht unter einem vorhandenen gesetzlichen Posten aufgeführt werden, dürfen neue Bilanz- oder GuV-Posten dem gesetzlichen Gliederungsschema hinzugefügt werden (Wahlrecht).

---

[21] ADS, 6. Aufl., § 265 HGB Rz 55.
[22] Vgl. *Ballwieser*, in *Baetge/Kirsch/Thiele*, Bilanzrecht, § 265 HGB, Rz 61–64, Stand 8/2015.
[23] Vgl. *Hoffmann/Lüdenbach*, NWB-Kommentar Bilanzierung, 8. Aufl., 2017, § 265, Rz 36.
[24] Vgl. ADS, 6. Aufl., § 265 HGB, Rz 57.
[25] Vgl. ADS, 6. Aufl., § 265 HGB, Rz 57.

> **Beispiel**
> Bspw. stellt der Ausweis von Investitionszuschüssen aus öffentlichen Mitteln in einem Sonderposten auf der Passivseite einen neuen Posten dar.[26] Auch als EK zu qualifizierendes Genussrechtskapital stellt einen neuen Posten innerhalb des EK dar.

Beim gesonderten Ausweis von Schiffen, Flugzeugen, Tankstellenanlagen oder Filmvermögen handelt es sich um eine Untergliederung, weil diese Posten durch das gesetzliche Schema abgedeckt sind.[27]

Ist eine Hinzufügung neuer Posten aufgrund des Grundsatzes der Klarheit und Übersichtlichkeit (§ 243 Abs. 2 HGB) oder der geforderten Abbildung der tatsachengemäßen Vermögens-, Finanz- und Ertragslage (§ 264 Abs. 2 Satz 1 HGB) erforderlich, ist nicht mehr von einem Wahlrecht auszugehen. So ist z.B. der Ausweis von verschiedenen, jeweils wesentlichen Beträgen unter einem Posten nicht angemessen, wenn kein gesonderter Ausweis vorgeschrieben ist.[28] Außerdem dürfen die normierten Gliederungsschemata gesetzlich um nicht vorgesehene **Zwischensummen** ergänzt werden. Bspw. würde sich der Ausweis eines separaten Betriebs- und Finanzergebnisses oder eines EBIT (Earnings Before Interest And Taxes) als Zwischensumme anbieten, wie zum Teil auch praktiziert.

7 Änderung von Gliederung und Bezeichnung (Abs. 6)

In § 265 Abs. 6 HGB werden die Modifikation der Gliederung und die Bezeichnung der mit arabischen Zahlen versehenen Posten der Bilanz und GuV vorgeschrieben, „wenn dies wegen "**Besonderheiten der KapG** zur Aufstellung eines klaren und übersichtlichen Jahresabschlusses erforderlich ist. Mit dieser Vorschrift sollen Besonderheiten von Unt spezieller Branchen oder spezieller Tätigkeiten im Jahresabschluss kenntlich gemacht werden, weil sich die Gliederungsschemata der §§ 266 und 275 HGB primär auf Industrie- oder Handels-Unt beziehen. Als Beispiele sind Unt aus den Branchen Energieversorgung, Bergbau und Bau sowie aus dem Bereich Transport und Verkehr zu nennen. Ebenso betrifft dies die Bereiche Brauereien, Reedereien, Betriebe der Mineralölindustrie, Dienstleistungsbetriebe, LeasingUnt und HoldingGes.

Praktisch relevant ist die Änderung einer Postenbezeichnung und weniger die Änderung der Gliederung. Eine Änderung von Postenbezeichnungen ist nur für die **arabisch bezifferten Posten** zulässig. Eine Änderung der Hauptposten Anlage- oder Umlaufvermögen darf ebenso wenig vorgenommen werden wie eine Änderung der mit römisch bezifferten Posten, wie z.B. Sach- oder Finanzanlage oder Forderungen und sonstige Vermögensgegenstände. Änderungen der Postenbezeichnungen sind als Kürzungen, Erweiterung oder Änderung möglich.[29]

---

[26] BGH, Urteil v. 26.6.2003, II ZR 169/02, NZG 2003 S. 883.
[27] Vgl. *Hoffmann/Lüdenbach*, NWB-Kommentar Bilanzierung, 8. Aufl., 2017, § 265, Rz 36.
[28] Vgl. ADS, 6. Aufl., § 265 HGB, Rz 68; WPH Edition, Wirtschaftsprüfung & Rechnungslegung, 15. Aufl., 2017, Abschn. F, Rz 284.
[29] Vgl. *Hoffmann/Lüdenbach*, NWB-Kommentar Bilanzierung, 8. Aufl., 2017, § 265, Rz 44.

> **Beispiel**
> Anstelle von „Materialaufwand" kann der Begriff „Aufwendungen für bezogene Leistungen" verwendet werden, wenn im Materialaufwand keine anderen Aufwendungen für RHB und bezogene Waren enthalten sind.
> Die Bezeichnung „Roh-, Hilfs- und Betriebsstoffe" kann um den Zusatz „einschl. Ersatzteile" ergänzt werden, um die zusätzliche Erfassung von Ersatzteilen deutlich zu machen
> Die Postenbezeichnung „Anteile an verbundenen Unternehmen" kann durch die engere Bezeichnung „Anteile an Tochterunternehmen" geändert werden, wenn die Anteile nur Tochterunternehmen betreffen.

8 Zusammenfassung von Posten (Abs. 7)

26 Um die Klarheit und Übersichtlichkeit der Darstellung zu gewährleisten (§ 265 Abs. 7 Nr. 2 HGB) und dem Grundsatz der Wesentlichkeit gerecht zu werden (§ 265 Abs. 7 Nr. 1 HGB), können Unt unter bestimmten Voraussetzungen einzelne Posten der Bilanz und GuV zusammenfassen. Es dürfen nur die mit arabischen Zahlen versehenen Posten zusammengefasst werden. Die Postenzusammenfassung ist für die **Bilanzgliederung** nach § 266 HGB nur auf die arabisch bezifferten Posten beschränkt, während bei der **GuV** nach § 275 HGB zunächst scheinbar alle Posten zusammengefasst werden können. Allerdings müssen die Teilergebnisse entsprechend der handelsrechtlichen Erfolgsspaltungskonzeption der GuV, wie ableitbares Betriebs- und Finanzergebnis erkennbar sein. Innerhalb der jeweiligen Gewinnschichten müssen die Zusammenfassungen sachlich begründet sein. Lediglich Aufwendungen und Erträge, die einen ähnlichen Charakter haben, dürfen zusammengefasst werden.[30]

27 Werden Bilanz- oder GuV-Posten zur Erhöhung der **Klarheit und Übersichtlichkeit** der Darstellung zusammengefasst (Nr. 2), sind diese im **Anhang** gesondert auszuweisen, womit der Anhang die sog. Entlastungsfunktion übernimmt (§ 284 Rz 6). Je nach Höhe der Beträge ist unter Beachtung der Wesentlichkeit eine zahlenmäßige Angabe erforderlich, um den Informationsgehalt nicht zu beeinträchtigen. Außerdem sind Vorjahresbeträge anzugeben und der Stetigkeitsgrundsatz zu beachten. Somit bleibt unabhängig von der Inanspruchnahme dieses Ausweiswahlrechts eine Gleichwertigkeit erhalten.

28 Dagegen lösen die aufgrund der **Wesentlichkeit** (Nr. 1) zusammengefassten Posten keine weiteren Anhanginformationen aus. Ob ein Posten wirklich unerheblich ist, hängt vom Einzelfall ab.[31] Im Gesetzestext wird ein Verweis auf § 264 Abs. 2 HGB gegeben, wonach die Erheblichkeit in Bezug auf die Vermittlung einer tatsachengemäßen Unternehmensdarstellung zu messen ist.[32] Ein Beispiel stellt die Zusammenfassung innerhalb der Wertpapiere des Umlaufvermögens auf der Aktivseite und Verbindlichkeiten auf der Passivseite dar, sofern die Beträge nicht wesentlich sind. Die Posten dürfen aber nur dann zusammen-

---

[30] Vgl. *Ballwieser*, in *Baetge/Kirsch/Thiele*, Bilanzrecht, § 265 HGB, Rz 81, Stand 8/2015.
[31] Vgl. *Ossadnik*, WPg 1993, S. 622.
[32] Vgl. *Ballwieser*, in *Baetge/Kirsch/Thiele*, Bilanzrecht, § 265 HGB, Rz 83, Stand 8/2015.

gefasst werden, wenn die jeweiligen Unterposten im laufenden Jahr und im Vorjahr als unwesentlich gelten. Zur Definition der Wesentlichkeit vgl. § 252 Rz 158 ff.

> **Beispiel**
> Die X-AG hält nicht wesentliche Anteile an verbundenen Unt sowie sonstige Wertpapiere, bei denen jeweils keine dauerhafte Halteabsicht besteht. Beide Positionen dürfen gemeinsam unter der Position Wertpapiere ausgewiesen werden.

9 Leerposten (Abs. 8)

In der Bilanz und GuV müssen **Leerposten** für das ablaufende Gj nur ausgewiesen werden, wenn „im vorhergehenden Gj unter diesem Posten ein Betrag ausgewiesen wurde" (§ 265 Abs. 8 HGB). Ansonsten besteht ein Wahlrecht, den Leerposten weiterzuführen oder diesen entgegen dem Stetigkeitsgrundsatz im folgenden Jahr wegzulassen. Die Regelung ist auf Anhangangaben im Fall von Ausweiswahlrechten entsprechend anzuwenden.[33]
Falls es sich bei dem Vorjahresbetrag um einen unwesentlichen Betrag i. S. v. Abs. 7 Nr. 1 handelt und eine nachträgliche Zusammenfassung mit anderen Posten zulässig ist, kann auf den Leerposten in der Berichtsperiode unter Anpassung der Vorjahreszahlen verzichtet werden. Entsprechend kann bei „Davon"-Vermerken auf den Ausweis eines Leerpostens verzichtet werden; eine Fehlanzeige kann entfallen.[34]

10 Sanktionen

Ein Verstoß gegen § 265 HGB stellt ein Vergehen dar, welches mit Geldstrafe sanktioniert werden kann. Dieser führt gem. § 256 Abs. 4 AktG zur **Nichtigkeit** des Jahresabschlusses, wenn eine wesentliche Beeinträchtigung der Klarheit und Übersichtlichkeit des Abschlusses vorliegt.
Werden durch den Verstoß gegen § 265 HGB die Verhältnisse der KapG oder der KapCoGes im Jahresabschluss vorsätzlich falsch wiedergegeben oder verschleiert, kann eine **Freiheitsstrafe** von bis zu drei Jahren oder eine **Geldstrafe** für die Mitglieder des vertretungsberechtigten Gremiums bzw. des Aufsichtsrats der Ges. verhängt werden.
Allgemein stellen Zuwiderhandlungen gegen § 265 Abs. 2–4 und 6 HGB **Ordnungswidrigkeiten** dar, die mit einer Geldstraße von bis zu 50.000 EUR nach § 334 HGB und § 335b HGB geahndet werden können (§ 334 Rz 14).[35]

---

[33] Vgl. *Winkeljohann/Büssow*, in Beck Bil-Komm., 10. Aufl., § 265 HGB, Rz 18.
[34] Vgl. ADS, 6. Aufl., § 265 HGB Rz 95–96.
[35] Vgl. *Reiner/Haußer*, in MünchKomm. HGB, 3. Aufl., § 265, Rn 24.

§ 266 Gliederung der Bilanz

(1) ¹Die Bilanz ist in Kontoform aufzustellen. ²Dabei haben mittelgroße und große Kapitalgesellschaften (§ 267 Absatz 2 und 3) auf der Aktivseite die in Absatz 2 und auf der Passivseite die in Absatz 3 bezeichneten Posten gesondert und in der vorgeschriebenen Reihenfolge auszuweisen. ³Kleine Kapitalgesellschaften (§ 267 Abs. 1) brauchen nur eine verkürzte Bilanz aufzustellen, in die nur die in den Absätzen 2 und 3 mit Buchstaben und römischen Zahlen bezeichneten Posten gesondert und in der vorgeschriebenen Reihenfolge aufgenommen werden. ⁴Kleinstkapitalgesellschaften (§ 267a) brauchen nur eine verkürzte Bilanz aufzustellen, in die nur die in den Absätzen 2 und 3 mit Buchstaben bezeichneten Posten gesondert und in der vorgeschriebenen Reihenfolge aufgenommen werden.

(2) Aktivseite
A. Anlagevermögen:
    I. Immaterielle Vermögensgegenstände:
       1. Selbst geschaffene gewerbliche Schutzrechte und ähnliche Rechte und Werte;
       2. entgeltlich erworbene Konzessionen, gewerbliche Schutzrechte und ähnliche Rechte und Werte sowie Lizenzen an solchen Rechten und Werten;
       3. Geschäfts- oder Firmenwert;
       4. geleistete Anzahlungen;
    II. Sachanlagen:
       1. Grundstücke, grundstücksgleiche Rechte und Bauten einschließlich der Bauten auf fremden Grundstücken;
       2. technische Anlagen und Maschinen;
       3. andere Anlagen, Betriebs- und Geschäftsausstattung;
       4. geleistete Anzahlungen und Anlagen im Bau;
    III. Finanzanlagen:
       1. Anteile an verbundenen Unternehmen;
       2. Ausleihungen an verbundene Unternehmen;
       3. Beteiligungen;
       4. Ausleihungen an Unternehmen, mit denen ein Beteiligungsverhältnis besteht;
       5. Wertpapiere des Anlagevermögens;
       6. sonstige Ausleihungen.
B. Umlaufvermögen:
    I. Vorräte:
       1. Roh-, Hilfs- und Betriebsstoffe;
       2. unfertige Erzeugnisse, unfertige Leistungen;
       3. fertige Erzeugnisse und Waren;
       4. geleistete Anzahlungen;
    II. Forderungen und sonstige Vermögensgegenstände:
       1. Forderungen aus Lieferungen und Leistungen;
       2. Forderungen gegen verbundene Unternehmen;

3. Forderungen gegen Unternehmen, mit denen ein Beteiligungsverhältnis besteht;
   4. sonstige Vermögensgegenstände;
  III. Wertpapiere:
   1. Anteile an verbundenen Unternehmen;
   2. sonstige Wertpapiere;
  IV. Kassenbestand, Bundesbankguthaben, Guthaben bei Kreditinstituten und Schecks.
C. Rechnungsabgrenzungsposten.
D. Aktive latente Steuern.
E. Aktiver Unterschiedsbetrag aus der Vermögensverrechnung.

(3) Passivseite
A. Eigenkapital:
  I. Gezeichnetes Kapital;
  II. Kapitalrücklage;
  III. Gewinnrücklagen:
   1. gesetzliche Rücklage;
   2. Rücklage für Anteile an einem herrschenden oder mehrheitlich beteiligten Unternehmen;
   3. satzungsmäßige Rücklagen;
   4. andere Gewinnrücklagen;
  IV. Gewinnvortrag/Verlustvortrag;
  V. Jahresüberschuß/Jahresfehlbetrag.
B. Rückstellungen:
   1. Rückstellungen für Pensionen und ähnliche Verpflichtungen;
   2. Steuerrückstellungen;
   3. sonstige Rückstellungen.
C. Verbindlichkeiten:
   1. Anleihen
      davon konvertibel;
   2. Verbindlichkeiten gegenüber Kreditinstituten;
   3. erhaltene Anzahlungen auf Bestellungen;
   4. Verbindlichkeiten aus Lieferungen und Leistungen;
   5. Verbindlichkeiten aus der Annahme gezogener Wechsel und der Ausstellung eigener Wechsel;
   6. Verbindlichkeiten gegenüber verbundenen Unternehmen;
   7. Verbindlichkeiten gegenüber Unternehmen, mit denen ein Beteiligungsverhältnis besteht;
   8. sonstige Verbindlichkeiten,
      davon aus Steuern,
      davon im Rahmen der sozialen Sicherheit.
D. Rechnungsabgrenzungsposten.
E. Passive latente Steuern.

PROF. DR. INGE WULF/JÜRGEN SACKBROOK

Inhaltsübersicht Rz
1 Überblick 1–5
  1.1 Inhalt 1–2
  1.2 Anwendungsbereich und Entwicklung der Vorschrift.... 3–5
2 Aufbau der Bilanz (Abs. 1) 6–18
  2.1 Kontoform (Abs. 1 Satz 1) 6
  2.2 Vorgaben für die Bilanzgliederung (Abs. 1 Satz 2)....... 7–8
  2.3 Größenabhängige Erleichterungen für kleine Kapitalgesellschaften (Abs. 1)............................... 9–18
    2.3.1 Kleine Kapitalgesellschaften (Abs. 1 Satz 3)...... 10–12
    2.3.2 Kleinstkapitalgesellschaften (Abs. 1 Satz 4) 13–18
3 Aktivseite (Abs. 2) 19–103
  3.1 Anlagevermögen (Abs. 2 A.)..................... 19–62
    3.1.1 Überblick 19–21
    3.1.2 Immaterielle Vermögensgegenstände (Abs. 2 A. I.) 22–36
      3.1.2.1 Selbst geschaffene gewerbliche Schutzrechte und ähnliche Rechte und Werte (Abs. 2 A. I. 1.).................... 25–26
      3.1.2.2 Entgeltlich erworbene Konzessionen, gewerbliche Schutzrechte und ähnliche Rechte und Werte sowie Lizenzen an solchen Rechten und Werten (Abs. 2 A. I. 2.)..................... 27–31
      3.1.2.3 Geschäfts- oder Firmenwert (Abs. 2 A. I. 3.)..................... 32–34
      3.1.2.4 Geleistete Anzahlungen (Abs. 2 A. I. 4.) . 35–36
    3.1.3 Sachanlagen (Abs. 2 A. II.)................. 37–49
      3.1.3.1 Grundstücke, grundstücksgleiche Rechte und Bauten einschließlich der Bauten auf fremden Grundstücken (Abs. 2 A. II. 1.). 38–44
      3.1.3.2 Technische Anlagen und Maschinen (Abs. 2 A. II. 2.)................... 45–46
      3.1.3.3 Andere Anlagen, Betriebs- und Geschäftsausstattung (Abs. 2 A. II. 3.) .. 47
      3.1.3.4 Geleistete Anzahlungen und Anlagen im Bau (Abs. 2 A. II. 4.)................. 48–49
    3.1.4 Finanzanlagen (Abs. 2 A. III.) 50–62
      3.1.4.1 Anteile an verbundenen Unternehmen (Abs. 2 A. III. 1.)................... 51–53
      3.1.4.2 Ausleihungen an verbundene Unternehmen (Abs. 2 A. III. 2.)............... 54–56
      3.1.4.3 Beteiligungen (Abs. 2 A. III. 3.) 57–58
      3.1.4.4 Ausleihungen an Unternehmen, mit denen ein Beteiligungsverhältnis besteht (Abs. 2 A. III. 4.).................. 59
      3.1.4.5 Wertpapiere des Anlagevermögens (Abs. 2 A. III. 5.)................... 60–61
      3.1.4.6 Sonstige Ausleihungen (Abs. 2 A. III. 6.). 62

3.2	Umlaufvermögen (Abs. 2 B.).................		63–98
	3.2.1	Überblick	63
	3.2.2	Vorräte (Abs. 2 B. I.)..................	64–75
		3.2.2.1 Roh-, Hilfs- und Betriebsstoffe (Abs. 2 B. I. 1.)................	66–68
		3.2.2.2 Unfertige Erzeugnisse, unfertige Leistungen (Abs. 2 B. I. 2.)..........	69–71
		3.2.2.3 Fertige Erzeugnisse und Waren (Abs. 2 B. I. 3.)................	72–73
		3.2.2.4 Geleistete Anzahlungen (Abs. 2 B. I. 4.) .	74–75
	3.2.3	Forderungen und sonstige Vermögensgegenstände (Abs. 2 B. II.).......................	76–88
		3.2.3.1 Forderungen aus Lieferungen und Leistungen (Abs. 2 B. II. 1.)	78–79
		3.2.3.2 Forderungen gegen verbundene Unternehmen (Abs. 2 B. II. 2.).............	80–81
		3.2.3.3 Forderungen gegen Unternehmen, mit denen ein Beteiligungsverhältnis besteht (Abs. 2 B. II. 3.)	82
		3.2.3.4 Sonstige Vermögensgegenstände (Abs. 2 B. II. 4.)	83–84
		3.2.3.5 Sonderposten innerhalb Forderungen und sonstige Vermögensgegenstände	85–88
	3.2.4	Wertpapiere (Abs. 2 B. III.)................	89–93
		3.2.4.1 Anteile an verbundenen Unternehmen (Abs. 2 B. III. 1.)................	90–92
		3.2.4.2 Sonstige Wertpapiere (Abs. 2 A. III. 2.)..	93
	3.2.5	Kassenbestand, Bundesbankguthaben, Guthaben bei Kreditinstituten und Schecks (Abs. 2 B. IV.)...	94–98
		3.2.5.1 Kassenbestand	95
		3.2.5.2 Bundesbankguthaben, Guthaben bei Kreditinstituten	96–97
		3.2.5.3 Schecks........................	98
3.3	Rechnungsabgrenzungsposten (Abs. 2 C.)............		99
3.4	Aktive latente Steuern (Abs. 2 D.)..................		100–101
3.5	Aktiver Unterschiedsbetrag aus der Vermögensverrechnung (Abs. 2 E.)........................		102
3.6	Weitere Posten auf der Aktivseite		103
4	Passivseite (Abs. 3)		104–168
4.1	Eigenkapital (Abs. 3 A.)		105–125
	4.1.1	Gezeichnetes Kapital (Abs. 3 A. I.)	108–111
	4.1.2	Kapitalrücklagen (Abs. 3 A. II.)................	112–113
	4.1.3	Gewinnrücklagen (Abs. 3 A. III.)...............	114–119
		4.1.3.1 Gesetzliche Rücklage (Abs. 3 A. III.1.)..	115
		4.1.3.2 Rücklage für Anteile an einem herrschenden oder mehrheitlich beteiligten Unternehmen (Abs. 3 A. III.2.)...	116

	4.1.3.3	Satzungsmäßige Rücklage (Abs. 3 A. III.3.).....................	117
	4.1.3.4	Andere Gewinnrücklagen (Abs. 3 A. III.4.).....................	118–119
4.1.4		Gewinn-/Verlustvortrag (Abs. 3 A. IV.)	120–121
4.1.5		Jahresüberschuss/Jahresfehlbetrag (Abs. 3 A. V.)..	122–123
4.1.6		Bilanzgewinn/Bilanzverlust.................	124
4.1.7		Eigenkapitaldifferenz aus Währungsumrechnung .	125
4.2 Begrifflichkeit und Abgrenzung zu eigenkapitalähnlichen Posten..			126–132
4.2.1		Einlagen zu Kapitalerhöhungen...............	127
4.2.2		Genussrechte...........................	128–129
4.2.3		Einlagen stiller Gesellschafter	130
4.2.4		Eigenkapitalersetzende Gesellschafterdarlehen ...	131–132
4.3 Sonderposten			133
4.4 Rückstellungen (Abs. 3 B.)			134–141
4.4.1		Rückstellungen für Pensionen und ähnliche Verpflichtungen (Abs. 3 B. 1.)..................	135–138
4.4.2		Steuerrückstellungen (Abs. 3 B. 2.)..............	139
4.4.3		Sonstige Rückstellungen (Abs. 3 B. 3.)..........	140–141
4.5 Verbindlichkeiten (Abs. 3 C.)			142–164
4.5.1		Anleihen, davon konvertibel (Abs. 3 C. 1.).......	147–149
4.5.2		Verbindlichkeiten gegenüber Kreditinstituten (Abs. 3 C. 2.)...............................	150
4.5.3		Erhaltene Anzahlungen auf Bestellungen (Abs. 3 C. 3.)...............................	151–153
4.5.4		Verbindlichkeiten aus Lieferungen und Leistungen (Abs. 3 C. 4.).............................	154–156
4.5.5		Verbindlichkeiten aus der Annahme gezogener Wechsel und der Ausstellung eigener Wechsel (Abs. 3 C. 5.).............................	157–160
4.5.6		Verbindlichkeiten gegenüber verbundenen Unternehmen (Abs. 3 C. 6.)	161
4.5.7		Verbindlichkeiten gegenüber Unternehmen, mit denen ein Beteiligungsverhältnis besteht (Abs. 3 C. 7.).............................	162
4.5.8		Sonstige Verbindlichkeiten, davon aus Steuern, davon im Rahmen der sozialen Sicherheit (Abs. 3 C. 8.).............................	163–164
4.6 Rechnungsabgrenzungsposten (Abs. 3 D.)			165
4.7 Passive latente Steuern (Abs. 3 E.)....................			166–167
4.8 Weitere Posten der Passivseite........................			168
5 Sanktionen			169–171

1 Überblick

1.1 Inhalt

§ 266 HGB gibt eine verbindliche Norm für Form und **Gliederung der Bilanz** vor, deren Tiefenstruktur zum einen von der Rechtsform und zum anderen von der zugeordneten Größenklasse der Ges. nach § 267 HGB und § 267a HGB abhängt. § 266 Abs. 1 HGB schreibt die Aufstellung der Bilanz in Kontoform vor und bestimmt, dass die in den Absätzen 2 und 3 normierte Gliederung von mittelgroßen und großen KapG und haftungsbeschränkten PersG i. S. d. § 264a HGB eingehalten werden muss (§ 266 Abs. 1 Satz 2 HGB), während für kleine, nicht KM-orientierte KapG (§ 267 Abs. 1 HGB) eine verkürzte Bilanz mit den mit Buchstabe n und römischen Zahlen bezeichneten Posten aufgestellt werden darf (§ 266 Abs. 1 Satz 3 HGB). KleinstKapG dürfen gem. § 266 Abs. 1 Satz 4 HGB für Gj, die nach dem 30.12.2012 enden (Art. 70 Abs. 1 EGHGB), eine verkürzte Bilanz aufstellen, die sich nur auf die Posten mit Buchstabe n-Gliederungspunkten beschränkt. In Abs. 2 und 3 wird die Gliederung der Aktiva und der Passiva, insb. die Unterteilung, die Reihenfolge und die Bezeichnung der einzelnen Posten, konkretisiert.

Die §§ 266 (Bilanz) und 275 (GuV) HGB enthalten die zentralen Gliederungsvorschriften für den handelsrechtlichen Jahresabschluss. Diese normierten Gliederungen dienen der Klarheit und Übersichtlichkeit (§§ 243 Abs. 2 und 265 Abs. 6 HGB), um das Erreichen der Informationsziele des Jahresabschlusses zu verbessern, die überbetriebliche Vergleichbarkeit zu erhöhen und Informationsasymmetrien zu verringern. Auch wenn im Handelsrecht kein expliziter Zweck für die Bilanzaufstellung genannt wird, machen die sehr detaillierten Bilanzgliederungsvorschriften – ergänzt um Informations- und Erläuterungspflichten im Anhang sowie die größenabhängige Pflicht zur Erstellung eines Lageberichts – deutlich, dass die Hauptfunktion der Rechnungslegung aus der Perspektive des Gesetzgebers die Bereitstellung von Informationen primär für externe Interessenten ist.[1] Die stets nach demselben Gliederungsschema aufgestellte Bilanz vereinfacht einen Mehrjahresvergleich des bilanzierenden Unt und einen zwischenbetrieblichen Vergleich. Somit verbessert die stringente Gliederungsvorschrift die Möglichkeit zur externen Beurteilung der Unternehmenslage und erleichtert die Kontrolle des Managements.[2] Eingeschränkt wird die Vergleichbarkeit durch bestehende Ausweiswahlrechte, z. B. für erhaltene Anzahlungen (§ 268 Abs. 5 HGB).

1.2 Anwendungsbereich und Entwicklung der Vorschrift

§ 266 HGB gilt für folgende Unt:
- KapG und haftungsbeschränkte PersG i. S. d. § 264a HGB;
- Genossenschaften (§ 336 Abs. 2 Satz 1 HGB), wobei hier besondere Vorschriften für den Ausweis des EK gelten (§ 337 Abs. 2 HGB);
- Unt, die unter das PublG fallen (§ 5 Abs. 1 Satz 2 PublG);

---

[1] Vgl. *Coenenberg/Haller/Schultze*, Jahresabschluss und Jahresabschlussanalyse, 2016, S. 17 ff.
[2] Vgl. *Marx/Dallmann*, in *Baetge/Kirsch/Thiele*, Bilanzrecht, § 266 HGB, Rz 3, Stand 9/2015 und *Reiner/Haußer*, in MünchKomm. HGB, 3. Aufl., § 266, Rn 2.

- Nicht-KapG, die weder unter § 264a HGB noch unter das PublG fallen, sowie EKfl dürfen § 266 HGB freiwillig anwenden. Darüber hinaus können diese Unt durch Gesellschaftsvertrag zur Anwendung des gesetzlichen Gliederungsschemas verpflichtet sein.[3]

Für die letzte Gruppe gilt, dass sie im Falle der Anwendung des Bilanzgliederungsschemas gem. § 266 HGB die verwendeten Postenbezeichnungen nicht in einem abweichenden Sinn verwenden dürfen.[4] Ähnliches gilt für die Unt, die nach dem § 5 Abs. 1 Satz 2 PublG verpflichtet sind, § 266 HGB zu berücksichtigen.

4   Konzerne sind gem. § 298 Abs. 1 HGB verpflichtet, ihre Abschlüsse nach § 266 HGB aufzustellen und dabei die in § 266 Abs. 1 Satz 2 HGB genannten Anforderungen an das Gliederungsschema für mittelgroße und große Ges einzuhalten, wenn nicht die Eigenart des Konzernabschlusses eine Abweichung bedingt oder in den in § 298 Abs. 1 HGB genannten Vorschriften nichts anderes bestimmt ist. Dabei bietet § 298 Abs. 2 HGB die Möglichkeit, Vorräte in einem Posten zusammenzufassen, falls deren Aufgliederung wegen besonderer Umstände mit einem unverhältnismäßigen Aufwand verbunden wäre. Ebenso sind Unt, die unter das PublG fallen, verpflichtet, § 266 HGB sinngemäß bei der Aufstellung des Konzernabschlusses anzuwenden (§ 13 Abs. 2 PublG i. V. m. § 298 Abs. 1 HGB).

Unmittelbar gilt § 266 HGB nur für die Aufstellung der Jahresbilanz. Dennoch sind die Gliederungsvorschriften auch für Konzernabschluss einschl. Zwischenberichte zu beachten.

Darüber hinaus wird in einer Vielzahl von Rechtsvorschriften zur Aufstellung von Sonderbilanzen auf das Bilanzgliederungsschema verwiesen:

- Erhöhungssonderbilanz (bei einer Kapitalerhöhung aus Gesellschaftsmitteln) gem. § 209 Abs. 2 Satz 1 AktG bzw. § 57 f Abs. 1 Satz 1 GmbHG.
- Abwicklungsbilanz (oder auch Liquidationseröffnungsbilanz) von AG, GmbH oder eG gem. § 270 Abs. 2 Satz 2 AktG, § 71 Abs. 2 Satz 2 GmbHG bzw. § 87 Abs. 1 GenG.
- Verschmelzungsbilanz gem. § 17 Abs. 2 Satz 2 UmwG,
- Spaltungsbilanz gem. § 125 UmwG i. V. m. § 17 Abs. 2 Satz 2 UmwG,
- Vermögensaufstellung im Rahmen von Vermögensübertragungen gem. § 176 UmwG,
- Formwechsel gem. § 192 Abs. 2 UmwG.

5   Wesentliche Änderungen des Gliederungsschemas erfolgten mit dem **BilMoG**. Als redaktionelle Änderungen wurden die folgenden Positionen auf der Aktivseite eingefügt bzw. gestrichen:

- Erg. um „A.I.1. Selbst geschaffene gewerbliche Schutzrechte und ähnliche Rechte und Werte"; in der Folge ändert sich die fortlaufende Nummerierung und der bisherigen Formulierung wurden die Wörter „entgeltlich erworbene" vorangestellt.
- Streichung von „A.III.2 eigene Anteile"; in der Folge rücken „sonstige Wertpapiere" in die Position „A.III.2" auf.
- Erg. um „D. Aktive latente Steuern".

---

[3] Vgl. *Lenz/Fiebiger*, in HdJ, Abt I/6, Rn 12, Stand 11/2011.
[4] Vgl. *Schubert/Waubke*, in Beck Bil-Komm., 10. Aufl., 2016, § 266 HGB, Rz 15.

- Erg. um „E. Aktiver Unterschiedsbetrag aus der Vermögensverrechnung".
Auf der Passivseite wurden ergänzt bzw. geändert:[5]
- Änderung der Bezeichnung „A.III.2 in Rücklage für Anteile an einem beherrschenden oder mehrheitlich beteiligten Unt".
- Erg. um „E. Passive latente Steuern".
Durch das MicroBilG erfolgte die Einfügung von § 266 Abs. 1 Satz 4 HGB (s. Rz. 1, 11).
Eine lediglich redaktionelle Änderung wurde durch das **BilRUG** vorgenommen. Es erfolgte eine Änderung der Wörter „große und mittelgroße Kapitalgesellschaften (§ 267 Abs. 3, 2)" in die Wörter „mittelgroße und große Kapitalgesellschaften (§ 267 Abs. 2 und 3)".

2 Aufbau der Bilanz (Abs. 1)

2.1 Kontoform (Abs. 1 Satz 1)

§ 266 Abs. 1 Satz 1 HGB fordert die Aufstellung der Bilanz in Kontoform. Üblich ist die Darstellung der Aktiva und Passiva nebeneinander in einem **T-Konto**. Darüber hinaus kann die Bilanz aus Praktikabilitätsgründen, z.B. bei großen AGs, **untereinander** oder **auf zwei unterschiedlichen Seiten** dargestellt werden.[6] Die Staffelform darf nicht angewendet werden, weil Art. 8 Abs. 1 i.V.m. Art. 10 der 4. EG-RL, die wahlweise die Bilanzdarstellung in Staffelform erlaubt, nicht in nationales Recht umgesetzt wurde.

6

Angesichts fehlender handelsrechtlicher Bestimmungen dürfen **Nicht-KapG** – unter Berücksichtigung der Forderung nach einer hinreichenden Gliederung gem. § 247 Abs. 1 HGB – die Bilanz in Staffelform aufstellen, weil diese zum einen auch aussagekräftig und übersichtlich und zum anderen nach der 4. EG-RL erlaubt ist. Gleichwohl ist diese Form bisher wenig verbreitet (§ 247 Rz 10).[7]

2.2 Vorgaben für die Bilanzgliederung (Abs. 1 Satz 2)

Die Bilanzgliederung des § 266 HGB folgt **keinem bestimmten Prinzip**; vielmehr beruht diese auf mehreren, einander überschneidenden Sachgesichtspunkten. Auf der Aktivseite orientiert sich das handelsrechtliche Gliederungsprinzip primär an der **Liquidierbarkeit**, d.h. Monetarisierung der Posten im Leistungsprozess. Die Gliederung der Passivposten ist an der **Fälligkeit** der anstehenden Auszahlungen ausgerichtet.

7

Die einzelnen Bilanzposten sind nach § 266 Abs. 1 Satz 2 HGB gesondert auszuweisen. Eine Zusammenfassung der einzelnen Posten ist grds. nicht erlaubt. Gleiches gilt für die Reihenfolge der Bilanzposten, die ebenfalls grds. nicht verändert werden darf.[8] Dabei ist es unerheblich, ob die gesetzlich vorgesehene Reihenfolge noch zweckmäßig oder zeitgemäß erscheint, da diese auf typische Industrieunternehmen ausgerichtet ist. § 265 HGB mit seinen allgemeinen Gliederungsgrundsätzen erlangt in diesem Zusammenhang ebenso wie die Anhang-

8

---

[5] Zur praktischen Umsetzung s. *Kreipl/Lange/Müller* in Haufe HGB Bilanz Kommentar Erfahrungsbericht BilMoG, 2012, Rz 98 ff.
[6] Vgl. *Reiner/Haußer*, in MünchKomm. HGB, 3. Aufl., § 266, Rn 10.
[7] Vgl. *Marx/Dallmann*, in Baetge/Kirsch/Thiele, Bilanzrecht, § 266 HGB, Rz 21, Stand 9/2015.
[8] Vgl. ADS, 6. Aufl., § 266 HGB, Rz 3f.

angaben eine zunehmende Bedeutung, weil sie den bilanzierenden Unt in gewissen Maßen eine Flexibilisierung durch Zusammenfassungen, Erweiterungen und Änderungen der vorgegebenen Positionsfolge unter Berücksichtigung der gesetzlichen Regelungen ermöglichen (zu Einzelheiten s. § 265 Rz 20 ff.).[9]
Der **Stetigkeitsgrundsatz** ist zu beachten, solange in begründeten Ausnahmefällen keine Durchbrechung erforderlich ist, wie z. B. Änderungen der rechtlichen Gegebenheiten oder strukturelle Veränderungen (DRS 13.8). Bei Ausweisänderungen sind diese kenntlich zu machen; zusätzlich sind Erl. geboten (DRS 13.28).[10]

2.3 Größenabhängige Erleichterungen für kleine Kapitalgesellschaften (Abs. 1)

9 Hinsichtlich der Anforderungen an das Bilanzgliederungsschema unterscheidet § 266 Abs. 1 Sätze 2 und 4 HGB die KapG und denen gleichgestellte PersG in drei Kategorien: zum einen nach § 267 Abs. 1 HGB in kleine und zum anderen nach § 267 Abs. 2 und 3 HGB in **mittelgroße und große Ges.** sowie darüber hinaus nach § 267a HGB in KleinstKapG. Mittelgroße und große Ges. haben ebenso wie **alle KM-orientierten Gesellschaften** gem. § 267 Abs. 3 Satz 2 HGB das vollständige Bilanzgliederungsschema gem. Abs. 2 und 3 anzuwenden.

2.3.1 Kleine Kapitalgesellschaften (Abs. 1 Satz 3)

10 Kleine Ges. und Genossenschaften (§ 336 Abs. 2 Satz 1 HGB i. V. m. § 267 Abs. 1 HGB) dürfen eine verkürzte Bilanz aufstellen, d. h., sie brauchen nur die Posten aufzunehmen, die mit Buchstabe n und römischen Ziffern bezeichnet sind; die mit arabischen Zahlen bezeichneten Posten müssen nicht ausgewiesen werden.

11 Für kleine KapCoGes hat der Gesetzgeber mit dem MicroBilG eine Befreiung von zusätzlich nötigen Untergliederungen festgeschrieben. § 264c Abs. 5 HGB stellt klar, dass die in § 264c Abs. 1–4 HGB festgeschriebenen Sondervorschriften für KapCoGes bei der Ermittlung – nicht jedoch der Gliederung – zusätzlich gelten. Da der Gesetzgeber in § 264c Abs. 5 HGB nicht nur auf den 2012 eingeführten § 266 Abs. 1 Satz 4 HGB für KleinstKapG, sondern auch auf § 266 Abs. 1 Satz 3 HGB für kleine KapG verweist, haben auch kleine KapCoGes die verkürzten Bilanzen nicht um diese rechtsformspezifischen Angaben zu erweitern.

12 Die Inanspruchnahme der größenabhängigen Erleichterung kann dennoch aufgrund gesetzlich verankerter Auskunftsrechte oder gesellschaftsvertraglicher Regelungen eingeschränkt werden. So kann z. B. nach § 131 Abs. 1 Satz 3 AktG ein Aktionär einer AG eine nach den Vorschriften für mittelgroße und große Ges. gegliederte Bilanz fordern. Auch gibt es für die GmbH nach § 51a Abs. 1 GmbH, für die OHG nach § 118 HGB und für die KG nach § 166 HGB entsprechende Auskunfts- und Einsichtsrechte.[11] Darüber hinaus bestehen Erleichterungen bei der Offenlegung (§ 325 Rz 204 ff.).

---

[9] Vgl. *Marx/Dallmann*, in *Baetge/Kirsch/Thiele*, Bilanzrecht, § 266 HGB, Rz 22, Stand 9/2015.
[10] Vgl. *Siegel*, BB 2002, S. 87 ff.; *Willeke*, StuB 2003, S. 76.
[11] Vgl. *Grottel*, in Beck Bil-Komm., 10. Aufl., 2016, § 326 HGB, Rz 4.

2.3.2 Kleinstkapitalgesellschaften (Abs. 1 Satz 4)

KleinstKapG dürfen gem. § 266 Abs. 1 Satz 4 HGB i.d.F. MicroBilG eine verkürzte Bilanz aufstellen, die sich nur auf die Posten mit Buchstabe n-Gliederungspunkten des § 266 Abs. 2 und 3 HGB beschränkt. Die Reihenfolge der Posten gem. § 266 Abs. 2 und 3 HGB ist einzuhalten. Auf der Aktivseite sind die Positionen AV und UV sowie Rechnungsabgrenzungsposten, aktive latente Steuern sowie Unterschiedsbetrag aus der Vermögensverrechnung auszuweisen. Auf der Passivseite brauchen nur EK, Rückstellungen, Verbindlichkeiten und passive latente Steuern ausgewiesen werden. Die Angabe eines nicht durch EK gedeckten Fehlbetrags hat gem. § 268 Abs. 3 HGB zu erfolgen. Allerdings kann der gesonderte Ausweis aktiver und passiver latenter Steuern als Buchst. D auf der Aktiv- und Buchst. E auf der Passivseite aufgrund des Wahlrechts des § 274a Nr. 5 HGB entfallen. Zu prüfen ist jedoch ein Ansatz von Rückstellungen für passive Steuerlatenzen (§ 274a Rz 11 ff.).[12]

Da der Unterschiedsbetrag aus der Vermögensverrechnung sowie aktive und passive latente Steuern in der Praxis von KleinstGes. kaum Relevanz besitzen, beschränkt sich der Postenausweis in der Bilanz in aller Regel auf nur drei Aktiv- und vier Passivposten.[13] Der **Mindestumfang** stellt sich jedoch wie folgt dar:

Bilanz einer KleinstKapG			
Aktivseite			Passivseite
A.	Anlagevermögen	A.	Eigenkapital
B.	Umlaufvermögen	B.	Rückstellungen
C.	Rechnungsabgrenzungsposten	C.	Verbindlichkeiten
E.	Aktiver Unterschiedsbetrag aus der Vermögensverrechnung	D.	Rechnungsabgrenzungsposten

Tab. 1: Mindestumfang der Bilanz für KleinstKapG

Darüber hinaus ist explizit keine weitere **Aufschlüsselung der Posten** vorgeschrieben. Die in § 268 Abs. 4 und 5 HGB vorgeschriebenen Laufzeitvermerke für Forderungen bzw. Verbindlichkeiten sind für Forderungen mangels gesonderten Ausweises nicht zu machen. Da Verbindlichkeiten gesondert ausgewiesen werden, erscheint eine betragsmäßige Angabe als Davon-Vermerk sinnvoll.[14] Diese Angabe ermöglicht eine bessere Einschätzung kurzfristiger Liquiditätsabflüsse des Unt. Eine Darstellung der Entwicklung der einzelnen Posten des AV in der Bilanz (§ 268 Abs. 2 HGB) entfällt, da bereits kleine KapG keinen Anlagespiegel aufstellen müssen (§ 274a Nr. 1 HGB). Auch § 268 Abs. 1 HGB betreffend Gewinn-/Verlustvortrag, wenn nicht im Bilanzgewinn/-verlust integriert, und § 272 Abs. 1 Satz 3 HGB betreffend ausstehender und eingeforderter Einlagen sind nicht zu beachten, da keine Aufgliederung des EK gem. § 266 Abs. 3 Buchst. A

---

12 Vgl. IDW RS HFA 7; Bundessteuerberaterkammer (BStBK), Verlautbarung der Bundessteuerberatung zum Ausweis passiver latenter Steuern als Rückstellungen in der Handelsbilanz, 2012.
13 Vgl. *Hoffmann*, StuB 2012, S. 730.
14 Vgl. *Hoffmann*, StuB 2012, S. 730.

Nr. I-V HGB gefordert ist. Somit ist der Jahresüberschuss/-fehlbetrag nur in der GuV und nicht in der Bilanz auszuweisen.

16 **Sonderausweise für Aktiengesellschaften** in der Bilanz gem. §§ 152 Abs. 1–3 AktG greifen nicht (§ 152 Abs. 4 AktG).[15] Sonderausweise für andere Rechtsformen, wie etwa gem. **§ 42 Abs. 3 GmbHG**(Forderungen, Ausleihungen und Verbindlichkeiten gegenüber Gesellschaftern) entfallen ebenfalls, da ein Bilanzausweis sowie alternativ eine Anhangangabe erlaubt ist. Mangels Anhang entfällt damit auch die Angabepflicht in der Bilanz. Zudem würde ein solcher Ausweis als Davon-Vermerk auch nicht aussagekräftig sein. Ggf. sind zusätzliche Angaben zur Erfüllung der Generalnorm notwendig, wenn die Forderungen oder Verbindlichkeiten betreffend Gesellschafter eine derartige Höhe erreichen, dass dies als besonderer Umstand nach § 264 Abs. 2 Satz 2 HGB zu werten wäre.[16]

17 Für die verkürzten Bilanzen der KleinstkapG gelten die Regelungen aus § 265 Abs. 6–7 HGB nicht, da eine Änderung der Gliederung und Postenbezeichnung sowie Postenzusammenfassungen nicht für die mit Großbuchstaben versehenen Posten vorgesehen ist. Uneingeschränkt gilt dagegen § 265 Abs. 5 und 8 HGB, wonach einerseits eine weitere Untergliederung erfolgen kann und andererseits Leerposten entfallen können.

18 Wenn die Erleichterung des Verzichts der Anhangaufstellung in Anspruch genommen werden soll, müssen unter der Bilanz bestimmte Angaben erfolgen (§ 264 Abs. 1 Satz 5 HGB).

3 Aktivseite (Abs. 2)

3.1 Anlagevermögen (Abs. 2 A.)

3.1.1 Überblick

19 Unter der Position AV sind alle VG auszuweisen, die dazu bestimmt sind, dauernd dem Geschäftsbetrieb zu dienen (§ 247 Rz 18). Die Gliederungsvorschrift des § 266 HGB unterscheidet drei Arten des AV:[17]
- Immaterielle VG (§ 266 Abs. 2 A. I. HGB)[18]
- Sachanlagen (§ 266 Abs. 2 A. II. HGB)[19]
- Finanzanlagen (§ 266 Abs. 2 A. III. HGB)[20]

20 Immaterielle VG und Sachanlagen werden unmittelbar im Unt eingesetzt, während Finanzanlagen außerhalb des bilanzierenden Unt verwendete Mittel sind. Das Unterscheidungsmerkmal ist somit nicht die Aufteilung in Sachen oder in Rechte, sondern inwieweit die Mittel inner- oder außerhalb des Unt eingesetzt werden.[21]

---

[15] Vgl. *Kreipl/Müller*, DB 2013, S. 75.
[16] Vgl. *Hoffmann*, StuB 2012, S. 730.
[17] Vgl. *Küting/Ulrich*, DStR 2001, S. 954, sowie *Kählert/Lange*, BB 1994, S. 614.
[18] Zur praktischen Umsetzung s. *Kreipl/Lange/Müller* in Haufe HGB Bilanz Kommentar Erfahrungsbericht BilMoG, 2012, Rz 166 ff.
[19] Zur praktischen Umsetzung s. *Kreipl/Lange/Müller* in Haufe HGB Bilanz Kommentar Erfahrungsbericht BilMoG, 2012, Rz 109 ff.
[20] Zur praktischen Umsetzung s. *Kreipl/Lange/Müller* in Haufe HGB Bilanz Kommentar Erfahrungsbericht BilMoG, 2012, Rz 140 ff.
[21] Vgl. ADS, 6. Aufl., § 266 HGB, Rz 26.

Die Unterteilung des AV in **abnutzbare und nicht abnutzbare Anlagen** ist für die 21
Folgebewertung relevant. I. d. R. gelten Finanzanlagen als nicht abnutzbares AV
und sind somit nur außerplanmäßig abzuschreiben. Dagegen können Sachanlagen
und immaterielle Anlagen sowohl abnutzbar als auch nicht-abnutzbar sein.

> **Beispiel**
> Zu den abnutzbaren Anlagen zählen z. B. Gebäude, Maschinen und Kraftfahrzeuge, Software und Patente; nicht abnutzbar sind bspw. Grund und Boden (es sei denn, es handelt sich um abnutzbare Grundstücke, z. B. Kiesgruben, Steinbrüche oder andere Rohstoffvorkommen) sowie Verkehrs- und Transportkonzessionen (Annahme: formal zeitlich begrenzte Rechte werden immer wieder auf unbegrenzte Zeit verlängert).

Die Nutzungsdauer wird vom technischen Verschleiß (materielles AV) oder von der wirtschaftlichen Abnutzung (materielles und immaterielles AV) bestimmt (zu Einzelheiten s. § 253 Rz 168 ff.).

3.1.2 Immaterielle Vermögensgegenstände (Abs. 2 A. I.)

Für den Begriff „immaterieller Vermögensgegenstand" existiert keine einheitliche bzw. konkrete Definition.[22] Die Definition wird jeweils zweckgerichtet 22
betrachtet. Als ein zweckentsprechendes **Abgrenzungskriterium** immaterieller Güter dient vielfach das Vorhandensein bzw. Nicht-Vorhandensein einer **physischen Substanz**. Immaterielle Güter umfassen alle Güter, die nicht materiell und zusätzlich zur Abgrenzung zum Finanzvermögen nicht monetär sind. IAS 38.8 definiert immaterielle Vermögenswerte als identifizierbare, nicht-monetäre Vermögenswerte ohne physische Substanz, über die eine Verfügungsmacht des Unt besteht und aus denen in Zukunft ein Nutzenzufluss resultiert.

Die **Abgrenzung der materiellen von den immateriellen VG** ist in bestimmten 23
Fällen schwierig, weil häufig immaterielle Komponenten in materielle Vermögenswerte integriert sind (funktionale Einheit), z. B. die Steuerungssoftware von Maschinen oder das Betriebssystem eines Computers. Wenn ein Gut beide Merkmale erfüllt, sind für die Zuordnung die Wertrelation, das wirtschaftliche Interesse, die Vervielfältigungsmöglichkeiten oder das relative Funktionenverhältnis ausschlaggebend.[23]

> **Beispiel**
> Bspw. hat bei Anwendungssoftware das Speichermedium keine eigenständige Bedeutung, sodass es sich i. d. R. um einen immateriellen VG handelt. Dagegen ist eine eigenständige Bedeutung gegeben, wenn die besondere Art der Speicherung für den Erwerber wichtig ist (z. B. CD-ROM-Telefonbücher).[24]

---

22 Vgl. *Keitz, von* 1997, S. 43; *Arbeitskreis „Immaterielle Werte im Rechnungswesen" der SG*, DB 2003, S. 1233 ff.; zu Besonderheiten vgl. *Moxter*, BB 1979, S. 1102 ff.
23 Vgl. z. B. *Dawo*, 2003, S. 76 ff.
24 Vgl. *Frizlen/Möhrle*, KoR 2001, S. 237.

VG, die sowohl aus immateriellen und materiellen Komponenten bestehen, sind immer dann den immateriellen Gütern zuzuordnen, wenn die materiellen Komponenten nur eine untergeordnete Bedeutung haben und vornehmlich Transport-, Dokumentations-, Speicherungs- und Lagerungszwecken dienen.[25] Entsprechend dem Vollständigkeitsgebot gem. § 246 Abs. 1 HGB besteht für immaterielle VG des AV eine Aktivierungspflicht. Allerdings durften selbst erstellte bzw. nicht entgeltlich erworbene immaterielle VG des AV bisher gem. § 248 Abs. 2 HGB a F nicht aktiviert werden, es sei denn, es handelt sich um einen Kundenauftrag und somit um immaterielle VG des UV.

24 Gem. § 248 Abs. 2 Satz 1 HGB besteht ein Ansatzwahlrecht für selbst geschaffene Immaterialanlagen, wenn die Eigenschaften eines VG erfüllt sind. Zusätzlich gilt gem. § 248 Abs. 2 Satz 2 HGB für bestimmte Positionen von selbst geschaffenen immateriellen VG des AV ein Ansatzverbot (§ 248 Rz 42 ff.). Als Folge wurde § 266 Abs. 2 A. I. HGB um den Posten „Selbst geschaffene gewerbliche Schutzrechte und ähnliche Rechte und Werte" ergänzt und klarstellend bei der Nr. I. 2. das Wort „entgeltlich erworbene" vorangestellt. Nunmehr unterscheidet das Gliederungsschema des § 266 Abs. 2 A. I. die folgenden vier Unterpositionen der immateriellen Anlagen:
1. selbst geschaffene gewerbliche Schutzrechte und ähnliche Rechte und Werte;
2. entgeltlich erworbene Konzessionen, gewerbliche Schutzrechte und ähnliche Rechte und Werte sowie Lizenzen an solchen Rechten und Werten;
3. GoF;
4. geleistete Anzahlungen.

3.1.2.1 Selbst geschaffene gewerbliche Schutzrechte und ähnliche Rechte und Werte (Abs. 2 A. I. 1.)

25 Eine Aktivierung kommt aber erst in Betracht, wenn die VG-Eigenschaften des selbst geschaffenen immateriellen VG des AV bejaht werden können.[26] In diesem Zusammenhang bestimmt DRS 24.45[27] – vergleichbar zu IAS 38 –, dass ein in der Entstehung befindliches immaterielles Gut des AV aktiviert werden darf, sofern die fünf Voraussetzungen kumulativ erfüllt sind. Demnach dürfen diese nur aktiviert werden, wenn sich das zu aktivierende Gut in der Entwicklung befindet, die VG-Eigenschaften nach DRS 24.17–22 erfüllt werden, ein immaterieller VG mit hoher Wahrscheinlichkeit entsteht, die Entwicklungskosten verlässlich zugerechnet werden können und kein Aktivierungsverbot nach § 248 Abs. 2 Satz 2 HGB besteht.[28]

26 Entsprechend § 266 Abs. 2 HGB sieht DRS 24.120 einen separaten Ausweis von selbst geschaffenen immateriellen VG des AV als Posten A.I.1 vor. Es stellt sich die Frage, ob ein differenzierter Ausweis von **noch in der Entwicklung befindlichen und bereits fertiggestellten Immaterialanlagen** zu erfolgen hat, obwohl das Gliederungsschema keinen zum Sachanlagevermögen analogen Posten „Anlagen im Bau" vorsieht. DRS 24.121 empfiehlt den Ausweis von in der Entwick-

---

25 Vgl. Arbeitskreis „Immaterielle Werte im Rechnungswesen" der SG, DB 2001, S. 990; Wulf, 2007, S. 22.
26 Vgl. BilMoG-BgrRA, S. 5.
27 Eine Anwendung für den EA wird empfohlen, vgl. DRS 24.6.
28 Vgl. Wulf/Lange/Niemöller, BB 2015, S. 1836.

lung befindlichen Immaterialanlagen als Davon-Vermerk zum Posten A.I.1 oder eines separaten Postens innerhalb der immateriellen VG (Posten A.I.). Aus Gründen der Transparenz ist aber ein **getrennter Ausweis** zu empfehlen, weil sich die Abschreibungsgepflogenheiten unterscheiden. Während abnutzbare immaterielle VG des AV planmäßig und ggf. außerplanmäßig abzuschreiben sind, dürften noch nicht fertiggestellte Immaterialanlagen nicht planmäßig, sondern nur außerplanmäßig abgeschrieben werden, da der Nutzungsbeginn noch nicht gegeben ist.[29]

Entsprechend dem Titel sind an dieser Stelle gewerbliche Schutzrechte und ähnliche Rechte und Werte, die selbst erstellt wurden, auszuweisen (zu den Inhalten s. Rz 27 ff.[30]).

3.1.2.2 Entgeltlich erworbene Konzessionen, gewerbliche Schutzrechte und ähnliche Rechte und Werte sowie Lizenzen an solchen Rechten und Werten (Abs. 2 A. I. 2.)

Konzessionen sind befristete Genehmigungen, die von einer öffentlichen Behörde i.S.v. § 98 GWB zur Ausübung einer wirtschaftlichen Tätigkeit vergeben werden. Im Unterschied zum (öffentlichen) Auftrag übernimmt der Konzessionsnehmer zu einem wesentlichen Teil das Nutzungsrisiko der übernommenen Tätigkeit. Zu unterscheiden sind Real- bzw. Sachkonzessionen (z.B. Betriebs- und Versorgungsrechte von Energieversorgungsunternehmen oder Abbaugerechtigkeiten), die in die AHK der korrespondierenden Sachanlagen einfließen, und Personalkonzessionen (z.B. Fischereirechte, Wege- und Wassernutzungsrechte, Lkw- und Taxi-Konzessionen, Güterfernverkehrsgenehmigungen, Schankkonzessionen sowie die von der BaFin erteilte Erlaubnis, Finanzdienstleistungen zu erbringen oder Bankgeschäfte zu betreiben). Zu konzessionsähnlichen Rechten könnten erworbene CO_2-Zertifikate zählen; diese sind aber im UV auszuweisen (Rz 65). 27

Bei **gewerblichen Schutzrechten** handelt es sich um Rechte, die die technisch verwertbaren geistigen Leistungen rechtlich schützen und einen gewerblichen Bezug haben. Beispiele sind Patente, Marken, Warenzeichen, Gebrauchsmuster, Geschmacksmuster sowie Verlagsrechte.[31] Urheberrechte gehören aufgrund der fehlenden zwingenden Gewerblichkeit nicht zu den gewerblichen Schutzrechten.[32] 28

Ähnliche Rechte sind die Rechte, die weder unter Konzessionen noch unter gewerblichen Schutzrechten subsumiert werden können. 29

> **Beispiel**
> Beispiele sind Urheberrechte, Bezugsrechte und Nießbrauchrechte, Individualsoftware, Wettbewerbsverbote, vertraglich fixierte Lieferbeziehungen (z.B. Bierlieferungsrechte[33]), Zuteilungsrechte, Brenn- und Braurechte, Spie-

---

29 Vgl. Arbeitskreis „Immaterielle Werte im Rechnungswesen" der SG, DB 2008, S. 1819f.
30 Zur praktischen Umsetzung s. *Kreipl/Lange/Müller* in Haufe HGB Bilanz Kommentar Erfahrungsbericht BilMoG, 2012, Rz 166ff.
31 Vgl. *Merkt*, in *Baumbach/Hopt*, 31. Aufl., § 266 HGB, Rz 5.; ADS, 6. Aufl., § 266 HGB, Rz 28; *Marx/Dallmann*, in *Baetge/Kirsch/Thiele*, Bilanzrecht, § 266 HGB, Rz 43, Stand 9/2015.
32 Vgl. *Reiner/Haußer*, in MünchKomm. HGB, 3. Aufl., § 266, Rn 27.
33 BFH, Urteil v. 3.9.2002, I B 144/01, BFH/NV 2003, S. 154.

> lerlizenzen[34] (z. B. von Fußballspielern) wie auch Rechte zur Berichterstattung und Übertragung von Sportereignissen[35] sowie Arzneimittelzulassungen.[36] Ebenso zählen Domainnamen zu den ähnlichen Rechten.[37]

30 **Wirtschaftliche Werte** verfügen anders als Rechte über keinen rechtlichen oder vertraglichen Schutz; sie können aber Gegenstand eines Rechtsgeschäfts sein, da sie abgrenzbar und grds. einzeln verwertbar sind.

> **Beispiel**
> Zu den wirtschaftlichen Werten zählen bspw. ungeschützte Erfindungen, Kundenlisten, Ton- und Bildträger, Produktionsverfahren, Erfindungen, Rezepte, ungeschützte Prototypen oder ungeschützte Computersoftware.[38]

31 Eine wirtschaftliche **Lizenz** ist eine Berechtigung, Rechte oder Werte eines anderen gegen Entgelt auf vertraglicher Basis zu nutzen, z. B. Berechtigung zur Ausstrahlung fremder Filmwerke.[39] I. d. R. stellt Software mit einem rechtlich geschützten Code eine Lizenz dar (Anwendungs- und Systemsoftware), auch werden vielfach Lizenzverträge über Patente und gewerbliche Schutzrechte abgeschlossen; möglich sind Lizenzverträge aber auch bei ähnlichen Rechten und Werten. Nicht jede Lizenz ist aktivierungsfähig. Eine Aktivierung ist nur geboten, wenn eine einmalige Zahlung vorliegt. Im Falle von laufenden Lizenzgebühren liegt ein schwebendes Geschäft vor und bei Zahlung ist der Umsatz beim Rechteinhaber zu erfassen.[40]

3.1.2.3 Geschäfts- oder Firmenwert (Abs. 2 A. I. 3.)

32 Der **GoF** stellt ein Wertekonglomerat dar, das zahlreiche wirtschaftliche Wertkomponenten enthält (z. B. Know-how der Mitarbeiter, Kundenstamm, Wettbewerbsvorteile oder Managementqualität). Während der originäre GoF im Laufe der Unternehmenstätigkeit durch unternehmensinterne Maßnahmen zum Aufbau der zuvor genannten Wertkomponenten entsteht, ergibt sich der derivative GoF aus dem Unterschiedsbetrag zwischen dem Kaufpreis eines Unt und dem Wert seines Nettovermögens (entweder VG abzgl. Schulden oder EK) (§ 246 Rz 86). Ein derivativer GoF ist ansatzpflichtig und innerhalb des immateriellen AV auszuweisen.

33 Der derivative GoF stellt aufgrund der fehlenden Einzelveräußer- und -verwertbarkeit handelsrechtlich im engen Sinne keinen echten VG dar, ist aber in § 246 Abs. 1 HGB explizit einem zeitlich begrenzt nutzbarem VG gleichgestellt worden und deshalb ansatzpflichtig (ausführlich § 246 Rz 89 ff.). Als Besonderheit ist

---

34 Vgl. *Ellrott/Galli*, WPg 2000, S. 269, 272; *Wehrheim*, BB 2004, S. 433 f.; *Wulf/Bosse*, StuB 3/2011, S. 84; a. A. *Kaiser*, DB 2004, S. 1109 f.
35 Vgl. *Rodewald*, BB 1995, S. 2105.
36 Vgl. *Boorberg/Strüngmann/Spieß*, DB 1994, S. 55.
37 Vgl. BFH, Urteil v. 19.10.2006, III R 6/05, DB 2007, S. 430, unter II.2.
38 Vgl. *Baetge/Kirsch/Thiele*, Bilanzen, 2017, S. 244.
39 Vgl. *Kaufmann*, BB 1995, S. 2107 f.
40 Vgl. *Reiner/Haußer*, in MünchKomm. HGB, 3. Aufl., § 266, Rn 27; *Marx*, DStR 1998, S. 1447.

ein niedrigerer Wertansatz eines GoF gem. § 253 Abs. 5 Satz 2 HGB beizubehalten (§ 253 Rz 332f.).
Ein saldierter GoF-Ausweises aus aktiven und passiven Unterschiedsbeträgen verschiedener Konsolidierungen von mehreren TU darf nicht vorgenommen werden (§ 301 Rz 111). 34
Problematisch ist die undifferenzierte Zusammenfassung von **GoF im Konzernabschluss**, die aus unterschiedlichen Konsolidierungsvorgängen entstanden sind. So wird ein GoF aus dem Jahresabschluss (aus asset deal) zusammen mit einem sich aus KapKons. und QuotenKons. ergebenen GoF (aus share deal) ausgewiesen.[41] DRS 4 fordert zu den GoF aus KapKons. umfangreiche Anhangangaben, die aber letztlich eine Separierung durch den Adressaten häufig nicht ermöglichen.

3.1.2.4 Geleistete Anzahlungen (Abs. 2 A. I. 4.)

Als geleistete Anzahlungen auf **immaterielle VG** werden erfolgte Zahlungen des Unt ausgewiesen, die aus abgeschlossenen Verträgen resultieren. Dabei darf der VG noch nicht wirtschaftliches Eigentum des Erwerbers sein und es muss ein Verrechnungsanspruch mit dem Kaufpreis bestehen (schwebendes Geschäft). In Abhängigkeit davon, ob es zu einer Vermögensübertragung kommt oder nicht, wird die Anzahlung im Falle einer Vermögensübertragung bei der Aktivierung berücksichtigt und im Falle einer Nichtübertragung im UV unter den sonstigen VG ausgewiesen.[42] Wenn für die Nutzung eines nicht im eigenen Vermögen stehenden Werts wiederkehrend Entgelte vorausgezahlt werden müssen, stellt diese Zahlung keine Anzahlung dar, sondern ist ggf. als RAP zu behandeln.[43] 35

Bei einem Unternehmenskauf sind Anzahlungen auf einen **GoF** gesondert auszuweisen. Allerdings besteht hierbei ein Abgrenzungsproblem bei der Verteilung des Kaufpreises auf die (materiellen und immateriellen) VG einschl. des GoF. Generelle Aussagen über die Verteilung sind nicht möglich, sondern im Einzelfall zu treffen.[44] 36

3.1.3 Sachanlagen (Abs. 2 A. II.)

Sachanlagen sind alle VG, die körperlich fassbar sind. Sachanlagen können beweglich oder unbeweglich sein; zudem lassen sie sich in abnutzbare und nicht abnutzbare Sachanlagen unterteilen (Rz 21). Entsprechend dem Vollständigkeitsgebot gem. § 246 Abs. 1 Satz 1 HGB sind alle VG des Sachanlagevermögens zu aktivieren. Für das Sachanlagevermögen muss ein Bestandsverzeichnis geführt werden; Veränderungen während des Gj sind im Anlagespiegel (§ 268 Rz 13ff.) festzuhalten. Nach der Gliederungsvorschrift des § 266 Abs. 2 A. II. HGB müssen KapG – abgesehen von größenabhängigen Erleichterungen – für das Sachanlagevermögen folgende Unterpositionen ausweisen: 37
1. Grundstücke, grundstücksgleiche Rechte und Bauten einschl. der Bauten auf fremden Grundstücken und Gebäude

---

41 Vgl. *Marx/Dallmann*, in *Baetge/Kirsch/Thiele*, Bilanzrecht, § 266 HGB, Rz 44.1, Stand 9/2015.
42 Vgl. *Matschke/Brösel/Haaker*, in *Hofbauer/Kupsch*, § 266 HGB, Rz 151f., Stand 8/2012.
43 Vgl. ADS, 6. Aufl., § 266 HGB, Rz 31.
44 Vgl. *Dusemond/Heusinger-Lange/Knop*, in *Küting/Pfitzer/Weber*, HdR, HGB § 266, Rn 16, Stand 12/2010.

2. Technische Anlagen und Maschinen
3. Andere Anlagen, Betriebs- und Geschäftsausstattung
4. Geleistete Anzahlungen und Anlagen im Bau

3.1.3.1 Grundstücke, grundstücksgleiche Rechte und Bauten einschließlich der Bauten auf fremden Grundstücken (Abs. 2 A. II. 1.)

38   Unter diesem Posten wird das gesamte Grundvermögen des Unt ausgewiesen, sofern es dem dauernden Geschäftsbetrieb dienen soll. Auch im Falle der gewerblichen Grundstücksvermietung zählen Grundstücke zum AV.[45] Der Gesetzgeber schreibt keinen gesonderten Ausweis in Grundstücke, grundstücksgleiche Rechte und Bauten vor. Dieser undifferenzierte Ausweis wird in der Literatur kritisiert,[46] da aus externer Sicht eine Analyse erschwert wird. Allerdings dürfen Unt gem. § 265 Abs. 5 HGB (§ 265 Rz 20f.) freiwillig eine differenzierte **Untergliederung** vornehmen.

> **Beispiel**[47]
> II. Sachanlagen:
> 1.1 Grundstücke
>   1. unbebaute Grundstücke
>   2. bebaute Grundstücke
> 1.2 Grundstücksgleiche Rechte
>   davon Erbbaurechte
> 1.3 Bauten
>   a) Bauten auf fremden Grundstücken
>   davon Geschäfts-, Fabrik- und andere Bauten
>   b) Bauten auf eigenen Grundstücken
>   davon Geschäfts-, Fabrik- und andere Bauten

39   **Grundstücke** sind im bürgerlich-rechtlichen Sinne durch Vermessung abgegrenzte Teile der Erdoberfläche, die in Deutschland im Grundbuch jeweils als selbstständige Grundstücke notiert sind.[48] Bei wirtschaftlicher Betrachtungsweise wird im Bilanzrecht unter einem Grundstück nur der unbebaute Grund und Boden verstanden.[49]

> **Beispiel**
> Unter **unbebauten Grundstücken** werden die verschiedensten Arten wie Wiesen, Äcker, Wälder bis hin zu Seen, Steinbrüchen und Grubengelände zusammengefasst. Zur Erhöhung der Transparenz wird empfohlen, Grundstücke, die betrieblich ausgebeutet werden, entweder offen abzusetzen oder im Anhang separat auszuweisen.[50]

---

[45] Vgl. BFH, Beschluss v. 6.3.2007, IV B 118/05, unter II.1.c.
[46] Vgl. z.B. *Tertel*, DStR 1986, S. 149.
[47] Vgl. *Marx/Dallmann*, in *Baetge/Kirsch/Thiele*, Bilanzrecht, § 266 HGB, Rz 52.1, Stand 9/2015 sowie *Böckem/Schurbohm*, KoR 2002, S. 39ff.; *Zülch*, 2003, S. 62.
[48] Vgl. WPH Edition, Wirtschaftsprüfung & Rechnungslegung, 15. Aufl., 2017, Abschn. F, Tz 313.
[49] Vgl. BFH, Urteil v. 14.3.1961, I 17/60 S, BStBl 1961 II S. 398.
[50] Vgl. *Reiss*, in HWRP, 3. Aufl., Sp. 1052f.

Grundstücke gelten so lange als unbebaut, wie sie nicht in einer engen wirtschaftlichen Beziehung mit dem bebauten Teil, z. B. Geschäfts-, Fabrik- oder andere Bauten oder Wohnbauten, stehen. **Grundstücke und Gebäude** bilden bei **bebauten Grundstücken** häufig eine rechtliche Einheit. Dennoch sind sie handelsbilanzrechtlich getrennt zu behandeln, da sie sich hinsichtlich der Abnutzbarkeit und somit der Abschreibung unterscheiden. Steuerlich wird das z. T. anders gesehen. Ein Kfm. kann nicht ausschließlich ein Gebäude in sein Betriebsvermögen einlegen und das Grundstück im Privatvermögen belassen (um etwaige stille Reserven aus Bodenwerterhöhungen außerhalb der Steuerpflicht zu halten). **Grundstücksgleiche Rechte**, wie z. B. Erbbaurechte, bestimmte dauernde Wohnungs- und Nutzungsrechte sowie Bergwerkseigentum, sind dinglich abgesicherte, zeitlich befristete Rechte, die bilanzrechtlich wie Grundstücke behandelt werden und unabhängig von ihrer Bebauung zusammen mit Grundstücken in einem Sammelposten ausgewiesen werden. **Grunddienstbarkeiten** wie auch das **Nießbrauchrecht** und die beschränkten persönlichen Dienstbarkeiten sind keine grundstücksgleichen Rechte. 40

Bei **Gebäuden** handelt es sich um ein Bauwerk auf einem Grundstück, das durch räumliche Umschließung Aufenthalts- oder Aufbewahrungsmöglichkeit bietet und einen Schutz gegen äußere Einflüsse gewährt sowie fest mit dem Grund und Boden verbunden ist und eine eigene Beständigkeit aufweist. Nach dem betrieblichen Verwendungszweck ist neben den typischen Wohngebäuden zwischen Geschäfts-, Fabrik- oder anderen Gebäuden zu unterscheiden. 41

> **Beispiel**
> Beispiele für **Wohngebäude** sind Werkswohnungen, Siedlungen, Arbeiterwohnheime und Clubhäuser. Nicht dazu zählen Sportstätten und Verpflegungseinrichtungen, Kasinos und unternehmenseigene Sportstätten, da kein ausschließlicher Wohnzweck vorliegt.

> **Beispiel**
> Die **Fabrikgebäude** umfassen u. a. Fabrikationshallen, Reparaturwerkstätten und Lagerhallen, während zu den Geschäftsgebäuden Verwaltungs-, Büro- und Wirtschaftsgebäude zählen.

> **Beispiel**
> Zu den Gebäuden zählen auch alle der Benutzung dienenden **Einrichtungen**, wie z. B. Heizungsanlage, Sprinkleranlage, Blockheizkraftwerk, Be- und Entlüftungsanlage und Beleuchtungsanlagen sowie Fahrstühle und Rolltreppen.

Der Posten „**Andere Bauten**" hat den Charakter eines Sammelpostens, der die nicht unmittelbar der betrieblichen Leistungserstellung dienenden selbstständigen Gebäudeeinrichtungen, wie z. B. Parkplätze, Eisenbahn-, Hafen-, Kanalanlagen, Straßen oder Brücken, umfasst.

Bei **Gebäudeteilen** wird unterschieden, ob sie selbstständig nutzbar sind oder nicht. Zu den nicht selbstständig nutzbaren Gebäudeteilen gehören bspw. Heizungsanlagen, Beleuchtungseinrichtungen, Fahrstühle usw. Sie stehen in einem engen Nut- 42 zungs- und Funktionszusammenhang zum Gebäude und werden unter dem Posten „Bauten" ausgewiesen. Selbstständig nutzbare Gebäudeteile werden unter den Posten „technische Anlagen und Maschinen" (Rz 45 f.) oder „Andere Anlagen, Betriebs- und Geschäftsausstattung" (Rz 47) ausgewiesen, da sie in einem engen Funktionszusammenhang zu dem betrieblichen Leistungserstellungsprozess stehen.

> **Beispiel**
> Zu den **selbstständigen VG** gehören Ladeneinbauten, Mietereinbauten, Kühltürme, Silos, Tanks, Arbeitsbühnen, Schaufensteranlagen oder auch Schornsteine und Transportbänder (§ 252 Rz 72).[51]

Es ist auch eine steuerliche „Vierteilung" des Gebäudes entsprechend seiner Nutzung (eigengewerbliche, zu fremden gewerblichen Zwecken, zu fremden Wohnzwecken, zu eigenen Wohnzwecken genutzter Gebäudeteil) denkbar.[52]

43 Im Gegensatz zu Bauten auf eigenen Grundstücken sind **Bauten auf fremden Grundstücken** Gebäude und andere selbstständige Bauten, die aufgrund eines obligatorischen Rechts (z.B. Pachtrecht) ohne Einräumung eines dinglichen Nutzungsrechts errichtet wurden.[53] Erbbaurechte gelten dagegen als grundstücksgleiche Rechte und sind unter den Bauten auf eigenem Grundstück auszuweisen.[54] Für den Bilanzausweis ist es unerheblich, ob das Gebäude gem. den §§ 93 ff. BGB als wesentlicher Bestandteil des Grund und Bodens in das rechtliche Eigentum des Verpächters übergeht. Sie werden wirtschaftlich dem bilanzierenden Unt zugeordnet (§ 246 Rz 17).

44 Bei PersG dürfen nur Grundstücke oder Bauten, die zum gesamthänderisch gebundenen Vermögen zählen, als Grundvermögen ausgewiesen werden. Die Zugehörigkeit zum **Gesamthandsvermögen** bestimmt sich nach wirtschaftlichen Kriterien.[55] Dagegen zählen Grundstücke oder Gebäude, die von Gesellschaftern nur zur Nutzung überlassen wurden, nicht zum Gesamthandsvermögen.[56]

3.1.3.2 Technische Anlagen und Maschinen (Abs. 2 A. II. 2.)

45 Die technischen Anlagen und Maschinen umfassen alle **Betriebsvorrichtungen**, die direkt und dauerhaft der **Leistungserstellung dienen**. Es kommt nicht darauf an, ob es sich um bewegliche VG handelt oder um solche, die fest mit dem Gebäude oder Grundstück verbunden und somit rechtlicher Bestandteil des Grundstücks sind (§ 94 BGB). Vielmehr ist im Wesentlichen die **Zweckbestimmung**, d.h. der ausschließliche, unmittelbare betriebliche Zweck, entscheidend.[57] Unter dieser Position sind auch jene technischen Anlagen und Maschinen auszuweisen, die wesentlicher Bestandteil eines fremden Grundstücks, sicherungsübereignet oder unter Eigentumsvorbehalt geliefert, aber dem rechtlichen

---

[51] Vgl. *Hoffmann/Lüdenbach*, NWB-Kommentar Bilanzierung, 8. Aufl., 2017, § 266, Rz 35 sowie zur Abgrenzung von selbstständigen VG und Gebäuden *Hoffmann/Lüdenbach*, NWB-Kommentar Bilanzierung, 8. Aufl., 2017, § 266, Rz 36.
[52] Vgl. *Hoffmann/Lüdenbach*, NWB-Kommentar Bilanzierung, 8. Aufl., 2017, § 266, Rz 31.
[53] Vgl. *Groh*, BB 1996, S. 1487 ff.
[54] Vgl. OLG Hamm, BB 1993, S. 1332.
[55] Vgl. *Kanitz, Graf von*, WPg 2003, S. 328; IDW RS HFA 7, WPg 2002, S. 1259 ff.
[56] Vgl. *Buchholz*, DStR 2003, S. 1220; *Freidank/Eigenstetter*, 2001, S. 33; *Moxter*, BB 1998, S. 262.
[57] Vgl. *Hoffmann/Lüdenbach*, NWB-Kommentar Bilanzierung, 8. Aufl., 2017, § 266, Rz 36.

Eigentum eines Dritten zuzurechnen sind. Ebenso werden unter dieser Position Anlagen ausgewiesen, bei denen Gebäude und technische Vorrichtungen eine Einheit bilden, wie z.B. Förderanlagen, Transformatorenhäuser, Hochregallager oder für den Leistungsprozess erforderliche Klimaanlagen. Unselbstständige Gebäudeteile (z.B. Heizungs- oder Belüftungsanlagen) dürfen hingegen nicht als technische Anlagen und Maschinen ausgewiesen werden, sondern gehören zu den Gebäuden (Rz 41).

Dieser Posten umfasst alle „arbeitenden" Maschinen und Anlagen. Eine Unterscheidung zwischen Anlagen und Maschinen ist nicht erforderlich. **46**

> **Beispiel**
> „Technische Anlagen und Maschinen" können Produktionsanlagen sowie Bagger, Arbeitsbühnen und Transformatoren, Umspannwerke, Krananlagen, Rohrleitungen, Kokereien und Hochöfen sein.[58] Des Weiteren zählen Anlagen für Wärme-, Kälte- und chemische Prozesse, für Arbeitssicherheit und Umweltschutz, Förderbänder oder Verpackungsanlagen wie auch die Erstausstattung an Reserveteilen oder Spezialreserveteile dazu.[59]

Dem eigenen bzw. dem kundenspezifischen **Werkzeug** mangelt es an einem unmittelbaren Bezug zum betrieblichen Leistungserstellungsprozess, sodass sie dem Posten „Andere Anlagen, Betriebs- und Geschäftsausstattung" zugeordnet werden. Fremde Werkzeuge, die nach Fertigstellung an den Auftraggeber gehen oder die nach der Produktion nicht mehr nutzbar sind, werden als Vorräte ausgewiesen (§ 247 Rz 25ff.).[60]

Für die **Abgrenzung zu technischen Anlagen und Maschinen sowie zu anderen Anlagen, Betriebs- und Geschäftsausstattung** ist die Zweckbestimmung entscheidend.[61] Bei Abgrenzungsproblemen ist die getroffene Zuordnung in den Folgejahren beizubehalten (Darstellungsstetigkeit).[62]

3.1.3.3 Andere Anlagen, Betriebs- und Geschäftsausstattung (Abs. 2 A. II. 3.)

Beim Posten „Andere Anlagen, Betriebs- und Geschäftsausstattung" handelt es sich um einen Sammelposten, der alle VG enthält, die nicht den anderen Gruppen des Sachanlagevermögens zugeordnet werden können. Er umfasst Vermögensposten, die nicht unmittelbar der betrieblichen Leistungserstellung dienen, sondern z.B. der Verwaltung oder dem Vertrieb. Als Beispiele sind u.a. Kühl-, Trocken-, Reinigungsanlagen sowie allgemeine Transportanlagen (wie z.B. Gleis- oder Verteilungsanlagen) wie auch die Einrichtung der Werkstatt, der **47**

---

58 Vgl. ADS, 6. Aufl., § 266 HGB, Rz 49.
59 Vgl. *Marx/Dallmann*, in *Baetge/Kirsch/Thiele*, Bilanzrecht, § 266 HGB, Rz 55, Stand 9/2015; *Reiner/Haußer*, in MünchKomm. HGB, 3. Aufl., § 266, Rn 35.
60 Vgl. *Breidenbach*, WPg 1975, S. 75f.
61 Vgl. *Marx/Dallmann*, in *Baetge/Kirsch/Thiele*, Bilanzrecht, § 266 HGB, Rz 54ff., Stand 9/2015; *Eisgruber*, DStR 1997, S. 522.
62 Vgl. *Hoffmann/Lüdenbach*, NWB-Kommentar Bilanzierung, 8. Aufl., 2017, § 266, Rz 43.

Labore, der Kantinen sowie der Fuhrpark, Werkzeuge und die Büroausstattung wie auch Modelle und Musterküchen sowie EDV-Hardware zu nennen.[63]

3.1.3.4 Geleistete Anzahlungen und Anlagen im Bau (Abs. 2 A. II. 4.)

48 **Geleistete Anzahlungen** sind als Vorleistungen auf eine noch zu erbringende Lieferung von VG durch einen anderen Vertragspartner zu interpretieren. Durch diese Aktivierung wird der Zahlungsmittelabgang für das schwebende Geschäft erfolgsneutral berücksichtigt. Dieser Posten mindert gleichzeitig die zukünftige Zahlungsverpflichtung bei Lieferung des VG oder begründet ggf. einen Rückzahlungsanspruch bei Nichtlieferung.[64]

49 Unter **Anlagen im Bau** fallen alle Investitionen in Gegenstände des AV, die – unabhängig davon, ob sie gekauft oder selbst erstellt wurden – noch nicht betriebsbereit bzw. fertiggestellt sind. Eine separate Aktivierung unter diesem Posten bewirkt zum einen eine Neutralisation von Aufwendungen für selbst erstellte Anlagen. Zum anderen werden dem AV Ausgaben für Eigen- oder Fremdleistungen bereits in der ersten Investitionsphase zugeordnet. Nach Fertigstellung erfolgt eine Umgliederung in den betreffenden Posten des Sachanlagevermögens.[65]

3.1.4 Finanzanlagen (Abs. 2 A. III.)

50 In Abgrenzung zu Sachanlagen sind Finanzanlagen monetär und i.d.R. ohne physische Substanz. Finanzanlagen entstehen durch dauerhafte Kapitalüberlassung an andere Unt. Aus ihnen sollen nicht nur Zinsen oder Gewinnbeteiligungen erzielt werden, sondern es werden darüber hinaus auch strategische Ziele verfolgt. Entsprechend dem Vollständigkeitsgebot sind alle Finanzanlagen aktivierungspflichtig, die zum wirtschaftlichen Eigentum des Unt zählen. Die Abgrenzung zwischen Finanzanlage- und Finanzumlaufvermögen kann aufgrund von Einschätzungsspielräumen nicht immer eindeutig erfolgen.[66]
Im Einzelnen sind – abgesehen von größenabhängigen Erleichterungen – folgende Unterpositionen auszuweisen:
1. Anteile an verbundenen Unternehmen
2. Ausleihungen an verbundene Unternehmen
3. Beteiligungen
4. Ausleihungen an Unternehmen, mit denen ein Beteiligungsverhältnis besteht
5. Wertpapiere des AV
6. Sonstige Ausleihungen

3.1.4.1 Anteile an verbundenen Unternehmen (Abs. 2 A. III. 1.)

51 Unter **Anteile** sind verbriefte oder auch unverbriefte Mitgliedschaftsrechte an einer anderen Ges. zu verstehen. Mitgliedschaftsrechte umfassen Vermögens- und Verwaltungsrechte. Beispiele sind Aktien, GmbH-Geschäftsanteile, OHG-

---

[63] Vgl. *Winnefeld*, Bilanz-Handbuch 2010, F, Rz 210 sowie *Westerfelhaus*, DStR 1997, S. 1221.
[64] Vgl. *Marx/Dallmann*, in *Baetge/Kirsch/Thiele*, Bilanzrecht, § 266 HGB, Rz 57, Stand 9/2015.
[65] Vgl. *Coenenberg/Haller/Mattner/Schultze*, 2016, S. 364.
[66] Vgl. *Bieg*, DB, Beil. 24/1985, 1, 6ff.

oder KG-Anteile, aber auch stille Beteiligungen.[67] Als **verbundene Unt** werden gem. § 271 Abs. 2 HGB nur solche Unt bezeichnet, die nach § 290 Abs. 1 HGB aufgrund eines möglichen beherrschenden Einflusses als MU oder TU in einen Konzernabschluss einzubeziehen sind. Anteile an verbundenen Unt können Anteile an Kapital-, Personen- oder ihnen gleich gestellte Ges. sein.

Genossenschaftsanteile stellen gem. § 271 Abs. 1 Satz 5 HGB keine Beteiligungen dar und dürfen somit nicht als Anteile an verbundenen Unt ausgewiesen werden (§ 271 Rz 28). Sie sind innerhalb der „Sonstigen Ausleihungen" (Rz 62), ggf. gem. § 265 Abs. 6 HGB in einem gesonderten Posten auszuweisen. Von den Anteilen sind Gewinnansprüche zu trennen, die als Forderung ausgewiesen werden. 52

Kann die Annahme der **dauerhaften Beteiligung** widerlegt werden, sind die Anteile als „Anteile an verbundenen Unternehmen" im UV auszuweisen. Bei den „Anteilen an verbundenen Unternehmen" liegen i.d.R. auch „Beteiligungen" vor. Wenn eine Zuordnung sowohl als Beteiligung als auch als Anteil an einem verbundenen Unt vorgenommen werden kann, ist der Ausweis im letztgenannten Posten vorzunehmen. Gem. § 264c Abs. 4 HGB müssen haftungsbeschränkte Ges. i.S.d. § 264a HGB die an Komplementärges. gehaltenen Anteile entweder als „Anteile an verbundenen Unternehmen" oder als „Beteiligungen" ausweisen.[68] Anteile an nahe stehenden Personen sind nicht gesondert aufzuführen, sondern im Anhang anzugeben (§ 285 Rz 133 ff.).[69] 53

3.1.4.2 Ausleihungen an verbundene Unternehmen (Abs. 2 A. III. 2.)

Ausleihungen basieren auf **schuldrechtlichen Vertragsverhältnissen**. Der Schuldner ist verpflichtet, dem Gläubiger den überlassenen Kapitalbetrag nach einer vereinbarten Zeit zurückzugeben. Ein Ausweis unter dem Posten „Ausleihungen an verbundene Unternehmen" setzt voraus, dass der Schuldner ein verbundenes Unt (§ 271 Rz 31 ff.) ist. 54

> **Beispiel**
> Als **Ausleihungen** gelten bspw. Hypotheken-, Grund- und Rentenforderungen oder Schuldscheindarlehen. Forderungen aus L&L, Mietvorauszahlungen und Baukostenzuschüsse sind hier nicht auszuweisen. Lediglich bei Umwandlung einer solchen Forderung in ein langfristiges Darlehen mit Zins- und Tilgungszahlungen (sog. Novation) erfolgt ein Ausweis innerhalb der Ausleihungen an verbundene Unt oder an Beteiligungsunt.

Da es sich bei den Ausleihungen an verbundene Unt um einen Unterposten des AV handelt, muss bei der Ausleihung eine **Daueranlageabsicht** angenommen werden, d.h., die vereinbarte Laufzeit der Ausleihung liegt über einem Jahr.[70] 55

Bestehen **Zuordnungsprobleme**, Ausleihungen unter dem Posten „Ausleihungen an verbundene Unternehmen" oder unter dem Posten „Ausleihungen an Unternehmen, mit denen ein Beteiligungsverhältnis besteht", auszuweisen, ist die Art der Unternehmensbeziehung das ausschlaggebende Kriterium. 56

---

[67] Vgl. *Matschke/Brösel/Haaker*, in *Hofbauer/Kupsch*, § 266 HGB, Rz 222, Stand 8/2012.
[68] Vgl. *Küting/Weber/Pilhofer*, WPg 2003, 793 ff.
[69] Vgl. *Küting/Weber/Gatting*, KoR 2003, S. 63.
[70] Vgl. *Scheffler*, in Beck HdR, B 213, Rz 472, Stand 11/2012.

Es ist unerheblich, ob die Forderung wertpapierrechtlich verbrieft ist.[71] Wird aber der Ausweis von verbrieften Forderungen gegenüber verbundenen Unt unter den Wertpapieren des AV und nicht unter Ausleihungen an verbundene Unt vorgenommen, ist die Mitzugehörigkeit gem. § 265 Abs. 3 Satz 1 HGB bei wesentlichen Beträgen zu vermerken.

3.1.4.3 Beteiligungen (Abs. 2 A. III. 3.)

57 Beteiligungen sind gem. § 271 Abs. 1 HGB Anteile an anderen Unt, die dazu bestimmt sind, dem eigenen Geschäftsbetrieb durch die Herstellung einer dauerhaften Verbindung zu dienen, wie z. B. Aktien, GmbH-Anteile oder Komplementär- oder Kommanditanteile einer KG oder OHG. Die Beteiligungsabsicht und nicht die Beteiligungshöhe ist entscheidend. Mögliche **Indizien für eine Beteiligungsabsicht** sind personelle Verflechtungen, Lieferungs- und Leistungsverflechtungen oder gemeinsame F&E-Aktivitäten. Im Zweifel liegt eine Beteiligung vor, wenn ein maßgeblicher Einfluss ausgeübt wird. Ein solcher Einfluss wird gem. § 271 Abs. 1 Satz 3 HGB bei einer Beteiligung an einer KapG ab einer **Beteiligungsquote von 20 %** widerlegbar vermutet. Wenn **keine Beteiligungsabsicht** besteht, sind die Anteile als Wertpapiere des AV auszuweisen. Ist im Vj-abschluss ein Ausweis von Wertpapieren des AV erfolgt, ist eine Umgliederung in das UV vorzunehmen, wenn die Annahme der Daueranlage nicht mehr besteht bzw. widerlegt werden kann (zum Begriff Umgliederung vgl. § 247 Rz 40).

58 Unternehmensanteile sind als Beteiligungen auszuweisen, wenn Anteile an KapG (z. B. GmbH-Anteile), Anteile der persönlich haftenden Gesellschafter einer OHG oder KG, Gesamthandsanteile bei GbR, Anteile an Stiftungen, Vereinen und Körperschaften des öffentlichen Rechts, die keine ideellen Ziele verfolgen, oder Anteile an Unt ausländischer Rechtsform vorliegen, es sei denn, dass es sich um „Anteile an verbundene Unternehmen" handelt.[72] Auch bei Anteilen an Joint Ventures oder Arge ist im Fall einer Wiederholungsabsicht oder Daueranlageabsicht ein Ausweis unter den Beteiligungen vorzunehmen, weil i. d. R. keine Verbundenheit vorliegt.[73] Anteile an assoziierten Unt, die im Konzernabschluss grds. at equity zu bewerten sind, sind in der Konzernbilanz gesondert als Beteiligung auszuweisen.
Genussrechte (Rz 60, 62), typische stille Beteiligungen (Rz 62) oder Arge-Beteiligungen (Rz 83) gelten dagegen ebenso wie Genossenschaftsanteile (Rz 52, 62) nach § 271 Abs. 1 Satz 5 HGB nicht als Beteiligung.
Eigenkapitalersetzende Darlehen, d. h. Darlehen, die Gesellschafter ihrer Ges. in der Krise gewähren, gelten nicht als Beteiligung, sondern als Forderung (Rz 131 f.).[74]

---

[71] Vgl. *Matschke/Brösel/Haaker*, in *Hofbauer/Kupsch*, § 266 HGB, Rz 253, Stand 8/2012.
[72] Vgl. *Dietel*, DStR 2002, S. 2140.
[73] Vgl. hierzu IDW HFA 1/1993, WPg 1993, S. 441 ff. sowie *Früh/Klar*, WPg 1993, S. 493 ff.
[74] Vgl. BFH, Urteil v. 6.11.2003, IV R 10/01, DB 2004, S. 907.

3.1.4.4 Ausleihungen an Unternehmen, mit denen ein Beteiligungsverhältnis besteht (Abs. 2 A. III. 4.)

Innerhalb des Postens „**Ausleihungen an Unternehmen, mit denen ein Beteiligungsverhältnis besteht**" werden Ausleihungen an das Unt, das die Beteiligung hält, ebenso ausgewiesen wie an das Unt, an dem die Beteiligung gehalten wird. Der Begriff „Beteiligungsverhältnis" verdeutlicht somit, dass die Frage, wer an wem beteiligt ist, d. h. der Gläubiger beim Schuldner oder der Schuldner beim Gläubiger, unerheblich ist. Mit dieser Angabepflicht sollen die wirtschaftlichen Folgen von Konzernverflechtungen aus externer Sicht besser beurteilt werden.[75] Bzgl. der Begriffe „Ausleihung" und „Beteiligung" s. Rz 54 und Rz 57. Zu Ausleihungen an GmbH-Gesellschafter s. Rz 87.

59

3.1.4.5 Wertpapiere des Anlagevermögens (Abs. 2 A. III. 5.)

Wertpapiere des AV sind verbriefte Wertpapiere, die übertragbar und verwertbar sind und bei denen keine Beteiligungsabsicht bzw. -vermutung nach § 271 Abs. 1 Satz 3 HGB gegeben ist. Vielmehr steht die Eigenschaft als **langfristige Kapitalanlage** im Mittelpunkt.[76] Die Wertpapiere des AV umfassen sowohl Eigenkapitalanteile als auch verbriefte Fremdkapitalanteile.

60

> **Beispiel**
> Hierunter fallen Aktien ohne Beteiligungsabsicht, Genussscheine, Investmentzertifikate, Anteile an Immobilienfonds sowie Anleihen, Kommunal-, Industrie- bzw. Bankobligationen, Asset-backed Securities, Wandelschuldverschreibungen, Gewinnschuldverschreibungen Null-Kupon-Anleihen, „Floating Rate Notes", Commercial Papers, Certificates of deposit und Bons de caisse oder Pfandbriefe. Ebenso sind innerhalb dieses Postens wertpapierähnliche Rechte, wie Bundesschatzbriefe, Finanzierungsschätze, Bundesobligationen und -anleihen trotz fehlender Wertpapiereigenschaft auszuweisen.

GmbH-Anteile dürfen nicht unter Wertpapieren ausgewiesen werden, da sie unverbrieft sind. Genossenschaftsanteile werden auch nicht diesem Posten zugeordnet, weil sie nicht als Beteiligungen gelten. Auch qualifizierte Legitimationspapiere (z. B. Sparbücher) haben keine Wertpapiereigenschaften und sind daher nicht an dieser Stelle auszuweisen.[77]

61

3.1.4.6 Sonstige Ausleihungen (Abs. 2 A. III. 6.)

Alle Forderungen an nicht verbundenen Unt und an Unt, mit denen kein Beteiligungsverhältnis besteht, wie auch Ausleihungen an sonstige Schuldner sind innerhalb dieses Sammelpostens auszuweisen, sofern eine Zuordnung zum AV gegeben ist. Zu den sonstigen Ausleihungen zählen Vorauszahlungen bzw. Kautionen für längerfristige Miet- und Pachtverträge, Kredite an Organmitglieder (§§ 89, 115, 286 Abs. 2 Satz 4 AktG; § 42a GmbHG) und nicht durch

62

---

[75] Vgl. *Marx/Dallmann*, in Baetge/Kirsch/Thiele, Bilanzrecht, § 266 HGB, Rz 65, Stand 9/2015.
[76] Zur Definition und Besonderheiten vgl. *Reiner/Haußer*, in MünchKomm. HGB, 3. Aufl., § 266, Rn 49f.
[77] Vgl. *Kreher/Grottel*, in Beck Bil-Komm., 10. Aufl., 2016, § 266 HGB, Rz 81.

Namenspapiere verbriefte Genussrechte sowie Genossenschaftsanteile.[78] Auch Anteile an BGB-Ges. gehören am ehesten zu den sonstigen Ausleihungen, diese sind i.d.R. nicht wesentlich.[79]

3.2 Umlaufvermögen (Abs. 2 B.)

3.2.1 Überblick

63 Aufgrund einer fehlenden Legaldefinition für das UV erfolgt eine Negativabgrenzung. Dementsprechend sind alle VG in das UV aufzunehmen, die nicht dem Geschäftsbetrieb dauerhaft dienen und keine aktiven RAP oder keine anderen aktiven Bilanzsonderposten sind.[80] Innerhalb des UV sind gem. § 266 Abs. 2 B. I bis IV HGB die folgenden vier Hauptposten auszuweisen:
1. Vorräte
2. Forderungen und sonstige Vermögensgegenstände
3. Wertpapiere
4. Liquide Mittel

Dies entspricht gleichzeitig der Mindestgliederung für kleine KapG (§ 266 Abs. 1 Satz 3 HGB). Demgegenüber müssen mittelgroße und große KapG die volle Aufgliederung dieser vier Hauptposten entsprechend den Untergliederungspunkten gem. § 266 Abs. 2 HGB vornehmen.[81]

3.2.2 Vorräte (Abs. 2 B. I.)

64 Vorräte dienen dem eigentlichen Geschäftszweck des Unt, also unmittelbar der Produktion oder dem Handel. Die Vorräte sind gem. § 266 Abs. 2 B. I. HGB in der Reihenfolge des betrieblichen Produktionsprozesses in folgende Unterposten aufzugliedern:
1. Roh-, Hilfs- und Betriebsstoffe
2. Unfertige Erzeugnisse, unfertige Leistungen
3. Fertige Erzeugnisse und Waren
4. Geleistete Anzahlungen

Als problematisch gilt in manchen Fällen die Abgrenzung zwischen den einzelnen Vorratsarten, denn viele Rohstoffe können ebenso wie unfertige Erzeugnisse und unfertige Leistungen, statt weiterverarbeitet zu werden, in einem unfertigen Zustand verkauft werden. Ein ähnliches Problem ergibt sich bei der Vermischung von selbst erstellten Erzeugnissen und hinzugekaufter Ware. Ein VG ist nicht mehr als Roh- oder Hilfsstoff auszuweisen, wenn die Produktion begonnen hat. Derartige Zuordnungsprobleme können umgangen werden, indem durch eine nachvollziehbare Zuordnung gesonderte Posten geschaffen werden, wie bspw. die Zusammenfassung von unfertigen und fertigen Erzeugnissen zu Erzeugnissen.[82]

---

[78] Vgl. *Reiner/Haußer*, in MünchKomm. HGB, 3. Aufl., § 266, Rz 48; IDW HFA 1/1994, WPg 1994, S. 422f.
[79] Vgl. *Hoffmann/Lüdenbach*, NWB-Kommentar Bilanzierung, 8. Aufl., 2017, § 266, Rz 53.
[80] Vgl. *Marx/Dallmann*, in *Baetge/Kirsch/Thiele*, Bilanzrecht, § 266 HGB, Rz 71, Stand 9/2015 bzw. *Matschke/Brösel/Haaker*, in *Hofbauer/Kupsch*, § 266 HGB, Rz 81, Stand 8/2012.
[81] Zur praktischen Umsetzung s. *Kreipl/Lange/Müller* in Haufe HGB Bilanz Kommentar Erfahrungsbericht BilMoG, 2012, Rz 184ff.
[82] Vgl. *Waubke/Schubert*, in Beck Bil-Komm., 10. Aufl., 2016, § 266 HGB, Rz 98f.

Innerhalb der Vorräte sind Berechtigungen zur Emission von Treibhausgasen i.S.d. § 10ff. Zuteilungsverordnung[83] (sog. **„Treibhausgas-Emissionsrechte"** oder **CO_2-Zertifikate**) trotz ihrer drei- bis fünfjährigen Gültigkeitsdauer (§ 6 Abs. 4 TEHG[84]) auszuweisen.[85] Ein Ausweis innerhalb der sonstigen VG ist vorzunehmen, wenn die Emissionsrechte nicht für Produktionszwecke verwendet werden.[86] Bei wesentlichen Beträgen ist ein gesonderter Ausweis zu empfehlen.[87]   65

3.2.2.1 Roh-, Hilfs- und Betriebsstoffe (Abs. 2 B. I. 1.)

Rohstoffe sind entweder Stoffe der Urerzeugung (wie Erze, Holz, Rohöl oder Gase) oder erworbene Fertigungserzeugnisse aus vorgelagerten Produktionsstufen. Sie gehen im Produktionsprozess unmittelbar be- oder unverarbeitet als Hauptbestandteile in das Produkt ein bzw. in dem Produkt auf.   66

> **Beispiel**
> In der Automobilproduktion werden ganze Baugruppen von Zulieferbetrieben gekauft und ohne weitere Verarbeitung verwendet; damit gelten sie als Rohstoffe. Als weitere Beispiele sind Bleche, Motoren, Pumpen, Batterien, Reifen, allgemein verwendbare Ersatzteile oder Radsätze im Waggonbau zu nennen.

Hilfsstoffe hingegen sind im Produktionsprozess nur von untergeordneter Bedeutung. Das Abgrenzungskriterium ist quantitativer Art, also ob der jeweilige Gegenstand mit Blick auf die Funktionsfähigkeit des Erzeugnisses wesentlichen Einfluss hat.[88]   67

> **Beispiel**
> Nägel, Schrauben, Lacke oder auch Farb- und Konservierungsstoffe (bei Lebensmitteln) gelten ebenso wie das Verpackungsmaterial als Hilfsstoffe.

Betriebsstoffe werden unmittelbar oder mittelbar im Produktionsprozess verbraucht und gehen somit nicht in dem Produkt oder der Leistung auf. Allerdings werden sie benötigt, damit die Betriebsmittel betriebsbereit sind.   68

> **Beispiel**
> Brennstoffe, Energie, Reinigungs- und Schmiermaterial zählen zu den Betriebsstoffen. Auch werden dieser Position nicht ausgegebenes Büromaterial und Werbemittelbestände zugeordnet.[89]

---

[83] Vgl. Verordnung über die Zuteilung von Treibhausgas-Emissionsberechtigungen in der Zuteilungsperiode 2013 bis 2020 (Zuteilungsverordnung 2020–ZuV 2020) v. 26.11.2011, BGBl I, S. 1921.
[84] Vgl. Gesetz „über den Handel mit Berechtigungen zur Emission von Treibhausgasen" v. 8.7.2004, BGBl I S. 1578; Gesetz „über den Handel mit Berechtigungen zur Emission von Treibhausgasen" v. 21.7.2011, BGBl I, S. 1475.
[85] Vgl. *Rogler*, KoR 2005, S. 261.
[86] Vgl. *Wulf/Lange*, IRZ 2011, S. 486.
[87] Vgl. IDW RS HFA 15, Rz 7, WPg 2006, S. 575, *Klein/Völker-Lehmkuhl*, DB 2004, S. 334.
[88] Vgl. *Marx/Dallmann*, in Baetge/Kirsch/Thiele, Bilanzrecht, § 266 HGB, Rz 74, Stand 9/2015.
[89] Vgl. ADS, 6. Aufl., § 266 HGB, Rz 104 f.

3.2.2.2 Unfertige Erzeugnisse, unfertige Leistungen (Abs. 2 B. I. 2.)

69 Es wird teilweise die Auffassung vertreten, dass es sich bei diesem Posten lediglich um eine Bilanzierungshilfe oder um eine periodengerechte Aufwandsabgrenzung handelt. Allerdings hat der BFH geurteilt, dass unfertige Erzeugnisse und Leistungen einen VG darstellen und bilanzrechtlich auch entsprechend auszuweisen sind.[90] Zu den **unfertigen Erzeugnissen** gehören alle noch nicht verkaufsfähigen Produkte, für die im Unt durch Be- oder Verarbeitung bereits Aufwendungen entstanden sind.

> **Beispiel**
> Langfristige Fertigungsaufträge (z. B. Bauten) werden bis zur Abnahme durch den Kunden und die Ausstellung der Endabrechnung unter den unfertigen Erzeugnissen erfasst. Ebenso gelten Erzeugnisse, die einem Reifeprozess unterliegen, bspw. Holz, Wein, Whiskey oder Käse, als unfertige Erzeugnisse. Gleiches gilt für unfertige immaterielle VG, z. B. zur Veräußerung bestimmte EDV-Software oder noch nicht fertige Filme bei reiner Auftragsproduktion, wobei aus Gründen der Übersichtlichkeit ein gesonderter Ausweis als Programm- bzw. Filmvermögen vorgenommen werden kann.[91]

70 Typischerweise zählen zu den **unfertigen Leistungen** u.a. noch nicht abgeschlossene Beratungsleistungen einer Unternehmensberatung oder unfertige Bauten, die von Bauunt auf fremdem Grund und Boden errichtet wurden. Als genauere Postenbezeichnung können z.B. „nicht abgerechnete Bauten" oder „unfertige Bauten und Leistungen" verwendet werden.[92]

71 Im Produktionsprozess entstandene Abfallstoffe sind ebenfalls als unfertige Leistung aufzufassen, sofern sie erneut dem Produktionsprozess zugeführt werden. Bei Verkaufsabsicht gelten sie als „fertige Erzeugnisse".[93] In **Veredelungsprozessen** werden die dem Veredeler gelieferten Rohstoffe beim Auftraggeber unverändert aktiviert. Der Veredeler selbst weist unfertige Erzeugnisse oder unfertige Leistungen aus, wenn selbst beschafftes Material in einem großen Umfang eingesetzt wurde. Ist er wirtschaftlicher Eigentümer des zu bearbeitenden Materials, wird das Material entweder als Rohstoff oder als unfertiges Erzeugnis aktiviert; gleichzeitig wird die Lieferverpflichtung in selbiger Höhe passiviert.[94]

3.2.2.3 Fertige Erzeugnisse und Waren (Abs. 2 B. I. 3.)

72 Als **fertiges Erzeugnis** gilt ein VG erst, wenn es versandfertig und somit sofort veräußerbar ist. Ein separater Ausweis für **fertige Leistungen** ist nicht vorgesehen. Leistungen, die fertig erstellt und abgenommen wurden, aber noch nicht zu einer Einzahlung geführt haben, sind als Forderungen auszuweisen. Erfolgte allerdings noch keine Abnahme durch den Kunden, gelten sie als nicht fertig-

---

[90] Vgl. BFH, Urteil v. 7.9.2005, VIII R 1/03, BStBl 2006 II S. 598.
[91] Vgl. *Forster*, WPg 1988, S. 321 ff.; *Wriedt/Fischer*, DB 1993, S. 1684 ff.
[92] Vgl. *Hofer*, DStR 2001, S. 636.
[93] Vgl. *Marx/Dallmann*, in *Baetge/Kirsch/Thiele*, Bilanzrecht, § 266 HGB, Rz 76f., Stand 9/2015, ADS, 6. Aufl., § 266 HGB, Rz 108.
[94] Vgl. *Schmidt/Labrenz*, in Beck HdR, B 214 Rz 16, Stand 01/2009.

gestellt, da bspw. seitens des Kunden noch Nachbesserungsbedarf bestehen könnte. Sollten diese Nacharbeiten nur geringfügig sein bzw. sollte der Abnehmer in Verzug sein, gelten die Leistungen als abgenommen.[95]

Waren hingegen sind nach h.M. nicht oder nur geringfügig veränderte Gegenstände, die zum Weiterverkauf angeschafft wurden.[96] Sie können beweglich oder unbeweglich sein. Für die Ein- bzw. Ausbuchung der erhaltenen bzw. gelieferten Ware ist nach dem Realisationszeitpunkt jener Zeitpunkt entscheidend, zu dem die Gefahr des zufälligen Untergangs der Ware von einem Vertragspartner auf den anderen übergeht. Maßgeblich sind hier die Vertragsklauseln. Zum Zeitpunkt des Gefahrenübergangs muss der Lieferant die Ware ausbuchen und der Abnehmer die Ware einbuchen.[97]

73

3.2.2.4 Geleistete Anzahlungen (Abs. 2 B. I. 4.)

Unter dieser Position werden Zahlungen des Unt an Dritte erfasst, die sich auf das Vorratsvermögen beziehen und aus abgeschlossenen Verträgen resultieren, deren Lieferung oder Leistung noch offen ist. Dementsprechend liegen Forderungen des Unt gegenüber dem Lieferanten aus der Erbringung der vereinbarten Leistung vor. Die Vorleistungen beziehen sich nicht auf VG des AV, die gesondert ausgewiesen werden müssen (Rz 48). Wurden für Dienstleistungen, die mit der Beschaffung oder mit dem Produktionsprozess in Verbindung stehen, Anzahlungen geleistet, sind diese auch hier auszuweisen. Anzahlungen auf andere Dienstleistungen (z.B. Beratungsdienstleistungen) sowie auf andere nicht aktivierungsfähige VG sind als sonstige VG zu erfassen.[98]

74

Im Gegensatz zu geleisteten Anzahlungen handelt es sich bei **erhaltenen Anzahlungen** (Rz 151 ff.) um Zahlungen, die das Unt von Kunden für noch zu erbringende Leistungen erhalten hat. Da das Unt die Leistungsschuld innehat, liegt eine Verbindlichkeit vor.[99] Dennoch ist neben einem Ausweis innerhalb der Verbindlichkeiten wahlweise ein offenes Absetzen von den Vorräten erlaubt (§ 268 Rz 33 ff.). Dabei darf allerdings der Vorratsbestand nicht negativ werden. Die **Saldierung** erhaltener und geleisteter Anzahlungen ist nicht zulässig.

75

3.2.3 Forderungen und sonstige Vermögensgegenstände (Abs. 2 B. II.)

In diesem Posten wird das Ergebnis der Vertriebsaktivitäten von Unt dargestellt. Eine **Forderung** entsteht mit der Erbringung der Lieferungs- bzw. Leistungsverpflichtung, der darauf folgenden Fakturierung und des Ausstehens der Zahlung durch den Abnehmer. Gem. § 266 Abs. 2 B. II. HGB werden Forderungen in die folgenden Unterposten aufgespalten:
1. Forderungen aus L&L
2. Forderungen gegen verbundene Unt
3. Forderungen gegen Unt, mit denen ein Beteiligungsverhältnis besteht
4. sonstige Vermögensgegenstände

76

---

[95] Vgl. *Schubert/Waubke*, in Beck Bil-Komm., 10. Aufl., 2016, § 266 HGB, Rz 107 f.
[96] Vgl. *Dusemond/Heusinger-Lange/Knop*, in *Küting/Pfitzer/Weber*, § 266 HGB, Rz 74, Stand 12/2010.
[97] Vgl. *Coenenberg/Haller/Schultze*, Jahresabschluss und Jahresabschlussanalyse, 2016, S. 217.
[98] Vgl. *Schubert/Waubke*, in Beck Bil-Komm., 10. Aufl, 2016, § 266 HGB, Rz 110.
[99] Vgl. *Schubert/Waubke*, in Beck Bil-Komm., 10. Aufl., 2016, § 266 HGB, Rz 109 ff.

77 Der Unterposten „**sonstige Vermögensgegenstände**" stellt einen Sammelposten dar, sodass hiermit i.d.R. die Möglichkeit entfällt, gem. § 265 Abs. 5 Satz 2 HGB einen neuen Posten zu ergänzen.[100] Forderungen und sonstige VG sind von KapG und haftungsbeschränkten PersG mit einem „davon"-Vermerk gesondert auszuweisen, wenn sich ihre Restlaufzeit auf mehr als ein Jahr beläuft. Die Saldierung von Forderungen mit Verbindlichkeiten ist nur dann zulässig, wenn die Voraussetzungen einer Aufrechnung gem. § 387 BGB erfüllt sind (insb. gleichartig Forderungen und Verbindlichkeiten gegenüber derselben Person mit gleichen Fälligkeiten)[101] (§ 246 Rz 124 ff.).

3.2.3.1 Forderungen aus Lieferungen und Leistungen (Abs. 2 B. II. 1.)

78 Forderungen aus L&L entstehen aus Geschäften, die für die Unternehmenstätigkeit typisch sind (§ 277 Abs. 1 HGB), insoweit dürfen Forderungen, die aus untypischen Geschäften resultieren, hier nicht ausgewiesen werden. Derartige Forderungen sind als sonstige VG auszuweisen, wie z.B. Miet- oder Pachtforderungen eines Industrieunternehmens, Darlehens- oder Schadensersatzforderungen oder Forderungen aus dem Verkauf von AV sowie Gehaltsvorschüsse. Den L&L liegen gegenseitige Verträge zugrunde (z.B. Lieferungs-, Werks- oder Dienstverträge), die seitens des bilanzierenden Unt bereits durch Lieferung oder Leistung erfüllt wurden, deren Erfüllung durch den Schuldner in Form einer Bezahlung jedoch noch offen steht. Solange beide Partner nicht geleistet haben, stehen Anspruch und Verpflichtung in der Schwebe und bilden ein schwebendes Geschäft. Der zur Lieferung oder sonstigen Leistung Verpflichtete darf den Erfolg aus dem Geschäft entsprechend dem Realisationsprinzip nach § 252 Abs. 1 Nr. 4 HGB noch nicht ausweisen und die Forderung aus Lieferung und Leistung daher noch nicht bilanzieren.

79 **Langfristig gestundete Forderungen** sind nicht mehr als Forderung auszuweisen, wenn diese in ein Darlehen mit Zins- und Tilgungszahlungen umgewandelt worden sind. Ab diesem Zeitpunkt ist ein Ausweis unter „sonstige Ausleihungen" (Rz 62) vorzunehmen.[102]
Forderungen aus L&L gegen verbundene Unt bzw. gegen Unt, mit denen ein Beteiligungsverhältnis besteht, sind unter dem Posten „Forderungen gegen verbundene Unternehmen" (B. II. 2.) bzw. „Forderungen gegen Unternehmen, mit denen ein Beteiligungsverhältnis besteht" (B. II. 3.) auszuweisen (Rz 80, 82).[103]
Die Gliederungsvorgabe nach dem Kriterium „sachzielbezogen" (Forderungen aus L&L) und „personenbezogen" (Forderungen gegen verbundene Unt) führt zu Überschneidungen. Im Fall von Überschneidungen ist die Mitzugehörigkeit gem. § 265 Abs. 3 HGB zu vermerken.

---

[100] Vgl. *Hayn/Jutz/Zündorf*, in Beck HdR, B 215, Rz 2, Stand 03/2011.
[101] Vgl. WPH Edition, Wirtschaftsprüfung & Rechnungslegung, 15. Aufl., 2017, Abschn. F, Tz 394 f.
[102] Vgl. *Marx/Dallmann*, in *Baetge/Kirsch/Thiele*, Bilanzrecht, § 266 HGB, Rz 81.2, Stand 9/2015.
[103] Vgl. *Reiner/Haußer*, in MünchKomm. HGB, 3. Aufl. § 266, Rz 62 und *Marx/Dallmann*, in *Baetge/ Kirsch/Thiele*, Bilanzrecht, § 266 HGB, Rz 81.1, Stand 9/2015.

Beispiel[104]
Tochter GmbH hat kurzfristige Forderungen gegen Mutter AG i.H.v. 900 GE. Der Gesamtbetrag der Forderungen der Tochter GmbH beläuft sich auf 5.000 GE, davon haben Forderungen i.H.v. 70 GE eine Laufzeit von mehr als einem Jahr.
Im Beispielfall liegen Forderungen aus L&L sowie Forderungen gegen verbundene Unt vor. Außerdem handelt es sich gleichzietig um Forderungen gegen Gesellschafter. Die Mitzugehörigkeit kann als Davon-Vermerk (Lösung 1) oder als tabellarische Darstellung (Lösung 2) erfolgen.
Lösung 1:
Forderungen aus L&L: 5.000 GE
davon gegen verbundene Unt: 900 GE
davon gegen Gesellschafter: 900 GE
davon mit einer Laufzeit von mehr als 1 Jahr: 70 GE
Lösung 2:

	Forderungen aus L&L	Sonstige Forderungen	Summe
Forderungen gegen verb. U. Andere Forderungen	900 4.100	...	...
Bilanzausweis	5.000	...	...
davon gegen Gesellschafter	900	...	...
davon mit einer Laufzeit über 1 Jahr	70	...	...

Wenn eine Forderung sicherungshalber abgetreten wird (**Zession**), muss der Sicherungsgeber (Zedent) die Forderung weiterhin bilanzieren, da er gegenüber dem Sicherungsnehmer (Zessionar) für einen Forderungsausfall haftet und somit nach wie vor der wirtschaftliche Eigentümer ist. Demgegenüber geht das wirtschaftliche Eigentum bei einem Forderungsverkauf (**Factoring**) auf den Käufer der Forderung über (echtes Factoring), wenn dieser das Forderungsrisiko (Delkredererisiko bzw. des Zahlungsausfalls des Schuldners) trägt (ausführlich s. § 246 Rz 49ff.). Dann wird anstelle der Forderung aus Lieferung und Leistung eine Forderung gegen den Käufer bzw. liquide Mittel ausgewiesen. Trägt aber der Verkäufer weiterhin das Ausfallrisiko (unechtes Factoring), muss dieser die Forderung unter den Haftungsverhältnissen gem. § 251 HGB ausweisen.[105] Wird mit einem Forderungsausfall gerechnet, ist eine Rückstellung für ungewisse Verbindlichkeiten zu bilden.

---

[104] In Anlehnung an *Hoffmann/Lüdenbach*, NWB-Kommentar Bilanzierung, 8. Aufl., 2017, § 266, Rz 73.
[105] Vgl. ADS, 6. Aufl., § 266 HGB, Rz 123.

3.2.3.2 Forderungen gegen verbundene Unternehmen (Abs. 2 B. II. 2.)

80 Forderungen gegen verbundene Unt (§ 271 Rz 31 ff.) sind – wie Ausleihungen – aus Transparenzgründen gesondert auszuweisen, um die finanziellen Verflechtungen mit verbundenen Unt offenzulegen. Auszuweisen sind Forderungen gegen alle MU und deren TU (z. B. auch Schwesterunternehmen). Dieser Posten umfasst alle Forderungen einschl. Forderungen aus L&L sowie Forderungen aus dem Finanzverkehr, aus den Beteiligungserträgen und Unternehmensverträgen sowie Gewinnansprüchen. Hierbei kann es zu Überschneidungen mit der nach § 42 Abs. 3 GmbHG nötigen Angabe der Forderungen gegenüber Gesellschaftern kommen (Rz 79).

81 Ausleihungen an verbundene Unt sind innerhalb des FAV auszuweisen. Maßgeblich für die Beurteilung der Frage, ob eine Beteiligung gem. § 271 Abs. 1 HGB vorliegt oder nicht, ist das Verhältnis am Bilanzstichtag und nicht das Verhältnis zum Zeitpunkt der Forderungsentstehung.[106]

3.2.3.3 Forderungen gegen Unternehmen, mit denen ein Beteiligungsverhältnis besteht (Abs. 2 B. II. 3.)

82 Die Regelungen zu „Forderungen gegen verbundene Unt" sind entsprechend auch hier auf „Forderungen gegen Unt, mit denen ein Beteiligungsverhältnis besteht (B. II. 3.)", anzuwenden (Rz 80 f.).

3.2.3.4 Sonstige Vermögensgegenstände (Abs. 2 B. II. 4.)

83 Durch die Existenz des Postens „Sonstige Vermögensgegenstände" entfällt im Regelfall das in § 265 Abs. 5 Satz HGB gewährte Wahlrecht, bei Bedarf neue Posten hinzuzufügen, da dieser Posten als Sammelposten fungiert. Ein separater Ausweis ist nur bei wesentlichen Positionen erforderlich.[107] Unter den sonstigen VG werden alle Positionen erfasst, die keinem anderen Posten des UV zugeordnet werden können. Dazu zählen verallgemeinernd Forderungen aus Geschäften, die für die Unternehmenstätigkeit nicht typisch sind.[108]

> **Beispiel**
> Als Beispiele sind u. a. zu nennen:
> - Forderungen aus Krediten nach §§ 89 und 115 des AktG (Kredite an Vorstands- und Aufsichtsratsmitglieder, sofern es sich nicht um sonstige Ausleihungen handelt),
> - Umsatzprämien und Provisionen,
> - Kautionen (sofern nicht als sonstige Ausleihungen im AV auszuweisen),
> - Gehalts- und Reisekostenvorschüsse,
> - Schadensersatzansprüche (sofern hinreichend konkretisiert),

---

[106] Vgl. *Reiner/Haußer*, in MünchKomm. HGB, 3. Aufl., § 266, Rn 69.
[107] Vgl. *Hayn/Jutz/Zündorf*, in Beck HdR, B 215, Rz 2, Stand 03/2011.
[108] Vgl. *Reiner/Haußer*, in MünchKomm. HGB, 3. Aufl., § 266, Rn 75.

- Steuererstattungsansprüche einschl. Körperschaftsteuerguthaben,[109] Ansprüche auf Investitionszulagen und sonstige Zuwendungen der öffentlichen Hand, Bausparkassenguthaben,
- Einschüsse (Margins) im Zusammenhang mit Börsen-Termingeschäften, AK (Prämien) für erworbene Kauf- oder Verkaufsoptionen,[110]
- Rückkaufswerte von Rückdeckungsversicherungen für Pensionsverpflichtungen,[111]
- Personaldarlehen (sofern nicht Finanzanlagen) sowie Darlehen einschl. Schuldscheindarlehen und Commercial Papers (sofern nicht anderweitig auszuweisen),
- nicht verbriefte oder als Namenspapiere begebene Genussrechte ohne Dauerbesitzabsicht,
- GmbH- und Genossenschaftsanteile ohne Beteiligungs- oder Daueranlageabsicht wie auch
- Anteile an Joint Venture und Arge (sofern keine Wiederholungsabsicht und keine Daueranlageabsicht).[112]

Ebenso sind die zu den sonstigen Forderungen zählenden **antizipativen aktiven RAP** hierunter zu subsumieren (§ 250 Rz 1).[113] Diese sind Ausfluss der periodengerechten Erfolgsermittlung, wonach Erträge, die vor dem Bilanzstichtag liegen, deren Einzahlung jedoch erst nach dem Bilanzstichtag erfolgt, buchungstechnisch mit dem Gegenkonto „sonstige Forderungen" zu berücksichtigen sind. Dazu zählen auch Zinsansprüche aus Darlehen und Wertpapieren, soweit sie auf die Zeit bis zum Bilanzstichtag entfallen (Stückzinsen). Gleiches gilt für Dividendenforderungen, wobei hier der rechtliche Entstehungszeitpunkt maßgeblich ist.

3.2.3.5 Sonderposten innerhalb Forderungen und sonstige Vermögensgegenstände

Durch das Gesellschaftsrecht kann es im Zusammenhang mit dem EK weitere Forderungsposten in der Bilanz geben.[114] Es wird empfohlen, diese Posten gesondert auszuweisen.
Gem. § 272 Abs. 1 Satz 3 HGB besteht die Pflicht, eingeforderte, aber noch nicht eingezahlte Einlagen offen vom gezeichneten Kapital abzusetzen und die Forderung gesondert auszuweisen und entsprechend zu bezeichnen. Als Postenbezeichnung ist „**Eingeforderte, noch nicht eingezahlte Einlagen**" unter den Forderungen zu empfehlen, wobei auch ein Ausweis innerhalb der „sonstigen Vermögensgegenstände" möglich ist.
Analog ist gem. § 286 Abs. 2 Satz 3 AktG bei einer KGaA mit bestimmten **Einzahlungsverpflichtungen eines phG** zu verfahren, die vorzugsweise unter den Forderungen gesondert auszuweisen sind. Dies gilt auch für den Fall, dass die Einzahlungsverpflichtung eines persönlich haftenden Gesellschafters nicht aus-

---

[109] Vgl. BGBl 2006 I S. 2782, sowie *Ernsting*, DB 2007, S. 182f.
[110] Vgl. *Hahne/Sievert*, DStR 2003, S. 1992.
[111] Vgl. *Laupenmühlen/Löw/Kusterle*, KoR 2002, S. 291ff.
[112] Vgl. HFA 1/1993, WPg 1993, S. 441.
[113] Vgl. *Roscher/Schubert*, in Beck Bil-Komm., 10. Aufl., 2016, § 247 HGB, Rz 121.
[114] Vgl. *Marx/Dallmann* in, *Baetge/Kirsch/Thiele*, Bilanzrecht, § 266 HGB, S. 88ff., Stand 9/2015.

reicht, um den auf ihn zufallenden Verlust zu decken. Forderungen gegen mehrere persönlich haftende Gesellschafter dürfen zusammengefasst werden. Gleiches gilt für **haftungsbeschränkte PersG i. S. d. § 264a HGB** (§ 264c Abs. 2 Satz 4 HGB). Einzahlungsverpflichtungen von Kommanditisten sind separat von denen der Komplementäre auszuweisen („Einzahlungsverpflichtung für Kommanditisten").[115]

87 Bei einer GmbH sind innerhalb der Forderungen **eingeforderte Nachschüsse** (§ 42 Abs. 2 Satz 2 GmbHG) gesondert unter dieser Bezeichnung auszuweisen, sofern mit einer Nachschusszahlung sicher zu rechnen ist.

Ausleihungen an Gesellschafter einer GmbH sind gesondert mit entsprechender Bezeichnung auszuweisen oder im Anhang zu vermerken (§ 42 Abs. 3 GmbHG). Allerdings ist ein separater Ausweis in einem Sonderposten „Ausleihungen an Gesellschafter" im Anschluss an den Posten „Ausleihungen an Unternehmen, mit denen ein Beteiligungsverhältnis besteht" der Vorzug zu geben.[116] Interessant ist, dass nach einer Entscheidung des BGH[117] Darlehen der GmbH an ihre Gesellschafter zulasten des gebundenen Vermögens am Verbot der Einlagenrückgewähr gemessen werden; dies gilt demnach auch dann, wenn sie zu marktgerechten Bedingungen vereinbart werden. Diese Entscheidung führte zu Verunsicherungen und hat sich durch das **MoMiG**[118] erledigt. Klarstellend müssen nunmehr Darlehen an Gesellschafter nicht zulasten des Stammkapitals angerechnet werden (§ 30 Abs. 1 Satz 2 GmbHG).

88 Für **haftungsbeschränkte PersG** i. S. d. § 264a HGB gelten die Vorschriften analog (§ 264c Abs. 1 HGB). Auch hier ist ein gesonderter Ausweis in der Bilanz der Vorzug zu geben. Bei typischen PersG gem. § 264a HGB ist kein getrennter Ausweis von Ausleihungen, Forderungen und Verbindlichkeiten gegenüber den Komplementären und den Kommanditisten erforderlich.[119]

3.2.4 Wertpapiere (Abs. 2 B. III.)

89 Wertpapiere verbriefen Eigentums-, Anteils-, Forderungs- oder Bezugsrechte in Form einer Urkunde. Allerdings gilt die „Verbriefung" nicht als alleiniges Zuordnungskriterium, weil neben verbrieften auch unverbriefte Anteile unter diesem Posten ausgewiesen werden.[120] Als Wertpapiere des UV sind nur diejenigen Wertpapiere anzusetzen, die nicht im AV erfasst sind oder wie Schecks unter einem anderen Posten auszuweisen sind. Zu den Wertpapieren des UV zählen gem. § 266 Abs. 2 B. III. HGB:
1. Anteile an verbundenen Unternehmen
2. Sonstige Wertpapiere

---

[115] Vgl. *Reiner/Haußer*, in MünchKomm. HGB, 3. Aufl., § 266, Rn 72f.
[116] Vgl. *Herrmann*, WPg 2001, S. 275; *Reiner/Haußer*, in MünchKomm. HGB, 3. Aufl., § 266, Rn 47.
[117] BGH, Urteil v. 24.11.2003, II ZR 171/01, BGHZ 157 S. 72; *Reiner/Brakemeier*, BB 2005, S. 1458ff.
[118] Gesetz zur Modernisierung des GmbH-Rechts und zur Bekämpfung von Missbräuchen (MoMiG) v. 23.10.2008, BGBl I Nr. 48, S. 2026.
[119] Vgl. *Theile*, BB 2000, S. 336.
[120] Vgl. *Marx/Dallmann*, in *Baetge/Kirsch/Thiele*, Bilanzrecht, § 266 HGB, Rz 96, Stand 9/2015.

3.2.4.1 Anteile an verbundenen Unternehmen (Abs. 2 B. III. 1.)

Analog zum FAV handelt es sich bei Anteilen an verbundenen Unt um **verbriefte oder unverbriefte Anteile** an verbundenen Unt. Allerdings beschränkt sich hier die Ausweispflicht nur auf Anteile, bei denen es keine dauerhafte Besitzabsicht gibt.[121] Unverbriefte Anteile (z. B. Anteile an einer GmbH) sind zwar der Definition nach keine Wertpapiere, werden dennoch hier ausgewiesen, um die Beziehungen zwischen den Unt aufzudecken. Ein alternativer Ausweis innerhalb eines Sammelpostens wie „Sonstige Vermögensgegenstände" oder „Sonstige Wertpapiere" sollte daher nicht erfolgen. 90

Das bilanzierende Unt ist ebenso verpflichtet, Aktien an einer **herrschenden oder mit Mehrheit beteiligten Ges.** hier auszuweisen, wenn es sich am Abschlussstichtag um ein verbundenes Unt gehandelt hat. Dabei ist es unerheblich, ob das Unt die Beschränkungen des § 71d AktG be- oder missachtet hat. Auch in diesem Fall kann der Ausweis nur im UV erfolgen, wenn keine Daueranlageabsicht vorliegt. Das bilanzierende Unt muss beachten, dass es gem. § 272 Abs. 4 Satz 4 HGB zur Bildung einer Rücklage i. H. d. aktivierten Betrags verpflichtet ist.[122] 91

Auch sind unter diesem Posten sog. **„Vorratsaktien"**, die mit Blick auf eine Verschmelzung oder einen Unternehmensvertrag (§§ 291 ff. AktG) oder eine Eingliederung (§§ 319 ff. AktG) erworben wurden, auszuweisen. Es dürfen aber keine Aktien des eigenen Unt. ausgewiesen werden, weil ein aktivischer Ausweis von eigenen Anteilen nicht mehr zulässig ist. 92

3.2.4.2 Sonstige Wertpapiere (Abs. 2 A. III. 2.)

Als sonstige Wertpapiere werden alle **verbrieften Wertpapiere** ausgewiesen, die der kurzfristigen Geldanlage von flüssigen Mitteln dienen und keine Anteile an verbundenen Unt darstellen. Hierzu zählen z. B. Aktien, Pfandbriefe, Industrieobligationen oder öffentliche Anleihen. Wertpapiere werden immer dann unter diesem Posten ausgewiesen, wenn ein speziellerer Posten nicht greift. **Nicht verbriefte Anteile** des UV sind als „Sonstige Vermögensgegenstände" auszuweisen.[123] **Abgetrennte Zins- und Dividendenscheine** sind auch hier aufzuführen, alternativ kann ein Ausweis unter den „Sonstigen Vermögensgegenständen" erfolgen.[124] 93

3.2.5 Kassenbestand, Bundesbankguthaben, Guthaben bei Kreditinstituten und Schecks (Abs. 2 B. IV.)

Nach der Mindestgliederung gem. § 266 Abs. 2 B. IV. HGB sind Kassenbestand, Bundesbankguthaben, Guthaben bei Kreditinstituten und Schecks in einer Bilanzposition zusammenzufassen. Dieser Posten darf auch als „flüssige Mittel" 94

---

121 Vgl. *Dusemond/Heusinger-Lange/Knop*, in *Küting/Pfitzer/Weber*, HdR, § 266 HGB, Rz 88–89, 91, Stand 12/2010.
122 Vgl. *Reiner/Haußer*, in MünchKomm. HGB, 3. Aufl., § 266, Rn 78; *Marx/Dallmann*, in *Baetge/Kirsch/Thiele*, Bilanzrecht, § 266 HGB, Rz 97 f., Stand 2/2013; ADS, 6. Aufl., § 266 HGB, Rz 138.
123 Vgl. *Waubke/Schubert*, in Beck Bil-Komm., 10. Aufl., 2016, § 266 HGB, Rz 142.
124 Vgl. *Marx/Dallmann*, in *Baetge/Kirsch/Thiele*, Bilanzrecht, § 266 HGB, Rz 106, Stand 9/2015; ADS, 6. Aufl., § 266 HGB, Rz 145; *Waubke/Schubert*, in Beck Bil-Komm., 10. Aufl., 2016, § 266 HGB, Rz 145. A. A. *Reiner/Haußer*, in MünchKomm. HGB, 3. Aufl., § 266, Rn 80 (Ausweis nur innerhalb der sonstigen Wertpapiere).

oder „liquide Mittel" bezeichnet werden. Als liquide Mittel gelten i.d.R. frei verfügbare Zahlungsmittel bzw. als Zahlungsmittel gehaltene Wertpapierbestände. Beispiele sind vor allem Kassen- und Bankbestände, Briefmarken und Schecks.[125]

3.2.5.1 Kassenbestand

95 Im Kassenbestand werden in- und ausländisches Bargeld und z.B. Briefmarken ausgewiesen. Zum Kassenbestand gehören alle Euro-Noten- und Euro-Münz-Bestände. Hinzu kommen die Sortenbestände und ausländische Münzen, die zum Kurs des Abschlussstichtags umzurechnen sind. Zum Kassenbestand zählen auch alle Wertzeichen/-marken, wie Brief-, Steuer-, Gerichtskosten- oder ähnliche Marken sowie das Guthaben auf Frankiergeräten. Zins- und Dividendenscheine gelten als sonstige Wertpapiere (Rz 93), wohingegen sowohl Edelmetallbarren als auch Quittungen über Vorschüsse und Darlehen den sonstigen VG zuzurechnen sind.[126]

3.2.5.2 Bundesbankguthaben, Guthaben bei Kreditinstituten

96 Unter das Bundesbankguthaben und Guthaben bei Kreditinstituten fallen alle **Sichteinlagen** bei inländischen (i.S.v. § 1 KWG) und ausländischen Kreditinstituten, Sparkassen und Zentralbanken. Dabei ist es unerheblich, ob es sich um Euro- oder Fremdwährungskonten handelt. Der Begriff Sichteinlage betont, dass es sich um jederzeit dispositionsfähige Guthaben handeln muss. **Kreditlinien**, die seitens der Kreditinstitute eingeräumt, aber nicht vom bilanzierenden Unt ausgeschöpft wurden, gelten nicht als Bankguthaben. **Akkreditivdeckungskonten** hingegen dürfen als Guthaben ausgewiesen werden, auch wenn sie zur Deckung schwebender Beschaffungsvorgänge dienen. Allerdings wird ein gesonderter Ausweis als sinnvoll erachtet. Bei **Festgeldern** muss hinsichtlich der Dispositionsfähigkeit differenziert werden. Wenn sie gegen Zahlung einer Vorfälligkeitsentschädigung jederzeit verfügbar sind, dann sind sie hier auszuweisen. Sollte dies nicht der Fall sein, gelten sie als sonstige VG. **Bausparguthaben** unterliegen generell den gleichen Regelungen wie die Festgelder, da Bausparkassen als Kreditinstitute definiert sind. Dennoch sind sie nach hM als sonstige VG auszuweisen.[127]

97 Grds. gilt für Bankguthaben und -verbindlichkeiten das **Saldierungsverbot** (§ 246 Abs. 2 HGB). Allerdings sind gleichartige Guthaben und Verbindlichkeiten gegenüber demselben Kreditinstitut zu saldieren, wenn sie die gleiche Fristigkeit aufweisen, also gem. §§ 387ff. BGB aufrechnungsfähig sind.

3.2.5.3 Schecks

98 Unter den Posten „Schecks" werden alle Arten von **Bar- und Verrechnungsschecks** zusammengefasst, soweit das Unt auf eigene Rechnung über sie verfügen kann und die am Bilanzstichtag noch nicht eingereicht worden sind. Auch **vordatierte Schecks** gehören zu diesem Posten, da sie nach Art. 28 Abs. 2 SchG

---

[125] Vgl. *Marx/Dallmann*, in *Baetge/Kirsch/Thiele*, Bilanzrecht, § 266 HGB, Rz 111, Stand 9/2015.
[126] Vgl. *Waubke/Schubert*, in Beck Bil-Komm., 10. Aufl., 2016, § 266 HGB, Rz 151 ff.
[127] Vgl. z.B. *Marx/Dallmann*, in *Baetge/Kirsch/Thiele*, Bilanzrecht, § 266 HGB, Rz 115, Stand 9/2015; *Waubke/Schubert*, in Beck Bil-Komm., 10. Aufl., 2016, § 266 HGB, Rz 156.

am Tag der Vorlage fällig werden. Schecks, die an den Aussteller oder Einreicher **zurückgesandt** wurden bzw. mit einem **Protestvermerk** versehen sind, gelten nicht als liquide Mittel, sondern sind als Forderung auszuweisen.[128]

3.3 Rechnungsabgrenzungsposten (Abs. 2 C.)

Der RAP ist transitorischer Natur und dient der periodengerechten Erfolgsermittlung. Da er nicht als VG gilt, wird er als gesonderter Posten 2C. ausgewiesen. Eine vor dem Abschlussstichtag getätigte Auszahlung muss im Posten „Rechnungsabgrenzungsposten" ausgewiesen werden, wenn sie Aufwand für eine bestimmte Zeit nach dem Abschlussstichtag darstellt (§ 250 HGB). Gängige Beispiele für einen derartigen Fall sind vorausbezahlte Versicherungsbeiträge, Mieten oder Pachten. Zusätzlich wird in diesem Posten auch ein Disagio ausgewiesen (§ 250 Abs. 3 HGB), das entweder in der Bilanz gesondert auszuweisen oder im Anhang anzugeben ist (§ 268 Abs. 6 HGB).[129,130]

99

3.4 Aktive latente Steuern (Abs. 2 D.)

Die Bilanzierung latenter Steuern ist konzeptionell mit dem Prinzip der periodengerechten Erfolgsermittlung zu begründen. Latente Steuern spiegeln die steuerlichen Effekte aus Bilanzierungsunterschieden zwischen Steuer- und HB wider. Anzuwenden ist das Bilanzkonzept (sog. bilanzorientierte Methode), bei dem neben permanenten auch quasi-permanente Differenzen (Temporary-Konzept) in die Ermittlung einfließen.[131] Dementsprechend entstehen aktive latente Steuern z. B. dann, wenn der Ansatz der Vermögensposten (Schuldposten) in der HB niedriger (höher) ist als in der Steuerbilanz.

100

§ 266 Abs. 2 HGB fordert unter Buchstabe n „D. Aktive latente Steuern" einen gesonderten Ausweis auf oberster Gliederungsstufe. Mittelgroße und große KapG und KapCoGes sind verpflichtet, eine Steuerabgrenzung vorzunehmen; kleine Ges. sind nach § 274a Nr. 5 HGB davon grds. befreit (§ 274a Rz 10 ff.). Es besteht ein Wahlrecht, aktive latente Steuerüberhänge als Bilanzposten auszuweisen oder alternativ den die passiven latenten Steuern übersteigenden „Steuervorteil" sofort erfolgswirksam zu verrechnen. Entscheidet sich das Unt für eine Aktivierung, ist ein separater Ausweis der aktiven latenten Steuern in der Bilanz geboten. Es wird keine Klassifizierung des Postens als VG, RAP, Bilanzierungshilfe oder als Posten eigener Art vorgenommen.[132] Im Sinne des handelsrechtlichen Gliederungsschemas mit einer Unterteilung in AV, UV, RAP und latente Steuern kann geschlossen werden, dass entgegen des international üblichen Vermögenswertbegriffs (z. B. IAS 1 bzw. IAS 12) latente Steuern nicht als VG gelten. Nach der Gesetzesbegründung handelt es sich bei latenten Steuern um einen „Sonderposten eigener Art",[133] da die Voraussetzungen für einen VG nicht gegeben sind (§ 246 Rz 5).

101

---

128 Vgl. *Reiner/Haußer*, in MünchKomm. HGB, 3. Aufl., § 266, Rn 82.
129 Vgl. *Marx/Dallmann*, in Baetge/Kirsch/Thiele, Bilanzrecht, § 266 HGB, Rz 121, Stand 9/2015.
130 Zur praktischen Umsetzung s. *Kreipl/Lange/Müller* in Haufe HGB Bilanz Kommentar Erfahrungsbericht BilMoG, 2012, Rz 204 ff.
131 Vgl. BilMoG-BgrRegE, S. 67.
132 Vgl. BilMoG-RegE, Bgr S. 67 f.
133 Vgl. BilMoG-RegE, Bgr S. 67.

Das **Saldierungsverbot** gem. § 246 Abs. 2 HGB ist nicht zu beachten. Sich ergebende Steuerbe- und sich ergebende Steuerentlastung können explizit unverrechnet angesetzt werden (§ 274 Abs. 1 Satz 3 HGB).[134]

3.5 Aktiver Unterschiedsbetrag aus der Vermögensverrechnung (Abs. 2 E.)

102 Als weiterer Posten E ist ein „**Aktiver Unterschiedsbetrag aus der Vermögensverrechnung**" auf der Aktivseite auszuweisen. Dieser Posten steht im Zusammenhang mit der Bilanzierung von Altersversorgungsverpflichtungen oder vergleichbaren langfristig fälligen Verpflichtungen. Nach § 246 Abs. 2 HGB ist eine Aktivierung des Differenzbetrags zwischen bestimmten VG, die zum beizulegenden Zeitwert bewertet werden, und den zugehörigen Schulden vorzunehmen (§ 246 Rz 104 ff.). Dies gilt nur für VG, die dem Zugriff aller übrigen Gläubiger entzogen sind und die ausschließlich der Erfüllung von Schulden aus Altersversorgungsverpflichtungen dienen.[135]

3.6 Weitere Posten auf der Aktivseite

103 Die im Folgenden genannten Sonderposten werden an anderer Stelle erläutert:
- Ausleihungen und Forderungen gegenüber GmbH-Gesellschaftern (Rz 87),
- eingeforderte Nachschüsse von GmbH-Gesellschaftern (Rz 87),
- Einzahlungsverpflichtungen persönlich haftender Gesellschafter einer KGaA (Rz 86),
- Ausleihungen und Forderungen gegenüber persönlich haftenden Gesellschaftern einer KGaA (Rz 86),
- nicht durch EK gedeckte Fehlbeträge (§ 268 Rz 14 ff.),
- nicht durch Vermögenseinlagen gedeckte Verlustanteile persönlich haftender Gesellschafter einer KGaA (Rz 86),
- nicht durch Vermögenseinlagen gedeckte Verlustanteile persönlich haftender Gesellschafter bzw. der Kommanditisten bei haftungsbeschränkten PersG i. S. d. § 264a HGB (Rz 86 und § 264c Rz 7 ff.).

Zudem kann auf der Aktivseite auch noch der Posten Ingangsetzung und Erweiterung des Geschäftsbetriebs aufgrund des genutzten Beibehaltungswahlrechts nach Art. 67 Abs. 5 EGHGB ausgewiesen sein (Art. 67 EGHGB Rz 119 ff.).

4 Passivseite (Abs. 3)

104 Der Gesetzgeber gibt die in § 266 Abs. 3 HGB gegebene Gliederung der Passivseite als zwingend vor. Darüber hinaus wird den Unt mit § 265 Abs. 5 HGB die Schaffung zusätzlicher Posten bei Erfüllung bestimmter Voraussetzungen eingeräumt. Die **Passivseite** zeigt das Finanzierungsbild eines Unt, d. h., sie gibt Auskunft darüber, welche finanziellen Mittel dem Unt zur Finanzierung seiner

---

[134] Zur praktischen Umsetzung s. *Kreipl/Lange/Müller* in Haufe HGB Bilanz Kommentar Erfahrungsbericht BilMoG, 2012, Rz 207 ff.

[135] Zur praktischen Umsetzung s. *Kreipl/Lange/Müller* in Haufe HGB Bilanz Kommentar Erfahrungsbericht BilMoG, 2012, Rz 219 ff.

Investitionen zur Verfügung stehen. Dabei werden die finanziellen Mittel nach ihrer Herkunft in EK und FK unterteilt. Während das EK dem Unt i.d.R. dauerhaft zur Verfügung steht und als Verlustausgleich fungiert, stellt das FK i.d.R. eine Verpflichtung gegenüber Dritten dar und steht dem Unt i.d.R. nur für eine begrenzte Zeit zur Verfügung.[136]

4.1 Eigenkapital (Abs. 3 A.)

Das EK ist nach der zunehmenden Verfügbarkeit des Kapitals für die Organe der Ges. gegliedert. Der EK-Begriff ist handelsrechtlich nicht definiert, sondern ergibt sich nach § 247 Abs. 1 HGB aus der Gegenüberstellung von Schulden und Vermögen (§ 247 Rz 80).[137] Ansatz und Bewertung des Vermögens und des FK bestimmen indirekt die Höhe des EK. EK sind von außen zugeführte oder durch Gewinneinbehaltung von innen zugeflossene Mittel. Ansatz- und Bewertungsregeln sind – anders als bei Vermögens- und Fremdkapitalpositionen – beim EK i.d.R. nicht anzuwenden. 105

Eine eindeutige **Abgrenzung von EK und FK** ist insb. aufgrund des zunehmenden Einsatzes von hybriden Finanzinstrumenten, die Eigen- und Fremdkapitalanteile vereinigen, unabdingbar.[138] EK zeichnet sich generell durch verschiedene Funktionen aus, wie Haftungs- und Verlustausgleichsfunktion, Arbeits- und Kontinuitätsfunktion, Gewinnbeteiligungs- und Geschäftsführungsfunktion.[139] Es handelt sich um die Kapitalpositionen, die dem Unt i.d.R. dauerhaft zur Verfügung stehen. Damit verbundene Auszahlungsansprüche ergeben sich anders als bei Zinszahlungen für die Fremdkapitalaufnahme ausschließlich aufgrund ergebnisabhängiger Zahlungsansprüche der Anteilseigner. 106

Bzgl. des **EK-Ausweises ist rechtsformspezifisch** zwischen dem EK von EKfl (§ 247 Rz 83), PersG (§ 247 Rz 86), PersG i.S.d. § 264a HGB (§ 264c Rz 7 ff.) sowie KapG zu unterscheiden. Die Unterteilung des EK in § 266 Abs. 3 A HGB stellt auf KapG ab. Zudem sind §§ 268 Abs. 1, 270 und 272 HGB sowie Spezialvorschriften des AktG und des GmbHG zu beachten. Innerhalb des EK können Abgrenzungsprobleme auftreten (Rz 106). Bei **KapG** besteht das EK nach § 266 Abs. 3 HGB aus folgenden Komponenten:[140] 107

I. Gezeichnetes Kapital
II. Kapitalrücklage
III. Gewinnrücklage
IV. Gewinnvortrag bzw. Verlustvortrag
V. Jahresüberschuss bzw. Jahresfehlbetrag

Für KleinstKapG ist trotz der rechtsformspezifischen Forderungen eine Aufgliederung des EK nicht erforderlich (Rz 10 f.).

---

136 Vgl. *Müller/Weller/Reinke*, DB 2008, S. 1109.
137 Vgl. *Marx/Dallmann*, in *Baetge/Kirsch/Thiele*, Bilanzrecht, § 266 HGB, Rz 141, Stand 9/2015.
138 Vgl. *Schneider*, DB 1987, S. 185; *Heymann* in Beck HdR, B 231, Rz 1, Stand 06/2011.
139 Vgl. *Marx/Dallmann*, in *Baetge/Kirsch/Thiele*, Bilanzrecht, § 266 HGB, Rz 141.1, Stand 9/2015.
140 Zur praktischen Umsetzung s. *Kreipl/Lange/Müller* in Haufe HGB Bilanz Kommentar Erfahrungsbericht BilMoG, 2012, Rz 228 ff.

4.1.1 Gezeichnetes Kapital (Abs. 3 A. I.)

108 Nach § 272 Abs. 1 Satz 1 HGB ist das gezeichnete Kapital „das Kapital, auf das die Haftung der Gesellschafter für die Verbindlichkeiten der KapG gegenüber den Gläubigern beschränkt ist." Das gezeichnete Kapital ist bei einer AG/KGaA/SE das **Grundkapital** und bei einer GmbH das **Stammkapital**. Die Kapitalanteile der persönlich haftenden Gesellschafter bei einer KGaA gelten nicht als gezeichnetes Kapital und sind daher gem. § 286 Abs. 2 Satz 1 AktG in einem eigenen Posten auszuweisen, der nach dem gezeichneten Kapital eingefügt wird (Kapitalanteil des phG).

109 Das gezeichnete Kapital ist zum **Nennbetrag** anzusetzen, wobei für die Höhe der am Abschlussstichtag im Unternehmensregister eingetragene Betrag maßgeblich ist. Es ist der **Nettoausweis** vorgeschrieben.

110 Nach dem Nettoausweis sind nicht eingeforderte, ausstehende Einlagen vom gezeichneten Kapital offen abzusetzen. Gleichzeitig ist das eingeforderte, noch nicht eingezahlte Kapital innerhalb der Forderungen auszuweisen (§ 272 Abs. 1 Satz 3 HGB).[141] Zur Erstanwendung vgl. § 272 Rz 76ff.

111 Das Aktienrecht verlangt nach § 152 Abs. 1 AktG beim Grundkapital von AG und KGaA gesonderte Angaben bei Vorliegen verschiedener Aktiengattungen (z. B. die auf Stamm- und Vorzugsaktien jeweils entfallenden Beträge), bei Vorliegen von Mehrstimmrechten sowie zu bedingtem oder genehmigtem Kapital. In diesen Fällen bedarf es ergänzender Angaben in der Bilanz oder im Anhang.[142]

4.1.2 Kapitalrücklagen (Abs. 3 A. II.)

112 Zum Begriff der Kapitalrücklage vgl. § 272 Rz 104ff. Nach § 272 Abs. 2 HGB sind als Kapitalrücklagen die folgenden dem Unt von außen zugeführten Posten auszuweisen:[143]
- Der Betrag, der bei der Ausgabe von Anteilen einschl. von Bezugsanteilen über den Nennbetrag oder, falls ein Nennbetrag nicht vorhanden ist, über den rechnerischen Wert hinaus erzielt wird (Agio, Aufgeld) – bei einer KGaA handelt es sich um das Kapital, das den Kapitalanteil des phG übersteigt – und es sich nicht um thesaurierte Beiträge (sog. Gewinnrücklage des phG) handelt;
- der Betrag, der bei der Ausgabe von Wandelschuldverschreibungen oder Optionsanleihen als Agio oder als Folge einer Verzinsung, die unter den marktüblichen Bedingungen liegt, erzielt wird;
- der Betrag von Zuzahlungen, die Gesellschafter gegen Gewährung eines Vorzugs für ihre Anteile leisten;
- der Betrag von anderen Zuzahlungen, die Gesellschafter in das EK leisten, z. B. sind Nachschüsse bei einer GmbH als Nachschusskapital (§ 42 Abs. 2 GmbHG) auszuweisen.

113 Die AG und die KGaA sind nach § 152 Abs. 2 AktG verpflichtet, Einstellungen in die oder Entnahmen aus der Kapitalrücklage in der Bilanz oder im Anhang gesondert betragsmäßig anzugeben.[144] Für die GmbH sind Nachschüsse von

---

[141] Vgl. *Reiner/Haußer*, in MünchKomm. HGB, 3. Aufl., § 266, Rn 91.
[142] Vgl. *Marx/Dallmann*, in *Baetge/Kirsch/Thiele*, Bilanzrecht, § 266 HGB, Rz 143, Stand 9/2015; *Schubert/Waubke*, in Beck Bil-Komm., 10. Aufl. 2016, § 266 HGB, Rz 172.
[143] Vgl. *Marx/Dallmann*, in *Baetge/Kirsch/Thiele*, Bilanzrecht, § 266 HGB, Rz 146, Stand 9/2015.
[144] Vgl. *Reiner/Haußer*, in MünchKomm. HGB, 3. Aufl., § 266, Rn 93.

Gesellschaftern gesondert unter der Kapitalrücklage auszuweisen, die aufgrund eines Beschlusses nach § 42 Abs. 2 GmbHG geleistet werden (§ 42 Abs. 2 Satz 3 GmbHG).

4.1.3 Gewinnrücklagen (Abs. 3 A. III.)

Nach § 272 Abs. 3 Satz 1 HGB umfasst die Gewinnrücklage die Beträge, „die im Geschäftsjahr oder in einem früheren Geschäftsjahr aus dem Ergebnis gebildet worden sind." Folgende Arten von Gewinnrücklagen sind zu unterscheiden: 114
1. Gesetzliche Rücklage
2. Rücklage für Anteile an einem herrschenden oder mehrheitlich beteiligten Unternehmen
3. Satzungsmäßige Rücklage
4. Andere Gewinnrücklagen

Kleine Ges. müssen keine Untergliederung der Gewinnrücklagen vornehmen.

4.1.3.1 Gesetzliche Rücklage (Abs. 3 A. III.1.)

AG und KGaA sind gem. § 150 Abs. 1 und 2 AktG verpflichtet, eine Dotierung mit 5 % des um einen ggf. vorhandenen Verlustvortrag aus dem Vj. geminderten Jahresüberschusses vorzunehmen, bis die gesetzliche Rücklage zusammen mit den Kapitalrücklagen mindestens 10 % des Grundkapitals erreicht hat (§ 272 HGB). In der Satzung kann ein höherer Anteil am Grundkapital bestimmt werden. Zur Einstellung in die gesetzliche Rücklage und Entnahmemöglichkeiten vgl. § 272 Rz 153 ff. 115

4.1.3.2 Rücklage für Anteile an einem herrschenden oder mehrheitlich beteiligten Unternehmen (Abs. 3 A. III.2.)

Die gesonderte Nennung von Rücklagen für Anteile an einem herrschenden oder mehrheitlich beteiligten Unt resultiert aus dem geänderten § 272 Abs. 4 HGB (§ 272 Rz 199 ff.). Diese Rücklage ist aus den frei verfügbaren Rücklagen i. H. d. Bilanzansatzes der aktivierten Anteile an einem herrschenden oder mit Mehrheit beteiligten Unt zu bilden. Der Beteiligungsausweis erfolgt entweder unter § 266 Abs. 2 B. III.1 HGB, wenn die Voraussetzung des § 271 Abs. 2 HGB vorliegen, oder unter § 266 Abs. 2 B. III. 2. HGB. Ein Ausweis innerhalb des FAV kommt, „soweit das herrschende oder mit Mehrheit beteiligte Unt, wie im Fall des § 71d AktG, jederzeit die Übertragung der Anteile verlangen kann, nur infrage, wenn hinreichende Anhaltspunkte dafür bestehen, dass dieses Recht nicht ausgeübt wird."[145] 116

4.1.3.3 Satzungsmäßige Rücklage (Abs. 3 A. III.3.)

Satzungsgemäße oder statutarische Rücklagen sind Rücklagen, die durch Gesellschaftsvertrag oder Satzung gebildet werden müssen (§§ 29 Abs. 1 GmbHG, 58 Abs. 1 AktG). Sie umfassen nach § 272 Abs. 3 Satz 2 HGB (§ 272 Rz 181 ff.) die aus dem Ergebnis zu bildenden Rücklagen, wie z.B. Substanzerhaltungsrücklagen. Eine Unterteilung in zweckgebundene oder nicht zweckgebundene Rück- 117

---

[145] Vgl. *Budde/Kessler*, in *Kessler/Leinen/Strickmann* (Hrsg.), BilMoG, 2009, S. 360.

lagen wird – wenn auch nicht gesetzlich gefordert – empfohlen.[146] Für PersG i. S. v. § 264a HGB sind die gesellschaftsvertraglichen Regelungen zu beachten.

4.1.3.4 Andere Gewinnrücklagen (Abs. 3 A. III.4.)

118 Die anderen Gewinnrücklagen stellen einen Sammelposten dar, der weder gesetzliche oder satzungsmäßige Rücklagen noch Rücklagen für Anteile an einem herrschenden oder mehrheitlich beteiligten Unt enthält. Einstellungen in die anderen Rücklagen sind für die AG und KGaA nach § 58 AktG gesetzlich geregelt. Danach können andere Gewinnrücklagen zum einen durch die HV (§ 58 Abs. 1 Sätze 1 und 2 AktG) und zum anderen durch Vorstand und Aufsichtsrat (§ 58 Abs. 2 AktG) gebildet werden. Ausgangspunkt der Bemessungsgrenze für die Einstellung in die anderen Gewinnrücklagen ist ein korrigierter Jahresüberschuss, der sich aus dem Jahresüberschuss abzgl. Verlustvortrag und abzgl. der Pflichtdotierung in die gesetzliche Rücklage ergibt. Weitere Möglichkeiten der Einstellung in die anderen Gewinnrücklagen können gem. § 58 Abs. 2a AktG i. H. d. Eigenkapitalanteils von Wertaufholungen im AV und UV vorgenommen werden, die entweder in der Bilanz gesondert auszuweisen oder im Anhang anzugeben sind.[147]

§ 272 Abs. 5 HGB schreibt die Bildung einer **ausschüttungsgesperrten Rücklage** vor. Der Ausweis der ausschüttungsgesperrten Rücklage kann in einem neu einzuführenden Posten, z. B. „Einstellungen in die ausschüttungsgesperrte Rücklage nach § 272 Abs. 5 HGB", vor oder nach „Einstellungen in Gewinnrücklagen (Pos. 21/20)" erfolgen. Spätere Auflösungen im Zeitpunkt der Zahlung oder bei Entstehung eines Rechtsanspruchs auf Zahlung können als „Entnahmen aus der ausschüttungsgesperrten Rücklage nach § 272 Abs. 5 HGB" gezeigt werden.[148] In der Praxis dürfte der Fall allerdings kaum vorkommen.[149] Darüber hinaus ist gem. § 58 Abs. 3 AktG unter bestimmten Umständen eine weitere Einstellung in die anderen Gewinnrücklagen möglich.

119 Der Jahresabschluss einer GmbH wird grds. durch die Gesellschafterversammlung festgestellt, wenn vertraglich keine andere Vereinbarung fixiert wurde. Daher können die festgestellten Einstellungen noch in dem der Beschlussfassung zugrunde liegenden Jahresabschluss in den anderen Gewinnrücklagen gezeigt werden.[150]

4.1.4 Gewinn-/Verlustvortrag (Abs. 3 A. IV.)

120 Der **Gewinnvortrag** stellt die Restgröße aus der Gewinnverwendung des Bilanzgewinns des Vj. auf Grundlage des Beschlusses der Haupt- oder Gesellschafterversammlung dar, der nicht an die Gesellschafter ausgeschüttet oder in die Gewinnrücklagen eingestellt worden ist. Ebenso verhält es sich beim **Verlustvortrag**, der dem Bilanzverlust des Vj. entspricht. Die AG ist durch § 150

---

[146] Vgl. *Marx/Dallmann*, in *Baetge/Kirsch/Thiele*, Bilanzrecht, § 266, Rz 150, Stand 9/2015.
[147] Vgl. *Küting/Reuter*, in *Küting/Pfitzer/Weber*, HdR, § 272 HGB, Rz 172, Stand 11/2009, die zusätzlich eine Aufteilung in Wertaufholungsrücklage und sonstige andere Gewinnrücklagen vorschlagen.
[148] Vgl. Kirsch, DStR 2015, S. 667 f.
[149] Vgl. *Mühlbacher*, in *Kreipl/Lange/Müller*, Schnelleinstieg BilRUG, S. 192 ff.
[150] Vgl. *Hoffmann/Winkeljohann*, in Beck Bil-Komm., 10. Aufl., 2016, § 272 HGB, Rz 267.

Abs. 3 und 4 AktG nicht gezwungen, den Verlustvortrag durch die Auflösung von Rücklagen zu decken. Der Ausweis eines Gewinn-/Verlustvortrages entsteht somit nur dann, wenn die Bilanz **vor Verwendung des Jahresergebnisses** aufgestellt wird (§ 268 Rz 5 ff.).

Durch die **Umstellung des Gj** besteht die Möglichkeit, dass noch vor der Feststellung des Jahresabschluss und des Gewinnverwendungsbeschlusses der Abschluss für das folgende Rumpfgeschäftsjahr erfolgen muss. I. d. R. werden dann auf derselben Haupt- oder Gesellschafterversammlung getrennte Beschlüsse für beide Gj – sowohl für das volle Gj als auch für das Rumpfgj – gefasst. In diesem Fall sieht § 158 Abs. 1 Satz 1 AktG den alleinigen Ausweis des Bilanzgewinns des vollen Gj als Gewinnvortrag in der Bilanz und der GuV des darauf folgenden Rumpfgj vor. Durch einen Klammerzusatz und der Erl. im Anhang zeigt das bilanzierende Unt, dass die Beschlussfassung über den Gewinnvortrag noch zu erfolgen hat.

121

Für die GmbH kommt es grds. zu keiner anderen Beurteilung. Für die Frage, ob ein Verlustvortrag aus höheren Kapital- oder Gewinnrücklagen zu decken ist, sind die Beschlüsse der Gesellschafter entscheidend.[151]

4.1.5 Jahresüberschuss/Jahresfehlbetrag (Abs. 3 A. V.)

Der Posten **Jahresüberschuss/-fehlbetrag**, auch **Jahresergebnis** als gemeinsamer Oberbegriff genannt, wird in der GuV ausgewiesen (§ 275 Abs. 2 Nr. 20 bzw. Abs. 3 Nr. 19 HGB). Bei Aufstellung der Bilanz **vor Gewinnverwendung** ist an dieser Stelle der in der GuV ausgewiesene Jahresüberschuss/-fehlbetrag auszuweisen. Wird die Bilanz **nach teilweiser Gewinnverwendung** aufgestellt, ist anstelle des Postens „Jahresüberschuss/Jahresfehlbetrag" der Posten „Bilanzgewinn/Bilanzverlust" (Rz 124) auszuweisen (§ 268 Rz 8 ff.).[152]

122

§ 158 AktG fordert, die GuV, ausgehend vom Jahresergebnis, in der **Bilanz** oder im **Anhang** um die folgenden Punkte zu ergänzen, was jedoch nach § 158 Abs. 3 AktG bei KleinstKapG unterbleiben kann:[153]

1. Gewinnvortrag/Verlustvortrag aus dem Vorjahr
2. Entnahmen aus der Kapitalrücklage
3. Entnahmen aus den Gewinnrücklagen
   a) aus der gesetzlichen Rücklage
   b) aus der Rücklage für eigene Aktien
   c) aus satzungsmäßigen Rücklagen
   d) aus anderen Gewinnrücklagen
4. Einstellungen in die Gewinnrücklagen
   a) in die gesetzliche Rücklage
   b) in die Rücklage für eigene Aktien
   c) in satzungsmäßige Rücklagen
   d) in andere Gewinnrücklagen
5. Bilanzgewinn/Bilanzverlust

Für die **GmbH** existiert keine vergleichbare Vorschrift (§ 275 Abs. 4 HGB). Für **KapCoGes** (§ 264a HGB) erfolgt in aller Regel eine unmittelbare Zuschreibung

123

---
[151] Vgl. *Schubert/Waubke*, in Beck Bil-Komm., 10. Aufl., 2016, § 266 HGB, Rz 181.
[152] Vgl. *Reiner/Haußer*, in MünchKomm. HGB, 3. Aufl., § 266, Rz 96 f.
[153] Vgl. *Marx/Dallmann*, in Baetge/Kirsch/Thiele, Bilanzrecht, § 266 HGB, Rz 173, Stand 9/2015.

der Gewinn- oder Verlustanteile auf die Kapitalkonten der Gesellschafter. Letztlich sind jedoch die Regelungen des Gesellschaftsvertrags entscheidend dafür, ob eine Verteilung auf die Gesellschafterkonten erfolgt oder ob ein JÜ in der Bilanz ausgewiesen wird. Wenn diese der Gesellschafterversammlung die Kompetenz für die Ergebnisverwendung zuweist, hat die PersG einen JÜ im EK auszuweisen.[154]

4.1.6 Bilanzgewinn/Bilanzverlust

124 An die Stelle der Posten „Jahresüberschuss/Jahresfehlbetrag" und „Gewinnvortrag/Verlustvortrag" tritt gem. § 268 Abs. 1 Satz 2 HGB der Posten Bilanzgewinn/Bilanzverlust, wenn die Bilanzaufstellung nach teilweiser Ergebnisverwendung erfolgt. Wenn bis zum Zeitpunkt der Bilanzaufstellung über eine Ausschüttung beschlossen wurde, ist die beschlossene Dividende als Abgang aus dem EK zu verbuchen und – falls die Zahlung noch aussteht – als sonstige Verbindlichkeiten auszuweisen.
Unabhängig davon, ob der Eigenkapitalausweis vor, nach teilweiser oder nach vollständiger Gewinnverwendung erfolgt, müssen AG nach § 158 Abs. 1 AktG eine Gewinnverwendungsrechnung in der GuV oder im Anhang aufstellen, es sei denn, sie sind KleinstKapG.

4.1.7 Eigenkapitaldifferenz aus Währungsumrechnung

125 Für die Umrechnung von auf ausländische Währung lautenden Abschlüssen in den Konzernabschluss ist die (modifizierte) **Stichtagskursmethode** vorgeschrieben (§ 308a Rz 1 ff.); aus der Währungsumrechnung von ausländischen TU entstehende **Währungsumrechnungsdifferenzen** sind ergebnisneutral zu verrechnen. Klarstellend sind Währungsumrechnungsdifferenzen in diesem separaten Posten nach den Rücklagen auszuweisen. Bei teilweiser oder vollständiger Veräußerung des TU ist der Posten in entsprechender Höhe ergebniswirksam aufzulösen (§ 308a Satz 4 HGB).

4.2 Begrifflichkeit und Abgrenzung zu eigenkapitalähnlichen Posten

126 Nach § 247 Abs. 1 HGB sind auf der Passivseite nur das EK, das FK und der passive RAP als Untergliederung genannt. Dennoch ist es üblich, im Anschluss an das EK bestimmte Positionen zu ergänzen, die formell nicht die Eigenschaften des EK erfüllen.[155] Diese Posten werden auch Quasi-EK oder Eigenkapitalsurrogat genannt.[156]

4.2.1 Einlagen zu Kapitalerhöhungen

127 Bei Einlagen zu Kapitalerhöhungen handelt es sich um **Einzahlungen von Gesellschaftern**, die im Hinblick auf eine anstehende Kapitalerhöhung geleistet werden. Die Erfassung von Einlagen zur Kapitalerhöhung als EK ist gem. §§ 189

---

[154] Vgl. IDW RS HFA 7, Tz 37.
[155] Vgl. *Küting/Kessler*, BB 1994, S. 2104.
[156] Vgl. *Müller*, FS Budde, 1995, S. 445 ff.

AktG, 54 Abs. 3 GmbHG erst möglich, wenn im HR die Durchführung der Kapitalerhöhung eingetragen wurde. Bis zum HR-Eintrag begründen diese Beträge noch Gläubigerrechte, sie werden aber später der EK-Stärkung dienen (§ 272 Rz 33 ff.). In Abhängigkeit vom Zeitpunkt der Aufstellung des Jahresabschlusses erfolgt ein Ausweis im oder nach dem EK. Selten ist ein Ausweis als FK; Einlagen sind in den Sonderposten „Zur Durchführung der beschlossenen Kapitalerhöhung geleistete Zahlungen" nach dem EK auszuweisen, wenn die Kapitalerhöhung vor dem Bilanzstichtag beschlossen wurde und die Zahlungen erfolgten, die Eintragung aber noch nicht durchgeführt wurde.[157] Die **geleisteten Einlagen** werden mit selbiger Postenbezeichnung im EK nach dem gezeichneten Kapital ausgewiesen, wenn die Eintragung der Erhöhung im HR zwischen dem Bilanzstichtag und der Aufstellung des Jahresabschlusses erfolgt. Gesellschafterzahlungen, die die Rücklagen erhöhen, sind bei den Kapitalrücklagen berücksichtigt.[158]

4.2.2 Genussrechte

Genussrechte gewähren keine mitgliedschaftlichen Berechtigungen, sondern schuldrechtliche Ansprüche.[159] Wenn Genussrechte ausgegeben werden und dem Unt als Gegenleistung Mittel zufließen, können diese als Genussrechtskapital je nach Ausgestaltung des Genussrechts dem EK zugeordnet werden.[160] Folgende **Voraussetzungen** müssen kumulativ erfüllt werden, um eine Gleichstellung von Genussrechten mit dem EK zu erreichen:[161]

- Es gibt eine **erfolgsabhängige** Vergütung für das überlassene Kapital.
- Nach der Aufzehrung der Rücklagen nimmt das Genussscheinkapital wie das gezeichnete Kapital an den **Bilanzverlusten** teil.
- Der Rückzahlungsanspruch rangiert im Insolvenzfall hinter den anderen Gläubigern. Sie werden also erst nach den Gläubigern aus der Insolvenzmasse befriedigt (**Nachrangigkeit**).
- Das Genussscheinkapital steht dem Unt **längerfristig**[162] zur Verfügung. Eine Auszahlung nach einer mehrjährigen Kündigungsfrist ist nicht möglich, sondern nur die Umwandlung in haftendes Kapital.

Genussrechte sind bei Erfüllung der Voraussetzungen **gesondert innerhalb des EK auszuweisen**. Da es die Funktion von Haftungskapital übernimmt, ist grds. ein Ausweis nach dem „Gezeichnetem Kapital" zu empfehlen. Wenn das Genussrechtskapital ein **Agio** enthält, wird ein Ausweis nach den Gewinnrücklagen vorgeschlagen. Aus Gründen der Übersichtlichkeit ist ein getrennter Ausweis von Agio und Genussrechtskapital innerhalb des EK zu empfehlen,[163] ein Da-

---

[157] Vgl. *Bacmeister*, WPg 1994, S. 453.
[158] Vgl. *Reiner/Haußer*, in MünchKomm. HGB, 3. Aufl., § 266, Rn 100.
[159] Vgl. BGH, Urteil v. 5.10.1992, II ZR 172/91, BGHZ 119 S. 309 – Klöckner; FG Karlsruhe, Urteil v. 3.12.2004, 10 K 225/01, EFG 2005, S. 530 – Global Futures Fund I Ltd.; *Ziebe*, BB 1984, S. 2211 f.; *Sontheimer*, BB, Beilage 19/1984, S. 1 f.
[160] Vgl. *Küting/Dürr*, DStR 2005, S. 950f; WPH Edition, Wirtschaftsprüfung & Rechnungslegung, 15. Aufl., 2017, Abschn. F, Rz 1308.
[161] Vgl. IDW HFA 1/1994, WPg, 1994, S. 420; *Dusemond/Heusinger-Lange/Knop*, in *Küting/Pfitzer/Weber*, HdR, § 266 HGB, Rz 171, Stand 12/2010; *Hultsch/Roß/Drögemüller*, BB 2007, S. 820 f.; *Emmerich/Naumann*, WPg 1994, S. 678 ff.
[162] Vgl. zum Kriterium „längerfristig" z. B. *Wengel*, DStR 2001, S. 1319 ff.
[163] Vgl. *Emmerich/Naumann*, WPg 1994, S. 685.

von-Vermerk oder ein gesonderter Unterposten (§ 265 Abs. 5 HGB) bei der Kapitalrücklage erscheint zulässig. Resultiert aus der Emission ein **Disagio** (§ 250 Rz 18 ff.), ist der Nennbetrag des gesondert auszuweisenden Genussrechtskapitals entsprechend zu kürzen.[164]

Art und Anzahl der ausgegebenen und der neu entstandenen Genussrechte sind im **Anhang** anzugeben (§ 160 Abs. 1 Nr. 6 AktG).

4.2.3 Einlagen stiller Gesellschafter

130 Für den Ausweis von Einlagen stiller Gesellschafter gibt es keine expliziten Regelungen. Da die Regelungen der §§ 230 ff. HGB zahlreiche Gestaltungsmöglichkeiten und Typen von stillen Gesellschaften und dementsprechend unterschiedliche Ausweisvorschläge existieren, wird es für zulässig erachtet, die Einlagen stiller Gesellschafter anhand der gleichen Kriterien wie bei den Genussrechten[165] (Rz 128) gesondert unmittelbar nach dem EK bzw. nach dem gezeichneten Kapital als separater Posten „**Kapital des stillen Gesellschafters**" auszuweisen. Bei **typischen stillen Gesellschaften** gem. §§ 230 ff. HGB (ausschließliche Beteiligung am Ergebnis) sind die Einlagen grds. dem FK zuzurechnen und als sonstige Verbindlichkeiten auszuweisen, weil eine Verlustbeteiligung in voller Höhe i.d.R. nicht vorliegt. Wenn mithilfe der Kriterien keine eindeutige Zuordnung der stillen Einlage zu EK oder FK erfolgen kann, sollte der Betrag unter den „sonstigen Verbindlichkeiten" ausgewiesen werden; ggf. ist der Postencharakter gem. § 264 Abs. 2 HGB im Anhang zu erläutern.[166]

4.2.4 Eigenkapitalersetzende Gesellschafterdarlehen

131 Eigenkapitalersetzende Gesellschafterdarlehen sind nach hM als Verbindlichkeiten anzusehen, weil dies zum einen der zivilrechtlichen Ansicht entspricht und zum anderen für diese Darlehen Zins- und Tilgungsleistungen fällig werden.[167] Die Darlehen konnten nur unter ganz besonderen Umständen als eigenkapitalersetzend angesehen werden.[168] Wenn eine KapCoGes in einer Unternehmenskrise zusätzliches Kapital benötigt, können die Gesellschafter dieses entweder als zusätzliches EK einbringen oder der Gesellschaft FK in Form eines Darlehens (Gesellschafterdarlehen) zur Verfügung stellen. Im Insolvenzfall wäre das zusätzlich eingebrachte EK aus Sicht des Gesellschafters verloren. Bei einer Darlehensgewährung könnte das Gesellschafterdarlehen ggf. im gleichen Rang wie andere Insolvenzgläubiger stehen.

132 Nach § 57 Abs. 1 AktG dürfen bei Rückgewähr eines Aktionärsdarlehens und Leistungen auf Forderungen aus Rechtshandlungen, die einem Aktionärsdarlehen wirtschaftlich entsprechen, den Aktionären Einlagen zurückgewährt werden. Analog gilt dies für Gesellschafterdarlehen gem. § 30 Abs. 1 GmbHG für

---

[164] Vgl. *Marx/Dallmann*, in *Baetge/Kirsch/Thiele*, Bilanzrecht, § 266 HGB, Rz 184 f., Stand 9/2015.
[165] Zur Abgrenzung vgl. FG Karlsruhe, Urteil v. 3.12.2004, 10 K 225/01, EFG 2005, S. 530 – Global Futures Fund I Ltd.
[166] Vgl. *Knobbe-Keuk*, ZIP 1983, S. 127 ff.; *Küting/Kesssler*, BB 1994, S. 2114; *Waubke/Schubert* in Beck Bil-Komm., 10. Aufl., 2016, § 266 HGB Rz 192.
[167] Vgl. z.B. *Küting/Kessler*, in *Küting/Pfitzer/Weber*, HdR, § 272 HGB, Rn 205, Stand 04/2011; *Schubert*, in Beck Bil-Komm., 10. Aufl., 2016, § 266, Rz 255.
[168] Vgl. BGH, Urteil v. 8.1.2001, II ZR 88/99, BGHZ 146 S. 264HGB; ADS, 6. Aufl., § 266 HGB, Rz 214a.

Auszahlungen des Stammkapitals an Gesellschafter. Demnach müssen Darlehen an Gesellschafter nicht zulasten des Stammkapitals angerechnet werden. Die Nachrangregel auf Rückgewähransprüche gilt für sämtliche Darlehensarten, die der Ges. von ihrem geschäftsführenden Gesellschafter (mit einer mehr als 10 %igen Beteiligung am Haftkapital) gewährt werden. Nach § 39 Abs. 4 InsO gilt Abs. 1 Nr. 5 InsO für Ges., die weder eine natürliche Person noch eine Ges. als persönlich haftenden Gesellschafter haben, bei der ein phG eine natürliche Person ist (KapCoGes).

4.3 Sonderposten

Relevant ist ein Sonderposten, wenn z. B. bestimmte Investitionszuschüsse passivisch berücksichtigt werden. Darüber hinaus sind weitere Sonderposten zu nennen, z. B. Sonderposten für Zuschüsse zum AV[169] und Sonderposten für unentgeltlich ausgegebene Emissionsberechtigungen.[170] Diese Sonderposten sind nicht gleichzusetzen mit dem Sonderposten mit Rücklageanteil, sondern sind als eigenständiger Sonderposten zwischen EK und Rückstellungen auszuweisen. Art. 67 Abs. 3 EGHGB fordert den weiteren Ausweis des steuerrechtlichen Sonderpostens mit Rücklageanteil, soweit das Beibehaltungswahlrecht genutzt wurde (Art. 67 EGHGB Rz 57 ff.).[171]

133

4.4 Rückstellungen (Abs. 3 B.)

Rückstellungen sind Verpflichtungen für künftige Ausgaben, die zum Bilanzstichtag rechtlich bzw. wirtschaftlich verursacht wurden, die aber dem Grunde und/oder der Höhe nach ungewiss sind.[172] Mittelgroße und große Unt müssen die Rückstellungen zwingend in die folgenden drei Posten untergliedern:[173]

- Rückstellungen für Pensionen und ähnliche Verpflichtungen,
- Steuerrückstellungen,
- sonstige Rückstellungen.

134

4.4.1 Rückstellungen für Pensionen und ähnliche Verpflichtungen (Abs. 3 B. 1.)

Bei Pensionsrückstellungen handelt es sich um der Höhe und Fälligkeit nach ungewisse Verbindlichkeiten der betrieblichen Altersversorgung. **Pensionen** umfassen Aufwendungen für laufende Pensionen, für Anwartschaften auf eine Pension oder vergleichbare Verpflichtungen im Versorgungsfall. **Ähnliche Verpflichtungen** sind sonstige ungewisse Verbindlichkeiten aus zugesagten Leistungen der Alters-, Invaliditäts- oder Hinterbliebenenversorgung (§ 1 Abs. 1 Satz 1 BetrAVG) oder aufgrund anderer Verpflichtungen, die zu Bezügen führen und der Altersversorgung dienen, für die es derzeit in Deutschland aber keine

135

---

169 Vgl. Stellungnahme HFA 1/1984, Abschn. 2d.
170 Vgl. IDW RS HFA 15, Tz 13.
171 Zur praktischen Umsetzung s. *Kreipl/Lange/Müller* in Haufe HGB Bilanz Kommentar Erfahrungsbericht BilMoG, 2012, Rz 247 ff.
172 Vgl. *Moxter*, zfbf 1995, S. 311 ff.; *Kessler*, DStR 2001, S. 1903 ff.
173 Zur praktischen Umsetzung s. *Kreipl/Lange/Müller* in Haufe HGB Bilanz Kommentar Erfahrungsbericht BilMoG, 2012, Rz 252 ff.

Anwendungsfälle gibt.[174] Dagegen werden Verpflichtungen aus Altersteilzeitvereinbarungen nach dem AltTZG[175] als sonstige Rückstellung ausgewiesen (§ 249 Rz 201). Gleiches gilt für Verpflichtungen, die ausschließlich der Abfindung dienen, z. B. aus Restrukturierungsplänen oder Sozialplänen.[176] Hinsichtlich der Durchführung von Pensionszusagen kann zwischen mittelbaren und unmittelbaren Versorgungszusagen unterschieden werden. Zudem sind hinsichtlich der Auslagerung der Finanzmittel bspw. an einen externen Pensionsfonds gedeckte und ungedeckte Verpflichtungen zu unterscheiden. Neben externen Pensionsfonds kann die Verpflichtung durch anderes Deckungsvermögen, z. B. durch eine Rückdeckungsversicherung, die an den Versorgungsberechtigten verpfändet ist, gedeckt werden.

136 Bei **mittelbaren Versorgungszusagen** ist ebenfalls zu unterscheiden, ob das Unt kein Leistungsrisiko trägt (beitragsorientierte Pensionszusagen) oder ob das Unt bei unterdotierten Plänen ggf. nachschusspflichtig ist (leistungsorientierte Pensionszusage). Für beitragsorientierte Zusagen, die über einen rechtlich selbstständigen Versicherungsfonds, z. B. eine Direktversicherung, abgewickelt werden, zahlt das Unt lediglich die Beiträge und es ist im Regelfall keine Rückstellung zu bilden. Mittelbare leistungsorientierte Zusagen werden über Pensions- bzw. Unterstützungskassen abgewickelt. Bei mittelbaren leistungsorientierten Zusagen ist das Unt lediglich im Falle einer Fondsunterdeckung zur Leistung verpflichtet und muss nur für den ungedeckten Teil eine Rückstellung bilden.[177]

137 Für unmittelbare Pensionszusagen, die bis zum 31.12.1986 gewährt wurden (sog. **Altzusagen**), und deren nachträgliche Erhöhung sowie für mittelbare Pensionsverpflichtungen besteht ein Passivierungswahlrecht (Art. 28 Abs. 1 Satz 2 EGHGB). Um einen Einblick in das tatsächliche Schuldendeckungspotenzial eines Unt zu erhalten, ist eine bestehende Deckungslücke im Anhang zahlenmäßig zu benennen (Art. 28 Abs. 2 EGHGB). Zudem sind Verpflichtungen betreffend Altersversorgung gem. § 268 Abs. 7 Nr. 3 HGB gesondert zu vermerken.

138 Nach § 246 Abs. 2 HGB darf eine **Saldierung** von ausschließlich der Erfüllung von Altersversorgungsverpflichtungen und vergleichbarer langfristiger Verpflichtungen, die gegenüber Arbeitnehmern eingegangen wurden, dienenden VG (d. h. Planvermögen von Pensionsfonds o. Ä.) mit den Pensionsverpflichtungen erfolgen (§ 246 Rz 104 ff.). Diese VG sind gem. § 253 Abs. 1 Satz 4 HGB zum beizulegenden Zeitwert zu bewerten. Es ist damit möglich, dass sich ein Aktivposten aus der Überdeckung von Pensionsverpflichtungen ergibt. Die Zeitwertbewertung ist in diesem Fall zu begrüßen, da die ansonsten enthaltenen stillen Reserven in den VG nicht aufgedeckt werden würden und das Unt „überhöhte" Schulden ausweisen würde. Zu Übergangsvorschriften s. Art. 67 Rz 8 ff.

---

[174] Vgl. WPH Edition, Wirtschaftsprüfung & Rechnungslegung, 15. Aufl., Abschn. F, Tz 555.
[175] Gesetz v. 1.8.1996, BGBl 1996 I S. 1078.
[176] Vgl. *Dusemond/Heusinger-Lange/Knop*, in *Küting/Pfitzer/Weber*, HdR, § 266 HGB, Rn 128, Stand 10/2013.
[177] Vgl. *Marx/Dallmann*, in *Baetge/Kirsch/Thiele*, Bilanzrecht, § 266 HGB, Rz 202, Stand 9/2015.

4.4.2 Steuerrückstellungen (Abs. 3 B. 2.)

Die Steuerverpflichtungen einer Gesellschaft, deren Wahrscheinlichkeit der Inanspruchnahme hinreichend konkret ist, werden je nach bestehender Gewissheit bzw. Sicherheit an zwei Stellen in der Bilanz ausgewiesen. Anstehende Steuerzahlungen, deren Höhen gewiss sind, werden unter den sonstigen Verbindlichkeiten ausgewiesen. Steuerrückstellungen sind dagegen für Abgaben und Steuern zu bilden, die zum Ende des Gj dem Grunde nach sicher sind, deren Höhe aber noch nicht exakt bestimmt werden kann. Beispiele sind veranlagte Steuern, wie etwa Körperschaft- oder Gewerbesteuern, Grundsteuern sowie Verbrauchsteuern (z.B. Stromsteuer, Mineralölsteuer).[178] Steuerrückstellungen sind i.H.d. zu erwartenden Steuerschuld abzgl. evtl. geleisteter Steuervorauszahlungen zu bilden.[179] In den Steuerrückstellungen werden auch die aus einer Betriebsprüfung erwarteten Steuernachzahlungen eingestellt. So werden bei laufenden steuerlichen Außenprüfungen im Jahresabschluss – soweit die Betriebsprüfung noch nicht abgeschlossen ist – absehbare Nachzahlungen als Steuerrückstellung passiviert, ohne dass die Höhe schon sicher ist. Für erwartete Steuernachzahlungen infolge einer noch nicht anberaumten Betriebsprüfung für das abgelaufene Gj darf handelsrechtlich auch ohne Vorliegen einer Prüfungsanordnung eine Steuerrückstellung gebildet werden, wenn aus vergangenen Jahren bei jeder Betriebsprüfung eine Steuernachzahlung festgesetzt wurde und der Betrag aufgrund der Erfahrungswerte zuverlässig abgeschätzt werden kann.

Nicht eingestellt werden Kosten, die durch die Dokumentations-, Informations- oder Erklärungspflichten entstehen.[180] Gleiches gilt für die Nebenleistungen aus Steuerzahlungspflichten wie Verspätungs-, Säumniszuschläge oder Zinsen, weil es sich hierbei nicht um Steuern i.S.d. § 3 Abs. 1 Satz 1 AO handelt. Daher ist hierfür ein Ausweis unter den sonstigen Rückstellungen oder sonstigen Verbindlichkeiten geboten.[181]

Unter Steuerrückstellungen sind nicht die nach § 274 Abs. 1 HGB anzusetzenden passivischen latenten Steuern auszuweisen. Wegen der Bilanzierung von latenten Steuern entsprechend dem bilanzorientierten Temporary-Konzept (§ 274 Rz 17 ff.) stellen passive latente Steuern einen „Sonderposten eigener Art" dar und sind separat auszuweisen (Rz 166 f.). Gem. § 274a Nr. 5 HGB sind kleine Ges. jedoch von der Anwendung des § 274 HGB befreit. Dennoch sind für kleine Ges. – ebenso wie für PersG – die allgemeinen Grundsätze für die Bilanzierung von Schulden zu beachten. Für diejenigen passiven latenten Steuern, die als ungewisse Verpflichtung anzusehen sind und die somit die Ansatzkriterien von Rückstellungen erfüllen, ist daher innerhalb der Steuerrückstellungen eine Rückstellung nach § 249 Abs. 2 Satz 1 HGB zu bilden,[182] obwohl der Vorgabe widersprochen wird, passive latente Steuern als Posten eigener Art auszuweisen. Die Rückstellung betrifft allerdings nur die sich im Zeitablauf umkehrenden Differenzen zwischen handelsrechtlicher und steuerlicher Gewinnermittlung (§ 274a Rz 11 ff.). Ein gesonderter Ausweis ist nicht erforderlich. Erleichterung existie-

---

178 Vgl. *Waubke/Schubert*, in Beck Bil-Komm., 10. Aufl., 2016, § 266 HGB, Rz 201.
179 Vgl. *Marx/Dallmann*, in *Baetge/Kirsch/Thiele*, Bilanzrecht, § 266 HGB, Rz 213.1, Stand 9/2015.
180 Vgl. ADS, 6. Aufl., § 266 HGB, Rz 210.
181 Vgl. *Winnefeld*, Bilanz-Handbuch, 2010, F Rz 844.
182 Vgl. *Karrenbrock*, WPg 2008, S. 333 f.

ren dahingehend, dass die Anhangangaben gem. § 285 Nr. 29 HGB und § 285 Nr. 30 HGB für kleine Ges. entfallen (§ 288 Abs. 1 HGB); für mittelgroße Gesellschaften entfallen nur die Anhangangaben gem. § 285 Nr. 29 HGB (§ 288 Abs. 2 HGB).

4.4.3 Sonstige Rückstellungen (Abs. 3 B. 3.)

140 Sonstige Rückstellungen sind ein Sammelposten für alle Rückstellungen, die nicht den beiden vorherigen Posten zugewiesen werden. Mittelgroße und große Gesellschaften müssen in diesem Posten enthaltene wesentliche Beträge im Anhang erläutern. Diese Pflicht entfällt gem. § 288 Abs. 1 HGB für kleine Gesellschaften. Eine Untergliederung der in § 249 HGB genannten Rückstellungsarten ist nicht vorgesehen, aber mit Blick auf die Transparenz der Bilanz wünschenswert.[183]

141 Der Gesetzgeber nennt in § 249 HGB verschiedene Rückstellungsarten, die in diesem Posten auszuweisen sind:
- Rückstellungen für ungewisse Verbindlichkeiten (§ 249 Rz 23 ff.),
- Rückstellungen für drohende Verluste aus schwebenden Geschäften (§ 249 Rz 119 ff.),
- bestimmte Rückstellungen für unterlassene Aufwendungen für Instandhaltung (§ 249 Rz 175 ff.),
- bestimmte Rückstellungen für unterlassene Abraumbeseitigung (§ 249 Rz 186 ff.),
- Rückstellungen für Gewährleistungen, die ohne rechtliche Verpflichtung erbracht werden (§ 249 Rz 191 ff.).

Aufwandsrückstellungen dürfen seit dem Gj. 2010 nicht mehr gebildet werden (zu Übergangsregeln vgl. Art. 67 EGHGB Rz 55 ff.).

4.5 Verbindlichkeiten (Abs. 3 C.)

142 Verbindlichkeiten sind Verpflichtungen eines Unt, die am Bilanzstichtag dem Grunde und der Höhe nach sicher sind, d. h., es liegt eine konkrete Verpflichtung gegenüber Dritten vor, die selbstständig bewertbar ist. Verbindlichkeiten sind passivierungspflichtig (§ 246 Rz 82 ff.) Aufgrund des Vollständigkeitsgebots gem. § 246 Abs. 2 HGB ist eine Saldierung mit Forderungen – abgesehen von besonderen Einzelfällen gem. § 387 BGB – verboten.

143 Für die Unterteilung der Verbindlichkeiten sind der Grundsatz der Klarheit und der der Stetigkeit maßgeblich. Mittelgroße und große KapG sowie haftungsbeschränkte PersG i.S.d. § 264a HGB müssen die Gliederungsstruktur gem. § 266 Abs. 3 C. HGB beachten. Die **Gliederung** orientiert sich an unterschiedlichen Kriterien, wie an Eigenschaften des Gläubigers, an den Entstehungsgründen und an bestimmten rechtlichen Besonderheiten. Ein zentrales Kriterium ist die Gliederung nach Unternehmensbeziehungen (verbundene Unt sowie Unt, mit denen ein Beteiligungsverhältnis besteht), um analog zu Finanzanlagen und

---

[183] Vgl. *Marx/Dallmann*, in *Baetge/Kirsch/Thiele*, Bilanzrecht, § 266 HGB, Rz 221, Stand 9/2015.

Forderungen die Verbundbeziehungen aufzudecken.[184] Folgende Posten sind grds. gesondert aufzuführen:[185]
1. Anleihen,
davon konvertibel
2. Verbindlichkeiten gegenüber Kreditinstituten
3. erhaltene Anzahlungen auf Bestellungen
4. Verbindlichkeiten aus L&L
5. Verbindlichkeiten aus der Annahme gezogener Wechsel und der Ausstellung eigener Wechsel
6. Verbindlichkeiten gegenüber verbundenen Unternehmen
7. Verbindlichkeiten gegenüber Unternehmen, mit denen ein Beteiligungsverhältnis besteht
8. sonstige Verbindlichkeiten,
davon aus Steuern,
davon im Rahmen der sozialen Sicherheit

Mittelgroße und große KapG sowie KapCoGes können die genannten Posten zusammenfassen, wenn einzelne Posten entweder gem. § 264 Abs. 2 HGB betragsmäßig nicht erheblich sind oder die Transparenz der Bilanz durch die Zusammenfassung erhöht wird. Im letzten Fall sind im Anhang die jeweiligen Beträge zu nennen (§ 265 Abs. 7 HGB). Kleine Ges. brauchen nur den Posten „Verbindlichkeiten" innerhalb der verkürzten Bilanz ausweisen (§ 266 Abs. 1 Satz 3 HGB).[186] **144**

Zusätzlich ist der Betrag der Verbindlichkeiten mit einer **Restlaufzeit** von bis zu einem Jahr und einer Restlaufzeit von mehr als einem Jahr in der Bilanz zu vermerken (§ 268 Abs. 5 Satz 1 HGB). Als Restlaufzeit gilt der Zeitraum zwischen Abschlussstichtag und dem gesetzlich oder vertraglich determinierten Zeitpunkt der Fälligkeit der Verbindlichkeit; ggf. ist eine Schätzung vorzunehmen.[187] Darüber hinaus sind die Restlaufzeiten von mehr als fünf Jahren für die einzelnen Positionen im Anhang anzugeben (§ 285 Rz 7ff.), um einen besseren Einblick in die Liquiditätslage zu erreichen. Restlaufzeiten von mehr als fünf Jahren sind in aller Regel nicht für die erhaltenen Anzahlungen relevant, da ihre Restlaufzeit regelmäßig kleiner sein dürfte.[188] **145**

Bei einer **GmbH** sind ebenfalls Verbindlichkeiten gegenüber GmbH-Gesellschaftern gesondert innerhalb der Verbindlichkeiten auszuweisen oder im Anhang zu benennen (§ 42 Abs. 3 GmbHG). Analog gelten die Ausführungen wie zu Ausleihungen an GmbH-Gesellschafter, vgl. Rz 87. **146**

---

[184] Vgl. *Reiner/Haußer*, in MünchKomm. HGB, 3. Aufl., § 266, Rn 109.
[185] Zur praktischen Umsetzung s. *Kreipl/Lange/Müller* in Haufe HGB Bilanz Kommentar Erfahrungsbericht BilMoG, 2012, Rz 320 ff.
[186] Vgl. *Schubert*, in Beck Bil-Komm., 10. Aufl., 2016, § 266 HGB, Rz 210 f.
[187] Vgl. *Metze/Lippek*, in Beck HdR, B 234, Rz 48, Stand 05/2011.
[188] Vgl. *Marx/Dallmann*, in Baetge/Kirsch/Thiele, Bilanzrecht, § 266 HGB, Rz 232, Stand 9/2015.

4.5.1 Anleihen, davon konvertibel (Abs. 3 C. 1.)

147 Anleihen sind definiert als Verbindlichkeiten, die langfristig sind und an öffentlichen Kapitalmärkten im In- oder Ausland aufgenommen und i.d.R. verbrieft wurden.[189] Sie sind reine Gläubigerpapiere. Unter diesen Posten fallen u.a.:
- Schuldverschreibungen: verbriefte Anleihen;
- Wandelschuldverschreibungen: Schuldverschreibungen mit Umtauschrecht, auch konvertibel genannt. Die Einstellung auf der Passivseite erfolgt bei marktüblicher Verzinsung i.H.d. Erfüllungsbetrags. Ein Aufgeld ist gem. § 272 Abs. 2 Nr. 2 HGB in der Kapitalrücklage auszuweisen;
- Optionsanleihen: mit einem Bezugsrecht auf Aktien einer AG ausgestattet, auch konvertibel genannt. Bzgl. der Passivierungshöhe und der Behandlung des Aufgelds werden diese wie Wandelschuldverschreibungen behandelt;
- Gewinnschuldverschreibungen: mit einem festen Zins und einer Gewinnbeteiligung ausgestattet;
- Als FK eingeordnete **Genussrechte** (zum Eigen- oder Fremdkapitalausweis vgl. Rz 128): Anstelle eines Ausweises als Anleihen ist ein gesonderter Ausweis als Genussrechtskapital gem. § 265 Abs. 5 Satz 2 HGB (§ 265 Rz 20ff.) innerhalb der Verbindlichkeiten zu empfehlen. Es kann dabei eine weitere Untergliederung bei den Anleihen (§ 265 Abs. 5 Satz 2 HGB) oder ein Davon-Vermerk bei den Anleihen erfolgen.[190]

148 **Konvertible Anleihen**, d.h. Anleihen mit Umtausch- oder Bezugsrecht auf Gesellschaftsanteile (§ 221 Abs. 1 Satz 1 AktG), sind als Davon-Vermerk oder in einem eigenen Unterposten auszuweisen. Die Restlaufzeit ist wie bei allen Verbindlichkeiten anzugeben. AG sind nach § 160 Abs. 1 Nr. 5, Nr. 6 AktG darüber hinaus verpflichtet, die Art und die Anzahl der emittierten Wandelschuldverschreibungen, ähnlicher Wertpapiere und Genussrechte im Anhang zu erläutern.[191]

149 **Zurückerworbene Anleihestücke** sind vom Anleihebetrag abzusetzen. Schuldscheindarlehen sind nicht kapitalmarkttauglich und sind innerhalb der sonstigen Verbindlichkeiten oder Verbindlichkeiten gegenüber Kreditinstituten auszuweisen.[192]

4.5.2 Verbindlichkeiten gegenüber Kreditinstituten (Abs. 3 C. 2.)

150 Alle Verbindlichkeiten gegenüber Kreditinstituten sind in diesem Posten – unabhängig von Laufzeit oder Sicherung und inkl. zugehöriger Zinsverbindlichkeiten und antizipativer Zinsabgrenzung – zu zeigen. Als **Kreditinstitut** gilt jede inländische oder vergleichbare ausländische Bank, Sparkasse bzw. Bausparkasse i.S.d. § 1 Abs. 1 KWG. Nicht ausgewiesen werden etwaig eingeräumte, aber nicht in Anspruch genommene Kreditlinien.

Das **Saldierungsverbot** gem. § 246 Abs. 2 HGB gilt grds., sofern keine Aufrechenbarkeit i.S.d. § 387 BGB gegeben ist. Eine Saldierung i.S.d. § 387 BGB

---

[189] Vgl. *Matschke/Brösel/Haaker*, in *Hofbauer/Kupsch*, § 266 HGB, Rz 621, Stand 8/2012.
[190] Vgl. IDW HFA 1/1994, WPg, S. 421.
[191] Vgl. *Reiner/Haußer*, in MünchKomm. HGB, 3. Aufl., § 266, Rn 111; *Schubert*, in Beck Bil-Komm., 10. Aufl., 2016, § 266 HGB, Rz 213.
[192] Vgl. *Hoffmann/Lüdenbach*, NWB-Kommentar Bilanzierung, 8. Aufl., 2017, § 266, Rz 89.

darf vorgenommen werden, wenn sich gleichartige und fällige Forderungen und Verbindlichkeiten zwischen denselben Personen gegenüberstehen.[193]

4.5.3 Erhaltene Anzahlungen auf Bestellungen (Abs. 3 C. 3.)

Eine Anzahlung liegt vor, wenn ein Dritter aufgrund eines abgeschlossenen Lieferungs- oder Leistungsvertrags eine Zahlung tätigt, für die die Lieferung oder Leistung noch nicht erfolgt ist. Ein Vertrag muss dabei nicht zwingend vorliegen. Erhaltene Anzahlungen auf Bestellungen sind bereits auszuweisen, wenn Zahlungen getätigt wurden und ein Vorvertrag abgeschlossen oder ein bindendes Vertragsangebot nach § 145 BGB vorliegt. Die **Ausbuchung** der erhaltenen Anzahlungen erfolgt bei Vertragserfüllung und Einbuchung der Forderung.[194]

151

Sind die genannten **Kriterien nicht erfüllt**, ist eine Anzahlung unter den sonstigen Verbindlichkeiten auszuweisen. Da zu diesem Posten nur Anzahlungen auf Bestellungen, d. h. solche, die sich auf Umsatzerlöse beziehen, gehören, sind andere Anzahlungen unter den sonstigen Verbindlichkeiten auszuweisen. Gleiches gilt, wenn bspw. aufgrund von Leistungsstörungen mit einer Rückforderung zu rechnen ist.[195]

152

Anstelle eines Ausweises innerhalb der Verbindlichkeiten dürfen erhaltene Anzahlungen gem. § 268 Abs. 5 HGB **wahlweise** offen von den Vorräten auf der Aktivseite abgesetzt werden (Rz 75).

Die **USt** auf erhaltene Anzahlungen ist nach dem Wegfall des Ansatzwahlrechts in § 250 Abs. 1 Satz 2 HGB a. F. nur noch per **Nettomethode** darzustellen, bei der die Anzahlung ohne USt als erhaltene Anzahlung und die USt als sonstige Verbindlichkeit ausgewiesen wird.[196]

153

Beispiel[197]				
Verbuchung Nettomethode der Anzahlung				
Vorgang	Soll	Betrag	Haben	Betrag
Erhaltene Anzahlung	Bank Bank	100 19	Anzahlung Umsatzsteuer	100 19
Rechnungsstellung	Debitor	357	Umsatz Umsatzsteuer	300 57
Verrechnung der Anzahlung	Anzahlung Umsatzsteuer	100 19	Debitor Debitor	100 19
Zahlung des Kunden	Bank	238	Debitor	238

---

[193] Vgl. *Reiner/Haußer*, in MünchKomm. HGB, 3. Aufl., § 266, Rn 113; *Marx/Dallmann*, in Baetge/Kirsch/Thiele, Bilanzrecht, § 266 HGB, Rz 234 f., Stand 9/2015.
[194] Vgl. BFH, Urteil v. 20.5.1992, X R 49/89, BStBl 1992 II S. 904.
[195] Vgl. *Schubert*, in Beck Bil-Komm., 10. Aufl., 2016, § 266 HGB, Rz 227.
[196] Vgl. *Wirtz*, DStR 1986, S. 750; *Reiner/Haußer*, in MünchKomm. HGB, 3. Aufl., § 266, Rn 116.
[197] Entnommen aus: *Hoffmann/Lüdenbach*, NWB-Kommentar Bilanzierung, 8. Aufl., 2017, § 266, Rz 91.

4.5.4 Verbindlichkeiten aus Lieferungen und Leistungen (Abs. 3 C. 4.)

154 Verpflichtungen aus von Dritten **erfüllten Umsatzgeschäften**, deren eigene Gegenleistung noch offensteht, werden in diesem Posten ausgewiesen. Die Verpflichtung kann aus erfüllten Kauf-, Werk-, Dienstleistungs-, Miet-, Pacht-, Leasing- und ähnlichen Verträgen entstehen; dazu zählen auch Provisionsverbindlichkeiten. Etwaige Schadensersatz-, Darlehens- oder Gewinnverbindlichkeiten sind keine Verpflichtungen aus Umsatzgeschäften.
Die Verbindlichkeit muss zum Zeitpunkt der Leistungserbringung bzw. Lieferung und nicht zum Zeitpunkt der Rechnungsstellung passiviert werden.[198]

155 Das **Saldierungsverbot** gem. § 246 Abs. 2 HGB gilt hier ausschließlich, d. h., Forderungen an Lieferanten dürfen nicht mit Verbindlichkeiten aufgerechnet werden. Forderungen an Lieferanten (z. B. wegen Überzahlung oder Gutschrift) sind als debitorische Kreditoren unter den sonstigen VG auszuweisen.[199]

156 Auch **langfristig gestundete Verbindlichkeiten** verbleiben in diesem Posten. Wird allerdings eine vertragliche Umwandlung in eine Darlehensschuld vereinbart (Notation), ist der Betrag innerhalb der sonstigen Verbindlichkeit auszuweisen.[200]

4.5.5 Verbindlichkeiten aus der Annahme gezogener Wechsel und der Ausstellung eigener Wechsel (Abs. 3 C. 5.)

157 Innerhalb dieses Postens sind alle als Schuldwechsel gezogenen Wechsel, die das Unt als Bezogener akzeptiert hat (Tratte), auszuweisen. Der Lieferant kann bei einem **Warenwechsel** statt einer sofortigen Zahlung auch einen Wechsel auf den Kunden ziehen. Der vom Kunden angenommene Wechsel ist ein Versprechen, bei Fälligkeit (i. d. R. drei Monate nach Ausstellung) des Wechsels zu zahlen. Auch wenn Schuld und Wechselverbindlichkeit normalerweise nebeneinander treten, so verpflichtet sich der Gläubiger/Lieferant, seine Forderung zuerst aus dem Wechsel zu befriedigen. Durch die Akzeptanz des Wechsels (Schuldwechsel) folgt für den Kunden/Schuldner, dass er statt einer Verbindlichkeit aus Lieferung und Leistung eine Wechselverbindlichkeit i. H. d. **Nennwerts** der Wechselsumme ausweist.[201]

158 Der **Finanzwechsel** unterscheidet sich vom Warenwechsel lediglich dadurch, dass ihm kein Warengeschäft zugrunde liegt, sondern dieser der Kreditgewährung dient (Bankakzept, Gefälligkeitsakzept). Der mit dem Finanzwechsel einhergehende Aufwendungs-/Ausgleichsanspruch gegen den Auftraggeber (§§ 675, 670 BGB) ist als sonstiger VG auszuweisen.

159 Bei Wechseln, die ein Schuldner einem Gläubiger nur zur Sicherheit gibt, handelt es sich um sog. **Kautions-, Sicherungs- oder Depotwechsel**. Hieraus darf der Gläubiger sich erst befriedigen, wenn die mit dem Wechsel gesicherte Forderung fällig ist und jede andere Möglichkeit zu keiner erfolgreichen Befriedigung geführt hat. Der Ausweis der Wechselverbindlichkeit erfolgt erst, wenn der Gläubiger mit dem Eintreten des Sicherungsfalls das Recht hat, den Wechsel in

---

[198] Vgl. *Marx/Dallmann*, in *Baetge/Kirsch/Thiele*, Bilanzrecht, § 266 HGB, Rz 239, Stand 9/2015.
[199] Vgl. *Schubert*, in Beck Bil-Komm., 10. Aufl., 2016, § 266 HGB, Rz 229.
[200] Vgl. *Dusemond/Heusinger-Lange/Knop*, in *Küting/Pfitzer/Weber*, HdR, § 266 HGB, Rz 155, Stand 12/2010.
[201] Vgl. *Marx/Dallmann*, in *Baetge/Kirsch/Thiele*, Bilanzrecht, § 266 HGB, Rz 242 ff., Stand 9/2015.

den Verkehr zu bringen. Dabei hat der Schuldner zu beachten, dass er nicht die Wechselverbindlichkeit und die mit dem Wechsel gesicherte Forderung zeitgleich ausweisen darf.

Wechselverbindlichkeiten sind vorrangig als „Verbindlichkeiten gegenüber verbundenen Unternehmen" bzw. „Verbindlichkeiten gegenüber Unternehmen, mit denen ein Beteiligungsverhältnis besteht" auszuweisen, wenn es sich um verbundene Unt handelt bzw. ein Beteiligungsverhältnis besteht. § 265 Abs. 3 Satz 1 HGB verpflichtet das bilanzierende Unt, die Mitzugehörigkeit als Wechselverbindlichkeit zu vermerken oder im Anhang zu erläutern.[202] Wechselbürgschaften, die nicht passivierungsfähig sind, sind als Eventualverbindlichkeit gem. §§ 251, 268 Abs. 7 HGB anzugeben.[203]

160

4.5.6 Verbindlichkeiten gegenüber verbundenen Unternehmen (Abs. 3 C. 6.)

Verbindlichkeiten gegenüber verbundenen Unt sind hier unabhängig von ihrem Entstehungsgrund zu bilanzieren. Sollte es zu Überschneidungen mit anderen Posten kommen, ist die Mitzugehörigkeit gem. § 265 Abs. 3 HGB zu vermerken. Dies kann entweder als Davon-Vermerk oder als tabellarische Darstellung erfolgen (s. hierzu Rz 79). Ansonsten gelten die Ausführungen zum aktivischen Gegenposten „Forderungen gegenüber verbundenen Unternehmen".[204]

161

4.5.7 Verbindlichkeiten gegenüber Unternehmen, mit denen ein Beteiligungsverhältnis besteht (Abs. 3 C. 7.)

Bei der Verbundbeziehung ist es unerheblich, ob der Gläubiger beim Schuldner oder der Schuldner beim Gläubiger beteiligt ist. Unter diesem Posten sind sämtliche Verbindlichkeiten gegenüber Unt, mit denen ein Beteiligungsverhältnis besteht, auszuweisen. Der Ausweis unter diesem Posten hat Vorrang vor dem Ausweis in etwaigen anderen Posten. Es bedarf eines Mitzugehörigkeitsvermerks, wenn der Ausweis ausnahmsweise unter einem anderen Posten erfolgt. Auch hier gelten analog die Ausführungen zur Aktivposition „Forderungen gegenüber Unternehmen, mit denen ein Beteiligungsverhältnis besteht" (Rz 82).[205]

162

4.5.8 Sonstige Verbindlichkeiten, davon aus Steuern, davon im Rahmen der sozialen Sicherheit (Abs. 3 C. 8.)

In diesem Sammelposten werden alle Verbindlichkeiten ausgewiesen, die keinem vorangegangenen Posten zuordnet werden können. Dazu zählen:[206]
- Steuerschulden der bilanzierenden Gesellschaft (z. B. KSt, GewSt, USt),
- einbehaltene und noch abzuführende Steuern Dritter (LSt, KapESt),
- Verbindlichkeiten im Zusammenhang mit der betrieblichen Altersvorsorge gegenüber Arbeitnehmern und Pensionären sowie gegenüber betrieblichen,

163

---

[202] Vgl. *Reiner/Haußer*, in MünchKomm. HGB, 3. Aufl., § 266, Rn 118 ff.
[203] Vgl. *Marx/Dallmann*, in *Baetge/Kirsch/Thiele*, Bilanzrecht, § 266 HGB, Rz 243, Stand 9/2015.
[204] Vgl. *Winnefeld*, Bilanz-Handbuch, 2010, 3. Aufl., F, Rz 1025 ff.
[205] Vgl. *Marx/Dallmann*, in *Baetge/Kirsch/Thiele*, Bilanzrecht, § 266 HGB, Rz 246, Stand 9/2015.
[206] Vgl. *Schubert*, in Beck Bil-Komm., 10. Aufl., 2016, § 266 HGB, Rz 246.

aber nicht verbundenen Unterstützungseinrichtungen sowie von Letztgenannten gewährte Darlehen,
- ausstehende Löhne, Gehälter, Provisionen, Tantiemen, Gratifikationen, Auslagenerstattungen, Prämien usw.,
- einbehaltene und noch abzuführende sowie vom Unt selbst zu tragende Sozialabgaben und Versicherungsprämien,
- Verpflichtungen aus Abfindungen,
- als FK qualifizierte und gem. § 265 Abs. 5 Satz 2 HGB nicht gesondert ausgewiesene Einlagen stiller Gesellschafter,
- Aufsichtsrat- und Beiratsvergütungen,
- erhaltene Optionsprämien,
- (Schuldschein-)Darlehen, sofern sie nicht als Verbindlichkeiten gegenüber Kreditinstituten, verbundenen Unt oder BetUnt ausgewiesen wurden,
- antizipative Zinsabgrenzungen auf Verbindlichkeiten bzw. Miet- oder Pachtzinsabgrenzungen,
- nicht abgehobene Dividenden,
- Verbindlichkeiten gegenüber Kunden, sog. kreditorische Debitoren.

164 Der besondere Stellenwert der **Verbindlichkeiten aus Steuern** und die sich im Rahmen der **sozialen Sicherheit** ergebenden Verbindlichkeiten werden durch den vom Gesetzgeber geforderten Davon-Vermerk deutlich. Es werden nur Abgaben mit dem Vermerk „davon aus Steuern" ausgewiesen, die zum einen Steuern i. S. d. § 3 AO sind, und zum anderen Steuerschulden der Ges., die direkt bzw. die von der Ges. einbehalten worden und noch abzuführen sind.[207]

Der zweite gesonderte Davon-Vermerk gilt den **Verbindlichkeiten im Rahmen der sozialen Sicherheit.** Hierzu zählen:
- Arbeitgeber- und einbehaltene Arbeitnehmerbeiträge zur Sozialversicherung und zu den Ersatzkassen,
- Verbindlichkeiten aus Sozialplänen,
- ausstehende Beitragsleistungen an Versicherungseinrichtungen,
- ausstehende Beitragsleistungen an den Pensionsversicherungsverein,
- ausstehende Rückdeckungsversicherungsprämien für Pensionszusagen,
- Berufsgenossenschaftsbeiträge,
- Verpflichtungen aus Altersteilzeitvereinbarungen oder Vorruhestandsverpflichtungen bei Vereinbarungen und verbindlicher Option einzelner Arbeitnehmer.

4.6 Rechnungsabgrenzungsposten (Abs. 3 D.)

165 In diesem Posten werden Einzahlungen ausgewiesen, die zwar vor dem Bilanzstichtag zugegangen, die Erträge aber wirtschaftlich dem nachfolgenden Gj zuzuordnen sind. Beispiele sind im Voraus erhaltene Zinsen, Mieten, Pachten usw. Ebenso können hier Unterschiedsbeträge eingestellt werden, die sich insb. bei Hypothekenbanken und Versicherungsunternehmen aus der Differenz zwischen einem höheren Erfüllungsbetrag von Ausleihungen an Dritte und einem niedrigeren Auszahlungsbetrag ergeben. Die Forderung ist dabei i. d. R. mit dem Nominalbetrag zu bewerten und die Differenz zum Auszahlungsbetrag passiv

---

[207] Vgl. *Marx/Dallmann*, in *Baetge/Kirsch/Thiele*, Bilanzrecht, § 266 HGB, Rz 248, Stand 9/2015.

abzugrenzen. Ein gesonderter Ausweis eines solchen Disagios wird nur empfohlen, wenn es sich um wesentliche Beträge handelt.[208,209]

4.7 Passive latente Steuern (Abs. 3 E.)

Analog zu den aktiven latenten Steuern (Rz 100) ist auch auf der Passivseite der Bilanz nach § 266 Abs. 3 HGB um den Buchstabe n „E. Passive latente Steuern" ergänzt. Mittelgroße und große KapG und KapCoGes, sind verpflichtet, eine Steuerabgrenzung nach § 274 HGB vorzunehmen und im Fall eines Passivüberhangs passive latente Steuern auszuweisen. Zur Bilanzierung von latenten Steuern vgl. § 274 Rz 1 ff. **166**

Der Charakter von Rückstellungen trifft häufig für passive latente Steuern zu (Rz 139). Im Fall von quasi-permanenten Differenzen liegt zum Bilanzstichtag keine rechtliche oder wirtschaftliche Verpflichtung vor (§ 274 Rz 119). Daher werden passive latente Steuern nicht, wie international (z. B. IAS 12) üblich, als FK, sondern grds. als **Sonderposten eigener Art** betrachtet. Sie sind auf der Passivseite als gesonderter Posten außerhalb der Rückstellungen auszuweisen.[210] Zur Besonderheit der Behandlung von latenten Steuern bei kleinen KapG/KapCoGes vgl. § 274a Rz 11 ff. **167**

Bei der Bilanzierung latenter Steuern ist eine **Gesamtdifferenzenbetrachtung** erlaubt (§ 274 Rz 35 ff.). Daher kann eine Verrechnung von aktiven und passiven latenten Steuern vorgenommen werden, die zusammen mit dem Aktivierungswahlrecht für die aktiven latenten Steuern zu keinem Ausweis von latenten Steuern in der Bilanz führen kann. Alternativ darf der Bruttoausweis in Form eines separaten Ausweises als aktive und passive latente Steuer erfolgen.[211]

4.8 Weitere Posten der Passivseite

- Kapitalanteile persönlich haftender Gesellschafter einer KGaA gem. § 286 Abs. 2 Satz 1 AktG **168**
- Rücklage für **eingeforderte Nachschüsse** gem. § 42 Abs. 2 Satz 3 GmbHG
- **Wertaufholungsrücklage** gem. §§ 58 Abs. 2a AktG, 29 Abs. 4 GmbHG
- **Sonderrücklage** gem. § 218 Satz 2 AktG
- **Ergebnisrücklagen** gem. § 337 Abs. 2 HGB

Ist bei einer Unternehmensübernahme der Gesamtwert des Unt niedriger als der Wertansatz aller VG abzgl. der Schulden, ergibt sich ein **negativer GoF** (§ 301 Rz 109 ff.). Im Konzernabschluss ist ein negativer Unterschiedsbetrag als „Unterschiedsbetrag aus der Kapitalkonsolidierung" nach dem EK auszuweisen (§ 301 Rz 111). Dagegen ist im Jahresabschluss ein negativer GoF grds. nicht bilanzierungsfähig. Vielmehr ist zunächst eine Abstockung der Zeitwerte der übernommenen Aktiva – mit Ausnahme von Posten mit Liquiditätsbezug (z. B. liquide Mittel) – vorzunehmen. Verbleibt auch nach der Abstockung noch ein

---

[208] Vgl. *Reiner/Haußer*, in MünchKomm. HGB, 3. Aufl., § 266, Rn 126; *Schubert/Waubke/Larenz*, in Beck Bil-Komm., 10. Aufl., 2016, § 266 HGB, Rz 260 f.
[209] Zur praktischen Umsetzung s. *Kreipl/Lange/Müller* in Haufe HGB Bilanz Kommentar Erfahrungsbericht BilMoG, 2012, Rz 335 ff.
[210] Begr. des BilMoG-BgrRegE, S. 148.
[211] Zur praktischen Umsetzung s. *Kreipl/Lange/Müller* in Haufe HGB Bilanz Kommentar Erfahrungsbericht BilMoG, 2012, Rz 336 ff.

negativer GoF ist dieser zu passivieren und ggf. gem. § 265 Abs. 5 Satz 2 HGB gesondert auf der Passivseite auszuweisen (§ 246 Rz 94f.).[212]

5 Sanktionen

169 Die Gliederungsvorschriften für die Bilanz sind zwingend. Eine Verletzung hat Folgen mit Blick auf die Wirksamkeit des Jahresabschlusses, der Haftung der Gesellschaftsorgane und die Zulässigkeit des Bestätigungsvermerks gem. § 332 HGB und kann ordnungs-, straf- und zivilrechtlich geahndet werden.

170 Eine **Nichtigkeit** des Jahresabschlusses einer AG oder KGaA kann nach § 256 Abs. 4 AktG vorliegen, wenn durch den Verstoß gegen die Gliederungsvorschriften oder durch die Nichtbeachtung der Regelungen über die Formblätter der Jahresabschlüsse in seiner „Klarheit und Übersichtlichkeit" wesentlich beeinträchtigt ist. Dies ist insb. der Fall, wenn Bilanzposten weggelassen oder Aktiv- und Passivposten vermengt wurden. Ein wesentlicher Verstoß ist es auch, wenn die größenabhängigen Erleichterungen fälschlicherweise in Anspruch genommen wurden. Eine weitere wesentliche Beeinträchtigung liegt vor, wenn über § 265 Abs. 4–7 HGB hinaus abweichende und branchenunübliche Postenbezeichnungen gewählt wurden. Je nach Grund muss die Nichtigkeit gem. § 256 Abs. 6 AktG innerhalb von sechs Monaten bzw. drei Jahren geltend gemacht werden. Eine Klage auf Feststellung der Nichtigkeit verlängert die Frist bis zur gerichtlichen Entscheidung.[213] Der § 256 AktG gilt auch für die **GmbH**, nicht aber für die **Personen(handels)gesellschaft**. Für unter das PublG fallende Unt gelten mit § 10 PublG gesonderte Vorschriften zur Nichtigkeit.

171 Eine **Ordnungswidrigkeit**, die mit Bußgeld geahndet wird, liegt vor, wenn geringe Verstöße der Gliederungsvorschrift und deren Erg. durch ein Mitglied des vertretungsberechtigten Organs oder des Aufsichtsrats begangen werden. **Strafrechtliche** Folgen können sich für Mitglieder des vertretungsberechtigten Organs oder des Aufsichtsrats von KapG und haftungsbeschränkten PersG nur ergeben, wenn gegen die Gliederungsvorschriften derart verstoßen wird, dass die wirtschaftlichen Verhältnisse unrichtig wiedergegeben oder verschleiert werden. Der AP muss gem. §§ 322 Abs. 3 und 4, 317 Abs. 1 Satz 2 HGB je nach Stärke des Verstoßes den Bestätigungsvermerk einschränken oder gar ganz versagen. Ein schuldhafter Verstoß – vorsätzlich oder fahrlässig – kann **Schadensersatzforderungen** nach sich ziehen.[214]

---

[212] Vgl. *Baetge/Kirsch/Thiele*, Bilanzen, 2017, S. 250f.
[213] Vgl. *Marx/Dallmann*, in *Baetge/Kirsch/Thiele*, Bilanzrecht, § 266 HGB, Rz 282f., Stand 8/2012.
[214] Vgl. *Reiner/Haußer*, in MünchKomm. HGB, 3. Aufl., § 266, Rn 15f.

§ 267 Umschreibung der Größenklassen

(1) Kleine Kapitalgesellschaften sind solche, die mindestens zwei der drei nachstehenden Merkmale nicht überschreiten:
1. 6.000.000 Euro Bilanzsumme.
2. 12.000.000 Euro Umsatzerlöse in den zwölf Monaten vor dem Abschlußstichtag.
3. Im Jahresdurchschnitt fünfzig Arbeitnehmer.

(2) Mittelgroße Kapitalgesellschaften sind solche, die mindestens zwei der drei in Absatz 1 bezeichneten Merkmale überschreiten und jeweils mindestens zwei der drei nachstehenden Merkmale nicht überschreiten:
1. 20.000.000 Euro Bilanzsumme.
2. 40.000.000 Euro Umsatzerlöse in den zwölf Monaten vor dem Abschlußstichtag.
3. Im Jahresdurchschnitt zweihundertfünfzig Arbeitnehmer.

(3) ¹Große Kapitalgesellschaften sind solche, die mindestens zwei der drei in Absatz 2 bezeichneten Merkmale überschreiten. ²Eine Kapitalgesellschaft im Sinn des § 264d gilt stets als große.

(4) ¹Die Rechtsfolgen der Merkmale nach den Absätzen 1 bis 3 Satz 1 treten nur ein, wenn sie an den Abschlußstichtagen von zwei aufeinanderfolgenden Geschäftsjahren über- oder unterschritten werden. ²Im Falle der Umwandlung oder Neugründung treten die Rechtsfolgen schon ein, wenn die Voraussetzungen des Absatzes 1, 2 oder 3 am ersten Abschlußstichtag nach der Umwandlung oder Neugründung vorliegen. ³Satz 2 findet im Falle des Formwechsels keine Anwendung, sofern der formwechselnde Rechtsträger eine Kapitalgesellschaft oder eine Personenhandelsgesellschaft i. S. d. § 264a Absatz 1 ist.

(4a) ¹Die Bilanzsumme setzt sich aus den Posten zusammen, die in den Buchstaben A bis E des § 266 Absatz 2 aufgeführt sind. ²Ein auf der Aktivseite ausgewiesener Fehlbetrag (§ 268 Absatz 3) wird nicht in die Bilanzsumme einbezogen.

(5) Als durchschnittliche Zahl der Arbeitnehmer gilt der vierte Teil der Summe aus den Zahlen der jeweils am 31. März, 30. Juni, 30. September und 31. Dezember beschäftigten Arbeitnehmer einschließlich der im Ausland beschäftigten Arbeitnehmer, jedoch ohne die zu ihrer Berufsausbildung Beschäftigten.

(6) Informations- und Auskunftsrechte der Arbeitnehmervertretungen nach anderen Gesetzen bleiben unberührt.

Prof. Dr. Inge Wulf

Inhaltsübersicht	Rz
1 Inhalt und Anwendungsbereich.	1–9
1.1 Inhalt	1–8
1.2 Anwendungsbereich	9
2 Größenklassen	10–12

3	Größenkriterien	13–24
	3.1 Bilanzsumme (Abs. 4a)	13–15
	3.2 Umsatzerlöse	16–18
	3.3 Arbeitnehmeranzahl (Abs. 5)	19–24
4	Eintritt der Rechtsfolgen (Abs. 4 Satz 1)	25–26
5	Besonderheiten bei Neugründung und Umwandlung (Abs. 4 Sätze 2 und 3)	27–33
6	Qualitatives Kriterium: Kapitalmarktorientierte Gesellschaften (Abs. 3 Satz 2)	34–35
7	Informationsrechte der Arbeitnehmervertretungen (Abs. 6)	36
8	Sanktionen	37

1 Inhalt und Anwendungsbereich

1.1 Inhalt

1 § 267 HGB bestimmt in den Abs. 1–3 Kriterien zur Größeneinordnung von KapG und ihnen gleichgestellten Ges. in die Kategorien „Klein", „Mittelgroß" und „Groß".

2 Die Zuordnung einer Ges. in eine der drei Größenklassen erfolgt anhand der drei quantitativen Kriterien Bilanzsumme (nach Abzug eines ausgewiesenen Fehlbetrags gem. § 268 Abs. 3 HGB), Umsatzerlöse und Zahl der durchschnittlich beschäftigten Arbeitnehmer. Weiterhin dient die Kapitalmarktorientierung als einziges qualitatives Abgrenzungskriterium für die Größeneinordnung (Rz 34).

3 Abs. 4 legt fest, dass die Rechtsfolgen erst bei Über- bzw. Unterschreiten der Schwellenwerte an zwei aufeinanderfolgenden Abschlussstichtagen greifen. Davon abweichend gelten bei Neugründungen oder Umwandlungen Sonderbestimmungen, nach denen die Rechtsfolgen bereits im ersten Jahr greifen. Während Abs. 5 Vorgaben zur Bestimmung der Arbeitnehmerzahl definiert, stellt Abs. 6 klar, dass Informations- und Auskunftsrechte der Arbeitnehmervertretungen nach anderen Vorschriften nicht beeinflusst werden.

4 Die Größe einer KapG hat Einfluss auf Rechnungslegungspflichten, Prüfung und Offenlegung. So ergeben sich je nach Größenklasse bestimmte Erleichterungen hinsichtlich Bilanz (§§ 266 Abs. 1 Satz 3, 274a HGB), GuV (§ 276 HGB), Anhang (§ 288 HGB) und Lagebericht (Befreiung, § 264 Abs. 1 Satz 3 HGB), der Jahresabschlussprüfung (§ 316 Abs. 1 HGB) und der Offenlegung (§§ 325ff. HGB). Vor allem für kleine Ges. bestehen erhebliche Erleichterungen, da bei kleinen Ges. ein kleiner Kreis von potenziellen Abschlussinteressenten zu vermuten ist und somit aus Kostengründen bei der Aufstellung und Prüfung von Abschlüssen sowie aus Geheimhaltungsinteresse bei der Offenlegung Abstriche gemacht werden können.[1]

5 Neben bisher geltenden Erleichterungsvorschriften für kleine und mittelgroße Ges. existieren mit Inkrafttreten des MicroBilG für KleinstKapG[2] i.S.d. § 267a HGB weitere Erleichterungen betreffend die Gliederungstiefe von Bilanz (§ 266

---

[1] Vgl. *Winkeljohann/Lawall*, in Beck Bil-Komm., 10. Aufl., 2016, § 267 HGB, Rz 1.
[2] Zu Definition und Anwendungskreis vgl. § 267a Rz 1ff.

Abs. 1 Satz 4 HGB; § 266 Rz 13) und GuV (§ 275 Abs. 5 HGB; § 275 Rz 266). Zudem erfolgt die Klarstellung, dass die Erleichterungen für kleine KapG auch für KleinstKapG gelten, soweit nichts anderes geregelt ist. Somit sind die Kleinst-KapG eine Untergruppe der Größenklasse der kleinen KapG. Zusätzlich zu den bestehenden Erleichterungen gem. § 288 HGB brauchen KleinstKapG i. S. d. § 267a HGB keinen Anhang aufzustellen, sofern die in § 264 Abs. 1 Satz 5 HGB genannten Angaben sowie ggf. ein Hinweis auf besondere Umstände, die eine Darstellung eines den tatsächlichen Verhältnissen entsprechenden Bilds der Vermögens-, Finanz- und Ertragslage unter Beachtung der GoB verhindern (§ 264 Abs. 2 Satz 2 HGB), unter der Bilanz erfolgen (§ 264 Rz 45). Um die Erleichterungen zu nutzen, haben KleinstKapG auf die Bewertung zum beizulegenden Zeitwert zu verzichten (§ 253 Abs. 1 HGB; § 267a Rz 5).

Nach Art. 53 Abs. 2 der 4. EG-RL prüft der EU-Rat auf Vorschlag der Kommission alle fünf Jahre die in EUR festgelegten Grenzwerte zur Einordnung in Größenklassen. Ggf. erfolgt eine Anpassung der Schwellenwerte unter Berücksichtigung der wirtschaftlichen und monetären Entwicklungen in der EU.[3] Änderung der Schwellenwerte erfolgten mit der Umsetzung von Art. 1 Nrn. 1 und 2 der RL 2003/38 EG des Rates vom 13.5.2003 zur Änderung der Bilanzrichtlinie (sog. Euro-Anpassungsrichtlinie, auch Schwellenwertrichtlinie genannt)[4] durch das Bilanzrechtsreformgesetz (BilReG). Bei der Umrechnung in EUR ist von der in Art. 12 Abs. 2 der Bilanzrichtlinie eingeräumten Möglichkeit einer weiteren Erhöhung um 10 % Gebrauch gemacht worden.[5] 6

Die Änderungen des BilMoG führten konform zu der EG-RL[6] außerplanmäßig zu einer Anhebung der Schwellenwerte für Bilanzsumme und Umsatzerlöse um mehr als 20 %. Die mit der Umsetzung in deutsches Recht aus der Anhebung der Schwellenwerte resultierenden Erleichterungen bei der Rechnungslegung für begünstigte Unt sollen zu einer Entlastung der Unt und damit zu Kostensenkungen beitragen. 7

Im Zuge der Umsetzung von Art. 3 Abs. 2–4 der Bilanzrichtlinie 2013/34/EU durch das Bilanzrichtlinie-Umsetzungsgesetz BilRUG erfolgten eine erneute Anhebung der Schwellenwerte von Bilanzsumme und Umsatz, Klarstellung der Voraussetzungen für die Anwendung des Abs. 4 Satz 2 im Falle eines Formwechsels (Abs. 4 Satz 3) sowie eine klarstellende Definition der Bilanzsumme (Abs. 4a). Diese neuen Regelungen durften vorzeitig nur – im Paket mit der Neudefinition der Umsatzerlöse (§ 277 Abs. 1 HGB) – für nach dem 31.12.2013 beginnende Gj angewendet werden. Wird dies nicht in Anspruch genommen, sind die neuen Regelungen – entsprechend dem Anwendungszeitpunkt für das BilRUG – für nach dem 31.12.2015 beginnende Gj verpflichtend zu beachten. 8

---

3   Kritisch *Strobel*, BB 1994, S. 1296 f.; zu Auswirkungen vgl. *Pfitzer/Wirth*, DB 1994, S. 1937 f., sowie kritisch zur Rückwirkung vgl. *Kropp/Sauerwein*, DStR 1995, S. 70 ff.
4   Abl. EU, L 120, S. 22 (Schwellenwertrichtlinie).
5   Vgl. Gesetzentwurf der Bundesregierung v. 24.6.2004, BT-Drs. 15/3419, S. 25; o. V., EuZW 2003, S. 514.
6   Richtlinie 2006/46/EG v. 14.6.2006 „zur Änderung der Richtlinien des Rates 78/660/EWG über den Jahresabschluss von Gesellschaften bestimmter Rechtsformen, 83/349/EWG über den konsolidierten Abschluss, 86/635/EWG über den Jahresabschluss und konsolidierten Abschluss von Banken und anderen Finanzinstitutionen und 91/674/EWG über den Jahresabschluss und konsolidierten Abschluss von Versicherungsunternehmen", Abl. EU, L 224/1 v. 16.8.2006.

1.2 Anwendungsbereich

9 Die in § 267 HGB genannten Größenkriterien sind von KapG und KapCoGes zu beachten. Anwendung finden die Vorschriften auch bei Genossenschaften gem. § 336 Abs. 2 Satz 1 HGB. Zudem ist § 267 HGB relevant für die Abgrenzung der Anwender der nichtfinanziellen Erklärung nach § 289b Abs. 1 HGB sowie des Zahlungsberichts nach § 341q HGB.
Für Unt, die in den Geltungsbereich des PublG fallen, gelten die dort genannten Schwellenwerte (§ 1 PublG). Kreditinstitute und Versicherungen gelten gem. § 340a Abs. 2 Satz 1 HGB bzw. § 341a Abs. 2 Satz 1 HGB stets als große KapG. Auch kommunale Eigenbetriebe werden aufgrund der länderspezifischen Haushaltsgesetze bei der Abbildung stets wie große KapG behandelt.

2 Größenklassen

10 Für die Eingruppierung als kleine, mittelgroße oder große KapG ist entscheidend, dass mindestens zwei der in Tab. 1 genannten Schwellenwerte an zwei aufeinanderfolgenden Abschlussstichtagen über- bzw. unterschritten werden (§ 267 Abs. 4 HGB). Rumpfgeschäftsjahre zählen in diesem Fall als volle Gj. Bei Neugründung oder Umwandlung ist abweichend von der grundsätzlichen Regelung ein einmaliges Über-/Unterschreiten der Grenzwerte entscheidend (§ 267 Abs. 4 Satz 2 HGB); bei Formwechsel greift die Regelung nur, sofern der formwechselnde Rechtsträger keine KapG oder KapCoGes ist (§ 267 Abs. 4 Satz 3 HGB). Diese Regelung greift zudem nicht für kapitalmarktorientierte Unt (Rz 34).
Tab. 1 zeigt die Grenzwerte für die einzelnen Kriterien im Überblick.[7]

	Größenklassen ab 30.12.2016 nach BilRUG		
	Klein (EUR)	Mittelgroß (EUR)	Groß (EUR)
Bilanzsumme (BS) in EUR	> 350.000 ≤ 6.000.000	6.000.000 < BS ≤ 20.000.000	> 20.000.000
Umsatzerlöse (UE) in EUR	> 700.000 ≤ 12.000.000	12.000.000 < UE ≤ 40.000.000	> 40.000.000
Arbeitnehmerzahl (AN)	> 10 AN ≤ 50	50 < AN ≤ 250	> 250
*rückwirkende Anwendung war für nach dem 31.12.2013 beginnende Gj möglich (Rz 8)			

Tab. 1: Größenklassen von KapG und KapCoGes

11 Die Schwellenwerte nach dem BilRUG waren **erstmals** spätestens für Jahresabschlüsse anzuwenden, deren Gj nach dem 31.12.2015 beginnt. Wenn das Gj dem Kalenderjahr entspricht, sind die erhöhten Schwellenwerte spätestens für den Jahresabschluss zum **31.12.2016** zu berücksichtigen. Für die Beurteilung, ob mindestens zwei der genannten Größenkriterien **an zwei aufeinanderfolgenden** Abschlussstichtagen über- bzw. unterschritten werden, sind die erhöhten

---

[7] Vgl. *Marx/Dallmann*, in *Baetge/Kirsch/Thiele*, Bilanzrecht, § 267 HGB, Rz 5.1, Stand 9/2015.

Schwellenwerte rückwirkend für die Abschlüsse, deren Gj nach dem 31.12.2014 beginnt, zu verwenden (Rz 12).[8]
Die Untergrenze der Schwellenwerte für kleine Ges. ist mit dem MicroBilG eingefügt worden und war für Gj, die nach dem 30.12.2012 endeten, anzuwenden. Für die Beurteilung, ob eine KleinstKapG oder eine kleine KapG vorliegt, sind die Grenzwerte für KleinstKapG gem. § 267a HGB zu beachten.

Die einzelnen **Schwellenwerte sind gleichrangig**, sodass es unbedeutend ist, welche zwei der drei Schwellenwerte unter- bzw. überschritten werden. Ebenso ist die Höhe der Unter- bzw. Überschreitung unerheblich; entscheidend ist nur die jeweilige Unter- bzw. Überschreitung. Wird ein Schwellenwert genau erreicht, so zählt er als noch nicht überschritten.[9] Das folgende Beispiel verdeutlicht diese Aspekte.[10]

12

Beispiel
Eine im Jahr 01 gegründete KapG weist für die Jahre 01–04 folgende Werte für die Kriterien Bilanzsumme, Umsatzerlöse und Mitarbeiterzahl aus:

	31.12. Jahr 01	31.12. Jahr 02	31.12. Jahr 03	31.12. Jahr 04
Bilanzsumme (in Mio. EUR)	4,00	4,50	5,50	5,9
Umsatzerlöse (in Mio. EUR)	9,50	11,5	11,9	12,2
Mitarbeiterzahl	90	95	97	100

Tab. 2: Werte für Bilanzsumme, Umsatzerlöse und Mitarbeiterzahl

Die Einordnung als kleine, mittelgroße oder große Ges. kann in zwei Schritte zerlegt werden. Zunächst wird die Größenordnung bestimmt (Unter-/Überschreiten von zwei der drei Kriterien) und anschließend die entsprechende Rechtsfolge (in zwei aufeinanderfolgenden Gj) abgeleitet. Im Beispielfall lauten die Rechtsfolgen für die Einordnung in die Größenklassen wie folgt:

	31.12. Jahr 01	31.12. Jahr 02	31.12. Jahr 03	31.12. Jahr 04
Bilanzsumme	klein	klein	klein	klein
Umsatzerlöse	klein	klein	klein	mittel
Mitarbeiterzahl	mittel	mittel	mittel	mittel
Größenordnung	klein	klein	klein	mittel
Rechtsfolgen	klein	klein	klein	klein

Tab. 3: Einordnung in die Größenklassen

Die Ges. wird bereits im ersten Jahr als kleine KapG eingestuft. Auch im Jahr 04 erfolgt weiterhin eine Einordnung als kleine Ges., obwohl zwei der drei Kriterien die Größenordnung „mittel" signalisieren. Erst wenn im darauf-

---

8 Vgl. BilMoG-BgrRegE, S. 98. Ähnlich *Göhner*, BB 2005, S. 209.
9 Vgl. *Winkeljohann/Lawall*, in Beck Bil-Komm., 10. Aufl., 2016, § 267 HGB, Rz 5.
10 Für KleinstKapG vgl. § 267a Rz 1 ff.

> folgenden Gj (31.12. Jahr 05) wieder zwei der drei Kriterien die Schwellenwerte für eine mittelgroße Ges. aufweisen, ändert sich die Rechtsfolge hin zu einer mittelgroßen Ges.

3 Größenkriterien

3.1 Bilanzsumme (Abs. 4a)

13 Die Bilanzsumme setzt sich gem. Abs. 4a wie folgt als Summe aller Aktiva entsprechend § 266 Abs. 2 HGB zusammen:
A. Anlagevermögen,
B. Umlaufvermögen,
C. Rechnungsabgrenzungsposten,
D. Aktive latente Steuern und
E. Aktiver Unterschiedsbetrag aus der Vermögensverrechnung.
Während aktive latente Steuern in die Ermittlung der Bilanzsumme einfließen, findet ein auf der Aktivseite ausgewiesener Fehlbetrag (§ 268 Abs. 3 HGB) keine Berücksichtigung (§ 267 Abs. 4a Satz 2 HGB). Ebenso ist die Bilanzsumme bei KapCoGes i. S. d. § 264a HGB um einen nach § 268 Abs. 3 HGB ausgewiesenen Posten „Nicht durch Eigenkapital gedeckter Fehlbetrag" zu kürzen. Analog ist bei einer KGaA ein auf der Aktivseite ausgewiesener Korrekturposten „Nicht durch Vermögenseinlagen gedeckter Verlustanteil persönlich haftender Gesellschafter" (§ 286 Abs. 2 Satz 3 AktG) von der Bilanzsumme abzuziehen.[11]
Da kleine Ges. von der Abgrenzung latenter Steuern befreit sind (§ 274a Nr. 5 HGB), greift die Ermittlung der Bilanzsumme unter Berücksichtigung von aktiven latenten Steuern in diesem Fall ins Leere. Dennoch kommt durch die Einbeziehung von aktiven latenten Steuern in die Ermittlung der Bilanzsumme der Nutzung des Aktivierungswahlrechts gem. § 274 Abs. 1 Satz 2 HGB u. U. eine entscheidende Bedeutung bei der Feststellung der Unt-Größenklasse zu. Grundsätzlich hat die Ausübung des Aktivierungswahlrechts stetig zu erfolgen (§ 246 Abs. 3 HGB), Abweichungen sind nach § 252 Abs. 2 HGB nur in begründeten Ausnahmen zulässig. Geänderte Rechtsvorschriften werden regelmäßig als Grund für eine Ausnahme vom Stetigkeitsgrundsatz anerkannt. Daher können Unt unter Verweis auf § 267 Abs. 4a HGB im Übergang auf das BilRUG anstelle der Nutzung des Aktivierungswahlrechts für aktive latente Steuern auf deren Aktivierung verzichten.
Für KleinstKapG sind als Bilanzsumme die mit Buchstabe n bezeichneten Posten (Anlagevermögen, Umlaufvermögen, Rechnungsabgrenzungsposten und ggf. aktiver Unterschiedsbetrag aus der Vermögensverrechnung) zu berücksichtigen.[12]

14 Die Höhe der Bilanzsumme wird bei Gesellschaften, die keinen Anhang erstellen müssen, nicht durch Bilanzvermerke gem. § 268 Abs. 7 HGB beeinflusst,[13] da die

---

[11] Vgl. *Winkeljohann/Lawall*, in Beck Bil-Komm., 10. Aufl., 2016, § 267 HGB, Rz 6.
[12] Vgl. *Zwirner/Froschhammer*, StuB 2013, S. 84.
[13] Vgl. *Knop/Küting*, in *Küting/Pfitzer/Weber*, HdR, HGB § 267, Rn 7, Stand 11/2016.

ausgewiesene Bilanzsumme maßgeblich ist. Daher hat die Inanspruchnahme **bilanzpolitischer Gestaltungsmöglichkeiten** Einfluss auf die Höhe der Bilanzsumme.[14] Neben Sachverhaltsgestaltungen (z. B. Gestaltung von Leasingverträgen oder Sale-and-lease-back-Verträgen zum Zweck der Bilanzsummenminderung) kommen Darstellungsgestaltungen in Form von Ansatz-, Bewertungs- und Ausweisentscheidungen in Betracht.[15] Wahlrechte oder Einschätzungsspielräume wirken sich nur bei Ansatz und Bewertung von Vermögenspositionen auf die Bilanz aus. In diesem Fall führt eine Nichtaktivierung zu einem vergleichsweise niedrigeren Vermögensausweis und einer Reduzierung des Jahresüberschusses bzw. einer Erhöhung des Jahresfehlbetrags. Dagegen haben genutzte Passivierungswahlrechte, wie z. B mittelbare Pensionszusagen (§ 249 Abs. 1 HGB i.V.m. Art. 28 EGHGB), keinen Einfluss auf die Bilanzsumme, da es sich hierbei lediglich um einen Passivtausch handelt. Ausweiswahlrechte auf der Aktivseite führen im Fall der offenen Absetzung zu einer Minderung der Bilanzsumme mit Wirkung auf die Größenkriterien.[16]

> **Beispiel**
> Als Beispiele für explizite Wahlrechte mit Wirkung auf die Bilanzsumme sind zu nennen:
> - **Ansatzwahlrechte**
>   - selbst geschaffene immaterielle VG des AV (§ 248 Abs. 2 Satz 1 HGB)
>   - Disagio (§ 250 Abs. 3 HGB)
>   - aktive latente Steuern (§ 274 Abs. 1 Satz 2 HGB)
> - **Bewertungswahlrechte**
>   - Bewertungsvereinfachungsverfahren (§ 256 i. V. m. § 240 Abs. 3–4 HGB)
>   - gemildertes Niederstwertprinzip für das FAV (§ 253 Abs. 3 Satz 4 HGB)
>   - Wahl des Zinssatzes zur Ermittlung des Barwerts von Pensionsrückstellungen (§ 253 Abs. 2 Sätze 1–2 HGB) (Wirkung auf die Bilanzsumme nur, wenn ein Aktivüberhang der Pensionsverpflichtungen als aktiver Unterschiedsbetrag aus der Vermögensverrechnung auszuweisen ist)
>   - Einbeziehung von Verwaltungskosten sowie Fremdkapitalzinsen, die zur Finanzierung der Herstellung eines VG aufgewendet werden, soweit sie auf den Zeitraum der Herstellung entfallen (§ 255 Abs. 2 und 3 HGB)
> - **Ausweiswahlrechte**
>   - offene Absetzung der erhaltenen Anzahlungen von den Vorräten (§ 268 Abs. 5 Satz 2 HGB)

Zu beachten ist, dass sich aufgrund der Beachtung des Grundsatzes der Stetigkeit (§ 252 Abs. 1 Nr. 6 HGB) Grenzen in der Ausübung der handelsrechtlichen 15

---

14 Vgl. *Küting*, DStR 1996, S. 934 ff., zur Interdependenz von Jahresabschlussgestaltung und -beurteilung.
15 Vgl. *Volk*, DStR 1988, S. 380 ff.; *Farr*, GmbHR 1996, S. 189 f.; *Farr*, AG 1996, S. 147 f.
16 Vgl. *Veit*, DB 1994, S. 2509.

Wahlrechte ergeben. Dagegen kann das Stetigkeitsgebot im Falle von Ermessensspielräumen bzw. impliziten Wahlrechten sowie Sachverhaltsgestaltungen nicht greifen. **Ermessensspielräume** ergeben sich u. a. daraus, dass
- der Gesetzgeber keine konkrete Hinweise für die Bilanzierung gibt, wie etwa zur Methode der planmäßigen Abschreibungen (§ 253 Rz 175 ff.) oder zu den Ansatzkriterien für eine Aktivierung selbst geschaffener immaterieller VG (§ 248 Rz 10 ff.),
- bestimmte Bilanzierungssachverhalte aufgrund geringer Objektivierbarkeit einer Einschätzung bedürfen, was Ermessensspielräume für den Bilanzierenden zur Folge hat. Dies gilt bspw. für die Entscheidung über das Vorliegen einer voraussichtlich dauernden Wertminderung (§ 253 Rz 232 ff.), die Schätzung der Nutzungsdauer von abnutzbarem Anlagevermögen (§ 253 Rz 168 ff.) oder des beizulegenden Werts (§ 255 Rz 209 ff.), die Bestimmung des Zeitpunkts des Übergangs von der Forschungs- in die Entwicklungsphase (§ 255 Rz 180 ff.),
- der Bilanzierende um die Abbildung der Sachverhalte weiß und diese daher im Vorfeld zielorientiert beeinflussen kann (Sachverhaltsgestaltung), wie z. B. der Abschluss eines Leasingvertrags mit einer vorbestimmten Abbildung im Jahresabschluss, die Dokumentation für die Bildung von Bewertungseinheiten.

3.2 Umsatzerlöse

16 Die zu betrachtenden Umsatzerlöse ergeben sich aus § 277 Abs. 1 HGB (§ 277 Rz 5). Unabhängig von der Erstellung der GuV nach dem UKV oder GKV zählen zu den Umsatzerlösen „Erlöse aus dem Verkauf und der Vermietung oder Verpachtung von Produkten sowie aus der Erbringung von Dienstleistungen der Kapitalgesellschaft nach Abzug von Erlösschmälerungen und der Umsatzsteuer sowie sonstiger direkt mit dem Umsatz verbundener Steuern" (§ 277 Abs. 1 HGB). Zur Neudefinition der Umsatzerlöse nach BilRUG s. § 275 Rz 45 ff.

17 Berücksichtigung finden nur die Umsätze aus erbrachten marktfähigen Leistungen, die mit Dritten getätigt wurden. Innenumsätze und andere nicht als Umsatz auszuweisende Erlöse bleiben unberücksichtigt. Dementsprechend sind z. B. Beteiligungs- oder Zinserträge von Holdinggesellschaften für die Größenklassenbestimmung nicht relevant.

18 Zur Eingruppierung sind die Umsatzerlöse „in den letzten zwölf Monaten vor dem Abschlussstichtag" heranzuziehen. Falls ein **Rumpf-Gj** vorliegt, das nicht auf eine Umwandlung oder Neugründung zurückzuführen ist, müssen zusätzlich die letzten Monate des vorhergehenden Gj berücksichtigt werden. In der Folge werden dieselben Umsatzerlöse bei der Ermittlung der Größenmerkmale für zwei verschiedene Gj zugrunde gelegt. Wenn die Monatsumsätze in Ausnahmefällen nicht ermittelt werden können und auch keine Quartalsumsätze zwecks Proportionalisierung verfügbar sind, darf die Ermittlung des Jahresumsatzes durch eine Proportionalisierung der gesamten Vorjahresumsätze erfolgen.[17] Eine Prognose der noch fehlenden Monate auf Basis der ermittelbaren Umsatz-

---

[17] Vgl. exemplarisch *Schellhorn*, in *Hofbauer/Kupsch*, § 267 HGB, Rz 19 f., Januar 2013.

zahlen der vorangegangenen Perioden durch Hochrechnung ist jedoch nicht zulässig.[18] Für Besonderheiten bei Umwandlung und Neugründung s. Rz 27 ff.

3.3 Arbeitnehmeranzahl (Abs. 5)

Ein weiteres Kriterium für die Bestimmung der Größenklasse ist gem. Abs. 1 Nr. 1, Abs. 2 Nr. 1 und Abs. 3 Nr. 1 HGB die durchschnittliche Anzahl der während des Gj beschäftigten Arbeitnehmer. Der **Begriff des Arbeitnehmers** orientiert sich an den allgemeinen Grundsätzen des Arbeitsrechts sowie an der Rechtsprechung des BAG.[19] Insofern gilt als Arbeitnehmer jede natürliche Person, die aufgrund eines privatrechtlichen Vertrags einem anderen zur Leistung fremdbestimmter Arbeit in persönlicher Abhängigkeit verpflichtet ist.[20] Ein zentrales Merkmal stellt dabei die persönliche Abhängigkeit des Beschäftigten dar. Die rechtliche Wirksamkeit des Vertrags ist nicht von Bedeutung, vielmehr ist nur entscheidend, ob er tatsächlich durchgeführt wird.

Nicht zur Gruppe der Arbeitnehmer zählen üblicherweise:[21]
- gesetzliche Vertreter einer KapG (Vorstandsmitglieder und Geschäftsführer),
- Mitglieder eines gesellschaftsrechtlichen Aufsichtsorgans, z.B. eines Aufsichtsrats, eines Verwaltungsbeirats oder Beirats,
- Arbeitnehmer, die in Elternzeit sind und deren Arbeitsverhältnis ruht,
- Personen, die auf Basis eines privatrechtlichen Vertrags (z.B. Werkvertrag) und nicht auf der Basis eines Dienstvertrags tätig sind,
- Personen, die nicht in den Betrieb eingeordnet sind und die keine fremdbestimmte Arbeit in persönlicher Abhängigkeit erbringen, weil sie bspw. ihre Arbeitszeit selbst bestimmen können (z.B. freie Mitarbeiter),
- Arbeitnehmer, die aufgrund von Vorruhestands-, Altersteilzeit- oder Altersfreizeitregelungen ausgeschieden sind,
- Familienangehörige eines Gesellschafters, die mitarbeiten, für die aber kein Arbeitsvertrag abgeschlossen wurde,[22]
- Leiharbeitnehmer, es sei denn, sie sind arbeitsrechtlich Arbeitnehmer der Gesellschaft,
- zu ihrer Berufsausbildung Beschäftigte (Auszubildende, Umschüler, Volontäre, Praktikanten u. Ä.).

Im Gegensatz dazu zählen Arbeitnehmerinnen, die in Mutterschutz sind, trotzdem zur Gruppe der Arbeitnehmer und müssen in die Größenberechnung einbezogen werden. Es wird hier sachlich nicht zwischen einer Arbeitnehmerin in Mutterschutz und Arbeitnehmern, die wegen Erholungsurlaub oder Krankheit für eine längere Zeit nicht arbeiten, unterschieden.[23]

Voraussetzung für die Berücksichtigung der Arbeitnehmer ist die **Zurechenbarkeit zur Ges.** Insofern können Arbeitnehmer, die einem anderen Unt, z.B. innerhalb von Konzernen, überlassen werden, nur dem überlassenden Unt

---

18 Vgl. z.B. *Knop/Küting*, in *Küting/Pfitzer/Weber*, HdR, HGB § 267 Rn 13, Stand 11/2016; *Reiner*, in MünchKomm. HGB, 3. Aufl., § 267 Rn 7.
19 Vgl. *Lehwald*, BB 1981, S. 2108; *Geitzhaus/Delp*, BB 1987, S. 367 ff.
20 Vgl. BAG, Urteil v. 8.6.1967, 5 AZR 461/66, BAGE 19, S. 324, sowie ADS, 6. Aufl., § 267 HGB, Rz 13.
21 Vgl. *Marx/Dallmann*, in *Baetge/Kirsch/Thiele*, Bilanzrecht, § 267 HGB, Rz 29, Stand 9/2015.
22 Vgl. *Geitzhaus/Delp*, BB 1987, S. 367, 369.
23 Vgl. *Geitzhaus/Delp*, BB 1987, S. 369.

zugerechnet werden, selbst wenn dieses das andere Unt mit den anfallenden Kosten (Löhne, Gehälter, Nebenkosten) belastet.[24]

23 Genauere Angaben zur **Ermittlung der maßgeblichen Zahl der Arbeitnehmer** sind in Abs. 5 kodifiziert. Hier ist bestimmt, dass im Ausland beschäftigte Arbeitnehmer einzubeziehen sind, sofern ein Arbeitsverhältnis mit der inländischen Ges. besteht. Demgegenüber gehen zu ihrer Berufsausbildung Beschäftigte nicht in die Ermittlung der Arbeitnehmerzahl ein. Teilzeitbeschäftigte, Heim- oder Kurzarbeiter sowie Schwerbehinderte, unselbstständige Handelsvertreter, geringfügig Beschäftigte und zum Reservistendienst kurzfristig freigestellte Arbeitnehmer sind vollständig zu berücksichtigen. Die Einbeziehung der Arbeitnehmer erfolgt jeweils unabhängig von den geleisteten Arbeitsstunden, d. h., eine Umrechnung von Teilzeitbeschäftigten in Vollzeitäquivalente ist nicht vorzunehmen.[25]

24 Gem. Abs. 1 Nr. 1, Abs. 2 Nr. 1 und Abs. 3 Nr. 1 ist die durchschnittliche Arbeitnehmerzahl für den Schwellenwert maßgeblich; der Jahresdurchschnitt ist als **einfaches arithmetisches Mittel** zu berechnen. Hierzu bestimmt Abs. 5, dass die Arbeitnehmeranzahl an den Stichtagen 31.3., 30.6., 30.9. und 31.12. als Grundlage für die Durchschnittsbildung dient. Dieses Verfahren gilt auch dann, wenn ein Rumpf-Gj vorliegt. Da ein Rumpf-Gj i.d. R. weniger als vier Stichtage umfasst, müssen noch fehlende Stichtage vor Beginn des Rumpf-Gj berücksichtigt werden. Sollte das erste Rumpf-Gj kein Quartalsende haben, ist auf die Arbeitnehmerzahl am Bilanzstichtag abzustellen.[26]

4 Eintritt der Rechtsfolgen (Abs. 4 Satz 1)

25 Gem. § 267 Abs. 4 Satz 1 HGB treten die Rechtsfolgen der Größenmerkmale nur ein, wenn mindestens **zwei der Größenmerkmale an zwei aufeinanderfolgenden Abschlussstichtagen** über- oder unterschritten werden. Ein lediglich einmaliges Über- oder Unterschreiten hat – abgesehen von Neu- oder Umgründungen (Rz 27 ff.) – keine Rechtsfolgen. Durch diese Regelung wird eine größere Stetigkeit der anzuwendenden Vorschriften erreicht und der Einfluss von Zufallsmomenten vermieden. Weiterhin gilt, dass nicht stets dieselben zwei der genannten drei Kriterien die Schwellenwerte über- oder unterschreiten müssen. Dies bedeutet z. B., dass das Überschreiten der Bilanzsummen- und der Umsatzerlös-Schwelle in Jahr 01 und das Überschreiten der Umsatzerlös- und Arbeitnehmerzahl-Schwelle in Jahr 02 für eine Eingruppierung als große KapG ausreichend sind.

26 Für die Eingruppierung einer Ges. sind folgende Regelungen anzuwenden:[27]

---

[24] Vgl. ADS, 6. Aufl., § 267 HGB, Rz 14.
[25] Vgl. z.B. *Winkeljohann/Lawall*, in Beck Bil-Komm., 10. Aufl., 2016, § 267 HGB, Rz 11–12; *Knop/Küting*, in *Küting/Pfitzer/Weber*, HdR, HGB § 267, Rn 15, Stand 11/2016; *Geitzhaus/Delp*, BB 1987, S. 369; a. A. *Lehwald*, BB 1981, S. 2107f.
[26] Vgl. *Geitzhaus/Delp*, BB 1987, S. 370; *Winkeljohann/Lawall*, in Beck Bil-Komm., 10. Aufl., 2016, § 267 HGB, Rz 13.
[27] Vgl. ADS, 6. Aufl., § 267 HGB, Rz 17; *Schellhorn*, in *Hofbauer/Kupsch*, § 267 HGB, Rz 37.2f., Januar 2013.

- Wenn an zwei aufeinanderfolgenden Abschlussstichtagen die gleichen Merkmale einer Größenklasse vorliegen, wird die Ges. am zweiten Stichtag in die entsprechende Klasse eingruppiert.

Beispiel (K = klein, M = mittelgroß, G = groß)						
Abschlussstichtag	1	2	3	4	5	6
Größenordnung	K	K	M	M	G	G
Rechtsfolgen	K	K	K	M	M	G
Tab. 4: Beispiel 1 zur Größenklasseneinteilung						

- Wenn eine Einordnung in eine bestimmte Größenklasse erfolgt ist und die Ges. an lediglich einem Stichtag in eine andere Klasse fällt, so bleibt das Unt in der ursprünglichen Klasse. Selbiges gilt auch, wenn die Ges. nach einer eindeutigen Zuordnung, bei der Rechtsfolge und Größenordnung identisch sind, hintereinander die Kriterien der kleinen und der großen KapG oder umgekehrt erfüllt.

Beispiel						
Abschlussstichtag	1	2	3	4	5	6
Größenordnung	G	M	G	M	M	G
Rechtsfolgen	G	G	G	G	M	M
Tab. 5: Beispiel 2 zur Größenklasseneinteilung						

Abschlussstichtag	1	2	3	4	5	6
Größenordnung	M	K	G	M	G	K
Rechtsfolgen	M	M	M	M	M	M
Tab. 6: Beispiel 3 zur Größenklasseneinteilung						

- Wenn an drei aufeinanderfolgenden Stichtagen die Kriterien für die kleine, mittelgroße und große Ges. in auf- oder absteigender Reihenfolge erfüllt sind, so greifen die Rechtsfolgen wie folgt:

Beispiel						
Stichtag	1	2	3	4	5	6
Größenordnung	K	M	G	G	M	K
Rechtsfolgen	K	K	M	G	G	M
Tab. 7: Beispiel 4 zur Größenklasseneinteilung						

5 Besonderheiten bei Neugründung und Umwandlung (Abs. 4 Sätze 2 und 3)

27 Im Fall der Umwandlung oder Neugründung von Ges. ist eine Einordnung in eine der drei Größenklassen vorzunehmen, ohne dass auf zwei aufeinanderfolgende Abschlussstichtage Bezug genommen werden kann. Hier gelten nach Abs. 4 Satz 2 HGB die Rechtsfolgen der jeweiligen Größenklasse bereits für den ersten Abschlussstichtag nach der Umwandlung oder Neugründung. Falls das erste Gj ein Rumpf-Gj ist, ergeben sich für die Bestimmung der Bilanzsumme als zeitpunktbezogenes Kriterium keine Probleme, wohl aber für die Umsatzerlöse als zeitraumbezogenes Kriterium und Arbeitnehmeranzahl als Jahresdurchschnitt.[28]

28 **Neugründungen** sind mit der Eintragung der neuen Ges. ins elektronische HR[29] vollzogen.[30] Das **Gj** beginnt spätestens zu diesem Zeitpunkt oder früher, wenn die Ges. vor HR-Eintragung den Geschäftsbetrieb aufgenommen hat. Bei Aufnahme der betrieblichen Tätigkeit vor HR-Eintragung sind die durch die sog. Vorgesellschaften erzielten Umsätze und die durchschnittliche Zahl der beschäftigten Arbeitnehmer der Vorgesellschaft ab dem Zeitpunkt der Aufnahme des Handelsgewerbes in die Ermittlung der Größenklassenkriterien zu berücksichtigen.[31]

29 Handelt es sich beim ersten Gj um ein **RumpfGj**, sind nur die in den Perioden des Rumpf-Gj erzielten Umsatzerlöse zu berücksichtigen. Es darf keine Hochrechnung vorgenommen werden.[32]

> **Beispiel**
> Rumpf-Gj vom 1.10. bis 31.12. mit Umsatzerlösen von insgesamt 24 Mio. EUR, davon 6 Mio. EUR im Oktober, 8 Mio. EUR im November und 10 Mio. EUR im Dezember. Der maßgebliche Jahresumsatz beträgt in diesem Fall 24 Mio. EUR.

Die **durchschnittliche Zahl der Arbeitnehmer** wird für den ersten Abschlussstichtag allein aus den Quartalszahlen des ersten (Rumpf-)Gj berechnet. Falls das Rumpf-Gj keinen der Stichtage enthält, ist die Arbeitnehmeranzahl zum Abschlussstichtag maßgeblich.[33]

30 Eine **Umwandlung** kann gem. § 1 UmwG durch Verschmelzung (§§ 2 ff. UmwG), Spaltung (§§ 123 ff. UmwG), Vermögensübertragung als Sonderfall der Umwandlung (§§ 174 ff. UmwG) oder Formwechsel (§§ 190 ff. UmwG) erfolgen.[34] Abs. 4 Satz 2 enthält keine Beschränkung auf eine Umwandlungsart. Entscheidend ist, dass der übernehmende bzw. der neu gegründete Rechtsträger oder der Rechtsträger neuer Rechtsform eine KapG oder haftungsbeschränkte

---

[28] Vgl. *Reiner*, in MünchKomm. HGB, 3. Aufl., § 267 Rn 15.
[29] Einführung des elektronischen Handelsregisters mit dem EHUG v. 10.11.2006, BGBl I S. 2553.
[30] Vgl. *Joswig*, DStR 1996, S. 1909 f.
[31] Vgl. ADS, 6. Aufl., § 267 HGB, Rz 19; kritisch *Müller*, WPg 1996, S. 858 f.
[32] Vgl. *Marx/Dallmann*, in *Baetge/Kirsch/Thiele*, Bilanzrecht, § 267 HGB, Rz 68, Stand 9/2015; *Hoffmann/Lüdenbach*, NWB-Kommentar Bilanzierung, 8. Aufl., 2017, § 267 Rz 71.
[33] Vgl. *Joswig*, BB 2007, S. 764.
[34] Vgl. *Nehe*, DB 1994, S. 2070; *Schwarz*, DStR 1994, S. 1698 f.

PersG nach § 264a HGB ist.³⁵ Die Vermögensübertragung gilt als Sonderfall für Umwandlungen in den Bereichen der öffentlichen Hand und der Versicherungswirtschaft und ist hier nicht relevant.³⁶

Gem. §§ 2ff. UmwG müssen bei **Verschmelzungen** im Fall eines Rumpf-Gj die Zahlen des neu entstandenen bzw. aufnehmenden Rechtsträgers analog zum Fall einer Neugründung hochgerechnet werden. Entsprechend ist auch die Zahl der im Jahresdurchschnitt beschäftigten Arbeitnehmer zu bestimmen. Wenn das Rumpf-Gj nicht alle in Abs. 5 aufgeführten Stichtage umfasst, so wird der Jahresdurchschnitt aus den verfügbaren Quartalszahlen gebildet, ggf. wird die Zahl der Arbeitnehmer am Abschlussstichtag als maßgebend angesehen. 31

Liegt eine **Spaltung**³⁷ gem. §§ 123ff. UmwG vor, aus der sich für den neu entstandenen Rechtsträger ein Rumpf-Gj ergibt, so dürfen die Werte der anderen beteiligten Unternehmen ebenfalls nicht berücksichtigt werden. Existiert der übernehmende Rechtsträger bereits, können Umsatzerlöse und Arbeitnehmerzahlen aus der Restzeit vor dem Spaltungsstichtag berücksichtigt werden, während bei der Spaltung auf einen neuen Rechtsträger die Regelungen für eine Neugründung angewendet werden.³⁸ 32

Bei einem **Formwechsel**³⁹ gem. §§ 190ff. UmwG wird nur die rechtliche Struktur eines Unt modifiziert. Erfolgt die Umwandlung einer KapG in eine KapG anderer Rechtsform (z.B. GmbH in eine AG), so ist weiterhin alleine § 267 Abs. 4 Satz 1 HGB unter Berücksichtigung der Werte des bisherigen Unt maßgeblich.⁴⁰ Die Anwendung der Regelung gem. Abs. 4 Satz 2 würde dazu führen, dass die Ges. ggf. ein Jahr früher einer neuen Größenklasse zugeordnet wird, als es nach Satz 1 der Fall wäre. Abs. 4 Satz 2 findet somit Anwendung, wenn ein bisher nicht als KapG geltendes Unt in eine KapG überführt wird.⁴¹ Konsequenterweise nimmt der durch das BilRUG neu eingefügte Abs. 4 Satz 3 den Formwechsel einer KapGes bzw. KapCoGes als formwechselnden Rechtsträger von der Ausnahme des Abs. 4 Satz 2 aus. Demnach darf im Falle eines Formwechsels die Ausnahme für Umwandlungen und Neugründungen nicht angewendet werden, wenn „der formwechselnde Rechtsträger eine KapG oder eine PersG i.S.d. § 264a Abs. 1 ist" (§ 267 Abs. 3 Satz 3 HGB). Unter der Prämisse einer Anwendung von § 267 HGB für KapG (AG, SE, GmbH, KGaA) und ihnen gleichgestellte Ges. (KapCoGes oder anderen PersG gem. § 264a HGB) ist im Falle eines Formwechsels innerhalb von KapG und ihnen gleichgestellten Ges. Kontinuität zu wahren, mit der Folge, dass unter Berücksichtigung der Vj.-Werte die Rechtsfolgen wirksam werden, wenn die Merkmale an zwei aufeinanderfolgenden Abschlussstichtagen über- oder unterschritten werden. 33

---

35 Vgl. *Winkeljohann/Lawall*, in Beck Bil-Komm., 10. Aufl., 2016, § 267 HGB, Rz 25.
36 Vgl. ADS, 6. Aufl., § 267 HGB, Rz 21.
37 Vgl. IDW HFA 1/1998, WPg 1998, S. 508–511.
38 Vgl. *Reiner*, in MünchKomm. HGB, 3. Aufl., § 267 Rn 19. A.A. *Marx/Dallmann*, in Baetge/Kirsch/Thiele, Bilanzrecht, § 267 HGB, Rz 61, Stand 9/2015 (es sind die anteiligen Umsatzerlöse der bisherigen Rechtsträger zu berücksichtigen und eine Aufteilung gem. dem Verhältnis der übertragenen Vermögensteile vorzunehmen).
39 Vgl. IDW HFA 1/1996, WPg 1996, S. 507ff.
40 Vgl. *Schindhelm/Pickhardt-Poremba/Hilling*, DStR 2003, S. 1448.
41 Vgl. ADS, 6. Aufl., § 267 HGB, Rz 24.

Dagegen greift Abs. 4 Satz 3 nicht für Unt, sofern der formwechselnde Rechtsträger keine KapG oder KapCoGes ist, d.h., insb. unter der Rechtsform PersG ohne natürlichen Vollhafter oder Körperschaften des öffentlichen Rechts firmiert. Diese fallen unter die Ausnahmeregelung des Abs. 4 Satz 2.
Genossenschaften sind zwar nicht explizit im Wortlaut des Abs. 4 Satz 3 genannt, dennoch gilt die Regelung auch für einen Formwechsel einer KapG oder KapCoGes in eine Genossenschaft oder umgekehrt, da § 267 HGB zum Geltungsbereich für Genossenschaften gehört (§ 336 Abs. 2 Satz 1 Nr. 2 HGB).[42]

6 Qualitatives Kriterium: Kapitalmarktorientierte Gesellschaften (Abs. 3 Satz 2)

34 Neben den quantitativen Schwellenwerten zur Größeneinstufung von Gesellschaften ist das in § 267 Abs. 3 Satz 2 HGB kodifizierte qualitative Kriterium „kapitalmarktorientiert" zu beachten. Unter Hinweis auf den Anlegerschutz und den Funktionenschutz von KM und Wirtschaft gilt eine Ges. i.S.d. § 264d HGB stets als große Ges. Eine KM-orientierte Ges. ist gegeben, wenn
- sie Wertpapiere gem. § 2 Abs. 1 Satz 1 WpHG herausgegeben hat,
- die an einem organisierten Markt gem. § 2 Abs. 5 WpHG gehandelt werden oder für die die Zulassung zum Handel an einem solchen Markt beantragt wurde.

Als Wertpapiere kommen neben den Aktien der Ges. auch Zertifikate, die Aktien vertreten, Schuldverschreibungen, Genussscheine, Optionsscheine oder vergleichbare Wertpapiere inkl. Investmentanteilen infrage. Eine grundsätzliche Marktfähigkeit der Papiere muss gegeben sein.
Bei einem organisierten Markt handelt es sich nach § 2 Abs. 5 WpHG (identisch mit Art. 4 Abs. 1 Nr. 14 Finanzmarktrichtlinie (RL 2004/39/EU) um einen von staatlich anerkannten Stellen geregelten und überwachten Markt, der regelmäßig stattfindet und für das Publikum unmittelbar oder mittelbar zugänglich ist (§ 264d Rz 4). In Deutschland zählen der regulierte Markt nach §§ 32ff. BörsG der deutschen Regionalbörsen sowie die Europäische Energiebörse EEX (Leipzig), die Terminbörse Eurex (Frankfurt) und die Tradegate Exchange (Berlin) zu den organisierten Märkten. Es besteht aber keine Beschränkung auf Börsen in Deutschland oder in der EU.[43] Dagegen fallen Gesellschaften, deren Papiere ausschließlich im Freiverkehr gehandelt werden, nicht unter Abs. 3 Satz 2 und sind somit nicht per se große KapG.

35 Mit dieser Regelung werden größenunabhängige Informationsanforderungen von Investoren an die kapitalmarktorientierten Unt mit den Informationen, die von großen Ges. gefordert werden, gleichgesetzt.[44] Nur wenn die Notierung der Wertpapiere des Unt an einem organisierten Markt endet, ist die Ges. ab dem nächsten Abschlussstichtag in die sich gem. den drei Größenmerkmalen ergebende Kategorie einzuordnen.[45]

---

42 Vgl. *Röser/Roland/Rimmelspacher*, DB 2015, Beil. 5, S. 5f.
43 Vgl. WPH Edition, Wirtschaftsprüfung & Rechnungslegung, 15. Aufl., 2017, Abschn. J, Tz 5.
44 Vgl. *Marx/Dallmann*, in *Baetge/Kirsch/Thiele*, Bilanzrecht, § 267 HGB, Rz 42, Stand 9/2015.
45 Vgl. *Reiner*, in MünchKomm. HGB, 3. Aufl., § 267 Rn 21.

7 Informationsrechte der Arbeitnehmervertretungen (Abs. 6)

Abs. 6 stellt klar, dass die Informations- und Auskunftsrechte der Arbeitnehmervertretungen nach § 108 Abs. 5 BetrVG (Erläuterung des Jahresabschlusses für den Wirtschaftsausschuss unter Beteiligung des Betriebsrats) von den Rechtsfolgen einer Größenklassenzuordnung und damit verbundener Erleichterungen unberührt bleiben. Der Jahresabschluss muss den Arbeitnehmern im betriebsverfassungsrechtlich gebotenen Ausmaß zugänglich gemacht bzw. erläutert werden. Dies gilt auch für diejenigen Jahresabschlussteile, die aufgrund von Erleichterungsvorschriften von kleinen und mittelgroßen Ges. nicht offengelegt werden müssen.[46]

36

8 Sanktionen

§ 267 HGB enthält überwiegend Definitionen, nach denen bestimmte Erleichterungen bei der Rechnungslegung, Prüfung und Offenlegung in Anspruch genommen werden können. Eine Verletzung dieser Vorschriften selbst ist daher nicht möglich. Mögliche Sanktionen aus der unzulässigen Inanspruchnahme dieser Erleichterungen lassen sich nur aus zugehörigen handelsrechtlichen Normen ableiten.[47]

37

---

[46] Vgl. *Marx/Dallmann*, in *Baetge/Kirsch/Thiele*, Bilanzrecht, § 267 HGB, Rz 91, Stand 9/2015.
[47] Vgl. *Winkeljohann/Lawall*, in Beck Bil-Komm., 10. Aufl., 2016, § 267 HGB, Rz 31; *Marx/Dallmann*, in *Baetge/Kirsch/Thiele*, Bilanzrecht, § 267 HGB, Rz 101, Stand 9/2015.

§ 267a Kleinstkapitalgesellschaften

(1) ¹Kleinstkapitalgesellschaften sind kleine Kapitalgesellschaften, die mindestens zwei der drei nachstehenden Merkmale nicht überschreiten:
1. 350.000 Euro Bilanzsumme;
2. 700.000 Euro Umsatzerlöse in den zwölf Monaten vor dem Abschlussstichtag;
3. im Jahresdurchschnitt zehn Arbeitnehmer.
²§ 267 Absatz 4 bis 6 gilt entsprechend.
(2) Die in diesem Gesetz für kleine Kapitalgesellschaften (§ 267 Absatz 1) vorgesehenen besonderen Regelungen gelten für Kleinstkapitalgesellschaften entsprechend, soweit nichts anderes geregelt ist.
(3) Keine Kleinstkapitalgesellschaften sind:
1. Investmentgesellschaften i.S.d. § 1 Absatz 11 des Kapitalanlagegesetzbuchs,
2. Unternehmensbeteiligungsgesellschaften i.S.d. § 1a Absatz 1 des Gesetzes über Unternehmensbeteiligungsgesellschaften oder
3. Unternehmen, deren einziger Zweck darin besteht, Beteiligungen an anderen Unternehmen zu erwerben sowie die Verwaltung und Verwertung dieser Beteiligungen wahrzunehmen, ohne dass sie unmittelbar oder mittelbar in die Verwaltung dieser Unternehmen eingreifen, wobei die Ausübung der ihnen als Aktionär oder Gesellschafter zustehenden Rechte außer Betracht bleibt.

PROF. DR. STEFAN MÜLLER

Inhaltsübersicht	Rz
1 Überblick	1–6
1.1 Inhalt und Regelungszweck	1–2
1.2 Anwendungsbereich	3–4
1.3 Normenzusammenhänge	5–6
2 Bestimmung einer Kleinstkapitalgesellschaft (Abs. 1)	7–13
2.1 Schwellenwerte	7–12
2.2 Informationsrechte für Arbeitnehmervertretungen	13
3 Grundsätzliche Übertragung der Erleichterungen für kleine Kapitalgesellschaften auf Kleinstkapitalgesellschaften (Abs. 2)	14
4 Einschränkung der Anwendung (Abs. 3)	15–18
5 Sanktionen	19

1 Überblick

1.1 Inhalt und Regelungszweck

Auf Basis der Micro-Richtlinie[1] der EU wurde mit § 267a HGB eine **neue Größenklasse** für KapG und denen gleichgestellten PersG implementiert. Diese brauchen als Kleinstkapitalgesellschaften (KleinstKapG) bezeichnet bestimmte Aufstellungs-, Ausweis- und Offenlegungspflichten nicht zu erfüllen, wenn sie an zwei Abschlussstichtagen jeweils zwei der folgenden drei Grenzwerte nicht überschreiten: 350.000 EUR Bilanzsumme, 700.000 EUR Nettoumsatzerlöse, durchschnittliche Anzahl der Mitarbeiter eines Gj von zehn. Unter die KleinstKapG dürften mit dieser Definition auch häufig Holdingges. fallen, da diese i. d. R. keine Umsatzerlöse ausweisen und oft auch nicht mehr als zehn Mitarbeiter beschäftigen. Mit dem BilRUG plant der Gesetzgeber hier aber gewisse Einschränkungen (Rz 16).

Mit dem BilRUG ist eine Ausweitung des Anwendungsbereichs auf **Kleinstgenossenschaften** mit § 336 Abs. 3 Satz 2 HGB für Gj, die nach dem 31.12.2015 beginnen, vorgenommen worden. Die Bundesregierung schätzt die Zahl der betroffenen Kleinstgenossenschaften auf 2.300.[2]

Die **monetären Schwellenwerte** sind dagegen anders als für die übrigen Unternehmensgrößenklassen in § 267 HGB mit dem BilRUG für die KleinstKapG unverändert belassen worden.

Ziel der Gesetzesänderung ist eine **Verringerung der Bürokratiekosten**, die über eine Reduzierung des mit der Rechnungslegung verbundenen Verwaltungsaufwands erreicht werden soll. Die quantitativen Größengrenzen im Bereich unterhalb der aktuellen handelsrechtlichen Grenzwerte für kleine KapG führen jedoch nicht zu in gleichem Maße weitreichenden Erleichterungen wie die bereits bestehenden Befreiungen gem. § 241a HGB für kleine EKfl (§ 241a Rz 1 ff.). Daher rechnet die Bundesregierung ausweislich der Begründung zum MicroBilG mit einer Entlastung der Wirtschaft durch einen Abbau der Bürokratiekosten von mindestens 36 Mio. EUR jährlich, wobei aber auch ein einmaliger Aufwand der Wirtschaft i. H. v. ca. 9 Mio. EUR sowie ein nicht zu beziffernder Mehraufwand bei der zukünftigen Datenbeschaffung von hinterlegten Jahresabschlüssen gesehen wird.[3]

1.2 Anwendungsbereich

Relevant ist die Regelung zunächst nur für **KapG und KapCoGes**. Eine Anwendung der Erleichterungen auf Genossenschaften kommt erst ab dem Gj 2016 in Betracht. Obwohl der § 267a HGB nicht in die Aufzählung der nichtanzuwendenden Vorschriften der §§ 340a Abs. 2 und 341a Abs. 2 HGB aufgenommen wurde, sind Banken und Versicherungen von den Erleichterungen ausgeschlossen, da sie stets einen Jahresabschluss nach den Vorschriften für große KapG zu erstellen haben. Ebenso verlangt § 267 Abs. 3 HGB für KM-orientierte KapG

---

[1] RL 2012/6/EU des Europäischen Parlaments und des Rates vom 14.3.2012 zur Änderung der RL 78/660/EWG des Rates über den Jahresabschluss von Gesellschaften bestimmter Rechtsformen hinsichtlich Kleinstbetrieben (sog. Micro-Richtlinie).
[2] Vgl. BilRUG-RegE, BR-Drs. 23/15, S. 58.
[3] Vgl. BT-Drs 17/11292 S. 12.

einen Jahresabschluss nach den Vorschriften für große KapG, auch wenn in § 267a HGB anders als bei der Rechtsfolge gem. § 267 Abs. 4-6 HGB nicht direkt auf diesen Absatz verwiesen wird. Nach § 8 des Gesetzes für Unternehmensbeteiligungsgesellschaften sind für diese Ges. immer die Vorschriften für mittelgroße KapG anzuwenden, so dass eine Anwendung der Befreiungen auch nicht in Betracht kommt.

4 **Zeitlich** geht die Vorschrift auf das MicroBilG[4] zurück und ist nach Art. 70 EGHGB auf alle Gj anzuwenden, die nach dem 30.12.2012 enden.

1.3 Normenzusammenhänge

5 § 267a HGB definiert KleinstKapG als Untergruppe der kleinen KapG. Eine Inanspruchnahme der Erleichterungen bedarf jedoch zusätzlich zu der Einhaltung der quantitativen Schwellenwerte der Beachtung von § 253 Abs. 1 Satz 5 HGB. Demnach haben KleinstKapG keine Bewertung von Bilanzansätzen zum beizulegenden Zeitwert vornehmen. Relevant ist dabei nur die gem. § 253 Abs. 1 Satz 4 HGB pflichtgem. vorgesehene Bewertung von nach § 246 Abs. 2 Satz 2 HGB zu verrechnenden VG, die dem Zugriff aller übrigen Gläubiger entzogen sind und ausschließlich der Erfüllung von Schulden aus Altersversorgungsverpflichtungen oder vergleichbaren langfristig fälligen Verpflichtungen dienen (**Deckungsvermögen**). Sollte dieser Fall der Deckung von Pensions- oder ähnlichen Verpflichtungen vorliegen, verlangt § 253 Abs. 1 Satz 6 HGB eine Bewertung dieser VG bei Inanspruchnahme der Erleichterungen gem. § 253 Abs. 1 Satz 1 HGB. Entsprechend hat eine Saldierung dieser VG mit den Pensionsverpflichtungen dann zu den **fortgeführten AK** zu erfolgen. Es entfällt dann jedoch auch die Ausschüttungssperre für die (dann nicht) ausgewiesenen, nicht realisierten Gewinne nach § 268 Abs. 8 HGB.

6 Die KleinstKapG dürfen einzelne oder alle der folgenden Erleichterungen in Anspruch nehmen:[5]
- Gegenüber kleinen KapG nochmals verkürztes Bilanzgliederungsschema nach § 266 Abs. 1 Satz 4 HGB.
- Gegenüber kleinen KapG nochmals verkürztes GuV-Gliederungsschema nach § 275 Abs. 5 HGB.
- Der Anhang kann gem. § 264 Abs. 1 Satz 5 HGB entfallen, wenn unter der Bilanz folgende Angaben aufgeführt werden:
  - Haftungsverhältnisse i. S. d. §§ 251, 268 Abs. 7 HGB,
  - Vorschüsse/Kredite an Mitglieder der Verwaltungs-, Geschäftsführungs- oder Aufsichtsorgane i. S. d. § 285 Nr. 9 Buchst. c und
  - Transaktionen eigener Aktien i. S. d. § 160 Abs. 1 Satz 1 Nr. 2 AktG.
- Die Offenlegung der Bilanz (die GuV ist als kleine KapG gem. § 326 Abs. 1 Satz 1 HGB nicht offenzulegen) kann auf Antrag an den Betreiber des BAnz durch eine Hinterlegung ersetzt werden. Diese beschränkt die Herausgabe der Daten an Dritte auf kostenpflichtige Anträge an den BAnz (§ 326 Abs. 2 HGB).

---

[4] MicroBilG, BGBl 2012 I S. 2751–2755.
[5] Vgl. *Marx/Dallmann*, in *Baetge/Kirsch/Thiele*, Bilanzrecht, § 267a HGB, Rz. 10ff., Stand 9/2015.

2 Bestimmung einer Kleinstkapitalgesellschaft (Abs. 1)

2.1 Schwellenwerte

Unternehmen gelten gem. § 267a Abs. 1 Satz 1 HGB als KleinstKapG, wenn sie an den Abschlussstichtagen von zwei aufeinander folgenden Gj nicht mehr aufweisen als

- 350.000 EUR Bilanzsumme,
- 700.000 EUR Nettoumsatzerlöse und
- eine durchschnittliche Anzahl der Mitarbeiter eines Gj von zehn.

Insgesamt ergeben sich damit folgende Schwellenwerte für größenklassenabhängige Befreiungen bei KapG und ihnen gleichgestellten PersG, wobei die Größenklasse der KleinstKapG im Ergebnis lediglich eine weitere Unterteilung der Klasse für kleine KapG darstellt:

	Kleine KapG (§ 267 HGB) i. w. S.		Mittelgroße KapG (§ 267 HGB)	Große KapG (§ 267 HGB)
	KleinstKapG (§ 267a HGB)	Kleine KapG i. e. S. (§ 267 HGB)		
Bilanzsumme	≤ 350.000 EUR	> 350.000 EUR ≤ 6 Mio. EUR	> 6 Mio. EUR ≤ 20 Mio. EUR	> 20 Mio. EUR
Umsatzerlöse	≤ 700.000 EUR	> 700.000 EUR ≤ 12 Mio. EUR	> 12 Mio. EUR ≤ 40 Mio. EUR	> 40 Mio. EUR
Mitarbeiter	≤ 10	>10 ≤ 50	> 50 ≤ 250	> 250

Tab. 1: Schwellenwerte für Bilanzsumme, Umsatzerlöse und Mitarbeiterzahl zur Klassifikation von Kapitalgesellschaften und ihnen gleichgestellten Personenhandelsgesellschaften nach HGB

Wie schon bei den bisherigen Größenklassenbestimmungen nach § 267 HGB tritt die **Rechtsfolge** erst ein, wenn jeweils mindestens zwei der drei Schwellenwerte an den Abschlussstichtagen von zwei aufeinanderfolgenden Gj unterschritten sind. Im Falle einer Umwandlung oder Neugründung ist durch direkten Verweis auf § 267 Abs. 4 HGB bereits dann eine Befreiung gegeben, wenn mindestens zwei der drei Schwellenwerte am aktuellen Abschlussstichtag für diese Unt ohne direkte Historie unterschritten werden. Mit diesen Regeln ist einerseits der Start der Unt in der richtigen Größenklasse sichergestellt und andererseits ergibt sich durch die anschließend laufende Betrachtung von zwei Abschlussstichtagen eine ausreichende Vorlaufzeit zur Anpassung der Rechnungslegung und der vorgelagerten Systeme an die jeweils höheren quantitativen und qualitativen Ansprüche des Jahresabschlusses und ggf. des Lageberichts der höheren Kategorie. Ein Abstieg in eine kleinere Größenklasse bedingt jedoch auch das Unterschreiten von mindestens zwei der drei Schwellenwerte an zwei aufeinanderfolgenden Stichtagen, was zu einer höheren Konstanz der Klassenzuordnung führt, da hektische Wechsel der Größenklassen von Jahr zu Jahr damit ausgeschlossen sind. Somit ist die Einordnung abhängig von der Klassifikation der KapG in den Vorjahren. Für die Bestimmung ist es somit bei unterschiedlichen Zuordnungen notwendig, schrittweise in die Vergangenheit die Werte zu prüfen, bis sich eine mit dem Gesetzestext vereinbare Zuordnung ergibt.[6] Zur Einordnung im Übergang auf das MicroBilG vgl. Rz 16 der Kommentierung der 5. Auflage.

Beispiel
Klassifikation von Unternehmen im Gj t_3
Für KapG mit kalenderjahrgleichem Gj ergeben sich folgende Werte (fettdruck=Überschreitung) und Einstufungen:

Kriterium	Gj t_0	Gj t_1	Gj t_2	Gj t_3	Rechtsfolge für t_3
Bilanzsumme			320.000 EUR	350.000 EUR	Kleinst-KapG
Umsatzerlöse	nicht notwendig für die Bestimmung des Gj t_3		720.000 EUR	660.000 EUR	
Mitarbeiter			10	12	
Einordnung			KleinstKapG	KleinstKapG	
Bilanzsumme	270.000 EUR	300.000 EUR	**380.000 EUR**	340.000 EUR	Kleinst-KapG
Umsatzerlöse	630.000 EUR	680.000 EUR	720.000 EUR	660.000 EUR	
Mitarbeiter	6	8	10	12	
Einordnung	KleinstKapG	KleinstKapG	Kleine KapG	KleinstKapG	
Bilanzsumme			**380.000 EUR**	**400.000 EUR**	Kleine KapG
Umsatzerlöse	nicht notwendig für die Bestimmung des Gj t_3		720.000 EUR	**760.000 EUR**	
Mitarbeiter			10	12	
Einordnung			Kleine KapG	Kleine KapG	
Bilanzsumme	nicht notwendig für die Bestimmung des Gj t_3	300.000 EUR	320.000 EUR	**400.000 EUR**	Kleinst-KapG
Umsatzerlöse		680.000 EUR	720.000 EUR	**760.000 EUR**	
Mitarbeiter		12	10	12	
Einordnung		KleinstKapG	KleinstKapG	Kleine KapG	
Bilanzsumme	**400.000 EUR**	**400.000 EUR**	320.000 EUR	**400.000 EUR**	Kleine KapG
Umsatzerlöse	**760.000 EUR**	**760.000 EUR**	720.000 EUR	**760.000 EUR**	
Mitarbeiter	12	12	10	12	
Einordnung	Kleine KapG	Kleine KapG	KleinstKapG	Kleine KapG	
Bilanzsumme	nicht notwendig	**400.000 EUR**	**380.000 EUR**	340.000 EUR	Kleine KapG
Umsatzerlöse		**780.000 EUR**	720.000 EUR	660.000 EUR	
Mitarbeiter		8	10	12	
Einordnung		Kleine KapG	Kleine KapG	KleinstKapG	

Zu weiteren vergleichbaren Anwendungsbeispielen § 267 Rz 12.

10 Hinsichtlich der Bestimmungen zur Anwendung der Schwellenwerte ist mit dem BilRUG die Ausnahme für die Berücksichtigung der aktivierten latenten Steuern bei der Ermittlung der Bilanzsumme in § 267a Abs. 1 Satz 2 HGB

---

[6] Vgl. *Reiner*, in MünchKomm. HGB, 3. Aufl., § 267 Rn 12. A. A. *Marx/Dallmann*, in *Baetge/Kirsch/Thiele*, Bilanzrecht, § 267 HGB, Rz. 53, Stand 9/2015.

gestrichen worden. Daher ist es spätestens[7] ab dem Gj 2015 nicht mehr irrelevant, ob die Befreiung von § 274a Nr. 4 HGB genutzt wird, latente Steuern nach § 274 HGB zu berechnen und ggf. die aktiven latenten Steuern, die sich auch aus Verlustvorträgen ergeben können, für die zu erwarten ist, dass sie in den fünf folgenden Gj genutzt werden. Sollte durch aktivierte latente Steuern ein Anstieg der Größenklasse und damit das Entfallen der Erleichterungs- und Befreiungsregeln für KleinstKapG drohen, kann die geforderte Stetigkeit durchbrochen werden, da dies als begründeter Ausnahmefall nach IDW RS HFA 38, Tz. 15 anzusehen ist (§ 252 Rz 140). Somit wäre das Aktivierungswahlrecht (§ 274 Rz 25 ff.) oder generell die Berechnung der latenten Steuern nach § 274 HGB (§ 274a Rz 11 ff.) nicht mehr zu nutzen. Damit kann mit abschlusspolitischen Maßnahmen aktiv der Wert der Bilanzsumme beeinflusst werden. Dabei muss lediglich auf die Reduktion der Aktiva geachtet werden – Ansatz- und Bewertungswahlrechte auf der Passivseite der Bilanz führen lediglich zu einer Verschiebung von EK und FK und beeinflussen die Bilanzsumme damit nicht (§ 267 Rz 14). Die Anwendung der Wahlrechte ist jedoch durch das Stetigkeitsgebot beschränkt, so dass ein jährliches Wechseln der Methoden zur (ausreichenden) Unterschreitung von mindestens zwei Werten alle zwei Jahre nicht möglich ist. Denkbar wäre aber eine derartige Strategie im Rahmen der sachverhaltensgestaltenden Maßnahmen.[8]

Es bleibt jedoch bei dem Nichteinbezug von auf der Aktivseite auszuweisenden Fehlbeträgen, wobei dies jedoch seit dem BilRUG nicht mehr direkt in § 267a Abs. 1 Nr. 1 HGB erwähnt wird. Stattdessen ergibt sich dies durch die Definition der Bilanzsumme in § 267 Abs. 4a HGB, auf den verwiesen wird. Darin wird geregelt, einen auf der Aktivseite ausgewiesenen Fehlbetrag i.d.S. § 268 Abs. 3 HGB nicht in die Bilanzsumme einzubeziehen.

> **Beispiel**
> **Sachverhaltensgestaltende Maßnahmen zur temporären Unterschreitung von Schwellenwerten**
> Eine KleinstKapG aus der Baubranche wächst im aktuellen Jahr durch mehrere Aufträge stark und wird am Jahresende erstmals alle drei Schwellenwerte nach § 267a Abs. 1 HGB überschreiten. Für die Zukunft wird eine Stagnation des Auftragsvolumens erwartet, so dass auch in den Folgejahren eine Überschreitung wahrscheinlich ist. Denkbar ist eine gezielte Verteilung der Umsatzerlöse auf die verschiedenen Gj durch entsprechende vertragliche Gestaltungen der abzuwickelnden Aufträge, d.h. Umsätze werden alle zwei Jahre vom 4. Quartal ins Folgejahr durch spätere Leistungserbringung und Abrechnung verschoben. In den dazwischenliegenden Jahren wird der Umsatz zusätzlich noch durch vertragliche Ausgestaltung der Verträge aus dem 1. Quartal des Folgejahrs vorgezogen ins laufende Gj. Zudem wird die Bilanzsumme durch den verstärkten Einsatz von operativen Leasingverträgen (Mietverträge) verringert. So könnte das Unt, welches in einer längeren Betrachtung die Größenkriterien für eine KleinstKapG überschreitet, doch

---

[7] Zur Übergangsvorschrift s. § 293 Rz 8.
[8] Zu weiteren Wahlrechte *Kirsch*, in *Federmann/Kußmaul/Müller*, HdB, Bilanzpolitik, Rz 1 ff., Stand 01/2017.

> weiter als KleinstKapG klassifiziert werden. Es ist allerdings sehr fraglich, ob für die Nutzung der Vorteile dieser Größenklasse der Aufwand sowie die Eingriffe in den Betriebsprozess und die Vertragsverhandlungen gerechtfertigt sind.

11 Die **Umsatzerlöse** berechnen sich nach § 277 Abs. 1 HGB (§ 275 Rz 45 ff.). Zur Problematik von RumpfGj wird auf die Ausführungen in § 267 Rz 18 verwiesen.

12 Hinsichtlich der **Ermittlung der durchschnittlichen Arbeitnehmerzahl** gelten die Regelungen des § 267 Abs. 5 HGB analog, wonach der Durchschnitt aus den jeweils zum Quartalsende Beschäftigten zu ermitteln ist (§ 267 Rz 19 ff.).

2.2 Informationsrechte für Arbeitnehmervertretungen

13 Die Erleichterungen gelten nur für die Aufstellung und Offen- bzw. Hinterlegung des Jahresabschlusses. Informations- und Auskunftsrechte der Arbeitnehmervertretungen dürfen dadurch nicht eingeschränkt werden. Nach § 1 BetrVG ist die Einrichtung eines Betriebsrats bereits ab fünf ständigen wahlberechtigten Arbeitnehmern, von denen drei wählbar sind, geboten. Allerdings ist die regelmäßige Vorlage des Jahresabschlusses an den Wirtschaftsausschuss gem. § 108 Abs. 5 HGB erst bei Unt mit mehr als 100 Arbeitnehmern notwendig (§ 106 Abs. 1 BetrVG). Dennoch hat der Arbeitgeber den Betriebsrat generell umfassend zur Erfüllung seiner Aufgaben zu unterrichten (§ 80 Abs. 2 BetrVG), wobei jedoch das Gesetz explizit nur die Liste der Bruttogehälter nennt.[9] Damit sind ggf. auch Bestandteile des Jahresabschlusses, die nicht offene- bzw. hinterlegt werden müssen (konkret die GuV), den betriebsverfassungsrechtlichen Organen zugänglich zu machen. Eine Aufstellung von Unterlagen nur für den Betriebsrat, hier etwa der Anhang, ist nicht notwendig. Allerdings hat der Arbeitgeber bestehende Nachfragen zu beantworten, da eine Erläuterungspflicht besteht.[10]

3 Grundsätzliche Übertragung der Erleichterungen für kleine Kapitalgesellschaften auf Kleinstkapitalgesellschaften (Abs. 2)

14 In Abs. 2 überträgt der Gesetzgeber die grundsätzliche Gültigkeit der Erleichterungen für kleine KapG auch auf die KleinstKapG, jedoch nur insoweit, wie nichts anderes geregelt ist. Die KleinstKapG sind somit eine Untergruppe der kleinen KapG und damit etwa nicht prüfungs- und lageberichterstellungspflichtig. Als zentrale Ausnahme kann die Regelung zur Zusammenfassung der oberen GuV-Positionen zum Rohergebnis nach § 276 HGB angesehen werden. Wird von der Erleichterung zur Aufstellung einer verkürzten GuV gem. § 275 Abs. 5 HGB Gebrauch gemacht, sind die Erleichterungen des § 276 HGB bzgl. der Verwendung der zusammengefassten Position „**Rohergebnis**" (§ 276 Rz 4 ff.) als Ausgangspunkt für die GuV obsolet. Hier verweist die Bundesregierung auf

---

[9] Vgl. *Thüsing*, in *Richardi*, Betriebsverfassungsgesetz, 12. Aufl., 2010, § 80, Rz. 78 ff.
[10] Vgl. *Annuß*, in *Richardi*, Betriebsverfassungsgesetz, 12. Aufl., 2010, § 108, Rz. 40 ff.

europäische Vorgaben,[11] die keine Kombination der Erleichterungen zulässt. Mit der Ergänzung um § 276 Satz 3 HGB, der KleinstKapG von der Anwendung des § 276 Satz 1–2 HGB ausschließt, wenn diese eine verkürzte GuV gem. § 275 Abs. 5 HGB aufstellen, wird diesbzgl. eine Klarstellung vorgenommen. Da auch die Bundesregierung davon ausgeht, dass die Finanzergebnisse bei diesen Unt nur eine untergeordnete Bedeutung haben,[12] bleibt damit die Wirkung dieser Erleichterung für KleinstKapG im Ergebnis in den meisten Fällen hinter der Erleichterung nach § 276 HGB für kleine KapG zurück, da die Information über Umsatzerlöse als deutlich relevanter einzustufen ist als die Aufgliederung der Finanzergebnisse. Da jede Erleichterung als Einzelwahlrecht konzipiert ist, können KleinstKapG sich auch bei Anwendung aller übrigen Erleichterungen für KleinstKapG hier für die GuV-Gliederung mit den für kleine KapG vorgesehenen Posten entscheiden.

4 Einschränkung der Anwendung (Abs. 3)

Mit Abs. 3 wird der Anwendungskreis für die Erleichterungen für bestimmte Unt eingeschränkt. Konkret fallen folgende Unt ab dem nach dem 31.12.2015 beginnenden Gj nicht mehr unter die KleinstKapG:[13] 15
- Investmentgesellschaften i.S.d. § 1 Absatz 11 des Kapitalanlagegesetzbuchs,
- Unternehmensbeteiligungsgesellschaften i.S.d. § 1a Absatz 1 des Gesetzes über Unternehmensbeteiligungsgesellschaften sowie
- Unternehmen, deren einziger Zweck darin besteht, Beteiligungen an anderen Unternehmen zu erwerben sowie die Verwaltung und Verwertung dieser Beteiligungen wahrzunehmen, ohne dass sie unmittelbar oder mittelbar in die Verwaltung dieser Unternehmen eingreifen, wobei die Ausübung der ihnen als Aktionär oder Gesellschafter zustehenden Rechte außer Betracht bleibt.

Grund hierfür ist, dass diese Gesellschaften häufig ein erhebliches Vermögen auf sich vereinen, gleichzeitig aber über keine oder kaum Umsätze verfügen und auch i.d.R. kein umfangreiches Personal aufweisen. Somit würden die Schwellenwerte bei den Umsatzerlösen (700.000 EUR) und den Mitarbeitern (10) regelmäßig unterschritten und die Ges. als KleinstKapG einzustufen sein.[14] Allerdings existieren schon vorher zumindest für **Investmentges.**, die als Investmentvermögen in den Rechtsformen einer Investment-AG oder Investment-KG auftreten können, und Unternehmensbeteiligungsgesellschaften, die nach Antrag von der zuständigen Behörde als solche anerkannte wurden, konkretisierende Aufstellungs-, Prüfungs- und Offenlegungsvorschriften.[15] So haben die Unternehmensbeteiligungsgesellschaften, die klein i.S.v. § 267 Abs. 1 HGB sind, mindestens die Regelungen für mittelgroße KapG zu beachten (§ 8 Abs. 1 UBGG).[16] Investment-AGs haben § 120 KAGB, die Investment-KGs § 135 KAGB zu beachten. Der Gesetzgeber wollte aber zur Verdeutlichung für alle Fälle unmit- 16

---

11 Vgl. MicroBilG, BT-Drs 17/11292 S. 18.
12 Vgl. MicroBilG, BT-Drs 17/11292 S. 18.
13 Vgl. *Marx/Dallmann*, in *Baetge/Kirsch/Thiele*, Bilanzrecht, § 267a HGB, Rz. 8 ff., Stand 9/2015.
14 Vgl. *Kolb/Roß*, WPg, 2014, S. 994.
15 Vgl. *Winkeljohann/Lawall*, in Beck Bil-Komm., 10. Aufl., 2016, § 267a HGB, Rz 13.
16 Zu materiellen Unterschieden vgl. *Henckel/Rummelspacher*, DB, 2015, Beilage 5, S. 37 ff.

17 telbar in § 267a HGB diese auf europäische Vorgaben beruhenden Ausnahmen von der Anwendung der Erleichterungen für KleinstKapG verankert wissen.[17]

17 Zusätzlich erfolgt eine Einschränkung für **Beteiligungsges.**, die die Erleichterungen für KleinstKapG nicht anwenden dürfen, auf Unt, deren einziger Zweck darin besteht, Beteiligungen an anderen Unt zu erwerben sowie die Verwaltung und Verwertung dieser Beteiligungen wahrzunehmen, ohne dass sie unmittelbar oder mittelbar in die Verwaltung dieser Unt eingreifen. Dabei bleiben die Eingriffsrechte, die ihnen nach dem Gesetz oder nach einem Vertrag in ihrer Eigenschaft als Aktionäre oder Gesellschafter zustehen außer Betracht. Typischer Anwendungsfall von § 267a Abs. 3 Nr. 3 HGB dürfte damit nach der Gesetzesbegründung eine Holding-KapG sein, sofern sie nicht bereits die Voraussetzungen des § 267a Abs. 3 Nr. 2 HGB erfüllt.[18] Die gesetzliche Forderung nach einem „einzigen Unternehmenszweck" ist zu relativieren auf einen vorherrschenden Unternehmenszweck.[19] Folge der als sinnvoll zu wertenden Gesetzesänderung in Form der Ausklammerung von Beteiligungsholdinggesellschaften von den Bilanzierungserleichterungen dürfte eine nicht unerhebliche Einschränkung des Anwendungsbereichs der Erleichterungsmöglichkeiten für KleinstKapG und damit eine stark verminderte Bedeutung für die Praxis sein.[20] Ausweg ist, dass die KapG sich nicht nur auf das Halten und Verwalten einer Beteiligung im eigenen Interesse beschränkt, sondern etwa nach Maßgabe des Gesellschaftsvertrags auch die Geschäftsführung für das andere Unt ausübt. Dann ist die Ausnahme von der Anwendung des § 267a HGB nicht anzuwenden und das Unt wird weiter als KleinstKapG zu behandeln sein. Zu beachten ist dabei, dass der Einfluss auf die Geschäftsführung auch tatsächlich vorgenommen wird und dass dieser über die Möglichkeiten der Eingriffsrechte als Aktionär oder Gesellschafter hinausgehen muss. Auch eine über die gesetzlichen Regelungen hinausgehend vertragliche Fixierung von Eingriffsrechten ist nach der BilRUG-Reg-E-Begr. dann nicht zu beachten, wenn sie als Vertrag aus der Stellung als Aktionär oder Gesellschafter entstanden ist.[21]

18 Fraglich ist, wann die Rechtsfolge hierfür eintritt. Analog zu den Regelungen im Rahmen der Schwellenwertbetrachtung wird eine retrospektive Anwendung zu fordern sein. Damit wären auch schon die zu vergleichenden Vj. nach den aktuellen gesetzlichen Regelungen einzuschätzen sein. Daher ist ein Unt, auf das die in § 267a Abs. 3 HGB bezeichneten Ausnahmen zutrifft, spätestens im Gj 2016 nicht mehr als KleinstKapG sondern – sofern keine Spezialvorschriften zur Anwendung kommen müssen – sofort und ohne eine Übergangsfrist als kleine KapG zu klassifizieren. Eine Nutzung von § 267 Abs. 4 über § 267a Abs. 1 HGB bez. der Möglichkeit einer um ein Jahr versetzten Rechtsfolge, ist hier ausgeschlossen. Somit können daraus Härten etwa bei der Ermittlung der notwendigen Vj.-Angaben für Bilanz und GuV bei dem dann anzuwendenden abweichenden verkürzten Schemata für kleine KapG entstehen (§ 265 Rz 10ff.).

---

17 Vgl. BilRUG-RegE, BR-Drs. 23/15, S. 72.
18 Vgl. BilRUG-RegE, BR-Drs. 23/15, S. 77.
19 Vgl. *Marx/Dallmann*, in *Baetge/Kirsch/Thiele*, Bilanzrecht, § 267a HGB, Rz. 9.5, Stand 9/2015.
20 Vgl. *Kolb/Roß*, WPg 2014, S. 995.
21 Vgl. BilRUG-RegE, BR-Drs. 23/15, S. 73.

5 Sanktionen

Der besondere Tatbestand der KleinstKapG ist in den Bußgeldvorschriften des § 334 HGB sowie mit zunächst in der Höhe unveränderter Festsetzung von Ordnungsgeldern nach § 335 HGB ergänzt worden. Konkret werden die Anwendung der Bewertung zum beizulegenden Zeitwert bei gleichzeitiger Nutzung der Erleichterungen für KleinstKapG als Ordnungswidrigkeit gem. § 334 Abs. 1 HGB eingestuft und die Hinterlegungspflicht ebenso wie die Offenlegungspflicht bußgeldbewehrt. In § 335 Abs. 6 HGB wird die Größenklasse der KleinstKapG in die Aufstellung der übrigen Größenklassen im Zusammenhang mit der Überprüfung der richtigen Größenklasseneinordnung integriert. Durch das Gesetz zur Änderung des Handelsgesetzbuchs vom 4.10.2013[22] wurden diese Mindestwerte für KleinstKapG i. S. v. § 267a HGB auf 500 EUR und für kleine KapG i. S. v. § 267 Abs. 1 HGB auf 1.000 EUR gesenkt. Außerdem kann nach § 335 Abs. 4 Satz 2 Nr. 4 HGB jeweils ein geringerer Betrag festgesetzt werden, wenn die Beteiligten die Sechswochenfrist nur geringfügig überschreiten (§ 335 Rz 42).

19

---

[22] BGBl 2013 I S. 3746.

§ 268 Vorschriften zu einzelnen Posten der Bilanz. Bilanzvermerke

(1) ¹Die Bilanz darf auch unter Berücksichtigung der vollständigen oder teilweisen Verwendung des Jahresergebnisses aufgestellt werden. ²Wird die Bilanz unter Berücksichtigung der teilweisen Verwendung des Jahresergebnisses aufgestellt, so tritt an die Stelle der Posten „Jahresüberschuß/Jahresfehlbetrag" und „Gewinnvortrag/Verlustvortrag" der Posten „Bilanzgewinn/Bilanzverlust"; ein vorhandener Gewinn- oder Verlustvortrag ist in den Posten „Bilanzgewinn/Bilanzverlust" einzubeziehen und in der Bilanz gesondert anzugeben. Die Angabe kann auch im Anhang gemacht werden.

(2) aufgehoben

(3) Ist das Eigenkapital durch Verluste aufgebraucht und ergibt sich ein Überschuß der Passivposten über die Aktivposten, so ist dieser Betrag am Schluß der Bilanz auf der Aktivseite gesondert unter der Bezeichnung „Nicht durch Eigenkapital gedeckter Fehlbetrag" auszuweisen.

(4) ¹Der Betrag der Forderungen mit einer Restlaufzeit von mehr als einem Jahr ist bei jedem gesondert ausgewiesenen Posten zu vermerken. ²Werden unter dem Posten „sonstige Vermögensgegenstände" Beträge für Vermögensgegenstände ausgewiesen, die erst nach dem Abschlußstichtag rechtlich entstehen, so müssen Beträge, die einen größeren Umfang haben, im Anhang erläutert werden.

(5) ¹Der Betrag der Verbindlichkeiten mit einer Restlaufzeit bis zu einem Jahr und der Betrag der Verbindlichkeiten mit einer Restlaufzeit von mehr als einem Jahr sind bei jedem gesondert ausgewiesenen Posten zu vermerken. ²Erhaltene Anzahlungen auf Bestellungen sind, soweit Anzahlungen auf Vorräte nicht von dem Posten „Vorräte" offen abgesetzt werden, unter den Verbindlichkeiten gesondert auszuweisen. ³Sind unter dem Posten „Verbindlichkeiten" Beträge für Verbindlichkeiten ausgewiesen, die erst nach dem Abschlußstichtag rechtlich entstehen, so müssen Beträge, die einen größeren Umfang haben, im Anhang erläutert werden.

(6) Ein nach § 250 Abs. 3 in den Rechnungsabgrenzungsposten auf der Aktivseite aufgenommener Unterschiedsbetrag ist in der Bilanz gesondert auszuweisen oder im Anhang anzugeben.

(7) Für die in § 251 bezeichneten Haftungsverhältnisse sind
1. die Angaben zu nicht auf der Passivseite auszuweisenden Verbindlichkeiten und Haftungsverhältnissen im Anhang zu machen,
2. dabei die Haftungsverhältnisse jeweils gesondert unter Angabe der gewährten Pfandrechte und sonstigen Sicherheiten anzugeben und
3. dabei Verpflichtungen betreffend die Altersversorgung und Verpflichtungen gegenüber verbundenen oder assoziierten Unternehmen jeweils gesondert zu vermerken.

(8) ¹Werden selbst geschaffene immaterielle Vermögensgegenstände des Anlagevermögens in der Bilanz ausgewiesen, so dürfen Gewinne nur ausgeschüttet werden, wenn die nach der Ausschüttung verbleibenden frei verfügbaren Rücklagen zuzüglich eines Gewinnvortrags und abzüglich eines Verlustvortrags mindestens den insgesamt angesetzten Beträgen abzüglich

der hierfür gebildeten passiven latenten Steuern entsprechen. ²Werden aktive latente Steuern in der Bilanz ausgewiesen, ist Satz 1 auf den Betrag anzuwenden, um den die aktiven latenten Steuern die passiven latenten Steuern übersteigen. ³Bei Vermögensgegenständen im Sinn des § 246 Abs. 2 Satz 2 ist Satz 1 auf den Betrag abzüglich der hierfür gebildeten passiven latenten Steuern anzuwenden, der die Anschaffungskosten übersteigt.

Prof. Dr. Inge Wulf

Inhaltsübersicht	Rz
1 Inhalt und Anwendungsbereich.	1–4
1.1 Inhalt	1–3
1.2 Anwendungsbereich	4
2 Bilanzaufstellung nach teilweiser und vollständiger Ergebnisverwendung (Abs. 1)	5–12
2.1 Ausweisvarianten und Begriffsbestimmung	5–7
2.2 Eigenkapitaldarstellung (Abs. 1 Satz 2)	8–12
2.2.1 Teilweise Ergebnisverwendung	8–9
2.2.2 Vollständige Ergebnisverwendung.	10–12
3 Entwicklung des Anlagevermögens (Abs. 2)	13
4 Nicht durch Eigenkapital gedeckter Fehlbetrag (Abs. 3)	14–17
5 Angabeverpflichtungen für Forderungen (Abs. 4)	18–28
5.1 Fälligkeiten (Abs. 4 Satz 1)	18–24
5.2 Antizipative Posten (Abs. 4 Satz 2)	25–28
6 Angabeverpflichtungen für Verbindlichkeiten (Abs. 5)	29–38
6.1 Fälligkeiten	29–32
6.2 Erhaltene Anzahlungen auf Bestellungen	33–36
6.3 Antizipativer Posten	37–38
7 Aktiviertes Disagio (Abs. 6)	39–41
8 Haftungsverhältnisse (Abs. 7)	42–49
9 Ausschüttungssperre (Abs. 8)	50–56
10 Sanktionen	57

1 Inhalt und Anwendungsbereich

1.1 Inhalt

Die Vorschrift liefert ergänzende Angabe- und Ausweisverpflichtungen zu einzelnen gem. § 266 HGB aufzuführenden Bilanzposten einschl. der in § 251 HGB anzugebenden Haftungsverhältnisse. Die einzelnen Bestimmungen fordern teilweise zusätzliche Angaben, z.T. aber auch Angaben, die wahlweise in der Bilanz oder im Anhang zu machen sind. 1

Im Einzelnen umfasst § 268 HGB folgende Sachverhalte: Abs. 1 erlaubt die Bilanz wahlweise unter Berücksichtigung der vollständigen oder teilweisen Verwendung des Jahresergebnisses zu erstellen. Abs. 2 aF ist durch das BilRUG 2 weggefallen; Regelungen zum Anlagespiegel sind in § 284 Abs. 2 HGB enthalten. Abs. 3 regelt den bilanziellen Ausweis eines aus Verlusten resultierenden Überschusses der Passiv- über die Aktivseite. Gem. Abs. 4 Satz 1 ist bei jedem gesondert ausgewiesenen Forderungsposten ein Vermerk der Forderungen mit einer Restlaufzeit von über einem Jahr anzubringen. Nach Abs. 4 Satz 2 müssen die in den sonstigen Vermögensgegenständen enthaltenen sog. antizipativen Beträge im Anhang erläutert werden, sofern sie einen größeren Umfang haben. Für jeden ausgewiesenen Verbindlichkeitsposten sind nach Abs. 5 Satz 1 der Betrag mit einer Restlaufzeit bis zu einem Jahr und der Betrag der Verbindlichkeiten mit einer Restlaufzeit von mehr als einem Jahr anzugeben; zusammen mit den in § 285 Nrn. 1 und 2 HGB geforderten Angaben zur Fristigkeit und zu Sicherheiten erscheint der Ausweis eines Verbindlichkeitengitters/-spiegels sinnvoll. Nach Abs. 5 Satz 2 sind erhaltene Anzahlungen auf Bestellungen unter den Verbindlichkeiten gesondert zu erfassen oder alternativ offen von den Vorräten abzusetzen. Nach Abs. 5 Satz 3 besteht eine Erläuterungspflicht für Verbindlichkeiten im Anhang, die rechtlich erst nach dem Abschlussstichtag entstehen und deren Beträge einen größeren Umfang haben. Abs. 6 enthält ein Wahlrecht, ein gem. § 250 Abs. 3 HGB aktiviertes Disagio wahlweise in der Bilanz gesondert auszuweisen oder im Anhang anzugeben. Gem. Abs. 7 muss für die in § 251 HGB geregelten Haftungsverhältnisse jeweils ein gesonderter Ausweis im Anhang unter der Nennung gewährter Pfandrechte und sonstiger Sicherheiten erfolgen sowie jeweils ein gesonderter Vermerk von Verpflichtungen betreffend Altersversorgung und Verpflichtungen gegenüber verbundenen oder assoziierten Unternehmen aufgeführt werden. Abs. 8 regelt die Ausschüttungs- und Abführungssperre für Erträge, die aus der Ansatzpflicht bzw. dem Ansatzwahlrecht bestimmter Aktiva und aus der Bewertung bestimmter VG zum beizulegenden Zeitwert resultieren.

3 **Zweck** der in § 268 HGB geforderten ergänzenden Angabeverpflichtungen bzw. Ausweiswahlrechte ist die Konkretisierung des durch § 266 HGB vorgegebenen Bilanzinhalts. Gleichzeitig verbessern die damit gebotenen Informationen aus Sicht der Bilanzadressaten den Einblick in die wirtschaftliche Lage von Unt.

1.2 Anwendungsbereich

4 Die Bestimmungen des § 268 HGB sind von KapG/KapCoGes zwingend anzuwenden. Sie gelten weiterhin für die dem § 5 Abs. 1 Satz 2d PublG unterliegenden Unt. Darüber hinaus müssen eG nach § 336 Abs. 2 HGB, Kreditinstitute und Finanzdienstleistungsinstitute sowie VersicherungsUnt und Pensionsfonds nach § 340a Abs. 1 HGB bzw. § 341a Abs. 1 HGB diese Vorschrift umsetzen. Allerdings müssen die beiden Letztgenannten statt des Abs. 4 Satz 1 und des Abs. 5 Satz 1 die §§ 340a Abs. 2 Satz 1 bzw. 341a Abs. 2 Satz 1 HGB beachten und bestimmte Formblätter u. a. Vorschriften anwenden.
Kleinen Ges. ermöglicht § 274a HGB Befreiungen bei der Anwendung von Abs. 4 Satz 2, Abs. 5 Satz 3 und Abs. 6 HGB.[1] Diese Vorschriften gelten ebenso wie das Gliederungsschema der Bilanz gem. § 266 HGB auch für Konzerne.

---

[1] Vgl. *Marx/Dallmann*, in *Baetge/Kirsch/Thiele*, Bilanzrecht, § 268 HGB Rz 3, Stand 3/2016.

2 Bilanzaufstellung nach teilweiser und vollständiger Ergebnisverwendung (Abs. 1)

2.1 Ausweisvarianten und Begriffsbestimmung

Das in Abs. 1 genannte **Ausweiswahlrecht** erweitert das in § 266 Abs. 3 Buchst. A HGB bzw. § 264c Abs. 2 HGB dargestellte Grundschema für die Eigenkapitalgliederung und erlaubt zusätzlich die Aufstellung der Bilanz unter Berücksichtigung der teilweisen oder vollständigen Ergebnisverwendung. Das bilanzierende Unt hat somit die folgenden drei Aufstellungsmöglichkeiten:[2]

- **vor** Verwendung des Jahresergebnisses,
- **nach teilweiser** Verwendung des Jahresergebnisses und
- **nach vollständiger** Verwendung des Jahresergebnisses.

Das HGB selbst gibt keine Definition des Begriffs „**Ergebnisverwendung**". Die Ergebnisverwendung umfasst grds. alle Transaktionen, die finanzielle Vorteile für die Gesellschafter bringen oder die unmittelbar Nutzenvorteile der Ges. bedeuten. Typische Beispiele für Maßnahmen der Ergebnisverwendung sind die Gewinnausschüttungen an Gesellschafter, die Einstellung in und Auflösung von Gewinnrücklagen, die Auflösung der Kapitalrücklage sowie der i. d. R. aus diesen Maßnahmen resultierende Gewinnvortrag. Dazu zählen auch Gewinnausschüttungen, für die bereits vor der Aufstellung der Bilanz ein Gesellschafterbeschluss zur Ergebnisverwendung vorlag. Demnach handelt es sich um alle Maßnahmen, die vom Jahresüberschuss/Jahresfehlbetrag zum Bilanzgewinn/Bilanzverlust überleiten.[3] Strittig ist, ob Zahlungen einer Vorabdividende bei einer AG zur Gewinnverwendung gehören. Da die Vorabdividende sich auf den Bilanzgewinn des laufenden Gj bezieht, liegt eine Gewinnverwendung vor.[4]

Bei den hier zu erfassenden Maßnahmen muss es sich immer um Ergebnisverwendungen handeln, die bereits beschlossen wurden und bei der Aufstellung des Jahresabschlusses noch zu berücksichtigen sind. Beispielsweise erfüllt die Verwendung eines Bilanzgewinns dieses Kriterium nicht und ist somit **keine Verwendung des Jahresergebnisses** i. S. v. Abs. 1.[5] Auch die Ergebnisübernahme aufgrund eines Ergebnisabführungsvertrags oder ähnlicher Regelungen in Satzung oder Gesellschaftsvertrag gehören nicht zur Ergebnisverwendung. Diese Ansprüche oder Verpflichtungen sind als Aufwand oder Ertrag zu buchen (§ 277 Abs. 3 Satz 2 HGB). Alle ergebnisabhängigen Beträge (z. B. Tantiemen, bestimmte Steuern) sind als Aufwand zu buchen und zählen somit zum Bereich der Ergebnisermittlung und nicht der Ergebnisverwendung.

Die Ergebnisverwendung kann gem. § 275 Abs. 4 HGB auch in der **GuV** dargestellt werden, indem die Gliederung um entsprechende Posten erweitert und der „Jahresüberschuss" zum „Bilanzgewinn" übergeleitet wird. **AG** sind nach

---

2 Zur praktischen Verbreitung s. *Kreipl/Lange/Müller* in Haufe HGB Bilanz Kommentar Erfahrungsbericht BilMoG, 2012, Rz 228 ff.
3 Vgl. *Knop/Dyck/Hayn*, in *Küting/Pfitzer/Weber*, HdR, HGB § 268 Rz 5, Stand 7/2016; *Reiner/Haußer*, in MünchKomm., HGB, 3. Aufl., § 268 Rz 3.
4 Vgl. *Eder*, BB 1994, S. 1261; *Marx/Dallmann*, in Baetge/Kirsch/Thiele, Bilanzrecht, § 268 HGB Rz 23, Stand 3/2016.
5 Vgl. BFH, Urteil v. 16.12.1998, II R 60/96, BStBl 1999 II S. 162, unter II.3; ADS, 6. Aufl., § 268 HGB Rz 15.

§ 158 Abs. 1 AktG verpflichtet, eine Gewinnverwendungsrechnung in der GuV oder im Anhang abzubilden. Wenngleich § 275 Abs. 4 HGB und § 268 Abs. 1 HGB in ihrer Ausübung unabhängig voneinander sind, sollte in der Bilanz stets der Posten ausgewiesen werden, mit dem die GuV endet. Wenn in der Bilanz ein Bilanzgewinn ausgewiesen wird, sollte auch die GuV mit einem Bilanzgewinn enden. Wenn dennoch diesbezüglich Abweichungen in Bilanz und GuV auftreten sollten, ist ein Hinweis im Anhang zu empfehlen (§ 275 Rz 262).[6]

2.2 Eigenkapitaldarstellung (Abs. 1 Satz 2)

2.2.1 Teilweise Ergebnisverwendung

8 Ergebnisanteile, die ausgeschüttet werden sollen, sind im Eigenkapital auszuweisen, bis eine Gewinnverwendungsentscheidung getroffen wird. Erfolgt die Aufstellung der Bilanz nach teilweiser Verwendung des Jahresergebnisses, so sind die Eigenkapitalposten „Jahresüberschuss/Jahresfehlbetrag" und „Gewinnvortrag/Verlustvortrag" durch den Posten **„Bilanzgewinn/Bilanzverlust"** zu ersetzen. Der Bilanzgewinn/-verlust ist die Summe aus Jahresüberschuss/-fehlbetrag und Gewinn-/Verlustvortrag abzgl. der Ergebnisverwendung.[7] Nach dem Wortlaut des Gesetzes ist der in den „Bilanzgewinn/Bilanzverlust" einzubeziehende „Gewinn- oder Verlustvortrag" in der Bilanz auszuweisen, wobei weiterhin eine diesbezügliche Angabe im Anhang zulässig ist.

Der **Jahresüberschuss/-fehlbetrag** spiegelt das Ergebnis des aktuellen Gj wider, während der **Gewinn-/Verlustvortrag** die unverwendeten Ergebnisanteile aus Vorperioden darstellt. Bei Aufstellung des Jahresabschlusses nach teilweiser Ergebnisverwendung zeigt der Bilanzgewinn/-verlust die zur Ausschüttung vorgeschlagenen Ergebnisanteile.[8]

Aufstellung des Jahresabschlusses ...	

(1) ... ohne Berücksichtigung der Verwendung des Jahresergebnisses	A. Eigenkapital
	   I. Gezeichnetes Kapital
	   II. Kapitalrücklagen
	   III. Gewinnrücklagen
	   IV. Gewinnvortrag/Verlustvortrag
	   V. Jahresüberschuss/-fehlbetrag

(2) ... unter Berücksichtigung der teilweisen Verwendung des Jahresergebnisses	A. Eigenkapital
	   I. Gezeichnetes Kapital
	   II. Kapitalrücklagen
	   III. Gewinnrücklagen
	   IV. Bilanzgewinn/Bilanzverlust

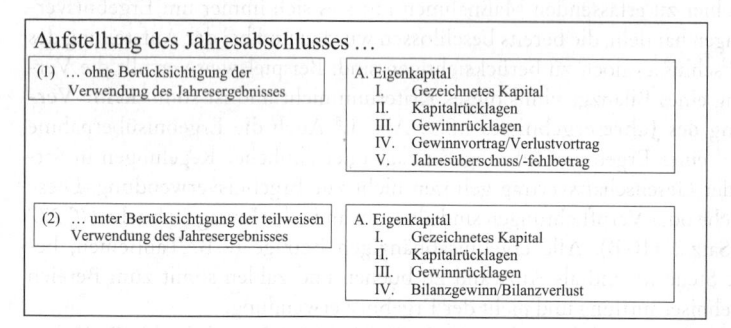

Abb. 1: Gliederung des EK vor und nach teilweiser Ergebnisverwendung[9]

9 Eine teilweise Ergebnisverwendung im Rahmen der Bilanzaufstellung muss immer dann vorgenommen werden, „wenn gesetzliche oder satzungsmäßige bzw. gesellschaftsvertragliche Verpflichtungen oder Ermächtigungen zur Ein-

---

[6] Vgl. *Grottel/Waubke*, in Beck Bil-Komm., 10. Aufl., 2016, § 268 HGB Rz 3.
[7] Vgl. *Knop*, DB 1986, S. 549.
[8] Vgl. ADS, 6. Aufl., § 268 HGB Rz 27.
[9] Vgl. z. B. *Knop*, DB 1986, S. 549; *Harms/Küting*, DB 1983, S. 1451 sowie *Küting*, BB 1998, S. 887 ff. (für den Konzernabschluss).

stellung in Gewinnrücklagen bzw. Auflösung von Gewinn- und Kapitalrücklagen bestehen und dadurch nicht die gesamte Ergebnisverwendung der Beschlussfassung der Haupt- bzw. der Gesellschafterversammlung entzogen ist."[10] Beispielsweise zählen § 58 Abs. 2, 2a, § 150 Abs. 1–4 AktG und § 29 Abs. 4 GmbHG zu den gesetzlichen Vorschriften, die eine teilweise Ergebnisverwendung vorsehen oder vorschreiben, sodass das Ausweiswahlrecht in diesen Fällen nicht greift.

Bei einer kleinen GmbH kann die GesV schon vor Ende des Gj eine Vorabausschüttung auf den erwarteten Gewinn beschließen. Falls der zu einem späteren Zeitpunkt festgestellte und endgültige Jahresabschluss keinen Gewinn in ausreichender Höhe ergibt, entsteht ein Rückforderungsanspruch der Ges. gegenüber den Gesellschaftern. Dagegen handelt es sich bei einer Vorabdividende, über die die Geschäftsführung beschließt, nicht um einen Ergebnisverwendungstatbestand. In diesem Fall liegt eine Vorauszahlung auf den Gewinnverwendungsbeschluss vor, sodass die Auszahlung unter Vorbehalt des am Stichtag zu ermittelnden Jahresergebnisses steht.[11]

Bei **KapCoGes** sind gem. § 264c Abs. 2 Sätze 3 und 6 HGB die Gewinne bzw. Verluste, die auf die Gesellschafter entfallen, den jeweiligen Kapitalanteilen zuzuschreiben. Daraus resultiert im Regelfall eine Bilanzaufstellung nach vollständiger Ergebnisverwendung.[12] In der Praxis erfolgt die Aufstellung nach vollständiger Ergebnisverwendung regelmäßig nur bei Verlusten gegen den Kapitalanteil (Verlustsonderkonten). Gewinne sind zumeist entnahmefähig und werden daher als Verbindlichkeit erfasst. Eine Aufstellung nach teilweiser Ergebnisverwendung ist bei PersG sehr selten und nur gegeben, wenn der Gesellschaftsvertrag für die Gewinnverwendung einen Beschluss der GesV fordert, der zur Bilanzaufstellung noch nicht vorliegt, oder wenn ein Beschluss vorliegt, einen Teil des Ergebnisses unverwendet zu belassen oder vorzutragen.[13]

> **Beispiel**[14]
> Das EK einer GmbH umfasst ein gezeichnetes Kapital von 150.000 EUR, einen Verlustvortrag von 30.000 EUR und einen Jahresüberschuss von 80.000 EUR. Für die Verwendung des Jahresüberschusses ergeben sich folgende drei Alternativen:
> 1. teilweiser Ausgleich des Verlustvortrags um 15.000 EUR
> 2. vollständiger Ausgleich des Verlustvortrags
> 3. Ausgleich des Verlustvortrags und Dotierung der Gewinnrücklage
>
> In Fall 1 und 2 erfolgt jeweils der Ausweis eines Bilanzgewinns i. H. v. 50.000 EUR. In Fall 1 kann – bei einer Ergebnisverwendung von 30.000 EUR für den Ausgleich des Verlustvortrags – in der Bilanz kein Jahresüberschuss von 50.000 EUR ausgewiesen werden, da der Jahresüberschuss lt. GuV und der Bilanzausweis übereinstimmen müssen (Rz 7). Somit stimmen teilweise und vollständige Ergebnisverwendung inhaltlich und im

---

10 *Marx/Dallmann*, in *Baetge/Kirsch/Thiele*, Bilanzrecht, § 268 HGB Rz 29, Stand 3/2016.
11 Vgl. *Hoffmann/Lüdenbach*, NWB-Kommentar Bilanzierung, 8. Aufl., 2017, § 268 Rz 45 ff.
12 Vgl. IDW, IDW RS HFA 7, WPg 2002, S. 1262.
13 Vgl. *Grottel/Waubke*, in Beck Bil-Komm., 10. Aufl., 2016, § 268 HGB Rz 5; *Kanitz, Graf von*, WPg 2003, S. 334, sowie *Hoffmann*, DStR 2000, S. 842.
14 Vgl. *Hoffmann/Lüdenbach*, NWB-Kommentar Bilanzierung, 8. Aufl., 2017, § 268 Rz 22.

Ausweis des Bilanzgewinns innerhalb des EK überein. Es ergibt sich für beide Alternativen folgender Buchungssatz:

Konto	Soll	Haben
Jahresüberschuss (1. und 2. Fall)	80.000	
Verlustvortrag		30.000
Bilanzgewinn		50.000

Im Fall 3 wird bei vollständigem Ausgleich des Verlustvortrags und Gewinnthesaurierung eine Gewinnrücklage i. H. v. 50.000 EUR ausgewiesen. Hier ergibt sich folgender Buchungssatz:

Konto	Soll	Haben
Jahresüberschuss	80.000	
Verlustvortrag		30.000
Gewinnrücklage		50.000

2.2.2 Vollständige Ergebnisverwendung

10 Bei einer Bilanzaufstellung unter Berücksichtigung der vollständigen Ergebnisverwendung verbleibt im Rahmen der Ergebnisverwendung weder ein Bilanzgewinn noch ein Bilanzverlust. Beispielsweise können Gewinnabführungen, Erträge aus Verlustausgleich, das Ausgleichen eines Jahresfehlbetrags durch Auflösen von Rücklagen oder die Deckung eines Verlustvortrags durch einen Jahresüberschuss eine Aufstellung nach vollständiger Ergebnisverwendung bedingen.

11 Voraussetzung der vollständigen Ergebnisverwendung ist, dass aufgrund von gesetzlichen oder gesellschaftsvertraglichen Vorschriften bzw. Verpflichtungen eine **endgültige Ergebnisverwendung** für die bilanzierenden Organe als beschlossen gilt, was sich bspw. aus entsprechenden Gesellschafterbeschlüssen ergibt. Wird bei einer GmbH vor Aufstellung und Feststellung des Jahresabschlusses ein Beschluss über die Gewinnverwendung gefasst, ist die Beschlussfassung als bindend anzusehen. In der Folge gilt das komplette Jahresergebnis als verwendet. Das Ausweiswahlrecht greift daher nicht. Ein Ausweiswahlrecht nach Abs. 1 ist gegeben, wenn eine Ermächtigung der Gesellschafter über eine vorgesehene Gewinnausschüttung vorliegt, ohne dass daraus eine bindende Wirkung für die Bilanzaufstellung folgt.[15] Der Eigenkapitalausweis ist bei vollständiger Ergebnisverwendung i. d. R. wie folgt vorzunehmen:

nach vollständiger Ergebnisverwendung	A. Eigenkapital
	  I. Gezeichnetes Kapital
	  II. Kapitalrücklagen
	  III. Gewinnrücklagen

Abb. 2: Gliederung des Eigenkapitals nach vollständiger Ergebnisverwendung

---

[15] Vgl. *Marx/Dallmann*, in *Baetge/Kirsch/Thiele*, Bilanzrecht, § 268 HGB Rz 32, Stand 3/2016.

Falls sich im Rahmen der Bilanzaufstellung nach vollständiger Gewinnverwendung ein auf das folgende Gj vorzutragender **Restgewinn** ergibt, ist „IV. Bilanzgewinn" (Vortrag auf neue Rechnung) zu ergänzen. Ein Ausweis unter dem Posten „Gewinnvortrag/Verlustvortrag" ist nicht zulässig, da sich dieser auf das Vj. bezieht. Aus Gründen der Klarheit ist für solche Vorgänge eine Anhangangabe erforderlich.[16]
Bei **KapCoGes** stellt der Ausweis des EK nach vollständiger Ergebnisverwendung den Regelfall dar (§ 264c Rz 13 ff.).

3 Entwicklung des Anlagevermögens (Abs. 2)

Das bisher in § 268 Abs. 2 HGB verankerte Wahlrecht, die Angaben zum Anlagenspiegel entweder in der Bilanz oder im Anhang auszuweisen, ist entsprechend der Vorgabe in Art. 17 Abs. 1 Buchst. a der EU-Richtlinie durch das BilRUG gestrichen worden. Zukünftig sind die Angaben gem. § 284 Abs. 3 HGB im Anhang ergänzt um weitere Angaben zu Abschreibungen zu machen (§ 284 HGB).

4 Nicht durch Eigenkapital gedeckter Fehlbetrag (Abs. 3)

Unabhängig von ihrer Größenklasse müssen **KapG** ggf. einen Posten „Nicht durch Eigenkapital gedeckter Fehlbetrag" gesondert als letzten Posten auf der Aktivseite ausweisen, wenn das EK durch Überschüsse der Aufwendungen über die Erträge aufgebraucht ist und somit ein Überschuss der Passiv- über die Aktivposten vorliegt. Auf diese Weise wird der Ausweis eines negativen Eigenkapitalsaldos verhindert. Der Posten stellt lediglich einen rechnerischen Gegenposten zum EK und keinen VG dar und darf nicht mit dem Jahresfehlbetrag bzw. dem Bilanzverlust des laufenden Gj verwechselt werden. Der Fehlbetrag kann wie folgt ermittelt werden:[17]

Beispiel	
Gezeichnetes Kapital	450.000
+ Kapitalrücklagen	+ 100.000
+ Gewinnrücklagen	+ 50.000
./. Verlustvortrag	./. 390.000
./. Jahresfehlbetrag	./. 240.000
= Nicht durch EK gedeckter Fehlbetrag	30.000

Der Posten darf nicht weiterentwickelt werden, sondern es ist an jedem Bilanzstichtag zu prüfen, ob eine buchmäßige Überschuldung vorliegt und der Ausweis

---

[16] Vgl. *Grottel/Waubke*, in Beck Bil-Komm., 10. Aufl. 2016, § 268 HGB Rz 9; *Marx/Dallmann*, in *Baetge/Kirsch/Thiele*, Bilanzrecht, § 268 HGB Rz 33, Stand 3/2016.
[17] Vgl. *Winnefeld*, Bilanz-Handbuch, 2010, Kap. F, Rz 590.

des Postens „Nicht durch Eigenkapital gedeckter Fehlbetrag" weiterhin bestehen bleibt. Ist im laufenden Gj der Ausweis eines solchen Postens nicht mehr notwendig, ist in der Bilanz ein ggf. im Vj. festgestellter Fehlbetrag in der Vorjahresspalte auszuweisen (§ 265 Abs. 1 HGB).

16 Der Posten dient als Indikator für das Vorliegen einer bilanziellen Überschuldung, die keinesfalls mit einer insolvenzrechtlichen Überschuldung (§ 19 Abs. 1, 2 InsO) gleichzusetzen ist, da der gem. Abs. 3 ausgewiesene Fehlbetrag lediglich die buchmäßige Überschuldung darstellt und nicht auf die Zeitwerte der VG und Schulden abstellt.[18] Bei Vorliegen einer bilanziellen Überschuldung sind erläuternde Angaben im Anhang zu machen (§ 264 Abs. 2 i. V. m. § 289 Abs. 1, 2 Nr. 2 HGB).[19]

17 Bei einer KapCoGes treten an die Stelle des gezeichneten EK die Kapitalanteile der Gesellschafter; bei einer KGaA sind die Kapitalanteile in einem gesonderten Posten (Kapitalanteil der phG) auszuweisen (§ 286 Abs. 2 S. 1 AktG). Übersteigt der auf einen **phG** entfallende Verlust seinen Kapitalanteil und besteht eine Zahlungsverpflichtung des Gesellschafters zum Verlustausgleich, so muss der Differenzbetrag auf der Aktivseite unter dem Posten „Einzahlungsverpflichtungen persönlich haftender Gesellschafter" gesondert unter den Forderungen ausgewiesen werden (§ 264c Abs. 2 Satz 4 HGB, § 286 Abs. 2 Satz 3 AktG). Für den Fall, dass keine Zahlungsverpflichtung besteht, muss der Betrag als „Nicht durch Vermögenseinlagen gedeckter Verlustanteil persönlich haftender Gesellschafter" ausgewiesen werden. Die Regelungen gelten analog auch für publizitätspflichtige Personengesellschaften (§ 5 Abs. 1 PublG).[20]

Bei **Kommanditisten** einer KapCoGes sind negative Kapitalanteile unter dem Posten „Nicht durch Vermögenseinlagen gedeckte Verlustanteile/Entnahmen von Kommanditisten" am Schluss der Aktivseite auszuweisen, falls im Gesellschaftsvertrag keine Verpflichtung enthalten ist, den Differenzbetrag auszugleichen. Es ist verboten, eine Saldierung mit positiven Kapitalanteilen anderer Kommanditisten oder phG vorzunehmen. Falls ein entsprechender Aktivposten für Letztere besteht, so müssen beide Posten gesondert ausgewiesen werden.[21] Eine Forderung muss als „Einzahlungsverpflichtungen für Kommanditisten" ausgewiesen werden, wenn sein Kapitalanteil geringer als der auf ihn entfallende Verlust ist und eine Einzahlungsverpflichtung vorliegt. Selbiges gilt, wenn der Kommanditist Gewinnanteile entnimmt und sein Kapitalanteil durch Verlust unter den Betrag seiner getätigten Einlage sinkt.

5 Angabeverpflichtungen für Forderungen (Abs. 4)

5.1 Fälligkeiten (Abs. 4 Satz 1)

18 Für große und mittelgroße KapG/KapCoGes muss gem. § 266 Abs. 3 HGB der Posten „**Forderungen und sonstige Vermögensgegenstände**" wie folgt unterteilt werden:

---

[18] Vgl. BGH, Urteil v. 8.1.2001, II ZR 88/99, BGHZ 146 S. 264, unter I.2.a.
[19] Vgl. *Kajüter/Winkler*, KoR 2003, S. 217ff.
[20] Vgl. *Marx/Dallmann*, in *Baetge/Kirsch/Thiele*, Bilanzrecht, § 268 HGB Rz 64–65, Stand 3/2016.
[21] Vgl. *Theile*, BB 2000, S. 556f.

- Forderungen aus L&L
- Forderungen gegen verbundene Unternehmen
- Forderungen gegen Unternehmen, mit denen ein Beteiligungsverhältnis besteht
- Sonstige Vermögensgegenstände

Zusätzlich ist nach Abs. 4 Satz 1 zu jedem gesondert ausgewiesenen Posten der Betrag der Forderung mit einer **Restlaufzeit von mehr als einem Jahr** als „Davon"-Vermerk in der Bilanz oder im Anhang kenntlich zu machen.[22]

Von dieser **Vermerkungspflicht** sind auch die Forderungen betroffen, die in einem anderen Posten wie z. B. „Sonstige Vermögensgegenstände" ausgewiesen sind, oder Forderungen gegenüber Gesellschaftern einer GmbH. Durch den getrennten Ausweis von kurzfristigen Mitteln, die innerhalb des auf den Abschlussstichtag folgenden Jahres zufließen, und den erwarteten Zahlungseingängen außerhalb eines Einjahres-Zeitraums soll der Bilanzleser einen besseren Einblick in die Liquiditäts- und Finanzlage des Unt erhalten. Aus der Regelung folgt, dass Forderungen, die im AV erfasst wurden, nicht einzubeziehen sind, weil grds. nicht von einem kurzfristigen Mittelzufluss ausgegangen werden kann.

19

Wenn unter den Forderungen des UV weitere Posten pflichtgemäß separat auszuweisen sind oder das Gliederungsschema durch Hinzufügen weiterer Posten freiwillig erweitert wird (§ 265 Abs. 5 HGB), gilt die Vermerkpflicht der Restlaufzeit auch für diese Posten. Dabei kann es sich bspw. handeln um:
- eingeforderte Nachschüsse von GmbH-Gesellschaftern (§ 266 Rz 87),
- Einzahlungsverpflichtungen von Komplementären einer KGaA (§ 266 Rz 86),
- Forderungen gegen GmbH-Gesellschafter und Komplementäre einer KGaA (§ 266 Rz 85),
- Forderungen aus Factoring.

20

Falls eine **kleine Ges.** die Erleichterungsmöglichkeiten von § 266 Abs. 1 Satz 3 HGB in Anspruch nimmt und lediglich den Posten „Forderungen und sonstige Vermögensgegenstände" ausweist, so ist es ausreichend, wenn sie lediglich den Gesamtbetrag der Forderungen mit einer Restlaufzeit von mehr als einem Jahr angibt, weil sich die gesetzliche Regelung ausdrücklich auf „gesondert ausgewiesene Posten" bezieht.[23] Analog ist in der Bilanz nur die Restlaufzeit für zusammengefasste Forderungsbeträge anzugeben, wenn gem. § 265 Abs. 7 HGB Posten zusammengefasst wurden; jedoch ist im Anhang eine Aufgliederung der zusammengefassten Posten mit den Restlaufzeitenvermerken vorzunehmen.

21

Nach § 265 Abs. 2 Satz 1 HGB sind **Vorjahresbeträge** für Bilanzvermerke nicht explizit anzugeben, sodass Restlaufzeiten für Vorjahreswerte handelsrechtlich nicht zwingend zu benennen sind. Dennoch ist eine solche Angabe für Vorjahreswerte zu empfehlen und in der Praxis auch anzutreffen.[24]

22

Hinsichtlich der **Bestimmung der Restlaufzeit** ist der Zeitraum zwischen dem Abschlussstichtag und dem Tag des voraussichtlichen Forderungseingangs maßgeblich. Zahlungen, für die ursprünglich ein langfristiges Zahlungsziel vereinbart

23

---

22 Zur praktischen Umsetzung s. *Kreipl/Lange/Müller* in Haufe HGB Bilanz Kommentar Erfahrungsbericht BilMoG, 2012, Rz 90ff.
23 Vgl. *Marx/Dallmann*, in Baetge/Kirsch/Thiele, Bilanzrecht, § 268 HGB Rz 73, Stand 3/2016.
24 Vgl. *Matschke*, in *Hofbauer/Kupsch*, § 268 HGB, Rz 102.

worden ist und die nun aber binnen eines Jahrs nach dem Abschlussstichtag getätigt werden, sind somit nicht mehr vermerkpflichtig. Umgekehrt aber müssen Zahlungen vermerkt werden, wenn unerwarteterweise die Zahlungen erst nach mehr als einem Jahr zu erwarten sind. Insofern muss das Unt schätzen, bei welchen Forderungen innerhalb eines Jahres nach dem Abschlussstichtag mit einem Zahlungseingang zu rechnen ist und bei welchen wiederum nicht. Das Schätzen der Restlaufzeit ist vorsichtig und nach jedem Abschlussstichtag erneut vorzunehmen. Dabei ist eher zu lang als zu kurz zu schätzen, damit die Liquiditätslage des Unt nicht zu positiv dargestellt wird.[25]

24 Falls Forderungen durch **Ratenzahlungen** beglichen werden, so ist nur auf den Teilbetrag abzustellen, der nach Ablauf des nächsten Gj getilgt wird. Insofern muss bspw. bei Leasinggeschäften die über ein Jahr hinausgehende Gesamtforderung um die Raten gekürzt werden, die innerhalb der nächsten zwölf Monate eingehen werden. Bei der Ermittlung der Restlaufzeit ist auf den Nennbetrag der Forderung abzustellen, der ggf. um **Einzel- oder Pauschalwertberichtigungen** oder Abzinsungen anzupassen ist.[26] Falls eine wertberichtigte Forderung nur teilweise binnen der nächsten zwölf Monate fällig ist, muss der Forderungswert gem. dem Verhältnis der Nominalbeträge der Teilforderungen auf die beiden Zeiträume aufgeteilt werden.[27]

5.2 Antizipative Posten (Abs. 4 Satz 2)

25 Gem. Abs. 4 Satz 2 besteht für die unter den sonstigen VG ausgewiesenen Vermögensgegenstände eine Erläuterungspflicht im Anhang, sofern diese rechtlich erst nach dem Abschlussstichtag entstehen (antizipative Posten) und einen größeren Umfang haben.

Antizipative Posten sind Ausdruck der periodengerechten Erfolgsermittlung. Es handelt sich hierbei um künftige Einzahlungen, die im ablaufenden Gj bereits realisiert wurden, deren Erträge nach dem Realisationsprinzip aber erst im nächsten Gj zu buchen sind. Als Beispiele werden bis zum Bilanzstichtag entstandene Zinserträge und Miet- und Pachterträge genannt.

> **Beispiel**
> Ein Unt hat eine Festgeldanlage bei einer Bank, die halbjährlich abrechnet. Die Zinszahlungen erfolgen jeweils am 30.9. und am 31.3.; Bilanzstichtag ist der 31.12.
> Rechtlich entsteht die Zinsforderung für die Abrechnung im Frühjahr erst am 31.3. Am 31.12. grenzt das Unternehmen aber die dem Geschäftsjahr zuzurechnende Zinszahlung als „sonstigen Vermögensgegenstand" ab.

Diese Erläuterungspflicht bezieht sich auf die in den sonstigen VG enthaltenen (antizipativen) **Forderungen**, die als **sonstige Forderungen** ausgewiesen werden.

---

[25] Vgl. *Marx/Dallmann*, in *Baetge/Kirsch/Thiele*, Bilanzrecht, § 268 HGB Rz 74, Stand 3/2016.
[26] Vgl. *Böcking/Sittmann-Haury*, BB 2003, S. 198; *Grottel/Waubke*, in Beck Bil-Komm., 10. Aufl., 2016, § 268 HGB Rz 28.
[27] Vgl. *Knop/Zander*, in *Küting/Pfitzer/Weber*, HdR, HGB § 268 Rz 200, Stand 10/2010.

Eine Erläuterungspflicht ist nur geboten, wenn es sich um Beträge handelt, die einen **größeren Umfang** haben. Falls innerhalb der sonstigen VG mehrere antizipative Posten enthalten sind, so ist auf den Gesamtbetrag abzustellen. Im Gesetz finden sich keine Anhaltspunkte dafür, was unter „größerem Umfang" zu verstehen ist. Ausschlaggebend ist daher der Grundsatz der Wesentlichkeit. Als Bezugsgröße fungiert zunächst der Posten „Sonstige Vermögensgegenstände". Falls dieser Posten betragsmäßig sehr gering ausfällt, sind auch die weiteren Forderungsposten heranzuziehen.[28] 26

Antizipative Posten, die am Abschlussstichtag rechtlich noch nicht entstanden und bei größerem Umfang im Anhang zu erläutern sind, sind selten. 27

> **Beispiel**[29]
> Bestimmte Steuererstattungsansprüche (KSt, GewSt), die erst mit Ablauf des Kj. entstehen, deren Bemessungsgrundlage bereits bei Auflauf eines davor endenden abweichenden Wirtschaftsjahrs verwirklicht ist, können als antizipative Posten angesehen werden. Die Höhe ist erst nach Abgabe der Steuererklärung gewiss. Gleiches gilt für Vorsteueransprüche, für die es noch keine Rechnungen gibt,[30] und Investitionszulagen wie auch Rückzahlungsansprüche aus Steuerminderungen (§ 37 Abs. 2 Satz 2 KStG). Auch erwartete Umsatzprämien ohne Rechtsanspruch sind erläuterungspflichtig.

Abs. 4 Satz 2 fordert lediglich, dass die Beträge im **Anhang** zu erläutern sind, wohingegen eine quantitative Angabe nicht verlangt wird. Diese Angabe kann aber freiwillig erfolgen und erscheint sinnvoll. Gleiches gilt für die Angabe von Vorjahreswerten. 28
Kleine KapG sind von dieser Erläuterungspflicht im Anhang befreit (§ 274a Nr. 2 HGB).

6 Angabeverpflichtungen für Verbindlichkeiten (Abs. 5)

6.1 Fälligkeiten

Abs. 5 Satz 1 schreibt vor, dass der Betrag für jeden innerhalb der Verbindlichkeiten auszuweisenden Posten (§ 266 Abs. 3 HGB) mit einer Restlaufzeit bis zu einem Jahr und mit einer Restlaufzeit von mehr als einem Jahr zu vermerken ist.[31] Grundsätzlich ist diese Angabe in der Bilanz zu machen (Rz 31). Zweck dieser Vorschrift ist es, die kurzfristigen Liquiditätsabflüsse aus dem Bestand an Verbindlichkeiten zum Abschlussstichtag gesondert erkennbar zu machen. Ausgenommen von dieser Regelung sind erhaltene Anzahlungen auf Bestellungen, da diese zunächst nur Liefer- oder Leistungsverpflichtungen begründen und noch keine unmittelbaren Zahlungsverpflichtungen darstellen.[32] Falls die Erfül- 29

---

[28] Vgl. ADS, 6. Aufl., § 268 HGB Rz 107.
[29] Vgl. *Grottel/Waubke*, in Beck Bil-Komm., 10. Aufl., 2016, § 268 HGB Rz 32.
[30] BFH, Urteil v. 12.5.1993, BStBl II S. 786.
[31] Zur praktischen Umsetzung s. *Kreipl/Lange/Müller* in Haufe HGB Bilanz Kommentar Erfahrungsbericht BilMoG, 2012, Rz 320ff.
[32] Vgl. *Marx/Dallmann*, in Baetge/Kirsch/Thiele, Bilanzrecht, § 268 HGB Rz 81, Stand 3/2016.

lung der Liefer- oder Leistungsverpflichtung ausbleibt, entsteht eine Rückzahlungsverpflichtung und der Betrag ist in den Posten „Sonstige Verbindlichkeiten" umzugliedern. In diesem Fall sind Angaben zur Restlaufzeit erforderlich.

30 **Kleine Ges.** müssen die Untergliederung des Postens „Verbindlichkeiten" nicht vornehmen. Folglich ist bei Inanspruchnahme dieses Ausweiswahlrechts die Restlaufzeit für den Gesamtbetrag der ausgewiesenen Verbindlichkeiten zu vermerken.
Mittelgroße und große Ges. müssen zusätzlich für jeden einzelnen Posten der Verbindlichkeiten die jeweiligen Teilbeträge mit einer **Restlaufzeit von mehr als fünf Jahren** im Anhang darstellen (§ 285 Nr. 1a, 2 HGB), wenn sie sich nicht aus der Bilanz ergeben. Kleine Ges. haben die Angaben wiederum nur bezogen auf den Gesamtbetrag vorzunehmen (§ 288 HGB).

31 Der für mittelgroße und große Ges. vorgeschriebene Ausweis der in der Bilanz auszuweisenden Restlaufzeiten jedes einzelnen Verbindlichkeitspostens bis zu einem Jahr, mehr als einem Jahr und über fünf Jahren kann durch einen „Davon"-Vermerk in der Bilanz erfolgen. Zur Verbesserung der Übersichtlichkeit können alle Angaben in einem **Verbindlichkeitenspiegel** im Anhang zusammengefasst werden (§ 285 Rz 7 ff.).[33] Eine Angabe von Vorjahreswerten ist nicht vorgeschrieben, aber zu empfehlen (Rz 22).

Beispiel
Die tabellarische Darstellung eines Verbindlichkeitenspiegels kann – unter Berücksichtigung der geforderten Angaben gem. § 285 Nr. 1 und 2 HGB – wie folgt aussehen:[34]

Art	Restlaufzeit			Summe	Sicherheiten	
	< 1 Jahr	1–5 Jahre	> 5 Jahre		Art	Betrag
…						

32 Verbindlichkeiten sind als fällig anzusehen, wenn sie aufgrund vertraglicher oder gesetzlicher Regelungen zu einem bestimmten Zeitpunkt zu zahlen sind. Bei der Ermittlung der Restlaufzeit ist der Zeitpunkt maßgeblich, an dem der Gläubiger die Forderung frühestens fällig stellen kann. Dabei wird die **Restlaufzeit** als der Zeitraum zwischen dem Abschlussstichtag und dem vertraglich oder gesetzlich bestimmten Fälligkeitstag angesehen. Lässt sich dieser nicht eindeutig bestimmen, so muss der Gläubiger unter Beachtung des Vorsichtsprinzips eine Schätzung vornehmen.[35]

6.2 Erhaltene Anzahlungen auf Bestellungen

33 Gem. Abs. 5 Satz 2 besteht ein **Wahlrecht**, erhaltene Anzahlungen auf Bestellungen entweder offen von den Vorräten abzusetzen oder gesondert unter den

---

[33] Vgl. *Göllert*, BB 1984, S. 1849–1850; *Hoffmann*, BB Beilage 1/1983, S. 10, sowie ADS, 6. Aufl., § 268 HGB Rz 113.
[34] Zu praktischen Bsp. s. *Kreipl/Lange/Müller* in Haufe HGB Bilanz Kommentar Erfahrungsbericht BilMoG, 2012, Rz 389.
[35] Vgl. *Marx/Dallmann*, in *Baetge/Kirsch/Thiele*, Bilanzrecht, § 268 HGB Rz 81.2, Stand 3/2016.

Verbindlichkeiten auszuweisen. Die vielfach kritisch betrachtete offene Absetzung der erhaltenen Anzahlungen von den Vorräten ist weiterhin erlaubt, da dieses Wahlrecht in Anhang III Passiva, Buchst. C. Nr. 3 der Bilanzrichtlinie 2013/34/EU verankert ist. Dieses Ausweiswahlrecht ist ein beliebtes Instrument, z. B. bei Maschinenbauunternehmen, um i. S. d. Größenkriterien i. S. v. § 267 HGB die Bilanzsumme zu senken und gleichzeitig eine höhere Eigenkapitalquote zu erreichen.

Mit dem gesonderten **Ausweis unter Verbindlichkeiten** wird die erfolgsneutrale Erfassung eines schwebenden Geschäfts erreicht. Erst wenn die Erfüllung dieses Geschäfts nicht mehr erfolgt, entsteht eine Rückzahlungsverpflichtung und es muss eine Umgliederung in die sonstigen Verbindlichkeiten erfolgen. Als Abgrenzung zu den passiven RAP ist die fehlende zeitraumbezogene Gegenleistung der erhaltenen Anzahlungen zu sehen, die sich über den Abschlussstichtag erstrecken. 34

Die Verrechnung mit den Vorräten stellt eine Ausnahme vom Saldierungsverbot (§ 246 Abs. 2 HGB) dar und führt zu einem Informationsverlust. Dies wird dadurch kompensiert, dass zwingend eine **offene Absetzung** erfolgen muss und damit die Erkennbarkeit gewährleistet ist. Eine Verrechnung mit den Vorräten darf nur vorgenommen werden, wenn Bestände ausgewiesen werden, die den Anzahlungen zuzurechnen sind. Entsprechend ist auch bei erhaltenen Anzahlungen von Dienstleistungsunternehmen zu verfahren. 35

Abs. 5 Satz 2 ist für **kleine KapCoGes** nicht relevant, wenn diese gem. § 266 Abs. 1 Satz 3 HGB eine verkürzte Bilanz aufstellen. Da die Verbindlichkeiten zusammengefasst ausgewiesen werden, kann ein gesonderter Ausweis der erhaltenen Anzahlungen unterbleiben. Wenn ein Ausweis unter den Vorräten gewählt wird, sind die Anzahlungen offen abzusetzen.[36] 36

6.3 Antizipativer Posten

Gem. § 268 Abs. 5 Satz 3 HGB müssen Verbindlichkeiten, die **rechtlich erst nach dem Abschlussstichtag entstehen** (antizipative Verbindlichkeiten) und einen größeren Umfang haben, im Anhang erläutert werden. **Kleine Ges.** sind nach § 274a Nr. 3 HGB von dieser Angabepflicht befreit. Das Kriterium der rechtlichen Entstehung der Verbindlichkeit erst nach dem Abschlussstichtag stellt ein Problem dar, weil die rechtliche Entstehung überhaupt erst den bilanziellen Ausweis einer Verbindlichkeit ermöglicht. 37

Bei antizipativen Posten ist die rechtliche Entstehung bereits gegeben und nur die Fälligkeit steht noch aus. Somit können sie nicht von dieser Erläuterungspflicht betroffen sein. Falls die rechtliche Entstehung einer Verbindlichkeit ungewiss ist, so ist ein Ausweis als Rückstellung zu prüfen, womit ebenfalls keine Vermerkpflicht gem. Abs. 5 Satz 3 verbunden ist.[37] 38

---

[36] Vgl. *Weirich/Zimmermann*, AG 1986, S. 268 f.
[37] Vgl. *Schubert*, in Beck Bil-Komm., 10. Aufl., 2016, § 268 HGB Rz 42; *Marx/Dallmann*, in *Baetge/Kirsch/Thiele*, Bilanzrecht, § 268 HGB Rz 87, Stand 3/2016.

7 Aktiviertes Disagio (Abs. 6)

39 Abs. 6 fordert einen **gesonderten Ausweis** des Disagios in der Bilanz unter den aktiven RAP oder im Anhang, falls von dem Aktivierungswahlrecht für ein Disagio (§ 250 Abs. 3) Gebrauch gemacht wird. Für eG (§ 336 Abs. 2 HGB) und dem PublG unterliegende Personengesellschaften (§ 5 Abs. 1 PublG) sowie Kreditinstitute (§ 340e Abs. 2 HGB) und Versicherungen (§ 341c HGB) existieren rechtsform- oder branchenspezifisch vergleichbare, z.T. weitergehende Vorschriften. Diese Regelung gilt gem. § 274a HGB nicht für **kleine KapCoGes**.[38]

40 Mit dem Ausweiswahlrecht des Abs. 6 wird die Regelung des § 250 Abs. 3 HGB erweitert und die Inanspruchnahme des Wahlrechts erkennbar. Eine überbetriebliche Vergleichbarkeit kann dennoch nicht erreicht werden, wenn andere Unt die sofortige Aufwandsverrechnung wählen, da in diesem Fall keine quantitativen Angaben geboten sind.

41 Der **Ausweis in der Bilanz** kann entweder durch Verwendung eines „Davon"-Vermerks oder durch eine Untergliederung des RAP (§ 265 Abs. 5 HGB) erfolgen. Es ist keine bestimmte Bezeichnung des Postens im Gesetz vorgeschrieben; Bezeichnungen wie „Disagio" oder „Damnum" sind üblich. Existieren mehrere Disagio-Beträge aus verschiedenen Auszahlungs- oder Rückzahlungsdisagios, so können diese für den Ausweis unter den RAP in einem Betrag zusammengefasst werden; es ist nicht erforderlich, jeden Betrag einzeln auszuweisen.[39]

Bei einem **Ausweis im Anhang** ist eine Angabe im Zusammenhang mit den Erläuterungspflichten (§ 284 Abs. 2 Nr. 1 HGB) sinnvoll. In diesem Fall ist die Höhe des insgesamt abgegrenzten Unterschiedsbetrags mit Hinweis auf § 250 Abs. 3 HGB zu zeigen und in den Folgejahren zu wiederholen (§ 284 Rz 39).

Wenn eine Änderung der Bilanzierungs- und Bewertungsmethode vorgenommen wurde, ist im ersten Jahr hierauf im Anhang hinzuweisen (§ 284 Abs. 2 Nr. 3 HGB).

8 Haftungsverhältnisse (Abs. 7)

42 Nach Abs. 7 haben KapG/KapCoGes für die in § 251 HGB bezeichneten Haftungsverhältnisse die Angaben zu nicht auf der Passivseite auszuweisenden Verbindlichkeiten und Haftungsverhältnisse nun noch im Anhang zu machen (Abs. 7 Nr. 1). Dabei sind die Haftungsverhältnisse jeweils gesondert unter Angabe der gewährten Pfandrechte und sonstigen Sicherheiten anzugeben (Abs. 7 Nr. 2) sowie Verpflichtungen betreffend Altersversorgung und Verpflichtungen gegenüber verbundenen und assoziierten Unternehmen gesondert zu vermerken (Abs. 7 Nr. 3).

Die Angaben sind von dem PublG unterliegenden Unt zu machen (§ 5 Abs. 1 Satz 2 PublG). Banken (§ 340a HGB) müssen die Vorgaben in Abs. 7 ebenso wie Versicherungen (§ 341a HGB) uneingeschränkt beachten. EKfl und reine PersG, die dem PublG unterliegen, müssen die Haftungsverhältnisse zwangsläufig unter der Bilanz ausweisen, da sie gem. § 5 Abs. 2 Satz 1 PublG keinen Anhang erstellen müssen.

---

[38] Vgl. *Grottel/Waubke*, in Beck Bil-Komm., 10. Aufl., 2016, § 268 HGB Rz 45.
[39] Vgl. ADS, 6. Aufl., § 268 HGB Rz 121 f.

Grundsätzlich gilt die Angabepflicht des Abs. 7 auch für **kleine Ges** i. S. d. § 267 Abs. 1 HGB. Allerdings müssen diese ihre Verbindlichkeiten nicht gem. § 266 Abs. 3 C 1–8 HGB aufgliedern (§ 266 Rz 142 ff.), sodass auch ein gesonderter Ausweis der Haftungsverhältnisse nach Abs. 7 Nr. 2 und Nr. 3 nicht gefordert werden kann. Auch Kleinstgesellschaften müssen keinen Anhang erstellen und die Angaben zu Haftungsverhältnissen unter der Bilanz machen; auch sie brauchen keine Untergliederung vornehmen (§ 266 Abs. 1 Satz 4 HGB).[40]

Bei Haftungsverhältnissen handelt es sich um **eine einseitige vertragliche Verpflichtung gegenüber Dritten**, die aufgrund eines Ereignisses, das von Unt nicht kontrollierbar ist, mit einer Vermögensbelastung verbunden sein kann. Die Inanspruchnahme ist am Bilanzstichtag hingegen wenig wahrscheinlich.[41] Folgende in § 251 HGB genannten Haftungsverhältnisse müssen **gesondert aufgeführt** werden (zu Einzelheiten s. § 251 Rz 12, 15, 21 und 39): 43

- Verbindlichkeiten aus der Begebung und Übertragung von Wechseln,
- Verbindlichkeiten aus Bürgschaften, Wechsel- und Scheckbürgschaften,
- Verbindlichkeiten aus Gewährleistungsverträgen sowie
- Haftungsverhältnisse aus der Bestellung von Sicherheiten für fremde Verbindlichkeiten.

Zweck dieser Angabe ist es, die Informationsbereitstellung über in der Bilanz nicht passivierungsfähige Verpflichtungen zu verbessern, damit die Interessenten des Jahresabschlusses das unternehmerische Risikopotenzial besser erkennen können. Ergänzend sind gem. § 285 Nr. 27 HGB bzw. § 314 Abs. 1 Nr. 19 HGB (für Konzernabschlüsse) im Anhang die Gründe der Einschätzung des Risikos der Inanspruchnahme für nach § 251 HGB unter der Bilanz ausgewiesene Verbindlichkeiten und Haftungsverhältnisse anzugeben. Abs. 7 fordert lediglich die Angabe der in § 251 HGB bezeichneten Haftungsverhältnisse, jeweils gesondert im Anhang. 44

Der gesonderte Ausweis verlangt die Angabe des jeweiligen Betrags. Es ist der **volle Haftungsbetrag** und nicht der Betrag der wahrscheinlichen Inanspruchnahme anzugeben. Wenn dieser nicht sicher quantifiziert werden kann, muss eine Schätzung des Betrags vorgenommen werden. Ist dies auch nicht möglich, ist das bestehende nicht quantifizierbare Haftungsverhältnis unter der Bilanz oder im Anhang zu erläutern. 45

Nach Abs. 7 Nr. 2 ist jeweils eine gesonderte Angabe der Haftungsverhältnisse unter Nennung der gewährten Pfandrechte und sonstigen Sicherheiten gefordert. Zu den **Pfandrechten und sonstigen Sicherheiten** zählen Grundpfandrechte (Grund- und Rentenschulden, Hypotheken), Pfandrechte an beweglichen Sachen und Rechten, Zessionen und Sicherungsübereignungen, Sicherheitsabtretungen vor Forderungen und Rechten sowie Eigentumsvorbehalte. Allerdings kann bspw. bei branchen-, betriebs- oder verkehrsüblichen Eigentumsvorbehalten eine Einbeziehung in die Angaben entfallen. Es ist ausreichend, wenn zu den Haftungsverhältnissen die Art der Pfandrechte und Sicherheiten als betragsmäßiger „Davon"-Vermerk genannt werden (Rz 49). 46

---

40 Vgl. zur hM *Grottel/Haußer*, in Beck Bil-Komm., 10. Aufl., 2016, § 268 HGB Rz 50 f.; *Marx/Dallmann*, in *Baetge/Kirsch/Thiele*, Bilanzrecht, § 268 HGB Rz 106, Stand 3/2016.
41 Vgl. *Fey*, WPg 1992, S. 4.

47 Nach Abs. 7 Nr. 3 sind **Verpflichtungen betreffend Altersversorgung und Verpflichtungen gegenüber verbundenen und assoziierten Unt** ebenfalls gesondert zu vermerken, d. h., bei jedem der in § 251 HGB genannten Haftungsverhältnisse muss der Betrag gesondert genannt werden, der auf Verpflichtungen betreffend Altersversorgung und gegenüber verbundenen und assoziierten Unt entfällt. Dies kann als „Davon"-Vermerk erfolgen (Rz 49).
Die Angabepflicht betreffend **Altersversorgungsverpflichtungen** wurde durch das BilRUG gem. Art. 16 Abs. 1 Buchst. d der RL 2013/34/EU ergänzt. Angabepflichtig sind Haftungen für Altersversorgungsverpflichtungen bei Betriebsübergang gem. § 613a BGB.[42]
Dagegen unterliegen nicht passivierte Pensionsverpflichtungen (Art. 28 Abs. 1 EGHGB) bereits der speziellen Angabepflicht des Art. 28 Abs. 2 EGHGB, die im Zuge des BilRUG nicht gestrichen wurde. Entsprechend dieser bereits bisher nötigen Angabe unterliegen zuvor nach Art. 28 Abs. 2 EGHGB angabepflichtige Sachverhalte nicht der Angabepflicht des Abs. 7. Gleiches gilt z. B. für Subsidiärhaftung bei alternativen Durchführungsformen der betrieblichen Altersversorgung.[43]

48 Die **Verpflichtungen gegenüber verbundenen und assoziierten Unternehmen** erstrecken sich auf die vier genannten Arten von Haftungsverhältnissen (Rz 43), für die jeweils der Betrag und ggf. vorhandene Sicherheiten gesondert anzugeben sind. Diese Angabe bezieht sich auf die bestehenden Haftungsverhältnisse gegenüber verbundenen und assoziierten Unternehmen, nicht auf die zugunsten dieser Unt eingegangenen Haftungsverhältnisse.[44]
So sind beim MU im Einzelabschluss bei bestehenden Bürgschaften oder Patronatserklärungen gegenüber TU oder assoziierten Unt die Angaben nach Abs. 7 zu machen, nicht aber im Einzelabschluss des TU oder assoziierten Unt.[45]
Der Jahresabschluss einer **GmbH** hat zusätzlich **Verbindlichkeiten gegenüber den Gesellschaftern** in der Bilanz gesondert auszuweisen oder alternativ im Anhang aufzuführen. Nr. 7 fordert auch die Erfassung und den gesonderten Ausweis von Haftungsverbindlichkeiten gegenüber GmbH-Gesellschaftern.[46] Falls es sich bei dem Gesellschafter um ein verbundenes Unt handelt, so ist ein Mitzugehörigkeitsvermerk anzubringen. Analog müssen haftungsbeschränkte PersG gem. § 264c Abs. 1 HGB ihre Verbindlichkeiten gegenüber Gesellschaftern gesondert benennen.[47]

49 Die Darstellung unterliegt dem Stetigkeitsgebot gem. § 265 Abs. 1 HGB. Obwohl gem. § 265 Abs. 2 und 8 HGB **Vorjahresangaben** nur für Posten „in" der Bilanz anzugeben sind, ist eine Vorjahresangabe zu empfehlen,[48] „um Veränderungen des Haftungsvolumens als Vorboten einer Passivierung erkennbar zu machen".[49]

---

42 *Grottel/Haußer*, in Beck Bil-Komm., 10. Aufl., 2016, § 268 HGB Rz 54f.
43 Vgl. *Grottel/Haußer*, in Beck Bil-Komm., 10. Aufl., 2016, § 268 HGB Rz 55; *Fink/Theile*, DB 2015, S. 755; *Wulf*, DStZ 2015, S. 827.
44 Vgl. *Grottel/Haußer*, in Beck Bil-Komm., 10. Aufl., 2016, § 268 HGB Rz 56.
45 Vgl. *Hoffmann/Lüdenbach*, NWB-Kommentar Bilanzierung, 8. Aufl., 2017, § 268 Rz 153f.
46 Vgl. *Reiner/Haußer*, in MünchKomm. HGB, 3. Aufl., § 268 Rz 44.
47 Vgl. *Grottel/Haußer*, in Beck Bil-Komm., 10. Aufl., 2016, § 268 HGB Rz 58.
48 Vgl. *Marx/Dallmann*, in *Baetge/Kirsch/Thiele*, Bilanzrecht, § 268 HGB Rz 106, Stand 3/2016.
49 *Reiner/Haußer*, in MünchKomm. HGB, 3. Aufl., § 268 Rz 41.

Zusätzlich zum Vermerk nach Nr. 7 müssen Ges. auch nach § 285 Nr. 9c (§ 285 Rz 69ff.) über bestimmte Haftungsverhältnisse, die zugunsten der Mitglieder des Geschäftsführungsorgans, eines Aufsichtsrats, eines Beirates oder einer ähnlichen Einrichtung eingegangen wurden, im Anhang berichten. Eine Verknüpfung dieser doppelten Angabepflicht kann durch einen „Davon"-Vermerk oder einen gesonderten Zusatz erfolgen. Aus Übersichtlichkeitsgründen ist eine Darstellung in **tabellarischer Form** zu empfehlen, aus der jeweils Art und Betrag der Haftungsverhältnisse und der gewährten Sicherheiten sowie jeweils die Beträge gegenüber verbundenen und assoziierten Unt wie auch aus Altersversorgungsverpflichtungen enthalten sind. Zudem könnte eine Spalte „Begründung" angefügt werden, um die Angabepflichten des § 285 Nr. 27 HGB zu erfüllen.[50]

9 Ausschüttungssperre (Abs. 8)

Abs. 8 wurde aufgrund des Vorsichtsprinzips und i.S.d. Gläubigerschutzes im Zuge des BilMoG ergänzt, um eine Ausschüttung i.H.d. noch nicht realisierten Erträge aus der Aktivierung bestimmter Vermögensposten oder aus der Bewertung bestimmter Aktiva zum beizulegenden Zeitwert jeweils abzgl. der hierfür gebildeten passiven latenten Steuern zu vermeiden. Im Einzelnen betrifft die **Ausschüttungssperre** Erträge, die aus den folgenden Bilanzierungsvorschriften resultieren:[51]

50

1. Nutzung des Ansatzwahlrechts für selbst geschaffene immaterielle VG des AV (§ 248 Rz 10ff.);
2. Nutzung des Ansatzwahlrechts für aktive latente Steuern (§ 274 Rz 119ff.), Ausnahme: kleine Gesellschaften (§ 274a Nr. 5 HGB) sowie
3. Buchgewinne aus aktivierten Vermögensgegenständen i.S.d. § 246 Abs. 2 Satz 2 HGB, die der Erfüllung von Schulden aus Altersversorgungsverpflichtungen und ähnlichen Verpflichtungen dienen (§ 246 Rz 104ff.).

Ausschüttungsgesperrt sind die jeweiligen Beträge der drei genannten Posten. Allerdings sind bei Posten Nr. 1 und 3 die gebildeten (nicht notwendigerweise ausgewiesenen) passiven latenten Steuern abzuziehen.
Zudem dürfen Gewinne nach § 253 Abs. 6 HGB nur ausgeschüttet werden, wenn die nach der Ausschüttung verbleibenden frei verfügbaren Rücklagen zuzüglich eines Gewinnvortrags und abzüglich eines Verlustvortrags mindestens dem Unterschiedsbetrag zwischen dem Bilanzansatz der **Rückstellungen für Pensionen und ähnliche Verpflichtungen** (bewertet mit einem Durchschnittszinssatz auf Basis der letzten zehn Jahre) und einer Bewertung mit dem Durchschnittszinssatz der letzten sieben Geschäftsjahre entsprechen. Auch in § 272 Abs. 5 HGB ist die Bildung einer ausschüttungsgesperrten Rücklage vorgeschrieben, sofern der auf eine Beteiligung entfallende Teil des Jahresüberschusses in der GuV die erhaltene oder rechtswirksam beschlossene Dividende oder den Gewinnanteil übersteigt. Ebenso schreibt § 30 GmbHG eine Ausschüttungssperre vor, wonach Auszahlungen an die Gesellschafter verboten sind, die zur Erhaltung des Stammkapitals erforderlich sind.

---

50 Vgl. *Grottel/Haußer*, in Beck Bil-Komm., 10. Aufl., 2016, § 268 HGB Rz 53; *Hoffmann/Lüdenbach*, NWB-Kommentar Bilanzierung, 8. Aufl., 2017, § 268 Rz 155.
51 Vgl. *Lanfermann/Röhricht*, DStR 2009, S. 1216.

51 Zentraler **Zweck** der Ausschüttungssperre ist es, Erträge, die noch nicht realisiert sind, nicht an Anteilseigner auszuschütten bzw. abzuführen. Die Ausschüttungssperre stellt damit eine Verbindung von der informationsorientierten zur ausschüttungsorientierten Bilanzdarstellung dar.[52] Sofern selbst geschaffene immaterielle VG des AV und aktive latente Steuern – jeweils unter Nutzung des Ansatzwahlrechts – in der Bilanz ausgewiesen werden, darf der Gewinn nicht vollständig ausgeschüttet werden. Gleiches gilt bei einer Durchbrechung des Realisationsprinzips, wenn bei einer Zeitwertbilanzierung von Zweckvermögen für Verpflichtungen gegenüber Arbeitnehmern die Erhöhungen der Vermögensposition noch nicht durch den Umsatzakt realisiert wurden.

52 Abs. 8 steht in Zusammenhang mit der in § 285 Nr. 28 HGB geforderten Aufgliederung des ausschüttungsgesperrten Gesamtbetrags in Erträge aus der Aktivierung selbst geschaffener immaterieller Anlagen und latenter Steuern wie auch aus der Bewertung von aktivierten VG zum beizulegenden Zeitwert. Die **Anhangangaben** dienen somit als Erl. zur Regelung des Abs. 8, um die Zusammensetzung des Gesamtbetrags für Bilanzleser nach der Herkunft erkennbar und nachvollziehbar machen zu können.[53]

53 Die Ausschüttungssperre gilt nur für **KapG und KapCoGes**. Bei unbeschränkter Haftung ergäbe sich für Unt keine praktische Konsequenz.[54] Allerdings haften **Kommanditisten** einer KG nicht unbeschränkt, vielmehr ist deren Haftung auf die Einlage beschränkt (§ 172 Abs. 1 HGB). Dementsprechend wurde § 172 Abs. 4 HGB so ergänzt und kodifiziert, dass im Hinblick auf eine stärker informationsorientierte Bilanzierung Erträge im Jahresüberschuss ausgewiesen sein können, die nach Abs. 8 ausschüttungs- bzw. nach § 301 AktG abführungsgesperrt sind. Bei KG gibt es keine strengen Entnahmegrenzen, jedoch ist ein Wiederaufleben der Haftung des Kommanditisten möglich, sofern ein Kommanditist Gewinne entnimmt und sein Kapitalanteil durch Verluste unter den Betrag der geleisteten Einlage herabgemindert ist oder durch die Entnahme unter diesen Betrag herabgemindert wird. Zur Beantwortung der Frage nach dem Wiederaufleben der Haftung des Kommanditisten sind ausschüttungs- und abführungsgesperrte Erträge i.S.d. Abs. 8 nicht zu berücksichtigen. Klarstellend wurde § 172 Abs. 4 HGB um den Satz ergänzt, dass bei der Berechnung des Kapitalanteils Beträge i.S.d. Abs. 8 nicht zu berücksichtigen sind.[55] Damit wurde auf die Kritik reagiert,[56] dass der mit der Ausschüttungssperre für KapG bezweckte Gläubigerschutz bei der Ermittlung der wiederauflebenden Haftung des Kommanditisten fehle.

54 Gewinne dürfen bei den genannten Bilanzierungssachverhalten nur in der Höhe ausgeschüttet werden, dass die nach der Ausschüttung verbleibenden frei verfügbaren Rücklagen zzgl. eines Gewinnvortrags und abzgl. eines Verlustvortrags mindestens den aktivierten Beträgen der genannten Positionen – abzgl. der hierfür gebildeten passiven latenten Steuern – entsprechen. Sinngemäß gilt diese

---

52 Vgl. *Müller/Schmidt*, Accounting 7/2008, S. 16 ff.
53 Vgl. *Budde/Kessler*, in *Kessler/Leinen/Strickmann*, BilMoG, 2009, S. 371; zur praktischen Umsetzung s. *Kreipl/Lange/Müller* in Haufe HGB Bilanz Kommentar Erfahrungsbericht BilMoG, 2012, Rz 450 f.
54 Vgl. BilMoG-BgrRegE, S. 64.
55 Vgl. *Budde/Kessler*, in *Kessler/Leinen/Strickmann*, BilMoG, 2009, S. 362.
56 Vgl. *Hennrichs*, DB 2008, S. 542.

Regelung für eine Gewinnabführung nach § 301 AktG. Die Neufassung des § 301 Satz 1 AktG stellt klar, dass ausschüttungsgesperrte Beträge gem. Abs. 8 nicht abgeführt werden dürfen (sog. Abführungssperre).[57] Die Abführungssperre mindert die Abführungsschuld der Organgesellschaft und somit auch den entsprechenden Aufwand (§ 277 Abs. 3 HGB). Steuerlich ist die Abführungssperre zu berücksichtigen.[58]

Im Rahmen der **betragsmäßigen Ermittlung des ausschüttungs- bzw. abführungsgesperrten Betrags** sind ggf. anfallende **passive latente Steuern in Abzug zu bringen**, um Doppelerfassungen zu vermeiden. Die passiven latenten Steuern fließen in die Berechnung der EE-Steuern ein und folglich ist das Jahresergebnis nach Steuern bereits um diesen Betrag angepasst. Wenn handelsrechtlich Entwicklungskosten aktiviert werden, müssen diese steuerrechtlich sofort als Aufwand verrechnet werden und in Bezug auf diese Differenz sind passive latente Steuern zu bilden. Gleiches gilt für die erfolgswirksam erfassten Buchgewinne aus Veränderungen der Pensionsverpflichtungen unter Beachtung der Zeitwertbilanzierung der saldierten VG, da die Berücksichtigung der Pensionsverpflichtungen im Steuerrecht anders geregelt ist. Nur bei aktivierten latenten Steuern sind keine passiven Steuerlatenzen zu berücksichtigen. Aktive latente Steuern sind nur i.H.d. nicht durch passive latente Steuern gedeckten Spitze ausschüttungsgesperrt.[59] 55

Da Abs. 8 ausdrücklich auf die drei Sachverhalte, selbst geschaffene immaterielle VG des AV, aktive latente Steuern und Buchgewinne bei saldierten VG im Zusammenhang mit Pensionsverpflichtungen abstellt, sind jeweils nicht realisierte Erträge Gegenstand der Betrachtung.[60] Demnach muss der aus den drei Posten resultierende Gesamtbetrag positiv sein.

Beispiel		
Ermittlung des gesperrten Betrags am Beispiel des Nettoaktivums aus Pensionsverpflichtungen		
Die Berechnung der Ausschüttungssperre bei der Saldierung von Pensionsaktiva und Pensionsverpflichtungen:		
Ausgangsdaten:		
• Wertansatz der Pensionsverpflichtungen:		200 GE
• Anschaffungskosten der Pensionsaktiva:		180 GE
• Beizulegender Zeitwert der Pensionsaktiva:		240 GE
• Steuersatz:		30 %
Berechnung:		
Abgrenzung passiver latenter Steuern	(240–180) × 0,3 =	18 GE
Ausschüttungssperre:	240–180–18 =	42 GE

---

[57] Vgl. BilMoG-BgrRegE, S. 105.
[58] Vgl. *Hoffmann/Lüdenbach*, NWB-Kommentar Bilanzierung, 8. Aufl., 2017, § 268 Rz 175 f.
[59] Vgl. den am 9.9.2012 aufgehobenen *IDW*, IDW ERS HFA 27, Rz 34.
[60] Vgl. ausführlich mit Beispielen *Küting/Lorson*, in *Küting/Pfitzer/Weber*, HdR, HGB § 268 Rz 259–284, Stand 04/2011.

Bei der Ermittlung der Ausschüttungssperre für aktive latente Steuern kann es zu einer **Doppelberücksichtigung von passiven latenten Steuern** kommen, falls ein Aktivüberhang latenter Steuern vorliegt und passive latente Steuern für selbst geschaffene immaterielle VG des AV oder für zum beizulegenden Zeitwert bilanzierte VG i.S.d. § 246 Abs. 2 Satz 2 HGB gebildet werden. Die passiven latenten Steuern fließen in die Berechnung für beide Sachverhalte ein, wie das folgende Beispiel verdeutlicht.

Beispiel[61]
Ermittlung des gesperrten Betrags für aktive latente Steuern und des Nettoaktivums aus Pensionsverpflichtungen
Annahmegemäß werden aktive latente Steuern i.H.v. 40 GE bilanziert.
Die Berechnung der Ausschüttungssperre bei der Saldierung von Pensionsaktiva und Pensionsverpflichtungen erfolgt entsprechend dem o.g. Beispiel. Unter Berücksichtigung eines Buchgewinns i.H.v. 60 GE und passiven latenten Steuern von 18 GE (Steuersatz 30 %) beträgt die Ausschüttungssperre für diesen Sachverhalt 42 GE. Die maximale Ausschüttungssperre für beide Sachverhalte lautet demnach auf 82 GE (= 40 + 42).
Allerdings könnten die passiven latenten Steuern, die auf die Ausschüttungssperre für zum beizulegenden Zeitwert angesetzten Pensionsaktiva entfallen, auch für die Ermittlung des Aktivüberhangs latenter Steuern Berücksichtigung finden. Danach ergäbe sich ein Aktivüberhang i.H.v. 22 GE (= 40–18), sodass in diesem Fall die maximale Ausschüttungssperre für beide Sachverhalte nur auf 64 GE (22 + 42) lauten würde.
Da dieser geringe Betrag mit dem beabsichtigten Gläubigerschutz im Widerspruch steht, dürfen passive latente Steuern auf aktivierte selbst geschaffene immaterielle VG des AV und auf Buchgewinne aus aktivierten VG i.S.d. § 246 Abs. 2 Satz 2 HGB nicht noch einmal berücksichtigt werden.

Die Ausschüttung ist auf den Betrag beschränkt, der ausgeschüttet werden könnte, wenn keine Aktivierung der drei oben genannten Posten vorgenommen würde. Der nach § 268 Abs. 8 HGB gesperrte Betrag ermittelt sich bei **Erstanwendung** wie folgt:

Beispiel
Ermittlung des gesamten gesperrten Betrags

	Selbst geschaffene immaterielle Vermögensgegenstände des Anlagevermögens (a)
+	Buchgewinne aus der Zeitwertbewertung von Pensionsvermögen (b)
+	Aktive latente Steuern (Nettoaktivum nach Saldierung mit passiven latenten Steuern) (c)
=	Zwischensumme
–	Passive latente Steuern auf (a) und (b)
=	Gesperrter Betrag nach § 268 Abs. 8 HGB (I)

---

[61] Vgl. *Grottel/Huber*, in Beck Bil-Komm., 10. Aufl., 2016, § 268 HGB Rz 71.

Der gesperrte Betrag bezieht sich auf alle Beträge, die im Jahresabschluss (noch) aktiviert sind, unabhängig davon, ob sie im laufenden Gj oder in Vorjahren zu Erträgen oder Aufwandsminderungen geführt haben. In den **Folgejahren** ist der gesperrte Betrag des Vorjahrs fortzuschreiben. Dementsprechend erhöht sich der Betrag um neu aktivierte Beträge und vermindert sich, d. h., entsprechende Teilbeträge werden entsperrt, sofern z. B. aktivierte Posten veräußert oder auf aktivierte Beträge Abschreibungen vorgenommen worden sind.

Dem ermittelten gesperrten Betrag (I) ist der maximale Ausschüttungsbetrag (ohne Ausschüttungssperre) gegenüberzustellen, um den unter Berücksichtigung der Ausschüttungssperre maximal ausschüttbaren Betrag i. S. d. § 268 Abs. 8 HGB zu ermitteln.[62]

> **Beispiel**[63]
> **Ermittlung des ausschüttbaren Betrags unter Berücksichtigung der Ausschüttungssperre**
>
> | | Jahreserfolg |
> |---|---|
> | + | Frei verfügbare Rücklagen |
> | – | Pflichtgemäße Einstellung aus dem Gewinn des laufenden Jahrs in gebundene Rücklagen, insb. gesetzliche Rücklagen |
> | + | Gewinnvortrag |
> | – | Verlustvortrag |
> | = | Maximaler Ausschüttungsbetrag ohne Ausschüttungssperre (II) |
> | – | gesperrter Betrag i. S. d. § 268 Abs. 8 HGB (I [s. o.: Ermittlung des gesamten gesperrten Betrags]) |
> | = | Maximal ausschüttbarer Betrag unter Berücksichtigung der Ausschüttungssperre (= II – I) |

Ist der „maximale Ausschüttungsbetrag ohne Ausschüttungssperre" negativ, erfolgt keine Ausschüttung und die Berechnung des ausschüttbaren Betrags ist nicht notwendig. Bei positivem Betrag ist der ermittelte gesperrte Betrag in Abzug zu bringen und nur ein positiver (Rest-)Betrag ausschüttungsfähig.

Der Begriff „frei verfügbare Rücklagen" stellt eine Erweiterung der Rücklagen-Begrifflichkeit dar. Eine wie bisher vorgesehene Beschränkung auf „Gewinnrücklagen" ist zu eng, da auch aus Sicht der Praxis frei verfügbare Kapitalrücklagen in die Betrachtung einzubeziehen sind.[64] Für die Bemessung des ausschüttungsgesperrten Betrags ist auf die frei verfügbaren Rücklagen zzgl. eines Gewinnvortrags und abzgl. eines Verlustvortrags abzustellen. Dies bedeutet, dass nicht nur der Gewinn der Periode, sondern der im **aktuellen und in früheren Gj erwirtschaftete Gewinn** bei der Berechnung heranzuziehen ist. Dazu zählen insb. Kapitalrücklagen i. S. d. § 272 Abs. 2 Nr. 3 HGB, satzungsmäßige Rücklagen und andere

---

[62] Vgl. *Gelhausen/Althoff*, 2009, S. 586.
[63] Weitere ausführliche Beispiele finden sich bei *Hoffmann/Lüdenbach*, NWB-Kommentar Bilanzierung, 8. Aufl., 2017, § 268 Rz 163 ff. und *Gelhausen/Althoff*, 2009, S. 317 ff.
[64] Vgl. BilMoG-BgrRegE, S. 64.

Rücklagen (§ 266 Abs. 3 A.II. (teilweise), A.III.3. und ggf. A.III.4. HGB). Zu den freien Rücklagen i.S.d. § 268 Abs. 8 HGB gehören nicht Bilanzposten, die nach HGB nicht im EK auszuweisen sind, wie. z.B. Fonds für allgemeine Bankrisiken nach § 340g HGB.[65]

Problematisch ist, dass das Gesetz keine Vorgaben zur Umsetzung der Ausschüttungssperre enthält und kein Posten benannt wird, in dem ausschüttungsgesperrte Beträge auszuweisen sind.[66] Der Gesetzgeber fordert aber eine detaillierte Betragsangabe im Anhang (§ 285 Nr. 28 HGB).

10 Sanktionen

57 § 268 HGB schreibt für einzelne Bilanzposten erweiterte Angabeverpflichtungen in Erg. des in § 266 HGB aufgeführten verpflichtenden Bilanzgliederungsschemas vor. Insofern sind Verstöße gegen § 268 HGB entsprechend den Sanktionen zu ahnden, die bei einem Verstoß gegen § 266 HGB drohen. So erfolgt eine Bestrafung mit Freiheitsstrafe oder Geldstrafe (§ 331 Nr. 1 HGB), wenn ein Mitglied des vertretungsberechtigten Organs oder des Aufsichtsrats vorsätzlich oder leichtfertig eine unrichtige Wiedergabe oder Verschleierung in Bilanz oder Anhang vornimmt. Mit einer Geldbuße (§ 334 Abs. 1 Nr. 1c HGB) kann die vorsätzliche oder leichtfertige Zuwiderhandlung gegen Abs. 2 und 7 geahndet werden, was als Ordnungswidrigkeit gilt. Je nach Schwere des Verstoßes kann der Bestätigungsvermerk eingeschränkt werden (§ 322 Abs. 4 HGB), wenn der AP feststellt, dass bei der Aufstellung des Jahresabschlusses gesetzliche Vorschriften und ergänzende Bestimmungen des Gesellschaftsvertrags nicht beachtet wurden (§ 317 Abs. 1 Satz 2 HGB).

---

[65] Vgl. ausführlich *Gelhausen/Althoff*, 2009, S. 586 sowie S. 592 (zu Sonderfragen bei Sparkassen).
[66] Vgl. *Gelhausen/Althoff*, 2009, S. 587.

§ 270 Bildung bestimmter Posten

(1) Einstellungen in die Kapitalrücklage und deren Auflösung sind bereits bei der Aufstellung der Bilanz vorzunehmen.

(2) Wird die Bilanz unter Berücksichtigung der vollständigen oder teilweisen Verwendung des Jahresergebnisses aufgestellt, so sind Entnahmen aus Gewinnrücklagen sowie Einstellungen in Gewinnrücklagen, die nach Gesetz, Gesellschaftsvertrag oder Satzung vorzunehmen sind oder auf Grund solcher Vorschriften beschlossen worden sind, bereits bei der Aufstellung der Bilanz zu berücksichtigen.

Prof. Dr. Stefan Müller/PD Dr. Markus Kreipl

Inhaltsübersicht	Rz
1 Überblick	1–9
1.1 Inhalt und Regelungszweck	1–5
1.2 Anwendungsbereich	6–7
1.3 Normzusammenhänge	8–9
2 Kapitalrücklage	10–16
3 Gewinnrücklagen	17–20
4 Rechtsfolgen bei Pflichtverletzung	21

1 Überblick

1.1 Inhalt und Regelungszweck

§ 270 HGB regelt die Abbildung von **Kapitalrücklage** (§ 272 Abs. 2 HGB) und Gewinnrücklage sowie deren Veränderungen. Von der Regelung der Norm sind Rücklagenbewegungen betroffen, die innerhalb der Ergebnisverwendungsrechnung (Überleitung JÜ zu Bilanzgewinn) auszuweisen sind. Davon nicht erfasst sind dagegen solche Rücklagendotierungen, die durch Transaktionen mit den Gesellschaftern entstehen. Darüber hinaus wird der für die Einstellungen oder Auflösungen verantwortliche Organ- bzw. Personenkreis definiert. 1

Entsprechend der Bestimmung in Abs. 1 hat die Einstellung in die Kapitalrücklage respektive deren Auflösung bereits **zum Zeitpunkt der Aufstellung der Bilanz** und nicht erst im Anschluss an einen Ergebnisverwendungsbeschluss zu erfolgen. 2

Gleiches gilt gem. Abs. 2 analog für Entnahmen aus sowie Einstellungen in die Gewinnrücklagen, sofern die Bilanz unter Berücksichtigung der vollständigen oder teilweisen Verwendung des Jahresergebnisses (§ 268 Abs. 1 HGB) aufgestellt wird und die Entnahmen oder Einstellungen nach Gesetz, Gesellschaftsvertrag oder Satzung vorzunehmen sind bzw. auf Basis dieser beschlossen werden. Aus der zwingenden Bestimmung des Abs. 1 ist abzuleiten, dass die Einstellung und/oder Auflösung einer Kapitalrücklage (zunächst) einzig in den 3

4 Aufgabenbereich der Geschäftsführung und damit des Bilanz aufstellenden Organs (§ 264 Abs. 1 Satz 3 HGB) fällt (Rz 4).[1]

4 Unter der Aufstellung der Bilanz ist dabei das verantwortliche **technische Anfertigen**[2] dieser zu verstehen. Der Begriff der **Aufstellung** ist von der Abschlussprüfung (§§ 316 ff. HGB), der **Feststellung** der Bilanz (§§ 172, 173 AktG, § 47 Abs. 5 SEAG und 42a Abs. 2 Satz 1 GmbHG), der **Billigung** (§ 171 AktG) und der **Erstellung** abzugrenzen. Während die Bilanz (bzw. der Jahresabschluss) durch jeden Beauftragten (Leiter ReWe oder externe Dritte, wie z. B. StB) erstellt werden kann, obliegt die Aufstellung dagegen nur den zur Aufstellung Verpflichteten (gesetzliche Vertreter) (§ 264 Rz 38). Die Aufstellungsphase i. S. d. § 270 HGB ist nicht analog zu den durch den Beschleunigungszweck definierten Vorschriften der §§ 264 Abs. 1 HGB, 170 Abs. 1 Satz 1 AktG und 42a Abs. 2 Satz 1 GmbHG zu verstehen. § 270 HGB legt aber keine über die Aufstellung des Jahresabschlusses hinausgehende gesonderte **Kompetenz** für die genannten Passivposten fest. Somit bedürfen auch die hier relevanten Auflösungen und Einstellungen der Feststellung,[3] die stets unter Mitwirkung des Aufsichtsrats, der GesV respektive ggf. der HV erfolgt. Entsprechend liegen Rücklagenveränderungen i. S. d. § 270 HGB zwar im Kompetenz- bzw. Pflichtbereich der Geschäftsführung und damit des bilanzaufstellenden Organs, werden in der Praxis jedoch selten ohne Abstimmung mit dem Feststellungsorgan vonstattengehen.[4]

5 Der Terminus „Auflösung" steht für eine ergebnisneutrale Entnahme, d. h., der Betrag ist in der GuV erst in der Überleitungsrechnung vom Jahresergebnis zum Bilanzgewinn auszuweisen.

1.2 Anwendungsbereich

6 Der Geltungsbereich des § 270 HGB beschränkt sich zunächst auf **KapG** und **KapCoGes**.

7 Ist ein Unt zur Rechnungslegung nach dem **PublG** verpflichtet, ist die Regelung gem. § 5 Abs. 1 PublG zudem sinngemäß anzuwenden. Eine entsprechende Anwendung ergibt sich nach § 336 Abs. 2 Satz 1 HGB auch für eingetragene Genossenschaften (**eG**). Für Kreditinstitute **und Finanzdienstleistungsinstitute** sowie **Versicherungsunt und Pensionsfonds** ergibt sich die Anwendung der Vorschriften des § 270 HGB aus § 340a Abs. 1 und 2 HGB sowie § 341a Abs. 1 und 2 HGB. § 270 HGB ist auch für den Konzernabschluss von Bedeutung, wobei der gestrichene Abs. 1 Satz 2 davon schon vorher ausgenommen war.[5]

---

[1] Vgl. Knop, in *Küting/Pfitzer/Weber*, HdR, HGB § 270, Rn 1, Stand 4/2011; Kropff, in *Geßler/Hefermehl/Eckardt/Kropff*, Aktiengesetz, § 151 AktG, Rz 115.
[2] S. dazu Reiner, in MünchKomm. HGB, 3. Aufl., § 264 Rn 8; Knop, in *Küting/Pfitzer/Weber*, HdR, HGB § 270, Rn 3, Stand 4/2011.
[3] Zur Rolle des § 270 HGB bei der Kompetenzzuordnung s. Thiele, in *Baetge/Kirsch/Thiele*, Bilanzrecht, § 270 HGB, Rz 2, Stand 9/2002.
[4] Vgl. *Winkeljohann/Taetzner*, in Beck Bil-Komm., 10. Aufl., 2016, § 270 HGB, Rz 2.
[5] Einführung des Verbots zur Bildung eines Sonderpostens mit Rücklageanteil durch das TransPuG v. 19.7.2002, BGBl 2002 I S. 2681.

1.3 Normzusammenhänge

Die Bildung der Kapitalrücklage fußt bei AGs und KGaAs auf § 272 Abs. 2 HGB sowie den §§ 229, 232, 237 Abs. 5 AktG. Die Auflösung hat nach Maßgabe der Vorschriften des § 150 Abs. 3 und 4 AktG zu erfolgen. Bei GmbHs bildet § 30 Abs. 2 GmbHG die Rechtsgrundlage für die Bildung der Kapitalrücklage. § 266 Abs. 3 A. II. HGB regelt zudem den Bilanzausweis. 8

Gewinnrücklagen sind bei AGs und KGaAs nach Maßgabe der §§ 58 Abs. 1–3, 150 Abs. 1 und 2 sowie 300 AktG zu bilden. Bei GmbHs hat dies entsprechend den Vorschriften des § 29 Abs. 2 GmbHG zu erfolgen. Eine Definition der Gewinnrücklagen findet sich in § 272 Abs. 2 HGB. § 266 Abs. 3 A. III. HGB regelt zudem den Bilanzausweis. 9

2 Kapitalrücklage

Die Kapitalrücklage definiert sich im Unterschied zu den Gewinnrücklagen dadurch, dass dem Unt **von außen** Vermögen zugeführt wird. Die Erfassung der Zuführungen erfolgt dabei **ergebnisneutral** in dem Bilanzposten „Kapitalrücklage". Welche Beträge bilanzverlängernd i.S. einer Kapitalrücklage wirken, regelt § 272 Abs. 2 HGB. 10

Beispiel
Eine AG führt eine Kapitalerhöhung gegen Einlagen durch. Das Grundkapital betrug bislang 200 Mio. EUR, zerlegt in 50 Mio. Aktien. Den Aktionären werden 10 Mio. neue Aktien zu einem Bezugspreis von je 12 EUR angeboten. Der Nennwert je Aktie beträgt 8 EUR. Daraus ergeben sich folgende Werte:
Mittelzuführung gesamt = 10 Mio. Stk. × 12 EUR/Stk. = 120 Mio. EUR
Zuführung zum Grundkapital = 10 Mio. Stk. × 8 EUR/Stk. = 80 Mio. EUR
Zuführung zur Kapitalrücklage = 120 Mio. EUR − 80 Mio. EUR oder
10 Mio. Stk. * (12 EUR/Stk. − 8 EUR/Stk.) = 40 Mio. EUR

Aktiva		Veränderungen in der Bilanz	Passiva
		Gez. Kapital	+ 80 Mio. EUR
		Kapitalrückl.	+ 40 Mio. EUR
Bank	+ 120 Mio. EUR		

Die Bildung einer Kapitalrücklage kann neben den Bestimmungen des § 272 Abs. 2 HGB zudem auf verschiedenen Sondervorschriften fußen. Für AG bestehen **Sondervorschriften** mit Bezug auf die vereinfachte Kapitalherabsetzung (§ 229 AktG), die Einziehung von Aktien ohne Entgelt (§ 237 Abs. 5 AktG) und die Einstellung von Beträgen in die Kapitalrücklage bei zu hoch angenommenen Verlusten (§ 232 AktG). Werden diese Sonderregelungsbereiche tangiert, sind die Einstellungen in die Kapitalrücklage in der Ergebnisverwendung (§ 268 Rz 6) zu erfassen – aber gleichwohl ebenfalls **bei der Aufstellung der Bilanz** zu berücksichtigen. Dies korrespondiert mit dem geforderten Ausweis des aus der Kapital- 11 herabsetzung gewonnenen Ertrags in der Ergebnisverwendungsrechnung gem. § 240 Satz 1 AktG.[6] Eine grundsätzliche Pflicht zur Berücksichtigung von Veränderungen der Kapitalrücklage in der Verlängerungsrechnung der GuV jenseits der Sonderbereiche kann daraus jedoch nicht abgeleitet werden.[7]

12 Lediglich die **Kapitalerhöhung aus Gesellschaftsmitteln** bildet eine Ausnahme in Bezug auf die Darstellung in der Ergebnisverwendung (§§ 207 ff. AktG und §§ 57c ff. GmbHG). Bilanziell wird die Umwandlung in gezeichnetes Kapital hier durch Umbuchung innerhalb des EK erfasst.[8]

Beispiel
Eine AG mit Aktien von 1 EUR Nennwert, gezeichnetem Kapital von 60 Mio. EUR und einer Kapitalrücklage von 100 Mio. EUR führt eine Kapitalerhöhung aus Gesellschaftermitteln im Verhältnis 4:1 durch.

Datum	Konto	Soll	Haben
	Kapitalrücklage	15	
	Gez. Kapital		15

Nach Abschluss der Transaktion verfügt die Ges. über 75 Mio. Aktien im Nennwert von 1 EUR, einem gezeichneten Kapital von 75 Mio. EUR und einer Kapitalrücklage von 85 Mio. EUR.

13 Sondervorschriften für **GmbH** ergeben sich aus den §§ 26 ff., 42 Abs. 2, 58a und 58b GmbHG (Nachlässe und vereinfachte Kapitalherabsetzung).[9]

14 Die Auflösung der Kapitalrücklage muss grds. in der Ergebnisverwendungsrechnung dargestellt werden, was eine zwingende Berücksichtigung der teilweisen oder vollständigen Ergebnisverwendung bei der Bilanzerstellung bedingt. Eine Ausnahme davon gilt dann, wenn die Gesellschafterversammlung jederzeit unterjährig Entnahmen aus der Kapitalrücklage beschließen kann, was etwa bei einer GmbH denkbar ist, nicht aber bei der AG oder KGaA.

15 AG haben bei Entnahmen die Vorschriften der §§ 150 Abs. 3 und 4 sowie 229 Abs. 2 AktG zu beachten, wogegen GmbH bei der Auflösung keinen gesetzlichen Beschränkungen unterliegen. Lediglich aus dem Gesellschaftsvertrag können sich bei GmbH Einschränkungen ergeben. Für AG resultiert daraus eine Beschränkung der Entnahme auf Fälle eines Ausgleichs eines Verlustvortrags oder eines Jahresfehlbetrags.

16 Gem. § 274 Abs. 4 HGB und § 158 Abs. 1 Satz 1 Nr. 2 respektive Satz 2 AktG sind Entnahmen aus der Kapitalrücklage alternativ zu einem GuV-Ausweis nach dem Posten „Jahresüberschuss/Jahresfehlbetrag" im Anhang darzustellen. Darüber hinaus ist der Wert der negativen Änderung gem. § 158 Abs. 2 Nr. 2 AktG gesondert in der Bilanz oder im Anhang zu beziffern.

---

[6] Vgl. *Thiele*, in *Baetge/Kirsch/Thiele*, Bilanzrecht, § 270 HGB, Rz 22, Stand 9/2002.
[7] Vgl. anstatt vieler *Rux*, in *Federmann/Kußmaul/Müller*, HdB, Rücklagen, Rz 7, Stand 12/2015.
[8] Vgl. *Thiele*, in *Baetge/Kirsch/Thiele*, Bilanzrecht, § 272 HGB, Rz 38, Stand 9/2002.
[9] S. dazu *Förschle/Hoffmann*, in Beck Bil-Komm., 10. Aufl., 2016, § 272 HGB, Rz 215 ff.

3 Gewinnrücklagen

Gewinnrücklagen (zu den einzelnen Arten der Gewinnrücklagen s. § 272 HGB[10]) bilden sich **aus dem Ergebnis**. Sie enthalten nur Beträge aus dem laufenden oder vorangegangenen Gj. Die Regelung des § 270 Abs. 2 HGB steht in einem engen Zusammenhang mit der des § 268 Abs. 1 HGB. Sie greift nur dann, wenn das Wahlrecht des § 268 Abs. 1 HGB nicht besteht (s. dazu etwa § 150 Abs. 1 AktG) oder die Ausübung des Wahlrechts die Basis für die Bilanzerstellung bildet. § 270 Abs. 2 HGB gilt auch für freiwillige Einstellungen in respektive Auflösungen von Gewinnrücklagen, da § 58 Abs. 2 und 2a AktG bzw. § 29 Abs. 2–4 GmbHG der Geschäftsleitung in Abstimmung mit dem Feststellungsorgan ein Dispositionsrecht einräumt, sofern von diesem bereits vor der Feststellung des Jahresabschlusses Gebrauch gemacht wird. 17

AGs haben die Vorschriften zu **Angabepflichten** in Bilanz, Anhang und GuV der §§ 152 Abs. 3 Nr. 1 bis 3 sowie 158 Abs. 1 AktG zu beachten. 18

Trotz Fehlens einer dem Wortlaut nach eindeutigen Vorschrift nimmt das Schrifttum zu § 270 HGB an, dass alle anderen beschlossenen und wirksamen Maßnahmen der **Ergebnisverwendung** bei der Bilanzaufstellung Beachtung finden müssen, sofern eine zwingende Einstellung in oder Entnahme aus den Gewinnrücklagen vorliegt.[11] § 270 Abs. 2 HGB ist gewissermaßen als Begrenzung des Wahlrechts des § 268 Abs. 1 HGB zu verstehen. Das Wahlrecht entfällt entsprechend immer dann, wenn mindestens ein einzelner Gewinnverwendungsvorgang (etwa nach den §§ 150 Abs. 2 und 300 AktG oder Regelungen in Gesellschaftsvertrag oder Satzung[12]) zwingend zu berücksichtigen ist. Trifft dies zu, sind auch alle anderen Maßnahmen der Gewinnverwendung, sofern ihre Rechtswirksamkeit eingetreten ist, den Grundsätzen der Klarheit und Übersichtlichkeit entsprechend bereits bei der Aufstellung des Jahresabschlusses zu berücksichtigen. Bestehen keine pflichtgemäß zu beachtenden Gewinnverwendungsvorgänge, kann vom Wahlrecht des § 268 Abs. 1 HGB uneingeschränkt Gebrauch gemacht werden, wenngleich im Interesse der Klarheit und Übersichtlichkeit grds. darauf verzichtet werden sollte, sofern Rücklagenbewegungen vorliegen. Im Umkehrschluss heißt dies jedoch nicht, dass alle Maßnahmen der Ergebnisverwendung auch in der Ergebnisverwendungsrechnung als Überleitungsrechnung vom Jahresergebnis auf den Bilanzgewinn darzustellen sind. 19

Bei einer Umwandlung der Gewinnrücklagen in gezeichnetes Kapital im Rahmen einer Kapitalerhöhung aus Gesellschaftsmitteln ist analog zu den Kapitalrücklagen zu verfahren, indem die Umbuchung direkt im Eigenkapital erfolgt, ohne die Ergebnisverwendungsrechnung zu berühren. 20

---

10 S. dazu auch *Rux*, in *Federmann/Kußmaul/Müller*, HdB, Rücklagen, Rz 13 ff., Stand 12/2015.
11 Anstatt vieler vgl. *Winkeljohann/Taetzner*, in Beck Bil-Komm., 10. Aufl., 2016, § 270 HGB, Rz 16 f.
12 Detailliert zu den satzungs- oder gesellschaftsvertragsmäßigen Rücklagen siehe etwa *Rux*, in *Federmann/Kußmaul/Müller*, HdB, Rücklagen, Rz 23, Stand 12/2015.

4 Rechtsfolgen bei Pflichtverletzung

21 Im Fall eines Verstoßes gegen die Regelung des § 270 HGB erfolgt keine **Sanktionierung** nach den §§ 331 ff. HGB oder 17 bis 21 PublG. Aus der Verletzung der Bestimmungen von § 256 Abs. 1 Nr. 4 AktG resultiert jedoch die Nichtigkeit des entsprechenden Jahresabschlusses.[13]

---

[13] Vgl. *Knop*, in *Küting/Pfitzer/Weber*, HdR, HGB § 270, Rn 30, Stand 4/2011.

§ 271 Beteiligungen. Verbundene Unternehmen

(1) ¹Beteiligungen sind Anteile an anderen Unternehmen, die bestimmt sind, dem eigenen Geschäftsbetrieb durch Herstellung einer dauernden Verbindung zu jenen Unternehmen zu dienen. ²Dabei ist es unerheblich, ob die Anteile in Wertpapieren verbrieft sind oder nicht. ³Eine Beteiligung wird vermutet, wenn die Anteile an einem Unternehmen insgesamt den fünften Teil des Nennkapitals dieses Unternehmens oder, falls ein Nennkapital nicht vorhanden ist, den fünften Teil der Summe aller Kapitalanteile an diesem Unternehmen überschreiten. ⁴Auf die Berechnung ist § 16 Abs. 2 und 4 des Aktiengesetzes entsprechend anzuwenden. ⁵Die Mitgliedschaft in einer eingetragenen Genossenschaft gilt nicht als Beteiligung im Sinne dieses Buches.
(2) Verbundene Unternehmen im Sinne dieses Buches sind solche Unternehmen, die als Mutter- oder Tochterunternehmen (§ 290) in den Konzernabschluß eines Mutterunternehmens nach den Vorschriften über die Vollkonsolidierung einzubeziehen sind, das als oberstes Mutterunternehmen den am weitestgehenden Konzernabschluß nach dem Zweiten Unterabschnitt aufzustellen hat, auch wenn die Aufstellung unterbleibt, oder das einen befreienden Konzernabschluß nach den §§ 291 oder 292 aufstellt oder aufstellen könnte; Tochterunternehmen, die nach § 296 nicht einbezogen werden, sind ebenfalls verbundene Unternehmen.

Prof. Dr. Stefan Müller

Inhaltsübersicht	Rz
1 Überblick	1–4
1.1 Allgemeines	1–2
1.2 Anwendungsbereich	3–4
2 Beteiligungsbegriff	5–30
2.1 Tatbestandsmerkmale	5–18
2.1.1 Anderes Unternehmen	5–6
2.1.2 Anteile	7–10
2.1.3 Zweckbestimmung	11–18
2.1.3.1 Grundlagen	11
2.1.3.2 Dauernde Verbindung	12–14
2.1.3.3 Förderung des eigenen Geschäftsbetriebs	15–18
2.2 Beteiligungsvermutung	19–22
2.3 Berechnung des Anteils	23–27
2.4 Behandlung von Genossenschaftsanteilen	28–30
3 Verbundenes Unternehmen	31–44
3.1 Überblick	31–35
3.1.1 Grundlagen	31
3.1.2 Übereinstimmende Verbundenheit nach AktG und HGB	32–33
3.1.3 Relation zwischen § 271 Abs. 1 und Abs. 2 HGB	34–35

3.2	Tatbestandsmerkmale im Einzelnen	36–44
	3.2.1 Mutter- oder Tochterunternehmen	36–37
	3.2.2 Einbeziehung nach den Vorschriften über die Vollkonsolidierung	38
	3.2.3 Grundsätzlichkeitscharakter der Einbeziehungspflicht	39
	3.2.4 Pflicht zur Aufstellung eines Konzernabschlusses oder Befreiung...........................	40–44
	3.2.4.1 Konzernabschluss nach § 290	40
	3.2.4.2 Befreiender Konzernabschluss nach §§ 291 f.	41
	3.2.4.3 Weite Auslegung des § 271 Abs. 2......	42–44
4 Verletzung des § 271 und Rechtsfolgen		45

1 Überblick

1.1 Allgemeines

1 Über § 271 HGB erfolgt sowohl eine Definition des Begriffs „**Beteiligung**" als auch eine Definition des Begriffs „**verbundenes Unt**". Zugleich werden damit zwei spezielle Formen der Verbindung zwischen dem bilanzierenden Unt und andere Unt herausgestellt, die im Rahmen der Rechnungslegung aber bspw. auch für Zwecke der Jahresabschlussanalyse eine besondere Bedeutung haben.
Das Gliederungsschema des § 266 Abs. 2 HGB sieht vor, dass sowohl mittelgroße als auch große KapG einen gesonderten Ausweis ihrer Beteiligungen (A. III. 3) vornehmen. Die gesetzliche **Definition** des Beteiligungsbegriffs erfolgt über § 271 Abs. 1 Sätze 1 und 2 HGB. Entscheidend sind danach folgende Merkmale:
- Anteile an anderen Unt (verbrieft oder nicht verbrieft),
- Förderung des eigenen Geschäftsbetriebs,
- Herstellung einer dauernden Verbindung zu dem anderen Unt.

Des Weiteren wird in § 271 Abs. 1 Satz 3 HGB eine widerlegbare **Vermutung zur Annahme einer Beteiligung** formuliert, die die Prüfung der z. T. unscharfen Beteiligungsvoraussetzungen des § 271 Abs. 1 Satz 1 HGB erleichtern soll. § 271 Abs. 1 Satz 4 HGB konkretisiert die Berechnungsmodalitäten im Zusammenhang mit der 20 %-Grenze im Rahmen der Beteiligungsvermutung. Abschließend wird in § 271 Abs. 1 Satz 5 HGB festgestellt, dass der Anteil an einer Genossenschaft unabhängig von der möglichen Erfüllung der Beteiligungskriterien keine Beteiligung i. S. d. § 271 HGB sein kann. Mit dem BilRUG wurde Satz 3 zwar neu gefasst, doch bleibt es bei der widerlegbaren Vermutung der Beteiligung bei einem Anteil von 20 %. Damit wird zugleich eine sprachliche Vereinfachung des § 285 Nr. 11 HGB und § 313 Abs. 1 Nr. 4 HGB ermöglicht, die auf diese Definition verweisen können.

2 Über § 271 Abs. 2 HGB erfolgt eine **Definition** des Begriffs **verbundenes Unt**. Mit der Einfügung von § 271 Abs. 2 HGB hat der deutsche Gesetzgeber Art. 41 der 7. EG-RL umgesetzt. Bis dahin hatte das HGB keine eigene rechnungslegungsrelevante Bestimmung des Begriffs verbundenes Unt. Zu berücksichtigen

war daher zunächst auch für Zwecke der Rechnungslegung die im AktG (§ 15) vollzogene Definition des „verbundenen Unt". Der deutsche Gesetzgeber war deshalb zur Einfügung von § 271 Abs. 2 HGB gezwungen, weil der Begriff des verbundenen Unt lt. § 15 AktG nicht mit dem Verständnis von verbundenen Unt nach der 7. EG-RL übereinstimmte. Insoweit gibt es bis dato zwei unterschiedliche Definitionen des Begriffs „verbundenes Unt", wobei für die Rechnungslegung ausschließlich § 271 Abs. 2 HGB maßgeblich ist.

1.2 Anwendungsbereich

Da sich die Vorschrift des § 271 HGB im 2. Abschn. des Dritten Buches des HGB eingliedert, ist der Anwenderkreis zunächst auf **KapG und haftungsbeschränkte PersG** i. S. d. § 264a HGB beschränkt. Allerdings enthält auch das Publizitätsgesetz (PublG) in § 5 Abs. 1 HGB einen Verweis auf den Begriff der Beteiligung und des verbundenen Unt nach § 271 HGB. Insoweit ist eine Anwendung insb. auch auf PersG und Ekfl zwingend, die die Größenmerkmale des § 1 PublG überschreiten. Ein weiterer rechnungslegungsrelevanter Verweis auf § 271 HGB findet sich in den ergänzenden Vorschriften für Genossenschaften nach § 336 Abs. 2 HGB, sodass eine Anwendung folgerichtig auch für eingetragene Genossenschaften geboten ist. Schlussendlich muss über den Verweis in § 340a Abs. 1 HGB und § 341a Abs. 1 HGB auf § 271 HGB auch eine zwingende Anwendung für Kreditinstitute und Versicherungs-Unt konstatiert werden. 3

Neben diesen unmittelbaren Anwendungsbereichen werden in der Literatur[1] auf Basis der Regierungsbegründung[2] zu § 271 HGB auch **mittelbare Anwendungen** auf Rechtsformen außerhalb der KapG diskutiert. Danach ist der Regelungsinhalt des § 271 HGB immer dann zu beachten, wenn die Begrifflichkeiten der „Beteiligung" und des verbundenen Unt im Rahmen des Jahresabschlusses eines Unt von Bedeutung sind. Dies gilt insb. auch für den Fall der freiwilligen Anwendung des Bilanzgliederungsschemas nach § 266 Abs. 2 HGB. 4

Ein gewissermaßen **sachlicher Anwendungsbereich** ergibt sich durch zahlreiche Verweise innerhalb des Dritten Buches des HGB auf die inhaltliche Bedeutung des Beteiligungsbegriffs bzw. des Begriffs eines verbundenen Unt. So können Beteiligungsverhältnisse auf der Aktivseite der Bilanz, auf der Passivseite der Bilanz, in der GuV-Rechnung, im Anhang oder auch im Zusammenhang mit der Erstellung des Konzernabschlusses eine Rolle spielen. Zu nennen sind beispielhaft folgende separate Ausweise, die das HGB für die **Bilanzgliederung** verlangt:

- Anteile an verbundenen Unt,
- Ausleihungen an verbundene Unt,
- Ausleihungen an Unt, mit denen ein Beteiligungsverhältnis besteht,
- Forderungen gegenüber verbundenen Unt,
- Forderungen gegen Unt, mit denen ein Beteiligungsverhältnis besteht.

Gleiche Anforderungen bestehen auch für den **Ausweis** bestimmter Positionen innerhalb der GuV-Rechnung nach § 275 Abs. 2 und 3 HGB:
- Erträge aus Beteiligungen (davon aus verbundenen Unt),
- Zinsen und ähnliche Erträge (davon aus verbundenen Unt),

---

1 Vgl. *Keitz von*, in *Baetge/Kirsch/Thiele*, Bilanzrecht, § 271 HGB Rz 6, Stand 8/2016.
2 Vgl. BT-Drs. 10/4268.

- Zinsen und ähnliche Aufwendungen (davon aus verbundenen Unt).

Die Verweise lassen sich unter Berücksichtigung der Forderung nach bestimmten Anhangangaben, der Definition des Mutter-Tochter-Verhältnisses, der Definition von assoziierten Unt oder auch bestimmter Modalitäten im Rahmen der Abschlussprüfung fortsetzen.

2 Beteiligungsbegriff

2.1 Tatbestandsmerkmale

2.1.1 Anderes Unternehmen

5   Die **Beteiligungsdefinition** des § 271 Abs. 1 Satz 1 HGB geht zunächst von der Existenz eines anderen Unt aus. Da schon aus der Eingrenzung des Anwendungsbereichs deutlich wurde, dass eine Beschränkung auf KapG mit der Regierungsbegründung zu § 271 HGB nicht vereinbar ist, kann auch der hier in Rede stehende Unternehmensbegriff nur weit auszulegen sein. Insoweit wird z. T. die Auffassung vertreten, dass der Unternehmensbegriff im Rahmen des § 271 HGB auf alle buchführungspflichtigen Kfl. auszudehnen ist.[3] Stellt man allerdings die Buchführungspflicht nach § 238 HGB in den Mittelpunkt der Abgrenzung, ergeben sich weitere praktische Probleme. Bspw. könnte bei diesem Verständnis der Unternehmereigenschaft kein Anteil an einer ausländischen Ges. als Beteiligung qualifiziert werden, weil es der ausländischen Ges. regelmäßig an einer Buchführungspflicht nach § 238 HGB fehlen wird. Nach hM ist daher das Charakteristikum der Funktionalität für den Unternehmensbegriff maßgeblich.[4] Wichtige Charakteristika für ein **Unt** i. S. d. § 271 Abs. 1 HGB sind demnach:
- Selbstständigkeit in Planung und Entscheidung,
- Abgrenzbare und erwerbswirtschaftliche Zielsetzung,
- Auftreten am Markt mit einer erkennbaren Organisationsstruktur.

Legt man dieses Verständnis zugrunde, so lässt sich der Unternehmensbegriff auch auf Stiftungen, Körperschaften des öffentlichen Rechts usw. übertragen. Die ausschließliche Verfolgung ideeller Ziele oder die reine Vermögensverwaltung sind nach herrschender Auffassung[5] für den Unternehmensbegriff allerdings schädlich. Gleiches gilt auch für sog. Bruchteilsgemeinschaften (dazu gehören bspw. Gemeinschaften von Grundstücksmiteigentümern), weil es hier regelmäßig an einer nach außen in Erscheinung tretenden Organisationsstruktur fehlt. Die Unternehmereigenschaft ist auch bei Investmentfonds zu verneinen, weil diese als Sondervermögen durch eine Kapitalanlagegesellschaft verwaltet werden und damit keiner eigenen wirtschaftlichen Betätigung nachgehen.

Zudem ergibt sich eine Ausnahme vom weiten Verständnis des Unternehmensbegriffs aus § 271 Abs. 1 Satz 5 HGB, wonach es sich bei Mitgliedschaften in einer eingetragenen Genossenschaft nicht um Beteiligungen handelt.

6   Bei der Beurteilung der **Unternehmereigenschaft** im Hinblick auf **Joint Ventures** kommt es ganz entscheidend auf die Rechtsform an. Wird ein Joint Venture in der Rechtsform einer KapG oder PersG geführt, so ist die Unternehmer-

---

[3] Vgl. ADS, 6. Aufl., § 271 HGB, Rz 11.
[4] Vgl. *Petersen/Zwirner*, DB 2008, S. 481 ff.
[5] Vgl. *Grottel/Kreher*, in Beck Bil-Komm., 10. Aufl., § 271 HGB, Rz 11.

eigenschaft unbestritten. Gleiches gilt auch für die Nutzung eines Joint Ventures als Arbeitsgemeinschaft z. b. im Baugewerbe, wobei die Gemeinschaft über ein eigenes Gesamthandsvermögen verfügen muss[6] und natürlich auch die übrigen Voraussetzungen für die Annahme einer Beteiligung vorliegen müssen. Hierbei wird in aller Regel das Kriterium der Dauerhaftigkeit negativ beurteilt werden müssen.[7] Eine fehlende Dauerhaftigkeit bei Joint Ventures wird aber nicht als Ausschlusskriterium angesehen.[8] Insoweit sind die Dauer und auch die Anzahl der von der Arbeitsgemeinschaft abzuwickelnden Projekte unerheblich.

2.1.2 Anteile

Bei der Analyse des **Anteilsbegriffs** wird über § 271 Abs. 1 Satz 2 HGB zunächst verdeutlicht, dass Anteile nicht zwingend in Wertpapieren verbrieft sein müssen. Damit kommen grds. als Anteile neben GmbH-Geschäftsanteilen auch Aktien, Anteile von phG oder auch von Kommanditisten einer PersG in Betracht. Gleiches gilt auch für Anteile an BGB-Ges., sofern ein entsprechendes Gesamthandsvermögen im Gesellschaftsvertrag vereinbart wurde. 7

Von entscheidender Bedeutung ist zum einen die Frage, ob die durch das Fachschrifttum[9] formulierten Kriterien zur Annahme materiellen EK erfüllt sind, und zum anderen die Frage, ob demjenigen, der die Beteiligung in seiner Bilanz aktiviert, im Gegenzug sowohl Vermögensrechte als auch Verwaltungsrechte eingeräumt wurden. Ausschließliche Gläubigerrechte können keinen Anteil i.S.d. § 271 Abs. 1 HGB begründen. Die Kriterien, die für eine Annahme materiellen EK entwickelt wurden, sind zunächst eine Verlustteilnahme, eine Nachrangigkeit, eine Längerfristigkeit der Kapitalüberlassung und eine Gewinnabhängigkeit der Vergütung. Zu den Vermögensrechten gehören Ansprüche am Gewinn und am Liquidationserlös. Zu den Verwaltungsrechten gehören hingegen u.a. Mitsprache-, Kontroll- und Informationsrechte.[10] 8

Die Problematik der Abgrenzung von Anteilen i.S.d. § 271 Abs. 1 HGB von Nicht-Anteilen folgt der **Abgrenzungsproblematik zwischen EK und FK**. Wenn das bereitgestellte Kapital aus der Perspektive des Unt, an dem die Beteiligung gehalten wird, als EK zu qualifizieren ist, dann liegt aus dem Blickwinkel des Unt, das die Beteiligung hält, grds. ein Anteil i.S.d. § 271 Abs. 1 HGB vor. Wenn das bereitgestellte Kapital im Jahresabschluss des empfangenen Unt aufgrund der Abreden, die im Zuge der Überlassung des Kapitals vereinbart wurden,[11] als FK ausgewiesen werden muss, so kann es sich im Gegenzug beim beteiligten Unt nicht um einen Anteil i.S.d. § 271 Abs. 1 HGB handeln. Durch die Kopplung der Problematik der Differenzierung von Anteilen und Nicht-Anteilen an die Problematik der Abgrenzung von EK und FK wird das Abgrenzungsproblem im Zusammenhang mit der Bestimmung von Anteilen allerdings nicht vollständig entschärft, d.h., es gibt zweifellos eine Rückwirkung des „Graubereichs" im 9

---

6   Vgl. *Baumbach/Hueck/Schulze-Osterloh*, GmbHG, § 42, Rz 147.
7   Vgl. *Reiner*, in MünchKomm. HGB, 3. Aufl., § 271 Rn 5a.
8   Vgl. IDW HFA 1/1993, WPg 2003, S. 441 ff.; *Früh/Klar*, WPg 1993, S. 493; *Nordmeyer*, WPg 1994, S. 301.
9   Vgl. Stellungnahme IDW/HFA 1/1994, WPg 1994, S. 420.
10 Vgl. *Keitz von*, in *Baetge/Kirsch/Thiele*, Bilanzrecht, § 271 Rz 13, Stand 8/2016.
11 Vgl. zu den Kriterien für materielles Eigenkapital: *Weller*, Ausgewählte Aspekte der Bilanzierung von Mezzanine-Kapital in der Krise der GmbH, 2007, S. 7 ff.

Rahmen der Abgrenzung von EK und FK insb. bei einigen speziellen Finanzierungsformen (z. B. Mezzanine-Kapital in der Form von Genussrechten oder stillen Beteiligungen),[12] der sich auf die Identifikation von Anteilen niederschlägt.

10 Nach Auffassung in Teilen der Literatur[13] ist die Frage der Beurteilung als Anteil oder Nicht-Anteil unabhängig von der Frage einer geleisteten Kapitaleinlage zu sehen.

2.1.3 Zweckbestimmung

2.1.3.1 Grundlagen

11 § 271 Abs. 1 HGB fordert, dass die Anteile dem eigenen Geschäftsbetrieb durch Herstellung einer dauernden Verbindung dienen. Durch die Tatsache, dass ein Zusammenhang zwischen dem Erwerb der Anteile und der Herstellung einer dauernden Verbindung besteht, ist die bloße Kapitalüberlassung für die Qualifizierung als Beteiligung offensichtlich nicht ausreichend.

2.1.3.2 Dauernde Verbindung

12 § 271 Abs. 1 Satz 1 HGB fordert die Herstellung einer **dauernden Verbindung** zu dem anderen Unt. Das Kriterium der Dauerhaftigkeit kann zunächst über die Kriterien zur Abgrenzung zwischen AV und UV gem. § 247 Abs. 2 HGB konkretisiert werden. Die Dauerhalteabsicht hat eine objektive Komponente, die sich mit der Frage beschäftigt, ob die Anteile überhaupt langfristig gehalten werden können. Des Weiteren gibt es daneben eine subjektive Komponente der Dauerhalteabsicht, die der Frage nachgeht, ob die Anteile nach dem Willen des Bilanzierenden überhaupt langfristig gehalten werden sollen. Die Zweckbestimmung durch den Bilanzierenden muss natürlich unter Berücksichtigung der rechtlichen und wirtschaftlichen Umstände plausibel und zu verwirklichen sein.

13
> **Beispiel**
> Eine Dauerhalteabsicht kann dann infrage stehen, wenn zwar die subjektive Komponente erfüllt ist, eine Dauerhaftigkeit jedoch aufgrund der wirtschaftlichen Lage des Beteiligungsunternehmens bzw. des beteiligten Unt oder auch aus kartellrechtlichen Gründen (Anteile müssen wieder verkauft werden) infrage steht.[14]
> Auch der umgekehrte Fall ist möglich: Die subjektive Komponente der Dauerhaftigkeit kann ungeprüft bzw. ohne Bedeutung sein, wenn faktisch keine Veräußerungsmöglichkeit gegeben ist. Ein solches Fehlen ist dann anzunehmen, wenn für die in Rede stehenden Anteile kein Markt vorliegt, auf dem eine Veräußerung (auch kurzfristig) erfolgen könnte.
> In der Praxis wird insb. bei unverbrieften Anteilen (z. B. Anteile an einer PersG oder Anteile an einer GmbH) eine Veräußerung an die Zustimmung der übrigen Gesellschafter oder gar der Ges. gekoppelt sein. Im Regelfall kann bei

---

[12] Vgl. *Weller*, Ausgewählte Aspekte der Bilanzierung von Mezzanine-Kapital in der Krise der GmbH, 2007, S. 34 ff.
[13] Vgl. *Keitz von*, in *Baetge/Kirsch/Thiele*, Bilanzrecht, § 271 HGB, Rz 15, Stand 8/2016.
[14] Vgl. *Bieg*, DB Beilage 24/1985, S. 1.

> unverbrieften Anteilen im vorstehenden Sinne tendenziell von einer Dauerhaftigkeit bzw. von einem Anlagecharakter ausgegangen werden.

Insoweit hat § 271 Abs. 1 Satz 2 HGB zum einen eine klarstellende Bedeutung, zum anderen deutet eine fehlende Verbriefung tendenziell immer darauf hin, dass eine kurzfristige Veräußerbarkeit nicht gegeben ist.
Unabhängig von solchen Zweifelsfällen ist die **subjektive Dauerhalteabsicht** (= zukunftsbezogene Besitzabsicht) anhand bestimmter Indizien abzuleiten. Dazu gehört bspw. die Feststellung, dass die Anteile schon eine ganze Reihe von Jahren gehalten werden oder eine Höhe erreicht haben, mit der eine Sperrminorität hergestellt werden kann. Das Erreichen einer Sperrminorität lässt in aller Regel nur den Verkauf als gesamtes Paket und nicht in einzelnen Abschn. als sinnvoll erscheinen. Praktisch handelt es sich bei solchen Konstellationen natürlich i.d.R. um verbriefte Anteile (z.B. börsengängige Aktien). Eine subjektive Dauerhalteabsicht kann indiziell auch dann abgeleitet werden, wenn zwischen dem Beteiligungsunternehmen und dem beteiligten Unt Leistungsbeziehungen bzw. enge vertragliche Beziehungen bestehen, die bei einer Veräußerung der Anteile infrage gestellt würden. Der Kurzfristigkeit stehen auch Sachverhalte entgegen, bei denen zwischen beiden Unt Bürgschaftsvereinbarungen bestehen oder Patronatserklärungen abgegeben wurden. Gleiches gilt im Fall enger personeller Verflechtungen, die z.B. aus der Mitgliedschaft im Aufsichtsrat des jeweils anderen Unternehmens resultieren. 14

2.1.3.3 Förderung des eigenen Geschäftsbetriebs

Die Förderung des eigenen Geschäftsbetriebs ist nicht an die Konstellation gebunden, dass ein unmittelbarer Einfluss auf die Geschäftsführung des anderen Unt erforderlich ist.[15] Es sind somit auch schwächere Formen als die gestaltende Einflussnahme auf die Geschäftspolitik zulässig.[16] Gleichwohl spricht die **Absicht der Einflussnahme** auf die Geschäftsführung mittels Anteilserwerbs schon für das Vorliegen einer Beteiligung. Daneben gibt es allerdings weitere (schwächere) Formen, die eine Dauerhalteabsicht untermauern. Dazu gehören: 15
- langfristig angelegte Lieferungs- und Leistungsverträge,
- Kooperationen einzelner Unternehmenssparten (z.B. Einkauf, Vertrieb etc.),
- Personalaustausch, gemeinsame Personalschulungen,
- Nutzung gemeinsamer Vertriebswege.

Diese schwächeren Formen können z.B. im Fall von langfristigen Lieferbeziehungen dazu führen, dass es auch für das beteiligte Unt vorteilhaft sein kann, einzelne Geschäfte mit dem Beteiligungsunternehmen zu marktunüblichen Konditionen abzuschließen, allein um die langfristige Lieferbeziehung zu sichern.
Wichtig bleibt in jedem Fall der Zusammenhang zwischen der Absicht, den eigenen Geschäftsbetrieb zu fördern, und dem daher erfolgten Erwerb von Anteilen. Die erworbenen Anteile müssen somit den Ausgangspunkt bilden, um das Förderziel zu erreichen. Damit scheiden Konstellationen aus, bei denen zwar 16

---

15 Vgl. ADS, 6. Aufl., § 271 HGB, Rz 18.
16 Vgl. *Keitz von*, in *Baetge/Kirsch/Thiele*, Bilanzrecht, § 271 HGB, Rz 28, Stand 8/2016.

eine Verbindung zwischen den beiden Unt besteht und darüber hinaus zum Zweck der Kapitalanlage noch Anteile an dem anderen Unt erworben wurden.

17 Das Erfordernis der Förderung des eigenen Geschäftsbetriebs kann im Einzelfall auch die Besonderheit aufweisen, dass ein Anteilsbesitz zwar der Förderung des eigenen Geschäftsbetriebs dient, aber dafür nicht bestimmt ist. Solche Fälle können sich bspw. in der Kreditwirtschaft ergeben, wenn Anteile überwiegend oder gar ausschließlich im Interesse Dritter oder aus volkswirtschaftlichen Erwägungen gehalten werden. In solchen Fällen darf nicht von der Existenz einer Beteiligung ausgegangen werden, weil wegen der fehlenden Bestimmung nicht die erforderliche Absicht vorliegt.

18 Zusammenfassend lässt sich also feststellen, dass neben dem Erfordernis des Anteilsbesitzes als weiteres notwendiges Definitionsmerkmal für das Vorliegen einer Beteiligung zusätzliche qualitative Merkmale erforderlich sind, die sich unterhalb der Einflussnahmeabsicht bewegen können.

2.2 Beteiligungsvermutung

19 Die Unschärfen, die durch die qualitativen Anforderungen in § 271 Abs. 1 Satz 1 HGB verursacht sind, werden durch die Beteiligungsvermutung in § 271 Abs. 1 Satz 3 HGB objektiviert und quantifiziert. Gem. § 271 Abs. 1 Satz 3 HGB, der mit dem BilRUG neu gefasst wurde, liegt bei Vorlage anderweitiger Zweifel eine Beteiligung zumindest dann vor, wenn das beteiligte Unt am Beteiligungsunternehmen mehr als **20 % des Nennkapitals oder, wenn ein Nennkapital nicht vorhanden ist, mehr als 20 % aller Kapitalanteile** hält. Übersteigt ein Kapitalanteil die Grenze von 20 %, wird gewissermaßen fingiert, dass damit keine reine Kapitalanlage mit dem Primat der Kapitalverzinsung vereinbar ist. Die vorstehend genannte Beteiligungsvermutung kann trotz der Feststellung eines Kapitalanteils von mehr als 20 % widerlegt werden. Diese Widerlegung muss allerdings anhand von objektiven Beweisen erfolgen, die die Annahme einer Dauerhalteabsicht und/oder die Eignung zur Förderung des eigenen Geschäftsbetriebs objektiv nachvollziehbar entkräften. Eine bloße Erklärung des bilanzierenden Unt ist mithin nicht ausreichend.[17]
Gleiches gilt natürlich auch für den umgekehrten Fall, d. h., ein Kapitalanteil von weniger als 20 % kann gleichwohl die Feststellung einer Beteiligung zulassen. Auch in diesem Fall ist es erforderlich, dass objektive nachprüfbare Unterlagen des beteiligten Unt die Beteiligungsabsicht belegen können.[18]

20 Die **Widerlegbarkeit** der Beteiligungsvermutung hat zwei Komponenten, die jeweils für sich genommen zu einer Verneinung der Beteiligungsexistenz führen können. Die erste Komponente zielt auf die Dauerhalteabsicht und die zweite Komponente auf die Förderungsmöglichkeit.

---

[17] Vgl. ADS, 6. Aufl., § 271 HGB, Rz 27; *Grottel/Kreher*, in Beck Bil-Komm., 10. Aufl., § 271 HGB, Rz 25.
[18] Vgl. WPH Edition, Wirtschaftsprüfung & Rechnungslegung, 15. Aufl., 2017, Abschn. F, Tz 350.

Eine Beteiligungsvermutung kann in der Praxis z. B. dann als widerlegt gelten, **21**
wenn die bestehenden Anteile nicht als geeignet anzusehen sind, die andauernde
Verbindung zu begründen, zu erweitern oder grundlegend zu verbessern.[19]

> **Beispiel**
> Eine solche Situation könnte dann gegeben sein, wenn die neben der Anteilsverbindung existente Geschäftsverbindung aus der Perspektive beider Unt von nachrangiger Gewichtung ist. In der Literatur wird hier die Stromlieferung eines Stromversorgungsunternehmens an ein Dienstleistungsunternehmen genannt, das zugleich Anteile am Stromversorgungsunternehmen hält.[20]

Eine Einschränkung der zu prüfenden Förderungsmöglichkeit für den eigenen Geschäftsbetrieb könnte auch dann gegeben sein, wenn auf der Basis bestehender Anteilsstrukturen oder auf der Basis bestehender Mehrheitsverhältnisse praktisch keinerlei Einflussnahme auf das Beteiligungsunternehmen ausgeübt werden kann.[21]
Der Ausschlussgrund für die Annahme einer Beteiligung kann auch in der fehlenden Dauerhaftigkeit verankert sein. Dies wird in der Praxis insb. dann der Fall sein, wenn neben der Anteilsverbindung die zwischen beiden Unt getätigten oder noch zu tätigen Geschäfte jeweils den Charakter von Einzelgeschäften haben.
Die Beteiligungsvermutung des § 271 Abs. 1 Satz 3 HGB stellt im Gesetzestext **22**
ausschließlich auf KapG ab. Dies ist ausreichend, weil bei PerG aufgrund der Nähe zwischen den Gesellschaftern und der Ges. grds. die Erfüllung der Beteiligungsvoraussetzungen angenommen wird und es insoweit nicht mehr auf die separate Feststellung der jeweiligen Anteilsgrößenordnung ankommen kann.
Die Verneinung einer Beteiligung zwischen den Gesellschaftern einer PersG und der Ges. setzt zwingend den objektiv nachprüfbaren Beleg voraus, dass es sich entgegen der bestehenden Vermutung nicht um eine Beteiligung handelt.

2.3 Berechnung des Anteils

Die sachliche Anknüpfung der Beteiligungsvermutung an das Nennkapital der **23**
KapG wird über § 271 Abs. 1 Satz 4 HGB weitergehend konkretisiert. So enthält Satz 4 einen Verweis auf § 16 Abs. 2 und 4 AktG. Aus § 16 Abs. 2 Satz 2 AktG folgt zunächst, dass zur Berechnung der **beteiligungsbegründenden Anteilshöhe** bestimmte Sachverhalte rechnerisch in Abzug zu bringen sind. Dabei handelt es sich insb. um den Nennbetrag der von der KapG selbst gehaltenen Anteile. Für den Fall, dass es sich bspw. um eine AG mit Stückaktien handelt, ist die Stückzahl der eigenen Anteile bei der Berechnung in Abzug zu bringen.
Für den Fall, dass die Anteile in Aktien bestehen, ist von Bedeutung, dass auch **24**
stimmrechtslose Vorzugsaktien in die Anteilsberechnung einfließen. Dies gilt allerdings nicht, wenn das Unt ausschließlich Vorzugsaktien hält. In einem solchen Fall gilt die Beteiligungsvermutung regelmäßig als widerlegt.[22] Der

---

19 Vgl. *Grottel/Kreher*, in Beck Bil-Komm., 10. Aufl., § 271 HGB, Rz 25.
20 Vgl. *Grottel/Kreher*, in Beck Bil-Komm., 10. Aufl., § 271 HGB, Rz 25.
21 Vgl. *Reiner*, in MünchKomm. HGB, 3. Aufl., § 271 Rn 13.
22 Vgl. *Reiner*, in MünchKomm. HGB, 3. Aufl., § 271 Rn 12.

25 Hält das beteiligte Unt sowohl Stammaktien als auch Vorzugsaktien, so ist für den Fall, dass der Anteil der Stammaktien allein die Vermutungsgrenze des § 271 Abs. 1 Satz 3 HGB nicht übersteigt, trotzdem nicht automatisch das Vorliegen einer Beteiligung abzulehnen. Zunächst werden beide Gattungen in die Berechnung einbezogen. Am Ende ist dann bei diesen Konstellationen eine Einzelfallentscheidung zu treffen.

Grund für die Widerlegung in einem solchen Fall ist darin zu sehen, dass stimmrechtslose Vorzugsaktien eine sehr stark eingeschränkte Mitsprachemöglichkeit einräumen. Diese eingeschränkte Einflussnahme wird zugunsten einer erhöhten Renditebegünstigung in Kauf genommen. Aus diesem Grund steht bei stimmrechtslosen Vorzugsaktien der Gesichtspunkt der Kapitalanlage deutlich im Vordergrund.

26 Ein Anteil i. S. d. § 271 HGB ergibt sich nicht nur aus direkter, sondern auch aus indirekter Beteiligung. Die letztgenannte Form kann z. B. aus der Beteiligung abhängiger Unt resultieren (§ 271 Abs. 1 Satz 4 HGB i. V. m. § 16 Abs. 4 AktG).

> **Beispiel**
> Die A-GmbH hält an der B-GmbH einen Anteil am Stammkapital i. H. v. 5 %. Bei formaler Beurteilung sind damit zunächst die Voraussetzungen für eine Beteiligungsvermutung nicht erfüllt. Gleichzeitig hält die A-GmbH auch 70 % der Gesellschaftsanteile an der C-GmbH. Die C-GmbH ist wiederum mit 30 % an der B-GmbH beteiligt. Zwischen der A-GmbH und der C-GmbH besteht damit gem. § 17 AktG ein Abhängigkeitsverhältnis (die C-GmbH ist ein abhängiges Unt der A-GmbH).
> Gem. § 271 Abs. 1 Satz 4 HGB i. V. m. § 16 Abs. 4 AktG sind auch die Anteile in die vermutungsbegründende Beteiligungsanteilsquote mit einzubeziehen, die einem von der A-GmbH abhängigen Unt zuzurechnen sind. Das bedeutet: Da die C-GmbH ein abhängiges Unt der A-GmbH ist, werden die Anteile der C-GmbH an der B-GmbH den Anteilen zugerechnet, die die A-GmbH bereits an der B-GmbH hält.
> Über diese indirekte Zurechnung ergibt sich damit ein Anteil der A-GmbH an der B-GmbH i. H. v. 35 %.

Damit ergeben sich theoretisch Konstellationen, bei denen das zu beurteilende Unt nur eine Kleinstbeteiligung (z. B. 1 %) oder im Extremfall gar keine Beteiligung hält, dafür das abhängige Unt mit seiner Beteiligung oberhalb der Beteiligungsvermutung liegt.[23] Beim beteiligten Unt sind damit nicht nur die ihm selbst gehörenden Anteile zu berücksichtigen, sondern auch die Anteile, die einem vom beteiligten Unt abhängigen Unt gehören. Ausgangspunkt derartiger Verbindungen ist die zweifelsfreie Anwendung der Abhängigkeitsvermutung. Kann diese im Ergebnis nicht widerlegt werden, so müssen die von einem in Mehrheitsbesitz stehenden Unt gehaltenen Anteile an einem dritten Unt dem mit Mehrheit beteiligten Unt zugerechnet werden.

27 Der **bilanzielle Ausweis** im Anwendungsbereich von § 16 Abs. 2 und 4 AktG bringt weitere Probleme mit sich. Da mittelgroße und große KapG das Glie-

---

[23] Vgl. ADS, 6. Aufl., § 271 HGB, Rz 30.

derungsschema des § 266 Abs. 2 und 3 HGB zwingend anzuwenden haben, muss insb. bei Schuldverhältnissen zwischen dem beteiligten Unt (über die Zurechnung als beteiligt geltend) und dem Beteiligungsunternehmen der einschlägige Unterposten „Verbindlichkeiten gegenüber Unt, mit denen ein Beteiligungsverhältnis besteht" verwendet werden. Gleichzeitig handelt es sich jedoch auch um einen Ausweis unter der Position „Verbindlichkeiten gegenüber verbundenen Unt". Eine Lösung wäre hier auch über den Mitzugehörigkeitsvermerk des § 265 Abs. 3 HGB denkbar. Für den Fall, dass sich wie im vorliegenden Fall VG oder Schulden mehreren Bilanzpositionen zuordnen lassen, ist im Rahmen des Ausweises unter der Position „Verbindlichkeiten gegenüber Unt mit denen ein Beteiligungsverhältnis besteht" in einem „Davon-Vermerk" auf die Mitzugehörigkeit zur Bilanzgliederungsposition „Verbindlichkeiten gegenüber verbundenen Unt" unter Angabe des entsprechenden Betrags hinzuweisen. Ein solcher Mitzugehörigkeitsvermerk resultiert letztendlich aus dem Grundsatz der Bilanzklarheit nach § 243 Abs. 2 HGB.

2.4 Behandlung von Genossenschaftsanteilen

Entsprechend des Gesetzestextes in § 271 Abs. 1 Satz 5 HGB können Genossenschaftsanteile auch dann nicht zu den Beteiligungen zählen, wenn sie die Beteiligungsdefinition erfüllen. Die Regelung wurde mit Blick auf Kleinstbeteiligungen an Kreditgenossenschaften durch den Rechtsausschuss[24] in den Gesetzestext aufgenommen. Da Kunden häufig im Zusammenhang mit der Begr. einer Geschäftsverbindung auch Anteile an der Kreditgenossenschaft erwerben, müssten ohne den Ausschluss nach § 271 Abs. 1 Satz 5 HGB sämtliche Forderungen und Verbindlichkeiten gegenüber der Kreditgenossenschaft als Forderungen und Verbindlichkeiten gegenüber Unt, mit denen ein Beteiligungsverhältnis besteht, ausgewiesen werden.[25] Nach Auffassung des Gesetzgebers[26] besteht, bei Mitgliedschaften dieser Art jedoch nicht die Gefahr, dass Forderungs- und Verbindlichkeitspositionen zu marktunüblichen Konditionen geschlossen werden und daher für den Bilanzleser gesondert kenntlich gemacht werden müssen. Aufgrund der Formulierung des Gesetzestextes ist auch bei Genossenschaftsanteilen von erheblicher Größenordnung keine andere Handhabung geboten.[27]

28

Für den konkreten **Ausweis innerhalb der Bilanz** kommen mehrere Positionen innerhalb des Bilanzgliederungsschemas nach § 266 HGB in Betracht. Ordnet man die Genossenschaftsanteile dem Anlagevermögen nach § 247 Abs. 2 HGB zu, so erfolgt der Ausweis entsprechend § 266 Abs. 2 HGB unter der Position A. III. 6 als „sonstige Ausleihungen". Diese Position hat gewissermaßen den Charakter eines Auffangbeckens. Nach § 265 Abs. 6 HGB ist es möglich und aufgrund des Gebots der Klarheit und Übersichtlichkeit des Jahresabschlusses auch erforderlich, dass die mit arabischen Zahlen versehenen Bilanzposten im Bedarfsfall entweder im Hinblick auf die Gliederung oder im Hinblick auf die Posten-

29

---

[24] Vgl. Beschlussempfehlung und Bericht des Rechtsausschusses zum BiRiLiG, BT-Drs. 10/4268 S. 106.
[25] Vgl. *Keitz von*, in *Baetge/Kirsch/Thiele*, Bilanzrecht, § 271 HGB Rz 41, Stand 8/2016.
[26] Vgl. Beschlussempfehlung und Bericht des Rechtsausschusses zum BiRiLiG, BT-Drs. 10/4268 S. 106.
[27] Vgl. *Reiner*, in MünchKomm. HGB, 3. Aufl., § 271 Rn 14.

bezeichnung geändert werden.[28] Eine solche zulässige Änderung der Postenbezeichnung wird auch für den Fall des Ausweises der Genossenschaftsanteile unter Position A. III. 6 vorgeschlagen.[29]

30 Innerhalb der wissenschaftlichen Literatur werden noch **andere Ausweismöglichkeiten** diskutiert. Zum einen wird vorgeschlagen, die Anteile nach § 266 Abs. 2 A. III.5 HGB unter den Wertpapieren des Anlagevermögens zu zeigen.[30] Zum anderen wird in Anlehnung an § 7 Nr. 1 GenG[31] der Genossenschaftsanteil als Kapitaleignerrecht angesehen und daraus folgend ein zusätzlicher Ausweisposten unter dem FAV (§ 266 Abs. 2 A. III HGB) gefordert.[32] Im Ausnahmefall kann theoretisch auch ein Ausweis unter der Position A.III.1 als Anteile an verbundenen Unt in Betracht kommen.[33]

Erfüllen die Genossenschaftsanteile nicht den Charakter von AV nach § 247 Abs. 2 HGB und sind damit dem Umlaufvermögen zugehörig, so wird ein Ausweis der Anteile unter der Position § 266 Abs. 2 B.II.4 HGB als „sonstige Vermögensgegenstände" (korrespondierend zu einem Ausweis im FAV als „sonstige Vermögensgegenstände")[34] oder unter der Position § 266 Abs. 2 B.III.3 HGB als „sonstige Wertpapiere" (korrespondierend zu einem Ausweis im FAV als „Wertpapiere des Anlagevermögens") vorgeschlagen.[35]

3 Verbundenes Unternehmen

3.1 Überblick

3.1.1 Grundlagen

31 Die Verwendung des Begriffs „verbundenes Unt" in § 271 Abs. 2 HGB erfolgte aufgrund der Umsetzung des Art. 41 der 7. EG-RL (= Konzernbilanzrichtlinie) und ist in der RL 2013/34/EU unverändert geblieben.[36] Vor der Einfügung des § 271 Abs. 2 HGB sah das Gesetz keine eigenständige bilanzrechtliche Definition des Begriffs „verbundenes Unt" vor. Insoweit erfolgte zunächst immer eine Anlehnung an den in § 15 des AktG bestimmten allgemeingültigen Begriff eines „verbundenen Unt" auch für die Rechnungslegung. Die in Art. 41 der 7. EG-RL enthaltene Definition war nicht mit der Definition des Aktienrechts vereinbar, sodass sich aufgrund der fehlenden Änderungsbereitschaft in Bezug auf die aktienrechtlichen Bestimmungen ein **eigenes handelsrechtliches Begriffsverständnis** herausbilden musste. Die in § 271 Abs. 2 HGB enthaltene Definition ist somit auch nur allein für das Dritte Buch des HGB (rechnungslegungsrelevante Bestimmungen) von Bedeutung. Das aktienrechtliche Verständnis eines

---

[28] Vgl. *Winkeljohann/Büssow*, in Beck Bil-Komm., 10. Aufl., § 265 HGB, Rz 16.
[29] Vgl. *Reiner*, in MünchKomm. HGB, 3. Aufl., § 271 Rn 14.
[30] Vgl. *Bieg/Waschbusch*, in *Küting/Pfitzer/Weber*, (Hrsg.), HdR, § 271, Rz 67, Stand 11/2016.
[31] In § 7 Nr. 1 GenG wird der Geschäftsanteil als Betrag definiert, bis zu welchem sich die einzelnen Mitglieder mit Einlagen beteiligen können.
[32] Vgl. *Matschke/Schellhorn*, in *Hofbauer/Kupsch*, BHR, § 271, Rz 58.
[33] Vgl. *Matschke/Schellhorn*, in *Hofbauer/Kupsch*, BHR, § 271, Rz 54; *Bieg/Waschbusch*, in *Küting/Pfitzer/Weber*, (Hrsg.), HdR, § 271, Rz 69, Stand 11/2016.
[34] Vgl. *Matschke/Schellhorn*, in *Hofbauer/Kupsch*, BHR, § 271, Rz 59.
[35] Beide Möglichkeiten akzeptierend: vgl. *Bieg/Waschbusch*, in *Küting/Pfitzer/Weber*, (Hrsg.), HdR, § 271, Rz 69, Stand 11/2016.
[36] Vgl. 7. RL des Rates 83/349/EWG v. 13.6.1983, ABl.EG L 193/1 v. 18.7.1983.

„verbundenen Unt" bleibt weiterhin für einschlägige Vorschriften des AktG maßgeblich (z. B. §§ 71 Abs. 1 Nr. 2, 89 Abs. 4 Satz 2, 90 Abs. 3, 311 ff. AktG).

3.1.2 Übereinstimmende Verbundenheit nach AktG und HGB

Stellt man einen Vergleich an, unter welchen Bedingungen die Verbundenheitstatbestände nach Aktienrecht und Handelsrecht zu einem gleichen Ergebnis führen, so ist es erforderlich, die Maßstäbe einer Verbundenheit nach §§ 16–19 AktG mit den Verbundenheitskriterien des § 290 HGB zu vergleichen. § 16 AktG geht bei in Mehrheitsbesitz stehenden Unt und bei mit Mehrheit beteiligten Unt davon aus, dass die Verbundenheitskriterien erfüllt sind. Hingegen ist der Verbundenheitstatbestand nach HGB gem. § 290 Abs. 2 Nr. 1 HGB nur bei einer Stimmrechtsmehrheit gegeben, es muss sich daraus zumindest eine Beherrschungsmöglichkeit ergeben. Entsprechend § 17 AktG besteht zwischen abhängigen und herrschenden Unt eine Verbundenheitsvermutung, die nach HGB nur bestätigt werden kann, wenn die Abhängigkeit aufgrund einer Stimmrechtsmehrheit (vgl. § 290 Abs. 2 Nr. 1 HGB) oder aufgrund von Satzungsbestimmungen (vgl. § 290 Abs. 2 Nr. 3 HGB) besteht und die Beherrschungsmöglichkeit gegeben ist. Die Annahme des § 19 AktG, dass auch wechselseitig beteiligte Unt mit einer gegenseitigen Beteiligung von jeweils über 25 % den Verbundenheitstatbestand erfüllen, wird handelsrechtlich nicht nachvollzogen. Eine Verbundenheit könnte sich bei dieser Konstellation auch handelsrechtlich nur dann ergeben, wenn aufgrund zusätzlicher Merkmale ein Abhängigkeitsverhältnis (vgl. § 17 AktG), bzw. eine Beherrschungsmöglichkeit besteht.

Von den im Aktienrecht aufgenommenen Unternehmensverträgen führt nur der Beherrschungsvertrag nach § 291 AktG über die Beherrschungsmöglichkeit sowie konkretisiert in § 290 Abs. 2 Nr. 3 HGB auch zu einem verbundenen Unt nach Handelsrecht. Bei der Feststellung eines eingegliederten Unt im Anwendungsbereich des § 319 AktG ergibt sich die Erfüllung des handelsrechtlichen Verbundenheitsbegriffs aufgrund der Änderungen durch das BilMoG nicht mehr aufgrund der Existenz einer einheitlichen Leitung. Das handelsrechtliche Kriterium der einheitlichen Leitung wurde durch die Neufassung des § 290 HGB ersatzlos gestrichen.

3.1.3 Relation zwischen § 271 Abs. 1 und Abs. 2 HGB

Liegen sowohl die Voraussetzungen des § 271 Abs. 1 HGB als auch die Voraussetzungen des § 271 Abs. 2 HGB vor, so kann die Bestimmung des Abs. 1 als lex specialis angesehen werden und ist insoweit vorrangig.[37] Vor dem BilMoG setzte faktisch die Forderung in § 290 Abs. 1 HGB aF nach einer einheitlichen Leitung ohnehin die Existenz einer Beteiligung voraus. Inzwischen entfällt die Normenkonkurrenz zwischen § 271 Abs. 1 und Abs. 2 HGB.

Die in § 271 Abs. 2 HGB genannte Form der Unternehmensverbindung geht hinsichtlich der Verbindungsintensität über das Beteiligungsverständnis des § 271 Abs. 1 HGB hinaus und ist durch nachfolgende Merkmale gekennzeichnet:
- Erfüllung der Voraussetzungen eines MU oder TU,

---

[37] Vgl. *Heuser*, GmbHR 1987, S. 373.

- Einbeziehung in den Konzernabschluss eines MU nach den Vorschriften über die VollKons,
- die Ausnutzung von Konsolidierungswahlrechten gem. § 296 HGB ist für die Einordnung unschädlich,
- Existenz einer KA-Aufstellungspflicht unabhängig von einer evtl. Befreiung.

35 Der Normzweck des § 271 Abs. 2 HGB erklärt sich wie auch der des § 271 Abs. 1 HGB aus den gestiegenen Informationsbedürfnissen der Jahresabschlussadressaten bei derartigen Unternehmensverbindungen. Die beteiligten Unt sind nicht mehr als wirtschaftlich unabhängig anzusehen. Die Ausgestaltung vereinbarter Konditionen zwischen solchen Unt kann z.T. erheblich von den üblichen Marktpreisen abweichen. Ein besonderes Augenmerk muss auch auf die Bonität der Forderungen gelegt werden. Nicht zuletzt ist auch eine Verlagerung von Gewinnen und Verlusten zwischen verbundenen Unt denkbar.[38] Auch wenn der gesonderte Ausweis derartiger Problempositionen an den grundsätzlichen Sachverhalten nichts ändern kann, so wird durch den **gesonderten Ausweis** zumindest die Möglichkeit geschaffen, einzelne mögliche Problempositionen zumindest im Jahresabschluss sichtbar zu machen. Das Bilanzgliederungsschema des § 266 HGB sieht z.B. bei Anteilen und Ausleihungen des FAV (§ 266 Abs. 2 A.III.1 und A.III.2 HGB), bei Anteilen und Forderungen des UVs (§ 266 Abs. 2 B.II.2 und B.III.1 HGB), bei Verbindlichkeiten (§ 266 Abs. 3 C.6 HGB) sowie auch bei Haftungsverhältnissen (§ 268 Abs. 7 HGB) jeweils gesonderte Ausweise vor. Gleiches gilt auch für bestimmte Erträge (§ 275 Abs. 2 Nr. 9–11 und Nr. 13 HGB und § 275 Abs. 3 Nr. 8–10 und Nr. 12 HGB) in der GuV.[39]

Entsprechende Bestimmungen gelten auch für den Anhang. So fordert § 285 Abs. 1 Nr. 3 HGB, dass bei der Angabe sonstiger finanzieller Verpflichtungen ein gesonderter Hinweis auf die Höhe derartiger Verpflichtungen gegenüber verbundenen Unt erfolgen muss. Zudem bestehen konkrete Pflichten zu Angaben zu nahe stehenden Personen (§ 285 Rz 133 ff.).

3.2 Tatbestandsmerkmale im Einzelnen

3.2.1 Mutter- oder Tochterunternehmen

36 Ein TU i.S.d. § 290 Abs. 1 HGB liegt dann vor, wenn es unter dem unmittelbaren oder mittelbaren **beherrschenden Einfluss** eines anderen Unt (MU) steht (§ 290 Rz 18 ff.). Die vormals in § 290 Abs. 1 HGB aF genannte Konstruktion der einheitlichen Leitung mit den dazugehörigen Indizien wurde durch das BilMoG ersatzlos gestrichen.

37 Gem. § 290 Abs. 2 HGB ist von einer solchen Beherrschung durch das MU stets auszugehen, wenn dem MU folgende Rechte zustehen bzw. Chancen oder Risiken zuzurechnen sind:
- die Mehrheit der Stimmrechte der Gesellschafter (§ 290 Abs. 2 Nr. 1 HGB),
- das Recht, die Mehrheit der Mitglieder des Verwaltungs-, Leitungs- oder Aufsichtsorgans zu bestellen oder abzuberufen, und auch gleichzeitig eine Gesellschafterstellung vorliegt (§ 290 Abs. 2 Nr. 2 HGB),

---

[38] Vgl. *Kropf*, DB 1986, S. 364.
[39] Vgl. *Reiner*, in MünchKomm. HGB, 3. Aufl., § 271 Rn 19.

- das Recht, einen beherrschenden Einfluss aufgrund eines Beherrschungsvertrags oder aufgrund einer Satzungsbestimmung auszuüben (§ 290 Abs. 2 Nr. 3 HGB),
- das MU trägt bei wirtschaftlicher Betrachtung die Mehrheit der Chancen und Risiken des anderen Unt und dieses Unt dient der Erreichung eines eng begrenzten und genau definierten Ziels des MU. Ein solches Unt wird als ZweckGes bezeichnet (§ 290 Abs. 2 Nr. 4 HGB).

Die vorstehend genannten Rechtspositionen müssen nicht kumulativ erfüllt sein. Für die Prüfung und Feststellung eines **Beherrschungsverhältnisses** ist die Existenz einer dieser alternativen Rechtspositionen ausreichend. Diese Beherrschung erstreckt sich auch über mehrere Ebenen, so dass auch i. d. R. die TU eines TU in den KonsKreis einzubeziehen sind.

3.2.2 Einbeziehung nach den Vorschriften über die Vollkonsolidierung

Voraussetzung zur Bestimmung eines verbundenen Unt i. S. d. § 271 Abs. 2 HGB ist die Möglichkeit der Einbeziehung über die VollKons in einen Konzernabschluss einer obersten Muttergesellschaft. Dabei ist es unerheblich, ob dies ein befreiender Konzernabschluss ist bzw. sein könnte. Damit erfolgt zugleich eine begriffliche Abgrenzung in der Weise, dass eine QuotenKons oder eine Einbeziehung at-equity nicht die tatbestandlichen Voraussetzungen erfüllen kann. Das hat zur Folge, dass weder Gemeinschaftsunt[40] noch assoziierte Unt die Voraussetzungen für ein verbundenes Unt i. S. d. § 271 Abs. 2 HGB erfüllen. In Bezug auf die Einbeziehung von Gemeinschaftsunt gibt es allerdings auch Stimmen in der wissenschaftlichen Literatur,[41] die von einer Pflicht zur VollKons und damit von einer Unternehmensverbindung i. S. d. § 271 Abs. 2 HGB ausgehen.

38

3.2.3 Grundsätzlichkeitscharakter der Einbeziehungspflicht

Entsprechend der Formulierung in § 271 Abs. 2 Hs. 2 HGB ist die Tatsache, dass TU nach der Regelung des § 296 HGB wahlweise nicht in den Konzernabschluss einbezogen werden, für die Annahme eines „verbundenen Unt" ausdrücklich unschädlich.[42] Insoweit ist allein maßgeblich, dass eine grundsätzliche Pflicht zur Einbeziehung überhaupt besteht. Soweit die übrigen Kriterien erfüllt sind, zählen damit TU, die nicht der VollKons unterliegen, trotzdem zum Kreis der verbundenen Unt.

39

3.2.4 Pflicht zur Aufstellung eines Konzernabschlusses oder Befreiung

3.2.4.1 Konzernabschluss nach § 290

Nach dem Gesetzestext in § 271 Abs. 2 Hs. 1 HGB ist es erforderlich, dass das oberste MU verpflichtet ist, einen Konzernabschluss aufzustellen. Diese Pflicht zur Aufstellung basiert auf den §§ 290–315e HGB. Es ist wiederum nicht erforderlich, dass der Konzernabschluss auch tatsächlich aufgestellt wird. Somit sind von der Vorschrift keine Konzerne erfasst, bei denen das oberste MU keine KapG (sondern bspw. eine PersG) ist oder bei denen das oberste MU seinen Sitz

40

---

[40] Vgl. *Winkeljohann/Lewe*, in Beck Bil-Komm., 10. Aufl., § 310 HGB, Rz 5.
[41] Vgl. ADS, 6. Aufl., § 310 HGB, Rz 41; *Schulze-Osterloh*, in Festschrift Fleck (1988), S. 313.
[42] Vgl. *Wohlgemuth*, DStR 1991, S. 1530.

im Ausland hat. Im Anwendungsbereich des § 271 Abs. 2 HGB könnte sich eine Struktur unter Fortgeltung des Begriffs „verbundene Unt" nur dann ergeben, wenn ein mehrstufiger Konzern vorliegt, an dessen Spitze zwar eine inländische Nicht-KapG steht, bei dem die zweite Konzernstufe jedoch von einer inländischen KapG besetzt wird, die entsprechend § 290 HGB zur Aufstellung eines Teilkonzerns verpflichtet ist. Die Pflicht zur Aufstellung eines Konzernabschlusses nach PublG ist im Rahmen des § 271 Abs. 2 HGB nicht ausreichend.[43] Insoweit kommt es hier zu einer Einschränkung in der Weise, dass selbst bei Erfüllung des Control-Konzepts nicht zwangsläufig bereits von einem verbundenen Unt i. S. d. § 271 Abs. 2 HGB ausgegangen werden darf.[44]

3.2.4.2 Befreiender Konzernabschluss nach §§ 291 f.

41 Bei bestimmten Konstellationen kommen die Existenz und Begriffsverwendung des „verbundenen Unt" auch dann in Betracht, wenn keine Einbeziehungspflicht in einen gemeinsamen Konzernabschluss besteht. Auf diesen Fall stellt § 271 Abs. 2 Hs. 2 HGB ab. Hierbei handelt es sich um eine größenunabhängige Freistellung von der Konzernrechnungslegungspflicht. Ein auf höherer Konzernebene (= Ebene des obersten MU) in Einklang mit dem EU-Recht aufgestellter Konzernabschluss (auch die Möglichkeit zur Aufstellung eines solchen Konzernabschlusses wäre ausreichend) kann unter bestimmten Bedingungen als befreiender Konzernabschluss angesehen werden. Für nachgelagerte MU, die zugleich TU sind, entfällt dadurch die Pflicht zur Aufstellung eines eigenen Teilkonzernabschlusses. Durch die Formulierung im Gesetzestext sind auch solche Konstellationen erfasst, bei denen die Befreiungswirkung eintreten würde, wenn ein befreiender Konzernabschluss aufgestellt worden wäre, weil die Möglichkeit dazu grds. bestand. Die in diesem Zusammenhang angesprochenen Strukturen müssen damit in jedem Fall eine dreistufige Hierarchie aufweisen. Die §§ 291 f. HGB und somit auch die Bestimmung des § 271 Abs. 2 Hs. 2 HGB greifen nur Sachverhalte auf, bei denen unterhalb der Konzernspitze (im Inland oder Ausland ansässig) zumindest eine inländische KapG existiert. Konzerne, die keine inländische KapG als (nachrangige) Muttergesellschaft haben, sind von § 271 Abs. 2 HGB nicht erfasst. Auch im Fall des § 271 Abs. 2 Hs. 2 HGB sind Pflichten zur Aufstellung eines Konzernabschlusses z. B. nach dem PublG nicht ausreichend.[45]
Eine **Befreiungswirkung** im vorgenannten Sinn tritt nicht ein, wenn zwar eine Konzernrechnungslegungspflicht besteht, die Aufstellung des befreienden Konzernabschlusses trotz des Vorliegens der Voraussetzungen jedoch gem. § 291 Abs. 3 HGB durch ein sog. Minderheitenvotum nicht in Anspruch genommen werden darf.[46]

3.2.4.3 Weite Auslegung des § 271 Abs. 2

42 Neben dieser engen wörtlichen Auslegung des § 271 Abs. 2 HGB gibt es auch Vertreter, die von einer weiten Auslegung der Bestimmung ausgehen.[47] Unter

---

[43] Vgl. ADS, 6. Aufl., § 271 HGB, Rz 48.
[44] Vgl. *Keitz von*, in *Baetge/Kirsch/Thiele*, Bilanzrecht, § 271 HGB, Rz 57, Stand 8/2016.
[45] Vgl. *Reiner*, in MünchKomm. HGB, 3. Aufl., § 271 Rn 25.
[46] Vgl. *Ammann/Müller*, Konzernbilanzierung, 2005, S. 50; *Kropf*, DB 1986, S. 364.
[47] Vgl. *Kropf*, DB 1986, S. 364 ff.; *Ulmer*, in Festschrift Goerdeler, S. 633.

Rückgriff auf die Intention der 7. EG-RL gehen sie davon aus, dass zum Kreis der verbundenen Unt sämtliche Unt zu rechnen sind, die als MU oder TU in einen Konzernabschluss auf dem Wege der VollKons einzubeziehen sind. Die Unt, die mit einem Unt, das eines der beiden o. g. Kriterien erfüllt, verbunden sind, sind auch im Verhältnis zueinander verbundene Unt.

Die weite Auslegung des Begriffs „verbundenes Unt" kommt dem **Primat einer einheitlichen Begriffsverwendung** deutlich näher, weil die unterschiedliche Beurteilung individueller Konzernkonstellation weniger Bedeutung hat. Wird das Oberziel darin gesehen, dass ähnliche Konzernstrukturen auch zu einer vergleichbaren Rechenschaftslegung führen, so ist das nur mit einem weiten Auslegungsverständnis zu realisieren. Befürworter dieser Auslegungsvariante argumentieren u. a. damit, dass es im Zuge der weiter steigenden Internationalisierung des Wirtschaftsgeschehens für die Berichterstattung unerheblich sein muss, ob die übergeordnete Muttergesellschaft ihren Sitz im In- oder Ausland hat. Da die Notwendigkeit einer weitergehenden Differenzierung ihren Ausgangspunkt in einer möglichst transparenten Information der Jahresabschlussadressaten hat und Geschäfte zu marktfernen Konditionen sowohl zwischen inländischen als auch zwischen in- und ausländischen Ges. geschlossen werden können, darf eine Rechenschaftslegung unter dem Primat der Transparenz diesbezüglich keinen Restriktionen unterliegen.[48]

43

> **Beispiel**
> Konzernunternehmen, die nach dem Wortlaut des § 271 Abs. 2 HGB nicht zum Kreis der verbundenen Unt gehören, weil es entweder an der Notwendigkeit ihrer Einbeziehung in einen HGB-Abschluss fehlt oder weil die befreiende Wirkung ihrer Einbeziehung fehlt, liegen u. a. bei folgenden Konstellationen vor:
> - Ein oder mehrere TU, die selbst wiederum keine TU haben, werden von einem ausländischen MU beherrscht.
> - Die Einbeziehung in einen Konzernabschluss erfolgt nach dem PublG.
> - Die Minderheitsgesellschafter machen von ihrem Recht nach § 291 Abs. 3 HGB Gebrauch und verweigern die Befreiung.

44

Kritiker der engen Auslegung des § 271 Abs. 2 HGB sehen zudem einen Widerspruch zum Begriff der Verbundenheit i. S. v. Art. 41 der 7. EG-RL. Danach geht die Verknüpfung zwischen der Verbundenheit und der Konzernaufstellungspflicht fehl. Vielmehr stellt der Begriff auf die Existenz einer Beherrschungsmöglichkeit ab.[49] Zumindest für den Bereich der Rechnungslegung (und damit nicht zwangsläufig auch im Anwendungsbereich der §§ 319 und 323 HGB) hat sich das weite Begriffsverständnis in Bezug auf die Verbundenheit mittlerweile durchgesetzt.[50]

---

[48] Vgl. *Keitz von*, in *Baetge/Kirsch/Thiele*, Bilanzrecht, § 271 HGB, Rz 66, Stand 8/2016.
[49] Vgl. *Wohlgemuth*, DStR 1991, S. 1529; *Kropf*, DB 1986, S. 364; ADS, 6. Aufl. § 271 HGB, Rz 52 ff.
[50] Vgl. *Grottel/Krehler*, in Beck Bil-Komm., 10. Aufl., § 271 HGB, Rz 35.

4 Verletzung des § 271 und Rechtsfolgen

45 Bei der Bestimmung des § 271 Abs. 1 und 2 HGB handelt es sich um eine ausschließliche Definitionsvorschrift. Eine unmittelbare Verletzung ist damit nach Literaturauffassung nicht möglich.[51] Bei Verstößen ergeben sich insoweit Rückwirkungen auf andere Bestimmungen des HGB, die Bezug auf die Begriffsverwendung „Beteiligung" oder „verbundenes Unt" nehmen. Zu denken ist dabei bspw. im Hinblick auf Beteiligungen an Gliederungs- bzw. Ausweisvorschriften der §§ 266 und 275 HGB. Gleiches gilt im Bereich der verbundenen Unt ebenfalls für entsprechende Gliederungsvorschriften nach § 266 HGB, aber auch für die gesonderte Angabe von Haftungsverhältnissen (§ 268 Abs. 7) oder für Pflichtangaben im Anhang nach § 285 Satz 1 Nr. 3 HGB. Der Verstoß gegen diese exemplarisch aufgeführten Vorschriften kann wiederum zur Nichtigkeit des Jahresabschlusses oder zur Einschränkung bzw. Versagung des Bestätigungsvermerks nach § 322 HGB führen.

---

[51] Vgl. *Grottel/Krehler*, in Beck Bil-Komm., 10. Aufl., § 271 HGB, Rz 40.

§ 272 Eigenkapital

(1) ¹Gezeichnetes Kapital ist mit dem Nennbetrag anzusetzen. ²Die nicht eingeforderten ausstehenden Einlagen auf das gezeichnete Kapital sind von dem Posten „Gezeichnetes Kapital" offen abzusetzen; der verbleibende Betrag ist als Posten „Eingefordertes Kapital" in der Hauptspalte der Passivseite auszuweisen; der eingeforderte, aber noch nicht eingezahlte Betrag ist unter den Forderungen gesondert auszuweisen und entsprechend zu bezeichnen.

(1a) ¹Der Nennbetrag oder, falls ein solcher nicht vorhanden ist, der rechnerische Wert von erworbenen eigenen Anteilen ist in der Vorspalte offen von dem Posten „Gezeichnetes Kapital" abzusetzen. ²Der Unterschiedsbetrag zwischen dem Nennbetrag oder dem rechnerischen Wert und den Anschaffungskosten der eigenen Anteile ist mit den frei verfügbaren Rücklagen zu verrechnen. ³Aufwendungen, die Anschaffungsnebenkosten sind, sind Aufwand des Geschäftsjahrs.

(1b) ¹Nach der Veräußerung der eigenen Anteile entfällt der Ausweis nach Absatz 1a Satz 1. ²Ein den Nennbetrag oder den rechnerischen Wert übersteigender Differenzbetrag aus dem Veräußerungserlös ist bis zur Höhe des mit den frei verfügbaren Rücklagen verrechneten Betrages in die jeweiligen Rücklagen einzustellen. ³Ein darüber hinausgehender Differenzbetrag ist in die Kapitalrücklage gem. Absatz 2 Nr. 1 einzustellen. ⁴Die Nebenkosten der Veräußerung sind Aufwand des Geschäftsjahrs.

(2) Als Kapitalrücklage sind auszuweisen
1. der Betrag, der bei der Ausgabe von Anteilen einschließlich von Bezugsanteilen über den Nennbetrag oder, falls ein Nennbetrag nicht vorhanden ist, über den rechnerischen Wert hinaus erzielt wird;
2. der Betrag, der bei der Ausgabe von Schuldverschreibungen für Wandlungsrechte und Optionsrechte zum Erwerb von Anteilen erzielt wird;
3. der Betrag von Zuzahlungen, die Gesellschafter gegen Gewährung eines Vorzugs für ihre Anteile leisten;
4. der Betrag von anderen Zuzahlungen, die Gesellschafter in das Eigenkapital leisten.

(3) ¹Als Gewinnrücklagen dürfen nur Beträge ausgewiesen werden, die im Geschäftsjahr oder in einem früheren Geschäftsjahr aus dem Ergebnis gebildet worden sind. ²Dazu gehören aus dem Ergebnis zu bildende gesetzliche oder auf Gesellschaftsvertrag oder Satzung beruhende Rücklagen und andere Gewinnrücklagen.

(4) ¹Für Anteile an einem herrschenden oder mit Mehrheit beteiligten Unternehmen ist eine Rücklage zu bilden. ²In die Rücklage ist ein Betrag einzustellen, der dem auf der Aktivseite der Bilanz für die Anteile an dem herrschenden oder mit Mehrheit beteiligten Unternehmen angesetzten Betrag entspricht. ³Die Rücklage, die bereits bei der Aufstellung der Bilanz zu bilden ist, darf aus vorhandenen frei verfügbaren Rücklagen gebildet werden. ⁴Die Rücklage ist aufzulösen, soweit die Anteile an dem herrschenden oder mit Mehrheit beteiligten Unternehmen veräußert, ausgegeben, oder eingezogen werden oder auf der Aktivseite ein niedrigerer Betrag angesetzt wird.

(5) ¹Übersteigt der auf eine Beteiligung entfallende Teil des Jahresüberschusses in der Gewinn- und Verlustrechnung die Beträge, die als Dividende oder Gewinnanteil eingegangen sind oder auf deren Zahlung die Kapitalgesellschaft einen Anspruch hat, ist der Unterschiedsbetrag in eine Rücklage einzustellen, die nicht ausgeschüttet werden darf. ²Die Rücklage ist aufzulösen, soweit die Kapitalgesellschaft die Beträge vereinnahmt oder einen Anspruch auf ihre Zahlung erwirbt.

RA WP StB Dr. Holger Seidler

Inhaltsübersicht	Rz
1 Sachlicher Anwendungsbereich	1–10
2 Persönlicher Anwendungsbereich	11–14
3 Ausweis und größenabhängige Erleichterungen	15–17
4 Gezeichnetes Kapital (Abs. 1 Satz 1 und 2)	18–74
4.1 Begriff und Bedeutung	18–19
4.2 Gezeichnetes Kapital bei Gründung	20–32
4.3 Veränderungen des gezeichneten Kapitals	33–74
4.3.1 Kapitalerhöhungen	33–51
4.3.2 Kapitalherabsetzungen	52–74
5 Ausstehende Einlagen (Abs. 1 Satz 3)	75–77
6 Eigene Anteile (Abs. 1a und b)	78–100
6.1 Begriff und Bedeutung	78
6.2 Ausweis	79–100
7 Offene Rücklagen (Abs. 2–4)	101–214
7.1 Grundlagen	101–103
7.2 Kapitalrücklagen (Abs. 2)	104–150
7.2.1 Allgemeines	104–120
7.2.1.1 Einstellungen und Entnahmen	104–116
7.2.1.2 Aufgliederung des Bilanzpostens	117–120
7.2.2 Ausgabe von Anteilen (Abs. 2 Nr. 1)	121–127
7.2.3 Ausgabe von Wandel- und Optionsanleihen (Abs. 2 Nr. 2)	128–140
7.2.4 Gewährung von Vorzügen (Abs. 2 Nr. 3)	141–143
7.2.5 Sonstige Zuzahlungen (Abs. 2 Nr. 4)	144–150
7.3 Gewinnrücklagen (Abs. 3)	151–198
7.3.1 Allgemeines	151–152
7.3.2 Gesetzliche Rücklage	153–180
7.3.3 Satzungsmäßige Rücklage	181–190
7.3.4 Andere Gewinnrücklagen	191–198
7.4 Rücklage für Anteile an einem herrschenden oder mehrheitlich beteiligten Unternehmen (Abs. 4)	199–214
8 Ausschüttungssperre für Beteiligungserträge	215–218
9 Gewinn- und Verlustvortrag	219–222
10 Jahresüberschuss/Jahresfehlbetrag	223–225
11 Bilanzgewinn/Bilanzverlust	226

12 Nicht durch EK gedeckter Fehlbetrag	227–229
13 Eigenkapitalverstärkungen	230–246
13.1 Vorbemerkungen	230–237
13.2 Genussrechtskapital	238–241
13.3 Stille Gesellschaft	242–246

1 Sachlicher Anwendungsbereich

§ 272 HGB ergänzt § 266 Abs. 3 A. HGB. Während § 266 Abs. 3 A. HGB vorschreibt, wie das EK in der Bilanz von KapG auszuweisen ist, umschreibt § 272 HGB die in § 266 Abs. 3 A. HGB aufgeführten Posten inhaltlich. § 272 Abs. 1 Satz 1 HGB definiert den Begriff des gezeichneten Kapitals i.S.d. § 266 Abs. 3 A. I. HGB. In § 272 Abs. 1 Satz 2 HGB wird vorgeschrieben, dass das gezeichnete Kapital zum Nennbetrag anzusetzen ist. § 272 Abs. 1 Satz 3 HGB trifft eine Regelung zum Ausweis der ausstehenden Einlagen auf das gezeichnete Kapital und § 272 Abs. 1a und b HGB zum Ausweis der eigenen Anteile. § 272 Abs. 2 HGB schreibt vor, welche Beträge unter dem Posten Kapitalrücklage auszuweisen sind (§ 266 Abs. 3 A. II. HGB). § 272 Abs. 3 HGB regelt, welche Beträge als Gewinnrücklagen ausgewiesen werden dürfen (§ 266 Abs. 3 A. III. HGB). § 272 Abs. 4 HGB betrifft die Bildung und Auflösung der Rücklage für Anteile an einem herrschenden oder mehrheitlich beteiligten Unt (§ 266 Abs. 3 A. III. 2. HGB). Der durch das BilRUG ab nach dem 31.12.2015 beginnende Gj geltende § 272 Abs. 5 HGB sieht eine Ausschüttungssperre für Beteiligungserträge vor, die nicht bereits als Dividende oder Gewinnanteil eingegangen sind oder auf deren Zahlung (am Bilanzstichtag) kein Anspruch besteht.

1

Demgegenüber enthält der Wortlaut des § 272 HGB keine Aussagen zum Gewinn- oder Verlustvortrag (§ 266 Abs. 3 A. IV. HGB) und zum Jahresüberschuss/Jahresfehlbetrag (§ 266 Abs. 3 A. V. HGB) bzw. – im Fall der Aufstellung der Bilanz unter Berücksichtigung der vollständigen oder teilweisen Verwendung des Jahresergebnisses (§ 268 Abs. 1 Satz 1 HGB) – zum Bilanzgewinn/Bilanzverlust. Gleichwohl zählen diese Posten ebenfalls zum EK. Zudem rechnen zum EK unter bestimmten Voraussetzungen auch eigenkapitalähnliche Mittel.[1]

2

Für den Ausweis, den Ansatz und die Bewertung der das EK betreffenden Posten sind folgende Vorschriften des **HGB** zu beachten:

3

Aktivseite
- gesonderter Ausweis der **eingeforderten ausstehenden Einlagen** unter den Forderungen (§ 272 Abs. 1 Satz 3 HGB),
- **nicht durch EK gedeckter Fehlbetrag** (§ 268 Abs. 3 HGB).

Passivseite
- **gezeichnetes Kapital** (§ 266 Abs. 3 A. I., § 272 Abs. 1 Satz 1 und 2 HGB),
- offenes Absetzen der **nicht eingeforderten ausstehenden Einlagen** in der Vorspalte v. gezeichneten Kapital; in diesem Fall ist der verbleibende Betrag

---

[1] Auf die Eigenkapitalsonderposten nach DMBilG wird hier nicht eingegangen.

als Posten „Eingefordertes Kapital" in der Hauptspalte auszuweisen (§ 272 Abs. 1 Satz 3 HGB),
- offenes Absetzen des Nennbetrags oder des rechnerischen Werts der **eigenen Anteile** in der Vorspalte v. gezeichneten Kapital (§ 272 Abs. 1a HGB),
- **Kapitalrücklage** (§ 266 Abs. 3 A. II., § 270 Abs. 1, § 272 Abs. 2 HGB),
- **Gewinnrücklagen** (§ 266 Abs. 3 A. III., § 270 Abs. 2, § 272 Abs. 3 und 4 HGB),
- **Gewinnvortrag/Verlustvortrag** bei Aufstellung der Bilanz ohne Berücksichtigung der Ergebnisverwendung (§ 266 Abs. 3 A. IV. HGB),
- **Jahresüberschuss/Jahresfehlbetrag** bei Aufstellung der Bilanz ohne Berücksichtigung der Ergebnisverwendung (§ 266 Abs. 3 A. V. HGB),
- **Bilanzgewinn/Bilanzverlust** bei Aufstellung der Bilanz unter Berücksichtigung der Ergebnisverwendung (§ 268 Abs. 1 Satz 2 HGB).

4   Zudem sieht das **AktG** für die AG die folgenden ergänzenden Vorschriften vor:
- Ausweis des **Grundkapitals** als gezeichnetes Kapital unter Angabe der Gesamtnennbeträge jeder Aktiengattung und des Gesamtnennbetrags des bedingten Kapitals (§ 152 Abs. 1 AktG) sowie Angaben zur Zahl der Aktien je Gattung sowie des Nennbetrags oder rechnerischen Werts (§ 160 Abs. 1 Nr. 3 AktG) und zum genehmigten Kapital (§ 160 Abs. 1 Nr. 3 und 4 AktG); kleine AG (§ 267 Abs. 1 HGB) sind von der Anwendung der Nr. 3 und 4 des § 160 Abs. 1 AktG ausgenommen (§ 160 Abs. 3 Satz 1 AktG),
- Auflösung der **Kapitalrücklage** (§ 150 Abs. 3 und 4 AktG) und Angabe der während des Gj eingestellten oder entnommenen Beträge (§ 152 Abs. 2 AktG); kleine AG (§ 267 Abs. 1 HGB) haben die Angabe nach § 152 Abs. 2 AktG in der Bilanz zu machen (§ 152 Abs. 4 Satz 2 AktG); Sonderregelungen bei Kapitalerhöhungen (§ 208 Abs. 1 und 2 AktG) und bei Kapitalherabsetzungen (§ 230 Satz 2, §§ 231 bis 233, 240 AktG),
- Bildung der **Gewinnrücklagen** (§ 58 Abs. 1 bis 3, § 150 Abs. 1 und 2, §§ 300, 324 AktG), Auflösung der Gewinnrücklagen (§ 150 Abs. 3 und 4, § 301 Satz 2, § 302 Abs. 1 und § 324 AktG) und Angabe der während des Gj eingestellten oder entnommenen Beträge (§ 152 Abs. 3 AktG); kleine AG (§ 267 Abs. 1 HGB) haben die Angabe nach § 152 Abs. 3 AktG in der Bilanz zu machen (§ 152 Abs. 4 Satz 2 AktG),
- gesonderter Ausweis einer **Gewinnrücklage für den Eigenkapitalanteil von Wertaufholungen** möglich (§ 58 Abs. 2a AktG),
- Ausweis des Unterschiedsbetrags zwischen dem Ausgabebetrag einer Wandelschuldverschreibung und dem höheren Gesamtnennbetrag der im Rahmen eines bedingten Kapitals zu gewährenden Bezugsaktien nach Kapitalerhöhung aus Gesellschaftsmitteln in einer **Sonderrücklage** (§ 218 Satz 2 AktG),
- Verwendung des Jahresüberschusses bzw. des Jahresfehlbetrags (§§ 58, 150 AktG),
- Verwendung des **Bilanzgewinns** (§ 119 Abs. 1 Nr. 2, § 58 Abs. 3, 4 und 5 AktG),
- Angabe zum **Bestand eigener Aktien** und zu Bestandsveränderungen (§ 160 Abs. 1 Nr. 2 AktG).

5   KleinstAG, die von den Erleichterungen des § 266 Abs. 1 Satz 4 HGB Gebrauch machen, wenden die Abs. 1 bis 3 des § 152 AktG nicht an (§ 152 Abs. 4 Satz 1 AktG), da sie das EK nur in einer Zeile zeigen.

Für die **SE** gelten die durch die AG anzuwendenden Vorschriften entsprechend. 6
Die SE-VO und das SEAG sehen insoweit keine ergänzenden Vorschriften vor.
Für die **KGaA** gelten die folgenden ergänzenden Ausweisvorschriften: 7
- gesonderter Ausweis der **Einzahlungsverpflichtungen der phG** unter den Forderungen (§ 286 Abs. 2 Satz 3 Hs. 1 AktG),
- gesonderter Ausweis des **nicht durch Vermögenseinlagen gedeckten Verlustanteils der phG** gem. § 286 Abs. 3 AktG, soweit keine Einzahlungsverpflichtung besteht (§ 286 Abs. 2 Satz 3 Hs. 2 AktG),
- gesonderter Ausweis der **Kapitalanteile der phG** nach dem Posten „Gezeichnetes Kapital" (§ 286 Abs. 2 Satz 1 AktG).

Für die GmbH sieht das **GmbHG** die folgenden ergänzenden Vorschriften vor: 8
- Ausweis des **Stammkapitals** als gezeichnetes Kapital (§ 42 Abs. 1 GmbHG),
- gesonderter Ausweis einer **Rücklage eingeforderter Nachschüsse** (§ 42 Abs. 2 Satz 3 GmbHG) sowie Sondervorschriften bei Kapitalerhöhungen (§ 57d Abs. 1 GmbHG) und Kapitalherabsetzungen (§ 58a Abs. 2, §§ 58b, 58d Abs. 1 GmbHG),
- gesonderter Ausweis einer **Gewinnrücklage für den Eigenkapitalanteil von Wertaufholungen** möglich (§ 29 Abs. 4 GmbHG),
- Ergebnisverwendung **(Jahresüberschuss/Jahresfehlbetrag, Bilanzgewinn)** nach Maßgabe des § 29 Abs. 1 und des § 46 Nr. 1 GmbHG.

Zudem sieht § 5a Abs. 3 GmbHG den gesonderten Ausweis einer gesetzlichen Rücklage für die **haftungsbeschränkte UG** vor.

PhG i. S. d. PublG dürfen bei der Offenlegung der Kapitalanteile der Gesellschafter 9
die Rücklagen, einen Gewinnvortrag und einen Gewinn unter Abzug der nicht durch Vermögenseinlagen gedeckten Verlustteile von Gesellschaftern, eines Verlustvortrags und eines Verlustes zu einem Posten „Eigenkapital" zusammengefasst werden.[2]

Außerhalb der Ergebnisverwendung werden Veränderungen des EK nach Maßgabe der §§ 152–158 AktG nur bei der AG, der SE und der KGaA erkennbar. 10
Eine Verpflichtung zur Aufstellung eines **Eigenkapitalspiegels** besteht nach § 297 Abs. 1 Satz 1 HGB für den HGB-Konzernabschluss und über § 315e HGB für KM-orientierte MU, die ihren Konzernabschluss nach den IFRS aufstellen müssen. Über § 264 Abs. 1 Satz 2 HGB werden auch KM-orientierte KapG, die nicht zur Aufstellung eines Konzernabschlusses verpflichtet sind, zur Aufstellung eines EK-Spiegels verpflichtet. Die Pflicht zur Aufstellung eines EK-Spiegels wird über § 5 Abs. 2a Satz 2 PublG auf KM-orientierte Unt ausgedehnt, die dem PublG unterfallen.

2 Persönlicher Anwendungsbereich

§ 272 HGB ist dem Zweiten Abschnitt des Dritten Buchs des HGB – also den 11
ergänzenden Vorschriften für KapG sowie bestimmte phG – zugeordnet.[3] Damit sind dem § 272 HGB die AG, die SE, die KGaA und die GmbH unterworfen.

---

[2] Vgl. zu den Vorschriften des DMBilG ADS, 6. Aufl., 272 HGB, Rz 7.
[3] Tochter-KapG, die die Voraussetzungen des § 264 Abs. 3 HGB erfüllen, brauchen § 272 HGB an sich nicht anzuwenden. Sie müssen das EK jedoch nach Maßgabe des § 247 Abs. 1 HGB hinreichend aufgliedern, was praktisch regelmäßig auf die Anwendung des § 266 Abs. 3 A. HGB i. V. m. § 272 HGB hinausläuft.

Auf KapCoGes findet § 272 HGB hingegen in der Praxis wegen der grundsätzlichen Unterschiede zwischen dem EK der phG und dem EK der KapG keine Anwendung (§ 264c Rz 12–24). Auf die dem Geltungsbereich des PublG unterfallenden Unt ist § 272 HGB gem. § 5 Abs. 1 Satz 2 PublG sinngemäß anzuwenden.

12 Für die eG schreibt § 336 Abs. 2 Hs. 1 HGB die entsprechende Anwendung des § 272 HGB vor, soweit in den §§ 336–338 HGB nichts anderes bestimmt ist. Hier ist zu berücksichtigen, dass in § 337 HGB **Sondervorschriften zum gezeichneten Kapital** (Abs. 1) und zu den Gewinnrücklagen (Abs. 2) enthalten sind. § 337 Abs. 4 HGB nF enthält eine ergänzende Vorschrift zum EK-Ausweis bei Kleinstgenossenschaften. § 32 SCEAG schreibt für die SCE vor, dass für die Aufstellung des Jahresabschlusses die §§ 336–338 HGB entsprechend gelten.

13 **Kreditinstitute** haben nach § 340a Abs. 1 HGB – unabhängig von ihrer Rechtsform – die für große KapG geltenden Vorschriften des Ersten Unterabschnitts des Zweiten Abschnitts anzuwenden, soweit sich aus den §§ 340a–340l HGB nichts anderes ergibt. Nach Formblatt 1 der RechKredV erfolgt der Eigenkapitalausweis in Anlehnung an § 272 HGB. Zu beachten ist aber § 25 RechKredV, der für das gezeichnete Kapital und die Gewinnrücklagen Sondervorschriften enthält.

14 Auch für **Versicherungsunternehmen** gelten nach § 341a Abs. 1 HGB – unabhängig von der Rechtsform – die für große KapG geltenden Vorschriften des Ersten Unterabschnitts des Zweiten Abschnitts. Nach Formblatt 1 der RechVersV erfolgt der Ausweis des EK ebenfalls in Anlehnung an § 272 HGB. Die Vorschrift ersetzende oder ergänzende Sondervorschriften sind in den §§ 341a–341p HGB bzw. in der RechVersV nicht enthalten.

3 Ausweis und größenabhängige Erleichterungen

15 Nach § 266 Abs. 3 A. HGB sieht das HGB den zusammengefassten Ausweis des EK in einer besonderen Abschlussgruppe und die Unterteilung dieser Abschlussgruppe in Haupt- und Unterposten vor, die auf der Passivseite der Bilanz zu führen sind. Gleichwohl werden **Abschlussposten, die Einfluss auf die Höhe des EK haben, an anderer Stelle** in der Bilanz ausgewiesen. Hierbei handelt es sich um die eingeforderten ausstehenden Einlagen auf das gezeichnete Kapital, die unter den Forderungen im Umlaufvermögen auszuweisen sind (§ 272 Abs. 1 Satz 3 HGB), und den nicht durch EK gedeckten Fehlbetrag, der am Schluss der Bilanz auf der Aktivseite gesondert auszuweisen ist (§ 268 Abs. 3 HGB). Es ergeben sich die folgenden in der Bilanz gesondert zu zeigenden Posten:

Aktivseite:
§ 266 Abs. 2 B. II. HGB (Forderungen und sonstige Vermögensgegenstände):
- eingeforderte ausstehende Einlagen auf das gezeichnete Kapital (§ 272 Abs. 1 HGB),
- eingeforderte Nachschüsse (§ 42 Abs. 2 GmbHG),
- Einzahlungsverpflichtungen der phG (§ 286 Abs. 2 AktG).

Nach § 266 Abs. 2 E. HGB:
- nicht durch EK gedeckter Fehlbetrag (§ 268 Abs. 3 HGB),
- nicht durch Vermögenseinlagen gedeckter Verlustanteil der phG (§ 286 Abs. 2 AktG).

Passivseite:
§ 266 Abs. 3 A. HGB (Eigenkapital):
- gezeichnetes Kapital; ggf. Vorspalte (§ 272 Abs. 1 HGB),
- nicht eingeforderte ausstehende Einlagen auf das gezeichnete Kapital; Vorspalte (§ 272 Abs. 1 HGB),
- eingefordertes Kapital; Vorspalte oder Hauptspalte (§ 272 Abs. 1 HGB),
- Nennbetrag/rechnerischer Wert eigener Anteile; Vorspalte (§ 272 Abs. 1a HGB),
- eingefordertes und ausgegebenes Kapital; Hauptspalte,
- Kapitalrücklage (§ 272 Abs. 2 HGB),
- Nachschusskapital (§ 42 Abs. 2 GmbHG),
- Gewinnrücklagen (§ 272 Abs. 3 und 4 HGB),
  - gesetzliche Rücklage (§ 150 Abs. 1 und 2 AktG, § 5a Abs. 3 GmbHG),
  - Rücklage für Anteile an einem herrschenden oder mit Mehrheit beteiligten Unt,
  - satzungsmäßige Rücklagen,
  - andere Gewinnrücklagen,
  - besondere andere Gewinnrücklage (§ 58 Abs. 2a AktG, § 29 Abs. 4 GmbHG),
- Eigenkapitalverstärkungen (Genussrechte, Vermögenseinlage stiller Gesellschafter etc.),
- Gewinnvortrag/Verlustvortrag (§ 268 Abs. 1 HGB),
- Jahresüberschuss/Jahresfehlbetrag (§ 268 Abs. 1 HGB),
- Bilanzgewinn/Bilanzverlust (§ 268 Abs. 1 HGB).

Bei der **KGaA** sind zudem noch die Kapitalkonten der phG nach dem gezeichneten Kapital innerhalb des EK gesondert auszuweisen.

KleinstKapG (§ 267a HGB) brauchen nur eine verkürzte Bilanz aufzustellen, in die nur die in den Abs. 2 und 3 des § 266 HGB mit Buchstaben bezeichneten Posten gesondert und in der vorgeschriebenen Reihenfolge aufgenommen werden. Damit kann das gesamte EK in einem Posten gezeigt werden. **Kleine KapG** brauchen nach § 266 Abs. 1 Satz 3 HGB lediglich eine verkürzte Bilanz aufzustellen, in die nur die mit Buchstaben und römischen Zahlen bezeichneten Posten gesondert und in der vorgeschriebenen Reihenfolge aufzunehmen sind. Dies bedeutet letztlich, dass ein zusammenfassender Ausweis der Gewinnrücklagen zulässig ist (§ 266 Abs. 3 A. III. HGB) und eine weitere Untergliederung entfallen kann.[4] **Mittelgroße KapG** i. S. d. § 267 Abs. 2 HGB können auf die Untergliederung zumindest für Zwecke der Offenlegung verzichten (§ 327 Nr. 1 HGB).

4 Gezeichnetes Kapital (Abs. 1 Satz 1 und 2)

4.1 Begriff und Bedeutung

Seine Bedeutung entfaltet das gezeichnete Kapital – als Maßstab zur Ermittlung des gebundenen Vermögens – im Kapitalgesellschaftsrecht als **Bestandteil der bilanzbasierten Kapitalerhaltungskonzeption**. § 30 Abs. 1 Satz 1 GmbHG schreibt vor, dass das zur Erhaltung des Stammkapitals erforderliche Vermögen der

---

[4] Zusätzliche Erleichterungen – jedoch beschränkt auf die Offenlegung – bietet § 327 HGB für mittelgroße KapG und § 9 Abs. 3 PublG für dem PublG unterworfene Unt.

GmbH nicht an die Gesellschafter ausgezahlt werden darf. Nach § 57 Abs. 3 AktG darf unter die Aktionäre vor der Auflösung der AG/SE nur der Bilanzgewinn verteilt werden.

19 Darüber hinaus kommt dem gezeichneten Kapital im **Verhältnis der KapG gegenüber ihren Gesellschaftern und im Verhältnis der Gesellschafter** untereinander eine erhebliche Bedeutung zu. Beispielsweise knüpfen das Stimmrecht (§ 134 Abs. 1 Satz 1 AktG, § 47 Abs. 1 und 2 GmbHG), das Recht auf Gewinnbeteiligung (§ 60 Abs. 1 AktG, § 29 Abs. 2 GmbHG), das Bezugsrecht (§ 186 Abs. 1 Satz 1 AktG) und das Recht auf Teilhabe am Liquidationserlös (§ 271 Abs. 1 und 2 AktG, § 72 GmbHG) an den Anteil eines Gesellschafters am gezeichneten Kapital an.

4.2 Gezeichnetes Kapital bei Gründung

20 Im Rahmen der Gründung stellt sich die umstrittene Frage, ob eine KapG eine EB schon auf den Zeitpunkt ihrer Errichtung, den Zeitpunkt der tatsächlichen Geschäftsaufnahme, den Zeitpunkt ihrer Anmeldung zum HR oder erst den Zeitpunkt ihrer Eintragung in das HR aufstellen muss. Nach der hier vertretenen Auffassung **beginnt die Rechnungslegungspflicht mit der Errichtung.** Die Vorgesellschaft hat, auch wenn sie noch kein Formkaufmann ist, bereits den Charakter eines Formkfm. Sie kann schon vor der Eintragung unter ihrer künftigen Firma Rechte erwerben und sie unterliegt als Ges. eigener Art weitgehend bereits den für die KapG geltenden Vorschriften. Zudem geht das Vermögen der Vorgesellschaft im Wege der Gesamtrechtsnachfolge ohne Liquidation auf die KapG über. Die Aufstellung einer Eröffnungsbilanz erst auf den Zeitpunkt der Eintragung in das HR ist allenfalls dann vertretbar, wenn die Errichtung und die Eintragung zeitlich kurz hintereinander erfolgen und keine oder nur eine geringfügige Geschäftstätigkeit zu verzeichnen war.

21 Auf die auf den Zeitpunkt der Errichtung aufzustellende EB sind die §§ 264 ff. HGB und die jeweils anzuwendenden rechtsformspezifischen Bilanzierungsvorschriften anzuwenden. Gleichwohl kommt ein Ausweis des Nennkapitals unter der Postenbezeichnung „Gezeichnetes Kapital" erst mit der **Eintragung** der KapG in das HR in Betracht. Erst mit der Eintragung entsteht die KapG und kann sie über das Nennkapital verfügen. Bis zur Eintragung ist allein der Gegenwert geleisteter Bar- oder Sacheinlagen in der Bilanz auszuweisen. Dies jedoch nicht innerhalb des EK (§ 266 Abs. 3 A. HGB), sondern als FK zwischen den Rücklagen und den Rückstellungen. Es ist ein weiterer Posten einzufügen (§ 265 Abs. 5 Satz 2 HGB), der als „Geleistete Einlagen zur Durchführung der Gründung" bezeichnet werden kann.[5] Erst mit der Eintragung ist das Kapital (Grund- oder Stammkapital) dann insgesamt – wie auch § 152 Abs. 1 Satz 1 AktG für die AG vorschreibt – in der Bilanz innerhalb des EK als gezeichnetes Kapital auszuweisen (§ 266 Abs. 3 A. I. HGB). Maßgebend ist das in der Satzung festgelegte Kapital.[6] Die vorstehenden Überlegungen gelten auch für die GmbH, die haftungsbeschränkte UG, die KGaA und die SE.

---

[5] A.A. *Winkeljohann/Schellhorn*, in *Winkeljohann/Förschle/Deubert*, Sonderbilanzen, 5. Aufl., Kapitel D Anm 231.
[6] Vgl. ADS, 6. Aufl., § 272 HGB, Rz 13.

Bezüglich der **AG** sind die folgenden Besonderheiten zu beachten: § 36 Abs. 2 22
AktG erlaubt die Anmeldung der AG zur Eintragung im HR, wenn im Fall der
Bargründung auf jede Aktie der eingeforderte Betrag ordnungsgemäß eingezahlt
worden ist und, soweit er nicht bereits zur Bezahlung der bei der Gründung
angefallenen Steuern und Gebühren verwandt wurde, endgültig zur freien Verfügung des Vorstands steht. Gem. § 36a Abs. 1 AktG muss der eingeforderte
Betrag i. S. d. § 36 Abs. 2 AktG mindestens ein Viertel des geringsten Ausgabebetrags und bei Ausgabe der Aktien für einen höheren als den geringsten Ausgabebetrag auch den gesamten Mehrbetrag – also ein etwa vereinbartes Aufgeld
in seiner gesamten Höhe – umfassen. Im Fall der Sachgründung sind Sacheinlagen
nach § 36a Abs. 2 Satz 1 AktG vor der Eintragung vollständig zu leisten.[7]

Nach § 152 Abs. 1 Satz 2 AktG ist der auf jede **Aktiengattung** entfallende Betrag 23
des Grundkapitals gesondert anzugeben. Nach § 11 Satz 2 AktG bilden Aktien
mit gleichen Rechten eine Gattung. Unterschiedliche Gattungen liegen also
vor, wenn Aktien verschiedene Verwaltungs- oder Vermögensrechte gewähren.
Den Hauptfall unterschiedlicher Aktiengattungen bilden die Stammaktien mit
Stimmrecht und die stimmrechtslosen Vorzugsaktien. Keine besondere Aktiengattung sind Vorratsaktien.

Zudem schreibt § 160 Abs. 1 Nr. 3 AktG vor, dass im Anhang die Zahl und bei 24
Nennbetragsaktien der Nennbetrag und bei Stückaktien der rechnerische Wert
der Aktien jeder Gattung anzugeben ist, sofern sich diese Angaben nicht aus der
Bilanz entnehmen lassen. Die **Anhangangabe nach § 160 Abs. 1 Nr. 3 AktG**
überschneidet sich bisher teilweise mit der Lageberichtsangabe gem. § 289 Abs. 4
Nr. 1 HGB. Danach hat die AG, die einen organisierten Markt i. S. d. § 2 Abs. 7
WpÜG durch von ihr ausgegebene stimmberechtigte Aktien in Anspruch nimmt,
im Lagebericht die Zusammensetzung des gezeichneten Kapitals und bei verschiedenen Aktiengattungen für jede Gattung die damit verbundenen Rechte und
Pflichten und ihren Anteil am Gesellschaftskapital anzugeben. § 289 Abs. 4 Nr. 1
HGB sieht vor, dass die Angaben im Lagebericht unterbleiben können, soweit sie
im Anhang vorgenommen worden sind.

Die **KGaA** hat grds. alle von der AG zu beachtenden Ansatz-, Gliederungs- und 25
Bewertungsvorschriften (§§ 150–160 AktG, §§ 238 ff. HGB, §§ 264 ff. HGB) zu
berücksichtigen (§ 278 Abs. 3 AktG).[8] Zudem sieht der im Wege des AktG 1965
eingeführte § 286 AktG einige **rechtsformspezifische Besonderheiten** vor, die
vor allem auf die Gesellschafterstellung des phG zurückzuführen sind.[9]

Die **Kapitalanteile der phG** gehören nicht zum aktienrechtlichen Grundkapital. 26
Daher schreibt § 286 Abs. 2 Satz 1 AktG vor, dass die Kapitalanteile der phG nach
dem Posten „Gezeichnetes Kapital" gesondert auszuweisen sind. Hierzu ist innerhalb der Postengruppe „Eigenkapital" (§ 266 Abs. 3 A. HGB) nach dem Posten
„Gezeichnetes Kapital" ein Posten „Kapitalanteile der persönlich haftenden Gesellschafter" einzufügen. Es dürfte auch nichts dagegen sprechen, dass das Grund-

---

[7] Die Sacheinlage ist in § 27 Abs. 1 Satz 1 AktG legal definiert. Es handelt sich um Einlagen, die nicht durch Einzahlung des Ausgabebetrags der Aktien zu leisten sind. Davon zu trennen sind Sachübernahmen. Dabei handelt es sich um jedwede Übernahme von Vermögensgegenständen, die nicht in der Begründung von Mitgliedschaftsrechten besteht; vgl. *Hüffer/Koch*, AktG, 12. Aufl., § 27 Rn 5.
[8] Vgl. den Überblick bei Sethe, DB 1998, S. 1044.
[9] Den phG kommen – auch in Bezug auf die handelsrechtliche Rechnungslegung – die Aufgaben zu, die in einer AG der Vorstand zu erfüllen hat; vgl. § 283 Nr. 9, § 278 Abs. 3, § 91 AktG.

kapital und die Kapitalanteile der phG in der Hauptspalte zu einem Gesamtbetrag zusammengefasst und die beiden Posten nur in der Vorspalte getrennt werden.[10] Der Ausweis setzt voraus, dass die phG ihre Einlagen geleistet oder Gewinnanteile bezogen haben. Ist dies nicht der Fall, entfällt der Ausweis.
Sind mehrere phG vorhanden, ist es üblich, deren **Kapitalanteile zu einem Posten** zusammenzufassen. Dies gilt aber nicht bei teilweise positiven und teilweise negativen Kapitalanteilen. Soweit der Verlust den Kapitalanteil übersteigt, schreibt § 286 Abs. 2 Satz 3 AktG nämlich einen Ausweis auf der Aktivseite der Bilanz vor. Dabei differenziert die Vorschrift danach, ob eine Zahlungsverpflichtung des phG besteht. Ist dies ausnahmsweise (§ 707 BGB) zu bejahen, hat der Ausweis unter dem Posten „Einzahlungsverpflichtungen persönlich haftender Gesellschafter", und zwar innerhalb der Postengruppe „Forderungen und sonstige Vermögensgegenstände" (§ 266 Abs. 2 B. II. HGB), zweckmäßigerweise zwischen Nr. 3 und Nr. 4, zu erfolgen.[11] Sind mehrere phG betroffen, genügt ein zusammenfassender Ausweis auf der Aktivseite der Bilanz. Besteht – was üblicherweise der Fall ist – keine Zahlungspflicht der phG, ist der Betrag als „Nicht durch Vermögenseinlage gedeckter Verlustanteil persönlich haftender Gesellschafter" zu bezeichnen und gem. § 268 Abs. 3 HGB auszuweisen.[12] Die nicht durch Vermögenseinlagen gedeckten Verlustanteile mehrerer phG dürfen ebenfalls zusammengefasst werden.[13]

27 Werden für die einzelnen phG – wie bei PersG üblich – aufgrund entsprechender vertraglicher Vereinbarung verschiedene Konten geführt, richtet sich deren Ausweis in der Bilanz danach, ob diese **Konten Eigen- oder Fremdkapitalcharakter** haben, wobei es gleichgültig ist, ob diese Konten fix oder variabel ausgestaltet sind. Ob Konten Eigen- oder Fremdkapitalcharakter haben, ist durch Auslegung der vertraglichen Vereinbarungen unter Berücksichtigung der tatsächlichen Handhabung zu klären. Konten mit Fremdkapitalcharakter sind nicht als Bestandteil der Kapitalanteile auszuweisen, sondern gehören zu den Forderungen oder den Verbindlichkeiten der KGaA. Zudem ist immer zu klären, ob Konten mit Eigenkapitalcharakter als Rücklagenkonten fungieren. Auch diese Konten sind nicht Bestandteil des Kapitalanteils, sondern innerhalb der Gewinnrücklagen zu zeigen. Im Gegensatz dazu gelten für die handelsbilanzielle Abbildung des in Aktien zerlegten **Grundkapitals der Kommanditaktionäre** die Vorschriften zum Ausweis des gezeichneten Kapitals sowie zum Ausweis ausstehender Einlagen grds. entsprechend.

28 In handelsbilanzieller Hinsicht wird auch bei der **GmbH** mangels ausdrücklicher gesetzlicher Vorschrift als maßgebender Zeitpunkt für den **Ausweis des Stammkapitals als gezeichnetes Kapital** der Zeitpunkt angesehen, zu dem die Gründung der GmbH Rechtswirksamkeit erlangt. Dies ist gem. § 11 Abs. 1 GmbHG

---

[10] Vgl. ADS, 6. Aufl., § 286 AktG, Rz 29.
[11] Das Gleiche gilt für ausstehende Einlagen der phG; vgl. ADS, 6. Aufl., § 272 HGB, Rz 207.
[12] § 286 Abs. 2 Satz 3 AktG trifft für die handelsbilanzielle Behandlung von Ergebnisanteilen nur die Aussage, dass ein auf den phG entfallender Verlustanteil von dem Kapitalanteil abzuschreiben ist. Vorschriften für einen auf den phG entfallenden Gewinnanteil fehlen, weshalb hier nach § 278 Abs. 2 AktG, vorbehaltlich abweichender vertraglicher Vereinbarungen, auf das Recht der KG abzustellen ist, also ein Gewinnanteil dem Kapitalanteil gutzuschreiben ist (§§ 161 Abs. 2, 120 Abs. 2 HGB).
[13] Vgl. ADS, 6. Aufl., § 286 AktG, Rz 34.

der Zeitpunkt der Eintragung der GmbH im HR. Maßgebend ist das im Gesellschaftsvertrag festgelegte Stammkapital.[14]

Die **verdeckte Sacheinlage** wird in § 19 Abs. 4 GmbHG für die GmbH gesetzlich geregelt. In Satz 1 heißt es, dass, wenn eine Geldeinlage eines Gesellschafters bei wirtschaftlicher Betrachtung und aufgrund einer im Zusammenhang mit der Übernahme der Geldeinlage getroffenen Abrede vollständig oder teilweise als Sacheinlage zu bewerten ist (verdeckte Sacheinlage), dies den Gesellschafter nicht von seiner Einlageverpflichtung befreit. Jedoch sind die Verträge über die Sacheinlage und die Rechtshandlungen zu ihrer Ausführung nicht unwirksam (§ 19 Abs. 4 Satz 2 GmbHG). Auf die fortbestehende Geldeinlagepflicht des Gesellschafters wird nach § 19 Abs. 4 Satz 3 GmbHG der Wert des VG im Zeitpunkt der Anmeldung der Ges. zur Eintragung im HR oder im Zeitpunkt seiner Überlassung an die Ges., falls diese später erfolgt, angerechnet. Ebenso wie § 27 Abs. 3 AktG sieht das GmbHG damit lediglich eine **Differenzhaftung** vor. Daraus folgt, dass nicht mehr die gesamte Bareinlageverpflichtung als ausstehende Einlage zu aktivieren und bez. des erhaltenen VG eine Rückgewährverpflichtung zu passivieren ist. Vielmehr ist allein eine etwa bestehende Wertdifferenz als Forderung zu buchen. 29

Soweit es sich um Rückzahlungen eingezahlter Beträge handelt, die nicht schon als verdeckte Sacheinlage i.S.d. § 19 Abs. 4 GmbHG zu klassifizieren sind, sieht § 19 Abs. 5 GmbHG – gleichlautend § 27 Abs. 4 AktG – für das „**Hin- und Herzahlen**" eine Befreiung des Gesellschafters von einer Einlageverpflichtung vor. Dies setzt voraus, dass vor der Einlage eine Leistung an den Gesellschafter vereinbart worden ist, die wirtschaftlich einer Rückzahlung der Einlage entspricht und die Leistung durch einen vollwertigen Rückgewähranspruch gedeckt ist, der jederzeit fällig ist oder durch Kündigung fällig gestellt werden kann (§ 19 Abs. 5 Satz 1 GmbHG). Zudem ist eine solche Leistung oder die Vereinbarung einer solchen Leistung in der Anmeldung zum HR (§ 8 GmbHG) anzugeben (§ 19 Abs. 5 Satz 2 GmbHG).[15] 30

Neben der ausdrücklichen Vereinbarung ist ein **vollwertiger Rückgewähranspruch** erforderlich. Hierbei ist nach dem Willen des Gesetzgebers – wie in § 30 GmbHG – eine bilanzielle Betrachtungsweise maßgebend. Folglich ist hier auf die Grundsätze der Forderungsbewertung nach § 253 Abs. 3 Satz 2 HGB zurückzugreifen. Maßgeblicher Zeitpunkt für die Ermittlung der Vollwertigkeit ist der Zeitpunkt der Rückzahlung an den Gesellschafter.[16] Verschlechtert sich der Rückgewähranspruch nach diesem Zeitpunkt, steht dies der Erfüllungswirkung nicht entgegen. Zu beachten ist, dass die Befreiungswirkung des § 19 Abs. 5 Satz 1 GmbHG bei nur teilweiser Werthaltigkeit des Rückgewähranspruchs oder Beschränkungen in den Kündigungsmöglichkeiten nicht greift. Regelmäßig wird bereits bei der Anmeldung ein Werthaltigkeitsnachweis – bspw. in Form einer Werthaltigkeitsbescheinigung eines Wirtschaftsprüfers – zu erbringen sein.

§ 5a GmbHG erlaubt die Gründung einer **haftungsbeschränkten UG** mit einem Stammkapital, das den Betrag des Mindeststammkapitals nach § 5 Abs. 1 GmbHG unterschreitet. Denkbar ist ein **Mindeststammkapitals von 1 EUR**. 31

---

[14] Vgl. ADS, 6. Aufl., § 272 HGB, Rz 13.
[15] Faktisch sind dies die Fälle der darlehensweisen Rückgewähr der erhaltenen Einlageleistung.
[16] *Bartl*, in *Bartl/Bartl/Fichtelmann/Koch/Schlarb*, GmbH-Recht, 6. Aufl., § 19 Rn 37 mwN.

Nach § 5a Abs. 2 Satz 1 GmbHG darf die Anmeldung der haftungsbeschränkten UG – in Abweichung von § 7 Abs. 2 GmbHG – erst erfolgen, wenn das Stammkapital in voller Höhe eingezahlt ist. Die Vereinbarung von Sacheinlagen ist ausgeschlossen (§ 5a Abs. 2 Satz 2 GmbHG).

32 Für den handelsbilanziellen **Ausweis des vereinbarten Stammkapitals** der haftungsbeschränkten UG gelten die Ausführungen zur GmbH im Grundsatz entsprechend. Der wesentliche Unterschied zwischen der haftungsbeschränkten UG und der GmbH besteht darin, dass der haftungsbeschränkten UG erlaubt ist, das Mindeststammkapital nach § 5 Abs. 1 GmbHG zu unterschreiten und dass das vereinbarte Stammkapital der haftungsbeschränkten UG für Zwecke der Anmeldung zum HR in voller Höhe eingezahlt sein muss. Maßgebender Zeitpunkt für den Ausweis des Stammkapitals als gezeichnetes Kapital ist auch hier der Zeitpunkt, zu dem die Gründung der haftungsbeschränkten UG Rechtswirksamkeit erlangt. Dies ist gem. § 11 Abs. 1 GmbHG der Zeitpunkt ihrer Eintragung im HR. Vor der Eintragung in das HR des Sitzes der Ges. besteht die haftungsbeschränkte UG als solche nicht (§ 11 Abs. 1 GmbHG).

4.3 Veränderungen des gezeichneten Kapitals

4.3.1 Kapitalerhöhungen

33 Für eine AG/SE und KGaA ist die Kapitalerhöhung gegen Bar- oder Sacheinlagen – auch bezeichnet als **ordentliche Kapitalerhöhung** – in den §§ 182 ff. AktG geregelt. Das AktG unterscheidet dabei den Beschluss über die Kapitalerhöhung einerseits (§§ 182 ff. AktG) und die Durchführung der Kapitalerhöhung (§§ 185 ff. AktG) andererseits. Erst mit der Eintragung der Durchführung der Kapitalerhöhung wird die Kapitalerhöhung wirksam und dürfen die neuen Aktien ausgegeben werden (§§ 189, 191 AktG). Mit der Eintragung der Durchführung der Kapitalerhöhung ist demgemäß bilanziell das gezeichnete Kap. um den Nennbetrag der ausgegebenen Nennbetragsaktien oder den rechnerischen Wert der ausgegebenen Stückaktien zu erhöhen.

34 Werden Bar- oder Sacheinlagen bereits vor der Beschlussfassung über eine Kapitalerhöhung geleistet, haben diese **Vorleistungen grds. keine gesellschaftsrechtliche Erfüllungswirkung**; die Verpflichtung zur Leistung der Bar- oder Sacheinlage bleibt weiter bestehen.[17] Etwas anderes gilt für den Sonderfall, dass Voreinzahlungen im Rahmen einer sanierenden Kapitalerhöhung bereits vor der Beschlussfassung erbracht werden. Dies setzt voraus, dass zwischen der Vorleistung und der Beschlussfassung über die Kapitalerhöhung ein enger zeitlicher Zusammenhang besteht und der Vorleistende erkennen lässt, dass die Zahlung zur Durchführung einer noch nicht beschlossenen Kapitalerhöhung dient.[18]

35 Ein weiteres Problem besteht in dem **Ausweis von Bar- oder Sacheinlagen, die nach der Beschlussfassung über eine Kapitalerhöhung geleistet werden**, während die Eintragung der Durchführung der Kapitalerhöhung in das HR erst

---

[17] Vgl. ADS, 6. Aufl., § 272 HGB, Rz 20.
[18] Vgl. BGH, Urteil v. 6.4.1995, II ZR 135/94, DStR 1995, S. 894. Zu bemerken ist, dass die Anforderungen, unter denen Voreinzahlungen in Sanierungsfällen zulässig sein können, noch nicht abschließend geklärt sind. Soweit den Voreinzahlungen jedoch Erfüllungswirkung im gesellschaftsrechtlichen Sinn zukommt, ist zu empfehlen, diese Voreinzahlungen innerhalb des EK unter dem Posten „Geleistete Einlagen zur Durchführung einer Kapitalerhöhung" auszuweisen.

nach dem Bilanzstichtag erfolgt. Von einer gesellschaftsrechtlichen Erfüllungswirkung derartiger Einlageleistungen ist grds. auszugehen, denn das AktG zwingt zu einer Einlageleistung vor Eintragung der Durchführung der Kapitalerhöhung (§§ 188 Abs. 2, 36 Abs. 2, 26a AktG). Handelsbilanziell ist der Gegenwert der Bar- oder Sacheinlage gleichwohl weder als gezeichnetes Kapital noch überhaupt innerhalb des EK (§ 266 Abs. 3 A. HGB), sondern nach den Rücklagen, aber vor den Rückstellungen als **Bestandteil des FK** auszuweisen. Es empfiehlt sich, einen weiteren Posten einzufügen (§ 265 Abs. 5 Satz 2 HGB).

> **Beispiel**
> Der Posten könnte etwa als „Geleistete Einlagen zur Durchführung einer Kapitalerhöhung" bezeichnet werden.[19]

Dies gilt auch, wenn die Eintragung in dem Zeitraum zwischen dem Bilanzstichtag und dem Tag der Aufstellung der Bilanz erfolgt ist. Zwar wird auch die Auffassung vertreten, in diesem Fall sei der Ausweis innerhalb des EK zwischen dem gezeichneten Kapital und den Rücklagen vorzunehmen.[20] Ein solches Vorgehen ließe jedoch – ausgehend von dem Grundsatz, dass Nennkapital erst mit der rechtswirksamen Handelsregistereintragung zu gezeichnetem Kapital i. S. d. § 272 Abs. 1 Satz 1 HGB wird – das Stichtagsprinzip außer Acht.[21]

In diesem Zusammenhang steht die Frage, mit welchem Wert eine vor der Eintragung der Durchführung der Kapitalerhöhung zu passivierende „Zur Durchführung einer Kapitalerhöhung geleistete Einlage" anzusetzen ist, wenn die **Sacheinlage selbst unterhalb des beizulegenden Zeitwerts** erfolgen soll.[22] Nach Maßgabe des für die Passivseite der Bilanz geltenden Höchstwertprinzips müsste die „Geleistete Einlage zur Durchführung einer Kapitalerhöhung" i. H. d. beizulegenden Zeitwerts der Sacheinlage ausgewiesen werden und nicht mit einem niedrigeren Nennwert.[23] Dies erscheint jedoch nicht praktikabel, denn damit der AG aus dem Geschäftsvorfall kein Verlust entsteht, müsste das eingebrachte Aktivum ebenfalls zum beizulegenden Zeitwert angesetzt werden. Zudem wäre die Aufdeckung der stillen Reserven mit der Eintragung der Durchführung der Kapitalerhöhung wieder rückgängig zu machen. Vor diesem Hintergrund erscheint es – auch aufgrund der üblicherweise recht kurzen Zeitspanne, die zwischen dem Kapitalerhöhungsbeschluss und der Eintragung der Durchführung der Kapitalerhöhung liegt – gerechtfertigt, den Posten i. H. d. im Kapitalerhöhungsbeschluss vereinbarten Wertes anzusetzen.[24]

Wird die Leistung der Bar- oder Sacheinlage mit einem aufschiebend auf den Fall der endgültigen **Nichtdurchführung der Kapitalerhöhung bedingten Verzicht** verbunden, ist eine Rückzahlung oder Rückgabe der erbrachten Leistung definitiv ausgeschlossen. Ein Ausweis ist dann auch schon vor der Eintragung im

---

19 Vgl. ebenso *Küting/Reuter*, in *Küting/Weber*, HdR, § 272 HGB, Rn 12, Stand 11/2009.
20 Vgl. ADS, 6. Aufl., § 272 HGB, Rz 19. Bei diesem Ausweis soll das Datum der Eintragung in der Bilanz vermerkt oder im Anhang angegeben werden.
21 Vgl. *Heymann*, Beck-HdR, B 231 Tz 69, Stand 06/2011; *Thiele*, in *Baetge/Kirsch/Thiele*, Bilanzrecht, § 272 HGB Rz 29, Stand 9/2002.
22 Vgl. auch *Heymann*, Beck-HdR, B 231 Tz 68, Stand 06/2011.
23 Vgl. auch *Küting/Reuter*, in *Küting/Weber*, HdR, § 272 HGB, Rz 12, Stand 11/2009.
24 So auch *Heymann*, Beck-HdR, B 231 Rz 68, Stand 06/2011.

HR innerhalb des EK vorzunehmen. Auch in diesem Fall ist zu empfehlen, bis zur Eintragung der Kapitalmaßnahme oder dem Eintritt der Bedingung einen besonderen Posten innerhalb des EK vorzusehen, der deutlich macht, dass die letztendliche Klassifizierung der Einlage als Bestandteil des gezeichneten Kapitals oder der Kapitalrücklagen noch offen ist.

38 Die **Problematik der verdeckten Sacheinlage** ist bei Kapitalerhöhungen gegen Einlagen in der Praxis noch weitaus häufiger anzutreffen, als bei Gründungen. Die unter Rz 27 dargestellten Grundsätze gelten hier entsprechend.

39 Die ordentliche Kapitalerhöhung bei der GmbH erfordert einen Kapitalerhöhungsbeschluss der Gesellschafter (§§ 55 Abs. 1, 53 Abs. 1 GmbHG). Die beschlossene Kapitalerhöhung ist zur **Eintragung in das HR anzumelden,** nachdem das erhöhte Kapital durch die Übernahme von Geschäftsanteilen gedeckt ist (§ 57 Abs. 1 GmbHG). Handelsbilanziell ist das gezeichnete Kapital mit der Eintragung der Kapitalerhöhung im HR um den Nennbetrag der Kapitalerhöhung erhöht auszuweisen.

40 Die in den §§ 192 ff. AktG geregelte **bedingte Kapitalerhöhung** ermöglicht der AG/SE und KGaA – das GmbHG sieht eine solche Form der Kapitalerhöhung nicht vor[25] – die bedarfsabhängige Kapitalbeschaffung zu den in § 192 Abs. 2 AktG erschöpfend aufgezählten Zwecken.[26] Mit der Ausgabe der Bezugsaktien, die erst nach der Eintragung des Beschlusses über die bedingte Kapitalerhöhung im HR überhaupt erfolgen kann – vorher ausgegebene Bezugsaktien sind nichtig und daher nicht zu berücksichtigen (§ 197 AktG) –, ist das Grundkapital rechtswirksam erhöht (§ 200 AktG).[27] Von diesem Zeitpunkt an ist demgemäß auch das erhöhte gezeichnete Kapital in der Bilanz auszuweisen. Ergänzend schreibt § 160 Abs. 1 Nr. 3 AktG vor, dass die AG im Anhang zu den im Gj bei einer bedingten Kapitalerhöhung gezeichneten Aktien gesonderte Angaben zur Zahl zu machen hat.

41 In engem Zusammenhang mit der bedingten Kapitalerhöhung steht § 152 Abs. 1 Satz 3 AktG. Die Vorschrift schreibt vor, **bedingtes Kapital mit dem Nennbetrag beim gezeichneten Kapital zu vermerken,** soweit die Erhöhung des gezeichneten Kapitals am Bilanzstichtag mangels Ausgabe der Bezugsaktien noch nicht wirksam geworden ist. Bezweckt ist, die von der AG nach dem Beschluss über die bedingte Kapitalerhöhung nicht mehr beeinflussbare mögliche Kapitalerhöhung für die Abschlussadressaten aus der Bilanz heraus erkennbar zu machen. Maßgebend ist, ob der Beschluss der HV zum Bilanzstichtag bereits vorlag, nicht dagegen, ob er auch im HR eingetragen ist.

42 Gem. § 201 Abs. 1 AktG hat der Vorstand einer AG innerhalb eines Monats nach dem Ablauf des Gj zur Eintragung in das HR anzumelden, in welchem **Umfang in dem abgelaufenen Gj Bezugsaktien ausgegeben** worden sind. Für das im Jahresabschluss (zusätzlich) auszuweisende gezeichnete Kapital kann auf den

---

[25] Zu den alternativen Gestaltungsmöglichkeiten bei der GmbH vgl. *Maidl,* NZG 2006, S. 778 ff.
[26] Praktische Bedeutung kommt dabei insbesondere der Gewährung von Umtausch- oder Bezugsrechten an Gläubiger von Wandelschuldverschreibungen und zur Gewährung von Bezugsrechten an Arbeitnehmer und Mitglieder der Geschäftsführung – Aktienoptionen – zu.
[27] Die Eintragung der Ausgabe der Bezugsaktien ist nach § 201 Abs. 1 AktG nicht Voraussetzung für die Entstehung der daraus resultierenden Rechte.

sich aus der Anmeldung ergebenden Betrag abgestellt werden.[28] In dem gleichem Umfang ist dann der Vermerk nach § 160 Abs. 1 Nr. 3 AktG zu kürzen.

Genehmigtes Kapital kann bei der AG/SE oder KGaA Inhalt der Gründungssatzung sein (§ 202 Abs. 1 AktG) oder im Nachgang durch Satzungsänderung beschlossen werden (§ 202 Abs. 2 AktG). In beiden Fällen wird der Vorstand für höchstens fünf Jahre nach Eintragung der Ges. oder nach Eintragung der Satzungsänderung ermächtigt, das Grundkapital bis zu einem bestimmten Nennbetrag (genehmigtes Kapital) durch Ausgabe neuer Aktien gegen Einlagen zu erhöhen (§ 202 Abs. 1 AktG).[29] Er kann damit **flexibel auf sich am KM bietende Gelegenheiten zur Erhöhung des Grundkapitals reagieren.** 43

Solange und soweit die Ermächtigung des Vorstands zur Durchführung einer Kapitalerhöhung besteht, sind nach § 160 Abs. 1 Nr. 4 AktG **im Anhang Angaben über das genehmigte Kapital** zu machen.[30] Die Angabe soll für die Abschlussadressaten erkennbar machen, in welcher Weise der Vorstand von der erteilten Ermächtigung Gebrauch gemacht hat. Demgemäß müssen die Angaben so genau gemacht werden, dass sie erkennen lassen, ob sich die (vollständig oder teilweise) durchgeführte Kapitalerhöhung im Rahmen der genehmigten Ermächtigung gehalten hat und in welchem Umfang das genehmigte Kapital noch nicht ausgenutzt worden ist.[31] 44

Mit der **Eintragung der Durchführung** der Erhöhung des Grundkapitals (§ 189 AktG) ist das gezeichnete Kapital in der Bilanz um den Nennbetrag der Kapitalerhöhung zu erhöhen. Gleichzeitig sind im Anhang nach § 160 Abs. 1 Nr. 3 AktG Zahl und Nennbetrag der Aktien gesondert anzugeben, die im Gj bei einem genehmigten Kapital gezeichnet wurden. 45

Nach Maßgabe des § 55a Abs. 1 Satz 1 GmbHG kann der Gesellschaftsvertrag die Geschäftsführer für höchstens 5 Jahre nach Eintragung der **GmbH** ermächtigen, das Stammkapital bis zu einem bestimmten Nennbetrag durch Ausgabe neuer Geschäftsanteile gegen Einlagen zu erhöhen. Dabei darf der Nennbetrag des **genehmigten Kapitals** die Hälfte des Stammkapitals, das zur Zeit der Ermächtigung vorhanden ist, nicht übersteigen (§ 55a Abs. 1 Satz 2 GmbHG). In **handelsbilanzieller Hinsicht** ist das genehmigte Kapital vor der Eintragung der Kapitalerhöhung (§ 57 GmbHG) nicht in der Bilanz auszuweisen oder zu vermerken. Solange und soweit die Ermächtigung der Geschäftsführer zur Durchführung einer Kapitalerhöhung besteht, ist im Interesse einer hinreichenden Information zu empfehlen, analog § 160 Abs. 1 Nr. 4 AktG im Anhang Angaben über das genehmigte Kapital zu machen. 46

§ 207 Abs. 1 AktG sieht vor, dass die HV eine Erhöhung des Grundkapitals - durch **Umwandlung der Kapitalrücklage und von Gewinnrücklagen in Grundkapital** beschließen kann. Hier werden der **AG, der SE oder der KGaA** also, anders als bei den zuvor dargestellten Formen der Kapitalerhöhung, keine Mittel von außen zugeführt. Vielmehr handelt es sich aus handelsbilanzieller Sicht um einen Passivtausch. Gesellschaftsrechtlich liegt hingegen eine echte 47

---

[28] Vgl. ADS, 6. Aufl., § 272 HGB, Rz 24.
[29] Denkbar sind sowohl die Bar- als auch die Sacheinlage (§ 205 AktG).
[30] Vgl. zu den Einzelheiten ADS, 6. Aufl., § 160 AktG, Rz 49ff.
[31] Vgl. ADS, 6. Aufl., § 160 AktG, Rz 50 mwN.

Kapitalerhöhung vor, denn freies Vermögen wird den für das Grundkapital geltenden Bindungen unterstellt und es entstehen neue Mitgliedschaftsrechte.

48 Die **umwandlungsfähigen Rücklagen** legt § 208 AktG für die AG, die SE und die KGaA fest. Umwandlungsfähig sind nur Kapital- und Gewinnrücklagen, die in der zugrunde gelegten Bilanz oder im Gewinnverwendungsbeschluss als Zuführungen zu diesen Rücklagen ausgewiesen werden (§ 208 Abs. 1 Satz 1 AktG). Verwiesen wird damit auf die Bilanzposten nach § 266 Abs. 3 A. II. und III. 1. bis 4. HGB. Umwandlungsfähig sind ferner der Jahresüberschuss oder Bilanzgewinn, soweit es sich um Zuführungen zur Kapitalrücklage oder zu den Gewinnrücklagen handelt, die im letzten Beschluss über die Verwendung des Jahresüberschusses (§§ 58 Abs. 1, 173 AktG) oder des Bilanzgewinns (§§ 58 Abs. 3, 174 Abs. 2 Nr. 3 AktG) auch als solche ausgewiesen sind. Folglich können vom Vorstand im Rahmen der Aufstellung des Jahresabschlusses in die Gewinnrücklagen eingestellte Beträge (§ 68 Abs. 2 und 2a AktG) umgewandelt werden, wohingegen Rücklagenzuführung der HV durch diese erst beschlossen werden müssen, bevor eine Umwandlung möglich ist.[32] Es können also nur solche Bestandteile des Jahresüberschusses oder des Bilanzgewinns berücksichtigt werden, deren Rücklageneigenschaft gewiss ist, auch wenn es noch an einem entsprechenden Ausweis in der Bilanz fehlt.[33] Demgemäß kann auch ein Gewinnvortrag an sich – weil eben gerade nicht disponiert – nicht zur Umwandlung herangezogen werden.[34]

49 § 208 Abs. 1 Satz 2 AktG **beschränkt den Umfang der umwandlungsfähigen Rücklagen** auf den Teil der gesetzlichen Rücklage und die Kapitalrücklagen nach § 272 Abs. 2 Nr. 1 bis 3 HGB, der den zehnten oder einen in der Satzung festgelegten höheren Teil des Grundkapitals übersteigt (§ 150 Abs. 4 Nr. 3 AktG).[35] Kapitalrücklagen nach § 272 Abs. 2 Nr. 4 HGB und andere Gewinnrücklagen können hingegen grds. in voller Höhe umgewandelt werden (§ 208 Abs. 1 Satz 2 AktG). Dies gilt jedoch nicht – d. h. Kapitalrücklage und Gewinnrücklagen können nicht umgewandelt werden –, soweit in der Bilanz ein Verlust einschließlich eines Verlustvortrags ausgewiesen wird (§ 208 Abs. 2 Satz 1 AktG), der die vorhandene Kapitalrücklage oder die Gewinnrücklagen übersteigt. Übersteigen hingegen die Kapitalrücklage und die Gewinnrücklagen betragsmäßig den Verlust oder Verlustvortrag, steht der übersteigende Betrag natürlich zur Umwandlung zur Verfügung.

50 Mit der **Eintragung des Beschlusses ins HR** wird die Kapitalerhöhung rechtswirksam (§ 211 AktG). Ab diesem Zeitpunkt muss das gezeichnete Kapital i. S. v. § 272 Abs. 1 Satz 1 HGB um den Nennwert der im Wege der Kapitalerhöhung ausgegebenen neuen Aktien erhöht in der Bilanz ausgewiesen werden. Die umgewandelten Rücklagen sind außerhalb der Gewinnverwendungsrechnung

---

[32] Vgl. ADS, 6. Aufl., § 272 HGB, Rz 32.
[33] Folge ist, dass der Kapitalerhöhung eine Bilanz zugrunde gelegt werden kann, in der die umzuwandelnden Rücklagen noch nicht ausgewiesen sind. Teilweise wird hier von „künftigen Rücklagen" gesprochen.
[34] Vgl. ADS, 6. Aufl., § 272 HGB, Rz 32.
[35] Eine zusätzliche Beschränkung in der Umwandlungsfähigkeit von Rücklagen kann sich aus einer etwaigen Zweckbindung ergeben (§ 208 Abs. 2 Satz 2 AktG). Vgl. zu den Einzelheiten, insbesondere zur Frage der in jedem Einzelfall festzustellenden Vereinbarkeit von Umwandlung und Zweckbindung, ADS, 6. Aufl., § 272 HGB, Rz 33 mwN.

in das gezeichnete Kapital umzubuchen.[36] Zwar handelt es sich auch bei der Umwandlung der Rücklagen begrifflich um eine Entnahme i.S.d. § 158 Abs. 1 Nr. 2 oder 3 AktG, jedoch würde der Ausweis der Entnahme in der Gewinnverwendungsrechnung dort aus buchungstechnischen Gründen einen korrespondierenden Posten – etwa „Einstellung in das Grundkapitals aus der Kapitalerhöhung aus Gesellschaftsmitteln" – erfordern.[37] Dies fördert die Klarheit und Übersichtlichkeit des Jahresabschlusses (§ 243 Abs. 2 HGB) jedoch nicht. Ungeachtet dessen ist die Umwandlung gleichwohl zumindest in der Bilanz oder im Anhang gesondert anzugeben (§ 152 Abs. 2 Nr. 2 AktG).

Die Stammkapitalerhöhung durch Umwandlung von Rücklagen (**Kapitalerhöhung aus Gesellschaftsmitteln**) kann bei der **GmbH** erst beschlossen werden, nachdem der Jahresabschluss für das letzte vor der Beschlussfassung über die Kapitalerhöhung abgelaufene Gj (letzter Jahresabschluss) festgestellt und über die Ergebnisverwendung Beschluss gefasst worden ist (§ 57c Abs. 1 und 2 GmbHG).[38] § 57d GmbHG erlaubt nur die Umwandlung frei verfügbarer Kapital- oder Gewinnrücklagen. Sie müssen in dem letzten Jahresabschluss und, wenn dem Beschluss eine andere Bilanz zugrunde gelegt wird, auch in dieser Bilanz unter „Kapitalrücklage" oder „Gewinnrücklage" oder im letzten Beschluss über die Verwendung des Jahresergebnisses als Zuführung zu diesen Rücklagen ausgewiesen sein (§ 57d Abs. 1 GmbHG). Eine Umwandlungsbegrenzung, wie sie § 208 Abs. 1 Satz 2 AktG für die AG vorsieht, kennt das GmbHG nicht. Die Rücklagen können allein dann nicht umgewandelt werden, soweit in der zugrunde gelegten Bilanz ein Verlust, einschließlich eines Verlustvortrags, ausgewiesen ist (§ 57d Abs. 2 GmbHG).[39] Die Kapitalerhöhung kann durch die Bildung neuer Geschäftsanteile oder die Erhöhung des Nennbetrags der ausgegebenen Geschäftsanteile durchgeführt werden (§ 57h Abs. 1 Satz 1 GmbHG). Nach § 57c Abs. 4 GmbHG gelten die §§ 53 u. 54 GmbHG auch für die Stammkapitalerhöhung durch die Umwandlung von Rücklagen. Demgemäß wird die Kapitalerhöhung durch Umwandlung von Rücklagen erst mit der Eintragung der Kapitalerhöhung in das HR rechtswirksam. Für handelsbilanzielle Zwecke folgt daraus, dass das gezeichnete Kapital erst ab dem Zeitpunkt der Eintragung des Kapitalerhöhungsbeschlusses in das HR um den Nennbetrag der Kapitalerhöhung erhöht auszuweisen ist.

4.3.2 Kapitalherabsetzungen

Die **ordentliche Herabsetzung des Grundkapitals** ist für die AG/SE und die KGaA in den §§ 222–228 AktG geregelt. Da die Kapitalherabsetzung mit der Eintragung des Beschlusses über die Herabsetzung rechtswirksam wird, ist das

---

[36] Vgl. ADS, 6. Aufl., § 272 HGB, Rz 34.
[37] Vgl. ADS, 6. Aufl., § 158 AktG, Rz 10.
[38] Dem Kapitalerhöhungsbeschluss kann die letzte Jahresbilanz zugrunde gelegt werden, wenn diese geprüft, festgestellt und mit einem uneingeschränkten Bestätigungsvermerk versehen ist und der Stichtag höchstens 8 Monate vor der Anmeldung des Beschlusses zur Eintragung in das HR liegt (§ 57e GmbHG). Anderenfalls ist eine geprüfte und mit Bestätigungsvermerk versehene Erhöhungssonderbilanz zugrunde zu legen (§ 57f GmbHG).
[39] Darüber hinaus beschränkt eine Zweckbestimmung der anderen Gewinnrücklagen ihre Umwandlungsfähigkeit (§ 57d Abs. 3 GmbHG). Hier ist in jedem Einzelfall zu klären, ob die Zweckbestimmung die Umwandlung zulässt.

gezeichnete Kapital von diesem Zeitpunkt an in um den Nennbetrag der Kapitalherabsetzung verminderter Höhe in der **Bilanz** zu zeigen. Soweit die Herabsetzung des Kapitals zur Rückzahlung von Grundkapital dient, ist die bestehende Rückzahlungsverpflichtung bis zur Auszahlung unter den Verbindlichkeiten zu passivieren.[40]

53 Der aus der Kapitalherabsetzung gewonnene Betrag ist – unabhängig von der Zwecksetzung der Kapitalherabsetzung – nach § 240 Satz 1 AktG in der GuV als „Ertrag aus der Kapitalherabsetzung" gesondert, und zwar hinter dem Posten „Entnahmen aus Gewinnrücklagen", auszuweisen.[41] Wird der aus der ordentlichen Kapitalherabsetzung resultierende Betrag (ausnahmsweise) in die Kapitalrücklage eingestellt, dürfte nichts gegen eine analoge Anwendung des § 240 Satz 2 HGB sprechen, ist der entsprechende Betrag mithin in der GuV als „Einstellung in die Kapitalrücklage nach den Vorschriften über die ordentliche Kapitalherabsetzung" gesondert auszuweisen. Besteht die Zwecksetzung der Kapitalherabsetzung darin, Grundkapital auszukehren, zwingt die Tatsache, dass § 240 AktG auf jede Form der Kapitalherabsetzung anzuwenden ist, dazu, in der **Verlängerungsrechnung der GuV** ebenfalls einen besonderen Posten vorzusehen, der bspw. als „Rückzahlung von Grundkapital aufgrund einer ordentlichen Kapitalherabsetzung" bezeichnet werden könnte.[42]

54 Wegen des zwingenden § 240 Satz 1 AktG findet das **Wahlrecht des § 158 Abs. 1 Satz 2 AktG**, wonach die in § 158 Abs. 1 Satz 1 AktG geforderten Angaben auch im Anhang gemacht werden können, keine Anwendung. Ist also in einem Gj eine Kapitalherabsetzung durchgeführt worden, müssen die Angaben nach § 158 Abs. 1 Satz 1 AktG wegen § 240 Satz 1 AktG in der Verlängerungsrechnung der GuV gemacht werden.[43]

55 Zudem schreibt § 240 Satz 3 AktG für große und mittelgroße AG vor, dass im **Anhang** zu erläutern ist, ob und in welcher Höhe die aus der Kapitalherabsetzung und aus der Auflösung von Gewinnrücklagen, die im Zusammenhang mit der Kapitalherabsetzung erfolgen, gewonnenen Beträge zum Ausgleich von Wertminderungen, zur Deckung von sonstigen Verlusten oder zur Einstellung in die Kapitalrücklage verwandt werden. Soweit die ordentliche Kapitalherabsetzung nicht dazu dient, Grundkapital zurückzuzahlen, sondern zum Ausgleich von Wertminderungen, zur Deckung sonstiger Verluste oder zur Einstellung in die Kapitalrücklage erfolgt, dürfte die Angabe nach § 240 Satz 3 HGB keine weitergehenden Probleme bereiten.

56 Dient die ordentliche Kapitalherabsetzung hingegen dazu, **Grundkapital auszukehren** – der Zweck der Kapitalherabsetzung muss sich dem Beschluss entnehmen lassen (§ 222 Abs. 3 AktG) –, findet § 240 Satz 3 AktG keine Anwendung. Auch wenn § 240 Satz 3 AktG auf die ordentliche Kapitalherabsetzung anzuwen-

---

[40] Vgl. ADS, 6. Aufl., § 272 HGB, Rz 38.
[41] Es ist nahezu einhellig Auffassung – vgl. nur *Hüffer/Koch*, 12. Aufl., AktG, § 240 Rn 2 mwN –, dass § 240 AktG bei allen Formen der Kapitalherabsetzung zu beachten ist. Das AktG stellt dies klar, indem es für § 240 AktG einen eigenen (4.) Unterabschnitt vorsieht.
[42] Ähnlich auch ADS, 6. Aufl., § 272 HGB, Rz 38.
[43] Vgl. *Hüffer/Koch*, AktG, 12. Aufl., § 240 Rn 3 mwN. Nach anderer Auffassung wird das in § 158 Abs. 1 Satz 2 AktG angelegte Wahlrecht durch den § 240 Satz 1 AktG nicht eingeschränkt. Begründet wird diese Ansicht damit, dass der Anhang ebenso wie die GuV Teil des Jahresabschlusses seien und es daher durch eine Aufnahme der Informationen in den Anhang nicht zu einer Informationsverkürzung kommen könne; vgl. ADS, 6. Aufl., § 158 AktG, Rz 24 mwN.

den ist, sind die dort genannten Fälle eindeutig nicht auf die Auskehrung von Grundkapital an die Aktionäre ausgerichtet. Eine analoge Anwendung der Vorschrift kommt ebenfalls nicht in Frage, denn der Grund der Kapitalherabsetzung lässt sich bereits aus der Verlängerungsrechnung entnehmen.

Die in § 58 GmbHG geregelte **ordentliche Kapitalherabsetzung bei der GmbH** stellt eine Satzungsänderung dar, die auf eine Änderung der Stammkapitalziffer durch Herabsetzung des Nennbetrags oder die Einziehung von Geschäftsanteilen gerichtet ist.[44] Sie darf nicht zu einer Absenkung des Stammkapitals und damit des Umfangs der Vermögensbindung unter den in § 5 Abs. 1 GmbHG festgeschriebenen Mindeststammkapitalbetrag führen (§ 58 Abs. 2 GmbHG). Da die Kapitalherabsetzung gesellschaftsrechtlich erst mit Ablauf des Sperrjahrs wirksam werden kann – vorher ist die Eintragung in das HR nicht möglich (§ 58 Abs. 1 Nr. 3 GmbHG) – ist das **gezeichnete Kapital** handelsbilanziell erst mit dem Ablauf des Sperrjahrs um den Nennbetrag der Kapitalherabsetzung vermindert auszuweisen. Das gilt auch, wenn der durch die ordentliche Kapitalherabsetzung frei werdende Betrag vor Ablauf des Sperrjahrs – bspw. um den Gesellschafter mit Liquidität zu versorgen – an die Gesellschafter ausgekehrt wird. In diesem Fall hat die GmbH bis zum Zeitpunkt der Eintragung der Kapitalherabsetzung im HR eine Forderung zu aktivieren, deren Rechtsgrundlage § 31 GmbHG ist.[45]

57

Die **vereinfachte Kapitalherabsetzung** – geregelt in den §§ 229–236 AktG für die AG/SE und die KGaA – kann gem. § 229 Abs. 1 Satz 1 AktG nur mit einer der **Zwecksetzungen**, nämlich um Wertminderungen auszugleichen, sonstige Verluste zu decken oder um zur Vorsorge vor Verlusten Beträge in die Kapitalrücklage – Auffüllung des gesetzlichen Reservefonds (§ 150 Abs. 2 AktG) – einzustellen, durchgeführt werden.[46] Sie ist nach § 229 Abs. 2 AktG zudem nur zulässig, wenn vorweg der Teil der **gesetzlichen Rücklage und der Kapitalrücklage**, die zusammen über den zehnten Teil des nach der Kapitalherabsetzung verbleibenden Grundkapitals hinausgehen, sowie die Gewinnrücklagen bereits zum Ausgleich von Verlusten aufgelöst worden sind und wenn ein Gewinnvortrag nicht vorhanden bzw. bereits mit den Verlusten verrechnet worden ist.

58

Soweit die Kapitalherabsetzung mit der Zwecksetzung erfolgt, zur **Verlustvorsorge** die Kapitalrücklage zu dotieren, normiert § 231 Satz 1 AktG eine weitere Zulässigkeitsvoraussetzung. Die Einstellung der Beträge, die aus der Kapitalherabsetzung gewonnen werden, in die Kapitalrücklage ist nur zulässig, soweit die Kapitalrücklage und die gesetzliche Rücklage zusammen 10 % des Grundkapitals nicht übersteigen.[47] Die Vorschrift dient dem **Interesse der Gesellschafter**. Sie soll verhindern, dass das Grundkapital herabgesetzt wird, um den

59

---

[44] Die Gründe für eine ordentliche Kapitalherabsetzung können unterschiedlicher Art sein. Neben der Rückzahlung von Einlagen kann sie dem Erlass ausstehender Einlagen, der Beseitigung einer Unterbilanz oder der Abfindung ausscheidender Gesellschafter dienen.
[45] Vgl. ADS, 6. Aufl., § 272 HGB, Rz 39.
[46] Die vereinfachte Kapitalherabsetzung dient also primär der Beseitigung einer Unterbilanz (sog. Buchsanierung).
[47] Neben den aus der Kapitalherabsetzung gewonnenen Beträgen umfasst § 231 Satz 1 AktG auch Beträge, die aus der Auflösung von Gewinnrücklagen gewonnen werden und in die gesetzliche Rücklage eingestellt werden sollen. Auch insoweit ist die Auffüllung der gesetzlichen Rücklage auf 10 % des Grundkapitals beschränkt.

gesetzlich vorgeschriebenen Reservefonds über den gesetzlich vorgesehenen Umfang (§ 150 Abs. 2 AktG) von 10 % des Grundkapitals aufzufüllen.[48] Eine Kapitalherabsetzung zur Auffüllung des gesetzlichen Reservefonds der AG kommt somit nur infrage, wenn dieser unterdotiert ist.[49]

60 Ergibt sich bei der Aufstellung der Jahresbilanz für das Gj, in dem der Beschluss über die vereinfachte Kapitalherabsetzung gefasst worden ist, oder für eines der beiden folgenden Gj, dass die Wertminderungen oder sonstigen Verluste in der bei der Beschlussfassung angenommenen Höhe tatsächlich nicht vorlagen, so ist der **Unterschiedsbetrag in die Kapitalrücklage einzustellen** (§ 232 AktG).[50] Die Vorschrift ist analog bei einer überhöhten Kapitalherabsetzung zum Zweck der Dotierung der Kapitalrücklage anzuwenden.[51]

61 Auch die vereinfachte Kapitalherabsetzung wird erst mit der **Eintragung des Beschlusses über die Herabsetzung des Grundkapitals im HR wirksam** (§ 224 AktG). Das gezeichnete Kapital ist in handelsbilanzieller Hinsicht also auch erst ab diesem Zeitpunkt in um den Nennbetrag der Kapitalherabsetzung verminderter Höhe auszuweisen.

62 Ungeachtet dessen erlaubt § 234 Abs. 1 AktG – in Durchbrechung des Stichtagsprinzips – das gezeichnete Kapital sowie die Kapital- und Gewinnrücklagen bereits im Jahresabschluss für das letzte vor der Beschlussfassung über die vereinfachte Kapitalherabsetzung abgelaufene Gj in der Höhe auszuweisen, in der sie nach der Kapitalerhöhung bestehen sollen.[52]

63 Der aus der vereinfachten Kapitalherabsetzung gewonnene Betrag ist gem. § 240 Satz 1 AktG in der **Verlängerungsrechnung zur GuV** als „Ertrag aus der Kapitalherabsetzung", und zwar hinter dem Posten „Entnahmen aus Gewinnrücklagen" auszuweisen.[53] Eine Einstellung in die Kapitalrücklage nach § 229 Abs. 1 AktG oder nach § 232 AktG ist als „Einstellung in die Kapitalrücklage

---

[48] Vgl. Hüffer/Koch, AktG, 12. Aufl., § 231 Rn 1.
[49] Vgl. ADS, 6. Aufl., § 231 AktG, Rz 7.
[50] Zu welchem Teil der Kapitalrücklage i.S.d. § 272 Abs. 2 HGB die Beträge nach § 232 AktG gehören, beantwortet das AktG nicht. Es ist jedoch davon auszugehen, dass es sich nicht um die Kapitalrücklage nach § 272 Abs. 2 Nr. 4 HGB handelt; so auch ADS, 6. Aufl., § 232 AktG, Rz 19. Im Hinblick auf die unterschiedlichen Verwendungsregelungen (§ 150 Abs. 3 und 4 AktG) für die Kapitalrücklage nach § 272 Abs. 2 Nrn. 1–3 HGB im Verhältnis zu § 272 Abs. 2 Nr. 4 HGB ist es geboten, die Beträge nach § 232 AktG, die ebenfalls den Verwendungsregelungen der Kapitalrücklage nach § 272 Abs. 2 Nr. 1–3 HGB unterliegen, gesondert von der Kapitalrücklage nach § 272 Abs. 2 Nr. 4 HGB auszuweisen. Ggf. kann eine Zusammenfassung mit den Kapitalrücklagen nach § 272 Abs. 2 Nr. 1 bis 3 HGB infrage kommen; vgl. ADS, 6. Aufl., § 272 HGB, Rz 87.
[51] Vgl. ADS, 6. Aufl., § 231 AktG, Rz 8 sowie § 232 AktG, Rz 4; Hüffer/Koch, AktG, 12. Aufl., § 232 Rn 8. Da bei der vereinfachten Kapitalherabsetzung zur Dotierung der Kapitalrücklage stets eine exakte Berechnung nach Maßgabe des § 231 Sätze 2 u. 3 AktG möglich ist, kann § 232 AktG hier aber nur ausnahmsweise zur Anwendung kommen, wenn nämlich bei der Berechnung Fehler gemacht wurden.
[52] § 235 Abs. 1 AktG eröffnet im Fall der Inanspruchnahme der Rückwirkung nach § 234 Abs. 1 Satz 1 AktG unter bestimmten Bedingungen die Möglichkeit, eine zugleich mit der Kapitalherabsetzung beschlossene Kapitalerhöhung ebenfalls rückwirkend zu berücksichtigen, also das gezeichnete Kapital i.S.d. § 272 Abs. 1 Satz 1 HGB ebenfalls bereits im Jahresabschluss für das letzte vor der Beschlussfassung abgelaufene Gj i. d. H. auszuweisen, in der es nach der Kapitalerhöhung bestehen soll. Darüber hinaus sieht § 236 AktG für den Fall der Inanspruchnahme des § 234 AktG bestimmte von § 325 HGB abweichende Voraussetzungen für die Offenlegung des Jahresabschlusses vor.
[53] Die Vorschrift schließt Angaben im Anhang, die § 158 Abs. 1 Satz 2 AktG alternativ zur Verlängerungsrechnung erlaubt, aus.

nach den Vorschriften über die vereinfachte Kapitalherabsetzung" gesondert auszuweisen (§ 240 Satz 2 AktG).

Im **Anhang** ist nach § 240 Satz 3 AktG zu erläutern, ob und in welcher Höhe die aus der Kapitalherabsetzung und aus der Auflösung von Gewinnrücklagen gewonnenen Beträge zum Ausgleich von Wertminderungen, zur Deckung von sonstigen Verlusten oder zur Einstellung in die Kapitalrücklage verwandt werden, soweit die AG nicht klein ist (§ 267 Abs. 1 HGB).

Die in den §§ 58a–58f GmbHG geregelte **vereinfachte Kapitalherabsetzung** dient auch bei der GmbH dazu, Wertminderungen auszugleichen oder sonstige Verluste zu decken (§ 58a Abs. 1 GmbHG). Zu ihrer Wirksamkeit bedarf die vereinfachte Kapitalherabsetzung ebenso wie die ordentliche Kapitalherabsetzung der **Eintragung im HR**. § 58a Abs. 5 GmbHG verweist demgemäß auf § 54 GmbHG. Folglich ist das gezeichnete Kapital handelsbilanziell erst ab dem Zeitpunkt der Eintragung in der um den Nennbetrag der Kapitalherabsetzung verminderten Höhe auszuweisen. § 58e GmbHG eröffnet zudem die Möglichkeit, die Kapitalherabsetzung bereits im Jahresabschluss für das letzte vor der Kapitalherabsetzung abgelaufene Gj auszuweisen, wenn der Jahresabschluss durch Beschluss der Gesellschafter festgestellt wird.[54] § 58f GmbH ermöglicht die gleichzeitige **Rückbeziehung** einer mit der vereinfachten Kapitalherabsetzung beschlossenen Kapitalerhöhung.

Die **Kapitalherabsetzung durch Einziehung von Aktien im ordentlichen Verfahren** wird nach § 238 Satz 1 AktG – soweit die HV beschließt – mit der Eintragung des Beschlusses, oder, wenn die Einziehung der Eintragung nachfolgt, mit der Einziehung wirksam. Das Grundkapital ist also erst zu einem der beiden Zeitpunkte um den auf die eingezogenen Aktien entfallenen Nennbetrag herabgesetzt. Liegt eine durch Satzung angeordnete Zwangseinziehung vor, so ist, wenn die HV nicht über die Kapitalherabsetzung beschließt, das Grundkapital mit der tatsächlichen Einziehung herabgesetzt (§ 238 Satz 2 AktG). Die nachfolgende Anmeldung der Durchführung der Herabsetzung des Grundkapitals ist ebenfalls zur Eintragung in das HR anzumelden (§ 239 AktG).

Für den **Ausweis des gezeichneten Kapitals** bedeutet dies, dass ebenfalls zwei Fälle zu unterscheiden sind: Beschließt die HV im ersten Fall die Kapitalherabsetzung durch Einziehung der Aktien im ordentlichen Verfahren, wird die Kapitalherabsetzung mit der Eintragung des HV-Beschlusses rechtswirksam. Das gezeichnete Kapital ist ab diesem Zeitpunkt vermindert um den auf die eingezogenen Aktien entfallenden Betrag auszuweisen. Kommt es erst nach der Eintragung des HV-Beschlusses zur Einziehung der Aktien, ist das gezeichnete Kapital erst ab dem Zeitpunkt der tatsächlichen Einziehung um den Bertrag der eingezogenen Aktien zu vermindern. Die Eintragung der Durchführung der Herabsetzung des GrundKap hat für den Ausweis des gezeichneten Kapital hingegen keine Bedeutung.

---

54 Dies entspricht bei der GmbH dem gesetzlich geregelten Normalfall (§ 46 Nr. 1 GmbHG). Probleme ergeben sich, wenn die Satzung der GmbH einem anderen Organ als der GesV die Beschlusskompetenz zuweist. In diesen Fällen müsste – um einen rückwirkenden Ausweis zu erreichen – eigentlich die Satzung entweder geändert oder durchbrochen werden. Indes hat sich hier die Auffassung herausgebildet, dass in diesem Fall analog § 234 Abs. 2 Satz 1 AktG die Zuständigkeit der GesV stets gegeben ist; vgl. *Baumbach/Hueck/Zöllner/Haas*, GmbHG, 20. Aufl., § 58e Rn 5 mwN.

68 Denkbar ist auch, dass **Einziehungshandlungen** – mit entsprechenden Folgen für den Ausweis des gezeichneten Kapital – teils vor und teils nach der Eintragung des HV-Beschlusses vorgenommen werden. Beruht die Einziehung im zweiten Fall auf einer satzungsmäßig angeordneten Zwangseinziehung, so ist, wenn die HV nicht über die Kapitalherabsetzung beschließt, das Grundkapital mit der Zwangseinziehung – der Vornahme der Einziehungshandlung – herabgesetzt (§ 238 Satz 2 AktG) und demgemäß das gezeichnete Kapital ab diesem Zeitpunkt entsprechend vermindert auszuweisen. Die Vorschrift berücksichtigt, dass der Vorstand einer AG bei einer satzungsmäßig angeordneten Zwangseinziehung die Befugnis zur Entscheidung über die Einziehung hat (§ 237 Abs. 6 AktG). Nimmt er diese Befugnis nicht wahr und lässt gleichwohl die HV beschließen, findet § 238 Satz 1 AktG Anwendung.

69 Der aus der Kapitalherabsetzung durch Einziehung von Aktien im ordentlichen Verfahren gewonnene Betrag ist nach Maßgabe des § 240 Satz 1 AktG in der **Verlängerungsrechnung der GuV** abzubilden. Die Ausführungen zur ordentlichen Kapitalherabsetzung gelten entsprechend.

70 Neben der Einziehung von Aktien im ordentlichen Verfahren besteht auch die Möglichkeit, **Aktien im vereinfachten Verfahren einzuziehen**. In handelsbilanzieller Hinsicht wirkt sich die Einziehung der Aktien im vereinfachten Verfahren in der gleichen Weise und zum gleichen Zeitpunkt auf das gezeichnete Kapital aus wie bei der Einziehung im ordentlichen Verfahren. Der aus der Einziehung gewonnene Betrag ist i. H. d. Gesamtnennbetrags der eingezogenen Aktien zum Zweck des Schutzes der Gläubiger in die Kapitalrücklage nach § 272 Abs. 2 Nr. 1 bis 3 HGB einzustellen. Damit wird bewirkt, dass das Gesellschaftsvermögen auch weiterhin zumindest der Verwendungsbindung des § 150 Abs. 3 und 4 AktG unterliegt.

71 Erfolgt die Einziehung eigener Aktien im vereinfachten Verfahren (§ 237 Abs. 3 AktG), ist § 240 AktG zu beachten. Der aus der Kapitalherabsetzung durch Einziehung von Aktien im vereinfachten Verfahren gewonnene Betrag ist nach Maßgabe des § 240 Satz 1 AktG als „Ertrag aus der Kapitalherabsetzung" in der **Verlängerungsrechnung der GuV** abzubilden. Die nach § 237 Abs. 5 AktG erforderliche Einstellung in die Kapitalrücklage ist in analoger Anwendung des § 240 Satz 2 AktG in der Verlängerungsrechnung der GuV gesondert als „Einstellung in die Kapitalrücklage nach den Vorschriften über die vereinfachte Kapitalherabsetzung" auszuweisen.

72 Im **Anhang** ist zu erläutern, ob und in welcher Höhe der aus der Kapitalherabsetzung gewonnene Betrag zur Einstellung in die Kapitalrücklage verwandt wird (§ 240 Satz 3 Nr. 3 AktG). Dabei ist auch anzugeben, aufgrund von welchem der in § 237 Abs. 5 AktG aufgeführten Sachverhalte die Zuführung erfolgt.[55]

73 Die in § 34 GmbHG geregelte **Einziehung von Geschäftsanteilen** führt, anders als im AktG, nicht zu einer Verringerung der Stammkapitalziffer, vielmehr bleibt diese grds. unverändert, wenn die Einziehung nicht mit einer Kapitalherabsetzung verbunden wird.[56] Voraussetzung der Einziehung von Geschäftsanteilen ist insb., dass die zur Einziehung vorgesehenen **Geschäftsanteile voll eingezahlt** sind. Dies ergibt sich daraus, dass der Grundsatz der Aufbringung und Erhaltung

---

[55] Vgl. ADS, 6. Aufl., § 240 AktG, Rz 10.
[56] Vgl. *Baumbach/Hueck/Fastrich*, GmbHG, 20. Aufl., § 34 Rn 20.

des Stammkapitals – § 34 Abs. 3 GmbHG verweist hier auf § 30 Abs. 1 GmbHG – durch die Einziehung nicht beeinträchtigt werden darf.
Soll das Stammkapital der haftungsbeschränkten UG erhöht oder herabgesetzt werden, gelten die **Ausführungen zu Kapitalerhöhungen und Kapitalherabsetzungen bei der GmbH** entsprechend (Rz 30ff.). Das Gesetz geht davon aus, dass die gesetzliche Rücklage nach § 5a Abs. 3 Satz 1 GmbHG im Wege der Kapitalerhöhung aus Gesellschaftsmitteln (§ 57c GmbHG) in Stammkapital transferiert wird (§ 5a Abs. 3 Nr. 1 GmbHG). 74

5 Ausstehende Einlagen (Abs. 1 Satz 3)

Bei den ausstehenden Einlagen auf das gezeichnete Kapital ist nach § 272 Abs. 1 Satz 3 HGB begrifflich zwischen den ausstehenden (nicht eingeforderten) Einlagen und den ausstehenden eingeforderten Einlagen zu unterscheiden. Gesellschaftsrechtlich handelt es sich bei den ausstehenden Einlagen um **Einlageverpflichtungen der Gesellschafter** bzw. umgekehrt Ansprüche der KapG auf Einlageleistung. Abgesehen von der Mindestbareinlage und der Sacheinlage, die bereits vor der Eintragung erbracht sein müssen, muss die KapG – soweit keine gesellschaftsvertraglichen Regelungen zur Leistung der ausstehenden Einlagen bestehen – die ausstehenden Einlagen einfordern. 75

§ 272 Abs. 1 Satz 3 HGB schreibt vor, dass die **nicht eingeforderten ausstehenden Einlagen** von dem Posten „Gezeichnetes Kapital" offen abzusetzen sind. Der verbleibende Betrag ist als Posten „Eingefordertes Kapital" in der Hauptspalte der Passivseite auszuweisen. Ein eingeforderter, aber noch nicht eingezahlter Betrag ist unter den Forderungen gesondert auszuweisen und entsprechend zu bezeichnen. Damit ist der bisher übliche sog. **Bruttoausweis** – der gesonderte Ausweis der noch nicht eingeforderten ausstehenden Einlagen auf der Aktivseite der Bilanz vor dem Anlagevermögen – **nicht mehr zulässig**. Vielmehr sind die noch nicht eingeforderten ausstehenden Einlagen von dem auf der Passivseite der Bilanz ausgewiesenen gezeichneten Kapital offen abzusetzen. Das gezeichnete Kapital und die nicht eingeforderten ausstehenden Einlagen sind offen in der Vorspalte auszuweisen. In der Hauptspalte ist das eingeforderte Kapital auszuweisen. Auf diese Weise wird die Vergleichbarkeit des Jahresabschlusses verbessert und werden die Eigenkapitalbestandteile geschlossen auf der Passivseite der Bilanz ausgewiesen.
Die **eingeforderten, aber noch nicht eingezahlten Einlagen** sind unter den Forderungen auszuweisen und gesondert zu bezeichnen. 76

> **Beispiel**
> Denkbar ist ein gesonderter Ausweis der eingeforderten, aber noch nicht eingezahlten Einlagen innerhalb des Postens „Forderungen und sonstige Vermögensgegenstände" (§ 266 Abs. 2 B. II. 4. HGB) – bspw. als eingeforderte, aber noch nicht eingezahlte Einlagen.

Im Wege eines Davon-Vermerks ist anzugeben, inwieweit sich die Forderungen gegen verbundene Unt oder Unt, mit denen ein Beteiligungsverhältnis besteht, richten. Möglich ist auch ein Ausweis innerhalb der Posten B. II. 2. bzw. B. II. 3. mit einem entsprechenden Vermerk. Darüber hinaus gilt auch hier § 268 Abs. 4

HGB, d.h., es muss der Betrag der Forderungen mit einer Restlaufzeit von mehr als einem Jahr bei jedem Posten gesondert vermerkt werden.

Beispiel[57]
Sachverhalt
Die B AG hat ihr Kapital durch Ausgabe von 1 Mio. Aktien zum Nennwert von 5 EUR/Aktie erhöht. Vom Ausgabepreis von 20 EUR / Aktie waren 17 EUR sofort einzuzahlen. Der Restbetrag kann vom Vorstand bei Bedarf eingefordert werden.

Beurteilung nach HGB aF
Variante 1
Die B AG zeigt in ihrer Bilanz ein um 20 Mio. EUR erhöhtes bilanzielles Eigenkapital. Das veränderte EK setzt sich aus dem Posten Gezeichnetes Kapital (5 Mio. EUR) und dem Posten Kapitalrücklage (15 Mio. EUR) zusammen. Als Korrekturposten weist die B AG auf der Aktivseite den Posten „Ausstehende Einlagen auf das gezeichnete Kapital" i.H.v. 3 Mio. EUR aus (vgl. Abb. 1; Angaben in Mio. EUR). Ein Vermerk der eingeforderten Beträge erübrigt sich.

Aktiva				Passiva
A.	Ausstehende Einlagen auf das gezeichnete Kapital	3.000	A. EK	
			I. Gezeichnetes Kapital	5.000
...			II. Kapitalrücklage	15.000
C.	Umlaufvermögen			
	...			
	IV. Liquide Mittel	17.000		

Abb. 1: Bruttodarstellung ausstehender Einlagen auf das gezeichnete Kapital (in TEUR)

Variante 2
Die B AG setzt die ausstehenden Einlagen i.H.v. 3 Mio. EUR offen vom (erhöhten) gezeichneten Kapital ab. Der verbleibende Betrag i.H.v. 2 Mio. EUR ist als Posten „Eingefordertes Kapital" in der Hauptspalte der Passivseite auszuweisen (vgl. Abb. 2; Angaben in Mio. EUR). Eingeforderte Beträge sind in diesem Fall unter den Forderungen auszuweisen. Eine Bewertung der nicht eingeforderten ausstehenden Einlagen erfolgt nicht.

---

[57] Entnommen aus *Kessler/Leinen/Strickmann*, BilMoG, 2009, S. 339f.

Eigenkapital § 272

Aktiva			Passiva	
...		A.	EK	
			I. Gezeichnetes Kapital	5.000
C. Umlaufvermögen			– Nicht eingefordertes Kapital	3.000
...			= Eingefordertes Kapital	2.000
IV. Liquide Mittel	17.000		II. Kapitalrücklage	15.000

Abb. 2: Nettodarstellung ausstehender Einlagen auf das gezeichnete Kapital (in TEUR)

Beurteilung nach BilMoG:
Die Darstellung nach HGB in der Variante 1 ist nach dem BilMoG **unzulässig**. Die Darstellung nach der 2. Variante ist **verpflichtend**.

Die eingeforderten ausstehenden Einlagen sind – handelsbilanziell betrachtet – als gegenüber den Gesellschaftern bestehende Forderungen zu klassifizieren. Demgemäß gelten für Ansatz und Bewertung die für Forderungen geltenden Vorschriften.[58] Bei der **Bewertung der eingeforderten ausstehenden Einlagen** sind die §§ 63–66 AktG für die AG und die §§ 19–25 GmbHG für die GmbH zu beachten. Danach wird man eine außerplanmäßige Abschreibung nur ausnahmsweise vornehmen können, wenn auch unter Berücksichtigung der Kaduzierungsmöglichkeit ein Ausfall der eingeforderten ausstehenden Einlagen zu erwarten ist. Soweit Abschreibungen auf eingeforderte ausstehende Einlagen vorgenommen werden, muss dies in der Bilanz offensichtlich werden, um zu verhindern, dass der Eindruck entsteht, es sei kein Ausfall der eingeforderten ausstehenden Einlagen zu verzeichnen. Dies kann entweder in der Weise geschehen, dass der Nominalbetrag der eingeforderten ausstehenden Einlagen auf der Aktivseite der Bilanz gesondert unter dem Posten „eingeforderte, aber noch nicht eingezahlte Einlagen" vermerkt oder die Abschreibung in der Vorspalte offen von dem eingeforderten Kapital abgesetzt wird.[59]
Eine Abschreibung – Berücksichtigung einer Gefährdung der Einbringlichkeit – der **nicht eingeforderten ausstehenden Einlagen** kommt nicht in Betracht.

77

---

58 Zu beachten ist, dass Pauschalwertberichtigungen wegen des bestehenden allgemeinen Kreditrisikos für ausstehende Einlagen nicht infrage kommen, vgl. ADS, 6. Aufl., § 272 HGB, Rz 66.
59 Vgl. auch *Küting/Reuter*, in *Küting/Weber*, HdR, § 272 HGB, Rn 45, Stand 11/2009, die darauf hinweisen, dass es zwar an einer ausdrücklichen gesetzlichen Vorschrift fehle, jedoch den tatsächlichen Verhältnissen entsprechende Darstellung der Vermögens-, Finanz- und Ertragslage eine entsprechende Information erforderlich macht.

6 Eigene Anteile (Abs. 1a und b)

6.1 Begriff und Bedeutung

78 In handelsbilanzieller Hinsicht ist umstritten, ob die **eigenen Anteile als VG** zu klassifizieren sind. Teilweise wird dies mit dem Argument bejaht, dass der Erwerb eigener Anteile keine relevanten Unterschiede zu gewöhnlichen Erwerbsfällen erkennen lasse.[60] Eigene Anteile würden sich von anderen VG lediglich dadurch unterscheiden, dass ihr Wert nur im Wege einer Veräußerung realisiert werden könne.[61] Nach anderer Auffassung komme den eigenen Anteilen lediglich die Bedeutung eines Korrekturpostens zum EK zu, die in gesetzlich geregelten Ausnahmefällen wie VG zu behandeln seien.[62] Der Erwerb eigener Aktien sei als Einlagenrückgewähr zu begreifen; die Ges. gebe Vermögen an den Gesellschafter ab, ohne dafür einen Gegenwert zu erhalten.[63] Die Möglichkeit, die eigenen Anteile wieder zu veräußern, stelle nichts anderes als ein Vehikel zur Beteiligung neuer Gesellschafter dar.[64] Die überwiegende Auffassung weist den eigenen Anteilen einen Doppelcharakter zu.[65] Bei bestehender Wiederveräußerungsabsicht seien die eigenen Anteile als VG zu klassifizieren. Darüber hinaus seien sie in jedem Fall auch als Korrekturposten zum EK einzustufen.[66] Nach der hier vertretenen Auffassung kommt den eigenen Anteilen keine VG-Eigenschaft zu. Es fehlt ihnen an der selbstständigen Verwertbarkeit. Eigene Anteile haben keinen Wert an sich. Ihr Wert lässt sich nur unter Berücksichtigung des Unternehmenswerts der KapG bestimmen, die sie ausgegeben hat.

6.2 Ausweis

79 Mit § 272 Abs. 1a HGB wird für alle eigenen Anteile vorgeschrieben, dass diese auf der **Passivseite der Bilanz in der Vorspalte offen von dem Posten „Gezeichnetes Kapital" abzusetzen** sind. Diese Bilanzierung knüpft an den Befund an, dass der Erwerb eigener Anteile zwar nicht rechtlich, aber sehr wohl wirtschaftlich einer Kapitalherabsetzung gleichkommt, auch wenn die eigenen Anteile ohne formale Einziehung bestehen bleiben.

80 Nach § 272 Abs. 1a Satz 1 HGB ist der **Nennbetrag** oder, falls ein solcher nicht vorhanden ist, der rechnerische Wert von erworbenen eigenen Anteilen in der

---

[60] Vgl. zu eigenen Aktien *Breuninger*, DStR 1991, S. 422, und *Paus*, BB 1998, S. 2138, *Bachmann/Heckner*, WPg 2016, 832, sowie *Briese*, GmbHR 2016, 2016, S. 49 zu steuerlichen Fragen bei eigenen Anteilen. Zu eigenen Anteilen bei Personenhandelsgesellschaft vgl. *Schmidt*, ZIP 2014, S. 493 einerseits und *Priester*, ZIP 2014, S. 245 andererseits.
[61] Vgl. *Breuninger*, DStR 1991, S. 422.
[62] Vgl. *Bezzenberger*, Erwerb eigener Aktien durch die Aktiengesellschaft, S. 79; *Siegel*, in FS Loitlsberger, S. 359; *Thiel*, in FS Schmidt, S. 570 ff.; *Thiel*, S. 38; *Wassermeyer*, in FS Schmidt, S. 612.
[63] Vgl. nur *Thiel*, in FS Schmidt, S. 570; *Huber*, in FS Duden, S. 161.
[64] Vgl. *Loos*, DB 1964, S. 310.
[65] Vgl. *Budde*, in FS Offerhaus, S. 674; *Klingberg*, BB 1998, S. 1576; ADS, 6. Aufl., § 272 HGB nF, Rz 1; *Schwab*, DB 2001, S. 880.
[66] Vgl. ADS, 6. Aufl., § 266 HGB, Rz 139.

Vorspalte **offen von dem Posten „Gezeichnetes Kapital" abzusetzen**.[67] Aus der Vorschrift folgt ein Aktivierungsverbot für eigene Anteile.

> **Beispiel**
> Es ist zu empfehlen, den Vorspaltenposten als „Nennbetrag/rechnerischer Wert eigener Anteile" und den Hauptspaltenposten als „Ausgegebenes Kapital" zu bezeichnen.

Der **Unterschiedsbetrag** zwischen dem Nennbetrag oder dem rechnerischen Wert und den AK der eigenen Anteile ist mit den **frei verfügbaren Rücklagen zu verrechnen** (§ 272 Abs. 1a Satz 2 HGB).[68] Zu den frei verfügbaren Rücklagen zählen die Kapitalrücklage nach § 272 Abs. 2 Nr. 4 HGB, die anderen Gewinnrücklagen und die satzungsmäßigen Rücklagen, sofern der satzungsmäßige Zweck gerade in der Ermöglichung oder Deckung des Erwerbs eigener Anteile besteht. Demgegenüber ist eine Verrechnung mit der gesetzlichen Rücklage nach § 150 Abs. 1 und 2 AktG, der Kapitalrücklage nach § 272 Abs. 2 Nrn. 1–3 HGB und der Rücklage für Anteile an einem herrschenden oder mehrheitlich beteiligten Unt (§ 272 Abs. 4 HGB) ausgeschlossen. Das Gleiche gilt natürlich auch für nach § 268 Abs. 8 HGB ausschüttungsgesperrte Beträge.

81

Der Wortlaut des § 272 Abs. 1a HGB stellt auf den Begriff der „frei verfügbaren Rücklagen" ab. Daher stellt sich die Frage, ob auch eine **Verrechnung mit dem Jahresergebnis** durch die geschäftsführenden Organe in Betracht kommt. Dies ist für die AG zumindest für die Beträge zu bejahen, die aus dem Jahresergebnis nach § 58 Abs. 2 AktG durch den Vorstand und den Aufsichtsrat in die anderen Gewinnrücklagen eingestellt werden können oder nach § 58 Abs. 1 AktG aufgrund einer Satzungsregelung durch die HV in die frei verfügbaren Rücklagen einzustellen sind.[69] Natürlich ist das Jahresergebnis dabei vorab um die in die gesetzliche Rücklage (§ 150 Abs. 1 und 2 AktG) einzustellenden Beträge sowie um einen Verlustvortrag zu kürzen (§ 58 Abs. 1 Satz 3, Abs. 2 Satz 4 AktG).[70] Der Teil des Jahresergebnisses, der nach den Vorschriften des AktG in die Zuständigkeit der HV fällt – dazu gehört auch ein etwaiger Gewinnvortrag –, darf hingegen grds. nicht durch eine Verrechnung geschmälert werden.[71]

82

---

[67] Zur hiermit verbundenen Frage der Reduzierung des Kapitalschutzes – ein dem Nennbetrag der eigenen Anteile entsprechender Betrag ist nicht mit dem freien Vermögen verrechnet worden und könnte daher ausgeschüttet werden – vgl. *Förschle/Hoffmann*, in Beck Bil-Komm., 10. Aufl., § 272 HGB, Rz. 134 mwN. Vertreten wird, dass entweder die Rücklage für eigene Anteile insoweit beizubehalten, die Ausschüttungssperre nach § 268 Abs. 8 HGB analog anzuwenden oder insoweit eine Angabe im Anhang zu machen sein. Da keiner der Lösungsvorschläge eine gesetzliche Grundlage bildet, wird man die Reduzierung des Kapitalschutzes hinnehmen müssen; ebenso *Kropff*, ZIP 2009, S. 1141.
[68] Gleichzeitig wurde der bisher verwandte Begriff „Kaufpreis" aus terminologischen Gründen durch den handelsbilanziellen Begriff „Anschaffungskosten" ersetzt.
[69] Trägt die HV Gewinn auf neue Rechnung vor, entlässt sie diesen nicht aus ihrer Zuständigkeit. Der Gewinnvortrag fließt im nächsten Jahr ohne Weiteres dem (neuen) Bilanzgewinn zu (§ 158 Abs. 1 Nr. 1 AktG). Über den dem Gewinnvortrag entsprechenden Betrag kann der Vorstand nicht nach § 58 Abs. 1 und 2 AktG verfügen.
[70] Die Befugnis des Vorstands, Zuweisungen zu den Rücklagen nach § 58 Abs. 2a AktG vorzunehmen, wird nicht in die Berechnung der Kontingente für eine Zuführung zu den anderen Gewinnrücklagen einbezogen („unbeschadet").
[71] Vgl. ADS, 6. Aufl., § 272 HGB, Rz 193 sowie § 272 HGB nF, Rz 13.

83 § 272 Abs. 1a HGB enthält keine Vorschrift für den Fall, dass die **frei verfügbaren Rücklagen zur Verrechnung nicht in ausreichendem Umfang zur Verfügung** stehen. Hierbei kann es sich nur um einen Ausnahmefall handeln, denn der Erwerb eigener Anteile ist nur zulässig, wenn im Erwerbszeitpunkt in ausreichendem Umfang freies Vermögen vorhanden ist. Gleichwohl ist es denkbar, dass das freie Vermögen bis zur Bilanzierung durch anderweitige Verluste aufgezehrt ist. In diesem Fall ist die Verrechnung unter Inkaufnahme eines Bilanzverlusts oder Vertiefung eines bestehenden Bilanzverlusts vorzunehmen.[72] Nur so wird dem Gläubigerschutz hinreichend Rechnung getragen und weiteren Vermögensauskehrungen vorgebeugt. Ein Verstoß gegen § 57 AktG liegt in diesen Fällen nicht vor, denn im Zeitpunkt des Erwerbs der eigenen Anteile waren ausreichende frei verfügbare Rücklagen vorhanden. Kommt es danach zu einer Aufzehrung der frei verfügbaren Rücklagen durch im Geschäftsverkehr eingetretene Verluste und damit ggf. sogar zu einer Verminderung des Vermögens unter die Grundkapitalziffer, hat dies keine Auswirkungen auf die rechtliche Zulässigkeit des Erwerbs der eigenen Anteile.[73]

84 Zudem kann bei unzureichender Ausstattung mit frei verfügbaren Rücklagen die Frage auftreten, ob die **Bildung der gesetzlichen Rücklage** nach § 150 Abs. 1 und 2 AktG der Verrechnung des aus dem Erwerb der eigenen Anteile resultierenden Unterschiedsbetrags **vorgeht**. Nach der ganz überwiegenden Auffassung ist der Vorrang der Dotierung der gesetzlichen Rücklage nach § 150 Abs. 1 und 2 AktG zu bejahen.[74] Begründet wird das damit, dass die zur Dotierung der gesetzlichen Rücklage erforderlichen Mittel nicht mehr als frei verfügbar angesehen werden können und auch nach dem Wortlaut des § 150 Abs. 2 AktG nur ein Verlustvortrag von der Bemessungsgrundlage für die Berechnung des Zuführungsbetrags zur gesetzlichen Rücklage zu kürzen ist.[75] Bei unzureichenden frei verfügbaren Rücklagen ist aus einem vorhandenen Jahresergebnis – nach Berücksichtigung eines Verlustvortrags – also zuerst die gesetzliche Rücklage nach § 150 Abs. 1 und 2 AktG zu dotieren und erst danach eine Verrechnung des Unterschiedsbetrags aus dem Erwerb eigener Anteile vorzunehmen.

85 Für die Verrechnung des Unterschiedsbetrags ergeben sich damit die folgenden **Verrechnungsmöglichkeiten**:[76]

---

[72] Ebenso *Winkeljohann/Hoffmann*, in Beck-Bil-Komm., 10. Aufl., § 272 HGB, Rz 133; ADS, 6. Aufl., § 272 HGB, Rz 197. Dabei kommt es zu einem „Verbrauch" des in die Zuständigkeit der HV fallenden Jahresüberschusses einschl. eines etwaigen Gewinnvortrags. Zum Rückkauf eigener Aktien bei Eigenhandel von Kreditinstituten, *Johannemann/Herr*, BB 2015, S. 2158.

[73] Eine Verrechnung unter Inkaufnahme eines Bilanzverlusts führt zu einem Verlustvortrag, der ins nächste Gj übernommen wird und dann die Möglichkeit der Inanspruchnahme der gesetzlichen Rücklage nach § 150 Abs. 3 und 4 AktG ermöglicht. Damit scheint auf den ersten Blick der Grundsatz, dass die Verrechnung nur mit frei verfügbaren Rücklagen erfolgen darf, umgangen worden zu sein. Zu beachten ist jedoch, dass der Inanspruchnahme der gesetzlichen Rücklage eine Verpflichtung zu ihrer Wiederauffüllung nachfolgt, sofern die Grenzen des § 150 Abs. 1 und 2 AktG unterschritten werden. Insoweit liegt de facto also nur eine Verlagerung der Verrechnungspflicht auf die Pflicht zur Dotierung der gesetzlichen Rücklage nach § 150 Abs. 1 und 2 AktG vor. Anders *Winkeljohann/Hoffmann*, in Beck-Bil-Komm., 10. Aufl., § 272 HGB, Rz. 133, die sich unter Hinweis auf eine dann vorliegende mittelbare unzulässige Verrechnung gegen eine Nutzung der gesetzlichen Rücklage aussprechen.

[74] Vgl. *Zilias/Lanfermann*, WPg 1980, S. 92; ADS, 6. Aufl., § 272 HGB, Rz 194.

[75] Vgl. *Zilias/Lanfermann*, WPg 1980, S. 92.

[76] Mangels gesetzlicher Vorgaben wird man wohl nicht von einer zwingenden Verrechnungsreihenfolge sprechen können.

1. Verrechnung mit anderen Gewinnrücklagen oder – soweit möglich – satzungsmäßigen Rücklagen und gleichrangig mit der Kapitalrücklage nach § 272 Abs. 2 Nr. 4 HGB;
2. Verrechnung mit dem Teil des Jahresergebnisses, der ausweislich des Gesetzes und der Satzung in die anderen Gewinnrücklagen einzustellen ist (§ 58 Abs. 1 AktG) oder eingestellt werden darf (§ 58 Abs. 2 AktG);
3. Verrechnung mit dem Teil des Jahresergebnisses, der in die alleinige Dispositionsbefugnis der Aktionäre fällt; ggf. unter Inkaufnahme oder Vertiefung eines Bilanzverlusts.[77]

> **Beispiel** 86
> Denkbar ist auch der Fall, dass der **Kaufpreis der eigenen Anteile unterhalb des Nennbetrags** oder des rechnerischen Werts liegt. In diesem Fall erhöhen sich die frei verfügbaren Rücklagen in entsprechendem Umfang.[78]

Besteht ein **Gewinnabführungsvertrag** nach § 291 Abs. 1 AktG, stellt sich für die zur Abführung verpflichtete AG die Frage, ob die Verrechnung des Unterschiedsbetrags gem. § 272 Abs. 1a Satz 2 HGB der vertraglichen Verpflichtung zur Gewinnabführung vorgeht. Nach der hier vertretenen Auffassung ist dies zu bejahen. § 272 Abs. 1a Satz 2 HGB enthält eine implizite Begrenzung der Gewinnabführungsverpflichtung, vergleichbar der Begrenzung der Gewinnabführungspflicht durch die Verpflichtung zur Dotierung der gesetzlichen Rücklage (§§ 300, 301 AktG). Dies bedeutet, dass die Gewinnabführungspflicht erst nach der Verrechnung des Unterschiedsbetrags mit dem Jahresergebnis eingreift. Etwas anderes gilt nur, wenn während der Dauer des Gewinnabführungsvertrags Beträge in die anderen Gewinnrücklagen eingestellt worden sind. Diese sind vorrangig zur Verrechnung des Unterschiedsbetrags heranzuziehen. Demgegenüber sind vorvertragliche Rücklagen nicht frei verfügbar.[79] 87

Es ist zu empfehlen, die Verrechnung handelsbilanziell in der **Verlängerungsrechnung zur GuV** (§ 158 AktG) abzubilden. In diesem Fall sind Beträge, die mit dem in die Gewinnrücklagen einzustellenden (§ 58 Abs. 1 AktG) oder einstellbaren (§ 58 Abs. 2 AktG) Jahresüberschuss verrechnet werden, tatsächlich gar nicht erst in die Gewinnrücklagen einzustellen, sondern es ist lediglich ihre Verfügbarkeit im Anhang zu erläutern. 88

---

[77] Ein durch die Verrechnung des Unterschiedsbetrags entstehender Bilanzverlust begründet im nächsten Gj einen Verlustvortrag, der bei der AG durch Auflösung der gesetzlichen Rücklagen ausgeglichen werden kann (§ 150 Abs. 3 und 4 AktG). Hierin könnte eine Umgehung des § 71 Abs. 2 Satz 2 AktG gesehen werden, der vorschreibt, dass eigene Aktien nur aus dem frei verfügbaren Vermögen erworben werden dürfen. Dieser Einwand kann jedoch nur durchgreifen, wenn bereits im Erwerbszeitpunkt kein ausreichendes freies Vermögen vorhanden oder dessen anderweitiger Verbrauch absehbar war, denn § 71 Abs. 2 Satz 2 AktG stellt allein auf den Zeitpunkt des Erwerbs ab. Lagen die aktienrechtlichen Erwerbsvoraussetzungen vor, kann sich die Verrechnungspflicht faktisch in eine Pflicht zur Dotierung der gesetzlichen Rücklage wandeln.
[78] Nach anderer Ansicht soll der Differenzbetrag in eine gebundene Rücklage eingestellt werden, vgl. *Klingberg*, BB 1998, S. 993; *Thiele*, DB 1998, S. 1585; *Kropff*, ZIP 2009, S. 1141, unter Hinweis auf allgemeine Kapitalschutzgründe.
[79] Vgl. auch ADS, 6. Aufl., § 272 HGB, Rz 200, zur Bildung der Rücklage für eigene Anteile.

> **Beispiel**
> Für die Verrechnung des Unterschiedsbetrags könnte der Posten „Verrechnung mit erworbenen eigenen Anteilen" vorgesehen werden.[80]

Zwingend vorgeschrieben ist dieses Vorgehen durch das Gesetz aber nicht. Zulässig ist auch eine unmittelbare Verrechnung mit den frei verfügbaren Rücklagen.[81] Soweit die GuV aus anderen Gründen um eine Verlängerungsrechnung zu ergänzen ist, ist aus Gründen der Bilanzklarheit auch der Erwerb eigener Anteile dort abzubilden. Durch eine Vermischung von unmittelbarer Verrechnung und Verrechnung unter Nutzung der Verlängerungsrechnung würde ansonsten der Grundsatz der Bilanzklarheit beeinträchtigt.

89 Aufwendungen, die (eigentlich) als **Anschaffungsnebenkosten** zu klassifizieren sind, sind nach § 272 Abs. 1 Satz 3 HGB aufwandswirksam zu erfassen. Hier erfolgte mit dem BilMoG eine terminologische Klarstellung. Bisher wurde der handelsbilanzrechtlich untypische Begriff „weitergehende AK" verwandt. Dieser Begriff wurde durch den Begriff „Anschaffungsnebenkosten" ersetzt. Da Anschaffungsnebenkosten gem. § 255 Abs. 1 Satz 2 HGB eigentlich zu aktivierende Anschaffungskosten sind, bleibt jedoch – da die bisherige Praxis grds. aufrechterhalten werden soll – nichts anderes übrig, als die aufwandswirksame Erfassung der Anschaffungsnebenkosten vorzuschreiben. Zu den Anschaffungsnebenkosten zählen bspw. Provisionen und Maklercourtagen.

90 Für die AG, die SE und die KGaA schreibt § 160 Abs. 1 Nr. 2 AktG vor, dass im **Anhang** Angaben über den Bestand der eigenen Aktien zu machen sind, die die Ges., ein abhängiges oder im Mehrheitsbesitz der Ges. stehendes Unt oder ein anderer für Rechnung der Ges. oder eines abhängigen oder im Mehrheitsbesitz der Ges. stehenden Unt erworben oder als Pfand genommen hat. Dabei sind die Zahl und der Nennbetrag dieser Aktien sowie deren Anteil am Grundkapital anzugeben, für erworbene Aktien ferner der Zeitpunkt des Erwerbs und die Gründe für den Erwerb. Sind Aktien im Gj erworben oder veräußert worden, so ist auch über den Erwerb oder die Veräußerung unter Angabe der Zahl und des Nennbetrags bzw. rechnerischen Werts dieser Aktien, des Anteils am Grundkapital und des Erwerbs- oder Veräußerungspreises sowie über die Verwendung des Erlöses zu berichten.[82] Es ist zu empfehlen, auch im Fall des Erwerbs eigener Geschäftsanteile im Anhang in Anlehnung an § 160 Abs. 1 Nr. 2 AktG über den Bestand und die Erwerbsmodalitäten zu berichten.

91 § 272 Abs. 1b HGB betrifft die handelsbilanzielle Behandlung der **Veräußerung eigener Anteile.** § 272 Abs. 1b Satz 1 HGB stellt klar, dass der Ausweis eigener Anteile nach § 272 Abs. 1a Satz 1 HGB – also der offene Ausweis der eigenen Anteile in der Vorspalte des Postens „Gezeichnetes Kapital" – nach der Veräußerung entfällt. Der Fall, dass der **Veräußerungserlös dieser wirtschaftlichen Kapitalerhöhung nicht ausreicht, um den Nennbetrag der offen abgesetzten eigenen Anteile zu decken,** also die offene Absetzung in vollem Umfang rück-

---

[80] Vgl. dazu auch ADS, 6. Aufl., § 272 HGB, Rz 15 mit einem Ausweisbeispiel.
[81] Vgl. dazu das Ausweisbeispiel in ADS, 6. Aufl., § 272 HGB, Rz 17.
[82] Vgl. zu Einzelheiten ADS, 6. Aufl., § 160 AktG, Rz 23.

gängig zu machen, scheint eher unwahrscheinlich.[83] Vor diesem Hintergrund kann an dieser Stelle offenbleiben, ob es in diesem Fall dauerhaft bei der offenen Absetzung eines Teils der eigenen Anteile bleibt oder ob – wohl allein möglich – der Fehlbetrag erfolgswirksam auszubuchen ist.[84]

Ein den Nennbetrag oder den rechnerischen Wert übersteigender **Differenzbetrag** aus dem Veräußerungserlös ist nach § 272 Abs. 1b Satz 2 HGB bis zur Höhe des mit den frei verfügbaren Rücklagen verrechneten Betrags in die jeweilige Rücklage einzustellen.[85] Die Vorschrift schreibt vor, dass der den Nennbetrag oder den rechnerischen Wert übersteigende Differenzbetrag aus dem Veräußerungserlös wieder den Posten zuzuführen ist, mit denen bei Erwerb der eigenen Anteile eine Verrechnung erfolgte (actus contrarius). Damit soll sichergestellt werden, dass die Verfügungskompetenzen der Gesellschaftsorgane letztlich unberührt bleiben. Auch hier ist zu empfehlen, die Verrechnung des Unterschiedsbetrags mit den frei verfügbaren Rücklagen handelsbilanziell in der Verlängerungsrechnung zur GuV (§ 158 AktG) abzubilden. Da dieses Vorgehen jedoch nicht zwingend vorgeschrieben ist, spricht letztlich auch nichts gegen eine unmittelbare Verrechnung mit den frei verfügbaren Rücklagen. 92

Liegt der **Veräußerungserlös unterhalb der ursprünglichen AK der eigenen Anteile, aber über deren Nennwert** oder rechnerischem Wert, kommt es per Saldo – bei einer kumulierten Betrachtung von Erwerb und Veräußerung – zu einer Verminderung der frei verfügbaren Rücklagen. Der Differenzbetrag ist quotal auf die einzelnen Rücklagen aufzuteilen, mit denen beim Rückkauf verrechnet wurde. Eine erfolgswirksame Erfassung des Veräußerungsverlusts kommt nicht in Betracht. Bei der Veräußerung eigener Anteile handelt es sich – ebenso wie bei deren Erwerb – um erfolgsneutral zu bilanzierende Transaktionen mit Gesellschaftern.[86] 93

Erfolgte die Verrechnung im Erwerbszeitpunkt zulasten des Jahresüberschusses oder – im Ausnahmefall – unter Erzeugung eines Bilanzverlusts, ist ein aus der Veräußerung entstehender Differenzbetrag den anderen Gewinnrücklagen zuzuführen. 94

Übersteigt der Veräußerungserlös die ursprünglichen AK, ist der darüber hinausgehende Differenzbetrag in die Kapitalrücklage nach § 272 Abs. 1 Nr. 1 HGB einzustellen (§ 272 Abs. 1b Satz 3 HGB) und zwar wegen des Grundsatzes der Einzelbewertung ohne Saldierung von Aufwendungen und Erträgen aus verschiedenen Veräußerungsvorgängen. 95

---

[83] *Küting/Reuter*, StuB 2008, S. 577, regen an, auch diesen Sachverhalt gesetzlich zu regeln.
[84] Für die erfolgswirksame Ausbuchung spricht sich ADS, 6. Aufl., § 272 HGB, Rz 30, aus. Denkbar wäre auch eine analoge Anwendung des § 272 Abs. 1a Satz 2 HGB.
[85] Damit folgt der Gesetzgeber nicht der zum bisherigen § 272 Abs. 1 S. 4–6 HGB teilweise vertretenen Auffassung, dass der Betrag, der bei der Veräußerung eigener Anteile über den Nennbetrag oder den rechnerischen Wert hinaus erzielt wird, als Aufgeld zu klassifizieren und in die Kapitalrücklage nach § 272 Abs. 2 Nr. 1 HGB einzustellen ist; so etwa *Klingberg*, BB 1998, S. 1577; *Thiel*, DB 1998, S. 1585.
[86] Etwas anderes gilt für den Fall, dass bspw. *Arbeitnehmern* eines Unt eigene Anteile verbilligt, z.B. mit einem Rabatt von 5 %, überlassen werden. In dieser Situation erhält das Unt 95 % des Veräußerungserlöses durch eine Zahlung der Arbeitnehmer. Der 5 %ige Rabatt ist ausnahmsweise aufwandswirksam – oder genau als Personalaufwand – zu bilanzieren, soweit er, wovon regelmäßig auszugehen sein dürfte, letztlich den Arbeitslohn zuzurechnen ist. Lediglich mittelbar – über den verminderten Jahresüberschuss – kommt es hier zu einer Verminderung des EK.

96 § 272 Abs. 1b Satz 4 HGB korrespondiert mit § 272 Abs. 1a Satz 3 HGB. Sowohl die **Anschaffungsnebenkosten** als auch die Nebenkosten der Veräußerung sind als Aufwand des Gj zu erfassen.

97 Bei der AG sind die **ordentliche Kapitalherabsetzung durch Einziehung von eigenen Anteilen** (§ 237 Abs. 2 AkG) und die Kapitalherabsetzung durch Einziehung von eigenen Anteilen im vereinfachten Kapitalherabsetzungsverfahren (§ 237 Abs. 3 AktG) möglich. Werden eigene Anteile nach vorangegangenem Erwerb im ordentlichen Kapitalherabsetzungsverfahren eingezogen, führt dies hinsichtlich des handelsbilanziellen Ausweises nur noch zum Ausbuchen des Vorspaltenausweises zulasten des gezeichneten Kapitals.

98 Erfolgt die **Einziehung im vereinfachten Kapitalherabsetzungsverfahren** gem. § 237 Abs. 3 Nr. 2 AktG – das nicht mit der vereinfachten Kapitalherabsetzung (§§ 229 ff. AktG) zu verwechseln ist –, erfolgt die Ausbuchung des Erwerbspreises zulasten des Bilanzgewinns oder einer anderen Gewinnrücklage, soweit sie zu diesem Zweck verwandt werden können. Die eigenen Anteile sind also bereits im Erwerbszeitpunkt – mit Ausnahme des offen abgesetzten Nennbetrags oder rechnerischen Werts nach § 272 Abs. 1a HGB – mit den frei verfügbaren Rücklagen verrechnet worden. Nur das gezeichnete Kapital ist noch herabzusetzen. Dies geschieht durch Ausbuchung der offen abgesetzten eigenen Anteile zu Lasten der anderen Gewinnrücklagen oder des Bilanzgewinns (§ 237 Abs. 3 Nr. 2 AktG). Die Herabsetzung des gezeichneten Kapitals erfolgt anschließend zugunsten der Kapitalrücklage, in die gem. § 237 Abs. 5 AktG ein Betrag einzustellen ist, der dem auf die eingezogenen Aktien entfallenden Betrag des Grundkapitals entspricht. Die Buchungsvorgänge sind nach Maßgabe des § 240 AktG in der Verlängerungsrechnung zur GuV vorzunehmen und erforderlichenfalls im Anhang zu erläutern. Die gleichen Überlegungen gelten auch für eine Einziehung unentgeltlich zur Verfügung gestellter eigener Anteile (§ 237 Abs. 3 Nr. 1 AktG).

99 Denkbar ist auch, dass es sich bei zur Einziehung im vereinfachten Kapitalherabsetzungsverfahren vorgesehenen Anteilen um **Stückaktien** handelt und der Beschluss vorsieht, dass sich durch die Einziehung der Anteil der übrigen Stückaktien am Grundkapital gem. § 8 Abs. 3 AktG erhöht. Hier ist ein Vorspaltenabzug vom gezeichneten Kapital nicht sachgerecht, da es nie zu einer Herabsetzung des Grundkapitals kommt. Der gesamte Kaufpreis der Aktien ist vielmehr mit den anderen Gewinnrücklagen zu verrechnen. Im Gj der Durchführung der Einziehung erfolgt keine Buchung mehr, sondern ist im Anhang lediglich die niedrigere Zahl der Aktien anzugeben (§ 160 Abs. 1 Nr. 3 AktG).[87]

100 Anders als bei dem vorstehenden beschriebenen Erwerb oder der Veräußerung eigener Anteile durch die AG, die SE oder die KGaA ist der Erwerb eigener Anteile bei der GmbH rechtlich nicht an sachliche Gründe oder Höchstgrenzen gebunden (§ 33 Abs. 2 GmbHG). **Erwirbt eine GmbH eigene Geschäftsanteile**, ist ein Betrag i. H. d. Nennwerts der eigenen Anteile offen von dem gezeichneten Kapital abzusetzen und der Differenzbetrag zwischen dem Nennwert und dem Kaufpreis mit den frei verfügbaren Rücklagen zu verrechnen. Zu den frei verfügbaren Rücklagen gehören bei der GmbH die Gewinnrücklagen, soweit sie nicht zweckgebunden sind, und die Kapitalrücklage. Die Verrechnung ist – da gesetzlich vorgeschrieben – bei der Aufstellung des Jahresabschlusses vorzunehmen.

---

[87] Vgl. *Winkeljohann/Hoffmann*, Beck Bil-Komm., 10. Aufl., § 272 HGB, Rz 103.

Sind im Zeitpunkt der Verrechnung keine ausreichenden frei verfügbaren Rücklagen mehr vorhanden, ist die Verrechnung zu Lasten des Jahresüberschusses vorzunehmen, auch wenn dieser nach § 29 Abs. 1 Satz 1 GmbHG der Dispositionsbefugnis der Gesellschafter unterliegt. Im Übrigen gelten die vorstehenden Ausführungen zum Erwerb und zur Veräußerung eigener Anteile durch die AG für die GmbH entsprechend.[88]

7 Offene Rücklagen (Abs. 2–4)

7.1 Grundlagen

Offene Rücklagen stammen entweder aus einbehaltenen Gewinnen (Gewinnrücklagen) oder aus Einlagen von Gesellschaftern oder Dritten (Kapitalrücklagen). Als eigenständiger Abschlussposten existieren offene Rücklagen nur bei den KapG (§ 266 Abs. 3 II. und III. HGB) und Genossenschaften (§ 336 Abs. 2 HGB) sowie – unabhängig von der Rechtsform – bei Kreditinstituten (§ 340a Abs. 2 Satz 2 HGB i. V. m. § 25 RechKredV sowie Formblatt 1 der RechKredV) und Versicherungsunternehmen (§ 341a Abs. 2 Satz 2 i. V. m. Formblatt 1 der RechVersV). Offene Rücklagen sind die Kapitalrücklagen nach § 272 Abs. 2 HGB und die Gewinnrücklagen nach § 272 Abs. 3 Satz 1 HGB. Die Gewinnrücklagen ihrerseits unterteilen sich wiederum in die gesetzlichen Rücklagen, die satzungsmäßigen Rücklagen und die anderen Gewinnrücklagen (§ 272 Abs. 3 Satz 2 HGB). 101

Die offenen Rücklagen unterscheiden sich von den **stillen Rücklagen** – oder auch stillen Reserven – dadurch, dass Letztere im handelsrechtlichen Jahresabschluss nicht erkennbar sind. Sie resultieren zudem – jedenfalls soweit es sich um Gewinnrücklagen handelt – aus versteuerten Gewinnen. Im Gegensatz dazu sind stille Rücklagen unversteuert und bewirken damit eine Steuerstundung, die für das Unt einen Liquiditätsvorteil bedeutet.[89] 102

Zu unterscheiden sind zudem die **gesetzlich vorgeschriebenen und die satzungsmäßig vorgeschriebenen Rücklagen** sowie die freiwillig zu bildenden Rücklagen. Zu den gesetzlich vorgeschriebenen Rücklagen gehören die gesetzliche Rücklage nach § 150 Abs. 1 und 2 AktG, die Rücklage für Anteile an einem herrschenden oder mit Mehrheit beteiligten Unt, die Kapitalrücklage nach § 272 Abs. 2 Nr. 1–4 HGB einschließlich der Rücklagen nach § 42 Abs. 2 Satz 3 GmbHG sowie nach §§ 218, 229, 232 und 237 AktG und die Rücklage nach § 5a Abs. 3 GmbHG. Die Besonderheit bei diesen Rücklagen besteht darin, dass sich die betroffene Ges. bei Vorliegen der Tatbestandsvoraussetzungen weder der Bildung noch der Auflösung entziehen kann. Bei den satzungsmäßigen Rücklagen ist die betroffene Ges. ebenfalls gem. Gesellschaftsvertrag oder Satzung zur 103

---

[88] In Grenzfällen kann es durch den offenen Abzug der eigenen Geschäftsanteile vom Stammkapital dazu kommen, dass in der Bilanz frei verfügbare Gewinnrücklagen ausgewiesen werden, die gleichwohl vom Ausschüttungsverbot des § 30 GmbHG umfasst sind. Diese nicht unmittelbar erkennbare Ausschüttungssperre läuft dem Ziel der Bilanzrechtsmodernisierung, die Abschlussadressaten besser zu informieren, etwas zuwider; vgl. auch *Rodewald/Pohl*, GmbHR 2009, S. 35. Das Gleiche gilt auch für die AG.

[89] Vgl. auch *Küting/Reuter*, in *Küting/Weber*, HdR, § 272 HGB, Rn 56, Stand 11/2009, die zudem auf den Steuerstundungseffekt stiller Reserven und die damit einhergehenden Liquiditätsvorteile hinweisen.

Bildung oder Auflösung von Rücklagen verpflichtet. Anders als bei den gesetzlichen Rücklagen kann die Verpflichtung aber durch die Gesellschafter abbedungen oder modifiziert werden. Die freiwillig zu bildenden und aufzulösenden Rücklagen sind die anderen Gewinnrücklagen gem. § 272 Abs. 3 Satz 2 HGB.

7.2 Kapitalrücklagen (Abs. 2)

7.2.1 Allgemeines

7.2.1.1 Einstellungen und Entnahmen

104 § 270 Abs. 1 Satz 1 HGB sieht vor, dass Einstellungen in die Kapitalrücklage bei Aufstellung der Bilanz vorzunehmen sind. Damit trifft die geschäftsführenden Organe die Zuständigkeit zur Einstellung von Beträgen in die Kapitalrücklage. Dies setzt aber voraus, dass einer der in § 272 Abs. 2 HGB geregelten **Zuweisungsgründe** vorliegt. Die in § 272 Abs. 2 HGB aufgeführten Zuweisungsgründe können nicht durch die Satzung oder den Gesellschaftsvertrag zugunsten der geschäftsführenden Organe erweitert oder abbedungen werden; sie sind nur für die gesetzlich festgelegten Kapitalzuführungen oder Umschichtungen zulässig und verpflichtend.[90]

105 Zwar sieht § 275 Abs. 4 HGB vor, dass Veränderungen der Kapitalrücklagen erst nach dem Posten „Jahresüberschuss/Jahresfehlbetrag" ausgewiesen werden dürfen. Daraus kann jedoch nicht der Schluss gezogen werden, dass **Einstellungen in die Kapitalrücklage** grds. in der Verlängerungsrechnung zur GuV erscheinen müssen. Vielmehr berühren Einstellungen in die Kapitalrücklage die Verlängerungsrechnung zur GuV grds. nicht.[91] Eine Bruttodarstellung der Einstellung in die Kapitalrücklage unter Einschaltung der GuV – der Vermögenszufluss wird als Ertrag und die Rücklagenbildung als Einstellung in die Kapitalrücklage in der Verlängerungsrechnung zur GuV gezeigt – würde zu einer unzutreffenden Darstellung der Ertragslage führen.[92] Demgemäß sieht § 158 Abs. 1 AktG für die AG, die KGaA und die SE auch keinen Posten „Einstellung in die Kapitalrücklage" in der Verlängerungsrechnung zur GuV vor.

106 Etwas anderes gilt hingegen in den Fällen der §§ 229 Abs. 1 und 232 AktG (**vereinfachte Kapitalherabsetzung**) für die AG, die KGaA und die SE. Die hieraus resultierenden Einstellungen in die Kapitalrücklage sind nach dem Jahresergebnis in der **Verlängerungsrechnung zur GuV** unter dem Posten „Einstellung in die Kapitalrücklage nach den Vorschriften über die vereinfachte Kapitalherabsetzung" gesondert auszuweisen. Aus bilanzierungstechnischen Gründen bleibt letztlich auch nichts anderes übrig, da § 240 Satz 1 AktG vorsieht, dass der aus der Kapitalherabsetzung gewonnene Betrag in der Verlängerungsrechnung zur GuV – das Gesetz spricht hier nur von der GuV – als „Ertrag

---

[90] Auch für die HV oder GesV gibt es keinen Spielraum für Zuführungen, die über die in § 272 Abs. 2 HGB genannten Fälle hinausgehen; vgl. ADS, 6. Aufl., § 150 AktG, Rz 46.
[91] Das Gleiche gilt auch für die Einstellung eines Nachschusses nach § 42 Abs. 2 Satz 3 GmbHG in die Kapitalrücklage.
[92] Vgl. nur ADS, 6. Aufl., § 270 HGB, Rz 4 mwN.

aus der Kapitalherabsetzung" gesondert, und zwar hinter dem Posten „Entnahmen aus Gewinnrücklagen", auszuweisen ist.[93] § 240 AktG beschränkt nach der hier vertretenen Auffassung zudem das in § 158 Abs. 1 Satz 2 AktG enthaltene Wahlrecht, die Verlängerungsrechnung zur GuV entweder in der GuV selbst oder im Anhang zu zeigen, auf die GuV. Gleichzeitig ist die Bilanz zumindest unter Berücksichtigung der teilweisen Verwendung des Jahresergebnisses aufzustellen, wird also das Wahlrecht des § 268 Abs. 1 Satz 1 HGB eingeschränkt.

Das Gleiche gilt für den in § 240 AktG nicht ausdrücklich erwähnten § 237 Abs. 5 AktG (**vereinfachte Kapitalherabsetzung durch Einziehung eigener Aktien**), denn aus systematischen Erwägungen heraus – für § 240 AktG ist ein gesonderter Unterabschnitt vorgesehen – ist die Vorschrift auch auf den § 237 Abs. 5 AktG anzuwenden. Die gebotene Einstellung in die Kapitalrücklage kann somit bilanzierungstechnisch ebenfalls nur über die **Verlängerungsrechnung zur GuV** erfolgen, und zwar unter Einfügung des Postens „Einstellung in die Kapitalrücklage nach den Vorschriften über die Kapitalherabsetzung durch Einziehung von Aktien im vereinfachten Verfahren". Dies ist auch systemgerecht, da die GuV anderenfalls einen nicht kompensierten Ertrag aufweisen würde, was dem Zweck des § 237 Abs. 5 AktG – nämlich die Ausschüttung des durch die Einziehung gewonnenen Betrags zu verhindern – entgegensteht.[94]

107

Den §§ 240, 158 AktG vergleichbare Vorschriften sind im GmbHG nicht vorgesehen. Gleichwohl ist eine entsprechende Anwendung im Fall der vereinfachten Kapitalherabsetzung (§§ 58b Abs. 2, 58c GmbHG) – auch ohne entsprechende gesetzliche Verpflichtung – zu empfehlen.

108

Soweit die Gesellschafter der GmbH die **Einziehung von Nachschüssen** beschlossen haben, sind diese in der Bilanz unter den Forderungen (§ 266 Abs. 2 B. II. HGB) gesondert unter der Bezeichnung „eingeforderte Nachschüsse" zu aktivieren.[95] Dies setzt voraus, dass den Gesellschaftern das Recht, sich von der Nachschusspflicht durch Verweisung auf den Geschäftsanteil zu befreien, nicht zusteht. Korrespondierend ist nach § 42 Abs. 2 Satz 3 GmbHG ein dem Aktivposten entsprechender Betrag auf der Passivseite in dem Posten „Kapitalrücklage" gesondert, und zwar als Unterposten oder im Wege eines „Davon-Vermerks" unter der Bezeichnung „Kapitalrücklage für eingeforderte Nachschüsse" auszuweisen. Die Bildung dieses gesetzlich vorgeschriebenen Postens ist – sofern die Voraussetzungen für die Aktivierung der Forderungen vorliegen – von der Geschäftsführung der GmbH im Rahmen der Aufstellung des Jahresabschlusses vorzunehmen.

109

§ 270 Abs. 1 Satz 1 HGB sieht zudem vor, dass die Auflösung der Kapitalrücklage bereits bei der Aufstellung der Bilanz vorzunehmen ist. Folglich sind die geschäftsführenden Organe auch für die Entnahmen/Auflösungen zuständig. Im Rahmen der **Auflösung der Kapitalrücklage nach § 272 Abs. 2 Nr. 1 bis 3 HGB** – die bei der AG, der KGaA und der SE Bestandteil des gesetzlichen Reser-

110

---

[93] Unklar ist, ob der Posten „Einstellungen in die Kapitalrücklage nach den Vorschriften über die vereinfachte Kapitalherabsetzung" im Anschluss an Posten „Ertrag aus der Kapitalherabsetzung", d.h. vor der Nr. 4 des § 158 Abs. 1 AktG oder nach der Nr. 4, auszuweisen ist; vgl. zum Streitstand ADS, 6. Aufl., § 158 AktG, Rz 26 mwN.

[94] Vgl. ADS, 6. Aufl., § 158 AktG, Rz 27. Dieses Argument gilt natürlich entsprechend auch für die in § 240 Satz 2 AktG angesprochenen Fälle.

[95] Vgl. zur Bewertung der aktivierten Forderungen ADS, 6. Aufl., § 42 GmbHG, Rz 20.

vefonds ist – sind dabei die Verwendungsbeschränkungen des § 150 Abs. 3 und 4 AktG zu beachten. Soweit Einstellungen in die Kapitalrücklage nach Maßgabe des § 229 Abs. 1 Satz 1 Alt. 3 AktG – Herabsetzung des Grundkapitals zur Einstellung von Beträgen in die Kapitalrücklage unter Beachtung der Beschränkungen des § 229 Abs. 2 und des § 231 Satz 1 AktG – erfolgt sind, unterliegen diese Beträge ebenfalls der **Verwendungsbeschränkung des § 150 Abs. 3 und 4 AktG**, da sie Bestandteil des gesetzlichen Reservefonds sind. Erfolgte die Einstellung in die Kapitalrücklage nach Maßgabe des § 232 AktG – die angenommenen Wertminderungen oder Verluste in der bei der Beschlussfassung angenommenen Höhe sind tatsächlich nicht eingetreten oder waren ausgeglichen –, werden auch diese Beträge Bestandteil des gesetzlichen Reservefonds und unterliegen demgemäß ebenfalls den Verwendungsbeschränkungen des § 150 Abs. 3 und 4 AktG.[96] Zwar gleicht der Buchertrag aus der vereinfachten Herabsetzung des Grundkapitals einer Zuzahlung der Aktionäre.[97] Jedoch kommt eine Aufnahme des Betrags in die frei verfügbare Kapitalrücklage nach § 272 Abs. 2 Nr. 4 HGB nicht in Betracht. Dies ergibt sich aus § 230 AktG. Danach dürfen Beträge, die aus der Auflösung der Kapital- oder Gewinnrücklagen und aus der Kapitalherabsetzung gewonnen werden, nicht zu Zahlungen an die Aktionäre oder zur Befreiung der Aktionäre von der Verpflichtung zur Leistung der Einlage verwandt werden (§ 230 Satz 1 AktG). Vielmehr dürfen diese Beträge nur verwandt werden, um Wertminderungen auszugleichen, sonstige Verluste zu decken und Beträge in die Kapitalrücklage oder die gesetzliche Rücklage einzustellen. Auch die nach § 237 Abs. 5 AktG in die Kapitalrücklage eingestellten Beträge unterliegen der Verwendungsbeschränkung des § 150 Abs. 3 und 4 AktG.[98]

111 Wegen § 158 Abs. 1 Nr. 2 AktG muss die Darstellung der Entnahmen aus der Kapitalrücklage – abgesehen von der Kapitalerhöhung aus Gesellschaftsmitteln – jedenfalls bei der AG, der KGaA und der SE grds. in der **Verlängerungsrechnung zur GuV** erfolgen, auch wenn es sich dabei nicht um einen Teil des erwirtschafteten Ergebnisses handelt.[99] Gleichzeitig folgt daraus – auch unter Berücksichtigung des § 270 Abs. 1 Satz 1 HGB –, dass die Bilanz unter Berücksichtigung zumindest der teilweisen Verwendung des Jahresergebnisses aufzustellen ist.[100] Zu dem Posten „Kapitalrücklage" ist der für das Gj entnommene Betrag entweder in der Bilanz oder im Anhang anzugeben (§ 152 Abs. 1 Nr. 2 AktG).

112 Eine dem § 158 AktG vergleichbare Vorschrift besteht für die **GmbH** nicht. Auch aus § 275 Abs. 4 HGB lässt sich für die GmbH keine Verpflichtung ableiten, Entnahmen aus der Kapitalrücklage in einer Verlängerungsrechnung zur GuV abzubilden, auch wenn dies aus Gründen einer hinreichenden Informa-

---

[96] In dem fehlenden Hinweis des § 150 Abs. 3 und 4 HGB auf die aus der vereinfachten Herabsetzung des Grundkapitals (§§ 229 ff., 231, 232 AktG) oder der vereinfachten Kapitalherabsetzung durch Einziehung von eigenen Aktien (§ 237 Abs. 5 AktG) erfolgenden Einstellungen in die Kapitalrücklage ist ein Redaktionsversehen des Gesetzgebers zu sehen. Anderenfalls wären die Beträge letztlich ausschüttungsfähig, was dem mit den Vorschriften verfolgten Gläubigerschutz entgegenstehen würde. Vgl. zum Ganzen *Ebeling*, WPg 1988, S. 503; *Haller*, DB 1987, S. 645; *Hüffer/Koch*, AktG, 10. Aufl., § 150 Rn 6; ADS, 6. Aufl., § 150 AktG, Rz 38.
[97] Vgl. *Hüffer/Koch*, AktG, 10. Aufl., § 232 Rn 1.
[98] So im Ergebnis auch ADS, 6. Aufl., § 150 AktG, Rz 38 mwN.
[99] Vgl. *Biener/Berneke*, Bilanzrichtliniengesetz, S. 183.
[100] Vgl. ADS, 6. Aufl., § 270 HGB, Rz 6.

tion der Abschlussadressaten zu empfehlen ist.[101] Da es sich bei der Entnahme von Kapitalrücklagen nicht um Ergebnisverwendung handelt und eine solche Entnahme auch nicht mittels gesetzlicher Vorschriften – wie bei der AG durch § 158 AktG – als Ergebnisverwendung fingiert wird, spricht nichts dagegen, die Entnahme von Kapitalrücklagen bei der GmbH handelsbilanziell allein als Aktiv-Passivtausch in der Bilanz (bspw. per Kapitalrücklage an Kasse) abzubilden.

In dem **Sonderfall der Kapitalerhöhung aus Gesellschaftsmitteln** (§§ 207 ff. AktG, §§ 57 cff. GmbHG) liegt – soweit hier Kapitalrücklagen in Grund- oder Stammkapital umgewandelt werden sollen – technisch zwar ebenfalls eine Entnahme vor, jedoch ist keine Auskehrung bezweckt. Daher kann schon gedanklich nicht von einer Ergebnisverwendung ausgegangen werden, die in einer Verlängerungsrechnung zur GuV gezeigt werden müsste.[102] Vielmehr liegt nur eine Umwandlung von Kapitalrücklagen vor, die bilanzierungstechnisch durch eine einfache Umbuchung (Passivtausch) abzubilden ist.[103]

113

Die AG, die KGaA und die SE haben zudem nach § 152 Abs. 2 Nr. 1 AktG zu dem Posten „Kapitalrücklage" den Betrag in der Bilanz oder im **Anhang** anzugeben, der im Gj eingestellt wurde.[104] Eine dem § 152 Abs. 2 Nr. 1 AktG vergleichbare Vorschrift besteht für die GmbH nicht. Gleichwohl spricht auch hier nichts dagegen, ebenfalls eine entsprechende Information vorzusehen.

114

Auch von der Geschäftsführung einer **GmbH sind ggf. Verwendungsbeschränkungen** zu beachten. Zwar unterliegen Entnahmen aus der Kapitalrücklage bei der GmbH – da es anders als bei der AG keinen gesetzlichen Reservefonds gibt – grds. keinen gesetzlich vorgeschriebenen Verwendungsbeschränkungen. Jedoch gilt etwas anderes für Einstellungen in die Kapitalrücklage aus einer vereinfachten Kapitalherabsetzung und die für Nachschüsse zu bildende Kapitalrücklage. **Einstellungen in die Kapitalrücklage, die aus einer vereinfachten Kapitalherabsetzung** stammen, dürfen vor Ablauf des fünften nach der Beschlussfassung über die Kapitalherabsetzung beginnenden Gj nur zum Ausgleich eines Jahresfehlbetrags oder eines Verlustvortrags aus dem Vorjahr oder zur Kapitalerhöhung aus Gesellschaftsmitteln verwandt werden (§ 58b Abs. 2 und 3 GmbHG). Zudem ist im Hinblick auf etwaige Gewinnausschüttungen § 58d GmbHG zu beachten.

115

Der nach § 42 Abs. 2 Satz 3 GmbHG innerhalb der Kapitalrücklage gebildete gesonderte Posten kann nur aufgelöst werden, wenn der Betrag für eine Erhöhung des Stammkapitals aus Gesellschaftsmitteln oder zum Verlustausgleich herangezogen wird. Könnte der gesonderte Posten nach Leistung der **Nachschüsse** aufgelöst werden, hätte dies zur Folge, dass die eingezahlten Nachschüsse wieder als Gewinn an die Gesellschafter ausgekehrt werden könnten, was natürlich nicht ihrem Zweck entspricht. Die Kapitalrücklage nach § 42 Abs. 2 Satz 3 GmbHG hat damit die Funktion einer Ausschüttungssperre.

116

---

[101] Vgl. WPH Edition, Wirtschaftsprüfung & Rechnungslegung, 15. Aufl., 2017, Abschn. F, Tz 858.
[102] Vgl. nur ADS, 6. Aufl., § 158 AktG, Rz 10.
[103] Vgl. ADS, 6. Aufl., § 270 HGB, Rz 7.
[104] Das gilt auch für im handelsrechtlichen Jahresabschluss zu erfassende verdeckte Einlagen.

7.2.1.2 Aufgliederung des Bilanzpostens

117 § 272 Abs. 2 HGB zählt die Gründe für die Zuweisung von Beträgen in die Kapitalrücklage auf. Eine **Aufgliederung des Postens unter Berücksichtigung der Zuweisungsgründe sieht das Gesetz aber nicht vor**, denn es wird im Singular formuliert („Als Kapitalrücklage sind auszuweisen ..."). Darüber hinaus hätte der Gesetzgeber in § 266 Abs. 3 A. II. HGB eine dem § 272 Abs. 2 HGB entsprechende Untergliederung vorsehen oder gesonderte Vermerke fordern können.[105] Auch aus § 152 Abs. 2 AktG kann kein Erfordernis einer Aufgliederung über die Vorgaben des § 266 Abs. 3 A. II. HGB abgeleitet werden. Die Vorschrift sieht in der Bilanz oder im Anhang zu dem Posten „Kapitalrücklage" nur eine gesonderte Angabe zu den im Gj eingestellten und/oder entnommenen Beträgen vor, nicht jedoch eine weitergehende Aufgliederung des Postens selbst. Ebenso kann aus dem Gesetz **keine Aufgliederung der Zuführungsbeträge nach** § 229 Abs. 1, § 232 sowie § 237 Abs. 5 AktG oder § 58b Abs. 2 und § 58c Satz 1 GmbHG in der Bilanz oder im Anhang als verpflichtend abgeleitet werden.[106]

118 Im Hinblick auf die Verwendungsbeschränkungen des § 150 Abs. 3 und 4 AktG kann es für die **AG, die KGaA und die SE gleichwohl zweckmäßig** sein, die Kapitalrücklage nach den Zuweisungsgründen nach § 272 Abs. 2 Nr. 1 bis 3 HGB auf der einen Seite und nach dem Zuweisungsgrund nach § 272 Abs. 2 Nr. 4 HGB auf der anderen Seite aufzugliedern. Darüber hinaus empfiehlt es sich ebenfalls, Einstellungen in die Kapitalrücklage nach § 229 Abs. 1, § 232 sowie § 237 Abs. 5 AktG oder § 58b Abs. 2 und § 58c Satz 1 GmbHG von den Einstellungen nach § 272 Abs. 2 Nr. 4 HGB getrennt auszuweisen.

119 Zu der Kapitalrücklage gehört weiterhin die **Sonderrücklage** für bedingtes Kapital nach einer Kapitalerhöhung aus Gesellschaftsmitteln (§ 218 Satz 2 AktG).[107] Hier wird teilweise angenommen, die Sonderrücklage sei innerhalb der Kapitalrücklage gesondert auszuweisen.[108] Teilweise wird hingegen wegen der bestehenden Verwendungsbeschränkung lediglich ein gesonderter Ausweis empfohlen.[109] Auch wenn in § 218 Satz 2 AktG der Begriff „Sonderrücklage" verwendet wird, lässt sich daraus kein verpflichtender gesonderter Ausweis ableiten. Hätte der Gesetzgeber das gewollt, hätte er dies auch durch eine entsprechende Formulierung in § 218 Satz 2 AktG zum Ausdruck gebracht.

120 Für die **GmbH** hat die freiwillige Aufgliederung der Kapitalrücklage nicht die gleiche Bedeutung wie für die AG, die KGaA oder die SE, da keine gesetzlichen Verwendungsbeschränkungen bestehen und es regelmäßig auch an vertraglich vereinbarten Verwendungsbeschränkungen fehlt. Ungeachtet dessen schreibt § 42 Abs. 2 Satz 3 GmbHG den gesonderten Ausweis des dem Aktivposten „Eingeforderte Nachschüsse" entsprechenden Betrags auf der Passivseite in dem Posten „Kapitalrücklage" ausdrücklich vor. Hier dürfte jedoch auch nichts entgegenstehen, der Vorschrift durch einen Davon-Vermerk Rechnung zu tragen.[110]

---

[105] Vgl. *Küting/Reuter*, in *Küting/Weber*, HdR, § 272 HGB, Rn 66, Stand 11/2009 mwN.
[106] Vgl. nur ADS, 6. Aufl., § 272 HGB, Rz 87.
[107] Vgl. *Winkeljohann/Hoffmann*, Beck Bil-Komm., 10. Aufl., § 272 HGB, Rz 200.
[108] Vgl. ADS, 6. Aufl., § 272 HGB, Rz 88.
[109] Vgl. *Küting/Reuter*, in *Küting/Weber*, HdR, § 272 HGB, Rn 67, Stand 11/2009.
[110] Vgl. ADS, 6. Aufl., § 272 HGB, Rz 89.

7.2.2 Ausgabe von Anteilen (Abs. 2 Nr. 1)

§ 272 Abs. 2 Nr. 1 HGB schreibt vor, dass der Betrag – das **Aufgeld oder Agio** –, der bei der Ausgabe von Anteilen über den Nennbetrag oder, falls ein solcher nicht vorhanden ist, über den rechnerischen Wert hinaus erzielt wird, als Kapitalrücklage auszuweisen ist. Bei der AG, der SE oder der KGaA kann ein als Kapitalrücklage nach § 272 Abs. 2 Nr. 1 HGB auszuweisender Betrag grds. nur aus der Ausgabe von Anteilen im Rahmen einer Bar- oder Sachgründung oder einer Bar- oder Sachkapitalerhöhung – umfasst ist auch ein Aufgeld aus der Ausgabe von Bezugsanteilen bei einer bedingten Kapitalerhöhung – erzielt werden.[111]

121

Eine im Rahmen einer Gründung oder Kapitalerhöhung **über den Nennbetrag oder den rechnerischen Wert der ausgegebenen Anteile hinausgehende Leistung ist stets als Aufgeld** i.S.v. § 272 Abs. 2 Nr. 1 HGB zu klassifizieren, wenn nicht ausdrücklich eine sonstige Zuzahlung i.S.d. § 272 Abs. 2 Nr. 4 HGB vereinbart ist.[112] Eine solche Vereinbarung hängt zudem davon ab, dass die über den Nennbetrag oder den rechnerischen Wert der ausgegebenen Anteile hinausgehende Leistung nicht erforderlich ist, um einen angemessenen Ausgabekurs sicherzustellen.[113] Nur auf diese Weise lässt sich eine Umgehung der Verwendungsbeschränkungen des § 150 Abs. 3 und 4 AktG verhindern.

122

Besonderheiten können sich bei Sacheinlagen und bei mittelbaren Bezugsrechten ergeben. Bei **Sacheinlagen** entsteht das nach § 272 Abs. 2 Nr. 1 HGB auszuweisende Aufgeld – ebenso wie bei Bareinlagen – durch die Festsetzung eines über den Nennwert der Anteile hinausgehenden Ausgabebetrags (§§ 27 Abs. 1, 185 Abs. 1 AktG).[114] Dabei ist jedoch Voraussetzung, dass der Zeitwert der Sacheinlage den Nennbetrag der ausgegebenen Anteile auch tatsächlich übersteigt, d. h., der Nennbetrag der ausgegebenen Anteile muss immer durch den beizulegenden Zeitwert der Sacheinlage gedeckt sein. Als Wertansatz für die Sacheinlage können der Buchwert, ein steuerneutraler Zwischenwert oder – als Obergrenze – der beizulegende Zeitwert gewählt werden. Da die Kapitalrücklage nach § 272 Abs. 2 Nr. 1 HGB nur „offen" vereinbarte Aufgelder aufnimmt, können Sacheinlagen zur Bildung stiller Rücklagen genutzt werden.

123

Ein Aufgeld kann in der Satzung oder im Beschluss über die Kapitalerhöhung ausdrücklich vereinbart und betragsmäßig beziffert werden. Die AK der Sacheinlage werden in diesem Fall durch den **über dem Nennwert der Anteile liegenden höheren Ausgabebetrag** bestimmt. Der den Nennbetrag der ausgegebenen Anteile übersteigende Betrag ist gem. § 272 Abs. 2 Nr. 1 HGB als Aufgeld in die Kapitalrücklage einzustellen. Zudem ist auch denkbar, dass keine aus-

124

---

[111] Da § 272 Abs. 2 Nr. 1 HGB vorschreibt, dass das „erzielte" Aufgeld in die Kapitalrücklage einzustellen ist, kommt eine Verminderung des Betrags um die Kosten der Ausgabe der Anteile, Notar- und Gerichtskosten, Prüfungsgebühren, Steuern etc. nicht in Betracht, sondern ist das Aufgeld ungekürzt einzustellen. Diese Kosten sind aufwandswirksam zu erfassen; ebenso *Winkeljohann/Hoffmann*, Beck Bil-Komm., 10. Aufl., § 272 HGB, Rz 172; ADS, 6. Aufl., § 272 HGB, Rz 93; *Küting/Reuter*, in *Küting/Weber*, HdR, § 272 HGB, Rn 68, Stand 11/2009.
[112] Vgl. *Müller*, in FS Heinsius, S. 594.
[113] Um eine Verwässerung des Werts der bereits umlaufenden Aktien zu verhindern, muss der Vorstand dafür Sorge tragen, dass der Ausgabebetrag der Aktien angemessen ist, also soweit als möglich den tatsächlichen Wert der Unt abbildet. Hierfür ist es erforderlich, den Nennwert oder den rechnerischen Wert der ausgegebenen Aktien um ein Aufgeld zu erhöhen.
[114] Vgl. zu den möglichen Fallgestaltungen ADS, 6. Aufl., § 272 HGB, Rz 95.

drückliche oder konkludente Vereinbarung zum Aufgeld oder zum Wertansatz der Sacheinlage erfolgt. Hier bleibt die Bilanzierung des den Nennwert der ausgegebenen Anteile übersteigenden Betrags der Sacheinlage grds. dem Vorstand überlassen.[115] Sie hängt davon ab, ob der Vorstand die Sacheinlage mit dem Nennwert der ausgegebenen Anteile ansetzt oder einen darüber liegenden beizulegenden Zeitwert wählt.

125 Von einem **mittelbaren Bezugsrecht** wird gesprochen, wenn – was in der Praxis die Regel ist – die im Rahmen einer Kapitalerhöhung ausgegebenen Aktien durch ein Kreditinstitut oder ein Konsortium gezeichnet werden und dieses bei der Zeichnung die Verpflichtung eingeht, den Aktionären die jungen Aktien im Verhältnis ihres bisherigen Aktienbesitzes zum Bezug anzubieten. Die Aktionäre erwerben die jungen Aktien in diesem Fall nur mittelbar. § 186 Abs. 5 Satz 1 AktG sieht in einem solchen Vorgehen keinen Ausschluss des Bezugsrechts. Ein bei Zeichnung durch das Kreditinstitut oder Konsortium erzieltes Aufgeld ist in die Kapitalrücklage nach § 272 Abs. 2 Nr. 1 HGB einzustellen. Bietet das Kreditinstitut oder Konsortium die Aktien zu einem höheren Betrag als dem Zeichnungskurs an, steht ihm der überschießende Betrag – soweit keine anderslautenden vertraglichen Vereinbarungen bestehen – üblicherweise als Tätigkeitsvergütung zu. Ist auch der Mehrerlös an das die Aktien ausgebende Unt abzuführen, ist dieser bei Zufluss ebenfalls in die Kapitalrücklage nach § 272 Abs. 2 Nr. 1 HGB einzustellen.[116] Im Fall des § 186 Abs. 5 Satz 2 Hs. 2 AktG kommt ebenfalls ein mittelbares Bezugsrecht – hier jedoch unter Einschaltung von Nicht-Kreditinstituten oder einem Konsortium, dem auch Nicht-Kreditinstitute angehören –, zur Entstehung, jedoch sind die Vorschriften über den Bezugsrechtsausschluss (§ 186 Abs. 3 und 4 AktG) zu beachten.[117] Hinsichtlich der handelsbilanziellen Behandlung eines Aufgelds gelten die vorstehenden Ausführungen entsprechend.

126 Darüber hinaus stellt § 272 Abs. 2 Nr. 1 HGB die aus der **Ausgabe von Bezugsanteilen** erzielten Beträge denjenigen aus der Ausgabe von Anteilen gleich. Mit den Bezugsanteilen sind bei einer AG Bezugsaktien zu verstehen, die nach § 192 AktG bei der bedingten Kapitalerhöhung, insb. i.V.m. der Gewährung von Bezugsrechten an Gläubiger von **Wandelschuldverschreibungen** entstehen. § 272 Abs. 2 HGB unterscheidet demgemäß zwischen dem Aufgeld, das bei der Ausgabe von Wandelschuldverschreibungen anfällt (§ 272 Abs. 2 Nr. 2 HGB), und dem Aufgeld, das bei der Ausübung der mit der begebenen Wandelschuldverschreibung eingeräumten Bezugsrechte anfällt (§ 272 Abs. 2 Nr. 1 HGB). Bei der Ausübung der eingeräumten Bezugsrechte entsteht das Aufgeld entweder aus Zuzahlungen der Wandlungsberechtigten oder – rein buchungstechnisch – dadurch, dass der Nennwert der Wandelschuldverschreibungen den Nennwert der zu gewährenden Aktien übersteigt, mithin nicht zu pari, sondern über pari umgetauscht wird.[118]

127 Da das GmbHG eine bedingte Kapitalerhöhung, wie sie in den §§ 192 ff. AktG vorgesehen ist, nicht erlaubt, hat die in § 272 Abs. 2 Nr. 1 HGB vorgenommene

---

[115] Dies setzt voraus, dass die Gesellschafter keine Bilanzierungsanweisung erteilt haben.
[116] Eine erfolgswirksame Vereinnahmung des Mehrerlöses ist ausgeschlossen; vgl. nur ADS, 6. Aufl., § 272 HGB, Rz 97; *Küting/Reuter*, in *Küting/Weber*, HdR, § 272 HGB, Rn 71, Stand 11/2009.
[117] Vgl. *Hüffer/Koch*, AktG, 12. Aufl., § 185 Rn 55; ADS, 6. Aufl., § 272 HGB, Rz 100.
[118] Vgl. *Küting/Reuter*, in *Küting/Weber*, HdR, § 272 HGB, Rn 69, Stand 11/2009.

Gleichstellung der aus der **Ausgabe von Bezugsanteilen** erzielten Aufgelder mit den aus der Ausgabe von Anteilen erzielten Aufgeldern **keine Bedeutung für die GmbH**.

7.2.3 Ausgabe von Wandel- und Optionsanleihen (Abs. 2 Nr. 2)

§ 272 Abs. 2 Nr. 2 HGB schreibt vor, dass der Betrag, der bei der Ausgabe von Schuldverschreibungen für **Wandlungsrechte und Optionsrechte zum Erwerb von Anteilen** erzielt wird, als Kapitalrücklage auszuweisen ist. Die Vorschrift hat nur Bedeutung für die AG, die KGaA und die SE. Wandel- und Optionsanleihen sind bei der GmbH nicht denkbar, da ein für ihre Ausgabe notwendiges bedingtes Kapital nicht geschaffen werden kann.

§ 221 Abs. 1 Satz 1 AktG enthält eine **Legaldefinition des Begriffs der Wandelschuldverschreibung**. Danach handelt es sich um Schuldverschreibungen, bei denen den Gläubigern ein Umtausch- oder Bezugsrecht auf Aktien eingeräumt wird. Nach dem heutigen Sprachgebrauch stellen Schuldverschreibungen, die ein Umtauschrecht verbriefen, Wandelanleihen und Schuldverschreibungen, die ein Bezugsrecht verbriefen, Optionsanleihen dar.[119] Der in § 221 Abs. Satz 1AktG verwandte Begriff „Wandelschuldverschreibung" umfasst also die Wandel- und die Optionsanleihe.[120]

Wandelanleihen sind Schuldverschreibungen, die dem Gläubiger das Recht gewähren, seinen **Anspruch auf Rückzahlung des Nennbetrags gegen eine bestimmte Anzahl von Aktien umzutauschen** (§ 221 Abs. 1 Satz 1 Hs. 1 Alt. 1 AktG). Mit dem Umtausch gehen die Gläubigerrechte unter; an ihre Stelle treten die Mitgliedschaftsrechte.[121] Optionsanleihen sind Schuldverschreibungen, die dem Gläubiger das Recht auf Rückzahlung des Nennbetrags verbriefen. Zusätzlich erhält er das Recht, innerhalb eines bestimmten Zeitraums eine bestimmte Anzahl von Aktien zu einem festgelegten Preis zu erwerben.[122] Das Optionsrecht wird üblicherweise in einem besonderen Optionsschein verbrieft, der zunächst mit der Optionsanleihe fest verbunden ist, von einem bestimmten Zeitpunkt aber von ihr getrennt und als selbstständiges Wertpapier an der Börse gehandelt werden kann.[123]

> **Beispiel**
>
> In der **Praxis** treten häufig die folgenden Wandel- und Optionsanleihevarianten auf: Zum einen wird die Wandel- oder Optionsanleihe marktüblich verzinst und auf den Ausgabebetrag ein Aufgeld aufgeschlagen, das der

---

[119] Vgl. *Hüffer/Koch*, AktG, 12. Aufl., § 221 Rn 3.
[120] § 221 Abs. 1 Satz 2 AktG schreibt für die Ausgabe von Wandel- und Optionsanleihen einen Beschluss vor, der mindestens drei Viertel des bei der Beschlussfassung vertretenen Grundkapitals umfasst. Das nach § 221 Abs. 4 Satz 1 AktG bestehende Bezugsrecht der Aktionäre kann nach Maßgabe des § 186 AktG ausgeschlossen werden (§ 221 Abs. 4 Satz 2 AktG). § 192 Abs. 2 Nr. 1 AktG erlaubt die – in der Praxis häufig anzutreffende – bedingte Kapitalerhöhung zur Bedienung von aus Wandel- und Optionsanleihen resultierenden Umtausch- und Bezugsrechten.
[121] Vgl. ADS, 6. Aufl., § 272 HGB, Rz 108.
[122] Vgl. *Hüffer/Koch*, AktG, 12. Aufl., § 221 Rn 6. Die rechtliche Ausgestaltung von Optionsanleihen kann unterschiedliche Formen annehmen. Denkbar sind bspw. auch sog. Null-Koupon-Optionsanleihen, bei denen keine Verzinsung vereinbart ist, sondern der Erfüllungsbetrag den Ausgabebetrag überschreitet.
[123] Vgl. *Hüffer/Koch*, AktG, 12. Aufl, § 221 Rn 6.

> Bezahlung des Wandel- oder Optionsrechts dient. Der Erfüllungsbetrag liegt unter dem Ausgabebetrag. Zum anderen werden Wandel- oder Optionsanleihen ohne Aufgeld ausgegeben. Stattdessen erfolgt die Verzinsung nicht zu marktüblichen Bedingungen.

132 Das bei der Ausgabe der Wandel- oder Optionsanleihen erzielte **Aufgeld** ist in die Kapitalrücklage nach § 272 Abs. 2 Nr. 2 HGB einzustellen. Ob die Wandelungs- oder Optionsrechte zu einem späteren Zeitpunkt ausgeübt werden, ist unbeachtlich.[124] Auch wenn dies nicht der Fall sein sollte, unterliegt die Auflösung der Kapitalrücklage nach § 272 Abs. 2 Nr. 2 HGB den Beschränkungen nach § 150 Abs. 3 und 4 AktG.[125]

133 Erfolgt die **Ausgabe** der Wandel- oder Optionsanleihen mit Wandel- oder Optionsrechten auf Aktien des MU **durch ein TU**, ist das erzielte Aufgeld grds. auch in diesem Fall in die Kapitalrücklage nach § 272 Abs. 2 Nr. 2 HGB des MU einzustellen. Wirtschaftlich betrachtet besteht kein Unterschied, ob das Aufgeld unmittelbar durch das begebende MU oder aber ein eingeschaltetes TU erzielt wird.[126] Auch der Wortlaut des § 272 Abs. 2 Nr. 2 HGB („... bei der Ausgabe ... erzielt") schließt dies nicht aus.[127] Gleichwohl ist umstritten, ob die Dotierung der Kapitalrücklage bei dem MU einer Vereinbarung mit dem TU bedarf.[128] Teilweise wird dies verneint und für den Fall des Verbleibs des Aufgeldes bei dem TU angenommen, es lägen nachträgliche AK auf die Beteiligung an dem TU vor, die über eine Erhöhung der Kapitalrücklage nach § 272 Abs. 2 Nr. 2 HGB gegen zu buchen seien.[129] Von anderer Seite wird auf die gesellschaftsrechtliche Verpflichtung des MU verwiesen, Wandel- oder Optionsrechte nur gegen ein angemessenes Entgelt bereitzustellen. Werde dieser Verpflichtung nicht nachgekommen, sei die Einstellung eines „fiktiven Aufgelds" in die Kapitalrücklage unzulässig.[130] Von dritter Seite wird vorgeschlagen, das Aufgeld durch eine nachzuholende Vereinbarung oder eine Gewinnausschüttung abzuschöpfen.[131]

134 Bei der Ausgabe einer marktüblich verzinsten Wandel- oder Optionsanleihe **mit einem über den Erfüllungsbetrag hinausgehenden Aufgeld** ist besagtes Aufgeld ohne Berührung der GuV unmittelbar in die Kapitalrücklage nach § 272 Abs. 2 Nr. 2 HGB einzustellen.[132] Der Erfüllungsbetrag der Wandel- oder Optionsanleihe ist in der Bilanz unter dem Posten nach § 266 Abs. 3 C. 1. HGB auszuweisen.

---

[124] Vgl. ADS, 6. Aufl., § 272 HGB, Rz 129.
[125] Vgl. *Kropff*, ZGR 1987, S. 289; ADS, 6. Aufl., § 272 HGB, Rz 111; a.A. *Biener/Berneke*, Bilanzrichtliniengesetz, S. 196.
[126] Vgl. *Martens,* in FS Stimpel, S. 627.
[127] Vgl. ADS, 6. Aufl., § 272 HGB, Rz 127.
[128] Die praktische Bedeutung dieser Streitfrage ist indessen gering, da eine Tochtergesellschaft Wandel- oder Optionsrechte auf Aktien des MU üblicherweise nicht ohne entsprechende Vereinbarung ausgeben dürfte; vgl. auch *Koch/Vogel*, BB 1986, Beil. 10/86, S. 20.
[129] Vgl. *Loos*, BB 1988, S. 375; *Küting/Reuter*, in *Küting/Pfitzer/Weber*, HdR, § 272 HGB, Rn 96, Stand 11/2009 mwN.
[130] Vgl. *Kropff*, ZGR 1987, S. 309.
[131] Vgl. *Lutter*, DB 1986, S. 1614.
[132] Vgl. ADS, 6. Aufl., § 272 HGB, Rz 113.

Eigenkapital § 272

Von einer **marktüblichen Verzinsung** der Wandel- oder Optionsanleihe ist auszugehen, wenn der vereinbarte Zinssatz demjenigen Zinssatz entspricht, der bei der Ausgabe von gleichartigen Anleihen von Schuldnern mit gleichartiger Bonität und mit derselben Laufzeit vereinbart werden würde.[133]

135

Zu passivieren ist nur ein über den Erfüllungsbetrag hinausgehendes Aufgeld. Der **Erfüllungsbetrag** ist der Betrag, den der Schuldner bei Fälligkeit der Wandel- oder Optionsanleihe an den Gläubiger zu zahlen hat. Abzugrenzen ist das vereinbarte Aufgeld von einer Leistung mit Vertragsstrafencharakter.

136

> **Beispiel**
> Leistungen mit Vertragsstrafencharakter sind etwa jene aufgrund vorzeitiger Kündigung oder bei nicht fristgerechter Leistung von Zins- und Tilgungszahlungen.

Hierbei handelt es sich üblicherweise um künftige ungewisse Verpflichtungen, die bei Vorliegen der Tatbestandsvoraussetzungen zur Rückstellungsbildung verpflichten können, die aber für die Bemessung des Aufgelds keine Bedeutung haben.[134]

Gibt eine AG verschiedene Wandel- und Optionsanleihen zu unterschiedlichen Bedingungen aus, so ist **für jede Ausgabe festzustellen, ob ein Aufgeld vereinbart ist**, also der Ausgabebetrag den Erfüllungsbetrag übersteigt. Eine Verrechnung etwa vereinbarter Abgelder (Disagien) mit erzielten Aufgeldern ist unzulässig. Ein Aufgeld ist immer in voller Höhe in die Kapitalrücklage nach § 272 Abs. 2 Nr. 2 HGB einzustellen. Für Wandel- und Optionsanleihen, die unter Inkaufnahme eines Abgelds ausgegeben werden, ist vielmehr auf der Grundlage der Grundsätze für unterverzinsliche Wandel- und Optionsanleihen zu prüfen, ob die Einstellung eines Betrags in die Kapitalrücklage nach § 272 Abs. 2 Nr. 2 HGB vorzunehmen ist.[135]

137

Teilweise werden Wandel- und Optionsanleihen auch zu pari ausgegeben, aber mit einem **unterhalb des Marktzinssatzes liegenden Nominalzinssatz** ausgestattet. In diesem Fall liegt der Anreiz zum Erwerb der Wandel- oder Optionsanleihe gerade in den beigefügten Wandel- oder Optionsrechten.[136] Diese „bezahlt" der Zeichner mit der Unterverzinslichkeit der Wandel- oder Optionsanleihe. Damit erfasst § 272 Abs. 2 Nr. 2 HGB – wirtschaftlich betrachtet – letztlich jede Form eines Aufgelds und verpflichtet zu dessen Einstellung in die Kapitalrücklage nach § 272 Abs. 2 Nr. 2 HGB, auch wenn sie aus der Unterverzinslichkeit der Wandel- oder Optionsanleihe resultiert.[137]

138

Besondere Bedeutung kommt bei unterverzinslichen Wandel- und Optionsanleihen der **Ermittlung des aus der Unterverzinslichkeit resultierenden Vorteils** zu. Grundlage der Ermittlung des Vorteils sind üblicherweise die Ausgabebedingungen der jeweiligen Wandel- oder Optionsanleihe und ein darin

139

---

[133] Vgl. ADS, 6. Aufl., § 272 HGB, Rz 114.
[134] Vgl. *ADS*, 6. Aufl., § 272 HGB, Rz 115.
[135] Vgl. ADS, 6. Aufl., § 272 HGB, Rz 117.
[136] Vgl. *Kropff*, ZGR 1987, S. 302.
[137] Vgl. BT-Drs. 10/4268, S. 106; *Biener/Berneke*, Bilanzrichtliniengesetz, S. 195; *Kropff*, ZGR 1987, S. 302; *Lutter*, DB 1986, S. 1608.

gegebener bestimmter Betrag, der, wenn es sich um einen vertretbaren Wertansatz handelt, als Aufgeld klassifiziert werden kann.[138] Fehlt es an der Festlegung eines vertretbaren Wertansatzes in den Ausgabebedingungen, bilden diese zumindest die Grundlage für eine sachgerechte Schätzung des Aufgelds.[139] Die schätzungsweise Ermittlung des Aufgelds erfolgt über einen Vergleich des fristenadäquaten Kapitalmarktzinssatzes vergleichbarer Wandel- und Optionsanleihen mit dem in den Ausgabebedingungen festgelegten Zinssatz zum Zeitpunkt der Ausgabe der Wandel- oder Optionsanleihe.[140] Der kapitalisierte Unterschiedsbetrag aus dem Zinsvorteil entspricht dem Aufgeld.[141]

140 Der in die Kapitalrücklage nach § 272 Abs. 2 Nr. 2 HGB einzustellende Betrag ergibt sich aus der **Aufspaltung des Ausgabebetrags in den eigentlichen Darlehensbetrag und in das Aufgeld.** Da § 253 Abs. 1 Satz 2 HGB den Ansatz von Verbindlichkeiten zum Erfüllungsbetrag vorschreibt, ist der Ansatz des um das Aufgeld verminderten Ausgabebetrags jedoch zu gering. I. H. d. Aufgelds ist demgemäß ein Disagio gem. § 250 Abs. 3 Satz 1 HGB zu buchen.[142] Da § 250 Abs. 3 Satz 1 HGB als Aktivierungswahlrecht ausgestaltet ist, kann der Betrag i. H. d. Aufgeldes auch sofort aufwandswirksam erfasst werden. Geschieht dies nicht, ist das Disagio nach § 250 Abs. 3 Satz 2 HGB durch planmäßige jährliche Abschreibungen zu tilgen, die auf die gesamte Laufzeit der Verbindlichkeit verteilt werden können.

7.2.4 Gewährung von Vorzügen (Abs. 2 Nr. 3)

141 § 272 Abs. 2 Nr. 3 HGB schreibt vor, dass der Betrag von Zuzahlungen, die Gesellschafter gegen Gewährung eines Vorzugs für ihre Anteile leisten, auszuweisen ist. Dies ist sowohl bei der AG, der KGaA und der SE als auch der GmbH möglich. Zu den **gesellschaftsrechtlichen Vorzugsrechten** gehören nicht nur besondere Rechte bei der Gewinnverteilung oder der Verteilung des Gesellschaftsvermögens im Fall der Liquidation, wie sie nach § 11 AktG möglich sind, sondern bspw. auch Mehrstimmrechte.[143]

142 Die Zuzahlung kann in bar oder durch eine Sachleistung erfolgen. Bedeutsam ist allein, dass sie zur Erlangung eines gesellschaftsrechtlichen Vorzugsrechts entrichtet wird. Soweit eine **Zuzahlung** unabhängig von der Ausgabe von Anteilen oder der Gewährung von Vorzügen entrichtet wird, ist sie entweder nach § 272 Abs. 2 Nr. 4 HGB in die Kapitalrücklage einzustellen oder als Ertrag zu vereinnahmen.

143 Die Ausführungen zur Gewährung von Vorzügen durch die AG gelten entsprechend auch für die GmbH. Zwar kennt die GmbH keine § 11 AktG entspre-

---

[138] Vgl. ADS, 6. Aufl., § 272 HGB, Rz 121.
[139] Der in § 272 Abs. 2 Nr. 2 HGB verwandte Begriff „Betrag" steht einer sachgerechten Schätzung des aus der Unterverzinslichkeit resultierenden Aufgelds nicht entgegen; vgl. nur ADS, 6. Aufl, § 272 HGB, Rz 122.
[140] Vgl. zu den möglichen Schätzungsmethoden *Küting/Reuter,* in *Küting/Weber,* HdR, § 272 HGB, Rn 82, Stand 11/2009.
[141] Vgl. ADS, 6. Aufl., § 272 HGB, Rz 123.
[142] Vgl. ADS, 6. Aufl, § 272 HGB, Rz 125 mwN., dass gerade nicht als Gegenposten zur Buchung der Kapitalrücklage einzustufen ist. Nach anderer Auffassung handelt es sich um ein zu aktivierendes Nutzungsrecht; vgl. *Döllerer,* AG 1986, S. 237.
[143] Vgl. *Biener/Berneke,* Bilanzrichtliniengesetz, S. 196.

chende Vorschrift, jedoch sind auch bei der GmbH – schon aufgrund der bestehenden vertraglichen Gestaltungsfreiheit – entsprechende **vertragliche Vereinbarungen** möglich. Bspw. kann über eine Zuzahlung eine vom Verhältnis der Geschäftsanteile abweichende Gewinnverteilung erreicht werden (§ 29 Abs. 3 Satz 2 GmbHG).

7.2.5 Sonstige Zuzahlungen (Abs. 2 Nr. 4)

In die Kapitalrücklage nach § 272 Abs. 2 Nr. 4 HGB ist der Betrag von anderen Zuzahlungen auszuweisen, die Gesellschafter in das EK leisten. Erforderlich ist also, dass Gesellschafter **Zuzahlungen in das EK** leisten. Gesellschafter sind die Inhaber des gezeichneten Kapitals. Der Wortlaut des § 272 Abs. 2 Nr. 4 HGB erfasst nicht nur unmittelbar seitens der Gesellschafter erbrachte Zuzahlungen in das EK, sondern auch solche Zuzahlungen, die mittelbar durch Dritte auf Veranlassung oder für Rechnung der Gesellschafter erbracht werden.[144]

144

Da § 272 Abs. 2 Nr. 4 HGB als **Auffangtatbestand** gilt, dürfen die Zuzahlungen nicht im Zusammenhang mit Leistungen stehen, die unter § 272 Abs. 2 Nr. 1 bis 3 HGB fallen. Der Abgrenzung kommt für die AG eine erhebliche Bedeutung zu, da § 272 Abs. 2 Nr. 4 HGB nicht der für den gesetzlichen Reservefonds bestehenden Verwendungsbeschränkung des § 150 Abs. 3 und 4 AktG unterliegt. Problematisch ist hier insb. die Abgrenzung des § 272 Abs. 2 Nr. 3 HGB, die in jedem Einzelfall gesondert zu beurteilen ist. Zur Abgrenzung ist darauf abzustellen, ob der Zuzahlung eine unmittelbare Gegenleistung der Ges. gegenübersteht.

145

> **Beispiel**
> Unmittelbare Gegenleistungen der Ges. treten bspw. in Form einer zusätzlichen Gewinnbeteiligung oder einer Änderung der Beteiligung am Liquidationserlös auf.

Ist dies zu bejahen, liegt eine Zuzahlung gegen Gewährung eines Vorzugs vor, die unter § 272 Abs. 2 Nr. 3 HGB fällt.
Umgekehrt soll nicht jede Zuzahlung eines Gesellschafters, die nicht unter § 272 Abs. 2 Nr. 1 bis 3 HGB fällt, in der Kapitalrücklage nach § 272 Abs. 2 Nr. 4 HGB erfasst werden. Es ist vielmehr **zwischen den erfolgsneutral und den erfolgswirksam zu bilanzierenden Zuzahlungen** abzugrenzen.[145] Hierzu ist auf den Zweck der Zuzahlung abzustellen, der sich aus einer ausdrücklichen Vereinbarung zwischen Ges. und Gesellschafter oder der Art der Zuzahlung ergeben kann.[146] Soweit bspw. Zuzahlungen von Gesellschaftern zum Zweck der Abde-

146

---

[144] Vgl. auch ADS, 6. Aufl., § 272 HGB, Rz 133; *Bünning/Stoll*, BB 2016, S. 555.
[145] Eigentlich dürfte es nur erfolgsneutral zu erfassende andere Zuzahlungen eines Gesellschafters geben. Andere Zuzahlungen sind letztlich gesellschaftsrechtlich veranlasst. Sie dürfen sich im betrieblichen Ergebnis eines Unt nicht auswirken. Gleichwohl hat die Praxis hier eine differenzierte Betrachtung entwickelt.
[146] Vgl. ADS, 6. Aufl., § 272 HGB, Rz 137.

ckung eines Jahresfehlbetrags oder zum Ausgleich eines Bilanzverlusts erbracht werden – sei es in der Form eines Forderungsverzichts oder eines Sanierungszuschusses –, sind diese Beträge unmittelbar als außerordentlicher Ertrag zu erfassen.[147] Unterbleibt eine ausdrückliche Zwecksetzung und lässt sich diese auch nicht im Wege der Auslegung oder aus der Art der Zuzahlung ableiten, ist davon auszugehen, dass die Zuzahlung in das EK geleistet werden soll.[148] Das Gleiche gilt auch für Leistungen Dritter. Fehlt es an einer ausdrücklichen Vereinbarung eines Ertragszuschusses und lässt sich diese Zwecksetzung nicht aus den Umständen ableiten, ist ebenfalls davon auszugehen, dass die Zuzahlung in das EK geleistet werden soll. Der Vorrang einer erfolgswirksamen Vereinnahmung lässt sich aus der Gesetzessystematik nicht entnehmen.[149]

147 Der Ausweis in der Kapitalrücklage nach § 272 Abs. 2 Nr. 4 HGB hängt davon ab, dass die Zuzahlungen in das EK geleistet wurden. Es muss eine **Vermögensmehrung auf der Ebene der Ges.** vorliegen.[150] Geld- und Sachleistungen müssen rechtlich und wirtschaftlich wirksam erbracht worden sein.[151] Als Zuzahlungen kommen die Leistung von einlage- und aktivierungsfähigen VG und der Verzicht auf Forderungen in Betracht.[152] Diskutiert wird in der Literatur, ob auch die Begründung einer Zahlungs- oder Sachleistungsverpflichtung – also die Aktivierung einer Forderung gegen einen Gesellschafter – als Zuzahlung in das EK zu werten ist. Teilweise wird dies unter Hinweis darauf, dass eine solche Zahlungs- oder Sachleistungsverpflichtung nach ganz überwiegender Meinung auch zur Deckung des gezeichneten Kapitals und eines Aufgelds i. S. v. § 272 Abs. 2 Nr. 1 HGB nicht geeignet sei, abgelehnt.[153] Dem kann nicht gefolgt werden. Nach richtiger Auffassung kommt es allein darauf an, ob eine einlage- und aktivierungsfähige Gesellschafterleistung vorliegt, wozu grds. auch die Einräumung einer Forderung der Ges. gegen einen Gesellschafter zu zählen ist, denn § 272 Abs. 2 Nr. 4 HGB knüpft nicht an den Grundsatz der Kapitalaufbringung an.[154] Gleichwohl muss die eingeräumte Forderung der Ges. gegen den Gesellschafter zumindest werthaltig sein. Der Tatbestand des § 272 Abs. 2 Nr. 4 HGB fordert eine Zuzahlung in das EK. Kann es mangels Werthaltigkeit der eingeräumten

---

[147] Vgl. *Küting/Reuter*, in *Küting/Weber*, HdR, § 272 HGB, Rn 108; ADS, 6. Aufl., § 272 HGB, Rz 137, Stand 11/2009; *Zilch/Roß*, BB 2014, S. 1579 zur Bilanzierung von sog. Großmutterzuschüssen; *Müller*, BB 2016, S. 491 zur Ausbuchung von Verbindlichkeiten in der Handelsbilanz bei qualifizierten Rangrücktritt; dagegen zu Recht *Kahlert*, BB 2016, S. 878.
[148] Vgl. ADS, 6. Aufl., § 272 HGB, Rz 137; a. A. *IDW HFA 2/1996* Rz 22, wonach ein Ausweis in der Kapitalrücklage nach § 272 Abs. 2 Nr. 4 HGB immer eine ausdrückliche Zuweisung in das EK erforderlich sein soll.
[149] Vgl. ADS, 6. Aufl., § 272 HGB, Rz 133.
[150] Demgem. gehören auch Beträge, die im „Schütt-aus-hol-zurück"-Verfahren an die Ges. zurückfließen, ohne dass eine formale Kapitalerhöhung vorliegt, zu den anderen Zuzahlungen i. S. d. § 272 Abs. 2 Nr. 4 HGB. So auch *Orth*, GmbHR 1987, S. 198; a. A. *Hommelhoff/Priester*, ZGR 1986, S. 515.
[151] Vgl. ADS, 6. Aufl, § 272 HGB, Rz 132 und 135.
[152] Vgl. ADS, 6. Aufl, § 272 HGB, Rz 135; *Küting/Reuter*, in *Küting/Weber*, HdR, § 272 HGB, Rn 112, Stand 11/2009, sowie zu Nutzungsrechten insbesondere Rn 121.
[153] Vgl. *Winkeljohann/Hoffmann*, in Beck Bil-Komm., 10. Aufl, § 272 HGB, Rz 197f.
[154] Vgl. *Müller*, in FS Heinsius, S. 603; so wohl auch ADS, 6. Aufl., § 272 HGB, Rz 136; *Küting/Reuter*, in *Küting/Weber*, HdR, § 272 HGB, Rn 120, Stand 11/2009, die dies aber für Forderungen ablehnen, die auf Dienstleistungen gerichtet sind. Vor dem Hintergrund der bilanzbasierten Kapitalerhaltungskonzeption erscheint die Argumentation wenig schlüssig.

Forderung nicht zu einer Zuzahlung kommt, scheitert auch der Zugang bei der Kapitalrücklage nach § 272 Abs. 2 Nr. 4 HGB.
Die Zuzahlung des Gesellschafters in das EK muss so auch gewollt sein, sodass **verdeckte Einlagen oder auch verlorene Zuschüsse** nicht ohne Weiteres als Kapitalrücklage nach § 272 Abs. 2 Nr. 4 HGB erfasst werden, sondern es vielmehr auf die zwischen den Beteiligten getroffene Vereinbarung ankommt.[155]
Das GmbHG enthält – anders als das AktG – keine § 36 Abs. 2, §§ 36a, Abs. 2, § 201 Abs. 3 § 203 Abs. 1 Satz 1 AktG vergleichbaren Vorschriften, die eine vollständige oder auch nur teilweise Leistung eines Aufgelds vor Eintragung gesetzlich vorschreiben. Ungeachtet dessen ist natürlich auch bei der GmbH eine **Ausgabe der Geschäftsanteile über pari** bei Gründung oder im Wege einer Kapitalerhöhung gängige Praxis. Die Festlegung eines Aufgelds erfolgt regelmäßig im Wege einer gesellschaftsvertraglich vereinbarten Nebenpflicht i.S.v. § 3 Abs. 2 GmbHG.[156] Denkbar ist die Vereinbarung eines Aufgelds natürlich auch als nur schuldrechtliche Verpflichtung.[157]
Weil die teilweise oder vollständige Leistung eines Aufgelds bei der GmbH vor der Eintragung gesetzlich nicht vorgeschrieben ist, sind auch Fallgestaltungen denkbar, in denen das **Aufgeld bei der Eintragung der Gründung oder Kapitalerhöhung noch aussteht.** Hier finden die Vorschriften zu den ausstehenden Einlagen auf das gezeichnete Kapital keine Anwendung. Der Wortlaut des § 272 Abs. 1 Satz 3 HGB ist auf die ausstehenden Einlagen auf das gezeichnete Kapital beschränkt, erfasst also ausstehende Aufgelder nicht; vielmehr sind ausstehende Aufgelder unabhängig davon, ob eingefordert oder nicht, als Forderungen zu aktivieren und im Gegenzug ist die Kapitalrücklage nach § 272 Abs. 2 Nr. 1 HGB zu dotieren.[158] Die Aktivierung kann unter den Posten nach § 266 Abs. 2 B. II 2., 3. oder 4. HGB vorgenommen werden, wobei ggf. ein Vermerk nach § 42 Abs. 3 GmbHG erforderlich sein kann. Teilweise wird auch vertreten, ausstehende noch nicht eingeforderte Aufgelder seien auf der Passivseite der Bilanz offen von der Kapitalrücklage nach § 272 Abs. 2 Nr. 1 HGB abzusetzen und eingeforderte ausstehende Aufgelder als Forderungen zu aktivieren.[159] Diese Form der Bilanzierung lässt jedoch unberücksichtigt, dass es sich sowohl bei den eingeforderten als auch bei den nicht eingeforderten ausstehenden Aufgeldern handelsbilanziell bereits um Forderungen handelt, die – soweit noch nicht eingefordert – lediglich noch nicht fällig gestellt sind. Noch nicht fällige (betagte) Forderungen sind aber nach einhelliger Auffassung zu aktivieren.[160]
Teilweise wird die Auffassung vertreten, der für **aktivierte eingeforderte Nachschüsse** auf der Passivseite in dem Posten „Kapitalrücklage" gesondert auszuweisende entsprechende Betrag (§ 42 Abs. 2 Satz 3 GmbHG) sei mit der Einzahlung des Nachschusses durch die Gesellschafter in die Kapitalrücklage nach § 272 Abs. 2 Nr. 4 HGB umzugliedern.[161] Nach der hier vertretenen Auf-

---

[155] Vgl. Bericht des Rechtsausschusses, BT-Drs. 10/4268, S. 107.
[156] Vgl. *Scholz/Emmerich*, GmbHG, 10. Aufl., § 3 Rn 74.
[157] Vgl. *Baumbach/Hueck/Fastrich*, GmbHG, 20. Aufl., § 3 Rn 55, zur Abgrenzung gesellschaftsrechtlicher Nebenpflichten von nur schuldrechtlichen Nebenpflichten.
[158] Vgl. ADS, 6. Aufl, § 272 HGB, Rz 107.
[159] Vgl. *Küting/Reuter*, in *Küting/Weber*, HdR, § 272 HGB, Rn 39, Stand 11/2009.
[160] Vgl. ADS, 6. Aufl, § 246 HGB, Rz 51.
[161] Vgl. *Küting/Reuter*, in *Küting/Weber*, HdR, § 272 HGB, Rn 129, Stand 11/2009 mwN.

fassung muss der gesondert ausgewiesene Posten hingegen wegen seiner Funktion als Ausschüttungssperre fortgeführt werden, soweit das Nachschusskapital noch nicht verwendet worden ist.[162]

7.3 Gewinnrücklagen (Abs. 3)

7.3.1 Allgemeines

151 Nach § 272 Abs. 3 Satz 1 HGB dürfen als Gewinnrücklage nur Beträge ausgewiesen werden, die im Gj oder einem früheren Gj **aus dem Ergebnis gebildet** worden sind. Dazu gehören die gesetzliche Rücklage, die satzungsmäßigen Rücklagen und andere Gewinnrücklagen (§ 272 Abs. 3 Satz 2 HGB).[163] Demgegenüber können die Kapitalrücklagen nur durch von außen stammende Zuzahlungen i. S. d. § 272 Abs. 2 Nr. 1 bis 4 HGB dotiert werden.[164]

152 Die Gewinnrücklagen sind nach § 266 Abs. 3 A. III. HGB in die gesetzliche Rücklage, die Rücklage für Anteile an einem herrschenden oder einem mit Mehrheit beteiligten Unt, die satzungsmäßigen Rücklagen und anderen Gewinnrücklagen zu **untergliedern**. Wie sich aus dem Wortlaut des § 272 Abs. 3 Satz 2 HGB entnehmen lässt, gehört die Rücklage für Anteile an einem herrschenden oder einem mit Mehrheit beteiligten Unt (§ 272 Abs. 4 HGB) systematisch nicht zu den Gewinnrücklagen. Dies ergibt sich daraus, dass sie aus allen frei verfügbaren Rücklagen, also auch aus der Kapitalrücklage, dotiert werden kann. Gleichwohl weist § 266 Abs. 3 A. III. HGB die Rücklage für Anteile an einem herrschenden oder einem mit Mehrheit beteiligten Unt für Zwecke des Ausweises den Gewinnrücklagen zu.[165]

7.3.2 Gesetzliche Rücklage

153 Der **gesetzliche Reservefonds** der AG setzt sich aus der gesetzlichen Rücklage (§ 150 Abs. 1 und 2 AktG) und aus der Kapitalrücklage nach § 272 Abs. 3 Nr. 1–3 HGB (§ 150 Abs. 3 und 4 AktG) zusammen.[166] Die Einbeziehung der Kapitalrücklage nach § 272 Abs. 2 Nr. 1–3 HGB in den gesetzlichen Reservefonds der AG ist Art. 9 Passiva A. II. der Bilanzrichtlinie geschuldet. Danach darf ein Aufgeld nicht mehr in der gesetzlichen Rücklage erfasst werden, sondern ist gesondert neben der gesetzlichen Rücklage auszuweisen.

154 § 150 Abs. 1 AktG verpflichtet die AG, in ihrer Bilanz des nach den §§ 242, 264 HGB aufzustellenden Jahresabschlusses eine gesetzliche Rücklage zu bilden

---

[162] Ebenso ADS, 6. Aufl., § 42 GmbHG, Rz 25 mwN.
[163] Zu den Gewinnrücklage gehört auch die Sonderrücklage nach den §§ 7 Abs. 6 Satz 2, 17 Abs. 4 Satz 3, 24 Abs. 5 Satz 3 DMBilG, die vorläufige Gewinnrücklage nach § 31 Abs. 1 Satz 2 DMBilG sowie die nach § 27 Abs. 2 DMBilG zu bildenden Rücklagen; vgl. dazu ADS, 6. Aufl., § 272 HGB, Rz 141 sowie § 150 AktG, Rz 35.
[164] Im Gegensatz zu den Kapitalrücklagen sind die Gewinnrücklagen damit betriebswirtschaftlich dem Bereich der Selbstfinanzierung zuzurechnen; vgl. ADS, 6. Aufl., § 272 HGB, Rz 141.
[165] Systematisch wäre es besser gewesen, die Rücklage für Anteile an einem herrschenden oder einem mit Mehrheit beteiligten Unt ausweistechnisch gleichberechtigt neben die Kapitalrücklage und die Gewinnrücklage zu stellen.
[166] Damit speist sich der gesetzliche Reservefonds aus zwei Quellen: den Zwangszuweisungen aus dem Jahresüberschuss zur gesetzlichen Rücklage (§ 150 Abs. 1 und 2 AktG) und den in die Kapitalrücklage nach § 272 Abs. 2 Nr. 1 bis 3 HGB eingestellten Beträgen.

(§ 150 Abs. 1 AktG).[167] **Anknüpfungspunkt für Einstellungen in die gesetzliche Rücklage** ist der Jahresüberschuss (§ 275 Abs. 2 Nr. 20, Abs. 3 Nr. 19 HGB). Nach § 150 Abs. 2 AktG ist der 20. Teil des um einen Verlustvortrag aus dem Vorjahr geminderten Jahresüberschusses in die gesetzliche Rücklage einzustellen, bis diese und die Kapitalrücklage nach § 272 Abs. 2 Nr. 1 bis 3 HGB zusammen den 10. oder den in der Satzung bestimmten höheren Teil des Grundkapitals - d. h. des in der Bilanz ausgewiesenen gezeichneten Kapitals – erreicht.[168] Die Vorschrift macht deutlich, dass sich der gesetzliche Reservefonds auch entweder nur aus der gesetzlichen Rücklage oder nur aus der Kapitalrücklage nach § 272 Abs. 2 Nr. 1 bis 3 HGB zusammensetzen kann.

Ist aufgrund einer **Satzungsbestimmung** eine Obergrenze für die gesetzliche Rücklage vorgeschrieben, die den 10. Teil des Grundkapitals übersteigt, so führt dies ebenfalls zur Dotierung der gesetzlichen Rücklage und nicht zur Dotierung einer satzungsmäßigen Rücklage. § 150 Abs. 2 AktG sieht ausdrücklich vor, dass die Satzung einen höheren Teil als 10 % des Grundkapitals als gesetzliche Rücklage vorsehen kann. Umstritten ist, ob auch ein Mehrfaches des Grundkapitals in der Satzung als Obergrenze festgelegt werden kann. Überwiegend wird dies verneint, da der Wortlaut des § 150 Abs. 2 AktG nur von dem „höheren Teil des Grundkapitals" spricht.[169]

155

Die Satzung kann dem Vorstand der AG auch nicht ermöglichen, einen **höheren Betrag als den 20. Teil des Jahresüberschusses** in die gesetzliche Rücklage einzustellen. Insoweit erlaubt § 150 Abs. 1 und 2 AktG – anders als bei der Bestimmung der Obergrenze der gesetzlichen Rücklage – keine Abweichungen. Demgegenüber steht nichts entgegen, wenn die gesetzliche Rücklage im Rahmen der Gewinnverwendung durch die HV der AG zusätzlich dotiert wird, sodass die Grenze von 10 % des Grundkapitals oder eines höheren Teils schneller erreicht wird.[170]

156

Wird das **Grundkapital gegen Einlagen oder in Form des genehmigten Kapitals oder aus Gesellschaftsmitteln erhöht**, so erhöht sich mit der Eintragung der Durchführung der Kapitalerhöhung in das HR (§§ 189, 203 Abs. 1 i. V. m. §§ 189, 211 Abs. 1 AktG) auch der Mindestbetrag des gesetzlichen Reservefonds.[171] Daraus kann weiter folgen, dass Beträge, die bisher „nur" der Verwendungsbeschränkung nach § 150 Abs. 4 AktG unterlegen haben, nach der Kapitalmaßnahme der Verwendungsbeschränkung nach § 150 Abs. 3 AktG unterliegen. Umgekehrt wird der Mindestbetrag des gesetzlichen Reservefonds mit dem Wirksamwerden einer Kapitalherabsetzung durch Eintragung in das HR (§§ 224, 229 Abs. 2, 238 AktG) automatisch auch herabgesetzt. Die auf die

157

---

[167] Die Vorschrift hat zwingenden Charakter und kann daher nicht durch anderweitige Satzungsbestimmungen abbedungen werden (§ 23 Abs. 5 AktG).
[168] Bei der Ermittlung des in die gesetzliche Rücklage einzustellenden Betrags bleibt ein Gewinnvortrag zur Vermeidung einer doppelten Erfassung unberücksichtigt. Dies ergibt sich auch aus § 158 AktG; dort wird der Gewinnvortrag nach dem Jahresüberschuss hinzugerechnet, fließt also nicht in den Jahresüberschuss ein; vgl. auch ADS, 6. Aufl., § 272 HGB, Rz 150 sowie § 150 AktG, Rz 24.
[169] Daher wäre eine Satzungsregelung, die eine über den Betrag des Grundkapitals hinausgehende Obergrenze für die Dotierung der gesetzlichen Rücklage vorsieht, nicht zulässig; vgl. *Hüffer/Koch*, AktG, 12. Aufl., § 150 Rn 7; ADS, 6. Aufl., § 150 AktG, Rz 31.
[170] Vgl. ADS, 6. Aufl, § 272 HGB, Rz 150 sowie § 170 AktG, Rz 42.
[171] Bei der bedingten Kapitalerhöhung (§§ 192ff. AktG) ist das Grundkapital mit der Ausgabe der Bezugsaktien erhöht (§ 200 AktG).

Herabsetzung entfallenden Teile des Reservefonds werden aber gleichwohl nicht „frei". Sie dürfen weder dem Bilanzgewinn zugeführt noch an die Aktionäre ausgekehrt werden, sondern unterliegen weiterhin den Verwendungsbeschränkungen des § 150 Abs. 3 und 4 AktG.

158 Die §§ 300–303 AktG sehen bei **Bestehen eines Beherrschungs-, eines Gewinnabführungs- und eines Teilgewinnabführungsvertrags** nach den §§ 291 Abs. 1, 292 Abs. 1 Nr. 2 AktG besondere Vorschriften zum Schutz der unternehmensvertraglich gebundenen Gesellschafter und ihrer Gläubiger vor. Zielsetzung der Vorschriften sind die Erhaltung des handelsbilanziellen Vermögens bei Eingehung des Unternehmensvertrags für dessen Dauer und die Stärkung der bilanziellen Substanz. Aus diesem Grund schreibt der zwingende § 300 AktG auch Besonderes für Einstellungen in die gesetzliche Rücklage vor.

159 Nach § 300 Nr. 1 AktG ist bei einem bestehenden **Gewinnabführungsvertrag** (§ 291 Abs. 1 Satz 1 AktG) ein Betrag in die gesetzliche Rücklage einzustellen, der erforderlich ist, um diese einschl. der Kapitalrücklage innerhalb der ersten fünf Gj, die während des Bestehens des Vertrags oder nach der Durchführung einer Kapitalerhöhung beginnen, gleichmäßig auf den 10. oder einen in der Satzung bestimmten höheren Teil des Grundkapitals aufzufüllen (erhöhte oder beschleunigte Rücklagenzuführung).[172] Die Regelzuführung beträgt somit 20 % der Differenz, die bei Abschluss des Gewinnabführungsvertrags zwischen der schon gebildeten und der zu bildenden gesetzlichen Rücklage besteht.[173] Für die Bemessung dieses Betrags ist von einem Jahresüberschuss abzgl. eines etwaigen Verlustvortrags auszugehen, wie er ohne die Gewinnabführung bestehen würde.[174] Mindestens zuzuführen sind 5 % des (fiktiven) Jahresüberschusses, solange die gesetzliche Rücklage einschl. der Kapitalrücklage 10 % des Grundkapitals - nicht erreicht hat (§ 300 Nr. 1 und 2 i. V. m. § 150 Abs. 2 AktG).[175]

160 Die **Fünfjahresfrist** beginnt mit dem Wirksamwerden des Gewinnabführungsvertrags, also seiner Eintragung im HR (§ 294 Abs. 2 AktG). Soweit dem Gewinnabführungsvertrag zulässigerweise eine Rückwirkung beigelegt wird, ist die Frist ab dem vereinbarten Rückwirkungszeitpunkt zu berechnen.[176] Wenn sich der Betrag der zu bildenden gesetzlichen Rücklage aufgrund einer Kapitalerhöhung erhöht, beginnt ab dem Zeitpunkt der Wirksamkeit der Kapitalerhöhung – also mit deren Eintragung – eine neue Fünfjahresfrist zu laufen, und zwar auch dann, wenn der Gewinnabführungsvertrag noch keine fünf Jahre wirksam ist. Im letzteren Fall ist die Differenz zwischen der Soll- und der Ist-Zuführung

---

[172] Der Geschäftsführungsvertrag i. S. v. § 291 Abs. 1 Satz 2 AktG steht dem Gewinnabführungsvertrag gleich; vgl. dazu auch ADS, 6. Aufl., § 300 AktG, Rz 12 und 17.
[173] Vgl. *Hüffer/Koch*, AktG, 12. Aufl., § 300 Rn 7.
[174] Damit legt § 300 Nr. 1 AktG aus rechtssystematischen Gründen einen fiktiven Jahresüberschuss zugrunde. Bei einem bestehenden Gewinnabführungsvertrag kann tatsächlich kein Jahresüberschuss zur Entstehung gelangen.
[175] Der Wortlaut des § 300 Nr. 1 AktG („... unter Hinzurechnung einer Kapitalrücklage ...") ist aufgrund des sachlichen Zusammenhangs der Vorschrift mit § 150 Abs. 2 AktG i. S. v. § 272 Abs. 2 Nr. bis 3 HGB zu verstehen.
[176] Vgl. *Hüffer/Koch*, AktG, 12. Aufl., § 300 Rn 7.

zur bisherigen gesetzlichen Rücklage auf die neue Fünfjahresfrist zu verteilen.[177] Wird in einem Gj während der Fünfjahresfrist ein Jahresergebnis nicht erzielt und scheidet daher eine Einstellung in die gesetzliche Rücklage aus, so erhöht sich der in den folgenden Gj der Fünfjahresfrist einzustellende Betrag in entsprechendem Umfang.[178] Soweit die gesetzliche Rücklage innerhalb der Fünfjahresfrist wegen unzureichender Jahresüberschüsse nicht aufgefüllt worden sein sollte, ist der künftig zuzuführende Betrag so zu bemessen, dass, dem Zweck der Vorschrift entsprechend, eine schnellstmögliche Dotierung erreicht wird.[179]

Wird der Gewinn abzgl. des in die gesetzliche Rücklage einzustellenden Betrags an die herrschenden Ges. abgeführt, **verbleibt i. H. d. in die gesetzliche Rücklage einzustellenden Betrags ein Jahresüberschuss**, der auch entsprechend in der GuV ausgewiesen wird. Die Einstellung des Betrags in die gesetzliche Rücklage ist in der Verlängerungsrechnung zur GuV zu zeigen (§ 158 Abs. 1 Nr. 4a AktG). 161

Für den **Teilgewinnabführungsvertrag** (§ 292 Abs. 1 Nr. 2, Abs. 2 AktG) schreibt § 300 Nr. 2 AktG vor, dass der Betrag in die gesetzliche Rücklage (einschl. der Kapitalrücklage nach § 272 Abs. 2 Nr. 1–3 HGB) einzustellen ist, der nach § 150 Abs. 2 AktG aus dem ohne die Gewinnabführung entstehenden, um einen Verlustvortrag aus dem Vorjahr geminderten (fiktiven) Jahresüberschuss einzustellen wäre. Eine gleichmäßige Auffüllung, wie sie § 300 Nr. 1 AktG vorsieht, schreibt der Wortlaut der Vorschrift nicht vor. 162

Die Anwendung des § 300 Nr. 2 AktG auf unternehmensgewinnbezogene Teilgewinnabführungsverträge bereitet keine Probleme. Umstritten ist hingegen, ob § 300 Nr. 2 AktG auch auf Teilgewinnabführungsverträge anzuwenden ist, die (nur) die **Abführung von Gewinnen einzelner (rechtlich unselbstständiger) Betriebe eines Unt** vorsehen. Dies ist aber zu bejahen. Der Sinn und Zweck des § 300 AktG lässt hier keine Ausnahme zu.[180] Darüber hinaus ist zudem umstritten, ob § 300 Nr. 2 AktG auch anzuwenden ist, wenn die Abführungspflicht an den Bilanzgewinn und nicht an den Jahresüberschuss anknüpft. Hier könnte argumentiert werden, bei einer Anknüpfung an den Bilanzgewinn sei die Zuführung zur gesetzlichen Rücklage schon berücksichtigt. Da aber die Teilgewinnabführung den Jahresüberschuss und damit die Berechnungsgrundlage für die Zuführung zu der gesetzlichen Rücklage vermindert, sind nach der hier vertretenen Auffassung auch auf den Bilanzgewinn abstellende Teilgewinnabführungsverträge in den Anwendungsbereich des § 300 Nr. 2 AktG einzubeziehen. 163

Besteht ein **Beherrschungsvertrag** (§ 291 Abs. 1 Satz 1 AktG), unterscheidet § 300 Nr. 3 AktG danach, ob der Beherrschungsvertrag zur Abführung des ganzen Gewinns verpflichtet, nur eine Teilgewinnabführungsverpflichtung ent- 164

---

[177] Vgl. *Hüffer/Koch*, AktG, 12. Aufl., § 300 Rn 8. Daneben wird es auch für zulässig gehalten, die Auffüllung mit den bisherigen Beträgen weiterzuführen und die neue Fünfjahresfrist nur für den aus der Kapitalrücklage resultierenden Erhöhungsbetrag vorzusehen; vgl. ADS, 6. Aufl., § 300 AktG, Rz 28. Mit dieser Berechnungsmethode wird dem Zweck der Vorschrift – beschleunigte Rücklagenzuführung – besser Rechnung getragen.
[178] Vgl. ADS, 6. Aufl., § 272 HGB, Rz 165.
[179] Vgl. ADS, 6. Aufl., § 272 HGB, Rz 162.
[180] Vgl. zum Streitstand ADS, 6. Aufl., § 300 AktG, Rz 40 mwN.

hält oder eine Gewinnabführungsverpflichtung gar nicht vorliegt.[181] Fehlt es völlig an einer Gewinnabführungsverpflichtung, können bei der beherrschten Ges. ein Jahresüberschuss oder ein Bilanzgewinn entstehen. Nach § 300 Nr. 3 AktG ist in diesem Fall zumindest der nach § 150 Abs. 2 AktG zur Auffüllung der gesetzlichen Rücklage erforderliche Betrag zu dotieren. Ist der nach § 300 Nr. 1 AktG berechnete Betrag höher als der nach § 150 Abs. 2 AktG ermittelte Mindestbetrag, ist Ersterer zuzuführen. Das Gesetz geht also auch bei einem Beherrschungsvertrag davon aus, dass die gesetzliche Rücklage innerhalb der ersten fünf Gj seit Wirksamwerden des Beherrschungsvertrags oder nach Durchführung einer Kapitalerhöhung gleichmäßig auf den 10. oder den in der Satzung bestimmten höheren Teil des Grundkapitals aufzufüllen ist. Entsteht bei der beherrschten Ges. infolge nachteiliger Weisungen der herrschenden Ges. kein Jahresüberschuss, muss die gesetzliche Rücklage dennoch innerhalb der ersten fünf Gj dotiert sein. Anderenfalls ließe sich durch nachteilige Weisungen die Pflicht zur Dotierung der gesetzlichen Rücklage umgehen. Die Gläubiger der beherrschten Ges. werden durch die Verlustübernahmeverpflichtung der herrschenden Ges. (§ 302 Abs. 1 AktG) hinreichend geschützt.

165 Besteht **neben dem Beherrschungsvertrag eine Verpflichtung zur Abführung des ganzen Gewinns**, findet im Umkehrschluss aus § 300 Nr. 3 AktG der § 300 Nr. 1 AktG Anwendung.[182]

166 Ist der **Beherrschungsvertrag mit einer Teilgewinnabführungsverpflichtung verbunden**, so bestimmt sich die Mindestzuführung zur gesetzlichen Rücklage nach § 300 Nr. 2 AktG. § 150 Abs. 2 AktG kann in diesem Fall keine Anwendung finden, da ansonsten für die Berechnung des Mindestzuführungsbetrags immer von dem um die Teilgewinnabführung verminderten Jahresüberschuss ausgegangen werden würde. Die Teilgewinnabführung ist aber für die Bemessung der Zuführung zu der gesetzlichen Rücklage außer Betracht zu lassen, weswegen § 300 Nr. 2 AktG auf den Jahresüberschuss ohne Gewinnabführung abstellt.

167 Die Zuführungen zur gesetzlichen Rücklage nach § 300 Nr. 1 und 2 AktG vermindern den abzuführenden Gewinn i.S.d. § 301 Satz 1 AktG. Umgekehrt kann der abzuführende Gewinn wegen der Verwendungsbeschränkungen des § 150 AktG nicht durch die Entnahme solcher Beträge, die während der Vertragslaufzeit in die gesetzliche Rücklage eingestellt worden sind, erhöht werden. Das gilt auch bei der **Entstehung eines Jahresfehlbetrags**. Hier hat die Kompensation über § 302 Abs. 1 AktG – die bestehende Verlustausgleichsverpflichtung der herrschenden Ges. – zu erfolgen, sodass eine Inanspruchnahme der gesetzlichen Rücklagen nach § 150 Abs. 3 oder 4 AktG jedenfalls während des Bestehens eines Beherrschungs- oder Gewinnabführungsvertrags nicht erfolgen kann.

168 Einstellungen in die gesetzliche Rücklage sind im Rahmen der **Aufstellung des Jahresabschlusses** durch den Vorstand vorzunehmen. Dies ergibt sich aus § 150

---

[181] Die Gefahren eines Beherrschungsvertrags bestehen darin, dass das herrschende Unt aufgrund des ihm zustehenden Weisungsrechts auch ohne Gewinnabführungsvertrag in der Lage ist, Gewinnverlagerungen – etwa durch Verrechnungspreisgestaltungen oder Weisungen im Wettbewerbsverhalten – zu veranlassen.
[182] Vgl. ADS, 6. Aufl., § 272 HGB, Rz 164.

Abs. 1 Satz 1 AktG, der von dem aufzustellenden Jahresabschluss spricht. Die Aufstellung des Jahresabschlusses obliegt dem Vorstand.

Einstellungen in die gesetzliche Rücklage aus dem Jahresüberschuss nach Maßgabe des § 150 Abs. 2 AktG sind gem. § 158 Abs. 1 Nr. 4a AktG in der **Verlängerungsrechnung zur GuV** anzugeben. Alternativ können die Angaben auch im Anhang gemacht werden (§ 158 Abs. 1 Satz 2 AktG). Zudem ist in der Bilanz oder im Anhang anzugeben, welche Beträge aus dem Jahresüberschuss in die gesetzliche Rücklage eingestellt worden sind (§ 152 Abs. 3 Nr. 2 AktG). 169

Für **Einstellungen in die gesetzliche Rücklage nach § 231 Satz 1 AktG** ist § 158 Abs. 1 Nr. 4 AktG ebenfalls anzuwenden. Zum besseren Verständnis ist zudem zu empfehlen, in der Bilanz oder im Anhang – in entsprechender Anwendung des § 152 Abs. 3 Nr. 2 AktG – die Herkunft der Mittel zu erläutern. Eine Verpflichtung besteht nach dem Wortlaut des § 152 Abs. 3 AktG aber nicht. 170

Eine direkte Umbuchung von den aufgelösten Gewinnrücklagen in die gesetzliche Rücklage ist im Hinblick auf das **Prinzip des Bruttoausweises**, wie es für die Fälle der Kapitalherabsetzung seine Ausprägung in § 240 Satz 1 und 2 AktG gefunden hat, nach der hier vertretenen Auffassung nicht zulässig. 171

Über die Einstellungsbefugnis des Vorstands hinausgehend kann die HV im Beschluss über die **Verwendung des Bilanzgewinns** weitere Beträge in die anderen Gewinnrücklagen und damit auch in die gesetzliche Rücklage einstellen (§ 58 Abs. 3 AktG). Entsprechend kann der Vorstand im Vorschlag über die Verwendung des Bilanzgewinns (§ 170 Abs. 2 AktG) auch einen Vorschlag zur Einstellung von Beträgen in die gesetzliche Rücklage unterbreiten.[183] Ein solcher Beschluss führt allerdings nicht zu einer Änderung des bereits festgestellten Jahresabschlusses (§ 174 Abs. 3 AktG). Er ist erst im folgenden Jahresabschluss zu berücksichtigen. In der Bilanz oder im Anhang sind dann die Änderungen anzugeben (§ 152 Abs. 3 Nr. 1 AktG). 172

Auch **Entnahmen aus der gesetzlichen Rücklage** sind bei Aufstellung des Jahresabschlusses durch den Vorstand vorzunehmen, der die Verwendungsbeschränkungen des § 150 Abs. 3 und 4 AktG zu beachten hat.[184] Eine bestimmte Verwendungsreihenfolge besteht hingegen nicht. Setzt sich der gesetzliche Reservefonds aus der gesetzlichen Rücklage und der Kapitalrücklage gem. § 272 Abs. 2 Nr. 1 bis 3 HGB und ggf. Zuführungen aus der vereinfachten Kapitalherabsetzung (§§ 229 ff., 232, 237 Abs. 5 AktG) zusammen, liegt es im Ermessen des Vorstands, welchen Teil des gesetzlichen Reservefonds er auflöst. Das Vorhandensein einer Kapitalrücklage nach § 272 Abs. 2 Nr. 4 HGB schließt die Inanspruchnahme der gesetzlichen Rücklage zum Ausgleich eines Jahresfehlbetrags oder eines Verlustvortrags aus dem Vorjahr nicht aus. Die Kapitalrücklage nach § 272 Abs. 2 Nr. 4 HGB ist ausweislich des Wortlauts des § 150 Abs. 3 und 4 AktG nicht vorab zum Ausgleich heranzuziehen, sondern kann nach dem Ausgleich frei verfügt werden. 173

---

[183] Ein Beschluss über die Verwendung des Bilanzgewinns kann bei Vorliegen der Voraussetzungen des § 254 Abs. 1 AktG angefochten werden. Die Vorschrift dient dazu, ein „Aushungern" der Minderheitsaktionäre durch Überdotierungen der Gewinnrücklagen, also auch der gesetzlichen Rücklage, zu verhindern.

[184] Vgl. dazu im Einzelnen ADS, 6. Aufl., § 150 AktG, Rz 47. Bedeutsam ist insbesondere, dass das Vorhandensein stiller Reserven die Inanspruchnahme des gesetzlichen Reservefonds nicht ausschließt.

174 Werden Beträge aus der gesetzlichen Rücklage entnommen, ist dieser Vorgang in der **Verlängerungsrechnung zur GuV** abzubilden (§ 158 Abs. 1 Nr. 3a HGB). Nur im Fall der Kapitalerhöhung aus Gesellschaftsmitteln (§ 150 Abs. 4 Nr. 3 AktG) erfolgt eine unmittelbare Umbuchung in das gezeichnete Kapital. Zudem sind in der Bilanz oder im Anhang nach Maßgabe des § 152 Abs. 2 Nr. 3 AktG die Beträge anzugeben, die für das Gj entnommen wurden.

175 Die gesetzlichen Vorschriften über die Bildung einer gesetzlichen Rücklage, über ihre Verwendung und über die Einstellung von Beträgen in die gesetzliche Rücklage sind gem. § 324 Abs. 1 AktG **nicht auf eingegliederte Ges.** (§§ 319ff. AktG) anzuwenden.[185] Ebenso ist auch § 300 AktG nicht auf einen Gewinnabführungsvertrag oder einen Teilgewinnabführungsvertrag zwischen einer eingegliederten Ges. und der Hauptges. anzuwenden (§ 324 Abs. 2 Satz 1 AktG). Die Vorschriften haben ihren Grund darin, dass bei einer eingegliederten Ges. keine schutzwürdigen außenstehenden Aktionäre vorhanden und Gläubiger ausreichend durch die Sicherheitsleistung nach § 321 AktG sowie die gesamtschuldnerische Haftung der Hauptges. nach § 322 AktG gesichert sind. Umstritten ist, ob § 324 Abs. 1 AktG nur die gesetzliche Rücklage nach § 150 Abs. 1 und 2 AktG betrifft oder auch die Kapitalrücklage nach § 272 Abs. 2 Nr. 1 bis 3 HGB, mithin ob im Fall der Eingliederung nur die gesetzliche Rücklage i.S.d. § 150 Abs. 1 und 2 AktG oder aber der gesamte gesetzliche Reservefonds aufgelöst werden kann. Seinem Wortlaut nach ist § 324 Abs. 1 AktG auf die gesetzliche Rücklage beschränkt. Demgemäß bleibt die Kapitalrücklage i.S.d. § 272 Abs. 2 Nr. 1 bis 3 HGB nach der hier vertretenen Auffassung weiterhin von den Verwendungsbeschränkungen des § 150 Abs. 3 und 4 AktG umfasst.[186]

176 Die vorstehenden Ausführungen zur Bildung und Auflösung der gesetzlichen Rücklage, der satzungsmäßigen Rücklagen und der anderen Gewinnrücklagen bei der AG gelten – mit Ausnahme der nachstehenden Besonderheiten – für die KGaA und die SE entsprechend.

177 Bei der KGaA wird der Jahresabschluss durch die HV festgestellt (§ 286 Abs. 1 Satz 1 AktG). Der Beschluss bedarf der Zustimmung der phG (§ 286 Abs. 1 Satz 2 AktG). Die Zuständigkeit der HV, die im Recht der AG der Ausnahmefall ist, ist hier die Regel. Dagegen liegt die **Entscheidung über die Gewinnverwendung auch bei der KGaA allein in der Hand der HV** (§ 278 Abs. 3 i.V.m. § 174 Abs. 1 AktG), wobei sie an den festgestellten Jahresabschluss gebunden ist. Der Vorschlag für die Gewinnverwendung wird den Kommanditaktionären durch die phG unterbreitet (§§ 283 Nr. 9, 170 Abs. 2 AktG).

178 Die KGaA ist ebenso wie die AG zur **Bildung eines gesetzlichen Reservefonds** verpflichtet, der sich aus der gesetzlichen Rücklage und der Kapitalrücklage nach § 272 Abs. 2 Nr. 1 bis 3 HGB zusammensetzt (§§ 278 Abs. 3, 150 AktG). Die Dotierung ist bei der Aufstellung des Jahresabschlusses vorzunehmen (§ 270 Abs. 1 und 2 HGB). Nach § 150 Abs. 2 Satz 1 AktG ist Bemessungsgrundlage für die Zuführungen zur gesetzlichen Rücklage der Jahresüberschuss. Die Ge-

---

[185] Satzungsmäßige Vorschriften sind hingegen durch den Vorstand der AG weiterhin zu beachten. Bei der gebildeten Rücklage handelt es sich auch weiterhin um eine gesetzliche Rücklage i.S.d. §§ 266 Abs. 3 A. III. 1., § 150 AktG und nicht um eine satzungsmäßige Rücklage i.S.d. § 266 Abs. 3 A. 3. HGB.

[186] Vgl. zum Streitstand ADS, 6. Aufl, § 150 AktG, Rz 68 mwN.

winnanteile der phG bleiben für Zwecke der Bemessung der Zuführung zur der gesetzlichen Rücklage unberücksichtigt.[187]

Die **haftungsbeschränkte UG** hat einen Jahresabschluss nach den für KapG geltenden Vorschriften aufzustellen (§ 5a Abs. 3 Satz 1 GmbHG). In der Bilanz dieses Jahresabschlusses ist eine gesetzliche Rücklage zu bilden, in die ein Viertel des um einen Verlustvortrag aus dem Vorjahr geminderten Jahresüberschusses einzustellen ist (§ 5a Abs. 3 Satz 1 GmbHG). Es ist zu beachten, dass § 5a Abs. 3 GmbHG keine Obergrenze der Zuführung zu der Rücklage aufweist, sondern die Zuführungspflicht erst entfällt, wenn die Ges. ihr Stammkapital so erhöht, dass es den Betrag des Mindestkapitals nach § 5 Abs. 1 GmbHG erreicht oder übersteigt. Zuzuführen ist jeweils **ein Viertel des um einen etwaigen Verlustvortrag aus dem Vorjahr verminderten Jahresüberschusses**.[188] Die Zuführungspflicht endet erst, wenn die Ges. ihr Stammkapital durch eine Kapitalerhöhung aus Gesellschaftsmitteln auf den Betrag des Mindeststammkapitals gebracht hat (§ 5a Abs. 5 GmbHG). Es ist davon auszugehen, dass auch jede andere Form der Erhöhung des Stammkapitals auf den Betrag des Mindeststammkapitals zur Aushebelung der Zuführungspflicht ausreicht.

179

Das Stammkapital bildet zusammen mit der gesetzlichen Rücklage i.S.d. § 5a Abs. 3 GmbHG, vergleichbar dem § 150 AktG, einen **gesetzlichen Reservefonds**, der nicht zur Ausschüttung an die Gesellschafter gelangen darf. Dies machen die eingeschränkten Verwendungszwecke des § 5a Abs. 3 GmbHG deutlich. Zwar beschränkt § 30 GmbHG die Ausschüttung nur auf das zur Erhaltung des Stammkapitals erforderliche Vermögen, sodass es möglich wäre, einen Verlust zu erzeugen, zu dessen Ausgleich die Rücklage nach § 5a Abs. 3 Nr. 1 GmbHG dann herangezogen wird.[189] Damit würde der Zweck der gesetzlichen Vorschrift aber völlig verfehlt. Auch die gesetzliche Rücklage nach § 5a Abs. 3 GmbHG unterliegt daher den Verfügungsbeschränkungen der §§ 30, 31 GmbHG.[190]

180

7.3.3 Satzungsmäßige Rücklage

Zu den satzungsmäßigen Rücklagen i.S.d. § 266 Abs. 3 A. III. 3. HGB gehören nach hM nur die Rücklagen, die auf einer **satzungsmäßigen Dotierungsverpflichtung** – sog. Pflichtrücklagen – beruhen.[191] Demgegenüber führen Satzungsbestimmungen, die nur zur Bildung von Gewinnrücklagen ermächtigen – sog. Ermessensrücklagen –, allein zur Dotierung der anderen Gewinnrücklagen.[192]

181

---

[187] Soweit die phG von dem Wahlrecht des § 286 Abs. 3 AktG Gebrauch machen, ist der Jahresüberschuss bereits um die Gewinnanteile der phG vermindert. Werden die Gewinnanteile der phG dagegen offen nach dem Jahresüberschuss in der Verlängerungsrechnung zur GuV ausgewiesen, ist der Jahresüberschuss für Zwecke der Bemessung einer ggf. erforderlichen Zuführung zu der gesetzlichen Rücklage um diese Gewinnanteile zu vermindern; vgl. zum Ausweis der Gewinnanteile der phG in der GuV nur ADS, 6. Aufl., § 286 AktG, Rz 42.
[188] Teilweise werden hier Gestaltungsspielräume gesehen; vgl. *Veil*, GmbHR 2007, S. 1083.
[189] So wohl *Noack*, DB 2007, S. 1396.
[190] Ebenso *Bunnemann/Zirngibl*, Auswirkungen des MoMiG auf bestehende GmbHs, S. 50.
[191] Vgl. *Winkeljohann/Hoffmann*, in Beck Bil-Komm., 10. Aufl., § 272 HGB, Rz 250.
[192] Vgl. *Küting/Reuter*, in *Küting/Weber*, HdR, § 272 HGB, Rn 158, Stand 11/2009.

§ 272 Eigenkapital

182 Bei der **AG** ist die Bildung von satzungsmäßigen Rücklagen in § 58 AktG geregelt.[193]**Stellen Vorstand und Aufsichtsrat den Jahresabschluss fest** (§ 172 AktG), was der üblichen Praxis entspricht, können sie einen Teil des Jahresüberschusses, höchstens jedoch die Hälfte, in die anderen Gewinnrücklagen einstellen (§ 58 Abs. 2 Satz 1 AktG), wobei die Satzung Vorstand und Aufsichtsrat zur Einstellung eines größeren oder kleineren Teils des Jahresüberschusses ermächtigen kann (§ 58 Abs. 2 Satz 2 AktG). Da es sich hierbei um eine zusätzliche Zuführung handelt, die im Ermessen von Vorstand und Aufsichtsrat liegt, sind die anderen Gewinnrücklagen i.S.v. § 266 Abs. 3 A. III. 4. HGB zu dotieren und nicht die satzungsmäßigen Rücklagen i.S.d. § 266 Abs. 3 A. III. 3. HGB. Das lässt sich auch aus § 58 Abs. 2 Satz 1 AktG entnehmen, der ausdrücklich von „anderen Gewinnrücklagen" spricht (zum Ausweis in der Bilanz und der GuV vgl. Rz 14ff.).[194]

183 Wird der **Jahresabschluss ausnahmsweise von der HV festgestellt** (§ 173 Abs. 1 AktG), kann die Satzung für diesen Fall bestimmen, dass Beträge aus dem Jahresüberschuss in andere Gewinnrücklagen einzustellen sind (§ 58 Abs. 1 Satz 1 AktG). Aufgrund einer solchen Satzungsbestimmung kann höchstens die Hälfte des Jahresüberschusses in andere Gewinnrücklagen eingestellt werden (§ 58 Abs. 1 Satz 2AktG). Dabei sind Beträge, die in die gesetzliche Rücklage einzustellen sind, und ein Verlustvortrag vorab von dem Jahresüberschuss abzuziehen (§ 58 Abs. 1 Satz 3 AktG). Zwar sieht § 58 Abs. 1 Satz 1 AktG eine Pflichtdotierung vor, jedoch schreibt der Wortlaut der Vorschrift gleichwohl eine Einstellung in die anderen Gewinnrücklagen vor.[195] Demgem. hat der Ausweis bei der AG unter den anderen Gewinnrücklagen i.S.v. § 266 Abs. 3 A. III. 4. HGB zu erfolgen (zum Ausweis in der Bilanz und in der GuV vgl. Rz 14ff.).[196]

184 Darüber hinaus erlaubt § 58 Abs. 3 Satz 1 AktG der HV der AG, im Wege des **Gewinnverwendungsbeschlusses** weitere Beträge in die Gewinnrücklagen einzustellen (§ 174 AktG). Auch diese Beträge sind, da es sich ebenfalls um eine Zuführung handelt, die im Ermessen der HV liegen, als andere Gewinnrücklagen i.S.v. § 266 Abs. 3 A. III. 4. HGB auszuweisen.[197]

185 Unter Berücksichtigung der vorstehenden Ausführungen wird deutlich, dass satzungsmäßige Gewinnrücklagen bei der AG im Grunde nicht gebildet werden können.[198] Vor diesem Hintergrund ist die in der Literatur umstrittene Frage verständlich, ob in der Satzung eine Regelung getroffen werden kann, die die **HV zu einer Rücklagendotierung im Rahmen der Gewinnverwendung verpflichtet**. Nach § 58 Abs. 4 AktG scheint dies möglich. Es heißt dort, dass die Aktionäre Anspruch auf den Bilanzgewinn haben, soweit er nicht nach der Satzung von der Verteilung unter den Aktionären ausgeschlossen ist. Für die

---

[193] Vgl. *Küting/Reuter*, in *Küting/Weber*, HdR, § 272 HGB, Rn 160, Stand 11/2009.
[194] Vgl. ADS, 6. Aufl., § 272 HGB, Rz 153; a. A. *Haller*, DB 1987, S. 648.
[195] Die Ausweisfrage hat Bedeutung für die Berechnung der Höchstgrenze der Dotierungsmöglichkeiten des Vorstands nach § 58 Abs. 2 Satz 2 AktG. Wenn die anderen Gewinnrücklagen die Hälfte des Grundkapitals übersteigen, kann von der Ermächtigung kein Gebrauch mehr gemacht werden.
[196] Vgl. ADS, 6. Aufl., § 272 HGB, Rz 153 mwN.
[197] Vgl. auch *Küting/Reuter*, in *Küting/Weber*, HdR, § 272 HGB, Rn 162, Stand 11/2009.
[198] So auch *Küting/Reuter*, in *Küting/Weber*, HdR, § 272 HGB, Rn 163, Stand 11/2009, die § 58 Abs. 4 AktG als einzige Grundlage zur Bildung einer satzungsmäßigen Rücklage i.S.d. § 266 Abs. 3 A. III. 3. HGB ansehen.

Zulässigkeit einer solchen Satzungsbestimmung spricht im Übrigen, dass nach § 58 Abs. 3 Satz 2 AktG sogar eine Regelung in die Satzung aufgenommen werden kann, nach der die Verteilung des Bilanzgewinns ganz ausgeschlossen wird, um ihn der Verfolgung gemeinnütziger Zwecke zuzuführen.[199] Zudem wird im Hinblick auf § 158 Abs. 1 Nr. 4c AktG, der ansonsten leer liefe, davon auszugehen sein, dass derartige Beträge in die satzungsmäßigen Gewinnrücklagen einzustellen sind.[200] Folglich sind Einstellungen in die satzungsmäßigen Rücklagen auf der Grundlage einer die HV verpflichtenden Satzungsregelung nach § 58 Abs. 4 AktG zulässig. In diesem Fall ist die Dotierung der satzungsmäßigen Rücklagen schon im Rahmen der Aufstellung des Jahresabschlusses vorzunehmen und in der Verlängerungsrechnung zur GuV zu zeigen (§ 158 Abs. 1 Nr. 4c AktG). Alternativ ist auch eine Angabe im Anhang zulässig (§ 158 Abs. 1 Satz 2 AktG).[201]

Die handelsbilanzielle Abbildung von **Entnahmen** aus der satzungsmäßigen Rücklage hängt von dem in der Satzung festgelegten Zweck ab, der ihrer Bildung zugrunde liegt.[202]

186

> **Beispiel**
> Sollen sie bspw. einer Kapitalerhöhung aus Gesellschaftsmitteln dienen, ist nach entsprechendem Beschluss der HV unmittelbar in der Bilanz eine Umbuchung vorzunehmen.

Entnahmen erfolgen nach Maßgabe des § 270 Abs. 2 HGB im Rahmen der Aufstellung des Jahresabschlusses. Sie sind in der Bilanz oder im Anhang gesondert anzugeben (§ 152 Abs. 3 Nr. 3 AktG) und in der Verlängerungsrechnung zur GuV auszuweisen (§ 158 Abs. 1 Nr. 3c AktG).

Das Gesetz schreibt eine **Untergliederung der satzungsmäßigen Rücklagen** entsprechend den festgelegten Zwecken nicht vor. Gleichwohl ist es im Interesse einer klareren Darstellung zu empfehlen, zumindest nicht unerhebliche zweckgebundene satzungsmäßige Rücklagen gesondert auszuweisen oder im Anhang zu erläutern.

187

Die **satzungsmäßigen Rücklagen** und die anderen Gewinnrücklagen werden bei der **KGaA** – gleichgültig ob die Dotierung im Rahmen der Aufstellung oder der Gewinnverwendung vorgenommen wird – allein aus dem auf die Kommanditaktionäre entfallenden Jahresüberschuss bedient.

188

Für den Jahresabschluss der KGaA ist nach aktienrechtlichen Vorschriften zu entscheiden, ob und inwieweit außer den Einstellungen aus dem Jahresüberschuss in die gesetzliche Rücklage weitere **Dotierungen der Gewinnrücklage**

189

---

[199] Vgl. *Hüffer*/Koch, AktG, 12. Aufl., § 58 Rn 25.
[200] Vgl. ADS, 6. Aufl., § 272 HGB, Rz 154 sowie § 58 AktG, Rz 134 ff.; *Müller*, WPg 1969, S. 247; *Bayer*, in Münchener Kommentar zum AktG, § 58 Rn 94; a. A. *Lutter*, in Kölner Kommentar zum AktG, 2. Aufl., § 58 Anm 69.
[201] Wird durch eine Satzungsbestimmung die in § 150 Abs. 2 AktG vorgesehene Obergrenze des gesetzlichen Reservefonds erhöht, folgt daraus keine Zuführung zu den satzungsmäßigen Rücklagen, sondern zu der gesetzlichen Rücklage nach § 150 Abs. 1 und 2 AktG.
[202] Beispiele für zweckgebundene satzungsmäßige Rücklagen sind die Substanzerhaltungsrücklage, die Erneuerungsrücklage, die Rücklage zur Anlagenausstattung, die Rücklage für Werbefeldzüge etc.; vgl. *Küting/Reuter*, in *Küting/Weber*, HdR, § 272 HGB, Rn 165, Stand 11/2009.

erfolgen dürfen und in wessen Zuständigkeit die Entscheidung darüber liegt. Umstritten ist, ob § 58 Abs. 1 und 2 AktG Anwendung finden.[203] Diese auf die AG zugeschnittene Vorschrift unterscheidet danach, ob die Feststellung des Jahresabschlusses durch die HV oder den Vorstand und den Aufsichtsrat erfolgt. Insoweit geht die Verweisung des § 278 Abs. 3 AktG also eigentlich ins Leere, da die Feststellung des Jahresabschlusses der KGaA allein der HV obliegt. Im Hinblick auf die Besonderheiten der KGaA ist es sachgerecht, dass die phG bereits bei Aufstellung des Jahresabschlusses die Hälfte des Jahresüberschusses in die Gewinnrücklagen einstellen dürfen. Dem kann die HV im Wege der Feststellung des Jahresabschlusses zustimmen. Soll ein höherer Anteile als die Hälfte des Jahresüberschusses in die anderen Gewinnrücklagen eingestellt werden, bedarf es einer entsprechenden Satzungsregelung (§ 58 Abs. 2 Satz 2 AktG).

190 Der Gesellschaftsvertrag einer **GmbH** kann verpflichtend vorschreiben, dass die Geschäftsführung oder die GesV bestimmte Beträge in die Gewinnrücklagen einzustellen hat (§ 29 Abs. 1 Satz 1 GmbHG). Ist die Bestimmung des Gesellschaftsvertrags verpflichtend, hat der Ausweis innerhalb der satzungsmäßigen Rücklagen zu erfolgen. Handelt es sich um eine Ermessensdotierung, sind die Beträge innerhalb der anderen Gewinnrücklagen auszuweisen. Darüber hinaus sind auch bei der GmbH gesellschaftsvertragliche Regelungen denkbar, die eine verpflichtende Dotierung der satzungsmäßigen Rücklagen im Rahmen der Gewinnverwendung vorsehen (§ 29 Abs. 2 GmbHG).

7.3.4 Andere Gewinnrücklagen

191 Der Posten „Andere Gewinnrücklagen" nach § 272 Abs. 3 Satz 2 Alt. 3 HGB beinhaltet als **Auffangtatbestand** alle Gewinnrücklagen, die nicht in den Posten nach § 266 Abs. 3 A. III. 1. bis 3. HGB zu erfassen sind. Hierunter fällt bei der **AG** die Einstellung aufgrund satzungsmäßiger Dotierungspflicht nach § 58 Abs. 1 Satz 1 AktG bei Feststellung des Jahresabschlusses durch die HV (§ 173 Abs. 2 Satz 2 AktG).[204] Da es sich hier um eine zwingende Dotierung der anderen Gewinnrücklagen handelt, hat der Vorstand diese im Rahmen der Aufstellung des Jahresabschlusses zu berücksichtigen. In der Bilanz oder im Anhang ist gesondert anzugeben, welcher Betrag dem Posten aus dem Jahresüberschuss des Gj zugeführt worden ist (§ 152 Abs. 3 Nr. 2 AktG). Zudem ist der Betrag brutto über die Verlängerungsrechnung zur GuV zu buchen (§ 158 Abs. 1 Nr. 4d AktG).

192 Ebenso sind Einstellungen nach § 58 Abs. 2 Satz 1 AktG durch den Vorstand und den Aufsichtsrat – bei Feststellung des Jahresabschlusses durch diese – in dem Posten zu erfassen. Vorstand und Aufsichtsrat können danach höchstens die **Hälfte des um die Zuführung zu den gesetzlichen Rücklagen und einen Verlustvortrag verminderten Jahresüberschusses in die anderen Gewinnrücklagen** einstellen. Nach § 58 Abs. 2 Satz 2 AktG kann die Satzung den Vorstand und den Aufsichtsrat zur Einstellung eines größeren oder kleineren

---

[203] Vgl. zum Streitstand ADS, 6. Aufl., § 286 AktG, Rz 65.
[204] Dieser Fall ist streng von der Rücklagenbildung durch die HV im Rahmen der Gewinnverwendung zu unterscheiden (§ 58 Abs. 3 AktG). Grundlage der Einstellung in die anderen Gewinnrücklagen ist der Jahresüberschuss, Grundlage der Gewinnverwendung der Bilanzgewinn.

Teils des Jahresüberschusses ermächtigen. Aufgrund einer solchen Satzungsbestimmung dürfen aber keine Beträge in die anderen Gewinnrücklagen eingestellt werden, wenn diese die Hälfte des Grundkapitals übersteigen oder nach der Einstellung übersteigen würden (§ 58 Abs. 2 Satz 3 AktG). Die Einstellungen sind bei Aufstellung des handelsrechtlichen Jahresabschlusses vorzunehmen und in der Bilanz oder im Anhang gesondert anzugeben (§ 152 Abs. 3 Nr. 2 AktG). Zudem ist die Einstellung über die Verlängerungsrechnung zur GuV zu buchen (§ 158 Abs. 1 Nr. 4d AktG). Eine direkte Einstellung ohne Berührung der GuV ist nicht zulässig.

Nach Maßgabe des § 58 Abs. 3 Satz 1 AktG kann die HV im **Beschluss über die Verwendung des Bilanzgewinns** weitere Beträge in die Gewinnrücklagen – also auch in die anderen Gewinnrücklagen – einstellen. Denkbar ist auch, die Zuführung zu den anderen Gewinnrücklagen mit einer Zweckbindung zu versehen.[205] Zuführungen zu den anderen Gewinnrücklagen nach Maßgabe des § 58 Abs. 3 Satz 1 AktG berühren erst den handelsrechtlichen Jahresabschluss des Folgejahrs. Zu dem Posten ist im Folgejahr gem. § 152 Abs. 3 Nr. 1 AktG in der Bilanz oder im Anhang gesondert anzugeben, welchen Betrag die HV aus dem Bilanzgewinn des Vj eingestellt hat.[206] **193**

§ 58 Abs. 2a AktG erlaubt dem Vorstand und dem Aufsichtsrat die Einstellung des Eigenkapitalanteils von **Wertaufholungen** in die anderen Gewinnrücklagen.[207] Die Einstellung erfolgt im Rahmen der Gewinnverwendung ohne Anrechnung („unbeschadet") auf die betragsmäßigen Begrenzungen der Gewinnverwendung in § 58 Abs. 1 und 2 AktG. Nach § 58 Abs. 2a AktG ist der Betrag dieser Rücklagen entweder in der Bilanz gesondert auszuweisen oder im Anhang anzugeben.[208] In der GuV ist der Betrag gem. § 158 Abs. 1 Nr. 4d AktG zusammen mit den sonstigen Einstellungen in die anderen Gewinnrücklagen zu zeigen. Eine unmittelbare Einstellung in die anderen Gewinnrücklagen ist nicht zulässig. **194**

Liegt ein (Teil-)**Gewinnabführungsvertrag** vor, bestimmt § 301 AktG den Höchstbetrag der Gewinnabführung. Danach kann eine AG, gleichgültig welche Vereinbarungen über die Berechnung des abzuführenden Gewinns getroffen worden sind, als ihren Gewinn höchstens den ohne Gewinnabführung entstehenden Jahresüberschuss, vermindert um einen Verlustvortrag aus dem Vorjahr und um den Betrag, der nach § 300 AktG in die gesetzlichen Rücklagen einzustellen ist, abführen. Aus dem Wortlaut des § 301 Satz 1 AktG („... höchstens ...") lässt sich entnehmen, dass im (Teil-)Gewinnabführungsvertrag Zuführungen zu den ande- **195**

---

[205] Entfällt die Zweckbindung, so ist die zweckgebundene andere Gewinnrücklage durch den Vorstand erfolgswirksam aufzulösen. Sie erhöht den Bilanzgewinn und fällt wieder in die Dispositionsbefugnis der HV.
[206] § 58 Abs. 3 Satz 2 AktG räumt zudem die Möglichkeit ein, die HV durch Satzungsregelung zu ermächtigen, eine andere Verwendung als zur Dotierung der Gewinnrücklagen, zur Ausschüttung oder zum Gewinnvortrag zu beschließen. Hauptzweck dieser Vorschrift ist es, eine Verwendung des Bilanzgewinns zugunsten Dritter, d.h. weder der AG noch der Aktionäre, zuzulassen. Dabei wird insbesondere an gemeinnützige Zwecke gedacht.
[207] Das Recht zur Rücklagenbildung nach § 58 Abs. 2a AktG steht Vorstand und Aufsichtsrat nur zu, solange diese auch den Jahresabschluss feststellen. Die Kompetenz zur Rücklagenbildung – auch bez. § 58 Abs. 2a AktG – wird bei Feststellung des Jahresabschlusses durch die HV allein durch § 173 Abs. 2 AktG geregelt. § 173 Abs. 2 Satz 2 AktG schreibt aber vor, dass die HV nur Beträge in die Gewinnrücklagen einstellen darf, die nach Gesetz oder Satzung einzustellen sind.
[208] Die Vorschrift ist nach hier vertretener Auffassung lex specialis zu § 152 Abs. 3 Nr. 2 AktG.

ren Gewinnrücklagen vereinbart werden können. Umgekehrt ist eine Zuführung zu den anderen Gewinnrücklagen bei wirksamem (Teil-)Gewinnabführungsvertrag nur mit entsprechender vertraglicher Vereinbarung überhaupt möglich. Nach § 301 Satz 2 AktG können Beträge, die während der Dauer des Vertrags in die anderen Gewinnrücklagen eingestellt worden sind, diesen entnommen und als Gewinn abgeführt werden. Ein Bilanzgewinn entsteht dadurch nicht; es erhöhen sich die Aufwendungen nach § 277 Abs. 3 Satz 2 HGB in der GuV.[209] Demgegenüber dürfen die sog. vorvertraglichen anderen Gewinnrücklagen – also andere Gewinnrücklagen, die bei Wirksamwerden des (Teil-)Gewinnabführungsvertrags bereits bestanden, – einschl. eines Gewinnvortrags nicht aufgelöst und abgeführt werden. Dies ergibt sich im Umkehrschluss aus § 301 Satz 2 AktG. Damit ist jedoch eine Auflösung und Ausschüttung an alle Gesellschafter im Rahmen der Gewinnverwendung nach § 174 AktG keineswegs generell ausgeschlossen. Besondere Bedeutung gewinnen die anderen Gewinnrücklagen zudem für die Frage des Verlustausgleichs nach § 302 Abs. 1 AktG. Besteht ein Beherrschungs- oder Gewinnabführungsvertrag, so ist jeder während der Vertragsdauer sonst entstehende Jahresfehlbetrag auszugleichen, soweit dieser nicht dadurch ausgeglichen werden kann, dass den anderen Gewinnrücklagen Beträge entnommen werden, die während der Vertragsdauer in sie eingestellt worden sind.[210]

196 **Entnahmen** aus den anderen Gewinnrücklagen werden durch den Vorstand bei Aufstellung des Jahresabschlusses vorgenommen. Denkbar sind Entnahmen zum Ausgleich eines Jahresfehlbetrags (§ 150 Abs. 3 Nr. 1 AktG) oder eines Verlustvortrags aus dem Vorjahr (§ 150 Abs. 3 Nr. 2 AktG), zur Ausschüttung oder zur Umwandlung in Grundkapital durch eine Kapitalerhöhung aus Gesellschaftsmitteln (§ 208 AktG). Darüber hinaus ist auch eine Dotierung der gesetzlichen Rücklage zulasten der anderen Gewinnrücklagen möglich. Die Entnahmen des Gj sind gem. § 152 Abs. 3 Nr. 3 AktG in der Bilanz oder im Anhang zu den einzelnen Posten gesondert anzugeben. Zudem müssen sie, abgesehen von der Kapitalerhöhung aus Gesellschaftsmitteln, in der Verlängerungsrechnung zur GuV gezeigt werden (§ 158 Abs. 1 Nr. 4 AktG).[211]

197 Der HV der **KGaA** bleibt es zudem unbenommen, aus dem Bilanzgewinn im Rahmen der Gewinnverwendung weitere Beträge in die **anderen Gewinnrücklagen** einzustellen (§§ 278 Abs. 3, 58 Abs. 3, 174 Abs. 2 AktG). Dies kann bereits entsprechend durch die phG vorgeschlagen werden; anderenfalls steht nichts entgegen, wenn die HV von dem Gewinnverwendungsvorschlag der phG abweicht und beschließt weitere Beträge in die anderen Gewinnrücklagen einzustellen. Eine Änderung des Jahresabschlusses ist damit nicht verbunden (§ 174 Abs. 2 AktG).

198 Für die **GmbH** fehlen gesetzliche Vorschriften, die zu einer Einstellung von Beträgen in die Gewinnrücklagen verpflichten. Umgekehrt bestehen auch keine gesetzlichen Verwendungsbeschränkungen. Es obliegt den Gesellschaftern oder

---

[209] Vgl. ADS, 6. Aufl., § 272 HGB, Rz 168.
[210] Vgl. ADS, 6. Aufl., § 272 HGB, Rz 168 sowie zu weiteren Einzelheiten *Müller*, in FS Goerdeler, S. 375.
[211] Eine Entnahme zur Dotierung der gesetzlichen Rücklage i. S. d. § 150 AktG lässt sich nur dann unter Umgehung des § 158 AktG erreichen, wenn die Entnahme zur Erhöhung des Bilanzgewinns vorgenommen wird und die Einstellung in die gesetzliche Rücklage durch die HV erfolgt. Dies erfordert nur eine Angabe nach § 152 Abs. 3 Nr. 1 AktG im folgenden JA.

dem sonst zuständigen Gewinnverwendungsorgan, nach Maßgabe des § 29 Abs. 2 GmbHG mit einem **Gewinnverwendungsbeschluss** Beträge in die Gewinnrücklagen einzustellen. Der Geschäftsführung ist es im Rahmen der Aufstellung des Jahresabschlusses erlaubt, den Eigenkapitalanteil von Wertaufholungen bei VG des AV und UV mit Zustimmung des Aufsichtsrats oder der Gesellschafter, in die Gewinnrücklagen einzustellen (§ 29 Abs. 4 Satz 1 GmbHG). Der Betrag dieser Rücklagen i.S.d. § 29 Abs. 4 Satz 1 GmbHG ist entweder in der Bilanz gesondert auszuweisen oder im Anhang anzugeben (§ 29 Abs. 4 Satz 2 GmbHG). Darüber hinaus kann die Geschäftsführung durch den Gesellschaftsvertrag oder Beschlüsse der Gesellschafter berechtigt werden, Gewinnrücklagen schon während der Aufstellung zu dotieren oder aufzulösen.

7.4 Rücklage für Anteile an einem herrschenden oder mehrheitlich beteiligten Unternehmen (Abs. 4)

Die Funktion der Rücklage für eigene Anteile besteht in einer **Ausschüttungssperre** zum Schutz der Gläubiger. Zwar ist der Erwerb eigener Anteile gesellschaftsrechtlich nur zulässig, soweit er aus dem freien Vermögen erfolgt (§ 71 Abs. 2 Satz 2 AktG, § 33 Abs. 2 Satz 1 GmbHG). Der Gesetzgeber hält dies jedoch nicht für ausreichend, sondern vertritt die Auffassung, dass der Gegenwert der aktivierten eigenen Anteile dauerhaft mit der verpflichtend zu bildenden Rücklage für eigene Anteile gegen eine Ausschüttung zu sperren ist. Dies ist auch gerechtfertigt, denn eigene Anteile sind besonders unsichere Werte. Sie bergen das Risiko, dass sich Unternehmensverluste noch verstärken. Anders als bei VG ist der Wert eigener Anteile grds. unmittelbar an die Wertentwicklung des Unt gebunden. Befindet sich ein Unt – aus welchen Gründen auch immer – in einer Schwächephase und erwirtschaftet Verluste, erhöhen sich diese Verluste üblicherweise noch durch die dann erforderliche außerplanmäßige Abschreibung der aktivierten eigenen Anteile.

Mit dem verpflichtenden Ausweis der (aller) eigenen Anteile auf der Passivseite der Bilanz (§ 272 Abs. 1a und b HGB) ist die Rücklage für eigene Anteile entbehrlich geworden. Der Grund für die verpflichtende Bildung einer Rücklage für eigene Anteile, die Aktivierung eigener Anteile, besteht nur noch eingeschränkt, nämlich in Bezug auf die Anteile, die die bilanzierungspflichtige KapG an einem herrschenden oder einem mehrheitlich beteiligten Unt hält (sog. **Rückbeteiligung**). Demgemäß schreibt § 272 Abs. 4 Satz 1 HGB vor, dass für Anteile an einem herrschenden oder mit Mehrheit beteiligten Unt eine Rücklage zu bilden ist.[212]

Die Überlegungen, die für die Bildung einer Rücklage für eigene Anteile bei der emittierenden Ges. galten, galten und gelten auch für die Bildung einer Rücklage für Anteile an einem herrschenden oder mit Mehrheit beteiligten Unt. Mit der Vorschrift sollte und soll eine Lücke geschlossen werden. Aus der Sicht des herrschenden oder mehrheitlich beteiligten Unt macht es keinen Unterschied, ob es die eigenen Anteile selbst hält oder sie von einem abhängigen oder im Mehrheitsbesitz stehenden Unt gehalten werden, denn zumindest die in ihrer

---

[212] Die Beantwortung der Frage, ob ein Unt herrschend oder mehrheitlich beteiligt ist, bestimmt sich nach den §§ 16, 17 AktG. Es gilt der aktienrechtliche Unternehmensbegriff; vgl. auch ADS, 6. Aufl., § 272 HGB, Rz 204.

Bilanz ausgewiesene Beteiligung an dem abhängigen oder im Mehrheitsbesitz stehenden Unt repräsentiert wirtschaftlich auch die von diesem gehaltenen eigenen Anteile. Insofern rechtfertigt sich auch eine Ausschüttungssperre, denn etwaige Verluste des herrschenden oder mehrheitlich beteiligten Unt schlagen auf den Wertansatz der Anteile bei dem abhängigen oder im Mehrheitsbesitz stehenden Unt durch, was sich auf Ebene des herrschenden oder mehrheitlich beteiligten Unt wiederum auf den Beteiligungsansatz auswirkt.[213] Es besteht damit für das herrschende oder mehrheitlich beteiligte Unt die **Gefahr der Verlustdoppelung** auch dann, wenn die eigenen Anteile bei dem abhängigen oder im Mehrheitsbesitz stehenden Unt liegen.[214]

202 § 266 Abs. 3 A. III. 2. HGB sieht den **gliederungstechnischen Ausweis** der Rücklage für Anteile an einem herrschenden oder mehrheitlich beteiligten Unt innerhalb der Gewinnrücklagen vor. Unter systematischen Gesichtspunkten wäre es besser gewesen, die Rücklage für Anteile an einem herrschenden oder mehrheitlich beteiligten Unt als weitere Kategorie neben die Kapital- und die Gewinnrücklage zu stellen. Dies gilt umso mehr, als die Rücklage für Anteile an einem herrschenden oder mehrheitlich beteiligten Unt sowohl zulasten der Gewinnrücklagen als auch zulasten der frei verfügbaren Kapitalrücklage oder des Jahresergebnisses dotiert werden kann.

203 Aktien einer herrschenden oder mit Mehrheit beteiligten AG können gesellschaftsrechtlich zulässig nur unter den Voraussetzungen des § 71d Satz 2 AktG i. V. m. § 71 AktG erworben werden. Dabei ist **von einem Ausweis im Umlaufvermögen** auszugehen, wenn die Aktien zur Abwendung eines schweren und unmittelbar bevorstehenden Schadens (§ 71 Abs. 1 Nr. 1 AktG), zur Weiterveräußerung an Arbeitnehmer (§ 71 Abs. 1 Nr. 2 AktG), zur Abfindung von Aktionären (§ 71 Abs. 1 Nr. 3 AktG), zur Einziehung zwecks Herabsetzung des Grundkapitals (§ 71 Abs. 1 Nr. 6 AktG) oder zum Zweck des Wertpapierhandels (§ 71 Abs. 1 Nr. 7 AktG) erworben werden.[215] Darüber hinaus können eigene Aktien auch unentgeltlich oder im Wege der Gesamtrechtsnachfolge erworben werden (§ 71 Abs. 1 Nr. 4 und 5 AktG). In beiden Fällen ist ein **Ausweis im Anlagevermögen** unter den Finanzanlagen denkbar (§ 266 Abs. 2 A. III. HGB).[216] Das Gleiche gilt auch für einen Erwerb nach § 71 Abs. 1 Nr. 8 AktG.

204 Natürlich kann ein abhängiges oder im Mehrheitsbesitz stehendes Unt auch die Geschäftsanteile einer herrschenden oder mit Mehrheit beteiligten **GmbH** erwerben. Da hier keine dem Aktienrecht vergleichbaren Erwerbsbeschränkungen in Form von zu beachtenden Erwerbszwecken bestehen, richtet sich die Zuord-

---

[213] Vgl. zum Ganzen auch *Zilias/Lanfermann*, WPg 1980, S. 94.
[214] Insoweit ist die Ausschüttungssperre auch nicht nur bei in 100 %igem Anteilsbesitz stehenden Unt gerechtfertigt, sondern auch, wenn an dem abhängigen oder im Mehrheitsbesitz stehenden Unt auch Minderheitsgesellschafter beteiligt sind; vgl. dazu auch *Seidler*, Eigene Aktien, S. 116. Das gilt umso mehr, als die eigenen Anteile bei dem abhängigen oder im Mehrheitsbesitz stehenden Unt nicht zwingend im Umlaufvermögen auszuweisen sind, also auch stille Lasten bergen können.
[215] Vgl. ADS, 6. Aufl., § 266 HGB, Rz 74, wonach ein Ausweis entweder unter § 266 Abs. 2 B. III. 1. HGB („Anteile an verbundenen Unternehmen"), soweit die Voraussetzungen des § 271 Abs. 2 HGB erfüllt sind, oder unter § 266 Abs. 2 B. III. 3. HGB („Sonstige Wertpapiere") infrage kommt.
[216] In diesem Zusammenhang ist zu beachten, dass das herrschende oder mehrheitliche Beteiligung Unt jederzeit die Übertragung der eigenen Aktien verlangen kann (§ 71d AktG). Folglich müssen für einen Ausweis im Anlagevermögen hinreichende Anhaltspunkte vorliegen, dass dieses Recht nicht ausgeübt wird; vgl. auch *Grottel/Kreher*, Beck Bil-Komm., 10. Aufl., § 266 HGB, Rz 73.

nung zum Anlage- oder Umlaufvermögen nach den allgemeinen Grundsätzen (§ 247 Abs. 2 HGB), wobei auch hier natürlich von Bedeutung ist, ob eine Unternehmensverbindung i. S. d. § 271 Abs. 2 HGB vorliegt.

Nach § 272 Abs. 4 Satz 3 Hs. 1 HGB ist die Rücklage für Anteile an einem herrschenden oder mehrheitlich beteiligten Unt bereits **bei der Aufstellung der Bilanz** zu bilden. Daraus folgt gleichzeitig, dass der Jahresabschluss zumindest unter Berücksichtigung der teilweisen Verwendung des Jahresergebnisses aufzustellen ist (§ 268 Abs. 1 Satz 1 HGB). 205

In die Rücklage ist ein Betrag einzustellen, der dem auf der Aktivseite der Bilanz für die Anteile an dem herrschenden oder mit Mehrheit beteiligten Unt angesetzten Betrag (§ 253 Abs. 1 Satz 1 HGB) entspricht (§ 272 Abs. 4 Satz 2 HGB). Werden die **Anteile unentgeltlich überlassen**, braucht eine Rücklage nicht gebildet zu werden, wenn der Ansatz nur mit einem Erinnerungswert erfolgt. Wird der Ansatz der eigenen Anteile im Zugangszeitpunkt hingegen zum beizulegenden Zeitwert vorgenommen, ist eine Rücklage für die Anteile an dem herrschenden oder mit Mehrheit beteiligten Unt i. H. d. beizulegenden Zeitwerts der aktivierten eigenen Anteile vorzunehmen. 206

Die Rücklage für Anteile an einem herrschenden oder mehrheitlich beteiligten Unt darf aus **vorhandenen frei verfügbaren Rücklagen** gebildet werden (§ 272 Abs. 4 Satz 3 Hs. 2 HGB). Zu den frei verfügbaren Rücklagen zählen die satzungsmäßigen und die anderen Gewinnrücklagen, soweit die Satzung oder der Gesellschaftsvertrag hierfür keine anderweitige Zweckbindung vorschreibt. Mit dem neu gefassten § 272 Abs. 4 Satz 3 HGB wird zudem insb. auch die bisher bestehende Unsicherheit darüber beseitigt, ob von der Vorschrift auch Kapitalrücklagen nach § 272 Abs. 2 Nr. 4 HGB umfasst sind. Dies war aufgrund des Wortlauts des bisherigen § 272 Abs. 4 Satz 3 HGB, der ausdrücklich auf vorhandene Gewinnrücklagen abstellte, nicht zweifelsfrei, weswegen § 272 Abs. 4 Satz 3 HGB nunmehr den Begriff der frei verfügbaren Rücklagen verwendet. Nicht zu den frei verfügbaren Rücklagen zählen aber die gesetzliche Rücklage (§ 150 Abs. 1 und 2 AktG) und die Kapitalrücklage nach § 272 Abs. 2 Nr. 1 bis 3 HGB (die Ausführungen zu den eigenen Anteilen unter Rz 67 ff. gelten entsprechend). 207

Einstellungen in die Rücklage für Anteile an einem herrschenden oder mehrheitlich beteiligten Unt sind – anders als im Fall der Verrechnung – in der **Verlängerungsrechnung zur GuV** zu zeigen (§ 158 Abs. 1 Satz 1 Nr. 4 AktG). Die Angaben können nach § 158 Abs. 1 Satz 2 AktG auch im Anhang gemacht werden. Auch die Verwendung eines Gewinnvortrags ist in der Verlängerungsrechnung nach § 158 Abs. 1 Satz 1 AktG oder im Anhang (§ 158 Abs. 1 Satz 2 AktG) kenntlich zu machen. Wird eine Rücklage für eigene Anteile an einem herrschenden oder mit Mehrheit beteiligten Unt zulasten der Kapitalrücklage nach § 272 Abs. 2 Nr. 4 HGB oder zulasten anderer frei verfügbarer Gewinnrücklagen gebildet, liegt eine Umwidmung von Rücklagen vor. Besondere Angaben hierzu schreibt § 152 AktG nicht vor. Sie gleichwohl freiwillig vorzunehmen ist jedoch zum Verständnis der Rücklagenbewegungen zu empfehlen. 208

Die Rücklage für Anteile an einem herrschenden oder mit Mehrheit beteiligten Unt ist **aufzulösen**, soweit die Anteile an dem herrschenden oder mit Mehrheit beteiligten Unt veräußert, ausgegeben oder eingezogen werden oder auf der Aktivseite ein niedrigerer Betrag angesetzt wird (§ 272 Abs. 4 Satz 4 HGB). Aus 209 der Vorschrift ergibt sich gleichzeitig, dass eine Auflösung für andere Zwecke nicht zulässig ist.

210 Das Gesetz sieht hier eine **Auflösungspflicht** vor. Den Anteilseignern sollen nicht dauerhaft Beträge entzogen oder die Gewinnverteilungskompetenzen durch Eingriffe in die Rechte der Anteilseigner verändert werden. Dies gilt umso mehr, als es keine Gründe gibt, die Rücklage bei Verminderung des aktivierten Betrags beizubehalten.[217]

211 Entnahmen aus der Rücklage für Anteile an einem herrschenden oder mit Mehrheit beteiligten Unt sind in der GuV nach § 158 Abs. 1 Satz 1 Nr. 3b AktG auszuweisen. Alternativ ist auch eine Angabe im Anhang möglich (§ 158 Abs. 1 Satz 2 AktG).

212 Die vorstehenden Ausführungen zum Erwerb und zur Veräußerung von Anteilen an einem herrschenden oder mehrheitlich beteiligten Unt durch die AG gelten für die **KGaA und die SE** entsprechend.

213 § 272 Abs. 4 HGB ist auch auf den Erwerb von Anteilen an einem herrschenden oder mehrheitlich beteiligten Unt durch eine **GmbH** anzuwenden. Die §§ 152, 158 AktG sind jedoch von der GmbH nicht zu beachten.

214 Soweit die Anteile von einer **haftungsbeschränkten UG** nach § 5a GmbHG erworben werden, kommt der Dotierung der gesetzlichen Rücklage nach § 5a Abs. 3 GmbHG – vergleichbar der gesetzlichen Rücklage nach § 150 Abs. 1 und 2 AktG – der Vorrang vor der Dotierung der Rücklage für eigene Anteile zu.

8 Ausschüttungssperre für Beteiligungserträge

215 § 272 Abs. 5 Satz 1 HGB – der Art. 9 Abs. 7 Buchstabe c der Richtlinie 2013/34/EU umsetzt – schreibt vor, dass, soweit der auf eine Beteiligung entfallende Teil des Jahresüberschusses in der GuV die Beträge übersteigt, die als Dividende oder Gewinnanteil eingegangen sind oder auf deren Zahlung die KapG einen Anspruch hat, der Unterschiedsbetrag in eine Rücklage einzustellen ist, die nicht ausgeschüttet werden darf. Gemäß § 272 Abs. 5 Satz 2 HGB ist die Rücklage aufzulösen, soweit die KapG die Beträge vereinnahmt oder einen Anspruch auf ihre Zahlung erwirbt. § 272 Abs. 5 Satz 1 HGB begründet somit eine Ausschüttungssperre für Beteiligungserträge, die am Bilanzstichtag nicht als Dividende oder Gewinnanteil eingegangen (gezahlt worden) sind oder auf deren Zahlung am Bilanzstichtag kein Anspruch besteht.

216 Dreh- und Angelpunkt der Diskussion der Vorschrift ist die Bedeutung des Tatbestandsmerkmals „Anspruch". Wird der Begriff dahingehend ausgelegt, dass es sich um einen rechtlich begründeten Anspruch auf Zahlung handeln muss, wären die Konsequenzen dieser Vorschrift insb. für die phasengleiche Gewinnrealisierung erheblich.[218] Zwar bliebe die phasengleiche Gewinnrealisierung weiterhin zulässig, jedoch stünden phasengleich realisierte Beteiligungserträge nicht mehr uneingeschränkt für ein „weiterschütten" zur Verfügung, da sie am Bilanzstichtag weder zugeflossen sind, noch ein rechtlich begründeter Anspruch auf

---

[217] Umgekehrt ist der Rücklage für Anteile an einem herrschenden oder mit Mehrheit beteiligten Unt bei Wertaufholungen der aktivierten Anteile nach Maßgabe des § 253 Abs. 5 HGB wieder ein entsprechender Betrag zuzuführen.

[218] So *Arbeitskreis Bilanzrecht Hochschullehrer Rechtswissenschaft*, BB 2014, S. 2731 ff. sowie BB 2015, S. 876.

Zahlung besteht. Letzterer entsteht erst mit dem Gewinnverwendungsbeschluss. Nimmt man das Vorliegen eines Anspruchs auf Zahlung i. S. d. § 272 Abs. 5 Satz 1 HGB dagegen bereits an, wenn dieser Anspruch zwar noch nicht besteht, aber so gut wie sicher entsteht, kommt dem späteren Gewinnverwendungsbeschluss lediglich wertaufhellende Bedeutung zu. In diesem Fall lägen die Voraussetzung des § 272 Abs. 5 Satz 1 HGB zur Bildung einer Ausschüttungssperre nicht vor und könnte uneingeschränkt „weitergeschüttet" werden.[219] Der letzteren Interpretation hat sich auch der Ausschuss für Recht und Verbraucherschutz des Deutschen Bundestages angeschlossen. Danach genüge es für die Entstehung eines Anspruchs i. S. d. § 272 Abs. 5 Satz 1 HGB, dass die KapG den Beteiligungsertrag so gut wie sicher vereinnahmen wird, auch wenn ein Beschluss des Beteiligungsunt zur Gewinnverwendung noch aussteht; auf einen Anspruch im Rechtssinn kommt es nicht an.[220]

Folgt man der Auslegung des Ausschusses für Recht und Verbraucherschutz des Deutschen Bundestags, läuft § 272 Abs. 5 Satz 1 HGB de facto in seinem Anwendungsbereich leer. Insbesondere für Vorabausschüttungen bei GmbHs kann die Vorschrift keine Anwendung finden, da der Zweck der Vorabausschüttung gerade darin besteht, Liquidität an das beteiligte Unt auszukehren. Hier dürfte also regelmäßig auch ein Zufluss liquider Mittel bei dem beteiligten Unt vorliegen. 217

Die Auslegung des Ausschusses für Recht und Verbraucherschutz des Deutschen Bundestags erscheint systematisch nicht schlüssig. Bilanziert werden üblicherweise Forderungen bzw. VG und nicht rechtliche Ansprüche. Richtig ist, dass eine Forderung nach einhelliger Auffassung bereits bilanziert werden kann, wenn der zugrunde liegende rechtliche Anspruch in seiner Entstehung so gut wie sicher ist. Fraglich ist, ob man diese für die Bilanzierung von Forderungen geltenden Überlegungen umgekehrt auf die Entstehung von rechtlichen Ansprüchen in dem Sinne übertragen kann, dass ein rechtlicher Anspruch bereits besteht, wenn er in seiner Entstehung so gut wie sicher ist. Schon aus systematischen Gründen ist eine solche Argumentation wenig überzeugend, denn der wirtschaftliche Anspruch ist in der handelsbilanziellen Terminologie die Forderung bzw. der VG und eben nicht der Anspruch. Trotz dieser Bedenken steht für den Rechtsanwender nichts entgegen, der Auslegung des Ausschusses für Recht und Verbraucherschutz des Deutschen Bundestags zu folgen, die die bisherige Handhabung der phasengleichen Gewinnrealisierung unberührt lässt. 218

9 Gewinn- und Verlustvortrag

Die Art des **Ausweises eines Gewinn- oder Verlustvortrags** in der Bilanz ist davon abhängig, ob diese unter Berücksichtigung der teilweisen oder vollständigen Verwendung des Jahresergebnisses aufgestellt wird.[221] Ist dies nicht der Fall, ist ein etwa vorhandener Gewinn- oder Verlustvortrag gem. § 266 Abs. 3 A. IV. 219

---

[219] *Haaker*, DB 2015, S. 510 ff. sowie DB 2015, S. 879 ff.
[220] Beschlussempfehlung und Bericht des Ausschusses für Recht und Verbraucherschutz zu dem Gesetzentwurf der Bundesregierung – Drucksachen 18/4050, 18/4351 – BT-Drucks. 18/5256, S. 83.
[221] Der Gewinnvortrag entstammt aus dem Vorjahr und war daher schon Teil der Berechnungsgrundlage für die Rücklagendotierung. Er steht allein zur Disposition der Aktionäre oder Gesellschafter; vgl. auch ADS, 6. Aufl., § 58 AktG, Rz 18.

HGB auf der Passivseite der Bilanz vor dem Jahresüberschuss oder Jahresfehlbetrag (§ 266 Abs. 3 A. V. HGB) auszuweisen.

220 Wird die Bilanz hingegen unter Berücksichtigung der **teilweisen Verwendung des Jahresergebnisses** aufgestellt, so tritt an die Stelle der Posten „Jahresüberschuss/Jahresfehlbetrag" und „Gewinnvortrag/Verlustvortrag" der Posten „Bilanzgewinn/Bilanzverlust"; ein vorhandener Gewinn- oder Verlustvortrag aus dem Vorjahr ist in den Posten „Bilanzgewinn/Bilanzverlust" einzubeziehen und in der Bilanz oder im Anhang gesondert anzugeben (§ 268 Abs. 1 Satz 2 HGB) (s. § 268 Rz 8f.).[222] Zudem scheint der Posten „Gewinnvortrag/Verlustvortrag" aus dem Vorjahr bei der AG, der KGaA und der SE in der Verlängerungsrechnung zur GuV auf (§ 158 Abs. 1 Nr. 1 AktG). Die GmbH trifft keine Verpflichtung zur Aufstellung einer Verlängerungsrechnung zur GuV, d.h., bei ihr erschöpft sich die Information zu einem Gewinn- oder Verlustvortrag aus dem Vorjahr bei Aufstellung der Bilanz unter Berücksichtigung der teilweisen Verwendung des Jahresergebnisses in der Angabe nach § 268 Abs. 1 Satz 2 HGB. Im Interesse eines klaren und übersichtlichen Jahresabschlusses ist aber zu empfehlen, sich hinsichtlich des Ausweises in der GuV an den aktienrechtlichen Vorschriften zu orientieren.

221 Erfolgt die Aufstellung der Bilanz unter Berücksichtigung der **vollständigen Verwendung des Jahresergebnisses**, führt dies regelmäßig zu einem Bilanzgewinn/Bilanzverlust von Null. Ausnahmsweise ist aber auch denkbar, dass im Rahmen der Aufstellung beschlossen wurde, einen verbleibenden Gewinn oder Verlust auf das nächste Gj vorzutragen. Dieser Betrag ist weder in der Bilanz noch in der Verlängerungsrechnung zur GuV als Gewinnvortrag oder Verlustvortrag zu bezeichnen, sondern als Bilanzgewinn oder Bilanzverlust mit dem Zusatz „Vortrag auf neue Rechnung".[223] Zum besseren Verständnis ist der Vorgang regelmäßig im Anhang zu erläutern. Siehe dazu auch § 268 Rz 5ff.

222 In der Praxis tritt häufig die Frage auf, was mit einem Jahresüberschuss oder einem Jahresfehlbetrag geschieht, soweit es an einem **Gewinnverwendungsbeschluss** oder anderweitigen gesellschaftsvertraglichen oder satzungsmäßigen Regelungen zur Gewinnverwendung fehlt oder nur eine teilweise Verwendung des Jahresüberschusses oder Jahresfehlbetrages vorgesehen wird. Für diesen Fall bildet der Gewinn-/Verlustvortrag den Auffangposten. Er stellt sicher, dass im nächsten Gj die zuständigen Organe über die nicht verwendeten Beträge beschließen oder diese erneut vorgetragen werden.

10 Jahresüberschuss/Jahresfehlbetrag

223 Der Jahresüberschuss zeigt den im Gj erzielten Gewinn und der Jahresfehlbetrag den im Gj erzielten Verlust, in beiden Fällen vor Rücklagenbewegungen (§ 275 Abs. 4 HGB). Der auszuweisende Betrag ergibt sich als **Saldo** aller unter den

---

[222] Ein auf neue Rechnung vorgetragener Gewinn oder Verlust des Gj ist hier nicht gemeint, da dieser nur im Rahmen der vollständigen Verwendung des Jahresergebnisses entstehen kann.
[223] Handelsbilanziell meint der Begriff „Gewinnvortrag/Verlustvortrag" immer einen Betrag aus dem Vorjahr, der auf neue Rechnung vorgetragen wird. Insofern ist § 174 Abs. 2 AktG etwas missverständlich, weil er für den Gewinnverwendungsbeschluss auch den Begriff „Gewinnvortrag" vorsieht.

Posten nach § 275 Abs. 2 Nr. 1 bis 13, 14 und 16 HGB oder § 275 Abs. 3 Nr. 1 bis 12, 13 und 15 HGB ausgewiesenen Aufwendungen und Erträge.

Wird die Bilanz **nicht unter Berücksichtigung der teilweisen oder vollständigen Verwendung des Jahresergebnisses** aufgestellt (§ 268 Abs. 1 Satz 1 HGB), ist der Jahresüberschuss/Jahresfehlbetrag in der Bilanz innerhalb des EK auszuweisen (§ 266 Abs. 3 A. V. HGB). Er muss mit dem Posten „Jahresüberschuss/ Jahresfehlbetrag" nach § 275 Abs. 2 Nr. 17, Abs. 3 Nr. 16 HGB übereinstimmen. Siehe dazu auch § 268 Rz 8. 224

Soweit die Bilanz hingegen **unter Berücksichtigung der vollständigen oder teilweisen Verwendung des Jahresergebnisses** aufgestellt wird, tritt nach § 268 Abs. 1 Satz 1 HGB an die Stelle des Postens „Jahresüberschuss/Jahresfehlbetrag" und des Postens „Gewinnvortrag/Verlustvortrag" in der Bilanz der Posten „Bilanzgewinn/Bilanzverlust" (§ 268 Rz 8ff.). Die GuV der AG, der KGaA und der SE ist in diesem Fall um die Verlängerungsrechnung zur GuV gem. § 158 Abs. 1 AktG zu ergänzen, soweit die Angaben nicht im Anhang gemacht werden (§ 158 Abs. 1 Satz 2 AktG). Zudem sind in der Bilanz oder im Anhang die nach § 152 AktG vorgesehenen Angaben zu machen. Soweit sich die Vorschriften in ihrem Informationsgehalt überschneiden, dürfte es genügen, von Angaben, die in der Verlängerungsrechnung zur GuV enthalten sind, in der Bilanz oder im Anhang abzusehen, soweit es dadurch für die Abschlussadressaten nicht zu Informationsnachteilen – bspw. aufgrund des § 326 HGB – kommt. Die §§ 152, 158 AktG finden keine Anwendung auf die GmbH. Gleichwohl ist zum besseren Verständnis des Jahresabschlusses zu empfehlen, die Vorgänge zumindest im Anhang zu erläutern. 225

11 Bilanzgewinn/Bilanzverlust

Der Posten „Bilanzgewinn/Bilanzverlust" kommt in der Bilanz nur zum Ausweis, wenn diese unter Berücksichtigung der vollständigen oder teilweisen Verwendung des Jahresergebnisses aufgestellt wird. In diesem Fall tritt der Posten „Bilanzgewinn/Bilanzverlust" an die Stelle des Postens „Jahresüberschuss/Jahresfehlbetrag" und des Postens „Gewinnvortrag/Verlustvortrag" (§ 268 Abs. 1 Satz 1 und 2 HGB). 226

12 Nicht durch EK gedeckter Fehlbetrag

§ 268 Abs. 3 HGB schreibt vor, dass, soweit das EK durch Verlust aufgebracht ist und sich ein Überschuss der Passivposten über die Aktivposten ergibt, dieser Betrag am Schluss der Bilanz auf der Aktivseite gesondert unter der Bezeichnung „Nicht durch EK gedeckter Fehlbetrag" auszuweisen ist. Der Posten, der allein **eine sich rechnerisch ergebende Korrekturgröße zum EK** darstellt und weder VG noch Bilanzierungshilfe ist und auch nicht mit dem Jahresfehlbetrag oder Bilanzverlust des Gj verwechselt werden darf, drückt allein die bilanzielle Überschuldung aus und ist daher als Indikator für eine insolvenzrechtliche Über- 227 schuldungsprüfung anzusehen.[224] Eine Erläuterungspflicht im Anhang sieht das Gesetz für den Posten nicht vor. Gleichwohl dürfte eine Erläuterung schon nach den allgemeinen Grundsätzen grds. als notwendig einzustufen sein.[225] Siehe dazu auch § 268 Rz 14 ff.

228 Entsteht durch einen Bilanzverlust erstmals ein nicht durch EK gedeckter Fehlbetrag, so kann auf der Passivseite der Bilanz nur der noch durch EK gedeckte Teil des Jahresfehlbetrags bzw. Bilanzverlusts ausgewiesen werden. Dieser ist als „**Durch EK gedeckter Jahresfehlbetrag (Bilanzverlust)**" zu bezeichnen. In der Vorspalte ist auf den gesamten Jahresfehlbetrag bzw. Bilanzverlust hinzuweisen. Ist bereits ein Fehlbetrag nach § 268 Abs. 3 HGB vorhanden, der sich durch einen weiteren Jahresfehlbetrag erhöht, führt dies zu einer Erhöhung des nicht durch EK gedeckten Fehlbetrags.

229 Mit der Aufhebung des bisher bestehenden **Ausweiswahlrechts für nicht eingeforderte ausstehende Einlagen** nach § 272 Abs. 1 Satz 2 HGB im Wege des BilMoG entfällt die bisher bestehende Problematik, dass der nicht durch EK gedeckte Fehlbetrag, je nach Ausübung des Ausweiswahlrechts in der Bilanz, in unterschiedlicher Höhe gezeigt werden kann.[226]

13 Eigenkapitalverstärkungen

13.1 Vorbemerkungen

230 In der Praxis kommt es vor, dass Unt Mittel zur Verfügung gestellt werden, bei denen zweifelhaft ist, ob sie den **Schulden oder dem EK zuzurechnen** sind. Teilweise wird unter Hinweis auf § 265 Abs. 5 HGB die Auffassung vertreten, diese Mittel seien in einem neuen Posten auszuweisen, der zwischen dem EK und dem FK anzusiedeln ist.[227] Dem ist nach der hier vertretenen Auffassung nicht zu folgen. Ausweislich des § 247 Abs. 1 HGB will der Gesetzgeber klar zwischen dem EK und FK trennen. Danach sind zur Verfügung gestellte Mittel, die dem EK nicht zweifelsfrei zuzuweisen sind, innerhalb der Schulden auszuweisen.

231 Bedeutsam ist demnach die **Abgrenzung zwischen Schulden und EK**. Eine gesetzliche Definition des Eigenkapitalbegriffs besteht nicht. Stattdessen wird im Schrifttum eine Vielzahl unterschiedlicher Kriterien angeboten.[228] Nach der hier vertretenen Auffassung kommt es allein darauf an, dass die hingegebenen Mittel nachrangig nach den Gläubigern bedient werden und bis zur vollen Höhe am Verlust teilnehmen. Der Nachrangigkeit steht es entgegen, wenn bspw. eine Verpflichtung zur Zahlung einer festen Verzinsung oder gar zur Rückzahlung der hingegebenen Mittel besteht. Mit Zinszahlungen, die auch zu erbringen sind,

---

[224] Der nicht durch EK gedeckte Fehlbetrag lässt gleichwohl nicht zwingend auf eine insolvenzrechtliche Überschuldung schließen. Um diese festzustellen, ist die Aufstellung eines Überschuldungsstatus erforderlich.
[225] KGaA haben nach § 286 Abs. 2 Satz 3 AktG den Posten „Nicht durch Vermögenseinlagen gedeckter Verlustanteil persönlich haftender Gesellschafter" gem. § 268 Abs. 3 HGB auszuweisen, wenn der Verlust den Kapitalanteil übersteigt und keine Zahlungsverpflichtung der phG besteht; vgl. ADS, 6. Aufl., § 268 HGB, Rz 88.
[226] Vgl. dazu ADS, 6. Aufl., § 268 HGB, Rz 93.
[227] Vgl. ADS, 6. Aufl., § 266 HGB, Rz 189; *Schmidt*, in FS Goerdeler, S. 503; *Westerfelhaus*, DB 1988, S. 1177, für die stille Ges.
[228] Vgl. ADS, 6. Aufl., § 246 HGB, Rz 88 mwN.; *Heymann*, Beck-HdR, B 231 Rz 2, Stand 06/2011; IDW HFA 1/1994, Abschn. 2.1.

wenn die hingegebenen Mittel bereits ganz oder teilweise durch Verluste aufgezehrt sind, erfolgt de facto eine Rückzahlung zulasten des FK. Das Gleiche gilt bei der Vereinbarung eines Anspruchs auf vollständige Rückzahlung der hingegebenen Mittel.

Teilweise wird die Auffassung vertreten, die hingegebenen Mittel müssen dauerhaft, also bis zur Abwicklung/Liquidation oder zumindest für einen bestimmten Zeitraum im Unt verbleiben, um als EK klassifiziert werden zu können.[229] Zwar ist unbestritten, dass das dem Mindestgrundkapital einer AG, KGaA oder auch SE oder das dem Mindeststammkapital einer GmbH entsprechende Vermögen bis zur Abwicklung/Liquidation im Unt verbleiben muss und vorher nicht an die Aktionäre oder Gesellschafter ausgekehrt werden kann. Umgekehrt steht aber auch nichts entgegen, darüber hinausgehendes Vermögen durch eine ordentliche Kapitalherabsetzung aus der besonderen Bindung des Grund- oder Stammkapitals zu befreien und an die Aktionäre oder Gesellschafter auszukehren (§§ 222ff. AktG; § 58 GmbHG). In diesen Fällen werden die Gläubiger vorab über das Vorhaben der ordentlichen Kapitalherabsetzung informiert und können Befriedigung oder Besicherung ihrer Forderungen verlangen. Darüber hinaus ist die Möglichkeit der Kündigung bei bestimmten Eigenkapitalformen ausdrücklich gesetzlich vorgesehen.

232

> **Beispiel**
> So kann etwa ein Kommanditist durch Kündigung seiner Mitgliedschaft (§ 723 BGB) jederzeit kündigen. Das Gleiche gilt im Genossenschaftsrecht nach Maßgabe der §§ 65, 73 GenG.

Allein schon aufgrund der in diesen Vorschriften zum Ausdruck kommenden **gesetzgeberischen Wertung** kann ein genereller Ausschluss jeder Rückforderungsmöglichkeit bis zur Abwicklung/Liquidation nicht verlangt werden, um die hingegebenen Mittel als EK zu klassifizieren. Ebenso wenig kann es darauf ankommen, dass die hingegebenen Mittel für einen bestimmten Zeitraum im Unt verbleiben müssen. Ein solches – teilweise auch mit Nachhaltigkeit bezeichnetes – Kriterium ist unpraktikabel und bietet zu große Ermessensspielräume.

233

Demgemäß sind die Dauerhaftigkeit der Mittelüberlassung, die Nachhaltigkeit oder eine Mindestüberlassungsdauer nach der hier vertretenen Auffassung nicht als Kriterien zur Eigenkapitalklassifizierung einzustufen. Vielmehr ist es für Zwecke des Gläubigerschutzes ausreichend, aber auch erforderlich, dass den Gläubigern über **Angaben im Anhang** – zu denken ist hier an vertragliche Vereinbarungen über Kündigungsrechte und Kündigungsfristen etc. – die Möglichkeit eingeräumt wird, die Nachhaltigkeit des zur Verfügung gestellten EK selbst zu überprüfen. Damit werden die Gläubiger hinreichend in ihrem Vertrauen auf die Eigenkapitalausstattung geschützt.

234

Sind die zur Verfügung gestellten Mittel als EK zu klassifizieren, sind sie **innerhalb des Postens „A. Eigenkapital"** in einem separaten Posten vor dem Posten „IV. Gewinnvortrag/Verlustvortrag" **auszuweisen** (§ 265 Abs. 5 Satz 2 HGB).

235

---

[229] *Küting/Reuter*, in *Küting/Weber*, HdR, § 272 HGB, Rn 192, 195, Stand 04/2011, sprechen sich bspw. dafür aus, die Eigenkapitalklassifizierung an die Nachhaltigkeit der Mittelüberlassung anzuknüpfen, und fordern die vertragliche Fixierung einer Mindestüberlassungsdauer.

Es ist im Anhang zu erläutern, für welche zum jeweiligen Abschlussstichtag bestehende (Rest-)Dauer gewährleistet ist, dass die überlassenen Mittel die Kriterien der Nachrangigkeit und der Verlustteilnahme bis zur vollen Höhe erfüllen. Anzugeben sind hier insb. vertraglich vereinbarte Kündigungsmöglichkeiten oder bereits vereinbarte Rückzahlungszeitpunkte.[230]

236 Die überlassenen Mittel, die die Eigenkapitalkriterien erfüllen, sind grds. **unmittelbar, also ohne Berührung der GuV, in das EK einzustellen**. Von dieser handelsbilanziellen Behandlung kann nur abgesehen werden, wenn auf jedwedes Rückforderungsrecht verzichtet wird und die zur Verfügung gestellten Mittel ausdrücklich als Ertragszuschuss geleistet werden. In diesem Fall sind die überlassenen Mittel erfolgswirksam zu vereinnahmen.

237 Erfüllen die überlassenen Mittel die Eigenkapitalkriterien nicht oder bestehen diesbezüglich Zweifel, sind sie als Verbindlichkeit **innerhalb der Schulden auszuweisen**. Auch hier ist es zu empfehlen, ggf. einen besonderen Posten einzufügen (§ 265 Abs. 5 Satz 2 HGB).

13.2 Genussrechtskapital

238 Umfassende gesetzliche Vorschriften zum Begriff, Inhalt und zu möglichen Ausgestaltungen von Genussrechten bestehen nicht.[231] Dies bietet die **unterschiedlichsten Gestaltungsmöglichkeiten**. Allgemein lässt sich das Genussrecht als schuldrechtliches Gläubigerrecht charakterisieren, das grds. keine Mitverwaltungsrechte wie das Stimmrecht oder das Auskunftsrecht gewährt.[232] Bezüglich der gewährten Vermögensrechte lässt sich hingegen durch vertragliche Gestaltungen sogar eine Gleichstellung der Genussrechtsinhaber mit Aktionären oder Gesellschaftern erreichen. Regelmäßig erfolgt jedoch zur Sicherstellung des Betriebsausgabenabzugs von Zahlungen auf Genussrechte eine Verknüpfung der typischen Vermögensrechte von Aktionären oder Gesellschaftern mit solchen von Fremdkapitalgläubigern.

239 Die kontrovers diskutierte Frage nach der **handelsbilanziellen Behandlung** von Genussrechtskapital ist nach Auffassung des HFA wie folgt zu beantworten:[233] Es sind in Abhängigkeit von der vertraglichen Ausgestaltung der Genussrechtsbedingungen entweder eine Einstellung in das EK, ein Ausweis innerhalb der Verbindlichkeiten oder eine erfolgswirksame Vereinnahmung denkbar. Ein schuldrechtlich begründetes Genussrechtskapital ist danach nur dann als handelsbilanzielles EK auszuweisen, wenn es nachrangig ist, bis zur vollen Höhe am Verlust teilnimmt, eine erfolgsabhängige Vergütung vereinbart ist und die Überlassung längerfristig erfolgt.[234] Dabei müssen die genannten Kriterien kumulativ

---

[230] Vgl. IDW HFA 1/1994 Glpkt. 2.1.3.
[231] Einzelne Vorschriften bestehen für die AG zur Ausgabe von Genussrechten (§ 221 Abs. 3, Abs. 4 Satz 1 AktG) und zu Angaben im Anhang (§ 160 Abs. 1 Nr. 6 AktG). Dies bedeutet aber nicht, dass die Begebung von Genussrechtskapital auf die AG beschränkt ist. Genussrechtskapital wird auch von GmbHs, KGs, Sparkassen oder VVaGs begeben.
[232] Die Gewährung von Mitverwaltungsrechten ist aber mit der Rechtsnatur der Genussrechte vereinbar; vgl. BGH, Urteil v. 5.10.1992, II ZR 172/91, AG 1992, S. 127.
[233] Vgl. dazu insbes. IDW HFA 1/1994.
[234] Vgl. dazu auch *Wengel*, DStR 2001, S. 1319; *Lutter*; DB 1993, S. 2444; *Emmerich/Naumann*, WPg 1994, S. 683.

vorliegen.²³⁵ Nach der hier vertretenen Auffassung ist die Längerfristigkeit/ Nachhaltigkeit der Kapitalüberlassung kein Kriterium der EK-Klassifizierung. Es ist aber erforderlich, dass über die Umstände der Rückzahlung im Anhang berichtet wird.²³⁶

Sind die zur Verfügung gestellten **Mittel als EK zu klassifizieren**, sind sie innerhalb des Postens „A. Eigenkapital" in einem separaten Posten, bspw. mit der Bezeichnung „Genussrechtskapital", der vor dem Posten „IV. Gewinnvortrag/ Verlustvortrag" einzufügen ist (§ 265 Abs. 5 Satz 2 HGB), auszuweisen.²³⁷ Ein etwa erzieltes Aufgeld ist innerhalb desselben Postens zu erfassen und als solches kenntlich zu machen.²³⁸ Im Fall eines Abgelds ist das Genussrechtskapital über seine Laufzeit jährlich in gleichen Raten aufwandswirksam aufzustocken.²³⁹ In der GuV sind Vergütungs- und Aufstockungsbeträge aufwandswirksam zu erfassen; es handelt sich insoweit nicht um Gewinnverwendung.²⁴⁰ Unbeschadet der Berichtspflicht nach § 160 Abs. 1 Nr. 6 AktG ist im Anhang zu erläutern, für welche zum jeweiligen Abschlussstichtag bestehende (Rest-)Dauer gewährleistet ist, dass das Genussrechtskapital die Kriterien der Nachrangigkeit und der Verlustteilnahme bis zur vollen Höhe erfüllt. Anzugeben sind hier insb. mögliche Kündigungs- und Auszahlungstermine.²⁴¹

Erfüllen die überlassenen Mittel die Eigenkapitalkriterien nicht oder bestehen diesbezüglich Zweifel, sind sie als Verbindlichkeit innerhalb der Schulden auszuweisen. Auch hier ist es zu empfehlen, ggf. einen besonderen Posten einzufügen (§ 265 Abs. 5 Satz 2 HGB).

240

241

> **Beispiel**
> Bei diesem besonderen Posten kommt dabei etwa die Bezeichnung „Genussrechte" in Betracht.

Vertretbar erscheint bei den Genussrechten auch ein Ausweis unter dem Posten „Anleihen" mit weiterer Untergliederung gem. § 265 Abs. 5 Satz 1 HGB oder mittels eines „Davon-Vermerks".

---

²³⁵ Vgl. zu den Kriterien im Einzelnen IDW HFA 1/1994, Glpkt. 2.1.1.
²³⁶ Dies macht auch die Diskussion über eine Umgliederung kurz vor der Rückzahlung entbehrlich. Eine Umgliederung ist nicht vorzunehmen; ebenso *Küting/Reuter*, in *Küting/Weber*, HdR, § 272 HGB, Rn 242, Stand 04/2011; *Heymann*, Beck-HdR, B 231 Rz 7, Stand 06/2011; a. A. ADS, 6. Aufl., § 266 HGB, Rz 195; *Schaber/Kuhn/Eichhorn*, BB 2004, S. 317.
²³⁷ ADS, 6. Aufl., § 265 HGB, Rz 66, sowie § 266 HGB, Rz 197 und *Winkeljohann/Hoffmann*, in Beck Bil-Komm., 10. Aufl., § 272 HGB, Rz 1, sprechen sich für einen gesonderten Ausweis entweder nach dem gezeichneten Kapital oder nach den Gewinnrücklagen aus.
²³⁸ Vgl. IDW HFA 1/1994, Glpkt. 2.1.4.1.
²³⁹ Vgl. auch *Heymann*, Beck-HdR, B 231 Rz 8, Stand 06/2011.
²⁴⁰ Vgl. IDW HFA 1/1994, Glpkt. 2.2.2.
²⁴¹ Vgl. IDW HFA 1/1994, Glpkt. 2.1.3.

13.3 Stille Gesellschaft[242]

242 Die in den §§ 230 ff. HGB geregelte stille Ges. entsteht dadurch, dass sich der stille Gesellschafter gegen Gewährung einer Beteiligung am Gewinn mit einer Vermögenseinlage am Betrieb des Handelsgewerbes eines anderen beteiligt.[243] Die **Vermögenseinlage des stillen Gesellschafters** geht dabei in das Vermögen des Inhabers des Handelsgeschäfts über (§ 230 Abs. 1 HGB). Demgemäß entstehen zwischen dem stillen Gesellschafter und dem Inhaber des Handelsgewerbes auch keine vermögensrechtlichen, sondern nur schuldrechtliche Beziehungen. Ihrer Rechtsnatur nach ist die stille Ges. eine Innengesellschaft, die nicht am Rechtsverkehr teilnimmt und daher selbst auch nicht Trägerin von Rechten und Pflichten sein kann. Die Geschäfte werden im Außenverhältnis im Namen des Inhabers des Handelsgewerbes geführt und im Innenverhältnis auf gemeinsame Rechnung. Als Korrektiv zu der fehlenden Geschäftsführungs- und Vertretungsbefugnis verfügt der stille Gesellschafter über kommanditistengleiche Kontrollrechte (§ 233 HGB), die auch nicht ausgeschlossen werden können. Wird die stille Ges. aufgelöst (§ 234 HGB), hat sich der Inhaber des Handelsgeschäfts mit dem stillen Gesellschafter auseinanderzusetzen und dessen Guthaben in Geld zu berichtigen (§ 235 Abs. 1 HGB).

243 Ein Ausweis der Vermögenseinlage innerhalb des EK kommt nicht in Betracht, wenn die Ausgestaltung der stillen Ges. den **dispositiven gesetzlichen Vorschriften** folgt, denn danach kann der stille Gesellschafter im Insolvenzfall wegen der Vermögenseinlage, soweit sie den Betrag des auf ihn fallenden Anteils am Verlust übersteigt, eine Forderung als Insolvenzgläubiger geltend machen (§ 236 Abs. 1 HGB).[244] Der Umstand der Verlustteilnahme allein kann einen Ausweis innerhalb des EK nicht rechtfertigen.[245] Hinzutreten muss, dass die Verluste vorrangig mit der Vermögenseinlage des stillen Gesellschafters verrechnet werden, bevor die übrigen Gläubiger herangezogen werden.

244 Sind hingegen von den dispositiven gesetzlichen Vorschriften **abweichende vertragliche Vereinbarungen** getroffen worden, ist ein EK-Ausweis vorzunehmen, soweit die für die EK-Klassifizierung erforderlichen Kriterien vorliegen, die stille Einlage mithin nachrangig ist und bis zur vollen Höhe an den Verlusten teilnimmt.[246] Dies setzt in jedem Fall voraus, dass der stille

---

[242] Von der stillen Ges. ist die Unterbeteiligungsgesellschaft zu unterscheiden, bei der sich ein oder mehrere Unterbeteiligte an der Gesellschafterstellung eines OHG- oder KG-Gesellschafters so beteiligen, dass Gewinne und Verluste oder nur die Gewinne zwischen diesem Gesellschafter und den Unterbeteiligten aufgeteilt werden. Sie ist keine stille Ges., weil die Unterbeteiligten sich nicht am Betrieb eines Handelsgewerbes beteiligen.

[243] V. partiarischen Darlehen unterscheidet sich die stille Ges., abgesehen von einer möglichen Verlustbeteiligung des stillen Gesellschafters, durch die Verfolgung eines gemeinsamen Zwecks, nämlich dem Betrieb des Handelsgewerbes. Dies ist in jedem Fall gesondert anhand der Umstände des Einzelfalls zu prüfen.

[244] Vgl. ADS, 6. Aufl., § 246 HGB, Rz 90.

[245] Vgl. *Westerfelhaus*, DB 1988, S. 1175; *Reusch*, BB 1989, S. 2359; wohl auch *Küting/Kessler/Hayn*, in *Küting/Weber*, HdR, § 272 HGB, Rn 248, Stand 04/2011, die das gesetzliche Regelstatut der stillen Ges. als qualifiziertes Kreditverhältnis einstufen.

[246] Weicht die Ausgestaltung einer stillen Ges. vom gesetzlichen Regelstatut ab, liegt eine atypische stille Ges. vor. Deren Bedeutung liegt vorrangig im Steuerrecht. Während der typisch stille Gesellschafter Einkünfte aus Kapitalvermögen erzielt, wird der atypisch stille Gesellschafter regelmäßig als Mitunternehmer angesehen.

Gesellschafter auch im Insolvenzfall hinter die Gläubiger zurücktritt, also § 236 Abs. 1 HGB ausgeschlossen ist.

Ist die **stille Vermögenseinlage als EK zu klassifizieren**, ist sie, ebenso wie das Genussrechtskapital, innerhalb des EK vor dem Posten „Gewinnvortrag/Verlustvortrag" in einem gesonderten Posten „Stille Vermögenseinlage" auszuweisen. In der GuV des Inhabers des Handelsgeschäfts sind die Gewinn- und Verlustanteile des stillen Gesellschafters aufwandswirksam zu erfassen.[247] Die Berichtspflichten für das Genussrechtskapital gelten für die stille Vermögenseinlage entsprechend (Rz 238 ff.). 245

Kommt der stillen Vermögenseinlage **kein Eigenkapitalcharakter** zu oder lässt sich diese Frage nicht zweifelsfrei beantworten, ist ein Ausweis unter den Verbindlichkeiten geboten, wobei insb. der Posten „C. 8. Sonstige Verbindlichkeiten" in Betracht kommt, der dann ggf. weiter zu untergliedern ist (§ 265 Abs. 5 Satz 1 HGB). Handelt es sich bei dem stillen Gesellschafter um einen Aktionär oder Gesellschafter, mit dem eine Verbundbeziehung oder ein Beteiligungsverhältnis besteht, hat der Ausweis unter den Posten „C. 6." oder „C. 7." zu erfolgen. Auch hier ist erforderlichenfalls weiter zu untergliedern oder aber ein Davon-Vermerk vorzusehen. Für die GmbH ist zudem § 42 Abs. 3 GmbHG zu beachten. 246

---

[247] Vgl. *Heymann*, in *Küting/Weber*, HdR, B 231 Rz 17, Stand 10/2011, unter Hinweis auf den Charakter des Vertrags über die stille Ges. als Teilgewinnabführungsvertrag i.S.v. § 292 AktG und den daran anknüpfenden Ausweis unter der Bezeichnung „Aufwendungen bzw. Erträge aus Teilgewinnabführungsvertrag".

§ 274 Latente Steuern

(1) ¹Bestehen zwischen den handelsrechtlichen Wertansätzen von Vermögensgegenständen, Schulden und Rechnungsabgrenzungsposten und ihren steuerlichen Wertansätzen Differenzen, die sich in späteren Geschäftsjahren voraussichtlich abbauen, so ist eine sich daraus insgesamt ergebende Steuerbelastung als passive latente Steuern (§ 266 Abs. 3 E.) in der Bilanz anzusetzen. ²Eine sich daraus insgesamt ergebende Steuerentlastung kann als aktive latente Steuern (§ 266 Abs. 2 D.) in der Bilanz angesetzt werden. ³Die sich ergebende Steuerbe- und die sich ergebende Steuerentlastung können auch unverrechnet angesetzt werden. ⁴Steuerliche Verlustvorträge sind bei der Berechnung aktiver latenter Steuern i.H.d. innerhalb der nächsten fünf Jahre zu erwartenden Verlustverrechnung zu berücksichtigen.
(2) ¹Die Beträge der sich ergebenden Steuerbe- und -entlastung sind mit den unternehmensindividuellen Steuersätzen im Zeitpunkt des Abbaus der Differenzen zu bewerten und nicht abzuzinsen. ²Die ausgewiesenen Posten sind aufzulösen, sobald die Steuerbe- oder -entlastung eintritt oder mit ihr nicht mehr zu rechnen ist. ³Der Aufwand oder Ertrag aus der Veränderung bilanzierter latenter Steuern ist in der Gewinn- und Verlustrechnung gesondert unter dem Posten „Steuern vom Einkommen und vom Ertrag" auszuweisen.

WP StB CVA Klaus Bertram

Inhaltsübersicht

	Rz
1 Überblick	1–24
1.1 Inhalt und Zweck	1–5
1.2 Anwendungsbereich	6–9
1.3 Normenzusammenhang	10–12
1.4 Grundlagen der Steuerlatenzen	13–24
2 Ansatz latenter Steuern (Abs. 1)	25–102
2.1 Aktivierungswahlrecht und Passivierungspflicht	25–34
2.2 Grundsatz der Gesamtdifferenzenbetrachtung (Abs. 1 Satz 1 und 2)	35–42
2.3 Unsaldierter Ausweis (Abs. 1 Satz 3)	43–46
2.4 Steuerliche Verlustvorträge	47–61
2.4.1 Grundlagen	47–51
2.4.2 Mindestbesteuerung und andere steuerliche Restriktionen	52–58
2.4.3 Zinsvorträge, Steuergutschriften	59–61
2.5 Sonderprobleme	62–102
2.5.1 Personengesellschaften	62–72
2.5.2 Ertragsteuerliche Organschaft	73–87
2.5.2.1 Grundlagen	73–74
2.5.2.2 Steuerlatenzen bei Organschaft	75–82
2.5.2.3 Beendigung von Organschaften	83–87

2.5.3	Chronisch defizitäre Unternehmen	88–89
2.5.4	Asset deal bei Unternehmenserwerben	90–91
2.5.5	Ausländische Betriebsstätten	92–93
2.5.6	Investmentfonds	94–97
2.5.7	Umwandlungen	98–102
3	Bewertung latenter Steuern (Abs. 2)	103–115
3.1	Grundlagen	103–109
3.2	Anforderungen an aktive latente Steuern	110–115
4	Ausweis latenter Steuern	116–126
4.1	Ausweis in der Bilanz	116–118
4.2	Ausweis in der Gewinn- und Verlustrechnung	119–120
4.3	Anhangangaben	121
4.4	Erfolgswirksame und erfolgsneutrale Bildung und Auflösung	122–126
5	Exkurs: Überleitung der Handels- zur Steuerbilanz	127–155
5.1	Das Konzept der Maßgeblichkeit	127–128
5.2	Wahlrechtsausübung in der Steuerbilanz	129–130
5.3	Abweichungen zwischen Handels- und Steuerbilanz	131–152
5.4	Die Steuerbilanz – Technik und Gestaltung	153–155

1 Überblick

1.1 Inhalt und Zweck

Anders als in Deutschland hat das Konzept der Steuerlatenz in der angelsächsischen Bilanzierungspraxis eine lange Tradition. Ursache hierfür ist der Umstand, dass die angelsächsischen Staaten keinen Grundsatz der Maßgeblichkeit kennen. In Deutschland wurden **gesetzliche Regelungen zur Erfassung latenter Steuern** mit den §§ 274, 306 HGB erstmals durch das BiRiLiG v. 19.12.1985 eingeführt. Im Zuge des BilMoG wurde das bis dahin angewandte Timing-Konzept durch das international übliche Temporary-Konzept (allerdings mit gewichtigen Abweichungen) abgelöst (Rz 17).

Die Ursache der Bilanzierung latenter Steuern liegt in der **Abweichung von handels- und steuerrechtlicher Gewinnermittlung** begründet. Diese Abweichung hat sich durch vielfältige steuerbilanzielle Sonderregelungen im Lauf der Jahre verstärkt;[1] mit dem BilMoG wurden durch den Gesetzgeber weitere handelsrechtlich Abweichungen zum Steuerbilanzrecht eingeführt (z.B. Aktivierungswahlrecht für selbst geschaffene immaterielle VG des AV nach § 248 HGB, Wegfall der umgekehrten Maßgeblichkeit nach § 5 Abs. 1 EStG, § 247 Abs. 3 HGB), um die Informationsfunktion des handelsrechtlichen Jahresabschlusses zu stärken. Da der Gewinnausweis in der Steuerbilanz tendenziell früher als in der HB erfolgt, wird sich in weniger komplexen Fällen häufig ein Aktivüberhang an latenten Steuern

---

[1] Z.B. mit dem Verbot der Passivierung von Drohverlustrückstellungen in der Steuerbilanz gem. § 5 Abs. 4a EStG.

ergeben, der dem Aktivierungswahlrecht unterliegt, das in der betrieblichen Praxis eher selten ausgeübt wird.[2] Somit wird auch mit dem Temporary-Konzept die Vergleichbarkeit von Jahresabschlüssen verschiedener Unt eingeschränkt sein. Das Aktivierungswahlrecht für aktive latente Steuern, verbunden mit der Gesamtdifferenzenbetrachtung (Rz 35), kommt sicherlich kleinen und mittleren Unt zugute, da sie von aufwendigen und komplexen Ermittlungen zumindest dann entlastet bleiben, wenn ein Aktivüberhang latenter Steuern nachgewiesen werden kann.[3]

4 Die von § 274 HGB erfassten Steuerarten sind Einkommen- und Ertragsteuern des bilanzierenden Unt, d. h. in Deutschland derzeit **KSt, SolZ und GewSt**. Bei PersG und Ekfl. stellt die ESt der Gesellschafter bzw. des Kfm. keine Steuer des bilanzierenden Unt dar, sodass sie nicht in die Steuerlatenzierung einzubeziehen ist.

5 Die Änderung der handelsrechtlichen Konzeption zur Abbildung latenter Steuern durch das BilMoG beschränkt sich nicht nur auf den Jahresabschluss, sondern ist parallel in § 306 HGB auch für den Konzernabschluss vorgenommen worden (zu Einzelheiten § 306 Rz 4 ff.). Für § 306 HGB existiert mit DRS 18 eine Interpretation, die gem. § 342 Abs. 2 HGB als vermutete Konzern-GoB gilt. DRS 18 beschäftigt sich mit latenten Steuern sowohl nach § 306 HGB als auch nach § 274 HGB und entfaltet entsprechende Ausstrahlungswirkung für die Abbildung latenter Steuern im Jahresabschluss.[4]

1.2 Anwendungsbereich

6 § 274 HGB ist für mittelgroße und große KapG/KapCoGes i. S. v. § 267 Abs. 1 HGB anzuwenden. Kleine KapG/KapCoGes sind nach § 274a Nr. 5 HGB (nach dem BilRUG zukünftig Nr. 4) von der Anwendung des § 274 HGB befreit. Sie sind aber nicht daran gehindert, § 274 HGB auf freiwilliger Basis anzuwenden, wobei die Ansatzstetigkeit von § 246 Abs. 3 HGB zu beachten ist.

7 Machen kleine KapG/KapCoGes von der größenabhängigen Erleichterung des § 274a Nr. 5 HGB Gebrauch, haben sie latente Steuern nach den allgemeinen Grundsätzen zu bilanzieren und folglich für Steuermehrbelastungen eine **Rückstellung für ungewisse Verbindlichkeiten** (§ 249 HGB) zu bilden (§ 249 Rz 23 ff.; § 274a Rz 11 ff.).[5]

8 Nach **PublG** rechnungslegungspflichtige Großunternehmen haben gem. § 5 Abs. 1 PublG die Regelungen von § 274 HGB anzuwenden. Eingetragene **Genossenschaften** haben nach § 336 Abs. 2 HGB ebenfalls § 274 HGB anzuwenden; soweit sie kleine Genossenschaften i. S. v. § 267 Abs. 1 HGB sind, unterliegen sie wie kleine KapG/KapCoGes der Befreiungsvorschrift von § 274a HGB.

9 Die **freiwillige Anwendung** von § 274 HGB ist auch für solche Nichtkapitalgesellschaften möglich, die nicht dem PublG unterliegen, ohne dass dies voraussetzen würde, dass damit gleichzeitig sämtliche anderen für KapG/KapCoGes geltenden Vorschriften anzuwenden sind.[6]

---

2 Vgl. *Kreipl/Lange/Müller* in Haufe HGB Bilanz Kommentar Erfahrungsbericht BilMoG, 2012, Rz 214.
3 Vgl. *Herzig*, BB 2009, S. M 1.
4 Gl. A. *Loitz*, DB 2010, S. 2177.
5 Vgl. *Karrenbrock*, Latente Steuern, in HdJ, Abt. I/15 (2013), Rn 111; IDW RS HFA 7, Tz 26; BilMoG-BgrRegE, S. 68.
6 Vgl. IDW RS HFA 7, Tz 18.

Zum zeitlichen Anwendungsbereich von § 274 HGB; s. Art. 66 Rz 4.

1.3 Normenzusammenhang

§ 274 HGB steht im Einklang mit Art. 13 Nr. 11 der Bilanzrichtlinie. Das nach der Bilanzrichtlinie bestehende Wahlrecht – Ansatz in der Bilanz oder Ausweis im Anhang – wurde bereits mit § 274 HGB zugunsten des Ausweises in der Bilanz ausgeübt.[7]

§ 274 HGB regelt Ansatz und Bewertung von latenten Steuern. Regelungen zum Ausweis finden sich in § 266 Abs. 2 und 3 HGB (§ 266 Rz 100ff. und 166f.HGB). Erläuterungspflichten zu latenten Steuern finden sich in § 285 Nr. 29 HGB (§ 285 Rz 171f.), wobei diese nach § 288 Abs. 1, 2 HGB nur für große KapG/KapCoGes gelten (§ 288 Rz 4ff.). Soweit vom Aktivierungswahlrecht des Aktivüberhangs (Rz 28) Gebrauch gemacht wird, sind für KapG die Regelungen zur Ausschüttungssperre nach § 268 Abs. 8 HGB[8] anzuwenden (§ 268 Rz 50).

Nach § 298 Abs. 1 HGB findet § 274 auch auf den Konzernabschluss Anwendung.[9] § 306 HGB enthält Regelungen zu Steuerlatenzen für Konsolidierungsmaßnahmen im Konzernabschluss.

1.4 Grundlagen der Steuerlatenzen

Es existieren zwei Konzepte der Abbildung von Steuerlatenzen: das (ältere) Timing-Konzept und das (jüngere) Temporary-Konzept, die sich beide auf die US-amerikanische Bilanzierungspraxis zurückführen lassen.

Zur methodischen Umsetzung stehen die Abgrenzungsmethode und die Verbindlichkeitenmethode zur Verfügung.

Das in § 274 HGB angewandte **Timing-Konzept** ist GuV-orientiert, d. h., es wird mittels latenter Steuerabgrenzungen versucht, den „richtigen" Steueraufwand zum handelsrechtlichen Ergebnis vor Steuern zu ermitteln.

Solange der steuerliche Gewinn (genauer: das zu versteuernde Einkommen) und der handelsrechtliche Gewinn vor Steuern übereinstimmen, passen der tatsächliche Steueraufwand (ermittelt gem. dem Ergebnis der Steuerbilanz) und der handelsrechtliche Gewinn zueinander, d. h., es ergibt sich eine plausible Steuerquote. Kommt es aber zu Abweichungen zwischen der handelsrechtlichen und der steuerlichen Gewinnermittlung, fällt der tatsächliche Steueraufwand **im Verhältnis zum handelsrechtlichen Ergebnis** zu niedrig bzw. zu hoch aus. Damit besteht kein erklärbarer Zusammenhang zwischen dem handelsrechtlichen Ergebnis und dem Steueraufwand.

Die Anpassung des handelsrechtlichen Ergebnisses wird auf Differenzen zwischen der Handels- und der Steuerbilanz begrenzt, die aus der **unterschiedlichen Erfolgsabgrenzung** in beiden Rechenwerken resultieren (sog. timing differences). Folglich sind nur solche Abweichungen zwischen der Handels- und Steuerbilanz für die Bildung von Steuerabgrenzungen von Bedeutung, die **sich zukünftig abbauen** und die sowohl bei der Entstehung der Differenzen als auch bei deren

---

[7] Vgl. *van Hall/Kessler*, in *Kessler/Leinen/Strickmann*, BilMoG, 2010, S. 468.
[8] Vgl. zu gesellschaftsrechtlichen Folgeproblemen im Zusammenhang mit der Ausschüttungssperre *Kühnberger*, StuB 2011, S. 931.
[9] Vgl. hierzu DRS 18.

Abbau **erfolgswirksam sind**.[10] Negativ formuliert führen erfolgsneutral entstandene Bilanzierungsunterschiede im Rahmen des Timing-Konzepts nicht zu einer Steuerabgrenzung.[11] Ebenfalls werden quasi-permanente Differenzen nicht in die Steuerabgrenzung einbezogen. Quasi-permanente Differenzen im Timing-Konzept sind Ergebnisunterschiede zwischen handels- und steuerrechtlicher Gewinnermittlung als Folge von Bilanzierungs- und Bewertungsunterschieden, die sich nicht von selbst umkehren und mit deren Ausgleich in absehbarer Zeit nicht zu rechnen ist (z. B. Beteiligungen, unbebaute Grundstücke). Permanente Differenzen sind solche Ergebnisunterschiede zwischen Handels- und steuerrechtlicher Gewinnermittlung, die sich niemals ausgleichen, z. B. nicht abziehbare Betriebsausgaben (§ 4 Abs. 5 EStG, § 9 KStG).[12]

17   Mit § 274 HGB wurde handelsrechtlich das international übliche bilanzorientierte **Temporary-Konzept** statuiert. Dieses am internationalen „Vorbild"IAS 12 ausgerichtete Konzept[13] zielt primär auf eine zutreffende Abbildung der Vermögenslage der bilanzierenden Gesellschaft ab. Soweit zwischen handels- und steuerrechtlichen Bilanzposten Ansatz- und/oder Bewertungsunterschiede bestehen, die sich im Zeitablauf ausgleichen, werden auf diese Differenzen Steuerlatenzen gebildet. Im Gegensatz zum Timing-Konzept ist es beim Temporary-Konzept unerheblich, ob die Differenzen erfolgswirksam oder erfolgsneutral entstanden sind; entscheidend ist ausschließlich die Abbildung zukünftig aus solchen Differenzen entstehender Steuerbe- und -entlastungen.[14] Auch quasi-permanente Differenzen sind in die Steuerlatenzen einzubeziehen, da sich diese irgendwann – abhängig von noch zu treffenden Dispositionen des bilanzierenden Unternehmens – steuerwirksam ausgleichen werden.

> **Beispiel**
> In der Handelsbilanz der GmbH ist ein unbebautes Grundstück mit AK von 100 TEUR ausgewiesen. In der Steuerbilanz ist infolge der Übertragung von stillen Reserven aus der Veräußerung eines anderen Grundstücks nach § 6b EStG ein Buchwert von 75 TEUR ausgewiesen. Es ergibt sich eine quasi-permanente Differenz i. H. von 25 TEUR, die sich – mangels planmäßiger Abschreibung des Grundstücks – steuerlich erst bei Veräußerung des Grundstücks auswirken würde. Gleichwohl sind nach dem Temporary-Konzept auf diese Wertdifferenz latente Steuern zu bilden.

18   § 274 HGB spricht nicht vom Wertansatz laut Steuerbilanz sondern vom steuerlichen Wertansatz. Zumeist lässt sich der steuerliche Wertansatz (international als **Steuerwert** bezeichnet) direkt aus der Steuerbilanz ablesen. Bei der Bildung von Steuerlatenzen sind nur zukünftig steuerwirksame Differenzen einzubeziehen, da nur diese zu zukünftigen Steuerbe- oder -entlastungen führen. Daher ist der Steuerbilanzwert von VG um nicht steuerwirksame Bestandteile, z. B. außer-

---

10   Vgl. *Baetge/Kirsch/Thiele*, Bilanzen, 13. Aufl. 2014, S. 560.
11   Vgl. *Loitz, DB* 2008, S. 252.
12   Vgl. *Küting/Seel*, in *Küting/Pfitzer/Weber*, Das neue deutsche Bilanzrecht, 2009, S. 502.
13   Zu den Unterschieden der Steuerlatenzierung nach HGB und IFRS vgl. *Freidank/Velte*, Stb 2012, S. 33.
14   Vgl. *Kessler/Leinen/Paulus*, KoR 2009, S. 717.

bilanzielle Hinzurechnungen oder Abzüge (z. B. Investitionsabzugsbetrag nach § 7g EStG), zu korrigieren.[15] Dementsprechend sind solche steuerliche Korrekturen, die ausschließlich die GuV betreffen (z. B. nicht abziehbare Betriebsausgaben, steuerfreie Erträge, gewerbesteuerliche Hinzurechnungen und Kürzungen) nicht zu berücksichtigen.[16]

> **Beispiel**[17]
> Eine GmbH weist in ihrer Handels- und Steuerbilanz eine Beteiligung an einer anderen KapG aus. Da gem. § 8b KStG Veräußerungsgewinne aus Anteilen an KapG zu 95 % steuerfrei sind, ist dies bei der Berechnung von Steuerlatenzen zu berücksichtigen. Bestehen in diesen Fällen unterschiedliche Wertansätze zwischen Handels- und Steuerbilanz, sind nur auf 5 % dieser Differenz Steuerlatenzen zu bilden.

Zur Ermittlung der Differenzbeträge bietet sich ein bilanzpostenbezogener Vergleich zwischen handels- und steuerrechtlichen Wertansätzen bspw. wie folgt an: 19

Bilanzposten (1)	Wert lt. HB (2)	Steuerwert (3)	Differenz (4) = (2) – (3)	Korrektur (5)	Maßgebl. Differenz (6) = (4) – (5)
Selbst geschaffene immat. VG des AV	100	0	100	0	100
Grundstücke	150	80	70	0	70
Beteiligungen	40	140	–100	100	0
...					
Pensionsrückstellungen	100	60	40	0	40
Sonstige Rückstellungen	90	30	60	0	60
...					

Tab. 1: Ermittlungsschema Wertdifferenzen

In die Korrekturspalte (5) des obigen Ermittlungsschemas sind Anpassungen zur Eliminierung permanenter Differenzen zu berücksichtigen. Im Beispiel handelt es sich bei der Differenz im Posten Beteiligungen um eine handelsrechtlich abgeschriebene Beteiligung an einer KapG, deren Verkehrswert am Abschlussstichtag 40 beträgt. Aufgrund § 8b Abs. 3 Satz 3 KStG wird sich diese Differenz zu 100 % nicht 20

---

15 GlA: *Zimmert*, DStR 2010, S. 826; a. A.: *Weidmann*, DStR 2011, S. 2108, der die Einbeziehung von außerbilanziellen Korrekturen in die Steuerlatenzierung als mit dem Gesetzeswortlaut schwer vertretbar bezeichnet.
16 Vgl. DRS 18.2.
17 Vgl. *Herzig/Vossel*, BB 2009, S. 1175.

steuerwirksam auswirken, sodass es sich um eine permanente Differenz handelt und entsprechend vollständig in der Korrekturspalte zu berücksichtigen ist.[18]

21 Unter **temporären Differenzen** sind nicht nur reine Wertdifferenzen von in Handels- und Steuerbilanz gleichermaßen ausgewiesenen Bilanzposten zu verstehen (**Bewertungsdifferenzen**), sondern auch Differenzen aus dem Ansatz eines Bilanzpostens entweder in der HB oder in der Steuerbilanz (**Ansatzunterschiede**).[19]

> **Beispiel**
> Ausschließlich in der HB angesetzte Bilanzposten:
> – selbst geschaffene immaterielle VG des AV,
> – Rückstellungen für drohende Verluste.
> Ausschließlich in der Steuerbilanz angesetzte Bilanzposten:
> – Rücklage für Ersatzbeschaffung nach R 6.6 EStÄR 2012,
> – Rücklage für Veräußerungsgewinn nach § 6b EStG.

22 Soweit der Wertansatz eines VG in der HB höher als sein maßgeblicher Steuerwert (StB) ist oder der Wertansatz einer Schuld (z. B. Rückstellung) in der HB geringer ist als sein Steuerwert und sich die jeweiligen Differenzen steuerwirksam in der Folgezeit abbauen, ergibt sich hieraus eine passive Steuerlatenz. Umgekehrt bedingen aktive latente Steuern einen geringeren Wert eines VG in der HB gegenüber seinem Steuerwert bzw. einen höheren Wert einer Schuld lt. HB im Vergleich zum maßgeblichen Steuerwert.[20]

	passive latente Steuern	aktive latente Steuern
Vermögensgegenstand	HB > StB	HB < StB
Schuld	HB < StB	HB > StB

Tab. 2: Auswirkungen von Buchwertdifferenzen auf latente Steuern

23 Passive latente Steuern stellen mithin **zu versteuernde temporäre Differenzen** dar, da sie aus einem höheren handelsrechtlichen Nettovermögen gegenüber den maßgeblichen Steuerwerten resultieren. Im Umkehrschluss bilden aktive latente Steuern ein handelsrechtlich niedrigeres Nettovermögen im Vergleich zu den maßgeblichen Steuerwerten ab und stellen demzufolge **abzugsfähige temporäre Differenzen** dar.[21]

24 Der Abbildung einer zutreffenden Vermögenslage der Ges. entspricht auch die Berücksichtigung zukünftig nutzbarer **steuerlicher Verlustvorträge** im Temporary-Konzept, da diese einen ökonomischen Vorteil des bilanzierenden Unt

---

[18] Beruhen die unterschiedlichen Wertansätze dagegen auf unterschiedlichen AK in Handels- und Steuerbilanz (z. B. im Rahmen von Verschmelzungen oder aufgrund unterschiedlicher Berücksichtigung von Anschaffungskosten), wären gem. § 8b Abs. 1 KStG 95 % der Buchwertdifferenz in die Korrekturspalte aufzunehmen.
[19] Vgl. *Pöller*, BC 2011, S. 11.
[20] Vgl. *Wendholt/Wesemann*, DB 2009, Beil 5, S. 66.
[21] Vgl. *van Hall/Kessler*, in *Kessler/Leinen/Strickmann*, BilMoG, 2010, S. 469; DRS 18.8.

darstellen (zu Einzelheiten zur Bilanzierung latenter Steuern auf steuerliche Verlustvorträge s. Rz 47).[22]

2 Ansatz latenter Steuern (Abs. 1)

2.1 Aktivierungswahlrecht und Passivierungspflicht

Das Temporary-Konzept und die daraus abgeleitete Verbindlichkeitsmethode liegen den Regelungen von § 274 HGB zugrunde. Im Gegensatz zu den international verbreiteten Regelungen (IAS 12) sieht § 274 HGB jedoch für einen Aktivüberhang an latenten Steuern lediglich ein Aktivierungswahlrecht vor. Für einen Passivüberhang latenter Steuern besteht eine Passivierungspflicht.   25

Der Gesetzeswortlaut spricht von Differenzen in Wertansätzen von VG, Schulden oder RAP. Soweit in Handels- oder Steuerbilanz weitere Bilanzposten angesetzt werden, die nicht in dieser Aufzählung genannt sind, hat hierfür gleichwohl eine Steuerlatenzierung zu erfolgen, soweit bei diesen Bilanzposten temporäre Differenzen bestehen.   26

> **Beispiel**
> In der HB ist auf der Aktivseite als letzter Posten ein aktiver Unterschiedsbetrag aus Vermögensverrechnung (§ 246 Rz 104) ausgewiesen. Das hierin enthaltene Deckungsvermögen ist zum Zeitwert angesetzt, während in der Steuerbilanz für dieses Vermögen das Anschaffungskostenprinzip zu beachten gilt.
> Es handelt sich um eine temporäre Differenz, die in die Steuerlatenzierung einzubeziehen ist.

Temporäre Differenzen treten nicht nur an jedem Abschlussstichtag, sondern auch beim erstmaligen Ansatz von VG und Schulden auf. Auch in derartigen Fällen sind auf etwaige temporäre Differenzen Steuerlatenzen zu bilden (Bsp. s. Rz 126). Aufgrund der Ergebnisneutralität von Anschaffungsvorgängen erfolgt die Einbuchung derartiger latenter Steuern erfolgsneutral.   27

Gegenstand des Aktivierungswahlrechts ist eine erwartete sich insgesamt ergebende Steuerentlastung. Hierin enthalten sind neben den aktiven latenten Steuern aus temporären Differenzen auch aktive latente Steuern auf steuerliche Verlustvorträge (Rz 47).[23] Das Aktivierungswahlrecht bezieht sich ausschließlich auf den die passiven latenten Steuern übersteigenden Teil der aktiven latenten Steuern (**Aktivüberhang**), eine Aktivierung von Teilbeträgen – z. B. nur auf ausgewählte Einzelsachverhalte oder unter Ignorierung der steuerlichen Verlustvorträge – ist unzulässig (zum Zusammenspiel des Aktivierungswahlrechts mit der Gesamtdifferenzenbetrachtung s. Rz 36 ff. inkl. Bsp.).[24]   28

Das Aktivierungswahlrecht ist vom Wortlaut der Vorschrift her weit gefasst, d. h. könnte demnach zu jedem Abschlussstichtag neu ausgeübt werden. Zu beachten   29

---

22 Vgl. *Theile*, DStR 2009, S. 34.
23 Vgl. *Wendhold/Wesemann*, DB 2009, Beil. 5, S. 67; *Ernst/Seidler*, BB 2009, S. 768.
24 Vgl. DRS 18.15.

ist jedoch, dass § 246 Abs. 3 HGB ein **Stetigkeitsgebot für Ansatzmethoden** vorgibt (§ 246 Rz 131).

30 Die Anwendung dieses Stetigkeitsgebots führt im Zusammenspiel mit dem Aktivierungswahlrecht nach § 274 Abs. 1 Satz 2 HGB dazu, gleiche Sachverhalte stetig zu beurteilen. D. h., entscheidet sich der Bilanzierende, aktive latente Steuern anzusetzen, ist diese Entscheidung aufgrund des Stetigkeitsgebots auch für nachfolgende Abschlussstichtage bindend.

31 § 246 Abs. 3 HGB sieht die entsprechende Anwendung von § 252 Abs. 2 HGB vor. Danach darf von dem Stetigkeitsgrundsatz nur in **begründeten Ausnahmefällen** abgewichen werden.[25] Eine Abweichung ist nicht allein deshalb schon begründet, wenn sie im Anhang angegeben wird. Sachlich begründete Ausnahmefälle liegen nur vor, wenn:[26]
1. die Abweichung unter Beachtung der Grundsätze ordnungsmäßiger Buchführung eine Verbesserung des Einblicks in die Vermögens-, Finanz- und Ertragslage vermittelt;
2. die Abweichung im Jahresabschluss zur Anpassung an konzerneinheitliche Bilanzierungs- und Bewertungsregelungen erfolgt;
3. die Abweichung durch eine Änderung der rechtlichen Gegebenheiten (insb. Änderung von Gesetz und Gesellschaftsvertrag/Satzung, Änderung der Rechtsprechung) veranlasst ist;
4. die Abweichung dazu dient, Ansatz- oder Bewertungsvereinfachungsverfahren in Anspruch zu nehmen;
5. die Abweichung erforderlich ist, um steuerliche Ziele zu verfolgen.

32 Insbesondere der erste Durchbrechungsgrund, verbesserter Einblick in die Vermögens-, Finanz- und Ertragslage, lässt nur eine Durchbrechung der Stetigkeit dergestalt zu, dass ein Bilanzierender von „Nicht-Aktivierung" zu „Aktivierung" wechselt. Der umgekehrte Weg, von „Aktivierung" zu „Nicht-Aktivierung" zu wechseln, wird regelmäßig scheitern, da der Ansatz von aktiven latenten Steuern einen verbesserten Einblick in die Vermögens-, Finanz- und Ertragslage des Unt gewährt.[27]

33 Gelingt es auch nicht, einen der anderen begründeten Ausnahmefälle für einen Wechsel von der „Aktivierung" zur „Nichtaktivierung" in Anspruch nehmen zu können, verbleiben als einzige Auswege aus der „**Ansatzfalle**" umwandlungsrechtliche Gestaltungen, z.B. Verschmelzung auf einen anderen Rechtsträger, der keine Aktivierung von aktiven latenten Steuern vornimmt. Insoweit bestehen enge Parallelen zu dem Ansatzwahlrecht zur Aktivierung selbst geschaffener immaterieller VG des AV (§ 248 Rz 37).

34 Die **Passivierungspflicht** für zu versteuernde temporäre Differenzen i.S.v. Abs. 1 Satz 1 der Vorschrift bedeutet, dass für derartige temporäre Differenzen grds. passive latente Steuern anzusetzen sind. Ausnahmen von diesem Grundsatz ergeben sich lediglich bei chronisch defizitären Unt (Rz 88). Der Grundsatz der Gesamtdifferenzenbetrachtung schränkt diese Passivierungspflicht nicht ein, sondern eröffnet dem Bilanzierenden die Möglichkeit eines saldierten Ausweises (Rz 35).

---

[25] Vgl. DRS 18.16.
[26] Vgl. IDW RS HFA 38, Tz 15.
[27] Vgl. *van Hall/Kessler*, in *Kessler/Leinen/Strickmann*, BilMoG, 2010, S. 475.

2.2 Grundsatz der Gesamtdifferenzenbetrachtung (Abs. 1 Satz 1 und 2)

Der Grundsatz der Gesamtdifferenzenbetrachtung bedeutet, dass sämtliche aus temporären Differenzen bzw. steuerlichen Verlustvorträgen resultierenden aktiven und passiven Steuerlatenzen, zusammengefasst und nur der Saldo hieraus ausgewiesen wird.[28] Hieran wird auch deutlich, dass sich das Aktivierungswahlrecht von Abs. 1 Satz 2 der Vorschrift nur auf den Aktivüberhang, nicht aber auf den Bruttobetrag der aktiven latenten Steuern beziehen kann.[29]

Das Zusammenspiel von Aktivierungswahlrecht und Gesamtdifferenzenbetrachtung wird in nachfolgendem Schema dargestellt:

35

36

```
Schritt 1:   temporäre passive Steuerlatenzen
           ./. temporäre aktive Steuerlatenzen

Schritt 2:   Passivüberhang                          Aktivüberhang
           ./. Vorteile aus verrechenbaren         + Vorteile aus verrechenbaren
               steuerlichen Verlustvorträgen           steuerlichen Verlustvorträgen
               (zeitlich unbegrenzt)                   (begrenzt auf 5 Jahre)

Schritt 3:   Passivüberhang                          Aktivüberhang
                                                     (begrenzt auf 5 Jahre)

             Passivierungspflicht                    Aktivierungswahlrecht

             § 274 Abs. 1 Satz 1                     § 274 Abs. 1 Satz 2
```

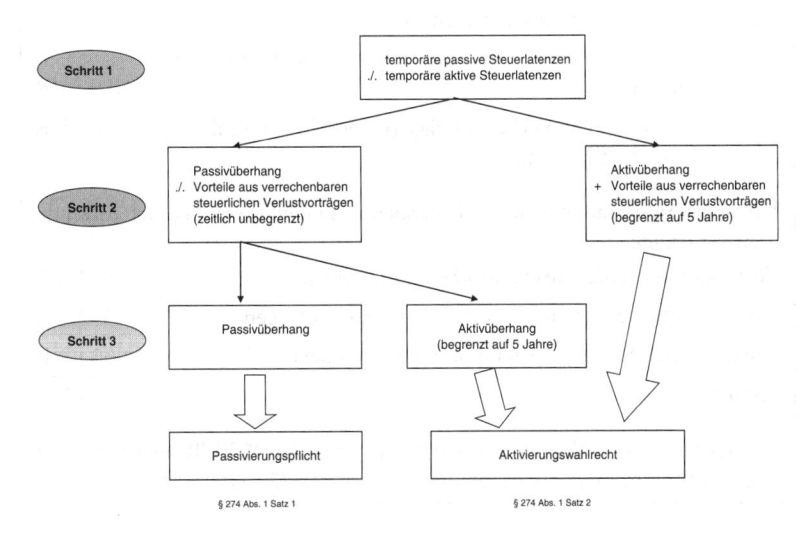

Abb. 1: Ermittlung ansatzfähiger bzw. ansatzpflichtiger latenter Steuern

In **Schritt 1** werden zunächst zu versteuernde temporäre Differenzen mit abzugsfähigen Differenzen saldiert (Gesamtdifferenzenbetrachtung). Ein sich ergebender Passivüberhang ist in **Schritt 2** mit steuerlichen Verlustvorträgen zu verrechnen. Hierbei ist keine Begrenzung der steuerlichen Verlustvorträge auf nur die in den nächsten 5 Jahren verrechenbaren vorzunehmen, da ansonsten künftige Steuerbelastungen in Form von passiven Steuerlatenzen ausgewiesen würden, die tatsächlich zu keiner steuerlichen Belastung führen.[30] Ergibt sich aus Schritt 1 dagegen ein Aktivüberhang, ist dieser um diejenigen Vorteile aus steuerlichen Verlustvorträgen zu erhöhen, die innerhalb der nächsten fünf Jahre voraussichtlich genutzt werden können.

37

In **Schritt 3** ist ein verbleibender Passivüberhang als passive latente Steuern anzusetzen (Passivierungspflicht). Ergibt sich aus Schritt 2 ein Aktivüberhang,

38

---

[28] Gem. DRS 18.40 ist neben der Verrechnung auch unter bestimmten Bedingungen eine Aufrechnung möglich. Vgl. hierzu im Einzelnen: *Loitz*, DB 2010, S. 2178.
[29] GlA *Herzig/Vossel*, BB 2009, S. 1177.
[30] Vgl. DRS 18.21.

ist dieser wiederum auf diejenigen Vorteile aus steuerlichen Verlustvorträgen zu begrenzen, die innerhalb der nächsten 5 Jahre voraussichtlich realisiert werden können. Dieser Aktivüberhang unterliegt – genauso wie der direkt in Schritt 1 ermittelte – dem Aktivierungswahlrecht von Abs. 1 Satz 2 der Vorschrift.

> **Beispiel**[31]
> Eine GmbH ermittelt am Abschlussstichtag bestehende temporäre Differenzen wie folgt:
>
> | | |
> |---|---:|
> | abzugsfähige temporäre Differenzen aus Pensionsrückstellungen | 200 EUR |
> | zu versteuernde temporäre Differenzen aus handels- und steuerrechtlich unterschiedlichen Buchwerten bei Sachanlagen | 100 EUR |
> | ungenutzte steuerliche Verlustvorträge (innerhalb von fünf Jahren voraussichtlich nutzbar) | 50 EUR |
>
> Bei einem Steuersatz von 30 % (KSt, SolZ und GewSt) ergeben sich folgende Steuerlatenzen:
>
> | | |
> |---|---:|
> | aktive latente Steuern aus temporären Differenzen | 60 EUR |
> | aktive latente Steuern aus steuerlichen Verlustvorträgen | 15 EUR |
> | passive latente Steuern aus temporären Differenzen | –30 EUR |
> | gesamt | 45 EUR |
>
> Das Aktivierungswahlrecht besteht hinsichtlich der 45 EUR, nicht aber für den Bruttobetrag der aktiven latenten Steuern von 75 EUR.

39 Da das Aktivierungswahlrecht nur insgesamt ausgeübt werden kann, sind auch z. T. in der Literatur geführte Diskussionen über die Zulässigkeit einer nur **teilweisen Aktivierung** obsolet.[32] Eine teilweise Aktivierung ist unzulässig, da das Aktivierungswahlrecht eine „Entweder-oder-Entscheidung" bzgl. des Aktivüberhangs von latenten Steuern darstellt.[33]

40 Auch eine Gesamtdifferenzenbetrachtung erfordert zumindest unternehmensintern eine Einzelbetrachtung der jeweiligen Bilanzposten, um Veränderungen im Zeitablauf nachvollziehen zu können. Es sind **detaillierte Analysen** erforderlich, um zu ermitteln, ob ein Aktiv- oder Passivüberhang besteht.[34]

41 Da der Gesetzgeber dem Bilanzierenden das Aktivierungswahlrecht für einen Aktivüberhang vor allem wegen vorgebrachter Kritik an der Komplexität der Ermittlung und Dokumentation von Steuerlatenzen eröffnet hat, erscheint es sachgerecht, dem Bilanzierenden bei der Interpretation der Angabepflichten im Anhang nach § 285 Nr. 29 HGB nicht „hinterrücks" detaillierte Erläuterungspflichten aufzubürden. Wenn ein Unt das Aktivierungswahlrecht nicht ausübt,

---

[31] In Anlehnung an *van Hall/Kessler*, in *Kessler/Leinen/Strickmann*, BilMoG, 2010, S. 478.
[32] Vgl. *Loitz*, DB 2010, S. 2179.
[33] GlA *Küting/Seel*, in *Küting/Pfitzer/Weber*, Das neue deutsche Bilanzrecht, 2009, S. 518.
[34] Vgl. *Herzig/Vossel*, BB 2009, S. 1177.

erscheint es dem Willen des Gesetzgebers zu genügen, wenn im Anhang qualitative Angaben zu bestehenden temporären Differenzen und steuerlichen Verlustvorträgen enthalten sind.[35]

> **Beispiel**
> Sachverhalt wie Bsp. in Rz 38.
> Die GmbH nimmt entsprechend § 274 Abs. 1 Satz 2 HGB keine Aktivierung des Aktivüberhangs i.H. von 45 EUR vor.
> Im Anhang führt das Unternehmen zu latenten Steuern aus:
> „Temporäre Differenzen i.S.v. § 274 HGB ergeben sich bei folgenden Bilanzposten:
> Pensionsrückstellungen (aktive latente Steuer)
> Sachanlagevermögen (passive latente Steuer)
> Darüber hinaus bestehen ungenutzte steuerliche Verlustvorträge, deren Realisierung durch zukünftige positive Steuerbemessungsgrundlagen hinreichend sicher scheint. Auch hieraus ergibt sich eine aktive latente Steuer. Insgesamt übersteigen die aktiven latenten Steuern die passiven, sodass ein Aktivüberhang vorliegt, der entsprechend des Wahlrechts von § 274 Abs. 1 Satz 2 HGB nicht aktiviert wird."

Bei der Entscheidung des Bilanzierenden zur Anwendung der Gesamtdifferenzenbetrachtung ist der **Stetigkeitsgrundsatz** zu beachten (Ansatzstetigkeit: § 246 Abs. 3 HGB). Da der unsaldierte Ausweis einen verbesserten Einblick in die Vermögens-, Finanz- und Ertragslage der Ges. ermöglicht, gelten hier die Ausführungen zur Durchbrechung der Stetigkeit bzgl. der Ausübung des Aktivierungswahlrechts analog (Rz 32).

42

2.3 Unsaldierter Ausweis (Abs. 1 Satz 3)

Ein unsaldierter Ausweis eröffnet dem Bilanzleser einen besseren Einblick in die Vermögenslage der Ges. als die Anwendung der Gesamtdifferenzenbetrachtung, da es sich um die transparenteste und umfassendste Abbildung von Steuerlatenzen handelt. Dies ist auch die nach internationalen Rechnungslegungsvorschriften verwendete Ausweismethode,[36] sodass der unsaldierte Ausweis nach Abs. 1 Satz 3 die weitestgehende Annäherung an die IFRS ermöglicht.

43

Auch im Fall des unsaldierten Ausweises bezieht sich das Aktivierungswahlrecht von Abs. 1 Satz 2 ausschließlich auf die die passiven latenten Steuern übersteigenden aktiven latenten Steuern (Aktivüberhang), nicht auf den Gesamtbetrag der aktiven latenten Steuern (Rz 28).

44

> **Beispiel**
> Das Unt ermittelt aktive latente Steuern i.H. von 100 EUR (abzugsfähige temporäre Differenzen in Pensionsrückstellungen) und passive latente Steu-

---

[35] Vgl. DRS 18.65 sowie IDW, IDW-FN 2015, S. 172.
[36] Vgl. IAS 12.74. Danach kommt eine Saldierung von latenten Steueransprüchen und Steuerschulden nur unter sehr restriktiven Bedingungen in Betracht. In den allermeisten Fällen sind latente Steuern nach IAS unsaldiert auszuweisen.

ern i.H. von 40 EUR (zu versteuernde temporäre Differenzen aus aktivierten selbst geschaffenen immateriellen VG des AV).
Das Unt kann bei einem unsaldierten Ausweis entweder sowohl aktive als auch passive latente Steuern i.H. von jeweils 40 EUR ausweisen (Nichtaktivierung des Aktivüberhangs, Variante A) oder aktive latente Steuern von 100 EUR und passive latente Steuern von 40 EUR bilanzieren (Variante B). Der ausschließliche Ansatz von 40 EUR passive latente Steuern wäre demgegenüber unzulässig.

Aktiva	Variante A		Passiva
...		...	
Aktive latente Steuern	40	Passive latente Steuern	40

Aktiva	Variante B		Passiva
...		...	
Aktive latente Steuern	100	Passive latente Steuern	40

Beide Varianten sind zulässig. Den zutreffenden Einblick in die Vermögenslage des Unt vermittelt Variante B, weshalb sie aus Sicht der Abschlussadressaten vorzugswürdig ist.

45 Der unsaldierte Ausweis ist nach dem Temporary-Konzept theoretisch für jeden einzelnen Sachverhalt vorzunehmen. Dies stößt in der Praxis aufgrund des damit verbundenen Ermittlungs- und Fortführungsaufwands derartiger Differenzen oftmals an Belastungsgrenzen für die betroffenen Unt. Daher dürfte es praxisgerecht und sachlich vertretbar sein,[37] eine **bilanzpostenbezogene Betrachtung** vorzunehmen, auch wenn damit innerhalb eines Bilanzpostens auftretende aktive und passive Steuerlatenzen miteinander saldiert werden.[38]

> **Beispiel**
> Der Bilanzansatz der Sonstigen Rückstellungen weicht zum 31.12.01 zwischen Handels- und Steuerbilanz um 500 EUR (HB > Steuerbilanz) voneinander ab. Ursache hierfür sind zum einen die in der Steuerbilanz nicht anzusetzende Rückstellung für drohende Verluste i.H. von 800 EUR und zum anderen eine aufgrund der nur handelsrechtlich gebotenen Abzinsung

---

[37] Vgl. *Wendholt/Wesemann*, DB 2009, Beil. 5, S. 67.
[38] DRS 18.36 stellt allerdings auf die einzelnen VG, Schulden und RAP ab.

> gegenüber der Steuerbilanz niedrigere Gewährleistungsrückstellung, deren
> Anfall erst in drei Jahren erwartet wird (300 EUR).
> Es ist zulässig, auf die bilanzpostenbezogene Differenz von 500 EUR insgesamt eine aktive Steuerlatenz auszuweisen.

Auch bei einem unsaldierten Ausweis von latenten Steuern sind in den aktiven latenten Steuern zwei unterschiedliche Arten von Steuerlatenzen enthalten, nämlich abzugsfähige temporäre Differenzen und Steuerlatenzen auf steuerliche Verlustvorträge (Rz 47). Beides sind zukünftig entstehende Steuerforderungen, sodass es sich um keine Saldierung, sondern um einen zusammengefassten Ausweis handelt. Durch die Erläuterungspflichten im Anhang (§ 285 Nr. 29 HGB) erhält der Jahresabschluss-Leser Informationen darüber, welche Bestandteile in den aktiven latenten Steuern enthalten sind (§ 285 Rz 171 f.).

2.4 Steuerliche Verlustvorträge

2.4.1 Grundlagen

Abs. 1 Satz 4 der Vorschrift stellt eine gesetzliche Regelung zur Aktivierung steuerlicher Verlustvorträge dar.[39]
Das Aktivierungswahlrecht für aktive latente Steuern beinhaltet die **Aktivierung zukünftiger Steuerentlastungen** aufgrund von steuerlichen Verlustvorträgen. Allerdings wird das Aktivierungswahlrecht für steuerliche Verlustvorträge auf **die in den nächsten 5 Jahren zu erwartende Verlustverrechnung** begrenzt.[40]
Für die Verrechnung mit passiven Steuerlatenzen sind Vorteile aus steuerlichen Verlustvorträgen zeitlich unbegrenzt zu verwenden, auch wenn die Gesetzesmaterialien einen anderen Schluss zulassen (s. Abb. Rz 36).[41] Eine Nichtberücksichtigung der über 5 Jahre hinaus reichenden Verlustvorträge würde zum Ausweis zukünftiger Steuerbelastungen führen, die in der Höhe tatsächlich gar nicht zu erwarten sind.[42]
Die Begrenzung der Aktivierung von Vorteilen aus steuerlichen Verlustvorträgen auf 5 Jahre soll an folgendem Beispiel illustriert werden:[43]

> **Beispiel**
> Die GmbH ermittelt zum Abschlussstichtag folgende Steuerlatenzen:
>
> | | |
> |---|---|
> | Passive latente Steuern | 120 TEUR |
> | Aktive latente Steuern (temporäre Differenzen) | 60 TEUR |
> | Aktive latente Steuern aus steuerlichen Verlustvorträgen (davon innerhalb 5 Jahren realisierbar 90 TEUR) | 100 TEUR |
>
> Insgesamt ergibt sich ein Aktivüberhang latenter Steuern von 40 TEUR. Von den steuerlichen Verlustvorträgen ist nur der innerhalb von 5 Jahren realisier-

---

[39] Vgl. *Loitz*, DB 2009, S. 916.
[40] Vgl. *Herzig/Vossel*, BB 2009, S. 1176.
[41] Vgl. BilMoG-BgRegA, S. 114.
[42] Vgl. DRS 18 Anhang A 5.
[43] Vgl. DRS 18 Anhang A5.

> bare Teil aktivierungsfähig, sodass ein dem Aktivierungswahlrecht unterliegender Aktivüberhang von insgesamt 30 TEUR vorliegt.

49 Die im Rahmen der Gesamtdifferenzenbetrachtung vorzunehmende Saldierung von zukünftigen Vorteilen aus steuerlichen Verlustvorträgen mit passiven Steuerlatenzen ist nur zulässig, wenn die steuerlichen Verlustvorträge dieselben Steuerarten (und damit dieselben Steuerbehörden) betreffen, wie die der Bewertung der passiven Steuerlatenzen zugrunde liegenden. Weiterhin ist es wohl erforderlich, den zeitlichen Anfall der passiven Steuerlatenzen zumindest grob zu planen, um ggf. abzuleitende Restriktionen (Rz 54) für die Nutzbarkeit der steuerlichen Verlustvorträge erkennen zu können.

> **Beispiel**
> Eine GmbH hält eine **Beteiligung an einer Immobilien-Objektgesellschaft** in der Rechtsform einer GmbH & Co. KG. Die Immobilien-Objektgesellschaft ist mit der Errichtung eines Bürokomplexes beschäftigt, dessen Fertigstellung im dritten Quartal des nächsten Gj erwartet wird. Für 65 % der Büroflächen sind bereits Mietverträge abgeschlossen.
> Die Wertansätze der Beteiligung an der Immobilien GmbH & Co. KG belaufen sich in der **HB** der GmbH auf 3,5 Mio. EUR und in der **Steuerbilanz** (durch aufgelaufene Anlaufverluste) auf 1,5 Mio. EUR. Es ergibt sich eine temporäre Differenz i. H. von 2,0 Mio. EUR, für die eine **passive Steuerlatenz** zu bilden ist. Die GmbH verfügt am Abschlussstichtag weiterhin über einen körperschaftsteuerlichen Verlustvortrag i. H. von 2,0 Mio. EUR.
> Dem **Grundsatz der Gesamtdifferenzenbetrachtung** folgend könnte eine Saldierung des Vorteils aus dem körperschaftsteuerlichen Verlustvortrag mit den passiven Steuerlatenzen vorgenommen werden, sodass letztlich **keine latente Steuer angesetzt** würde. Dies ist aber nur **dann zulässig**, wenn am Abschlussstichtag zu erwarten ist, dass der körperschaftsteuerliche Verlustvortrag **in voller Höhe zum Ausgleich der passiven Steuerlatenzen** verwendet werden kann. Das hängt wiederum davon ab, wie sich die passiven Steuerlatenzen voraussichtlich ausgleichen. Soweit die Beteiligung an der Immobilien-Objektgesellschaft auch nach Fertigstellung des Bürokomplexes von der GmbH gehalten werden soll, werden jährlich steuerliche Gewinne in einer Größenordnung von 0,2 Mio. EUR (laufende Vermietungsüberschüsse) erwartet. Ist dagegen beabsichtigt, die Beteiligung zu veräußern, würde sich **im Veräußerungszeitpunkt** die **passive Steuerlatenz** von 2,0 Mio. EUR sofort umkehren und **zu steuerpflichtigen Einkünften** führen. Der körperschaftsteuerliche Verlustvortrag wäre zwar auch in diesem Fall nutzbar, es würde aber die Mindestbesteuerung greifen, sodass die über 1,0 Mio. EUR hinausgehenden **passiven Steuerlatenzen** nur zu 60 % mit dem körperschaftsteuerlichen Verlustvortrag verrechnet werden könnten.
> **Ergebnis:** Soweit die Beteiligung weiter gehalten werden soll, ist eine **vollständige Saldierung** der passiven Steuerlatenzen mit dem körperschaftsteuerlichen Verlustvortrag **möglich**. Ist dagegen eine Veräußerung der Beteiligung zu erwarten (entscheidend ist hier die Einschätzung des Managements, d.h., konkrete Verkaufsanstrengungen brauchen noch nicht begonnen ha-

> ben), ist aufgrund der Mindestbesteuerung eine passive Steuerlatenz auf die nicht mit dem körperschaftsteuerlichen Verlustvortrag verrechenbaren temporären Differenzen i. H. von 0,4 Mio. EUR (2,0 ./. 1,0 = 1,0 abz. 60 % = 0,4) zu bilden.

Zur Beschränkung der Aktivierung von Vorteilen aus steuerlichen Verlustvorträgen auf fünf Jahre s. Rz 49.

Die Aktivierung von steuerlichen Verlustvorträgen ist nur für solche Steuerarten zulässig, bei denen das bilanzierende Unt auch Steuersubjekt ist. Für KapG kommt somit die Aktivierung von körperschaftsteuerlichen Verlustvorträgen (§ 8 Abs. 1 KStG i. V. m. § 10d EStG) und gewerbesteuerlichen Verlustvorträgen (§ 10a GewStG) in Betracht. Ekfl. und PersG können demgegenüber nur gewerbesteuerliche Verlustvorträge aktivieren; die ESt des Ekfm. bzw. der Gesellschafter der PersG sind hiervon nicht erfasst. 50

Soweit die vom bilanzierenden Unt erwirtschafteten steuerlichen Ergebnisse nicht im Inland, sondern in ausländischen Jurisdiktionen zu versteuern sind, sind die dortigen steuerlichen Regelungen zum steuerlichen Verlustvortrag zu beachten. Dies kann z. B. die zeitlich beschränkte Nutzbarkeit von steuerlichen Verlustvorträgen betreffen. 51

> **Beispiel**
> Die deutsche GmbH unterhält eine Zweigniederlassung in Italien, die dort als Steuersubjekt der dortigen KSt unterliegt. Der Jahresabschluss der GmbH enthält auch die der italienischen Zweigniederlassung zuzurechnenden VG, Schulden und RAP. Soweit bei der italienischen Zweigniederlassung steuerlich nutzbare Verlustvorträge bestehen, unterliegen diese ebenfalls dem Aktivierungswahlrecht nach § 274 Abs. 1 Satz 2 HGB. Allerdings ist zu beachten, dass die steuerlichen Verlustvorträge in Italien nur zeitlich begrenzt (5 Jahre) nutzbar sind.

2.4.2 Mindestbesteuerung und andere steuerliche Restriktionen

Bei der bilanziellen Berücksichtigung von Vorteilen aus steuerlichen Verlustvorträgen sind bestehende steuerliche Restriktionen in der Nutzung dieser steuerlichen Verlustvorträge zu berücksichtigen. Dies gilt sowohl im Fall der Aktivierung von Vorteilen aus steuerlichen Verlustvorträge als auch im Fall der Saldierung mit passiven Steuerlatenzen im Zuge der Gesamtdifferenzenbetrachtung. Derartige steuerliche Restriktionen gibt es im deutschen Steuerrecht, aber auch in einer Vielzahl von anderen Steuerjurisdiktionen. 52

Eine in Deutschland bestehende Restriktion ist die sog. **Mindestbesteuerung**, die sowohl bei der KSt (§ 8 Abs. 1 KStG i. V. m. § 10d Abs. 2 EStG) als auch bei der GewSt (§ 10a Satz 1 und 2 GewStG) zu beachten ist. Danach dürfen bestehende Verlustvorträge nur i. H. von bis zu 1 Mio. EUR (Freibetrag) unbegrenzt mit steuerpflichtigen Gewinnen verrechnet werden; darüber hinausgehende steuerpflichtige Gewinne sind nur i. H. von 60 % mit dem Verlustvortrag verrechenbar, d. h., 40 % des den Freibetrag übersteigenden steuerpflichtigen Ein- 53 kommens führen tatsächlich zu einer Steuerfestsetzung (sog. Mindestbesteuerung). Der auf diese Weise z.T. nicht genutzte steuerliche Verlustvortrag verfällt nicht, sondern kann weiter vorgetragen werden. Der Freibetrag gilt für jeden Veranlagungszeitraum. Regelungen zur Mindestbesteuerung existieren auch in anderen Ländern, z. B. in Frankreich.

54 Eine in Deutschland (bislang) nicht bestehende Restriktion betrifft den **zeitlichen Verfall von steuerlichen Verlustvorträgen**. In einer Reihe von Ländern sind steuerliche Verlustvorträge nur eine begrenzte Anzahl von Jahren nach Anfall des Verlustes nutzbar, danach verfallen sie. Dies ist bei der Aktivierung von Vorteilen aus diesen steuerlichen Verlustvorträgen entsprechend zu berücksichtigen, sodass nur die innerhalb der gesetzten Frist tatsächlich zu erwartende Nutzung aktiviert werden darf.

> **Beispiel**
> Die deutsche AG hat eine Betriebsstätte in Florida (USA), die im handelsrechtlichen Jahresabschluss der AG einbezogen ist. In den VG, Schulden und RAP der amerikanischen Betriebsstätte sind annahmegemäß keine temporären Differenzen enthalten. Am Abschlussstichtag besteht allerdings ein steuerlicher Verlustvortrag der amerikanischen Betriebsstätte i. H. von 1.000 TEUR, der bei einem angenommenen Steuersatz von 20 % eine zukünftige Steuerersparnis von 200 TEUR repräsentiert. Die Nutzung des steuerlichen Verlustvortrags sei auf 5 Jahre zeitlich begrenzt. Im Wege einer vorsichtigen Schätzung wird für die nächsten 5 Jahre ein positives steuerpflichtiges Einkommen der Betriebsstätte i. H. von insgesamt 550 TEUR prognostiziert. Es dürfen somit nur 550 TEUR × 20 % = 110 TEUR aktiviert werden.

55 Ein ebenfalls häufig anzutreffender Fall ist die Beschränkung der Nutzung von steuerlichen Verlustvorträgen durch **Gesellschafterwechsel** der bilanzierenden Ges. In Deutschland existieren hierzu Regelungen für die KSt in § 8c KStG, die auch für die GewSt Anwendung finden (§ 10a Satz 10 GewStG). Danach erfolgt ein quotaler Wegfall des Verlustvortrags, wenn im Zuge des Gesellschafterwechsels mehr als 25 %, aber höchstens 50 % der Gesellschaftsanteile wechseln. Wechseln mehr als 50 % der Gesellschaftsanteile, gehen die steuerlichen Verlustvorträge vollständig unter.[44] Allerdings hat der Gesetzgeber durch den jüngst eingeführten fortführungsgebundenen Verlustvortrag (§ 8d KStG) Möglichkeiten eröffnet, den Wegfall der steuerlichen Verlustvorträge bei Gesellschafterwechsel zu vermeiden. Diese steuerlichen Beschränkungen gelten nicht nur für den steuerlichen Verlustvortrag, sondern auch für den Zinsvorträge aus der Zinsschrankenregelung (Rz 59). Aus diesen steuerlichen Regelungen ergeben sich für die Bilanzierung von Vorteilen aus steuerlichen Verlustvorträgen eine Reihe von Zweifelsfragen. Anknüpfend an die zu IAS 12 entwickelten Grundsätze wäre eine Bilanzierung von Vorteilen aus steuerlichen Verlustvorträgen möglich, wenn mehr für als gegen die Nutzung der Verlustvorträge spricht.[45] Der Gesetzgeber hat sich hinsichtlich der Wahrscheinlichkeit der Nutzbarkeit etwas

---

[44] Zu Einzelheiten vgl. *Schildknecht/Rhiel*, DStR 2009, S. 117.
[45] Vgl. *Engels*, BB 2008, S. 1555.

vage lediglich auf das handelsrechtliche Vorsichtsprinzip (§ 252 Abs. 1 Nr. 4 HGB) zurückgezogen. Daraus abzuleiten, angesichts der Komplexität des deutschen Steuerrechts seien steuerliche Verlustvorträge per se unsicher, wäre nach der hier vertretenen Auffassung aber zu weitgehend.

> **Beispiel**
> Die GmbH verfügt zum 31.12.01 über einen körperschaftsteuerlichen und gewerbesteuerlichen Verlustvortrag von 100 TEUR. In Ausübung des Ansatzwahlrechts von § 274 Abs. 1 Satz 2 HGB hat die GmbH den steuerlichen Vorteil i.H. von 30 % (kombinierter Steuersatz aus KSt, SolZ und GewSt) = 30 TEUR aktiviert, da aufgrund der Ergebnis- und Steuerplanungen für die nächsten fünf Jahre steuerliche Gewinne in einer Größenordnung von 250 TEUR prognostiziert werden.
> Im Oktober 02 werden 40 % der GmbH-Anteile von einem Gesellschafter veräußert. Durch ein positives Jahresergebnis 02 belaufen sich die steuerlichen Verlustvorträge für KSt und GewSt zum Jahresende 02 – vor Berücksichtigung der Verlustvortragsbeschränkung von § 8c KStG/§ 10a Satz 10 GewStG – noch auf 80 TEUR. § 8d KStG ist annahmegemäß nicht anwendbar. Infolge der Verlustvortragsbeschränkung kann die GmbH nur noch für die verbleibenden 60 % = 48 TEUR Verlustvorträge aktivieren. Der hierauf entfallende Steuervorteil beläuft sich auf 30 % = 14,4 TEUR.
> Der Buchungssatz für die Ausbuchung des anteiligen Steuervorteils lautet:
>
> | Datum | Konto | Soll | Haben |
> |---|---|---|---|
> | | Steuern vom Einkommen und Ertrag | 15,6 | |
> | | Aktive latente Steuern | | 15,6 |

56 Zu beachten ist neben den handelsrechtlichen Ansatz- und Bewertungsvorschriften des § 274 HGB und den die steuerlichen Verlustvorträge ggf. beschränkenden steuerlichen Regelungen auch das **Stichtagsprinzip**. Letzteres wird aus § 242 HGB abgeleitet und besagt, dass im Rahmen der Bilanzierung die Geschäftsvorfälle im Jahresabschluss zu berücksichtigen sind, die bis zum Abschlussstichtag angefallen und die für die Bewertung die Verhältnisse am Abschlussstichtag zugrunde zu legen sind (§ 242 Rz 8). Zur Abgrenzung zwischen werterhellenden und wertbegründenden Ereignissen s. § 252 Rz 161.

> **Beispiel**
> Die GmbH & Co KG befindet sich zum Jahresende 01 in einer schwierigen wirtschaftlichen Situation. Die Geschäftsführer versuchen die angespannte Liquiditätssituation durch die Suche nach neuen Eigenkapitalgebern zu verbessern. Am 20.12.01 veräußert einer der bisherigen Kommanditisten seine Kommanditanteile von 40 % an einen neuen Gesellschafter. Der neue Gesellschafter verpflichtet sich neben dem Kaufpreis für die Kommanditanteile eine gesamthänderisch gebundene Rücklage i.H. von 500 TEUR zu dotieren. Die Komplementär-GmbH ist nicht am Kapital der KG beteiligt.
> Die Übertragung der Kommanditanteile sei unter die aufschiebende Bedingung der Eintragung des neuen Kommanditisten im HR gestellt. Die Eintragung im HR erfolgt am 5.1.02, sodass zu diesem Tag der Anteilswechsel

vollzogen wird. Die GmbH & Co KG verfügt zum 31.12.01 über einen gewerbesteuerlichen Verlustvortrag i. H. von 100 TEUR. Bei einer Steuermesszahl von 3,5 % und einem Gewerbesteuerhebesatz von 400 % beläuft sich der latente Gewerbesteuervorteil auf 14 TEUR.
Bei Aufstellung des Jahresabschlusses zum 31.12.01 hat die Geschäftsführung die Wahrscheinlichkeit der Nutzung des gewerbesteuerlichen Verlustvortrags zu beurteilen. Der maßgebliche Geschäftsvorfall, der Kaufvertrag über die Kommanditanteile, wurde vor dem Abschlussstichtag geschlossen und ist daher aufgrund des Stichtagsprinzips bei der Beurteilung der Wahrscheinlichkeit der Realisierung des Verlustvortrags zu berücksichtigen. Da im Zeitpunkt der Bilanzaufstellung bekannt ist, dass die Gesellschafterwechsel vollzogen, annahmegemäß keine Anwendung von § 8d KStG möglich und somit der gewerbesteuerliche Verlustvortrag quotal untergegangen ist, darf der gewerbesteuerliche Verlustvortrag zum 31.12.01 nur noch i. H. der verbleibenden 60 % = 8,4 TEUR angesetzt werden.

57 Das Stichtagsprinzip kann dazu führen, dass im Jahresabschluss Vorteile aus steuerlichen Verlustvorträgen ausgewiesen werden, von denen bereits bei Bilanzaufstellung bekannt ist, dass diese nicht mehr vollständig realisiert werden können. Das ist aber keine Besonderheit von steuerlichen Verlustvorträgen, sondern trifft auch auf VG zu; eine im Januar 02 durch einen Brandschaden zerstörte Lagerhalle ist gleichwohl im Jahresabschluss zum 31.12.01 zu bilanzieren, ohne dass eine außerplanmäßige Abschreibung o. Ä. zu berücksichtigen wäre. Nachfolgendes Beispiel illustriert die Wirkungsweise des Stichtagsprinzips auf steuerliche Verlustvorträge.

> **Beispiel**
> Die GmbH verfügt zum Abschlussstichtag 31.12.01 über einen körperschaftsteuerlichen Verlustvortrag i. H. von 200 TEUR. Auf Basis eines KSt-Satzes von 15 % und unter Berücksichtigung des SolZ bemisst sich der steuerliche Vorteil auf 31,7 TEUR. Ende Februar 02 veräußert ein Minderheitsgesellschafter, der keine Organstellung in der GmbH innehat, Anteile i. H. von 30 %. Der Jahresabschluss zum 31.12.01 wird im März 02 aufgestellt. Die Geschäftsführung hat von der Anteilsübertragung erst nach deren Durchführung erfahren. § 8d KStG findet annahmegemäß keine Anwendung.
> Unter Berücksichtigung des Stichtagsprinzips ist die Aktivierung des vollen Verlustvortrags von 31,7 TEUR zulässig. Allerdings kann im Anhang im Rahmen des Nachtragsberichts zu Ereignissen nach dem Abschlussstichtag darauf hinzuweisen sein, dass von dem aktivierten Verlustvortrag durch den in 02 erfolgten Gesellschafterwechsel 9,5 TEUR untergehen.

58 Bei PersG und KapG bestehen häufig **gesellschaftsvertragliche Regelungen zur Kompensation von steuerlichen Nachteilen** der Ges. durch Transaktionen des Gesellschafters.[46] Soweit ein Gesellschafter der Ges. Schaden zufügt, indem er z. B. durch Veräußerung seiner Anteile den gewerbesteuerlichen Verlustvortrag quotal

---

[46] Vgl. zu derartigen Kompensationsklauseln *Schildknecht/Rhiel*, DStR 2009, S. 118.

schmälert, sehen solche Regelungen den Ausgleich des Schadens durch den (ausscheidenden) Gesellschafter vor. Im Zeitpunkt des Vollzugs des Gesellschafterwechsels entsteht ein Anspruch der Ges. gegen den ausscheidenden Gesellschafter, der nach allgemeinen Grundsätzen als Forderung zu bilanzieren ist. Derartige Kompensationsregelungen bei der Beurteilung der Wahrscheinlichkeit der zukünftigen Nutzbarkeit steuerlicher Verlustvorträge einzubeziehen, erscheint nach der hier vertretenen Auffassung unzulässig. Es widerspräche dem Prinzip der Einzelbewertung (§ 252 Abs. 1 Nr. 3 HGB). Auch die Bildung einer Bewertungseinheit nach § 254 HGB scheitert an den Voraussetzungen, da in § 254 Satz 1 HGB aktive latente Steuern nicht aufgeführt sind. Außerdem würden außerhalb der Einflusssphäre der Ges. liegende Vorteilhaftigkeitsüberlegungen des Gesellschafters Einfluss auf die Bewertung der aktiven latenten Steuer nehmen.

2.4.3 Zinsvorträge, Steuergutschriften

Der Gesetzgeber hat erkennen lassen, dass die Aktivierung von Vorteilen aus steuerlichen Verlustvorträgen auch diesen gleichgestellte andere steuerliche Vorteile umfasst.[47] Der aus der sog. **Zinsschranke** nach § 4h Abs. 1 Satz 2 EStG stammende Zinsvortrag entfaltet ähnliche steuerliche Wirkungen wie der steuerliche Verlustvortrag, sodass dessen Aktivierung bzw. Saldierung mit passiven Steuerlatenzen im Rahmen der Gesamtdifferenzenbetrachtung folgerichtig erscheint. 59

Allerdings gilt es die zwischen Zins- und Verlustvorträgen bestehenden **Interdependenzen** zu beachten, da sich deren Entlastungswirkungen gegenseitig ergänzen oder auch blockieren können. Ein erwirtschafteter handelsrechtlicher Verlust kann zu einer höheren Fremdkapitalaufnahme zur Deckung des Liquiditätsbedarfs und hiermit einhergehend zu höheren Zinsaufwendungen führen. In einem derartigen Fall führt die Nichtabzugsfähigkeit des Zinsaufwands zu einem höheren steuerlichen Ergebnis, sodass der Verlustvortrag partiell durch Zinsvortrag ersetzt wird. Insoweit erscheint die zukünftige Nutzung eines Zinsvortrags weniger wahrscheinlich als die eines steuerlichen Verlustvortrags.[48] Die bestehenden Interdependenzen zwischen Verlust- und Zinsvortragsnutzung erfordern regelmäßig eigenständige Planungsrechnungen, die über die für die Aktivierung latenter Steuern auf körperschaftsteuerliche oder gewerbesteuerliche Verlustvorträge zu fordernde Steuerplanung hinausgehen.[49] 60

Unter **Steuergutschriften** werden steuerliche Maßnahmen verstanden, die zur Förderung bestimmter unternehmerischer Verhaltensweisen erteilt werden. Diese existieren in einigen Ländern.[50] 61

> **Beispiel**
> Die Einstellung von X Arbeitslosen führt bei Verzicht auf Entlassungen zu einer Ermäßigung der Steuerschuld X mal 100 EUR.

---

47 Vgl. BilMoG-BgrRegE, S. 67; siehe auch DRS 18.20.
48 Vgl. *Herzig/Bohn/Götsch*, DStR 2009, S. 2619.
49 Vgl. *Engels*, BB 2008, S. 1558.
50 Vgl. *Hoffmann*, in *Lüdenbach/Hoffmann/Freiberg*, Haufe IFRS-Kommentar, 15. Aufl. 2017, § 26 Rz 15ff.

Soweit solche Steuergutschriften über die Reduzierung der Steuerschuld für das laufende Jahr hinaus auch auf künftige Steuerbemessungsgrundlagen übertragen werden können, unterliegen diese ebenfalls dem Aktivierungswahlrecht von Abs. 1 Satz 2.

2.5 Sonderprobleme

2.5.1 Personengesellschaften

62 Die ertragsteuerliche Behandlung von PersG gründet sich auf dem Konzept der **Mitunternehmerschaft** i.S.v. § 15 Abs. 1 Nr. 2 EStG. Danach sind neben der Steuerbilanz der PersG selbst (Gesamthandsbilanz) noch für jeden Gesellschafter ggf. aufzustellende Ergänzungs- und Sonderbilanzen zu berücksichtigen.[51]

63 Die **Steuerbilanz** der Gesamthand ist die nach dem Maßgeblichkeitsgrundsatz (§ 5 Abs. 1 Satz 1 EStG) aus der HB der PersG abgeleitete Steuerbilanz der PersG. Sie beinhaltet diejenigen VG, Schulden und RAP bei denen das wirtschaftliche Eigentum bei der PersG liegt. Abweichungen zur HB ergeben sich aus steuerlichen Spezialregelungen, z.B.
- Aktivierungsverbot für selbst geschaffene immaterielle VG des AV (§ 5 Abs. 2 EStG),
- Ansatzverbot für Drohverlustrückstellungen (§ 5 Abs. 4a EStG),
- spezielle Bewertungsvorschriften für Pensionsrückstellungen (§ 6a Abs. 3 EStG),
- ausschließlich in der Steuerbilanz angesetzte unversteuerte Rücklagen (z.B. § 6b Abs. 3 EStG).

64 Für jeden Gesellschafter existieren für den Fall des entgeltlichen Beitritts (z.B. Erwerb von Kommanditanteilen einer GmbH & Co. KG) sog. **Ergänzungsbilanzen**. In diesen Ergänzungsbilanzen werden Mehr- oder Minderkaufpreise gegenüber dem bilanziellen Eigenkapital im Beitrittszeitpunkt berücksichtigt. Ergänzungsbilanzen stellen somit gesellschafterindividuelle Korrekturen der Bewertungsansätze der in der Gesamthandsbilanz ausgewiesenen VG und Schulden dar.

65 Für steuerliche Zwecke sind **Sonderbilanzen** für einzelne Gesellschafter dann zu bilden, wenn diese schuldrechtliche Vereinbarungen mit der PersG eingegangen sind. Da aufgrund des Mitunternehmerkonzepts die aus den schuldrechtlichen Vereinbarungen resultierenden Vergütungen steuerlich neutralisiert werden, wird in diesen Sonderbilanzen der entsprechende bilanzielle Ausgleich geschaffen. In Sonderbilanzen werden daher VG und Schulden, die im wirtschaftlichen (und zivilrechtlichem) Eigentum des Gesellschafters stehen, für steuerliche Zwecke bilanziell erfasst. Beispiele für in Sonderbilanzen auszuweisende VG und Schulden sind:
- an die PersG vermietete (oder auch unentgeltlich überlassene) VG (z.B. Grundstücke und Gebäude),
- an die PersG ausgereichte Darlehen des Gesellschafters,
- Anteile des Kommanditisten an der Komplementär-GmbH bei einer GmbH & Co. KG,

---

[51] Vgl. zu Einzelheiten des Mitunternehmerkonzepts bei Personengesellschaften *Schmidt/Wacker*, § 15 EStG, Rz 400 ff.

- zur Finanzierung der Beteiligung an der PersG aufgenommene Fremdkapitalverbindlichkeiten des Gesellschafters.

Für Zwecke der Besteuerung werden sämtliche der genannten Bilanzen berücksichtigt, d. h., der Besteuerung unterliegt somit die „**additive Gesamtbilanz**" der Mitunternehmerschaft.[52]

Da für Zwecke der Bildung von Steuerlatenzen nach § 274 HGB Differenzen zwischen dem handelsrechtlichen Buchwert und dem maßgeblichen Steuerwert (Rz 18) zu ermitteln sind, stellt sich bei PersG die Frage, welcher der steuerlich relevanten Teilbilanzen der additiven Gesamtbilanz den maßgeblichen Steuerwert repräsentieren.

Ergänzungsbilanzen sind in dem für die Steuerlatenz maßgeblichen Steuerwert zu berücksichtigen.[53] In ihnen werden keine eigenständige VG und Schulden, sondern steuerliche Wertkorrekturen von in der Steuerbilanz der PersG ausgewiesenen VG und Schulden ausgewiesen. Dies gilt auch für in der Steuerbilanz nicht ausgewiesene selbst geschaffene GoF. Diese sind in der Ergänzungsbilanz eines in die PersG eintretenden Gesellschafters aufzunehmen, da aus seiner (individuellen) Sicht ein entgeltlicher Erwerb vorliegt. Gleiches gilt für in der Steuerbilanz der PersG nicht ausgewiesene selbst geschaffene immaterielle VG des AV (z. B. Patente), die aus Sicht des Gesellschafters beim Eintritt in die PersG entgeltlich erworben wurden.

Sonderbilanzen enthalten demgegenüber VG und Schulden, die nicht im wirtschaftlichen Eigentum der PersG, sondern des Gesellschafters stehen. Eine Einbeziehung dieser VG und Schulden in den für die Steuerlatenz maßgeblichen Steuerwert ist nicht zulässig, da sie dem handelsrechtlichen Vermögen der PersG nicht zuzurechnen sind. Das Konzept der Steuerlatenz zielt aber gerade auf die Berücksichtigung von temporären Differenzen aus in der HB ausgewiesenen VG und Schulden gegenüber deren Wertansätzen in der Steuerbilanz ab. Daher sind Sonderbilanzen bei der Ermittlung von Steuerlatenzen nicht zu berücksichtigen.[54, 55]

Da die PersG Steuersubjekt nur hinsichtlich der GewSt ist, kommt bei ihr auch nur eine Berücksichtigung von latenter GewSt in Betracht (Rz 4). Soweit der (unmittelbare oder mittelbare) Gesellschafter eine Körperschaft ist, ist bei dieser eine Berücksichtigung der temporären Differenzen der PersG für körperschaftsteuerliche Zwecke vorzunehmen. Nachfolgendes Beispiel illustriert die Komplexität der Berücksichtigung von Steuerlatenzen, die aus dem Konzept der Mitunternehmerschaft resultiert.

Beispiel
Gesellschafter der A-GmbH & Co. KG sind die A-GmbH (100 % des Kommanditkapitals) sowie die am Kapital der Gesellschaft nicht beteiligte A-Verwaltungs-GmbH (Komplementärin). Die HB der A-GmbH & Co. KG weist zum 31.12.01 vereinfacht folgendes Bild aus:

---

52 Vgl. BFH, Urteil v. 11.3.1992, XI R 38/89, BStBl. II 1992, S. 797.
53 Vgl. DRS 18.39.
54 Vgl. DRS 18.39.
55 Steuerlatenzen auf Sonderbilanzen können sich allerdings im Jahresabschluss des Gesellschafters ergeben. Vgl. hierzu *Künkele/Zwirner*, BC 2012, S. 107.

Aktiva		Handels-Bilanz 31.12.01	Passiva	
Selbst geschaffene immat. VG des AV	30	Kapitalanteile Kommanditist		50
Sach-AV	130	Pensionsrückstellungen		150
UV	303			
RAP	15	Sonstige Rückstellungen		100
Aktive latente Steuern	22			
		Verbindlichkeiten		191
		Passive latente Steuern		9
	500			500

Steuerlich gibt es zum 31.12.01 folgende Besonderheiten zu beachten. Die selbst geschaffenen immateriellen VG des AV unterliegen dem Ansatzverbot des § 5 Abs. 2 EStG. Die Pensionsrückstellungen sind in der Steuerbilanz nach § 6a EStG lediglich mit einem Wert von 100 EUR angesetzt, sodass sich eine temporäre Differenz i.H. von 50 EUR ergibt. Die in den Sonstigen Rückstellungen der HB enthaltene Drohverlustrückstellung i.H. von 20 EUR wird steuerlich nicht berücksichtigt. In der Steuerbilanz ist eine unversteuerte Rücklage nach § 6b EStG i.H. von 60 EUR ausgewiesen. Die Steuerbilanz der PersG weist somit folgendes Bild auf:

Aktiva		Steuer-Bilanz 31.12.01	Passiva
Sach-AV	130	Kapitalanteile Kommanditist	17
UV	303	Rücklage § 6b EStG	60
RAP	15	Pensionsrückstellung	100
		Sonstige Rückstellung	80
		Verbindlichkeit	191
	448		448

Die Reduzierung der Kapitalanteile des Kommanditisten gegenüber der HB resultiert aus den Gewinnunterschieden (kumuliert, d.h. inkl. Vorjahre) zwischen Handels- und Steuerbilanz.

Neben der Steuerbilanz existiert noch eine Ergänzungsbilanz für den Kommanditisten A-GmbH, die im Zeitpunkt des Erwerbs der Kommanditanteile ein Mehrkapital von 200 EUR enthielt. Zum 31.12.01 weist die Ergänzungsbilanz folgendes Bild auf:

Aktiva	Erg.-Bilanz 31.12.01 A-GmbH		Passiva
Geschäftswert	150	Mehrkapital	150
	150		150

Die in der HB der A-GmbH & Co KG gebildeten Steuerlatenzen beruhen auf einem Gewerbesteuersatz von 10 %[56] und sind wie folgt nachzuweisen:

Posten	HB	Steuer-Bilanz	Erg-Bil.	Steuer-wert	Diffe-renz	Latente Steuer (10 %)
Selbst geschaffene immat. VG des AV	30	0	0	0	30	3
Rücklage	0	60	0	60	60	6
						9
Geschäftswert	0	0	150	150	150	15
Pensionsrückstellungen	150	100	0	100	50	5
Drohverlustrückstellung	20	0	0	0	20	2
						22

Auf Ebene des Gesellschafters A-GmbH wird in der HB die Beteiligung an der A-GmbH & Co. KG mit AK von 250 EUR ausgewiesen.
Da steuerlich die Beteiligung nach der sog. Spiegelbildmethode anzusetzen ist, sind bei der Ermittlung des maßgeblichen Steuerwerts die temporären Differenzen der PersG zu berücksichtigen:

Kapitalanteil Steuerbilanz	17
Mehrkapital Ergänzungsbilanz	150
Steuerwert	167

Im Vergleich zur HB ergibt sich ein Unterschiedsbetrag von 83 EUR. Hierauf entfällt eine passive latente Steuer von 15,825 % (KSt, SolZ) = 13,1 EUR. Die Tatsache, dass sich auf Ebene der Obergesellschaft eine passive Steuerlatenz ergibt, während bei der PersG per Saldo ein Aktivüberhang besteht, resultiert daraus, dass auf Ebene der Muttergesellschaft die quasipermanenten Differenzen bei einer (etwaigen) Veräußerung der PersG zu berücksichtigen sind.

---

[56] Entspricht einem Gewerbesteuerhebesatz von rd. 285 %.

> Je länger die Beteiligung gehalten und je weiter der Geschäftswert in der Ergänzungsbilanz abgeschrieben wird, desto größer wird die passive Steuerlatenz bei der Muttergesellschaft.[57]

71 Soweit bei einer PersG **verrechenbare Verluste i. S. d. § 15a Abs. 4 Satz 1 EStG** bestehen, ist bei dem Gesellschafter der PersG insoweit keine Steuerlatenz auf die Beteiligung zu bilden. Es handelt sich zwar um Differenzen zwischen handelsrechtlichem Beteiligungsansatz und steuerlichem Kapitalkonto. Da beim Abbau dieser Differenzen jedoch keine Steuerwirkung entsteht, sind diese Verluste bei der Steuerlatenzierung beim Gesellschafter nicht zu berücksichtigen.[58]

72 Eine Steuerlatenzierung bei Gesellschaftern von PersG ist bei **phasenverschobener Gewinnvereinnahmung** vorzunehmen.[59]

> **Beispiel**
> Die Müller-GmbH gründet gemeinsam mit Herrn Müller die Müller-GmbH & Co. KG, an deren Kapital beide mit jeweils 50 % als Kommanditisten beteiligt sind. Als Komplementärin fungiert die Müller Verwaltungs-GmbH, die an Kapital und Ergebnis der Müller-GmbH & Co. KG nicht beteiligt ist. Im Gesellschaftsvertrag der Müller-GmbH & Co. KG ist bzgl. der Gewinnverwendung geregelt, dass diese der GesV vorbehalten ist. Im Gj 01 erwirtschaftet die Müller-GmbH & Co. KG einen Vorsteuer-Gewinn von 100, abzgl. Gewerbesteuer von 15, sodass ein Jahresüberschuss von 85 ausgewiesen wird. Zum Zeitpunkt der Aufstellung des Jahresabschlusses 01 der Müller-GmbH liegt noch kein Gewinnverwendungsbeschluss der Müller-GmbH & Co. KG vor.
> Im Jahresabschluss 01 der Müller GmbH ist kein Beteiligungsertrag zu vereinnahmen, da die Voraussetzungen für einen entnahmefähigen Gewinn noch nicht vorliegen.[60] Steuerlich ist der Müller GmbH der Gewinnanteil für 01 von 50 (unter Berücksichtigung der Nichtabzugsfähigkeit der Gewerbesteuer) zuzurechnen, sodass für die KSt 01 eine Steuerrückstellung (inkl. SolZ) von 7,91 zu bilden ist. In Höhe der temporären Differenz zwischen Handels- und Steuerbilanz entsteht eine aktive Steuerlatenz, die gem. dem Aktivierungswahlrecht im Jahresabschluss 01 der Müller GmbH angesetzt werden darf. In der GuV 01 sind entsprechend keine Beteiligungserträge und (bei Ausübung des Aktivierungswahlrechts) ein Steueraufwand von 0 (tatsächliche KSt und latente KSt gleichen sich aus) enthalten. Soweit im Gj 02 ein Gewinnverwendungsbeschluss bei der Müller GmbH & Co. KG gefasst wird und sich für die Müller GmbH ein entnahmefähiger Gewinn ergibt, ist dieser im Jahresabschluss 02 zu erfassen. Die in 01 gebildete aktive latente Steuer ist entsprechend auszubuchen, sodass in der GuV 02 dem Beteiligungsertrag auch ein korrespondierender Steueraufwand gegenübersteht.

---

57 Es handelt sich um die Bilanzierung von Steuerlatenzen nach § 274 HGB im Jahresabschluss des Anteilseigners. Dieser wäre auch in einem aufzustellenden Konzernabschluss der Müller-GmbH anzusetzen, sodass auch kein Verstoß gegen die unzulässige Einbeziehung von outside basis differences nach § 306 HGB vorliegt. Bei Beteiligungen an PersG wirken sich (in Ergänzungsbilanzen abgebildete) gezahlte Mehrkaufpreise steuerlich aus, sodass auch Folgewirkungen auf die Steuerlatenzen bestehen. GlA: *Kastrup/Middendorf*, BB 2010, S. 819.
58 Vgl. IDW RS HFA 7, Tz 47.
59 Vgl. IDW RS HFA 7, Tz 45; *Skoluda/Janitschke*, StuB 2011, S. 489.
60 Vgl. IDW RS HFA 18, Tz 21.

2.5.2 Ertragsteuerliche Organschaft

2.5.2.1 Grundlagen

Unter einer steuerlichen **Organschaft** wird die Zusammenfassung des steuerlichen Einkommens der dem Organkreis angehörigen Ges. beim Organträger verstanden (§ 14 Abs. 1 KStG). Für die Berücksichtigung latenter Steuern sind ausschließlich ertragsteuerliche Organschaften von Bedeutung; umsatzsteuerliche Organschaften spielen hier keine Rolle. In Deutschland existieren Regelungen zur **körperschaftsteuerlichen und gewerbesteuerlichen** Organschaft in § 14 Abs. 1 KStG, § 2 Abs. 2 Satz 2 GewStG. Grundlage für das Vorliegen einer wirksamen steuerlichen Organschaft ist der Abschluss eines Ergebnisabführungsvertrags zwischen Organträger und Organgesellschaft i.S.v. § 291 Abs. 1 AktG. Dies gilt auch für Organgesellschaften in der Rechtsform der GmbH, bei der § 291 Abs. 1 AktG analog angewendet wird.[61]

73

Die steuerliche Zurechnung des von der Organgesellschaft erwirtschafteten Einkommens beim Organträger führt dazu, dass die Organgesellschaft keinen KSt- und GewSt-Aufwand hat. Um ein betriebswirtschaftlich aussagekräftiges Ergebnis vor Gewinnabführung in der HB auszuweisen, werden bei Organschaftsverhältnissen häufig **Steuerumlagen** vereinbart. Die Umlage wird von dem Organträger i.H. der von der Organgesellschaft beim Organträger ausgelösten KSt und GewSt an die Organgesellschaft weiterbelastet. In Verlustjahren können sich entsprechend negative Umlagen ergeben. Die Ermittlung der Steuerumlagen kann entweder nach der Verteilungsmethode oder der Belastungs- bzw. Stand-alone-Methode erfolgen, die beide von der FinVerw anerkannt sind.[62] Handelsrechtlich stellen derartige Steuerumlagen beim Organträger „Vorweg-Gewinnabführungen" dar, die entsprechend in der GuV unter den „Erträgen aus Gewinnabführung" bzw. „Aufwendungen aus Verlustübernahme" – ggf. als offen ausgewiesener Unterposten – ausgewiesen werden.[63] Die vereinfachte GuV der Organgesellschaft – je nachdem ob ein Umlagevertrag vorliegt oder nicht – stellt sich wie folgt dar:

74

GuV der Organgesellschaft (in EUR)	Ohne Umlage	Mit Umlage
Ergebnis der gewöhnlichen Geschäftstätigkeit	100	100
Ertragsteuerumlage	0	– 30
Aufwand aus Gewinnabführung	– 100	– 70
Jahresüberschuss	0	0

Tab. 3: GuV Organgesellschaft

2.5.2.2 Steuerlatenzen bei Organschaft

Die Besonderheiten steuerlicher Organschaften, nämlich das Auseinanderfallen von wirtschaftlicher Verursachung (Organgesellschaft) und zivilrechtlicher Ver-

75

---

[61] Zu den Voraussetzungen der steuerlichen Organschaft vgl. R 14.1 ff. KStR 2015.
[62] Vgl. *Loitz/Klevermann*, DB 2009, S. 410.
[63] Vgl. *Dahlke*, BB 2009, S. 879.

bindlichkeit (Organträger), führen dazu, dass prinzipiell zwei Methoden der Abb. von Steuerlatenzen von Organgesellschaften möglich sind, die der formalen und der wirtschaftlichen Betrachtungsweise folgen.

76 Nach der **formalen Betrachtungsweise** erfolgt die Bilanzierung von latenten Steuern auf Basis der zivilrechtlichen Verpflichtungen. Der Steuerschuldner bei Organschaften ist der Organträger, sodass dieser nach der formalen Betrachtungsweise auch die Steuerlatenzen für temporäre Differenzen von Organgesellschaften zu bilden hat. Steuerliche Verlustvorträge bei der Organgesellschaft können nur aus vororganschaftlicher Zeit stammen und sind während der Dauer der Organschaft nicht nutzbar, sodass für sie auch keine Berücksichtigung im Rahmen von Steuerlatenzen zu erfolgen hat.[64]

77 Demgegenüber bildet die **wirtschaftliche Betrachtungsweise** Steuerlatenzen auf Ebene der jeweiligen Organgesellschaft ab. Diese aus den US-GAAP stammende Behandlung (sog. **push-down-accounting**) sieht vor, den von der Organgesellschaft beim Organträger verursachten Steueraufwand (tatsächliche und latente Steuer) an die Organgesellschaft zurückzubelasten. Die Sichtweise ist vom Grundsatz her dieselbe, die Steuerumlagevereinbarungen (Rz 75) zugrunde liegt. Der wesentliche Unterschied besteht aber darin, dass bei der wirtschaftlichen Betrachtungsweise nicht nur tatsächliche, sondern auch latente Steuern an die Organgesellschaft weiterberechnet werden. Der Gesetzgeber hat im Zuge der Einführung des BilMoG keine Regelungen für Steuerlatenzen im Zusammenhang mit Organschaften aufgestellt. Auch die Gesetzesmaterialien geben keinen Hinweis, wie Steuerlatenzen in derartigen Fällen abzubilden sind.

78 Die Abbildung von Steuerlatenzen bei ertragsteuerlichen Organschaften nach § 274 HGB hat handelsrechtlich nach der **formalen Betrachtungsweise** zu erfolgen. Ein Ansatz von latenten Steuern in den Jahresabschlüssen von Organgesellschaften ist somit nicht zulässig.[65]

79 Verschiedentlich sind Überlegungen angestellt worden, ob in Steuerumlagevereinbarungen zukünftig auch latente Steuern mit erfasst werden sollen.[66] Für diese Fälle lässt DRS 18.35 eine Bilanzierung der Steuerlatenzen bei der Organgesellschaft zu[67], wobei dies z.T. kontrovers diskutiert wird.[68] Besonderes Augenmerk ist in diesen Konstellationen auf die sog. Abführungssperre (Rz 81) zu legen, da bei einer zu hohen Gewinnabführung ggf. die steuerliche Anerkennung der Organschaft in Gefahr gerät.[69] Auch um diese Gefahr zu vermeiden, wird nach der hier vertretenen Auffassung die formale Betrachtungsweise präferiert. Durch Einbeziehung der latenten Steuern in die Steuerumlageverträge kann die der wirtschaftlichen Betrachtungsweise zugrunde liegende Ergebniswirkung erreicht werden, auch wenn die originären Steuerlatenzen beim Organträger bilanziert werden. Innerhalb der Konzerne wird die Entscheidung für die Abbildung von Steuerlatenzen bei Steuerumlageverträgen regelmäßig einheitlich (formale bzw. wirt-

---

[64] Vgl. *Loitz/Klevermann*, DB 2009, S. 411.
[65] Vgl. DRS 18.32.
[66] Vgl. *Dahlke*, BB 2009, S. 879; *Loitz/Kavermann*, DB 2009, S. 419; *Ellerbusch/Schlüter/Hofherr*, DStR 2009, S. 2443.
[67] Vgl. hierzu: *Liekenbrock/Vossel*, DB 2012, S. 753.
[68] A.A.: *Melcher/Murer*, DB 2011, S. 2334, die auch bei Steuerumlageverträgen eine Bilanzierung der Steuerlatenzen beim Organträger fordern.
[69] Vgl. *Herzig/Liekenbrock/Vossel*, Ubg 2012, S. 141.

schaftliche Betrachtungsweise) erfolgen, um eine Doppelbilanzierung von Steuerlatenzen zu vermeiden.[70]

Soweit der Organträger eine **kleine KapG/KapCoGes** i. S. v. § 267 HGB ist, hat er gem. § 274a Nr. 5 HGB die Vorschriften des § 274 HGB nicht zu berücksichtigen. Dies gilt auch für die temporären Differenzen der Organgesellschaften, auch wenn diese gem. den Größenkriterien nach § 267 HGB ggf. als mittelgroß oder groß einzustufen sind.[71] Allerdings hat der Organträger ggf. Rückstellungen nach § 249 Abs. 1 HGB für passive latente Steuern zu bilden (zu Einzelheiten s. § 249 Rz 42).   80

Da bei der Organgesellschaft nach der formalen Betrachtungsweise keine Steuerlatenzen zu bilanzieren sind (Rz 80), können bei ihr auch keine **Abführungssperren** nach § 268 Abs. 8 HGB aus aktiven latenten Steuern auftreten. Allerdings können aus den anderen in § 268 Abs. 8 HGB genannten Fällen (Aktivierung von selbst geschaffenen immateriellen VG des AV, Zeitwertbewertung von Deckungsvermögen über die AHK hinaus) bei der Organgesellschaft Abführungssperren auftreten, die zum Ausweis eines Jahresüberschusses führen. Dies gilt im Übrigen auch für die Abführungssperre von § 301 AktG. Zur Problematik von Abführungssperren gem. § 268 Abs. 8 HGB bei steuerlichen Organschaften s. § 268 Rz 54 ff.   81

Die **Anhangangaben** nach § 285 Nr. 29 HGB sind von demjenigen Unt zu berücksichtigen, das die Steuerlatenzen bilanziert. Bilanziert der Organträger die Angaben für den gesamten Organkreis, hat er in den Anhangangaben die temporären Differenzen der Organgesellschaften mit aufzunehmen (§ 285 Rz 171 f.).   82

2.5.2.3 Beendigung von Organschaften

Die Organschaften zugrunde liegenden Ergebnisabführungsverträge sind im Regelfall zeitlich befristet (fünf Jahre) und verlängern sich danach zumeist um ein Jahr, soweit nicht gekündigt wird. Darüber hinaus ist für Sonderfälle regelmäßig ein außerordentliches Kündigungsrecht vorgesehen. Hierzu rechnet als Hauptanwendungsfall die Veräußerung der Gesellschaftsanteile der Organgesellschaft durch den Organträger.   83

Soweit die Ergebnisabführungsverträge am Abschlussstichtag nicht gekündigt sind und eine Kündigung auch nicht geplant ist, sind diese als dauerhaft geltende Ergebnisabführungsverträge zu behandeln. Maßgeblich für die Beurteilung, ob eine Kündigung geplant ist, ist die Planung des Organträgers, da nur dieser faktisch über eine Weiterführung bzw. Kündigung des Ergebnisabführungsvertrags entscheiden kann.   84

Für die Bilanzierung latenter Steuern ist der zeitliche Anfall der Umkehr der latenten Steuern maßgeblich. Sobald der Ergebnisabführungsvertrag gekündigt ist, werden sich die Steuerlatenzen der **Organgesellschaft** steuerlich bei ihr auswirken, da sie nach Beendigung des Organschaftsverhältnisses wiederum Steuersubjekt bei der KSt und GewSt ist. Demzufolge hat die Organgesellschaft im Zeitpunkt der Kündigung des Ergebnisabführungsvertrags (bzw. dem Abschlussstichtag, an dem eine Kündigung geplant ist) latente Steuern für solche Steuerbe-   85

---

70 GlA: *Dreixler/Ernst*, StuB 2011, S. 131.
71 Vgl. *Wendholt/Wesemann*, DB 2009, Beil. 5, S. 71.

und -entlastungen zu bilden, die in Perioden anfallen, in denen sie wieder Steuersubjekt ist. Dies gilt grds. auch für aktive Steuerlatenzen auf **steuerliche Verlustvorträge aus vororganschaftlicher Zeit**. Da die Beendigung von Ergebnisabführungsverträgen i. d. R. im Zusammenhang mit einem Gesellschafterwechsel bei der Organgesellschaft steht, sind die steuerlichen Restriktionen für die Geltendmachung dieser Verlustvorträge zu beachten (Rz 54). In vielen Fällen dürfte eine Berücksichtigung von aktiven latenten Steuern auf steuerlichen Verlustvorträgen wegen des zu erwartenden Wegfalls der Nutzbarkeit ausscheiden.

86 In der überwiegenden Zahl dieser Fälle hat ab dem Kündigungszeitpunkt die Organgesellschaft somit für sämtliche Steuerlatenzen nach den allgemeinen Grundsätzen des § 274 HGB latente Steuern zu bilanzieren. Nur in solche Fällen, in denen zwischen Kündigung des Ergebnisabführungsvertrags und tatsächlicher Beendigung noch ein längerer Zeitraum liegt, erfordert dies eine Aufteilung der Steuerlatenzen, um zu ermitteln, welche noch vom Organträger und welche von der Organgesellschaft zu bilanzieren sind.

87 Der **Organträger** hat entsprechend im Jahr der Kündigung des Ergebnisabführungsvertrags die für temporäre Differenzen der Organgesellschaft gebildeten Steuerlatenzen aufzulösen, da mit der Steuerbe- und -entlastung nicht mehr zu rechnen ist (§ 274 Abs. 2 Satz 2 HGB).

2.5.3 Chronisch defizitäre Unternehmen

88 Die Passivierungspflicht für zu versteuernde temporäre Differenzen besteht unabhängig davon, ob das Aktivierungswahlrecht für einen Aktivüberhang ausgeübt wird, die Steuerlatenzen saldiert (Gesamtdifferenzenbetrachtung) oder unsaldiert ausgewiesen werden (Rz 44). Daher sind auch in Verlustjahren passive Steuerlatenzen anzusetzen, wenn zukünftig zu versteuernde temporäre Differenzen beim bilanzierenden Unt bestehen.

89 Soweit bei dem bilanzierenden Unt die Verhältnisse so besonders gelagert sind, dass ausnahmsweise die Entstehung künftiger Steuerbelastungen ausgeschlossen ist, kann von diesem Grundsatz abgewichen werden. Solche Konstellationen sind bei chronisch defizitären Unt anzutreffen, die ausschließlich steuerliche Verluste erzielen, die durch Eigenkapitalzuführungen der Gesellschafter finanziert werden.

> **Beispiel**
> Die „Städtische Verkehrsbetriebe-GmbH" erwirtschaftet seit Jahren hohe Jahresfehlbeträge, die vom Gesellschafter (der Stadt) durch Eigenkapitalzuführungen ausgeglichen werden. Da aufgrund der bestehenden Aufwands- und Ertragsstruktur auch für die Zukunft dauerhaft mit Verlusten gerechnet wird, ist es faktisch ausgeschlossen, dass die GmbH jemals positive steuerliche Ergebnisse erzielen wird. Ein Ansatz von passiven latenten Steuern kann in derartigen Fällen unterbleiben.

2.5.4 Asset deal bei Unternehmenserwerben

90 Werden Unt oder Unternehmensteile im Wege eines **asset deals** vom bilanzierenden Unt übernommen, stellt sich ebenfalls das Erfordernis der Berücksichtigung von latenten Steuern. Im Regelfall ergibt sich beim **asset deal** ein positiver

Unterschiedsbetrag zwischen dem (Gesamt-) Kaufpreis und der Summe der Zeitwerte der übernommenen VG und Schulden. Dieser ist als GoF gem. § 246 Abs. 1 Satz 4 HGB zu aktivieren (zu Einzelheiten s. § 246 Rz 86). Soweit sich im Rahmen der Kaufpreisverteilung Unterschiede zwischen Handels- und Steuerbilanz ergeben, sind für zukünftige Steuerbe- und -entlastungen Steuerlatenzen zu bilden.

> **Beispiel**
> Die GmbH erwirbt von einem insolventen Konkurrenten einen Unternehmensbereich im Wege eines asset deals. Der Kaufpreis beträgt 100 TEUR. Die übernommenen VG und Schulden weisen im Erwerbszeitpunkt folgende Zeitwerte auf:
>
> | | |
> |---|---:|
> | Patente | 50 TEUR |
> | Sachanlagevermögen | 150 TEUR |
> | Vorräte | 70 TEUR |
> | Pensionsrückstellungen (ermittelt nach § 253 HGB) | – 230 TEUR |
> | | 40 TEUR |
>
> Aufgrund des gezahlten Kaufpreises von 100 TEUR ergibt sich ein GoF i.H.v. 60 TEUR.
> In der Steuerbilanz wird der Kaufpreis abweichend verteilt, da dort die Pensionsrückstellungen lediglich mit dem nach § 6a EStG ermittelten steuerlichen Teilwert i.H.v. 180 TEUR angesetzt werden dürfen. Steuerlich erhöht sich der Geschäftswert entsprechend auf 110 TEUR. Auf den Differenzbetrag v. 50 TEUR entfällt bei einem Steuersatz von 30 % eine passive latente Steuer i.H.v. 15 TEUR. Da bei den Pensionsrückstellungen ebenfalls eine temporäre Differenz i.H.v. 50 TEUR zwischen Handels- und Steuerbilanz besteht, ergibt sich dort entsprechend eine aktive Steuerlatenz i.H.v. 15 TEUR. Beide Steuerlatenzen werden sich in den folgenden Gj allerdings zeitlich unterschiedlich auflösen.

Da ein GoF im Einzelabschluss steuerlich berücksichtigungsfähig ist, stellt sich die Frage, ob – wie im vorstehenden Beispiel dargestellt – auf den GoF eine Steuerlatenz gebildet wird. DRS 18.25 gewährt ein diesbezügliches Wahlrecht. Konsequent weitergedacht wäre dann bereits bei Bestimmung des GoF diese Steuerlatenz zu berücksichtigen, wobei dies zu einer iterativen Berechnung führt. Folgt man dem Gedanken des § 246 Abs. 1 Satz 4 HGB, wonach der GoF lediglich eine Residualgröße ist, wird man diese In-Sich-Rechnung aber vermeiden können.[72]

2.5.5 Ausländische Betriebsstätten

Weicht bei ausländischen Betriebsstätten eines nach HGB rechnungslegungspflichtigen Unt das handelsrechtliche Nettovermögen der Betriebsstätte (bei Freistellung gem. DBA) vom steuerlichen Wertansatz ab, so entstehen hierdurch

---

[72] Vgl. *Kühne/Melcher/Wesemann*, WPg 2009, S. 1061.

temporäre Differenzen.[73] Solche Differenzen können bspw. dadurch auftreten, dass im handelsrechtlichen Nettovermögen das AV der Betriebsstätte nach anderen Regeln (Nutzungsdauern, Abschreibungsmethoden) abgeschrieben wird, als steuerlich. Auf derartige temporäre Differenzen sind entsprechend den Regelungen des § 274 HGB grds. Steuerlatenzen zu bilden.

93 Für diese temporäre Differenzen der ausländischen Betriebsstätte sind latente Steuern nach den allgemeinen Grundsätzen des § 274 HGB zu bilden.

> **Beispiel**
> Die deutsche AG unterhält eine Betriebsstätte in Spanien. Soweit temporäre Differenzen zwischen der nach spanischem Steuerrecht aufgestellten Steuerbilanz (bzw. des maßgeblichen spanischen Steuerwerts) und der in den deutschen Jahresabschluss eingeflossenen Betriebsstättenbilanz bestehen, sind hierauf Steuerlatenzen für zu versteuernde temporäre Differenzen zu berücksichtigen bzw. besteht für abzugsfähige temporäre Differenzen ein Ansatzwahlrecht.

Da auch beim unsaldierten Ausweis von Steuerlatenzen im Regelfall auf Bilanzpostenebene eine Saldierung erfolgt (Rz 46), kann dies bspw. dazu führen, dass bei einer Bilanzposition aktive inländische Steuerlatenzen mit passiven ausländischen Steuerlatenzen saldiert werden.

2.5.6 Investmentfonds

94 Bei Anteilen an Investmentfonds, die vom Bilanzierenden gehalten werden, erfolgt deren handels- und steuerrechtliche Abbildung unterschiedlich. **Handelsrechtlich** wird der einheitliche VG „Anteil am Investmentfonds" bilanziert, der nach den allgemeinen Regelungen bei Zugang zu AK und in der Folge zu fortgeführten AK bilanziert wird. Eine Abschreibung nach § 253 Abs. 3 Satz 3 HGB (AV) bzw. § 253 Abs. 4 Satz 1 HGB (UV) kommt nur in Betracht, soweit der Börsen- oder Marktpreis (Rücknahmepreis des Investmentfonds) unter die AK gesunken ist. Bei der Beurteilung einer Abschreibungsnotwendigkeit kommt es auf den Wert des Investmentanteils insgesamt, nicht auf die vom Investmentfonds gehaltenen einzelnen Anlagen an.

Soweit es sich um einen **ausschüttenden Investmentfonds** handelt, sind die Ausschüttungsansprüche im Entstehungszeitpunkt (der abhängig ist von den Vertragsbedingungen des Investmentfonds) zu aktivieren.[74] Bei **thesaurierenden Investmentfonds** kommt eine Aktivierung von Erträgen des Fonds nicht in Betracht, da kein Ausschüttungsanspruch besteht und auch keine Erträge zufließen.[75]

95 In der **Steuerbilanz** gilt zunächst das Maßgeblichkeitsprinzip, sodass auch hier ein Ansatz zu AK (Zugangsbewertung) bzw. fortgeführten AK (Folgebewertung) zu erfolgen hat. Bzgl. der Vornahme von Abschreibungen sind die speziellen Regelungen zur Teilwertabschreibung (§ 6 Abs. 1 Nr. 1 Satz 3 EStG bzw. § 6 Abs. 1 Nr. 2 Satz 2 EStG) zu beachten. Die FinVerw stellt bei der Frage einer voraus-

---

[73] Es handelt sich hierbei allerdings nicht um sog. outside basis differences, die nur im Konzernabschluss entstehen können. Vgl. IDW, IDW-FN 2014, S. 281.
[74] Möglich sind auch Substanzausschüttungen, die zu einer Minderung der AK führen, vgl. BMF, Schreiben v. 18.8.2009, IV C 1 – S 1980–1/08/10019, BStBl I 2009, S. 931, Rz 16a.
[75] Vgl. *Scharpf/Schaber*, Handbuch Bankbilanz. 5. Aufl. 2013, S. 414.

sichtlich dauerhaften Wertminderung nicht auf den Wert des Investmentanteils insgesamt, sondern auf die im Investmentfonds enthaltenen Wirtschaftsgüter ab.[76] Ein weiterer wesentlicher Unterschied zum Handelsrecht liegt in der Behandlung der vom Investmentfonds erzielten Erträge. Diese werden nach den Regelungen des InvStG ermittelt, wobei steuerlich dem Anleger die Erträge aus den einzelnen Anlagen zugerechnet werden.[77] Somit werden ihm auch die Erträge aus thesaurierenden Investmentfonds als sog. **ausschüttungsgleiche Erträge** (§ 1 Abs. 3 InvStG) zugerechnet.

Die Abbildung der ausschüttungsgleichen Erträge in der Steuerbilanz erfolgt durch Bildung eines **steuerlichen Ausgleichspostens** auf der Aktivseite i. H. der ausschüttungsgleichen Erträge. Ohne Bildung eines derartigen Ausgleichspostens würden bei Verkauf des Investmentanteils die bereits versteuerten ausschüttungsgleichen Erträge nochmals besteuert; der Ausgleichsposten stellt somit quasi eine Erhöhung der AK des Investmentanteils in der Steuerbilanz dar.[78] Für Zwecke der latenten Steuern ergeben sich aus dem Ausgleichsposten i. H. des maßgeblichen Steuersatzes aktive latente Steuern. Dies gilt unabhängig davon, ob in den ausschüttungsgleichen Erträgen steuerlich begünstigte Dividendenerträge enthalten sind.[79]

96

Weiterhin kann bei Veräußerung, Teilwertabschreibung und Wertaufholung von Investmentfonds ein sog. **Aktiengewinn** (§ 8 InvStG) anfallen, soweit der Investmentfonds diesen nach § 5 Abs. 2 InvStG ermittelt. Der wirtschaftliche Gehalt dieses so ermittelten Aktiengewinns liegt in der Herstellung eines Gleichlaufs zwischen der Direktanlage in Aktien und der Anlage über einen Investmentfonds. Der Aktiengewinn wird benötigt, um auf Ebene des Anteilseigners die Anwendung des § 8b Abs. 1 bis 6 KStG sowie § 3 Nr. 40 EStG bei Veräußerung sicherzustellen.[80]

97

Der Aktiengewinn ist in die Berechnung der Steuerlatenz im Regelfall nicht einzubeziehen. Eine ausnahmsweise Berücksichtigung käme dann in Betracht, wenn es zu einer Abweichung zwischen handelsrechtlichem und steuerlichem Buchwert des Investmentanteils kommt (z. B. nur in der HB vorgenommene Abschreibung wegen voraussichtlich dauerhafter Wertminderung).[81]

2.5.7 Umwandlungen

Bei Umwandlungsvorgängen (Verschmelzung, Formwechsel, Spaltung) wird steuerlich regelmäßig zur Vermeidung von Steuerzahlungen die Fortführung der Buchwerte des übertragenden Rechtsträgers vereinbart (§ 11 Abs. 1 und 2 UmwStG). Handelsrechtlich gelten die allgemeinen Ansatz- und Bewertungsgrundsätze (§ 17 Abs. 2 Satz 2 UmwG), sodass grds. der Ansatz zu Anschaffungskosten beim übertragenden Rechtsträger zu erfolgen hat. § 24 UmwG eröffnet allerdings auch das Wahlrecht, die Buchwerte des übernehmenden Rechtsträgers fortzuführen.

98

---

76 Vgl. OFD Hannover, Vfg. v. 25.4.2005, S – 2750a – 14 – StO 242, DStR 2005, S. 829.
77 Hierbei gilt das Zu- und Abflussprinzip (§ 3 Abs. 1 InvStG) mit einigen gesetzlichen Ausnahmen. So gelten 10 % der auf Fondsebene anfallenden Werbungskosten pauschal als nicht abzugsfähig (§ 3 Abs. 3 Satz 2 Nr. 2 InvStG).
78 Vgl. *Hagen*, Ubg 2008, S. 341.
79 Vgl. *Malisius/Hagen/Lenz*, Ubg 2010, S. 442.
80 Vgl.*Hagen*, UBg 2008, S. 342.
81 Vgl. *Malisius/Hagen/Lenz*, Ubg 2010, S. 448.

Die Ausübung der Wahlrechte zwischen Handels- und Steuerbilanz kann unabhängig voneinander erfolgen, sodass durchaus häufig Konstellationen anzutreffen sind, bei denen steuerlich zum Buchwert, handelsrechtlich – z. B. zur Vermeidung von Verschmelzungsverlusten – zum Zeitwert umgewandelt wird. Die hierbei entstehenden Buchwertunterschiede zwischen Handels- und Steuerbilanz stellen temporäre Differenzen dar, für die entsprechend latente Steuern zu bilden sind (s. Rz 17).

99 Im Rahmen von **Verschmelzungen** stellt sich für den übernehmenden Rechtsträger die Frage, wie mit in der Schlussbilanz des übertragenden Rechtsträgers ausgewiesenen Steuerlatenzen umzugehen ist. Erfolgt die Abbildung der Verschmelzung nach dem **allgemeinen Anschaffungskostenprinzip**, scheidet eine Übernahme dieser Steuerlatenzen aus. Der übernehmende Rechtsträger hat aber zu prüfen, ob aktive und/oder passive Steuerlatenzen nach § 274 HGB auf Basis der übernommenen VG, Schulden und RAP zu bilden sind. Die Bildung derartiger latenter Steuern erfolgt dann erfolgsneutral.[82]

Bei Abbildung der Verschmelzung nach der **Buchwertmethode** sind die Steuerlatenzen nach den Verhältnissen des übernehmenden Rechtsträgers zu übernehmen, soweit die Unterschiede zwischen Handels- und Steuerbilanz auch nach der Verschmelzung weiter bestehen.[83]

> **Beispiel**
> Die T-GmbH wird durch Verschmelzungsvertrag vom 18.8.02 rückwirkend zum 1.1.02 auf die M-AG verschmolzen. Es findet die Buchwertmethode nach § 24 UmwG Anwendung. Die T-GmbH weist in ihrer Schlussbilanz zum 31.12.01 folgende Steuerlatenzen aus:
> Aktive latente Steuern i. H. v. 100 (80 aus temporären Differenzen bei Pensionsrückstellungen, 20 aus steuerlichen Verlustvorträgen) sowie passive latente Steuern i. H. v. 40 (temporäre Differenzen bei Sachanlagevermögen aus unterschiedlichen Abschreibungsverläufen).
> Die Steuerlatenzen aus temporären Differenzen sind bei der M-AG im Rahmen der Verschmelzung mit einzubuchen. Soweit sich aufgrund der Besteuerungssituation der M-AG eine andere Bewertung der Steuerlatenzen als bei der T-GmbH ergibt (unterschiedlicher GewSt-Hebesatz) sind die Steuerlatenzen bereits mit den angepassten Werten einzubuchen.
> Die steuerlichen Verlustvorträge der T-GmbH gehen im Rahmen der Verschmelzung unter und sind entsprechend nicht bei der M-AG einzubuchen.

100 Zu beachten ist bei Verschmelzungen weiterhin, dass auf Ebene des übernehmenden Rechtsträgers bestehende Steuerlatenzen im Zusammenhang mit der Beteiligung an dem übertragenden Rechtsträger gem. § 274 Abs. 2 Satz 2 HGB wegfallen, da mit ihrem Eintritt nicht mehr zu rechnen ist. Die Ausbuchung erfolgt sowohl bei Abbildung der Verschmelzung nach dem Anschaffungskostenprinzip als auch nach der Buchwertmethode erfolgswirksam.[84]

---

[82] Vgl. IDW RS HFA 42, Tz 39.
[83] Vgl. IDW RS HFA 42, Tz 61; A. A.: *Simlacher*, DStR 2011, S. 1872, der die vollständige Übernahme und anschließende erfolgswirksame Korrektur beim übernehmenden Rechtsträger fordert.
[84] Vgl. *Simlacher*, DStR 2011, S. 1871.

Beim **Formwechsel** gem. § 190 Abs. 1 UmwG besteht der formwechselnde 101
Rechtsträger nach Eintragung der Umwandlung im HR in der neuen Rechtsform
weiter. Es findet somit kein Übergang von Vermögen und Schulden statt. Somit
sind für den Bilanzierenden lediglich die für die neue Rechtsform gültigen
Besonderheiten zu beachten. Ansonsten gilt unverändert die Ansatz- und Bewertungsstetigkeit (§§ 246 Abs. 3, 252 Abs. 1 Nr. 6 HGB).[85]
Bei **Umwandlung einer PersG in eine KapG** hat die KapG erstmals latente
Steuern anzusetzen, soweit die PersG bislang keine latente Steuern nach § 274
HGB zu bilanzieren hatte. Die Einbuchung dieser Steuerlatenzen hat erfolgswirksam zu erfolgen. Soweit die PersG bislang Rückstellungen für passive latente
Steuern gebildet hatte (§ 274a Rz 11 ff.), sind diese in die Bilanzposten „Passive
latente Steuern" bzw. „Aktive latente Steuern" umzugliedern.
Erfolgt der Formwechsel durch **Umwandlung einer KapG in eine PersG**, können
bislang bilanzierte Steuerlatenzen erfolgswirksam aufgelöst werden, soweit der
Grund dafür entfallen ist. Hauptanwendungsfall wird die Körperschaftsteuer sein,
da die PersG nicht körperschaftsteuerpflichtig ist. Soweit die PersG § 274 HGB
nicht anzuwenden hat und dies auch nicht freiwillig tut, sind ggf. Rückstellungen
für passive latente Steuern zu bilden (§ 249 Rz 42).[86]
Die **Spaltung** nach dem UmwG unterliegt denselben Grundsätzen wie eine Verschmelzung.[87] Entsprechend ist auch bzgl. der Steuerlatenzierung auf die hierfür
dargestellten Grundsätze zu verweisen (Rz 101).

3 Bewertung latenter Steuern (Abs. 2)

3.1 Grundlagen

Abs. 2 der Vorschrift führt zur Bewertung aus, dass die Steuerlatenzen mit den 103
unternehmensindividuellen Steuersätzen im Zeitpunkt der voraussichtlichen
Auflösung der Differenzen anzusetzen sind. Da es sich um eine Vorschrift zum
Einzelabschluss handelt, erscheint das Wort „unternehmensindividuell" überflüssig oder fragwürdig.[88] Die Bedeutung erschließt sich durch den Verweis von § 306
Satz 5 auf § 274 Abs. 2 HGB, wonach die Steuerlatenzen auch im Konzernabschluss nicht nach einem konzerneinheitlichen Steuersatz, sondern den unternehmensindividuellen Steuersätzen der die jeweilige Steuerlatenz verursachenden
TU zu berechnen sind (§ 306 Rz 29).
Es ist derjenige Steuersatz zugrunde zu legen, der voraussichtlich im **Zeitpunkt des** 104
Abbaus der Differenzen gültig ist. Dieser wird im Regelfall nicht bekannt sein,
sodass die am Abschlussstichtag gültigen Steuersätze anzuwenden sind. Ist allerdings am Abschlussstichtag bereits eine Änderung der Steuersätze wirksam beschlossen, sind diese anzuwenden. Eine Steuersatzänderung ist erst dann wirksam
beschlossen, wenn die maßgebende Körperschaft die Änderung verabschiedet hat.
In Deutschland bedeutet dies, dass der Bundesrat dem Steuergesetz zugestimmt
haben muss.[89] Auf die ggf. erst nach dem Abschlussstichtag erfolgende Unter-

---

[85] Vgl. IDW RS HFA 41, Tz 23.
[86] Vgl. IDW RS HFA 41, Tz 33.
[87] Vgl. IDW RS HFA 43, Tz 5.
[88] Vgl. *Küting/Seel*, in *Küting/Pfitzer/Weber*, Das neue deutsche Bilanzrecht, 2009, S. 516.
[89] Vgl. DRS 18.48.

zeichnung des Steuergesetzes durch den Bundespräsidenten und die Verkündung im BGBl. kommt es nicht an. Etwas anderes gilt nur, wenn der Bundespräsident aufgrund verfassungsrechtlicher Zweifel das Gesetz nicht unterschreibt; dann wären die beschlossenen Steuersätze noch nicht in die Bewertung einzubeziehen, da ernstliche Zweifel an deren Gültigkeit im Zeitpunkt des Abbaus der Steuerlatenzen bestehen.

105 Bei KapG kann regelmäßig ein **zusammengefasster Steuersatz**, der KSt, SolZ und GewSt umfasst, angesetzt werden. Eine Modifikation des nominellen GewSt-Satzes zur Anpassung an den effektiven GewSt-Satz aufgrund von gewerbesteuerlichen Hinzurechnungen und -kürzungen kommt nicht in Betracht. Die Hinzurechnungen und -kürzungen werden ausschließlich bei der Berechnung der laufenden GewSt (für das abgelaufene Gj wie auch dem Gj des Abbaus der Steuerlatenzen) berücksichtigt. Für die Berechnung latenter Steuern sind diese nicht maßgeblich (Rz 18). Bei KapCoGes kommt regelmäßig nur der Steuersatz für die GewSt zur Anwendung (Ausnahme: ausländische Betriebsstätten, s. Rz 92).

106 Auf Einzelabschlussebene können sich Schwierigkeiten bei der Ermittlung des Steuersatzes ergeben, wenn **mehrere Betriebsstätten** bestehen. Bei inländischen Betriebsstätten können sich Steuersatzverschiebungen zwischen den einzelnen Betriebsstätten aufgrund der abweichenden Gewerbesteuerhebesätze ergeben. Hier ist es regelmäßig sachgerecht, den zum Abschlussstichtag aktuellen gewichteten Gewerbesteuerhebesatz der inländischen Betriebsstätten anzuwenden, es sei denn, es sind bereits Veränderungen in der Zukunft absehbar.

> **Beispiel**
> Die GmbH & Co KG unterhält zwei steuerliche Betriebsstätten; eine am Sitz der Ges. in Münster (Hebesatz 440 %) und eine in Flensburg (Hebesatz 375 %). Am Abschlussstichtag ergibt sich für das abgelaufene Gj aufgrund der Lohnsummenbetrachtung ein gewichteter Gewerbesteuerhebesatz von 410 %. Für das Folgejahr sind größere Investitionen am Standort Flensburg beabsichtigt, die auch zu einem Aufbau des dortigen Mitarbeiterstamms führen werden. Nach einer überschlägigen Ermittlung kann für die Folgejahre von einer Absenkung des gewichteten Gewerbesteuerhebesatzes auf 390 % ausgegangen werden.
> Für die Bewertung der Steuerlatenzen am Abschlussstichtag sind 390 % zugrunde zu legen (zukünftiger Steuersatz).

107 Soweit ausländische Betriebsstätten bestehen, sind die dieser Betriebsstätte zuzurechnenden Steuerlatenzen (Rz 92) mit den ausländischen Steuersätzen zu bewerten.

108 Latente Steuern sind nach Abs. 2 Satz 1 **nicht abzuzinsen**, unabhängig davon, wann sie sich wieder abbauen. Dies entspricht der gängigen internationalen Praxis. Da auch auf quasi-permanente Differenzen Steuerlatenzen zu bilden sind (Rz 17), die sich erst nach einer Dispositionsentscheidung des Unt (z. B. Verkauf eines VG) oder erst bei Beendigung des Unt abbauen, ist eine Analyse ausgewiesener Steuerlatenzen vor dem Hintergrund des dem Jahresabschlussleser im Regelfall unbekannten Zeitpunkts des Abbaus der Differenzen erschwert. Eine Abzinsung von Steuerlatenzen wäre im Übrigen auch nur möglich, wenn eine detaillierte Betrach-

tung des zeitlichen Verlaufs der individuellen Steuerlatenzen vorgenommen würde, was regelmäßig mit beträchtlichem Aufwand verbunden ist.[90]

§ 274 Abs. 2 Satz 2 HGB fordert, dass die ausgewiesenen Steuerlatenzen aufzulösen sind, sobald die Steuerbe- oder -entlastung eintritt oder mit ihr nicht mehr zu rechnen ist. Dies erfordert, dass zu jedem Abschlussstichtag die dem Ansatz und der Bewertung zugrunde gelegten Annahmen, Steuersätze und Wahrscheinlichkeiten zu überprüfen sind.[91]

109

3.2 Anforderungen an aktive latente Steuern

Die Unsicherheit bzgl. der Werthaltigkeit aktiver latenter Steuern hat den Gesetzgeber bewogen, lediglich ein Aktivierungswahlrecht für den Aktivüberhang vorzusehen. Insbesondere bei der Aktivierung von Vorteilen aus steuerlichen Verlustvorträgen zeigen die Erfahrungen aus den IFRS, dass hier bei der Bilanzierung häufig Fehler auftreten und der Nachweis der Wahrscheinlichkeit zukünftiger positiver steuerlicher Gewinne nicht geführt werden kann.[92]

110

Aktive latente Steuern repräsentieren zukünftige Steuerentlastungen die anfallen, wenn[93]

- abzugsfähige temporäre Differenzen sich abbauen und der daraus resultierende steuerliche Verlust genutzt werden kann oder
- steuerliche Verlustvorträge mit künftigen positiven steuerlichen Einkommen verrechnet werden können.

Für abzugsfähige temporäre Differenzen ist vom Gesetzgeber keine zeitliche Begrenzung für deren Aktivierung vorgesehen, während für die Aktivierung von Vorteilen aus steuerlichen Verlustvorträgen eine zeitliche Begrenzung von fünf Jahren zu beachten ist (vgl. Rz 49 ff.).

111

Daher betont der Gesetzgeber ausdrücklich, dass bei der Beurteilung der Werthaltigkeit von latenten Steueransprüchen das **handelsrechtliche Vorsichtsprinzip** (§ 252 Abs. 1 Nr. 4 HGB) zu beachten und der Ansatz aktiver latenter Steuern demgemäß sorgfältig zu prüfen ist.[94]

Ob mit dem Abstellen auf das handelsrechtliche Vorsichtsprinzip höhere Anforderungen an den Nachweis der Wahrscheinlichkeit zukünftiger positiver steuerpflichtiger Einkommen gestellt werden, als dies nach den IFRS erforderlich ist, wird nach der hier vertretenen Auffassung abgelehnt. Der nach IAS 12 anzuwendende Beurteilungsmaßstab mit einer Wahrscheinlichkeit von mehr als 50 % stellt in der Praxis wohl keine geringere Anforderung als das handelsrechtliche Vorsichtsprinzip dar, da sich derartige Wahrscheinlichkeiten nicht messen lassen.[95] Die Auffassung, dass eine Aktivierung aktiver latenter Steuern mit dem Vorsichtsprinzip nur schwerlich zu vereinbaren ist,[96] wird hier abgelehnt. Neben den an den Nachweis der Wahrscheinlichkeit der Nutzung dieser Differenzen zu stellenden

112

---

[90] Daher wird aus bilanztheoretischer Sicht konsequenterweise eine Abzinsung latenter Steuern gefordert. Vgl. hierzu im Einzelnen *Müßig/Breitkreuz*, StuW 2012, S. 71.
[91] Vgl. IDW ERS HFA 27, Tz 38.
[92] Vgl. *Meyer/Naumann*, WPg 2009, S. 811.
[93] Vgl. *van Hall/Kessler*, in *Kessler/Leinen/Strickmann*, BilMoG, 2010, S. 488.
[94] Vgl. BilMoG-BgRA, S. 114.
[95] Vgl. *van Hall/Kessler*, in *Kessler/Leinen/Strickmann*, BilMoG, 2010, S. 488.
[96] Vgl. *Küting/Seel*, in *Küting/Pfitzer/Weber*, Das neue deutsche Bilanzrecht, 2009, S. 507.

Anforderungen hat der Gesetzgeber dem Vorsichtsprinzip durch die Ausschüttungs- und Abführungssperre (§ 268 Abs. 8 HGB) ausreichend Rechnung getragen.

113 Die Wahrscheinlichkeitsüberlegungen über die zukünftige Nutzbarkeit aktiver latenter Steuern sind ausreichend zu dokumentieren. Dies gilt insb., wenn das Unt eine ausgeprägte Verlusthistorie aufweist und in den letzten Jahren keine positiven steuerpflichtigen Einkünfte (vor Verlustverrechnung) erzielt hat. Anhaltspunkte für hinreichende künftige zu versteuernde Einkünfte können bspw. sein:
- Eingang profitabler Aufträge, die in Folgejahren abzuwickeln sind,
- Veräußerung oder Stilllegung/Aufgabe defizitärer Geschäftsbereiche oder Standorte,
- Abschluss von Restrukturierungsmaßnahmen als Grundlage für nachhaltige Kosteneinsparungen und Effizienzsteigerungen,
- steuerliche Verluste in Vorjahren aufgrund von Einmaleffekten, die für die Zukunft nicht mehr zu erwarten sind,
- zu versteuernde temporäre Differenzen, für die passive latente Steuern gebildet werden.

114 Der letztgenannte Punkt führt dazu, dass die Werthaltigkeitsüberlegungen im Regelfall auf einen verbleibenden Aktivüberhang der latenten Steuern beschränkt werden können, für den im Übrigen das Aktivierungswahlrecht besteht (Rz 25). Ausnahmen von diesem Grundsatz können im Zusammenhang mit zu beachtenden steuerlichen Restriktionen (z. B. Mindestbesteuerung) auftreten (Rz 53).[97]

115 Die an den **Nachweis der Wahrscheinlichkeit der zukünftigen Nutzung** zu stellenden Anforderungen setzen eine **Steuerplanungsrechnung** voraus, die in die allgemeine Unternehmensplanung eingebunden ist oder mindestens auf dieser aufbaut. Da eine Aktivierung von Vorteilen aus steuerlichen Verlustvorträgen nur zulässig ist, soweit diese Vorteile in den auf den Abschlussstichtag folgenden 5 Jahren voraussichtlich realisiert werden, würde dies eine entsprechend 5-jährige Unternehmensplanung erfordern. Gerade in kleinen und mittleren Unternehmen wird dies oftmals nicht vorhanden sein. In diesen Fällen ist gegebenenfalls für über die vorhandene Detailplanung (z. B. für das Folgejahr) hinausgehende Zeiträume eine sachgerechte und plausible Schätzung vorzunehmen.

Bei derartigen Schätzungen kommt dem handelsrechtlichen Vorsichtsprinzip besondere Bedeutung zu, da mangels Detailplanung die Unsicherheiten entsprechend höher sind. Dies gilt insb. bei Unt mit einer Verlusthistorie. Hier sind an den Nachweis der Werthaltigkeit besondere Anforderungen zu stellen. Das Vorliegen einer Unternehmensplanung mit positiven steuerlichen Ergebnissen bei unverändertem Geschäftsmodell ist nach der hier vertretenen Auffassung nicht ausreichend.[98] Vielmehr muss erkennbar sein, dass die verlustbringenden Ereignisse der Vergangenheit mit hoher Wahrscheinlichkeit nicht mehr auftreten, durch bspw. Einstellung unrentabler Geschäftsbereiche/Produktlinien oder die Beendigung von Restrukturierungsmaßnahmen.

---

[97] Vgl. hierzu *Ruberg*, Ubg 2011, S. 204.
[98] Gl. A.: *Hoffmann/Lüdenbach*, NWB-Kommentar Bilanzierung, 5. Aufl., 2014, § 274 HGB, Rz 38.

4 Ausweis latenter Steuern

4.1 Ausweis in der Bilanz

Für aktive und passive latente Steuern hat der Gesetzgeber mit dem BilMoG zwei separate Bilanzposten auf Aktiv- und Passivseite vorgesehen (zu Einzelheiten s. § 266 Rz 100 ff. und 166 f.). Der Posten auf der Aktivseite ist mit „Aktive latente Steuern" (§ 266 Abs. 2 D HGB), der auf der Passivseite mit „Passive latente Steuern" (§ 266 Abs. 3 E HGB) zu bezeichnen. 116

Gerade bei den passiven Steuerlatenzen sind häufig die Ansatzkriterien für eine Rückstellung nach § 249 Abs. 1 HGB erfüllt (§ 274a Rz 11 und § 249 Rz 42). Dies gilt aber nicht in allen Fällen, wie am Beispiel einer quasi-permanenten Differenz deutlich wird:

> **Beispiel**
> Ein Unt weist in der HB ein unbebautes Grundstück zu einem höheren Wert aus als in der Steuerbilanz. Es handelt sich um eine quasi-permanente Differenz, für die passive latente Steuern zu bilden sind. Da diese sich aber erst dann abbauen, wenn das Unt das Grundstück veräußert, besteht am Abschlussstichtag weder rechtlich noch wirtschaftlich eine Steuerschuld aus dem (potenziellen) künftigen Grundstücksverkauf.

Ein **Mitzugehörigkeitsvermerk** i.S.v. § 265 Abs. 3 HGB für solche passive Steuerlatenzen, die den Rückstellungsbegriff i.S.v. § 249 Abs. 1 HGB erfüllen, dürfte nicht erforderlich sein, da durch den gesonderten Ausweis dem Charakter von passiven latenten Steuern ausreichend Rechnung getragen wird. 117

Der Ausweis in der Bilanz erfolgt grds. saldiert (Gesamtdifferenzenbetrachtung); ein unsaldierter Ausweis ist gleichwohl möglich (Rz 43). Die Ausübung dieses Ausweiswahlrechts unterliegt dem Gebot der Ausweisstetigkeit (zu Durchbrechungsmöglichkeit s. Rz 31).[99] 118

4.2 Ausweis in der Gewinn- und Verlustrechnung

Abs. 2 Satz 3 der Vorschrift sieht die Erfassung erfolgswirksamer Veränderungen der bilanzierten Steuerlatenzen und der GuV-Position „Steuern vom Einkommen und vom Ertrag" vor. Wie beim tatsächlichen Steueraufwand kann dies im Einzelfall dazu führen, dass aus dem Aufwandsposten dann ein Ertragsposten wird. 119

> **Beispiel**
> Die GuV des Unt weist ein Ergebnis der gewöhnlichen Geschäftstätigkeit i.H. von -100 TEUR aus. Die Position „Steuern vom Einkommen und vom Ertrag" enthält tatsächliche Steueraufwendungen (Nachzahlungen für Vorjahre) i.H. von 5 TEUR und latente Steuererträge i.H. von 30 TEUR, so dass die Position insgesamt einen Ertrag von 25 TEUR ausweist. Unter Vernachlässigung der Sonstigen Steuern beläuft sich der Jahresfehlbetrag auf -75 TEUR.

---

[99] Vgl. DRS 18.57.

120 § 274 Abs. 2 Satz 3 HGB sieht weiterhin einen **gesonderten Ausweis** der latenten Steuern vor. Dies kann durch Einfügung einer gesonderten Zeile, durch eine Vorspalte oder durch einen Davon-Vermerk erfolgen.[100]

4.3 Anhangangaben

121 § 285 Nr. 29und Nr. 30 HGB sieht Erläuterungspflichten für den Anhang vor, die allerdings gem. § 288 Abs. 1 und 2 HGB nicht für kleine und mittelgroße KapG/KapCoGes gelten. Zu Einzelheiten s. § 285 Rz 171).

4.4 Erfolgswirksame und erfolgsneutrale Bildung und Auflösung

122 Das **Temporary-Konzept** erfasst nicht allein die sich in der GuV auswirkenden temporären Differenzen, sondern auch erfolgsneutral zu erfassende Bilanzierungs- und Bewertungsabweichungen zwischen HB und maßgeblichem Steuerwert.[101] In der Praxis existieren nur wenige Anwendungsfälle für die **erfolgsneutrale Bildung von Steuerlatenzen** im Jahresabschluss.[102] Sie treten bei Erwerbsvorgängen von VG auf, bei denen Differenzen zwischen dem handelsbilanziellen Wert und dem maßgebenden Steuerwert bestehen. Da für die Anschaffung eines VG der Grundsatz der Erfolgsneutralität gilt, ist es sachgerecht, dies auch für die darauf zu berücksichtigenden latente Steuern zu übertragen.[103]

> **Beispiel**
> Die GmbH erwirbt eine Maschine zum Kaufpreis von 100 TEUR, die im Sachanlagevermögen aktiviert wird. Für die Anschaffung der Maschine erhält die GmbH eine steuerfreie Investitionszulage i. H. v. 30 TEUR. Die AK werden handelsbilanziell um die Investitionszulage gekürzt.[104] In der Steuerbilanz werden die AK der Maschine nicht gekürzt, sondern die Investitionszulage in voller Höhe ergebniswirksam erfasst. Die Maschine weist somit bei der Aktivierung in der HB einen Wert von 70 TEUR, in der Steuerbilanz einen Wert von 100 TEUR aus. Bei einem Steuersatz von 30 % ergibt sich eine aktive Steuerlatenz von 9 TEUR, die erfolgsneutral einzubuchen ist. Die HB weist folgendes Bild aus:
>
> | Aktiva | | Bilanz | Passiva | |
> |---|---|---|---|---|
> | Technische Anlagen und Maschinen | 70 | ... Andere Gewinnrücklagen | | 9 |
> | ... | | | | |
> | Aktive latente Steuern | 9 | ... | | |

---

[100] Vgl. DRS 18.60.
[101] Vgl. BilMoG-BgrRegE, S. 67.
[102] Vgl. *Küting/Seel,* in *Küting/Pfitzer/Weber,* Das neue deutsche Bilanzrecht, 2009, S. 507.
[103] GlA: *Küting/Seel,* in *Küting/Pfitzer/Weber,* Das neue deutsche Bilanzrecht, 2009, S. 507; *Loitz,* DB 2009, S. 915; a. A. *Kessler/Leinen/Paulus,* KoR 2009, S. 718; *Loitz,* DB 2009, S. 915.
[104] Vgl. ADS, 6. Aufl., § 255 HGB, Rz 56.

Der Buchungssatz zur Einbuchung der aktiven latenten Steuer lautet demgemäß:

Datum	Konto	Soll	Haben
	Aktive latente Steuer	9	
	Andere Gewinnrücklagen		9

An den folgenden Abschlussstichtagen sind die aktiven latenten Steuern erfolgswirksam anzupassen, da sich die Wertveränderungen bei der Maschine (Abschreibungen) ebenfalls erfolgswirksam auswirken.

Weitere Anwendungsfälle für die erfolgsneutrale Bildung von Steuerlatenzen stellen Sacheinlagen und Verschmelzungen (Rz 99) dar. Erfolgsneutrale Erfassungen von Steuerlatenzen waren darüber hinaus auch beim Übergang auf die durch das BilMoG geänderten Vorschriften des § 274 HGB zu berücksichtigen (s. Art. 67 Rz 149 f.). **123**

Als Anwendungsfälle zur **erfolgswirksamen Erfassung** von Steuerlatenzen seien exemplarisch genannt: **124**
- Bildung einer Drohverlustrückstellung in der HB, die gem. § 5 Abs. 4a EStG nicht in der Steuerbilanz angesetzt werden darf,
- Abschreibungen auf Anteile an einer PersG, die sich steuerlich wegen der sog. Spiegelbildmethode nicht auswirken,
- Aktivierung von selbst geschaffenen immateriellen VG des AV (z. B. Entwicklungskosten) in der HB, die steuerlich gem. § 5 Abs. 2 EStG nicht angesetzt werden dürfen,
- Bewertungsdifferenzen bei Pensionsrückstellungen zwischen dem handelsbilanziellen Wert und dem nach § 6a EStG in der Steuerbilanz anzusetzenden Wert,
- Bewertungsdifferenzen bei sonstigen Rückstellungen zwischen Handels- und Steuerbilanz, die aus der Berücksichtigung von zukünftigen Preis- und Kostensteigerungen sowie der Abzinsung resultieren,
- Vornahme von steuerlichen Sonderabschreibungen in der Steuerbilanz (z.B. Denkmalschutzabschreibungen nach § 7i EStG),
- Bildung von Vorsorgereserven gem. § 340f HGB für Kreditinstitute, die steuerlich nicht anerkannt werden.

Das folgende Beispiel illustriert die Bilanzansätze und die Buchungssätze bei einer erfolgswirksamen Einbuchung von Steuerlatenzen: **125**

Beispiel
Die GmbH bildet in der HB zum 31.12.01 eine Rückstellung für drohende Verluste aus schwebenden Geschäften (verlustträchtige Aufträge im Auftragsbestand) i.H.v. 100 TEUR, die in der Steuerbilanz nicht angesetzt werden darf. Der Steuersatz (KSt, SolZ, GewSt) beläuft sich auf 30 %, sodass eine aktive latente Steuer i.H.v. 30 TEUR auszuweisen ist (Aktivierungswahlrecht wird ausgeübt). Die HB zum 31.12.01 weist folgendes Bild aus:

Aktiva	Bilanz 31.12.01		Passiva
...		...	
		Sonstige Rückstellungen	100
Aktive latente Steuern	30	...	

Die Buchungssätze im Jahr 01 lauten entsprechend:

Datum	Konto	Soll	Haben
	Sonstige betriebliche Aufwendungen	100	
	Sonstige Rückstellungen		100
	Aktive latente Steuern	30	
	Steuern vom Einkommen und vom Ertrag		30

Im Jahr 02 werden die aus den verlustträchtigen Aufträgen anfallenden Mehraufwendungen in der laufenden Buchführung in den Sonstigen betrieblichen Aufwendungen erfasst. Die Abschlussbuchungen zur Berücksichtigung des Verbrauchs der Rückstellung und der Auflösung der Steuerlatenz lauten somit:

Datum	Konto	Soll	Haben
	Sonstige Rückstellungen	100	
	Sonstige betriebliche Aufwendungen		100
	Steuern vom Einkommen und Ertrag	30	
	Aktive latente Steuern		30

126 Fraglich ist, wie vorzugehen ist, wenn Bilanzierende das Aktivierungswahlrecht für einen Aktivüberhang ausüben und einen saldierten Ausweis vornehmen, wenn in den zu verrechnenden aktiven und passiven latenten Steuern **sowohl erfolgsneutral als auch erfolgswirksam einzubuchende Sachverhalte** enthalten sind. Hier erscheint eine Pro-rata-Verrechnung die sachgerechte Vorgehensweise zu sein, wie nachfolgendes Beispiel zeigt:[105]

> **Beispiel**
> Die mittelgroße GmbH ermittelt zum Abschlussstichtag 31.12.01 folgende latente Steuerpositionen:

---

[105] Vgl. *Jödicke/Jödicke*, KoR 2011, S. 155.

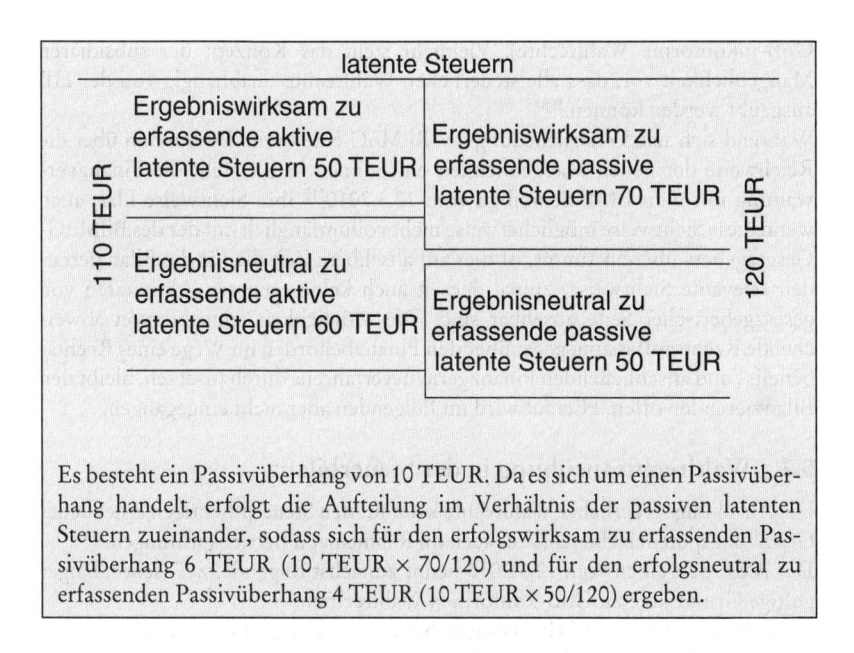

Latente Steuern § 274

latente Steuern		
110 TEUR	Ergebniswirksam zu erfassende aktive latente Steuern 50 TEUR	Ergebniswirksam zu erfassende passive latente Steuern 70 TEUR
	Ergebnisneutral zu erfassende aktive latente Steuern 60 TEUR	Ergebnisneutral zu erfassende passive latente Steuern 50 TEUR
		120 TEUR

Es besteht ein Passivüberhang von 10 TEUR. Da es sich um einen Passivüberhang handelt, erfolgt die Aufteilung im Verhältnis der passiven latenten Steuern zueinander, sodass sich für den erfolgswirksam zu erfassenden Passivüberhang 6 TEUR (10 TEUR × 70/120) und für den erfolgsneutral zu erfassenden Passivüberhang 4 TEUR (10 TEUR × 50/120) ergeben.

5 Exkurs: Überleitung der Handels- zur Steuerbilanz

5.1 Das Konzept der Maßgeblichkeit

§ 5 Abs. 1 Satz 1 EStG schreibt die Maßgeblichkeit der HB für die Steuerbilanz vor, d. h., in der Steuerbilanz ist grds. das Betriebsvermögen anzusetzen, das sich nach den handelsrechtlichen GoB ergibt. Hierbei sind zwei mögliche Sichtweisen zu unterscheiden:[106]
- Die **materielle Maßgeblichkeit** ist bereits dann gegeben, wenn die Steuerbilanzansätze mit den handelsrechtlichen GoB abstrakt vereinbar sind. Die Ausübung von Ansatz- und Bewertungswahlrechten kann nach dieser Sichtweise in Handels- und Steuerbilanz unterschiedlich ausgeübt werden.
- Die **formelle Maßgeblichkeit** stellt demgegenüber auf eine enge Verknüpfung zwischen Handels- und Steuerbilanz ab. Hiernach sind in der HB enthaltene Wertansätze in die Steuerbilanz zu übernehmen.

127

Das die früher vorherrschende formelle Maßgeblichkeit mit Inkrafttreten des BilMoG beendet wurde, ergibt sich aus dem Gesetzeswortlaut, der in § 5 Abs. 1 Satz 1 2. Hs. EStG klarstellt, „es sei denn, im Rahmen der Ausübung eines steuerlichen Wahlrechts wird oder wurde ein anderer Ansatz gewählt". Diese Maßgeblichkeit, auch bezeichnet als **subsidiäre Maßgeblichkeit**,[107] unterscheidet nicht mehr zwischen solchen steuerlichen Wahlrechten, die auch handelsrechtlich bestehen (sog. GoB-konforme Wahlrechte), und solchen, die den handelsrechtlichen Ansatz- und Bewertungsvorschriften nicht entsprechen (sog.

128

---

[106] Vgl. *Scheffler*, StuB 2010, S. 295.
[107] Vgl. *Herzig/Briesemeister*, DB 2009, S. 2.

GoB-inkonforme Wahlrechte). Vielmehr sieht das Konzept der subsidiären Maßgeblichkeit vor, dass alle steuerlichen Wahlrechte unabhängig von der HB ausgeübt werden können.[108]
Während sich seit Verabschiedung des BilMoG eine breite Diskussion über die Reichweite der neuen Maßgeblichkeit entsponnen hat,[109] stellt die Finanzverwaltung mit dem BMF-Schreiben vom 12.3.2010[110] ihre Sichtweise klar; auch wenn diese Sichtweise möglicherweise nicht vollumfänglich mit der des BilMoG-Gesetzgebers übereinstimmt, ist dies auf absehbare Zeit die für die Bilanzierenden relevante Sichtweise, zumal derzeit auch keine erneuten Aktivitäten von gesetzgeberischer Seite absehbar sind. Die Möglichkeit, eine hiervon abweichende Rechtsauffassung gegenüber den Finanzbehörden im Wege eines Rechtsbehelfs- und anschließenden Finanzgerichtsverfahrens durchzusetzen, bleibt den Bilanzierenden offen. Hierauf wird im Folgenden aber nicht eingegangen.

5.2 Wahlrechtsausübung in der Steuerbilanz

129 Die Ausübung steuerlicher Wahlrechte kann für den Steuerpflichtigen erhebliches Gestaltungspotenzial bieten, z. B. auch im Rahmen von Betriebsprüfungen.[111]
Das BMF-Schreiben vom 12.3.2010 nennt zunächst folgende, z. T. schon länger gültige Grundsätze zu GoB-konformen Wahlrechten:[112]
- **Handelsrechtliche Aktivierungsgebote** und Aktivierungswahlrechte führen zu steuerlichen Aktivierungsgeboten, es sei denn, es existiert ein spezielles steuerliches Ansatzverbot (z. B. unterliegen nach § 248 Abs. 2 HGB in der HB aktivierte selbst geschaffene immaterielle VG des AV in der Steuerbilanz gem. § 5 Abs. 2 EStG einem Aktivierungsverbot).
- Handelsrechtliche Passivierungsgebote gelten **vorbehaltlich spezieller steuerlicher Regelungen** auch für die Steuerbilanz (z. B. besteht für nach § 249 Abs. 1 Satz 1 HGB gebildete Drohverlustrückstellungen in der Steuerbilanz ein Passivierungsverbot nach § 5 Abs. 4a EStG).
- **Passivierungsverbote und Passivierungswahlrechte in der HB** führen zu Passivierungsverboten in der Steuerbilanz (z. B. besteht für sog. Aufwandsrückstellungen i. S. v. § 249 Abs. 2 HGB ein Passivierungsverbot in der Handels- und Steuerbilanz).
- Bestehen in der **HB Bewertungswahlrechte**, ohne dass eine spezielle steuerliche Vorschrift existiert, sind sie in der Steuerbilanz genauso auszuüben wie in der HB (z. B. sind nach § 240 Abs. 3 HGB angesetzte Festwerte auch in der Steuerbilanz anzusetzen).
- Bestehen für Bilanzposten **sowohl handels- als auch steuerrechtlich Wahlrechte** können diese in Handels- und Steuerbilanz unterschiedlich ausgeübt

---

[108] Vgl. *Dörfler/Adrian*, Ubg 2009, S. 387.
[109] Vgl. *Hennrichs*, Ubg 2009, S. 533; *Herzig/Briesemeister*, DB 2009, S. 926; *Werth*, DStZ 2009, S. 208; *Theile*, DStR 2009, Beihefter zu Heft 18, S. 27; *Förster/Schmidtmann*, BB 2009, S. 1342; *Schenke/Risse*, BB 2009, S. 1957; *Ortmann-Babel/Bolik/Gageur*, DStR 2009, S. 934; *Hüttche*, BB 2009, S. 1346.
[110] Vgl. BMF, Schreiben v. 12.3.2010, IV C 6, S – 2133/09/1001, BStBl 2010 I S. 239.
[111] Vgl. *Ortmann-Babel/Bolik*, BB 2010, S. 2100.
[112] Vgl. BMF, Schreiben v. 12.3.2010, IV C 6, S – 2133/09/1001, BStBl 2010 I S. 239, Rz 3–6, 15.

werden (z.B. besteht in der HB ein Bewertungswahlrecht gem. § 256 HGB zur Berücksichtigung von Verbrauchsfolgeverfahren, dem steuerlich ein [engeres][113] Bewertungswahlrecht zur Verbrauchsfolgefiktion nach § 6 Abs. 1 Nr. 2a EStG gegenübersteht. Weitere wichtige Anwendungsfälle sind planmäßige Abschreibungen auf VG des AV).

Derzeit existieren folgende GoB-konforme Wahlrechte:
- Planmäßige Abschreibungen auf VG des AV: Hier bestehen sowohl handelsrechtlich als auch steuerrechtlich eigenständige Vorschriften (§ 253 Abs. 3 Satz 1 HGB, § 7 Abs. 1, Abs. 4 EStG),
- Herstellungskosten: Das handelsrechtliche Wahlrecht zur Aktivierung bestimmter Wahlrechtsbestandteile ist seit Inkrafttreten des neuen § 6 Abs. 1 Nr. 1b EStG[114] explizit maßgeblich für die steuerliche Gewinnermittlung. Die zwischenzeitlich vertretene Verwaltungsauffassung eines steuerlichen Ansatzgebots, (§ 255 Abs. 2, Abs. 4 HGB, R 6.3 Abs. 1 EStÄR 2012 i.V.m. BMF, Schreiben v. 25.3.2013[115] welches aber bis zu einer Neufassung der EStR von der Finanzverwaltung nicht vollzogen wurde, ist somit gesetzlich korrigiert.,
- (Öffentliche) Zuschüsse: Hier besteht handelsrechtlich ein als GoB abgeleitetes Wahlrecht, den Zuschuss erfolgsneutral von den AHK des bezuschussten VG zu kürzen oder direkt erfolgswirksam zu vereinnahmen. Steuerlich ergibt sich ein entsprechendes Wahlrecht in R 6.5 Abs. 2 EStR.

Die **rein steuerlichen Wahlrechte** (GoB-inkonformen Wahlrechte) ergeben sich aus den maßgeblichen Steuergesetzen bzw. Verwaltungsauffassungen (Richtlinien). Im Einzelnen sind dies:

130

- Steuerneutrale Übertragung von Veräußerungsgewinnen bestimmter Wirtschaftsgüter gem. § 6b Abs. 1 EStG,
- Bildung einer Rücklage für Veräußerungsgewinne bestimmter Wirtschaftsgüter zum Übertrag auf in späteren Gj beschaffte Ersatzwirtschaftsgüter nach § 6 Abs. 3 EStG,
- Steuerneutrale Übertragung von aufgedeckten stillen Reserven auf ein Ersatzwirtschaftsgut, wenn ein Wirtschaftsgut des AV oder UV infolge höherer Gewalt oder zur Vermeidung eines behördlichen Eingriffs gegen Entschädigung aus dem Betriebsvermögen ausscheidet (R 6.6 Abs. 1 EStÄR 2012),
- Bildung einer Rücklage für Ersatzbeschaffung für aufgedeckte stille Reserven, wenn ein Wirtschaftsgut des AV oder UV infolge höherer Gewalt oder zur Vermeidung eines behördlichen Eingriffs gegen Entschädigung aus dem Betriebsvermögen ausscheidet (R 6.6 Abs. 3 EStÄR 2012),
- Teilwertabschreibungen: Steuerlich besteht bei voraussichtlich dauerhafter Wertminderung von VG des AV und UV ein Wahlrecht zur Vornahme einer Teilwertabschreibung (§ 6 Abs. 1 Nr. 1 Satz 2, Abs. 1 Nr. 2 Satz 2 EStG), das unabhängig von der Vornahme von außerplanmäßigen Abschreibungen in der HB ausgeübt werden kann.[116] Entsprechend können Verbindlichkeiten mit dem höheren Teilwert angesetzt werden (§ 6 Abs. 1 Nr. 3 EStG).[117]

---

[113] Während handelsrechtlich sowohl LIFO als FIFO als Verbrauchsfolgeverfahren gewählt werden können, ist steuerlich lediglich LIFO zulässig.
[114] Gesetz zur Modernisierung des Besteuerungsverfahrens (StModG).
[115] Vgl. BMF, Schreiben v. 25.3.2013, IV C 6 – S 2133/09/1001:004, BStBl. I 2013, S. 296.
[116] Vgl. BMF, Schreiben v. 12.3.2010, IV C 6, S – 2133/09/1001, BStBl 2010 I S. 239, Rz 15.
[117] Vgl. *Schmidt/Kulosa*, EStG, § 6, Rz 451.

- Sonderabschreibungen nach § 7g Abs. 5 EStG für kleine und mittlere Betriebe,
- Erhöhte Abschreibungen nach §§ 7c, d, h, i, k EStG in bestimmten Fällen (Herstellung bestimmter Mietwohnungen, dem Umweltschutz dienende Wirtschaftsgüter, Gebäude in Sanierungsgebieten und städtebaulichen Entwicklungsbereichen, Baudenkmäler, Wohnungen mit Sozialbindung),
- Investitionsabzugsbetrag nach § 7g Abs. 1 EStG für kleine und mittlere Betriebe. Dieser wird allerdings nicht in der Steuerbilanz angesetzt, sondern als außerbilanzielle Korrektur steuerlich berücksichtigt,
- Pensionsrückstellungen: Der Wortlaut des § 6a Abs. 1 EStG spricht von einem Passivierungswahlrecht („darf"). Nach Auffassung der Finanzverwaltung besteht dennoch über § 249 Abs. 1 HGB ein Passivierungsgebot, das lediglich durch zusätzliche steuerrechtliche Anforderungen (z. B. Schriftformerfordernis) eingeschränkt wird.[118]
- Umwandlungsvorgänge: Bei Umwandlungen besteht unter bestimmten Voraussetzungen ein steuerliches Wahlrecht zur Übertragung des Vermögens zum steuerlichen Buchwert (§§ 3 Abs. 2, 11 Abs. 2, 15 Abs. 1 UmwStG), das unabhängig von der Behandlung in der HB ausgeübt werden kann.

5.3 Abweichungen zwischen Handels- und Steuerbilanz

131 Nach § 248 Abs. 1 HGB aktivierte **selbst geschaffene immaterielle VG des AV** unterliegen in der Steuerbilanz einem Aktivierungsverbot gem. § 5 Abs. 2 EStG, da das Steuerrecht eine Aktivierung nur bei entgeltlichem Erwerb erlaubt.

132 **Derivativer Geschäfts- oder Firmenwert**: Es besteht handels- und steuerrechtlich zwar eine Ansatzpflicht. Unterschiede können aber in der Bewertung auftreten. Dies kann bereits bei der Zugangsbewertung auftreten (s. Bsp. Rz 90) als auch durch unterschiedliche Nutzungsdauern. Da handelsrechtlich die Nutzungsdauer im Anhang erläutertwerden muss (§ 285 Nr. 13 HGB) und ein alleiniger Verweis auf die pauschale steuerliche Nutzungsdauer von 15 Jahren (§ 7 Abs. 1 Satz 3 EStG) nicht ausreicht, werden vermehrt Bewertungsunterschiede beim derivativen GoF zwischen Handels- und Steuerbilanz auftreten, zumal durch das BilRUG die Nutzungsdauer des GoF, soweit die Nutzungsdauer nicht verlässlich geschätzt werden kann, handelsrechtlich mit zehn Jahren normiert wurde (zu Einzelheiten s. § 253 Rz 207).

133 Bei entgeltlich erworbenen immateriellen VG des AV und bei VG des Sachanlagevermögens kann die Bestimmung der **Nutzungsdauer** zu Bewertungsunterschieden führen. Handelsrechtlich hat sich die Nutzungsdauer an der voraussichtlichen wirtschaftlichen Nutzungsdauer zu orientieren (§ 253 Rz 168). Hier besteht kein Wahlrecht, allerdings ein gewisser Ermessensspielraum bei der Schätzung. In der Steuerbilanz sind die Nutzungsdauern nach den AfA-Tabellen zu bestimmen, die sich an der technischen Nutzungsdauer der VG orientieren. Auch wenn die steuerlichen Nutzungsdauern tendenziell kürzer als die nach Handelsrecht anzusetzenden sind, wird sich häufig in Ausübung des Schätzungsermessens eine identische Nutzungsdauer zwischen Handels- und Steuerbilanz ergeben können.

---

[118] Vgl. BMF, Schreiben v. 12.3.2010, IV C 6, S – 2133/09/1001, BStBl 2010 I S. 239, Rz 9.

Bei der Vornahme von planmäßigen Abschreibungen auf VG des AV ist eine zulässige **Abschreibungsmethode** zu bestimmen. Handelsrechtlich sind verschiedene Methoden zulässig (linear, degressiv, progressiv, leistungsabhängig, s. § 253 Rz 174), die allerdings stetig auszuüben sind (§ 252 Abs. 1 Nr. 6 HGB). Steuerlich kommen die speziellen Regelungen der §§ 7ff. EStG zur Anwendung. Danach sind ebenfalls die handelsrechtlichen Abschreibungsmethoden zulässig, aber teilweise werden diese eingeschränkt (z.b. war die degressive AfA in 2010 noch zulässig, ab 2011 nicht mehr) bzw. erweitert (z.b. die unter Rz 135 genannten Sonderabschreibungen und erhöhte Abschreibungen oder auch die pauschalierte Gebäudeabschreibung nach § 7 Abs. 4 EStG sowie die GWG-Abschreibungen). Bewertungsunterschiede können sich auch ergeben, soweit in der HB eine komponentenweise Abschreibung von VG erfolgt (§ 253 Rz 194ff.), die in der Steuerbilanz nicht nachvollzogen wird. 134

Außerplanmäßige Abschreibungen auf VG des AV sind handelsrechtlich vorzunehmen bei voraussichtlich dauerhafter Wertminderung (§ 253 Abs. 3 Satz 2 HGB). Steuerlich dürfen Teilwertabschreibungen nach § 6 Abs. 1 Nr. 1 Satz 2 EStG vorgenommen werden; die Ausübung dieses steuerlichen Wahlrechts kann zu Bewertungsunterschieden zwischen Handels- und Steuerbilanz führen. Außerdem gilt zu beachten, dass die handelsrechtlichen GoB die Voraussetzungen für das Vorliegen einer voraussichtlich dauerhaften Wertminderung anders beurteilen, als dies für steuerliche Zwecke von der Finanzverwaltung erfolgt (vgl. § 253 Rz 271 für Wertpapiere). 135

Ansatzdifferenzen zwischen Handels- und Steuerbilanz können sich aus der unterschiedlichen Ausübung des **Prinzips der wirtschaftlichen Zurechnung** ergeben. Der in § 246 Abs. 1 Satz 2 HGB kodifizierte Grundsatz der wirtschaftlichen Zurechnung findet sein Pendant in der steuerlichen Regelung des § 39 AO. Auch wenn sich in der weit überwiegenden Anzahl der Fälle Übereinstimmungen zwischen handels- und steuerrechtlicher Beurteilung ergeben werden, sind Ansatzdifferenzen denkbar. Mögliche Anwendungsfälle sind Sale-and-buy-back-Geschäfte, Übertragungen des rechtlichen Eigentums von VG mit Nebenabreden und bestimmte gesellschaftsrechtliche Gestaltungen.[119] Die Zurechnung von VG zu Leasinggeber und Leasingnehmer wird sich sehr häufig an den steuerlichen Leasingerlassen orientieren; Ausnahmen sind aber denkbar (§ 246 Rz 34ff.). 136

§ 247 Abs. 2 HGB regelt die **Zurechnung von VG zu AV bzw. UV.** Eine diesbezügliche steuerliche Vorschrift gibt es nicht. Die Abgrenzung zwischen AV und UV richtet sich wesentlich nach der Zweckbestimmung des Kaufmanns (§ 247 Rz 39), sodass sich nach der hier vertretenen Auffassung grds. keine abweichenden Abgrenzungen zwischen AV und UV ergeben können. In der Praxis sind gleichwohl Abweichungen denkbar, wenn sich z.B. im Rahmen einer steuerlichen Außenprüfung die Finanzverwaltung der Zweckbestimmung des Bilanzierenden nicht anschließt. 137

Kreditinstitute dürfen gem. § 340f HGB **Vorsorgereserven** bilden, indem sie bestimmte VG mit einem niedrigeren als dem nach § 253 Abs. 1 Satz 1 HGB zulässigen Wert ansetzen. Derartige Vorsorgereserven werden steuerlich nicht anerkannt, sodass sich Differenzen zwischen Handels- und Steuerbilanz ergeben. 138

---

[119] Vgl. IDW ERS HFA 13 nF.

139 Für sog. **Deckungsvermögen** i.S.v. § 246 Abs. 2 Satz 2 HGB hat handelsrechtlich eine Bewertung mit dem beizulegenden Zeitwert zu erfolgen (§ 253 Abs. 1 Satz 4 HGB); außerdem hat eine Saldierung mit den entsprechenden Verpflichtungen (Pensionsrückstellungen) zu erfolgen, die auch zu einem Aktivüberhang des Deckungsvermögens führen kann (sog. Aktiver Unterschiedsbetrag aus Vermögensverrechnung). Steuerlich ist Deckungsvermögen zu fortgeführten AK anzusetzen (§ 6 Abs. 1 Nr. 2 EStG); eine Saldierung mit den Pensionsrückstellungen ist in der Steuerbilanz unzulässig (§ 5 Abs 1a Satz 1 EStG).

140 Die unter Rz 135 genannten Bewertungsunterschiede bei **außerplanmäßigen Abschreibungen** gelten auch für das **UV** aufgrund der unterschiedlichen Bewertungsvorschriften (§ 253, Abs. 4 HGB, (§ 6 Abs. 1 Nr. 2 Satz 2 EStG) bzw. abweichender Definition einer voraussichtlich dauerhaften Wertminderung.

141 Handelsrechtlich besteht bei der Bestimmung von **Herstellungskosten** ein Wahlrecht zur Einbeziehung bestimmter Kostenbestandteile (Kosten der allgemeinen Verwaltung, Aufwendungen für soziale Einrichtungen des Betriebs, für freiwillige soziale Leistungen und für die betriebliche Altersversorgung, s. § 255 Abs. 2 Satz 3 HGB). Mit dem StModG wurde durch den neu eingefügten § 6 Abs. 1 Nr. 1b EStG nun klargestellt, dass die handelsrechtliche Wahlrechtsausübung auch steuerrechtlich übereinstimmend angewendet werden kann, sodass es hier zu keinen Abweichungen kommt.

142 Der Ansatz von **Forderungen aus Dividendenansprüchen** kann im Fall der phasengleichen Bilanzierung zu einem Abweichen von Handels- und Steuerbilanz führen, da handelsrechtlich unter bestimmten Voraussetzungen Aktivierungspflicht besteht, während steuerlich ein Aktivierungsverbot zu beachten ist.

143 **Finanzinstrumente des Handelsbestands** bei Kreditinstituten sind in der HB mit dem beizulegenden Zeitwert abzgl. eines Risikoabschlags nach § 340e Abs. 3 HGB zu bewerten. Darüber hinaus ist ein Sonderposten zu bilden, dem in jedem Gj mindestens ein Betrag i.H.v. 10 % der Nettoerträge des Handelsbestands zuzuführen ist. Der Sonderposten darf nur zum Ausgleich von Nettoaufwendungen, oder soweit der Posten 50 % des Durchschnittsertrags der letzten 5 jährlichen Nettoerträge des Handelsbestands übersteigt, aufgelöst werden (§ 340 Abs. 4 HGB). In der Steuerbilanz sind Finanzinstrumente des Handelsbestands, die nicht in einer Bewertungseinheit abgebildet werden, ebenfalls zum beizulegenden Zeitwert abzgl. eines Risikoabschlags anzusetzen (§ 6 Abs. 1 Nr. 2b EStG). Allerdings ist der handelsrechtliche Sonderposten in der Steuerbilanz nicht ansatzfähig.[120] § 52 Abs. 16 Satz 10 EStG ermöglicht für einen aus der Erstanwendung der Vorschrift entstehenden Gewinn die Bildung einer gewinnmindernden Rücklage, die dann im Folgejahr gewinnerhöhend aufzulösen ist.

144 Handelsrechtlich ist nach § 256a HGB die **Währungsumrechnung** von VG und Schulden nach dem Devisenkassamittelkurs am Abschlussstichtag vorgegeben. Spezielle steuerliche Vorschriften existieren für die Währungsumrechnung nicht. Allerdings ist der handelsrechtlich gebotene Ausweis von realisierbaren, aber noch nicht realisierten Wechselkursgewinnen für VG und Schulden mit einer Restlaufzeit von bis zu einem Jahr steuerlich nicht anzuwenden, da § 6 Abs. 1 Nr. 1, 2 EStG als Bewertungsobergrenze die AK vorgibt.

---

[120] Vgl. *Schubert/Adrian*, in Beck Bil-Komm. 10. Aufl., § 274 HGB, Rz 229 mwN.

Bei **Rechnungsabgrenzungsposten** kann es zu Abweichungen zwischen Handels- und Steuerbilanz kommen, da handelsrechtlich ein Aktivierungswahlrecht für das Disagio besteht (§ 250 Abs. 3 HGB), während steuerlich ein Aktivierungsgebot zu beachten ist.[121] 145

Eigene Anteile sind in der HB nach § 272 Abs. 1a Satz 1 HGB unabhängig vom Erwerbszweck als Kapitalherabsetzung zu behandeln. Im Fall der Weiterveräußerung wird entsprechend eine Kapitalerhöhung abgebildet. Etwaige über die AK hinausgehende Verkaufserlöse sind als Agio in die Kapitalrücklage einzustellen. Für die Steuerbilanz existieren keine speziellen Regelungen, sodass nach (derzeit) hM keine Aktivposten für eigene Anteile in der Steuerbilanz anzusetzen sind.[122] Damit entfiele bei Veräußerungsvorgängen die nach § 8b Abs. 3 KStG vorgesehene 5 %ige Besteuerung des Veräußerungsgewinns. Ob die Finanzverwaltung sich der hM anschließen wird, bleibt abzuwarten. Das BMF-Schreiben vom 12.3.2010 äußert sich hierzu nicht. 146

Die **Bewertung von Rückstellungen** hat in der HB zum voraussichtlichen Erfüllungsbetrag, d. h. unter Einbeziehung von Preis- und Kostenverhältnissen im Zeitpunkt der Erfüllung sowie unter Berücksichtigung einer laufzeitäquivalenten Abzinsung zu erfolgen (§ 253 Abs. 1 Satz 2, Abs. 2 Satz 1 HGB). Für die Steuerbilanz existieren spezielle Bewertungsvorschriften (§ 6 Abs. 1 Nr. 3a EStG), die häufig zu abweichenden Bewertungsansätzen gegenüber der HB führen, da das steuerliche Stichtagsprinzip die Berücksichtigung von zukünftigen Preis- und Kostenverhältnissen verbietet. Für weitere Rückstellungsarten haben sich handels- und steuerrechtlich abweichende Bewertungsvorschriften herausgebildet, so z.B. für Altersteilzeitverpflichtungen (§ 249 Rz 200), Rückstellungen für Sachleistungsverpflichtungen (handelsrechtlich: Vollkosten, steuerlich: Einzelkosten + angemessene Gemeinkosten). 147

Altersversorgungsverpflichtungen und vergleichbare langfristig fällige Verpflichtungen: Handelsrechtlich bestehen Bewertungsvorschriften in § 253 Abs. 1 Satz 2 und 3, Abs. 2 Satz 1 und 2 HGB. Danach sind erwartete Lohn-, Gehalts- und Rentensteigerungen in die Bewertung einzubeziehen;[123] die Abzinsung hat nach der RückAbzinsV zu einem laufzeitkongruenten Zinssatz zu erfolgen. Steuerlich existiert mit § 6a EStG eine separate Bewertungsvorschrift, die die Berücksichtigung von künftigen Lohn-, Gehalts- und Rentensteigerungen verbietet und für die Abzinsung einen festen Zinssatz von 6,0 % normiert. 148

Für einige Rückstellungen sind **steuerliche Ansatzverbote** zu berücksichtigen. So besteht mit § 5 Abs. 4a Satz 1 EStG ein Ansatzverbot für Drohverlustrückstellungen (Ausnahme: Bewertungseinheiten, s. § 249 Rz 226). Jubiläumsrückstellungen werden steuerlich nur unter den Voraussetzungen des § 5 Abs. 4 EStG, Rückstellungen für Patentverletzungen nur unter den Voraussetzungen des § 5 Abs. 3 EStG anerkannt. 149

Soweit sich bei der Bildung von **Bewertungseinheiten** am Abschlussstichtag ein Überhang negativer Wertänderungen über die positiven Wertänderungen ergibt, 150

---

121 BFH, Urteil v. 21.4.1988, IV R 47/85, BStBl 1989 II S. 722.
122 Vgl. *Herzig*, DB 2008, S. 1342; *Ortmann-Babel/Bolik/Gageur*, DStR 2009, S. 937; *Förster/Schmidtmann*, BB 2009, S. 1342.
123 Vgl. zu Einzelheiten IDW RS HFA 30, Tz 50 ff.

ist i. H. dieses Überhangs eine Rückstellung für Bewertungseinheiten zu bilden.[124] Handelsrechtlich ist diese Rückstellung als Rückstellung für drohende Verluste zu qualifizieren. Steuerlich sind diese Rückstellungen gleichwohl anzuerkennen, wie die Regelungen in § 5 Abs. 1a Satz 2, Abs. 4a Satz 2 EStG klarstellen, auch wenn der nicht ganz eindeutige Gesetzeswortlaut verschiedentlich zu Diskussionen führte.[125] Dies gilt auch, wenn in der Steuerbilanz die Bewertungseinheit nach der sog. „Nettomethode" abgebildet wird, die von der Finanzverwaltung präferiert wird.[126]

151 **Verbindlichkeiten** sind in der HB mit dem Erfüllungsbetrag anzusetzen (§ 253 Abs. 1 Satz 2 HGB). In der Steuerbilanz sind unverzinsliche Verbindlichkeiten mit einer Restlaufzeit von einem Jahr oder mehr mit einem Zinssatz von 5,5 % abzuzinsen (§ 6 Abs. 1 Nr. 3 EStG); ausgenommen hiervon sind Anzahlungen und Vorauszahlungen.

152 Latente Steuern sind in der Steuerbilanz nicht anzusetzen. Da **latente Steuern** keinen VG oder Schuldposten, sondern einen Posten eigener Art für handelsbilanzielle Zwecke darstellen, scheidet eine Berücksichtigung in der Steuerbilanz aus.

5.4 Die Steuerbilanz – Technik und Gestaltung

153 Die Aufstellung der Steuerbilanz gründet sich auf die gesetzlichen Grundlagen in §§ 140, 141 AO. Aufgrund der im vorigen Abschnitt dargestellten vielfältigen Abweichungen zwischen Handels- und Steuerbilanz hat der Gesetzgeber mit § 5 Abs. 1 Satz 2 EStG eine Vorschrift erlassen, die die **Führung spezieller steuerlicher Verzeichnisse** fordert, wenn in der Steuerbilanz VG nicht mit dem handelsrechtlichen Wert angesetzt werden.

Wesentlicher Anwendungsfall ist das AV, für das nunmehr – soweit steuerliche Wahlrechte ausgeübt werden sollen – eine separate Anlagenbuchhaltung zu führen ist. Gängige Softwareprogramme stellen entsprechende Funktionalitäten bereit. Allerdings sind diese in der vom Grundsatz der Einheitsbilanz geprägten Vergangenheit zumeist nicht genutzt worden, weil es nicht erforderlich war. Einige Bilanzierende kennen bereits diese mehrfache Bewertung für unterschiedliche Zwecke, indem sie bspw. für die Erstellung von IFRS-Abschlüssen oder für die Abbildung von Versicherungswerten separate Bewertungen in ihren Anlagenbuchhaltungen abgebildet haben.

Im Schrifttum wurde die Auffassung vertreten, dass für die Bildung unversteuerter Rücklagen in der Steuerbilanz derartige separate Verzeichnisse nicht zu führen sind.[127] Das BMF-Schreiben vom 12.3.2010 bestätigt diese Sichtweise. Soweit diese Rücklagen in der Steuerbilanz ausgewiesen sind, genügt dies für den Nachweis.

154 Je nach Umfang der Abweichungen zwischen Handels- und Steuerbilanz bieten sich verschiedene Techniken zur Aufstellung der Steuerbilanz an. Bestehen nur sehr wenige Abweichungen, so kann ausgehend von der HB die Steuerbilanz durch wenige Korrekturbuchungen (z.B. in einem separaten Kontenkreis oder per Tabellenkalkulation) entwickelt werden. Die früher nach § 60 Abs. 2 EStDV

---

[124] Vgl. IDW RS HFA 35, Tz 66.
[125] Vgl hierzu *Herzig/Briesemeister*, Ubg 2009, S. 158.
[126] Vgl. BMF, Schreiben v. 25.8.2010, IV C 6, S – 2133/07/10001, DB 2010, S. 2024.
[127] Vgl. *Grützner*, StuB 2009, S. 484.

zulässige Anlage zur Steuererklärung zur **Überleitung** des handelsrechtlichen auf das steuerliche Ergebnis ist durch die Vorschrift des § 5b EStG (elektronische Übermittlung von Bilanz und GuV) nicht mehr möglich.[128] Bei einer Vielzahl von Abweichungen empfiehlt sich die Verwendung einer **eigenen Steuerbilanzbuchhaltung,** die in einem integrierten System abgebildet werden kann. Dieses bei IFRS-Anwendern bekannte Modell (Y-Modell) sieht einen gemeinsamen Kontenrahmen für Handels- und Steuerbilanz vor. Bestimmte Konten erscheinen sowohl in Handels- und Steuerbilanz (z. B. Bankkonten), andere entweder nur in der Handels- oder der Steuerbilanz. Dies erfordert, dass für abweichende Sachverhalte spezielle handels- und steuerrechtliche Konten eingerichtet werden (z. B. für Anlagevermögen, Rückstellungen).

Bei Aufstellung der Handels- und Steuerbilanz sind verschiedene Gestaltungsüberlegungen zu berücksichtigen. Bei vielen Bilanzierenden steht der Grundsatz der **Einheitsbilanz** im Vordergrund, der z. T. sogar aufgrund gesellschaftsvertraglicher Regelungen vorgegeben war. Abgesehen von in bestimmten Fällen unvermeidbaren Abweichungen zwischen Handels- und Steuerbilanz (z. B. Bewertung von Pensionsrückstellungen) können bei anderen Sachverhalten Einheitsbilanzüberlegungen nur über den Verzicht auf steuerliche Fördermaßnahmen hergestellt werden. So kann das Sachanlagevermögen nach Handels- und Steuerrecht dergestalt übereinstimmend bewertet werden, indem ausschließlich lineare Abschreibungen berücksichtigt werden. Dies würde aber den Verzicht auf steuerliche Fördermaßnahmen (z. B. degressive Abschreibung, Vornahme von Sonderabschreibungen) voraussetzen.

---

[128] Vgl. *Herzig*, DStR 2010, S. 1900.

§ 274a Größenabhängige Erleichterungen

Kleine Kapitalgesellschaften sind von der Anwendung der folgenden Vorschriften befreit:
1. § 268 Abs. 4 Satz 2 über die Pflicht zur Erläuterung bestimmter Forderungen im Anhang,
2. § 268 Abs. 5 Satz 3 über die Erläuterung bestimmter Verbindlichkeiten im Anhang,
3. § 268 Abs. 6 über den Rechnungsabgrenzungsposten nach § 250 Abs. 3,
4. § 274 über die Abgrenzung latenter Steuern.

Prof. Dr. Stefan Müller/PD Dr. Markus Kreipl

Inhaltsübersicht	Rz
1 Überblick	1–7
1.1 Inhalt	1–5
1.2 Anwendungsbereich	6
1.3 Normzusammenhänge	7
2 Befreiung von der Pflicht zur Anwendung bestimmter Vorschriften	8–24
2.1 Erläuterung bestimmter Forderungen (Nr. 1)	8
2.2 Erläuterung bestimmter Verbindlichkeiten (Nr. 2)	9
2.3 Rechnungsabgrenzungsposten nach § 250 Abs. 3 HGB (Nr. 3)	10
2.4 Abgrenzung latenter Steuern (Nr. 4)	11–24
3 Rechtsfolgen bei Pflichtverletzung	25

1 Überblick

1.1 Inhalt

1 § 274a HGB spricht **kleinen KapG und kleinen KapCoGes** i.S.d. § 267 Abs. 1 HGB Erleichterungen in Form der Befreiung von der Pflicht zur Anwendung von vier Regelungen zu. Die Vorschrift gilt – unabhängig von der Größe – nicht für Kreditinstitute und VersicherungsUnt (§§ 340a Abs. 1, 341a Abs. 1 HGB). Aus der Regelung der Norm ergibt sich ein Wahlrecht in Bezug auf die selektive Inanspruchnahme einzelner Befreiungen, sofern der **Stetigkeitsgrundsatz** (§ 265 Abs. 1 HGB) gewahrt bleibt. Konkret brauchen als klein klassifizierte KapG oder denen gleichgestellte PersG keine Erläuterungen zu erst nach dem Bilanzstichtag rechtlich entstehenden VG bzw. Verbindlichkeiten (§ 268 Abs. 4 Satz 2 und Abs. 5 Satz 3 HGB), soweit sie unter den sonstigen VG bzw. Verbindlichkeiten ausgewiesen sind und einen größeren Umfang haben, zu geben, kein aktiviertes Disagio auszuweisen oder im Anhang anzugeben (§ 268 Abs. 6 HGB) sowie keine (aktiven) latenten Steuern (§ 274 HGB) zu bilden.

Konflikte mit § 131 Abs. 1 Satz 3 AktG entstehen aufgrund der fehlenden Nennung des § 274a HGB in der Aufzählung der Norm nicht[1] und auch die Informationsrechte des § 51a GmbHG sowie die Kontrollrechte gem. § 166 HGB werden von § 274a HGB nicht tangiert.

Der wesentliche Zweck dieser Vorschrift liegt in der unterstellten Möglichkeit der Vereinfachung der Aufstellung des Jahresabschlusses und damit einhergehend in der Möglichkeit zur Reduzierung der damit verbundenen Kosten (**größenabhängige Erleichterungen**). Allerdings erlangt lediglich die Erleichterung im Bereich der (aktiven) latenten Steuern in der Praxis größere Relevanz. Obwohl die Befreiungen einen **Informationsverlust** für Abschlussadressaten, die bei kleinen Unt gerade auch die Geschäftsführung selber ist, bedingen, wird vonseiten der Literatur im Rahmen der häufig engen Beziehungen zwischen Kapitalgeber und Kapitalnehmer bei kleinen KapG und PersG nicht mit wesentlichen Beeinträchtigungen gerechnet.[2] Diese Einschätzung ist jedoch in vielen Fällen zu relativieren.[3] Insbesondere die rechtlich erst später entstehenden sonstigen VG und Verbindlichkeiten, die primär aus Abgrenzungen resultieren, können gerade in kleineren Abschlüssen hohe Bedeutung erlangen. Ebenfalls ist die (aktive) Steuerabgrenzung auch schon für Zwecke der Selbstinformation vielfach sehr relevant und auch für außenstehende Adressaten von großer Bedeutung, etwa zur Fundierung von Kreditvergabeentscheidungen. Mit dem Wahlrecht des § 274a HGB liegt es im Ermessen der Unt, die Informationen gesondert nur bestimmten Adressaten zukommen zu lassen oder gleich allen im Jahresabschluss zu zeigen.[4]

Wird von Befreiungen später freiwillig nicht mehr Gebrauch gemacht oder stehen dem größenklassenbedingte Argumente entgegen können Probleme bei der Ermittlung historischer AHK entstehen.[5]

Mit dem BilRUG ergaben sich **Folgeänderungen** aus der Aufhebung von § 268 Abs. 2 HGB aF, dessen Regelungen in die Vorschriften zum Anhang, konkret § 284 Abs. 3 HGB, verlagert wurden, ohne dass an der größenabhängigen Befreiung im Ergebnis eine Veränderung eingetreten wäre.

1.2 Anwendungsbereich

Relevant ist die Regelung des § 274a HGB nur für **kleine KapG** und **KapCoGes**, jeweils i. S. d. § 267 Abs. 1 HGB. **Kreditinstitute** und **VersicherungsUnt** haben grds. entsprechend großen KapG zu handeln und fallen daher nicht in den Anwendungsbereich des § 274a HGB.

---

1 Vgl. *Marx/Dallmann*, in *Baetge/Kirsch/Thiele*, Bilanzrecht, § 274a HGB, Rz 2, Stand 10/2012.
2 Vgl. ADS, 6. Aufl., § 274a HGB, Rz 5; *Marx/Dallmann*, in *Baetge/Kirsch/Thiele*, Bilanzrecht, § 274a HGB, Rz 3, Stand 10/2012.
3 Den Informationsverlust als bedeutend erachtend *Reiner/Haußer*, in MünchKomm. HGB, 3. Aufl., § 274a Rn 3.
4 Zur Nutzung der Erleichterungen in der Praxis s. *Kreipl/Lange/Müller* in Haufe HGB Bilanz Kommentar Erfahrungsbericht BilMoG, 2012, Rz 102, 214, 291 ff., 452.
5 Vgl. ADS, 6. Aufl., § 274a HGB, Rz 7.

1.3 Normzusammenhänge

7 Die Norm relativiert Angabe- und Ausweispflichten der §§ 268 und 274 HGB und ergänzt bzw. erweitert größenabhängige Erleichterungen, die gem. den §§ 266, 276 und 288 HGB gewährt werden.

2 Befreiung von der Pflicht zur Anwendung bestimmter Vorschriften

2.1 Erläuterung bestimmter Forderungen (Nr. 1)

8 Von der gem. § 268 Abs. 4 Satz 2 HGB vorgeschriebenen Erläuterung der unter den sonstigen VG ausgewiesenen Forderungen im Anhang, sofern diese rechtlich erst nach dem Abschlussstichtag entstehen (**antizipative Forderungen**) und einen größeren Umfang haben (§ 268 Rz 25 ff.), werden kleine KapG und KapCoGes gem. § 274a Nr. 1 HGB grds. befreit.

2.2 Erläuterung bestimmter Verbindlichkeiten (Nr. 2)

9 § 268 Abs. 5 Satz 3 HGB schreibt für Verbindlichkeiten, die rechtlich erst nach dem Abschlussstichtag entstehen (**antizipative Verbindlichkeiten**) und einen größeren Umfang haben, eine Erläuterung im Anhang vor (§ 268 Rz 37 f.). Kleine Ges. i. S. d. § 267 HGB sind nach § 274a Nr. 2 HGB von dieser Erläuterungspflicht befreit.

2.3 Rechnungsabgrenzungsposten nach § 250 Abs. 3 HGB (Nr. 3)

10 § 268 Abs. 6 HGB schreibt einen **gesonderten Ausweis** des **Disagios** in der Bilanz unter den aktiven RAP oder im Anhang vor, sofern das Aktivierungswahlrecht des § 250 Abs. 3 HGB in Anspruch genommen wird (§ 268 Rz 39 ff.). Diese Regelung gilt gem. § 274a Nr. 3 HGB nicht für kleine KapG/KapCoGes.

2.4 Abgrenzung latenter Steuern (Nr. 4)

11 Während latente Steuern vor Einführung des BilMoG nur bedingt von praktischer Bedeutung waren,[6] hat die durch die Steuergesetzgebung in den letzten Jahren betriebene Einschränkung der Maßgeblichkeit der Handels- für die Steuerbilanz sowie die Aufgabe der umgekehrten Maßgeblichkeit (§ 5 Abs. 1 Satz 2 EStG aF) zusammen mit der grundlegenden Überarbeitung der Bilanzierungsvorschriften für latente Steuern dazu geführt, dass die **Relevanz** latenter Steuerabgrenzungen enorm an Bedeutung gewonnen hat.
Nicht zuletzt deshalb wurde seinerzeit neben der Veränderung des Ansatz- und Bewertungskonzepts – weg vom Timing-Konzept hin zum Temporary-Konzept (§ 274 Rz 17) – in § 274a Nr. 4 HGB (zum Zeitpunkt der Einführung noch § 274a Nr. 5 HGB) eine größenklassenabhängige Befreiungsvorschrift eingeführt, die

---

[6] Vgl. *v. Wysocki*, zfbf 1987, S. 837. Auch die Frage Rechtsgrund- oder Rechtsfolgenverweis war im Wesentlichen rein akademischer Natur – materielle Auswirkungen ergaben sich nur bei der Aktivierung einer Bilanzierungshilfe nach § 269 HGB.

kleine Ges. i. S. d. § 267 Abs. 1 HGB von der Anwendung des § 274 HGB sowie im Ergebnis damit auch von den notwendigen Anhangerläuterungen des § 285 Nr. 29 und 30 HGB freistellt. Seither unterliegen kleine KapG ebenso wie nichthaftungsbeschränkte PersG und EKfl bzgl. latenter Steuern ausschließlich den für alle Kfl geltenden allgemeinen Bilanzierungsgrundsätzen. Da für die aktiven latenten Steuern im HGB ein Ansatzwahlrecht verankert ist und gleichzeitig eine Gesamtdifferenzbetrachtung, d. h. eine Saldierung aktiver und passiver latenter Steuern, möglich ist, erscheint die Bedeutung von § 274a Nr. 4 HGB in der Praxis allerdings eingeschränkt (§ 274 Rz 25 ff.). Grund dafür ist, dass die mit dem BilMoG vorgenommenen Ansatz- und Bewertungsänderungen tendenziell zu einem eher aktiven Überhang latenter Steuern geführt haben.

Bezüglich der Bilanzierung latenter Steuern hat der Gesetzgeber aber nicht in allen Bereichen vollständig Klarheit geschaffen. Aus den Vorschriften der §§ 249 Abs. 1 Satz 1, 274 und 274a Nr. 4 HGB nicht klar hervorgehend und auch im Schrifttum bis dato nicht abschließend diskutiert, ist die Handhabung der **latenten Steuern außerhalb des § 274 HGB**.[7] Weiterhin haben kleine KapG de facto dann „**passive latente Steuern**" zu ermitteln, wenn diese als **Rückstellung** gem. § 249 Abs. 1 Satz 1 HGB anzusehen sind, d. h. die Ansatzkriterien erfüllt werden (§ 249 Rz 23 ff.). Angefacht vom IDW ist daraufhin eine intensive Diskussion über die Bildung einer Rückstellung für passive latente Steuern trotz größenabhängiger Befreiung gem. § 274a Nr. 4 HGB entbrannt.[8] Umstritten ist dabei, ob die Regelung des § 249 Abs. 1 Satz 1 HGB trotz der Inanspruchnahme der Befreiungsoption des § 274a Nr. 4 HGB

- überhaupt,
- grds. immer oder
- nur unter bestimmten Voraussetzungen

zu einem Ansatz passiver latenter Steuern als Rückstellung führt.

Von erheblichem Interesse dürfte eine Ausräumung dieser Unklarheiten insb. für kleine KapG und nicht haftungsbeschränkte PersG sein, da sie für die ordnungsgemäße Aufstellung der überwiegenden Anzahl[9] handelsrechtlicher Jahresabschlüsse verantwortlich sind und eine **fehlerhafte Bilanzierung latenter Steuern** darüber hinaus zu unzulässigen Gewinnverwendungen führen kann, die haftungsrechtliche Konsequenzen für die gesetzlichen Vertreter haben.

Nach der BilMoG-BgrRegE zu § 274a HGB haben **kleine Unt** nur noch dann passive latente Steuern zu ermitteln, wenn „gleichzeitig die Tatbestandsvoraussetzungen für den Ansatz einer Rückstellung gem. § 249 Abs. 1 Satz 1 HGB vorliegen". Weiterhin führt die BilMoG-BgrRegE zu § 274 HGB aus, dass den passiven latenten Steuern zumindest „teilweise der Charakter von Rückstellungen zukommen mag" – bei den quasi-permanenten Differenzen „kann gerade nicht zweifelsfrei vom generellen Vorliegen der Tatbestandsvoraussetzungen nach § 249 Abs. 1 Satz 1 HGB für den Ansatz von Rückstellungen ausgegangen

---

[7] Im Arbeitskreis „Einzelfragen zur Rechnungslegung und Prüfung von Personenhandelsgesellschaften" auf der 52. IDW-Arbeitstagung Baden-Baden (10.-12.11.2010) wurden z. B. intensiv die Rechtsfolgen bei zulässiger Nichtanwendung des § 274 HGB diskutiert, u. a. hinsichtlich der Anwendung des *Timing*-Konzepts im Rahmen des § 249 Abs. 1 Satz 1 HGB.
[8] Vgl. als (Zwischen-)Bestandsaufnahme *Graf von Kanitz*, WGp 2011, S. 895.
[9] 89 % der deutschen Unternehmen sind Klein- oder Kleinstbetriebe nach der Betriebsprüfungsordnung, vgl. *Schiffers*, Stbg 2011, S. 14.

werden". Begründet wird dies beispielhaft an einer Beteiligung, bei der der Ausgleich nur über deren Verkauf erzielt wird: Danach „würde eine Rückstellung für künftig zu entrichtende Steuern nach § 249 Abs. 1 Satz 1 HGB nicht gebildet werden, denn es fehlt an einer rechtlichen Verpflichtung des Kaufmanns zur Entrichtung von Steuern. Auch eine faktische Verpflichtung kann nicht zweifelsfrei angenommen werden."[10]

14 Die BilMoG-BgrRegE macht u. E. entsprechend zu Recht einen **Unterschied zwischen Passivposten nach § 274 HGB und einer Rückstellung** nach § 249 HGB.[11] Dies wird durch die Verwendung des Wortes „gleichzeitig" im vorstehenden Zitat zum Ausdruck gebracht. Auch aus der RegBegr zur ursprünglich vorgesehenen Ergänzung des § 246 Abs. 1 Satz 1 HGB (Vollständigkeit des Ansatzes) um den Posten „latente Steuern", die auf Beschluss des Rechtsausschusses des Deutschen Bundestages nicht ins Handelsrecht übernommen wurde, wird deutlich, dass der Gesetzgeber einen Unterschied sieht: „Die Aufnahme der latenten Steuern in den Satz 1 des § 246 Abs. 1 HGB folgt aus der Tatsache, dass es sich bei diesen weder um VG noch um Schulden oder RAP, sondern um Sonderposten eigener Art handelt."[12] Es muss danach also Fälle geben, die nur nach § 274 HGB zu Passivposten führen, nicht aber nach § 249 Abs. 1 Satz 1 HGB, und andere, die sowohl nach § 274 HGB als auch nach § 249 Abs. 1 Satz 1 HGB zu Rückstellungen führen – und dies nicht nur in Ausnahmefällen.[13]

15 Dagegen hat das IDW zur Bilanzierung passiver latenter Steuern außerhalb des Anwendungsbereichs von § 274 HGB in IDW RS HFA 7 aufgeführt, dass **kleine PersG** i. S. d. § 264a Abs. 1 HGB und nicht haftungsbeschränkte PersG Rückstellungen für passive latente Steuern anzusetzen haben, soweit die Tatbestandsvoraussetzungen für den Ansatz einer Rückstellung gem. § 249 Abs. 1 Satz 1 HGB erfüllt sind – und dies ist ausweislich des IDW grds. der Fall, wenn

---

10 Alle Zitate in diesem Absatz nach: BilMoG-BgrRegE, S. 67 ff.
11 Ebenso anstatt vieler etwa *Pollanz*, DStR 2013, S. 59.
12 BilMoG-BgrRegE, S. 47.
13 Ebenso (mitunter im Ergebnis) *Pollanz*, DStR 2013, S. 59; *Kessler/Leinen/Paulus*, KoR 2009, S. 718 ff.; *Lüdenbach/Freiberg*, BB 2010, S. 1971 ff.; *Lüdenbach*, StuB 2011, S. 69 (der hierzu weiterhin ausführt, dass es sich bei den latenten Steuern seit dem BilMoG um einen Posten eigener Art handle, der unabhängig von Rückstellungen und Schulden zu betrachten sei. Ebenso sei keine Änderung der GoB durch das BilMoG ersichtlich, die eine entsprechende Bilanzierung rechtfertige.); *Grottel*, in Beck Bil-Komm., 10. Aufl., 2016, § 274a HGB, Rz 6 (der als Voraussetzung für den Ansatz einer Rückstellung für ungewisse Verbindlichkeiten fordert, dass „die wirtschaftliche oder rechtliche Verursachung im abgelaufenen Gj künftig zur Entrichtung von Steuern führen wird"); *Lüdenbach/Freiberg*, BB 2011 S. 1581 (die in dieser Veröffentlichung ebenfalls konstatieren, dass bei passiven latenten Steuern die für Rückstellungen notwendigen Merkmale des rechtlichen Bestehens einer Verpflichtung sowie einer wirtschaftlichen Verursachung nicht gegeben sind, vermuten hinter der h. M. mitunter Schulungs- und Beratungsinteressen); *Müller*, DStR 2011, S. 1047 ff. (der die Tatbestandsvoraussetzungen für eine Rückstellung im Regelfall als nicht erfüllt ansieht; glA auch schon ADS, Rechnungslegung und Prüfung der Unternehmen, 6. Aufl. 1996, § 274, Rz 12; a. A. IDW ERS HFA 27, Rz 3 und 19 ff. – inzwischen aufgehoben, inhaltlich jedoch in IDW RS HFA 7, Rz 24 übernommen; *Gelhausen/Fey/Kämpfer*, Rechnungslegung und Prüfung nach dem BilMoG, 2009, M 53–59; *Küting/Pfitzer*, in *Küting/Pfitzer/Weber (Hrsg.)*, HdR , Stand 10/2010, § 274 HGB, Rz 6; *Wolz*, DB 2010, S. 2626; *Kühne/Melcher/Wesemann*, WPg 2009, S. 1006 und 1061; *Wendholt/Wesemann*, DB 2009, Beil. 5, S. 72 ff.; *Herzig*, Steuerliche Konsequenzen des BilMoG, IDW-Vortrag Berlin v. 22.11.2010; *Oser/Roß*, WPg 2009, S. 581; WPH Edition, Wirtschaftsprüfung & Rechnungslegung, 15. Aufl., 2017, Abschn. F, Tz 591. Die abweichenden Ansichten gehen davon aus, dass in nahezu allen klassischen Anwendungsfällen für passive latente Steuern nach § 274 HGB auch ein Anwendungsfall für eine Verbindlichkeitsrückstellung nach § 249 Abs. 1 Satz 1 HGB vorliegt.

Differenzen zwischen den handelsrechtlichen Wertansätzen von VG, Schulden und RAP und den korrespondierenden steuerlichen Wertansätzen bestehen, deren Abbau künftig zu einer Steuerbelastung führt.[14] Dies begründe „... zum Abschlussstichtag eine wirtschaftliche Belastung des handelsrechtlich ausgewiesenen Gesamthandsvermögens".[15] Lediglich in Fällen sog. quasi-permanenter Differenzen[16] solle dies nicht gelten. Das IDW spricht mittlerweile zwar von der Ermittlung der **latenten Steuern gem. § 274 Abs. 1 HGB** nach dem *Temporary*-Konzept und transportiert dieses quasi in § 249 Abs. 1 HGB,[17] schließt im Kontext des Ansatzes von Rückstellungen für passive latente Steuern damit einhergehende quasi-permanente-Differenzen widersprüchlicher Weise gleichwohl sofort wieder von der Berücksichtigung aus.[18] In der Kommentierung sowie der weiteren Fachliteratur[19] wird ausgehend von dem dargestellten Diskussionsstand des IDW – und teilweise in der jeweiligen Interpretation über das IDW hinausgehend – ausgeführt, dass sich durch das BilMoG nichts an den GoB geändert habe und insoweit das alte Konzept für latente Steuern (*Timing*-Konzept des § 274 HGB aF) für kleine KapG unverändert weiterhin anzuwenden sei.[20] Bereits aus der Logik des Rechtsgrundsatzes „*lex specialis derogat legi generali*" und der daraus resultierenden Anwendungsreihung[21] sowie dem Sinn und Zweck der GoB – nämlich der Konkretisierung offen formulierter oder spielraumbehafteter Spezialvorschriften sowie der Ergänzung dieser in Fällen fehlender Regelungen[22] – ergeben sich erhebliche Zweifel an dieser Argumentation. Auch haben beide Konzepte direkten Bezug zur Steuerabgrenzung und nicht zur Bildung von Rückstellungen betreffend dieser. Will man eines der Konzepte als GoB auf die Rückstellungsbildung übertragen, kommt infolge der Streichung des *Timing*-Konzepts lediglich das im Rahmen der Steuerabgrenzung einzig zulässige *Tempory*-Konzept in Betracht. Für die Anwendung des *Timing*-Konzepts besteht im Allgemeinen und bei der Ermittlung der latenten Steuern zwecks der Bildung von Rückstellungen im Besonderen kein Raum und erst recht keine Notwendigkeit. In letzter Instanz ergäbe sich aus dieser Logik dann etwa auch die Anwendbarkeit anderer Altvorschriften mit der lapidaren Begründung, an den GoB habe sich nichts geändert.

---

14 Vgl. IDW RS HFA 7, Rz 26.
15 Vgl. IDW RS HFA 7, Rz 26.
16 Abbau der Differenzen grundsätzlich möglich, zum Abschlussstichtag jedoch nicht absehbar.
17 Vgl. IDW RS HFA 7 Rz 26.
18 IDW RS HFA 7, Rz 26.
19 *Gelhausen/Fey/Kämpfer*, Rechnungslegung und Prüfung nach dem BilMoG, 2009, M 53–59; *Küting/Pfitzer*, in *Küting/Pfitzer/Weber* (Hrsg.), HdR – Einzelabschluss, Stand 10/2010, § 274 HGB, Rz 6; *Grottel*, in Beck'scher Bilanzkommentar, 10. Aufl. 2016, § 274a HGB, Rz 6f.; *Wolz*, DB 2010, S. 2626; *Kühne/Melcher/Wesemann*, WPg 2009, S. 1006 und 1061; *Wendholt/Wesemann*, DB 2009, Beil. 5, S. 72 ff.; *Herzig*, Steuerliche Konsequenzen des BilMoG, IDW-Vortrag Berlin v. 22.11.2010; *Oser/Roß*, WPg 2009, S. 581.
20 Vgl. insbesondere *Gelhausen/Fey/Kämpfer*, Rechnungslegung und Prüfung nach dem BilMoG, 2009, M 53–59; *Kühne/Melcher/Wesemann*, WPg 2009, S. 1006 und 1061 sowie WPH Edition Wirtschaftsprüfung & Rechnungslegung, 15. Aufl., Abschn. F, Tz. 588.
21 Aus dem Anwendungsvorrang der Spezialvorschriften ergibt sich folgende Normen-Rangfolge handels- und gesellschaftsrechtlicher Regelungen: 1. Branchenbezogene Spezialnormen (z. B. Formblattverordnungen); 2. Rechtsform-spezifische Spezialnormen (z. B. §§ 150ff. AktG); 3. Ergänzende Vorschriften für KapG und ihnen gleichgestellte KapCoGes (§§ 264–289f HGB, ohne § 274 Abs. 2 HGB); 4. Vorschriften für alle Kfl. (§§ 242–256 HGB); 5. Grundsätze ordnungsgemäßer Buchführung; 6. Generalnorm des § 264 Abs. 2 Satz 1 HGB.
22 Vgl. *Fülbier/Kuschel/Selchert, in Küting/Pfitzer/Weber*, HdR, HGB § 252, Rn 15, Stand 12/2010.

16 Folgt man der **IDW-Ansicht**, sind außerhalb des § 274 HGB in die passive Steuerabgrenzung solche Bilanzierungs- und Bewertungsunterschiede einzubeziehen, deren Entstehung und Umkehr zu einer zeitlichen Ergebnisdifferenz und damit zu einer zu erwartenden Steuerbelastung führen. Quasi-permanente Bilanzierungs- und Bewertungsdifferenzen sind nicht in die Steuerabgrenzung einzubeziehen, da deren Umkehr von einer künftigen unternehmerischen Disposition abhängt. Bei der Rückstellungsermittlung sind dann aktive latente Steuern aus zeitlichen Differenzen sowie steuerlichen Verlustvorträgen mindernd zu berücksichtigen. Darüber hinaus wird unter analoger Anwendung des § 274 Abs. 2 HGB und entgegen § 253 Abs. 2 HGB, der ein Abzinsungsgebot für langfristige Rückstellungen vorsieht, der Verzicht auf eine Abzinsung der Rückstellungen für passive latente Steuern als vertretbar erachtet. Der Ausweis der außerhalb von § 274 HGB ermittelten passiven latenten Steuern soll dann innerhalb des Postens Steuerrückstellung (mit einem Davon-Ausweis) oder in einem gesonderten Posten, dessen Bezeichnung sich vom Posten „Passive latente Steuern" (§ 266 Abs. 3 Nr. E HGB) unterscheidet, erfolgen. Im Ergebnis würde sich die Erleichterung für kleine KapG aus § 274a Nr. 4 HGB praktisch auf die Nichtberücksichtigung passiver latenter Steuern auf quasi-permanente Differenzen[23] reduzieren.

> **Beispiel**
> **Denkbare Sachverhalte nach diesem Verständnis**
> Danach wären etwa für nach § 248 Abs. 2 HGB nur in der HB aktivierbare selbst geschaffene immaterielle VG des AV passive latente Steuern anzusetzen (steuerlich besteht unverändert ein Aktivierungsverbot – § 5 Abs. 2 EStG); bei nur in der HB aufgedeckten stillen Reserven, die auf Gebäude entfallen, wären ebenfalls latente Steuern zu passivieren (dies kann der Fall sein, wenn in Anwachsungs- oder Umwandlungsfällen in der HB stille Reserven aufgestockt werden, während in der Steuerbilanz die Buchwerte fortgeführt werden).

17 Nicht ausreichend gewürdigt bleibt dabei zunächst, ob die für die Bildung einer **Verbindlichkeitsrückstellung** nach § 249 Abs. 1 Satz 1 HGB erforderliche wirtschaftliche oder rechtliche Entstehung einer Steuerschuld verbunden mit einem künftigen Abfluss von Ressourcen vorliegt[24] und wie das Ermittlungskonzept für die Bewertung der Rückstellung für passive latente Steuern nach dem Wegfall des § 274 Abs. 1 HGB i. d. F. vor BilMoG aus § 253 Abs. 1 und 2 HGB abgeleitet wird. Das vom IDW mit IDW RS HFA 7 indirekt eingeführte Tatbestandskriterium der wirtschaftlichen Belastung des Gesamthandsvermögens ist weder im Schrifttum noch in der BFH-Rechtsprechung qualifiziert gebräuchlich, hinsichtlich des

---

[23] Etwa die auf den Grund und Boden entfallenden stillen Reserven.
[24] Die übrigen Voraussetzungen zur Bildung einer Rückstellung nach § 249 Abs. 1 Satz 1 HGB (vgl. dazu u. a. § 274 Rz 14ff.; *Grottel/Larenz*, in Beck Bil-Komm., 10. Aufl., 2016, § 274, Rz 5ff., 25ff.; IDW SABI 3/1988, Rz 3;WPH Edition, Wirtschaftsprüfung & Rechnungslegung, 15. Aufl., Abschn. F, Tz. 588–594) liegen im Allgemeinen vor und werden hier nicht weiter thematisiert. Bezüglich des Ansatzkriteriums „wirtschaftliche oder rechtliche Verursachung" sei auch auf die durchaus kontroverse Diskussion verwiesen, die vor dem Hintergrund der Bilanzierungsgrundsätze der Kapitalerhaltung und der periodengerechten Erfolgsermittlung geführt worden ist respektive wird (vgl. *Schubert*, in Beck Bil-Komm., 10. Aufl., 2016, § 249 HGB, Rz 34ff.).

Stichtagsprinzips problembehaftet[25] und bereits infolge der Unbestimmtheit ungeeignet.[26] Es verdeutlicht vielmehr den verzweifelten Versuch des IDW, die inkonsistente und zunehmend bzw. mittlerweile von einer Mehrheit kritisierte/ abgelehnte Auffassung um jeden Preis aufrechtzuerhalten.[27]

Die Bewertung der nach IDW RS HFA 7 anzusetzenden Rückstellungen für passive latente Steuern nach den GoB und den allgemein für Rückstellungen geltenden Vorschriften nebst mindernder Berücksichtigung von aufrechenbaren aktiven Latenzen und Vorteilen aus steuerlichen Verlustvorträgen bedingt ferner einen Verstoß gegen das allgemeine Saldierungsverbot.[28]   **18**

Der Verweis des IDW auf die Vermeidung etwaiger Belastungen im Kontext der Rechtfertigung[29] des unzulässigen Verzichts auf die Abzinsung langfristiger Rückstellungen unter Befürwortung einer analogen Anwendung des § 274 Abs. 2 HGB (und damit entgegen § 253 Abs. 2 HGB) mutet seltsam an, da gerade die Vorgehensweise des IDW erhebliche Mehrbelastungen – etwa gegenüber den hier vorgestellten Konzepten – erst verursacht.   **19**

Zudem gilt zwar auch für kleine KapG der Grundsatz des § 264 Abs. 2 HGB, dass der Jahresabschluss unter Beachtung der GoB ein den tatsächlichen Verhältnissen entsprechendes Bild der Vermögens-, Finanz- und Ertragslage zu vermitteln hat (das durch den Verzicht auf die Bilanzierung latenter Steuern nach § 274 HGB – hier insb. durch den Verzicht auf die Passivierung – zweifelsfrei verzerrt wird), nach unserer Beurteilung nimmt der Gesetzgeber nach dem Grundsatz der Wirtschaftlichkeit diese Situation durch die **klare Entscheidung zur Befreiung** kleiner KapG von der Bilanzierung latenter Steuern jedoch offensichtlich in Kauf; s. BilMoG-BgrRegE zu § 274a HGB.[30] Die Tatsache, dass – gerade bei kleinen Unt – die Ermittlung und Bewertung latenter Steuern einen unter Kosten- und Nutzenaspekten unverhältnismäßig hohen Arbeitsaufwand darstellen und zudem eine große Fehleranfälligkeit aufweisen, wird jeder Praktiker bestätigen können. Mitunter wird in diesem Kontext von einem „Gespenst der Rückstellung für latente Steuern"[31] oder einem „Zombie" gesprochen, „... der vor allem die mittelständische Rechnungslegungspraxis in Angst und Schrecken versetzt".[32] Dieses Argument führte auch im Verlauf des BilMoG-Gesetzgebungsverfahrens dazu, dass u. a. aus der ursprünglich vorgesehenen Pflicht zur Bilanzierung eines Aktivüberhangs an latenten Steuern in der finalen Fassung ein Wahlrecht wurde.[33] Gegenstand einer Erleichterungsvorschrift ist im Übrigen stets das Eingehen eines Kompromisses: In der hier betrachteten Vorschrift des § 274a Nr. 4 HGB geht ein geringerer Arbeitsaufwand mit einem verminderten Aussagegehalt der Finanzinformationen einher. Hier sei auch auf andere größenabhängige Erleichterungsvorschriften wie z. B. den   **20**

---

25 Vgl. dazu detailliert *Hoffmann*, StuB 2012, S. 250.
26 GlA *Hoffmann*, StuB 2012, S. 250.
27 Ähnlich deutlich *Pollanz*, DStR 2013, S. 60.
28 Ebenso Bundessteuerberaterkammer, DStR 2012, Tz. 9; *Pollanz*, DStR 2013, S. 60.
29 IDW Positionspapier 2012, S. 3.
30 BilMoG-BgrRegE, S. 68.
31 *Haaker*, DB 2012, M1.
32 *Pollanz*, DStR 2013, S. 58.
33 Siehe die Stellungnahme des Bundesrates („... Eine Aktivierungspflicht würde daher insbesondere für mittelständisch geprägte Unternehmen zwangsweise zusätzliche Kosten verursachen ...") und die Begründung zur Beschlussempfehlung des *Finanzausschuss des Deutschen Bundestages*; beides zitiert nach *Ernst/Naumann*, Das neue Bilanzrecht, 2009, S. 150 ff.

Verzicht auf den Lagebericht (§ 264 Abs. 1 Satz 4 HGB) verwiesen. Weiterhin zeigt die Tatsache, dass kleine und sogar mittelgroße KapG explizit von der Angabe nach § 285 Nr. 29 HGB über die Erleichterungsvorschrift des § 288 HGB befreit werden, dass sich der Gesetzgeber der Komplexität von latenten Steuern durchaus bewusst ist.

21 Um dieses erleichterungsbedingte Informationsdilemma zu lösen, könnten seitens kleiner KapG erläuternde Angaben im Anhang nach **§ 264 Abs. 2 Satz 2 HGB** gemacht werden. Allerdings besteht hierzu i. d. R. keine gesetzliche Verpflichtung, da die Nichtbilanzierung latenter Steuern bei kleinen KapG seit dem BilMoG u. E. in Übereinstimmung mit kodifizierten GoB erfolgt. Auch der bei der weiten Auslegung der Ansatzvorschrift für Rückstellungen nach § 249 Abs. 1 Satz 1 HGB offensichtlich stark gewichtete **Grundsatz der Kapitalerhaltung** und damit des Gläubigerschutzes taugt mangels einer Rechtsgrundlage im HGB oder einer Festschreibung in der Gesetzesbegründung bzw. sonstigen Materialien zum Gesetzgebungsprozess nicht zur Begründung. In den Fällen aktivierter selbst geschaffener immaterieller VG des AV sowie zum Zeitwert angesetzten Deckungsvermögens greift zudem ohnehin die Ausschüttungssperre nach § 268 Abs. 8 HGB, sodass das Argument des Gläubigerschutzes diesbezüglich ins Leere läuft. Allerdings mag es in der Praxis Fälle geben, in denen KapG nach den Größenkriterien des § 267 HGB zwar formal klein sind, aber dennoch sehr hohe Vermögenspositionen und Schulden aufweisen, wie **immobilienhaltende Unt** mit geringem Umsatz und wenigen Mitarbeitern. Durch die passivische Berücksichtigung künftiger Steuerlasten wird dann bewirkt, dass das ausschüttungsfähige EK verringert und mehr Substanz im Unt gehalten wird. Problematisch können auch Fälle sein, in denen hohe Aktivwerte bilanziert werden, die zu ausschüttbarem Kapital führen, aber steuerlich bei Weitem in dieser Höhe nicht vorhanden sind.[34] In diesen Fällen werden die handelsrechtlichen Ergebnisse kommender Perioden durch Abschreibungen auf die hohen Aktivwerte belastet. Steuerlich ist der Aufwand in dieser Höhe nicht vorhanden, sodass es trotz geringer (oder negativer) handelsrechtlicher Ergebnisse unter sonst gleichen Verhältnissen zu erhöhten Belastungen mit Ertragsteuern kommen wird. Wird in diesen Fällen tatsächlich eine Maximalausschüttung vorgenommen, könnten der Ges. Mittel entzogen werden, die sie eigentlich benötigen würde, um künftig Ertragsteuern zahlen zu können. Missbräuchliche Gestaltungen sind u. E. letztlich nicht durch die für alle Ges. geltenden Rechnungslegungsvorschriften i. S. des Ziels der Kapitalerhaltung zu lösen; vielmehr sollten diese Fälle durch die gesellschaftsrechtlichen Regelungen des GmbH- und Aktienrechts (z. B. Rspr. zum existenzvernichtenden Eingriff) und das Anfechtungsrecht der InsO sanktioniert und damit gelöst werden.

22 Auch wenn potenziell problematische Fälle – wie aufgezeigt – in der Praxis auftreten können, halten wir sie jedoch im Vergleich zu der großen Zahl kleiner Ges., die alljährlich ihren Jahresabschluss aufstellen müssen, für relativ gering. Daher erscheint eine argumentativ konsistente **Unterscheidung mittels Anknüpfung an die zukünftigen Zahlungsströme aus Steuern** sinnvoll zu sein.

---

[34] Beispielhaft wäre hier die Einbringung von Immobilienvermögen zu nennen, die handelsrechtlich zum Zeitwert mit ertragswirksamer Realisierung erheblicher stiller Reserven erfolgt, wohingegen steuerlich Buchwerte fortgeführt werden.

Sofern die gewählte Gestaltung im Vergleich zur Unterlassung zu einem veränderten Zahlungsstrom aus Steuern führt, ist Raum für eine Rückstellung nach § 249 Abs. 1 Satz 1 HGB im Hinblick auf die Steuerlatenzen. Sofern die Zahlungsströme aus Steuern trotz unterschiedlicher Bilanzierung in Handels- und Steuerbilanz unverändert bleiben, ist dagegen kein Raum für eine Rückstellung nach § 249 Abs. 1 Satz 1 HGB. Die folgenden beiden Beispiele verdeutlichen die vorgeschlagene Vorgehensweise.

> **Beispiel**
> **Aktivierung selbst geschaffener immaterieller VG des AV**
> **Sachverhalt:**
> In zwei vergleichbaren kleinen KapG fallen Entwicklungskosten an. Ges. 1 macht in der HB von dem Wahlrecht der Aktivierung von selbst geschaffenen immateriellen VG des AV nach § 248 Abs. 2 HGB Gebrauch, Ges. 2 aktiviert die Entwicklungskosten nicht. Weitere Unterschiede zwischen beiden Ges. existieren nicht. Beide Ges. nehmen die Erleichterungsvorschrift nach § 274a Nr. 4 HGB in Anspruch. Steuerlich stellen die Entwicklungskosten in beiden Fällen abzugsfähige Betriebsausgaben dar.
>
> **Vorgehensweise nach hier vertretener Auffassung:**
> Für beide Ges. liegen sowohl im Jahr des Anfalls der Entwicklungskosten als auch in den Folgejahren identische Zahlungsströme vor. Es entsteht also hinsichtlich Ges. 1, die Entwicklungskosten aktiviert, im Gj keine Verpflichtung zur Zahlung von weiteren Steuern, die zu einem zukünftigen Ressourcenabfluss führt; für beide Ges. ist in dem Vz, in dem die Entwicklungskosten anfallen, der Sachverhalt in steuerlicher Hinsicht abgeschlossen. Mithin ist in diesem Fall kein Raum für eine Verbindlichkeitsrückstellung.
>
> **Vorgehensweise bei abweichender Auffassung:**
> Gleichwohl wäre der Auffassung nach, der zufolge das *Timing*-Konzept des § 274 Abs. 1 HGB i.d.F. vor BilMoG für die Rückstellungsbewertung der latenten Steuern als GoB weiter gelten soll, in diesem Fall eine Rückstellung nach § 249 Abs. 1 Satz 1 HGB i. H. des Steuereffekts im Jahr der Aktivierung der Entwicklungskosten zu bilden.
> Das Kriterium der identischen steuerlichen Zahlungsströme liegt z. B. ebenso bei Umwandlungs- und Anwachsungsvorgängen mit handelsrechtlicher Aufstockung der Wertansätze bei gleichzeitiger Buchwertfortführung in der Steuerbilanz vor. Gleiches gilt für die Zeitwertbewertung von Deckungsvermögen oberhalb der AK auf Basis von § 253 Abs. 1 Satz 4 HGB, die steuerlich nicht zulässig ist.

> **Beispiel**
> **Rücklage nach § 6b Abs. 3 EStG**
> **Sachverhalt:**
> Zwei vergleichbare kleine KapG veräußern je ein Betriebsgebäude mit Gewinn. Ges. 1 bildet steuerlich eine Rücklage nach § 6b Abs. 3 EStG verbunden mit der Absicht, diese auf ein anderes Betriebsgebäude zu übertragen. Ges. 2 versteuert den vollständigen Veräußerungsgewinn im Jahr der Veräußerung.

> Weitere Unterschiede zwischen beiden Unt existieren nicht. Beide Ges.
> nehmen die Erleichterungsvorschrift nach § 274a Nr. 4 HGB in Anspruch.
>
> **Vorgehensweise nach hier vertretener Auffassung:**
> Durch die Bildung einer Rücklage nach § 6b Abs. 3 EStG zahlt Ges. 1 im Jahr der Veräußerung des Betriebsgebäudes weniger Steuern als Ges. 2. Der Unterschied der Steuerzahllast gleicht sich aber dadurch aus, dass die Ges. 1 in den Folgejahren durch Übertragung der Rücklage über ein geringeres steuerliches Abschreibungsvolumen verfügt. Insofern erzielt Ges. 1 einen Steuerstundungseffekt. In diesem Fall fließen bei Ges. 1 in der Zukunft im Vergleich zu Ges. 2 mehr Ressourcen ab. Deshalb scheint in diesem Fall die Bildung einer Rückstellung nach § 249 Abs. 1 Satz 1 HGB erforderlich und geboten zu sein.

23 Fälle, die unter das Beispiel zur Rücklage nach § 6b Abs. 3 EStG fallen, sind durchgängig Fälle, bei denen steuerliche Wahlrechte bestehen, die im Ausübungsfall zu einer **Steuerstundung** führen. Derartige Anwendungsfälle gibt es in der Praxis durchaus – allerdings sind diese im Fall von KapG bei Weitem nicht so zahlreich oder in ihrer größenabhängigen Bedeutung so relevant, wie die Fälle, die dem Beispiel zur Aktivierung selbst geschaffener immaterieller VG des AV zuzuordnen sind.[35] Fälle nach dem Beispiel zur Rücklage nach § 6b Abs. 3 EStG sind steuerliche Sonderabschreibungen und andere Abzugsbeträge, wie sie bei der Verringerung steuerlicher Anschaffungs- bzw. Herstellungskosten aufgrund von Investitionsabzugsbeträgen und Sonderabschreibungen nach § 7g EStG oder nach R 6.6 Abs. 4 EStR zur Anwendungen kommen. Diese Auslegung findet in der Literatur zunehmend zustimmende Beachtung,[36] auch wenn die Diskussion noch nicht abgeschlossen ist.

24 Die Bundessteuerberaterkammer (**BStBK**) schlägt eine rein **steuerbilanzielle Perspektive** vor[37], die breite Zustimmung im aktuellen Schrifttum findet.[38,39] **Im Ergebnis**, d.h. hinsichtlich der Fälle, die zu einer Rückstellungsbildung führen oder eben nicht, **deckt** sich diese Vorgehensweise mit dem Vorschlag der Autoren – lediglich die Begründung bzw. Argumentation unterscheidet sich.
Von der wirtschaftlichen Entstehung einer ungewissen Verbindlichkeit i.S.d. § 249 Abs. 1 Satz 1 HGB kann demnach nur dann ausgegangen werden, wenn die Ansatz- oder Bewertungsdifferenz auf steuerlichen Tatbeständen beruht, mit denen der Steuergesetzgeber eine Steuerstundung bezweckt.[40] Ob der Effekt steuertechnisch innerhalb oder außerhalb der Steuerbilanz verwirklicht wird, spielt keine Rolle. Fälle, in denen die Besteuerung nicht unmittelbar durch Auflösung zuvor gebildeter steuerfreier Rücklagen nachgeholt wird, lösen dem-

---

35 Vgl. *Kreipl/Müller*, DB, 2011, S. 1701.
36 Vgl. z.B. *Graf von Kanitz*, WPg, 2011, S. 907.
37 Vgl. dazu Bundessteuerberaterkammer, DStR 2012, S. 2296.
38 So etwa bei *Kleemann/Metzing*, DStR 2012, S. 2405; *Pollanz*, DStR 2013, S. 58.
39 Infolge einer ausführlichen Analyse der Voraussetzungen des § 249 HGB aus juristischer Perspektive zu einem analogen Ergebnis kommend *Pöschke*, NZG 2013, S. 646ff. AA *Kirsch/Hoffmann/Siegel*, DStR 2012, S. 1290ff.
40 Vgl. dazu Bundessteuerberaterkammer, DStR 2012, S. 2296, Tz. 5.

nach keine Rückstellungsbildung aus.[41] Die sich ergebende Steuermehrbelastung durch einen niedrigeren AfA-Ansatz in der Steuerbilanz in der Zukunft sei ein Vorgang des Wirtschaftsjahrs, in dem diese Ereignisse stattfinden und damit wirtschaftlich (noch) nicht entstanden. Analog zu unserem Konzept der Anknüpfung an die zukünftigen Zahlungsströme aus Steuern sowie analog zur Prüfung der Voraussetzungserfüllung des § 249 HGB durch *Pöschke* führen Fälle, bei denen steuerliche Wahlrechte bestehen, die im Ausübungsfall zu einer Steuerstundung führen, zu einer Rückstellungsbildung, andere dagegen nicht.

3 Rechtsfolgen bei Pflichtverletzung

Rechtsfolgen ergeben sich nur infolge einer unzulässigen Inanspruchnahme der größenklassenabhängigen Befreiungen nach den Vorschriften des § 267 Abs. 1 HGB. Gegen § 274a HGB direkt zu verstoßen ist nicht möglich.[42]

---

[41] Vgl. dazu Bundessteuerberaterkammer, DStR 2012, S. 2296, Tz. 7.
[42] Vgl. *Marx/Dallmann*, in *Baetge/Kirsch/Thiele*, Bilanzrecht, § 274a HGB, Rz 71, Stand 10/2012.

§ 275 Gliederung

(1) ¹Die Gewinn- und Verlustrechnung ist in Staffelform nach dem Gesamtkostenverfahren oder dem Umsatzkostenverfahren aufzustellen. ²Dabei sind die in Absatz 2 oder 3 bezeichneten Posten in der angegebenen Reihenfolge gesondert auszuweisen.
(2) Bei Anwendung des Gesamtkostenverfahrens sind auszuweisen:
1. Umsatzerlöse
2. Erhöhung oder Verminderung des Bestands an fertigen und unfertigen Erzeugnissen
3. andere aktivierte Eigenleistungen
4. sonstige betriebliche Erträge
5. Materialaufwand:
   a) Aufwendungen für Roh-, Hilfs- und Betriebsstoffe und für bezogene Waren
   b) Aufwendungen für bezogene Leistungen
6. Personalaufwand:
   a) Löhne und Gehälter
   b) soziale Abgaben und Aufwendungen für Altersversorgung und für Unterstützung,
      davon für Altersversorgung
7. Abschreibungen:
   a) auf immaterielle Vermögensgegenstände des Anlagevermögens und Sachanlagen
   b) auf Vermögensgegenstände des Umlaufvermögens, soweit diese die in der Kapitalgesellschaft üblichen Abschreibungen überschreiten
8. sonstige betriebliche Aufwendungen
9. Erträge aus Beteiligungen,
   davon aus verbundenen Unternehmen
10. Erträge aus anderen Wertpapieren und Ausleihungen des Finanzanlagevermögens,
    davon aus verbundenen Unternehmen
11. sonstige Zinsen und ähnliche Erträge,
    davon aus verbundenen Unternehmen
12. Abschreibungen auf Finanzanlagen und auf Wertpapiere des Umlaufvermögens
13. Zinsen und ähnliche Aufwendungen,
    davon an verbundene Unternehmen
14. Steuern vom Einkommen und vom Ertrag
15. Ergebnis nach Steuern
16. sonstige Steuern
17. Jahresüberschuss/Jahresfehlbetrag

(3) Bei Anwendung des Umsatzkostenverfahrens sind auszuweisen:
1. Umsatzerlöse
2. Herstellungskosten der zur Erzielung der Umsatzerlöse erbrachten Leistungen
3. Bruttoergebnis vom Umsatz

4. Vertriebskosten
5. allgemeine Verwaltungskosten
6. sonstige betriebliche Erträge
7. sonstige betriebliche Aufwendungen
8. Erträge aus Beteiligungen,
   davon aus verbundenen Unternehmen
9. Erträge aus anderen Wertpapieren und Ausleihungen des Finanzanlagevermögens,
   davon aus verbundenen Unternehmen
10. sonstige Zinsen und ähnliche Erträge,
    davon aus verbundenen Unternehmen
11. Abschreibungen auf Finanzanlagen und auf Wertpapiere des Umlaufvermögens
12. Zinsen und ähnliche Aufwendungen,
    davon an verbundene Unternehmen
13. Steuern vom Einkommen und vom Ertrag
14. Ergebnis nach Steuern
15. sonstige Steuern
16. Jahresüberschuss/Jahresfehlbetrag

(4) Veränderungen der Kapital- und Gewinnrücklagen dürfen in der Gewinn- und Verlustrechnung erst nach dem Posten „Jahresüberschuß/Jahresfehlbetrag" ausgewiesen werden.

(5) Kleinstkapitalgesellschaften (§ 267a) können anstelle der Staffelungen nach den Absätzen 2 und 3 die Gewinn- und Verlustrechnung wie folgt darstellen:
1. Umsatzerlöse,
2. sonstige Erträge,
3. Materialaufwand,
4. Personalaufwand,
5. Abschreibungen,
6. sonstige Aufwendungen,
7. Steuern,
8. Jahresüberschuss/Jahresfehlbetrag.

Dr. Christian Wobbe

Inhaltsübersicht	Rz
1 Überblick	1–2
1.1 Inhalt	1
1.2 Normenzusammenhang	2
2 Grundsachverhalte der Gewinn- und Verlustrechnung	3–43
2.1 Wesen der Gewinn- und Verlustrechnung	3–5
2.2 Die Begriffe Erträge und Aufwendungen	6
2.3 Inhaltliche und formelle Gestaltung der Gewinn- und Verlustrechnung	7–43
2.3.1 Staffelform zur Darstellung der GuV	7–8

	2.3.2	Gesamtkosten- oder Umsatzkostenverfahren	9–24
		2.3.2.1 Gesamtkostenverfahren	13–16
		2.3.2.2 Umsatzkostenverfahren	17–24
	2.3.3	Allgemeine Grundfragen der GuV-Gestaltung. . . .	25–43
		2.3.3.1 Grundsätze ordnungsmäßiger Buchführung	25–27
		2.3.3.2 Gliederung der GuV	28–43
3	Inhalte der einzelnen Posten des Gesamtkostenverfahrens		44–211
	3.1 Umsatzerlöse (§ 275 Abs. 2 Nr. 1)		45–69
		3.1.1 Definition der Umsatzerlöse	45–50
		3.1.2 Abzug der Erlösschmälerungen	51–53
		3.1.3 Abzug der Umsatzsteuer und der sonstigen direkt mit den Umsatzerlösen verbundenen Steuern	54–57
		3.1.4 Aspekte der Abgrenzung	58–67
		3.1.4.1 Umsatzerlöse aus der Veräußerung von Waren und Erzeugnissen	61–62
		3.1.4.2 Umsatzerlöse aus der Erbringung von Dienstleistungen	63–65
		3.1.4.3 Weitere als Umsatzerlöse auszuweisende Sachverhalte und Abgrenzungsfragen . . .	66–67
		3.1.5 Möglichkeit zur Untergliederung der Umsatzerlöse	68–69
	3.2 Erhöhung oder Verminderung des Bestands an fertigen und unfertigen Erzeugnissen (§ 275 Abs. 2 Nr. 2)		70–74
	3.3 Andere aktivierte Eigenleistungen (§ 275 Abs. 2 Nr. 3) . . .		75–79
	3.4 Sonstige betriebliche Erträge (§ 275 Abs. 2 Nr. 4)		80–89
	3.5 Materialaufwand (§ 275 Abs. 2 Nr. 5)		90–101
		3.5.1 Aufwendungen für Roh-, Hilfs- und Betriebsstoffe und für bezogene Waren (§ 275 Abs. 2 Nr. 5a)	91–96
		3.5.2 Aufwendungen für bezogene Leistungen (§ 275 Abs. 2 Nr. 5b)	97–101
	3.6 Personalaufwand (§ 275 Abs. 2 Nr. 6)		102–118
		3.6.1 Löhne und Gehälter (§ 275 Abs. 2 Nr. 6a)	103–110
		3.6.2 Soziale Abgaben und Aufwendungen für Altersversorgung und für Unterstützung, davon für Altersversorgung (§ 275 Abs. 2 Nr. 6b)	111–118
		3.6.2.1 Soziale Abgaben	112
		3.6.2.2 Aufwendungen für Unterstützung	113
		3.6.2.3 Aufwendungen für Altersversorgung . . .	114–116
		3.6.2.4 Erfassung der durch BilMoG bedingten Änderungen der Bilanzierung von Pensionsrückstellungen	117–118
	3.7 Abschreibungen (§ 275 Abs. 2 Nr. 7)		119–131
		3.7.1 Abschreibungen auf immaterielle Vermögensgegenstände des Anlagevermögens und Sachanlagen (§ 275 Abs. 2 Nr. 7a)	120–123
		3.7.2 Abschreibungen auf VG des UV, soweit diese die in der KapG üblichen Abschreibungen überschreiten (§ 275 Abs. 2 Nr. 7b)	124–131

3.8 Sonstige betriebliche Aufwendungen (§ 275 Abs. 2 Nr. 8) . 132–144
3.9 Erträge aus Beteiligungen, davon aus verbundenen Unt
(§ 275 Abs. 2 Nr. 9).................... 145–154
3.10 Erträge aus anderen Wertpapieren und Ausleihungen des
FAV, davon aus verbundenen Unt (§ 275 Abs. 2 Nr. 10) . . 155–162
3.11 Sonstige Zinsen und ähnliche Erträge, davon aus verbundenen Unt (§ 275 Abs. 2 Nr. 11) 163–170
3.12 Abschreibungen auf Finanzanlagen und auf Wertpapiere
des Umlaufvermögens (§ 275 Abs. 2 Nr. 12) 171–175
3.13 Zinsen und ähnliche Aufwendungen, davon an verbundenen
Unternehmen (§ 275 Abs. 2 Nr. 13)................ 176–184
3.14 Steuern vom Einkommen und Ertrag (§ 275 Abs. 2 Nr. 14) 185–192
3.15 Ergebnis nach Steuern (§ 275 Abs. 2 Nr. 15) 193
3.16 Sonstige Steuern (§ 275 Abs. 2 Nr. 16)................ 194–199
3.17 Ergebnisse aus Unternehmensverträgen 200–208
3.18 Jahresüberschuss bzw. Jahresfehlbetrag
(§ 275 Abs. 2 Nr. 17)........................ 209–211
4 Inhalte der einzelnen Posten des Umsatzkostenverfahrens..... 212–257
4.1 Umsatzerlöse (§ 275 Abs. 3 Nr. 1).................. 213
4.2 Herstellungskosten (§ 275 Abs. 3 Nr. 2) 214–237
4.3 Bruttoergebnis vom Umsatz (§ 275 Abs. 3 Nr. 3) 238
4.4 Vertriebskosten (§ 275 Abs. 3 Nr. 4) 239–244
4.5 Allgemeine Verwaltungskosten (§ 275 Abs. 3 Nr. 5) 245–247
4.6 Sonstige betriebliche Erträge (§ 275 Abs. 3 Nr. 6) 248–249
4.7 Sonstige betriebliche Aufwendungen (§ 275 Abs. 3 Nr. 7) . 250–255
4.8 Zinsen und ähnliche Aufwendungen (§ 275 Abs. 3 Nr. 12) 256
4.9 Sonstige Steuern (§ 275 Abs. 3 Nr. 18)................ 257
5 Veränderungen der Kapital- und Gewinnrücklagen (Abs. 4) . . . 258–262
6 Übergangsvorschriften 263–264
7 Gewinn- und Verlustrechnung der Kleinstkapitalgesellschaft . . 265–272
7.1 Gliederung und Formvorschriften.................. 266–268
7.2 Posteninhalte 269–272

1 Überblick

1.1 Inhalt

§ 275 HGB gibt KapG die **Mindestgliederung der GuV** mit festgelegter Reihenfolge und gesondertem Ausweis der Posten vor. Er fordert die Verwendung der **Staffelform** und stellt den KapG zur Gliederung ihrer GuV das GKV und UKV zur Auswahl. Im Mittelpunkt steht der Ausweis des Jahresüberschusses/Jahresfehlbetrags. Angaben zur Gewinnverwendung dürfen erst im Anschluss an den Jahresüberschuss/Jahresfehlbetrag ausgewiesen werden.

1

1.2 Normenzusammenhang

2 Die **Gliederungsvorschriften** des § 275 HGB sind zwingend zunächst nur von KapG zu beachten. Nicht-KapG steht die freiwillige Anwendung offen. Diese freiwillige Übernahme der Gliederungskriterien stellt die vielfach gängige Praxis dar. Für Unt, denen nach **§ 330 HGB** mittels Rechtsverordnungen die Verwendung besonderer Formblätter vorgeschrieben ist, wie dies für Kreditinstitute, Versicherungsunternehmen, Wohnungsunternehmen, Krankenhäuser sowie Verkehrs- und Versorgungsbetriebe der Fall ist, gelten abweichende Gliederungsvorschriften. Von Unt, die dem PublG unterliegen, sind die Gliederungsvorgaben des § 275 HGB sinngemäß zu beachten (**§ 5 Abs. 1 Satz 2 PublG**). Für eG ergibt sich die Pflicht zur Beachtung aus **§ 336 Abs. 2 HGB**.
Einzelne Posten des Gliederungsschemas werden in **§ 277 HGB** näher definiert. Hier finden sich zudem Vorschriften zu erweiterten Ausweispflichten. Kleinen und mittelgroßen KapG werden durch **§ 276 HGB** Erleichterungen bei der Aufstellung eingeräumt. Für KleinstKapG erfolgt dies in § 275 Abs. 5 HGB (Rz 265 ff.).

2 Grundsachverhalte der Gewinn- und Verlustrechnung

2.1 Wesen der Gewinn- und Verlustrechnung

3 Als **Zeitraumrechnung** soll die GuV die Jahresabschlussadressaten über die Höhe und Zusammensetzung des Jahreserfolgs informieren, sodass eine Nachvollziehbarkeit der Ergebnisentstehung im Hinblick auf die Erfolgsarten und -quellen sowie der nicht auf Entnahmen und Einlagen beruhenden Eigenkapitalveränderungen gegeben ist. Bilanz und GuV bilden gemeinsam den Jahresabschluss des bilanzierungspflichtigen Kfm. (§ 242 Abs. 3 HGB). Dieser Mindestumfang erweitert sich im Fall einer KapG und KapCoGes zudem noch um den Anhang (§§ 264 Abs. 1, 264a HGB), in dem sich, aufgrund der diesem Jahresabschlussbestandteil zugewiesenen Entlastungsfunktion und der speziellen Vorschriften für KapG, ergänzende Zusatzangaben zu einzelnen Bilanz- und GuV-Posten unterschiedlicher Art finden. Das Zusammenwirken dieser Jahresabschlussbestandteile ist auf die Erfüllung der Generalnorm ausgerichtet (§ 264 Abs. 2 Satz 2 HGB), nach welcher der Jahresabschluss der KapG ein den tatsächlichen Verhältnissen entsprechendes Bild der Vermögens-, Finanz- und Ertragslage zu vermitteln hat (§ 264 Rz 50 ff.).

4 Die gesetzlichen Vertreter einer kapitalmarktorientierten KapG, die nicht zur Aufstellung eines Konzernabschlusses verpflichtet sind, haben den Jahresabschluss zudem um eine KFR und einen EK-Spiegel zu erweitern, die mit der Bilanz, der GuV und dem Anhang eine Einheit bilden. Zudem können sie den Jahresabschluss um eine Segmentberichterstattung erweitern (§ 264 Abs. 1 Satz 2 HGB).

5 Während die Bilanz als Gegenüberstellung des Vermögens und der Schulden zum Beginn bzw. Ende des Gj (§ 242 Abs. 1 Satz 1 HGB) auf der Konzeption einer Bestandsgrößenbetrachtung basiert, liegt der GuV, die als die Gegenüberstellung der Aufwendungen und Erträge des Gj definiert wird (§ 242 Abs. 2 HGB), eine **stromgrößenorientierte Erfolgsermittlung** zugrunde.

2.2 Die Begriffe Erträge und Aufwendungen

Eine **Definition** für die Begriffe „Erträge und Aufwendungen" ist in den handelsrechtlichen Rechnungslegungsvorschriften **nicht kodifiziert**, sodass hier auf den diesbezüglich zu konstatierenden einheitlichen Fachkonsens zurückzugreifen ist, nach dem die Begriffe „Erträge" und „Aufwendungen" als Fachtermini zur Erfassung von bilanziellen Eigenkapitalveränderungen verwendet werden, die nicht auf Einlagen, Entnahmen oder Gewinnausschüttungen beruhen und gleichzeitig mengen- und wertmäßige, stichtagsbezogene Änderungen des Saldos zwischen Aktiva oder Passiva widerspiegeln.[1]

6

2.3 Inhaltliche und formelle Gestaltung der Gewinn- und Verlustrechnung

2.3.1 Staffelform zur Darstellung der GuV

Abs. 1 schreibt für die Darstellung der GuV die unsaldierte Staffelform vor. Dabei werden die Aufwendungen und Erträge statt nebeneinander, wie bei der Kontoform, in (vorgegebener Reihenfolge) untereinander positioniert, wodurch die Bildung von Zwischensummen bzw. -salden erleichtert wird, die zur Ermittlung aussagekräftiger Kennzahlen herangezogen werden können und die im Vergleich zur Kontoform eine höhere Übersichtlichkeit der GuV-Darstellung bewirken. Außer Kreditinstituten und FinanzdienstleistungsUnt, denen gem. § 2 Abs. 1 Satz 1 RechKredV durch die Vorgabe alternativer **Formblätter** ein Wahlrecht zur **Konto- oder Staffelformdarstellung** offensteht, sind Abweichungen von der vorgegebenen Staffelformdarstellung auch nicht unter Verweis auf die unternehmensspezifischen Besonderheiten und auf die aus der Generalnorm resultierende Verpflichtung zur Vermittlung eines tatsachengetreuen Bilds zulässig.[2] Hierfür spricht insbes. die Einschätzung des Gesetzgebers, der bei der Umsetzung der 4. EG-RL in nationales Recht, aufgrund des Umstands, dass sich die Staffelform bewährt habe, explizit keine Notwendigkeit für die Einräumung eines Darstellungswahlrechts sah.[3]

7

8

2.3.2 Gesamtkosten- oder Umsatzkostenverfahren

In Übereinstimmung mit den Vorgaben der 4. EG-RL hat der Gesetzgeber im Rahmen des BiRiLiG von 1978 zwei **gleichwertige Gliederungsvarianten** zur GuV-Aufstellung zugelassen. Demnach dürfen Bilanzierungspflichtige ihre GuV, außer nach dem in Deutschland üblichen GKV, auch in Gestalt des in angelsächsischen Staaten gängigen UKV erstellen. Die Zulassung beider Gliederungsvarianten wurde mit der hierdurch gewährleisteten höheren internationalen Vergleichbarkeit sowie der Harmonisierung der europäischen Rechnungslegung begründet.[4] Beide Verfahren führen zu demselben Jahresergebnis und unterscheiden sich lediglich im Ausweis der Aufwendungen und Erträge.

9

---

[1] Vgl. *Hällmayr*, in *Freidank/Lachnit/Tesch*, Vahlens großes Auditing Lexikon 2007, S. 85; *Budde*, in *Küting/Weber*, HdR, HGB § 275 Rz 1, Stand 05/2017.
[2] Vgl. *Reiner/Haußer*, in MünchKomm. HGB, 3. Aufl., § 275 Rn 12.
[3] Vgl. BegrRegE BilRiG, BT-Drs. 10/317 S. 85.
[4] Vgl. ADS, 6. Aufl., § 275 HGB Rz 27; Ber. Rechtsausschuß, BT-Drs. 10/4268 S. 107; Begr. RegE BilRiG, BT-Drs. 10/317 S. 85.

10 Der unternehmensindividuell zu treffenden **Entscheidung** für eine dieser beiden zulässigen Gliederungsformen sind Kriterien wie bspw. die bestehende Produktionspalette, die Unternehmensstruktur oder der Aufbau des verfügbaren Kostenrechnungsinstrumentariums zugrunde zu legen. Im Fall eines in einen Konzernabschluss einzubeziehenden TU sollte die GuV-Gliederung jedoch in Anlehnung an die GuV-Gliederung des MU erfolgen. Abweichungen von dieser Handlungsmaxime können sich ergeben, wenn ein TU aufgrund eines Listings an einer ausländischen Börse Rechnungslegungsvorschriften unterliegt, die das UKV (z. B. US-GAAP) verbindlich vorgeben.

11 Eine einmal getroffene Entscheidung für ein Verfahren ist beizubehalten und darf nur in Ausnahmefällen, in denen besondere Umstände dies erfordern, geändert werden (§ 265 Abs. 1 Satz 1 HGB), wobei eine vorgenommene Änderung eine Angabe und Begründung im Anhang erfordert. Insbesondere die unzulängliche Vergleichbarkeit einer nach dem GKV und einer nach dem UKV gegliederten GuV bedingt es, besonders hohe Anforderungen an die Zulässigkeit eines Gliederungswechsels zu stellen.

> **Beispiel**
> Als Gründe, die einen solchen Wechsel rechtfertigen können, lassen sich exemplarisch eine wesentliche Änderung der Geschäftstätigkeit, Neugestaltung der Kostenrechnung, veränderte Konzernzugehörigkeit oder Verschmelzung bzw. sonstige Umwandlung nach § 1 UmwG anführen.[5]

Für die i. Allg. bei **Darstellungsänderungen** geforderte Angabe der damit verbundenen Abweichungen (§ 265 Abs. 1 Satz 2 HGB) besteht nach *Adler/Düring/Schmaltz* keine Verpflichtung, da in diesem Fall für das Übergangsjahr die interne Aufstellung der GuV nach beiden Formen erforderlich werden würde.[6] Jedoch verbleibt ungeachtet dessen die Notwendigkeit zur Anpassung der Vorjahresbeträge.[7]

12 Die zentralen Unterschiede hinsichtlich der Informationsvermittlung resultieren aus der voneinander **abweichenden Aufwandsgliederung** und dem Umgang mit den Bestandsveränderungen der fertigen und unfertigen Erzeugnisse sowie der aktivierten Eigenleistungen.

2.3.2.1 Gesamtkostenverfahren

13 Die Ausgangsbasis der Erfolgsermittlung des GKV bilden sämtliche in dem Abrechnungszeitraum angefallenen Aufwendungen. Ihre Darstellung wird im Rahmen des GKV nach den wesentlichen **Aufwandsarten** geordnet. Dabei werden die betrieblichen Aufwendungen in Form einer primären Gliederung in die Kategorien Material- und Personalaufwand, Abschreibungen und sonstige betriebliche Aufwendungen unterteilt und somit der betriebliche Gesamtaufwand in seiner Zusammensetzung aufgezeigt.

14 Der so ermittelte **Produktionsaufwand** wird den Umsatzerlösen und sonstigen betrieblichen Erträgen gegenübergestellt. Im Hinblick auf die richtige Ermitt-

---

[5] Vgl. *Reiner/Haußer*, in MünchKomm. HGB, 3. Aufl., § 275 Rn 19.
[6] Vgl. ADS, 6. Aufl., § 275 HGB Rz 37.
[7] Vgl. *Reiner/Haußer*, in MünchKomm. HGB, 3. Aufl., § 275 Rn 19.

lung des Periodenergebnisses ist dabei möglichen Abweichungen zwischen produzierter und abgesetzter Menge Rechnung zu tragen. Fallen beide Größen auseinander, weil ein Teil der im laufenden Gj produzierten Güter nicht abgesetzt wurde bzw. weil die Umsatzerlöse auch Teile der in den Vorjahren produzierten, aber erst in dieser Periode verkauften Güter umfassen (**Bestandsveränderungen von fertigen und unfertigen Erzeugnissen**), so bedarf es einer systematischen Überführung der Aufwendungen und Erträge auf ein einheitliches Mengengerüst.

Überschreitet die Produktion der Abrechnungsperiode die abgesetzte Menge, erfolgt die notwendige Abstimmung zwischen abgesetzter Menge und dem dieser Menge gegenüberstehenden Aufwand nach dem im HGB vorgegebenen Gliederungsschema durch eine Hinzurechnung der zu HK (§ 255 Rz 80ff.) bewerteten **Bestandserhöhungen** fertiger und unfertiger Erzeugnisse und aktivierten Eigenleistungen zu den Umsatzerlösen (Gesamtleistung), ohne dass diese „Korrekturposten" Erträge i.S.d. Ertragsdefinition darstellen. Der zumindest mathematisch ebenfalls korrekte Weg, die Werte für die Bestandsmehrungen und aktivierten Eigenleistungen vom Produktionsaufwand abzuziehen, ist nicht zulässig. 15

Übersteigt hingegen die abgesetzte Menge die produzierte Menge, so sind diese zu HK bewerteten Bestandsminderungen an fertigen und unfertigen Erzeugnissen nach dem Rechenkonzept des handelsrechtlichen GKV durch einen Abzug von den ausgewiesenen Umsatzerlösen zu berücksichtigen. Faktisch trägt diese Berechnungsmethodik dem Umstand Rechnung, dass eine Bestandsminderung einer Aufwanderhöhung entspricht und gewährleistet, dass die GuV weiterhin die gesamte zu Nettoumsatzerlösen angesetzte betriebliche Leistung der Periode zeigt. 16

2.3.2.2 Umsatzkostenverfahren

Den Ausgangspunkt des UKV bilden die innerhalb der Abrechnungsperiode erzielten Umsatzerlöse, von denen zur Ergebnisermittlung die für den Absatzprozess angefallenen Aufwendungen (**Umsatzaufwand**) unabhängig von ihrem (ursprünglichen) zeitlichen Anfall in Abzug gebracht werden. D. h., dem effektiven Periodenumsatz werden nicht die gesamten Periodenaufwendungen gegenübergestellt, sondern nur die Aufwendungen, die für die verkauften Produkte angefallen sind, wobei diese auch HK enthalten können, die für in vorhergehenden Perioden produzierte, aber nicht abgesetzte Erzeugnisse angefallen sind. Die Gegenüberstellung von Umsatzerlösen und Umsatzaufwand erfolgt somit unabhängig vom zeitlichen Anfall der HK und ist einer **umsatzbezogenen Erfolgsermittlungskonzeption** verpflichtet. 17

Der Grundidee folgend, die ursächlichen Entstehungsbereiche der betrieblichen Aufwendungen aufzudecken, wird die Darstellung der betrieblichen Aufwandsstruktur nach **Funktionsbereichen** (Entstehungsbereichen) gegliedert. Im Einzelnen erstreckt sich das vorgegebene Gliederungsschema auf die betrieblichen Funktionen „Herstellung", „Vertrieb", und „allgemeine Verwaltung" (Posten § 275 Abs. 3 Nr. 2, 4 und 5 HGB). Aufgrund des Umstands, dass die betriebliche Bereichsbildung nur unternehmensindividuell vorgenommen werden kann, nimmt der Bilanzierende mit ihrer Abgrenzung Einfluss auf den Posteninhalt 18 der Funktionsbereichsaufwendungen.[8] Aufwendungen, für die eine Zuordnung zu diesen **Funktionsbereichen nicht möglich ist,** sind den übrigen – auch im GKV vorgegebenen – nach **Aufwandsarten** strukturierten Posten der GuV zuzuordnen. Insgesamt geht die Gliederung nach betrieblichen Funktionsbereichen einem Ausweis nach der Artengliederung vor.[9]

19 Für die nicht in der Mindestgliederung des UKV aufgeführten Posten „Materialaufwand" und „Personalaufwand" besteht für große und mittelgroße KapG (sowie ihnen gleichgestellte KapCoGes und eingetragene Genossenschaften) eine **Angabepflicht im Anhang** (§§ 285 Satz 1 Nr. 8, 288 HGB), sodass ihr Ausweis trotz abweichender Gliederung auch im UKV gesichert ist. Die ebenfalls nicht gesondert in der GuV aufgeführten Abschreibungen des Gj lassen sich dem Anlagegitter oder den entsprechenden Anhangangaben entnehmen. Kleine Ges. müssen hingegen nur den Personalaufwand angeben (§ 288 Abs. 1 HGB). Mittelgroße Ges. müssen den Materialaufwand zwar bei der Aufstellung ausweisen, sie müssen diese Angabe jedoch nicht veröffentlichen (§ 327 Nr. 2 HGB).

20 Übersteigt die produzierte Menge die abgesetzte Menge, wird der **Umsatzaufwand** durch eine „Korrektur" des Periodenaufwands um die zu HK bewerteten Lager- und Anlagezugänge ermittelt. Hierzu wird der Periodenaufwand um die in ihm enthaltenen Aufwendungen für aktivierte Eigenleistungen und Bestandsmehrungen gemindert. Damit erscheinen diese Beträge nicht in der GuV, sondern werden von der Unternehmung nur durch Aktivierung als VG in der Bilanz ausgewiesen.

21 Unterschreitet die produzierte Menge die abgesetzte Menge, erfolgt eine Verrechnung der in den Vorperioden aktivierten und jetzt in die Produktion eingeflossenen HK als **umsatzbezogener Herstellungsaufwand.**

Demgemäß wird die **Abstimmung des Mengengerüsts** der produzierten und abgesetzten Erzeugnisse über eine Angleichung der auszuweisenden Aufwendungen an die erzielten Umsatzerlöse der Periode herbeigeführt.

22 Dadurch, dass das UKV in Gestalt der Differenz von Umsatz und HK des Umsatzes ein umsatzbezogenes Bruttoergebnis ausweist und gleichzeitig die Aufwendungen der übrigen betrieblichen Funktionen „Vertrieb" und „allgemeine Verwaltung" enthält, sind dessen **Vorteile** vor allem in der Generierung aussagekräftiger Ergebnisse für die Beurteilung der Ertragslage zu sehen. Als vorteilhaft erweist sich die funktionsorientierte Gliederung des UKV darüber hinaus für die Ermittlung der stückbezogenen HK, da diese Funktionsbereichseinteilung weitgehend dem klassischen Kalkulationsschema der Unternehmung entspricht. Damit eignet es sich insb. für Industriebetriebe mit Serienfertigung und Handels-Unt. Nachteilig sind hingegen die mit dieser GuV-Gliederung verbundenen Abgrenzungsprobleme zu werten. Nicht nur, dass – anders als beim GKV – die in die HK eingeflossenen **Aufwandsarten** („Materialaufwand", „Personalaufwand", „Abschreibungen") nicht innerhalb des Zahlenwerks der GuV dargelegt werden, sondern insb. die bei diesem Verfahren notwendige möglichst verursachungsgerechte Aufteilung der Aufwendungen auf die einzelnen vorgegebenen Funktionsbereiche erweist sich als problembehaftet.

---

8 Vgl. *Castan*, in Beck HdR, B 300, Rz 22, Stand 11/2010.
9 Vgl. *Schmidt/Peun*, in Beck Bil-Komm., 10. Aufl., 2016, § 275 HGB Rz 31.

Bezüglich des Verbreitungsgrads beider Verfahren dokumentieren die Ergebnisse empirischer Untersuchungen, dass jene Unt, die unverändert nach HGB-Vorschriften bilanzieren, weiterhin eindeutig das GKV präferieren. So entscheiden sich knapp 80 % der relevanten Unt für die Gliederung der GuV nach dem GKV.[10] Anders verhält es sich hingegen bei Unt, die ihre Rechnungslegung auf Basis der IFRS veröffentlichen. So zeigt eine aktuelle Untersuchung der 130 im DAX30, MDAX und SDAX notierten Unternehmen, dass nur noch 43 % dieser Unt das GKV anwenden, woraus sich eine deutliche Dominanz des UKV ableiten lässt.[11] Das GKV ist insb. für Unt ohne ausgeprägte funktionsbereichsbezogene Kostenrechnung oder enger Produktpalette geeignet.

Beispiel
Vergleich GKV und UKV
Ein Unt stellt im Gj 04 von einem Produkt 10.000 Stück her. Im Jahr 04 werden hiervon 8.000 Stück zum Preis von je 400 EUR abgesetzt.
In der Finanzbuchhaltung werden erfasst:

	EUR
– Umsatzerlöse	3.200.000
– Materialaufwand	720.000
– Personalaufwand	880.000
– Abschreibungen	110.000
– sonstige betriebliche Aufwendungen	200.000

Die Aufwendungen werden in der betrieblichen Leistungsverrechnung nach folgenden Schlüsseln verteilt:

Kostenart	Kostenstelle		
	Herstellung	Verwaltung	Vertrieb
Materialaufwand	90 %	5 %	5 %
Personalaufwand	85 %	5 %	10 %
Abschreibungen	70 %	10 %	20 %
Sonstige betriebl. Aufwendungen	5 %	15 %	80 %

Die Berechnung der HK erfolgt auf Basis von Vollkosten. Zu Beginn des Gj sind keine Lagerbestände vorhanden.
Die im Jahr 04 entstandenen Aufwendungen verteilen sich entsprechend dem angeführten Verteilungsschlüssel wie folgt auf die verschiedenen Funktionsbereiche (Angaben in TEUR):

---

10 Vgl. *Küting/Reuter/Zwirner*, StuB 2006, S. 88.
11 Vgl. *Blase/Lange/Müller*, IFRS-Best Practice, Bd. 9, 2010, S. 109.

Kostenart	Ausgangs-betrag	Kostenstelle		
		Herstellung	Verwaltung	Vertrieb
• Materialaufwand	720	648	36	36
• Personalaufwand	880	748	44	88
• Abschreibungen	110	77	11	22
• sonst. betr. Aufwend.	200	10	30	160
• Summe	1910	1.483	121	306

Auf Vollkostenbasis ergeben sich somit Herstellungskosten von insgesamt 1.604.000 EUR bzw. 160,40 EUR/Stück. Das Ergebnis der gewöhnlichen Geschäftstätigkeit wird gem. GKV wie folgt berechnet:

1. Gesamtkostenverfahren

Umsatzerlöse	3.200.000
Erhöhung des Bestands an fertigen Erzeugnissen	+ 320.800
Materialaufwand	./. 720.000
Personalaufwand	./. 880.000
Abschreibungen	./. 110.000
sonst. betr. Aufwend.	./. 200.000
Ergebnis d. gewöhnl. Geschäftstätigkeit	1.610.800

2. Umsatzkostenverfahren

Umsatzerlöse	3.200.000
HK der zur Erzielung d. UE erbrachten Leistungen	./. 1.283.200
Bruttoergebnis vom Umsatz	= 1.916.800
Vertriebskosten	./. 306.000
Ergebnis d. gewöhnl. Geschäftstätigkeit	1.610.800

2.3.3 Allgemeine Grundfragen der GuV-Gestaltung

2.3.3.1 Grundsätze ordnungsmäßiger Buchführung

25 Für die **formelle Ausgestaltung** der GuV ist zunächst auf die für alle Jahresabschlussbestandteile gültigen **GoB** zu verweisen und damit auf die Notwendigkeit zur Beachtung der auch für die GuV verbindlichen Grundsätze der **Vollständigkeit** (§ 246 Abs. 1 HGB), der **Klarheit** und **Übersichtlichkeit** (§ 243 Abs. 2 HGB) und des **Saldierungsverbots** (in § 246 Abs. 2 HGB).

26 Das **Saldierungsverbot** wird dabei auch als Grundsatz der Bruttorechnung bezeichnet und ist, abgesehen von Ausnahmeregelungen aufgrund einzelner gesetzlicher Bestimmungen, wie z.B. in Gestalt des gem. § 276 HGB für kleine und mittel-

große KapG zulässigen zusammengefassten Ausweises einzelner Posten der GuV unter der Bezeichnung „Rohergebnis" (§ 276 Rz 4 f.), **von allen Kfl. anzuwenden.** Lediglich zur Ermittlung der Umsatzerlöse sind Saldierungen von Erträgen und Aufwendungen in Gestalt direkter Verrechnungen von Erlösschmälerungen (z. B. Rabatte und Skonti) sowie der Abzug der Umsatzsteuer und sonstiger direkt mit dem Umsatz zusammenhängender Steuern verbindlich vorgeschrieben (Rz 51). Ferner werden Bestandserhöhungen der fertigen Erzeugnisse mit den Bestandsminderungen der unfertigen Erzeugnisse verrechnet (Rz 70). Verfügt ein Unt über VG, die dem Zugriff der übrigen Gläubiger entzogen sind und die ausschließlich der Erfüllung von Schulden aus Altersversorgungsverpflichtungen oder vergleichbarer langfristig fälliger Verpflichtungen dienen, ergibt sich aus der daraus resultierenden Verrechnungsverpflichtung mit den diesen VG gegenüberstehenden Schulden eine Verpflichtung zur Verrechnung der zugehörigen Aufwendungen und Erträge aus der Abzinsung und aus dem zu verrechnenden Vermögen (§ 246 Abs. 2 HGB).

2.3.3.2 Gliederung der GuV

Die Einhaltung der in § 275 Abs. 2 und 3 HGB alternativ vorgegebenen Mindestgliederungsformen sowie die Beachtung der allgemeinen Grundsätze für die Gliederung (§ 265 HGB) sind zwingend, sodass von einer **Verbindlichkeit des Gliederungsschemas** gesprochen werden kann. Abweichende Gliederungen sind prinzipiell nicht zulässig. Allerdings sind im Rahmen weiterer gesetzlicher Bestimmungen Ergänzungen, Erweiterungen des Grundschemas und Abweichungen von der vorgegebenen Reihenfolge denkbar.

Zu beachten sind bspw. gesetzlich gebotene bzw. mögliche **Ergänzungen und Erweiterungen**, die aus zusätzlichen Ausweis- oder Erläuterungspflichten resultieren. Diese kommen im HGB z. B. durch § 277 Abs. 3, Abs. 5 HGB sowie als rechtsformspezifische Posten im Aktienrecht in § 158 Abs. 1 Satz 1 AktG (Rz 259) zum Tragen.

Aus § 277 Abs. 3 Satz 1 HGB resultiert die Pflicht, die GuV um einen Posten für **außerplanmäßige Abschreibungen** nach § 253 Abs. 3 Satz 3 und 4 HGB zu erweitern, sofern diese Angabe nicht im Anhang erfolgt.

Des Weiteren ist eine Erweiterung der Grundgliederungen gem. § 277 Abs. 3 Satz 2 HGB um entsprechend bezeichnete Posten erforderlich, wenn Erträge und Aufwendungen aus Verlustübernahmen angefallen sind oder wenn das Unternehmen auf Basis von Gewinngemeinschaften, Gewinnabführungsverträgen oder Teilgewinnabführungsverträgen Gewinn erhalten oder abgeführt hat (Rz 200).

Aus den § 158 Abs. 1 AktG i. V. m. § 278 Abs. 3 AktG folgt für AG und KGaA die Verpflichtung, ihre GuV um Angaben zur Gewinnverwendung zu ergänzen, sofern diese nicht im Anhang erfolgen (Rz 260).

Über die gesetzlich vorgegebenen Ergänzungen der Grundgliederung hinaus wird mit § 265 Abs. 5 Satz 1 HGB die Möglichkeit zu **freiwilligen Untergliederungen** der im Gliederungsschema vorgegebenen Posten sowie zur Ergänzung um „Davon-Vermerke" eingeräumt. Aus § 265 Abs. 5 Satz 2 HGB ergibt sich zudem die Möglichkeit zur **Einfügung neuer Posten**, soweit ihr Inhalt nicht von einem vorgeschriebenen Posten gedeckt wird (§ 265 Rz 22 f.). Allerdings beschränkt sich diese Möglichkeit auf bedeutsame Fälle, in denen durch die Einfügung dieser neuen Posten die Darstellung der Ertragslage wesentlich verbessert wird, so wie dies bspw. beim getrennten Ausweis von Buchgewinnen aus einem Anteilstausch positiv zu entscheiden ist, die ansonsten unter der Sammelposition sonstige betriebliche Erträge auszuweisen wären.[12]

33 Die Möglichkeit zur Erweiterung der Mindestgliederung erstreckt sich mit dem BilRUG nunmehr auch explizit auf die Einfügung von **Zwischensummen**. Des Weiteren ist die **Abspaltung** und der getrennte Ausweis **wesentlicher Beträge** der Sammelposten „sonstige betriebliche Erträge" und „sonstige betriebliche Aufwendungen" zulässig. Insbesondere für die Umsatzerlöse wird es als zulässig erachtet, diese näher aufzugliedern, um so einen gesonderten Ausweis der Umsatzerlöse aus der gewöhnlichen Geschäftstätigkeit vornehmen zu können.[13]

34 Auch eine **Aufgliederung** einzelner Aufwendungen und Erträge nach Produkten oder Absatzgebieten ist zulässig. Für große KapG besteht nach § 285 Nr. 4 HGB für den Fall, dass sich die Tätigkeitsbereiche und geografisch bestimmten Märkte erheblich voneinander unterscheiden, diesbezüglich eine Angabepflicht im Anhang, der auch durch entsprechende Angaben in der GuV nachgekommen werden kann.[14]

35 Hinsichtlich der verbindlich vorgegebenen **Reihenfolge der Posten** (§ 275 Abs. 1 Satz 2 HGB) beschränken sich zulässige Gliederungsmodifikationen auf jene Fälle, in denen andere gesetzliche Regelungen, z.B. Rechtsverordnungen durch die Vorgabe von Formblättern, diese explizit vorsehen oder in denen die Besonderheiten der KapG die vorgenommenen Modifikationen zur Erhöhung der Übersichtlichkeit und Klarheit der Darstellung des Jahresabschlusses erfordern (§ 265 Abs. 6 HGB). **Formblätter** sind Kreditinstituten, Versicherungsunternehmen, Wohnungsunternehmen, Krankenhäusern, Pensionsfonds, Zahlungsinstituten sowie Verkehrs- und Versorgungsbetrieben vorgegeben (§ 330 Rz 1 ff.).

36 Gliederungsmodifikationen sind im Hinblick auf die **Zusammenfassung mehrerer** der in Abs. 2 und 3 HGB mit arabischen Ziffern angeführten **Posten** zu einem einheitlichen GuV-Ausweis zulässig, wenn der ansonsten vorgesehene getrennte Ausweis für die Vermittlung eines den tatsächlichen Verhältnissen entsprechenden Bilds nicht von Bedeutung ist oder durch diese Gliederungsanpassung die Klarheit der Darstellung verbessert wird (§ 265 Abs. 7 Nr. 1 und Nr. 2 HGB). Wird vom Recht der Zusammenfassung aus Gründen der Klarheit der Darstellung Gebrauch gemacht, erfordert dies den gesonderten Ausweis der zusammengefassten Posten im Anhang mit ergänzenden Angaben zu den jeweiligen Vorjahresbeträgen (§ 265 Abs. 7 Nr. 2 HGB). Um dem Gebot der Klarheit Rechnung zu tragen, dürfen ausschließlich Erträge und Aufwendungen ähnlichen Charakters zusammengefasst werden.[15]

37 Während eine **Zusammenfassung** der GuV-Posten, „Bestandsveränderungen", „andere aktivierte Eigenleistungen" und „sonstige betriebliche Erträge" als zulässig klassifiziert wird, sofern nur unerhebliche andere aktivierte Eigenleistungen und Bestandsveränderungen vorliegen, kommt eine Zusammenfassung der Umsatzerlöse mit den Bestandsveränderungen nicht in Betracht, da dann die

---

12 Vgl. WPH Edition, Wirtschaftsprüfung & Rechnungslegung, 15. Aufl., 2017, Abschn. F, Tz 727.
13 Vgl. BT-Drs. 18/5256 S. 84.
14 Vgl. *Kirsch/Ewelt-Knauer*, in *Baetge/Kirsch/Thiele*, Bilanzrecht, § 275 HGB Rz 49, Stand 12/2015.
15 Vgl. *Reiner/Haußer*, in MünchKomm. HGB, 3. Aufl., § 275 Rn 9.

Umsatzerlöse als solche dem Jahresabschluss nicht mehr zu entnehmen wären.[16] Der Zusammenfassung von Erträgen und Aufwendungen steht die Beachtung des Saldierungsverbots entgegen. Ferner sind Zusammenfassungen für den Fall ausgeschlossen, dass die GuV-Gliederung durch besondere Formblätter vorgegeben ist, es sei denn, aus ihnen ergibt sich die Zulässigkeit von Postenzusammenfassungen.

Aus Gründen der Vereinfachung ist es zulässig, statt der gesetzlichen Postenbezeichnungen auf **Kurzbezeichnungen** zurückzugreifen, sofern diese alternativ verwendeten Bezeichnungen den Inhalt der GuV-Posten deutlich zum Ausdruck bringen und weiterhin der vom Gesetzgeber vorgegebenen Darstellungssystematik entsprechen.[17] 38

Da die im GKV und UKV vorgegebenen Postenbezeichnungen und Gliederungskonzepte vorrangig auf die Belange von Industrie- und HandelsUnt abgestimmt sind, können als Branchen, deren KapG sich mit abweichenden Abbildungserfordernissen auseinandersetzen müssen, insbes. die Energieversorgungs-, Transport-, Bau-, Bergbau-, Mineralöl- und Leasingbranche genannt werden. Für Produktions- und HandelsUnt ergibt sich dagegen i. d. R. kein Raum für eine abweichende Untergliederung.[18] 39

Aus der Beachtung des § 265 Abs. 2 HGB ergibt sich im Hinblick auf die **Vergleichbarkeit** die Notwendigkeit, zu jedem der in § 275 HGB angeführten und jedem zusätzlich in die GuV aufgenommenen Posten einen entsprechend vergleichbaren **Vorjahresbetrag** anzugeben. Eine nicht gegebene Vergleichbarkeit oder eine vorgenommene Anpassung der Vorjahresbeträge erfordert Angaben und Erläuterungen im Anhang (§ 265 Abs. 2, Satz 2 und 3 HGB). Über die unmittelbaren GuV-Posten hinaus ist die Angabe von Vorjahresbeträgen auch für die zu den Einzelposten aufgeführten „Davon"-Vermerke (§ 265 Abs. 5 HGB) vorgeschrieben, unabhängig davon, ob diese als Ersatz für ansonsten gesetzlich erforderliche Untergliederungen fungieren oder auf freiwilliger Basis erfolgen.[19] 40

Die konsequente Beachtung der vorgegebenen Mindestgliederungen würde zwangsläufig zum Ausweis von Leerposten führen, d. h., es müssten Posten in der GuV ausgewiesen werden, die keine Beträge enthalten. Um dies zu verhindern räumt § 265 Abs. 8 HGB die Möglichkeit ein, auf den **Ausweis von Leerposten** zu verzichten, sofern auch im Vorjahr kein Betrag unter diesem Posten ausgewiesen wurde. Dieses Vorgehen dient der Klarheit und Übersichtlichkeit der GuV. Auch wenn es im HGB nicht explizit erwähnt wird, ist im Hinblick auf den Grundsatz der Klarheit mit dem Wegfall einzelner Posten die vom HGB ansonsten vorgegebene Nummerierung entsprechend anzupassen, um eine fortlaufende (lückenlose) Postennummerierung zu gewährleisten. 41

Der Grundsatz der **Darstellungsstetigkeit** besitzt auch hinsichtlich der einmal gewählten Gliederung und der Ausweisentscheidungen Gültigkeit. Abweichungen sind gem. § 265 Abs. 1 Satz 1 HGB zufolge nur in Ausnahmefällen aufgrund besonderer Umstände zulässig. Ausgenommen davon sind jedoch zusätzlich 42

---

[16] Vgl. WPH Edition, Wirtschaftsprüfung & Rechnungslegung, 15. Aufl., 2017, Abschn. F, Tz 730.
[17] Vgl. *Schmidt/Peun*, in Beck Bil-Komm., 10. Aufl., 2016, § 275 HGB Rz 22.
[18] Vgl. *Schmidt/Peun*, in Beck Bil-Komm., 10. Aufl., 2016, § 275 HGB Rz 15 f., *Kirsch/Ewelt-Knauer*, in *Baetge/Kirsch/Thiele*, Bilanzrecht, § 275 HGB Rz 47, Stand 12/2015.
[19] Vgl. WPH Edition, Wirtschaftsprüfung & Rechnungslegung, 15. Aufl., Abschn. F, Tz 739.

eingeführte Untergliederungen und Zusammenfassungen von Posten gem. § 265 Abs. 5 bzw. Abs. 7 HGB, da in diesen Fällen die Beachtung des Stetigkeitsgrundsatzes die Inanspruchnahme dieser Gliederungsoptionen erheblich erschweren bzw. vollständig verhindern würde.[20] Abweichungen vom Stetigkeitsgrundsatz sind im Anhang anzugeben und zu begründen (§ 265 Abs. 1 Satz 2 HGB).

43 Sind innerhalb des bilanzierenden Unt **mehrere Geschäftszweige existent**, die Gliederungen des Jahresabschlusses nach unterschiedlichen Gliederungsvorschriften erfordern, ist die GuV nach der für den Hauptgeschäftszweig vorgeschriebenen Gliederung zu erstellen. Gleichzeitig sind Ergänzungen zur Berücksichtigung der für die anderen Geschäftszweige vorgeschriebenen Gliederung vorzunehmen, die im Anhang anzugeben und zu begründen sind (§ 265 Abs. 4 HGB).

3 Inhalte der einzelnen Posten des Gesamtkostenverfahrens

44 Die Gliederung des GKV (§ 275 Abs. 2 HGB) folgt ausgehend von den Umsatzerlösen einer aufwandsartenorientierten Grundkonzeption, wobei sich die verbindlich vorgegebene Reihenfolge letztlich an der für Produktionsbetriebe regelmäßig zu erwartenden Gewichtung der einzelnen Produktionsfaktoren im betriebswirtschaftlichen Leistungserstellungsprozess orientiert.

3.1 Umsatzerlöse (§ 275 Abs. 2 Nr. 1)

3.1.1 Definition der Umsatzerlöse

45 Gemäß der Richtlinie 2013/34/EU werden Nettoumsatzerlöse als die Beträge definiert, „die sich aus dem Verkauf von Produkten und der Erbringung von Dienstleistungen nach Abzug von Erlösschmälerungen und der Mehrwertsteuer sowie sonstigen direkt mit dem Umsatz verbundenen Steuern ergeben" (Art. 2 Nr. 5). Der Dienstleistungsbegriff der EU-Richtlinie wird dabei so ausgelegt, dass dieser auch die Vermietung und Verpachtung von Gegenständen umfasst. Daraus ergibt sich die Umsatzerlösdefinition des HGB, nach welcher Umsatzerlöse als die Erlöse aus dem Verkauf und der Vermietung oder Verpachtung von Produkten sowie aus der Erbringung von Dienstleistungen der Kapitalgesellschaft nach Abzug von Erlösschmälerungen und der Umsatzsteuer sowie sonstiger direkt mit dem Umsatz verbundener Steuern bestimmt werden (§ 277 Abs. 1 HGB). Diese Umsatzerlösdefinition setzt aufgrund ihres Bezuges zum Begriff „Dienstleistung" das Vorliegen eines Leistungsaustausches zwischen dem Bilanzierenden und einer Gegenpartei voraus.[21] Der mit dem Dienstleistungsbegriff verbundene Leistungsaustausch setzt dabei eine Tätigkeit voraus. Ein bloßes Unterlassen einer Aktivität gegen Entgelt kann keinen Leistungsaustausch begründen.[22]

46 Durch diese Neudefinition der „Umsatzerlöse" entfallen im Vergleich zur bisherigen Regelung (§ 277 Abs. 1 HGB aF) die expliziten Voraussetzungen, dass es

---

[20] Vgl. ADS, 6. Aufl., § 275 HGB Rz 50; WPH Edition, Wirtschaftsprüfung & Rechnungslegung, 15. Aufl., 2017, Abschn. F, Tz 738.
[21] Vgl. IDW Life 2015, S. 671.
[22] Vgl. *Lüdenbach/Feiberg*, StuB 2016, S. 43 und die dort angegebenen Quellen.

sich um Erlöse aus dem Verkauf oder der Vermietung und Verpachtung von für die **gewöhnliche Geschäftstätigkeit** der KapG typischen Erzeugnissen und Waren sowie der Erbringung von für die gewöhnliche Geschäftstätigkeit der Ges. typischen Dienstleistungen handeln muss. Die bisherige Praxis, dass die Ertragsklassifizierung und der daran anknüpfende Umsatzausweis in enger Abhängigkeit der Branchenzugehörigkeit (z. B. Handel, produzierendes Gewerbe, Dienstleistungen) vorgenommen werden musste, entfällt somit.

Im RefE-BilRUG wurde die Neuregelung der Umsatzerlösdefinition mit einer damit erwarteten Abmilderung der bisher („angeblich") zu beobachtenden Problemen hinsichtlich der Festlegung der jeweiligen Kriterien der gewöhnlichen Geschäftstätigkeit und damit letztlich mit den Abgrenzungsschwierigkeiten zwischen Umsatzerlösen und sonstigen betrieblichen Erträgen begründet.[23] In dem RegE-BilRUG ist dieser Verweis jedoch nicht mehr enthalten. Stattdessen findet sich dort der Hinweis, dass die Ausweitung des Begriffs „Umsatzerlöse" mit der Aufhebung der Regelung der ao Erträge und ao Aufwendungen als gesonderte GuV-Positionen einhergeht.[24] Nach dem Wortlaut der 4. Bilanzrichtlinie wurden ao Erträge und Aufwendungen als Erträge und Aufwendungen definiert, die außerhalb der normalen Geschäftstätigkeit der Ges. anfallen.[25] Die gegenüber dem RefE veränderte Argumentationslinie des Gesetzgebers ist insb. im Hinblick auf die Frage, welche Sachverhalte zukünftig als Umsatzerlöse auszuweisen sind, von erheblicher Bedeutung. Dies gilt zumindest soweit die Streichung dieser ursprünglichen Passage als ein Beleg für die unzureichende Bestandskraft dieser Argumentation gewertet werden kann, wonach in Konsequenz allein die aktuelle Argumentation Gültigkeit besäße.

Aufgrund der Argumentation des RefE wurde vom Schrifttum – unter Anmerkung deutlicher Kritik – einhellig die Meinung vertreten, sämtliche Erlöse aus dem Verkauf von Waren und Dienstleistungen seien zukünftig als Umsatzerlöse auszuweisen.[26]

Dabei wurde insb. auf die Erlöse aus Kantinen verwiesen, die demnach zukünftig zwingend als Umsatzerlöse auszuweisen seien.[27] Hinsichtlich dieses Meinungstandes hat sich auch nach Inkrafttreten der endgültigen Paragraphenfassung nichts geändert. Allerdings schien es bereits bei Zugrundelegung der Argumentation des RefE zumindest hinsichtlich der vom Schrifttum angenommenen Eindeutigkeit fraglich, ob es sich bspw. bei Erlösen aus der Kantinenwirtschaftung tatsächlich um Erlöse aus dem Verkauf von Produkten bzw. Dienstleistungen in dem von der EU-Richtlinie intendierten Sinne handelt.

Die an den RegE anknüpfende Beschlussempfehlung des Ausschusses für Recht und Verbraucherschutz (6. Ausschuss) ist ein weiteres Indiz dafür, dass die Neudefinition der Umsatzerlöse nicht zwingend mit einem grundlegend neuen

---

[23] Vgl. RefE-BILRUG, S. 68.
[24] Vgl. BilRUG-RegE, BR-Drs. 23/15 S. 76.
[25] Vgl. Art. 29 Abs. 1 Richtlinie 78/660/EWG.
[26] (Positve) Ausnahme: *Lüdenbach/Freiberg*, BB 2014, S. 2222.
[27] Vgl. *Müller/Stawinnoga*, BB 2015, S. 242.

Begriffsverständnis einhergehen muss. Vielmehr legen die dortigen Ausführungen nahe, dass es sich eher um eine Unachtsamkeit der Formulierungswahl auf der Ebene der EU-Richtlinie handelt.[28]

Eine offizielle Beibehaltung der alten Definition zum gegenwärtigen Zeitpunkt wird vom Ausschuss letztlich ausschließlich mit dem Verweis, dass ein solches Vorgehen zum gegenwärtigen Zeitpunkt nicht mit der EU-Richtlinie im Einklang stünde und Sanktionsgefahren aufgrund unzureichender Richtlinienumsetzung (Vertragsverletzung) nach sich ziehen würde, begründet. Zugleich wird schon jetzt darauf hingewiesen, dass hier die Rechtsentwicklung in anderen Ländern sorgfältig beobachtet werden sollte und dass auf Basis der dabei gewonnenen Erkenntnisse nach Möglichkeit zeitnah auf europäischer Ebene für eine Richtlinienänderung eingetreten werden sollte. Zur gegenwärtigen Begriffsauslegung schlägt der Ausschuss vor, für die Erlösabgrenzung künftig stärker als bisher auf die europäischen Begriffselemente „Produkt" und „Dienstleistung" zurückzugreifen. Diese sollten nach Auffassung des Ausschusses für die meisten Grenzfälle eine hinreichende Orientierung bieten. Zudem bringt der Ausschuss selbst die Möglichkeit einer freiwilligen Umsatzuntergliederung ins Spiel, indem er diese als explizit zulässig erklärt. Ein Vorschlag, wie eine solche Untergliederung im Hinblick auf den Informationsgehalt der GuV-Position „Umsatzerlöse" sinnvoll vorgenommen wird, wird im Folgenden dargelegt (Rz 68).

Insgesamt ordnet der Ausschuss die Neudefinition als eine Entfernung von internationalen Rechnungslegungsstandards ein.[29]

Vorrangiges Ziel der Bilanzrichtlinie 2013/34/EU ist ein Bürokratieabbau für die KMU.[30] Für die Gesamtwürdigung des Sachverhalts und die vom „Ausschuss für Recht und Verbraucherschutz" zwangsweise an die Praxis und das Schrifttum delegierte Begriffsauslegung des Terminus „Umsatzerlöse" ist daher zu beachten, dass sowohl große als auch kleine und mittlere Unternehmen von der Neuregelung der Umsatzerlöse und den daraus resultierenden Abgrenzungsfragen betroffen sind.

Ein solcher Bürokratieabbau wird allein dadurch erreicht, dass im Falle eines Vorliegens von Umsatzerlösen im bisherigen Sinne zukünftig die akribische Einzelfallprüfung unterlassen werden kann, ob es sich hierbei um Erlöse aus dem engeren Betriebszweck handelt und inwieweit sich diese Ertragsquelle zukünftig als nachhaltig erweisen wird. Insbesondere bei Erträgen, die i. S. d. Kostenrechnung – selbst bei branchenunabhängiger Betrachtung – als klassisch betriebsfremd gelten, gelingt diese Abgrenzung zwischen Umsatzerlösen und sonstigen betrieblichen Erträgen jedoch problemlos. Kurzum könnte der Zweck der neu formulierten Nettoumsatzerlösdefinition der Bilanzrichtlinie 2013/34/EU folglich darin gesehen werden, dass einer weiten, aber dennoch betriebswirtschaftlich praktikablen, Umsatzerlösdefinition gegenüber der bisherigen eng gefassten Umsatzerlösdefinition der Vorzug gegeben werden soll. Für diese Sichtweise spricht das Vorgehen der Streichung der einschränkenden näher beschreibenden sprachlichen

---

[28] Diplomatisch formuliert bringt der Ausschuss zum Ausdruck, dass diese Definition keinesfalls das Resultat einer ausgewogenen Sachverhaltsabwägung darstellt und bei wortgetreuer Begriffsauslegung keinen Mehrwert stiftet; dafür aber erhebliche Nachteile mit sich bringt. Vgl. BT-Drs. 18/5256 S. 79.
[29] Vgl. BT-Drs. 18/5256 S. 79.
[30] Vgl. Richtlinie 2013/34/EU S. 20.

Elemente der bisherigen Umsatzerlösdefinition ohne die Hinzufügung verbindlicher den Ausweisumfang erhöhender Vorgaben. Insofern hätte bereits die rechtliche Lage auf Basis des RefE die Möglichkeit geboten, den Begriff „Umsatzerlöse" stärker an die Altfassung angelehnt zu interpretieren, sodass – abweichend zur bisherigen Regelung – lediglich Kriterien wie Regelmäßigkeit, Größe und Branchenspezifik außer Acht zu lassen gewesen wären; bzw. im Hinblick auf die Branchenspezifik dieses Kriterium weniger stringent auszulegen gewesen wäre.

Dem nunmehr im RegE enthaltenen gültigen Verweis, dass die Neudefinition der Umsatzerlöse aus der Aufhebung der Verpflichtung zum separaten GuV-Ausweis der ao Erträge und ao Aufwendungen resultiert, legt durchaus eine betriebswirtschaftlich gehaltvollere und stärker an die unternehmensinterne Sichtweise angelehnte Auslegung des Begriffs „Umsatzerlöse" nahe, als mitunter angenommen.[31] So kann dieser Hinweis letztlich als Indiz gewertet werden, dass sich die überarbeitete Umsatzerlösdefinition gegenüber der vorherigen Definition der 4. Richtlinie im Wesentlichen nur dadurch unterscheidet, dass zukünftig auch Erträge als Umsatzerlöse auszuweisen sind, die ihrem Wesen nach Umsatzerlöse im klassischen betriebswirtschaftlichen Sinne darstellen, aber zugleich von außergewöhnlicher Größenordnung oder Seltenheit sind; wobei die Branchenkonformität der erzielten Umsatzerlöse gegenüber der ehemals gültigen Definition, weniger stringent ausgelegt wird. Eine solche Begriffsauslegung wäre insoweit konsistent, als dass sämtliche ehemals als ao eingestuften Erträge und ao Aufwendungen statt eines getrennten GuV-Ausweises zukünftig eines Ausweises unter der jeweils relevanten Ertrags- bzw. Aufwandsposition bedürfen. Schließlich erfolgt der Ausweis ao Aufwandsposten insoweit einer vergleichbaren Systematik, als dass ao Aufwendungen zukünftig der einzelnen spezifischen Aufwandsart zuzuordnen sind, ohne dass sich dadurch deren inhaltliche Abgrenzung ändert. Inwiefern der im RegE enthaltene ausdrückliche Verweis, dass auch der Verkauf von Produkten oder die Erbringung von Dienstleistungen außerhalb der gewöhnlichen Geschäftstätigkeit zukünftig Umsatzerlöse und keine sonstigen betrieblichen Erträge generiert,[32] der oben angeführten Argumentation widerspricht oder diese gar verbietet, muss zum derzeitigen Zeitpunkt dahin gestellt bleiben. Insbesondere bleibt offen, ob dieser Hinweis im Rahmen des RegE als ein alle Ertragssachverhalte umfassendes Gebot oder lediglich als ein Verweis auf eine wahlrechtsfreie Zulässigkeit der Positionszuordnung zu verstehen ist. Keine Zweifel bestehen allerdings dahingehend, dass bestimmte Sachverhalte, die bislang als sonstige betriebliche Erträge auszuweisen waren, aufgrund der Neudefinition zukünftig als Umsatzerlöse auszuweisen sind. Ob aus der **wortgetreuen Auslegung** der Neuregelung und dem ergänzenden Hinweis des RegE eine allgemeingültige Pflicht zur Umsatzklassifizierung von Erlösen aus der Veräußerung oder Vermietung von Erzeugnissen und Dienstleistungen folgt, die nach dem herkömmlichen Verständnis keine Produkte der betreffenden Unternehmung im klassischen Sinne der bewährten Altregelung und des Kostenrechnungsverständnisses darstellen oder bei denen nicht die Umsatzerzielung selbst im Vordergrund steht, wie z. B. Mieteinnahmen aus Werkswohnungen oder

---

[31] Im Ergebnis wenn auch mit anderer Argumentation, vgl. *Lüdenbach/Freiberg*, StuB, 2016, S. 43 f.
[32] Vgl. BilRUG-RegE, BR-Drs 23/15 S. 79.

bestimmte Sachverhalte mit Konzernbezug, ist insb. vor dem Hintergrund der vom „Ausschuss für Recht und Verbraucherschutz" angeführten Zweifel an der langfristigen Bestandkraft der jetzigen Definition im Hinblick auf das Gesetzgebungsmaterial nach meiner Meinung zumindest sehr stark zu bezweifeln. Unter Bezugnahme auf das vom Ausschuss angeführte europäische Begriffsverständnis des Terminus „Umsatzerlöse" würde die jetzt („zunächst") gültige Definition bei einer Orientierung an der für das unternehmensinterne Rechnungswesen praktizierten Ertrags- bzw. Erlösabgrenzung und der dabei zugrunde gelegten betriebszweckorientierten Produktsichtweise nicht zuletzt aufgrund ihrer weitgehend offenen Formulierung Interpretationsspielraum für ein Begriffsverständnis lassen, welches den Erwartungen der Rechnungslegungsadressaten und dem traditionell gewachsenen Umsatzerlösverständnis deutlich besser gerecht werden würde.[33]

48 Weiterer Interpretationsspielraum eröffnet sich zunächst dadurch, dass die in der Begründung des RegE gewählte Formulierung bei genauer Betrachtung den Eindruck vermittelt, nur Verkäufe außerhalb der gewöhnlichen Geschäftstätigkeit würden zu den Umsatzerlösen zählen, Miet- und Pachteinnahmen, die außerhalb der gewöhnlichen Geschäftstätigkeit erzielt werden, hingegen nicht.[34]
Dem steht lediglich die in Verbindung mit dem Paragraphentext nahe liegende Vermutung entgegen, dass hier eine (wiederholte) Nachlässigkeit in der Formulierung der Gesetzesbegründung vorliegt, wofür auch die diesbezüglich gewählte Formulierung des Ausschusses für Recht und Verbraucherschutz im Nachgang zum RegE spricht. Nach dessen Ausführungen sind auch Erlöse aus der Vermietung und Verpachtung von Produkten der KapG, die nicht zur gewöhnlichen Geschäftstätigkeit der betreffenden Ges. gehören aufgrund der geänderten Definition als Umsatzerlöse auszuweisen.[35] Allerdings würde sich eine Ausgrenzung der Miet- und Pachteinnahmen außerhalb der gewöhnlichen Geschäftstätigkeit unter betriebswirtschaftlichen Gesichtspunkten und der Zugrundelegung einer unternehmensinternen Sichtweise in vielen Fällen als stichhaltig erweisen, zumal auch der Paragraphentext bei wortgetreuer Auslegung so zu verstehen ist. So erfolgt bspw. die Vermietung von Werkswohnungen in erster Linie nicht zum Zwecke der Erlösgenerierung, sondern zwecks Mitarbeiterrekrutierung und -bindung. Auch die vorübergehende Vermietung nicht ausgelasteter Maschinen verfolgt eher den Zweck der Kostenreduktion als den der Umsatzgenerierung, sodass ein Ausweis als sonstige betriebliche Erträge naheliegen würde. Es sei denn die Überkapazitäten wären gerade mit einer Vermietungsabsicht aufgebaut worden.

49 Die Änderung der Umsatzerlösdefinition ist nicht zuletzt im Hinblick auf die Beurteilung einer gegebenen Buchführungspflicht von Einzelkaufleuten (§ 241a HGB) und der Größenklassenbestimmung (§§ 267, 293 HGB; §§ 1, 11 PublG) zu beachten.

50 **Hervorzuheben ist, dass die hier vertretene Meinung eine Minderheitenmeinung darstellt** und sich die Mehrheit des Schrifttums eindeutig für eine

---

[33] Bereits an dieser Stelle ist hervorzuheben, dass diese hier geäußerte Meinung nicht der bislang einhelligen Begriffsauslegung entspricht.
[34] Vgl. BilRUG-RegE, BR-Drs. 23/15 S. 76.
[35] Vgl. BT-Drs. 18/5256 S. 82.

sehr weitgefasste Umsatzerlösdefinition ausspricht, bei welcher der Bezug zum Kerngeschäft des Unternehmens allenfalls eine untergeordnete Bedeutung hat.[36] Aus diesem Grund erweist es sich als **zwingend notwendig**, sich dieser zum derzeitigen Zeitpunkt gebildeten Mehrheitsmeinung unterzuordnen.[37] Zugleich sollte aber m. E. zumindest in Erwägung gezogen werden, von einer offenen Untergliederung der Umsatzerlöse innerhalb der GuV Gebrauch zu machen, bei welcher diese in zwei Grundkategorien unterteilt werden; eine Kategorie für die „Umsatzerlöse aus der gewöhnlichen Geschäftstätigkeit" (i. S. d. Altregelung) und eine für die „Umsatzerlöse aus der Veräußerung sonstiger Produkte und Dienstleistungen" (Rz 68 f.). Damit sollten dann zugleich entsprechende Untergliederungen für die Herstellungskosten (Rz 237) und das Bruttoergebnis vom Umsatz einhergehen (Rz 238).

Die zum Zeitpunkt des Übergangs zum BilRUG erforderliche Angabe der **Vorjahresbeträge der Umsatzerlöse** ist im HGB nicht widerspruchsfrei geregelt.[38]

Einerseits ist hier die spezielle Regelung des Art. 75 Abs. 2 Satz 3 EGHGB anzuführen. Diese fordert bei erstmaliger Anwendung der Umsatzerlösdefinition in der GuV die Angabe der unangepassten Vorjahresbeträge der Umsatzerlöse. Der angepasste Vorjahresbetrag bzw. die Differenz, die sich durch eine Anpassung des Vorjahresbetrags an den neuen Rechtsstand ergeben würde, ist hingegen im Anhang anzugeben und zu erläutern.

Andererseits gilt die allgemeine Regelung des § 265 Abs. 2 HGB, nach welcher einer unzureichenden Vergleichbarkeit der Vorjahresbeträge, entweder durch eine bloße Erläuterung im Anhang oder eine Anpassung der Vorjahresbeträge innerhalb des Zahlenwerks und einer hierzu ergänzenden Anhangerläuterung, Rechnung getragen werden kann.[39]

Der IDW sieht ein solches Wahlrecht nicht und fordert für die Umsatzsatzerlöse innerhalb der GuV die Angabe der Vorjahresbeträge unter nachrichtlicher Angabe der angepassten Vorjahresbeträge im Anhang.[40]

3.1.2 Abzug der Erlösschmälerungen

Aufgrund der Umsatzerlösdefinition des § 277 Abs. 1 HGB erfolgt der Ausweis der Umsatzerlöse unter Saldierung von **Erlösschmälerungen** sowie im Weiteren unter Abzug der Umsatzsteuer und sonstigen direkt mit dem Umsatz verbundener Steuern.

51

---

[36] Zur Mehrheitsmeinung vgl. *Oser/Orth/Wirtz*, DB 2015, S. 1731; *Haaker*, DStR 2015, S. 963; *Richter*, DB 2015, S. 386; *Schmidt/Peun*, in Beck Bil-Komm., 10. Aufl., 2016, § 275 HGB Rz 52.
[37] Eine im Ergebnis ähnliche Auffassung vertreten hinsichtlich der Definition und vorläufigen Vorgehensweise *Lüdenbach/Freiberg*. Vgl. dazu *Lüdenbach/Freiberg*, StuB 2016, S. 13 f. In etwas abgeschwächter Form fordert auch *Zwirner* für die Umsatzklassifizierung zutreffender Weise weiterhin eine Orientierung am gewöhnlichen üblichen Geschäftsmodell, ohne dies so konsequent wie nach der alten Definition auszulegen. Vgl. *Zwirner*, BC 2015, S. 140.
[38] Vgl. *Lüdenbach*, StuB 2016, S. 514.
[39] So *Lüdenbach*, der dementsprechend ein Wahlrecht zwischen beiden Optionen sieht. Vgl. *Lüdenbach*, StuB 2016, S. 514.
[40] Vgl. IDW Life, 2016 S. 585; *Zwirner*, BC 2016, S. 419.

> **Beispiel**
> Als **saldierungspflichtige Erlösschmälerungen** abzuziehen sind bspw. Skonti, Rabatte oder Umsatzvergütungen sowie zurückgewährte Entgelte für Rückwaren, Preisdifferenzen und Gewichtsmängel sowie Gutschriften für Fracht- und Verpackungskosten.

Auch erwartete Erlösschmälerungen, die sich in Gestalt von Zuführungen zu den Rückstellungen für nachträgliche Boni und Treuerabatte oder Gewährleistungsaufwendungen durch Rücktritt oder Preisminderungen aufgrund von Mängelrügen niederschlagen, sind als Erlösschmälerungen von den Umsatzerlösen in Abzug zu bringen.[41] Gewährleistungsaufwendungen, die auf Nachbesserungen entfallen, sollten im Gliederungskonzept des GKV prinzipiell als „sonstige betriebliche Aufwendungen" ausgewiesen werden, soweit eine Zuordnung zu den Primäraufwendungen nicht zuverlässig möglich ist.

Eine spätere erfolgswirksame Auflösung zu hoher Rückstellungen aus erwarteten Erlösschmälerungen, die zu Lasten der Umsatzerlöse gebildet wurden, ist, anders als sonst üblich, nicht als sbE, sondern als Umsatzerlös auszuweisen.[42]

52
> **Beispiel**
> **Keine saldierungsfähigen Erlösschmälerungen** stellen an Dritte geleistete Provisionen, Listungsgelder und Ausgangsfrachten dar. Diese sind stattdessen als sonstige betriebliche Aufwendungen zu erfassen.[43] Vom Verkäufer zur Verfügung gestellte Parkchips zum verbilligten Parken stellen ebenfalls keine Erlösminderung dar.[44]

Die Saldierung mit den angeführten Erlösschmälerungen setzt prinzipiell voraus, dass die entsprechenden Ursprungsbeträge, auf die sich diese Kürzungen beziehen, auch in dem Posten Umsatzerlöse dieses Gj enthalten sind, jedoch wird es auch als zulässig erachtet, Beträge unter diesem Posten zu verrechnen, die aufgrund einer unzureichenden Rückstellungsbildung Umsätze des Vorjahrs betreffen, sofern dies regelmäßig so gehandhabt wird.[45] Für wesentliche Beträge wird allerdings auch ein Ausweis unter den sonstigen betrieblichen Aufwendungen in Betracht gezogen.[46] Bei einer Wesentlichkeit der periodenfremden Erlösschmälerungen ist die Notwendigkeit einer Anhangangabe gem. § 285 Nr. 32 HGB zu beachten.

53 Angesichts fehlender Sonderregelungen für die Erfassungen der Umsatzerlöse aus langfristiger Auftragsfertigung wurde für diese zuweilen eine Umsatz- und Gewinnrealisierung vor endgültiger Abnahme durch den Kunden diskutiert („**Percentage-of-Completion-Methode**").[47] Jedoch hat der Gesetzgeber in der Gesetzesbegründung des BilMoG klargestellt, dass die „Percentage-of-Comple-

---

[41] Vgl. *Baetge/Kirsch/Thiele*, Bilanzen, 13. Aufl. 2014, S. 632.
[42] Vgl. *Schmidt/Peun*, in Beck Bil-Komm., 10. Aufl., 2016, § 275 HGB Rz 63.
[43] Vgl. *Schmidt/Peun*, in Beck Bil-Komm., 10. Aufl., 2016, § 275 HGB Rz 64.
[44] Vgl. BFH v. 19.5.2006, VR 33/03.
[45] Vgl. WPH Edition, Wirtschaftsprüfung und Rechnungslegung, 15. Aufl., 2017, Abschn. F, Tz 773.
[46] Vgl. *Schmidt/Peun*, in Beck Bil-Komm., 10. Aufl. 2016, § 275 HGB Rz 63.
[47] Vgl. zu dieser Diskussion *Kirsch*, in Federmann/Kußmaul/Müller, HdB, Gewinn- und Verlustrechnung nach HGB, Rz 48, Stand: 1/22015, mwN.

tion"-Methode einen Verstoß gegen das Realisationsprinzip darstellt und dass momentan kein Raum für eine solche von der Praxis und Forschung vorgeschlagene HGB-Änderung besteht.[48]

3.1.3 Abzug der Umsatzsteuer und der sonstigen direkt mit den Umsatzerlösen verbundenen Steuern

Neben den Erlösschmälerungen sind auch die Umsatzsteuer und die sonstigen direkt mit dem Umsatz verbundenen Steuern von den Umsatzerlösen in Abzug zu bringen. Dabei bestehen hinsichtlich der USt keine Bedenken, statt einer Saldierung, einen Bruttoausweis der Umsätze mit ergänzender offener Absetzung der USt vorzunehmen.[49] Für mit der deutschen USt vergleichbare **ausländische Steuern** gelten hinsichtlich Saldierung und Ausweis dieselben Vorgaben.[50]   54

§ 277 Abs. 1 HGB fordert nicht nur den Abzug der USt von den Umsatzerlösen, sondern auch den Abzug der sonstigen direkt mit dem Umsatz verbundenen Steuern. Diese erweiterte Saldierungspflicht ist zwar erst mit dem BilRUG im HGB verankert worden, sie war aber bereits nach der vierten EG-RL Art. 28 vorgesehen. Bislang fehlte es lediglich an einer expliziten Umsetzung im HGB. Gleichwohl wurde bereits die bisherige HGB-Vorgabe zuweilen entsprechend der jetzigen Fassung ausgelegt. Wie für die Umsatzsteuer wird es auch für die sonstigen direkt mit dem Umsatz verbundenen Steuern als zulässig erachtet, die Umsatzerlöse in einer Vorspalte zunächst brutto auszuweisen, sofern dem ausgewiesenen Bruttobetrag die unmittelbare Absetzung der betreffenden Steuerbeträge folgt.[51] An einer Definition, nach welcher einzelne Steuern als direkt mit Umsatz verbunden zu klassifizieren sind, fehlt es sowohl im unmittelbaren Gesetzgebungs- als auch im EU-Richtlinienkontext. Auch im Schrifttum konnte sich bislang kein vollständig einheitliches Begriffsverständnis herausbilden.   55

Als prinzipiell direkt mit dem Umsatz verbundene Steuern werden vom Schrifttum die Verbrauchsteuern und die Monopolabgaben (z.B. Biersteuer, Schaumweinsteuer, Tabaksteuer, Energiesteuer, Branntweinmonopolabgaben) eingeordnet. Der HFA fordert eine enge Begriffsauslegung.[52] Unerheblich ist es, ob es sich um eine absatzpreisabhängige oder „nur" mengenabhängige Steuer handelt.

Für einen Abzug kommen nur Verbrauchsteuern/Monopolabgaben in Betracht, welche die folgenden vom HFA angeführten Grundvoraussetzungen kumulativ erfüllen:[53]

- **Erstens** kommt ein Abzug von den Umsatzerlösen nur für Verbrauchsteuern/Monopolabgaben bei demjenigen Unternehmen in Betracht, das selbst Steuerschuldner ist (Grundvoraussetzung).
- **Zweitens** ist die Abzugsfähigkeit der Verbrauchsteuern/Monopolabgaben an die Bedingung geknüpft, dass diese nicht als Kosten für die Herstellung der Verkehrsfähigkeit zu betrachten sind und nicht als solche in die zu aktivierenden Herstellungskosten der in der Bilanz auszuweisenden Vermögensgegen-

---

48 Vgl. BilMoG-BgrRegE, S. 38.
49 Vgl. *Reiner/Haußer*, in MünchKomm. HGB, 3. Aufl., § 277 Rn 17.
50 Vgl. *Isele/Paffrath*, in *Küting/Pfitzer/Weber*, HdR, HGB § 277 Rz 43, Stand 02/2011.
51 IDW RH HFA 1.017, Tz. 2.
52 IDW Life 2015, S. 671.
53 IDW Life 2015, S. 671.

stände des Vorratsvermögens einzubeziehen sind.⁵⁴ D. h. die Steuern müssen weiterbelastet werden und in den Umsatzerlösen enthalten sein.

- **Drittens** muss der Zeitpunkt der Entstehung der betreffenden Verbrauchssteuern/Monopolabgaben für eine gegebene Abzugsfähigkeit (nahezu) mit dem Zeitpunkt der Umsatzrealisierung übereinstimmen. Diese zeitliche Voraussetzung gilt als erfüllt, wenn der Zeitpunkt der Steuerentstehung und der Zeitpunkt der Umsatzrealisierung nach den tatsächlichen Verhältnissen der jeweiligen Branche (nahezu) identisch sind.⁵⁵

56 Während sich die Klassifizierungsentscheidung im Hinblick darauf, ob eine einzelne Verbrauchsteuer/Monopolabgabe die erste und zweite Bedingung erfüllt, recht eindeutig – und zumeist allgemeingültig – beantworten lässt, stellt sich die Sachverhaltsbeurteilung für die dritte Grundvoraussetzung komplexer dar. Als entscheidend für die Erfüllung der dritten Grundvoraussetzung erweist sich der Umstand, inwieweit die Steuerentstehung direkt mit dem unmittelbaren Zeitpunkt der Umsatzrealisierung verbunden ist oder bereits zu einem vorgelagerten Zeitpunkt des betrieblichen Leistungsprozesses zu lokalisieren ist, wie bspw. der Entnahme aus einem Steuerlager oder Versorgungsnetz.

Zu den Verbrauchsteuern, deren Entstehung an einen unmittelbaren Entnahmevorgang anknüpfen, zählen z.B. die Stromsteuer, welche an die unmittelbare Entnahme von Strom durch den Endverbraucher aus dem Versorgungsnetz geknüpft ist oder die Energiesteuer bei Entnahme von Gas. Gegen eine Saldierung dieser Steuern mit den Umsatzerlösen spricht auf rein formaler Ebene zunächst, dass diese Steuern nicht aufgrund der Umsatzrealisation, sondern aufgrund der Entnahme entstehen. Allerdings wird zumeist ein enger Zusammenhang zwischen Steuerentstehung und Umsatzakt bestehen, sodass unter Zugrundelegung einer den tatsächlichen Verhältnissen entsprechenden Betrachtungsweise zumindest bei Entnahme aus einem Versorgungsnetz ein Abzug der betreffenden Verbrauchsteuern von den Umsatzerlösen geboten scheint. Wird ein VG aus einem Steuerlager entnommen und erfolgt die Umsatzerlösrealisierung ohne erheblichen Zeitverzug, gilt bei Zugrundelegung einer wirtschaftlichen Betrachtungsweise das Gleiche. Erfolgt die Umsatzrealisierung für einen aus einem Steuerlager zu entnehmenden Vermögenswert dagegen für gewöhnlich mit einem nicht unerheblichen zeitlichen Verzug und ist die Entstehung der betreffenden Steuer an die Entnahme des VG aus einem Steuerlager bzw. die Überführung in den freien Verkehr gebunden, scheidet ein Steuerabzug von den Umsatzerlösen aus.⁵⁶ Dies kann bspw. für die Branntweinsteuer gelten. Diese Klassifikationssystematik lässt sich letztlich mit der Charakterisierung der betreffenden Steuern als „notwendige Folgekosten des Erwerbs" und der daraus abgeleiteten Aktivierungspflicht als Anschaffungsnebenkosten begründen.⁵⁷

57 Für den Fall dass sich an die Entnahme aus dem Steuerlager eine unmittelbare Veräußerung (ohne Weiterbearbeitung) anschließt, wird hingegen – unter Zugrundelegung einer den tatsächlichen Verhältnissen entsprechenden Betrachtungsweise – ein Abzug der Steuer von den Umsatzerlösen für erforderlich gehalten.

---

54 IDW RS HFA 31, Tz. 29
55 IDW Life 2015, S. 671.
56 Vgl. IDW Life 2015, S. 671.
57 Vgl. *Lüdenbach*, StuB 2015, S. 549.

Als Anhaltspunkt für den GuV-Ausweis der jeweiligen mit dem Umsatz verbundenen Steuer erweisen sich dementsprechend die gesetzlichen Regelungen hinsichtlich Steuerentstehung und der in dem Unternehmen üblichen Umgang mit den betreffenden Produkten vor dem Hintergrund der Steuerentstehung und Umsatzrealisierung.

Wird das Unt lediglich wirtschaftlich mit einer Verbrauchssteuer belastet ohne Steuerschuldner dieser Steuer zu sein, so darf es im Falle einer Weiterbelastung dieser Steuer an seine Kunden (Handel) im Rahmen der Umsatzrealisierung, diese Steuer nicht nach § 277 Abs. 1 HGB von den Umsatzerlösen in Abzug bringen.[58]

> **Hinweis**
> Als unzulässig gilt der Abzug der Verbrauchsteuern/Monopolabgaben dann, wenn die Steuern durch die Herstellung des Produkts bzw. die Überführung des Produkts in den steuerrechtlichen Verkehr entstehen, sofern dieser Zeitpunkt nicht nahezu mit dem Zeitpunkt der handelsrechtlichen Umsatzrealisierung übereinstimmt. Diese Verbrauchsteuern/Monopolabgaben sind, sofern sie nicht als Bestandteil der Herstellungskosten aktiviert werden müssen, als sonstige Steuern auszuweisen.

> **Beispiel**
> **Verbrauchssteuern für die eine Kürzung zulässig ist:** Vergnügungssteuer, Stromsteuer, Energiesteuer auf Gas, Energiesteuer auf Kohle.
> **Verbrauchssteuern/Monopolabgaben für die bei einem zeitlichen Auseinanderfallen von Umsatzerlösrealisierung und Steuerentstehung keine Kürzung zulässig ist:** Alkopopsteuer, Biersteuer, Branntweinsteuer, Energiesteuer auf anderes als Gas, Kohle oder Strom, Kaffeesteuer, Schaumweinsteuer, Tabaksteuer.[59]

Da die Biersteuer mit der Entfernung des Bieres aus der Brauerei und nicht mit der Fertigstellung des Bieres entsteht, lässt sich die Biersteuer nach Auffassung des BFH nicht den aktivierungspflichtigen Herstellungskosten zuordnen.[60] Aus diesem Grund wird neben der Möglichkeit, die Biersteuer bei einem zeitlichen Auseinanderfallen von Umsatzerlösrealisierung und Steuerentstehung als sonstige Steuer zu erfassen, auch die Möglichkeit einer Verrechnung mit den Umsatzerlösen gesehen.[61] Da die Branntweinsteuer bei fehlender Umsatznähe hingegen Bestandteil der zu aktivierenden Herstellungskosten ist, scheidet für sie eine Erfassung unter dem Posten „sonstige Steuern" aus.[62]

3.1.4 Aspekte der Abgrenzung

Entsprechend der vorgegebenen Umsatzerlösdefinition muss dem Ausweis der Erträge unter dem Posten „Umsatzerlöse" die Prüfung vorausgehen, ob diese

---

58 Vgl. IDW Life 2015, S. 671; *Oser/Orth/Wirtz*, DB 2015, S. 1731.
59 *Zwirner*, BC 2015, S. 541.
60 Vgl. BFH, Urteil v. 26.2.1975, I R 2/73 (NAAAD-90424).
61 Vgl. *Lüdenbach*, StuB 2015, S. 549.
62 Vgl. *Lüdenbach*, StuB 2015, S. 549.

Erlöse aus dem Verkauf von Produkten, der Vermietung bzw. Verpachtung von VG bzw. aus der Erbringung (sonstiger) Dienstleistungen der bilanzierenden Unt resultieren.
Produkte werden gem. BilRUG-RegE als die Zusammenfassung von Waren und Erzeugnissen verstanden.[63] Mit dieser Begriffsdefinition für den Terminus „Produkte" stellt der Gesetzgeber klar, dass mit der direkten Begriffsübernahme aus der Richtlinie 2013/34/EU keine inhaltliche Veränderung gegenüber der in der Vorfassung des § 277 Abs. 1 HGB verwendeten Umschreibung dieses Sachverhalts mit dem Begriffspaar „Erzeugnisse und Waren" verbunden ist. Während in Richtlinie 2013/34/EU – wie bereits in der Vorfassung – hinsichtlich der vorgegebenen GuV-Gliederungen und der damit verbundenen Begriffsdefinition der Terminus „Nettoumsatzerlöse" verwendet wird, greift das HGB weiterhin auf den Terminus „Umsatzerlöse" zurück, ohne dass damit inhaltliche Abweichungen verbunden wären.

> **Beispiel**
> Ein typisches Beispiel für Umsatzerlöse sind Erträge aus dem Verkauf von Kraftfahrzeugen bei AutomobilUnt, die für diese Unt Erlöse der eigentlichen Betriebsleistung darstellen. Auch Erlöse, die selten auftreten, wie dies bei Einzelanfertigungen der Fall sein kann, zählen zu den Umsatzerlösen.

Die Abgrenzung der Umsatzerlöse ist über die Konkretisierung des Postenumfangs der auszuweisenden Umsatzerlöse hinausgehend auch für die Größenklassenbestimmung der Unternehmung nach den §§ 267, 293 HGB und den §§ 1, 11 PublG von Bedeutung.

59 Einhergehend mit der neuen Umsatzerlösdefinition bedarf es eines neuen Systematisierungskonzepts, mit welchem zu entscheiden ist, welche Beträge als Umsatzerlöse, sonstige betriebliche Erträge oder Finanzerträge auszuweisen sind. Als entscheidend für diese Umsatzerlösabgrenzung erweist sich die Beurteilung, welche Vermögensgegenstände als „Erzeugnisse und Waren" einzustufen sind. Erste Anhaltspunkte hierfür können, wie bereits vor dem BilRUG, die Satzung oder der Gesellschaftsvertrag der Unternehmung geben. Im Gegensatz zu der vor BilRUG gültigen Umsatzerlösdefinition ändert sich die Bedeutung und Gewichtung dieses Abgrenzungskriteriums jedoch deutlich und wird bei bestimmten Sachverhalten sogar vollständig außer Acht gelassen werden müssen (z. B. Erlöse aus der Kantinenbewirtschaftung).

Damit trägt die Neudefinition der Umsatzerlöse in gewissem Maße dem Umstand Rechnung, dass die Markt- und Branchenbedingungen eines Unternehmens heute vielfach einem permanenten Anpassungs- und Wandlungsprozess unterliegen können, sodass eine strikt auf Regelmäßigkeit und Nachhaltigkeit fokussierte und auf den historisch gewachsenen Betriebszweck fokussierte Umsatzerlösdefinition in Abhängigkeit vom Einzelfall unangemessen sein kann. Gleichwohl ist zu erwarten, dass sich auf Grundlage der jetzt vom HGB vorgegebenen Definition zumindest zum derzeitigen Zeitpunkt keine eindeutige einheitliche Abgrenzung der Umsatzerlösdefinition finden lassen wird und sich

---

[63] BilRUG-RegE, BR-Drs. 23/15 S. 76.

die Unternehmen insbesondere in der anfänglichen Umsetzung erheblichen Abgrenzungsschwierigkeiten gegenübersehen werden.

Als unstrittig dürfte gelten, dass es sich bei solchen VG um Produkte handelt, die überwiegend im Rahmen der gewöhnlichen Geschäftstätigkeit bzw. des normalen Absatzprogramms des betreffenden Unt veräußert werden. Zumeist wird für diese Absatzaktivitäten zugleich eine Regelmäßigkeit gegeben sein.[64] Eine Voraussetzung für den Ausweis der mit der Veräußerung verbundenen Erlöse unter dem Posten „Umsatzerlöse" ist diese (zumeist gegebene) Regelmäßigkeit nach der hier vertretenen Auffassung gleichwohl nicht. Während in § 277 HGB Abs. 1 HGB aF sich die gesetzlich geforderte Regelmäßigkeit aus der Beschränkung des Umsatzerlösausweises auf die Erträge aus der Veräußerung **typischer** Erzeugnisse der **gewöhnlichen** Geschäftstätigkeit ergab, fehlt es in der jetzigen Fassung des § 277 Abs. 1 HGB und dem dazugehörigen Gesetzgebungskontext an einer solchen einschränkenden Bedingung vollständig.[65] Sofern man sich dazu entscheidet, sich der derzeitigen Mehrheitsmeinung anzuschließen, dass der Umsatzerlösausweis mit der erfolgten HGB-Änderung (nahezu) geschäftsmodellunabhängig zu erfolgen hat, so erscheint es nach der hier vertretenen Auffassung nur konsequent, auch das Kriterium der Regelmäßigkeit in seiner bisherigen stringenten Auslegung als obsolet zu betrachten. Lediglich der Produktbezug führt dazu, dass eine gelegentliche Wiederholung in unregelmäßigen Abständen zu erwarten sein wird und eine ausgeprägte Seltenheit der Vorgänge im Rahmen einer Gesamtwürdigung Beachtung finden muss.

Im Vordergrund der Ausweisentscheidung wird zukünftig vor allem die Differenzierung der jeweiligen Ertragssachverhalte im Hinblick auf das Vorliegen von „Umsatzerlösen" und „sonstigen betrieblichen Erträgen" stehen. Entsprechend des betriebswirtschaftlichen Grundverständnisses handelt es sich bei Produkten um VG, die vom Grundsatz her eine gewisse Nähe zum Umlaufvermögen aufweisen und ihrem Charakter nach als Erzeugnisse, Handelswaren oder unfertige Erzeugnisse in der Bilanz erfasst werden. Aber auch **Erlöse aus Verkäufen von Anlagevermögen im Rahmen eines dualen Geschäftsmodells,** bei dem „Produkte bzw. Vermögensgegenstände" zunächst vermietet oder verleast werden und zu einem späteren Zeitpunkt veräußert werden, sind als Umsatzerlöse auszuweisen.

Im Ergebnis war nach der vor BilRUG gültigen Rechtslage für Produktions-, Handels- und DienstleistungsUnt individuell zu entscheiden, welche Geschäftsvorfälle den tatsächlichen Unternehmensverhältnissen entsprechend dem **eigentlichen betrieblichen Leistungsbereich** zuzuordnen waren und welche nicht im Rahmen der gewöhnlichen Geschäftstätigkeit angefallen waren. Nunmehr ist der Umsatzerlösausweis lediglich an die Voraussetzung gebunden, dass es sich um Erlöse aus der Veräußerung von Produkten oder Dienstleistungen handelt. Das Vorliegen einer Dienstleistung setzt dabei das Vorhandensein eines Leistungsaustausches voraus. Ohne das Vorliegen eines solchen Leistungsaustausches scheidet eine Erfassung der mit dem betreffenden Sachverhalt verbundenen Erlöse als Umsatzerlöse aus; soweit keine Veräußerungserlöse von Produkten vorliegen.[66]

---

[64] Vgl. IDW Life 2015, S. 671.
[65] A. A. *Schmidt/Peun*, in Beck Bil-Komm., 10. Aufl., 2016, § 275 HGB Rz 50; IDW Life 2015, S. 671.
[66] IDW Life 2015, S. 671.

Kommt nach sorgfältiger Abwägung der dargelegten Kriterien ein Ausweis als Umsatzerlöse nicht in Betracht, so resultiert daraus ein Ausweis des betreffenden Sachverhalts als sonstiger betrieblicher Ertrag. Es sei denn, es handelt sich um Sachverhalte mit Bezug zum Finanzergebnis. Zwar stellt auch die Überlassung von Fremd- und Eigenkapital i. w. S. eine Dienstleistung dar, weil für den Ausweis der daraus resultierenden Erträge jedoch eigene GuV-Posten verfügbar sind, ist der Ausweis dort unter dem jeweils zutreffenden Posten vorzunehmen.

Das **Kriterium der Wesentlichkeit** stellt, anders als zuweilen diskutiert,[67] m. E. keinen geeigneten Abgrenzungsparameter dar. Eine Zugrundelegung dieses Kriteriums ist m. E. nicht zielführend und kann sogar zu einer noch stärkeren Verzerrung der Ertragslage führen. Eine Berufung auf eine nicht gegebene Wesentlichkeit würde im Ergebnis dazu führen, dass lediglich kleine Beträge, die ohnehin nicht das Potenzial besitzen, die Ertragslage zu verzerren, nicht als Umsatzerlöse ausgewiesen werden müssten. Große sehr seltene Beträge, die ihrem Wesen nach dem ursprünglich engeren an die Kostenrechnung angelehnten Umsatzerlösverständnis folgend keine Umsatzerlöse darstellen, müssten hingegen als Umsatzerlöse ausgewiesen werden und würden damit das Bild der Umsatzerlöse zwangsweise verzerren, weil bei ihnen eine Berufung auf Unwesentlichkeit ins Leere laufen würde.

Insgesamt hat sich die handelsrechtliche Umsatzerlösdefinition mit dem BilRUG an die umfassendere Umsatzdefinition des Umsatzsteuerrechts angenähert, nach der sämtliche Lieferungen oder Leistungen unabhängig davon, auf welche Weise sie erbracht werden und worauf sie sich beziehen, als Umsätze klassifiziert werden. Da das Handelsrecht aber einen Bezug zu den „Produkten und Dienstleistungen" des Unternehmens voraussetzt, verbleibt dennoch eine deutliche Abweichung.[68]

3.1.4.1 Umsatzerlöse aus der Veräußerung von Waren und Erzeugnissen

61

> **Beispiel**
> Der betriebliche Leistungsbereich eines **ProduktionsUnt** erstreckt sich auf den Verkauf von Fertigerzeugnissen und ggf. Handelswaren, sodass die hieraus resultierenden Erträge als Umsatzerlöse auszuweisen sind; der Umsatzausweis darf aber nicht auf diese Sachverhalte beschränkt werden. Auch die Erlöse aus der Veräußerung von **Abfall-, Spalt- und Kuppelprodukten** sind als Umsatzerlöse auszuweisen. Inhaltlich stellen diese Erlöse aus Nebengeschäften dar.
> Generiert ein ProduktionsUnt Umsätze aus **Lohnarbeiten oder der Überlassung von Maschinen**, so sind auch diese Erlöse als Umsatzerlöse auszuweisen. Auch hierbei handelt es sich um Erlöse aus Nebengeschäften. Für die Klassifikationsentscheidung ist es unerheblich, ob diese Erlöse regelmäßig wiederkehrend oder gelegentlich anfallen.

---

[67] Vgl. bspw. *Zwirner*, BC 2015, S. 540.
[68] Vgl. *Schmidt/Peun*, in Beck Bil-Komm., 10. Aufl., 2016, § 275 HGB Rz 48.

Verkäufe nicht mehr **benötigter Roh-, Hilfs- und Betriebsstoffe (Magazinverkäufe)** sind nicht als Umsatzerlöse, sondern als sonstige betriebliche Erträge auszuweisen.[69]
Sie stellen keine Produkte (und auch keine Erlöse aus Nebengeschäften) des Unternehmens dar. Vielmehr werden sie zur Herstellung von Produkten eingesetzt. In dieser Funktion stellen sie als Lagerbestände – ebenso wie Maschinen – investiertes Kapital dar, welches im Falle der direkten Überführung in liquide Mittel durch Desinvestition nicht zur Realisierung von Umsatzerlösen führt. Dies gilt allerdings nur sofern die Veräußerung nicht einer bewussten Systematik folgt, bei welcher vorteilhafte Einkaufskonditionen für RHB-Stoffe zur Gewinnerzielung mittels gezielter Weiterveräußerung an Dritte genutzt werden, und diese Weiterveräußerung ihrem Wesen nach ein Nebengeschäft darstellt.

Für die Erlöse aus der Veräußerung von **Beständen unfertiger Erzeugnisse** kommt, aufgrund ihres hybriden Charakters, entweder ein Ausweis als Umsatzerlöse oder als sonstige betriebliche Erträge in Betracht.[70] **Versicherungsentschädigungen** sind als sonstige betriebliche Erträge auszuweisen, es sei denn, diese stehen im Zusammenhang mit nicht mehr berechnungsfähigen Umsätzen für bereits verkaufte Produkte.

Materialbeistellungen bei Werksleistungen und Werkslieferungen führen i.d.R. nicht zu Umsatzerlösen, da in diesen Fällen keine Veräußerung, Nutzungsüberlassung oder Dienstleistung vorliegt.[71] Die unentgeltliche Abgaben von Deputaten, Getränken und Genussmitteln an die Arbeitnehmer zum Verzehr im Betrieb sind nicht als Umsatzerlöse zu erfassen.

> **Beispiel**
> **HandelsUnt** weisen entsprechend ihres Tätigkeitsprofils die Erlöse aus dem Verkauf der Waren ihres für sie individuell typischen Sortiments als Umsatzerlöse aus. Aber auch Umsätze aus Gelegenheitsgeschäften, wie bspw. dem Verkauf von Altwaren, sind von ihnen als Umsatzerlöse auszuweisen, da für diese Vermögensgegenstände eine Veräußerung am Markt letztlich einen bestimmungsgemäßen Gebrauch darstellt. Verkäufe nicht mehr benötigter Einrichtungsgegenstände führen hingegen nicht zu Umsatzerlösen. Stattdessen sind in diesem Zusammenhang auftretende Veräußerungsgewinne als sonstige betriebliche Erträge auszuweisen.

62

3.1.4.2 Umsatzerlöse aus der Erbringung von Dienstleistungen

> **Beispiel**
> **DienstleistungsUnt** weisen vor allem die Erlöse jener Dienstleistungen als Umsatzerlöse aus, die aus Dienstleistungen resultieren, die von ihnen typischerweise am Markt angeboten werden und ihr Dienstleistungsspektrum betreffen.

63

---

[69] Vgl. IDW Life 2015, S. 671.
[70] Ähnlich *Schmidt/Peun*, in Beck Bil-Komm., 10. Aufl., 2016, § 275 HGB Rz 54.
[71] Vgl. *Lüdenbach/Freiberg*, StuB 2016, S. 43.

> Der Ausweis hat sich dabei, sofern ihnen durch Rechtsverordnungen Formblätter vorgegeben sind, an deren Gliederung und Postenbezeichnungen zu orientieren. Auch Erlöse, die aus Nebenleistungen resultieren, sind als Umsatzerlöse auszuweisen. Dies gilt bspw. für Erlöse aus dem gelegentlichen Ausleihen von Arbeitskräften. Auch für diese Klassifikationsentscheidung ist es unerheblich, ob diese Erlöse regelmäßig wiederkehrend oder einmalig anfallen.[72]

64
> **Beispiel**
> Da die **Vermietungstätigkeit** unabhängig vom Produktbezug der vermieteten Vermögensgegenstände unter den Dienstleistungsbegriff fällt, sind auch die Erträge aus Immobilienvermietung als Umsatzerlöse auszuweisen.[73] Dies gilt über die Vermietung an Außenstehende hinaus, wie z. B. Pachteinnahmen aus Brauereien, auch für Mieteinkünfte mit unternehmensinternem Bezug, wie Mieteinnahmen aus Werkswohnungen oder konzerninterner Vermietung. Auch Mieteinnahmen aus der Vermietung anderer Vermögensgegenstände des AV (z. B. Maschinen) sind als Umsatzerlöse auszuweisen.
> **Überlassung von Nutzungsrechten an Patenten, Lizenzen, Marken:** Laufende Lizenzierungen stellen Dienstleistungen dar, sodass die damit verbundenen Erträge als Umsatzerlöse auszuweisen sind. Gleiches gilt für den Verkauf selbst geschaffener Lizenzen ohne vorherige Selbstnutzung. Die Erfolge aus der Veräußerung bislang selbstgenutzter Patente oder Lizenzen sind hingegen als sonstige betriebliche Erträge zu erfassen.

> **Beispiel**
> **HoldingGes** weisen die Erträge ihrer typischen Tätigkeit als Finanzerträge unter den Posten Nr. 9, 10 und 11 beim GKV sowie unter Posten Nr. 8, 9 und 10 beim UKV aus.[74]

65
> **Beispiel**
> **Sachverhalte mit Konzernbezug**
> Auch für Sachverhalte mit Konzernbezug ist die Beurteilung, ob die mit ihnen verbundenen Vergütungen als Umsatzerlöse einzustufen sind, davon abhängig zu machen, ob diesen ein Leistungsaustausch zugrunde liegt.
> Nur Entgelte, denen ein Leistungsaustausch zugrunde liegt, sind als Umsatzerlöse auszuweisen. Entgelte, die ein Mutterunternehmen von seinem Tochterunternehmen erhält, ohne dass mit diesen eigene Dienstleistungen verbun-

---

[72] A. A. *Schmidt/Peun*, in Beck Bil-Komm., 10. Aufl., 2016, § 275 HGB Rz 50; IDW Life 2015, S. 671.
[73] Vgl. *Richter*, DB 2015, S. 387; *Kolb/Roß*, WPg 2015, S. 871.
[74] Vgl. ADS, 6. Aufl., § 277 HGB Rz 5.

den sind, stellen hingegen keine Umsatzerlöse dar, da es in diesen Fällen an dem für einen Umsatzerlösausweis notwendigen Leistungsaustausch fehlt.
Als Umsatzerlöse auszuweisen sind z. B.:
An Konzernangehörige erbrachte nicht durch das Konzernverhältnis veranlasste Leistungen: Entgelte, die ein Mutterunternehmen für erbrachte Leistungen erhält, deren Erbringung nicht primär auf den Gesellschafterkreis limitiert ist, sondern die auch von anderen Wirtschaftssubjekten am Markt angeboten werden (z. b. Übernahme von Buchhaltungstätigkeiten, Provisionen für gelegentliche Vermittlungstätigkeiten,[75] Marktforschung durch ein Shared Service Center, Beratungsleistungen, Mitarbeiterüberlassung).
An Konzernangehörige erbrachte durch das Konzernverhältnis veranlasste Leistungen: Z. B. Managementumlagen für Konzernführungsaufgaben.[76]
Nicht als Umsatzerlöse auszuweisen sind:
Kostenerstattungen und -umlagen, bei denen im (Konzern-)Außenverhältnis entstandene Aufwendungen an andere Konzerngesellschaften weiterbelastet werden, ohne dass seitens des Mutterunternehmens eine eigene Leistung erbracht wird (z. B. verursachungsgerechte Weiterbelastung von Gebäudekosten, Inanspruchnahme eines Unterauftragsnehmers).[77]
Erträge aus Steuerumlagen sind nicht als Umsatzerlöse, sondern gesondert im Finanzergebnis als „Erträge aus Gewinnabführungsverträgen" zu erfassen (Rz 81 und Rz 191).
Die **Haftungsvergütung** für die persönliche Haftung in Folge einer Stellung als persönlich haftender Gesellschafter im Rahmen der Übernahme der Geschäftsführung einer OHG oder KG. Dies gilt auch für den Fall, dass die betreffende Unternehmung keine eigene Umsatztätigkeit i. S. d. § 277 Absatz 1 HGB ausübt.
Auslagenersatz von persönlich haftenden Gesellschaftern: Personalkosten und sonstige Nebenkosten, wie z. B. Pkw-Gestellung im Rahmen der Geschäftsführung einer OHG oder KG.[78]
Vergütungen für Unterlassung (Wettbewerbsverbot) oder Rechtsverzicht (Rechtsberatungsfall oder Vermietung) sind nicht mit einem Leistungsaustausch verbunden.[79]

3.1.4.3 Weitere als Umsatzerlöse auszuweisende Sachverhalte und Abgrenzungsfragen

Im Folgenden sind weitere Sachverhalte aufgeführt, bei denen zum einen die Beurteilung schwerfällt, ob es sich bei ihnen um Produkte oder Dienstleistungen handelt und zum anderen, ob für sie ein Ausweis als Umsatzerlöse oder sonstige betriebliche Erträge vorzunehmen ist. Im Weiteren werden hier Posten ange-

---

[75] Vgl. *Zwirner*, BC 2015, S. 542
[76] Vgl. *Richter*, DB 2015, S. 385.
[77] Vgl. IDW Life 2015, S. 671.
[78] Vgl. ebenso *Richter*, DB 2015, S. 387; *Schmidt/Peun*, in Beck Bil-Komm., 10. Aufl., 2016, § 275 HGB Rz 52.
[79] Vgl. *Lüdenbach/Freiberg*, StuB 2016, S. 43 f.

führt, für welche die Möglichkeit einer Erfassung als buchungstechnische Hilfsgröße unter den Umsatzerlösen diskutiert wird.

67 | **Beispiel**
Für **Subventionen** kommt regelmäßig keine Erfassung als Umsatzerlöse in Betracht. Diese sind i.d.R. nicht mit einem Leistungsaustausch verbunden, sodass die Grundbedingung für das Vorliegen von Umsatzerlösen nicht erfüllt wird. Stattdessen sind Subventionen als sonstige betriebliche Erträge zu erfassen (Rz 81).
Allerdings ist für öffentliche Zuwendungen die Ausweisentscheidung im Einzelfall davon abhängig zu machen, ob an den Zuwendungserhalt eine Verhaltenspflicht oder Dienstleistung anknüpft.[80]**Kompensationszahlungen** für die Freistellung eines Mitarbeiters zur Teilnahme an Wehrübungen, stellen aufgrund ihres Verpflichtungscharakters keine Leistungserbringung seitens des Unternehmens dar, sondern sind als eine Form von Schadensersatz einzustufen.
Bestellerentgelte, die im Personennahverkehr vom öffentlichen Träger zur verbilligten oder unentgeltlichen Beförderung von Schülern oder Schwerbehinderten an das Verkehrsunternehmen gezahlt werden, sind vom Verkehrsunternehmen als Umsatzerlöse auszuweisen.[81]
Investitionszuschüsse führen nur dann zu Umsatzerlösen, wenn sie von der außenstehenden dritten Partei zu marktüblichen Konditionen für eine genau spezifizierte Leistung erbracht werden,[82] ansonsten ist ein Ausweis als sonstiger betrieblicher Ertrag oder eine Kürzung der Anschaffungskosten erforderlich.
Die Einstufung von erhaltenen **Schadensersatzzahlungen** ist davon abhängig, inwiefern diese mit einem Leistungsaustausch in Verbindung stehen.[83]**Kompensationszahlungen (Schadensersatzzahlungen)** für **mangelhafte Leistungserbringung** der Gegenpartei oder für **Schadensersatzleistungen durch den Verursacher** bzw. **Versicherer,** für die dieser nach Gesetz oder Vertrag eintreten muss, zählen aufgrund des fehlenden Leistungsaustausches nicht zu den Umsatzerlösen.
Eine Erfassung von **Versicherungsentschädigungen** als Umsatzerlöse ist lediglich dann vorzunehmen, wenn sich diese auf bereits abgesetzte Erzeugnisse, Waren bzw. Dienstleistungen erstrecken und dadurch nicht berechnungsfähige Umsätze ausgeglichen werden. Ansonsten ist ein Ausweis als sonstiger betrieblicher Ertrag erforderlich.
Für **Kundenbindungsprogramme** bedarf es einer Differenzierung, wer ggf. avisierte Sachprämien für die erworbenen Rabatt- oder Treuepunkte im Rahmen der Programme gewährt. Die Erfassung ist dabei vom konkreten Einzelfall abhängig.[84]

---

[80] Vgl. *Lüdenbach/Freiberg*, StuB 2016, S. 43.
[81] Vgl. *Lüdenbach/Freiberg*, StuB 2016, S. 43 f.
[82] *Kirsch/Ewelt-Knauer*, in *Baetge/Kirsch/Thiele*, Bilanzrecht, § 277 HGB Rz 26, Stand 12/2015.
[83] Vgl. *Lüdenbach/Freiberg*, StuB 2016, S. 43 f.
[84] Vgl. *Lüdenbach/Freiberg*, StuB 2016, S. 43 f.

> **Verzugs-, Stundungs-, Zielzinsen, Mahngebühren und Vertragsstrafen** sind auch nach BilRUG nicht als Umsatzerlöse zu erfassen, da sie ihrem Charakter nach mangels Leistungsaustausch kein Entgelt für eine Leistung darstellen, sondern als Schadensersatz zu betrachten sind (Rz 169).
> Die Einstufung von **Stornogebühren**, die bei Nichtinanspruchnahme einer Leistung für den dadurch entstandenen Schaden zu zahlen sind, stellen Schadensersatz dar und sind deshalb ebenfalls als sonstige betriebliche Erträge und nicht als Umsatzerlöse zu erfassen. Gleiches gilt für die von einem leistenden Unternehmer infolge einer Kündigung vereinnahmte Vergütung, sofern bis zu diesem Zeitpunkt noch keine Leistungen gegenüber dem Besteller erbracht wurden. Derartige Zahlungen stellen Entschädigungen für das Nichtzustandekommen eines Leistungsaustausches dar.[85]
> **Für Ausgleichszahlungen im Rahmen von Nutzungsüberlassungsverträgen** (Miete, Pacht, Leasing) ist ein Ausweis als Umsatzerlöse dann erforderlich, wenn diese in ihrer Höhe und ihrem Wesen an den Umfang des vertragsgemäßen Gebrauch anknüpfen (z. B. Mehrkilometervereinbarungen) und als Ausgleich für eine (ordnungsgemäße) Mehrnutzung zu betrachten sind.[86] Zahlungen, die Wertminderungen aufgrund eines nicht vertragsgemäßen Gebrauchs ausgleichen sollen, stellen Schadensersatzzahlungen dar und sind als sonstige betriebliche Erträge zu erfassen.

3.1.5 Möglichkeit zur Untergliederung der Umsatzerlöse

Grundsätzlich sind nach einhelliger Meinung des Schrifttums sämtliche Miet- und Pachteinnahmen unabhängig von der Branche, der das Unt angehört und unabhängig vom vermieteten Objekt als Umsatzerlöse auszuweisen. **68**

> **Beispiel**
> Vermietet ein Unt der Spielzeugindustrie auf der Suche nach neuen Einnahmequellen nicht nur einmalig seine Kantine zur Aufführung von Konzerten an eine Event-Agentur, so stellen diese Mieterlöse nach Meinung des Schrifttums aufgrund der nach BilRUG gültigen Umsatzerlösdefinition Umsatzerlöse dar, schließlich handelt es sich bei diesen Erlösen um eine Dienstleistung, die einen Leistungsaustausch darstellt. Zudem handelt es sich hierbei für Unt der Immobilien- oder Freizeitbranche – im betriebswirtschaftlichen Sinne – um klassische Umsatzerlöse, auch wenn es sich aus Sicht des betreffenden Unt um betriebsfremde Erträge abseits der gewöhnlichen Geschäftstätigkeit handelt.
> Obwohl hier lediglich branchenfremde Erlöse aus der Vermietung oder Verpachtung von Immobilien vorliegen und nicht von Erzeugnissen oder Waren, sieht das Schrifttum aufgrund der dem § 227 Abs. 1 HGB zugrunde liegenden Dienstleistungsdefinition die zwingende Notwendigkeit eines Ausweises der Mieterlöse als Umsatzerlöse. Mitunter wird lediglich eine gewisse Regelmäßigkeit als Grundvoraussetzung für erforderlich gehalten.

---

[85] Vgl. *Lüdenbach/Freiberg*, StuB 2016, S. 43 f.
[86] Vgl. *Lüdenbach/Freiberg*, StuB 2016, S. 43 f.

> Mietet ein Unt eine von Beginn an zu große Bürofläche, mit der Absicht einen Teil weiterzuvermieten, so sind diese Mieteinnahmen aufgrund des derzeitig vorherrschenden Meinungsstandes zweifelsfrei als Umsatzerlöse auszuweisen.
> Aus dieser von der gewöhnlichen Geschäftstätigkeit unabhängigen Umsatzerlösklassifikation resultiert zwangsläufig die Frage, unter welcher GuV-Position dann die Erlöse aus der Veräußerung selbst erstellter nicht selbstgenutzter Immobilien auszuweisen sind.
> Lässt ein Unternehmen der Nahrungsmittelindustrie bspw. ein Bürogebäude zur eigenen Nutzung errichten und verkauft es unmittelbar nach der Fertigstellung eine in diesem Gebäude gelegene Eigentumswohnung zu Wohnzwecken an Privatpersonen, so ergäben sich hieraus gem. der obigen im Schrifttum vertretenen branchenunabhängigen Interpretation des Terminus „Produkte" bzw. „Dienstleistungen" zunächst ebenfalls Umsatzerlöse. Ein ähnlicher m.E. irreführender Umsatzerlösausweis ergäbe sich, sofern ein Unt ein Gebäude zur Selbstnutzung kauft und direkt im Anschluss einzelne Wohneinheiten dieses Gebäudes, die es nicht selber nutzen möchte, weiterverkauft.

Ausgehend von den obigen Beispielen stellt sich die Frage, wie nach der derzeitig gültigen Umsatzerlösdefinition und der vorherrschenden Begriffsinterpretation eine praktikable Lösung für die Systematik des Umsatzerlösausweises umgesetzt werden kann.

Die Beantwortung dieser Frage wird vielfach nur in Abhängigkeit vom jeweiligen Einzelfall (z.B. Branche, Erlösstruktur, Unternehmensstruktur) möglich sein. Während sich viele der nunmehr als Umsatzerlöse auszuweisenden Sachverhalte in einer Größenordnung bewegen, für welche eine Umpositionierung von den sonstigen betrieblichen Erträgen zu den Umsatzerlösen nur mit einem sehr überschaubaren Verzerrungspotenzial verbunden sein wird (z.B. Kantinenerlöse), scheint in jenen Fällen, in denen die Umsatzerlöse außerhalb der gewöhnlichen Geschäftstätigkeit in ihrer Gesamtheit ein wesentliches Niveau erreichen, eine Untergliederung des Umsatzerlösausweis zielführend.

Unabhängig von dieser Ausweissystematik muss einer Umsatzzuordnung stets eine Prüfung vorausgehen, ob nicht
- die jeweiligen Begleitumstände und die ursprüngliche Verwendungsabsicht der zur Veräußerung gelangenden VG sowie
- eine gewisse Nähe dieser VG zum Anlagevermögen

eindeutig gegen einen Umsatzausweis sprechen. In diesen Fällen handelt es sich nicht um Produkte des Unternehmens im Sinne eines herkömmlichen (europäischen) Begriffsverständnisses, sodass von einen Umsatzerlösausweis abzusehen und ein Ausweis als sonstige betriebliche Erträge vorzunehmen ist.

In dem oben angeführten Beispiel stellt die Vermietung der Kantine zu Konzertzwecken eine mit einem Leistungsaustausch verbundene Dienstleistung dar, sodass für diese Erlöse nach herrschender Meinung ein Ausweis unter den Umsatzerlösen vorzunehmen ist. Gleichwohl ist aufgrund der Branchenfremdheit ein untergliederter Umsatzerlösausweis anzuraten, sofern die Umsatzerlöse außerhalb der gewöhnlichen Geschäftstätigkeit nicht insgesamt von untergeordneter Bedeutung sind.

Der Weiterverkauf der Eigentumswohnung ist hingegen als absolut branchenunüblich sowie hinsichtlich der Umsatzhöhe des betreffenden Vorgangs als außergewöhnlich einzustufen, da es an jeglichem Produktbezug fehlt. Das Unternehmen stellt dieses Gebäude nicht selbst her, sondern lässt es fertigen. So handelt es sich bei Immobilien schließlich nicht per se um Erzeugnisse oder Waren eines Unternehmens; vielmehr ist ihnen diese Eigenschaft lediglich im Kontext eines zumindest vage gegebenen Branchenbezugs zuzusprechen. Da es sich um einen einmaligen Sachverhalt handelt, scheidet aufgrund der Seltenheit auch das Vorliegen von Nebengeschäften aus, von denen zu erwarten wäre, dass das Unternehmen mit diesen zukünftig in nennenswertem Umfang erneut am Markt als Anbieter auftreten wird. Die bereits ex ante bestehende Veräußerungsabsicht führt zwar dazu, dass die Eigentumswohnung formal als Umlaufvermögen einzustufen ist, eine wirtschaftliche Betrachtungsweise und die Berücksichtigung der betraglichen Dimension sprechen allerdings dafür, für diesen Sachverhalt eine gewisse Nähe zum Anlagevermögen festzustellen. Folglich ist lediglich der aus dieser Transaktion resultierende Erfolg (und nicht der Erlös) als sonstiger betrieblicher Ertrag und nicht als Umsatzerlös auszuweisen.

Da § 265 Abs. 5 Satz 1 HGB eine weitere Untergliederung der GuV erlaubt, die nach einhelliger Meinung auch für die Umsatzerlöse zulässig ist, und der Gesetzgeber nicht nur Zweifel an der langfristigen Bestandskraft der derzeitigen Umsatzerlösdefinition äußert, sondern selbst die Möglichkeit eines untergliederten Umsatzerlösausweises ins Spiel bringt,[87] gebietet die kaufmännische Weitsicht bei gegebener Wesentlichkeit von der Möglichkeit eines differenzierten Umsatzerlösausweises Gebrauch zu machen.

Angesichts fehlender Verbote und der langfristig möglicherweise im Raum stehenden Rückkehr zu der vor BilRUG gültigen Umsatzerlösabgrenzung liegt es nahe, die Umsatzerlöse in zwei Kategorien zu unterteilen. Im Einzelnen wird daher an dieser Stelle eine Unterteilung in die Kategorien „**Umsatzerlöse der gewöhnlichen Geschäftstätigkeit**" und „**Umsatzerlöse außerhalb der gewöhnlichen Geschäftstätigkeit**" (oder alternativ: „**Umsatzerlöse aus dem Verkauf von Produkten und Dienstleistungen weiterer Unternehmenstätigkeiten**") vorgeschlagen. Als Abgrenzungskonzeption für eine Klassifizierung der Umsatzerlöse als „**Umsatzerlöse der gewöhnlichen Geschäftstätigkeit**" ist dabei das bereits vor BilRUG übliche Vorgehen zugrunde zu legen. Nach diesem sind als Umsatzerlöse (der gewöhnlichen Geschäftstätigkeit) jene Erlöse auszuweisen, die auf einem Leistungsaustausch beruhen und sowohl plan- als auch regelmäßig bzw. wiederkehrend im Rahmen der engeren Geschäftstätigkeit der Unternehmung anfallen. Die ihnen zugrunde liegenden Leistungen müssen dabei (aus Einzelabschlusssicht) gegenüber dem externen Absatzmarkt erbracht werden und das Ergebnis eines bewusst gewollten und gesteuerten Absatzprogramms sein.[88] In diesem Sinne ist die Abgrenzung der „**Umsatzerlöse der gewöhnlichen Geschäftstätigkeit**" in Anlehnung an den Geschäftszweig der Unternehmung vorzunehmen.

Alle anderen Erlöse, die lediglich aufgrund der neuen Definition des BilRUG als Umsatzerlöse auszuweisen sind und die, obwohl es ihrem Wesen nach besser entsprechen würde, nicht unter den sonstigen betrieblichen Erträgen ausgewiesen werden dürfen, sind hingegen unter dem Sammelposten „**Umsatzerlöse**

---

[87] Vgl. BT-Drs. 18/5256 S. 84.
[88] *Zwirner*, BC 2015, S. 540.

außerhalb der gewöhnlichen Geschäftstätigkeit" bzw. „Umsatzerlöse aus dem Verkauf von Produkten und Dienstleistungen weiterer Unternehmenstätigkeiten" auszuweisen.
Durch diese Systematik wird ein gewisses Maß an Stetigkeit erreicht. Dies gilt sowohl im Hinblick auf das in der Vergangenheit übliche Umsatzerlöseverständnis als auch im Hinblick auf mögliche zukünftige erneute Gesetzesänderungen. Entscheidet sich ein Unternehmen für den hier vorgeschlagenen **untergliederten Umsatzerlösausweis** so sollten diesem auch eine **Untergliederung der** „Herstellungskosten" und des „Bruttoergebnisses vom Umsatz" folgen (Rz 263).

3.2 Erhöhung oder Verminderung des Bestands an fertigen und unfertigen Erzeugnissen (§ 275 Abs. 2 Nr. 2)

70 Der Posten „Erhöhung oder Verminderung des Bestands an fertigen und unfertigen Erzeugnissen" bringt die Differenz zwischen den Wertansätzen der in Summe zu HK bewerteten fertigen und unfertigen Erzeugnisse zum Beginn und zum Ende der betrachteten Periode zum Ausdruck (Rz 27) und ist charakteristisch für die Grundsystematik des GKV. Dabei bilden sowohl Änderungen der Menge als auch des Werts die Berechnungsgrundlage (§ 277 Abs. 2 1. Hs. HGB). Aus dieser Systematik ergibt sich, dass auch Abschreibungen die Höhe der auszuweisenden Bestandsveränderungen beeinflussen. Hierzu zählen die Niederstwertabschreibungen auf das UV gem. § 253 Abs. 4 HGB. Ausgenommen hiervon sind hingegen Abschreibungen, die über das unternehmensübliche Maß hinausgehen (§ 277 Abs. 2 2. Hs. HGB), da diese unter Posten Nr. 7b gesondert auszuweisen sind (Rz 124).[89]

71 Inhaltlich sind nach hM unter dem Posten Bestandsveränderungen die Veränderungen der Bestände der **fertigen und unfertigen Erzeugnisse** sowie der **selbsterzeugten Roh-, Hilfs- und Betriebsstoffe** auszuweisen. Für Letztere gilt dies jedoch nicht, sofern diese in der Bilanz wegen der Schwierigkeit ihrer bilanziellen Erfassung gemeinsam, d. h. ohne getrennte Bestandskonten, mit den fremdbezogenen RHB ausgewiesen werden,[90] da dann eine Saldierung der aktivierten Erträge der selbststerstellten Werkstoffen mit den Materialaufwendungen vorzuziehen ist.[91] Fertige Erzeugnisse wurden vom Unt selbst hergestellt und befinden sich in einem verkaufsbereiten Zustand. Selbsterstellte unfertige Erzeugnisse sind hingegen noch nicht verkaufsbereit.

72 In Abhängigkeit davon, ob nach **Saldierung der unterschiedlichen Bestandsveränderungen** in Summe eine Gesamtbestandsmehrung oder -minderung vorliegt, ist als Postenbezeichnung entweder die Bezeichnung „Erhöhung" oder „Verminderung" „des Bestandes an fertigen und unfertigen Erzeugnissen" zu wählen.[92]

73 Des Weiteren sind auch die Bestandsveränderungen noch nicht abgerechneter Leistungen unter diesem Posten auszuweisen. Im Einzelnen zu nennen sind hier in Arbeit befindliche Aufträge sowie für Dritte errichtete unfertige Bauten auf

---

[89] Vgl. WPH Edition, Wirtschaftsprüfung & Rechnungslegung, 15. Aufl., 2017, Abschn. F, Tz 775.
[90] Vgl. *Kirsch/Ewelt-Knauer*, in *Baetge/Kirsch/Thiele*, Bilanzrecht, § 275 HGB Rz 75, Stand 12/2015.
[91] Vgl. ADS, 6. Aufl., § 275 HGB, Rz 67 mwN.
[92] Vgl. ADS, 6. Aufl., § 275 HGB Rz 56.

fremdem Grund und Boden, wobei dies durch die gewählte Postenbezeichnung kenntlich gemacht werden sollte.⁹³

Prinzipiell gilt der Grundsatz, dass die in der GuV unter Posten Nr. 2 ausgewiesene Bestandsveränderung der Summe der aus der Bilanz errechenbaren Differenzen zwischen den End- und Anfangsbeständen der für die Saldierung relevanten Vermögenspositionen entsprechen muss. Abweichungen können jedoch z. B. dann zu verzeichnen sein, wenn über das sonst übliche Maß hinausgehende Abschreibungen vorschriftsgemäß unter dem Posten Nr. 7b erfasst wurden. 74

3.3 Andere aktivierte Eigenleistungen (§ 275 Abs. 2 Nr. 3)

Über Aufwendungen für die Bestandsveränderungen an fertigen und unfertigen Erzeugnissen hinaus können im Unt auch Aufwendungen für aktivierte Eigenleistungen entstanden sein, die, der Systematik des GKV Rechnung tragend, durch den Ausweis des Postens „andere aktivierte Eigenleistungen" auf der Ertragsseite der GuV ergebnisneutralisierend auszuweisen sind. Hierdurch wird eine periodengerechte Gegenüberstellung der wirtschaftlichen Gesamtleistung und der für die Erstellung angefallenen und auf die verschiedenen GuV-Posten verteilten Aufwendungen erreicht. Klassische Beispiele für aktivierte Eigenleistungen stellen selbsterstellte Bauten, Anlagen, Maschinen, bilanzierungsfähige selbst geschaffene immaterielle Vermögenswerte oder in Eigenregie durchgeführte aktivierte Großreparaturen dar. Soweit Bestandsveränderungen selbsterstellter Roh-, Hilfs- und Betriebsstoffe nicht – wie nach hM erforderlich – unter dem Posten „Bestandsveränderungen unfertiger und fertiger Erzeugnisse" erfasst werden, sind diese ebenfalls als „andere aktivierte Eigenleistungen" auszuweisen. 75

Sind Aufwendungen früherer Gj im Anschluss an eine steuerliche Betriebsprüfung in der Steuerbilanz nachzuaktivieren, so ist die entsprechende aufwandswirksame (handelsrechtliche) Buchung aufgrund ihrer Periodenfremdheit unter dem Posten „sonstige betriebliche Erträge" zu erfassen.⁹⁴ 76

Eine nachträgliche Aktivierung von Vorjahresaufwendungen und Erfassung als andere Eigenleistungen ist jedoch dann vertretbar bzw. erforderlich, wenn sich die Erstellung des VG über zwei Jahre hingezogen hat und sich im zweiten Jahr – ohne Mitwirkung der steuerlichen Außenprüfung – die Aktivierungsfähigkeit der Vorjahresaufwendungen herausgestellt hat. Diese Situation liegt bspw. vor, wenn sich im Lauf von periodenübergreifenden Reparaturarbeiten herausstellt, dass diese aufgrund ihres Umfangs zu aktivieren sind.⁹⁵ 77

Fließen in die selbst erstellten VG fremdbezogene Materialien ein, so können diese entweder direkt auf die Aktivkonten gebucht werden, welche die aktivierten Eigenleistungen in der Bilanz ausweisen (**Nettomethode**), oder sie können als Aufwand unter dem Posten Nr. 5a oder 5b erfasst werden, mit späterem Mitausweis als aktivierte Eigenleistungen unter Posten Nr. 3 (Bruttomethode). Da bei der **Bruttomethode** das Volumen der aktivierten Eigenleistungen – und damit die ausgewiesene Gesamtleistung der Unternehmung – stark erhöht wird, 78

---

⁹³ Vgl. WPH Edition, Wirtschaftsprüfung & Rechnungslegung, 15. Aufl., 2017, Abschn. F, Tz 777.
⁹⁴ Vgl. *ADS*, 6. Aufl., § 275 HGB Rz 60; *Reiner/Haußer*, in MünchKomm. HGB, 3. Aufl., § 275 Rz 28; WPH Edition, Wirtschaftsprüfung & Rechnungslegung, 15. Aufl., 2017, Abschn. F, Tz 780.
⁹⁵ Vgl. ADS, 6. Aufl., § 275 HGB Rz 60; *Reiner/Haußer*, in MünchKomm. HGB, 3. Aufl., § 275 Rz 28.

lehnt die hM die Bruttomethode ab, es sei denn, die Fremdleistungen haben im Vergleich zur Eigenleistung nur eine untergeordnete Bedeutung.[96]

79 Der in der GuV unter dem Posten „andere aktivierte Eigenleistungen" auszuweisende Betrag entspricht dem in der Bilanz aktivierten Betrag.[97]

Beispiel
Andere aktivierte Eigenleistungen
Die Fischgold Wilhelmshaven GmbH benötigt für ihre Fertigungsstraße eine neue Fischfiletiermaschine, die sie aufgrund ihrer besonderen Anforderungen selbst herstellt. Für die Herstellung der Maschine werden Materialien im Wert von 150.000 EUR eingekauft und verbaut. Die Personalkosten für die eigenen Techniker und für andere beteiligte Mitarbeiter betragen 175.000 EUR. Bei der Herstellung der Anlage werden eigene Maschinen eingesetzt. Die anteiligen Abschreibungen belaufen sich auf 10.000 EUR.
Wie der Vergleich beider Erfassungsmethoden zeigt, ist aufgrund des hohen Fremdleistungsanteils der Nettomethode der Vorzug zu geben.

GuV (Angaben in TEUR)	Nettomethhode	Bruttomethode
andere aktivierte Eigenleistungen	185	335
Materialaufwand	0	-150
Personalaufwand	-175	-175
Abschreibungen	-10	-10
Summe	0	0

Buchung Nettomethode

Konto	Soll	Haben
Sachanlagen	150.000	
Verbindlichkeiten/Geldkonto		150.000
Sachanlagen	185.000	
andere aktivierte Eigenleistungen		185.000

Buchung Bruttomethode

Konto	Soll	Haben
Materialaufwand	150.000	
Verbindlichkeiten/Geldkonto		150.000
Sachanlagen	335.000	
andere aktivierte Eigenleistungen		335.000

3.4 Sonstige betriebliche Erträge (§ 275 Abs. 2 Nr. 4)

80 Der Posten Nr. 4 des GKV „sonstige betriebliche Erträge" stellt einen Sammelposten der GuV dar, in dem alle betrieblichen Erträge auszuweisen sind, die keinem anderen Ertragsposten des Gliederungsschemas zuzuordnen sind. Kon-

---

[96] Vgl. ADS, 6. Aufl., § 275 HGB Rz 63; *Budde*, in *Küting/Pfitzer/Weber*, HdR, HGB § 275 Rz 36a, Stand 05/2017; *Reiner/Haußer*, in MünchKomm. HGB, 3. Aufl., § 275 Rn 32.
[97] Vgl. *Budde*, in *Küting/Pfitzer/Weber*, HdR, HGB § 275 Rz 35, Stand 05/2017.

kret sind unter den sonstigen betrieblichen Erträgen alle regelmäßigen und unregelmäßigen Erträge auszuweisen, die nicht zu den Umsatzerlösen, Bestandsveränderungen oder anderen aktivierten Eigenleistungen gehören (Rz 60).

Beispiel 81
Zu den sonstigen betrieblichen Erträgen zählen Erträge aus:
- Kostenerstattungen, die nicht mit einem Leistungsaustausch verbunden sind;
- Gutschriften aus Weiterbelastungen an Tochtergesellschafen, die ausschließlich der Kostenumverteilung dienen und nicht an den Austausch einer Dienstleistung gebunden sind. Liegt der Belastung der Konzernumlage die Erbringung einer Dienstleistung zugrunde, dann ist der damit verbundene Ertrag als Umsatzerlös auszuweisen: es sei denn es handelt sich um weiterbelastete Zinsen;
- Haftungsvergütungen und Auslagenersatz als persönlich haftender Gesellschafter;
- Versicherungsentschädigungen und Schadensersatzleistungen, die nicht für bereits verkaufte Erzeugnisse anfallen (dann Posten Nr. 1);[98]
- an Organgesellschaften weiterbelasteten und nicht gesondert als Erträge aus Gewinnabführungsverträgen ausgewiesenen Steuern (Rz 191);[99]
- Dividenden aus Genossenschaftsanteilen;
- Zuschüsse Dritter und Investitionszulagen, sofern diese nicht als Anschaffungskostenminderung erfasst werden oder Zuzahlungen von Gesellschaftern i. S. d. § 272 Abs. 2 Nr. 4 HGB darstellen;[100]
- Rückvergütungen und Gutschriften früherer Jahre;[101]
- Zuschreibungen zu Sachanalgen und immateriellen Vermögensgegenständen;
- Wertaufholungen bzw. Zuschreibungen zu Vermögensgegenständen des Umlaufvermögens, sofern diese nicht unter Posten Nr. 2 oder 5a zu erfassen sind;[102]
- Erhöhung von Festwerten bei Gegenständen des Sachanlagevermögens;[103]
- Schuldnachlässen (Herabsetzung von Verbindlichkeiten);
- Auflösungen von Rückstellungen, mit Ausnahme von Steuerrückstellungen (Rz 186) und Rückstellungen für erwartete Erlösschmälerungen (Rz 51);
- Herabsetzungen von Pauschalwertberichtigungen zu Forderungen;[104]
- Zahlungseingängen auf in Vorjahren ausgebuchte Forderungen;
- Aktivierung unentgeltlich erworbener Vermögensgegenstände;

---

[98] Vgl. *Kirsch/Ewelt-Knauer*, in *Baetge/Kirsch/Thiele*, Bilanzrecht, § 275 HGB Rz 94, Stand 12/2015.
[99] Vgl. ADS, 6. Aufl., § 275 HGB Rz 71.
[100] Vgl. *Budde*, in *Küting/Pfitzer/Weber*, HdR, HGB § 275 Rz 48, Stand 05/2017; WPH Edition, Wirtschaftsprüfung & Rechnungslegung, 15. Aufl., 2017, Abschn. F, Tz 781.
[101] Vgl. WPH Edition, Wirtschaftsprüfung & Rechnungslegung, 15. Aufl., 2017, Abschn. F, Tz 781.
[102] Vgl. ADS, 6. Aufl., § 275 HGB Rz 71; WPH Edition, Wirtschaftsprüfung & Rechnungslegung, 15. Aufl., 2017, Abschn. F, Tz 781.
[103] Vgl. ADS, 6. Aufl., § 275 HGB Rz 71.
[104] Vgl. *Kirsch/Ewelt-Knauer*, in *Baetge/Kirsch/Thiele*, Bilanzrecht, § 275 HGB Rz 94, Stand 12/2015.

> – Buchgewinnen aus dem Abgang von Gegenständen des AV und des UV (z.B. Erträge aus dem Verkauf von Wertpapieren und den damit in Verbindung stehenden Bezugsrechten); sofern kein Ausweis als Finanzerträge;
> – Buchgewinnen aus dem Verkauf von Emissionsrechten;
> – Buchgewinnen aus dem Einsatz derivativer Finanzinstrumente, sofern sie zu Spekulationszwecken erworben wurden oder die Bedingungen zur Anerkennung als Sicherungsgeschäft und damit zur Bildung einer Bewertungseinheit nicht erfüllt werden;[105]
> – Währungsumrechnung i.S.d. § 256a HGB;
> – der Anwendung des Art. 67 Abs. 1 und 2 EGHGB.

82 Für Erträge aus der **Währungsumrechnung** i.S.d. § 256a HGB besteht die Pflicht zum gesonderten Ausweis als sonstige betriebliche Erträge (§ 277 Abs. 5 HGB; § 256a Rz 32 ff.).
Erträge aus der Anwendung des Art 67 Abs. 1 und 2 EGHGB, die vor BilRUG unter dem Posten ao Erträge gesondert anzugeben waren, sind nach den Bestimmungen des BilRUG in der GuV innerhalb der sonstigen betrieblichen Erträge gesondert als „Erträge nach Artikel 67 Abs. 1 und 2 EHGB" auszuweisen (Art. 75 Abs. 5 EGHGB) (§ 277 Rz. 31).
Für das Gj der erstmaligen BilRUG-Anwendung ist zu beachten, dass die im Vj. als ao ausgewiesenen Beträge im Rahmen der Angabe der Vorjahresbeträge nicht als ao Aufwendungen bzw. Erträge und somit nicht in Gestalt eines damit einhergehenden Leerpostens für das aktuelle Berichtsjahr auszuweisen sind, sondern in die betreffenden Aufwands- bzw. Ertragsposten unter Anpassung der Vorjahresbeträge umzugliedern sind. Bei einer gegebenen Wesentlichkeit der Beträge sind hierzu ergänzende Anhanginformationen erforderlich.[106]

83 Die Höhe der sonstigen betrieblichen **Erträge aus der Veräußerung von VG** ergibt sich aus den entsprechenden Buchgewinnen auf Nettobasis. D.h., vom Verkaufserlös und/oder der Versicherungsentschädigung sind die Erlösschmälerungen, die Umsatzsteuer und der Buchwert des verkauften Gegenstands abzuziehen. Nicht zulässig ist eine Verrechnung von Erträgen mit Verlusten aus Vermögensabgängen und der ggf. hierauf entfallenden Ertragsteuern. Bei einem unterjährigen Ausscheiden eines abnutzbaren VG ist dessen Buchwert vor Berechnung der auszuweisenden sonstigen betrieblichen Erträge um die anteiligen Abschreibungen des Abgangsjahrs zu korrigieren. Aus Vereinfachungsgründen wird es jedoch auch als zulässig erachtet, auf die Ermittlung der Abschreibungen des Abgangsjahrs zu verzichten, sofern diese im Rahmen einer Gesamtwürdigung unwesentlich sind.[107]

84 Eine **Verrechnung der Verkaufserlöse mit den Kosten des Aus- bzw. Abbaus oder entstandener Frachtkosten** ist handelsrechtlich nicht explizit erlaubt und stellt einen Verstoß gegen das Saldierungsverbot dar.[108]

---

[105] Vgl. Budde, in Küting/Pfitzer/Weber, HdR, HGB § 275 Rz 47, Stand 05/2017.
[106] Vgl. IDW, Life 2016, S 585; Zwirner, BC 2016, S. 419; Ross, BBK 18/2016, S. 882.
[107] Vgl. Budde, in Küting/Pfitzer/Weber, HdR, HGB § 275 Rz 41, Stand 15/2017.
[108] Vgl. Schmidt/Peun, in Beck Bil-Komm., 10. Aufl., 2016, § 275 HGB Rz 96.

Nicht für einen Ausweis als sonstige betriebliche Erträge kommen **Erträge aus** 85
der Wiederveräußerung eigener Anteile in Betracht.[109] Diese sind gem. § 272
Abs. 1b Satz 3 HGB erfolgsneutral mit den freien Rücklagen bzw. der Kapitalrücklage gem. § 272 Abs. 2 Nr. 1 HGB zu verrechnen.

Strittig ist zuweilen der nach hM vorzunehmende **Ausweis von Zuschreibungen** 86
zu Gegenständen des Finanzanlagevermögens und von Buchgewinnen der
Veräußerung dieser Vermögensposten als sonstige betriebliche Erträge und
damit ihre Erfassung als operative Ergebniselemente, da diese von der Sache her
dem Finanzbereich zuzuordnen sind. Diesem Umstand kann bedenkenlos dadurch Rechnung getragen werden, dass erhebliche Erträge dieser Art in einem
Vorspaltenvermerk innerhalb des Postens Nr. 4 gesondert ausgewiesen werden
(Rz 135).[110]

Mitunter wird aber auch die Meinung vertreten, derartige Erträge seien als eigen- 87
ständiger Posten dem Finanzergebnis zuzuordnen. Hierzu wird entweder ein
Ausweis unter einem separaten GuV-Posten oder unter dem Posten „Erträge aus
Beteiligungen" mit entsprechend modifizierter Postenbezeichnung diskutiert.[111]
Zumindest die erstere Forderung erscheint im Hinblick auf den betriebswirtschaftlichen Sachverhalt plausibel (Rz 150).

Erfolgswirksame **Auflösungen von Rückstellungen** sind erforderlich, wenn ihr 88
Grund entfallen ist (§ 249 Abs. 2 Satz 2 HGB). Die hieraus resultierenden
Erträge müssen unter den sonstigen betrieblichen Erträgen ausgewiesen werden,
da eine Auflösung durch eine entsprechende Aufwandskorrektur als Verstoß
gegen das Saldierungsverbot untersagt ist. Ergänzend gilt der Einzelbewertungsgrundsatz (§ 252 Abs. 1 Nr. 3 HGB) als Begründung dafür, weshalb eine Rückstellung bei Wegfall des Grunds nicht beibehalten und für einen anderen Zweck
verwendet werden darf. Ausnahmen hiervon werden nur als zulässig erachtet,
wenn sich der alte und neue Aufwandszweck entsprechen und die betreffende
„Rückstellungsbildung" sich auf abgelaufene Gj bezieht.[112]

Insgesamt zeigt die Aufzählung möglicher sonstiger betrieblicher Erträge die 89
Vielfalt der Sachverhalte, die unter diesem GuV-Posten zum Ausweis kommen
können. Der sich hinter der Verankerung dieses Sammelpostens in der GuV
verbergende Grundgedanke, eine ansonsten äußerst umfangreiche Auflistung
einzelner Ertragsposten innerhalb der gesetzlich vorgegebenen Gliederung zu
vermeiden, steht nicht im Widerspruch zur Forderung, dass immer dann ein
getrennter Ausweis einzelner Posten der sonstigen betrieblichen Erträge erfolgen
sollte, wenn dieser der Klarheit und Übersichtlichkeit dient.

3.5 Materialaufwand (§ 275 Abs. 2 Nr. 5)

Unter dem Posten Materialaufwand sind sowohl die **Aufwendungen für RHB-** 90
Stoffe und für bezogene Waren als auchdie **Aufwendungen für bezogene**
Leistungen gesondert auszuweisen.

---

[109] Vgl. *Kirsch*, PiR 2008, S. 227.
[110] Vgl. *Schmidt/Peun*, in Beck Bil-Komm., 10. Aufl., 2016, § 275 HGB Rz 98.
[111] Vgl. *Schmidt/Peun*, in Beck Bil-Komm., 10. Aufl., 2016, § 275 HGB, Rz 98 (nur für Zuschreibungen); *Kirsch/Ewelt-Knauer*, in *Baetge/Kirsch/Thiele*, Bilanzrecht, § 275 HGB Rz 98, 194, Stand 12/2015.
[112] Vgl. *Reiner/Haußer*, in MünchKomm. HGB, 3. Aufl., § 275 Rn 36.

Mit dieser zwingend zu beachtenden Untergliederung weicht die Gliederung des § 275 Abs. 2 Nr. 5 HGB von der Regelung des Art. 9 Abs. 2 EU-Richtlinie ab. Nach dieser wäre (gem. Anhang V der Richtlinie) eine Untergliederung in die beiden Positionen (Aufwendungen für) „RHB und bezogene Waren" und „sonstige externe Aufwendungen" erforderlich gewesen.[113]
Konkret hätte die wortwörtliche Umsetzung der Beispielgliederung damit zu folgender Gliederungssystematik geführt:
5. a) Roh-, Hilfs- und Betriebsstoffe
b) Sonstige externe Aufwendungen
Zwar wäre die Aufnahme des Postens „Sonstige externe Aufwendungen" als Unterpunkt der Position 5 ausdrücklich zu begrüßen gewesen, da dann die GuV direkten Raum für den Ausweis von bestimmten Aufwendungen geboten hätte, die so unter dem Posten „Sonstige betriebliche Aufwendungen" auszuweisen sind (z. B. für die Leasingaufwendungen), aber gleichzeitig hätten dieser wortgetreuen Richtlinienumsetzung zwei Probleme entgegengestanden.
Zum einen wäre dann die Position 5 des GKV die einzige Position ohne eigene (verbal ausformulierte) Oberüberschrift gewesen, was letztlich einen groben Verstoß gegen die im deutschen Sprachraum gängigen Gliederungsgskonventionen dargestellt hätte.
Zum anderen wäre die Positionsbezeichnung RHB-Stoffe innerhalb des Jahresabschlusses doppelt vergeben worden, da diese Position in Bilanz und GuV identisch bezeichnet worden wäre.
Insofern ist zumindest die Ergänzung um den Zusatz „Aufwendungen für" RHB-Stoffe und damit die Abweichung von der EU-Richtlinie im Hinblick auf den Grundsatz der Klarheit in gewissem Maße sogar zwingend. Gleiches gilt auch für die Begradigung der Nummerierungsunzulänglichkeiten der EU-Richtlinie.[114]

3.5.1 Aufwendungen für Roh-, Hilfs- und Betriebsstoffe und für bezogene Waren (§ 275 Abs. 2 Nr. 5a)

91 Eine Definition für den Materialaufwand findet sich in den handelsrechtlichen Bestimmungen nicht. Dieser Umstand ermöglicht es, über den Materialverbrauch des Fertigungsbereichs hinaus auch den Materialverbrauch des Forschungs-, Entwicklungs-, Verwaltungs- und Vertriebsbereichs unter Posten Nr. 5a auszuweisen. Alternativ kann dieser auch unter dem Posten „sonstige betriebliche Aufwendungen" ausgewiesen werden. Hierbei handelt es sich jedoch um eine einmalige Ausweisentscheidung, welche in den Folgejahren dem Grundsatz der Stetigkeit unterworfen ist.

92 **Rohstoffe** sind Materialien, die mit oder ohne Bearbeitung als Hauptbestandteil in das Erzeugnis einfließen. Auch Vorprodukte und Fremdbauteile stellen Rohstoffe dar.
Hilfsstoffe sind Erzeugnisbestandteile von untergeordneter mengen- oder wertmäßiger Bedeutung.

---

[113] *Müller/Kreipl*, BC 2016, S. 369.
[114] Sowohl bei der Nummerierungsvorgabe als auch bei der Begriffswahl stimmt die deutsche Richtlinienfassung mit der englischen Sprachfassung überein, so dass ein Übersetzungsfehler ausgeschlossen ist.

Unter die Kategorie **Betriebsstoffe** fallen jene zur Erzeugniserstellung verbrauchten Produkte, die nicht unmittelbar in das Erzeugnis eingehen. Hierzu zählen auch Rohstoffe der Nebenbetriebe (z.B. Lebensmittelvorräte der Kantine) sowie die im Verwaltungs- und Vertriebsbereich eingesetzten Büromaterialien. Abweichend von der ansonsten üblichen Systematisierung der klassischen Betriebswirtschaftslehre stellen **Aufwendungen für bezogenen Strom und vergleichbare Energieaufwendungen** keine Aufwendungen für Betriebsstoffe bzw. Material dar, sondern Aufwendungen für bezogene Leistungen.[115]

Bezogene Waren sind erworbene Erzeugnisse, die **ohne** wesentliche Be- oder Verarbeitung zur Weiterveräußerung bestimmt sind.

Die Höhe der Materialaufwendungen errechnet sich aus dem Anfangsbestand der Eröffnungsbilanz zuzüglich der Zugänge und abzüglich des in der Schlussbilanz ausgewiesenen Endbestands. Entsprechend dieser Wertermittlungskonzeption werden auch Abwertungen als Materialaufwendungen erfasst, soweit sie das übliche Maß nicht überschreiten. Somit beeinflussen auch **unternehmensüblicher** Schwund, Qualitätsverlust sowie rückläufige Marktpreise die Höhe des Materialaufwands. Die Ausweisentscheidung, ob die aufgrund dieser angeführten Gründe vorzunehmenden Abwertungen als Materialaufwand oder anderweitiger Aufwand einzustufen sind, ist von ihrer Höhe abhängig zu machen. Bewegen sich die Wertminderungen auf üblichem Niveau, sind sie als Materialaufwand auszuweisen. Übersteigen sie dieses, folgt daraus ein Ausweis als der Höhe nach unübliche Abschreibungen auf VG des UV.[116]

Verluste aus **mengenmäßigen** Bestandsabgängen (Diebstahl, Brand, Bruch) sind nur als Materialaufwand auszuweisen, soweit sie sich auf unerheblichem Niveau bewegen. Übersteigen sie dieses, ist ein Ausweis als sonstige betriebliche Aufwendung erforderlich, da sich die Position unübliche Abschreibungen lediglich auf die Erfassung von Wertverlusten beziehen und nicht auf mengenmäßige Veränderungen der betreffenden Bilanzpositionen.[117] Die Klassifizierung unüblicher Abschreibungen, die aufgrund ihrer Höhe nicht als Materialaufwand, sondern unter dem Posten Nr. 7b auszuweisen sind, ist an den in den Vorjahren aus denselben Gründen angefallenen Abschreibungen auszurichten.[118]

Zum Materialaufwand hinzuzurechnen sind ferner die Auswirkungen, die sich aus der Änderung von Bewertungsmethoden ergeben.[119]

Der **Aufwand für bezogene Waren** ergibt sich aus dem Anfangsbestand zuzüglich der Zugänge und abzüglich des Endbestands. Für die Zulässigkeit des Aufwandsausweises ist der Verkauf oder die Feststellung eines Abwertungsbedarfs bzw. von (nicht erheblichen) Inventurdifferenzen erforderlich.[120]

Bei Anwendung des **Festwertverfahrens** für die Bewertung der VG des UV entspricht der Materialaufwand dem Wert der laufenden Zugänge sowie den

---

[115] Vgl. ADS, 6. Aufl., § 275 HGB Rz 85.
[116] Vgl. *Schmidt/Peun*, in Beck Bil-Komm., 10. Aufl., 2016, § 275 HGB Rz 120.
[117] Vgl. *Kirsch/Ewelt-Knauer*, in *Baetge/Kirsch/Thiele*, Bilanzrecht, § 275 HGB Rz 115, Stand 12/2015.
[118] Vgl. *Kirsch/Ewelt-Knauer*, in *Baetge/Kirsch/Thiele*, Bilanzrecht, § 275 HGB Rz 114, Stand 112/2015.
[119] Vgl. *Coenenberg/Haller/Schultze*, Jahresabschluss und Jahresabschlussanalyse, 24. Aufl. 2016, S. 545.
[120] Vgl. *Schmidt/Peun*, in Beck Bil-Komm., 10. Aufl., 2016, § 275 HGB Rz 121.

unternehmensüblichen Herauf- und Herabsetzungen des Festwerts. Letzteres ist mit einer Saldierung von Aufwendungen und Erträgen verbunden.
Auch Zugänge des Sachanlagevermögens, das zu Festwerten ausgewiesen wird, dürfen unter Posten Nr. 5a erfasst werden.[121] Für sie wird aber auch ein Ausweis unter den sonstigen betrieblichen Aufwendungen als zulässig erachtet. Mitunter wird auch eine Ausweispflicht als Materialaufwand unterstellt.[122] Erhöhungen von Festwerten des Sachanlagevermögens sind unter Nr. 4 und Herabsetzungen unter Nr. 7a auszuweisen.[123]

3.5.2 Aufwendungen für bezogene Leistungen (§ 275 Abs. 2 Nr. 5b)

97 Aufwendungen für bezogene Leistungen erfordern einen von dem Posten „Aufwendungen für Roh-, Hilfs- und Betriebsstoffe und für bezogene Waren" getrennten Ausweis. Unter diesem Posten sind insb. die in die Herstellung eingeflossenen Fremdleistungen, wie z. B. die von Dritten durchgeführte Lohnverarbeitung oder -bearbeitung von zur Verfügung gestellten Werkstoffen und unfertigen Erzeugnissen zu subsumieren (z. B. Umschmelzen von Metallen, Härten von eigenen Erzeugnissen, Stanzarbeiten).[124] Aber auch die Aufwendungen für fremdbezogene Energie (z. B. Strom, Gas, Fernwärme) und für fremd durchgeführte Produktentwicklungen oder die Inanspruchnahme von Fertigungslizenzen sind hier auszuweisen.[125] Aufgrund ihrer Betriebsstoffeigenschaft kommt für Strom oder Gas allerdings auch ein Ausweis unter Nr. 5a in Betracht.[126] Für Verkehrsbetriebe stellt dies im Hinblick auf den Fahrstrom den Regelfall dar. Auch der Energiebezug durch Versorgungsbetriebe ist als Materialaufwand auszuweisen.

98 Die Aufwandszuordnung zu diesem Posten richtet sich danach, ob es sich um Aufwendungen handelt, die ihrem Wesen nach für die Erzeugung bzw. Be- oder Verarbeitung von Erzeugnissen und Waren angefallen sind oder durch die Erbringung von Dienstleistungen i. S. d. Umsatzerlösdefinition veranlasst sind.[127] Gleichwohl gilt analog zu den Aufwendungen für RHB und für bezogene Waren auch hier, dass für die in den nicht herstellungsbezogenen Funktionsbereichen (z. B. Vertrieb und Verwaltung, F&E) angefallenen Aufwendungen für bezogene Leistungen ein alternativer Ausweis unter dem Posten „sonstige betriebliche Aufwendungen" zulässig ist.[128] Voraussetzung für einen Ausweis bezogener Fremdleistungen als „bezogene Leistungen" ist, dass diese nicht nur in einem losen Zusammenhang zur Leistungserbringung stehen, sondern als ein wesentli-

---

[121] Vgl. WPH Edition, Wirtschaftsprüfung & Rechnungslegung, 15 Aufl., 2017, Abschn. F, Tz 785.
[122] Vgl. *Reiner/Haußer*, in MünchKomm. HGB, 3. Aufl., § 275 Rn 42; *Winzker*, in Beck HdR, B 332, Rz 14, Stand 05/2002.
[123] Vgl. WPH Edition, Wirtschaftsprüfung & Rechnungslegung, 15 Aufl., 2017, Abschn. F, Tz 785.
[124] Vgl. *Kirsch/Ewelt-Knauer*, in *Baetge/Kirsch/Thiele*, Bilanzrecht, § 277 HGB Rz 121, Stand 10/2015.
[125] Vgl. *Schmidt/Peun*, in Beck Bil-Komm., 10. Aufl., 2016, § 275 HGB Rz 122; 1; WPH Edition, Wirtschaftsprüfung & Rechnungslegung, 15. Aufl., 2017, Abschn. F, Tz 787; a. A. hierzu vgl. *Budde*, in Küting/Pfitzer/Weber, HdR, HGB § 275 Rz 53, Stand 05/2017; *Reiner/Haußer*, in MünchKomm. HGB, 3. Aufl., § 275 Rn 45.
[126] Vgl. *Schmidt/Peun*, in Beck Bil-Komm., 10. Aufl., 2016, § 275 HGB Rz 122.
[127] Vgl. *Schmidt/Peun*, in Beck Bil-Komm., 10. Aufl., 2016, § 275 HGB Rz 122.
[128] Vgl. *Kirsch/Ewelt-Knauer*, in *Baetge/Kirsch/Thiele*, Bilanzrecht, § 275 HGB Rz 122, Stand 12/2015.

cher Bestandteil in die Produkte und Dienstleistungen der Unternehmung einfließen, aus denen das Unternehmen seine Umsatzerlöse generiert.[129]

> **Beispiel** 99
> Keine Aufwendungen für bezogene Leistungen stellen Lager- und Transportkosten (soweit nicht Anschaffungsnebenkosten von RHB-Stoffen), Fremdlagerkosten, Prüfungshonorare, Sachversicherungsprämien, Sachverständigenhonorare und Kosten für Werbung dar. Diese entsprechen in ihrem Charakter nicht den Materialkosten und stellen auch keinen prägenden Teil einer auf die Umsatzerlöserzielung abzielenden Dienstleistung dar. Dies mag in vielen Fällen auch für Beratungshonorare und Mieten gelten, kann aber aufgrund der veränderten Umsatzerlösdefinition nicht generalisiert unterstellt werden. So stellen Mieten für Werkswohnungen im Falle der Weitervermietung an die Beschäftigten bezogene Leistungen dar.
> Bei der Erbringung von Baudienstleistungen stellen Dritthonorare für extern bezogene Ingenieurdienstleistungen oder Beratungsleistungen im Rahmen der Bautätigkeit bezogene Leistungen dar. Erzielt das Unternehmen neben den Umsatzerlösen aus der gewöhnlichen Geschäftstätigkeit auch Umsatzerlöse aus der laufenden Unterlizenzierung, so sind die diesen Umsatzerlösen gegenüberstehenden Aufwendungen für die zu tragenden Lizenzgebühren als bezogene Leistungen auszuweisen.[130]

Die Aufwendungen für **Fremdreparaturen** sind unter dem Posten Nr. 5b auszuweisen, sofern diese überwiegend von den Aufwendungen für den Materialverbrauch, anstatt vom Lohnteil, beeinflusst werden. Zwar wird dieser Sachverhalt einer Beurteilung in Einzelfällen nur schwer zugänglich sein, es erweist sich aber als maßgeblich für die Entscheidung, ob ein Ausweis unter Nr. 5b oder unter den „sonstigen betrieblichen Aufwendungen vorzunehmen" ist.[131] 100

Mietaufwendungen, die im Zusammenhang mit der Umsatzerzielung durch Weitervermietung stehen, sind aufgrund der durch das BilRUG geänderten Umsatzerlösdefinition ebenfalls als bezogene Leistungen auszuweisen. 101

3.6 Personalaufwand (§ 275 Abs. 2 Nr. 6)

Der Personalaufwand ist beim GKV unter den Posten „**Löhne und Gehälter**" (§ 275 Abs. 2 Nr. 6a HGB) sowie „soziale Abgaben und Aufwendungen für Altersversorgung und für Unterstützung, davon für Altersversorgung" (§ 275 Abs. 2 Nr. 6b HGB) getrennt auszuweisen und umfasst sämtliche Personalaufwendungen, unabhängig davon, ob es sich um Geld- oder Sachleistungen handelt.[132] Bei Anwendung des UKV bedarf es aufgrund der fehlenden Aufwandsgliederung nach einzelnen Aufwandsarten einer dieser Grundeinteilung folgenden Aufgliederung des Personalaufwands im Anhang (§ 285 Nr. 8b HGB). 102

---

129 Vgl. *Schmidt/Peun*, in Beck Bil-Komm., 10. Aufl., 2016, § 275 HGB Rz 122.
130 Vgl. *Schmidt/Peun*, in Beck Bil-Komm., 10. Aufl., 2016, § 275 HGB Rz 122.
131 Vgl. *Budde*, in *Küting/Pfitzer/Weber*, HdR, HGB § 275 Rz 53a, Stand 05/2017; WPH Edition, Wirtschaftsprüfung & Rechnungslegung, 15. Aufl., 2017, Abschn. F, Tz 787.
132 Vgl. *Winzker*, in Beck HdR, B 333, Rz 17, Stand: 02/2014.

3.6.1 Löhne und Gehälter (§ 275 Abs. 2 Nr. 6a)

103 Als **Löhne und Gehälter** sind sämtliche im abzuschließenden Gj im Rahmen von Dienstverhältnissen angefallenen Löhne und Gehälter für Arbeiter, Angestellte, Auszubildende und Mitglieder des Vorstands bzw. der Geschäftsführung der Unternehmung auszuweisen.[133] Die Ausweispflicht erstreckt sich auf die Bruttobeträge der Löhne und Gehälter (d. h. auf die Beträge vor Abzug der vom Arbeitnehmer zu tragenden Lohnsteuer und Sozialabgaben) und ist unabhängig vom Auszahlungszeitpunkt und der Entgeltform (Geld- oder Sachbezüge). Auch Vergütungen für die aktive Tätigkeit eines phG (natürliche Person) sind unter diesem Posten zu erfassen.[134] Löhne und Gehälter sind somit in dem Gj in der GuV auszuweisen, dem sie wirtschaftlich zuzurechnen sind. Der gesetzlich vorgeschriebene Arbeitgeberanteil zur Sozialversicherung ist hingegen unter dem Posten Nr. 6b auszuweisen.

104 Die periodengerechte Erfassung am Jahresende noch nicht ausgezahlter Löhne und Gehälter ist durch einen Verbindlichkeits- oder Rückstellungsausweis in entsprechender Höhe des Personalaufwands sicherzustellen. Ausweispflicht unter dem Posten Nr. 6a besteht auch für Lohn- und Gehaltsauszahlungen früherer Gj, sofern für diese keine ausreichende Rückstellung gebildet wurde.[135] Für **Vorschuss- und Abschlagszahlungen** auf Löhne und Gehälter kommt aufgrund ihrer fehlenden Aufwandseigenschaft im Zeitpunkt ihrer Zahlung kein Ausweis unter den Personalaufwendungen in Betracht. Vielmehr sind sie als Forderungen des Arbeitgebers an den Arbeitnehmer auszuweisen.

105 Über die tariflich festgelegten oder frei vereinbarten Grundbezüge hinaus sind auch die **Nebenbezüge** als Löhne und Gehälter unter Posten Nr. 6a auszuweisen. Diese stellen die durch das Dienstverhältnis veranlassten über die Grundbezüge hinausgehenden Teile der „Löhne und Gehälter" dar und umfassen sämtliche laufenden oder einmaligen Sonderzahlungen, die aus besonderen Anlässen gewährt werden und der Abgeltung der Arbeitsleistung dienen.[136]

> **Beispiel**
> Als mögliche Nebenbezüge sind vor allem Trennungs- und Aufwandsentschädigungen, Gratifikationen, Provisionen an Angestellte, Löhne für gesetzliche Feiertage, Lohnfortzahlung im Krankheitsfall, Entgelte für Altersteilzeit, Überstundenentlohnung, Schichtzuschläge, Weihnachtsgelder, Urlaubsgelder, Urlaubsabgeltungen, vom Unt übernommene Lohn- und Kirchensteuer, vom Arbeitgeber freiwillig übernommene Arbeitnehmerbeiträge an gesetzliche soziale Versicherungen, Jubiläumszahlungen, Vergütungen für betriebliche Verbesserungsvorschläge und Erfindungen (soweit nicht aktiviert), Tantiemen, Erfolgsbeteiligungen, Wohnungsentschädigungen, Licht- und Wassergeld, Erziehungsbeihilfen, Hausstands- und Kinderzula-

---

[133] Vgl. *Kirsch/Ewelt-Knauer*, in *Baetge/Kirsch/Thiele*, Bilanzrecht, § 275 HGB Rz 131, Stand: 12/2015.
[134] Vgl. *Budde*, in *Küting/Pfitzer/Weber*, HdR, HGB § 275 Rz 55, Stand 05/2017; . WPH Edition, Wirtschaftsprüfung & Rechnungslegung, 15. Aufl., 2017, Abschn. F, Tz 789.
[135] Vgl. *Schmidt/Peun*, in Beck Bil-Komm., 10. Aufl., 2016, § 275 HGB Rz 126.
[136] Vgl. *Winzker*, in Beck HdR, B 333, Rz 17, Stand 02/2014.

> gen und Zahlungen nach dem Vermögensbildungsgesetz zu nennen.[137] Schmutz-, Gefährdungs- und Schwerarbeitzulagen sowie Werkzeuggeld sind ebenfalls als Nebenbezüge zu erfassen.[138]

Nicht unter den Posten Nr. 6a fallen hingegen als sonstige betriebliche Aufwendungen auszuweisende an Arbeitnehmer oder Geschäftsführer geleistete **Auslagenerstattungen**, die nicht der Abgeltung von Leistungen dienen, die im gegenseitigen Leistungsaustausch stehen, sondern der Erstattung von Auslagen, die im Interesse des Unt vorgenommen wurden. 106

> **Beispiel**
> Rückerstattung barer Auslagen, pauschalierter Aufwendungsersatz für Reisen, Verpflegung, Nutzung des eigenen Pkw für Dienstreisen und Übernachtung sind keine Personalaufwendungen.

Abfindungen im Zusammenhang mit der Beendigung von Beschäftigungsverhältnissen, sind als Aufwendungen für Löhne und Gehälter zum Ausweis zu bringen.[139] Ein Ausweis derartiger Zahlungen als sonstiger betrieblicher Aufwand sollte dann vorgenommen werden, wenn es sich um Abfindungen (erhebliche Beträge) aus Sozialplänen oder Vorruhestandsregelungen handelt.[140] Der Ausweis von Aufwendungen, die sich im Zusammenhang mit einem „**Blockmodell für Altersteilzeit**" ergeben, ist von der jeweiligen Ausgangskonstellation abhängig. So erfolgt die Gegenbuchung zur Bildung von Rückstellungen für Erfüllungsrückstände des Arbeitgebers unter dem Posten „Löhne und Gehälter". Der Ausweis von Aufstockungsbeträgen ist hingegen davon abhängig, ob diese als zusätzliche Entlohnung zu betrachten sind und somit ratierlich anzusammeln sind (Löhne und Gehälter) oder vom Wesen her als Abfindungen (sonstige betriebliche Aufwendungen) einzustufen sind.[141] 107

Während regelmäßig gewinnabhängige Vergütungen oder Gewinnbeteiligungen der geschäftsführenden Organe prinzipiell ebenfalls als Löhne und Gehälter auszuweisen sind, gilt dieses nicht für den Ausnahmefall, dass die HV selbst über die Gewinnbeteiligung entscheiden soll, da diese Komponenten dann Teil des Gewinnverwendungsvorschlags sind.[142] Dieses Kriterium ist bspw. bei einer Dividendenabhängigkeit der Gewinnbeteiligung des Vorstands erfüllt.[143] 108

---

137 Vgl. ADS, 6. Aufl., § 275 HGB Rz 104; *Kirsch/Ewelt-Knauer*, in *Baetge/Kirsch/Thiele*, Bilanzrecht, § 275 HGB Rz 135, Stand 12/2015; WPH Edition, Wirtschaftsprüfung & Rechnungslegung, 15. Aufl., 2017, Abschn. F, Tz 789.
138 Vgl. *Winzker*, in Beck HdR, B 333, Rz 17, Stand 02/2014.
139 Eine Notwendigkeit zur differenzierten Ausweisentscheidung (Personalaufwand oder sonstiger betrieblicher Aufwand) in Abhängigkeit davon, ob es sich um eine Nachzahlung für geleistete Dienste oder Prämie für das Ausscheiden eines lästigen Mitarbeiters handelt bzw. eine Entschädigung für den Verlust des Arbeitsplatzes handelt, sehen *Schmidt/Peun*, in Beck Bil-Komm., 10. Aufl., 2016, § 275 HGB Rz 131; *Reiner/Haußer*, in MünchKomm. HGB, 3. Aufl., § 275 Rn 49.
140 Vgl. *Budde*, in *Küting/Pfitzer/Weber*, HdR, HGB § 275 Rz 56, Stand 05/2017; *Schmidt/Peun*, in Beck Bil-Komm., 10. Aufl., 2016, § 275 HGB Rz 131; *Reiner/Haußer*, in MünchKomm. HGB, 3. Aufl., § 275 Rn 49.
141 Vgl. IDW RS HFA 3, Tz 29.
142 Vgl. *Reiner/Haußer*, in MünchKomm. HGB, 3. Aufl., § 275 Rn 50.
143 Vgl. *Schmidt/Peun*, in Beck Bil-Komm., 10. Aufl., 2016, § 275 HGB Rz 129.

109 Die Bezüge von Aufsichtsräten und Beiräten sind als „sonstige betriebliche Aufwendungen" auszuweisen. Ein Ausweis unter dem Posten Nr. 6 kommt nicht in Betracht, da Aufsichtsräte nicht in einem dienstvertraglichen Anstellungsverhältnis stehen.[144]

110 Für die **wertmäßige Erfassung von Sachleistungen** sollte der vom Mitarbeiter für diese Leistung ansonsten am Markt zu entrichtende Preis oder der vom Unt für diese Leistung ansonsten am Markt erzielbare Preis herangezogen werden. Gegen die Wertbestimmung auf Basis lohnsteuerrechtlicher Bestimmungen bestehen keine Einwände.[145] Dabei sind in der Buchhaltung die lohnsteuerlichen Sachbezugswerte unter dem Posten Nr. 6a zu erfassen und gleichzeitig durch eine Gegenbuchung mittels des Postens sonstige betriebliche Erträge zu neutralisieren.

> **Buchungsbeispiel**
> Buchhalterische Erfassung eines geldwerten Vorteils
>
> **Beispiel 2**
> Ein Angestellter erhält zzgl. zu seinem Bruttogehalt von 2.925,00 EUR eine Werkswohnung zur Miete i.H.v. 500 EUR (geldwerter Vorteil: 350 EUR). Daraus folgt: steuer- und sozialversicherungspflichtiges Gehalt: 3.275,00 EUR; Steuern: 370,10 EUR; AN-Anteil SV: 668,90 EUR.
>
> | Konto | Soll | Haben |
> |---|---|---|
> | Gehälter | 3.275,00 | |
> | FB-Verbindlichkeiten | | 370,10 |
> | SV-Verbindlichkeiten | | 668,90 |
> | Mieterträge | | 500,00 |
> | sonst. betr. Erträge | | 350,00 |
> | Bank | | 1.386,00 |

3.6.2 Soziale Abgaben und Aufwendungen für Altersversorgung und für Unterstützung, davon für Altersversorgung (§ 275 Abs. 2 Nr. 6b)

111 Unter dem Posten „soziale Abgaben und Aufwendungen für Altersversorgung und für Unterstützung" sind die vom Arbeitgeber zu tragenden gesetzlichen Pflichtabgaben auszuweisen.

3.6.2.1 Soziale Abgaben

112 Als **soziale Abgaben** sind vor allem die **gesetzlich vorgeschriebenen Sozialversicherungsbeiträge** des Arbeitgebers (Renten-, Kranken-, Pflege- und Arbeitslosenversicherung, Knappschaft), Beiträge an die Berufsgenossenschaft und Umlagen für Insolvenzgeld, zu denen der Arbeitgeber gesetzlich verpflichtet ist, auszuweisen. Nicht unter Posten Nr. 6b, sondern Nr. 6a sind vom Arbeitgeber aufgrund eines Tarifvertrags bzw. einer Betriebsvereinbarung gewährte Beiträge zu gesetzlichen Sozialeinrichtungen und im Krankheitsfall an Betriebsangehö-

---

[144] Vgl. *Reiner/Haußer*, in MünchKomm. HGB, 3. Aufl., § 275 Rn 52.
[145] Vgl. *Budde*, in *Küting/Pfitzer/Weber*, HdR, HGB § 275 Rz 56a, Stand 05/2017.

rige weitergezahlte Bezüge auszuweisen.[146] Vom Arbeitgeber freiwillig übernommene Pflichtbeträge sind hingegen hier auszuweisen.[147] Der Ausweis von Firmenbeiträgen zur befreienden Lebensversicherung unter Posten Nr. 6b wird als zulässig erachtet, wenn diese anstelle gesetzlicher Pflichtabgaben gezahlt werden.[148] Für die **Schwerbehindertenausgleichsabgabe** ist ein Ausweis unter Nr. 6b möglich;[149] ihr Ausweis kann aber auch unter den sonstigen betrieblichen Aufwendungen erfolgen.[150] Wie bei den Löhnen und Gehältern orientiert sich die Zuordnung der sozialen Abgaben und Aufwendungen für Altersversorgung und für Unterstützung zu den Gj an dem Kriterium der wirtschaftlichen Verursachung und nicht an dem Zahlungszeitpunkt.

3.6.2.2 Aufwendungen für Unterstützung

Bei **Aufwendungen für Unterstützung** handelt es sich um aus sozialen Gründen gewährte Zuwendungen an aktive und ehemalige Betriebsangehörige sowie deren Hinterbliebene, die in einer Sondersituation Ausgleichsbedürfnisse decken und **ohne konkrete Gegenleistung** des Zahlungsempfängers oder seines Rechtsvorgängers gezahlt werden. Diese Ausweiskriterien werden vor allem von freiwilligen Unterstützungszahlungen bei Krankheit, Unfall, Kur- und Krankenhausaufhalten sowie von Arztkostenzuschüssen, Deputaten an Pensionäre oder deren Witwen, Erholungsbeihilfen, Familienfürsorgezahlungen, Hausbrandzuschüssen oder Heirats- und Geburtsbeihilfen erfüllt.[151] Auch Zahlungen zum Zweck der Unterstützung an rechtlich selbstständige Sozialkassen und Unterstützungseinrichtungen des Arbeitgebers sind hier auszuweisen.[152]

113

3.6.2.3 Aufwendungen für Altersversorgung

Die in Posten Nr. 6b enthaltenen **Aufwendungen für Altersversorgung** bedürfen eines gesonderten Ausweises durch einen „Davon"-Vermerk, sofern sich diese Angabe nicht dem Anhang entnehmen lässt.

114

> **Beispiel**
> Zu den Aufwendungen für Altersversorgung zählen Pensionszahlungen mit oder ohne Rechtsanspruch (sofern diese nicht erfolgsneutral zulasten der Pensionsrückstellungen gebucht werden), sämtliche Zuführungen zu den Pensionsrückstellungen, die sich nicht auf den Zinsanteil erstrecken, Zuweisungen zu rechtlich selbstständigen Versorgungseinrichtungen (Unterstüt-

---

[146] Vgl. *ADS*, 6. Aufl., § 275 HGB Rz 115; WPH Edition, Wirtschaftsprüfung & Rechnungslegung, 15. Aufl., 2017, Abschn. F, Tz 797; a. A. *Budde*, in *Küting/Pfitzer/Weber*, HdR, HGB § 275 Rz 59a, Stand 05/2017.
[147] Vgl. *Winzker*, in Beck HdR, B 333, Rz 39, Stand 02/2014.
[148] Vgl. *Winzker*, in Beck HdR, B 333, Rz 39, Stand 02/2014; WPH Edition, Wirtschaftsprüfung & Rechnungslegung, 15. Aufl., 2017, Abschn. F, Tz 793.
[149] Vgl. *Schmidt/Peun* in Beck Bil-Komm., 10. Aufl., 2016, § 275 HGB Rz 133.
[150] Vgl. *Winzker*, in Beck HdR, B 333, Rz 39, Stand 02/2014.
[151] Vgl. *Winzker*, in Beck HdR, B 333, Rz 39, Stand 02/2014; *Reiner/Haußer*, in MünchKomm. HGB, 3. Aufl., § 275 Rn 57; WPH Edition, Wirtschaftsprüfung & Rechnungslegung, 15. Aufl., 2017, Abschn. F, Tz 799.
[152] Vgl. *Schmidt/Peun*, in Beck Bil-Komm., 10. Aufl., 2016, § 275 HGB Rz 136.

> zungs- und Pensionskassen), Beiträge an den Pensionsversicherungsverein sowie andere vom Unt übernommene Altersvorsorgeaufwendungen von Mitarbeitern (Lebensversicherungsprämien, Prämien für Direktversicherungen, sofern dem Arbeitnehmer ein unmittelbarer Leistungsanspruch erwächst und nicht eindeutig eine Entgeltumwandlung darstellen, Zuschüsse zur Weiterversicherung der Arbeitnehmer in der Sozialversicherung).[153]
>
> Effekte aus geänderten Annahmen zum Lohn-, Gehalts- und Rententrend sowie zu den biometrischen Annahmen sind regelmäßig als Aufwendungen für Altersversorgung auszuweisen.[154]

Nicht zu den Aufwendungen für die Altersversorgung gehören hingegen Prämien des Unt zur **Rückdeckung zukünftiger Versorgungsleistungen**. Da diese Prämien das Unt selbst schützen, sind sie unter den sonstigen betrieblichen Aufwendungen auszuweisen.[155]

115 Wurde nach der bis zum 28.5.2009 geltenden Fassung des HGB für den Ausweis der **Zuführungen zu den Pensionsrückstellungen** nach hM sowohl ein Ausweis des gesamten Zuführungsbetrags unter Posten Nr. 6b als auch eine Trennung des Betrags in einen Zinsanteil, der im Finanzergebnis (Posten Nr. 13) auszuweisen ist, und einen sonstigen Anteil, der unter Posten Nr. 6b auszuweisen ist, als zulässig erachtet,[156] so resultiert aus § 253 Abs. 2 Satz 1 HGB i.V.m. § 277 Abs. 5 HGB die Pflicht zum gesonderten Ausweis der Erträge aus Abzinsung unter dem Posten „Sonstige Zinsen und ähnliche Erträge" (§ 275 Abs. 2 Nr. 11, Abs. 3 Nr. 10 HGB) und der Aufwendungen unter dem Posten „Zinsen und ähnliche Aufwendungen" (§ 275 Abs. 2 Nr. 13, Abs. 3 Nr. 12 HGB) im Finanzergebnis. Besondere Beachtung bedarf die Vorgabe des § 246 Abs. 2 Satz 2 HGB, der eine Verrechnung der Aufwendungen und Erträge aus der Abzinsung und dem zu verrechnenden Vermögen fordert (§ 246 Rz 115 ff.).[157] Aus dem Vergleich zwischen dem Regierungsentwurf und endgültigen Gesetzesbeschluss ergibt sich, dass eine Verrechnung von Personal- und Zinsaufwand hingegen unzulässig ist. Diese Vorgabe trägt dem Umstand Rechnung, dass nur eine Aufwandsverrechnung mit Erträgen aus der Erhöhung des Zeitwerts bereits erworbener Ansprüche sachgerecht ist.

Erträge und Aufwendungen aus **Zinssatzänderungen** sind wahlweise einheitlich innerhalb des operativen Ergebnisbereichs unter Nr. 4 bzw. Nr. 6b oder innerhalb des Finanzergebnisbereichs unter der Nr. 11 bzw. Nr. 13 auszuweisen.[158] Ein getrennter Ausweis der Effekte aus der Aufzinsung und Zinssatzänderung ist nicht erforderlich, dient gleichwohl aber der Transparenz.[159] Im Falle der Saldierung sind im Anhang die verrechneten Aufwendungen und Erträge anzugeben (§ 285 Nr. 25 1. Hs. HGB)

---

[153] Vgl. *Schmidt/Peun* in Beck Bil-Komm., 10. Aufl., 2016, § 275 HGB Rz 135.
[154] Vgl. IDW, RS HFA 30, Tz 388.
[155] Vgl. *Kirsch/Ewelt-Knauer*, in *Baetge/Kirsch/Thiele*, Bilanzrecht, § 275 HGB Rz 145, Stand 12/2015.
[156] Vgl. ADS, 6. Aufl., § 275 HGB Rz 121.
[157] Vgl. *Küting/Kessler/Kessler*, WPg 2008, S. 754.
[158] Vgl. WPH Edition, Wirtschaftsprüfung & Rechnungslegung, 15 Aufl., 2017, Abschn. F, 2017, Rz 798; IDW, IDW RS HFA 30, Tz 388.
[159] Vgl. *Kessler/Leinen/Strickmann*, BilMoG-RegE 2008, S. 167.

Die i.w.S. ebenfalls zum Personalaufwand zählenden **freiwilligen sonstigen Sozialleistungen** ohne Gegenleistungscharakter (z.B. Aufwendungen für Betriebsärzte, Erholungsheime oder Betriebsfeiern) sind unter dem Posten „sonstige betriebliche Aufwendungen" auszuweisen. Ein Ausweis als Personalaufwand kommt nicht in Betracht.[160]

116

3.6.2.4 Erfassung der durch BilMoG bedingten Änderungen der Bilanzierung von Pensionsrückstellungen

Aufwendungen, die sich aus dem Wahlrecht gem. Art. 67 Abs. 1 Satz 1 EGHGB ergeben (s. Art. 67 EGHGB Rz 8 ff.), sind gem Art. 75 Abs. 5 EGHGB nicht als Aufwendungen für die Altersversorgung, sondern innerhalb der Position „sonstige betriebliche Aufwendungen" als „Aufwendungen nach Artikel 67 Abs. 1 und 2 EGHGB" gesondert auszuweisen (§ 277 Rz 31).

117

Erträge aus diesem Wahlrecht sind als „Erträge nach Artikel 67 Abs. 1 und 2 EGHGB" gesondert innerhalb der sonstigen betrieblichen Erträge anzugeben (Art. 75 Abs. 5 EGHGB).

118

3.7 Abschreibungen (§ 275 Abs. 2 Nr. 7)

Für das GKV fordert § 275 Abs. 2 Nr. 7 HGB einen nach AV und UV getrennten Ausweis der **Abschreibungen** mit der Unterteilung in:
- Abschreibungen auf immaterielle VG des AV und Sachanlagen sowie
- Abschreibungen auf VG des UV, soweit diese die in der KapG üblichen Abschreibungen überschreiten.

119

3.7.1 Abschreibungen auf immaterielle Vermögensgegenstände des Anlagevermögens und Sachanlagen (§ 275 Abs. 2 Nr. 7a)

Unter dem Posten Nr. 7a sind sämtliche handelsrechtlichen planmäßigen und außerplanmäßigen Abschreibungen auf das Sachanlagevermögen und das immaterielle AV (§ 253 Rz 161 ff. HGB) zu erfassen. Abschreibungen auf **Finanzanlagen** sind dagegen weder unter Posten Nr. 7a noch Nr. 7b, sondern unter Posten Nr. 12 auszuweisen. Allein auf steuerrechtlichen Vorschriften beruhende Abschreibungen dürfen weder unter Posten Nr. 7 noch unter einem anderen Posten der handelsrechtlichen GuV ausgewiesen werden. Aufgrund des Saldierungsverbots des § 246 Abs. 2 HGB ist eine Aufrechnung mit möglichen Zuschreibungen auf Vermögensgegenstände des Sachanlagevermögens und des immateriellen Vermögens unzulässig. Diese sind stattdessen als sonstige betriebliche Erträge zu erfassen.

120

Zur Vermeidung eines aus dem gemeinsamen Ausweis planmäßiger und außerplanmäßiger Abschreibungen drohenden Informationsverlusts sieht § 277 Absatz 3 Satz 1 HGB eine **gesonderte Ausweispflicht der außerplanmäßigen Abschreibungen** in Form eines Vorspaltenvermerks, eines eigenen GuV-Postens oder einer Anhangangabe vor (§ 277 Rz 7f.). Über die klassischen planmäßigen und außerplanmäßigen Abschreibungen hinaus stellen auch Herabsetzungen von

121

---

[160] Vgl. ADS, 6. Aufl., § 275 HGB Rz 123a.

Festwerten des Sachanlagevermögens Wertminderungen dar, die unter dem Posten Nr. 7a auszuweisen sind.[161]

122 Die Pflicht zur Aufwandserfassung der Periodenabschreibungen in der GuV besteht losgelöst vom Verbleib des VG im Unt und erstreckt sich somit auch auf abnutzbare Vermögenswerte, die am Gj-Ende bereits abgegangen sind. Dies gilt auch für die **Poolabschreibungen** von GWG (§ 6 Abs. 2a EStG), gegen deren Übernahme in den handelsrechtlichen Jahresabschluss gem. der Begründung des BilMoG keine Bedenken bestehen.[162] Eine Pflicht zur Übernahme dieser steuerrechtlichen Bewertungsvorgabe besteht gleichwohl nicht (§ 253 Rz 202 ff.), zumal inzwischen alternativ auch wieder die Altregelung mit einer Möglichkeit zur Sofortabschreibung für GWG bis zur Wertgrenze von 410 EUR steuerrechtlich zulässig ist.[163]

123 Beim GKV gilt zu beachten, dass die im Anhang (Anlagegitter) oder in der Bilanz ausgewiesenen Jahresabschreibungen (§ 268 Abs. 2 Satz 3 HGB) in Summe mit den unter dem Posten Nr. 7a und den in Posten Nr. 16 enthaltenen Abschreibungen übereinstimmen müssen.[164]

3.7.2 Abschreibungen auf VG des UV, soweit diese die in der KapG üblichen Abschreibungen überschreiten (§ 275 Abs. 2 Nr. 7b)

124 Unter diesem Posten sind Abschreibungen auf das UV gem. § 253 Abs. 4 HGB auszuweisen, die den üblichen Umfang der Abschreibungen auf Gegenstände des UV wesentlich übersteigen (§ 253 Rz 277 ff.). D. h., lediglich die Mehrabschreibungen sind hier zu erfassen.

Abschreibungen für Wertpapiere des Umlaufvermögens sind auch im Falle einer gegebenen Unüblichkeit nicht unter Nr. 7b, sondern in voller Höhe unter Nr. 12 auszuweisen.[165]

125 In ihrer Höhe übliche Abschreibungen auf VG des UV sind nach folgendem Grundschema unter der dem jeweiligen VG zugeordneten Aufwandsart zu erfassen.[166]

Vermögensgegenstand	GuV-Posten (GKV) zur Erfassung der üblichen Abschreibungen
Forderungen und sonstige Vermögensgegenstände, flüssige Mittel	Nr. 8 („sonstige betriebliche Aufwendungen")
Roh-, Hilfs- und Betriebsstoffe, bezogene Waren	Nr. 5a („Aufwendungen für Roh-, Hilfs- und Betriebsstoffe und für bezogene Waren")

---

161 Vgl. WPH Edition, Wirtschaftsprüfung & Rechnungslegung, 15. Aufl., 2017, Abschn. F, Tz 801.
162 Vgl. BilMoG-BgrRegE, S. 38.
163 Zur Anwendung in der Praxis s. *Lange/Kreipl/Müller* in Haufe HGB Bilanz Kommentar Erfahrungsbericht BilMoG, 2012, Rz 176 ff.
164 Vgl. ADS, 6. Aufl., § 275 HGB Rz 124.
165 Vgl. ADS, 6. Aufl., § 275 HGB Rz 169; *Kirsch/Ewelt-Knauer*, in *Baetge/Kirsch/Thiele*, Bilanzrecht, § 275 HGB Rz 165, Stand 12/2015; *Schmidt/Peun*, in Beck Bil-Komm., 10. Aufl. 2016, § 275 HGB Rz 143; WPH Edition, Wirtschaftsprüfung & Rechnungslegung, 15 Aufl., 2017, Abschn. F, Tz 803.
166 Vgl. *ADS*, 6. Aufl., § 275 HGB Rz 130; WPH Edition, Wirtschaftsprüfung & Rechnungslegung, 15 Aufl., 2017, Abschn. F, Tz 803.

Vermögensgegenstand	GuV-Posten (GKV) zur Erfassung der üblichen Abschreibungen
unfertige und fertige Erzeugnisse, unfertige Leistungen	Nr. 2 („Erhöhung oder Verminderung des Bestands an fertigen und unfertigen Erzeugnissen")
Wertpapiere des Umlaufvermögens	Nr. 12 („Abschreibungen auf Finanzanlagen und auf Wertpapiere des Umlaufvermögens")

Tab. 1: Ausweis der üblichen Abschreibungen auf Vermögensgegenstände des Umlaufvermögens

Anhaltspunkte für die Entscheidung, ab welcher Höhe sich Abschreibungen im üblichen Rahmen bewegen oder diesen überschreiten, bzw. ab wann die jeweiligen Abschreibungen ihrem Wesen nach als unüblich einzustufen sind, werden weder im Gesetz noch in dessen ergänzenden Begründungen oder der 4. EG-RL bzw. der RL 2013/34/EU genannt. Im Schrifttum werden hierzu unterschiedliche Lösungsansätze diskutiert. Eine hM lässt sich bislang allerdings nicht konstatieren. 126

Entsprechend des Wortlauts ist es naheliegend, für die Bestimmung des üblichen Abschreibungsniveaus ein Vergleich der Summe der **Abschreibungsbeträge des laufenden Gj mit der durchschnittlichen Abschreibungssumme der Vj.** desselben Unt heranzuziehen oder, wenn diese nicht verfügbar ist, die Summe der Abschreibungsbeträge ähnlicher Unt als Vergleichsmaßstab zugrunde zu legen. Als unübliche Abschreibungen werden dabei lediglich wesentliche Abweichungen von den in absoluter oder prozentualer Größenordnung ermittelten Durchschnittswerten der letzten drei bis fünf Jahre eingestuft.[167] Dieses Vorgehen entspricht einer rein betragsorientierten Abgrenzung der Unüblichkeit. 127

Opponenten dieser Begriffsinterpretation verweisen allerdings auf die grundsätzlichen methodischen Mängel einer derartigen Abgrenzungskonzeption. So wird vor allem die implizite Gleichsetzung der Vergangenheitsdaten mit „Normalwerten" kritisiert, die vernachlässigt, dass ein gewisses Wertschwankungsniveau für das UV als normal zu betrachten ist.[168]

Statt von der reinen Betragshöhe kann die Klassfikationsentscheidung auch von dem der Abschreibung zugrunde liegenden Anlass abhängig gemacht werden und damit von dem Umstand, ob die betreffenden Abschreibungen dem Grunde nach in der KapG selten anfallen. 128

Bei Bezugnahme auf diese Abgrenzungskonzeption sind bspw. Niederstwertabschreibungen, die im Zuge von Sanierungen, Betriebsstilllegungen oder Katastrophenfällen erforderlich werden, als Abschreibungen einzustufen, die das bei der Ges. sonst übliche Maß überschreiten . Dies glit bei erheblichen (unübli-

---

[167] Vgl. *Schmidt/Peun* in Beck Bil-Komm., 10. Aufl., 2016, § 275 HGB Rz 145.
[168] Vgl. ADS, 6. Aufl., § 275 HGB Rz 133.

chen) Beträgen auch für die negativen Erfolgsbeiträge, die auf den Übergang auf geänderterte Bewertungsmethoden zurückzuführen sind.[169]

129 Allein aus diesen beiden dargelegten Systematisierungsvoschlägen ergeben sich drei unterschiedliche Abgrenzungsmöglichkeiten.
- Eine rein betragsorientierte Abgrenzung bei welcher lediglich wesentliche Abweichungen in der Betragshöhe zu einem Ausweis als unübliche Abschreibungen führen.
- Eine reine Bemessung der Unüblichkeit daran, ob gemessen an den Erfahrungen und Übungen der KapG bzw. der KapCoGes **ungewöhnliche oder seltene Abschreibungen** vorliegen.
- Eine Kombination der beiden erstgenannten Abgrenzungsmöglichkeiten.

Die Entscheidung über die konkrete Ausgestaltung der Abgrenzungskriterien ist in gewissem Maße unternehmensindividuell für jede Gruppe artgleicher Vermögenswerte einzeln zu treffen.

130 Unabhängig von der konkreten Ausgestaltung der Abgrenzungssystematik ist der Ausweis von Wertminderungen als unübliche Abschreibungen – wie bereits dargelegt – an die Voraussetzung einer gegebenen Wesentlichkeit der hier auszuweisenden Beträge gebunden (**Grundsatz der Wesentlichkeit**).

Die als unüblichen Abschreibungen auszuweisenden Beträge können das Merkmal außergewöhnlicher Aufwendungen erfüllen, eine Ausweisvoraussetzung ist die Außergewöhnlichkeit allerdings nicht.

131 Letztlich ergibt sich aufgrund der dargelegten Abgrenzungskriterien ein gewisser Interpretationsspielraum für eine unternehmensbezogene Begriffsauslegung, die allerdings durch die Beachtung des **Stetigkeitsgrundsatzes**, nach welchem eine einmal gewählte Abgrenzungssystematik beizubehalten ist, eingeschränkt wird.

> **Beispiel**
> Weitere Beispiele für Sachverhalte, die als „Abschreibungen auf VG des UV, soweit diese die in der KapG üblichen Abschreibungen überschreiten" zum Ausweis kommen sind Spitzenbeträge aus der Forderungsabwertung oder Wertberichtigung von Roh-, Hilfs- und Betriebsstoffen sowie fertigen und unfertigen Erzeugnissen.

3.8 Sonstige betriebliche Aufwendungen (§ 275 Abs. 2 Nr. 8)

132 Der Posten „sonstige betriebliche Aufwendungen" stellt einen Sammelposten der GuV dar, in dem alle betrieblichen Aufwendungen auszuweisen sind, die keinem anderen Aufwandsposten des Gliederungsschemas zuzuordnen sind. Der Ausweis unter diesem Posten erfolgt ungeachtet der Regelmäßigkeit und Periodenzugehörigkeit der Aufwendungen oder einer ggf. gegebenen Außergewöhnlichkeit.

133 Als sonstige betriebliche Aufwendungen sind vor allem folgende erfolgswirksame Sachverhalte auszuweisen:

134 - **Verluste aus dem Abgang von VG des AV (einschließlich Finanzanlagen)**, die sich aus Veräußerung, Abbruch, Verschrottung, Unfall und Untergang

---

[169] Vgl. WPH Edition, Wirtschaftsprüfung & Rechnungslegung, 15 Aufl., 2017, Abschn. F, Tz 75.

von VG aufgrund höherer Gewalt ergeben.[170] Ihre Höhe errechnet sich aus der Differenz zwischen Veräußerungserlös und Buchwert bzw. ergibt sich aus dem Buchwert zum Zeitpunkt des Abgangs. Diese Verluste dürfen nicht mit den Erträgen aus Anlageabgängen oder mit erhaltenen Schadensersatzleistungen für **andere** Vermögensgegenstände verrechnet werden (§ 246 Abs. 2 HGB).[171] Da für die Verschrottungsaufwendungen eine Saldierung mit den Verschrottungserlösen des betreffenden VG handelsrechtlich unzulässig ist, sind diese unsaldiert auszuweisen (Rz 84).[172]

- **Verluste aus dem Abgang von VG des UV (außer Vorräten)**, die sich in Gestalt von Kursverlusten bei der Einlösung oder Veräußerung von Fremdwährungsforderungen, Devisenbeständen und Wertpapieren des Umlaufvermögens sowie der Abtretung und Veräußerung von Forderungen unter ihrem Buchwert ergeben.[173] Diese realisierten Verluste **aus der Währungsumrechnung** fallen allerdings nicht unter die Pflicht zum gesonderten Ausweis gem. § 277 Abs. 5 HGB. Vereinzelt wird für Verluste aus dem Abgang von Wertpapieren des Umlaufvermögens ein Ausweis unter einem Posten des Finanzergebnisses gefordert (Rz 175).[174] Plausibel erscheint eine solche alternative Handhabung (bei wesentlichen Beträgen) für einen Ausweis in einem eigenen Posten innerhalb des Finanzergebnisses. Ein Ausweis unter Posten Nr. 12 (Abschreibungen auf Finanzanlagen und Wertpapiere des Umlaufvermögens) ist hingegen abzulehnen. 135

- **Abschreibungen auf Forderungen des UV (inkl. sämtlicher Einzel- und Pauschalwertberichtigungen)**, die den üblichen Rahmen nicht überschreiten. Nicht hier, sondern unter Posten Nr. 12 sind die Pauschalwertberichtigungen und Abschreibungen auf Ausleihungen des FAV auszuweisen. Beim UKV sind die Abschreibungen auf Kundenforderungen und Pauschalwertberichtigungen – wenn auch strittig – unter den Vertriebskosten auszuweisen (Rz 242). 136

- **Laufende sonstige betriebliche Aufwendungen**, die sich beispielhaft aus folgenden Sachverhalten ergeben: 137

> **Beispiele**
> Anwaltskosten, Aufsichtsratsvergütungen, Aufwendungen für Fachliteratur, Ausbildungskosten, Ausgangsfrachten, Auslagenerstattungen an Arbeitnehmer (soweit sie nicht der Abgeltung von Leistungen dienen, die im gegenseitigen Leistungsaustausch stehen), Bankgebühren, Beiträge an Verbände, Beratungskosten, Bewirtungs- und Betreuungskosten, Büromaterial, Druck- und Vervielfältigungskosten, Erbbauzinsen, Gerichtskosten, Gründungskosten, Hauptver-

---

170 Vgl. *Budde*, in *Küting/Pfitzer/Weber*, HdR, HGB § 275 Rz 72, Stand 05/2017.
171 Vgl. *Schmidt/Peun*, in Beck Bil-Komm., 10. Aufl., 2016, § 275 HGB Rz 158.
172 Vgl. *Schmidt/Peun*, in Beck Bil-Komm., 10. Aufl., 2016, § 275 HGB Rz 157.
173 Vgl. *Schmidt/Peun*, in Beck Bil-Komm., 10. Aufl., 2016, § 275 HGB Rz 159; *Reiner/Haußer*, in MünchKomm. HGB, 3. Aufl., § 275 Rn 70.
174 Vgl. *Kirsch/Ewelt-Knauer*, in *Baetge/Kirsch/Thiele*, Bilanzrecht, § 275 HGB Rz 176, 214, Stand 12/2015.

> sammlungskosten, Hausverwaltungskosten, Internetkosten, Kraftfahrzeugkosten (ohne Abschreibungen), Konventionalstrafen, Konzessionsabgaben bei Versorgungsbetrieben, Leasingaufwendungen, Lizenzgebühren (soweit nicht unter Posten Nr. 5b ausgewiesen), Miet- und Pachtaufwendungen, Personaleinstellungskosten, Postaufwendungen, Provisionen, Prüfungskosten, Reklameaufwendungen, Reparaturmaterial, Schutzkleidung, Schwerbeschädigtenausgleichsabgabe (soweit nicht 6b), Sanierungszuschüsse (soweit keine nachträglichen AK), Sozialplankosten, Spenden, Steuerberatungskosten, Transport- und Lagerungsaufwendungen, Umlagen von Obergesellschaften, Verluste aus Arbeitsgemeinschaften, Verluste aus Schadensfällen, Versicherungsprämien, Wartungskosten, Zuschüsse zu Kantinen, Erholungs- und Sportanlagen.[175]

- Sofern sie nicht als Materialaufwand erfasst werden (Rz 96), sind auch **Ersatzbeschaffungen für mittels Festwertverfahren bewertete Vermögensgegenstände** des AV als sonstige betriebliche Aufwendungen auszuweisen.[176]
138 - **Verluste aus mengenmäßigen Bestandsabgängen von Roh-, Hilfs- und Betriebsstoffen** (Brand, Bruch, Diebstahl), die eine erhebliche Höhe erreichen, sind ebenfalls als sonstige betriebliche Aufwendungen auszuweisen (Rz 93).
139 - **Aufwendungen im Zusammenhang mit dem Einsatz von derivativen Finanzinstrumenten** in Industrie- und HandelsUnt, sofern dem Einsatz dieser Instrumente Spekulationszwecke zugrunde liegen oder die Bedingungen zur Anerkennung als Sicherungsgeschäft, und damit zur Bildung einer Bewertungseinheit nicht erfüllt werden.[177] Soweit es sich um Sicherungsgeschäfte handelt, bedarf es der Differenzierung, ob die Aufwendungen aus einer unvollständigen bzw. teilweise unwirksamen Sicherungsbeziehung resultieren oder es sich um sog. wirksame Beträge handelt, die aus einer bilanziellen Erfassung gem. der Durchbuchungsmethode resultieren (§ 254 Rz 55 ff.).[178]
140 - **Materialkosten des Verwaltungs- und Vertriebsbereichs**, die abweichend zur primärkostenorientierten Gliederung des GKV nicht als Materialaufwand ausgewiesen werden (Rz 91).[179]
141 - **Zuführungen zu den sonstigen Rückstellungen** (§ 249 Abs. 1 HGB), für welche die endgültige Aufwandsart noch nicht feststeht (z.B. Garantierückstellungen) oder für die aufgrund ihrer Eigenart keine genauere Zuordnung möglich ist.[180]
142 Strittig ist, ob nicht ertragsabhängige **Betriebssteuern** (z.B. Grundsteuer, Kfz-Steuer) für einen Ausweis unter dem Posten Nr. 8 in Betracht kommen. Zumeist wird sowohl ein Ausweis unter Posten Nr. 8 als auch unter Posten Nr. 19 als

---

[175] Vgl. *Budde*, in *Küting/Pfitzer/Weber*, HdR, HGB § 275 Rz 77, Stand 05/2017; *Schmidt/Peun*, in Beck Bil-Komm., 10. Aufl., 2016, § 275 HGB Rz 171; WPH Edition, Wirtschaftsprüfung & Rechnungslegung, 15. Aufl., 2017, Abschn. F, Tz 805.
[176] Vgl. ADS, 6. Aufl., § 275 HGB Rz 141; WPH Edition, Wirtschaftsprüfung & Rechnungslegung, 15. Aufl., 2017, Abschn. F, Tz 805.
[177] Vgl. *Budde*, in *Küting/Pfitzer/Weber*, HdR, HGB § 275 Rz 76, Stand 05/2017.
[178] Vgl. *Schmidt/Peun*, in Beck Bil-Komm., 10. Aufl., 2016, § 275 HGB Rz 168; *Patek*, KoR 2008, S. 367.
[179] Vgl. *Baetge/Kirsch/Thiele*, Bilanzen, 14. Aufl. 2017, S. 630.
[180] Vgl. WPH Edition, Wirtschaftsprüfung & Rechnungslegung, 15. Aufl., 2017, Abschn. F, Tz 805.

zulässig erachtet.[181] Für einen Ausweis als „sonstige betriebliche Aufwendungen" sprechen betriebswirtschaftliche Gründe und die internationale Praxis. Das vom HGB vorgegebene Gliederungsschema spricht hingegen für einen Ausweis unter Posten Nr. 19 („sonstige Steuern").[182]

Aufwendungen aus der Anwendung des Art. 67 EGHGB sind gesondert anzugeben. 143

Der Posteninhalt der „sonstigen betrieblichen Aufwendungen" des GKV weicht 144
von dem des UKV ab. So werden beim GKV unter diesem Posten die Aufwandsbeträge ausgewiesen, die keiner anderen Aufwandsart zugeordnet werden können, beim UKV hingegen jene Aufwandsbeträge, die keinem der ausgewiesenen Funktionsbereiche zugewiesen werden können (Rz 250).

3.9 Erträge aus Beteiligungen, davon aus verbundenen Unt (§ 275 Abs. 2 Nr. 9)

Als Erträge aus Beteiligungen sind die laufenden Erträge aus Anteilen anderer 145
Unt (Dividenden und vergleichbare Gewinnausschüttungen von KapG, Gewinnanteile von PersG und stillen Beteiligungen) auszuweisen, sofern für die hierzu korrespondierenden Vermögenswerte ein Bilanzausweis auf der Aktivseite i. S d. § 266 Abs. 2 A. III. 1. HGB (verbundene Unt) oder des § 266 Abs. 2 A. III. 3. HGB (Beteiligungen) erfolgt.

Auch Zinsen aus beteiligungsähnlichen Darlehen, deren Bilanzausweis unter dem 146
Posten „Beteiligungen" oder „Anteile an verbundenen Unternehmen" erfolgt, sind unter dem Posten Nr. 9 der GuV zu erfassen.[183] Da derartige Darlehen üblicherweise aber unter den Posten nach § 266 Abs. 2 A. III 2. oder 4. HGB ausgewiesen werden, wird ein GuV-Ausweis dieser Zinsen unter Posten Nr. 10 („Erträge aus anderen Wertpapieren und Ausleihungen des Finanzanlagevermögens, davon aus verbundenen Unt") den Regelfall darstellen.[184]

Ebenso unter Posten Nr. 9 auszuweisen sind **Abschlagszahlungen auf den Bi-** 147
lanzgewinn und etwaige Zwischendividenden (bei der GmbH).[185] Zwar ist auch für verdeckt zugeflossene Erträge von Beteiligungen (z. B. aus Kostenumlagen oder Verrechnungspreisen) zunächst ein solcher Ausweis in Betracht zu ziehen, allerdings sprechen nach hM die hierbei regelmäßig zu konstatierende nicht eindeutige Erfass- und Bezifferbarkeit gegen eine derartige Ausweispraktik, sodass allenfalls

---

[181] Vgl. *Schmidt/Peun*, in Beck Bil-Komm., 10. Aufl., 2016, § 275 HGB Rz 167; *Kirsch/Ewelt-Knauer*, in *Baetge/Kirsch/Thiele*, Bilanzrecht, § 275 HGB Rz 177, Stand 11/2015.
[182] Vgl. *Schmidt/Peun*, in Beck Bil-Komm., 10. Aufl., 2016, § 275 HGB Rz 167.
[183] Vgl. *Budde*, in *Küting/Pfitzer/Weber*, HdR, HGB § 275 Rz 78a, Stand 05/2017; *Kirsch/Ewelt-Knauer*, in *Baetge/Kirsch/Thiele*, Bilanzrecht, § 275 HGB Rz 193, Stand 12/2015.
[184] Vgl. ADS, 6. Aufl., § 275 HGB Rz 145.
[185] Vgl. *Scheffler*, in Beck HdR, B 336, Rz 36, Stand: 11/2012.

148 im Ausnahmefall einer eindeutigen Kriterienlage ein solcher Ausweis in Betracht zu ziehen sein wird.[186] Letztlich erscheint aber auch dieser nicht fachgerecht.[187]
Für **Beteiligungserträge aus verbundenen Unt** i. S. d. § 271 Abs. 2 HGB ist ein auf die Bruttobeträge bezogener gesonderter Ausweis in Gestalt eines „**"Davon-Vermerks**" erforderlich. Maßgeblich für die Beurteilung des Vorliegens der Voraussetzungen zum gesonderten Ausweis ist der Beteiligungsstatus zum Zeitpunkt der Vereinnahmung. Unterjährige Statusänderungen begrenzen den Ausweis der Beteiligungserträge als „Davon"-Vermerk auf den Zeitraum der Klassifizierung der Beteiligung als verbundenes Unt.[188]

149 Aufgrund abweichender Einzelvorschriften sind Erträge auf Basis von **Gewinngemeinschaft, Gewinnabführungs- oder Teilgewinnabführungsvertrag** entweder gesondert unter Posten Nr. 9 oder als separater GuV-Posten auszuweisen (Rz 200 f.). Auch die Angabe eines „Davon"-Vermerks ist zulässig. Mitgliedschaften in eG stellen keine Beteiligung dar, sodass für Dividenden von Genossenschaften ein Ausweis als Beteiligungsbeträge ausscheidet. Da Anteile an Genossenschaften auch keine Wertpapiere oder Ausleihungen des AV darstellen, sind ihre Erträge als sonstiger betrieblicher Ertrag auszuweisen. Als zulässig wird auch ein Ausweis unter Posten Nr. 11 (sonstige Zinsen und ähnliche Erträge) erachtet (Rz 80 ff.; Rz 161).

150 Analog zur Erfassung von **Verlusten aus der Veräußerung von Beteiligungen und verbundenen Unt**, für die ein Ausweis als sonstige betriebliche Aufwendungen vorzunehmen ist, sind nach hM **Erträge aus dem Abgang von Beteiligungen und verbundenen Unt sowie Wertaufholungen** auf die Buchwerte dieser Vermögenswerte als sonstige betriebliche Erträge und nicht als Erträge aus Beteiligungen zu erfassen.[189] Die durchaus anzutreffende gegenteilige Ansicht[190] kann nur im Hinblick auf den getrennten Ausweis unter einem gesonderten Posten als plausibel bezeichnet werden (Rz 87, 135). Dies gilt insbesondere für den Fall, dass die veräußerte Beteiligung seitens des Managements als Finanzanlage betrachtet wurde.

Abschreibungen auf Beteiligungen erfordern gem. § 275 Abs. 2 Nr. 12 HGB einen gesonderten Ausweis.

151 Der Ausweis der Erträge aus Beteiligungen ist auf **Bruttobasis** vorzunehmen. Eine **Saldierung der Erträge aus Beteiligungen mit Verlusten und Abschreibungen** auf Finanzanlagen oder Wertpapiere des UV ist ebenso **untersagt** wie der Abzug der von der ausschüttenden Ges. einbehaltenen KapSt und anrechenbaren ausländischen Steuern.[191] Die einbehaltene KapSt ist als Steueraufwand unter dem GuV-Posten Nr. 14 („Steuern vom Einkommen und vom Ertrag") auszuweisen. Für Sachdividenden bedarf es einer vorsichtigen Schätzung ihres

---

[186] Vgl. ADS, 6. Aufl., § 275 HGB Rz 147; *Schmidt/Peun* in Beck Bil-Komm., 10. Aufl., 2016, § 275 HGB Rz 179; *Scheffler*, in Beck HdR, B 336, Rz 39, Stand 11/2012; WPH Edition, Wirtschaftsprüfung & Rechnungslegung, 15. Aufl., 2017, Abschn. F, Tz 811.
[187] Vgl. *Reiner/Haußer*, in MünchKomm. HGB, 3. Aufl., § 275 Rn 75. Sie erachten einen generellen Ausweis unter den Posten Nr. 1 oder Nr. 11 als notwendig.
[188] Vgl. *Schmidt/Peun*, in Beck Bil-Komm., 10. Aufl., 2016, § 275 HGB Rz 175.
[189] Vgl. *Reiner/Haußer*, in MünchKomm. HGB, 3. Aufl., § 275 Rn 75.
[190] Vgl. *Baetge/Kirsch/Thiele*, Bilanzen, 14. Aufl., 2017, S. 635; *Schmidt/Peun*, in Beck Bil-Komm., 10. Aufl., 2016, § 275 HGB Rz 180; *Kirsch/Ewelt*, in *Baetge/Kirsch/Thiele*, Bilanzrecht, § 275 HGB Rz 194, Stand 12/2015.
[191] Vgl. *Reiner/Haußer*, in MünchKomm. HGB, 3. Aufl., § 275 Rn 80.

Zeitwertes. Für steuerfreie Ober-Ges. und steuerfreie Unterstützungskassen oder Pensionskassen findet der Bruttoausweis, soweit kein Erstattungsanspruch besteht, keine Anwendung.[192] Personengesellschaften erfassen die KapSt bei Zugang des Beteiligungsertrages als Entnahme.[193]

Der Zeitpunkt, an dem der Rechtsanspruch auf Ausschüttung entstanden ist, bestimmt den **Ansatzzeitpunkt**. Bei **PersG** wird gem. einer **wirtschaftlichen Betrachtungsweise** unterstellt, dass der Gewinnanteil den Gesellschaftern einer PersG i.d.R. bereits zum Schlusstag des Gj dieser Ges. zusteht, auf welches sich dieser erstreckt; unabhängig von der tatsächlichen Vornahme einer Gewinnausschüttung.[194] Der konkret zu erfassende Betrag steht allerdings erst mit Feststellung des Jahresabschlusses der betreffenden PersG fest. Bei noch ausstehender Feststellung des Jahresabschlusses ist eine hinreichende Konkretisierung der Gewinnansprüche in Gestalt einer Bestimmbarkeit der Höhe nach als gegeben zu betrachten und ein Ausweis der Beteiligungserträge vorzunehmen. Eine solche Bestimmbarkeit liegt vor, sofern innerhalb des Wertaufhellungszeitraums des Jahresabschlusses des Gesellschafters die wesentlichen Bilanzierungs- und Bewertungsentscheidungen bereits verbindlich getroffen worden sind.[195] Abweichende Ausweiserfordernisse ergeben sich jedoch für den Fall, dass die Gewinnverfügung ohne Gesellschafterbeschluss aufgrund gesetzlicher Bestimmungen oder vertraglicher Vereinbarungen untersagt ist.[196]

152

Bei der Beteiligung an einer **KapG** fällt der Ansatzzeitpunkt hingegen mit dem Tag des entsprechenden Ausschüttungsbeschlusses der HV oder Gesellschafterversammlung zusammen (§ 174 AktG bzw. §§ 29, 46 Nr. 1 GmbHG). Abweichend hiervon besteht bei einer 100 %-Beteiligung an einem TU in der Rechtsform einer KapG nach dem BGH-Urteil vom 12.1.1998[197] für die Beteiligungserträge die Pflicht zur Gewinnerfassung in dem Jahr, in welchem das Tochterunternehmen den Gewinn erzielt hat. Dies gilt zumindest unter den Voraussetzungen, dass die Gj von MU und TU identisch sind, der Jahresabschluss des TU ein den tatsächlichen Verhältnissen entsprechendes Bild der Vermögens-, Finanz- und Ertragslage vermittelt, der Jahresabschluss des TU zeitlich vor dem des MU festgestellt wird und die Gewinnverwendung des TU vor Abschluss der Jahresabschlussprüfung des MU beschlossen ist.[198]

153

Bei einer Mehrheitsbeteiligung an einer KapG besteht für das MU eine Pflicht zur phasengleichen Erfassung, sofern es zur Durchsetzung einer bestimmten Gewinnausschüttung in der Lage ist, das Gj des TU nicht nach dem des MU endet, der Jahresabschluss des TU bereits vor Beendigung der Abschlussprüfung festgestellt ist, der Jahresabschluss des TU einen Gewinn ausweist und der Gewinnverwendungsvorschlag bereits vorliegt.[199]

154

---

192 Vgl. *Schmidt/Peun*, in Beck Bil-Komm., 10. Aufl. 2016, § 275 HGB Rz 178.
193 Vgl. IDW RS HFA 7 Tz 31.
194 Vgl. *Reiner/Haußer*, in MünchKomm. HGB, 3. Aufl., § 275 Rn 79; *Scheffler*, in Beck HdR, B 336, Rz 46, Stand 11/2012.
195 Vgl. *Schmidt/Peun*, in Beck Bil-Komm., 10. Aufl., 2016, § 275 HGB Rz 177.
196 Vgl. IDW RS HFA 18, Tz. 14, WPg 2006, S. 1302.
197 Vgl. BGH, Urteil v. 12.1.1998, WPg 1998 S. 635.
198 Vgl. *Kirsch/Ewelt-Knauer*, in *Baetge/Kirsch/Thiele*, Bilanzrecht, § 275 HGB Rz 195, Stand 12/2015; *Reiner/Haußer*, in MünchKomm. HGB, 3. Aufl., § 275 Rn 78.
199 *Kirsch/Ewelt-Knauer*, in *Baetge/Kirsch/Thiele*, Bilanzrecht, § 275 HGB Rz 195, Stand: 12/2015; *Schubert/Waubke*, in Beck Bil-Komm., 10. Aufl., 2016, § 266 HGB Rz 120.

3.10 Erträge aus anderen Wertpapieren und Ausleihungen des FAV, davon aus verbundenen Unt (§ 275 Abs. 2 Nr. 10)

155 Der Posten „Erträge aus anderen Wertpapieren und Ausleihungen des Finanzanlagevermögens" erfasst die laufenden Erträge der als FAV (§ 266 Abs. 2 A. III. HGB) zum Ausweis gebrachten VG, die nicht als Erträge aus Beteiligungen oder Erträge aus Gewinngemeinschaften, Gewinnabführungs- und Teilgewinnabführungsverträgen gesondert auszuweisen sind. Auch für Erträge aus verbundenen Unt, die keine Beteiligungen i. S. d. § 271 HGB sind, ist ein Ausweis unter Posten Nr. 10 vorzunehmen (Erträge aus Anteilen am MU).[200] Entsprechend der Definition des AV kann es sich jedoch nur um Erträge aus Wertpapieren und Ausleihungen handeln, die dazu bestimmt sind, dem Geschäftsbetrieb dauernd zu dienen (§ 247 Abs. 2 HGB).

156 Der Ausweis der Erträge ist auf **Bruttobasis** vorzunehmen. Eine **Saldierung** mit Aufwendungen für die betreffenden Finanzanlagen oder Wertpapiere ist ebenso **unzulässig** wie der Abzug der von der ausschüttenden Gesellschaft einbehaltenen KapSt und anrechenbaren ausländischen Ertragsteuern.[201]

157 Als Erträge aus anderen Wertpapieren und Ausleihungen des FAV sind Zinserträge, Dividendenerträge und ähnliche Ausschüttungen auf andere Wertpapiere des AV sowie Zinserträge aus Darlehen und sonstigen Ausleihungen des FAV auszuweisen. Des Weiteren sind unter diesem Posten die **periodisch vorzunehmenden Aufzinsungen** langfristiger Ausleihungen beim Gläubiger auszuweisen, deren Bilanzansatz zum Hingabezeitpunkt abgezinst vorgenommen wurde.

> **Beispiel**
> Relevant sind insb. Hypotheken, Grund- und Rentenschulden, deren Bilanzansatz abgezinst erfolgt, sowie die **periodischen Zuschreibungen auf Zero-Bonds**.

Angesichts der aus § 277 Abs. 5 S. 1 HGB resultierenden Verpflichtung, Erträge aus der Abzinsung gesondert (unter Posten Nr. 11) auszuweisen, sollte, sofern dieser getrennte Ausweis der Erträge und Aufwendungen aus Abzinsung auf alle Aktiva und Passiva ausgedehnt wird und diese Erträge nicht unter dem Posten Nr. 11 ausgewiesen werden (§ 277 Rz 15), ein gesonderter Ausweis in Gestalt einer Untergliederung oder eines Anhangvermerks vorgenommen werden.

158 Auch Erträge aus **GmbH-Anteilen**, die weder als Anteile an verbundenen Unt noch als Beteiligungen einzustufen sind, kommen hier zum Ausweis, sofern diese Anteile in der Bilanz als FAV ausgewiesen werden.[202] Ebenso unter Posten Nr. 10 auszuweisen sind **Erträge aus Genussrechten**, sofern sie als FAV ausgewiesen werden.[203]

---

[200] Vgl. Kirsch/Ewelt-Knauer, in Baetge/Kirsch/Thiele, Bilanzrecht, § 275 HGB Rz 201, Stand: 12/2015.
[201] Vgl. Kirsch/Ewelt-Knauer, in Baetge/Kirsch/Thiele, Bilanzrecht, § 275 HGB Rz 206, Stand 12/2015.
[202] Vgl. WPH Edition, Wirtschaftsprüfung & Rechnungslegung, 15. Aufl., 2017, Abschn. F, Tz 819.
[203] Vgl. ADS, 6. Aufl., § 275 HGB Rz 155; Reiner/Haußer, in MünchKomm. HGB, 3. Aufl., § 275 Rn 81.

Erträge aus Finanzanlagen bei verbundenen Unt, wie z.B. Zinsen für Darlehensforderungen des FAV, sind in Gestalt eines **„Davon-Vermerks"** gesondert auszuweisen. **159**

Erträge aus dem Verkauf von **Bezugsrechten** sind ebenso unter den sonstigen betrieblichen Erträgen auszuweisen wie Verkaufsgewinne aus Wertpapieren des FAV und Erträge aus Zuschreibungen zu anderen Wertpapieren und Ausleihungen des FAV.[204] Aufwendungen für negative Zinsen auf Bankeinlagen (sog. Strafzinsen) dürfen als negativer Zinsertrag in Gestalt eines Vorspaltenausweises offen unter Posten Nr. 11 abgesetzt werden.[205] **160**

Erträge aus Wertpapieren des UV sind unter dem Posten Nr. 11 (sonstige Zinsen und ähnliche Erträge) auszuweisen.[206] Anteile an eingetragenen Genossenschaften stellen keine Wertpapiere und keine Ausleihungen dar. Sie sind in der Bilanz als sonstige VG auszuweisen, sodass ihre Erträge als sonstige betriebliche Erträge und nicht unter Posten Nr. 9 bzw. Posten Nr. 10 zu erfassen sind.[207] Als zulässig wird auch ein Ausweis unter Nr. 11 (sonstige Zinsen und ähnliche Erträge) erachtet (Rz 149). **161**

Für die zeitliche Erfassung ist bei Dividenden der Zeitpunkt der Entstehung des Rechtsanspruchs maßgeblich. Zinserträge bedürfen einer zeitanteiligen Abgrenzung, sodass sowohl eine antizipative Abgrenzung als auch die Auflösung passivischer transitorischer RAP erforderlich sind.[208] **162**

3.11 Sonstige Zinsen und ähnliche Erträge, davon aus verbundenen Unt (§ 275 Abs. 2 Nr. 11)

Unter diesem Posten sind alle laufenden Erträge (des Finanzbereichs) auf Bruttobasis auszuweisen, die nicht bereits unter den Posten Nr. 9 oder Nr. 10 ausgewiesen werden. Das obligatorisch zu beachtende **Saldierungsverbot** (§ 246 Abs. 2 HGB) verbietet eine Verrechnung der Zinserträge mit den Zinsaufwendungen. Dies gilt auch bei Aufwendungen aus Sollzinsen und Erträgen aus Habenzinsen gegenüber demselben Kreditinstitut. Eine Saldierung ist dabei selbst dann unzulässig, wenn während eines Gj durch abwechselnd ausgewiesene Soll- und Habensalden desselben Bankkontos sowohl Sollzinsen als auch Habenzinsen angefallen sind.[209] **163**

Jedoch ist insgesamt eine zu enge Auslegung des Saldierungsverbots abzulehnen und im Fall eindeutig durchlaufender Posten eine Verrechnung von in gleicher Höhe angefallenen Zinserträgen und -aufwendungen als zulässig zu erachten. **164**

---

[204] Vgl. *Reiner/Haußer*, in MünchKomm. HGB, § 275 Rn 80. A. A. *Kirsch/Ewelt-Knauer*, in *Baetge/Kirsch/Thiele*, Bilanzrecht, § 275 HGB Rz 205, Stand: 12/2015. Sie fordern einen Ausweis unter Posten Nr. 10 (GKV) bzw. Nr. 9 (UKV).
[205] Vgl. *Schmidt/Peun*, in Beck Bil-Komm., 10. Aufl., 2016, § 275 HGB Rz 193; WPH Edition, Wirtschaftsprüfung & Rechnungslegung, 15. Aufl., 2017, Abschn. F, Tz 825.
[206] Vgl. *Schmidt/Peun*, in Beck Bil-Komm., 10. Aufl., 2016, § 275 HGB Rz 186.
[207] Vgl. *Schmidt/Peun*, in Beck Bil-Komm., 10. Aufl., 2016, § 275 HGB Rz 187; A.A. *Kirsch*, in *Federmann/Kußmaul/Müller*, HdB, Gewinn- und Verlustrechnung nach HGB, Rz 149, Stand 12/2015; *Kirsch/Ewelt-Knauer*, in *Baetge/Kirsch/Thiele*, Bilanzrecht, § 275 HGB Rz 203, Stand 12/2015.
[208] Vgl. *Kirsch* in *Federmann/Kußmaul/Müller*, HdB, Gewinn- und Verlustrechnung nach HGB, Rz 150, Stand 12/2015.
[209] Vgl. WPH Edition, Wirtschaftsprüfung & Rechnungslegung, 15. Aufl., 2017, Abschn. F, Tz 825; *Scheffler*, in Beck HdR, B 336, Rz 36, Stand 11/2012.

Diese Möglichkeit ist vor allem für die Zinserträge und -aufwendungen gegeben, die für innerhalb des Konzerns durchgereichte Kredite anfallen.[210]

165 Aus verbundenen Unt stammende Erträge sind auch hier durch einen **„Davon-Vermerk"** gesondert in einer Summe vor der Hauptspalte anzuführen. Bei einer unterjährigen Statusänderung des verbundenen Unt ist lediglich jenes Ertragsvolumen gesondert auszuweisen, welches auf den Zeitraum entfällt, in dem die Klassifizierungsvoraussetzungen als verbundenes Unt erfüllt wurden.[211]

166
> **Beispiel**
> Als **sonstige Zinsen** sind unter dem Posten Nr. 11 folgende Sachverhalte auszuweisen:
> – Zinserträge aus Bankguthaben, Termingeldern und anderen Einlagen bei Kreditinstituten;
> – Zinserträge aus Genussrechten, Forderungen und Darlehen an Kunden, Mitarbeiter, Lieferanten etc.;
> – Zinsen und Dividenden auf Wertpapiere des Umlaufvermögens;
> – Aufzinsungsbeträge unverzinslicher und niedrigverzinslicher Darlehen und Forderungen, die nicht als Finanzanlagen in der Bilanz ausgewiesen werden (u. a. Erträge aus der Abzinsung des zum Barwert angesetzten Auszahlungsanspruchs nach § 37 Abs. 5 KStG);
> – an Kunden weiterberechnete Diskonterträge aus Wechselforderungen, Verzugszinsen sowie Vorfälligkeitsentschädigungen.[212]

Zuschüsse der öffentlichen Hand sind nicht als sonstige Zinsen und ähnliche Erträge auszuweisen, sondern als sonstige betriebliche Erträge (Rz 80). Allerdings wird für Zinszuschüsse bei periodengerechter Vereinnahmung auch eine Absetzung von den jeweiligen Zinsaufwendungen für zulässig erachtet.[213]

167 Als **zinsähnliche Erträge** sind unter dem Posten Nr. 11 im Zusammenhang mit der Kreditvergabe vereinnahmte Erträge aus Agio, Disagio, Damnum, Aval- und Kreditprovisionen, Kreditgarantien, Teilzahlungszuschlägen, Zins-Swaps, Zinstermin- und Zinsoptionsgeschäften sowie Kreditgebühren zum Ausweis zu bringen, die mit Zinsen vergleichbar sind.[214]

168 Strittig ist der Ausweis nicht ausgenutzter Kundenskonti als sonstige Zinserträge. Während die hM bei üblichen Zahlungszielen aus Wesentlichkeitsaspekten ein Ausweis unter den Umsatzerlösen befürwortet,[215] wird zuweilen auch ein Ausweis nicht ausgenutzter Kundenskonti als sonstige Zinserträge befürwortet, da ansonsten keine klare Trennung im Ausweis von betrieblichem Ergebnis und

---

210 Vgl. *Budde*, in *Küting/Pfitzer/Weber*, HdR, HGB § 275 Rz 81c, Stand 05/2017. Als zweifelhaft aber wohl nicht grundsätzlich unzulässig stufen *Adler/Düring/Schmaltz* (ADS, 6. Aufl., § 275 HGB Rz 160) diese Saldierungsmöglichkeit in diesem Sonderfall ein.
211 Vgl. *Schmidt/Peun*, in Beck Bil-Komm., 10. Aufl., 2016, § 275 HGB Rz 190.
212 Vgl. *Schmidt/Peun*, in Beck Bil-Komm., 10. Aufl. 2016, § 275 HGB Rz 191.
213 Vgl. *Budde*, in *Küting/Pfitzer/Weber*, HdR, HGB § 275 Rz 81b, Stand 05/2017.
214 Vgl. *Kirsch/Ewelt-Knauer*, in *Baetge/Kirsch/Thiele*, Bilanzrecht, § 275 HGB Rz 213, Stand 12/2015; *Reiner/Haußer*, in MünchKomm. HGB, 3. Aufl., § 275 Rn 87; WPH Edition, Wirtschaftsprüfung & Rechnungslegung, 15. Aufl., 2017, Abschn. F, Tz 828.
215 Vgl. *Schmidt/Peun*, in Beck Bil-Komm., 10. Aufl., 2016, § 275 HGB Rz 192; *Reiner/Haußer*, in MünchKomm. HGB, 3. Aufl., § 275 Rn 85; WPH Edition, Wirtschaftsprüfung & Rechnungslegung, 15. Aufl., 2017, Abschn. F, Tz 828.

Finanzergebnis möglich ist.[216] Ein positiver Saldobetrag aus der Verrechnung der Erträge und Aufwendungen aus der Ab- bzw. Aufzinsung von Altersversorgungsrückstellungen mit den ihnen gegenüberstehenden Erträgen und Aufwendungen aus dem Deckungsvermögen (§ 246 Abs. 2 Satz 2 HGB) ist unter Nr. 11 auszuweisen; ein negativer hingegen unter Nr. 13.

Nicht unter dem Posten Nr. 11, sondern als sonstige betriebliche Erträge sind weiter berechnete Gebühren für besondere Leistungen wie bspw. erhaltene Kreditbearbeitungsgebühren, Spesen, Mahnkosten und Erlöse aus dem Verkauf von Bezugsrechten auszuweisen.[217] Ebenfalls als sonstige betriebliche Erträge, und nicht unter dem Posten Nr. 11, sind Erträge aus der Veräußerung und Zuschreibung von Wertpapieren des UV auszuweisen.[218] 169

Für den Fall, dass **als HK zu aktivierende Fremdkapitalzinsen** auf Basis der Bruttomethode als Zinsaufwendungen verbucht wurden (Rz 78), sind die Erträge aus der Aktivierung der Fremdkapitalzinsen (§ 255 Abs. 3 Satz 2 HGB) unter Posten Nr. 2 („Erhöhung oder Verminderung des Bestands an fertigen und unfertigen Erzeugnissen") oder unter dem Posten Nr. 3 („andere aktivierte Eigenleistungen") auszuweisen.[219] Mit Inkrafttreten des BilMoG sind **Erträge aus der Abzinsung** (von Rückstellungen und Verbindlichkeiten) gesondert unter dem Posten Nr. 11 auszuweisen (§ 277 Abs. 5 Satz 1 HGB). Dies betrifft zweifelsfrei die Effekte aus Änderungen der Abzinsungssätze der Rückstellungsbewertung, die allerdings auch im operativen Bereich ausgewiesen werden dürfen (Rz 115). 170

Bei wortgetreuer Auslegung des § 277 Abs. 5 HGB wird jedoch auch ein gesonderter Ausweis der Aufzinsungserträge unverzinslicher und niedrigverzinslicher Darlehen und Forderungen, die nicht dem FAV zuzuordnen sind, unter dem Posten Nr. 11 nicht zu beanstanden sein, da sich entgegen dem Regierungsentwurf aus dem endgültigen Gesetzestext keine Beschränkung der Erträge aus Abzinsung auf Fremdkapitalpositionen ergibt. Diese ist allein der Begründung des Rechtsausschusses zu entnehmen (§ 277 Rz 15 ff.).

3.12 Abschreibungen auf Finanzanlagen und auf Wertpapiere des Umlaufvermögens (§ 275 Abs. 2 Nr. 12)

Dieser Posten dient dem Ausweis aller Abschreibungen des Gj auf Finanzanlagen sowie auf die Wertpapiere des UV, unabhängig davon, ob diese das übliche Maß überschreiten oder nicht. 171

Auch Beträge aus der Bildung und Erhöhung der **Pauschalwertberichtigungen auf Ausleihungen des FAV** sind unter diesem Posten auszuweisen. Der Ausweis unter diesem Posten ist unabhängig vom Abschreibungsgrund vorzunehmen. 172

---

[216] Vgl. *Kirsch*, in *Federmann/Kußmaul/Müller*, HdB, Gewinn- und Verlustrechnung nach HGB, Rz 15, Stand 12/2015; *Kirsch/Ewelt-Knauer*, in *Baetge/Kirsch/Thiele*, Bilanzrecht, § 275 HGB Rz 215, Stand 12/2015.

[217] Vgl. *Budde*, in *Küting/Pfitzer/Weber*, HdR, HGB § 275 Rz 81b, Stand 05/2017; WPH Edition, Wirtschaftsprüfung & Rechnungslegung, 15. Aufl., 2017, Abschn. F, Tz 828.

[218] Dem widersprechen *Kirsch//Ewelt-Knauer*, in *Baetge/Kirsch/Thiele*, Bilanzrecht, § 275 HGB Rz 214, Stand 12/2015.

[219] Vgl. *Scheffler*, in Beck HdR, B 336, Rz 75, Stand 11/2012; WPH Edition, Wirtschaftsprüfung & Rechnungslegung, 15. Aufl., 2017, Abschn. F, Tz 824.

Die Abschreibungen können auf dauernder oder vorübergehender Wertminderung beruhen (§ 253 Abs. 3 HGB).

173 **Abzinsungsbeträge aus unverzinslichen oder niedrig verzinslichen langfristigen Ausleihungen** stellen, wenn diese erst im Rahmen ihrer Folgebewertung nach dem Zugangszeitpunkt aufgrund eines Niederstwerttests abgezinst werden und die Aktivierung i.H.d. gesamten Zugangsbetrags vorgenommen wurde, ihrem Wesen nach Abschreibungen dar, sodass ein Ausweis unter Posten Nr. 12 HGB vorzunehmen ist,[220] allerdings fordert § 277 Abs. 5 HGB den gesonderten Ausweis der Aufwendungen aus Abzinsungen unter dem Posten „Zinsen und ähnliche Aufwendungen", sodass auch dieser begründbar erscheint.

Wurden die Zugänge dieser Ausleihungen zum Zugangszeitpunkt mit dem Barwert erfasst, so ist dann dementsprechend ein Ausweis der hierzu korrespondierenden Abzinsungsaufwendungen unter den sonstigen betrieblichen Aufwendungen vorzunehmen, jedoch ist auch hier gem. § 277 Abs. 5 Satz 1 HGB eine gesonderte Erfassung unter dem Posten „Zinsen und ähnliche Aufwendungen" begründbar.

174 Im Anlagespiegel ist ein Ausweis der Abschreibungen auf die einzelnen Posten des FAV vorzunehmen (§ 284 Abs. 3 HGB).

175 **Verluste aus dem Abgang von Finanzanlagen und Wertpapieren** des UV sind als sonstiger betrieblicher Aufwand auszuweisen. Der vereinzelten gegenläufigen Ausweisforderungen kann hier nur insoweit gefolgt werden,[221] als das ein gesonderter Ausweis derartiger Beträge innerhalb des Finanzergebnisses betriebswirtschaftlich begründbar und im Hinblick auf die damit verbundene Klarheit gangbar erscheint.

3.13 Zinsen und ähnliche Aufwendungen, davon an verbundenen Unternehmen (§ 275 Abs. 2 Nr. 13)

176 Unter diesem Posten sind die im Zusammenhang mit den Fremdkapitalverpflichtungen der Unt stehenden Aufwendungen auszuweisen, unabhängig davon, ob diese Zinsen und zinsähnlichen Aufwendungen einmalig oder regelmäßig anfallen.[222] Der Ausweis ist auf Bruttobasis vorzunehmen, sodass eine Saldierung mit den Zinserträgen nicht erlaubt ist (§ 246 Abs. 2 HGB). Dies gilt auch für die aus Verpflichtungen und Ansprüchen resultierenden Soll- und Habenzinsen gegenüber demselben Kreditinstitut.

177 > **Beispiel**
> Insbesondere sind unter diesem Posten Zinsen für Bankkredite, Hypotheken, Anleihen, Schuldscheindarlehen, Lieferantenkredite, Verzugszinsen, Säumniszuschläge auf verspätete Steuerzahlungen sowie Diskontbeträge für Wechsel und Schecks auszuweisen. Des Weiteren als Zinsaufwendungen und zins-

---

[220] Vgl. WPH Edition, Wirtschaftsprüfung & Rechnungslegung, 15. Aufl., 2017, Abschn. F, Tz 830; Budde, in Küting/Pfitzer/Weber, HdR, HGB § 275 Rz 85, Stand 05/2017; Reiner/Haußer, in MünchKomm. HGB, 3. Aufl., § 275 Rn 92.
[221] Vgl. bspw. Baetge/Kirsch/Thiele, Bilanzen, 14. Aufl. 2017, S. 638; Kirsch/Ewelt-Knauer, in Baetge/Kirsch/Thiele, Bilanzrecht, § 275 HGB Rz 225, Stand 12/2015.
[222] Vgl. Reiner/Haußer, in MünchKomm. HGB, 3. Aufl., § 275 Rn 94.

> ähnliche Aufwendungen auszuweisen sind: Ausschüttungen auf Genussscheine mit Fremdkapitalcharakter, Kreditprovisionen, Überziehungsprovisionen, Bürgschafts- und Avalprovisionen, Verwaltungskostenbeiträge für Hypothekenbanken, Kreditbereitstellungsgebühren, Vermittlungsprovisionen, Besicherungsgebühren sowie Abschreibungen auf ein aktiviertes Agio, Disagio oder Hypothekendamnum.[223] Auch **Zinsanteile der Zuführungen zu Pensionsrückstellungen sowie der Zinsanteil aus der Veränderung des Deckungskapitals** sind unter Beachtung des Saldierungsgebots in diesem Posten auszuweisen.

Mit Inkrafttreten des BilMoG ist der gesonderte Ausweis dieser Abzinsungsaufwendungen sowie der Aufwendungen aus Abzinsung für sämtliche Rückstellungen mit Laufzeit von mehr als einem Jahr erforderlich (§ 277 Abs. 5 Satz 1 HGB; Rz 115). Eine Saldierung mit Erträgen aus der Abzinsung ist grds. unzulässig;[224] unter den Umständen des § 246 Abs. 2 Satz 2 HGB (§ 246 Rz 119) allerdings erforderlich.[225]

Der Ausweis der Aufwendungen eines **Disagios** unter diesem Posten ist unabhängig davon vorzunehmen, ob eine regelmäßige Abschreibung oder eine einmalige Verbuchung als Sofortaufwand erfolgt.[226] Handelt es sich dabei um Beträge von nicht untergeordneter Bedeutung, so ist der periodenfremde Aufwandsanteil im Anhang anzugeben. Entsprechend der unpräzisen Ausweisvorschriften des § 277 Abs. 5 HGB ist ein Einbezug der Abschreibungen auf ein Disagio und Damnum bzw. deren sofortige erfolgswirksame Erfassung in den gesonderten Ausweis der Aufwendungen aus Abzinsung letztlich nicht zu beanstanden. **178**

Ferner sind auch Aufwendungen für **Zinsswaps, Zinstermingeschäfte und Zinsoptionsgeschäfte** unter dem Posten Nr. 13 auszuweisen.[227] **179**

> **Beispiele** **180**
> Ausgaben für den Zahlungsverkehr (z.B. Bankspesen, Umsatzprovisionen oder Kontoführungsgebühren), Einlösungsprovisionen für Schuldverschreibungen, Kreditvermittlungsprovisionen, Kreditüberwachungskosten oder Währungsverluste sind nicht hier, sondern unter dem Posten „sonstige betriebliche Aufwendungen" auszuweisen. Kundenskonti sind, da sie Erlösschmälerungen darstellen, ebenfalls nicht hier auszuweisen, sondern mit den Umsatzerlösen zu saldieren.[228]

---

[223] Vgl. *Kirsch*, in *Federmann/Kußmaul/Müller*, HdB, Gewinn- und Verlustrechnung nach HGB, Rz 167, Stand 12/2015.
[224] Vgl. BilMoG-BgrRA, S. 114.
[225] Vgl. zur praktischen Anwendung *Kreipl/Lange/Müller* in Haufe HGB Bilanz Kommentar Erfahrungsbericht BilMoG, 2012, Rz 342.
[226] Vgl. *Schmidt/Peun*, in Beck Bil-Komm., 10. Aufl., 2016, § 275 HGB Rz 206; *Reiner/Haußer*, in MünchKomm. HGB, 3. Aufl., § 275 Rn 97.
[227] Vgl. *Schmidt/Peun*, in Beck Bil-Komm., 10. Aufl., 2016, § 275 HGB Rz 210.
[228] Vgl. *Budde*, in *Küting/Pfitzer/Weber*, HdR, HGB § 275 Rz 85, Stand: 05/2017; *Schmidt/Peun*, in Beck Bil-Komm., 10. Aufl., 2016, § 275 HGB Rz 208.

181 Leasingnehmer, die wirtschaftlicher Eigentümer des Leasingobjekts sind, müssen **den in den Leasingraten enthaltenen Zinsanteil** unter dem Posten Nr. 13 ausweisen. Fehlt es dem Leasingnehmer am wirtschaftlichen Eigentum, ist der gesamte Aufwand unter dem Posten „sonstige betriebliche Aufwendungen" auszuweisen.

Ein negativer Saldobetrag aus der Verrechnung der Aufwendungen und Erträge aus Ab- bzw. Aufzinsung von Altersversorgungsrückstellungen mit den ihnen gegenüberstehenden Aufwendungen und Erträgen aus dem Deckungsvermögen ist unter Nr. 13 auszuweisen; ein postiver hingegen unter Nr. 11.

182 Für Abzinsungsaufwendungen von nicht oder niedrig verzinslichen Forderungen und Ausleihungen ist in Abhängigkeit des betroffenen Bilanzpostens der Ausweis unter den „sonstigen betrieblichen Aufwendungen" oder „Abschreibungen auf Finanzanlagen und Wertpapiere des Umlaufvermögens" vorzunehmen und nicht unter Posten Nr. 13. Unter Bezugnahme auf die weite Auslegung des § 277 Abs. 5 Satz 1 HGB kann jedoch auch ein gesonderter Ausweis unter Posten Nr. 13 als erforderlich betrachtet werden (Rz 173).

183 Für die an verbundene Unt geleisteten Zinsen und zinsähnlichen Aufwendungen ist ein gesonderter Ausweis in Gestalt eines „Davon"-Vermerks oder die Angabe in Form einer Untergliederung erforderlich.

184 Zur Möglichkeit der Kürzung der Zinsaufwendungen um vereinnahmte Zinszuschüsse der öffentlichen Hand bei periodengerechter Vereinnahmung vgl. Rz 166.

3.14 Steuern vom Einkommen und Ertrag (§ 275 Abs. 2 Nr. 14)

185 Unter dem Posten „Steuern vom Einkommen und Ertrag" sind jene ergebnisabhängigen Steuern zu erfassen, für welche die KapG selbst wirtschaftlicher Steuerschuldner ist.

> **Beispiel**
> Konkret sind als Steuern vom Einkommen und Ertrag vor allem folgende Aufwendungen auszuweisen:
> – KSt (einschließlich des Solidaritätszuschlags);
> – GewSt;
> – KapSt auf Erträge aus Finanzanlagen oder Wertpapieren des Umlaufvermögens;
> – in ausländischen Staaten gezahlte Steuern, die den in Deutschland erhobenen Steuern vom Einkommen und Ertrag entsprechen;[229]
> – Aufwendungen für die Auflösung aktivischer Steuerabgrenzungsposten, Bildung passivischer Steuerabgrenzungsposten und Zuführungen zu Ertragsteuerrückstellungen (§ 274 Rz 119 ff.).

186 Der **Ausweis von Erträgen** aus der Auflösung freigewordener Steuerrückstellungen und der Aktivierung von Steuererstattungsansprüchen bedingt einen saldierten Ausweis der Steuern vom Einkommen und Ertrag, in dessen Folge

---

[229] Vgl. *Budde*, in *Küting/Pfitzer/Weber*, HdR, HGB § 275 Rz 92, Stand 05/2017.

sich ein positiver Saldo ergeben kann, dem dann durch eine Anpassung der Postenbezeichnung Rechnung zu tragen ist.²³⁰

Der Art nach auszuweisen sind demnach Voraus-, Abschluss- und Nachzahlungen, Zuführungen zu Steuerrückstellungen, Erträge und Aufwendungen aus Steuerabgrenzungen und Steuererstattungen für vorhergehende Veranlagungsjahre.²³¹ **187**

Der Ertrag oder Aufwand aus der Veränderung bilanzierter latenter Steuern ist gesondert unter dem Posten „Steuern vom Einkommen und Ertrag" auszuweisen (§ 274 Rz 119 ff.). **188**

> **Beispiel** **189**
> **Nicht unter diesem Posten „Steuern vom Einkommen und Ertrag" auszuweisen** sind:
> – Steuern, die für Dritte einbehalten und abgeführt werden, wie z.B. die Lohn- und Kirchensteuer für Arbeitnehmer oder die KapSt, die auf von der Gesellschaft ausgeschüttete Dividenden einbehalten wurde;
> – ESt der Gesellschafter bei Personenhandelsgesellschaften;²³²
> – Steuerstrafen (entweder unter Posten Nr. 8 oder Nr. 16 auszuweisen);
> – Säumniszuschläge (Posten Nr. 13);
> – aus Haftungsgründen zu übernehmende Steuer (z.B. aufgrund von Steuerhinterziehung);
> – Zwangsgelder, Kosten, Zinsen, Gebühren, Beiträge, Ausgleichsabgaben (Posten Nr. 8 bzw. 13).²³³

Die Notwendigkeit, die **Berechnungsgrundlage** für die Höhe des Körperschaftsteueraufwands ausschüttungsabhängig an den Gewinnverwendungsbeschluss anzuknüpfen, ist mit dem SEStEG entfallen. **190**

Bei bestehenden Organverhältnissen sind die Organträger Steuerschuldner der Ertragsteuern und haben als solche die auf sie entfallenden Ertragsteuern unter Posten Nr. 18 auszuweisen. Für die vom Organträger regelmäßig vorgenommene Weiterbelastung an die Organgesellschaften ist beim **Organträger** ein Ausweis als Unterposten der Erträge aus Gewinnabführungsverträgen bzw. die Einfügung eines eigenen Postens „Ertragsteuerumlage von Organgesellschaften" im Anschluss an den Posten „Erträge aus Gewinnabführungsverträgen" vorzunehmen.²³⁴ **191**

Die Weiterbelastungen von Ertragsteuern zwischen Organträger und Organgesellschaft sind bei der **Organgesellschaft** unter dem Posten Nr. 18 als von der Obergesellschaft weiterbelastete Steuern gesondert auszuweisen²³⁵ oder als „Da- **192**

---

230 Vgl. *Hoffmann/Lüdenbach*, NWB-Kommentar Bilanzierung, 8. Aufl. 2017, § 275 HGB Rz 120.
231 Vgl. *Winnefeld*, Bilanz-Handbuch 2015, Abschn. G, Rz 393.
232 Vgl. WPH Edition, Wirtschaftsprüfung & Rechnungslegung, 15. Aufl., 2017, Abschn. F, Tz 835.
233 Vgl. *Winnefeld*, Bilanz-Handbuch 2015, Abschn. G, Rz 387.
234 Vgl. *Kirsch/Ewelt-Knauer*, in *Baetge/Kirsch/Thiele*, Bilanzrecht, § 275 HGB Rz 277, Stand: 12/2015; *Reiner/Haußer*, in MünchKomm. HGB, 3. Aufl., § 275 Rn 109; *Schmidt/Peun*, in Beck Bil-Komm., 10. Aufl., 2016, § 275 HGB Rz 250f.
235 Vgl. *Reiner/Haußer*, in MünchKomm. HGB, 3. Aufl., § 275 Rn 110; WPH Edition, Wirtschaftsprüfung & Rechnungslegung, 15. Aufl., 2017, Abschn. F, Tz 841.

von"-Vermerk zum Posten „aufgrund von Gewinnabführungsverträgen abgeführte Gewinne" darzustellen.[236]

3.15 Ergebnis nach Steuern (§ 275 Abs. 2 Nr. 15)

193 Der Saldo der GuV-Positionen Nr. 1 bis Nr. 14 ist **als Zwischensumme** unter dem Posten „Ergebnis nach Steuern" (Nr. 15) auszuweisen. Dieser Saldo dokumentiert in Verbindung mit den ausgewiesenen Steuern vom Einkommen und Ertrag inwieweit das Jahresergebnis vor sonstigen Steuern mit Steuern vom Einkommen und Ertrag belastet wird.

Diese aus der Bilanzrichtlinie übernommene Postenbezeichnung und hinsichtlich der Gliederungstiefe verbindliche Ausweisvorgabe ist insofern irreführend, als dass es sich lediglich um ein Ergebnis nach Ertragsteuern handelt. Die sonstigen Steuern sind hingegen erst im Anschluss an diese Zwischensumme in die Berechnung des Jahresüberschusses einzubeziehen. Im Hinblick auf die begriffliche Klarheit liegt eine Anpassung der Postenbezeichnung nahe, indem stattdessen bspw. die Bezeichnung „Ergebnis nach Steuern vom Einkommen und Ertrag" verwendet wird.

3.16 Sonstige Steuern (§ 275 Abs. 2 Nr. 16)

194 Unter dem Posten Nr. 19 sind alle nicht vom Ertrag und Einkommen abhängigen Steuerarten zu erfassen, die von der Gesellschaft als Aufwand verrechnet und getragen werden. Demzufolge sind hier die **Verkehrsteuern, Verbrauchsteuern, sonstigen Steuern** sowie **ausländischen Steuern** (soweit den sonstigen inländischen Steuern entsprechend) auszuweisen. Dies gilt nur für solche Steuerbeträge, die nicht als direkt mit dem Umsatz verbundene Steuern einzustufen sind und daher mit den Umsatzerlösen zu verrechnen sind.

Im Weiteren sind auch ggf. die **Grundsteuer** und die **ErbSt** hier auszuweisen.

195
> **Beispiel**
> Ausgewählte Beispiele für einzelne sonstige Steuern, die nur dann als sonstige Steuern auszuweisen sind, wenn sie nicht direkt vom Umsatz abgezogen werden müssen, lassen sich wie folgt anführen:
> - **Verkehrssteuern:** Versicherungssteuer, Rennwett- und Lotteriesteuer, Stromsteuer, Ausfuhrzölle;
> - **Verbrauchssteuern:** Tabaksteuer, Sektsteuer, Energiesteuer auf Mineralöle, Kaffeesteuer, Getränkesteuer, Branntweinsteuer, Biersteuer;
> - **sonstige Steuern:** Kraftfahrzeugsteuer, Hundesteuer, Vergnügungssteuer, Jagdsteuer.

196 **Auf die Umsatzerlöse entfallende Umsatzsteuer** sowie die sonstigen mit dem Umsatz verbundenen Steuern sind stets von den Erlösen abzusetzen. Lediglich bei einer **umsatzsteuerrechtlichen Organschaft** ist vom Organträger ein Umsatzsteuerausweis unter Posten Nr. 16 in jenen Fällen vorzunehmen, in denen eine Weiterbelastung der Umsatzsteuer, deren Steuerschuldner der Organträger

---

[236] Vgl. *Schmidt/Peun*, in Beck Bil-Komm., 10. Aufl. 2016, § 275 HGB Rz 250 (nur bei Vorliegen eines Gewinnabführungsvertrags).

ist, an die Organgesellschaft unterbleibt.[237] Aufseiten der Organgesellschaft ist in diesem Fall die vereinnahmte Umsatzsteuer unter den „sonstigen betrieblichen Erträgen" auszuweisen.[238] Vom Organträger an die Organgesellschaft weiterbelastete Umsatzsteuern stellen dagegen einen durchlaufenden Posten dar und sind somit nicht unter Posten Nr. 17 auszuweisen.

Grunderwerbsteuer und Einfuhrzölle stellen bei gegebener Aktivierungspflicht Nebenkosten dar, sodass für diese keine sofortige Aufwandserfassung als „sonstige Steuern" erfolgt. 197

Ebenfalls ausgeschlossen ist der Ausweis pauschalierter Lohnsteuer und der vom Arbeitgeber für den Arbeitnehmer als Steuerschuldner übernommenen Lohnsteuer inklusive der darin enthaltenen Kirchensteuer unter dem Posten Nr. 16. Stattdessen sind diese Beträge unter dem Posten „Löhne und Gehälter" (Nr. 6a) auszuweisen. Für Abgaben, Gebühren und Bußgelder ist der Ausweis unter den „sonstigen betrieblichen Aufwendungen" vorzunehmen.[239] 198

Wie für die Steuern vom Einkommen und Ertrag sind zum Ausweis der „sonstigen Steuern" die Steuererstattungen mit den Steueraufwendungen zu saldieren sowie periodische und aperiodische Vorgänge in einem Posten gemeinsam zum Ausweis zu bringen. 199

3.17 Ergebnisse aus Unternehmensverträgen

Für Erträge und Aufwendungen aus bestimmten Unt-Verträgen fordert § 277 Abs. 3 Satz 2 HGB einen gesonderten Ausweis unter entsprechender Bezeichnung, ohne dass nähere Ausführungen dazu gemacht werden, an welcher Stelle dieser Ausweis vorzunehmen ist. So sind auch im gesetzlichen Gliederungsschema keine vorgegebenen Posten für diesen gesonderten Ausweis zu finden. Für den Ausweis von Erträgen und Aufwendungen auf Basis von **Gewinngemeinschaft, Gewinnabführungs- oder Teilgewinnabführungsvertrag** kommen alternativ ein untergliederter Ausweis unter den Aufwendungen und Erträgen, denen diese ansonsten zuzuordnen wären, ein Ausweis als separater GuV-Posten oder ein „Davon"-Vermerk bei den entsprechenden Posten in Betracht.[240] 200

Für Erträge aus einer Gewinngemeinschaft, einem Gewinnabführungs- oder Teilgewinnabführungsvertrag spricht sich das Schrifttum mehrheitlich für einen Ausweis vor oder hinter Posten Nr. 9 (des GKV) bzw. Posten Nr. 8 (des UKV) aus.[241] Begründet wird diese Ausweisvorgabe mit der Zugehörigkeit der aufgrund dieser Unt-Verträge vereinnahmten Gewinne zum Finanzergebnis. 201

Aufwendungen bzw. Erträge aus Verlustübernahmen sind nach hM bei der Obergesellschaft unter dem Posten „Aufwendungen aus Verlustübernahme" vor oder hinter dem Posten Nr. 13 (des GKV) bzw. Nr. 12 (des UKV) und bei der Untergesellschaft unter dem Posten „Erträge aus Verlustübernahme" vor dem Posten Nr. 17 (des GKV) bzw. vor dem Posten Nr. 16 (des UKV) auszuwei- 202

---

[237] Vgl. *Reiner/Haußer*, in MünchKomm. HGB, 3. Aufl., § 275 Rn 115.
[238] Vgl. *Reiner/Haußer*, in MünchKomm. HGB, 3. Aufl., § 275 Rn 115.
[239] Vgl. ADS, 6. Aufl., § 275 HGB Rz 200; *Winnefeld*, Bilanz-Handbuch 2015, Abschn. G, Rz 401.
[240] Vgl. ADS, 6. Aufl., § 277 HGB Rz 64; *Reiner/Haußer*, in MünchKomm. HGB, 3. Aufl., § 277 Rn 34.
[241] Vgl. *Kirsch*, in *Federmann/Kußmaul/Müller*, HdB, Gewinn- und Verlustrechnung nach HGB, Rz 191, Stand 12/2015 mwN.

sen.²⁴² Dieser Ausweis unmittelbar vor dem Jahresüberschuss ist dem Umstand geschuldet, dass ein solcher nicht zum Ausweis gelangt.²⁴³
Aufgrund einer Gewinngemeinschaft, eines Gewinnabführungs- oder eines Teilgewinnabführungsvertrags abgeführte Gewinne sind nach hM vor dem Posten Nr. 17 (des GKV) bzw. vor dem Posten Nr. 16 (des UKV) in das gesetzliche Gliederungsschema einzufügen.²⁴⁴

203 Mit Verweis auf die RegBgr ist nach hM der getrennte Ausweis einzelner Unt-Verträge nicht erforderlich. Die Pflicht zum gesonderten Ausweis erstreckt sich vielmehr auf den unsaldierten Aufwands- und Ertragsausweis dieser Verträge.²⁴⁵ Bei den in § 277 Abs. 3 Satz 2 HGB angeführten Verträgen handelt es sich um im AktG näher geregelte Vertragsarten. Dabei ist es in diesem Zusammenhang unerheblich, ob die von der betreffenden Unternehmung geschlossenen Verträge den Vorschriften des Aktienrechts unterliegen, welche Bezeichnungen sie tragen und über welche Dauer sie abgeschlossen wurden, sodass die Klassifikationsentscheidung der vorliegenden Verträge unabhängig von der Rechtsform der MU und TU zu treffen ist.

204 Ein **Gewinngemeinschaftsvertrag** nach § 292 Abs. 1 Nr. 1 AktG liegt dann vor, wenn sich eine AG oder eine KGaA durch Abschluss eines Vertrags verpflichtet, ihren Gewinn oder den Gewinn einzelner Betriebe vollständig oder teilweise mit dem Gewinn anderer Unt bzw. dem Gewinn einzelner Betriebe anderer Unt zusammenzulegen, um den daraus resultierenden gemeinschaftlichen Gewinn anschließend aufzuteilen.

205 Bei einem **Gewinnabführungsvertrag** (§ 291 Abs. 1 AktG) verpflichtet sich eine AG oder eine KGaA durch einen Vertrag zur Abführung ihres gesamten Gewinns an ein anderes Unt. Auch Verträge, nach denen eine AG oder KGaA sich verpflichtet, ihr Unt für Rechnung eines anderen Unt zu führen, sind als Gewinnabführungsverträge zu klassifizieren.

206 Bei einem **Teilgewinnabführungsvertrag** (§ 292 Abs. 1 Nr. 2 AktG) erstreckt sich die Pflicht zur Gewinnabführung lediglich auf einen Teil des Gewinns bzw. den Gewinn einzelner Betriebe. Der Kategorie der Teilgewinnabführungsverträge sind auch Verträge über stille Gesellschafterverhältnisse zuzuordnen.

207 **Erträge aus reinem Beherrschungsvertrag** sind, soweit nicht gleichzeitig ein Gewinn- oder Teilgewinnabführungsvertrag vorliegt, grds. unter Posten Nr. 9 auszuweisen.²⁴⁶ Die Höhe der vereinnahmten Gewinne bzw. übernommenen Verluste ist abhängig von dem im festgestellten Jahresabschluss des TU ausgewiesenen Ergebnis. Die Vereinnahmung der Erträge beim MU erfolgt in der Periode, in welcher diese beim TU angefallen sind. Realisationszeitpunkt ist somit der Abschlussstichtag der abführenden Ges.
Der konkret zu erfassende Betrag steht allerdings erst mit der Feststellung des Jahresabschlusses der abführenden TU fest. Bei noch ausstehender Feststellung des Jahresabschlusses des TU ist eine hinreichend konkrete betragsmäßige Bestimmbarkeit der zu erwartenden Gewinnausschüttung erforderlich. Dies setzt

---

²⁴² Vgl. WPH Edition, Wirtschaftsprüfung & Rechnungslegung, 15. Aufl., 2017, Abschn. F, Tz 750.
²⁴³ Vgl. *Reiner/Haußer*, in MünchKomm. HGB, 3. Aufl., § 277 Rn 34.
²⁴⁴ Vgl. WPH Edition, Wirtschaftsprüfung & Rechnungslegung, 15. Aufl., 2017, Abschn. F, Tz 750.
²⁴⁵ Vgl. *Kirsch*, in *Federmann/Kußmaul/Müller*, HdB, Gewinn- und Verlustrechnung nach HGB, Rz 191, Stand 12/2015.
²⁴⁶ Vgl. WPH Edition, Wirtschaftsprüfung & Rechnungslegung, 15. Aufl., 2017, Abschn. F, Tz 810.

voraus, dass innerhalb des Wertaufhellungszeitraums des Jahresabschlusses des Gesellschafters die für die Ermittlung des Jahresüberschusses wesentlichen Bilanzierungs- und Bewertungsentscheidungen für den Jahresabschluss der Tochter-KapGes bereits verbindlich getroffen worden sind. Bei gegebener Prüfungspflicht der TU müssen zudem die erforderlichen Prüfungshandlungen abgeschlossen sein.[247]

Verluste eines TU, die vom MU zu übernehmen sind, sind auch dann in dessen Jahresabschluss zu erfassen, wenn das Gj des MU vor dem des TU endet und die Verluste zum Feststellungszeitpunkt des Jahresabschlusses des MU bereits erkennbar sind.[248]

Dividendengarantien an außenstehende Aktionäre der Untergesellschaft, die aus dem Abschluss von Beherrschungs- und Gewinnabführungsverträgen mit einer AG resultieren (§ 304 Abs. 1 AktG), führen – soweit die Muttergesellschaft zur Zahlung verpflichtet ist – zur Kürzung der vereinnahmten Erträge, i. H. d. Ausgleichszahlungen. Sind die Ausgleichszahlungen höher als die vereinnahmten Erträge, so ist der sich hieraus ergebende belastende Saldierungsbetrag als Aufwand aus Verlustübernahme auszuweisen (§ 158 Abs. 2 AktG).

3.18 Jahresüberschuss bzw. Jahresfehlbetrag (§ 275 Abs. 2 Nr. 17)

Der unter dem Posten auszuweisende Betrag ergibt sich durch die Zusammenrechnung des Ergebnisses nach Steuern, der sonstigen Steuern, der Aufwendungen aufgrund eines Gewinnabführungs- oder Teilgewinnabführungsvertrages sowie - der Erträge aus Verlustübernahme. Er entspricht dem **Gewinn bzw. Verlust des Gj** vor einstellungs- oder auflösungsbedingten Gewinnrücklagenbewegungen. Bei einem positiven Jahresergebnis ist die Postenbezeichnung „Jahresüberschuss" und bei negativem Jahresergebnis die Postenbezeichnung „Jahresfehlbetrag" zu wählen. Dieser Ausweissystematik liegt die Maßgabe zugrunde, dass Veränderungen der Kapital- und Gewinnrücklagen erst im Anschluss an das Jahresergebnis ausgewiesen werden dürfen (§ 275 Abs. 4 HGB).

Bestehende **Gewinnabführungsverträge** führen regelmäßig dazu, dass kein Jahresüberschuss ausgewiesen wird, es sei denn, es sind noch Einstellungen in die gesetzlichen Rücklagen erforderlich (§ 300 AktG) oder der Gewinnabführungsvertrag gewährt das Recht zur angemessenen Rücklagenbildung.[249]

Für **AG** ist im Anschluss an den Jahresergebnisausweis eine Ergebnisverwendungsrechnung anzuführen, sofern diese sich nicht aus den Anhangangaben entnehmen lässt (§ 158 Abs. 1 AktG; Rz 259).

Für **OHG und KG i. S. d.** § 264a HGB besteht das Wahlrecht, im Anschluss an den Jahresüberschuss ein dem Steuersatz der Komplementärgesellschaft entsprechenden Steueraufwand der Gesellschafter auszuweisen (§ 264c Abs. 3 Satz 2 HGB).

---

[247] Vgl. ADS, § 277 Rz 71; *Schmidt/Peun*, in Beck Bil-Komm., 10. Aufl., 2016, § 277 HGB Rz 17.
[248] Vgl. *Schmidt/Peun*, in Beck Bil-Komm., 10. Aufl., 2016, § 277 HGB Rz 18.
[249] Vgl. *Schmidt/Peun*, in Beck Bil-Komm., 10. Aufl., 2016, § 275 HGB Rz 262.

4 Inhalte der einzelnen Posten des Umsatzkostenverfahrens

212 Abweichend zum GKV liegt dem Aufwandsausweis im UKV im betrieblichen Bereich der Erfolgsrechnung statt der primären Aufwandsgliederung des GKV eine sekundäre Gliederung nach Funktionsbereichen zugrunde (Rz 18). So ist beim UKV der Ausweis der betrieblichen Aufwendungen differenziert nach den Funktionsbereichen Herstellung, Verwaltung und Vertrieb vorzunehmen und um den Auffangposten „sonstige betriebliche Aufwendungen" zu ergänzen. Die Aufwendungen des Finanzbereichs sind hingegen nach **Aufwandsarten** zu gliedern. Während die HK des Umsatzes sachlich abzugrenzen sind, liegt der Erfassung der Forschungs- und Entwicklungskosten (sofern gesondert ausgewiesen), Vertriebskosten, Verwaltungskosten und sonstigen betrieblichen Aufwendungen eine zeitliche Abgrenzungskonzeption zugrunde. Insgesamt werden beim UKV somit den effektiven Periodenumsätzen und den sonstigen betrieblichen Erträgen, neben bestimmten zeitlich abgegrenzten Aufwendungen, die sachlich abgegrenzten Aufwendungen der verkauften Erzeugnisse gegenübergestellt.[250]

Im Folgenden werden über die ausschließlich im UKV auszuweisenden Posten hinaus nur jene GuV-Posten erläutert, für die sich trotz identischer Bezeichnung nach UKV und GKV inhaltliche oder betragsmäßige Unterschiede ergeben können.

4.1 Umsatzerlöse (§ 275 Abs. 3 Nr. 1)

213 Dieser Posten stimmt inhaltlich mit dem entsprechenden Posten Nr. 1 des GKV überein (Rz 44 f.).

4.2 Herstellungskosten (§ 275 Abs. 3 Nr. 2)

214 Als HK sind die im Herstellungsbereich der Unternehmung angefallenen **Aufwendungen der verkauften Erzeugnisse und in Rechnung gestellten Leistungen** auszuweisen. Dieser Ausweis ist unabhängig vom zeitlichen Anfall der Aufwendungen, da er sich allein daran orientiert, welche Aufwendungen zur Erzielung der Umsatzerlöse des betreffenden Gj beigetragen haben. Entscheidend ist der Bezugszeitpunkt der mit den HK verbundenen Umsatzerlöse. Ohne Belang ist somit, ob die HK aus dem aktuellen Berichtsjahr oder früheren Berichtsperioden, d.h. dem Einsatz von in den Vorperioden aktivierten Bestandsmehrungen, stammen.

215 Für reine **HandelsUnt** sind der Ausweis von HK und die hieran anknüpfende Bewertungskonzeption im Hinblick auf die Umsatzerlöse **aus der gewöhnlichen Geschäftstätigkeit** ohne Relevanz. Dies ergibt sich allein aus ihrer abweichenden betrieblichen Funktionsbereichsgliederung. Der Geschäftszweck dieser Unt besteht im Ankauf von Waren und deren Veräußerung ohne nennenswerte Bearbeitung, sodass sich die Vorstellung der dem UKV zugrunde liegenden klassischen funktionalen Dreiteilung der betrieblichen Wertschöpfungskette auf

---

[250] Vgl. *Coenenberg/Haller/Schultze*, Jahresabschluss und Jahresabschlussanalyse, 24. Aufl. 2016, S. 530.

diese Unt nicht übertragen lässt. Zur Wahrung der Übersichtlichkeit der Ergebnisdarstellung ist von HandelsUnt, soweit diese Bedingung für alle ausgewiesenen Umsatzerlöse erfüllt wird, daher eine **Anpassung der Postenbezeichnung** vorzunehmen. So kann bspw. auf die Postenbezeichnung „Anschaffungskosten der verkauften Waren" ausgewichen werden (§ 265 Abs. 6 HGB).[251] Weisen HandelsUnt allerdings auch Nebenerlöse als Umsatzerlöse aus, die mit einem Herstellungsprozess verbunden sind und in dessen Rahmen Material- und Personalaufwendungen anfallen, wie bspw. Kantinenerlöse, so sind die auf diese Nebenerlöse entfallenden Aufwendungen in der GuV nach dem UKV als Herstellungskosten auszuweisen.

Angaben zu Art und Umfang der unter Posten Nr. 2 (UKV) auszuweisenden Aufwendungen finden sich in den handelsrechtlichen Bestimmungen nicht. Lediglich für den Bilanzausweis und die Bewertung von Vermögensposten ist der HK-Begriff definiert (§ 255 HGB). Inwiefern diese HK-Definition auch für die Aufwandserfassung im Rahmen der GuV nach dem UKV herangezogen werden kann, wird im Schrifttum in unterschiedlichen Facetten kontrovers diskutiert und erfordert daher eine genauere Betrachtung dieser vorrangig dem zutreffenden Vermögensausweis dienenden Bewertungsvorschrift. 216

In Satz 1 des § 255 Abs. 2 HGB findet sich zunächst eine allgemeine Definition für den Begriff der HK, die durch die Sätze 2, 3 und 4 eine nähere Konkretisierung erfährt, indem hier die Aktivierungspflichten, -wahlrechte und -verbote bestimmt werden (§ 255 Rz 77 ff.). 217

Während die Übertragbarkeit der in § 255 Abs. 2 Satz 1 HGB gegebenen Grunddefinition auf den erfolgsrechnungsbezogenen HK-Begriff des UKV außer Frage steht, wird eine darüber hinausgehende Begriffsauslegung der erfolgsrechnungsbezogenen HK auf Grundlage des bilanziellen HK-Begriffs überwiegend abgelehnt.[252] Stattdessen wird eine weitgehende vom bilanziellen HK-Begriff losgelöste Zuordnung der Periodenaufwendungen zum Funktionsbereich „Herstellung" gefordert, indem eine fertigungsbezogene Vollkostenkonzeption für erforderlich gehalten wird.[253] Bildete ursprünglich vor allem die Ausübung der aus § 255 Abs. 2 HGB aF resultierenden Aktivierungswahlrechte im Zuge des Aufwandsausweises den Ausgangspunkt dieser Diskussion, so hat mit der mit dem BilMoG vollzogenen Hinwendung der deutschen Rechnungslegung zum international gängigen Vollkostenbewertungskonzept diese spezielle Grundproblematik zunächst erheblich an Bedeutung verloren. Unverändert offen bleibt jedoch die Zulässigkeit bzw. die Notwendigkeit des Einbezugs unangemessener Gemeinkostenbestandteile, weiterhin bestehender Wahlrechtsbestandteile (z. B. produktionsbezogener allgemeiner Verwaltungskosten) sowie produktionsbezogener Kosten, die nach § 255 Abs. 2 HGB einem Aktivierungsverbot unterliegen. 218

Anhaltspunkte, warum aufgrund des BilMoG von dem bisher vorherrschenden Konsens abgewichen werden sollte und dass für die Ermittlung des erfolgsrechnungsorientierten Herstellungsaufwands vom Gesetzgeber kein Rückgriff auf die HK-Definition des § 255 Abs. 2 HGB gefordert wird, sind trotz einer nunmehr modifizierten Wertuntergrenze der bilanziellen HK nicht zu erkennen. 219

---

[251] Vgl. ADS, 6. Aufl., § 275 HGB, Rz 230.
[252] Vgl. *Wulf*, in Bo HdR, § 275 Rz 132, Stand 06/2016.
[253] Vgl. *Wulf*, in Bo HdR, § 275 Rz 132, Stand 06/2016.

220 Als entscheidend für eine Abkopplung des erfolgsrechnungsorientierten HK-Begriffs vom bilanzorientierten HK-Begriff erweisen sich die unterschiedlichen Funktionen, die den HK im Kontext der Bilanzierung einerseits und der Erfolgsrechnung anderseits zugeordnet werden. Im Rahmen der Bilanzierung dienen die HK der Bewertung von VG. Dementsprechend stehen hier – trotz einer Akzentverschiebung durch das BilMoG – die Ausschüttungsbemessung und Beachtung des Realisationsprinzips im Vordergrund. Für den **erfolgsrechnungsorientierten Ausweis der HK** hingegen stehen nicht Bewertungsfragen, sondern der zutreffende Ausweis der Aufwendungen im Zentrum des Interesses – und damit die sachgerechte Aufwandszuordnung zu den einzelnen Funktionsbereichen. Hierzu ist es erforderlich, den Umsätzen des Gj die gesamten auf den Herstellungsbereich entfallenden Herstellungsaufwendungen der Umsätze gegenüberzustellen.

221 Dieser Intention folgend gilt der Grundsatz, dass abweichend von der bilanziellen HK-Erfassung dem erfolgsrechnungsorientierten HK-Ausweis ein **Vollkostenansatz** zugrunde zu legen ist, bei dem auch über die Wertobergrenze des § 255 Abs. 2 HGB hinausgehende Aufwendungen in die HK einzubeziehen sind. Auch hinsichtlich nicht angemessener Gemeinkostenanteile und der mit einem Aktivierungsverbot belegten Gemeinkostenanteile kann dabei nichts anderes gelten.[254] Nicht zulässig ist es, unter Berufung auf abweichende HK-Begrifflichkeiten beim GuV-Ausweis auf einen Wertansatz unterhalb der Wertuntergrenze des § 255 Abs. 2 HGB zurückzugreifen.

222 Die Entscheidungs- und Berechnungsgrundlage zur Aufteilung der Gemeinkosten auf den Funktionsbereich „Herstellung" bildet – sofern verfügbar – die Kostenstellenrechnung. Mithilfe des sich aus ihr ergebenden Betriebsabrechnungsbogens werden die Gemeinkosten auf die einzelnen Funktionsbereiche des Unt verteilt und somit die Höhe der in der GuV auszuweisenden HK maßgeblich beeinflusst (§ 255 Rz 154 ff.).

223 **Für angemessene Teile der allgemeinen Verwaltungskosten** sieht § 255 Abs. 2 Satz 3 HGB ein Aktivierungswahlrecht vor, sofern sie dem Herstellungszeitraum zurechenbar sind. Unabhängig von der Behandlung im Rahmen der bilanziellen HK-Ermittlung sind allgemeine Verwaltungskosten, welche die obige Bedingung erfüllen, in der GuV unter den HK und nicht unter dem Aufwandsposten „allgemeine Verwaltungskosten" (Posten Nr. 5) auszuweisen.[255]

224 **Zinsaufwendungen und betriebliche Steuern**, die in die Berechnung der bilanziellen HK einbezogen werden, sollten nach hM, obwohl zulässig, nicht unter den HK unter Posten Nr. 2 ausgewiesen werden, da ansonsten unter den hierfür gesondert vorgesehenen GUV-Posten Nr. 12 und 13 vom GKV abweichende Beträge ausgewiesen werden müssten.[256]

225 Auf den Herstellungsbereich entfallende **Abschreibungen** des AV sind unabhängig davon, ob es sich um planmäßige oder außerplanmäßige Abschreibungen

---

[254] Vgl. sinngemäß WPH Edition, Wirtschaftsprüfung & Rechnungslegung, 15. Aufl., 2017, Abschn. F, Tz 879.
[255] Vgl. SaBI/1987, WPg 1987 S. 142.
[256] Vgl. *Baetge/Kirsch/Thiele*, Bilanzen, 14. Aufl., 2017, S. 32; *Hüttemann*, in Großkomm. HGB, § 275 Rn 51; *Kirsch/Ewelt-Knauer*, in *Baetge/Kirsch/Thiele*, Bilanzrecht, § 275 HGB Rz 307, Stand 12/2015; *Reiner/Haußer*, in MünchKomm. HGB, 3. Aufl., § 275 Rn 135; WPH Edition, Wirtschaftsprüfung & Rechnungslegung, 15. Aufl., 2017, Abschn. F, Tz 882.

handelt, in die HK einzubeziehen. Gleiches gilt für die Wertminderungen beim UV, welche die sonst üblichen Abschreibungen überschreiten.[257] Bei den Abschreibungen auf AV wird es sich regelmäßig um Abschreibungen auf die im Produktionsbereich eingesetzten Maschinen handeln. Mit der neuen Umsatzerlösdefinition des BilRUG sind allerdings auch Abschreibungen auf Werkswohnungen und andere vermietete Objekte als Herstellungskosten auszuweisen.

I. w. S. dem Herstellungsbereich zurechenbare Kosten, für die **keine Aktivierungspflicht** gem. § 255 HGB besteht und die auf verkaufte Erzeugnisse entfallen, wie z. B. Forschungskosten, Gewährleistungskosten oder Kosten der Produkthaftpflicht, sind ebenfalls als HK unter Posten Nr. 2 auszuweisen, soweit sie nicht unter die Vertriebs- oder Verwaltungskosten fallen. 226

Für **Vertriebskosten**, die generell nicht zu den HK gem. § 255 HGB zählen, ist für die GuV ein Ausweis unter Posten Nr. 2 unzulässig. Sie sind stattdessen unter Posten Nr. 4 des UKV auszuweisen (Rz 239 f.). 227

Die **aktivierten** AHK für **Bestandserhöhungen** nicht abgesetzter Erzeugnisse und Waren bleiben in der GuV nach dem UKV außer Ansatz. Die HK sind von den in der GuV auszuweisenden HK abzusetzen. 228

Bestandsminderungen durch Verkauf von Erzeugnissen früherer Gj sind Bestandteil der unter Posten Nr. 3 auszuweisenden HK. 229

Stimmt der Bilanzansatz der **Bestandserhöhungen** mit der vollkostenorientierten Werterfassung der HK in der GuV überein, gestaltet sich die notwendige Absetzung von den gesamten HK der Berichtsperiode unproblematisch. Weicht der Bilanzansatz jedoch von der vollkostenorientierten HK-Erfassung der GuV ab, weil bestimmte Teile der Gemeinkosten nicht aktiviert werden, so konkurrieren zwei Optionen zur wertmäßigen GuV-Erfassung der Bestandsveränderungen miteinander, denen voneinander abweichende Interpretationen des Terminus HK zugrunde liegen. Grenzt man diesen i. S. e. engen umsatzbezogenen Sicht und somit kostenträgerorientierten Sicht ab, sind unter den HK nur die Kosten des Funktionsbereichs Herstellung zu erfassen, die auf abgesetzte Produkte entfallen. Wird jedoch ein rein an den Funktionsbereichen orientierter Kostenausweis zugrunde gelegt, so müssen die im HK-Bereich ausgewiesenen Kosten, welche auf die Fertigung nicht abgesetzter Produkte entfallen und nicht durch Aktivierung als Bestandserhöhungen neutralisiert werden, ebenfalls hier ausgewiesen werden. 230

Zum einen können die nicht aktivierten Aufwendungen für die Herstellung der Bestandsmehrung unter dem GuV-Posten Nr. 2 ausgewiesen werden, d. h., die Absetzung der Bestandsmehrung wird zum teilkostenorientierten Wertansatz der Bilanz erfasst, sodass die nicht aktivierten Kosten als HK zum Ausweis unter Posten Nr. 2 verbleiben. 231

Zum anderen kann die Absetzung der Bestandsmehrung von den HK zum vollkostenorientierten Wertansatz erfolgen, wobei die nicht aktivierten Aufwendungen unter dem Posten „sonstige betriebliche Aufwendungen" auszuweisen sind. 232

Obwohl der Rechtsausschuss des Deutschen Bundestags deutlich ausführt, dass für die nicht aktivierten Wahlrechtsbestandteile der HK der Bestandserhöhun- 233

---

[257] Vgl. *Kirsch/Ewelt-Knauer*, in *Baetge/Kirsch/Thiele*, Bilanzrecht, § 275 HGB Rz 304, Stand 12/2015.

gen eine Erfassung unter den sonstigen betrieblichen Aufwendungen vorzunehmen ist,[258] wird vom Schrifttum mehrheitlich die erstgenannte Option befürwortet.[259] Begründet wird dies vor allem mit dem Verweis auf die vorherrschende internationale Rechnungslegungspraxis. Mit Blick auf die Abbildungsimplikationen beider Erfassungsvarianten ist dieser Forderung zuzustimmen.[260]

234 Für die Hinzurechnung von **Bestandsminderungen** zu den HK kommt, bei einer Bilanzierung zu einem Wert unterhalb der bilanziellen HK-Obergrenze, entweder die Bewertung der Bestandsminderung auf Basis des vollkostenorientierten HK-Begriffs der GuV mit ergänzender Erfassung der in den Vorperioden nicht aktivierten HK als sonstige betriebliche Erträge in Betracht, oder die Bewertung der Bestandsminderung ist, wie dies vom Schrifttum befürwortet wird, abweichend von der sonstigen HK-Bewertungskonzeption der GuV i. H. d. aktivierten HK vorzunehmen und zuzüglich der noch bis zur Veräußerung angefallenen Kosten unter dem Posten Nr. 2 auszuweisen.[261]

235 Eine prinzipielle Korrekturnotwendigkeit der HK ergibt sich beim UKV zudem bei der Bilanzierung **anderer aktivierter Eigenleistungen** zu einem Wert unterhalb der bilanziellen HK-Obergrenze. Ihre aktivierten HK fließen, anders als bei den Vorräten, nur dann bestimmungsgemäß in die HK zukünftiger Perioden ein, wenn die erstellten Wirtschaftsgüter im Herstellungsbereich genutzt werden, sodass der Ausweis der nicht aktivierten Aufwendungen unter den HK im Jahr ihrer Herstellung zutreffend ist. Andernfalls verstößt der Ausweis der nicht aktivierten Teilkosten unter den HK gegen die Funktionsbereichsgliederung des UKV, sodass diese Aufwendungen je nach beabsichtigter Verwendung der VG als Kosten des Verwaltungs- oder Vertriebsbereichs auszuweisen bzw. anteilig auf diese Bereiche zu verteilen sind. Die Abnutzbarkeit der aktivierten Eigenleistungen vorausgesetzt, wird so gewährleistet, dass die nicht aktivierten HK-Bestandteile unter demselben Aufwandsposten ausgewiesen werden wie die Abschreibungen während der späteren Nutzungsdauer.

> **Beispiel**
> Als Beispiel kann hier ein selbsterstelltes Bürogebäude angeführt werden, welches dem Bereich „allgemeine Verwaltung" zuzuordnen ist und dessen Abschreibungen in den Folgeperioden vollständig dem Verwaltungsbereich zugeordnet werden.

Allerdings ergeben sich hier seit der Neufassung des § 255 HGB durch das BilMoG nur geringe Auswirkungen auf den GuV-Ausweis. Die Erfolgsneutralisierung der Aufwendungen für die aktivierte Eigenleistung ist, falls von einer direkten Umbuchung von den Aufwandskonten auf die Bestandskonten abgesehen wird, unter den sonstigen betrieblichen Erträgen zu erfassen. Vorzuziehen ist allerdings die direkte Umbuchung.

---

[258] Vgl. BT-Drs. 10/4268 S. 108.
[259] Vgl. ADS, 6. Aufl., § 275 HGB Rz 223; *Schmidt/Peun*, in Beck Bil-Komm., 10. Aufl., 2016, § 275 HGB Rz 276.
[260] Vgl. dazu *Budde*, in *Küting/Pfitzer/Weber*, HdR, HGB § 275 Rz 128, Stand 05/2017; *Schmidt/Peun*, in Beck Bil-Komm., 10. Aufl., 2016, § 275 HGB Rz 276.
[261] Vgl. ADS, 6. Aufl., § 275 HGB Rz 222; *Hüttemann*, in Großkomm. HGB, § 275, Rn 53.

Sind in den ausgewiesenen HK (Posten Nr. 2) außerplanmäßige Abschreibungen enthalten, sind diese entweder in der GuV oder im Anhang gesondert anzuführen (§ 277 Rz 7 f.). **236**

Mit der deutlich **veränderten Umsatzerlösdefinition** ergibt sich bei Anwendung des UKV zwangsläufig die Notwendigkeit, die Zuordnung der einzelnen Aufwandsarten zu den Funktionsbereichen der Unternehmung entsprechend anzupassen, wodurch sich erhebliche Konsequenzen für den HK-Ausweis ergeben können. **237**

So müssen die „HK des Umsatzes" sämtliche Kosten enthalten, die mit der Erzielung von Umsatzerlösen verbunden sind. D. h., werden die bisher als Nebenerlöse erfassten Erträge in die Umsatzerlöse umklassifiziert, so sind auch die diesen Nebenerlösen gegenüberstehenden Aufwendungen als HK auszuweisen. Werden Kantinenerlöse als Umsatzerlöse ausgewiesen, dann sind die Aufwendungen der Kantine (Personalaufwendungen, Wareneinsatz) als HK auszuweisen.

Diese Notwendigkeit resultiert allein aus der Bezeichnung des Postens. Wurden bislang die Rohstoffe der Kantine entsprechend ihrer kostenrechnerischen Zuordnung verursachungsgerecht in den Funktionsbereichen Herstellung, Verwaltung oder Vertrieb bzw. als Auffangposten unter der Position sonstige betriebliche Aufwendungen erfasst, so war dieses Vorgehen dem Umstand geschuldet, dass die Kantine im Sinne einer allgemeinen Kostenstelle bzw. Hilfskostenstelle nur einen sehr mittelbaren Bezug zum Herstellungsbereich hatte und die Aufwendungen der Kantine dem Herstellungsbereich somit nur anteilig zuzuordnen waren.

Durch den gesetzlich verordneten Ausweis der Kantinenerlöse als Umsatzerlöse werden die Produkte dieses Bereichs zwangsweise zu eigenen Kosten-/Umsatzträgern deklariert, sodass analog zu den Produkten der gewöhnlichen Geschäftstätigkeit auch für sie ein eigener Herstellungsbereich im Sinne einer Hauptkostenstelle abzugrenzen ist, dessen Aufwendungen unter der Position Herstellungskosten auszuweisen sind. Folglich muss zumindest i. S. d. Umsatzkostenverfahren die Kantine zum Herstellungsbereich erklärt werden, sodass sowohl die Gemeinkosten als auch Einzelkosten der Kantine dem Herstellungsbereich zuzuordnen sind.[262] Um dies zu gewährleisten bedarf es einer entsprechenden Anpassung der Kostenrechnung, deren Ausgestaltung eine handelsrechtliche Kostenstellenabgrenzung und die Erstellung eines eigenen handelsrechtlichen BAB ermöglicht.

Diese Vorgabe ist für alle Sachverhalte zu beachten, die bislang als sonstige betriebliche Erträge und jetzt als Umsatzerlöse ausgewiesen werden. Insgesamt entspricht dieses Vorgehen der Grundlogik des UKV und widerspricht dieser nicht.[263] Zugleich liegt es nahe im Rahmen dieser ohnehin erforderlichen Feindifferenzierung der Herstellungskosten, diese zumindest für interne Zwecke danach zu differenzieren, welche Teile der Herstellungskosten auf die Umsatzerlöse der gewöhnlichen Geschäftstätigkeit entfallen und welche den übrigen Umsatzerlösen zuzuordnen sind.

---

[262] A. A. *Haaker*, der diese Umgliederung nicht mit den Grundsätzen des UKV vereinbar hält. Vgl. dazu *Haaker*, DSTR 2015, S. 964.
[263] A. A. *Haaker*, DSTR 2015, S. 964.

Entscheidet sich ein Unternehmen für den vorgeschlagenen **untergliederten Umsatzerlösausweis**, so sollte dem auch eine **Untergliederung des Herstellungskostenausweises** folgen, aus welchem hervorgeht, welcher Anteil der Herstellungskosten auf Umsatzerlöse aus der gewöhnlichen Geschäftstätigkeit entfällt und welche Herstellungskosten auf die übrigen Umsatzerlöse entfallen.

4.3 Bruttoergebnis vom Umsatz (§ 275 Abs. 3 Nr. 3)

238 Das Bruttoergebnis vom Umsatz ergibt sich durch Saldierung der unter Posten Nr. 1 und Nr. 2 ausgewiesenen Beträge. Im Fall eines negativen Bruttoergebnisses ist eine Kennzeichnung mit einem Minus-Zeichen erforderlich. Diese Größe wird bei Herstellungsbetrieben auch als „**Rohgewinnspanne**" und bei Handelsbetrieben als „**Handelsspanne**" bezeichnet und stellt vielfach einen wichtigen Ausgangspunkt externer und interner Erfolgsanalysen dar.

Eine **Untergliederung** nach dem Bruttoergebnis der gewöhnlichen Geschäftstätigkeit und Bruttoergebnis aus dem Verkauf von Produkten und Dienstleistungen weiterer Unternehmenstätigkeiten scheint hier nur **i. S. v. „Davon"-Vermerken** als gangbar. Im Hinblick auf die veränderte Zuordnung einzelner Kosten zu den Herstellungskosten ist eine solche Untergliederung jedoch zu begrüßen.

4.4 Vertriebskosten (§ 275 Abs. 3 Nr. 4)

239 Bei den Vertriebskosten handelt es sich um Aufwendungen, die für **die Produktion und Leistungserstellung nachgelagerter Aktivitäten** anfallen. Der Ausweis der Vertriebskosten ist periodenbezogen und nicht umsatzbezogen vorzunehmen, womit ein Ausweis der (bereits angefallenen) Vertriebsaufwendungen auch für jene Erzeugnisse erforderlich ist, die erst in späteren Perioden am Markt abgesetzt werden (Rz 212). Wie für den bilanzbezogenen Ausweis der HK gilt auch für den Ausweis in der GUV, dass ein Einbezug der Vertriebskosten in den HK-Ausweis unzulässig ist (Rz 227).[264] Dem Vertriebsbereich zuzuordnen sind die Aufwendungen für die Abteilungen Verkauf, Werbung und Marketing sowie die Aufwendungen für Handelsvertreter, Vertriebslager und die Absatzförderung.[265]

240 Nach dem kostenrechnerischen Systematisierungskriterium der Zurechenbarkeit lassen sich die Vertriebskosten in Vertriebseinzelkosten, Sondereinzelkosten des Vertriebs und Vertriebsgemeinkosten unterteilen. Während es sich bei den **Vertriebseinzelkosten** um Aufwendungen handelt, die für bestimmte Absatzleistungen anfallen und diesen direkt zugerechnet werden können, erfüllen **Vertriebsgemeinkosten** das Kriterium der Zurechenbarkeit zu bestimmten Absatzleistungen nicht.

---

[264] Vgl. *Schmidt/Peun*, in Beck Bil-Komm., 10. Aufl., 2016, § 275 HGB Rz 281.
[265] Vgl. *Schmidt/Peun*, in Beck Bil-Komm., 10. Aufl., 2016, § 275 HGB Rz 282; *Reiner/Haußer*, in MünchKomm. HGB, 3. Aufl., § 275 Rn 139.

> **Beispiel**
> **Mögliche Vertriebseinzelkosten:**
> Umsatzprovisionen, Kosten für die Außenverpackung (Kosten für die Innenverpackung gehören, wenn aufgrund der Eigenart des Produktes eine Produktumschließung unerlässlich ist (z. B. Zahnpastatube, Getränkedose), zu den Herstellungskosten), Frachten, Versandkosten, Transportkosten, Transportversicherung, umsatz- und absatzabhängige Lizenzgebühren oder auftragsbezogene Reklameaufwendungen.[266]
>
> **Mögliche Vertriebsgemeinkosten:**
> Personalkosten der gesamten Abteilungen, Sachaufwendungen, Marktforschungsaufwendungen, Aufwendungen für nicht auftragsbezogene Werbung, für Messen und Ausstellungen, Kundenschulung, kostenlose Warenproben, Abschreibungen des Vertriebsbereichs sowie dem Vertriebsbereich mittels Schlüsselung zuordenbare Verwaltungsaufwendungen.[267]

Für die Erfassung der Abschreibungen als Vertriebskosten ist maßgeblich, dass der betroffene VG dem Vertriebsbereich zuzuordnen ist. Einer Planmäßigkeit, Üblichkeit oder speziellen Rechtsgrundlage bedarf es dagegen nicht. D. h., auch außerplanmäßige Abschreibungen, die auf den Vertriebsbereich entfallen, sind hier auszuweisen.[268] Lediglich die Pflicht zum gesonderten Ausweis bzw. zur Anhangangabe ist zu beachten (§ 277 Rz 7 f.).

Die **Sondereinzelkosten des Vertriebs** nehmen eine Zwischenstellung zwischen Einzel- und Gemeinkosten ein. Zu ihnen zählen bspw. die Auftragserlangungskosten. 241

Ebenfalls hier auszuweisen, wenn auch strittig, sind die **Abschreibungen auf Kundenforderungen** sowie die entsprechenden **Erhöhungen von Pauschalwertberichtigungen** (Rz 136).[269] 242

Mittlerweile herrscht weitgehende Einigkeit, dass für die auf den Vertriebsbereich entfallenden **Betriebssteuern**[270] **und Zinsaufwendungen**[271] der Ausweis nicht unter Posten Nr. 4 des UKV vorzunehmen ist, sondern unter Posten Nr. 15 bzw. 12. 243

Erfolgt der Vertrieb über die Einschaltung eines TU, so sind die in diesem Zusammenhang zu entrichtenden Entgelte unter Posten Nr. 4 auszuweisen. 244

---

[266] Vgl. *Wulf*, in Bo HdR, § 275 Rz 158, Stand 062016.
[267] Vgl. *Schmidt/Peun*, in Beck Bil-Komm., 10. Aufl., 2016, § 275 HGB Rz 284 f.
[268] Vgl. *Reiner/Haußer*, in MünchKomm. HGB, 3. Aufl., § 275 Rn 142.
[269] Dafür plädieren ebenfalls *Budde*, in *Küting/Pfitzer/Weber*, HdR, HGB § 275 Rz 137, Stand 10/2010; *Schmidt/Peun*, in Beck Bil-Komm., 10. Aufl., 2016, § 275 HGB Rz 285; *Reiner/Haußer*, in MünchKomm. HGB, 3. Aufl., § 275 Rn 141.
[270] Vgl. *Baetge/Kirsch/Thiele*, Bilanzen, 12. Aufl. 2012, S. 627; *Budde*, in *Küting/Pfitzer/Weber*, HdR, HGB § 275 Rz 137, Stand 05/2017; *Kirsch/Ewelt-Knauer*, in *Baetge/Kirsch/Thiele*, Bilanzrecht, § 275 HGB Rz 327, Stand 12/2015.
[271] Vgl. ADS, 6. Aufl., § 275 HGB Rz 236; WPH Edition, Wirtschaftsprüfung & Rechnungslegung, 15. Aufl., 2017, Abschn. F, Rz 888.

4.5 Allgemeine Verwaltungskosten (§ 275 Abs. 3 Nr. 5)

245 Unter diesem Posten werden jene Verwaltungskosten erfasst, die sich **keinem anderen Funktionsbereich** zuordnen lassen. Es handelt sich um die Aufwendungen des allgemeinen Verwaltungsbereichs. Ihr Ausweis ist, wie der Ausweis der Vertriebskosten, periodenbezogen und nicht umsatzbezogen vorzunehmen (Rz 212). Diese Notwendigkeit ergibt sich allein aus dem Umstand, dass eine Zuordnung von Verwaltungskosten zu einzelnen Umsätzen nicht möglich ist.[272]

246 Zu den allgemeinen Verwaltungskosten zählen sämtliche im Verwaltungsbereich angefallenen Aufwendungen für Personal, Material und Abschreibungen.

> **Beispiel**
> Im Einzelnen sind dies u. a. Aufwendungen für die allgemeine Geschäftsleitung, das Rechnungswesen, das Rechenzentrum, die Abteilungen Personal, Planung, Steuer, Recht, Finanzen und Revision, das Nachrichtenwesen, die Öffentlichkeitsarbeit, die Sozialeinrichtungen (z. B. Zuschüsse zur Betriebskantine, Freizeiteinrichtungen), den Betriebsrat, den Werkschutz, die Erstellung und Prüfung des Jahresabschlusses, die Rechts- und Steuerberatung, Beiträge zu Berufsverbänden, den Beirat, den Zahlungsverkehr, die Schwerbeschädigtenausgleichsabgabe sowie die Fort- und Ausbildung. Auch Aufwendungen für unternehmenseigene Bibliotheken sind als Verwaltungskosten in der GuV auszuweisen.[273]

247 Ein Ausweis unter Posten Nr. 5 geht dem zunächst ebenfalls denkbaren Ausweis unter Posten Nr. 7 („sonstige betriebliche Aufwendungen") vor. Dienen die sonstigen betrieblichen Aufwendungen im GKV als Sammelposten für alle Aufwendungen, die sich keiner anderen der aufgeführten Aufwandskategorien zuordnen lassen (Rz 132), so kommt diese Funktion im UKV in deutlich geringerem Maß zum Tragen, da die vorgegebenen Funktionsbereiche i. d. R. eine verursachungsgerechte Zuordnung aller Aufwendungen erlauben und der Ausweis unter Posten Nr. 7 nur als Auffanglösung zu wählen ist. Kommen bspw. Aufsichtsratsvergütungen und die Aufwendungen für die Durchführung der HV bzw. Gesellschafterversammlung beim GKV unter den sonstigen betrieblichen Aufwendungen zum Ausweis (Rz 137), sind diese beim UKV unter den allgemeinen Verwaltungskosten zu erfassen. Den Abgrenzungsentscheidungen zwischen den Posten Nr. 5 und Nr. 7 ist der Grundsatz der Darstellungsstetigkeit zugrunde zu legen.

4.6 Sonstige betriebliche Erträge (§ 275 Abs. 3 Nr. 6)

248 Der Inhalt der unter diesem Posten auszuweisenden Sachverhalte deckt sich weitgehend mit dem des Postens Nr. 4 des GKV. Dennoch erfordern bestimmte Sachverhalte eine vom GKV abweichende Behandlung.
Wird die Erfolgsneutralität aktivierter Eigenleistungen (im Jahr ihrer Erstellung) beim GKV dadurch erreicht, dass den unter den jeweiligen **Aufwandsarten**

---

[272] Vgl. *Reiner/Haußer*, in MünchKomm. HGB, 3. Aufl., § 275 Rn 148.
[273] Vgl. *Schmidt/Peun*, in Beck Bil-Komm., 10. Aufl., 2016, § 275 HGB Rz 291.

ausgewiesenen anteiligen Beträgen ein Gesamtbetrag unter dem Posten „andere aktivierte Eigenleistungen" gegenübergestellt wird, so kann beim UKV die Erfolgsneutralisierung der aktivierten Eigenleistungen bei einem unveränderten Ausweis der Aufwendungen unter den jeweiligen Aufwandsposten durch Verbuchung eines entsprechenden Korrekturbetrags unter dem Posten „sonstige betriebliche Erträge" vorgenommen werden (Rz 235), anstatt diese direkt auf das Bestandskonto umzubuchen. Allerdings wird die Zulässigkeit dieser Variante der Erfolgsneutralisierung im Schrifttum unterschiedlich beurteilt.[274] So wird zwar einhellig der Einwand erhoben, diese Methode verstoße gegen die Grundlogik des UKV,[275] jedoch stuft nur ein Teil des Schrifttums dieses Vorgehen als unzulässig ein.[276] Wird dennoch auf diese Ausweisvariante zurückgegriffen, schlägt sich dies in einem höheren Ausweis der sonstigen betrieblichen Erträge nach dem UKV als nach dem GKV nieder.

Weitere Unterschiede können sich aus abweichenden Zuordnungen von Betriebssteuern und Zinsaufwendungen ergeben, die als HK aktiviert wurden. So sind die Zinsaufwendungen und Betriebssteuern, die unter den Funktionsbereichen Herstellung, Vertrieb oder allgemeine Verwaltung erfasst werden, als Ausgleichsposten hier auszuweisen, sofern ihre Absetzung nicht unter den entsprechenden Aufwandsposten erfolgt (Rz 224, 256).[277]

249

4.7 Sonstige betriebliche Aufwendungen (§ 275 Abs. 3 Nr. 7)

Wie der Posten Nr. 8 des GKV stellt auch der Posten Nr. 7 des UKV einen Sammelposten dar, in dem alle betrieblichen Aufwendungen auszuweisen sind, die keinem anderen Aufwandsposten des Gliederungsschemas zuzuordnen sind. Der Inhalt und Umfang dieses Postens stimmen nur z.T. mit dem Inhalt und Umfang des gleichnamigen Postens des GKV überein. Ein Großteil der Aufwendungen, die sich im GKV keinem – der nach **Aufwandsarten** gegliederten – Posten zuordnen lassen und daher unter den sonstigen betrieblichen Aufwendungen auszuweisen sind, kommt im UKV innerhalb der Aufwendungen der entsprechenden Funktionsbereiche zum Ausweis (Rz 247). Lediglich Aufwendungen, die sich im GKV keiner der vorgegebenen Aufwandsarten und im UKV keinem der vorgegebenen Funktionsbereiche zuordnen lassen, fließen in gleichem Umfang in die sonstigen betrieblichen Aufwendungen nach UKV und GKV ein. Die Abgrenzung der sonstigen betrieblichen Aufwendungen ist eng auszulegen. D. h., es darf nicht ohne Veranlassung auf eine mögliche Gemeinkostenverteilung auf die Funktionsbereiche zugunsten eines Ausweises unter Posten Nr. 7 verzichtet werden. Allein die fehlende Objektivität oder Eindeutigkeit des Verteilungsschlüssels berechtigt nicht zu einem Aufwandsausweis unter Posten Nr. 7.[278] Insgesamt wird der Umfang der ausgewiesenen sonstigen be-

250

---

[274] Vgl. *Wiedmann*, in Ebenroth/Boujong/Joost/Strohn, Handelsgesetzbuch 2014, § 275 Rz 53.
[275] Vgl. *Schmidt/Peun*, in Beck Bil-Komm., 10. Aufl., 2016, § 275 HGB Rz 300.
[276] Vgl. *Budde*, in Küting/Pfitzer/Weber, HdR, HGB § 275 Rz 114, Stand 05/2017.
[277] Vgl. *Baetge/Kirsch/Thiele*, Bilanzen, 14. Aufl., 2017, S. 633f.; *Kirsch/Ewelt-Knauer*, in Baetge/Kirsch/Thiele, Bilanzrecht, § 275 Rz 338, Stand 12/2015; WPH Edition, Wirtschaftsprüfung & Rechnungslegung, 15. Aufl., 2017, Abschn. F, Tz 891.
[278] Vgl. *Budde*, in Küting/Pfitzer/Weber, HdR, HGB § 275 Rz 141a, Stand 05/2017.

trieblichen Aufwendungen im UKV deutlich niedriger ausfallen als im GKV.²⁷⁹

251 Die Einfügung dieses Postens in das Gliederungsschema wurde vom Gesetzgeber mit der indirekten Begründung vorgenommen, dass hier die Bewertungsunterschiede auszuweisen sind, die sich bei einer Bilanzierung der Vorräte und sonstigen aktivierten Eigenleistungen unterhalb der bilanziellen Wertobergrenze i. H. d. nicht aktivierten Aufwendungen ergeben. Gleichwohl wird der Ausweis derartiger Beträge unter den HK als zu bevorzugende Variante eingestuft (Rz 233).²⁸⁰

252 Auch die den Erlösen aus **Nebenleistungen** gegenüberstehenden Aufwendungen sind unter dem Posten Nr. 7 zu erfassen, sofern der hierzu korrespondierende Erlösausweis unter den sonstigen betrieblichen Erträgen erfolgt. Aufgrund der nach BilRUG gültigen Umsatzerlösdefinition werden diese Nebenleistungen aber zumeist zu Umsatzerlösen führen, sodass die betreffenden Aufwendungen als Herstellungskosten auszuweisen sind und somit ab dem Gj 2016 deutlich weniger Aufwendungen in den sonstigen betrieblichen Aufwendungen zum Ausweis kommen können.

253 Ein Ausweis unter diesem Posten ist ferner für jene F&E-Kosten erforderlich, die sich keinem der angeführten Funktionsbereiche zuordnen lassen und die nicht in einem eigenen Posten ausgewiesen werden. Ein solch separater Ausweis oder eine Untergliederung wird jedoch dann für erforderlich gehalten, wenn die F&E-Aufwendungen außerordentlich hoch sind.²⁸¹

254 **Abschreibungen**, die mit keinem der betrieblichen Funktionsbereiche in Zusammenhang stehen, wie bspw. GoF-Abschreibungen, sind ebenso als sonstige betriebliche Aufwendungen auszuweisen, wie **periodenfremde Aufwendungen**, die sich keinem der Funktionsbereiche zuordnen lassen.²⁸² Für den Ausweis der GoF-Abschreibungen kommt alternativ auch ein Ausweis als separater Posten innerhalb des betrieblichen Ergebnisses in Betracht.²⁸³

255 Für **Spenden** wird i. d. R. ebenfalls keine Verteilung auf Funktionsbereiche möglich sein, sodass auch sie als sonstige betriebliche Aufwendungen auszuweisen sind.²⁸⁴

4.8 Zinsen und ähnliche Aufwendungen (§ 275 Abs. 3 Nr. 12)

256 Zinsen, die entgegen der hM in die HK (Posten Nr. 2) eingeflossen sind (Rz 224), führen dazu, dass die unter Posten Nr. 12 ausgewiesene Aufwandssumme gegenüber dem GKV um diesen Betrag geringer ausfällt. Von einem Ausweis fertigungsbezogener Zinsaufwendungen unter Posten Nr. 12 mit erfolgswirkungs-

---

279 Vgl. *Rogler*, Vergleichbarkeit von Gesamtkosten- und Umsatzkostenverfahren – Auswirkungen auf die Jahresabschlussanalyse, 2006, S. 5.
280 Vgl. *Reiner/Haußer*, in MünchKomm. HGB, 3. Aufl., § 275 Rn 153; a. A. *Baetge/Kirsch/Thiele*, Bilanzrecht, 12. Aufl., 2012, S. 629.
281 Vgl. *Budde*, in *Küting/Pfitzer/Weber*, HdR, HGB § 275 Rz 142b, Stand 05/2017; *Schmidt/Peun*, in Beck Bil-Komm., 10. Aufl., 2016, § 275 HGB Rz 307. A. A. *Reiner/Haußer*, in MünchKomm. HGB, 3. Aufl., § 275 Rn 152.
282 Vgl. *Kirsch/Ewelt-Knauer*, in *Baetge/Kirsch/Thiele*, Bilanzrecht, § 275 HGB Rz 344, Stand 12/2015.
283 Vgl. *Schmidt/Peun*, in Beck Bil-Komm., 10. Aufl., 2016, § 275 HGB Rz 306.
284 A. A. *Schmidt/Peun*, in Beck Bil-Komm., 10. Aufl., 2016, § 275 HGB Rz 291, die eine Zuordnung zu den Allgemeinen Verwaltungskosten favorisieren.

neutralisierender Gegenbuchung als sonstige betriebliche Erträge (Rz 249) ist Abstand zu nehmen.[285]

4.9 Sonstige Steuern (§ 275 Abs. 3 Nr. 18)

Für die Steueraufwendungen gilt wie für die Zinsen, dass sich i. H. d. Betrags, in dem diese in die HK oder – dem vorherrschenden Konsens widersprechend in unzutreffender Weise – in die Vertriebs- bzw. allgemeinen Verwaltungskosten eingeflossen sind, ein niedriger Ausweis gegenüber dem GKV ergibt. D. h., hier sind nur die Steuern zu erfassen, die nicht Bestandteil der anderen Posten sind (Rz 243).[286]

257

5 Veränderungen der Kapital- und Gewinnrücklagen (Abs. 4)

Zweck der GuV ist die Darstellung des **Jahresergebnisses und der einzelnen Erfolgsbestandteile.**
Veränderungen der Kapital- und Gewinnrücklagen dürfen demgemäß erst im Anschluss an den Posten „Jahresüberschuss/Jahresfehlbetrag" dargestellt werden. Eine Pflicht zum Ausweis der Veränderungen der Kapital- und Gewinnrücklagen in der GuV besteht nach den handelsrechtlichen Bestimmungen nicht (§ 275 Abs. 4 HGB).

258

Nach aktienrechtlichen Bestimmungen müssen Unt in der Rechtsform der AG und der KGaA unabhängig davon, ob die GuV-Darstellung in Form des GKV oder UKV vorgenommen wird, diese in Fortführung der Nummerierung um eine **Gewinnverwendungsrechnung** erweitern, es sei denn, die Angaben werden an anderer Stelle des Jahresabschlusses gemacht (§ 158 Abs. 1 Satz 1 und 2 AktG).

259

Für KM-orientierte Unt und Unt, die zur Aufstellung eines Konzernabschlusses verpflichtet sind, lassen sich die Angaben zur Gewinnverwendung aus dem für sie obligatorischen Eigenkapitalspiegel entnehmen (§ 264 Rz 32 ff.). § 158 AktG verlangt Angaben zu folgenden Posten:
1. Gewinnvortrag/Verlustvortrag aus dem Vorjahr;
2. Entnahmen aus der Kapitalrücklage;
3. Entnahmen aus Gewinnrücklagen
   a) aus der gesetzlichen Rücklage,
   b) aus der Rücklage für eigene Aktien,
   c) aus satzungsmäßigen Rücklagen,
   d) aus anderen Gewinnrücklagen;
4. Einstellungen in die Gewinnrücklagen
   a) in die gesetzliche Rücklage,
   b) in die Rücklage für eigene Aktien,
   c) in satzungsmäßige Rücklagen,
   d) in andere Gewinnrücklagen;
5. Bilanzgewinn/Bilanzverlust.

260

---

[285] Vgl. *Schmidt/Peun*, in Beck Bil-Komm., 10. Aufl., 2016, § 275 HGB Rz 308.
[286] Vgl. *Winnefeld*, Bilanz-Handbuch 2015, Abschn. G, Rz 530.

261 Für Einstellungen in die Kapitalrücklage ist aufgrund ihrer Erfolgsneutralität im Schema des § 158 AktG keine Darstellung innerhalb der aktienrechtlichen Ergebnisverwendungsrechnung vorgesehen.[287]

262 Der Umfang und die Notwendigkeit der Angaben zur Ergebnisverwendung bewegen sich in unmittelbarem Zusammenhang zu dem in § 268 Abs. 1 HGB eingeräumten Wahlrecht, die Bilanz unter Berücksichtigung einer teilweisen oder vollständigen Ergebnisverwendung aufstellen zu dürfen. Erfolgt die Bilanzaufstellung **vor Ergebnisverwendung**, wird sowohl in der GuV als auch in der Eigenkapitaldarstellung gem. § 266 Abs. 3 HGB der Jahresüberschuss ausgewiesen. Bei einer Bilanzaufstellung **nach teilweiser Ergebnisverwendung** kommen in der bilanziellen EK-Darstellung statt des Jahresergebnisses die einzelnen Rücklagenveränderungen und der Bilanzgewinn/Bilanzverlust unter Berücksichtigung eventuell vorhandener Gewinn- und Verlustvorträge, die in der Bilanz oder Anhang gesondert anzugeben sind (§ 268 Abs. 1 Satz 2 HGB), zum Ausweis.

6 Übergangsvorschriften

263 Zu den mit der **BilMoG**-Erstanwendung ausgelaufenen Übergangsvorschriften s. Kommentierung in der 2. Aufl. Die noch über die Beibehaltungswahlrechte fortwirkenden Altregelungen, wie insb. die Implikationen der Übergangsvorschriften bzgl. der neuen Bewertungsvorschriften bei Pensionsverpflichtungen werden unter Art. 67 EGHGB Rz 8 ff., die Auflösung beibehaltener Sonderposten mit Rücklageanteil unter Art. 67 EGHGB Rz 71 ff. behandelt und die Sachverhalte bzgl. des Fortwirkens ausgelaufener Abschreibungsregelungen in Art. 67 EGHGB Rz 89 ff. kommentiert.

264 Nach Art 75 Abs. 2 Satz 3 EGHGB muss bei der erstmaligen Anwendung[288] aufgrund der mit dem **BilRUG** neu gefassten Umsatzerlösdefinition nach § 277 Abs. 1 HGB im Anhang auf die fehlende Vergleichbarkeit der Umsatzerlöse hingewiesen und unter nachrichtlicher Darstellung des Betrags der Umsatzerlöse des Vj, der sich aus der Anwendung der neuen Umsatzerlösdefinition ergeben hätte, erläutert werden. Es erscheint sinnvoll, diese Angabe in der GuV-Gliederung durch eine gesonderte Spalte vorzunehmen.[289]

7 Gewinn- und Verlustrechnung der Kleinstkapitalgesellschaft

265 Mit der Einfügung des § 275 Abs. 5 HGB hat der Gesetzgeber die in Art. 1a Abs. 3 Buchst. b der Bilanzrichtlinie in der Fassung der Mircro-RL eingeräumte Option genutzt,[290] KleinstKapG i. S. d. § 267a HGB das Wahlrecht zu gewähren, eine verkürzte Gliederung für die GuV-Darstellung zu verwenden.[291] Das in

---

[287] Vgl. *Kirsch/Siefke/Ewelt-Knauer*, in *Baetge/Kirsch/Thiele*, Bilanzrecht, § 275 HGB Rz 353, Stand 12/2015.
[288] Im Regelfall im Gj 2016, durch das Wahlrecht in Art. 75 Abs. 2 Satz 1 EGHGB ist aber auch eine vorgezogene Anwendung zusammen mit den erhöhten Schwellenwerten in den Gj 2014 und 2015 möglich.
[289] Vgl. mit Umsetzungsbeispiel *Kreipl/Lange/Müller*, Schnelleinstieg BilRUG, 2015, S. 88.
[290] 78/660/EWG.
[291] Vgl. BT-Drs. 17/11292 S. 17.

§ 275 Abs. 5 HGB eingeräumte Wahlrecht gilt für Gj, die nach dem 30.12.2012 enden und kann somit regelmäßig bereits für das Gj 2012 genutzt werden.

7.1 Gliederung und Formvorschriften

Dem Konzept der komprimierten GuV-Darstellung der KleinstKapG liegt eine aufwandsartenorientierte Postengliederung zugrunde, welche sich im Wesentlichen an die Grundsystematik des GKV anlehnt. Eine funktionsbereichsorientierte verkürzte GuV-Gliederung, die an die Grundprinzipien des UKV angelehnt ist, existiert nicht, womit im Falle der Wahlrechtsausübung der aufwandsartenorientierte Postenausweis einheitlich vorzunehmen ist. Die Wahlrechtsinanspruchnahme unterliegt dem **Stetigkeitsgrundsatz** (§ 265 Abs. 1 Satz 1 HGB) und erfordert bereits bei der erstmaligen Ausübung die Angabe der **Vorjahreswerte** (§ 265 Abs. 2 HGB).

Der Umfang der verkürzten GuV-Gliederung (bzw. komprimierten GuV-Darstellung) wird durch Abs. 5 wie folgt vorgegeben:
1. Umsatzerlöse,
2. sonstige Erträge,
3. Materialaufwand,
4. Personalaufwand,
5. Abschreibungen,
6. sonstige Aufwendungen,
7. Steuern,
8. Jahresüberschuss/Jahresfehlbetrag.

Leerposten müssen, sofern keine Vorjahreswerte vorhanden sind, nicht zum Ausweis gebracht werden.

Die RegBegr greift zur Beschreibung des Sachverhalts auf den Terminus der „verkürzten" bzw. „vereinfachten Gliederung" zurück[292] und vermeidet es bewusst den Begriff „verkürzte" **GuV** zu verwenden, da sich an dem Umfang der zur Erfolgsermittlung zugrunde zu legenden Posten durch die Wahlrechtsausübung inhaltlich nichts ändern darf und derselbe Jahreserfolg wie nach dem GKV (Abs. 2) und UKV (Abs. 3) zum Ausweis gebracht werden muss.

Aus der angeführten Aufzählung und der ergänzend vorgegebenen Nummerierung sowie der Gesamtdeutung der Gesetzesmaterialien ergibt sich, dass die Darstellung der vereinfachten GuV-Gliederung in **Staffelform** zu erfolgen hat. Aus dem Gesetzeswortlaut und der buchstabengetreuen Betrachtung der Gesetzesbegründung ergäbe sich hingegen durchaus Spielraum für eine anderweitige Interpretation der Gliederungsvorgaben, die letztlich zunächst zu der Frage führt, ob die verkürzte GuV-Gliederung auch in Kontenform dargestellt werden darf. So wird in Abs. 5 darauf verwiesen, dass KleinstKapG die angeführte verkürzte GuV-Darstellung **anstelle der Staffelungen** nach den Abs. 2 und 3 verwenden dürfen. Ob sich das Wort „anstelle" lediglich auf das GKV und UKV oder auch auf die Staffelform beziehen soll, ist letztlich nicht zweifelsfrei zu erkennen. Zudem fehlt es im Hinblick auf die verkürzte Darstellungsform auch in den weiteren Ausführungen des Abs. 5 an einer wörtlichen Bezugnahme auf den Terminus „Staffelform". Zwar könnte diese unterlassene Begriffswieder-

---

[292] Vgl. BT-Drs. 17/11292 S. 17.

holung mit dem Verweis auf den auch für KleinstKapG geltenden Abs. 1 begründet werden, allerdings ist auch dieser i.V.m. Abs. 5 keineswegs eindeutig formuliert. In Abs. 1 wird lediglich auf die „Staffelform nach dem GKV" und „der Staffelform nach dem UKV" Bezug genommen. Da es sich bei der verkürzten GuV-Darstellung nach Abs. 5 aber weder um eine GuV nach dem UKV noch um eine GuV nach dem GKV handelt, lässt sich aus den Ausführungen des Abs. 1 oder Abs. 5 zumindest keine direkte (wortwörtliche) Verpflichtung zur Verwendung der Staffelform ableiten.

Als ein Argument für ein sich daraus implizit ergebendes Formwahlrecht ließe sich zunächst anführen, dass der Vorteil einer besseren Übersichtlichkeit der Staffelform (Rz 8) aufgrund des stark reduzierten Postenumfangs der Kurzgliederung in diesem Sonderfall ebenso wenig greift wie der Vorteil der ansonsten staffelformspezifischen Zwischensummenbildung, womit Verweise auf einen höheren Informationsgehalt gegenstandslos sind. Insgesamt lässt sich somit zunächst weder unmittelbar aus dem Gesetzeswortlaut noch aus den Grundsätzen der Klarheit und Übersichtlichkeit eine Verpflichtung zur Staffelform ableiten. Da sich allerdings auch keine unmittelbaren Anzeichen für ein explizites Wahlrecht erkennen lassen, ist im Rahmen einer Gesamtbetrachtung lediglich von redaktionellen Unzulänglichkeiten im Rahmen der Gesetzesformulierung und -begründung auszugehen und die Staffelform als verbindlich zu betrachten. Betriebswirtschaftlich begründen lässt sich diese Vorgabe jedoch nicht, sodass die Wahlrechtseinräumung auch im Hinblick auf den hohen Verbreitungsgrad der Kontendarstellung letztlich zu begrüßen gewesen wäre.

Die Erleichterungen des § 276 Satz 1 (Ausweis des Rohergebnisses) dürfen von KleinstkapG, die von dem Wahlrecht der verkürzten GuV-Gliederung Gebrauch machen, nicht in Anspruch genommen werden.

KleinstKapG in der Rechtsform der AG oder KGaA, die vom Wahlrecht der verkürzten GuV-Gliederung Gebrauch machen, sind von den zusätzlichen Angabenpflichten zur Ergebnisverwendung nach § 158 Abs. 1 und 2 AktG befreit (§ 158 Abs. 3 AktG).

7.2 Posteninhalte

269 Den 17 GuV-Posten des GKV bzw. 16 GuV-Posten des UKV stehen acht GuV-Posten der Kurzgliederung gegenüber. Regelungen für die Zuordnung der einzelnen Posten der allgemeinen Gliederung des GKV zu den Posten der Kurzgliederung finden sich im Abs. 5 nicht. Anhaltspunkte hierfür können lediglich der Gesetzesbegründung entnommen werden. Aus dieser ergibt sich, dass die verkürzte Gliederung des Abs. 5 auf die Bezeichnungen der „Bilanzposten" der allgemeinen Staffelung der Abs. 2 und 3 zurückgreift. Mit „Bilanzposten" sind die „GuV-Posten" gemeint und eine Deckungsgleichheit für die Posten **„Steuern"**, welche die Posten „Steuern vom Einkommen und Ertrag" und „sonst. Steuern" der allgemeinen Gliederung zusammenfassen, ist nicht gegeben.[293]

Im Rahmen der Gesetzesbegründung werden ergänzend ausdrücklich die in Abs. 5 abweichenden Posteninhalte für die Posten **„sonstige Erträge"** (Nr. 2) und **„sonstige Aufwendungen"** (Nr. 6) hervorgehoben, die bereits dadurch zum

---

[293] Vgl. BT-Drs. 17/11292 S. 17.

Ausdruck kommen, dass im Gegensatz zu den Posten Nr. 4 und 8 des GKV jeweils auf den Zusatz **betrieblich** verzichtet wurde. Konkret verweist die Begründung des MircoBilG darauf, dass unter diesen Posten mehrere Posten der GuV-Staffelung nach Abs. 2 und Abs. 3 zusammengefasst werden. So sind gem. der Gesetzesbegründung unter der Position „sonstige Erträge" Bestandsmehrungen an fertigen Erzeugnissen und unfertigen Erzeugnissen, andere aktivierte Eigenleistungen, sonstige betriebliche Erträge sowie finanzielle Erträge (Zinserträge, Wertpapiererträge, Beteiligungserträge) zusammenzufassen. Im Einklang damit sind unter der Position „sonst. Aufwendungen" Bestandminderungen an fertigen und unfertigen Erzeugnissen, sonstige betriebliche Aufwendungen sowie Zinsen und ähnliche Aufwendungen zusammenzufassen.[294]
Ein gesonderter Ausweis der **Bestandsveränderungen** ist nicht vorgesehen. Der Hinweis der Gesetzesbegründung, dass Bestandsmehrungen als sonstige Erträge und Bestandsminderungen als sonstige Aufwendungen auszuweisen sind, könnte zunächst den Eindruck erwecken, dass, sofern in einem Unt Bestandsmehrungen und Bestandsminderungen (z. B. Mehrung bei fertigen und Minderung bei unfertigen Erzeugnissen) gleichzeitig auftreten, diese jeweils getrennt als sonstiger Ertrag und sonstiger Aufwand auszuweisen sind. Da allerdings nicht zu erkennen ist, dass der Gesetzgeber hier ausdrücklich eine vom GKV abweichende Vorgehensweise festlegen wollte, ist auch bei der Kurzgliederung analog zum GKV die Zurechnung zu den sonstigen Erträgen und Aufwendungen auf den Saldo der Bestandsveränderungen zu beschränken. Somit ist ein positiver Saldo der Bestandsveränderungen als sonstiger Ertrag und ein negativer Saldo als sonstiger Aufwand auszuweisen.

Ausgehend vom GKV sind dessen einzelnen GuV-Posten den Posten der verkürzten GuV-Gliederung wie folgt zuzuordnen:

	GuV der KapG (ohne Erleichterung aus § 276 Abs. 2 HGB)
1.	Umsatzerlöse
2.	Erhöhung des Bestands an fertigen und unfertigen Erzeugnissen (Saldo) oder Verminderung des Bestands an fertigen und unfertigen Erzeugnissen (Saldo)
3.	andere aktivierte Eigenleistungen
4.	sonstige betriebliche Erträge
5.	Materialaufwand a) Aufwendungen für Roh-, Hilfs- und Betriebsstoffe und für bezogene Waren b) Aufwendungen für bezogene Leistungen
6.	Personalaufwand a) Löhne und Gehälter b) soziale Abgaben und Aufwendungen für Altersversorgung und für Unterstützung, davon für Altersversorgung

---

[294] Vgl. BT-Drs. 17/11292 S. 18.

7.	Abschreibungen a) auf immaterielle Vermögensgegenstände des Anlagevermögens und Sachanlagen b) auf Vermögensgegenstände des Umlaufvermögens, soweit diese die in der Kapitalgesellschaft üblichen Abschreibungen überschreiten
8.	sonstige betriebliche Aufwendungen
9.	Erträge aus Beteiligungen, davon aus verbundenen Unternehmen
10.	Erträge aus anderen Wertpapieren und Ausleihungen des Finanzanlagevermögens, davon aus verbundenen Unternehmen
11.	sonstige Zinsen und ähnliche Erträge, davon aus verbundenen Unternehmen
12.	Abschreibungen auf Finanzanlagen und auf Wertpapiere des Umlaufvermögens
13.	Zinsen und ähnliche Aufwendungen, davon an verbundene Unternehmen
14.	Steuern vom Einkommen und vom Ertrag
15.	Ergebnis nach Steuern
16.	sonstige Steuern
17.	Jahresüberschuss/Jahresfehlbetrag

	GuV der Kleinst KapG
1.	Umsatzerlöse (Nr. 1)
2.	sonstige Erträge
	umfasst folgende Posten aus § 275 Abs. 2 HGB:
	• sonstige betr. Erträge (Nr. 4)
	• Erhöhung des Bestands an fertigen und unfertigen Erzeugnissen (Saldo) (Nr. 2)
	• andere akt. Eigenleistungen (Nr. 3)
	• Erträge aus Beteiligungen (Nr. 9)
	• Erträge aus anderen Wertpapieren und
	• Ausleihungen des FAV (Nr. 10)
	• sonstige Zinsen u. ähnliche Erträge (Nr. 11)
3.	Materialaufwand (Nr. 5)
4.	Personalaufwand (Nr. 6)

5.	Abschreibungen (Nr. 7)
6.	sonstige Aufwendungen
	umfasst folgende Posten aus § 275 Abs. 2 HGB:
	• sonstige betr. Aufwendungen (Nr. 8)
	• Minderung des Bestands an fertigen und unfertigen Erzeugnissen (Saldo) (Nr. 2)
	• Abschreibungen auf FAV und Wertpapiere des UV (Nr. 12)
	• Zinsen u. ähnliche Aufw. (Nr. 13)
7.	Steuern
	umfasst folgende Posten aus § 276 Abs. 2 HGB:
	• EE-Steuern. (Nr. 14)
	• sonstige Steuern (Nr. 16)
8.	Jahresüberschuss/Jahresfehlbetrag

Für die Zuordnung der **Abschreibungen auf das Finanzanlagevermögen und Wertpapiere des Umlaufvermögens** kommen prinzipiell zwei Varianten in Betracht: Zum einen könnte der Ausweis unter der Position „Abschreibungen" vorgenommen werden und zum anderen unter der Position „sonstige Aufwendungen". In der Gesetzesbegründung finden sich hierzu keine Vorgaben. In der Aufzählung möglicher Sachverhalte, die u. a. unter den sonstigen Aufwendungen vorzunehmen sind, wird dieser Posten nicht angeführt. Die Gesamtsystematik der in diesem Kontext aufgeführten Posten sowie der Verweis, dass die übrigen Posten der verkürzten Gliederung, mit denen der allgemeinen GuV-Gliederung übereinstimmen sollen, sprechen allerdings für einen Ausweis als sonstiger Aufwand. Die Gesetzesbegründung verlangt, dass, sofern die kumulierte Darstellung nach Abs. 5 in Sonderfällen zu einer verzerrten Abbildung der Vermögens-, Finanz- und Ertragslage führt, gem. § 264 Abs. 2 Satz 2 bis 5 HGB zusätzliche Angaben unter der Bilanz zu machen sind.[295] Diese Bedingung wird ggf. von kleinen Finanzholdinggesellschaften erfüllt werden, die jedoch teilweise aus der Klasse der KleinstKapG durch § 267a Abs. 3 HGB ausgeschlossen werden.

Nicht zuletzt unter Bezugnahme auf diese Vorgabe der Gesetzesbegründung wird es auch nicht zu beanstanden sein, wenn dieser Angabepflicht durch eine über das vorgegebene Konzept hinausgehende Untergliederung in Form von „Davon"-Vermerken bei den jeweiligen Posten innerhalb der Staffelgliederung nachgekommen wird. So dürfte insb. für den Fall, dass die Bestandsmehrungen im Verhältnis zu den übrigen sonstigen Erträgen stark ins Gewicht fallen, ihr gesonderter Ausweis als Davon-Vermerk dem Grundsatz einer unverzerrten Erfolgsdarstellung gerecht werden.

---

[295] Vgl. BT-Drs. 17/11292 S. 17.

> **Tipp**
> **Kurzgliederung (§ 275 Abs 5 HGB) versus Ausweis eines Rohergebnisses (§ 276 HGB)**
> Bevor KleinstKapG das Wahlrecht der verkürzten GuV-Gliederung nutzen, sollten die damit verbundenen Vorteile mit denen des alternativ dazu möglichen Ausweises eines Rohergebnisses innerhalb einer allgemeinen (ungekürzten) GuV-Gliederung gegeneinander abgewogen werden. Vielfach wird die mit der Kurzgliederung verbundene Darlegung der Umsatzerlöse im Zuge der Kurzgliederung nachteiliger einzustufen sein als die Aufgliederung des Finanzergebnisses im Rahmen der allgemeinen Gliederung. Die Entscheidung für oder gegen die Kurzgliederung kann unabhängig von der Inanspruchnahme der weiteren Erleichterungen für KleinstKapG getroffen werden, ist dann aber grds. stetig beizubehalten.

272 Die Ergänzung in § 265 Abs. 5 Satz 2 HGB stellt klar, dass die **Hinzufügung von Zwischensummen in der GuV zulässig** ist.

§ 276 Größenabhängige Erleichterungen

¹Kleine und mittelgroße Kapitalgesellschaften (§ 267 Abs. 1, 2) dürfen die Posten § 275 Abs. 2 Nr. 1 bis 5 oder Abs. 3 Nr. 1 bis 3 und 6 zu einem Posten unter der Bezeichnung „Rohergebnis" zusammenfassen. ²Die Erleichterungen nach Satz 1 oder 2 gelten nicht für Kleinstkapitalgesellschaften (§ 267a), die von der Regelung des § 275 Absatz 5 Gebrauch machen.

Dr. Christian Wobbe

Inhaltsübersicht	Rz
1 Überblick	1–3
1.1 Inhalt	1
1.2 Normenzusammenhang	2–3
2 Rohergebnis	4–10
3 Regelungen für Kleinstkapitalgesellschaften	11–12

1 Überblick

1.1 Inhalt

§ 276 Satz 1 HGB erlaubt **kleinen und mittelgroßen KapG und diesen gleichgestellten Ges.** eine gegenüber den Gliederungsschemata der Abs. 2 und 3 des § 275 HGB verkürzte Aufstellung der GuV. Dabei wird ihnen durch die Möglichkeit, bereits bei der Aufstellung des Jahresabschlusses lediglich ein Rohergebnis auszuweisen, das Recht gewährt, auf eine Darstellung der für die Umsatztätigkeit unmittelbar relevanten Einzelposten zu verzichten.

1.2 Normenzusammenhang

Die Einstufung als kleine oder mittelgroße KapG richtet sich nach § 267 Abs. 1 und Abs. 2 HGB (§ 267 Rz 10ff.). KapG, die durch Ausgabe von Wertpapieren einen organisierten Kapitalmarkt i.S.d. § 2 Abs. 5 WpHG in Anspruch nehmen oder die Zulassung solcher Wertpapiere zum Handel an einem organisierten Markt beantragt haben, gelten stets als große KapG (§ 267 Abs. 3 HGB) und können als KM-orientierte Ges. i.S.d. § 264d HGB die größenabhängigen Erleichterungen unabhängig von ihrer Größe nicht in Anspruch nehmen. Ebenfalls ausgeschlossen ist die Anwendung größenabhängiger Erleichterungen für **Kreditinstitute, Finanzdienstleistungsinstitute** (§ 340a Abs. 2 Satz 1 HGB) und **VersicherungsUnt** (§ 341a Abs. 2 Satz 1 HGB). Für die KleinstKapG wird eine Kombination dieser Erleichterungen mit denen des § 275 Abs. 5 HGB ausgeschlossen (Rz 11ff.).

Obwohl explizit nur für KapG verankert, wird der Rückgriff auf das Wahlrecht des verkürzten GuV-Ausweises sowie der weiteren in § 276 HGB gewährten Erleichterungen auch für entsprechende Ges. anderer Rechtsformen (**NichtKapG**) als zulässig erachtet. Für die Schutzinteressen dieser Ges. kann aufgrund der für sie oftmals anzutreffenden Kombination aus engem Produktportfolio und beschränkter Abnehmerzahl in einem hart umkämpften Marktsegment nichts anderes gelten als für KapG.[1] Allerdings sind diese auch nicht an die Gliederungsvorschriften gebunden und die Veröffentlichung des Jahresabschlusses wäre freiwillig.

2 Rohergebnis

4   Mit § 276 HGB wurde von der Möglichkeit des Art. 27 der Vierten EG-RL Gebrauch gemacht, kleinen und mittelgroßen Ges. bei der Aufstellung und Offenlegung ihrer GuV die Zusammenfassung und Saldierung bestimmter Posten zum Posten „Rohergebnis" zu erlauben.

5   Die eingeräumte Saldierungsmöglichkeit ist als **Wahlrecht** konzipiert und stellt als **lex specialis** einen gesetzlich explizit zugelassenen Verstoß gegen das Saldierungsverbot (§ 246 Abs. 2 HGB) dar, mit welchem den Interessen kleiner und mittelgroßer Ges. an einem Informationsschutz Rechnung getragen werden soll, sofern sie nicht als KM-orientiert einzustufen sind. Ihnen wird hierdurch die Möglichkeit eingeräumt, den Einblick Außenstehender in die Erfolgsstruktur der Unternehmung zu verhindern und einer ansonsten durch die Offenlegung wettbewerbsrelevanter Informationen drohenden Gefährdung der Wettbewerbsfähigkeit vorzubeugen. **ADS** sehen es daher sogar als Pflicht der gewissenhaften Geschäftsführung einer kleinen oder mittelgroßen KapG an, dieses Wahlrecht i. S. d. Ges. zu nutzen.[2] Die Wahlrechtsinanspruchnahme der saldierten Ergebnisdarstellung unterliegt dem **Stetigkeitsgrundsatz** (§ 265 Abs. 1 Satz 1 HGB).

6   Der **Informationsnutzen** eines auf Basis dieser Aufstellungserleichterung ausgewiesenen saldierten Ergebnisses ist aus Sicht der Bilanzadressaten gering.

7   Der Rohergebnisausweis entbindet nicht von der in praxi letztlich stets gegebenen Verpflichtung, für den internen Gebrauch die in das **Rohergebnis eingeflossenen Posten gesondert zu erfassen**, da diese Angaben für unterschiedlichste unternehmerische Entscheidungen und mögliche Auskunftsersuchen der Gesellschafter verfügbar sein müssen. Im Falle einer AG oder KGaA ergibt sich dies im Hinblick auf den Informationsbedarf der Aktionäre allein aus dem Umstand, dass der Vorstand einer AG oder KGaA sicherstellen muss, den Aktionären der Ges. in der HV, in welcher der Jahresabschluss vorgelegt wird, auf Verlangen die ungekürzte Darstellung der GuV inklusive der alle Angaben umfassenden Anhangerläuterungen offenlegen zu können (§ 131 Abs. 1 Satz 3 AktG). Vergleichbares gilt, unter Vorbehalt der in § 51a Abs. 2 GmbHG kodifizierten Einschränkungen, für die Informationsrechte der Gesellschafter einer GmbH. So kann jeder GmbH-Gesellschafter Einsicht der Bücher und Schriften der Gesellschaft verlangen und sich die Zusammensetzung der nach § 276 Satz 1 zusammengefassten Posten erschließen. Auch zum Zwecke der Größenklassenbestimmung müssen Informationen über die Höhe der Umsatzerlöse der einzelnen Gj verfügbar sein.

---

1   Vgl. *Reiner/Haußer*, in MünchKomm. HGB, 3. Aufl., § 276, Rn 5.
2   Vgl. ADS, 6. Aufl, § 276 HGB, Rz 3.

Aus den Gliederungsvorgaben des § 275 Abs. 2 und 3 HGB und den Saldierungsvorgaben ergibt sich nach UKV (§ 275 Rz 17) und GKV (§ 275 Rz 13) jeweils folgende Zusammensetzung des als Summe ausgewiesenen Rohergebnisses: **8**

	Umsatzerlöse
+/−	Erhöhung oder Verminderung des Bestands an fertigen und unfertigen Erzeugnissen
+	andere aktivierte Eigenleistungen
+	sonstige betriebliche Erträge
−	Materialaufwand
=	Rohergebnis

Tab. 1: Rohergebnis GKV (§ 275 Abs. 2 HGB)

	Umsatzerlöse
−	Herstellungskosten der zur Erzielung der Umsatzerlöse erbrachten Leistungen
=	Bruttoergebnis vom Umsatz
+	sonstige betriebliche Erträge
=	Rohergebnis

Tab. 2: Rohergebnis UKV (§ 275 Abs. 3 HGB)

Nimmt eine kleine Ges. die Aufstellungserleichterung des verkürzten GuV-Ausweises in Anspruch, entfällt die Verpflichtung, bei Anwendung des UKV den Materialaufwand des Gj im Anhang anzugeben (§ 285 Nr. 8a HGB; § 275 Rz 19; § 288 Rz 4; § 275 Rz 19). Für mittelgroße Ges. ergibt sich diese Erleichterung für die Einreichung des Anhangs zum BAnz gem. § 327 Nr. 2 (§ 288 Rz 8). **9**

Die Höhe des ausgewiesenen Rohergebnisses kann in Abhängigkeit davon, ob das UKV oder GKV zur Anwendung kommt, hinsichtlich der einbezogenen Posten und Beträge variieren. Diese Abweichungen resultieren aus dem Umstand, dass nach dem UKV die Personalaufwendungen und Abschreibungen über die Herstellungskosten des Umsatzes in das auszuweisende Rohergebnis einfließen, während sie beim GKV außen vor bleiben. Im Gegenzug bleiben die im Vertriebs- und allgemeinen Verwaltungsbereich angefallenen Materialaufwendungen aufgrund des separaten Verwaltungs- und Vertriebsaufwandsausweises bei der Berechnung des Rohergebnisses des UKV außen vor. Ferner wird beim UKV das ausgewiesene Ergebnis durch die weiteren anzutreffenden Aufwandszuordnungen nach Funktionsbereichen beeinflusst, sodass – abweichend zum GKV – Teile der sonstigen Steuern einen Bestandteil des Rohergebnisses bilden können.

Die **Berechnung des Rohergebnisses ohne sonstige betriebliche Erträge** zugunsten eines separaten Ausweises dieses Ertragspostens wird nach hM als zulässig erachtet, sofern dies durch eine entsprechende Anpassung der Postenbezeichnung **10** deutlich dokumentiert wird.³ Insbesondere der Einbezug der sonstigen betrieblichen Erträge verfälscht den Aussagewert des Rohergebnisses erheblich und erscheint im Hinblick auf den betriebswirtschaftlichen Aussagewert äußert unbefriedigend. Durch den Einbezug dieses Sammelpostens fließen in das Rohergebnis Erfolgsgrößen ein, die nicht einmal die Definitionskriterien der nunmehr weitgefassten Umsatzerlösdefinition erfüllen. Das Rohergebnis besitzt somit nicht die gleiche Aussagekraft wie das Bruttoergebnis vom Umsatz des UKV.

3 Regelungen für Kleinstkapitalgesellschaften

11 Mit dem durch das MicroBilG eingefügten Satz 2 wird ausgeschlossen, dass **KleinstKapG**, welche von dem Wahlrecht der verkürzten GuV-Gliederung nach § 275 Abs. 5 HGB Gebrauch machen, zusätzlich noch die Zusammenfassung der Positionen zum **Rohergebnis** vornehmen können. Als Begründung wird in der RegBegr darauf verwiesen, dass eine solche Kombination nach EU-Recht nicht zulässig ist.⁴ Demnach können KleinstKapG grds. zwischen der allgemeinen GuV-Darstellung, der verkürzten GuV-Gliederung und dem Ausweis eines Rohergebnisses wählen (§ 275 Rz 265 ff.).⁵ Wobei die erste Option aus Sicht eines gewissenhaften Kfm. nicht ernsthaft in Erwägung gezogen werden sollte.

12 Mit den Streichungen in den §§ 275 und 277 HGB aF enthaltenen Ausweisvorschriften ao Erfolgselemente, entfällt auch die Notwendigkeit einer Sonderregelung für kleine und mittelgroße KapG. Machen KleinstKapG von dem Wahlrecht zur Aufstellung eines Anhangs Gebrauch, so müssen sie auch die erforderlichen Angaben zu den außergewöhnlichen und periodenfremden Erfolgsbestandteilen machen.

---

3 Vgl. ADS, 6. Aufl., § 276 HGB, Rz 10; *Reiner/Haußer*, in MünchKomm. HGB, 3. Aufl., § 276 Rn 8.
4 Vgl. BT-Drucks. 17/11292, S. 17.
5 Vgl. *Kreipl/Müller*, DB 2013, S. 75.

§ 277 Vorschriften zu einzelnen Posten der Gewinn- und Verlustrechnung

(1) Als Umsatzerlöse sind die Erlöse aus dem Verkauf und der Vermietung oder Verpachtung von Produkten sowie aus der Erbringung von Dienstleistungen der Kapitalgesellschaft nach Abzug von Erlösschmälerungen und der Umsatzsteuer sowie sonstiger direkt mit dem Umsatz verbundener Steuern auszuweisen.

(2) Als Bestandsveränderungen sind sowohl Änderungen der Menge als auch solche des Wertes zu berücksichtigen; Abschreibungen jedoch nur, soweit diese die in der Kapitalgesellschaft sonst üblichen Abschreibungen nicht überschreiten.

(3) ¹Außerplanmäßige Abschreibungen nach § 253 Abs. 3 Satz 5 und 6 sind jeweils gesondert auszuweisen oder im Anhang anzugeben. ²Erträge und Aufwendungen aus Verlustübernahme und auf Grund einer Gewinngemeinschaft, eines Gewinnabführungs- oder eines Teilgewinnabführungsvertrags erhaltene oder abgeführte Gewinne sind jeweils gesondert unter entsprechender Bezeichnung auszuweisen.

(4) (weggefallen)

(5) ¹Erträge aus der Abzinsung sind in der Gewinn- und Verlustrechnung gesondert unter dem Posten „Sonstige Zinsen und ähnliche Erträge" und Aufwendungen gesondert unter dem Posten „Zinsen und ähnliche Aufwendungen" auszuweisen. ²Erträge aus der Währungsumrechnung sind in der Gewinn- und Verlustrechnung gesondert unter dem Posten „Sonstige betriebliche Erträge" und Aufwendungen aus der Währungsumrechnung gesondert unter dem Posten „Sonstige betriebliche Aufwendungen" auszuweisen.

Dr. Christian Wobbe

Inhaltsübersicht	Rz
1 Überblick	1–4
1.1 Inhalt	1–2
1.2 Normenzusammenhang und Zweck	3–4
2 Begriffsbestimmung einzelner GuV-Posten	5–6
2.1 Umsatzerlöse	5
2.2 Bestandsveränderungen	6
3 Gesonderte Ausweis- und Erläuterungspflichten	7–24
3.1 Ausweis außerplanmäßiger Abschreibungen	7–13
3.2 Ausweis von Erträgen und Aufwendungen aus Verlustübernahmen, Gewinngemeinschaften und Gewinnabführungsverträgen	14
3.3 Erträge und Aufwendungen aus der Abzinsung	15–22
3.4 Erträge und Aufwendungen aus der Währungsumrechnung	23–24

4 Implikationen der Altfassung 25–32
   4.1 Ausweis und Erläuterung außergewöhnlicher Erträge und Aufwendungen 25–30
   4.2 Aufwendungen und Erträge aus der Anpassung der Bilanzierung und Bewertung an die Vorgaben des BilMoG nach Art. 66 und 67 Abs. 1–5 EGHGB 31
   4.3 Periodenfremde Aufwendungen und Erträge 32

1 Überblick

1.1 Inhalt

1 § 277 HGB ergänzt die in § 275 HGB kodifizierten allgemeinen Gliederungsvorschriften, indem hier Definitionen für die GuV-Posten „Umsatzerlöse" und „Bestandsveränderungen" gegeben werden. Mit dem BilRUG ist die Pflicht zum gesonderten Ausweis „ao Erträge" und „ao Aufwendungen" entfallen, sodass diese nicht mehr in § 277 HGB definiert werden. Mit dieser Streichung geht die neue Pflicht zur Anhangangabe außergewöhnlicher Erträge und Aufwendungen einher (§ 285 Nr. 31 HGB).

2 Für die Beträge „außerplanmäßige Abschreibungen" und „Erträge und Aufwendungen aus Verlustübernahme und aufgrund einer Gewinngemeinschaft, eines Gewinnabführungsvertrages oder eines Teilgewinnabführungsvertrages erhaltene oder abgeführte Gewinne" wird der gesonderte Ausweis gefordert, der im Falle der außerplanmäßigen Abschreibungen wahlweise auch durch Anhangangaben erfolgen kann.

Zudem wird der gesonderte Ausweis von Erträgen und Aufwendungen aus der Abzinsung und der Währungsumrechnung vorgeschrieben. Mit dem BilRUG sind ab dem Gj 2016, ao Posten nicht mehr in der GuV auszuweisen, sondern nur noch im Anhang anzugeben. Zugleich enthält § 277 HGB keine Vorgaben zur Erläuterungspflicht periodenfremder Erträge und Aufwendungen mehr. Diese Erläuterungspflicht ergibt sich nunmehr aus § 285 Nr. 32 HGB.

1.2 Normenzusammenhang und Zweck

3 Die Vorschriften des § 277 HGB betreffen nur **KapG, ihnen gleichgestellte PersG und Ges., die unter die Regelungen des Publizitätsgesetzes fallen (§ 5 Abs. 1 PublG)**. Die durch § 277 Abs. 1 HGB vorgegebene Umsatzerlösdefinition gilt sowohl für das GKV als auch für das UKV. Als unbestritten gilt, dass diese Umsatzerlösdefinition über den expliziten Adressatenkreis dieses Paragrafen hinaus auch für alle weiteren Kfl. (Nicht-KapG) Gültigkeit besitzt.

4 **Kreditinstitute und Finanzdienstleistungsinstitute** sind von der Beachtung der Definition für Umsatzerlöse (§ 277 Abs. 1 HGB), den Bestimmungen zu den Bestandsveränderungen (§ 277 Abs. 2 HGB) und außerplanmäßigen Abschreibungen (§ 277 Abs. 3 Satz 1 HGB) ausgenommen (§ 340a, Abs. 2 Satz 1 HGB). Für **VersicherungsUnt und Pensionsfonds** erstreckt sich die Nichtanwendung auf § 277 Abs. 1 und 2 HGB (§ 341a Abs. 2 Satz 1 HGB). Im Umkehrschluss bedeutet dies, dass Kreditinstitute und Finanzdienstleistungsunternehmen nur

§ 277 Abs. 3 Satz 2 und Abs. 5 HGB anwenden müssen, während für Versicherungsunternehmen § 277 Abs. 3 (vollständig) und Abs. 5 HGB zu beachten ist.

2 Begriffsbestimmung einzelner GuV-Posten

2.1 Umsatzerlöse

Erläutert in § 275 Rz 44. 5

2.2 Bestandsveränderungen

Erläutert in § 275 Rz 70. 6

3 Gesonderte Ausweis- und Erläuterungspflichten

3.1 Ausweis außerplanmäßiger Abschreibungen

§ 277 Abs. 3 HGB fordert den gesonderten Ausweis der aufgrund voraussichtlich dauernder Wertminderungen vorgenommenen außerplanmäßigen Abschreibungen auf das **Anlagevermögen**, unabhängig davon, ob es sich um abnutzbare oder nicht abnutzbare Gegenstände handelt (§ 253 Abs. 3 Satz 5 HGB). Im Falle des FAV sind auch die aufgrund einer voraussichtlich vorübergehenden Wertminderung (gemildertes Niederstwertprinzip) vorgenommenen Wahlrechtsabschreibungen (§ 253 Abs. 3 Satz 6 HGB) gesondert auszuweisen. Diese gesonderte Ausweispflicht besteht sowohl für das GKV als auch für das UKV. 7

Abschreibungen, die daraus resultieren, dass VG des **Umlaufvermögens** mit dem niedrigeren Wert anzusetzen sind, der sich aus Börsen- oder Marktpreis am Abschlussstichtag ergibt (§ 253 Abs. 4 HGB), werden nicht von § 277 Abs. 3 erfasst und sind somit nicht gesondert auszuweisen. In der Begründung des Gesetzesentwurfs wird die Ausweispflicht ausdrücklich auf Abschreibungen des AV beschränkt.[1] 8

Exakte Vorgaben, wie dieser Ausweis vorzunehmen ist, finden sich in § 277 Abs. 3 HGB nicht. Der Ausweis kann entweder über eine Zuordnung zu den einzelnen GUV-Posten erfolgen, im Anlagespiegel geschehen (§ 268 Rz 13 ff.) oder in summarischer Form als „außerplanmäßige Abschreibungen auf das Anlagevermögen" durch Anhangangabe vorgenommen werden. 9

Anders als bei den „Erträgen und Aufwendungen aus Verlustübernahmen und aufgrund einer Gewinngemeinschaft oder eines Gewinn- bzw. Teilgewinnabführungsvertrages erhaltenen oder abgeführten Gewinnen" besteht somit statt des gesonderten Ausweises unter entsprechender Postenbezeichnung die Möglichkeit der ausschließlichen Anhangangabe. 10

Im Fall der **separaten Zuordnung** sind außerplanmäßige Abschreibungen auf das AV im Gliederungsschema des GKV entweder unter den Posten Nr. 7a (Abschreibungen auf immaterielle Vermögensgegenstände und Sachanlagen), oder Nr. 12 (Abschreibungen auf Finanzanlagen und Wertpapiere des Umlaufvermögens) anzuführen oder als „Davon"-Vermerk bei den Aufwandsposten, 11

---

[1] Vgl. BilMoG-RegE, 2008, S. 68.

denen die außerplanmäßigen Abschreibungen zugeordnet wurden, gesondert auszuweisen (§ 277 Abs. 3 HGB).[2]

12 Wird das UKV zugrunde gelegt, sind die außerplanmäßigen Abschreibungen unter den Posten Herstellungskosten (Posten Nr. 2), Vertriebskosten (Posten Nr. 4), allgemeine Verwaltungskosten (Posten Nr. 5), sonstige betriebliche Aufwendungen (Posten Nr. 7) und Abschreibungen auf Finanzanlagen und auf Wertpapiere des UV (Posten Nr. 11) auszuweisen.

Jedoch empfiehlt sich insb. beim UKV, statt der postenbezogenen Zuordnung, die Angabe der außerplanmäßigen Abschreibungen im Anhang.[3]

13 PersG sind von der Pflicht zum gesonderten Ausweis der außerplanmäßigen Abschreibungen nicht betroffen.

3.2 Ausweis von Erträgen und Aufwendungen aus Verlustübernahmen, Gewinngemeinschaften und Gewinnabführungsverträgen

14 Erläutert in § 275 Rz 200 f.

3.3 Erträge und Aufwendungen aus der Abzinsung

15 Abs. 5 fordert den gesonderten Ausweis von Erträgen aus der Abzinsung unter dem Posten „Sonstige Zinsen und ähnliche Erträge". Aufwendungen aus der Abzinsung sind gesondert unter dem Posten „Zinsen und ähnliche Aufwendungen" auszuweisen. RS HFA 34 sieht neben einen Davon-Vermerk oder der Aufgliederung innerhalb der Vorspalte mit Verweis auf die Klarheit und Übersichtlichkeit der GuV-Darstellung auch die Möglichkeit, diese Angaben im Anhang vorzunehmen.[4]

16 Eine Definition, was unter Erträgen und Aufwendungen aus Abzinsung zu verstehen ist, findet sich in den handelsrechtlichen Bestimmungen nicht. Auch die Begründungen des RegE und die Ausführungen des RA geben hier keinen näheren Aufschluss. So bleibt sowohl offen, welche Sachverhalte unter dem Terminus „Abzinsung" zu subsumieren sind, als auch die Frage, ob ausschließlich Abzinsungen aus Passiva oder auch Abzinsungen aus Aktiva betroffen sind. Im RegE des BilMoG fand sich die gesonderte Ausweispflicht dieser Erfolgsbestandteile noch in § 253 HGB und damit im unmittelbaren Kontext der Bewertung von Rückstellungen und Verbindlichkeiten, für die eine Gegenleistung nicht mehr zu erwarten ist.[5] Somit war die gesonderte Ausweispflicht in engem Kontext zu der im RegE gegebenen Begründung für die Einführung einer allgemeinen Abzinsungspflicht von Rückstellungen zu betrachten. Nach dieser soll durch die Abzinsung von Rückstellungen eine den tatsächlichen Verhältnissen entsprechende Darstellung der Vermögens-, Finanz-, und Ertragslage i.S. e. realitätsgerechteren Information der Abschlussadressaten über die wahre Belastung erreicht werden, zu der nicht unberücksichtigt bleiben soll, dass die in den Rückstellungen gebundenen Finanzmittel investiert und daraus Erträge realisiert werden können.[6]

---

[2] Vgl. ADS, 6. Aufl., § 277 HGB, Rz 49.
[3] Vgl. ADS, 6. Aufl., § 277 HGB, Rz 48.
[4] Vgl. IDW, IDW RS HFA 34, Tz 50.
[5] Vgl. BilMoG-BgrRegE, S. 6.
[6] Vgl. BilMoG-BgrRegE, S. 50.

In der abschließenden Regelung der getrennten Ausweispflicht von Erträgen und Aufwendungen aus der Abzinsung in § 277 Abs. 5 HGB fehlt es an einer Bezugnahme auf den Passivposten „Rückstellungen". Auch aus dem übrigen Paragrafenkontext lässt sich dieser nicht zwingend herstellen. Lediglich die BgrRA zeigt, dass mit dieser Umpositionierung keine inhaltliche Änderung herbeigeführt werden sollte. Demnach soll dieser verpflichtend vorzunehmende gesonderte Ausweis den Abschlussadressaten darüber informieren, in welcher Höhe im Gj Aufwendungen und Erträge aus der nunmehr vorgeschriebenen Abzinsung der Rückstellungen angefallen sind.[7] Der Terminus „Abzinsung" ist dabei nicht stringend mathematisch auszulegen, sondern erstreckt sich allgemein auf die mit dem abgezinsten Ansatz der betreffenden Bilanzpositionen verbundenen Erfolgswirkungen. Diese Erfolgswirkungen sind, unabhängig davon, ob sie durch Auf- oder Abzinsung in die GuV einfließen, gesondert auszuweisen.[8]

Unstrittig gilt hinsichtlich der Abzinsung der Rückstellung, dass für den Ausweis der Zuführungen zu den Pensionsrückstellungen eine Trennung des Betrags in einen Zinsanteil, der im Finanzergebnis (Posten Nr. 13 des GKV) auszuweisen ist, und einen sonstigen Anteil, der unter Posten Nr. 6b (GKV) auszuweisen ist, vorzunehmen ist.[9] Die Vorgaben über die Ausgestaltung des Ausweises erweisen sich jedoch in gewissem Maße als widersprüchlich. Während § 246 Abs. 2 Satz 2 HGB eine Verrechnung der Aufwendungen und Erträge aus der Abzinsung und aus dem zu verrechnenden Vermögen fordert (§ 246 Rz 119), ist in § 277 Abs. 5 HGB der gesonderte Ausweis der Aufwendungen und der Erträge aus Abzinsung innerhalb des Finanzergebnisses vorgeschrieben. Zugleich wird in der Beschlussempfehlung des RA im Zuge der Begründung des § 246 Abs. 2 Satz 2 HGB explizit auf § 277 Abs. 5 HGB verwiesen.[10] Hieraus könnte sich zunächst schließen lassen, dass die Intention dieser Gesetzesergänzung darin besteht, den Ausweis beider Effekte im Rahmen eines „gemeinsamen" Finanzergebnisses sicherzustellen. Für ein derartig abgestuftes Saldierungsgebot spräche zudem, dass in der Bilanz ein zusätzlicher Posten für den Ausweis des Unterschiedsbetrags aus Saldierung von Vermögen und Schulden („Aktiver Unterschiedsbetrag aus Vermögensverrechnung") eingefügt wurde,[11] eine solche Ergänzung des GuV-Schemas um einen Posten, der die Verrechnung der Erträge und Aufwendungen gem. § 246 Abs. 2 Satz 2 HGB ausweist, jedoch unterlassen wurde. Das IDW legt im RS HFA 30 dagegen den § 277 Abs. 5 Satz 1 HGB so aus, dass er sich auf die Nettobeträge aus der Abzinsung bezieht. Somit können sich die Nettobeträge der Saldierung aus der Verrechnung von Aufwendungen und Erträgen aus der Auf- bzw. Abzinsung von Verpflichtungen (inklusiv möglicher Anpassungen des Diskontierungssatzes) und aus dem zu verrechnenden Deckungsvermögen ergeben; eine Aufgliederung ist lediglich im Anhang

---

[7] Vgl. BilMoG-BgrRA, S. 114.
[8] So letztlich auch *IDW*, IDW RS HFA 30, Tz 86: IDW RS HFA 34; Tz 50. Für einen auf die Abzinsungseffekte beschränkten Ausweis und eine buchstabengetreue Begriffsinterpretation vgl. *Hoffmann/Lüdenbach*, NWB-Kommentar Bilanzierung, 8. Aufl., 2017, § 277, Rz 58 f.
[9] Vgl. *Küting/Kessler/Keßler*, WPg 2008, S. 754. A. A. *Hoffmann/Lüdenbach*, NWB-Kommentar Bilanzierung, 8. Aufl., 2017, § 275, Rz 46 u. § 277 Rz 61.
[10] Vgl. BilMoG-BgrRA, S. 110.
[11] Vgl. BilMoG-BgrRA, S. 113.

notwendig.¹² Erfolge aus der Änderung des Abzinsungssatzes zwischen zwei Abschlussstichtagen und Zinseffekte, die sich aus einer geänderten Schätzung der Restlaufzeit ergeben, dürfen entweder einheitlich im operativen oder im Finanzergebnis ausgewiesen werden.¹³ Eine Anhangangabe, wie dieses Wahlrecht ausgenutzt wird, wird dabei für erforderlich gehalten.¹⁴

18 **Für den Ausweis der Aufwendungen und Erträge aus der Abzinsung von Rückstellungen** sind für den Erstansatz nach hM zwei Varianten als zulässig zu erachten. **Eindeutig zu präferieren ist die Nettomethode.**¹⁵ Die Aufwands- und Ertragserfassung im Rahmen beider Methoden ist abhängig vom Bilanzansatz der Rückstellung im Zugangszeitpunkt. Dieser kann entweder i. H. ihres abgezinsten Betrags (**Nettomethode**) erfolgen oder i. H. ihres vollen Erfüllungsbetrags (**Bruttomethode**) (§ 253 Rz 138 ff.) vorgenommen werden.¹⁶

19 Erfolgt der Bilanzansatz gem. der von der Praxis favorisierten **Nettomethode** (**§ 253 Rz 138**), ist in den Folgejahren die jährliche Aufzinsung unter dem Posten Zinsen und ähnliche Aufwendungen und damit im Rahmen des Finanzergebnisses gesondert auszuweisen.¹⁷ Im Zugangsjahr wird lediglich der abgezinste Aufwand innerhalb des betrieblichen Ergebnisses ausgewiesen.

20 Bei dem Erstansatz gem. der **Bruttomethode** ist der Erfüllungsbetrag der Rückstellung in voller Höhe als Aufwand im Rahmen des operativen Ergebnisses auszuweisen und ein Zinsertrag i. H. des Abzinsungsbetrags im Finanzergebnis unter dem Posten „Sonstige Zinsen und ähnliche Erträge" zu erfassen.

Beispiel

Der Erfüllungsbetrag einer Rückstellung für Kulanzleistungen mit einer Laufzeit von vier Jahren beträgt 350 GE. Der durchschnittliche Zins beträgt 3 %. Der Barwert der Rückstellung beläuft sich demnach auf 310,97 GE.

Nettomethode:
Der Barwert der Rückstellung von 310,97 GE wird im Betriebsergebnis als sonstiger betrieblicher Aufwand erfasst. Die Aufzinsung in den Folgejahren wird im Finanzergebnis unter dem Posten „Zinsen und ähnliche Aufwendungen" erfasst.
Buchung zum Rückstellungszeitpunkt (31.12.00):

Konto	Soll	Haben
Sonstige betriebliche Aufwendungen	310,97	
Sonstige Rückstellungen		310,97

Buchung im Folgejahr (31.12.01):

Konto	Soll	Haben
Zinsen und ähnliche Aufwendungen	9,33	
Sonstige Rückstellungen		9,33

---

12 Vgl. *IDW*, RS HFA 30, Tz 85.
13 Vgl. IDW, RS HFA 34 Tz. 49.
14 Vgl. IDW, IDW RS HFA 34, Tz 51.
15 Der IDW betrachtet die Nettomethode sogar als die einzige zulässige Variante: IDW RS HFA 30, Tz. 59 bzw. RS HFA 34 Tz 11.
16 Vgl. *Weigl/Weber/Costa*, BB 2009, S. 1064.
17 Vgl. *Theile/Stahnke*, DB 2008, S. 1760.

Buchung zum 31.12.02:

Konto	Soll	Haben
Zinsen und ähnliche Aufwendungen	9,61	
Sonstige Rückstellungen		9,61

Buchung zum 31.12.03:

Konto	Soll	Haben
Zinsen und ähnliche Aufwendungen	9,90	
Sonstige Rückstellungen		9,90

Buchung zum 31.12.04:

Konto	Soll	Haben
Zinsen und ähnliche Aufwendungen	10,20	
Sonstige Rückstellungen		10,20

Bruttomethode:
Die Ersterfassung der Rückstellung in der GuV erfolgt zum Erfüllungsbetrag von 350,00 GE und wird in dieser Höhe im Betriebsergebnis ausgewiesen. Gleichzeitig wird im Finanzergebnis ein Zinsertrag von 39,03 GE erfasst. Die Aufzinsung in den Folgejahren wird analog zur Nettomethode im Finanzergebnis unter dem Posten „Zinsen und ähnliche Aufwendungen" erfasst.
Buchung zum Rückstellungszeitpunkt (31.12.00):

Konto	Soll	Haben
Sonstige betriebliche Aufwendungen	350,00	
Sonstige Rückstellungen	39,03	
Sonstige Rückstellungen		350,00
Sonstige Zinsen und ähnliche Erträge		39,03

Buchung im Folgejahr (31.12.01):

Konto	Soll	Haben
Zinsen und ähnliche Aufwendungen	9,33	
Sonstige Rückstellungen		9,33

In den Folgejahren erfolgt die Erfassung der Aufzinsung in der GuV analog zur Nettomethode.

Während die Gesetzesbegründung insb. dadurch, dass sie die Abzinsungspflicht der Rückstellungen, mit der Ertragserzielungsmöglichkeit der in den Rückstellungen gebundenen Finanzmittel rechtfertigt,[18] für den Bilanzansatz und GuV-Ausweis gem. der Bruttomethode spricht, gewährleistet die Nettomethode nicht nur eine überschneidungsfreie Zuordnung der Aufwandskomponenten zum Finanz- und Betriebsergebnis, sondern entspricht zudem der internationalen Bilanzierungspraxis. Im Weiteren wird so eine Doppelerfassung der Abzinsungsaufwendungen vermieden, die sich ansonsten aus der Erfassung der Abzinsungskomponente im operativen Ergebnis des Zugangsjahrs und dem Ausweis der Aufwendungen aus der Aufzinsung in den Folgejahren ergibt. Folglich ist der

---

[18] Vgl. BilMoG-BgrRegE, S. 54.

Ansicht des IDW zu folgen, dass, abweichend zum Gesetzeswortlaut, die Nettomethode als die de facto einzig praktikable Lösung einzustufen ist.

21 Hinsichtlich der Frage, für welche Bilanzpositionen die Erträge und Aufwendungen aus Abzinsung gesondert auszuweisen sind, ist angesichts der Begründung des RA eine Beschränkung auf Rückstellungssachverhalte vorzuziehen.[19] gleichwohl wird eine umfassendere Interpretation zu akzeptieren sein.[20]
So kann die Vorgabe zum gesonderten Ausweis von Erträgen und Aufwendungen aus Abzinsungen auf sämtliche mit Abzinsungseffekten verbundene Verbindlichkeiten bezogen werden oder auf sämtliche mit Abzinsungseffekten verbundene Bilanzpositionen der Aktiv- und Passivseite ausgedehnt werden. Letzterem wäre zwar aufgrund der Gesetzesformulierung und deren Entstehungsgeschichte der Vorzug zu geben, erfordert aber zumindest bei stringenter Auslegung den Pflichtausweis von Erträgen unter Posten Nr. 10, die nach HGB aF eindeutig anderen Bereichen des Finanzergebnisses zugeordnet wurden. Bei dieser Ausweisvariante sind die Aufwendungen und Erträge aus der Rückstellungsabzinsung gemeinsam mit möglichen weiteren jeweils unsaldierten Erträgen und Aufwendungen aus der Abzinsung entsprechender Aktiva und Passiva auszuweisen (§ 275 Rz 177).

22 Die Beschränkung auf den engen Abzinsungsbegriff würde hier dazu führen dass bei Zugrundelegung der zu favorisierenden Nettomethode der Ausweis der Erträge im Wesentlichen auf Effekte aus Zinssatzänderungen bei der Folgebewertung der Rückstellungen beschränkt ist. Diese ergeben sich, weil grds. der Zinssatz des Abschlussstichtags zugrunde zu legen ist, wenn der Zinssatz im Zeitablauf der Rückstellung steigt.

3.4 Erträge und Aufwendungen aus der Währungsumrechnung

23 Satz 2 des Abs. 5 gibt vor, dass Erträge aus der Währungsumrechnung in der GuV gesondert unter dem Posten „Sonstige betriebliche Erträge" (§ 275 Rz 80) und Aufwendungen aus der Währungsumrechnung (§ 275 Rz 135) gesondert unter dem Posten „Sonstige betriebliche Aufwendungen" auszuweisen sind.[21] Diesem gesonderten Ausweiserfordernis kann wahlweise durch einen Davon-Vermerk oder Aufgliederung innerhalb einer Vorspalte Rechnung getragen werden. Eine Verrechnung der Aufwendungen und Erträge aus Währungsumrechnung ist dabei unzulässig. Zuweilen wird auch die Möglichkeit gesehen, den gesonderten Ausweis alternativ im Rahmen einer Anhangdarstellung vornehmen zu können.[22] Da es, anders als bei den außerplanmäßigen Abschreibungen, an einem solchen ausdrücklichen Verweis innerhalb des Gesetzestextes fehlt, sondern stattdessen explizit auf die Ausweisnotwendigkeit innerhalb der GuV verwiesen wird, erscheint dies zunächst unzulässig.[23] Da RS HFA 34 nunmehr eine solche Ausweisalterna-

---

[19] Eine ausschließliche Beschränkung auf Rückstellungssachverhalte sieht der IDW. Vgl. dazu IDW, IDW RS HFA 34, Tz 50.
[20] Dieser weiten Fassung (nicht nachvollziehbar) ablehnend gegenüberstehend: *Gelhausen/Fey/Kämpfer*, Rechnungslegung und Prüfung nach dem Bilanzrechtsmodernisierungsgesetz, 2009, Rz 58; *Roß/Philippsen*, DB 2010, S. 1252f.
[21] Vgl. zur praktischen Anwendung *Kreipl/Lange/Müller*, Haufe HGB Bilanz Kommentar BilMoG Erfahrungsbericht, 2012, Rz 434.
[22] Vgl. *GelhausenFrey/Kämpfer*, Kap. J Rn 84: *Schmidt/Peun*, in Beck Bil.-Komm. 10. Aufl., 2016, § 275 Rn 172; *Lüdenbach*, StuB 2011, S. 916.
[23] So zumindest *Roß*, WPg 2012, S. 25.

tive für den gesonderten Ausweis der Erträge und Aufwendungen aus Ab- und Aufzinsung mittlerweile zulässt, wird man, aufgrund vergleichbarer Gesetzesformulierungen, für die Erfolgswirkungen aus der Währungsumrechnung in enger Abhängigkeit vom Einzelfall und der jeweiligen Wesentlichkeit zu keinem anderen Urteil kommen können.[24] Die Übersichtlichkeit der GuV-Darstellung sollte dadurch ggf. deutlich verbessert werden, indem einer Überfrachtung der GuV mit Detailinformationen vorgebeugt wird.

Die Höhe der gesondert auszuweisenden Beträge ergibt sich aus § 256a HGB. Diese Vorgabe trägt dem besonderen Charakter dieser Sachverhalte Rechnung. Inhaltlich ist der gesonderte Aufwands- und Ertragsausweis damit auf unrealisierte Währungsumrechnungseffekte beschränkt, die sich gem. § 256a HGB auf die GuV auswirken und somit aus der Umrechnung der auf fremde Währung lautenden VG und Verbindlichkeiten am Abschlussstichtag resultieren.[25] Der Terminus „Währungsumrechnung" knüpft dabei an Erfolgseffekte an, die zum Aufstellungszeitpunkt der Stichtagsbilanz auftreten und bedingt somit, dass unterjährige Währungsumrechnungseffekte, wie sie vor allem im Rahmen von Veräußerungen ergebniswirksam werden, nicht der gesonderten Ausweispflicht unter den Posten „sonstige betriebliche Erträge bzw. Aufwendungen" unterliegen. Währungsbedingte Abschreibungen nicht monetärer Vorratsgüter sind folglich nicht betroffen. Dementsprechend wird für bestimmte Umrechnungsdifferenzen ein Ausweis unter anderen GuV-Posten als zulässig bzw. verpflichtend erachtet[26], wie dies für Aufwendungen der Fall ist, die aus währungsbedingt gesunkenen Wiederbeschaffungskosten von Vorratsgütern auf einen niedrigeren beizulegenden Wert der Fall ist (§ 256a Rz 34).

In diesem Sinne kommt dieser Norm allein die Funktion zu, den gesonderten Ausweis der unter den sonstigen betrieblichen Erträgen und Aufwendungen erfassten nicht realisierten Umrechnungsdifferenzen zu gewährleisten.[27] Ein gesonderter Ausweis von Währungsumrechnungseffekten, die zwar als sonstige betriebliche Aufwendungen und Erträge erfasst wurden, aber nicht dem Anwendungsbereich des § 256a HGB unterliegen, ist nicht geboten, wenn i. S. d. Klarheit auch nicht unzulässig, sofern die Höhe der aus der Anwendung des § 256a HGB resultierenden unrealisierten Währungserfolge erkennbar bleibt.[28]

Darüber hinausgehend wird auch ein gesonderter Ausweis der gesamten realisierten und unrealisierten Beträge aus Währungsumrechnung in der GuV unter ergänzender Aufgliederung im Anhang diskutiert.[29]

---

[24] IDW, IDW RS HFA 34, Tz 50.
[25] So auch *Roß*, WPg 2012, S. 24.
[26] Vgl. hierzu *Roß*, WPg 2012, S. 24; *Lüdenbach* StuB 2011, S. 216.
[27] Vgl. auch *Roß*, WPg 2012, S. 24.
[28] Vgl. *Ross*, WPg 2012, S. 25.
[29] Vgl. *Lüdenbach*, StuB 2011, S. 916.

4 Implikationen der Altfassung

4.1 Ausweis und Erläuterung außergewöhnlicher Erträge und Aufwendungen

25 Gemäß § 275 Abs. 2 u. 3 HGB ist **kein Ausweis eines ao Ergebnisses** und der damit verbundenen Erträge und Aufwendungen mehr vorgesehen. In Folge entfällt die Definition der ao Erträge und Aufwendungen sowie deren Erläuterungspflicht in § 277 Abs. 4 HGB aF. Mit dieser Streichung geht die neue Pflicht zur Anhangangabe außergewöhnlicher Erträge und Aufwendungen einher (§ 285 Nr. 31 HGB). Aufgrund dieser Angabepflicht ist jeweils der Betrag und die Art der einzelnen „Ertrags- oder Aufwandsposten von" **außergewöhnlicher Größenordnung** oder **außergewöhnlicher** Bedeutung (§ 285 Nr. 31 HGB) anzugeben. Dies bedeutet, dass für jede GuV-Position der in ihr enthaltene außergewöhnliche Aufwands- bzw. Ertragsanteil angegeben werden muss, sofern die Beträge nicht von untergeordneter Bedeutung sind. Die Angabe eines außergewöhnlichen Ergebnisses ist nicht vorgesehen und nicht praktikabel. In ihrer Wirkung geht die Detailliertheit dieser Angabepflicht über die bisherigen Ausweisvorgaben hinaus.

26 Zu beachten ist, dass in diesem Kontext nicht mehr von „außerordentlichen Erträgen und Aufwendungen", sondern von **„außergewöhnlichen"** Erträgen und Aufwendungen gesprochen wird. Dabei weicht der Gesetzgeber vom Originaltext der deutschen Übersetzung der EU-Richtlinie ab und korrigiert hierdurch eine Übersetzungsungenauigkeit innerhalb der Richtlinie.[30]

27 Aufgrund dieser **erheblich modifizierten Ausweisvorgaben** stellt sich die Frage, inwieweit die Anhangangabe zu den außergewöhnlichen Erträgen und Aufwendungen entweder durch eine Abbildung dieser Informationen in der GuV ergänzt oder vollständig ersetzt werden kann. Bisher interpretiert das Schrifttum die Streichung der ao Erträge und Aufwendungen einhellig als ein explizites Verbot zum Ausweis ao Ergebniselemente innerhalb der GuV. Aus dem unmittelbaren Gesetzestext ergibt sich dieses Verbot jedoch nicht explizit. Allein die Aufhebung einer bisherigen Ausweispflicht kann ohne entsprechende Gesetzesergänzungen nicht ohne weiteres als Ausweisverbot ausgelegt werden. So findet sich lediglich in der Gesetzesbegründung der Hinweis, dass mit der Neuregelung zukünftig der gesonderte Ausweis ao Ergebniselemente innerhalb der GuV untersagt sei. Allerdings erscheint der zur Begründung herangezogene Verweis auf die Bilanzrichtlinie 2013/34/EU fraglich.[31] Zumindest ein explizites Verbot findet sich in dieser Bilanzrichtlinie nicht.[32] Allerdings lässt sich ein solches Verbot zum getrennten Ausweis ao Erträge und Aufwendungen indirekt aus dem Grundkonzept der GuV-Gliederungsvorgaben des HGB ableiten. Generell gilt der Grundsatz, dass jeder Sachverhalt unter der Ertrags- oder Aufwandsposition auszuweisen ist, welcher dieser seinem Wesen nach zuzuordnen ist.[33]

---

30 Vgl. *Lüdenbach/Freiberg*, BB 2014, S. 2222.
31 Vgl. BilRUG-RegE, BR-Drs. 23/15, 78.
32 Auch der Verweis in Richtlinie 2013/34/EU, Art. 1 Abs. 21 ist nicht geeignet, als eine solche zwingende Vorgabe gewertet zu werden.
33 Das Hinzufügen neuer Posten ist nur zulässig, sofern der Inhalt im vorgesehenen Schema nicht abgedeckt wird. Vgl. dazu Richtlinie 2013/34/EU Art. 8 Abs. 2.

Bei den ao Erträgen und Aufwendungen handelt es sich um eine vom Gesetzgeber künstlich geschaffene Position. Sämtliche Sacherhalte, die bislang als ao klassifiziert wurden, lassen sich einer der vom GKV bzw. UKV vorgegebenen Positionen zuordnen. Falls sich Aufwendungen keiner Kostenart (GKV) bzw. keinem Funktionsbereich (UKV) zuordnen lassen, dienen die sonstigen betrieblichen Aufwendungen als Auffangposition. Dementsprechend sind unabhängig davon, ob ao oder ordentlich, alle Aufwendungen zukünftig unter der Aufwandsart auszuweisen, welcher diese nach ihrer Wesensart zuzuordnen sind. Ein überschneidungsfreier GuV-Ausweis im Sinne einer Entweder-Oder-Entscheidung scheint somit zumindest für die Aufwendungen gewährleistet. Die Einfügung zusätzlicher getrennter GuV-Posten für ao Erträge und Aufwendungen kann somit auch nicht unter Verweis auf § 265 Abs. 5 HGB gerechtfertigt werden.

Allerdings zeigt sich, dass es auch aktuell nicht vollständig ausgeschlossen ist, **außergewöhnliche Ergebniselemente unmittelbar in der GuV** auszuweisen. Zu denken ist hier ausschließlich an einen Davon-Vermerk für die einzelnen GuV-Posten. Während der Ausweis ao Ergebniselemente nach IFRS (IAS 1.87) vollständig untersagt ist, führt das im HGB fehlende explizite Ausweisverbot dazu, dass die außergewöhnlichen Erträge und Aufwendungen in Gestalt von Davon-Vermerken, doch Eingang in die GuV finden können. Im Sinne des Gesetzgeber ist dies gleichwohl nicht und im Hinblick auf die Übersicht der GuV auch nicht zu empfehlen, so dass von dieser prinzipiell zur Verfügung stehenden Ausweisvariante allenfalls in Ausnahmefällen Gebrauch gemacht werden sollte.[34] 28

Erträge, die vor BilRUG die **Ausweisvoraussetzung** als ao Erträge erfüllten, werden nunmehr entweder als sonstige betriebliche Erträge oder Umsatzerlöse ausgewiesen. 29

Im Rahmen der Gesetzesbegründung des RegE wird klargestellt, dass **Kreditinstitute** weiterhin zum Ausweis ao Erträge und Aufwendungen sowie eines ao Ergebnisses verpflichtet sind.[35]

Aufgrund der bisherigen **engen Definition ao Erträge und Aufwendungen** sind die Auswirkungen der Aufhebung zum zwingend erforderlichen GuV-Ausweis des ao Ergebnisses als überschaubar zu bezeichnen. Letztlich wird hiermit der Gefahr vorgebeugt, dass Interpretationsspielräume, welche Posten ao Aufwendungen darstellen und welche ao Erträge zum Zwecke der Bilanzpolitik asymmetrisch ausgelegt werden können. Dieser bilanzpolitische Ermessensspielraum wird mit dem Inkrafttreten des BilRUG in den Anhang verlagert. Durch die notwendige Zuordnung der außergewöhnlichen Aufwendungen zu den einzelnen Aufwendungen wird die Bilanzanalyse letztlich sogar aussagekräftiger. So werden sehr hohe Abfindungszahlungen für ausscheidende Mitarbeiter fortan zwingend als Personalaufwand benannt und der jeweilige Bilanzanalytiker kann selbst frei entscheiden, ob er den betreffenden Aufwandsposten um außergewöhnliche Elemente bereinigen möchte oder ob er darauf verzichtet. 30

---

34 Eine ähnliche Einschätzung zur ausschließlichen Anhangangabe findet sich in BilRUG-RegE, BR-Drs. 23/15, 80.
35 BilRUG-RegE, BR-Drs. 23/15, S. 79.

4.2 Aufwendungen und Erträge aus der Anpassung der Bilanzierung und Bewertung an die Vorgaben des BilMoG nach Art. 66 und 67 Abs. 1–5 EGHGB

31 Für die erstmalige Anwendung des BilMoG war ferner die Vorschrift des Art. 67 Abs. 7 EGHGB von Bedeutung. Danach waren die in der GuV zu erfassenden Aufwendungen und Erträge aus der Anpassung der Bilanzierung und Bewertung an die Vorgaben des BilMoG (nach Art. 66 und 67 Abs. 1–5 EGHGB) unter den Posten „ao Aufwendungen" bzw. „ao Erträge" gesondert anzugeben.[36] Über den unmittelbaren Übergangszeitpunkt hinaus besitzt diese gesonderte Ausweisvorschrift auch für jene Fälle Relevanz, in denen zunächst unter Bezugnahme der in Art. 67 EGHGB vorgesehenen Wahlrechte Bilanzposten fortgeführt werden, die erfolgswirksame Auflösung aber zu einem späteren Zeitpunkt als Durchbrechung der Stetigkeit vorgenommen wird.[37] Aufwendungen und Erträge aus der planmäßigen Fortführung sind dagegen nach den Altvorschriften zu behandeln (Art. 67 EGHGB Rz 149f.). Von besonderer Relevanz[38] sind für den maximal 15-jährigen Zeitraum ab Erstanwendung die Übergangsvorschriften für Zuführungen zu Pensionsrückstellungen (Art. 67 EGHGB Rz 8ff.).
Diese Aufwendungen aus der Anwendung des Art. 67 Abs. 1 und 2 EGHGB, die bislang unter dem Posten ao Aufwand gesondert anzugeben waren, sind nach den Bestimmungen des BilRUG in der GuV nunmehr innerhalb der sonstigen betrieblichen Aufwendungen gesondert anzugeben (Artikel 67 Abs. 1 und 2 EGHGB). Erträge hieraus sind innerhalb der sonstigen betrieblichen Erträge als neuer Posten „Erträge nach Artikel 67 Abs. 1 und 2 EGHGB" anzugeben (Art. 2 Abs. 5 EGHGB).

4.3 Periodenfremde Aufwendungen und Erträge

32 Die Erläuterungspflicht für Aufwendungen und Erträge, die **einem anderen Gj zuzuordnen** sind (§ 277 Abs. 4 Satz 3 HGBaF), ist nicht mehr Gegenstand von § 277 HGB. Stattdessen ergibt sich diese Erläuterungspflicht innerhalb des Anhangs jetzt aus § 285 Nr. 32 HGB.

---

[36] Zum praktischen Umfang s. *Kreipl/Lange/Müller*, Haufe HGB Bilanz Kommentar Erfahrungsbericht BilMoG, 2012, Rz 355ff.
[37] Vgl. IDW, IDW HFA 28, Wpg-Supplement 1/2010, S. 43, Tz 27.
[38] Vgl. *Kreipl/Lange/Müller*, Haufe HGB Bilanz Kommentar BilMoG Erfahrungsbericht, 2012, Rz 275ff.

§ 284 Erläuterung der Bilanz und der Gewinn- und Verlustrechnung

(1) ¹In den Anhang sind diejenigen Angaben aufzunehmen, die zu den einzelnen Posten der Bilanz oder der Gewinn- und Verlustrechnung vorgeschrieben sind; sie sind in der Reihenfolge der einzelnen Posten der Bilanz und der Gewinn- und Verlustrechnung darzustellen. ²Im Anhang sind auch die Angaben zu machen, die in Ausübung eines Wahlrechts nicht in die Bilanz oder in die Gewinn- und Verlustrechnung aufgenommen wurden.
(2) Im Anhang müssen
1. die auf die Posten der Bilanz und der Gewinn- und Verlustrechnung angewandten Bilanzierungs- und Bewertungsmethoden angegeben werden;
2. Abweichungen von Bilanzierungs- und Bewertungsmethoden angegeben und begründet werden; deren Einfluß auf die Vermögens- Finanz- und Ertragslage ist gesondert darzustellen;
3. bei Anwendung einer Bewertungsmethode nach § 240 Abs. 4, § 256 Satz 1 die Unterschiedsbeträge pauschal für die jeweilige Gruppe ausgewiesen werden, wenn die Bewertung im Vergleich zu einer Bewertung auf der Grundlage des letzten vor dem Abschlußstichtag bekannten Börsenkurses oder Marktpreises einen erheblichen Unterschied aufweist;
4. Angaben über die Einbeziehung von Zinsen für Fremdkapital in die Herstellungskosten gemacht werden.
(3) ¹Im Anhang ist die Entwicklung der einzelnen Posten des Anlagevermögens in einer gesonderten Aufgliederung darzustellen. ²Dabei sind, ausgehend von den gesamten Anschaffungs- und Herstellungskosten, die Zugänge, Abgänge, Umbuchungen und Zuschreibungen des Geschäftsjahrs sowie die Abschreibungen gesondert aufzuführen. ³Zu den Abschreibungen sind gesondert folgende Angaben zu machen:
1. die Abschreibungen in ihrer gesamten Höhe zu Beginn und Ende des Geschäftsjahrs,
2. die im Laufe des Geschäftsjahrs vorgenommenen Abschreibungen und
3. Änderungen in den Abschreibungen in ihrer gesamten Höhe im Zusammenhang mit Zu- und Abgängen sowie Umbuchungen im Laufe des Geschäftsjahrs.
⁴Sind in die Herstellungskosten Zinsen für Fremdkapital einbezogen worden, ist für jeden Posten des Anlagevermögens anzugeben, welcher Betrag an Zinsen im Geschäftsjahr aktiviert worden ist.

Prof. Dr. Stefan Müller

Inhaltsübersicht

	Rz
1 Überblick	1–18
1.1 Allgemeines	1–4
1.2 Zweck und Funktion	5–8
1.3 Anforderung, Form und Umfang	9–15
1.4 Normenzusammenhänge und Sanktionen	16–18

2	Inhalt des Anhangs (Abs. 1).............................	19–24
	2.1 Pflichtangaben	20–21
	2.2 Wahlpflichtangaben	22–23
	2.3 Freiwillige Angaben	24
3	Allgemeine Angaben (Abs. 2)..........................	25–52
	3.1 Angaben zu Bilanzierungs- und Bewertungsmethoden (Abs. 2 Nr. 1)	26–41
	3.1.1 Bilanzierungsmethoden.....................	26–29
	3.1.2 Bewertungsmethoden	30–41
	3.1.2.1 Allgemeines	30–33
	3.1.2.2 Aktivposten	34–39
	3.1.2.3 Passivposten......................	40–41
	3.2 Angabe und Begründung von Abweichungen von Bilanzierungs- und Bewertungsmethoden (Abs. 2 Nr. 2)	42–48
	3.3 Ausweis von Unterschiedsbeträgen (Abs. 2 Nr. 3).......	49–51
	3.4 Angabe über Einbeziehung von Fremdkapitalzinsen in die Herstellungskosten (Abs. 2 Nr. 4).....................	52
4	Angaben zur Entwicklung des AV und im Gj aktivierter Zinsen (Abs. 3)...	53–83
	4.1 Anlagespiegel	53–82
	4.1.1 Grundsätzliche Ausgestaltung................	53–74
	4.1.2 Sonderfragen..............................	75–82
	4.2 Angabe zu im Gj aktivierter Zinsen...................	83

1 Überblick

1.1 Allgemeines

1 Gem. § 264 Abs. 1 HGB müssen alle KapG mit Ausnahme der KleinstKapG (§ 264 Rz 45 ff.) einen Anhang als einen gleichwertigen Pflichtbestandteil des Jahresabschlusses neben der Bilanz und der GuV erstellen. Durch das Zusammenspiel von Bilanz, GuV und Anhang soll ein den tatsächlichen Verhältnissen entsprechendes Bild der berichtenden KapG unter Beachtung der GoB vermittelt werden. Sollte dieses **Ziel** aufgrund besonderer Umstände nicht erreicht sein, muss gem. § 264 Abs. 2 Satz 2 HGB der Anhang um weitere Angaben erweitert werden (§ 264 Rz 82 ff.). Für KleinstKapG müsste eine derartige Angabe unter der Bilanz erfolgen, wobei jedoch gem. § 264 Abs. 2 Satz 5 HGB zunächst vermutet wird, dass der verkürzte Jahresabschluss dieser Unt auch ohne Anhang ein den tatsächlichen Verhältnissen entsprechendes Bild der Vermögens-, Finanz- und Ertragslage zu vermitteln vermag.

2 Der **Anhang** muss zunächst die Pflichtangaben gem. §§ 284–285 HGB enthalten. Bei diesen **Mindestangaben** handelt es sich nicht um eine abschließende Aufzählung. Die Angaben im Anhang sind durch ergänzende Normen für Unt spezifischer Rechtsformen, wie z.B. AktG, GmbHG etc. sowie ggf. durch zusätzliche Angaben zur Erfüllung der Generalnorm des § 264 Abs. 2 HGB zu erweitern.[1] **Wahlpflichtangaben** ergeben sich aus vielen Ausweiswahlrechten, wonach Angaben in den jeweiligen Rechenwerken oder aber im Anhang zu erfolgen haben. Zudem kann der **Anhang** über die Mindestvorgaben hinaus durch **freiwillige Angaben** ergänzt werden. Während der Anhang das Zahlenwerk des Jahresabschlusses erläutern und ergänzen soll, ist in dem davon abzugrenzenden Lagebericht über den Geschäftsverlauf und die Lage des Unt zu berichten.

Der Anhang muss mit Ausnahme der KleinstKapG (§ 267a Rz 1 ff.) von allen KapG, KapCoGes, VersicherungsUnt und Kreditinstituten aufgestellt werden. Kreditinstitute müssen gem. § 340a Abs. 2 Satz 1 HGB den § 284 Abs. 2 Nr. 4 HGB nicht anwenden. Genossenschaften müssen ebenfalls den Anhang erstellen, jedoch gelten Einschränkungen gem. § 338 Abs. 3 HGB. KapG und KapCoGes brauchen, auch wenn sie keine KleinstKapG sind, keinen Anhang zu erstellen, wenn sie als TU gem. § 264 Abs. 3, Abs. 4 HGB oder § 264b HGB befreit sind. Im **Abs. 1** werden die Inhalte des Anhangs auf allgemeine Art beschrieben. **Abs. 2** konkretisiert die Inhalte, indem allgemeine Angaben zu den Ansatz- und Bewertungsmethoden sowie deren Änderung, zu bestehenden Unterschiedsbeträgen und der Einbeziehung von Fremdkapitalzinsen in die HK gefordert werden. Mit dem BilRUG wurde in Übereinstimmung mit Art. 16 Abs. 1 (a) der RL 2013/34/EU die gesonderte Pflicht zur Angabe der Grundlagen der Fremdwährungsumrechnung aus dem HGB entfernt, da die verbleibenden nötigen Angaben unter die angewandten Bewertungsmethoden nach Abs. 2 Nr. 1 zu subsummieren sind. Eine Änderung der materiellen Rechtslage ist mit der Streichung nicht verbunden. Durch § 256a HGB ist die Bewertungsmethode für die Umrechnung von VG und Schulden in Fremdwährung auf Euro klar bestimmt. In **Abs. 3** werden schließlich die bisher in § 268 Abs. 2 HGB aF geforderten Angaben zum Anlagespiegel konkretisiert, wobei es mit dem BilRUG zu einer Ausweitung gekommen ist.

1.2 Zweck und Funktion

Der Anhang ist ein **integraler Bestandteil des Jahresabschlusses** und erfüllt somit die zentrale **Informationsfunktion**, die unter Beachtung der GoB ein den tatsächlichen Verhältnissen entsprechendes Bild der Vermögens-, Finanz- und Ertragslage des Unt erbringen soll. Der Anhang unterliegt grds. denselben **Offenlegungsvorschriften** wie die Bilanz und die GuV (§ 325 Rz 59 ff.) und soll die Gesamtheit der Gesellschafter sowie die interessierte Öffentlichkeit informieren. Zu diesem Zweck enthält der Anhang zahlreiche Informationen und Interpretationshilfen. Neben der Informationsfunktion dient der Anhang auch der Rechenschaftslegung gegenüber den Anteilseignern.[2]

> **Beispiel**
> Vor der Finanzmarktkrise 2008 haben Kreditinstitute oftmals vergebene Kredite verbrieft, indem sie die Kredite von verbundenen ZweckGes. verkauft und zur besseren Refinanzierung Garantiezusagen an die ZweckGes. abgebeben haben. Die Garantien an nicht konsolidierte TU müssen zwar nach

---

1 Vgl. *Wulf*, in Baetge/Kirsch/Thiele, Bilanzrecht, § 284 Rz 10, Stand 8/2016.
2 Vgl. *Poelzig*, in MünchKomm HGB, 3. Aufl., § 284 Rn 2.

§ 251 HGB als Haftungsrisiken benannt werden, hatten aber erhebliche Klumpenrisiken mit Einfluss auf die Vermögens-, Finanz- und Ertragslage des Unt und hätten daher gem. der Informationsfunktion deutlicher berichtet werden sollen. Ein prominentes Beispiel ist der Geschäftsbericht der Industriekreditbank AG (IKB), in dem auf die erheblichen Risiken nicht ausreichend hingewiesen wurde. Diese haben zur erheblichen Schieflage der IKB geführt und schließlich eine staatliche Rettungsaktion notwendig gemacht.

6 Der Informationsvermittlung werden in der Literatur ferner die Erläuterungs-, Korrektur-, Entlastungs- und Ergänzungsfunktionen zugewiesen.[3] Die **Erläuterungsfunktion** in Form von allgemeinen Erläuterungen hilft bei der Interpretation von Posten der Bilanz und der GuV. So muss der Abschlussadressat die Nutzung der Wahlrechte und ggf. Einschätzungsspielräume wissen, um die in den Rechenwerken gegebenen Daten interpretieren zu können.

Beispiel
Die Kenntnis
- der Berechnung der **HK** ist notwendig, um die aktivierten Eigenleistungen und die betroffenen Bilanzansätze,
- der Angabe der Nutzungsdauern und Abschreibungsmethoden ist notwendig, um die Abschreibungen und Bilanzansätze,
- der Prämissen der Pensionsrückstellungsbewertung sind notwendig, um die verrechneten Aufwendungen und angesetzten Pensionsrückstellungen richtig einordnen zu können.

Die Adressaten nutzen diese Informationen primär dazu einzuschätzen, ob der Bilanzierende sich eher konservativ (gewinnvermindernd) oder progressiv (gewinnerhöhend) dargestellt hat. Für ihn sind dies Signale, die er auch auf die durch ihn nicht beobachtbaren Einschätzungen des Bilanzierenden überträgt, wie z.B. die Notwendigkeit einer außerplanmäßigen Abschreibung oder eines Rückstellungsansatzes. Da die Anzahl der berichtspflichtigen Wahlrechte jedoch mit dem BilMoG stark eingeschränkt wurden und die verbleibenden Wahlrechte teilweise auch unter dem Aspekt der Vereinfachung zu interpretieren sind (wie z.B. die Regelung zur Verwendung eines Abzinsungssatzes mit pauschal angenommener Restlaufzeit von 15 Jahren bei Pensionsverpflichtungen (§ 253 Abs. 2 Satz 2 HGB) oder eines Nichtansatzes eines Aktivüberhangs von latenten Steuern (§ 274 Abs. 1 Satz 2 HGB), sind diese Signale aber nicht mehr ganz so eindeutig wie bisher. Dennoch dürften sie weiter beachtet werden, bis andere Verfahren entwickelt sind. Einleitend ist es angesichts der in Deutschland anwendbaren Rechenwerke auch notwendig darüber zu informieren, ob es sich um einen Jahresabschluss nach HGB oder etwa IFRS handelt. Ob auch die wesentlichen Bilanzierungsregelungen kurz darzustellen sind, für die keine konkreten Wahlrechte existieren, ist strittig. Einerseits stellen diese Angaben für einen sachverständigen Leser keine Informationen dar und es drohen die wirklich wichtigen Informationen in diesen

---

[3] Vgl. *Armeloh*, in *Baetge/Kirchhoff* (Hrsg.), Der Geschäftsbericht, 1997, S. 210.

allgemeinen Aussagen unterzugehen.[4] Andererseits ist nicht bei jedem Adressaten das Wissen über die Grundsachverhalte und damit etwa auch der Unterschiede von HGB und IFRS bei der Bilanzierung bekannt. Zudem fordert Abs. 2 Nr. 1 explizit die Angabe der auf die Bilanz- und GuV-Posten angewandten Bilanzierungs- und Bewertungsmethoden. Daher sind diese auch – in der gebotenen Kürze – darzustellen.[5] Grundsätzlich ist die Nennung von Paragrafen zulässig, allerdings muss der Anhang auch ohne das Heranziehen der jeweiligen gesetzlichen Vorschriften verständlich sein.

Eine **Korrekturfunktion** kommt dem Anhang nur in Ausnahmefällen zu, insb. wenn besondere Umstände dazu führen, dass ein der Generalnorm entsprechendes Unternehmensbild nicht vermittelt werden kann (§ 264 Abs. 2 Satz 2 HGB).[6] Allerdings kann der Anhang keine i.S.v. unkorrekt verstandenen falschen Darstellungen in Bilanz und GuV heilen. Zur konkreteren Diskussion und zu Beispielen s. § 264 Rz 82ff.

7

Zudem hat der Bilanzierende bestimmte, mit dem BilRUG allerdings deutlich eingeschränkte, Ausweiswahlrechte, die es ihm ermöglichen, Angaben ohne Informationsverlust wahlweise im Anhang oder in der Bilanz und GuV darzustellen.

> **Beispiel**
> - Nach § 268 Abs. 6 HGB ist ein Disagio in der Bilanz gesondert auszuweisen oder im Anhang anzugeben.
> - Nach § 277 Abs. 3 HGB sind außerplanmäßige Abschreibungen in der GuV gesondert auszuweisen oder im Anhang anzugeben.

Daher kommt dem Anhang auch eine **Entlastungsfunktion** zu.

Gemäß der **Ergänzungsfunktion** können im Anhang weitere Informationen nötig werden, die nach den geltenden Rechnungslegungsnormen nicht aus der Bilanz oder GuV ersichtlich sind und zu einer Beurteilung der Unternehmenslage benötigt werden.[7]

> **Beispiel**
> Nach § 285 Nr. 3 HGB sind Art und Zweck sowie Risiken und Vorteile und finanziellen Verpflichtungen von nicht in der Bilanz enthaltenen Geschäften anzugeben, soweit die Risiken und Vorteile wesentlich sind und dies für die Beurteilung der Finanzlage erforderlich ist.

Der Anhang ist daher von besonderer Bedeutung für eine externe Unternehmensanalyse. Die Angaben im Anhang können z.B. im Zusammenhang mit der Aufdeckung von stillen Reserven bzw. Lasten eine bedeutende Informationsquelle darstellen.[8] Anders als in der Bilanz oder der GuV, die durch Gliederungsvorschriften stark vorgegeben sind, ist der Bilanzierende beim Anhang deutlich

8

---

[4] So etwa *Hoffmann/Lüdenbach*, NWB-Kommentar Bilanzierung, 8. Aufl. 2017, § 284 HGB, Rz 16.
[5] Auch das IDW betont die Verständlichkeit für den Adressaten, vgl. WPH Edition, Wirtschaftsprüfung & Rechnungslegung, 15. Aufl., 2017, Abschn. F, Tz 905.
[6] Vgl. *Leker/Möhlmann*, 1997, S. 6.
[7] Vgl. *Wulf*, in Baetge/Kirsch/Thiele, Bilanzrecht, § 284 Rz 7, Stand 8/2016.
[8] Vgl. *Lachnit*, Bilanzanalyse, 2004, S. 93.

freier und kann in diesem Teil des Jahresabschlusses sich sehr bewusst als transparentes oder eher verschlossenes Unt präsentieren.

1.3 Anforderung, Form und Umfang

9 Der Anhang hat unter Beachtung der GoB ein den tatsächlichen Verhältnissen entsprechendes Bild der Vermögens-, Finanz- und Ertragslage zu vermitteln.[9] Der Anhang muss vollständig und die Angaben müssen wahr sein, jedoch sind für Ersteres Ausnahmen zu beachten bzgl. von Schutzklauseln (§ 286 Abs. 1 HGB) und größenabhängiger Erleichterungen (z.B. § 288 HGB und bez. der Offenlegung §§ 326 und 327 HGB). Bei der Erstellung des Anhangs sind die Angaben durch den Grundsatz der **Wesentlichkeit** begrenzt. **Fehlangaben** sind nicht notwendig, können aber vor dem Hintergrund der Informationsfunktion sinnvoll sein. Die Angabe von **Vorjahreswerten** ist nur notwendig, soweit es sich um Wahlpflichtangaben handelt, die aus der Bilanz oder GuV in den Anhang verlegt wurden.[10] Explizit sind nur für Bilanz und GuV nach § 265 Abs. 2 HGB Vorjahreswerte zu nennen (§ 265 Rz 10ff.).

10 Die Anforderungen an die gesetzliche Berichterstattung des Anhangs werden durch eine Vielzahl von Einzelvorschriften geregelt. Um die vorgeschriebenen Funktionen erfüllen zu können, wird in den Vorschriften zwischen Angaben, Aufgliederungen, Ausweisen, Darstellungen, Erläuterungen und Begründungen unterschieden:[11]

- Unter **Angabe** ist die qualitative oder quantitative Nennung des Gegenstands bzw. der Tatsache ohne weitere Zusätze zu verstehen. Sie kann als Oberbegriff für alle Arten von Anforderungen an eine Berichterstattung im Anhang gesehen werden.[12]
- Die **Aufgliederung** gibt durch die Teilkomponenten eines zusammengefassten Berichtsobjekts die Art der Zusammensetzung i.d.R. quantitativ an (zahlenmäßige Segmentierung einer einzelnen Größe).
- Unter dem **Ausweis** ist eine gesonderte Nennung von Beträgen zu verstehen.
- Bei einer **Darstellung** wird der Sachverhalt so aufbereitet, dass er durch Aufgliederungen oder Erläuterungen aus sich selbst heraus anschaulich und verständlich wird.
- Die **Erläuterung** stellt eine verbale Erklärung, Kommentierung und Interpretation eines Sachverhalts dar.
- Durch die **Begründung** werden die Motive und Gründe für einen bestimmten Vorgang oder ein Verhalten offengelegt.

Eine besondere Form oder eine der Bilanz oder GuV entsprechende feste Struktur besitzt der Anhang grundsätzlich nicht. Der Anhang muss als solcher gekennzeichnet sein, um eine Abgrenzung zu freiwilligen Angaben im Geschäftsbericht oder zum pflichtgemäß zu erstellenden Lagebericht zu erreichen. Damit wird gleichzeitig für einen Außenstehenden sichtbar, welche Informationen vom AP als geprüft anzusehen sind. Ferner ist der Anhang in deutscher

---

9 Vgl. *Farr*, WPg 1995, S. 233; WPH Edition, Wirtschaftsprüfung & Rechnungslegung, 15. Aufl., 2017, Abschn F, Tz 904.
10 Vgl. WPH Edition, Wirtschaftsprüfung & Rechnungslegung, 15. Aufl., 2017, Abschn. F, Tz 908.
11 Vgl. *Schulte*, BB, 1986 S. 1468; *Selchert/Karten*, BB 1985, S. 1890.
12 Vgl. WPH Edition, Wirtschaftsprüfung & Rechnungslegung, 15. Aufl., 2017, Abschn. F, Tz 917.

Sprache und in Euro aufzustellen. Eine enge Verknüpfung mit der Bilanz und der GuV ist notwendig, damit seine Zugehörigkeit zum Jahresabschluss eindeutig erkennbar ist. Aufgrund seiner Informationsfunktionen ist es zweckmäßig, den Anhang hinter der Bilanz und der GuV zu platzieren und durch numerische Verweise mit den erläuterten Bilanz- und GuV-Positionen zu verbinden. Da der Jahresabschluss unterzeichnet werden muss, kann die Unterschrift am Ende des Anhangs geboten sein, sofern der Anhang nach der Bilanz und der GuV platziert wird.

Da das Gesetz grundsätzlich kein festes Schema zur **Strukturierung des Anhangs** vorschreibt, wurden in der Literatur und Praxis zahlreiche Vorschläge und Checklisten erarbeitet. Für Gj, die nach dem 31.12.2015 beginnen, stellt der Gesetzgeber den Inhalt des Anhangs klarer dar und gibt zumindest für die die Bilanz und GuV betreffenden Angaben eine Gliederung vor. Konkret sind die Angaben, die zu den einzelnen Posten der Bilanz oder der GuV vorgeschrieben sind, in der Reihenfolge der einzelnen Posten der Bilanz und der GuV darzustellen. Damit wird eine Vorgabe aus der RL 2013/34/EU umgesetzt. Inhaltlich wurde aber in der Praxis bereits überwiegend diese Gliederungsstruktur angewandt. Die gesamte Gliederung muss dem Prinzip der Klarheit und Übersichtlichkeit genügen.[13] Daher erscheint eine Gliederung auch außerhalb der Vorgabe des § 284 Abs. 1 Satz 1 HGB nach sachlichen Aspekten als zweckmäßig. Eine Darstellung in Form von sog. „notes", die aus dem englischen Recht bekannt sind, kann als ausreichend angesehen werden.

11

I. d. R. wird in der Praxis folgende **Gliederung** des Anhangs vorgenommen:[14]

12

- Allgemeine Angaben und Bericht zum Jahresabschluss
- Erläuterung zur Bilanz und GuV
  - Allgemeine Erläuterungen zu angewandten Bilanzierungs- und Bewertungsmethoden sowie Begründungen zu Abweichungen von Bilanzierungs- und Bewertungsmethoden sowie Darstellung des Einflusses dieser auf die Vermögens-, Finanz- und Ertragslage
  - Erläuterungen zur Bilanz (in der Reihenfolge der Nennung der Posten in der Bilanz)
  - Erläuterungen zur GuV (in der Reihenfolge der Nennung der Posten in der GuV)
- Sonstige Angaben

Die Vorgabe des BilRUG, auf Basis europäischer Vorgaben eine klarere Gliederungsvorgabe für den Anhang durch die Forderung nach einer Nennung in der Reihenfolge zu fordern, ist vor dem Hintergrund der Klarheit und Übersichtlichkeit zu relativieren. So sollte etwa bei dem Problem, latente Steuern zu erläutern, die sowohl die Aktiv- als auch die Passivseite der Bilanz betreffen, eine zusammenfassende Beschreibung im Anhang sinnvoller sein. Ebenso ist der Anlagespiegel sinnvoller als eine Tabelle mit den entsprechenden Summenzeilen zu dem gesamten Anlagevermögen darzustellen, als positionsbezogen zerstückelt. Innerhalb der Tabelle ist dann allerdings die Gliederung nach der in der Bilanz erfolgten Nennung der Positionen vorzunehmen. Eine mechanische Erfüllung des Gesetzes-

---

13 Vgl. *Farr*, WPg 1995, S. 234.
14 Vgl. *Grottel*, in Beck Bil-Komm., 10. Aufl., 2016, § 284 Rz 31; *Wulf*, in *Baetge/Kirsch/Thiele* § 284 Rz 25, Stand 8/2016.

wortlauts (aktive und passive latente Steuern werden separat erläutert und der Anlagespiegel wird zerstückelt) kann aus Sicht der Klarheit der Darstellung nicht zielführend sein.[15] Vielmehr ist es hier auch möglich, die Erläuterungen zentral an einer Stelle im Anhang vorzunehmen, so z.B. beim Gliederungspunkt zu den aktiven latenten Steuern. Beim Gliederungspunkt zu den passiven latenten Steuern ist dann auf die zentrale Erläuterung der aktiven und passiven latenten Steuern im vorhergehenden Bereich zu verweisen. Die zentrale Darstellung von Sachverhalten, die verschiedene Positionen innerhalb der vorgegebenen Reihenfolge betreffen, trägt dazu bei, dass die Sachverhalte für die Adressaten übergreifend verständlich und nachvollziehbar werden und dass Redundanzen vermieden werden.

13 Die grundsätzliche Gestaltungsfreiheit kann nur unter Beachtung des **Grundsatzes der Klarheit und Übersichtlichkeit** (§ 243 Abs. 2 HGB) ausgelegt werden. Da der Anhang auch freiwillige Angaben enthalten kann, ist eine Strukturierung und Gruppierung nach sachlichen Kriterien geboten, was auch dem Gesetzeszweck entspricht. Eine Angabe der Pflichtangaben etwa in der Reihenfolge der Nennung in § 285 HGB ist unzweckmäßig. Dagegen ist eine Beibehaltung der Reihenfolge der Posten in Bilanz und GuV für die damit verbundenen Angaben im Anhang zweckmäßig und seit dem Gj 2016 auch gefordert (Rz 53).

14 Ferner hat die Darstellung im Anhang dem **Grundsatz der Stetigkeit** zu folgen, auch wenn dies nicht unmittelbar aus dem Gesetzestext (§ 265 Abs. 1 HGB) abgeleitet werden kann.[16] In § 265 Abs. 1 HGB wird die formale Stetigkeit „insb." für die Bilanz und die GuV erwähnt. Da der Jahresabschluss als eine Einheit aus Bilanz, GuV und Anhang das Gesamtbild des Unt vermitteln soll, sind die Leitlinien der Berichterstattung auch im Anhang zu beachten. Zusätzlich ist der Anhang unter Beachtung der **GoB** zu erstellen. Angaben sind in jedem Jahr zu machen und die Darstellung darf nicht von Jahr zu Jahr wechseln. Analog dazu sollten auch Vj.-Angaben im Anhang erfolgen, wobei dies allerdings mit § 265 Abs. 2 HGB nur für solche, die sich auf die Bilanz und GuV beziehen, explizit gefordert ist. Somit sind Vj.-Angaben zu anderen Sachverhalten im Anhang lediglich als freiwillige Berichterstattung zu werten. Gleichwohl sind sie vielfach inzwischen in der Praxis üblich.[17]

15 Der Umfang der Berichterstattung wird gesetzlich lediglich in Form von Mindestangaben konkretisiert. Der Anhang kann durch Wahlangaben, die nicht zwingend in der Bilanz oder GuV berichtet werden müssen, sowie durch freiwillige Angaben erweitert werden. Zur genauen Abgrenzung wird in der Literatur unterschieden zwischen:[18]

- **Pflichtangaben**: Sie müssen in jedem Jahresabschluss gemacht werden.
- **Wahlpflichtangaben**: Angaben, die im Jahresabschluss anzugeben sind und bei denen vom Ausweiswahlrecht zugunsten des Anhangs Gebrauch gemacht wurde. Auf diese Weise wird die Entlastungsfunktion des Anhangs erfüllt.
- **Zusätzliche Angaben**: Sie sind gem. § 264 Abs. 2 Satz 2 HGB zu machen, wenn durch den Jahresabschluss ein den tatsächlichen Verhältnissen entsprechendes Bild der Vermögens-, Finanz- und Ertragslage der Ges. nicht erreicht wird.

---

15 Vgl. WPH Edition, Wirtschaftsprüfung & Rechnungslegung, 15. Aufl., 2017, Abschn. F, Tz 910.
16 Vgl. WPH Edition, Wirtschaftsprüfung & Rechnungslegung, 15. Aufl., 2017, Abschn. F, Tz 914.
17 Vgl. *Wulf*, in *Baetge/Kirsch/Thiele*, Bilanzrecht, § 284 Rz 14 m.w.N., Stand 8/2016.
18 Vgl. z.B. *Poelzig*, in MünchKomm HGB, 3. Aufl., § 284 Rn 18.

- **Freiwillige Angaben**: Informationen, die über die gesetzlich geforderten Angaben hinausgehen, um den Adressaten des Jahresabschlusses zusätzliche Informationen zukommen zu lassen. Freiwillige Angaben müssen den gleichen gesetzlichen Normen der Pflichtangaben genügen und dürfen insb. kein falsches oder verschleierndes Gesamtbild der berichtenden Ges. durch mengenmäßige, sinnentstellende oder irreführende Angaben entstehen lassen.

1.4 Normenzusammenhänge und Sanktionen

Der Anhang soll zusammen mit Bilanz und GuV ein den tatsächlichen Verhältnissen entsprechendes Bild der Vermögens-, Finanz- und Ertragslage unter Beachtung der GoB vermitteln. Daher gelten für die Erstellung des Anhangs die allgemeinen Vorschriften für den Jahresabschluss. Hierzu zählen: 16
- Grundsatz der Klarheit und Übersichtlichkeit,
- Grundsatz der Wahrheit,
- Grundsatz der Vollständigkeit (soweit die Schutzklausel des § 286 Abs. 1 HGB nicht betroffen ist), sowie der
- Grundsatz der Wesentlichkeit.[19]

Ferner gelten für den Anhang die allgemeinen Bewertungsvorschriften. Hierzu zählen neben dem Grundsatz der Klarheit und Übersichtlichkeit der Grundsatz der Bewertungsstetigkeit sowie das Vorsichtsprinzip.[20]

Verletzungen gegen die Angabepflichten sind mit unterschiedlichen **Rechtsfolgen** belegt. Verstöße gegen die Vorschriften über den Anhang können zur Nichtigkeit des Jahresabschlusses führen. Fehlt ein Anhang im Jahresabschluss gänzlich, ist der Jahresabschluss nichtig. Zudem sind HV-Beschlüsse anfechtbar, wenn Angaben im Anhang fehlen und zur Beurteilung von Beschlussvorlagen wichtig gewesen wären. Fehlende oder unvollständige Angaben im Anhang können darüber hinaus eine Sonderprüfung nach § 258 AktG zur Folge haben. Mitglieder des Geschäftsführungsorgans oder des Aufsichtsrats können mit einer Freiheitsstrafe oder Geldstrafe belegt werden, wenn sie vorsätzlich oder leichtfertig die Verhältnisse der KapG oder der KapCoGes im Anhang unrichtig wiedergeben oder verschleiern. Eine vorsätzliche oder leichtfertige Zuwiderhandlung gegen Einzelvorschriften zum Anhang stellt eine Ordnungswidrigkeit dar, die mit einer Geldbuße geahndet wird. Ferner kann der AP, je nach Schwere des Verstoßes gegen die gesetzlichen Vorschriften, den Bestätigungsvermerk einschränken oder versagen.[21]

Mit dem BilRUG wurde in § 264 Abs. 1a HGB die Notwendigkeit zur Abgabe **zentraler Angaben im Jahresabschluss** gefordert. Es erscheint sinnvoll, diese Angaben entweder in der Überschrift zur Bilanz, in der Kopf- oder Fußzeile oder direkt am Beginn des Anhangs[22] zu platzieren (§ 264 Rz 49). 17

Kleine und mittelgroße Ges. können **Erleichterungen** bei der Aufstellung des Anhangs gem. § 288 HGB nutzen (§ 288 Rz 1 ff.), KleinstkapG brauchen diesen unter bestimmten Vorgaben gar nicht aufzustellen (§ 264 Abs. 1 Satz 5 HGB; § 264 18

---

[19] Vgl. *Wulf*, in *Baetge/Kirsch/Thiele*, Bilanzrecht, § 284 Rz 13, Stand 8/2016; *Schülen*, WPg 1987, S. 224; *Ossadnik*, BB 1993, S. 1763.
[20] Vgl. *Poelzig*, in MünchKomm HGB, 3. Aufl., § 284 Rn 18; *Grottel*, in Beck Bil-Komm., 10. Aufl., 2016, § 284 Rz 21.
[21] Vgl. *Poelzig*, in MünchKomm HGB, 3. Aufl., § 284 Rn 97 f.
[22] So auch *Winkeljohann/Schellhorn*, in Beck Bil-Komm., 10. Aufl., 2016, § 264 HGB, Rz 21.

Rz 45 ff.); zudem gibt es weitere erhebliche Offenlegungserleichterungen nach § 326 Abs. 1 Satz 2 HGB für kleine KapG (§ 326 Rz 1 ff.) und einige wenige Offenlegungserleichterungen nach § 327 Nr. 2 HGB für mittelgroße KapG (§ 327 Rz 1 ff.). Sofern ein Konzernabschluss vorliegt, dürfen der Konzernanhang und der Anhang des MU zusammengefasst werden. Dieser Umstand sowie die Angaben, die nur Konzernabschluss oder Jahresabschluss betreffen, müssen kenntlich gemacht werden (§ 313 Rz 46). Ges., die zur Erstellung eines Anhangs nicht verpflichtet sind, können freiwillig einen Anhang unter Beachtung der Vorschriften über Mindestinhalt und Form erstellen.[23] Ansonsten darf der Begriff Anhang nicht verwendet werden.[24]

2 Inhalt des Anhangs (Abs. 1)

19 In den Anhang sind gem. Abs. 1 diejenigen Angaben aufzunehmen, die zu einzelnen Posten der Bilanz und der GuV nur im Anhang vorgeschrieben sind, und die Angaben, die wahlweise nicht in die Bilanz oder GuV aufgenommen wurden. Bei beiden Arten von Angaben handelt es sich um Pflichtangaben. Jedoch sind die ersten immer in den Anhang aufzunehmen, während die zweiten wahlweise in den Anhang aufgenommen werden können (Wahlpflichtangaben). Außerdem kann der Anhang freiwillige Angaben beinhalten.[25] Soweit bei den Verpflichtungen nicht explizit anders vermerkt (z. B. „wesentliche Risiken"), sind stets alle geforderten Angaben ohne Beachtung der Wesentlichkeit in den Anhang aufzunehmen. Daher kann dann auch auf Fehlangaben verzichtet werden, da eine Nichtnennung stets als „nicht vorhanden" zu interpretieren ist.

2.1 Pflichtangaben

20 **Rechtsform- und branchenunabhängige Pflichtangaben** im Anhang umfassen für Gj ab 2016:[26]

Kurzerläuterung und evtl. Ausnahmen	Fundstelle
Unterschiedsbetrag aus der Abzinsung von Pensionsverpflichtungen mit dem 10- statt 7-Jahresdurchschnittszinssatz.	§ 253 Abs. 6 Satz 3 HGB
Zusätzliche Angaben, falls der Jahresabschluss trotz Beachtung der GoB aufgrund besonderer Umstände **kein den tatsächlichen Verhältnissen entsprechendes Bild** vermittelt.	§ 264 Abs. 2 Satz 2 HGB
Angabe und Begründung von **Abweichungen in der Form der Darstellung und Gliederung** der Bilanz und der GuV im Vergleich zum Vorjahr.	§ 265 Abs. 1 Satz 2 HGB

---

[23] Vgl. *Poelzig*, in MünchKomm HGB, 3. Aufl. 2013, § 284 Rn 6.
[24] Vgl. *Hoffmann/Lüdenbach*, NWB-Kommentar Bilanzierung, 8. Aufl. 2016, § 284 Rz 3.
[25] Vgl. *Wulf*, in Baetge/Kirsch/Thiele, Bilanzrecht, § 284 Rz 2, Stand 8/2016.
[26] Zu den Angaben bis einschließlich Gj 2015 vgl. *Bertram/Brinkmann/Kessler/Müller*, Haufe HGB Bilanz Kommentar, 6. Aufl. 2015 – auf die Neuerungen wird aber auch an den jeweiligen Stellen durch ein „(BilRUG)" hingewiesen.

Kurzerläuterung und evtl. Ausnahmen	Fundstelle
Angabe und Erläuterung von **nicht vergleichbaren Vorjahreszahlen** in der Bilanz und der GuV.	§ 265 Abs. 2 Satz 2 HGB
Angabe und Erläuterungen von **Anpassungen der Vorjahreszahlen** zu Vergleichszwecken in der Bilanz und GuV.	§ 265 Abs. 2 Satz 3 HGB
Angabe und Begründung der **Ergänzung des Jahresabschlusses** nach der für die anderen Geschäftszweige vorgeschriebenen Gliederung. **Keine Angabepflicht** für kleine KapG.	§ 265 Abs. 4 Satz 2 HGB
Gesonderter Ausweis der Einzelposten, falls zur Vergrößerung der Klarheit der Darstellungen in der Bilanz oder der GuV **Posten zulässigerweise zusammengefasst** ausgewiesen werden.	§ 265 Abs. 7 Satz 1 Nr. 2 HGB
Erläuterung von größeren Beträgen im Posten „**sonstige Vermögensgegenstände**", die rechtlich erst nach dem Abschlussstichtag entstehen. **Keine Angabepflicht** für kleine KapG.	§ 268 Abs. 4 Satz 2 HGB
Erläuterung von größeren Beträgen unter dem Posten „**Verbindlichkeiten**", die rechtlich erst nach dem Abschlussstichtag entstehen. **Keine Angabepflicht** für kleine KapG.	§ 268 Abs. 5 Satz 3 HGB
Angaben zu nicht auf der Passivseite auszuweisenden Verbindlichkeiten oder Haftungsverhältnissen gem. § 251 HGB (BilRUG).	§ 268 Abs. 7 Nr. 1 HGB
Angabe der gewährten Pfandrechte und sonstigen Sicherheiten für Haftungsverhältnisse gem. § 251 HGB (BilRUG).	§ 268 Abs. 7 Nr. 2 HGB
Angabe der die Altersversorgung und verbundene sowie assoziierte Unt betreffende Verpflichtungen für die nach § 251 HGB genannten Haftungsverhältnisse (BilRUG).	§ 268 Abs. 7 Nr. 3 HGB
Angabe der auf die Posten der Bilanz und der GuV **angewandten Bilanzierungs- und Bewertungsmethoden.**	§ 284 Abs. 2 Nr. 1 HGB
Angaben zu und Begründung der **Abweichungen von Bilanzierungs- und Bewertungsmethoden** sowie gesonderte Darstellung ihres Einflusses auf die Vermögens-, Finanz- und Ertragslage.	§ 284 Abs. 2 Nr. 2 HGB

Kurzerläuterung und evtl. Ausnahmen	Fundstelle
Ausweis von **Unterschiedsbeträgen bei Anwendung des Gruppenbewertungsverfahrens** mit Durchschnittswerten oder eines Verbrauchsfolgeverfahrens, wenn die Bewertung im Vergleich zu einer Bewertung auf der Grundlage des Börsenkurses oder Marktpreises einen erheblichen Unterschied aufweist. **Keine Angabepflicht** für kleine KapG.	§ 284 Abs. 2 Nr. 3 HGB (§ 240 Abs. 4 HGB und § 256 Satz 1 HGB)
Angaben über die **Einbeziehung von Zinsen** für Fremdkapital **in die Herstellungskosten.**	§ 284 Abs. 2 Nr. 4 HGB
Darstellung des Anlagespiegels einschl. Abschreibungen und im Gj aktivierter Zinsen. **Keine Angabepflicht** für kleine KapG.	§ 284 Abs. 3 HGB § 288 Abs. 1 HGB
Angabe der **Gesamtverbindlichkeit** mit einer Restlaufzeit von **über fünf Jahren.**	§ 285 Nr. 1a HGB
Angabe des Gesamtbetrags von besicherten **Verbindlichkeiten** unter Angabe von Art und Form der Sicherheiten	§ 285 Nr. 1b HGB
Aufgliederung der **nach § 285 Nr. 1 HGB** verlangten Angaben für jeden einzelnen Posten. **Keine Angabepflicht** für kleine KapG. **Keine Offenlegungspflicht** für mittelgroße KapG.	§ 285 Nr. 2 HGB § 288 Abs. 1 HGB § 327 HGB
Angaben über Art, Zweck, Vorteile und Risiken sowie (BilRUG:) finanzielle Auswirkungen von **außerbilanziellen Geschäften,** sofern für die Beurteilung der Finanzlage notwendig. **Keine Angabepflicht** für kleine KapG.	§ 285 Nr. 3 HGB § 288 Abs. 1 HGB
Angabe der **sonstigen finanziellen Verpflichtungen,** die in der Bilanz nicht ausgewiesen und auch nicht nach § 251 oder § 285 Nr. 3 HGB anzugeben sind, sofern die Angaben für die Beurteilung der Finanzlage von Bedeutung sind. Angaben gegenüber verbundenen Unternehmen sind gesondert anzugeben.	§ 285 Nr. 3a HGB
Aufgliederung der Umsatzerlöse nach Tätigkeitsbereichen sowie nach geografisch bestimmten Märkten. **Keine Angabepflicht:** für kleine und mittelgroße KapG oder wenn erhebliche Nachteile drohen.	§ 285 Nr. 4 HGB § 288 Abs. 1 und 2 HGB § 286 Abs. 2 HGB

Kurzerläuterung und evtl. Ausnahmen	Fundstelle
Angabe der **durchschnittlichen Zahl von Mitarbeitern** während des Gj, getrennt nach Gruppen. (BilRUG: Angabebefreiung für kleine KapG **entfallen**, allerdings nur Gesamtangabe nötig).	§ 285 Nr. 7 HGB
Angabe des **Materialaufwands** bei Anwendung des UKV. **Keine Angabepflicht** für kleine KapG. **Keine Offenlegungspflicht** für mittelgroße KapG.	§ 285 Nr. 8a HGB § 288 Abs. 1 HGB § 327 HGB
Angabe des **Personalaufwands** bei Anwendung des UKV. **Keine Angabepflicht** für kleine KapG. **Keine Offenlegungspflicht** für mittelgroße KapG.	§ 285 Nr. 8b HGB § 288 Abs. 1 HGB § 327 HGB
Angabe des **Gesamtbetrags für die Tätigkeit der Organmitglieder**. **Keine Angabepflicht** für kleine KapG. **Keine Angabepflicht**, soweit sich die Bezüge eines Mitglieds der Organe feststellen lassen. Börsennotierte AG können diese Schutzklausel **nicht beanspruchen**. Bzgl. der Angaben nach § 285 Nr. 9a Sätze 5–8 HGB enthält § 286 Abs. 5 HGB eine weitere Schutzklausel für AG, die von einer Beschlussfassung der HV abhängt. Bei Genossenschaften sind nur die Forderungen gegen die Organmitglieder anzugeben. Die Beträge können für jedes Organ in einer Summe angegeben werden.	§ 285 Nr. 9a HGB § 288 Abs. 1 HGB § 286 Abs. 4 HGB § 285 Nr. 9a Sätze 5–8 HGB i. V. m. § 286 Abs. 5 HGB § 338 Abs. 3 HGB
Angabe der **Gesamtbezüge früherer Organmitglieder** und deren Hinterbliebenen für jede Personengruppe. **Keine Angabepflicht** für kleine KapG. **Keine Angabepflicht**, soweit sich die Bezüge eines Mitglieds der Organe feststellen lassen. Börsennotierte AG können diese Schutzklausel **nicht beanspruchen**. Bei Genossenschaften sind Besonderheiten zu beachten.	§ 285 Nr. 9b HGB § 288 Abs. 1 HGB § 286 Abs. 4 HGB § 338 Abs. 3 HGB

Kurzerläuterung und evtl. Ausnahmen	Fundstelle
Angabe über gewährte Vorschüsse und Kredite unter Angabe der Zinssätze und die zugunsten dieser Personen eingegangenen Haftungsverhältnisse (Diese Angabe ist von KleinstKapG nach § 264 Abs. 1 Satz 5 HGB unter der Bilanz notwendig, um auf den Anhang verzichten zu können.) Besonderheiten gelten für Genossenschaften.	§ 285 Nr. 9c HGB § 338 Abs. 3 HGB
Angabe aller **Mitglieder des Geschäftsführungsorgans und eines Aufsichtsrats** sowie Zusatzangaben bei börsennotierten Ges. **Keine Angabepflicht** für kleine KapG.	§ 285 Nr. 10 HGB § 288 Abs. 1 HGB
Angabe über Beteiligungen **Keine Angabe, wenn:** von untergeordneter Bedeutung oder ein erheblicher Nachteil droht. **Aber:** Die Schutzklausel des § 286 Abs. 3 Satz 1 Nr. 2 HGB ist nicht anwendbar, wenn die KapG oder eines ihrer TU am Abschlussstichtag i. S. d. § 264d HGB kapitalmarktorientiert ist. **Angabe des EK und des letzten Jahresergebnisses können unterbleiben,** wenn das Unt seinen Jahresabschluss nicht offenzulegen hat und die berichtende KapG weniger als die Hälfte der Anteile besitzt. **Keine Angabepflicht** für kleine KapG.	§ 285 Nr. 11 HGB § 286 Abs. 3 Satz 1 Nr. 1 HGB § 286 Abs. 3 Satz 1 Nr. 2 HGB § 286 Abs. 3 Satz 3 HGB § 286 Abs. 3 Satz 2 HGB § 288 Abs. 1 HGB
Angabe von **Name, Sitz und Rechtsform der Unt**, deren uneingeschränkt haftender Gesellschafter die Ges. ist. Keine Angaben notwendig, wenn die Voraussetzungen für die Schutzklausel des § 286 Abs. 3 HGB vorliegen. **Keine Angabepflicht** für kleine KapG.	§ 285 Nr. 11a HGB § 286 Abs. 3 HGB § 288 Abs. 1 HGB
Angaben zum **Beteiligungsbesitz börsennotierter KapG**, an großen KapG mit mehr als 5 % Stimmrechtsanteil.	§ 285 Nr. 11b HGB
Erläuterung der in der Bilanz nicht gesondert ausgewiesenen, **nicht unerheblichen sonstigen Rückstellungen**. **Keine Angabepflicht** für kleine KapG. **Keine Offenlegungspflicht** für mittelgroße KapG.	§ 285 Nr. 12 HGB § 288 Abs. 1 HGB § 327 Nr. 2 HGB

Kurzerläuterung und evtl. Ausnahmen	Fundstelle
Erläuterung der angenommenen **betrieblichen Nutzungsdauer eines entgeltlich erworbenen GoF**.	§ 285 Nr. 13 HGB
Angaben zum MU, das den größten Konzernabschluss mit dem größten Kreis einbezogener Unt erstellt. **Keine Angabepflicht** für kleine KapG.	§ 285 Nr. 14 HGB § 288 Abs. 1 HGB
Angaben zum MU, das den kleinsten Konzernabschluss mit dem größten Kreis einbezogener Unt erstellt. Kleine KapG brauchen den Ort, wo der vom MU aufgestellte Konzernabschluss erhältlich ist, nicht anzugeben.	§ 285 Nr. 14a HGB
Angaben zu mezzaninem Kapital (Genussscheinen, Genussrechten, Wandelschuldverschreibungen, Optionsscheinen, Optionen, Besserungsscheinen und vergleichbaren WP oder Rechten). **Keine Angabepflicht** für kleine KapG.	§ 285 Nr. 15a HGB § 288 Abs. 1 HGB
Angabe der **Art und Höhe der Honorare des AP** für das Gj. **Keine Angabe**, soweit die Angaben in einem das Unt einbeziehenden Konzernabschluss enthalten sind. **Keine Angabepflicht** für kleine und mittelgroße KapG. Mittelgroße KapG müssen auf schriftliche Anfrage der WPK diese Angaben zur Verfügung stellen.	§ 285 Nr. 17 HGB § 285 Nr. 17 2. Hs. HGB § 288 Abs. 1 und 2 HGB § 288 Abs. 2 Satz 2 HGB
Angaben über FAV, das **über dem beizulegenden Zeitwert** ausgewiesen wird. **Keine Angabepflicht** für kleine KapG.	§ 285 Nr. 18 HGB § 288 Abs. 1 HGB
Angaben zu jeder Kategorie **nicht zum beizulegenden Zeitwert bilanzierter derivativer Finanzinstrumente** über deren Art und Umfang, deren beizulegenden Zeitwert und die Bewertungsmethode, soweit der beizulegende Zeitwert sich nach § 255 Abs. 4 HGB verlässlich ermitteln lässt, deren Buchwert und die dazugehörigen Bilanzposten sowie ggf. die Gründe, warum sich der Zeitwert nicht bestimmen lässt. **Keine Angabepflicht** für kleine KapG.	§ 285 Nr. 19 HGB § 288 Abs. 1 HGB

Kurzerläuterung und evtl. Ausnahmen	Fundstelle
Angaben für die gem. § 340e Abs. 3 Satz 1 HGB mit dem **beizulegenden Zeitwert bewerteten Finanzinstrumente** über die grundlegenden Annahmen, die zur Bestimmung des beizulegenden Zeitwerts mithilfe allgemein anerkannter Bewertungsmethoden zugrunde gelegt wurden, sowie zu Umfang und Art jeder Kategorie derivativer Finanzinstrumente einschließlich der wesentlichen Bedingungen, welche die Höhe, den Zeitpunkt und die Sicherheit künftiger Zahlungsströme beeinflussen können.	§ 285 Nr. 20 HGB
Angabe von zumindest **nicht zu marktüblichen Konditionen zustande gekommenen Geschäften mit nahe stehenden Unt und Personen**, soweit diese Geschäfte wesentlich sind, sowie Bezeichnung der nahe stehenden Personen und Unt und Angaben zur Art der Beziehung, zum wertmäßigen Umfang der Geschäfte und sonstige Informationen, die für die Beurteilung der Finanzlage der Ges. erforderlich sind. **Ausgenommen von der Angabepflicht** sind generell Geschäfte mit und zwischen Unt, die in denselben Konzernabschluss einbezogen werden und mittelbar oder unmittelbar in 100 %igem Anteilsbesitz stehen. Eine Zusammenfassung der Angaben über die Geschäfte nach Geschäftsarten ist zulässig, wenn eine getrennte Angabe für die Beurteilung der Auswirkungen auf die Finanzlage nicht notwendig ist. **Keine Angabepflicht** für kleine KapG. Mittelgroße Ges. können die Berichtspflicht auf Geschäfte beschränken, die direkt oder indirekt mit dem Hauptgesellschafter oder Mitgliedern des Geschäftsführungs-, Aufsichts- oder Verwaltungsorgans abgeschlossen wurden.	§ 285 Nr. 21 HGB § 288 Abs. 1 HGB § 288 Abs. 2 Satz 3 HGB
Angabe des **Gesamtbetrags der F&E-Kosten** des Gj sowie des davon auf selbst geschaffene immaterielle VG des AV entfallenden Betrags. Angabe hat nur zu erfolgen, wenn eine Aktivierung von selbst geschaffenen immateriellen VG gem. § 248 Abs. 2 HGB erfolgt. **Keine Angabepflicht** für kleine KapG.	§ 285 Nr. 22 HGB § 255 Rz 181 ff. § 248 Rz 10 ff. § 288 Abs. 1 HGB

Kurzerläuterung und evtl. Ausnahmen	Fundstelle
Bei **Bildung von Bewertungseinheiten** gem. § 254 HGB ist anzugeben, mit welchem Betrag jeweils VG, Schulden, schwebende Geschäfte und mit hoher Wahrscheinlichkeit vorgesehene Transaktionen zur Absicherung welcher Risiken in welche Arten von Bewertungseinheiten einbezogen sind. Angabepflichtig ist auch die Höhe der mit Bewertungseinheiten abgesicherten Risiken. Für die jeweils abgesicherten Risiken ist darüber hinaus anzugeben, warum, in welchem Umfang und für welchen Zeitraum sich die gegenläufigen Wertänderungen oder Zahlungsströme künftig voraussichtlich ausgleichen (Effektivität der Sicherungsmaßnahmen). Dabei ist auch die Ermittlungsmethode anzugeben. Die mit hoher Wahrscheinlichkeit erwarteten Transaktionen, die in Bewertungseinheiten einbezogen wurden, sind zu erläutern. Sämtliche Angaben sind nur dann im Anhang zu machen, soweit diese Angaben nicht im **Lagebericht** gemacht werden.	§ 285 Nr. 23 HGB
Zu den **Rückstellungen für Pensionen und ähnliche Verpflichtungen** Angabe des angewandten versicherungsmathematischen Berechnungsverfahrens sowie die grundlegenden Annahmen der Berechnung (insb. Zinssatz, erwartete Lohn- und Gehaltssteigerungen und zugrunde gelegte Sterbetafeln). **Keine Angabepflicht** für kleine KapG.	§ 285 Nr. 24 HGB § 288 Abs. 1 HGB
Angabe der **AK** und des **beizulegenden Zeitwerts der verrechneten VG**, des **Erfüllungsbetrags der verrechneten Schulden** sowie der **verrechneten Aufwendungen und Erträge**, soweit die Ges. eine Verrechnung von VG und Schulden nach § 246 Abs. 2 Satz 2 HGB vorgenommen hat. Unter entsprechender Anwendung des § 285 Nr. 20a HGB sind auch die grundlegenden Annahmen, die der Bestimmung des beizulegenden Zeitwerts mithilfe allgemein anerkannter Bewertungsmethoden zugrunde gelegt wurden, im Anhang anzugeben.	§ 285 Nr. 25 HGB

Kurzerläuterung und evtl. Ausnahmen	Fundstelle
Angaben zu **Anteilen an inländischen oder ausländischen Investmentvermögen** i.S.d. § 1 InvG oder vergleichbaren ausländischen Investmentanteilen i.S.d. § 2 Abs. 9 InvG, soweit die Ges. mehr als ein Zehntel der Anteile hält. Die Angaben müssen – aufgegliedert nach Anlagezielen – den Marktwert gem. § 36 InvG oder vergleichbarer ausländischer Vorschriften, die Differenz zum Buchwert, die für das Gj erfolgten Ausschüttungen sowie die etwaigen Beschränkungen in der Möglichkeit der täglichen Rückgabe umfassen. Ferner muss die Ges. die Gründe dafür angeben, dass eine Abschreibung gem. § 253 Abs. 3 Satz 4 HGB unterblieben ist, einschl. der Anhaltspunkte, die darauf hindeuten, dass die Wertminderung voraussichtlich nicht von Dauer ist; § 285 Nr. 18 HGB ist insoweit nicht anzuwenden. **Keine Angabepflicht** für kleine KapG.	§ 285 Nr. 26 HGB § 288 Abs. 1 HGB
Angabe von **Gründen für die Einschätzung des Risikos der Inanspruchnahme** für die nach § 251 HGB unter der Bilanz oder nach § 268 Abs. 7 1. Hs. HGB im Anhang ausgewiesenen **Verbindlichkeiten und Haftungsverhältnisse**. **Keine Angabepflicht** für kleine KapG.	§ 285 Nr. 27 HGB § 288 Abs. 1 HGB
Angabe des **Gesamtbetrags der Beträge i.S.d. § 268 Abs. 8 HGB**, aufgegliedert in solche aus der Aktivierung von selbst geschaffenen immateriellen VG des AV, von latenten Steuern und von zum beizulegenden Zeitwert bewerteten VG, jeweils ggf. unter Abzug der entsprechenden passivierten latenten Steuern. **Keine Angabepflicht** für kleine KapG.	§ 285 Nr. 28 HGB, § 268 Rz 50ff. § 288 Abs. 1 HGB
Angabe, auf welchen Differenzen oder steuerlichen Verlustvorträgen **die latenten Steuern beruhen** und mit welchen **Steuersätzen** die Bewertung erfolgt ist. **Keine Angabepflicht** für kleine und mittelgroße KapG.	§ 285 Nr. 29 HGB § 288 Abs. 1 HGB § 288 Abs. 2 HGB
(BilRUG:) Angaben zu **latenten Steuersalden**, wenn Steuerschulden angesetzt sind. **Keine Angabepflicht** für kleine KapG.	§ 285 Nr. 30 HGB § 288 Abs. 1 HGB

Kurzerläuterung und evtl. Ausnahmen	Fundstelle
(BilRUG:) Angaben von Betrag und Art von **Ertrags- und Aufwandsposten außergewöhnlicher Größenordnung oder Bedeutung.**	§ 285 Nr. 31 HGB
(BilRUG:) Erläuterung von **periodenfremden Erträgen und Aufwendungen.** **Keine Angabepflicht** für kleine und mittelgroße KapG.	§ 285 Nr. 32 HGB § 288 Abs. 1 HGB § 288 Abs. 2 HGB
(BilRUG:) Angabe von **Vorgängen von besonderer Bedeutung nach dem Bilanzstichtag.** **Keine Angabepflicht** für kleine KapG.	§ 285 Nr. 33 HGB § 288 Abs. 1 HGB
(BilRUG:) Angabe des **Vorschlags oder Beschlusses zur Ergebnisverwendung.** **Keine Angabepflicht** für kleine KapG.	§ 285 Nr. 34 HGB § 288 Abs. 1 HGB
Angabe der **Inanspruchnahme zur Unterlassung der Umsatzaufgliederung.**	§ 286 Abs. 2 HGB
Angabe über die **Anwendung der Schutzklausel des § 286 Abs. 3 Satz 1 Nr. 2 HGB** bei Unterlassen von Angaben über BetUnt aufgrund drohender erheblicher Nachteile im Fall der Angabe der Informationen.	§ 286 Abs. 3 Satz 4 HGB
Angabe von **Name und Sitz des MU, das den befreienden Konzernabschluss und Konzernlagebericht aufstellt,** einen Hinweis auf die Befreiung von der Verpflichtung, einen Konzernabschluss und einen Konzernlagebericht aufzustellen, und eine Erläuterung der im befreienden Konzernabschluss vom deutschen Recht abweichend angewandten Bilanzierungs-, Bewertungs- und Konsolidierungsmethoden.	§ 291 Abs. 2 Nr. 4 HGB
Angabe von **Name und Sitz des MU, das den befreienden Konzernabschluss und Konzernlagebericht aufstellt,** einen Hinweis auf die Befreiung von der Verpflichtung, einen Konzernabschluss und einen Konzernlagebericht aufzustellen, und eine Erläuterung der im befreienden Konzernabschluss vom deutschen Recht abweichend angewandten Bilanzierungs-, Bewertungs- und Konsolidierungsmethoden.	§ 292 Abs. 2 HGB
Angabe und Gründe des **Unterlassens der Einrichtung eines Prüfungsausschusses** für Ges., die ausschließlich durch VG besicherte WP ausgeben.	§ 324 Abs. 1 Satz 2 Nr. 1 HGB

Kurzerläuterung und evtl. Ausnahmen	Fundstelle
Angaben zu einem MU, das einen **Konzernzahlungsbericht mit befreiender Wirkung** aufstellt.	§ 341s Abs. 2 Satz 2 HGB
Angabe der nicht in der Bilanz ausgewiesenen **Rückstellungen für laufende Pensionen, Anwartschaften auf Pensionen und ähnliche Verpflichtungen.**	Art. 28 Abs. 2 EGHGB
Angabe des Betrags der **Überdeckung bei Anwendung des Beibehaltungswahlrechts** gem. Art. 67 Abs. 1 EGHGB für Pensionsrückstellungen und sonstige Rückstellungen.	Art. 67 Abs. 1 Satz 4 EGHGB
Angabe des **Fehlbetrags bei Pensionsverpflichtungen** aus Art. 67 Abs. 1 Satz 1 EGHGB.	Art. 67 Abs. 2 EGHGB
Angabe zur **Beibehaltung steuerlicher Mehrabschreibungen.**	Art. 67 Abs. 4 EGHGB
Angabe der **fehlenden Vergleichbarkeit der Umsatzerlöse** bei erstmaliger Verwendung der neuen Umsatzerlösdefinition nach § 277 Abs. 1 HGB und nachrichtliche Nennung der Umsatzerlöse der Vj. unter Verwendung der neuen Definition.	Art. 75 Abs. 2 Satz 3 EGHGB
Erläuterungen zur Ausübung des Wahlrechts zur Anwendung des 10-Jahresdurchschnittszinssatzes bei der Abzinsung der Pensionsverpflichtungen bereits auf Gj, die nach dem 31.12.2014 beginnen und vor den 1.1.2016 enden. **Kleine KapG** sind von einer Angabe befreit.	Art. 75 Abs. 7 EGHGB

Rechtsform- und branchenspezifische Pflichtangaben umfassen: 21
Bei **AG**:

Kurzerläuterung	Fundstelle
Angaben über den Bestand und den Zugang an **Vorratsaktien** einschl. deren Verwendung. **Kleine KapG** sind von einer Angabe befreit.	§ 160 Abs. 1 Nr. 1 AktG
Angaben über den Bestand an **eigenen Aktien**, über deren Erwerb oder die Veräußerung eigener Aktien unter Angabe der Zahl, des auf sie entfallenden Betrags des Grundkapitals, des Anteils am Grundkapital, des Zeitpunkts und der Gründe für den Erwerb. (Diese Angabe ist von KleinstKapG nach § 264 Abs. 1 Satz 5 HGB unter der Bilanz notwendig, um auf den Anhang verzichten zu können.) **Kleine KapG** können die Vorschrift mit der Maßgabe anwenden, dass die Ges. nur Angaben zu von ihr selbst oder durch eine andere Person für Rechnung der Ges. erworbenen und gehaltenen eigenen Aktien machen muss und über die Verwendung des Erlöses aus der Veräußerung eigener Aktien nicht zu berichten braucht.	§ 160 Abs. 1 Nr. 2 AktG
Gattungsspezifische Angabe des Aktienbestands **Kleine KapG** sind von einer Angabe befreit.	§ 160 Abs. 1 Nr. 3 AktG
Angaben über **das genehmigte Kapital** **Kleine KapG** sind von einer Angabe befreit.	§ 160 Abs. 1 Nr. 4 AktG
Angaben zur Zahl der **Bezugsrechte** nach § 192 Abs. 2 Nr. 3 AktG, der **Wandelschuldverschreibungen** und vergleichbarer Wertpapiere **Kleine KapG** sind von einer Angabe befreit.	§ 160 Abs. 1 Nr. 5 AktG
Angaben zu **Genussrechten**, Rechten aus **Besserungsscheinen** und ähnlichen Rechten **Kleine KapG** sind von einer Angabe befreit.	§ 160 Abs. 1 Nr. 6 AktG
Angaben über das Bestehen einer **wechselseitigen Beteiligung** unter Angabe des Unt **Kleine KapG** sind von einer Angabe befreit.	§ 160 Abs. 1 Nr. 7 AktG
Angabe über das Bestehen einer nach § 20 Abs. 1 oder Abs. 4 AktG oder nach § 21 Abs. 1 oder Abs. 1a WpHG **mitgeteilten Beteiligung** sowie den Inhalt der Mitteilung **Kleine KapG** sind von einer Angabe befreit.	§ 160 Abs. 1 Nr. 8 AktG
Schutzklausel für die Angaben nach § 160 Abs. 1 AktG	§ 160 Abs. 7 AktG (§ 286 HGB)

Kurzerläuterung	Fundstelle
Erläuterungen über die Verwendung der aus einer Kapitalherabsetzung oder aus der Auflösung offener **Gewinnrücklagen** gewonnenen Beträge. **Kleine KapG** sind von einer Angabe befreit.	§ 240 Satz 3 AktG
Bei einer Sonderprüfung wegen unzulässiger Unterbewertung nach § 258 AktG, Angabe der **Begründung für eine niedrigere Bewertung** und Angabe und **Entwicklung des Werts** oder Betrags sowie Bericht über den Abgang von Gegenständen und die Verwendung von Erlösen. Erleichterungen für kleine KapG aus § 261 Abs. 1 Satz 5 AktG.	§ 261 Abs. 1 Satz 3 AktG § 261 Abs. 1 Satz 4 AktG
Hinweis zu der nach § 161 AktG vorgeschriebenen Erklärung zum **Corporate Governance Kodex** für börsennotierte Ges.	§ 285 Nr. 16 HGB

Bei **PersG**:

Kurzerläuterung	Fundstelle
Angabe des Betrags der im HR gem. § 172 Abs. 1 HGB eingetragenen und nicht geleistete Einlagen.	§ 264c Abs. 2 Satz 9 HGB
Angabe von Name und Sitz der Ges., die **persönlich haftende Gesellschafter** sind, sowie deren **gezeichnetes Kapital**.	§ 285 Nr. 15 HGB

2.2 Wahlpflichtangaben

22 **Rechtsform- und branchenunabhängige Wahlpflichtangaben**, die wahlweise in der Bilanz bzw. der GuV oder im Anhang oder im Einzelfall im Lagebericht anzugeben sind, umfassen aktuell:[27]

Kurzerläuterung und Ausnahmen	Fundstelle
(BilRUG:) Allgemeine Angaben zum Jahresabschluss (Firma, Sitz, Registergericht und Nummer, unter der die Ges. in das Handelsregister eingetragen ist). Zudem – falls vorliegend – Status in Liquidation oder in Abwicklung – kann auch außerhalb des Anhangs an jeder Stelle im Jahresabschluss erfolgen.	§ 264 Abs. 1a HGB

---

[27] Zu den Angaben bis einschließlich Gj 2015 vgl. *Bertram/Brinkmann/Kessler/Müller*, Haufe HGB Bilanz Kommentar, 6. Aufl. 2015 – auf die Neuerungen wird aber auch an den jeweiligen Stellen durch ein „(BilRUG)" hingewiesen.

Kurzerläuterung und Ausnahmen	Fundstelle
Angabe über die **Mitzugehörigkeit eines Postens** zu einem anderen Bilanzposten.	§ 265 Abs. 3 HGB
Gesonderter Ausweis, falls zur Vergrößerung der Klarheit der Darstellung in Bilanz oder GuV **Einzelposten zulässigerweise zusammengefasst** wurden.	§ 265 Abs. 7 Nr. 2 HGB
Angabe des **Gewinn- oder Verlustvortrags** bei Bilanzaufstellung unter Berücksichtigung der teilweisen Ergebnisverwendung.	§ 268 Abs. 1 Satz 3 HGB
Gesonderte postenbezogene Angabe der **Verbindlichkeiten mit einer Restlaufzeit bis zu und über einem Jahr.**	§ 268 Abs. 5 Satz 1 HGB
Angabe eines **Unterschiedsbetrags nach § 250 Abs. 3 HGB.** Keine Angabepflicht für kleine KapG.	§ 268 Abs. 6 HGB § 274a Nr. 4 HGB
Angabe **außerplanmäßiger Abschreibungen** nach § 253 Abs. 3 Sätze 3 und 4 HGB.	§ 277 Abs. 3 Satz 1 HGB
Angaben bestimmter Bilanzposten durch **mittelgroße KapG bei Verwendung des für kleine KapG geltenden Gliederungsschemas** für die Offenlegung.	§ 327 Nr. 1 Satz 2 HGB
Angaben aus **Fortführung eines Sonderpostens** gem. § 273 S. 2 HGB aF, der Angabe der Erträge aus der Auflösung des Sonderpostens sowie Angaben der Vorschriften, nach denen Wertberichtigungen in den Sonderposten eingestellt wurden.	Art. 67 Abs. 3 und 4 EGHGB

Rechtsform- und branchenspezifische Pflichtangaben, die wahlweise in der Bilanz bzw. der GuV oder im Anhang anzugeben sind, umfassen aktuell: Bei **AG:**   23

Kurzerläuterung	Fundstelle
Angabe des in andere Gewinnrücklagen eingestellten Betrags des Eigenkapitalanteils von **Wertaufholungen** und von bei der steuerrechtlichen Gewinnermittlung gebildeten Passivposten.	§ 58 Abs. 2a Satz 2 AktG
Angabe der während des Gj eingestellten und der für das Gj **entnommenen Beträge der Kapitalrücklage.**	§ 152 Abs. 2 AktG

Kurzerläuterung	Fundstelle
Angabe der **Beträge zu den einzelnen Posten der Gewinnrücklagen**, die die HV aus dem Bilanzgewinn des Vj. eingestellt hat, die aus dem Jahresüberschuss des Gj eingestellt und die für das Gj entnommen werden.	§ 152 Abs. 3 AktG
Ergänzende Positionen zur Darstellung der GuV.	§ 158 Abs. 1 Satz 2 AktG
Angabe über die **Zahl** und bei Nennbetragsaktien den **Nennbetrag der Aktien jeder Gattung**.	§ 160 Abs. 1 Nr. 3 AktG

Bei **PersG**:

Kurzerläuterung	Fundstelle
Angabe über Ausleihungen, Forderungen und Verbindlichkeiten gegenüber Gesellschaftern, wenn sie in der Bilanz nicht gesondert ausgewiesen sind.	§ 264c Abs. 1 HGB

Bei **GmbH**:

Kurzerläuterung	Fundstelle
Angabe des in andere Gewinnrücklagen eingestellten Betrags des Eigenkapitalanteils von **Wertaufholungen** und von bei der **steuerrechtlichen Gewinnermittlung gebildeten Passivposten**.	§ 29 Abs. 4 Satz 2 GmbHG
Angabe von **Ausleihungen, Forderungen und Verbindlichkeiten gegenüber Gesellschaftern**.	§ 42 Abs. 3 GmbHG

2.3 Freiwillige Angaben

24 Über die Pflicht- und Wahlpflichtangaben hinaus können freiwillige Angaben im so gekennzeichneten Anhang berichtet werden. Diese Angaben unterliegen dann der Offenlegungspflicht und bei mittelgroßen und großen KapG und KapCoGes der Prüfungspflicht des AP. Die freiwillige Berichterstattung findet Grenzen bei Beeinträchtigung der Klarheit und der Übersichtlichkeit der Darstellung.[28] Die im Anhang berichteten freiwilligen Angaben können auch im Lagebericht dargestellt werden.

3 Allgemeine Angaben (Abs. 2)

25 § 284 Abs. 2 HGB verlangt vier verschiedene **Angaben zu Bilanzierungs- und Bewertungsmethoden**. Mit dieser Vorschrift sollen dem Abschlussadressaten wesentliche Informationen zur Interpretation der in der Bilanz und GuV ent-

---

[28] Vgl. *Grottel*, in Beck Bil-Komm., 10. Aufl., 2016, § 284 Rz 3; *Selchert/Karsten*, BB 1985, S. 1889; *Poelzig*, in MünchKomm HGB, 3. Aufl., § 284 Rn 24.

haltenen Angaben geboten werden, damit insgesamt ein den tatsächlichen Verhältnissen entsprechendes Bild der Vermögens-, Finanz- und Ertragslage der Ges. unter Beachtung der GoB entstehen kann. Diese Angaben sind insb. dann notwendig, wenn durch gesetzlich zulässige Wahlrechte Unterschiede bei der Abbildung des Unt im Jahresabschluss entstanden sind. Mit dieser Verpflichtung ist jedoch keine allgemeine Pflicht zur Erläuterung der Posten in der Bilanz verbunden, da es nur um die Methoden von Bilanzierung und Bewertung geht.[29]

3.1 Angaben zu Bilanzierungs- und Bewertungsmethoden (Abs. 2 Nr. 1)

3.1.1 Bilanzierungsmethoden

Obwohl der Begriff „**Bilanzierungsmethode**" nicht gesetzlich fixiert ist, lässt sich ableiten, dass unter einer Bilanzierungsmethode ein planmäßiges Vorgehen bei der Ansatzentscheidung eines Bilanzpostens zu verstehen ist. Im Rahmen der Ansatzentscheidung wird geprüft, ob **VG bzw. eine Schuld bilanzierungsfähig** ist und ob bilanziert werden muss oder im Rahmen von Wahlrechten bilanziert werden darf. Dies schließt die Betrachtung der Fragen des Umfangs und des Zeitraums der Bilanzierung ein. Somit sind auch Ausweiswahlrechte anzugeben. Bei eindeutigen gesetzlichen Ansatzvorgaben sind keine Angaben im Anhang notwendig. Dagegen sind Angaben zur Bilanzierungsmethode immer dann notwendig, wenn die Art des Bilanzierungsansatzes von Entscheidungen des Bilanzierenden abhängt.[30]

26

Das HGB räumt folgende **Ansatzwahlrechte** ein:[31]

27

- Ansatz von **selbst geschaffenen immateriellen VG** (§ 248 Abs. 2 HGB).
- Nichtansatz für **Pensionsrückstellungen** für Altzusagen; dies gilt auch für mittelbare Verpflichtungen aus einer Zusage und ähnliche unmittelbare sowie mittelbare Verpflichtungen (§ 249 Abs. 1 Satz 1 HGB i.V.m. Art. 28 Abs. 1 EGHGB).
- Einstellung eines **Disagios** in den aktiven RAP (§ 250 Abs. 3 HGB).
- Nichtansatz **aktiver latenter Steuern** (§ 274 Abs. 1 Satz 2 HGB).
- Unsaldierter Ausweis aktiver und passiver latenter Steuern (§ 274 Abs. 1 HGB).
- Teilweise Ergebnisverwendung (§ 268 Abs. 1 HGB).

Im Anhang ist nur die Angabe der Bilanzierungsmethode notwendig. Eine Begründung ist nicht gefordert.[32] Die im Rahmen des Übergangs auf das BilMoG aufgrund von Art. 67 EGHGB weiter bestehender Altwahlrechte, wie insb.

- **Sonderposten mit Rücklagenanteil** (§ 247 Abs. 3 HGB aF, § 273 HGB aF, Art. 67 Abs. 3 EGHGB),
- **aktive RAP** (§ 250 Abs. 1 Satz 2 HGB aF, Art. 67 Abs. 3 EGHGB),
- **Aufwandsrückstellungen** (§ 249 Abs. 2 HGB aF, Art. 67 Abs. 3 EGHGB)

sind ebenfalls angabepflichtig.

Neben den explizit gewährten Wahlrechten können Ansatzentscheidungen auch durch die Auslegung von Einschätzungsspielräumen im Rahmen der Festlegung

28

---

[29] Vgl. zur praktischen Anwendung *Kreipl/Lange/Müller* in Haufe HGB Bilanz Kommentar BilMoG Erfahrungsbericht, 2012, Rz 335 ff.
[30] Vgl. *Poelzig*, in MünchKomm HGB, 3. Aufl., § 284 Rn 40.
[31] Zur praktischen Anwendung s. *Kreipl/Lange/Müller* in Haufe HGB Bilanz Kommentar Erfahrungsbericht BilMoG, 2012, Rz 127 ff., 158 ff., 207 ff., 247 ff., 355 ff.
[32] Vgl. *Grottel*, in Beck Bil-Komm., 10. Aufl., § 284 Rz 105.

des Zeitpunkts der Bilanzierung beeinflusst werden. Bei Vorliegen von Sachverhalten, bei denen Einschätzungsspielräume bestehen, sind die Grundsätze der Ermittlung des Bilanzierungszeitpunkts anzugeben.[33]

> **Beispiel**
> Bilanzierung von unterwegs befindlichen Waren im Zeitpunkt des Gefährdungsübergangs oder der späteren Eigentumsübertragung, Bilanzierung von Beteiligungserträgen aus KapG phasengleich oder unter Berücksichtigung des Gewinnverwendungsbeschlusses sowie Bilanzierung von Zulagen.

Darüber hinaus sollten auch die Handhabung von **geringfügigen VG** berichtet werden.[34]

29 Mit dem BilRUG wurde in Übereinstimmung mit Art. 16 Abs. 1 (a) der RL 2013/34/EU die gesonderte Pflicht zur Angabe der **Grundlagen der Fremdwährungsumrechnung** aus dem HGB entfernt. Die verbleibenden nötigen Angaben sind ab dem Gj 2016 unter die angewandten Bewertungsmethoden nach Abs. 2 Nr. 1 zu subsummieren. Eine Änderung der materiellen Rechtslage ist mit der Streichung nicht verbunden. Durch § 256a HGB ist die Bewertungsmethode für die Umrechnung von VG und Schulden in Fremdwährung auf Euro klar bestimmt.

3.1.2 Bewertungsmethoden

3.1.2.1 Allgemeines

30 Unter dem Begriff der **„Bewertungsmethode"** ist nach hM ein planmäßiges Verfahren zur Ermittlung des Wertansatzes zu verstehen, das den GoB entspricht. Die Bewertungsmethode umfasst sowohl den formalen Ablauf als auch die Ermittlung der Messgröße. Anzugeben sind daher die zugrunde gelegten Wertmaßstäbe und das gewählte Verfahren. Die Bewertungsmethode ist eine grundlegende Voraussetzung, um das den tatsächlichen Verhältnissen entsprechende Bild der Vermögens-, Finanz- und Ertragslage unter Beachtung der GoB zu vermitteln.[35]

> **Beispiel**
> Eine AG bietet Aktienoptionen („stock options") als Teil des Entlohnungssystems an Mitarbeiter an. Im Anhang sind die angewandten Bewertungsmethode (z.B. Black-Scholes, Binomialbaumverfahren, Monte-Carlo-Simulationen) anzugeben und deren Fähigkeit, den entstehenden Aufwand aus dem Aktienoptionsplan abzubilden. Des Weiteren sind die eingesetzten Bewertungsparameter (Volatilität, Restlaufzeit, risikoloser Zinssatz, Ausübungsverhalten) sowie deren Ermittlungsart anzugeben, die zur Bestimmung der Optionspreise herangezogen wurden. Da die Volatilität den größten Einfluss auf den Optionspreis hat, ist die Angabe der Ermittlung vom Interesse (z.B. historische Volatilität der gehandelten Call-Optionen auf die eigene Aktie, historische Volatilität eigener Aktien (im Fall eines neu notierten U: Volatilität von Aktien

---

[33] Vgl. *Wulf*, in *Baetge/Kirsch/Thiele*, Bilanzrecht, § 284 Rz 56, Stand 8/2016.
[34] Vgl. zur praktischen Anwendung *Kreipl/Lange/Müller* in Haufe HGB Bilanz Kommentar Erfahrungsbericht BilMoG, 2012, Rz 176ff.
[35] Vgl. *Schulte*, BB 1986, S. 1470; *Schülen*, WPg 1987, S. 226.

> vergleichbarer Unt). In ihrem Geschäftsbericht 2011 orientiert sich z.B. die Deutz AG („Long-Term-Incentive-Plan No. II") bei der Festlegung des risikolosen Zinssatzes an die Verzinsung der Bundesanleihen mit vergleichbarer Restlaufzeit, die Volatilität wird anhand der historischen Volatilität der eigenen Aktie bestimmt und es wird von einer möglichst frühen Optionsausübung bei einer Fluktuation von 0 % ausgegangen.

Die angewandten Bewertungsmethoden und die Art ihrer Anwendung sind, insb. bei den Bilanzposten, bei denen ein Bewertungswahlrecht eingeräumt ist, in jedem Jahresabschluss anzugeben. Die bloße Angabe der Bewertungsmethode ist ausreichend, solange keine weitergehenden Erläuterungen notwendig sind. Eine Begründung muss nicht gegeben werden. **31**

Vom HGB eingeräumte zentrale **Bewertungswahlrechte:**[36] **32**
- Festwertbewertung bei Sachanlagen und RHB (§ 240 Abs. 3 i. V. m. § 256 Satz 2 HGB);
- Gruppenbewertung mit dem gewogenen Durchschnittswert für Vorratsvermögen und andere gleichartige oder annähernd gleichwertige bewegliche VG des AV und Schulden (§ 240 Abs. 4 i. V. m. § 256 Satz 2 HGB);
- außerplanmäßige Abschreibungen auf Finanzanlagen bei nur vorübergehender Wertminderung (§ 253 Abs. 3 Satz 4 HGB);
- Bildung von Bewertungseinheiten (§ 254 HGB)[37];
- Bemessung von HK (§ 255 Abs. 2 Satz 3 HGB). Dieses Wahlrecht wurde im Zuge des BilMoG durch die Einführung der Aktivierungspflicht von MGK, FGK und Abschreibungen auf AV eingeschränkt;
- Einbeziehung von Fremdkapitalkosten in die HK (§ 255 Abs. 3 HGB);
- Bemessung des beizulegenden Zeitwerts mit allgemein anerkannten Bewertungsverfahren (§ 255 Abs. 4 Satz 2 HGB);
- Anwendung der Verbrauchsfolgeverfahren Lifo und Fifo zur Bewertung von Vorratsvermögen (§ 256 Satz 1 HGB);
- Bewertung der Rückstellungen für Pensionen und ähnliche Verpflichtungen (§ 253 Abs. 2 HGB);
- Buchwertübernahmen nach § 24 UmwG beim übernehmenden Rechtsträger im Fall der Verschmelzung nach § 2 UmwG.[38]

Darüber hinaus sind im Rahmen von Übergangsregelungen noch einige Beibehaltungen denkbar:
- Wertbeibehaltung von niedrigeren Werten bei VG des AV bei Übergang auf das BiRiLiG (Art. 24 Abs. 1 EGHGB),
- Wertbeibehaltung von niedrigeren Werten bei VG des AV bei Übergang auf das KapCoG (Art. 48 Abs. 2 EGHGB),
- Verteilung des bei Erstanwendung des BilMoG notwendigen Zuführungsbetrags bei Pensionsverpflichtungen über maximal 15 Jahre (Art. 67 Abs. 1 Satz 1 EGHGB),

---

[36] Vgl. zur praktischen Anwendung *Kreipl/Lange/Müller* in Haufe HGB Bilanz Kommentar Erfahrungsbericht BilMoG, 2012, Rz 108 ff., 114 ff., 133 ff.; 143 ff., 196 ff., 411, 422 ff.
[37] Vgl. zur Einschränkung des Wahlrechts mit Blick auf die Erfüllung der Generalnorm § 254 Rz 7.
[38] Vgl. *Kreipl/Müller*, in Federmann/Kußmaul/Müller, HdB-Beitrag „Verschmelzung", Rz 47 ff., Stand 5/2016 und IDW RS HFA 42.33 und 57 ff.

- Wertbeibehaltung von Rückstellungen bei Übergang auf das BilMoG (Art. 67 Abs. 1 Satz 2 EGHGB),
- Beibehaltung steuerrechtlicher Mehrabschreibungen (§ 279 Abs. 2 i. V. m. § 254 HGB aF, Art. 67 Abs. 3 EGHGB),
- Wertbeibehaltung von niedrigeren Werten von VG des UV bei Übergang auf das BilMoG (Art. 67 Abs. 4 EGHGB).

33 Neben diesen berichtspflichtigen Bewertungswahlrechten kommen als Bewertungsmethode prinzipiell auch Methodeneinschätzungsspielräume in Betracht, die nur dann anzugeben sind, soweit ein bestimmtes Verfahren zur Anwendung kommt.[39] Beispiele sind das gewählte versicherungsmathematische Verfahren bei der Bilanzierung von Pensionsverpflichtungen (§ 253 Abs. 1 Satz 2 i. V. m. § 285 Nr. 24 HGB), die Abschreibungsmethode und Bestimmung der voraussichtlichen Nutzungsdauern für Sachanlagen (§ 253 Abs. 3 HGB).

3.1.2.2 Aktivposten

34 Die Erläuterung der **Anschaffungskosten** im AV ist grds. in keiner besonderen Weise notwendig, da diese eindeutig in § 255 Abs. 1 HGB definiert sind. In bestimmten Sonderfällen, z. B. Tausch, tauschähnliche Geschäfte, Verschmelzungen zum Buchwert, erhaltene Zuschüsse und Subventionen, kann jedoch eine Berichterstattung geboten sein.[40]

35 Die Angabe der **Herstellungskosten** muss erkennen lassen, ob und inwieweit vom Wahlrecht gem. § 255 Abs. 2 Satz 3 HGB oder § 255 Abs. 3 HGB Gebrauch gemacht wurde. Bei Anwendung des UKV ist die Art der Errechnung von Umsätzen anzugeben. Ferner sind die zugrunde gelegten Beschäftigungsgrade zu erläutern.[41]

36 Abweichend vom bisherigen strikten Anschaffungskostenprinzip ist für **Finanzinstrumente**, die von Kreditinstituten zu Handelszwecken erworben wurden, sowie **VG, die ausschließlich der Erfüllung von Schulden aus Altersversorgungsverpflichtungen** oder vergleichbaren Verpflichtungen dienen und dem Zugriff aller übrigen Gläubiger entzogen sind,[42] der beizulegende Zeitwert anzusetzen. Der beizulegende Zeitwert wird in § 255 Abs. 4 Satz 1 HGB als der Marktpreis definiert. Dabei ist gem. § 255 Abs. 4 HGB eine Ermittlungshierarchie zu beachten, nach der zunächst geprüft wird, ob ein Marktpreis an einem aktiven Markt beobachtbar ist. Ist dies nicht der Fall, ist der Preis nach einer anerkannten Bewertungsmethode zu bestimmen, die geeignet ist, „den beizulegenden Zeitwert angemessen an den Marktpreis anzunähern, wie er sich am Bewertungsstichtag zwischen unabhängigen Geschäftspartnern bei Vorliegen normaler Geschäftsbedingungen ergeben hätte".[43] Erst nachdem kein Marktpreis vorliegt, könnten sich somit Ermessensspielräume in der Bewertung ergeben. Als Verfahrensweisen werden beispielhaft Marktpreise vergleichbarer Geschäftsvorfälle aus der jüngeren Vergangenheit oder anerkannte wissenschaftliche Metho-

---

[39] Vgl. *Wulf*, in *Baetge/Kirsch/Thiele*, Bilanzrecht, § 284 Rz 59, Stand 8/2016.
[40] Vgl. *Poelzig*, in MünchKomm HGB, 3. Aufl., § 284 Rn 51.
[41] Vgl. *Grottel*, in Beck Bil-Komm., 10. Aufl., 2016, § 284 Rz 118; *Wulf*, in *Baetge/Kirsch/ Thiele*, Bilanzrecht, § 284 Rz 61, Stand 8/2016.
[42] Gilt gem. § 253 Abs. 1 HGB nicht für KleinstKapG, die diese Posten zu AK zu bewerten haben, wenn sie die Erleichterungen für diese Größenklasse nutzen möchten (§ 267a Rz 5).
[43] Vgl. BilMoG-BgrRegE, S. 61.

den genannt.⁴⁴ Falls sich ein zuverlässiger Preis weder durch Marktpreise noch durch anerkannte Bewertungsmethoden ermitteln lässt, soll dem **Vorsichtsprinzip** folgend die Bewertung anhand der fortgeführten AHK erfolgen.

Eine globale Angabe zur Bewertungsmethode des **Vorratsvermögens** ist nicht zulässig, da einerseits die Unterposten der Vorräte unterschiedlich bewertet werden können und andererseits für verschiedene Vorratsgruppen unterschiedliche Bewertungsmethoden angewendet werden können. Grundsätzlich sind für alle wesentlichen Gruppen die jeweiligen Verfahren zu nennen. Bei der Bewertung des Vorratsvermögens können als Abweichungen vom Grundsatz der Einzelbewertung Festwert-, Durchschnitts-, Gruppenbewertungs- oder Bewertungsvereinfachungsverfahren i.S.d. § 256 HGB infrage kommen.⁴⁵ Das Durchschnittsverfahren kann auch bei gleichartigen oder annähernd gleichwertigen beweglichen VG angewandt werden (§ 240 Abs. 4 HGB). Das Festwertverfahren kann auch bei Sachanlagen zur Anwendung kommen (§ 240 Abs. 3 HGB).⁴⁶ 37

Bei der Angabe von **Abschreibungsmethoden** ist der Abschreibungsplan gem. § 253 Abs. 3 Satz 2 HGB von Bedeutung. Im Einzelfall müssen die zugrunde gelegte Nutzungsdauer sowie die Art der Abschreibung angegeben werden. Aus Vereinfachungsgründen kann auf die von der Finanzverwaltung ausgegebenen AfA-Tabellen verwiesen werden, jedoch ist gleichzeitig anzugeben, ob die Höchst- oder Mindestwerte angesetzt werden und dass diese als tatsachengemäß eingeschätzt werden.⁴⁷ Bei planmäßiger Abschreibung sind die Gründe, die Bemessung der Nutzungsdauer sowie die ihrer Schätzung zugrunde liegenden Erwägungen anzugeben. Bei außerplanmäßigen Abschreibungen gem. § 253 Abs. 3 Satz 3 HGB muss angegeben werden, für welche Gegenstände oder Gruppen von Gegenständen bzw. nach welchem Verfahren außerplanmäßige Abschreibungen vorgenommen bzw. errechnet werden. Ferner ist anzugeben, ob bei Finanzanlagen Abschreibungen aufgrund nicht dauernder Wertminderungen vorgenommen werden (§ 253 Abs. 3 Satz 4 HGB). Über sofortige Abschreibungen im Gj des Zugangs ist im Rahmen der Abschreibungsmethoden zu berichten.⁴⁸ Ferner müssen gem. § 285 Nr. 13 HGB die gewählten Nutzungsdauern der GoF erläutert werden. 38

Falls im aktiven RAP ein **Disagio** enthalten ist (§ 250 Abs. 3 HGB), ist im Anhang die Ermittlungs- und Tilgungsmethode darzustellen, sofern darüber bei den Bilanzierungsmethoden nicht berichtet wurde.⁴⁹ 39

3.1.2.3 Passivposten

Die Berichtspflicht hinsichtlich der Passivposten bezieht sich vor allem auf **Fremdwährungsverbindlichkeiten**. Bei Rückstellungen für Verluste aus schwebenden Geschäften sind Angaben notwendig, ob die Wertermittlung nach dem 40

---

44 Vgl. BilMoG-Bgr*RegE*, S. 61.
45 Vgl. zur praktischen Anwendung *Kreipl/Lange/Müller* in Haufe HGB Bilanz Kommentar Erfahrungsbericht BilMoG, 2012, Rz 196 ff.
46 Vgl. *Grottel*, in Beck Bil-Komm., 10. Aufl., 2016, § 284 Rz 131; *Poelzig*, in MünchKomm HGB, 3. Aufl., § 284 Rn 48.
47 Vgl. zur praktischen Anwendung *Kreipl/Lange/Müller* in Haufe HGB Bilanz Kommentar Erfahrungsbericht BilMoG, 2012, Rz 133 ff.
48 Vgl. *Poelzig*, in MünchKomm HGB, 3. Aufl., § 284 Rn 53; *Schülen*, WPg 1987, S. 227; *Wulf*, in Baetge/Kirsch/Thiele, Bilanzrecht, § 284 Rz 63, Stand 8/2016.
49 Vgl. *Wulf*, in Baetge/Kirsch/Thiele, Bilanzrecht, § 284 Rz 66, Stand 8/2016.

Teil- oder Vollkostenverfahren erfolgte. Auch bei schwebenden Finanzgeschäften sind Angaben über die Bewertungsmethode notwendig.[50]

41 Die Bewertungsmethoden von **Pensionsrückstellungen** sind in jedem Fall zu erläutern, wobei es hierfür aber auch eine spezielle Norm nach § 285 Abs. 1 Nr. 24 HGB gibt, die die Pflichten konkretisiert.[51] Wird für mittelbare Pensionszusagen keine Rückstellung gebildet, ist der Betrag der unterbliebenen Passivierung im Anhang anzugeben. Dabei sind die versicherungsmathematischen Grundsätze, die angesetzten Zinssätze, die zugrunde gelegten Sterbetafeln sowie die Berechnungsmethode anzugeben. Ein Fehlbetrag muss genannt sowie erläutert werden, um ein den tatsächlichen Verhältnissen entsprechendes Unternehmensbild zu ermöglichen.[52]

3.2 Angabe und Begründung von Abweichungen von Bilanzierungs- und Bewertungsmethoden (Abs. 2 Nr. 2)

42 Neben den Angaben der Bilanzierungs- und Bewertungsmethoden kommt der Angabe von **Abweichungen** im Anhang eine wesentliche Erläuterungsfunktion zu. Dabei ist neben der Nennung und Begründung der Abweichungen auch ihr Einfluss auf die Vermögens-, Finanz- und Ertragslage darzustellen. Die Vorschrift ergänzt andere Angabepflichten, z.B. aus § 265 Abs. 1 Satz 2 HGB, wobei eine zusammengefasste Darstellung sinnvoll erscheint.[53]

43 Eine berichtspflichtige **Abweichung** liegt vor, wenn die Grundsätze des Regelfalls nicht eingehalten werden oder wenn die im zeitlichen Ablauf angewandten Methoden und Grundsätze auf gleichartige Sachverhalte nicht beibehalten werden und zudem die Abweichung nicht unerheblich ist.[54] Hinsichtlich der Auswirkungen der Angabe der Abweichungen, wird eine verbale Berichterstattung und Berichterstattung mit Beschränkung auf wesentliche Aspekte für grds. zulässig erachtet, nicht aber die gesonderte Darstellung des Einflusses auf die Vermögens-, Finanz- und Ertragslage (Rz 48).[55] Damit ist das Ziel der Vorschrift allerdings kaum zu erreichen, weshalb auch das IDW im RS HFA 38.25 auf quantifizierte Angaben zumindest für die Einschätzung der Größenordnung abstellt. Bei **nicht unwesentlichen Abweichungen** wird daher eine verbale Berichterstattung nicht ausreichen, den Einfluss auf die wirtschaftliche Unternehmenslage erkennen zu lassen. Dies impliziert in diesen Fällen zwangsläufig zahlenmäßige Angaben.[56] Aus den Angaben muss erkennbar sein, von welchen Methoden und Grundsätzen abgewichen wird und auf welche Posten die Abweichungen sich beziehen, sofern die Änderung nicht alle Bilanzpositionen betrifft.[57] Die Angaben müssen sich auf alle Posten beziehen, die von der Abweichung berührt sind. Es ist somit über die Bilanz und GuV hinaus ggf. auch auf die Posten in der KFR oder im Anlagespiegel

---

50 Vgl. *Grottel*, in Beck Bil-Komm., 10. Aufl., § 284 Rz 158.
51 Vgl. IDW RS HFA 30, Tz. 89ff.
52 Vgl. *Poelzig*, in MünchKomm HGB, 3. Aufl., § 284 Rn 63.
53 Vgl. IDW RS HFA 38.18.
54 Vgl. IDW RS HFA 38.20.
55 Vgl. *Grottel*, in Beck Bil-Komm., 10. Aufl., § 284 HGB, Rz 171 und Rz 196.
56 Vgl. *Schülen*, WPg 1987, S. 229 und IDW RS HFA 38.25.
57 Vgl. IDW RS HFA 38.19.

einzugehen, soweit diese aufgestellt werden. Angaben können auch zusammengefasst werden, wenn sie mehrere Positionen betreffen.[58]
Mit dieser Vorschrift soll die **Vergleichbarkeit der Jahresabschlüsse** im Zeitablauf verbessert werden. Für eine Abweichung müssen sachliche Gründe vorliegen, um insb. willkürliche Abweichungen auszuklammern. Gesetzlich zwingende Änderungen müssen nicht berichtet werden.[59] Eine auch dahingehende Berichterstattung empfiehlt sich jedoch insb. dann, wenn die gesetzlichen Änderungen wesentliche Auswirkungen auf die Vermögens-, Finanz- und Ertragslage haben.[60]

44

Abweichungen von **Bilanzierungsmethoden** liegen dann vor, wenn einerseits Ansatzwahlrechte im Vergleich zum Vj. unterschiedlich ausgeübt und andererseits im Rahmen von Einschätzungsspielräumen die zeitlichen Voraussetzungen für bestimmte Bilanzansätze unterschiedlich festgelegt werden.

45

> **Beispiel**
> **Selbst geschaffene immaterielle VG des AV**
> Unt A entscheidet sich im Jahr 02 neue Entwicklungsprojekte zu aktivieren. Im Vj waren auch bereits Entwicklungsprojekte aktivierungsfähig. Hier liegt eine Abweichung vor, die mit Nennung der Bilanzposition, aber auch mit Angabe der Auswirkungen auf die GuV sowie der Darlegung der Überlegungen und Argumente, die zur Abweichung geführt haben, zu berichten ist.
> Unt B entscheidet sich im Jahr 02 neue Entwicklungsprojekte zu aktivieren. In den Vj zurück bis zum Gj. 2010 (Erstanwendung BilMoG) waren jedoch keine Entwicklungsprojekte aktivierungsfähig, so dass letztlich das Bilanzierungswahlrecht seit Inkrafttreten nicht genutzt werden konnte. Es liegt dann keine berichtspflichtige Abweichung vor, da dieser auf die Gesetzesänderung zurückzuführen ist und diesbzgl. keine Angaben nach Art. 67 Abs. 8 Satz 1 EGHGB gefordert werden.
> Unt C entscheidet sich im Jahr 02 neue Entwicklungsprojekte zu aktivieren. In den Vj waren Entwicklungsprojekte aktivierungsfähig, aber nicht wesentlich, so dass diese nicht angesetzt wurden. Es liegt dann zwar eine berichtspflichtige Abweichung vor, allerdings braucht keine Begründung zu erfolgen, so dass der Hinweis auf die erstmalige Anwendung mit Nennung der Posten und der Auswirkungen ausreicht (IDW RS HFA 38.21).

Gemäß § 246 Abs. 3 HGB gilt das Stetigkeitsgebot auch für Ansatzentscheidungen. Bei dennoch vorgenommenen Durchbrechungen muss über die Abweichungen berichtet werden. **Abweichungen von Bilanzierungsmethoden** liegen insb. vor, wenn im Rahmen desselben Bilanzwahlrechts aufgrund eines gleichen Sachverhalts eine andere Bilanzierungsentscheidung als bisher vorgenommen wird. Auch Ein-

46

---

58 *Wulf*, in *Baetge/Kirsch/Thiele*, Bilanzrecht, § 284 Rz 78, Stand 8/2016.
59 Vgl. *Poelzig*, in MünchKomm HGB, 3. Aufl., § 284 Rn 72.
60 Zu der trotz Einschränkung mit Art. 67 Abs. 8 EGHGB erfolgten Beschreibung der BilMoG-Erstanwendung in Jahresabschlüssen vgl. *Kreipl/Lange/Müller* in Haufe HGB Bilanz Kommentar Erfahrungsbericht BilMoG, 2012, Rz 335ff.

schätzungen hinsichtlich der Festlegung des Zeitpunkts der Bilanzierung, obwohl ein Bewertungsgrundsatz, ist berichtspflichtig nach § 284 Abs. 2 Nr. 3 HGB.

> **Beispiel**
> **Abweichungen von Bilanzierungsmethoden**
> Beispiele hierfür können sein:
> - Änderungen des Realisationszeitpunkts von Umsätzen und Gewinnen sind zu berichten.
> - Abweichungen vom Wesentlichkeitsgrundsatz sind stets anzugeben, da in diesem Fall eine Abweichung vom Regelfall vorliegt.
> - Besonders eine Durchbrechung des Vollständigkeitsgrundsatzes im Fall einer unterlassenen Bilanzierung von Pensionsrückstellungen ist gesondert anzugeben.
> - Ferner liegt eine Angabepflicht vor, wenn der Grundsatz der Unternehmensfortführung (§ 252 Abs. 1 Nr. 2 HGB) nicht mehr erfüllt erscheint und daher andere Bilanzierungsmethoden heranzuziehen sind.[61]

47 **Abweichungen von Bewertungsmethoden** liegen vor, wenn Bestandteile eines angewandten Bewertungsverfahrens gegenüber dem Vorjahresabschluss nicht identisch sind. Änderungen von Parametern stellen dagegen keine Abweichung dar. Abweichungen resultieren i.d.R. aus einer Durchbrechung des Stetigkeitsgrundsatzes. Abweichungen vom Grundsatz der Bilanzidentität, der Unternehmensfortführung und der Periodenabgrenzung können zu Abweichungen von Bewertungsmethoden führen. Berichtspflichtige Abweichungen vom Vorsichtsprinzip können z.B. beim geänderten Realisationsprinzip entstehen. Abweichungen vom Grundsatz der Einzelbewertung sind zulässig, aber berichtspflichtig. Auch über eine Änderung der Ausübung von Bewertungswahlrechten muss berichtet werden.[62]

48 Neben der Angabe und der Begründung von Abweichungen muss gleichzeitig der **Einfluss auf die Vermögens-, Finanz- und Ertragslage** dargestellt werden. Damit werden die Auswirkungen i.d.R über quantifizierte Wertangaben deutlich gemacht.[63] Ein Einfluss auf die Vermögenslage (§ 264 Rz 65 ff.) ist gegeben, wenn infolge einer Abweichung die VG oder Schulden höher oder niedriger ausgewiesen werden. Ein Einfluss auf die Finanzlage ist einerseits gegeben, wenn Abweichungen die Vermögens- und Finanzverhältnisse ändern, die zur Beurteilung wichtig sind, und anderseits, wenn Abweichungen finanzwirksame Vorgänge in naher Zukunft beeinflussen. Geänderte Bilanzierungs- und Bewertungsmethoden werden i.d.R. Einfluss auf die Ertragslage (§ 264 Rz 74 ff.) haben. Die Darstellung der Auswirkungen ist gesondert für die Vermögens-, Finanz- und Ertragslage zu geben. Eine Saldierung von positiven und negativen Auswirkungen ist nicht zulässig, da eine gesonderte Darstellung verlangt ist. Ausnahmsweise ist eine Zusammenfassung zulässig, wenn ein einheitlicher Einfluss auf die Vermögens-, Finanz- und Ertragslage gegeben ist oder die Auswirkungen bei isolierter Betrachtung einen geringen

---

61 Vgl. *Schulte*, BB 1986, S. 1471; *Wulf*, in *Baetge/Kirsch/Thiele*, Bilanzrecht, § 284 Rz 82, Stand 8/2016; *Poelzig*, in MünchKomm HGB, 3. Aufl., § 284 Rn 73 sowie IDW RS HFA 17.40.
62 Vgl. *Freidank*, DB 1989, S. 1202.
63 Vgl. *Grottel*, in Beck Bil-Komm., 10. Aufl., § 284 HGB, Rz 196.

Einfluss haben.⁶⁴ Die Darstellung der Auswirkungen erfordert quantitative Angaben, eine Vj-Angabe ist auch im Rahmen der Begründung empfehlenswert.⁶⁵

3.3 Ausweis von Unterschiedsbeträgen (Abs. 2 Nr. 3)

Bei Anwendung einer **Gruppenbewertung** mit gewogenem Durchschnittswert oder eines **Verbrauchsfolgeverfahrens** müssen für jede Gruppe im Anhang Unterschiedsbeträge ausgewiesen werden, wenn im Vergleich zum Börsen- oder Marktpreis ein erheblicher Unterschied existiert. Kleine KapG sind von dieser Vorschrift befreit (§ 288 Abs. 1 HGB). Mit dieser Vorschrift werden Bewertungsreserven aufgedeckt. Die Vorschrift ist nur anzuwenden, wenn der Börsen- oder Marktpreis über dem Durchschnittswert liegt, da bei einem niedrigeren Preis eine außerplanmäßige Abschreibung vorzunehmen wäre.⁶⁶   49

Von der Ausweispflicht sind Bilanzpositionen mit einer Bewertung nach § 240 Abs. 4 HGB oder § 256 Satz 1 HGB und damit die Bewertung von **gleichartigen VG des Vorratsvermögens** sowie **anderen gleichartigen oder annähernd gleichwertigen beweglichen VG und Schulden** betroffen. Für einen Ausweis muss grds. der letzte Börsen- oder Marktpreis vor dem Abschlussstichtag bekannt sein. Wenn kein Börsen- oder Marktpreis ermittelt werden kann, entfällt die Angabe; es ist jedoch darauf hinzuweisen.⁶⁷   50

Der Ausweis kann pauschal für die jeweilige Gruppe erfolgen. Eine betragsgenaue Angabe ist nicht notwendig. Eine Voraussetzung für die Angabe besteht in der Erheblichkeit. Dabei kommt es auf die vernünftige kaufmännische Beurteilung im Einzelfall an. Von Erheblichkeit ist insb. dann auszugehen, wenn die Höhe des Unterschiedsbetrags im Verhältnis zum Wert des z. B. vereinfacht bewerteten VG oder aber der Anteil des z. B. vereinfacht bewerteten VG am Bilanzposten hoch ist. Im Allgemeinen werden Beträge von mehr als 10 % als erheblich angesehen.⁶⁸   51

3.4 Angabe über Einbeziehung von Fremdkapitalzinsen in die Herstellungskosten (Abs. 2 Nr. 4)

Wenn Fremdkapitalzinsen gem. § 255 Abs. 3 HGB in die HK einbezogen werden, ist eine besondere **Berichtspflicht** gegeben. Angabepflichtig ist, ob alle oder nur Teile der aktivierungsfähigen Fremdkapitalzinsen einbezogen worden sind, und, bei unterschiedlicher Inanspruchnahme des Wahlrechts, für welche VG das Wahlrecht ausgeübt wurde. Es ist ausreichend, wenn auf die Einbeziehung der Fremdkapitalzinsen hingewiesen wird. Eine Zahlenangabe wird nicht als erforderlich erachtet, ausgenommen bei außergewöhnlichen Erträgen oder wenn Wahlrechte unterschiedlich ausgeübt wurden.⁶⁹   52

---

64 Vgl. *Schülen*, WPg 1987, S. 223; *Poelzig*, in MünchKomm HGB, 3. Aufl., § 284 Rn 83.
65 Vgl. IDW RS HFA 38.25.
66 Vgl. *Wulf*, in *Baetge/Kirsch/Thiele*, Bilanzrecht, § 284 Rz 92, Stand 8/2016.
67 Vgl. *Grottel*, in Beck Bil-Komm., 10. Aufl., § 284 Rz 205.
68 Vgl. *Poelzig*, in MünchKomm HGB, 3. Aufl., § 284 Rn 92.
69 Vgl. *Grottel*, in Beck Bil-Komm., 10. Aufl., § 284 Rz 210; *Poelzig*, in MünchKomm HGB, 3. Aufl., § 284 Rn 96. Vgl. zur praktischen Anwendung *Kreipl/Lange/Müller* in Haufe HGB Bilanz Kommentar Erfahrungsbericht BilMoG, 2012, Rz 108 ff.

4 Angaben zur Entwicklung des AV und im Gj aktivierter Zinsen (Abs. 3)

4.1 Anlagespiegel

4.1.1 Grundsätzliche Ausgestaltung

53 Aufgrund der Vorgaben der RL 2013/34/EU ist der **Anlagespiegel** seit dem Gj 2016 **stets im Anhang** auszuweisen. Daher entfällt die bisherige Wahlrechtsangabe aus § 268 Abs. 2 HGB aF und wird **inhaltlich leicht modifiziert als Anhangpflichtangabe** – allerdings weiterhin mit der Erleichterungsmöglichkeit für kleine KapG gem. § 288 Abs. 1 HGB – in Abs. 3 angefügt. Mittelgroße und große KapG sowie denen gleichgestellte mittelgroße und große Personenhandelsgesellschaften (§ 264a HGB) haben nach § 284 Abs. 3 HGB die Entwicklung der einzelnen Posten des Anlagevermögens in der Bilanz oder im Anhang darzustellen. Dabei haben sie nach § 284 Abs. 3 Satz 2 HGB, ausgehend von den gesamten Anschaffungs- und Herstellungskosten, die Zugänge, Abgänge, Umbuchungen und Zuschreibungen des Gj sowie die Abschreibungen gesondert aufzuführen.

54 Zugleich erfolgt für Gj, die nach dem 31.12.2015 beginnen, eine Ausweitung der Angabepflicht: Die Abschreibungen sind nach § 284 Abs. 3 Satz 3 HGB weiter zu untergliedern in die kumulierten Abschreibungen zu Beginn und zum Ende des Geschäftsjahres, die Abschreibungen des Geschäftsjahres sowie die Änderung der kumulierten Abschreibungen im Zusammenhang mit Zugängen, Abgängen und Umbuchungen des Geschäftsjahres. Die vom deutschen Gesetzgeber direkt aus der Bilanzrichtlinie 2013/34/EU übernommenen Formulierungen sind dahingehend unklar, ob die **Änderungen der kumulierten Abschreibungen** in einer Position oder analog zu den Angabepflichten der Bruttobeträge untergliedert in

- Änderungen der kumulierten Abschreibungen aus Zugängen,
- Änderungen der kumulierten Abschreibungen aus Abgängen und
- Änderungen der kumulierten Abschreibungen aus Umbuchungen

anzugeben sind. Während ersteres vom Gesetzestext her ggf. vertretbar wäre, erscheint die aufgegliederte Variante erheblich sinnvoller zu sein. In der Literatur wird zunehmend nur die komplette Aufgliederung als sachgerecht erachtet.[70] Die nach § 284 Abs. 3 HGB zu erbringenden Angaben werden regelmäßig im sog. **Anlagespiegel oder Anlagegitter** zusammengefasst. Der Zweck des Anlagespiegels besteht darin, das im Anlagevermögen gebundene Kapital, die Altersstruktur der Vermögensgegenstände und die Entwicklung der einzelnen Posten im abgelaufenen Geschäftsjahr darzulegen.

55 **Kleine KapG** sind von der Aufstellung eines Anlagespiegels befreit (§ 288 Abs. 1 HGB). Es steht ihnen – wie allen übrigen, nicht zur Erstellung eines Anlagespiegels verpflichteten Unt – frei, freiwillig einen Anlagespiegel zu erstellen. In diesem Fall sollten sie den Anlagespiegel nach den für mittelgroße KapG etc. geltenden Vorschriften erstellen; wird davon abgewichen, so ist gem. § 284 Abs. 2 HGB zu erläutern, nach welcher Methode der Anlagespiegel konzipiert wurde. Soweit eine Verpflichtung zur Erstellung des Anlagespiegels besteht, ist dieser zwingend nach der sog. direkten Bruttomethode zu entwickeln.

---

[70] Vgl. *Grottel*, in Beck Bil-Komm., 10. Aufl., § 284 HGB Rz. 233 m. w. N.; *Lorson*, in *Küting/Pfitzer/Weber*, HdR, 5. Aufl., §§ 284–288 HGB Rz 215, Stand 7/2016.

Zur Erstellung des Anlagespiegels verpflichtete Unt haben diesen vertikal **entsprechend dem Bilanzgliederungsschema** des § 266 Abs. 2 HGB aufzubauen, d.h. sämtliche Posten des in der Bilanz ausgewiesenen Anlagevermögens sind einzubeziehen. Gem. § 265 HGB sind auch im Anlagespiegel abweichende, der Klarheit dienende Postenbezeichnungen zulässig, unerhebliche Posten dürfen zusammengefasst und Leerposten brauchen nicht ausgewiesen zu werden. Im Anlagespiegel sind stets die Bezeichnungen zu verwenden, die auch in der Bilanz des Unt stehen. Soweit mittelgroße KapG für **Zwecke der Offenlegung** von den Erleichterungen nach § 327 Nr. 1 HGB Gebrauch machen und lediglich eine verkürzte Bilanz einreichen, darf nach hM auch der Anlagespiegel bei der Offenlegung der verkürzten Gliederung folgen.[71] Kleine KapG, die freiwillig einen Anlagespiegel erstellen, können sich ebenso damit begnügen, den Anlagespiegel entsprechend dem Mindestgliederungsschema der Bilanz unter Angabe der mit Buchstaben und römischen Zahlen versehenen Posten aufzubauen oder können ihn bei der Offenlegung ganz weglassen.

56

Die **horizontale Gliederung des Anlagespiegels** ergibt sich aus § 284 Abs. 3 Satz 2 HGB, wonach ausgehend von den gesamten AHK die Zugänge, Abgänge, Umbuchungen und Zuschreibungen des Gj sowie die Abschreibungen aufzuführen sind. Die Abschreibungen sind weiter zu unterteilen in den Gesamtbetrag der Abschreibungen zu Gj-Beginn und -Ende, die Abschreibungen des Gj sowie Änderungen der Gesamtabschreibungen, die aus Zu- und Abgängen sowie Umbuchungen im Gj resultieren. Darüber hinaus sind zu jeder Bilanzposition der Buchwert zum Ende des Gj sowie nach § 265 Abs. 2 HGB der entsprechende Vj-Wert anzugeben. Das HGB schreibt zwar keine zwingende Reihenfolge vor, nach der der Anlagespiegel horizontal zu gliedern ist. Diese Reihenfolge ergibt sich jedoch aus dem Zweck, der mit dem Anlagespiegel verfolgt wird: Da der Anlagespiegel u.a. die wertmäßige Entwicklung des Anlagevermögens im Zeitablauf dokumentieren soll, bietet es sich an, die Spalten so zu ordnen, dass sich der Restbuchwert zum Ende des Gj durch Verrechnung der einzelnen Zugänge, Abgänge etc. mit den historischen AHK ableiten lässt. Dies entspricht auch der für den Anlagespiegel allein zulässigen direkten Bruttomethode. Um neben dem Anlagespiegel die Entwicklung der Abschreibungen und Zuschreibungen zu verdeutlichen, können zusätzlich ein Abschreibungs- und ein Zuschreibungsspiegel erstellt werden. Ein diesen Anforderungen genügender und zweckmäßigerweise die Abschreibungen des Gj einbeziehender Anlagespiegel kann demnach entsprechend dem folgenden Beispiel aufgebaut werden:

57

---

[71] Vgl. *Müller*, in *Baetge/Kirsch/Thiele*, Bilanzrecht, § 327 HGB, Rz 23, Stand 12/2013.

Horizontale Gliederung des Anlagespiegels

(0)	(1)	(2)	(3)	(4)	(5)	(6)	(7)
Bilanzposten	Anschaffungs-/ Herstellungskosten zum 1.1.	Zugänge des Gj	Abgänge des Gj	Umbuchungen des Gj	AHK am Ende des Gj	Abschreibungen (kumuliert) zum 1.1.	Abschreibungen des Gj
		+	-	+/-		-	+

(8)	(9)	(10)	(11)	(12)	(13)	(14)
Zuschreibungen des Gj	Weitere Abschreibungsänderungen durch Zugänge	Weitere Abschreibungsänderungen durch Abgänge	Weitere Abschreibungsänderungen durch Umbuchungen	Abschreibungen (kumuliert) zum 31.12.	Buchwert am 31.12.	Buchwert Vorjahr
+	+	-	+/-	-	Bilanzansatz	

Neben diesem sich an der in § 284 Abs. 3 Satz 2 und 3 HGB **verwendeten Reihenfolge** orientierenden Aufbau des Anlagespiegels, bei dem zunächst die mengenmäßigen Änderungen in Form der Zu- und Abgänge sowie Umbuchungen, sodann die wertmäßigen Änderungen in Form der Zu- und Abschreibungen im Rahmen der kumulierten Abschreibungen dargestellt werden, sind weitere Varianten denkbar. So können etwa den Wert der historischen AHK erhöhende Vorgänge den wertmindernden vorangestellt werden.

58 Da § 284 Abs. 3 HGB die Zahl der zu bildenden Spalten nicht vorschreibt, wird es auch als statthaft angesehen, diese durch **Zusammenfassungen** wie folgt zu reduzieren:
- Zuordnen von Umbuchungen mit entsprechenden Vorzeichen zu den Zugängen oder Abgängen,
- Erfassen von Zuschreibungen unter den Zugängen,
- Zusammenfassen von Zu- und Abschreibungen in einer Spalte,
- Weglassen von Leerspalten, sofern diese auch im Vorjahr keine Werte enthalten haben.

In all diesen Fällen muss jedoch sichergestellt sein, dass sich die Einzelangaben, die § 284 Abs. 3 Satz 2 und 3 HGB fordert, dem Anlagespiegel entnehmen lassen, sodass diese Verkürzungen wenig geeignet erscheinen, einen klaren Ausweis zu ermöglichen, da eine Fülle von Zusatzangaben notwendig werden.

59 Mit dem BilRUG wurde die Vorgabe inhaltlich an die geänderten europäischen Vorgaben angepasst, indem ab dem Gj 2016 auch eine **Aufgliederung der kumulierten Abschreibungen** gefordert wird. Demnach sind Abschreibungen künftig nicht mehr nur in ihrer gesamten Höhe, sondern etwa nach folgendem Schema darzustellen:[72]

---

[72] Vgl. ADS, 6. Aufl., § 268 HGB, Rz. 63–66.

Kumulierte Abschreibungen						
Kumulierte Abschreibungen zu Beginn des Gj	Zugänge (Abschreibungen des Gj)	Zugänge (kum. Abschreibungen auf bestimmte Zugänge)	Zuschreibungen des vorangegangenen Gj	Abgänge (Abschreibungen auf Abgänge des Gj)	Umbuchungen (Abschreibungen auf Umbuchungen des Gj)	Kumulierte Abschreibungen zum Ende des Gj
	+	+	-	-	+/-	=

Vor diesem Hintergrund ist es zulässig und sinnvoll, den Anlagespiegel über die Mindestangaben hinaus zu erweitern und bspw. **Abschreibungs- und Zuschreibungsspiegel** zu integrieren. So erscheint die folgende Darstellung deutlich sinnvoller zu sein:

Historische Anschaffungs- und Herstellungskosten					Kumulierte Abschreibungen		Buchwert zum 31.12.t0	Buchwert zum 31.12.t1
Stand zum 01.01.t1	Zugänge des Geschäftsjahres [+]	Umbuchungen des Geschäftsjahres [+ / -]	Abgänge des Geschäftsjahres [-]	Stand zum 31.12.t1 (freiwillige Zusatzinformation)	Stand zum 01.01.t1	Stand zum 31.12.t1		
€	€	€	€	€	€	€	€	€

Kumulierte Abschreibungen				
Abschreibungen des Geschäftsjahres t1 [+]	Zugänge (kumulierte Abschreibungen auf bestimmte Zugänge) [+]	Abgänge (kumulierte Abschreibungen auf Abgänge) [-]	Umbuchungen (kumulierte Abschreibungen auf Umbuchungen) [+ / -]	Zuschreibungen des Geschäftsjahres [-]
€	€	€	€	€

Abb. 1: Erweiterte Darstellung eines Anlagespiegels

Hier ist die Entwicklung der kumulierten Abschreibungen deutlich besser zu ersehen und es werden direkte Vergleiche mit den Positionen zu historischen AHK möglich.

Die Darstellungsmöglichkeiten im Anlagespiegel stoßen allerdings dann an Grenzen, wenn die **erforderliche Klarheit** nicht mehr gegeben ist. Daher ist auch **alternativ eine vertikale Anordnung** denkbar, in der die Inhalte der Spalten zu den Zeileninhalten werden und in den Spalten die jeweiligen AV-Positionen stehen.[73]

In der 1. Spalte des Anlagespiegels werden die ursprünglichen (**historischen**), nach § 255 Abs. 1 und 2 HGB ermittelten **Anschaffungs- und Herstellungskosten** von in früheren Perioden angeschafften oder hergestellten VG, die zu Beginn des Gj noch im Unt vorhanden sind, erfasst. Hierunter fallen auch solche VG, die bereits voll abgeschrieben sind, nicht aber geringwertige Wirtschafts-

---

[73] Vgl. *Lorson*, in *Küting/Pfitzer/Weber*, HdR, 5. Aufl., §§ 284–288 HGB Rz 148, Stand 7/2016; *Wulf*, in *Baetge/Kirsch/Thiele*, Bilanzrecht, § 284 Rz 105, Stand 8/2016.

güter, die bereits als Abgänge behandelt wurden. Die historischen AHK eines jeden Postens des AV sind alljährlich unter Einbeziehung der Änderungen des Vj wie folgt fortzuschreiben:

	Anschaffungs- und Herstellungskosten zu Beginn des vorangegangenen Gj
+	Zugänge des vorangegangenen Gj
-	Abgänge des vorangegangenen Gj
+ / -	Umbuchungen des vorangegangenen Gj
=	AHK zu Beginn des laufenden Gj

62 Ist ein Unt **erstmals zur Erstellung eines Anlagespiegels** verpflichtet, z.B. eine ehemals kleine, nun mittelgroße KapG oder eine aus der Umwandlung einer PersG hervorgegangene mittelgroße KapG, und kann dieses die Ausgangsdaten für den Anlagespiegel nicht ohne unverhältnismäßig hohe Kosten oder zeitliche Verzögerungen ermitteln, dann darf das Unt in diesem Fall ausnahmsweise die Buchwerte der VG aus dem Jahresabschluss des vorhergehenden Gj als ursprüngliche AHK übernehmen und fortführen.[74] Diese Erleichterung greift vor allem dann, wenn AHK bereits längere Zeit zurückliegen und die Wertentwicklung insbesondere in Form kumulierter Ab- und Zuschreibungen nicht mehr nachvollziehbar ist. Neben Buchwerten können auch höhere Zwischenwerte unter Berücksichtigung zwischenzeitlicher Abschreibungen angesetzt werden; die ursprünglichen AHK bilden jedoch die Obergrenze für den Ansatz. Keinesfalls dürfen die Buchwerte sämtlicher VG generell aus Vj-Abschlüssen übernommen werden. Wird von dieser Erleichterung bei der erstmaligen Erstellung des Anlagespiegels Gebrauch gemacht, so ist im Anhang darüber zu berichten.[75]

63 Unter den **Zugängen** werden sämtliche mengenmäßigen Vermehrungen von Anlagegütern während eines Gj verstanden. Zu den Zugängen rechnen neben eindeutigen Anschaffungs- und Herstellungsvorgängen auch:
- **nachträgliche Anschaffungs-, Anschaffungsneben- und Herstellungskosten**
- sowie **nachträgliche Erhöhungen** solcher Kosten auf Zugänge früherer Gj. Hierunter fallen z.B. nachträgliche Erhöhungen von Kaufpreisen, anschaffungsnaher Aufwand in Verbindung mit dem Erwerb eines Gebäudes, aktivierungspflichtiger Herstellungsaufwand, nachträglich entstandene Erschließungskosten für Grundstücke etc. Obwohl es sich hierbei häufig nicht um mengen-, sondern um wertmäßige Erweiterungen des Anlagevermögens handelt, sind diese nach hM als Zugänge auszuweisen, da der sonst allein infrage kommende Ausweis als Zuschreibungen einerseits erfolgswirksamen Charakter hätte, andererseits dazu führen würde, dass die nachträglichen Kosten nicht im Folgejahr den historischen AHK zugeordnet werden könnten;[76]

---

[74] Art. 24 Abs. 3 EGHGB.
[75] Vgl. *Lorson*, in *Küting/Pfitzer/Weber*, HdR, 5. Aufl., §§ 284–288 HGB Rz 284, Stand 7/2016.
[76] Vgl. *Lorson*, in *Küting/Pfitzer/Weber*, HdR, 5. Aufl., §§ 284–288 HGB Rz 167, Stand 7/2016.

- **Nachaktivierungen** infolge steuerlicher Außenprüfungen. Ob diese als Zugänge oder Zuschreibungen auszuweisen sind, ist in der Literatur strittig;[77] Dabei wird jedoch bisweilen die Ursache für Nachaktivierungen übersehen. Im Wesentlichen sind diese darauf zurückzuführen, dass einerseits aktivierungspflichtige AHK fälschlicherweise als Aufwand gebucht wurden, andererseits erfolgten überhöhte Abschreibungen. Im ersten Fall greift mE die gleiche Argumentation wie bei vorstehenden Posten, was für einen Ausweis dieser nachträglichen Kosten unter den Zugängen spricht. Anders dagegen, wenn Nachaktivierungen zur Korrektur von Abschreibungen vorgenommen werden. In diesem Fall müssen die bisherigen kumulierten Abschreibungen korrigiert werden, was nur über eine Erfassung der Nachaktivierungsbeträge unter den Zuschreibungen und eine entsprechende Verrechnung mit den kumulierten Abschreibungen erreicht werden kann;
- **Umgliederungen von VG aus dem UV ins AV.** Derartige Umgliederungen können allerdings alternativ auch unter den Umbuchungen erfasst werden. Dies hat jedoch zur Folge, dass es innerhalb der Umbuchungen keine kompensierende Wirkung gibt. Wird dennoch die alternative Vorgehensweise gewählt, sollte der Saldo mit einem entsprechenden Vermerk gekennzeichnet werden. Aus Gründen der Klarheit und Übersichtlichkeit werden Umgliederungen häufig auch in einer separaten Spalte dargestellt;
- **kurzlebige VG** mit einer Nutzungsdauer von weniger als einem Jahr;
- **geringwertige Wirtschaftsgüter.** Nur solche VG, deren AHK 150 EUR nicht überschreiten, dürfen steuerrechtlich sofort als Aufwand verrechnet werden, was handelsrechtlich mit Verweis auf die Wesentlichkeit ebenfalls durchgeführt werden kann. Dann sind diese VG auch nicht in den Anlagespiegel einzubeziehen.

Die unter den Zugängen ausgewiesenen Beträge erhöhen im folgenden Gj die jeweiligen AHK der einzelnen Anlagevermögensposten.

Grundsätzlich sind sämtliche **Zugänge** mit den vollen ursprünglichen AHK zu bewerten. Dies hat zur Folge, dass

- **keine Saldierung mit Abgängen** erfolgen darf. Scheidet der VG im Jahr des Zugangs wieder aus, sind Zugang und Abgang – von Korrekturen der Abschreibungen zunächst abgesehen – jeweils in voller Höhe auszuweisen.
- **keine Kürzung um bereits vorgenommene Abschreibungen** erfolgen darf. Soweit etwa auf aus dem UV umgegliederte VG bereits Abschreibungen vorgenommen wurden, sind diese im Jahr des Zugangs unter den kumulierten Abschreibungen auszuweisen. Gleiches gilt für im Zugangsjahr auf Anlagegüter vorgenommene planmäßige und außerplanmäßige Abschreibungen, die zusätzlich unter den Abschreibungen des Gj zu erfassen sind.
- **keine Kürzung um in Verbindung mit der Anschaffung oder Herstellung von Anlagegütern gewährte Zuschüsse, Zulagen oder sonstige Zuwendungen** erfolgen darf. Sofern derartige Subventionen nicht erfolgswirksam, sondern erfolgsneutral behandelt und die AHK in entsprechender Höhe

---

[77] Für einen Ausweis unter Zugängen: *Lorson*, in *Küting/Pfitzer/Weber*, HdR, 5. Aufl., §§ 284–288 HGB Rz 167, Stand 7/2016; *Richter*, Das Sachanlagevermögen, in *Wysocki, von/Schluze-Osterloh/Hennrichs/Kuhner* (Hrsg.), HdJ, 2007, Abt. II/1, Rz 116; für einen Ausweis unter Zuschreibungen: *Grottel*, in Beck Bil-Komm., 10. Aufl., § 284 HGB Rz 271.

gekürzt werden, sind dennoch die Brutto-AHK als Zugang zu erfassen. Der Kürzungsbetrag ist entweder den kumulierten Abschreibungen bzw. Abschreibungen des Gj zuzuordnen und in Form eines Davon-Vermerks oder durch entsprechende Angaben im Anhang oder eindeutiger noch durch eine eigene Spalte „verrechnete Zuschüsse" im Anlagespiegel gesondert kenntlich zu machen. Insbesondere letztere Ausweistechnik hat die Vorteile, das tatsächliche Investitionsvolumen offenzulegen, Zuschüsse von Abschreibungen abzugrenzen und der Konzeption des Anlagespiegels nach der direkten Bruttomethode zu entsprechen.

65 Entscheidende Bedeutung kommt dem **Zeitpunkt des Zugangs eines VG** zu. Grundsätzlich gilt ein VG als zugegangen, wenn die wirtschaftliche Verfügungsgewalt erlangt wird. Nicht maßgeblich sind die Zeitpunkte der Rechnungsstellung oder der Erlangung des rechtlichen Eigentums. Im Einzelnen sind folgende Zeitpunkte maßgebend:
- **Grundstücke und grundstücksgleiche Rechte** gelten im Zeitpunkt des Übergangs von Besitz, Gefahr, Nutzen und Lasten als zugegangen; meist also in dem im Kaufvertrag festgelegten Zeitpunkt, nicht aber erst im Zeitpunkt der Grundbucheintragung.
- **Selbst erstellte Anlagen oder hergestellte Gebäude** sind mit ihrer Fertigstellung, d.h. in dem Zeitpunkt, in dem sie bestimmungsgemäß genutzt werden können, als Zugang auszuweisen bzw. bei vorherigem Ausweis unter „Anlagen im Bau" umzubuchen.
- **Anzahlungen** sind dann als Zugang zu erfassen, wenn sie tatsächlich geleistet sind.

66 Einen Sonderfall stellen die **Zugänge bereits in früheren Gj oder von einem Rechtsvorgänger abgeschriebener VG des AV** dar. Diese treten etwa im Zusammenhang mit Umwandlungen auf. Hier können nach § 24 UmwG z.B. bei einer Verschmelzung die Buchwerte fortgeführt werden. Wird das mit der Bruttoerfassung dargestellt, so müssen wie in Rz 64 beschrieben die historischen AHK als Zugang ausgewiesen werden und gleichzeitig auch die bisherigen kumulierten Abschreibungen des Rechtsvorgängers übernommen werden, was als **Änderungen in der Darstellung der kumulierten Abschreibungen** zu verstehen ist und in den kumulierten Abschreibungen eine gesonderte Position nötig werden lässt. Erfolgt eine Darstellung der gebrauchten oder wertgeminderten VG des AV mit der Nettomethode, kann auch nur der Buchwert als Zugang zu AHK erfasst werden und die Position in der Aufstellung der Entwicklung der kumulierten Abschreibungen bleibt ungenutzt.[78]

67 Die **Abgänge** bilden das Gegenstück zu den Zugängen, sodass in dieser Spalte grundsätzlich alle mengenmäßigen Verminderungen der AV-Positionen zu erfassen sind. Abgänge in diesem Sinne liegen vor bei sämtlichen Formen des Ausscheidens, insbesondere bei Veräußerung, Tausch, Entnahme, Verschrottung und Enteignung; darüber hinaus bei der Umbuchung vom Anlage- ins Umlaufvermögen. Wertminderungen des AV sind dagegen regelmäßig den Abschreibungen zuzurechnen. Eine Saldierung von Abgängen mit Zugängen ist unzulässig. Analog der Behandlung als Zugänge sind unter den Abgängen allerdings auch einige wertmäßige Änderungen von VG zu buchen. Dies gilt bspw. für nach-

---

[78] Vgl. WPH Edition, Wirtschaftsprüfung & Rechnungslegung, 15. Aufl., 2017, Abschn. F, Tz 999.

trägliche Minderungen der AHK, etwa infolge von nach Ablauf des vorangegangenen Gj gewährten Rabatten. Ein Abgang liegt ebenfalls vor, wenn sich im Nachhinein herausstellt, dass eine aktivierte Position nicht oder nicht in dem erfassten Umfang aktivierungsfähig ist.

Die Abgänge müssen **in voller Höhe**, d.h. zu ihren historischen AHK ausgewiesen werden. Der Ausweis eines Abgangs im Anlagespiegel macht es erforderlich, nicht nur die Spalte „historische AHK", sondern auch die Spalten „weitere Abschreibungsänderungen aus Abgängen" sowie „Zuschreibungen des Geschäftsjahres" zu korrigieren. Zuschreibungen früherer Gj werden regelmäßig bereits durch Saldierung mit den kumulierten Abschreibungen berücksichtigt sein; wird eine eigene Spalte „kumulierte Zuschreibungen" ausgewiesen, ist diese entsprechend den „kumulierten Abschreibungen" zu berichtigen. Der Abgangswert ist demnach wie folgt zu ermitteln

	Restbuchwert des ausgeschiedenen VG am Ende des Gj
+	auf den Abgang entfallende kumulierte Abschreibungen (einschließlich der Zuschreibungen in früheren Gj)
–	auf den Abgang entfallende Zuschreibungen des Gj
=	Abgangswert (= Historische AHK)

Die historischen AHK von abnutzbaren VG am **Ende ihrer Nutzungsdauer** müssen weiter angesetzt bleiben, obwohl sie bereits vollständig abgeschrieben sind; AHK und kumulierte Abschreibungen stehen sich in gleicher Höhe gegenüber. Solange ein derartiger VG körperlich noch vorhanden ist und genutzt oder als Reservevermögen vorgehalten wird, ist er noch im Anlagespiegel auszuweisen. Erst dann, wenn er faktisch wertlos geworden ist oder veräußert werden soll, kann ein Abgang fingiert werden. In der Buchhaltungspraxis wird in diesen Fällen häufig auf einen Erinnerungswert von 1 EUR abgeschrieben.

Für den **Abgangszeitpunkt** gelten entsprechende Grundsätze wie für den Zugangszeitpunkt: Abgänge sind in dem Zeitpunkt zu erfassen, wenn die wirtschaftliche Zurechnung zum AV nicht mehr greift. Dies betrifft zum einen das Ausscheiden eines VG des AV aus dem Unt. Zum anderen sollte aufgrund der Klarheit und Übersichtlichkeit auch das Ausscheiden aus dem AV als Abgang und nicht als Umbuchung erfasst werden. Da jedoch die Berücksichtigung als Abgang den Einblick in die Investitions-/Desinvestitionstätigkeit verzerrt, sind nach hM beide Varianten vertretbar.[79]

Um dem Bruttoprinzip des Anlagespiegels gerecht zu werden, müssen alle mengenmäßigen Änderungen des Anlagevermögens mit ihren **historischen Bruttowerten** angesetzt werden. Folglich sind bei einem Abgang auch die auf den Posten entfallenden Wertberichtigungen der Vj über die Spalte „Abgang Abschreibungen" bei den kumulierten Abschreibungen zu korrigieren; analog ist eine Korrektur des Restbuchwerts zu berücksichtigen.[80]

---

[79] Vgl. z.B. ADS, 6. Aufl., § 268 HGB, Rz 51; *Lorson*, in *Küting/Pfitzer/Weber*, HdR, 5. Aufl., §§ 284–288 HGB Rz 183, Stand 7/2016. Letztlich kommt es auf die primäre Aufgabe des Anlagespiegels an (Entwicklung des Anlagevermögens oder Darstellung der Investitions-/Desinvestitionstätigkeit; vgl. *Reiner/Haußer*, in MünchKom HGB, § 268, 3. Aufl., Rz 24.

[80] Vgl. *Lorson*, in *Küting/Pfitzer/Weber*, HdR, 5. Aufl., §§ 284–288 HGB Rz 181, Stand 7/2016.

68 Die Spalte **Umbuchungen des Gj** dient nach der hier vertretenen Auffassung allein dazu, Umgliederungen zwischen den einzelnen Posten des AV während eines Rechnungslegungszeitraumes zu erfassen. Umgliederungen zwischen AV und UV, die nach anderer Ansicht zulässigerweise ebenfalls als Umbuchungen behandelt werden können,[81] sind als Zu- oder Abgänge auszuweisen. Mit dem Ausweis als Umbuchung sollen weder mengen- noch wertmäßige Änderungen des AV, sondern lediglich Ausweisänderungen sichtbar gemacht werden. Diese Ausweisänderungen beziehen sich dann jedoch allein auf das Anlagevermögen, für das der Anlagespiegel zu erstellen ist. Hauptanwendungsfälle für solche Umbuchungen sind die Bilanzposition „Geleistete Anzahlungen und Anlagen im Bau", die in die entsprechenden Einzelpositionen fertiggestellter Sachanlagen eingestellt werden, weiterhin „Geleistete Anzahlungen auf immaterielle Vermögensgegenstände" oder innerhalb des FAV durch Änderung der Konzernzugehörigkeit.

Bei Umbuchungen ist mit **positiven und negativen Vorzeichen** zu operieren. Bei der Position des AV, aus der der Gegenstand ausscheidet, sind die historischen AHK mit negativem Vorzeichen zu vermerken, bei der Position, der sie neu zugeordnet werden, erfolgt die entsprechende Gegenbuchung mit positivem Vorzeichen. Allerdings sind nicht nur die AHK umzubuchen, sondern gegebenenfalls bereits vorgenommene Ab- und Zuschreibungen. Soweit während des Gj, in dem umgebucht wird, weitere HK für den umzubuchenden Vermögensgegenstand anfallen, können diese entweder zunächst dem umzubuchenden Posten zugeordnet oder aber als Zugang bei der Position behandelt werden, auf die umgebucht wird. In dem der Umbuchung folgenden Jahr erhöht bzw. vermindert der Umbuchungsbetrag die AHK der betroffenen Bilanzpositionen. Der Umbuchungswert ist dementsprechend wie folgt zu ermitteln:

	Restbuchwert des umzubuchenden VG am Ende des Gj
+	auf die Umbuchung entfallende kumulierte Abschreibungen (einschließlich der Zuschreibungen in früheren Gj sowie der Abschreibungen des Gj)
–	auf die Umbuchung entfallende Zuschreibung des Gj
=	Umbuchungswert (= Historische AHK)

Anlagen im Bau sind in dem Gj umzubuchen, in dem sie fertiggestellt bzw. zum Betrieb bereit sind. Soweit Anzahlungen auf VG geleistet wurden, erfolgen die Umbuchungen in dem Gj, in dem die wirtschaftliche Verfügungsgewalt über die angezahlten Gegenstände erlangt wird.

69 Unter einer **Zuschreibung** wird eine rein wertmäßige Erhöhung der Gegenstände des AV verstanden. Zuschreibungen sind als Korrektur der in den Vj durchgeführten Abschreibungen zu interpretieren. I. d. R. handelt es sich um eine Korrektur von vorgenommen außerplanmäßigen Abschreibungen, bei denen der Abschreibungsgrund entfallen ist. Es können aber auch planmäßige Abschreibungen korrigiert werden, wenn bspw. im Rahmen von steuerlichen

---

[81] Vgl. *Grottel*, in Beck Bil-Komm., 10. Aufl., § 284 HGB Rz 261.

Betriebsprüfungen längere Nutzungsdauern zugrunde gelegt werden und dies in der Handelsbilanz nachvollzogen wird. Als Wertobergrenze der Zuschreibungen sind stets die fortgeführten historischen AHK zu berücksichtigen. Zuschreibungen erhöhen den Restbuchwert am Ende des Gj, ohne die historischen AHK zu beeinflussen. Sie resultieren aus dem Wertaufholungsgebot, was mit Ausnahme für den GoF (§ 253 Rz 332f.) für alle VG gilt.

Zuschreibungen auf im Gj abgegangene VG sind sowohl als Zuschreibungen des Gj als auch als Änderung der gesamten AHK im Zusammenhang mit Abgängen darzustellen, da ansonsten der Anlagespiegel rechnerisch nicht aufgeht.[82]

Im Anlagespiegel sind lediglich die **Zuschreibungen des Gj** auszuweisen, während der Ausweis von kumulierten Zuschreibungen in einer separaten Spalte in § 284 Abs. 3 HGB nicht vorgeschrieben wird. Dies hat zur Folge, dass der isolierte Ausweis von Jahreszuschreibungen keine rechnerische Ableitung der Restbuchwerte aus den historischen AHK zulässt. Aus diesem Grund wird es als zulässig angesehen, die Zuschreibungen des Gj auch im Bereich der kumulierten Abschreibungen auszuweisen und mit diesem zum Gj-Ende aufzurechnen, auch wenn dies prinzipiell gegen das Saldierungsverbot verstößt.

Auf freiwilliger Basis können darüber hinaus die **kumulierten Zuschreibungen** im Anlagespiegel ausgewiesen und als Korrekturposten in einen Abschreibungsspiegel integriert werden. Alternativ kann ein – aus Gründen der Übersichtlichkeit gesonderter – Zuschreibungsspiegel erstellt werden. Mit der Entwicklung eines Zuschreibungsspiegels kann ein weiteres Problem umgangen werden, welches darin besteht, dass Zuschreibungen auf während des Gj abgegangene VG die rechnerische Nachvollziehbarkeit der betroffenen Zeile des Anlagespiegels stören.

Im Anlagespiegel sind die „Abschreibungen in ihrer gesamten Höhe zu Beginn und zum Ende des Geschäftsjahrs gesondert aufzuführen". Diese Spalten, meist als „**kumulierte Abschreibungen**" bezeichnet, umfassen die aufgelaufenen Abschreibungen der Vergangenheit, soweit sie auf Posten des AV entfallen, die am Anfang bzw. zum Ende des Gj noch im Anlagespiegel aufgeführt sind. Demgemäß sind Abschreibungen auf abgegangene VG zum Gj-Ende nicht mehr in dieser Spalte aufzuführen; sie müssen auch nicht gesondert vermerkt werden, sondern sind seit dem BilRUG in der Spalte „Weitere Abschreibungsänderungen aus Abgängen" zu verdeutlichen. Abschreibungen auf innerhalb des AV umgebuchte VG werden auch weiterhin im Anlagespiegel erfasst, allerdings erfolgt hier ein „Zeilenwechsel" entsprechend der Umbuchung. Im Anlagespiegel wird somit der Wertverzehr des zum Gj-Ende noch vorhandenen AV abgebildet. Dem entspricht auch, dass die Zuschreibungen des Gj bei der Entwicklung der kumulierten Abschreibungen auszuweisen und dann mit diesen aufzurechnen sind. Demgemäß können die kumulierten Abschreibungen wie folgt von Gj zu Gj fortgeschrieben werden:

---

[82] Vgl. *Grottel*, in Beck Bil-Komm., 10. Aufl., § 284 HGB Rz 232.

	Betrag der kumulierten Abschreibungen zu Beginn des Gj
+	Abschreibungen des laufenden Gj
−	Zuschreibungen des laufenden Gj
+	Abschreibungen auf während des laufenden Gj zugebuchte/übernommene VG
−	Abschreibungen auf während des laufenden Gj abgebuchte VG (Umbuchungen)
−	Abschreibungen auf während des laufenden Gj abgegangene VG
=	Betrag der kumulierten Abschreibungen des laufenden Gj

72 Der Begriff **Abschreibungen** ist weit gefasst, sodass hier auch noch allein steuerrechtlich zulässige Abschreibungen einschließlich übertragener steuerfreier Rücklagen aus der Zeit vor dem BilMoG ausgewiesen sein können, soweit das Übergangswahlrecht aus Art. 67 Abs. 4 Satz 1 EGHGB genutzt wurde. Wurde jedoch von dem Wahlrecht in § 281 Abs. 1 HGB i.V.m. § 247 Abs. 3 HGB aF Gebrauch gemacht, den Differenzbetrag zwischen handelsrechtlich gebotener und steuerrechtlich zulässiger Abschreibung in einen Sonderposten mit Rücklageanteil einzustellen, so sind im Anlagespiegel lediglich die aktivisch abgesetzten handelsrechtlichen Abschreibungen zu zeigen. Werden steuerfreie Rücklagen auf VG übertragen, so steigen weder die kumulierten Abschreibungen in entsprechendem Umfang, noch darf eine Kürzung der historischen AHK vorgenommen werden, da § 254 HGB aF für dieses neu erworbenen VG mit der Abschaffung der umgekehrten Maßgeblichkeit nicht mehr gelten kann.[83]

73 Für **Abschreibungen des Gj** besteht kein Ausweiswahlrecht mehr. Waren sie bis zum Gj 2015 noch nach § 268 Abs. 2 Satz 3 HGB entweder in der Bilanz bei dem betreffenden Posten zu vermerken oder im Anhang in einer der Gliederung des AV entsprechenden Gliederung anzugeben, so ist für Gj, die nach dem 31.12.2015 beginnen, einzig die Anhangangabe im Anlagespiegel zulässig. Dieser Regelung entspricht der als am zweckmäßigsten anzusehenden Umsetzung der Informationspflicht, indem die Abschreibungen des Gj in den Abschreibungsspiegel integriert werden.
Zwischen den „Abschreibungen des Gj" nach dem Anlagespiegel und den „Abschreibungen auf immaterielle VG des AV und SAV" in der GuV nach § 275 Abs. 2 Nr. 7a HGB soll nach hM grundsätzlich **Betragsidentität** bestehen. Wobei Abweichungen denkbar sind, wenn die Abschreibungen nach der GuV auch die im Anlagespiegel meist nicht aufgeführten Abschreibungen auf **geringwertige Wirtschaftsgüter** enthalten.
Als weitere Begründung für **Abweichungen zwischen Abschreibungen** des Gj und Abschreibungen laut GuV werden Umbuchungen zwischen Anlage- und Umlaufvermögen genannt.[84] Dem kann jedoch nicht gefolgt werden. In der GuV sind Abschreibungen auf UV getrennt von den Abschreibungen auf AV auszuweisen. Ausschlaggebend für die Zuordnung von Abschreibungen zu den

---

[83] Vgl. *Lorson*, in *Küting/Pfitzer/Weber*, HdR, 5. Aufl., §§ 284–288 HGB Rz 168, Stand 7/2016.
[84] Vgl. *Lorson*, in *Küting/Pfitzer/Weber*, HdR, 5. Aufl., § 268 HGB, Rz 114, Stand 8/2010.

jeweiligen Posten der GuV ist die Zuordnung des abgeschriebenen VG zum Anlage- oder Umlaufvermögen zum Bilanzstichtag. Wurden demnach Sachanlagen während des Gj abgeschrieben, anschließend jedoch dem UV zugeordnet, muss auch die Abschreibung in der GuV den Abschreibungen auf UV zugeordnet werden. Entsprechendes gilt auch umgekehrt.
Durch das BilRUG ist im § 284 Abs. 3 HGB nun klargestellt worden, welchen Charakter die im Anlagespiegel enthaltenen **Abschreibungen des Gj** haben. Die Abschreibungen des Gj umfassen die laufenden Abschreibungen bis zum Ausscheiden des VG – die Korrektur des Abgangs ist gesondert in der Spalten „Weitere Abschreibungsänderungen aus Abgängen, – aus Zugängen und – aus Umbuchungen" zu zeigen.

Die **Restbuchwerte** sämtlicher Posten des AV zum Gj-Ende ergeben sich aus der Queraddition der vorstehend erläuterten Spalten des Anlagespiegels, indem die historischen AHK um Zugänge erhöht, um Umbuchungen korrigiert und um Abgänge sowie kumulierte Abschreibungen vermindert werden. Darüber hinaus ist die Angabe des Restbuchwerts zum Ende des Vj nach § 265 Abs. 2 HGB zwingend.

4.1.2 Sonderfragen

Bei **immateriellen VG** kann sich die Frage nach dem Zeitpunkt des Zugangs oder Abgangs stellen. Da die VG keine physische Substanz aufweisen, müssen Zugangs- und Abgangsfiktionen zugrunde gelegt werden. Der Zugangszeitpunkt orientiert sich nach wirtschaftlichen Gesichtspunkten, also am Zeitpunkt der Erlangung der tatsächlichen Verfügungsgewalt über den Vermögensgegenstand, d. h. der Auswertungsmöglichkeit. Konkret bestimmt sich der Zugangszeitpunkt bei

- **immateriellen Werten, die mit körperlichen Sachen verbunden sind**, z. B. Ton-, Film- und Datenträgern, Plänen, Modellen oder Archiven, nach dem Zeitpunkt der Übergabe der körperlichen Gegenstände.
- **Nutzungsrechten** an Sachen, z. B. Miet- und Wohnrechten sowie Nießbrauch, nach dem Zeitpunkt der Übergabe der Sache.
- **immateriellen Werten ohne Bezug zu einem körperlichen Gegenstand**, z. B. Rechten und Lizenzen, nach dem vertraglich festgelegten Zeitpunkt der Auswertungsbefugnis.
- **GoF** nach dem Zeitpunkt des Übergangs des Vermögens und der Schulden des erworbenen Unt.

Nach dem HGB besteht bei Erfüllung bestimmter Kriterien ein **Ansatzwahlrecht für selbst geschaffene immaterielle VG des AV** weshalb sie im Fall der Aktivierung im Anlagespiegel aufzuführen sind. Entsprechend dem Gliederungsschema des § 266 HGB sind selbst geschaffene immaterielle Anlagen separat von den erworbenen immateriellen Anlagen auszuweisen. Dieser Unterteilung ist auch im Anlagespiegel zu folgen. Ferner implizieren die handelsrechtlichen Ansatzvorschriften für selbst geschaffene immaterielle Anlagen unter Berücksichtigung der Regelung des § 255 Abs. 2a HGB neben dem Ansatzgebot der Entwicklungskosten von selbst geschaffenen immateriellen VG des AV auch einen Ansatz von in der Entwicklung befindlichen Immaterialanlagen. Da diese noch nicht fertiggestellten immateriellen Anlagen die „Betriebsbereitschaft" noch nicht erreicht haben, dürfte noch keine planmäßige, sondern ggf. nur eine außerplanmäßige Abschreibung erfolgen. Um eine Vermischung von Posten mit unterschiedlichem

Charakter zu vermeiden, sollte aus Transparenzgründen ein separater Ausweis von noch nicht fertiggestellten und bereits fertiggestellten immateriellen Anlagen im Anlagespiegel erfolgen.

76 Der **Zeitpunkt des Abgangs von immateriellen VG** ist anzunehmen
- bei Veräußerung oder Untergang der immateriellen Werte, etwa durch Verzicht auf ein Recht;
- bei Werterschöpfung eines immateriellen VG, d. h. in allen Fällen, in denen eine außerplanmäßige Abschreibung zulässig wäre, z. B. bei fehlender wirtschaftlicher Verwertbarkeit eines Patents infolge von Neuentwicklungen oder bei Verflüchtigung eines erworbenen GoF;
- bei zeitlichem Ablauf eines befristet zur Verfügung stehenden immateriellen Rechts, z. B. bei Konzessionen und Lizenzen;
- bei Vollabschreibung der immateriellen Werte, es sei denn, dass nachweislich noch ein objektiver Wert vorhanden ist.

77 Zur selbstständigen Nutzung fähige **(geringwertige) Wirtschaftsgüter**, deren AHK, vermindert um darin enthaltene Vorsteuer, 410 EUR nicht übersteigen, dürfen steuerrechtlich nach § 6 Abs. 2 EStG als sog. geringwertige Wirtschaftsgüter im Jahr der Anschaffung oder Herstellung sofort abgesetzt werden, was in der Handelsbilanz mit Verweis auf die Wesentlichkeit für die VG des AV nachvollzogen werden kann. Sie sind im Anschaffungsjahr im Anlagespiegel als Zugang und noch im gleichen Jahr als Abgang zu erfassen.[85] Alternativ besteht nach § 6 Abs. 2a EStG die steuerliche Regelung, für geringwertige Wirtschaftsgüter mit einem Wert von über 150 EUR bis 1.000 EUR für die steuerliche Gewinnermittlung je Wirtschaftsjahr einen Sammelposten zu bilden, der ab dem Jahr der Anschaffung oder Herstellung gleichmäßig über 5 Jahre, d. h. mit jeweils 1/5, abzuschreiben ist. Die betriebsübliche Nutzungsdauer spielt ebenso wenig eine Rolle wie die Veräußerung oder Wertminderung der einzelnen Wirtschaftsgüter. Wird diese Regelung in der Handelsbilanz nachvollzogen, so ist ein Abgang im Anlagespiegel erst nach vollständiger Abschreibung im letzten Jahr des Sammelpostens (Poolabschreibung) zu verzeichnen. Obwohl diese Regelung nicht zwingend für die Handelsbilanz anzuwenden ist, ist sie zulässig, weil dieser Posten i. d. R. von untergeordneter Bedeutung ist.[86] Entsprechendes gilt, sieht man von den Aufzeichnungspflichten für geringwertige Wirtschaftsgüter ab, für geringstwertige Wirtschaftsgüter, deren Netto-Anschaffungs- oder Herstellungskosten 150 EUR nicht übersteigen. Handelsrechtlich wurden diese steuerrechtlichen Regelungen als den GoB entsprechende Vereinfachungsregelungen übernommen, die wahlweise in Anspruch genommen werden können.
Bei **Verzicht auf die Vereinfachungsregelungen** sind gering- und geringstwertige Wirtschaftsgüter wie übliches Anlagevermögen zu behandeln. Werden derartige Wirtschaftsgüter jedoch im Jahr des Zugangs sofort abgeschrieben, stellt sich die Frage, ob und in welcher Form sie in den Anlagespiegel aufzunehmen sind. Während geringwertige Wirtschaftsgüter den Anlagespiegel unbeeinflusst lassen,[87] sind geringwertige Wirtschaftsgüter in den Anlagespiegel aufzunehmen. Für

---

[85] Vgl. *Reiner/Haußer*, in MünchKomm. HGB § 268, 3. Aufl., Rz 12.
[86] IDW, Stellungnahme RH HFA 1.015, FN 2007, S. 506.
[87] Vgl. *Lorson*, in *Küting/Pfitzer/Weber*, HdR, 5. Aufl., §§ 284–288 HGB Rz 237, Stand 7/2016.

die Abbildung der geringwertigen Wirtschaftsgüter im Anlagespiegel sind verschiedene Methoden denkbar, von denen sich 2 Methoden durchgesetzt haben:
- Bei der 1. Methode wird unterstellt, dass dem Zugang an geringwertigen Wirtschaftsgütern im gleichen Jahr ein Abgang in identischer Höhe gegenübersteht. Folglich sind im Anlagespiegel lediglich die Spalten Zugänge und Abgänge, nicht aber die historischen AHK sowie die kumulierten Abschreibungen betroffen. Wenn unter den Abschreibungen des Gj auch die auf die während des Geschäftsjahres abgegangenen Anlagegüter entfallenden Abschreibungen verstanden werden, ist der Betrag an geringwertigen Wirtschaftsgütern auch in der Spalte „Abschreibungen (kumuliert)" auszuweisen.
- Um insbesondere einen identischen Ausweis der Abschreibungen des Geschäftsjahres im Anlagespiegel und der Abschreibungen auf das Anlagevermögen nach der GuV zu erreichen, wird bei der 2. Methode davon ausgegangen, dass im Jahr des Zugangs Zugänge, kumulierte Abschreibungen und Abschreibungen des Geschäftsjahres zu erfassen sind, ein Abgang wird erst für das folgende Jahr unterstellt.

Letzteres Vorgehen ist auch für die Poolabschreibung notwendig, wobei dann eine Abschreibung über 5 Jahre zu erfolgen hat, was einen entsprechenden Ausweis notwendig macht.

Nach § 240 Abs. 3 HGB dürfen VG des Sachanlagevermögens, die regelmäßig ersetzt werden und deren Menge für das Unt von nachrangiger Bedeutung ist, mit einer gleichbleibenden Menge und einem gleichbleibenden Wert angesetzt werden (**Festbewertung**), sofern ihr Bestand in seiner Größe, seinem Wert und seiner Zusammensetzung nur geringen Änderungen unterliegt. Dieser Festwert stellt eine besondere Form der AHK dar. Beim erstmaligen Ansatz des Festwerts werden die AHK, vermindert um den jeweiligen Abnutzungssatz (ca. 40 %–60 %), als Zugang erfasst. Ein derartiger Ausweis wird jedoch der für den Anlagespiegel geltenden Bruttomethode nicht gerecht. Entsprechend der Bruttomethode sollten die ungeminderten AHK zunächst als Zugang, im Folgejahr als historische AHK ausgewiesen werden, die Differenz zum ermittelten Festwert sollte unter den Gj-Abschreibungen sowie den kumulierten Abschreibungen ausgewiesen werden. Der Restbuchwert entspräche dann dem Festwert. Diese Beträge bleiben bis zur Inventur unverändert, da bei diesen VG von keinen oder nur geringen Veränderungen der Größe, des Werts und der Zusammensetzung des Bestands ausgegangen wird. Daher werden zwischenzeitliche Neuanschaffungen sowie die regelmäßigen Aufwendungen zur Instandhaltung und Ergänzung dieser VG bis zur Inventur als Aufwand gebucht und nicht im Anlagespiegel aufgeführt.[88] Ergibt eine i.d.R. alle drei Jahre durchzuführende Bestandsaufnahme wesentliche Veränderungen, sind Anpassungen des Festwerts als Mengen- oder Wertänderungen im Anlagespiegel vorzunehmen. Mengenmäßige Erhöhungen (Aufstockungen) des Festwertansatzes werden als Zugänge erfasst, sofern sie sich auf das Gj beziehen. Erfolgt hingegen eine Kompensation eines im Vj zu hoch ausgewiesenen Aufwands, stellt der Betrag grundsätzlich eine Zuschreibung dar. Aus Vereinfachungsgründen wird jedoch empfohlen, die Erhöhung des Festwerts stets in voller Höhe erfolgswirksam (Buchung als sonstiger betrieblicher Ertrag) als Zugang zu behandeln. Analog sind Mengen- und Wertänderungen bei Minderungen (Abstockungen) zu erfassen.

---

[88] Vgl. *Grottel*, in Beck Bil-Komm., 10. Aufl., § 284 HGB Rz 266.

79 Die vorstehend dargestellten Grundsätze für den Ausweis im Anlagespiegel gelten sinngemäß auch für die **Finanzanlagen**. Allerdings ergeben sich hier Besonderheiten, da in aller Regel – von Wertpapieren zunächst abgesehen – keine mengenmäßigen, sondern überwiegend wertmäßige Änderungen auftreten. Weist der Anlagespiegel im Bereich des FAV Zu- oder Abgänge aus, handelt es sich regelmäßig um Investitions- oder Desinvestitionsvorgänge, bei Zu- oder Abschreibungen dagegen um Wertänderungen bei bestehenden Finanzanlagen. Soweit Umbuchungen ausgewiesen werden, betreffen sie Umgliederungen im Bereich der Finanzanlagen, bspw. von „Beteiligungen" zu „Anteilen an verbundenen Unternehmen" bzw. Umgliederungen entsprechender Ausleihungen. Umgliederungen aus dem oder ins UV sind dagegen nach der hier vertretenen Auffassung als Zu- oder Abgänge auszuweisen.

80 **Beteiligungen** an Kapital- und PersG sind grundsätzlich zu den AK zu erfassen. Dies gilt auch dann, wenn die vertraglich vereinbarte Einlage bei einer Neugründung oder bei einer Kapitalerhöhung noch nicht in voller Höhe geleistet wurde; in diesem Fall gehen die AK in voller Höhe in den Anlagespiegel ein, i. H. d. noch nicht eingezahlten Betrages ist – unabhängig davon, ob er bereits eingefordert wurde oder nicht – eine sonstige Verbindlichkeit zu passivieren. Änderungen beim Ausweis der Posten des FAV können sich dagegen insbesondere infolge von Kapitalerhöhungen oder -herabsetzungen, Ergebniszuweisungen, Nachschüssen und letztlich durch Abschreibungen ergeben.
Gewinne, die ein Beteiligungsunternehmen ausschüttet, haben keinen Einfluss auf den Anlagespiegel, da sie in der GuV als Beteiligungserträge erfasst werden. Auch Gewinnthesaurierungen von Kapitalgesellschaften wirken sich im Einzelabschluss nicht aus, da sonst als unrealisiert qualifizierte Gewinne erfasst würden. Anders verhält es sich ggf. bei assoziierten Unternehmen im Konzernabschluss und wenn laufende Gewinne als Einlagen in Personengesellschaften verwendet werden. Hier sind folgende Fälle zu unterscheiden:
- Werden Gewinne zum **Ausgleich ausstehender Einlagen** verwendet, bleibt der Anlagespiegel unberührt. Vielmehr ist die i. H. d. ausstehenden Einlage passivierte Verbindlichkeit insoweit aufzulösen.
- Werden Gewinne **den Rücklagen zugeführt**, beeinflusst dies den Beteiligungsansatz nicht, da dem Gesellschafter kein individueller Anspruch zusteht.
- Werden Gewinne den **variablen Kapitalkonten der Gesellschafter** zugeführt, handelt es sich um Gesellschafterdarlehen, die den Beteiligungsansatz ebenfalls nicht berühren.
- Nur dann, wenn Gewinne den **individuellen Konten der Gesellschafter** zugeschrieben werden, ohne dass ausstehende Einlagen aufgefüllt werden, wirkt sich dies auf den Beteiligungsansatz aus. Solche Gewinne sind grundsätzlich als Zugänge zu erfassen, es sei denn, dass in früheren Perioden Abschreibungen auf die Beteiligung vorgenommen wurden: Dann werden diese durch Zuschreibungen korrigiert.

Zu- oder Nachschüsse, die an ein BeteiligungsUnt geleistet werden, stellen zunächst einmal nachträgliche AK dar, die als Zugang zu erfassen sind. Da derartige Leistungen häufig erbracht werden, um ein in eine wirtschaftliche Krise geratenes BeteiligungsUnt zu stützen, ist zugleich die Werthaltigkeit des Beteiligungsansatzes zu prüfen. Bei Vorliegen der Voraussetzungen für eine Abschreibung steht dem Zugang dann gegebenenfalls bereits eine gleichhohe Gj-Abschreibung gegenüber.

Ein **Zugang** liegt ebenfalls vor, wenn neue Anteile im Rahmen einer Kapitalerhöhung gegen Zuzahlungen – nicht jedoch bei Kapitalerhöhungen aus Gesellschaftsmitteln – erworben werden. Neben dem Zuzahlungsbetrag sind die hinzuerworbenen Bezugsrechte als Zugang zu erfassen. Zugleich sind die den vorhandenen Altanteilen zuzurechnenden bei der Kapitalerhöhung eingesetzten Bezugsrechte als Abgang zu buchen. Aus Vereinfachungsgründen wird auch ein Nettoausweis von ausgenutzten alten und hinzuerworbenen neuen Bezugsrechten zugelassen.

Unverzinsliche oder niedrig verzinsliche **Ausleihungen** können mit dem Nennwert, der den AK gleichgestellt wird, als Zugang angesetzt werden. In Höhe der Differenz zwischen Nenn- und Barwert ist dann im Jahr des Zugangs eine außerplanmäßige Abschreibung auf die Ausleihung vorzunehmen. Entsprechend dem jährlichen Aufzinsungsbetrag ist diese Abschreibung dann alljährlich durch entsprechende Zuschreibungen zu korrigieren.

81

Wird in Verbindung mit einer Ausleihung ein **Auszahlungsdisagio oder ein Rückzahlungsagio** vereinbart, dann kann die Ausleihung entweder i. H. d. Auszahlungsbetrags oder i. H. d. Rückzahlungsbetrags als Zugang gebucht werden. Erfolgt der Ansatz zum Auszahlungsbetrag, so ist die Differenz zum Nominalwert der Ausleihung erfolgswirksam über die Laufzeit zu verrechnen und jährlich in Form eines Zugangs der Ausleihung zuzurechnen. Wird dagegen der Rückzahlungsbetrag – unter gleichzeitiger Einstellung des Disagios in einen passiven Rechnungsabgrenzungsposten – angesetzt, erübrigen sich Korrekturen der Ausleihungen.

Die im Anlagespiegel auszuweisenden Anschaffungskosten von **Wertpapieren** entsprechen i. d. R. dem Ausgabe- bzw. Kaufpreis zuzüglich der Anschaffungsnebenkosten; allerdings sind gegebenenfalls gezahlte Stückzinsen als sonstige VG gesondert zu aktivieren. Auch Zero-Bonds oder Null-Kupon-Anleihen sind mit den Anschaffungskosten anzusetzen, die jährlich als realisiert geltenden Zinsen sind als Zugänge zu erfassen.[89]

82

4.2 Angabe zu im Gj aktivierter Zinsen

Schließlich sind ab dem Gj 2016 auch Angaben zum Umfang der im laufenden Gj in die HK von VG des AV einbezogenen Fremdkapitalzinsen gefordert. Dabei handelt es sich bei der Einbeziehung um ein Wahlrecht (§ 255 Rz 206). Es sind nur die in den Gj angefallenen Beträge darzustellen, wobei die Positionen der Bilanzgliederung bzw. des Anlagespiegels zugrunde zu legen sind. Die Angabe sollte als Davon-Vermerk im Anlagespiegel oder unter den Erläuterungen zum AV erfolgen.[90]

83

---

[89] Vgl. *Wulf*, in *Baetge/Kirsch/Thiele*, Bilanzrecht, § 284 Rz 134, Stand, Stand 8/2016.
[90] Vgl. *Grottel*, in Beck Bil-Komm., 10. Aufl., § 284 HGB Rz 310.

§ 285 Sonstige Pflichtangaben

¹Ferner sind im Anhang anzugeben:
1. zu den in der Bilanz ausgewiesenen Verbindlichkeiten
   a) der Gesamtbetrag der Verbindlichkeiten mit einer Restlaufzeit von mehr als fünf Jahren,
   b) der Gesamtbetrag der Verbindlichkeiten, die durch Pfandrechte oder ähnliche Rechte gesichert sind, unter Angabe von Art und Form der Sicherheiten;
2. die Aufgliederung der in Nummer 1 verlangten Angaben für jeden Posten der Verbindlichkeiten nach dem vorgeschriebenen Gliederungsschema;
3. Art und Zweck sowie Risiken, Vorteile und finanzielle Auswirkungen von nicht in der Bilanz enthaltenen Geschäften, soweit die Risiken und Vorteile wesentlich sind und die Offenlegung für die Beurteilung der Finanzlage des Unternehmens erforderlich ist;
3a. der Gesamtbetrag der sonstigen finanziellen Verpflichtungen, die nicht in der Bilanz enthalten sind und die nicht nach § 268 Absatz 7 oder Nummer 3 anzugeben sind, sofern diese Angabe für die Beurteilung der Finanzlage von Bedeutung ist; davon sind Verpflichtungen betreffend die Altersversorgung und Verpflichtungen gegenüber verbundenen oder assoziierten Unternehmen jeweils gesondert anzugeben;
4. die Aufgliederung der Umsatzerlöse nach Tätigkeitsbereichen sowie nach geografisch bestimmten Märkten, soweit sich unter Berücksichtigung der Organisation des Verkaufs, der Vermietung oder Verpachtung von Produkten und der Erbringung von Dienstleistungen der Kapitalgesellschaft die Tätigkeitsbereiche und geografisch bestimmten Märkte untereinander erheblich unterscheiden;
5. *(weggefallen)*
6. *(weggefallen)*
7. die durchschnittliche Zahl der während des Geschäftsjahrs beschäftigten Arbeitnehmer getrennt nach Gruppen;
8. bei Anwendung des Umsatzkostenverfahrens (§ 275 Abs. 3)
   a) der Materialaufwand des Geschäftsjahrs, gegliedert nach § 275 Abs. 2 Nr. 5,
   b) der Personalaufwand des Geschäftsjahrs, gegliedert nach § 275 Abs. 2 Nr. 6;
9. für die Mitglieder des Geschäftsführungsorgans, eines Aufsichtsrats, eines Beirats oder einer ähnlichen Einrichtung jeweils für jede Personengruppe
   a) die für die Tätigkeit im Geschäftsjahr gewährten Gesamtbezüge (Gehälter, Gewinnbeteiligungen, Bezugsrechte und sonstige aktienbasierte Vergütungen, Aufwandsentschädigungen, Versicherungsentgelte, Provisionen und Nebenleistungen jeder Art). ²In die Gesamtbezüge sind auch Bezüge einzurechnen, die nicht ausgezahlt, sondern in Ansprüche anderer Art umgewandelt oder zur Erhöhung anderer Ansprüche verwendet werden. ³Außer den Bezügen für das Geschäftsjahr sind die weiteren Bezüge anzugeben, die im Geschäftsjahr gewährt, bisher aber in keinem Jahresabschluss angegeben worden sind. ⁴Bezugsrechte und

sonstige aktienbasierte Vergütungen sind mit ihrer Anzahl und dem beizulegenden Zeitwert zum Zeitpunkt ihrer Gewährung anzugeben; spätere Wertveränderungen, die auf einer Änderung der Ausübungsbedingungen beruhen, sind zu berücksichtigen. ⁵Bei einer börsennotierten Aktiengesellschaft sind zusätzlich unter Namensnennung die Bezüge jedes einzelnen Vorstandsmitglieds, aufgeteilt nach erfolgsunabhängigen und erfolgsbezogenen Komponenten sowie Komponenten mit langfristiger Anreizwirkung, gesondert anzugeben. ⁶Dies gilt auch für:
aa) Leistungen, die dem Vorstandsmitglied für den Fall einer vorzeitigen Beendigung seiner Tätigkeit zugesagt worden sind;
bb) Leistungen, die dem Vorstandsmitglied für den Fall der regulären Beendigung seiner Tätigkeit zugesagt worden sind, mit ihrem Barwert, sowie den von der Gesellschaft während des Geschäftsjahrs hierfür aufgewandten oder zurückgestellten Betrag;
cc) während des Geschäftsjahrs vereinbarte Änderungen dieser Zusagen;
dd) Leistungen, die einem früheren Vorstandsmitglied, das seine Tätigkeit im Laufe des Geschäftsjahrs beendet hat, in diesem Zusammenhang zugesagt und im Laufe des Geschäftsjahrs gewährt worden sind.

⁷Leistungen, die dem einzelnen Vorstandsmitglied von einem Dritten im Hinblick auf seine Tätigkeit als Vorstandsmitglied zugesagt oder im Geschäftsjahr gewährt worden sind, sind ebenfalls anzugeben. ⁸Enthält der Jahresabschluss weitergehende Angaben zu bestimmten Bezügen, sind auch diese zusätzlich einzeln anzugeben;
b) die Gesamtbezüge (Abfindungen, Ruhegehälter, Hinterbliebenenbezüge und Leistungen verwandter Art) der früheren Mitglieder der bezeichneten Organe und ihrer Hinterbliebenen. ²Buchstabe a Satz 2 und 3 ist entsprechend anzuwenden. ³Ferner ist der Betrag der für diese Personengruppe gebildeten Rückstellungen für laufende Pensionen und Anwartschaften auf Pensionen und der Betrag der für diese Verpflichtungen nicht gebildeten Rückstellungen anzugeben;
c) die gewährten Vorschüsse und Kredite unter Angabe der Zinssätze, der wesentlichen Bedingungen und der gegebenenfalls im Geschäftsjahr zurückgezahlten oder erlassenen Beträge sowie die zugunsten dieser Personen eingegangenen Haftungsverhältnisse;
10. alle Mitglieder des Geschäftsführungsorgans und eines Aufsichtsrats, auch wenn sie im Geschäftsjahr oder später ausgeschieden sind, mit dem Familiennamen und mindestens einem ausgeschriebenen Vornamen, einschließlich des ausgeübten Berufs und bei börsennotierten Gesellschaften auch der Mitgliedschaft in Aufsichtsräten und anderen Kontrollgremien i. S. d. § 125 Abs. 1 Satz 5 des Aktiengesetzes. ²Der Vorsitzende eines Aufsichtsrats, seine Stellvertreter und ein etwaiger Vorsitzender des Geschäftsführungsorgans sind als solche zu bezeichnen;
11. Name und Sitz anderer Unternehmen, die Höhe des Anteils am Kapital, das Eigenkapital und das Ergebnis des letzten Geschäftsjahrs dieser Unternehmen, für das ein Jahresabschluss vorliegt, soweit es sich um Beteiligungen i. S. d. § 271 Absatz 1 handelt oder ein solcher Anteil von einer Person für Rechnung der Kapitalgesellschaft gehalten wird;

11a. Name, Sitz und Rechtsform der Unternehmen, deren unbeschränkt haftender Gesellschafter die Kapitalgesellschaft ist;

11b. von börsennotierten Kapitalgesellschaften sind alle Beteiligungen an großen Kapitalgesellschaften anzugeben, die 5 Prozent der Stimmrechte überschreiten;

12. Rückstellungen, die in der Bilanz unter dem Posten „sonstige Rückstellungen" nicht gesondert ausgewiesen werden, sind zu erläutern, wenn sie einen nicht unerheblichen Umfang haben;

13. jeweils eine Erläuterung des Zeitraums, über den ein entgeltlich erworbener Geschäfts- oder Firmenwert abgeschrieben wird;

14. Name und Sitz des Mutterunternehmens der Kapitalgesellschaft, das den Konzernabschluss für den größten Kreis von Unternehmen aufstellt, sowie der Ort, wo der von diesem Mutterunternehmen aufgestellte Konzernabschluss erhältlich ist;

14a. Name und Sitz des Mutterunternehmens der Kapitalgesellschaft, das den Konzernabschluss für den kleinsten Kreis von Unternehmen aufstellt, sowie der Ort, wo der von diesem Mutterunternehmen aufgestellte Konzernabschluss erhältlich ist;

15. soweit es sich um den Anhang des Jahresabschlusses einer Personenhandelsgesellschaft i. S. d. § 264a Abs. 1 handelt, Name und Sitz der Gesellschaften, die persönlich haftende Gesellschafter sind, sowie deren gezeichnetes Kapital;

15a. das Bestehen von Genussscheinen, Genussrechten, Wandelschuldverschreibungen, Optionsscheinen, Optionen, Besserungsscheinen oder vergleichbaren Wertpapieren oder Rechten, unter Angabe der Anzahl und der Rechte, die sie verbriefen;

16. dass die nach § 161 des Aktiengesetzes vorgeschriebene Erklärung abgegeben und wo sie öffentlich zugänglich gemacht worden ist;

17. das von dem Abschlussprüfer für das Geschäftsjahr berechnete Gesamthonorar, aufgeschlüsselt in das Honorar für

   a) die Abschlussprüfungsleistungen,

   b) andere Bestätigungsleistungen,

   c) Steuerberatungsleistungen,

   d) sonstige Leistungen,

   soweit die Angaben nicht in einem das Unternehmen einbeziehenden Konzernabschluss enthalten sind;

18. für zu den Finanzanlagen (§ 266 Abs. 2 A. III.) gehörende Finanzinstrumente, die über ihrem beizulegenden Zeitwert ausgewiesen werden, da eine außerplanmäßige Abschreibung nach § 253 Absatz 3 Satz 6 unterblieben ist,

   a) der Buchwert und der beizulegende Zeitwert der einzelnen Vermögensgegenstände oder angemessener Gruppierungen sowie

   b) die Gründe für das Unterlassen der Abschreibung einschließlich der Anhaltspunkte, die darauf hindeuten, dass die Wertminderung voraussichtlich nicht von Dauer ist;

19. für jede Kategorie nicht zum beizulegenden Zeitwert bilanzierter derivativer Finanzinstrumente

a) deren Art und Umfang,
b) deren beizulegender Zeitwert, soweit er sich nach § 255 Abs. 4 verlässlich ermitteln lässt, unter Angabe der angewandten Bewertungsmethode,
c) deren Buchwert und der Bilanzposten, in welchem der Buchwert, soweit vorhanden, erfasst ist, sowie
d) die Gründe dafür, warum der beizulegende Zeitwert nicht bestimmt werden kann;
20. für mit dem beizulegenden Zeitwert bewertete Finanzinstrumente
a) die grundlegenden Annahmen, die der Bestimmung des beizulegenden Zeitwertes mit Hilfe allgemein anerkannter Bewertungsmethoden zugrunde gelegt wurden, sowie
b) Umfang und Art jeder Kategorie derivativer Finanzinstrumente einschließlich der wesentlichen Bedingungen, welche die Höhe, den Zeitpunkt und die Sicherheit künftiger Zahlungsströme beeinflussen können;
21. zumindest die nicht zu marktüblichen Bedingungen zustande gekommenen Geschäfte, soweit sie wesentlich sind, mit nahe stehenden Unternehmen und Personen, einschließlich Angaben zur Art der Beziehung, zum Wert der Geschäfte sowie weiterer Angaben, die für die Beurteilung der Finanzlage notwendig sind; ausgenommen sind Geschäfte mit und zwischen mittel- oder unmittelbar in 100-prozentigem Anteilsbesitz stehenden in einen Konzernabschluss einbezogenen Unternehmen; Angaben über Geschäfte können nach Geschäftsarten zusammengefasst werden, sofern die getrennte Angabe für die Beurteilung der Auswirkungen auf die Finanzlage nicht notwendig ist;
22. im Fall der Aktivierung nach § 248 Abs. 2 der Gesamtbetrag der Forschungs- und Entwicklungskosten des Geschäftsjahrs sowie der davon auf die selbst geschaffenen immateriellen Vermögensgegenstände des Anlagevermögens entfallende Betrag;
23. bei Anwendung des § 254,
a) mit welchem Betrag jeweils Vermögensgegenstände, Schulden, schwebende Geschäfte und mit hoher Wahrscheinlichkeit erwartete Transaktionen zur Absicherung welcher Risiken in welche Arten von Bewertungseinheiten einbezogen sind sowie die Höhe der mit Bewertungseinheiten abgesicherten Risiken,
b) für die jeweils abgesicherten Risiken, warum, in welchem Umfang und für welchen Zeitraum sich die gegenläufigen Wertänderungen oder Zahlungsströme künftig voraussichtlich ausgleichen einschließlich der Methode der Ermittlung,
c) eine Erläuterung der mit hoher Wahrscheinlichkeit erwarteten Transaktionen, die in Bewertungseinheiten einbezogen wurden,
soweit die Angaben nicht im Lagebericht gemacht werden;
24. zu den Rückstellungen für Pensionen und ähnliche Verpflichtungen das angewandte versicherungsmathematische Berechnungsverfahren sowie die grundlegenden Annahmen der Berechnung, wie Zinssatz, erwartete Lohn- und Gehaltssteigerungen und zugrunde gelegte Sterbetafeln;

25. im Fall der Verrechnung von Vermögensgegenständen und Schulden nach § 246 Abs. 2 Satz 2 die Anschaffungskosten und der beizulegende Zeitwert der verrechneten Vermögensgegenstände, der Erfüllungsbetrag der verrechneten Schulden sowie die verrechneten Aufwendungen und Erträge; Nummer 20 Buchstabe a ist entsprechend anzuwenden;
26. zu Anteilen an Sondervermögen im Sinn des § 1 Abs. 10 des Kapitalanlagegesetzbuchs oder Anlageaktien an Investmentaktiengesellschaften mit veränderlichem Kapital im Sinn der §§ 108 bis 123 des Kapitalanlagegesetzbuchs oder vergleichbaren EU-Investmentvermögen oder vergleichbaren ausländischen Investmentvermögen von mehr als dem zehnten Teil, aufgegliedert nach Anlagezielen, deren Wert im Sinn der §§ 168, 278 des Kapitalanlagegesetzbuchs oder des § 36 des Investmentgesetzes in der bis zum 21. Juli 2013 geltenden Fassung oder vergleichbarer ausländischer Vorschriften über die Ermittlung des Marktwertes, die Differenz zum Buchwert und die für das Geschäftsjahr erfolgte Ausschüttung sowie Beschränkungen in der Möglichkeit der täglichen Rückgabe; darüber hinaus die Gründe dafür, dass eine Abschreibung gem. § 253 Absatz 3 Satz 6 unterblieben ist, einschließlich der Anhaltspunkte, die darauf hindeuten, dass die Wertminderung voraussichtlich nicht von Dauer ist; Nummer 18 ist insoweit nicht anzuwenden;
27. für nach § 268 Abs. 7 im Anhang ausgewiesene Verbindlichkeiten und Haftungsverhältnisse die Gründe der Einschätzung des Risikos der Inanspruchnahme;
28. der Gesamtbetrag der Beträge im Sinn des § 268 Abs. 8, aufgegliedert in Beträge aus der Aktivierung selbst geschaffener immaterieller Vermögensgegenstände des Anlagevermögens, Beträge aus der Aktivierung latenter Steuern und aus der Aktivierung von Vermögensgegenständen zum beizulegenden Zeitwert;
29. auf welchen Differenzen oder steuerlichen Verlustvorträgen die latenten Steuern beruhen und mit welchen Steuersätzen die Bewertung erfolgt ist;
30. wenn latente Steuerschulden in der Bilanz angesetzt werden, die latenten Steuersalden am Ende des Geschäftsjahrs und die im Laufe des Geschäftsjahrs erfolgten Änderungen dieser Salden;
31. jeweils der Betrag und die Art der einzelnen Erträge und Aufwendungen von außergewöhnlicher Größenordnung oder außergewöhnlicher Bedeutung, soweit die Beträge nicht von untergeordneter Bedeutung sind;
32. eine Erläuterung der einzelnen Erträge und Aufwendungen hinsichtlich ihres Betrags und ihrer Art, die einem anderen Geschäftsjahr zuzurechnen sind, soweit die Beträge nicht von untergeordneter Bedeutung sind;
33. Vorgänge von besonderer Bedeutung, die nach dem Schluss des Geschäftsjahrs eingetreten und weder in der Gewinn- und Verlustrechnung noch in der Bilanz berücksichtigt sind, unter Angabe ihrer Art und ihrer finanziellen Auswirkungen;
34. der Vorschlag für die Verwendung des Ergebnisses oder der Beschluss über seine Verwendung.

PROF. DR. STEFAN MÜLLER

Inhaltsübersicht Rz
1 Überblick 1–6
2 Pflichtangaben im Einzelnen 7–181
  2.1 In der Bilanz ausgewiesene Verbindlichkeiten (Nr. 1) 7–11
  2.2 Aufgliederung der nach Nr. 1 verlangten Angaben (Nr. 2) .. 12–14
  2.3 Angaben über in der Bilanz nicht enthaltene Geschäfte (Nr. 3) 15–19
  2.4 Gesamtbetrag sonstiger Verpflichtungen (Nr. 3a) 20–27
  2.5 Aufgliederung der Umsatzerlöse (Nr. 4) 28–34
  2.6 Belastung durch Steuern (Nr. 6 aF) 35
  2.7 Beschäftigte Arbeitnehmer (Nr. 7) 36–42
  2.8 Material- und Personalaufwand (Nr. 8) 43–47
  2.9 Bezüge der Organvertreter (Nr. 9) 48–77
    2.9.1 Grundsachverhalte 48–52
    2.9.2 Angabepflicht für große und mittelgroße Kapitalgesellschaften (Nr. 9 Abschn. a Satz 1–3) 53–58
    2.9.3 Angaben zur aktienbasierten Vergütung (Nr. 9 Abschn. a Satz 4) 59
    2.9.4 Erweiterte Angabepflicht für börsennotierte Unternehmen (Nr. 9 Abschn. a Satz 5–7) 60–66
    2.9.5 Gesamtbezüge früherer Organmitglieder und deren Hinterbliebener (Nr. 9 Abschn. b) 67–68
    2.9.6 Gewährte Vorschüsse und Kredite sowie Haftungsverhältnisse (Nr. 9 Abschn. c) 69–77
  2.10 Personalien der Organvertreter (Nr. 10) 78–83
  2.11 Beteiligungen (Nr. 11) 84–88
  2.12 Angaben über Unternehmensbeteiligungen als haftender Gesellschafter (Nr. 11a) 89–91
  2.13 Erweiterte Angabepflichten für börsennotierte Kapitalgesellschaften (Nr. 11b) 92–93
  2.14 In der Bilanz nicht gesondert ausgewiesene Rückstellungen (Nr. 12) 94–97
  2.15 Abschreibung des Geschäfts- oder Firmenwerts (Nr. 13) .. 98–99
  2.16 Angaben über Mutterunternehmen für den größten Kreis von Unternehmen (Nr. 14) 100–109
  2.17 Angaben über Mutterunternehmen für den kleinsten Kreis von Unternehmen (Nr. 14a) 110
  2.18 Persönlich haftende Gesellschafter (Nr. 15) 111–113
  2.19 Angaben zu mezzaninem Kapital (Nr. 15a) 114
  2.20 Publizität der Entsprechenserklärung (Nr. 16) 115–116
  2.21 Gesamthonorar des Abschlussprüfers (Nr. 17) 117–122
  2.22 Unterlassene Abschreibung von Finanzinstrumenten (Nr. 18) 123–126

2.23 Nicht zum beizulegenden Zeitwert bilanzierte derivative
Finanzinstrumente (Nr. 19)........................ 127–128
2.24 Bewertungsmethode, Umfang und Art mit dem Zeitwert
bewerteter Finanzinstrumente (Nr. 20) 129–132
2.25 Geschäfte mit Nahestehenden (Nr. 21) 133–144
2.26 Forschungs- und Entwicklungskosten (Nr. 22) 145–146
2.27 Absicherung von Risiken (Nr. 23)................... 147–156
2.28 Berechnung von Pensionsrückstellungen (Nr. 24) 157
2.29 Verrechnung von Vermögensgegenständen und Schulden
(Nr. 25)....................................... 158–159
2.30 Sondervermögen (Nr. 26) 160–164
2.31 Aufschlüsselung von Haftungsverhältnissen (Nr. 27) 165–169
2.32 Nicht ausschüttbare Beträge (Nr. 28) 170
2.33 Latente Steuern (Nr. 29) 171–173
2.34 Angaben zu latenten Steuerschulden 174–175
2.35 Außergewöhnliche Aufwands- und Ertragsposten (Nr. 31) .. 176–178
2.36 Aperiodische Erträge und Aufwendungen (Nr. 32) 179
2.37 Nachtragsbericht (Nr. 33)......................... 180
2.38 Ergebnisverwendungsvorschlag oder -beschluss (Nr. 34) . 181

1 Überblick

1   Aus den §§ 284, 285 HGB folgen Anforderungen, die an den **Anhang des Jahresabschlusses** einer KapG gestellt werden (§ 284 Rz 1). Der Anhang bildet mit der Bilanz und der GuV eine Einheit (§ 264 Abs. 1 Satz 1 HGB). Die Pflichtangaben erläutern die Angaben in der Bilanz und GuV und ergänzen diese um Informationen in Form von Zahlen oder durch verbale Angaben.[1] Die im Anhang abzugebenden umfangreichen Pflichtangaben sind in jedem Jahresabschluss vollständig vorzulegen. Die Angabe von Vorjahreswerten ist nach § 265 Abs. 2 HGB nur notwendig, soweit diese über ein Ausweiswahlrecht konkret die Bilanz und GuV betreffen. Allerdings ist es üblich und sinnvoll, Vj.-Werte anzugeben. Verweise auf entsprechende Angaben in einem früheren Jahresabschluss sind unzulässig.[2]

2   Grundsätzlich sind die Pflichtangaben an alle KapG adressiert (§ 264 Abs. 1 Satz 1 HGB). Soweit einige wenige Angaben unter der Bilanz erfolgen, dürfen Kleinst-KapG auf die Aufstellung eines Anhangs verzichten (§ 264 Rz 45 ff.) Es gibt zudem **Erleichterungen** für kleine (§ 267 Abs. 1 HGB) und für mittelgroße KapG (§ 267 Abs. 2 HGB) aus §§ 274a, 288 Abs. 1 HGB bzw. § 288 Abs. 2 HGB, auf die im Folgenden jeweils hingewiesen wird.

3   Zur Abgabe der Pflichtangaben im Anhang des Jahresabschlusses sind andererseits nach § 264a Abs. 1 HGB auch solche OHG und KG verpflichtet, bei denen nicht wenigstens ein phG

---

[1] Vgl. zum Zweck des Anhangs *Kirsch*, in *Federmann/Kußmaul/Müller*, HdB-Beitrag Anhang nach HGB, Rz 4 ff., Stand 04/2016.
[2] Vgl. *Wiedmann*, in *Ebenroth/Boujong/Joost/Strohm*, HGB, § 285, Rz 1; *Poelzig*, in MünchKomm. HGB, 3. Aufl., § 285 Rn 1; *Grottel*, in Beck Bil-Komm., 10. Aufl., § 285 HGB Rz 1.

- eine natürliche Person oder
- eine OHG, KG oder andere PersG mit einer natürlichen Person als phG ist oder
- sich die Verbindung von Gesellschaften in dieser Art fortsetzt.

Kreditinstitute und VersicherungsUnt haben im Zusammenhang mit der Anwendung von § 285 HGB Sondervorschriften zu beachten (§ 340a Abs. 1 und Abs. 2 Satz 2 HGB, § 341a Abs. 1 und Abs. 2 Satz 2 HGB). 4

Aufgrund von § 5 PublG sind schließlich alle Unt, die die **Voraussetzungen des § 1 PublG** erfüllen, zur Vorlage eines Jahresabschlusses verpflichtet. Die gesetzlichen Vertreter eines Unt, das nicht in der Rechtsform einer PersG oder des EKfm geführt wird, haben nach § 5 Abs. 2 PublG den Jahresabschluss ebenfalls um einen Anhang zu erweitern, der mit der Bilanz und der GuV eine Einheit bildet, sowie einen Lagebericht aufzustellen. Für den Anhang gelten bei diesen publizitätspflichtigen Unt, soweit sie nicht schon als KapG aufgrund von § 264 HGB zur Aufstellung des Jahresabschlusses mit Anhang uneingeschränkt verpflichtet sind, § 285 Nrn. 1–4, 7–13 und 17–29 HGB und § 286 HGB sinngemäß. 5

Mit dem das Investmentgesetz zum 21.7.2013 ersetzenden KAGB[3] wurde in Nr. 26 eine Konkretisierung des berichtsnötigen **Sondervermögens (Investmentvermögens)** vorgenommen, die für Gj, die nach dem 21.7.2013 beginnen, anzuwenden ist. 6

Mit dem **BilRUG** sind erhebliche Veränderungen des § 285 HGB im Rahmen der notwendigen Umsetzung der geänderten europäischen Vorgaben vorgenommen worden. Diese gelten für Gj, die nach dem 31.12.2015 begonnen haben. Konkret wurden in den Nrn. 1–29 zahlreiche Detailänderungen vorgenommen und die Nrn. 15a sowie 30–34 komplett neu hinzugefügt. Dabei handelt es sich jedoch teilweise nur um Verlagerungen von bereits vorher bestehenden Angabepflichten aus anderen Teilen des Gesetzes. Außerdem wurden die größenabhängigen Erleichterungen für die Angabepflichten in § 288 HGB grundlegend überarbeitet, was ebenfalls erhebliche Auswirkungen auf die Anhangaufstellung hat.

2 Pflichtangaben im Einzelnen

2.1 In der Bilanz ausgewiesene Verbindlichkeiten (Nr. 1)

Zu den in der Bilanz anzugebenden Verbindlichkeiten (§ 266 Rz 142 ff. und § 268 Rz 29 ff.) ist nach Nr. 1a) der Gesamtbetrag derjenigen sich nach § 266 Abs. 3 C. HGB bestimmenden Verbindlichkeiten summarisch auszuweisen, die eine **Restlaufzeit** von mehr als fünf Jahren haben, sowie nach Nr. 1b) unter Angabe von Art und Form der Sicherheiten der Gesamtbetrag derjenigen Verbindlichkeiten, die durch Pfandrechte oder ähnliche Rechte gesichert sind. Bei der nach §§ 186 ff. BGB vorzunehmenden Berechnung der Frist nach Nr. 1a) sind der Abschlussstichtag einerseits und der Fälligkeitstermin der Verbindlichkeit (als objektives sich aus Vertrag oder Gesetz ergebendes Datum und nicht etwa ein sich nach der Zahlungsbereitschaft oder -fähigkeit bemessender subjektiver Termin)[4] maßgebend. Besteht aber die Absicht, eine vorzeitige Tilgung vorzunehmen, und ist 7

---

[3] KAGB eingeführt mit AIFM-UmsG v. 4.7.2013, BGBl 2013 I S. 1981.
[4] Vgl. *Wiedmann*, in *Ebenroth/Boujong/Joost/Strohm*, HGB, § 285 Rz 3; *Poelzig*, in MünchKomm. HGB, 3. Aufl., § 285 Rn 13.

diese auch zulässig, so soll dieses vorzeitige Tilgungsdatum ebenso berücksichtigt werden dürfen[5] wie ein vorzeitiges Kündigungsrecht des Schuldners, wenn dieser vom Kündigungsrecht auch tatsächlich Gebrauch machen will.

> **Beispiel**
> Ein Kreditinstitut kündigt außerordentlich aber vertragsgemäß einen noch acht Jahre nach dem Bilanzstichtag laufenden Kredit nach dem Bilanzstichtag, aber noch während der Aufstellungsphase. In diesem Fall muss bereits in der Anhangangabe für die Verbindlichkeiten mit mehr als fünf Jahren Restlaufzeit der gekündigte Betrag abgezogen werden.

Es entspricht dem Vorsichtsprinzip aus § 252 Abs. 1 Nr. 4 HGB, dass der frühestmögliche Rückzahlungstermin zugrunde gelegt wird, was auch bei einer Kündigungsmöglichkeit des Gläubigers zu beachten ist, wenn dadurch der Fälligkeitstermin vorverlegt werden kann.[6] Erfolgt die Tilgung in Raten (**Annuitäten**), sind nur diejenigen zur Verbindlichkeit gehörenden Ratenzahlungen zu berücksichtigen, die noch eine Restlaufzeit von mehr als fünf Jahren haben.[7]

8   Andere Verbindlichkeiten, die von § 266 Abs. 3 C. HGB nicht, insb. auch nicht von dessen Nr. 8, erfasst werden, brauchen nicht berücksichtigt zu werden. Zu denken wäre hier etwa an Rückstellungen für ungewisse Verbindlichkeiten oder RAP.[8]

9   Auch Haftungsverhältnisse gem. § 251 HGB brauchen hier nicht dargestellt zu werden.[9]

10 § 285 Nr. 1 Buchst. b HGB verlangt die Angabe von Art und Form der **eigenen** Sicherheiten für **eigene**, nicht für fremde Verbindlichkeiten.[10] Offenzulegen sind die Art der Sicherung durch Angaben wie „Sicherungsübereignungen oder -abtretungen", „Eigentumsvorbehalt", „Pfandrecht", „Nießbrauch an beweglichen Sachen" oder „Hypothek" und die Form mit Angaben darüber, wie das **Sicherungsrecht** ausgestaltet wurde. Gibt es keine **Sicherheiten**, bedarf es keiner Angabe, auch nicht etwa als „Fehlanzeige" oder „keine Sicherheiten". Beim Eigentumsvorbehalt dürfte es branchenabhängig auch genügen, nur in allgemeiner Form darüber zu berichten. Eine quantitative Angabe der jeweiligen Sicherheiten ist nicht erforderlich.[11]

11 **Kreditinstitute** sind nicht zur Angabe nach Nr. 1 verpflichtet, sondern wenden die durch Rechtsverordnung erlassenen Formblätter und anderen Vorschriften an (§ 340a Abs. 2 Satz 2 HGB). Für **KleinstKapG** entfällt diese Angabe aufgrund der Anhangaufstellungsbefreiung ersatzlos.

---

5   So *Poelzig*, in MünchKomm. HGB, 3. Aufl., § 285 Rn 13, mwN.
6   Vgl. WPH Edition, Wirtschaftsprüfung & Rechnungslegung, 15. Aufl., 2017, Abschn. F, Tz. 1005.
7   Vgl. *Oser/Holzwarth*, in *Küting/Pfitzer/Weber*, HdR, §§ 284–288 HGB, Rz. 292, Stand 7/2016.
8   Vgl. *Poelzig*, in MünchKomm. HGB, 3. Aufl., § 285 Rn 12.
9   Vgl. *Poelzig*, in MünchKomm. HGB, 3. Aufl., § 285 Rn 12.
10 Ausführlich dazu *Poelzig*, in MünchKomm. HGB, 3. Aufl., § 285 Rn 12.
11 Vgl. WPH Edition, Wirtschaftsprüfung & Rechnungslegung, 15. Aufl., 2017, Abschn. F, Tz. 1007.

2.2 Aufgliederung der nach Nr. 1 verlangten Angaben (Nr. 2)

Die nach Nr. 2 vorzulegenden Angaben müssen im Anhang nach dem vorgegebenen **Gliederungsschema** für jeden einzelnen Posten der Verbindlichkeiten i. S. v. § 266 Abs. 3 C. HGB für mittelgroße und große KapG sowie PersG nach § 264a HGB wie folgt aufgegliedert werden:

C. Verbindlichkeiten:
1. Anleihen,
   davon konvertibel;
2. Verbindlichkeiten gegenüber Kreditinstituten;
3. erhaltene Anzahlungen auf Bestellungen;
4. Verbindlichkeiten aus L&L;
5. Verbindlichkeiten aus der Annahme gezogener Wechsel und der Ausstellung eigener Wechsel;
6. Verbindlichkeiten gegenüber verbundenen Unternehmen;
7. Verbindlichkeiten gegenüber Unternehmen, mit denen ein Beteiligungsverhältnis besteht;
8. sonstige Verbindlichkeiten,
   davon aus Steuern,
   davon im Rahmen der sozialen Sicherheit.

Kleine KapG sowie PersG nach § 264a HGB können es nach § 265 Abs. 1 Satz 3 HGB bei der zusammengefassten Darstellung lediglich auf der Ebene der Verbindlichkeiten in einer Position belassen, sind aber auch nach § 288 Abs. 1 HGB komplett von der Angabepflicht befreit. Zu jedem in der Bilanz unter C. auszuweisnötigen Posten sind etwaige **Sicherheiten** nach Art und Form gesondert auszuweisen. Im Anhang sind demnach die **Gesamtbeträge** der Verbindlichkeiten mit einer Restlaufzeit von mehr als fünf Jahren und, wenn sie gesichert sind, Art und Form der Sicherheiten anzugeben (Nr. 1) sowie die nach den sich aus § 266 Abs. 3 C. HGB ergebenden Posten aufgegliederten **Einzelangaben**. Die sich ergänzenden und sachlich zusammengehörenden Angaben müssen alle im Anhang aufgenommen werden.[12]

Bei umfangreicheren Angaben wird die Darstellung im Interesse der Übersichtlichkeit in Form eines **Verbindlichkeitsspiegels** empfohlen.[13] Darin sollten nicht nur die Restlaufzeiten von über fünf Jahren, sondern **alle** Restlaufzeiten angegeben werden, weil § 268 Abs. 5 Satz 1 HGB dazu verpflichtet, in der Bilanz die Restlaufzeiten bis zu einem Jahr anzugeben. Es liegt auf der Hand, dass es klar und übersichtlich ist, wenn alle Verbindlichkeiten, aufgeteilt nach den Restlaufzeiten von bis zu einem Jahr, von einem Jahr bis zu fünf Jahren und über fünf Jahren, tabellarisch im Verbindlichkeitsspiegel aufgeführt werden. Zwar verlangt § 268 Abs. 5 Satz 1 HGB ausdrücklich, dass die Angabe der Restlaufzeit von Verbindlichkeiten bis zu einem Jahr in die Bilanz und nicht

---

[12] S. dazu die BilMoG-BegrRegE, S. 68.
[13] So die BilMoG-BegrRegE, S. 69; s. das Muster bei *Wiedmann*, in *Ebenroth/Boujong/Joost/Strohn*, HGB, § 285 Rz 4; *Poelzig*, in MünchKomm. HGB, 3. Aufl., § 285 Rn 26.

in den Anhang gehört; dennoch wird im Interesse der größeren Übersichtlichkeit dieser Verstoß in Kauf genommen.[14]

14 **Kleine KapG** brauchen die Angaben nach Nr. 2 gem. § 288 Abs. 1 HGB nicht zu machen, **mittlere KapG** brauchen die Angaben nach § 327 Nr. 2 HGB nicht offenzulegen. Kreditinstitute sind nicht zur Angabe nach Nr. 2 verpflichtet, sondern wenden die durch Rechtsverordnung erlassenen Formblätter und anderen Vorschriften an (§ 340a Abs. 2 Satz 2 HGB).

2.3 Angaben über in der Bilanz nicht enthaltene Geschäfte (Nr. 3)

15 Die Pflicht zur Angabe im Anhang von Art und Zweck sowie von Risiken, Vorteilen und finanziellen Auswirkungen der nicht in der Bilanz enthaltenen Geschäfte (Off-balance-Transaktion) ist für große und nach dem BilRUG auch komplett für mittelgroße KapG obligatorisch, soweit die Risiken und Vorteile wesentlich und für die Beurteilung der Finanzlage erforderlich sind (Art. 17 Abs. 1 Buchst. p RL 2013/34/EU). Mit dem BilRUG ist es damit einerseits zu einer Ausweitung der Angabepflichten durch die Notwendigkeit der Darstellung **finanzieller Auswirkungen** von nicht in der Bilanz enthaltenen Geschäften und andererseits zu einer Einschränkung der Berichterstattung auf Geschäfte mit **wesentlichen Risiken und Chancen** gekommen. Das Ersetzen des Wortes „notwendig" durch „erforderlich" hat keine substanziellen Auswirkungen auf die Angabepflicht und ist rein redaktioneller Natur. Als **außerbilanzielle Geschäfte** sind alle Transaktionen rechtlicher oder wirtschaftlicher Art sowie Vereinbarungen zu verstehen, durch die der Bilanzierende Vorteile oder Risiken übernimmt, ohne dass diese als VG oder Schulden in der Bilanz erscheinen. Nach der Gesetzesbegründung[15] handelt es sich bei nicht in der Bilanz enthaltenen Geschäften um Transaktionen, die von vornherein dauerhaft keinen Eingang in die HB finden oder einen dauerhaften Abgang von VG oder Schulden aus der HB nach sich ziehen.[16] Beispielhaft nennt die Gesetzesbegründung Geschäfte, die mit der Errichtung oder Nutzung von ZweckGes, mit Offshore-Geschäften oder sonstigen Geschäften verbunden sind, mit denen gleichzeitig auch andere wirtschaftliche, rechtliche, steuerliche oder bilanzielle Ziele verfolgt werden. Die Gesetzesbegründung geht davon aus, dass nicht in der Bilanz enthaltene Geschäfte i.d.R. rechtsgeschäftliche Vereinbarungen sind. Der Erwägungsgrund Nr. 9 der AbänderungsRL nennt hier nicht abschließend das Factoring, Pensionsgeschäfte, Konsignationslagervereinbarungen, Verträge mit unbedingter Zahlungsverpflichtung („take or pay"-Verträge), Forderungsverbriefungen über gesonderte Gesellschaften oder nicht rechtsfähige Einrichtungen, die Verpfändung von Aktiva, Leasingverträge und die Auslagerung von Tätigkeiten. Es handelt sich somit um Verpflichtungen, die noch von keiner

---

[14] S. § 268 Rz 29 ff.; vgl. auch *Poelzig*, in MünchKomm. HGB, 3. Aufl., § 285 Rn 26; WPH Edition, Wirtschaftsprüfung & Rechnungslegung, 15. Aufl., 2017, Abschn. F, Tz 1008; zu Umsetzungsbeispielen vgl. *Kreipl/Lange/Müller*, in Haufe HGB Bilanz Kommentar Erfahrungsbericht BilMoG, 2012, Rz 389.
[15] Vgl. BilMoG-BegrRegE, S. 69.
[16] BilMoG-BegrRegE, S. 69.

Seite erfüllt sind. Somit entfällt i.d.R. eine Berücksichtigung in der Bilanz. Als grobe Einteilung kann damit vorgenommen werden:[17]
- Schwebende Geschäfte über einzelne Lieferungen oder sonstige Leistungen,
- schwebende Dauerschuldverhältnisse über wiederkehrende Lieferungen oder Leistungen sowie
- sonstige Dauerschuldverhältnisse oder Geschäfte, bei denen es bei bestehenden nicht unwesentlichen Risiken und Vorteilen noch nicht zu einem Bilanzausweis gekommen ist.

In letztere Kategorie fällt dann auch etwa das Bestellobligo aus Beschaffungsgeschäften. Inwiefern die Voraussetzung „nicht in der Bilanz enthalten" erfüllt ist, ist dabei zu jedem Abschlussstichtag zu prüfen[18] und auch eng auszulegen. So fallen Geschäfte, aufgrund derer es zu einem endgültigen Abgang von VG bzw. zu einem rechtswirksamen Erlöschen von Schulden bis zum Bilanzstichtag kommt, grundsätzlich nicht unter die Angabepflicht. Ausnahmsweise kann im Zusammenhang mit dem Abgang von VG oder Schulden dann eine Angabepflicht bestehen, wenn dem Bilanzierenden dauerhaft oder für eine gewisse Zeit nach dem Abschlussstichtag weiterhin Vorteile oder Risiken aus dem abgegangenen Bilanzposten zuzuordnen sind,[19] wie etwa Earn-Out-Vereinbarungen oder nachlaufende erfolgsabhängige Zahlungsbelastungen.[20]

In jedem Einzelfall ist zu prüfen, ob die Angabe über das Geschäft **erforderlich** (anders Nr. 3a: von Bedeutung) ist. Dabei ist in doppelter Weise zu prüfen. Erstens ist zu klären, ob mit den außerbilanziellen Geschäften wesentliche Vorteile und Risiken verbunden sind. Dies stellt eine Verankerung des Wesentlichkeitsgrundsatzes dar, der bisher jedoch implizit auch zu beachten war.[21] Zweitens ist die finanzielle Auswirkung einzuschätzen. Ergibt eine Bewertung der Vorteile und Risiken der Transaktion, dass sie sich „in erheblicher Höhe"[22] auf die Finanzlage auswirken kann, hat die Angabe zu erfolgen. Unter der **Finanzlage eines Unt** versteht das Gesetz nach der Begründung zu Nr. 3 dessen Liquidität und seine Fähigkeit, vorhandenen Verpflichtungen in einem überschaubaren Zeitraum nachkommen zu können (§ 264 Rz 69 ff.). Ergibt also die Bewertung von Vorteilen und Risiken, dass sich die Liquidität des Unt durch die Transaktion erheblich besser oder schlechter darstellen wird und es künftig erheblich besser oder schlechter in der Lage sein wird, seinen Verpflichtungen nachzukommen, sind Informationen darüber im Anhang zu geben. Dabei ist die Einschätzung von „erheblich" auf die Gesamtheit der außerbilanziellen Geschäfte zu beziehen, sodass auch mehrere Geschäfte mit jeweils unerheblicher Beeinflussung der Finanzlage in der Summe angabepflichtig werden können.[23] Ergeben sich diese Informationen über die Lage zum Bilanzstichtag bereits aus der Bilanz, ist über diese Risiken im Anhang nicht zu berichten. Nach dem Abschlussstichtag erkenntliche, wertaufhellende Ereignisse sind zu berücksich-

16

---

17 Vgl. *Oser/Holzwarth*, in *Küting/Pfitzer/Weber*, HdR, §§ 284–288 HGB, Rz. 304, Stand 7/2016.
18 Vgl. IDW RS HFA 32, Tz 6.
19 Vgl. IDW RS HFA 32, Tz 7.
20 Vgl. *Oser/Holzwarth*, in *Küting/Pfitzer/Weber*, HdR, §§ 284–288 HGB, Rz. 306, Stand 7/2016.
21 Vgl. *Lüdenbach/Hoffmann*, BB 2015, S. 2225.
22 Vgl. IDW RS HFA 32, Tz 10, in Tz 27 wird weiter konkretisiert auf „für die Beurteilung der Finanzlage „notwendig", d.h. unbedingt erforderlich …".
23 Vgl. IDW RS HFA 32, Tz 12.

tigen. Werden außerbilanzielle Geschäfte dagegen nach dem Abschlussstichtag vereinbart oder modifiziert, hat keine Angabe im abgelaufenen Gj zu erfolgen. Diese sind ggf. im Nachtragsbericht (nach BilRUG neu unter § 285 Nr. 33 HGB) zu erläutern.[24] Die neu eingefügte Forderung nach Angabe der **finanziellen Auswirkungen** kommt als Bezugsgrundlage die ausgewiesene Liquidität als auch der quantifizierte Umfang der bestehenden oder zukünftigen Verpflichtung in Betracht. Da nur für die Beurteilung der Finanzlage des Unt erforderliche Angaben gefordert sind, erscheint eine rein verbale Beschreibung nicht ausreichend, es ist eine quantitative Angabe notwendig.[25] In der Literatur wird empfohlen, diese zahlenmäßige Darstellung auch nach Fristigkeiten zu unterteilen.[26]

17 Es sind nicht nur unsaldiert die Vorteile und Risiken für die Finanzlage des Unt, sondern auch **Art des Geschäfts** (z.B. Pensionsgeschäft, Leasinggeschäft oder Forderungsverbriefung) und **Zweck** des Geschäfts (bei einem Leasinggeschäft etwa die Beschaffung liquider Mittel für ein Investitionsvorhaben) anzugeben. In der Praxis zeigt sich, dass diesen umfangreichen Angabepflichten nur sehr eingeschränkt nachgekommen wird. Dies könnte daran liegen, dass die Zwecke etwa bei Leasingverträgen vergleichsweise klar sind, sodass es in den meisten Fällen bei einer Nennung der Art belassen wird.[27] Dass es durchaus anders geht, verdeutlicht folgendes Beispiel, wobei die Angabe der erst seit dem Gj 2016 geforderten finanziellen Auswirkungen nach BilRUG bereits implizit enthalten ist:[28]

> **Beispiel**
> **Nicht in der Bilanz enthaltene Geschäfte[29]:**
> **Factoring**
> Zum Bilanzstichtag hat die Ges. Forderungen im Rahmen eines sog. „echten" Factorings von 50.674 TEUR (Vj.: 41.773 TEUR) verkauft. Das Factoring dient der kurzfristigen Verbesserung der Kapitalstruktur und Liquidität des Unt. Sämtliche Forderungsausfallrisiken gehen auf die Käufer über.
> **Operating Lease**
> Der Nutzung von Kfz, Gabelstaplern, IT-Hardware sowie Kopierern liegen teilweise Operating-Leasingverträge zugrunde. Der Abschluss von Leasingverträgen dient der Verringerung der Kapitalbindung und verlagert das Risiko der Verwertung auf den Leasinggeber. Die Leasingverträge haben Laufzeiten bis maximal 2015. Die Gesamtverpflichtung aus den Leasingverträgen beträgt 1.641 TEUR.

18 Dem Normzweck entsprechend werden von dem Begriff Risiko nicht nur jene Risiken umfasst, die zum Abschlussstichtag ungewisse künftige negative Auswirkungen mit sich bringen, sondern auch feststehende finanzielle, nicht bilanzierte Nachteile. Als Gradmesser für das Vorliegen von Risiken oder Vorteilen kann

---

[24] Vgl. IDW RS HFA 32, Tz 11.
[25] Vgl. IDW RS HFA 32, Tz 19.
[26] Vgl. z.B. WPH Edition, Wirtschaftsprüfung & Rechnungslegung, 15. Aufl., 2017, Abschn. F, Tz 1015.
[27] Vgl. *Kreipl/Lange/Müller* in Haufe HGB Bilanz Kommentar Erfahrungsbericht BilMoG, 2012, Rz 398.
[28] Zu weiteren Beispielen vgl. IDW RS HFA 32, Tz 16ff. sowie *Phillips*, DB 2011, S. 127f.
[29] Entn. aus Automotive Lighting Reutlingen GmbH, JA 2011 gem. BAnz, S. 16.

dabei der Einfluss der Geschäfte auf die Liquidität oder die Fähigkeit des Unt zur Erfüllung von Verpflichtungen in einem absehbaren Zeitraum verstanden werden.[30]
Die Angaben sind auch dann zu machen, wenn sie etwa bei einem **Dauerschuldverhältnis** bereits in einem früheren Jahresabschluss enthalten waren.
Kleine KapG i. S. v. § 267 Abs. 1 HGB und kleine OHG und KG, die nach § 264a HGB ansonsten Normadressat sind, werden von der Anzeigepflicht durch § 288 Abs. 1 HGB ausgenommen. **Mittelgroße KapG** müssen die Angabepflichten komplett erfüllen und haben gem. § 288 Abs. 2 HGB ab dem Gj 2016 keine Erleichterungen mehr.

19

2.4 Gesamtbetrag sonstiger Verpflichtungen (Nr. 3a)

Ab dem Gj 2016 haben auch kleine KapG und phG nach § 264a HGB im Anhang den Gesamtbetrag der sonstigen finanziellen Verpflichtungen anzugeben, da die Befreiung im § 288 Abs. 1 HGB mit dem BilRUG gestrichen wurde. Die Art. 16 Abs. 1d der RL 2013/34/EU umsetzende Angabepflicht nach Nr. 3a zielt somit bis auf die KleinstKapG (für die jedoch ggf. eine Angabepflicht aus § 264 Abs. 2 HGB resultieren könnte) für alle anhangerstellenden Unternehmen darauf, die für die Finanzlage wesentlichen finanziellen Verpflichtungen aufzudecken, die sich nicht schon aus der Bilanz ergeben.[31] Hiernach sind die im Jahresabschluss nicht enthaltenen Angaben über „**sonstige finanzielle Verpflichtungen**" im Anhang aufzuführen. Bei diesen Verpflichtungen geht es um solche, die nicht schon als Verbindlichkeit oder als Rückstellung in der Bilanz passiviert wurden und auch nicht gem. § 251 HGB als Haftungsverhältnisse unter der Bilanz vermerkt (§ 251 Rz 1ff.) bzw. unter § 268 Abs. 7 HGB aufzuführen, mit § 285 Nr. 3 HGB zu beschreiben und unter § 285 Nr. 19 HGB im Zusammenhang mit nicht zum beizulegenden Zeitwert bilanzierten derivativen Finanzinstrumenten zu nennen sind. Insofern stellt sich diese Angabepflicht als eine Auffangvorschrift dar.[32] Die mit dem BilRUG vorgenommene Veränderung von Nr. 3a resultiert aus Folgeänderungen der Darstellung der finanziellen Verpflichtungen (Haftungsverhältnisse) (Rz 26). Um angesichts der Überschneidung des sachlichen Anwendungsbereichs mit § 285 Nr. 3 HGB mögliche **Doppelerfassungen** auszuschließen, sollen hier nur Angaben aufgenommen werden, die nicht schon dort enthalten sind. Zur Vermeidung einer Doppelerfassung ist stets eine Einzelfallprüfung geboten.[33]
Eine **Legaldefinition** der „finanziellen Verpflichtung", die nicht mit dem Rechtsbegriff der „Verbindlichkeit" identisch ist, existiert nicht. Daher sind darunter solche zum Bilanzstichtag bestehenden Verpflichtungen zu verstehen, die erst in der Zukunft zu Ausgabepflichten führen werden, ohne dass es sich dabei zwingend um vertragliche oder gesetzliche Pflichten handelt. In der Gesetzesbegründung zum BilMoG werden **finanzielle Verpflichtungen** als solche Verpflichtungen bezeichnet,

20

21

---

30 Vgl. IDW RS HFA 32, Tz 18.
31 Kritisch *Poelzig*, in MünchKomm. HGB, 3. Aufl., § 285 Rn 51, der zwar Informationsnachteile ausgeglichen sieht, weil Verpflichtungen aufzudecken sind, die im Jahresabschluss nicht enthalten sein dürfen, aber dennoch kein vollständiges, den tatsächlichen Verhältnissen entsprechendes Bild von der Finanzlage vermitteln würden.
32 Vgl. auch *Poelzig*, in MünchKomm. HGB, 3. Aufl., § 285 Rn 56.
33 Vgl. IDW RS HFA 32, Tz 27.

- die aus schwebenden Rechtsgeschäften oder gesellschaftsrechtlichen Verpflichtungen folgen,
- die zu einer wesentlichen Belastung der Finanzlage eines Unt führen können, sowie
- Verpflichtungen aus öffentlich-rechtlichen Rechtsverhältnissen, die sich noch nicht in einer Weise verdichtet haben, die einen Bilanzausweis rechtfertigt.[34]

Des Weiteren werden als **Beispiele** für sonstige finanzielle Verpflichtungen (soweit nicht bereits unter § 285 Nr. 3 HGB oder nach § 251 HGB benannt)
- zwangsläufige Folgeinvestitionen bereits begonnener Investitionsvorhaben,
- mehrjährige Verpflichtungen aus Miet- und Pachtverträgen oder anderen Dauerschuldverhältnissen,
- notwendig werdende Umweltschutzmaßnahmen auf Basis öffentlich-rechtlicher Vorgaben,
- ungewöhnlich hohes Bestellobligo oder andere schwebende Geschäfte und
- künftige für das Unt unabwendbare Großreparaturen, bei denen noch keine vertraglichen Vereinbarungen vorliegen

genannt.[35]

Beispiel
Sonstige finanzielle Verpflichtungen[36]
Es bestehen jährliche Zahlungsverpflichtungen aus Mietverträgen i.H.v. 2.135 TEUR. Darin enthalten sind 193 TEUR für die Containermiete (Mietbeginn war der 23.5.2011).
Des Weiteren bestehen Bestellobligen i.H.v. 373 TEUR.
Die übrigen sonstigen finanziellen Verpflichtungen liegen im Rahmen des üblichen Geschäftsverkehrs.

---

22 Der Begriff der „finanziellen Verpflichtungen" i.S.v. Nr. 3a ist dabei enger gefasst als der Begriff „Risiko" i.S.v. Nr. 3. Ist eine „finanzielle Verpflichtung" im Regelfall mit einem Ressourcenabfluss verknüpft, umfasst der Begriff „Risiko" auch unwahrscheinliche Ressourcenabflüsse.[37] In der Literatur wird als Abgrenzungskriterium vorgeschlagen, dass unter Nr. 3 die Geschäfte zu nennen sind, bei denen durch Nebenabreden oder besonderen Vereinbarungen bewusste Gestaltungsüberlegungen des Managements in Bezug auf die Finanzlage umgesetzt wurden, während unter Nr. 3a dies eben nicht erfolgte.[38]

Für die sich aus den beispielhaft aufgezählten Dauerschuldverhältnissen ergebenden finanziellen Verpflichtungen wird sich eine Einstufung als für die **Beurteilung der Finanzlage** bedeutsam aber nur dann ergeben, wenn eine Verpflichtung den finanziellen Spielraum der KapG tatsächlich einschränkt.[39] Zu beachten

---

[34] BilMoG-BegrRegE, S. 69; weitere Beispiele hierzu bei *Wiedmann*, in *Ebenroth/Boujong/Joost/Strohm*, HGB, § 285 Rz 5; *Merkt*, in *Baumbach/Hopt/Merkt*, HGB, § 285 Rn 3; *Poelzig*, in MünchKomm. HGB, 3. Aufl., § 285 Rn 53ff., insb. 65ff.
[35] Vgl. z.B. WPH Edition, Wirtschaftsprüfung & Rechnungslegung, 15. Aufl., 2017, Abschn. F, Tz. 1020.
[36] Entn. aus Automotive Lighting Reutlingen GmbH, JA 2011 gem. BAnz, S. 16.
[37] Vgl. IDW RS HFA 32, Tz 27.
[38] Vgl. *Phillips*, DB 2011, S. 128.
[39] Näher dazu *Poelzig*, in MünchKomm. HGB, 3. Aufl., § 285 Rn 58.

ist, dass die Angaben für die Beurteilung der Finanzlage „von Bedeutung" sein müssen. Demgegenüber sind die Angaben über Art und Zweck sowie Risiken und Vorteile von nicht in der Bilanz enthaltenen Geschäften nach Nr. 3 nur zu machen, wenn sie für die Beurteilung der Finanzlage „erforderlich" sind. „Von Bedeutung" ist der gegenüber „erforderlich" umfassendere Begriff. Daher können außerbilanzielle Geschäfte, die nach Nr. 3 aufgrund der Einschätzung der Risiken und Vorteile als nicht wesentlich oder die Offenlegung als nicht erforderlich eingestuft werden und somit nicht nach Nr. 3 angegeben werden, dennoch ggf. als unter Nr. 3a angabepflichtig angesehen werden.[40]

Anzugeben ist der sich aus der Summe der einzelnen Erfüllungsbeträge ergebende **Gesamtbetrag**; eine Auflistung der einzelnen Verpflichtungen wird nicht verlangt, ist aber zweckmäßig, um ein den tatsächlichen Verhältnissen entsprechendes Bild der Finanzlage zu vermitteln. Sinnvoll ist auch die Angabe, ob der Betrag sich nur als Belastung in dem auf das dem Bilanzstichtag folgenden Gj darstellt oder sich über einen längeren Zeitraum verteilt.[41]   23

Sonstige finanzielle Verpflichtungen sind **nicht deckungsgleich mit Eventualverbindlichkeiten** nach IFRS. Nach IAS 37.10 sind diese zum einen mögliche Verpflichtungen, die aus einem vergangenen Ereignis resultieren und deren Existenz durch das Eintreten oder Nichteintreten eines oder mehrerer unsicherer künftiger Ereignisse erst noch bestätigt wird, die nicht vollständig unter der Kontrolle des Unt liegen. Diese stellen keine sonstigen finanziellen Verpflichtungen nach HGB dar, da die Zahlungsverpflichtung am Stichtag bereits fest bestehen muss.[42] Zum anderen sind Eventualverbindlichkeiten gegenwärtige Verpflichtungen, die auf vergangenen Ereignissen beruhen, jedoch nicht erfasst werden, weil der Ressourcenabfluss nicht wahrscheinlich ist oder die Höhe der Verpflichtung nicht ausreichend verlässlich geschätzt werden kann. Dieser Teil kann Überschneidungen mit dem HGB aufweisen. Eventualverbindlichkeiten sind nach IAS 37.86 im Anhang anzugeben, sofern die Möglichkeit eines Abflusses bei der Erfüllung nicht unwahrscheinlich ist. Zu dieser klaren Definition und Vorgehensweise hat sich die EU und der Gesetzgeber nicht durchringen können. Somit sind Sachverhalte, die nicht als Rückstellungen angesetzt werden können, da die Wahrscheinlichkeit der Inanspruchnahme zu gering ist, nach HGB eher im Risikobericht des Lageberichts zu benennen als unter den Positionen Nr. 3 und 3a.[43]   24

Finanzielle Verpflichtungen, die gegenüber **verbundenen Unt** bestehen, sind mit einem Gesamtbetrag gesondert auszuweisen. Es gibt keine Vorgabe, ob die beiden Gesamtbeträge als zu addierende Teilbeträge des Gesamtbetrags nebeneinanderstehen oder ob die sich auf verbundene Unt beziehende finanzielle Verpflichtung als „Davon-Angabe" auszuweisen ist.[44] Verbindlichkeiten gegenüber GmbH-Gesellschaftern sind ebenfalls gesondert nach § 42 Abs. 3 GmbHG auszuweisen.   25

---

40   Vgl. *Oser/Holzwarth*, in *Küting/Pfitzer/Weber*, HdR, §§ 284–288 HGB, Rz. 314, Stand 7/2016.
41   *Vgl. Poelzig*, in MünchKomm. HGB, 3. Aufl., § 285 Rn 60.
42   *Vgl. Hoffmann/Lüdenbach*, NWB Kommentar Bilanzierung, 8. Aufl., § 285 Rz 20 ff.
43   Zu Beispielen s. *Kreipl/Lange/Müller* in Haufe HGB Bilanz Kommentar Erfahrungsbericht BilMoG, 2012, Rz 390 ff.
44   *Vgl. Hoffmann/Lüdenbach*, NWB Kommentar Bilanzierung, 8. Aufl., § 285 Rz 27.

26 **Sachleistungsverpflichtungen** sind nicht als finanzielle Verpflichtung i. S. d. Nr. 3 anzusehen. Ist der Gesamtbetrag vage oder ist er nur zu schätzen, so ist eine verbale **Erläuterung** aufzunehmen.[45] Ansonsten erfolgt die **Bewertung** grundsätzlich wie bei Verbindlichkeiten und Rückstellungen. Somit ist der Erfüllungsbetrag unter Berücksichtigung von Abzinsungen[46] bei mehr als einem Jahr Restlaufzeit sowie ggf. erwarteter Preissteigerungen zu verwenden. Nicht zu leistende Teilbeträge (etwa Investitionszuschüsse oder Versicherungsentschädigungen) sind dabei abzuziehen.

Mit dem BilRUG kommt es zu einer Änderung der Vorschrift aufgrund der Folgen der Darstellungsänderungen bei Haftungsverhältnissen nach § 251 HGB. Demnach sind **sonstige finanzielle Verpflichtungen betreffend die Altersversorgung** sowie gegenüber verbundenen oder assoziierten Unt gesondert anzugeben. Dabei sind Fehlbeträge nach Art. 28 Abs. 2 EGHGB (Ansatzwahlrecht für mittelbare und Altzusagen von Pensionsverpflichtungen) sowie nach Art. 67 Abs. 2 EGHGB (Bewertungsanpassungsübergang auf das BilRUG bei Pensionsverpflichtungen) gesondert zu nennen und nicht Teil des unter Nr. 3a anzugebenden Gesamtbetrags.[47] Der Fall von nicht bereits an anderer Stelle berücksichtigten Altersversorgungsverpflichtungen dürfte in der Praxis daher sehr selten vorkommen.

> **Beispiel**
> Denkbar ist die Angabe einer bestehenden Nachhaftung des übertragenden Rechtsträgers im Rahmen einer Spaltung.[48]

Die ebenfalls mit dem BilRUG neu aufgenommene Angabepflicht der bestehenden **sonstigen finanziellen Verpflichtungen gegenüber verbundenen oder assoziierten Unt** ist als „Davon-Angabe" zum Gesamtbetrag ebenfalls in einem Betrag möglich. Durch das „oder" ist eine Aufteilung auf Beträge aus TU und solchen aus assoziierten Unt nicht notwendig.

Darüber hinaus erscheint es empfehlenswert, auch die nach § 42 Abs. 3 GmbHG bzw. § 264c Abs. 1 HGB gesonderte Angabe der Verbindlichkeiten gegenüber Gesellschaftern auf die sonstigen finanziellen Verpflichtungen auszuweiten und auch Beträge, die diese betreffen, gesondert anzugeben.[49]

27 **Kleine KapG** i. S. v. § 267 Abs. 1 HGB und kleine PersG, die nach § 264a HGB ansonsten Normadressat sind, werden von der Anzeigepflicht durch § 288 Abs. 1 HGB seit dem Gj 2016 nicht mehr ausgenommen. Für diese stellt aber die Abgrenzung zu § 285 Nr. 3 HGB, von der diese befreit sind, eine besondere Herausforderung dar. Neu auch mittelgroße und schon bisher große KapG haben in Nr. 3 die Pflicht zur Angabe von Art und Zweck sowie Risiken, Vorteilen und finanziellen Auswirkungen der nicht in der Bilanz enthaltenen Geschäfte (Off-balance-Transaktion) im Anhang, soweit die Risiken und Vor-

---

[45] Vgl. *Grottel*, in Beck Bil-Komm., 10. Aufl., § 285 HGB Rz 105–107; *Poelzig*, in MünchKomm. HGB, 3. Aufl., § 285 Rn 61.
[46] Vgl. *Grottel*, in Beck Bil-Komm., 10. Aufl., § 285 HGB Rz 105; WPH Edition, Wirtschaftsprüfung & Rechnungslegung, 15. Aufl., 2017, Abschn. F, Tz 1030; a. A. *Oser/Holzwarth*, in *Küting/Pfitzer/Weber*, HdR, §§ 284–288 HGB, Rz. 337, Stand 7/2016.
[47] Vgl. WPH Edition, Wirtschaftsprüfung & Rechnungslegung, 15. Aufl., 2017, Abschn. F, Tz 1026.
[48] Vgl. *Rimmelpacher/Meyer*, DB 2015, Beilage 5, S. 25.
[49] Vgl. *Grottel*, in Beck Bil-Komm., 10. Aufl., § 285 HGB Rz 120.

teile wesentlich und für die Beurteilung der Finanzlage erforderlich sind (Art. 17 Abs. 1 Buchst. p RL 2013/34/EU). Aus deren Sicht stellt Nr. 3a mit den finanziellen Verpflichtungen eine Auffangvorschrift dar. Da kleine Gesellschaften Nr. 3 nach § 288 Abs. 1 HGB jedoch nicht zu beachten haben, ergibt sich lediglich eine Abgrenzungsnotwendigkeit zu den nach § 251 HGB unter der Bilanz anzugebenden Haftungsverhältnissen. Damit ist bei kleinen Gesellschaften allerdings die Befreiung von der Angabe der nicht in der Bilanz enthaltenen Geschäften nach Nr. 3 zum Teil ausgehöhlt, da diese ggf. von kleinen Gesellschaften in die Berechnung des nach Nr. 3a anzugebenden Gesamtbetrags mit eingehen müssen.

Für kleine Ges. sind somit alle sonstigen finanziellen Verpflichtungen, soweit für die Beurteilung der Finanzlage von Bedeutung, im Anhang neben den Schulden in der Bilanz und den nach § 268 Abs. 1 Nr. 7 im Anhang zu berichtenden Haftungsverhältnissen nach § 251 HGB anzugeben. Es kommt somit im Anhang bei dieser Größenklasse zur Angabe von zwei Gesamtbeträgen nebeneinander. Dabei sind auch die Haftungsverhältnisse mit den Davon-Angaben mit den Verpflichtungen betreffend die Altersversorgung und Verpflichtungen gegenüber verbundenen oder assoziierten Unt zu verstehen. Anders als die sonstigen finanziellen Verpflichtungen sind bei den Haftungsverhältnissen aber auch nach § 268 Abs. 7 Nr. 2 HGB gesonderte Angaben der gewährten Pfandrechte und sonstigen Sicherheiten notwendig.[50]

Für VersicherungsUnt gilt Nr. 3 mit der Maßgabe, dass die Angaben für solche finanziellen Verpflichtungen nicht zu machen sind, die im Rahmen des Versicherungsgeschäfts entstehen (§ 341a Abs. 2 Satz 5 HGB).

2.5 Aufgliederung der Umsatzerlöse (Nr. 4)

Die Vorschrift transformiert Art. 18 Abs. 1 Buchst. a der RL 2013/34/EU in nationales Recht. Danach sind von großen KapG die Nettoumsatzerlöse nach sachlichen Tätigkeitsbereichen und nach geografisch bestimmten Märkten aufzugliedern, soweit sie sich voneinander erheblich unterscheiden. Mit dem BilRUG kommt es spätestens ab dem Gj 2016 zu einer Änderung der Vorschrift aufgrund der geänderten Umsatzdefinition, ohne dass sich daraus für den Anhang inhaltliche Änderungen ergeben würden.

Die vom steuerrechtlichen Begriff abweichende handelsrechtliche Definition der **Umsatzerlöse** findet sich in § 277 Abs. 1 HGB (§ 275 Rz 44). Sie bezeichnet nun nicht mehr nur die aus der gewöhnlichen Geschäftstätigkeit stammenden Umsätze, sondern umfasst alle Beträge, die sich aus dem Verkauf von Produkten und der Erbringung von Dienstleistungen nach Abzug von Erlösschmälerungen und der Umsatzsteuer sowie sonstigen direkt mit dem Umsatz verbundenen Steuern ergeben.

Es gibt keine normative Vorgabe, nach der die **Aufgliederung** anhand absoluter Umsatzzahlen oder anhand prozentualer Angaben in Bezug auf den Gesamtumsatz zu erfolgen hat. Die Summe der Einzelangaben muss den in der GuV angegebenen Umsatzerlösen entsprechen. Auch beschriftete Diagramme vermögen einen guten Eindruck von der Aufgliederung nach Tätigkeitsbereichen

---

[50] Vgl. *Müller/Ziegler*, BC 2017, S. 28.

respektive geografisch bestimmten Märkten zu vermitteln. Allein die Angabe der aufgegliederten Umsatzerlöse wird nicht ausreichen; vielmehr ist verbal zu erläutern, nach welchen sachlichen Tätigkeitsbereichen und geografisch bestimmten Märkten aufgegliedert wird.

31 Die Tätigkeitsbereiche wie auch die nach geografischen Kategorien unterschiedenen Märkte müssen deutliche **Unterschiede** aufweisen, sonst fehlt es vor dem Hintergrund des Erkenntnisinteresses, signifikante Abweichungen und Unterschiede bei den Umsatzerlösen zwischen den Tätigkeitsbereichen und den geografisch bestimmten Märkten erkennen zu können, am Informationsgehalt, eine Aufgliederung vorzunehmen. Dies bedeutet auch, dass in Fällen, in denen keine sinnvolle Aufgliederung erfolgen kann, die Angabe unterbleiben muss.[51]

Erfolgt eine Aufgliederung, so ist es geboten, diese über mehrere Jahresabschlüsse hinweg dem **Stetigkeitsgrundsatz** folgend beizubehalten, solange nicht nachvollziehbare Gründe, die auch anzugeben sind, für eine Abweichung von der gewählten Gliederung vorliegen.

32 **Abgrenzungskriterien** für die sachlichen Tätigkeitsbereiche können sich bspw. aus der Art der Dienstleistung oder des Produkts ergeben. Bei großen Unt können sich erhebliche Unterschiede, die als Abgrenzungskriterium herangezogen werden, aus der Differenzierung in die bestehenden Unternehmensbereiche ergeben (Medizin-, Verkehrs-, Lager- und Rüstungstechnik im einen oder Chemie, Pharmazeutik und Kosmetik im anderen Unt),[52] aber auch aus deutlich unterscheidbaren Absatzkanälen (private oder öffentliche Auftraggeber) oder aus anderen Kriterien, die eine klare Unterscheidung erkennen lassen.

33 Das Merkmal **geografisch bestimmte Märkte** ist weit zu fassen.

> **Beispiel**
> **Abgrenzung geografischer Märkte**
> Zunächst können geografisch bestimmte Märkte Kontinente wie Europa, Asien oder Afrika sein, aber auch Wirtschaftsunionen wie EU, EMEA,[53] NAFTA,[54] MERCOSUR[55] oder CARICOM.[56] Auch innerhalb Deutschlands lassen sich „geografisch bestimmte Gebiete" definieren, z. B. die Bundesländer, Nord- und Süddeutschland, Großstädte und ländlicher Raum, rechts- und linksrheinisch oder die Gebietsvertretungen, die je nach Marktpräsenz sehr unterschiedlich groß und keineswegs streng nach geografischen Kriterien zugeschnitten wurden. So kann bspw. ein Dachprodukte herstellendes Unt ein räumlich sehr kleines Gebiet, in dem eine bestimmte Dachpfanne landschaftstypisch stark verbreitet ist, einem anderen wesentlich größeren Gebiet gegenüberstellen, in dem baustilbedingt traditionell nur eine geringe Nachfrage besteht.

---

51 Vgl. *Hoffmann/Lüdenbach*, NWB Kommentar Bilanzierung, 8. Aufl., § 285 Rz 30.
52 Weitere Beispiele bei *Poelzig*, in MünchKomm. HGB, 3. Aufl., § 285 Rn 99f.
53 Europe, Middle East and Africa.
54 North American Free Trade Area mit Kanada, USA und Mexiko.
55 Mercado Común del Sur.
56 Caribbean Community and Common Market.

Es muss erkennbar sein, dass sich hier die Märkte wesentlich voneinander unterscheiden und dementsprechend die Vertriebsorganisation darauf eingestellt ist. Kleine und mittelgroße KapG und ihnen gleichgestellte PersG, sind zur Aufgliederung der Umsatzerlöse nicht verpflichtet (§ 288 Abs. 1 und 2 Satz 1 HGB). Nach § 286 Abs. 2 HGB besteht eine Schutzklausel (§ 286 Rz 8). Demnach kann auf die Aufgliederung der Umsatzerlöse verzichtet werden, wenn sie nach geeignet ist, dem bilanzierenden Unt einen erheblichen Nachteil zuzufügen. VersicherungsUnt müssen anstelle der Pflichtangaben nach Nr. 4 die durch Rechtsverordnung erlassenen Formblätter beachten und andere Vorschriften anwenden (§ 341a Abs. 2 Satz 2 HGB).

2.6 Belastung durch Steuern (Nr. 6 aF)

Mit § 275 HGB brauchen ao Erträge und Aufwendungen nicht mehr in der GuV dargestellt zu werden. Folgerichtig entfällt damit auch jede weitergehende Angabepflicht, sodass Nr. 6 nur bis zum letzten vor dem 31.12.2015 beginnenden Gj zu beachten war. Auf eine getrennte Darstellung, in welchem Umfang **Steuern vom Einkommen und vom Ertrag** verschiedene Ergebnisse belasten, kann damit verzichtet werden.

2.7 Beschäftigte Arbeitnehmer (Nr. 7)

Im Anhang ist in Umsetzung des Art. 16 Abs. 1 Buchst. h der RL 2013/34/EU die durchschnittliche Zahl der während des Gj beschäftigten Arbeitnehmer aufgegliedert nach Gruppen anzugeben, um nähere Angaben über die **Personalstrukturen** zu erhalten. Ergänzend sind die **Personalaufwendungen** bei Nr. 8b) aufzuführen. Angaben über die Vorjahreszahlen sind im Anhang nicht notwendig, nach § 265 Abs. 2 HGB wohl aber in der GuV und in der Bilanz.

Wer Arbeitnehmer ist, ergibt sich aus den üblichen arbeitsrechtlichen Kriterien, bei denen § 84 Abs. 1 HGB dadurch ein wesentlicher Auslegungsmaßstab ist. Demnach ist Arbeitnehmer, wer nicht als selbstständiger Gewerbetreibender ständig damit betraut ist, für einen anderen Unternehmer Geschäfte zu vermitteln oder in dessen Namen abzuschließen, und nicht im Wesentlichen frei seine Tätigkeit gestalten und seine Arbeitszeit bestimmen kann. Wesentlich für die Feststellung der **Arbeitnehmereigenschaft** sind Weisungsgebundenheit und Abhängigkeit.[57] Organmitglieder, zu Wehrübungen einberufene Reservisten und Personen in Elternzeit gehören auch dann, wenn sie einen Anspruch auf Weiterbeschäftigung haben, ebenso wenig zu den Arbeitnehmern wie die Auszubildenden oder die im Rahmen einer Arbeitnehmerüberlassung tätigen Personen. Gleichwohl können diese im Rahmen einer freiwilligen Angabe zusätzlich genannt werden. Dagegen sind aber Arbeitnehmer auch diejenigen, die bei selbstständigen TU – bei Weisungsbefugnis der Vorgesetzten im anderen Unt – arbeiten, aber auf der „pay roll" des entsendenden Unt stehen.[58] In die Arbeitnehmerzahl einzubeziehen sind auch Kurzarbeiter und sich im Streik

---

[57] S. auch *Wulf*, in *Baetge/Kirsch/Thiele* Bilanzrecht, § 285 HGB Rn 124 ff., Stand 06/2016.
[58] Ebenso *Poelzig*, in MünchKomm. HGB, 3. Aufl., § 285 Rn 127.

38 befindliche Personen – ggf. sind dann Zusatzangaben notwendig, wenn die tatsächlichen Verhältnisse dadurch nicht wiedergegeben werden.[59]
Das Gesetz lässt offen, in welcher Weise bzw. nach welchen Kriterien Gruppen gebildet werden sollen. Nahe liegt zunächst eine Unterteilung nach dem BetrVG in gewerbliche Arbeiter, Angestellte und außertariflich Angestellte. Denkbar sind aber auch andere Kriterien wie Vollzeitkräfte, Teilzeitkräfte und Kurzarbeiter. Sinnvoll ist auch eine **Untergliederung** nach Tätigkeitsbereichen (z. B. F&E, Produktion, Logistik, Vertrieb, Verwaltung, Außendienst), nach Unternehmenssparten (z. B. Medizin, Pharmazeutik, Chemie), nach Standorten, nach Alter und nach Geschlecht. Daneben sollten auch Angaben über Leiharbeitnehmer und Auszubildende gemacht werden, um die Personalstruktur und -entwicklung transparent zu machen.

39 Die Angaben nach Nr. 7 brauchen sich nicht auf ein einziges Gruppenbildungskriterium zu beschränken; es muss nur jeweils klar sein, dass die durchschnittliche Gesamtzahl der Arbeitnehmer nach jeweils unterschiedlichen Gruppenkriterien angegeben wird.

40 Wie der Durchschnitt zu berechnen ist, wird nicht vorgegeben. Sinnvoll erscheint es, die Zahl der Arbeitnehmer am Ende eines Quartals zu addieren und durch vier zu dividieren (analog zu § 267 Abs. 5 HGB). Es kann aber auch – insbesondere wenn die so ermittelte Durchschnittszahl nicht den tatsächlichen Verhältnissen entspricht[60] – der zwölfte Teil der Summe aus der Zahl der am Monatsende beschäftigten Arbeitnehmer gebildet werden (gem. § 1 Abs. 2 Satz 5 PublG). Es empfiehlt sich jedoch, im Geschäftsbericht und im Anhang, wenn Durchschnittsangaben zu machen sind, durchgängig bei einer **Berechnungsmethode** zu bleiben. Durch die ggf. notwendige Erläuterung der Durchschnittsberechnung kann die bei Saisongeschäften sehr schwankende Arbeitnehmerzahl erkennbar werden. Die nach einem Monat bzw. einem Quartal ausscheidenden Arbeitnehmer sind mitzuzählen, wenn sie am letzten Tag dieses Zeitabschnitts noch beschäftigt waren. Relevant sind die am jeweiligen Stichtag beschäftigten Personen, unabhängig davon, ob unbefristete oder befristete Arbeitsverträge vorliegen.

41 Die Angaben können in Zahlen als Teilmenge, in Prozenten oder als Bruchteil angegeben werden, soweit durch Angabe der Gesamtzahl die konkreten Zahlen mathematisch zu ermitteln sind. Auch eine grafische Darstellung in Diagrammform ist möglich, wenn dies dabei unterstützt, eine Information über die tatsächliche Lage schnell und zutreffend zu erlangen. Dabei ist der Stetigkeitsgrundsatz zu beachten, d. h., dass in den folgenden Gj die gleichen Gruppenbildungskriterien angelegt werden sollten, um eine **Vergleichbarkeit** über einen längeren Zeitraum zu ermöglichen und **Entwicklungstrends** zu erkennen. Abweichungen sind mit erläuternden Angaben zu begründen.

42 Kleine KapG und diesen gleichgestellte PersG sind seit dem BilRUG (Gj 2016) zur Angabe verpflichtet, allerdings dürfen diese auf die Trennung der Angabe in Gruppen verzichten (§§ 288 Abs. 1, 264a HGB).

---

59 Vgl. Oser/Holzwarth, in *Küting/Pfitzer/Weber*, HdR, §§ 284–288 HGB, Rz. 366, Stand 7/2016.
60 Vgl. WPH Edition, Wirtschaftsprüfung & Rechnungslegung, 15. Aufl., 2017, Abschn. F, Tz 1040.

2.8 Material- und Personalaufwand (Nr. 8)

Wird das **Umsatzkostenverfahren** gem. § 275 Abs. 3 HGB angewandt, ist der Material- und Personalaufwand in der GuV nicht erkennbar. In diesem Fall sind im Interesse der Transparenz der Material- und Personalaufwand des Gj im Anhang anzugeben. Die Angabepflicht bzgl. des Personalaufwands resultiert aus Art. 17 Abs. 1 Buchst. e der RL 2013/34/EU. Die Pflicht, Angaben über den Materialaufwand zu machen, entspringt einer nicht auf EU-Recht zurückgehenden Entscheidung des Gesetzgebers. 43

Getrennt nach Material- und Personalaufwand sind die Angaben in Form des jeweils aufgewandten Betrags notwendig. Die Untergliederung erfolgt entsprechend der nach dem GKV üblichen Form (§ 275 Abs. 2 Nrn. 5 und 6 HGB; s. § 275 Rz 90 ff.). Bei den Personalaufwendungen sind die Altersvorsorgeaufwendungen als „Davon-Angabe" gesondert auszuweisen. 44

Der **Materialaufwand** ist gem. der Gliederung des § 275 Abs. 2 Nr. 5 HGB anzugeben, also unterschieden nach 45
1. Aufwendungen für RHB und für bezogene Waren sowie nach
2. Aufwendungen für bezogene Leistungen.

Diese Angabe brauchen nur große KapG i. S. v. § 267 Abs. 3 HGB offenzulegen. § 327 Nr. 2 HGB befreit die mittelgroßen KapG (§ 267 Abs. 2 HGB) von der Offenlegung. Die kleinen KapG (§ 267 Abs. 1 HGB) müssen gem. § 288 Abs. 1 HGB bereits bei der Aufstellung keine Angaben zum Materialaufwand machen.

Der **Personalaufwand** ist entsprechend der in § 275 Abs. 2 Nr. 6 HGB vorgegebenen Aufteilung in 46
1. Löhne und Gehälter,
2. soziale Abgaben und Aufwendungen für Altersversorgung und für Unterstützung, davon für Altersversorgung,

anzugeben.

Die Vj.-Angaben sollten zum Vergleich angegeben werden; eine Verpflichtung dazu besteht jedoch nicht,[61] da sich § 265 Abs. 2 HGB nur auf die Bilanz und GuV bezieht (§ 265 Rz 10).

Diese Angaben müssen alle KapG mit Ausnahme der kleinen KapG und Kleinst-KapG machen. Für Gj, die nach dem 31.12.2015 beginnen, ist die Angabepflicht für kleine KapG gem. § 288 Abs. 1 HGB entfallen. Zwar befreite § 326 Satz 2 HGB kleine KapG schon vorher von der Pflicht zur Angabe des Personalaufwands bei der Offenlegung; in der HV einer AG mussten aber schon bisher und auch zukünftig die Angaben auf Verlangen eines Aktionärs stets gemacht werden. Bei einer GmbH kann ein Gesellschafter Auskunft über Material- und Personalaufwand verlangen (§ 51a Abs. 1 GmbHG). Mittelgroße KapG haben die Angabe in den aufgestellten Anhang aufzunehmen, können diese aber nach § 327 Nr. 2 HGB bei der Offenlegung weglassen. Zu beachten sind darüber hinaus branchenspezifische Ausnahmen. So sind **Kreditinstitute** von der Pflichtangabe nach § 340a Abs. 2 Satz 1 HGB befreit. **Versicherungsunternehmen** sind von der Pflichtangabe hinsichtlich Buchst. a (Materialaufwand) gem. § 341a Abs. 2 Satz 1 HGB befreit. Letztere müssen anstelle der Pflichtangaben nach 47

---

[61] Vgl. *Poelzig*, in MünchKomm. HGB, 3. Aufl., § 285 Rn 136.

Nr. 8 Buchst. b (Personalaufwand) die durch Rechtsverordnung erlassenen Formblätter und andere Vorschriften anwenden (§ 341a Abs. 2 Satz 2 HGB).

2.9 Bezüge der Organvertreter (Nr. 9)

2.9.1 Grundsachverhalte

48 Anzugeben sind unter Vorbehalt der Schutzklausel des § 286 Abs. 4 HGB von mittelgroßen und großen KapG und phG gem. § 264a HGB nach Nr. 9 Buchst. a) die gewährten **Gesamtbezüge** der aktuell tätigen Vorstands-[62] und Aufsichtsratsmitglieder sowie aller sonstigen Mitglieder von Geschäftsführungsorganen oder Aufsichtsgremien im Gj. Auch börsennotierten Ges. ist zu empfehlen, die Vorstandsvergütung im Anhang darzustellen und es nicht bei Angaben zur Vorstandsvergütung im Vergütungsbericht als Teil des Lageberichts zu belassen.[63] Nach Nr. 9 Buchst. b) sind auch die Gesamtbezüge einschließlich der Abfindungen von früheren Mitgliedern dieser Organe und ihrer Hinterbliebenen sowie der Betrag der gebildeten und der nicht gebildeten Pensionsrückstellungen aufzuführen. Nr. 9 Buchst. c) verlangt die Angabe von Vorschüssen, Krediten und erfolgten Rückzahlungen und erlassenen Beträgen sowie Haftungsverhältnissen.[64]

49 Die Offenlegung der Gehälter von Organmitgliedern wurde aus unterschiedlichen Motiven seit vielen Jahren immer wieder gefordert. Im Interesse des Anlegerschutzes wurde im DCGK in Ziff. 4.2.4 die Empfehlung einer **individualisierten Offenlegung der Vorstandsbezüge** börsennotierter AG aufgenommen, der schon 80 % der im DAX notierten Unt nachkamen, bevor mit Art. 1 des VorstOG in Buchst. 9a die Pflicht zur Offenlegung der Bezüge auch gesetzlich verpflichtend wurde. Datenschutzrechtlichen Bedenken gegen diese individualisierte Offenlegung von Vergütungen und Abfindungen der Vorstandsmitglieder hielt der Rechtsausschuss seinerzeit das durch Art. 14 GG geschützte Anlegerinteresse entgegen, das bei einer Abwägung mit dem Persönlichkeitsrecht des Managers und seinem Geheimhaltungsinteresse überwiege.[65]

50 Mit dem Gesetz zur Angemessenheit der Vorstandsvergütung (VorstAG)[66] wurde in allen AG der Aufsichtsrat verpflichtet, bei der Festsetzung der Gesamtbezüge ein angemessenes Verhältnis der Bezüge zu den Aufgaben und Leistungen des Vorstandsmitglieds im Blick zu behalten und eine Ausrichtung **variabler Vergütungsbestandteile** an einer nachhaltigen Unternehmensentwicklung vor-

---

[62] Ausführlich zu den Bemühungen des Gesetzgebers, Transparenz über die Vorstandsvergütung herzustellen, *Hohenstatt/Wagner*, ZIP 2008, S. 945; zu den Informationsrechten und Entscheidungskompetenzen der HV bzgl. der Vorstandsvergütung *Schüppen*, ZIP 2010, 905.
[63] Dazu ausführlich mwN *Henke/Fett*, BB 2007, S. 1267.
[64] Zur Einordnung von Nr. 9 in die allgemeine Organpublizität *Fleischer*, NZG 2006, S. 561.
[65] BT-Drs. 15/5860 S. 6.
[66] Gesetz zur Angemessenheit der Vorstandsvergütung (VorstAG) v. 31.7.2009, BGBl I S. 2509; s. dazu die Begründung des RegE, in BT-Drs. 16/12278. Näher zum VorstAG *Fleischer*, NZG 2009, S. 801; *Lingemann*, BB 2009, S. 1918; *Greven*, BB 2009, S. 2154; *Hohenstatt*, ZIP 2009, S. 1349; *Hohenstatt/Kuhnke*, ZIP 2009, S. 1981; *Nießen*, NJW-Spezial 15/2009, S. 479; *Thüsing*, AG 2009, S. 517. Die BT-Fraktion Bündnis 90/Die Grünen hatte zuvor weitergehende Anträge zur Verhinderung des „Exzesse bei Managergehältern" mit der Begründung gestellt, dass „unverhältnismäßig hohe und nur auf den kurzfristigen Erfolg ausgerichtete Vergütungen von Managern, gepaart mit nur einem sehr geringen persönlichen Haftungsrisiko der Unternehmenslenker ... die gegenwärtige Krise mit vorangetrieben" haben; BT-Drs. 16/12112 v. 4.3.2009.

zunehmen (§ 87 Abs. 1 AktG). Zudem fordert § 285 Nr. 9 Buchst. a HGB mit Satz 6 Transparenz über Leistungszusagen für den Fall des Ausscheidens von Vorstandsmitgliedern gegenüber den Aktionären herzustellen.[67]
Eine auf die einzelne Person bezogene **Offenlegung** ist nach Nr. 9 ausschließlich für die börsennotierten Ges. vorgesehen. Ansonsten bleibt es bei der Angabe von aggregierten Informationen über die Gesamtsumme der Bezüge aller Mitglieder einer Gruppe. Nach § 286 Abs. 4 HGB können die in § 285 Nr. 9 Buchst. a und b HGB verlangten Angaben über die Gesamtbezüge der dort bezeichneten Personen sogar ganz unterbleiben, wenn sich anhand dieser Angaben die Bezüge eines Mitglieds dieser Organe feststellen lassen. Der Gesetzgeber hat sich um eine Abwägung des Informationsinteresses zur Befriedigung unterschiedlicher Interessen mit dem Persönlichkeitsschutz der Betroffenen bemüht.

51

Nr. 9 geht auf das Gesetz über die Offenlegung von **Vorstandsvergütungen** (VorstOG) zurück[68] und wurde durch das VorstAG[69] geändert. Die im Jahr 2005 normierten Publizitätspflichten nach Nr. 9 unterstellen, dass der Markt unangemessene Bezüge durch Transparenz verhindert. Begründet wurde die Pflicht zur individualisierten Angabe der Bezüge von Vorständen börsennotierter AG mit der Notwendigkeit der Offenlegung zur besseren Kontrolle durch den Aufsichtsrat, mit der aufgrund der Namensnennung präventiven Wirkung auf die Vorstände und schließlich mit der Möglichkeit, detaillierte Kapitalmarktinformationen zu vermitteln.[70] Im Vorfeld geäußerte verfassungsrechtliche Bedenken gegen die individualisierte Offenlegungspflicht verhinderten die Vorschrift für börsennotierte Ges. letztlich nicht.[71]

52

2.9.2 Angabepflicht für große und mittelgroße Kapitalgesellschaften (Nr. 9 Abschn. a Satz 1–3)

Von großen und mittelgroßen KapG sind die **Gesamtbezüge** „für die Mitglieder des Geschäftsführungsorgans, eines Aufsichtsrats, eines Beirats oder einer ähnlichen Einrichtung" anzugeben. Aus den §§ 6, 35 und 52 GmbHG ergibt sich, dass die Geschäftsführer und auch die Mitglieder eines fakultativen Aufsichtsrats als Organmitglieder hierunter fallen. In der AG sind es die Vorstände und Aufsichtsräte gem. §§ 76, 95 AktG. In den KapCoGes i.S.v. § 264a HGB ist als Geschäftsführungsorgan das Organ der Komplementär-KapG anzusehen. Die Erwähnung des gesetzlich nicht definierten „Beirats" weist darauf hin, dass auch die Personen solcher Gremien mit Verwaltungsfunktion, die auf Beschluss von Gesellschaftsorganen durch Gesellschaftsvertrag oder Satzung geschaffen wurden und den Vorstand beraten, überwachen oder in anderer Weise auf Vorstandsentscheidungen Einfluss nehmen, ebenfalls ihre Gesamtbezüge anzugeben haben.[72] Die Erweiterung der Aufzählung auf „ähnliche Einrichtungen" soll deutlich machen, dass

53

---

[67] S. dazu BilMoG-BegrRegE, BT-Drs. 16/12278 S. 8f.
[68] Vorstandsvergütungs-Offenlegungsgesetz v. 3.8.2005, BGBl 2005 I S. 2267. Dazu ausführlich *Thüsing*, ZIP 2005, S. 1389; *Spindler*, NZG 2005, S. 689; *Baums*, ZHR 2005, S. 299; *Fleischer*, DB 2005, S. 1611.
[69] Vgl. Gesetz zur Angemessenheit der Vorstandsvergütung (VorstAG) v. 31.7.2009, BGBl I S. 2509.
[70] Dazu näher *Baums*, ZHR 2005, S. 299.
[71] S. etwa *Kiethe*, BB 2003, S. 1573; *Menke/Porsch*, BB 2004, S. 2533.
[72] Ausführlich *Grottel*, in Beck Bil-Komm., 10. Aufl., § 285 HGB Rz 237.

es auf die Bezeichnung der Einrichtung, die eine vergleichbare Aufgabe wie ein Aufsichtsrat wahrnimmt, nicht ankommt.
Die Angabe der Gesamtbezüge hat **für jedes Gremium** (Geschäftsführung, Aufsichtsrat) zu erfolgen.[73]

54 Die Angabepflicht trifft auch **Arbeitnehmervertreter** im Aufsichtsrat oder im Beirat, und zwar selbst dann, wenn sie Teile der für ihre Tätigkeit als Organmitglied gezahlten Bezüge oder diese sogar insgesamt an Dritte abgeben.

55 Das Gesetz zählt zu den **Bezügen** namentlich die Gehälter, die Gewinnbeteiligungen, Bezugsrechte und sonstige aktienbasierten Vergütungen, Aufwandsentschädigungen, Versicherungsentgelte, Provisionen und Nebenleistungen auf. Auch Vorteile aus Aktienoptionsprogrammen gehören demnach zu den Bezügen,[74] wobei die Ansicht vertreten wird, dass eine Berichtspflicht nur hinsichtlich solcher **stock options** besteht, deren Zuteilung im entsprechenden Berichtsjahr erfolgte.[75] Bei der Angabe des Zeitwerts ist auf den Zeitpunkt der Gewährung abzustellen (analog zu IFRS 2).[76] Unter **Aufwandsentschädigungen** sind die pauschalierten Zahlungen, nicht ein erstatteter Auslagenersatz zu verstehen;[77] auch von der Ges. gezahlte, gegenüber dem Organmitglied verhängte Straf-, Buß- und Zwangsgelder sind als Aufwandsentschädigung auszuweisen, soweit nicht das eigenbetriebliche Interesse im Vordergrund steht.[78] Der Begriff „Versicherungsentgelte" meint die vom Unt auf den Namen von Organmitgliedern gezahlten **Versicherungsprämien** für Lebens-, Pensions- oder Unfallversicherungen, aus denen die Organmitglieder berechtigt sind. Auch Haftpflichtversicherungen wie die D&O-Versicherung sind zu berücksichtigen, wenn das Organmitglied anspruchsberechtigt ist. Nicht dazu gehören gesetzliche Arbeitgeberanteile zur Sozialversicherung, falls diese für die Mitglieder des Vorstands/der Geschäftsführung entrichtet wurden.[79]

56 **Erfindervergütungen** sind dann einzubeziehen, wenn die Erfindung während der Tätigkeit als Organmitglied erfolgte und die erfinderische Tätigkeit auch zu den Aufgaben des Organmitglieds als solchem gehörte.[80] Der Begriff „Nebenleistungen" ist weit auszulegen; so gehören die vergünstigte Überlassung von Wohnraum, übermäßige Reisespesen, der Verkauf von Gütern unterhalb des Verkehrswerts oder die Einräumung von Darlehen zu Konditionen unterhalb des Marktüblichen ebenfalls zu den Bezügen. Anhaltspunkt für die Höhe des Einbezugs in die Angabepflicht sind die einkommensteuer-/lohnsteuerpflichtigen Beträge für diese Bezüge.

---

[73] Vgl. WPH Edition, Wirtschaftsprüfung & Rechnungslegung, 15. Aufl., 2017, Abschn. F, Tz 1061.
[74] Eingefügt durch das KonTraG, weil die Gewährung von Bezugsrechten nach § 192 Abs. 2 Nr. 3 AktG auch an Organmitglieder zulässig ist. Vgl. zur Berechnung *Grottel*, in Beck Bil-Komm., 10. Aufl., § 285 HGB Rz 253. IFRS 2 ist bei der Ermittlung des beizulegenden Zeitwerts heranzuziehen (BT-Drs. 15/5577).
[75] Vgl. *Henke/Fett*, BB 2007, S. 1267ff.
[76] Näher dazu *Wiedmann*, in *Ebenroth/Boujong/Joost/Strohm*, HGB, § 285 Rz 12.
[77] Vgl. *Baumbach/Hueck/Schulze-Osterloh*, § 42, Rz 433; *Poelzig*, in MünchKomm. HGB, 3. Aufl., § 285 Rn 161.
[78] Vgl. *Grottel*, in Beck Bil-Komm., 10. Aufl., § 285 HGB Rz 253.
[79] Vgl. WPH Edition, Wirtschaftsprüfung & Rechnungslegung, 15. Aufl., 2017, Abschn. F, Tz 1054.
[80] Vgl. *Poelzig*, in MünchKomm. HGB, 3. Aufl., § 285 Rn 162.

Die Bezüge im vorgenannten Sinn müssen nicht ausgezahlt worden sein, um angegeben werden zu müssen.[81] Werden „Pensions"-Ansprüche gewährt, gehören auch diese **Zusagen** zu den Bezügen.[82] 57

Wurden zwar in einem früheren Gj Bezüge gewährt, aber noch nicht in einem Jahresabschluss bekannt gegeben, sind diese ebenfalls anzugeben. Es ist unerheblich, ob die Bezüge in Geld oder in anderer Form, z. B. als geldwerter Vorteil oder als **Naturalleistungen**, gewährt werden.[83] Die Bewertung hat sich am Zeitwert zu orientieren, d. h. es sind die einkommensteuerpflichtigen Werte zu verwenden. Es ist zudem für die Angabepflicht unbeachtlich, ob die Bezüge ganz oder teilweise von Dritten (z. B. Konzernunternehmen) erstattet wurden, soweit die Gewährung der Bezüge von der Ges. erfolgte. Erfolgt die Gewährung dagegen direkt von einem Dritten, ist diese vom berichtenden Unt nur dann in die Angabepflicht einzubeziehen, wenn diese dem berichtenden Unt weiterberechnet wurde.[84] 58

2.9.3 Angaben zur aktienbasierten Vergütung (Nr. 9 Abschn. a Satz 4)

Zusätzlich zu ihrer wertmäßigen Einbeziehung in die nach Satz 1–3 anzugebenden Gesamtbezüge verpflichtet Satz 4 zu der Angabe der Anzahl der ausgegebenen Bezugsrechte und der sonstigen aktienbasierten Vergütungen mit dem beizulegenden Zeitwert. Damit erfolgt mit der durch das KapCoRiLiG um **Bezugsrechte** und mit dem TransPuG um **sonstige aktienbasierte Vergütungen** erfolgten Ergänzung der Liste der Gesamtbezüge eine Klarstellung, dass auch Aktienoptionspläne und ähnliche Entgeltformen als Bezüge der aktiven Organmitglieder anzugeben sind. Aus der Problematik der betriebswirtschaftlichen Diskussion um die sachgemäße Abbildung, was nicht zuletzt an den vielfältigen Formen der aktienbasierten Vergütung liegt,[85] hat der Gesetzgeber nun bestimmt, dass in Anlehnung an den IFRS 2 die Bezugsrechte und sonstigen aktienbasierten Vergütungen mit ihrer Anzahl und dem beizulegenden Zeitwert zum Zeitpunkt ihrer Gewährung anzugeben sind. Spätere Wertänderungen sind ebenfalls in Analogie zum IFRS 2.26 nur dann zu berücksichtigen, wenn sie auf einer Änderung der Ausübungsbedingungen beruhen. Somit sind Aktienoptionen oder ähnliche Vorteile einmalig zum Zeitpunkt der Gewährung mit dem Marktpreis vergleichbarer Optionen oder, falls diese nicht existieren, über finanzwirtschaftliche Optionspreismodelle zu bewerten.[86] Dabei wird einzig auf die Sichtweise des Unt und die beabsichtigte gewährte Entgeltung abgestellt. Die Berücksichtigung späterer Wertänderungen der Bezugsrechte durch Börsenkursschwankungen würde den Fokus auf das Gesamteinkommen der Organmitglieder lenken und – zumal zusammengefasst in einem Betrag – vom Unt nicht zu beeinflussende Sachverhalte als gewährte Bezüge ausweisen. Jedoch kann je 59

---

[81] Zu denken wäre etwa an Deferred Compensation; vgl. auch *Strieder*, DB 2005, S. 957.
[82] Dazu näher *Hoffmann-Becking*, ZIP 2007, S. 2101, 2108; s. aber auch *Leuering/Simon*, NZG 2005, S. 945 f.
[83] Zur Berechnung nach dem Zeitwert *Kessler*, in MünchKomm. AktG, Rz 131.
[84] Vgl. WPH Edition, Wirtschaftsprüfung & Rechnungslegung, 15. Aufl., 2017, Abschn. F, Tz 1059.
[85] Vgl. zur Ausgestaltung derartiger Entgelte z. B. OLG Stuttgart v. 13.6.2001, 20 U 75/00, DB 2001 S. 1604.
[86] So auch *Grottel*, in Beck Bil-Komm., 10. Aufl., § 285 HGB Rz 253; *Oser/Holzwarth*, in Küting/Pfitzer/Weber, HdR, §§ 284–288 HGB, Rz. 398 ff., Stand 7/2016.

nach Ausgestaltungsform die tatsächliche Belastung des Unt bei Einlösung der Option deutlich von der zum Zeitpunkt der Begebung erwarteten abweichen. Aufgrund der Problematik dieser Entgeltteile sollte eine ausführlichere Beschreibung im Anhang erfolgen, wobei die Pflichtangaben des IFRS 2.44 – IFRS 2.52 zur Orientierung dienen können; dabei fordert der Gesetzgeber die Angabe der Anzahl und des beizulegenden Zeitwerts zum Zeitpunkt der Gewährung explizit. DRS 17.69 verweist ebenfalls explizit auf diese Angabepflichten. Wichtige weitere Angaben wären insb. die Ausübungsbedingungen, die konkrete Ausgestaltung und die bestehenden Risiken bei noch zu erwerbenden Aktien oder *phantom stocks*.

2.9.4 Erweiterte Angabepflicht für börsennotierte Unternehmen (Nr. 9 Abschn. a Satz 5–7)

60 Nur bei börsennotierten Unt sind nach Satz 6 Leistungen, die dem Vorstandsmitglied für den Fall der Beendigung seiner Tätigkeit zugesagt worden sind, anzugeben, wozu auch **Abfindungszahlungen**, die bei Inanspruchnahme eines Sonderkündigungsrechts wegen eines Kontrollwechsels im Unt gezahlt werden, gehören (Change-of-Control-Klauseln/CoC-Klauseln bzw. Change-in-Control-Klauseln/CiC-Klauseln).[87] Auch **Aufhebungsvereinbarungen** sind nach Nr. 9 Buchst. a individualisiert offenzulegen,[88] nach dem DCGK in Ziff. 4.2.5 Abs. 3 zumindest dann, wenn der wesentliche Inhalt von Zusagen für den Fall der Beendigung der Tätigkeit als Mitglied des Vorstands nicht unerheblich von den Zusagen, wie sie Arbeitnehmern gemacht werden, abweichen.

61 **Karenzentschädigungen** nach dem Ausscheiden stellen keine Gegenleistung für die Vorstandstätigkeit, sondern eine zusätzliche Leistung nach dem Ausscheiden für die Enthaltung vom Wettbewerb dar.[89]

62 Werden **Bezüge mittelbar von dritter Seite**, etwa von verbundenen Unt für eine dort verrichtete Organtätigkeit, gewährt, sind sie nur dann anzugeben, wenn sie dem Dritten erstattet werden.

63 In **börsennotierten AG** ist eine auf jedes einzelne Vorstandsmitglied und unter dessen Namensnennung bezogene Aufteilung in erfolgsunabhängige und erfolgsbezogene Bestandteile sowie auch von langfristigen Anreizwirkungen gesondert vorzunehmen. Anders als es die EU-Empfehlung[90] und Vorschläge aus der Wissenschaft[91] vorsahen, ist eine in Details gehende Offenlegung nicht erforderlich. Die individualisierten Angaben über die Bezüge jedes einzelnen

---

[87] *Bauer/Arnold*, DB 2006, S. 260, 264; *Leuering/Simon*, NZG 2005, S. 945 f.; *Bittmann/Schwarz*, BB 2009, S. 1014; bzgl. des wesentlichen Inhalts der Zusage *Hoffmann-Becking*, ZIP 2007, S. 2101, 2109. Allerdings soll auch bei börsennotierten Ges. eine in Anspruch genommene und erfolgte Abfindungszahlung im Anhang des Abschlusses nach Ansicht von *Hoffmann-Becking*, ZIP 2007, S. 2101, 2108 f., nicht individuell ausgewiesen werden müssen, sondern in den Ausweis der Gesamtbezüge einzubeziehen sein; a. A. zutreffend *Hohenstatt/Wagner*, ZIP 2008, S. 945, 948.

[88] Vgl. *Grottel*, in Beck Bil-Komm., 10. Aufl., § 285 HGB Rz 2; *Leuering/Simon*, ZIP 2005, S. 1389 f.

[89] Vgl. *Hoffmann-Becking*, ZIP 2007, S. 2101, 2108 f.

[90] Empfehlung der EU-Kommission zur Einführung einer angemessenen Regelung für die Vergütung von Mitgliedern der Unternehmensleitung börsennotierter Gesellschaften v. 14.12.2005, ABl. EG, L 385 S. 55.

[91] S. nur den Vorschlag von *Baums*, ZIP 2004, S. 1877.

Vorstandsmitglieds sind unterteilt nach dem Fixum, den erfolgsbezogenen Zahlungen[92] sowie den Bezügen mit langfristig wirkender Anreizfunktion[93] vorzunehmen. Der DCGK empfiehlt, eine entsprechende Aufteilung auch bei **Aufsichtsratsmitgliedern** vorzunehmen (Ziff. 5.4.6).
Individualisiert ist neben den Bezügen, wie sie in den Sätzen 1–4 bezeichnet wurden, auch anzugeben, welche Leistungen dem Vorstandsmitglied für den Fall der Beendigung seiner Tätigkeit zugesagt wurden.[94] Nach dem Buchst. a) Satz 6 i.d.F. d. VorstAG sind Leistungen anzugeben, die aufgrund einer dem Vorstandsmitglied gegenüber eingegangenen Verpflichtung der AG erst nach der Beendigung der Vorstandtätigkeit zu erbringen sind. Dazu gehören nicht nur die einmalig zu zahlenden Abfindungen, sondern auch **Ruhegehalts- und Hinterbliebenenbezüge**. Dabei wird auch nach der Art des Ausscheidens insofern differenziert, als zugesagte Leistungen im Fall der vorzeitigen Beendigung [Doppelbuchst. aa)] und im Fall der regulären Beendigung [Doppelbuchst. bb)] seiner Tätigkeit anzugeben sind. Im letzten Fall sind der Barwert der zugesagten Leistung und die von der Ges. dafür aufgewandten oder zurückgestellten Beträge auszuweisen. In der Pflicht der Ausweisung des Barwerts, zu dessen Berechnungsmethode und -grundlage das Gesetz schweigt, liegt die eigentliche durch das VorstAG in § 285 Nr. 9 HGB vorgenommene Verschärfung und zugleich die besondere Schwierigkeit in der Anwendung dieser Vorschrift. Mit der Angabe des Barwerts soll insb. die Vergleichbarkeit der zugesagten Leistungen ermöglicht werden. Vor dem Hintergrund der unterschiedlichen Vergütungssysteme, die auch externe Einflüsse auf die Bemessung der zugesagten Leistungen zum Zeitpunkt der Leistungserbringung vorsehen, wird es im Einzelfall schwierig – bzw. im Fall eines beitragsorientierten Pensionssystems unmöglich – sein, den Barwert zu benennen.[95] Ob die Nr. 9 Buchst. a Satz 6 i.d.F. d. VorstAG auch vor dem Hintergrund negativer Erfahrungen mit dem Bekanntwerden der Höhe des Barwerts der Altersversorgung im Fall des ehemaligen Vorstands der Deutschen Post AG, Zumwinkel, nun tatsächlich einen „Bedeutungsverlust der betrieblichen Altersvorsorge auf Vorstandsebene einleiten"[96] wird und nach Alternativen bspw. in Form einer höheren zu versteuernden Nebenleistung zur Vergütung für eine private Versorgungsabsicherung gesucht werden wird, bleibt abzuwarten.[97] Anzugeben sind nach § 285 Nr. 9 Buchst. a) Satz 6 Doppelbuchst. cc) HGB auch etwaige während des Gj erfolgte **Änderungen** der vorgenannten Zusagen sowie solche Leistungen, die einem früheren Vorstandsmitglied im Zusammenhang mit der im laufenden Gj beendeten Tätigkeit zugesagt und gewährt wurden.

64

65

---

[92] S. zu der Frage, welche Bezüge unter die erfolgsbezogenen Vergütungskomponenten fallen, *Hohenstatt/Wagner*, ZIP 2008, S. 945f.
[93] Zu den aktienkursbasierten Bezügen mit Anreizwirkung *Hohenstatt/Wagner*, ZIP 2008, S. 945f.
[94] Dazu im Detail *Grottel*, in Beck Bil-Komm., 10. Aufl., § 285 HGB Rz 270ff.
[95] So auch *Hohenstatt*, ZIP 2009, S. 1349, 1357 mit Hinweisen auf entsprechende Stellungnahmen im Gesetzgebungsverfahren.
[96] So *Hohenstatt*, ZIP 2009, S. 1349, 1357.
[97] S. zu der bei der DPAG im Fall John Allan gezogenen Konsequenz den Vergütungsbericht 2008 der DPAG unter: http://investors.dp-dhl.de/reports/2008/gb/de/corporate-covernance/verguetungsbericht-5.html.

66 Aus dem Wortlaut von Satz 7 folgt, dass Bezüge, die dem Vorstandsmitglied von einem Dritten im Hinblick auf seine Tätigkeit zugesagt oder gezahlt wurden, anzugeben sind.[98] Allerdings dürfen Vorstandsmitglieder nach dem DCGK im Zusammenhang mit ihrer Tätigkeit Zuwendungen oder sonstige Vorteile nicht annehmen (Ziff. 4.3.2.). Gleichwohl ist eine Drittvergütung aktienrechtlich nicht grds. unzulässig, sondern nur in den ausdrücklich geregelten Fällen.[99] Der HGB-Gesetzgeber will durch die Veröffentlichung mögliche Interessenkonflikte offenlegen, ohne **Drittbezüge** generell als unzulässig anzusehen.[100]

2.9.5 Gesamtbezüge früherer Organmitglieder und deren Hinterbliebener (Nr. 9 Abschn. b)

67 Nach Buchst. b) sind die **Gesamtbezüge** auch der **früheren Mitglieder der genannten Organe und ihrer Hinterbliebenen** wiederum getrennt nach Gremien auszuweisen. Genannt werden als Bezüge beispielhaft Abfindungen, Ruhegehälter, Hinterbliebenenbezüge und Leistungen verwandter Art.[101] Wechselt ein Organmitglied etwa vom Vorstand in den Aufsichtsrat, so sind sowohl dessen früheren Bezüge als Vorstandsmitglied nach Buchst. b) als auch dessen jetzige Bezüge nach Buchst. a) auszuweisen – allerdings getrennt.

68 Nach § 285 Nr. 9 Abschn. b Satz 3 HGB ist neben den Gesamtbezügen auch der Betrag der **Rückstellungen für laufende Pensionen und Anwartschaften,** die für die früheren Organmitglieder gebildet wurden, anzugeben. Sollten Fehlbeträge aus einer Unterdeckung aus Art. 28 Abs. 2 EGHGB oder Art. 67 Abs. 2 EGHGB bestehen, so sind diese zusätzlich zu der nötigen Gesamtangabe für diese Personengruppe an dieser Stelle des Anhangs auch zu benennen.[102] Die anzugebenden Rückstellungen sind grundsätzlich unsaldiert mit einem ggf. bestehenden Planvermögen nach § 246 Abs. 2 Satz 2 HGB anzugeben; Erläuterungen zu einem vorhandenen Planvermögen sind sinnvoll, aber nicht zwingend.[103]

2.9.6 Gewährte Vorschüsse und Kredite sowie Haftungsverhältnisse (Nr. 9 Abschn. c)

69 Buchst. c) verlangt die Angabe von gewährten Vorschüssen und Krediten einschl. der Zinssätze, der wesentlichen Bedingungen und der ggf. im Gj zurückgezahlten Beträge (zu denen nach dem BilRUG nun explizit auch die erlassenen Beträge zählen) sowie der zugunsten dieser Personen eingegangenen Haftungsverhältnisse. Selbst dann, wenn der in einem Gj gewährte Kredit im gleichen Gj getilgt wurde, ist die Angabe vorzunehmen. Die Regelung in Buchst. c) zielt insgesamt darauf ab, dass finanzielle **Verflechtungen** zwischen dem Unt und seinen Organen transparent werden.[104]

---

[98] Vgl. auch *Bauer/Arnold*, DB 2006, S. 260, 266; *Spindler*, NZG 2005, S. 691; *Thüsing*, ZIP 2005, S. 1393.
[99] S. a. § 33 Abs. 3 WpÜG.
[100] Vgl. dazu die Gesetzesbegründung BT-Drs. 15/5860 S. 10.
[101] Näher *Poelzig*, in MünchKomm. HGB, 3. Aufl., § 285 Rn 169ff.
[102] Vgl. WPH Edition, Wirtschaftsprüfung & Rechnungslegung, 15. Aufl., 2017, Abschn. F, Tz 1070.
[103] Vgl. *Oser/Holzwarth*, in *Küting/Pfitzer/Weber*, HdR, §§ 284–288 HGB, Rz. 426, Stand 7/2016.
[104] Zu den aktienrechtlichen Vorschriften über Vorstandskredite *Fleischer*, WM 2004, S. 1057.

Unter „**Vorschüssen**" sind die Vorauszahlungen auf die dem Organmitglied zustehenden, aber zum Bilanzstichtag noch nicht fälligen Bezüge jeder Art zu verstehen.

Was unter „**Kredit**" erfasst werden muss, ist weit auszulegen; jede Form des Darlehens, wie z. B. das aus einem Abzahlungsgeschäft, aus einem Kontokorrent oder aus einer Warenlieferung mit gestundeter Zahlung, gehört dazu.

Die Bedeutung des Begriffs der „**Haftungsverhältnisse**" ergibt sich aus den §§ 251, 268 Abs. 7 HGB (§ 268 Rz 42 ff.).

Die „**Zinssätze**", nicht die jeweiligen Zinsbeträge, sind anzugeben. Unter den „wesentlichen Bedingungen" sind bspw. Laufzeiten, gegebene Sicherheiten, Tilgungsmodalitäten oder Stundungen zu verstehen.

Alle im Gj zurückgezahlten Beträge einschl. der Rückzahlungen von kurzfristigen, im Gj gewährten Krediten mit kurzen Laufzeiten sind zu erfassen. Mit dem BilRUG sind ab dem Gj 2016 auch nun explizit die erlassenen Beträge hierunter zu subsumieren.

Die in den Buchst. a–c geforderten Angaben sind für jede Gruppe von Mitgliedern getrennt als Summe der Bezüge dieser Gruppe auszuweisen. Es wird nicht verlangt, die Angaben in erfolgsunabhängige und in erfolgsabhängige Zahlungen oder in Zahlungen mit langfristiger **Anreizwirkung** aufzugliedern. Dies ist nach den Sätzen 5–9 nur mit individualisierten, d. h. auf die einzelne Person bezogenen Angaben bei börsennotierten Ges. der Fall. Allerdings ist nochmals auf Ziffer 4.2.4 des DCGK zu verweisen.

Das Fehlen der oder Fehler in den Angaben gelten als wesentlich und sind zu korrigieren.[105]

Kleine KapG sind von der Angabepflicht nach Nr. 9 Buchst. a) und b) befreit (§ 288 Abs. 1 HGB). Die Pflicht zur Offenlegung besteht bei einer AG allerdings auch dann nicht, wenn die HV mit einer ¾-Mehrheit des bei der Beschlussfassung anwesenden Kapitals eine Befreiung beschlossen hat und dieser Beschluss nicht älter als fünf Jahre ist (§ 286 Rz 19). Bis zum Gj 2016 konnten nach § 289 Abs. 2 Nr. 5 HGB aF die nach Nr. 9 Satz 5–8 geforderten Angaben stattdessen im Vergütungsbericht als Teil des Lageberichts veröffentlicht werden. Mit der Umsetzung der CSR-Richtlinie bleibt es bei diesem Ausweiswahlrecht, allerdings findest sich dies nun im Kontext weiterer Lageberichtsangabepflichten für börsennotierte KapG in § 289a Abs. 2 HGB (§ 289a Rz 13 ff.).

Die Angabepflichten nach Nr. 9 Buchst. c) sind auch von KleinstKapG zu beachten, wobei diese Angaben mangels Anhangaufstellungspflicht unter der Bilanz zu erfolgen haben (§ 264 Rz 45).

2.10 Personalien der Organvertreter (Nr. 10)

Die Mitglieder und die stellvertretenden Mitglieder gem. § 44 GmbHG bzw. § 94 AktG sowie die Mitglieder des Aufsichtsrats sind mit ihrem **Namen** und mindestens einem ausgeschriebenen Vornamen und mit der Bezeichnung des zum Zeitpunkt der Erstellung des Anhangs tatsächlich ausgeübten **Berufs** anzugeben. Dies

---

[105] S. IDW RS HFA 6, Tz 23: Pflicht zur Korrektur von Angabefehlern, die für die Darstellung der Vermögens-, Finanz- und Ertragslage wesentlich sind. S. dazu auch IDW PS 400. S. a. *Breker/Kuhn*, WPg 2007, S. 770, 773, und zum öffentlichen Interesse an der Veröffentlichung des Fehlers aus Präventionserwägungen *Gahlen/Schäfer*, BB 2006, S. 1619, 1621.

gilt auch dann, wenn das Mitglied während des Gj aus dem Organ ausgeschieden ist. Bei Mitgliedern, die im Laufe des Gj oder danach in der Zeit bis zur Aufstellung (beim Geschäftsführungsorgan) bzw. bis zur Feststellung (beim Aufsichtsrat) des Jahresabschlusses in das Organ berufen wurden oder aus diesem ausschieden, ist mit Angabe des Datums der Beginn bzw. das Ende der Mitgliedschaft aufzuführen. Die Angabe des tatsächlich ausgeübten Berufs erfordert bei einem Geschäftsführungsorgan die genaue Bezeichnung der Tätigkeit, aus der sich der Verantwortungsbereich ergibt, z. B. Vertriebs-, Technik-, Finanz- oder Risk-Management-Vorstand, aber auch die in Gebrauch gekommenen englischen Bezeichnungen CEO, CFO, COO oder CIO sind möglich. Bei Geschäftsführern ist ebenfalls die Funktion entsprechend anzugeben, bspw. Geschäftsführer Marketing, Geschäftsführer Vertrieb. Bei den Mitgliedern des Aufsichtsrats ist außerdem anzugeben, in welchem Unt die Tätigkeit ausgeübt wird. Bei sog. Berufs-Aufsichtsräten ist verbal zum Ausdruck zu bringen, dass neben der Tätigkeit als Aufsichtsrat in verschiedenen Ges. kein weiterer Beruf ausgeübt wird, aus dem sich eine Feststellung der Hauptberufstätigkeit ergeben könnte. Weitere Angaben wie der Wohnort, was bei verbreiteten Namen einer Verwechslungsgefahr vorbeugt, können aufgenommen werden.

79 Ein **Arbeitsdirektor** nach dem MitbestG braucht nicht angegeben zu werden.[106]

80 Die börsennotierten Ges. haben im Anhang auch die Mitgliedschaft in anderen Aufsichtsräten bzw. Kontrollgremien i. S. v. § 125 Abs. 1 Satz 5 AktG[107] anzugeben. Bei Eintreten oder Ausscheiden im Laufe des Gj ist das Datum anzugeben. Durch diese Angabepflicht sollen mögliche Interessenkonflikte und die Belastbarkeit erkennbar werden.[108] Dementsprechend sind alle vergüteten oder unvergüteten vergleichbaren Funktionen[109] in in- wie ausländischen Ges. einschl. derjenigen in freiwillig gebildeten Aufsichtsräten, Beiräten, Boards oder Verwaltungsräten anzugeben, wenn diese Organe die Aufgaben eines Aufsichtsrats entsprechend der gesetzlichen Regelung für Aufsichtsräte übernehmen.[110]

81 Auszuweisen ist, ob das Aufsichtsratmitglied **Vorsitzender** oder stellvertretender Vorsitzender ist. Hat das Geschäftsführungsorgan einen Vorsitzenden, ist dies bekannt zu machen; die Funktion des Sprechers dagegen nicht.[111] Die Angabe der Funktion des Stellvertreters ist nach dem Wortlaut der Norm nicht

---

[106] Vgl. *Poelzig*, in MünchKomm. HGB, 3. Aufl., § 285 Rn 227.
[107] Durch das Gesetz zur Umsetzung der Aktionärsrechterichtlinie (ARUG) v. 30.7.2009, BGBl 2009 I S. 2479, wurde der Verweis von bisher § 125 Abs. 1 Satz 3 AktG auf nunmehr § 125 Abs. 1 Satz 5 AktG geändert.
[108] Vgl. *Grottel*, in Beck Bil-Komm., 10. Aufl., § 285 HGB Rz 354. Die Transparenz zugunsten der Finanzanleger hat *Hüttemann*, in *Canaris/Schilling/Ulmer*, HGB, § 285 Rz 78, im Blick.
[109] Näher dazu die Aufzählung bei *Grottel*, in Beck Bil-Komm., 10. Aufl., § 285 HGB, Rz 354.
[110] Zur Angabepflicht bei freiwillig gebildeten Aufsichtsräten *Poelzig*, in MünchKomm. HGB, 3. Aufl., § 285 Rn 232; *Grottel*, in Beck Bil-Komm., 10. Aufl., § 285 HGB Rz 356; *Ebenroth/Boujong/Joost/Strohn/Wiedmann*, HGB, § 285 Rz 14.
[111] *Hüttemann*, in *Canaris/Schilling/Ulmer*, HGB, § 285 Rz 81; *Ensthaler/Marsch-Barner*, GK-HGB, § 285 Rz 34; *Ebenroth/Boujong/ Joost/Strohn/Wiedmann*, HGB, § 285 Rz 14; *Grottel*, in Beck Bil-Komm., 10. Aufl., § 285 HGB Rz 355.

zwingend, empfiehlt sich jedoch aus Gründen der Transparenz auch bei den Geschäftsführungsorganen.[112]

Diese Angabepflichten gehen nicht auf die 4. EG-RL oder die RL 2013/34/EU zurück, sondern stellen originäres nationales Recht dar (§ 160 Abs. 5 AktG aF), das durch das KonTraG bzgl. der weitergehenden Angaben durch börsennotierte Ges. erweitert wurde. 82

Die Pflicht zur Angabe trifft alle KapG mit Ausnahme der kleinen KapG (§ 288 Abs. 1 HGB) und die dem PublG unterliegenden Unt, die zur Erstellung des Anhangs verpflichtet sind. In der KGaA sind die phG, die zur Geschäftsführung und zur Vertretung befugt sind, bekannt zu machen (§ 278 Abs. 2 HGB i. V. m. § 283 AktG). Für Genossenschaften gilt die vergleichbare Regelung in § 338 Abs. 2 Nr. 2 HGB. 83

2.11 Beteiligungen (Nr. 11)

Nach Nr. 11 müssen mittelgroße und große KapG, die direkt oder indirekt durch eine für ihre Rechnung handelnde Person[113] eine Beteiligung eines anderen Unt halten, verschiedene Angaben machen. Börsennotierte Ges. haben nach 11b zusätzlich alle **Beteiligungen** an großen KapG anzugeben, die **5 % der Stimmrechte** überschreiten. Aufgrund europäischer Vorgaben ist es mit dem BilRUG zu einer Ausweitung der bisherigen, rein an einem Kapitalanteil von mindestens 20 % anknüpfenden Regelung in Nr. 11, auf alle Beteiligungen gekommen. Die Änderung wurde zum Anlass genommen, die Vorschrift in doppelter Hinsicht zu vereinfachen: Einerseits wird durch eine Bezugnahme auf die Definition der Beteiligung in § 271 Abs. 1 HGB auf eine Wiederholung zahlreicher Kriterien verzichtet. Andererseits wurde die Sonderregelung für börsennotierte Unt aus der bisherigen Nr. 11 ausgegliedert und in eine neue Nummer 11b verschoben. In diesem Zusammenhang wurde auch die Ausnahmevorschrift des § 286 Abs. 3 HGB geändert. 84

Die für Anleger bedeutsame[114] Transparenz über **Kapitalverflechtungen**, über Anteils- und Stimmrechtsbesitz und über die Vermögens-, Finanz und Ertragslage verpflichtet die genannten Ges., in einer der Übersichtlichkeit dienenden Form den Namen und den Sitz anderer Unt im In- oder Ausland, an denen eine Beteiligung besteht, sowie jeweils die Höhe des Anteils am Kapital, das Eigenkapital und das Ergebnis des letzten Gj dieser Unt anzugeben, für das ein Jahresabschluss vorliegt. Anzugeben sind auch Beteiligungen an BGB-Ges., die – wie typischerweise bei bis zur Zweckerfüllung errichteten Arge und Joint Ventures –

---

[112] Eine Rechtspflicht zur Angabe der Stellvertreterfunktion nehmen unter Hinweis auf § 44 GmbHG an: *Baumbach/Hueck/Schulze-Osterloh*, GmbHG, § 42 Rz 530, und *Ensthaler/Marsch-Barner*, GK-HGB, § 285 Rz 33; ohne Begründung auch *Ebenroth/Boujong/Joost/Strohn/Wiedmann*, HGB, § 285 Rz 14.

[113] Ein Treuhandverhältnis im wirtschaftlichen Sinn ist ausreichend, *Poelzig*, in MünchKomm. HGB, 3. Aufl., § 285 Rn 245, 251.

[114] Dazu relativierend *Poelzig*, in MünchKomm. HGB, 3. Aufl., § 285 Rn 235 f.

einen wirtschaftlichen Zweck verfolgen, über ein Gesamthandsvermögen verfügen und im wirtschaftlichen Verkehr beteiligt sind.[115]

85 Über Beteiligungen an Innenges. (**Stille Gesellschaften**) ist nicht zu berichten; die Beteiligung stellt eine Verbindlichkeit und keine Kapitalbeteiligung dar.[116]

86 Satz 1 spricht vom Besitz der Anteile. Darunter ist ausschließlich das Eigentum an den Anteilen, nicht etwa auch der für andere Unt erfolgende treuhänderische Besitz zu verstehen.[117]

87 Die Berechnung der **Beteiligungsquote** richtet sich nach der aktienrechtlichen Vorschrift des § 16 Abs. 2 und 4 AktG.[118] Die Berechnung der von dem Gesamtbetrag zu kürzenden eigenen Anteile und der Zurechnung der von anderen gehaltenen Anteile erfolgt zum Bilanzstichtag.[119]
Eine Kapitalerhöhung muss zu diesem Zeitpunkt wirksam geworden, also bei KapG in das HR eingetragen bzw. bei PersG eingezahlt worden sein.

88 Das unmittelbare oder über ein TU gehaltene mittelbare Beteiligungskapital ist als Beteiligungsquote in Prozenten genau und ungerundet anzugeben. Außerdem sind das sich aus der Bilanz ergebende EK und das ausweislich des letzten Gj, über das ein Jahresabschluss vorliegt, festgestellte Ergebnis des Gj des Unt, an dem eine Kapitalbeteiligung besteht, als Jahresüberschuss oder Jahresfehlbetrag in EUR (§ 244 HGB) auszuweisen. Im Falle eines RumpfGj ist nur das ausgewiesene Ergebnis anzugeben; eine Hochrechnung auf einen Zwölf-Monats-Zeitraum ist nicht geboten. Allerdings ist eine Abweichung von dem bei einem Jahresergebnis üblicherweise angenommenen Zeitraum anzugeben. Besteht zwischen dem BeteiligungsUnt und einem Dritten ein Gewinnabführungsvertrag, ist darauf hinzuweisen, da sonst über die Ertragslage des Unt im Anteilsbesitz kein den tatsächlichen Verhältnissen entsprechendes Bild vermittelt wird.[120]

2.12 Angaben über Unternehmensbeteiligungen als haftender Gesellschafter (Nr. 11a)

89 Nr. 11a wurde durch das KapCoRiLiG eingeführt; sie geht auf Art. 43 Abs. 1 Nr. 2 i.d.F. d. GmbH & Co-RL zurück und soll auf das mit der persönlichen Haftung verbundene erhöhte Risiko hinweisen. Danach sind die sich aus dem HR ergebenden Daten über Name, Sitz und Rechtsform derjenigen Unt anzugeben, bei denen die KapG allein oder neben anderen zum Bilanzstichtag **unbeschränkt haftender Gesellschafter** ist. Das Unt, für das unbeschränkt gehaftet wird, muss selbst nicht rechnungslegungspflichtig sein. Auch die Höhe der Beteiligung ist für die Angabepflicht nicht relevant.[121]

---

[115] Vgl. *Poelzig*, in MünchKomm. HGB, 3. Aufl., § 285 Rn 241.
[116] Vgl. *Poelzig*, in MünchKomm. HGB, 3. Aufl., § 285 Rn 242, mit einschränkendem Hinweis auf die wie eine KG strukturierte Stille Gesellschaft; *Grottel*, in Beck Bil-Komm., 10. Aufl., § 285 HGB Rz 366, mit Hinweis auf eine Gegenmeinung.
[117] Vgl. *Oser/Holzwarth*, in *Küting/Pfitzer/Weber*, HdR, §§ 284–288 HGB, Rz. 505, Stand 7/2016.
[118] Ausführlich zur Berechnung *Grottel*, in Beck Bil-Komm., 10. Aufl., § 285 HGB Rz 369ff.; Poelzig, in MünchKomm. HGB, 3. Aufl., § 285 Rn 246ff.
[119] Vgl. *Oser/Holzwarth*, in *Küting/Pfitzer/Weber*, HdR, §§ 284–288 HGB, Rz. 506, Stand 7/2016.
[120] Vgl. *Grottel*, in Beck Bil-Komm., 10. Aufl., § 285 HGB Rz 406.
[121] Vgl. WPH Edition, Wirtschaftsprüfung & Rechnungslegung, 15. Aufl., 2017, Abschn. F, Tz 1089.

Mit Abschluss des Vertrags mit den weiteren Gesellschaftern und der Fortsetzung der Geschäfte mit Zustimmung des Eintretenden ist der Eintritt wirksam, was die Angabepflicht auslöst. Auf den Zeitpunkt der Eintragung der nur deklaratorisch wirkenden HR-Eintragung kommt es nicht an. 90

Die Angabe nach Nr. 11a kann entfallen, wenn die Voraussetzungen des § 286 Abs. 3 Satz 1 HGB vorliegen (§ 286 Rz 12) bzw. generell für kleine KapG (§ 288 Abs. 1 HGB). 91

2.13 Erweiterte Angabepflichten für börsennotierte Kapitalgesellschaften (Nr. 11b)

Börsennotierte KapG haben auch Angaben über Beteiligungen an großen KapG (§ 267 Abs. 3 HGB) zu machen, die 5 % der Stimmrechte übersteigen; auf die Kapitalanteile kommt es also hier nicht an. Die Berechnung erfolgt gem. § 16 Abs. 3 und 4 AktG. 92

Eine Wiederholung von Angaben, die bereits aufgrund § 285 Nr. 11 HGB in den Anhang aufgenommen wurden, ist nicht notwendig. Anders als in Nr. 11 ist lediglich der Hinweis, dass dem berichtenden Unt mehr als 5 % der Stimmrechte zustehen, ausreichend. Die genaue Höhe der Stimmrechte ist nicht gefordert. Da zudem durch die Ausweitung der Berichtspflicht in Nr. 11 auf alle Beteiligungen die allermeisten angabenötigen Unternehmensbeteiligungen bereits dort erfolgen, reicht ein Hinweis auf die mehr als 5 % zustehenden Stimmrechte, der entweder durch eine Zwischenüberschrift und Gruppierung der Angaben oder auch durch eine Fußnote an dem jeweilig benannten Unternehmen erfolgen kann. Ausnahmen von der Angabepflicht bestehen nach § 286 Abs. 1 und 3 HGB (§ 286 Rz 12) und für KleinstKapG. 93

2.14 In der Bilanz nicht gesondert ausgewiesene Rückstellungen (Nr. 12)

Im Anhang ist dann von mittelgroßen und großen KapG eine Erläuterung aufzunehmen, wenn Rückstellungen,[122] die in der Bilanz unter dem Posten **sonstige Rückstellungen** nicht gesondert ausgewiesen worden sind, einen nicht unerheblichen Umfang haben; Steuer- und Pensionsrückstellungen sind hier nicht zu erläutern. Die Art. 42 Satz 2 der 4. EG-RL umsetzende Pflicht zur näheren Erläuterungen gem. Nr. 12 besteht also nur dann, wenn von dem **Wahlrecht** des § 265 Abs. 5 Satz 1 HGB Gebrauch gemacht wurde und die Rückstellungsarten nicht gesondert ausgewiesen wurden. 94

Es ist verbal zu erläutern, in welcher Art, in welcher Größenordnung und zu welchem Zweck die Rückstellung gebildet wurde und in welcher Größenordnung sie erfolgte. Es gibt keine überzeugenden Gründe, weshalb im Rahmen der Erläuterung nicht auch eine **zahlenmäßige Angabe** erfolgen kann. Die Tatsache, dass der Normwortlaut sie nicht fordert, schließt nicht aus, dass Zahlen innerhalb der Erläuterung zur besseren und klareren Information herangezogen werden.[123] Immerhin erfolgen die Erläuterungen anstelle der Aufgliederung in der Bilanz und müssen deshalb einen entsprechenden Aussagewert haben. 95

---

[122] Vgl. zu den in der Bilanz in drei Gruppen aufgegliederten Rückstellungen § 266 Rz 126.
[123] Ebenso neben anderen *Grottel*, in Beck Bil-Komm., 10. Aufl., § 285 HGB Rz 431.

96 Die Angabepflicht besteht nur dann, wenn die Rückstellungen einen nicht unerheblichen Umfang haben, was sehr vage und unbestimmt ist und einen Spielraum lässt. Die **Erheblichkeit** bestimmt sich aus der Gesamtschau, sinnvollerweise ausgehend von der Bilanz ist der Gesamtbetrag der sonstigen Rückstellungen und auch die Belastung des Jahresergebnisses zu betrachten. Erweisen sich die Rückstellungen danach als nicht erheblich, bedarf es keiner Erläuterung.

97 Mittelgroße KapG/KapCoGes sind nicht von der Aufstellung, aber doch von der Offenlegung der Angabe aus Nr. 12, von der Pflicht zur Einreichung beim BAnz gem. § 327 Nr. 2 HGB befreit;[124] kleine KapG sind schon von der Aufstellung dieser Angabe gem. 288 Abs. 1 HGB befreit. Kreditinstitute sind von der Pflichtangabe nach § 340a Abs. 1 HGB ebenfalls befreit. Publizitätspflichtige Körperschaften, mittelgroße und große Genossenschaften und VersicherungsUnt haben die Angabepflicht zu beachten.

2.15 Abschreibung des Geschäfts- oder Firmenwerts (Nr. 13)

98 Aufgrund der Vorgaben der EU-RL 2013/34 wird unter Nr. 13 nach dem BilRUG ab dem Gj 2016 als Angabepflicht jeweils eine **Erläuterung des Zeitraums, über den ein entgeltlich erworbener Geschäfts- oder Firmenwert abgeschrieben wird,** verlangt. Die vorherige Beschränkung auf angenommene Nutzungsdauern über fünf Jahre entfällt somit. Nach Nr. 13 haben die Unt hier nachvollziehbar darzulegen, wie die angenommene planmäßige Nutzungsdauer bestimmt wird. Dies inkludiert Angaben von Voraussetzungen sowie Ursachen des gewählten Zeitraums und geht über eine bloße Darstellung deutlich hinaus.[125] Die Erläuterungspflicht gilt nicht nur für ansatzpflichtige GoF, sondern auch für Fälle vor dem Inkrafttreten des BilMoG, soweit bei der Umstellung auf das BilMoG hieraus noch ein GoF ausgewiesen wurde. Die Gesetzesbegründung[126] weist ausdrücklich darauf hin, dass ein Hinweis auf die steuerlichen Vorschriften (hier gem. § 7 Abs. 1 Satz 3 EStG Abschreibung über 15 Jahre) deshalb nicht genügt, weil die handelsrechtliche Nutzungsdauer vom Steuerrecht unabhängig zu beurteilen ist.

99 Als Beispiele für Anhaltspunkte der GoF-Nutzungsdauerschätzung und damit der Begründung können Vertragslaufzeiten, Stabilität und Bestandsdauer der Branche, Lebenszyklus der Produkte, erwartete Nutzungsdauern von Reputation und Markennamen sowie Zeiträume von technologischen Vorsprüngen oder Synergieeffekten sein. Allerdings müssen die Sachverhalte auch als GoF erfasst sein, d. h. eine gesonderte Bilanzierung als VG ist nicht möglich. Die Angabe der planmäßigen Nutzungsdauer hat bereits nach § 284 Abs. 2 Nr. 1 HGB zu erfolgen, kann aber mit der hier nötigen Erläuterung zusammengefasst werden. Die Erläuterungspflicht bezieht sich auf die einzelnen GoF, eine Zusammenfassung ist nur bei vergleichbaren Voraussetzungen sowie Ursachen denkbar und unterliegt den Anforderungen der Klarheit und Übersichtlichkeit. Nicht zu erläutern sind hier die außerplanmäßigen Abschreibungen auf GoF. Diese sind

---

[124] So auch *Poelzig*, in MünchKomm. HGB, 3. Aufl., § 285 Rn 278, mit Nachweisen der Gegenansicht.
[125] Vgl. WPH Edition, Wirtschaftsprüfung & Rechnungslegung, 15. Aufl., 2017, Abschn. F, Tz 1096.
[126] Vgl. BilMoG-BegrRegE, S. 70.

nach § 277 Abs. 3 Satz 1 HGB in der GuV oder im Anhang gesondert anzugeben, ohne dass dazu erläuternd Stellung zu beziehen ist (§ 277 Rz 7).[127]

> **Beispiel**
> **Geschäfts- oder Firmenwert**[128]
> „Die erworbenen Geschäfts- bzw. Firmenwerte resultieren aus den Käufen der Camps Prerow (1998), Born (2001), Tecklenburg (2002) und Nonnevitz (2003). Der Geschäfts- bzw. Firmenwert des Camps Prerow bezieht sich auf langfristige Nutzungsverträge, die insbesondere das Alleinstellungsmerkmal des Camps, nämlich die Dünennutzung beinhaltet. Bei den Camps Born und Nonnevitz bezieht sich der Geschäfts- bzw. Firmenwert auf die Übernahme der lukrativen Pachtverträge und der bereits hervorragenden Reputation der bestehenden Camps. Der Geschäfts- bzw. Firmenwert des Camps Tecklenburg besteht lediglich in Höhe eines Erinnerungswertes. Auf Grund der Laufzeit der Verträge sieht die Regenbogen AG eine Nutzungsdauer von 15 Jahren vor, in der die Geschäfts- bzw. Firmenwerte linear abgeschrieben werden."

2.16 Angaben über Mutterunternehmen für den größten Kreis von Unternehmen (Nr. 14)

Die **Angabe zur Gesellschaft, die den Konzernabschluss für den kleinsten Kreis von Unt aufstellt**, und zu der Ges., die den Konzernabschluss für den größten Kreis von Unt aufstellt (Nr. 14) wurde mit dem BilRUG aufgeteilt auf Nr. 14 und Nr. 14a, da der Gesetzgeber für kleine KapG nur noch die Angabepflicht zum Konzernabschluss für den kleinsten Kreis von Unt verlangt (§ 288 Abs. 1 HGB). Der Gesetzgeber geht zu Recht davon aus, dass der bürokratische Aufwand für diese Angabe im Verhältnis zum mit der Offenlegung von Konzernverbindungen erreichbaren Transparenzgewinn gering erscheint.[129]

100

Mit den Angaben nach Nr. 14, die Art. 16 Abs. 2 i.V.m. Art. 17 Abs. 1 Buchst. m der RL 2013/34/EU umsetzt, soll im Interesse der Offenlegung von Konzernverflechtungen und der „Verbindungen in eine fremdbestimmte Interessensphäre"[130] bei konzernabhängigen Ges. der **Zugang zum Konzernabschluss** erleichtert werden. Verlangt wird (nur) von einem TU gem. § 290 HGB, das jedoch nicht kleine KapG ist, die Angabe von Namen und Sitz einmal des MU, das den Konzernabschluss für den größten Kreis (Konzernspitze) von Unt aufstellt, also der MU mit dem größten KonsKreis.

Wer MU[131] ist, ergibt sich aus § 290 HGB. Allerdings ist es unerheblich, in welcher Rechtsform das MU organisiert ist.[132] Es ist auch ohne Belang, ob es

101

---

[127] Zu weiteren praktischen Beispielen s. *Kreipl/Lange/Müller*, Haufe HGB Bilanz Kommentar BilMoG Erfahrungsbericht, 2012, Rz 400.
[128] Entn. aus Regenbogen AG, JA 2013 i. d. F. des BAnz, S. 20.
[129] Vgl. Begr-BilRUG-RegE, BR-Drs. 23/15 S. 85.
[130] Vgl. *Grottel*, in Beck Bil-Komm., 10. Aufl., § 285 HGB Rz 452; s.a. *Poelzig*, in MünchKomm. HGB, 3. Aufl., § 285 Rn 286.
[131] MU impliziert, dass eine unternehmerische Tätigkeit ausgeübt wird, was etwa bei einer reinen vermögensverwaltenden Tätigkeit nicht der Fall ist.
[132] Vgl. *Wulf*, in Baetge/Kirsch/Thiele Bilanzrecht, § 285 HGB Rn 232, Stand 6/2016.

102 Gibt es in einem Gemeinschaftsunt (§ 310 HGB) mehrere MU, weil das angabepflichtige Unt unter der gemeinschaftlichen Leitung durch mehrere MU steht, so sind alle MU anzugeben.

103 Die Angabepflicht besteht dann, wenn die Mutter einen Konzernabschluss aufgestellt hat, unabhängig davon, ob eine Gesetzespflicht aus § 290 HGB besteht oder ob der Konzernabschluss freiwillig aufgestellt wurde, und auch unabhängig davon, ob das TU in den Konzernabschluss einbezogen wurde oder nicht.[133] Liegen Gründe vor, nach denen eine Befreiung von der Verpflichtung zur Aufstellung eines Konzernabschlusses erfolgt, bezieht sich die Angabepflicht auf das nächst höhere MU.[134]

104 Ist entgegen einer entsprechenden Verpflichtung kein Konzernabschluss erstellt worden, hat das TU das pflichtwidrig handelnde MU gleichwohl anzugeben. Nur dann, wenn keine Pflicht zur Aufstellung des Konzernabschlusses besteht und ein solcher auch nicht freiwillig erstellt wurde, bedarf es zu Nr. 14 überhaupt keiner Angabe, auch keiner Fehlanzeige.

105 Anzugeben sind der **Name**, der die Rechtsform des MU einschließt, und der **Sitz** des Unt.

106 Es ist weiter der Ort anzugeben, an dem die offengelegten Konzernabschlüssen erhältlich sind. Dies dürfte am genauesten die Registernummer und die Nummer im BAnz bzw. bei ausländischen Ges. eines vergleichbaren ausländischen Registers sein.

107 Steht die Offenlegung (Einreichung zur Bekanntmachung im BAnz, § 325 HGB) des Konzernabschlusses noch bevor, ist darauf hinzuweisen, dass die Einreichung erfolgte und dass die Bekanntmachung im BAnz bzw. einem ausländischen Veröffentlichungsorgan folgen wird.

108 Ist der Konzernabschluss freiwillig erstellt worden und somit auch nicht einzureichen, braucht der Ort nicht angegeben zu werden.[135]
Ist ein Konzernabschluss nicht erstellt worden, besteht auch keine Pflicht zur Angabe nach Nr. 14, es sei denn, es hätte aufgrund einer gesetzlichen Pflicht ein Konzernabschluss erstellt werden müssen. In diesem Fall ist anstelle der Angabe des Orts der Offenlegung auf die nicht erfolgte Offenlegung hinzuweisen.[136]

109 Bei Vorliegen der in Nr. 14 genannten Voraussetzungen sind mit Ausnahme der kleinen KapG alle KapGes und KapCoGes sowie eingetragene Genossenschaften, Kreditinstitute und VersicherungsUnt angabepflichtig, aufgrund von § 5 Abs. 2 Satz 2 PublG nicht jedoch die nach § 3 Abs. 1 PublG publizitätspflichtigen Unt.

2.17 Angaben über Mutterunternehmen für den kleinsten Kreis von Unternehmen (Nr. 14a)

110 Mit dem BilRUG wurde Nr. 14 aufgeteilt. Nach dem zum Gj 2016 neu eingefügten § 285 Nr. 14a HGB ist von allen KapG mit Ausnahme der KleinstKap in

---

[133] Ebenso *Poelzig*, in MünchKomm. HGB, 3. Aufl., § 285 Rn 292.
[134] Vgl. *Poelzig*, in MünchKomm. HGB, 3. Aufl., § 285 Rn 292.
[135] Vgl. *Hüttemann*, in *Canaris/Schilling/Ulmer*, HGB, § 285 Rz 101.
[136] Vgl. *Grottel*, in Beck Bil-Komm., 10. Aufl., § 285 HGB Rz 461.

analoger Weise dasjenige MU anzugeben, das den Konzernabschluss für den kleinsten Kreis von Unt erstellt. Es handelt sich somit um das direkt übergeordnete MU. Diese Angabe ist daher auch für kleine KapG notwendig, womit der deutsche Gesetzgeber über die Mindestvorgaben der RL 2013/34 /EU hinausgeht. Allerdings kommen die kleinen KapG und KapCoGes insofern in den Genuss einer Erleichterung, als sie gem. § 288 Abs. 1 HGB den Ort des offengelegten Konzernabschlusses nicht anzugeben brauchen.

Sind von KapG und KapCoGes beide Angaben notwendig und die beiden MU, für die die Angaben vorzunehmen sind, sind im Fall des zweistufigen Konzerns deckungsgleich, kann die Angabe auch nur zu diesem einen MU erfolgen.[137]

2.18 Persönlich haftende Gesellschafter (Nr. 15)

Die mit dem KapCoRiLiG eingefügte, nicht auf EU-Recht zurückgehende Nr. 15 verpflichtet PersG i.S.v. § 264a Abs. 1 HGB, Namen und Sitz ihrer **persönlich haftenden Gesellschafter** anzugeben. Außerdem ist das von ihnen gezeichnete Kapital auszuweisen. Bei KapG als phG ist das zum Bilanzstichtag im HR eingetragene Grund- und Stammkapital anzugeben. Bei PersG sind die Kapitalanteile der Gesellschafter zu benennen. Bei Stiftungen wird das Grundstockvermögen angegeben. Die zusammengefassten Kapitalanteile der Kommanditisten sind jeweils gesondert und entsprechend § 264c Abs. 2 HGB aufzuführen, wenn der phG eine KapCoGes ist. Die Angabepflicht beschränkt sich auf die Nennung der voll haftenden Ges.; voll haftende natürliche Personen brauchen nicht angegeben zu werden. 111

In dem Fall, dass die berichtende Ges. selbst die Anteile an ihrer KomplementärGes. hält, kann es zu einer Doppelangabe mit Nr. 11 kommen; wird auf die Stellung als phG hingewiesen, können die Angaben zusammengefasst werden. 112

Unter den Voraussetzungen des § 286 Abs. 1 HGB braucht die Angabe nicht zu erfolgen. § 286 Abs. 3 HGB kann nicht herangezogen werden.[138] Kleine Ges. (§ 267 Abs. 1 HGB) sind von dieser Angabe befreit (§ 288 Abs. 1 HGB). 113

2.19 Angaben zu mezzaninem Kapital (Nr. 15a)

Neu eingefügt wurde mit dem BilRUG **Nr. 15a**. Demnach ist für Gj ab 2016 von allen mittelgroßen und großen KapG und KapCoGes die Angabe des Bestands ausgegebener **Genussscheine, Genussrechte, Wandelschuldverschreibungen, Optionsscheine, Optionen, Besserungsscheine oder vergleichbarer Wertpapiere oder Rechte** unter Angabe der Anzahl und der Rechte, die sie verbriefen, notwendig. Die Angabepflicht geht auf Art. 17 Abs. 1 (i) und (j) der EU-RL 2013/34 zurück. Demnach reicht es nicht mehr aus, diese Information wie bisher nur für AG und KGaA nach § 160 Abs. 1 Nr. 6 AktG zu fordern, sondern sie ist auf alle KapG und und KapCoGes auszuweiten. Daher erfolgte eine Verlagerung in das HGB, wobei die Angabepflichten aus dem AktG gestrichen wurden. 114

Die Angabe bezieht sich auf solche vom Unt ausgegebene Finanzinstrumente, die den Gläubigern Rechte auf Zahlungen aus dem Gewinn, einem Liquidationserlös

---

[137] Vgl. *Grottel*, in Beck Bil-Komm., 10. Aufl., § 285 HGB Rz 460.
[138] Vgl. *Poelzig*, in MünchKomm. HGB, 3. Aufl., § 285 Rn 299.

des berichtenden Unt oder Wandlung in EK verbriefen,[139] und am Bilanzstichtag bestehen. Diese Instrumente werden aufgrund der Nähe zum EK auch mezzanines Kapital genannt. Nicht anzugeben sind dagegen Konstruktionen, die in anderen VG als EK bezahlt werden können (z.B. unechte Aktienoptionen). Vielmehr soll die Angabepflicht das (mögliche) Volumen und die (möglichen) Auswirkungen bei Eintritt der Bedingungen verdeutlichen, sodass die Abschlussadressaten sich ein zutreffendes Bild der Lage des Unt verschaffen können. Daher sind auch der Inhalt und der Zweck der einzelnen Rechte zu berichten.
Kleine Ges. (§ 267 Abs. 1 HGB) sind von der Angabepflicht befreit.

2.20 Publizität der Entsprechenserklärung (Nr. 16)

115 Börsennotierte AG haben anzugeben, dass die nach § 161 AktG vorgeschriebene **Entsprechenserklärung**[140] zum DCGK abgegeben wurde und wo diese dauerhaft öffentlich zugänglich gemacht worden ist. Es ist damit leichter nachzuprüfen, ob Vorstand und Aufsichtsrat erklärt haben, dass den im amtlichen Teil des BAnz bekannt gemachten und auch unter www.corporate-governance-code.de veröffentlichten Empfehlungen der Regierungskommission DCGK entsprochen wurde und wird bzw. welchen Empfehlungen nicht gefolgt wurde oder wird.[141] Diese Angabe ist als wesentlich anzusehen, sodass Fehler zu korrigieren sind.[142]

116 Öffentlich zugänglich ist die Entsprechenserklärung noch nicht, wenn sie i.S.v. § 325 HGB, also über das BAnz, eingereicht wurde. Hat die angabepflichtige Ges. eine eigene **Webseite**, wovon heute auszugehen ist, ist die Entsprechenserklärung dort öffentlich zugänglich zu machen. Sie sollte mit einem Datum versehen werden, damit erkennbar ist, ob sie sich unter Berücksichtigung der im mindestens jährlichen Turnus erfolgenden Aktualisierung noch auf die jüngste Fassung des DCGK bezieht. Der Inhalt der Erklärung ist nicht in den Anhang aufzunehmen, allerdings muss die Erklärung vollständig i.S.d. wesensbezogenen Mindestbestandteile sein, da sie ansonsten nicht als abgegeben gelten kann.[143]

2.21 Gesamthonorar des Abschlussprüfers (Nr. 17)

117 Mit der Umsetzung von Art. 43 Abs. 1 Nr. 15 der Bilanz-RL i.d.F. d. AbschlussprüferRL mussten auch die Vorschriften über die Angabe des Gesamthonorars des **AP** im Anhang des Jahresabschlusses und Konzernabschlusses geändert werden.[144] Anlass für die europäische Regelung war die Empfehlung zur Unab-

---

[139] Vgl. *Grottel*, in Beck Bil-Komm., 10. Aufl., § 285 HGB Rz 481.
[140] Zu den Anforderungen an die Entsprechenserklärung vgl. ausführlich *Grottel*, in Beck Bil-Komm., 10. Aufl., § 285 HGB Rz 492; *Ringleb*, in *Ringleb/Kremer/Lutter/Werder*, DCGK-Komm., S. 335, 353 Rz 1594; *Lutter*, in Kölner Kommentar zum-AktG, § 161 Rn 63.
[141] Zum Plädoyer für einen eigenständigen Corporate-Governance-Bericht neben Bilanz und Lagebericht vgl. *Lentfer/Weber*, DB 2006, S. 2357 und AK Corporate Governance Reporting der Schmalenbachgesellschaft, DB 2016, S. 2130.
[142] Vgl. dazu *Breker/Kuhn*, WPg 2007, S. 770, 773.
[143] Vgl. *Grottel*, in Beck Bil-Komm., 10. Aufl., § 285 HGB Rz 494.
[144] Eingefügt durch das BilReG v. 4.12.2004, BGBl 2004 I S. 3166.

hängigkeit des AP in der EU.[145] Die Pflicht zur Angabe des aufzuschlüsselnden Gesamthonorars des AP ist nun von allen Unt zu beachten.[146] Erleichterungen sieht § 288 HGB nur für kleine und mittlere KapG vor, wobei kleine KapG (wie auch KleinstKapG) mangels Pflichtprüfung ganz befreit sind, mittelgroße KapG haben die Information nur auf schriftlicher Anforderung der WPK zu übermitteln. Die Angabepflicht entfällt nach dem letzten Hs. zudem dann, wenn die Angaben bereits in einem das Unt einbeziehenden Konzernabschluss enthalten sind. Die Anwendung der Konzernklausel erfolgt unter dem Vorbehalt, dass die Honorarangaben aller in den Konzernabschluss einbezogenen Unt im Anhang zum Konzernabschluss erfolgen. Dies wird in der Praxis verbreitet genutzt.[147]

Anzugeben ist nach dem Gesetzestext das für im Gj **erbrachte Leistungen** berechnete Gesamthonorar des gesetzlichen AP in EUR bzw. TEUR oder Mio. EUR; nach IDW RS HFA 36.8 wird dies zutreffend als das aus Sicht des Bilanzierenden auf das Gj entfallende Honorar angesehen, was letztlich auch als Aufwand in der GuV erfasst wurde.[148] Dazu gehören auch Rückstellungen für noch nicht berechnete Leistungen.[149] Soweit es hier zu Fehleinschätzungen kommt, sind diese im nächsten Gj analog zur erfolgswirksamen Anpassung in der Angabe des Honorars zu berücksichtigen; bei wesentlichen Beträgen empfiehlt IDW RS HFA 36.9 einen „Davon-Vermerk". 118

Das **Honorar** ist in seine Vergütungsbestandteile a) für die Abschlussprüfungsleistungen, b) für andere Bestätigungsleistungen, c) für Steuerberatungsleistungen und d) für sonstige Leistungen aufzuschlüsseln; eine Negativanzeige ist nicht erforderlich, wenn auf eine der vorgenannten Kategorien kein Teilbetrag entfällt. Das Gesamthonorar darf nicht in einer Gesamtsumme angegeben werden.[150] In der Kategorie a) sind die an den AP für den Jahresabschluss im Gj zu zahlenden Honorare einschließlich des geltend gemachten Auslagenersatzes für Übernachtungen, Fahrt- und Reisekosten, Schreibkosten und andere Aufwendungen anzugeben. Auch die Honorare für sonstige dem AP gesetzlich obliegende Prüfungen (z. B. nach § 313 AktG, nach § 53 HGrG oder nach § 29 Abs. 2 KWG) fallen unter die Angabepflicht nach Kategorie a), wenn sie in der GuV als Aufwand erfasst sind.[151] In die Kategorie b) fallen Angaben über Honorare für andere Bestätigungsleistungen, etwa freiwillige Prüfungen, Prüfungen nach dem UmwG oder nach Spezialgesetzen (z. B. nach § 36 WpHG) und für auf Zwischenabschlüsse bezogene Prüfungsleistungen. 119

Als Honorar für die Abschlussprüfung zählen gem. Buchst. c) ausdrücklich auch diejenigen für Steuerberatungsleistungen. Zu den „anderen Bestätigungsleistun- 120

---

[145] Empfehlung v. 16.5.2002, ABl. EG, L 191/22. Vgl. zur Stärkung der Unabhängigkeit des AP durch das BilReG *Hülsmann*, DStR 2005, S. 166; s.a. *Peemöller/Oehler*, BB 2004, S. 539, 544. Im Gesetzgebungsverfahren wurde gegenüber dem RegE der Wortlaut der Vorschrift an den Wortlaut des Art. 43 Abs. 1 Nr. 15 Bilanz-RL i.d.F. d. Abschlussprüfer-RL angepasst, ohne dass es dadurch zu einer grundlegenden Änderung der bisherigen Praxis bei der Ermittlung der anzugebenden Honorare kommen soll.
[146] S. zum Anwendungsbereich auch *Bischof*, WPg 2006, S. 705f.
[147] Vgl. zu den praktischen Konsequenzen *Kreipl/Lange/Müller* in Haufe HGB Bilanz Kommentar Erfahrungsbericht BilMoG, 2012, Rz 402ff.
[148] Vgl. AKEU, BB 2008, S. 997.
[149] Vgl. *Kling*, WPg, S. 211.
[150] Zu den Kategorien näher *Bischof*, WPg 2006, S. 705, 709.
[151] Vgl. *Kling*, WPg, S. 213ff.

gen" zählt der RefE andere berufstypische Prüfungsleistungen außerhalb der Jahresabschlussprüfung, darunter für zulässigerweise erbrachte Bewertungsleistungen, die „wegen § 319 Abs. 3 Nr. 3 Buchst. d HGB kaum noch durch den AP erbracht werden dürfen".[152] Unter den Auffangtatbestand der „sonstigen Leistungen" können etwa Honorare für prüfungsnahe Beratungen verstanden werden.

121 Die **Umsatzsteuer** ist nicht Bestandteil des Honorars. Soweit das Unt Schadensersatzansprüche gegen den AP geltend macht, darf der Schaden nicht von dem hier anzugebenden Honorar abgezogen werden.

122 Vorjahreszahlen fallen nicht unter die Angabepflicht.[153]

2.22 Unterlassene Abschreibung von Finanzinstrumenten (Nr. 18)

123 Die Art. 17 Abs. 1 Buchst. c Abschnitt ii der RL 2013/34/EU umsetzende Angabepflicht nach Nr. 18 wurde ursprünglich durch das BilReG aufgenommen. Es müssen danach für zu den Finanzanlagen nach § 266 Abs. 2 A. III. HGB gehörende Finanzinstrumente, die über ihrem beizulegenden Zeitwert ausgewiesen werden, Angaben gemacht werden, weil eine außerplanmäßige Abschreibung nach § 253 Abs. 3 Satz 4 HGB unterblieben ist. Es sind einmal nach Buchst. a der **Buchwert** und der beizulegende **Zeitwert** der einzelnen VG oder angemessener Gruppierungen sowie nach Buchst. b die **Gründe für das Unterlassen der Abschreibung** einschl. der konkreten, begründeten[154] Anhaltspunkte, die darauf hindeuten, dass die Wertminderung voraussichtlich nicht von Dauer ist, anzugeben. Unter Buchwert ist der Wert zu verstehen, mit dem die zu AHK bewerteten Aktiva und Passiva, vermindert um Abschreibungen und vermehrt um Zuschreibungen, in der Bilanz erfasst sind;[155] während der Zeitwert derjenige Wert ist, der beim Verkauf von VG zum aktuellen Zeitpunkt erreicht würde, also derjenige Wert, den ein Posten in der Bilanz etwa zum Bilanzstichtag hat.[156] Insbesondere sind keine Transaktionskosten zu berücksichtigen.[157] Die Herleitung erfolgt nach § 255 Abs. 4 Satz 1 und 2 HGB (§ 255 Rz 225 ff.). Diese Angabepflicht resultiert aus dem Wahlrecht des § 253 Abs. 3 Satz 6 HGB, bei Finanzanlagen eine außerplanmäßige Abschreibung wegen einer voraussichtlich nicht von Dauer bestehenden Wertminderung vorzunehmen oder nicht.

124 Eine Angabepflicht besteht also nur, wenn die Finanzinstrumente über dem Zeitwert ausgewiesen sind, wie er zum Bilanzstichtag beizulegen ist. Das ist der Fall, wenn entsprechend dem ganz oder teilweise ausgeübten **Wahlrecht** nicht auf den niedrigeren beizulegenden Zeitwert, der nicht als dauerhaft angesehen worden war, abgeschrieben wurde. Bei der Ermittlung des Zeitwerts ist wie bei Derivaten vorzugehen (s. Sätze 2 und 3).

---

[152] BilMoG-RefE v. 8.11.2007, S. 145.
[153] Zu Umsetzungsbeispielen und empirischen Erkenntnissen vgl. *Kreipl/Lange/Müller* in Haufe HGB Bilanz Kommentar BilMoG Erfahrungsbericht, 2012, Rz 407 ff.
[154] Es muss anhand der Begründung erkennbar, plausibel und nachvollziehbar sein, dass der Angabepflichtige zur Unterlassung der Abschreibung berechtigt war.
[155] Vgl. *Grottel,* in Beck Bil-Komm., 10. Aufl., § 285 HGB Rz 540.
[156] S. *Grottel,* in Beck Bil-Komm., 10. Aufl., § 285 HGB Rz 550.
[157] IDW RS HFA 1.005. 10.

Eine gesetzliche oder auch nur allgemein vereinheitlichte **Definition** des Begriffs „Finanzinstrumente" existiert nicht. Es sind alle Finanzanlagen i. S. d. § 266 Abs. 2 A. III. HGB als Finanzinstrumente anzusehen.[158]
Liegen gleichartige Gründe für das Unterlassen der Abschreibung vor, sollten die Finanzinstrumente bei entsprechend großer Zahl anzugebender Daten in Gruppierungen zusammengefasst werden.[159]

Der Angabepflicht unterliegen mit Ausnahme der kleinen KapG alle KapG und KapCoGes, die unter das Publizitätsgesetz fallenden Unt, die Kredit- und die Finanzdienstleistungsinstitute sowie die VersicherungsUnt. Eine Angabe nach Nr. 18 unterbleibt, wenn die Angaben nach der spezielleren Vorschrift der Nr. 26 vorzunehmen sind.

2.23 Nicht zum beizulegenden Zeitwert bilanzierte derivative Finanzinstrumente (Nr. 19)

Nr. 19 verlangt Angaben für den Fall, dass derivative Finanzinstrumente nicht zum beizulegenden Zeitwert bilanziert wurden. Aus Nr. 23 ergibt sich, dass die derivativen Finanzinstrumente, die in eine Bewertungseinheit einbezogen wurden, von der Angabe ausgenommen sind.[160] Als derivative Finanzinstrumente gelten nach IDW RH HFA 1.005. 4 f.

- als Fest- oder Optionsgeschäfte ausgestattete Termingeschäfte sowie
- Warentermingeschäfte, bei denen Veräußerer oder Erwerber zur Abgeltung in bar oder durch andere Finanzinstrumente berechtigt sind.

Zudem sind auch eingebettete Derivate eines strukturierten Finanzinstruments, die gem. IDW RS HFA 22 getrennt zu bilanzieren sind, hierunter zu subsumieren. Die Angabepflicht nach Nr. 19 ergänzt somit die nach Nr. 18 und 20 und führt in der Summe stets zur Angabe der beizulegenden Zeitwerte der derivativen Finanzinstrumente, soweit nicht eine Bilanzierung zum beizulegenden Zeitwert erfolgt ist.

Die analog zu Nr. 18 geforderten Angaben haben nach Kategorien und bezogen auf den Abschlussstichtag zu erfolgen; selbst wesentliche Einzelderivate sind nicht getrennt angabepflichtig. Als Kategorien sind mindestens zu unterscheiden zinsbezogene, währungsbezogene, aktien-/indexbezogene sowie sonstige Geschäfte.[161] An zu benennende Arten bieten sich insb. Optionen, Futures, Forwards und Swaps sowie ggf. deren Kombinationen an.

Die **umfangreichen Angabepflichten** können anhand einer Tabelle erfolgen, die die Spalten a) Kategorien (Arten), b) Nominalbetrag, c) positiver beizulegender Zeitwert, d) negativer[162] beizulegender Zeitwert, e) Bewertungsmethode, f) Buchwert (soweit vorhanden) sowie g) Bilanzposten (sofern in Bilanz erfasst) enthält.[163] Für die Unmöglichkeit der verlässlichen Ermittlung des beizulegenden

---

[158] Vgl. dazu *Grottel*, in Beck Bil-Komm., 10. Aufl., § 285 HGB Rz 535; s. a. *Poelzig*, in MünchKomm. HGB, 3. Aufl., § 285 Rn 321; IDW RH HFA 1.005. 3.
[159] Zur praktischen Umsetzung s. *Kreipl/Lange/Müller* in Haufe HGB Bilanz Kommentar BilMoG Erfahrungsbericht, 2012, Rz 411.
[160] IDW RH HFA 1.005. 24.
[161] Vgl. WPH Edition, Wirtschaftsprüfung & Rechnungslegung, 15. Aufl., 2017, Abschn. F, Tz 1133.
[162] Eine Saldierung widerspricht dem Sinn der Angabepflicht, vgl. IDW RH HFA 1.00, 31.
[163] Vgl. *Oser/Holzwarth*, in *Küting/Pfitzer/Weber*, HdR, §§ 284–288 HGB, Rz. 650, Stand 7/2016.

Zeitwerts muss ausgehend von § 255 Abs. 4 HGB erläutert werden; ein bloßer Hinweis darauf reicht nicht aus.
Kleine KapG und kleine KapCoGes sind von der Angabe nach § 288 Abs. 1 HGB befreit.

2.24 Bewertungsmethode, Umfang und Art mit dem Zeitwert bewerteter Finanzinstrumente (Nr. 20)

129 Die Nr. 20 musste durch das BilMoG eingefügt werden, um dem Gesetzgebungsbefehl des Art. 42d Bilanz-RL i.d.F. d. Fair-Value-RL nachzukommen. Danach müssen im Anhang dann, wenn Finanzinstrumente mit dem beizulegenden Zeitwert bewertet werden – was nur bei **Kreditinstituten** entsprechend § 340e Abs. 3 Satz 1 HGB möglich ist –, ausweislich des Buchst. a) die grundlegenden Annahmen, die der **Bestimmung des beizulegenden Zeitwerts** mithilfe allgemein anerkannter Bewertungsmethoden zugrunde gelegt wurden, und nach Buchst. b) für jede Kategorie derivativer Finanzinstrumente deren **Umfang und Art** einschl. der wesentlichen Bedingungen, welche die Höhe, den Zeitpunkt und die Sicherheit künftiger Zahlungsströme beeinflussen können, angegeben werden.[164] Mit der **Umsetzung der CSR-Richtlinie** wurde der konkrete Verweis auf den § 340e Abs. 3 Satz 1 HGB für Gj, die nach dem 21.12.2016 beginnen, aus dem Gesetzestext gestrichen. Grund der Gesetzesänderung war die richtlinienkonformere Umsetzung in das HGB. „Danach sind für alle zum beizulegenden Zeitwert bewerteten Finanzinstrumente zusätzliche Angaben im Anhang erforderlich."[165] Damit kommt es nun aber zu größeren Überschneidungen mit anderen Angabepflichten. So sind die zum beizulegenden Zeitwert zu bewertenden Deckungsvermögen (§ 246 Abs. 2 Satz 2 HGB) etwa unter der Nr. 25 näher zu berichten (Rz 158). Fraglich ist aber, ob mit der Gesetzesänderung nun auch auf den beizulegenden Zeitwert abgeschriebene Finanzinstrumente betroffen sind und damit eine ergänzende Angabe zu den über dem beizulegenden Zeitwert aufgrund einer unterlassenen Abschreibung angesetzten Finanzinstrumenten nach § 285 Nr. 18 HGB zu erfolgen hat. Dagegen spricht, dass die zugrunde liegende EU-Norm Art. 16 Abs. 1 C EU-RL 34/2013 auch andere VG, die nicht Finanzinstrumente sind, in die Angabepflicht einbezieht, was vom Gesetzgeber aber nicht umgesetzt wurde. Daher ist mit „zum beizulegenden Zeitwert bewertet" nur die grundsätzliche Bewertungsmethode gemeint, was im HGB daher nur den Handelsbestand bei Kreditinstituten sowie das Deckungsvermögen im Zusammenhang mit Pensionsverpflichtungen betrifft. Dass bei der ganz überwiegend für Finanzinstrumente im HGB geforderten Bewertung mit der AK-Methode bei Wertminderungen auch auf einen beizulegenden Zeitwert abgeschrieben wird, löst an dieser Stelle keine Angabepflichten aus. Dieses Vorgehen ist unter § 284 Abs. 2 Nr. 1 HGB zu beschreiben (§ 284 Rz 26).

130 Nach der Gesetzesbegründung zum BilMoG sind ausführlichere Angaben nach Buchst. a) nur dann erforderlich, wenn der beizulegende Zeitwert der Finanzinstrumente nicht unmittelbar auf einem eigenen Marktwert basiert, sondern auf

---

[164] Vgl. IDW RS BFA 2 (Bilanzierung von Finanzinstrumenten des Handelsbestands bei Kreditinstituten), FN-IDW 4/2010, S. 154.
[165] Gesetzesbegründung CSR-RL-Umsetzungsgesetz, BT-Drs. 18/9982, S. 42.

der Anwendung von allgemein anerkannten Bewertungsmethoden beruht.[166] Es müssen die zentralen Angaben, die die Gesetzesbegründung als „die wesentlichen nachvollziehbaren Parameter" bezeichnet, angegeben werden, die im Rahmen der Anwendung der Bewertungsmethode Berücksichtigung gefunden haben.

Die Angaben zu Art und Umfang jeder Kategorie der **derivativen Finanzinstrumente**, die nach Buchst. b) gefordert werden, sind identisch mit denjenigen Angaben, die gem. Nr. 19 gefordert werden. 131

Die **Kategorienbildung** muss sich an den dem jeweiligen derivativen Finanzinstrument zugrunde liegenden Basiswerten bzw. dem abgesicherten Risiko orientieren. Die Gesetzesbegründung hält etwa eine Einteilung in zinsbezogene, währungsbezogene oder aktienbezogene derivative Finanzinstrumente für denkbar.[167] Für jede Kategorie sind die wesentlichen Bedingungen anzugeben, die die Höhe, den Zeitpunkt und die Sicherheit künftiger Zahlungsströme beeinflussen können. Das soll die Risiken erhellen, mit denen die derivativen Finanzinstrumente einhergehen. Um den Umfang des derivativen Finanzinstruments festzustellen, ist über den Nominalwert zu informieren. 132

2.25 Geschäfte mit Nahestehenden (Nr. 21)

Die dem Handelsrecht bisher fremde Regelung der Nr. 21 war aufgrund von Art. 43 Abs. 1 Nr. 7b Bilanz-RL i.d.F. d. Abänderungs-RL durch das BilMoG einzufügen und ist durch das BilRUG und die entsprechende Regelung in Art. 17 Abs. 1 Buchst. r RL 2013/34/EU unverändert geblieben. Sie verpflichtet mittelgroße und große KapG/KapCoGes zu Angaben zumindest über die wesentlichen **marktunüblichen Geschäfte** der Ges. mit nahestehenden Unt und Personen, einschl. der Angaben über deren Wertumfang und über die Art der **Beziehung zu den nahestehenden Unt und Personen**.[168] Außerdem sind weitere Angaben über solche Geschäfte zu machen, die für die Beurteilung der Finanzlage der Ges. notwendig sind. Der DRS 11 „Berichterstattung über Beziehungen zu nahestehenden Personen" wurde gem. DRÄS 4 zum 31.12.2009 aufgehoben. 133

Die Regelung stellt es als Übernahme des Mitgliedstaatenwahlrechts aus der RL 2013/34/EU den Angabepflichtigen frei, entweder nur die wesentlichen marktüblichen Geschäfte anzugeben oder über alle Geschäfte mit nahestehenden Unt und Personen zu berichten. Mit der Angabepflicht werden die handelsrechtlichen Berichtspflichten an die internationale Rechnungslegung angepasst und mehr Transparenz geschaffen, dem Schlüsselfaktor für eine gute Corporate Governance.[169] Die Regelung im HGB ist trotz Hinweis auf die Verhältnismäßigkeit des Mehraufwands[170] aber komplexer als die entsprechenden Vorschriften des IAS 24 (Related Party Disclosures) und führt folglich auch zu einem entsprechend noch höheren Mehraufwand für HGB-Bilanzierer. 134

---

[166] BilMoG-BegrRegE, S. 71.
[167] BilMoG-BegrRegE, S. 71.
[168] Ausführlich dazu *Petersen/Zwirner/Busch*, BB 2009, S. 1854, 1855f. Vgl. auch IDW RS HFA 33, Tz 1ff.
[169] Vgl. *Pfitzer/Oser/Orth*, DCGK, S. 21.
[170] BilMoG-BegrRegE, S. 34.

135 Schon vor dem 31.12.2009 kannte das Handelsrecht Vorschriften, die eine Transparenz
- über die Beziehungen zu verbundenen Unt (§ 271 Abs. 2 HGB i. V. m. §§ 266, 268, 275, 285 Nrn. 3 und 14 HGB),
- über die Mitglieder der Unternehmensführung und der Kontrollorgane (Nrn. 9 und 10),
- über Unt, deren Anteile gehalten werden (Nrn. 11 und 11a) und
- über Unt, die in den Konzernabschluss einbezogen werden (§§ 313, 314 HGB), herstellen.

Auch außerhalb des HGB regeln Vorschriften die Pflicht zur Angabe über nahestehende Unt und Personen (§ 312 AktG; §§ 20f. AktG; §§ 21f. WpHG). Schließlich findet sich im DCGK in Ziff. 7.1.4 die Empfehlung, im Konzernabschluss Beziehungen zu Aktionären zu erläutern, die i. S. d. anwendbaren Rechnungslegungsvorschriften als „nahestehende Personen" zu qualifizieren sind.

136 Als Rechnungslegungsvorschrift, die den Begriff der **nahestehenden Unt und Personen** definiert, kommen hier nur die internationalen Rechnungslegungsstandards (IFRS) in Betracht.[171] Nach IAS 24.1 (Präambel) ist sicherzustellen, dass die Abschlüsse eines Unt die notwendigen Angaben enthalten, um auf die Möglichkeit hinzuweisen, dass die Vermögens-, Finanz und Ertragslage eines Unt u. U. durch die Existenz nahestehender Unt und Personen sowie durch Geschäftsvorfälle und ausstehende Salden beeinflusst werden kann. Als „nahestehend" ist nach IAS 24.9 nach dessen Neufassung[172] anzusehen
- ein Unt aus dem KonsKreis, zu dem das berichtende Unt gehört,
- ein assoziiertes Unt oder ein GemeinschaftsUnt des Konzerns, zu dem das berichtende Unt gehört,
- ein GemeinschaftsUnt, wenn es ebenfalls dem herrschenden Unt gehört wie das berichtende (Gemeinschafts-)Unt,
- ein Unt, das in die betriebliche Versorgung von eigenen Arbeitnehmern (Pensionsplan) eingebunden ist,
- ein Unt, welches von einer als nahestehend klassifizierten Person beherrscht wird oder worauf diese einen maßgeblichen Einfluss hat,
- eine Person, die das berichtende Unt beherrscht, an der gemeinschaftlichen Führung beteiligt ist oder einen maßgeblichen Einfluss ausüben kann,
- eine Person im Management des berichtenden Unt oder des beherrschenden MU, die eine Schlüsselrolle bekleidet,
- nahe Familienangehörige, d. h. Kinder, Ehegatten oder Lebenspartner, Kinder von Ehegatten und Lebenspartnern sowie abhängige Angehörige (auch von Ehegatten und Lebenspartnern) der vorgenannten Personen.

137 Diesen Bezug zu den internationalen Rechnungslegungsvorschriften stellt auch die Gesetzesbegründung zum BilMoG her, nach der „gemäß Art. 43 Abs. 1 Nr. 7b Bilanz-RL i. d. F. der Abänderungs-RL der Begriff „nahestehende Unternehmen und Personen" im Sinn der gem. der IAS-Verordnung übernommenen

---

[171] Zur Übertragung der Definition vgl. auch IDW RS HFA 33, Tz 8.
[172] Zu den Änderungen der Abgrenzung durch die Neufassung vgl. *Busack/Scharr*, IRZ 2011, S. 395 ff.

internationalen Rechnungslegungsstandards – also gegenwärtig im Sinn von IAS 24 – zu verstehen" ist.[173]

Was als „Geschäft" i. S. d. Vorschrift zu qualifizieren ist, soll nach dem Willen des Gesetzgebers „funktional" ausgelegt werden, also über die Rechtsgeschäfte im rechtlichen Sinn hinausgehen. Auch insofern ergeben sich Abweichungen von der Berichtspflicht gem. § 312 AktG. Transaktionen nicht nur rechtlicher, sondern gerade wirtschaftlicher Art, die sich auf die Finanzlage eines Unt auswirken können, sollen erfasst werden. Es ist i. S. d. IAS 24.10 der wirtschaftliche Gehalt der Beziehung und nicht allein die rechtliche Gestaltung zu prüfen. Beispielhaft werden von der Gesetzesbegründung Käufe oder Verkäufe von Grundstücken und/oder Gebäuden oder fertigen oder unfertigen Waren oder Erzeugnissen, der Bezug oder die Erbringung von Dienstleistungen, die Nutzung oder Nutzungsüberlassung von Vermögensgegenständen, Finanzierungen, die Gewährung von Bürgschaften oder anderen Sicherheiten, Produktionsverlagerungen, Produktionsänderungen, Investitionen, Stilllegungen von Betriebsteilen, Abstimmungen im Ein- oder Verkauf oder die Übernahme der Erfüllung von Verbindlichkeiten genannt.[174]   **138**

Eine Angabepflicht hierüber besteht aber nur dann, wenn diese Geschäfte nicht zu **marktüblichen Bedingungen** zustande kamen. Das ist dann der Fall, wenn sich aus dem Vergleich mit einem (gedachten) Rechtsgeschäft mit einem fremden Dritten ergibt, dass diesem die Konditionen nicht eingeräumt worden wären, wie sie dem Geschäft mit dem nahestehenden Unt oder Person zugrunde lagen. Es gibt ein Wahlrecht entweder nur die wesentlichen zu marktunüblichen Bedingungen geschlossenen Geschäfte zu berichten. Dann muss aus der Angabe aber erkennbar sein, dass das Geschäft nicht zu marktüblichen Bedingungen abgeschlossen wurde.[175] Alternativ können auch alle Geschäfte mit nahestehenden Personen oder Unt angegeben werden; in diesem Fall ist eine Untergliederung in Geschäfte mit marktüblichen und -unüblichen Konditionen nicht erforderlich.[176]   **139**

Eine weitere Bedingung, ohne deren Vorliegen keine Angabepflicht besteht, ist, dass das Geschäft selbst auch „wesentlich" war; denn dann, wenn die Angabe nicht erforderlich ist, um den Einblick in die Vermögens-, Finanz- und Ertragslage zu gewährleisten, braucht sie nicht zu erfolgen (§ 264 Abs. 2 HGB).   **140**

Sind alle Voraussetzungen erfüllt, die zur Angabepflicht nach Nr. 21 führen, ist im Anhang über die **Art der Beziehung** zu den nahestehenden Personen und Unt und über den Wertumfang des Geschäfts zu berichten. Die Berichterstattung ist so vorzunehmen, dass eine möglichst hohe Transparenz über die **Namen der Beteiligten**, den Wert der Geschäfte durch die Angabe des genauen Gesamtbetrags und die Bedingungen, zu denen die Geschäfte, insb. Kredite, abgewickelt wurden, gegeben ist. Bündelungen der Angaben sind zulässig, wenn eine getrennte Angabe für die Beurteilung der Auswirkungen auf die Finanzlage nicht notwendig ist. Bei Dauerschuldverhältnissen ist lediglich der im Gj angefallene   **141**

---

[173] BilMoG-BegrRegE, S. 72; so auch WPH Edition, Wirtschaftsprüfung & Rechnungslegung, 15. Aufl., 2017, Abschn. F, Tz 1147.

[174] Eine Liste mit Beispielen enthält auch IAS 24.20 sowie *Kreipl/Lange/Müller* in Haufe HGB Bilanz Kommentar Erfahrungsbericht BilMoG, 2012, ab Rz 414ff.

[175] Vgl. *Kirsch* in *Federmann/Kußmaul/Müller*, HdB-Beitrag Anhang nach HGB, Rz 242, Stand 04/2016.

[176] Vgl. WPH Edition, Wirtschaftsprüfung & Rechnungslegung, 15. Aufl., 2017, Abschn. F, Tz 1154.

142 Gesamtbetrag zu berichten. Eine Angabe des marktüblichen Betrags ist nicht notwendig.[177]

142 Hier geht die Nr. 21 über das hinaus, was IAS 24 verlangt. Dies hat bereits zu der Forderung Anlass gegeben, eine Anpassung im Interesse der Aufwandsreduktion vorzunehmen.[178] Der Gesetzgeber verweist aber ausdrücklich nur bzgl. der Definition auf den IAS 24, die Angaben sind abweichend.[179]

143 Für hoch integrierte Konzerne, in denen es zwischen den KonzernUnt zu einem intensiven Leistungsverkehr kommt, sieht die Vorschrift in Umsetzung des Mitgliedstaatenwahlrechts in Art. 17 Abs. 1 Buchst. r RL 2013/34/EU eine erheblich entlastende Freistellung vor, wenn das Geschäft mit oder zwischen mittelbar oder unmittelbar in 100 %igem Anteilsbesitz stehenden, in einen Konzernabschluss einbezogenen[180] TU des angabepflichtigen Unt abgewickelt wurde.

144 Kleine KapG sind in Übereinstimmung mit Art. 17 Abs. 1 Buchst. r RL 2013/34/EU von der Angabepflicht befreit; mittelgroße KapG brauchen die Angaben nicht zu machen. Diese können nach § 288 Abs. 2 Satz 2 HGB die Angabe nur auf die Geschäfte beschränken, die direkt oder indirekt mit einem Gesellschafter, Unternehmen, an denen die Gesellschaft selbst eine Beteiligung hält, oder Mitgliedern des Geschäftsführungs-, Aufsichts- oder Verwaltungsorgans abgeschlossen wurden (§ 288 Rz 7).

2.26 Forschungs- und Entwicklungskosten (Nr. 22)

145 Die mit dem BilMoG eingefügte Nr. 22 verpflichtet mittelgroße und große KapG/KapCoGes zur Angabe des Gesamtbetrags der **F&E-Kosten** des Gj sowie des davon auf selbst geschaffene **immaterielle VG des AV** entfallenden Betrags, der aufgegliedert in F&E-Kosten anzugeben ist.[181] Weil selbst geschaffene immaterielle VG des AV in den Grenzen von § 248 Abs. 2 HGB i.H.d. in der Entwicklungsphase angefallenen HK (Entwicklungskosten) **aktiviert werden können**, soll hier der Gesamtbetrag der F&E-Kosten des Gj sowie der davon auf selbst geschaffene immaterielle VG des AV entfallende, in F&E-Kosten aufzuschlüsselnde Betrag ausgewiesen werden. Dadurch werden die F&E-Kosten des Angabepflichtigen und ihr Verhältnis zueinander sowie seine **Innovationsfähigkeit** transparent.[182]

In den anzugebenden **Gesamtbetrag der F&E-Kosten** des Gj sind die Forschungskosten, die nicht aktivierbaren Entwicklungskosten (da die Wahrscheinlichkeit der Entstehung eines VG fehlt (§ 246 Abs. 1 Satz 1 HGB), das Stetigkeitsgebot oder das Ansatzverbot aus § 248 Abs. 2 Satz 2 HGB dies verbietet) und die aktivierten Entwicklungskosten des Gj einzubeziehen.

Nicht einzubeziehen sind dagegen die Abschreibung auf Vj. aktivierte Entwicklungskosten, Vertriebskosten i.S.d. § 255 Abs. 2 Satz 4 HGB sowie Auf-

---

[177] Vgl. Oser/Holzwarth, in Küting/Pfitzer/Weber, HdR, §§ 284–288 HGB, Rz. 683, Stand 7/2016.
[178] S. etwa Niehus, DB 2008, S. 2493, 2498.
[179] Vgl. Philipps, BBK 2011, S. 212; WPH Edition, Wirtschaftsprüfung & Rechnungslegung, 15. Aufl., 2017, Abschn. F, Tz 1152 ff.
[180] Vgl. zur Verhinderung von Missbräuchen BilMoG-BegrRegE, S. 72.
[181] Vgl. dazu Seidel/Grieger/Muske, BB 2009, S. 1286; Hüttche, BB 2009, S. 1346, 1350 f.
[182] Zur praktischen Umsetzung s. Kreipl/Lange/Müller in Haufe HGB Bilanz Kommentar BilMoG Erfahrungsbericht, 2012, Rz 419 ff.

wendungen für F&E Dritter. Letztere sind als Auftragsforschung im Umlaufvermögen zuzuordnen.[183]
Neben dem Gesamtbetrag ist als Davon-Angabe der **Betrag der im Gj aktivierten Entwicklungskosten** anzugeben, obwohl dieser auch im Anlagespiegel nach § 284 Abs. 3 HGB als Zugänge auszuweisen ist.
Im § 248 Abs. 2 HGB ist ein Aktivierungswahlrecht für selbst geschaffene immaterielle VG des AV verankert. Danach sind Angaben zu den F&E-Kosten im Anhang nur zu machen, wenn selbst geschaffene immaterielle VG des AV aktiviert werden.[184] Wird das Wahlrecht nicht genutzt, haben Angabe zu F&E dann nur im Lagebericht zu erfolgen (§ 289 Rz 90 ff.). 146

2.27 Absicherung von Risiken (Nr. 23)

Aufgrund der mit dem BilMoG eingefügten Nr. 23 ist vom Angabepflichtigen dann, wenn nach § 254 HGB **Bewertungseinheiten** gebildet wurden, anzugeben, welche Arten von Bewertungseinheiten zur Absicherung welcher Risiken gebildet wurden und inwieweit der Eintritt der Risiken ausgeschlossen ist. Dadurch soll eine hinreichende Transparenz für die Abschlussadressaten erreicht werden. Es ist über das Gesamtvolumen der mit den am Bilanzstichtag bestehenden Bewertungseinheiten abgesicherten Risiken zu berichten.[185] 147

Die Anwendung von § 254 HGB fordert Anhangangaben 148
- zur Art der Bewertungseinheit („ob die Risikoabsicherung mittels eines Micro-, Portfolio- oder Macro-Hedging betrieben wird"[186]),
- zu dem betragsmäßigen Umfang des Grundgeschäfts und insb. dem abgesicherten Risiko („mit welchem Betrag jeweils Vermögensgegenstände, Schulden, schwebende Geschäfte und mit hoher Wahrscheinlichkeit vorgesehene Transaktionen … einbezogen sind", § 285 Nr. 23 Buchst. a HGB), wobei „als Risiken … bspw. Zins-, Währungs-, Bonitäts- und Preisrisiken"[187] denkbar sein sollen,
- zu dem Gesamtvolumen der am Bilanzstichtag in bestehenden Bewertungseinheiten abgesicherten Risiken („die Höhe der mit Bewertungseinheiten abgesicherten Risiken" (§ 285 Nr. 23 Buchst. a HGB)),
- zu dem Sicherungsinstrument und zur Effektivität der Bewertungseinheit, wobei auch anzugeben ist, welches Verfahren das Unt heranzieht, um die Effektivität zu messen („für die jeweils abgesicherten Risiken, warum, in welchem Umfang und für welchen Zeitraum sich die gegenläufigen Wertänderungen oder Zahlungsströme künftig voraussichtlich ausgleichen, einschl. der Methode der Ermittlung" (§ 285 Nr. 23 Buchst. b HGB)) und
- gesondert zu einem antizipativen Grundgeschäft („eine Erläuterung der mit hoher Wahrscheinlichkeit erwarteten Transaktionen, die in Bewertungseinheiten einbezogen werden" (§ 285 Nr. 23 Buchst. c HGB)).

---

[183] Vgl. WPH Edition, Wirtschaftsprüfung & Rechnungslegung, 15. Aufl., 2017, Abschn. F, Tz 1167.
[184] S. a. die Kommentierung zu § 248 Rz 36 ff. und § 255 Rz 180 ff..
[185] Zur praktischen Umsetzung s. *Kreipl/Lange/Müller* in Haufe HGB Bilanz Kommentar Erfahrungsbericht BilMoG, 2012, Rz 422 ff.
[186] BilMoG-BegrRA, S. 115.
[187] BilMoG-BegrRA, S. 115.

An die Begründung antizipativer Grundgeschäfte stellt der Gesetzgeber hohe Anforderungen. Hier muss der Bilanzierende für Dritte nachvollziehbar und plausibel deutlich machen, warum das Tatbestandsmerkmal einer „hohen Wahrscheinlichkeit" erfüllt ist. Wird zur Absicherung eines antizipativen Grundgeschäfts ein derivatives Finanzinstrument verwendet, dessen Wert unterhalb der AK liegt, ist gesondert „zu erläutern, weshalb aus der ... mit hoher Wahrscheinlichkeit erwarteten Transaktion ein kompensierender Ertrag zu erwarten ist".[188]

Der Gesetzgeber stellt es dem Bilanzierenden frei, die beschriebenen Informationen statt im Anhang im Lagebericht zu veröffentlichen. Dadurch soll eine Zusammenfassung von Informationen ermöglicht werden.[189]

149 Nach § 285 Nr. 23 Buchst. a HGB ist durch Offenlegung des Betrags der Umfang anzugeben, in dem jeweils VG, Schulden, schwebende Geschäfte und mit hoher Wahrscheinlichkeit erwartete[190] Transaktionen zur **Absicherung von Risiken** in eine Bewertungseinheit einbezogen wurden. Als Risiken sind bspw. Preisänderungs-, Zins-, Währungs-, Bonitäts- und Liquiditätsrisiken denkbar. Es sind sowohl Grund- als auch Sicherungsgeschäft anzugeben, wobei bei Grundgeschäften die Angabe des abgesicherten Buchwerts ausreicht.[191] Der Betrag ist nur jeweils zusammengefasst für die vier Kategorien VG, Schulden, schwebende Geschäfte und mit hoher Wahrscheinlichkeit erwartete Transaktionen anzugeben. Analog sind auch die Sicherungsgeschäfte stets nur in Summe für die jeweilige Art anzugeben. Die Höhe der abgesicherten Risiken kann als Gesamtbetrag der aufgrund der Bildung von Bewertungseinheiten bis zum Abschlussstichtag vermiedenen negativen Wert- oder Zahlungsstromänderungen verstanden werden.[192] Dies sind etwa die nicht notwendigen Abschreibungen bei VG und die nicht notwendigen Drohverlustrückstellungen bei schwebenden Geschäften.

150 Nach Nr. 23 Buchst. b ist eine Angabe zur Wirksamkeit der einzelnen am Bilanzstichtag bestehenden Bewertungseinheiten unterteilt nach den unterschiedlichen abgesicherten Risiken vorzunehmen. Der Offenlegungsadressat soll für jedes abgesicherte Risiko erkennen können, aus welchen Gründen und in welchem Umfang sich die gegenläufigen Wertänderungen (Fair Value Hedge) oder Zahlungsströme (Cash Flow Hedge) am Bilanzstichtag ausgleichen.[193] Die Angaben sollen erhellen, warum und in welchem Umfang sie sich bis zum vorgesehenen Ende der Bewertungseinheit ausgleichen werden. Dazu bedarf es auch der Erläuterung, wie der Angabepflichtige zu seiner Beurteilung gekommen ist, welche **Methoden zur Ermittlung** dieser Feststellungen also angewandt worden sind.

151 Nr. 23 Buchst. c bezieht sich auf **antizipative Bewertungseinheiten**. Der Gesetzgeber stellt strenge Anforderungen an die Begründung antizipativer Bewer-

---

[188] BilMoG-BegrRA, S. 115.
[189] BilMoG-BegrRA, S. 116.
[190] Mit dem Gesetz zur Umsetzung der Aktionärsrechterichtlinie (ARUG) v. 30.7.2009, BGBl 2009 I S. 2479, wurde das im BilMoG enthaltene Wort „vorgesehene" in „erwartete" ersetzt.
[191] Vgl. IDW RS HFA 25, Tz. 98; a. A. *Grottel*, in Beck Bil-Komm., 10. Aufl., § 285 HGB Rz 707.
[192] Vgl. WPH Edition, Wirtschaftsprüfung & Rechnungslegung, 15. Aufl., 2017, Abschn. F, Tz 1175; a. A. *Oser/Holzwarth*, in *Küting/Pfitzer/Weber*, HdR, §§ 284–288 HGB, Rz. 721, Stand 7/2016.
[193] Vgl. IDW RS HFA 35, Tz. 96.

tungseinheiten.[194] Die Begründung einer antizipativen Bewertungseinheit setzt voraus, dass das gesicherte Grundgeschäft mit hoher Wahrscheinlichkeit eingegangen werden wird. Es soll dadurch, dass konkrete und plausible Gründe vorgetragen werden, nachvollziehbar sein, weshalb am Bilanzstichtag diese „hohe Wahrscheinlichkeit" besteht. Dabei ist der Umstand gesondert und mit Erläuterungen anzugeben, warum aus der in diesem Zusammenhang mit hoher Wahrscheinlichkeit erwarteten Transaktion ein kompensierender Ertrag erwartet wird, wenn derivative Finanzinstrumente, deren beizulegender Zeitwert unter den AK liegt, als Sicherungsinstrumente in eine antizipative Bewertungseinheit einbezogen werden.

Die Gesetzesbegründung stellt klar, dass über **Risikomanagementziele** und -methoden in Bezug auf den Einsatz von Finanzinstrumenten zu berichten ist, wobei Angaben über die bei Abschluss von Sicherungsgeschäften verwendete Systematik, über Art und Kategorie sowie über alle wichtigen geplanten Transaktionen zu machen sind. Der Angabepflichtige muss dementsprechend Transparenz über die Art der gesicherten Grundgeschäfte und der **Sicherungsinstrumente**, die Art der Risiken und das Ausmaß der **Effektivität** herstellen. Zu berichten ist im Hinblick auf den Absicherungszusammenhang, ob es sich um eine Mikro-, Portfolio- oder Makrosicherungsbeziehung handelt. Angaben werden auch über antizipative Bewertungseinheiten zu machen sein.[195] Der Adressat der Angaben soll die Effektivität der Bewertungseinheiten erkennen können, was impliziert, dass darüber zu berichten ist, inwieweit die abgesicherten Risiken nicht eintreten bzw. der Eintritt der abgesicherten Risiken ausgeschlossen ist. Nach der Begründung zum BilMoG ist „insb. für den Bereich des sog. macrohedging ausführlich auf die **Verknüpfungen mit dem Risikomanagement** einzugehen und (...) zu erläutern, wie Risiken verifiziert und gemessen werden und aus welchen Gründen davon auszugehen ist, dass die abgesicherten Risiken nicht eintreten".[196]

152

Die Ausführlichkeit und der Umfang der Angaben sind in eine vernünftige Relation zum Umfang der gebildeten Bewertungseinheiten zu bringen.

153

Die Angabepflicht gilt mit Ausnahme von KleinstKapG für alle KapG/KapCo-Ges, die die im Zusammenhang mit der nach § 254 HGB erlaubten Möglichkeit, VG, Schulden, schwebende Geschäfte oder mit hoher Wahrscheinlichkeit erwartete Transaktionen zur Absicherung von Risiken mit Finanzinstrumenten (und diesen nach § 254 Satz 2 HGB gleichgestellten Warentermingeschäften) in einer Bewertungseinheit zusammenzufassen, nutzen.

154

Diese Angabepflicht entfällt im Übrigen aufgrund der in Nr. 23 enthaltenen Öffnungsklausel, wenn die Informationen bereits im **Lagebericht** enthalten sind; die Angaben nach Nr. 23 können im Lagebericht mit den Angaben nach § 289 Abs. 2 Nr. 1 HGB zusammengefasst werden, um einen – wie die Gesetzesbegründung formuliert – „Risikobericht aus einem Guss" vorzulegen.[197]

155

---

[194] S. die Stellungnahme des Rechtsausschusses BT-Drs. 16/12407; dazu auch *Ernst/Seidler*, BB 2009, S. 766 f.
[195] Vgl. BilMoG-BegrRegE, S. 73.
[196] BilMoG-BegrRegE, S. 73.
[197] Ausführlich zu den im Lagebericht zu kommunizierenden Risikomanagementzielen und -methoden der Ges. BilMoG-BegrRegE, S. 73.

156 Auf den engen Zusammenhang mit § 289 Abs. 2 Nr. 1 Buchst. a HGB und die vom Gesetzgeber in Kauf genommene Möglichkeit der Überschneidung ist hinzuweisen (§ 289 Rz 79 ff.).

2.28 Berechnung von Pensionsrückstellungen (Nr. 24)

157 Aufgrund der Komplexität der Berechnung der Pensionsverpflichtungen werden mit Nr. 24 ausdrücklich Angaben bzgl. der zur Bewertung der Pensionsrückstellungen angewandten versicherungsmathematischen **Berechnungsverfahren** und den **grundlegenden Annahmen**, insb. den Zinssatz und den erwarteten Lohn- und Gehaltssteigerungen, sowie die zugrunde gelegten biometrischen Annahmen (insb. die zugrunde gelegte Sterbetafeln) von allen KapG mit Ausnahme der kleinen KapG gefordert.[198] Kleine KapG sind mit dem BilRUG ab dem Gj 2016 von der Angabe befreit (§ 288 Abs. 1 HGB).

Diese Angabepflicht konkretisiert die auch mit § 284 Abs. 2 Nr. 1 HGB notwendigen Erläuterungen (§ 284 Rz 16). Die Angabe der grundlegenden Annahmen hat für Zinssatz und die erwarteten Lohn- und Gehaltssteigerungen in Prozentwerten zu erfolgen. Bei dem Zinssatz ist das entweder der nach § 253 Abs. 2 HGB pauschal herangezogene Zinssatz für eine 15-Jährige Restlaufzeit oder, falls dieses Erleichterungswahlrecht nicht genutzt wird, die laufzeitadäquaten Zinssätze, die als Bandbreite angegeben werden dürfen. Wenn es für die Berechnung der Rückstellung erforderlich ist, sind die erwarteten Renditen auf etwaig ausgelagertes Planvermögen, bei entsprechenden Zusagen einer medizinischen Versorgung hier zu erwartende Kostentrends sowie vorgenommene weitere versicherungsmathematische Annahmen anzugeben.[199] Angestrebt wird dadurch eine Transparenz darüber, ob und nach welcher Methode eine realitätsnahe Bewertung von Pensionsrückstellungen, wie sie nach § 253 Abs. 1 HGB vorzunehmen ist, erfolgt.[200] Zumindest bei Änderungen der verwendeten Trendannahmen sollte eine Erläuterung erfolgen, da diese i.d.R. große Auswirkungen auf den Bilanzausweis haben und das Jahresergebnis aufgrund der Notwendigkeit der erfolgswirksamen Berücksichtigung stark beeinflussen können. Die Angaben sind nach IDW RS HFA 30, Tz 92 auch dann notwendig, wenn die Pensionsverpflichtung durch Vermögensverrechnung nach § 246 Abs. 2 Satz 2 HGB nicht als Pensionsrückstellung in der Bilanz erscheint.[201] In die Erläuterung der Pensionspflichtungen sind auch die im Anhang anzugebenden Fehlbeträge aus Ansatzwahlrechten (Art. 28 Abs. 2 EGHGB) und Bewertungserleichterungen (Art. 67 Abs. 2 EGHGB) einzubeziehen. Dagegen ist die Anhangangabe entbehrlich, wenn die betriebliche Altersversorgung im Wege etwa der Direktversicherung durchgeführt wird und keine Fehlbeträge bestehen.[202]

Mit dem Gesetz zur Umsetzung der WohnimmobilienRL und zur Änderung handelsrechtlicher Vorschriften[203] wurde in § 253 Abs. 2 Satz 1 eine Pflicht

---

[198] Vgl. auch IDW RS HFA 30, Tz 89.
[199] Vgl. *Kirsch*, in *Federmann/Kußmaul/Müller*, HdB-Beitrag, Anhang nach HGB, Rz 78, Stand 04/2016.
[200] Vgl. *Pradl/Uckermann*, GStB 2009, S. 178.
[201] Zur praktischen Umsetzung s. *Kreipl/Lange/Müller* in Haufe HGB Bilanz Kommentar Erfahrungsbericht BilMoG, 2012, Rz 434 ff.
[202] Vgl. WPH Edition, Wirtschaftsprüfung & Rechnungslegung, 15. Aufl., 2017, Abschn. F, Tz 1183.
[203] BGBl v. 16.3.2016, I S. 396 ff.

eingefügt, dass die Rückstellungen aus Altersversorgungsverpflichtungen statt mit einem Durchschnittszinssatz auf Basis der letzten sieben Jahre ab dem nach dem 31.12.2015 endenden Gj mit einem Durchschnittszinssatz auf Basis der letzten zehn Jahre abzuzinsen sind. Der Unterschiedsbetrag (der bei dem aktuellen Zinsniveau eine stille Last darstellt) ist gem. § 253 Abs. 6 HGB für alle Unt im Anhang oder unter der Bilanz anzugeben. Zudem besteht auch die Möglichkeit mit Art. 75 Abs. 7 EGHGB auf die vorzeitige Anwendung, worauf aber hinzuweisen ist. Mit dieser Information ist es von externer Seite möglich, die durchschnittliche Laufzeit der Pensionsverpflichtungen zu berechnen und darüber etwa die bestehenden stillen Reserven oder Lasten aus den Einschätzungsspielräumen der Parameter der Verpflichtungsberechnung abzuleiten.[204]

2.29 Verrechnung von Vermögensgegenständen und Schulden (Nr. 25)

Sofern der Angabepflichtige nach § 246 Abs. 2 Satz 2 HGB VG und Schulden verrechnet, sind die AK und der beizulegende Zeitwert der **verrechneten VG**, der Erfüllungsbetrag der verrechneten Schulden sowie die verrechneten Aufwendungen und Erträge anzugeben. Konkret ist diese Verrechnungspflicht auf Deckungsvermögen von Altersversorgungsverpflichtungen anzuwenden (§ 246 Rz 101). Voraussetzungen für die Verrechnung ist die Durchführung der Altersversorgung als Leistungszusage sowie eine Konkretisierung des Deckungsvermögens gem. § 246 Abs. 2 Satz 2 HGB, sodass einer Pensionsverpflichtung ein Deckungsvermögen gegenübersteht. Eine beitragsorientierte Zusage in Form eines versicherungsförmigen Tarifs mit voller Kapitaldeckung ist nach IDW RS HFA 30, Tz 93 nicht berichtspflichtig.

158

Durch die Angaben im Anhang soll Transparenz darüber hergestellt werden, welche Aktiv- und Passivposten der Bilanz sowie welche aus den verrechneten VG und Schulden resultierenden Aufwendungen und Erträge in der GuV verrechnet wurden.[205] Konkret sind die Effekte der Auf- bzw. Abzinsung von Verpflichtungen mit der erfolgswirksamen Wertänderung des Deckungsvermögens zu verrechnen. Dabei dürfen auch Auswirkungen aus der Änderung des Abzinsungssatzes mit einbezogen werden. Gesondert sind dagegen in der GuV die übrigen Komponenten, d.h. insb. der Dienstzeitaufwand und die Änderung der Trendannahmen im operativen Ergebnis auszuweisen.[206] Sollte von dem Ausweiswahlrecht Gebrauch gemacht werden und die Effekte aus der Änderung des Abzinsungssatzes sowie der Zeitwertänderung und der laufenden Erträge des Deckungsvermögens auch im operativen Ergebnis ausgewiesen werden, sind diese verrechneten Beträge entsprechend brutto im Anhang anzugeben, wobei eine Gesamtangabe der verrechneten Aufwendungen und Erträge grds. ausreichend ist. Um eine Einschätzung der Nachhaltigkeit des Ergebnisses von externer Seite zu ermöglichen, erscheint eine Trennung der regelmäßig wiederkehrenden Auf- und Abzinsung sowie laufenden Erträge aus dem Deckungsvermögen von den stark zufallsgetriebenen Zeitwertänderungen und erfolgswirksamen

159

---

[204] Vgl. *Dilßner/Müller*, BB 2016, S. 2539 ff.
[205] BilMoG-BegrRegE, S. 73.
[206] Vgl. IDW RS HFA 30, Tz 85–88.

Effekten aus der Änderung der Prämissen überaus sinnvoll zu sein. Der letzte Hs. mit dem Verweis auf die entsprechende Anwendung der Nr. 20 Buchst. a verpflichtet dazu, dass im Fall der Bewertung von VG i.S.v. § 246 Abs. 2 Satz 2 HGB zum beizulegenden Zeitwert die grundlegenden Annahmen, die der Bestimmung des beizulegenden Zeitwertes mithilfe allgemein anerkannter Bewertungsmethoden zugrunde gelegt werden, im Anhang anzugeben sind.[207]

KleinstKapG müssen eine auch bei dieser Größenklasse denkbare Verrechnung nicht angeben, dürfen jedoch, um als KleinstKapG klassifiziert zu werden und um die Erleichterungen nutzen zu können, die Bewertung des Deckungsvermögens nur zu AK vornehmen (§ 267a Rz 5).

Kleine KapG haben diese Angabepflicht zu erfüllen, obwohl für diese für die Nr. 24 eine Befreiung geschaffen wurde (§ 288 Abs. 1 HGB).

2.30 Sondervermögen (Nr. 26)

160 Auf Basis des Kapitalanlagegesetzbuches sind Angaben zum **Sondervermögen (Investmentanteile)** und zu Anlageaktien an Investmentvermögen notwendig. Konkret sind nur solche KapG zu Angaben verpflichtet, die jeweils mehr als 10 % der Anteile oder Anlageaktien an inländischen **Sondervermögen** i.S.v. § 1 Abs. 10 KAGB, Anlageaktien an inländischen Investment AG i.S.v. §§ 108 bis 123 KAGB oder vergleichbaren ausländischen Anteilen/Anlageaktien i.S.v. § 1 Abs. 8 KAGB besitzen und nicht als kleine KapG klassifiziert sind. Die Angaben umfassen die in Anteilen an Spezialfonds enthaltenen stillen Reserven oder stillen Lasten, wobei eine detaillierte Aufschlüsselung zu erfolgen hat.[208] Die Vorschrift berücksichtigt mit der Einbeziehung von Anlageaktien und vergleichbaren Anlagen in ausländischem Investmentvermögen, dass diese mit Anteilen an in- oder ausländischen Investmentfonds in vertraglicher Form wirtschaftlich vergleichbar sind.[209] Stimmberechtigte andere Aktien sowie vergleichbare Anlagen in ausländische Investmentanteile sind dagegen nach Nr. 26 nicht anzugeben, weil bei derartigen Anlagen vorrangig die Frage der Kons. zu prüfen ist.[210] Die Angaben sind seit dem Gj notwendig für **Sondervermögen** i.S.d. § 1 Abs. 10 KAGB oder Anlageaktien an Investment-AG mit veränderlichem Kapital i.S.d. §§ 108 bis 123 KAGB oder vergleichbaren EU-Investmentvermögen oder vergleichbaren ausländischen Investmentvermögen. Der Verweis auf das aufgehobene InvG wurde deshalb noch nicht gestrichen, da noch eine Übergangsfrist für dessen Anwendung besteht.[211]

161 Nach Nr. 26 ist dem in der Bilanz ausgewiesenen Buchwert der Wert nach § 36 InvG aF bzw. der §§ 168, 278 KAGB der Anteile oder Anlageaktien (Marktwert) aufgegliedert nach **Anlagezielen** gegenüberzustellen. Bei ausländischen Investmentanteilen kann der nach ausländischen Vorschriften ermittelte Marktwert verwendet werden, wenn er dem Wert gem. § 36 InvG aF bzw. der §§ 168, 278 KAGB entspricht, andernfalls ist der Marktwert für die Ermittlung der stillen

---

[207] Zur praktischen Umsetzung s. *Kreipl/Lange/Müller* in Haufe HGB Bilanz Kommentar Erfahrungsbericht BilMoG, 2012, Rz 443 ff.
[208] S. dazu *Ernst/Seidler*, ZGR 2008, S. 653 ff.
[209] BilMoG-BegrRegE, S. 73 f.
[210] BilMoG-BegrRegE, S. 74.
[211] Vgl. AIFM-UmsG-BegrRegE, BR-Drs. 791/12 S. 559.

Reserven oder stillen Lasten nach deutschem Investmentrecht festzustellen. Dadurch erhalten die Adressaten des Jahresabschlusses die erforderlichen Informationen, ohne dass eine Kons. erfolgt; die Angaben im Anhang zu Nr. 26 stellen insofern ein Konsolidierungssurrogat dar.[212] Zusätzlich sind die für das Gj erfolgten **Ausschüttungen** anzugeben.

Sind **Abschreibungen** auf Anteile oder Anlageaktien gem. § 253 Abs. 3 Satz 4 HGB unterblieben, ist das im Anhang näher zu begründen. Wenn es Anhaltspunkte dafür gibt, dass eine Wertminderung nicht von Dauer sein wird, sind auch hierfür Gründe anzugeben, aus denen sich ergibt, dass die Abschreibungsnotwendigkeit nach den für Direktanlagen geltenden Kriterien geprüft worden ist. Nach der Gesetzesbegründung kann die unterbliebene Abschreibung einer stillen Last nicht lediglich damit begründet werden, dass es sich bei den Anteilen und Anlageaktien um Wertpapiere handelt, die üblicherweise Wertschwankungen unterliegen. Vielmehr ist auf die **Ursachen für den niedrigeren Wert** der Anteile oder Anlageaktien einzugehen.[213]   162

Wenn es Ausschüttungen mit Kapitalentnahmecharakter gab, die stille Lasten begründen oder erhöhen, folgt daraus zwingend eine Abschreibung auf die Buchwerte der Anteile oder Anlageaktien, weil sonst die Gefahr des doppelten Ausweises der Kapitalentnahme besteht.[214]   163

Der Gesetzgeber will mit der Aufgliederung der Anteile bzw. Anlageaktien nach Anlagezielen (z. B. in Aktienfonds, Rentenfonds, Immobilienfonds, Mischfonds, Hedgefonds, sonstige Spezial-Sondervermögen) erreichen, dass den Abschlussadressaten eine überschlägige **Einschätzung des Anlagerisikos** möglich ist und sie Kenntnis von den im Gj durch das Unt vereinnahmten Ausschüttungen erhalten. Außerdem sind rechtlich oder wirtschaftlich veranlasste Beschränkungen in Möglichkeit der täglichen Rückgabe der Anteile und Anlageaktien zu erläutern, damit die Abschlussadressaten „Hinweise auf ungewöhnliche Verhältnisse wie Investitionen in illiquide strukturierte Anlagevehikel, Hedgefonds mit langen Kündigungsfristen, Infrastrukturprojekte, unverbriefte Darlehensforderungen oder Private Equity Engagements"[215] erhalten.[216] Kleine KapG sind mit dem BilRUG ab dem Gj 2016 von der Angabe befreit.   164

2.31 Aufschlüsselung von Haftungsverhältnissen (Nr. 27)

Durch die mit dem BilMoG neu aufgenommene Pflicht zur Angabe der Gründe der Einschätzung des Risikos der Inanspruchnahme für nach § 251 HGB i. V. m. § 268 Abs. 7 1. Hs. HGB im Anhang ausgewiesene Haftungsverhältnisse soll für den Adressaten des handelsrechtlichen Jahresabschlusses mehr Transparenz über die **Eventualverbindlichkeiten** hergestellt werden,[217] wobei nach dem HGB hier anders als nach IAS 37.10 nur Haftungsverpflichtungen gemeint sind. Mit dem   165

---

[212] So *Ernst/Seidler*, ZGR 2008, S. 631, 654.
[213] BilMoG-BegrRegE, S. 74.
[214] Dieser doppelte Ausweis könnte einmal implizit als Bestandteil des aktivierten Anteils bzw. der aktivierten Anlageaktie und zum anderen über die aktivierte Forderung, d. h. den rechtlichen Anspruch auf Kapitalentnahme, erfolgen, vgl. BilMoG-BegrRegE, S. 74.
[215] BilMoG-BegrRegE, S. 74. S. dazu auch *Ernst/Seidler*, BB 2007, S. 2557, 2560.
[216] Zur praktischen Umsetzung s. *Kreipl/Lange/Müller* in Haufe HGB Bilanz Kommentar Erfahrungsbericht BilMoG, 2012, Rz 445 ff.
[217] Vgl. dazu näher *Ernst/Seidler*, ZGR 2008, S. 631, 654.

BilRUG wurde § 268 Abs. 7 HGB verändert, womit der Verweis auf den 1. Hs. in der Vorschrift als Redaktionsversehen zu werten ist.

166 Die Gesamtsumme ist im Anhang hinsichtlich der zugrunde liegenden Verpflichtungen und Haftungsverhältnisse im Einzelnen aufzuschlüsseln und die damit zusammenhängenden immanenten Risiken zu erläutern.[218] Die Pflicht zur Angabe der Gründe für die Einschätzung des Risikos der Inanspruchnahme besteht aber auch, wenn die Angabe der Haftungsverhältnisse im Anhang erfolgt.

167 Selbst wenn in der Praxis eine Aufschlüsselung der Haftungsverhältnisse erfolgte, blieben doch die der **Risikoabschätzung** zugrunde liegenden Erwägungen weitgehend im Dunkeln. Erhellt werden sollen nunmehr die der Einschätzung des Risikos der Inanspruchnahme aus den für die Vermögens-, Finanz und Ertragslage bedeutsamen (wesentlichen) Haftungsverhältnisse zugrunde liegenden Erwägungen dadurch, dass sie der Angabepflichtige im Anhang detailliert anzugeben hat. Es soll erkennbar werden, aus welchen Gründen Haftungsverhältnisse als solche im Anhang und nicht auf der Passivseite der Bilanz ausgewiesen werden.

168 Weil es sich hier um die Herstellung von Transparenz zur Risikoabschätzung handelt, wäre es, worauf auch die Gesetzesbegründung hinweist, aus rechtssystematischen Gründen auch denkbar, diese Erwägungen in den Lagebericht als den Ort, der Risikoabschätzungen erläutert, aufzunehmen. Gleichwohl entschied sich der Gesetzgeber dafür, die Angaben auch im Anhang „als ergänzende wichtige Erläuterung der ausgewiesenen Eventualverbindlichkeiten" aufzunehmen.[219] Gegen die gesonderte Angabe des den Haftungsverhältnissen innewohnenden Risikos spricht nichts.[220]

169 Kleine KapG sind mit dem BilRUG ab dem Gj 2016 von der Angabe befreit. Damit haben auch KleinstKapG, die die nach § 251 HGB und nach § 268 Abs. 7 HGB geforderten Angaben zu Verbindlichkeiten und Haftungsverhältnissen unter der Bilanz zu machen haben, keine erläuternde Anhangangabepflicht nach Nr. 27.

2.32 Nicht ausschüttbare Beträge (Nr. 28)

170 Die Vorschrift der Nr. 28 zielt auf den Schutz der Gläubiger des Unt. Es soll Transparenz darüber hergestellt werden, in welchem Umfang im Jahresergebnis Beträge enthalten sind, die nicht ausgeschüttet werden können, soweit nicht in zumindest derselben Höhe jederzeit auflösbare **Gewinnrücklagen** zzgl. eines Gewinnvortrags und abzgl. eines Verlustvortrags im Unt vorhanden sind. Alle KapG mit Ausnahme der kleinen KapG sowie VersicherungsUnt müssen danach den Gesamtbetrag der Beträge i.S.d. § 268 Abs. 8 HGB aufgeschlüsselt in die Beträge aus der Aktivierung selbst geschaffener immaterieller VG des AV, Beträge aus der Aktivierung latenter Steuern sowie aus der Aktivierung von VG zum beizulegenden Zeitwert angeben.[221] Anzugeben ist auch der Gesamtbetrag der ausschüttungsgesperrten Beträge zum Abschlussstichtag. Die Angaben haben

---

[218] So BilMoG-BegrRegE, S. 74.
[219] Vgl. BilMoG-BegrRegE, S. 74.
[220] So auch *Ernst/Seidler*, BB 2007, S. 2557, 2560. Zur praktischen Umsetzung s. *Kreipl/Lange/Müller* in Haufe HGB Bilanz Kommentar Erfahrungsbericht BilMoG, 2012, Rz 449.
[221] Zur praktischen Umsetzung s. *Kreipl/Lange/Müller* in Haufe HGB Bilanz Kommentar Erfahrungsbericht BilMoG, 2012, Rz 450 ff.

jeweils gemindert um die gebildeten passiven latenten Steuern zu erfolgen.[222] Zu den konkreten Ermittlungs- und Darstellungsmöglichkeiten siehe § 268 Rz 55. Kleine KapG sind mit dem BilRUG ab dem Gj 2016 von der Angabe befreit. Die Unternehmensleitung wird dafür den ausschüttungsfähigen Gewinn in einer Nebenrechnung zur Bilanz festlegen (§ 268 Rz 50 ff.).[223] Eine Deckungsrechnung zur Erläuterung der frei verfügbaren Rücklagen kann für die Darstellung empfohlen werden. KapCoGes sind von der Angabepflicht nicht betroffen, da sie keiner Haftungsbeschränkung unterliegen (IDW RS HFA 7, Tz. 38).

2.33 Latente Steuern (Nr. 29)

Nach Nr. 29 sind die Gründe dafür anzugeben, auf welchen Differenzen oder steuerlichen Verlustvorträgen die **latenten Steuern** beruhen und mit welchen Steuersätzen die Bewertung erfolgt ist.[224] Soweit Steuergutschriften und Zinsvorträge bei der Berechnung der latenten Steuern berücksichtigt worden sind, ist auch hierüber eine Angabe vorzunehmen. Um Verständnis für die ausgewiesenen Posten zu schaffen, soll zur Information der Abschlussadressaten der ausgewiesene Steueraufwand/-ertrag in einer gesonderten Rechnung auf den erwarteten Steueraufwand/-ertrag übergeleitet werden.[225] Weil sich eine Verpflichtung zu einer solchen Überleitungsrechnung dem verabschiedeten Gesetzeswortlaut im Gegensatz zu den ersten Entwürfen aber nicht mehr entnehmen lässt, sieht es das IDW als regelmäßig ausreichend an, qualitative Angaben zur Art der bestehenden temporären Differenzen oder zu steuerlichen Verlustvorträgen zu geben, um die Erläuterungspflichten zu erfüllen und künftiges Nutzenpotenzial aufzuzeigen.[226] Somit ist es nicht notwendig, die aufgrund des Aktivierungswahlrechts des § 274 Abs. 1 HGB nicht angesetzten aktiven latenten Steuern im Anhang zu quantifizieren (§ 274 Rz 121). Es ist generell die Art des Bilanzpostens, die Art der Differenz sowie ob es sich um eine aktive oder passive Latenz handelt anzugeben. Hinsichtlich der Angaben zu den aktiven latenten Steuern unterteilt das WP-Handbuch: Werden diese im Rahmen der Gesamtdifferenzbehandlung mit den passiven latenten Steuern verrechnet und es entsteht ein Passivüberhang – egal ob saldiert oder unsaldiert ausgewiesen – so haben Angaben hierzu zu erfolgen. Wurde hingegen das Aktivierungswahlrecht für einen Aktivüberhang genutzt, sollen nach dieser Meinung keine Erläuterungen der abziehbaren Differenzen oder Verlustvorträge nötig sein.[227] Somit werden den Unt hier Möglichkeiten zur Legung stiller Reserven eingeräumt, die auch durch Anhangangaben nicht einmal in der Tendenz zu erläutern sind.[228]

171

---

222 Vgl. WPH Edition, Wirtschaftsprüfung & Rechnungslegung, 15. Aufl., 2017, Abschn. F, Tz 1209 ff.
223 S. die Berechnungsbeispiele bei *Lanfermann/Röhricht*, DStR 2009, S. 1216, 1218.
224 Ausführlich zu den Angaben über die latenten Steuern *Hoffmann/Lüdenbach*, NWB Kommentar Bilanzierung, 8. Aufl., § 285 Rz 184 ff.; *Küting/Seel*, DB 2009, S. 922; *Loitz*, DB 2009, S. 913; WPH Edition, Wirtschaftsprüfung & Rechnungslegung, 15. Aufl., 2017, Abschn. F, Tz 705 ff sowie 1213 ff.
225 Vgl. *Kirsch*, DStZ 2009, S. 510, 517, unter Hinweis auf den RegE.
226 Vgl. WPH Edition, Wirtschaftsprüfung & Rechnungslegung, 15. Aufl., 2017, Abschn. F, Tz 1216; ebenso *Kirsch*, DStZ 2009, S. 510, 517.
227 Vgl. WPH Edition, Wirtschaftsprüfung & Rechnungslegung, 15. Aufl., 2017, Abschn. F, Tz 1213.
228 Ausführlicher hierzu sowie mit Beispielen und ersten empirischen Erkenntnissen s. *Kreipl/Lange/Müller* in Haufe HGB Bilanz Kommentar Erfahrungsbericht BilMoG, 2012, Rz 452 ff.

172 Die Angabe der **Steuersätze** bezieht sich bei KapG auf die KSt und GewSt, bei PersG nach § 264a HGB sind dagegen nur sie Steuersätze aus der GewSt anzugeben. Bei unterschiedlichen Steuersätzen (insb. bei der GewSt) ist es möglich Durchschnittssätze anzugeben, solange dadurch keine Fehleinschätzungen der Adressaten resultieren können.

173 Von der Angabepflicht nach § 285 Nr. 29 HGB sind kleine KapG gem. § 288 Abs. 1 HGB und mittelgroße KapG gem. § 288 Abs. 2 Satz 2 HGB befreit.

2.34 Angaben zu latenten Steuerschulden

174 Die folgenden Nr. 30 bis 34 wurden mit dem BilRUG angefügt und sind ab dem Gj 2016 zu beachten.

175 Mit Nr. 30 wurden die **Angaben zu latenten Steuern** – wie bereits mit den BilMoG-Entwürfen zunächst geplant – aufgrund europäischer Vorgaben deutlich ausgeweitet. Notwendig sind ab dem Gj 2016 quantitative Angaben zu den latenten Steuersalden und ihren Bewegungen im Gj, was insbesondere den Auf- oder Abbau einschließt.[229] Allerdings sind diese Angaben auf die angesetzten latenten Steuerschulden begrenzt, weshalb der Gesetzgeber eine Trennung zu den unter Nr. 29 geforderten allgemeinen Angaben vorgenommen hat. Die latente Steuerschuld sollte gleichgesetzt werden mit dem Begriff der **passiven latenten Steuern**.[230] Demnach ist die Angabe nur notwendig, wenn in der Gesamtdifferenzbetrachtung nach § 274 Abs. 1 HGB ein Passivüberhang an latenten Steuern besteht, der auf der Passivseite der Bilanz ansatzpflichtig ist, oder aber, wenn freiwillig trotz eines Aktivüberhangs ein Bruttoausweis der aktiven und passiven latenten Steuern in der Bilanz erfolgt.[231] Der Bilanzansatz über die **Gesamtdifferenzbetrachtung** bedingt allerdings im Vorfeld die Ermittlung und Saldierung von aktiven und passiven latenten Steuern. Nicht Betrachtungsgegenstand sind dagegen die ansatzfähigen aktiven latenten Steuerüberhänge, die unter Nutzung des Ansatzwahlrechts des § 274 Abs. 1 Satz 2 HGB nicht aktiviert wurden. Da zudem von Steuersalden im Plural gesprochen wird, ist von einer ausführlichen Darlegung der angesetzten aktiven und passiven latenten Steuern in Form von Salden und deren Veränderung auszugehen. Der Ausweis hat quantitativ im Anhang zu erfolgen, auch wenn die Salden und deren Veränderung durch die Vorjahresangabe aus der Bilanz ableitbar wären (insbesondere bei Nichtanwendung der Gesamtdifferenzbetrachtung). Eine weitere Aufgliederung der Veränderungen in Form einer Überleitungsrechnung nach IAS 12 ist wünschenswert, aber nicht verpflichtend. Die Mindestangabe kann wie folgt aussehen:

---

[229] Für ein Beispiel zur Ausgestaltung vgl. *Kirsch*, BBK 2015, S. 327.
[230] Vgl. *Grottel*, in Beck Bil-Komm., 10. Aufl., § 285 HGB Rz 845.
[231] Vgl. *Grottel*, in Beck Bil-Komm., 10. Aufl., § 285 HGB Rz 846; *Lüdenbach/Freiberg*, StuB 2015, S. 572; a. A. *Rimmelspacher/Meyer*, DB 2015, Beilage 5, S. 27.

Beispiel			
	Stand zu Beginn des Gj	Veränderung	Stand zum Ende des Gj
Aktive latente Steuern			
passive latente Steuern			

Kleine KapG sind von den Erläuterungspflichten des § 285 Nr. 29 und 30 HGB wie bisher befreit, was auch dann gilt, wenn sie freiwillig § 274 HGB anwenden. Mittelgroße KapG sind zwar weiter von der Erläuterungspflicht des § 285 Nr. 29 HGB befreit, müssen aber § 285 Nr. 30 HGB ab dem Gj 2016 anwenden.

2.35 Außergewöhnliche Aufwands- und Ertragsposten (Nr. 31)

Da die EU-RL die Unterscheidung zwischen gewöhnlicher und außergewöhnlicher Geschäftstätigkeit aufgibt und die GuV-Gliederung dementsprechend vereinfacht, entfällt die Definition der ao Erträge und Aufwendungen sowie deren Erläuterungspflicht in § 277 Abs. 4 HGB aF. Mit dieser Streichung geht die neue Pflicht zur Anhangangabe außergewöhnlicher Erträge und Aufwendungen[232] einher (§ 285 Nr. 31 HGB), um auch weiterhin Einblicke in die Qualität der Ergebnisse zu bekommen.[233] Konkret sind **Angaben zu Erträgen und Aufwendungen von außergewöhnlicher Größenordnung oder Bedeutung** notwendig, allerdings eingeschränkt darauf, dass diese nicht von lediglich untergeordneter Bedeutung sind. Dabei weicht der Gesetzgeber vom Originaltext der deutschen Übersetzung des Art 16 Abs. 1 Buchst. f RL 2013/34/EU ab und korrigiert hierdurch eine Übersetzungsungenauigkeit innerhalb der Richtlinie.[234] Unter Nr. 31 sind somit Betrag und Art von diesen Erträgen und Aufwendungen anzugeben, soweit sie nicht von untergeordneter Bedeutung sind. Neu im Vergleich zur bisherigen Angabepflicht zu den ao Erträgen und Aufwendungen ist zum einen die Notwendigkeit, diese einzeln vornehmen zu müssen. Somit ist im Anhang für jeden einzelnen Geschäftsvorfall
- die Bezeichnung des außergewöhnlichen Vorgangs,
- der entsprechende außergewöhnlich hohe/niedrige Betrag bzw. Betrag von besonderer Bedeutung sowie die Art des Aufwands und des Ertrags (ggf. bereits durch die Positionsbezeichnung deutlich) anzugeben, soweit die Beträge von nicht untergeordneter Bedeutung sind.

Zum anderen ist die Definition nicht deckungsgleich zu den bisherigen ao Erträgen und Aufwendungen, da es nicht mehr darauf ankommt, dass diese aus Sachverhalten außerhalb der gewöhnlichen Geschäftstätigkeit stammen. Somit sind zu den Erträgen und Aufwendungen von außergewöhnlicher Bedeutung, für die nach der Gesetzesbegründung weiterhin die von der Praxis bisher entwickelte

---

[232] Vgl. *Müller*, BC 2016, S. 58.
[233] Vgl. zu Vorgehen und Aussagekraft einer Erfolgsspaltung *Müller*, BRg 2015, S. 20–24.
[234] Vgl. *Lüdenbach/Freiberg*, BB 2014, S. 2222.

(enge) Abgrenzung nach der gewöhnlichen Geschäftstätigkeit (§ 277 Rz 25 ff.) weiter herangezogen werden kann,[235] auch die Beträge von außergewöhnlicher Größenordnung hinzunehmen.

Bislang waren ao Erträge und Aufwendungen dadurch gekennzeichnet, dass ihnen ungewöhnliche Vorgänge zugrunde liegen, die als selten einzustufen sind und eine wesentliche Ergebniswirkung entfalten.[236] Entsprechend ihrem Charakter sind sie im Vorfeld nicht vorhersehbar und somit weder der Art noch der Höhe nach kalkulierbar. Eine **Wesentlichkeit** und damit eine gewisse materielle Bedeutung sind dann gegeben, wenn es sich um Geschäftsvorfälle von nicht untergeordneter Bedeutung handelt. Eine **Ungewöhnlichkeit** ist bei für das Unt untypischen Geschäftsvorfällen zu unterstellen. Als grobe Orientierung für die Beurteilung kann die Satzung der Gesellschaft zugrunde gelegt werden. Als alleiniger Maßstab genügt sie jedoch nicht. Vielmehr kann hier im Zweifelsfall das Auseinanderklaffen zwischen Aufgabe gem. Satzung und der faktischen Üblichkeit eine von der Satzung abweichende Aufwands- und Ertragsklassifizierung erfordern, sodass die Aufwands- und Ertragsklassifizierung letztlich an der tatsächlichen Geschäftstätigkeit auszurichten ist. Ereignisse, die zu Störungen des Geschäftsablaufs führen, müssen das für die betrieblichen Verhältnisse übliche Maß überschreiten, um die Klassifizierung der aus ihnen resultierenden Aufwendungen als ao zu rechtfertigen. Eine **Seltenheit** des Geschäftsvorfalls liegt vor, wenn es diesem an einer Regelmäßigkeit fehlt, sodass der Wiederholung zu einem bestimmten Zeitpunkt nur in Ausnahmefällen eine konkrete Erwartung gegenübersteht. Die Kriterien der Seltenheit und Ungewöhnlichkeit sind nicht überschneidungsfrei. Sie können nur in enger Abhängigkeit zu den konkreten betrieblichen internen und externen Rahmenbedingungen der Ertrags- bzw. Aufwandsklassifikation dienen und der Angabeentscheidung zugrunde gelegt werden. Insgesamt müssen die genannten Kriterien kumulativ erfüllt werden. Als Beispiele für außerordentliche Sachverhalte können etwa aufgeführt werden:

Beispiel
- Gewinne oder Verluste aus der Veräußerung oder Aufgabe kompletter Unternehmensbereiche, von Teilbetrieben oder wesentlicher Beteiligungen;
- Gewinne oder Verluste in Verbindung mit grundlegenden Unternehmensreorganisationen oder -umwandlungen (Verschmelzung, Spaltung);
- Aufwendungen aus der (wesentlichen) Erweiterung der Geschäftstätigkeit;
- Erträge aufgrund eines allgemeinen Forderungsverzichts der Gläubiger (Sanierungsgewinne);
- Aufwendungen aus Sanierungsmaßnahmen;
- wesentliche außerplanmäßige Abschreibungen zur Erfassung von Wertminderungen aufgrund externer Einflüsse, wie z. B. Enteignung, Katastrophen, Krieg;
- Aufwendungen infolge von betrügerischen Machenschaften (und anderen Straftaten);
- Aufwendungen für Abfindungen aufgrund von Sozialplänen;

---

[235] Vgl. BilRUG-BgrRegE, BT-Drs. 23/15 S. 81.
[236] Vgl. ADS, 6. Aufl., § 277 HGB, Rz 79.

- Aufwendungen oder Erträge aus existenzentscheidenden Rechtsstreitigkeiten;
- Bußgelder aufgrund von Verstößen gegen das Kartellgesetz;
- einmalige Großzuschüsse der öffentlichen Hand zu Branchenumstrukturierungen;
- Erträge aus Schenkungen.

Bezüglich der neu hinzugekommenen Beträge von außergewöhnlicher Größenordnung ist die Größenordnung im Hinblick auf die das Unternehmen ansonsten bestimmenden Größenordnungen zu bewerten. Möglich sind dabei sowohl deutliche Ausreißer nach oben wie auch nach unten.

Beispiel
- Durch Währungseffekte stark gestiegene wie auch stark gesunkene Aufwendungen.
- Stark gestiegene Umsätze aufgrund des Erwerbs einer größeren Betriebsstätte.
- Stark gestiegene Zinsaufwendungen aufgrund eines veränderten Abzinsungssatzes für die Rückstellungen.
- Umsatzschub durch den modebedingten starken Anstieg des Absatzes eines Produktes.
- Gewinne-/Verluste aus Wertpapierverkäufen erheblichen Ausmaßes.
- Erhebliche Ab- oder Zuschreibungen.
- Kosten einer wesentlichen Unterbeschäftigung.

Die Angabe eines zusammenfassenden außergewöhnlichen Ergebnisses sowie wie bisher die darauf entfallenden EE-Steuern sind nicht mehr vorgesehen und auch nicht praktikabel. In ihrer Wirkung geht die Detailliertheit dieser Angabepflicht über die bisherigen Ausweisvorgaben hinaus. Eine zunächst noch geforderte Erläuterung der Aufwendungen und Erträge von außergewöhnlicher Größenordnung ist zum Ende des Gesetzgebungsverfahrens mit Verweis auf eine Übererfüllung der EU-Richtlinie wieder gestrichen worden,[237] so dass eine Tabelle mit der Benennung von Bezeichnung, Art und Betrag ausreicht. KapG können aber freiwillig eine Erläuterung in den Anhang aufnehmen.
Anders als nach bisherigem Recht sind kleine KapG von diesen Angabepflichten nicht mehr befreit (§ 288 Rz 4).
Allerdings zeigt sich, dass es zukünftig nicht vollständig ausgeschlossen sein wird, **außergewöhnliche Ergebniselemente unmittelbar in der GuV** auszuweisen. Zu denken ist hier ausschließlich an einen Davon-Vermerk für die einzelnen GuV-Posten. Während der Ausweis ao Ergebniselemente nach IFRS (IAS 1.87) vollständig untersagt ist, führt das im HGB fehlende explizite Ausweisverbot dazu, dass die außergewöhnlichen Erträge und Aufwendungen in Gestalt von Davon-Vermerken doch Eingang in die GuV finden können. Im Sinne des Gesetzgebers ist dies gleichwohl nicht und im Hinblick auf die Übersicht der GuV auch nicht zu empfehlen, sodass von dieser prinzipiell zur Ver-

---

[237] Vgl. BT-Drs. 18/5256 S. 17, 85.

178 fügung stehenden Ausweisvariante allenfalls in Ausnahmefällen Gebrauch gemacht werden sollte.[238] Wie bereits bei der bisherigen engen Auslegung der ao Sachverhalte dürften auch hier an die außergewöhnliche Größenordnung vergleichsweise hohe Anforderungen zu stellen sein, sodass es auch weiterhin eher selten zu diesbezüglichen Angaben kommen dürfte. Nach dem Gesetzgeber ist dabei entscheidend, dass der Vergleichsmaßstab für die „Außergewöhnlichkeit" von Größe und Bedeutung dabei die konkreten Verhältnisse im Unt und insbesondere die allgemein üblichen Vorgänge in diesem Unt sind. Es ist daher zu beurteilen, ob der einzelne Ertrag oder die einzelne Aufwendung aus den sonstigen Erträgen oder Aufwendungen aufgrund seiner Größenordnung oder aufgrund seiner Bedeutung so deutlich hervortritt, dass eine gesonderte Nennung notwendig erscheint. Dieser abschlusspolitische Ermessensspielraum, der auch beim bisherigen ao-Ausweis in der GuV bestand, wird mit dem BilRUG in den Anhang verlagert. Durch die notwendige Angabe der einzelnen außergewöhnlichen Aufwendungen und Erträge wird die Bilanzanalyse letztlich sogar aussagekräftiger. So werden sehr hohe Abfindungszahlungen für ausscheidende Mitarbeiter fortan zwingend als solche benannt werden und der jeweilige Bilanzanalytiker kann selbst frei entscheiden, ob er den betreffenden Aufwandsposten um außergewöhnliche Elemente bereinigen möchte oder ob er darauf verzichtet.

2.36 Aperiodische Erträge und Aufwendungen (Nr. 32)

179 Nach § 285 Nr. 32 ist eine entsprechende Angabe auch für Aufwendungen und Erträge notwendig, die periodenfremd und nicht von untergeordneter Bedeutung sind. Auch hier entfällt dafür die bisherige Angabepflicht in § 277 Abs. 4 Satz 3 HGB aF, deren Inhalt somit lediglich verschoben wurde. Die Erläuterung **periodenfremder Aufwendungen und Erträge** ist wichtig, um ein zutreffendes Bild von der Vermögens-, Finanz und Ertragslage in einem bestimmten Gj zu erhalten. Die Erläuterung dient somit der Vergleichbarkeit von Jahresabschlüssen aufeinanderfolgender Gj.

Alle Aufwendungen und Erträge, die einem anderen Gj zuzurechnen sind, sind hinsichtlich ihres Betrags und ihrer Art im Anhang zu erläutern, sofern sie nicht von untergeordneter Bedeutung sind. Der Beurteilung, ob eine untergeordnete Bedeutung vorliegt, die von der Erläuterungspflicht entbindet, sollten keine strengeren Kriterien zugrunde gelegt werden als die Entscheidung, ob die Erläuterung der außergewöhnlichen Erträge und Aufwendungen unterlassen werden kann. Schwerpunktmäßig wird es sich hierbei um Teilbeträge der Posten „sonstige betriebliche Erträge", „sonstige betriebliche Aufwendungen" und „Steuern vom Einkommen und Ertrag" handeln. Beispielhaft kommen hier im Einzelnen in Betracht:

---

[238] Eine ähnliche Einschätzung zur ausschließlichen Anhangangabe findet sich in BilRUG-RegE, BR-Drs. 23/15 S. 80.

> **Beispiel**
> - Buchgewinne und -verluste aus der Veräußerung von Vermögensgegenständen des Anlagevermögens;
> - Zuschreibungen zu Vermögenswerten des Anlagevermögens;
> - Erträge aus Zahlungseingängen auf in den Vorjahren abgeschriebene Forderungen;
> - Erträge aus der Auflösung frei gewordener Rückstellungen;
> - Steuernachzahlungen oder Steuererstattungen;
> - Kostenerstattungen und Gutschriften für frühere Gj;
> - Nachzahlungen für Mitarbeiter für Vorjahre;
> - Nachholung von Abschreibungen.

Die Angabe hat als Erläuterung zu erfolgen, sodass die einzelnen periodenfremden Erträge und Aufwendungen mit ihrer Art und dem Betrag anzugeben sind. Eine Zusammenfassung kann aber, da der Gesetzgeber im Gegensatz zur Nr. 31 das Wort „jeweils" weggelassen hat, für die periodenfremden Erträge und Aufwendungen gleicher Art mit dem Gesamtbetrag ausreichend sein.[239]

Hier bleibt es auch bei der Befreiung für kleine KapG (§ 288 Rz 4) und auch mittelgroße KapG werden von dieser Angabe befreit (§ 288 Rz 6).

2.37 Nachtragsbericht (Nr. 33)

Ebenfalls eine Verlagerung von Angabepflichten – diesmal aus dem Lagebericht – stellt § 285 Nr. 33 dar. Der **Nachtragsbericht** war bisher unter § 289 Abs. 2 Nr. 1 HGB aF gefordert. Demnach ist dabei über die Vorgänge von besonderer Bedeutung zwischen Abschlussstichtag und Zeitpunkt der Berichtserstellung zu berichten. Vorgänge besitzen dann eine besondere Bedeutung, wenn sie zu einer anderen Darstellung der Lage der Ges. geführt hätten, wären sie schon vor Eintritt des Gj eingetreten. Zu berichten ist über positive wie negative Vorgänge von besonderer Bedeutung nach Abschluss des Gj. Dem Vorsichtsprinzip entsprechend, kommt beunruhigenden negativen Entwicklungen eine größere Bedeutung bei der Berichterstattung zu. Der Nachtragsbericht behebt die zeitliche Verzögerung zwischen Abschlussstichtag und Zeitpunkt der Berichterstellung und aktualisiert die Darstellung der Lage der Gesellschaft entsprechend. Für den Nachtragsbericht wird eine Grobstruktur vorgeschlagen, die auf drei Gruppen von Vorgängen mit besonderer Bedeutung eingeht. Demnach ist zunächst über die Branche betreffende wirtschaftliche und politische Ereignisse zu berichten.

180

> **Beispiel**
> - Verschärfte Exportvorschriften,
> - Auf- und Abwertungseinflüsse,
> - Wettbewerbsverzerrungen.

Weiterhin sind Abweichungen von der durch den Jahresabschluss vorgezeichneten Linie darzustellen:

---

[239] Vgl. *Grottel*, in Beck Bil-Komm., 10. Aufl., § 285 HGB Rz 922.

> **Beispiel**
> - Schwerwiegende Verluste,
> - stark rückläufige Marktpreise,
> - Marktumschwünge,
> - unvorhersehbare Kostensteigerungen,
> - Umsatzrückgänge.

Schließlich ist auf Vorgänge, die die Lage der Gesellschaft verändern, einzugehen.

> **Beispiel**
> - Angaben über den Erwerb oder die Veräußerung von Beteiligungen, Grundstücken oder wichtigen Vermögenswerten,
> - Kapitalerhöhungs- und -herabsetzungsmaßnahmen,
> - Kurzarbeit, Streiks, Sozialpläne, Entlassungen,
> - Ausgang wichtiger Rechtsstreitigkeiten,
> - Abschluss oder Kündigung wichtiger Verträge,
> - Gründung oder Aufgabe von Niederlassungen,
> - Verlust von Großkunden,
> - Beitritt zu Interessensgemeinschaften oder Kartellen.

Konkretisierend zur bisherigen Regelung ergeben sich zwei Änderungen: Zum einen brauchen Vorgänge von besonderer Bedeutung, die in der Bilanz oder in der GuV schon berücksichtigt sind (z.B. in Rückstellungen), nicht noch einmal im Anhang dargestellt zu werden. Zum anderen sind zusätzlich auch Art und finanzielle Auswirkung der Vorgänge von besonderer Bedeutung zu erläutern, was allerdings mit DRS 20.114 für Konzerne auf der Basis einer vermuteten GoB-Erfüllung bereits im Lagebericht notwendig war.

Auch hier bleibt es bei der Befreiung für kleine KapG (§ 288 Rz 4).

2.38 Ergebnisverwendungsvorschlag oder -beschluss (Nr. 34)

181 § 285 Nr. 34 HGB fordert auf Basis der RL 2013/34/EU für mittelgroße und große KapG den Einbezug des Vorschlags für die **Ergebnisverwendung** oder des entsprechenden Beschlusses in den Anhang. Bislang war dieser nicht Bestandteil des Jahresabschlusses aber dennoch nach § 325 HGB offenzulegen. Damit sind die Angaben von der Geschäftsführung schon zu einem Zeitpunkt vor der Prüfung, Billigung oder Feststellung des Jahresabschlusses vorzunehmen. Daher dürfte im Anhang i.d.R. nur ein Vorschlag für die Ergebnisverwendung darstellbar sein. Der spätere Beschluss ist nicht im folgenden Anhang nachzuholen, durch das „oder" in der Gesetzesformulierung ist die Angabepflicht mit dem Vorschlag bereits erfüllt. Relevant ist dabei die Darstellung der Ergebnisverwendung, d.h., wie das gesamte Ergebnis verwendet werden soll. Bei einem regelmäßig nur möglichen Vorschlag für die Gewinnausschüttung dürfte aber nach der Gesetzesbegründung die Angabe genügen, welcher Teil des Gewinns ausgeschüttet werden soll.[240] Angaben zu den Bezugsberechtigten der Gewinn-

---

[240] Vgl. BilRUG-BgrRegE, BT-Drs. 23/15 S. 84.

ausschüttung können unterbleiben, was auch schon vor dem Hintergrund der Belange des Datenschutzes notwendig ist. Ebenso müssen wie bisher die Bezüge einzelner natürlicher Personen aus ihrer Gesellschafterstellung nicht offengelegt werden. Sind KapG bezugsberechtigt, lassen sich dagegen aus ihren Jahresabschlüssen Angaben zu Erträgen aus den Beteiligungen ableiten.

Eine Angabepflicht besteht nur für die Unt, die auch die Gewinnverwendung beschließen lassen müssen. Damit brauchen GmbH ohne Aufsichtsrat, Unt. mit Ergebnisabführungsvertrag, KapG mit einem Bilanzverlust sowie PersG i.S.d. § 264a HGB mit dem gesetzlichen Normstatus **keine Angaben** zur Ergebnisverwendung zu machen.[241]

Kleine KapG bleiben von dieser Angabe weiterhin befreit (§ 288 Rz 4).

---

[241] Vgl. WPH Edition, Wirtschaftsprüfung & Rechnungslegung, 15. Aufl., 2017, Abschn. F, Tz 1238.

§ 286 Unterlassen von Angaben

(1) Die Berichterstattung hat insoweit zu unterbleiben, als es für das Wohl der Bundesrepublik Deutschland oder eines ihrer Länder erforderlich ist.

(2) Die Aufgliederung der Umsatzerlöse nach § 285 Nr. 4 kann unterbleiben, soweit die Aufgliederung nach vernünftiger kaufmännischer Beurteilung geeignet ist, der Kapitalgesellschaft einen erheblichen Nachteil zuzufügen; die Anwendung der Ausnahmeregelung ist im Anhang anzugeben.

(3) ¹Die Angaben nach § 285 Nr. 11 und 11b können unterbleiben, soweit sie
1. für die Darstellung der Vermögens-, Finanz- und Ertragslage der Kapitalgesellschaft nach § 264 Abs. 2 von untergeordneter Bedeutung sind oder
2. nach vernünftiger kaufmännischer Beurteilung geeignet sind, der Kapitalgesellschaft oder dem anderen Unternehmen einen erheblichen Nachteil zuzufügen.

²Die Angabe des Eigenkapitals und des Jahresergebnisses kann unterbleiben, wenn das Unternehmen, über das zu berichten ist, seinen Jahresabschluß nicht offenzulegen hat und die berichtende Kapitalgesellschaft keinen beherrschenden Einfluss auf das betreffende Unternehmen ausüben kann. ³Satz 1 Nr. 2 ist nicht anzuwenden, wenn die Kapitalgesellschaft oder eines ihrer Tochterunternehmen (§ 290 Abs. 1 und 2) am Abschlussstichtag kapitalmarktorientiert im Sinn des § 264d ist. ⁴Im Übrigen ist die Anwendung der Ausnahmeregelung nach Satz 1 Nr. 2 im Anhang anzugeben.

(4) Bei Gesellschaften, die keine börsennotierten Aktiengesellschaften sind, können die in § 285 Nr. 9 Buchstabe a und b verlangten Angaben über die Gesamtbezüge der dort bezeichneten Personen unterbleiben, wenn sich anhand dieser Angaben die Bezüge eines Mitglieds dieser Organe feststellen lassen.

(5) ¹Die in § 285 Nr. 9 Buchstabe a Satz 5 bis 8 verlangten Angaben unterbleiben, wenn die Hauptversammlung dies beschlossen hat. ²Ein Beschluss, der höchstens für fünf Jahre gefasst werden kann, bedarf einer Mehrheit, die mindestens drei Viertel des bei der Beschlussfassung vertretenen Grundkapitals umfasst. ³§ 136 Abs. 1 des Aktiengesetzes gilt für einen Aktionär, dessen Bezüge als Vorstandsmitglied von der Beschlussfassung betroffen sind, entsprechend.

Prof. Dr. Stefan Müller

Inhaltsübersicht	Rz
1 Inhalt	1–3
2 Schutzklausel	4–7
3 Ausnahmeregelungen	8–19
3.1 Angaben zu Umsatzerlösen (Abs. 2)	8–11
3.2 Angaben zum Anteilsbesitz (Abs. 3)	12–16
3.3 Angaben zu Gesamtbezügen (Abs. 4)	17–18
3.4 Angaben zur Vorstandsvergütung börsennotierter Gesellschaften (Abs. 5)	19

1 Inhalt

§ 286 HGB beinhaltet ergänzende Vorschriften, nach denen die **Berichterstattung im Anhang** in Ausnahmefällen eingeschränkt wird. Dabei wird unterschieden nach Fällen, in denen die an sich gesetzlich notwendigen Angaben unterbleiben müssen (Abs. 1) und in denen die Angaben unterbleiben können (Abs. 2–5). 1

Die Regelung gilt sowohl nach der Gesetzessystematik als auch durch den unmittelbaren Bezug in § 286 Abs. 2–5 HGB nur für den Anhang. 2

Die Ausnahmeregelungen des § 286 HGB können von allen **KapG, eG, Kreditinstituten, Versicherungsunternehmen**, dem **PublG** unterliegenden Ges. sowie **KapCoGes** in Anspruch genommen werden.[1] Lediglich Abs. 5 enthält eine Spezialregelung für börsennotierte Ges.

Die Anwendung der Ausnahmeregelungen nach § 286 HGB ist an strenge Anforderungen geknüpft. Bei der Anwendung müssen die Vorschriften eng ausgelegt sowie der Grundsatz der Ausweisstetigkeit (§ 266 Rz 8) beachtet werden, soweit Ermessensspielräume bestehen. Ferner dürfen keine falschen Angaben im Anhang ausgewiesen werden. Erscheinen die übrigen Angaben über die Vermögens-, Finanz- und Ertragslage als nicht zutreffend, werden zusätzliche Angaben erforderlich. Ferner muss u. U. eine Abwägung zwischen den Datenschutzinteressen der Betroffenen und den Informationsinteressen der Abschlussadressaten erfolgen.[2] 3

2 Schutzklausel

Die allgemeine Schutzklausel nach § 286 Abs. 1 HGB stellt originäres deutsches Recht dar, nach der die Berichterstattung im Anhang zu unterbleiben hat, wenn dies **im öffentlichen Interesse** der Bundesrepublik Deutschland oder eines ihrer Länder ist. Da nur das Wohl der Bundesrepublik Deutschland oder eines ihrer Länder im Wortlaut des Gesetzes genannt wird, reichen kommunale Interessen oder Interessen anderer öffentlicher Anstalten bzw. Gebietskörperschaften nicht als Begründung zur Wahrnehmung der Schutzklausel aus.[3] 4

Die Schutzklausel regelt den Zielkonflikt zwischen einer getreuen Rechnungslegung und dem öffentlichen Interesse an Geheimhaltung bestimmter Angaben. Die Berichterstattung im Anhang muss unterbleiben, wenn die Ges. einer eindeutigen **Verschwiegenheitspflicht** unterliegt. Dies lässt sich aus gesetzlichen Normen (z. B. §§ 93 ff. StGB) oder aus vertraglichen Verpflichtungen gegenüber der Bundesrepublik Deutschland oder den Ländern ableiten.[4] 5

Die allgemeine Schutzklausel gilt für alle einzelnen **Angaben im Anhang**, unabhängig davon, ob es sich um Pflicht-, Wahlpflicht- oder freiwillige Angaben handelt, gleich nach welcher Vorschrift sie zu machen sind. Die Erstellung des Anhangs insgesamt darf dadurch nicht unterbleiben.[5] 6

---

1   Vgl. *Wulf*, in *Baetge/Kirsch/Thiele*, Bilanzrecht, § 286 HGB, Rz 2 Stand 11/2016.
2   Vgl. *Poelzig*, in MünchKomm. HGB, 3. Aufl., § 286 Rn 3; *Wulf*, in *Baetge/Kirsch/Thiele*, Bilanzrecht, § 286 HGB, Rz 3 Stand 11/2016.
3   Vgl. *Grottel*, in Beck Bil-Komm. 10. Aufl., 2016, § 286 HGB, Rz 2.
4   Vgl. *Poelzig*, in MünchKomm. HGB, 3. Aufl., § 286 Rn 14.
5   Vgl. *Wulf*, in *Baetge/Kirsch/Thiele*, Bilanzrecht, § 286 HGB, Rz 24 Stand 11/2016.

7   Im Interesse der Abschlussadressaten ist eine **enge Auslegung** der Schutzklausel geboten. Die Anwendung ist nach pflichtgemäßer Prüfung und anhand objektiver Kriterien zu entscheiden. Die Inanspruchnahme der Schutzklausel darf nicht im Anhang berichtet werden und darf für Dritte nicht erkennbar sein. Dies folgt einerseits als Umkehrschluss aus § 286 Abs. 3 Satz 4 HGB und anderseits aus der Verpflichtung zur Geheimhaltung.[6]

3 Ausnahmeregelungen

3.1 Angaben zu Umsatzerlösen (Abs. 2)

8   Die Angaben zu **Umsatzerlösen** nach § 285 Nr. 4 HGB, nach dem eine **Umsatzaufgliederung** nach geografischen Märkten und nach Tätigkeitsbereichen (§ 285 Rz 28 ff.) erfolgen soll, können unterbleiben, wenn diese **nach vernünftiger kaufmännischer Beurteilung** der Ges. einen **wirtschaftlichen Nachteil** zufügen kann. Die **Befreiung von der Angabe** soll die Ges. vor Nachteilen schützen, die durch die Weitergabe von Informationen an die Konkurrenz entstehen.[7]

> **Beispiel**
> Ein Unt betreibt eine Einheit Spezialbau. Da der Marktanteil des Unt unter 2 % sowie der Umsatz aus dieser Einheit gering ist, befürchtet es einen wirtschaftlichen Schaden bei der Neukundenakquise, da die Kunden aufgrund der scheinbar untergeordneten Bedeutung der Einheit für das Unt von einer Aufgabe des Geschäftsfelds ausgehen könnten. Daher kann von einer Umsatzaufgliederung nach Tätigkeitsbereichen für diesen Bereich abgesehen werden.

9   Aufgrund der geänderten Bilanzrichtlinie war der Gesetzgeber zu Änderungen dieser Ausnahmeregelungen gezwungen. Für Gj, die nach dem 31.12.2015 beginnen, kann als Grund für die Nichtaufgliederung der Umsatzerlöse nicht mehr angeführt werden, dass dadurch einem Unt, an dem die KapG mit mindestens 20 % der Anteile beteiligt ist, ein wirtschaftlicher Nachteil droht.
Die Vorschrift ist nur für große Ges. relevant, da kleine und mittlere Ges. ohnehin nach § 288 HGB von der Angabepflicht befreit sind.[8]

10 Für die **Inanspruchnahme der Befreiung** werden strenge Anforderungen gestellt. Nach vernünftiger kaufmännischer Beurteilung und unter Beachtung des Gebots der Stetigkeit muss ein erheblicher Nachteil für die berichtende Ges. oder für ein verbundenes Unt drohen. Die Befreiung von der Angabepflicht muss dabei getrennt für beide Umsatzaufgliederungen geprüft werden. Der Nachteil, z. B. drohender Umsatzrückgang, Verringerung der Wettbewerbsfähigkeit, Schwächung der Marktposition, Imageverluste etc., muss nicht konkret messbar, jedoch objektiv nachprüfbar sein und muss nicht sicher zu erwarten, jedoch wahrscheinlich sein. Das **Kriterium der Erheblichkeit** ist am Wesentlichkeitscharakter zu überprüfen. Daher muss der Nachteil von einigem Gewicht und

---

[6] Vgl. *Schülen*, WPg 1987, S. 230.
[7] Vgl. *Ossadnik*, BB 1993, S. 1765; *Poelzig*, in MünchKomm. HGB, 3. Aufl., § 286 Rn 25.
[8] Vgl. *Poelzig*, in MünchKomm. HGB, 3. Aufl., § 286 Rn 24.

spürbar sein. Geringe Nachteile sind in Kauf zu nehmen und dürfen nicht zu einer Befreiung von der Umsatzaufgliederung führen.[9]
Über die **Anwendung der Ausnahmevorschrift** nach § 286 Abs. 2 HGB muss nach dem Gesetzeswortlaut im Anhang berichtet werden. 11

3.2 Angaben zum Anteilsbesitz (Abs. 3)

Die Angaben nach § 285 Nrn. 11 und 11b HGB über andere Unt, an denen die Ges. oder eine für Rechnung der Ges. handelnde Person mit mindestens 20 % beteiligt ist, (§ 285 Rz 84ff.) müssen nicht berichtet werden, wenn die Darstellung der Vermögens-, Finanz- und Ertragslage der KapG nach § 264 Abs. 2 HGB **von untergeordneter Bedeutung** für die Ges. ist (Satz 1 Nr. 1) oder die Angaben geeignet sind, der Ges. oder dem beteiligten Unt einen **wirtschaftlichen Nachteil** zuzufügen (Satz 1 Nr. 2). Ferner kann auf die Angabe des EK und des Jahresergebnisses verzichtet werden, wenn das Unt, über das zu berichten ist, seinen Jahresabschluss nicht offenzulegen hat und die Ges. weniger als die Hälfte der Anteile besitzt (Satz 2). 12

Mit dem BilRUG ist die Ausnahmeregelung für die Angaben nach § 285 Nr. 11a HGB bez. der Angaben über Unternehmensbeteiligungen als haftender Gesellschafter aufgrund europarechtlicher Vorgaben entfallen. Zudem wird die Ausnahme von der Angabepflicht zu Eigenkapital und Ergebnis nach § 285 Nr. 11 HGB auf Fälle begrenzt, in denen das betreffende Unt seine Bilanz nicht offenlegt und es darüber hinaus nicht vom berichtenden Unt i.S.d. Richtlinie 2013/34/EU kontrolliert wird, das berichtende Unt also keinen beherrschenden Einfluss ausüben kann.

KM-orientierte Unt dürfen von der Vorschrift nach Satz 1 Nr. 2 keinen Gebrauch machen (Satz 3). Auch bei Abs. 3 handelt es sich um Ausnahmevorschriften, die daher eng auszulegen sind. Gleichzeitig muss der Grundsatz der Stetigkeit gewahrt bleiben. 13

Voraussetzung für die Inanspruchnahme des § 286 Abs. 3 Satz 1 Nr. 1 HGB ist die **untergeordnete Bedeutung von vorgeschriebenen Angaben** für die Ges. Von untergeordneter Bedeutung ist auszugehen, wenn die Angaben den Informationsadressaten in seiner Entscheidung nicht beeinflussen können. Die Bedeutung ist am Wesentlichkeitscharakter zu messen. Die untergeordnete Bedeutung muss von der Ges. nachgewiesen werden. Die Bedeutung eines Anteilsbesitzes muss für die berichtende Ges. an einer Vielzahl von Kennzahlen wie z.B. EK, Bilanzsumme, Umsatzerlöse oder Jahresergebnis gemessen werden, wobei die überwiegende Zahl der Kriterien von untergeordneter Bedeutung sein muss. Dabei kommt es auf das Gesamtbild der wirtschaftlichen Bedeutung an. Prozentuale Grenzen reichen daher i.d.R. nicht aus. Besteht Anteilsbesitz an mehreren Unt von untergeordneter Bedeutung, kann eine Berichterstattung geboten sein, wenn die Vielzahl solcher Beteiligungen insgesamt eine erhebliche Bedeutung für die Darstellung einer zutreffenden Vermögens-, Finanz- und Ertragslage der Ges. hat. Die fehlende Berichterstattung darf kein falsches Bild über die Vermögens-, Finanz- und Er- 14

---

[9] Vgl. *Wulf*, in *Baetge/Kirsch/Thiele*, Bilanzrecht, § 286 HGB, Rz 32 Stand 11/2016.

tragslage der Ges. vermitteln. Auf eine Inanspruchnahme der Schutzklausel nach Satz 1 Nr. 1 muss nicht hingewiesen werden.[10]

15 Nach § 286 Abs. 3 Satz 1 Nr. 2 HGB können die Angaben nach § 285 Nrn. 11 und 11b HGB unterbleiben, wenn die Angaben nach vernünftiger kaufmännischer Beurteilung geeignet sind, der berichtenden Ges. oder dem anderen Unt einen **erheblichen Nachteil** zuzufügen. Die Eignung einer Nachteilzufügung, die wahrscheinlich, von erheblicher Bedeutung und objektiv nachprüfbar sein muss, ist ausreichend für die Inanspruchnahme. Der Nachteil muss nicht konkret bezifferbar sein; auch immaterielle Nachteile kommen in Betracht. Geringe Nachteile sind in Kauf zu nehmen. Die Anwendung dieser Vorschrift muss im Anhang offengelegt werden. Eine Begründung ist jedoch nicht notwendig.[11]

16 Auf die Angabe des EK und des Jahresergebnisses von Unt kann gem. § 286 Abs. 3 Satz 2 HGB verzichtet werden, wenn das Unt, über das zu berichten ist, seinen Jahresabschluss nicht offenzulegen hat und die Ges. keinen beherrschenden Einfluss auf das Unt ausüben kann. Mit dieser Vorschrift soll sichergestellt werden, dass Informationen eines Unt, das selbst nicht berichten muss, im Anhang der Ges. nicht angegeben werden. Diese Regelung gilt insb. für PersG, die weder nach dem HGB noch nach dem PublG offenlegungspflichtig sind, und für ausländische Ges., die in ihrem Sitzstaat keinen Offenlegungspflichten unterliegen. Die Ausnahme gilt nur für die ausdrücklich genannten Angaben; somit sind insb. Name, Sitz und Beteiligungsquote weiterhin immer anzugeben. Die Angaben nach § 286 Abs. 3 Satz 2 HGB können auch teilweise berichtet werden. Dabei darf jedoch kein falsches Bild über die Vermögens-, Finanz- und Ertragslage der berichtenden Ges. vermittelt werden. Auf die Anwendung der Ausnahmeregelung muss nicht hingewiesen werden.[12] Von der Schutzklausel des § 286 Abs. 3 Satz 1 Nr. 2 kann nicht Gebrauch gemacht werden, wenn die KapG oder eines ihrer TU KM-orientiert i. S. d. § 264d HGB ist.

3.3 Angaben zu Gesamtbezügen (Abs. 4)

17 Die Ausnahmevorschrift des § 286 Abs. 4 HGB befreit alle KapG, jedoch nicht die KM-orientierten Ges., unabhängig von ihrer Größe von der Angabe der Gesamtbezüge der Organmitglieder, unbeschadet des Auskunftsanspruchs des Aktionärs nach § 131 Abs. 1 AktG in der HV, sofern sich durch die Angabe die Bezüge eines Mitglieds feststellen lassen.[13] Die Vorschrift zielt auf den Schutz persönlicher Daten von Organmitgliedern. Eine **Schutzbedürftigkeit** besteht nur, wenn der Name des einzelnen Organmitglieds den Adressaten des Jahresabschlusses bekannt ist. Dafür kommen die nach § 285 Nr. 10 HGB genannten Personen in Betracht (§ 285 Rz 78 ff.). Im Übrigen sind die Angaben gem. § 285 Nr. 9c HGB (§ 285 Rz 69 ff.) weiterhin notwendig.[14] Aus dem Gesetzestext ergibt sich, dass der Betrag der gebildeten und der nicht gebildeten Pensionsrückstellungen für ehemalige Organmitglieder und deren Hinterbliebene sowie

---

10 Vgl. *Poelzig*, in MünchKomm. HGB, 3. Aufl., § 286 Rn 44.
11 Vgl. *Grottel*, in Beck Bil-Komm. 10. Aufl., 2016, § 286 HGB, Rz 38.
12 Vgl. *Poelzig*, in MünchKomm. HGB, 3. Aufl., § 286 Rn 55; *Wulf*, in Baetge/Kirsch/Thiele, Bilanzrecht, § 286 HGB, Rz 48 Stand 11/2016.
13 Vgl. OLG Düsseldorf v. 26.6.1997, 19 W 2/97 AktE, AG 1997 S. 520.
14 Vgl. *Niessen*, WPg 1991, S. 199; *Grottel*, in Beck Bil-Komm. 10. Aufl., 2016, § 286, Rz 46.

gewährte Vorschüsse und Kredite einschl. der Haftungsverhältnisse für alle Organmitglieder von mittelgroßen und großen KapG im Anhang angegeben werden müssen.

Die Anwendung der Ausnahmevorschrift ist für jedes Organ und für jedes Gj getrennt zu prüfen. Die Ausnahmeregelung kann in Anspruch genommen werden, wenn sich die Bezüge eines Mitglieds feststellen lassen. Besteht also das Organ einer Ges. nur aus einer Person, kann die Angabe der Gesamtbezüge unterbleiben. Wenn die Bezüge bei zwei Organmitgliedern untereinander unbekannt bleiben sollen, ist die Angabe im Anhang wegzulassen. Bei einer AG/KGaA oder bei einer GmbH muss die Geschäftsführung keine volle Kenntnis der Bezüge aller Organmitglieder haben, da diese zwischen Aufsichtsrat bei einer AG bzw. zwischen Gesellschaftern bei einer GmbH und dem Organmitglied vereinbart werden. Besteht das Organ aus mehr als zwei Mitgliedern und erhalten alle von der berichtenden Ges. Vergütungen, wird in der Literatur überwiegend die Auffassung vertreten, dass sich die Bezüge eines Mitglieds des Organs nicht feststellen ließen, außer, wenn die Vergütungsregel, z. B. durch Satzung, oder das Verhältnis der einzelnen Bezüge untereinander bekannt sind, z. B. wenn die Bezüge der Organmitglieder unbedeutend voneinander abweichen und diese Information bekannt ist. Auch wenn die Vergütungsregel unbekannt ist, aber sich die Bezugshöhe eines Organmitglieds annähernd verlässlich schätzen oder durch Durchschnittsbildung ermitteln lässt und der so ermittelte Betrag nur unwesentlich vom tatsächlichen Betrag abweicht, kann die Ausnahmeregelung angewandt werden. Darauf hat der Abschlussprüfer zu achten. Eine rein zufällig treffende Ermittlung der Bezüge über die Durchschnittsmethode ist aber nicht ausreichend, um die Schutzklausel anzuwenden.[15] Nach Ansicht des HFA kann § 286 Abs. 4 HGB grundsätzlich nur zur Anwendung kommen, wenn das Geschäftsführungsorgan aus bis zu drei Mitgliedern besteht.[16]

18

Auch wenn die Organe aus mehreren Mitgliedern bestehen, aber die Bezüge nur eines Mitglieds von der berichtenden Ges. bezahlt werden, kann die Ausnahmevorschrift angewandt werden.[17]

3.4 Angaben zur Vorstandsvergütung börsennotierter Gesellschaften (Abs. 5)

Gem. § 286 Abs. 5 HGB haben die Aktionäre auf der HV die Möglichkeit, sich gegen die Angaben individualisierter Vorstandsbezüge zu entscheiden. Durch die Vorschrift bleibt die **Pflicht zur Angabe** der Gesamtbezüge des Vorstands bestehen. Der Beschluss der HV muss durch eine satzungsändernde Mehrheit von mindestens drei Vierteln des anwesenden Grundkapitals gefasst werden. Der durch die Offenlegung unmittelbar betroffene Aktionär ist vom Stimmrecht ausgeschlossen. Der Beschluss kann für höchstens fünf Jahre und mit der Wirkung für den nächsten Jahresabschluss gefasst werden. Die Wiederholung des Beschlusses ist zulässig.[18]

19

---

15 Vgl. WPH Edition, Wirtschaftsprüfung & Rechnungslegung, 15. Aufl., 2017, Abschn. F, Tz 1063.
16 Vgl. HFA, FN-IDW 2011, S. 339.
17 Vgl. *Poelzig*, in MünchKomm. HGB, 3. Aufl., § 286 Rn 66.
18 Vgl. *Wulf*, in *Baetge/Kirsch/Thiele*, Bilanzrecht § 286 HGB, Rz 71 Stand 11/2016.

§ 288 Größenabhängige Erleichterungen

(1) Kleine Kapitalgesellschaften (§ 267 Absatz 1) brauchen nicht
1. die Angaben nach § 264c Absatz 2 Satz 9, § 265 Absatz 4 Satz 2; § 284 Absatz 2 Nummer 3, Absatz 3, § 285 Nummer 2, 3, 4, 8, 9 Buchstabe a und b, Nummer 10 bis 12, 14, 15, 15a, 17 bis 19, 21, 22, 24, 26 bis 30, 32 bis 34 zu machen;
2. eine Trennung nach Gruppen bei der Angabe nach § 285 Nummer 7 vorzunehmen;
3. bei der Angabe nach § 285 Nummer 14a den Ort anzugeben, wo der vom Mutterunternehmen aufgestellte Konzernabschluss erhältlich ist.

(2) ¹Mittelgroße Kapitalgesellschaften (§ 267 Absatz 2) brauchen die Angabe nach § 285 Nummer 4, 29 und 32 nicht zu machen. ²Wenn sie die Angabe nach § 285 Nummer 17 nicht machen, sind sie verpflichtet, diese der Wirtschaftsprüferkammer auf deren schriftliche Anforderung zu übermitteln. ³Sie brauchen die Angaben nach § 285 Nummer 21 nur zu machen, sofern die Geschäfte direkt oder indirekt mit einem Gesellschafter, Unternehmen, an denen die Gesellschaft selbst eine Beteiligung hält, oder Mitgliedern des Geschäftsführungs-, Aufsichts- oder Verwaltungsorgans abgeschlossen wurden.

PROF. DR. STEFAN MÜLLER

Inhaltsübersicht

	Rz
1 Inhalt	1–3
2 Erleichterungen	4–9
2.1 Erleichterungen für kleine Kapitalgesellschaften (Abs. 1)	4–5
2.2 Erleichterungen für mittelgroße Kapitalgesellschaften (Abs. 2)	6–9

1 Inhalt

1 § 288 HGB sieht für kleine und mittelgroße Ges. i. S. d. § 267 Abs. 1 und 2 HGB ein Wahlrecht vor, das **größenabhängige Erleichterungen** der Berichterstattung im Anhang ermöglicht. Das Wahlrecht beinhaltet sowohl eine teilweise **Befreiung von der Berichterstattung** als auch einen teilweise eingeschränkten Berichtsumfang. Das Wahlrecht kann für jede einzelne Vorschrift nach pflichtgemäßem Ermessen der Ges., jedoch unter Beachtung der Darstellungsstetigkeit (§ 265 Rz 5), ausgeübt werden.[1]

2 Kreditinstitute (§ 340a Abs. 2 HGB), Versicherungsunt (§ 341a Abs. 2 HGB), KM-orientierte Ges. (§ 267 Abs. 3 Satz 2 i. V. m. § 264d HGB) sowie dem PublG unterliegende Ges. können das Wahlrecht nicht in Anspruch nehmen. Zu beachten ist § 131 Abs. 1 Satz 3 AktG, nach dem ein Aktionär auf der HV die Vorlage des vollständigen Anhangs verlangen kann. Ebenso kann nach § 51a Abs. 1

---

[1] Vgl. *Poelzig*, in MünchKomm. HGB, 3. Aufl., § 288 Rn 3.

GmbHG jeder Gesellschafter einer GmbH von der Ges. weitergehende Angaben verlangen. Auch Kommanditisten haben nach § 166 HGB ggf. zusätzliche Einblicksmöglichkeiten.[2] Zu Informationsrechten der Arbeitnehmervertretungen s. § 267 Rz 36 und § 267a Rz 13.

Mit dem **BilRUG** wurden die größenabhängigen Befreiungen auf Basis europäischer Vorgaben ab dem Gj 2016 gründlich überarbeitet. Während für kleine KapG bei wenigen weggefallenen Erleichterungen überwiegend neue Befreiungen hinzugekommen sind, kam es bei mittelgroßen KapG durch das BilRUG zu einer **Ausweitung der Angabepflichten:**[3] So sind die Angaben zu den Risiken und Vorteilen nicht in der Bilanz enthaltener Geschäfte ab dem Gj 2016 notwendig. Zudem sind fast alle mit dem BilRUG zusätzlich in § 285 HGB eingefügten Angabepflichten zu erfüllen (§ 285 Rz 174 ff.). Einzig die Angaben nach § 285 Nr. 32 HGB bzgl. der Erläuterung der einzelnen Aufwands- und Ertragsposten hinsichtlich ihres Betrags und ihrer Art, die einem anderen Gj zuzurechnen sind, soweit die Beträge nicht von untergeordneter Bedeutung sind, können weiterhin entfallen. Zudem ist die Erleichterung im Rahmen der Angaben zu Nahestehenden gem. § 285 Nr. 21 HGB nun auch rechtsformunabhängig möglich. 3

2 Erleichterungen

2.1 Erleichterungen für kleine Kapitalgesellschaften (Abs. 1)

Für kleine Ges. i. S. d. § 267 Abs. 1 HGB können nach den Änderungen durch das BilRUG[4] für Gj, die nach dem 31.12.2015 beginnen,[5] gem. § 288 Abs. 1 HGB die folgenden **Angabepflichten im Anhang** entfallen: 4
- Betrag der im Handelsregister gem. § 172 Abs. 1 HGB eingetragenen Einlage, soweit dieser nicht geleistet ist gem. § 264c Abs. 2 Satz 9 HGB;
- Angaben zu Gliederungsergänzung bei mehreren Geschäftszweigen gem. § 265 Abs. 4 Satz 2 HGB (§ 265 Rz 18);
- Unterschiedsbeträge bei Anwendung einer Bewertungsmethode nach § 240 Abs. 4 HGB, § 256 Satz 1 HGB (§ 284 Abs. 2 Nr. 3 HGB) (§ 284 Rz 49);
- Aufstellung des Anlagespiegels gem. § 284 Abs. 3 HGB (Verschiebung der Befreiung aus § 274a Nr. 1 HGB aF) (§ 284 Rz 55);
- Aufgliederung der Verbindlichkeiten nach § 285 Nr. 2 HGB (§ 285 Rz 12);
- Art, Zweck, Risiken und Vorteile von außerbilanziellen Geschäften nach § 285 Nr. 3 HGB (§ 285 Rz 15);
- Aufgliederung der Umsatzerlöse nach Tätigkeitsbereichen sowie nach geografisch bestimmten Märkten gem. § 285 Nr. 4 HGB (§ 285 Rz 28);
- Angabe des Materialaufwands bei Anwendung des UKV nach § 285 Nr. 8a HGB (§ 285 Rz 43);
- Personalaufwand des Gj gem. § 285 Nr. 8b HGB (§ 285 Rz 46);
- Betrag der Gesamtbezüge für die Organmitglieder gem. § 285 Nr. 9a HGB (§ 285 Rz 53);

---

[2] Vgl. *Grottel*, in Beck Bil-Komm. 10. Aufl., 2016, § 288 HGB, Rz 1.
[3] Vgl. *Kreipl/Lange/Müller*, Schnelleinstieg BilRUG, Freiburg 2016, S. 139 ff.
[4] Vgl. *Kreipl/Lange/Müller*, Schnelleinstieg BilRUG, Freiburg 2016, S. 139.
[5] Zur alten Regelung s. *Bertram/Brinkmann/Kessler/Müller*, Haufe HGB Bilanz Kommentar, 6. Aufl., 2015, § 288 HGB.

- Betrag der Gesamtbezüge früherer Organmitglieder und deren Hinterbliebene sowie der für diese Personengruppe gebildeten und nicht gebildeten Pensionsrückstellungen nach § 285 Nr. 9b HGB (§ 285 Rz 67);
- Personalien der Organvertreter gem. § 285 Nr. 10 HGB (§ 285 Rz 78);
- Anteilsbesitz, Unternehmensbeteiligungen als haftender Gesellschafter und Angaben zum Beteiligungsbesitz gem. § 285 Nr. 11, 11a, 11b HGB (§ 285 Rz 84);
- Erläuterung von nicht gesondert ausgewiesenen sonstigen Rückstellungen von nicht unerheblichem Umfang nach § 285 Nr. 12 HGB (§ 285 Rz 89);
- Name und Sitz des MU der Kapitalgesellschaft, das den Konzernabschluss für den größten Kreis von Unt aufstellt, sowie der Ort, wo der von diesem MU aufgestellte Konzernabschluss erhältlich ist gem. § 285 Nr. 14 HGB (§ 285 Rz 100);
- Angaben zu dem persönlich haftenden Gesellschafter gem. § 285 Nr. 15 HGB (§ 285 Rz 111);
- Angaben zum Bestand an mezzaninem Kapital gem. § 285 Nr. 15a HGB (§ 285 Rz 114);
- Art und Höhe der vom AP im Gj berechneten und nach § 285 Nr. 17 HGB aufgeschlüsselten Honorare (§ 285 Rz 117);
- unterlassenen Abschreibungen von Finanzinstrumenten gem. § 285 Nr. 18 HGB (§ 285 Rz 123);
- Informationen für jede Kategorie der nicht zum beizulegenden Zeitwert bilanzierten derivativen Finanzinstrumente nach § 285 Nr. 19 HGB (§ 285 Rz 127);
- die nicht zu marktüblichen Konditionen zustande gekommenen Geschäfte mit nahestehenden Unt und Personen nach § 285 Nr. 21 HGB (§ 285 Rz 133);
- Angaben gem. § 285 Nr. 22 HGB: Im Fall der Aktivierung nach § 248 Abs. 2 HGB Angabe des Gesamtbetrags der Forschungs- und Entwicklungskosten des Gj sowie der davon auf die selbst geschaffenen immateriellen VG des AV entfallende Betrag (§ 285 Rz 145);
- Angaben zu der Berechnung der Pensionsverpflichtungen gem. § 285 Nr. 24 HGB (§ 285 Rz 157);
- Sondervermögen gem. § 285 Nr. 26 HGB (§ 285 Rz 160);
- Angabe zu den Gründen der Einschätzung des Risikos der Inanspruchnahme bei Haftungsverpflichtungen § 285 Nr. 27 HGB (§ 285 Rz 165);
- nicht ausschüttbaren Beträgen gem. § 285 Nr. 28 HGB (§ 285 Rz 170);
- Angaben zu latenten Steuern nach § 285 Nr. 29 HGB (§ 285 Rz 171);
- angesetzten latenten Steuern nach § 285 Nr. 30 HGB (§ 285 Rz 175);
- periodenfremden Erträgen und Aufwendungen gem. § 285 Nr. 32 HGB (§ 285 Rz 179);
- Vorgängen von besonderer Bedeutung nach Abschluss des Gj gem. § 285 Nr. 33 HGB (§ 285 Rz 180) und
- Ergebnisverwendung gem. § 285 Nr. 34 HGB (§ 285 Rz 181).

Im Vergleich zur bisherigen Fassung sind **folgende Angabepflichten ab dem Gj 2016 hinzugekommen**, für die es keine Befreiung mehr aufgrund europarechtlicher Vorgaben geben durfte:

- Angabe des Gesamtbetrags an sonstigen Verpflichtungen gem. § 285 Nr. 3a HGB (§ 285 Rz 20).

- Die durchschnittliche Zahl der während des Gj Beschäftigten gem. § 285 Nr. 7 HGB ist anzugeben. Kleine KapG müssen diese Zahl aber nicht getrennt nach Gruppen von Beschäftigten darstellen.
- Angaben zum kleinsten KonsKreis gem. § 285 Nr. 14a HGB (§ 285 Rz 110), wobei auf die Angabe des Ortes, wo der Konzernabschluss des MU erhältlich ist, verzichtet werden kann.
- Angaben des Betrags und der Art der einzelnen Ertrags- oder Aufwandsposten von außergewöhnlicher Größenordnung oder außergewöhnlicher Bedeutung gem. § 285 Nr. 31 HGB (§ 285 Rz 176).

Ferner haben kleine Ges. i.S.d. § 267 Abs. 1 HGB die Möglichkeit, gem. § 266 Abs. 1 Satz 3 HGB Posten in der Bilanz zusammenzufassen und die Bilanz dadurch in verkürzter Form aufzustellen. Bei der Aufstellung der GuV haben die Ges. gem. § 276 Satz 1 HGB ebenfalls die Möglichkeit, Posten zusammenzufassen. Nach § 274a HGB sind kleine Ges. außerdem von der Anwendung folgender Vorschriften befreit: Pflicht zur Erläuterung bestimmter Forderungen im Anhang (§ 268 Abs. 4 Satz 2 HGB), Erläuterung bestimmter Verbindlichkeiten im Anhang (§ 268 Abs. 5 Satz 3 HGB), Angabe von RAP nach § 250 Abs. 3 HGB (§ 268 Abs. 6 HGB) sowie Steuerabgrenzung (§ 274 HGB). Weitere erhebliche Erleichterungen können kleine Ges. außerdem bei der **Einreichung des Anhangs** zum BAnz gem. § 326 HGB in Anspruch nehmen: Es müssen lediglich die Bilanz sowie der Anhang ohne die Angaben zur GuV eingereicht werden. Zudem werden dort weitere Offenlegungserleichterungen für Bilanz und GuV eingeräumt (§ 326 Rz 1).

Generell will der Gesetzgeber einerseits mit diesen zusätzlichen Befreiungen der Tatsache Rechnung tragen, dass die Vorteile einer Berichterstattung gerade für kleine mittelständische KapG in einem besonders kritischen Verhältnis zu den Nachteilen stehen. Andererseits können Vereinfachungsgründe für die Befreiungen angeführt werden.[6]

2.2 Erleichterungen für mittelgroße Kapitalgesellschaften (Abs. 2)

Mittelgroße Ges. i.S.d. § 267 Abs. 2 HGB brauchen aktuell für Gj, die nach dem 31.12.2015 beginnen, folgende Angaben im Anhang nicht zu machen:
- Aufgliederung der Umsatzerlöse nach Tätigkeitsbereichen sowie nach geografisch bestimmten Märkten gem. § 285 Nr. 4 HGB (§ 285 Rz 28);
- Art und Höhe der Honorare der AP nach § 285 Nr. 17 HGB; die Ges. sind jedoch verpflichtet, der WPK auf deren schriftliche Anfrage hin diese Informationen zu übermitteln (§ 285 Rz 117);
- auf welchen Differenzen oder steuerlichen Verlustvorträgen die latenten Steuern beruhen und mit welchen Steuersätzen die Bewertung erfolgt ist (§ 285 Nr. 29 HGB) (§ 285 Rz 171);
- Angaben zu periodenfremden Erträgen und Aufwendungen gem. § 285 Nr. 32 HGB (§ 285 Rz 179).

Ein **eingeschränkter Umfang der Berichterstattung** gilt bei folgenden Angaben:

---

[6] Zu der diesbezüglichen Problematik bei der Ausnahme von latenten Steuern nach § 274 HGB vgl. § 274 Rz 7ff.

- Bei Geschäften mit nahestehenden Unt und Personen gem. § 285 Nr. 21 HGB (§ 285 Rz 133), die nicht zu marktüblichen Konditionen zustande gekommen sind, kann der Umfang der Berichterstattung einer **berichtenden mittelgroßen KapG** auf die Angabe der Geschäfte beschränkt werden, die direkt oder indirekt mit dem Hauptgesellschafter oder Mitgliedern des Geschäftsführungs-, Aufsichts- oder Verwaltungsorgans abgeschlossen wurden. Der Begriff „Hauptgesellschafter" ist funktional zu verstehen.[7] Diejenige natürliche oder juristische Person oder eine PersG. ist als Hauptgesellschafter anzusehen, die die Möglichkeit besitzt, die Finanz- und Geschäftspolitik des Unt zu beeinflussen und insoweit das Eingehen eines marktunüblichen Geschäfts zum eigenen Nutzen durchsetzen kann.

8 Mittelgroße Ges. können außerdem bei der **Einreichung des Anhangs** zum BAnz gem. § 327 Nr. 2 HGB folgende Angaben weglassen: die Aufgliederung des Gesamtbetrags der Verbindlichkeiten nach dem vorgeschriebenen Gliederungsschema (§ 285 Nr. 2 HGB), den gegliederten Materialaufwand bei der Anwendung des UKV (§ 285 Nr. 8a HGB) sowie die Erläuterung von nicht gesondert ausgewiesenen sonstigen Rückstellungen von nicht unerheblichem Umfang (§ 285 Nr. 12 HGB).

9 Basierend auf dem Art. 43 Abs. 1 Nr. 1 der Bilanzrichtlinie sind mittelgroße Ges. von der Aufschlüsselung des Abschlussprüferhonorars befreit, müssen diese Information jedoch der WPK auf deren schriftliche Anfrage hin übermitteln. Die Übermittlung des Abschlussprüferhonorars muss durch die Ges. erfolgen. Der AP darf nicht von der Ges. zur Übermittlung beauftragt werden (§ 319 Sätze 2 und 3 HGB). Falls ein mittelgroßes TU in einen Konzernabschluss einbezogen ist und deren Abschlussprüferhonorarzahlungen im Konzernabschluss enthalten sind, kann es unter den Voraussetzungen des § 285 Nr. 17 2. Hs. HGB die Befreiungsvorschrift auch gegenüber einer Anforderung durch die WPK in Anspruch nehmen.

---

7 Vgl. BilMoG-BgrRegE, S. 76.

§ 289 Inhalt des Lageberichts

(1) ¹Im Lagebericht sind der Geschäftsverlauf einschließlich des Geschäftsergebnisses und die Lage der Kapitalgesellschaft so darzustellen, dass ein den tatsächlichen Verhältnissen entsprechendes Bild vermittelt wird. ²Er hat eine ausgewogene und umfassende, dem Umfang und der Komplexität der Geschäftstätigkeit entsprechende Analyse des Geschäftsverlaufs und der Lage der Gesellschaft zu enthalten. ³In die Analyse sind die für die Geschäftstätigkeit bedeutsamsten finanziellen Leistungsindikatoren einzubeziehen und unter Bezugnahme auf die im Jahresabschluss ausgewiesenen Beträge und Angaben zu erläutern. ⁴Ferner ist im Lagebericht die voraussichtliche Entwicklung mit ihren wesentlichen Chancen und Risiken zu beurteilen und zu erläutern; zugrunde liegende Annahmen sind anzugeben. ⁵Die Mitglieder des vertretungsberechtigten Organs einer Kapitalgesellschaft i. S. d. § 264 Abs. 2 Satz 3 haben zu versichern, dass nach bestem Wissen im Lagebericht der Geschäftsverlauf einschließlich des Geschäftsergebnisses und die Lage der Kapitalgesellschaft so dargestellt sind, dass ein den tatsächlichen Verhältnissen entsprechendes Bild vermittelt wird, und dass die wesentlichen Chancen und Risiken i. S. d. Satzes 4 beschrieben sind.

(2) ¹Im Lagebericht ist auch einzugehen auf:
1. a) die Risikomanagementziele und -methoden der Gesellschaft einschließlich ihrer Methoden zur Absicherung aller wichtigen Arten von Transaktionen, die im Rahmen der Bilanzierung von Sicherungsgeschäften erfasst werden, sowie
   b) die Preisänderungs-, Ausfall- und Liquiditätsrisiken sowie die Risiken aus Zahlungsstromschwankungen, denen die Gesellschaft ausgesetzt ist,
   jeweils in Bezug auf die Verwendung von Finanzinstrumenten durch die Gesellschaft und sofern dies für die Beurteilung der Lage oder der voraussichtlichen Entwicklung von Belang ist;
2. den Bereich Forschung und Entwicklung;
3. bestehende Zweigniederlassungen der Gesellschaft;
4. (weggefallen)

²Sind im Anhang Angaben nach § 160 Absatz 1 Nummer 2 des Aktiengesetzes zu machen, ist im Lagebericht darauf zu verweisen.

(3) Bei einer großen Kapitalgesellschaft (§ 267 Abs. 3) gilt Absatz 1 Satz 3 entsprechend für nichtfinanzielle Leistungsindikatoren, wie Informationen über Umwelt- und Arbeitnehmerbelange, soweit sie für das Verständnis des Geschäftsverlaufs oder der Lage von Bedeutung sind.

(4) Kapitalgesellschaften im Sinn des § 264d haben im Lagebericht die wesentlichen Merkmale des internen Kontroll- und des Risikomanagementsystems im Hinblick auf den Rechnungslegungsprozess zu beschreiben.

Prof. Dr. Karsten Paetzmann

Inhaltsübersicht

	Rz
1 Überblick	1–17
2 Grundsätze ordnungsmäßiger Lageberichterstattung	18–22
2.1 Grundsatz der Wahrheit	18–20
2.2 Grundsatz der Vollständigkeit	21
2.3 Grundsatz der Klarheit	22
3 Elemente des Lageberichts nach Abs. 1	23–78
3.1 Darstellung von Geschäftsverlauf einschließlich Geschäftsergebnis und Lage der Gesellschaft (Abs. 1 Satz 1)	23–27
3.2 Analyse von Geschäftsverlauf und Lage der Gesellschaft (Abs. 1 Satz 2)	28–37
3.3 Darstellung und Erläuterung der bedeutsamsten finanziellen Leistungsindikatoren (Abs. 1 Satz 3)	38–42
3.4 Prognose-, Chancen- und Risikobericht (Abs. 1 Satz 4)	43–67
3.5 Lageberichtseid (Abs. 1 Satz 5)	68–78
4 Elemente des Lageberichts nach Abs. 2	79–96
4.1 Nachtragsbericht (früherer Abs. 2 Satz 1 Nr. 1)	79
4.2 Berichterstattung über Finanzinstrumente (Abs. 2 Satz 1 Nr. 1a und b)	80–89
4.3 Forschung- und Entwicklungsbericht (Abs. 2 Satz 1 Nr. 2)	90–93
4.4 Zweigniederlassungsbericht (Abs. 2 Satz 1 Nr. 3)	94–95
4.5 Hinweis zum Bestand an eigenen Aktien (Abs. 2 Satz 2)	96
5 Darstellung und Erläuterung der bedeutsamsten nichtfinanziellen Leistungsindikatoren durch große Kapitalgesellschaften (Abs. 3)	97–102
6 Risikomanagement-Bericht durch kapitalmarktorientierte Kapitalgesellschaften (Abs. 4)	103–111
7 Schlusserklärung zum Abhängigkeitsbericht durch AG, KGaA, SE (§ 312 Abs. 3 S. 3 AktG)	112–123
7.1 Überblick	112–113
7.2 Anwendungsbereich	114–115
7.3 Berichtsinhalte	116–121
7.3.1 Allgemeine Anforderungen	116
7.3.2 Berichtpflichtige Beziehungen und Vorgänge	117–119
7.3.3 Nachteilsausgleich	120
7.3.4 Schlusserklärung	121
7.4 Form der Berichterstattung	122–123
8 Sanktionen	124–129

1 Überblick

1 Nach § 264 Abs. 1 HGB haben mittelgroße und große KapG (§ 267 Abs. 2 und 3 HGB) sowie mittelgroße und große PersG i.S.d. § 264a Abs. 1 HGB, sofern sie

als TU nicht nach § 264 Abs. 3 bzw. § 264b HGB befreit sind, einen Lagebericht aufzustellen. Unt, die dem PublG unterliegen, haben, sofern es sich bei ihnen nicht um EKfl oder reine PersG handelt, ebenfalls einen Lagebericht sinngemäß nach § 289 HGB aufzustellen (§ 5 Abs. 2 Satz 2 PublG). Gesonderte Normen finden sich zu eingetragenen Genossenschaften (§ 336 Abs. 1 Satz 1 HGB), europäischen Genossenschaften (§ 23 SCEAG), Kreditinstituten (§ 340a Abs. 1 HGB) und VersicherungsUnt (§ 341a Abs. 1 HGB).

Entsprechend seiner gesetzlichen Aufgabenstellung (§ 342 Abs. 1 HGB) hatte der DSR bis 2012 im DRS 15 die Konzernlageberichterstattung und in DRS 5 die Risikoberichterstattung im Konzernlagebericht konkretisiert. Auch aufgrund der **Ausstrahlungswirkung der DRS** auf den Einzelabschluss erscheint eine Anwendung im Sinne einer sinngemäßen Beachtung dort als angemessen. Für den Lagebericht sind die Regelungen des DRSC zum Konzernlagebericht auch deshalb von Relevanz, weil Konzernlagebericht und Lagebericht nach § 315 Abs. 5 HGB zusammengefasst werden können, zumal die Anforderungen von § 289 HGB und § 315 HGB sinngemäß übereinstimmen.[1] Jedoch deuten empirische Ergebnisse darauf hin, dass die DRS vor allem bei nicht börsennotierten Unt relativ geringe Akzeptanz besitzen.[2]

Der DSR legte 2011 einen E-DRS 27 „Konzernlagebericht" vor, der praktische Erfahrungen aus der KLB-Erstattung sowie aktuelle Entwicklungen, insb. das 2010 vom IASB veröffentlichte IFRS Practice Statement „Management Commentary", reflektierte und die DRS 5, DRS 5–10 (ergänzende Anforderungen zur Risikoberichterstattung von Kredit- und Finanzdienstleistungsinstituten), DRS 5–20 (ergänzende Anforderungen zur Risikoberichterstattung von Versicherungs-Unt) und DRS 15 integrierte.[3] Der endgültige Standard wurde am 14.9.2012 als **DRS 20 „Konzernlagebericht"** verabschiedet und am 4.12.2012 im BAnz veröffentlicht. Der DRS 20 zielt insb. auch darauf ab, die Risikoberichterstattung weiter zu verbessern.[4] Hingegen wurde eine von E-DRS 27 bezweckte Übereinstimmung des Konzernlageberichts mit dem veröffentlichten **IFRS Practice Statement „Management Commentary"** im DRS 20 nicht mehr verfolgt.

Das DRSC verabschiedete am 29.2.2016 den **DRÄS 6**, der u. a. Änderungen an DRS 20 „Konzernlagebericht" enthält und insbesondere das Bilanzrichtlinie-Umsetzungsgesetz (BilRUG) sowie das Gesetz für gleichberechtigte Teilhabe von Frauen und Männern an Führungspositionen in der Privatwirtschaft und im öffentlichen Dienst (Gesetz zur Frauenquote) berücksichtigt.

Daneben gelten von Seiten des **IDW**, nachdem der frühere Rechnungslegungsstandard RS HFA 1 „Aufstellung des Lageberichts" aufgehoben wurde, die Rechnungslegungshinweise RH HFA 1.005 und 1.007. Die Fortentwicklungen des DRS lassen wiederum erwarten, dass auch diese IDW-Verlautbarungen künftig angepasst werden.[5]

In der Entwicklung des § 289 HGB spiegelt sich letztlich die Entwicklung der vergangenen Jahre wider, die im Zuge eines Bemühens des Gesetzgebers um eine

---

1 Vgl. *Böcking/Dutzi/Gros*, in Baetge/Kirsch/Thiele, Bilanzrecht, § 289 HGB, Rz 50 Stand 12/2012.
2 Vgl. *Kajüter/Bachert/Blaesing/Kleinmann*, 2010, S. 460 f.; DRS 20.B4; *Kajüter* in *Küting/Pfitzer/Weber*, HdR, §§ 289, 289a, Rn. 38, Stand 04/2011.
3 Vgl. DRS 20nfd.B2–3.
4 Vgl. *Müller/Juchler/Ergün* 2012, S. 281 ff.
5 Vgl. *Kajüter*, in *Küting/Pfitzer/Weber*, HdR, §§ 289, 289a, Rn. 40, Stand 04/2011.

Erhöhung der Transparenz und damit der Verbesserung der **Corporate Governance** eine sukzessive Erweiterung der Lageberichterstattung mit sich brachte. Der Inhalt des Lageberichts wurde zunächst 2004 durch das **BilReG** deutlich erweitert. Dabei erfolgte eine Transformation der Bestimmungen der Fair-Value-RL (RL2001/65/EG des Europäischen Parlaments und des Rates vom 27.9.2001) und der Modernisierungsrichtlinie (RL 2003/51/EG des Europäischen Parlaments und des Rates von 18.6.2003). Qualität und Aussagekraft der Lageberichterstattung sollten mit Blick auf die Vermittlung eines den tatsächlichen Verhältnissen entsprechenden Bilds erhöht werden. Durch das **VorstOG** (2005) wurden börsennotierte AG für nach dem 31.12.2005 beginnende Gj verpflichtet, den Lagebericht um einen Vergütungsbericht zu erweitern (Abs. 2 Nr. 4).

6 Das **BilMoG** (2009) baute im Wesentlichen auf der sog. Abschlussprüfer-RL (RL 2006/43/EG des Europäischen Parlaments und des Rates vom 17.5.2006) und der Abänderungsrichtlinie (RL 2006/46/EG des Europäischen Parlaments und des Rates vom 14.6.2006) auf und enthielt eine Reihe von Bestimmungen, die die Corporate Governance KM-orientierter Ges. verbessern sollten. Mit Blick auf die Berichterstattung im Lagebericht sind nun in Umsetzung von Art. 46a der Bilanzrichtlinie i.d.F. d. Abänderungsrichtlinie im Lagebericht bestimmter Ges., namentlich KapG i.S.d. § 264d HGB, nun die wesentlichen Merkmale des internen Kontroll- und des Risikomanagementsystems im Hinblick auf den Rechnungslegungsprozess zu beschreiben (Abs. 5). Zudem haben sich die Ges. zur Unternehmensführung zu erklären (§ 289f HGB). Die Änderungen durch das BilMoG waren erstmals auf Jahresabschlüsse für das nach dem 31.12.2008 beginnende Gj anzuwenden (Art. 66 Abs. 2 Satz 1 EGHGB).

7 Der Lagebericht ist nach dem **FührposGleichberG**[6] von börsennotierten AG und KGaA sowie anderen verpflichteten Unt (**mitbestimmte GmbH, GmbH mit Aufsichtsrat, Versicherungsunt**) nach § 289a HGB aF neu ab dem Gj. 2017 § 289f HGB um einen Abschnitt zu ergänzen, in dem die Festlegung der Frauenquoten der 1. und 2. Führungsebenen und Angaben, ob die festgelegten Zielgrößen während des Bezugszeitraums erreicht worden sind, und wenn nicht, Angaben zu den Gründen, enthalten sind (§ 289f Rz 17ff.).

8 Durch das **BilRUG** (2015) wurden Änderungen eingefügt, die sich aus der Umsetzung der sog. Bilanzrichtlinie (RL 2013/34/EU des Europäischen Parlaments und des Rates vom 26.6.2013) ergaben. Für den Lagebericht bringt dies nur geringfügige Anpassungen mit sich.

9 Mit dem **CSR-Richtlinie-Umsetzungsgesetz** (2017) wurde die Richtlinie 2014/95/EU des Europäischen Parlaments und des Rates zur Änderung der Richtlinie 2013/34/EU im Hinblick auf die Angabe nichtfinanzieller und die Diversität betreffender Informationen durch bestimmte große Unternehmen und Gruppen, die sog. Corporate Social Responsibility (CSR) Richtlinie[7], in deutsches Recht umgesetzt. Die neuen Berichterstattungspflichten nach dem CSR-Richtlinie-Umsetzungsgesetz betreffen erstmals Gj, die nach dem 31.12.2016 beginnen.

---

6 Gesetz für die gleichberechtigte Teilhabe von Frauen und Männern an Führungspositionen in der Privatwirtschaft und im öffentlichen Dienst v. 24.4.2015, BGBl. 2015 I S. 642.
7 Vgl. ABl. L 330 v. 15.11.2014, S. 1; L 369 v. 24.12.2014, S. 79.

Die zuvor in § 289a HGB geregelte Erklärung zur Unternehmensführung wurde in einen neuen § 289f HGB verschoben. § 289a nahm aus den Vorschriften zum Lagebericht ausgegliederte Inhalte auf, und zwar in § 289a Abs. 1 HGB die übernahmerelevanten Angaben des zuvorigen § 289 Abs. 4 HGB und in § 289a Abs. 2 HGB den Vergütungsbericht durch börsennotierte AGs des zuvorigen § 289 Abs. 2 Nr. 4 HGB. Die neuen §§ 289b–289e HGB dienen der Umsetzung der Vorgaben der CSR-Richtlinie in Bezug auf die nichtfinanzielle Berichterstattung.[8]

Der Lagebericht ist ein eigenständiger Teil im Rahmen der jährlichen Rechenschaftslegung, der neben dem Jahresabschluss steht. Trotz dieser formalen Trennung sind Jahresabschluss und Lagebericht jedoch inhaltlich nicht voneinander unabhängig, da die Aufgaben des Lageberichts in der **Verdichtung** der JA-Informationen und in der **zeitlichen und sachlichen Ergänzung** des Jahresabschlusses bestehen. Jahresabschluss und Lagebericht müssen miteinander in Einklang stehen.[9] Die Zwecke bzw. Aufgaben der Berichterstattung im Lagebericht sind:

- **Informations- und Rechenschaftsfunktion**: Der Jahresabschluss einschließlich der erläuternden Angaben im Anhang allein vermag dem Adressaten nur begrenzt die tatsächliche Lage der Ges. zu vermitteln, zumal keine Erläuterungspflicht aller wesentlichen Einzelpositionen besteht. Dies verdeutlicht die hohe Bedeutung der Informations- und Rechenschaftsfunktion des Lageberichts.
- **Ergänzungsfunktion**: Die Aufgabe der Ergänzung wird seit dem BilReG insb. auch betont durch die Formulierung des Abs. 1 Satz 3 2. Hs.: „unter Bezugnahme auf die im Jahresabschluss ausgewiesenen Beträge und Angaben". Nach dem Willen des Gesetzgebers dient der Jahresabschluss der Darstellung, während der Lagebericht die Analyse und Kommentierung relevanter Kennzahlen und Sachverhalte beinhaltet.[10]

Die Verbindungslinie zwischen Jahresabschluss und Lagebericht wird auch durch die fast wortgleiche Kernaussage in den zugrunde liegenden **Generalnormen** deutlich: Nach Abs. 1 muss der Lagebericht ein den tatsächlichen Verhältnissen entsprechendes Bild des Geschäftsverlaufs (einschl. des Geschäftsergebnisses) und der Lage der Ges. vermitteln. Der § 264 Abs. 2 HGB fordert als Generalnorm des Jahresabschlusses für diesen ein den tatsächlichen Verhältnissen entsprechendes Bild der Vermögens-, Finanz- und Ertragslage der Ges. Auch wenn eine Übertragung des Konzepts „**true and fair view**" auf den Lagebericht vorliegt, besteht eine Besonderheit des Lageberichts im Vergleich zum Jahresabschluss darin, dass nicht nur Rechenschaft über die Vergangenheit abgelegt wird, sondern der Lagebericht einen **Prognosebericht** über die zukünftigen Aussichten der Ges. einschl. Risiken und Chancen und einen **Nachtragsbericht** über Vorgänge von besonderer Bedeutung, die nach dem Ende des Gj. eingetreten sind, beinhaltet.

Im Lagebericht sind grds. alle Vorgänge anzugeben, die für die wirtschaftliche Gesamtbeurteilung der Gesellschaft erforderlich sind. Die geschäftsführenden

---

[8] Vgl. *Kreipl/Müller*, 2016, 2425; *Paetzmann*, 2016, 281.
[9] Vgl. DRS 20.4.
[10] Vgl. BilMoG-BegrRegE, S. 63; *Grottel*, in Beck Bil-Komm., 10. Aufl., 2016, § 289 HGB, Rz 4.

Organe geben ihr persönliches Urteil über den Geschäftsverlauf, das Geschäftsergebnis, die Lage und die voraussichtliche Entwicklung ab.

13 Der Inhalt des Lageberichts ist nicht begrenzt, sodass Abs. 1 nur den **Mindestumfang** angibt, jedoch auch umfänglicher berichtet werden kann. In der Fassung des Abs. 1 bis zum BilReG war klarstellend das Wort „zumindest" enthalten, wobei aus dem Wegfall nicht auf eine Begrenzung geschlossen werden kann (zumal die dem BilReG zugrunde liegende europäische Modernisierungsrichtlinie das Wort „zumindest" enthielt).[11] Der Lagebericht kann somit um **freiwillige Angaben** erweitert werden.

14 Der Lagebericht ist in jedem Jahr neu zu erstellen, Verweise auf Vorjahre reichen nicht. Damit der Lagebericht vom Jahresabschluss unterschieden werden kann, ist er als solcher zu kennzeichnen. Dies erlangt besondere Bedeutung, da durch den Berichtsadressaten nachvollziehbar sein muss, welche Informationen als vom AP nach § 317 Abs. 2 HGB geprüft anzusehen sind. Es besteht die Möglichkeit, getrennte Sonderabschnitte mit zusätzlichen **freiwilligen Angaben** außerhalb des Lageberichts (und Anhangs) in einem Geschäftsbericht einzurichten, die keinen gesetzlichen Vorschriften und keiner Prüfungspflicht nach § 317 Abs. 2 HGB unterliegen. Diese Abschnitte sind gleichwohl vom AP kritisch zu lesen.[12]

15 An welcher Stelle der Lagebericht im Rahmen der jährlichen Rechenschaftslegung **platziert** sein muss, wird durch das HGB nicht vorgegeben. Während der Lagebericht der Struktur des Gesetzes entsprechend hinter Jahresabschluss und Anhang einzuordnen wäre, stellt die Praxis den Lagebericht üblicherweise an den Anfang der schriftlichen Berichterstattung. Der Lagebericht ist in deutscher Sprache und in Euro aufzustellen. Es genügt – wenn auch ohne praktische Relevanz – die handschriftliche Form, die gedruckte Form ist nicht vorgeschrieben. Anders als der Jahresabschluss braucht der Lagebericht nicht durch das geschäftsführende Organ unterzeichnet zu werden.

16 Sofern eine Ges. einen Lagebericht **freiwillig** aufstellt, unterliegt dieser nicht den Vorschriften des § 289 HGB. Dies ist dann anders, wenn die Ges. einen Bestätigungsvermerk zum Lagebericht nach § 322 Abs. 6 HGB erhalten will.[13]

17 Der § 289 HGB lässt durch die Nutzung zahlreicher unbestimmter Rechtsbegriffe unterschiedliche Interpretationsmöglichkeiten zu und erhöht dadurch den Gestaltungsspielraum des Lageberichterstellers. Zur Auslegung sind daher Kriterien heranzuziehen, die sich aus den allgemeinen Grundsätzen der Rechenschaftslegung ergeben.[14] Diese **Grundsätze ordnungsmäßiger Lageberichterstattung (GoL)** besagen, dass der Lagebericht wahr (richtig), vollständig und klar (übersichtlich) sein soll. Der DSR hatte im früheren DRS 15 fünf allgemeine Grundsätze formuliert, die teilweise über diese GoL hinausgehen, indem etwa ein „Grundsatz der Konzentration auf die nachhaltige Wertschaffung" integriert wird. In DRS 20.34–35 tritt an dessen Stelle ein Grundsatz der „Informationsabstufung".

---

11 Vgl. BilMoG-BegrRegE, S. 62; *Lange*, ZIP 2004, S. 983; *Kajüter*, DB 2004, S. 197.
12 Vgl. IDW PS 202, Tz. 7.
13 Vgl. ADS, 6. Aufl., § 289 HGB, Rz 6; a.A. *Dörner/Bischof*, 1999, S. 378.
14 Vgl. *Grottel*, in Beck Bil-Komm., 10. Aufl., 2016, § 289 HGB, Rz 5.

2 Grundsätze ordnungsmäßiger Lageberichterstattung

2.1 Grundsatz der Wahrheit

In der gesamten Rechnungslegung spielt der **Grundsatz der Wahrheit** eine dominierende Rolle. Er verlangt eine **der Realität entsprechende Darstellung** der Angaben im Lagebericht, die intersubjektiv nachprüfbar und willkürfrei ist. Objektiv falsche Angaben, die allein oder zusammen einen falschen Eindruck vermitteln, dürfen nicht gemacht werden. Bei **Tatsachenangaben** (Verlaufs- und Zustandsangaben) muss die Übereinstimmung mit der Realität jedoch nicht dokumentarisch exakt sein, sondern es reicht, wenn die Darstellung in der Tendenz mit der Realität übereinstimmt. 18

Dies gilt auch in **krisenbefangenen Unternehmenssituationen**, bei denen die Fortführung gefährdet ist. Berechtigte Interessen und Hoffnungen der Organe treten zurück, sodass ein Verschweigen oder eine Beschönigung der Situation nicht infrage kommt.[15] Insgesamt ist in Bezug auf **zukunftsgerichtete Angaben** des Lageberichts, die auf Prognosen der Organe beruhen und denen noch kein abgeschlossener Sachverhalt zugrunde liegt, die Anwendung des Grundsatzes der Wahrheit problematisch. Hier müssen die Prognosen jedoch schlüssig und widerspruchsfrei entwickelt und die zugrunde liegenden Annahmen und der Prognosehorizont offengelegt werden. 19

Der Grundsatz der Wahrheit verlangt eine **willkürfreie Berichterstattung**. Die Organe haben entsprechend bei **Beurteilungsangaben** mit der Sorgfalt eines gewissenhaften und ordentlichen Geschäftsführers für deren Willkürfreiheit Sorge zu tragen. 20

2.2 Grundsatz der Vollständigkeit

Nach dem Grundsatz der Vollständigkeit ist umfassend, unter Ausschöpfung aller erreichbaren Erkenntnisquellen, über die wirtschaftliche Situation des Unt zu berichten. Dieser Grundsatz ist im Zusammenhang mit dem **Grundsatz der Wesentlichkeit** zu sehen (quantitative oder qualitative Bedeutung eines betrieblichen Sachverhalts). Für die Auswahl der berichtspflichtigen Sachverhalte sind als Maßstab die schutzwürdigen Informationsinteressen der Lageberichtsadressaten heranzuziehen. Ziel kann nicht die lückenlose Berichterstattung über Geschäftsvorfälle sein, sondern das Übermitteln jener Informationen, die der Adressat für seine Dispositionen in Bezug auf die Ges. benötigt. In der Praxis variiert das Informationsinteresse des Adressaten stark je nach Unternehmensgröße, Branche, wirtschaftlicher Situation, Inanspruchnahme des KM etc.[16] 21

2.3 Grundsatz der Klarheit

Der Grundsatz der Klarheit und Übersichtlichkeit verlangt eine verständliche, prägnante und übersichtliche Darstellung der LB-Informationen. Dies bedingt, dass die Angaben **weder vage noch weitschweifig** sein dürfen. Hierzu gehört 22

---

[15] Vgl. *Grottel*, in Beck Bil-Komm., 10. Aufl., 2016, § 289 HGB, Rz 27.
[16] Vgl. *Sieben*, 1987, S. 588; DRS 20.34.

auch bereits die Kennzeichnung von Anfang und Ende des Lageberichts im Geschäftsbericht. Eine **systematische Gliederung** des Lageberichts sollte sich an den gesetzlich in § 289 HGB geforderten Elementen orientieren. In der Form der Darstellung im Lagebericht ist **Stetigkeit** nach § 265 Abs. 1 HGB zu wahren.[17] Sinngemäß sind weiterhin die folgenden Vorschriften auf die Lageberichterstattung anzuwenden:[18]

- Gliederung des Lageberichts nach Geschäftsbereichen (§ 265 Abs. 4 HGB),
- Anpassung der Darstellung an branchentypische Spezifika der Ges. (§ 265 Abs. 6 HGB),
- Zusammenfassungen, um die Klarheit der Darstellung zu erhöhen (§ 265 Abs. 7 HGB),
- Fehlanzeigen für vorgesehene Berichterstattungen können unterbleiben (§ 265 Abs. 8 HGB).

> **Beispiel**
> E-DRS 27 enthält ein Beispiel für die Gliederung eines Konzernlageberichts, das aber nicht in DRS 20 übernommen wurde und aufgrund gesetzlicher Fortentwicklung inzwischen anzupassen ist:
> „Um die Klarheit und Übersichtlichkeit zu erhöhen, gliedert Unternehmen A seinen Konzernlagebericht wie folgt:
> 1. Grundlagen des Konzerns
> 2. Wirtschaftsbericht
> 3. Nachtragsbericht (mit dem BilRUG in den Anhang verschoben)
> 4. Prognosebericht
> 5. Chancen-/Risikobericht
> 6. Risikoberichterstattung über die Verwendung von Finanzinstrumenten
> 7. Internes Kontroll- und Risikomanagementsystem bezogen auf den Konzernrechnungslegungsprozess
> 8. Übernahmerelevante Angaben
> 9. Vergütungsbericht
> 10. Erklärung zur Unternehmensführung (§ 289f HGB)
> 11. Versicherung der gesetzlichen Vertreter (mit CSR-Richtlinie-Umsetzungsgesetz: Mitglieder des vertretungsberechtigten Organs)"[19]

3 Elemente des Lageberichts nach Abs. 1

3.1 Darstellung von Geschäftsverlauf einschließlich Geschäftsergebnis und Lage der Gesellschaft (Abs. 1 Satz 1)

23 Das HGB definiert die Begriffe „Geschäftsverlauf", „Geschäftsergebnis" und „Lage" nicht. Die Darstellung von Geschäftsverlauf und Lage der Gesellschaft im **Wirtschaftsbericht** gehen Hand in Hand, denn zwischen beiden Angabepflichten bestehen Ursache-Wirkungs-Beziehungen. Während sich die Angaben

---

[17] Vgl. *Lange*, in MünchKomm. HGB, 3. Aufl. § 289, Rn 37.
[18] Vgl. *Grottel*, in Beck Bil-Komm., 10. Aufl., 2016, § 289 HGB, Rz 28.
[19] E-DRS 27.A.3.1.

zum **Geschäftsverlauf** auf die vergangene Periode beziehen, liegt bei den Angaben zur **Lage** der Ges. eine Zeitpunktbetrachtung zum Abschlussstichtag vor. Eine gemeinsame Berichterstattung ist zweckmäßig. Unter der „Lage" werden zumindest die Vermögens-, Finanz- und Ertragslage nach § 264 Abs. 2 HGB (darüber hinaus in der Literatur teilweise etwa auch die Struktur der Ges. und wesentliche Entwicklungstendenzen[20]) verstanden. Grundsätzlich soll die Betrachtung der Lage zum Zeitpunkt des Abschlussstichtags die zukünftige Entwicklung berücksichtigen. Die Lage der Ges. wird durch die Verhältnisse zum Stichtag wie auch durch Entwicklungserwartungen (insb. strategische Marktchancen und -risiken mit ihrer herausragenden Bedeutung[21]) charakterisiert.[22] Durch das BilReG wurde in Abs. 1 Satz 1 die Pflicht expliziert, mit der Erläuterung des Geschäftsverlaufs im Wirtschaftsbericht auch das **Geschäftsergebnis** darzustellen. Während der zugrunde liegende europäische Art. 46 Abs. 1a der Bilanzrichtlinie i.d.F.d. Modernisierungsrichtlinie Geschäftsverlauf, Lage und Geschäftsergebnis gleichberechtigt nebeneinander nennt, hat der deutsche Gesetzgeber das Geschäftsergebnis in Abs. 1 Satz 1 als Annex zum Geschäftsverlauf („Geschäftsverlauf einschließlich des Geschäftsergebnisses") formuliert.[23] Hieraus kann geschlossen werden, dass nicht eine reine Wiederholung der Darstellung der Ertragslage aus der GuV, sondern vielmehr eine Darstellung, Einordnung und Wirkungsanalyse in Bezug auf den realwirtschaftlichen Geschäftsverlauf und ursächliche Ereignisse in der abgelaufenen Periode vom Gesetzgeber gewollt sind.

Die Darstellung des Geschäftsverlaufs, des Geschäftsergebnisses und der Lage muss dem Adressaten vermitteln, wie das Gj aus Sicht der Ges. verlaufen ist und wie die Situation zum Abschlussstichtag eingeschätzt wird. Hierzu kann, muss aber nicht, eine Erläuterung anhand einzelner **Segmente** der Ges. erfolgen. **24**

Zunächst ist auf die **gesamtwirtschaftlichen und branchenspezifischen Rahmenbedingungen** einzugehen. Weiterhin kann die Darstellung anhand der einzelnen **Funktionsbereiche der Ges.** erfolgen. Hierzu gehören: **25**

- **Beschaffung**: Wichtige Entwicklungen der Versorgungslage, Kosten für Roh-, Hilfs- und Betriebsstoffe, Energiekosten, Vorratshaltung etc.
- **Fertigung**: Wesentliche Änderungen des Produktionsprogramms, Investitionen, Öffnung oder Schließung von Betriebsstätten, Beschäftigung, Auslastung etc.
- **Produkt/Markt/Wettbewerb:** Aufgliederung der Absatzmengen und des Umsatzes nach Produkten und geografischen Märkten, neue Produkte, neue Märkte, Marktanteile, Konkurrenzprodukte, Wettbewerbssituation, Marktwachstum, Auftragseingänge und -bestände etc.

Weiterhin ist über **wichtige Ereignisse im Gj** (oder in naher Zukunft anstehende Ereignisse) zu berichten, wozu etwa der Erwerb oder die Veräußerung von Beteiligungen, die Eingehung oder Beendigung wichtiger Verträge, wichtige Prozesse, Rechtsformänderungen etc. gehören können. **26**

Die im Gesetzgebungsprozess zum BilReG noch enthaltene **Strategieberichterstattung** im Konzernlagebericht, die gleichwohl nicht in die Gesetzesfassung **27**

---

[20] Vgl. *Kajüter*, in *Küting/Pfitzer/Weber*, HdR, §§ 289, 289a HGB, Rn 67 Stand 04/2011 mwN.
[21] Vgl. *Paetzmann*, 2012, S. XXVII.
[22] Vgl. *Kajüter*, in *Küting/Pfitzer/Weber*, HdR, §§ 289, 289a HGB, Rn 68.
[23] Vgl. *Baetge/Kirsch/Thiele*, Bilanzen, 2014, S. 779.

des BilReG aufgenommen wurde, nahm der DSR im E-DRS 27 wieder auf, allerdings nur für den Konzernlagebericht KM-orientierter MU. Im DRS 20 haben KM-orientierte MU jedoch wie bisher lediglich freiwillig im Konzernlagebericht die wichtigsten strategischen Ziele und die zu ihrer Erreichung verfolgten Strategien (DRS 20.K39-K44), wesentliche Veränderungen im Vergleich zum Vj (DRS 20.K.44) sowie Aussagen zum Stand der Erreichung der strategischen Ziele (DRS 20.56) anzugeben.

3.2 Analyse von Geschäftsverlauf und Lage der Gesellschaft (Abs. 1 Satz 2)

28 Im Zuge des BilReG wurde in den Abs. 1 der Satz 2 aufgenommen, der eine Analyse fordert, die über eine reine Darstellung hinausgeht. Unter **Analyse** ist die Untersuchung von **Geschäftsverlauf** und Lage der Ges. (die Modernisierungsrichtlinie, nicht jedoch Abs. 1 Satz 2, nennt auch das Geschäftsergebnis) zu verstehen. Die Analyse muss
- ausgewogen und
- umfassend sowie
- dem Umfang und
- der Komplexität der Geschäftstätigkeit entsprechend sein.

29 Auf wesentliche außerordentliche und/oder einmalige Faktoren, die einen Zeitvergleich oder eine Fortschreibung der historischen Lage auf die zukünftige Entwicklung beeinträchtigen, ist hinzuweisen, möglichst mittels quantitativer Angaben. Hierzu können auch Unt-Transaktionen gehören.[24]

30 Instrumentelle Unterstützung bietet hierzu vor allem die **klassische Jahresabschlussanalyse** (bezogen auf die Vermögens-, Finanz- und Ertragslage) einschl. Rentabilitäts-, Erfolgsquellenanalyse, Kennzahlen etc. Zu beachten sind dabei stets die Wirkungen einer Bilanzpolitik und von Sachverhaltsgestaltungen auf die Ertragslage der Ges. Eine quantitative (Kennzahlen-)Analyse ist durch **qualitative Analysen** zu ergänzen, etwa mit Blick auf die Markt- und Wettbewerbslage, in der sich die Ges. befindet.

31 Bei der Darstellung, Analyse und Beurteilung der **Ertragslage** (§ 264 Rz 74) der Ges. ist auf die wesentlichen Ergebnisquellen sowie wesentlichen Veränderungen einzugehen. Zudem sind die ursächlichen Faktoren für wesentliche Veränderungen einschl. etwaiger Trends und relevanter gesamtwirtschaftlicher Änderungen anzugeben. Die Darstellung und Analyse ist dabei an der Entscheidungsnützlichkeit der verständigen Adressaten auszurichten.

> **Beispiel**
> Zu den wesentlichen Faktoren, die eine Veränderung der Ertragslage bewirken können, gehören bspw.:[25]
> - Rohstoffmangel, Mangel an Fachkräften, unsichere Zulieferungsbedingungen,
> - Entwicklung von Patenten, Lizenzen oder Franchiseverträgen,
> - starke Abhängigkeit von bestimmten Zulieferern oder Kunden,

---

[24] Vgl. DRS 20.63–64.
[25] Vgl. DRS 20.68.

> - Produkthaftung,
> - Umweltschutzaufwendungen und mögliche Umweltschutzhaftung,
> - Änderung der rechtlichen oder regulatorischen Rahmenbedingungen, z. B. Einschränkung der Absatz- oder Beschaffungsmöglichkeiten,
> - Wechselkursschwankungen oder unterschiedliche Inflationsraten bei Aufwendungen und Erträgen oder auf verschiedenen Märkten.

Die Darstellung und Analyse der Ertragslage hat eine Aufgliederung der Umsatzerlöse nach wesentlichen Unt-Segmenten (etwa nach Märkten, Produkten, Währungen) zu beinhalten. Sofern die Umsatzerlöse nicht die relevante Größe darstellen, kann auch eine andere Dimension gewählt werden (bspw. die Gesamtleistung im Anlagenbau oder im Baugewerbe). Daneben kann, insb. in Unternehmen der langfristigen Auftragsfertigung, die Darstellung und Analyse der Auftragslage und ihrer Entwicklung entscheidungsnützlich sein. 32

Die **Finanzlage** (§ 264 Rz 69) der Ges. ist in den Dimensionen Kapitalstruktur, Investitionen und Liquidität darzustellen, zu analysieren und zu beurteilen. Mit Blick auf die Kapitalstruktur ist auf wesentliche Veränderungen einschl. neuer Finanzierungen oder geänderter Kreditkonditionen einzugehen. Dies kann bspw. auch Angaben und Analysen zum Working Capital Management, zur Fristigkeit aufgenommener Darlehen oder zum Fremdwährungsmanagement beinhalten. Ebenfalls sind außerbilanzielle Verpflichtungen und ihre möglichen Auswirkungen auf die Finanzlage zu beschreiben und zu analysieren. 33

Zu den Investitionen sind die wesentlichen im Berichtszeitraum durchgeführten und geplanten Investitionsvorhaben zu erläutern. 34

Die Liquidität soll grds. mithilfe einer Kapitalflussrechnung dargestellt und analysiert werden. Eingetretene oder absehbare Liquiditätsengpässe und die ergriffenen oder geplanten Maßnahmen zur Behebung sind darzustellen und zu erläutern.[26] 35

Neben der Ertrags- und Finanzlage ist auch die **Vermögenslage** (§ 264 Rz 65) darzustellen und zu analysieren, wobei wesentliche Veränderungen des Nettoreinvermögens der Ges. und wesentliche Inflations- und Wechselkurseinflüsse zu erläutern sind. 36

Insgesamt muss die nach Abs. 1 Satz 2 enthaltene Analyse mehr enthalten, als ein Unternehmensexterner aus publizierten JA-Daten ableiten bzw. als Kennzahl errechnen könnte.[27] Dies verdeutlicht, dass die Analysefunktion des Lageberichts durch das BilReG deutlich aufgewertet wurde. 37

3.3 Darstellung und Erläuterung der bedeutsamsten finanziellen Leistungsindikatoren (Abs. 1 Satz 3)

In die nach Abs. 1 Satz 2 durchzuführende Analyse von Geschäftsverlauf und Lage der Ges. sind nach Abs. 1 Satz 3 die für die Geschäftstätigkeit bedeutsamsten **finanziellen Leistungsindikatoren** einzubeziehen. Abs. 1 Satz 3 präzi- 38

---

[26] Vgl. DRS 20.98.
[27] Vgl. *Kirsch/Scheele*, 2004, S. 8.

siert damit die Regelung des Abs. 1 Satz 1, wobei für große KapG die Besonderheiten des Abs. 3 gelten (nichtfinanzielle Leistungsindikatoren).

> **Beispiel**
> Unter finanziellen Leistungsindikatoren können verstanden werden:[28]
> - Ergebniskomponenten wie Zins-, Beteiligungs- oder Wechselkursergebnis,
> - Cashflow (z. B. nach DFVA/SG),
> - Eigenkapitalrentabilität,
> - Return on Investment (ROI),
> - Umsatzrentabilität,
> - Return on Capital Employed (ROCE),
> - Liquiditäts-/Verschuldungsgrade,
> - Working Capital Requirement (WCR),
> - Eigenkapitalquote.

39 Die finanziellen Leistungsindikatoren sind unter Bezugnahme auf die im Jahresabschluss ausgewiesenen Beträge und Angaben zu erläutern. Die Formulierung „Bezugnahme" bedeutet hierbei zunächst eine Einschränkung, indem eine Wiederholung der Angaben des Jahresabschlusses im Lagebericht unterbleiben soll. Vor allem soll jedoch die Beziehung der im Lagebericht genannten Leistungsindikatoren zu den JA-Daten aufgezeigt werden, d. h., die Ermittlung der Leistungsindikatoren ist zu erläutern.

40 Neben den finanziellen sollten auch **nichtfinanzielle Leistungsindikatoren** mit einbezogen werden, soweit sie für das Verständnis des Geschäftsverlaufs und der Lage der Ges. bedeutsam sind. Dabei stehen jene Indikatoren im Vordergrund, die auch zur internen Steuerung der Ges. genutzt werden.

> **Beispiel**
> Nichtfinanzielle Leistungsindikatoren sind bspw.:[29]
> - Kundenbelange (Kundenstamm, Kundenzufriedenheit etc.),
> - Umweltbelange (Emissionswerte, Energieverbrauch etc.),
> - Arbeitnehmerbelange (Mitarbeiterfluktuation, Mitarbeiterzufriedenheit, Betriebszugehörigkeit, Fortbildungsmaßnahmen etc.),
> - Indikatoren zur Forschung und Entwicklung (sofern diese Angaben nicht im Forschungs- und Entwicklungsbericht erfolgen),
> - gesellschaftliche Reputation der Ges. (Indikatoren zum sozialen und kulturellen Engagement, Wahrnehmung gesellschaftlicher Verantwortung etc.).

41 Nach DRS 20.K111 haben KM-orientierte MU im Konzernlagebericht gesonderte Angaben zu machen, sofern die berichteten finanziellen und nichtfinanziellen Leistungsindikatoren intern unter dem Aspekt der **Nachhaltigkeit** verwendet werden. Diese Angabepflicht tangiert die Pflicht zur Abgabe einer nichtfinanziellen Erklärung für große KM-orientierte Unt (§ 289b HGB).

---

[28] Vgl. IDW RH HFA 1.007, Anm 7.
[29] Vgl. DRS 20.107.

Mit dem Ziel eines **intertemporalen Vergleichs** sollten die Leistungsindikatoren **stetig** genutzt werden. Erfolgen von einem Jahr zum anderen Wechsel oder Neuaufnahmen von Kennzahlen, sollten Vorjahres-Vergleichswerte angegeben werden.

42

3.4 Prognose-, Chancen- und Risikobericht (Abs. 1 Satz 4)

Wenngleich mit dem BilReG vorwiegend die Etablierung der IFRS als weiterer Standard der externen Rechnungslegung in Deutschland in Verbindung gebracht wird, erweiterte dieser Reformschritt auch (nochmals) die Inhalte des Lageberichts:

43

- Ausgehend vom **BiRiLiG** (1985) hatten Unt, die nach § 264 Abs. 1 HGB verpflichtet waren, einen Lagebericht zu erstellen, zumindest den Geschäftsverlauf und die Lage so darzustellen, dass ein den tatsächlichen Verhältnissen entsprechendes Bild vermittelt wurde. Nach § 289 Abs. 2 HGB sollte u. a. auf die voraussichtliche Entwicklung des Unt ebenfalls eingegangen werden.
- Durch das **KonTraG** (1998) war der Inhalt des Lageberichts dahingehend konkretisiert worden, dass bei der Darstellung des Geschäftsverlaufs und der Lage des Unt nach Abs. 1 „auch auf Risiken der künftigen Entwicklung einzugehen" war („Risikoberichterstattung").
- Seit dem **BilReG** (2004) ist im Lagebericht „die voraussichtliche Entwicklung mit ihren wesentlichen Chancen und Risiken zu beurteilen und zu erläutern; zugrunde liegende Annahmen sind anzugeben".[30]

Verglichen mit der durch das KonTraG eingeführten Regelung reicht seit dem BilReG nunmehr ein „Eingehen" (oder eine reine Nennung) nicht mehr aus. Vielmehr ist eine aussagekräftigere **„Beurteilung"** und **„Erläuterung"** einschließlich Angabe der zugrunde liegenden Annahmen notwendig, nun auch bezogen auf die Chancen der zukünftigen Entwicklung. Hierdurch sollen dem Lageberichtsadressaten laut Begründung im Regierungsentwurf zum BilReG **Soll-Ist-Vergleiche** ermöglicht werden.

44

Im **Prognoseberichtsteil** des Lageberichts hat nunmehr eine zusammengefasste Berichterstattung über die wirtschaftliche Entwicklung der Ges. **mit den wesentlichen Chancen und Risiken** unter Angabe der zugrunde liegenden Annahmen zu erfolgen. Die vor BilReG bestehende gesetzestechnische Trennung der Berichtsteile **„voraussichtliche Entwicklung"** und **„Risikoberichterstattung"** wurde aufgegeben. Aufgrund der engen sachlichen Verknüpfung der Ausführungen zur zukünftigen Entwicklung und den Angaben zu wesentlichen Chancen und Risiken kann die Berichterstattung nun zusammenhängend erfolgen. Nach Abs. 1 Satz 4 ist daher ein **zusammengehöriger Prognose- und Risikobericht** vorgeschrieben.

45

In diesem Zusammenhang bestand in den Regelungen des DSR bis zur Überarbeitung durch den DRÄS 5 im Jahre 2010 eine Inkonsistenz. Nach dem früheren DRS 5.32 hatte die Risikoberichterstattung getrennt von der Prognoseberichterstattung – geregelt in den DRS 15.84–91 – zu erfolgen.[31] Infolge des DRÄS 5 von 2010 war diese Inkonsistenz jedoch für Gj beginnend nach dem

46

---

30 Vgl. *Freidank/Steinmeyer*, 2005, S. 2513f.
31 Vgl. *Baetge/Kirsch/Thiele*, Bilanzen, 2014, S. 789.

31.12.2009 beseitigt, denn nach dem neuen DRS 5.32 konnte die Darstellung der voraussichtlichen Entwicklung getrennt von der oder gemeinsam mit der Risikoberichterstattung erfolgen (Art. 3 Nr. 3 DRÄS 5). Dies wird in DRS 20.116 fortgeführt. Für den Einzelabschluss haben die DRS gleichwohl nur empfehlenden Charakter. Ob die Praxis den kodifizierten zusammengehörigen Risiko- und Prognosebericht annimmt (bisher eher nicht), bleibt abzuwarten. Erfolgt eine zusammenhängende Berichterstattung, sollte die Berichterstattung über die Finanzinstrumente (Abs. 2 Nr. 1) jedoch zumindest separat erfolgen.

47 Genaue **Inhalte** werden durch das HGB nicht vorgegeben. Auch ist der **Risikobegriff** im Gesetz nicht definiert, obwohl dies der Ausgangspunkt einer jeden Auseinandersetzung mit Risiken (und Chancen) sein sollte:
- In einer (auch umgangssprachlich üblichen) engen Begriffsabgrenzung wird Risiko als reine Verlustgefahr verstanden.
- Eine weite Begriffsdefinition begreift Risiko hingegen unter Einbeziehung der positiven Entwicklungen bzw. Abweichungen: Risiko ist hier die Möglichkeit, dass etwas anders kommt als erwartet (Risiko im weiteren Sinne).

48 **Wirtschaftswissenschaftliche Risikobegriffe** beziehen sich stets auf eine Abweichung zwischen dem tatsächlich eintretenden Ereignis und dem mit der größten Wahrscheinlichkeit erwarteten Ereignis (Erwartungswert) oder auf die Möglichkeit der Verfehlung eines (zuvor festgelegten) Ziels. Bei Letzterem wird dann von Zielverfehlung oder, bei Vorliegen der weiteren Abgrenzung, auch von Zielübererfüllung gesprochen. Dies verdeutlicht den Zusammenhang von Risiko und Ziel.[32]

49 Abweichend hiervon wird im Schrifttum zum Lagebericht unter Risiko ein **negatives Abweichen vom erwarteten Wert** begriffen (DRS 20 beschreibt Risiken als „mögliche künftige Entwicklungen oder Ereignisse, die zu einer für das Unt negativen Prognose- bzw. Zielabweichung führen können"). Derart verstandenen Risiken werden seit dem BilReG im Lagebericht die Chancen gleichwertig dazugestellt. DRS 20 greift die Parallelität der Risiko- und Chancenbegriffe auf und präzisiert Chancen als „mögliche künftige Entwicklungen oder Ereignisse, die zu einer für das Unt positiven Prognose- bzw. Zielabweichung führen können".

50 Über welche **wesentlichen** Chancen und Risiken der zukünftigen Entwicklung zu berichten ist, besagt das HGB ebenso nicht. Angelehnt an den inzwischen aufgehobenen IDW RS HFA 1 Anm. 29 sind jene Risiken und Chancen wesentlich, die einen **wesentlichen Einfluss auf die Vermögens-, Finanz- und Ertragslage** der Ges. haben können (potenziell spürbarer Einfluss auf die künftige Entwicklung der Ges.). Hierzu gehören insb. auch solche **Risiken, die den Fortbestand der Gesellschaft gefährden** können (zur Berichterstattungspflicht in der Unternehmenskrise s.u.). DRS 20.148 verlangt hingegen, dass über jene wesentlichen Risiken und Chancen zu berichten ist, die die Entscheidungen eines verständigen KLB-Adressaten beeinflussen können (was auch bestandsgefährdende Risiken einschließt). In jedem Fall muss die Bedeutung der Risiken und Chancen für das Unt aus der Darstellung hervorgehen (DRS 20.152).

---

[32] Vgl. *Paetzmann*, 2012, S. 39ff.

> **Beispiel**
> E-DRS 27 enthielt folgendes Beispiel für die Darstellung der Bedeutung von Chancen und Risiken:
> „Auf die voraussichtliche Entwicklung von Unternehmen H wirken wesentliche Chancen und Risiken ein. Unternehmen H verdeutlicht deren unterschiedliche Bedeutung, indem es die Eintrittswahrscheinlichkeiten und möglichen Auswirkungen der Chancen und Risiken auf die voraussichtliche Entwicklung des Geschäftsverlaufs und der Lage des Unternehmens darstellt. Da die Veränderung von Rohstoffpreisen das Ergebnis von Unternehmen H stark beeinflusst, zeigt es deren Bedeutung durch eine Sensitivitätsanalyse auf, die angibt, wie sich ceteris paribus das Ergebnis vor Steuern bei einer 10 %igen Erhöhung (Reduzierung) des Rohstoffpreises gegenüber der Prognose verändert."[33]

Risiken und **Chancen** der zukünftigen Entwicklung sind nunmehr **gleichwertig** nebeneinandergestellt. Über diese ist ausgewogen zu berichten, womit das Vorsichtsprinzip des § 252 Abs. 1 Nr. 4 HGB hier nicht greift. Über wesentliche Risiken und wesentliche Chancen ist getrennt zu berichten. Sie dürfen **nicht saldiert** werden, um nur über die verbleibenden Restrisiken oder -chancen berichten zu müssen. Ebenso ist eine **Risikokompensation** (etwaig bestehende Risikoausgleichseffekte) bei der Berichterstattung unzulässig. Auch wenn nach Ansicht der Geschäftsführung Ausgleichspotenziale oder Sicherheitsreserven für potenzielle Risiken vorhanden sind oder Anpassungsmaßnahmen getroffen wurden, darf eine Berichterstattung über wesentliche Risiken nicht unterbleiben. Nur bei vorgenommener **Überwälzung von Risiken auf Dritte**, insb. Versicherungsunternehmen, ist nicht mehr zu berichten (vorausgesetzt, dass evtl. aus einem Selbstbehalt verbleibende Restrisiko ist nicht mehr wesentlich).

51

Bei der Berichterstattung sollten die Risiken in geeigneten Risikokategorien zusammengefasst werden, wofür der ehemalige DRS 5.17 empfahl:
- Umfeld- und Branchenrisiken,
- unternehmensstrategische Risiken,
- leistungswirtschaftliche Risiken,
- Personalrisiken,
- informationstechnische Risiken,
- finanzwirtschaftliche Risiken (s. auch Abs. 2 Nr. 1),
- sonstige Risiken.

52

Über wesentliche steuerliche Risiken ist ebenfalls zu berichten.[34] Situationsspezifisch kann sich eine vertiefte, ergänzende Berichterstattung über bestimmte Risiken anbieten. So empfiehlt bspw. das IDW den von den Auswirkungen der Finanzmarktkrise betroffenen Unt. im Lagebericht gesondert z.B. über mögliche Probleme bei der Beschaffung liquider Mitteln, über Unwägbarkeiten bei der

---

[33] E-DRS 27.A.3.8 – Beispiele wurden nicht in den DRS 20 übernommen.
[34] Vgl. *Freidank/Mammen*, 2008, S. 290.

Bewertung derivativer Finanzinstrumente und/oder über drastische Nachfragerückgänge zu berichten.[35]

> **Beispiel**
> Der im Lagebericht (nach § 315 Abs. 2 HGB zusammengefasst mit dem Konzernlagebericht) 2010 der Daimler AG enthaltene Risikobericht ist nach folgenden Risikokategorien gegliedert:[36]
> - Risiken und Chancen
> - Risikomanagementsysteme (Bericht und Erläuterungen gem. § 315 Abs. 2 Nr. 5 und
> - § 289 Abs. 5 HGB,
> - volkswirtschaftliche Risiken,
> - branchen- und unternehmensspezifische Risiken,
> - finanzwirtschaftliche Risiken,
> - rechtliche Risiken,
> - Gesamtrisiko.

53 Um dem Lageberichtsadressaten ein Bild über die künftigen Risiken zu vermitteln, sollten die Risiken – soweit und sofern möglich – mit Eintrittswahrscheinlichkeiten versehen und die Auswirkungen auf die wirtschaftliche Lage der Ges. beschrieben werden. Sofern eine **Quantifizierung** der Risiken auf Grundlage verlässlicher und anerkannter Methoden wirtschaftlich vertretbar ist und entscheidungsrelevante Informationen liefert, hat sie zu erfolgen, wobei die angewandten Methoden und Annahmen zu erläutern sind.

54 Für die **Chancen**, nach DRS 20.11 als „mögliche künftige Entwicklungen oder Ereignisse, die zu einer für das Unternehmen positiven Prognose- bzw. Zielabweichung führen können" definiert, hat eine entsprechende Berichterstattung zu erfolgen, wobei der ehemalige DRS 15 folgende beispielhafte Inhalte nannte:
- Änderungen der Geschäftspolitik,
- Erschließung neuer Absatzmärkte,
- Verwendung neuer Verfahren,
- Angebot neuer Produkte und Dienstleistungen am Markt.

55 Zugleich sollten diejenigen Bereiche, die Gegenstand der Berichterstattung über den Geschäftsverlauf und die Lage sind, grds. auch Inhalt des Prognoseberichts sein. Mögliche Inhalte mit Angabe der wesentlichen Chancen und Risiken sind etwa:
- die für das nächste Geschäftsjahr geplante Ertragsentwicklung (Umsatz- und Ergebnisentwicklung),
- geplante Investitions- und Finanzierungsvorhaben,
- Angaben zu noch nicht geschlossenen Verträgen, Großaufträgen, Unternehmensbeteiligungen,
- die Entwicklung einzelner Geschäftsfelder, Regionen, Sparten,
- Zielerreichung in Bezug auf unternehmerische wesentliche Steuerungsgrößen.

---

[35] Vgl. IDW 2008, Tz 40.
[36] Vgl. *Daimler AG*, Jahresabschluss 2010, S. 3; *Daimler AG*, Geschäftsbericht 2010, S. 104 ff.

Die Prognoseberichterstattung ist geprägt von den **Einschätzungen und Er-** 56
wartungen der geschäftsführenden Organe. Um dem Lageberichtsadressaten ein
eigenes Urteil über die Plausibilität der angegebenen Prognosen zu ermöglichen,
sind nach Abs. 1 Satz 4 2. Hs. die den genannten Erwartungen zugrunde liegenden **Annahmen** anzugeben. Hierzu sollten wichtige Einflussgrößen (bspw.
Erwartungen mit Blick auf Dollarkurs-, Zins- oder Ölpreisentwicklung) und
wichtige Ursache-Wirkungs-Beziehungen benannt werden.

> **Beispiel**
> Der im Lagebericht (nach § 315 Abs. 2 HGB zusammengefasst mit dem
> Konzernlagebericht) 2010 der Daimler AG enthaltene Ausblick beginnt mit
> der folgenden Darstellung:
> „Die im Kapitel „Ausblick" getroffenen Aussagen basieren auf der im Dezember 2010 von Vorstand und Aufsichtsrat verabschiedeten operativen Planung
> der Daimler AG für die Jahre 2011 und 2012. Grundlage dieser Planung sind
> zum einen Prämissen zu den gesamtwirtschaftlichen Rahmenbedingungen, die
> sich aus den Einschätzungen renommierter Wirtschaftsforschungsinstitute ergeben, und zum anderen die Zielsetzungen unserer Geschäftsfelder. Die dargestellten Einschätzungen für den künftigen Geschäftsverlauf orientieren sich
> an den Chancen und Risiken, welche die erwarteten Marktbedingungen und die
> Wettbewerbssituation im Planungszeitraum bieten. Vor dem Hintergrund der
> aktuellen Prognosen zur Entwicklung der Weltwirtschaft und der Automobilmärkte sowie der jüngsten Geschäftsentwicklung passen wir unsere Erwartungen laufend an. Die im Folgenden getroffenen Aussagen basieren auf unserem
> Kenntnisstand im Februar 2011."[37]

Die Berichterstattung erfolgt i. d. R. **verbal** (dies ergibt sich aus der geforderten 57
„Beurteilung" und „Erläuterung") **mit Unterstützung quantitativer Eckdaten**.
Eine Quantifizierung der Risiken ist nach DRS 20.152 dann gefordert, wenn sie
auch für interne Steuerungszwecke erfolgt und die quantitativen Angaben wesentlich für den verständigen Adressaten sind. Dann sind die internen Werte zu
berichten, einschl. einer Darstellung und Erläuterung der verwendeten Modelle
und zugrunde liegenden Annahmen. Der Unsicherheit der zukünftigen Entwicklung kann in der Berichterstattung durch Nennung einer Bandbreite (statt einwertiger Prognosen) und ggf. durch Aufzeigen von Alternativen in Form von
Szenarien Rechnung getragen werden.

Die voraussichtliche Entwicklung der Ges. ist durch die Geschäftsführung **mit** 58
einer eigenen Meinung zu beurteilen und zu kommentieren. Hierbei erfährt der
Grundsatz der Wahrheit eine besondere Bedeutung, sollen sich doch Beurteilung
und Erläuterung der voraussichtlichen Entwicklung an realistischen Erwartungen orientieren. Berichterstattende Ges. haben in den letzten Jahren begonnen,
im angelsächsischen Raum verbreitete haftungsmindernde **Disclaimer** in den
Lagebericht aufzunehmen.[38]

---

[37] *Daimler AG*, Geschäftsbericht 2010, S. 114.
[38] Vgl. *Tesch/Wissmann*, 2006, S. 75.

> **Beispiel**
> Der Konzernlagebericht 2010 der Audi AG endet mit folgendem Disclaimer:
> „Disclaimer:
> Der Lagebericht enthält zukunftsbezogene Aussagen über erwartete Entwicklungen. Diese Aussagen basieren auf aktuellen Einschätzungen und sind naturgemäß mit Risiken und Unsicherheiten behaftet. Die tatsächlich eintretenden Ergebnisse können von den hier formulierten Aussagen abweichen."[39]

59 Der **Prognosezeitraum** soll, im Einklang mit dem früheren DRS 15.86, einen überschaubaren Zeitraum von etwa zwei Jahren beinhalten. Ein einjähriger Prognosezeitraum erscheint zu kurz bemessen, da bei Veröffentlichung des Lageberichts regelmäßig bereits mehrere Monate des Folgejahrs vergangen sind. Gleichwohl wurde der geforderte Prognosezeitraum durch DRS 20.127 auf mindestens ein Jahr, gerechnet vom Abschlussstichtag, verkürzt. Längere Zeiträume (bspw. drei bis fünf Jahre) dürften eine zu geringe Prognosegüte aufweisen. Jedoch sind absehbare Sondereinflüsse nach dem Prognosehorizont dazustellen und zu analysieren (DRS 20.127).

> **Beispiel**
> E-DRS 27 enthielt folgendes Beispiel für eine KLB-Darstellung von Sondereinflüssen nach dem Prognosehorizont:
> „Im Konzernlagebericht für das Berichtsjahr X1 prognostiziert Unternehmen F für das Geschäftsjahr X2 einen leicht steigenden Umsatz. Für das folgende Jahr X3 ist jedoch aufgrund eines großen Sportereignisses, das alle vier Jahre stattfindet, mit einer hohen Umsatzsteigerung im Vergleich zu X2 zu rechnen. Unternehmen F stellt die Auswirkungen dieses absehbaren Sondereinflusses dar, auch wenn es jenseits des einjährigen Prognosehorizonts liegt."[40]

60 Zur **Prognosegenauigkeit** forderte DRS 15.88, dass die Prognosen mindestens als positiver oder negativer Trend zu beschreiben sind, während DRS 20.129 auch Aussagen zur Intensität (Stärke des Trends, etwa stark, erheblich, geringfügig, leicht) fordert.

61 Ist die Prognosefähigkeit wesentlich beeinträchtigt und die zukünftige Entwicklung aufgrund besonderer Umstände hochgradig unsicher, kann die Darstellung verschiedener Zukunftsszenarien unter Angabe der Annahmen ausreichen, wobei die wichtigsten zur internen Steuerung verwendeten finanziellen und nichtfinanziellen Leistungsindikatoren aufzuzeigen sind (DRS 20.133).

---

[39] *Audi AG*, Geschäftsbericht 2010, S. 183.
[40] E-DRS 27.A.3.6 – Beispiele wurden nicht in den DRS 20 übernommen.

> **Beispiel**
> E-DRS 27 enthielt folgendes Beispiel für eine Angabe von Zukunftsszenarien bei außergewöhnlich hoher Unsicherheit:
> „Aufgrund einer globalen Wirtschaftskrise herrscht außergewöhnlich hohe Unsicherheit über die weitere gesamtwirtschaftliche Entwicklung. Die Fähigkeit von Unternehmen G, den Geschäftsverlauf im nächsten Jahr zu prognostizieren, ist daher in erheblichem Maße beeinträchtigt. Unternehmen G stellt deshalb zwei Zukunftsszenarien unter Angabe ihrer wesentlichen Annahmen dar. Szenario 1 geht von einem weiteren Rückgang des Bruttoinlandsprodukts aus, Szenario 2 unterstellt eine Stagnation auf dem Niveau des Berichtsjahres. Für beide Szenarien berichtet Unternehmen G die voraussichtliche Entwicklung von Umsatz und EBIT als wichtigste interne Steuerungsgrößen. Bei Szenario 1 erwartet Unternehmen G einen Rückgang von Umsatz und EBIT, bei Szenario 2 einen Umsatz und ein EBIT auf dem Niveau des Berichtsjahres. Eine Aussage zu den Eintrittswahrscheinlichkeiten der dargestellten Szenarien macht Unternehmen G aufgrund der außergewöhnlich hohen Unsicherheit nicht."[41]

Über **Geschäfts- und Betriebsgeheimnisse** sowie über Sachverhalte, deren Veröffentlichung der Ges. Schaden zufügen würde, ist grds. nicht zu berichten. Sofern mit derartigen Sachverhalten jedoch **wesentliche Risiken** verbunden sind, ist auf diese Sachverhalte auch dann einzugehen, wenn ihre Offenlegung schädlich oder bestandsgefährdend für die Ges. sein könnte. Dies ist insb. bei Ges. in der **Unternehmenskrise** relevant. Die durch die Offenlegung eintretende potenzielle Schadenswirkung kann nur dadurch abgeschwächt oder vermieden werden, dass zugleich über **durchgeführte oder eingeleitete Maßnahmen zur Krisenbewältigung** (bzw. Risikoabwehr) berichtet wird.[42]

Der Einbezug wesentlicher Chancen in den Lagebericht bringt zugleich nicht unerhebliche Auswirkungen auf die handelsrechtliche **Abschlussprüfung** mit sich, die sich weiter nach § 316 HGB auf Jahresabschluss und Lagebericht bezieht: Gem. § 317 Abs. 2 Satz 2 HGB ist neben der zutreffenden Darstellung der Risiken nun auch die zutreffende Darstellung der Chancen der künftigen Entwicklung im Lagebericht zu prüfen. Im Bestätigungsvermerk des AP ist nach § 322 Abs. 6 Satz 2 HGB auch darauf einzugehen, „ob die Chancen und Risiken der entsprechenden Entwicklung zutreffend dargestellt sind". Es wird in der Literatur bezweifelt, ob der AP hierfür eine eigene Chancenanalyse erbringen kann, sodass sich seine Tätigkeit auf eine Untersuchung der zugrunde liegenden Annahmen auf Plausibilität, Vollständigkeit und Widerspruchsfreiheit beschränkt.[43] Durch die Vorschriften des BilReG rückt nun noch stärker die Frage in den Vordergrund, inwieweit das **Controlling** Objekt der handelsrechtlichen Abschlussprüfung ist.[44]

---

[41] E-DRS 27.A.3.7 – Beispiele wurden nicht in den DRS 20 übernommen.
[42] Vgl. *Dörner/Bischof*, 1999, S. 449.
[43] Vgl. *Küting/Hütten*, 2000, S. 426; *Freidank/Steinmeyer*, 2005, S. 2516; IDW PS 350, Tz. 10.
[44] Vgl. *Paetzmann*, 2005, S. 270.

64 > **Beispiel**
> Den expliziten Einbezug von Chancen in den Risikobericht zeigt das Beispiel des Lageberichts 2010 der Beiersdorf AG:
> „Risikobericht – Integriertes Risiko- und Chancenmanagement
> Unternehmerischer Erfolg erfordert das bewusste Eingehen von Risiken. Das Risikomanagement unterstützt uns, die mit der strategischen Ausrichtung verbundenen Risiken zu bewältigen und strategische Potenziale optimal auszuschöpfen. Durch einen regelmäßigen Strategieabgleich sorgen wir dafür, dass Chancen und Risiken in einem sinnvollen Verhältnis zueinanderstehen. Wir gehen Risiken nur dann ein, wenn ihnen die Chance auf eine angemessene Wertsteigerung entgegensteht und sie mit anerkannten Methoden und Maßnahmen innerhalb unserer Organisation handhabbar sind.
> Das Risikomanagement ist ein integraler Bestandteil der zentralen sowie dezentralen Planungs-, Steuerungs- und Kontrollprozesse und folgt konzerneinheitlichen Standards. Eine offene Kommunikation, die periodisch vorgenommene Risikoinventur sowie das Planungs- und Steuerungssystem schaffen Transparenz über unsere Risikosituation. Das Risikomanagement wird in der Konzernzentrale koordiniert. ..."[45]

65 Insgesamt hat die deutsche Gesetzgebung mit dem BilReG eine Besonderheit verankert, indem – über die in der EU-Modernisierungsrichtlinie geforderte Beschreibung der wesentlichen Risiken und Ungewissheiten hinaus – die Berichterstattung über wesentliche Chancen und Risiken im Lagebericht festgeschrieben wurde.[46] So wird eine zukunftsorientierte Lageberichterstattung ermöglicht, die auf einem unternehmerischen Chancen-/Risikomanagement (Enterprise Risk Management) fußt und auch das Management strategischer Marktchancen und -risiken integrieren kann.[47]

66 Infolge des BilRUG ist die Pflicht entfallen, als Teil der Lageberichterstattung über Ereignisse von besonderer Bedeutung nach dem Schluss des Gj zu berichten (so genannter Nachtragsbericht als Teil des Lageberichts), da diese Angaben nun stattdessen in den Anhang aufzunehmen sind. Jedoch verbleibt eine Pflicht, im Prognosebericht über Ereignisse nach dem Schluss des Geschäftsjahres zu berichten, soweit diese Ereignisse für das Verständnis der Prognosen von wesentlicher Bedeutung sind (DRS 20.B30 i.d.F. DRÄS 6). Weiterhin kann im Lagebericht auf die entsprechenden Anhangangaben verwiesen werden, sofern derartige Ereignisse Auswirkungen auf den Geschäftsverlauf und die Lage sowie zukünftige Entwicklungen haben. Beim Fehlen derartiger Ereignisse kann eine entsprechende Negativerklärung abgegeben werden (DRS 20.114 i.d.F. DRÄS 6).

67 Die spezifischen Anforderungen an den Prognose- und Risikobericht von **Kredit- und Finanzdienstleistungsinstituten** sowie **Versicherungen** (insb. mit spezifischen Risikokategorien) waren bislang in den DRS 5–10 und DRS 5–20 beschrieben. In DRS 20 sind diese nun als Anlagen 1 und 2 in diesem Standard integriert.

---

[45] *Beiersdorf AG*, Jahresabschluss und Lagebericht zum 31.12.2010, S. 36.
[46] Vgl. *Böcking/Dutzi/Gros*, in *Baetge/Kirsch/Thiele*, Bilanzrecht, § 289 HGB, Rz 102 Stand 12/2012.
[47] Vgl. *Paetzmann*, 2005, S. 270f.

3.5 Lageberichtseid (Abs. 1 Satz 5)

Durch das Einfügen eines neuen Abs. 1 Satz 5 transformierte der deutsche Gesetzgeber den Art. 4 Abs. 2 EU-Transparenzrichtlinie[48] in deutsches Recht. Gemeinsam mit dem neu eingefügten § 264 Abs. 2 Satz 3 HGB soll diese Vorschrift einen Beitrag dazu leisten, dass Adressaten der Berichterstattung zuverlässige und umfassende Informationen über die Wertpapieremittenten am KM erhalten. Art. 4 der EU-Transparenzrichtlinie sieht hierzu die Veröffentlichung eines sog. **Jahresfinanzberichts**, bestehend aus Jahresabschluss und Lagebericht, vor, dessen Inhalte durch Erklärungen seitens der gesetzlichen Vertreter zu bestätigen sind. Ergänzt wird dieser Jahresfinanzbericht durch einen **Halbjahresfinanzbericht** (aus verkürztem Jahresabschluss und Zwischenlagebericht), der nach Art. 5 Abs. 2c Transparenzrichtlinie ebenfalls Gegenstand derartiger Erklärungen ist.

Hiermit orientierte sich der europäische Gesetzgeber am US-amerikanischen **Sarbanes-Oxley Act**, der in Section 302 und 906 Gesellschaften verpflichtet, die Richtigkeit und Vollständigkeit der bei der Securities and Exchange Commission (SEC) eingereichten Berichte gesondert zu bestätigen. Der durch Chief Executive Officer (CEO) und Chief Financial Officer (CFO) zu unterzeichnende „Bilanzeid" schließt auch eine Bestätigung ein, dass ordnungsmäßige und wirksame interne Kontrollmechanismen („**internal controls**") bestehen.

Die deutsche Umsetzung der EU-Transparenzrichtlinie durch das **TUG**[49] entspricht mit Blick auf die abzugebende Erklärung weitgehend dem US-amerikanischen Vorbild. Als wesentlicher Unterschied wurde jedoch die Erklärung zu den internen Kontrollen nicht übernommen.[50] In diesem Zusammenhang ist gleichwohl auf die zeitlich nachlaufenden Umsetzungen von Änderungen der 4. RL (in nationales Recht umzusetzen bis 5.9.2008) durch das **BilMoG** hinzuweisen, die einen neuen Abs. 5 (seit dem CSR-Richtlinie-Umsetzungsgesetz nun Abs. 4) einfügen, nach dem im Lagebericht die wesentlichen Merkmale des internen Kontroll- und des Risikomanagementsystems im Hinblick auf den Rechnungslegungsprozess zu beschreiben sind. Dadurch sind die Unterschiede zu den US-amerikanischen Regelungen zumindest reduziert worden.

Die nach Abs. 1 Satz 5 abzugebende Erklärung bezieht sich allein auf den Inhalt des Lageberichts. Da u. a. die Angaben des Lageberichts überwiegend qualitativen (und nicht quantitativen) Charakter besitzen und bei Nichtabgabe der Erklärung keine besonderen Sanktionen drohen (Ordnungswidrigkeit, die mit einer Geldbuße von bis zu 50.000 EUR geahndet werden kann), wird die rechtliche Bedeutung des **Lageberichtseids** im Schrifttum bereits als gering bezeichnet.[51] Auch handelt es sich beim Lageberichtseid im rechtlichen Sinne nicht um eine eidesgleiche Bekräftigung oder eidesstattliche Erklärung.

Zur Abgabe einer Erklärung i. S. d. Abs. 1 Satz 5 sind die Mitglieder des vertretungsberechtigten Organs jener KapG verpflichtet, die **Inlandsemittenten**

---

[48] Vgl. Richtlinie 2004/109/EG des Europäischen Parlaments und Rates vom 15.12.2004 zur Harmonisierung der Transparenzanforderungen in Bezug auf Informationen über Emittenten, deren Wertpapiere zum Handel auf einem geregelten Markt zugelassen sind, und zur Änderung der Richtlinie 2001/34/EG, Abl. EU Nr. L 390, S. 38 ff.
[49] Vgl. Transparenzrichtlinie-Umsetzungsgesetz v. 5.1.2007, BGBl 2007 I S. 10 ff.
[50] Vgl. *Böcking/Dutzi/Gros*, in *Baetge/Kirsch/Thiele*, Bilanzrecht, § 289 HGB, Rz 133 Stand 12/2012.
[51] Vgl. *Reiner*, in MünchKomm. HGB, 3. Aufl., § 264 HGB, Rn 98; *Böcking/Dutzi/Gros*, in *Baetge/Kirsch/Thiele*, Bilanzrecht, § 289 HGB, Rz 134 Stand 12/2012.

nach § 2 Abs. 7 WpHG sind (alle Emittenten, für die Deutschland der Herkunftsstaat oder deren Herkunftsstaat ein anderer EU- oder EWR-Mitgliedstaat ist und die ihre Wertpapiere nur im Inland zum Handel an einem organisierten Markt zugelassen haben) und die keine KapG nach § 327a HGB sind.

73 Der nach dem (deutschen) Grundsatz der Gesamtverantwortung durch sämtliche (mit Bezug auf die Unterschriftspflichtigen geht Abs. 1 Satz 5 also über die US-amerikanischen Regelungen hinaus) gesetzlichen Vertreter abzugebende Lageberichtseid bezieht sich auf die Lageberichterstattung. Es ist zu versichern, dass der **Geschäftsverlauf einschließlich des Geschäftsergebnisses** und die **Lage** der KapG so dargestellt sind, dass der Lagebericht ein den tatsächlichen Verhältnissen entsprechendes Bild vermittelt. Die gewählte Formulierung entspricht weitgehend dem Gesetzeswortlaut des Abs. 1 Satz 1. Weiterhin ist zu versichern, dass die **wesentlichen Chancen und Risiken** i. S. d. Abs. 1 Satz 4 beschrieben sind (nach dem TUG zugrunde liegenden Art. 4 Abs. 2c EU-Transparenzrichtlinie sind nur die „wesentlichen Risiken und Ungewissheiten" zu beschreiben, was im Vergleich zu Abs. 1 Satz 4 inkonsistent erscheint).

74 Die abzugebende Versicherung der Mitglieder des vertretungsberechtigten Organs hat nach bestem Wissen zu erfolgen. Durch diesen im Gesetz – anders als zunächst im TUG-Regierungsentwurf – verankerten **Wissensvorbehalt** ist klargestellt, dass es auf den subjektiven Kenntnisstand ankommt, sodass nur vorsätzliches (und nicht auch fahrlässiges) Handeln bezogen auf die Richtigkeit der Angaben rechtliche Folgen auslösen kann. Zugleich gelten jedoch die **Sorgfaltspflichten** der gesetzlichen Vertreter („Sorgfalt eines ordentlichen und gewissenhaften Geschäftsleiters", vgl. u. a. § 93 Abs. 1 Satz 1 AktG), sodass vorhandenes Wissen allein nicht vollständig genügt, um eine richtige Erklärung zum Inhalt des Lageberichts abzugeben.[52] Vielmehr haben sich die Mitglieder des vertretungsberechtigten Organs nach besten Kräften um einen optimalen Wissensstand zu bemühen, um unrichtige Angaben in der Erklärung zum Lageberichtsinhalt zu vermeiden.

75 Insbesondere mit Blick auf die Versicherung hinsichtlich der Darstellung aller wesentlichen Chancen und Risiken im Lagebericht ist daher ein funktions- und leistungsfähiges **internes Überwachungssystem** eine conditio sine qua non. Das folgende Schaubild zeigt die Komponenten des unternehmerischen Überwachungssystems, bestehend aus internen und externen Überwachungskomponenten. Im Kern des internen Überwachungssystems befindet sich das (Chancen- und) Risikomanagement, eingebettet in die Komponenten organisatorische Sicherungsmaßnahmen, Controlling und interne Revision.

---

[52] Vgl. *Böcking/Dutzi/Gros*, in *Baetge/Kirsch/Thiele*, Bilanzrecht, § 289 HGB, Rz 141 f. Stand 12/2012.

Inhalt des Lageberichts § 289

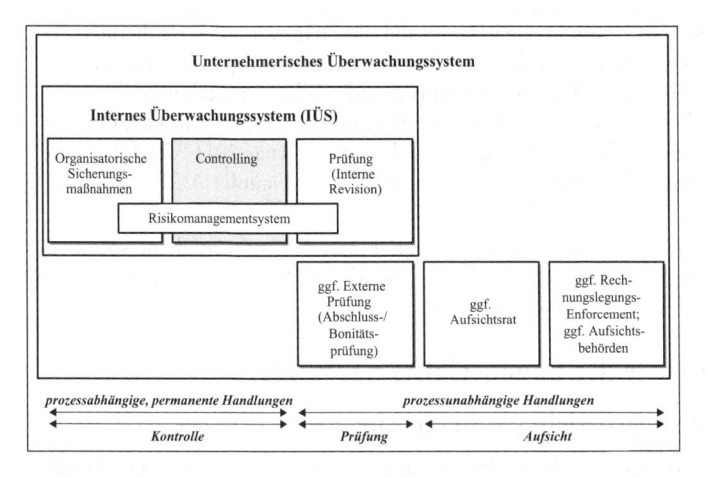

```
┌─────────────────────────────────────────────────────────────────┐
│                Unternehmerisches Überwachungssystem             │
│  ┌───────────────────────────────────────────────────────────┐  │
│  │           Internes Überwachungssystem (IÜS)               │  │
│  │  ┌──────────────┐ ┌────────────┐ ┌──────────────┐         │  │
│  │  │Organisatorische│ │Controlling │ │Prüfung       │         │  │
│  │  │Sicherungs-    │ │            │ │(Interne      │         │  │
│  │  │maßnahmen      │ │            │ │Revision)     │         │  │
│  │  └──────────────┘ └────────────┘ └──────────────┘         │  │
│  │       ┌────────────────────────┐                          │  │
│  │       │ Risikomanagementsystem │                          │  │
│  │       └────────────────────────┘                          │  │
│  └───────────────────────────────────────────────────────────┘  │
│                                                                 │
│   ┌──────────────┐     ┌──────────┐     ┌──────────────┐        │
│   │ggf. Externe  │     │ggf.      │     │ggf. Rech-    │        │
│   │Prüfung       │     │Aufsichtsrat│   │nungslegungs- │        │
│   │(Abschluss-/  │     │          │     │Enforcement;  │        │
│   │Bonitäts-     │     │          │     │ggf. Aufsichts-│       │
│   │prüfung)      │     │          │     │behörden      │        │
│   └──────────────┘     └──────────┘     └──────────────┘        │
│                                                                 │
│  ◄── prozessabhängige, permanente Handlungen ──►  ◄── prozessunabhängige Handlungen ──► │
│  ◄─── Kontrolle ───►      ◄─── Prüfung ───►    ◄─── Aufsicht ───►│
└─────────────────────────────────────────────────────────────────┘
```

Abb. 1: Risikomanagement im internen Überwachungssystem[53]

Hinsichtlich Form und Ort des Lageberichtseids macht Abs. 1 Satz 5 (wie auch § 264 Abs. 2 Satz 3 HGB) keine Vorgabe. Der Lageberichtseid hat schriftlich zu erfolgen und eine Kombination mit dem Bilanzeid des § 264 Abs. 2 Satz 3 HGB in einer **kombinierten Erklärung** erscheint praktisch geboten.[54] Gegen eine kombinierte Erklärung spricht hingegen u.a., dass der Lageberichtseid im Vergleich zum Bilanzeid umfassendere Aussagen enthält und es sich bei Jahresabschluss und Lagebericht um zwei getrennte Rechnungslegungsinstrumente handelt.[55] 76

Anders als bei anderen Berichtselementen des Lageberichts sagt das Gesetz nichts darüber aus, ob der Lageberichtseid im Lagebericht zu erbringen ist. Aus § 37v Abs. 2 sowie § 37w Abs. 2 WpHG kann ebenfalls geschlossen werden, dass die Erklärungen nicht notwendigerweise in den einzelnen Rechnungslegungsinstrumenten, sondern **im Jahres- bzw. Halbjahresfinanzbericht** insgesamt enthalten sein müssen. Der DSR plädiert für eine kombinierte Erklärung von Bilanz- und Lageberichtseid und schlägt in DRS 16.56, eine Formulierung für eine „**Versicherung der Mitglieder des vertretungsberechtigten Organs**" vor (das folgende Beispiel lehnt sich an diesen Vorschlag an). 77

> **Beispiel**
> Kombinierte Erklärung der Vorstandsmitglieder der Daimler AG zum Jahresabschluss und Lagebericht 2010:
> „Wir versichern nach bestem Wissen, dass gem. den anzuwendenden Rechnungslegungsgrundsätzen der Konzernabschluss ein den tatsächlichen Verhältnissen entsprechendes Bild der Vermögens-, Finanz- und Ertragslage des Konzerns vermittelt und im Konzernlagebericht, der mit dem Lagebericht

---

[53] Vgl. *Paetzmann*, 2005, S. 278; *Paetzmann*, 2012, S. 92.
[54] Vgl. *Reiner*, in MünchKomm. HGB, 3. Aufl., § 264, Rn 102.
[55] Vgl. *Winkeljohann/Schellhorn*, in Beck Bil-Komm., 10. Aufl., 2016, § 264 HGB, Rz 16; *Böcking/Dutzi/Gros*, in Baetge/Kirsch/Thiele, Bilanzrecht, § 289 HGB, Rz 146 Stand 12/2012.

> der Daimler AG zusammengefasst ist, der Geschäftsverlauf einschließlich des Geschäftsergebnisses und die Lage des Konzerns so dargestellt sind, dass ein den tatsächlichen Verhältnissen entsprechendes Bild vermittelt wird sowie die wesentlichen Chancen und Risiken der voraussichtlichen Entwicklung des Konzerns beschrieben sind. Stuttgart, den 28. Februar 2011" [es folgen die Unterschriften der sieben Vorstandsmitglieder der Daimler AG][56]

78 Ein separater Lageberichtseid nach Abs. 1 Satz 5 kann entfallen, sofern der Lagebericht nach § 315 Abs. 5 i.V.m. § 298 Abs. 3 HGB mit dem Konzernlagebericht zusammengefasst wird (§ 315 Rz 91).[57]

4 Elemente des Lageberichts nach Abs. 2

4.1 Nachtragsbericht (früherer Abs. 2 Satz 1 Nr. 1)

79 Der frühere Bericht über besondere Vorgänge nach Abschluss des Gj im Lagebericht (Nachtragsbericht) ist infolge des BilRUG (2015) entfallen, da diese Angaben zukünftig im Anhang (§ 285 Nr. 33 HGB) zu machen sind. Hintergrund ist europäisches Recht. Anders als der frühere Art. 46 Abs. 2 Buchst. a der RL 78/660/EWG verlangt Art. 17 Abs. 1 Buchst. q der RL 2013/34/EU statt einer Angabe im Lagebericht nun eine Anhangangabe zur Art und finanziellen Auswirkung wesentlicher Ereignisse nach dem Bilanzstichtag, die weder in der Bilanz noch in der GuV berücksichtigt sind. Hierdurch hat sich auch die Nummerierung geändert: Die früheren Nummern 2–5 wurden die Nummern 1–4, wobei Nr. 4 inzwischen in § 289a Abs. 2 HGB verschoben wurde.

4.2 Berichterstattung über Finanzinstrumente (Abs. 2 Satz 1 Nr. 1a und b)

80 Abs. 2 Nr. 1a und b der Vorschrift gehen zurück auf das BilReG, das die Vorschriften des Art. 46 Abs. 2f der Bilanzrichtlinie i.d.F.d. Fair-Value-RL bez. der **Risikoberichterstattung über Finanzinstrumente** in deutsches Recht transformierte. Zweck der neuen Nr. 1a und b war es, den Informationsgehalt von Lageberichten und die Vergleichbarkeit zu verbessern.

81 Abs. 2 Nr. 1a und b schreiben vor, dass mit Blick auf die Verwendung von Finanzinstrumenten auf
- die Risikomanagementziele und -methoden (Nr. 1a) sowie
- die Preisänderungs-, Ausfall- und Liquiditätsrisiken sowie die Risiken aus Zahlungsstromschwankungen (Nr. 2b)

einzugehen ist, sofern dies für die Beurteilung der Lage oder der voraussichtlichen Entwicklung von Belang ist. Abs. 2 Satz 1 Nr. 1a und b beziehen sich auf Risiken aus Finanzinstrumenten, nicht aber auf andere Risiken.

Die Berichtsinhalte orientieren sich weitgehend an den **IFRS-Regelungen** zu Finanzinstrumenten (IAS 32 bzw. IFRS 7). Wählt eine Ges. nach § 325a Abs. 2a

---

[56] *Daimler AG*, Geschäftsbericht 2010, S. 170.
[57] Vgl. *Böcking/Dutzi/Gros*, in *Baetge/Kirsch/Thiele*, Bilanzrecht, § 289 HGB, Rz 149, Stand 12/2012.

HGB die Offenlegung eines IFRS-Jahresabschlusses anstelle eines nach HGB erstellten Jahresabschlusses, entfällt die Berichterstattungspflicht nach Abs. 2 Satz 1 Nr. 1a und b, da nach IFRS entsprechende Angaben zu machen sind.
Das HGB macht keine Vorgaben hinsichtlich der Form der Darstellung. Das 82 „Eingehen" bedeutet, dass eine **verbale** Darstellung ausreichend ist. Vergleiche mit Vorjahres-Angaben sind nicht erforderlich. Der Umfang der Berichterstattung ist grds. abhängig von der Risikoposition der Gesellschaft. Die Berichterstattung kann in einem gesonderten Abschnitt des Lageberichts oder innerhalb des Risikoberichts erfolgen.
Das HGB wie auch die zugrunde liegende EU-RL definieren den Begriff „**Finanzinstrument**" nicht. Unter Finanzinstrumenten werden Vermögensgegenstände und Schulden verstanden, die auf vertraglicher Basis zu Geldzahlungen oder zum Zu- oder Abgang anderer Finanzinstrumente führen. Zu den berichterstattungspflichtigen Finanzinstrumenten gehören zum Bilanzstichtag verwendete Finanzanlagen, Wertpapiere, Derivate, Darlehensverbindlichkeiten, darüber hinaus ebenso Forderungen und Verbindlichkeiten aus L&L.[58] Unerheblich ist, ob sie in der Bilanz erfasst sind oder nicht. Schwebende Geschäfte sind zu berücksichtigen. Unklar ist, wie für den eigenen Bedarf abgeschlossene Warentermingeschäfte zu behandeln sind, da sich hier das HGB und die zugrunde liegende Bilanzrichtlinie i. d. F. d. Fair-Value-RL widersprechen.

Die Berichterstattung unterliegt dem **Grundsatz der Wesentlichkeit**, indem sie 83 nur zu erfolgen hat, sofern die Finanzinstrumente für die Beurteilung der Lage oder der voraussichtlichen Entwicklung von Belang sind. Es ist demnach bspw. zu berichten, wenn wesentliche mit Finanzinstrumenten einhergehende Risiken erst in einem zweijährigen Prognosezeitraum erwartet werden, für die Beurteilung der Lage zum Abschlussstichtag aber noch nicht von Belang sind. Das Kriterium der Wesentlichkeit wird an der Vermögens-, Finanz- und Ertragslage oder der voraussichtlichen Entwicklung der Ges. festgemacht (eines der Merkmale reicht aus).

Die Vorschrift des Abs. 2 Satz 1 Nr. 1a bezieht sich auf die Risikomanagementziele 84 und -methoden in Bezug auf Finanzinstrumente, nicht auf das Risikomanagement des gesamten Unt (und aller seiner Ziele und Methoden). Bei der Berichterstattung reichen pauschale Hinweise auf ein existierendes Risikomanagementsystem nicht aus. Finanzinstrumente mit ähnlichen Merkmalen können in der Darstellung zusammengefasst werden. Die Erläuterungen zu den **Zielen des Risikomanagements** sollen insb. eingehen auf:
- die Grundeinstellung der Geschäftsführung zu Risiken (Risikoneigung) beim Einsatz von Finanzinstrumenten und dabei auf
- das Ziel der vollständigen Erfassung aller Risiken und
- die Bestimmung von Wesentlichkeitsgrenzen.

Zu den **Methoden des Risikomanagements** in Bezug auf Finanzinstrumente 85 sind insb. zu erläutern:
- das Vorgehen der aktiven Beeinflussung der mit Finanzinstrumenten verbundenen Risiken sowie
- die Angaben zum Verzicht risikobehafteter Finanzinstrumente

---

[58] Vgl. IDW RH HFA 1.005, Anm 32.

- zur Vermeidung unangemessener Risikokonzentrationen,
- zur Überwälzung von Risiken auf Dritte und
- zu verbleibenden Restrisiken.

86 Zu den Risikomanagementmethoden gehören auch die Methoden der **Absicherung** aller wichtigen Arten von Transaktionen, die bei der Bilanzierung von Sicherungsgeschäften erfasst werden, insb. Hedging. Dies betrifft neben den verwendeten zugrunde liegenden Systematiken auch Art und Kategorie der eingesetzten Sicherungsgeschäfte. Anzugeben ist, welche Finanzinstrumente bzw. Derivate zur Absicherung wesentlicher Risiken eingesetzt wurden.

87 Die Vorschrift des Abs. 2 Satz 1 Nr. 1b bezieht sich nach dem Gesetzeswortlaut auf die Verwendung von Finanzinstrumenten in Bezug auf die vier Risikokategorien:[59]
- Preisänderungsrisiken (Währungs-, Zins-, Marktrisiken),
- Ausfallrisiken (Kreditrisiken),
- Liquiditätsrisiken,
- Risiken aus Zahlungsstromschwankungen (Cashflow-Risiken).

88 Art und Ausmaß dieser Risiken sind im Einzelnen zu erläutern, sofern sie mit Finanzinstrumenten – unabhängig von deren Bilanzierung – im Zusammenhang stehen.

89 Grundsätzlich ist aus der wörtlichen Übereinstimmung dieser Vorschrift bzw. des transformierten Art. 1 Nr. 4 der Fair-Value-RL mit IAS 32.43 a–d (rev 2000) in Verbindung mit dem Ziel des BilReG, die Vergleichbarkeit des deutschen Bilanzrechts mit internationalen Rechnungslegungsstandards zu verbessern, zu schließen, dass sich ihre Auslegung an den IFRS-Offenlegungsregeln hierzu zu orientieren hat.

4.3 Forschung- und Entwicklungsbericht (Abs. 2 Satz 1 Nr. 2)

90 Zweck dieser Vorschrift ist es, dem Lageberichtsadressaten weitere Informationen zur Beurteilung der Zukunftsaussichten und somit zur Lage der Ges. zu geben. Insbesondere bei forschungsintensiven Branchen (bspw. Pharma, Chemie, Luft- und Raumfahrt, Informationstechnologie) kann der Aussagewert der Lageberichterstattung durch diese Vorschrift deutlich erhöht werden. Zugleich erwachsen aus der **Branchenzugehörigkeit** einer Ges. Erwartungen, woraus Berichterstattungspflichten folgen können:
- Wird keine F&E-Tätigkeit betrieben und ist diese auch nicht branchenüblich, kann eine Berichterstattung darüber unterbleiben.
- Betreibt eine Ges. keine F&E-Tätigkeiten, obwohl diese aus der Branchenzugehörigkeit oder der Art der Produkte zu erwarten sind, sind hingegen hierzu Ausführungen im Rahmen der Lagedarstellung nach Abs. 1 erforderlich.

91 Für Dritte durchgeführte F&E-Tätigkeiten fallen nicht unter die Vorschrift des Abs. 2 Satz 1 Nr. 2.

92 Zu Art und Umfang der Berichterstattung besagt das Gesetz nichts Näheres, sodass es der Ges. überlassen bleibt, Erläuterungen zu geben bspw. hinsichtlich:

---

[59] Vgl. IDW RH HFA 1.005, Anm 36.

- der F&E-Ziele,
- der F&E-Felder,
- der Budgethöhe oder des Geschäftsjahresaufwands,
- der Zahl der engagierten Mitarbeiter,
- der Anzahl der Patentanmeldungen,
- der zukünftig beabsichtigten Investitionen.

Wesentliche Veränderungen der F&E-Aktivitäten gegenüber dem Vorjahr sind zu erläutern. Über **Geschäfts- und Betriebsgeheimnisse** ist nicht oder nicht detailliert zu berichten. Im Übrigen hat eine Berichterstattung zu unterbleiben, soweit es das Wohl der Bundesrepublik Deutschland oder eines ihrer Länder erfordert.

93

> **Beispiel**
> Dem Lagebericht 2007 der Körber AG ist entnommen:
> Forschung und Entwicklung – Innovationsquote bleibt überdurchschnittlich: Die Aufwendungen für Forschung und Entwicklung blieben auch im Geschäftsjahr 2007 überdurchschnittlich hoch.
> Zur Stärkung der technologischen Spitzenposition in seinen jeweiligen Sparten wandte der Körber-Konzern im Geschäftsjahr 2007 insgesamt 86 Mio. EUR oder 5,4 % vom Konzernumsatz auf. Damit liegt die F&E-Quote weiterhin deutlich über dem Branchendurchschnitt. Im abgelaufenen Geschäftsjahr wurden neue Produkte und Prozesse entwickelt, die unseren Kunden weltweit wirtschaftliche und technologische Wettbewerbsvorteile verschaffen.
> Die Sparte Tabak setzte mit der Entwicklung der Produktlinie PROTOS-M neue Maßstäbe. Die neu entwickelte Produktgeneration erzielte neue Höchstleistungen im Langzeittest und zeichnet sich gleichzeitig durch eine erhöhte Produktflexibilität aus. Durch weitere Innovationen konnten der Automatisierungsgrad erhöht und die Qualität der Zigaretten noch weiter verbessert werden. ...
> Im Geschäftsbereich Pharma-Verpackungssysteme wurde bei Dividella die Verpackungslinie NeoTOP 804 um die Funktion „Triple Mode" erweitert, die bei steigender Produktivität eine erhöhte Produktionsflexibilität gewährleistet. Bei MediSeal wurden die Late-Stage-Customization-Komponenten erweitert. Die Komponenten erhöhen bei steigender Flexibilität die Maschinenauslastung auch bei kleinen Losgrößen.[60]

4.4 Zweigniederlassungsbericht (Abs. 2 Satz 1 Nr. 3)

Im Lagebericht sind Angaben zu den **in- und ausländischen Zweigniederlassungen** der Ges. zu machen. Als Zweigniederlassung angesehen wird „ein auf Dauer angelegter, räumlich und organisatorisch von der Hauptniederlassung getrennter Unternehmensteil ohne eigene Rechtspersönlichkeit, der im Außenverhältnis selbstständig handelt und im Innenverhältnis weisungsgebunden ist."[61] Das Gesetz sagt nichts über den erforderlichen **Umfang** der Berichterstattung hierüber aus. Dieser ist in Abhängigkeit von der **Bedeutung** der Zweignieder-

94

---

[60] *Körber AG*, Geschäftsbericht 2007, S. 48 f.
[61] DRS 20.11.

lassung für die Lage der Ges. zu wählen. Zumindest dürften bspw. Angaben notwendig sein über:[62]
- die örtliche Gelegenheit der Zweigniederlassung,
- wesentliche Veränderungen gegenüber dem Vj mit Blick auf Errichtung, Aufhebung und Sitzverlegung von Zweigniederlassungen,
- Firmierung von Zweigniederlassungen, die die Zugehörigkeit zum Stammhaus nicht mehr eindeutig erkennen lassen.

Weitergehende Anforderungen sind bspw.:[63]
- Umsätze des Gj,
- Vertriebsprogramme,
- Investitionsvorhaben,
- beschäftigte Mitarbeiter.

95 Bestehen mehrere Zweigniederlassungen, empfiehlt sich aus Gründen der Klarheit und Übersichtlichkeit die Darstellung mittels einer Tabelle. Bei zahlreichen Zweigniederlassungen können diese nach regionalen Gesichtspunkten zusammengefasst werden; eine detaillierte Darstellung sollte sich dann auf die wesentlichen Zweigniederlassungen konzentrieren.[64] Sofern die Ges. über keine Zweigniederlassung verfügt, entfällt die Angabe. Eine Fehlanzeige kann unterbleiben.[65]

4.5 Hinweis zum Bestand an eigenen Aktien (Abs. 2 Satz 2)

96 Sind im Anhang Angaben zum Bestand an eigenen Aktien der Ges. (nach § 160 Abs. 1 Nr. 2 AktG) zu machen, ist im Lagebericht darauf zu verweisen.

5 Darstellung und Erläuterung der bedeutsamsten nichtfinanziellen Leistungsindikatoren durch große Kapitalgesellschaften (Abs. 3)

97 Große KapG, wozu nach § 267 Abs. 3 Satz 2 HGB auch alle KM-orientierten Ges. zählen, haben auch **nichtfinanzielle Leistungsindikatoren** in die Analyse von Geschäftsverlauf und Lage der Ges. nach Abs. 1 Satz 2 einzubeziehen. Wie bei Abs. 1 Satz 3 geht es dem Gesetzgeber hier um die „bedeutsamsten" Leistungsindikatoren (hier nichtfinanzieller Art), die für die Geschäftstätigkeit des Unt von Bedeutung und für das Verständnis seines Geschäftsverlaufs und seiner Lage erforderlich sind.

98 Ziel einer Nutzung nichtfinanzieller Leistungsindikatoren soll sein, die Prognostizierbarkeit künftiger Erträge zu verbessern. Eine freiwillige weitergehende Berichterstattung über sonstige nichtfinanzielle Leistungsindikatoren ist nur dann zulässig, wenn sie den Informationsgehalt des Lageberichts steigert. Werden hingegen die Klarheit und Übersichtlichkeit der Analyse und die Konzentration auf das Wesentliche beeinträchtigt, hat eine weitergehende Berichterstattung zu unterbleiben.

---

[62] Vgl. IDW RS HFA 1 Tz 49 und Anlage, Abschn. D5.
[63] Vgl. *Grottel*, in Beck Bil-Komm., 10. Aufl., 2016, § 289 HGB, Rz 101.
[64] Vgl. *Baetge/Kirsch/Thiele*, Bilanzen, 2014, S. 804 f.; *Grottel*, in Beck Bil-Komm., 10. Aufl., 2016, § 289 HGB, Rz 101.
[65] Vgl. *Grottel*, in Beck Bil-Komm., 10. Aufl., 2016, § 289 HGB, Rz 102.

"Indikator" ist ein für das Verständnis der wirtschaftlichen Lage der Ges. notwendiger Einflussfaktor. Die Messbarkeit ist für den nichtfinanziellen Indikator nicht primär ausschlaggebend. Indikatoren sollten **Branchenbesonderheiten** Rechnung tragen und darüber Betriebsvergleiche mit anderen Branchenunternehmen ermöglichen. Die Analyse mittels nichtfinanzieller Indikatoren soll den **Bezug zur Darstellung der Vermögens-, Finanz- und Ertragslage** wahren.

Abs. 3 nennt als nichtfinanzielle Leistungsindikatoren beispielhaft (nicht abschließend) „Informationen über Umwelt- und Arbeitnehmerbelange". Abhängig vom Einzelfall ist zu entscheiden, welche Indikatoren für den Adressaten des Lageberichts von Bedeutung sind.

> **Beispiel**
> Beispiele bezogen auf **Umweltbelange** sind:[66]
> - Emissionswerte,
> - Energieverbrauch,
> - Durchführung eines Umwelt-Audits.

Für **Arbeitnehmerbelange** könnten etwa die folgenden nichtfinanziellen Leistungsindikatoren genutzt werden:

> **Beispiel**
> - Fluktuation,
> - Betriebszugehörigkeit,
> - Vergütungsstrukturen,
> - Ausbildungsstrukturen,
> - Fortbildungsmaßnahmen,
> - interne Förderungsmaßnahmen.

Mit Blick auf **strategische Marktchancen und -risiken** können etwa die folgenden nichtfinanziellen Indikatoren gewählt werden:[67]

> **Beispiel**
> - Marktwachstum und -anteile,
> - Entwicklung des Kundenstamms und der Kundenzufriedenheit,
> - Produkt- und Prozessqualität,
> - Anzahl und Entwicklung von Konkurrenzprodukten,
> - Abhängigkeiten von Kunden und Lieferanten (ABC-Analysen),
> - Position wichtiger Produkte im Produktlebenszyklus,
> - Anzahl Patentanmeldungen, Neuprodukte und Innovationen.

---

[66] Vgl. IDW RH HFA 1.007, Anm. 12.
[67] Vgl. *Paetzmann*, 2012, S. 177 ff.

6 Risikomanagement-Bericht durch kapitalmarktorientierte Kapitalgesellschaften (Abs. 4)

103 Das BilMoG sieht in Umsetzung von Art. 46a Abs. 1 Buchst. c der Bilanzrichtlinie i.d.F.d. Abänderungsrichtlinie in einem neuen Abs. 5 vor, dass sog. KM-orientierte KapG im Lagebericht in einem **Risikomanagement-Bericht** die wesentlichen Merkmale des internen Kontroll- und des Risikomanagementsystems im Hinblick auf den Rechnungslegungsprozess zu beschreiben haben.[68] Dies galt erstmals für Jahresabschlüsse für das nach dem 31.12.2008 beginnende Gj (Art. 66 Abs. 2 Satz 1 EGHGB).

104 Abs. 4 gilt nur für **kapitalmarktorientierte KapG** und ihnen gleichgestellte PersG (§ 264a HGB). Nach der neuen Legaldefinition des § 264d HGB sind dies Ges., die einen organisierten Markt i.S.d. § 2 Abs. 5 WpHG durch von ihnen ausgegebene Wertpapiere gem. § 2 Abs. 1 Satz 1 WpHG (Aktien oder vergleichbare Anlagewerte bzw. Zertifikate, die Aktien vertreten, Schuldtitel, etwa Inhaber- oder Orderschuldverschreibungen, Genuss- und Optionsscheine oder Zertifikate, die Schuldtitel vertreten) in Anspruch nehmen oder die Zulassung zum Handel an einem organisierten Markt beantragt haben.

105 Im Risikomanagement-Bericht sind die wesentlichen Merkmale des vorhandenen Risikomanagementsystems im Hinblick auf den Rechnungslegungsprozess zu erläutern, womit der **Fokus in zweierlei Hinsicht eingeschränkt** ist:
- zum einen bezieht sich der Bericht allein auf den **Rechnungslegungsprozess**,[69]
- zum anderen auf die **wesentlichen Merkmale** des Systems (während Art. 46a Abs. 1 Buchst. c der Bilanzrichtlinie i.d.F.d. Abänderungsrichtlinie von den „wichtigsten" Merkmalen sprach, hielt der deutsche Gesetzgeber am handelsrechtlich üblichen Begriff „wesentlich" fest).[70]

106 Umfang und Detailtiefe der Erläuterung hängen von den individuellen Gegebenheiten der Ges. ab, jedoch muss die Erläuterung den Rechnungslegungsadressaten eine Einsicht in das interne Kontroll- und Risikomanagementsystem in Bezug auf den Rechnungslegungsprozess ermöglichen. In der ursprünglichen Fassung des BilMoG-RegE war in Abs. 4 (damaliger Abs. 5) noch das „interne Kontroll- und interne Risikomanagementsystem" (in Bezug auf den Rechnungslegungsprozess) angesprochen. Die Streichung des zweiten Wortes „interne" erfolgte dann als redaktionelle Änderung.[71] Gemeint ist das **Interne Überwachungssystem (IÜS)** bzw. **Internal control system nach COSO** in Bezug auf den Rechnungslegungsprozess.[72] Hierunter fallen
- Grundsätze, Verfahren und Maßnahmen zur Sicherung der Wirksamkeit und Wirtschaftlichkeit der Rechnungslegung, zur Sicherung der Ordnungsmäßigkeit der Rechnungslegung sowie zur Sicherung der Einhaltung der maßgeb-

---

[68] Vgl. *Gelhausen/Fey/Kämpfer*, 2009, S. 433 ff.
[69] Vgl. *Strieder*, 2009, S. 1003.
[70] Vgl. BilMoG-BegrRegE, S. 76.
[71] Vgl. BilMoG-BegrRA, S. 14.
[72] Vgl. *Freidank*, 2012, S. 52 ff.; *Paetzmann*, 2012, S. 85 ff.

lichen Rechtsvorschriften (**organisatorische Sicherungsmaßnahmen und das Controlling**, sofern rechnungslegungsrelevant),
- das **interne Revisionssystem**, soweit es auf den Rechnungslegungsprozess ausgerichtet ist,
- das **Risikomanagementsystem** im Hinblick auf den Risikomanagementprozess, was dann Bedeutung erlangt, wenn die Ges. Risikoabsicherungen betreibt, die handelsbilanziell abgebildet werden.[73]

Das Gesetz spricht in Abs. 4 zusammenfassend vom Risikomanagementsystem, meint jedoch das IÜS. Der Risikomanagement-Bericht hat den **Prozess** (die Organisation) des Risikomanagementsystems (bzw. des IÜS) mit seinen wesentlichen Merkmalen zu erläutern, nicht die Risiken als solche. Hierdurch unterbleibt auch eine zu umfangreiche Offenlegung, die der Gesetzgeber mit Blick auf die berechtigten schutzwürdigen Geheimhaltungsinteressen der berichtspflichtigen Ges. unterlassen wollte. Die Berichtspflicht erschöpft sich in der **Systembeschreibung** und enthält keine eigenständige Würdigung. Damit übermittelt das Geschäftsführungsorgan an die Rechnungslegungsadressaten **keine Einschätzung über die Funktionsfähigkeit** des Risikomanagementsystems. Jedoch geht der Gesetzgeber davon aus, dass bereits die Beschreibung des internen Risikomanagementsystems im Hinblick auf den Rechnungslegungsprozess zu einer Auseinandersetzung mit dem System und seiner Effektivität auf Seiten der Geschäftsführungsorgane zwingt.[74]

107

Sofern die Ges. kein Risikomanagementsystem eingerichtet hat, ist dies zu berichten, jedoch nicht zwingend zu begründen. Abs. 4 enthält explizit keine Verpflichtung zur Einrichtung oder inhaltlichen Ausgestaltung eines internen Risikomanagementsystems mit Blick auf den Rechnungslegungsprozess.[75] Es bleibt vielmehr den geschäftsführenden Organen im Rahmen ihrer rechtsformspezifischen Leitungsautonomie überlassen, ein derartiges System einzurichten. Nur für die **Aktiengesellschaft** normiert § 91 Abs. 2 AktG eine Systemverantwortung des Vorstands, begrenzt auf die **Früherkennung** aller (nicht nur rechnungslegungsbezogenen) **bestandsgefährdenden Risiken**. Weder enthält Abs. 4 eine implizite Verpflichtung zur Einrichtung eines Risikomanagementsystems für alle KM-orientierten KapG noch eine Erweiterungsverpflichtung von einem Risikofrüherkennungs- hin zu einem umfassenderen Risikomanagementsystem. Faktisch ist jedoch nach dem Grundsatz „tue Gutes und rede darüber" zu erwarten, dass die Berichterstattungspflicht des Abs. 5 KM-orientierte KapG und ggf. auch andere KapG und KapCoGes veranlassen wird, ein derartiges System einzurichten, um darüber berichten zu können.[76]

108

Die Berichterstattung über das interne Risikomanagementsystem nach Abs. 4 erfolgt im Lagebericht. Dabei kann die Berichterstattung zusammen mit den Angaben nach Abs. 2 Nr. 1 zu einem **einheitlichen Risikobericht** zusammengefasst werden.[77] Anders als bei der ebenfalls durch das BilMoG eingefügten Erklärung zur Unternehmensführung (§ 289f HGB) besteht keine Option, den

109

---

[73] Vgl. BilMoG-BegrRegE, S. 76.
[74] Vgl. BilMoG-BegrRegE, S. 76.
[75] Vgl. BilMoG-BegrRegE, S. 76.
[76] Vgl. *Hommelhoff/Mattheus*, 2007, S. 2787; *Melcher/Mattheus*, 2008, S. 53.
[77] Vgl. BilMoG-BegrRegE, S. 76.

Risikomanagement-Bericht auf der Internetseite der Ges. zu veröffentlichen. Ferner ist der Risikomanagement-Bericht **Gegenstand der Lageberichtsprüfung durch den AP** nach § 317 Abs. 2 HGB.[78] Weiterhin ist in diesem Zusammenhang auf die Prüfung des Risikofrüherkennungssystems bei börsennotierten AG nach § 317 Abs. 4 HGB hinzuweisen.[79]

110 Die Prüfung kann sich neben der Einklangsprüfung nur auf die Frage erstrecken, ob die Erläuterung der wesentlichen Elemente des internen Risikomanagementsystems eine zutreffende Vorstellung von der Lage in der Ges. vermittelt. Die Abschlussprüfung enthält keine Funktionsfähigkeitsprüfung des Systems mit entsprechendem Testat, auch dann nicht, wenn freiwillige Angaben zu seiner Wirksamkeit getroffen wurden.

111 Sofern der AP im Zuge seiner Prüfung Schwächen des internen Risikomanagementsystems bezogen auf den Rechnungslegungsprozess erkennt, hat er dem Aufsichtsrat oder dessen Prüfungsausschuss hierüber nach § 171 Abs. 1 Satz 2 AktG in der Bilanzsitzung zu berichten. Unabhängig vom Vorstehenden gilt mit Blick auf die börsennotierte AG seit dem KonTraG, dass der AP das nach § 91 Abs. 2 AktG einzurichtende Risikofrüherkennungssystem auf seine Funktionsfähigkeit hin zu prüfen (§ 317 Abs. 4 HGB) und hierüber dem Aufsichtsrat in einem gesonderten Abschnitt des Prüfungsberichts zu berichten hat (§ 321 Abs. 4 HGB).

> **Beispiel**
> Der Konzernlagebericht 2011 der Siemens AG enthält folgende Angaben nach § 289 Abs. 4 HGB:
> „Das übergeordnete Ziel unseres rechnungslegungsbezogenen internen Kontroll- und Risikomanagementsystems lautet, die Ordnungsmäßigkeit der Finanzberichterstattung im Sinne einer Übereinstimmung des Konzernabschlusses und des Konzernlageberichts mit allen einschlägigen Vorschriften sicherzustellen.
> Wie in Abschnitt C.8.2 Risikomanagement beschrieben, basiert unser ERM-Ansatz auf dem weltweit akzeptierten Rahmenwerk „Enterprise Risk Management – Integrated Framework", das vom COSO entwickelt wurde. Da eines der Ziele dieses Rahmenwerks die Verlässlichkeit der Finanzberichterstattung ist, beinhaltet es auch eine rechnungslegungsbezogene Sichtweise. Darüber hinaus verbindet das Rahmenwerk den ERM-Prozess mit dem Prozess der Finanzberichterstattung und ist eng in das interne Kontrollsystem eingebunden. Das von uns eingeführte rechnungslegungsbezogene interne Kontrollsystem („Kontrollsystem") basiert auf dem ebenfalls vom COSO entwickelten und international anerkannten Rahmenwerk „Internal Control – Integrated Framework". Beide Systeme ergänzen sich gegenseitig. So können bspw. identifizierte Risiken Lücken im Kontrollsystem aufdecken, die durch die Implementierung und Überwachung neuer Kontrollen geschlossen werden könnten. Umgekehrt kann aus der Überwachung des Kontrollsys-

---

[78] Vgl. IDW PS 350, Tz. 19b.
[79] Vgl. IDW PS 340, Tz. 2.

> tems die Feststellung resultieren, dass bestimmte Risiken nicht so wirksam gesteuert werden wie ursprünglich angenommen. ..."
> Zusätzliche Informationen bezgl. des Einzelabschlusses (HGB) der Siemens AG:
> „Die Siemens AG ist als Mutterunternehmen des Siemens-Konzerns in das oben dargestellte konzernweite rechnungslegungsbezogene interne Kontrollsystem eingebunden. Die oben gemachten Angaben gelten grds. auch für den HGB-Einzelabschluss der Siemens AG. Der Konzernabschluss wird nach IFRS erstellt. Bei Bedarf (zum Beispiel zum Zweck des handelsrechtlichen Einzelabschlusses oder für steuerliche Zwecke) wird auf Kontenebene auf die jeweiligen nationalen Vorschriften übergeleitet. Damit stellen korrekt ermittelte IFRS-Abschlussinformationen auch für den Einzelabschluss der Siemens AG eine wichtige Grundlage dar. Für die Siemens AG und andere nach HGB bilanzierende Konzernunternehmen ergänzen eine verpflichtend anzuwendende HGB-Abschlussrichtlinie sowie ein HGB-Kontenplan den oben genannten konzeptionellen Rahmen. Die oben genannten manuellen und systemseitigen Kontrollmaßnahmen gelten grds. auch für die Überleitung der IFRS-Abschlussinformationen hin zum HGB-Einzelabschluss. Die Angaben bez. der systematischen Überwachung der Angemessenheit und Wirksamkeit des rechnungslegungsbezogenen internen Kontrollsystems gelten nur für den IFRS-Konzernabschluss."[80]

7 Schlusserklärung zum Abhängigkeitsbericht durch AG, KGaA, SE (§ 312 Abs. 3 S. 3 AktG)

7.1 Überblick

Sofern kein Beherrschungsvertrag besteht, hat der Vorstand einer abhängigen Ges. nach § 312 Abs. 1 AktG in den ersten drei Monaten des Gj einen Bericht über die Beziehungen der Ges. zu verbundenen Unt (**Abhängigkeitsbericht**) aufzustellen. Diese Vorschrift steht im Zusammenhang mit den Regelungen zum so genannten faktischen Konzern (§§ 311 bis 318 AktG), deren Zweck der Schutz einer abhängigen Ges. und ihrer außen stehenden Minderheitsaktionäre und Gläubiger vor Benachteiligung durch die herrschende Ges. ist.[81] Nach § 311 Abs. 1 AktG darf eine abhängige AG oder KGaA durch Einflussnahme seitens eines beherrschenden Unt nicht dazu veranlasst werden, „ein für sie nachteiliges Rechtsgeschäft vorzunehmen oder Maßnahmen zu ihrem Nachteil zu treffen oder zu unterlassen, es sei denn, dass die Nachteile ausgeglichen werden". Durch dieses **Benachteiligungsverbot** soll die abhängige AG wirtschaftlich so gestellt werden, als sei sie eine unabhängige Ges.[82] § 317 Abs. 1 AktG enthält eine Schadensersatzpflicht des herrschenden Unt für den Fall, dass ein erforderlicher Nachteilsausgleich nicht bis zum Ende des Gj erfolgt.

112

---

80 *Siemens AG*, Geschäftsbericht 2011, S. 150, 152.
81 Vgl. *Schmidt/Heinz*, in Beck Bil-Komm., 10. Aufl., 2016, § 289 HGB, Rz 300.
82 Vgl. ADS, 6. Aufl., § 311 AktG Anm. 2.

113 Die Schwierigkeit kann darin liegen, dass die Organmitglieder (Vorstand und Aufsichtsrat) der abhängigen Ges., unter dem Einfluss des herrschenden Unt, nicht willens oder geneigt sind, das Benachteiligungsverbot gegenüber dem herrschenden Unt durchzusetzen. An der Durchsetzung des Benachteiligungsverbots sind jedoch vor allem die außenstehenden Aktionäre (und bei Insolvenz die Gläubiger bzw. der Insolvenzverwalter) interessiert, denen jedoch zur Beurteilung unzureichende Informationen vorliegen. Der Abhängigkeitsbericht mit seiner Dokumentation der konzerninternen bzw. -veranlassten Rechtsgeschäfte und Maßnahmen soll die Erwartungen des genannten Adressatenkreises in dreierlei Hinsicht erfüllen:[83] Er enthält erstens eine **Dokumentation** aller benachteiligungsverdächtigen Rechtsgeschäfte und Maßnahmen einschl. den zur Beurteilung ihrer Angemessenheit erforderlichen Angaben. Damit bildet er eine wichtige Grundlage für die Überprüfung der Angemessenheit durch den Aufsichtsrat (§ 314 AktG) und – bei Prüfungspflicht – durch den AP (§ 313 AktG).[84] Zweitens soll der Abhängigkeitsbericht eine ständige **Mahnung** für Vorstand und Aufsichtsrat der abhängigen Ges. sein, das Interesse der Ges. auch gegenüber der herrschenden Ges. zu wahren. In der Literatur wie auch von der Praxis wird diese mahnende Wirkung besonders hervorgehoben, wirkt doch die vom Vorstand anzufertigende testatähnliche Schlusserklärung wie ein „Griff an's Portepée".[85] Drittens ergibt sich aus der Pflicht zur Offenlegung der Schlusserklärung des Vorstands und der Prüfungsergebnisse des Vorstands und Aufsichtsrats eine **begrenzte Publizität**, auf deren Basis jeder Aktionär eine Sonderprüfung beantragen kann.

7.2 Anwendungsbereich

114 Die Pflicht zur Aufstellung eines Abhängigkeitsberichts besteht für inländische Ges. in der Rechtsform AG, nach hM auch für KGaA sowie für SE mit Sitz in Deutschland.[86] Sofern ein Beherrschungsvertrag i.S.d. § 291 AktG abgeschlossen ist, besteht nach § 312 Abs. 1 AktG keine Berichtspflicht, da dann § 311 AktG nicht anwendbar ist. Hierin wird im Schrifttum eine systemgerechte Nebenwirkung gesehen, die zum Abschluss eines Beherrschungsvertrags zwingt, weil mit der Dokumentation komplexer Konzernbeziehungen ein sehr hoher Aufwand verbunden sein kann.[87]

115 Weitere Ausnahmen von der Berichterstattungspflicht betreffen Fälle mit bestehendem Ergebnisabführungsvertrag i.S.d. § 291 AktG, Fälle mehrstufiger Abhängigkeit, wenn zwischen der abhängigen Ges. und einem übergeordneten Unt ein Beherrschungs- und/oder Ergebnisabführungsvertrag besteht, sowie Fälle, in denen abhängige Ges. in eine andere AG eingegliedert sind (§ 323 Abs. 1 Satz 3 AktG). Begründung für die genannten Ausnahmefälle ist, dass jeweils kein Schutzbedürfnis außenstehender Aktionäre und Gläubiger existiert.[88]

---

83 Vgl. *Altmeppen*, in MünchKomm. AktG, 3. Aufl., § 312 AktG, Rn 2.
84 Vgl. IDW HFA 1/1991, S. 91.
85 *Flume*, in DB 1959, S. 191.
86 Vgl. *Altmeppen*, in MünchKomm. AktG, 3. Aufl., § 312 AktG, Rn 23; *Schmidt/Heinz*, in Beck Bil-Komm., 10. Aufl., 2016, § 289 HGB, Rz 310; ADS, 6. Aufl., § 312 AktG Anm. 15.
87 Vgl. *Altmeppen*, in MünchKomm. AktG, 3. Aufl., § 312 AktG, Rn 6.
88 Vgl. *Schmidt/Heinz*, in Beck Bil-Komm., 10. Aufl., 2016, § 289 HGB, Rz 314.

7.3 Berichtsinhalte

7.3.1 Allgemeine Anforderungen

Nach § 312 Abs. 2 AktG hat der Abhängigkeitsbericht den Grundsätzen einer gewissenhaften und getreuen Rechenschaft zu entsprechen. Hieraus werden die allgemeinen Berichtsgrundsätze der **Wahrheit, Vollständigkeit** sowie **Klarheit und Übersichtlichkeit** abgeleitet.[89]   116

7.3.2 Berichtspflichtige Beziehungen und Vorgänge

Nach § 312 Abs. 1 Satz 2 AktG ist über alle Rechtsgeschäfte mit dem herrschenden Unt oder einem mit ihm verbundenen Unt und über alle anderen Maßnahmen auf Veranlassung oder im Interesse des herrschenden Unt Bericht zu erstatten. Zeitlich bezieht sich die **Berichterstattungspflicht** auf das vergangene Gj. Die zu berichtenden Vorgänge sind demnach Rechtsgeschäfte oder Maßnahmen, wobei aus dem Gesetzeswortlaut zu entnehmen ist, dass Maßnahmen der weitere, auch Rechtsgeschäfte miteinschließende, Oberbegriff ist. Diese Differenzierung ist auch für die Berichtpflicht von Bedeutung: Rechtsgeschäfte sind immer dann berichtspflichtig, wenn sie mit dem herrschenden oder mit einem mit ihm verbundenen Unt durchgeführt wurden. Hingegen ist über Maßnahmen lediglich dann Bericht zu erstatten, wenn sie auf Veranlassung oder im Interesse des herrschenden oder eines mit ihm verbundenen Unt vorgenommen oder unterlassen wurden.[90]   117

Einseitige Rechtsgeschäfte des herrschenden oder eines mit ihm verbundenen Unt gegenüber der abhängigen Ges. unterliegen nicht der Berichtspflicht, sondern nur Rechtsgeschäfte und Maßnahmen, die die abhängige Ges. selbst vorgenommen hat. Die Vertreter der abhängigen Ges. müssen also bei Rechtsgeschäften die Willenserklärung selbst abgegeben und bei Maßnahmen eine Entscheidung über Vornahme oder Unterlassen selbst getroffen haben.[91]   118

Zu den berichtspflichtigen Rechtsgeschäften sind die Leistung und Gegenleistung anzugeben (§ 312 Abs. 1 Satz 3 AktG), wobei Umfang und Detaillierungsgrad die Prüfung und Beurteilung der Angemessenheit ermöglichen müssen. Dies dürfte i.d.R. eine Quantifizierung voraussetzen. Bei den zu berichtenden Maßnahmen sind neben den Gründen auch die Vor- und Nachteile anzugeben (§ 312 Abs. 1 Satz 3 AktG). Auch hier sollte – unter Vermeidung einer Saldierung – quantifiziert werden.   119

7.3.3 Nachteilsausgleich

Sofern sich bei den einzelnen Rechtsgeschäften Leistung und Gegenleistung bzw. bei den Maßnahmen Vor- und Nachteile nicht gleichwertig gegenüberstehen und dadurch eine **Ausgleichspflicht** nach § 311 AktG besteht, sind im Rahmen der Berichtspflicht Angaben zu machen, wie der Ausgleich während des Gj tatsächlich erfolgte oder auf welche Vorteile ein Rechtsanspruch gewährt wurde. Auch   120

---

[89] Vgl. *Altmeppen*, in MünchKomm. AktG, 3. Aufl., § 312 AktG, Rn 132–139; *Schmidt/Heinz*, in Beck Bil-Komm., 10. Aufl., 2016, § 289 HGB, Rz 361; ADS, 6. Aufl., § 312 AktG Anm. 82.
[90] Vgl. *Schmidt/Heinz*, in Beck Bil-Komm., 10. Aufl., 2016, § 289 HGB, Rz 379; ADS, 6. Aufl., § 312 AktG Anm. 38.
[91] Vgl. *Schmidt/Heinz*, in Beck Bil-Komm., 10. Aufl., 2016, § 289 HGB, Rz 380.

hier sollten – in der gebotenen Ausführlichkeit – der Nachteil und der ausgleichende Vorteil einzeln angegeben und möglichst quantifiziert werden.

7.3.4 Schlusserklärung

121 Der Vorstand hat zum Schluss des Berichts eine zusammenfassende Aussage darüber abzugeben, ob die Ges. angemessene Gegenleistungen erhalten bzw. ob ihr entstandene Nachteile ausgeglichen wurden. Sind hingegen keinerlei berichtspflichtige Rechtsgeschäfte oder Maßnahmen angefallen, ist dies zu erklären (Negativtestat). Die Schlusserklärung des Vorstands ist jeweils gesondert der Sachlage anzupassen.

> **Beispiel**
> Der Lagebericht 2009 der EWE AG enthält folgende Schlusserklärung nach § 312 Abs. 3 AktG:
> „Gemäß § 312 Aktiengesetz (AktG) haben wir einen Bericht über die Beziehungen zu verbundenen Unternehmen aufgestellt. Dieser Bericht schließt mit folgender Erklärung des Vorstandes:
> „Wir erklären, dass die EWE Aktiengesellschaft, Oldenburg, bei den im Bericht über die Beziehungen zu verbundenen Unternehmen aufgeführten Rechtsgeschäften nach den Umständen, die uns zu dem Zeitpunkt der Vornahme des Rechtsgeschäftes bekannt waren, angemessene Gegenleistungen erhalten hat. Andere Maßnahmen i.S. von § 312 AktG sind weder getroffen noch unterlassen worden.""[92]

7.4 Form der Berichterstattung

122 Der **Abhängigkeitsbericht** ist in seiner Gesamtheit nicht zu publizieren, sondern nur dem AP und dem Aufsichtsrat zugänglich zu machen.[93] Jedoch ist die Schlusserklärung des Vorstands nach § 312 Abs. 3 Satz 3 AktG in den Lagebericht aufzunehmen.

123 Da nach § 264 Abs. 1 Satz 4 HGB (seit 1994) bestimmte kleine AGs keinen Lagebericht mehr aufstellen müssen, ist eine Regelungslücke entstanden, die durch ein anderes geeignetes Publizitätsinstrument zu schließen ist. Nach hM ist die Schlusserklärung in diesen Fällen in den Anhang zum Jahresabschluss aufzunehmen. Für Ges., die nach § 264 Abs. 3 HGB von der Aufstellung eines Anhangs befreit sind, wird ein Vermerk unter dem Jahresabschluss gefordert.[94]

8 Sanktionen

124 Werden die Verhältnisse der Ges. im Lagebericht **unrichtig wiedergegeben oder verschleiert**, werden die Mitglieder der Geschäftsleitung oder des Aufsichtsrats nach § 331 Nr. 1, Nr. 2 HGB mit Freiheitsstrafe bis zu drei Jahren oder mit Geldbuße bestraft.

---

92 *EWE AG*, Jahresabschluss und Lagebericht 2009, S. 17.
93 Vgl. *Altmeppen*, in MünchKomm. AktG, 3. Aufl., § 312 AktG, Rn 7.
94 Vgl. *Altmeppen*, in MünchKomm. AktG, 3. Aufl., § 312 AktG, Rn 152; *Schmidt/Heinz*, in Beck Bil-Komm., 10. Aufl., 2016, § 289 HGB, Rz 478.

Eine Wiedergabe der Verhältnisse ist unrichtig, sofern die im Lagebericht benannten Tatsachen den wahren Gegebenheiten objektiv nicht entsprechen. Eine Verschleierung liegt vor, wenn die zugrunde liegenden Tatsachen richtig sind, jedoch die Art der Darstellung objektiv geeignet ist, zu Fehlinterpretationen bei den Berichtsadressaten zu führen. Die Übergänge zwischen den Tatbeständen einer unrichtigen Wiedergabe und einer Verschleierung sind fließend.[95]   125

Darüber hinaus kann nach § 334 Abs. 1 Nr. 3 HGB als Ordnungswidrigkeit geahndet werden, wenn die gesetzlichen Vertreter der Ges. oder Aufsichtsratsmitglieder einer Vorgabe des § 289 Abs. 1 HGB über den Inhalt des Lageberichts zuwiderhandeln. Hingegen stellen reine Verstöße gegen Regelungen zu formalen Anforderungen weder eine Straftat noch eine Ordnungswidrigkeit dar, ebenso wenig inhaltlich fehlerhafte Angaben nach § 289 Abs. 2 HGB.   126

Erstellen die gesetzlichen Vertreter der Ges. entgegen dem Gebot des § 264 Abs. 1 Satz 1 HGB keinen Lagebericht, sind sie nach § 335 Satz 1 Nr. 1 durch ein **Zwangsgeld** zur Erfüllung ihrer Pflicht anzuhalten. Dieses Zwangsgeld ist auf Antrag einzelner Gesellschafter, Gläubiger oder des (Gesamt-)Betriebsrats vom Registergericht zu verhängen (§ 335 Satz 2 HGB).   127

Der AP hat nach §§ 322 Abs. 3 und 4, 317 Abs. 1 Satz 2 HGB je nach Stärke des Verstoßes den **Bestätigungsvermerk** einzuschränken oder ganz zu versagen.[96]   128

Aus einem schuldhaften Verstoß – vorsätzlich oder fahrlässig – können zusätzlich zivilrechtliche **Schadensersatzforderungen** entstehen.[97]   129

---

[95] Vgl. *Steuber*, in MünchKomm. AktG, 3. Aufl., § 289 HGB, Rn 90–93; *Lange*, in MünchKomm. HGB, 3. Aufl., § 289 HGB, Rn 165.
[96] Vgl. IDW PS 350, Anm 26.
[97] Vgl. *Steuber*, in MünchKomm. AktG, 3. Aufl., § 289 HGB, Rn 101; *Lange*, in MünchKomm. HGB, 3. Aufl., § 289 HGB, Rn 167.

§ 289a Ergänzende Vorgaben für bestimmte Aktiengesellschaften und Kommanditgesellschaften auf Aktien

(1) ¹Aktiengesellschaften und Kommanditgesellschaften auf Aktien, die einen organisierten Markt i. S. d. § 2 Absatz 7 des Wertpapiererwerbs- und Übernahmegesetzes durch von ihnen ausgegebene stimmberechtigte Aktien in Anspruch nehmen, haben im Lagebericht außerdem anzugeben:
1. die Zusammensetzung des gezeichneten Kapitals unter gesondertem Ausweis der mit jeder Gattung verbundenen Rechte und Pflichten und des Anteils am Gesellschaftskapital;
2. Beschränkungen, die Stimmrechte oder die Übertragung von Aktien betreffen, auch wenn sie sich aus Vereinbarungen zwischen Gesellschaftern ergeben können, soweit sie dem Vorstand der Gesellschaft bekannt sind;
3. direkte oder indirekte Beteiligungen am Kapital, die 10 Prozent der Stimmrechte überschreiten;
4. die Inhaber von Aktien mit Sonderrechten, die Kontrollbefugnisse verleihen, und eine Beschreibung dieser Sonderrechte;
5. die Art der Stimmrechtskontrolle, wenn Arbeitnehmer am Kapital beteiligt sind und ihre Kontrollrechte nicht unmittelbar ausüben;
6. die gesetzlichen Vorschriften und Bestimmungen der Satzung über die Ernennung und Abberufung der Mitglieder des Vorstands und über die Änderung der Satzung;
7. die Befugnisse des Vorstands insbesondere hinsichtlich der Möglichkeit, Aktien auszugeben oder zurückzukaufen;
8. wesentliche Vereinbarungen der Gesellschaft, die unter der Bedingung eines Kontrollwechsels infolge eines Übernahmeangebots stehen, und die hieraus folgenden Wirkungen;
9. Entschädigungsvereinbarungen der Gesellschaft, die für den Fall eines Übernahmeangebots mit den Mitgliedern des Vorstands oder mit Arbeitnehmern getroffen sind.

²Die Angaben nach Satz 1 Nummer 1, 3 und 9 können unterbleiben, soweit sie im Anhang zu machen sind. ³Sind Angaben nach Satz 1 im Anhang zu machen, ist im Lagebericht darauf zu verweisen. ⁴Die Angaben nach Satz 1 Nummer 8 können unterbleiben, soweit sie geeignet sind, der Gesellschaft einen erheblichen Nachteil zuzufügen; die Angabepflicht nach anderen gesetzlichen Vorschriften bleibt unberührt.

(2) ¹Eine börsennotierte Aktiengesellschaft hat im Lagebericht auch auf die Grundzüge des Vergütungssystems der Gesellschaft für die in § 285 Nummer 9 genannten Gesamtbezüge einzugehen. ²Werden dabei auch Angaben entsprechend § 285 Nummer 9 Buchstabe a Satz 5 bis 8 gemacht, können diese im Anhang unterbleiben.

PROF. DR. KARSTEN PAETZMANN

Inhaltsübersicht	Rz
1 Übersicht	1
2 Übernahmerelevante Angaben (Abs. 1)	2–12
3 Vergütungsbericht durch börsennotierte Aktiengesellschaften (Abs. 2)	13–17

1 Übersicht

Der § 289a HGB aF war 2009 im Zuge des BilMoG in das Handelsrecht aufgenommen worden und enthielt bis zum CSR-RL-Umsetzungsgesetz[1] die Erklärung zur Unternehmensführung. Diese wurde in den § 289f HGB verschoben. § 289a HGB nF nimmt aus den Vorschriften zum Lagebericht ausgegliederte Inhalte auf, und zwar in Abs. 1 die übernahmerelevanten Angaben des bisherigen § 289 Abs. 4 HGB aF und in Abs. 2 den Vergütungsbericht durch börsennotierte AG des bisherigen § 289 Abs. 2 Satz 1 Nr. 4 HGB aF. Diese Änderungen betreffen erstmalig Gj, die nach dem 31.12.2016 beginnen.[2]

2 Übernahmerelevante Angaben (Abs. 1)

Durch die Übernahmerichtlinie von 2006 sind börsennotierte KapG verpflichtet, übernahmespezifische Angaben im LB aufzunehmen. Die Transformation von Art. 10 Übernahmerichtlinie erfolgte in Deutschland durch das ÜbernRLUG,[3] mit dem ein neuer Abs. 4 in § 289 HGB aF eingefügt wurde, wonach im Lagebericht zahlreiche Angaben zur Kapitalstruktur und zu möglichen Übernahmehindernissen aufzunehmen sind. Zweck der Veränderung ist es, dass potenzielle Bieter sich vor Abgabe eines Angebots ein umfassendes Bild über die Zielgesellschaft und ihre Struktur sowie über etwaige Übernahmehindernisse machen können.[4]

Zu den Berichterstattungspflichten im Rahmen des § 289a Abs. 1 HGB nF (§ 289 Abs. 4 HGB aF) gehören dem Gesetzeswortlaut nach:

- **Zusammensetzung des Kapitals** (Abs. 1 Nr. 1): Gemeint ist das gezeichnete Kapital entsprechend § 272 Abs. 1 HGB. Sofern dieses in verschiedene **Aktiengattungen** gem. § 11 AktG unterteilt ist, sind diese einschl. des Anteils am Gesellschaftskapital und der entsprechenden Rechte und Pflichten anzugeben.[5] Anzugeben sind die Anzahl der ausgegebenen Aktien (bei mehreren Aktiengattungen die Zahl der pro Gattung ausgegebenen Aktien), der Nenn-

---

[1] Gesetz zur Stärkung der nichtfinanziellen Berichterstattung der Unternehmen in ihren Lage- und Konzernlageberichten (CSR-Richtlinie-Umsetzungsgesetz) BGBl 2017 I S. 802.
[2] Vgl. *Paetzmann*, ZCG 2016, S. 281.
[3] Vgl. Gesetz zur Umsetzung der Richtlinie 2004/25/EG des Europäischen Parlaments und des Rates v. 21.4.2004 betreffend Übernahmeangebote (Übernahmerichtlinie-Umsetzungsgesetz), BGBl 2006 I S. 1426.
[4] Vgl. *Lange*, in MünchKomm. HGB, 3. Aufl., § 289, Rn 134.
[5] Vgl. *Lange*, in MünchKomm. HGB, 3. Aufl., § 289, Rn 137; *Paetzmann*, 2013 S. 295.

betrag der Aktien (sofern vorhanden) sowie Zahl der Aktien jeden Nennbetrags und die Art der ausgegebenen Aktien (Nennbetrags- oder Stückaktie sowie Inhaber-, Namens- oder vinkulierte Namensaktie).[6] Ebenfalls sind Wertpapiere anzugeben, die nicht auf einem geregelten Markt eines EU-Mitgliedstaats gehandelt werden. Diese Angaben treten neben jene der §§ 152 Abs. 1 Satz 2 und 160 Abs. 1 Nr. 3 AktG, sodass daraus bisher eine Doppelangabe resultierte.[7] Nach dem BilMoG entfallen jedoch die betreffenden Angaben im Lagebericht, soweit diese bereits im Anhang zu machen sind.

> **Beispiel**
> Der LB 2016 der Deutschen Lufthansa AG enthält folgende Angaben:
> „**Zusammensetzung des gezeichneten Kapitals, Aktiengattungen, Rechte und Pflichten**
> Das Grundkapital der Deutschen Lufthansa AG beträgt 1.200.174.218,24 EUR, aufgeteilt in 468.818.054 auf den Namen lautende Stückaktien. Auf jede Stückaktie entfällt ein Anteil von 2,56 EUR am Grundkapital. Die Übertragung der Aktien ist an die Zustimmung der Gesellschaft gebunden (Vinkulierung). Die Gesellschaft darf die Zustimmung nur verweigern, wenn durch die Eintragung des neuen Aktionärs in das Aktienregister die Aufrechterhaltung der luftverkehrsrechtlichen Befugnisse gefährdet sein könnte. Jede Namensaktie gewährt eine Stimme. Die Aktionäre nehmen nach Maßgabe der gesetzlichen Vorschriften und der Satzung ihre Rechte in der Hauptversammlung wahr und üben dort ihr Stimmrecht aus."[8]

5 • **Beschränkungen betreffend Stimmrechte oder Übertragung** (Abs. 1 Nr. 2): Die Berichtspflicht nach Abs. 1 Nr. 2 bezieht sich primär auf Angaben zu evtl. bestehenden Mehrheitsstimmrechten gem. § 5 Abs. 1 EGAktG und Höchstgrenzen für die Stimmrechtsausübung, wie sie nach deutschem Recht bei börsennotierten Ges grds. unzulässig sind (§ 134 Abs. 1 Satz 2 AktG), jedoch als Ausnahme durch § 2 Abs. 1 HGB des Gesetzes über die Überführung der Anteilsrechte an der Volkswagenwerk Gesellschaft mit beschränkter Haftung in private Hand (VW-Gesetz) bislang fortbesteht. Die Darstellung der durch stimmrechtslose Aktien gegebenen Beschränkungen kann unterbleiben, da hierüber bereits nach § 289a Abs. 1 Nr. 1 HGB zu berichten ist. Hingegen ist über Beschränkungen aus Vereinbarungen der Gesellschafter untereinander (Stimmbindungsverträge) Bericht zu erstatten.[9] Über alle Beschränkungen mit Blick auf die Übertragbarkeit von Aktien ist zu berichten, insb. über die aus der Ausgabe vinkulierter Namensaktien (§ 68 Abs. 2 AktG) und aus wechselseitigen Beteiligungen (§ 328 AktG) resultierenden Beschränkungen. Ebenfalls ist

---

6 Vgl. DRS 20.K.191.
7 Vgl. *Böcking/Dutzi/Gros*, in *Baetge/Kirsch/Thiele*, Bilanzrecht, § 289 HGB, Rz 280 Stand 12/2012.
8 *Deutsche Lufthansa AG*, Geschäftsbericht 2016, S. 87.
9 Vgl. *Böcking/Dutzi/Gros*, in *Baetge/Kirsch/Thiele*, Bilanzrecht, § 289 HGB, Rz 282 Stand 12/2012.

über Haltevereinbarungen (Lock-up-Verpflichtungen) mit der Ges. und unter Aktionären sowie über ähnliche Beschränkungen zu berichten.

Beispiel
Im LB 2016 der Deutschen Lufthansa AG wird insb. auf branchenspezifische Regelungen im Zusammenhang mit europarechtlichen Vorgaben zur Luftverkehrsbetriebsgenehmigung und mit Luftverkehrsrechten eingegangen:
„Stimmrechts- oder Übertragungsbeschränkungen
Damit die Luftverkehrsbetriebsgenehmigung nach Europarecht und die Luftverkehrsrechte zum Anflug diverser internationaler Ziele gewahrt bleiben, darf der Anteil nichteuropäischer beziehungsweise ausländischer Aktionäre jedenfalls 50 Prozent des Grundkapitals der Gesellschaft nicht übersteigen. Erreicht der Anteil ausländischer Aktionäre 40 Prozent, so wird die Deutsche Lufthansa AG gem. § 4 Abs. 1 Luftverkehrsnachweissicherungsgesetz (LuftNaSiG) in Verbindung mit § 71 Abs. 1 Nr. 1 AktG in die Lage versetzt, eigene Aktien zu erwerben, um eine drohende Überfremdung abzuwehren. Wird ein Ausländeranteil von 45 Prozent im Aktienregister erreicht, ist die Gesellschaft ermächtigt, mit Zustimmung des Aufsichtsrats das Grundkapital gegen Bareinlage durch die Ausgabe neuer Aktien um bis zu 10 Prozent zu erhöhen und hierbei das Bezugsrecht der Aktionäre auszuschließen (§ 4 Abs. 2 und 3 LuftNaSiG in Verbindung mit § 4 Abs. 8 der Satzung der Gesellschaft). Nähert sich der Anteil ausländischer Aktionäre der 50-Prozent-Grenze, hat die Gesellschaft das Recht, die Zustimmung zur Eintragung neuer ausländischer Aktionäre ins Aktienregister zu verweigern (§ 5 Abs. 1 der Satzung der Gesellschaft). Sollte gleichwohl der 50-prozentige Anteil ausländischer Aktionäre überschritten werden, ist die Deutsche Lufthansa AG mit Zustimmung des Aufsichtsrats befugt, zuletzt eingetragene Aktionäre aufzufordern, ihre Aktien zu veräußern. Ab dem vierten Tag nach Bekanntmachung der Aufforderung können die betroffenen Aktionäre die Rechte aus den betroffenen Aktien nicht mehr ausüben. Wird der Aufforderung nicht binnen vier Wochen nachgekommen, ist die Gesellschaft nach Verstreichen einer Nachfrist von drei Wochen berechtigt, die betreffenden Aktien gegen Entschädigung für verlustig zu erklären (§ 5 LuftNaSiG).
Am 31. Dezember 2016 lag der Anteil ausländischer Aktionäre im Aktienregister der Deutschen Lufthansa AG bei 31,4 Prozent. Detaillierte Informationen zum LuftNaSiG und die quartalsweise aktualisierte Aktionärsstruktur finden sich auf unserer Website www.lufthansa-group.com/investor-relations.
Im Rahmen von Mitarbeiterprogrammen bestehen zeitliche Verfügungsbeschränkungen für Aktien, insbesondere Haltefristen von bis zu vier Jahren."[10]

---

[10] *Deutsche Lufthansa AG*, Geschäftsbericht 2016, S. 87.

6 • **Direkte und indirekte Beteiligungen** (Abs. 1 Nr. 3): Die Vorschrift zielt nach der Regierungsbegründung zum ÜbernRLUG insb. auf Pyramidenstrukturen (Stimmrechtskontrolle über eine Ges. wird durch Zwischenschaltung von Holdingges. sowie ohne Kapitalanteilsmehrheit erreicht) und Beteiligungen über zwischengeschaltete Personen sowie wechselseitige Beteiligungen ab.[11] Die Vorschrift bestimmt, dass alle direkten und indirekten Beteiligungen am Kapital anzugeben sind, die 10 % der Stimmrechte überschreiten. Angaben hierzu entfallen, soweit die Angaben im Anhang zu machen sind. Dabei sind für die Zurechnung von indirekten Beteiligungen die §§ 22f. WpHG anzuwenden.[12]

7 • **Sonderrechte, die Kontrollbefugnisse verleihen** (Abs. 1 Nr. 4): Die Vorschrift betrifft die namentliche Nennung der Inhaber von Aktien mit Sonderrechten, die Kontrollbefugnisse verleihen. Ebenfalls ist die Ausgestaltung der Sonderrechte anzugeben.

8 • **Die Art der Stimmrechtskontrolle bei Mitarbeiterbeteiligung** (Abs. 1 Nr. 5): Zu berichten ist über die Art der Stimmrechtskontrolle, sofern bei bestehenden Mitarbeiterbeteiligungsprogrammen Arbeitnehmer der Ges. am Kapital beteiligt sind und die Kontrollrechte von ihnen nicht unmittelbar ausgeübt werden.

9 • **Bestimmungen über die Ernennung und Abberufung der Mitglieder des Vorstands** (Abs. 1 Nr. 6): Die zu benennenden deutschen gesetzlichen Vorschriften zur Bestellung und Abberufung von Mitgliedern des Vorstands finden sich in §§ 84, 85 AktG. Etwaige Abweichungen oder Ergänzungen der Satzung sind anzugeben. Ebenfalls sind die Vorschriften zur Änderung der Satzung zu benennen (§§ 179, 133 AktG).

10 • **Befugnisse des Vorstands, Aktien auszugeben oder zurückzukaufen** (Abs. 1 Nr. 7): Bei dieser Vorschrift kommt der Ermächtigung zur Ausgabe und zum Rückerwerb eigener Aktien besondere Bedeutung zu.[13]

11 • **Wesentliche Vereinbarungen der Ges., die unter der Bedingung eines Kontrollwechsels infolge eines Übernahmeangebots stehen** (Abs. 1 Nr. 8): Diese Vorschrift betrifft alle bestehenden „Change of Control"-Klauseln, die bei Kontrollwechseln wirksam werden.

12 • **Entschädigungsvereinbarungen der Ges.** (Abs. 1 Nr. 9): Zu berichten ist über Entschädigungsvereinbarungen, die die Ges. mit Mitgliedern des Vorstands für den Fall getroffen hat, dass sie bei einem Übernahmeangebot gekündigt oder ohne triftigen Grund entlassen werden oder dass ihr Arbeitsverhältnis endet („Golden Parachutes"). Ebenso besteht eine Berichtspflicht für Entschädigungsvereinbarungen der Ges. mit bei ihr beschäftigten Arbeitnehmern („Tin Parachutes").[14] Mit dem Ziel der Übersichtlichkeit und Klarheit sollten nur die wesentlichen Inhalte der Eintrittsvoraussetzungen und Entschädigungen genannt werden.[15] Die Berichtspflichten des Abs. 1 Nr. 9 ergänzen die durch das VorstOG eingeführten zusätzlichen Angaben im LB

---

11 Vgl. ebenfalls die EU-Übernahmerichtlinie v. 21.4.2004, Abl. EU Nr. L 142, S. 12.
12 Vgl. DRS 20.K.199; *Paetzmann* 2013 S. 297f.
13 Vgl. *Lange*, in MünchKomm. HGB, 3. Aufl., § 289, Rn 145.
14 Vgl. *Böcking/Dutzi/Gros*, in *Baetge/Kirsch/Thiele*, Bilanzrecht, § 289 HGB, Rz 294 Stand 12/2012.
15 Vgl. *Lange*, in MünchKomm. HGB, 3. Aufl., § 289, Rn 150.

nach § 289 Abs. 2 Nr. 4 HGB sowie im Anhang nach § 285 Nr. 9 HGB. Angaben hierzu im Lagebericht entfallen nach der durch das BilMoG erfolgten Ergänzung des Abs. 1 Nr. 9, soweit die Angaben im Anhang zu machen sind.

3 Vergütungsbericht durch börsennotierte Aktiengesellschaften (Abs. 2)

Durch das **VorstOG** wurden börsennotierte Aktiengesellschaften i. S. v. § 3 Abs. 2 AktG verpflichtet, im Lagebericht auf die Grundzüge ihres Vergütungssystems einzugehen. In einem Vergütungsbericht nach Abs. 2 Satz 1 Nr. 4 sind die **Grundzüge des Vergütungssystems** der börsennotierten AG für die in § 285 Nr. 9 HGB genannten Gesamtbezüge darzustellen und zu erläutern. Die durch das VorstOG eingefügte Berichterstattungspflicht (in § 289 Abs. 2 HGB aF wie auch § 289a Abs. 2 HGB nF) orientiert sich an der „Empfehlung der EU-Kommission vom 12.12.2004 zur Einführung einer angemessenen Regelung für die Vergütung von Mitgliedern der Unternehmensleitung börsennotierter Gesellschaften"[16] und nimmt Bezug auf die umfangreiche Diskussion in Deutschland über die **Verbesserung der Corporate Governance**. Die Diskussion um die angemessene Vergütung von Vorstandsmitgliedern börsennotierter AG und die personenspezifische Offenlegung der Vergütungsbestandteile hatte sich Mitte des ersten Jahrzehnts zu einem neuralgischen Thema in der Corporate-Governance-Diskussion entwickelt.

13

Daneben empfiehlt der **DCGK** in Ziff. 4.2.5 die Offenlegung eines Vergütungsberichts als Teil eines Corporate-Governance-Berichts.[17] Der gesetzlich in Abs. 2 Satz 1 Nr. 4 verankerte Vergütungsbericht zielt darauf ab, mehr Transparenz gegenüber den Aktionären zu schaffen und diese in die Lage zu versetzen, sich ein Urteil über das Vergütungssystem zu bilden.

14

Die Berichterstattungspflicht ist in jedem LB neu zu erfüllen. Verweise auf Vj. allein sind unzulässig. Vorgaben über den genauen **Umfang der Berichterstattung** macht das HGB nicht. Im Vergütungsbericht sind lediglich die Grundzüge des Vergütungssystems und der Vergütungspolitik (verbal) darzustellen und zu erläutern. Eine umfassende Berichterstattung ist auch nach der Begründung des Regierungsentwurfs zum VorstOG nicht gefordert.[18] Die Berichterstattungspflicht bezieht sich auf die in § 285 Nr. 9 HGB genannten Gesamtbezüge

15

- des Vorstands,
- der früheren Mitglieder des Vorstands und ihrer Hinterbliebenen,
- des Aufsichtsrats, eines Beirats oder einer ähnlichen Einrichtung und
- der früheren Mitglieder des Aufsichtsrats, eines Beirats oder einer ähnlichen Einrichtung.

Die **Inhalte der Berichterstattung** beziehen sich jeweils auf die Gesamtbezüge der genannten Gremien, nicht auf individuelle Bezüge. Zu den Grundzügen der Vergütungspolitik gehören:

16

---

[16] Vgl. Abl. EU Nr. L 385, 55, Abschn. II Nr. 3.3.
[17] Vgl. *Krimpmann*, 2013 S. 338f.
[18] Vgl. BilMoG-BegrRegE VorstOG, S. 8.

- ein Überblick über die grundlegende Gestaltung der Organverträge (Dauer, Kündigungsfristen, Regelungen zu einem vorzeitigen Ausscheiden),
- die Form der Vergütung (Höhe, Geldleistungen, Sachbezüge),
- erfolgsabhängige Vergütungsanteile in Anlehnung an die in § 285 Nr. 9 Buchst. a Satz 5 HGB genannten Komponenten (erfolgsunabhängig, erfolgsbezogen, mit langfristiger Anreizwirkung).
- Besondere Bedeutung kommt den langfristig ausgelegten Anreizsystemen (Aktienoptionen, sonstige Bezugsrechte auf Aktien) zu.
- Zu den Grundzügen der Vergütungspolitik gehört auch die Darstellung der Versorgungs-, Vorruhestands- und Ruhegehaltsleistungen (Form, Struktur, Höhe).

Es sind jeweils die wesentlichen Änderungen gegenüber dem Vj. anzugeben.
Der LB 2016 der LEONI AG beginnt mit folgenden Angaben:
„**Vergütung des Vorstands:**
Der Aufsichtsrat der LEONI AG befasst sich gem. § 87 AktG pflichtgemäß mit der Vergütung des Vorstands und deren Angemessenheit. Er tut dies regelmäßig, mindestens einmal im Jahr. Dabei werden die einzelnen Komponenten und deren Auswirkungen auf die künftige Vorstandsvergütung besprochen und in die Prüfung mit einbezogen. Auch ein Vergleich mit DAX- und MDAX-Unternehmen sowie die Beachtung der Entwicklungen des unternehmensinternen Lohn- und Gehaltsgefüges sind Bestandteil der Analyse. Eine Berücksichtigung des Verhältnisses der Vergütung des Vorstands zu der des oberen Führungskreises und der Belegschaft insgesamt, auch in der zeitlichen Entwicklung wie es Ziffer 4.2.2 Abs. 2 Satz 3 des Kodex vorsieht, findet dagegen nicht statt. Die aktuelle Entsprechenserklärung geht ausführlich auf diese Abweichung ein.

Grundzüge des Vergütungssystems
Das für den Berichtszeitraum gültige Vorstandsvergütungssystem ist seit dem 1. Januar 2015 in Kraft und gilt bis zum 31. Dezember 2019. Es ist darauf ausgerichtet, Anreize für eine erfolgreiche und nachhaltige Unternehmensentwicklung und Wertsteigerung zu schaffen, an der die Vorstandsmitglieder partizipieren sollen. Besondere Leistungen sollen honoriert werden, Zielverfehlungen zu einer spürbaren Verringerung der Vergütung führen.
In Übereinstimmung mit dem Kodex erläutern wir im Folgenden die Grundzüge des Vergütungssystems für den Vorstand der LEONI AG und die konkrete Ausgestaltung der einzelnen Komponenten. Die nachfolgende Tabelle gibt einen Überblick über die Struktur und Systematik.

Komponente	Bemessungsgrundlage	Korridor	Voraussetzung für Zahlung	Auszahlung
1. Fixvergütung Fixbezüge Sachbezüge/ Nebenleistungen	Funktion, Verantwortung, Dauer der Vorstandszugehörigkeit, Üblichkeit	Fix vereinbart für die Dauer des Vertrags	Vertragliche Regelung	Monatlich
2. Kurzfristige Vergütungskomponente Jahresbonus	Aufgabe, Leistung, Jahresüberschuss + EBIT-Marge des Konzerns	0 bis 110 % [Ziel voll erreicht = 100 %]	1-Jahresplanung, Erreichung der Ziele	50 % jährlich im darauf folgenden Jahr
3. Mittelfristige Vergütungskomponente Mehrjahresbonus	Aufgabe, Leistung, Jahresüberschuss des Konzerns	0 bis 115 % [Ziel voll erreicht = 100 %]	3-Jahresplanung, Zielerreichung im Durchschnitt von 3 Jahren mind. 50 %	50 % im 4. Jahr
4. Langfristige Vergütungskomponente Bonusbank	Aufgabe, Leistung, EVA und Aktienkurssteigerung	0 bis Cap, Malusregelung	Vertragliche Regelung	Einmal jährlich im darauf folgenden Jahr; 50 % davon Umwandlung in LEONI-Aktien mit einer Haltefrist von 50 Monaten
5. Versorgung Pensionsanwartschaft	Versorgungsfähige Fixbezüge, Dienstjahre im Vorstand, beitragsorientierte Versorgungszusage	Festbetrag	Pensionierung, Versorgungsfall	–

Fixvergütung

Das Fixum ist eine feste jährliche Grundvergütung, die in monatlich gleichen Raten ausbezahlt wird. Da alle anderen Vergütungskomponenten variabel sind und bis auf null sinken können, ist das Fixum die Untergrenze der Vorstandsvergütung. Es ist im Vergleich zu dem anderer MDAX-Unternehmen angemessen.

Variable Bestandteile

Neben der Fixvergütung gibt es noch drei variable Vergütungskomponenten, die jeweils absolut nach oben begrenzt sind und bis auf null sinken können. Die Gewichtung zwischen Kurzfrist- und Mittelfristkomponente beträgt ca. 50 zu 50.[19]"

Abs. 2 Satz 1 Nr. 4 Satz 2 enthält ergänzend den Hinweis, dass die durch das VorstOG vorgeschriebenen Anhangangaben nach § 285 Nr. 9 Buchst. a Sätze 5–8 HGB in den Vergütungsbericht einbezogen werden können und eine separate Darstellung im Anhang dann unterbleiben kann. Hierbei handelt es sich um:

- Bezüge jedes einzelnen Vorstandsmitglieds unter Namensnennung (Satz 5),
- Vorstandsmitgliedern zugesagte Leistungen für den Fall der Beendigung der Tätigkeit mit Darstellung des wesentlichen Inhalts (Satz 6),
- Leistungen, die einem Vorstandsmitglied von einem Dritten zugesagt oder gewährt worden sind (Satz 7),
- weitergehende Angaben zu bestimmten Bezügen im Jahresabschluss (Satz 8).

---

[19] *LEONI AG*, Geschäftsbericht 2016, S. 138 f.

§ 289b Pflicht zur nichtfinanziellen Erklärung; Befreiungen

(1) ¹Eine Kapitalgesellschaft hat ihren Lagebericht um eine nichtfinanzielle Erklärung zu erweitern, wenn sie die folgenden Merkmale erfüllt:
1. die Kapitalgesellschaft erfüllt die Voraussetzungen des § 267 Absatz 3 Satz 1,
2. die Kapitalgesellschaft ist kapitalmarktorientiert i. S. d. § 264d und
3. die Kapitalgesellschaft hat im Jahresdurchschnitt mehr als 500 Arbeitnehmer beschäftigt.

²§ 267 Absatz 4 bis 5 ist entsprechend anzuwenden. ³Wenn die nichtfinanzielle Erklärung einen besonderen Abschnitt des Lageberichts bildet, darf die Kapitalgesellschaft auf die an anderer Stelle im Lagebericht enthaltenen nichtfinanziellen Angaben verweisen.

(2) ¹Eine Kapitalgesellschaft i. S. d. Absatzes 1 ist unbeschadet anderer Befreiungsvorschriften von der Pflicht zur Erweiterung des Lageberichts um eine nichtfinanzielle Erklärung befreit, wenn
1. die Kapitalgesellschaft in den Konzernlagebericht eines Mutterunternehmens einbezogen ist und
2. der Konzernlagebericht nach Nummer 1 nach Maßgabe des nationalen Rechts eines Mitgliedstaats der Europäischen Union oder eines anderen Vertragsstaats des Abkommens über den Europäischen Wirtschaftsraum im Einklang mit der Richtlinie 2013/34/EU aufgestellt wird und eine nichtfinanzielle Konzernerklärung enthält.

²Satz 1 gilt entsprechend, wenn das Mutterunternehmen i. S. v. Satz 1 einen gesonderten nichtfinanziellen Konzernbericht nach § 315b Absatz 3 oder nach Maßgabe des nationalen Rechts eines Mitgliedstaats der Europäischen Union oder eines anderen Vertragsstaats des Abkommens über den Europäischen Wirtschaftsraum im Einklang mit der Richtlinie 2013/34/EU erstellt und öffentlich zugänglich macht. ³Ist eine Kapitalgesellschaft nach Satz 1 oder 2 von der Pflicht zur Erstellung einer nichtfinanziellen Erklärung befreit, hat sie dies in ihrem Lagebericht mit einer Erläuterung anzugeben, welches Mutterunternehmen den Konzernlagebericht oder den gesonderten nichtfinanziellen Konzernbericht öffentlich zugänglich macht und wo der Bericht in deutscher oder englischer Sprache offengelegt oder veröffentlicht ist.

(3) ¹Eine Kapitalgesellschaft i. S. d. Absatzes 1 ist auch dann von der Pflicht zur Erweiterung des Lageberichts um eine nichtfinanzielle Erklärung befreit, wenn die Kapitalgesellschaft für dasselbe Geschäftsjahr einen gesonderten nichtfinanziellen Bericht außerhalb des Lageberichts erstellt und folgende Voraussetzungen erfüllt sind:
1. der gesonderte nichtfinanzielle Bericht erfüllt zumindest die inhaltlichen Vorgaben nach § 289c und
2. die Kapitalgesellschaft macht den gesonderten nichtfinanziellen Bericht öffentlich zugänglich durch
    a) Offenlegung zusammen mit dem Lagebericht nach § 325 oder
    b) Veröffentlichung auf der Internetseite der Kapitalgesellschaft spätestens vier Monate nach dem Abschlussstichtag und mindestens für zehn

Jahre, sofern der Lagebericht auf diese Veröffentlichung unter Angabe der Internetseite Bezug nimmt. ²Absatz 1 Satz 3 und die §§ 289d und 289e sind auf den gesonderten nichtfinanziellen Bericht entsprechend anzuwenden.

PROF. DR. KARSTEN PAETZMANN

Inhaltsübersicht	Rz
1 Überblick	1–4
2 Anwendungsbereich	5–7
3 Konzern- und Unternehmensberichterstattung	8
4 Gesonderter nichtfinanzieller Bericht	9–10
5 Externe Prüfung	11–13
6 Prüfung durch den Aufsichtsrat	14–15

1 Überblick

Auf europäischer Ebene wurden vor dem Hintergrund der öffentlichen Diskussion über die Verantwortung von Unt Regelungen einer Berichterstattung von Unt entwickelt, die das **Vertrauen von Investoren sowie Verbrauchern** in Unt stärken sollen, indem umfangreicher als bisher über nichtfinanzielle Aspekte unternehmerischen Handelns berichtet wird. Bezweckt wird, über neue Vorgaben für die Berichterstattung mittelbar das Handeln der Unt zu beeinflussen und Anreize zu schaffen, nichtfinanziellen Belangen und entsprechenden Risiken, Konzepten und Prozessen stärkeres Gewicht in der Unternehmensführung beizumessen. Erfahrungen hierzu liegen bereits aus der freiwilligen Nachhaltigkeitsberichterstattung von Unt vor.[1]

2014 wurde die RL 2014/95/EU des Europäischen Parlaments und des Rates zur Änderung der RL 2013/34/EU im Hinblick auf die **Angabe nichtfinanzieller und die Diversität betreffender Informationen** durch bestimmte große Unt und Gruppen, die sog. Corporate Social Responsibility (CSR) Richtlinie, verabschiedet.[2]

Nach der CSR-RL hat die Berichterstattung der betroffenen Unt ein den tatsächlichen Verhältnissen entsprechendes Bild ihrer Konzepte, Ergebnisse und Risiken mit Bezug auf nichtfinanzielle Aspekte zu vermitteln. Die CSR-RL erkennt dabei die mögliche Vielfalt der von Unt umgesetzten Konzepte für die Wahrnehmung gesellschaftlicher Verantwortung an und will den Unt ein hohes Maß an Handlungsflexibilität belassen. Die Anwendung eines bestimmten Standards der Berichterstattung wird daher gerade nicht vor-

---

1 Vgl. *Freidank*, Unternehmensüberwachung, 2012, S. 29; *Wulf/Sackbrook*, Nachhaltigkeitsberichte, in: *Müller/Stute/Withus* (Hrsg.), 2013, S. 394 f.; *Simon-Heckroth*, Nachhaltigkeitsberichterstattung und Integrated Reporting: Neue Anforderungen an den Berufsstand, WPg 6/2014 S. 312 f.; AKEU der Schmalenbach-Gesellschaft, Nichtfinanzielle Leistungsindikatoren: Bedeutung für die Finanzberichterstattung, zfbf 2015, S. 236–240.
2 Vgl. ABl. L 330 v. 15.11.2014, S. 1; L 369 v. 24.12.2014, S. 79.

geschrieben. Zugleich soll jedoch ein hinreichender Grad an Vergleichbarkeit der Berichterstattung gewährleistet werden.³

3 Die Regelungen der CSR-RL gelten für große Unt von öffentlichem Interesse mit mehr als 500 Beschäftigten. Dies betrifft nach Art. 2 und 3 der Bilanzrichtlinie solche Unternehmen, die KM-orientiert, Kreditinstitut oder Versicherungsunt sind.
Die Berichterstattung über nichtfinanzielle Informationen erfolgt grundsätzlich auf Konzernebene. Eine gesonderte **nichtfinanzielle Berichterstattung** auf Ebene der Tochterges. ist nicht vorgesehen. Die CSR-RL sieht vor, dass neben der Beschreibung des Geschäftsmodells die nichtfinanzielle Berichterstattung mindestens Angaben zu Umwelt-, Arbeitnehmer- und Sozialbelangen, zur Achtung der Menschenrechte und zur Bekämpfung von Korruption und Bestechung enthält.

4 Über die nichtfinanzielle Berichterstattung hinaus regelt die CSR-RL ebenfalls, dass die in Deutschland bisher in § 289a HGB aF kodifizierte Erklärung zur Unternehmensführung eine **Beschreibung des Diversitätskonzepts**, der damit verbundenen Ziele, Art und Weise der Umsetzung und der erreichten Ergebnisse bei der Besetzung von Leitungs- und Aufsichtsorganen enthalten soll. Hierzu können Beschreibungen der Aspekte, wie Alter, Geschlecht, Bildungs- oder Berufshintergrund dienlich sein. Dies gilt nur für große KM-orientierte Unt, wobei die CSR-RL ein Mitgliedstaatenwahlrecht vorsieht, dies im Wesentlichen auf große börsennotierte AG und KGaA zu begrenzen. Die CSR-RL war bis zum 6.12.2016 in nationales Recht umzusetzen. In Deutschland erfolgte die Umsetzung über ein eigenes CSR-RL-Umsetzungsgesetz (Gesetz zur Stärkung der nichtfinanziellen Berichterstattung der Unternehmen in ihren Lage- und Konzernlageberichten), welches vom Deutschen Bundestag am 9.3.2017 und vom Bundesrat am 31.3.2017 beschlossen wurde. Die neuen Berichterstattungspflichten der §§ 289b bis 289f HGB traten am Tag nach der Verkündung des CSR-RL-Umsetzungsgesetzes in Kraft und betreffen erstmalig Gj, die nach dem 31.12.2016 beginnen, mit Ausnahme der Berichterstattungspflicht über eine freiwillige externe Prüfung der nichtfinanziellen Erklärung nach § 289b Abs. 4 HGB (wie auch § 315b Abs. 4 HGB). Diese Regelungen treten am 1.1.2019 in Kraft.⁴ Das CSR-RL-Umsetzungsgesetz führte im Wesentlichen zu Änderungen des HGB. Die zuvor in § 289a HGB aF geregelte Erklärung zur Unternehmensführung wurde in einen neuen § 289f HGB verschoben. § 289a HGB nF nahm aus den Vorschriften zum Lagebericht ausgegliederte Inhalte auf, und zwar in Abs. 1 die übernahmerelevanten Angaben des bisherigen § 289 Abs. 4 HGB aF.⁵ und in Abs. 2 den Vergütungsbericht durch börsennotierte AG des zuvorigen § 289 Abs. 2 Nr. 4 HGB aF. Die neuen §§ 289b bis 289e HGB dienen der Umsetzung der Vorgaben der CSR-Richtlinie in Bezug auf die nichtfinanzielle Berichterstattung durch ein Unt.

---

3 Vgl. Begr. RegE CSR-RL-Umsetzungsgesetz, S. 27.
4 Vgl. BT-Drucks. 18/11450, S. 44 u. 51.
5 Vgl. *Paetzmann*, Übernahmerelevante Angaben, in: *Müller/Stute/Withus* (Hrsg.), 2013, S. 291–304.

2 Anwendungsbereich

Der neue § 289b HGB enthält die Grundnorm von Art. 19a der Bilanzrichtlinie in der Fassung der CSR-RL, dass die KapG ihren Lagebericht um eine nichtfinanzielle Erklärung zu erweitern haben. Dafür präzisiert Abs. 1 zunächst den Anwendungsbereich. Die Berichtspflicht betrifft KapG und (haftungsbeschränkte) Personenhandelsgesellschaften i.S.d. § 264a HGB, die „groß" i.S.d. § 267 Abs. 3 Satz 1, Abs. 4 bis 5 HGB, soweit sie im Jahresdurchschnitt mehr als 500 Arbeitnehmer beschäftigen und zugleich KM-orientiert i.S.d. § 264d HGB sind. Die in § 267 Abs. 3 Satz 2 HGB enthaltene Fiktion, nach der eine KM-orientierte KapG i.S.d. § 264d HGB automatisch als „groß" gilt, ist nicht anwendbar. Die Größenkriterien nach § 267 Abs. 3 Satz 1 HGB müssen vielmehr tatsächlich erfüllt sein. Für die Frage, ob der Schwellenwert von 500 Mitarbeitern im Jahresdurchschnitt übertroffen wird, sind grundsätzlich zwei aufeinanderfolgende Abschlussstichtage zu betrachten, während im Falle von Neugründungen und Umwandlungen i.d.R. nur ein Abschlussstichtag maßgeblich ist (entsprechend § 267 Abs. 4 HGB).[6]

Die Regelung, dass die nichtfinanzielle Erklärung auch durch Kreditinstitute und Versicherungsunt zu erstellen ist, sofern sie „groß" i.S.d. § 267 Abs. 3 Satz 1, Abs. 4 bis 5 HGB sind und im Jahresdurchschnitt mehr als 500 Arbeitnehmer beschäftigen, erfolgt nicht in § 289b HGB, sondern in den ergänzenden Vorschriften für Unt bestimmter Geschäftszweige, hier insbesondere der §§ 340a und 341a HGB.

§ 289b Abs. 1 Satz 3 HGB räumt die Möglichkeit ein, dass die KapG zur Vermeidung von Redundanzen in der nichtfinanziellen Erklärung, sofern sie einen besonderen Abschnitt des Lageberichts bildet, auf die an anderer Stelle im Lagebericht enthaltenen nichtfinanziellen Angaben verweisen kann. Dieser Wortlaut des § 289b HGB impliziert jedoch im Umkehrschluss, dass eine Vollintegration der nichtfinanziellen Angaben an verschiedenen Stellen im Lagebericht gemacht werden kann, auch ohne einen gesonderten Abschnitt zu bilden. In jedem Fall sind jedoch die inhaltlichen Vorgaben der §§ 289c bis 289e HGB zu erfüllen.

3 Konzern- und Unternehmensberichterstattung

§ 289b Abs. 2 HGB übernimmt den Grundsatz der CSR-RL, dass eine nichtfinanzielle Berichterstattung auf Konzernebene stattzufinden hat und diese Vorrang gegenüber der Berichterstattung auf Unternehmensebene besitzt. Ein TU muss daher regelmäßig keine eigene nichtfinanzielle Erklärung oder einen gesonderten nichtfinanziellen Bericht erstellen. Damit ein TU von der Pflicht zur Erstellung eines eigenen nichtfinanziellen Berichts befreit ist, muss es in den Konzernlagebericht eines Mutterunt mit Sitz in einem EU-Mitgliedstaat oder in einem anderen Vertragsstaat des Abkommens über den EWR einbezogen sein und muss dieser Konzernlagebericht eine nichtfinanzielle Erklärung enthalten, die den Vorgaben des auf das MU anwendbaren nationalen Rechts im Einklang mit der CSR-RL entspricht. Sofern das MU alternativ einen gesonderten nicht-

---

[6] Vgl. *Kajüter*, 2017, S. 618.

finanziellen Konzernbericht erstellt und veröffentlicht, wirkt die Einbeziehung des TU in diesen Bericht ebenfalls befreiend.

Dies gilt nach § 289b Abs. 2 Satz 2 Nr. 2 HGB auch, wenn das MU seinen Sitz außerhalb der EU oder des EWR hat, sofern die nichtfinanzielle Erklärung oder der gesonderte nichtfinanzielle Bericht nach Maßgabe des nationalen Rechts eines EU-Mitgliedstaats oder eines anderen Vertragsstaats des Abkommens über den EWR im

Ist die Tochterges. von der nichtfinanziellen Berichterstattung befreit, muss sie angeben, welche Mutterges. den Konzernlagebericht oder die gesonderte nichtfinanzielle Konzernerklärung (§ 315b Rz 1 ff.) offenlegt und wo dieser bzw. diese in deutscher oder englischer Sprache offengelegt oder veröffentlicht ist.

Einklang mit der CSR-RL aufgestellt und öffentlich zugänglich gemacht wird. Dies entspricht dem Wortlaut des Art. 19a Abs. 3 der CSR-RL, der keine Einschränkung im Hinblick auf den Sitz des Mutterunt vorsieht.[7] Daher muss bspw. ein MU mit Sitz in Kanada, für das deutsche Recht keine unmittelbare Anwendung findet, mit Blick auf die CSR-Berichterstattung auf Konzernebene die Maßstäbe des deutschen CSR-RL-Umsetzungsgesetz anlegen, sofern ihre deutsche Tochterges. von der eigenen CSR-Berichtspflicht befreit sein soll.

4 Gesonderter nichtfinanzieller Bericht

9 § 289b Abs. 3 HGB reflektiert die Ausübung eines der Mitgliedstaatenwahlrechte aus Art. 19a Bilanzrichtlinie in der Fassung der CSR-RL durch den deutschen Gesetzgeber. Eine KapG kann die Pflicht zur Erstellung einer nichtfinanziellen Erklärung im Lagebericht nach Abs. 1 auch dadurch erfüllen, dass sie einen gesonderten nichtfinanziellen Bericht außerhalb des Lageberichts erstellt.[8] Voraussetzung hierfür ist allerdings, dass der gesonderte nichtfinanzielle Bericht mindestens die gleichen Inhalte aufweist, die für die nichtfinanzielle Erklärung nach § 289c HGB vorgeschrieben sind.

10 Der gesonderte nichtfinanzielle Bericht muss zusammen mit dem Lagebericht gem. § 325 HGB im BAnz offengelegt (Satz 1 Nr. 2 Buchst. a) oder auf der Internetseite der Ges. veröffentlicht werden (Satz 1 Nr. 2 Buchst. b). Sofern die KapG den gesonderten nichtfinanziellen Bericht im Internet veröffentlicht, hat sie dies spätestens vier Monate nach dem Abschlussstichtag zu tun und den Bericht mindestens für eine Dauer von zehn Jahren auf der Internetseite verfügbar zu halten. Weiterhin ist bei der Veröffentlichung im Internet ein Bezug auf diese Veröffentlichung in den Lagebericht der Ges. aufzunehmen (Angabe der Internet-Adresse).

5 Externe Prüfung

11 Die nichtfinanzielle Erklärung ist nach Art. 19a Abs. 5 der Bilanzrichtlinie in der Fassung der CSR-RL einer lediglich formalen und nicht inhaltlichen Prüfung zu unterziehen. Das CSR-Umsetzungsgesetz setzt diese Vorgabe nicht in § 289b

---

[7] Vgl. BT-Drucks. 18/11450, S. 49f.
[8] Vgl. *Kreipl/Müller*, Ausweitung der Pflichtpublizität um eine nichtfinanzielle Erklärung, DB 2016 S. 2428; *Kajüter*, 2017 S. 69.

HGB, sondern in § 317 Abs. 2 Satz 4 HGB um und gibt vor, dass mit Blick auf die Vorschriften der §§ 289b bis 289e HGB nur zu prüfen ist, ob die nichtfinanzielle Erklärung oder der gesonderten nichtfinanzielle Bericht vorgelegt wurde.[9] Dazu ist im Falle der Veröffentlichung im Internet sechs Monate nach dem Abschlussstichtag eine ergänzende Prüfung durch denselben AP durchzuführen. Der Bestätigungsvermerk ist nur dann nach § 316 Abs. 3 Satz 2 HGB zu ergänzen, wenn der gesonderte nichtfinanzielle Bericht nicht innerhalb von sechs Monaten nach Abschlussstichtag vorgelegt wurde. Auf Konzernebene gilt dies entsprechend (§§ 315b und 315c HGB).

Das Mitgliedstaatenwahlrecht des Art. 19a Bilanzrichtlinie Abs. 6 in der Fassung der CSR-RL lautet, dass ein Mitgliedstaat darüber hinaus vorschreiben kann, dass die in der nichtfinanziellen Erklärung oder dem gesonderten Bericht enthaltenen Informationen von einem unabhängigen Erbringer von Bestätigungsleistungen überprüft werden. Dieses Wahlrecht übt das CSR-RL-Umsetzungsgesetz nicht aus. Jedoch kann ein Unt dies freiwillig veranlassen.[10] Mögliche Vorteile einer prüferischen Durchsicht oder Prüfung sind etwa eine Erhöhung der Glaubwürdigkeit der Berichterstattung, eine Unterstützung des Reputationserhalts oder -aufbaus oder eine bessere Einstufung durch Ratingagenturen. Derartige Prüfungen durch WP basieren auf entsprechenden nationalen oder internationalen Standards, einschließlich IDW PS 821[11], ISAE 3000[12], ISAE 3410[13] oder AA1000AS.[14] Weiterhin kann eine prüferische Durchsicht oder Prüfung Ansatzpunkte für eine weitere Verbesserung der internen Prozesse, des Nachhaltigkeitsmanagements, der Kommunikation mit den Anspruchsgruppen oder zur Verankerung von Nachhaltigkeitsaspekten in der Corporate Governance des Unt ergeben.

§ 289b Abs. 4 HGB bezieht sich auf eine derartige zusätzliche, von der Ges. veranlasste externe inhaltliche Überprüfung der nichtfinanziellen Erklärung. Eine derartige externe inhaltliche Überprüfung kann das Vertrauen des Lesers in die vorgelegten nichtfinanziellen Informationen steigern. Gemeinsam mit dem Prüfungsurteil sind solche Informationen öffentlich zugänglich zu machen, die eine Einschätzung über Art, Umfang und Ergebnis dieser Überprüfungsleistung ermöglichen.[15]

6 Prüfung durch den Aufsichtsrat

In das Aktienrecht wurde eine Neuerung aufgenommen, die die Prüfung des gesonderten nichtfinanziellen Berichts nach § 289b HGB (bzw. des gesonderten nichtfinanziellen Konzernberichts nach § 315b HGB) durch den Aufsichtsrat

---

9 Vgl. *Seibt*, 2016 S. 2713f.; *Häfele/Stawinoga*, 2017 S. M5.
10 Vgl. *Simon-Heckroth*, Berichterstattung zur Nachhaltigkeit und deren Prüfung, in: WP-Handbuch, 2014, S. 1010–1022.
11 Vgl. IDW, IDW PS 821: Grundsätze ordnungsmäßiger Prüfung oder prüferischer Durchsicht von Berichten im Bereich der Nachhaltigkeit, WPg 13/2006 S. 854–863.
12 Vgl. IAASB, ISAE 3000 Revised. Assurance Engagements Other than Audits or Reviews of Historical Financial Information, 2013.
13 Vgl. IAASB, ISAE 3410. Assurance Engagements on Greenhouse Gas Statements, 2012.
14 Vgl. AccountAbility, AA1000AS, 2008.
15 Vgl. Begr. RegE CSR-Richtlinie-Umsetzungsgesetz, S. 52.

vorschreibt.[16] Bereits nach geltendem Recht hat der Aufsichtsrat nach § 171 Abs. 1 S. 1 AktG den Jahresabschluss (Konzernabschluss) und Lagebericht (Konzernlagebericht) sowie den Vorschlag für die Verwendung des Bilanzgewinns zu prüfen.[17] Dabei wird er bei prüfungspflichtigen Ges durch den AP unterstützt. Die Besonderheit des neuen § 171 Abs. 1 Satz 4 AktG liegt darin, dass der Aufsichtsrat bei dieser Prüfung nicht durch den AP unterstützt wird, denn der AP prüft nach § 317 Abs. 2 Satz 4 AktG allein, ob der gesonderte nichtfinanzielle Bericht vorgelegen hat. Sofern kein gesonderter nichtfinanzieller Bericht erstellt wird, sondern die Angaben im Lagebericht (Konzernlagebericht) erfolgen – vollintegriert oder in einem gesonderten Abschnitt –, unterliegen auch diese nicht der inhaltlichen Prüfung durch den AP. Nach § 171 Abs. 1 Satz 1 AktG sind auch diese Informationen inhaltlich durch den Aufsichtsrat zu prüfen. Für den Aufsichtsrat einer AG muss seine neue Prüfungspflicht deshalb von hohem Interesse sein, weil das CSR-RL-Umsetzungsgesetz die Straf- und Bußgeldvorschriften (§§ 331 Nr. 1, 2 und 334 HGB) entsprechend erweitert.[18]

15 Auch vor diesem Hintergrund wurde im Zuge des Gesetzgebungsprozesses in das Aktienrecht die Neuregelung des § 111 Abs. 2 Satz 4 AktG aufgenommen, wonach der Aufsichtsrat die Möglichkeit hat, eine freiwillige inhaltliche Überprüfung der nichtfinanziellen Erklärung oder des gesonderten nichtfinanziellen Berichts nach § 289b HGB zu beauftragen.[19]

---

[16] Vgl. *Böcking*, 2017, S. M5.
[17] Vgl. *Freidank*, Unternehmensüberwachung, 2012 S. 29; *Kajüter*, 2017 S. 624.
[18] Vgl. Deutscher Anwaltverein, Stellungnahme zum RefE CSR-Richtlinie-Umsetzungsgesetz, 19/2016 S. 23–26.
[19] Vgl. *Böcking*, 2017 S. M5; *Kajüter*, 2017 S. 624; *Velte*, 2017 S. M3.

§ 289c Inhalt der nichtfinanziellen Erklärung

(1) In der nichtfinanziellen Erklärung i. S. d. § 289b ist das Geschäftsmodell der Kapitalgesellschaft kurz zu beschreiben.

(2) Die nichtfinanzielle Erklärung bezieht sich darüber hinaus zumindest auf folgende Aspekte:
1. Umweltbelange, wobei sich die Angaben bspw. auf Treibhausgasemissionen, den Wasserverbrauch, die Luftverschmutzung, die Nutzung von erneuerbaren und nicht erneuerbaren Energien oder den Schutz der biologischen Vielfalt beziehen können,
2. Arbeitnehmerbelange, wobei sich die Angaben bspw. auf die Maßnahmen, die zur Gewährleistung der Geschlechtergleichstellung ergriffen wurden, die Arbeitsbedingungen, die Umsetzung der grundlegenden Übereinkommen der Internationalen Arbeitsorganisation, die Achtung der Rechte der Arbeitnehmerinnen und Arbeitnehmer, informiert und konsultiert zu werden, den sozialen Dialog, die Achtung der Rechte der Gewerkschaften, den Gesundheitsschutz oder die Sicherheit am Arbeitsplatz beziehen können,
3. Sozialbelange, wobei sich die Angaben bspw. auf den Dialog auf kommunaler oder regionaler Ebene oder auf die zur Sicherstellung des Schutzes und der Entwicklung lokaler Gemeinschaften ergriffenen Maßnahmen beziehen können,
4. die Achtung der Menschenrechte, wobei sich die Angaben bspw. auf die Vermeidung von Menschenrechtsverletzungen beziehen können, und
5. die Bekämpfung von Korruption und Bestechung, wobei sich die Angaben bspw. auf die bestehenden Instrumente zur Bekämpfung von Korruption und Bestechung beziehen können.

(3) Zu den in Absatz 2 genannten Aspekten sind in der nichtfinanziellen Erklärung jeweils diejenigen Angaben zu machen, die für das Verständnis des Geschäftsverlaufs, des Geschäftsergebnisses, der Lage der Kapitalgesellschaft sowie der Auswirkungen ihrer Tätigkeit auf die in Absatz 2 genannten Aspekte erforderlich sind, einschließlich
1. einer Beschreibung der von der Kapitalgesellschaft verfolgten Konzepte, einschließlich der von der Kapitalgesellschaft angewandten Due-Diligence-Prozesse,
2. der Ergebnisse der Konzepte nach Nummer 1,
3. der wesentlichen Risiken, die mit der eigenen Geschäftstätigkeit der Kapitalgesellschaft verknüpft sind und die sehr wahrscheinlich schwerwiegende negative Auswirkungen auf die in Absatz 2 genannten Aspekte haben oder haben werden, sowie die Handhabung dieser Risiken durch die Kapitalgesellschaft,
4. der wesentlichen Risiken, die mit den Geschäftsbeziehungen der Kapitalgesellschaft, ihren Produkten und Dienstleistungen verknüpft sind und die sehr wahrscheinlich schwerwiegende negative Auswirkungen auf die in Absatz 2 genannten Aspekte haben oder haben werden, soweit die Angaben von Bedeutung sind und die Berichterstattung über diese Risiken verhältnismäßig ist, sowie die Handhabung dieser Risiken durch die Kapitalgesellschaft,

5. der bedeutsamsten nichtfinanziellen Leistungsindikatoren, die für die Geschäftstätigkeit der Kapitalgesellschaft von Bedeutung sind,
6. soweit es für das Verständnis erforderlich ist, Hinweisen auf im Jahresabschluss ausgewiesene Beträge und zusätzliche Erläuterungen dazu.

(4) Wenn die Kapitalgesellschaft in Bezug auf einen oder mehrere der in Absatz 2 genannten Aspekte kein Konzept verfolgt, hat sie dies anstelle der auf den jeweiligen Aspekt bezogenen Angaben nach Absatz 3 Nummer 1 und 2 in der nichtfinanziellen Erklärung klar und begründet zu erläutern.

Prof. Dr. Karsten Paetzmann

Inhaltsübersicht   Rz
1 Überblick 1
2 Beschreibung des Geschäftsmodells (Abs. 1) 2
3 Aspekte der nichtfinanziellen Berichterstattung (Abs. 2) 3
4 Angaben im Einzelnen (Abs. 3) 4–6
5 Comply or Explain (Abs. 4) 7

1 Überblick

1 § 289c HGB trat am Tag nach der Verkündung des CSR-RL-Umsetzungsgesetzes[1] am 18.4.2017 in Kraft und betrifft erstmalig Gj, die nach dem 31.12.2016 beginnen. Die Regelung des § 289c HGB enthält die inhaltlichen Vorgaben für die Berichterstattung der nichtfinanziellen Angaben. Grundsätzlich können zwecks Orientierung Rahmenwerke genutzt werden, von denen in der Praxis zahlreiche angewendet werden (§ 289d HGB). Jedoch decken einige vorliegende Rahmenwerke nur Teilaspekte dessen ab, was Art. 19a Abs. 1 der Bilanzrichtlinie in der Fassung der CSR-RL fordert. Es obliegt der KapG sicherzustellen, dass alle geforderten Berichtselemente abgedeckt werden. § 289c HGB enthält teils zwingende Elemente (Mindestvorgaben), aber teils auch beispielhafte Aufzählungen. Insgesamt soll so eine Vergleichbarkeit der Berichterstattung sichergestellt, zugleich jedoch Flexibilität hinsichtlich verschiedener Geschäftsmodelle, Märkte, Länder und etwaig bereits durch die KapG genutzter Rahmenwerke erhalten werden.[2]

2 Beschreibung des Geschäftsmodells (Abs. 1)

2 § 289c Abs. 1 HGB fordert zunächst eine kurze Beschreibung des Geschäftsmodells, was heute schon Gegenstand der Lageberichterstattung ist, denn letztlich fordert eine Darstellung und Analyse vom Geschäftsverlauf einschließlich Geschäftsergebnis und Lage der Ges. gem. § 289 Abs. 1 HGB bereits eine kurze

---

[1] Gesetz zur Stärkung der nichtfinanziellen Berichterstattung der Unternehmen in ihren Lage- und Konzernlageberichten (CSR-Richtlinie-Umsetzungsgesetz) BGBl 2017 I S. 802.
[2] Vgl. Begr. RegE CSR-RL-Umsetzungsgesetz, S. 52f.

Beschreibung des Geschäftsmodells. Dies wird nun durch § 289c Abs. 1 HGB auf die nichtfinanzielle Erklärung ausgeweitet, ohne explizit auf die inhaltliche Verbindung mit § 289 Abs. 1 HGB und etwaige Doppelungen einzugehen. Zur Vermeidung von Redundanzen kann hierzu ein Verweis sinnvoll sein.
Weder im Gesetz noch in der Gesetzesbegründung wird definiert, was unter einem Geschäftsmodell zu verstehen ist. Jedoch bezieht sich die Gesetzesbegründung auf die aktuelle Berichtspraxis zum Geschäftsmodell im Lagebericht, die sich in einer Kurzdarstellung konkretisiert.[3]
Dies betrifft, im Einklang mit DRS 20.37, die grundlegende Merkmale des Unt einschließlich der organisatorischen Struktur, der Segmente, Standorte, Produkte und Dienstleistungen, Geschäftsprozesse und Absatzmärkte. Dort, wo Unt mit dem Ziel von Diversifikationseffekten aus mehreren, unterschiedlichen Geschäftsbereichen bestehen, ist es nach dem Sinn des Gesetzes geboten, diese Geschäftsmodelle kurz einzeln zu beschreiben. Stellt ein Unt das Geschäftsmodell bereits im Lagebericht dar, kann die Darstellung Ergänzungen aufnehmen, die gerade nichtfinanzielle Aspekte beleuchten. Soweit die nichtfinanzielle Erklärung einen separaten Abschnitt im Lagebericht bildet oder die nichtfinanzielle Erklärung in einem separaten Bericht erfolgt, kann auf eine bestehende Darstellung des Geschäftsmodells im Lagebericht verwiesen werden.[4]

3 Aspekte der nichtfinanziellen Berichterstattung (Abs. 2)

§ 289c Abs. 2 HGB setzt die Vorgaben von Art. 19a Abs. 1 der Bilanzrichtlinie in der Fassung der CSR-RL zur Reichweite der nichtfinanziellen Berichterstattung um. Die in der RL aufgeführten Mindestaspekte werden fast in der gleichen Reihenfolge genannt, ohne eine Priorisierung zu präjudizieren: Umwelt-, Sozial- und Arbeitnehmerbelange, Achtung der Menschenrechte und Bekämpfung von Korruption und Bestechung. Arbeitnehmerbelange sind in § 289c Abs. 2 HGB gegenüber der RL um eine Position nach vorn gerückt, aber die Reihenfolge der Behandlung in der Berichterstattung ist nachrangig; es sind die Mindestaspekte insgesamt vollständig abzudecken. Auch sind die Mindestaspekte nicht vollständig, denn dies würde „das mittelbare Ziel der RL 2014/95/EU verfehlen, Unternehmen über den Weg der Berichterstattung stärker dazu zu bewegen, ihre gesellschaftliche und ökologische Verantwortung zu erkennen und wahrzunehmen".[5] § 289c Abs. 2 HGB geht über die Richtlinie hinaus, indem beispielhaft die in Tab. 1 gezeigten Themen konkret benannt werden, die allerdings im Wesentlichen den Erwägungsgründen der CSR-RL entnommen sind (keine zwingenden Mindestinhalte).

3

---

3 Vgl. Begr. RegE CSR-RL-Umsetzungsgesetz, S. 47.
4 Vgl. *Müller/Ergün* 2013 S. 44f.; Seibt, 2016 S. 2711; *Kajüter*, 2017 S. 621.
5 Begr. RegE CSR-RL-Umsetzungsgesetz, S. 53. Vgl. *Kreipl/Müller*, 2016 S. 2426f.; *Behnke/Schönberger*, 2016 S. 277; *Paetzmann*, 2016, S. 282f.; *Kajüter*, 2017 S. 620.

Konkretisierung der Mindestaspekte der nichtfinanziellen Erklärung (Wortlaut des § 289c Abs. 2 HGB)	
Umweltbelange	Wobei sich die Angaben bspw. auf Treibhausgasemissionen, den Wasserverbrauch, die Luftverschmutzung, die Nutzung von erneuerbaren und nicht erneuerbaren Energien oder den Schutz der biologischen Vielfalt beziehen können.
Arbeitnehmerbelange	Wobei sich die Angaben bspw. auf die Maßnahmen, die zur Gewährleistung der Geschlechtergleichstellung ergriffen wurden, die Arbeitsbedingungen, die Umsetzung der grundlegenden Übereinkommen der Internationalen Arbeitsorganisation, die Achtung der Rechte der Arbeitnehmerinnen und Arbeitnehmer, informiert und konsultiert zu werden, den sozialen Dialog, die Achtung der Rechte der Gewerkschaften, den Gesundheitsschutz oder die Sicherheit am Arbeitsplatz beziehen können.
Sozialbelange	Wobei sich die Angaben bspw. auf den Dialog auf kommunaler oder regionaler Ebene oder auf die zur Sicherstellung des Schutzes und der Entwicklung lokaler Gemeinschaften ergriffenen Maßnahmen beziehen können.
Achtung der Menschenrechte	Wobei sich die Angaben bspw. auf die Vermeidung von Menschenrechtsverletzungen beziehen können.
Bekämpfung von Korruption und Bestechung	Wobei sich die Angaben bspw. auf die bestehenden Instrumente zur Bekämpfung von Korruption und Bestechung beziehen können.

Tab. 1: Konkretisierung der Mindestaspekte von § 289c Abs. 2 HGB

4 Angaben im Einzelnen (Abs. 3)

4   Nach § 289c Abs. 3 HGB sind jeweils solche Angaben zu machen, die für das Verständnis des Geschäftsverlaufs, des Geschäftsergebnisses, der Lage der KapG

sowie der Auswirkungen ihrer Tätigkeit auf die genannten Aspekte erforderlich sind, einschließlich
- einer Beschreibung der verfolgten Konzepte, einschließlich der von der KapG angewandten Due-Diligence-Prozesse (Nr. 1),
- der Ergebnisse dieser Konzepte (Nr. 2),
- der wesentlichen Risiken, die mit der eigenen Geschäftstätigkeit der KapG verknüpft sind und die sehr wahrscheinlich schwerwiegende negative Auswirkungen auf die genannten Aspekte haben oder haben werden, sowie die Handhabung dieser Risiken durch die KapG (Nr. 3),
- der wesentlichen Risiken, die mit den Geschäftsbeziehungen der KapG, ihren Produkten und Dienstleistungen verknüpft sind und die sehr wahrscheinlich schwerwiegende negative Auswirkungen auf die genannten Aspekte haben oder haben werden, soweit die Angaben von Bedeutung sind und die Berichterstattung über diese Risiken verhältnismäßig ist, sowie die Handhabung dieser Risiken durch die KapG (Nr. 4),
- der bedeutsamsten nichtfinanziellen Leistungsindikatoren, die für die Geschäftstätigkeit der KapG von Bedeutung sind (Nr. 5), sowie
- Hinweisen und Erläuterungen auf im Jahresabschluss ausgewiesene Beträge, soweit es für das Verständnis erforderlich ist (Nr. 6).

Die Angaben sind nicht nur pauschal, sondern konkret und einzeln für jeden in Abs. 2 genannten nichtfinanziellen Aspekt zu machen.

Unter Konzepte (Nr. 1) sind die vom Unt hinsichtlich eines nichtfinanziellen Aspekts angestrebten Ziele und die zur Zielerreichung geplanten Maßnahmen zu verstehen. Diese Konzepte sind darzustellen. Vermieden werden soll, das Konzepte allein zur Erfüllung dieser Berichtspflicht entwickelt oder fortentwickelt werden. Ein „Greenwashing", mit dem sich ein Unt als nachhaltiger, ökologischer, ethischer etc. darstellt als es tatsächlich ist, soll vermieden werden.[6] Konzepte und nichtfinanzielle Aspekte stehen bei der Darstellung in einer n:m-Beziehung. Es kann sich ein Konzept auf mehrere nichtfinanzielle Aspekte beziehen, wie auch für einen nichtfinanziellen Aspekt mehrere Konzepte vorliegen können, was in der Praxis zu erwarten ist.[7] Die Berichtspflicht nach Nr. 4 kann insbesondere für Konsumenten hilfreich sein, weil grundsätzlich auch wesentliche Angaben über die Lieferkette und die Kette von Subunternehmern und damit verbundene Risiken für die in der nichtfinanziellen Erklärung aufzuführenden Aspekte (etwa Umwelt- und Sozialbelange) gemacht werden müssen. Bei den Angaben zu Nr. 3 und 4 liegt ein Risikobegriff zugrunde, der sich auf nur wesentliche Risiken bezieht. Gem. Erwägungsgrund 8 der CSR-RL sind dies jene Risiken, die „sehr wahrscheinlich schwerwiegende negative Auswirkungen" auf nichtfinanzielle Aspekte haben (werden).[8] Im Zuge des Gesetzgebungsverfahrens hatte der BR am 4.11.2016 vorgeschlagen, auf Grund der potenziellen Bedeutung für Konsumenten in § 289c Abs. 3 Nr. 4 HGB die Wörter „sehr wahrscheinlich schwerwiegende negative Auswirkungen" durch die Wörter „wahrscheinlich negative Auswirkungen" zu ersetzen. Der BR argumentierte hierzu, dass die Formulierung eine unzulässige Einschränkung des Richtlini-

---

[6] Vgl. *Kirchschläger*, 2015, S. 266; *Velte*, 2017, S. M3.
[7] Vgl. *Kajüter*, 2017, S. 621.
[8] Vgl. CSR-Richtlinie, Erwägungsgrund 8.

enwortlauts sei und die Grenze der Auslegung überschreite. Dies wurde jedoch von Seiten der Bundesregierung in ihrer Gegenäußerung mit Verweis auf den Erwägungsgrund 8 und die Rechtsklarheit zurückgewiesen.[9]

6 Schon zuvor musste nach § 289 Abs. 3 HGB über nichtfinanzielle Leistungsindikatoren berichtet werden, soweit dies für das Verständnis des Geschäftsverlaufs und der Lage der Ges. von Bedeutung war. Der Wortlaut „von Bedeutung" war schon in § 289 Abs. 3 HGB i.S.v. „für das Verständnis erforderlich" gemeint,[10] was hier nun fortgeführt wird. Anders als in § 289 Abs. 3 HGB, der bestehen bleibt, geht es in Nr. 5 auch um das Verständnis der Auswirkungen der Geschäftstätigkeit auf nichtfinanzielle Belange.

5 Comply or Explain (Abs. 4)

7 Abs. 4 führt den Ansatz „Comply or Explain", wie er aus der Entsprechenserklärung gem. § 161 AktG bereits bekannt ist,[11] in der nichtfinanziellen Erklärung ein. Entscheidet sich eine Ges. dafür, kein Konzept für den Umgang mit einem nichtfinanziellen Aspekt zu haben, muss sie das unter Angabe von Gründen erläutern. Dies wirkt sich allerdings nicht auf die Berichterstattung über Risiken aus (Abs. 3 Nr. 3 und 4). Über diese ist in jedem Fall auch dann zu berichten, wenn die KapG kein Konzept zu einem oder mehreren nichtfinanziellen Aspekten hat.[12]

---

9 Vgl. Stellungnahme des Bundesrats und Gegenäußerung der Bundesregierung, Drs. 18/10344.
10 Vgl. Begr. RegE Bilanzrechtsreformgesetz, S. 31.
11 Vgl. *Paetzmann*, Das neue Corporate-Governance-Statement nach § 289a HGB: Anforderungen an den Inhalt und Besonderheiten hinsichtlich der Abschlussprüfung, ZCG 2/2009, S. 65.
12 Vgl. *Kajüter*, 2017 S. 623.

§ 289d Nutzung von Rahmenwerken

¹Die Kapitalgesellschaft kann für die Erstellung der nichtfinanziellen Erklärung nationale, europäische oder internationale Rahmenwerke nutzen. ²In der Erklärung ist anzugeben, ob die Kapitalgesellschaft für die Erstellung der nichtfinanziellen Erklärung ein Rahmenwerk genutzt hat und, wenn dies der Fall ist, welches Rahmenwerk genutzt wurde, sowie andernfalls, warum kein Rahmenwerk genutzt wurde.

Prof. Dr. Karsten Paetzmann

Inhaltsübersicht   Rz
1 Grundsatz..................................   1
2 Mögliche Rahmenwerke......................   2–3

1 Grundsatz

§ 289d HGB trat am Tag nach der Verkündung des CSR-RL-Umsetzungsgesetzes in Kraft und betrifft erstmalig Gj, die nach dem 31.12.2016 beginnen. Im Zuge des Gesetzgebungsprozesses zum CSR-RL-Umsetzungsgesetz[1] war zum Zwecke der Vergleichbarkeit erwogen worden, vorzugeben, ein bestimmtes Rahmenwerk für die Berichterstattung vorzuschreiben.[2] Dem stehen zunächst Erwägungen der Praktikabilität entgegen, denn vorliegende in der Praxis angewandte Rahmenwerke und Leitlinien erfassen häufig nur Teile des breiten Spektrums nichtfinanzieller Aspekte, wie es von der CSR-RL adressiert wird, oder fokussieren auf zielgruppenspezifische Aspekte. Vor allem jedoch steht eine solche Festlegung den europarechtlichen Vorgaben entgegen, die ein bestimmtes Rahmenwerk gerade nicht vorgeben. § 289d HGB stellt es den berichterstattenden Unt daher frei, für die nichtfinanziellen Erklärung nationale, europäische oder internationale Rahmenwerke zu nutzen.[3] Daher muss „kein 'richtiger' Nachhaltigkeitsbericht nach (inter)nationalen Rahmenwerken"[4] erstellt werden.

1

Findet ein Rahmenwerk Anwendung, ist dies in der Erklärung zu erläutern. Wird auf die Nutzung eines Rahmenwerks verzichtet, sind nach § 289d Satz 2 HGB die Gründe hierfür anzugeben („comply-or-explain"-Ansatz entsprechend der Anregung eines Sachverständigen in der Bundestags-Anhörung vom 7.11.2016).[5]

---

1 Gesetz zur Stärkung der nichtfinanziellen Berichterstattung der Unternehmen in ihren Lage- und Konzernlageberichten (CSR-Richtlinie-Umsetzungsgesetz) BGBl 2017 I S. 802.
2 Vgl. Begr. RegE CSR-Richtlinie-Umsetzungsgesetz, S. 60.
3 Vgl. *Paetzmann*, 2016, S. 283f.; *Seibt*, 2016, S. 2712; *Kajüter*, 2017, S. 623.
4 *Velte*, 2017, S. M3.
5 Vgl. BT-Drucks. 18/11450, S. 50.

2 Mögliche Rahmenwerke

2 In den Erwägungsgründen zur CSR-RL ist beispielhaft eine Vielzahl von nationalen, unionsbasierten wie auch internationalen Rahmenwerken aufgeführt,[6] die genutzt werden können.[7] Dazu gehören das auf der europäischen EMAS-Verordnung[8] und der internationalen Umweltmanagementnorm ISO 14001[9] basierende „Eco-Management and Audit Scheme" (EMAS) oder auf internationaler Ebene das Rahmenprogramm „United Nations Global Compact",[10] das „Protect, Respect and Remedy" Rahmenprogramm und Leitprinzipien der Vereinten Nationen,[11] die „Leitsätze für multinationale Unternehmen" der Organisation für wirtschaftliche Zusammenarbeit und Entwicklung,[12] die „ISO 26000 Guidance on Social Responsibility" der Internationalen Organisation für Normung,[13] die „Dreigliedrige Grundsatzerklärung über multinationale Unternehmen und Sozialpolitik" der Internationalen Arbeitsorganisation[14] sowie die „G4-Leitlinien zur Nachhaltigkeitsberichterstattung" der Global Reporting Initiative (GRI). In der Unternehmenspraxis ist, gerade bei multinationalen Unt, das GRI-Rahmenwerk (in seiner „Kern"-Option) als Standard der nichtfinanziellen Berichterstattung verbreitet.[15]

3 Der RegE zum CSR-RL-Umsetzungsgesetz übernahm diese beispielhafte Aufzählung, ergänzt allerdings den vom Rat für Nachhaltige Entwicklung (RNE) entwickelten Deutschen Nachhaltigkeitskodex (DNK).[16] Der DNK verweist berichterstattende Unt bei der Nutzung von Leistungsindikatoren auf die Indikatorensets der GRI und der European Federation of Financial Analysts Societies (EFFAS), zu deren Mitgliedern auch die Deutsche Vereinigung für Finanzanalyse und Asset Management (DVFA) gehört.

Ein gewähltes Indikatorenset soll konsistent über die gesamte Entsprechenserklärung genutzt werden (siehe Tab. 2),[17] wobei branchenspezifische Indikatoren ergänzt werden können. Es zeigt sich insgesamt eine Vielfalt an nationalen, europäischen und internationalen Vorgaben und Projekten.[18] Für berichterstattende Unt ist dies nicht nur potenziell unübersichtlich, sondern gerade für multinationale Unt, die im Ausland bereits nach anderen Standards

---

6 Vgl. Erwägungsgrund Nr. 9 der CSR-Richtlinie. Zur Rolle und Einordnung der ISO 26000 und anderer derartiger Rahmenwerke für/in die Unternehmensführung vgl. *Hahn*, 2012, S. 717–727.
7 Eine Übersicht über gängige Rahmenwerke und Standards findet sich bei *Simon-Heckroth*, 2014, S. 992–1009.
8 Vgl. Verordnung (EG) Nr. 1221/2009 über die freiwillige Teilnahme von Organisationen an einem Gemeinschaftssystem für Umweltmanagement und Umweltbetriebsprüfung (ABl. EG Nr.L 342 S. 1 vom 22.12.2009).
9 Vgl. ISO 14001.
10 Vgl. United Nations Global Compact, 2014.
11 Vgl. United Nations Human Rights Council, 2008.
12 Vgl. OECD, 2011.
13 Vgl. ISO 26000.
14 Vgl. IAO, 2006.
15 Vgl. GRI, 2015 S. 11f.; *Stawinoga/Velte*, 2016, S. 846.
16 Vgl. RNE, 2016.
17 Vgl. RNE 2016, S. 19–22.
18 Zu weiteren, teils sich noch in Entwicklung befindlichen Rahmenwerken gehören Vorhaben des Carbon Disclosure Project (vgl. WWF Deutschland 2009), des International Integrated Reporting Framework (vgl. IIRC 2012) sowie des 2012 gegründeten US-amerikanischen Sustainability Accounting Standards Board (SASB).

berichten oder dies tun wollen, stellt sich die Frage, ob die Berichterstattung kompatibel ist. Vor diesem Hintergrund enthält der DNK eine Kompatibilitätsversion, in der das berichterstattende Unt bei den Kriterien des DNK darauf hinweist, wo und wie es anderweitig bereits dazu einschlägig und kompatibel berichtet (hat).[19]

	Kriterium des DNK	Beschreibung	Leistungsindikatoren	
			GRI	EFFAS
STRATEGIE	1. Strategische Analyse und Maßnahmen	Das Unt legt offen, wie es für seine wesentlichen Aktivitäten die Chancen und Risiken im Hinblick auf eine nachhaltige Entwicklung analysiert. Das Unt erläutert, welche konkreten Maßnahmen es ergreift, um im Einklang mit den wesentlichen und anerkannten branchenspezifischen, nationalen und internationalen Standards zu operieren.		
	2. Wesentlichkeit	Das Unt legt offen, welche Aspekte der Nachhaltigkeit einen wesentlichen Einfluss auf die Geschäftstätigkeit haben und wie es diese in der Strategie berücksichtigt und systematisch adressiert.		
	3. Ziele	Das Unt legt offen, welche qualitativen und/oder quantitativen sowie zeitlich definierten Nachhaltigkeitsziele gesetzt und operationalisiert werden und wie deren Erreichungsgrad kontrolliert wird.		
	4. Tiefe der Wertschöpfungskette	Das Unt gibt an, welche Bedeutung Aspekte der Nachhaltigkeit für die Wertschöpfung haben und bis zu welcher Tiefe seiner Wertschöpfungskette Nachhaltigkeitskriterien überprüft werden.		

---

[19] Vgl. RNE 2016, S. 17.

PROZESS-MANAGEMENT	5. Verantwortung	Die Verantwortlichkeiten in der Unternehmensführung für Nachhaltigkeit werden offengelegt.	G4–56	S06–01, S06–02
	6. Regeln und Prozesse	Das Unt legt offen, wie die Nachhaltigkeitsstrategie durch Regeln und Prozesse im operativen Geschäft implementiert wird.		
	7. Kontrolle	Das Unt legt offen, wie und welche Leistungsindikatoren zur Nachhaltigkeit in der regelmäßigen internen Planung und Kontrolle genutzt werden. Es legt dar, wie geeignete Prozesse Zuverlässigkeit, Vergleichbarkeit und Konsistenz der Daten zur internen Steuerung und externen Kommunikation sichern.		
	8. Anreizsysteme	Das Unt legt offen, wie sich die Zielvereinbarungen und Vergütungen für Führungskräfte und Mitarbeiter auch am Erreichen von Nachhaltigkeitszielen und an der langfristigen Wertschöpfung orientieren. Es wird offengelegt, inwiefern die Erreichung dieser Ziele Teil der Evaluation der obersten Führungsebene (Vorstand/Geschäftsführung) durch das Kontrollorgan (Aufsichtsrat/Beirat) ist.	G4–51a, G4–54	
	9. Beteiligung von Anspruchsgruppen	Das Unt legt offen, wie gesellschaftliche und wirtschaftlich relevante Anspruchsgruppen identifiziert und in den Nachhaltigkeitsprozess integriert werden. Es legt offen, ob und wie ein kontinuierlicher Dialog mit ihnen gepflegt und seine Ergebnisse in den Nachhaltigkeitsprozess integriert werden.	G4–27	

	10. Innovations- und Produktmanagement	Das Unt legt offen, wie es durch geeignete Prozesse dazu beiträgt, dass Innovationen bei Produkten und Dienstleistungen die Nachhaltigkeit bei der eigenen Ressourcennutzung und bei Nutzern verbessern. Ebenso wird für die wesentlichen Produkte und Dienstleistungen dargelegt, ob und wie deren aktuelle und zukünftige Wirkung in der Wertschöpfungskette und im Produktlebenszyklus bewertet wird.	G4–EN6, G4–FS11	E13–01, V04–12
UMWELT	11. Inanspruchnahme natürlicher Ressourcen	Das Unt legt offen, in welchem Umfang natürliche Ressourcen für die Geschäftstätigkeit in Anspruch genommen werden. Infrage kommen hier Materialien sowie der Input und Output von Wasser, Boden, Abfall, Energie, Fläche, Biodiversität sowie Emissionen für den Lebenszyklus von Produkten und Dienstleistungen.	G4–EN1, G4–EN3, G4–EN8, G4–EN23	E04–01, E05–01, E01–01
	12. Ressourcenmanagement	Das Unt legt offen, welche qualitativen und quantitativen Ziele es sich für seine Ressourceneffizienz, den Einsatz erneuerbarer Energien, die Steigerung der Rohstoffproduktivität und die Verringerung der Inanspruchnahme von Ökosystemdienstleistungen gesetzt hat und wie diese erfüllt wurden bzw. in Zukunft erfüllt werden sollen.		
	13. Klimarelevante Emissionen	Das Unt legt die Treibhausgas-(THG)-Emissionen entsprechend dem Greenhouse Gas (GHG) Protocol oder darauf basierenden Standards offen und gibt seine selbst gesetzten Ziele zur Reduktion der Emissionen an.	G4–EN15, G4–EN16, G4–EN17, G4–EN19	E02–01
GESELLSCHAFT	14. Arbeitnehmerrechte	Das Unt berichtet, wie es national und international anerkannte Standards zu Arbeitnehmerrechten einhält sowie die Beteiligung der Mitarbeiterinnen und Mitarbeiter am Nachhaltigkeitsmanagement des Unt fördert.	G4–LA6, G4–LA8, G4–LA9, G4–LA12, G4–HR3	S03–01, S10–01, S10–02, S02–02

15. Chancengerechtigkeit	Das Unt legt offen, wie es national und international Prozesse implementiert und welche Ziele es hat, um Chancengerechtigkeit und Vielfalt (Diversity), Arbeitssicherheit und Gesundheitsschutz, Integration von Migranten und Menschen mit Behinderung, angemessene Bezahlung sowie Vereinbarung von Familie und Beruf zu fördern.		
16. Qualifizierung	Das Unt legt offen, welche Ziele es gesetzt und welche Maßnahmen es ergriffen hat, um die Beschäftigungsfähigkeit, d. h. die Fähigkeit zur Teilhabe an der Arbeits- und Berufswelt aller Mitarbeiterinnen und Mitarbeiter zu fördern und im Hinblick auf die demografische Entwicklung anzupassen.		
17. Menschenrechte	Das Unt legt offen, welche Maßnahmen für die Lieferkette ergriffen werden, um zu erreichen, dass Menschenrechte weltweit geachtet und Zwangs- und Kinderarbeit sowie jegliche Form der Ausbeutung verhindert werden.	G4–HR1, G4–HR9, G4–HR10, G4–HR11	S07–02 II
18. Gemeinwesen	Das Unt legt offen, wie es zum Gemeinwesen in den Regionen beiträgt, in denen es wesentliche Geschäftstätigkeiten ausübt.	G4–EC1	
19. Politische Einflussnahme	Alle wesentlichen Eingaben bei Gesetzgebungsverfahren, alle Einträge in Lobbylisten, alle wesentlichen Zahlungen von Mitgliedsbeiträgen, alle Zuwendungen an Regierungen sowie alle Spenden an Parteien und Politiker sollen nach Ländern differenziert offengelegt werden.	G4–SO6	G01–01
20. Gesetzes- und richtlinienkonformes Verhalten	Das Unt legt offen, welche Maßnahmen, Standards, Systeme und Prozesse zur Vermeidung von rechtswidrigem Verhalten und insbesondere von Korruption existieren und wie sie geprüft werden. Es stellt dar, wie Korruption und andere Gesetzesverstöße im Unt verhindert, aufgedeckt und sanktioniert werden.	G4–SO3, G4–SO5, G4–SO8	V01–01, V02–01

Tab. 1: Kriterien des DNK

§ 289e Weglassen nachteiliger Angaben

(1) Die Kapitalgesellschaft muss in die nichtfinanzielle Erklärung ausnahmsweise keine Angaben zu künftigen Entwicklungen oder Belangen, über die Verhandlungen geführt werden, aufnehmen, wenn
1. die Angaben nach vernünftiger kaufmännischer Beurteilung der Mitglieder des vertretungsberechtigten Organs der Kapitalgesellschaft geeignet sind, der Kapitalgesellschaft einen erheblichen Nachteil zuzufügen, und
2. das Weglassen der Angaben ein den tatsächlichen Verhältnissen entsprechendes und ausgewogenes Verständnis des Geschäftsverlaufs, des Geschäftsergebnisses, der Lage der Kapitalgesellschaft und der Auswirkungen ihrer Tätigkeit nicht verhindert.

(2) Macht eine Kapitalgesellschaft von Absatz 1 Gebrauch und entfallen die Gründe für die Nichtaufnahme der Angaben nach der Veröffentlichung der nichtfinanziellen Erklärung, sind die Angaben in die darauf folgende nichtfinanzielle Erklärung aufzunehmen.

Prof. Dr. Karsten Paetzmann

Inhaltsübersicht	Rz
1 Überblick...	1
2 Voraussetzungen für die Nichtaufnahme (Abs. 1)...........	2
3 Entfallen der Gründe für die Nichtaufnahme (Abs. 2)........	3

1 Überblick

§ 289e HGB trat am Tag nach der Verkündung des CSR-RL-Umsetzungsgesetzes am 18.4.2017 in Kraft[1] und betrifft erstmalig Gj, die nach dem 31.12.2016 beginnen. Die Regelung des § 289e HGB enthält die Mitgliedstaatenoption aus Art. 19a Abs. 1 Unterabs. 4 der Bilanzrichtlinie in der Fassung der CSR-Richtlinie, KapG den Verzicht auf die Berichterstattung bestimmter nichtfinanzieller Informationen zu gestatten. Der deutsche Gesetzgeber reicht dieses Wahlrecht an die Ges. weiter.

2 Voraussetzungen für die Nichtaufnahme (Abs. 1)

Ges. können nach dem Wortlaut von § 289e Abs. 1 HGB in eng begrenzten Ausnahmefällen von der Berichterstattung über künftige Entwicklungen oder Belange, über die Verhandlungen geführt werden, absehen. Dafür muss allerdings einerseits nach vernünftiger kaufmännischer Beurteilung des Vorstands ansonsten der Ges. ein erheblicher Nachteil oder, angelehnt an den Wortlaut der CSR-RL,

---

[1] Gesetz zur Stärkung der nichtfinanziellen Berichterstattung der Unternehmen in ihren Lage- und Konzernlageberichten (CSR-Richtlinie-Umsetzungsgesetz) BGBl 2017 I S. 802.

der Ges. ein ernsthafter Schaden[2] drohen. Der Wortlaut des § 289e Abs. 1 HGB folgt hierbei der Diktion des § 286 Abs. 2 HGB. Andererseits darf ein Weglassen der Angaben ein den tatsächlichen Verhältnissen entsprechendes und ausgewogenes Verständnis des Geschäftsverlaufs, des Geschäftsergebnisses, der Lage der KapG und der Auswirkungen ihrer Tätigkeit nicht verhindern. Insofern darf die potenziell ernsthaft schadenträchtige Angabe nicht so bedeutsam sein, dass ihr Weglassen ein ausgewogenes Gesamtverständnis vollständig ausschließt.[3]

3 Entfallen der Gründe für die Nichtaufnahme (Abs. 2)

3 § 289e Abs. 2 HGB sieht vor, dass die KapG weggelassene Angaben in der nächsten zu erstellenden nichtfinanziellen Erklärung aufnehmen muss, sofern die Gründe für die Nichtaufnahme der Angaben zu einem späteren Zeitpunkt entfallen. Dies soll einer Willkür bei der Berichterstattung Grenzen setzen und dem Leser ein Nachvollziehen von Angaben im Nachhinein ermöglichen.[4]

---

[2] Vgl. Art. 19a Abs. 1 Unterabs. 4 der Bilanzrichtlinie in der Fassung der CSR-Richtlinie.
[3] Vgl. Begr. RegE CSR-Richtlinie-Umsetzungsgesetz, S. 60; *Behnke/Schönberger*, 2016, S. 277; *Paetzmann*, 2016, S. 284; *Seibt*, 2016, S. 2717; *Kajüter*, 2017, S. 623.
[4] Vgl. *Seibt*, 2016, S. 2712 f.; *Kajüter*, 2017, S. 623.

§ 289f Erklärung zur Unternehmensführung

(1) ¹Börsennotierte Aktiengesellschaften sowie Aktiengesellschaften, die ausschließlich andere Wertpapiere als Aktien zum Handel an einem organisierten Markt im Sinn des § 2 Abs. 5 des Wertpapierhandelsgesetzes ausgegeben haben und deren ausgegebene Aktien auf eigene Veranlassung über ein multilaterales Handelssystem im Sinn des § 2 Abs. 3 Satz 1 Nr. 8 des Wertpapierhandelsgesetzes gehandelt werden, haben eine Erklärung zur Unternehmensführung in ihren Lagebericht aufzunehmen, die dort einen gesonderten Abschnitt bildet. ²Sie kann auch auf der Internetseite der Gesellschaft öffentlich zugänglich gemacht werden. ³In diesem Fall ist in den Lagebericht eine Bezugnahme aufzunehmen, welche die Angabe der Internetseite enthält.
(2) In die Erklärung zur Unternehmensführung sind aufzunehmen
1. die Erklärung gem. § 161 des Aktiengesetzes;
2. relevante Angaben zu Unternehmensführungspraktiken, die über die gesetzlichen Anforderungen hinaus angewandt werden, nebst Hinweis, wo sie öffentlich zugänglich sind;
3. eine Beschreibung der Arbeitsweise von Vorstand und Aufsichtsrat sowie der Zusammensetzung und Arbeitsweise von deren Ausschüssen; sind die Informationen auf der Internetseite der Gesellschaft öffentlich zugänglich, kann darauf verwiesen werden.
4. bei börsennotierten Aktiengesellschaften die Festlegungen nach § 76 Absatz 4 und § 111 Absatz 5 des Aktiengesetzes und die Angabe, ob die festgelegten Zielgrößen während des Bezugszeitraums erreicht worden sind, und wenn nicht, Angaben zu den Gründen.
5. die Angabe, ob die Gesellschaft bei der Besetzung des Aufsichtsrats mit Frauen und Männern jeweils Mindestanteile im Bezugszeitraum eingehalten hat, und wenn nicht, Angaben zu den Gründen, sofern es sich um folgende Gesellschaften handelt:
    a) börsennotierte Aktiengesellschaften, die auf Grund von § 96 Absatz 2 und 3 des Aktiengesetzes Mindestanteile einzuhalten haben oder
    b) börsennotierte Europäische Gesellschaften (SE), die auf Grund von § 17 Absatz 2 oder § 24 Absatz 3 des SE-Ausführungsgesetzes Mindestanteile einzuhalten haben;
6. bei Aktiengesellschaften i. S. d. Absatzes 1, die nach § 267 Absatz 3 Satz 1 und Absatz 4 bis 5 große Kapitalgesellschaften sind, eine Beschreibung des Diversitätskonzepts, das im Hinblick auf die Zusammensetzung des vertretungsberechtigten Organs und des Aufsichtsrats in Bezug auf Aspekte wie bspw. Alter, Geschlecht, Bildungs- oder Berufshintergrund verfolgt wird, sowie der Ziele dieses Diversitätskonzepts, der Art und Weise seiner Umsetzung und der im Geschäftsjahr erreichten Ergebnisse.
(3) Auf börsennotierte Kommanditgesellschaften auf Aktien sind die Absätze 1 und 2 entsprechend anzuwenden.
(4) ¹Andere Unternehmen, deren Vertretungsorgan und Aufsichtsrat nach § 36 oder § 52 des Gesetzes betreffend die Gesellschaften mit beschränkter Haftung oder nach § 76 Absatz 4 des Aktiengesetzes, auch in Verbindung mit § 34 Satz 2 und § 35 Absatz 3 Satz 1 des Versicherungsaufsichtsgesetzes, oder

nach § 111 Absatz 5 des Aktiengesetzes, auch in Verbindung mit § 35 Absatz 3 Satz 1 des Versicherungsaufsichtsgesetzes, verpflichtet sind, Zielgrößen für den Frauenanteil und Fristen für deren Erreichung festzulegen, haben in ihrem Lagebericht als gesonderten Abschnitt eine Erklärung zur Unternehmensführung mit den Festlegungen und Angaben nach Absatz 2 Nummer 4 aufzunehmen; Absatz 1 Satz 2 und 3 gilt entsprechend. ²Gesellschaften, die nicht zur Offenlegung eines Lageberichts verpflichtet sind, haben eine Erklärung mit den Festlegungen und Angaben nach Absatz 2 Nummer 4 zu erstellen und gem. Absatz 1 Satz 2 zu veröffentlichen. ³Sie können diese Pflicht auch durch Offenlegung eines unter Berücksichtigung von Satz 1 erstellten Lageberichts erfüllen.

(5) Wenn eine Gesellschaft nach Absatz 2 Nummer 6, auch in Verbindung mit Absatz 3, kein Diversitätskonzept verfolgt, hat sie dies in der Erklärung zur Unternehmensführung zu erläutern.

PROF. DR. KARSTEN PAETZMANN

Inhaltsübersicht	Rz
1 Überblick	1–4
2 Anwendungsbereich	5–7
3 Elemente der Erklärung	8–24
3.1 Entsprechenserklärung nach § 161 AktG (Abs. 2 Nr. 1)	8–10
3.2 Unternehmensführungspraktiken (Abs. 2 Nr. 2)	11–13
3.3 Vorstand und Aufsichtsrat (Abs. 2 Nr. 3)	14–16
3.4 Gleichberechtigte Teilhabe von Frauen und Männern (Abs. 2 Nr. 4 und 5)	17–18
3.5 Beschreibung des Diversitätskonzepts	19–20
3.6 Börsennotierte KGaA (Abs. 3)	21
3.7 Weitere Unternehmen (Abs. 4)	22–23
3.8 Comply or Explain in Bezug auf das Diversitätskonzept (Abs. 5)	24
4 Form der Erklärung	25–27
5 Pflichten des Abschlussprüfers	28–30
6 Sanktionen	31–32

1 Überblick

1 Im Zuge der Reformmaßnahmen zur Modernisierung der Corporate Governance trat im September 2006 die EU-Abänderungsrichtlinie (RL 2006/46/EG des Europäischen Parlaments und des Rates v. 14.6.2006) in Kraft, die bis September 2008 in nationales Recht umzusetzen war. Diese enthält u.a. ein **Corporate-Governance-Statement**, das deutlich über die bestehende Entsprechenserklärung nach § 161 AktG hinausgeht.[1]

---

[1] Vgl. *Lentfer/Weber*, 2006, S. 2359; *Paetzmann*, 2009, S. 64; *Paetzmann*, 2012, S. 25.

Der deutsche Gesetzgeber hat die Vorgaben des Art. 46a Abs. 1 Buchst. a und f der Bilanzrichtlinie i.d. F. d. Abänderungsrichtlinie umgesetzt, indem er 2009 durch das BilMoG ein Corporate-Governance-Statement in das HGB aufgenommen hat.[2] Entsprechend den europarechtlichen Vorgaben sah der ursprüngliche BilMoG-RegE eine erstmalige Anwendung auf Jahresabschlüsse für nach dem 5.9.2008 beginnende Gj vor. Infolge der Verzögerungen im Gesetzgebungsverfahren war der eingefügte § 289a HGB aF jedoch erstmals auf Jahresabschlüsse für das nach dem 31.12.2008 beginnende Gj anzuwenden (Art. 66 Abs. 2 Satz 1 EGHGB). Zweck der **Erklärung zur Unternehmensführung** ist es, den Rechnungslegungsadressaten einen direkten Einblick in die Corporate Governance, also in die Praktiken der Unternehmensführung und -überwachung einschl. Struktur und Arbeitsweise der Leitungsorgane, zu geben.

2

Mit dieser Ausrichtung stand der § 289a HGB aF bzw. steht der neue § 289f HGB in engem Zusammenhang mit der Entsprechenserklärung zu den Empfehlungen des **Deutschen Corporate Governance Kodex (DCGK)** nach § 161 AktG.[3] Diese Entsprechenserklärung ist in das Corporate-Governance-Statement aufzunehmen.

3

Die Erklärung nach § 289a HGB aF bzw. § 289f HGB umfasst, anders als durch die deutsche Formulierung „Erklärung zur Unternehmensführung" angedeutet, nicht nur die Praktiken der Unternehmensführung, sondern auch die installierten Instrumente der **Unternehmensüberwachung** und damit die **Corporate Governance** insgesamt. Corporate Governance als zielgerichtete Führung und Überwachung beinhaltet Mechanismen zur Regelung von Kompetenzen, Schaffung von Anreizen, Installierung von Überwachungsprozessen und Koordinierung von Außenbeziehungen des Unternehmens.[4] Durch die Erklärung zur Unternehmensführung wird die Corporate Governance teilweise selbst Gegenstand der Rechnungslegung.[5]

4

Die Erklärung zur Unternehmensführung ist durch die integrierte Entsprechenserklärung des § 161 AktG geprägt, sie geht jedoch inhaltlich darüber hinaus, indem sie ein Corporate Governance Statement mit Angaben zu den angewandten wesentlichen Unternehmensführungspraktiken und zu den Arbeitsweisen von Vorstand und Aufsichtsrat sowie zur Zusammensetzung und Arbeitsweise seiner Ausschüsse enthält.[6]

Mit dem Ziel eines Übergangs hin zu einer nachhaltigen globalen Wirtschaft beschloss das EU-Parlament 2014 eine Corporate-Social-Responsibility- (CSR-)Richtlinie (RL 2014/95/EU), nach der bestimmte nichtfinanzielle und die Diversität betreffende Informationen, einschließlich sozialer und umweltbezogener Faktoren, offengelegt werden müssen. Die Umsetzung der CSR-RL durch das CSR-RL-Umsetzungsgesetz änderte nichts an dem generellen Charakter der Erklärung zur Unternehmensführung, jedoch verschob sich die Regelung von § 289a HGB aF nach § 289f HGB. Dem § 289f HGB wurde dabei eine neue Nummer 6 angehängt, die die zusätzliche Beschreibung eines Diversitäts-

---

2 Vgl. *Lanfermann/Maul*, 2006, S. 2013f.
3 Vgl. *Melcher/Mattheus*, 2008, S. 54.
4 Vgl. *Paetzmann*, 2007, S. 302.
5 Vgl. *Müller*, 2008, S. 43.
6 Vgl. *Paetzmann*, 2009 S. 64–66.

konzepts betrifft. Diese Änderungen durch das CSR-RL-Umsetzungsgesetz betreffen erstmalig Gj, die nach dem 31.12.2016 beginnen.[7]

2 Anwendungsbereich

5   Entsprechend den europarechtlichen Vorgaben bezieht sich die Verpflichtung zur Abgabe des Corporate-Governance-Statements nach § 289f Abs. 1 Satz 1 HGB nur auf **börsennotierte AG** und solche AG, die ausschließlich **andere Wertpapiere** (etwa Schuldverschreibungen) zum Handel am organisierten Markt i.S.d. § 2 Abs. 5 WpHG ausgegeben haben und deren Aktien mit Wissen[8] der Ges. über ein multilaterales Handelssystem i.S.d. § 2 Abs. 3 Satz 1 Nr. 8 WpHG (in Deutschland grds. der Freiverkehr) gehandelt werden.

6   Durch das BilMoG wurde hierdurch neben der börsennotierten AG nach § 3 Abs. 2 AktG und der KM-orientierten KapG nach § 264d HGB eine weitere Kategorie in das Gesetz eingefügt. Die Pflicht zur Abgabe einer Entsprechenserklärung nach § 161 AktG wurde entsprechend erweitert.[9] Die Erklärung zur Unternehmensführung kann daneben durch andere Unt auch freiwillig erfolgen.[10]

7   Wie schon zuvor, handelt es sich beim § 161 AktG um eine Erklärung des Vorstands und des AR der Ges.[11] Hiervon ausgehend bleibt es aus dem Gesetzeswortlaut des § 289f HGB nF heraus unklar, ob es sich bei der Erklärung zur Unternehmensführung um eine Erklärung allein der gesetzlichen Vertreter der Ges., also des Vorstands, handeln soll (wenig sachgerecht), um eine gemeinsame Erklärung von Vorstand und AR der Ges. entsprechend § 161 AktG oder etwa um zwei separate Erklärungen.[12] Die Notwendigkeit eines Einbezugs des AR in die Abfassung der Erklärung ergibt sich insb. auch mit Blick auf die nach Abs. 2 Nr. 3 geforderte Beschreibung der Arbeitsweise des AR und seiner Ausschüsse, die i.S.d. Corporate Governance durch den AR selbst erfolgen sollte. Die Erklärung hat jedenfalls **durch Vorstand und Aufsichtsrat** der Ges. zu erfolgen.

3 Elemente der Erklärung

3.1 Entsprechenserklärung nach § 161 AktG (Abs. 2 Nr. 1)

8   In § 289f Abs. 2 HGB nF sind die Bestandteile des **Corporate-Governance-Statements** im Einzelnen aufgeführt. Nach Abs. 2 Nr. 1 ist zunächst die **Entsprechenserklärung nach § 161 AktG** in die Erklärung aufzunehmen. Nach Art. 46a Abs. 1 Buchstaben a und b der Bilanzrichtlinie i.d.F. d. Abänderungsrichtlinie hat die Erklärung einen Hinweis auf den angewandten Corporate-Governance-Kodex und eine Erläuterung zu enthalten, in welchen Punkten und aus welchen Gründen von diesem abgewichen wird („**comply or explain**"). Obwohl

---

[7] Vgl. *Paetzmann*, 2016 S. 284f.
[8] Vgl. BilMoG-BegrRegE, S. 104; *Theusinger/Liese*, 2008, S. 1423; *Grottel/Röhm-Kottmann*, in Beck Bil-Komm., 10. Aufl., 2016, § 289a HGB, Rz 2.
[9] Vgl. BilMoG-BegrRegE, S. 104.
[10] Vgl. *Grottel/Röhm-Kottmann*, in Beck Bil-Komm., 10. Aufl., 2016, § 289a HGB, Rz 9.; *Kajüter* in *Küting/Pfitzer/Weber*, HdR, §§ 289, 289a, Rn. 190, Stand 04/2011.
[11] Vgl. BilMoG-BegrRegE, S. 103; *Grottel/Röhm-Kottmann*, in Beck Bil-Komm., 10. Aufl., 2016, § 289a HGB, Rz 20.
[12] Vgl. auch den noch weitergehenden Vorschlag bei *Weber/Lentfer/Köster*, 2008, S. 37f.

die Entsprechenserklärung nach § 161 Abs. 2 AktG (weiterhin) auf der Internetseite zu veröffentlichen ist, ist sie nun (in einem gesonderten Abschnitt) Teil der Erklärung zur Unternehmensführung. Es kommt so zu einer **Doppelabgabe** der Erklärung, denn § 289f Abs. 2 Nr. 1 HGB enthält keine Möglichkeit, auf die Internetseite zu verweisen.[13]

Dies geht über die Inhalte hinaus, die zuvor durch § 161 AktG für die Entsprechenserklärung vorgegeben waren, denn diese Vorschrift forderte vor dem BilMoG keine Begründung, warum von einer Empfehlung des DCGK abgewichen wurde, sondern lediglich eine Erklärung, ob den Empfehlungen entsprochen wurde und wird und welche Empfehlungen nicht angewandt wurden oder werden. Entsprechend wurde § 161 AktG durch das BilMoG derart erweitert, dass nun in der Entsprechenserklärung auch die **Gründe für ein etwaiges Abweichen** von den DCGK-Empfehlungen zu erläutern sind.

Hiervon unberührt bleibt die Anhangangabe nach § 285 Nr. 16 HGB, dass Vorstand und Aufsichtsrat eine Entsprechenserklärung abgegeben haben.

3.2 Unternehmensführungspraktiken (Abs. 2 Nr. 2)

Nach Abs. 2 Nr. 2 sind die angewandten wesentlichen **Unternehmenspraktiken anzugeben, die über die gesetzlichen Anforderungen aus dem deutschen Recht hinausgehen.** Dazu ist anzugeben, wo diese öffentlich zugänglich sind.

> **Beispiel**
> Die in den Lagebericht 2009 integrierte Erklärung zur Unternehmensführung der Oldenburgischen Landesbank AG enthält folgende Ausführungen zu den Unternehmensführungspraktiken:
> „Unternehmensführungspraktiken
> Um das Vertrauen der Anleger, Kunden, Mitarbeiter und Öffentlichkeit in die Oldenburgische Landesbank AG zu erhalten, gilt für alle Mitarbeiter, Führungskräfte und Mitglieder des Vorstands der Oldenburgische Landesbank AG zudem der für alle Gesellschaften des Allianz Konzerns gültige Verhaltenskodex für Business Ethik und Compliance (Code of Conduct). Der Code of Conduct setzt das UN Global Compact Programm um und legt verbindliche Grundsätze und Verhaltensregeln fest, mit Hilfe derer Situationen vermieden werden sollen, die das Vertrauen in die Integrität der einzelnen Gesellschaften und ihrer Mitarbeiter erschüttern könnten. Neben den Themenbereichen Korruption, Geldwäsche und Diskriminierung geht der Code of Conduct vor allem auch auf mögliche Interessenskonflikte und deren Vermeidung ein. Der Code of Conduct ist auf der Internetseite der Allianz SE unter www.allianz.com/de/investor_relations/corporate_governance/index.html veröffentlicht."[14]

Dem Gesetzgeber ging es laut BilMoG-RegE hierbei um solche grundlegenden Unternehmensführungsstandards, die praktische Umsetzungen des anzuwendenden DCGK beinhalten oder aber die Regelungsbereiche betreffen, die ein

---

[13] Vgl. *Bischof/Selch*, 2008, S. 1027.
[14] *Oldenburgische Landesbank AG*, Finanzbericht 2009, S. 17.

Unternehmensführungskodex abdecken könnte, wie etwa unternehmensweit gültige ethische Standards, Arbeits- oder Sozialstandards.[15] Mögliche Beispiele sind Verschärfungen im Rahmen der Besetzung des AR und seiner Ausschüsse über die gesetzlichen Vorgaben hinaus, etwa hinsichtlich der Unabhängigkeit der Kandidaten bzw. Mitglieder.[16]

13 Mit Blick auf das Sustainability Reporting i. S. d. nichtfinanziellen Berichterstattung nach §§ 289b–289e HGB nF sind in der Erklärung zur Unternehmensführung Angaben zur Unternehmensführung auch für jene Praktiken zu machen, die über die gesetzlichen Anforderungen hinaus angewandt werden.[17] Dazu kann eine freiwillige Selbstverpflichtung der Unternehmensleitung gehören, die Unternehmensführung an den Zielen einer nachhaltigen Entwicklung auszurichten. Dies betrifft gem. dem Deutschen Rechnungslegungs Standard (DRS) Nr. 20, Tz. K229, Praktiken, die entweder Umsetzungen des jeweils angewandten Unternehmensführungskodex sind oder Regelungsbereiche abdecken, die ein Unternehmensführungskodex ausfüllen könnte. Hierzu gehören etwa unternehmensweit gültige ethische Standards, Arbeits- und Sozialstandards, Richtlinien zur Compliance und zur Nachhaltigkeit.[18]

3.3 Vorstand und Aufsichtsrat (Abs. 2 Nr. 3)

14 Im Corporate-Governance-Statement sind nach Abs. 2 Nr. 3 ebenfalls die **Arbeitsweisen von Vorstand und AR** sowie die **Zusammensetzung und Arbeitsweise seiner Ausschüsse** zu beschreiben. Dabei kann sich das Corporate-Governance-Statement auf die Beschreibung der personellen Zusammensetzung der Ausschüsse beschränken, da die Angaben zu den Organen als Ganzes bereits nach § 285 Nr. 10 HGB im Anhang darzustellen sind. Hinsichtlich des AR und seiner Ausschüsse wird auf die AR-Empfehlung der EU verwiesen, nach der der AR eine ideale Besetzung mit Blick auf Fachkenntnis, Urteilsfähigkeit und Erfahrung festzulegen, regelmäßig zu überprüfen und im Fall von Abweichungen entsprechende Maßnahmen zu ergreifen hat.[19] Nach der AR-Empfehlung der Kommission sollen die AR-Mitglieder darüber hinaus eine jährliche Selbstevaluation durchführen, deren Ergebnisse einschl. Angaben zu Änderungen aufgrund der Selbstevaluationsergebnisse publiziert werden sollten.[20]

15 Die Darstellung der Arbeitsweise der Ausschüsse kann sich auf deren Ziele, Aufgaben, Entscheidungskompetenzen oder auf die Frequenz der Sitzungen beziehen. Hinsichtlich der personellen Besetzung der Ausschüsse reicht es aus, die Ausschussvorsitzenden und ihre Stellvertreter sowie die einzelnen Mitglieder mit Vor- und Nachnamen sowie ausgeübtem Beruf zu nennen.[21]

16 In der Praxis wird eine Orientierung an bestehenden Geschäftsordnungen sinnvoll sein. Die Beschreibungen zur Arbeitsweise der Gremien sollten Darstel-

---

15 Vgl. BilMoG-BegrRegE, S. 78; *Baetge/Kirsch/Thiele*, 2014, S. 810; DRS 20.K229.
16 Vgl. *Melcher/Mattheus*, 2008, S. 55.
17 Vgl. *Freidank*, Unternehmensüberwachung, 2012, S. 35 f.
18 Vgl. *Simon-Heckroth*, Nachhaltigkeitsberichterstattung und Integrated Reporting: Neue Anforderungen an den Berufsstand, WPg 6/2014 S. 315.
19 Vgl. AR-Empfehlung, Art 11.
20 Vgl. AR-Empfehlung, Art 8 f.
21 Vgl. auch DRS 20.K230; *Kajüter* in *Küting/Pfitzer/Weber*, HdR, §§ 289, 289a, Rn. 203, Stand 04/2011.

lungen zu Aufgabenabgrenzungen, Strukturen und Prozesse beinhalten.[22] In Bezug auf den AR sind die geforderten Informationen teilweise in seinem Bericht an die HV nach § 171 Abs. 2 Satz 2 AktG enthalten. Diese Informationen werden nun einem breiten Interessentenkreis zugänglich gemacht.[23] Erst im Zuge der Beratungen des Rechtsausschusses wurde der letzte Halbsatz in Abs. 2 Nr. 3 angefügt, wonach ein Verweis auf die Internetseite der Ges. ausreicht, sofern die geforderten Informationen dort öffentlich zugänglich sind. Dies soll im Interesse der Wirtschaft dazu dienen, Doppelangaben zu vermeiden.[24]

3.4 Gleichberechtigte Teilhabe von Frauen und Männern (Abs. 2 Nr. 4 und 5)

Durch das **FührposGleichberG**[25] wurde dem § 76 AktG ein Abs. 4 angefügt, wonach der Vorstand von Ges., die börsennotiert sind oder der Mitbestimmung unterliegen, in den beiden Führungsebenen unterhalb des Vorstands **Zielgrößen für den Frauenanteil** festzulegen hat. Dabei dürfen, sofern der Frauenanteil bei Festlegung der Zielgrößen unter 30 Prozent liegt, die Zielgrößen des jeweils erreichten Anteils nicht mehr unterschritten werden. Weiter sind Fristen zur Erreichung der Zielgrößen festzulegen, die nicht länger als fünf Jahre sein dürfen. Ebenfalls fügte das FührposGleichberG einen Abs. 5 in § 111 AktG ein, nach dem der AR für den Frauenanteil in AR und Vorstand Zielgrößen festzulegen hat. Nach dem FührposGleichberG ist nun im Corporate-Governance-Statement börsennotierter AG anzugeben, die **Festlegung der Frauenquoten der 1. und 2. Führungsebene** und ob die nach §§ 76 Abs. 4, 111 Abs. 5 AktG festgelegten Zielgrößen während des Bezugszeitraums erreicht wurden, und wenn nicht, aus welchen Gründen. Diese Angabepflichten bestanden nach Art. 73 EGHGB bereits für alle Lageberichte von Gj, die nach dem 30.09.2015 endeten, d.h. bereits für das Gj 2015. Nach Ziff. 4.1.5 des am 12.06.2015 bekannt gemachten überarbeiteten DCGK waren die Zielgrößen somit bis zum 30.09.2015 vom Vorstand festzulegen und eine Erreichungsfrist bis längstens 30.06.2017 zu terminieren.

Seit dem Gj 2016 haben börsennotierte AG und SE, die **Mindestfrauenanteile** im AR einzuhalten haben, nach § 289f Abs. 2 Nr. 5 HGB anzugeben, ob die Ges. bei der Besetzung des AR mit Frauen und Männern jeweils die vorgegebenen Mindestanteile im Gj eingehalten hat; wenn nicht, sind die Gründe dafür anzugeben.

3.5 Beschreibung des Diversitätskonzepts

Durch das CSR-RL-Umsetzungsgesetz wurde in Abs. 2 eine neue Nr. 6 (§ 289f Abs. 2 Nr. 6 HGB) angehängt. Diese Nr. 6 betrifft die zusätzliche Beschreibung eines Diversitätskonzepts, das mit Blick auf die Zusammensetzung des vertretungsberechtigten Organs und des Aufsichtsrats Aspekte wie etwa Alter, Geschlecht sowie Bildungs- und Berufshintergrund enthält und die Ziele des Diver-

---

22 Vgl. *Strickmann*, in *Kessler/Leinen/Strickmann*, BilMoG, 2009, S. 547f.
23 Vgl. *Melcher/Mattheus*, 2008, S. 55.
24 Vgl. BilMoG-BegrRA, S. 14.
25 Gesetz für die gleichberechtigte Teilhabe von Frauen und Männern an Führungspositionen in der Privatwirtschaft und im öffentlichen Dienst v. 24.4.2015, BGBl, 2015 I S. 642.

sitätskonzepts einschließlich Art und Weise seiner Umsetzung und der im Gj erreichten Ergebnisse beschreibt. Sofern die Ges. kein Diversitätskonzept verfolgt, ist dies in der Erklärung zur Unternehmensführung zu erläutern. Die Erläuterung kann jedoch unterbleiben, sofern die Erklärung zur Unternehmensführung nach § 289f Abs. 2 Nr. 2 HGB bereits Angaben zum Diversitätskonzept enthält.[26]

20 Die Neuregelung zur Beschreibung des Diversitätskonzepts gilt wie die gesamte Erklärung zur Unternehmensführung nur für KM-orientierte Aktien- und Kommanditgesellschaften, allerdings abweichend nur für jene, die „groß" sind i. S. d. § 267 Abs. 3 Satz 1 und Abs. 4 bis 5 HGB. Der Anwendungsbereich weicht damit von der nichtfinanziellen Erklärung der §§ 289b–289e HGB insofern ab, als dass keine Schwelle von 500 Arbeitnehmern vorgegeben wird und nur KM-orientierte Aktien- und Kommanditgesellschaften, insbesondere aber nicht GmbHs, betroffen sind. Die Prüfung der Angaben in der Erklärung zur Unternehmensführung, nun einschließlich der Angaben zum Diversitätskonzept, beschränkt sich auf das Vorhandensein der Angaben und schließt keine inhaltliche Prüfung der Angaben ein.[27] Die Regelung zur Beschreibung des Diversitätskonzepts gilt erstmalig für Gj, die nach dem 31.12.2016 beginnen.

3.6 Börsennotierte KGaA (Abs. 3)

21 Nach dem durch das FührposGleichberG neu angefügten § 289f Abs. 3 HGB sind die Abs. 1 und 2 seit dem Gj 2016 entsprechend auf die börsennotierte KGaA anzuwenden. Hierbei handelt es sich um eine Klarstellung.[28]

3.7 Weitere Unternehmen (Abs. 4)

22 Der durch das FührposGleichberG neu angefügte Abs. 4 erweitert seit dem Gj 2016 den Adressatenkreis des § 289f HGB über börsennotierte AG und KGaA hinaus auf all jene Unt (**mitbestimmte GmbH, GmbH mit AR, Versicherungsunt**), deren Organe nach gesetzlichen Vorgaben verpflichtet sind, Zielgrößen und Fristen für die Erhöhung des Frauenanteils festzulegen. Für diese Unt gelten nur die Berichtspflichten des § 289f Abs. 2 Nr. 4 HGB, nicht aber die weiteren Inhalte des § 289f Abs. 2 HGB.

23 Unt, die keinen Lagebericht zu erstellen haben, aber den Verpflichtungen des FührposGleichberG zur Festlegung von Zielgrößen und Fristen zur Erhöhung des Frauenanteils unterfallen, haben seit dem Gj 2016 eine eigenständige Erklärung zur Unternehmensführung zu erstellen und auf ihrer Internetseite zu veröffentlichen. Stellen solche Unt freiwillig einen Lagebericht mit den Angaben der Erklärung der Unternehmensführung auf, ist er ebenfalls zu publizieren. Von der Regelung erfasst werden daher auch kleine, nicht börsennotierte Ges. i. S. d. § 267 Abs. 1 HGB.

---

[26] Vgl. Begr. RegE CSR-Richtlinie-Umsetzungsgesetz, S. 61.
[27] Vgl. IDW-Positionspapier zu den Angaben zur Frauenquote v. 28.9.2016, S. 5.
[28] Vgl. FührposGleichberG-BegrRegE, S. 133.

3.8 Comply or Explain in Bezug auf das Diversitätskonzept (Abs. 5)

Mit einem neu angefügten § 289f Abs. 5 HGB wird, im Einklang mit Art. 20 Abs. 1 der Bilanzrichtlinie in der Fassung der CSR-Richtlinie, auch in Bezug auf das Diversitätskonzept ein „Comply or Explain" eingeführt. Demnach ist zu erläutern, sofern eine Ges. kein Diversitätskonzept verfolgt (§ 289f Abs. 5 HGB).

4 Form der Erklärung

Die Erklärung zur Unternehmensführung ist nach § 289f Abs. 1 Satz 1 HGB als **gesonderter Abschnitt in den Lagebericht** aufzunehmen bzw. im Falle des Konzerns in den Konzernlagebericht (§ 315 Abs. 3 HGB).[29] Hinzuweisen ist auf eine durch das **BilRUG** (2015) eingeführte Änderung für den Konzernlagebericht (neu eingefügter § 315 Abs. 5 HGB), nach der, sofern ein MU oder ein in den Konzernabschluss einbezogenes TU eine Ges. i.S.d. § 289f Abs. 1 Satz 1 HGB ist, das MU ab dem Gj 2016 in einem gesonderten Abschnitt des Konzernlageberichts für jede dieser Ges. eine Erklärung zur Unternehmensführung nach § 289f Abs. 2 HGB aufzunehmen hat.[30]

Da die Erklärung zur Unternehmensführung, einschl. der Entsprechenserklärung, auch durch den AR zu unterzeichnen ist, sollte von einer Aufnahme in den Lagebericht jedoch abgesehen werden. Mit dem Ziel einer adressatenfreundlichen hohen Transparenz und einer Vermeidung von Missverständnissen hinsichtlich der Zuverlässigkeit unterschiedlicher Teilberichte des Lageberichts – der Lagebericht als Objekt der Abschlussprüfung – wird im Schrifttum vorgeschlagen, die Erklärung zur Unternehmensführung **aus der Lageberichterstattung herauszulösen**. Damit können die Angaben im Lagebericht auf die traditionelle Informationsfunktion über Rechnungslegungsaspekte fokussiert werden.[31]

Alternativ kann die Erklärung ebenfalls auf der **Internetseite** der Ges. in einem gesonderten Bereich öffentlich zugänglich gemacht werden. Darauf ist nach § 289f Abs. 1 Satz 2 HGB im Lagebericht Bezug zu nehmen und die Adresse der Internetseite anzugeben. Eine derartige Darstellung der Erklärung auf der Internetseite beeinträchtigt nicht die notwendige Klarheit und Übersichtlichkeit der Berichterstattung.[32] Die möglichen praktischen Probleme, die sich aus Umstrukturierungen und Umbenennungen von Internetseiten ergeben können (Verweise ins Leere), sind zu beachten.[33] Strittig ist bislang, ob die Erklärung unterjährig zu aktualisieren ist, wenn Unt Abweichungen vom DCGK noch nicht begründet haben. Einer Transparenz dient eine derartige Aktualisierung

---

[29] Vgl. auch DRS 20.K226.
[30] Vgl. BilRuG-BegrRegE, S. 81f.
[31] Vgl. IDW, 2005, S. 177; IDW, 2008, S. 20f.; *Kuthe/Geiser*, 2008, 175; *Melcher/Mattheus*, 2008, S. 55; *Weber/Lentfer/Köster*, 2008, S. 36; *Grottel/Röhm-Kottmann*, in Beck Bil-Komm., 10. Aufl., 2016, § 289a HGB, Rz 24; *Kajüter* in *Küting/Pfitzer/Weber*, HdR, §§ 289, 289a, Rn. 203, Stand 04/2011; *Böcking/Dutzi/Eibelshäuser*, in *Baetge/Kirsch/Thiele*, Bilanzrecht, § 289a HGB, Rz 56 Stand 04/2011.
[32] Vgl. DRS 20.21.
[33] Vgl. *Melcher/Mattheus*, 2008, S. 55.

jedoch und es ist in Bezug auf § 161 AktG in der Praxis bisher eine Tendenz hierzu erkennbar.³⁴

> **Beispiel**
> Der Geschäftsbericht 2009 der RWE AG, der in den der LB der Ges. integriert ist, enthält folgenden Verweis auf die Erklärung zur Unternehmensführung nach § 289a HGB aF im Internet:
> „Weitergehende Informationen über unsere Corporate-Governance-Praxis geben wir im Internet unter www.rwe.com/IR. Hier finden sich auch unsere Satzung, die Geschäftsordnungen des Aufsichtsrats und des Vorstands, der RWE-Verhaltenskodex, sämtliche Corporate-Governance-Berichte und Entsprechenserklärungen sowie der Bericht zur Unternehmensführung gem. § 289a HGB."³⁵

27   Die Publikation auf der Internetseite war auch für die aktienrechtliche Entsprechenserklärung bereits zuvor regelmäßig üblich. In § 161 Abs. 2 AktG ist nun eine derartige Veröffentlichung auf der Internetseite vorgeschrieben, um der Maßgabe des Art. 46a der Bilanzrichtlinie i.d.F. der Abänderungsrichtlinie Rechnung zu tragen, dass die Erklärung zum DCGK nicht nur den Aktionären, sondern dauerhaft öffentlich zugänglich zu machen ist (ausgedehnter Adressatenkreis).

5   Pflichten des Abschlussprüfers

28   Die Erklärung zur Unternehmensführung ist (wie auch der Inhalt der Entsprechenserklärung) de lege lata **vom Umfang der handelsrechtlichen Abschlussprüfungen ausgenommen (§ 317 Abs. 2 Satz 3 HGB).** Hier besteht ein Unterschied zu dem ebenfalls durch das BilMoG aufgenommenen Bericht zum internen Risikomanagement im Hinblick auf den Rechnungslegungsprozess nach § 289 Abs. 5 HGB aF bzw. § 289 Abs. 4 HGB nF, der obligatorischer Bestandteil des Lageberichts ist.

29   Der AP hat allenfalls eine Berichtspflicht, sofern er im Rahmen seiner Prüfung der Rechnungslegung auf entsprechende Gesetzes- oder Satzungsverletzungen (§ 321 Abs. 1 Satz 3 HGB) oder Unrichtigkeiten in der Entsprechenserklärung (Ziff. 7.2.3. DCGK) stößt. Gegenstand der Abschlussprüfung ist jedoch die Anhangangabe nach § 285 Nr. 16 HGB, dass die Erklärung abgegeben wurde und wo sie öffentlich zugänglich gemacht worden ist.

30   Für den Fall, dass die Erklärung zur Unternehmensführung nach § 289f Abs. 1 Satz 1 HGB als gesonderter Abschnitt in den Lagebericht aufgenommen wird, enthält § 317 Abs. 2 Satz 3 HGB die Klarstellung, dass die Angaben nach § 289f HGB nicht in die Prüfung einzubeziehen sind. Dies bedeutet konkret, dass **ein Teil des Lageberichts nicht Gegenstand der Abschlussprüfung** ist und nicht vom Bestätigungsvermerk erfasst wird.³⁶ Der IDW empfiehlt zur Vermeidung

---

34   Vgl. *Theusinger/Liese*, 2008, S. 1421 u. 1423.
35   *RWE AG*, Geschäftsbericht 2009, S. 123.
36   Vgl. *Böcking/Dutzi/Eibelshäuser*, in *Baetge/Kirsch/Thiele*, Bilanzrecht, § 289a HGB, Rz 58 Stand 04/2011.

von Missverständnissen, in den Bestätigungsvermerk einen Hinweis zum eingeschränkten Prüfungsumfang aufzunehmen.[37]

6 Sanktionen

Mitglieder eines vertretungsberichtigten Organs oder des Aufsichtsrats handeln gem. § 334 Abs. 1 Nr. 3 HGB **ordnungswidrig**, wenn sie bei der Aufstellung des Lageberichts einer Vorschrift des § 289f HGB zuwider handeln. Nach § 334 Abs. 3 HGB kann eine derartige Ordnungswidrigkeit mit einer Geldbuße von bis zu 50.000 EUR geahndet werden. Dies betrifft sowohl die Nichtabgabe als auch die nicht vollständige oder fehlerhafte Erklärung: 31

- Die **Nichtabgabe**, auch das Unterlassen einer Erneuerung der Erklärung nach spätestens zwölf Monaten, stellt eine so schwerwiegende Pflichtverletzung dar, dass eine Entlastung der Vorstands- und AR-Mitglieder anfechtbar ist. Hinweise allein im Geschäftsbericht, dass keine Entsprechenserklärung oder keine Erklärung zur Unternehmensführung abgegeben wurde, reichen nicht.[38]
- Bei fehlerhafter, **in bedeutsamem Umfang falscher vergangenheitsbezogener Erklärung** liegt eine schwerwiegende Pflichtverletzung vor, weshalb die Organe nicht entlastet werden dürfen und erteilte Entlastungen anfechtbar sind.

Gegenüber der Ges. (Innenhaftung) wie auch gegenüber Aktionären, Investoren und Gläubigern (Außenhaftung) können Schadensersatzansprüche aus schuldhafter Verletzung von Sorgfaltspflichten von Vorstand (§ 93 AktG) und Aufsichtsrat (§ 116 AktG) entstehen. Die notwendige Kausalität zwischen Pflichtverletzung und entstandenem Schaden dürfte jedoch schwer nachzuweisen sein.[39] 32

---

[37] Vgl. IDW PS 345, Tz. 22 Abs. 2.
[38] Vgl. *Theusinger/Liese*, 2008, S. 1422; *Grottel/Röhm-Kottmann*, in Beck Bil-Komm., 10. Aufl., 2016, § 289a HGB, Rz 67.
[39] Vgl. *Hüffer*, AktG, 2008, § 93, Rn 25; *Grottel/Röhm-Kottmann*, in Beck Bil-Komm., 10. Aufl., 2016, § 289a HGB, Rz 71.

§ 290 Pflicht zur Aufstellung

(1) ¹Die gesetzlichen Vertreter einer Kapitalgesellschaft (Mutterunternehmen) mit Sitz im Inland haben in den ersten fünf Monaten des Konzerngeschäftsjahrs für das vergangene Konzerngeschäftsjahr einen Konzernabschluss und einen Konzernlagebericht aufzustellen, wenn diese auf ein anderes Unternehmen (Tochterunternehmen) unmittel- oder mittelbar einen beherrschenden Einfluss ausüben kann. ²Ist das Mutterunternehmen eine Kapitalgesellschaft im Sinn des § 325 Abs. 4 Satz 1, sind der Konzernabschluss sowie der Konzernlagebericht in den ersten vier Monaten des Konzerngeschäftsjahrs für das vergangene Konzerngeschäftsjahr aufzustellen.

(2) ¹Beherrschender Einfluss eines Mutterunternehmens besteht stets, wenn
1. ihm bei einem anderen Unternehmen die Mehrheit der Stimmrechte der Gesellschafter zusteht;
2. ihm bei einem anderen Unternehmen das Recht zusteht, die Mehrheit der Mitglieder des die Finanz- und Geschäftspolitik bestimmenden Verwaltungs-, Leitungs- oder Aufsichtsorgans zu bestellen oder abzuberufen, und es gleichzeitig Gesellschafter ist;
3. ihm das Recht zusteht, die Finanz- und Geschäftspolitik auf Grund eines mit einem anderen Unternehmen geschlossenen Beherrschungsvertrages oder auf Grund einer Bestimmung in der Satzung des anderen Unternehmens zu bestimmen, oder
4. es bei wirtschaftlicher Betrachtung die Mehrheit der Risiken und Chancen eines Unternehmens trägt, das zur Erreichung eines eng begrenzten und genau definierten Ziels des Mutterunternehmens dient (Zweckgesellschaft).
²Neben Unternehmen können Zweckgesellschaften auch sonstige juristische Personen des Privatrechts oder unselbständige Sondervermögen des Privatrechts sein, ausgenommen Spezial-Sondervermögen im Sinn des § 2 Abs. 3 des Investmentgesetzes oder vergleichbare ausländische Investmentvermögen oder als Sondervermögen aufgelegte offene inländische Spezial-AIF mit festen Anlagebedingungen im Sinn des § 284 des Kapitalanlagegesetzbuchs oder vergleichbare EU-Investmentvermögen oder ausländische Investmentvermögen, die den als Sondervermögen aufgelegten offenen inländischen Spezial-AIF mit festen Anlagebedingungen im Sinn des § 284 des Kapitalanlagegesetzbuchs vergleichbar sind.

(3) ¹Als Rechte, die einem Mutterunternehmen nach Absatz 2 zustehen, gelten auch die einem anderen Tochterunternehmen zustehenden Rechte und die den für Rechnung des Mutterunternehmens oder von Tochterunternehmen handelnden Personen zustehenden Rechte. ²Den einem Mutterunternehmen an einem anderen Unternehmen zustehenden Rechten werden die Rechte hinzugerechnet, über die es selbst oder eines seiner Tochterunternehmen auf Grund einer Vereinbarung mit anderen Gesellschaftern dieses Unternehmens verfügen kann. ³Abzuziehen sind Rechte, die
1. mit Anteilen verbunden sind, die von dem Mutterunternehmen oder von dessen Tochterunternehmen für Rechnung einer anderen Person gehalten werden, oder

2. mit Anteilen verbunden sind, die als Sicherheit gehalten werden, sofern diese Rechte nach Weisung des Sicherungsgebers oder, wenn ein Kreditinstitut die Anteile als Sicherheit für ein Darlehen hält, im Interesse des Sicherungsgebers ausgeübt werden.

(4) ¹Welcher Teil der Stimmrechte einem Unternehmen zusteht, bestimmt sich für die Berechnung der Mehrheit nach Absatz 2 Nr. 1 nach dem Verhältnis der Zahl der Stimmrechte, die es aus den ihm gehörenden Anteilen ausüben kann, zur Gesamtzahl aller Stimmrechte. ²Von der Gesamtzahl aller Stimmrechte sind die Stimmrechte aus eigenen Anteilen abzuziehen, die dem Tochterunternehmen selbst, einem seiner Tochterunternehmen oder einer anderen Person für Rechnung dieser Unternehmen gehören.

(5) Ein Mutterunternehmen ist von der Pflicht, einen Konzernabschluss und einen Konzernlagebericht aufzustellen, befreit, wenn es nur Tochterunternehmen hat, die gem. § 296 nicht in den Konzernabschluss einbezogen werden brauchen.

PROF. DR. STEFAN MÜLLER

Inhaltsübersicht	Rz
1 Überblick	1–15
1.1 Inhalt und Regelungszweck	1–7
1.2 Anwendungsbereich	8–9
1.3 Normenzusammenhänge	10–15
2 Aufstellung des Konzernabschlusses (Abs. 1)	16–26
2.1 Voraussetzungen beim Mutterunternehmen	16–17
2.2 Mutter-Tochter-Verhältnis	18–24
2.3 Aufstellungspflicht und -zeitraum	25–26
3 Beherrschender Einfluss (Abs. 2)	27–53
3.1 Überblick	27
3.2 Stimmrechtsmehrheit (Abs. 2 Nr. 1)	28–33
3.3 Organbestellungsrecht (Abs. 2 Nr. 2)	34–40
3.4 Beherrschungsvertrag oder Satzungsbestimmung (Abs. 2 Nr. 3)	41–44
3.5 Risiken- und Chancentragung (Zweckgesellschaften) (Abs. 2 Nr. 4)	45–53
4 Rechtezurechnung (Abs. 3)	54–62
4.1 Grundsachverhalte	54–55
4.2 Hinzurechnungen von Rechten eines Tochterunternehmens (Abs. 3 Satz 1)	56–58
4.3 Hinzurechnung aufgrund von Vereinbarungen (Abs. 3 Satz 2)	59
4.4 Kürzungen (Abs. 3 Satz 3)	60–62
5 Berechnung der Stimmrechtsmehrheit (Abs. 4)	63–66
6 Befreiung von der Pflicht zur Konzernrechnungslegung (Abs. 5)	67–70

1 Überblick

1.1 Inhalt und Regelungszweck

1 § 290 HGB beinhaltet die Bestimmung der Voraussetzungen für die Pflicht zur **Konzernrechnungslegung** einer KapG sowie die Vorgabe der Aufstellungspflicht des Konzernabschlusses. Dabei orientiert sich der Gesetzgeber an dem Vorliegen bestimmter Unternehmensbeziehungen. Ein MU mit Sitz in Deutschland ist konkret nach Abs. 1 dann zur Aufstellung eines Konzernabschlusses innerhalb von fünf Monaten nach Abschluss des Gj verpflichtet, wenn es ein TU direkt oder indirekt beherrschen kann. In Abs. 2 wird definiert, in welchen Fällen ein beherrschender Einfluss besteht. Abs. 3 und 4 dienen der Operationalisierung der einzelnen Kriterien bzgl. der Zuordnung der Rechte und der Berechnung der Stimmrechte. Abs. 5 enthält die Klarstellung zum Entfall der Verpflichtung zur Aufstellung eines Konzernabschlusses, wenn die einzubeziehenden TU alle unter die Einbeziehungswahlrechte des § 296 HGB fallen und diese Wahlrechte auch genutzt werden.

2 Obwohl der Jahresabschluss einer KapG gem. § 264 Abs. 2 Satz 1 HGB unter Beachtung der GoB ein den tatsächlichen Verhältnissen entsprechendes Bild der Vermögens-, Finanz- und Ertragslage zu vermitteln hat, reicht dieser zur Beurteilung der tatsächlichen Lage oftmals dann nicht aus, wenn es sich um ein verbundenes Unt handelt. In diesem Fall der auf die juristische Einheit Unt bezogenen Rechnungslegung kommt es immer dann zu Fehlabbildungen, wenn das Unt nicht isoliert, sondern im **Verbund mit anderen Wirtschaftssubjekten** zielorientiert handelt. So unterstellt das HGB, dass AK als Preis für einen VG in einem Prozess am Markt zustande gekommen sind und damit zumindest näherungsweise als objektiver Wertmaßstab für den Gegenstand verstanden werden können. Wenn aber das Geschäft von zwei rechtlich zwar selbstständigen, aber betriebswirtschaftlich verbundenen Unt abgewickelt wurde, ist es dabei möglich, Gewinn, Vermögen und Finanzsituation sehr weitgehend in der Darstellung zu gestalten, ohne dass die Regelungen des Handels- oder Steuerrechts verletzt würden.[1] Auch könnten bewusst handelsrechtliche Regelungen unterlaufen werden. So ist es etwa denkbar, dass zwei Unt durch den Austausch zwischen ihren F&E-Abteilungen das Aktivierungsverbot für Forschungsaufwendungen gem. § 255 Abs. 2 Satz 4 HGB i.V.m. Abs. 2a HGB unterlaufen. Der AP müsste im Jahresabschluss das auf dieser Basis ermittelte, den tatsächlichen Verhältnissen entsprechende Bild der Vermögens-, Finanz- und Ertragslage unter Beachtung der GoB testieren. Somit können einem KonzernUnt Bilanzvermögen oder auch nicht bilanziertes wirtschaftliches Potenzial entzogen und auf ein anderes Unt übertragen oder aber im umgekehrten Fall zugerechnet werden, was den Jahresabschluss verzerren kann.

3 Durch **vertikale Verbundbeziehungen**, die darauf beruhen, dass ein Unt ein anderes Unt gründet oder kauft, entsteht noch eine weitere Problematik. Das eingesetzte EK des gegründeten TU besteht aus Kapital des auf der übergeordneten Ebene angesiedelten MU. So kommt es zu einem Mehrfachausweis von

---

[1] Vgl. *Müller,* in *Federmann/Kußmaul/Müller,* HDB-Beitrag Konzernabschluss nach HGB, Rz 53 ff., Stand 12/2016.

Kapital, sodass z. B. die Funktion des EK als Verlustpuffer untergraben wird und es insb. bei mehrfach gestuften Konzernen bei Auftritt einer Krisensituation zu einem Kaskadeneffekt kommen kann.

Weitere mögliche **Verbundbeziehungen** sind zum einen **finanzielle Verflechtungen**, d. h. das Verleihen und Entleihen von Geldbeträgen, was bei dem verleihenden Unt als Aktivposten unter den Ausleihungen oder Forderungen auszuweisen wäre und bei dem empfangenden Unt als Schuldenposition auf der Passivseite der Bilanz. Zum anderen können **Lieferungs- und Leistungsverflechtungen** bestehen, d. h., die Erträge des liefernden Unt entsprechen Aufwendungen des empfangenden Unt im Konzern. 4

Die **Konzernrechnungslegung** hat die Prämisse, dass das „Konzern" genannte Gebilde verbundener, d. h. wirtschaftlich zusammengehörender, aber juristisch getrennter Unt so in einem Abschluss abgebildet wird, als würde es sich um eine einzelnes Unt handeln (**Einheitstheorie**).[2] Demnach müssen alle Verflechtungen zwischen den Unt aufgedeckt und eliminiert werden, was im Rahmen der Konzernrechnungslegung „**Konsolidierung**" genannt wird. Dies betrifft die KapKons (§ 301 HGB), die SchuldenKons (§ 303 HGB), die Zwischenergebniseliminierung (§ 304 HGB) und die Aufwands- und ErtragsKons (§ 305 HGB).[3] 5

Die **Verpflichtung zur Konzernrechnungslegung** fußt auf dem auch in international anerkannten Rechnungslegungssystemen angewandten Beherrschungssystem, das letztlich dem Control-Konzept entspricht.[4] Die in § 290 Abs. 2 HGB angegebenen, einen beherrschenden Einfluss i. S. d. **Control-Konzepts** begründenden Kriterien beinhalten auch explizit Regelungen zur konzerntypischen Beherrschung von ZweckGes. Die Konsolidierungspflicht für **ZweckGes.** wird dabei über eine wirtschaftliche Betrachtungsweise erreicht. 6

Konzeptionell ergeben sich aus der Formulierung von Abs. 1 und Abs. 2 Probleme für die Bestimmung des **Mutter-Tochter-Verhältnisses** über die Prüfung des Vorliegens einer Beherrschungsmöglichkeit. Abs. 1 stellt i. S. einer Generalnorm allgemein zunächst auf eine Beherrschungsmöglichkeit ab, wobei konkret die Pflicht zur Aufstellung eines Konzernabschlusses an das Vorliegen einer unmittel- oder mittelbaren Beherrschungsmöglichkeit gekoppelt wird. In § 290 Abs. 2 HGB werden dann aber statt Vermutungstatbeständen scheinbar unabhängig von der in Abs. 1 geforderten Beherrschungsmöglichkeit Sachverhalte aufgeführt, die stets zu einem beherrschenden Einfluss führen sollen. Konkret sollen jeweils Stimmrechtsmehrheit, Organbesetzungsrecht, satzungsmäßige oder vertragliche Beherrschungsmöglichkeit sowie die wirtschaftliche Betrachtungsweise (ZweckGes.) stets zu einer Klassifikation eines Mutter-Tochter-Verhältnisses führen. Diese missglückte Gesetzesformulierung findet sich jedoch sinngemäß auch in Art. 22 RL EU/2013/34, dort werden die vom Gesetzgeber mit dem „stets" betonten Sachverhalte zunächst als Begründung eines Mutter-Tochter-Verhältnisses genannt (Abs. 1) und das Beherrschungskonzept erst als Mitgliedsstaatenwahlrecht in Abs. 2 (zusammen mit dem Konzept der einheitlichen Leitung) angehängt. Erst im Rahmen der Einbezie- 7

---

2 Vgl. *Ammann/Müller*, Konzernbilanzierung, 2005, S. 43.
3 Vgl. zur Anwendung der Techniken z. B. *Krimpmann*, Konsolidierung nach IFRS/HGB, 2009, S. 15 oder *Krimpmann*, Principles of Group Accounting under IFRS, 2015.
4 Vgl. zur aktuellen Fortentwicklung der IFRS mit dem Beherrschungskonzept nach IFRS 10 *Lüdenbach/Hoffmann/Freiberg*, Haufe IFRS-Kommentar, 15. Aufl., 2017, § 32 Rz 6 ff.

hungswahlrechte des § 296 Abs. 1 HGB könnten dann die unterstellten Beherrschungsmöglichkeiten mit dem Ergebnis widerlegt werden, dass keine Einbeziehung notwendig, gleichwohl aber möglich ist. Dieses erscheint insgesamt wenig plausibel, da es zur Mehrfacheinbeziehung von TU in verschiedene Konzernabschlüsse kommen könnte, was mit dem Abs. 1 nicht zu vereinbaren wäre, da letztlich die Beherrschungsmöglichkeit nur bei einem Unt liegen kann. Somit sollte Abs. 2 lediglich als Beispiel für die in Abs. 1 zu bestimmende Beherrschungsmöglichkeit verstanden werden, was eine Annäherung an die IFRS bedeuten würde und dazu führt, dass das Wahlrecht in § 296 Abs. 1 Nr. 1 HGB ins Leere laufen würde.[5] Dies ist aber mit dem Gesetzestext und auch der Auslegung mit GoB-Vermutung in DRS 19 nicht vereinbar, so dass im Ergebnis die „unwiderlegbaren Beherrschungstatbestände"[6] mit § 296 Abs. 1 Nr. 1 HGB doch widerlegt werden müssen (bzw. können) um ein sinnvolles, die Generalnorm des § 297 Abs. 2 HGB erfüllendes Ergebnis zu bekommen.

Mit dem BilRUG wurde **Abs. 3** lediglich klarstellend geändert, was die Lesbarkeit und Verständlichkeit erhöhen soll, ohne dass sich daraus Auswirkungen für die Anwendung ergeben würden.

1.2 Anwendungsbereich

8 Der **sachliche Anwendungsbereich** des § 290 HGB bezieht sich auf die Definition des Mutter-Tochter-Verhältnisses und die grundsätzliche Pflicht zur Konzernrechnungslegung bei Vorliegen der Voraussetzungen für inländische MU in der **Rechtsform** einer KapG oder KapCoGes.

9 **Zeitlich** ist der Anwendungsbereich seit dem Gj 2010 hinsichtlich der Beherrschungsmöglichkeit von ZweckGes. erweitert worden. In der Praxis ergaben sich daraus im Durchschnitt gesehen nur geringe Veränderungen der Zusammensetzung des KonsKreis. In Einzelfällen ergaben sich aber relevante Veränderungen.[7] Zudem ist seither einzig das Beherrschungskonzept relevant; das ehemals alternative Konzept der tatsächlich ausgeübten einheitlichen Leitung wurde gestrichen, was keine substanziellen Auswirkungen hatte, da das Beherrschungskonzept die einheitliche Leitung mit einschließt.

1.3 Normenzusammenhänge

10 **PersG** sind durch § 290 HGB nicht zur Konzernrechnungslegung verpflichtet. § 11 PublG regelt die hinsichtlich der ausschließlichen Geltung des Control-Konzepts gleichlautende Verpflichtung zur Aufstellung eines Konzernabschlusses, wenn ein Unt mit Sitz im Inland unmittelbar oder mittelbar einen beherrschenden Einfluss auf ein anderes Unt ausüben kann und wenn für drei aufeinanderfolgende Konzernabschlussstichtage jeweils mindestens zwei der drei folgenden Merkmale zutreffen:

---

5 Vgl. *Leinen*, in *Kessler/Leinen/Strickmann*, BilMoG, 2009, S. 557; a. A. bspw. DRS 19. Zur Diskussion s. Rz 26.
6 So etwa *Grottel/Kreher*, in Beck Bil-Komm., 10. Aufl., 2016, § 290 HGB, Rz 30.
7 Vgl. *Kreipl/Lange/Müller*, in Haufe HGB Bilanz Kommentar Erfahrungsbericht BilMoG, 2012, Rz 476 ff.

1. Die Bilanzsumme einer auf den Konzernabschlussstichtag aufgestellten Konzernbilanz übersteigt 65 Mio. EUR.
2. Die Umsatzerlöse einer auf den Konzernabschlussstichtag aufgestellten Konzern-GuV in den zwölf Monaten vor dem Abschlussstichtag übersteigen 130 Mio. EUR.
3. Die KonzernUnt mit Sitz im Inland haben in den zwölf Monaten vor dem Konzernabschlussstichtag insgesamt durchschnittlich mehr als 5.000 Arbeitnehmer beschäftigt.

In § 11 Abs. 6 PublG wird direkt auf § 290 Abs. 2–5 HGB verwiesen, sodass die Begründung einer Konzernrechnungslegungspflicht identisch wie bei KapG erfolgt.[8] Über die PersG hinaus gilt der § 11 PublG auch etwa für eG. 11

Nach den §§ 340i und 341i HGB haben **Banken** und **Versicherungen** unabhängig von Größe und Rechtsform die Konzernrechnungslegungspflichten des § 290 HGB und der weiteren Vorschriften des zweiten Unterabschnitts zu beachten. 12

§ 271 Abs. 2 HGB verweist bzgl. der Bestimmung eines **verbundenen Unt** explizit auf § 290 HGB (§ 271 Rz 40 ff.).

Bei Vorliegen der Tatbestände des § 290 HGB und keinen weiteren Befreiungen der §§ 291–293 HGB sind ein Konzernabschluss und ein Konzernlagebericht nach den §§ 297 ff. HGB innerhalb von fünf Monaten aufzustellen, durch einen AP nach **§ 316 Abs. 2 HGB zu prüfen** und gem. **§ 325 Abs. 3 HGB** innerhalb von zwölf Monaten **offenzulegen**. Eine Verkürzung der Offenlegungspflicht von max. zwölf auf vier Monate für **KM-orientierte Unt** gilt auch für den Konzernabschluss und den Konzernlagebericht (§ 325 Rz 144). Dies hat somit auch einen Einfluss auf die Aufstellungspflicht, die demnach für diese Unt faktisch weniger als vier Monate beträgt. 13

Der **KonsKreis** wird zwar explizit in § 294 und § 296 HGB bestimmt, dennoch bildet § 290 HGB faktisch die Grundlage der Bestimmung des KonsKreis, da dieser das Mutter-Tochter-Verhältnis regelt.

Zu beachten ist außerdem, dass die Konzerndefinition des § 290 HGB, die der Konzernumschreibung der 7. EG-RL sowie der diese ersetzende RL EU/2013/34 entspricht und daher auch im Rahmen des BilRUG unverändert blieb, nicht deckungsgleich ist mit dem **aktienrechtlichem Konzernbegriff** in § 18 AktG bzw. dem **Verbundbegriff** in § 15 AktG. Dennoch finden sich angelehnte Regelungen, wie die Bestimmungen zum Beherrschungsvertrag (§§ 291 ff. AktG) und hinsichtlich der zurechenbaren Anteile (§ 16 AktG). Die vor 2010 bestehende Verbindung über § 18 AktG bzgl. eines Unterordnungskonzerns mit dem Tatbestandsmerkmal einer ausgeübten einheitlichen Leitung ist seither im HGB nicht mehr zu finden. Das Beherrschungskonzept beinhaltet stets auch die Fälle der einheitlichen Leitung. 14

Der § 290 HGB regelt die Verpflichtung zur Konzernrechnungslegung auch für die **KM-orientierten Unt**. Obwohl diese Unt nach der EU-VO 1606/2002 die IFRS für den Konzernabschluss anzuwenden haben, begründet sich die Verpflichtung zur Konzernbilanzierung einzig aus den Vorschriften des HGB. Daher sind die Verpflichtungsvorschriften in IFRS 10 für deutsche MU nicht hierfür relevant, wohl aber für die spätere Bestimmung des KonsKreises.[9] Zudem 15

---

8 Vgl. *Küting/Koch*, in *Küting/Pfitzer/Weber* (Hrsg.), Das neue Bilanzrecht, 2009, S. 401.
9 Vgl. *Lüdenbach/Hoffmann/Freiberg*, Haufe IFRS-Kommentar, 15. Aufl., 2017, § 32, Rz 89 ff.

müssen die MU nach § 315e HGB bestimmte handelsrechtliche Regelungen zusätzlich beachten (§ 315e Rz 17).

2 Aufstellung des Konzernabschlusses (Abs. 1)

2.1 Voraussetzungen beim Mutterunternehmen

16 Voraussetzung für die Beachtung von § 290 HGB ist zunächst, dass das MU in der Rechtsform einer **KapG** geführt wird. Über einen Verweis in anderen gesetzlichen Regelungen sind KapCoGes (§ 264a HGB) sowie unabhängig von Größe und Rechtsform Banken und Versicherungen zur Konzernrechnungslegung verpflichtet. Große PersG, eG oder sonstige Rechtsformen sind bei Überschreiten der einschlägigen Größenkriterien über § 11 PublG zur Konzernrechnungslegung verpflichtet.

17 Allen diesen Unt ist gemein, dass sie ihren **Sitz im Inland** haben müssen, um durch das HGB zur Konzernrechnungslegung verpflichtet werden zu können. Als Sitz ist gem. § 24 BGB im Regelfall der Ort anzunehmen, an dem die Hauptverwaltung geführt wird. Die TU können dagegen weltweit verstreut sein, da die Inlandsvoraussetzung nur für die Bestimmung der MU relevant ist.

2.2 Mutter-Tochter-Verhältnis

18 Eine inländische KapG ist nur dann zur Konzernrechnungslegung verpflichtet, wenn gegenüber mindestens einem anderen Unt ein **Mutter-Tochter-Verhältnis** besteht. Ein solches Verhältnis besteht bei einer unmittel- oder mittelbaren **Beherrschungsmöglichkeit**, was dem **Control-Konzept** weitgehend entspricht. Dabei sieht der Gesetzgeber den Begriff „Kontrolle" von dem Begriff „beherrschender Einfluss" umfasst.[10] Mit dieser vom Gesetzgeber an IAS 27.4 (rev. 2008) und SIC 12 bzw. aktuell auch weiterhin an IFRS 10.5 ff. angelehnten Definition des Mutter-Tochter-Verhältnisses wird eine Bestimmung des KonsKreis einschl. bestimmter Ausprägungen von sog. „ZweckGes." erreicht.[11] Trotz der Anlehnung erfolgt dabei aber keine Übernahme der Regelungen der international anerkannten Rechnungslegungssysteme, die sich zudem mit dem ab dem Gj 2014 verpflichtend anzuwendenden IFRS 10 ohnehin bereits wieder weiterentwickeln. Ausgangspunkt der Betrachtung sind daher der Wortlaut des HGB und die relevante Regelung der 7. EG-RL bzw. der RL EU/2013/34; erst danach kann auf die IFRS zurückgegriffen werden. Der handelsrechtliche Beherrschungsbegriff unterscheidet sich dabei von dem aktienrechtlichen durch das Kriterium einer gesellschaftsrechtlichen Fundierung, die das AktG fordert. Nach § 290 HGB ist dies keine notwendige Bedingung, da sich eine Beherrschungsmöglichkeit hier auch zusätzlich durch schuldrechtliche Vereinbarungen oder über faktische Umstände konstituiert.[12]

---

[10] Vgl. BilMoG-BegrRA, S. 117.
[11] Vgl. *Küting/Koch*, in *Küting/Pfitzer/Weber*, Das neue deutsche Bilanzrecht, 2009, S 382; für Gj, die nach dem 1.1.2014 beginnen, ist IFRS 10 für die Bestimmungen des KonsKreis nach IFRS relevant, wobei die bisherigen Regelungen lediglich konkretisiert werden; vgl. *Lüdenbach/Hoffmann/Freiberg*, IFRS-Kommentar, 15. Aufl., 2017, § 32 Rz 97 ff.
[12] Vgl. *Gelhausen/Deubert/Klöcker*, DB 2010, S. 2005.

Das MU muss das TU direkt oder indirekt beherrschen können (Art. 1 Abs. 2a der 7. EG-RL/der RL EU/2013/34). Der mit der Modernisierungs-RL vom 18.6.2003 erweiterte Passus bezieht nunmehr die **Möglichkeit der Beherrschung** mit ein. Auf eine tatsächliche Ausübung des beherrschenden Einflusses kommt es nicht an. Nach der Gesetzesbegründung sowie nach DRS 19.11 ff. ist ein beherrschender Einfluss dann anzunehmen,

- wenn ein Unt die Möglichkeit hat, die Finanz- und Geschäftspolitik eines anderen Unt dauerhaft zu bestimmen und
- es aus dessen Tätigkeit Nutzen ziehen kann.[13]

Dies setzt nach DRS 19.6 auch die Fähigkeit zur Durchsetzung der wesentlichen Entscheidungen in bedeutenden Unternehmensbereichen (z. B. Produktion, Vertrieb, Investition, F & E, Personal, Finanzierung) bei diesem Unt voraus.

Im Gegensatz zu IAS 27.4, in dem diese Definition fast wortgleich zu finden ist, zielt der Gesetzgeber nach der Gesetzesbegründung und der DRS 19.12 auf eine **dauerhafte Beherrschungsmöglichkeit** ab, obwohl dies oder indirekt etwa als notwendige Bedingung das Vorliegen einer Beteiligung im Wortlaut des § 290 HGB nicht ausgedrückt wird.

Als **Finanz- und Geschäftspolitik** eines Unt können die zielgerichtete Gestaltung und Steuerung der für den Bestand und den andauernden Erfolg eines Unt notwendigen Bereiche wie etwa „Forschung und Entwicklung", „Beschaffung und Lagerhaltung", „Distribution", „Personal" oder „Finanzwesen" angesehen werden.[14] Wesentlicher Aspekt ist dabei, dass ein Unt seine Interessen bei allen wesentlichen strategischen, operativen und finanziellen Entscheidungen eines anderen Unt auch gegen dessen Willen durchsetzen kann.[15] Indizien dafür sind etwa die Genehmigung der Budgetplanung des TU durch das MU sowie die Besetzung der Aufsichtsorgane des TU.

Das Kriterium der **Nutzenziehung** ist mangels weiterer gesetzlicher Beschreibung in Anlehnung an IAS 27.4 dual zu verstehen: Einerseits beinhaltet der Nutzenbegriff die Möglichkeit des MU zur Generierung von Mittelzuflüssen aus der Tätigkeit des TU, andererseits deckt der Nutzenbegriff aber auch die eingesparten Finanzmittel, etwa aus Synergien oder eingeschränktem Wettbewerb. Nach DRS 19.15 wird die Nutzenziehung analog dahingehend konkretisiert, dass es regelmäßig zu der Möglichkeit führt, wirtschaftliche Vorteile aus der Tätigkeit des TU zu erlangen.

Es handelt sich jedoch stets um ein **Über-Unterordnungsverhältnis**, sodass Gleichordnungskonzerne mangels der Möglichkeit der Feststellung der Mutter und der Tochter ausscheiden. Es kommt einzig auf die Möglichkeit der Beherrschung an. Die Beherrschung muss demnach nicht ausgeübt werden. Daher ist in jedem Fall zu prüfen, ob ein MU vorliegt. Dazu ist zunächst auf die in Abs. 2 explizierten vier Tatbestände zurückzugreifen (Rz 27 ff.). Führt dies nicht zu einem Ergebnis, kann wie nach IFRS 3.B14f zusätzlich auf folgende Indikatoren abgestellt werden:[16]

---

[13] Vgl. BilMoG-BegrRA, S. 16.
[14] Vgl. *Küting/Koch*, in *Küting/Pfitzer/Weber*, Das neue deutsche Bilanzrecht, 2009, S 387 und DRS 19.11.
[15] Vgl. WPH Edition, Wirtschaftsprüfung & Rechnungslegung, 15. Aufl., 2017, Abschn. G, Tz 20.
[16] Vgl. zu dem Fall des umgekehrten Unternehmenserwerbs *Lüdenbach/Hoffmann/Freiberg*, Haufe IFRS-Kommentar, 15. Aufl., 2017, § 31, Rz 2.

- Es liegt ein signifikant höherer Zeitwert einer der beiden zusammengeschlossenen Einheiten vor.
- Ein Unt zahlt in Geld, während das andere Unt in Aktien zahlt.
- Es liegt die Fähigkeit vor, die Auswahl des Managements der zusammengeschlossenen Unt zu dominieren.

23 Das Vorliegen von **GemeinschaftsUnt** nach § 310 HGB oder **assoziierten Unt** nach § 311 HGB begründet kein Mutter-Tochter-Verhältnis aufgrund mangelnder Beherrschungsmöglichkeit und somit auch für sich genommen keine Notwendigkeit zur Konzernbilanzierung. In einen Konzernabschluss sind diese daher nur dann einzubeziehen, wenn noch mindestens ein TU vorliegt, das einbeziehungspflichtig ist und für das kein Wahlrecht des § 296 HGB genutzt wird.

> **Beispiel**
> Die A AG hält seit Jahren 50 % der Anteile an der B GmbH, die, da die X AG ebenfalls 50 % der Anteile an der B GmbH hält, als GemeinschaftsUnt zu klassifizieren ist. Zudem hat die A AG einen maßgeblichen Einfluss auf die C GmbH. Im Gj 07 verkauft die X AG der A AG ihre Anteile an der B GmbH. Eine Konzernrechnungslegungspflicht besteht erst ab dem Gj 07, da in diesem Jahr die B GmbH TU geworden ist. Vorher bestand keine Notwendigkeit, neben dem Jahresabschluss einen Konzernabschluss aufzustellen.

24 Abs. 1 der Vorschrift stellt eine Generalnorm dar, die in Abs. 2 durch bestimmte Tatbestände, bei denen stets von einer Beherrschungsmöglichkeit auszugehen ist, konkretisiert wird.

2.3 Aufstellungspflicht und -zeitraum

25 Einen Konzernabschluss und Konzernlagebericht haben MU mit Sitz im Inland aufzustellen, soweit ein TU vorliegt und keine der Befreiungstatbestände der §§ 291–293 HGB erfüllt sind sowie kein Einbeziehungswahlrecht nach § 296 HGB genutzt wird. Der Aufstellungszeitraum beträgt nach § 290 Abs. 1 Satz 1 HGB **fünf Monate**, wobei diese Frist für KM-orientierte Unt im Ergebnis aufgrund von früheren Offenlegungsfristen auf unter **vier Monate** verkürzt ist. Die Aufstellung kann nur von den gesetzlichen Vertretern vorgenommen werden, für die Erstellung können diese jedoch Gehilfen hinzuziehen. Der Umfang des Konzernabschlusses ergibt sich aus § 297 HGB. Der Konzernabschluss besteht demnach aus Konzernbilanz, Konzern-GuV, Konzernanhang, KFR und Eigenkapitalspiegel. Er kann um eine SegmBer erweitert werden. Zusätzlich ist stets ein Konzernlagebericht nach § 315 HGB zu erstellen. Größenabhängige Erleichterungen, wie sie z. B. nach § 267 HGB für kleine und mittelgroße KapG gelten, sind für die Konzernrechnungslegung nicht vorgesehen.

26 **KM-orientierte Unt** haben ihren Konzernabschluss gem. § 315e Abs. 1 HGB verpflichtend nach den **IFRS** i. d. F. der jeweils aktualisierten EU-VO 1606/2002 zu erstellen. Wurde die Zulassung bestimmter Wertpapiere zum Handel an einem organisierten Markt beantragt, ergibt sich diese Verpflichtung aus § 315e Abs. 2 HGB. Alle übrigen Unt haben gem. § 315e Abs. 3 HGB ein Wahlrecht, die IFRS im Konzernabschluss mit befreiender Wirkung vom Konzernabschluss

nach HGB anzuwenden. Der Umfang des Konzernabschlusses richtet sich dann nach den IFRS, ergänzt um die in § 315e Abs. 1 HGB geforderten Zusatzangaben. Auch dieser Konzernabschluss ist um einen **Konzernlagebericht** nach § 315 HGB zu ergänzen. Bestimmte KM-orientierte Unt haben zudem seit den Gj 2017 eine nichtfinanzielle Konzernerklärung bzw. einen nichtfinanziellen Konzernbericht (§§ 315b–315c HGB) sowie seit dem Gj 2016 eine Erklärung der Konzernführung (§ 315d HGB) zu erstellen. KM-orientierte Unt haben des Weiteren einen **Konzernbilanzeid** nach § 297 Abs. 2 Satz 4 HGB abzugeben. Konkret haben die gesetzlichen Vertreter des MU, das Inlandsemittent i.S.d. § 2 Abs. 7 WpHG und keine KapG i.S.d. § 327a HGB ist, bei der Unterzeichnung schriftlich zu versichern, dass nach bestem Wissen der Konzernabschluss ein den tatsächlichen Verhältnissen entsprechendes Bild i.S.v. § 297 Abs. 2 Satz 2 HGB vermittelt oder der Konzernanhang nach § 297 Abs. 2 Satz 3 HGB Angaben von Abweichungen hiervon enthält. Da nach § 325 Abs. 3 HGB eine Offenlegung der Konzerninformationen analog zum Jahresabschluss bereits vier Monate nach dem Geschäftsjahresende zu erfolgen hat, verringert sich die Aufstellungsfrist auf unter vier Monate.

3 Beherrschender Einfluss (Abs. 2)

3.1 Überblick

Während die Vorschrift in Abs. 1 prinzipienorientiert ein die Konzernrechnungslegungspflicht auslösendes Mutter-Tochter-Verhältnis lediglich über die unbestimmten Rechtsbegriffe der Möglichkeit der unmittel- und mittelbaren Beherrschung postuliert, werden in Abs. 2 Tatbestände benannt, bei deren Zutreffen „stets" von einer Beherrschungsmöglichkeit auszugehen sei. DRS 19.18 bestätigt diese unwiderlegbare Auslegung der aufgeführten Tatbestände und sieht daher immer ein Mutter-Tochter-Verhältnis als gegeben an. Die Unwiderlegbarkeit eines beherrschenden Einflusses infolge einer vorliegenden Rechtsposition i.S.d. Nr. 1–4 bereitet aber insofern Probleme, als dass denkbar ist, dass zwei unterschiedlichen Unt verschiedene Rechte i.S.d. Abs. 2 zustehen und somit beide die Beherrschung hätten, was auch im DRS 19.7 für akzeptabel, notfalls als über § 296 Abs. 1 Nr. 1 HGB zu heilendes Problem angesehen wird. Dies würde aber Abs. 1 widersprechen, da eine Beherrschung eben nicht vorliegen kann, wenn ein anderes Unternehmen bereits die Beherrschungsmöglichkeit besitzt.[17] Zudem wird so § 296 Abs. 1 Nr. 1 HGB zur Widerlegungsnorm für eigentlich unwiderlegbare Tatbestände.

27

---

17 Gl.A. *Leinen*, in *Kessler/Leinen/Strickmann*, BilMoG, 2009, S. 559; *von Keitz/Ewelt-Knauer*, in *Baetge/Kirsch/Thiele*, Bilanzrecht, § 290 HGB, Rz 72, Stand 8/2015; a.A. DRS 19.13, *Grottel/ Kreher*, in Beck Bil-Komm., 10. Aufl., § 290 HGB, Rz 31; *Gelhausen/Fey/Kämpfers*, Rechnungslegung und Prüfung nach dem Bilanzrechtsmodernisierungsgesetz, 2009, Abschnitt Q Rz 39; *Küting/Koch*, in *Küting/Pfitzer/Weber*, Das neue deutsche Bilanzrecht, 2009, S. 388; WPH Edition, Wirtschaftsprüfung & Rechnungslegung, 15. Aufl., 2017, Abschn. G, Tz 26.

> **Beispiel**
> Unt A besitzt das Organbestellungsrecht gem. § 290 Abs. 2 Nr. 2 HGB über das TU. Gleichzeitig hat aber Unt B eine Stimmrechtsmehrheit gem. § 290 Abs. 2 Nr. 1 HGB an dem TU, die jedoch nicht ausreicht, um das Organbestellungsrecht von A zu kippen.
> Die Frage der Beherrschungsbestimmung ist unter Rückgriff auf die grundlegende Normintention, die Konsolidierung bei vorliegender Möglichkeit zur dauerhaften Bestimmung der Finanz- und Geschäftspolitik eines anderen Unt zur Nutzengewinnung, zu lösen. Demnach hat Unt A die Beherrschung über das TU, Unt B verfügt trotz Stimmrechtsmehrheit nicht über eine Beherrschungsmöglichkeit, da die Stimmrechtsmehrheit nicht dazu ausreicht, dem anderen Unt die Beherrschung i.S.d. Abs. 2 Nr. 2 zu entziehen.

Wäre die Beherrschung zwischen zwei unabhängigen Unt teilbar, läge höchstens ein GemeinschaftsUnt vor. Insofern sollte trotz der anderen Gesetzesformulierung und der Auslegung im DRS 19 nur von unwiderlegbaren Rechtspositionen ausgegangen werden, sofern die Grundvoraussetzung eines beherrschenden Einflusses gegeben ist.

Somit kann bei gleichzeitigem Vorliegen von Rechtspositionen i.S.d. Abs. 2 die Beherrschungsmöglichkeit nicht bei zwei verschiedenen Unt liegen, sodass jenes Merkmal vorrangig zu behandeln ist, das in dieser Konstellation den Ausschlag bei der Bestimmung der Finanz- und Geschäftspolitik gibt. Das „stets" welches letztlich aus der unglücklichen Formulierung der EU-RL resultiert, sollte somit bei der materiellen Auslegung der Vorschrift im Ergebnis ignoriert werden, da es gegen die Grundvoraussetzungen des Abs. 1 verstößt.[18] Allerdings wird durch die Bestimmung eines Unt als TU über eine der Tatbestände nach Abs. 2 eine Berichtspflicht bei Nichteinbeziehung ausgelöst. Akzeptiert man daher das „stets" als rechtlich formale Auslegung, liegt wie bei dem § 290 Abs. 2 HGB in der Fassung vor dem BilMoG zunächst eine Beherrschungsmöglichkeit als Vermutung vor, die dann in § 296 HGB per Wahlrecht widerlegt werden kann.[19] So wird § 296 Abs. 1 Satz 1 HGB nach DRS 19.81 zum Korrektiv für das bei dieser Sichtweise entstehende Problem bei Mehr-Mütter-Beziehungen.[20] Dies dürfte zwar nicht der Wille des Gesetzgebers gewesen sein, da nun Abs. 1 eindeutig eine Beherrschungsmöglichkeit verlangt, dennoch sollte vor dem Hintergrund der Berichtspflichten bei Nichteinbeziehung nach § 296 Abs. 3 HGB (§ 296 Rz 48) der rechtlich formale Weg über das Wahlrecht des § 296 Abs. 1 Nr. 1 HGB beschritten werden.

---

[18] DRS 19.16 macht Abs. 1 (und DRS 19.8) lediglich zu einem Ergänzungstatbestand für eine faktische Beherrschung, die im Abs. 2 nicht erfasst werden würde. Vgl. auch *Landgraf/Roos*, KoR 2011, S. 387.
[19] Vgl. *Grottel/Kreher*, in Beck Bil-Komm., 10. Aufl., 2016, § 290 HGB, Rz 31 und 34.
[20] So auch WPH Edition, Wirtschaftsprüfung & Rechnungslegung, 15. Aufl., 2017, Abschn. G, Tz 199.

3.2 Stimmrechtsmehrheit (Abs. 2 Nr. 1)

Als ersten Tatbestand für eine Beherrschungsmöglichkeit und Hauptanwendungsfall in der Praxis sieht der Gesetzgeber die dem MU zustehende Mehrheit der Stimmrechte eines anderen Unt an, wobei die Berechnung der **Stimmrechtsmehrheit** in § 290 Abs. 3 und 4 HGB konkretisiert wird (Rz 54 ff.).

In Deutschland fallen die Stimmrechtsanteile häufig mit den Kapitalanteilen zusammen, doch sind Abweichungen bis hin zu dem Fall denkbar, dass Stimmrechte völlig von einer **Gesellschafterstellung** abgekoppelt sind.[21] Möglich sind stimmrechtslose Vorzugsaktien; die Ausgabe von Mehrfachstimmrechtsaktien ist dagegen nach § 12 Abs. 2 AktG unzulässig. Im Ausland sind jedoch derartige Kombinationen denkbar, sodass es dort ggf. möglich ist, Stimmrechte an einem ausländischen TU zu halten, ohne dass eine Gesellschafterstellung besteht. Der Gesetzgeber hat auf das Erfordernis einer Gesellschafterstellung hier verzichtet, sodass derartige Abweichungen vom deutschen Recht keine Auswirkungen auf die Erfüllung der Tatbestandsvoraussetzung haben.

Strittig ist, wie die Stimmrechtsmehrheit zu interpretieren ist. Nach hM war anders als bei den IFRS bislang von einer rechtlich bestehenden Stimmrechtsmehrheit auszugehen. Eine Mehrheit konnte somit nicht damit begründet werden, dass auf der HV regelmäßig weniger als 100 % der Stimmrechte vertreten sind und demnach für die Beherrschung bereits ein Anteil von unter 50 % ausreichen kann. In der Gesetzesbegründung weist der Gesetzgeber nun aber explizit darauf hin, dass sehr wohl bei lediglich bestehenden **Präsenzmehrheiten** die Notwendigkeit einer Konsolidierung zu prüfen ist, wenn ein möglicher Einfluss für eine gewisse Dauer und nicht nur vorübergehend ausgeübt werden kann.[22]

> **Beispiel**
> Auf der HV der A AG sind in den letzten Jahren nicht mehr als 80 % der Stimmrechte vertreten gewesen. Hält die M AG nun 45 % an der A AG, hat sie zwar keine rechtliche, jedoch eine faktische Mehrheit. Die faktische Mehrheit reicht für die Beherrschung der A AG aus.

Diese **faktische Mehrheit** ist ausreichend, wenn die **Dauerhaftigkeit** nachgewiesen werden kann.[23] DRS 19.22 verlangt hier jedoch eine rechtliche Absicherung der Stimmrechtsmehrheit für das Beherrschungskriterium des § 290 Abs. 2 Nr. 1 HGB, die für sonstige Beherrschungssachverhalte nach § 290 Abs. 1 HGB aber wieder entfallen sollen (DRS 19.69).

Für die Beherrschungsmöglichkeit kann eine formale Stimmrechtsmehrheit, wie es aus dem Gesetzestext zunächst zu entnehmen ist (... liegt stets vor ...[24]), alleine

---

[21] Vgl. ADS, 6. Aufl., § 290 HGB, Rz 43.
[22] Vgl. BilMoG-BegrRA, S. 117.
[23] Vgl. *von Keitz/Ewelt-Knauer*, in Baetge/Kirsch/Thiele, Bilanzrecht, § 290 HGB, Rz 76, Stand 6/2014.
[24] *Küting/Seel*, DStR 2009, Beilage. 26/2009, S. 40, kommentieren treffend: „Hieran wird deutlich, dass der im letzten Stadium des parlamentarischen Gesetzgebungsverfahrens in dieser Form geregelte § 290 HGB nF durch einen notdürftigen und unreflektierten Rückgriff auf die IFRS zustande kam.".

nicht für die Klassifikation eines TU ausreichen;[25] zu fordern ist das Vorliegen einer **materiellen Stimmrechtsmehrheit**.[26] Auch hier sieht DRS 19 den komplizierteren Weg einer formalen Stimmrechtsmehrheit zunächst als ausreichend an. Bei Vorliegen schuldrechtlicher Vereinbarungen zur Einschränkung von Stimmrechten wird erneut über § 296 Abs. 1 Nr. 1 HGB ein Einbeziehungswahlrecht konstatiert (DRS 19.23). Letzteres löst dann jedoch wieder Angabepflichten nach § 296 Abs. 3 HGB aus.

> **Beispiel**
> In der Satzung der B GmbH wird für wesentliche Unternehmensentscheidungen eine qualifizierte Mehrheit von 75 % gefordert. Die A AG hat einen Anteil von 60 % der Stimmrechte:
> Formal besteht eine Stimmrechtsmehrheit, unter dem Aspekt der Beherrschungsmöglichkeit reicht diese jedoch nicht aus, d. h., es ist eine materielle Stimmrechtsmehrheit zu fordern, die in diesem Fall bei mindestens 75 % liegt.

33   Durch die Notwendigkeit einer rechtlich formalen Auslegung reicht eine einfache Stimmrechtsmehrheit auch dann aus, wenn die Satzung für wesentliche Entscheidungen höhere Zustimmungsquoten vorschreibt.[27] Zudem sind Stimmbindungsverträge oder unwiderrufliche Stimmrechtsvollmachten bei der Berechnung der Stimmrechtsmehrheit nicht zu berücksichtigen (DRS 19.23).[28] Fehlt es jedoch an dem Stimmrecht aufgrund von dinglich wirkenden Ausübungsbeschränkungen, wie etwa eine gesetzliche Beschränkung nach § 328 AktG oder statutarische Beschränkungen, müssen diese bei der Ermittlung der Stimmrechtszahl beachtet werden (DRS 19.24).

3.3 Organbestellungsrecht (Abs. 2 Nr. 2)

34   Ein Mutter-Tochter-Verhältnis wird auch dann stets angenommen, wenn ein MU das Recht hat, die **Mehrheit der Mitglieder** des die Finanz- und Geschäftspolitik bestimmenden Verwaltungs-, Leitungs- oder Aufsichtsorgans eines Unt zu bestellen oder abzuberufen, und es gleichzeitig Gesellschafter des Unt ist. Die Mehrheit bezieht sich dabei auf die gesamte Anzahl etwa der Aufsichtsräte, wodurch es bei mitbestimmungspflichtigen Unt notwendig ist, dass alle von der Anteilseignerseite gewählten Vertreter bestimmt werden müssen, um die Mehrheit (durch das Doppelstimmengewicht des Aufsichtsratvorsitzenden) zu erlangen. DRS 19.29 fordert zudem, dass die Möglichkeit der Bestellung der Mehrheit der Mitglieder der Organe rechtlich abgesichert ist – eine faktische Möglichkeit scheidet somit aus.

35   Die Aufzählung der **Organe** sind den weltweit unterschiedlichen Unternehmensverfassungskonzepten geschuldet. Entscheidend ist das Organ, welches die

---

[25] Gl. A. bspw. *Leinen*, in *Kessler/Leinen/Strickmann*, BilMoG, 2009, S. 557 f.; *Küting/Seel*, DStR, 2009, Beih. 26/2009, S. 39; a. A. *Künkele/Koss*, in *Petersen/Zwirner* (Hrsg.), BilMoG, 2009, S. 523.
[26] Vgl. *von Keitz/Ewelt-Knauer*, in *Baetge/Kirsch/Thiele*, Bilanzrecht, § 290 HGB, Rz 76, Stand 6/2014 sowie bereits *von Wysocki*, WPg 1987, S. 276.
[27] Vgl. WPH Edition, Wirtschaftsprüfung & Rechnungslegung, 15. Aufl., 2017, Abschn. G, Tz 29.
[28] Vgl. *Grottel/Kreher*, in Beck Bil-Komm., 10. Aufl., 2016, § 290 HGB, Rz 46.

Finanz- und Geschäftspolitik bestimmt, d. h. es reicht das Organbestellungsrecht für das Leitungs- oder das Aufsichtsorgan aus.

> **Beispiel**
> Eine US-amerikanische Public Corporation weist ein monistisches System auf. Hier muss das MU demnach die Mehrheit des „Board of Directors" bestimmen können.

Bei dem in Deutschland verbreiteten **dualistischen System**, d. h. einer Geschäftsführung und einem getrennten Aufsichtsgremium, reicht es aus, wenn das MU die Mehrheit der Mitglieder an **einem Organ** bestellen und abberufen kann. 36

> **Beispiel**
> Bei einer AG reicht es aus, die Mehrheit der Aufsichtsrat bestimmen zu können.

Üblicherweise werden die Kriterien in § 290 Abs. 2 Nr. 1 und 2 HGB zusammenfallen. Dennoch ist es denkbar, dass das MU als Gesellschafter unabhängig vom Stimmrecht die Möglichkeit hat, die Mehrheit der Mitglieder eines Organs zu bestimmen. 37

> **Beispiel**
> Ist das MU einziger Komplementär einer KG, steht ihr nach § 164 HGB die Geschäftsführung bzw. das Besetzungsrecht zu.

Voraussetzung für die Relevanz dieses Tatbestandsmerkmals ist, dass das MU oder eines von ihr beherrschten Unt in der **Stellung eines Gesellschafters** sein muss. 38

Zeitlich gesehen muss allein durch die Ausübung der Stimmrechte des MU die Mehrheit der Mitglieder des Verwaltungs-, Leitungs- oder Aufsichtsorgans des TU, die während des Gj. sowie des vorhergehenden Gj. bis zur Erstellung des Konzernabschlusses im Amt sind, bestellt worden sein. 39

Bei einer KapCoGes kann die KomplementärKapG die Mitglieder des Leitungsorgans zwar nicht bestellen oder abberufen, sie ist jedoch selbst Leitungsorgan. Damit verfügt sie nach IDW RS HFA 7 nF Tz 67 über ein stärkeres Recht als die Bestellung und ist daher vorbehaltlich satzungsgemäßer Beschränkungen selber als Leitungsorgan anzusehen. 40

3.4 Beherrschungsvertrag oder Satzungsbestimmung (Abs. 2 Nr. 3)

Zudem ergibt sich eine Verpflichtung zur Konzernrechnungslegung, wenn dem MU das Recht zusteht, die Finanz- und Geschäftspolitik aufgrund eines mit diesem Unt geschlossenen Beherrschungsvertrags oder aufgrund einer Satzungsbestimmung dieses Unt zu bestimmen (§ 290 Abs. 2 Nr. 3 HGB). Auch hier reicht das Bestehen der Möglichkeit aus, d. h., eine praktische Ausübung muss nicht gegeben sein. Dieser Tatbestand steht isoliert und benötigt keine Gesell- 41 schafterstellung. Das Recht kann dem MU auch über die Beherrschung eines TU zustehen, das den Beherrschungsvertrag mit einem anderen (Enkel-)Unt abgeschlossen hat.

42 Ein **Beherrschungsvertrag** liegt nach § 291 Abs. 1 Satz 1 AktG dann vor, wenn ein Unternehmensvertrag besteht, der eine **AG oder eine KGaA** der Leitung eines anderen Unt unterstellt. Auch die weiteren aktienrechtlichen Bestimmungen der §§ 293 ff. AktG müssen erfüllt sein, damit von einem Beherrschungsvertrag für diese Rechtsformen ausgegangen werden kann. Weitere Unternehmensverträge, wie Gewinnabführungsverträge, Betriebsverpachtungs- oder Betriebsüberlassungsverträge, begründen alleine regelmäßig kein Mutter-Tochter-Verhältnis, da in diesen Fällen nicht zwangsläufig auch eine Beherrschungsmöglichkeit gegeben ist. Bei diesen Rechtsformen ist eine Beherrschungsmöglichkeit durch Satzungsbestimmung aufgrund der gesetzlichen Mindestvorschriften ausgeschlossen.[29]

43 **Andere Rechtsformen** sind gesetzlich bzgl. eines Beherrschungsvertrags nicht reglementiert, sodass hier in Anlehnung an das AktG gestaltete Unternehmensverträge vorliegen können. Entscheidend für die Einschätzung, ob ein Beherrschungsvertrag vorliegt, ist die Möglichkeit des beherrschenden Einflusses auf die Finanz- und Geschäftspolitik des beherrschten Unt. Zudem muss der Vertrag rechtswirksam sein.

44 In Gesellschaftsverträgen oder **Satzungen** vereinbarte Weisungsrechte können die Voraussetzung des § 290 Abs. 2 Nr. 3 HGB erfüllen.[30]

3.5 Risiken- und Chancentragung (Zweckgesellschaften) (Abs. 2 Nr. 4)

45 Erklärtes Ziel der Änderung des § 290 HGB durch das BilMoG war es, die Einbeziehungspflicht auf ZweckGes. auszuweiten. ZweckGes. sind Unt, die im Interesse eines MU oder TU (sog. Sponsor) tätig sind. Sie werden gegründet, um ein enges und genau definiertes Ziel zu erreichen und können die Rechtsform einer KapG, eines Treuhandfonds (unselbstständiges Sondervermögen), einer PersG oder einer sonstigen juristischen Person haben.[31] Die Gründung von ZweckGes. geht i. d. R. mit rechtlichen Vereinbarungen einher, die der Entscheidungsmacht des Vorstands, Treuhänders oder des Managements der ZweckGes. strenge und häufig dauerhafte Grenzen vorgeben, die etwa die Geschäftspolitik an bei der Gründung festgelegte Vorgaben binden. Der Sponsor transferiert häufig VG zur ZweckGes. Im Gegenzug erhält er das Recht zur Nutzung von VG. Die Finanzierung der ZweckGes. wird dagegen – zumindest in großen Teilen – regelmäßig von anderen Parteien erbracht. Eine nutzbringende Beteiligung an einer ZweckGes. kann etwa in Form eines Schuldinstruments, eines Eigenkapitalinstruments, einer Gewinnbeteiligung, eines Residualanspruchs oder eines Leasingverhältnisses bestehen. Im Regelfall entsteht dem Sponsor aus

---

[29] Vgl. ADS, 6. Aufl., § 290, Rz 60.
[30] Vgl. *von Keitz/Ewelt-Knauer*, in *Baetge/Kirsch/Thiele*, Bilanzrecht, § 290 HGB, Rz 89, Stand 6/2014.
[31] Vgl. *von Keitz/Ewelt-Knauer*, in *Baetge/Kirsch/Thiele*, Bilanzrecht, § 290 HGB, Rz 121 ff., Stand 6/2014.

dem Konstrukt eine wesentliche nutzbringende Beteiligung an der Geschäftstätigkeit, wenngleich sein Eigenkapitalanteil gering ist.
Ihnen ist entsprechend gemein, dass sie für den Sponsor zwar Nutzen und Risiken generieren, der gesellschaftsrechtlich fixierte Einfluss des Sponsors aber gering ist. Typische Beispiele für ZweckGes. sind **Leasing-Objektgesellschaften, Conduits** und **Spezialfonds**.[32]

> **Beispiel**
> So stellen die sog. Conduits eine Refinanzierungsstruktur, die mittels einer ZweckGes. Forderungen wie bspw. langfristige Kredite, Handelsforderungen oder einem externen Rating unterzogene Wertpapiere einmalig oder revolvierend ankauft und diese über die Ausgabe von Geldmarktpapieren refinanziert, dar. Solche ZweckGes. werden auch als Structured Investment Vehicle (SIV) oder Spezial Purpose Vehicle (SPV) bezeichnet.[33]

Die hinter solchen Konstruktionen bestehende Intention liegt i.d.R. in der **Verbesserung von bilanziellen oder ergebnisorientierten Kennzahlen**, die erreicht wird, indem etwa Aktiva ausgelagert und dadurch Veräußerungsgewinne erzielt oder zukünftige Aufwendungen vermieden werden.[34]

Konkret will der Gesetzgeber die Einbeziehung von **ZweckGes.** in den Konzernabschluss des Sponsors sicherstellen, um diese Gestaltungen zu unterbinden.[35] Dafür wurde der eine Beherrschungsmöglichkeit avisierende Tatbestandskatalog in § 290 Abs. 2 HGB um ein viertes Kriterium erweitert. Demnach hat bei wirtschaftlicher Betrachtung das die Mehrzahl der Chancen und Risiken tragende Unt die ZweckGes. zu konsolidieren. Der Rechtsausschuss, der die von der Bundesregierung hierzu vorgeschlagenen Änderungen überarbeitet und konkretisiert hat, verweist in seiner Begründung explizit auf die Inhalte des durch IFRS 10 ersetzten SIC 12, die somit auf die handelsrechtlichen Regeln zur Aufstellungspflicht und Abgrenzung des KonsKreis übertragen werden. Die wesentlichen **Merkmale von ZweckGes.** sind nach SIC 12.1–3 (bzw. DRS 19.38 ff.):

46

- Gründung für ein eng und genau definiertes Ziel, wie die Durchführung von Leasing, Forschungs- und Entwicklungsaktivitäten oder Verbriefungen von Finanzinstrumenten;
- die Entscheidungsmacht des Leitungsorgans ist dauerhaft beschränkt oder nur sehr eng;
- es ist ein „Autopilot" zur Steuerung des Unt eingesetzt, der nur durch den Sponsor beeinflusst werden kann;
- der Sponsor wickelt Transaktionen mit dem Unt ab, während der Kapitalgeber lediglich die Finanzierung übernimmt.

---

[32] Vgl. *Leinen*, in *Kessler/Leinen/Strickmann*, BilMoG, 2009, S. 559.
[33] Vgl. *Mujkanovic*, StuB 2008, S. 140.
[34] Vgl. *Küting/Seel*, DStR 2009, Beih. 26/2009, S. 41.
[35] Zu den Gestaltungsmöglichkeiten, insbesondere im Zuge der Finanzkrise, siehe detailliert *Mujkanovic*, StuB 2009, S. 374; *Thelen-Pischke*, IRZ 2010, S. 187. Bezüglich des Sonderfalls Bad Banks s. *von Keitz/Ewelt-Knauer*, in *Baetge/Kirsch/Thiele*, Bilanzrecht, § 290 HGB, Rz 131 ff., Stand 6/2014.

47 Die **Konsolidierungspflicht** ist gegeben, wenn das Unt (die ZweckGes.) bei wirtschaftlicher Betrachtung beherrscht wird. Liegt eine Beherrschung in Form einer Vorbestimmung der Geschäftstätigkeit („Autopilot") oder in sonstiger Weise vor, ergibt sich eine Einbeziehung ggf. auch bereits aus § 290 Abs. 2 Nr. 3 HGB.

48 Zur Identifizierung von konsolidierungspflichtigen ZweckGes. ist eine **qualitative Gesamtschau** der Risiko- und Chancenverteilung erforderlich. Führt diese nicht zu einem eindeutigen Bild, kann etwa eine wahrscheinlichkeitsorientierte Szenarientechnik bei der Bestimmung helfen, wer im Wesentlichen die Chancen und Risiken trägt,[36] wobei die Problematik der Gestaltbarkeit auch durch dieses Verfahren nicht ausgeschaltet werden kann. Entscheidend ist, wer im Wesentlichen die Risiken trägt.

49 Indizien für die **wirtschaftliche Betrachtung** sind in Anlehnung an SIC 12.10, auf den sich der Rechtsausschuss bezieht,[37] die folgenden:
- Die Geschäftstätigkeit wird zugunsten des MU geführt, d.h. auf dessen Bedürfnisse abgestimmt.
- Das MU ist in der Lage, die Mehrheit des Nutzens aus dem Unt zu ziehen oder hat diese Macht delegiert.
- Das MU hat das Recht, die Mehrheit des Nutzens aus dem Unt zu ziehen und ist deshalb auch möglicherweise Risiken aus dessen Geschäftstätigkeit ausgesetzt.
- Das MU hält die Mehrheit der mit dem Unt verbundenen Residual- oder Eigentumsrisiken bzw. die VG.

50 Eine Diskussion, ob ZweckGes. dem in § 290 Abs. 2 Nr. 4 Satz 1 HGB verwendeten **Unternehmensbegriff** genügen, erübrigt sich. Um Umgehungen zu vermeiden, stellt Satz 2 derselben Regelungen klar, dass auch sonstige juristische Personen oder **unselbstständiges Sondervermögen des Privatrechts** eine ZweckGes. darstellen können. Explizit ausgenommen sind Spezialfonds i.S.d. § 2 Abs. 3 InvG oder vergleichbarer ausländischer Gesetze oder als Sondervermögen aufgelegte offene inländische Spezial-AIF mit festen Anlagebedingungen i.S.d. § 284 KAGB oder vergleichbare EU-Investmentvermögen oder ausländische Investmentvermögen, die den als Sondervermögen aufgelegten offenen inländischen Spezial-AIF mit festen Anlagebedingungen i.S.d. § 284 KAGB vergleichbar sind. Diese stellen Investmentvermögen dar, die von einer KapitalanlageGes. für Rechnung der Anleger nach Maßgabe des InvG bzw. seit 22.7.2013 KAGB oder vergleichbarer ausländischer Gesetze und der jeweiligen Vertragsbedingungen getrennt gehalten und treuhänderisch verwaltet werden. Der Verweis auf § 36 des aufgehobenen InvG wurde deshalb noch nicht gestrichen, da noch eine Übergangsfrist für dessen Anwendung besteht.[38] Für sie greift die Berichtspflicht im Anhang nach § 314 Abs. 1 Nr. 2 u. 2a HGB.

51 Eine ZweckGes. ist aber erst dann als TU zu klassifizieren, wenn das MU bei wirtschaftlicher Betrachtungsweise mittelbar oder unmittelbar die absolute Mehrheit der **Chancen und Risiken** aus der Geschäftstätigkeit der ZweckGes.

---

[36] Vgl. *Müller/Overbeck/Bührer*, BB 2005, BB-Special 8, S. 26 sowie *Lüdenbach/Hoffmann/Freiberg*, Haufe IFRS-Kommentar, 15. Aufl., 2017, § 32, Rz 74 ff.
[37] Vgl. BilMoG-BegrRA, S. 117.
[38] Vgl. AIFM-UmsG- BegrRegE, BR-Drs. 791/12, S. 560.

trägt (DRS 19.50). Dabei ist auf das gesamte der Geschäftstätigkeit innewohnende Risiko abzustellen. Eine Auswirkung auf die Reputation, auf Kennzahlen, Ratings und Finanzierungskonditionen stellen nicht automatisch eine Mehrheit der Risiken und Chancen dar (DRS 19.53). Realisierte Chancen und Risiken sind bei der Feststellung aller Risiken und Chancen nicht zu beachten (DRS 19.55). I. S. d. Rechtssicherheit ist dies mit objektiv nachvollziehbaren Berechnungsmethoden zu bestimmen.[39] Gleichwohl ist die Abwägung subjektiv, weshalb das IASB mit dem IFRS 10 anders als in SIC 12 die Chancen und Risiken nur auf einen Indikator für die Beherrschung reduziert hat (IFRS 10.B20). Nach IFRS 10.B55ff. können sich dabei Chancen und Risiken für ein MU ergeben aus[40]

- EK-Anteilen,
- FK mit erfolgsabhängigen Zinsen,
- Kapital mit Ausfall- bzw. Zusagen mit Inanspruchnahmerisiken,
- Vereinbarungen für erfolgsabhängige Vergütungen (z. B. Lizenzverträge),
- Steuervorteilen,
- Synergieeffekten,
- Restwertgarantien o. ä. als Leasingnehmer.

Die **Verteilung von Chancen und Risiken** sollte sowohl für die Zuordnung von VG im **Jahresabschluss** als auch im **Konzernabschluss** identisch interpretiert werden. Es ist zunächst kein Grund ersichtlich, warum bei der Frage, wem Vermögen zuzuordnen ist, aus Einzel- und Konzernsicht eine unterschiedliche Betrachtungsweise heranzuziehen wäre. Ob sich dies so darstellt, ist indes fraglich. Dazu folgendes Beispiel:

> **Beispiel**[41]
> Die B AG erwirbt eine Maschine X, die sie der C GmbH zur Nutzung überlässt. Der zwischen der B AG und der C GmbH geschlossene Leasingvertrag erfüllt die Merkmale eines erlasskonformen Vollamortisationsvertrags. Den Erwerb der Maschine hat die B AG über ein Bankdarlehen fremdfinanziert. Als Sicherheit dient der Bank die Forderung aus dem Leasingvertrag. Zudem gründet die B AG eine Ges., die Y GmbH. Alleiniger Gesellschaftszweck sind der fremdfinanzierte Erwerb der Maschine Y und deren Nutzungsüberlassung an die C GmbH auf Basis eines erlasskonformen Vollamortisationsvertrags. Die Y GmbH verfügt über ein im Verhältnis zum Wert der Maschine vernachlässigbares EK. Wiederum dient die Leasingforderung der Y GmbH gegenüber der C GmbH der Bank als Sicherheit.
> Die Zuordnung von VG richtet sich im handelsrechtlichen Jahresabschluss nach dem wirtschaftlichen Eigentum. Dieser Grundsatz hat durch das BilMoG nunmehr in allgemeiner Form Eingang in das HGB gefunden (vgl. § 246 Abs. 1 Satz 2 HGB). Eine inhaltliche Veränderung gegenüber dem alten Rechtszustand will der Gesetzgeber hiermit nicht verbunden wissen, dies gilt insb. auch für die Berücksichtigung der steuerlichen Leasingerlasse als Auslegungshilfe bei der Bestimmung des wirtschaftlichen Eigentümers in der

---

[39] Vgl. *Hoffmann*, DB 2011, S. 1404.
[40] Vgl. *Lüdenbach/Hoffmann/Freiberg*, Haufe IFRS-Kommentar, 15. Aufl., 2017, § 32, Rz 66.
[41] Entnommen aus *Leinen*, in *Kessler/Leinen/Strickmann*, BilMoG, 2009, S. 561.

> handelsrechtlichen Bilanzierung (vgl. BilMoG-BegrRegE, S. 47). Dem folgend haben im Sachverhalt die B AG die Maschine X und die Y GmbH die Maschine Y in ihren handelsrechtlichen Jahresabschluss abzubilden. In den handelsrechtlichen Jahresabschluss der C GmbH finden die VG hingegen keinen Eingang.
> Im nächsten Schritt ist zu prüfen, ob die Y GmbH als TU in den Konzernabschluss der B AG oder der C GmbH einzubeziehen ist. Die B AG ist alleiniger Gesellschafter der Y GmbH, eine Beherrschungsmöglichkeit geht damit aber nicht einher. Der Zweck der Y GmbH besteht allein darin, der C GmbH die Maschine Y zur Nutzung zu überlassen. Chancen und Risiken aus dem in der Gesellschaft Y GmbH enthaltenen und sich in der Maschine Y verkörpernden Nutzenpotenzial liegen allein beim Leasingnehmer. Seine Wertschöpfung muss den Investitionswert der Maschine erwirtschaften. Die C GmbH trägt deshalb i. S. d. § 290 Abs. 2 Nr. 4 HGB bei wirtschaftlicher Betrachtung die Mehrheit der Risiken und hat spiegelbildlich dazu in aller Regel auch die Mehrheit der Chancen. Die C GmbH muss die Y GmbH deshalb konsolidieren. Damit findet die Maschine Y Eingang in den Konzernabschluss der C GmbH, nicht aber die Maschine X.

52 Es wird deutlich, dass **unterschiedliche wirtschaftliche Sichtweisen** im Jahresabschluss und im Konzernabschluss das Ergebnis sind. Während für die Leasingbilanzierung im Jahresabschluss steuerliches Gedankengut maßgeblich ist, wird über den geänderten § 290 im Konzernabschluss auf den Grundsatz der wirtschaftlichen Betrachtungsweise abgestellt, der stärker in Anlehnung an die internationale Rechnungslegung auszulegen ist. **Leinen** fordert daher im Ergebnis zu Recht, zu überdenken, ob die steuerlichen Leasingerlasse im neuen Handelsbilanzrecht noch ihren Platz haben.[42]

53 Für den Fall, dass ein Unt, an dem **keine Kapitalanteile** von MU oder anderen TU gehalten werden, in den Konzernabschluss einbezogen wird, werden die neubewerteten VG und Schulden in den Konzernabschluss übernommen und das neubewertete Reinvermögen im Ausgleichsposten für Anteile anderer Gesellschafter ausgewiesen. Da das MU keine Anteile am TU hält, findet keine Kapitalaufrechnung i. e. S. statt (DRS 23.20). Dennoch kann es sein, dass gerade bei der Kons. von schon länger bestehenden ZweckGes. in deren Bilanzen Gewinnvorträge ausgewiesen sind, die dem MU zustehen, es doch zu einer Kapitalaufrechnung kommt. In diesem Fall wäre der Differenzbetrag als passiver Unterschiedsbetrag aus der KapKons zu erfassen.

> **Beispiel**[43]
> Eine ZweckGes. hat Aktiva von 150 GE. Diesem stehen Schulden von 148 GE gegenüber. Das verbleibende EK stammt ausschließlich aus einem aufgelaufenen Bilanzgewinn (2 GE). In der Bilanz des MU, dem die Rechte und Chancen zustehen, ist kein Beteiligungsbuchwert enthalten, da keine Anteile erworben wurden. Bei der Buchung im Rahmen der ErstKons kommt es

---

42 Vgl. *Leinen*, in *Kessler/Leinen/Strickmann*, BilMoG, 2009, S. 562.
43 Vgl. *Künkele/Koss*, in *Petersen/Zwirner*, BilMoG, 2009, S. 522.

somit gem. § 301 Abs. 3 Satz 1 HGB zu einem Ausweis eines passiven Unterschiedsbetrags aus der KapKons von 2 GE.

Datum	Konto	Soll	Haben
	Gewinnvortrag	2	
	Pass. UB aus KapKons		2

Eine Auflösung des Unterschiedsbetrags darf erfolgswirksam nur dann erfolgen, wenn am Abschlussstichtag feststeht, dass es sich aus Sicht des Konzerns um einen realisierten Gewinn handelt. Dies dürfte regelmäßig erst dann der Fall sein, wenn die ZweckGes. aufgelöst oder verkauft wird.

4 Rechtezurechnung (Abs. 3)

4.1 Grundsachverhalte

Zur Bestimmung der dem MU zustehenden Rechte bei der Prüfung der Tatbestände, bei denen stets gem. Abs. 2 von einer Beherrschungsmöglichkeit auszugehen ist, regelt § 290 Abs. 3 HGB **Hinzurechnungen und Abzüge**. Während unmittelbare Rechte vergleichsweise problemlos identifiziert werden können, bedürfen die hier behandelten mittelbaren Rechte einer gesonderten Betrachtung. Konkret sind die Regeln an die Mittlerfunktion des Abhängigkeitsverhältnisses gem. § 16 Abs. 4 AktG angelehnt, jedoch eigenständig zu interpretieren, da § 290 Abs. 3 HGB von TU und Rechten spricht, während im AktG abhängige Unt und Anteile genannt werden.

Bei **mehrstufigen Konzernen** bewirkt dies, dass auch ein TU eines TU des MU als TU des MU i. S. v. § 290 HGB zu verstehen ist („Enkelgesellschaft").[44] Unerheblich ist dabei, ob das zwischengeschaltete TU in den Konzernabschluss einbezogen wird, solange das MU die Beherrschungsmöglichkeit über das TU auf das EnkelUnt ausüben kann. Liegt gar keine Beherrschungsmöglichkeit auf das TU vor, wie etwa bei Anwendung des DRS 19 mit zweiter Prüfung der Einschränkung der Beherrschungsmöglichkeit mit § 296 Abs. 1 Nr. 1 HGB, so dürfte grds. damit auch keine Beherrschungsmöglichkeit für das EnkelUnt vorliegen.

> **Beispiel**
> Die M AG hält 60 % der Stimmrechte an der T GmbH, die jedoch in der Rechteausübung durch vertragliche Gestaltungen eingeschränkt sind, d. h., es liegt keine Beherrschungsmöglichkeit nach § 290 Abs. 1 HGB sondern lediglich die Vermutung der „stets" vorliegenden Beherrschung nach § 290 Abs. 2 Nr. 1 HGB vor. Hält die T GmbH nun ihrerseits eine Beteiligung an der E GmbH, so dürften auch diese theoretisch zurechenbaren Rechte eingeschränkt sein.
> Ebenso wäre zu argumentieren, dass das TU, welches von einem zum Verkauf bestimmten TU gehalten wird, in aller Regel auch als zum Verkauf bestimmt zu behandeln ist.

---

[44] Vgl. *Grottel/Kreher*, in Beck Bil-Komm., 10. Aufl., 2016, § 290 HGB, Rz 80.

Dagegen wäre die Nichteinbeziehung eines TU aufgrund von Unwesentlichkeit (§ 296 Abs. 2 HGB) kein Grund, an der Beherrschungsmöglichkeit des MU auf eine darunter liegende EnkelGes. zu zweifeln.

> **Beispiel**
> Die M AG hat zwischen sich und weiteren TU eine Zwischenholding Z GmbH angeordnet. Die Z GmbH verfügt über keine operative Geschäftstätigkeit und hält lediglich die Beteiligungen der darunter liegenden Ges. und hat keine Beschäftigten. M verzichtet – unabhängig von den dadurch ggf. auftretenden Komplikationen in der Konzernabschlusserstellung – auf die Einbeziehung von Z, müsste sich aber die Rechte von Z bzgl. der Beherrschungsmöglichkeit der darunter liegenden TU zurechnen, so dass diese Ges. zunächst einbeziehungspflichtig wären.

4.2 Hinzurechnungen von Rechten eines Tochterunternehmens (Abs. 3 Satz 1)

56 Hinzuzurechnen zu direkten Rechten des MU sind die folgenden indirekten Rechte gem. 290 Abs. 3 Satz 1:
- einem TU des MU zustehende Rechte,
- Rechte, die für Rechnung des MU handelnden Personen zustehen,
- Rechte, die für Rechnung der TU des MU handelnden Personen zustehen.

57 Der erste Punkt weitet die zustehenden Rechte auf die **indirekten Rechte** aus, die bestehen, weil ein TU wiederum ein TU beherrscht. Kann das MU das TU beherrschen, so kann es demnach auch das TU der TU beherrschen. Dabei ist es irrelevant, ob das MU auch unmittelbare Rechte besitzt. Auch die Zahl der Zurechnungen ist nicht begrenzt, sodass durch jede weitere Stufe auch weitere TU des auf oberster Stufe stehenden MU hinzukommen. Relevant ist einzig, dass es sich bei den „weiterleitenden" TU um TU nach der Definition des § 290 Abs. 1 HGB handelt, d. h. eine Beherrschung möglich ist.

> **Beispiel**
> Die M AG hat die Möglichkeit, ein im Ausland ansässiges TU zu beherrschen. Auch wenn dieses TU nach lokalem Recht einen Konzernabschluss zu erstellen hat, gelten nicht automatisch die dort einbezogenen TU als TU. Nur wenn der gleiche Beherrschungsbegriff Verwendung findet, kommt es zu einer kompletten Zurechnung der Rechte zum MU.

58 Zudem werden Rechte dem MU zugerechnet, die einem **Dritten** für Rechnung des MU oder TU zustehen. Mit der Formulierung „auf Rechnung" ist gemeint, dass wirtschaftlich betrachtet die Chancen und Risiken aus diesen Rechten dem MU bzw. dem TU zustehen müssen. Beispiele sind eine uneigennützige Verwaltungstreuhand, Fälle der Sicherungstreuhand oder echte Pensionsgeschäfte.

4.3 Hinzurechnung aufgrund von Vereinbarungen (Abs. 3 Satz 2)

Ausgehend von EU-Vorgaben hat der Gesetzgeber als weitere Notwendigkeit der Hinzurechnung von Rechten Vereinbarungen mit anderen Gesellschaftern des betreffenden Unt kodifiziert. Beispiele sind Rechte aus Stimmrechtsbindungsverträgen, Verwaltungsüberlassungsverträgen, Konsortialverträgen, Poolverträgen u. Ä. (DRS 19.65). Voraussetzung für die Hinzurechnung der Rechte zu denen des MU ist nach dem Wortlaut der Vorschrift zunächst, dass das MU oder übergeordnete TU eine Gesellschafterstellung bei dem betrachteten Unt innehaben. Zudem muss das MU auch über die Rechte verfügen können, d. h., paritätische Lösungen können nicht unter diese Regelung fallen. Die **Verfügungsmacht** steht dem MU nur zu, wenn es aus eigenem Willen heraus die Rechte ausüben kann und nicht an Weisungen von oder Absprachen mit anderen Gesellschaftern oder Dritten gebunden ist.[45]

59

4.4 Kürzungen (Abs. 3 Satz 3)

Abzuziehen sind von diesen unmittelbar nach § 290 Abs. 2 HGB und mittelbar nach § 290 Abs. 3 Satz 1 und 2 HGB zustehenden Rechten zunächst gem. Abs. 3 Satz 3 Nr. 1 die Rechte, die mit Anteilen verbunden sind, die von dem MU bzw. einem TU für Rechnung einer anderen Person gehalten werden, was letztlich der Umkehrposition der Hinzurechnung von Abs. 3 Satz 1 entspricht. Zudem sind gem. Abs. 3 Satz 3 Nr. 2 die Rechte abzuziehen, die mit Anteilen verbunden sind, die als Sicherheit gehalten werden und soweit diese Rechte nach Weisung des Sicherungsgebers oder, wenn ein KI die Anteile als Sicherheiten für ein Darlehen hält, im Interesse des Sicherungsgebers ausgeübt werden.[46]

60

Abzustellen ist somit auf den wirtschaftlichen Inhaber der Rechte und nicht auf den rechtlichen Eigentümer. Dabei ist der Begriff „Darlehen" weit auszulegen und auch eine Sicherungsübereignung ist nicht explizit gefordert, sodass auch Pfandrechte u. Ä. hier subsumiert werden können.[47] Die Regelung trennt zwischen Nicht-Kreditinstitute und Kreditinstituten.

61

> **Beispiel**
> Die A AG bekommt vom Kunden K GmbH Anteile sicherungsübereignet. Diese sind der A AG nur zuzurechnen, wenn sie wie – üblicherweise vereinbart – die Rechte aus den Anteilen nach der Weisung des Sicherungsgebers (der K GmbH) auszuüben hat. Derartige Rechte sind von den der A AG als MU zustehenden Rechten abzuziehen.

Zur Darstellung der Gesamtwirkungen der Hinzurechnungen und Kürzungen dient folgendes Beispiel:

62

---

[45] Vgl. *Grottel/Kreher*, in Beck Bil-Komm., 10. Aufl., 2016, § 290 HGB, Rz 85.
[46] Vgl. WPH Edition, Wirtschaftsprüfung & Rechnungslegung, 15. Aufl., 2017, Abschn. G, Tz 57.
[47] Vgl. ADS, 6. Aufl., § 290 HGB, Rz 149.

> **Beispiel**[48]
>
> ```
>                    M GmbH
>        Stimmrechte 51 %    Stimmrechte 50 %
>              ↙    Stimm-    ↘
>                   rechte 31 %
>         TU1 GmbH              TU2 AG
>       Beherr-                         Stimm-
>       schung lt.                      rechte 20
>       Satzung        eine Aktie       %
>              ↓      - - - - →          ↓
>         TU3 GmbH              TU4 GmbH
> ```
>
> Zweifelsfrei ist TU1 als TU von M zu identifizieren. Die TU2 AG ist dagegen nur deshalb auch TU von M, da zusätzlich zu der direkt zustehenden Hälfte der Stimmrechte aufgrund des satzungsgemäßen Beherrschungsrechts auch die TU3 Tochter von M ist. Somit wird dem MU die eine Aktie zugerechnet, die zur Beherrschungsmöglichkeit bei der TU2 führt. Wenn TU2 ein TU ist, dann können zusätzlich zu dem direkt gehaltenen Stimmrechtsanteil an der TU4 auch die 20 % der von TU2 gehaltenen Stimmrechte dem MU zugerechnet werden, sodass auch dort ein 51 % Anteil besteht, der dem MU eine Beherrschungsmöglichkeit eröffnet.

5 Berechnung der Stimmrechtsmehrheit (Abs. 4)

63 In Anlehnung an § 16 Abs. 2 u. 3 AktG wird in Abs. 4 der Vorschrift bestimmt, dass das Verhältnis der dem MU zustehenden Rechte zu der Gesamtzahl aller Stimmrechte die relevante **Verhältniszahl** zur Ermittlung der Stimmrechtsmehrheit darstellt:

$$\text{Stimmrechtsanteil} = \frac{\text{dem MU zustehende Rechte}}{\text{Gesamtzahl der Stimmrechte}}$$

64 Diese Regelung ist insoweit nicht systemkonform mit Abs. 2 Nr. 1, da in Abs. 4 im Gegensatz zu Abs. 2 auf den Anteilsbesitz abgestellt wird. Auch in Abs. 3 Satz 2 wurde die Hinzurechnung von Rechten gerade für nicht in Besitz befindliche Anteile (Stimmrechtsvereinbarungen) gefordert.[49] Es ist somit darauf abzustellen, dass Stimmrechte ausgeübt werden können. Bei der Ermittlung der

---

[48] In Anlehnung an WP-Handbuch, Bd. I, 14. Aufl., Abschn. T, Rz 397 (in der Neuauflage des WP-Handbuchs nicht mehr enthalten).
[49] Vgl. ADS, 6. Aufl., § 290 HGB, Rz 152.

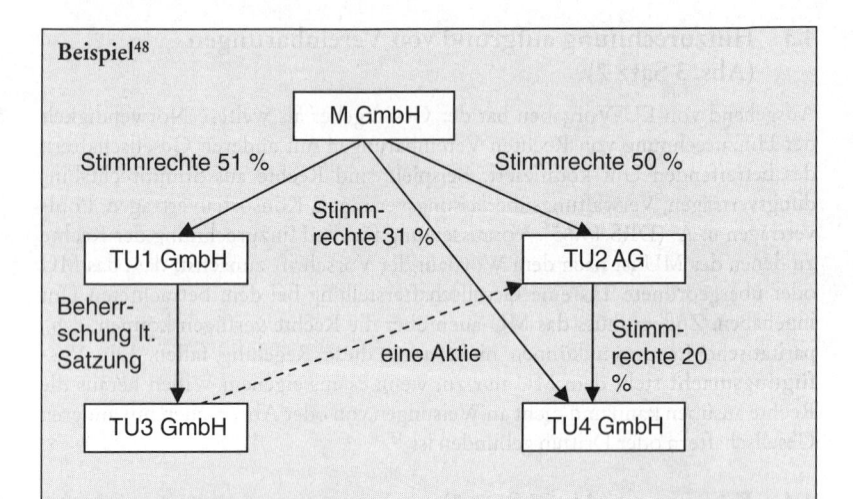

dem MU zustehenden Stimmrechtsmehrheit bleiben deshalb die **Stimmrechte außer Betracht**, die (dauerhaft) nicht ausgeübt werden können.

> **Beispiel**
> Der A AG gehören 48 % der Anteile an der B AG. Die B AG hat zur Einziehung bereits 5 % der eigenen Aktien zurückgekauft. Demnach liegt die Mehrheit bei über 47,5 %, sodass gem. § 290 Abs. 1 i.V.m. Abs. 2 Nr. 1 die B AG aufgrund der Beherrschungsmöglichkeit TU der A AG ist.

Von der Gesamtzahl aller Stimmrechte des MU werden auch die Stimmrechte abgezogen, die einem seiner TU oder einer anderen Person für Rechnung dieser TU gehören.

Fraglich ist, wie mit **Optionsrechten** zu verfahren ist. Unstrittig ist, dass während der Sperrfrist den bestehenden Optionen keine Relevanz beizumessen ist. Können vorhandene Optionen vom MU jedoch jederzeit ausgeübt werden, sodass dann eine Stimmrechtsmehrheit besteht, und stehen der Stimmrechtsausübung keine Bedingung für die Ausübung dieser Rechte oder sonstige vertragliche Vereinbarungen entgegen, kann – auch in Anlehnung an IAS 27.14 (rev. 2008) bzw. IFRS 10.B47 i.V.m. IFRS 10.B22–25 – von einer rechtlich abgesicherten Beherrschungsmöglichkeit infolge potenzieller Stimmrechte ausgegangen werden.

6 Befreiung von der Pflicht zur Konzernrechnungslegung (Abs. 5)

Ausgehend von einem Vorschlag der EU-Kommission[50] hat der Gesetzgeber mit dem Abs. 5 klargestellt, dass eine Verpflichtung zur Aufstellung eines Konzernabschlusses nicht besteht, wenn die einzubeziehenden TU alle unter die Einbeziehungswahlrechte des § 296 HGB (Einschränkung der Beherrschungsmöglichkeit, unverhältnismäßig hohe Kosten oder Verzögerungen, Weiterveräußerungsabsicht, Unwesentlichkeit; § 296 Rz 12ff.) fallen und diese Wahlrechte auch genutzt werden. Damit wurden die bereits diesbzgl. vorherrschenden GoB gesetzlich explizit bestätigt.

> **Beispiel**
> Ein MU hält 100 % an einer gemeinnützigen Unterstützungskasse. Weitere TU existieren nicht. Nach § 296 Abs. 1 Nr. 1 HGB liegt durch die Unmöglichkeit, auf das den Unterstützungsberechtigten zustehende Vermögen zuzugreifen, eine Beschränkung der Ausübung der Rechte des MU vor. Wird daher auf eine Einbeziehung verzichtet, kann und muss kein Konzernabschluss erstellt werden.

Diese Befreiung gilt auch für **KM-orientierte Unt**, sodass keine Rechnungslegungspflicht nach IFRS für diese Unt gegeben ist, da diese nur im Konzern-

---

[50] Vorschlag für eine RL zur Änderung der RL 76/660/EWG und 83/348/EWG, KOM 2008, 195 v. 17.4.2008; hier: Klarstellung in Art. 13 Abs. 2a der RL 83/349/EWG.

abschluss verpflichtend anzuwenden sind. Damit wird nach der Gesetzesbegründung eine Unsicherheit hinsichtlich des IFRS-Konzernabschlusses gem. § 315e HGB beseitigt. Für diesen ist § 290 HGB somit stets von Bedeutung, da sich die Konzernrechnungslegungspflicht auch bei kapitalmarktorientierten Unt ausschließlich aus dem Handelsrecht ergibt;[51] die IFRS gelten somit „lediglich" für den Inhalt eines danach aufzustellenden Konzernabschlusses.

69 Allerdings müssen KM-orientierte Unt ohne einbeziehungspflichtige TU gem. § 264 Abs. 1 HGB für den Fall der Nichtaufstellung eines Konzernabschlusses einen **umfangreicheren Jahresabschluss** vorlegen (§ 264 Rz 20f.).

70 Da mit dem Wegfall des Konzernabschlusses auch die nach § 296 Abs. 3 HGB geforderte Begründung im Konzernanhang ins Leere läuft, wäre i. S. d. Klarheit des Abschlusses im Jahresabschluss in der Aufstellung des Anteilsbesitzes gem. § 285 Nr. 11 HGB auf den Umstand **hinzuweisen**, dass ein oder mehrere TU vorliegen, deren Befreiung von der Einbeziehung zu einer Befreiung von der Konzernaufstellungspflicht geführt hat.

---

[51] Vgl. z. B. *Küting/Seel*, DStR 2009, Beilage. 26/2009, S. 42.

§ 291 Befreiende Wirkung von EU/EWR-Konzernabschlüssen

(1) ¹Ein Mutterunternehmen, das zugleich Tochterunternehmen eines Mutterunternehmens mit Sitz in einem Mitgliedstaat der Europäischen Union oder in einem anderen Vertragsstaat des Abkommens über den Europäischen Wirtschaftsraum ist, braucht einen Konzernabschluß und einen Konzernlagebericht nicht aufzustellen, wenn ein den Anforderungen des Absatzes 2 entsprechender Konzernabschluß und Konzernlagebericht seines Mutterunternehmens einschließlich des Bestätigungsvermerks oder des Vermerks über dessen Versagung nach den für den entfallenden Konzernabschluß und Konzernlagebericht maßgeblichen Vorschriften in deutscher Sprache offengelegt wird. ²Ein befreiender Konzernabschluß und ein befreiender Konzernlagebericht können von jedem Unternehmen unabhängig von seiner Rechtsform und Größe aufgestellt werden, wenn das Unternehmen als Kapitalgesellschaft mit Sitz in einem Mitgliedstaat der Europäischen Union oder in einem anderen Vertragsstaat des Abkommens über den Europäischen Wirtschaftsraum zur Aufstellung eines Konzernabschlusses unter Einbeziehung des zu befreienden Mutterunternehmens und seiner Tochterunternehmen verpflichtet wäre.

(2) ¹Der Konzernabschluß und Konzernlagebericht eines Mutterunternehmens mit Sitz in einem Mitgliedstaat der Europäischen Union oder in einem anderen Vertragsstaat des Abkommens über den Europäischen Wirtschaftsraum haben befreiende Wirkung, wenn

1. das zu befreiende Mutterunternehmen und seine Tochterunternehmen in den befreienden Konzernabschluß unbeschadet des § 296 einbezogen worden sind,
2. der befreiende Konzernabschluss nach dem auf das Mutterunternehmen anwendbaren Recht im Einklang mit der Richtlinie 2013/34/EU oder im Einklang mit den in § 315a Absatz 1 bezeichneten internationalen Rechnungslegungsstandards aufgestellt und im Einklang mit der Richtlinie 2006/43/EG geprüft worden ist,
3. der befreiende Konzernlagebericht nach dem auf das Mutterunternehmen anwendbaren Recht im Einklang mit der Richtlinie 2013/34/EU aufgestellt und im Einklang mit der Richtlinie 2006/43/EG geprüft worden ist,
4. der Anhang des Jahresabschlusses des zu befreienden Unternehmens folgende Angaben enthält:
    a) Name und Sitz des Mutterunternehmens, das den befreienden Konzernabschluß und Konzernlagebericht aufstellt,
    b) einen Hinweis auf die Befreiung von der Verpflichtung, einen Konzernabschluß und einen Konzernlagebericht aufzustellen, und
    c) eine Erläuterung der im befreienden Konzernabschluß vom deutschen Recht abweichend angewandten Bilanzierungs-, Bewertungs- und Konsolidierungsmethoden.

²Satz 1 gilt für Kreditinstitute und Versicherungsunternehmen entsprechend; unbeschadet der übrigen Voraussetzungen in Satz 1 hat die Aufstel-

lung des befreienden Konzernabschlusses und des befreienden Konzernlageberichts bei Kreditinstituten im Einklang mit der Richtlinie 86/635/EWG des Rates vom 8. Dezember 1986 über den Jahresabschluß und den konsolidierten Abschluß von Banken und anderen Finanzinstituten (ABl. EG Nr. L 372 S. 1) und bei Versicherungsunternehmen im Einklang mit der Richtlinie 91/674/EWG des Rates vom 19. Dezember 1991 über den Jahresabschluß und den konsolidierten Jahresabschluß von Versicherungsunternehmen (ABl. EG Nr. L 374 S. 7) in ihren jeweils geltenden Fassungen zu erfolgen.

(3) Die Befreiung nach Absatz 1 kann trotz Vorliegens der Voraussetzungen nach Absatz 2 von einem Mutterunternehmen nicht in Anspruch genommen werden, wenn

1. das zu befreiende Mutterunternehmen einen organisierten Markt im Sinn des § 2 Abs. 5 des Wertpapierhandelsgesetzes durch von ihm ausgegebene Wertpapiere im Sinn des § 2 Abs. 1 des Wertpapierhandelsgesetzes in Anspruch nimmt,
2. Gesellschafter, denen bei Aktiengesellschaften und Kommanditgesellschaften auf Aktien mindestens 10 vom Hundert und bei Gesellschaften mit beschränkter Haftung mindestens 20 vom Hundert der Anteile an dem zu befreienden Mutterunternehmen gehören, spätestens sechs Monate vor dem Ablauf des Konzerngeschäftsjahrs die Aufstellung eines Konzernabschlusses und eines Konzernlageberichts beantragt haben.

WP STB TOBIAS DREIXLER

Inhaltsübersicht	Rz
1 Überblick	1–4
1.1 Inhalt und Bedeutung	1–2
1.2 Rechtsentwicklung	3–4
2 Allgemeine Voraussetzungen für die Befreiung	5–11
2.1 Konzernrechnungslegungspflicht	5–11
2.1.1 Konzernverflechtung	8–9
2.1.2 Anforderungen an den befreienden Konzernabschluss	10–11
3 Besondere Voraussetzungen für die Befreiung (Abs. 2)	12–18
3.1 Einbeziehung des inländischen Teilkonzerns (Abs. 2 Nr. 1)	12
3.2 Aufstellung und Prüfung des befreienden Konzernabschlusses (Abs. 2 Nr. 2)	13–14
3.3 Aufstellung und Prüfung des befreienden Konzernlagebericht (Abs. 2 Nr. 3)	15–16
3.4 Angabepflicht beim zu befreienden inländischen Mutterunternehmen (Abs. 2 Nr. 4)	17
3.5 Besonderheiten bei Kreditinstituten und Versicherungsunternehmen (Abs. 2 Satz 2)	18

4　Ausnahmen von der Befreiung (Abs. 3)	19–22
4.1　Inanspruchnahme eines organisierten Marktes (Abs. 3 Nr. 1)	19–21
4.2　Minderheitenvotum (Abs. 3 Nr. 2)	22
5　Publizitätsgesetz	23

1 Überblick

1.1 Inhalt und Bedeutung

§ 291 HGB regelt die Voraussetzungen für die Befreiung von der Pflicht eines MU, gem. §§ 290, 293 HGB einen Konzernabschluss aufstellen zu müssen. Da nach § 290 Abs. 1 u. 2 HGB grds. jedes MU zur Konzernrechnungslegung verpflichtet ist, sofern auch die entsprechenden Größenkriterien nach § 293 HGB erfüllt sind, und sofern konsolidierungspflichtige TU vorliegen (§ 290 Abs. 5 HGB), kann dies in mehrstufigen Konzernen **zur Verpflichtung zur Konzernrechnungslegung** auf **jeder** übergeordneten **Konzernstufe** (nach dem **Tannenbaumprinzip**)[1] führen. Bei einer einfachen Konzernstruktur mit MU, TU und Enkel-Unt wären ggf. Stufenabschlüsse als Konzernabschluss (**Bereichs-Konzernabschluss = Teil-Konzernabschluss**) sowohl auf Ebene der Tochter als auch auf Ebene der Mutter die Folge, wenn keine entsprechende Befreiungsvorschrift existieren würde. Ausweislich der Gesetzesbegründung[2] soll die Befreiung daher in erster Linie dazu dienen, Konzerne unter bestimmten Voraussetzungen von der Aufstellung eines Konzernabschlusses zu entlasten. Zudem sind solche Stufenabschlüsse aufwendig zu erstellen und wenig aussagekräftig.[3]

1

Die Bedeutung der Befreiung nach § 291 HGB liegt darin, dass die **Verpflichtung zur Konzernrechnungslegung** für ein auf einer Konzernstufe verpflichtetes MU (**untergeordnetes bzw. zu befreiendes MU**) **entfallen** kann, wenn **ein sog. befreiender Konzernabschluss** auf der übergeordneten Konzernstufe **von einem MU (übergeordnetes MU) mit Sitz innerhalb der EU/des EWR aufgestellt wird** – sog. Teil-Konzernabschluss auf höherer Ebene.[4]

2

Die **folgenden Voraussetzungen** müssen für die Befreiung nach § 291 HGB kumulativ erfüllt sein:[5]

- Bei dem zu befreienden MU handelt es sich um ein zur (Teil-)Konzernrechnungslegung verpflichtetes Unt (**untergeordnetes MU**), vgl. Rz 5–7.
- Das zu befreiende MU muss wiederum in einer Mutter-Tochter-Beziehung zu einem übergeordneten Unt mit Sitz in einem EU-/EWR-Staat stehen (**übergeordnetes MU**), vgl. Rz 8–9.

---

[1]　Vgl. *Küting/Hayn*, BB 1995, S. 668. Im Gegensatz hierzu hat das Tannenbaumprinzip bei einem Konzern nach dem PublG keinen Einzug gefunden; zum Tannenbaum- bzw. Stufenkonzept vgl. auch WPH Edition, Wirtschaftsprüfung & Rechnungslegung, 15. Aufl., 2017, Abschn. G, Tz 111 ff.
[2]　Vgl. BT-Drs 10/4268, S. 112.
[3]　Vgl. *Küting*, DB 2012, S. 1049 mwN.
[4]　Dagegen regelt § 292 HGB die Voraussetzungen eines befreienden Konzernabschlusses eines MU mit Sitz außerhalb der EU/des EWR (Drittstaat).
[5]　Vgl. auch *Dusemond*, BB 1994, S. 2039.

- Das übergeordnete MU stellt einen Konzernabschluss auf, der den Anforderungen des Abs. 2 genügt und der zusammen mit dem Bestätigungsvermerk in deutscher Sprache offengelegt wird (Anforderungen an den befreienden Konzernabschluss), vgl. Rz 10–16.

Nach Abs. 2 müssen, um die Befreiungswirkung eintreten zu lassen, **folgende Voraussetzungen zusätzlich gegeben** sein:
- Der zu befreiende inländische Teilkonzern wird in den befreienden Konzernabschluss einbezogen (§ 291 Abs. 2 Nr. 1 HGB), vgl. Rz 12.
- Der Konzernabschluss muss inhaltlich nach dem für das übergeordnete MU geltende Recht aufgestellt und nach diesem Recht geprüft werden (§ 291 Abs. 2 Nr. 2 HGB), vgl. Rz 13–14.
- Ein ggf. aufgestellter Konzernlagebericht muss inhaltlich ebenfalls nach dem für das übergeordnete MU geltende Recht aufgestellt und nach diesem Recht geprüft werden (§ 291 Abs. 2 Nr. 3 HGB), vgl. Rz 15 f.
- Der Anhang des Jahresabschlusses des MU, das andernfalls zur Teilkonzernrechnung verpflichtet wäre, muss bestimmte Anhangangaben enthalten (§ 291 Abs. 2 Nr. 4 HGB), vgl. Rz 17.

Eine befreiende Wirkung tritt in folgenden Fällen trotz Vorliegens der oben genannten Voraussetzungen **nicht ein**:
- Der zu befreiende inländische Teilkonzern nimmt den KM in Anspruch (§ 291 Abs. 3 Nr. 1 HGB), vgl. Rz 19–20.
- Ein entsprechendes Quorum der Minderheiten im inländischen Teilkonzern beantragt die Aufstellung eines Konzernabschlusses (§ 291 Abs. 3 Nr. 2 HGB), vgl. Rz 22.

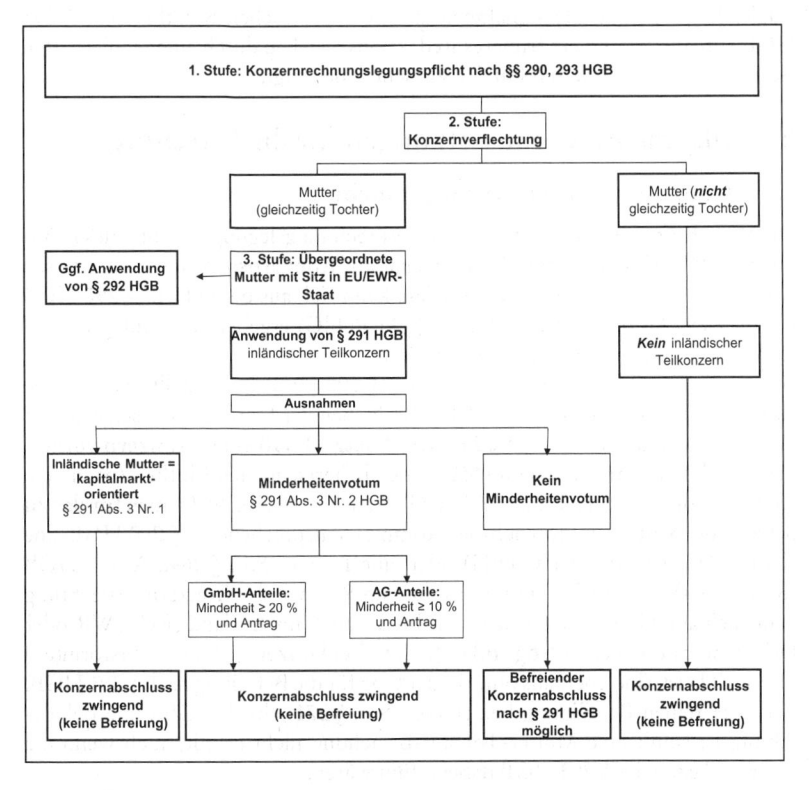

```
┌─────────────────────────────────────────────────────────────────┐
│         1. Stufe: Konzernrechnungslegungspflicht nach §§ 290, 293 HGB │
└─────────────────────────────────────────────────────────────────┘
                              │
                    2. Stufe: Konzernverflechtung
                    ┌─────────┴─────────┐
                Mutter              Mutter (nicht
          (gleichzeitig Tochter)   gleichzeitig Tochter)

  Ggf. Anwendung    3. Stufe: Übergeordnete
  von § 292 HGB  ← Mutter mit Sitz in EU/EWR-
                           Staat

                 Anwendung von § 291 HGB         Kein inländischer
                 inländischer Teilkonzern          Teilkonzern

                        Ausnahmen

  Inländische Mutter =
  kapitalmarkt-        Minderheitenvotum      Kein
  orientiert           § 291 Abs. 3 Nr. 2 HGB  Minderheitenvotum
  § 291 Abs. 3 Nr. 1

                    GmbH-Anteile:    AG-Anteile:
                    Minderheit ≥ 20% Minderheit ≥ 10%
                    und Antrag       und Antrag

                                          Befreiender
  Konzernabschluss   Konzernabschluss     Konzernabschluss    Konzernabschluss
  zwingend           zwingend             nach § 291 HGB      zwingend
  (keine Befreiung)  (keine Befreiung)    möglich             (keine Befreiung)
```

Abb. 1: Überblick über die Befreiung nach § 291 HGB i. d. F. d. Bilanzrichtlinie-Umsetzungsgesetz

1.2 Rechtsentwicklung

Bezüglich der Rechtsentwicklung seit dem BiRiLiG wird auf die Vorauflage verwiesen.

Das **BilRUG**[6] (Bilanzrichtlinie-Umsetzungsgesetz) stellt für nach dem 31.12.2015 beginnende Gj klar, dass auch ein nach internationalen Rechnungslegungsstandards (§ 315e HGB) aufgestellter und geprüfter Konzernabschluss befreiende Wirkung i. S. v. § 291 HGB entfalten kann. In der Folge wurde der Konzernlagebericht als eigenständiges Befreiungsmerkmal im Rahmen der Vorschrift geregelt, sofern hierfür nach dem Recht des übergeordneten MU eine Aufstellungserfordernis besteht. Dadurch hat der Gesetzgeber das Ziel umgesetzt, die befreiende Wirkung auch für solche Konzernabschlüsse nach Maßgabe der internationalen Rechnungslegungsstandards (§ 315e HGB) zu ermöglichen, die keinen Konzernlagebericht nach deutschem Vorbild kennen.

---

[6] Vgl. BT-Drs 18/5256.

Zugleich wurden die Bezugnahmen auf die europäischen Richtlinien in § 291 HGB aktualisiert und ein früheres Redaktionsversehen durch einen fehlerhaften Bezug auf § 2 Abs. 1 WpHG in der Vorschrift beseitigt.

2 Allgemeine Voraussetzungen für die Befreiung

2.1 Konzernrechnungslegungspflicht

5 Die Vorschrift setzt zunächst eine Konzernrechnungslegungspflicht eines inländischen MU (**inländischer Teilkonzern als Konzernspitze**) voraus, dessen Konzernabschluss wegfallen kann. Diese kann sich aus dem HGB (§ 290 HGB i. V. m. § 293 HGB) oder dem PublG (§ 11 PublG) ergeben. Dementsprechend sind diese Vorschriften vorrangig zu prüfen.[7]

6 Soweit die Konzernspitze kein Unt i. S. d. § 290 HGB ist, entfällt insoweit die Erleichterungsvorschrift des § 291 HGB.[8] Neben der Unternehmenseigenschaft des untergeordneten MU setzt § 291 Abs. 1 Satz 1 HGB einen Konzern voraus, bei dem das zu befreiende Unt (**MU**) einen beherrschenden Einfluss (nach dem *Control*-Konzept) auf ein anderes Unt (**TU**) ausübt. Als Rechtsformen **für das zu befreiende (Mutter-)Unternehmen kommen** entsprechend zu § 290 HGB eine KapG (AG, KGaA oder GmbH) oder eine PersG i. S. d. § 264a Abs. 1 HGB (KapCoGes) in Betracht. Dessen Einfluss im Rahmen der Konzernverflechtung kann sich auf TU mit Sitz sowohl im In- als auch im Ausland (EU/EWR oder Drittstaaten) erstrecken (**sog. inländischer Teilkonzern**). Die Rechtsform(en) des/der TU ist/sind ebenfalls ohne Bedeutung für die Befreiung nach § 291 HGB. Bei einer reinen Beteiligungsbeziehung i. S. d. § 271 Abs. 1 HGB ohne Beherrschung ist somit eine Mutter-Tochter-Beziehung nicht erfüllt, auch wenn die Größenklassen des § 293 HGB dabei erfüllt wären.

Beispiel 1

Als natürliche Person ist A an U1 als Konzernspitze mit Sitz im Inland (inländisches MU) mit Mehrheit beteiligt. Es besteht eine Konzernverflechtung nach dem *Control*-Prinzip gem. § 290 Abs. 2 Nr. 1 HGB. Daneben sind die Größenklassen nach § 293 HGB sowohl nach der Brutto- als auch nach der Nettomethode überschritten.

Beurteilung

A kann keinen befreienden Konzernabschluss für den inländischen Teilkonzern U1 gem. § 291 HGB aufstellen, da es an der Unternehmenseigenschaft von A fehlt.

Fallvariante

Die Tätigkeit von A geht mit anderen geschäftlichen Aktivitäten über die bloße Vermögensverwaltung hinaus und erfüllt damit die Unternehmenseigenschaft i. S. d. § 290 HGB.

---

[7] S. hierzu Abb. 1.
[8] Zum Unternehmensbegriff vgl. *Petersen/Zwirner*, DB 2008, S. 481.

> **Beurteilung**
> A kann gem. § 291 HGB einen befreienden Konzernabschluss für den inländischen Teilkonzern U1 aufstellen.

> **Beispiel 2**
> U1 ist an U2 als Konzernspitze mit Sitz im Inland (inländisches MU) mit 15 % beteiligt. Daneben sind die Größenklassen nach § 293 HGB sowohl nach der Brutto- als auch nach der Nettomethode für U1/U2 erfüllt.
>
> **Beurteilung**
> U1 kann U2 nicht gem. § 290 HGB beherrschen. Es liegt keine Mutter-Tochter-Beziehung vor. Ein befreiender Konzernabschluss durch U1 für U2 kann nicht nach § 291 HGB aufgestellt werden.

Unbeschadet von § 291 HGB sind die Vorschriften nach §§ **264 Abs. 3 u. 4, 264b Abs. 3 HGB**, die von der Pflicht zur Aufstellung eines Jahresabschlusses einer KapG oder einer PersG i.S.d. § 264a HGB befreien, gesondert zu beurteilen.[9] Allerdings kommt der Vorschrift des § 291 HGB mit Blick auf die Befreiungen beim Einzelabschluss insoweit Bedeutung zu, als ein nach § 291 HGB befreiender Konzernabschluss eine der Voraussetzungen nach §§ 264, 264b HGB erfüllen kann (vgl. § 264 Abs. 3 bzw. § 264b Nr. 1 HGB). Eine Erleichterung für den Jahresabschluss eines TU (keine Prüfung etc.) tritt daher nur ein, wenn das zu befreienden TU in einen (evtl. auch befreienden) Konzernabschluss einbezogen wird.

> **Beispiel 3**
> U1 ist an U2 als Konzernspitze mit Sitz im Inland (inländisches MU) nicht mit Mehrheit beteiligt. Ferner ist U2 an U3 mit Sitz im Inland beteiligt. U3 ist prüfungspflichtig gem. § 316 HGB. Für U3 hat U1 eine Verlustübernahme erklärt. Zudem wird U3 in den Konzernabschluss von U1 einbezogen.
>
> **Beurteilung**
> U1 kann U2 nicht gem. § 290 HGB beherrschen. Es liegt keine Mutter-Tochter-Beziehung i.S.d. § 290 HGB vor. Ein befreiender Konzernabschluss gem. § 291 HGB durch U1 für U2 kann nicht aufgestellt werden. Eine Befreiung für U3 scheidet damit aber ebenfalls aus.

Der inländische Teilkonzern bzw. das untergeordnete MU muss **nach den Vorschriften des HGB zur Konzernrechnungslegung verpflichtet** sein (sog. **Pflicht-KA**). Eine solche Verpflichtung ergibt sich dann, wenn das MU unter Einbezug des/der TU die Größenklassen nach § 293 HGB überschreitet. Hinzuweisen ist, dass die VO (EG) Nr. 1606/2002 des Europäischen Parlaments und des Rates vom 19.7.2002 betreffend die Anwendung internationaler Rechnungslegungsstandards (Abl. EG Nr. L 243 S. 1) keine eigenständige Konzern-

7

---

[9] Vgl. *Giese/Rabenhorst/Schindler*, BB 2001, S. 513.

rechnungslegungspflicht festlegt, da diese nach hM[10] nach dem jeweiligen nationalen Recht zu prüfen ist.
Sofern der inländische Teilkonzern nicht zur Konzernrechnungslegung verpflichtet ist, ist auch die Befreiungsnorm des § 291 HGB ohne Bedeutung.
Inländische Gleichordnungskonzerne erfüllen jedoch nicht die Voraussetzungen des § 290 HGB, da für solche Konzerne auch keine Pflicht zur Konzernrechnungslegung besteht.[11] Eine Befreiungsnotwendigkeit entfällt daher in diesen Fällen ebenfalls.

> **Beispiel 4**
> A ist mit Mehrheit an U1 und U2 beteiligt, wobei U1 und U2 inländische Teilkonzerne sind. Für den Gleichordnungskonzern U1 / U2 stellt A für Bankenzwecke einen Konzernabschluss auf.
>
> **Beurteilung**
> Da A nicht die Unternehmenseigenschaft erfüllt, liegt keine Mutter-Tochter-Beziehung zu U1 bzw. U2 vor. Daher befreit der aufgestellte Gleichordnungs-KA nicht die Konzerne U1 und U2.

Der vom untergeordneten MU angewandte Konzernrechnungslegungsstandard (HGB oder IFRS) ist ebenfalls ohne Bedeutung für die Befreiungsnorm des § 291 HGB. Denn sofern eine Konzernrechnungslegungspflicht dem Grunde nach besteht, kann die Befreiung auch für solche inländische MU wirken, die
- nur nach handelsrechtlichen Vorschriften einen Konzernabschluss aufstellen oder
- anstelle eines nach handelsrechtlichen Vorschriften aufgestellten Konzernabschlusses freiwillig einen den internationalen Rechnungslegungsstandards entsprechenden Konzernabschluss aufstellen (§ 315e Abs. 3 HGB).

§ 291 HGB kann demnach sowohl von einem HGB-Konzernabschluss als auch von einem IFRS/IAS-Konzernabschluss befreien. Dies gilt jedoch nicht, sofern die IFRS/IAS-Rechnungslegungsstandards gem. § 315e Abs. 1 HGB zwingend anzuwenden sind.[12]

2.1.1 Konzernverflechtung

8   Der Wortlaut des § 291 Abs. 1 Satz 1 HGB **verlangt zusätzlich**, dass zwischen dem inländischen zu befreienden MU und dem übergeordneten MU, das den befreienden Konzernabschluss aufstellt, **eine Mutter-Tochter-Beziehung** besteht. Es reicht aus, dass diese nur am Stichtag des zu befreienden MU vorliegt und nicht das ganze Gj bestanden hat.
Nicht erforderlich ist, dass es sich bei dem übergeordneten MU um das der nächsthöheren Konzernstufe handelt. Die Befreiung nach § 291 HGB gilt somit

---

10   Vgl. *Grottel/Kreher*, in Beck Bil-Komm., 10. Aufl., 2016, § 315a HGB, Rz 5.
11   Der deutsche Gesetzgeber hat das in Art. 12 der 7. EG-RL vorgesehene Mitgliedstaatenwahlrecht nicht in nationales Recht umgesetzt. S. auch § 290 Rz 22.
12   Vgl. § 315e Rz 7. Sofern ein IFRS/IAS-Konzernabschluss nach § 315e Abs. 1 HGB zu erstellen ist, ist eine Befreiung nach § 291 Abs. 3 Nr. 1 HGB nicht möglich. S. hierzu Rz 9.

auch bei einem Gesamt-KA. Damit kann es sich um eine **weitere unmittelbare oder mittelbare Mutter-Tochter-Beziehung** handeln.
Ob dieses Kriterium nach innerstaatlichem Recht zu beurteilen ist oder nach ausländischem Recht des Sitzstaates des übergeordneten MU, ist fraglich. Dabei ist aber zu bedenken, dass die Vorschrift des § 291 HGB EU-Recht in nationales Recht transformiert, so dass m. E. darauf abzustellen ist, ob ein zu befreiendes MU gleichzeitig TU eines übergeordneten MU nach dem für das obere MU geltenden nationalen Recht ist.[13] Bei übergeordneten MU mit Sitz im Inland gilt somit als Beurteilungsmaßstab § 290 HGB. Andernfalls gilt das Recht des jeweiligen Sitzstaates der EU/des EWR. Daraus ergibt sich, dass im Einzelfall eine unterschiedliche Beurteilung je nach Betrachtung möglich ist, so dass z. B. nach ausländischem Recht eine Mutter-Tochter-Beziehung gegeben, während dies nach innerstaatlichem Recht zu verneinen ist. Daneben ist denkbar, dass die Voraussetzungen einer Mutter-Tochter-Beziehung zwar nach den anzuwendenden Konzernrechnungslegungsstandards vorliegen, wohl aber keine entsprechende Beziehung i. S. d. § 291 HGB durch Beherrschung besteht.

Beispiel 5
U1 ist ohne Beherrschungsmöglichkeit an U2 beteiligt, wobei U1 und U2 inländische Teilkonzerne sind. Allerdings besteht eine faktische Beherrschungsmöglichkeit über die HV-Präsenzmehrheit der U1 bei der U2. Daneben stellt U1 einen IFRS-KA nach § 315e Abs. 1 HGB auf, in der U2 einbezogen wird.

Beurteilung
Durch die Einbeziehung der U2 in den Konzernabschluss der U1 wird den Informationsinteressen der übrigen Anteilseigner der U2 angemessen Rechnung getragen. Daher bejaht der HFA des IDW in einem derartigen Fall die Befreiung nach § 291 HGB, obwohl keine Mutter-Tochter-Beziehung vorliegt.[14]
Hinzuweisen ist, dass sich im Zuge der Annäherung der Anwendungsvoraussetzungen von § 290 HGB i. d. F. BilMoG und von IFRS 10 nur noch geringe Anwendungsfälle ergeben, in denen trotz Fehlen einer Mutter-Tochter-Beziehung gleichwohl eine Befreiung nach § 291 HGB durch bloße Einbeziehung in Betracht kommt.

Das **zu befreiende MU kann** auch **in mehrfacher Hinsicht in einer Mutter-Tochter-Beziehung** stehen. So können mehrere übergeordnete MU über die verschiedenen Beherrschungstatbestände des § 290 HGB mit dem zu befreienden MU verbunden sein.[15] Bei einem **Gleichordnungskonzern** ohne Mutter-Tochter-Beziehung besteht jedoch kein Anwendungsfall des § 291 HGB. Wegen der Maßgeblichkeit der nationalen Vorschriften zur Beurteilung einer Mutter-Tochter-Beziehung ist nach der hier vertretenen Auffassung auch ein in Übereinstim-

---

[13] Vgl. zum Recht des jeweiligen Sitzstaats des übergeordneten MU ADS, 6. Aufl. § 291 HGB, Rz 13; *Grottel/Kreher*, in Beck Bil-Komm., 10. Aufl., 2016, § 291 HGB, Rz 6, mwN.
[14] Vgl. HFA FN 2005, S. 583.
[15] Vgl. auch WPH Edition, Wirtschaftsprüfung & Rechnungslegung, 15. Aufl., 2017, Abschn. G, Tz 117.

mung mit nationalen Regelungen aufgestellter **Gleichordnungs-KA eines in einem anderen EU-/EWR-Staat** ansässigen MU geeignet, eine Befreiung zu bewirken, auch wenn dies für deutsche Gleichordnungs-KA nicht gilt.
Eine **Mutter-Tochter-Beziehung liegt nicht** vor, wenn
- ohne Vorliegen der Voraussetzungen des § 290 HGB freiwillig ein Konzernabschluss aufgestellt wird,[16]
- die Verbindung in der Form eines Gleichordnungskonzerns eines im Inland ansässigen übergeordneten MU besteht, sofern die Voraussetzungen des § 290 HGB nicht vorliegen,[17]
- die Verbindung in der Form eines GemeinschaftsUnt besteht oder
- die Verbindung in der Form eines assoziierten Unt besteht.

Die Vorschrift des § 291 HGB setzt hinsichtlich des den befreienden Konzernabschluss aufstellenden MU wie auch § 290 HGB ein Unt voraus.[18]
Im Unterschied[19] zu § 290 HGB wird hierbei jedoch **keine bestimmte Rechtsform für das den befreienden Konzernabschluss aufstellende (übergeordnete) MU** gefordert.[20] Aus den Gesetzesmaterialien[21] lässt sich jedoch entnehmen, dass als Bedingung für die Befreiung von der Teilkonzernrechnungslegungspflicht das den befreienden Konzernabschluss aufstellende Unt auch in der Rechtsform einer KapG geführt werden könnte und in diesem Fall zur Konzernrechnungslegung verpflichtet wäre. Privatpersonen, Bund, Länder und Gemeinden scheiden damit als übergeordnetes MU für Zwecke des § 291 Abs. 1 HGB aus (vgl. auch § 291 Abs. 1 Satz 2 HGB).

9 Das **übergeordnete MU muss seinen Sitz in einem EU-/EWR-Staat** haben (§ 291 Abs. 1 Satz 1 HGB). Neben den Staaten der EU sind dies die Staaten des EWR (Island, Liechtenstein, Norwegen). Der Anwendungsbereich des § 291 HGB (Befreiung) erstreckt sich damit aber auch auf Konzernabschlüsse von MU mit Sitz im Inland, da auch diese Unt ihren Sitz in einem EU-Staat (Deutschland) haben.[22] Die Voraussetzung kann ggf. durch Gründung einer Zwischenholding in einem EU/EWR-Staat erreicht werden.

2.1.2 Anforderungen an den befreienden Konzernabschluss

10 Der Konzernabschluss und der Konzernlagebericht, sofern dies dem Recht des übergeordneten MU entspricht, sind **nach dem für dieses Unt maßgeblichen Recht aufzustellen** und von einem AP **zu prüfen** (s. Rz 13–16) und in deutscher Sprache **offenzulegen** (s. Rz 11).
Eine befreiende Wirkung des Konzernabschlusses ist jedoch **nicht davon abhängig, ob eine gesetzliche Verpflichtung zur Aufstellung** eines Konzernabschlusses für das übergeordnete MU im Sitzstaat **existiert**. Dies ergibt sich auch daraus, dass Abs. 2 Nr. 2 für eine Befreiung ebenfalls erfordert, dass der

---

16   Vgl. auch ADS, 6. Aufl., § 291 HGB, Rz 10.
17   Vgl. auch ADS, 6. Aufl., § 291 HGB, Rz 16.
18   Zum Unternehmensbegriff vgl. *Petersen/Zwirner*, DB 2008, S. 481.
19   Vgl. § 290 HGB Rz 8.
20   Vgl. *Grottel/Kreher*, in Beck Bil-Komm., 10. Aufl., 2016, § 291 HGB, Rz 6.
21   Vgl. BT-Drs 10/4268, S. 113. Fraglich ist aber, ob diese Ansicht des Gesetzgebers unter Berücksichtigung der Herkunft und Entstehung der Norm konform mit 7. EG-RL und damit rechtmäßig ist.
22   Vgl. ADS, 6. Aufl., § 291 HGB, Rz 9.

befreiende Konzernabschluss dem Recht entsprechen muss, das für den Konzernabschluss des übergeordneten MU gilt **und** mit den Anforderungen der 7. EG-RL übereinstimmt.[23] Sofern daher in dem betreffenden Mitgliedstaat keine entsprechenden gesetzlichen Regelungen existieren, ist es ausreichend, wenn das befreiende MU freiwillig einen Konzernabschluss in Entsprechung mit der 7. EG- RL aufstellt.[24]

Problematisch ist die Bestimmung der Aufstellung des befreienden Konzernabschlusses in Übereinstimmung mit der 7. EG-RL dann, soweit das nationale Recht nicht an die 7. EG-RL angepasst wurde und aus diesem Grund eine Befreiung bezweifelt wird.[25]

Eine Befreiung kommt **nur dann** in Betracht, wenn der **Konzernabschluss und Konzernlagebericht einschl.** des **Bestätigungsvermerks** oder des Vermerks über dessen Versagung **nach den für den entfallenden Konzernabschluss und Konzernlagebericht maßgeblichen Vorschriften in deutscher Sprache offengelegt** wird (§ 291 Abs. 1 Satz 1 HGB).   11

Eine Umrechnung des befreienden Konzernabschlusses in EUR ist dabei ebenso wenig erforderlich wie die Beglaubigung der Übersetzung der Konzernabschlussoffenlegungsunterlagen eines ausländischen übergeordneten MU.[26] Mit **maßgeblichen Vorschriften** meint der Gesetzgeber die Vorschriften der §§ 325 ff. HGB. Die Offenlegung des ausländischen Konzernabschlusses hat hierbei im Namen des befreiten MU im BAnz zu erfolgen.[27] Hierdurch wird die andernfalls bestehende Verpflichtung zur Offenlegung des Konzernabschlusses nach § 325 Abs. 3 HGB ersetzt. Die Unterlagen sind beim Betreiber des BAnz elektronisch spätestens bis zum Ablauf von 12 Monaten des dem KA-Stichtag des zu befreienden MU nachfolgenden Gj einzureichen und bekannt machen zu lassen (§ 325 Abs. 1 Satz 2 HGB).

Sofern der Abschlussstichtag des zu befreienden MU und der des Konzernabschlusses voneinander abweichen, ist daher der Stichtag des zu befreienden MU für die Offenlegungsfrist maßgeblich.[28]

3 Besondere Voraussetzungen für die Befreiung (Abs. 2)

3.1 Einbeziehung des inländischen Teilkonzerns (Abs. 2 Nr. 1)

Der befreiende Konzernabschluss darf grds. frei nach dem Recht des Sitzstaates des übergeordneten MU aufgestellt werden (§ 291 Abs. 2 Satz 1 Nr. 2 HGB), jedoch mit der Einschränkung für den KonsKreis, wonach das zu befreiende MU und seine TU in den befreienden Konzernabschluss aufzunehmen sind, es sei denn, es liegt ein Grund vor, aufgrund dessen z.B. nach § 296 HGB auf deren Einbeziehung verzichtet werden könnte.   12

---

[23] S. hierzu auch § 292 Rz 8. Dementsprechend wird auf das jeweils nationale Recht des Mitgliedstaates verwiesen, in dem das MU seinen Sitz hat.
[24] Vgl. auch ADS, 6. Aufl., § 291 HGB, Rz 38.
[25] Vgl. hierzu auch ADS, 6. Aufl., § 291 HGB, Rz 38.
[26] Vgl. ADS, 6. Aufl., § 291 HGB, Rz 21.
[27] Vgl. *Grottel/Kreher*, in Beck Bil-Komm., 10. Aufl., 2016, § 291 HGB, Rz 11.
[28] Zur hM vgl. statt vieler ADS, 6. Aufl., § 291 HGB, Rz 23.

Ob eine Ausnahme von der Befreiung nach § 296 HGB aus Sicht des zu befreienden MU oder des übergeordneten MU zu erfolgen hat, ist angesichts des Wortlauts von Abs. 2 Nr. 1 umstritten.[29] Nach Sinn und Zweck der Norm ist eine über den Wortlaut hinausgehende Auslegung geboten, sodass die hM die Perspektive des übergeordneten MU zulässt.[30] Insoweit gilt, dass das KonsWahlrecht bei der Aufstellung des befreienden Konzernabschlusses neu ausgeübt werden kann und ggf. auch muss.
Zweifelhaft ist jedoch, ob dies auch für die Nichteinbeziehung des zu befreienden MU selbst gilt, da sich § 296 HGB in Bezug auf den Anwendungsbereich nur auf TU erstreckt.[31]
Sofern das zu befreiende MU am Abschlussstichtag des übergeordneten MU endkonsolidiert wurde, liegt ebenfalls keine Einbeziehung vor.[32]

3.2 Aufstellung und Prüfung des befreienden Konzernabschlusses (Abs. 2 Nr. 2)

13 Der befreiende Konzernabschluss muss nach § 291 Abs. 2 Nr. 2 HGB für nach dem 31.12.2015 beginnende Gj dem Recht entsprechen, das für den Konzernabschluss des übergeordneten MU gilt, und mit den Anforderungen der Richtlinie 2013/34/EU (Bilanzrichtlinie) (vorher 7. EG-RL) übereinstimmen oder in Einklang mit den in § 315e Abs. 1 HGB bezeichneten internationalen Rechnungslegungsstandards aufgestellt und im Einklang mit der Richtlinie 2006/43/EG (Abschlussprüfer-Richtlinie) geprüft werden. Ein nach den von der EU übernommenen IFRS aufgestellter Konzernabschluss hat somit ebenfalls befreiende Wirkung.
Das Aufstellungserfordernis beinhaltet, dass der Konzernabschluss sowohl materiell als auch formell mit dem Recht des Sitzstaates des oberen MU übereinstimmen muss.[33] Soweit das nationale Recht auch mit den Anforderungen der Bilanzrichtlinie übereinstimmt, kann von einer Gleichwertigkeit des übergeordneten Konzernabschlusses ausgegangen werden. Dies könnte aber schon für ein MU mit Sitz in einem Staat der EWR, der nicht EU-Mitglied ist, anders zu bewerten sein.[34]
Für eine KapG mit Sitz im Inland als übergeordnetes MU wird dies ohne Zweifel gegeben sein.
Ein nach dem PublG aufgestellter befreiender Konzernabschluss muss gleichfalls mit den Anforderungen der Bilanzrichtlinie im Einklang stehen. Klarstellend ist insoweit § 13 Abs. 3 Satz 3 PublG, wonach der aufgestellte Konzernabschluss

---

29 Vgl. auch ADS, 6. Aufl., § 291 HGB, Rz 34.
30 Vgl. u. a. WPH Edition, Wirtschaftsprüfung & Rechnungslegung, 15. Aufl., 2017, Abschn. G, Tz 123.
31 Erhebliche rechtliche Bedenken gegen die Möglichkeit, auf die Einbeziehung des zu befreienden MU zu verzichten, bestehen daher nach ADS, 6. Aufl., § 291 HGB, Rz 35; ebenso *Grottel/Kreher*, in Beck Bil-Komm., 10. Aufl., 2016, § 291 HGB, Rz 17 mwN.
32 Vgl. *Grottel/Kreher*, in Beck Bil-Komm., 10. Aufl., 2016, § 291 HGB, Rz 17.
33 Vgl. *Küting/Hayn*, BB 1995, S. 668. Somit kommt in dem befreienden Konzernabschluss eine Bewertung auf Basis von Wiederbeschaffungskosten wie eine Begrenzung der Zwischenergebniseliminierung auf Beteiligungsquoten oder der Ausschluss der Quotenkons für GemeinschaftsUnt in Betracht.
34 Vgl. WPH Edition, Wirtschaftsprüfung & Rechnungslegung, 15. Aufl., 2017, Abschn. G, Tz 124 mwN.

nur dann befreiende Wirkung hat, wenn das befreite TU, das gleichzeitig MU ist, diese Erleichterungen für seinen Konzernabschluss hätte in Anspruch nehmen können.

Die Befreiung hängt weiter davon ab, dass der nach dem Recht des Sitzstaates des übergeordneten MU aufgestellte Konzernabschluss von einem zugelassenen AP geprüft wurde.

Bei einem im Inland ansässigen, den befreienden Konzernabschluss aufstellenden MU ist dies erfüllt, wenn die Prüfung durch einen WP oder eine WPG erfolgt ist (§ 319 Abs. 1 Satz 1 HGB). Das in einem EU-/EWR-Staat ansässige, den befreienden Konzernabschluss aufstellende MU hat diesen durch einen AP prüfen zu lassen, der nach den jeweiligen in Übereinstimmung mit der 8. EG-RL erlassenen nationalen Vorschriften hierzu befugt ist.

Fraglich ist, ob die befreiende Wirkung davon abhängt, ob die Prüfung zu einem uneingeschränkten Bestätigungsvermerk geführt hat. Nach bisheriger hM[35] im Schrifttum mit Verweis auf den Wortlaut des § 291 Abs. 2 Satz 1 Nr. 2 HGB kam einem Bestätigungsvermerk mit einer Einschränkung gleichwohl befreiende Wirkung zu. Da die Neufassung der Regelung weiterhin nur von einer Prüfung als Anforderung spricht, kann m.E. von der Fortgeltung dieser Auffassung für das BilRUG ausgegangen werden. Sofern ein Versagungsvermerk erteilt wurde, wird jedoch danach differenziert, ob die Versagung zum Ausdruck bringt, dass der befreiende Konzernabschluss nach den Gesamtumständen nicht mehr als in Übereinstimmung mit der Bilanzrichtlinie aufgestellt angesehen werden kann.[36] In diesem Fall soll eine Versagung keine befreiende Wirkung haben. Von einer mangelnden Übereinstimmung in diesem Sinne kann insoweit ausgegangen werden, wenn ein Versagungsvermerk durch den AP wegen fehlender bzw. nicht beurteilbarer *Going-Concern*-Prämisse erteilt wird.

3.3 Aufstellung und Prüfung des befreienden Konzernlagebericht (Abs. 2 Nr. 3)

Mit dem BilRUG wurde Nr. 2 der bisherigen Fassung in 2 Nummern aufgeteilt, um den Konzernabschluss und den Konzernlagebericht getrennt zu behandeln, ohne dass sich daraus wesentliche inhaltliche Konsequenzen ergeben würden. Nach § 291 Abs. 2 Satz 1 Nr. 3 hat ein befreiender Konzernlagebericht dem Recht zu entsprechen, das für den Konzernabschluss des übergeordneten MU gilt, und mit den Anforderungen der RL 2013/34/EU (Bilanzrichtlinie) übereinzustimmen und in Einklang mit RL 2006/43/EG geprüft zu werden. Damit wird die befreiende Wirkung des Konzernlageberichts ab dem Gj 2016 davon abhängig gemacht, dass für den Konzernlagebericht als Berichtsbestandteil eines Konzernabschlusses eine originäre Verpflichtung zur Aufstellung nach dem Recht des übergeordneten MU besteht. Nur in diesem Fall besteht eine weitere materielle und formelle Übereinstimmungspflicht dieses Berichtsinstruments mit dem Recht des übergeordneten MU hinsichtlich Aufstellung und Prüfung.

---

[35] Vgl. ADS, 6. Aufl., § 291 HGB, Rz 41; ebenso *Grottel/Kreher*, in Beck Bil-Komm., 10. Aufl., 2016, § 291 HGB, Rz 25 mwN.

[36] Hinweis: Beachte aber die andersartige Regelung in § 292 HGB, wonach ein Versagungsvermerk nicht ausreichen soll. Vgl. § 292 Rz. 4, 15.

Mangels genereller Prüfungspflicht für einen Konzernlagebericht bleibt die Regelung damit hinter der allgemeinen (strengen) deutschen Regelung für deutsche Konzernabschlüsse **und** Konzernlageberichte zurück. Dort, wo keine Aufstellungs- und ggf. Prüfungspflicht für einen Konzernlagebericht verlangt wird, genügt es, dass der übergeordnete Konzernabschluss den Anforderungen des Rechts entspricht, das für das übergeordnete MU gilt. Damit wird mit Blick auf das gesetzgeberische Ziel erreicht, dass auch „reine" IFRS-Abschlüsse als befreienden Konzernabschluss in Betracht kommen, wenn die für das übergeordnete MU geltenden nationalen Vorgaben keine weiteren Pflichten hinsichtlich eines Konzernlageberichts enthalten.[37]

> **Beispiel 6**
> Ein deutsches übergeordnetes MU hat insoweit weiterhin einen Konzernlagebericht nach deutschem Recht aufstellen und prüfen zu lassen, damit dem übergeordneten Konzernabschluss befreiende Wirkung nach § 291 HGB für einen untergeordneten Teil-Konzernabschluss zukommt, während dies nach dem Recht eines anderen Staates der EU/des EWR ggf. nicht erforderlich ist.

16 Unter der Annahme der Pflicht zur Aufstellung eines Konzernlageberichts des übergeordneten MU beinhaltet das Aufstellungserfordernis, dass der Konzernabschluss sowohl materiell als auch formell mit dem Recht des Sitzstaates des oberen MU übereinstimmen muss.[38] Soweit das nationale Recht auch mit den Anforderungen der Bilanzrichtlinie übereinstimmt und entsprechend geprüft wurde, kann von einer Gleichwertigkeit des übergeordneten Konzernabschlusses ausgegangen werden. Dies könnte aber schon für ein MU mit Sitz in einem Staat der EWR, der nicht EU-Mitglied ist, anders zu bewerten sein.[39]

3.4 Angabepflicht beim zu befreienden inländischen Mutterunternehmen (Abs. 2 Nr. 4)

17 Im Anhang des Jahresabschlusses des zu befreienden MU müssen folgende Angaben gemacht werden, damit der aufgestellte Konzernabschluss des übergeordneten MU befreiende Wirkung entfaltet:
- Name und Sitz des Unt, das den befreienden Konzernabschluss und Konzernlagebericht aufstellt,
- einen Hinweis auf die Befreiung von der Verpflichtung, einen Konzernabschluss und einen Konzernlagebericht aufzustellen,
- eine Erläuterung der im befreienden Konzernabschluss vom deutschen Recht abweichend angewandten Bilanzierungs-, Bewertungs- und Konsolidierungsmethoden.

---

[37] Vgl. BT-Drs. 18/5256, S. 88.
[38] Vgl. *Küting/Hayn*, BB 1995, S. 668. Somit kommt in dem befreienden Konzernabschluss eine Bewertung auf Basis von Wiederbeschaffungskosten wie eine Begrenzung der Zwischenergebniseliminierung auf Beteiligungsquoten oder der Ausschluss der Quotenkons für GemeinschaftsUnt in Betracht.
[39] Vgl. WPH Edition, Wirtschaftsprüfung & Rechnungslegung, 15. Aufl., 2017, Abschn. G, Rz 124 mwN.

Diese Angaben dienen der Information der Minderheiten in dem von der Konzernrechnungslegung befreiten Teilkonzern. Die zusätzlichen Erläuterungen zur Bilanzierung sollen insb. diese Abschlussadressaten im Fall eines nach ausländischem Recht aufgestellten befreienden Konzernabschlusses über die **wesentlichen** Bilanzierungsunterschiede in Kenntnis setzen. Für den Umfang der Erläuterung wird hierbei auf die nach § 313 Abs. 1 Satz 2 Nr. 1 und 3 HGB üblicherweise im Konzernanhang gegebenen Erläuterungen verwiesen.[40] Allerdings wird eine solche Erläuterung in der Praxis nur eine allgemeine Darstellung der Abweichungen umfassen. Quantitative Angaben sind nicht erforderlich. Für den Fall, dass der befreiende Konzernabschluss nach den IFRS, die von der EU übernommen wurden, aufgestellt wurde, besteht nach hM keine weitere Erläuterungspflicht.[41]

3.5 Besonderheiten bei Kreditinstituten und Versicherungsunternehmen (Abs. 2 Satz 2)

Nach § 291 Abs. 2 Satz 2 HGB gelten die zusätzlichen Anforderungen für die befreiende Wirkung für den Konzernabschluss nach § 291 Abs. 2 Satz 1 HGB auch für KI und Versicherungsunt Allerdings schränkt § 291 Abs. 2 Satz 2 2. Hs. HGB das Aufstellungserfordernis nach § 291 Abs. 2 Nr. 2 HGB insoweit ein, als der befreiende Konzernabschluss des übergeordneten MU für einen inländischen Bank-/Versicherungs-Teilkonzern in Einklang mit der Bankbilanz- bzw. Versicherungsbilanz-RL stehen muss.

4 Ausnahmen von der Befreiung (Abs. 3)

4.1 Inanspruchnahme eines organisierten Marktes (Abs. 3 Nr. 1)

Ein befreiender Konzernabschluss eines übergeordneten MU kann nicht aufgestellt werden, wenn das zu befreiende MU einen organisierten Markt i. S. d. § 2 Abs. 5 WpHG durch von ihm ausgegebene Wertpapiere i. S. d. § 2 Abs. 1 WpHG am Abschlussstichtag in Anspruch nimmt.
Voraussetzung für die Versagung der befreienden Wirkung ist demnach, dass
- Wertpapiere i. S. d. § 2 Abs. 1 WpHG am Abschlussstichtag ausgegeben wurden (s. Rz 20) und
- dadurch ein organisierter Markt in Anspruch genommen wird (s. Rz 21).

Eine Befreiung kann demnach aber noch in Anspruch genommen werden, wenn am Abschlussstichtag nur ein Zulassungsantrag bei der zuständigen Börsenaufsicht gestellt wurde. Die Vorschrift in Abs. 3 Nr. 1 ist daher enger als die Definition für KM-orientierte KapG i. S. v. § 264d HGB.
Wertpapiere i. S. d. Vorschrift des § 2 Abs. 1 WpHG sind
- Aktien,
- andere Anteile an in- oder ausländischen juristischen Personen, PersG und sonstige Unt, soweit diese Anteile Aktien vergleichbar sind, sowie Zertifikate, die Aktien vertreten,
- Schuldverschreibungen,

---

[40] Vgl. § 313 Rz 56 ff., Rz 64 ff.
[41] Vgl. WPH Edition, Wirtschaftsprüfung & Rechnungslegung, 15. Aufl., 2017, Abschn. G, Tz 134.

- insb. Genussscheine und Inhaberschuldverschreibungen und Orderschuldverschreibungen, sowie Zertifikate, die Schuldtitel vertreten,
- sonstige Wertpapiere, die zum Erwerb oder zur Veräußerung von Wertpapieren nach Nr. 1 und 2 berechtigen oder zu einer Barzahlung führen (Differenzausgleich), die in Abhängigkeit von Wertpapieren, von Währungen, Zinssätzen oder anderen Erträgen, von Waren, Indizes oder Messgrößen bestimmt wird.

Wertpapiere sind daher sowohl nicht-festverzinsliche als auch festverzinsliche Papiere.

21 Ein **organisierter Markt** i. S. d. § 2 Abs. 5 WpHG ist ein **geregelter Markt gem. Art. 1 Nr. 13 der Wertpapierdienstleistungs-RL**. Diese Definition entspricht inhaltlich derjenigen des Art. 4 Abs. 1 Nr. 14 der **RL über Märkte für Finanzinstrumente**.[42] Ein geregelter Markt ist definiert als ein von einem Marktbetreiber betriebenes und/oder verwaltetes multilaterales System, das die Interessen einer Vielzahl Dritter am Kauf und Verkauf von Finanzinstrumenten innerhalb des Systems und nach seinen nicht diskretionären Regeln in einer Weise zusammenführt oder das Zusammenführen fördert, die zu einem Vertrag in Bezug auf Finanzinstrumente führt, die gem. den Regeln und/oder den Systemen des Marktes zum Handel zugelassen wurden, sowie eine Zulassung erhalten hat und ordnungsgemäß und gem. den Bestimmungen des Titels III der RL 2004/39/EG funktioniert.[43]

Art. 4 Abs. 1 Nr. 14 der Finanzmarkt-RL wurde durch das Finanzmarktrichtlinienumsetzungsgesetz (FRUG)[44] in deutsches Recht umgesetzt. Danach wird ein geregelter Markt in § 2 Abs. 5 WpHG als organisierter Markt bezeichnet.

4.2 Minderheitenvotum (Abs. 3 Nr. 2)

22 Die Befreiung kann auch dann nicht in Anspruch genommen werden, wenn Minderheitsgesellschafter die Aufstellung eines (Teil-)Konzernabschlusses beantragen. § 291 Abs. 3 Nr. 2 HGB beinhaltet einen **rechtsformabhängigen Minderheitenschutz** für an dem zu befreienden MU beteiligte Minderheiten. Andere Gesellschafter können spätestens sechs Monate vor dem Ablauf des Konzern-Gj die Aufstellung eines Konzernabschlusses und eines Konzernlageberichts beantragen, wenn ihnen mindestens 10 % der Anteile an der zu befreienden AG/KGaA bzw. mindestens 20 % der Anteile an der zu befreienden GmbH als MU gehören. Maßgeblich für die vorgenannte Sechs-Monatsfrist zur Antragstellung ist der Stichtag des Konzernabschlusses des unteren MU.[45] Nach dem Ablauf der Frist stattfindende Veräußerungen lassen nicht erneut ein Antragsrecht für den Erwerber unter dem Gesichtspunkt der Wiedereinsetzung in den vorherigen Stand aufleben.[46] Daher ist die Frist eine **materielle Ausschlussfrist**. Sofern hingegen ein Minderheitsgesellschafter fristgerecht die Aufstellung eines Konzernabschlusses beantragt, nach Ablauf der Frist seinen Anteil ver-

---

[42] Finanzmarkt-RL 2004/39/EG des Rates, Abl. L 145 v. 30.4.2004, S. 1.
[43] Zur Übersicht des geregelten Marktes in Deutschland s. die Übersicht in Abl. C 348 vom 21.12.2010, S. 9 ff.
[44] Finanzmarktrichtlinieumsetzungsgesetz (FRUG) v. 16.7.2007, BGBl. I 2007, S. 1330.
[45] Vgl. *Grottel/Kreher*, in Beck Bil-Komm., 10. Aufl., 2016, § 291 HGB, Rz 33.
[46] Vgl. *Grottel/Kreher*, in Beck Bil-Komm., 10. Aufl., 2016, § 291 HGB, Rz 34.

äußert und der Erwerber erklärt, er habe kein Interesse an der Aufstellung eines Teil-Konzernabschlusses, muss nach dem Schutzzweck der Rechtsnorm ein Zurückziehen des Antrags durch den Erwerber noch möglich sein. Ein Teil-Konzernabschluss braucht dann nicht aufgestellt werden. Dies gilt ebenso, wenn die gestellten Anträge nach Ablauf der Frist nur ein Votum erzielen, das die Schwellenwerte nicht erreicht.[47] Eigene Anteile sind analog § 16 Abs. 2 Sätze 2, 3 AktG abzuziehen.

Umgekehrt ist bei einer 100 %igen Beteiligung des den befreienden Konzernabschluss aufstellenden MU eine Befreiung nach Abs. 1 i.V.m. Abs. 2 generell möglich, sofern die Ausnahme nach Abs. 3 Nr. 1 nicht greift.

Die Beteiligungsverhältnisse beziehen sich auf den Tag des Endes der Sechs-Monatsfrist. Maßgeblich ist die Höhe der zurechenbaren Stimmrechte, die sich entsprechend § 290 Abs. 4 HGB bestimmen lässt.

Für die Zurechnung der Stimmrechte ist entweder auf das rechtliche oder auf das wirtschaftliche Eigentum abzustellen (§ 290 Abs. 2, 3 HGB).[48]

Ein bestimmtes Antragsverfahren ist nicht vorgesehen. Einschlägig und zu beachten sind die gesellschaftsrechtlichen Grundlagen des zu befreienden MU. Inhaltlich gewährt § 291 Abs. 3 Nr. 2 HGB ein sonst gesellschaftsrechtlich nicht vorgesehenes Minderheitenrecht.[49]

Bei einer Beteiligungsquote von mindestens 5 % am Grundkapital einer AG/KGaA besteht nach § 122 Abs. 1 AktG ein Recht auf Einberufung der HV. Das Verlangen ist durch Schreiben an den Vorstand geltend zu machen. In diesem Fall kann die HV sich auch bei antragenden Minderheiten von weniger als 10 % zu einer Aufstellung eines (Teil-)Konzernabschlusses entschließen, sofern die entsprechende Mehrheit von mindestens 10 % ein solches Votum abgibt. Auch ohne eigens eine HV einzuberufen, rechtfertigt eine Anteilshöhe von wenigstens 10 % in diesem Fall das Recht, den Antrag schriftlich dem Vorstand der zu befreienden AG/KGaA zur Kenntnis zu bringen. In diesem Fall ist der Vorstand zur Aufstellung eines (Teil-)Konzernabschlusses verpflichtet.

Bei einer GmbH als zu befreiendes MU greift das Recht, eine GesV einzuberufen, wenn eine Beteiligung von mindestens 10 % am Stammkapital besteht (§ 50 Abs. 1 GmbHG). Für Zwecke des § 291 HGB ist jedoch eine Beteiligung von mindestens 20 % erforderlich (§ 291 Abs. 3 Nr. 2 HGB). Im Übrigen gelten die Ausführungen zur AG/KGaA entsprechend. Bei KapCoGes als zu befreiende MU ist vorrangig auf die Bestimmungen im Gesellschaftsvertrag zu achten. Andernfalls ist u.E. im Umkehrschluss bei der AG/KGaA & Co. KG eine Beteiligung von 10 % und bei der GmbH & Co. KG eine Beteiligung von 20 % erforderlich.[50]

Das Antragsrecht ist nach hM[51] jedes Jahr neu auszuüben.

---

47 Vgl. *Siebourg*, in HdKR, 2. Aufl., § 291 HGB Rz 40.
48 S. auch § 290 Rz 54 ff.
49 Hinweis: Nach Sinn und Zweck der Norm ist nach der hier vertretenen Auffassung aber auch ein Ausschluss des Antragsrechts möglich, sofern die Zustimmung der jeweiligen Betroffenen eingeholt wird.
50 Vgl. *Grottel/Kreher*, in Beck Bil-Komm., 10. Aufl., 2016, § 291 KGB, Rz 36.
51 Vgl. ADS, 6. Aufl., § 291 HGB, Rz 47.

5 Publizitätsgesetz

23 Im Verhältnis zu **nach dem PublG konzernrechnungslegungspflichtigen Unt** gilt § 291 HGB ebenfalls (vgl. § 11 Abs. 6 Nr. 1 PublG). Das befreiende obere MU kann unterschiedlicher Rechtsform sein. Im Übrigen sind die o. g. Voraussetzungen zur Befreiung des handelsrechtlichen Konzernabschlusses mit Ausnahme der unten dargestellten Besonderheiten identisch zu den Befreiungsmöglichkeiten eines Konzernabschlusses nach dem PublG.

Beispiel 7
U1 ist an U2 mit Mehrheit beteiligt und ein in Frankreich ansässiges BeteiligungsUnt in der Form einer S.a.r.l. (entspricht einer GmbH). U2 ist ein im Inland ansässiger Teilkonzern in der Form einer KG mit einer natürlichen Person als Vollhafter, der nach dem PublG konzernrechnungslegungspflichtig wäre. Es besteht eine Konzernverflechtung nach dem *Control*-Prinzip gem. § 290 Abs. 2 Nr. 1 HGB. Daneben sind die Größenklassen nach § 293 HGB sowohl nach der Brutto- als auch nach der Nettomethode überschritten.

Beurteilung
U1 kann gem. § 11 Abs. 6 Nr. 1 PublG i. V. m. § 291 HGB einen befreienden Konzernabschluss für den inländischen Teilkonzern aufstellen. Dabei richtet sich der Inhalt des befreienden ausländischen Konzernabschlusses teilweise nach dem Inhalt des zu befreienden Konzernabschlusses.[52] Insoweit wäre bei der Offenlegung des ausländischen Konzernabschlusses an die Inanspruchnahme der Erleichterungen nach § 13 Abs. 3 Satz 1 u. § 5 Abs. 5 PublG zu denken.[53]

Eine **zusätzliche Einschränkung der allgemeinen Befreiungsvoraussetzungen nach** § 291 HGB ist nach § 13 Abs. 3 Satz 2 PublG zu beachten, wonach die befreiende Wirkung des Konzernabschlusses des **übergeordneten MU, das bestimmte Bilanzierungswahlrechte (§ 13 Abs. 3 Satz 1 und § 5 Abs. 5 PublG) in Anspruch nimmt**, demnach nur dann eintritt, wenn das befreite TU, das gleichzeitig MU ist, diese für seinen Konzernabschluss oder Teil-Konzernabschluss hätte in Anspruch nehmen können. Ggf. zwingt dies das obere MU auf die nach PublG zustehenden Erleichterungen zu verzichten, um das untergeordnete MU wirksam zu befreien.

Beispiel 8
U1 ist an U2 mit Mehrheit beteiligt. U2 ist ein im Inland ansässiger Teilkonzern in der Form einer GmbH. Hingegen ist U1 eine inländische GmbH & Co. mit einer natürlichen Person als Vollhafter, die nach dem PublG konzernrechnungslegungspflichtig wäre. Hierbei möchte U1 die Erleichterung des § 13 Abs. 3 Satz 1 PublG (keine Angabe von Organbezügen) in Anspruch nehmen.

---

52 S. auch WPH Edition, Wirtschaftsprüfung & Rechnungslegung, 15. Aufl., 2017, Abschn. G, Tz 185.
53 Vgl. ADS, 6. Aufl., § 13 PublG, Rz 75.

Beurteilung
U1 kann gem. § 11 Abs. 6 Nr. 1 PublG i. V. m. § 291 HGB einen befreienden Konzernabschluss für den inländischen Teilkonzern aufstellen. Dabei richtet sich der Inhalt des befreienden Konzernabschlusses teilweise nach dem Inhalt des zu befreienden KA.[54] Um befreiende Wirkung für U2 zu erzielen, müsste die U1 im befreienden Konzernabschluss auf die Inanspruchnahme der Erleichterungen nach § 13 Abs. 3 Satz 1 PublG verzichten.[55]

Darüber hinaus ist als weitere Einschränkung **§ 14 Abs. 2 PublG zu beachten.** Der von einem Prüfungsverband geprüfte Konzernabschluss oder Teil-Konzernabschluss hat nur dann befreiende Wirkung nach § 291 HGB, wenn das befreite TU, das gleichzeitig MU ist, seinen Konzernabschluss oder Teil-Konzernabschluss von dieser Person hätte prüfen lassen können (vgl. § 14 Abs. 2 PublG). Schließlich ist trotz des Verweises des § 11 Abs. 6 PublG auf § 291 HGB strittig, ob das in Abs. 3 geregelte **Minderheitenvotum** auch die Befreiungsmöglichkeit für publizitätsgesetzliche Konzernabschlüsse durchbricht.[56] Nach einer – inzwischen aufgegebenen – Meinung im Schrifttum[57] soll der in Abs. 3 installierte Minderheitenschutz trotz Verweis in § 11 Abs. 6 PublG auf befreiende publizitätsgesetzliche Konzernabschlüsse nicht anzuwenden sein. Dies wurde mit der Gesetzesbegründung und Entstehungsgeschichte der Regelung des PublG begründet. M. E. ist dies jedoch zweifelhaft, da dies einer klaren und berechenbaren Gesetzesauslegung unter Berücksichtigung der Grundsätze des BVerfG[58] zuwiderläuft, wenn hier Motive berücksichtigt werden, die nicht vom Gesetzeswortlaut gedeckt sind.

---

[54] S. auch WPH Edition, Wirtschaftsprüfung & Rechnungslegung, 15. Aufl., 2017, Abschn. G, Tz 185.
[55] Vgl. ADS, 6. Aufl., § 13 PublG, Rz 75.
[56] Vgl. Grottel/Kreher, in Beck Bil-Komm., 10. Aufl., 2016, § 291 HGB, Rz. 43.
[57] Vgl. ADS, 6. Aufl., § 11 PublG, Rz 3; WP-Handbuch, Bd. I, 14. Aufl., Abschn. M, Rz 111 Fn 178 – im aktuellen WP-Handbuch Edition Wirtschaftsprüfung & Rechnungslegung, 15. Aufl., 2017, findet sich dieser Absatz nicht mehr.
[58] BVerfGE 105, 135, 162.

§ 292 Befreiende Wirkung von Konzernabschlüssen aus Drittstaaten

(1) ¹Ein Mutterunternehmen, das zugleich Tochterunternehmen eines Mutterunternehmens mit Sitz in einem Staat, der nicht Mitglied der Europäischen Union und auch nicht Vertragsstaat des Abkommens über den Europäischen Wirtschaftsraum ist, braucht einen Konzernabschluss und einen Konzernlagebericht nicht aufzustellen, wenn dieses andere Mutterunternehmen einen dem § 291 Absatz 2 Nummer 1 entsprechenden Konzernabschluss (befreiender Konzernabschluss) und Konzernlagebericht (befreiender Konzernlagebericht) aufstellt sowie außerdem alle folgenden Voraussetzungen erfüllt sind:
1. der befreiende Konzernabschluss wird wie folgt aufgestellt:
   a) nach Maßgabe des Rechts eines Mitgliedstaats der Europäischen Union oder eines anderen Vertragsstaats des Abkommens über den Europäischen Wirtschaftsraum im Einklang mit der Richtlinie 2013/34/EU,
   b) im Einklang mit den in § 315a Absatz 1 bezeichneten internationalen Rechnungslegungsstandards,
   c) derart, dass er einem nach den in Buchstabe a bezeichneten Vorgaben erstellten Konzernabschluss gleichwertig ist, oder
   d) derart, dass er internationalen Rechnungslegungsstandards entspricht, die gem. der Verordnung (EG) Nr. 1569/2007 der Kommission vom 21. Dezember 2007 über die Einrichtung eines Mechanismus zur Festlegung der Gleichwertigkeit der von Drittstaatemittenten angewandten Rechnungslegungsgrundsätze gem. den Richtlinien 2003/71/EG und 2004/109/EG des Europäischen Parlaments und des Rates (ABl. L 340 vom 22.12.2007, S. 66), die durch die Delegierte Verordnung (EU) Nr. 310/2012 (ABl. L 103 vom 13.4.2012, S. 11) geändert worden ist, in ihrer jeweils geltenden Fassung festgelegt wurden;
2. der befreiende Konzernlagebericht wird nach Maßgabe der in Nummer 1 Buchstabe a genannten Vorgaben aufgestellt oder ist einem nach diesen Vorgaben aufgestellten Konzernlagebericht gleichwertig;
3. der befreiende Konzernabschluss ist von einem oder mehreren Abschlussprüfern oder einer oder mehreren Prüfungsgesellschaften geprüft worden, die auf Grund der einzelstaatlichen Rechtsvorschriften, denen das Unternehmen unterliegt, das diesen Abschluss aufgestellt hat, zur Prüfung von Jahresabschlüssen zugelassen sind;
4. der befreiende Konzernabschluss, der befreiende Konzernlagebericht und der Bestätigungsvermerk sind nach den für den entfallenden Konzernabschluss und Konzernlagebericht maßgeblichen Vorschriften in deutscher Sprache offengelegt worden.

(2) ¹Die befreiende Wirkung tritt nur ein, wenn im Anhang des Jahresabschlusses des zu befreienden Unternehmens die in § 291 Absatz 2 Satz 1 Nummer 4 genannten Angaben gemacht werden und zusätzlich angegeben wird, nach welchen der in Absatz 1 Nummer 1 genannten Vorgaben sowie gegebenenfalls nach dem Recht welchen Staates der befreiende Konzernabschluss und der befreiende Konzernlagebericht aufgestellt worden sind. ²Im Übrigen ist § 291 Absatz 2 Satz 2 und Absatz 3 entsprechend anzuwenden.

(3) ¹Ist ein nach Absatz 1 zugelassener Konzernabschluß nicht von einem in Übereinstimmung mit den Vorschriften der Richtlinie 2006/43/EG zugelassenen Abschlußprüfer geprüft worden, so kommt ihm befreiende Wirkung nur zu, wenn der Abschlußprüfer eine den Anforderungen dieser Richtlinie gleichwertige Befähigung hat und der Konzernabschluß in einer den Anforderungen des Dritten Unterabschnitts entsprechenden Weise geprüft worden ist. ²Nicht in Übereinstimmung mit den Vorschriften der Richtlinie 2006/43/EG zugelassene Abschlussprüfer von Unternehmen mit Sitz in einem Drittstaat im Sinn des § 3 Abs. 1 Satz 1 der Wirtschaftsprüferordnung, deren Wertpapiere im Sinn des § 2 Abs. 1 des Wertpapierhandelsgesetzes an einer inländischen Börse zum Handel am regulierten Markt zugelassen sind, haben nur dann eine den Anforderungen der Richtlinie gleichwertige Befähigung, wenn sie bei der Wirtschaftsprüferkammer gem. § 134 Abs. 1 der Wirtschaftsprüferordnung eingetragen sind oder die Gleichwertigkeit gem. § 134 Abs. 4 der Wirtschaftsprüferordnung anerkannt ist. ³Satz 2 ist nicht anzuwenden, soweit ausschließlich Schuldtitel i. S. d. § 2 Abs. 1 Nr. 3 des Wertpapierhandelsgesetzes
1. mit einer Mindeststückelung zu je 100.000 Euro oder einem entsprechenden Betrag anderer Währung an einer inländischen Behörde zum Handel am regulierten Markt zugelassen sind oder
2. mit einer Mindeststückelung zu je 50.000 Euro oder einem entsprechenden Betrag anderer Währung an einer inländischen Börse zum Handel am regulierten Markt zugelassen sind und diese Schuldtitel vor dem 31. Dezember 2010 begeben worden sind.

Im Falle des Satzes 2 ist mit dem Bestätigungsvermerk nach Absatz 1 Nummer 4 auch eine Bescheinigung der Wirtschaftsprüferkammer gem. § 134 Absatz 2a der Wirtschaftsprüferordnung über die Eintragung des Abschlussprüfers oder eine Bestätigung der Wirtschaftsprüferkammer gem. § 134 Absatz 4 Satz 8 der Wirtschaftsprüferordnung über die Befreiung von der Eintragungsverpflichtung offenzulegen.

WP StB Tobias Dreixler

Inhaltsübersicht	Rz
1 Überblick	1–5
1.1 Bedeutung und Inhalt	1–3
1.2 Rechtsentwicklung	4
1.3 Normenzusammenhang	5
2 Der befreiende Konzernabschluss eines MU mit Sitz in einem Drittstaat	6–20
2.1 Überblick über die Voraussetzungen von befreienden Drittstaaten-Konzernabschlüssen	6
2.2 Einklang des befreienden Konzernabschlusses mit § 291 Abs. 2 HGB (§ 292 Abs. 1 Hs. 1 HGB)	7
2.3 Weitere Anforderungen an den befreienden Konzernabschluss (§ 292 Abs. 1 Hs. 2 HGB)	8–16

2.3.1		Inhaltliche Anforderung an den befreienden Konzernabschluss (Abs. 1 Hs. 2 Nr. 1)	8–13
	2.3.1.1	Nach Maßgabe des Rechts eines EU-Staates	9
	2.3.1.2	In Einklang mit dem Recht eines EWR-Staates	10
	2.3.1.3	Im Einklang mit den in § 315e Abs. 1 bezeichneten internationalen Rechnungslegungsstandards	11
	2.3.1.4	Gleichwertigkeit des befreienden Konzernabschlusses	12
	2.3.1.5	Im Einklang mit internationalen Rechnungslegungsstandards	13
2.3.2		Inhaltliche Anforderungen an den Konzernlagebericht (Nr. 2)	14
2.3.3		Prüfung des befreienden Konzernabschlusses (Nr. 3)	15
2.3.4		Offenlegung des befreienden Konzernabschlusses (Nr. 4)	16
2.4		Angabepflicht im Anhang des befreiten MU (Abs. 2)	17
2.5		Anforderungen an die Prüfung des befreienden ausländischen Konzernabschlusses	18–20
	2.5.1	Prüfung durch qualifizierten Abschlussprüfer	19
	2.5.2	Prüfung des Konzernabschlusses	20

1 Überblick

1.1 Bedeutung und Inhalt

1 Der deutsche Gesetzgeber sieht in den §§ 291, 292 HGB vor, dass inländische MU, die gleichzeitig TU eines anderen MU mit Sitz in einem EU-/EWR-Staat oder außerhalb davon sind, dann von der Pflicht zur Aufstellung (und Prüfung) eines ansonsten nach dem sog. **Tannenbaumprinzip**[1] zwingend erforderlichen, eigenen deutschen Teil-Konzernabschlusses und eines eigenen deutschen Teilkonzernlageberichts befreit sind, wenn ein übergeordnetes MU einen sog. „befreienden" Konzernabschluss sowie Konzernlagebericht aufstellt und prüfen lässt und dieser in deutscher Sprache offengelegt wird. In diesem Fall ist das untergeordnete MU, das andernfalls zur Konzernrechnungslegung verpflichtet wäre, von der Aufstellung eines Konzernabschlusses befreit.

Bei einer einfachen Konzernstruktur mit Mutter-, Tochter- und Enkel-Unt wären ohne die Vorschriften der §§ 291, 291 HGB ggf. Stufenabschlüsse als Konzernabschluss (**Bereichs-Konzernabschluss = Teil-Konzernabschluss**) sowohl auf Ebene der Tochter als auch auf Ebene der Mutter die Folge.

---

[1] Das Tannenbaumprinzip hat über den Verweis in § 11 Abs. 6 Nr. 1 PublG auf § 290 Abs. 2 HGB auch bei einem Konzern nach dem PublG Einzug gefunden.

Die Bedeutung der Befreiung nach § 292 HGB besteht im Kern ebenso wie bei § 291 HGB darin, die **Verpflichtung zur Konzernrechnungslegung** für ein auf einer Konzernstufe verpflichtetes MU **entfallen** zu lassen, wenn **ein sog. befreiender** – von der übergeordneten Konzernstufe (nicht Konzernspitze) – **Konzernabschluss (Teil-Konzernabschluss auf höherer Ebene) von einem anderen MU mit Sitz außerhalb der EU/des EWR (Drittstaat) aufgestellt** wird.[2]

Inhaltlich sieht § 292 HGB bisher neben weiteren Anwendungsvoraussetzungen für eine solche Befreiung eine Ermächtigung des Gesetzgebers vor, die näheren Anforderungen an befreiende Konzernabschlüsse durch **Rechts-VO (sog. Zustimmungs-VO)** zu bestimmen.

Unter der Überschrift „Befreiende Wirkung von Konzernabschlüssen aus Drittstaaten" wird mit dem BilRUG für Gj, die nach dem 31.12.2015 beginnen, nun die Konzernbefreiungs-VO in das Gesetz integriert. Somit regelt § 292 HGB die Voraussetzungen für die befreiende Wirkung eines von einem anderen MU mit Sitz außerhalb der EU/des EWR aufgestellten Konzernabschlusses/Konzernlageberichts. Im Unterschied zur Fassung des § 292 i.d.F. vor BilRUG hat der Gesetzgeber nunmehr die Anwendungsvoraussetzungen hierfür zusammengefasst im Gesetz beschrieben, ohne den Regelungstext in Gesetz, Ermächtigungsgrundlage und Verordnung (KonBefrV) zu trennen, und insoweit für die Rechtsanwendung übersichtlicher ausgestaltet.[3] Abweichend zu anderen Kommentierungen der 6. Aufl. wird daher hier die inhaltlich weitgehend identische, aber übersichtlichere Neufassung kommentiert.

§ 292 HGB ist wie folgt aufgebaut:

- **Abs. 1** bestimmt die Eingangsvoraussetzungen, unter denen ein anderes übergeordnetes MU einen befreienden Konzernabschluss/Konzernlagebericht aufstellen kann,
- **Abs. 2** regelt zusätzliche Angabepflichten im Anhang des befreiten MU als weitere Anwendungsvoraussetzung.

1.2 Rechtsentwicklung

§ 292 HGB geht auf EU-Recht (Art. 28 Abs. 8 der Bilanzrichtlinie 2013/34/EU) zurück, wonach den Mitgliedstaaten ein Wahlrecht eingeräumt wird, unter bestimmten Voraussetzungen eine Befreiung von der Pflicht zur Aufstellung eines (Teil-) Konzernabschlusses eines MU mit Sitz außerhalb der EU/des EWR zu regeln.[4] **Das Mitgliedstaatenwahlrecht wurde** durch das **BiRiLiG von 1985 umgesetzt.** Die Neufassung der Bilanzrichtlinie stellt nun klar, dass der übergeordnete Konzernabschluss nicht nur nach der Richtlinie 2013/34/EU oder gleichwertigen Vorgaben, sondern auch nach den im Einklang mit der Verordnung (EG) Nr. 1606/2002 angenommenen internationalen Rechnungslegungsstandards oder diesen gleichwertigen Standards aufgestellt werden kann. Durch das BilRUG verfolgt der Gesetzgeber das Ziel, diese weitere Befreiungsmöglich-

---

[2] Dagegen regelt § 291 HGB die Voraussetzungen eines befreienden Konzernabschlusses eines MU mit Sitz innerhalb der EU/des EWR.
[3] S. auch Begr. zum BilRUG; BT-Drs. 18/4050, S. 71.
[4] Vgl. BT-Drs. 18/5256, S. 86 f.

keit ebenfalls im nationalen Recht in § 292 HGB zu ermöglichen.⁵ Ebenfalls wurde in Übereinstimmung mit der Bilanzrichtlinie nunmehr geregelt, dass in jedem Fall der Bestätigungsvermerk offenzulegen ist und dass ein Versagungsvermerk für eine Befreiung nicht mehr ausreicht. Schließlich wurde ein gesetzgeberisches Redaktionsversehen in der Vorschrift mit den Verweisen auf § 2 WpHG beseitigt.

1.3 Normenzusammenhang

5 § 292 HGB ist **eine eigene Befreiungsvorschrift für die andernfalls greifende KA-Aufstellungspflicht nach §§ 290, 293 HGB**. § 292 HGB gilt nach § 13 Abs. 6 Nr. 1 PublG auch **für Konzernabschlüsse**, Teil-Konzernabschlüsse, Konzernlageberichte und Teil-Konzernlageberichte von **nach dem PublG konzernrechnungslegungspflichtige** und daher zu befreiende inländische Konzerne.

2 Der befreiende Konzernabschluss eines MU mit Sitz in einem Drittstaat

2.1 Überblick über die Voraussetzungen von befreienden Drittstaaten-Konzernabschlüssen

6 Die in § 292 HGB enthaltenen Voraussetzungen sind denen des § 291 HGB nachgebildet und entsprechen diesen in den Eingangsvoraussetzungen weitgehend.⁶ Besonderheiten der Rechnungslegung durch übergeordnete MU in Drittstaaten wurden in der Vorschrift ergänzend berücksichtigt.
Die **folgenden Voraussetzungen** müssen für die Befreiung nach § 292 HGB erfüllt sein:
- Bei dem zu befreienden MU (**untergeordnetes MU**) muss es sich um ein zur (Teil-) Konzernrechnungslegung verpflichtetes Unt handeln (**inländischer Teilkonzern**).⁷
- Das zu befreiende MU muss wiederum in einer Mutter-Tochter-Beziehung zu einem übergeordneten Unt mit Sitz außerhalb eines EU-/EWR-Staates stehen (**übergeordnetes MU**).⁸
- Das übergeordnete MU muss einen Konzernabschluss aufstellen, der mit den Anforderungen des § 291 Abs. 2 Satz 1 HGB in Einklang steht (**Einklang des befreienden Konzernabschlusses mit § 291 Abs. 2 HGB**).⁹
- Zusätzlich müssen **weitere Anforderungen** gegeben sein (§ 292 Abs. 1 S. 1 Hs. 2 Nr. 1 bis 4 HGB), um die Befreiungswirkung des Drittstaaten-Konzernabschlüssen eintreten zu lassen. Dies beinhaltet:
  a) Ein **inhaltliches Aufstellungserfordernis für den befreienden Konzernabschluss** (Nr. 1 lit. a) – d); Rz 8–12),

---

⁵ Vgl. BT-Drs. 18/5256, S. 86 f.
⁶ Vgl. *Hoffmann/Lüdenbach*, NWB-Kommentar Bilanzierung, 8. Aufl., 2017, § 292 HGB Rz 5.
⁷ Vgl. hierzu § 291 Rz 2.
⁸ Vgl. insoweit die Ausführungen zu den übergeordneten MU mit Sitz innerhalb der EU/des EWR bei § 291 Rz 11–13.
⁹ Vgl. hierzu Rz 7.

b) Ein **inhaltliches Aufstellungserfordernis für den befreienden Konzernlagebericht**, der insoweit nach Maßgabe der in Nummer 1 lit. a) genannten Vorgaben aufgestellt oder nach diesen Vorgaben aufgestellten Konzernlagebericht gleichwertig ist (Nr. 2; Rz 14);

c) Ein **Prüfungserfordernis**, wonach der befreiende Konzernabschluss von einem oder mehreren AP oder einem oder mehreren Prüfungsgesellschaften geprüft worden, die aufgrund der einzelstaatlichen Rechtsvorschriften, denen das Unternehmen unterliegt, das diesen Abschluss aufgestellt hat, zur Prüfung von Jahresabschlüssen zugelassen sind (Nr. 3; Rz 15).[10]

d) Ein **Offenlegungserfordernis**, wonach der befreiende Konzernabschluss, der befreiende Konzernlagebericht und der Bestätigungsvermerk sind nach den für den entfallenden Konzernabschluss und Konzernlagebericht maßgeblichen Vorschriften in deutscher Sprache offenzulegen ist (Nr. 4; Rz 16);[11]

- Nach § 292 Abs. 2 HGB tritt die befreiende Wirkung nur dann ein, wenn im Anhang des Jahresabschlusses des zu befreienden MU die in § 291 Abs. 2 Satz 1 Nr. 4 HGB genannten Angaben sowie weitere Zusätze gemacht werden (s. Rz 17).
- Die Prüfung des befreienden Konzernabschlusses muss den in § 292 Abs. 3 HGB genannten Anforderungen genügen (s. Rz 15).

---

[10] Vgl. hierzu Rz 12–14.
[11] Vgl. hierzu § 291 Rz 20.

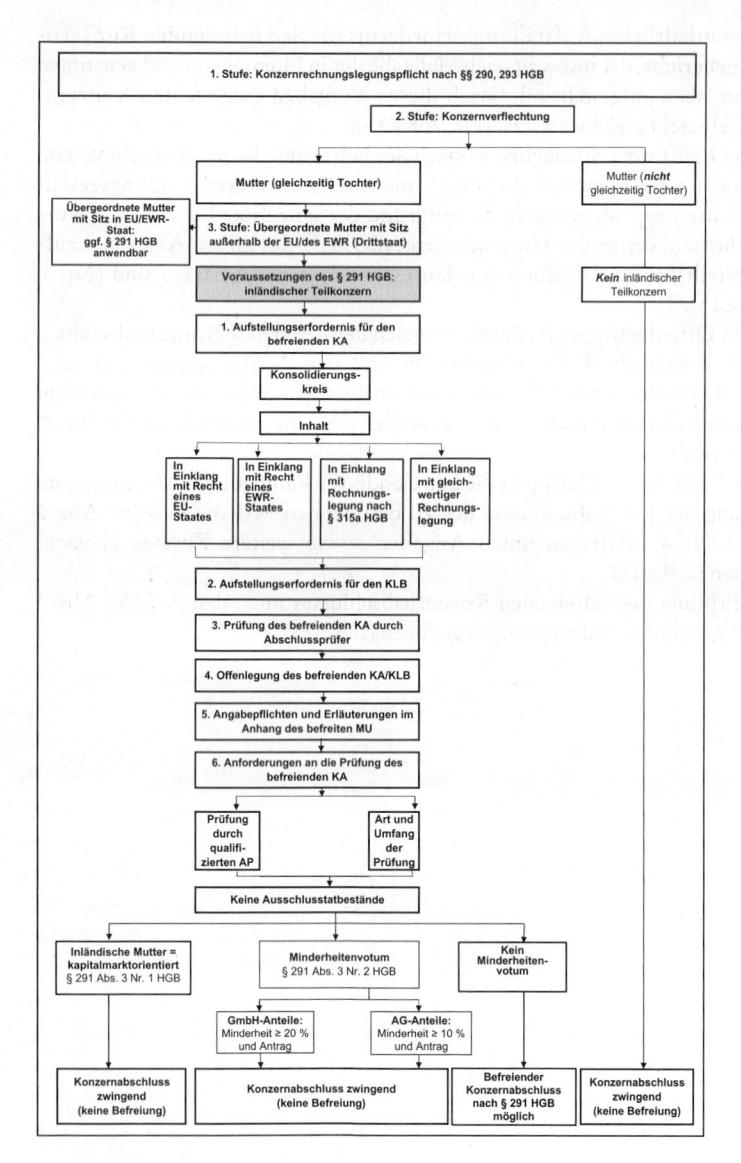

Abb. 1: Überblick über die Befreiung nach § 292 HGB i.d.F. BilRUG

2.2 Einklang des befreienden Konzernabschlusses mit § 291 Abs. 2 HGB (§ 292 Abs. 1 Hs. 1 HGB)

7   Nach den Vorgaben des § 292 Abs. 1 Hs. 1 HGB muss der befreiende Konzernabschluss in Einklang mit § 291 Abs. 2 Nr. 1 HGB stehen, d.h. das zu befreiende

MU und seine TU sind in den befreienden Konzernabschlüssen unbeschadet des Konsolidierungswahlrechts nach § 296 HGB einzubeziehen.[12]

2.3 Weitere Anforderungen an den befreienden Konzernabschluss (§ 292 Abs. 1 Hs. 2 HGB)

2.3.1 Inhaltliche Anforderung an den befreienden Konzernabschluss (Abs. 1 Hs. 2 Nr. 1)

Der Konzernabschluss muss **inhaltlich** nach § 292 Abs. 1 Satz 1 Hs. 2 HGB wie folgt aufgestellt werden, um befreiende Wirkung zu entfalten: 8
- Nach Maßgabe des Rechts eines Mitgliedstaats der EU (s. Rz 9) oder eines EWR-Staates in Einklang mit der Richtlinie 2013/34/EU (Bilanzrichtlinie) (lit. a), (s. Rz 10) oder
- im Einklang mit den in § 315e Abs. 1 HGB bezeichneten internationalen Rechnungslegungsstandards (lit. b), (s. Rz 11) oder
- derart, dass er einen nach den in Buchstaben a) bezeichneten Vorgaben erstellten Konzernabschluss gleichwertig ist (lit. c), (s. Rz 12) oder
- derart, dass er internationalen Rechnungslegungsstandards entspricht, die gem. der Verordnung (EG) Nr. 1569/2007 der Kommission vom 21.12.2007 über die Einrichtung eines Mechanismus zur Festlegung der Gleichwertigkeit der von Drittstaatemittenten angewandten Rechnungslegungsgrundsätze gem. Richtlinie 2003/71/EG und 2004/19/EG des Europäischen Parlaments und des Rates, in ihrer jeweils geltenden Fassung (lit. d) festgelegt wurde (s. Rz 13).

2.3.1.1 Nach Maßgabe des Rechts eines EU-Staates

Das den befreienden Konzernabschluss aufstellende MU ist in der Wahl der 9 Konzernrechnungslegungsvorschriften eines Mitgliedstaats der EU/des EWR (oder das nach diesem Recht jeweils gleichwertig ist) für den befreienden Konzernabschluss nicht frei. Das aufstellende MU ist nicht befugt, ohne sachlichen Grund das jeweilige Recht mit den geringsten Anforderungen zu wählen. § 292 Abs. 1 Hs. 2 Nr. 4 HGB bestimmt nämlich, dass der befreiende Konzernabschluss zwingend nach dem Recht eines Mitgliedstaats der EU dort offenzulegen ist, das für das aufstellende MU gilt. Nach dem Gesetzeszweck und der historischen Entstehung der Norm ist dieser Gedanke ebenfalls auf § 292 Abs. 1 Hs. 2 Nr. 1 a) HGB zu übertragen, so dass die Aufstellung des befreienden Konzernabschlusses nur nach den Voraussetzungen des entfallenden Konzernabschlusses erfolgen kann.[13]

Damit eine Befreiung durch ein übergeordnetes MU mit Sitz außerhalb der EU/des EWR tatsächlich eintritt, **muss ein Konzernabschluss** somit **nach dem Recht des MU aufgestellt** werden, **das andernfalls einen Konzernabschluss aufzustellen hätte**.[14] Diese Bedingung ist **nicht erfüllt**, wenn

---

[12] Dies steht insoweit auch in Einklang mit der Rechtslage vor BilRUG (vgl. § 292 Abs. 3 Satz 1 1. Alt HGB i.V.m. § 2 Abs. 1 Nr. KonBefrV i.d.F. BilMoG).
[13] Erkennbar kommt dieser Gedanke vormals bereits in § 3 KonBefrV zum Ausdruck.
[14] Kritisch zu dieser Voraussetzung *Wollmert/Oser*, DB 1995, S. 53.

- das Mitgliedstaatenwahlrecht nach Art. 28 der Bilanz-RL (Befreiung von der Konzernrechnungslegung durch MU mit Sitz außerhalb der EU) von dem betreffenden Mitgliedstaat nicht umgesetzt wurde,[15]
- aufgrund eines Minderheitenantrags tatsächlich keine Befreiung von der Pflicht zur (Teil-) Konzernrechnungslegung eintritt,
- aufgrund der KM-Orientierung des zu befreienden MU tatsächlich keine Befreiung von der Pflicht zur (Teil-)Konzernrechnungslegung erreicht wird oder
- aufgrund Unterschreitens der jeweiligen nationalen Größenklassen kein zu befreiendes MU existiert, da auch keine Pflicht zur (Teil-)Konzernrechnungslegung besteht.

In all diesen Fällen besteht kein maßgebliches Recht für die Konzernrechnungslegung des übergeordneten MU und ein befreiender Konzernabschluss kann nicht aufgestellt werden.[16]

2.3.1.2 In Einklang mit dem Recht eines EWR-Staates

10 Dem Konzernabschluss eines Drittstaaten-MU kann ebenso befreiende Wirkung zukommen, wenn der **Konzernabschluss nach dem Recht eines EWR-Staates aufgestellt wird** und dieser den Vorschriften der Bilanzrichtlinie entspricht. So können dem befreienden Konzernabschluss auch die Vorschriften der §§ 290ff. HGB zugrunde gelegt werden, sofern diese Vorschriften das maßgebliche Recht darstellen.[17]

Praktisch wird wohl **nur in Ausnahmefällen** ein ausländisches übergeordnetes MU einen befreienden Konzernabschluss nach dem Recht eines EU-/EWR-Staates aufstellen.

2.3.1.3 Im Einklang mit den in § 315e Abs. 1 bezeichneten internationalen Rechnungslegungsstandards

11 Diese Befreiungsmöglichkeit war bislang nur als Auffassung im Schrifttum vertreten und wird durch das BilRUG nun explizit festgeschrieben.[18] Durch die Klarstellung im Rahmen des BilRUG werden IFRS-KA durch übergeordnete Drittstaaten-MU, soweit diese die von der EU übernommenen IFRS beachten, zukünftig als gleichwertig angesehen und erlauben die Befreiung von den Konzernrechnungslegungsvorschriften.[19] Relevant wird diese Befreiungsvorschrift somit für MU mit Sitz in den Drittstaaten, welche die IFRS bereits als maßgeblichen Rechnungslegungsstandard übernommen haben (z.B. Kanada oder Australien).

2.3.1.4 Gleichwertigkeit des befreienden Konzernabschlusses

12 § 292 Abs. 1 Hs. 2 Nr. 1 lit. c) HGB ermöglicht eine weitere Befreiungsoption, sofern der befreiende Konzernabschluss, der nach dem Recht eines Drittstaates,

---

[15] Zur Ausübung des Mitgliedstaatenwahlrechts zum 1.7.2010 vgl. den Bericht der EU-Kommission v. 19.9.2011, „The use of Options within the Accounting Directives", S. 87.
[16] Vgl. ADS, 6. Aufl. § 292 HGB, Rz 29.
[17] Vgl. zum maßgeblichen Recht Rz 9.
[18] Vgl. *Hoffmann/Lüdenbach*, NWB-Kommentar Bilanzierung, 8. Aufl., 2017, § 292 HGB, Rz. 13f.
[19] Vgl. *Kolb/Roß*, WPg 2014, S. 1089.

aufgestellt wurde, den nach lit. a) bezeichneten Vorgaben gleichwertig ist. Die Tatsache, dass dabei zugleich die Gleichwertigkeit mit einem Konzernabschluss und Konzernlagebericht, die nach der EU-Bilanzrichtlinie erstellt wurden, verlangt wird, unterstreicht, dass von IFRS-Anwendern bestimmte zusätzliche Informationen (z. B. die Aufstellung eines Konzernlageberichts) einzufordern sind, um Befreiungswirkung zu erreichen.[20]

Maßstab für die Gleichwertigkeit war nach bisheriger Meinung im Schrifttum zu § 292 HGB aF i. V. m. KonBefrV **nicht die Bilanzrichtlinie**, da eine unmittelbare Berufung darauf ausscheidet, sondern **das Recht des EU-/EWR-Staates, in dem ansonsten eine Konzernrechnungslegungspflicht zu erfüllen** bzw. mit befreiender Wirkung offenzulegen wäre.[21] Diese Auffassung dürfte trotz der Neufassung aufgrund des inhaltlich unverändert gebliebenen Regelungstextes weiterhin Bestand haben.

Die Voraussetzungen für die Gleichwertigkeit waren und sind – auch nicht durch das BilRUG – gesetzlich geregelt. Sofern man die bisherige Meinung hierzu in der Literatur gleichfalls heranzieht, wird eine exakte Anwendung etwa der deutschen Konzernrechnungslegungsvorschriften oder derjenigen anderer EU-/EWR-Staaten nicht gefordert werden können. **Entscheidend ist danach das Gesamtbild des befreienden Abschlusses,** der zumindest einen wesentlichen Einblick in die Vermögens-, Finanz- und Ertragslage gewähren muss.[22] Jedenfalls bedeutet Gleichwertigkeit daher nicht Gleichheit bis ins letzte Detail.

Nach einer Stellungnahme der EU-Kommission zur Auslegung des Begriffs der Gleichwertigkeit von Konzernabschlüssen aus Drittstaaten[23] sind diejenigen Vorschriften des Gemeinschaftsrechts zugrunde zu legen, denen alle innerhalb der EU erstellten Konzernabschlüsse/Konzernlageberichte entsprechen müssen, und zwar unabhängig von der Ausübung der in der RL eingeräumten Mitgliedstaatenwahlrechte. Die nationalen Umsetzungswahlrechte sind in der jeweils vom Mitgliedstaat vorgenommenen Form der Umsetzung als Maßstab heranzuziehen.[24] Da diese Auffassung zur Anerkennung eines befreienden Konzernabschlusses führt, der ggf. dem Recht mehrerer EU-/EWR-Staaten entspricht und damit faktisch eine Gestaltungsmöglichkeit beinhaltet, kann diese Auslegung unter Verweis auf die Meinung zum früheren Recht als zu weitläufig erachtet und daher abgelehnt werden.[25]

Bei **Abweichungen** von dem maßgeblichen Mitgliedstaatenrecht ist im Einzelfall zu prüfen, ob der Tatbestand der Gleichwertigkeit insgesamt gefährdet ist. Allzu strenge Anforderungen sind dabei nicht anzulegen. Probleme ergeben sich hierbei regelmäßig bei der Frage der Gleichwertigkeit von ausländischen Konzernanhängen und Konzernlageberichten. Für die Beurteilung kommt es auf die

---

20 Vgl. *Kolb/Roß*, WPg 2014, S. 1089.
21 Vgl. ADS, 6. Aufl. § 292 HGB, Rz 41.
22 Vgl. WPH Edition, Wirtschaftsprüfung & Rechnungslegung, 15. Aufl., 2017, Abschn. G, Tz 147.
23 Stellungnahme der Kommission v. 15.3.1991, Brüssel XV/109/90-DE (2. Rev.).
24 Vgl. auch *Grottel/Kreher*, in Beck Bil-Komm., 10. Aufl., 2016, § 292 HGB, Rz 24. Entscheidende Bedeutung für die Feststellung der Gleichwertigkeit kommt dabei nach der hier vertretenen Auffassung der RICHTLINIEN-KONFORMEN AUSLEGUNG DES RECHTS DES JEWEILIGEN MITGLIEDSTAATS zu. Dies darf auch die Auslegung des nationalen Rechts nicht gefährdet sein (EuGH, Urteil v. 10.4.1984–14/83, C–14/83; *von Colson/Kamann*, Slg 1984 – S. 1984, 1891 Rn 26).
25 Vgl. WPH Edition, Wirtschaftsprüfung & Rechnungslegung, 15. Aufl., 2017, Abschn. G, Rz 147f. mit Verweis auf § 3 Satz 1 KonBefrV.

Bilanzierungs-, Bewertungs- und sonstigen Berichterstattungspflichten in ihrer Gesamtheit an.[26] Sind Abweichungen vorhanden, jedoch nur von untergeordneter Bedeutung, so ist nach der hier vertretenen Auffassung eine Gleichwertigkeit gleichwohl gegeben.

2.3.1.5 Im Einklang mit internationalen Rechnungslegungsstandards

13 Auch ein im Einklang mit dem jeweiligen ausländischen Recht eines Drittstaates und dementsprechend nach anderen internationalen Rechnungslegungsstandards aufgestellter Konzernabschluss kann für die Anerkennung der Gleichwertigkeit ausreichen. Insoweit können nach § 292 Abs. 1 Hs. 2 Nr. 1 d) HGB auch andere Abschlüsse, z. B. auch US-GAAP-Abschlüsse, befreiend sein.

Voraussetzung hierfür ist, dass der ausländische Rechnungslegungsstandard nach den in der Verordnung vom 21.12.2007 über die Einrichtung eines Mechanismus zur Festlegung der Gleichwertigkeit der von Drittstaatemittenten angewandten Rechnungslegungsgrundsätzen gem. RL 2003/71/EG und 2004/19/EG des EP und des Rates in ihrer jeweils geltenden Fassung als gleichwertig festgelegt bzw. anerkannt wurde. Die Gleichwertigkeit ausländischer Rechnungslegungssysteme wurde durch Entscheidung der Kommission vom 13.6.2013 für bestimmte Länder festgestellt.[27]

Nach diesem Verfahren zur Anerkennung ausländischen Rechts sind bislang bspw. die GAAP von Japan und den USA als gleichwertige Rechnungslegungsstandards angesehen worden.

2.3.2 Inhaltliche Anforderungen an den Konzernlagebericht (Nr. 2)

14 Problematisch war und ist die Beurteilung der Gleichwertigkeit bei Fehlen eines Konzernlageberichts, den die KonBefrV entgegen Art. 11 Abs. 1 b) der 7. EG-RL verlangte bzw. mit Verweis auf § 292 Abs. 1 Hs. 2 Nr. 2 HGB weiterhin Bestand hat. Nach § 292 HGB wird für die Befreiungswirkung des Drittstaaten-Konzernabschlusses ein nach dem entfallenden Konzernabschluss maßgeblichen Recht eines EU-/EWR-Staates aufgestellter Konzernlagebericht oder eine entsprechend gleichwertige Berichterstattung verlangt. Nach bisheriger – und wegen der Bezugnahme auf § 292 Abs. 1 Hs. 2 Nr. 1 a) HGB – weiterhin geltender Auffassung kann dieses Kriterium auch als erfüllt angesehen werden, wenn bspw. eine andersartige Rechnungslegung im Drittstaat (z. B. durch Anhang- statt LB-Angaben oder Fehlen einzelner nebensächlicher Detailinformationen) erfolgt.[28] Ein um ein MD&A erweiterter US-GAAP oder IFRS-Abschluss wird daher gleichwertig i. S. d. Norm sein.[29]

2.3.3 Prüfung des befreienden Konzernabschlusses (Nr. 3)

15 Nach § 292 Abs. 1 Hs. 2 Nr. 3 HGB wird für die befreiende Wirkung lediglich die Prüfung des befreienden Konzernabschlusses und nicht des Konzernlage-

---

[26] Vgl. *Grottel/Kreher*, in Beck Bil-Komm., 10. Aufl., 2016, § 292 HGB, Rz 25.
[27] Diese sind Abu Dhabi, Brasilien, das Dubai International Financial Centre, Guernsey, Indonesien, die Insel Man, Jersey, Malaysia, Taiwan und Thailand (vgl. EU Amtsblatt v. 15.6.2013, L 163/26).
[28] Zur Frage, ob ein MD&A eines amerikanischen MU gleichwertig zu einem deutschen Konzernlagebericht ist, vgl. *Lotz*, KoR 2007, S. 682.
[29] Vgl. *Hoffmann/Lüdenbach*, NWB-Kommentar Bilanzierung, 8. Aufl., 2017, § 292 HGB Rz. 17.

berichts (sic!) durch einen zugelassenen AP oder eine oder mehrere zugelassene Prüfungsgesellschaften verlangt. Die Prüfung hat dabei nach Maßgabe der einzelstaatlichen Regelungen zu erfolgen, denen das aufzustellende Drittstaaten-MU unterliegt. Die Regelung wurde durch das BilRUG nicht verändert und trägt dem Umstand Rechnung, dass der Konzernlagebericht oder ähnliche Berichte in Drittstaaten meistens nicht der Abschlussprüfung unterliegen.[30]

2.3.4 Offenlegung des befreienden Konzernabschlusses (Nr. 4)

Nach altem Recht (§ 292 Abs. 1 Satz 1 i.V.m. § 1 Satz 1 KonBefrV) setzte die Befreiung des deutschen MU von der Konzernrechnungslegungspflicht voraus, dass der befreiende ausländische Konzernabschluss nach den Vorschriften offengelegt wird, die für den entfallenden Konzernabschluss und Konzernlagebericht maßgeblich sind. Diese Regelung wurde durch die Neufassung des § 292 HGB modifiziert. Ab dem Gj 2016 reicht durch die gesetzliche Klarstellung ein mit einem Versagungsvermerk versehener Konzernabschluss nicht mehr aus. Verlangt wird vielmehr ein Bestätigungsvermerk.[31] Zudem wurde die Pflicht zur Hinterlegung der Offenlegungsbestätigung nach § 3 Satz 2 KonBefrV gestrichen. Weiterhin zu beachten sind für inländische zu befreiende MU die Vorschriften der §§ 325 ff. HGB.[32] Der befreiende Konzernabschluss muss daher in deutscher Sprache veröffentlicht werden.

16

2.4 Angabepflicht im Anhang des befreiten MU (Abs. 2)

Nach Abs. 2 tritt die befreiende Wirkung nur dann ein, wenn im Anhang des Jahresabschlusses des zu befreienden MU die in § 291 Abs. 2 Satz 1 Nr. 4 HGB genannten Angaben sowie weitere Zusätze gemacht wurden. Dies beinhaltet:
- Name und Sitz des MU, das den befreienden Konzernabschluss und Konzernlagebericht aufstellt,
- einen Hinweis auf die Befreiung von der Verpflichtung, einen Konzernabschluss und einen Konzernlagebericht aufzustellen, und
- eine Erläuterung der im befreienden Konzernabschluss vom deutschen Recht abweichend angewandten Bilanzierungs-, Bewertungs- und Konsolidierungsmethoden.

17

Daneben sind folgende Zusätze im Anhang anzubringen:
- die Angabe, nach welchen der in § 292 Abs. 1 HGB genannten Vorgaben der Konzernabschluss aufgestellt wurde, sowie ggf.
- die Angabe, nach dem Recht welchen Staates der befreiende Konzernabschluss/Konzernlagebericht aufgestellt wurde.

Nach § 292 Abs. 2 Satz 2 HGB gelten die besonderen Anforderungen für einen befreienden Konzernabschluss von Versicherungen und Kreditinstitute (§ 291 Abs. 2 S. 2 HGB) sowie die fehlende Befreiungswirkung im Fall der Inanspruchnahme des Kapitalmarktes (§ 291 Abs. 3 HGB) im Verhältnis eines zu befreienden MU i.S.d. § 292 HGB entsprechend.

---

[30] Vgl. auch BT-Drs. 18/5256, S. 84 mit beispielhafte Verweis auf USA und Kanada; zustimmend insoweit *IDW*, Eingabe zum BilRUG, WPg 10/2015, S. 450.
[31] Zur Abgrenzung von Bestätigungsvermerk und Versagungsvermerk vgl. § 322 Abs. 4 S. 2 HGB.
[32] Im Einzelnen s. hierzu § 291 Rz 16.

2.5 Anforderungen an die Prüfung des befreienden ausländischen Konzernabschlusses

18 Der befreiende Konzernabschluss, der nicht von einem nach Abs. 1 zugelassenen AP geprüft wurde, und der Konzernlagebericht haben gem. § 292 Abs. 3 Satz 1 HGB nur dann befreiende Wirkung, wenn dieser von einem AP
- der nach der 8. EG-RL zugelassen ist **oder** über eine gleichwertige Befähigung verfügt (s. Rz 19) **und**
- in einer den Anforderungen des Dritten Unterabschnitts (§§ 316 ff. HGB) entsprechenden Weise **geprüft** wurde (s. Rz 15).

Nicht in Übereinstimmung mit der 8. EG-RL zugelassene AP von Drittstaaten-MU i. S. v. § 3 Abs. 1 Satz 1 WPO, deren Wertpapiere i. S. d. § 2 Abs. 1 WpHG an einer inländischen Börse zum Handel am regulierten Markt zugelassen sind, haben nur dann eine gleichwertige Befähigung, wenn Sie bei der WPK gem. § 134 Abs. 1 WPO eingetragen sind oder die Gleichwertigkeit gem. § 134 Abs. 4 WPO anerkannt ist (§ 292 Abs. 3 Satz 2). Dies soll nicht gelten, sofern es sich um Emissionen für institutionelle Anleger mit einer Mindeststückelung von 50.000 EUR oder einem entsprechenden Betrag anderer Währung handelt, die an einer inländischen Börse zum Handel am regulierten Markt zugelassen sind, der AP nach der 8. EG-RL zugelassen ist **oder** über eine gleichwertige Befähigung verfügt (s. Rz 19).

2.5.1 Prüfung durch qualifizierten Abschlussprüfer

19 Die befreiende Wirkung tritt nur ein, wenn eine Prüfung durch einen **in Übereinstimmung mit der 8. EG-RL zugelassenen AP** durchgeführt wurde. Nicht erforderlich ist demnach die Prüfung durch einen deutschen AP.
Bei Prüfung durch andere ausländische, nicht nach der 8. EG-RL zugelassene AP wird eine **gleichwertige Befähigung** gefordert. AP, die einer Mitgliedsorganisation der IFAC angehören, werden die Anforderungen der Gleichwertigkeit regelmäßig erfüllen. Ob die gleichwertige Befähigung die Kenntnisse des EU-Bilanzrechts voraussetzt, ist fraglich. Die gleichwertige Befähigung von AP von Drittstaaten-MU, die Wertpapiere i. S. v. § 2 Abs. 1 WpHG an einer inländischen Börse zum Handel an einem regulierten Markt ausgegeben haben, ist davon abhängig, dass der AP gem. § 134 Abs. 1 WPO registriert ist oder dass dessen gleichwertige Befähigung gem. § 134 Abs. 4 WPO anerkannt ist (§ 292 Abs. 3 Satz 2 HGB). Diese erhöhte Anforderung gilt hingegen nicht, soweit das obere MU nur Wertpapiere i. S. v. § 2 Abs. 1 Satz 1 WpHG an einer inländischen Börse handeln lässt und diese Papiere nur Schuldtitel i. S. v. § 2 Abs. 1 Nr. 3 WpHG mit einer Mindeststückelung von 50.000 EUR oder einem entsprechenden Betrag anderer Währung an einer inländischen Börse zum Handel am regulierten Markt zugelassen sind (§ 292 Abs. 3 Satz 3 HGB). Diese Voraussetzungen müssen analog zur Regelung über das Vorliegen einer wirksamen Teilnahmebescheinigung nach § 319 Abs. 1 Satz 3 HGB zu Beginn der Prüfung vorliegen. Der AP aus einem Drittstaat lässt sich seine Eintragung gem. § 134 Abs. 2a WPO von der WPK bescheinigen oder nach § 134 Abs. 4 Satz 8 WPO bestätigen, dass seine Eintragung nach § 134 Abs. 4 WPO nicht erforderlich ist. Die Eintragungsbescheinigung bzw. die Bestätigung der WPK über die Befreiung von der Ein-

tragungsverpflichtung ist zusammen mit den übrigen Unterlagen der Rechnungslegung für das zu befreiende MU offenzulegen (§ 292 Abs. 3 Satz 3 HGB).

2.5.2 Prüfung des Konzernabschlusses

Die Prüfung hat sich nach hM wegen des eindeutigen Wortlauts des § 292 Abs. 2 Satz 1 HGB **nur auf den Konzernabschluss** und nicht auf den Konzernlagebericht zu erstrecken. Die Prüfung hat nach den Vorschriften des §§ 316 ff. HGB mit Ausnahme von § 321 HGB (Prüfungsbericht) zu erfolgen. Eine prüferische Durchsicht reicht demnach nicht aus. Demgegenüber ist auch § 322 HGB bzgl. des Bestätigungsvermerks zu beachten. Die Prüfung muss im Wesentlichen den Anforderungen nach deutschem Recht entsprechen. Eine Prüfung nach den ISA erfüllt diese Anforderungen.

§ 293 Größenabhängige Befreiungen

(1) ¹Ein Mutterunternehmen ist von der Pflicht, einen Konzernabschluß und einen Konzernlagebericht aufzustellen, befreit, wenn
1. am Abschlußstichtag seines Jahresabschlusses und am vorhergehenden Abschlußstichtag mindestens zwei der drei nachstehenden Merkmale zutreffen:
    a) Die Bilanzsummen in den Bilanzen des Mutterunternehmens und der Tochterunternehmen, die in den Konzernabschluß einzubeziehen wären, übersteigen insgesamt nicht 24.000.000 Euro.
    b) Die Umsatzerlöse des Mutterunternehmens und der Tochterunternehmen, die in den Konzernabschluß einzubeziehen wären, übersteigen in den zwölf Monaten vor dem Abschlußstichtag insgesamt nicht 48.000.000 Euro.
    c) Das Mutterunternehmen und die Tochterunternehmen, die in den Konzernabschluß einzubeziehen wären, haben in den zwölf Monaten vor dem Abschlußstichtag im Jahresdurchschnitt nicht mehr als 250 Arbeitnehmer beschäftigt;
    oder
2. am Abschlußstichtag eines von ihm aufzustellenden Konzernabschlusses und am vorhergehenden Abschlußstichtag mindestens zwei der drei nachstehenden Merkmale zutreffen:
    a) Die Bilanzsumme übersteigt nicht 20.000.000 Euro.
    b) Die Umsatzerlöse in den zwölf Monaten vor dem Abschlußstichtag übersteigen nicht 40.000.000 Euro.
    c) Das Mutterunternehmen und die in den Konzernabschluß einbezogenen Tochterunternehmen haben in den zwölf Monaten vor dem Abschlußstichtag im Jahresdurchschnitt nicht mehr als 250 Arbeitnehmer beschäftigt.

²Auf die Ermittlung der durchschnittlichen Zahl der Arbeitnehmer ist § 267 Abs. 5 anzuwenden.

(2) Auf die Ermittlung der Bilanzsumme ist § 267 Absatz 4a entsprechend anzuwenden.

(3) *(weggefallen)*

(4) ¹Außer in den Fällen des Absatzes 1 ist ein Mutterunternehmen von der Pflicht zur Aufstellung des Konzernabschlusses und des Konzernlageberichts befreit, wenn die Voraussetzungen des Absatzes 1 nur am Abschlußstichtag oder nur am vorhergehenden Abschlußstichtag erfüllt sind und das Mutterunternehmen am vorhergehenden Abschlußstichtag von der Pflicht zur Aufstellung des Konzernabschlusses und des Konzernlageberichts befreit war. ²§ 267 Abs. 4 Satz 2 und 3 ist entsprechend anzuwenden.

(5) Die Absätze 1 und 4 sind nicht anzuwenden, wenn das Mutterunternehmen oder ein in dessen Konzernabschluss einbezogenes Tochterunternehmen am Abschlussstichtag kapitalmarktorientiert im Sinn des § 264d ist oder es den Vorschriften des Ersten oder Zweiten Unterabschnitts des Vierten Abschnitts unterworfen ist.

Prof. Dr. Stefan Müller/PD Dr. Markus Kreipl

Inhaltsübersicht   Rz
1 Überblick 1–14
   1.1 Inhalt 2–3
   1.2 Anwendungsbereich 4–6
   1.3 Normenzusammenhänge 7
   1.4 Anwendungszeitpunkte 8–12
   1.5 Anhangangabe bei Erstanwendung 13
   1.6 Rückbeziehung bei der Beurteilung der Rechtsfolgen 14
2 Befreiungsvoraussetzungen (Abs. 1) 15–22
3 Bilanzsumme (Abs. 2) 23
4 Härteklausel (Abs. 4) 24–36
   4.1 Bei einmaliger Überschreitung 24
   4.2 Bei Neugründung/Erstkonsolidierung 25
   4.3 Einschränkung bei Formwechsel 26–36
     4.3.1 Überblick 26
     4.3.2 Mutterunternehmen als formwechselnde Rechtsträger ... 27
     4.3.3 Rechtsform der formwechselnden Rechtsträger ... 28–34
     4.3.4 Formwechselbezogene Voraussetzungen ... 35–36
5 Wegfall der Befreiung (Abs. 5) 37–38
6 Rechtsfolgen bei Pflichtverletzung 39

1 Überblick

Der Gesetzgeber hat mit dem BilRUG eine Anhebung der **monetären Größenklassenkriterien** in § 293 Abs. 1 HGB vorgenommen, die pflichtgemäß ab dem oder nach dem 1.1.2016 geltenden Gj anzuwenden sind (zur vorgezogenen Anwendung s. Rz 13). Er hat sich dabei – wie auch im Zuge vergangener Bilanzrechtsreformen – an den maximal zulässigen Schwellenwerten gem. EU-Bilanzrichtlinie orientiert und die Schwellenwerte um rund 3,90 % angehoben. Der in der Bilanzrichtlinie 2013/34/EU eingeräumten Möglichkeit zur Ausweitung der Konzernrechnungslegungspflicht auch auf kleine Gruppen ist der deutsche Gesetzgeber in Konsequenz nicht gefolgt.

Der neue § 293 Abs. 2 HGB dient der Klarstellung, dass die Definition der **Bilanzsumme** aus § 267 Abs. 4a HGB auch auf Konzernabschlüsse entsprechend anzuwenden ist.

Mit dem BilRUG wurde mittels Verweis in § 293 Abs. 4 Satz 2 HGB auf den neu eingeführten § 267 Abs. 4 Satz 3 HGB ferner klargestellt, dass im Fall eines **Formwechsels** die Befreiung von der Konzernrechnungslegungspflicht bei Überschreitung der Schwellenwerte bei Umwandlung bereits am ersten Abschlussstichtag nach dieser keine Anwendung findet, sofern der formwechselnde Rechtsträger eine KapG oder eine PersG i.S.d. § 264a Abs. 1 HGB ist.

Die Neuregelung des § 293 Abs. 5 HGB erstreckt den **Ausschluss von der Inanspruchnahme** einer Befreiung nun auch auf Fälle, in denen nur ein verbundenes Unternehmen (insb. ein TU) den Vorschriften der §§ 340–340o HGB (für Kredit- und Finanzdienstleistungsinstitute) oder der §§ 341–341p HGB (für VersicherungsUnt sowie Pensionsfonds) unterworfen ist.
Infolge der Neuregelung des § 301 Abs. 2 Satz 2 HGB ist darüber hinaus zu beachten, dass bei erstmaliger Aufstellung eines Konzernabschlusses für die Festsetzung des **Anrechnungszeitraums** der Wertansätze zwar grundsätzlich der Zeitpunkt der Einbeziehung des TU in den Konzernabschluss – und nicht jener, an dem das Unt TU geworden ist – maßgeblich ist, dass in Ausnahmefällen aber auch die Wertansätze nach Satz 1 (Zeitpunkt, an dem das Unt TU geworden ist) angewendet werden dürfen.

1.1 Inhalt

2   Neben einer größenunabhängigen Freistellung von der Pflicht zur Konzernrechnungslegung aufgrund eines ersatzweisen Einbezugs in einen Konzernabschluss auf höherer Ebene (Vermeidung der Tannenbaumrechnungslegung[1]) durch ein übergeordnetes MU (§§ 291 und 292 HGB) sieht das HGB mit § 293 HGB eine ersatzlose Freistellung von der Konzernrechnungslegungspflicht durch Unterschreiten bestimmter Größenmerkmale vor. § 293 HGB spricht Konzerne, die diese Auflagen erfüllen, von der Pflicht zur Erstellung eines Konzernabschlusses frei, obwohl ein Mutter-Tochter-Verhältnis besteht.

3   Die **Befreiung von der Pflicht zur Konzernrechnungslegung** nach § 293 HGB bezweckt die Reduzierung der durch die Rechnungslegung entstehenden Kosten.[2]

1.2 Anwendungsbereich

4   Der Geltungsbereich des § 293 HGB beschränkt sich auf **KapG** und **KapCoGes**. Eine KM-Orientierung i.S.d. § 264d HGB des MU oder eines TU steht der Anwendung der Abs. 1 und 4 gem. Abs. 5 entgegen (Rz 37f.).

5   Vor der Einführung des Bankrichtlinie-Gesetzes[3] sowie des VersRiLiG[4] galten die Vorschriften des § 293 HGB auch für MU in Gestalt eines Kreditinstituts oder eines VersicherungsUnt. Seit deren Einführung ist sowohl **Kreditinstituten** (§ 340i Abs. 2 Satz 2 HGB) als auch **VersicherungsUnt** (§ 341j Abs. 1 Satz 2 HGB) die Anwendung des § 293 HGB untersagt. Sie müssen entsprechend den Regelungen der §§ 340i Abs. 1 Satz 1 und 341i Abs. 1 Satz 1 HGB ungeachtet ihrer Größe einen Konzernabschluss und einen Konzernlagebericht aufstellen.

Bis zur Einführung des BilRUG waren die Vorschriften des § 293 HGB aF allerdings zumindest dann für den Konzern maßgeblich, solange es sich lediglich bei einem TU um ein Kreditinstitut oder ein VersicherungsUnt handelte.[5] Infolge der Neuregelung des § 293 Abs. 5 HGB führen nunmehr auch TU in Gestalt

---

1   Pflicht zur Aufstellung von Konzernabschlüssen auf mehreren Ebenen bei einem mehrstufigen inländischen Konzern.
2   BilMoG-BegrRegE, BT-Drs. 10/3440 S. 44.
3   Bankrichtlinie-Gesetz v. 30.11.1990, BGBl 1990 I S. 2570.
4   VersRiLiG v. 24.6.1994, BGBl 1994 I S. 1377.
5   Vgl. *Kirsch/Berentzen*, in *Baetge/Kirsch/Thiele*, Bilanzrecht-Kommentar, § 293 HGB, Rz 8, Stand 3/2016.

eines Kreditinstituts oder eines VersicherungsUnt zum Ausschluss von der größenabhängigen Befreiung (Rz 37f.).
Ist ein Unt zur Rechnungslegung nach dem **PublG** verpflichtet, sind die Größenklassen des § 11 Abs. 1 PublG für die Pflicht zur Konzernrechnungslegung bestimmend (§ 290 Rz 10).[6]

6

1.3 Normenzusammenhänge

Neben der größenabhängigen Freistellung von der Pflicht zur Konzernrechnungslegung bestehen mit den **§§ 291, 292 HGB** weitere, größenunabhängige Vorschriften, die eine Befreiung aufgrund eines ersatzweisen Einbezugs in einen Konzernabschluss auf höherer Ebene durch ein übergeordnetes MU vorsehen. Die §§ 291, 292 HGB sind dabei vorrangig zu prüfen. Die Befreiungsmöglichkeit bei Neugründung/Umwandlung/ErstKons wird mittels Verweis auf **§ 267 Abs. 4 Satz 2 HGB** geregelt.

7

1.4 Anwendungszeitpunkte

Die Änderung gilt – unter der Voraussetzung der Verwendung der neuen Umsatzdefinition nach § 277 Abs. 1 HGB[7] (§ 275 Rz 45ff.) sowie der §§ 267, 267a Abs. 1 HGB (§ 267 Rz 10ff. und § 267a Rz 7ff.) – rückwirkend für Gj, die nach dem 31.12.2013 beginnen.
Dem Wortlaut des Art. 75 Abs. 2 EGHGB nach, betreffend die vorzeitige Änderung der §§ 267, 267a Abs. 1, § 277 Abs. 1 sowie § 293 HGB entsprechend, beschränkte sich diese auf eine Anwendung für das nach dem 31.12.2013 beginnende Gj (nebst (Folge-)Anwendung für das nach dem 31.12.2014 beginnende Gj). Eine erstmalige Anwendung der Schwellenwertregelung für Abschlüsse mit Gj-Beginn nach dem 31.12.2014 wäre demnach nicht möglich gewesen.[8] Jedoch ist fraglich, warum eine Erstanwendung für das Gj 2015 nicht möglich sein sollte, zumal die Mehrheit der Konzernabschlüsse 2014 bei der Gesetzesverkündung bereits aufgestellt und geprüft waren und so von einer vorzeitigen Anwendung der erhöhten Schwellenwerte nicht hätte profitieren können.[9] Zudem spricht der Gesetzgeber zwar von einer vorgezogenen Anwendung für das nach dem 31.12.2013 beginnende Gj, verwendet allerdings gleichzeitig die Formulierung "... auf Jahres- und Konzernabschlüsse, Lageberichte und Konzernlageberichte...", was als Argument auch für eine vorgezogene Anwendung (erst) für Abschlüsse mit Geschäftsjahresbeginn nach dem 31.12.2014 gewertet werden kann. Vor dem Hintergrund mangelnder Klarheit in Art. 75 Abs. 2 EGHGB, in Ermangelung einer Klärung dieses Sachverhalts in der Gesetzesbegründung sowie mangels sinnhafter Begründung für einen Ausschluss einer Erstanwendung für das Gj 2015 ist u. E. nach auch eine Erstanwendung der §§ 267, 267a Abs. 1, § 277 Abs. 1 sowie § 293 HGB für alle nach dem 31.12.2013 beginnenden Gj, d. h. auch für das

8

---

6 Die Bilanzsumme sowie die Umsatzerlöse dürfen gem. PublG nur mittels der Nettomethode ermittelt werden. Die Schwellenwerte sind deutlich höher als jene des HGB.
7 *Haaker* spricht diesbezüglich von einer „...nicht zu Ende gedachten Neudefinition..." sowie von beträchtlichen Problemen für die Bilanzanalyse und die leistungsprozessorientierte Unternehmenssteuerung. Siehe *Haaker*, DB 2014, S. 5.
8 Vgl. BT-Drs. 18/5256 vom 17.06.2015 S. 52 und BilRUG-RegE, S. 33–34.
9 Vgl. *Kreipl/Müller*, BRg 2015, S. 152–156.

Gj 2015, möglich. Art 75 Abs. 2 EGHGB ist insofern als i. S. v. „...frühestens für das nach dem 31.12.2013 beginnende Gj..." zu interpretieren.
Daher verblieb insb. bei Konzernen mit abweichendem Gj die Möglichkeit zur rückwirkenden Anwendung der neuen Schwellenwerte auf das Gj 2015. Da die Verletzung der Aufstellungspflicht nicht sanktionsbewehrt ist,[10] sodass in der Praxis letztlich der Feststellungsbeschluss ausschlaggebend sein dürfte,[11] blieb auch bei kalenderjahrgleichem Gj zumindest theoretisch eine Option zur rückwirkenden Anwendung auf das Gj 2015. Bei der überwiegenden Mehrheit der Unt beschränkte sich diese Option infolge der bereits erfolgten Aufstellung, Prüfung und Feststellung des Konzernabschlusses für das Gj 2015 insofern letztlich darauf, nur noch die Offenlegung eines im Nachhinein etwaig als unnötig anzusehenden Konzernabschlusses zu unterlassen.

9 **Unklar** war im Kontext einer rückwirkenden Anwendung, ob eine Anwendung der §§ 267, 267a Abs. 1 HGB bez. der Bestimmung der Schwellenwerteinhaltung gem. Konzernabschluss auf der Ebene der Jahresabschlüsse von MU und TU Voraussetzung für die Anwendung des § 293 HGB für nach dem 31.12.2013 beginnende Gj bildete. U. E. nach sind die Sphären des Konzernabschlusses und des Jahresabschlusses klar zu trennen. Dementsprechend kann sich die Anforderung der nur insgesamten Anwendung im Konzernabschluss nur auf die Verweise und nicht auf die Erleichterungsregelung im Jahresabschluss beziehen. Durch die Notwendigkeit der Vereinheitlichung des Ausweises sind die in § 277 Abs. 1 HGB neu definierten Umsatzerlöse aber spätestens bei der Aufstellung der HB II konzernweit anzuwenden.

10 Wurde von der Option auf vorzeitige Anwendung nicht Gebrauch gemacht, blieb es bei der im Übrigen gem. Art. 75 Abs. 1 Satz 1 EGHGB geltenden Anwendung der Paragrafen des Handelsgesetzbuchs i. d. F. des BilRUG für das nach dem 31.12.2015 beginnende Gj.

11 Die mittels Verweis in § 293 Abs. 4 Satz 2 HGB auf den neu eingeführten § 267 Abs. 4 Satz 3 HGB eingeführte Klarstellung betreffend Fälle eines **Formwechsels** (Rz 26–36) ist pflichtgemäß erst seit dem Gj 2016 anzuwenden.

12 Die Änderungen hinsichtlich der Festsetzung des **Anrechnungszeitraums** infolge der Neuregelung des § 301 Abs. 2 Satz 2 HGB (Rz 22) sind für seit dem Gj 2016 beginnende Konzernabschlüsse zu beachten.

1.5 Anhangangabe bei Erstanwendung

13 Gem. Art. 75 Abs. 2 Satz EGHGB ist bei der erstmaligen Anwendung der §§ 267, 267a Abs. 1, 277 Abs. 1 sowie 293 HGB im Anhang oder im Konzernanhang auf die fehlende Vergleichbarkeit der Umsatzerlöse hinzuweisen und unter nachrichtlicher Darstellung des Betrags der Umsatzerlöse des Vorjahres, der sich aus der Anwendung von § 277 Abs. 1 HGB ergeben haben würde, zu erläutern. Das IDW empfiehlt[12] eine Drei-Spalten-Darstellung in der Form Umsatzerlöse Vj. vor BilRUG / Umsatzerlöse Vj. nach BilRUG / Umsatzerlöse aktuelles Jahr nach BilRUG.

---

10 Vgl. *Theile*, BBK 2015, S. 5.
11 Vgl. *Theile*, BBK 2015, S. 5.
12 IDW, IDW-FN 2015, S. 446.

1.6 Rückbeziehung bei der Beurteilung der Rechtsfolgen

Gem. bisherigem Vorgehen bei Schwellenwertanpassungen ist entsprechend der Begr. zum BilRUG zudem eine Rückbeziehung der neuen Schwellenwerte vorzunehmen.[13] Die neuen Schwellenwerte wirken spätestens bis zum Jahresabschluss bzw. Konzernabschluss für das Gj 2012 zurück, wenngleich in der Begr. zum BilRUG nur vom Abschluss auf den 31.12.2012 die Rede ist;[14] dies muss als mangelnde Präzision verstanden werden. Im Rahmen der Rückbeziehung auf den Abschluss zum 31.12.2012 und jenen zum 31.12.2013 (bzw. bei abweichendem Wirtschaftsjahr die korrespondierenden Abschlüsse) ist ebenfalls die Umsatzdefinition gem. BilRUG zu beachten.[15] Eine Rückbeziehung auch der Umsatzdefinition des § 277 HGB auf dieses Gj führt zwar erstens zu einer Differenz zwischen den Umsatzerlösen gem. GuV sowie jenen zwecks Größenklasseneinordnung[16] und ist zweitens aufwendig, da dieser längst auf- und festgestellt sowie offengelegt ist. Allerdings fordert der Gesetzgeber in Art. 75 Abs. 2 EGHGB explizit die Vergleichsangabe der Umsatzerlöse des Vj unter Anwendung der neuen Umsatzerlösdefinition (Rz 13). Da diese somit für die Angabe vorliegen muss, kann es auch keinen Grund geben, zwischen der rückwirkenden Anwendung auf nach dem 31.12.2013 beginnende Gj und der (weiteren) Rückbeziehung auf davor liegende Gj zu differenzieren.

14

Beispiel
Rückbezug der neuen Schwellenwerte
Sachverhalt
Für die Veh AG und ihre TU ergaben sich in den Jahren 2013–2015 folgende Werte bei Anwendung der Brutto- sowie der Nettomethode nach altem Rechtsstand:

(außer Mitarbeiter in Mio. EUR)	2013	2014	2015
Konzern (Summenbilanz)			
Mitarbeiter	255	260	260
Vermögen	22	24	25
Umsatz	47	45	45
Konzern (konsolidiert)			
Mitarbeiter	255	260	260
Vermögen	20	17	17
Umsatz	37	45	49

Zusätzliche Annahmen
In den Gj 2011 und 2012 wurden sämtliche Grenzwerte des § 293 HGB i.d.F. vor BilRUG sowohl bei Anwendung der Brutto- als auch der Nettomethode

---

[13] BilRUG- BegrRegE, BR-Drs. 23/15 S. 86 betreffend § 293 HGB, verweist hier auf BilRUG-BegrRegE, BR-Drs. 23/15 S. 71f. betreffend § 267 HGB.
[14] BilRUG- BegrRegE, BR-Drs. 23/15 S. 71f.
[15] A.A. *Theile*, BBK 2015, S. 139.
[16] Vgl. *Theile*, BBK 2015, S. 139.

unterschritten. Entsprechend hat die Veh AG 2012 von der Möglichkeit zur Befreiung von der Konzernrechnungslegung Gebrauch gemacht. Die geänderte Umsatzdefinition entfaltet in dem skizzierten Beispiel keinen Einfluss auf die Höhe der Umsatzerlöse, da unterstellt wird, dass alle Verkäufe von Produkten und Dienstleistungen in den Umsatzerlösen erfasst wurden. Ein Formwechsel wurde im betrachteten Zeitraum nicht vorgenommen (Rz 26–36).

Beurteilung (Rechtsstand vor BilRUG mit Fortrechnung der alten Grenzwerte bis 2015)

(außer Mitarbeiter in Mio. EUR)	2013	2014	2015
Konzern (Summenbilanz)			
Mitarbeiter	255	260	260
Vermögen	22	24	25
Umsatz	47	45	45
Konzern (konsolidiert)			
Mitarbeiter	255	260	260
Vermögen	20	17	17
Umsatz	37	45	49

2013: Obwohl bei der Anwendung der Brutto- und der Nettomethode zwei der drei Grenzwerte überschritten wurden und damit die Voraussetzungen des § 293 Abs. 1 HGB i.d.F. vor BilRUG nicht erfüllt waren, konnte die Veh AG 2013 bedingt durch die Härteklausel des § 293 Abs. 4 HGB i.d.F. vor BilRUG auf eine Konzernrechnungslegung verzichten, da die Schwellenwerte noch nicht zwei Jahre in Folge (wieder) überschritten wurden.
2014 und 2015: Hier ergab sich eine Pflicht zur Konzernrechnungslegung. Die Grenzwerte wurden jeweils bereits mindestens zweimal in Folge überschritten.

Beurteilung (Rechtsstand BilRUG)
Vor dem Vergleich mit den Schwellenwerten ist zu beachten, dass die Umsatzerlöse neu berechnet werden müssen. Die Umsatzerlöse dürfen nicht mehr auf die für die Ges. typischen Umsatzerlöse der gewöhnlichen Geschäftstätigkeit beschränkt sein, sondern umfassen alle Erlöse aus dem Verkauf und der Vermietung oder Verpachtung von Produkten sowie aus der Erbringung von Dienstleistungen der KapG nach Abzug von Erlösschmälerungen und der Umsatzsteuer sowie sonstiger direkt mit dem Umsatz verbundener Steuern. Damit kommt es zu Umgliederungen aus den sonstigen betrieblichen Erträgen und ao Erträgen sowie je nach verwendetem GuV-Schema auch der damit zusammenhängenden Aufwendungen.[17] Einige Branchen, die direkt mit dem Umsatz verbundene Steuern abzuführen haben,

---

[17] Vgl. *Kreipl*, in *Lange/Müller/Kreipl*, BilRUG-Schnelleinstieg, 2015, S. 57ff., sowie mit weiteren Beispielen *Wirtz/Gersbacher*, StuB 2014, S. 712f.

könnten jedoch einen geringeren Umsatzausweis erreichen, da die Steuern nach neuer Umsatzerlösdefinition gem. § 277 Abs. 1 HGB sofort abzuziehen und die Umsätze somit netto auszuweisen sind. Diese Neuregelung ist nach dem EGHGB immer dann schon zu berücksichtigen, wenn von den erhöhten Schwellenwerten in § 293 HGB bereits rückwirkend für Gj, die nach dem 31.12.2013 begonnen haben, profitiert werden soll.[18] In diesem Fall ergeben sich annahmegemäß keine Unterschiede.

(außer Mitarbeiter in Mio. EUR)	2013	2014	2015
Konzern (Summenbilanz)			
Mitarbeiter	255	260	260
Vermögen	22	24	25
Umsatz (neue Definition nach § 277 Abs. 1 HGB nF)	47	45	45
Konzern (konsolidiert)			
Mitarbeiter	255	260	260
Vermögen	20	17	17
Umsatz (neue Definition nach § 277 Abs. 1 HGB nF)	37	45	49

2013: Bei der rückwirkenden Anwendung der neuen Schwellenwerte wurde sowohl bei Verwendung der Brutto- als auch der Nettomethode nur einer der drei Grenzwerte überschritten. Zusammen mit der Information, dass die Veh AG 2012 nicht konzernrechnungslegungspflichtig war, bestand auch für 2013 die Befreiungsmöglichkeit.
2014: Bei der Nettomethode kam es zwar zu einer Überschreitung von zwei der drei Grenzwerte, doch konnte dies durch Nutzung der Bruttomethode umgangen werden, da hier nur die Zahl der durchschnittlich beschäftigten Mitarbeiter überschritten und die monetären Grenzwerte unterschritten wurden. Daher blieb es bei der Möglichkeit der Inanspruchnahme der Befreiung.
2015: Obwohl bei der Anwendung der Brutto- und der Nettomethode zwei der drei Grenzwerte überschritten wurden/werden und damit die Voraussetzungen des § 293 Abs. 1 HGB nicht erfüllt waren/sind, konnte/kann die Veh AG 2015 bedingt durch die Härteklausel des § 293 Abs. 4 HGB auf eine Konzernrechnungslegung verzichten, da die Schwellenwerte noch nicht zwei Jahre in Folge überschritten wurden/werden.

2 Befreiungsvoraussetzungen (Abs. 1)

Ein MU ist ungeachtet der weiteren Befreiungsmöglichkeiten der §§ 290 Abs. 5, 291, 292 HGB dann von der Pflicht, einen Konzernabschluss und einen Konzernlagebericht aufzustellen, befreit, wenn von den drei in § 293 Abs. 1 HGB genann-

---

[18] Vgl. BilRUG-RegE, BR-Drs. 23/15 S. 33.

ten Größenkriterien am Abschlussstichtag seines Jahresabschlusses und am vorhergehenden Abschlussstichtag mindestens zwei nicht überschritten werden. Die einer Befreiung zugrunde zu legenden Kriterien müssen dabei nicht über den Zeitverlauf hinweg identisch sein.[19] Auch besteht keine Pflicht zur Beibehaltung der Ermittlungsmethode. Eine Bindung an das Stetigkeitsgebot besteht somit nicht.[20] Zur Ermittlung der Größenkriterien können entweder die Einzelabschlüsse aller in den Konzernabschluss einzubeziehenden TU addiert (**Bruttomethode** gem. § 293 Abs. 1 Nr. 1 HGB) oder ein vollständig konsolidierter Konzernabschluss quasi als Probeabschluss aufgestellt werden (**Nettomethode** gem. § 293 Abs. 1 Nr. 2 HGB). Dieses Wahlrecht soll insb. in Grenzfällen Unsicherheiten in Bezug auf eine Erstellungspflicht vermeiden.[21]

16 Bei Anwendung der Bruttomethode ist der Abschlussstichtag des MU und bei Anwendung der Nettomethode infolge der Regelung des § 299 Abs. 1 HGB der fiktive einheitliche Abschlussstichtag des Konzerns maßgebend für die Bemessung der Schwellenwerte. Dies kann bei Anwendung der Bruttomethode zu Problemen führen, wenn die Abschlussstichtage der TU von jenem des MU abweichen. In diesen Fällen sind Schätzungen vorzunehmen.[22]

17 Im Einzelnen ergeben sich gem. § 293 Abs. 1 HGB die in Tab. 1 dargestellten Wertgrenzen (Altwerte in Klammern).

	Bruttomethode	Nettomethode
	§ 293 Abs. 1 Nr. 1 HGB	§ 293 Abs. 1 Nr. 2 HGB
Bilanzsumme	24.000.000 EUR (23.100.000 EUR)	20.000.000 EUR (19.250.000 EUR)
Umsatzerlöse	48.000.000 EUR (46.200.000 EUR)	40.000.000 EUR (38.500.000 EUR)
Mitarbeiter	250	250

Tab. 1: Wertgrenzen für die größenklassenabhängige Befreiung (Altwerte in Klammern)

18 **Beispiel**[23]
Konsequenzen der Anpassung der Schwellenwerte
Sachverhalt
Die Nudel GmbH als MU hält 100 % der Anteile an der Spaghetti GmbH. Am 1.4.t_1 erwirbt die Nudel GmbH zudem 100 % der Anteile an der Spirelli GmbH. Ein Unterschiedsbetrag zwischen dem Buchwert der Beteiligungen beim MU und den EK-Ausweisen bestand beim Erwerb nicht. Lieferungs- und Leistungsbeziehungen zwischen den Unt sind nicht existent. Keines der Unt ist KM-orientiert i.S.d. § 264d HGB, von öffentlichem Interesse und weder in Form eines Kreditinstituts noch eines VersicherungsUnt organisiert.

---

[19] GlA *ADS*, 6. Aufl., § 293 HGB Rz 11; *Grottel/Kreher*, in Beck Bil-Komm. 10. Aufl., 2016, § 293 HGB Rz 20.
[20] GlA *Grottel/Kreher*, in Beck Bil-Komm., 10. Aufl. 2016, § 293 HGB Rz 2; *ADS*, 6. Aufl., § 293 HGB Rz 11.
[21] Vgl. *Grottel/Kreher*, in Beck Bil-Komm., 10. Aufl. 2016, § 293 HGB Rz 2.
[22] Vgl. *Hoffmann/Lüdenbach*, NWB-Kommentar Bilanzierung, 8. Aufl. 2017, § 293 HGB Rz 10.
[23] Mit Änderungen entnommen aus *Kreipl*, KoR 2013, S. 164 f.

Die Beschäftigtenzahlen sind in den jeweiligen Jahren jeweils über alle Quartale hinweg konstant. Für die Gj t_0–t_6 liegen die folgenden (Plan-)Zahlen vor, wobei es sich bei den Umsatzerlösen lediglich um solche aus dem Verkauf von für die gewöhnliche Geschäftstätigkeit typischen Waren handelt (im Laufe des Beispiels folgt eine Erweiterung hinsichtlich der Umsatzkomponenten):

Mio. EUR/Anzahl	t_0	t_1*	t_2	t_3	t_4	t_5	t_6
Nudel GmbH							
Beteiligung Spaghetti GmbH	3	3	3	3	3	3	3
Beteiligung Spirelli GmbH		3	3	3	3	3	3
Übriges Vermögen	1	7	7	7	7	6,5	6,5
Umsatz	10	20	18	20	20	20,5	21
Mitarbeiter	65	110	110	110	110	112	113
Spaghetti GmbH							
Vermögen	3,1	6	6	6	6	6	6
Umsatz	4	10	8	10	10	10,5	10,5
Mitarbeiter	35	60	60	60	60	63	62
Spirelli GmbH							
Vermögen		5	5	5	5	5	5,3
Umsatz		12	12	15	15	16	16,2
Mitarbeiter		92	90	90	90	91	92

* Die hier angegebenen Werte für t_1 beziehen sich auf das ganze Jahr!

Der Neueintritt der Spirelli GmbH in den KonsKreis ist im Rahmen der Prüfung auf Befreiung von der Konzernrechnungslegungspflicht zu berücksichtigen. Die Umsatzerlöse und Mitarbeiter sind als zeitraumbezogene Größen nur zeitanteilig zu berücksichtigen. Der Erwerbszeitpunkt der Spirelli GmbH (1.4.t_1) definiert dabei den Anrechnungszeitraum. Die Bilanzsumme als zeitpunktbezogene Größe ist vollumfänglich zu berücksichtigen. Für das Jahr t_1 ergeben sich infolge der Änderung des KonsKreises durch Eintritt der Spirelli GmbH in diesen zum 1.4. die folgenden Werte:

Spirelli GmbH (Mio. EUR/Anzahl)	$t_{1\,gesamt}$	$t_{1\,ab\,April}$
Vermögen	5	5
Umsatz	12	9
Mitarbeiter	92	69
Quartalsgenaue Umrechnung der Werte der Spirelli GmbH für t_1		

Beurteilung Konzernrechnungslegungspflicht bei Anwendung der Schwellenwerte vor BilRUG

Mio. EUR/ Anzahl/Ein- ordnung	t_0	t_1	t_2	t_3	t_4	t_5	t_6
Bruttomethode							
Vermögen	7,1	24	24	24	24	23,5	23,8
Umsatz	14	39	38	45	45	47	47,7
Mitarbeiter	100	239	260	260	260	266	267
Grenzwert- einhaltung	Ja	Ja	Nein	Nein	Nein	Nein	Nein
Rechtsfolge	Unbe- kannt	Be- freit	Be- freit	Nicht befreit	Nicht befreit	Nicht befreit	Nicht befreit
Nettomethode							
Vermögen	4,1	18	18	18	18	17,5	17,8
Umsatz	14	39	38	45	45	47	47,7
Mitarbeiter	100	239	260	260	260	266	267
Grenzwert- einhaltung	Ja	Ja	Ja	Nein	Nein	Nein	Nein
Rechtsfolge	Unbe- kannt	Be- freit	Be- freit	Be- freit	Nicht befreit	Nicht befreit	Nicht befreit

In t_0 werden nach beiden Methoden drei der drei Grenzwerte für die Befreiung von der Konzernrechnungslegungspflicht eingehalten und entsprechend die Voraussetzungen für eine Befreiung erfüllt. Hinsichtlich der Rechtsfolgen für t_0 kann jedoch keine genaue Aussage getroffen werden, da die Werte für t_{0-1} unbekannt sind. Sofern bereits in t_{0-1} mindestens zwei der drei Schwellenwerte für eine Befreiung nicht überschritten wurden, ergäbe sich die Möglichkeit zur Inanspruchnahme einer Befreiung, sonst bliebe diese versagt. Handelt es sich in t_0 um eine ErstKons, kann von einer Befreiung in Anlehnung an § 293 Abs. 4 HGB i.V.m. § 267 Abs. 4 Satz 2 HGB ausgegangen werden.

In t_1 werden nach beiden Methoden zwei der drei Grenzwerte für die Befreiung von der Konzernrechnungslegungspflicht eingehalten und entsprechend die Voraussetzungen für eine Befreiung erfüllt. Da die Befreiungsvoraussetzungen auch am vorhergehenden Abschlussstichtag erfüllt sind, besteht die Möglichkeit zur Inanspruchnahme einer Befreiung.

In t_2 werden nach der Nettomethode zwei der drei Grenzwerte für die Befreiung von der Konzernrechnungslegungspflicht eingehalten und entsprechend die Voraussetzungen für eine Befreiung erfüllt. Da die Befreiungsvoraussetzungen auch am vorhergehenden Abschlussstichtag erfüllt sind, besteht die Möglichkeit zur Inanspruchnahme einer Befreiung.

In t_3 wird nach beiden Methoden nur einer der drei Grenzwerte für die Befreiung von der Konzernrechnungslegungspflicht eingehalten. Die Voraussetzungen für eine Befreiung liegen daher zunächst nicht vor. Da die Befreiungsvoraussetzungen jedoch am vorherigen Abschlussstichtag erfüllt sind

und entsprechend die Härtefallregelung des § 293 Abs. 4 Satz 1 HGB bei nur einmaligem Überschreiten der Schwellenwerte greift, besteht weiterhin die Möglichkeit zur Inanspruchnahme einer Befreiung.
In t_4, t_5 und t_6 werden bei beiden Methoden jeweils mindestens zwei der drei Grenzwerte zum zweiten Mal in Folge nicht eingehalten, sodass die Voraussetzungen für eine Befreiung nicht erfüllt sind und auch keine Möglichkeiten zur Inanspruchnahme einer Befreiung auf Basis der Härtefallregelungen bestehen.

Konzernrechnungslegungspflicht bei Anwendung der Grenzwerte gem. BilRUG

Unter Berücksichtigung der bei der Erläuterung des Sachverhalts gesetzten Prämisse, dass es sich bei den Umsatzerlösen lediglich um solche aus dem Verkauf von für die gewöhnliche Geschäftstätigkeit typischen Erzeugnissen handelt und sich die Umsatzerlöse nach bisheriger Definition und jener nach § 277 Abs. 1 HGB nicht unterscheiden, ergibt sich die nachfolgend dargestellte Beurteilung hinsichtlich der Pflicht zur Erstellung eines Konzernabschlusses.

Mio. EUR/ Anzahl/Einordnung	t_0	t_1*	t_2	t_3	t_4	t_5	t_6
Bruttomethode							
Vermögen	7,1	24	24	24	24	23,5	23,8
Umsatz	14	39	38	45	45	47	47,7
Mitarbeiter	100	239	260	260	260	266	267
Grenzwerteinhaltung	Ja	Ja	Ja	Ja	Ja	Ja	Ja
Rechtsfolge	Unbekannt	Befreit	Befreit	Befreit	Befreit	Befreit	Befreit
Nettomethode							
Vermögen	4,1	18	18	18	18	17,5	17,8
Umsatz	14	39	38	45	45	47	47,7
Mitarbeiter	100	239	260	260	260	266	267
Grenzwerteinhaltung	Ja	Ja	Ja	Nein	Nein	Nein	Nein
Rechtsfolge	Unbekannt	Befreit	Befreit	Befreit	Nicht befreit	Nicht befreit	Nicht befreit

* Die hier angegebenen Werte für t_1 beziehen sich auf das ganze Jahr!
In t_0 werden nach beiden Methoden drei der drei Grenzwerte für die Befreiung von der Konzernrechnungslegungspflicht eingehalten, sodass die Voraussetzungen für eine Befreiung zunächst erfüllt sind. Hinsichtlich der Rechtsfolgen für t_0 kann jedoch keine genaue Aussage getroffen werden, da die Werte für t_{0-1} unbekannt sind. Sofern in t_{0-1} nach einer der beiden Methoden mindestens zwei der drei Schwellenwerte nicht überschritten wurden, ergäbe sich die Möglichkeit zur Inanspruchnahme einer Befreiung, sonst bliebe diese

versagt. Im Falle einer ErstKons (Neugründung/Umwandlung) – mit Ausnahme eines Formwechsels mit wechselndem Rechtsträger in der Rechtsform einer KapG oder einer PersG i.S.d. § 264a Abs. 1 HGB (Rz 26–36) – besteht keine Konzernrechnungslegungspflicht, da gem. § 293 Abs. 4 Satz 2 HGB i.V.m. § 267 Abs. 4 Satz 2 HGB dann bereits das einmalige Einhalten der Grenzwerte zu einer Befreiung führt. Liegt dagegen der Fall eines Formwechsels mit korrespondierendem Rechtsformwechsel vor, scheidet eine Befreiung infolge des neu eingeführten § 267 Abs. 4 Satz 3 HGB i.V.m. dem Verweis des § 293 Abs. 4 Satz 2 HGB aus.

In t_1, t_2, t_3, t_4, t_5 und t_6 werden mindestens bei einer Methode mindestens zwei der drei Grenzwerte mindestens zweimal in Folge eingehalten, sodass die Voraussetzungen für eine Befreiung stets erfüllt sind und in jedem Jahr eine Befreiung in Anspruch genommen werden kann.

Vergleich der Rechtsfolgen vor und nach Schwellenwertanhebung durch das BilRUG

Da die Befreiung unter Inanspruchnahme sowohl der Netto- als auch der Bruttomethode gestattet ist, werden für den nachfolgenden tabellarischen Vergleich der Rechtsfolgen jeweils nur die i.S. einer Befreiung günstigeren Methoden dargestellt.

Rechtsfolgen	t_0	t_1	t_2	t_3	t_4	t_5	t_6
HGB aF	Unbekannt	Befreit	Befreit	Befreit	Nicht befreit	Nicht befreit	Nicht befreit
HGB	Unbekannt	Befreit	Befreit	Befreit	Befreit	Befreit	Befreit

Erweiterung des Beispiels – Umsatzerlöse

Für die Gj t_0–t_6 liegen die folgenden (Plan-)Zahlen vor, wobei es sich bei den Umsatzerlösen neben solchen aus dem Verkauf von für die gewöhnliche Geschäftstätigkeit typischen Waren auch um ao Erträge handelt. Darüber hinaus fallen sonst. direkt mit dem Umsatz verbundene Steuern (wie etwa Brandweinsteuern) an.

Mio. EUR/Anzahl	t_0	t_1*	t_2	t_3	t_4	t_5	t_6
Nudel GmbH							
Beteiligung Spaghetti GmbH	3	3	3	3	3	3	3
Beteiligung Spirelli GmbH		3	3	3	3	3	3
Übriges Vermögen	1	7	7	7	7	6,5	6,5
Umsatz							
– Warenverkauf gewöhnl. Geschäftstätigk.	10	20	18	20	20	20,5	21
– ao Erträge	0,2	0,5	1	2,5	3,5	3,5	2,8

Mio. EUR/Anzahl	t_0	t_1*	t_2	t_3	t_4	t_5	t_6
– Sonst. direkt mit dem Umsatz verbundene Steuern	0,2	0,3	0,4	0,4	0,4	0,4	0,5
Mitarbeiter	65	110	110	110	110	112	113
Spaghetti GmbH							
Vermögen	3,1	6	6	6	6	6	6
Umsatz							
– Warenverkauf gewöhnl. Geschäftstätigk.	4	10	8	10	10	10,5	10,5
– ao Erträge	0,5	1,2	1	1	1,5	1,4	1,4
– Sonst. direkt mit dem Umsatz verbundene Steuern	0,1	0,2	0,2	0,3	0,2	0,2	0,2
Mitarbeiter	35	60	60	60	60	63	62
Spirelli GmbH							
Vermögen		5	5	5	5	5	5,3
Umsatz							
– Warenverkauf gewöhnl. Geschäftstätigk.		12	12	15	15	16	16,2
– ao Erträge		0,1	0,1	0,1	0,1	0,1	0,1
Sonst. direkt mit dem Umsatz verbundene Steuern		1,1	0,9	0,9	1	0,8	1,1
Mitarbeiter		92	90	90	90	91	92

* Die hier angegebenen Werte für t_1 beziehen sich auf das ganze Jahr!

Der Neueintritt der Spirelli GmbH in den KonsKreis ist im Rahmen der Prüfung auf Befreiung von der Konzernrechnungslegungspflicht zu berücksichtigen. Die Umsatzerlöse und Mitarbeiter sind als zeitraumbezogene Größen nur zeitanteilig zu berücksichtigen. Der Erwerbszeitpunkt der Spirelli GmbH (1.4.t_1) definiert dabei den Anrechnungszeitraum. Die Bilanzsumme als zeitpunktbezogene Größe ist vollumfänglich zu berücksichtigen. Für das Jahr t_1 ergeben sich infolge der Änderung des KonsKreises durch Eintritt der Spirelli GmbH in diesen zum 1.4. die folgenden Werte:

Spirelli GmbH (Mio. EUR/Anzahl)	$t_{1\ gesamt}$	$t_{1\ ab\ April}$
Vermögen	5	5
Umsatz	11	8,25
Mitarbeiter	92	69
Quartalsgenaue Umrechnung der Werte der Spirelli GmbH für t_1		

Konzernrechnungslegungspflicht bei Anwendung der Grenzwerte gem. BilRUG (erweitertes Beispiel)
Unter Berücksichtigung der geänderten Definition der Umsatzerlöse ergibt sich die nachfolgend dargestellte Beurteilung hinsichtlich der Pflicht zur Erstellung eines Konzernabschlusses.

Mio. EUR/Anzahl/Einordnung	t_0	t_1	t_2	t_3	t_4	t_5	t_6
Bruttomethode							
Vermögen	7,1	24	24	24	24	23,5	23,8
Umsatz	14,4	39,45	38,6	47	48,5	50,6	49,2
Mitarbeiter	100	239	260	260	260	266	267
Grenzwerteinhaltung	Ja	Ja	Ja	Ja	Nein	Nein	Nein
Rechtsfolge	Unbekannt	Befreit	Befreit	Befreit	Befreit	Nicht befreit	Nicht befreit
Nettomethode							
Vermögen	4,1	18	18	18	18	17,5	17,8
Umsatz	14,4	39,45	38,6	47	48,5	50,6	49,2
Mitarbeiter	100	239	260	260	260	266	267
Grenzwerteinhaltung	Ja	Ja	Ja	Nein	Nein	Nein	Nein
Rechtsfolge	Unbekannt	Befreit	Befreit	Befreit	Nicht befreit	Nicht befreit	Nicht befreit

In t_0 werden nach beiden Methoden drei der drei Grenzwerte für die Befreiung von der Konzernrechnungslegungspflicht eingehalten, sodass die Voraussetzungen für eine Befreiung zunächst erfüllt sind. Hinsichtlich der Rechtsfolgen für t_0 kann jedoch keine genaue Aussage getroffen werden, da die Werte für t_{0-1} unbekannt sind. Sofern in t_{0-1} nach einer der beiden Methoden mindestens zwei der drei Schwellenwerte nicht überschritten wurden, ergäbe sich die Möglichkeit zur Inanspruchnahme einer Befreiung, sonst bliebe diese versagt. Im Falle einer ErstKons (Neugründung/Umwandlung) – mit Ausnahme eines Formwechsels mit wechselndem Rechtsträger in der Rechtsform einer KapG oder einer PersG i.S.d. § 264a Abs. 1 HGB (Rz 26–36) – besteht keine Konzernrechnungslegungspflicht, da gem. § 293 Abs. 4 Satz 2 HGB i.V.m. § 267 Abs. 4 Satz 2 HGB dann bereits das einmalige Einhalten der Grenzwerte zu einer Befreiung führt. Liegt dagegen der Fall eines Formwechsels mit korrespondierender Rechtsform vor, scheidet eine Befreiung infolge des neu eingeführten § 267 Abs. 4 Satz 3 HGB nF i.V.m. dem Verweis des § 293 Abs. 4 Satz 2 HGB nF aus.
In t_1, t_2 und t_3 werden mindestens bei einer Methode mindestens zwei der drei Grenzwerte mindestens zweimal in Folge eingehalten, sodass die Voraus-

setzungen für eine Befreiung stets erfüllt sind und in jedem Jahr eine Befreiung in Anspruch genommen werden kann.
In t_4 werden bei beiden Methoden mindestens zwei der drei Grenzwerte überschritten. Infolge der Härtefallregelung bei nur einmaliger (Wieder-)Überschreitung der Schwellenwerte besteht bei Anwendung der Bruttomethode weiterhin die Option auf Befreiung.
In t_5 und t_6 werden bei beiden Methoden mindestens zwei der drei Grenzwerte mindestens zweimal in Folge überschritten. Eine Befreiung scheidet aus.

Vergleich der Rechtsfolgen vor und nach Schwellenwertanhebung durch das BilRUG unter Berücksichtigung der geänderten Umsatzdefinition
Da die Befreiung unter Inanspruchnahme sowohl der Netto- als auch der Bruttomethode gestattet ist, werden für den nachfolgenden tabellarischen Vergleich der Rechtsfolgen jeweils nur die i. S. einer Befreiung günstigeren Methoden dargestellt.

Rechtsfolgen	t_0	t_1	t_2	t_3	t_4	t_5	t_6
HGB aF	Unbekannt	Befreit	Befreit	Befreit	Nicht befreit	Nicht befreit	Nicht befreit
HGB	Unbekannt	Befreit	Befreit	Befreit	Befreit	Befreit	Befreit
HGB (erweitertes Beispiel)	Unbekannt	Befreit	Befreit	Befreit	Befreit	Nicht befreit	Nicht befreit

Sowohl bei der Brutto- als auch bei der Nettomethode ist im Hinblick auf die Ermittlung der Größenmerkmale von dem KonsKreis auszugehen, der bei einer Überschreitung der Bezugsgrößen der späteren Kons. zugrunde liegen würde. Somit können die Einbeziehungswahlrechte des § 296 HGB vor der Berechnung und dem Vergleich mit den Schwellenwerten genutzt werden, soweit die Wahlrechte auch bei einem zu erstellenden Konzernabschluss genutzt werden würden.[24] Sofern bereits ein Konzernabschluss aufgestellt wurde, ist dabei das Stetigkeitsgebot zu beachten. Die Inanspruchnahme der Einbeziehungswahlrechte des § 296 HGB beschränkt sich in diesen Fällen auf die bisherige Vorgehensweise hinsichtlich deren Ausübung. Die Wahlrechte des § 296 HGB entfalten insofern erhebliche Ausstrahlungswirkung auf die Ermittlung der Größenklassen, als dass gem. § 296 HGB nicht einbezogene Unt lediglich ggf. über die Bewertung nach der Equity-Methode Einfluss auf die Bilanzsumme entfalten, jedoch grundsätzlich keine Berücksichtigung bei den Umsatzerlösen und Mitarbeiterzahlen finden. Mittels Ausnutzung der Wahlrechte respektive korrespondierender Planung bei noch nicht erfolgter Aufstellung eines Konzernabschlusses kann so ggf. eine Konzernabschlusserstellungspflicht vermieden werden, wobei die Auswirkungen der Ausnutzung die (positiven) Folgen der Schwellenwertanpassung durch das BilRUG mitunter erheblich übersteigen können.

19

---

[24] Vgl. *Busse von Colbe*, in MünchKomm. HGB, 3. Aufl., § 293 Rn. 6.

Die Ermittlung der durchschnittlichen Arbeitnehmerzahl hat gem. § 293 Abs. 1 Satz 2 HGB nach Maßgabe des § 267 Abs. 5 HGB zu erfolgen. Bei der Ermittlung der Mitarbeiterzahl ist entsprechend auf die durchschnittliche Arbeitnehmerzahl der letzten zwölf Monate oder auf die kürzere Konzernzugehörigkeit abzustellen. Dies gilt – sofern die Zeiträume vorhanden sind – auch im Fall eines Rumpf-Gj.[25] Nach § 293 Abs. Satz 2 i. V. m. § 267 Abs. 5 HGB gilt dabei als durchschnittliche Zahl der Arbeitnehmer «... der vierte Teil der Summe aus den Zahlen der jeweils am 31. März, 30. Juni, 30. September und 31. Dezember beschäftigten Arbeitnehmer...».[26] Anders als Beschäftigte im Ausland sind zur Berufsausbildung Beschäftigte[27] sowie Organmitglieder von KapG nicht zu berücksichtigen (§ 267 Rz 29).

20 Ergeben sich **Änderungen des KonsKreises**, ist zwischen dem Eintritt in diesen bzw. dem Austritt aus diesem zu unterscheiden. Eine Berücksichtigung von ausgeschiedenen Unt hat nach hM nicht zu erfolgen.[28] Kommen neue Unt zum KonsKreis hinzu, hat hingegen eine Behandlung in Abhängigkeit des jeweiligen Größenklassenmerkmals zu erfolgen. Die „Umsatzerlöse" und die „Zahl der Arbeitnehmer" sind zeitraumbezogene Größen und entsprechend nur zeitanteilig zu berücksichtigen. Bei Rumpf-Gj sind diese Größen dem jeweils vorhergehenden Gj zu entnehmen. Steht diese Datenbasis nicht zur Verfügung, sind die Größen auf zwölf Monate hochzurechnen.[29] Für die Festsetzung des Anrechnungszeitraums ist gem. § 301 Abs. 2 Satz 1 HGB grundsätzlich der Zeitpunkt, an dem das Unt TU geworden ist (§ 301 Rz 75 ff.), maßgeblich. Davon abzugrenzen ist die (geänderte) Festsetzung des Anrechnungszeitraums bei der erstmaligen Aufstellung eines Konzernabschlusses (Rz 22). Die Bilanzsumme muss in voller Höhe in die Berechnung einfließen, da es sich hier um eine zeitpunktbezogene Größe handelt.

21 Aus Tab. 1 wird deutlich, dass bei der **Bruttomethode** im Hinblick auf die Bilanzsumme und die Umsatzerlöse von Werten ausgegangen wird, die die entsprechenden Werte der Nettomethode um 20 % übersteigen. Bei der Nettomethode werden so die Auswirkungen der Kons. berücksichtigt, was bei der Beschäftigtenzahl, die bei beiden Methoden gleich hohe Wertgrenzen aufweist, zwangsläufig nicht notwendig ist. Da ein Unt bei der Wahl der Methode grds. frei ist, dürfte die Entscheidung für eine Methode, die zu jedem Abschlussstichtag neu getroffen werden kann, außer von Wirtschaftlichkeitsüberlegungen auch von Art, Form und Intensität der innerkonzernlichen Beziehungen beeinflusst werden. In wirtschaftlicher Hinsicht ist vor allem zu bedenken, dass die Nettomethode eine Probe-Kons. erfordert. Dieser Nachteil relativiert sich jedoch, wenn man die so gewonnenen Daten als Grundlage eines umfassenden Beteiligungscontrollings oder sogar eines Konzernmanagements für die Planung, Steuerung und Kontrolle der einzelnen Unt und des Gesamtgebildes Konzern verwendet.

---

[25] Vgl. *ADS*, 6. Aufl., § 293 HGB Rz 30; *Kirsch/Berentzen*, in *Baetge/Kirsch/Thiele*, Bilanzrecht-Kommentar, § 293 HGB Rz 32, Stand 3/2016.
[26] Die für das PublG relevante Definition findet sich in § 1 Abs. 2 Satz 5 PublG.
[27] Wie Auszubildende, Volontäre und Praktikanten.
[28] Vgl. *ADS*, 6. Aufl., § 293 HGB Rz 20; *Busse von Colbe*, in MünchKomm. HGB, 3. Aufl., § 293 Rn 9.
[29] Vgl. dazu *Grottel/Kreher*, in Beck Bil-Komm., 10. Aufl., § 293 HGB Rz 25. Hinsichtlich der Hochrechnung auf zwölf Monate aA *Hoffmann/Lüdenbach*, NWB-Kommentar Bilanzierung, 8. Aufl. 2017, § 293 HGB Rz 15.

In Abweichung zur Festsetzung des Anrechnungszeitraums bei Änderungen des KonsKreises (Rz 20), für die gem. § 301 Abs. 2 Satz 1 HGB der Zeitpunkt, an dem das Unt TU geworden ist, maßgeblich ist, sind infolge des § 301 Abs. 2 Satz 3 HGB (in nahezu vollständiger Übereinstimmung mit der Altregelung) bei der erstmaligen Aufstellung eines Konzernabschlusses die Wertansätze zum Zeitpunkt der Einbeziehung in den Konzernabschluss zugrunde zu legen, soweit das TU nicht in dem Jahr TU geworden ist, für das der Konzernabschluss aufgestellt wird. Neu eingeführt wurde mit § 301 Abs. 2 Satz 5 Halbsatz 1 HGB jedoch, dass in Ausnahmefällen auch die Wertansätze nach Satz 1 (Zeitpunkt, zu dem das Unt TU geworden ist) angewendet werden dürfen. In diesen Fällen verlangt § 301 Abs. 2 Satz 5 Halbsatz 2 HGB allerdings, dass dieser Umstand im Konzernanhang angegeben und begründet wird (§ 301 Rz 98 ff.).

3 Bilanzsumme (Abs. 2)

Der neue § 293 Abs. 2 HGB dient der Klarstellung, dass die Definition der Bilanzsumme in § 267 Abs. 4a HGB auch auf Konzernabschlüsse entsprechend anzuwenden ist. § 267 Abs. 4a HGB legt – gegenüber der Altregelung in § 267 Abs. 1 Nr. 1 und Abs. 2 Nr. 1 HGB aF inhaltlich unverändert – fest, dass sich die Bilanzsumme aus den Posten A–E des § 266 Abs. 2 HGB zusammensetzt (§ 267 Rz 13). Die inhaltlich unveränderte Übernahme der Altregelung ist insofern zu bedauern, als dass mit § 274 Abs. 1 Satz 2 HGB ein Ansatzwahlrecht für aktive latente Steuern besteht und die Nutzung des Ansatzwahlrechts entsprechend Einfluss auf die Größenklasse entfaltet. Wenngleich die Ausübung des Wahlrechts grundsätzlich stetig zu erfolgen hat (§ 246 Abs. 3 HGB) und Abweichungen nach § 252 Abs. 2 HGB nur in begründeten Ausnahmen zulässig sind, werden geänderte Rechtsvorschriften regelmäßig als Gründe für eine Ausnahme vom Stetigkeitsgrundsatz anerkannt. Das IDW zählt unter diese Ausnahmefälle ausdrücklich auch, dass die Abweichung dazu dient, Ansatz- oder Bewertungsvereinfachungsverfahren in Anspruch zu nehmen.[30] Dies ist bei einer Größenklassenbestimmung gegeben. Daher konnten/können Unternehmen unter Verweis auf § 267 Abs. 4a HGB im Übergang auf das BilRUG anstelle des Ansatzes aktiver latenter Steuern auf deren Aktivierung verzichten und damit das Stetigkeitsgebot durchbrechen.

4 Härteklausel (Abs. 4)

4.1 Bei einmaliger Überschreitung

§ 293 Abs. 4 HGB bietet neben der Befreiung nach Abs. 1 eine zeitraumbezogene Härtefallregelung für Konzerne, die die Schwellenwerte einmalig überschreiten. Die Härteklausel befreit nicht nur Unt von der Pflicht zur Erstellung eines Konzernabschlusses, die zwei der drei in § 293 Abs. 1 HGB genannten Größenkriterien am aktuellen und am vorhergehenden Abschlussstichtag unterschreiten, sondern auch jene, die zwei der drei Größenkriterien am aktuellen **oder** am davorliegenden Abschlussstichtag unterschreiten, am jeweilig anderen jedoch

---

[30] Vgl. IDW RS HFA 38, Rz 15.

nicht die Voraussetzungen für eine Befreiung erfüllen bzw. erfüllt haben und für die am vor diesen Abschlussstichtagen gelegenen Stichtag ebenfalls ein Befreiungsrecht bestand. Der Verlust der Befreiung tritt somit nicht durch einmaliges Überschreiten der Schwellenwerte ein.

Beispiel
Anwendung der Härteklausel
Sachverhalt
Für die Wiesinger AG und ihre TU ergeben sich in den Jahren t_0–t_2 folgende Werte bei Anwendung der Brutto- sowie der Nettomethode:

(außer Mitarbeiter in Mio. EUR)	0	t_1	t_2
Konzern (Summenbilanz)			
Mitarbeiter	255	260	260
Vermögen	23	25	26
Umsatz	49	45	45
Konzern (konsolidiert)			
Mitarbeiter	255	260	260
Vermögen	21	18	18
Umsatz	38	45	49

Zusätzliche Annahmen
In den Gj t_{-2} und t_{-1} wurden sämtliche Grenzwerte des § 293 HGB sowohl bei Anwendung der Brutto- als auch der Nettomethode unterschritten. Entsprechend hat die Wiesinger AG in t_{-1} von der Möglichkeit zur Befreiung von der Konzernrechnungslegung Gebrauch gemacht.

Beurteilung
t_0: Obwohl bei der Anwendung der Brutto- und der Nettomethode zwei der drei Grenzwerte überschritten werden und damit die Voraussetzungen des § 293 Abs. 1 HGB nicht erfüllt sind, kann die Wiesinger AG bedingt durch die Härteklausel des § 293 Abs. 4 HGB auf eine Konzernrechnungslegung verzichten, da die Schwellenwerte noch nicht zwei Jahre in Folge (wieder) überschritten wurden.
t_1 und t_2: Hier ergibt sich eine Pflicht zur Konzernrechnungslegung. Die Grenzwerte wurden ab t_1 jeweils bereits zweimal in Folge überschritten.

4.2 Bei Neugründung/Erstkonsolidierung

25 Mit dem Verweis auf § 267 Abs. 4 Satz 2 HGB in § 293 Abs. 4 Satz 2 HGB hat der Gesetzgeber – wenngleich begrifflich nicht korrekt[31] – den Tatbestand der **ErstKons** klargestellt.[32] Entsprechend ist auch dann eine Befreiung gegeben,

---

[31] Die Ausführungen des § 267 Abs. 4 Satz 2 HGB wurden in § 293 Abs. 3 Satz 2 HGB nicht um den Begriff der ErstKons erweitert. So ist die ErstKons unter der Ausführung Umwandlung oder Neugründung zu subsumieren.
[32] Siehe dazu auch *Küting*, DStR 2009, S. 37.

wenn mindestens zwei der drei Schwellenwerte am aktuellen Abschlussstichtag unterschritten werden, aufgrund eines fehlenden Mutter-Tochter-Verhältnisses (Neugründung des MU oder erstmalige Begründung eines Konzerns) am vorhergehenden Abschlussstichtag jedoch kein Befreiungsrecht bestand. Für die ErstKons weiterer neuer TU mit einem bestehenden Konzerngebilde gilt dies jedoch nicht. Der Gesetzgeber hat mit dem Verweis auf die mögliche Befreiung bei **Umwandlung** und **Neugründung** so die Regelungslücke i. S. d. Zielsetzung des § 293 HGB geschlossen.

4.3 Einschränkung bei Formwechsel

4.3.1 Überblick

Der bereits seit Einführung des BilMoG in § 293 Abs. 4 Satz 2 HGB verankerte explizite Verweis auf § 267 Abs. 4 Satz 2 HGB, betreffend den Tatbestand der Umwandlung/ErstKons, wurde mit dem BilRUG auf die in § 267 Abs. 4 Satz 3 HGB neu implementierte Einschränkung des Rechtsfolgeneintritts bei Umwandlung respektive Formwechsel bereits bei einmaliger Erfüllung der Voraussetzungen ausgedehnt. Für bestimmte Fälle eines **Formwechsels** – konkret wenn der formwechselnde Rechtsträger eine KapG oder eine PersG i. S. d. § 264a Abs. 1 HGB ist – findet § 293 Abs. 4 Satz 2 HGB keine Anwendung. Eine Befreiung von der Konzernabschlusserstellungspflicht bereits im ersten Jahr der Unterschreitung von zwei der drei Schwellenwerte bei ErstKons scheidet damit genauso wie das Entstehen einer Konzernrechnungslegungspflicht bereits im ersten Jahr der Überschreitung aus.

Die Formulierung des § 267 Abs. 4 Satz 3 HGB ist dabei als unpräzise respektive **interpretationswürdig** zu bezeichnen. **Unklar ist, ob** mit „wenn der formwechselnde Rechtsträger eine KapG oder eine PersG i. S. d. § 264a Abs. 1 HGB ist" neben dem Fall der entsprechenden **Rechtsform vor und nach Formwechsel auch** die Konstellation gemeint ist, dass die entsprechende Rechtsform **nur nach Formwechsel** vorliegt. Dazu im Detail Rz 28–36.

26

4.3.2 Mutterunternehmen als formwechselnde Rechtsträger

Die Einschränkung des Rechtsfolgeneintritts bereits bei einmaliger Erfüllung der Voraussetzungen in Fällen eines Formwechsels ist grundsätzlich auf einen **Wechsel der Rechtsform** auf der Ebene des **MU** beschränkt. Die Rechtsform des/der TU spielt im Kontext der Pflicht zur Aufstellung eines Konzernabschlusses und folglich im Zuge der Anwendung des § 293 HGB keine Rolle (§ 290 Rz 18 ff.; § 294 Rz 8 ff.).

27

4.3.3 Rechtsform der formwechselnden Rechtsträger

Unter einem **Formwechsel i. S. d. UmwG** ist eine Umwandlung ohne Übertragung von Aktiva und Passiva zu verstehen, die neben Umwandlungen mit entsprechender Übertragung (Verschmelzung, Spaltung und Vermögensübertragung) zu einer der beiden (vier) Grundarten (Unterarten) von Umwandlungen i. S. d. UmwG gehört. Als Rechtsträger eines Formwechsels kommt dabei grundsätzlich ein Großteil der Rechtsformen des inländischen Rechts in Betracht. Einen Überblick über die vom **UmwG** erfassten Rechtsträger und deren Hand-

28

lungsspielräume im Rahmen von Formwechseln liefert zunächst die nachfolgende Tab. 2.

Wechselnder Rechtsträger	Neue Rechtsform						
	GbR	PersG	Partnerschaft	GmbH	AG/SE	KGaA	eG
PersG				X	X	X	X
Partnerschaft				X	X	X	X
GmbH	X	(X)	(X)		X	X	X
AG/SE	X	(X)	(X)	X		X	X
KGaA	X	(X)	(X)	X	X		X
eG				X	X	X	
eV/wV				X	X	X	X
VVaG				(X)			
Körp./Anstalten des öffentl. Rechts				X	X	X	

Tab. 2: Vom UmwG erfasste Rechtsträger beim Formwechsel[33]

Darüber hinaus gibt es **Formwechsel** bei Änderungen der Rechtsform, die **in anderen Gesetzen vorgesehen oder zugelassen** sind, wie der identitätswahrende Formwechsel zwischen Rechtsformen des Personengesellschaftsrechts kraft Gesetzes, die Registereintragung eines bisher nicht rechtsfähigen Vereins oder der Vermögensübergang im Wege der registergerichtlichen Eintragung von Körperschaften. Das UmwG ist insofern nicht abschließend.

29 **Nicht alle Arten eines Formwechsels** – sowohl i. S. d. UmwG als auch außerhalb dessen – **spielen** im Kontext der ausschließenden Regelung des § 267 Abs. 4 Satz 3 HGB und damit korrespondierend von jener des § 293 HGB **eine Rolle**. In Abhängigkeit der **Auslegung des Gesetzeswortlautes** des § 267 Abs. 4 Satz 3 HGB ergeben sich unterschiedliche Eingrenzungen (Rz 30–32) der möglichen Rechtsformen/Konstellationen im Zuge eines Formwechsels mit Relevanz für die §§ 267, 267a, 293 HGB.

KapG oder PersG i. S. d. § 264a Abs. 1 HGB vor und nach Formwechsel

30 Von der ausschließenden Regelung des § 267 Abs. 4 Satz 3 HGB und damit korrespondierend von jener des § 293 HGB sind gem. dieser Interpretation **Formwechsel von der Rechtsform** der **GmbH, AG/SE, KGaA** oder von der Rechtsform der **oHG** oder **KG ohne natürlichen Vollhafter hin zu einer (anderen) KapG oder einer (anderen) PersG i. S. d. § 264a HGB** erfasst. Grundsätzlich keine Rolle spielt in diesem Zusammenhang der Formwechsel einer eG hin zu einer (anderen) KapG, da diese Rechtsform nicht von den Vorschriften der EU-Bilanzrichtlinie erfasst wird.[34]

---

33 Mit (X) = eingeschränkte Übertragungsmöglichkeit.
34 Siehe Richtlinie 2013/34/EU, Abl. L 182/56 (Anhang I).

In Fällen des Formwechsels durch Ges. dieser Rechtsform ist der Sachverhalt eines Formwechsels im Kontext der Konsolidierung dabei nur erheblich, wenn sich die Möglichkeit der Inanspruchnahme der Befreiung im ersten Jahr nach Formwechsel infolge einer Unter- oder Überschreitung der Schwellenwert ändert. Die Auswirkungen können dabei sowohl positiv als auch negativ sein (dazu nachfolgendes Beispiel).

> **Beispiel**
> **Folgen der Einschränkung bei Formwechsel**
> Sofern für ein MU in der Rechtsform einer GmbH zum 31.12.t_{0-2} und 31.12.t_{0-1} eine Befreiungsoption bestand, nach der Umwandlung des MU in eine AG (zum 1.1.t_0) zum 31.12.$_{t0}$ jedoch die Schwellenwerte für eine Befreiung überschritten werden, würden infolge des Formwechsels gem. Wortlaut der Altregelung bereits im ersten Jahr der Überschreitung der Schwellenwerte die Rechtsfolgen greifen – es wäre ein Konzernabschluss aufzustellen. Durch die Ausnahme vom Rechtsfolgeneintritt bereits im ersten Jahr in bestimmten Fällen des Formwechsels kann jedoch weiterhin auf diesen verzichtet werden. Im umgekehrten Fall verhält es sich genau andersherum, d.h., es sind negative Folgen zu erwarten. Sofern für ein MU in der Rechtsform einer GmbH zum 31.12.t_{0-2} und 31.12.t_{0-1} keine Befreiungsoption bestand, nach der Umwandlung des MU in eine AG (zum 1.1.t_0) zum 31.12.t_0 jedoch die Schwellenwerte für eine Befreiung unterschritten werden, würden infolge des Formwechsels gem. Altregelung bereits im ersten Jahr der Unterschreitung der Schwellenwerte die Rechtsfolgen greifen – es wäre kein Konzernabschluss aufzustellen. Durch die Ausnahme vom Rechtsfolgeneintritt bereits im ersten Jahr in bestimmten Fällen des Formwechsels kann jedoch nicht auf diesen verzichtet werden.

KapG oder PersG i. S. d. § 264a Abs. 1 HGB (nur) vor Formwechsel
Beim Formwechsel eines MU in der Rechtsform einer KapG oder einer PersG ohne natürlichen Vollhafter hin zu einer PersG mit natürlichem Vollhafter, einer Partnerschaft, einer eG oder einer GbR entfällt die Konzernabschlusserstellungspflicht gem. § 290 HGB losgelöst von § 293 HGB. Die Neuerung ist hier insofern irrelevant respektive umfasst diesen Fall nicht. 31

KapG oder PersG i. S. d. § 264a Abs. 1 HGB (nur) nach Formwechsel
Auswirkungen auf die Konsolidierungspflicht durch einen Formwechsel können sich **auch** ergeben, wenn der formwechselnde Rechtsträger vor Formwechsel in einer Rechtsform organisiert ist bzw. war, die von der Konzernrechnungslegung der §§ 290ff. HGB grundsätzlich nicht erfasst wird, und die Ges. in eine Rechtsform wechselt, für die die Vorschriften der §§ 290ff. HGB greifen.
Die Formulierung des Gesetzgebers kann sich mangels Präzisierung (zu welchem Zeitpunkt ist die Rechtsform des formwechselnden Rechtsträgers zu betrachten?) **u. E. nach entsprechend auch** auf jene Fälle beziehen, in denen der **Wechsel** einer **PersG mit natürlichem Vollhafter oder** einer **anderen Nicht-KapG** außerhalb des Anwendungsbereichs des § 264a Abs. 1 HGB zur Rechtsform einer **KapG** oder einer dieser gleichgestellten **PersG ohne natürlichen Vollhafter** vollzogen wird bzw. wurde. In diesem Fall kann es zu einer Relevanz eines Formwechsels im 32

Kontext des § 293 HGB kommen bzw. dazu, dass trotz (theoretischer) Überschreitung bislang keine Konzernabschlusserstellungspflicht bestand, infolge des Formwechsels jedoch eine Konsolidierung vorzunehmen und die Regelung des § 293 HGB entsprechend von Bedeutung ist. Dies liegt darin begründet, dass PersG mit natürlichem Vollhafter oder andere Nicht-KapG außerhalb des Anwendungsbereichs des § 264a Abs. 1 HGB – anders als KapG und PersG ohne natürlichen Vollhafter – nicht bzw. nur nach den hohen Vorgaben des PublG zur Konzernrechnungslegung verpflichtet sind (§ 290 Rz 8f.).

33 Einen **Überblick** über die vom UmwG erfassten und u. E. nach für **die neu implementierte Einschränkung** des Rechtsfolgeneintritts bei Umwandlung/Formwechsel **relevanten Formwechsel** liefert die nachfolgende Tab. 3.

Wechselnder Rechtsträger	Neue Rechtsform			
	PersG ohne Vollhafter	GmbH	AG/SE	KGaA
PersG mit Vollhafter	X	X	X	X
PersG ohne Vollhafter		X	X	X
Partnerschaft	X	X	X	X
GbmH		X	X	X
AG/SE		X	X	X
KGaA		X	X	X
eG		X	X	X
eV/wV		X	X	X
VVaG			(X)	
Körp./Anstalten des öffentl. Rechts		X	X	X

Tab. 3: Vom UmwG erfasste und für die Einschränkung des Rechtsfolgeneintritts bei Umwandlung respektive ErstKons relevante Arten des Formwechsels[35]

34 Sofern der Gesetzgeber eine anderweitige/eingeschränktere Auslegung intendiert, aber auch bereits zwecks Vermeidung von Fehlinterpretationen, ist eine **Überarbeitung/Präzisierung des Gesetzeswortlautes** geboten. Dies könnten bspw. unter Verwendung der Formulierung „...sofern der formwechselnde Rechtsträger *vor und nach Wirksamwerden* eine KapG oder eine PersG...ist" oder „... sofern der formwechselnde Rechtsträger *nach Wirksamwerden* eine KapG oder eine PersG...ist" erfolgen.

4.3.4 Formwechselbezogene Voraussetzungen

35 **Grundlage** für einen **Formwechsel** i. S. d. UmwG und damit in Konsequenz auch für die Einschränkung des Rechtsfolgeneintritts i. S. d. § 267 Abs. 4 Satz 3 HGB bildet die Erstellung eines **Umwandlungsberichts**[36] oder die Einholung von

---

[35] Mit (X) = eingeschränkte Übertragungsmöglichkeit.
[36] Siehe dazu im Detail *Kreipl/Müller*, in *Federmann/Kußmaul/Müller*, HdB, Beitrag Formwechsel, Rz 5ff., Stand 6/2016.

Erklärungen über den Verzicht auf dessen Erstellung durch das Vertretungsorgan des formwechselnden Rechtsträgers, der nach § 199 UmwG der **Anmeldung** des Formwechsels beim **Register** beizufügen ist. Darüber hinaus ist im Zuge eines Formwechsels i. S. d. UmwG ein **Umwandlungsbeschluss**[37] auszufertigen, der erst durch **Beschluss der Anteilsinhaber** in einer Versammlung wirksam wird, bevor die Einreichung zur Eintragung im Register zu erfolgen hat.

Das **Wirksamwerden des Formwechsels**, das die Voraussetzung für die Anwendung der neu implementierten Einschränkung bildet, bedingt nach § 198 Abs. 1 UmwG abschließend die Anmeldung zur Eintragung in das Register (Handelsregister, Partnerschaftsregister, Genossenschaftsregister oder Vereinsregister) des Sitzes des formwechselnden Rechtsträgers unter Einreichung der erforderlichen Unterlagen. Im Zuge der Anmeldung sind dabei nach § 199 UmwG folgende Unterlagen einzureichen:

- Umwandlungsbeschluss;
- nach dem UmwG erforderliche Zustimmungserklärungen einzelner Anteilsinhaber einschließlich der Zustimmungserklärungen nicht erschienener Anteilsinhaber;
- Umwandlungsbericht oder Erklärungen über den Verzicht auf seine Erstellung;
- Nachweis über die rechtzeitige Zustellung des Entwurfs des Umwandlungsbeschlusses an den zuständigen Betriebsrat.

Gem. § 198 Abs. 3 UmwG i. V. m. § 16 Abs. 2 UmwG ist in diesem Zusammenhang von den Vertretungsorganen zudem zu erklären, dass keine Klage gegen die Wirksamkeit eines Umwandlungsbeschlusses vorliegt oder eine Klage nicht fristgemäß erhoben oder eine solche Klage rechtskräftig abgewiesen oder zurückgenommen worden ist.

In Abhängigkeit der Rechtsform des formwechselnden Rechtsträgers sind ggf. weitere/andere Bestimmungen zum Wirksamwerden des Formwechsels zu beachten. Auf die einschlägige Literatur wird verwiesen.[38]

5 Wegfall der Befreiung (Abs. 5)

Die Befreiung von der Pflicht zur Konzernrechnungslegung gem. § 293 Abs. 1 HGB gilt gem. § 293 Abs. 5 HGB nur, wenn das MU am Abschlussstichtag **nicht kapitalmarktorientiert** i. S. d. § 264d HGB ist (§ 264d Rz 1 ff.). Verknüpft ist diese Voraussetzung im Weiteren mit der Anforderung, dass zudem kein in den Konzernabschluss einbezogenes TU am Abschlussstichtag entsprechend § 264d HGB eingestuft ist. Die Einschränkung der Befreiung dient dem Anlegerschutz,[39] der eng mit dem Informationsinstrument des Konzernabschlusses verknüpft ist.

Seit dem BilRUG ist auch Kreditinstituten (einschließlich Finanzdienstleistungsinstituten und in § 340 Abs. 5 HGB genannten Instituten) und VersicherungsUnt

---

[37] Siehe dazu im Detail *Kreipl/Müller*, in *Federmann/Kußmaul/Müller*, HdB-Beitrag Formwechsel, Rz 8 ff., Stand 6/2016.
[38] Zu den weiteren Bestimmungen gem. UmwG siehe etwa *Kreipl/Müller*, in *Federmann/Kußmaul/Müller*, HdB, Beitrag Formwechsel, Rz 30 ff., Stand 6/2016.
[39] Vgl. *Busse von Colbe*, in MünchKomm. HGB, 3. Aufl., § 293 Rn 21.

(einschließlich Pensionsfonds) die größenabhängige Befreiung von der Konzernrechnungslegung versagt.
Im Hinblick auf MU in Gestalt von Kreditinstituten und VersicherungsUnt hat sich in Konsequenz dessen insofern keine Änderung ergeben, als dass die Nutzung des § 293 HGB in diesen Fällen gem. § 340i Abs. 1 und 2 HGB (für Kreditinstitute) sowie gem. § 341i Abs. 1 und § 341j Abs. 1 HGB (für VersicherungsUnt) bereits vor Einführung des BilRUG ausgeschlossen war.
Verbundene Unt (insb. TU) in Gestalt von Kreditinstituten und VersicherungsUnt führen dagegen erst infolge der Neuregelung des § 293 Abs. 5 HGB zum Ausschluss von der größenabhängigen Befreiung.

6 Rechtsfolgen bei Pflichtverletzung

39 Wird eine Befreiung unrechtmäßig in Anspruch genommen, richten sich die **Sanktionen** nach den Regelungen des § 290 HGB. Ein direkter Verstoß gegen § 293 HGB kann aufgrund seines Wahlrechtscharakters nicht erfolgen.

§ 294 Einzubeziehende Unternehmen. Vorlage- und Auskunftspflichten

(1) In den Konzernabschluß sind das Mutterunternehmen und alle Tochterunternehmen ohne Rücksicht auf den Sitz und die Rechtsform der Tochterunternehmen einzubeziehen, sofern die Einbeziehung nicht nach § 296 unterbleibt.
(2) Hat sich die Zusammensetzung der in den Konzernabschluß einbezogenen Unternehmen im Laufe des Geschäftsjahrs wesentlich geändert, so sind in den Konzernabschluß Angaben aufzunehmen, die es ermöglichen, die aufeinanderfolgenden Konzernabschlüsse sinnvoll zu vergleichen.
(3) ¹Die Tochterunternehmen haben dem Mutterunternehmen ihre Jahresabschlüsse, Einzelabschlüsse nach § 325 Abs. 2a, Lageberichte, Konzernabschlüsse, Konzernlageberichte und, wenn eine Abschlussprüfung stattgefunden hat, die Prüfungsberichte sowie, wenn ein Zwischenabschluß aufzustellen ist, einen auf den Stichtag des Konzernabschlusses aufgestellten Abschluß unverzüglich einzureichen. ²Das Mutterunternehmen kann von jedem Tochterunternehmen alle Aufklärungen und Nachweise verlangen, welche die Aufstellung des Konzernabschlusses und des Konzernlageberichts erfordert.

Prof. Dr. Stefan Müller/PD Dr. Markus Kreipl

Inhaltsübersicht

	Rz
1 Überblick	1–7
1.1 Inhalt und Regelungszweck	1–3
1.2 Anwendungsbereich	4–5
1.3 Normenzusammenhänge	6–7
2 Vollkonsolidierungsgebot (Abs. 1)	8–19
3 Berichtspflichten bei Änderung des Konsolidierungskreises (Abs. 2)	20–27
4 Vorlagepflichten und Auskunftsrechte (Abs. 3)	28–36
4.1 Vorlagepflichten der Tochterunternehmen	28–33
4.2 Auskunftsrechte des Mutterunternehmens	34–36
5 Rechtsfolgen bei Pflichtverletzung	37

1 Überblick

1.1 Inhalt und Regelungszweck

§ 294 HGB kodifiziert zunächst in Abgrenzung zu § 296 HGB, der die Einbeziehungswahlrechte regelt, das grundsätzliche Konsolidierungsgebot des HGB. Neben der Bestimmung des KonsKreises regelt § 294 HGB die sich daraus ergebenden Vorlagepflichten und Auskunftsrechte. Welche TU im Rahmen der VollKons[1] (§§ 300–309 HGB) in den Konzernabschluss einzubeziehen sind,

1

---

[1] KonsKreis i.e.S.

sofern nicht die Inanspruchnahme eines Konsolidierungswahlrechts gem. § 296 HGB erfolgt, schreibt **§ 294 Abs. 1 HGB** vor.

2 **§ 294 Abs. 2 HGB** bestimmt die Voraussetzungen sowie die angabepflichtigen Informationen, die im Fall einer **Änderung der Zusammensetzung des KonsKreises** Eingang in den Konzernabschluss finden müssen.[2] Die Informationspflicht dient dem Zweck der Vergleichbarkeit zweier aufeinander folgender Abschlüsse.[3]

3 Aus dem Konsolidierungsgebot ergeben sich zudem **Vorlagepflichten** seitens der TU und **Auskunftsrechte** seitens des MU. Diese werden in **§ 294 Abs. 3 HGB** geregelt. Abs. 3 sichert damit – zumindest theoretisch – insofern die Basis für den Konzernabschluss, als dass dessen Erstellung von der termingerechten Lieferung der notwendigen Unterlagen durch die TU abhängt. In der Praxis dürfte die gesetzliche Informationssicherung jedoch kaum von Bedeutung sein.

1.2 Anwendungsbereich

4 Relevant sind die Regelungen der §§ 294 u. 296 HGB, die die Abgrenzung des KonsKreises abschließend regeln, für alle Unt, die zur Aufstellung eines Konzernabschlusses verpflichtet sind. Neben **KapG** müssen auch **KapCoGes** die Vorgaben der §§ 294 und 296 HGB einhalten. Unt, die gem. **PublG** einen Konzernabschluss zu erstellen haben, fallen ebenfalls unter den Anwendungsbereich der §§ 294 u. 296 HGB. § 13 Abs. 2 PublG enthält einen expliziten Verweis auf die handelsrechtliche Regelung. Sonderstatus in Bezug auf die uneingeschränkte Anwendung der §§ 294 u. 296 HGB besitzen lediglich Kreditinstitute. Zwar verweist § 340i HGB für Konzernabschlüsse auf die §§ 294 u. 296 HGB, in Bezug auf die Abgrenzung des KonsKreises ist jedoch § 340j HGB ergänzend zu beachten.

5 Das grundsätzliche Gebot des **§ 294 Abs. 1 HGB** zur Vollkonsolidierung, sofern nicht ein Konsolidierungswahlrecht aufgrund der in § 296 HGB genannten Kriterien in Anspruch genommen wird, wurde mit dem BilRUG überarbeitet. In § 294 Abs. 1 HGB wurden nach dem Wort „Sitz" die Wörter „und die Rechtsform" eingefügt. Daraus ergibt sich eine Klarstellung hinsichtlich des Vollkonsolidierungskreises. Durch die Erweiterung um die Rechtsform wird präzisiert, dass diese für die Einbeziehung von TU in einen Konzernabschluss unbeachtlich ist, d.h. dass das MU und grds. alle unmittelbaren und mittelbaren TU ohne Rücksicht auf deren Sitz und deren Rechtsform in den Konzernabschluss einzubeziehen sind, sofern nicht ein Konsolidierungswahlrecht gem. § 296 HGB in Anspruch genommen wird. Dies schreibt im Ergebnis lediglich die schon bisher vorgenommene Auslegung explizit fort.

1.3 Normenzusammenhänge

6 Voraussetzung für die Einbeziehung eines Unt in den KonsKreis ist das Bestehen eines Mutter-Tochter-Verhältnisses entsprechend den Vorschriften des **§ 290**

---

[2] Die Auswirkungen einer Änderung des KonsKreises auf die Konzern-GuV sind von § 294 Abs. 2 HGB nicht gedeckt. Eine Berichtspflicht zur Sicherstellung der Vergleichbarkeit ergibt sich in diesem Fall aus § 265 Abs. 2 Satz 2 u. 3 i.V.m. § 298 Abs. 1 HGB.
[3] Vgl. ADS, 6. Aufl. § 294 HGB, Rz 4; *von Keitz*, in *Baetge/Kirsch/Thiele*, Bilanzrecht, § 294 HGB, Rz 5, Stand 8/2016.

HGB (§ 290 Rz 18 ff.). **§ 296 HGB** relativiert die in § 294 HGB zunächst grds. kodifizierte Pflicht zur VollKons für jene Fälle, die die Voraussetzungen des § 296 HGB erfüllen und mithin den wahlweisen Einbezug der TU erlauben. Trotz des engen Zusammenhangs mit der Aufstellungspflicht gem. § 290 HGB kann sich daraus ergeben, dass kein Konzernabschluss aufgestellt werden muss, was in § 290 Abs. 5 HGB explizit klargestellt ist.

§ 294 Abs. 2 HGB unterstreicht zudem die allgemeine Pflicht zur Angabe der entsprechenden Vorjahreszahlen – respektive zusätzlicher Angaben – jedes Bilanz- und GuV-Postens im Konzernabschluss (§ 265 Rz 10 ff.), die gem. § 265 Abs. 2 HGB i. V. m. § 298 Abs. 1 HGB (§ 298 Rz 36) besteht.[4]

7

2 Vollkonsolidierungsgebot (Abs. 1)

Für den Vollkonsolidierungskreis, d. h. den KonsKreis i. e. S., schreibt § 294 Abs. 1 HGB vor, dass das MU und grds. alle unmittelbaren und mittelbaren TU ohne Rücksicht auf deren Sitz und deren Rechtsform in den Konzernabschluss einzubeziehen sind, sofern nicht ein Konsolidierungswahlrecht aufgrund der in § 296 HGB genannten Kriterien in Anspruch genommen wird. Damit schreibt das HGB einen **Weltabschluss** verbindlich vor. Diese Beschreibung des KonsKreises i. e. S. zielt auf die Einbeziehung im Rahmen der VollKons ab, die durchzuführen ist, wenn ein Mutter-Tochterverhältnis i. S. d. § 290 Abs. 1 HGB vorliegt. Auch nach dem **PublG** zur Aufstellung eines Konzernabschlusses verpflichtete Unt unterliegen dem Weltabschlussprinzip, da § 13 Abs. 2 PublG explizit auf § 294 HGB verweist.

8

Durch die Abgrenzung des KonsKreises werden wesentliche Entscheidungen bzgl. des Informationsgehalts eines Konzernabschlusses getroffen. Die zwingende Festschreibung des Prinzips des Weltabschlusses erfolgt dabei im Interesse einer **verbesserten Darstellung der Vermögens-, Finanz- und Ertragslage** des Konzerns.[5]

9

TU sind gegeben, wenn auf sie von einem MU unmittelbar oder mittelbar ein beherrschender Einfluss ausgeübt werden kann (§ 290 Rz 18 ff.). Die Definition des beherrschenden Einflusses eines MU erfolgt in § 290 Abs. 2 HGB (§ 290 Rz 27 ff.). Ein Anteilsbesitz von mehr als 50 % allein begründet somit nicht die Pflicht zur Einbeziehung in den KA.[6]

10

Die Einbeziehung in den Konzernabschluss über die VollKons von anderen Unt, die keine TU sind, ist ausgeschlossen. Eine **freiwillige Einbeziehung** in den Vollkonsolidierungskreis ist **nicht gestattet**.[7] Einerseits können solche Unt unter bestimmten Voraussetzungen im Wege der QuotenKons einbezogen werden (§ 310 Rz 14 ff.). Andererseits verlangt § 312 HGB grds. den Einbezug als assoziiertes Unt, wenn die in § 311 Abs. 1 HGB genannten Bedingungen erfüllt sind (§ 311 Rz 6 ff., 22 ff.). Ihre Einbeziehung bestimmt die Differenz zwischen

11

---

4 Vgl. *von Keitz*, in *Baetge/Kirsch/Thiele*, Bilanzrecht, § 294 HGB, Rz 9, Stand 8/2016.
5 Vgl. *Pfaff*, in MünchKomm. HGB, 3. Aufl., § 294 Rn 5.
6 Zur Konsolidierungspflicht etwa wegen Präsenzmehrheit s. *Lüdenbach*, StuB 2009, S. 581.
7 Vgl. *Winkeljohann/Deubert*, in Beck Bil-Komm., 10. Aufl., § 294 HGB, Rz 6; *von Keitz*, in *Baetge/Kirsch/Thiele*, Bilanzrecht, § 294 HGB, Rz 26, Stand 8/2016; *Pfaff*, in MünchKomm. HGB, 3. Aufl., § 294 Rn 6.

dem KonsKreis i.w.S. zu dem i.e.S. Dabei ist kein Fall denkbar, dass ein GemeinschaftsUnt gleichzeitig TU ist.[8]

12 Ist die Einbeziehung in den Konzernabschluss auch nach diesen Regelungen ausgeschlossen, sind die Anteile an dem Unt als einfache Beteiligung höchstens mit ihren AK im Konzernabschluss zu bilanzieren.

13 **Unternehmensarten im Konzern** sind in TU, GemeinschaftsUnt, assoziierte Unt oder sonstige BetUnt zu unterteilen. Die Unterscheidung setzt eine Analyse im Hinblick auf die Höhe des Kapitalanteils und auf das Ziel, mit dem die Verbindung eingegangen worden ist, voraus. Zudem ist zu berücksichtigen, welche Einflussmöglichkeiten gegeben sind bzw. tatsächlich genutzt werden. Die folgende Abbildung zeigt die Stufenkonzeption des HGB hinsichtlich der in den Konzernabschluss einzubeziehenden Unternehmensarten im Überblick.

TU	Mögliche Beherrschung (*Control*-Konzept) (§ 290 HGB) Ein beherrschender Einfluss wird unterstellt bei – Stimmrechtsmehrheit, – Organbesetzungs- oder Abberufungsrecht, – Beherrschungsvertrag bzw. vergleichbarer Satzungsbestimmung oder – Zweckgesellschaften (bei wirtschaftlicher Betrachtungsweise trägt das MU die Mehrheit der Risiken und Chancen des TU, welches zur Erreichung eines eng begrenzten und genau definierten Ziels des MU dient).
GemeinschaftsUnt (Joint Ventures)	Tatsächlich ausgeübte gemeinsame Führung mit einem oder mehreren anderen (konzernfremden) Unt (§ 310 Abs. 1 HGB).
Assoziiertes Unt	Tatsächlich ausgeübter maßgeblicher Einfluss auf die Geschäfts- und Finanzpolitik; dies wird ab einem Stimmrechtsanteil von 20 % vermutet (§ 311 Abs. 1 HGB).
Beteiligung	Herstellung einer dauerhaften Verbindung; dies wird ab einem (Nenn-)Kapitalanteil von mehr als 20 % vermutet (§ 271 Abs. 1 HGB).
Sonstige Eigenkapitalinstrumente	Alle übrigen VG, die nicht als immaterielles oder Sachanlagevermögen zu klassifizieren sind (§ 266 Rz 50).

Tab. 1: Stufenkonzeption der Einbindung in den Konzernabschluss

14 **TU** liegen bei Erfüllung der Voraussetzungen des § 290 HGB vor (Rz 10), der auf die Möglichkeiten des MU direkt oder indirekt das TU zu beherrschen (*Control*-Konzept) abstellt.

---

[8] Vor dem BilMoG war dies noch strittig, vgl. ADS, 6. Aufl. § 290 HGB, Rz 98.

Für den Begriff **GemeinschaftsUnt** gibt es keine ausdrückliche Definition im HGB. Aus § 310 Abs. 1 HGB lässt sich jedoch ableiten, dass ein Gemeinschafts-Unt ein Unt ist, das von einem in den Konzernabschluss einbezogenen Unt (MU oder TU) gemeinschaftlich mit einem oder mehreren nicht in den Konzernabschluss einbezogenen Unt geführt wird (§ 310 Rz 6ff.). Gemeinschaftliche Führung bedeutet, dass keine Vorherrschaft eines der GesellschaftsUnt besteht. Die Zusammenarbeit der gleichberechtigt agierenden GesellschaftsUnt muss auf Dauer angelegt sein. Unt dürfen gem. § 310 Abs. 1 HGB nur als Gemeinschafts-Unt in den Konzernabschluss einbezogen werden, wenn eine **gemeinsame Führung** mit einem oder mehreren anderen (konzernfremden) Unt **tatsächlich ausgeübt** wird.

15

Ein **assoziiertes Unt** ist gem. § 311 Abs. 1 HGB ein Unt, auf dessen Geschäfts- und Finanzpolitik ein in den Konzernabschluss einbezogenes Unt einen maßgeblichen Einfluss ausübt und an dem dieses Unt eine Beteiligung i.S.d. § 271 Abs. 1 HGB hält. Dabei ist handelsrechtlich zwischen assoziierten Unt i.e.S. und assoziierten Unt i.w.S. zu unterscheiden. Um ein assoziiertes Unt i.e.S. handelt es sich, wenn ein konsolidiertes Unt eine Beteiligung an einem nicht in den Konzernabschluss einbezogenen Unt hält und einen maßgeblichen Einfluss auf die Geschäfts- und Finanzpolitik des assoziierten Unt tatsächlich ausübt. Dabei sind zur Beurteilung des maßgeblichen Einflusses grds. qualitative Hinweise heranzuziehen. Gem. § 311 Abs. 1 HGB wird jedoch ab einem Stimmrechtsanteil von 20 % ein maßgeblicher Einfluss widerlegbar vermutet. Nicht durch eine VollKons in den Konzernabschluss einbezogene TU und nicht anteilmäßig konsolidierte GemeinschaftsUnt stellen assoziierte Unt i.w.S. dar. Der Grund für die Unterscheidung ist, dass der maßgebliche Einfluss geringer zu bewerten ist als der beherrschende Einfluss bei einem TU oder die gemeinsame Leitung bei einem Joint Venture.

16

Die schwächste Form der für den Konzernabschluss relevanten Unternehmensarten sind **BeteiligungsUnt**, die nicht Tochter-, Gemeinschafts- oder assoziierte Unt sind, und sonstige Unt. Sie sind entsprechend der Vorgehensweise beim EA mit ihren AK zu bewerten, wobei unter Ausweisgesichtspunkten und hinsichtlich der Strenge des Niederstwertprinzips (§ 253 Rz 219ff., 277f.) zu unterscheiden ist, ob das Halten von Anteilen lediglich kurzfristig (Ausweis unter „Wertpapiere des Umlaufvermögens" und volle Abschreibungspflicht) oder auf Dauer (Ausweis unter „Finanzanlagen des Anlagevermögens" und Abschreibungspflicht nur bei dauernder Wertminderung; bei nicht dauerhafter Wertminderung besteht ein Wahlrecht) geplant ist.

17

Gem. § 294 Abs. 1 HGB sind zunächst alle MU und TU in den Konzernabschluss einzubeziehen. Allerdings sieht das HGB Einbeziehungswahlrechte in § 296 HGB vor.

	Abgrenzung des Konsolidierungskreises	
Normfall: Konsolidierungsverbot § 294 HGB		**Ausnahmefall:** Konsolidierungswahlrechte § 296 HGB

| In den Konzernabschluss sind das MU und alle TU einzubeziehen, sofern die Einbeziehung nicht nach § 296 HGB unterbleibt. (Weltabschluss) | Beschränkung der Rechtsausübung des MU § 296 Abs. 1 Nr. 1 HGB | Unverhältnismäßig hohe Kosten oder unangemessene Verzögerungen bei der Beschaffung der Angaben § 296 Abs. 1 Nr. 2 HGB | Anteilsbesitz zum Zwecke der Veräußerung § 296 Abs. 1 Nr. 3 HGB | Untergeordnete Bedeutung § 296 Abs. 2 HGB |

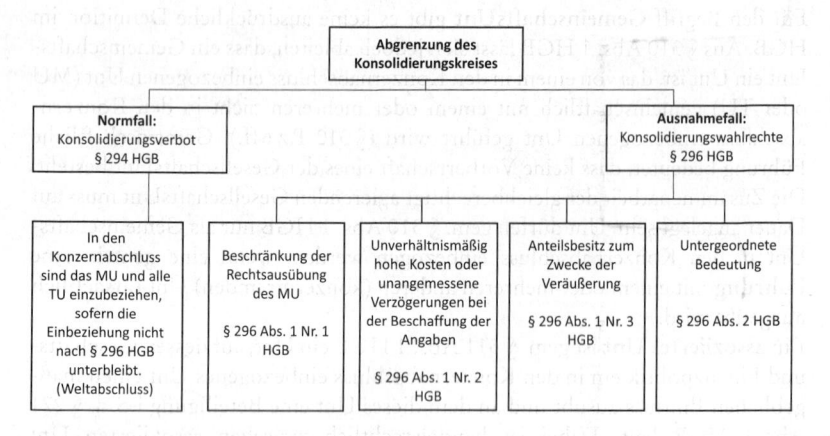

Abb. 1: Konsolidierungskreis-Parameter

18 Bis Ende 2004 galt zudem noch das Einbeziehungsverbot des § 295 HGB. Nach § 295 Abs. 1 HGB durften in Konzernabschlüsse für Gj, die vor dem 1.1.2005 begannen, TU nicht in den Konzernabschluss einbezogen werden, wenn dadurch ein den tatsächlichen Verhältnissen entsprechendes Bild der Vermögens-, Finanz- und Ertragslage verhindert wurde. Nach hM war dieses **Einbeziehungsverbot**, wie auch der damalige § 295 Abs. 2 HGB verdeutlichte, sehr restriktiv auszulegen. So waren verschiedene Betätigungsfelder eines Konzerns kein Grund für einen Ausschluss eines Unt, da Konzerne häufig aus Diversifikationsüberlegungen heraus entstehen. Gedacht war vielmehr an diejenigen Fälle, in denen die Abbildung der betriebswirtschaftlichen Gegebenheiten der Wirklichkeit widersprach. So würde z.B. die Einbeziehung einer Unterstützungskasse in den Konzernabschluss dann verzerrend wirken, wenn Vermögen ausgewiesen werden würde, was den Unterstützungsberechtigten gehört. Ebenso verhält es sich mit Stiftungen, deren Vermögen ebenfalls nicht an den Konzern zurückfließen kann und somit bei dessen Abbildung die Finanzlage des Konzerns tatsachenwidrig besser erscheinen lassen würde. Die Praxis zeigte, dass im Zweifelsfall eher die **Konsolidierungswahlrechte** des § 296 HGB in Anspruch genommen wurden, die deutlich greifbarer sind. Vor diesem Hintergrund wurde § 295 HGB mit dem BilReG aus dem HGB gestrichen, wenngleich vor dem Hintergrund von § 297 Abs. 2 Satz 2 HGB eine Einbeziehung der zuvor genannten Beispiele weiterhin nicht in Betracht kommt (§ 296 Rz 5).

19 Erfolgt im Rahmen der freiwilligen KA-Erstellung eine Abgrenzung nach gesetzesfremden Kriterien und werden auch Unt einbezogen, die keine TU i.S.d. § 290 HGB sind, spricht man von „erweiterten Konzernabschlüssen", „combined statement" oder „Gruppenabschlüssen", die weder rechtliche Relevanz noch befreiende Wirkung i.S.d. § 291 HGB besitzen.[9]

---

[9] Vgl. *Pfaff*, in MünchKomm. HGB, 3. Aufl., § 294 Rn 10; *Winkeljohann/Deubert*, in Beck Bil-Komm., 10. Aufl., § 294 HGB, Rz 6.

3 Berichtspflichten bei Änderung des Konsolidierungskreises (Abs. 2)

Hinsichtlich der Vergleichbarkeit aufeinanderfolgender Konzernabschlüsse stellt sich das Problem, dass sich die Zusammensetzung der in den Konzernabschluss einbezogenen Unt insb. aufgrund von Erwerb oder Veräußerung von Anteilen im Laufe des Gj ändern kann oder aus bilanzpolitischen Überlegungen modifiziert werden sollen. Für den Fall **wesentlicher Änderungen** des KonsKreis schreibt § 294 Abs. 2 HGB daher vor, dass in den Konzernabschluss Angaben aufzunehmen sind, die es ermöglichen, die aufeinanderfolgenden Konzernabschlüsse sinnvoll zu vergleichen, wobei der Begriff der **Wesentlichkeit im Einzelfall** zu konkretisieren ist. Grundsätzlich kann aber dann von wesentlichen Änderungen ausgegangen werden, wenn diese die Vergleichbarkeit in Bezug auf die Vermögens-, Finanz- und Ertragslage beeinträchtigen. Von einer Beeinträchtigung der Vergleichbarkeit ist insb. dann auszugehen, wenn die Änderung des KonsKreis die ursprüngliche änderungsfreie Entwicklung verschleiert.[10]

Nicht möglich ist die Herstellung der Vergleichbarkeit über die Anpassung der Vergleichszahlen aus dem Vorjahr an die Änderung des KonsKreises. Mit der Aufhebung des bis 2009 bestehenden Wahlrechts und der Fokussierung auf die in der Bilanzierungspraxis und in der internationalen Rechnungslegung gängige Methode im Zuge des BilMoG geht eine Erhöhung der Vergleichbarkeit von handelsrechtlichen Konzernabschlüssen auf nationaler und internationaler Ebene einher.[11] Gleichwohl ist eine Angabe der angepassten Vj-Zahlen als eine zusätzliche Spalte neben aktuellen Zahlen und (unangepassten) Vj-Zahlen (Drei-Spalten-Form) nach IDW RS HFA 44.15 denkbar. Voraussetzung dafür sind,[12] dass

- die Angaben der angepassten Vj-Zahlen vollständig für alle Positionen erfolgen,
- die Spalte eindeutig als angepasst bezeichnet wird,
- das Anlagegitter von nicht angepassten Werten ausgeht und somit die Entwicklung des Gj verdeutlicht,
- die angepassten Vj-Werte so dargestellt werden, als ob die Änderung im KonsKreis bereits im Vj erfolgt wäre, was auch eine (statische) Erst- bzw. EndKons bedingt (dies macht aufgrund oftmals fehlender Informationen hierzu insb. die Anpassung der Zahlen bei vergrößertem KonsKreis schwierig oder zumindest sehr aufwendig).

Alternativ könnte das im letzten Punkt aufgeführte Problem der Herstellung der Vergleichbarkeit bei erfolgten ErstKons auch durch das Einfügen einer Spalte mit Angabe der sich zum aktuellen Stichtag ergebenden Zahlen unter Verwendung des alten KonsKreises (modifizierte Drei-Spalten-Form) gelöst werden.[13]

Für die in jedem Fall notwendige einzelfallbasierte Wesentlichkeitsprüfung können **Kennzahlen als Anhaltspunkte** herangezogen werden. Denkbar ist die

---

10 Vgl. IDW RS HFA 44, Tz. 11.
11 Vgl. BilMoG-BegrRegE, BT-Drs. 10/10067, S. 176.
12 IDW RS HFA 44.15.
13 IDW RS HFA 44.19.

Verwendung von Umsatzerlösen, des Jahresergebnisses, der Bilanzsumme oder der Zahl der Arbeitnehmer.[14] Aus der Anzahl der erstmals konsolidierten bzw. aus dem Konzern ausgeschiedenen Unt lassen sich dagegen keine generellen Schlüsse ableiten. Hier ist vielmehr das Verhältnis der jeweiligen Abschlusspositionen der eintretenden respektive ausscheidenden TU zu den entsprechenden Positionen im Gesamt-KA von Bedeutung.[15] Hinzu kommt, dass TU für sich alleine genommen zwar von unwesentlicher Bedeutung sein können, eine Mehrzahl solcher TU für die Aussagefähigkeit des Konzernabschlusses hingegen wesentlich sein kann.[16]

23 Abs. 2 besitzt **nicht nur für Fälle der VollKons** Gültigkeit. Die allgemein gehaltene Formulierung „...der in den Konzernabschluss einbezogenen Unternehmen..." schließt eine derartige Beschränkung aus. Unt, die im Rahmen der Quotenkonsolidierung einbezogen werden, fallen demnach auch unter den Anwendungsbereich des § 294 Abs. 2 HGB. Assoziierte Unt nach § 311 HGB werden dagegen nicht von den Vorschriften des Abs. 2 tangiert.

24 Werden **Konsolidierungswahlrechte** gem. **§ 296 HGB in anderer Form** als bisher wahrgenommen, was ohne tatsächliche Ursachen nach dem Stetigkeitsgrundsatz des § 297 Abs. 3 Satz 2 HGB nur in Ausnahmefällen zulässig ist (§ 296 Rz 8), liegt ebenfalls eine Änderung des KonsKreises vor.

25 Die Berichtpflicht zur Änderung des KonsKreises und auch die Vj-Angaben entfallen in einem **erstmals** nach § 290 HGB **aufgestellten Konzernabschluss.**[17] Gleichwohl sind freiwillig Angaben möglich.

26 Sind zusätzliche Angaben zur Herstellung der Vergleichbarkeit aufeinanderfolgender Konzernabschlüsse aufgrund **wesentlicher Änderungen** des KonsKreises erforderlich, sind diese zweckmäßigerweise in den Konzernanhang zu integrieren. Die Erkennbarkeit der Auswirkung der Änderungen gegenüber dem letzten Konzernabschluss setzt in diesen Fällen mindestens die Angabe der wesentlichen, mit römischen Zahlen gekennzeichneten Bilanzposten sowie Positionen der Konzern-GuV mit den jeweiligen Beträgen vor und nach der Änderung des KonsKreises voraus.[18] Weitergehende Angaben können notwendig werden, wenn die angestrebte Vergleichbarkeit auch damit nicht zu erreichen ist.[19] Nach hM hat die Angabe der Änderungen unter Rückgriff auf Absolut- oder Prozentzahlen zu erfolgen. Bei der KFR ist analog zu verfahren, wobei dort abweichend zur Konzernbilanz, in der Einzelerwerb der VG und Schulden fingiert wird, nach DRS 21.43 die Zahlungsströme im Zusammenhang mit der Änderung des KonsKreises in Zu- und Abgänge getrennt gesondert im Cashflow aus Investitionstätigkeit zu zeigen sind. Dennoch können die Veränderungen der Zahlungsströme etwa im Bereich der Umsatzeinzahlungen oder allgemein im Cashflow aus laufender Geschäftstätigkeit im Vergleich zum Vj Angaben not-

---

[14] S. zur Beurteilung der Wesentlichkeit im Detail ADS, 6. Aufl. § 303 HGB, Rz 48.
[15] Vgl. *Pfaff*, in MünchKomm. HGB, 3. Aufl., § 294 Rn 10.
[16] Vgl. WPH Edition, Wirtschaftsprüfung & Rechnungslegung, 15. Aufl., 2017, Abschn. G, Tz 220.
[17] IDW RS HFA 44.4.
[18] Vgl. *Winkeljohann/Deubert*, in Beck Bil-Komm., 10. Aufl., § 294 HGB, Rz 14; *Pfaff*, in Münch-Komm. HGB, 3. Aufl., § 294 Rn 21.
[19] Vgl. ADS, 6. Aufl. § 294 HGB, Rz 20.

wendig machen. Rein verbale Angaben sind bei wesentlichen Änderungen nicht ausreichend (§ 313 Rz 37, 65).[20]

> **Beispiel** 27
> Auszug aus dem Konzernabschluss der GFT AG zum 31.12.14 über die gesetzeskonform gestalteten Informationen zur Änderung des KonsKreises:[21] Gegenüber dem Konzernabschluss zum 31. Dezember 2013 haben sich folgende Änderungen des Konsolidierungskreises und bei den Tochterunternehmen ergeben. Die Gesellschaften werden seit dem 26. Juni 2014 ebenfalls vollkonsolidiert.
> - Rule Finance Limited, London, Großbritannien
> - ...
>
> Am 26. Juni 2014 hat die GFT UK Ltd., Großbritannien, 97,93 % des englischen IT-Dienstleistungsunternehmens Rule Finance Ltd., London, Großbritannien, erworben.
> Bis zum 31. Dezember 2014 wurde der Anteilsbesitz auf 98,83 % aufgestockt. Zu den Auswirkungen auf den Konzernabschluss verweisen wir auf Kapitel 28 Unternehmenszusammenschlüsse.
> Im Januar 2015 wurden die Rule Financial Limited .... umbenannt.
> Die GFT Software Factory, Iberia, S.L.U., Lleida, Spanien wurde in 2014 auf die GFT IT Consulting, S.L.U., Barcelona, Spanien verschmolzen.

4 Vorlagepflichten und Auskunftsrechte (Abs. 3)

4.1 Vorlagepflichten der Tochterunternehmen

§ 294 Abs. 3 Satz 1 HGB erlegt TU Vorlagepflichten gegenüber dem MU auf. 28
Die Vorschriften sollen das MU zur sachgerechten Aufstellung des Konzernabschlusses befähigen. Die Vorlagepflichten bestehen **unabhängig** davon, ob die TU tatsächlich zum **KonsKreis i.e.S.** zählen und in den Konzernabschluss einbezogen werden oder nicht. Sie bestehen also auch, wenn ein Einbeziehungswahlrecht gem. § 296 HGB vorliegt. **Sonstige Auskunfts- und Einsichtsrechte** infolge gesellschaftsrechtlicher Bestimmungen bzw. deren Beschränkung stehen – wie auch eine Bilanzierung nach den IFRS, die dazu führt, dass das Unt der Regelung von § 294 Abs. 1 und 2 HGB gar nicht unterliegt[22] – den Vorlagepflichten nicht entgegen. **GemeinschaftsUnt**, assoziierte Unt oder sonstige BetUnt sind nicht zur Vorlage gem. Abs. 3 verpflichtet.
In der **Praxis** ist die gesetzliche Informationssicherung kaum von Bedeutung. 29
Grundsätzlich dürfte nämlich davon auszugehen sein, dass das MU dazu in der Lage ist, die entsprechenden Unterlagen bei vorliegender Beherrschung auch ohne Rückgriff auf Rechtsmittel entsprechend § 294 Abs. 3 HGB zu erlangen. Zudem ist zu bedenken, dass – wenngleich sich Abs. 3 auf inländische und

---

20 Vgl. IDW HFA 44, Tz. 14; *Winkeljohann/Deubert*, in Beck Bil-Komm., 10. Aufl., § 294 HGB, Rz 14; *Pfaff*, in MünchKomm. HGB, 3. Aufl., § 294 Rn 21.
21 Entnommen aus GFT AG, Geschäftsbericht 2014, S. 78.
22 Vgl. *Pfaff*, in MünchKomm. HGB, 3. Aufl., § 294 Rn 33.

ausländische TU bezieht – deutsches Recht im Ausland nur bedingt durchsetzbar ist. Sollte der seltene Fall der mangelnden Informationsbereitstellung des TU dennoch eintreten, steht dem MU als letzte Möglichkeit nur die befreiende Vorschrift des § 296 Abs. 1 Nr. 1 oder 2 HGB zur Verfügung, wobei jedoch die vorzunehmende EndKons ebenfalls Informationen des TU bedarf.

30 Die Pflicht zur Vorlage bei **Ausscheiden eines TU** im Laufe des Gj oder kurz nach dessen Ablauf ist in Abs. 3 nicht explizit geregelt. Die dem TU auferlegte Pflicht, das MU mit den für die Aufstellung des Konzernabschlusses notwendigen Informationen zu versorgen, erstreckt sich dennoch auch auf diesen Fall. § 294 Abs. 3 HGB soll dem MU die Datengrundlage verschaffen, um den Konzernabschluss und den Konzernlagebericht zu erstellen (vgl. Satz 2). Dieser Regelungszweck würde vereitelt, wenn das MU einen Informationsanspruch nur gegen Unternehmen hätte, die am Abschlussstichtag oder im Aufstellungszeitraum TU sind, nicht jedoch gegen solche Unt, die zwischenzeitlich aus dem KonsKreis ausgeschieden sind. Der Einwand, das MU könne sich bei fehlender Beschaffbarkeit der Informationen auf das Konsolidierungswahlrecht des § 296 Abs. 1 Nr. 1 bzw. Nr. 2 HGB zurückziehen,[23] überzeugt nicht. Dies erforderte eine EndKons des TU, die ohne entsprechende Informationsversorgung des MU nicht verlässlich darstellbar ist. Unabhängig davon empfiehlt sich im Vorfeld der Aufgabe der Beherrschungsmacht, die notwendige Bereitstellung weiterer Informationen vertraglich mit dem TU zu regeln.

31 Die Vorlagepflicht umfasst zunächst die **Jahresabschlüsse, Lageberichte, Einzelabschlüsse nach § 325 Abs. 2a HGB**, (Teil-)**Konzernabschlüsse** und **-Konzernlageberichte**, wobei die Befreiungsmöglichkeiten der §§ 291–293 HGB regelmäßig dazu führen dürften, dass Konzernabschluss und Konzernlagebericht nicht eingereicht werden.[24] Sofern eine Abschlussprüfung stattgefunden hat, sind dem MU die **Prüfungsberichte** zur Verfügung zu stellen. Dabei ist nicht von Bedeutung, ob eine Pflicht zur Prüfung entsprechend den §§ 316 ff. HGB bestand oder die Prüfung freiwillig oder infolge satzungsmäßiger Bestimmungen erfolgt ist. Besteht darüber hinaus bei den TU die Pflicht zur Aufstellung von **Zwischenberichten**, sind auf den Stichtag des Konzernabschlusses aufgestellte Zwischenabschlüsse an das MU weiterzureichen (vgl. dazu im Detail § 299 Rz 7 ff.). I. V. m. § 297 Abs. 1 HGB entsteht die Pflicht zur Vorlage der **KFR**, des **EK-Spiegels** und ggf. der **SegmBer bzw. der dafür benötigten Daten**.

32 **Form und Inhalt** der einzureichenden Unterlagen sind dem Wortlaut des Gesetzes nicht zu entnehmen. Grundsätzlich kann aber davon ausgegangen werden, dass die für die TU geltenden gesetzlichen Bestimmungen dafür maßgebend sind.[25] Besteht bei TU keine Pflicht zur Aufstellung etwa eines Anhangs,[26] Lageberichts oder einer KFR, besteht zunächst auch keine Vorlagepflicht in Bezug auf diese Unterlagen. Da es dem MU nach § **294 Abs. 3 Satz 2** HGB jedoch frei steht, weitere Unterlagen für die Aufstellung des Konzernabschlusses oder Konzernlageberichts von den TU zu fordern, sofern

---

[23] Sowohl *Pfaff*, in MünchKomm. HGB, 3. Aufl., § 294 Rn 33.
[24] Gl. A. *Winkeljohann/Deubert*, in Beck Bil-Komm., 10. Aufl., § 294 HGB, Rz 21.
[25] Gl. A. *Pfaff*, in MünchKomm. HGB, 3. Aufl., § 294 Rn 34; *Winkeljohann/Deubert*, in Beck Bil-Komm., 10. Aufl., § 294 HGB, Rz 22; *Von Keitz*, in *Baetge/Kirsch/Thiele*, Bilanzrecht, § 294 HGB, Rz 52, Stand 8/2016.
[26] Z. B. nicht dem PublG unterliegende PersG.

diese für die Abschlusserstellung erforderlich sind, kann sich daraus jedoch eine Verpflichtung zur Vorlage – und damit faktisch die Erstellung – dieser Unterlagen ergeben.[27]

§ 294 Abs. 3 HGB verlangt die **unverzügliche** Einreichung der oben aufgeführten Unterlagen beim MU. Unter „unverzüglich" ist „ohne schuldhaftes Zögern" zu verstehen.[28] Insbesondere wenn es sich bei den TU um PersG, ausländische Unt oder kleine KapG handelt, kann es zu Verzögerungen kommen, da der Gesetzgeber deren Abschlusserstellung weniger streng reglementiert hat. PersG etwa können den Zeitrahmen der „einem ordnungsmäßigen Geschäftsgang entsprechende[n] Zeit" geltend machen.[29] Im Interesse der Einhaltung der Aufstellungsfrist für den Konzernabschluss[30] empfiehlt sich die Vereinbarung eines Terminplans für den Erstellungsprozess.

33

4.2 Auskunftsrechte des Mutterunternehmens

Abs. 3 Satz 2 gewährt MU über die explizit aufgeführten Vorlagepflichten entsprechend Satz 1 hinaus weitere **Auskunftsrechte**. Eine Bilanzierung nach den IFRS (§ 315a HGB) steht dem Auskunftsrecht genauso wie das Vorliegen eines ausländischen TU analog zu Abs. 3 Satz 1 nicht entgegen. Die Auskunftspflichten des TU bestehen auch, wenn ein Einbeziehungswahlrecht gem. § 296 HGB vorliegt und das TU nicht in den KonsKreis i.e.S. einbezogen wird.

34

Die Auskunftsrechte beziehen sich auf alle **Aufklärungen** und **Nachweise**, die auch **für eine sorgfältige Prüfung erforderlich** sind. Unter Aufklärungen kommen entgegen den Nachweisen, die in erster Linie dem Charakter schriftlicher Unterlagen entsprechen, auch mündliche Aussagen oder Erläuterungen in Betracht. Das Auskunftsrecht kommt dabei in aller Regel bei der Erlangung **ergänzender Angaben** zu den Jahresabschlüssen,[31] Lageberichten und Prüfungsberichten sowie zu den im Konzernabschluss zu konsolidierenden Positionen der Bilanzen und GuV zum Tragen, ohne die eine einheitliche Bilanzierung, Kapital-, Schulden-, Aufwands- und ErtragsKons sowie Ermittlung der latenten Steuern nicht möglich sind.[32] Darüber hinaus gelten die Auskunftsrechte auch für die in §§ 313–315 HGB geforderten Angaben in **Konzernanhang** und **Konzernlagebericht**. Wenngleich die Erforderlichkeit der Angaben für die Aufstellung des Konzernabschlusses und des Konzernlageberichts das **Auskunftsrecht begrenzt**, begründet nach hM bereits jeder indirekte Zusammenhang mit der Aufstellung

35

---

[27] Gl.A. *Pfaff*, in MünchKomm. HGB, 3. Aufl., § 294 Rn 34; *Winkeljohann/Deubert*, in Beck Bil-Komm., 10. Aufl., § 294 HGB, Rz 22.
[28] Vgl. § 121 Abs. 1 BGB.
[29] Vgl. § 243 Abs. 2 HGB; gl.A. ADS, 6. Aufl. § 294 HGB, Rz 34; *Pfaff*, in MünchKomm. HGB, 3. Aufl., § 294 Rn 35; aA in Bezug auf die Gültigkeit der Erleichterungen *Winkeljohann/Deubert*, in Beck Bil-Komm., 10. Aufl., § 294 HGB, Rz 23; *von Keitz*, in *Baetge/Kirsch/Thiele*, Bilanzrecht, § 294 HGB, Rz 54, Stand 8/2016.
[30] Grundsätzlich beträgt die Frist fünf Monate. Ist das MU KM-orientiert i.S.d. § 325 Abs. 4 Satz 1 HGB und fällt es nicht in den Anwendungsbereich von § 327a HGB, beträgt die Frist nur vier Monate.
[31] Insbesondere zur Erstellung der Handelsbilanzen II.
[32] Vgl. zu den Einzelheiten die Kommentierungen zu den §§ 300–309 HGB.

dieses Recht.[33] Schutzrechte, die das Auskunftsrecht des MU einschränken, bestehen für TU nicht.

36 In der **Praxis** ist die gesetzliche Informationssicherung des Abs. 3 Satz 2 genau wie die des Abs. 3 Satz 1 kaum von Bedeutung. Grundsätzlich dürfte davon auszugehen sein, dass das MU dazu in der Lage ist, die entsprechenden Unterlagen bei vorliegender Kontrollmacht auch ohne Rückgriff auf Rechtsmittel entsprechend § 294 Abs. 3 HGB zu erlangen. Zudem ist auch in Bezug auf Satz 2 zu bedenken, dass deutsches Recht im Ausland nur bedingt durchsetzbar ist.

5 Rechtsfolgen bei Pflichtverletzung

37 Die Nichtbeachtung der Vorschriften des § 294 Abs. 1 HGB erfüllt den Tatbestand einer Ordnungswidrigkeit i.S.d. § 334 HGB. Diese kann mit einer Geldbuße von bis zu 50 TEUR sanktioniert werden. Werden die Vorschriften der Abs. 2 und 3 missachtet, liegt nur indirekt – über den Verstoß gegen die §§ 298 Abs. 1 HGB i.V.m. 265 Abs. 2 HGB – eine Ordnungswidrigkeit vor, die jedoch regelmäßig bußgeldbewehrt ist. Zudem kommt die Bestrafung der Mitglieder des vertretungsberechtigten Organs oder des Aufsichtsrats infolge der unrichtigen oder verschleiernden Wiedergabe der Verhältnisse des Unt gem. § 331 Nr. 1 bzw. Nr. 2 HGB in Betracht. Die Verletzung der Vorlage- und Auskunftspflichten durch ein TU wird nicht straf- oder ordnungsrechtlich belangt. Hier kommt lediglich eine zivilrechtliche Klage in Betracht, die bei ausländischen TU allerdings nur selten Erfolg haben dürfte.

---

[33] Vgl. *Pfaff*, in MünchKomm. HGB, 3. Aufl., § 294 Rn 38.

§ 296 Verzicht auf die Einbeziehung

(1) Ein Tochterunternehmen braucht in den Konzernabschluß nicht einbezogen zu werden, wenn
1. erhebliche und andauernde Beschränkungen die Ausübung der Rechte des Mutterunternehmens in bezug auf das Vermögen oder die Geschäftsführung dieses Unternehmens nachhaltig beeinträchtigen,
2. die für die Aufstellung des Konzernabschlusses erforderlichen Angaben nicht ohne unverhältnismäßig hohe Kosten oder unangemessene Verzögerungen zu erhalten sind oder
3. die Anteile des Tochterunternehmens ausschließlich zum Zwecke ihrer Weiterveräußerung gehalten werden.
(2) ¹Ein Tochterunternehmen braucht in den Konzernabschluß nicht einbezogen zu werden, wenn es für die Verpflichtung, ein den tatsächlichen Verhältnissen entsprechendes Bild der Vermögens-, Finanz- und Ertragslage des Konzerns zu vermitteln, von untergeordneter Bedeutung ist. ²Entsprechen mehrere Tochterunternehmen der Voraussetzung des Satzes 1, so sind diese Unternehmen in den Konzernabschluß einzubeziehen, wenn sie zusammen nicht von untergeordneter Bedeutung sind.
(3) Die Anwendung der Absätze 1 und 2 ist im Konzernanhang zu begründen.

Prof. Dr. Stefan Müller/PD Dr. Markus Kreipl

Inhaltsübersicht	Rz
1 Überblick	1–11
1.1 Inhalt und Regelungszweck.	1–8
1.2 Anwendungsbereich	9–10
1.3 Normenzusammenhänge	11
2 Beschränkungen der Rechtsausübung (Abs. 1 Nr. 1)	12–28
3 Unverhältnismäßig hohe Kosten oder unangemessene Verzögerungen (Abs. 1 Nr. 2)	29–35
4 Weiterveräußerungsabsicht (Abs. 1 Nr. 3)	36–41
5 Untergeordnete Bedeutung von Tochterunternehmen (Abs. 2) .	42–46
6 Begründungspflicht im Konzernanhang (Abs. 3)	47–51
7 Rechtsfolgen bei Pflichtverletzung	52–55

1 Überblick

1.1 Inhalt und Regelungszweck

§ 296 HGB gewährt **Wahlrechte für die Einbeziehung von TU** in Bezug auf das in § 294 HGB kodifizierte Vollständigkeitsgebot für den KonsKreis. Dort ist die Pflicht zur Einbeziehung aller TU in den KonsKreis i.e.S. postuliert (§ 294 Rz 8ff.). Generell ist es bei Vorliegen bestimmter Sachverhalte gem. § 296 HGB

1

erlaubt, Anteile an TU wahlweise nicht vollkonsolidiert in den Konzernabschluss einzubeziehen. **Abs. 1** hat für den Einbezug von TU i.S.d. § 294 Abs. 1 HGB befreiende Wirkung, wenn
- erhebliche und andauernde (nachhaltige) Beschränkungen **die Ausübung** der wesentlichen Rechte[1] des MU **nachhaltig beeinträchtigen** (Nr. 1),
- die für die Aufstellung des Konzernabschlusses erforderlichen Angaben nicht ohne **unverhältnismäßig hohe Kosten oder unangemessene Verzögerungen** zu erhalten sind (Nr. 2) oder
- die Anteile des TU ausschließlich **zum Zweck der Veräußerung** gehalten werden (Nr. 3).

Systematisch eher ungeeignet als VollKons-Wahlrecht statt eines KonsVerbots dargelegt soll gewährleistet werden, dass in den Konzernabschluss nur die TU einbezogen werden, die zur Zielerreichung des Konzernabschlusses – die in der zeitgerechten, wirtschaftlichen und tatsachengetreuen Darstellung der Vermögens-, Finanz- und Ertragslage unter Beachtung der GoB gesehen werden muss – notwendig sind. Als Sonderfall soll mit § 296 Abs. 1 Nr. 1 HGB sichergestellt werden, dass nur die TU einbezogen werden, die tatsächlich zum Einflussbereich des MU gehören, bei denen also das MU seine ihm zustehenden (formalen) Rechte auch tatsächlich ausüben kann, nicht aber tatsächlich ausüben muss. Dieses Wahlrecht korrespondiert dabei mit den in § 290 Abs. 2 HGB kodifizierten Festlegungen, wann stets ein beherrschender Einfluss eines MU vorliegen soll. Entsprechend kann § 296 HGB die Rolle der Widerlegungsklausel zukommen.[2] Die Regelung des § 296 Abs. 1 Nr. 1 HGB kommt dabei als Korrektiv zu § 290 Abs. 2 HGB zum Tragen, sofern die Beherrschungstatbestände zwar formal, nicht jedoch tatsächlich gegeben sind (dazu im Detail Rz 4f.).

2 Darüber hinaus entfällt die Pflicht zur Einbeziehung in den VollKonsKreis gem. **Abs. 2**, wenn die TU für die Vermittlung eines den tatsächlichen Verhältnissen entsprechenden Bildes der Vermögens-, Finanz- und Ertragslage **von untergeordneter Bedeutung** sind. Erfüllen mehrere TU diese Voraussetzung, müssen sie zusammengenommen von untergeordneter Bedeutung sein. Ausnahmetatbestände, die über jene des § 296 HGB hinausgehen, existieren nicht.

3 Werden Wahlrechte entsprechend Abs. 1[3] und 2 in Anspruch genommen, verlangt § 296 **Abs. 3** HGB die **Angabe** einer Begründung **der Maßnahme im Anhang.**

4 § 296 Abs. 1 Nr. 2 und Abs. 2 HGB sind als Folge einer Abwägung der Einbeziehungskosten respektive etwaiger Verzögerungen mit den Nutzenmomenten einer Einbeziehungspflicht entstanden. Während hier der **Grundsatz der Wirtschaftlichkeit** bzw. der **Wesentlichkeitsgrundsatz** den Gesetzgeber zu einer Gewährung der Wahlrechte bewogen hat, sind die Wahlrechte entsprechend § 296 Abs. 1 Nr. 1 und 3 HGB eingeführt worden, um eine Einbeziehung von TU, die faktisch nicht zur wirtschaftlichen Einheit des Konzerns gehören, aufgrund **formaler Gegebenheiten** aber einbezogen werden müssten, zu vermeiden.[4] Die für das Vorliegen einer Beherrschungsmöglichkeit vom Gesetz-

---

[1] Rechte in Bezug auf das Vermögen oder die Geschäftsführung.
[2] Ebenso DRS 19.81.
[3] Umsetzung des Art. 23 Abs. 9 der Richtlinie 2013/34/EU in deutsches Recht.
[4] Vgl. BT-Drs. 10/4268, S. 114; *von Keitz/Ewelt-Knauer* in *Baetge/Kirsch/Thiele*, Bilanzrecht, § 296 HGB, Rz 3, Stand 6/2014; *Pfaff*, in MünchKomm. HGB, 3. Aufl., § 296 Rn 2.

geber explizit benannten Sachverhalte des § 290 Abs. 2 HGB bedingen diese beiden Ausnahmetatbestände, die den § 296 HGB zu einer Widerlegungsklausel für § 290 HGB werden lassen.

Einige Stimmen in der Literatur stellten – mitunter mit Verweis auf die IFRS, die als Vorlage für das Beherrschungskonzept dien(t)en – in diesem Zusammenhang den Sinn des Wahlrechts resultierend aus § 296 Abs. 1 Nr. 1 HGB infrage. Konsequenterweise müsse eine Einbeziehung der TU untersagt werden, sofern das MU seine Rechte nicht auch tatsächlich ausüben kann.[5] Dem ist grds. zuzustimmen – die Formulierung des § 290 HGB ließe eine Prüfung auf das tatsächliche Vorliegen der Beherrschungsmöglichkeit i.S.d. § 290 Abs. 2 HGB bereits im Rahmen des § 290 Abs. 1 HGB zu. De facto hat diese Prüfung jedoch aufgrund der rechtssystematisch wenig überzeugenden Ausgestaltung auf Ebene des § 296 HGB zu erfolgen, der in Konsequenz als Konkretisierung von § 290 Abs. 2 HGB zu verstehen ist. Diese Vorschrift stellt entsprechend die Widerlegungsklausel[6] für § 290 Abs. 2 HGB dar – § 290 Abs. 2 HGB enthält statt einer Ausdifferenzierung für eine „stets" vorliegende Beherrschung faktisch lediglich Vermutungstatbestände. Korrespondierend muss die Beherrschungsanforderung des § 290 Abs. 1 HGB als abstrakte Definition i.S. einer Generalnorm verstanden werden, während die vier konkreten Tatbestände des § 290 Abs. 2 HGB zunächst (d.h. auf Ebene des § 290 HGB) unwiderlegbar zur Annahme eines beherrschenden Einflusses führen.[7] Werden die formalen Voraussetzungen des § 290 Abs. 2 HGB erfüllt und liegt damit ein Beherrschungsverhältnis i.d.S. vor, kann sich dann über die als Wahlrecht ausgestaltete Regelung des § 296 Abs. 1 Nr. 1 HGB eine Befreiung ergeben. Die Konsequenzen bei Ausübung des Wahlrechts i.s. eines Konsolidierungsverzichts bei erheblichen und andauernden Beschränkungen der Ausübung der Rechte des MU in Bezug auf das Vermögen oder die Geschäftsführung entsprechen jener, die sich auch bei einer Prüfung auf das tatsächliche Vorliegen der Beherrschungsmöglichkeit bereits auf Ebene des § 290 HGB ergeben würden – es kommt/käme zu keinem Einbezug von Unt, die nicht tatsächlich beherrscht werden können. Infolge des Wahlrechtscharakters der Regelung des § 296 Abs. 1 Nr. 1 HGB kann es problematischer Weise jedoch auch zu einer Einbeziehung bei nicht vorliegender faktischer Beherrschungsmöglichkeit kommen. Fraglich ist in diesem Zusammenhang, warum der Gesetzgeber dies als Wahlrecht ausgestaltet hat, ein Einbeziehungsverbot für Unt, die nicht beherrscht werden können, wäre konsequenter gewesen. Vor diesem Hintergrund sollte nach hM auf die Einbeziehung verzichtet werden, wenn § 296 Abs. 1 Nr. 1 HGB zur Anwendung kommt.[8] Dies kann auch mit der Generalnorm des § 297 Abs. 2 HGB begründet werden, die somit zur Begrenzung für eine Wahlrechtsnutzung wird, soweit die Einbeziehung eines TU mit andauernder eingeschränkter Beherrschungsmöglichkeit zu einer Verzerrung der abzubildenden tatsachengetreuen Vermögens-, Finanz- und Ertragslage unter Beachtung der GoB führt und nach Satz 3 zumindest diesbezügliche Anhangangaben erforderlich sind (§ 297 Rz 86).

---

5 Vgl. *Baetge/Kirsch/Thiele*, Konzernbilanzen, 2013, S. 114; *Pfaff*, in MünchKomm. HGB, 3. Aufl., § 296 Rn 3.
6 Ebenso DRS 19.81.
7 Vgl. z.B. DRS 19.18; WPH Edition, Wirtschaftsprüfung & Rechnungslegung, 15. Aufl., 2017, Abschn. G, Tz 26.
8 Anstatt vieler DRS 19.81.

6   Infolge der Unbestimmtheit der Begriffe „unverhältnismäßig hohe Kosten" oder „unangemessene Verzögerungen" und der daraus resultierenden Ermessensspielräume hat in Bezug auf das VollKons-Gebot (§ 294 Abs. 1 HGB) nach hM eine **restriktive Auslegung** zu erfolgen.[9]

7   Obwohl im Gesetz nicht ausdrücklich erwähnt, sind Unt, die aufgrund eines Einbeziehungswahlrechts nicht voll konsolidiert werden, nach der **Equity-Methode** in den Konzernabschluss einzubeziehen, wenn die Bedingungen des § 311 HGB erfüllt sind.[10] Da die Voraussetzungen für die Einbeziehung in den Kons-Kreis i. e. S. eine QuotenKons konzeptionell ausschließen, kommt diese alternativ auch hier nicht in Betracht.

8   Für die Einbeziehungswahlrechte gilt zudem der **Grundsatz der Stetigkeit**. Wenngleich § 297 HGB nur in Bezug auf die Konsolidierungsmethoden, nicht aber auf die VollKons-Wahlrechte explizit die Anwendung des Grundsatzes vorschreibt, ersetzt die Generalklausel des § 297 Abs. 2 HGB die explizite Anwendungsverpflichtung, trägt doch gerade die Beachtung der Stetigkeit maßgeblich zur Darstellung eines den tatsächlichen Verhältnissen entsprechenden Bildes der Vermögens-, Finanz- und Ertragslage bei; eine willkürliche Ausübung der Wahlrechte ist somit ausgeschlossen.

1.2 Anwendungsbereich

9   Relevant sind die Regelungen der §§ 294 und 296 HGB, die die Abgrenzung des KonsKreises abschließend regeln, für alle Unt, die zur Aufstellung eines Konzernabschlusses verpflichtet sind. Neben **KapG** müssen demnach auch **KapCoGes** die Vorgaben der §§ 294 und 296 HGB einhalten. Unt, die gem. **PublG** einen Konzernabschluss zu erstellen haben, fallen ebenfalls in den Anwendungsbereich der §§ 294 und 296 HGB. § 13 Abs. 2 PublG enthält einen expliziten Verweis auf die handelsrechtliche Regelung.[11] **Sonderstatus** in Bezug auf die uneingeschränkte Anwendung der §§ 294 und 296 HGB besitzen lediglich **Kreditinstitute**. Zwar verweist § 340i HGB für Konzernabschlüsse auf die §§ 294 und 296 HGB, in Bezug auf die Abgrenzung des KonsKreises ist jedoch § 340j HGB ergänzend zu beachten.

10 Die Regelung des § 296 HGB betreffend die Wahlrechte für die Einbeziehung von TU in Bezug auf das in § 294 HGB kodifizierte Vollständigkeitsgebot für den KonsKreis wurde mit dem BilRUG dahingehend überarbeitet, dass in § 296 Abs. 1 Nr. 2 nach den Wörtern „hohe Kosten oder" das Wort „unangemessene" eingefügt wurde. Inhaltliche Änderungen sind daraus nicht abzuleiten.[12] Es handelt sich insofern lediglich um eine Änderung redaktioneller Natur, die laut Begr. zum BilRUG-RegE aufgrund einer – gegenüber jener des Art. 13 Abs. 3 Buchst. b der Richtlinie 83/349/EWG – geänderten Formulierung in der EU-Bilanzrichtlinie vorgenommen wurde. Warum der deutsche Gesetzgeber bei einer ohnehin inhaltslosen, nicht klarstellenden und damit letztlich überflüssigen Änderung unter

---

[9] Vgl. anstatt vieler *von Keitz/Ewelt-Knauer*, in *Baetge/Kirsch/Thiele*, Bilanzrecht, § 296 HGB, Rz 6–7, Stand 6/2014.
[10] Vgl. *Pfaff*, in MünchKomm. HGB, 3. Aufl., § 296 Rn 5.
[11] S. dazu auch BilMoG-BegrRegE zu § 278 (jetzt § 294), BR-Drs. 163/85, S. 37: „damit sich der Konsolidierungskreis […] nicht von dem der Konzerne der AG, KGaA und GmbH unterscheidet".
[12] Vgl. Begr. BilRUG-RegE, S. 87.

Bezugnahme auf eine geänderte Formulierung in der EU-Bilanzrichtlinie dann nicht die Formulierung dieser („ungebührliche") übernimmt, muss dem HGB-Anwender ein Rätsel bleiben.

1.3 Normenzusammenhänge

Grundsätzliche Voraussetzung für die Einbeziehung eines Unt in den KonsKreis ist das Bestehen eines Mutter-Tochter-Verhältnisses entsprechend den Vorschriften des § 290 HGB. § 296 HGB relativiert die in § 294 HGB kodifizierte Pflicht zur VollKons für jene Fälle, die die Voraussetzungen des § 296 HGB tangieren. Trotz des engen Zusammenhangs mit der Aufstellungspflicht gem. § 290 HGB kann sich daraus ergeben, dass kein Konzernabschluss aufgestellt werden muss, unabhängig davon, ob entsprechend § 290 HGB eine Pflicht zur Aufstellung besteht oder nicht (§ 290 Abs. 4 HGB). Die **Bedeutung der §§ 294 und 296 HGB** darf daher nicht nur im Lichte einer Abgrenzung des KonsKreises gesehen werden.[13]   11

2 Beschränkungen der Rechtsausübung (Abs. 1 Nr. 1)

Das erste sachlich begründete Wahlrecht bei der VollKons von TU besteht gem. § 296 Abs. 1 Nr. 1 HGB dann, wenn **erhebliche** und **andauernde** Beschränkungen die Ausübung der Rechte des MU in Bezug auf das Vermögen oder die Geschäftsführung dieses Unt **nachhaltig** beeinträchtigen.   12

Die Voraussetzungen für das VollKons-Wahlrecht in § 296 Abs. 1 Nr. 1 HGB, die kumulativ zu erfüllen sind und jeweils restriktiv ausgelegt werden, lauten wie folgt: 13
- Die Art der Beeinträchtigung muss in der Beschränkung der Ausübung der Rechte bzgl. des Vermögens oder der Geschäftstätigkeit liegen.
- Das Ausmaß der Beeinträchtigung muss sich auf erhebliche Beschränkungen beziehen. Dabei muss die Beeinträchtigung die Beherrschungsmöglichkeit verhindern.
- Die Beeinträchtigung muss nachhaltig und andauernd sein, d. h. über einen längeren Zeitraum bestehen.

Denkbar sind somit lediglich Anwendungen in Grenzbereichen, wenn es etwa um die Frage der Abgrenzung der andauernden Beeinträchtigung geht.

Die Beschränkungen des MU in Bezug auf die Geschäftsführung oder das Vermögen des TU sind in erster Linie **tatsächlicher Natur**[14], wie etwa die Eröffnung von Zwangsverwaltungs- oder Konkursverfahren und die Auswirkungen politischer Verhältnisse, wie Tätigkeitsverbote für Ausländer in Geschäftsorganen oder staatliche Produktionsbeschränkungen. Vorübergehende oder geringfügige Beschränkungen sowie die bloße Möglichkeit einer Beeinträchtigung erfüllen nicht den Tatbestand einer tatsächlichen Beschränkung.[15]   14

---

13 Vgl. *Pfaff*, in MünchKomm. HGB, 3. Aufl., § 294 Rn 3.
14 Beschränkungen tatsächlicher Natur resultieren meist aus politischen oder sonstigen Veränderungen.
15 Vgl. *Sahner/Kammers*, in *Küting/Weber*, HdK, HGB § 296, Rn 9.

15 Darüber hinaus kommen **rechtliche/vertragliche Restriktionen** wie Veto- oder Einstimmigkeitsklauseln in Unternehmensverträgen als Beschränkungen in Betracht.

16 Beeinträchtigungen auf Basis **gesellschaftsrechtlicher oder vertraglicher Vereinbarungen sowie gesetzlicher Vorschriften** sind dabei ebenfalls nur relevant, sofern diese tatsächlich die Ausübung des beherrschenden Einflusses verhindern. Geschieht dies nicht, hat eine Kons. zu erfolgen. Eine freiwillige nicht-Ausübung entsprechender Beeinträchtigungen qualifiziert nicht für die Inanspruchnahme des Wahlrechts.[16]

17 **Beschränkungen in der Rechtsausübung** können sich sowohl auf die Geschäftsführung des TU als auch auf das Vermögen beziehen. Eine Ausgestaltung der nach Abs. 1 Nr. 1 kumulativ zu erfüllenden Kriterien durch den Gesetzgeber ist dabei unterblieben. Die Literatur hat den auslegungsbedürftigen Tatbestand inhaltlich konkretisiert.

18 **Vermögensbeschränkungen** i.S.d. § 296 Abs. 1 Nr. 1 HGB müssen sich auf das gesamte Vermögen, mindestens aber auf dessen wesentliche Teile erstrecken. Werden nur einzelne VG tangiert, sind die Voraussetzungen für die Inanspruchnahme des Konsolidierungswahlrechts nicht erfüllt.[17]

19 **Beschränkungen in der Geschäftsführung** erfüllen die Wahlrechtsvoraussetzungen, wenn Pläne und Maßnahmen des MU nachhaltig verhindert werden. Die generelle Gültigkeit von Beeinträchtigungen – etwa für eine Branche – steht dem Wahlrecht des § 296 Abs. 1 Nr. 1 HGB ausschließend entgegen, sofern es sich nicht um ausländische TU handelt. Sind die Beschränkungen erheblich und andauernd und ist das Kriterium der Nachhaltigkeit erfüllt, kann für die Auslandstochter das Recht zur Anwendung des Wahlrechts bestehen. Dies ist etwa denkbar, wenn gesetzliche Bestimmungen der Ausübung des Vorstands- oder Aufsichtsratsmandats entgegenstehen.[18]

20 In Bezug auf die VollKons von TU besteht gem. § 296 Abs. 1 Nr. 1 HGB dann ein Wahlrecht, wenn **erhebliche** und **andauernde** Beschränkungen die Ausübung der Rechte des MU **nachhaltig** beeinträchtigen. Ob sich die Beeinträchtigung auf das Vermögen oder die Geschäftsführung dieses Unt bezieht, ist unerheblich.

21 **Erheblich** ist dabei i.S.v. „wesentlich" zu interpretieren, d.h., es müssen auch Beschränkungen bei wesentlichen Sachverhalten vorliegen, sodass das TU nicht mehr entsprechend der Konzernpolitik geführt werden kann.[19]

22 Eine **Dauerhaftigkeit** und **Nachhaltigkeit** kann dann angenommen werden, wenn die Beschränkungen während des Gj bis zur Abschlusserstellung bestanden haben (**vergangenheitsorientierte Betrachtung**) und voraussichtlich nicht mit ihrer Aufhebung zu rechnen ist (**zukunftsorientierte Betrachtung**), d.h. unter Berücksichtigung bestehender Tatsachen mit einer Aufhebung in absehbarer Zeit nicht zu rechnen ist.

---

[16] Vgl. *Winkeljohann/Deubert*, in Beck Bil-Komm., 10. Aufl., 2016, § 296 HGB, Rz 6; DRS 19.82.
[17] Vgl. *Pfaff*, in MünchKomm. HGB, 3. Aufl., § 294 Rn 15f.; *Winkeljohann/Deubert*, in Beck Bil-Komm., 10. Aufl., 2016, § 296 HGB, Rz 8.
[18] Siehe dazu im Detail *Pfaff*, in MünchKomm. HGB, 3. Aufl., § 294 Rn 24.
[19] Vgl. *Förschle/Deubert*, in Beck Bil-Komm., 10. Aufl., 2016, § 296 HGB, Rz 7, 8; *Pfaff*, in MünchKomm. HGB, 3. Aufl., § 294 Rn 22.

Vergegenwärtigt man sich die Reichweite der Begriffe erheblich, dauerhaft sowie nachhaltig, so stellt sich die Frage, ob das Einbeziehungswahlrecht überhaupt systemkonform ist oder ob nicht vielmehr ein **Einbeziehungsverbot** konsequent wäre, damit im Konzernabschluss nicht VG und Schulden ausgewiesen werden, über die das MU tatsächlich nicht verfügen kann. Informatorisch kann der Einbezug eines Unt, bei dem das MU direkt oder indirekt nicht über die Beherrschungsmöglichkeit verfügt, nicht überzeugen (dazu detailliert Rz 5). Daher führt ein solcher Sachverhalt nach den IFRS auch zu einem VollKons-Verbot (IAS 27.13). 23

Bei folgenden **Anwendungsfällen** kommt nach hM ein Wahlrecht zur VollKons gem. § 296 Abs. 1 Nr. 1 HGB in Betracht, wobei mitunter bestimmte Bedingungen erfüllt sein müssen: 24

- **Enteignung**, sofern diese nicht nur drohenden Charakter besitzt, sondern tatsächlich und nachweisbar vollzogen wird und von voraussichtlicher Dauer ist.[20]
- **Insolvenzverfahren**, da das MU mangels Befugnis nicht mehr über das TU verfügen kann.[21]
- **Liquidation**, sofern im Einzelabschluss des TU nicht noch eine Bilanzierung nach dem going concern-Prinzip erfolgt[22] und sofern absehbar keine (wesentliche) Vermögensauskehrung erfolgen wird.[23]
- **Unterstützungskassen**, wenn diese rechtlich selbstständig sind, gemeinnützig handeln und eine Unternehmenseigenschaft vorliegt.
- Wesentliche **Beschränkungen aufgrund gesetzlicher Regelungen** im Fall von TU mit Sitz im **Ausland**.[24]
- **Veräußerung der Mehrheit/Gesamtheit der Anteile an einem TU zu Beginn des folgenden Gj**, sofern damit eine Informationsbeschaffung zwecks Kons. ausgeschlossen wird.[25]

> **Beispiel** 25
> **Einbeziehungswahlrecht bei Liquidation eines TU**
> **Sachverhalt**
> Das MU P AG hat für das TU E GmbH Mitte des vergangenen Gj. die (freiwillige) Liquidation eingeleitet und möchte für dieses Gj. auf eine Einbeziehung der E GmbH in den KonsKreis unter Rückgriff auf § 296 Abs. 1 Nr. 1 HGB verzichten. Hinsichtlich der zu erwartenden, nach Liquidation verbleibenden Vermögenswerte sind folgende Szenarien denkbar:

---

[20] Vgl. ADS, 6. Aufl., § 296 HGB, Rz 12.
[21] Vgl. *Winkeljohann/Deubert*, in Beck Bil-Komm., 10. Aufl., 2016, § 296 HGB, Rz 11; *Pfaff*, in MünchKomm. HGB, 3. Aufl., § 294 Rn 19.
[22] Vgl. *Pfaff*, in MünchKomm. HGB, 3. Aufl., § 294 Rn 20.
[23] Vgl. *Winkeljohann/Deubert*, in Beck Bil-Komm., 10. Aufl., 2016, § 296 HGB, Rz 11.
[24] Siehe dazu Rz 19 und *Pfaff*, in MünchKomm. HGB, 3. Aufl., § 294 Rn 25.
[25] Vgl. DRS 19.85.

> 1. Wesentliche Vermögensauskehrung zu erwarten
> 2. Zu Beginn absehbar keine (wesentliche) Vermögensauskehrung
>
> **Beurteilung**
> 1. Die Einschränkung der Verfügungsgewalt über das Vermögen hinsichtlich der Verteilung[26] im Sperrjahr kann mangels Dauerhaftigkeit keine Anwendung des § 296 Abs. 1 Nr. 1 HGB begründen.[27] Da im Rahmen der Verteilung noch (wesentliche) Vermögenspositionen ausgekehrt werden, gehen diese (wieder) in den Verfügungsbereich des MU über.
> 2. Ist bereits zu Beginn absehbar, dass keine (wesentliche) Vermögensauskehrung nach Ablauf des Sperrjahres erfolgen wird/kann, wird die Möglichkeit der Inanspruchnahme des Wahlrechts bejaht.[28]

26 Inwiefern gesellschaftsvertraglich festgeschriebene qualifizierte Mehrheitserfordernisse, die das MU alleine nicht erreicht, oder ein **Entherrschungsvertrag** zwischen MU und TU ein VollKons-Wahlrecht begründen können, ist dagegen strittig.[29] Ein Anwendungsfall für das Wahlrecht scheint hier zwar vor dem Hintergrund des in der Generalnorm des § 297 Abs. 2 HGB postulierten Zwecks der Konzernbilanzierung problematisch, muss sich aber aus der Konkretisierungslogik des § 296 Abs. 1 Nr. 1 HGB ergeben, sofern infolgedessen eine tatsächliche Beherrschungsmöglichkeit nicht gegeben ist und – hinsichtlich Entherrschungsverträgen – eine Mindestlaufzeit[30] unter Ausschluss einer ordentlichen Kündigung gegeben ist. Ein vertraglicher Ausschluss der Stimmrechtsausübung beseitigt nach hM die Möglichkeit vertragswidriger Stimmabgabe nicht – und damit auch nicht bereits ein Mutter-Tochter-Verhältnis nach § 290 Abs. 2 Nr. 1 HGB.[31]

> **Beispiel**
> **Einbeziehungswahlrecht bei vorliegendem Entherrschungsvertrag**
> **Sachverhalt**
> Das MU C AG hält 70 % der Stimmrechte an der S AG. Im Rahmen eines Entherrschungsvertrags hat sich die C AG gegenüber der S AG verpflichtet, von der Ausübung der Stimmrechtsmehrheit im Rahmen sämtlicher HV-Beschlüsse und aufsichtsratsbezogener Besetzungsfragen abzusehen bzw. nur

---

[26] Die Verteilung darf gem. § 73 Abs. 1 GmbHG nicht vor Tilgung oder Sicherstellung der Schulden der Ges. und nicht vor Ablauf eines Jahres seit dem Tage vorgenommen werden, an welchem die Aufforderung an die Gläubiger (§ 65 Abs. 2 GmbHG) in den Gesellschaftsblättern erfolgt ist.
[27] Im Ergebnis ebenso IDW RS HFA 17, Tz 45; *Pfaff*, in MünchKomm. HGB, 3. Aufl., § 296 Rn 18.
[28] Vgl. IDW RS HFA 17, Tz 45.
[29] Für ein Wahlrecht plädierend etwa WPH Edition, Wirtschaftsprüfung & Rechnungslegung, 15. Aufl., 2017, Abschn. G, Tz 199; DRS 19.85. Unter Voraussetzungen (Mindestlaufzeit ohne ordentliche Kündigung) ebenfalls einen Anwendungsfall sehend *Winkeljohann/Deubert*, in Beck Bil-Komm., 10. Aufl., 2016, § 296 HGB, Rz 11. Dies ablehnend *von Keitz/Ewert-Knauer*, in *Baetge/Kirsch/Thiele*, Bilanzrecht, § 296 HGB, Rz 26, Stand 6/2014.
[30] *Winkeljohann/Deubert*, in Beck Bil-Komm., 10. Aufl., 2016, § 296 HGB, Rz 11 fordern hier fünf Jahre, sodass eine Dominanz der nächsten AR-Wahl ausgeschlossen werden kann. Sinnvoller ist u.E. jedoch die Verknüpfung der Mindestlaufzeit mit der konkreten nächsten AR-Wahl des jeweiligen Unt anstatt des maximalen „HV/Entlastung für das 4. Gj.+Gj. des Amtszeitbeginns"-Zeitraums gem. § 102 AktG.
[31] Gl. A. OLG Frankfurt, NZG 2007, S. 556. Gl. A. *Winkeljohann/Deubert*, in Beck Bil-Komm., 10. Aufl., 2016, § 296 HGB, Rz. 11. A. A. *Pfaff*, in MünchKomm. HGB, 3. Aufl., § 296 Rn 21.

weniger als die Hälfte der auf einer HV vertretenen Stimmrechte wahrzunehmen. Der Entherrschungsvertrag hat eine (Rest-)Laufzeit von elf Jahren bis ins Jahr 2027. Die ordentliche Kündigung ist ausgeschlossen. Die nächste AR-Wahl steht im Jahr 2020 auf der HV betreffend die Feststellung für das Gj. 2019 (in vier Jahren) an. Die C AG sieht aktuell (für das Gj. 2015) von einer Kons. der S AG unter Berufung auf § 296 Abs. 1 Nr. 1 HGB ab. Die C AG geht zudem davon aus, dass dieses Vorgehen auch in den kommenden zwölf Jahren praktiziert werden kann.

Beurteilung
Der Entherrschungsvertrag ist (aktuell; für das Gj. 2015) als erhebliche und andauernde Beschränkung der Ausübung der wesentlichen Rechte der C AG, der diese nachhaltig beeinträchtigt, zu sehen. Das Mutter-Tochter-Verhältnis gem. § 290 Abs. 2 Nr. 1 HGB wird durch den Entherrschungsvertrag nicht negiert.[32]
Eine Fortschreibung der Vorgehensweise für den gesamten Zwölf-Jahreszeitraum ist dagegen nicht zulässig, sofern keine Verlängerung der Laufzeit des Entherrschungsvertrags erfolgt. Unter andauernd ist im Kontext von Entherrschungsverträgen „die Dominanz der nächsten AR-Wahl ausschließend" zu verstehen (dazu Rz 26). Maximal mit der zweiten zukünftigen AR-Wahl 2025 auf der HV für das Gj. 2024 endet damit unter sonst gleichen Umständen die Möglichkeit der Berufung auf § 296 Abs. 1 Nr. HGB in diesem Fall. Für den Konzernabschluss für das Gj. 2025 und 2026 scheidet eine Berufung auf § 296 Abs. 1 Nr. 1 HGB mangels Erfüllung des Kriteriums „andauernd" aus, da die Restlaufzeit des Entherrschungsvertrags dann nicht mehr über die nächste AR-Wahl hinausgeht.

Ein **Vergleichsverfahren** bringt regelmäßig keine Einschränkung der Verfügungsgewalt mit sich, sodass eine Befreiung von der Pflicht zur VollKons hier nicht in Betracht kommt.

27

Bei Zweckges darf von dem Einbeziehungswahlrecht nicht lediglich mit dem Hinweis auf einen etwaig implementierten Autopilotmechanismus[33] oder ähnliche Regelungen Gebrauch gemacht werden.[34]

28

---

[32] „Weil ein vertraglicher Ausschluss der Stimmrechtsausübung nach hM die Möglichkeit vertragswidriger Stimmabgabe nicht beseitigt, kann sich ein Unt der Mehrheit der Stimmrechte i. S. d. § 290 Abs. 2 Nr. 1 HGB nicht durch den Abschluss schuldrechtlicher Verträge (z. B. Stimmbindungs-, Entherrschungsverträge) begeben."OLG Frankfurt, NZG 2007, S. 556. Gl. A. *Winkeljohann/Deubert*, in Beck Bil-Komm., 10. Aufl., 2016, § 296 HGB, Rz. 11. A. A. *Pfaff*, in MünchKomm. HGB, 3. Aufl., § 296 Rn 21.

[33] Festlegung der wesentlichen Entscheidungen der Zweckges nach Maßgabe des MU in der Satzung oder Verträgen ohne nachgelagerte Einflussmöglichkeit, sofern keine gesellschaftsrechtliche Beziehung des MU zur Zweckges besteht oder die formale Beherrschungsmöglichkeit nicht beim MU liegt, dieses aber die wesentlichen Chancen und Risiken trägt.

[34] Anstatt vieler DRS 19.86.

> **Beispiel**
> **Einbeziehungswahlrecht bei Zweckgesellschaften**
> **Sachverhalt**
> Der Frankfurter Investmentkonzern KH AG gründet gemeinsam mit der MA L.L.C. die in Irland ansässige Zweckges T-Investment L.L.C. Wenngleich der KH AG nicht die formal erforderlichen Rechte der Beherrschung der Geschäfts- und Finanzpolitik i.S.d. § 290 Abs. 2 Nr. 1–3 HGB zustehen, trägt Sie bei wirtschaftlicher Betrachtung die Mehrheit der Chancen und Risiken i.S.d. § 290 Abs. 2 Nr. 4 HGB. Zur Sicherung ihres Einflusses verlangt die KH AG im Rahmen der Gründung den Abschluss eines bindenden und nicht ordentlich kündbaren schuldrechtlichen Vertrags, der die wesentlichen geschäftspolitischen Entscheidungen und Handlungen der T-Investment L.L.C. im Voraus i.S.d. Zielsetzung/Interessen der KH AG festlegt (Autopilotmechanismus). Im Rahmen der Kons. unterlässt die KH AG die Kons. der T-Investment L.L.C. mit dem Verweis auf die fehlende tatsächliche Beherrschungsausübungsoption unter Inanspruchnahme des § 296 Abs. 1 Nr. 1 HGB (weitere Befreiungstatbestände liegen nicht vor). Der AP lehnt das Vorgehen der KH AG ab.
> **Beurteilung**
> Der AP lehnt das Vorgehen der KH AG zu Recht ab. Es liegt eine Beherrschung i.S.d. § 290 Abs. 2 Nr. 4 HGB vor. § 296 Abs. 1 Nr. 1 HGB greift in diesem Fall nicht. Erstens kommt es im Rahmen der Beurteilung einer Beherrschung i.S.d. § 290 Abs. 2 Nr. 4 HGB nicht auf die formellen Rechte, sondern die wirtschaftliche Betrachtungsweise an – das Recht der Beherrschung wird dem formellen Rechteinhaber eben gerade „weggerechnet".[35] Zweitens können die Rechte aufgrund der Einrichtung des Autopilotmechanismus als ausgeübt angesehen werden.[36]

3 Unverhältnismäßig hohe Kosten oder unangemessene Verzögerungen (Abs. 1 Nr. 2)

29 Als zweites sachlich begründetes Einbeziehungswahlrecht sieht § 296 Abs. 1 Nr. 2 HGB vor, dass die Einbeziehung eines TU in den Konzernabschluss unterbleiben kann, wenn die für die Aufstellung des Konzernabschlusses erforderlichen Angaben nicht ohne unverhältnismäßig hohe Kosten oder unangemessene Verzögerungen zu erhalten sind.

30 In Bezug auf die **Kosten** ist für die Ausübung des VollKons-Wahlrechts ein deutlich erkennbares Missverhältnis zwischen den Kosten der Abschlusserstellung, d.h. den Kosten für die Beschaffung der Informationen, und dem zu erwartenden Informationsgewinn zu verlangen.[37] Dabei ist nur auf die Kosten

---

[35] Vgl. *Winkeljohann/Deubert*, in Beck Bil-Komm., 10. Aufl., 2016, § 296 HGB, Rz 12.
[36] Vgl. DRS 19.86.
[37] Vgl. *Winkeljohann/Deubert*, in Beck Bil-Komm., 10. Aufl., 2016, § 296 HGB, Rz 15f.

abzustellen, die zusätzlich für eine VollKons im Gegensatz zur Bewertung at equity entstehen. Vergleichbare Unt können in Bezug auf die Konsolidierungskosten als Maßstab nicht herangezogen werden.[38] Ein objektives Ergebnis lässt sich so – wie auch grds. – nicht erreichen, da „Standardkosten" für eine Kons. nicht existieren und auch der mit der VollKons einhergehende Informationszuwachs etwa von der Wesentlichkeit des TU abhängig ist.

Auch das Zeitfenster für unangemessen hohe **Verzögerungen** ist nicht objektivierbar. Entsprechende Verzögerungen sind ohnehin nur denkbar, wenn die Einhaltung der Aufstellungsfrist von fünf Monaten i.S.d. § 290 Abs. 1 HGB bzw. der kürzeren Zeitspanne von vier Monaten bei nach § 325 Abs. 3 HGB offenlegungspflichtigen KM-orientierten Unt nicht möglich ist. Die Verletzung freiwillig verkürzter Abgabetermine erfüllt generell nicht den Tatbestand einer unverhältnismäßig hohen Verzögerung.[39] Auch „organisatorische Unzulänglichkeiten" begründen kein Einbeziehungswahlrecht gem. § 296 Abs. 1 Nr. 2 HGB.

31

Da die Begriffe unverhältnismäßig hohe Kosten oder unangemessene Verzögerungen **objektiv nicht quantifizierbar** sind, für die Aufstellung eines Konzernabschlusses eine bis zu fünfmonatige Frist besteht und die heutigen Kommunikationsmöglichkeiten einen umfassenden und zeitnahen Datentransfer ermöglichen, sollte dieses **an Wirtschaftlichkeitsüberlegungen orientierte Wahlrecht sehr restriktiv ausgelegt** werden und nur in Ausnahmefällen zur Anwendung kommen.[40]

32

> **Beispiel**
> Als Ausnahmefall könnte z.B. die Integrationsphase eines TU nach dem Erwerb zum Ende des Gj gelten, d.h., das Buchführungs- und Informationssystem dieses TU konnte bis zum Bilanzstichtag noch nicht auf Konzernerfordernisse umgestellt werden. Auch außergewöhnliche Ereignisse, wie der Zusammenbruch der EDV oder die Vernichtung von Unterlagen aufgrund von Naturkatastrophen, können als Ausnahmefälle angesehen werden. Stets wäre aber zu fragen, warum dann nicht zumindest eine provisorische Erst-Kons gem. § 301 Abs. 2 Satz 2 HGB vorgenommen werden kann.

Systematisch höhere Konsolidierungskosten, wie sie etwa bei TU in **Hochinflationsländern** anzutreffen sind, begründen grds. kein Recht auf Inanspruchnahme der Möglichkeit der Befreiung gem. § 296 Abs. 1 Nr. 2 HGB. Allerdings kann im Rahmen der Prüfung nach Abs. 2 bei in Summe nicht wesentlichen Unt die Auswahl aktiv dahingehend gesteuert werden, dass insb. die einbeziehungsaufwendigeren (nicht wesentlichen) TU ausgeschlossen werden (Rz 45).

33

---

38 So vorgeschlagen von *Sahner/Kammers*, in *Küting/Weber*, HdK, HGB, § 296, Rn 16; ablehnend ADS, 6. Aufl., § 296 HGB, Rz 17; *Pfaff*, in MünchKomm. HGB, 3. Aufl., § 294 Rn 33; *Winkeljohann/Deubert*, in Beck Bil-Komm., 10. Aufl., 2016, § 296 HGB, Rz 17.
39 Vgl. dazu und im Folgenden *von Keitz/Ewert-Knauer*, in *Baetge/Kirsch/Thiele*, Bilanzrecht, § 296 HGB, Rz 33, Stand 6/2014.
40 Vgl. WPH Edition, Wirtschaftsprüfung & Rechnungslegung, 15. Aufl., 2017, Abschn. G, Tz 208; ADS, 6. Aufl., § 296 HGB, Rz 19; *Sahner/Kammers*, in *Küting/Weber*, HdK, HGB § 296, Rn 14.

34 Das Wahlrecht zur Nichteinbeziehung eines TU kann nicht allein damit begründet werden, dass der Konzernabschluss **auf der bereits terminierten HV** nicht vorgelegt werden kann, soweit die Aufstellungsfrist noch nicht überschritten ist.[41]

35 Das VollKons-Wahlrecht nach Abs. 1 Nr. 2 kann stets nur für ein Jahr gelten, da es – wenn überhaupt – lediglich durch extreme Ausnahmesituationen, wie außergewöhnliche Ereignisse oder Katastrophenfälle, begründbar ist.[42] Die in § 301 Abs. 2 Satz 2 HGB vorgesehene Möglichkeit einer provisorischen ErstKons mit verlängertem Wertaufhellungszeitraum degradiert das Einbeziehungswahlrecht zusätzlich zu einem überwiegend bedeutungslosen Tatbestand. Eine Nichteinbeziehung wegen eintretender Verzögerungen ist kaum mehr vertretbar und in der Praxis bereits höchst selten. Sollte das MU selbst eine provisorische ErstKons nicht zeitnah durchführen können, muss sich das Management zudem mit der Frage konfrontiert sehen, auf welcher Grundlage es die Erwerbsentscheidung eigentlich getroffen hat.

4 Weiterveräußerungsabsicht (Abs. 1 Nr. 3)

36 Gem. § 296 Abs. 1 Nr. 3 HGB besteht ein weiteres sachlich begründetes Einbeziehungswahlrecht für TU, wenn deren Anteile **ausschließlich zum Zwecke ihrer Weiterveräußerung** gehalten werden. Die Vorschriften gelten für den beabsichtigten Tausch gegen Anteile an einem anderen Unternehmen analog. Dieses Wahlrecht ist insb. für institutionelle Anleger, wie Vermögensverwalter, Kreditinstitute und Versicherungen, von Bedeutung, die vielfach größere Anteilspakete ausschließlich zur Platzierung am Kapitalmarkt oder während einer vorübergehenden Sanierungsphase halten.

37 Die aktive Ausübung der Beherrschung kann dabei nicht als Indiz gegen eine beabsichtigte Weiterveräußerung der Anteile verstanden werden. Es kommt somit lediglich auf die Absicht der Konzernführung an.

38 In der Konzernbilanz sind die Anteile an dem TU aufgrund der beabsichtigten Veräußerung **als Teil des UV auszuweisen**. Ein Ausweis im UV begründet allein allerdings keine Veräußerungsabsicht.

39 Die unbestimmte Gesetzesformulierung, d. h. vor allem in Bezug auf den Nachweis der Weiterveräußerungsabsicht und den Zeitraum, in dem noch von einer Weiterveräußerungsabsicht ausgegangen werden kann, macht auch hier eine Einzelfallentscheidung und die Prüfung der folgenden **Kriterien** notwendig:
- Die Anteile müssen an **Konzernfremde** veräußert werden.[43]
- Die Weiterveräußerungsabsicht muss **intersubjektiv nachprüfbar** sein; Vorverträge oder andere Vereinbarungen als Indiz für eine Weiterveräußerungsabsicht sind jedoch nicht zwingend erforderlich, da die bloße Absicht genügt. Die Absicht muss aber ernsthaft bestehen und nachvollziehbar sein, was z. B.

---

[41] Vgl. *Winkeljohann/Deubert*, in Beck Bil-Komm., 10. Aufl., 2016, § 296 HGB, Rz 18.
[42] Vgl. anstatt vieler WPH Edition, Wirtschaftsprüfung & Rechnungslegung, 15. Aufl., 2017, Abschn. G, Tz 208.
[43] Vgl. *von Keitz/Ewelt*, in *Baetge/Kirsch/Thiele*, Bilanzrecht, § 296 HGB, Rz 36, Stand 6/2014.

durch Verkaufsverhandlungen, das Einschalten eines Maklers oder entsprechende Entscheidungen des Aufsichtsrats glaubhaft gemacht werden kann.[44]
- Die Weiterveräußerungsabsicht bestand **bereits beim Erwerb**. Die Absicht des Abverkaufs einer bisher als operative Einheit geführten Tochter fällt nach hM nicht unter das VollKons-Wahlrecht.[45]
- Das MU verfolgt keine Pläne für eine **alternative Verwendung** der Anteile außer der Weiterveräußerung.[46]
- Es sollen zumindest **so viele Anteile** verkauft werden, dass anschließend ein Mutter-Tochter-Verhältnis nicht mehr vorliegt.[47]

Wenn über einen längeren Zeitraum hinweg keine Veräußerung der Anteile stattfindet, ist von einer VollKons-Pflicht auszugehen, weil eine **dauerhafte Beziehung** zu vermuten ist.[48]

Im Interesse der **Konsolidierungsstetigkeit** und somit der Vergleichbarkeit der Konzernabschlüsse im Zeitverlauf wird das Wahlrecht in der vorherrschenden Literatur begrüßt.[49] Der positiven Wirkung einer Nichteinbeziehung kann beigepflichtet werden, wobei aber unverständlich bleibt, warum zur Sicherung der verbesserten Darstellung der Vermögens-, Finanz- und Ertragslage des Konzerns nicht regelmäßig ein VollKons-Verbot gefordert wird.

5 Untergeordnete Bedeutung von Tochterunternehmen (Abs. 2)

Neben den in § 296 Abs. 1 HGB genannten drei Einbeziehungswahlrechten bei der Abgrenzung des KonsKreises hat ein MU gem. **§ 296 Abs. 2 HGB** außerdem die Möglichkeit, auf die Einbeziehung eines TU zu verzichten, wenn es für die Verpflichtung, ein den tatsächlichen Verhältnissen entsprechendes Bild der Vermögens-, Finanz- und Ertragslage des Konzerns zu vermitteln, von **untergeordneter Bedeutung** ist. Besteht ein wesentlicher Zusammenhang zwischen der Darstellung einer dieser drei Aspekte und dem TU, ist keine Befreiung von der Pflicht zur Einbeziehung in den KonsKreis i. e. S. unter Berufung auf § 296 Abs. 2 HGB möglich. Das Einbeziehungswahlrecht des Abs. 2 soll den mit der Abschlusserstellung verbundenen Aufwand reduzieren, sofern der Ausschluss der TU aus dem VollKons-Kreis und der damit einhergehende Informationsverlust für Abschlussadressaten von untergeordneter Bedeutung ist. Zum Tragen kommt die Erleichterung insb. bei Konzernen mit einer Vielzahl an kleinen TU.

Zur Klassifizierung des **„Begriffs untergeordnete Bedeutung"** enthält das Gesetz weder Kenngrößen noch numerische Grenzwerte. In der Praxis ist auf

---

[44] Vgl. WPH Edition, Wirtschaftsprüfung & Rechnungslegung, 15. Aufl., 2017, Abschn. G, Tz 214; ADS, 6. Aufl., § 296 HGB, Rz 26; *Winkeljohann/Deubert*, in Beck Bil-Komm., 10. Aufl., 2016, § 296 HGB, Rz 27.
[45] Vgl. *Pfaff*, in MünchKomm. HGB, 3. Aufl., § 296 Rn 41; ADS, 6. Aufl., § 296 HGB, Rz 23.
[46] Vgl. *von Keitz/Ewelt-Knauer*, in *Baetge/Kirsch/Thiele*, Bilanzrecht, § 296 HGB, Rz 39; s. dazu auch Rz 34, Stand 6/2014.
[47] Der Protokollerklärung zu Art. 13 Abs. 3 lit. c der 7. EG-RL ist zu entnehmen, dass sich eine Weiterveräußerung nicht auf alle Anteile zu beziehen hat. S. dazu *Biener/Schatzmann*, Konzernrechnungslegung, S. 25.
[48] Anstatt vieler WPH Edition, Wirtschaftsprüfung & Rechnungslegung, 15. Aufl., 2017, Abschn. G, Tz 214.
[49] So etwa *Pfaff*, in MünchKomm. HGB, 3. Aufl., § 296 Rn 39.

den Einzelfall abzustellen, wobei das **Gesamtbild aller Umstände** und nicht nur einzelne Verhältniszahlen die Beurteilungsgrundlage bildet.[50] Bei im Wesentlichen konstanter wirtschaftlicher Situation dürfte allerdings nicht zu beanstanden sein, wenn eine Konzernleitung zur Vereinfachung der Konzernrechnungslegung im Rahmen eines Ermessensspielraums in Einzelfällen feste Größenkriterien anwendet, wobei das Kriterium der Unwesentlichkeit bei einem (Umsatz-, Vermögens-, Ergebnis- oder Mitarbeitenden-) Anteil von mehr als 5 % am Gesamtkonzern kaum zu begründen sein wird.[51] Starre Kennzahlen – wie sie etwa auch in der US-amerikanischen Bilanzierungspraxis gebräuchlich sind – sind nach überwiegender Meinung nicht mit der gesetzlichen Regelung in Deutschland zu vereinbaren. So wird aufgeführt, dass dies der im Gesetz vorgesehenen flexiblen Regelung widerspricht und zu Zufallsergebnissen führen kann.[52] Insbesondere mangels alternativer operationaler Ermittlungsmethoden und unter Einhaltung bestimmter Voraussetzungen[53] plädieren einige Stimmen in der Literatur aber auch gegen die starre und ablehnende Haltung gegenüber der Verwendung von Verhältniszahlen im Allgemeinen.[54] Wägt man die beiden gegensätzlichen Meinungsbilder gegeneinander ab, erscheint die Verwendung von Verhältniszahlen zumindest in Einzelfällen und unter Berücksichtigung der Problemfelder (Rz 45) starrer Kenngrößen dann unproblematisch, wenn diese durch eine qualitative Beurteilung ergänzt wird. Die Voraussetzungen für eine untergeordnete Bedeutung sind von der Konzernleitung unabhängig von den Prüfkriterien für jeden Konzernabschluss erneut zu prüfen.

44   **Die Einbeziehung** eines TU **kann trotz niedriger anderer relativer Größenmerkmale insb. geboten sein**, wenn ein Verzicht auf die Einbeziehung mit der fehlenden Eliminierung bedeutender Zwischenergebnisse einhergeht, TU das Konzernergebnis mit strukturellen Verlusten belasten und ständige Zuflüsse notwendig machen sowie wenn eine Abbildung wesentlicher Verpflichtungen oder Risiken ansonsten unterbleiben würde. Die Wahrnehmung unternehmenstypischer Funktionen durch ein TU begründet dagegen keine zwingende Einbeziehung in den Konzernabschluss im Wege der VollKons, da der Jahresabschluss nicht als Ausdruck der Ausübung bestimmter Leitungs- und Verwaltungsfunktionen betrachtet werden kann und deshalb nicht zwingend Gegenstand der Kons. sein muss.[55]

45   Sind mehrere TU von untergeordneter Bedeutung, darf ihre Wesentlichkeit gem. **§ 296 Abs. 2 Satz 2 HGB** nur zusammengefasst beurteilt werden, was einem **zweistufigen Testverfahren** entspricht. Eine Befreiung unter Bezug auf die untergeordnete Bedeutung eines TU setzt im Falle des gleichzeitigen Vorliegens der Befreiungsvoraussetzung bei mehreren TU demnach eine Prüfung der Befreiungsbedingungen in ihrer Gesamtheit voraus. Sind die TU isoliert betrachtet -

---

50   Vgl. *Winkeljohann/Deubert*, in Beck Bil-Komm., 10. Aufl., 2016, § 296 HGB, Rz 34; ADS, 6. Aufl., § 296 HGB, Rz 31.
51   Vgl. *Baetge/Kirsch/Thiele*, Konzernbilanzen, 11. Aufl., 2015, S. 81.
52   ADS, 6. Aufl., § 296 HGB, Rz 31.
53   Siehe dazu im Detail *von Keitz/Ewelt-Knauer*, in *Baetge/Kirsch/Thiele*, Bilanzrecht, § 296 HGB, Rz 43, Stand 6/2014.
54   So etwa *von Keitz/Ewelt-Knauer*, in *Baetge/Kirsch/Thiele*, Bilanzrecht, § 296 HGB, Rz 43; Kölner Kommentar zum HGB, § 296, Rn 26, Stand 6/2014.
55   So etwa *Selchert/Baukmann*, BB 1993, S. 1330; *Winkeljohann/Deubert*, in Beck Bil-Komm., 10. Aufl., 2016, § 296 HGB, Rz 35; *Pfaff*, in MünchKomm. HGB, 3. Aufl., § 296 Rn 49.

unbedeutend, ist ihr Einfluss auf die Darstellung der Vermögens-, Finanz- und Ertragslage insgesamt jedoch wesentlich, sind diese grds. in den VollKonsKreis einzubeziehen.[56] Strittig ist in diesem Zusammenhang, inwieweit die Konzernleitung dazu berechtigt ist, diejenigen TU aus dem Kreis der einzelnen Unbedeutenden auszuwählen, die nicht in den Konzernabschluss einbezogen werden sollen.[57] Aufgrund der Praktikabilität der Regelung muss dies – jedoch unter Beachtung des Stetigkeitsgebots für die Einbeziehung in bzw. Ausklammerung aus dem KonsKreis – erlaubt sein.

> **Beispiel**
> Als Beispiel für ein System zur Bestimmung der (gemeinschaftlichen) Unwesentlichkeit könnte folgendes Prüfverfahren dienen, wobei eine kumulative Erfüllung der einzelnen Prüfungsstufen zu erfolgen hat:
> 1. Prüfung der **absoluten Kennzahlen**: Die Nichteinbeziehung von TU in den KonsKreis reduziert regelmäßig und grds. die KA-Positionen Umsatz, Bilanzsumme und Mitarbeiteranzahl jeweils um weniger als 5 %. Das Jahresergebnis wird absolut gesehen um nicht mehr als 10 % verändert.
> 2. Prüfung der **relativen Kennzahlen**: Die zentralen Renditekennzahlen (z. B. ROI oder Umsatzrentabilität) werden grds. um nicht mehr als einen Prozentpunkt verändert, die zentralen Umschlagskennzahlen (z. B. Kapitalumschlagshäufigkeiten) grds. um nicht mehr als 0,1 verändert.
> 3. **Gesamtschau**: Die Veränderung darf nicht dazu führen, dass Trends in den zentralen Kennzahlen durch die Nichteinbeziehung falsch dargestellt werden. Als zentrale, im Rahmen der Prüfung zu berücksichtigende Kennzahlen sind insb. jene heranzuziehen, die bei der Außendarstellung in den letzten Gj. in den Vordergrund gestellt wurden, oder die im laufenden Abschluss in den Vordergrund gestellt werden. Vorübergehende Effekte mit Einfluss auf die im Rahmen der Wesentlichkeitsprüfung zu berücksichtigenden Kennzahlen begründen keine Anwendung des Wahlrechts des § 296 Abs. 2 HGB. Entsprechend ist auf einen Zwei-Jahres-Zeitraum abzustellen.
> Damit nicht gegen die Stetigkeit der Abgrenzung des KonsKreises verstoßen wird, sollte eine geringfügige einmalige Überschreitung der absoluten und relativen Grenzen ohne sofortige Änderung des KonsKreises toleriert werden. Erst wenn ein bisher als unwesentlich eingestuftes TU so groß wird, dass es dazu beiträgt, die Kriterien an zwei aufeinanderfolgenden Stichtagen zu überschreiten, muss es in den KonsKreis aufgenommen werden.

Auch bei der Gesamtbetrachtung bildet das umfassende Bild aller Umstände die Beurteilungsgrundlage für die Prüfung auf untergeordnete Bedeutung. Die Beur-

46

---

[56] Vgl. *von Keitz/Ewelt-Knauer* in *Baetge/Kirsch/Thiele*, Bilanzrecht, § 296 HGB, Rz 44, Stand 6/2014.
[57] Dies bejahend *Winkeljohann/Deubert*, in Beck Bil-Komm., 10. Aufl., 2016, § 296 HGB, Rz 37; *Selchert/Baukmann*, BB 1993, S. 1331; *Pfaff*, in MünchKomm. HGB, 3. Aufl., § 296 Rn 52; dies für unzulässig erachtend etwa *Sahner/Sauermann*, in *Küting/Weber*, HdK, HGB § 296, Rn 30.

teilung der Wesentlichkeit eines TU, das selbst MU i.S.v. § 290 HGB ist, erfordert zudem die Berücksichtigung seiner TU (**Enkelunternehmen**).[58]

6 Begründungspflicht im Konzernanhang (Abs. 3)

47 § 296 Abs. 3 HGB verlangt, dass der Rückgriff auf ein Konsolidierungswahlrecht entsprechend den Abs. 1 und 2 mit einer **Begründung im Konzernanhang** einherzugehen hat. Die Vorschriften ergänzen damit die Angabepflichten (Name des TU, dessen Sitz sowie dessen Anteil am Kapital) des § 313 Abs. 2 Nr. 1 HGB. Die ausreichende Begründung im Anhang ersetzt für den Fall der Nichteinbeziehung die Einreichung der Jahresabschlüsse und Konzernabschlüsse der betroffenen TU beim BAnz.[59]

48 **Kreditinstitute** haben dahingehend **Besonderheiten** zu beachten, dass sie gem. § 340j HGB den Jahresabschluss eines Tochterinstituts, das sie zur finanziellen Stützung erwerben, dem Konzernanhang beizufügen haben, sofern das Einbeziehungswahlrecht des § 296 Abs. 1 Nr. 3 HGB in Anspruch genommen wird. Damit ist zudem die Pflicht zur Angabe der Bedingungen und der Art der Stützungsaktion verbunden.

49 Der Gesetzgeber hat den Begriff der **Begründung** inhaltlich nicht näher präzisiert. Der Wortlaut des Gesetzes allerdings schließt einen reinen Verweis auf die Norm bereits aus; fordert er ja gerade eine Begründung der Anwendung. Ein **bloßer Verweis** auf die gesetzliche Vorschrift taugt auch nach hM nicht als Begründung.[60] Sie hat vielmehr Angaben über die jeweils genutzten Einbeziehungswahlrechte zu umfassen und muss für jedes nicht einbezogene TU darlegen, warum die gesetzlichen Voraussetzungen dafür als gegeben erachtet werden.[61]

50 Die Begründung hat zwar jedes TU zu umfassen, für das ein Einbeziehungswahlrecht i.S.v. Abs. 1 oder 2 in Anspruch genommen wird, eine separate Begründung ist allerdings nicht notwendig.[62] Bezieht sich die Begründung auf mehrere TU, sind Name und Sitz der Gesellschaften aufgeführt und ist erkennbar, dass sie sich nicht nur auf ein einzelnes TU bezieht, kann dies als ausreichend angesehen werden. Denkbar ist hier etwa die Kenntlichmachung durch Zwischenüberschriften.[63]

51 Etwaige, aus der Begründungsverpflichtung resultierende Nachteile, wie bspw. die Veröffentlichung brisanter Details, die mit der Angabe über eine Veräußerungsabsicht einhergehen können, können nicht unter Rückgriff auf die Schutzklausel des § 313 Abs. 3 HGB beseitigt werden. Eine Anwendung der lockernden Vorschriften ist in diesem Fall nicht gestattet, da die Begründungspflicht nicht zu den explizit betroffenen Angaben entsprechend der Norm zählt. Einzig ein

---

58 Vgl. *Winkeljohann/Deubert*, in Beck Bil-Komm., 10. Aufl., 2016, § 296 HGB, Rz 36.
59 Vgl. *Pfaff*, in MünchKomm. HGB, 3. Aufl., § 296 Rn 56.
60 Vgl. *Pfaff*, in MünchKomm. HGB, 3. Aufl., § 296 Rn 57.
61 Anstatt vieler vgl. *von Keitz/Ewelt-Knauer*, in *Baetge/Kirsch/Thiele*, Bilanzrecht, § 296 HGB, Rz 52, Stand 6/2014.
62 Gl.A. ADS, 6. Aufl., § 296 HGB, Rz 33; *Winkeljohann/Deubert*, in Beck Bil-Komm., 10. Aufl., 2016, § 296 HGB, Rz 42; *Pfaff*, in MünchKomm. HGB, 3. Aufl., § 296 Rn 57; a.A. etwa *Sahner/Sauermann*, in *Küting/Weber*, HdK, HGB § 296, Rn 32.
63 Vgl. *Winkeljohann/Deubert*, in Beck Bil-Komm., 10. Aufl., 2016, § 296 HGB, Rz 42.

Verzicht auf die VollKons-Wahlrechte des § 296 Abs. 1 und 2 HGB rettet das MU vor den aus Abs. 3 resultierenden Konsequenzen.

7 Rechtsfolgen bei Pflichtverletzung

Liegen die Voraussetzungen für die Inanspruchnahme eines Konsolidierungswahlrechts nicht vor und werden TU unter Bezug auf § 296 HGB dennoch **vorsätzlich nicht** in den Konzernabschluss **einbezogen**, werden die Vorschriften des § 294 Abs. 1 HGB verletzt. Die Nichtbeachtung der Vorschriften des § 294 Abs. 1 HGB erfüllt den Tatbestand einer **Ordnungswidrigkeit** i. S. d. § 334 HGB. Diese kann mit einer Geldbuße von bis zu 50.000 EUR sanktioniert werden.[64] 52

Ein Verstoß gegen § 296 HGB kann auch einen **Verstoß gegen § 297 Abs. 2 HGB** bedingen, sofern ein für die Darstellung der Vermögens-, Finanz- und Ertragslage des Konzerns wesentliches TU nicht einbezogen wird. Dieser Verstoß erfüllt ebenfalls den Tatbestand einer Ordnungswidrigkeit, die bußgeldbewehrt ist.[65] 53

Zudem kommt die **Bestrafung der Mitglieder des vertretungsberechtigten Organs oder Aufsichtsrats** infolge der unrichtigen oder verschleiernden Wiedergabe der Verhältnisse des Unt gem. § 331 Nr. 2 HGB in Betracht. 54

Für MU in Gestalt von **KapCoGes** (§ 335b HGB) und MU, die gem. § 11 **PublG** (§ 20 Abs. 1 Nr. 2 Buchst. a PublG) zur KA-Erstellung verpflichtet sind, gelten die Rechtsfolgen sinngemäß. 55

---

[64] Vgl. *Pfaff*, in MünchKomm. HGB, 3. Aufl., § 294 Rn 13.
[65] Vgl. *Winkeljohann/Deubert*, in Beck Bil-Komm., 10. Aufl., 2016, § 296 HGB, Rz 50.

§ 297 Inhalt

(1) ¹Der Konzernabschluss besteht aus der Konzernbilanz, der Konzern-Gewinn- und Verlustrechnung, dem Konzernanhang, der Kapitalflussrechnung und dem Eigenkapitalspiegel. ²Er kann um eine Segmentberichterstattung erweitert werden.
(1a) ¹Im Konzernabschluss sind die Firma, der Sitz, das Registergericht und die Nummer, unter der das Mutterunternehmen in das Handelsregister eingetragen ist, anzugeben. ²Befindet sich das Mutterunternehmen in Liquidation oder Abwicklung, ist auch diese Tatsache anzugeben.
(2) ¹Der Konzernabschluß ist klar und übersichtlich aufzustellen. ²Er hat unter Beachtung der Grundsätze ordnungsmäßiger Buchführung ein den tatsächlichen Verhältnissen entsprechendes Bild der Vermögens-, Finanz- und Ertragslage des Konzerns zu vermitteln. ³Führen besondere Umstände dazu, dass der Konzernabschluß ein den tatsächlichen Verhältnissen entsprechendes Bild i.S.d. Satzes 2 nicht vermittelt, so sind im Konzernanhang zusätzliche Angaben zu machen. ⁴Die gesetzlichen Vertreter eines Mutterunternehmens, das Inlandsemittent i.S.d. § 2 Abs. 7 des Wertpapierhandelsgesetzes und keine Kapitalgesellschaft i.S.d. § 327a ist, haben bei der Unterzeichnung schriftlich zu versichern, dass nach bestem Wissen der Konzernabschluss ein den tatsächlichen Verhältnissen entsprechendes Bild i.S.d. Satzes 2 vermittelt oder der Konzernanhang Angaben nach Satz 3 enthält.
(3) ¹Im Konzernabschluß ist die Vermögens-, Finanz- und Ertragslage der einbezogenen Unternehmen so darzustellen, als ob diese Unternehmen insgesamt ein einziges Unternehmen wären. ²Die auf den vorhergehenden Konzernabschluß angewandten Konsolidierungsmethoden sind beizubehalten. ³Abweichungen von Satz 2 sind in Ausnahmefällen zulässig. ⁴Sie sind im Konzernanhang anzugeben und zu begründen. ⁵Ihr Einfluß auf die Vermögens-, Finanz- und Ertragslage des Konzerns ist anzugeben.

WP STB BERND MACKEDANZ

Inhaltsübersicht

		Rz
1	Überblick	1–5
2	Bestandteile des Konzernabschlusses (Abs. 1)	6–80
	2.1 Konzernbilanz	9
	2.2 Konzern-Gewinn- und Verlustrechnung	10
	2.3 Konzernanhang	11–13
	2.4 Kapitalflussrechnung (KFR)	14–49
	2.4.1 Aufgaben und Grundsätze der Kapitalflussrechnung	16–17
	2.4.2 Abgrenzung des Finanzmittelfonds	18–22
	2.4.3 Ermittlung der Cashflows	23
	2.4.4 Darstellung der Kapitalflussrechnung	24–48
	2.4.4.1 Cashflow aus laufender Geschäftstätigkeit	29–36
	2.4.4.2 Cashflow aus Investitionstätigkeit	37–43

Inhalt § 297

		2.4.4.3	Cashflow aus Finanzierungstätigkeit . . .	44–45
		2.4.4.4	Sonderfragen	46–48
	2.4.5		Ergänzende Angaben.	49
	2.5		Eigenkapitalspiegel	50–64
		2.5.1	Darstellungsschema des Eigenkapitalspiegels	51–63
		2.5.2	Angaben im Konzernanhang	64
	2.6		Segmentberichterstattung	65–80
		2.6.1	Bestimmung der anzugebenden Segmente	68–74
		2.6.2	Bilanzierungs- und Bewertungsmethoden in der Segmentberichterstattung	75–76
		2.6.3	Segmentangaben	77–79
		2.6.4	Erleichterungen bei der Aufstellung des Konzernanhangs	80
3	Zusätzliche Angaben zur Identifikation des Mutterunternehmens (Abs. 1a)			81
4	Klarheit und Übersichtlichkeit (Abs. 2 Satz 1)			82–84
5	Vermittlung eines den tatsächlichen Verhältnissen entsprechenden Bilds der Vermögens-, Finanz- und Ertragslage (Abs. 2 Sätze 2 und 3)			85–89
6	Erklärung der gesetzlichen Vertreter/Bilanzeid (Abs. 2 Satz 4) .			90–94
7	Fiktion der wirtschaftlichen Einheit (Abs. 3 Satz 1)			95–97
8	Stetigkeit der Konsolidierungsmethoden (Abs. 3 Sätze 2–5)			98–103

1 Überblick

§ 297 HGB regelt mit §§ 298 f. HGB („Dritter Titel") den Inhalt und die Form 1
des Konzernabschlusses. Für den Konzernlagebericht bestimmen sich Inhalt
und Form aufgrund der eindeutigen gesetzlichen Überschrift nicht aus dem
Dritten Titel, sondern aus § 315–315d HGB. In Abs. 1 werden die **Bestandteile**
festgelegt. Der durch das BilRUG eingefügte Abs. 1a in § 297 HGB fordert
Angaben im Konzernabschluss zur Identifikation und einen Hinweis bei einer
bestehenden Liquidation/Abwicklung des MU. In Abs. 2 werden allg. Anforderungen an die **Form und** den **Inhalt** formuliert sowie die Pflicht zum
Bilanzeid für die gesetzlichen Vertreter bestimmter MU vorgeschrieben.
Abs. 3 enthält allg. konzernspezifische Bestimmungen (**Einheitsgrundsatz,
Stetigkeit der Konsolidierungsmethoden**).
Der Konzernabschluss dient ausschließlich der **Informationsfunktion**. Er 2
bildet rein rechtlich weder die Grundlage für die Gewinnverteilung noch für
die Steuerbemessung. Dennoch ist die Bedeutung des Konzernabschlusses
unverändert hoch, da durch die Fiktion der wirtschaftlichen Einheit sachverhaltsgestaltende Maßnahmen zwischen den KonzernUnt durch die Kons.
eliminiert werden und dadurch der Darstellung eines den tatsächlichen Verhältnissen entsprechenden Bildes der Vermögens-, Finanz- und Ertragslage
besser entsprochen werden kann.
Bei **AG** hat der Vorstand den Konzernabschluss und den Konzernlagebericht 3
unverzüglich nach der Aufstellung dem Aufsichtsrat vorzulegen. Der Konzern-

abschluss bedarf der **Billigung** durch den Aufsichtsrat (§ 171 Abs. 1 AktG) oder durch die HV (§§ 173 Abs. 1 Satz 2, 175 Abs. 3 Satz 1 AktG). Sofern der Konzernabschluss prüfungspflichtig ist, besteht eine **Teilnahmepflicht des AP** an den Verhandlungen des Aufsichtsrats. Das Gesetz sieht alternativ die Teilnahme des AP an der Bilanzsitzung des Gesamt-Aufsichtsrats oder des Prüfungsausschusses vor (§ 171 Abs. 1 Satz 2 AktG). Der AP nimmt an beiden Sitzungen teil, sofern der Aufsichtsrat eine Teilnahme nicht ausdrücklich ablehnt.[1] Nimmt der AP an der Bilanzsitzung des Aufsichtsrats oder eines Ausschusses nicht teil, hat dies keinen Einfluss auf die Gültigkeit des gebilligten Konzernabschlusses. Es können daraus jedoch Schadensersatzansprüche gegen den Aufsichtsrat aus pflichtwidriger Handlung oder gegen den AP aus Verletzung des Prüfungsauftrags ausgelöst werden.[2]

Hinsichtlich der Vorschriften zur Prüfung durch den Aufsichtsrat ist der Konzernabschluss dem Jahresabschluss weitestgehend gleichgestellt. Anders als beim Jahresabschluss wird der Konzernabschluss mit der Billigung durch den Aufsichtsrat nicht festgestellt. Eine Feststellung des Jahresabschlusses ist erforderlich, weil dieser Grundlage der Gewinnverwendung ist (§ 174 Abs. 1 AktG). Einer vergleichbaren Rechtswirkung für den Konzernabschluss bedarf es aufgrund der fehlenden Ausschüttungsfunktion nicht.

4 Handelt es sich bei der Mutterges. um eine **GmbH** oder eine **PersG i.S.d. § 264a HGB**, so haben die Geschäftsführer den Konzernabschluss und den Konzernlagebericht unverzüglich nach der Aufstellung bzw. bei einem prüfungspflichtigen Konzernabschluss und Konzernlagebericht zusammen mit dem Prüfungsbericht unverzüglich nach Eingang des Prüfungsberichts den Gesellschaftern zum Zweck der Billigung vorzulegen (bei GmbHs §§ 42a Abs. 4 i.V.m. Abs. 1, 46 Abs. 1b GmbHG).

5 Neben MU, die einen handelsrechtlichen Konzernabschluss nach §§ 290 ff. HGB aufstellen, gilt § 297 HGB sinngem. auch für Konzernabschlüsse nach §§ 11 ff. PublG (§ 13 Abs. 2, 3 PublG). Bei Aufstellung eines befreienden Konzernabschlusses nach internationalen Rechnungslegungsstandards sind neben den IFRS-Vorschriften zusätzlich § 297 Abs. 1a (Angaben zur Identifikation des MU) und Abs. 2 Satz 4 (Bilanzeid) HGB zu beachten (§ 315e Abs. 1 HGB).

2 Bestandteile des Konzernabschlusses (Abs. 1)

6 Der Konzernabschluss besteht nach § 297 Abs. 1 HGB aus der **Konzernbilanz**, der **Konzern-GuV**, dem **Konzernanhang**, der **KFR** und dem **EK-Spiegel**. Er kann um eine SegmBer erweitert werden. Alle Bestandteile bilden jeweils **eigenständige Bestandteile des Konzernabschlusses**. Es ist somit nicht zulässig, bspw. die KFR, den EK-Spiegel oder die SegmBer in den Konzernanhang aufzunehmen.

7 Ein nach dem **PublG** aufgestellter Konzernabschluss von einem MU in der Rechtsform der PersG oder des EKfm, soweit das MU nicht KM-orientiert i.S.d. § 264d HGB ist, braucht eine KFR und einen EK-Spiegel nicht zu umfassen (§ 13

---

1 Vgl. IDW PS 470, Tz 1b.
2 Vgl. *Hüffer/Koch*, AktG, 12. Aufl., 2016, § 171, Rn 14.

Abs. 3 Satz 2 PublG). Da zur möglichen befreienden Wirkung für einen Konzernabschluss nach §§ 290 HGB weder im PublG der Verzicht auf KFR und EK-Spiegel ausgenommen wird (§ 13 Abs. 3 Satz 3 PublG verweist nicht auf Satz 2) noch sich aus §§ 291 f. HGB für einen befreienden Konzernabschluss nach §§ 290 ff. HGB das Vorhandensein von den Konzernbestandteilen KFR und EK-Spiegel ergibt, entfaltet nur ein aus den Bestandteilen Konzernbilanz, Konzern-GuV und Konzernanhang bestehender Konzernabschluss befreiende Wirkung.[3]

Auf eine inhaltliche Ausgestaltung der KFR, des EK-Spiegels und der SegmBer hat der Gesetzgeber verzichtet. Es gelten somit die allg. Konzerngrundsätze und insb. die Generalnorm des § 297 Abs. 2 HGB. Zur Ausfüllung dieser Regelungslücken und unbestimmten Rechtsbegriffe wurden vom DSR Standards verabschiedet und vom BMJ bzw. nach Erweiterung des Ministeriums vom BMJV im BAnz bekannt gemacht. Für nach dem 31.12.2015 beginnende Gj sind folgende Standards maßgebend:

8

- **DRS 3 (SegmBer)** i.d.F. vom 21.4.2016. Der DRS 3 enthält in Anlagen Besonderheiten der SegmBer von Kredit- und Finanzdienstleistungsinstituten (Anlage 2) und von VersicherungsUnt (Anlage 3).
- **DRS 7 (Konzern-EK und Konzerngesamtergebnis)** i.d.F. vom 5.1.2010 für vor dem 1.1.2017 beginnende Gj. Der Standard wird aufgehoben und durch den am 25.9.2015 verabschiedeten **DRS 22 (Konzern-EK)** ersetzt. Nach DRS 22.64 ist eine frühere vollumfängliche Anwendung des DRS 22 zulässig und wird empfohlen.
- **DRS 21 (KFR)** i.d.F. vom 21.4.2016.

Durch die Bekanntmachungen im BAnz wird vermutet, dass bei Beachtung der Regelungen in den bekannt gemachten Standards die GoB von KonzernUnt beachtet werden. Die in **§ 342 Abs. 2 HGB** im Gesetz geäußerte **Vermutung** kann die Gerichte bei ihrer Auslegung der GoB von KonzernUnt aber nicht binden.[4] Abweichungen von den im BAnz veröffentlichten Empfehlungen des DSR führen somit nicht zwingend zu Auswirkungen auf den Bestätigungsvermerk, weil das MU den gesetzlichen Anforderungen zum Teil auch auf andere Weise nachkommen kann.

2.1 Konzernbilanz

§ 298 Abs. 1 HGB schreibt eine entsprechende Anwendung der Vorschriften für die Bilanz großer KapG einschl. der rechtsformspezifischen Vorschriften vor, soweit die Eigenart des Konzernabschlusses keine Abweichung bedingt oder in den Vorschriften der §§ 298 ff. HGB nichts anderes bestimmt ist. Somit ist die Konzernbilanz in **Kontoform** aufzustellen und es sind die Posten grds. entsprechend den **Gliederungsvorschriften des** § 266 Abs. 2, 3 **HGB** aufzuführen. Zu Ausnahmen wird auf die Kommentierung zu § 298 HGB verwiesen.

9

---

[3] Vgl. auch WPH Edition, Wirtschaftsprüfung & Rechnungslegung, 15. Aufl., 2017, Abschn. G, Tz 131.
[4] Vgl. *Schmidt/Holland*, in Beck Bil-Komm., 10. Aufl., 2016, § 342 HGB, Rz 18.

2.2 Konzern-Gewinn- und Verlustrechnung

10 § 298 Abs. 1 HGB schreibt eine entsprechende Anwendung der Vorschriften für die GuV großer KapG einschließlich der rechtsformspezifischen Vorschriften vor, soweit die Eigenart des Konzernabschlusses keine Abweichung bedingt oder in den Vorschriften der §§ 298 ff. HGB nichts anderes bestimmt ist. Somit ist die Konzern-GuV in **Staffelform** aufzustellen und es sind die Posten grds. entsprechend den Gliederungsvorschriften des **§ 275 Abs. 2 HGB (GKV)** oder des **§ 275 Abs. 3 HGB (UKV)** aufzuführen. Zu Ausnahmen wird auf die Kommentierung zu § 298 HGB verwiesen.

2.3 Konzernanhang

11 Mit vollständigem Wirksamwerden des BilRUG, also für Gj, die nach dem 31.12.2015 beginnen, sieht § 313 Abs. 1 Satz 1 HGB erstmals eine Gliederungsvorgabe für den Konzernanhang vor. Danach sind die Angaben zu einzelnen Posten der Konzernbilanz und Konzern-GuV in der Reihenfolge der einzelnen Posten der Konzernbilanz und Konzern-GuV darzustellen. Mit dieser Vorschrift wurde Art. 15 der Richtlinie 2013/34/EU umgesetzt. Nach einhelliger Literaturauffassung ist die Vorschrift nicht wortwörtlich, sondern nach deren Sinn und Zweck, die Klarheit und Übersichtlichkeit des Anhangs zu verbessern, auszulegen.[5]
Hierdurch kann es z.B. zu folgenden Abweichungen im Vergleich zu einer wortwörtlichen Auslegung der Norm kommen:
– Die Angabe zu den angewandten Bilanzierungs- und Bewertungsmethoden auf die Posten der Konzernbilanz und Konzern-GuV und deren Änderungen zum Vj. stellt eines der Schlüsselelemente des Anhangs zum Abschluss dar. Daher ist weiterhin die Vorabdarstellung in einem gesonderten Abschnitt im Konzernanhang sinnvoll und zulässig. Dabei ist aber darauf zu achten, dass diejenigen Angaben, die zu einzelnen Posten der Konzernbilanz und Konzern-GuV vorgeschrieben und keine Angaben zu den Bilanzierungs- und Bewertungsmethoden sind, nicht in den vorangestellten „allgemeinen Angaben zu Bilanzierungs- und Bewertungsmethoden" gemacht werden.

> **Beispiel**
> Angabe der Bilanzierungs- und Bewertungsmethoden
> „Rückstellungen für Pensionen und ähnliche Verpflichtungen werden nach der Projected-Unit-Credit-Methode bewertet. Die Abzinsung erfolgt pauschal mit dem von der Deutschen Bundesbank bekannt gegebenen durchschnittlichen Marktzinssatz der vergangenen zehn Geschäftsjahre, der sich bei einer angenommenen Restlaufzeit von 15 Jahren ergibt. Bei den erwarteten Gehaltssteigerungen werden neben dem reinen Gehaltstrend auch eine erwartete Inflationsrate und ein Karrieretrend einbezogen. Den

---

5 Vgl. *Grottel*, in Beck Bil-Komm., 10. Aufl., 2016, § 313 HGB, Rz 26 f.; WPH Edition, Wirtschaftsprüfung & Rechnungslegung, 15. Aufl., 2017, Abschn. G, Tz, 722 i.V.m. Abschn. F, Tz 910; *Rimmelspacher/Meyer*, DB 2015, Beilage 05 zu Heft Nr. 36 von 2015, S. 30 mit weiteren Nachweisen sowie *Fink/Theile*, DB, S. 754 mit Begründungen.

> Berechnungen liegen die Generationentafeln von Prof. Dr. Heubeck (Richttafeln 2005 G) und eine branchenübliche Fluktuation zugrunde."
> Die weiteren Pflichtangaben zu den Pensionen und ähnlichen Verpflichtungen sind hiervon getrennt bei den Erläuterungen zur Konzernbilanz und Konzern-GuV vorzunehmen, da es sich hier nicht um Methoden handelt:
> „Der Bewertung der Pensionsverpflichtungen liegt ein Zinssatz von 4,0 % p.a. und eine erwartete Lohn- und Gehaltssteigerung von 1,5 % p.a. zugrunde.
> Bei den Pensionsrückstellungen ergibt sich zwischen dem Ansatz nach dem durchschnittlichen Marktzinssatz aus den vergangenen 10 Gj und dem Ansatz nach dem durchschnittlichen Marktzinssatz aus den vergangenen 7 Gj ein Unterschiedsbetrag zum 31.12.2016 i.H.v. TEUR 900."

- Eine Darstellung in der Reihenfolge der Posten der Konzernbilanz und Konzern-GuV verbietet sich in den Fällen, in denen das Gesetz eine gesonderte Darstellung von Angaben verlangt. Dies trifft bspw. auf die Aufstellung eines Anlagenspiegels nach § 313 Abs. 4 i.V.m. § 284 Abs. 3 HGB zu.
- Bei Angaben, die mehrere Posten betreffen, ist die gesamte Anhangangabe dort vorzunehmen, wo sie nach dem Sinn und Zweck am besten geeignet erscheint. Eine Aufteilung und Darstellung des Sachverhaltes an mehreren Stellen des Anhangs ist nicht sachgerecht, wenn dadurch die Klarheit und Übersichtlichkeit beeinträchtigt wird (Bsp.: bestehende Sicherheiten für bestimmte Verbindlichkeiten; Angaben zu den Schulden mit dem mit ihnen verrechneten Deckungsvermögen, Angaben zu Ausschüttungssperren).
- Eine Zusammenfassung von Restlaufzeiten (bis zu einem Jahr, von mehr als einem Jahr und von mehr als fünf Jahren) in einem Verbindlichkeitenspiegel zu allen Posten der Verbindlichkeiten dient der Übersichtlichkeit. Die Darstellung des Verbindlichkeitenspiegels oder der Verweis auf eine entsprechende Anlage ist dabei an den Anfang oder an das Ende der Angaben zu den Posten der Verbindlichkeiten vorzunehmen.

Die Verbesserung der Klarheit und Übersichtlichkeit als Grund der Einführung einer vorgeschriebenen Reihenfolge wird i.d.R. auch dann erfüllt, wenn Angaben dem Anhang als Anlagen beigefügt werden und in dem Anhang an entsprechender Stelle auf die Anlagen verwiesen wird (z.B. Anlagenspiegel, Beteiligungsliste, Zinsergebnis).

Aufgrund der Vielzahl und zudem an unterschiedlichen Stellen im Gesetz geregelten Angabepflichten für den Konzernanhang empfiehlt sich zur Sicherstellung der Vollständigkeit der Angaben die Nutzung einer **Konzernanhangcheckliste**. Mögliche Konzernanhangangabe-Pflichten ergeben sich aus

- Vorschriften für den Jahresabschluss, die analog über § 298 Abs. 1 HGB auch für den Konzernabschluss gelten,
- konzernspezifischen Anhangangabe-Pflichten und
- rechtsform- und/oder geschäftszweigspezifischen Anhangvorschriften, die über § 298 Abs. 1 HGB grds. auch für den Konzernabschluss gelten.

Daneben bestehen **Vorschriften und Empfehlungen des DSR** zu weiteren **Konzernanhangangaben** in den vom BMJ bzw. BMJV im BAnz veröffentlichten und nicht außer Kraft gesetzten Standards. Es handelt sich hier in aller Regel um Vorschriften und Empfehlungen zur Aufnahme von weiteren Angaben in den Konzernanhang, die über die im Gesetz im Einzelnen aufgeführten gesetzlichen Pflichtangaben hinausgehen und ihre gesetzliche Anspruchsgrundlage in der Generalnorm des § 297 Abs. 2 Satz 2 HGB haben. Die Beachtung dieser Vorschriften verbessert die Aussagekraft des Konzernabschlusses. Mangels spezieller gesetzlicher Anhangangabevorschriften führt die **Nichtbeachtung** derartiger Regeln aber grundsätzlich nicht dazu, dass von einem Verstoß gegen die Generalnorm des § 297 Abs. 2 Satz 2 HGB (unzureichende Wiedergabe der Vermögens-, Finanz- und Ertragslage) auszugehen ist. Der AP hat in den Fällen über Abweichungen von DRS-Vorschriften, die nicht den Bestätigungsvermerk beeinflussen, **im Prüfungsbericht** in entsprechender Anwendung von IDW PS 450, Tz 134 gesondert **zu berichten**. [6] Über Abweichungen von Empfehlungen des DSR in den DRS braucht nicht berichtet zu werden, zur Begründung s. Rz 64. Zur Sicherstellung der Vollständigkeit von veröffentlichten Anhangangabevorschriften des DSR, die über eine Empfehlung hinausgehen, ist die Nutzung einer Anhangcheckliste sinnvoll.

2.4 Kapitalflussrechnung (KFR)

14 Gesetzliche Regelungslücken hinsichtlich des Inhalts und der Ausgestaltung der KFR werden durch **DRS 21 (KFR)** ausgefüllt. Der Standard ist spätestens für nach dem 31.12.2014 beginnende Gj zu beachten.[7] **Abweichungen** von den Empfehlungen des DSR führen nicht zwingend zu Auswirkungen auf den Bestätigungsvermerk, weil das Unt den gesetzlichen Anforderungen auch auf andere Weise nachkommen kann. Nur wenn der AP zur Beurteilung gelangt, dass die Widerlegung der GoB-Vermutung gem. § 342 Abs. 2 HGB im Einzelfall nicht gelungen ist, ergeben sich Auswirkungen auf den Bestätigungsvermerk.[8]

15 Die Änderungen in DRS 21 führen zu einer weiteren Annäherung an IAS 7. Die Regelungen und Pflichtangaben in DRS 21 gehen im Allgemeinen über die in IAS 7 hinaus. Dies betrifft z. B. Regeln zur Einhaltung einer Mindestgliederung und Form der Darstellung sowie zur eindeutigen Zuordnung sowohl von erhaltenen als auch gezahlten Dividenden und Zinsen. Durch bestehende Spielräume bzw. Wahlrechte in IAS 7 ist eine nahezu vollständige Kompatibilität mit DRS 21 möglich.[9]

2.4.1 Aufgaben und Grundsätze der Kapitalflussrechnung

16 Mithilfe der KFR werden reine **Zahlungsströme** in einem Gj dargestellt. Da die Ein- und Auszahlungen im Gj die Grundlage für die Erstellung der KFR sind,

---

[6] Vgl. IDW-Ergebnisbericht über die 189. Sitzung des HFA am 29.9.2003, Tagesordnungspunkt 7. Inhaltliche Änderungen durch die Neufassungen der IDW PS 400er-Reihe sind diesbezüglich nicht vorgesehen, vgl. EPS 450, Tz 134.

[7] Siehe DRS 21.55.

[8] S. Ergebnisbericht über die 189. Sitzung des HFA am 29.9.2003, Tagesordnungspunkt 7. Vgl. auch *Schmidt/Holland*, in Beck Bil-Komm., 10. Aufl., 2016, § 342 HGB, Rz 19; WPH Edition, Wirtschaftsprüfung & Rechnungslegung, 15. Aufl., 2017, Abschn. G, Tz 860; *Baumann/Weiser*, DB 2016, S. 121.

[9] Hinsichtlich der wesentlichen Unterschiede zwischen IAS 7 und DRS 21 s. *Rudolph*, Beck'sches IFRS-Handbuch, 5. Aufl., 2016, § 18, Rn. 95f.

kommt es nicht oder i.d.R. nur in unwesentlichem Umfang zu Bewertungseinflüssen (**Bewertungsunabhängigkeit**). Dadurch wird insoweit ein objektives Bild der Finanzlage vermittelt. Die KFR stellt Informationen über die Zahlungsströme und Zahlungsmittelbestände eines Unt dar und vermittelt somit Informationen darüber, auf welche Weise das Unt Zahlungsmittel und Zahlungsmitteläquivalente erwirtschaftet hat,[10] welche zahlungswirksamen Investitionen vorgenommen und wie diese finanziert wurden.[11]

Bei der Erstellung einer KFR sind folgende Grundsätze zu beachten: 17

- **Stetigkeit:** Es ist die gleiche Darstellung und bei Wahlrechten die gleiche Zuordnung von Zahlungsströmen zu den einzelnen Tätigkeitsbereichen wie im Vorjahr vorzunehmen. Ausnahmen ergeben sich bei Inkrafttreten eines neuen Standards und Änderungen eines Standards durch einen DRÄS.[12]
- **Nachprüfbarkeit:** Die Werte der KFR müssen sich aus der Buchführung bzw. daraus abgeleiteten Konzernbilanz und Konzern-GuV der Ges. entwickeln lassen.[13] Nicht erforderlich ist, dass sich die Werte unmittelbar aus den Zahlen und Angaben des Konzernabschlusses ergeben.
- **Wesentlichkeit:** Zahlungsströme aus Vorgängen von wesentlicher Bedeutung sind jeweils gesondert innerhalb des jeweiligen Tätigkeitsbereichs auszuweisen.[14] Die Bestimmung der Wesentlichkeit von Vorgängen oder Sachverhalten ergibt sich i.d.R. aus den absoluten oder relativen Werten. Vorgänge von unwesentlicher Bedeutung einschl. Wechselkursveränderungen müssen nicht gesondert ausgewiesen werden.
- **Einzubeziehende Ges.:** Alle in den Konzernabschluss einbezogenen Ges. sind entsprechend ihrer Konsolidierungsmethode in die KFR aufzunehmen[15], d.h.
  – der dem Konzernabschluss zugrunde liegende KonsKreis ist auch für die KFR maßgeblich.
  – Zahlungsströme zwischen den in dem Konzernabschluss voll konsolidierten Unt sind zu konsolidieren.
  – GemeinschaftsUnt fließen quotal in die KFR ein. Der auf GemeinschaftsUnt entfallende Fonds ist gesondert anzugeben.[16]
  – bei assoziierten Unt sind nur die Zahlungen zwischen dem assoziierten Unt und KonzernUnt bzw. bei einem Kauf/Verkauf die damit verbundenen Zahlungen zu erfassen.[17]

2.4.2 Abgrenzung des Finanzmittelfonds

Die KFR geht von der Veränderung des sog. Finanzmittelfonds aus. Hinsichtlich 18
der Abgrenzung des Finanzmittelfonds besteht zwischen den Empfehlungen in dem aufgehobenen DRS 2 und dem neuen DRS 21 ein wesentlicher Unterschied.

---

10 Vgl. *Scheffler*, BB 2002, S. 295.
11 Zu den Vorteilen einer zahlungsstromorientierten Darstellung s. WPH Edition, Wirtschaftsprüfung & Rechnungslegung, 15. Aufl., 2017, Abschn. G, Tz 820.
12 Vgl. DRS 21.23 und 21.17.
13 Vgl. DRS 21.10.
14 Vgl. DRS 21.27 und DRS 21. B5.
15 Vgl. DRS 21.14.
16 Vgl. DRS 21.52d.
17 Vgl. DRS 21.14.

Das Wahlrecht zur Einbeziehung jederzeit fälliger Bankverbindlichkeiten in den Finanzmittelfonds, soweit sie zur Disposition der liquiden Mittel gehören, wurde abgeschafft und stattdessen eine Einbeziehungspflicht jederzeit fälliger Verbindlichkeiten gegenüber Kreditinstituten sowie anderer kurzfristiger Kreditaufnahmen, die zur Disposition der liquiden Mittel gehören, festgesetzt, s. DRS 21.34. Durch die Pflicht zur Einbeziehung und der offenen Absetzung von negativen und positiven Fondsbestandteilen sollen Gestaltungsspielräume vermieden und eine bessere Nachvollziehbarkeit gewährleistet werden.[18] Es ist aus DRS 21.34 nicht ersichtlich, ob sich der Relativsatz auf beide voranstehende Aufzählungen oder nur auf das unmittelbar voranstehende Element bezieht. Fraglich ist somit, ob für jederzeit fällige Verbindlichkeiten gegenüber Kreditinstituten Voraussetzung für die Aufnahme in den Finanzmittelfonds ist, dass sie zur Disposition der liquiden Mittel gehören. Aufgrund der Regelung im vor DRS 21 geltenden DRS 2 und der Herstellung einer Bezugnahme zur Zahlungsmitteldisposition des Unt auch in IAS 7.8 ist davon auszugehen, dass zwingende Voraussetzung der Zuordnung von jederzeit fälligen Verbindlichkeiten gegenüber Kreditinstituten zum Finanzmittelfonds ist, dass diese zur Disposition der liquiden Mittel gehören.[19] Fraglich ist, wann dies in konkreten Fällen zutrifft. Kurzfristige Betriebsmittel-, Saison-, Überziehungs- und Zwischenkredite, die während der Abrechnungsperiode vollständig zurückgeführt wurden oder in der folgenden Abrechnungsperiode voraussichtlich zurückgeführt werden, dürften regelmäßig dem Finanzmittelfonds zuzurechnen sein. Bei dauerhafter Kreditinanspruchnahme ist abzuwägen, ob die Finanzierung zur Disposition der liquiden Mittel gehört. Die Einschätzung richtet sich auch nach der subjektiven Zweckbestimmung des Bilanzierenden.

> **Beispiel**
> Die Verbindlichkeiten gegenüber Kreditinstituten aus einem Kontokorrentkredit betragen zum Bilanzstichtag EUR 200.000. Dieser Saldo resultiert aus der Finanzierung des Working Capitals (EUR 150.000) und einer im Geschäftsjahr angeschafften Produktionsmaschine (EUR 50.000). Der Kontokorrentkredit wurde im gesamten Geschäftsjahr mit mindestens EUR 110.000 in Anspruch genommen.
> Zur Bestimmung der Abgrenzung des Finanzmittelfonds ist zu bestimmen, ob der Kontokorrentkredit in die Liquiditätsdisposition eingebunden oder eine mittel- oder langfristige Finanzierung mit dem Vorteil flexibler Tilgungsraten beabsichtigt ist. Insofern besteht für den Bilanzierenden ein faktisches Wahlrecht, das durch den Grundsatz der Stetigkeit eingeengt wird. Je nach subjektiver Zweckbestimmung könnten nicht dem Finanzmittelfonds, sondern der Finanzierungstätigkeit zuzuordnen sein:
> – EUR 50.000 zur Finanzierung von Anlagevermögen
> – EUR 110.000 als dauerhafter Finanzierungsbedarf des Working Capitals

---

[18] Vgl. DRS 21.B14.
[19] So auch *Baumann/Weiser*, DB 2016, S. 121.

Der Finanzmittelfonds umfasst somit:

Nach DRS 21 Zahlungsmittel
+ Zahlungsmitteläquivalente
– Jederzeit fällige Verbindlichkeiten gegenüber Kreditinstituten, die zur Disposition der liquiden Mittel gehören (Pflicht[20])
– Andere kurzfristige Kreditaufnahmen, die zur Disposition der liquiden Mittel gehören (Pflicht[21])

Zahlungsmittel umfassen Barmittel und täglich fällige Sichteinlagen, d.h. Guthaben auf Girokonten und Tagesgeldguthaben. Diese Mittel sind unabhängig davon zu berücksichtigen, ob sie in ausländischer Währung gehalten werden und Wertschwankungen unterliegen können. **Zahlungsmitteläquivalente** sind kurzfristige, äußerst liquide Finanzmittel, die jederzeit in Zahlungsmittel umgewandelt werden können, nur unwesentlichen Wertschwankungen bzw. Einlösungsrisiken unterliegen und als Liquiditätsreserve dienen. Zahlungsmittel und Zahlungsmitteläquivalente sind üblicherweise in folgenden Bilanzposten enthalten: 19

- Kassenbestand, Bundesbankguthaben, Guthaben bei Kreditinstituten und Schecks
  Durch Präzisierung der Definition der Zahlungsmitteläquivalente dürfen kurzfristige Mittel **im Erwerbszeitpunkt** nur eine **Restlaufzeit** von **maximal drei Monaten** haben.[22] Festgeldanlagen mit einer Gesamtlaufzeit von mehr als drei Monaten zum Zeitpunkt des Erwerbs gehören somit nicht zum Finanzmittelfonds. Ein- und Auszahlungen von Fest- oder Termingeldanlagen mit mehr als dreimonatiger Restlaufzeit zum Zeitpunkt des Erwerbs sind innerhalb der Investitionstätigkeit gesondert als „Ein- bzw. Auszahlungen aufgrund von Finanzmittelanlagen im Rahmen der kurzfristigen Finanzdisposition" zu erfassen.
- Sonstige Wertpapiere
  Voraussetzung ist, dass es sich um liquide verzinsliche Anlagen handelt, die keinen wesentlichen Wertschwankungsrisiken (z.B. in Form von Einlösungs-, Zins- und Währungsrisiken) unterliegen. Beispiele sind kurzlaufende festverzinsliche Wertpapiere gegen solvente Kreditinstitute. Langfristige festverzinsliche Anleihen und Festgeldanlagen mit mehr als dreimonatiger unkündbarer Laufzeit erfüllen die Voraussetzungen dagegen nicht.

Forderungen aus **Cash-Pooling**-Guthaben sind, sofern sie nicht im Rahmen der SchuldenKons weggelassen werden (Beispiele: Verzicht auf die Einbeziehung eines TU nach § 296 HGB, Bestehen eines *Cash-Managements* mit GruppenUnt, die nicht zum KonsKreis gehören), nach hier vertretener Auffassung aufgrund des inhärenten Risikos von Forderungsausfällen nicht dem 20

---

[20] DRS 21.34.
[21] DRS 21.34.
[22] DRS 21.9.

Finanzmittelfonds zuzurechnen. Eine explizite Regelung im DRS 21 oder den Begründungen zum DRS 21 fehlt.[23]

21 Werden in den Finanzmittelfonds Zahlungsmittel und/oder Zahlungsmitteläquivalente einbezogen, die einer **Verfügungsbeschränkung** unterliegen (z. B. durch Verpfändungen, Kreditvereinbarungen, Transferbeschränkungen, Verwahrgeldguthaben), ist zunächst zu prüfen, ob bei Zahlungsmitteläquivalenten die Voraussetzungen für die Zuordnung zum Finanzmittelfonds trotz der Verwendungsbeschränkung gegeben sind. Bspw. wird ein verpfändetes Sparbuch als Mietkaution trotz Kündigungsmöglichkeit nach drei Monaten nicht als Liquiditätsreserve gehalten, sodass kein Zahlungsmitteläquivalent vorliegt. Gibt es Bestände im Finanzmittelfonds, die Verfügungsbeschränkungen unterliegen (z. B. bei entsprechenden Kreditvereinbarungen), sind diese Beschränkungen unter der KFR oder im Konzernanhang anzugeben.[24]

22 Unter die **jederzeit fälligen Verbindlichkeiten gegenüber Kreditinstituten** fallen Kontokorrentkredite.[25] Unter die **anderen kurzfristigen Kreditaufnahmen, die zur Disposition der liquiden Mittel gehören,** können kurzfristige Bankkredite, am Kapitalmarkt begebene Commercial Papers, bei Einbindung in das kurzfristige Cash Management des Unt auch Cash Pool-Verbindlichkeiten[26] und kurzfristige Überbrückungskredite eines Gesellschafters fallen. Die in dem Posten Verbindlichkeiten gegenüber Kreditinstituten enthaltenen Darlehensverbindlichkeiten gehören nicht dazu, auch wenn sie kurzfristig fällig werden oder bereits fällig sind. Tilgungen derartiger Darlehensverbindlichkeiten sind im Cashflow aus der Finanzierungstätigkeit zu erfassen. Nach DRS 21.34 sind die einzubeziehenden Verbindlichkeiten offen abzusetzen. Dies kann bei den ergänzenden Angaben unter der KFR oder im Anhang erfolgen.

2.4.3 Ermittlung der Cashflows

23 Die einzelnen Cashflows können nach der **originären** oder der **derivativen** Methode ermittelt werden.[27]
Die originäre Methode ordnet alle Geschäftsvorfälle, die zu einer Veränderung des Finanzmittelfonds führen, einzelnen Zahlungsströmen zu. Die Ein- und Auszahlungen werden somit unmittelbar aus den Daten der Finanzbuchhaltung entnommen. Dafür ist im Kontenplan die klare Trennung der Zahlungsströme Voraussetzung, was i. d. R. mit einem hohen Zeitaufwand verbunden ist.
Bei der derivativen Methode bildet das Rechnungswesen die Basis zur Ermittlung der Zahlungsströme. Die einzelnen Zahlungsströme werden aus der Konzern-GuV und der Konzernbilanz (Top-down-Ansatz) bzw. der einzelnen

---

[23] So auch *Rimmelspacher/Reitmeier*, WPg 2014, S. 789; *Baumann/Weiser*, DB 2016, S. 121 und „grds." auch *Winkeljohann/Rimmelspacher*, in Beck Bil-Komm., 10. Aufl., 2016, § 297 HGB, Rz 59.
[24] Vgl. DRS 21.52e und DRS 21.53.
[25] Zur Frage der jederzeitigen Fälligkeit siehe ausführlich *Baumann/Weiser*, DB 2016, S. 121.
[26] Vgl. *Baumann/Weiser*, DB 2016, S. 121; *Winkeljohann/Rimmelspacher*, in Beck Bil-Komm., 10. Aufl., 2016, § 297 Tz 61.
[27] Vgl. DRS 2.12. Da die Praxis der KFR international und in Deutschland inzwischen so weit gediehen ist, wird in DRS 21 auf Angaben zur originären und derivativen Erstellung der KFR verzichtet, vgl. DRS 21.B4. Materielle Änderungen zu den bisherigen GoB ergeben sich dadurch nicht.

KFR der einzubeziehenden Unt. (Bottom-up-Ansatz) abgeleitet. In der Praxis ist die derivative Methode vorherrschend[28]

2.4.4 Darstellung der Kapitalflussrechnung

Die KFR ist in Staffelform aufzustellen.[29] Die liquiditätswirksamen Veränderungen von Bilanz- und GuV-Posten, die die Nettoveränderung des Finanzmittelfonds ergeben, sind zweckmäßigerweise nach folgendem **Schema** darzustellen:

Schema
+/– Cashflow aus der laufenden Geschäftstätigkeit
+/– Cashflow aus der Investitionstätigkeit
+/– Cashflow aus der Finanzierungstätigkeit
+/– Wechselkurs-, konsolidierungskreis- und bewertungsbedingte Änderungen des Finanzmittelfonds
= Nettoveränderung des Finanzmittelfonds

DRS 21 schreibt **Mindestgliederungen** vor, die nach der **direkten** und **indirekten Methode** dem Standard als Anlage beigefügt sind. Das Mindestgliederungsschema ist in DRS 21 im Vergleich zum vorherigen Standard zur KFR (DRS 2) erweitert worden und enthält nun bei der KFR nach der direkten Methode 41 Einzelposten (DRS 2: 25 Einzelposten) und nach der indirekten Methode 48 Einzelposten (DRS 2: 29 Einzelposten). Zusätzlich sind Zahlungsströme aus Vorgängen von wesentlicher Bedeutung,[30] wesentliche liquiditätswirksame außerordentliche Posten bzw. nach BilRUG Erträge und Aufwendungen von außergewöhnlicher Größenordnung oder außergewöhnlicher Bedeutung i.S.v. § 314 Abs. 1 Nr. 23 HGB,[31] wesentliche Auswirkungen aus Wechselkursveränderungen und anderen Bewertungsvorgängen im Finanzmittelfonds,[32] und wesentliche Auswirkungen auf den Finanzmittelfonds aus Änderungen des KonsKreis, sofern sie nicht auf Käufen oder Verkäufen beruhen,[33] gesondert darzustellen.

Einzahlungen der und **Auszahlungen an Minderheitsgesellschafter** im Rahmen der Finanzierungstätigkeit (z.B. EK-Zuführungen, Dividenden, EK-Rückzahlungen, andere Ausschüttungen) sind gesondert anzugeben. Das Wahlrecht in DRS 2.51, diese Differenzierung zwischen Gesellschaftern des MU und anderen Gesellschaftern in der KFR durch zusätzliche Posten gesondert oder im Anhang darzustellen,[34] ist nach DRS 21 durch entsprechende Erweiterung des Mindestgliederungsschemas zugunsten der gesonderten Angabe von Ein- und Auszahlungen von Gesellschaftern des MU und anderen Gesellschaftern in der KFR weggefallen.

---

[28] Zu den Aufstellungstechniken der KFR s. auch WPH Edition, Wirtschaftsprüfung & Rechnungslegung, 15. Aufl., 2017, Abschn. G, Tz 836–840.
[29] Vgl. DRS 21.21.
[30] Vgl. DRS 21.27.
[31] Vgl. DRS 21.28.
[32] Vgl. DRS 21.37.
[33] Vgl. DRS 21.36.
[34] Vgl. DRS 2.51.

27 Die KFR kann nach der **direkten** und nach der **indirekten Methode** aufgestellt werden. Für die Darstellung wird nach DRS 21.24 **keine Vorgehensweise bevorzugt**. Die beiden Methoden unterscheiden sich ausschließlich in der Darstellung der Cashflows aus der laufenden Geschäftstätigkeit. Die Cashflows aus der Investitions- und Finanzierungstätigkeit sind immer nach der direkten Methode darzustellen.

28 Bei der direkten Methode werden die wesentlichen Bruttoeinzahlungen und Bruttoauszahlungen in der KFR gegenübergestellt.

Schema

+   Umsatzerlöse laut GuV
+/− Bestandsveränderung der Lieferungs- und Leistungsforderungen
+/− Zuschreibungen/Abschreibungen der Lieferungs- und Leistungsforderungen
=   Umsatzeinzahlungen

Sofern wesentlich, sind zusätzlich Auswirkungen der USt zu berücksichtigen, da die Umsatzerlöse netto ohne USt, die Lieferungs- und Leistungsforderungen jedoch i. d. R. brutto mit USt ausgewiesen werden.

Bei der indirekten Methode wird das Periodenergebnis um alle nicht zahlungswirksamen Aufwendungen und Erträge (insb. Abschreibungen, Bestandsveränderungen, Veränderungen der Rückstellungen und Veränderungen des übrigen Nettoumlaufvermögens) bereinigt.

2.4.4.1 Cashflow aus laufender Geschäftstätigkeit

29 Durch DRS 21 werden neben den Erweiterungen der Mindestgliederung insb. Zuordnungen von Zahlungsströmen zum vorherigen DRS 2 geändert. Während es nach DRS 2 noch weitreichende Zuordnungswahlrechte gibt, werden nach DRS 21 Zuordnungen von Zahlungsströmen zu der laufenden Geschäftstätigkeit, der Investitionstätigkeit und der Finanzierungstätigkeit konkreter bestimmt und vorgegeben. Zur Kritik § 264 Rz 31 ff.

Die wesentlichen Änderungen durch DRS 21 bezogen auf den Cashflow aus laufender Geschäftstätigkeit betreffen:
- Der unbestimmte Rechtsbegriff **Periodenergebnis** als Ausgangsgröße bei der KFR nach der indirekten Methode **wird** im Standard **definiert**.[35] Es ist nunmehr grds. vom Konzernjahresüberschuss/-fehlbetrag laut Konzern-GuV einschl. Ergebnisanteilen anderer Gesellschafter und somit von einem im HGB definierten Wert auszugehen. Wird eine nach DRS 21.41 zulässige andere Ausgangsgröße (z. B. EBIT, EBITDA) gewählt, ist diese in den ergänzenden Angaben zur KFR auf den Konzernjahresüberschuss/-fehlbetrag überzuleiten, oder es ist auf die separat ausgewiesene Größe in der Konzern-GuV zu verweisen.

---

[35] Vgl. DRS 21.9 und DRS 21B11.

> z. B. „Zunahme/Abnahme der Rückstellungen ohne Sachverhalte von außergewöhnlicher Größenordnung oder außergewöhnlicher Bedeutung".

- Erhöhungen des Postens aufgrund der Aufzinsung langfristiger Rückstellungen.

> **Beispiel**
> Eine Rückstellung für Rückbauverpflichtung ist vollständig mit 100.000 EUR passiviert. Der Rückbau wird voraussichtlich in drei Jahren erfolgen, bei einem unterstellten Diskontierungszinssatz von 4 % p. a. ergibt sich ein Rückstellungsbetrag i. H. v. (100.000 EUR / $1,04^3$) 88.899,64 EUR. Am nächsten Abschlussstichtag sollen sich mit Ausnahme der Aufzinsung der Verpflichtung keine Veränderungen ergeben. Der Rückstellungsbetrag beträgt nun (100.000 EUR / $1,04^2$) 92.455,62 EUR. Im Einklang mit § 298 Abs. 1 i. V. m. § 277 Abs. 5 HGB wird der Konzern buchen:
>
> | | |
> |---|---|
> | Zinsen und ähnliche Aufwendungen | 3.555,98 EUR |
> | an sonstige Rückstellungen | 3.555,98 EUR. |
>
> Da der Vorgang im Gj nicht zahlungswirksam ist, muss das durch die Buchung geringere Periodenergebnis korrigiert werden. Dies kann bei den Rückstellungen (Posten 3) oder den Zinsaufwendungen (Posten 8) erfolgen. Nach DRS 21 Tz 9 umfassen Zinsen i. S. d. Standards nur Zinsen für Kapitalüberlassung, also für gewährte bzw. aufgenommene Kredite/Darlehen. Die Korrektur des geringeren Periodenergebnisses hat somit bei den Veränderungen der Rückstellungen zu erfolgen. Zur Klarstellung sollten Angaben des abweichenden Inhaltes des Begriffs Zinsaufwendungen in der Konzern-GuV und in der KFR gemacht werden.

- Erwerbe oder Verkäufe von TU. Der mit der Veränderung des KonsKreises verbundene Zu- oder Abgang von Rückstellungen ist als Einzahlungen aus Abgängen aus dem bzw. Auszahlungen für Zugänge zum KonsKreis im Cashflow aus der Investitionstätigkeit zu erfassen.

> **Beispiel**
> Das MU erwirbt am 1.8.00 alle Anteile an dem TU für einen sofort beglichenen Kaufpreis i. H. v. 450.000 EUR. Das TU wird im Rahmen der VollKons zum Erwerbszeitpunkt in den Konzernabschluss einbezogen. Am 1.8.00 hatte das TU Rückstellungen i. H. v. 100.000 EUR und weder liquide Mittel noch andere dem Finanzmittelfonds zuzurechnende Vermögensgegenstände und Schulden. Am 31.12.00 hat sich der Rückstellungsbetrag im Konzernabschluss um 60.000 EUR erhöht.
> Eine bloße Übernahme der Differenzen aus der Bewegungsbilanz würde zu fehlerhaften Ergebnissen führen. Unter der Annahme, dass vor dem Beteiligungserwerb ein liquiditätswirksamer Periodengewinn i. H. v. 10.000 EUR vorliegt, würde sich bei bloßer Übernahme das folgende Bild ergeben:

Periodenergebnis	10.000 EUR
+ Zunahme der Rückstellungen	60.000 EUR
= Cashflow aus der laufenden Geschäftstätigkeit	70.000 EUR

Da die übernommenen Rückstellungen die Kaufpreishöhe beeinflusst haben und damit in den Auszahlungen für Zugänge zum Konsolidierungskreis enthalten sind, sind die Rückstellungen zunächst um Sachverhalte, die der Investitionstätigkeit zuzuordnen sind, zu bereinigen (somit der übernommene Rückstellungsbetrag zum 1.8.00 i. H. v. 100.000 EUR). Es errechnet sich dann für die laufende Geschäftstätigkeit eine zu erfassende Abnahme der Rückstellungen von 40.000 EUR. Zur Klarstellung sollte die Postenbezeichnung in der KFR ergänzt werden, z. B. „Zunahme/Abnahme der Rückstellungen, die nicht der Investitionstätigkeit zuzuordnen sind". Nach Korrektur der Rückstellungen ergibt sich folgender Cashflow aus der laufenden Geschäftstätigkeit:

Periodenergebnis	10.000 EUR
+ Abnahme der Rückstellungen, die nicht der Investitionstätigkeit zuzuordnen sind	–40.000 EUR
= Cashflow aus der laufenden Geschäftstätigkeit	–30.000 EUR

34 Was im Einzelnen unter **sonstige zahlungsunwirksame Aufwendungen/Erträge** auszuweisen ist, ergibt sich nicht aus dem DRS 21. Nach hier vertretener Auffassung gelten folgende Grundsätze:
- Diverse andere Posten in der KFR enthalten bereits zahlungsunwirksame Aufwendungen/Erträge (Nrn. 2, 3 und 7) oder können solche enthalten (Nrn. 9, 10, 11 und 12). Der Ausweis unter den anderen Posten geht vor, nur dort nicht erfasste „sonstige" zahlungsunwirksame Aufwendungen/Erträge kommen für den Ausweis in Betracht.
- Der Posten 4 und die Posten 5 und 6 sind nicht eindeutig voneinander abgrenzbar und bilden eine Schnittmenge. Wenn z. B. bei kalendergleichem Gj die Miete für Dezember noch nicht bezahlt wurde, erfolgt die periodengerechte Erfassung mit der Buchung „Mietaufwendungen an Verbindlichkeiten aus Leistungen". Es handelt sich sowohl um einen zahlungsunwirksamen Aufwand (Posten 4) als auch um eine Zunahme der Verbindlichkeiten aus Lieferungen und Leistungen (Posten 6).
- Aufgrund der fehlenden konsistenten Abgrenzung der einzelnen Bereiche ist eine sachgerechte, wirtschaftliche und aussagefähige Aufteilung der relevanten Sachverhalte vorzunehmen und stetig fortzuführen.

Als **sonstige zahlungsunwirksame Aufwendungen/Erträge** kommen u. a. in Betracht: Abschreibungen auf ein aktiviertes Disagio, Abschreibungen auf Gegenstände des UV, Erträge aus der Auflösung von Sonderposten für Investitionszuschüsse, Aufwendungen aus der Auflösung von aktiven RAP, Erträge aus der Ausbuchung von Verbindlichkeiten, Ergebnis aus Forderungsverzichten, Verschmelzungsgewinne und -verluste.

In der Konzernbilanz gilt die Einzelerwerbsfiktion. Dagegen ist für die KFR im **35** Konzern der finanzwirtschaftliche Charakter maßgeblich. Daher sind **Ein- und Auszahlungen im Zusammenhang mit dem Erwerb und der Veräußerung von Anteilen an TU, GU und assoziierten Unt** sowie an sonstigen Beteiligungen ungeachtet der Einbeziehung in den Konzernabschluss als Investitionsauszahlungen bzw. Desinvestitionseinzahlungen (aus der Investitionstätigkeit) zu erfassen.[42] Daraus ergibt sich, dass bei indirekter Ermittlung der Zahlungsströme aus laufender Geschäftstätigkeit die zu berücksichtigenden Änderungen der Bestände (z. B. Vorräte) um die Werte aus solchen Änderungen des KonsKreis zu korrigieren sind („die nicht der Investitions- oder Finanzierungstätigkeit zuzuordnen sind"). Ein Unternehmenserwerb durch nicht liquiditätswirksame Ausgabe von eigenen Anteilen führt somit i. H. d. positiven erworbenen Finanzmittelfonds der erworbenen Einheit in der KFR zu einer Desinvestition.[43]

> **Beispiel**
> Das MU erwirbt zum 1.7.01 alle Geschäftsanteile der TU-GmbH für 550.000 EUR. Die voll zu konsolidierende TU-GmbH weist im Zwischenabschluss zum 1.7.01 in ihrer Bilanz auf der Aktivseite Vorräte (500.000 EUR) sowie liquide Mittel (50.000 EUR) und auf der Passivseite EK (550.000 EUR) aus. Es wird vereinbart, dass der Kaufpreis erst am 1.3.02 fällig ist. In der Konzernbilanz des MU zum 31.12.01 sind die Vorräte im Vergleich zum Vj.-Stichtag um 300.000 EUR gestiegen.
> Der Zugang der Vorräte im Zusammenhang mit dem Erwerb der TU-GmbH am 1.7.01 ist der Investitionstätigkeit zuzuordnen. Somit ergibt sich aus der laufenden Geschäftstätigkeit eine zu erfassende Abnahme der Vorräte i. H. v. 200.000 EUR. Durch die Einbeziehung der TU-GmbH in den Konzernabschluss hat sich der Finanzmittelfonds i. H. d. liquiden Mittel um 50.000 EUR erhöht. Da noch keine Kaufpreiszahlung in 01 erfolgte, errechnet sich eine Einzahlung für Zugänge zum KonsKreis von 50.000 EUR.

Ertragsteuerzahlungen sind i. d. R. der laufenden Geschäftstätigkeit zuzuord- **36** nen.[44] Sie sind nur dann der Investitions- oder der Finanzierungstätigkeit zuzuordnen, wenn sie einem Geschäftsvorfall dieser Tätigkeitsbereiche eindeutig zurechenbar sind,[45] was wie in der bisherigen Praxis die Ausnahme sein dürfte. Durch DRS 21 werden einzelne steuerlich relevante Zahlungsströme, wie das Finanzergebnis und ein Teil des Zinsergebnisses, verpflichtend in den Investitions- bzw. Finanzierungsbereich verlagert. Da diese Verlagerung nicht auch für die damit verbundenen Ertragsteuerzahlungen zu erfolgen hat, sondern eine entsprechende Zuordnung nur bei eindeutiger Zurechenbarkeit vorgeschrieben wird, erschweren die Regelungen eine aussagefähige betriebswirtschaftliche Auswertung der KFR. Ohne eine entsprechende Zuordnung der Ertragsteuer-

---

[42] Siehe das Praxisbeispiel in Rz 33.
[43] Vgl. *Winkeljohann/Rimmelspacher*, in Beck Bil-Komm., 10. Aufl., 2016, § 297 HGB, Rz 92; WPH Edition, Wirtschaftsprüfung & Rechnungslegung, 15. Aufl., 2017, Abschn. G, Tz 823 f.
[44] Vgl. DRS 21.18.
[45] Vgl. DRS 21.19.

zahlungen zu den diese verursachenden Einzahlungen kann es zu einer betriebswirtschaftlich verzerrten Darstellung der operativen Cashflows kommen. In der Konzern-GuV sind gem. § 298 Abs. 1 HGB i.V.m. § 275 Abs. 2f. HGB „Steuern vom Einkommen und vom Ertrag" auszuweisen. Der in DRS 21 verwendete Begriff „Ertragsteuer" ist betriebswirtschaftlich als Gewinnsteuer zu verstehen und deckt sich somit inhaltlich mit dem Posten in der Konzern-GuV. Er enthält also auch die KSt und den SolZ.

2.4.4.2 Cashflow aus Investitionstätigkeit

37 Nach der Definition in DRS 21.9 gehören zur Investitionstätigkeit Aktivitäten i.V.m. Zu- und Abgängen von VG des AV sowie von VG des UV, die nicht dem Finanzmittelfonds oder der laufenden Geschäftstätigkeit zuzuordnen sind.
Die Definition hat sich im Vergleich zur bisherigen Abgrenzung in DRS 2 geändert.[46] Inhaltlich sind aber keine Änderungen bei der Zuordnung von VG zur Investitionstätigkeit erkennbar. Im DRS 21 und in der Begründung zur Überarbeitung wurden aber Klarstellungen getroffen, um eine einheitliche Anwendung der Regeln zu gewährleisten. Abweichend von DRS 2 werden nach DRS 21 mit den Investitionen verbundene zahlungswirksame Erfolge erfasst (z.B. erhaltene Zinsen und Dividenden). Begründet wird dies vom Standardsetter damit, dass diese Erträge als Entgelt für die Kapitalüberlassung in Form von auf der Aktivseite ausgewiesenen Investitionen (ausgereichte Kredite oder Beteiligungen) interpretiert werden.[47]

38 **Mindestgliederungsschema** zur Darstellung des Cashflows aus der Investitionstätigkeit gem. DRS 21.46:

Schema		
1.		Einzahlungen aus Abgängen von Gegenständen des IAV
2.	–	Auszahlungen für Investitionen in das IAV
3.	+	Einzahlungen aus Abgängen von Gegenständen des Sachanlagevermögens
4.	–	Auszahlungen für Investitionen in das Sachanlagevermögen
5.	+	Einzahlungen aus Abgängen von Gegenständen des FAV
6.	–	Auszahlungen für Investitionen in das FAV
7.	+	Einzahlungen aus Abgängen aus dem KonsKreis
8.	–	Auszahlungen für Zugänge zum KonsKreis
9.	+	Einzahlungen aufgrund von Finanzmittelanlagen im Rahmen der kurzfristigen Finanzdisposition
10.	–	Auszahlungen aufgrund von Finanzmittelanlagen im Rahmen der kurzfristigen Finanzdisposition

---

[46] Vgl. DRS 2.30f.
[47] Vgl. DRS 21.B25.

11.	+	Einzahlungen aus ao Posten[48]
12.	−	Auszahlungen aus ao Posten[49]
13.	+	Erhaltene Zinsen
14.	−	Erhaltene Dividenden
15.	=	Cashflow aus der Investitionstätigkeit

DRS 21 sieht als **Mindestgliederung** eine **Differenzierung** der Zahlungsströme nach Gegenständen des **IAV**, des **Sachanlagevermögens** und des **FAV** vor. Nach hier vertretener Auffassung ist auch für die KFR der konzernspezifische Grundsatz der Wirtschaftlichkeit und Wesentlichkeit anwendbar, sodass eine Zusammenfassung der Zahlungsströme möglich ist, wenn sie für die Beurteilung der Vermögens-, Finanz- und Ertragslage des Konzerns von untergeordneter Bedeutung sind. Dies kann in wenig anlageintensiven Konzernen der Fall sein. 39

Aus DRS 21 bzw. aus den Begründungen zur Neufassung wird die Auffassung des DRSC zur Behandlung nicht explizit im Standard aufgeführter Transaktionen deutlich: 40

- Wird von dem Wahlrecht der Aktivierung selbst geschaffener **Entwicklungskosten** des Anlagevermögens Gebrauch gemacht, sind die Auszahlungen im Cashflow aus der Investitionstätigkeit zu erfassen. Sofern angefallene Aufwendungen nicht in dem gleichen Gj zahlungswirksam geworden sind (z.B. bezogene Leistungen im Gj, die erst im Folgejahr bezahlt werden), können die Zugänge lt. Anlagenspiegel von den Auszahlungen lt. KFR abweichen. Über die Gesamtperioden betrachtet sind Auszahlungen für Investitionen in das IAV i.H.d. aktivierten Herstellungskosten zu erfassen.[50] Sofern von dem handelsrechtlichen Aktivierungswahlrecht kein Gebrauch gemacht wird, verbleiben die Auszahlungen aus Praktikabilitätsgründen im Cashflow aus der laufenden Geschäftstätigkeit. Für die Zuordnung zur Investitionstätigkeit wäre ansonsten eine gesonderte Erfassung der nicht aktivierten Auszahlungen erforderlich.
- Für **andere aktivierte Eigenleistungen** gelten die Regelungen für Entwicklungskosten analog. Sie sind ebenfalls korrespondierend zu den Änderungen der Bestände auszuweisen, sofern nicht ausnahmsweise Aktivierungs- und Auszahlungszeitraum wesentlicher Herstellungskosten in unterschiedlichen Berichtszeiträumen liegen.
- **Sanierungszuschüsse an Beteiligungen** zur Vermeidung von Buchwertminderungen, die nicht zu einer Aktivierung in der Handelsbilanz führen, sind ebenfalls dem Investitionsbereich zuzuordnen.[51]
- Auszahlungen zur Vermeidung von Buchwertminderungen können auch bei den IVG und Sachanlagevermögen entstehen und gehören dann zum Investitionsbereich. Davon zu unterscheiden sind nachträgliche AK/HK, die nach

---

[48] Für nach dem 31.12.2015 beginnende Gj: Einzahlungen im Zusammenhang mit Erträgen von außergewöhnlicher Größenordnung oder außergewöhnlicher Bedeutung.
[49] Für nach dem 31.12.2015 beginnende Gj: Auszahlungen im Zusammenhang mit Aufwendungen von außergewöhnlicher Größenordnung oder außergewöhnlicher Bedeutung.
[50] So auch *Winkeljohann/Rimmelspacher*, in Beck Bil-Komm., 10. Aufl., 2016, § 297 HGB, Rz 75.
[51] Vgl. DRS 21.B27 und ausführlich WPH Edition, Wirtschaftsprüfung & Rechnungslegung, 15. Aufl., 2017, Abschn. G, Tz 847.

den allgemeinen Regelungen zu behandeln sind und Ausgaben für typische Erhaltungsaufwendungen von Anlagegegenständen, die im Cashflow aus der laufenden Geschäftstätigkeit zu erfassen sind. Indikatoren für typische Erhaltungsaufwendungen können die Regelmäßigkeit, Planmäßigkeit sowie die Höhe der angefallenen Kosten sein.[52]

- Bei **Deckungsvermögen** handelt es sich um VG, die nicht in der operativen Geschäftstätigkeit eingesetzt werden. Daher sind Zahlungsvorgänge im Zusammenhang mit Deckungsvermögen der Investitionstätigkeit zuzuordnen.[53]

41 Wenn für die beschriebenen Transaktionen weder im laufenden Gj noch im Vj. eine Ein- oder Auszahlung erfolgte, sollte der Posten bei der Darstellung der KFR weggelassen werden.

42 Die Auszahlungen für Investitionen in das Anlagevermögen sind in der Konzern-KFR nicht unmittelbar mit den Zugängen lt. **Anlagenspiegel** abstimmbar. Mögliche Abweichungsgründe hierfür sind vielfältig, in der Praxis trifft man folgende Abweichungsursachen häufig an:

- Zugänge/Abgänge im AV durch Erwerb oder Veräußerung von konsolidierten Unt sind im Rahmen des Unternehmenskaufs („Einzahlungen aus Abgängen aus dem Konsolidierungskreis" bzw. „Auszahlungen für Zugänge zum Konsolidierungskreis" zu erfassen,
- Zugänge/Abgänge von Gegenständen des AV sind im Zugangs- bzw. Abgangsjahr nicht bzw. nicht vollständig zahlungswirksam geworden, weil die Transaktion entweder in zeitlicher Nähe zum Ende des Gj erfolgte und eine Verbindlichkeit passiviert wurde oder weil eine Ratenzahlung des vereinbarten Kaufpreises über mehrere Gj vereinbart wurde,
- Zugänge von Gegenständen des AV sind aufgrund von Einbringungsvorgängen (z. B. Sacheinlagen, Verschmelzungen und Abspaltungen) nicht zahlungswirksam.

43 Die Auszahlungen aus dem Erwerb von konsolidierten Unt und sonstigen Geschäftseinheiten sind um den auf den Finanzmittelfonds des Konzerns am Erwerbsstichtag entfallenden Teil zu korrigieren.

> **Beispiel**
> MU erwirbt mit notariellem Vertrag vom 1.12.00 70 % der Anteile an TU. Der Kaufpreis beläuft sich auf 2 Mio. EUR, zahlbar in zwei gleichen Raten am 29.12.00 und am 29.12.01. Die erste Rate wird am 3.1.01 überwiesen. Das TU weist am 1.12.00 flüssige Mittel (= Finanzmittelfonds) i. H. v. 100 TEUR aus.
> Im Gj 00 war zwar eine Kaufpreisrate fällig; tatsächlich erfolgte der Mittelabfluss aber erst in 01. Durch die VollKons von TU hat sich der Finanzmittelfonds im Konzern bei der erstmaligen Einbeziehung um 100 TEUR erhöht. Es errechnet sich eine „Einzahlung für Zugänge zum Konsolidierungskreis" i. H. v. 100 TEUR. Die Postenbezeichnung ist anzupassen.

---

[52] Vgl. DRS 21.B27 und *Winkeljohann/Rimmelspacher*, in Beck Bil-Komm., 10. Aufl., 2016, § 297 HGB, Rz 74.
[53] Vgl. DRS 21.45.

Hierdurch wird die Zahl an Konzern GoB-Alternativen in Bezug auf die KFR größer, was betriebswirtschaftliche Analysen und das Controlling im Unt erschweren.

2.4.5 Ergänzende Angaben

Hinsichtlich ergänzender Angaben zur KFR ergeben sich aus DRS 21 die folgenden zusätzlichen Verpflichtungen:
Die Vorschriften zum **Ort der Angaben** wurden verschärft. DRS 21.53 sieht eine **geschlossene Darstellung** der ergänzenden Angaben **unter der KFR oder** im **Konzernanhang** vor. Somit bestehen folgende Darstellungsmöglichkeiten:

- Die ergänzenden Angaben zur KFR werden mit entsprechender Überschrift in einem gesonderten Abschnitt im Konzernanhang dargestellt.
- Die geforderten Angaben werden als Anlage zur KFR gemacht.
- Die geforderten Angaben werden in die KFR aufgenommen, z.B. mittels Fußnote und/oder als davon-Vermerk. Wegen des Grundsatzes der Klarheit und Übersichtlichkeit kommt diese Möglichkeit nur dann in Betracht, wenn der Umfang der ergänzenden Angaben nicht sehr hoch ist.

Der DRS sieht folgende ergänzende Angaben als zwingend für das Verständnis der KFR erforderlich an:[62]

- Definition und Zusammensetzung des Finanzmittelfonds einschl. ggf. rechnerischer Überleitung,
- Bestände des Finanzmittelfonds von quotal einbezogenen Unt,
- wesentliche zahlungsunwirksame Investitions- und Finanzierungsvorgänge und Geschäftsvorfälle; hierzu gehören nach hier vertretener Auffassung sowohl dauerhaft zahlungsunwirksame Transaktionen, wie z.B. Umwandlung von FK in EK und Sacheinlagen, als auch Transaktionen, in denen der Zugangs- und Zahlungszeitpunkt in unterschiedliche Berichtsperioden fallen, wie z.B. Erwerb von Immobilien am 31.12.00 und Zahlung des Kaufpreises in 01 und gestundete Kaufpreise,
- Bestände des Finanzmittelfonds, die Verfügungsbeschränkungen unterliegen,
- bei Anwendung der indirekten Methode die Überleitung einer vom Periodenergebnis abweichenden Ausgangsgröße, sofern kein Verweis auf die Konzern-GuV erfolgt,[63]
- bei Zuordnungsmöglichkeit wesentlicher Zahlungsströme zu mehreren Tätigkeitsbereichen (also laufende Geschäftstätigkeit, Investitions- und Finanzierungstätigkeit, nicht von Posten innerhalb der Tätigkeitsbereiche), für die der Standard keine Zuordnung trifft oder präferiert, ist die vorgenommene Zuordnung anzugeben und zu erläutern.[64]

2.5 Eigenkapitalspiegel

Der EK-Spiegel soll durch eine systematische Darstellung die Veränderungen des EK im Konzernabschluss für Außenstehende angesichts der Komplexität der Konzern-EK-Struktur zur **Steigerung des Informationswerts** darstellen. Der

---

[62] Vgl. DRS 21.52.
[63] Vgl. DRS 21.41
[64] Vgl. DRS 21.17.

Gesetzgeber hat bewusst darauf verzichtet, gesetzliche Vorgaben über die inhaltliche Ausgestaltung zu machen. Es existiert somit **kein gesetzliches Schema** für den EK-Spiegel. Hinsichtlich der erforderlichen Angaben hat der DSR in **DRS 7 „Konzerneigenkapital und Konzerngesamtergebnis"** Empfehlungen ausgesprochen, die vom BMJ bekannt gemacht worden sind. Nach § 342 Abs. 2 HGB wird vermutet, dass die die Konzernrechnungslegung betreffenden GoB bei Anwendung des Standards beachtet werden.

Das BMJV hat am 15.2.2016 den vom DRSC verabschiedeten DRS 22 „Konzerneigenkapital" bekannt gemacht und am 23.2.2016 im BAnz veröffentlicht. DRS 22 ersetzt DRS 7 und ist anzuwenden für nach dem 31.12.2016 beginnende Geschäftsjahre. Die frühere und vollumfängliche Anwendung ist zulässig und wird vom DRSC empfohlen.[65] Insbesondere sollen mit dem neuen DRS 22 praktische Erfahrungen nach Inkrafttreten des BilMoG aufgegriffen und berücksichtigt werden. Dies betrifft u. a. die Vorgehensweisen bei der Bilanzierung eigener Anteile und von Rückbeteiligungen sowie Besonderheiten der Darstellung des Konzerneigenkapitals bei PersG. Des Weiteren sollen im EK-Spiegel nur noch gesetzlich definierte Begriffe verwendet und somit im DRS 7 noch neu definierte Begriffe wie erwirtschaftetes Konzerneigenkapital, Minderheitenkapital, übriges Konzernergebnis, kumuliertes übriges Konzernergebnis und Konzerngesamtergebnis gestrichen werden.

Zur ausführlichen Kommentierung zum derzeit noch geltenden DRS 7 wird auf die 6. Auflage verwiesen. Die folgenden Ausführungen beziehen sich, sofern nicht explizit anders dargestellt, auf den bereits anwendbaren DRS 22.

DRS 22 enthält neben vielen Anwendungsregeln (z. B. DRS 22.19: „Die Veränderungen des Konzern-EK sind unsaldiert auszuweisen") auch viele Empfehlungen (z. B. DRS 22.20: „Es wird empfohlen, eine Konzernergebnisverwendungsrechnung aufzustellen"). Sofern nur von Empfehlungen abgewichen wird, führt dies nicht zu einer Berichtspflicht des Konzernabschlussprüfers über Abweichungen nach IDW PS 450 Tz 134. Es ist somit für die Berichtspflicht im Prüfungsbericht zur Konzernabschlussprüfung im Einzelnen zu prüfen, ob es sich im Standard um konkrete Anwendungsregeln oder lediglich um Empfehlungen handelt.

2.5.1 Darstellungsschema des Eigenkapitalspiegels

51 Der Konzerneigenkapitalspiegel stellt die Veränderungen der Posten des Konzern-EK in Matrixform dar. Aufgrund vieler Unterschiede in der Eigenkapitaldarstellung enthält DRS 22 als Anlagen separate Schemata für einen Konzerneigenkapitalspiegel für MU in der Rechtsform einer KapG und einer PersG.

Der Konzerneigenkapitalspiegel von MU in der Rechtsform einer KapG hat lt. Anlage 1 zu DRS 22 grundsätzlich die unten angegebenen Posten zu enthalten. Ein Posten, der keinen Betrag ausweist, braucht nicht aufgeführt zu werden.[66] Werden in der Konzernbilanz zusätzliche Posten innerhalb des Eigenkapitals ausgewiesen, sind diese unter Beibehaltung der Bezeichnung auch in den Konzerneigenkapitalspiegel aufzunehmen. Alle Bestandsposten des Konzerneigenkapitalspiegels müssen mit der Konzernbilanz abstimmbar sein.

---

[65] Vgl. DRS 22.64.
[66] Vgl. DRS 22.10.

Innerhalb der Spalten dürfen keine Saldierungen vorgenommen werden. Ggf. sind sich saldierende Sachverhalte in separaten Zeilen und Spalten auszuweisen.

Schema des Konzerneigenkapitalspiegels für MU in der Rechtsform einer KapG (DRS 22)	
+	Gezeichnetes Kapital (Stammaktien/Vorzugsaktien/Summe)
–	Eigene Anteile (Stammaktien/Vorzugsaktien/Summe)
–	Nicht eingeforderte ausstehende Einlagen (Stammaktien/Vorzugsaktien/Summe)
=	(Korrigiertes) gezeichnetes Kapital
+	Kapitalrücklage (nach § 272 Abs. 2 Nr. 1–3 HGB/nach § 272 Abs. 2 Nr. 4 HGB/Summe)
+	Gewinnrücklagen (gesetzliche Rücklage/nach § 272 Abs. 4 HGB/ satzungsmäßige Rücklagen/ andere Gewinnrücklagen/Summe)
=	Rücklagen
+/–	Eigenkapitaldifferenz aus Währungsumrechnung
+/–	Gewinnvortrag/Verlustvortrag
+/–	Konzernjahresüberschuss/-fehlbetrag, der dem MU zuzurechnen ist
=	Eigenkapital des MU
+	Nicht beherrschende Anteile
=	Konzerneigenkapital

Folgende Veränderungszeilen zur Erläuterung der Abweichungen der Posten vom Geschäftsjahresanfang zum -ende werden vorgegeben:

Stand am 31.12.00
Kapitalerhöhung/-herabsetzung
Einforderung/Einzahlung bisher nicht eingeforderter Einlagen
Einstellung in/Entnahme aus Rücklagen
Ausschüttung
Währungsumrechnung
Sonstige Veränderungen
Änderungen des Konsolidierungskreises
Konzernjahresüberschuss/-fehlbetrag
Stand am 31.12.01

In DRS 22.55 werden beispielhaft als „**sonstige Veränderungen**" Umstellungseffekte bei Anwendung neuer oder geänderter Rechnungslegungsvorschriften, erfolgsneutral erfasste Korrekturen der Erwerbsbilanzierung nach § 301 Abs. 2 Satz 2 HGB sowie erfolgsneutral erfasste Veränderungen des Konzerneigenkapitals im Zusammenhang mit der Auf- und Abstockung von Anteilen an TU ohne Statuswechsel genannt.

52

Sofern die sonstigen Veränderungen wesentlich sind, ist eine Aufteilung des Postens in mehrere Zeilen mit entsprechender Bezeichnung sinnvoll.[67] Alternativ können die Angaben und Erläuterungen auch in den ergänzenden Angaben unter dem Konzerneigenkapitalspiegel oder im Konzernanhang gemacht werden.
Als „**Änderungen des Konsolidierungskreises**" sind z.B. die Veränderungen des Postens „Nicht beherrschende Anteile" bei der Erst-, Übergangs- oder Entkonsolidierung zu erfassen.

> **Beispiel**
> Das MU erwirbt 60 % der Anteile an der TU für 60.000. Das nach Aufdeckung stiller Reserven ermittelte Eigenkapital von der TU beträgt 100.000. Durch die Erstkonsolidierung erhöht sich das Konzerneigenkapital um 40.000:
>
> | | |
> |---|---:|
> | Eigenkapital von TU | 100.000 |
> | Anteile an verbundenen Unternehmen | 60.000 |
> | Nicht beherrschende Anteile | 40.000 |

Einen weiteren Anwendungsfall sehen *Winkeljohann/Rimmelspacher*, wenn ein TU, das bisher nicht einbezogen wurde, erstmals konsolidiert und ein technischer passiver Unterschiedsbetrag direkt in das EK umgebucht wird.[68] Da die Veränderungen des Konzerneigenkapitals gem. DRS 22.19 unsaldiert auszuweisen sind, sind Abgänge und Zugänge gesondert zu zeigen.

53 **Gezeichnetes Kapital**
Das gezeichnete Kapital des MU entspricht dem Grundkapital (bei einer AG, SE und KGaA) bzw. dem Stammkapital (bei einer GmbH). Bei **unterschiedlichen Aktiengattungen** einer AG (z.B. Stamm- und Vorzugsaktien) betrifft die Pflicht zur gesonderten Angabe des Betrags jeder Aktiengattung nach § 152 Abs. 1 Satz 2 AktG auch den Ausweis im EK-Spiegel.[69] Nicht eingeforderte ausstehende Einlagen sind vom gezeichneten Kapital offen abzusetzen (§ 272 Abs. 1 Satz 2 HGB i.V.m. § 298 Abs. 1 HGB) und entsprechend im EK-Spiegel auszuweisen. Eingeforderte ausstehende Einlagen sind im Rahmen der Schuldenkonsolidierung zu berücksichtigen (bei in den Konzernabschluss einbezogenen TU) oder als Forderung gesondert auszuweisen.[70]

54 **Eigene Anteile**
Zu den eigenen Anteilen im Konzernabschluss rechnen
- eigene Anteile, die das MU an sich selbst hält,
- Rückbeteiligungen. Das sind Anteile, die ein einbezogenes TU oder ein quotal einbezogenes GU am MU hält.

In dieser Spalte ist bei einem Erwerb nur der Nennbetrag oder, falls ein solcher nicht vorhanden ist, der rechnerische Wert der erworbenen eigenen Anteile abzusetzen.[71] Die Differenz zu den AK ist grds. mit den frei verfügbaren Rück-

---

67 DRS 22.57 empfiehlt weitergehende Angaben bei wesentlichen Beträgen, ohne dies verpflichtend vorzuschreiben.
68 Vgl. *Winkeljohann/Rimmelspacher*, in Beck Bil-Komm., 10. Aufl., 2016, § 297 HGB, Rz 115.
69 Vgl. DRS 22.26f.
70 Vgl. DRS 22.28.
71 DRS 22.29.

lagen zu verrechnen. Da der Konzernabschluss keine Ausschüttungsbemessungsfunktion hat, darf die Verrechnung darüber hinaus auch mit allen anderen Rücklagen (also z.B. mit der Kapitalrücklage nach § 298 Abs. 1 i.V.m. § 272 Abs. 2 Nr. 1 bis 3 HGB im Konzern eines MU in der Rechtsform einer AG) erfolgen. § 298 Abs. 1 i.V.m. § 272 Abs. 1a Satz 2 HGB findet insoweit keine Anwendung, da die Eigenart des Konzernabschlusses eine Abweichung bedingt. Eine positive EK-Differenz aus Währungsumrechnung gem. § 308a Satz 3 HGB darf aber in keinem Fall zur Verrechnung eines den Nennbetrag oder den rechnerischen Wert übersteigenden Teils verwendet werden, da die positive Differenz kumulierte, nicht realisierte Währungsgewinne in Fremdwährung investierten Reinvermögens bei den jeweiligen TU verkörpern und es sich damit materiell bei dem Posten noch nicht um realisiertes verrechenbares Eigenkapital handelt. Reichen die Konzernrücklagen nicht aus, ist der verbleibende Betrag im Konzernbilanzgewinn/-verlust zu verrechnen. Bei der Rücklagenverrechnung ist der Grundsatz der Stetigkeit zu beachten, d.h. die bei früheren Erwerbsvorgängen gewählte Reihenfolge der Verrechnung ist beizubehalten, sofern nicht begründete Ausnahmefälle ein Abweichen rechtfertigen.

Anschaffungsnebenkosten gehören gem. § 272 Abs. 1a Satz 3 HGB beim Erwerb eigener Anteile nicht zu den AK. Dies bedeutet, dass bei Rückbeteiligungen die AK beim TU oder GU von denen im Konzernabschluss i.H.d. Anschaffungsnebenkosten abweichen und entsprechende Korrekturen vorzunehmen sind.[72]

Nicht eingeforderte ausstehende Einlagen 55
Der hier auszuweisende Betrag entspricht dem Posten des § 272 Abs. 1 Satz 2 HGB. Eingeforderte ausstehende Einlagen sind im Rahmen der SchuldenKons zu eliminieren (bei Forderungen gegen einbezogenen TU) oder gesondert auszuweisen.[73]

Kapitalrücklage 56
Hinsichtlich der Definition ergeben sich bei diesem Posten keine Abweichungen zu den Vorschriften des Handelsrechts. Die Kapitalrücklage ist **aus Sicht des MU** zu beurteilen: Kapitalrücklagen von einbezogenen Ges. sind entweder zu konsolidieren oder als „Nicht beherrschende Anteile" zu **erfassen**. Durch den gesonderten Ausweis der Kapitalrücklage vom erwirtschafteten Konzern-EK ist die Herkunft des ausgewiesenen Kapitals von den Gesellschaftern erkennbar. Diese Information ist auch für den Konzernabschluss-Adressaten relevant. Durch aus Konzernsicht abweichend zum Jahresabschluss zu beurteilende Sachverhalte kann es aber zu dauerhaften Abweichungen der Kapitalrücklagen im Jahresabschluss und Konzernabschluss des MU und damit zu Beeinträchtigungen der Aussagekraft kommen:[74]

> **Beispiel**
> Das MU erzielt im Gj 00 auf Einzelabschlussebene einen Jahresfehlbetrag von 100 GE, der durch Entnahme aus der Kapitalrücklage ausgeglichen wird. Im Konzernabschluss wird im Gj 00 ein Konzernjahresüberschuss erzielt, sodass

---

72 Vgl. DRS 22.33
73 Vgl. DRS 22.28.
74 Vgl. *Gelhausen/Gelhausen*, Gedanken zur Behandlung des Eigenkapitals im Konzernabschluss, FS für K.-H. Forster (1992), S. 225.

> eine Verlustabdeckung durch Entnahmen von Rücklagen im Konzern nicht erforderlich ist. Aus Konzernsicht ist somit das von außen zugeführte Kapital nicht geschmälert worden, sodass die Kapitalrücklage im Konzernabschluss unverändert auszuweisen ist.

57 Die im EK-Spiegel ausgewiesene Kapitalrücklage stimmt häufig mit dem Betrag der in der Bilanz des Jahresabschlusses des MU ausgewiesenen Kapitalrücklage überein. Sie kann aber auch von der Kapitalrücklage des MU abweichen (z.B. nach Verschmelzungen einer vor Wirksamwerden des BilMoG zulässigen Verrechnung eines GoF mit einer Kapitalrücklage nach § 272 Abs. 2 Nr. 4 HGB, einer Verrechnung der Differenz zwischen AK und Nennwert eigener Anteile sowie einer abweichenden Ergebnisverrechnung wie im Beispiel der Rz 56).
DRS 22.54 empfiehlt im Konzern-EK-Spiegel im Hinblick auf die unterschiedlichen aktienrechtlichen Verwendungsbeschränkungen eine gesonderte Darstellung der Veränderung der Kapitalrücklage nach § 272 Abs. 2 Nr. 1–3 und Nr. 4 HGB. Angesichts der fehlenden gesetzlichen Vorschrift einer entsprechenden Aufgliederung im Jahresabschluss, der formalrechtlich allein Grundlage für mögliche Entnahmen aus der Kapitalrücklage ist sowie aufgrund oben dargestellter möglicher Abweichungen der Höhe der Kapitalrücklage im Einzel- und Konzernabschluss, die fiktiv zuzuordnen wären, ist die empfohlene zusätzliche Differenzierung im Konzern-EK-Spiegel nach hier vertretener Auffassung nicht sinnvoll.[75] Bestehende Verwendungsbeschränkungen durch § 150 Abs. 3 und 4 AktG sind aus Einzelabschlusssicht zu beurteilen und in den ergänzenden Angaben als Betrag, der gesetzlichen Ausschüttungssperren unterliegt, aufzunehmen.

58 **Gewinnrücklagen**
Eine gesonderte Definition des Postens für Konzernzwecke besteht weder im Gesetz noch im DRS 22. Es sind also über § 298 Abs. 1 HGB die Regeln nach §§ 266 Abs. 3, 272 Abs. 3 HGB maßgebend, soweit die Eigenart des Konzernabschlusses keine Abweichung bedingt.
Nach DRS 22.10 hat der Konzerneigenkapitalspiegel von MU in der Rechtsform einer KapG die in der Anlage 1 dargestellten Posten zu enthalten. Danach hat eine Aufgliederung des Postens in „gesetzliche Rücklage", „Rücklage nach § 272 Abs. 4 HGB", „satzungsmäßige Rücklagen" und „andere Gewinnrücklagen" zu erfolgen. Die verschiedenen Kategorien des EK haben bei KapG insb. rechtliche Funktionen. Die Ausweisvorschriften im Jahresabschluss dienen den materiellen Vorschriften über Kapitalbindung und -erhaltung. Alle diese Funktionen hat der Kapitalausweis im Konzernabschluss nicht. Deshalb kann auch befürwortet werden, wie bisher den Eigenkapitalausweis im Konzern im Hinblick auf seinen betriebswirtschaftlichen Informationsgehalt auf die Unterscheidung zwischen von außen zugeführtem und selbst erwirtschaftetem Kapital zu beschränken.[76]

---

[75] Ähnlich *Winkeljohann/Rimmelspacher*, in Beck Bil-Komm., 10. Aufl., 2016, § 297 HGB, Rz 128.
[76] Vgl. *Gelhausen/Gelhausen*, Gedanken zur Behandlung des Eigenkapitals im Konzernabschluss, FS für K.-H. Forster (1992). Vgl. auch *Winkeljohann/Rimmelspacher*, in Beck Bil-Komm., 10. Aufl., 2016, § 297 HGB, Rz 131, nach denen ein getrennter Ausweis im Konzerneigenkapitalspiegel nicht gefordert werden kann.

Eigenkapitaldifferenz aus Währungsumrechnung 59
Der Ausweis entspricht dem in § 308a HGB definierten Posten. Veränderungen ergeben sich durch im Vergleich zur letzten Umrechnung abweichende Devisenkassamittelkurse bei auf fremde Währung lautenden Abschlüssen sowie bei Ausscheiden von voll oder quotal einbezogenen Gesellschaften mit auf fremde Währung lautenden Abschlüssen durch Realisierung des Unterschiedsbetrages.

Gewinnvortrag/Verlustvortrag. Konzernjahresüberschuss/-fehlbetrag, der dem MU zuzurechnen ist 60
Wird die Konzernbilanz unter Berücksichtigung der vollständigen oder teilweisen Verwendung des Konzernjahresüberschusses/-fehlbetrags aufgestellt, so tritt an die Stelle der beiden Posten der Posten „Konzernbilanzgewinn/-verlust".[77] Die Summe in der Zeile „Konzernjahresüberschuss/-fehlbetrag" muss dem gleichlautenden Posten in der Konzern-GuV entsprechen.

Nicht beherrschende Anteile 61
Der Posten entspricht dem nach § 307 Abs. 1 HGB. Die Anlage 1 zu DRS 22 sieht eine Aufgliederung der nicht beherrschenden Anteile in folgende Posten vor:
- Nicht beherrschende Anteile vor Eigenkapitaldifferenz aus Währungsumrechnung und Jahresergebnis
- Auf nicht beherrschende Anteile entfallende Eigenkapitaldifferenz aus Währungsumrechnung
- Auf nicht beherrschende Anteile entfallende Gewinne/Verluste
- Summe

Ergänzende Regelungen für PersG i. S. d. § 264a HGB 62
Aufgrund diverser Unterschiede in der Eigenkapitaldarstellung bei KapG und PersG wurden in DRS 22 separate Konzerneigenkapitalspiegel entwickelt. Nach Anlage 2 zu DRS 22 enthält das Schema für MU in der Rechtsform einer PersG folgende Spalten (Bestandsposten):

Schema	
+	Kapitalanteile (Kapitalanteile/Nicht eingeforderte ausstehende Einlagen/Summe)
	Kapitalrücklage gem. Gesellschaftsvertrag
	Gewinnrücklagen (Rücklage gem. Gesellschaftsvertrag/Sonstige Gewinnrücklagen/Summe)
+	Rücklagen
+	Eigenkapitaldifferenz aus Währungsumrechnung
+	Gewinnvortrag/Verlustvortrag
+	Konzernjahresüberschuss/-fehlbetrag, der dem MU zuzurechnen ist
=	Eigenkapital des MU
+	Nicht beherrschende Anteile
=	Konzerneigenkapital

---

[77] Vgl. DRS 22.16 und § 298 Abs. 1 i. V. m. § 268 Abs. 1 HGB.

Sofern in der Konzernbilanz eine weitere Untergliederung vorgenommen wurde oder neue Posten hinzugefügt wurden, ist auch der Konzerneigenkapitalspiegel entsprechend zu ergänzen. Leerposten können weggelassen werden.[78]

63 Gesetzlich nicht eindeutig geregelt ist die Frage, ob **Vj.-Zahlen** erforderlich sind, weil eine explizite Vorschrift für den EK-Spiegel (anders als für die Konzernbilanz und die Konzern-GuV, für die die Vorschrift nach § 265 Abs. 2 Satz 1 HGB über § 298 Abs. 1 HGB Anwendung findet) nicht besteht. Die Frage nach der Notwendigkeit von Vj.-Zahlen ist daher aus den allg. Bestimmungen (Grundsätze ordnungsmäßiger Konzernbuchführung) zu beurteilen. In den älteren Kommentierungen und DRS wird beim **Weglassen** von Vj.-Zahlen im EK-Spiegel noch ein **Verstoß gegen gesetzliche Vorschriften** gesehen.[79]

Begründet wurde dieses mit der Eigenart des Konzernabschlusses. Durch das BilMoG sind nunmehr auch bestimmte Jahresabschlüsse nach § 264 Abs. 1 Satz 2 HGB um eine KFR und einen EK-Spiegel zu erweitern, ohne dass die Vorschrift des § 265 Abs. 2 Satz 1 HGB, die für bestimmte explizit aufgeführte Bestandteile des Jahresabschlusses Vj.-Zahlen verlangt, geändert wurde. Angesichts des eindeutigen Gesetzeswortlauts ist *Gelhausen/Fey/Kämpfer*[80] und *Zwirner/Petersen/König*[81] zuzustimmen, dass die **Angabe von Vj.-Zahlen** für die Jahresabschluss-Bestandteile KFR, EK-Spiegel sowie SegmBer **sinnvoll, aber gesetzlich nicht zwingend erforderlich** ist. Durch die Neuregelungen im EA bedingt die Eigenart des Konzernabschlusses keine Abweichung, sodass nach hier vertretender Auffassung für den Konzernabschluss nichts anderes gelten kann. Bei fehlenden Vj.-Zahlen in der EK- Veränderungsrechnung ist im Prüfungsbericht über die Abweichungen von den Regeln in DRS 7 zu berichten.[82] DRS 22.21 empfiehlt nur noch, den Konzern-EK-Spiegel auch für das Vj. aufzustellen. Bei fehlenden Vj.-Zahlen in der EK-Veränderungsrechnung nach den Regeln des DRS 22 entfällt eine Berichterstattung im Prüfungsbericht analog IDW PS 450 Tz 134, da lediglich eine Empfehlung ausgesprochen wird, zur Begründung s. Rz 64.

Beim Übergang von der Darstellung gem. DRS 7 auf DRS 22 sind Beträge der Vorperiode nur dann anzugeben, wenn diese nach den Regeln des DRS 22 ermittelt sind.[83]

2.5.2 Angaben im Konzernanhang

64 DRS 22.60 empfiehlt ergänzende Angaben zum Konzern-EK-Spiegel. Sofern ergänzende Angaben gemacht werden, schreibt DRS 22.61 vor, diese geschlossen entweder unter dem Konzern-EK-Spiegel oder im Konzernanhang vorzunehmen. Nach § 342 Abs. 2 HGB wird die Beachtung der Konzernrechnungslegung betreffenden GoB vermutet, wenn die vom BMJV bekanntgemachten Empfehlungen des

---

[78] DRS 22.10 und 18.
[79] Vgl. DRS 7.3: „Der Konzerneigenkapitalspiegel ist für das Berichtsjahr und das Vorjahr aufzustellen"; vgl. z. B. *Förschle/Rimmelspacher*, in Beck Bil-Komm., 9. Aufl., § 297 HGB, Rz 16, wird in der aktuellen Auflage so nicht mehr kommentiert.
[80] Vgl. *Gelhausen/Fey/Kämpfer*, in Rechnungslegung und Prüfung nach dem Bilanzrechtsmodernisierungsgesetz, 2009, Abschn. K, Tz. 8.
[81] Vgl. *Zwirner/Petersen/König*, Relevanz des § 264 Abs. 1 Satz 2 HGB und seine Konsequenzen für den Jahresabschluss in DB 2012, Seite 61–68 (64).
[82] IDW PS 450, Tz 134 ist analog anzuwenden.
[83] Vgl. DRS 22.63.

DRSC beachtet worden sind. Empfehlung i.S.d. Norm bedeutet dabei, dass die Konzernrechnungslegung im Einklang mit dem jeweiligen DRS zu stehen hat.[84] Jeder DRS unterscheidet zwischen Regeln und weiteren Vorschlägen, die meisten mit den Worten „es wird empfohlen" beginnen. Letztere sind i.d.R. sinnvoll, jedoch zur Beurteilung der GoB-Vermutung in § 342 Abs. 2 HGB nach hier vertretener Auffassung nicht verbindlich. Sofern Angaben zur Beachtung der GoB und zur Vermittlung eines den tatsächlichen Verhältnissen entsprechenden Bildes der Vermögens-, Finanz- und Ertragslage als notwendig erachtet werden, sind in den DRS verpflichtende Regeln aufgestellt worden. Die Nichtbeachtung von weiteren Vorschlägen in einem DRS führt daher auch nicht zu einer Berichtspflicht des Konzernabschlussprüfers im Prüfungsbericht analog IDW PS 450 Tz 134. Die Verwendung des Begriffs „Empfehlungen" in § 342 Abs. 2 HGB und in den einzelnen DRS mit inhaltlich unterschiedlicher Bedeutung ist unglücklich. Bezogen auf ergänzende Angaben zum Konzern-EK-Spiegel bedeutet das, dass trotz eines Verzichts auf die im DRS 22 nur empfohlenen Angaben[85] die bekanntgemachte Empfehlung des BMJV beachtet worden ist. Sofern die Angaben jedoch im Konzernabschluss gemacht werden, würde aufgrund der Regel in DRS 22.61[86] eine nicht geschlossene Darstellung eine Abweichung von der bekanntgemachten Empfehlung bedeuten, über die im Konzernprüfungsbericht analog IDW PS 450 Tz 134 zu berichten ist.

Neben Angaben aus aktienrechtlichen Regelungen, die vom DRS 22 unberührt bleiben, werden folgende Angaben empfohlen:
– der Betrag, der am Stichtag für Gewinnausschüttungen an die Gesellschafter zur Verfügung steht,
– die Beträge, die einer gesetzlichen oder satzungsmäßigen bzw. gesellschaftsvertraglichen Ausschüttungssperre oder anderen Verfügungsbeschränkungen unterliegen.

2.6 Segmentberichterstattung

Gem. § 297 Abs. 1 Satz 2 HGB **kann** der Konzernabschluss um eine SegmBer erweitert werden. Die **freiwillige Erstellung** einer SegmBer als zusätzlicher Teil des Konzernabschlusses dient einer zusätzlichen und besseren Informationsgewinnung.[87]

Gesetzliche Regelungslücken zum Inhalt und zur Ausgestaltung der SegmBer werden durch **DRS 3 (SegmBer)** ausgefüllt. Gesonderte Empfehlungen für die Ausgestaltung der SegmBer ergeben sich aus DRS 3–10 (SegmBer für Kreditinstitute) und DRS 3–20 (SegmBer für VersicherungsUnt).

DRS 3–10 und DRS 3–20 sind letztmals auf vor dem 1.1.2016 beginnende Gj anzuwenden. Für nach dem 31.12.2015 beginnende Gj enthält DRS 3 i.d.F. vom 26.4.2016 branchenspezifische Regelungen für die SegmBer von Kredit-

65

---

[84] Vgl. z.B. die einleitenden Ausführungen des BMJV bei der Bekanntmachung des DRS 22. Hier wird von der nachstehend bekannt gemachten Empfehlung (Singular) gesprochen.
[85] S. DRS 22.60: „Es wird empfohlen, ... Folgendes anzugeben ..."
[86] „Die ergänzenden Angaben sind geschlossen entweder unter dem Konzern-EK-Spiegel oder im Konzernanhang zu machen."
[87] DRS 3.1 f.

und Finanzdienstleistungsinstituten (Anlage 2) sowie von Versicherungsunternehmen (Anlage 3).[88]

66 DRS 3 ist von allen MU zu beachten, die ihren Konzernabschluss nach §§ 290ff. HGB freiwillig um eine SegmBer erweitern. Der Standard gilt ebenso für Unt, die nach § 11 PublG zur Konzernrechnungslegung verpflichtet sind und freiwillig eine SegmBer aufstellen.[89] Für Unt, die ihren Konzernabschluss aufgrund gesetzlicher Verpflichtung oder freiwillig nach den IFRS erstellen, gelten die Vorschriften des IFRS 8; DRS 3 ist für diese MU nicht zu beachten.

67 Die SegmBer soll Informationen über die wesentlichen Geschäftsfelder eines Unt geben und die Einschätzung von Chancen und Risiken einzelner Geschäftsfelder verbessern.[90] Durch die Segmentierung in einzelne Unt-Bereiche wird der Einblick in die Vermögens-, Finanz- und Ertragslage des Konzerns für die Adressaten des Konzernabschlusses gerade in den Fällen verbessert, in denen sich die Gewinnspannen, Risiken und Wachstumsaussichten einzelner Unt-Bereiche stark voneinander unterscheiden. Die Konzernbilanz und Konzern-GuV allein geben keine Aussage über Erfolgs- und Risikopotenziale einzelner Bereiche wider.[91]

2.6.1 Bestimmung der anzugebenden Segmente

68 Ein **operatives Segment** ist ein Teil eines Unt, das Geschäftsaktivitäten entfaltet, die zu externen Umsatzerlösen oder intersegmentären Umsatzerlösen (Leistung wird an andere Segmente abgegeben, aufgrund der Aufwands- und ErtragsKons führen diese Leistungen nicht unmittelbar zu Umsatzerlösen in der Konzern-GuV) führen. Zusätzlich muss dieser Teil des Unt regelmäßig von der Unternehmensleitung überwacht werden, um seine wirtschaftliche Lage zu beurteilen.[92] Operative Segmente mit homogenen Chancen- und Risikostrukturen können nach DRS 3.13 zu einem operativen Segment zusammengefasst werden, wenn dadurch die Klarheit und Übersichtlichkeit verbessert wird.

69 Der **Segmentierung** sind grds. die Kriterien zugrunde zu legen, nach denen die Unternehmensleitung Teileinheiten des Unt bestimmt.[93] Sie ergibt sich somit aus der internen Organisations- und Berichtsstruktur des Unt (**management approach**). Die Übernahme der Struktur der internen Berichterstattung für die externe Berichterstattung unterstellt, dass die Berichtssysteme in den Unt und die dort vorgenommenen Segmentabgrenzungen eine geeignete Grundlage für die Unternehmenssteuerung darstellen und dass diese Informationen gleichfalls geeignet sind, um externe Adressaten bei Entscheidungen zu unterstützen. I. d. R. wird sich bei der Segmentierung eine produktorientierte oder geografische Aufteilung ergeben.[94] Beide können aber auch nebeneinander bestehen. Gibt es verschiedene

---

[88] Zu dem Umfang und den Auswirkungen bei Abweichungen von einem durch den BMJ bzw. BMJV im Bundesanzeiger veröffentlichten und nicht außer Kraft gesetzten DRS s. Rz 13 und Rz 64.
[89] DRS 3.3a.
[90] DRS 3.1f.
[91] Vgl. WPH Edition, Wirtschaftsprüfung & Rechnungslegung, 15. Aufl., 2017, Abschn. G, Tz 860.
[92] Vgl. zur Definition DRS 3.8 und *Winkeljohann/Rimmelspacher*, in Beck Bil-Komm., 10. Aufl., 2016, § 297 HGB, Rz 152 und WPH Edition, Wirtschaftsprüfung & Rechnungslegung, 15. Aufl., 2017, Abschn. G, Tz 866.
[93] DRS 3.9.
[94] Vgl. hierzu WPH Edition, Wirtschaftsprüfung & Rechnungslegung, 15. Aufl., 2017, Abschn. G, Tz 867; in DRS 3.8 werden Abgrenzungsmerkmale eines produktorientierten und eines geografischen Segments aufgeführt.

interne Organisations- und Berichtsstrukturen, ist für die SegmBer diejenige auszuwählen, die die Chancen- und Risikostruktur des Unt am besten widerspiegelt.[95] **Vorteil** des Ansatzes des *management approach* ist die kostengünstige und zeiteffiziente Informationsbeschaffung. Als **Nachteil** werden zum Teil häufige Veränderungen des internen Berichtswesens angeführt.

In der SegmBer sind operative Segmente gesondert aufzuführen, wenn sie wesentlich sind. DRS 3.15 definiert operative Segmente als **anzugebende Segmente**, wenn 70

- die externen und intersegmentären **Umsatzerlöse** mindestens 10 % der gesamten externen und intersegmentären Umsatzerlöse ausmachen **oder**
- das Ergebnis des operativen Segments mindestens 10 % der Summe der **positiven Ergebnisse** aller Segmente oder der höheren Summe der **negativen Ergebnisse** aller Segmente beträgt **oder**
- das **Vermögen** des operativen Segments mindestens 10 % des gesamten Vermögens aller operativen Segmente ausmacht.

Abweichend von diesen Regelungen werden in DRS 3 folgende **Ausnahmen** zugelassen: 71

- Operative Segmente können von der Geschäftsleitung als anzugebendes Segment bestimmt werden, wenn die Klarheit und Übersichtlichkeit der SegmBer dadurch nicht beeinträchtigt wird.[96]
- Bei erstmaliger Unterschreitung der Größenmerkmale bleibt ein operatives Segment ein anzugebendes Segment, wenn ihm die Konzernleitung weiterhin eine wesentliche Bedeutung beimisst.[97]
- Bei voraussichtlich nur einmaligem Überschreiten der Größenmerkmale aufgrund außergewöhnlicher Umstände kann von einem Ausweis als anzugebendes Segment abgesehen werden.[98]

Operative Segmente, die nicht anzugebende Segmente sind, werden als „**sonstige Segmente**" zusammengefasst. 72

Die auf die anzugebenden Segmente entfallenden externen Umsatzerlöse sollen nach den Regeln des DSR mindestens 75 % der Umsatzerlöse lt. Konzern-GuV ausmachen.[99] Andernfalls sind zusätzliche operative Segmente als anzugebende Segmente zu bestimmen, z.B. durch Bestimmung von operativen Segmenten zu anzugebenden Segmenten oder durch Zusammenfassung mehrerer in den „sonstige Segmenten" erfasster operativer Segmente. 73

Anlage 1 zu DRS 3 enthält einen Entscheidungsbaum zur Bestimmung der anzugebenden Segmente. 74

> **Beispiel**
> Die A-GmbH möchte als Teil ihres HGB-Konzernabschlusses eine SegmBer nach DRS 3 erstellen. Sie steuert ihr Geschäft ausschließlich auf Basis von sechs geografischen Geschäftseinheiten (A–F). E gibt seine Leistungen ausschließlich an die anderen operativen Segmente ab. Gegeben sind folgende Daten:

---

[95] DRS 3.11.
[96] DRS 3.16.
[97] DRS 3.17.
[98] DRS 3.18.
[99] DRS 3.12.

Mio. EUR	A	B	C	D	E	F
externe und intersegmentäre Umsatzerlöse	350	300	80	50	30	25
Ergebnis des operativen Segments	50	-90	20	-20	5	0
Vermögen des operativen Segments	450	400	80	35	20	15

Bei der Prüfung, welche Segmente berichtspflichtig sind, ist wie folgt vorzugehen:
1. **Schritt:** Prüfung, ob es sich bei A–F um operative Segmente i. S. d. DRS 3.8 handelt. Alle Segmente erfüllen die Kriterien des DRS 3.8 als operatives Segment. Als operatives Segment gilt auch E, dass ausschließlich intersegmentäre Umsatzerlöse ausweist.
2. **Schritt:** Prüfung einer Berichtspflicht nach DRS 3.15a „Umsatzerlöse": 10 % von 835 Mio. EUR = 83,5 Mio. EUR. Somit sind A und B berichtspflichtig.
Prüfung einer Berichtspflicht nach DRS 3.15b „Ergebnis": 10 % von 110 Mio. EUR (Summe der negativen Ergebnisse ist höher als Summe der positiven Ergebnisse) = 11 Mio. EUR. Somit sind C und D zusätzlich berichtspflichtig.
Prüfung einer Berichtspflicht nach DRS 3.15c „Vermögen": 10 % von 1.000 Mio. EUR = 100 Mio. EUR. Es werden keine weiteren Segmente berichtspflichtig.
3. **Schritt:** Prüfung, ob Sonderfall nach DRS 3.16, DRS 3.17 oder DRS 3.18 vorliegt.
4. **Schritt:** Prüfung einer gesonderten Ausweispflicht zur Erfüllung der 75-%-Regel gem. DRS 3.12: Umsatzerlöse von A, B, C und D sind mit 780 Mio. EUR mindestens 75 % der gesamten Umsatzerlöse von 835 Mio. EUR. Eine weitere Segmentierung ist nicht erforderlich.
5. **Schritt:** Zusammenfassung der Segmente E und F zu „sonstige Segmente".

2.6.2 Bilanzierungs- und Bewertungsmethoden in der Segmentberichterstattung

75 Für die SegmBer als Teil des Konzernabschlusses gelten nach DRS 3.20 die für den Konzernabschluss **festgelegten Bilanzierungs- und Bewertungsmethoden** uneingeschränkt. Somit ist es z. B. unzulässig, kalkulatorische Kosten in die einzeln zu segmentierenden Konzernabschlussposten einzubeziehen.[100] Werden Cashflows je Segment angegeben, sind nach DRS 3.36a die Regelungen einheitlich in der SegmBer und der KFR anzuwenden.

76 Die Beträge für die SegmBer sind **vor Konsolidierungsmaßnahmen** zu ermitteln. Innerhalb eines anzugebenden Segments sind jedoch Konsolidierungen

---

[100] Vgl. *Winkeljohann/Rimmelspacher*, in Beck Bil-Komm., 10. Aufl., 2016, § 297 HGB, Rz 160 und WPH Edition, Wirtschaftsprüfung & Rechnungslegung, 15. Aufl. 2017, Abschn. G, Tz 872.

vorzunehmen,[101] was am häufigsten bei der Zusammenfassung mehrerer operativer Segmente Bedeutung haben dürfte.

2.6.3 Segmentangaben

Für folgende Angaben besteht nach DRS 3 i.d.F. vom 26.4.2016 eine Angabepflicht:

- **Beschreibung jedes anzugebenden Segments:**[102] z.B. Gebrauchtwagen/Neuwagen/Ersatzteile oder Deutschland/sonstige EU-Länder/Rest der Welt.
- Erläuterung der **Merkmale** für die **Abgrenzung der Segmente:**[103] z.B. die zuordenbaren Produkte, die Tätigkeiten oder die geografische Zusammensetzung.
- Erläuterung der **Merkmale** für die **Zusammenfassung von operativen Segmenten:**[104] Angabe, nach welchen Kriterien Zusammenfassungen erfolgten.
- **Angabe der** einem anzugebenden Segment **zuordenbaren Produkte und Dienstleistungen, wenn** das Segment **nicht produktorientiert abgegrenzt** ist (Beispiel: Die folgende Tabelle gibt die produktorientierten Beträge des Segmentbereiches Nordamerika an: …).[105]
- **Angabe und Begründung bei Zusammenfassung** von Geschäftsfeldern mit unterschiedlichen Risiken und Chancen in einem Segment.[106]
- **Betragsmäßige Angaben** je anzugebendes Segment und für den Posten „sonstige Segmente" sind anzugeben für folgende Sachverhalte:[107]
  - **Umsatzerlöse**: Die Umsatzerlöse sind zu unterteilen in Umsatzerlöse mit Dritten und Intersegmentumsatzerlöse.
  - **Segmentergebnis**: Das Segmentergebnis ist von der Unternehmensleitung zu definieren.[108] Möglich sind z.B.: Ergebnis der gewöhnlichen Geschäftstätigkeit, EBIT, EBT und Periodenergebnis. Das **Segmentergebnis** schließt die Ergebnisanteile anderer Gesellschafter mit ein.
  - Gesondert anzugeben sind die im Segmentergebnis enthaltenen Abschreibungen, andere nicht zahlungswirksame Posten, das Ergebnis aus Beteiligungen aus assoziierten Unt und die Erträge aus sonstigen Beteiligungen. Auf die Angabe der Abschreibungen und anderer wesentlicher nicht zahlungswirksamer Posten kann verzichtet werden, wenn der Cashflow aus laufender Geschäftstätigkeit je Segment angegeben wird, DRS 3.36.[109]
  - Die **Zinserträge und -aufwendungen** sind zusätzlich anzugeben, wenn das Segmentergebnis als Ergebnis aus gewöhnlicher Geschäftstätigkeit bzw. vor Steuern (DRS 3 i.d.F. vom 21.4.2016) definiert wird.[110]

---

[101] DRS 3.19f.
[102] DRS 3.25.
[103] DRS 3.25f.
[104] DRS 3.25f.
[105] DRS 3.27 und Anlage 4 zu DRS 3 i.d.F. vom 21.4.2016.
[106] DRS 3.28.
[107] DRS 3.29, DRS 3.31.
[108] DRS 3.24.
[109] DRS 3.31.
[110] DRS 3.32.

- Die **Zinserträge, -aufwendungen und Steuern vom Einkommen und vom Ertrag** sind zusätzlich anzugeben, wenn das Segmentergebnis diese Posten enthält, also als Periodenergebnis, Ergebnis nach Steuern oder Jahresüberschuss/Jahresfehlbetrag definiert wird.[111]
- **Vermögen** einschließlich der Beteiligungen.[112]
- **Investitionen** in das langfristige Vermögen.[113]
- **Schulden**: Die Segmentschulden betreffen direkt oder nach einem sachgerechten Schlüssel zuordenbare Schulden.[114]

Des Weiteren sind anzugeben:
- **Überleitungsrechnung** auf die entsprechenden Posten der Konzernbilanz und der Konzern-GuV, wesentliche Überleitungsposten sind dabei anzugeben und zu erläutern.[115]
- Bei geografisch anzugebenden Segmenten: Angabe der Umsatzerlöse, des Segmentvermögens und der Investitionen in das langfristige Vermögen je Produkt- oder Dienstleistungsgruppe.[116]
- Bei produktorientierten anzugebenden Segmenten: Angabe der Umsatzerlöse (nach Standort der Kunden), des Segmentvermögens und der Investitionen in das langfristige Vermögen je unternehmensrelevante (mindestens 10 % der Umsatzerlöse oder des Vermögens) geografische Region (nach Standort des Vermögens).[117]
- Angabe der Größenordnung sowie der betroffenen Segmente bei Umsatzerlösen mit externen Großkunden und mit wesentlichen nicht im Konzernabschluss konsolidierten verbundenen Unternehmen.[118]
- Erläuterung der Aufteilung gemeinsam genutzter Vermögensgegenstände.[119]
- Begründung im Fall der Durchbrechung der Stetigkeit.[120]
- Angaben bei Wegfall eines Segments (Hinweis, Betragsangaben und Erläuterungen).[121]
- Angabe der Grundsätze für die Verrechnungspreise zwischen den Segmenten.[122]

78 Nach bisheriger Regelung in DRS 3 (in der Fassung vom 15.7.2005) sind jeweils auch die Vergleichszahlen des Vj. zwingend anzugeben. Für nach dem 31.12.2015 beginnende Gj wird die Angabe von Vj.-Zahlen nur noch empfohlen.[123] Bei einer Veränderung der anzugebenden Segmente sind angegebene Vergleichszahlen des Vj. anzupassen.[124]

---

[111] DRS 3.33.
[112] DRS 3.31c.
[113] DRS 3.31d.
[114] DRS 3.31e.
[115] DRS 3.37.
[116] DRS 3.38.
[117] DRS 3.39f.
[118] Vgl. im Einzelnen DRS 3.42.
[119] DRS 3.44.
[120] DRS 3.47.
[121] DRS 3.48.
[122] DRS 3.45, vgl. auch WPH Edition, Wirtschaftsprüfung & Rechnungslegung, 15. Aufl., 2017, Abschn. G, Tz 871.
[123] DRS 3.43 in der Fassung vom 21.4.2016.
[124] DRS 3.30.

Nach hier vertretener Auffassung ist die Angabe von Vj.-Zahlen sinnvoll, aber gesetzlich nicht vorgeschrieben.[125] Aus diesem Grunde stellt ein Weglassen von Vj.-Zahlen keinen Gesetzesverstoß dar, wohl aber für vor dem 1.1.2016 beginnende Gj eine Abweichung von Regeln in DRS 3, über die im Prüfungsbericht zu berichten ist. Für nach dem 31.12.2015 beginnende Gj braucht der Konzernabschlussprüfer über fehlende Vj.-Zahlen in der SegmB nicht mehr im Prüfungsbericht zu berichten, da im DRS 3 nur noch eine Empfehlung gegeben wird.[126]

Die SegmBer hat **stetig** zu erfolgen. In Ausnahmefällen darf davon abgewichen werden.[127]   79

Bei den Anforderungen des DRS 3 handelt es sich um Mindestanforderungen. Darüber hinausgehende Angaben stehen der Beachtung des Standards nicht entgegen.[128]

2.6.4 Erleichterungen bei der Aufstellung des Konzernanhangs

Nach § 314 Abs. 1 Nr. 3 HGB sind im Konzernanhang die Umsatzerlöse des Konzerns nach Tätigkeitsbereichen und geografisch bestimmten Märkten anzugeben, soweit sich unter Berücksichtigung der Organisation des Verkaufs, der Vermietung oder Verpachtung von Produkten und der Erbringung von Dienstleistungen die Tätigkeitsbereiche und geografisch bestimmten Märkten untereinander erheblich unterscheiden. Die Konzernanhangangabepflicht **entfällt**, wenn der Konzernabschluss um eine SegmBer erweitert wird (§ 314 Abs. 2 HGB).   80

3 Zusätzliche Angaben zur Identifikation des Mutterunternehmens (Abs. 1a)

Mit dem BilRUG ist für Gj, die nach dem 31.12.2015 beginnen, ein neuer Abs. 1a zu beachten. Die Vorschrift verlangt die folgenden Angaben zur erleichterten Identifikation des MU: 81
- Firma
  Die Firma ist bei unterschiedlichen Schreibweisen vollständig aus der Eintragung im Handelsregister zu entnehmen. Wenn diese z.B. „ABC Gesellschaft mit beschränkter Haftung" lautet, sollte eine Abkürzung (z.B. „ABC GmbH") vermieden werden.
- Sitz
  Nach der Begründung zum Gesetzentwurf der Bundesregierung bestimmt sich der Sitz der Gesellschaft nach Maßgabe des Gesellschaftsvertrags oder der Satzung.
- Name des Registergerichts
- Nummer, unter der das MU in das HR eingetragen ist
  Die Angabepflicht schließt die Angabe der Abteilung (A für Einzelkaufleute und PersG, B für KapG) ein.
- Sofern sich das MU in Liquidation oder Abwicklung befindet, diese Tatsache

---

[125] Vgl. hierzu die analog geltenden Ausführungen in Rz 46 und Rz 63f.
[126] Vgl. im Einzelnen Rz 64.
[127] DRS 3.46f.
[128] DRS 3.7.

Die Angabe wird durch einen Zusatz in der Firma erfüllt, der auf die laufende Liquidation oder Abwicklung hinweist, z. B. „A-GmbH in Liquidation" oder „A-GmbH iL". Eine Differenzierung der Begriffe „Abwicklung" und „Liquidation" ergibt sich weder aus dem Gesetz noch aus den Begründungen zum Gesetzesentwurf. Sofern der Gesetzgeber den Begriff „Abwicklung" verwendet,[129] sollte dieser Begriff verwendet werden; im Übrigen der allgemeinere und weitergehende Begriff „Liquidation".

Der Gesetzgeber schreibt nicht vor, an welcher Stelle die Angaben im Konzernabschluss zu machen sind. Die zusätzlichen Angaben sind kein eigenständiger Bestandteil des Konzernabschlusses, denn diese sind abschließend in Abs. 1 aufgeführt. Zulässig sind nach hier vertretener Auffassung folgende Orte:
- in der Überschrift eines Bestandteils des Konzernabschlusses (also bspw. der Überschrift zur Konzernbilanz oder Konzern-GuV)
- an anderer herausgehobener Stelle. Dies ist insbesondere erfüllt durch Angabe am Anfang des Konzernanhangs.[130]
- auf einem gesonderten Deckblatt, der dem Konzernabschluss vorangestellt ist. Dies widerspricht zwar dem Wortlaut der Norm, wonach die Angaben im Konzernabschluss anzugeben sind. Ein Deckblatt ist nach § 297 Abs. 1 HGB kein Bestandteil des Konzernabschlusses; die Möglichkeit wird aber in der Regierungsbegründung zum BilRUG ausdrücklich genannt. Im Fall eines gesonderten Deckblatts ist dieses mit dem Konzernabschluss zusammen offen zu legen.

Eine Angabe im Konzernlagebericht erfüllt aufgrund des eindeutigen Gesetzeswortlautes nicht die Anforderungen der Norm.

4 Klarheit und Übersichtlichkeit (Abs. 2 Satz 1)

82 Der Grundsatz der Klarheit und Übersichtlichkeit betrifft in erster Linie die **äußere Gestaltung** des Konzernabschlusses im Hinblick auf die **Gliederung** und die **Lesbarkeit**. Für die Konzernbilanz und die Konzern-GuV ist dies über § 298 Abs. 1 HGB durch Verweis auf die Gliederungsvorschriften für große KapG bereits weitestgehend geregelt. Hinsichtlich des Ausweises konzernspezifischer Posten ist eine sachgerechte und eindeutige Postenbezeichnung sowie eine sachgerechte Ergänzung der Posten in die vorgeschriebene Gliederung i. S. d. Klarheit und Übersichtlichkeit vorzunehmen.

83 Für den **Aufbau und** die **Form des Konzernanhangs** bestehen für den Konzernabschluss wie bei den Vorschriften zum Jahresabschluss erstmals mit den Änderungen durch das BilRUG **Gliederungsvorschriften**.[131] Der Grundsatz der Klarheit und Übersichtlichkeit besagt beim Konzernanhang im Wesentlichen, dass die Angaben so zu halten sind, dass der interessierte Leser sie verstehen kann. Die Bezugnahme im Konzernanhang auf Paragrafen ist grds. zulässig, dies darf aber nicht dazu führen, dass die entsprechenden Darlegungen nur unter Heranziehung der gesetzlichen Vorschriften verständlich sind.

---

[129] Bsp.: Abwicklung i. S. d. § 264 Abs. 1 AktG ist nur das in § 265 ff. geordnete Verfahren und umfasst nicht andere Arten der Liquidation.
[130] Vgl. auch *Oser/Orth/Wirtz*, DB 2015, S. 1729.
[131] Vgl. zu Änderungen durch BilRUG Rz 11; im Übrigen vgl. Kommentierung zu § 313 Abs. 1 Satz 1 HGB.

Konkretisierende Regelungen über Form und Aufbau der KFR, des EK-Spiegels 84
und der SegmBer für den Jahresabschluss oder für den Konzernabschluss hat der
Gesetzgeber nicht normiert. Dem Grundsatz der Klarheit und Übersichtlichkeit
dieser Bestandteile des Konzernabschlusses dient insb. die Beachtung der DRS, die
konkrete Gliederungsregelungen vorschreiben und Empfehlungen aussprechen.

5 Vermittlung eines den tatsächlichen Verhältnissen entsprechenden Bilds der Vermögens-, Finanz- und Ertragslage (Abs. 2 Sätze 2 und 3)

Identisch mit dem Wortlaut der Vorschrift zum Jahresabschluss (§ 264 Abs. 2 85
HGB) besteht für den Konzernabschluss eine **eigenständige Generalnorm**.
Danach hat der Konzernabschluss nach § 297 Abs. 2 Satz 2 HGB unter Beachtung der GoB ein den tatsächlichen Verhältnissen entsprechendes Bild der
Vermögens-, Finanz- und Ertragslage zu vermitteln.
Die jeweiligen Einzelvorschriften gehen als lex specialis der Generalnorm vor. 86
Stehen die anzuwendenden Einzelvorschriften im Widerspruch zur Generalnorm, so sind sie dennoch anzuwenden. § 297 Abs. 2 Satz 3 HGB sieht in diesem
Fall **ergänzende Angaben** im Konzernanhang vor, um dem geforderten Bild zu
entsprechen. Die Vorschrift dient nicht dazu, dass über einzeln geregelte Vorschriften hinaus Konzernanhangangaben erforderlich sind. Aufgrund des AK-Prinzips nicht aufgedeckte erhebliche stille Reserven bei einzelnen VG sind z. B.
aufgrund der Generalnorm nicht zusätzlich zu erläutern, auch wenn die Vermögenslage hierdurch erheblich beeinflusst wird.
Grds. kann davon ausgegangen werden, dass durch die Einzelvorschriften zum 87
Konzernabschluss die Generalnorm erfüllt wird. Nach dem Gesetzeswortlaut ist
dies nur bei „besonderen Umständen" nicht der Fall. In diesem Zusammenhang
ist zu berücksichtigen, dass bei Beachtung der vom BMJ/BMJV bekannt gemachten Vorschriften des DSR gem. § 342 Abs. 2 HGB eine Vermutung hinsichtlich
einer Übereinstimmung mit den **Grundsätzen ordnungsmäßiger Konzernbuchführung** besteht.
Das **Vorhandensein besonderer Umstände** wird so verstanden werden können, 88
dass nur Sachverhalte von erheblicher Bedeutung und einmaliger Art, für die sonst
keine Erläuterungspflicht besteht, zu zusätzlichen Angaben zwingen.[132] Mögliche
Sachverhalte, die bei Wesentlichkeit eine Angabepflicht im Konzernabschluss
auslösen, können sich aus den Jahresabschlüssen der einbezogenen Unt (z. B.
unzureichende Darstellung der Ertragslage bei langfristiger Auftragsfertigung)[133]
und aus konzernspezifischen Tatbeständen ergeben. Beispiele für konzernspezifische Tatbestände sind:
- Angabe schwebender Kartellverfahren, die unter Umständen zu wesentlichen Veränderungen des KonsKreises führen,
- unzureichende Daten, weil wesentliche TU im Einklang mit § 296 Abs. 1 HGB nicht in den Konzernabschluss einbezogen wurden,

---

[132] So auch WPH Edition, Wirtschaftsprüfung & Rechnungslegung, 15. Aufl., 2017, Abschn. F, Tz 960 ff. i. V. m. Abschn. G, Tz 809.
[133] Vgl. zu weiteren Tatbeständen aus Einzelabschlüssen die Kommentierung zu § 264 HGB.

- Umfang der fehlenden Verfügungsmacht über wesentliche VG, die im Rahmen der QuotenKons in den Konzernabschluss einbezogen wurden.

89 Der **Umfang** der Konzernanhangangaben ergibt sich aus dem Zweck der Vorschrift, ein den tatsächlichen Verhältnissen entsprechendes Bild der Vermögens-, Finanz- und Ertragslage zu vermitteln. Zum Teil werden Betragsangaben erforderlich sein, zum Teil sind verbale Angaben ausreichend.

6 Erklärung der gesetzlichen Vertreter/Bilanzeid (Abs. 2 Satz 4)

90 Aufgrund des durch das TUG in das HGB eingefügten Satzes 4 der Vorschrift ist der sog. **Bilanzeid** gem. § 264 Abs. 2 Satz 3 HGB auch für den Konzernabschluss abzugeben. Danach haben die gesetzlichen Vertreter eines MU, das Inlandsemittent i. S. d. § 2 Abs. 7 WpHG ist, schriftlich zu versichern, dass nach bestem Wissen der Konzernabschluss ein den tatsächlichen Verhältnissen entsprechendes Bild der Vermögens-, Finanz- und Ertragslage vermittelt, ggf. durch zusätzliche Angaben im Konzernanhang. Ausgenommen vom Bilanzeid sind KapG i. S. d. § 327a HGB, also KapG, die keine Aktien, sondern nur zum Handel an einem organisierten Markt zugelassene Schuldtitel (Schuldverschreibungen oder andere übertragbare Forderungen in verbriefter Form mit Ausnahme von Wertpapieren, die Aktien gleichgestellt sind) mit einer Mindeststückelung von 100.000 EUR oder dem am Ausgabetag entsprechenden Gegenwert einer anderen Währung begeben.

91 Die gesetzlichen Vertreter haben bei der Unterzeichnung des Konzernabschlusses die Versicherung **schriftlich** abzugeben. Jedes Mitglied des Vertretungsorgans hat den Bilanzeid persönlich abzugeben. Es hat die Versicherung nach bestem Wissen abzugeben, d. h. Maßstab ist die subjektive Kenntnis von der Wirklichkeit, wobei Überwachungs- und Sorgfaltspflichten eines ordentlichen und gewissenhaften Geschäftsleiters vorausgesetzt werden können.[134]
Der Bilanzeid ist **nicht Bestandteil des Konzernabschlusses oder Konzernlageberichtes**. Eine Aufnahme des Bilanzeids in den Konzernanhang oder Konzernlagebericht kommt daher nicht in Betracht. Es empfiehlt sich, den Bilanzeid bereits bei der Aufstellung des Konzernabschlusses auf einem separaten Blatt abzugeben und zu unterschreiben.

92 Der DSR empfiehlt folgende **Formulierung**[135]
- bei einer zusammengefassten Versicherung für den Konzernabschluss und den Konzernlagebericht (§ 315 Abs. 1 Satz 6 HGB):
„Wir versichern nach bestem Wissen, dass gem. den anzuwendenden Rechnungslegungsgrundsätzen der Konzernabschluss ein den tatsächlichen Verhältnissen entsprechendes Bild der Vermögens-, Finanz- und Ertragslage des Konzerns vermittelt und im Konzernlagebericht der Geschäftsverlauf einschl. des Geschäftsergebnisses und die Lage des Konzerns so dargestellt sind, dass ein den tatsächlichen Verhältnissen entsprechendes Bild vermittelt wird, sowie die we-

---

[134] Vgl. WPH Edition, Wirtschaftsprüfung & Rechnungslegung, 15. Aufl., 2017, Abschn. B, Tz 158f. und Abschn. J, Tz 139.
[135] Vgl. DRS 20.K234 und DRS 20.K235.

sentlichen Chancen und Risiken der voraussichtlichen Entwicklung des Konzerns beschrieben sind."
- bei getrennten Erklärungen für den Konzernabschluss und den Konzernlagebericht:
Für den Konzernabschluss:
„Wir versichern nach bestem Wissen, dass gem. den anzuwendenden Rechnungslegungsgrundsätzen der Konzernabschluss ein den tatsächlichen Verhältnissen entsprechendes Bild der Vermögens-, Finanz- und Ertragslage des Konzerns vermittelt."
Für den Konzernlagebericht:
„Wir versichern nach bestem Wissen, dass im Konzernlagebericht der Geschäftsverlauf einschl. des Geschäftsergebnisses und die Lage des Konzerns so dargestellt sind, dass ein den tatsächlichen Verhältnissen entsprechendes Bild vermittelt wird, sowie die wesentlichen Chancen und Risiken der voraussichtlichen Entwicklung des Konzerns beschrieben sind."

Bei vorsätzlich nicht richtiger Abgabe der Versicherung sieht § 331 Nr. 3a HGB eine Freiheitsstrafe von bis zu drei Jahren oder eine Geldstrafe vor. Ausreichend ist bedingter Vorsatz, d. h. die Möglichkeit einer erheblichen Unrichtigkeit der Aussage wird billigend in Kauf genommen. Die Nichtabgabe eines Bilanzeids kann lediglich als Ordnungswidrigkeit geahndet werden.[136]

MU, die einen IFRS-Konzernabschluss aufstellen und die zusätzlichen Vorschriften in § 315e HGB beachten müssen, haben durch den Verweis auf § 297 Abs. 2 Satz 4 HGB in § 315e Abs. 1 Satz 1 HGB ebenfalls einen Bilanzeid abzugeben. Die Formulierung ist entsprechend anzupassen.

7 Fiktion der wirtschaftlichen Einheit (Abs. 3 Satz 1)

Die sog. **Einheitstheorie** besagt, dass die rechtlich selbstständigen im Konzernabschluss konsolidierten Unt wie unselbstständige Betriebsstätten behandelt werden. Es ist daher von einer wirtschaftlichen, nicht jedoch auch von einer rechtlichen Einheit auszugehen. Die Vermögens-, Finanz- und Ertragslage ist somit so darzustellen, als ob die einbezogenen Unt insgesamt ein einziges Unt wären. Eine Ausnahme bilden die quotal nach § 310 HGB einbezogenen Unt.

Die Einheitstheorie ist ein wesentlicher Leitfaden für die Beurteilung aller nicht gesetzlich geregelten Einzelfragen. Um das Ziel der wirtschaftlichen Einheit zu erreichen, bestehen weitere konzernspezifische Einzelvorschriften wie z. B. das Weltabschlussprinzip (§ 294 Abs. 1 HGB), das Stichtagsprinzip (§ 299 HGB), das Prinzip der einheitlichen Bewertung (§ 308 HGB), die Vorschriften zur Schulden- (§ 303 HGB), Aufwands- und ErtragsKons (§ 305 HGB) sowie zur Zwischenergebniseliminierung (§ 304 HGB) und zur KapKons (§ 301 HGB). Weiterhin ergibt sich aus dem Grundsatz der Einheitstheorie auch die Notwendigkeit der Umgliederung von aus Konzernsicht anders zu beurteilenden Posten (z. B. können Rohstoffe aus Konzernsicht unfertige Erzeugnisse darstellen und können von einem TU erworbene Sachanlagen aus Konzernsicht selbsterstellt

---

[136] Vgl. *Grottel/Hoffmann*, in Beck Bil-Komm., 10. Aufl., 2016, § 331 HGB, Rz 35.

sein) und Eliminierungen von Anlagebewegungen zwischen den KonzernUnt im Anlagespiegel (aus Konzernsicht keine Zu- oder Abgänge).[137]
Aus der Einheitstheorie heraus rechtfertigt sich auch die Aufrechnung von Drittschuldverhältnissen.

> **Beispiel**
> Am Abschlussstichtag hat TU 1 eine fällige Forderung von 150 GE gegen das Kreditinstitut und TU 2 eine Kontokorrentverbindlichkeit von 120 GE gegenüber demselben Kreditinstitut. Die allg. Auftragsbedingungen des Kreditinstituts schränken die gesetzliche Aufrechnungsmöglichkeit des § 387 BGB nicht ein. Eine SchuldenKons nach § 303 HGB scheidet aus, weil es an Forderungen und Verbindlichkeiten **zwischen** den in den Konzernabschluss einbezogenen Unt mangelt. Eine Verrechnung von 120 GE ist aber aufgrund der Fiktion der wirtschaftlichen Einheit möglich.

97 Zwischen dem Nutzen des Konzernabschlusses und den Kosten für die Erstellung muss ein angemessenes Verhältnis bestehen. Dieser Grundsatz der **Wirtschaftlichkeit** und der **Wesentlichkeit** unterstreicht die Einheitstheorie, da nur bei unwesentlichen Sachverhalten und restriktiv auszulegender Unwirtschaftlichkeit vom Grundsatz der wirtschaftlichen Einheit abgewichen werden darf.

8 Stetigkeit der Konsolidierungsmethoden (Abs. 3 Sätze 2–5)

98 Grds. sind gesetzliche Wahlrechte bei der Aufstellung eines Konzernabschlusses wie im Vj. auszuüben, um eine Vergleichbarkeit der Konzernabschlüsse im Zeitablauf zu haben. Hinsichtlich der notwendigen Stetigkeit der Bilanzierungs- und Bewertungsmethoden und der Form der Darstellung verweist § 298 Abs. 1 HGB auf die entsprechenden Vorschriften für den EA (§§ 246 Abs. 3, 252 Abs. 1 Nr. 6, 265 Abs. 1 HGB). § 297 Abs. 3 Satz 2 HGB regelt, dass der Stetigkeitsgrundsatz grds. auch hinsichtlich der Konsolidierungsmethoden gilt.

99 Der Begriff **Konsolidierungsmethode** ist **weit zu fassen**. Hierzu zählen alle Maßnahmen, Methoden und Verfahren zur Entwicklung eines Konzernabschlusses aus den Jahresabschlüssen der einbezogenen Unt wie z. B. KapKons, Schulden-Kons, Zwischenergebniseliminierung, Aufwands- und ErtragsKons, QuotenKons, Equity-Bewertung und Abgrenzung des KonsKreises.[138] Zu den Konsolidierungsmethoden gehören ferner Verfahren und Techniken, die sich aus dem Einheitsgrundsatz ableiten lassen wie z. B. die Berechnung und Abgrenzung der latenten Steuern und Ergebnisübernahmen innerhalb des KonsKreises.

100 Neben der **zeitlichen Stetigkeit** (unveränderte Anwendung der Konsolidierungsmaßnahmen im Zeitablauf) gilt auch die **sachliche Stetigkeit** (gleichartige Sachverhalte sind nach den gleichen Konsolidierungsmethoden abzubilden).[139] Die sachliche Kontinuität ist aber nicht dahingehend zu verstehen, dass bei verschiede-

---

[137] Vgl. auch WPH Edition, Wirtschaftsprüfung & Rechnungslegung, 15. Aufl., 2017, Abschn. G, Tz 13 ff.
[138] Vgl. DRS. 13.6 „Konsolidierung".
[139] Vgl. DRS 13.15 und DRS 13.6.

nen Sachverhalten nebeneinander unterschiedliche Konsolidierungsmethoden nicht zulässig sind. Der Beurteilung, ob jeweils sachlich gleichartige Fälle gegeben sind, kommt somit eine wesentliche Bedeutung zu.[140] Eine willkürliche und sachlich nicht gerechtfertigte Auslegung der vorliegenden Sachverhalte ist jedoch unzulässig.

Abweichungen von der Stetigkeit der Konsolidierungsmethoden sind in Ausnahmefällen zulässig (Abs. 3 Satz 3). Nach Auffassung des DSR sind Änderungen der Konsolidierungsmethoden nur unter den folgenden Voraussetzungen möglich:[141] 101

- Änderungen aufgrund rechtlicher Gegebenheiten (Gesetze, Richtlinien, Rechtsprechung),
- Anpassung an geänderte oder neue vom BMJ bzw. BMJV veröffentlichte Empfehlungen des DRSC,
- Verbesserung der Darstellung der Vermögens-, Finanz- und Ertragslage bei strukturellen Veränderungen im Konzern,
- Anpassung an konzerneinheitliche Bilanzierungsgrundsätze bei der erstmaligen Einbeziehung in den Konzernabschluss.

Darüber hinaus ist nach hier vertretener Auffassung eine Änderung der Konsolidierungsmethoden immer zulässig, wenn abweichend zum Vj. auf weiterhin bestehende Erleichterungsmöglichkeiten verzichtet wird (z. B. Verzicht auf Konsolidierungsmaßnahmen wegen untergeordneter Bedeutung).

Keine Durchbrechung der Stetigkeit der Kons. liegt vor, wenn die Durchbrechung gesetzlich zwingend ist (z. B. kann von dem Wahlrecht der Einbeziehung kein Gebrauch mehr gemacht werden, weil das TU für die Vermögens-, Finanz- und Ertragslage nicht mehr von untergeordneter Bedeutung ist). Die Einbeziehung des TU stellt in diesem Fall keine Änderung der Konsolidierungsmethode dar. Das galt z. B. auch, als der Gesetzgeber bei der KapKons das Wahlrecht der Form der Anwendung der Erwerbsmethode aufhob und aus diesem Grunde der Wechsel von der Buchwert- zur Neubewertungsmethode erforderlich wurde. 102

Bei abweichenden Konsolidierungsmethoden zum Vj. sind folgende Konzernanhangangaben erforderlich: 103

- **Angabe der Abweichung**: Aus den Ausführungen muss ersichtlich werden, inwieweit ein Wechsel der Konsolidierungsmethode stattgefunden hat.
- **Begründung der Abweichung**: Es ist eine Erläuterung notwendig, warum der Wechsel vorgenommen wurde.
- **Angabe des Einflusses der Methodenänderung auf die Vermögens-, Finanz- und Ertragslage des Konzerns**: Sofern möglich, sind quantitative Auswirkungen anzugeben. Dritte müssen sich anhand der Angaben ein Bild machen können, wie der Konzernabschluss ohne die Änderung der Konsolidierungsmethode ausgesehen hätte. Die vom DSR geforderte Erstellung und Erläuterung von Pro-Forma-Angaben[142] ist sinnvoll. Eine entsprechende Verpflichtung kann aber aus dem Gesetz nicht abgeleitet werden. Ist der Einfluss der Methodenänderung auf die Vermögens-, Finanz- und Ertragslage des Konzerns unwesentlich, so reicht ein entsprechender Hinweis.

---

140 So auch *Winkeljohann/Rimmelspacher*, in Beck Bil-Komm., 10. Aufl., 2016, § 297 HGB, Rz 202.
141 DRS 13. 16 i. V. m. DRS 13.8.
142 DRS 13. 16 i. V. m. DRS 13.15.

§ 298 Anzuwendende Vorschriften. Erleichterungen

(1) Auf den Konzernabschluß sind, soweit seine Eigenart keine Abweichung bedingt oder in den folgenden Vorschriften nichts anderes bestimmt ist, die §§ 244 bis 256a, 264c, 265, 266, 268 Absatz 1 bis 7, die §§ 270, 271, 272 Absatz 1 bis 4, die §§ 274, 275 und 277 über den Jahresabschluß und die für die Rechtsform und den Geschäftszweig der in den Konzernabschluß einbezogenen Unternehmen mit Sitz im Geltungsbereich dieses Gesetzes geltenden Vorschriften, soweit sie für große Kapitalgesellschaften gelten, entsprechend anzuwenden.
(2) ¹Der Konzernanhang und der Anhang des Jahresabschlusses des Mutterunternehmens dürfen zusammengefaßt werden. ²In diesem Falle müssen der Konzernabschluß und der Jahresabschluß des Mutterunternehmens gemeinsam offengelegt werden. ³Aus dem zusammengefassten Anhang muss hervorgehen, welche Angaben sich auf den Konzern und welche Angaben sich nur auf das Mutterunternehmen beziehen.

WP StB Bernd Mackedanz

Inhaltsübersicht

	Rz
1 Einführung	1
2 Anzuwendende Vorschriften für den Konzernabschluss (Abs. 1)	2–63
2.1 Vorschriften des Jahresabschlusses, die analog für den Konzernabschluss anzuwenden sind	7–62
2.1.1 Sprache. Währungseinheit (§ 244 HGB)	7
2.1.2 Unterzeichnung (§ 245 HGB)	8–10
2.1.3 Vollständigkeit. Verrechnungsverbot (§ 246 HGB)	11
2.1.4 Inhalt der Bilanz (§ 247 HGB)	12
2.1.5 Bilanzierungsverbote und -wahlrechte (§ 248 HGB)	13
2.1.6 Rückstellungen (§ 249 HGB)	14–15
2.1.7 Rechnungsabgrenzungsposten (§ 250 HGB)	16
2.1.8 Haftungsverhältnisse (§§ 251, 268 Abs. 7 HGB)	17
2.1.9 Allgemeine Bewertungsgrundsätze (§ 252 HGB)	18–23
2.1.10 Zugangs- und Folgebewertung (§ 253 HGB)	24–25
2.1.11 Bildung von Bewertungseinheiten (§ 254 HGB)	26
2.1.12 Bewertungsmaßstäbe (§ 255 HGB)	27
2.1.13 Bewertungsvereinfachungsverfahren (§ 256 HGB)	28–30
2.1.14 Währungsumrechnung (§ 256a HGB)	31
2.1.15 Allgemeine Grundsätze für die Gliederung (§ 265 HGB)	32–41
2.1.16 Gliederung der Bilanz (§ 266 HGB)	42–43
2.1.17 Vorschriften zu einzelnen Posten der Bilanz. Bilanzvermerke (§ 268 Abs. 1 bis 7 HGB)	44–46
2.1.18 Bildung bestimmter Posten (§ 270 HGB)	47–48
2.1.19 Beteiligungen. Verbundene Unternehmen (§ 271 HGB)	49–50

	2.1.20 Eigenkapital (§ 272 Abs. 1 bis 4 HGB)..........	51–53
	2.1.21 Gliederung der GuV (§ 275 HGB).............	54–57
	2.1.22 Vorschriften zu einzelnen Posten der Gewinn- und Verlustrechnung (§ 277 HGB)...............	58–60
	2.1.23 Steuern (§ 278 HGB aF). Latente Steuern (§ 274 HGB).............................	61–62
2.2	Besondere Bestimmungen für OHG und KG i.S.d. § 264a HGB (§ 264c HGB)............................	63
3	Rechtsform- und geschäftszweigspezifische Vorschriften	64–67
4	Zusammenfassung der Anhänge für den Einzel- und Konzernabschluss (Abs. 2).................................	68–70

1 Einführung

Hinsichtlich diverser Einzelvorschriften zu Ausweis-, Bilanzierungs- und Bewertungsregeln sowie Anhangangaben verweist der Gesetzgeber auf entsprechende Vorschriften für den Jahresabschluss. Auf ein geschlossenes System von Konzernrechnungslegungsregeln hat der Gesetzgeber bewusst zu Gunsten einer gesetzestechnischen **Vereinfachung** sowie der **Einheitlichkeit** von Regeln in Konzernabschluss und Jahresabschluss verzichtet. 1

2 Anzuwendende Vorschriften für den Konzernabschluss (Abs. 1)

Nach § 298 Abs. 1 HGB sind grds. die folgenden Vorschriften für den Jahresabschluss im Konzernabschluss entsprechend anzuwenden: 2
Allgemeine Vorschriften:
- § 244 HGB Sprache. Währungseinheit
- § 245 HGB Unterzeichnung
- § 265 HGB Allgemeine Grundsätze für die Gliederung

Ansatzvorschriften:
- § 246 HGB Vollständigkeit. Verrechnungsverbot
- § 247 HGB Inhalt der Bilanz
- § 248 HGB Bilanzierungsverbote und -wahlrechte
- § 249 HGB Rückstellungen
- § 250 HGB Rechnungsabgrenzungsposten
- § 251 HGB Haftungsverhältnisse

Bewertungsvorschriften:
- § 252 HGB Allgemeine Bewertungsgrundsätze
- § 253 HGB Zugangs- und Folgebewertung
- § 254 HGB Bildung von Bewertungseinheiten
- § 255 HGB Bewertungsmaßstäbe
- § 256 HGB Bewertungsvereinfachungsverfahren
- § 256a HGB Währungsumrechnung

Bilanz:
- § 264c HGB Besondere Bestimmungen für OHG und KG i.S.d. § 264a HGB
- § 266 HGB Gliederung der Bilanz
- § 268 Abs. 1–7 HGB Vorschriften zu einzelnen Posten der Bilanz. Bilanzvermerke
- § 270 HGB Bildung bestimmter Posten
- § 271 HGB Beteiligungen. Verbundene Unternehmen
- § 272 Abs. 1–4 HGB Eigenkapital
- § 274 HGB Latente Steuern

Gewinn- und Verlustrechnung:
- § 275 HGB Gliederung
- § 277 HGB Vorschriften zu einzelnen Posten der GuV

Ferner sind zu beachten:
- die für die **Rechtsform** der in den Konzernabschluss einbezogenen Unt mit Sitz im Geltungsbereich des HGB geltenden Vorschriften,
- die für den **Geschäftszweig** der in den Konzernabschluss einbezogenen Unt mit Sitz im Geltungsbereich des HGB geltenden Vorschriften.

3   Die vorgenannten Vorschriften finden **Anwendung**, wie sie für große KapG gelten. Größenabhängige Erleichterungen für kleine und mittelgroße KapG finden im Konzernabschluss somit keine Anwendung. Somit ist sicherzustellen, dass insbesondere von einzubeziehenden TU, die größenabhängige Erleichterungen in Anspruch nehmen, erforderliche Informationen zur Verfügung stehen, z.B. durch Konzern-Bilanzierungsrichtlinien oder Konsolidierungspackages.

Von diesem Grundsatz gibt es zwei Ausnahmen:
- Die **Eigenart des Konzernabschlusses** bedingt eine Abweichung (Bsp.: Waren im Jahresabschluss eines einbezogenen Unt sind aus Konzernsicht Rohstoffe).
- Aus den konzernspezifischen Vorschriften der **§§ 290 ff. HGB** ergibt sich eine **abweichende Regelung**, die als **lex specialis** vorgeht.

4   Nicht für den Konzernabschluss gelten somit die folgenden handelsrechtlichen Vorschriften für den Jahresabschluss:

Vorschriften, die in §§ 290 ff. HGB durch spezielle Bestimmungen für die Konzernrechnungslegung ersetzt sind:
- § 242 HGB Pflicht zur Aufstellung (Spezialregelung im Konzern in § 290 HGB);
- § 243 HGB Aufstellungsgrundsatz (Spezialregelungen im Konzern in § 297 Abs. 2 HGB bzgl. Klarheit und Übersichtlichkeit bzw. § 290 Abs. 1 HGB bzgl. Aufstellungszeitraum);
- § 264 HGB Pflicht zur Aufstellung (Spezialregelungen im Konzern in § 297 Abs. 1 HGB bzgl. des Inhalts des Abschlusses und in § 290 Abs. 1 HGB bzgl. der Pflicht zur Aufstellung eines Lageberichts und bzgl. der Aufstellungsfrist, § 297 Abs. 1a HGB bzgl. der Angaben zur Identifikation des MU, § 297 Abs. 2 HGB bzgl. zusätzlicher Anhangangaben, wenn ein den tatsächlichen Verhältnissen entsprechendes Bild der Vermögens-, Finanz- und Ertragslage sonst nicht vermittelt wird und bzgl. des Bilanzeids);
- §§ 267, 267a HGB Größenklassen (Spezialregelung im Konzern in § 293 HGB);

- §§ 284–286 HGB Anhangvorschriften (Spezialregelungen im Konzern in § 313 f. HGB);
- § 264d HGB KM-orientierte KapG (im HGB-KA wird jeweils der Anwenderkreis definiert, z. B. § 297 Abs. 2 Satz 4 HGB, § 314 Abs. 1 Nr. 8 HGB).

Befreiungsvorschriften:
Wenn ein Konzernabschluss aufzustellen ist, sind alle für große KapG geltenden Vorschriften zu beachten; größenabhängige Erleichterungen bestehen nicht. Eine analoge Anwendung der Erleichterungen bei der Aufstellung von Jahresabschlüssen nach §§ 264 Abs. 3 u. 4, 264b, 274a, 276 und 288 HGB entfällt somit.

Aufbewahrungs- und Vorlagepflichten:
§§ 257–261 HGB behandeln Aufbewahrungs- und Vorlagepflichten. Die Vorschriften enthalten bereits konkrete Regeln für Konzernabschluss, Konzernlagebericht und damit zusammenhängende Unterlagen. Ein Verweis in § 298 HGB, dass diese Rechtsnormen analog anzuwenden sind, ist somit entbehrlich.

Landesrechtliche Vorschriften:
§ 263 HGB betrifft landesrechtliche Vorschriften, die für Konzernabschlüsse nicht relevant sind.

Ausschüttungsrestriktionen:
Die §§ 268 Abs. 8, 272 Abs. 5 HGB werden ausgenommen, weil Grundlage für die Ermittlung der Höhe der dort geregelten Ausschüttungssperren nicht der Konzernabschluss, sondern allein der Jahresabschluss des MU ist. Daher sind die Regelungen für den Konzernabschluss nicht analog anwendbar.

Zu § 264a HGB gilt dagegen: Nach § 264a HGB gelten für die dort beschriebenen PersG die Vorschriften des 1. bis 5. Unterabschnitts des 2. Abschnitts des Dritten Buches (§§ 264–330 HGB). Ein Verweis des § 298 HGB auf § 264a HGB ist nicht erforderlich, da § 264a HGB für den gesamten 2. Unterabschnitt des 2. Abschnitts des Dritten Buches (§§ 290–315e HGB) gilt und somit auch unmittelbar Konzernvorschriften mitregelt.[1] Die Vorschriften des 6. Unterabschnitts (§§ 331–335b HGB) gelten über § 335b HGB auch für OHG und KG i. S. d. § 264a Abs. 1 HGB.

Auch auf die Vorschriften zum Lagebericht (§ 289 HGB) wird nicht verwiesen, weil Spezialvorschriften für den Konzernlagebericht in § 315 HGB geregelt sind.

Durch den weitgehenden Verweis auf die Vorschriften zum Jahresabschluss kann zum Inhalt und zur Auslegung dieser Regelungen grds. auf die Kommentierungen zum Jahresabschluss verwiesen werden. Im Folgenden werden lediglich Besonderheiten durch die Eigenart des Konzernabschlusses oder Sonderregeln in §§ 298 ff. HGB dargestellt.

---

[1] Zum Grund der gesonderten Regelung vgl. ADS, 6. Aufl. § 264a HGB, Rz 49.

2.1 Vorschriften des Jahresabschlusses, die analog für den Konzernabschluss anzuwenden sind

2.1.1 Sprache. Währungseinheit (§ 244 HGB)

7   Der Konzernabschluss ist in **deutscher Sprache** und in **Euro** aufzustellen. Die in der Praxis vorzufindende Verwendung von englischen Fachbegriffen (z. B. *Earnings before interest and taxes/EBIT, Cashflow*) und englischen Bezeichnungen von IFRS-Standards erscheint zulässig, solange sachverständigen Dritten diese Begriffe geläufig sind und durch die Verwendung die Klarheit und Übersichtlichkeit des Konzernabschlusses nicht wesentlich beeinträchtigt wird.[2] Hinsichtlich der Umrechnung von auf fremde Währung
- lautende VG, Schulden und RAP gelten die Vorschriften für den Jahresabschluss analog (§§ 253 Abs. 1 HGB, 252 Abs. 1 Nr. 4 HGB, 256a HGB),
- lautenden Abschlüssen gilt die Vorschrift des § 308a HGB (modifizierte Stichtagsmethode).

2.1.2 Unterzeichnung (§ 245 HGB)

8   Der Konzernabschluss ist durch **alle** gesetzlichen Vertreter des MU unter Angabe des Datums zu unterzeichnen. Es ist nicht ausreichend, wenn nicht **alle Geschäftsführer** oder **Mitglieder des Vorstands** unterzeichnen, auch dann nicht, wenn die Unterzeichnenden bei Rechtsgeschäften die Ges. vertreten könnten.[3] Maßgeblich ist die Organstellung zum Zeitpunkt der Aufstellung des Konzernabschlusses. Ein gesetzlicher Vertreter des MU hat daher den Konzernabschluss auch dann zu unterzeichnen, wenn er erst nach dem Bilanzstichtag die Organstellung erlangt hat. An welcher Stelle der Konzernabschluss zu unterzeichnen ist, hat der Gesetzgeber nicht geregelt. Allgemein üblich und zweckmäßig ist die Unterzeichnung am Ende des Konzernanhangs als letztem Bestandteil des Konzernabschlusses.

9   Bei KapG sind die gesetzlichen Vertreter die Vorstandsmitglieder bzw. Geschäftsführer. Bei PersG i.S.v. § 264a HGB gelten die Vorstandsmitglieder oder Geschäftsführer der vertretungsberechtigten Ges. als gesetzliche Vertreter (§ 264a Abs. 2 HGB).

10 Bei **PersG i.S.d. § 264a HGB** hat die **Unterzeichnung durch sämtliche Mitglieder der jeweiligen vertretungsberechtigten Organe** zu erfolgen. Es reicht nicht aus, wenn die vertretungsberechtigten Organe (i.d.R. die phG) nur in vertretungsberechtigtem Umfang den Konzernabschluss unterzeichnen.

2.1.3 Vollständigkeit. Verrechnungsverbot (§ 246 HGB)

11 In Bezug auf den Konzernabschluss ergeben sich keine Besonderheiten zum Jahresabschluss. Die Vollständigkeit ist **nach dem Recht des MU** zu beurteilen. Das Gebot der Vollständigkeit ist zusätzlich in § 300 Abs. 2 Satz 1 HGB als lex specialis für den Konzern geregelt. Auch für den Konzern ist das wirtschaftliche Eigentum maßgeblich. Die im Vorjahr angewandten Ansatzmethoden (Bilanzie-

---

[2] Ähnlich *Winkeljohann/Deubert*, in Beck Bil-Komm., 10. Aufl., § 298 HGB, Rz 12 unter Angabe auch abweichender engerer Auffassung.
[3] Vgl. auch WPH Edition, Wirtschaftsprüfung & Rechnungslegung, 15. Aufl., 2017, Abschn. F, Tz 121; ADS, 6. Aufl. § 298 HGB, Rz 61. Zu den Auswirkungen und Rechtsfolgen einer Verletzung des § 245 HGB vgl. *Winkeljohann/Schellhorn*, in Beck Bil-Komm., 10. Aufl, § 245 Rz 6.

rungsstetigkeit) sind grds. beizubehalten, § 246 Abs. 3 HGB i.V.m. § 298 Abs. 1 HGB. Die Kapital-, Schulden- sowie Ertrags- und AufwandsKons. ist kein Verstoß gegen das Verrechnungsverbot, da mit der Kons. lediglich die Fiktion der wirtschaftlichen Einheit der KonzernUnt i.S.d. § 297 Abs. 3 HGB erreicht wird.

Vor Wirksamwerden des BilMoG durften GoF aus der KapKons erfolgsneutral offen mit Rücklagen verrechnet werden. Diese Verrechnung kann in Konzernabschlüssen nach dem 31.12.2009 weiterbestehen.[4]

2.1.4 Inhalt der Bilanz (§ 247 HGB)

Die Vorschriften zum Inhalt der Bilanz haben auf den Konzernabschluss keine Auswirkung. Durch den Hinweis in § 298 HGB, dass die Vorschriften für große KapG anzuwenden sind, gelten über die allg. Vorschriften zum Inhalt der Bilanz in § 247 Abs. 1 HGB die speziellen und weitergehenden Gliederungsvorschriften des § 266 HGB. Die in § 247 Abs. 2 HGB vorgenommene Definition des AV gilt uneingeschränkt auch für den Konzernabschluss. Die Beurteilung hat aus Konzernsicht, nicht aus Sicht des bilanzierenden KonzernUnt, zu erfolgen. Dies kann zu abweichenden Beurteilungen im Konzernabschluss führen. 12

2.1.5 Bilanzierungsverbote und -wahlrechte (§ 248 HGB)

Die Bilanzierungsverbote und -wahlrechte gelten auch für den Konzernabschluss und sind **nach dem Recht des MU zu beurteilen**. Dies ergibt sich aus § 300 Abs. 2 Satz 1 HGB. Im Rahmen von Akquisitionen erworbene, durch ein TU vor der Kons. selbst geschaffene nicht aktivierte immaterielle VG des AV (z.B. Markenrechte) sind aus Konzernsicht entgeltlich erworben und i.H.d. beizulegenden Zeitwerts im Rahmen der KapKons unter Anwendung der Neubewertungsmethode ansatzpflichtig. 13

2.1.6 Rückstellungen (§ 249 HGB)

Für den Konzernabschluss gibt es keine vom Jahresabschluss abweichenden konzernspezifischen Regelungen. Die Passivierung von Rückstellungen richtet sich nach dem Recht des MU, § 300 Abs. 2 Satz 1 HGB. Aufgrund der Fiktion der wirtschaftlichen Einheit (§ 297 Abs. 3 HGB) können Rückstellungen im Jahresabschluss aus Konzernsicht aufzulösen sein. 14

> **Beispiel** 15
> TU 1 liefert fertige Erzeugnisse an das verbundene Unt TU 2. Aufgrund der vertraglichen Gewährleistungsverpflichtung und der Erfahrungen aus der Vergangenheit bildet TU 1 am Abschlussstichtag eine Gewährleistungsrückstellung. Sofern diese auf die Lieferung an TU 2 entfällt und TU 2 noch wirtschaftlicher Eigentümer der Erzeugnisse ist, ist sie aufgrund der Fiktion der wirtschaftlichen Einheit im Konzernabschluss mangels Drittverpflichtung aufzulösen.

---

[4] Art. 66 Abs. 3 Satz 4 EGHGB, IDW RS HFA 28, Tz 62.

2.1.7 Rechnungsabgrenzungsposten (§ 250 HGB)

16 Für den Konzernabschluss ergeben sich keine vom Jahresabschluss abweichenden Besonderheiten. Das **Bilanzierungswahlrecht** kann im Konzernabschluss **unabhängig von** der **Ausübung in** den **Jahresabschluss** der in den Konzernabschluss einbezogenen Unt ausgeübt werden, vgl. § 300 Abs. 2 Satz 2 HGB. Durch den Grundsatz der Ansatzstetigkeit (§ 246 Abs. 3 HGB) bedarf es im Konzernabschluss einer dem Recht des MU entsprechenden einheitlichen Methode bei gleichen Sachverhalten. Anpassungen sind ggf. in sog. HB II vorzunehmen. Ausnahmen hiervon sind zulässig, wenn eine sachliche Differenzierung möglich ist (Beispiel: Aktivierung von Disagien, wenn die daraus resultierenden zinsähnlichen Aufwendungen in künftigen Preisen einkalkuliert werden können, sonst Aufwand) oder eine Anpassung aufgrund der Wirtschaftlichkeit und Wesentlichkeit (in diesem Fall müssen alle unterlassenen Anpassungen in der Konzernbuchhaltung unwesentlich für die Vermögens-, Finanz- und Ertragslage des Konzerns sein) unterbleiben darf.[5]

2.1.8 Haftungsverhältnisse (§§ 251, 268 Abs. 7 HGB)

17 Aufgrund der Fiktion der wirtschaftlichen Einheit des Konzerns (§ 297 Abs. 3 Satz 1 HGB) sind Haftungsverhältnisse zwischen den in den Konzernabschluss einbezogenen Unt i. R. d. SchuldenKons nach § 303 HGB wegzulassen, da es sich aus Konzernsicht nicht um Drittverpflichtungen handelt. Da die Vorschriften für große KapG auf den Konzernabschluss anzuwenden sind, ist die erweiterte Berichtspflicht nach § 268 Abs. 7 HGB („jeweils gesondert") zu beachten.

2.1.9 Allgemeine Bewertungsgrundsätze (§ 252 HGB)

18 Die allg. Bewertungsgrundsätze sind in vollem Umfang auch bei der Aufstellung des Konzernabschlusses zu beachten. Der **Bilanzenzusammenhang** (§ 252 Abs. 1 Nr. 1 HGB) ist im Konzernabschluss auch bei Änderungen des KonsKreis zu beachten. Zugänge und Abgänge von TU sind demnach zu dem Zeitpunkt, in dem das MU die **tatsächliche Verfügungsmacht** erhält bzw. verliert, als Zugang oder Abgang zu erfassen. Als konzernspezifische Vorschrift ist als lex specialis § 308 HGB („Einheitliche Bewertung") zu beachten.

19
> **Beispiel**
> Das MU erwirbt mit notariell beurkundetem Kaufvertrag vom 1.12.X0 alle Geschäftsanteile an der TU-GmbH. Der notarielle Kaufvertrag sieht vor, dass die Geschäftsanteile mit Wirkung zum 1.1.X1 übergehen.
> Der Zugangszeitpunkt bestimmt sich wie beim Jahresabschluss nach dem Erlangen der Verfügungsgewalt über die VG. Dies ist im vorliegenden Fall der vertraglich vereinbarte Zeitpunkt. Die einzelnen VG und Schulden der TU-GmbH gehen erst im Gj X1 zu und sind in diesem Gj als Zugänge zu erfassen.

Wertaufhellende Tatsachen (§ 252 Abs. 1 Nr. 4 HGB) sind bis zum Aufstellungstag des Konzernabschlusses zu berücksichtigen. Da der Konzernabschluss

---

[5] Vgl. auch IDW RH HFA 1.018 Tz 3 f, 11 ff.

zeitlich später aufgestellt wird als die Jahresabschlüsse der in den Konzernabschluss einbezogenen TU, kann es in Einzelfällen zu Abweichungen kommen.[6]

> **Beispiel**
> Der Jahresabschluss des TU wird am 15.2.X0 aufgestellt. Passiviert ist eine Rückstellung für unterlassene Instandhaltung, die innerhalb der ersten 3 Monate des folgenden Gj durchgeführt werden soll. Mit der Fertigstellung der Reparatur wird bei der Aufstellung des Jahresabschlusses noch im März X1 gerechnet. Zum Zeitpunkt der Aufstellung des Konzernabschlusses am 31.3.X1 steht fest, dass die Reparatur erst im April X1 durchgeführt wird.

Bei wesentlichen Veränderungen empfiehlt es sich, im Anlagenspiegel die Spalten „Zugänge" und „Abgänge" zu unterteilen in „Zugänge durch Veränderung des KonsKreis/sonstige Zugänge" und „Abgänge durch Veränderung des KonsKreis/sonstige Abgänge". 20

Das **Erlangen der Verfügungsgewalt** kann durch vertragliche Vereinbarung **nicht rückwirkend** erfolgen. Entsprechende Regelungen in Verträgen sollen nur verdeutlichen, dass aufgelaufene Jahresergebnisse auf den Erwerber übergehen. 21

Steht ein Unternehmenskauf unter der Zusammenschlusskontrolle durch das **Bundeskartellamt**, erlangt der Erwerber frühestens die Verfügungsgewalt zum Zeitpunkt der Freigabe des Zusammenschlusses durch das Bundeskartellamt oder – sofern sich die Kartellbehörde nicht äußert – zum Zeitpunkt des Ablaufs der Untersagungsfrist. 22

Durch die Einheitlichkeit der Bewertung (§ 298 Abs. 1 HGB i.V.m. § 252 Abs. 1 Nr. 6 HGB) verlangt der Gesetzgeber, dass gleiche Sachverhalte nicht unterschiedlich behandelt werden dürfen. Dies betrifft nicht nur die einheitliche Anwendung einer Methode, sondern auch die Verwendung gleicher Rechengrößen. Bei der Beurteilung, ob gleiche Sachverhalte vorliegen, sind strenge Maßstäbe anzulegen. Insbesondere kann in unterschiedlichen Ländern bei gleichen VG die Anwendung verschiedener Methoden bzw. verschiedener Rechengrößen (z.B. Nutzungsdauer) zulässig oder sogar geboten sein.[7] 23

> **Beispiel**
> Das deutsche MU schreibt ihre Pkw über die betriebsgewöhnliche Nutzungsdauer von sechs Jahren ab. Forderungen, die seit mehr als sechs Monaten fällig sind, werden pauschal mit einem Satz von 50 % einzelwertberichtigt.
> Das TU 1 im Ausland schreibt ihre Pkw über die betriebsgewöhnliche Nutzungsdauer von vier Jahren ab. Die Abweichung ist sachlich im Konzernabschluss geboten, wenn die verwendeten Pkw im Ausland aufgrund der Bauweise oder schlechterer Straßenbedingungen regelmäßig nur vier Jahre nutzbar sind.
> Das TU 2 in Deutschland schreibt Forderungen, die seit mehr als vier Monaten fällig sind, pauschal mit einem Satz von 40 % und solche, die seit mehr als neun Monaten fällig sind, pauschal mit einem Satz von 60 % ab, ohne

---

6 Vgl. IDW RH HFA 1.018, Tz 6.
7 Vgl. IDW RH HFA 1.018, Tz 3f.

> dass es sachliche Gründe für die unterschiedliche Bewertung im Vergleich zum MU gibt (andere Ausübung des Ermessens). Das Bewertungsverfahren ist anzugleichen.

2.1.10 Zugangs- und Folgebewertung (§ 253 HGB)

24 Besonderheiten für den Konzernabschluss ergeben sich grds. nicht. Durch die neue Norm § 253 Abs. 3 Satz 4 HGB ist im Konzernabschluss eine Nutzungsdauer von zehn Jahren für entgeltlich erworbene GoF anzusetzen, wenn die voraussichtliche Nutzungsdauer ausnahmsweise nicht verlässlich geschätzt werden kann. Bei bestehenden Schätzungsunsicherheiten ist unter Beachtung des Vorsichtsprinzips eine im Rahmen möglicher Nutzungsdauern kurze Nutzungsdauer zu wählen. Schätzungsunsicherheiten alleine rechtfertigen nicht die Anwendung der Ausnahmeregelung. Sofern im Einzelfall Anhaltspunkte für eine bestimmte Nutzungsdauer bestehen, bleibt es bei der allgemeinen Regelung.

Die **planmäßigen Abschreibungen** auf abnutzbare VG des AV müssen den handelsrechtlichen GoB entsprechen und sind auf die Gj. zu verteilen, in denen der VG voraussichtlich genutzt wird. Steuerliche Wertansätze dürfen nicht in den Konzernabschluss übernommen werden, sofern diese nicht mit dem tatsächlichen Werteverzehr in Einklang stehen. Zulässig sind aber handelsrechtliche Vereinfachungsverfahren, sofern dadurch die Vermögens-, Finanz- und Ertragslage des Konzerns nicht wesentlich beeinträchtigt wird. Sofern nicht der voraussichtliche Nutzungsverlauf und der voraussichtliche Nutzungszeitraum eindeutig und in wesentlichem Umfang anders sind, können für den Konzernabschluss

- degressive Abschreibungen bei VG des Sachanlagevermögens zugrunde gelegt werden,
- als Nutzungsdauer der einzelnen VG die in den steuerlichen Abschreibungstabellen festgelegten Nutzungsdauern übernommen werden, jedoch ausdrücklich nur dann, wenn die tatsächliche wirtschaftliche Nutzungsdauer dem im Wesentlichen entspricht,
- aus Vereinfachungsgründen bewegliche selbstständig nutzbare VG mit AK über 150 EUR und bis 1.000 EUR in einem Sammelposten zusammengefasst und nach Ablauf von 5 Jahren als Abgang im Anlagenspiegel erfasst werden, wenn der Posten insgesamt für die Vermögens-, Finanz- und Ertragslage des Konzerns von untergeordneter Bedeutung ist,
- aus Vereinfachungsgründen bewegliche selbstständig nutzbare VG mit AK bis 410 EUR sofort abgeschrieben werden.

Rückstellungen mit einer Restlaufzeit von mehr als einem Jahr sind nach § 253 Abs. 2 Satz 1 HGB mit einem laufzeitadäquaten durchschnittlichen Zinssatz der vergangenen 10 Jahre für Rückstellungen für Altersversorgungsverpflichtungen und der vergangenen 7 Jahre für andere Rückstellungen abzuzinsen. Diese Zinssätze werden von der Deutschen Bundesbank veröffentlicht. Sofern sich der Erfüllungsbetrag nicht in Euro, sondern in fremder Währung bestimmt, sind bei sonst wesentlicher Beeinträchtigung nicht diese veröffentlichten Zinssätze, sondern währungskongruente Zinssätze heranzuziehen.[8]

Aufgrund der Fiktion der wirtschaftlichen Einheit und der Vorschriften zur Bilanzierungs- und Bewertungsstetigkeit (§§ 246 Abs. 3, 252 Abs. 1 Nr. 6 HGB) sind ggf. Wertanpassungen zur Vereinheitlichung der Bilanzierung und Bewertung in den sog. HB II vorzunehmen, die dann die Grundlagen für die Kons. bilden.[9]   25

2.1.11 Bildung von Bewertungseinheiten (§ 254 HGB)

Für den Konzernabschluss ergeben sich grds. keine Besonderheiten gegenüber dem Jahresabschluss. Somit gelten die Grundsätze des IDW RS HFA 35 (Handelsrechtliche Bilanzierung von Bewertungseinheiten) auch für den Konzernabschluss. Die Einheitstheorie kann dazu führen, dass das Vorliegen einer Bewertungseinheit aus Konzernsicht anders zu beurteilen ist als aus Einzelabschlusssicht, weil   26
- Grund- und Sicherungsgeschäft von zwei verschiedenen einbezogenen Konzernges. abgeschlossen wurden und somit aus Konzernsicht eine Bewertungseinheit besteht, oder
- das Sicherungsgeschäft mit einem einbezogenen Unt abgeschlossen wurde und damit aus Konzernsicht eine offene Position besteht.

2.1.12 Bewertungsmaßstäbe (§ 255 HGB)

Hinsichtlich des Umfangs der AHK ist auf den Konzern als wirtschaftliche Einheit abzustellen. So können z. B.   27
- Vertriebskosten eines innerhalb des Konzerns liefernden Unt aus Konzernsicht aktivierungspflichtige innerbetriebliche Transportkosten darstellen,
- bei Lieferungen von VG aus Konzernsicht Zwischenergebnisse entstanden sein, die gem. § 304 HGB zu eliminieren sind.

2.1.13 Bewertungsvereinfachungsverfahren (§ 256 HGB)

Für den Konzernabschluss ergeben sich keine Besonderheiten gegenüber dem Jahresabschluss.   28

Aufgrund des Verweises in § 256 Satz 2 HGB auf § 240 Abs. 3 HGB (**Festwert**) und § 240 Abs. 4 HGB (**Durchschnittsbewertung**) sind diese Bewertungsvereinfachungsverfahren auch für den Konzernabschluss zulässig, obwohl § 298 Abs. 1 HGB nicht direkt auf diese Vorschriften verweist. Nach der Änderung des § 256 Satz 1 HGB im Zuge des BilMoG (Streichung der Wörter „oder in einer sonstigen bestimmten Folge") sind im Jahresabschluss wie im Konzernabschluss als Verbrauchsfolgeverfahren nur noch die Lifo-Methode und die Fifo-Methode zulässig. Die Diskussion, ob auch weitere Verbrauchsfolgeverfahren (Hifo, Kifo, Kilo) im Konzernabschluss zulässig waren, ist damit beendet.   29

Es bestehen keine Bedenken, die **Bewertungsvereinfachungen** jeweils **für separierbare Einheiten** (z.B. rechtlich selbstständige Unt, Betriebsteile, Segmente) vorzunehmen. Es ist somit nicht erforderlich, die zuletzt angeschafften oder hergestellten VG aus Konzernsicht zu ermitteln. Zu beachten sind die Methoden- und Bewertungsstetigkeit.   30

---

[8] Vgl. im Einzelnen *Winkeljohann/Deubert,* in Beck Bil-Komm., 10. Aufl, § 298 HGB, Rz 40.
[9] Vgl. IDW RH HFA 1.018, Tz 8.

2.1.14 Währungsumrechnung (§ 256a HGB)

31 Für den Konzernabschluss ergeben sich keine Besonderheiten gegenüber dem Jahresabschluss. Alle TU haben zunächst in einer HB II auf fremde Währung lautende Posten gem. § 298 Abs. 1 HGB i. V. m. § 256a HGB in die Landeswährung umzurechnen. Anschließend werden die Posten eines nicht in EUR aufgestellten nationalen Abschlusses nach § 308a HGB (Umrechnung von auf fremde Währung lautenden Abschlüssen) in EUR umgerechnet. Diese Reihenfolge ist auch dann anzuwenden, wenn das in fremder Währung bilanzierende TU Beträge in EUR ausweist. Die dann vorzunehmende doppelte Währungsumrechnung (nach § 256a HGB und § 308a HGB) führt zu erfolgswirksamen Währungsumrechnungen.

2.1.15 Allgemeine Grundsätze für die Gliederung (§ 265 HGB)

32 § 265 Abs. 1 HGB zur **Darstellungsstetigkeit** gilt auch für den Konzernabschluss. Von der Form der Darstellung des Konzernabschlusses darf nur in Ausnahmefällen wegen besonderer Umstände abgewichen werden. Ein willkürlicher Wechsel (z. B. der Wechsel vom GKV zum UKV und eine weitere Postenuntergliederung in der Konzernbilanz und Konzern-GuV) ist unzulässig. Eine auf Dauer beabsichtigte Änderung zu einer anderen Darstellungsform ist aber nicht ausgeschlossen, wenn besondere Gründe vorliegen.[10]
In Betracht kommen bspw. folgende Fälle:[11]
- Nach dem Verkauf wesentlicher TU treffen die bislang angewandten geschäftszweigbedingten Gliederungsvorschriften (z. B. nach der Pflegebuchführungs-Verordnung) nunmehr weder auf die Mehrzahl noch auf die wesentlichen einbezogenen KonzernUnt zu,
- Anpassung der Darstellungsform zur besseren internationalen Vergleichbarkeit,
- Anpassung der Darstellungsform an Änderungen im gesetzlichen Gliederungsschema.

33 Nach hM kann es sich nur um Ausnahmefälle handeln, in denen bspw. die Beibehaltung der alten Form zu einer Verletzung der Generalnorm nach § 297 Abs. 2 HGB oder die neue Form zu einer wesentlich besseren Erkenntnis führt.[12]

34 Die Gliederung des Konzernabschlusses braucht nicht der Gliederung des MU zu entsprechen. Die **Form der Darstellung** darf **unabhängig von** derjenigen des **Jahresabschlusses des MU** gewählt werden;[13] das gesetzliche Wahlrecht wird nur durch die Grundsätze der Klarheit und Übersichtlichkeit und das Willkürverbot eingeschränkt. Eine Gliederung nach geschäftszweigbedingten Vorschriften ist deshalb nur dann zulässig, wenn die geschäftlichen Aktivitäten des Gliederungszweigs im Konzern nicht nur von untergeordneter Bedeutung sind.

35 Nach § 298 Abs. 1 HGB i. V. m. § **265 Abs. 2 HGB** sind die entsprechenden **Beträge des Vj.** zu jedem Posten der Konzernbilanz und Konzern-GuV anzugeben. Hinsichtlich der Angabepflicht von Vj.-Beträgen im Konzernanhang gilt Folgendes:

---

[10] So auch WPH Edition, Wirtschaftsprüfung & Rechnungslegung, 15. Aufl., 2017, Abschn. F, Tz 737, Abschn. F, Rz 85; ADS, 6. Aufl. § 265 HGB, Rz 18.
[11] Vgl. auch *Berndt*, in *Küting/Weber*, HdK, HGB § 297, Rn 23.
[12] Vgl. *Berndt*, in *Küting/Weber*, HdK, HGB § 297, Rn 23.
[13] So auch *Berndt*, in *Küting/Weber*, HdK, HGB § 298, Rn 23.

Der Gesetzgeber lässt dem Bilanzierenden z. T. die Wahl, bestimmte Zusatzinformationen entweder im Konzernanhang oder in der Konzernbilanz/Konzern-GuV darzustellen („Wahlpflichtangaben"). Für die Frage der Angabepflicht von Vj.-Beträgen spielt es keine Rolle, in welchem Konzernabschluss-Bestandteil die gesetzlich vorgeschriebenen Angaben gemacht werden. Sofern der Bilanzierende die Angaben in den Konzernanhang aufnimmt, entfaltet der Konzernanhang insoweit eine **Entlastungsfunktion** für die Konzernbilanz und Konzern-GuV. Der in diesen Fällen lediglich zur Disposition stehende Ort des Ausweises darf hinsichtlich der zu gebenden Informationen nicht zur qualitativen Beeinträchtigung führen.

Für die Frage, ob Vj.-Angaben (in der Konzernbilanz bzw. Konzern-GuV oder im Konzernanhang) anzugeben sind, kommt es darauf an, wie der Begriff „**Posten**" zu definieren ist. Vorgeschrieben sind nach § 265 Abs. 2 HGB i. V. m. § 298 Abs. 1 HGB Vj.-Zahlen zu jedem Posten der Konzernbilanz und Konzern-GuV. In der Literatur wird z. T. die Auffassung vertreten, dass vom Gesetzgeber geforderte Angaben, Vermerke und dergleichen hierunter nicht fallen und bei dieser wortwörtlichen Auslegung des Begriffs „Posten" bei diversen Bilanzausweisen Vj.-Angaben gesetzlich nicht erforderlich sind (z. B. § 268 Abs. 4 Satz 1 HGB Betrag der Forderungen mit einer Restlaufzeit von mehr als einem Jahr, § 268 Abs. 5 Satz 1 HGB Betrag der Verbindlichkeiten mit einer Restlaufzeit bis zu einem Jahr und Betrag der Verbindlichkeiten mit einer Restlaufzeit von mehr als einem Jahr, § 268 Abs. 7 HGB Angabe der Haftungsverhältnisse).[14]

Da kein Grund ersichtlich ist, weshalb der Gesetzgeber in dieser Frage Posten und Vermerke unterschiedlich behandeln wollte, besteht nach der hier vertretenen Auffassung auch für gesetzlich geforderte und freiwillige Vermerke sowie für zusätzliche Untergliederungen, die in der Konzernbilanz und Konzern-GuV vorgenommen werden dürfen, eine Angabepflicht für Vj.-Zahlen.[15] Die Angabe von Vj.-Beträgen im Anlagenspiegel als nach Wirksamwerden des BilRUG reine Konzernanhangangabe ist aufgrund des eindeutigen Gesetzeswortlautes in § 265 Abs. 2 HGB i. V. m. § 298 Abs. 1 HGB nicht erforderlich.

Vj.-Beträge für andere reine Konzernanhangangaben (als Informations- oder Ergänzungsfunktion) sind nicht erforderlich, die Angabe ist in der Praxis aber üblich geworden. § 265 Abs. 2 Satz 1 HGB i. V. m. § 298 Abs. 1 HGB bezieht sich dem Wortlaut nach nur auf die Konzernbilanz und die Konzern-GuV.

Hinsichtlich der Angabe von **Vj.-Zahlen** für die **Konzern-KFR** und den **Konzern-EK-Spiegel** vgl. die Kommentierung zu § 297 Abs. 1 HGB. Nach früherer Auffassung in der Literatur und im Berufsstand waren Vj.-Zahlen **erforderlich**, weil diese Abschlussbestandteile bisher nicht Bestandteile des Jahresabschlusses waren und sich aus der Besonderheit und Eigenart des Konzernabschlusses die Angabe von Vj.-Beträgen ergab. Seit Wirksamwerden des BilMoG sind auch bestimmte Jahresabschlüsse um eine KFR und einen EK-Spiegel zu ergänzen.[16] Die Vorschriften zum Jahresabschluss enthalten keine Regelungen zur Angabe-

---

14 So IDW RS HFA 39, Tz. 1 und zu den Restlaufzeiten bei Forderungen ADS, 6. Aufl. § 268 HGB, Rz 103.
15 So auch *Winkeljohann/Büssow*, in Beck Bil-Komm., 10. Aufl., § 265 HGB, Rz 5; IDW RS HFA 39, Tz 1; ADS, 6. Aufl. § 265 HGB, Rz 26 ff. und *Hütten/Lorson*, in *Küting/Pfitzer/Weber*, HdR, § 265 HGB, Rz 30, Stand 08/2010, jedoch Letzterer auch Vj.-Zahlen zum Anlagenspiegel fordernd.
16 Vgl. im Einzelnen § 264 Abs. 1 Satz 2 HGB.

pflicht der entsprechenden Vj.-Beträge. Die Angabe entsprechender Vj.-Beträge ist üblich und zu empfehlen, aus dem Wortlaut der Vorschrift aber nicht zwingend. Auch DRS 21 (KFR) und DRS 22 (Konzern-EK) **empfehlen** nur noch, Vj.-Beträge anzugeben. Der außer Kraft gesetzte DRS 2 (KFR) und der bis längstens noch für vor dem 1.1.2017 beginnende Gj anwendbare DRS 7 (Konzerneigenkapital und Konzerngesamtergebnis) gehen noch von einer Verpflichtung zur Angabe von Vj.-Zahlen aus.[17]

37 Sofern das MU **erstmals** einen **Konzernabschluss** nach §§ 290ff. HGB aufzustellen hat (weil erst innerhalb des Gj ein Mutter-Tochter-Verhältnis entstanden ist oder weil eine bisherige Befreiungsvorschrift weggefallen ist) oder erstmalig freiwillig aufstellt, brauchen die entsprechenden **Beträge** des **vorhergehenden Gj nicht angegeben** zu werden. Hiervon unberührt bleibt die Möglichkeit zur Angabe der Vj.-Zahlen aus dem Jahresabschluss des MU, sofern diese als solche kenntlich gemacht werden.[18] Hat eine Pflicht zur Konzernrechnungslegung bereits im Vj. bestanden, darf die Angabe von Vj.-Zahlen zu jedem Posten der Konzernbilanz und Konzern-GuV im Berichtsjahr nicht unterbleiben.[19]

38 Sind die **Vj.-Beträge nicht vergleichbar**, so ist dies im Konzernanhang anzugeben und zu erläutern. Die Vergleichbarkeit ist nur dann beeinträchtigt i.S.d. Vorschrift, wenn ohne weitere Angaben ein falscher Eindruck von der Entwicklung des Konzerns entstehen könnte.

Angabepflichten im Konzernanhang sind somit nicht bei jeder Änderung des KonsKreises erforderlich, sondern **nur bei wesentlicher Beeinträchtigung** der Vermögens-, Finanz- und Ertragslage des Konzerns. Diese liegt nach IDW RS HFA 44 Tz 11 vor, wenn die Entwicklung, die ohne die Änderungen des KonsKreises zu verzeichnen war, nicht erkennbar ist. Zur Herstellung der Vergleichbarkeit aufeinanderfolgender Konzernabschlüsse bei wesentlichen Änderungen des KonsKreises wird auf die Kommentierung zu § 294 Abs. 2 HGB und IDW RS HFA 44 Tz 9ff. verwiesen.

39 Die **Mitzugehörigkeit** einzelner VG und Schulden zu mehreren Posten der Konzernbilanz ist zu vermerken oder anzugeben, wenn andernfalls die Klarheit und Übersichtlichkeit des Konzernabschlusses wesentlich beeinträchtigt werden. Bei mehreren Mitzugehörigkeiten ist im Konzernabschluss darauf zu achten, dass die Zuordnung der VG und Schulden zu möglichen Posten einheitlich ausgeübt wird.[20]

40 Hinsichtlich der Gliederung bei mehreren Geschäftszweigen (§ 265 Abs. 4 HGB), der weiteren Untergliederung, neuer Posten und Zwischensummen (§ 265 Abs. 5 HGB) sowie der Änderung von Gliederungsnummern und Postenbezeichnungen (§ 265 Abs. 6 HGB) ergeben sich für den Konzernabschluss keine Besonderheiten. Durch die Zusammenfassung aller rechtlich selbstständigen KonzernUnt können die Vorschriften zur Wahrung des Grundsatzes der Klarheit und Übersichtlichkeit eher geboten sein als im Jahresabschluss.[21] Auch die

---

[17] Vgl. DRS 7, Tz 3, DRS 21, Tz 22 und DRS 22, Tz 21.
[18] IDW RS HFA 44, Tz 4f.
[19] IDW RS HFA 44, Tz 7.
[20] Vgl. *Berndt*, in *Küting/Weber*, HdK, HGB § 297, Rn 25.
[21] So *Winkeljohann/Deubert*, in Beck Bil-Komm., 10. Aufl., § 298 HGB, Rz 50.

Zusammenfassungsmöglichkeiten einzelner Posten (§ 265 Abs. 7 HGB) sind in gleicher Weise auf den Konzernabschluss anwendbar.
Posten, die im Berichtsjahr und im Vj. keine Beträge ausweisen, brauchen nach § 265 Abs. 8 HGB i.V.m. § 298 Abs. 1 HGB auch im Konzernabschluss nicht ausgewiesen zu werden. 41

2.1.16 Gliederung der Bilanz (§ 266 HGB)

Die Konzernbilanz ist in Kontoform aufzustellen (§ 266 Abs. 1 Satz 1 HGB i.V.m. § 298 Abs. 1 HGB). Aufgrund der Eigenart des Konzernabschlusses und konzernspezifischer Regelungen ergeben sich im Vergleich zu den Gliederungsvorschriften für große KapG folgende Besonderheiten:[22] 42

Zusätzlich zum Jahresabschluss sind im Konzernabschluss bei Vorhandensein im Gj oder im Vj. **folgende Posten** aufzunehmen: 43
- Beteiligungen an assoziierten Unt (§ 311 Abs. 1 HGB),
- Eigene Anteile des MU (§ 301 Abs. 4 HGB),
- EK-Differenz aus Währungsumrechnung (§ 308a Satz 3 HGB),
- nicht beherrschende Anteile (§ 307 Abs. 1 HGB),
- (passiver) Unterschiedsbetrag aus der KapKons (§ 301 Abs. 3 Satz 1 HGB).

2.1.17 Vorschriften zu einzelnen Posten der Bilanz. Bilanzvermerke (§ 268 Abs. 1 bis 7 HGB)

Wird die Konzernbilanz unter vollständiger oder teilweiser Verwendung des Konzernjahresergebnisses aufgestellt, tritt an die Stelle der Posten Konzernjahresüberschuss/Konzernjahresfehlbetrag und Konzerngewinnvortrag/Konzernverlustvortrag der Posten **Konzernbilanzgewinn/Konzernbilanzverlust** (§ 268 Abs. 1 HGB i.V.m. § 298 Abs. 1 HGB). 44

Zulässig ist, den **Konzernbilanzgewinn i.H.d. Bilanzgewinns des MU** auszuweisen, um auch im Konzernabschluss den zur Disposition stehenden Bilanzgewinn darzustellen.[23] Unterschiedsbeträge werden dann mit Konzerngewinnrücklagen verrechnet. Durch den Konzern-EK-Spiegel wird ein ausreichender Einblick in die EK-Struktur des Konzerns gegeben. Eine Zusammenfassung der Posten mit Gewinnrücklagen und des Bilanzgewinns zu einem vom DSR in DRS 7 empfohlenen Posten „**erwirtschaftetes Eigenkapital**" im Konzern-EK-Spiegel ist aufgrund der eindeutigen Gesetzesvorschrift in der Konzernbilanz nicht möglich.

Die Verpflichtung zur Aufstellung eines Konzern-Anlagenspiegels ergibt sich aus § 284 Abs. 3 HGB i.V.m. § 313 Abs. 4 HGB (vor BilRUG: § 268 Abs. 2 HGB i.V.m. § 298 Abs. 1 HGB). Die Entwicklung der einzelnen Posten des AV darf mit Wirksamwerden des BilRUG nicht mehr in der Konzernbilanz, sondern nur noch im Konzernanhang dargestellt werden. Hinsichtlich der Kommentierung zum Konzernanlagenspiegel wird auf § 313 HGB verwiesen. 45

Der Ausweis von Haftungsverhältnissen hat zwingend im Konzernanhang zu erfolgen. Zudem sind im Konzernanhang zusätzliche Angaben zu Verpflichtungen betreffend der Altersversorgung und zu Verpflichtungen gegenüber assozi- 46

---

[22] Vgl. auch WPH Edition, Wirtschaftsprüfung & Rechnungslegung, 15. Aufl., 2017, Abschn. G, Tz 267 ff.; *Winkeljohann/Deubert*, in Beck Bil-Komm., 10. Aufl., § 298 HGB, Rz 58.
[23] Vgl. *Winkeljohann/Deubert*, in Beck Bil-Komm., 10. Aufl., § 298 HGB, Rz 61; *Gelhausen/Gelhausen*, in FS Forster, S. 224; *Küting/Weber*, HdK, HGB § 298, Rn 34.

ierten Unt zu machen (§ 268 Abs. 7 HGB i. V. m. § 298 Abs. 1 HGB). Assoziierte Unt sind dabei zwingend aus Konzernsicht nach §§ 311 f. HGB zu beurteilen und können somit von der Abgrenzung aus Jahresabschluss-Sicht abweichen. Hinsichtlich der weiteren Vorschriften zu den einzelnen Posten der Konzernbilanz (§ 268 Abs. 3 bis 6 HGB i. V. m. § 298 Abs. 1 HGB) ergeben sich keine Besonderheiten für den Konzernabschluss.

2.1.18 Bildung bestimmter Posten (§ 270 HGB)

47 Die **Kapitalrücklage** im Konzernabschluss **umfasst nur die des MU**. Die in der Konzernbilanz ausgewiesene Kapitalrücklage **kann** von der Kapitalrücklage des MU **abweichen** (z. B. nach Verschmelzungen[24], durch offene Verrechnungen des GoF nach § 309 Abs. 1 HGB aF mit Kapitalrücklagen nach § 272 Abs. 2 Nr. 4 HGB[25], durch Verrechnungen von Jahresfehlbeträgen einbezogener TU mit Kapitalrücklagen und aufgrund einer anderen Bewertung von Sacheinlagen in der HB II und im Jahresabschluss).

48 Hinsichtlich der Bildung bestimmter Posten bestehen keine Besonderheiten für den Konzernabschluss.

2.1.19 Beteiligungen. Verbundene Unternehmen (§ 271 HGB)

49 Die handelsrechtlichen Definitionen der Beteiligungen und der verbundenen Unt gelten auch für den Konzernabschluss. Im Konzernabschluss werden als verbundene Unt nur Anteile, Forderungen oder Verbindlichkeiten gegenüber solchen Ges. ausgewiesen, die nicht zum KonsKreis gehören, da

- im Einklang mit § 296 HGB auf eine Einbeziehung des TU verzichtet wurde oder
- das verbundene Unt nicht zum Teilkonzern gehört, für den ein Teil-KA erstellt wurde.

50 Sofern es sich bei der Beteiligung um ein assoziiertes Unt handelt, gehen der Ausweis und die Bilanzierung nach §§ 311 f. HGB vor. Beteiligungen an assoziierten Unt sind gesondert im Konzernabschluss auszuweisen, § 311 Abs. 1 HGB. In der Konzern-GuV ist das auf assoziierte Beteiligungen entfallende Ergebnis unter einem gesonderten Posten auszuweisen, § 312 Abs. 4 HGB.

2.1.20 Eigenkapital (§ 272 Abs. 1 bis 4 HGB)

51 Die in § 272 HGB verwendeten Begriffe „Gezeichnetes Kapital" und „Kapitalrücklage" beziehen sich nur auf MU in der Rechtsform der KapG.[26] Der Begriff „Gewinnrücklagen" umfasst im Konzernabschluss sowohl Beträge des MU als auch von einbezogenen TU.

52 Das **Gezeichnete Kapital** im Konzernabschluss stimmt grds. mit dem Ausweis im Jahresabschluss des MU überein. Ausnahmen können sich bei Anteilen von TU am MU ergeben; solche Anteile sind nach § 301 Abs. 4 HGB im Konzernabschluss i. H. d. Nennwertes bzw. des rechnerischen Nennwertes offen vom

---

[24] S. DRS 7, Tz 5.
[25] Dies war möglich in Gj, die vor dem 1.1.2010 begonnen haben.
[26] Zu MU in der Rechtsform der PersG i. S. d. § 264a HGB s. Rz 59.

Gezeichneten Kapital abzusetzen. Bei der **Kapitalrücklage** können sich Abweichungen gegenüber dem Ausweis im Jahresabschluss des MU ergeben.[27]

Sofern die **Aufgliederung der Gewinnrücklagen** in der in § 266 Abs. 3 A. III. HGB für den Jahresabschluss vorgesehenen Form **nicht zu sachgerechten Aussagen** führt, **kommt** für den Konzernabschluss aufgrund der Aufgaben des Konzernabschlusses (keine Ausschüttungsfunktion) auch ein **zusammengefasster Ausweis aller Gewinnrücklagen in Betracht**. Eine Trennung von Kapital- und Gewinnrücklagen ist wegen der unterschiedlichen Herkunft der Mittel beizubehalten.[28] 53

2.1.21 Gliederung der GuV (§ 275 HGB)

Die Konzern-GuV ist nach dem GKV oder dem UKV in Staffelform aufzustellen. Dieses **Wahlrecht** in § 275 Abs. 1 HGB kann **im Konzernabschluss unabhängig von der Ausübung im Jahresabschluss** ausgeübt werden.[29] Der Stetigkeitsgrundsatz ist zu beachten (§ 265 Abs. 1 HGB i. V. m. § 298 Abs. 1 HGB). Im Rahmen der Konzernorganisation ist sicherzustellen, dass alle Informationen rechtzeitig vorliegen, die zur Aufstellung der Konzern-GuV nach dem gewählten Verfahren erforderlich sind. 54

Für beide Formen der Darstellung gelten die Erweiterungs-, Änderungs- und Zusammenfassungsmöglichkeiten gem. § 265 Abs. 5 bis 7 HGB i. V. m. § 298 Abs. 1 HGB. 55

Aufgrund der **Eigenart des Konzernabschlusses und konzernspezifischer Regelungen** ergeben sich im Vergleich zu den Gliederungsvorschriften für große KapG folgende **Besonderheiten:** 56

Zusätzlich zum Jahresabschluss sind in der Konzern-GuV bei Vorhandensein im Gj oder im Vj. folgende Posten aufzunehmen: 57

- Ergebnis (bzw. Erträge und Aufwendungen) aus assoziierten Unt (§ 312 Abs. 4 Satz 2 HGB),
- auf nicht beherrschende Anteile entfallender Gewinn/Verlust (§ 307 Abs. 2 HGB).

2.1.22 Vorschriften zu einzelnen Posten der Gewinn- und Verlustrechnung (§ 277 HGB)

Als **Umsatzerlöse** sind nach § 277 HGB die Erlöse aus dem Verkauf und der Vermietung oder Verpachtung von Produkten sowie aus der Erbringung von Dienstleistungen des Konzerns nach Abzug von Erlösschmälerungen und der USt sowie sonstiger direkt mit dem Umsatz verbundener Steuern auszuweisen (§ 277 Abs. 1 HGB i. V. m. § 298 Abs. 1 HGB). Grds. ergeben sich für den Konzernabschluss keine Besonderheiten gegenüber den Regelungen für den Jahresabschluss. Abgrenzungswahlrechte (z. B. Zuordnungen zu Umsatzerlösen oder sonstigen betrieblichen Erträgen) können gem. § 300 Abs. 1 Satz 2 HGB im Konzernabschluss neu ausgeübt werden. In Sonderfällen sind Sachverhalte aus 58

---

[27] S. Rz 47.
[28] So auch *Winkeljohann/Deubert*, in Beck Bil-Komm., 10. Aufl., § 298 HGB, Rz 73, und *Gelhausen/Gelhausen*, in FS Forster, S. 228.
[29] So auch *Winkeljohann/Deubert*, in Beck Bil-Komm., 10. Aufl., § 298 HGB, Rz 75, und *Küting/Weber*, HdK, HGB § 298, Rn 46.

Konzernsicht abweichend zum Jahresabschluss zu beurteilen. (Beispiel: MU hat eine Vielzahl von Einschiffsgesellschaften als TU, die planmäßig nach einer festen Charter-/Leasinglaufzeit das einzige Schiff veräußern und die Ges. liquidieren. Aus Konzernsicht sind die Schiffe Produkte und der Verkauf stellt Umsatzerlöse dar. Aus JA-Sicht handelt es sich bei dem Verkauf des Schiffs um einen einmaligen Vorgang, der nicht zu den Umsatzerlösen zu rechnen ist.) Im Regelfall wird es aber zu keinen Abweichungen bei der Abgrenzung der Umsatzerlöse aus Konzern- und Einzelabschlusssicht kommen.[30] Bei der Abgrenzung ist der Stetigkeitsgrundsatz zu beachten.

59 Nach der neuen Definition der Umsatzerlöse entfallen die beiden Tatbestandsmerkmale „gewöhnliche Geschäftstätigkeit" und „typisches Leistungsangebot" (vor BilRUG), so dass alle Erlöse aus Produkten oder Dienstleistungen als Umsatzerlöse zu qualifizieren sind (z.B. auch Erlöse aus Miet- und Pachteinnahmen, Entgelte für die Verleihung von Arbeitskräften, Erlöse aus vereinnahmten Verwaltungskostenumlagen, aus Schrottverkäufen und aus Verkäufen an das Personal).[31]

60 Im Übrigen ergeben sich grds. keine Besonderheiten für den Konzernabschluss.

2.1.23 Steuern (§ 278 HGB aF). Latente Steuern (§ 274 HGB)

61 Im Zuge des BilRUG wurde § 278 HGB (Steuern) aufgehoben. Seit der Abschaffung eines gespaltenen Steuersatzes (unterschiedliche Körperschaftsteuersätze für thesaurierte und ausgeschüttete Gewinne) in Deutschland hatte § 278 HGB aF im Jahresabschluss keine praktische Bedeutung mehr.

Aufgrund des Weltabschlussprinzips kann es möglich sein, dass TU in einem Staat mit gespaltetem Steuersatz in den Konzernabschluss einzubeziehen sind. In derartigen Fällen sind die Steuern auf Basis des Gewinnverwendungsbeschlusses bzw., wenn ein solcher noch nicht vorliegt, des Gewinnverwendungsvorschlags zu berechnen und anzusetzen.

Fraglich ist, ob bei Vorliegen eines Gewinnverwendungsvorschlags oder -beschlusses auf Ebene des TU bei einer phasengleichen Ergebnisvereinnahmung beim MU die zusätzliche Ertragsteuer aufgrund § 8b KStG („5-%- Besteuerung") im Konzernabschluss als latente Steuer zu erfassen ist.[32] In der Steuerbilanz darf eine Dividendenforderung vor Fassung des Gewinnverwendungsbeschlusses nicht aktiviert werden.[33] Sofern im Jahresabschluss einer MU-KapG eine phasengleiche Gewinnvereinnahmung erfolgt,[34] besteht hinsichtlich der Dividendenforderung eine temporäre Differenz zwischen Handels- und Steuerbilanz, die bei der Ermittlung des Steuerabgrenzungspostens nach § 274 HGB zu berücksichtigen ist. Diese Differenz fällt durch die erfolgswirksame ErtragsKons (Eliminierung der in der Summenbilanz doppelt erfassten Erträge aus Beteiligungen konsolidierter Unt) weg, so dass im Konzernabschluss eine temporäre Differenz nicht mehr besteht. Die Berücksichtigung latenter Steuern nach § 306

---

30 Abweichend *Winkeljohann/Deubert*, in Beck Bil-Komm., 10. Aufl., § 298 HGB Rz 78.
31 Vgl. *Oser/Orth/Wirtz*, DB 2015, S. 203 und die Kommentierung zu § 277 Abs. 1.
32 Vgl. die unterschiedlichen Auffassungen in *Winkeljohann/Deubert*, in Beck Bil-Komm., 10. Aufl., § 298 HGB Rz 35.
33 Vgl. BFH, Beschluss v. 7.8.2000, GrS 2/99, BStBl. II 2000, S. 632.
34 Zu den Voraussetzungen vgl. Verlautbarung des HFA des IDW von 1998: Zur phasengleichen Vereinnahmung von Erträgen aus Beteiligungen an KapG nach dem Urteil des BGH vom 12.1.1998.

HGB entfällt aufgrund der Sonderregelung zur Behandlung sog. Outside Basis Differences.[35] In der Literatur wurde z.T. bei Vorliegen eines entsprechenden Gewinnverwendungsbeschlusses auf Ebene des TU die Berücksichtigung der Steuern auf die Ausschüttungen im Folgejahr nicht primär aus dem Steuerabgrenzungskonzept, sondern aus § 278 HGB i.V.m. § 298 Abs. 1 HGB hergeleitet.[36] Spätestens nach der Aufhebung dieser Norm gibt es keine Rechtsnorm, bei phasengleicher Vereinnahmung der Ergebnisse von TU im Konzernabschluss die zusätzliche Ertragsteuer aufgrund der 5-%- Besteuerung nach § 8b Abs. 1 KStG für konzerninterne Ausschüttungen bereits vor dem Zeitpunkt des Gewinnverwendungsbeschlusses zu erfassen.[37]

Unverändert gelten im Konzernabschluss bei der Bilanzierung und Bewertung latenter Steuern § 274 HGB i.V.m. § 298 Abs. 1 HGB und § 306 HGB nebeneinander. Zur Abgrenzung zwischen diesen Paragrafen wird auf die Kommentierung zu § 306 HGB verwiesen. Für den Konzernabschluss ergeben sich folgende Besonderheiten: 62

- In ihrem Jahresabschluss in Anspruch genommene größenabhängige Erleichterungen für kleine KapG nach § 274a Nr. 4 HGB können aufgrund des **Einheitsgrundsatzes** nicht für Zwecke der Konzernrechnungslegung in Anspruch genommen werden. Es muss unter Beachtung der Grundsätze der Wirtschaftlichkeit und Wesentlichkeit organisatorisch sichergestellt werden, dass die Informationen und Daten, die ohne Inanspruchnahme der größenabhängigen Erleichterungen erforderlich sind, bei der Berechnung der latenten Steuern für den Konzern vorliegen.
- Steuerliche Verlustvorträge, die bei der Berechnung aktiver latenter Steuern i.H.d. innerhalb der nächsten 5 Jahre zu erwartenden Verlustverrechnung zu berücksichtigen sind, sind auf Konzernebene für die jeweiligen Steuersubjekte zu ermitteln. Dies gilt auch, wenn sich die vorliegenden Planungsrechnungen nur über einen kürzeren Zeitraum als 5 Jahre erstrecken. In diesem Fall sind sachgerechte und plausible Schätzungen vorzunehmen.[38]
- Nach hier vertretender Auffassung ist aufgrund der **Gesamtdifferenzbetrachtung** in § 274 HGB insgesamt ein Steuerabgrenzungsposten unter Berücksichtigung aller sich ergebenden Steuerbe- und -entlastungen sowie der zu erwartenden Verlustverrechnungen im Konzern innerhalb der nächsten fünf Jahre nach § 274 HGB zu ermitteln. Aktive und passive Salden der in den Konzernabschlüssen konsolidierten einbezogenen selbstständigen Steuersubjekte sind somit zunächst zu saldieren. Ergibt sich ein **aktiver Steuerabgrenzungsbetrag**, besteht insoweit ein Aktivierungswahlrecht, für einen **passiven Steuerabgrenzungsbetrag** eine Passivierungspflicht.[39] Die Ausübung des Aktivierungswahlrechts unterliegt dem Stetigkeitsgebot des § 246

---

[35] Vgl. im Einzelnen die Kommentierung zu § 306 Satz 4 HGB.
[36] Vgl. *Loitz*, DB 2010, S. 2183.
[37] So im Ergebnis auch DRS 18.31; a.A. *Winkeljohann/Deubert*, in Beck Bil-Komm., 10. Aufl., § 298 HGB Rz 35.
[38] DRS 18 Tz 19.
[39] So auch *Petersen/Zwirner/Busch*, Anforderungen an die konzerneinheitliche Bilanzierung und Bewertung insbesondere bei Entwicklungsaufwendungen sowie latenten Steuern, DB 2011, S. 1707ff., Abschn. V.; a.A. *Winkeljohann/Deubert*, in Beck Bil-Komm., 10. Aufl., § 298 HGB Rz 33. Danach ist das einheitlich auszuübende Ansatzwahlrecht auf Ebene der TU zu beurteilen, nicht auf Ebene des Konzerns.

Abs. 3 HGB. Zu den Ausweismöglichkeiten und Saldierungsmöglichkeiten wird auf die Kommentierungen zu §§ 274 und 306 HGB verwiesen.

Die Gesamtdifferenzbetrachtung führt im Konzern dazu, dass die Informationen und Daten, die aufgrund der gesetzlichen Erleichterungen bei der Aufstellung des Jahresabschlusses nicht ermittelt werden müssen (Befreiung von § 274 HGB für kleine KapG und nur überschlägige Berechnungen, weil sich offensichtlich ein aktiver Steuerabgrenzungsposten ergibt, der aufgrund des Aktivierungswahlrechts nicht angesetzt wird), für Konzernzwecke erforderlich sind und sich dadurch ein erheblicher zusätzlicher Zeitaufwand und zusätzliche Kosten für die Beschaffung und Prüfung der Informationen und Daten ergeben können.

Beispiel[40]
Die Weltall GmbH ist MU, die Mond GmbH und die Sonne GmbH sind TU. In den Jahresabschluss der Ges. resultieren jeweils auf Basis eines individuellen Ertragssteuersatzes folgende aktive bzw. passive latente Steuern:

	Aktive	Passive	Saldo
	latente Steuern		
	GE	GE	GE
Weltall GmbH	400	200	200
Mond GmbH	100	360	−260
Sonne GmbH	900	140	760
Summe	1400	700	700

Wird von dem Aktivierungswahlrecht eines aktiven latenten Steuerüberhangs kein Gebrauch gemacht, sind auf Konzernsicht keine latenten Steuern zu bilanzieren. Bei Ausübung des Aktivierungswahlrechts ist im Konzernabschluss entweder der aktive Überhang von 700 GE zu aktivieren oder in einer Brutto-Darstellung werden aktive latente Steuern i. H. v. 1.400 GE als auch passive latente Steuern i. H. v. 700 GE ausgewiesen. Hinzu kommen ggf. nach § 306 HGB im Rahmen der Konzernrechnungslegung aus Konsolidierungsmaßnahmen resultierende Steuern.

2.2 Besondere Bestimmungen für OHG und KG i. S. d. § 264a HGB (§ 264c HGB)

63

Nach den Änderungen durch das BilRUG verweist § 298 Abs. 1 HGB nunmehr auf **§ 264c HGB**, so dass die in § 264c HGB enthaltenen **Regelungen** auch in einem nach § 290 ff. HGB aufgestellten Konzernabschluss einer haftungsbeschränkten PersG **entsprechend zu beachten** sind.

---

[40] Übernommen aus *Petersen/Zwirner/Busch*, Anforderungen an die konzerneinheitliche Bilanzierung und Bewertung insbesondere bei Entwicklungsaufwendungen sowie latenten Steuern, DB 2011, S. 1707 ff., Abschn. V.

3 Rechtsform- und geschäftszweigspezifische Vorschriften

Neben den Vorschriften im HGB sind im Konzernabschluss nach § 298 Abs. 1 HGB auch die für die Rechtsform und den Geschäftszweig der in den Konzernabschluss einbezogenen Unt mit Sitz im Geltungsbereich des HGB (also inländische Konzernunternehmen) geltenden Vorschriften entsprechend anzuwenden, soweit die Eigenart des Konzernabschlusses keine Abweichung bedingt. Sofern Vorschriften aus dem AktG oder dem GmbHG von einem einbezogenen Unt für den Jahresabschluss zu beachten sind, gelten diese somit grundsätzlich auch für den Konzernabschluss. Der Gesetzgeber beschränkt sich nicht auf das MU betreffende Angaben, sondern schließt alle einbezogenen Unt mit Sitz im Geltungsbereich des Gesetzes ein. 64

Rechtsformspezifische Vorschriften sind nicht zu beachten, sofern die Eigenart des Konzernabschlusses eine Abweichung bedingt. Durch diese Einschränkung ist **bei jeder Vorschrift im Einzelnen zu prüfen**, ob aufgrund der Eigenart des Konzernabschlusses die Einzelvorschrift entsprechend anwendbar ist. Ob und ggf. in welchem Umfang Forderungen und Verbindlichkeiten gegenüber Gesellschaftern bei einem Konzernabschluss mit einem MU in der Rechtsform der GmbH gesondert auszuweisen sind, wird in der Literatur kontrovers beurteilt.[41] Der gesonderte Ausweis von Forderungen und Verbindlichkeiten gegenüber Gesellschaftern in der Bilanz oder im Anhang nach § 42 Abs. 3 GmbHG ist nach hier vertretener Auffassung in einem Konzern nicht erforderlich. Sinn und Zweck des § 42 Abs. 3 GmbHG ist es, den Umfang finanzieller Beziehungen zwischen der häufig familiengeführten GmbH und ihren Gesellschaftern aufzuzeigen. Dieses Informationsbedürfnis tritt in Konzernabschlüssen aufgrund der Größe und abweichender Zielsetzungen in den Hintergrund. Für Konzernabschlüsse mit TU oder GU in der Rechtsform der AG ist es wegen mangelnder Kenntnis und fehlender Meldepflichten oftmals gar nicht möglich, entsprechende Informationen zu erlangen. Es ist nicht ersichtlich, warum ggf. danach differenziert werden soll, ob das MU entsprechende Informationen erlangen kann. Ergeben sich wesentliche Erkenntnisse aus erheblichen finanziellen Beziehungen mit Gesellschaftern, gibt es andere Vorschriften wie z.B. die Generalnorm, um den richtigen Einblick in die Vermögens-, Finanz- und Ertragslage des Konzerns zu gewährleisten. 65

Nach herrschender Literaturauffassung steht auch die Eigenart des Konzernabschlusses einer Anwendung der Fortführung der Konzern-GuV gem. § 158 Abs. 1 AktG entgegen.[42] 66

Geschäftszweigspezifische Vorschriften, die auch beim Konzernabschluss zu beachten sind, betreffen insb. die Formblatt-Verordnungen. Hierunter fallen u.a.
- Kreditinstitute (vgl. § 340i Abs. 2 HGB), 67

---

41 Vgl. *Winkeljohann/Deubert*, in Beck Bil-Komm., 10. Aufl., § 298 HGB, Rz 85 (befürwortend für Beträge gegenüber Gesellschaftern des MU, auch bei Bestehen von TU und GemUnt in anderen Rechtsformen; abwägend für Beträge gegenüber Minderheitsgesellschaftern von TU) und WPH Edition, Wirtschaftsprüfung & Rechnungslegung, 15. Aufl., 2017, Abschn. G, Tz 266 (Angabepflicht erscheint vom Grundsatz her zweifelhaft, wenn im Konzernabschluss Unt verschiedener Rechtsformen zusammengefasst sind).

42 Vgl. auch *Winkeljohann/Deubert*, in Beck Bil-Komm., 10. Aufl., § 298 HGB, Rz 84.

- VersicherungsUnt (vgl. § 341j Abs. 1 HGB),
- VerkehrsUnt (vgl. BGBl 2015 I S. 1245),
- WohnungsUnt (vgl. BGBl 2015 I S. 1245),
- Krankenhäuser (vgl. BGBl 2015 I S. 1245) und
- Pflegeeinrichtungen (vgl. Pflege-Buchführungsverordnung – PBV, BGBl 2015 I S. 1245).

Grundsätzlich hat sich die Gliederung der Konzernbilanz und Konzern-GuV nach dem Geschäftszweig auszurichten, der aus Konzernsicht die größte Bedeutung hat.

4 Zusammenfassung der Anhänge für den Einzel- und Konzernabschluss (Abs. 2)

68 Der Konzernanhang darf mit dem Anhang des MU zusammengefasst werden. In diesem Fall sind der Konzernabschluss und der Jahresabschluss des MU gemeinsam offenzulegen. Werden der Konzernabschluss und der EA des MU nach unterschiedlichen Rechnungslegungsgrundsätzen aufgestellt (z. B. der Konzernabschluss nach IFRS und der EA des MU nach HGB), ist aus Gründen der Klarheit und Übersichtlichkeit eine Zusammenfassung nicht zulässig. In § 315e Abs. 1 HGB werden die handelsrechtlichen Vorschriften aufgezählt, die auch in einem Konzernabschluss nach internationalen Rechnungslegungsstandards anzuwenden sind. Da § 298 Abs. 2 HGB in dieser Aufzählung nicht genannt wird, sieht das Gesetz eine Zusammenfassung des Konzernanhangs nach IFRS mit dem Anhang des MU nach HGB nicht vor. Eine erweiterte Auslegung des Gesetzestextes ist nicht angebracht.

69 Die Form der Zusammenfassung ist gesetzlich nicht geregelt. Die Zusammenfassung ist gestattet, um Wiederholungen zu vermeiden und die Übersichtlichkeit der Angaben zu erhöhen. Inhaltlich müssen die Anhänge den Vorschriften für den Jahresabschluss und für den Konzernabschluss vollumfänglich entsprechen. Außerdem muss aus dem zusammengefassten Anhang hervorgehen, welche Angaben sich auf den Konzern und welche Angaben sich auf den Jahresabschluss des MU beziehen. Bei der Darstellung der Bilanzierungs- und Bewertungsmethoden und Währungsumrechnungen sowie auch in Bezug auf Angaben zum Beteiligungsbesitz, zur Besicherung und Fristigkeit von Verbindlichkeiten, zu den Haftungsverhältnissen und zu den sonstigen finanziellen Verpflichtungen ist eine Vereinfachung durch zusammengefasste Angaben möglich. Ferner ist eine Zusammenfassung der Angaben über die Aufgliederung der Umsatzerlöse denkbar. Ebenfalls ist es möglich, Verweise z. B. vom Konzernanhangteil auf den Anhangteil zum EA des MU anzubringen. Die verwendete Form muss den Grundsatz der Klarheit und Übersichtlichkeit erfüllen.[43]

70 Neben der Zusammenfassung der Anhänge dürfen auch Zusammenfassungen der Prüfungsberichte und der Bestätigungsvermerke zum EA des MU und zum Konzernabschluss vorgenommen werden, vorausgesetzt der Konzernanhang und der Anhang des MU werden zulässigerweise zusammengefasst und der Konzernabschluss und der Jahresabschluss des MU gemeinsam veröffentlicht.

---

[43] Vgl. auch *Winkeljohann/Deubert*, in Beck Bil-Komm., 10. Aufl., § 298 HGB, Rz 95f.

§ 299 Stichtag für die Aufstellung

(1) Der Konzernabschluss ist auf den Stichtag des Jahresabschlusses des Mutterunternehmens aufzustellen.
(2) ¹Die Jahresabschlüsse der in den Konzernabschluß einbezogenen Unternehmen sollen auf den Stichtag des Konzernabschlusses aufgestellt werden. ²Liegt der Abschlußstichtag eines Unternehmens um mehr als drei Monate vor dem Stichtag des Konzernabschlusses, so ist dieses Unternehmen aufgrund eines auf den Stichtag und den Zeitraum des Konzernabschlusses aufgestellten Zwischenabschlusses in den Konzernabschluß einzubeziehen.
(3) Wird bei abweichenden Abschlußstichtagen ein Unternehmen nicht auf der Grundlage eines auf den Stichtag und den Zeitraum des Konzernabschlusses aufgestellten Zwischenabschlusses in den Konzernabschluß einbezogen, so sind Vorgänge von besonderer Bedeutung für die Vermögens-, Finanz- und Ertragslage eines in den Konzernabschluß einbezogenen Unternehmens, die zwischen dem Abschlußstichtag dieses Unternehmens und dem Abschlußstichtag des Konzernabschlusses eingetreten sind, in der Konzernbilanz und der Konzern-Gewinn- und Verlustrechnung zu berücksichtigen oder im Konzernanhang anzugeben.

WP StB Bernd Mackedanz

Inhaltsübersicht

	Rz
1 Stichtag des Konzernabschlusses (Abs. 1)	1–3
2 Abschlussstichtage der in den Konzernabschluss einbezogenen Unternehmen	4–30
2.1 Gesetzliche Sollvorschrift (Abs. 2 Satz 1)	4–5
2.2 Abweichender Stichtag von Tochter- und Mutterunternehmen	6–30
2.2.1 Erstellung eines Zwischenabschlusses	7–18
2.2.2 Keine Erstellung eines Zwischenabschlusses	19–30

1 Stichtag des Konzernabschlusses (Abs. 1)

Der Konzernabschluss ist auf den **Stichtag** des Jahresabschlusses **des MU** aufzustellen. 1

Ein Wechsel des Gj beim MU hat aufgrund des eindeutigen Gesetzeswortlauts zwangsläufig auch den Wechsel des Stichtags des Konzernabschlusses zur Folge und führt zu einem **Konzern-RumpfGj**.[1] Dies gilt selbst dann, wenn ein MU bspw. wegen *chance of control* zwei RumpfGj einlegt, deren Dauer zusammen 2

---

[1] Vgl. Begründung zum RegE des TransPuG (2002), IDW RH HFA 1.019 Tz 2 und WPH Edition, Wirtschaftsprüfung & Rechnungslegung, 15. Aufl., 2017, Abschn. G, Tz 229.

zwölf Monate betragen und damit der Begrenzung des Zeitraums von Gj in § 240 Abs. 2 Satz 2 HGB nicht entgegenstehen würde.[2]

> **Beispiel**
> Der Stichtag des Jahresabschlusses des MU wird vom 31.12. eines Jahrs auf den 30.6. eines Jahrs verlegt. Im Jahr der Umstellung legt das MU ein RumpfGj für den Zeitraum 1.1.–30.6. ein. Dieser Zeitraum ist auch das maßgebliche Konzern-RumpfGj. Die anzugebenden Vj-Zahlen in der Konzern-GuV betreffen den Zeitraum 1.1.–31.12.

3 Aufgrund der **unterschiedlichen Zeiträume der KonzernGj** sind die **Vergleichbarkeit** mit den Vj-Zahlen und die Aussagefähigkeit der Konzernbilanz und der Konzern-GuV **eingeschränkt**. Dies führt aber nicht dazu, dass Anpassungen hinsichtlich der Dauer des KonzernGj vorgenommen werden dürfen. Die fehlende Vergleichbarkeit führt zu einer Angabe- und Erläuterungspflicht im Konzernanhang nach § 298 Abs. 1 i.V.m. § 265 Abs. 2 Satz 2 HGB.[3] Bei eingeschränkter Aussagefähigkeit schreibt § 297 Abs. 2 Satz 3 HGB zusätzliche Angaben im **Konzernanhang** vor, um ein den tatsächlichen Verhältnissen entsprechendes Bild der Vermögens-, Finanz- und Ertragslage des Konzerns zu vermitteln. Dies kann z.B. anhand von **Vergleichsrechnungen** mit gleicher Gj-Dauer erfolgen.

2 Abschlussstichtage der in den Konzernabschluss einbezogenen Unternehmen

2.1 Gesetzliche Sollvorschrift (Abs. 2 Satz 1)

4 Der Gesetzgeber gibt mit der **Sollvorschrift**, dass die Jahresabschlüsse der in den Konzernabschluss einbezogenen Unt auf den Stichtag des Konzernabschlusses aufgestellt werden sollen, seine **Idealvorstellung** an. Ein **Abweichen** von dieser Sollvorschrift ist aber an keine einschränkenden Voraussetzungen gebunden und **bedarf** mangels gesetzlicher Vorschrift auch **keiner Begründung**. Die rechtlich selbstständigen TU sind somit in der Wahl ihres Abschlussstichtags grds. frei.[4]

5 Trotz dieser Freiheit bei der Wahl des JA-Stichtags dürften in den meisten Konzernabschlüssen zur Vermeidung von Verzögerungen und höheren Kosten nur dann abweichende Stichtage festgelegt werden, wenn es hierfür einen konkreten sachlichen Grund gibt (z.B. bei Saisonbetrieben oder Interessen von Minderheitsgesellschaftern sowie aus steuerlichen Gründen).

---

[2] So *Winkeljohann/Deubert*, in Beck Bil-Komm., 10. Aufl., 2016, § 299 HGB, Rz 4.
[3] So auch *Winkeljohann/Deubert*, in Beck Bil-Komm., 10. Aufl., 2016, § 299 HGB, Rz 4; vgl. auch IDW RS HFA 39 Tz 11.
[4] So z.B. auch WPH Edition, Wirtschaftsprüfung & Rechnungslegung, 15. Aufl., 2017, Abschn. G, Tz 231; ADS, 6. Aufl., § 299 HGB, Rz 18 und *Winkeljohann/Deubert*, in Beck Bil-Komm., 10. Aufl., 2016, § 299 HGB, Rz 8.

2.2 Abweichender Stichtag von Tochter- und Mutterunternehmen

Wenn der Abschlussstichtag des TU von dem KA-Stichtag abweicht, kommt es hinsichtlich der gesetzlichen Folgen auf den **Zeitraum zwischen diesen Stichtagen** an. Liegt der Abschlussstichtag um **mehr als drei Monate vor** dem KA-Stichtag, schreibt § 299 Abs. 2 Satz 2 HGB die Aufstellung eines **Zwischenabschlusses** vor.[5] Liegt der Abschlussstichtag **nicht mehr als drei Monate vor** dem KA-Stichtag, **braucht ein Zwischenabschluss nicht** aufgestellt zu werden. **Vorgänge von besonderer Bedeutung** innerhalb dieses Zeitraums sind aber nach Abs. 3 im Konzernabschluss **zu erfassen**. Abweichend zu den IFRS (IFRS 10.21 i.V.m. § B92f.) kann ein Jahresabschluss mit einem **Abschlussstichtag nach dem KA-Stichtag** aufgrund des eindeutigen Gesetzeswortlauts in keinem Fall Berücksichtigung finden.[6]

2.2.1 Erstellung eines Zwischenabschlusses

Der Zwischenabschluss **dient ausschließlich als Grundlage für** die **Aufstellung des Konzernabschlusses**. Durch den Zwischenabschluss ist es möglich, für den Zeitraum des KonzernGj die Daten des TU mit abweichendem Stichtag in den Konzernabschluss einzubeziehen. Bei der Aufstellung des Zwischenabschlusses ist stets auf den KA-Stichtag abzustellen.[7]

Der Zeitraum der Konzern-GuV des Zwischenabschlusses entspricht i.d.R. dem Zeitraum des KonzernGj. Bei erstmaligem Einbezug oder EndKons von TU darf der Zwischenabschluss abweichend nur die Erträge und Aufwendungen enthalten, die auf die Zeit der Konzernzugehörigkeit entfallen.

Hat ein TU bislang auf die Aufstellung eines Zwischenabschlusses verzichtet und stellt das TU im Folgejahr sein Gj auf das KonzernGj um oder verzichtet es auf das bisherige Weglassen eines Zwischenabschlusses, kann der in den Konzernabschluss **einbezogene Zeitraum durch** eine **Umstellung länger als zwölf Monate** (maximal 15 Monate) betragen. Sofern dadurch der Einblick in die Vermögens-, Finanz- und Ertragslage des Konzerns beeinträchtigt ist, sind zusätzliche Angaben im Konzernanhang erforderlich.

Der Zwischenabschluss entfaltet keine Rechtsgrundlage für Zwecke der Besteuerung, Ansprüche der Gesellschafter auf einen ggf. im Zwischenabschluss ausgewiesenen Bilanzgewinn und andere ergebnisabhängige Zahlungen. Sofern gewinnabhängige Vergütungen vereinbart sind, müssen diese auf Basis des Zwischenabschlussergebnisses im Wege der Schätzung ermittelt werden. Aufgrund dieser fehlenden Rechtsfolgen sind eine Vorlagepflicht des Zwischenabschlusses an den Aufsichtsrat sowie die **Feststellung und Offenlegung** gesetzlich nicht vorgesehen.

---

[5] Bei TU von VersicherungsUnt tritt an die Stelle des Drei-Monatszeitraums ein Sechs-Monatszeitraum, § 341i Abs. 3 Satz 2 HGB.

[6] So z.B. auch WPH Edition, Wirtschaftsprüfung & Rechnungslegung, 15. Aufl., 2017, Abschn. G, Tz 232. Eine im Referentenentwurf zum BilRUG vorgesehene Anpassung an die IFRS wurde nicht weiter verfolgt.

[7] Zu Ausnahmen (Vorliegen eines Zwischenabschlusses aufgrund regulatorischer Vorgaben, der innerhalb des Drei-Monatszeitraums liegt) vgl. IDW RH HFA 1.019 Tz 6 und *Winkeljohann/Deubert*, in Beck Bil-Komm., 10. Aufl., 2016, § 299 HGB, Rz 10.

11   Der Zwischenabschluss muss aus den Büchern der Ges. entwickelt werden. Es ist ausreichend, **Abschlussbuchungen und Überleitungen in** statistischen **Nebenrechnungen** festzuhalten. Diese Nebenrechnungen müssen aber so vollständig sein, dass ein Sachverständiger jederzeit die Entwicklung des Zwischenabschlusses aus den Büchern und sonstigen Unterlagen vornehmen kann. Diese Aufzeichnungen unterliegen den gleichen **Aufbewahrungsfristen** wie andere Bücher der Ges.[8]

12   Besondere Konzernrechnungslegungsvorschriften hinsichtlich der **Aufstellung** eines Zwischenabschlusses **existieren nicht**. Es gelten die allg. Vorschriften zum Inhalt und zur Form des Konzernabschlusses. Bei der Aufstellung des Zwischenabschlusses sind somit die GoB zu beachten. Die allg. Grundsätze, die bei der Aufstellung einer sog. HB II zu beachten sind, gelten demnach sinngem. auch für den Zwischenabschluss. Als Grundlage für die Aufstellung des Konzernabschlusses sind insb. die angewandten Bilanzierungs- und Bewertungsmethoden zu beachten.[9]

13   Zwischenabschlüsse sind keine Abschlüsse minderer Qualität. Auch für Zwischenabschlüsse gelten die Konzerngrundsätze der **Wesentlichkeit** und **Wirtschaftlichkeit**. Die in DRS 16 niedergelegten Grundsätze für eine Zwischenberichterstattung hinsichtlich Ansatz und Bewertung lassen sich sinngemäß z. T. auch auf Zwischenabschlüsse für einen Konzernabschluss übertragen.[10] Somit **können** ins Einzelne gehende **Anforderungen** dann **vernachlässigt werden, wenn** realistische Schätzungen möglich sind und dadurch die **Aussagefähigkeit** des Konzernabschlusses **nicht beeinträchtigt wird**. Dies könnte z. B. folgende Sachverhalte betreffen:

- **Einholung** eines neuen **versicherungsmathematischen Gutachtens** für Rückdeckungsansprüche sowie Pensions- und Jubiläumsverpflichtungen, wenn ein solches Gutachten zum Abschlussstichtag vorliegt, zwischenzeitlich keine wesentlichen Änderungen eingetreten sind und der Wert zum KA-Stichtag hinreichend genau festgestellt werden kann;
- **Inventur auf** den **KA-Stichtag**, wenn sich der Vorratsbestand durch Fortschreibungs- oder Rückrechnungsverfahren oder aufgrund anderer Verfahren wertmäßig hinreichend genau feststellen lässt. Die gesetzlichen Fristen des § 241 Abs. 3 Nr. 1 HGB und ein Erfordernis der körperlichen Bestandsaufnahme innerhalb des Zeitraums, für den der Zwischenabschluss aufzustellen ist, können vernachlässigt werden, wenn eine ausreichende Bewertung des Vorratsvermögens hinreichend gesichert ist.[11] Hierbei spielt auch die Bedeutung der Vorratsbestände für den Konzernabschluss eine Rolle;
- **Berechnung der Normalabschreibungen** bei unveränderten Anlagebeständen;
- **Neuberechnungen von abzugrenzenden Posten** (z. B. Urlaubsgeld, Weihnachtsgeld, Versicherungsprämien);

---

[8] Vgl. auch *Winkeljohann/Deubert*, in Beck Bil-Komm., 10. Aufl., 2016, § 299 HGB, Rz 12.
[9] Vgl. auch IDW RH HFA 1.019 Tz 4.
[10] Die Behandlung von laufenden Ertragsteuern ausnehmend *Winkeljohann/Deubert*, in Beck Bil-Komm., 10. Aufl., 2016, § 299 HGB, Rz 21 und WPH Edition, Wirtschaftsprüfung & Rechnungslegung, 15. Aufl., 2017, Abschn. G, Tz 237. Danach darf für den Zwischenabschluss ein gewichteter durchschnittlicher jährlicher Ertragsteuersatz analog DRS 16.24 nicht zur Anwendung kommen.
[11] So auch *Winkeljohann/Deubert*, in Beck Bil-Komm., 10. Aufl., 2016, § 299 HGB, Rz 19 und ADS, 6. Aufl. § 299 HGB, Rz 35.

- pauschale Berücksichtigung der Bilanz- und GuV-Posten eines einbezogenen TU, das für die Vermögens-, Finanz- und Ertragslage des Konzernabschlusses von untergeordneter Bedeutung ist und nach § 296 Abs. 2 HGB nicht konsolidiert werden müsste.

Bei Aufstellung eines Zwischenabschlusses sind die Bilanzierungs- und Bewertungsmethoden des Konzerns zu beachten. Abweichungen zu den Bilanzierungs- und Bewertungsmethoden im Jahresabschluss sind in der HB II zu korrigieren. 14

Das im Zwischenabschluss ausgewiesene Jahresergebnis kann z.T. schon einer vollständigen oder teilweisen **Gewinnverwendung** unterlegen haben. 15

> **Beispiel**
> Das TU hat ein Gj vom 1.10.X0 bis 30.9.X1. Es erstellt für Zwecke der Einbeziehung in den Konzernabschluss einen Zwischenabschluss für den Zeitraum 1.1.X1 bis 31.12.X1. Es wurden folgende Ergebnisse erzielt:
> - 1.10.X0 bis 30.9.X1: Jahresüberschuss = Bilanzgewinn 120 TEUR
> - 1.1.X1 bis 31.12.X1: Jahresüberschuss = Bilanzgewinn 100 TEUR
>
> Auf der GesV am 1.12.X1 wurde beschlossen, den Bilanzgewinn des vorangegangenen Gj X0/X1 (120 TEUR) anteilig i.H.v. 60 TEUR auszuschütten und den Restbetrag i.H.v. 60 TEUR in die anderen Gewinnrücklagen einzustellen.
>
> Nach hier vertretener Auffassung sind alle **wirksamen Gewinnverwendungsbeschlüsse** im Zwischenabschluss **zu erfassen**. Der Zwischenabschluss ist sodann unter teilweiser Verwendung des Jahresergebnisses aufzustellen; hinsichtlich der Darstellung findet § 268 Abs. 1 HGB Anwendung. Sofern das TU neben dem gezeichneten Kapital am 30.9.X0 über kein weiteres EK verfügt, sind am 31.12.X1 im Zwischenabschluss neben dem gezeichneten Kapital folgende EK-Posten auszuweisen:
>
> - andere Gewinnrücklagen   60 TEUR
> - Bilanzverlust   20 TEUR
>
> Es wird ein Bilanzverlust ausgewiesen, weil der Jahresüberschuss im Kj X1 nicht ausreicht, die wirksame Gewinnausschüttung i.H.v. 60 TEUR und die wirksame Einstellung von 60 TEUR in die anderen Gewinnrücklagen auszugleichen.[12]

Die **Ergebnisanteile** des Zwischenabschlusses, die auf den **Zeitraum** vom **Stichtag des Jahresabschlusses bis zum KA-Stichtag** entfallen, sind noch nicht endgültig und können z.B. noch durch Verluste in der zweiten Teilperiode aufgezehrt werden. Wenn derartige Ergebnisanteile dem MU zustehen, handelt es sich um **Ergebnisanteile, die nicht zur Ausschüttung an die Gesellschafter zur Verfügung stehen**. Der DSR empfiehlt in DRS 7.15a eine gesonderte Angabe derartiger Beträge, sofern diese wesentlich sind. 16

Bei **Aufwendungen, deren Höhe vom Jahresergebnis abhängig** sind (z.B. Steuern vom Einkommen und vom Ertrag, Tantiemen), sollten zunächst die 17

---

[12] Zu den Auswirkungen von Ergebnisübernahmen aus Gewinnabführungsverträgen vgl. ausführlich ADS, 6. Aufl. § 299 HGB, Rz 43.

tatsächlichen Aufwendungen des abgeschlossenen Gj maßgebend sein. Für den Zeitraum des Abschlussstichtags bis zum KA-Stichtag sind **sachgerechte Berechnungen im Schätzwege** vorzunehmen.[13] Zur Ermittlung sind Fiktionen unvermeidbar. **Unterschiedsbeträge** sind **im folgenden Zwischenabschluss ergebniswirksam** zu erfassen.

> **Beispiel**
> Für den Zeitraum vom 1.10.X1 (Abschlussstichtag des TU) bis 31.12.X1 (KA-Stichtag) erwirtschaftet das TU einen Überschuss vor Ertragsteuern i. H. v. 500 TEUR. In den folgenden neun Monaten wird mit einem weiteren Überschuss vor Ertragsteuern i. H. v. 1.500 TEUR gerechnet. Wegen Anlaufverlusten bestehen ertragsteuerliche Verlustvorträge von mehr als 2.000 TEUR.
> Bei der Berechnung der Aufwendungen für die KSt ist die Mindestbesteuerung zu beachten. Sofern das steuerliche Ergebnis nicht wesentlich vom handelsrechtlichen Ergebnis abweicht, wird bei einem voraussichtlichen steuerlichen Ergebnis von 2.000 TEUR KSt i. H. v. 400 TEUR (steuerliche Bemessungsgrundlage nach § 10d EStG) × 15 % = 60 TEUR anfallen. Ein Viertel hiervon (15 TEUR) entfällt auf den Zeitraum vom 1.10.X1 bis 31.12.X1.

> **Beispiel**
> Für den Zeitraum vom 1.10.X1 (Abschlussstichtag des TU) bis 31.12.X1 (KA-Stichtag) erwirtschaftet das TU einen Überschuss vor Ertragsteuern i. H. v. 500 TEUR. In den folgenden neun Monaten wird mit einem Fehlbetrag i. H. v. 500 TEUR gerechnet.
> Obwohl für das Gj X1/X2 aufgrund des ausgeglichenen Ergebnisses voraussichtlich keine Ertragsteuern anfallen werden, sind für den Zeitraum vom 1.10.X1 bis 31.12.X2 Ertragsteuern abzugrenzen. Diese Ertragsteuerverpflichtung ist bei Eintritt des Verlusts wieder erfolgswirksam aufzulösen.

18 Der **Zwischenabschluss** ist in gleichem Maß wie der Jahresabschluss **vom Konzern-AP zu prüfen.** Der Gesetzgeber nennt in § 317 Abs. 3 HGB zwar nur Jahresabschlüsse. Es ergibt sich aber nach hM aus dem Gesamtzusammenhang, dass der Verweis nur auf Jahresabschlüsse keine Einschränkung des Prüfungsumfangs des Konzern-AP bedeutet.[14]

2.2.2 Keine Erstellung eines Zwischenabschlusses

19 Liegt der Abschlussstichtag nicht um mehr als drei Monate **vor** dem Stichtag des Konzernabschlusses, **kann auf die Aufstellung** eines Zwischenabschlusses **verzichtet werden** (§ 299 Abs. 2 Satz 2 HGB). Grundlage für die Einbeziehung in den Konzernabschluss ist bei entsprechender Ausübung des gesetzlichen Wahlrechts der vom TU erstellte Jahresabschluss, ggf. nach Anpassungen an die konzerneinheitlichen Bilanzierungs- und Bewertungsmethoden in der HB II.

---

[13] Vgl. auch WPH Edition, Wirtschaftsprüfung & Rechnungslegung, 15. Aufl., 2017, Abschn. G, Tz 235ff.; ausführlich *Winkeljohann/Deubert*, in Beck Bil-Komm., 10. Aufl., 2016, § 299 HGB, Rz 16ff.
[14] Vgl. IDW RH HFA 1.019 Tz 14.

Auch in diesem Fall geht grds. ein Zeitraum von zwölf Monaten in den Konzern- 20
abschluss ein, jedoch mit einer Phasenverschiebung.

> **Beispiel**
> Der Stichtag des Konzernabschlusses ist der 31.12.X1. Das Gj des TU läuft vom 1.10.X0 bis 30.9.X1. Der Jahresabschluss des TU wird in den Konzernabschluss einbezogen, sodass Erträge und Aufwendungen der Monate Oktober bis Dezember X0 im Konzernabschluss zum 31.12.X1 enthalten sind, solche der Monate Oktober bis Dezember X1 jedoch grds. nicht.

Auf **Vorgänge von besonderer Bedeutung nach** dem KA-Stichtag ist **nicht** 21
einzugehen. Die Berichterstattung ist zeitlich auf Vorgänge vor dem KA-Stichtag beschränkt. Für Sachverhalte nach dem KA-Stichtag ergeben sich u.U. Berichtspflichten im Konzernlagebericht nach § 315 Abs. 2 Nr. 1 HGB.

Der Jahresabschluss eines TU, dessen Stichtag auch nur geringfügig nach dem 22
Stichtag des Konzernabschlusses liegt, kann in keinem Fall Grundlage der Einbeziehung sein.

Der **Verzicht auf die Aufstellung eines Zwischenabschlusses** bedarf neben der 23
Drei-Monats-Regelung keiner weiteren Voraussetzungen.[15] Unbeachtlich sind insb. die Bedeutung des TU und der Umfang der Lieferungs- und Leistungsverflechtungen mit verbundenen Unt.

Sind die Zeiträume der Gj von einbezogenen KonzernUnt nicht deckungsgleich, 24
ergeben sich zwangsläufig bei Geschäftsbeziehungen mit KonzernUnt im nicht deckungsgleichen Zeitraum Posten, die im Rahmen der Aufwands- und Ertrags-Kons sowie der SchuldenKons nicht eliminiert werden. Sind solche Restposten von besonderer Bedeutung, können sie durch Nachbuchungen in der HB II ausgeglichen oder im Konzernanhang angegeben werden. Bei Vorgängen von untergeordneter Bedeutung sind weder Nachbuchungen noch Konzernanhangangaben erforderlich. Dies kann dazu führen, dass bspw. Forderungen gegen verbundene Unt ausgewiesen werden, obwohl alle KonzernUnt im Konzernabschluss voll konsolidiert werden.[16]

Vorgänge von besonderer Bedeutung zwischen dem Abschlussstichtag des ein- 25
bezogenen TU und dem Stichtag des Konzernabschlusses sind gem. § 299 Abs. 3 HGB **in der Konzernbilanz und in der Konzern-GuV zu berücksichtigen oder im Konzernanhang anzugeben. Beide Alternativen** stehen **gleichberechtigt** nebeneinander.[17] Die besondere Bedeutung für die Vermögens-, Finanz- und Ertragslage muss nach dem Gesetzeswortlaut die Darstellung der Vermögens-, Finanz- und Ertragslage des einbezogenen Unt mit abweichendem Stichtag oder bei Lieferungs- oder Leistungsverkehr mit KonzernUnt eines der übrigen kon-

---

15 Vgl. IDW RH HFA 1.019 Tz 3; *Winkeljohann/Deubert*, in Beck Bil-Komm., 10. Aufl., 2016, § 299 HGB, Rz 26; WPH Edition, Wirtschaftsprüfung & Rechnungslegung, 15. Aufl., 2017, Abschn. G, Tz 232.
16 Vgl. WPH Edition, Wirtschaftsprüfung & Rechnungslegung, 15. Aufl., 2017, Abschn. G, Tz 250, das entsprechende Nachbuchungen in der HB II empfiehlt.
17 Vgl. IDW RH HFA 1.019 Tz 10.

solidierten Unt betreffen. Dabei sind die Vorgänge einzeln und in ihrer Gesamtheit zu beurteilen.[18] Aufgrund der allg. **Konzerngrundsätze der Wirtschaftlichkeit und Wesentlichkeit** bedarf es nach hier vertretener Auffassung einer Berichterstattung oder Nachbuchung zusätzlich nicht, wenn sich der Vorgang nicht wesentlich auf die Vermögens-, Finanz- und Ertragslage des Konzerns auswirkt. Hierbei sind kumulativ die nicht erfassten Zeiträume aller TU mit abweichenden Abschlussstichtagen zu berücksichtigen. Der Schwierigkeit, dass aus Sicht des TU die Bedeutung von Geschäftsvorfällen für den Konzernabschluss nicht abschließend beurteilt werden kann, kann durch Konzernvorgaben begegnet werden.

26 Die Frage der **besonderen Bedeutung** von Vorgängen oder der Gesamtheit der Vorgänge ist **jeweils** im **Einzelfall** zu entscheiden. Die Erfolgswirksamkeit des Vorgangs spielt dabei keine Rolle, **auch erfolgsneutrale Transaktionen können von besonderer Bedeutung** im Sinne dieser Vorschrift **sein**, z. B. der Kauf oder Verkauf wesentlicher Beteiligungen und Immobilien, die Aufnahme oder Tilgung wesentlicher Darlehen sowie der Abschluss wesentlicher Sicherungsgeschäfte.[19]

27 Hinsichtlich der Art der Berücksichtigung der Vorgänge von besonderer Bedeutung hat das MU ein Wahlrecht, die Vorgänge in der Konzernbilanz und Konzern-GuV zu berücksichtigen oder im Konzernanhang anzugeben. Aufgrund der **Bilanzierungsstetigkeit** und des **Stetigkeitsgrundsatzes der Konsolidierungsmethoden** sind Sachverhalte bei vergleichbaren Unt mit abweichendem Stichtag im Konzernabschluss gleich zu behandeln.

28 **Bei der Berücksichtigung** in der **Konzernbilanz** und in der **Konzern-GuV** sind die Vorgänge von besonderer Bedeutung **in** der **HB II** des betreffenden Unt **nachzubuchen**. Sofern die Vorgänge erfolgswirksam sind, sind auch die damit verbundenen Ertragsteuerauswirkungen zu erfassen. Bei den Eröffnungsbilanzbuchungen im Folgejahr sind diese Nachbuchungen zu berücksichtigen, damit der **Bilanzenzusammenhang** im **Konzern** gewährleistet ist und eine nochmalige Erfassung des Vorgangs im Konzernabschluss vermieden wird.

29 **Bei** der **Berücksichtigung** im **Konzernanhang** müssen die Angaben inhaltlich einer Berücksichtigung dieser Vorgänge in der Konzernbilanz und Konzern-GuV **gleichwertig** sein. Daher sind **regelmäßig Zahlenangaben und Erläuterungen erforderlich**.[20] In Nebenrechnungen sind in der Vorperiode erfasste Vorgänge von besonderer Bedeutung fortzuschreiben, um eine mehrfache Berücksichtigung von Vorgängen in den Konzernabschluss verschiedener Stichtage zu vermeiden. **Gleichartige Sachverhalte** aus mehreren Jahresabschlüssen mit abweichenden Stichtagen **können zusammengefasst werden**.

30 Die Vorschrift ist auf **GemeinschaftsUnt analog** anzuwenden, § 310 Abs. 2 HGB verweist auf § 298 HGB. **DRS 9.9** verlangt **abweichend** die Einbeziehung auf der Grundlage von Zwischenabschlüssen für jeden Fall abweichender Gj.

---

[18] Vgl. IDW RH HFA 1.019 Tz 8; *Winkeljohann/Deubert*, in Beck Bil-Komm., 10. Aufl., 2016, § 299 HGB, Rz 35; WPH Edition, Wirtschaftsprüfung & Rechnungslegung, 15. Aufl., 2017, Abschn. G, Tz 243.
[19] Vgl. auch WPH Edition, Wirtschaftsprüfung & Rechnungslegung, 15. Aufl., 2017, Abschn. G, Tz 245.
[20] So auch IDW RH HFA 1.019 Tz 13.

§ 300 Konsolidierungsgrundsätze. Vollständigkeitsgebot

(1) ¹In dem Konzernabschluß ist der Jahresabschluß des Mutterunternehmens mit den Jahresabschlüssen der Tochterunternehmen zusammenzufassen. ²An die Stelle der dem Mutterunternehmen gehörenden Anteile an den einbezogenen Tochterunternehmen treten die Vermögensgegenstände, Schulden, Rechnungsabgrenzungsposten und Sonderposten der Tochterunternehmen, soweit sie nach dem Recht des Mutterunternehmens bilanzierungsfähig sind und die Eigenart des Konzernabschlusses keine Abweichungen bedingt oder in den folgenden Vorschriften nichts anderes bestimmt ist.

(2) ¹Die Vermögensgegenstände, Schulden und Rechnungsabgrenzungsposten sowie die Erträge und Aufwendungen der in den Konzernabschluß einbezogenen Unternehmen sind unabhängig von ihrer Berücksichtigung in den Jahresabschlüssen dieser Unternehmen vollständig aufzunehmen, soweit nach dem Recht des Mutterunternehmens nicht ein Bilanzierungsverbot oder ein Bilanzierungswahlrecht besteht. ²Nach dem Recht des Mutterunternehmens zulässige Bilanzierungswahlrechte dürfen im Konzernabschluß unabhängig von ihrer Ausübung in den Jahresabschlüssen der in den Konzernabschluß einbezogenen Unternehmen ausgeübt werden. ³Ansätze, die auf der Anwendung von für Kreditinstitute oder Versicherungsunternehmen wegen der Besonderheiten des Geschäftszweigs geltenden Vorschriften beruhen, dürfen beibehalten werden; auf die Anwendung dieser Ausnahme ist im Konzernanhang hinzuweisen.

PROF. DR. STEFAN MÜLLER/PD DR. MARKUS KREIPL

Inhaltsübersicht	Rz
1 Überblick	1–9
1.1 Inhalt und Regelungszweck	1–7
1.2 Anwendungsbereich	8
1.3 Normenzusammenhänge	9
2 Zusammenfassung der Jahresabschlüsse zum Konzernabschluss (Abs. 1)	10–22
2.1 Grundsatz der Zusammenfassung der Einzelabschlüsse (Abs. 1 Satz 1 und Satz 2 1. Hs.)	10–17
2.2 Einschränkungen der einheitlichen Bilanzierung (Abs. 1 Satz 2 2. Hs.)	18–22
2.2.1 Fähigkeit der Bilanzierung nach dem Recht der Mutter	18–21
2.2.2 Abweichungen wegen der Eigenart des Konzernabschlusses	22
3 Ansatzwahlrechte im Konzernabschluss (Abs. 2)	23–37
3.1 Grundsatz der Vollständigkeit und Unabhängigkeit (Abs. 2 Satz 1)	23–31
3.2 Ausübung von Ansatzwahlrechten (Abs. 2 Satz 2)	32–35

3.3 Sondervorschriften für Kreditinstitute und Versicherungsunternehmen (Abs. 2 Satz 3) 36–37
4 Rechtsfolgen bei Pflichtverletzung 38

1 Überblick

1.1 Inhalt und Regelungszweck

1 § 300 HGB regelt die Ableitung des Konzernabschlusses aus den Jahresabschlüssen der einbezogenen Unt unter Rückgriff auf Konsolidierungsgrundsätze, die den **Grundsätzen ordnungsmäßiger Konzernrechnungslegung** – kurz GoK – inhärent sind. Bezogen auf die Konzernrechnungslegung ist zu berücksichtigen, dass die aus den Zwecken des Einzelabschlusses entwickelten GoB das geforderte Bild der wirtschaftlichen Lage der Einheit Konzern nicht vermitteln können. Viele GoK-relevante Probleme, wie z. B. Fragen hinsichtlich der Abgrenzung des KonsKreises oder auch Anforderungen an die Kons., haben zwangsläufig kein Äquivalent auf der Ebene des Einzelabschlusses. In Analogie zu den Zwecken der GoB dienen jedoch auch die GoK vor allem der Sicherung des Rechtsverkehrs im Geschäftsleben und der Erhöhung des Aussagewerts von Buchführung und Jahresabschluss. Dies erfordert die Entwicklung und Ausgestaltung von Normen, mittels derer mehr oder weniger offene Probleme im Bereich der Konzernabschlusserstellung gelöst werden können. Ausgehend von den Zwecken des Konzernabschlusses ist dabei zwischen allgemeinen Anforderungen an die Handelsbilanzen II, den Summenabschluss und die Kons. zu unterscheiden.[1] Die Überschrift ist insofern irreführend, als § 300 HGB nicht sämtliche Konsolidierungsgrundsätze des HGB umfasst, sondern lediglich jene in Bezug auf die Zusammenfassung der Jahresabschlüsse mittels **VollKons** berührt.[2] Bei den weiteren in § 300 HGB geregelten Grundsätzen[3] handelt es sich nicht um Konsolidierungsgrundsätze.[4]

> **Beispiel**
> Wesentliche im Schrifttum dargestellte und nicht in § 300 HGB kodifizierte Konsolidierungsgrundsätze sind:[5]
> – Klarheit und Übersichtlichkeit (§ 297 Abs. 2 HGB),
> – Fiktion der rechtlichen Einheit des Konzerns (§ 297 Abs. 3 Satz 1 HGB),
> – Stetigkeit der Konsolidierungsmethoden (§ 297 Abs. 3 Satz 2 HGB),
> – einheitlicher Abschlussstichtag (§ 299 Abs. 1 HGB),[6]

---

[1] S. dazu detailliert etwa *Müller*, in *Federmann/Kußmaul/Müller*, HdB, Konzernabschluss nach HGB, Rz 66 ff., Stand 12/2016.
[2] Vgl. *Winkeljohann/Kroner*, in Beck Bil-Komm., 10. Aufl., § 300 HGB, 2016, Rz 1; *Kirsch/Hepers/Dettrieder*, in *Baetge/Kirsch/Thiele*, Bilanzrecht, § 300 HGB, Rz 10, Stand 4/2012.
[3] Vgl. dazu Kapitel 2 und 3.
[4] Vgl. *Kirsch/Hepers/Dettrieder*, in *Baetge/Kirsch/Thiele*, Bilanzrecht, § 300 HGB, Rz 11, Stand 4/2012.
[5] Ähnlich auch *Winkeljohann/Kroner*, in Beck Bil-Komm., 10. Aufl., 2016, § 300 HGB, Rz 2; *Kirsch/Hepers/Dettrieder*, in *Baetge/Kirsch/Thiele*, Bilanzrecht, § 300 HGB, Rz 10, Stand 4/2012.
[6] Vgl. dazu detailliert *Müller*, in *Federmann/Kußmaul/Müller*, HdB, Konzernabschluss nach HGB, Rz 130 f., Stand 12/2016.

> - einheitliche Bewertung (§ 308 Abs. 1 HGB),
> - einheitliche Währung (§ 308a HGB),
> - Wirtschaftlichkeit (§§ 291 Abs. 1, 293 HGB),
> - Wesentlichkeit (§§ 296 Abs. 2, § 303 Abs. 2 HGB).

§ 300 Abs. 1 Satz 1 HGB verlangt, dass der Jahresabschluss des MU und die Jahresabschlüsse der TU im Konzernabschluss **zusammenzufassen sind**, soweit die TU in den KonsKreis einbezogen werden. Abs. 1 Satz 1 begründet selbst keine Einbeziehungspflicht.[7]

Sofern die Eigenart des Konzernabschlusses keine Abweichung bedingt oder in den folgenden Vorschriften nichts anderes vorgeschrieben ist, sind die **Anteile** im Besitz des MU gem. § 300 Abs. 1 Satz 2 HGB durch die Posten der TU zu ersetzen, sofern diese nach dem Recht des MU bilanzierungsfähig sind.

Generell gelten für den **Bilanzansatz** im Konzernabschluss die Bilanzierungsvorschriften des MU. Gem. § 300 Abs. 2 Satz 1 HGB sind die VG, Schulden und RAP, Sonderposten sowie die Erträge und Aufwendungen der in den Konzernabschluss einzubeziehenden Unt **unabhängig von ihrer Berücksichtigung in den Jahresabschlüssen** dieser Unt **vollständig** in den Konzernabschluss aufzunehmen, soweit nach dem Recht des MU nicht ein Bilanzierungsverbot oder -wahlrecht besteht. Die Konzernleitung kann im Konzernabschluss über den Ansatz von VG und Schulden losgelöst von deren Ansatz in den zugrunde liegenden Jahresabschlüssen neu entscheiden. Sie muss dabei allein die für das MU geltenden Vorschriften beachten. Eine konzernweit einheitliche Anwendungsverpflichtung für vergleichbare Fälle besteht für Ansatzentscheidungen im Gegensatz zu den Bewertungsentscheidungen (§ 308 Rz 10ff.) somit nicht explizit, ist mit Blick auf die Generalnorm aber sinnvoll und auch vom IDW gefordert.[8]

Die Anwendung von **Bilanzierungswahlrechten** ist gem. § 300 Abs. 2 Satz 2 HGB unabhängig von einer entsprechenden Anwendung in den Jahresabschluss der zu konsolidierenden Unt, einschl. des MU, möglich.

Für **Kreditinstitute** und **VersicherungsUnt** gelten seit Einführung des Vers-RiLiG gem. § 300 Abs. 2 Satz 3 HGB **Sondervorschriften** in Bezug auf die Beibehaltung von Ansätzen, die auf spezifischen Vorschriften zur Berücksichtigung von branchenbedingten Besonderheiten beruhen. Die Anwendung des Beibehaltungswahlrechts ist jedoch durch einen Hinweis im Konzernanhang kenntlich zu machen.

Der Konzernabschluss ist als **eigenständiges Informationsinstrument** zu verstehen,[9] das ein den tatsächlichen Verhältnissen entsprechendes Bild der Vermögens-, Finanz- und Ertragslage zu vermitteln hat. Das Informationsbild muss dabei so dargestellt werden, als handele es sich bei den einbezogenen Unt um eine rechtliche Einheit (**Einheitstheorie**). **Mehrfacherfassungen** als Folge konzerninterner Verflechtungen sind daher zu **eliminieren** und unterschiedliche Nutzungen von Ansatzwahlrechten zu unterlassen.

---

[7] Vgl. ADS, 6. Aufl., § 300 HGB, Rz 4.
[8] Vgl. IDW RH HFA 1.018, Tz. 3.
[9] Vgl. Trützschler, in Küting/Weber, HdK, HGB § 300, Rn 10; Winkeljohann/Kroner, in Beck Bil-Komm., 10. Aufl., 2016, § 300 HGB, Rz 11.

1.2 Anwendungsbereich

8 Der Geltungsbereich des § 300 HGB umfasst alle gem. § 290 HGB erstellten Konzernabschlüsse (§ 290 Rz 1 ff.). Ist ein Unt zur Konzernrechnungslegung nach dem **PublG** verpflichtet, gilt § 300 HGB über einen Verweis in § 13 Abs. 2 Satz 1 PublG für Konzernabschlüsse dieses Unt analog.
Die Vorschriften des § 300 HGB gelten sowohl für TU, die gem. den §§ 290 und 294 HGB in den Konzernabschluss einzubeziehen sind, als auch für GemeinschaftsUnt, die im Rahmen der QuotenKons einbezogen werden sollen (§ 310 Rz 14 ff.).

1.3 Normenzusammenhänge

9 Im Rahmen der Betrachtung von § 300 HGB sind insb. die weiteren Vorschriften des Vierten Titels (§§ 300–307) zu berücksichtigen, die einzelne Konsolidierungsmaßnahmen regeln. Neben den Vorschriften der §§ 301–307 HGB steht die Norm in einem engen Zusammenhang mit § 308 HGB.[10] Diese Bindung kommt bei der Vereinheitlichung der Jahresabschlüsse zum Tragen. Die Regelungen in Bezug auf den Stichtag für die Aufstellung des Konzernabschlusses gem. § 299 HGB sind ebenfalls eng mit denen des § 300 HGB verknüpft.[11]
Lediglich implizit ist die Verbindung zu den Normen, die die Vereinheitlichung der Währung[12] und deren Umrechnung (§ 308a Rz 1 ff.) sowie die Einheitlichkeit des Ausweises[13] tangieren.

2 Zusammenfassung der Jahresabschlüsse zum Konzernabschluss (Abs. 1)

2.1 Grundsatz der Zusammenfassung der Einzelabschlüsse (Abs. 1 Satz 1 und Satz 2 1. Hs.)

10 Der **Grundsatz der Zusammenfassung der Jahresabschlüsse**[14] (§ 300 Abs. 1 Satz 1 HGB) verlangt, dass der Jahresabschluss des MU und die Jahresabschlüsse der TU im Konzernabschluss zusammenzufassen sind, soweit die TU in den KonsKreis einbezogen werden. Abs. 1 Satz 1 begründet selbst aber keine Einbeziehungspflicht. Sind TU in Ausnahmefällen nicht zur Aufstellung eines Jahresabschlusses verpflichtet, kann eine Ableitung der in den Konzernabschluss zu übernehmenden VG und Schulden aus den Büchern erfolgen.[15] Die Durchführung

---

[10] § 308 Abs. 1 Satz 1 HGB schreibt explizit vor, dass die nach § 300 Abs. 2 HGB in den Konzernabschluss übernommenen VG und Schulden der in den Konzernabschluss einbezogenen Unt nach den auf den Jahresabschluss des MU anwendbaren Bewertungsmethoden einheitlich zu bewerten sind.
[11] Das MU hat seit dem Gj 2003 gem. § 299 Abs. 1 HGB den Stichtag des Jahresabschlusses des MU für den Konzernabschluss zugrunde zu legen.
[12] §§ 244, 256a i. V. m. § 298 Abs. 1 HGB. Vgl. zur Währungsumrechnung im Konzern *Müller*, in *Federmann/Kußmaul/Müller*, HdB, Konzernabschluss nach HGB, Rz 132, Stand 12/2016.
[13] §§ 265, 266 und 275 i. V. m. § 298 Abs. 1 HGB.
[14] Der Bezeichnung des Vierten Titels folgend, ist auch der Terminus „Grundsatz der Vollkonsolidierung" gebräuchlich. Diese Bezeichnung verwenden etwa ADS, 6. Aufl. § 300 HGB, Rz 6; *Busse von Colbe*, in MünchKomm. HGB, 3. Aufl., § 300 Rn 1.
[15] Vgl. *Trützschler*, in *Küting/Weber*, HdK, HGB § 300, Rn 12; *Winkeljohann/Kroner*, in Beck Bil-Komm., 10. Aufl., 2016, § 300 HGB, Rz 12.

der KapKons entsprechend den Regelungen des § 301 HGB bedingt allerdings die Ermittlung des EK.[16]

Der **Konzernabschluss**, der gem. § 297 Abs. 1 HGB aus Konzernbilanz, Konzern-GuV, Konzernanhang, KFR sowie EK-Spiegel besteht und um eine SegmBer erweitert werden kann, kann dabei jedoch **nur teilweise durch Zusammenfassung** erstellt werden. Entgegen der möglichen Zusammenfassung der Einzelbilanzen und der Einzel-GuV ist dies für den Konzernanhang nicht möglich. Die fehlende Möglichkeit der Zusammenfassung verbaler Angaben als auch konzernspezifische Anhangvorgaben verhindern dies. Auch sind einige TU nicht zur Erstellung eines Anhangs verpflichtet. § 300 Abs. 1 Satz 1 HGB selbst begründet analog zur Jahresabschlusserstellung keine Pflicht zur Aufstellung. Der EK-Spiegel kann direkt aus der Konzernbilanz und der GuV des Konzerns abgeleitet werden. [11]

Neben konzerninternen Richtlinien zur Festschreibung von Gliederungs- und Ausweiswahlrechten stellt ein verbindlich vorgeschriebener einheitlicher **Kontenplan** für alle Konzerngesellschaften[17] ein wesentliches Hilfsmittel zur Vereinheitlichung des Rechnungswesens und damit zur Erleichterung des einheitlichen Ausweises dar. Eine Pflicht zur Konzernbuchführung besteht allerdings nicht und auch eine freiwillige Anwendung dürfte in der Praxis aufgrund des damit verbundenen hohen Aufwands nur selten zu finden sein.[18] [12]

Unter dem Zusammenfassen der Jahresabschlüsse von MU und TU ist die postenweise Addition der Beträge in den Jahresabschluss im Rahmen einer Kons. zu verstehen.[19] Eine explizite Ausgestaltung der Zusammenfassung durch den Gesetzgeber ist an dieser Stelle unterblieben. Sie folgt in § 301 HGB (§ 301 Rz 23 ff.).[20] [13]

Das Gesetz schreibt für die Kons. der **Einheitstheorie** folgend grds. die Einbeziehung der Posten mit ihren vollen Werten, die sog. **Voll- oder Brutto-Kons** vor. Im Rahmen dieser VollKons werden die gesamten Aktiva und Passiva sowie Aufwendungen und Erträge eines TU nach Anwendung konzerneinheitlicher Ansatz- und Bewertungsvorschriften (= Erstellung der HB II) unabhängig von der Höhe der Beteiligung des MU in die Konzernbilanz übernommen. Eine quotale Kons. entsprechend den Anteilen des MU an den TU ist unzulässig (§ 300 Abs. 2 HGB) – eine Ausnahme bildet einzig die Einbeziehungsmöglichkeit von GemeinschaftsUnt nach § 310 HGB (§ 310 Rz 1 ff.). [14]

Das aus der VollKons folgende Problem der **Doppelerfassung**, das sich durch die Addition der EA zum Summenabschluss zwangsläufig ergibt, stellt sich dabei nur in den Fällen, in denen gem. § 300 Abs. 1 HGB der Jahresabschluss des MU mit den Jahresabschlüssen der TU zusammengefasst wird.[21] [15]

Eine zutreffende Darstellung der Vermögens-, Finanz- und Ertragslage des Konzerns als wirtschaftliche Einheit (§ 297 Rz 95 ff.) erfordert, dass **Mehr-** [16]

---

[16] Vgl. *Kirsch/Hepers/Dettrieder*, in *Baetge/Kirsch/Thiele*, Bilanzrecht, § 300 HGB, Rz 25, Stand 4/2012.
[17] Vgl. *Pelka*, Konzernbuchführung, 1994, S. 53–70.
[18] Vgl. WPH Edition, Wirtschaftsprüfung & Rechnungslegung, 15. Aufl., 2017, Abschn. G, Tz 353; *Kirsch/Hepers/Dettrieder*, in *Baetge/Kirsch/Thiele*, Bilanzrecht, § 300 HGB, Rz 22, Stand 4/2012.
[19] Vgl. *Kirsch/Hepers/Dettrieder*, in *Baetge/Kirsch/Thiele*, Bilanzrecht, § 300 HGB, Rz 21, Stand 4/2012.
[20] Zu den Schritten der Zusammenfassung vgl. *Busse von Colbe*, in MünchKomm. HGB, 3. Aufl., § 300 Rn 2.
[21] Vgl. *Müller*, in *Federmann/Kußmaul/Müller*, HdB, Konzernabschluss nach HGB, Rz 4, Stand 12/2016.

facherfassungen aufgrund konzerninterner Kapitalverflechtungen beseitigt werden. Deshalb kommt der KapKons,[22] durch die eine Eliminierung der konzerninternen Beteiligungsverhältnisse erreicht werden soll, und der dabei angewandten Methode eine zentrale Bedeutung zu.

17 Durch Konsolidierungsmaßnahmen ist neben der Eliminierung der konzerninternen Beteiligungsverhältnisse im Rahmen der **KapKons** (§§ 301, 302 HGB), durch eine **Schulden-Kons** (§ 303 HGB) und **Zwischenerfolgseliminierung** (§ 304 HGB) sowie **Aufwands- und Ertrags-Kons** (§ 305 HGB) sicherzustellen, dass innerkonzernliche Beziehungen vor der Erstellung des Konzernabschlusses aufgerechnet werden. Zudem ist gem. § 306 HGB eine **Steuerabgrenzung** und im Falle einer Beteiligung von weniger als 100 % ein gesonderter Ausweis für Anteile anderer Gesellschafter (§ 307 HGB) vorgeschrieben. Die Kons. ist folglich die Aufrechnung von Positionen aus den EA, die sich aus den juristischen Grenzen ergeben, aber unter der Fiktion des einheitlichen Gebildes Konzern im Konzernabschluss keinen Platz mehr haben. Hinsichtlich der konkreten Umsetzung ist zwar zwischen der VollKons. für TU und der **Quotenkons für GemeinschaftsUnt** zu unterscheiden, gem. § 310 Abs. 2 HGB sind bei quotaler Einbeziehung von gemeinsam geführten Unt die bei der VollKons vorgeschriebenen Maßnahmen zur Eliminierung konzerninterner Geschäftsbeziehungen aber entsprechend anzuwenden.

2.2 Einschränkungen der einheitlichen Bilanzierung (Abs. 1 Satz 2 2. Hs.)

2.2.1 Fähigkeit der Bilanzierung nach dem Recht der Mutter

18 § 300 Abs. 1 Satz 2 2. Hs. HGB knüpft die Übernahme von Bilanzposten aus den Einzelabschlüssen in den Konzernabschluss an die Bedingung der Bilanzierungsfähigkeit nach dem Recht des MU. Die Bilanzierungsfähigkeit ist hier i.S.d. **Zulässigkeit des Ansatzes** zu verstehen, wenngleich der Richtlinie 2013/34/EU keine Unterscheidung zwischen Bilanzierungs- und Bewertungsmethoden zu entnehmen ist.[23] Der Vollständigkeitsgrundsatz lässt sich sinnvoll nur auf den Ansatz der Posten in der Konzernbilanz beziehen, zumal § 308 HGB, der explizit die einheitliche Bewertung innerhalb des Konzerns regelt, ausdrücklich auf die nach § 300 Abs. 2 HGB übernommenen Bilanzposten verweist.[24]

19 Die Bilanzierungsfähigkeit nach Maßgabe des Rechts des MU ist auch bei der anteilsmäßigen Übernahme der Posten im Rahmen der **QuotenKons von GemeinschaftsUnt** entscheidend.

20 Entsprechen die Jahresabschlüsse der einzubeziehenden TU nicht den Ansatzvorschriften, die nach dem Recht des MU gelten, sind diese mittels einer **HB II** anzupassen. Die HB II kann dabei als eine sinnvolle Ergänzungsrechnung verstanden werden, in der die originären Handelsbilanzen durch Aufbereitungs-

---

[22] Die Vorschrift des Abs. 1 Satz 2, wonach bei dem MU an die Stelle der Anteile an den einzubeziehenden TU die Bilanzposten – ohne EK – treten, legt dabei die KapKons als Grundsatz fest.
[23] Vgl. *Winkeljohann/Kroner*, in Beck Bil-Komm., 10. Aufl., 2016, § 300 HGB, Rz 13; *Busse von Colbe*, in MünchKomm. HGB, 3. Aufl., § 300 Rn 8.
[24] Vgl. WPH Edition, Wirtschaftsprüfung & Rechnungslegung, 15. Aufl., 2017, Abschn. G, Tz 278 ff.; *Kirsch/Hepers/Dettrieder*, in *Baetge/Kirsch/Thiele*, Bilanzrecht, § 300 HGB, Rz 36, Stand 4/2012; *Winkeljohann/Kroner*, in Beck Bil-Komm., 10. Aufl., 2016, § 300 HGB, Rz 13.

maßnahmen zu einer konsolidierungsfähigen Bilanz weiterentwickelt wurden. Die Aufbereitung hat unter Beachtung latenter Steuern auf Basis des § 274 HGB zu erfolgen (§ 306 Rz 4). Die vorgenommenen Aufbereitungsmaßnahmen sind auch in den Folgejahren fortzuführen bzw. abzuschreiben oder aufzulösen. Nach IDW RH HFA 1.018, Tz. 9 sind die HB II auch Gegenstand der Prüfung des Konzernabschlusses und unterliegen den Aufbewahrungs- und Vorlagepflichten nach den §§ 257 – 261 HGB.

```
┌─────────────────────────────────────────────────────┐
│              Handelsbilanzen I                      │
│   (originäre Einzelabschlüsse nach Landesrecht)     │
└─────────────────────────────────────────────────────┘
                              │
                              ▼
                    Stichtagsanpassung
                    Anpassung der Bilanzansätze
  Aufbereitungsmaßnahmen  Anpassung der Bewertung
                    Ausweisanpassung
                    Umrechnung von
                    Fremdwährungsabschlüssen
                              │
                              ▼
┌─────────────────────────────────────────────────────┐
│              Handelsbilanzen II                     │
│      (konsolidierungsfähige Einzelabschlüsse)       │
└─────────────────────────────────────────────────────┘
```

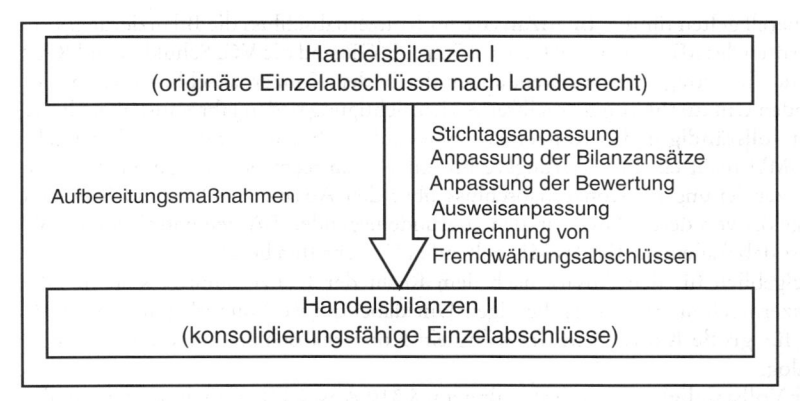

Abb. 1: Aufbereitungsablauf von der HB I zur HB II

Gewinnausschüttungen, Besteuerungssachverhalte oder Haftungstatbestände können aus den Handelsbilanzen II nicht abgeleitet werden; es handelt sich um Konsolidierungsinstrumente.[25] Diskrepanzen in Bezug auf den Ansatz können sich dabei etwa aus branchen- oder landesspezifischen Vorschriften ergeben. Sofern es sich bei der Konzernmutter um eine deutsche KapG oder KapCoGes handelt oder der Konzernabschluss freiwillig aufgestellt wird, sind die Rechnungslegungsvorschriften für **große KapG** entsprechend anzuwenden (§ 298 Abs. 1 HGB). Ist ein MU zur Konzernrechnungslegung nach dem **PublG** verpflichtet, gilt dies über einen Verweis in § 13 Abs. 2 Satz 1 PublG analog.

2.2.2 Abweichungen wegen der Eigenart des Konzernabschlusses

Sofern **die Eigenart des Konzernabschlusses** keine Abweichung bedingt oder **in den folgenden Vorschriften nichts anderes vorgeschrieben** ist, sind die sich im Besitz des MU befindenden **Anteile** gem. § 300 Abs. 1 Satz 2 HGB durch die Bilanzposten der TU zu ersetzen, **sofern** diese nach dem Recht des MU bilanzierungsfähig sind. Die Bedingung, dass die Übernahme der VG, Schulden, RAP und Sonderposten eines TU der Eigenart des Konzernabschlusses nicht entgegenstehen darf oder in den Vorschriften der §§ 301–312 HGB nichts anderes bestimmt ist, ist somit als **ergänzende Klausel** zur Bilanzierungsfähigkeit nach dem Recht des MU zu verstehen. Die Übernahme in den Konzernabschluss ist für jene Bilanzposten ausgeschlossen, deren Übernahme Konsolidierungsvor-

---

[25] Vgl. *Kirsch/Hepers/Dettrieder*, in *Baetge/Kirsch/Thiele*, Bilanzrecht, § 300 HGB, Rz 43, Stand 4/2012.

schriften entgegenstehen und die aus „Konzernsicht einen anderen Charakter bekommen als aus Sicht des einzelnen Unternehmens".[26]

3 Ansatzwahlrechte im Konzernabschluss (Abs. 2)

3.1 Grundsatz der Vollständigkeit und Unabhängigkeit (Abs. 2 Satz 1)

23 Generell gelten für den **Bilanzansatz** im Konzernabschluss die Bilanzierungsvorschriften des MU. Gem. § 300 Abs. 2 Satz 1 HGB sind die VG, Schulden und RAP sowie die Erträge und Aufwendungen der in den Konzernabschluss einzubeziehenden Unt **unabhängig** von ihrer Berücksichtigung in den Jahresabschluss dieser Unt **vollständig** in den Konzernabschluss aufzunehmen, soweit nach dem Recht des MU nicht ein Bilanzierungsverbot oder -wahlrecht besteht. Somit kann die Konzernleitung im Konzernabschluss über den Ansatz von VG und Schulden losgelöst von deren Ansatz in den zugrunde liegenden EA neu entscheiden.[27] Sie muss dabei allein die für das MU geltenden Vorschriften beachten.

24 Maßgeblich für den Ansatz nach dem Recht der Konzernmutter sind für alle konzernrechnungslegungspflichtigen Unt dabei die Rechnungslegungsvorschriften für **große KapG**. Wird freiwillig ein Konzernabschluss aufgestellt, gilt dies analog.

25 Der Vollständigkeitsgrundsatz gilt gem. § 310 Abs. 2 HGB auch bei der anteilsmäßigen Übernahme der Posten im Rahmen der **QuotenKons von GemeinschaftsUnt**.[28]

§ 307 Abs. 1 HGB verlangt für Anteile an einbezogenen TU, die Dritten zuzurechnen sind, den Ausweis eines **Ausgleichspostens** für die Anteile anderer Gesellschafter i. H. ihres Anteils am EK. Bei der QuotenKons entfällt der Ausweis dieses Ausgleichspostens.[29]

26 Bestehen **Bilanzierungsverbote oder -wahlrechte** nach dem Recht der Muttergesellschaft, muss oder kann eine Aufnahme in den Konzernabschluss ungeachtet des Ansatzes dieser Posten in den Jahresabschluss unterbleiben. Dies bezieht sich jedoch nur auf explizite gesetzliche Wahlrechte. Ermessensentscheidungen (sog. **implizite Wahlrechte**) dürfen, zumindest wenn die Unternehmens- und Konzernführung identisch ist, nicht abweichend von dem Jahresabschluss des TU ausgeübt werden (Rz 34).[30]

Sonderposten werden aufgrund ihres Wahlrechtscharakters in § 300 Abs. 2 Satz 1 HGB nicht aufgelistet. Eine Pflicht zur Übernahme in den Konzernabschluss besteht daher nicht. Einen Überblick über die bestehenden relevanten Wahlrechte (für große KapG) liefert Tabelle 1.

---

26 *Busse von Colbe*, in MünchKomm. HGB, 3. Aufl., § 300 Rn 11.
27 Vgl. IDW RH HFA 1.018, Tz. 5.
28 Vgl. *Busse von Colbe*, in MünchKomm. HGB, 3. Aufl., § 300, Rn 13.
29 Vgl. *Kirsch/Hepers/Dettrieder* in *Baetge/Kirsch/Thiele*, Bilanzrecht, § 300 HGB, Rz 55, Stand 4/2012.
30 Vgl. *Hoffmann/Lüdenbach*, NWB-Kommentar, 8. Aufl., 2017, § 300 HGB, Rz. 16.

Ansatzwahlrechte
§ 248 Abs. 1 HGB Selbst geschaffene immaterielle VG.
§ 249 Abs. 1 HGB i. V. m. Art. 28 EGHGB Rückstellungen für unmittelbare Pensionszusagen, die vor dem 1.1.1987 erteilt wurden, und Rückstellungen für mittelbare Pensionszusagen und für ähnliche Verpflichtungen.
§ 250 Abs. 3 HGB Unterschiedsbetrag bei Verbindlichkeiten (Disagio).
§ 274 Abs. 1 Satz 2 HGB Aktive latente Steuern.

Tab. 1: Ansatzwahlrechte bei der Erstellung der HB II

Aus Sicht des Konzerns sind die in Tabelle 2 aufgeführten Ansatzverbote zu beachten.

Ansatzverbote
§ 248 Nr. 1 HGB Aufwendungen für die Unternehmensgründung.
§ 248 Nr. 2 HGB Aufwendungen für die Eigenkapitalbeschaffung.
§ 248 Nr. 3 HGB Aufwendungen für den Abschluss von Versicherungsverträgen.
§ 248 Abs. 2 HGB Aufwendungen für Marken, Drucktitel, Verlagsrechte, Kundenlisten oder vergleichbare immaterielle VG des AV, die nicht entgeltlich erworben wurden.
§ 249 Abs. 2 Satz 1 HGB Rückstellungen für andere als in § 249 Abs. 1 HGB bezeichnete Zwecke.
§ 255 Abs. 2 Satz 4 HGB Forschungsaufwendungen.

Tab. 2: Bei der Aufstellung der HB II zu beachtende Ansatzverbote

Sind Posten nach dem Recht des MU, d.h. nach dem HGB für große KapG, **ansatzpflichtig**, sind diese verpflichtend in den Konzernabschluss aufzunehmen. Ob diese in den Jahresabschluss bilanziert wurden oder nicht, ist für die Gültigkeit des Vollständigkeitsgebots irrelevant. Dies gilt für den Fall der reinen Ansatzfähigkeit analog.[31]

27

---

[31] Vgl. *Kirsch/Hepers/Dettrieder*, in *Baetge/Kirsch/Thiele*, Bilanzrecht, § 300 HGB, Rz 54, Stand 4/2012; *Busse von Colbe*, in MünchKomm. HGB, 3. Aufl., § 300 Rn 15.

Ansatzgebote
§ 246 Abs. 1 HGB Sämtliche VG, Schulden, RAP, Aufwendungen und Erträge, soweit gesetzlich nichts anderes bestimmt ist.
§ 249 Abs. 1 Satz 1 HGB Rückstellungen für ungewisse Verbindlichkeiten und für drohende Verluste aus schwebenden Geschäften.
§ 249 Abs. 1 Satz 2 Nr. 1 HGB Rückstellungen für im Gj unterlassene Instandhaltungen, die in den ersten drei Monaten des folgenden Gj nachgeholt werden, sowie für unterlassene Abraumbeseitigung, die innerhalb des nächsten Gj nachgeholt wird.
§ 249 Abs. 1 Satz 2 Nr. 2 HGB Rückstellungen für Gewährleistungen ohne rechtliche Verpflichtung.
§ 250 Abs. 1 Satz 1, Abs. 2 i. V. m. § 246 Abs. 1 HGB Sämtliche aktivischen und passivischen RAP.
§ 274 Abs. 1 HGB Passive latente Steuern.

Tab. 3: Bei der Aufstellung der HB II zu beachtende Ansatzgebote

28 **Ändert sich der KonsKreis unterjährig,** ergibt sich für Aufwendungen und Erträge eines TU, die vor Erwerb oder nach Veräußerung entstanden sind, ein Ansatzverbot.[32] Demnach sind auch nur jene Aufwendungen und Erträge aufzunehmen, die während der Zugehörigkeit zum Konzern von einem TU realisiert wurden. Nach der Einheitstheorie sollen Ansatzverbote im Konzernabschluss dem Bild der Vermögens-, Finanz- und Ertragslage der rechtlichen Einheit gerecht werden.

29 Das Problem der praktischen Umsetzbarkeit der unterjährigen Aufnahme respektive des unterjährigen Ansatzverbots kann – sofern kein **Zwischenabschluss** auf den Zeitpunkt des Erwerbs oder der Veräußerung erstellt wird, der zur Zuordnung der Aufwendungen und Erträge taugt – mittels **statistischer Methoden** gelöst werden. Bedingen einzelne Geschäftsereignisse oder saisonabhängige Besonderheiten Abweichungen von einem konstanten „normalen" Geschäftsverlauf, sind diese bei der statistischen Aufteilung zu berücksichtigen, die ansonsten zeitanteilig erfolgen darf.[33]

30 Werden **Anteile sukzessive erworben,** ist das anteilige Jahresergebnis des entsprechenden Unt in Form eines Beteiligungsergebnisses zu berücksichtigen. Die Einbeziehung in die KapKons ist unzulässig.

---

[32] IDW RS HFA 44.20; zu Problemen im Zusammenhang mit der Inanspruchnahme des Wahlrechts der Verschiebung des Zeitpunkts der ErstKons weg vom Beginn der Konzernzugehörigkeit, dem Wechsel der Konsolidierungsmethode sowie mit Verschmelzungen s. *Winkeljohann/Kroner,* in Beck Bil-Komm., 10. Aufl., 2016, § 300 HGB, Rz 46–48.

[33] Vgl. IDW RS HFA 44, Tz. 23 ff.; *Winkeljohann/Kroner,* in Beck Bil-Komm., 10. Aufl., 2016, § 300 HGB, Rz 45.

Auch wenn anders als in § 308 Abs. 2 Satz 3 HGB für die Vereinheitlichung des 31
Ansatzes nicht explizit Erleichterungen vorgesehen sind, gilt der **Grundsatz der
Wesentlichkeit**. Demnach sind grds. gebotene Anpassungen der Ansatzvorschriften der einzubeziehenden Unt entbehrlich, wenn dies für die Vermittlung eines den tatsächlichen Verhältnissen entsprechenden Bilds der Vermögens-, Finanz- und Ertragslage des Konzerns von untergeordneter Bedeutung ist.[34]
Wie bei § 296 Abs. 2 HGB muss dabei der Maßstab angelegt werden, dass die Summe der nicht vorgenommenen Anpassungen unwesentlich sein muss. Eine Einzelbetrachtung ist daher nicht erlaubt. Zudem ist auf den Einzelfall und auf eine Betrachtung unter Berücksichtigung aller Umstände abzustellen, was die Angabe quantifizierter Werte verbietet.

3.2 Ausübung von Ansatzwahlrechten (Abs. 2 Satz 2)

§ 300 Abs. 2 Satz 2 HGB gestattet die **unabhängige Ausübung** von Wahlrech- 32
ten **im Konzernabschluss**, losgelöst von der etwaigen Inanspruchnahme in den EA. Für den Konzernabschluss ist dabei weder die Ausübung von Ansatzwahlrechten in den EA der TU noch die Ausübung im EA des MU maßgebend.[35] Wenngleich sich aus sachlicher Sicht eine Zuordnung des Ansatzes von Sonderposten mit Rücklageanteil zu den Ansatzwahlrechten ergibt, sind hier die Bewertungsvorschriften des § 308 Abs. 2 HGB maßgebend.[36]
§ 300 HGB fordert die **einheitliche Ausübung** von Ansatzwahlrechten nicht 33
explizit. Vielfach wird deshalb argumentiert, dass die Ausübung der Ansatzwahlrechte auch bei gleichartigen Sachverhalten nicht zwingend für alle KonzernUnt in gleicher Weise durchgeführt werden muss und folglich auch nicht dem **Stetigkeitsgebot** unterliegt, sodass die Entscheidung für einen wahlweisen Ansatz zu jedem Abschlussstichtag neu getroffen werden kann.[37] Gleichwohl ist eine einheitliche Ausübung als Voraussetzung für eine adäquate Darstellung eines den tatsächlichen Verhältnissen entsprechenden Bilds der Vermögens-, Finanz- und Ertragslage zu sehen.[38] Mit Bezug auf die **Generalnorm** kann zudem angenommen werden, dass der im HGB verwendete Begriff Bewertungsmethoden, deren Beibehaltung gem. § 298 Abs. 1 HGB i. V. m. § 252 Abs. 1 Nr. 6 HGB explizit gefordert wird, als Oberbegriff aller auf den Jahresabschluss angewandten Rechnungslegungsmethoden zu verstehen ist, was eine Subsumtion der Ansatzwahlrechte bedeutet.[39] Deshalb ist davon auszugehen, dass im Konzernabschluss die Ansatzentscheidung für gleichartige Sachverhalte einheitlich auszufallen hat und gleiche Sachverhalte im Zeitablauf gleich darzustellen sind[40], zumal durch das

---

34 Vgl. IDW RH HFA 1.018, Tz. 11.
35 Vgl. IDW RH HFA 1.018, Tz. 5.
36 Vgl. ADS, 6. Aufl., § 300 HGB, Rz 18.
37 So etwa *Ordelheide*, WPg 1985, S. 509; ADS, 6. Aufl., § 300 HGB, Rz 19; *Weirich*, WPg 1987, S. 77.
38 Vgl. *Kirsch/Hepers/Dettrieder*, in *Baetge/Kirsch/Thiele*, Bilanzrecht § 300 HGB, Rz 61, Stand 4/2012; die Nichteinhaltung des Stetigkeitsgebots kritisch betrachtend *Schülen*, in *Mellwig/Moxter/Ordelheide*, Einzelabschluß und Konzernabschluß, S. 123–128.
39 Auch Art. 6 der Richtlinie 2013/34/EU differenziert bei Bewertungsregeln nicht zwischen Ansatz- und Bewertungsvorschriften. DRS 13.7 unterwirft die sachliche und zeitliche Erfassung von Posten grds. dem Stetigkeitsgebot.
40 Vgl. IDW RH HFA 1.018, Tz. 3. Im Ergebnis ebenso bereits *Petersen/Zwirner*, DB 2011, S. 1707 ff.

Willkürverbot eine weitere Grenze gesetzt wird.[41] Die Beurteilung der Gleichartigkeit hat nach strengen Maßstäben zu erfolgen, um eine Nivellierung im Ansatz art- und funktionsverschiedener VG und Schulden zu vermeiden.[42]

34 Eine Neuausübung von Ermessensentscheidungen im Konzernabschluss gegenüber den Jahresabschlüssen der einbezogenen Unt, etwa im Rahmen der Frage der Passivierung von RSt, ist aufgrund des Grundsatzes der Willkürfreiheit nur möglich, solange die Änderung für den Zweck der Einheitlichkeit des Ansatzes erforderlich ist.[43] Es ist somit auch das **Ermessen einheitlich auszuüben**. *Hoffmann/Lüdenbach* folgern daraus, dass immer dann, wenn die Geschäftsführungsorgane der Mutter und des TU identisch sind, keine Änderungen des Ansatzes (vorbehaltlich tatsächlicher neuer Erkenntnisse) möglich sind. Haben dagegen abweichende Geschäftsführungsorgane den Einzelabschluss aufgestellt und dabei Ermessensentscheidungen getroffen, hat die den Konzernabschluss aufstellende Geschäftsführung des MU die Sachverhalte auf die einheitliche Ermessensausübung zu überprüfen und ggf. Anpassungen vorzunehmen.[44]

> **Beispiel**
> Die A-GmbH wird auf die Zahlung von Schadensersatz verklagt. Die Eintrittswahrscheinlichkeit für eine Verurteilung wird von der Geschäftsführung auf ca. 50 % geschätzt. Auch aus steuerlichen Gründen setzt die A-GmbH eine Rückstellung für ungewisse Verbindlichkeiten an. Die A-GmbH ist MU und zur Aufstellung eines Konzernabschlusses verpflichtet. Bei der Aufbereitung der HB II ist die Geschäftsführung an die eigene Einschätzung gebunden und darf nicht die Rückstellung mit Hinweis auf eine andere Einschätzung wieder entnehmen.

Aufgrund der der Aufstellung des Jahresabschlusses nachgelagerten Aufstellung des Konzernabschlusses können wertaufhellende Informationen bekannt werden, die eine bessere Einschätzung der Verhältnisse zum Stichtag ermöglichen. Diese wertaufhellenden Tatsachen sind bei den Ansatzentscheidungen im Konzernabschluss bis zum Tag der Aufstellung zu berücksichtigen (§ 252 Rz 67).

35 Die unabhängige Neuausübung von Ansatzwahlrechten in der Konzernbilanz bietet Konzernen, deren TU in verschiedenen Mitgliedsstaaten der EU ansässig sind, die Möglichkeit der Vermeidung von Konflikten, die aus der teils abweichenden Umsetzung der Richtlinie 2013/34/EU resultieren können. Auch werden bilanzpolitische Ziele der Einzelabschlüsse nicht durch die Ausübung von Wahlrechten im Konzernabschluss gefährdet.[45] Allerdings limitiert die Zahl der verbleibenden Ansatzwahlrechte das bilanzpolitische Potenzial erheblich.

---

[41] Vgl. *Küting/Seel*, DStR 2009, Beihefter zu 26, S. 37; *Kirsch/Hepers/Dettrieder*, in *Baetge/Kirsch/Thiele*, Bilanzrecht § 300 HGB, Rz 61–63, Stand 4/2012.
[42] Vgl. IDW RH HFA 1.018, Tz. 4.
[43] Vgl. IDW RH HFA 1.018, Tz. 6.
[44] Vgl. *Hoffmann/Lüdenbach*, NWB-Kommentar Bilanzierung, 8. Aufl. 2017, § 300, Rz. 16.
[45] Vgl. WPH Edition, Wirtschaftsprüfung & Rechnungslegung, 15. Aufl., 2017, Abschn. F, Tz 291.

3.3 Sondervorschriften für Kreditinstitute und Versicherungsunternehmen (Abs. 2 Satz 3)

Kreditinstitute und VersicherungsUnt können gem. § 300 Abs. 2 Satz 3 HGB seit Einführung des VersBiRiLiG[46] auch dann Ansätze und Ausweise aufgrund bestimmter **Sondervorschriften beibehalten**, wenn das den Konzernabschluss erstellende MU nicht dem Geltungsbereich der Sondervorschriften unterliegt. Wird von einem Beibehaltungswahlrecht Gebrauch gemacht, ist dies mittels eines Hinweises im Konzernanhang kenntlich zu machen. Eine Begründung ist nicht notwendig. Da ein Bilanzierungsverbot für die Sonderposten nicht vorhanden ist, resultiert eine **erfolgswirksame Auflösung** in einem Verstoß gegen das Vollständigkeitsgebot. Sie ist deshalb **nicht gestattet**.[47] Sollen die Sonderposten nicht beibehalten werden, kann eine Umgliederung in die sonstigen Rückstellungen oder anteilig – unter bestimmten Voraussetzungen – in die Gewinnrücklagen erfolgen.

36

Explizit kommt etwa i. V. m. § 340g Abs. 1 HGB zur Sicherung gegen allgemeine Bankrisiken für Kreditinstitute die Bildung eines Sonderpostens „**Fonds für allgemeine Bankrisiken**" auf der Passivseite der Bilanz in Betracht. § 300 Abs. 2 Satz 3 HGB gestattet für VersicherungsUnt bspw. i. V. m. § 341h Abs. 1 HGB die Beibehaltung von **Schwankungsrückstellungen**.

37

4 Rechtsfolgen bei Pflichtverletzung

Ein Verstoß gegen die Vorschriften des § 300 HGB erfüllt, sofern er sich nicht auf die Ausübung von Ansatzwahlrechten gem. Abs. 2 bezieht, sowohl gem. § 334 Abs. 1 Nr. 2 Buchst. c HGB als auch gem. § 20 Abs. 1 Nr. 2 Buchst. c PublG den Tatbestand einer **Ordnungswidrigkeit**, die mit einer Geldbuße für nicht KM-orientierte Unt von bis zu 50.000 EUR geahndet werden kann. Für KM-orientierte Unt gelten deutlich höhere Werte aus § 340 Abs. 3 HGB. Für **Kreditinstitute** (§ 340n Abs. 1 Nr. 2 Buchst. c HGB) und **VersicherungsUnt** (§ 341n Abs. 1 Nr. 2 Buchst. c HGB) ergeben sich die Rechtsfolgen aus den entsprechenden Sondervorschriften ebenfalls gestaffelt nach der KM-Orientierung **analog**.

38

---

[46] Art. 1 Nr. 5 des Versicherungsbilanzrichtlinie-Gesetzes vom 24.6.1994 basiert auf Art. 40 Abs. 1 Buchst. a der 7. EG-RL.
[47] Vgl. *Busse von Colbe*, in MünchKomm. HGB, 3. Aufl., § 300 Rn 19.

§ 301 Kapitalkonsolidierung

(1) ¹Der Wertansatz der dem Mutterunternehmen gehörenden Anteile an einem in den Konzernabschluß einbezogenen Tochterunternehmen wird mit dem auf diese Anteile entfallenden Betrag des Eigenkapitals des Tochterunternehmens verrechnet. ²Das Eigenkapital ist mit dem Betrag anzusetzen, der dem Zeitwert der in den Konzernabschluß aufzunehmenden Vermögensgegenstände, Schulden, Rechnungsabgrenzungsposten und Sonderposten entspricht, der diesen an dem für die Verrechnung nach Absatz 2 maßgeblichen Zeitpunkt beizulegen ist. ³Rückstellungen sind nach § 253 Abs. 1 Satz 2 und 3, Abs. 2 und latente Steuern nach § 274 Abs. 2 zu bewerten.

(2) ¹Die Verrechnung nach Absatz 1 ist auf Grundlage der Wertansätze zu dem Zeitpunkt durchzuführen, zu dem das Unternehmen Tochterunternehmen geworden ist. ²Können die Wertansätze zu diesem Zeitpunkt nicht endgültig ermittelt werden, sind sie innerhalb der darauf folgenden zwölf Monate anzupassen. ³Stellt ein Mutterunternehmen erstmalig einen Konzernabschluss auf, sind die Wertansätze zum Zeitpunkt der Einbeziehung des Tochterunternehmens in den Konzernabschluß zugrunde zu legen, soweit das Tochterunternehmen nicht in dem Jahr Tochterunternehmen geworden ist, für das der Konzernabschluß aufgestellt wird. ⁴Das Gleiche gilt für die erstmalige Einbeziehung eines Tochterunternehmens, auf die bisher gem. § 296 verzichtet wurde. ⁵In Ausnahmefällen dürfen die Wertansätze nach Satz 1 auch in den Fällen der Sätze 3 und 4 zugrunde gelegt werden; dies ist im Konzernanhang anzugeben und zu begründen.

(3) ¹Ein nach der Verrechnung verbleibender Unterschiedsbetrag ist in der Konzernbilanz, wenn er auf der Aktivseite entsteht, als Geschäfts- oder Firmenwert und, wenn er auf der Passivseite entsteht, unter dem Posten „Unterschiedsbetrag aus der Kapitalkonsolidierung" nach dem Eigenkapital auszuweisen. ²Der Posten und wesentliche Änderungen gegenüber dem Vorjahr sind im Konzernanhang zu erläutern.

(4) Anteile an dem Mutterunternehmen, die einem in den Konzernabschluß einbezogenen Tochterunternehmen gehören, sind in der Konzernbilanz als eigene Anteile des Mutterunternehmens mit ihrem Nennwert oder, falls ein solcher nicht vorhanden ist, mit ihrem rechnerischen Wert, in der Vorspalte offen von dem Posten „Gezeichnetes Kapital" abzusetzen.

Prof. Dr. Stefan Müller

Inhaltsübersicht

	Rz
1 Überblick	1–22
1.1 Inhalt und Regelungszweck	1–15
1.2 Anwendungsbereich	16
1.3 Normenzusammenhänge	17–22
2 Konsolidierungspflichtige Anteile und Ablauf der Aufrechnung (Abs. 1)	23–74
2.1 Konsolidierungspflichtige Anteile (Abs. 1 Satz 1)	26–33

2.2	Bewertung der Anteile (Abs. 1 Satz 1)...............	34–41
2.3	Bestimmung des zu konsolidierenden Eigenkapitals (Abs. 1 Satz 2)................................	42–48
2.4	Bewertung des zu konsolidierenden Eigenkapitals (Abs. 1 Satz 2)................................	49–69
2.5	Bewertung von Rückstellungen und latenten Steuern (Abs. 1 Satz 3)................................	70–74
3 Zeitpunkt der Bewertung der konsolidierungspflichtigen Anteile (Abs. 2).......................................		75–103
3.1	Zeitpunkt, zu dem das Unternehmen Tochterunternehmen geworden ist (Abs. 2 Satz 1)	78–91
	3.1.1 Erwerb in einem Schritt....................	78–86
	3.1.2 Sukzessiver Anteilserwerb..................	87–91
3.2	Vereinfachte Kapitalkonsolidierung (Abs. 2 Satz 2)......	92–97
3.3	Erleichterung: Zeitpunkt der erstmaligen Einbeziehung (Abs. 2 Sätze 3–5)................................	98–103
4 Ausweis von Unterschiedsbeträgen aus der Erstkonsolidierung (Abs. 3)...		104–119
4.1	Entstehung eines Unterschiedsbetrags (Abs. 3 Satz 1)	104–116
	4.1.1 Aktiver Unterschiedsbetrag..................	105–113
	4.1.2 Passiver Unterschiedsbetrag	114–116
4.2	Anhangangabepflichten (Abs. 3 Satz 2)	117–119
5 Behandlung von eigenen Anteilen (Abs. 4)		120–122
6 Erstkonsolidierung		123–158
6.1	Vereinheitlichung von Ansatz, Bewertung, Ausweis, Währung und Stichtag............................	125
6.2	Neubewertung der Bilanz des Tochterunternehmens	126–129
6.3	Zusammenfassung in der Summenbilanz und Aufrechnung	130–135
	6.3.1 Ermittlung eines Geschäfts- oder Firmenwerts ...	131–133
	6.3.2 Ermittlung und Behandlung eines passiven Unterschiedsbetrags aus der Kapitalkonsolidierung	134–135
6.4	Anwendungsbeispiel bei Einbeziehung einer 100-%-Tochter.................................	136–143
6.5	Vollkonsolidierung bei Minderheitsanteilen	144–146
6.6	Anwendungsbeispiel bei Einbeziehung einer Nicht-100-%-Tochter (GoF).............................	147–150
6.7	Anwendungsbeispiel bei Einbeziehung einer Nicht-100-%-Tochter (passiver Unterschiedsbetrag)..........	151–158
7 Folgekonsolidierung..................................		159–182
7.1	Grundsätzliche Vorgehensweise	159–161
7.2	Anwendungsbeispiel bei Nicht-100-%-Tochter (GoF) ...	162–173
7.3	Anwendungsbeispiel bei Nicht-100-%-Tochter (passiver Unterschiedsbetrag)	174–182
8 Sonderfragen der Kapitalkonsolidierung		183–228
8.1	Veränderung des Kapitalanteils ohne Änderung des Status als Tochterunternehmen	184–207
	8.1.1 Abbildung als Erwerbsvorgang	194–205

8.1.2	Abbildung als Transaktion zwischen den Gesellschaftergruppen........................	206–207
8.2	Änderung des Beteiligungsbuchwerts ohne Kapitalanteilsveränderung	208–209
8.3	Entkonsolidierung	210–213
8.4	Übergangskonsolidierung mit Wechsel der Einbeziehungsmethode	214–222
8.5	Konsolidierung bei konzerninternen Umwandlungen....	223
8.6	Konsolidierung im mehrstufigen Konzern..............	224–228

1 Überblick

1.1 Inhalt und Regelungszweck

1 Eine zutreffende Darstellung der Vermögens-, Finanz und Ertragslage des Konzerns und die der Konzernbilanzierung zugrunde liegende **Einheitstheorie**, der zufolge sich der Konzern als fiktive rechtliche Einheit darstellt, erfordern die Beseitigung von Mehrfacherfassungen aufgrund konzerninterner Kapitalverflechtungen. Im einheitlichen Unternehmenskonzern kann es weder Beteiligungen an Betriebsabteilungen geben, noch können diese selbst EK ausweisen. Dementsprechend sind die konzerninternen Beteiligungen gegen die auf diese Beteiligungen entfallenden Beträge des EK der TU aufzurechnen (= **zu konsolidieren**), sodass der Wert der TU in der Konzernbilanz ausschließlich durch deren VG, Schulden, RAP und Sonderposten sowie ggf. nötige Ausgleichsposten ausgewiesen wird. TU sind daher im Ergebnis bei der Aufstellung des Konzernabschlusses als unselbstständige Betriebsabteilungen zu betrachten. Deshalb kommen der in § 301 HGB geregelten **KapKons**, durch die eine Elimination der konzerninternen Beteiligungsverhältnisse erreicht werden soll, und der dabei angewandten Methode zentrale Bedeutung zu. Nach DRS 23.7 sorgt die KapKons für die Eliminierung der Kapitalverflechtungen zwischen dem MU und seinen TU, wobei zwischen Erst-, Folge- sowie Übergangs- und Entkonsolidierungsmaßnahmen unterschieden werden kann.

2 Entsprechend den gesetzlichen Regelungen des HGB liegt dem Konzernabschluss ein Stufenkonzept zugrunde, das eine Abstufung der in den Konzernabschluss einzubeziehenden Unt nach dem **Grad der Einflussnahme** des MU auf das jeweilige Unt vornimmt und zu entsprechend unterschiedlichen Methoden der Einbeziehung führt.[1] Dabei gilt die **Bewertung nach der AK-Methode** für die Beteiligung an verbundenen Unt gem. § 271 Abs. 1 HGB als geringste Form der Einflussnahme noch nicht als Konsolidierungsmethode. Auch die Equity-Methode (§ 312 Rz 12 ff.) stellt weniger eine Methode der Kons. als vielmehr eine spezielle Bewertungsmethode für solche Unt dar, die nicht den Tatbestand der Möglichkeit der Beherrschung, sondern unter dem Aspekt der Intensität der Einflussnahme lediglich den Tatbestand des maßgeblichen Einflusses erfüllen.

---

[1] Vgl. *Müller*, in *Federmann/Kußmaul/Müller*, HdB, Beitrag: Konzernabschluss nach HGB, Rz 92–114, Stand 12/2016.

Das **Problem der Doppelerfassung**, das sich durch die Addition der Jahres- 3
abschlüsse zum Summenabschluss zwangsläufig ergibt, stellt sich folglich nur in
den Fällen, in denen gem. § 300 Abs. 1 HGB der Jahresabschluss des MU mit den
Jahresabschlüssen der TU (und der quotal einbezogenen Gemeinschaftsunt) zusammengefasst wird. Im Rahmen dieser VollKons werden die gesamten Aktiva
und Passiva sowie Aufwendungen und Erträge eines TU nach Anwendung konzerneinheitlicher Ansatz- und Bewertungsvorschriften (= Erstellung der HB II)
unabhängig von der Höhe der Beteiligung des MU in die Konzernbilanz übernommen.[2] Bei Gemeinschaftsunt erfolgt dagegen nach § 310 HGB die Konsolidierung lediglich quotal oder sogar nur eine Bewertung at Equity (§ 310 Rz 1 ff.).
Durch Konsolidierungsmaßnahmen ist neben der Eliminierung der konzerninternen Beteiligungsverhältnisse im Rahmen der KapKons (§ 301 HGB) durch eine
SchuldenKons (§ 303 HGB) und Zwischenergebniseliminierung (§ 304 HGB)
sowie Aufwands- und ErtragsKons (§ 305 HGB) sicherzustellen, dass innerkonzernliche Beziehungen vor der Erstellung des Konzernabschlusses aufgerechnet
werden. Zudem sind gem. § 306 HGB eine Steuerabgrenzung und im Fall einer
Beteiligung von weniger als 100 % ein gesonderter Ausweis für nicht beherrschende Anteile (§ 307 HGB) vorgeschrieben. Die Kons. ist folglich die Aufrechnung von sich aus den juristischen Grenzen ergebenden Positionen aus den Jahresabschlüssen der einzubeziehenden Unt, die aber unter der Fiktion des einheitlichen
Gebildes Konzern im Konzernabschluss keinen Platz mehr haben. Hinsichtlich
der konkreten Umsetzung ist zwar zwischen der VollKons für TU und der
QuotenKons für GemeinschaftsUnt zu unterscheiden, gem. § 310 Abs. 2 HGB
sind bei quotaler Einbeziehung von gemeinsam geführten Unt die bei der VollKons
vorgeschriebenen Maßnahmen zur Eliminierung konzerninterner Geschäftsbeziehungen aber entsprechend anzuwenden.

Die in § 301 HGB dargestellte **Erwerbsmethode** ist mit dem BilMoG spätestens 4
seit dem Gj 2010 zur allein zulässigen VollKons-Methode für ErstKons geworden. Die in § 302 HGB aF geregelte **Interessenzusammenführungsmethode**
(*Pooling-of-interest*-Methode), die bei Vorliegen bestimmter Tatbestandsvoraussetzungen alternativ zur Erwerbsmethode anwendbar war, wurde im Zuge des
BilMoG gestrichen. Dies entspricht ihrer ohnehin geringen Bedeutung in der
Bilanzierungspraxis. Auch in der internationalen Rechnungslegung existiert mit
der Erwerbsmethode nur eine Abbildungsform für Unternehmenszusammenschlüsse.[3] Nach Art. 67 Abs. 5 EGHGB darf eine vorgenommene Interessenzusammenführungsmethode beibehalten werden (Art. 67 Rz 144 ff.).

Art. 24 der aktuellen RL 2013/34/EU[4] lässt keinen Raum für eine Wiedereinfüh- 5
rung der Interessenzusammenführungsmethode.[5]

Für Gj seit 2010 ist die Erwerbsmethode über die **Neubewertungsvariante** für 6
ErstKons **verpflichtend**; die von der Bilanzierungspraxis bis dahin eindeutig
bevorzugte **Buchwertmethode** zur Abbildung von Unternehmenserwerben ist

---

[2] Vgl. *Müller*, in *Federmann/Kußmaul/Müller*, HdB, Beitrag: Konsolidierung von Kapital und Schulden, Rz 3–16, Stand 8/2016.
[3] Vgl. IFRS 3.14 bzw. SFAS 141.13 sowie auch im Folgenden *Leinen*, in *Kessler/Leinen/Strickmann*, BilMoG, 2009, S. 585 ff.
[4] RL EU/2013/34 v. 26.6.2013, EU-Amtsblatt v. 29.6.2013, L 182/19 ff.
[5] Zu Anwendungsvoraussetzungen und -beispielen vgl. z. B. *Ammann/Müller*, Konzernbilanzierung, 2005, S. 196.

für Neufälle seither nicht mehr anwendbar. **Altfälle** sind nach Art. 66 Abs. 3 EGHGB aber **verpflichtend beizubehalten**, sodass die Buchwertmethode – soweit bis zum Gj 2009 angewandt – parallel zu nach der Neubewertungsmethode abgebildeten Erwerben weiter fortzuführen ist (Art. 66 Rz 14 ff.). Mit der Fokussierung auf die Neubewertungsmethode sollten ein Mehr an Informationen und eine bessere Vergleichbarkeit einhergehen.[6] Die Neubewertungsmethode verlangt grundsätzlich zunächst die Bewertung der in die Konzernbilanz zu übernehmenden VG, Schulden und RAP zum beizulegenden Zeitwert im Zeitpunkt, zu dem das Unt TU geworden ist. Dabei sind latente Steuern zu berücksichtigen. Anschließend ist die Summenbilanz zu bilden und der Beteiligungsbuchwert des MU ist mit dem anteiligen neu bewerteten EK des TU zu verrechnen. Ein sich ergebender Unterschiedsbetrag ist aktivisch als GoF und passivisch als Unterschiedsbetrag aus der KapKons in der Konzernbilanz unsaldiert und gesondert auszuweisen. DRS 23.7 definiert die ErstKons wie folgt: Neubewertung des Reinvermögens eines TU zum maßgeblichen Erstkonsolidierungszeitpunkt und Verrechnung der dem MU gehörenden Anteile mit dem darauf entfallenden (anteiligen) neu bewerteten EK und Erfassung eines danach verbleibenden (aktiven oder passiven) Unterschiedsbetrags (§ 301 Abs. 1–3 HGB).

7 Die folgende Abbildung verdeutlicht die Prüfungsreihenfolge für einzubeziehende Unt und die jeweils anzuwendende Einbeziehungsmethode.

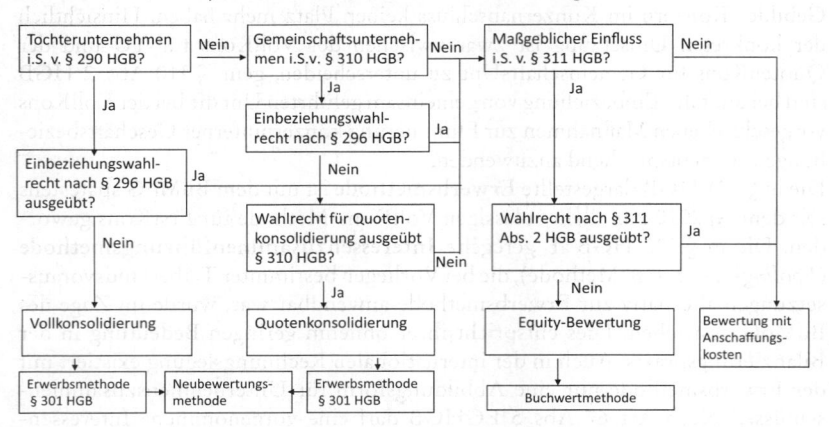

Abb. 1: Formen und Einbeziehung von Unternehmen in den HGB Konzernabschluss

8 Die Durchführung der Neubewertung bzgl. der Wertverhältnisse für die **Kapitalaufrechnung** hat grds. auf Basis der Wertansätze des Zeitpunkts zu erfolgen, zu dem das Unt TU geworden ist (vgl. § 301 Abs. 2 HGB).

9 Die Bewertung des in den Konzernabschluss zu übernehmenden Reinvermögens des TU erfolgt gem. § 301 Abs. 1 Satz 2 HGB zum **beizulegenden Zeitwert**. Die Hinwendung zu einem (objektivierten) Marktwert beeinflusst die Höhe des zu übernehmenden Reinvermögens des TU. Eine Ausnahme greift für die Zugangs-

---

[6] Vgl. BilMoG-BgrRegE, S. 80.

bewertung von Rückstellungen und latenten Steuern. Ihr Wert ist gem. Abs. 1 Satz 3 auf Basis des einzelgesellschaftlichen Bewertungsmodells zu ermitteln.

Im Abs. 2 wird der Zeitpunkt der Neubewertung grundsätzlich auf den Zeitpunkt festgelegt, zu dem die Beherrschungsmöglichkeit (§ 290 Rz 18 ff.) über das TU erlangt wurde. Dem (zeitlichen) Informationsbeschaffungsproblem bei der Ermittlung des maßgeblichen Zeitwerts begegnet der Gesetzgeber mit der Implementierung eines **einjährigen Zeitfensters**, in dem die Wertfindung für das übernommene Reinvermögen des TU zu finalisieren ist. 10

Abs. 3 fordert den Ausweis des **Unterschiedsbetrags aus der KapKons** – soweit aktivisch – als GoF, ansonsten als Unterschiedsbetrag aus der KapKons – unabhängig von seinem Charakter – direkt nach dem EK. Sie sind unsaldiert und gesondert auf der Aktiv- bzw. Passivseite auszuweisen. Zudem ist eine Kommentierung für die Posten sowie wesentliche Änderungen zum Vj. im Konzernanhang gefordert (s. § 313 Rz 31). 11

Abs. 4 regelt schließlich den konzernbilanziellen Ausweis von Anteilen eines TU am MU (**Rückbeteiligung**) in der Weise, dass die Anteile, wie in § 272 Abs. 1a HGB (§ 272 Rz 78 ff.) für den Jahresabschluss geregelt, offen vom ausgewiesenen EK abzuziehen sind. 12

Angesichts der Komplexität der Fragestellung im Rahmen der KapKons sind die in § 301 HGB explizierten **Konsolidierungsprinzipien** sehr kurz gehalten und daher stark auslegungsbedürftig. So wird im Kern lediglich die ErstKons eines TU geregelt. Die sich in der Praxis anschließende FolgeKons sowie die ggf. später erfolgende Ent- bzw. ÜbergangsKons sind explizit nicht Gegenstand des Gesetzestextes und mussten erst als Grundsätze ordnungsmäßiger Konzernrechnungslegung (GoK) entwickelt werden. Zentral ist dabei der **DRS 23 Kapitalkonsolidierung (Einbeziehung von Tochterunternehmen in den Konzernabschluss)**, der am 23.2.2016 vom BMJV im Bundesanzeiger bekannt gegeben wurde. Damit wurde **DRS 4 Unternehmenserwerbe im Konzernabschluss** ersetzt und die konsolidierte Rechnungslegungsrichtlinie EU/2013/34 berücksichtigt. Pflichtbeachtung erlangt der DRS 23 für Gj, die nach dem 31.12.2016 beginnen. Eine frühere – dann allerdings komplette – Anwendung ist erlaubt[7] und kann angesichts der dann erfolgenden parallelen Anwendung mit den durch das BilRUG geänderten Normen auch nur empfohlen werden. Bei der **FolgeKons** (Rz 159 ff.) sind die im Rahmen der Neubewertung aufgedeckten stillen Reserven und Lasten fortzuführen und erfolgswirksam in Analogie zu der zugrunde liegenden Position zu behandeln. Ebenso ist der GoF erfolgswirksam abzuschreiben und ggf. der passivische Unterschiedsbetrag aus der KapKons aufzulösen. Zur FolgeKons i. w. S. gehören nach DRS 23.7 auch alle Maßnahmen, die auf Veränderungen der Beteiligungsquote des MU, sonstigen Veränderungen des Buchwerts konsolidierter Anteile sowie Kapitalveränderungen bei TU, die nicht zur Änderung der Beteiligungsquote führen, zurückzuführen sind. 13

Die **Ent- bzw. ÜbergangsKons** ist notwendig, wenn die Beherrschungsmöglichkeit nicht mehr besteht und das Unt nicht mehr als TU zu klassifizieren ist. Dabei ist eine EntKons, bei der das TU aus dem VollKonsKreis ausscheidet, grds. erfolgswirksam zu erfassen (Rz 210 ff.). Bei einer ÜbergangsKons mit einem (teilweisen) Anteilsverkauf ist ebenfalls eine erfolgswirksame Vorgehensweise

---

[7] Vgl. DRS 23.210 f.

für die veräußerten Teile notwendig. Die im Konzern verbleibenden Anteile mit dem dahinter stehenden Reinvermögen sind jedoch erfolgsneutral abzubilden (Rz 214 ff.).
Zu weiteren Spezialproblemen wie **innerkonzernlichen Umwandlungen** s. Rz 223 oder **mehrstufigen Konzernen** s. Rz 224 ff.

14 Die durch das BilMoG geänderten Regeln sind nach Art. 66 Abs. 3 EGHGB obligatorisch erstmalig auf Unternehmenserwerbe anzuwenden, die in Gj getätigt werden, die nach dem 31.12.2009 beginnen. Die bis zu diesem Zeitpunkt vorgenommenen Unternehmenszusammenschlüsse können – soweit es die Interessenzusammenführungsmethode betrifft – abgebildet bleiben bzw. **sind** – für alle anderen Fälle – weiter **abzubilden** nach den bisher geltenden Regelungen (Art. 66 Rz 14 und Art. 67 Rz 137).
Obwohl der Konzernabschluss nicht Gegenstand der Besteuerung ist, können die Regelungen in § 301 HGB zu **steuerlichen Implikationen** im Hinblick auf die Zinsschrankenthematik (Bestimmung der Konzern-EK-Quote) führen.[8]

15 Mit dem BilRUG wird für Gj ab 2016 die vermeintliche Erleichterung – in der Praxis jedoch teilweise erschwerend wirkende Regelung – im Rahmen der Verpflichtung zur Neubewertung auf den Zeitpunkt der erstmaligen Einbeziehung in einen pflichtgemäß zu erstellenden Konzernabschluss relativiert (Rz 98 ff.), indem Abs. 2 Sätze 3–5 geändert und ergänzt wurden. Damit verschiebt sich die Neubewertung auf die erstmalige **Aufstellung eines freiwilligen Konzernabschlusses**, wobei jedoch die Regeln des HGB dabei zu beachten sind. Eine spätere Konsolidierungspflicht verändert die Wertansätze dann nicht, da diese einfach fortgeführt werden. Eine erneute Neubewertung ist damit überflüssig. Dies war auch bisher bereits hM und findet sich auch in DRS 23.14, wird nun aber auch explizit im Gesetzestext so geregelt. Zudem besteht das Wahlrecht, statt der Verschiebung des Neubewertungszeitpunkts in Ausnahmefällen auch eine Bewertung zu dem Zeitpunkt vornehmen zu dürfen an dem das TU ein solches geworden ist. Dies ist letztlich der angestrebten Vereinfachung geschuldet. So sollte es für im laufenden Gj erfolgende Erwerbe von TU beim Regelfall des § 301 Abs. 1 HGB bleiben. Auch kann es Fälle geben, in denen in den Unterlagen der Buchführung frühere Wertansätze vorhanden sind, was insbesondere der Fall sein dürfte bei vormaliger Nutzung der Befreiungen aus §§ 291 oder 292 HGB. Hier fehlte es zwar formal an einem Konzernabschluss des MU, da aber das übergeordnete MU das TU bereits konsolidieren musste, sollten die Bewertungen des TU vorliegen. Für diese Fälle hat der Gesetzgeber nun eine eng begrenzte Ausnahmemöglichkeit mit Rückkehr zur Bewertung zum Zeitpunkt des Erwerbs des TU geschaffen, deren Anwendung aber im Konzernanhang anzugeben und zu erläutern ist.

1.2 Anwendungsbereich

16 Der Geltungsbereich des § 301 HGB umfasst alle gem. § 290 HGB erstellten Konzernabschlüsse (§ 290 Rz 1 ff.). Somit haben alle MU in der Rechtsform der KapG oder einer KapCoGes, die keine der Befreiungen der §§ 291–293 HGB

---

[8] Vgl. *Richter/Meyering*, in *Federmann/Kußmaul/Müller* (Hrsg.), HdB, Beitrag: Zinsaufwendungen, Rz. 36–45, Stand 12/2015.

Kapitalkonsolidierung § 301

nutzen (können) und deren TU nicht alle unter § 296 HGB fallen (§ 290 Rz 66ff.), für die KapKons ihrer TU die in § 301 HGB beschriebene Erwerbsmethode anzuwenden. Ist ein Unt zur Konzernrechnungslegung nach dem **PublG** verpflichtet, gilt § 301 HGB über einen Verweis in § 13 Abs. 2 Satz 1 PublG für Konzernabschlüsse dieses Unt analog. **Kreditinstitute, Finanzdienstleistungsinstitute** bzw. **VersicherungsUnt** und **Pensionsfonds** haben ebenfalls für die Kons. der TU gem. § 340i Abs. 1 HGB bzw. § 341j Abs. 1 HGB den § 301 HGB zu beachten, solange kein Konzernabschluss nach IFRS gem. § 315e HGB erstellt wird.

1.3 Normenzusammenhänge

Die in § 301 HGB explizierte KapKons bedarf zunächst einer entsprechenden Vorbereitung. So fordert § 300 HGB die **grundsätzliche Einbeziehung** der VG, Schulden und RAP der TU anstelle der dem MU gehörenden Anteile in den Konzernabschluss. Die **Vereinheitlichung der Bewertung** der in den Konzernabschluss einbezogenen VG und Schulden fordert § 308 HGB; § 299 HGB verlangt die **Vereinheitlichung der Stichtage** der Jahresabschlüsse, die in den Konzernabschluss einbezogen werden sollen; § 308a HGB regelt die **Umrechnung** von auf fremde Währungen lautenden Abschlüssen von TU mit der Forderung der Anwendung der modifizierten Stichtagskursmethode. 17

Mit § 307 HGB wird die Durchführung der KapKons für die Fälle konkretisiert, in denen der Anteil des MU am EK des TU weniger als 100 % beträgt. Die auf konzernaußenstehende Gesellschafter entfallenden EK-Anteile werden vom Gesetz als „**nicht beherrschende Anteile**" bezeichnet und auch so in der Konzernbilanz auszuweisen (§ 307 Rz 1ff.). 18

Verbleibt bei der KapKons nach der Verrechnung des Beteiligungsbuchwerts im Jahresabschluss des MU mit dem neu bewerteten anteiligen EK des TU ein **Unterschiedsbetrag**, so ist dieser nach dessen Ausweis in der Konzernbilanz gem. § 309 HGB zu behandeln. Dabei ist ein aktivischer Betrag als GoF gem. § 246 Abs. 1 Satz 4 HGB einem begrenzt nutzbaren VG gleichgesetzt und daher planmäßig abzuschreiben, ein passiver Unterschiedsbetrag aus der KapKons ist nur bei Eintritt der erwarteten negativen Entwicklung oder bei Feststehen eines realisierten Gewinns ergebniswirksam aufzulösen. 19

Darüber hinaus sind mit der SchuldenKons (§ 303 HGB), Zwischenergebniseliminierung (§ 304 HGB), Aufwands- und ErtragsKons (§ 305 HGB) sowie Steuerabgrenzung (§ 306 HGB) weitere **Tätigkeiten im Rahmen der VollKons** von TU notwendig. Die folgende Abb. zeigt diese Zusammenhänge im Überblick: 20

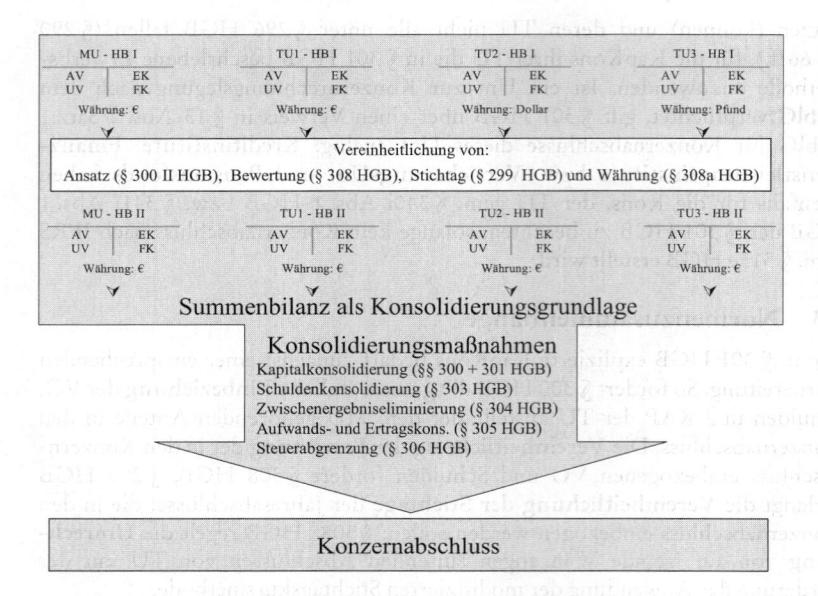

Abb. 2: Grundsätzliche Vorgehensweise der VollKons und Normenzusammenhänge

21 Schließlich verweist § 310 Abs. 2 HGB im Rahmen der Einbeziehung von GemeinschaftsUnt über die **anteilige Kons.** (QuotenKons) auf diese Vorschriften und somit auch auf die Erwerbsmethode des § 301 HGB (§ 310 Rz 1ff.).

22 Ergänzend sind mit dem **DRS 23** (Bekanntmachung am 23.2.2016)[9] die Regelungen zur KapKons mit der Vermutung der GoB-Einhaltung bei einer Anwendung sehr umfangreich konkretisiert worden. Dieser ersetzt den zuletzt mit DRÄS 4 vom 4.2.2010 angepassten DRS 4 für die Gj ab 2017. Eine vorherige freiwillige Anwendung war erlaubt und passte damit auch besser zu der Pflichtanwendung des BilRUG ab dem Gj 2016.

2 Konsolidierungspflichtige Anteile und Ablauf der Aufrechnung (Abs. 1)

23 Zulässig für die konzernbilanzielle Abbildung des Erwerbs eines TU ist seit dem Gj 2010 allein die **Neubewertungsmethode.** Dies entspricht der Regelung in DRS 23.34. Bei Altfällen ist nach Art. 66 Abs. 3 EGHGB die damals angewandte KapKons-Methode verpflichtend beizubehalten. Bei der Neubewertungsmethode ist das in die Kapitalaufrechnung eingehende EK des TU mit dem Betrag anzusetzen, der sich nach vollständiger Aufdeckung der im Aufrechnungszeitpunkt in den VG, Schulden und RAP des TU ruhenden stillen Reserven und Lasten unter Beachtung von latenten Steuern ergibt. Eine Beschränkung auf die vom MU für die Anteile am TU gezahlten AK (Anschaffungskostenrestrik-

---

[9] BAnz AT 23.2.2016 Anlage B2.

tion) besteht nicht. Die Vorgehensweise erfordert im Anschluss an die Festlegung des Aufrechnungszeitpunkts zunächst eine Neubewertung des gem. § 300 und § 308 an die Bilanzierungs- und Bewertungsmethoden des Konzerns angepassten Reinvermögens des TU zu diesem Zeitpunkt.
Der neu bewertete Jahresabschluss des TU ergibt mindestens zusammen mit dem Jahresabschluss des MU den Summenabschluss. Es sind alle aufbereiteten Jahresabschlüsse der in den KonsKreis einzubeziehenden Unt in den Summenabschluss aufzunehmen. Bei der anschließenden Kapitalaufrechnung ist jeweils der Beteiligungsbuchwert des MU gegen das auf das MU entfallende neu bewertete EK der einzelnen TU aufzurechnen, wobei zwischen der Erst- und FolgeKons zu unterscheiden ist. Eine bei der ErstKons entstehende Differenz ist unmittelbar als GoF bzw. als passiver Unterschiedsbetrag aus der KapKons auszuweisen. Das etwaigen Minderheitsgesellschaftern des TU zuzurechnende neu bewertete Reinvermögen ist in einen Ausgleichsposten für nicht beherrschende Anteile umzubuchen (§ 307 HGB). Bei der FolgeKons sind die bei der ErstKons ermittelten Werte lediglich fortzuschreiben, eine erneute Neubewertung ist grundsätzlich ausgeschlossen. Eine Ausnahme kann sich ergeben bei der Aufstockungen von Anteilen an TU (DRS 23.171 ff.; s. Rz 188 ff.). 24

In den Details der einzelnen Konsolidierungsschritte hat der Gesetzgeber zudem Spezifika in Abhängigkeit vom Zeitverlauf geregelt: 25

- Der **Aufrechnungszeitpunkt** muss bei sukzessivem Anteilserwerb oder bei einer späteren Aufstellung des Konzernabschlusses bzw. einer späteren erstmaligen Einbeziehung verschoben werden (Rz 58).
- Es ist ein Werthaufhellungszeitraum von einem Jahr für die Wertermittlung des Kaufpreises und der übernommenen VG und Schulden vorgesehen (Rz 92).

Bezüglich der Wertermittlung sind folgende Spezifika zu beachten:
- Als Maßstab zur Bestimmung des neu bewerteten Vermögens dient mit Ausnahmen der **beizulegende Zeitwert** und nicht mehr der beizulegende Wert (Rz 61 ff.).
- Bei der Neubewertung des Reinvermögens eines TU sind **latente Steuereffekte** zu beachten (Rz 57 ff.).

2.1 Konsolidierungspflichtige Anteile (Abs. 1 Satz 1)

Der Konzernabschluss hat sämtliche dem MU gehörenden Anteile an TU des VollKonsKreises zu enthalten. Unter **Anteilen** sind alle Kapitalbeteiligungen mit Einlagencharakter zu verstehen.[10] Somit sind hierunter Mitgliedsrechte, die Vermögensrechte wie die Teilhabe am Gewinn und Verlust bzw. dem Liquidationserfolg sowie die nachrangige Bedienung im Insolvenzfall und Verwaltungsrechte (z. B. Mitwirkungs- und Informationsrechte), d. h. der Einfluss auf die Geschäftsführung, zu subsumieren (§ 271 Rz 7 ff.). Dazu zählen v. a. die gesellschaftsrechtlichen EK-Anteile an in- und ausländischen Kapitalgesellschaften und solchen Personengesellschaften, die über ein Gesamthandsvermögen verfügen (DRS 23.7). Für folgende Rechtsformen sind als Anteile insb. denkbar:[11] 26

---

[10] Vgl. WPH Edition, Wirtschaftsprüfung & Rechnungslegung, 15. Aufl., 2017, Abschn. G, Tz 394.
[11] Vgl. *Kirsch/Heidemann/Jonas/Engelke*, in *Baetge/Kirsch/Thiele*, Bilanzrecht, Stand 2/2017, § 301 HGB, Rz 23.

- **AG**: Aktien, unabhängig von Aktiengattung und Stimmrechtsausstattung, Zwischenscheine (§ 10 Abs. 3 AktG).
- **KGaA**: Anteile der Kommanditaktionäre und Einlage des phG.
- **GmbH**: Geschäftsanteile gem. § 14 GmbHG i. V. m. § 5 GmbHG.
- **PersG**: Mitgliedschaft oder Gesellschafterstellung begründende Anteile, unabhängig ob voll oder beschränkt haftend.
- **sonstige PersG**: Kapitaleinlage der phG oder der Kommanditisten sowie Anteile an GbR, sofern ein Gesamthandsvermögen besteht.

Anteile von **Vorgesellschaften** einer AG, KGaA oder GmbH werden analog einbezogen.

27 Die konsolidierungspflichtigen Anteile sind in den **Bilanzposten** „Anteile an verbundenen Unternehmen" des Jahresabschlusses im AV oder UV ausgewiesen.

28 **Schuldrechtliche Ansprüche** jeder Art, d. h. auch Genussrechte, Wandelschuldverschreibungen, Optionsanleihen und kapitalersetzende Darlehen, sind entsprechend nicht als Anteile zu qualifizieren. Hier hat eine klare Trennung nach Eigen- und Fremdkapital zu erfolgen.[12] Letztere Anteile sind im Rahmen der SchuldenKons zu eliminieren.

29 Bei der **Errechnung der Anteile im Besitz des MU** sind sowohl die im juristischen Eigentum des MU stehenden Anteile als auch die von TU oder von einem Dritten für Rechnung eines KonzernUnt gehaltenen Anteile (z. B. echte Pensionsgeschäfte, Treuhandverhältnisse) zu berücksichtigen (§ 290 Rz 54 ff.). Diese Betrachtung stellt somit auf das wirtschaftliche Eigentum ab (§ 246 HGB).

30 Insbesondere zählen zu den dem MU gehörenden Anteilen auch Anteile, die von **anderen voll zu konsolidierenden TU** gehalten werden, was sich aus dem Einheitsgrundsatz in § 297 Abs. 3 Satz 1 HGB ergibt. Anteile, die von nicht in den Konzernabschluss einbezogenen TU gehalten werden, sind der Aufrechnung somit entzogen – sie erscheinen nicht in der Konzernbilanz. Dies trifft auch für assoziierte Unt zu, die at equity zu bewerten sind. **GemeinschaftsUnt** sind dann zu betrachten, wenn sie anteilmäßig einbezogen werden (DRS 23.17). In diesem Fall hat eine Kons. der in der Summenbilanz erscheinenden von dem GemeinschaftsUnt gehaltenen Anteile des TU zu erfolgen, um eine Doppelerfassung zu vermeiden.[13] Allerdings setzt die Klassifikation als TU stets die Beherrschungsmöglichkeit voraus, wofür neben den Kapitalanteilen bei dem GemeinschaftsUnt auch weitere Indikatoren vorliegen müssen, da ein GemeinschaftsUnt und damit auch deren TU lediglich gemeinschaftlich beherrscht werden kann. Die Kons. bezieht sich jedoch nur auf die Anteile am TU, die bei einem Unt des Kons-Kreises liegen, unabhängig davon, ob beim MU oder einem anderen TU.

31 Anteile am MU, die von ihm selber (**eigene Anteile**) oder einem einbezogenen TU gehalten werden (**Rückbeteiligung**), sind nach Abs. 4 nicht in die KapKons einzubeziehen; sie sind mit dem EK zu verrechnen (DRS 23.20). Ebenso sind eigene Anteile des TU an sich selber mit deren EK zu verrechnen (§ 272 Abs. 1 HGB), was den rechnerischen Anteil des MU sowie etwaiger Minderheitsgesell-

---

[12] Vgl. grundsätzlich zur Trennung § 247 Rz 79–110 sowie zu EK-Verstärkungen im Detail § 272 Rz 213–229.
[13] Vgl. ADS, 6. Aufl., § 301 HGB, Rz 20; *Dusemond/Weber/Zündorf*, in *Küting/Weber*, HdK, HGB, § 301, Rz 25 f.; a. A. *Kirsch/Heidemann/Jonas/Engelke*, in *Baetge/Kirsch/Thiele*, Bilanzrecht, Stand 2/2017, § 301 HGB, Rz 28.

schafter am verbleibenden EK erhöht. Als einzige Ausnahme kann mit Verweis auf das Wirtschaftlichkeitsprinzip in Fällen vorgegangen werden, in denen die eigenen Anteile vom TU lediglich zur Weiterveräußerung z.B. an AN gehalten werden. In diesen Fällen wären ansonsten nach der Verrechnung mit dem EK und der Wertermittlung im Rahmen der KapKons bei dem Verkauf der Anteile die KapKons mit den dann neuen Beträgen anzupassen. Diese Nichtbeachtung des Gesetzestextes in diesem speziellen Fall kann etwa aus der Regelung nach DRS 23.18 für den Handelsbestand von Kreditinstituten und Finanzdienstleistungsinstituten abgeleitet werden und bedarf dann aber eines klaren Ausweises in der Konzernbilanz[14] und einer entsprechenden Anhangerläuterung.[15]

Nach DRS 23.19 stellen direkte und indirekte **schuldrechtliche Ansprüche** des MU (z.B. aus Schuldverschreibungen oder Genussrechten) zum Zeitpunkt der erstmaligen Einbeziehung grundsätzlich keine zu verrechnenden Anteile dar. Nur wenn im Ausnahmefall solche Ansprüche EK-Charakter haben sollten, wären sie in die Kapitalkonsolidierung einzubeziehen. 32

Für den Fall, dass das MU weder direkt noch indirekt Kapitalanteile an einem konsolidierungspflichtigen TU hält, wie etwa bei einer **Zweckgesellschaft**, ist nach DRS 23.20 keine Verrechnung gem. § 301 Abs. 1 Satz 1 HGB vorzunehmen. Ein Unterschiedsbetrag gem. § 301 Abs. 3 HGB kann daher nicht entstehen. Allerdings sind die übrigen Regelungen des § 301 HGB hinsichtlich Ansatz und Bewertung und die Ermittlung der nicht beherrschenden Anteile gem. § 307 Abs. 1 HGB anzuwenden, was im Ergebnis zu einem vollständigen Ausweis des sich ergebenden Reinvermögens des TU unter dem Posten „nicht beherrschende Anteile" führt (§ 290 Rz 53). 33

2.2 Bewertung der Anteile (Abs. 1 Satz 1)

Die im Weiteren zu verrechnenden Anteile sind nach § 301 Abs. 1 Satz 1 HGB mit ihren Wertansätzen in die Aufrechnung mit dem anteiligen EK des TU einzubeziehen. Die Wertansätze entsprechen den AK gem. § 255 Abs. 1 HGB, d.h. der für den Erwerb der Anteile bewirkten Gegenleistung, die ggf. um Anschaffungsnebenkosten oder sonstige direkt dem Erwerb zurechenbare Kosten zu erhöhen und ggf. um Anschaffungspreisminderungen zu verringern sind (DRS 23.21 ff.). 34

> **Beispiel**
> Notariatskosten, Kapitalverkehrsteuern, Provisionen und Spesen sind werterhöhend zu berücksichtigen. Dagegen sind Bewertungsgutachten und eine Due-Diligence-Prüfung im Rahmen der Entscheidungsvorbereitung nicht Teil der Anschaffungs(neben)kosten, da eine bloße Ursächlichkeit zwischen diesen Aufwendungen und der Anschaffung nicht ausreicht (DRS 23.24).

---

[14] *Winkeljohann/Deubert* schlagen die Bezeichnung „davon zur Weiterveräußerung bestimmte Anteile an voll kons TU" vor, vgl. *Winkeljohann/Deubert*, in Beck Bil-Komm., 10. Aufl., 2016, § 301 HGB, Rz 17.
[15] Vgl. *Busse von Colbe*, in MünchKomm HGB, 3. Aufl., § 301 HGB, Rz. 23, a.A. *Scherrer* in Kölner Komm HGB, § 301, Rz 32.

Als Anschaffungsnebenkosten kommen demnach nur solche Ausgaben in Betracht, die nach der grundsätzlichen Kaufentscheidung anfallen. DRS 23.24 empfiehlt, das Datum der grundsätzlichen Kaufentscheidung bspw. durch einen Letter of Intent oder ähnliche Absichtserklärungen zu konkretisieren, mit welchem dem Verkäufer das Interesse signalisiert wird, die Anteile eines bestimmten Unt erwerben zu wollen.

35 Es ist unerheblich, in welcher Form das erwerbende Unt die Gegenleistung bewirkt hat. Maßgeblich ist der Betrag in EUR, was ggf. eine **Währungsumrechnung** notwendig macht. Hierbei ist auf den Wechselkurs im Erwerbszeitpunkt abzustellen (§ 255 Rz 20 ff.).

36 Erfolgte der Erwerb durch einen **Tausch**, so wird nach DRS 23.26 empfohlen, den Wertansatz grds. nach dem Zeitwert der hingegebenen VG bzw. der ausgegebenen Anteile zu bestimmen.[16] DRS 23.26 empfiehlt dabei eine Begrenzung auf den beizulegenden Zeitwert der erlangten Anteile. Handelsrechtlich ist jedoch anders als steuerrechtlich auch ein Tausch auf der Basis der fortgeführten Buchwerte denkbar. Im Zuge der Erwerbsfiktion erscheint dies jedoch nur schwer mit der anzustrebenden Abbildung der Vermögens-, Finanz- und Ertragslage des Konzerns vereinbar.

Die Konstellation des Tauschs bzw. des tauschähnlichen Vorgangs taucht häufiger bei **konzerninternen Einbringungsvorgängen** ohne die Beteiligung anderer Gesellschafter auf. Allerdings sind dabei entstehende Gewinne auf der Einzelabschlussebene i.d.R. im Konzern wieder zu eliminieren, da sie keine Gewinne mit Konzernfremden darstellen (DRS 23.170) (s. § 304 Rz 11).

37 Abzustellen ist auf die **Konzern-AK**. Werden daher Anteile von anderen in den Konzernabschluss eingezogenen TU gehalten, sind diese stets aus der Sicht des Konzerns zu bewerten.[17]

> **Beispiel**
> **Sachverhalt**
> Die A-AG hat 20 % der Anteile der B-AG für 10 Mio. EUR im Gj 01 erworben. Anfang des Gj 04 übernimmt die M-AG die A-AG. Im Rahmen der Neubewertung der A-AG wird dem 20-%-Anteil aufgrund von Kurssteigerungen in der Konzernbilanz ein Wert von 20 Mio. EUR zugewiesen. Anfang des Gj 05 übernimmt die M-AG 40 % der Anteile der B-AG für 40 Mio. EUR.
>
> **Bewertung**
> Der 60-%-Anteil der B-AG, den die M-AG und die A-AG zusammengerechnet halten, ist mit 60 Mio. EUR in die Aufrechnung einzubeziehen.

38 Ebenso verhält es sich bei konzerninternen Einbringungsvorgängen oder Weiterverkäufen. Eventuelle Zwischenergebnisse durch Gewinnauf- oder -abschläge sind gem. § 304 Abs. 1 HGB zu eliminieren,[18] sodass es bei den Konzern-AK bleibt.

---

[16] Eingeschränkt zustimmend *Winkeljohann/Deubert*, in Beck Bil-Komm., 10. Aufl., 2016, § 301 HGB, Rz 22.
[17] Vgl. *Kirsch/Heidemann/Jonas/Engelke*, in *Baetge/Kirsch/Thiele*, Bilanzrecht, Stand 2/2017, § 301 HGB, Rz 34.
[18] Zur Eliminierung dieser Effekte vgl. *Winkeljohann/Deubert*, in Beck Bil-Komm., 10. Aufl., 2016, § 301 HGB, Rz 228.

Bestehen Differenzen aus der Beendigung von **vorkonzernlichen Beziehungen**, so sind diese nach DRS 23.49 bei der Bewertung der Anteile zu berücksichtigen.[19] Fraglich ist die Bewertung von **bedingten AK**.[20] Konkret hängt hier ein Teil der Gegenleistung für den Erwerb von Anteilen von künftigen Ereignissen oder sonstigen Transaktionen ab.[21]

> **Beispiel**
> Bedingte AK können aus Klauseln in Kaufverträgen resultieren, die Nachzahlungen für den Fall der Überschreitung eines bestimmten Erfolgsniveaus (Earn-out-Klausel) oder des Ausgangs von zum Erwerbszeitpunkt anhängigen Rechtsstreitigkeiten festlegen. Es sind in der Praxis zudem auch Minderzahlungen in Form von Bilanzgarantien des Verkäufers anzutreffen.

Nach DRS 23.30 sind derartige Kaufpreiskomponenten grds. schon bei Erwerb im Jahresabschluss des erwerbenden Unt zu berücksichtigen, wenn die Kaufpreisanpassung wahrscheinlich ist und der zusätzlich zu entrichtende Betrag verlässlich geschätzt werden kann.

Abzugrenzen sind hiervon nach DRS 23.31 **Ausgleichszahlung vom Verkäufer an das erworbene Unt** oder **vom erworbenen Unt an den Verkäufer,** da diese die AK im Jahresabschluss des erwerbenden Unt nicht verändern. Auch das EK des TU wird hierdurch i.d.R. nicht beeinflusst. Entspricht die Höhe der Ausgleichszahlung nicht dem Betrag der an diese anknüpfenden Wertänderung im Vermögen des TU, sind die sich ergebenden Differenzen erfolgswirksam zu erfassen. Konsequenzen für die Kapitalkonsolidierung ergeben sich insofern nicht.

Der Gesetzgeber hat das Problem der Wahrscheinlichkeitseinschätzung insoweit entschärft, als Abs. 2 Satz 2 die Notwendigkeit zur nachträglichen Anpassung der AK innerhalb eines Jahres vorsieht. Dabei ist die Anpassung rückwirkend auf den Erwerbszeitpunkt zu erfassen.

> **Beispiel**
> Am 31.12.01 erwirbt die M-AG 100 % der Anteile an der TU. Neben einer sofort geleisteten fixen Zahlung von 1 Mio. EUR ist eine erfolgsabhängige Zahlung von 0,2 Mio. EUR vereinbart, wenn das Jahresergebnis 0,3 Mio. EUR und der Umsatz des Jahres 02 mehr als 10 Mio. EUR betragen. Per 31.12.01 geht die M-AG mit hoher Wahrscheinlichkeit von der Erreichbarkeit dieser Ziele aus.
>
> **Bewertung**
> Zum 31.12.01 ist als Wertansatz für die Beteiligung (unter Vernachlässigung von ggf. vorzunehmenden Abzinsungen) ein Wert von 1,2 Mio. EUR anzusetzen.

Die in die KapKons einzubeziehenden AK bei gestundeten oder bedingten Kaufpreisverpflichtungen hat nach DRS 23.33 grundsätzlich zum **Barwert im**

---

[19] Vgl. *Theile*, BBK 2016, S. 1010 ff.
[20] Vgl. *Hoffmann*, StuB 2017 S. 41 ff.
[21] Zur rechtssicheren Ausgestaltung von Bilanzgarantien vgl. *Göthel/Fornoff*, DB 2017, S. 530 ff.

Erwerbszeitpunkt zu erfolgen. Die in Folgeperioden vorzunehmende Aufzinsung einer entsprechenden Rückstellung für bedingte Kaufpreisverpflichtungen hat keinen Einfluss auf die Höhe der im Erwerbszeitpunkt erfassten (bedingten) AK der Anteile. Die Aufzinsung ist insofern aufwandswirksam zu erfassen. Auch die Differenz zwischen den nachträglichen AK der Beteiligung und der zum Erfüllungsbetrag gem. § 253 Abs. 1 Sätze 2 und 3 HGB zu bewertenden (bedingten) Kaufpreisverpflichtung ist nach DRS 23.33 als Zinsaufwand zu erfassen.

39 Fehlt es – wie in der Praxis häufig zu erwarten – an den Voraussetzungen der Verlässlichkeit und Wahrscheinlichkeit, so besteht der einjährige Anpassungszeitraum; ansonsten müssen diese Werterhöhungen als nachträgliche AK behandelt werden und im Rahmen der FolgeKons Berücksichtigung finden.[22] Dennoch sollte im Konzernabschluss über derartige Vorgänge berichtet werden.

40 **Wertkorrekturen** in Form von Abschreibungen auf den Beteiligungsbuchwert in den Einzelabschlüssen sind differenziert zu betrachten: Wertkorrekturen, die nach der ErstKons erfolgten, sind im Jahr der Abschreibung zugunsten des Konzernergebnisses erfolgserhöhend zu eliminieren. In den dem Abschreibungsjahr folgenden Gj hat dann eine erfolgsneutrale Eliminierung zu erfolgen.[23] Für den Fall, dass der Anteilserwerb und die ErstKons auseinanderfallen (Abs. 2, Rz 69 ff.), sind Abschreibungen in diesem Zeitraum denkbar. In diesen Fällen sind die Abschreibungen beizubehalten, soweit sie mit § 308 HGB vereinbar sind;[24] eine Zuschreibung der Beteiligung bis auf die AK ist ohne gestiegenen beizulegenden (Zeit-)Wert nicht zulässig (DRS 23.26).

41 Werden die zu konsolidierenden Anteile von **ausländischen KonzernUnt** gehalten, sind die Konzern-AK nach Anwendung der Vereinheitlichungsregeln der §§ 300, 308 und 308a HGB zu ermitteln. Demnach dürfen die zu verrechnenden Anteile nur die Wertbestandteile enthalten, die auch handelsrechtlich zulässig sind. So sind ggf. bestimmte Einbeziehungen, wie z. B. Kosten der Unternehmensbewertung, zu eliminieren und Bewertungen at equity sowie handelsrechtlich nicht zulässige Abschreibungen zu korrigieren.

2.3 Bestimmung des zu konsolidierenden Eigenkapitals (Abs. 1 Satz 2)

42 Das **konsolidierungspflichtige EK** umfasst bei KapG die Positionen gezeichnetes Kapital, offene Rücklagen (Kapital- und Gewinnrücklagen) und Ergebnis einschließlich Ergebnisvortrag, deren Feingliederung in § 266 Abs. 3 HGB unter Position A. EK aufgeführt ist. Bei dem **Ergebnis** ist zu unterscheiden, ob es sich um ein erworbenes oder ein den bisherigen Gesellschaftern zustehendes Ergebnis handelt. Ein erworbenes Ergebnis ist in die Kapitalaufrechnung gem. § 301 Abs. 1 Satz 1 HGB einzubeziehen, ein noch den bisherigen Gesellschaftern zustehendes Ergebnis ist dagegen als Verbindlichkeit anzusehen und entsprechend auszuweisen.

---

[22] Vgl. *Winkeljohann/Deubert*, in Beck Bil-Komm., 10. Aufl., 2016, § 301 HGB, Rz 228, 250 ff.
[23] Vgl. *Kirsch/Heidemann/Jonas/Engelke*, in *Baetge/Kirsch/Thiele*, Bilanzrecht, Stand 2/2017, § 301 HGB, Rz 37.
[24] Vgl. *Dusemond/Weber/Zündorf*, in *Küting/Weber*, HdK, HGB, § 301, Rz 38 ff.

Eigene Anteile sind nicht gesondert zu behandeln, da sie bereits auf Jahresabschluss-Ebene gem. § 272 Abs. 1a und 1b HGB verrechnet wurden;[25] zu Rückbeteiligungen s. Rz 120 f.
Bei **Mezzanine-Kapital**[26] muss eine klare Zuordnung nach Eigen- oder Fremdkapital erfolgen. Nur eindeutig als EK zu klassifizierende Kapitalien sind in der KapitalKons zu berücksichtigen, ansonsten sind die Sachverhalte ggf. im Rahmen der SchuldenKons zu eliminieren. So sind etwa anlässlich der Ausgabe von Wandel- oder Optionsanleihen für Schuldverschreibungen in den Kapitalrücklagen gem. § 272 Abs. 2 Nr. 2 HGB erfasste Beträge nur dann konsolidierungspflichtig, wenn die **Bezugsrechte** im Erwerbszeitpunkt bereits ausgeübt oder verfallen sind. Bestehen die Bezugsrechte dagegen noch, so kommt das MU in die Rolle des Stillhalters, sodass die ggf. im EK erfassten Beträge des TU aus Sicht des MU eine Optionsprämie bedeuten, die als sonstige Verbindlichkeit anzusetzen und neu zu bewerten ist.[27] Werden die Optionen eingelöst, entspricht dies einer Kapitalerhöhung und es verändern sich damit die Anteilsverhältnisse bis hin zu einem ggf. möglichen Verlust der Beherrschungsmöglichkeit.

Bei TU in der Rechtsform von **PersG** ist ebenfalls das gesamte ausgewiesene EK konsolidierungspflichtig, was somit den Einbezug der EK-Konten der Gesellschafter bedeutet. 43

Sollte ein Unt einen EK-Fehlbetrag auf der Aktivseite der Bilanz ausweisen, da das EK aufgebraucht ist (§ 268 Abs. 3 HGB), so sind die konsolidierungspflichtigen Anteile mit dem „**nicht durch Eigenkapital gedeckten Fehlbetrag**" zu saldieren, was zu einer Addition der Beträge führt.[28] Es erscheint sinnvoll, einen auch nach der Neubewertung des TU verbleibenden nicht durch EK gedeckten Fehlbetrag in die einzelnen EK-Bestandteile aufzugliedern, um die KapKons und hier insb. die FolgeKons nicht unnötig zu erschweren.[29] 44

Ausstehende Einlagen auf das gezeichnete Kapital sind zunächst nach § 272 HGB zu behandeln. Dabei ist zu beachten, dass eingeforderte Einlagen von einem anderen in den Konzernabschluss einbezogenen Unt im Rahmen der SchuldenKons zu berücksichtigen sind, da es sich um eine konzerninterne Forderung respektive Verbindlichkeit handelt. Erfolgte die Einforderung gegenüber Dritten, so hat ein Ausweis als eingeforderte Einlagen unter den Forderungen und sonstigen VG zu erfolgen. Eine Verrechnung mit den Anteilen anderer Gesellschafter ist unzulässig.[30] Sind die Einlagen nicht eingefordert, bleibt es bei dem Nettoausweis im EK gem. den Regelungen in § 272 HGB (DRS 23.42). 45

Bei der Bestimmung des zu konsolidierenden EK gibt es einige Sonderfälle, die noch vor der eigentlichen Bewertung dem EK – unter Berücksichtigung latenter Steuerwirkungen – zuzuordnen sind. Diese sind zunächst **Sonderposten** mit Rücklageanteil, die nach Art. 67 Abs. 3 Satz 1 EGHGB bei Umstellung auf das BilMoG beibehalten werden konnten, Sonderrücklagen nach § 17 Abs. 4 Satz 3 46

---

25 Vgl. *Müller/Reinke*, DStR, 2015, S. 1127 ff.
26 Vgl. *Müller/Brackschulze/Mayer-Fiederich*, Finanzierung mittelständischer Unternehmen nach Basel III, 2. Aufl., 2011, S. 237–253 m.w.N.
27 Vgl. *Winkeljohann/Deubert*, in Beck Bil-Komm., 10. Aufl., 2016, § 301 HGB, Rz 40; DRS 23.40.
28 Vgl. *Kirsch/Heidemann/Jonas/Engelke*, in *Baetge/Kirsch/Thiele*, Bilanzrecht, Stand 2/2017, § 301 HGB, Rz 46.
29 Vgl. *Winkeljohann/Deubert*, in Beck Bil-Komm., 10. Aufl., 2016, § 301 HGB, Rz 39.
30 Vgl. *Dusemond/Weber/Zündorf*, in *Küting/Weber*, HdK, HGB, § 301, Rz 52.

und § 24 Abs. 5 DMBilG oder nicht rückzahlbare Investitionszulagen oder -zuschüsse der öffentlichen Hand. Im Konzernabschluss sind diese Posten nicht auszuweisen und entsprechend ggf. unter Beachtung latenter Steuern in das konsolidierungspflichtige EK bereits im Rahmen der Ansatzanpassung nach § 300 Abs. 2 HGB aufzulösen. Darüber hinaus kann es sein, dass bei Erwerb des TU beim MU **bestehende Forderungen und Verbindlichkeiten** gegen dieses Unt etwa durch Verlustübernahmeverpflichtungserklärung den Charakter ändern. So sind gegenüber dem MU bestehende Verbindlichkeiten des TU aus vor der Konzernzugehörigkeit bestehenden Lieferungs- und Leistungsbeziehungen dann dem konsolidierungspflichtigem EK zuzuordnen, wenn damit zukünftig in voller Höhe Verluste verrechnet werden können. Auch sind beim MU ggf. vorgenommene Abwertungen von bestehenden Forderungen an das TU bereits bei der Kaufpreisermittlung zu berücksichtigen und nicht erst im Rahmen der SchuldenKons.[31]

47 Die **Höhe der (relativen) kapitalmäßigen Beteiligung** am zu konsolidierenden EK richtet sich im Normalfall nach dem Verhältnis des Nennbetrags der dem MU gehörenden Anteile zu dem in der Bilanz ausgewiesenen gezeichneten Kapital (§ 272 Abs. 1 HGB). Dies kann von der Bestimmung der beherrschten Anteile nach § 290 HGB abweichen, da hier nur die dem MU gehörenden und nicht die dem MU zuzurechnenden Anteile betrachtet werden. Bei Stückaktien bestimmt sich das Verhältnis an der Anzahl der dem MU gehörenden zu den ausgegebenen Aktien. Bei PersG kann die Bestimmung des Anteils aus dem Verhältnis des Kapitalkontos zum Gesamtkapital ermittelt werden, es sei denn, es existiert im Gesellschaftervertrag eine Festkapitalregelung, an der der Anteil des MU abzuleiten ist. Herausforderungen bestehen dann, wenn etwa bei Zweckges. die Vermögens- und Gewinnrechte der Gesellschafter untereinander abweichend von dem gesetzlichen Normalfall geregelt sind. In diesen Fällen ist die Beteiligungsquote als effektive, wirtschaftliche Quote zu ermitteln. Dies bedarf einer noch genaueren Betrachtung als die Feststellung der Beherrschungsmöglichkeit, für die im Rahmen einer Gesamtbetrachtung lediglich zu bestimmen ist, ob die Mehrheit der Risiken und Chancen vom MU getragen wird (DRS 19.57), wobei DRS 19.61 zudem die Risiken stärker gewichtet haben möchte. Die Bestimmung des Anteils für Zwecke der Kons. bedarf aber eines genauen Ergebnisses, um etwa die im Rahmen einer Neubewertung anfallenden stillen Reserven zwischen MU und den anderen Gesellschaftern verteilen zu können. Einzige Orientierung bieten dabei die GoB, die in dieser Gemengelage zumindest eine willkürfreie Zuordnung fordern.[32]

48 Technisch bietet es sich an, auf den Zeitpunkt der erstmaligen Einbeziehung einen **Zwischenabschluss** für das TU aufzustellen, soweit nicht der Bilanzstichtag des TU diesem Zeitpunkt entspricht. DRS 23.11 erlaubt auch, einen zeitnah zum Erwerbszeitpunkt erstellten Monats- oder Quartalsabschluss heranzuziehen, sofern zwischenzeitlich keine wesentlichen (Vermögens-)Veränderungen eingetreten sind. Sofern kein Zwischenabschluss aufgestellt wird, fordert DRS 23.13, zumindest ein Inventar mit allen VG, Schulden und sonstigen Posten zum Zeitpunkt der erstmaligen Einbeziehung (unabhängig von einem bisherigen

---

[31] Vgl. *Winkeljohann/Deubert*, in Beck Bil-Komm., 10. Aufl., 2016, § 301 HGB, Rz 43–46.
[32] Vgl. *Winkeljohann/Deubert*, in Beck Bil-Komm., 10. Aufl., 2016, § 301 HGB, Rz 48–50.

Ansatz beim TU) zu erstellen. Das Inventar kann auch aus einem Jahres-, Quartals- oder Monatsabschluss abgeleitet werden. Die Abgrenzung des Ergebnisses kann vereinfachend auch durch statistische Rückrechnung aus dem Jahresabschluss des TU ermittelt werden. Sofern wesentliche Schwankungen, z. B. bei saisonalem Geschäft, zu verzeichnen sind, sind nach dem DRS diese durch geeignete Anpassungen zu berücksichtigen.

2.4 Bewertung des zu konsolidierenden Eigenkapitals (Abs. 1 Satz 2)

Die nach dem HGB ausschließlich zulässige Methode der VollKons für TU ist gem. § 301 HGB ebenso wie bei den IFRS[33] die **Erwerbsmethode**. Mit dieser Methode wird die Übernahme im Konzernabschluss so abgebildet, als wären keine Anteile an dem TU erworben worden, sondern die einzelnen VG, Schulden, RAP und Sonderposten. Die Abb. entspricht somit dem **asset deal im Einzelabschluss**, bei dem die VG und Schulden in Summe aus einem Unt herausgelöst werden und von dem übernommenen Unt gedanklich ggf. nur der leere Mantel übrig bleibt. 49

Wenn aber fingiert wird, dass die VG, Schulden, RAP und Sonderposten einzeln erworben werden, so stellt sich die Frage nach deren **Bewertung**. Da ein Erwerber im Rahmen der Preisverhandlungen letztlich die Werte zum Zeitpunkt des Erwerbs zugrunde legen wird, verschiebt sich aus Konzernsicht der Zeitpunkt der Ermittlung der AK gem. § 255 HGB von der Anschaffung oder Herstellung des VG auf den Zeitpunkt des jeweiligen Erwerbs. Dies hat Auswirkungen auf den Wertansatz, da die historischen AHK, die in der Bilanz des TU die Wertobergrenze darstellen, nun nicht mehr relevant sind. Stattdessen ist wie nach IFRS zum Zeitpunkt des Erwerbs eine **Neubewertung** der VG und Schulden im Rahmen der Konzernbilanzierung vorzunehmen. Dabei ist der Kaufpreis der Anteile, den das MU für die Erlangung der Beherrschungsmöglichkeit über das TU bezahlen musste, nicht relevant. Somit muss die Bewertung unabhängig von den Anschaffungs- und Anschaffungsnebenkosten der Beteiligung aus der (Bilanz-)Sicht des MU zum beizulegenden Zeitwert erfolgen (keine Anschaffungskostenrestriktion). Die sog. pagatorische Obergrenze mit der (relativen) Begrenzung der aufzudeckenden stillen Reserven auf die AK des MU hat seit dem TransPuG ab dem Gj 2003 keine Bedeutung mehr. Es ist somit denkbar, dass durch die Auflösung von stillen Reserven letztlich ein passiver Unterschiedsbetrag aus der KapKons entsteht. 50

Stille Reserven sind EK-Bestandteile, die in der Bilanz nicht oder nicht als solche ausgewiesen werden.[34] Es handelt sich im Prinzip um die Differenz zwischen den Buchwerten in der hinsichtlich Ansatz, Bewertung und Währung vereinheitlichten HB II des TU und den stattdessen zu verwendenden beizulegenden Zeitwerten bzw. für Rückstellungen Erfüllungsbeträgen, und zwar bei Vermögensposten um die Differenz zwischen Buchwerten[35] und höheren beizulegenden Zeitwerten bzw. bei FK-Posten um die Differenz zwischen Buchwerten und niedrigeren beizulegenden Zeitwerten bzw. Erfüllungsbeträgen. Neben stillen 51

---

33 Vgl. *Lüdenbach/Hoffmann/Freiberg*, Haufe IFRS-Kommentar, 15. Aufl. 2017, § 31, Rz 2 ff.
34 Vgl. *Lachnit*, Bilanzanalyse, 2004, S. 109.
35 Hierunter fällt auch ein Buchwert von null bei als ansatznotwendig zu betrachtendem Vermögen.

Reserven sind grds. auch stille Lasten denkbar. Dies ist der Fall, wenn FK-Posten zu niedrig bzw. gar nicht oder Aktivposten zu hoch angesetzt worden sind. Ersteres ist z.B. möglich bei der Bilanzierung von Rückstellungen, Letzteres etwa beim FAV und vermeintlich nur vorübergehender Wertminderung.

52 Stille Reserven und Lasten sind nur bei solchen Bilanzposten möglich, die gem. HGB **dem Grunde nach ansatzfähig** sind, denn nur bei diesen Posten kann noch eine Verwerfung zwischen Buchwert und beizulegendem Zeitwert bzw. Erfüllungsbetrag auftreten. Im Konzernabschluss nicht ansatzfähige Positionen auf Ebene des Jahresabschlusses der TU sind bereits im Rahmen der Ansatzvereinheitlichung mit § 300 Abs. 2 HGB zu bereinigen (Rz 46). Stille Reserven können hinsichtlich ihres Verhältnisses zu den gesetzlichen Ansatz- und Bewertungsvorschriften in stille Zwangs-, Wahlrechts-, Schätzungs- und Willkürreserven unterteilt werden:[36]

53 • Stille **Zwangsreserven** entstehen aufgrund der Bewertungsvorschriften automatisch, sobald der beizulegende Zeitwert von VG über die AHK dieser Güter bzw. der aktuelle Wert von Schulden unter die ursprünglichen Ansatzwerte dieser Schulden fällt. VG dürfen nach deutschem Bilanzrecht – von wenigen durch das BilMoG geschaffenen Ausnahmen wie bspw. kurzfristige Fremdwährungspositionen abgesehen – nicht über und langfristige Schulden nicht unter den Ursprungswertansätzen bilanziert werden. Diese sind im Rahmen der Neubewertung aufzulösen.

> **Beispiel**
> - Grundstücke sind in der HB II zu historischen AK bewertet, der beizulegende Zeitwert ist aufgrund von Preissteigerungen für Grund und Boden deutlich höher.
> - Gem. § 248 Abs. 2 Satz 2 HGB darf das TU keine selbst geschaffenen Kundenlisten aktivieren. Bei dem Erwerb durch das MU gelten diese Werte jedoch als entgeltlich erworben und sind damit ansatzpflichtig.

54 • Stille **Wahlrechtsreserven** entstehen durch eine bewusste und im Jahresabschluss darzulegende Entscheidung, indem das Unt gesetzlich gewährte Ansatz- und Bewertungswahlrechte dahingehend nutzt, Vermögensteile nicht oder niedriger als erforderlich und FK-Posten höher als nötig anzusetzen. Die im Konzernabschluss notwendige Vereinheitlichung erfolgt jedoch schon bei der Erstellung der HB II über die §§ 300 und 308 HGB. Dennoch können im Rahmen der Neubewertung hier weitere Auflösungen notwendig werden.

> **Beispiel**
> - Das übernommene TU weist in der HB II eine Deckungslücke aus Pensionsaltzusagen auf. Diese wurden vom Erwerber im Rahmen der Kaufpreiskalkulation berücksichtigt. Ein Ansatz als Pensionsverpflichtung ist trotz des auch im Konzernabschluss bestehenden Wahlrechts

---

[36] Diese Unterteilung lässt sich analog auf stille Lasten übertragen.

> notwendig, da ansonsten ein hoher passiver Unterschiedsbetrag aus der KapKons anfallen würde.[37]
> - Der Konzern setzt aufgrund des Wahlrechts in § 248 Abs. 2 Satz 1 HGB keine Entwicklungskosten an. Bei dem Erwerb werden für diese Beträge aber Kaufpreisanteile bezahlt. Damit handelt es sich durch den entgeltlichen Erwerb um eine Ansatzpflicht, wenn die weiteren Bilanzierungsvoraussetzungen gegeben sind.

- Stille **Schätzungsreserven** ergeben sich nicht gesetzlich gewährt über Wahlrechte, sondern unvermeidlich aufgrund ungewisser Zukunft und unvollständiger Information sowie wegen des allgemeinen Vorsichtsprinzips im Jahresabschluss. Sie entstehen vor allem, wenn die Nutzungsdauer von VG zu kurz, außerplanmäßige Abschreibungen zu hoch oder der erforderliche Rückstellungsbetrag zu hoch geschätzt werden. Im Rahmen der Neubewertung sind diese Beträge aufzulösen, wobei zu beachten ist, dass letztlich bei der Aufstellung des Konzernabschlusses wiederum Einschätzungen erfolgen müssen.

55

> **Beispiel**
> In Bezug auf schwebende Risiken (anhängige Rechtsstreitigkeiten) sind häufig abweichende Einschätzungen zwischen dem Management des TU und dem des Erwerbers (MU) anzutreffen.

- Im Gegensatz zu den Zwangs-, Wahlrechts- und Schätzungsreserven sind stille **Willkürreserven** gesetzlich unzulässig. Sie beruhen auf einer ökonomisch unbegründeten, gem. Ansatz- und Bewertungsvorschriften rechtlich nicht gedeckten willkürlichen zu niedrigen Schätzung von VG bzw. willkürlichen zu hohen Schätzung von Schulden. Eine genaue Abgrenzung von Schätzungs- und Willkürreserven ist in der Praxis schwierig, da sich Willkürreserven nicht selten hinter dem Vorsichtsprinzip verbergen können.

56

> **Beispiel**
> Im Rahmen einer feindlichen Übernahme hat das Management des TU den Jahresabschluss bewusst abschlusspolitisch durch das Ausnutzen von Schätzungsspielräumen positiv beeinflusst. Im Rahmen der Neubewertung sind die beizulegenden Zeitwerte bzw. die Erfüllungsbeträge anzusetzen.

Aus dem mit § 306 HGB geforderten bilanzorientierten *Temporary-Konzept* für die Bestimmung der latenten Steuern im Konzernabschluss folgt, dass bei der Auflösung der stillen Reserven und Lasten auch jeweils die **latenten Steuereffekte** zu berücksichtigen sind. Befreit von der Berechnung latenter Steuern ist lediglich der GoF bzw. der passive Unterschiedsbetrag aus der KapKons selbst. Somit sind in der HB II des TU das neu bewertete EK, die neu bewerteten VG, Schulden, RAP und Sonderposten sowie die im Rahmen der Umbewertung angefallenen latenten

57

---

[37] Vgl. IDW RS HFA 42, Tz. 36, und DRS 23.56.

Steuern – ohne die Möglichkeit der Nutzung eines Aktivierungswahlrechts, aber mit dem Saldierungswahlrecht (§ 306 Rz 29) – anzusetzen.

58 Der **Zeitpunkt des Erwerbs** wird dabei bestimmt als der Zeitpunkt, an dem das Unt TU geworden ist, was im Regelfall der Zeitpunkt des Erwerbs der Anteile ist. Beim sukzessiven Beteiligungserwerb ist ebenfalls der Zeitpunkt maßgebend, an dem das betreffende Unt zum TU geworden ist. Nur für den Fall, dass erstmals überhaupt ein Konzernabschluss aufgestellt oder das TU nach Nutzung eines Einbeziehungswahlrechts gem. § 296 HGB erstmals in den Konzernabschluss einbezogen wird, sind die Wertansätze zum Zeitpunkt der erstmaligen Einbeziehung maßgebend (§ 301 Abs. 2 HGB).

59 Im Rahmen der **Kaufpreisallokation** werden somit die konzernbilanziellen AK für das übernommene Reinvermögen eines TU ermittelt. Es sind alle stillen Reserven und Lasten unabhängig von der Anteilsquote des MU vollständig aufzudecken. Die ideellen Anteile der Gesellschafter des MU und der Minderheitsgesellschafter an den Konzern-AK entsprechen sich.

60 Die VG, Schulden, RAP und Sonderposten eines erworbenen TU sind fortan mit ihrem beizulegenden Zeitwert zum maßgeblichen Aufrechnungszeitpunkt vollständig und einzeln in den Konzernabschluss aufzunehmen (§ 301 Abs. 1 Satz 2 HGB; DRS 23.51). Demgegenüber sollen die konzernbilanziellen Zugangswerte für Rückstellungen und latente Steuern nach den für die einzelgesellschaftliche Rechnungslegung geltenden **Bewertungsmodellen** bestimmt werden (vgl. § 301 Abs. 1 Satz 3 HGB).

61 Primärer Wertmaßstab für das in den Konzernabschluss aufzunehmende Reinvermögen bildet der **beizulegende Zeitwert**.[38] Dieser entspricht, anders als der beizulegende Wert, der einen betriebsindividuellen Wert darstellt, dem Betrag, zu dem sachverständige, vertragswillige und voneinander unabhängige Marktteilnehmer einen VG oder eine Schuld bewerten. In der Sprache der internationalen Rechnungslegung ist dies der *Fair Value*. Bei seiner Ermittlung ist die Bewertungshierarchie in § 255 Abs. 4 HGB zu beachten: Bevorzugt soll der beizulegende Zeitwert dem sich auf einem aktiven Markt bildenden Preis entsprechen (DRS 23.64). Ist ein solcher nicht vorhanden, ist der Rückgriff auf anerkannte Bewertungsmethoden zulässig (§ 255 Rz 243 ff.). Die Verwendung von einkommens- oder kapitalwertorientierten Bewertungsverfahren (Ertragswert oder DCF-Verfahren) kommt dabei nach DRS 23.65 nur in Betracht, wenn sich die Zahlungsströme den einzelnen zu bewertenden VG verlässlich zuordnen lassen. Kostenorientierte Bewertungsverfahren (Reproduktions- oder Wiederbeschaffungskostenmethode) dürfen nach DRS 23.66 nur zur Ermittlung des beizulegenden Zeitwerts herangezogen werden, wenn eine marktpreis-, einkommens- oder kapitalwertorientierte Wertermittlung nicht möglich ist. Dem jeweiligen Nutzungszustand des zu bewertenden VG ist dabei durch angemessene Wertabschläge Rechnung zu tragen.

---

[38] Vgl. zum Inhalt der Begriffe beizulegender Wert und beizulegender Zeitwert bspw. *Küting/Trappmann/Ranker*, DB 2007, S. 1703 ff., sowie auch im Folgenden *Leinen*, in *Kessler/Leinen/Strickmann*, BilMoG, 2009, S. 592 f.

Der auf Objektivität zielende beizulegende Zeitwert führt im Rahmen der Kaufpreisallokation zu einer eher allgemeingültigen Betrachtung und blendet unternehmensindividuelle Vorteile aus.

62

> **Praxis-Beispiel[39]**
> **Sachverhalt**
> Die A-AG erwirbt ein TU. Dieses TU verfügt über ein Grundstück, über das 2 Betriebsstätten der A-AG nunmehr auf direktem Weg miteinander verbunden werden können. Bislang müssen Lieferungen zwischen den Betriebsstätten umständlich über das öffentliche Straßennetz erfolgen.
>
> **Beurteilung nach dem beizulegenden Wert**
> Bei der Bewertung des Grundstücks ist der Vorteil, die beiden Betriebsstätten nunmehr direkt miteinander verbinden zu können, irrelevant. Ein anderer Marktteilnehmer als die A-AG würde für das Grundstück nur den normalen Preis für Gewerbeflächen zahlen. Der unternehmensindividuelle Vorteil bleibt bei der Bewertung des Grundstücks außen vor. Er findet in die Konzernbilanz Eingang über den GoF.

Auch bei der Ermittlung des beizulegenden Zeitwerts von Verbindlichkeiten ist die Bonität des erworbenen Unt im Zeitpunkt des Erwerbs ohne Berücksichtigung der durch den Erwerb veränderten Gesellschaftsverhältnisse zu berücksichtigen (DRS 23.68).

Der Gesetzgeber sieht in § 255 Abs. 4 Satz 3 HGB den Fall vor, dass der beizulegende Zeitwert **nicht ermittelbar** ist. VG, Schulden, RAP und Sonderposten eines erworbenen TU, auf die dies zuträfe, wären mangels verlässlicher Bewertbarkeit ihrer Bilanzierungsfähigkeit beraubt. Die in § 255 Abs. 4 Satz 3 HGB vorgesehene Rückfalllösung auf die AHK kann nicht zur Anwendung kommen, da sie die Folgebewertung, nicht aber die Zugangsbewertung vor Augen hat. Vom erworbenen TU ggf. für das betreffende Bilanzierungsobjekt ermittelte Zeitwerte können damit nicht als konzernbilanzielle Zugangswerte herangezogen werden (DRS 23.67). In der Konsequenz geht der mit dem jeweiligen Sachverhalt verbundene Vermögensvor- oder -nachteil in der nach der Kapitalaufrechnung verbleibenden Residualgröße, d.h. dem GoF bzw. dem (passiven) Unterschiedsbetrag aus der KapKons, auf.

63

Von praktischer Bedeutung ist die aufgeworfene Fragestellung einer hinreichend verlässlichen Bewertbarkeit im Bereich der **immateriellen VG**.

64

> **Beispiel**
> **Sachverhalt**
> Die A-AG erwirbt ein im Rohstoffhandel tätiges TU, das in der Vergangenheit stabile Erträge erwirtschaftete. Ein Werttreiber des TU ist ein sehr langfristiger Rohstoffeinkaufskontrakt. Dem Einkaufskontrakt seien keine bestehenden Verkaufskontrakte zuordenbar.

---

[39] Beispiele im Folgenden in Anlehnung an *Leinen*, in *Kessler/Leinen/Strickmann*, BilMoG, 2009, S. 592 ff.

> **Beurteilung**
> Da das EnergiehandelsUnt auf Basis seines Geschäftsmodells aus dem langfristigen Einkaufskontrakt in der Vergangenheit einen wirtschaftlichen Nutzen in Form von Erlösen gezogen hat, ist auch im Erwerbszeitpunkt anzunehmen, dass dem Einkaufskontrakt ein positiver Wert beizumessen ist. Dieser ist entsprechend in der Kaufpreisfindung für das TU berücksichtigt. Da der Einkaufskontrakt die übrigen Kriterien, die an das Vorliegen eines VG zu knüpfen sind (Nutzenwert, Greifbarkeit und Übertragbarkeit), unzweifelhaft erfüllt, kann eine Bilanzierung dem Grunde nach nur daran scheitern, dass die selbstständige Bewertbarkeit zu negieren ist.
> Deshalb ist zu überlegen, ob eine erhebliche Schätzungsunsicherheit dazu führen kann, dass der beizulegende Zeitwert als nicht ermittelbar i. S. v. § 298 Abs. 1 HGB i. V. m. § 255 Abs. 4 HGB anzusehen ist. Um den beizulegenden Zeitwert des Einkaufskontrakts bemessen zu können, müssen Erfüllungszeitpunkt und durchsetzbare Konditionen der dem Dauerbeschaffungsgeschäft nachfolgenden Veräußerungstransaktionen geschätzt werden. Da für beide Parameter eine Bandbreite argumentierbarer Werte zur Verfügung steht, wird der beizulegende Zeitwert in Abhängigkeit von ihrer Festlegung erheblich differieren. Bezogen auf den Wertansatz des Einkaufskontrakts droht damit eine beachtliche Überbewertung, die im Konzernabschluss indes regelmäßig durch den Ansatz eines niedrigeren GoF korrigiert wird.
> Hier wird die Auffassung vertreten, dass die unter dem Einfluss des Vorsichtsprinzips in § 255 Abs. 4 HGB formulierte seltene Möglichkeit der nicht verlässlichen Ermittelbarkeit eines beizulegenden Zeitwerts nicht in Betracht zu ziehen ist. Sie sollte zugunsten des Gedankens verworfen werden, die sich im identifizierbaren Mengengerüst des erworbenen Reinvermögens niederschlagenden Ertragserwartungen als solche zu zeigen und nicht in der Saldogröße GoF aufgehen zu lassen.
> Die angestrebte Vergleichbarkeit mit der internationalen Rechnungslegung[40] wäre damit in diesem Punkt erreicht. Mit IAS 38 (2008) hat das IASB eine verlässliche Ermittlung des Fair Value von immateriellen Vermögenswerten unwiderlegbar vermutet, um dem Anspruch, möglichst wenige vom kaufenden Unt bezahlte Ertragserwartungen im **goodwill** aufgehen zu lassen, konsequent gerecht zu werden.

65 Selbst geschaffene **immaterielle Vermögensgegenstände** des TU, die aufgrund des Wahlrechts aus § 248 Abs. 2 Satz 1 oder dem Verbot aus Satz 2 HGB nicht in der HB I des TU ausgewiesen wurden, sind nach DRS 23.51 beim Erwerb durch das MU in der Konzernbilanz anzusetzen, da durch den Erwerbsvorgang unter Einzelerwerbsfiktion ein entgeltlicher Erwerb unterstellt wird. Ebenso sind in der HB I des TU nicht passivierte **Pensionsverpflichtungen** aufgrund von Art. 28 Abs. 1 EGHGB oder noch nicht zum Erfüllungsbetrag bewertete Verpflichtungen (Art. 67 Abs. 1 Satz 1 EGHGB) als Teil des (niedrigeren) Kaufpreises anzusehen, sodass hierfür im Rahmen der ErstKons ebenfalls kein Wahl-

---

[40] Vgl. BilMoG-BgrRegE, S. 34.

recht angewendet werden darf und diese ebenfalls in der Konzernbilanz auszuweisen sind (DRS 23.56).

Strittig ist im Rahmen der Neubewertung der nach DRS 23.58 nur unter sehr eng definierten Voraussetzungen verlangte Ausweis von **Restrukturierungsrückstellungen**. Da Aufwandsrückstellungen nach § 249 HGB nur noch für eng beschriebene Sachverhalte gelten, die für Restrukturierungen nicht in Betracht kommen, liegt für eine derartige Verpflichtung keine gesetzliche Grundlage vor, da es sich im Erwerbszeitpunkt lediglich um Verpflichtungen aus Maßnahmen bzw. Entscheidungen des Erwerbers und nicht um Vermögensbelastungen des erworbenen TU handelt. Gleichwohl sind die Aufwendungen für die Restrukturierung aus individueller Sicht des Erwerbs Teil der Gegenleistung für den Erwerb der Anteile. Würde keine Restrukturierungsrückstellungen gebildet werden, wäre dieser Betrag ggf. Teil des passiven Unterschiedsbetrags aus der KapKons. DRS 23.58 fordert – in Anlehnung an die internationale Rechnungslegung – den gesonderten Ausweis von Rückstellungen für Restrukturierungsmaßnahmen nur dann in der Neubewertungsbilanz, wenn hierfür im Zeitpunkt der erstmaligen Einbeziehung bereits eine **Außenverpflichtung des erworbenen TU** besteht. Indizien dafür sind die folgenden kumulativ erfüllten Punkte: 66

- Zum Zeitpunkt des Unternehmenserwerbs müssen die wesentlichen Bedingungen eines Plans zur Stilllegung oder Veräußerung des TU oder Teilen davon feststehen. Dazu gehören die Aufwendungen für die Abfindung von Mitarbeitern, die Schließung von Unternehmenseinrichtungen, die Aufgabe von Produktionslinien oder die vorzeitige Kündigung von Verträgen mit Dritten.
- Die wesentlichen Bedingungen des Plans müssen bereits von dem TU umgehend bekannt gemacht worden sein.

Schulden, deren rechtliche Entstehung auf Maßnahmen oder Entscheidungen beruht, die der Erwerber erst nach der Erlangung der Beherrschungsmöglichkeit i. S. d. § 290 Abs. 1 Satz 1 HGB getroffen hat, dürfen dagegen in der Neubewertungsbilanz nicht angesetzt werden.[41] Dagegen gehören zu den in der Neubewertungsbilanz ansatzpflichtigen Schulden auch Verpflichtungen gegenüber AN oder sonstigen fremden Dritten, z.B. Lieferanten, deren Entstehung aufschiebend bedingt von einem Kontrollwechsel abhängig ist (*change-of-control*-Klauseln) und die nicht der Abgeltung für eine künftige (Arbeits-)Leistung dienen (DRS 23.60). 67

Die neu bewerteten Werte stellen die AK des Konzerns dar und sind die neuen Wertobergrenzen für die Zukunft. Bei in Fremdwährung bilanzierenden TU sind das neu bewertete EK sowie analog auch die VG und Schulden mit dem Devisenkassamittelkurs zum ErstKons-Zeitpunkt in Euro umzurechnen. Dieser Kurs gilt in der Folge als historischer Kurs gem. § 308a Satz 1 HGB.[42] Die VG des AV sind mit diesen Werten im Konzernanlagespiegel auszuweisen, wobei es sinnvoll ist, das nach § 268 Abs. 2 HGB vorgeschriebene Schema um die Position „Veränderung des Konsolidierungskreises" zu erweitern.[43] Bei den notwendigen FolgeKons wird daher stets, ggf. unter Beachtung nachträglicher Wertkorrektu- 68

---

[41] Vgl. DRS 23.57.
[42] Vgl. DRS 23.38.
[43] Vgl. *Müller*, in *Federmann/Kußmaul/Müller*, HdB, Beitrag: Anlagespiegel, Rz 1, Stand 4/2016.

ren, die **ErstKons** mit den dabei verwandten Wertansätzen wiederholt. Folglich können bei der KapKons die Buchwerte aus den Einzelbilanzen der einzubeziehenden TU weder bzgl. des Ansatzes noch hinsichtlich der Bewertung unverändert übernommen werden. Maßgeblich sind vielmehr ihre AK zum Zeitpunkt des Erwerbs.

69 Technisch ist für die Neubewertung ein gesonderter EK-Posten in der neu bewerteten Bilanz des TU (sog. **Handelsbilanz III**) etwa mit der Bezeichnung „Neubewertungsrücklage" sinnvoll. Bei der Neubewertung gelten die GoB, wobei insb. der Grundsatz der Einzelbewertung zu beachten ist. Daraus folgt, dass jede aufgelöste stille Reserve oder Last einem bestimmten VG oder einer Schuld zuzuordnen und für spätere Konsolidierungsnotwendigkeiten auch ausreichend zu dokumentieren ist. Lediglich aus Wirtschaftlichkeitsgründen kann eine enge Gruppenbildung toleriert werden.[44] Zusätzlich müssen Vorkehrungen getroffen werden, dass in der Konzernbilanzierung auch die Informationen wie Verkäufe oder Wertänderungen der VG und Schulden aus den TU ankommen, was in der Praxis über entsprechend konzipierte Formblätter (Konzernpackage) sichergestellt wird.

2.5 Bewertung von Rückstellungen und latenten Steuern (Abs. 1 Satz 3)

70 Für Rückstellungen und latente Steuern hat der Gesetzgeber eine Ausnahme von der Verwendung des beizulegenden Zeitwerts festgeschrieben. Diese beiden Positionen sind gem. den allgemeinen Bilanzierungsregeln zu erfassen. Für **Rückstellungen** bedeutet dies, dass sie zum Erfüllungsbetrag anzusetzen sind (§ 253 Rz 33 ff.).
Als notwendiger **Erfüllungsbetrag** ist der Betrag anzusehen, den der Konzern aller Voraussicht nach aufzubringen hat, um die bestehende (ggf. ungewisse) Verpflichtung zu erfüllen. Die Klarstellung, dass es sich um den notwendigen Erfüllungsbetrag sowie die Ausführungen in der Gesetzesbegründung handelt,[45] machen deutlich, dass der Gesetzgeber auf eine **zukunftsorientierte Verpflichtungsbewertung** abzielt. Zur Ermittlung ist demnach das im Zeitpunkt der Erfüllung geltende (zukünftige) Preis- und Kostenniveau auf Vollkostenbasis (§ 255 Abs. 2 HGB) zugrunde zu legen, wobei der dann errechnete Betrag allerdings bei Rückstellungen mit einer Restlaufzeit von mehr als einem Jahr gem. § 253 Abs. 2 HGB abzuzinsen ist mit einem der Laufzeit entsprechenden und von der Deutschen Bundesbank veröffentlichten Durchschnittsmarktzinssatz. Somit sollen „den Abschlussadressaten realitätsnähere Informationen über die wahre Belastungswirkung ungewisser Verbindlichkeiten"[46] vermittelt werden. Konkret sind daher bei der Bewertung von Rückstellungen sowohl **Preis- und Kostenänderungen** als auch eine **Abzinsung** zu berücksichtigen. Da die gesamte Rückstellungsbewertung zukunftsorientiert auszurichten ist, sind neben den Preis- und Kostenentwicklungen ggf. auch Anpassungen im Mengengerüst notwendig. Im Regelfall dürften die auf der Ebene des Jahresabschlusses gebilde-

---

[44] Vgl. *Winkeljohann/Deubert*, in Beck Bil-Komm., 10. Aufl., 2016, § 301 HGB, Rz 56.
[45] Vgl. BilMoG-BgrRegE, S. 52.
[46] *Kessler*, in *Kessler/Leinen/Strickmann*, Handbuch BilMoG, 2009, S. 278.

ten Rückstellungen und im Rahmen der Vereinheitlichung von Ansatz und Bewertung in der HB II angepassten Beträge direkt in den Konzernabschluss übernommen werden. Im Rahmen der Neubewertung sind jedoch ggf. werterhellende Ereignisse zu berücksichtigen. Zu den Abweichungen im Zusammenhang mit Schätzungsreserven s. Rz 55 f.

Die für Rückstellungen und latente Steuern in § 301 Abs. 1 Satz 3 HGB formulierte **Ausnahme** von der Verwendung des beizulegenden Zeitwerts als alleinigem Maßstab für die Bestimmung der konzernbilanziellen Zugangswerte des erworbenen Reinvermögens eines TU ist vergleichbar in der internationalen Rechnungslegung (IFRS 3.24 ff.) bekannt: Auch dort sind bestimmte Bilanzposten von der Verpflichtung zur Bewertung zum Fair Value im Rahmen der Kaufpreisallokation ausgenommen. Das nachstehende Beispiel verdeutlicht dies. 71

> **Beispiel**
> **Sachverhalt**
> Die A-AG erwirbt ein ausländisches TU, zu dessen Reinvermögen eine langfristige Rückstellung und eine aktive latente Steuer auf einen in den nächsten fünf Jahren zu nutzenden Verlustvortrag zählen.
>
> **Beurteilung**
> Ohne die Ausnahme von § 301 Abs. 1 Satz 3 HGB wären die Rückstellung und die aktive latente Steuer mit dem beizulegenden Zeitwert anzusetzen, was zwingend eine Abzinsung mit einem marktadäquaten Zinssatz voraussetzen würde. Ein so ermittelter Wertansatz gerät mit der (Folge-)Bewertung sowohl der Rückstellung als auch der aktiven latenten Steuer in Konflikt. Die Rückstellung ist nach § 253 Abs. 1 und 2 HGB auf Basis eines durchschnittlichen Marktzinses der vergangenen sieben Jahre gem. der Fristigkeit der Verpflichtung abzuzinsen (§ 253 Rz 127 ff.). Da dieser Zins regelmäßig von dem Zins für die Ermittlung des beizulegenden Zeitwerts abweichen wird, müsste der konzernbilanzielle Zugangswert der Rückstellung am ersten Konzernbilanzstichtag, zu dem das erworbene TU im Konzernabschluss abgebildet wird, bei gleichbleibendem Mengengerüst erfolgswirksam i. H. d. Zinsdifferenz angepasst werden. Entsprechendes gilt für die aktive latente Steuer auf den Verlustvortrag. Sie ist in Anwendung des expliziten Abzinsungsverbots in § 274 Abs. 2 HGB (§ 274 Rz 103) am Konzernbilanzstichtag mit dem Nominal- statt mit dem Barwert anzusetzen. Nach § 301 Abs. 1 Satz 2 HGB sind die Rückstellungen und die latenten Steuern im konzernbilanziellen Zugangszeitpunkt jedoch nicht mit ihren beizulegenden Zeitwerten anzusetzen. Stattdessen ist auf die Werte zurückzugreifen, die sich nach den einzelgesellschaftlichen Bewertungsmodellen in § 252 Abs. 1 und 2 HGB und § 274 HGB ergeben.

Für steuerliche Be- oder Entlastungen, die aus dem Abbau abzugsfähiger oder zu versteuernder temporärer Differenzen der in der Neubewertungsbilanz angesetzten Vermögens- und Schuldposten sowie aus der Nutzung eines steuerrechtlichen Verlustvortrags resultieren, sind nach DRS 23.71 mit Verweis auf § 301 Abs. 1 i. V. m. § 306 Satz 1 HGB; DRS 18.25 latente Steuern anzusetzen. Der in § 301 Abs. 1 Satz 3 HGB enthaltene Verweis zur konzernbilanziellen **Zugangsbewer-** 72 tung von latenten Steuern bezieht sich nur auf die Bewertungsvorschrift in § 274 Abs. 2 HGB. Hieraus ist nicht zu folgern, dass die in § 274 Abs. 1 Satz 4 HGB formulierte Beschränkung des Ansatzes aktiver latenter Steuern auf die innerhalb der nächsten fünf Jahre zu erwartenden Verlustverrechnungen für die konzernbilanzielle Zugangsbewertung nicht gilt und entsprechend ein längerer Prognosehorizont für sie zumindest in Betracht kommt. Dies entspräche nicht der mit dem Verweis auf das einzelgesellschaftliche Bewertungsmodell für latente Steuern verbundenen Absicht.[47] Es käme wiederum zu der im vorstehenden Beispiel beschriebenen Diskrepanz zwischen der Zugangsbewertung (Prognosehorizont nicht beschränkt) und der Folgebewertung (Prognosehorizont auf fünf Jahre beschränkt).[48] Hinsichtlich der Bewertung sind latente Steuern in der Neubewertungsbilanz mit dem unternehmensindividuellen Steuersatz des betreffenden TU zu bewerten und nicht abzuzinsen (DRS 18.41 und 49, DRS 23.73). Für die Bilanzierung latenter Steuern auf steuerrechtliche Verlustvorträge des TU in der Neubewertungsbilanz sind ggf. bestehende Verlustabzugsbeschränkungen, die infolge des Anteilserwerbs entstehen, z. B. gem. § 8c KStG, zu berücksichtigen. Für zu versteuernde temporäre Differenzen zu bildende passive latente Steuern sind – unter Berücksichtigung ggf. bestehender Verlustabzugsbeschränkungen – unabhängig von ihrem Realisationszeitpunkt geeignet, die Werthaltigkeit eines Verlustvortrags zu belegen (DRS 18.21).[49]

73 Indem sich der Verweis nur auf § 274 Abs. 2 HGB bezieht, wird indes klargestellt, dass das in § 274 Abs. 1 HGB enthaltene Wahlrecht zum Ansatz eines aktiven latenten Steuerüberhangs bei der ErstKons **nicht** gilt.[50] Hat sich das TU in seinem handelsrechtlichen Einzelabschluss (HB I) gegen einen Ansatz entschieden, muss es bei der ErstKons nachaktiviert werden, da auch diese Beträge Teil des Kaufpreises sein können (Rz 65). Dies entspricht dem Ansatzgebot für aktive latente Steuerüberhänge aus Konsolidierungsmaßnahmen in § 306 HGB. Für in der Folge neu entstehende aktive Steuerüberhänge besteht davon unabhängig über § 298 Abs. 1 HGB i. V. m. § 274 HGB ein konzerneinheitlich und stetig auszuübendes Ansatzwahlrecht.

> **Beispiel**
> **Sachverhalt**
> Die A-AG erwirbt am 8.10.01 ein TU (B-AG). Der Kaufpreis beträgt 100 Mio. EUR, das Reinvermögen des TU auf HB-I-Basis im Erwerbszeitpunkt 80 Mio. EUR. Hierin ist eine Drohverlustrückstellung i. H. v. 10 Mio. EUR enthalten. Allein die Drohverlustrückstellung begründet einen Bewertungsunterschied zwischen den handels- und steuerbilanziellen Wertansätzen. Die konzernbilanziellen Zugangswerte entsprechen den Wertansätzen in der HB I der B-AG. Die B-AG macht in ihrem Jahresabschluss von dem Wahlrecht Gebrauch, aktive latente Steuerüberhänge nicht anzusetzen. Zum 31.12.01 passiviert die B-AG eine weitere Drohverlustrückstellung

---

[47] Vgl. BilMoG-BgrRA, S. 118.
[48] Vgl. § 274 Abs. 1 Satz 4 i. V. m. § 298 Abs. 1 HGB; DRS 18.23 a) sowie *Leinen*, in *Kessler/Leinen/Strickmann*, BilMoG, 2009, S. 597 f.
[49] Vgl. DRS 23.75.
[50] A. A. wohl *Oser*, PiR 2009, S. 125.

i. H. v. 5 Mio. EUR, die ihren Ansatzgrund in einem im November 01 abgeschlossenen noch schwebenden Rechtsgeschäft hat. Der Ertragsteuersatz der B-AG beträgt 30 %.

Beurteilung
Bei der Ermittlung des der ErstKons der B-AG zugrunde zu legenden Reinvermögens ist die aus dem Ansatz der Drohverlustrückstellung resultierende aktive latente Steuer (3 Mio. EUR) zu berücksichtigen. Das Reinvermögen beträgt damit nicht 80 Mio. EUR, sondern 83 Mio. EUR. Durch den verpflichtenden Ansatz der aktiven Latenz wird verhindert, dass das sie begründende Steuerminderungspotenzial im GoF aufgeht.
Ob der aktive Latenzüberhang aus der nach der ErstKons neu gebildeten Drohverlustrückstellung i. H. v. 5 Mio. EUR (1,5 Mio. EUR) im Konzernabschluss zum Ansatz kommt, richtet sich hingegen danach, wie im Konzern das Aktivierungswahlrecht nach § 274 Abs. 1 HGB ausgeübt wird.

Steuerrechtliche Verlustvorträge, die beim MU oder bei anderen TU bestehen und erst durch den Erwerb des TU werthaltig i. S. v. § 274 Abs. 1 Satz 4 i. V. m. § 298 Abs. 1 HGB werden, dürfen im Rahmen der KapKons nicht berücksichtigt werden (DRS 23.76). Die Nutzbarkeit betrifft die Vermögenssphäre des MU bzw. des anderen TU. Ihre Aktivierung erfolgt deshalb **erfolgswirksam**. Sie findet keine Berücksichtigung in der Kaufpreisallokation. Es mag zwar sein, dass die Nutzbarkeit des Verlustvortrags Eingang in die Kalkulation des Kaufpreises gefunden hat. Eine Aufteilung des Kaufpreises auf die Komponenten „erworbenes Reinvermögen TU" und „nutzbarer Verlustvortrag" scheidet indes aus. Der nutzbare Verlustvortrag entsteht originär beim MU und wird nicht erworben. Dies kann dazu führen, dass der beim MU entstehende Vorteil in der Konzernbilanz zweimal berücksichtigt wird: zum einen über den Ansatz aktiver latenter Steuern, zum anderen im GoF des TU.   74

3 Zeitpunkt der Bewertung der konsolidierungspflichtigen Anteile (Abs. 2)

Die Bestimmung der für die Kapitalaufrechnung maßgeblichen Wertansätze hat grundsätzlich zu dem **Zeitpunkt** zu erfolgen, zu dem das Unt **TU** geworden ist. Bei unterjährigen Unternehmenserwerben ist damit unter Berücksichtigung von Wesentlichkeits- und Wirtschaftlichkeitsaspekten i. d. R. die Erstellung von Zwischenabschlüssen notwendig, wenngleich dies nicht explizit etwa von DRS 23.11 gefordert wird (Rz 48).   75

Für den Fall, dass aufgrund des Überschreitens der Größenkriterien in § 293 HGB oder der erstmaligen Einbeziehung eines bislang nach § 296 HGB nicht berücksichtigten TU eine KapKons notwendig wird, sieht § 301 Abs. 2 Sätze 3 und 4 HGB **Erleichterungen** vor. Die für die Kapitalaufrechnung notwendigen Wertansätze sind auf den Zeitpunkt der erstmaligen Einbeziehung in den Konzernabschluss zu ermitteln. Der Zeitpunkt der erstmaligen Einbeziehung sollte dabei durch den Gj-Beginn und nicht das Gj-Ende determiniert werden. Die Regelung vermeidet mögliche Datenbeschaffungsprobleme bei länger zurück-   76 liegenden Beteiligungserwerben. Vor diesem Hintergrund ist auch die Ausnahme der Vereinfachungsregel konsequent: Ist am Bilanzstichtag erstmals ein Konzernabschluss aufzustellen, so müssen im abgelaufenen Gj erworbene TU auf Basis der Wertverhältnisse des Stichtags konsolidiert werden, zu dem sie TU geworden sind (Erwerbszeitpunkt). Hier vermutet der Gesetzgeber unwiderlegbar, dass die erforderlichen Informationen beschafft werden können.

77 Im Fall der vereinfachenden KapKons auf den Zeitpunkt der erstmaligen Einbeziehung eines TU können von TU thesaurierte Gewinne zu einem passiven Unterschiedsbetrag führen. Seinem Charakter entspräche eine **unmittelbare erfolgsneutrale** Erfassung im Konzern-EK (Rz 98 ff.).

3.1 Zeitpunkt, zu dem das Unternehmen Tochterunternehmen geworden ist (Abs. 2 Satz 1)

3.1.1 Erwerb in einem Schritt

78 Die Neubewertung des TU hat im Regelfall zu dem Zeitpunkt zu erfolgen, an dem das Unt TU geworden ist. Dies wird in der Praxis i. d. R. der Zeitpunkt sein, an dem das **wirtschaftliche Eigentum** an den die Beherrschung begründenden Anteilen auf das MU übergegangen ist. Denkbar ist aber auch, dass die zur Qualifikation eines Mutter-Tochter-Verhältnisses gem. § 290 HGB notwendige Beherrschungsmöglichkeit über ein TU auch ohne Anteilsbesitz bzw. zusätzlich zu einem die Beherrschung bislang noch nicht zulassenden Anteilsbesitz entsteht. Konkret ist dabei gem. § 290 Abs. 2 HGB ein beherrschender Einfluss anzunehmen, wenn

- dem MU die Mehrheit der Stimmrechte der Gesellschafter zusteht (§ 290 Rz 28 ff.),
- das Recht besteht, die **Mehrheit der Mitglieder des die Finanz- und Geschäftspolitik** bestimmenden Verwaltungs-, Leitungs- oder Aufsichtsorgans zu bestellen oder abzuberufen, und gleichzeitig eine Gesellschafterstellung gegeben ist (§ 290 Rz 34 ff.),
- auch ohne Gesellschafterstellung eine Beherrschungsmöglichkeit über einen **Beherrschungsvertrag oder Satzungsbestimmungen** gegeben ist (§ 290 Rz 41 ff.) oder
- die **Risiken- und Chancentragung** bzgl. eines Unt, das zur Erreichung eines eng begrenzten und genau definierten Ziels des MU dient (**Zweckgesellschaft**), bei wirtschaftlicher Betrachtung durch das MU erfolgt (§ 290 Rz 45 ff.).

79 Problematisch ist, dass trotz der scheinbar klaren Regelung im Detail Spielräume verbleiben. Nach § 290 Abs. 1 HGB kann der beherrschende Einfluss nämlich auch unabhängig von diesen gesellschaftsrechtlichen Verhältnissen gegeben sein. Es kann etwa als ausreichend angesehen werden, wenn der Erwerber aufgrund schuldrechtlicher Vereinbarungen mit dem Veräußerer schon vor dem dinglichen Übergang der Anteile eine Beherrschungsmöglichkeit über das Erwerbsobjekt hat. Es ist somit zu prüfen, ob eine **unentziehbare Erwerbsposition** vorliegt. So können als praxisrelevante Abgrenzungsfälle aufgeführt werden:

80 - Der **Erwerb wird vertraglich vorverlagert**, d. h., bei Vertragsabschluss am 12.1.X1 wird eine Übernahme der Anteile zum 1.1.X1 festgelegt. Wenn zu diesem Zeitpunkt tatsächlich die Beherrschungsmöglichkeit übergegangen ist, ist somit der 1.1. als relevanter Stichtag für die Erlangung des TU-Status

anzunehmen. Im Normalfall sind solche unterjährigen Vereinbarungen aber für die Bestimmung des Erwerbszeitpunkts unbeachtlich, da es sich häufig lediglich um eine im Innenverhältnis zwischen Verkäufer und Erwerber getroffene Klarstellung handelt, die letztlich nur auf eine Gewinnverteilung hinausläuft. Die Beherrschungsmöglichkeit kann demnach nur in seltenen Ausnahmefällen rückwirkend übertragen werden.[51]

- **Abweichende Gewinnaufteilungen**, d. h. etwa, dass dem Erwerber auch die Altgewinne des Gj zugerechnet werden, sind daher ebenfalls im Regelfall nicht als Vorverlagerung des Erwerbszeitpunkts zu interpretieren.[52]   81
- Bei **Erwerb der Anteile bei Umwandlungsvorgängen** ist das rechtliche Eigentum an den Anteilen erst mit der Eintragung in das HR gegeben. Unter den Voraussetzungen des HFA 2/1997[53] kann aber für den Erwerbszeitpunkt bereits als frühester Zeitpunkt der ausdrücklich vereinbarte Umwandlungsstichtag angesehen werden. Umwandlungsstichtag ist der Zeitpunkt, ab dem die Handlungen des die Anteile des TU übertragenden Rechtsträgers für Rechnung des übernehmenden Rechtsträgers vorgenommen werden (§ 5 Abs. 1 Nr. 6 bzw. § 136 Abs. 1 Nr. 6 UmwG).[54]   82
- Bei **Gremienvorbehalten** ist zu differenzieren: Bedarf die Wirksamkeit der Anteilsübertragung einer Zustimmung durch den Aufsichtsrat oder die Geschäftsführung des Veräußerers, ist bis zur Erteilung der Zustimmung aus Sicht des Erwerbers völlig unsicher, ob der Vertrag wirksam wird. Der beherrschende Einfluss kann noch nicht übergehen. Besteht der Gremienvorbehalt hingegen nur noch zugunsten eines Organs des Erwerbers, liegt der Einfluss über das Erwerbsobjekt bereits in seiner Sphäre.[55]   83
- Bestehen **Kartellamtsvorbehalte**, so sind diese dahin gehend zu würdigen, wie hoch die Wahrscheinlichkeit des Versagens der Zustimmung ist und wie ggf. während des anhängigen Verfahrens die Handlungsoptionen aussehen. Darf der Erwerber lediglich mit Zustimmung des Veräußerers Geschäftshandlungen vornehmen, wird der Erwerbszeitpunkt erst auf den Tag der Genehmigungserteilung fallen können (s. § 298 Rz 22).[56]   84

Mit der Bestimmung des Zeitpunkts sind zwei Sachverhalte verbunden: Zum einen erfolgt im Erstkonsolidierungszeitpunkt die **Qualifikation von Gewinnen**. Während die bis zu diesem Zeitpunkt angefallenen (alten) Gewinne in die ErstKons eingehen, sind die ab dem Tag des Unternehmenserwerbs entstehenden Gewinne Bestandteil der Konzern-GuV. Zum anderen hat zu diesem Zeitpunkt die **Wertermittlung** der für die KapKons benötigten Posten zu erfolgen, d. h. des Werts der Anteile, der neu bewerteten Jahresabschlüsse des TU mit neu bewertetem EK, der VG, Schulden, RAP und Sonderposten sowie mittelbar damit auch des GoF.   85

---

51 Diesbezüglich nur bei Fällen eines tatsächlichen Übergangs zustimmend *Hoffmann/Lüdenbach*, NWB-Kommentar Bilanzierung, 8. Aufl., 2017, § 301 HGB, Rz 19.
52 Vgl. *Winkeljohann/Deubert*, in Beck Bil-Komm., 10. Aufl., 2016, § 301 HGB, Rz 131.
53 Vgl. IDW RS HFA 42, Tz. 31 ff.
54 Vgl. *Kreipl/Müller*, in *Federmann/Kußmaul/Müller*, HdB, Beitrag: Umwandlungen, Rz 1, Stand 4/2016.
55 Vgl. *Hoffmann/Lüdenbach*, NWB-Kommentar Bilanzierung, 8. Aufl., 2017, § 301 HGB, Rz 20.
56 Vgl. BFH, Urteil v. 25.6.2009, DStR 2009, S. 2304.

86 Auf den Zeitpunkt des Erwerbs wird i.d.R. von dem TU ein **Zwischenabschluss** aufzustellen sein, auch wenn dieser nach DRS 23.11 nicht gefordert wird. Dieser kann jedoch, soweit verlässlich, auch zeitnah als Monats- oder sogar Quartalsanschluss ausgestaltet sein und dient der Dokumentation der erworbenen VG, Schulden, RAP und Sonderposten (Mengengerüst) und der Ermittlung des erworbenen EK einschl. der ggf. enthaltenen Jahresergebnisse. Nach RS HFA 44, Tz. 23 ff. darf alternativ aber auf die Aufstellung eines Zwischenabschlusses verzichtet werden, wenn es über statistische Verfahren möglich ist, das Jahresergebnis sowie die Aufwendungen und Erträge verlässlich zurückzurechnen. Für das Mengengerüst sollte ein Inventar zum Erwerbszeitpunkt erstellt werden, wobei auch darauf ggf. verzichtet werden kann, wenn eine verlässliche Rückrechnung aus dem Jahresabschluss möglich ist.

3.1.2 Sukzessiver Anteilserwerb

87 Erfolgt der Erwerb eines TU in einem Schritt, sollten sich der Zeitpunkt des Anteilserwerbs und der für die Kapitalaufrechnung maßgebliche Zeitpunkt, zu dem das Unt TU geworden ist, regelmäßig entsprechen. Anders im Fall des sukzessiven Anteilserwerbs: Das Gesetz stellt dabei auf den Zeitpunkt des Erwerbs der Anteilstranche ab, mit der das MU die Beherrschungsmöglichkeit über das TU erlangt. **Eine tranchenweise Kons. scheidet damit für diesen Fall aus,**[57] wird aber im Rahmen des Anteilszuerwerbs bei bereits bestehender Beherrschungsmöglichkeit vom DRS 23.172 als möglich angesehen (Rz 208).

88 Auf frühere Beteiligungstranchen entfallende **thesaurierte Ergebnisse** des TU werden zu konsolidierungspflichtigem EK, was die Entstehung eines passiven Unterschiedsbetrags begünstigt. Da § 301 Abs. 2 HGB eine Einbeziehung von TU zu einem alternativen Zeitpunkt nicht zulässt, ist die angeordnete Verfahrensweise bei sukzessiven Erwerben nicht als Vereinfachungslösung zu der dem Erwerbsgedanken stärker Rechnung tragenden tranchenweisen Kons. aufzufassen. Von daher erscheint es konsequent, einen sich bei der ErstKons aufgrund von Gewinnthesaurierungen des TU während der Konzernzugehörigkeit ergebenden **passiven Unterschiedsbetrag** (auch technischer passiver Unterschiedsbetrag genannt) im Einklang mit § 309 HGB unmittelbar erfolgswirksam aufzulösen. Dieser aperiodische Ertrag entspräche indes nicht dem ökonomischen Charakter des Unterschiedsbetrags. Deshalb ist eine **erfolgsneutrale Umgliederung** in die Konzerngewinnrücklagen zu präferieren, was auch mit DRS 23.148 gefordert wird.

89 Die Entstehung eines passiven Unterschiedsbetrags kann indes nicht nur in Alttranchen zuzuordnenden thesaurierten Gewinnen begründet sein, sondern auch in der Wertsteigerung des auf die Alttranche entfallenden Vermögens, d.h., es sind stille Reserven angewachsen oder stille Lasten haben abgenommen. Hierzu ein einfaches Beispiel:

---

[57] Vgl. DRS 23.9; *Winkeljohann/Deubert*, in Beck Bil-Komm., 10. Aufl., 2016, § 301 HGB, Rz 126; *Leinen*, in *Kessler/Leinen/Strickmann*, BilMoG, 2009, S. 603 f.; *Oser* u.a., WPg 2008, S. 691.

> **Beispiel**
> **Sachverhalt**
> Die B-AG erwirbt am 1.1.X1 10 % der Anteile an der C-AG zu einem Preis von 10 TEUR. Die C-AG hat ein buchmäßiges Reinvermögen von 100 TEUR, das allein aus einem steuerfrei veräußerbaren VG besteht. Der Zeitwert des VG beträgt bei Erwerb der 10-%-Tranche ebenfalls 100 TEUR. Nach dem Übergang auf das BilMoG erwirbt die B-AG weitere 50 % der Anteile an der C-AG, die damit als TU der B-AG zu klassifizieren ist. Weiterhin besteht das Reinvermögen der C-AG nur aus dem steuerfrei veräußerbaren VG, dessen Zeitwert nunmehr 200 TEUR beträgt. Der Kaufpreis für die 50-%-Tranche beträgt 100 TEUR.
>
> **Beurteilung**
> Da der VG steuerfrei veräußerbar ist, sind keine latenten Steuern zu berücksichtigen. Die im Zeitpunkt des Erwerbs der 50-%-Tranche vorzunehmende Kaufpreisaufrechnung führt zu folgendem Ergebnis: Den AK für den 60 %igen Anteilsbesitz i.H.v. 110 TEUR ist das hierauf entfallende neu bewertete Reinvermögen der C-AG (120 TEUR) gegenüberzustellen. Es entsteht ein passiver Unterschiedsbetrag von 10 TEUR. Der Minderheitenanteil ist mit 80 TEUR zu dotieren.

Der im Beispiel entstehende technische passive Unterschiedsbetrag aus der KapKons basiert – anders als ein aus thesaurierten Gewinnen resultierender technischer Unterschiedsbetrag – nicht auf (in der Vergangenheit) realisierten Erfolgen. Eine unmittelbare Berücksichtigung im EK scheidet somit aus. Für ihn greift das Folgebewertungsmodell des § 309 HGB. Mit Veräußerung des VG und einhergehender Erfolgsrealisierung ist der passive Unterschiedsbetrag **erfolgswirksam** aufzulösen (DRS 23.149a). Kann die Zuordnung der stillen Reserven nicht oder nur mit unverhältnismäßig hohem Aufwand auf einzelne VG und Schulden erfolgen, ist der passive Unterschiedsbetrag planmäßig über die gewichtete durchschnittliche Restnutzungsdauer der erworbenen abnutzbaren Vermögensgegenstände oder der „Laufzeit" der übernommenen Schulden aufzulösen (DRS 23.149b). 90

Wird die an einem TU in der Vergangenheit erworbene Beteiligungstranche vor dem Übergang auf die VollKons nach der Equity-Methode bewertet, so findet sich keine gesetzliche Regelung und auch die diese Problematik klärenden Passagen des E-DRS 30 sind nicht im bekannt gemachten DRS 23 enthalten. Dennoch scheint eine Orientierung an den vorgeschlagenen Regelungen sinnvoll, nach denen der fortgeführte Equity-Wertansatz zusammen mit dem Kaufpreis für die das Überschreiten der Control-Grenze verursachende Tranche in die Kapitalaufrechnung einfließt (s. ÜbergangsKons Rz 214ff.).[58] 91

---

[58] Vgl. zum Übergang von der Equity-Methode auf die VollKons nach bisherigem Recht *Hayn*, Konsolidierungstechnik bei Erwerb und Veräußerung von Anteilen, 1999, S. 176ff.

3.2 Vereinfachte Kapitalkonsolidierung (Abs. 2 Satz 2)

92 Die Bestimmung des Mengengerüsts des erworbenen Reinvermögens eines TU und dessen Bewertung sind in der Konsolidierungspraxis regelmäßig mit einem nicht unerheblichen Aufwand verbunden. Um insb. bei einer zeitnah zum Konzernbilanzstichtag getätigten Akquisition eines TU die zeitliche Dimension der Ermittlungsprobleme zu reduzieren, stellt § 301 Abs. 2 Satz 2 HGB dem Bilanzierenden ein **Zeitfenster von einem Jahr** zur Verfügung, innerhalb dessen die Zugangswerte des übernommenen Reinvermögens endgültig zu ermitteln sind.

93 Somit beginnt einerseits die Jahresfrist im **Zugangszeitpunkt** des erworbenen Reinvermögens zu laufen. Andererseits ist die Anpassung des vorläufig ermittelten Werts nicht als Möglichkeit aufzufassen – sie ist pflichtgemäß vorzunehmen.[59] Der in § 301 Abs. 2 Satz 2 HGB verwendete Begriff der endgültigen Wertansätze ist so zu interpretieren, dass ein Wertansatz als endgültig anzusehen ist, wenn er den Ansprüchen einer normalen Abschlusserstellung genügt.

94 Innerhalb des Jahresfensters vorgenommene Änderungen an den Zugangswerten des übernommenen Reinvermögens sind – dem Postulat der Erfolgsneutralität von Anschaffungsvorgängen folgend – erfolgsneutral unter Anpassung des GoF bzw. des Unterschiedsbetrags aus der KapKons sowie etwaiger latenter Steuerpositionen zu erfassen. Eine vergleichbare Regelung findet sich mit IFRS 3.62 auch in der internationalen und mit SFAS 141.F1 in der US-amerikanischen Rechnungslegung.
Erfolgt die Anpassung erst in dem auf den Erwerb folgenden Konzernabschluss, sind die Anpassungsbeträge bis zum Beginn dieses Konzern-Gj nach DRS 23.78 fortzuschreiben und als Korrektur der Eröffnungsbilanzwerte zu berücksichtigen (retrospektive Korrektur). Ergebnisdifferenzen aus der Fortschreibung der Anpassungsbeträge sind dabei erfolgsneutral gegen den (Konzern-)Ergebnisvortrag zu erfassen. Sind an dem TU auch andere Gesellschafter beteiligt, ist der anteilig auf sie entfallende Ergebniseffekt aus der Fortschreibung der Anpassungsbeträge unmittelbar gegen den Ausgleichsposten gem. § 307 Abs. 1 HGB zu erfassen.

95 Ziel der Regelung ist es, die Wertverhältnisse des Zeitpunkts transparent zu machen, zu dem das Unt TU geworden ist. Das Tatsachengerüst dieses Zeitpunkts ist maßgeblich. Es darf nicht durch zeitlich nachgelagerte Vorgänge verändert werden.

Beispiel
Sachverhalt
Die B-AG erwirbt am 30.12.X1 ein TU, zu dessen Reinvermögen ein Fertigungsverfahren zählt, mit dem es am Markt erfolgreich agiert. Das TU ist erstmalig in den zum 31.12.X1 zu erstellenden Konzernabschluss der B-AG einzubeziehen. Im August X2 tritt ein Wettbewerber mit einem völlig neuen Fertigungsverfahren an den Markt, welches das Produktionsverfahren des erworbenen TU nahezu wertlos werden lässt.

---

[59] Vgl. DRS 23.77; *WinkeljohannHoffmann*, in Beck Bil-Komm., 10. Aufl., 2016, § 301 HGB, Rz 115.

> **Beurteilung**
> Für die auf den 30.12.X1 vorzunehmende Kapitalaufrechnung ist das Fertigungsverfahren mit seinem beizulegenden Zeitwert anzusetzen. Für die Beschaffung der notwendigen Bewertungsinformationen und die Ermittlung des endgültigen beizulegenden Zeitwerts besteht ein Zeitfenster bis Ende X2. Bei dieser Ermittlung muss die Tatsache, dass ein KonkurrenzUnt Mitte X2 mit einem revolutionären Fertigungsverfahren an den Markt getreten ist, außen vor bleiben. Aus der Perspektive August X2 ist das Fertigungsverfahren des erworbenen TU zwar wertlos, nicht aber aus der des Erwerbszeitpunkts. Auch wenn es dem Willen der Bilanzierungspraxis manchmal zuwiderläuft: Der Wertverlust ist Teil des Konzernergebnisses der Periode X2, er darf nicht in der ErstKons „versteckt" werden.

Die Unterscheidung zwischen **werterhellenden** und **wertbegründenden** Ursachen, die bei einem gesetzeskonformen Umgang mit dem Wertaufhellungszeitraum in § 252 Abs. 1 Nr. 4 HGB vorzunehmen ist, muss auch für die Wertfindung im Rahmen der konzernbilanziellen Zugangsbewertung beachtet werden. § 301 Abs. 2 Satz 2 HGB definiert in diesem Sinne einen verlängerten Wertaufhellungszeitraum. Die hieraus entstehenden **praktischen Probleme sind nicht zu unterschätzen**. Nicht umsonst hat der BFH im Hinblick auf die Ausdehnung des Wertaufhellungszeitraums auf „die kaum noch kontrollierbare Gefahr (hingewiesen, d. Verf.), dass einerseits im Verhältnis zu zeitgerechter Bilanzaufstellung nicht mehr maßgebliche spätere Umstände berücksichtigt, dass andererseits Umstände, die den Wert am Bilanzstichtag erhellen, mit solchen, die eine spätere Wertveränderung anzeigen, unzulässiger Weise vermischt werden".[60]

96

> **Beispiel**
> **Sachverhalt**
> Die B-AG erwirbt am 15.9.X1 ein TU. Dieses hat im Erwerbszeitpunkt eine im August X2 fällige Forderung aus einer Leistungsbeziehung gegenüber der D-GmbH. Im Dezember X1 entsteht eine weitere, ebenfalls im August X2 fällige Forderung gegenüber der D-GmbH. Am (Konzern-)Bilanzstichtag liegen dem TU keine Hinweise auf eine Wertminderung der Forderungen vor. In Variante (a) eröffnet die D-GmbH im Februar X2, in Variante (b) im Mai X2 ein Insolvenzverfahren. Der beizulegende Wert beider Forderungen sei daraufhin annahmegemäß null. Die B-AG beendet den Prozess der Erstellung ihres Konzernabschlusses Ende März X2.
>
> **Beurteilung**
> Eröffnet die D-GmbH im Februar X2 das Insolvenzverfahren (Variante (a)), hat die B-AG dies in ihrem handelsrechtlichen Jahresabschluss zum 31.12.X1 bei der Forderungsbewertung zu berücksichtigen. Die Eröffnung des Insolvenzverfahrens begründet einen Anscheinsbeweis dafür, dass beide in der Vergangenheit begründeten Forderungen bereits zum 31.12.X1 wertgemin-

---

[60] BFH, Urteil v. 12.12.1972, VIII R 112/69, BStBl 1973 II S. 557.

dert sind. Der Anscheinsbeweis ist widerlegt, wenn glaubhaft gemacht werden kann, dass die Insolvenzanmeldung ihre Ursache in Ereignissen des Jahrs X2 hat.

Im Konzernabschluss ist wie folgt zu verfahren: Die im Dezember X1 begründete Forderung ist genauso zu behandeln wie im Jahresabschluss des TU. Für die zum 15.9.X1 (ErstKons-Zeitpunkt) bereits bestehende Forderung gegenüber der D-GmbH ist zu überlegen, ob die Eröffnung des Insolvenzverfahrens im Februar X2 Anscheinsbeweis dafür ist, dass die Forderung bereits im ErstKons-Zeitpunkt wertgemindert war. Da der Zeitraum zwischen konzernbilanziellem Zugang der Forderung und Eröffnung des Insolvenzverfahrens um einiges länger ist als der für die Stichtagsbewertung zum 31.12.X1 zu betrachtende Zeitraum, fällt die Beantwortung der Frage, ob die Eröffnung des Insolvenzverfahrens ihre Ursache in Umständen hat, die bereits zum 15.9.X1 bestanden oder diesem Datum nachgelagert sind, deutlich schwerer. Lässt man das Insolvenzverfahren als Anscheinsbeweis für die Wertverhältnisse im ErstKons-Zeitpunkt gelten, ist sie mit einem Wert von null in der Konzernbilanz zu berücksichtigen,[61] entsprechend ist der GoF zu erhöhen bzw. ein passiver Unterschiedsbetrag zu verringern. Anderenfalls ist sie zunächst mit ihrem Nominalbetrag zu berücksichtigen und in der Folge zulasten des Konzernerfolgs außerplanmäßig abzuschreiben.[62]

Zu überlegen ist, ob für die zum 15.9.X1 bereits bestehende Forderung die Abgrenzung latenter Steuern erforderlich ist. Zum 31.12.X1 beträgt der steuerbilanzielle Wertansatz der Forderung für den Besteuerungszeitraum X1 null. Zum 31.12.X1 ist ein Bewertungsunterschied zwischen (konzern)bilanziellem Wertansatz und steuerbilanziellem Wert damit nicht gegeben. Wird die Forderung im konzernbilanziellen Zugangszeitpunkt mit null angesetzt, ist auch der (objektive) steuerbilanzielle Wert in diesem Zeitpunkt null. Beim Ansatz der Forderung im konzernbilanziellen Zugangszeitpunkt mit ihrem Nominalbetrag mit anschließender außerplanmäßiger Abschreibung entspricht auch der (objektive) steuerbilanzielle Wertansatz in diesem Zeitpunkt dem Nominalbetrag. D. h., nach hier vertretener Ansicht kommt eine Berücksichtigung latenter Steuern bei der Kaufpreisallokation nicht in Betracht.

Welcher Unterschied ergibt sich, wenn in Variante (b) die Eröffnung des Insolvenzverfahrens im Mai X2 angenommen wird? Da die Eröffnung des Insolvenzverfahrens außerhalb des durch § 252 Abs. 1 Nr. 4 HGB beschriebenen Wertaufhellungszeitraums liegt, ist dieser Umstand bei der Bewertung beider Forderungen im handelsrechtlichen Jahresabschluss des TU nicht mehr zu berücksichtigen. Gleiches gilt im Konzernabschluss für die im Dezember X1 begründete Forderung. Für die im ErstKons-Zeitpunkt bereits bestehende Forderung ist wiederum zu überlegen, ob die Insolvenzanmel-

---

[61] Der Unterschied zwischen beizulegendem Zeitwert und beizulegendem Wert kann an dieser Stelle vernachlässigt werden.
[62] Die fortgesetzte Lieferbeziehung, die sich im Entstehen der Dezemberforderung ausdrückt, ist weder Indiz noch widerlegbare Vermutung für die Werthaltigkeit der im Erwerbszeitpunkt bestehenden Forderung; vgl. BFH, Urteil v. 20.8.2003, I R 49/02, BStBl 2003 II S. 941 ff.

> dung Anscheinsbeweis für eine bereits im damaligen Zeitpunkt gegebene Wertminderung ist. Die Lebenserfahrung lehrt, dass in den etwa 9 Monaten zwischen Erwerb des TU und Eröffnung des Insolvenzverfahrens viel passieren kann. Ob die Insolvenzanmeldung bereits im zum 15.9.X1 gegebenen Tatsachengerüst oder durch spätere Ereignisse begründet ist, lässt sich wohl häufig nicht mehr eindeutig sagen. Es greift das Bewertungsvorrecht des Bilanzierenden.
> Kann er glaubhaft machen, dass die Insolvenzanmeldung Anscheinsbeweis für eine bereits im ErstKons-Zeitpunkt bestehende Wertminderung der Forderung ist, hat eine Anpassung der ErstKons zu erfolgen. Wiederum stellt sich die Frage nach der Abgrenzung latenter Steuern: Erfolgt keine Anpassung der ErstKons, ergeben sich keine Abweichungen zur steuerbilanziellen Behandlung der Forderung. Anders im Fall der Anpassung der ErstKons. Der steuerbilanzielle Wert für den Veranlagungszeitraum X1 entspricht dem Nominalbetrag der Forderung, ihre Abwertung wird erst in X2 berücksichtigt. Zwar beträgt der objektive Wert der Forderung am 15.9.X1 null, die Regeln zur Abschnittsbesteuerung verhindern aber, dass dieser berücksichtigt wird. Entsprechend wäre bei Anpassung der ErstKons eine aktivische latente Steuer aus diesem Sachverhalt zu berücksichtigen.

Die Zwölfmonatsperiode zur Anpassung der vorläufig in den Konzernabschluss aufgenommenen Wertansätze bezieht sich nicht nur auf Bewertungsfragen, sondern hat auch für die **Bilanzierung dem Grunde nach** Gültigkeit.[63] Dabei ist zu beachten, dass die Grundsätze zur Abgrenzung von ansatzerhellenden und ansatzbegründenden Umständen sinngemäß Anwendung finden.

97

> **Beispiel**
> **Sachverhalt**
> Die B-AG erwirbt am 30.12.X1 ein TU (C AG). Dieses hat eine bestrittene Forderung gegenüber der D-GmbH. Im Juni X2 ergeht ein letztinstanzliches Urteil zugunsten der C-AG.
>
> **Beurteilung**
> Die Aktivierung einer bestrittenen Forderung kommt erst in Betracht, wenn die Forderung anerkannt ist oder ein letztinstanzlich obsiegendes Urteil vorliegt.[64] Erst in diesem Zeitpunkt verfügt der Gläubiger über einen durchsetzbaren Anspruch. Ein Schuldanerkenntnis bzw. ein letztinstanzlich obsiegendes Urteil haben deshalb wertbegründenden Charakter. Die bei der erstmaligen Einbeziehung der C-AG in den Konzernabschluss der A-AG vorgenommene Kapitalaufrechnung ist nicht zu korrigieren.

Wesentlich bessere Erkenntnisse über die Verhältnisse im Erwerbszeitpunkt, die erst nach Ablauf der Korrekturfrist von zwölf Monaten, jedoch bis zum **Ende der Aufstellungsphase** für den Konzernabschluss erlangt werden, in dem die Erst-

---

[63] Vgl. BilMoG-BgrRA, S. 118.
[64] Vgl. BFH, Urteil v. 26.4.1989, I R 147/84, BStBl 1991 II S. 213 ff.

konsolidierung erfolgt, sind nach DRS 23.81 entsprechend den allgemeinen Grundsätze (§ 252 Abs. 1 Nr. 3 i.V.m. § 290 Abs. 1 HGB) unmittelbar bei der erstmaligen Erfassung des erfolgsneutralen Anschaffungsvorgangs zu berücksichtigen. Diese Grundsätze gelten nach DRS 23.82 entsprechend, wenn die ErstKons eines TU nicht zum Erwerbszeitpunkt gem. § 301 Abs. 2 Satz 1 HGB, sondern gem. § 301 Abs. 2 Sätze 3 und 4 HGB zu einem späteren Zeitpunkt erfolgt.

Die Pflicht, **nachträglich festgestellte Fehler** bei der Erwerbsbilanzierung nach den allgemeinen Grundsätzen zu korrigieren (DRS 13.25 ff.), gilt unabhängig von der Korrekturpflicht nach § 301 Abs. 2 Satz 2 HGB. Ausgeschlossen von der erfolgsneutralen Korrektur sind außerdem nach DRS 23.83 auch

- Wertänderungen der Vermögens- und Schuldposten des TU, die eine Folge von Entscheidungen des MU sind, die erst nach dem Erwerbszeitpunkt getroffen werden, sowie
- bessere Erkenntnisse über die Höhe einer bedingten Gegenleistung, die vom MU für den Erwerb der Anteile am TU zu entrichten ist, weil diese (bedingte) Schuld nicht Teil des aus Konzernsicht erworbenen Reinvermögens ist und damit nicht von der Korrekturvorschrift erfasst wird.

3.3 Erleichterung: Zeitpunkt der erstmaligen Einbeziehung (Abs. 2 Sätze 3–5)

98 Von dem grds. anzuwendenden Konzept in der handelsrechtlichen Umsetzung des Erwerbsmodells (der Zeitpunkt, zu dem das Unt TU geworden ist) verlangt der Gesetzgeber zunächst zwei Abweichungen: Sowohl im Fall einer erstmaligen Erstellung eines Konzernabschlusses mit der Einbeziehung von TU, die bereits länger als ein Jahr beherrscht werden können, als auch für den Fall, dass ein TU aufgrund von Einbeziehungswahlrechten gem. § 296 HGB bislang nicht in den VollKonsKreis einbezogen wurde, sollen die **Wertansätze zum Zeitpunkt der erstmaligen Einbeziehung** für die Kons. maßgeblich sein. Hierbei handelt es sich zunächst nicht um ein Wahlrecht. Vielmehr ist die **prospektive Handhabung** nach dem aktuellen Gesetzestext **verpflichtend im Regelfall anzuwenden** – mit dem BilRUG wurde aber mit Satz 5 für Ausnahmefälle wieder ein Wahlrecht eingeführt, da dann statt des Zeitpunkts der erstmaligen Einbeziehung auch der grundsätzliche Zeitpunkt, an dem das Unt TU geworden ist, zur Anwendung kommen darf. Allerdings löst dies eine Angabe- und Begründungspflicht im Konzernanhang aus. Grund für diese Aufweichung der Pflichtvorgabe ist die mit Sätzen 3 und 4 nicht in jedem Fall zwangsläufig vorliegende Erleichterung.[65] Vielmehr kann es zur Notwendigkeit einer erneuten Bewertung kommen, wenn zwischen der Bewertung im Rahmen der Kaufpreisverhandlungen oder bei der Einbeziehung in einen freiwilligen Konzernabschluss und der notwendigen Neubewertung bei der Einbeziehung ein so langer Zeitraum liegt, dass neue Wertgutachten erforderlich sind. Dies ist besonders problematisch, wenn die notwendigen Daten zur Pflichtkonsolidierung aus einem freiwilligen oder internen Konzernabschluss bereits vorliegen, die einfach und gut dokumen-

---

[65] Nach der Gesetzesbegründung sollte mit dieser Vorschrift aber eine Vereinfachung geschaffen werden, vgl. BilMoG-BgrRegE, S. 177.

tiert fortgeführt werden könnten. Dies hat der Gesetzgeber im BilRUG aufgegriffen und fordert ab dem Gj 2016 nicht mehr die Bewertung auf die Ersteinbeziehung in den pflichtgemäß zu erstellenden Konzernabschluss, sondern lässt auch den Ausnahmefall des freiwilligen Konzernabschlusses zu. Auch in den Fällen, in denen TU nicht erworben (gekauft), sondern vom Konzern (der MU) selbst gegründet wurden, ergeben sich deutliche Belastungen statt Erleichterungen: Bei Gründung des TU sind zumeist keine stillen Reserven vorhanden, während zum Zeitpunkt der erstmaligen Einbeziehung des TU eine umfängliche Bewertung (z.B. der nicht bilanzierten immateriellen VG, wie Kundenstamm, Patente etc.) erforderlich ist. Vor dem Hintergrund des Zwecks der Norm, eine Erleichterung zu schaffen, erscheint für diese Fälle die Pflicht zum „Fresh Start Accounting", d.h., die KapKons erfolgt zum Zeitpunkt der erstmaligen Einbeziehung (erster Tag des ersten Gj), als nicht sinnvoll. Schon bislang wurde in der Literatur in diesen begründeten Fällen eine Abweichung von der Gesetzesformulierung und die Fortführung der vorliegenden Werte für möglich gehalten.[66] Bedingung ist aber eine einheitliche Anwendung auf alle bereits vorliegenden Konsolidierungsfälle und eine entsprechende Erläuterung und Begründung im Anhang. Auch DRS 23.15 erlaubt in Übereinstimmung mit der aktuellen Gesetzesfassung die Vornahme der KapKons auch auf der Grundlage von § 301 Abs. 2 Satz 1 HGB, soweit die hierzu erforderlichen Informationen jeweils vorliegen.

Zur **erstmaligen Verpflichtung zur Aufstellung eines Konzernabschlusses** i.S.d. Vorschrift kann es kommen, wenn zwar bereits in der Vergangenheit ein Mutter-Tochter-Verhältnis gegeben war, aber der Verpflichtung des § 290 HGB zur Konzernrechnungslegung aufgrund von Befreiungstatbeständen nicht nachgekommen wurde. Als Befreiungstatbestand kommt die Befreiung nach §§ 291 und 292 HGB in Betracht, da hier das MU selbst TU eines übergeordneten MU ist und in den von diesem zu erstellenden Konzernabschluss einbezogen wurde. Dabei gilt § 291 HGB über § 11 Abs. 6 PublG auch für die übrigen Rechtsformen (§ 291 Rz 5f.). Des Weiteren können größenabhängige Befreiungen vorliegen gem. § 293 HGB für KapG und denen gleichgestellte PersG (§ 293 Rz 2 ff.) bzw. für alle übrigen Rechtsformen über § 11 Abs. 1 PublG, wobei rechtssystematisch hier keine Befreiung zu nutzen ist, sondern eine Verpflichtung erst bei Überschreitung der Größenkriterien besteht. Schließlich kann auch der in § 290 Abs. 5 HGB beschriebene Fall vorliegen, dass für alle einbeziehungspflichtigen TU ein Einbeziehungswahlrecht nach § 296 HGB genutzt wurde (§ 290 Rz 67 ff. und § 296 Rz 12 ff.).

Können die Befreiungen nicht mehr genutzt werden, da die entsprechenden Sachverhalte sich verändert haben, so sind grundsätzlich[67] (zu den Ausnahmefällen Rz 98) die für die KapKons relevanten Werte, d.h. Wert der Anteile, neu bewertete VG, Schulden, RAP und Sonderposten sowie neu bewertetes EK, zum **Zeitpunkt des Beginns des ersten im Konzernabschluss abzubildenden Gj** zu bewerten. Letztlich entstehen bei der Neubewertung zum Zeitpunkt der erst-

---

66 Vgl. *Klaholz/Stibi*, BB 2011, S. 2923, und *Winkeljohann/Deubert*, in Beck Bil-Komm., 10. Aufl., 2016, § 301 HGB, Rz 137.
67 Vgl. etwa DRS 23.15; *Winkeljohann/Deubert*, in Beck Bil-Komm., 10. Aufl., 2016, § 301 HGB, Rz 137.

maligen Einbeziehung vergleichbare Herausforderungen wie beim sukzessiven Anteilserwerb, wenngleich hier formal der Zeitpunkt relevant ist, zu dem das Unt TU geworden ist. Gleichwohl liegt auch hier ein (Teil-)Erwerb vor und die Einbeziehung fällt zeitlich auseinander, sodass fraglich ist, wie etwa mit zwischenzeitlich thesaurierten Gewinnen umzugehen ist.

> **Beispiel**
> **Sachverhalt**
> Die M-AG erwirbt am 30.12.01 für 250 TEUR ein TU (A-GmbH), das zu diesem Zeitpunkt VG von 500 TEUR und Schulden von 300 TEUR ausweist. Die M-AG ist jedoch aufgrund von größenabhängigen Befreiungen erst im Jahr 05 zur Konzernbilanzierung verpflichtet. Zu diesem Zeitpunkt (Anfang des Gj 05) weist die A-GmbH in der Bilanz VG von 750 TEUR und Schulden von 500 TEUR aus. Stille Reserven liegen i. H. v. 100 TEUR vor (Steuersatz 30 %). Der Ansatz des Beteiligungsbuchwerts im Jahresabschluss des MU beträgt unverändert 250 TEUR.
>
> **Beurteilung nach dem Grundsatz des § 301 Abs. 2 Satz 3 HGB bei Bewertung zum Einbeziehungszeitpunkt**
> Für die Einbeziehung in den Konzernabschluss der M AG hat die Bilanz der A-GmbH folgendes Aussehen:
>
> | Aktiva | Bilanz 31.12.04 (A GmbH) | | Passiva |
> |---|---|---|---|
> | VG | 850 | EK | 320 |
> | | | FK | 500 |
> | | | Latente Steuern | 30 |
> | | 850 | | 850 |
>
> Da der Wertansatz der Anteile lediglich 250 TEUR beträgt, entsteht bei der KapKons ein passiver Unterschiedsbetrag von 70 TEUR. Dieser ist nach den Vorschriften zunächst anzusetzen und dann gem. § 309 Abs. 2 HGB zu behandeln (§ 309 Rz 23 ff.). Da es sich bei dem **Unterschiedsbetrag** um bereits realisierte (thesaurierte) Gewinne handelt, sind diese nach DRS 23.148 als „technischer Unterschiedsbetrag" erfolgsneutral unmittelbar in die Konzerngewinnrücklage bzw. den Konzernergebnisvortrag einzustellen.
>
> **Beurteilung nach § 301 Abs. 2 Satz 5 HGB und Bewertung zum Erwerbszeitpunkt**
> Unter der Voraussetzung, dass die Wertansätze gut dokumentiert bereits für den Erwerbszeitpunkt des TU vorliegen, kann die erstmalige Einbeziehung im Ergebnis auch so gestaltet werden, als wäre das TU seither in den Konzernabschluss einbezogen worden, d. h., es handelt sich um eine „Erstkonsolidierung" mit den Werten der 4. Folgekonsolidierung. Dann hätte für die Einbeziehung in den Konzernabschluss der M AG die Bilanz der A-GmbH folgendes Aussehen:

Kapitalkonsolidierung §301

Aktiva	Bilanz 31.12.04 (A GmbH)		Passiva
VG	750	EK	250
		FK	500
	750		750

Es entsteht bei der KapKons ein Unterschiedsbetrag von 50, da zum Zeitpunkt des Erwerbs das EK lediglich 200 TEUR hoch war. Diese GoF ist jedoch aus Konzernsicht über die Jahre der Nichteinbeziehung abzuschreiben, sodass je nach Nutzungsdauer nur ein Restbetrag verbleibt. Die EK-Erhöhung des TU (thesaurierte Gewinne) erhöhen abzgl. der bereits gedanklich vorgenommenen GoF-Abschreibungen das Konzern-EK.

Im Ergebnis erscheint die zweite Variante sachgerechter, da ein Konzernabschluss entsteht, als wäre das TU gleich einbezogen worden bzw. als wäre schon immer ein Konzernabschluss erstellt worden. Die Variante nach dem Gesetzestext verzerrt diese Darstellung, was nur dann zu akzeptieren wäre, wenn die konsolidierungsrelevanten Informationen zum Zeitpunkt des Erwerbs nicht ausreichend dokumentiert vorliegen. Gem. DRS 23.208 ist bei der Angabe der Veränderung des Unterschiedsbetrags im Gj sowie generell bei wesentlichen Beträgen als auch aus § 297 Abs. 2 Satz 2 HGB auf diese Vorgänge im Konzernanhang erläuternd einzugehen.

Dieses Vorgehen der Verlegung des Zeitpunkts der Wertermittlung auf den Einbeziehungszeitpunkt ist gem. § 301 Abs. 2 Satz 4 HGB analog auch anzuwenden, wenn ein TU bislang nicht konsolidiert wurde, da ein **Einbeziehungswahlrecht** nach § 296 HGB genutzt wurde.

Ausgenommen von dieser speziellen Behandlung sind Fälle, in denen Erwerbe im ersten im Konzernabschluss abzubildenden Gj erfolgen. Für diese gilt die grundsätzliche Regel des Abs. 2 Satz 1, d.h., relevant ist der Zeitpunkt, zu dem das Unt TU geworden ist, und damit i.d.R. der Erwerbszeitpunkt.

4 Ausweis von Unterschiedsbeträgen aus der Erstkonsolidierung (Abs. 3)

4.1 Entstehung eines Unterschiedsbetrags (Abs. 3 Satz 1)

Da die Aufrechnung der Beteiligung aus dem Abschluss des MU mit dem anteiligen neu bewerteten EK des TU im Regelfall eine Differenz ergeben dürfte, entsteht ein Unterschiedsbetrag.

4.1.1 Aktiver Unterschiedsbetrag

Ein **aktiver Unterschiedsbetrag** drückt aus, dass der Buchwert der Beteiligung höher ist als der Wert des anteiligen neu bewerteten EK. Unter der Annahme, dass die Auflösung der stillen Reserven im Rahmen der Neubewertung des TU komplett erfolgt ist, handelt es sich dann um einen GoF. Dieser weist den Betrag aus, der nicht durch die Neubewertung oder durch eine Nachaktivierung auf der Ebene der HB II des TU erklärt werden kann. Es handelt sich somit um isoliert nicht ansatzfähige Sachverhalte, wie erwartete Synergien, erwartete Gewinne durch die Ausschaltung eines Konkurrenten u. Ä. Der in der Praxis überwiegend anfallende aktive Unterschiedsbetrag resultiert aus den konkreten Verhandlungen unter Berücksichtigung der jeweiligen Interessen von Anteilskäufer und -verkäufer. So wird das eingeführte, Gewinn generierende Unt i.d.R. einen höheren Wert haben als die Summe der einzelnen VG abzgl. der Schulden.

106 Betriebswirtschaftlich problematisch bleibt in diesem Zusammenhang, dass die ansonsten mit hohen Anforderungen verbundene Aktivierungsfähigkeit immaterieller VG im Fall des GoF durch den Formalakt des Erwerbs von Dritten erfüllt ist. Im Konzernabschluss wird unterstellt, dass der GoF die Eigenschaft besitzt, einen **konkretisierbaren Vermögensbeitrag** zu leisten.[68] Ein Konzern, der sich positive Erfolgspotenziale durch Forschungsaufwendungen selbst aufbaut und nicht durch Unternehmenskäufe erwirbt, kann diese selbst geschaffenen immateriellen Werte im Gegensatz zu Entwicklungskosten dagegen nicht ansetzen. Somit können bzw. müssen manche Wertkomponenten in bestimmten Fällen in der Konzernbilanz enthalten sein, während bei anderen Konzernabschlüssen hierfür ein Aktivierungsverbot besteht.

107 Zur Milderung der **GoF-Problematik** im Rahmen der Konzernrechnungslegung ist eine Behandlung des GoF in Analogie zum VG sinnvoll. Demgemäß sind Aktivierung und planmäßige Abschreibung vorzunehmen, wobei die unterstellte Nutzungsdauer aufgrund des konglomeraten Wesens des GoF i.d.R. schwer einschätzbar sein wird. Deshalb eine unendliche Nutzbarkeit zu unterstellen, wie zunächst mit der Maßgabe der jährlichen Überprüfung nach IFRS (*impairment test*), erscheint aber unangebracht. Auch wenn eine pauschalisierte Nutzungsdauer, evtl. mit konkret begründbaren Ausnahmehandhabungen, Einschätzungsspielräume eingedämmt hätte,[69] hat der Gesetzgeber bisher keine Vorgaben über die Nutzungsdauern gemacht. Die Werthaltigkeit des GoF ist zusätzlich jährlich, wie auch bei anderen VG, zu überprüfen, mit der Folge, dass ggf. neben den planmäßigen Abschreibungen fallweise außerplanmäßige Abschreibungen nötig werden. Als Besonderheit sind Zuschreibungen auf einen GoF aber ausgeschlossen. Mit dem BilRUG wird für Ausnahmefälle, in denen die Nutzungsdauer des GoF nicht verlässlich geschätzt werden kann, mit § 253 Abs. 3 HGB pauschal eine Nutzungsdauer von zehn Jahre bestimmt.[70]

108 Nach DRS 23.85 wird empfohlen, dass ein sich ergebender GoF aus der ErstKons eines TU, welches aus mehreren **Geschäftsfeldern (Segmenten)** besteht, diesen zugeordnet wird, was im Rahmen der Vereinfachung der notwendigen Werthaltigkeitsprüfungen, einer SegmBer sowie ggf. der internen Steuerung sinnvoll erscheint. Dabei besteht das Problem, dass die gesetzlich geforderte Aufrechnung des Beteiligungsbuchwerts mit dem anteiligen EK des TU erfolgt. Eine Aufteilung suggeriert, dass nicht ein TU, sondern verschiedene Untereinheiten von

---

[68] Vgl. etwa *Gutsche*, IRZ 2017, S. 373.
[69] Vgl. *Lachnit/Müller*, KoR 2003, S. 540.
[70] Vgl. Art. 12 Abs. 11 RL EU/2013/34.

diesem konsolidiert würden und ist kaum objektiv möglich.[71] Dies führt zur Notwendigkeit, den Kaufpreis der Beteiligung einerseits sowie die VG und Schulden des TU auf die Geschäftsfelder andererseits zuzuordnen. Auch bei der SegmBer nach DRS 3 verbleibt aber häufig ein sonstiger und/oder gemeinschaftlich genutzter Bereich (insb. der Verwaltung), sodass dies nicht trivial ist. Daher sollte – wenn überhaupt die Aufteilung vorgenommen werden soll – eine Anlehnung an die (großzügigen) Regelungen nach DRS 3 für die Geschäftsfeldabgrenzung erfolgen. Zudem können bei der segmentierten Betrachtung auch für ein TU sowohl Geschäftsfelder mit GoF als auch ggf. solche mit passivischem Unterschiedsbetrag parallel herauskommen. Da das DRSC jedoch von einer Aufteilung spricht, ist dies wohl nicht gewollt. Gleichwohl wird man dies – jedoch nach nochmaliger Prüfung der Berechnung[72] – wohl akzeptieren müssen. Allerdings darf keine Zusammenfassung von GoF mehrerer TU eines Geschäftsfelds erfolgen (DRS 23.87). Da die Forderung/Empfehlung von DRS 23.85 nicht direkt aus dem Gesetz ableitbar ist und auf den Konzernabschluss eine Segmentierung des GoF durch den letztlich notwendigen Ausweis in einer Position keinen Informationsmehrwert bietet, sollte diese Regelung auch vor dem Hintergrund der Wesentlichkeit sehr großzügig ausgelegt werden.

Der **bei der ErstKons ermittelte GoF** ist als immaterielles AV in den Konzernanlagenspiegel aufzunehmen und zu aktivieren.   109

Bei der Fortführung des GoF im Rahmen der **FolgeKons** ist zunächst zu prüfen, ob der gem. § 301 Abs. 3 Satz 1 HGB ermittelte aktive Unterschiedsbetrag ganz oder teilweise Bestandteile enthält, die sich nur aufgrund der Konsolidierungstechnik ergeben und daher gesondert zu behandeln sind.[73] Diese können insbesondere Anschaffungsnebenkosten für den Erwerb der Anteile oder die Gründung eines TU sein, die beim erwerbenden Unt anzusetzen sind. Im Konzernfall werden diese jedoch Teil des GoF, obwohl sie keine Vor- oder Nachteile des TU oder einen Erfolg aus einem Gelegenheitskauf darstellen. Sie sind aufwandswirksam zu erfassen, möglichst gleich im Rahmen der ErstKons (DRS 23.110). Anders verhält es sich dagegen bei fälliger Grunderwerbsteuer, die nach DRS 23.112 als AK der erworbenen Grundstücke zu erfassen sind. Soweit ein TU erst nach dessen Erwerbszeitpunkt in den Konzernabschluss einbezogen wird, können auch zwischenzeitlich entstandene Verluste zu einem aktiven Unterschiedsbetrag führen. Der Unterschiedsbetrag repräsentiert in solchen Fällen allerdings bisher nicht im Konzernabschluss erfasste Minderungen des Konzernvermögens, sodass dieser mit dem Konzern-EK zu verrechnen ist (DRS 23.113).   110

Bei der **Abschreibung eines GoF** sind die gesetzlichen Regelungen zu beachten, nach denen dieser einem abnutzbaren VG bis auf eine Zuschreibung gleichgestellt ist. Sofern der GoF auf mehrere Geschäftsfelder des TU aufgeteilt wurde, ist für jedes Geschäftsfeld jeweils ein gesonderter Abschreibungsplan zu erstellen (DRS 23.116). DRS 23.119 schränkt die Abschreibungsmethoden grundsätzlich auf eine lineare Abschreibung ein. Für die Bestimmung der Nutzungsdauer schlägt DRS 23.121 folgende Anhaltspunkte vor: 111

---

[71] Vgl. *Kirsch/Engelke/Faber*, WPg 2016, S. 1010 m.w.N.
[72] Vgl. *Winkeljohann/Deubert*, in Beck Bil-Komm., 10. Aufl., 2016, § 301 HGB, Rz 153.
[73] Vgl. auch im Folgenden *Müller/Wobbe*, BB, 2015, S. 1263.

- die voraussichtliche Bestandsdauer und Entwicklung des erworbenen Unternehmens einschließlich der gesetzlichen oder vertraglichen Regelungen,
- der Lebenszyklus der Produkte des erworbenen Unternehmens,
- die Auswirkungen von zu erwartenden Veränderungen der Absatz- und Beschaffungsmärkte sowie der wirtschaftlichen, rechtlichen und politischen Rahmenbedingungen auf das erworbene Unternehmen,
- die Höhe und der zeitliche Verlauf von Erhaltungsaufwendungen, die erforderlich sind, um den erwarteten ökonomischen Nutzen des erworbenen Unternehmens zu realisieren, sowie die Fähigkeit des Unternehmens, diese Aufwendungen aufzubringen,
- die Laufzeit wesentlicher Absatz- und Beschaffungsverträge des erworbenen Unternehmens,
- die voraussichtliche Dauer der Tätigkeit wichtiger Schlüsselpersonen für das erworbene Unternehmen,
- das erwartete Verhalten von (potenziellen) Wettbewerbern des erworbenen Unternehmens sowie
- die Branche und deren zu erwartende Entwicklung.

Außerplanmäßige Abschreibungen sind vorzunehmen, soweit der Buchwert des am Abschlussstichtag ausgewiesenen GoF eines TU höher ist als der zu diesem Zeitpunkt ermittelte implizite GoF des TU. Der implizite GoF errechnet sich aus dem beizulegenden Zeitwert der Beteiligung des MU am TU abzüglich des anteilig beizulegenden Zeitwerts des Nettovermögens i.S.v. § 301 Abs. 1 Satz 2 HGB des TU. Sollte der Betrag negativ sein, so ist der Buchwert des GoF auf den Erinnerungswert abzuschreiben. Eine Bildung von Rückstellungen i.H.d. verbleibenden Differenz zum negativen GoF ist nach DRS 23.131 nicht zulässig. Die Erfassung der Abschreibungen erfolgt nach dem GKV als Abschreibungen auf immaterielle VG und Sachanlagen sowie nach dem UKV möglichst bei den jeweiligen Funktionsbereichen, ansonsten in den sonstigen betrieblichen Aufwendungen.

112 Das DRSC sieht in DRS 23.135 weiterhin zwei Möglichkeiten zur **Behandlung der Währungsumrechnung** eines GoF vor, die von der Entscheidung abhängen, ob der GoF dem MU oder dem TU zugeordnet worden ist. Die Zuordnung richtet sich nach der Währung, in der die im GoF berücksichtigten künftigen Erfolgsbeiträge realisiert werden. Eine Aufteilung des GoF auf verschiedene Währungen ist regelmäßig nicht erforderlich. Wird der GoF dem MU zugerechnet, ist dieser in Euro zu führen und somit eine Währungsumrechnung nicht notwendig. Anders verhält es sich bei Zuordnung zum TU und Fortführung in der ausländischen Währung. In diesem Fall sind an den folgenden Abschlussstichtagen der Buchwert des GoF gem. § 308a Satz 1 HGB mit dem Devisenkassamittelkurs am Abschlussstichtag und die auf den GoF entfallende Abschreibung gem. § 308a Satz 2 HGB zum Durchschnittskurs in Euro umzurechnen (DRS 23.138). Damit soll eine möglichst realitätsnahe und sachgerechte bilanzielle Abbildung sichergestellt werden (E-DRS 30.B38).

113 Der **Ausweis** erfolgt zusammen mit den GoF, die aus den Einzelabschlüssen der einbezogenen Unt übernommen wurden und aus Asset Deals stammen, als gesonderte Position in der Konzernbilanz.

4.1.2 Passiver Unterschiedsbetrag

Ein **passiver Unterschiedsbetrag** bedeutet, dass der Beteiligungsbuchwert den Wert des anteiligen EK unterschreitet.[74] Die Gründe hierfür sind – ebenfalls unter der Annahme, dass die stillen Lasten im Rahmen der Neubewertung komplett berücksichtigt wurden – ein konsolidierungstechnischer Unterschiedsbetrag, *„badwill"* oder *„lucky buy"*.[75] In den letzten beiden Fällen war ein Erwerber nicht bereit, das neu bewertete anteilige EK auf der Basis der neu bewerteten VG, Schulden, RAP und Sonderposten für ein TU zu zahlen. Gründe können darin liegen, dass Restrukturierungsrückstellungen nötig sind, die jedoch noch nicht im Rahmen der Neubewertung berücksichtigt werden konnten, oder die erwarteten Gewinne eben nicht in gewünschter Höhe oder womöglich gar nicht absehbar sind. Dies erklärt, warum etwa am Kapitalmarkt Unt zeitweise mit deutlich weniger als dem ausgewiesenen EK-Betrag bewertet werden, wobei diese negativen Zukunftsaussichten mit dem Begriff *„badwill"* bezeichnet werden und in der Praxis weit seltener anzutreffen sind als der Fall des aktiven Unterschiedsbetrags. Schließlich ist es noch möglich, dass die Verhandlungsposition des Verkäufers so schlecht ist, dass der Erwerber die Ges. unter Wert übernehmen konnte. Denkbar sind hier etwa gesetzliche Auflagen, die der Verkäufer nicht mehr erfüllen kann, oder Streitigkeiten zwischen den Gesellschaftern, die zu einem übereilten Verkauf führen, wie auch der „Notverkauf" insolventer oder insolvenzgefährdeter Unt. Dieser aus Käufersicht einen *„lucky buy"* darstellende Fall ist aber nicht immer ohne Abgrenzungsprobleme von einem *„badwill"* zu trennen. Gleichwohl verlangt DRS 23.139, die **Ursachen für die Entstehung** des passiven Unterschiedsbetrags im Zeitpunkt der ErstKons zu **dokumentieren**, da sich danach auch die spätere Auflösung richtet. DRS 23.92 überträgt die Empfehlung zur Zuordnung des GoF auf Geschäftsfelder (Rz 108) auch auf den passivischen Unterschiedsbetrag.

Ein **technischer Unterschiedsbetrag** kann dagegen entstehen in folgenden Fällen[76] und verlangt die dargestellte Auflösungssystematik:
- Bei Auseinanderfallen des Zeitpunkts der Entstehung des Mutter-Tochter-Verhältnisses (§ 290 Abs. 1 und 2 HGB) und des Zeitpunkts der erstmaligen Einbeziehung des TU in den Konzernabschluss (§ 301 Abs. 2 Satz 3 oder Satz 4 HGB) hat sich das zu konsolidierende EK des TU zwischen diesen Zeitpunkten aufgrund von Gewinnthesaurierungen erhöht. → Der Unterschiedsbetrag ist unmittelbar erfolgsneutral im EK zu erfassen (DRS 23.148).
- Innerhalb dieses Zeitraums sind in den VG und Schulden des TU neue stille Reserven und/oder stille Lasten entstanden, die per Saldo zu einer Erhöhung des neu bewerteten zu konsolidierenden EK führen. → Der Unterschiedsbetrag ist an den folgenden Konzernabschlussstichtagen nach Maßgabe der Fortschreibung der Konzernbuchwerte der erworbenen VG oder übernommenen Schulden des TU ertragswirksam aufzulösen (DRS 23.149).
- Das Mutter-Tochter-Verhältnis wurde durch eine Sacheinlage begründet und die Beteiligung des MU wurde nach den Grundsätzen für die Bewertung von

---

[74] Vgl. für eine Übersicht an Studien über die Größenordnungen in Konzernbilanzen *Zülch*, KoR 2016, S. 313.
[75] Vgl. *Tettenborn/Rohleder*, StuB 2016, S. 418 ff.
[76] Vgl. DRS 23.147.

Sacheinlagen zulässigerweise mit AK unterhalb ihres beizulegenden Werts angesetzt. Ein ähnlicher Anwendungsfall ergibt sich für Anteile, die das MU im Rahmen eines Tauschs erworben hat. → Soweit keine Auflösung im Rahmen der konzerneinheitlichen Bewertung im Rahmen der HB II erfolgt, ist eine erfolgswirksame Auflösung an den folgenden Konzernabschlussstichtagen nach Maßgabe der Fortschreibung der Konzernbuchwerte der erworbenen VG oder übernommenen Schulden des TU nötig (DRS 23.150).

Ein nichttechnischer **passiver Unterschiedsbetrag aus der KapKons** stellt dem Charakter nach eine Rückstellung für drohende Verluste (badwill) oder einen „Gewinn" aus Beteiligungserwerb (lucky buy) dar. Im ersten Fall darf er gem. § 309 Abs. 2 Nr. 1 HGB erst dann ergebniswirksam aufgelöst werden, wenn die zum Zeitpunkt des Erwerbs erwartete ungünstige Entwicklung der künftigen Ertragslage des Unt tatsächlich eingetreten ist oder zu diesem Zeitpunkt erwartete Aufwendungen zu berücksichtigen sind (DRS 23.143). Vor allem mit Bezug auf das Realisations- und Vorsichtsprinzip ist davon auszugehen, dass eine Pflicht zur Auflösung besteht. Im zweiten Fall ist die erfolgserhöhende Auflösung des passiven Unterschiedsbetrags gem. § 309 Abs. 2 Nr. 2 HGB erst dann erlaubt, wenn am Abschlussstichtag feststeht, dass er einem realisierten Gewinn entspricht, wobei auch hier davon auszugehen ist, dass eine Auflösungspflicht besteht (§ 309 Rz 27 ff.). Während die Realisierung im Fall einer entsprechenden tatsächlichen Veräußerung an Konzernfremde zweifelsfrei ist, erscheint es zumindest fraglich, ob der passive Unterschiedsbetrag auch bereits dann aufgelöst werden darf, wenn nach vernünftiger kaufmännischer Beurteilung aufgrund einer nachhaltig guten Ertragslage und erheblicher Gewinnthesaurierungen des TU eine Gewinnrealisierung angenommen werden kann. Spätestens wenn der Wert des anteiligen EK des TU den Beteiligungsbuchwert nachhaltig übersteigt, erscheint auch nach HGB eine Realisierung möglich.[77]

Das BilRUG führt für Gj ab 2016 ebenso wie DRS 23.134–146 diese Auslegung konsequent fort (§ 309 Rz 25 ff.). Konkret allerdings sieht **DRS 23.145** vor, den aus einem „lucky buy" stammenden passiven Unterschiedsbetrag planmäßig über die gewichtete durchschnittliche Restnutzungsdauer der erworbenen abnutzbaren Vermögensgegenstände zu vereinnahmen. Eine vorzeitige Vereinnahmung darf nur bei wesentlichen Abgängen der zugrunde liegenden erworbenen abnutzbaren Vermögensgegenständen erfolgen. Sollte das erworbene Vermögen zu einem wesentlichen Teil aus nicht abnutzbaren Vermögensgegenstände bestehen, orientiert sich die Behandlung des passiven Unterschiedsbetrags am Verbrauch oder Abgang der nicht abnutzbaren Vermögensgegenstände. Der passive Unterschiedsbetrag ist somit in dem Umfang erfolgswirksam aufzulösen, in dem die nicht abnutzbaren VG außerplanmäßig abgeschrieben oder z.B. aufgrund eines Verkaufs als Abgang erfasst werden.

In Abb. 3 werden der schematische **Ablauf der KapKons** und die Erfassung der Unterschiedsbeträge in der Konzernbilanz im Überblick dargestellt.[78]

---

[77] Vgl. *Kirsch/Dollereder*, in *Baetge/Kirsch/Thiele*, Bilanzrecht, § 309 HGB, Rz 63.7 f., Stand 3/2017.
[78] Entnommen aus *Ammann/Müller*, Konzernbilanzierung, 2005, S. 139.

1. **Vereinheitlichung der Einzelbilanzen**
Gliederungs-, Ansatz- und Bewertungsmethoden, Währung, Stichtag
2. **Neubewertung der Bilanz des TU**
Auflösung aller stillen Reserven und Lasten und Anpassung des EK unter Beachtung latenter Steuern
3. **Erfassung der Einzelbilanzen**

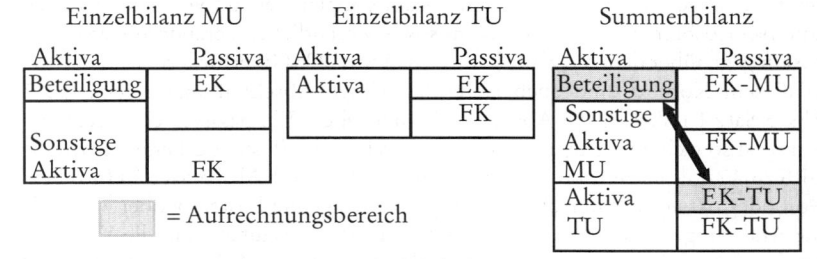

Einzelbilanz MU		Einzelbilanz TU		Summenbilanz	
Aktiva	Passiva	Aktiva	Passiva	Aktiva	Passiva
Beteiligung	EK	Aktiva	EK	Beteiligung	EK-MU
			FK	Sonstige Aktiva MU	FK-MU
Sonstige Aktiva	FK			Aktiva TU	EK-TU
					FK-TU

☐ = Aufrechnungsbereich

4. **Mögliche Aufrechnungskonstellationen**

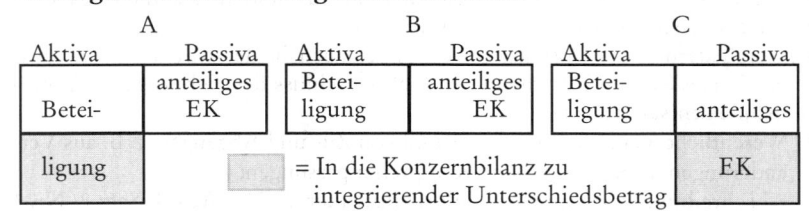

A		B		C	
Aktiva	Passiva	Aktiva	Passiva	Aktiva	Passiva
Betei-	anteiliges EK	Beteiligung	anteiliges EK	Beteiligung	anteiliges EK
ligung					

☐ = In die Konzernbilanz zu integrierender Unterschiedsbetrag

5. **Resultierende Konzernbilanz**

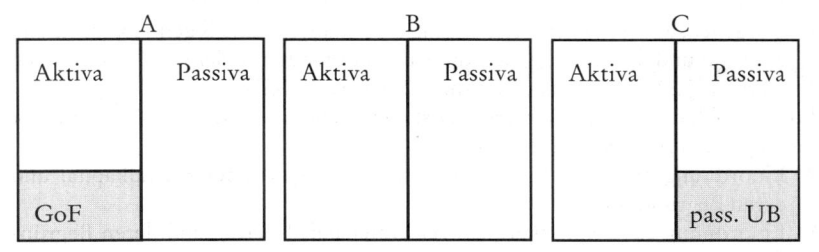

A		B		C	
Aktiva	Passiva	Aktiva	Passiva	Aktiva	Passiva
GoF					pass. UB

Abb. 3: Ablauf der KapKons

Die erhöhten Aktiva in Fall A sind im Zeitverlauf durch erhöhte Aufwendungen mittels der Abschreibungen des GoF wieder aufzulösen. Ebenso sind die erhöhten Passiva in Fall C später im Konzernerfolg zu berücksichtigen. Daher kann bei der Erwerbsmethode generell von einer erfolgswirksamen Methode der KapKons gesprochen werden. **115**

Eine **Saldierung** des GoF mit dem passiven Unterschiedsbetrag aus der KapKons darf nicht erfolgen. Gibt es in einem Konzernabschluss beide Fälle, so sind diese unsaldiert auf der Aktivseite als GoF innerhalb des immateriellen AV **116** und auf der Passivseite als Unterschiedsbetrag aus der KapKons direkt nach dem EK auszuweisen.

4.2 Anhangangabepflichten (Abs. 3 Satz 2)

117 Zusätzlich zu den Angabepflichten nach § 313 Abs. 1 Satz 3 HGB (Erläuterung der angewandten Konsolidierungsmethoden, DRS 23.207) und § 314 Abs. 1 Nr. 20 HGB (anzugeben ist jeweils eine Erläuterung des Zeitraums, über den der GoF abgeschrieben wird) sind Erläuterungen der aktiven und passiven Unterschiedsbeträge aus der KapKons sowie wesentlicher Veränderungen dieser Posten gegenüber dem Vj. gem. § 301 Abs. 3 Satz 2 HGB erforderlich.

118 In diesem Kontext sind auch außerplanmäßige Abschreibungen gem. § 277 Abs. 3 Satz 1 i.V.m. § 298 Abs. 1 HGB anzugeben. Ein passiver Unterschiedsbetrag ist so weit zu erläutern, dass der Charakter des Postens erkennbar wird.[79]

119 DRS 23.208 f. konkretisiert die Angabepflicht des § 301 Abs. 3 Satz 2 HGB bez. GoF oder passiven Unterschiedsbetrag durch folgende Posten, wobei wesentliche Änderungen ggü. dem Vj. jeweils gesondert zu erläutern und die Veränderungen des GoF aus dem Konzern-Anlagengitter (§ 284 Abs. 3 i.V.m. § 298 Abs. 1 HGB) zu erkennen sind. Darüber hinaus sind hinsichtlich des GoF zumindest die folgenden Angaben erforderlich:
- Aufgliederung des Postens, soweit dieser auch in der Konzernbilanz ausgewiesene GoF enthält, die in den Jahresabschluss der einbezogenen Unternehmen entstanden sind;
- Wesentliche Veränderungen aufgrund von Zu- und Abgängen, z.B. aus Veränderungen im KonsKreis und Kaufpreisanpassungen;
- Abschreibungsverfahren und Nutzungsdauer (§ 313 Abs. 1 Satz 2 Nr. 1 HGB); dabei sind die Nutzungsdauern jeweils zu erläutern (§ 314 Nr. 20 HGB);
- Vorgehensweise bei der Bestimmung einer außerplanmäßigen Abschreibung des GoF und deren Höhe, falls diese nicht gesondert in der GuV ausgewiesen werden (§ 277 Abs. 3 Satz 1 i.V.m. § 298 Abs. 1 HGB).

Hinsichtlich des passiven Unterschiedsbetrags sind nach DRS 23.209 zumindest die folgenden Angaben erforderlich:
- Einordnung hinsichtlich des Charakters als Eigen- oder Fremdkapital und deren Begründung;
- Einordnung als technischer passiver Unterschiedsbetrag und deren Begründung;
- wesentliche Veränderungen aufgrund von Zu- und Abgängen, z.B. aus Veränderungen im KonsKreis und Kaufpreisanpassungen;
- Betrag des im Gj jeweils ergebniswirksam aufgelösten passiven Unterschiedsbetrags.

5 Behandlung von eigenen Anteilen (Abs. 4)

120 Die Regelung in § 301 Abs. 4 HGB ist das konzernbilanzielle Pendant zu der über § 298 Abs. 1 Satz 1 HGB auch für den Konzernabschluss geltenden Rege-

---

[79] Vgl. *Winkeljohann/Deubert*, in Beck Bil-Komm., 10. Aufl., 2016, § 301 HGB, Rz 161.

lung des § 272 Abs. 1a HGB, die die Absetzung eigener Anteile vom EK verpflichtend macht (§ 272 Rz 78 ff.). Für den Konzernabschluss wird sie auf Anteile ausgedehnt, die ein TU am MU hält (**Rückbeteiligung**). Diese sind im Jahresabschluss des TU als VG des UV zu zeigen. Gleichzeitig ist eine Rücklage für Anteile an einem herrschenden Unt zu bilden.[80] Aus Konzernsicht haben diese Anteile ökonomisch jedoch den Charakter von eigenen Anteilen des MU und sind deshalb wie diese zu behandeln.[81] Für den Fall eines mehrstufigen Konzerns ist zu beachten, dass eine Rückbeteiligung stets zum obersten, den Konzernabschluss aufstellenden MU zu bestehen hat.

Bei der Absetzung eigener Anteile vom EK ist zu beachten, dass das Nennkapital bzw. der rechnerische Wert der eigenen Anteile offen vom gezeichneten Kapital abzusetzen ist. Die Anschaffungsnebenkosten sind ebenfalls erfolgsneutral zu verrechnen.[82] Nachstehend wird der **Ausweis** eigener Anteile und Rückbeteiligungen dargestellt.

> **Beispiel**
> **Sachverhalt**
> Die B-AG ist das MU des B-Konzerns. Sie verfügt über eine 100 %ige Beteiligung an der T-AG. Zum 31.12.X1 weist die B-AG in ihrem vorläufigen Konzernabschluss vor Berücksichtigung eigener Anteile folgende EK-Beträge aus:
>
> - Gezeichnetes Kapital: 4 Mio. EUR
> - Kapitalrücklage: 20 Mio. EUR
> - Gewinnrücklagen: 35 Mio. EUR
> - Konzernjahreserfolg: 7 Mio. EUR
>
> Die B-AG hält zum 31.12.X1 eigene Anteile mit einem Nennwert von 200 TEUR, die sie zum Preis von 1 Mio. EUR zurückerworben hat. Die Anteile sind nicht zur Einziehung bestimmt. Die T-AG hält zum Abschlussstichtag ebenfalls Anteile an der B-AG. Diese weisen einen Nennwert von 100 TEUR auf. Ihre AK betragen 600 TEUR.
>
> **Beurteilung**
> Die von der B-AG erworbenen eigenen Anteile sind vom EK abzusetzen. Für den Nennbetrag (200 TEUR) fordert § 272 Abs. 1a HGB eine offene Absetzung vom gezeichneten Kapital. Für die von der T AG erworbenen Anteile (Nennbetrag: 100 TEUR) gilt Entsprechendes. Der übersteigende Anteil des Kaufpreises für die eigenen Anteile (800 TEUR + 500 TEUR) kürzt die Gewinnrücklagen. Die verkürzte Konzernbilanz hat damit folgendes Aussehen (Angaben in TEUR):

---

80 Vgl. *Oser/Prasse/Reuter/Weigert*, in *Küting/Pfitzer/Weber*, Das neue deutsche Bilanzrecht, 2009, S. 465 f.
81 Vgl. BilMog-BgrRegE, S. 82.
82 Vgl. DRS 22.30; *Winkeljohann/Deubert*, in Beck Bil-Komm., 10. Aufl., 2016, § 301 HGB, Rz 168.

Aktiva	Konzernbilanz zum 31.12.x1		Passiva
	Gezeichnetes Kapital		4.000
	./. Nennbetrag eigener Anteile	−300	3.700
	Kapitalrücklage		20.000
	Gewinnrücklagen		33.700
	Konzernjahreserfolg		7.000
	Summe EK		64.400

Sachverhalt-Variante
Abweichend vom Ausgangsfall sei angenommen, die B-AG halte nur 60 % der Anteile an der T-AG. Der Minderheitenposten weist vor Berücksichtigung eigener Anteile einen Betrag von 2 Mio. EUR auf.

Beurteilung
Der Nennbetrag der von der T-AG gehaltenen Anteile an der M-AG ist auch bei Existenz von Minderheiten in voller Höhe offen vom gezeichneten Kapital abzusetzen.
Der Mehrbetrag von 1.300 TEUR hat im 100-%-Fall die Gewinnrücklagen gekürzt. Er ist im 60-%-Fall auf das EK des MU und den Minderheitenposten aufzuteilen. Der Minderheitenposten ist um 240 TEUR (= 40 % von 600 TEUR) zu reduzieren. Der verbleibende Betrag von 1.060 TEUR kürzt das EK des MU (Angaben der folgenden Bilanz in TEUR).

Aktiva	Konzernbilanz zum 31.12.x1		Passiva
	Gezeichnetes Kapital		4.000
	./. Nennbetrag eigener Anteile	−300	3.700
	Kapitalrücklage		20.000
	Gewinnrücklagen		33.940
	Minderheitenposten		1.760
	Konzernjahreserfolg		7.000
	Summe EK		66.400

122 Die Verrechnung des Unterschiedsbetrags zwischen dem Nennbetrag und den AK der eigenen Aktien ist im Konzernabschluss anders als im Jahresabschluss nicht auf die frei verfügbaren Rücklagen beschränkt (DRS 22.30). Im Gegensatz zum Jahresabschluss hat der Konzernabschluss keine Ausschüttungsbemessungsfunktion, sodass für die Verrechnung des Unterschiedsbetrags zwischen dem Nennbetrag und den AK der eigenen Aktien die Begrenzung auf die frei verfügbaren Rücklagen im Konzernabschluss keine Bedeutung hat (E-DRS 31.B29). Die **Verrechnung**

kann somit **mit allen Rücklagen** erfolgen, allerdings ist eine Verrechnung mit dem ggf. gem. § 308a Satz 3 HGB einzustellenden Posten „Eigenkapitaldifferenz aus Währungsumrechnung" ausgeschlossen (DRS 22.34). Sofern die frei verfügbaren Rücklagen im Jahresabschluss des MU oder im nach konzerneinheitlichen Bilanzierungs- und Bewertungsvorschriften aufgestellten Abschluss des MU am Bilanzstichtag nicht mehr in ausreichender Höhe vorhanden sind, erfolgt die Verrechnung des Unterschiedsbetrags zwischen dem Nennbetrag und den AK der eigenen Aktien auf Konzernebene mit den Konzernrücklagen. Stehen auch dort Konzernrücklagen am Bilanzstichtag nicht in ausreichen-dem Umfang zur Verrechnung zur Verfügung, ist die Verrechnung zulasten des Konzernbilanzgewinns oder Konzernbilanzverlusts vorzunehmen (DRS 22.35).[83]

6 Erstkonsolidierung

Hinsichtlich der konkreten **Umsetzung der Erwerbsmethode** ist mit § 301 Abs. 1 HGB einzig die Neubewertungsmethode anzuwenden. Gleichwohl kommt es ggf. im Konzernabschluss auch zur parallelen Anwendung der Buchwertmethode, wenn diese nach § 301 Abs. 1 HGB vor Anwendung des BilMoG für eine ErstKons zur Anwendung kam.[84] Beiden Methoden liegt die Fiktion einer Anschaffung der einzelnen VG, Schulden, RAP und Sonderposten des TU zugrunde. Sie unterscheiden sich im Wesentlichen dadurch, dass die Auflösung der stillen Reserven und Lasten bei VG und Schulden nach (= Buchwertmethode) bzw. vor der Verrechnung des Beteiligungsbuchwerts und dem anteiligen EK (= Neubewertungsmethode) erfolgt. Durch den **Wegfall der Anschaffungskostenrestriktion** können sich nicht nur im Fall des Vorhandenseins von Minderheitsgesellschaftern Unterschiede im Konzernabschluss in Abhängigkeit von der verwendeten Methode ergeben. Gem. DRS 4 wurde die Neubewertungsmethode im Rahmen der vermuteten GoK bereits seit 2001 als die vorzugswürdige Methode betrachtet und auch nach IFRS ist im Ergebnis dieses Vorgehen gefordert, da eine Vermischung von Zeit- und Buchwerten vermieden wird.

123

Im Folgenden werden die einzelnen Schritte der Neubewertungsmethode dargestellt und erläutert. Zur Buchwertmethode und der ggf. bestehenden parallelen Anwendungsnotwendigkeit s. Art. 66 EGHGB Rz 14–17.

124

6.1 Vereinheitlichung von Ansatz, Bewertung, Ausweis, Währung und Stichtag

Zunächst sind die Abschlüsse hinsichtlich Ansatz (§ 300 Rz 23 ff.), Bewertung (§ 308 Rz 1 ff.), Darstellung (§ 300 Rz 10 ff. bzw. § 298 Rz 32 ff.), Währung (§ 308a Rz 1 ff.) und ggf. Stichtag (§ 299 Rz 1 ff.) zu vereinheitlichen.[85] Die so entstandenen Jahresabschlüsse werden als HB II (HB II) bezeichnet.

125

---

[83] Vgl. *Müller/Reinke*, DStR 2015, S. 1130.
[84] Vgl. für eine systematische Gegenüberstellung z. B. *Ammann/Müller*, 2005, S. 191 ff.
[85] Vgl. *Müller*, in *Federmann/Kußmaul/Müller*, HdB, Konzernabschluss nach HGB, Rz 1 ff., Stand 12/2016.

6.2 Neubewertung der Bilanz des Tochterunternehmens

126 Im nächsten Schritt werden die VG, Schulden, RAP und Sonderposten in der Bilanz des TU i.d.R. zum Zeitpunkt, zu dem das Unt TU geworden ist (Rz 75 ff.), erfolgsneutral, d.h. mit direkter Verrechnung der Beträge im EK und in den passiven oder aktiven latenten Steuern des TU, neu bewertet. Das neu bewertete EK ergibt sich somit aus dem EK vor Neubewertung zzgl. der aufgelösten und um latente Steuereffekte bereinigten stillen Reserven und abzgl. der um latente Steuereffekte bereinigten aufgedeckten stillen Lasten. Für diesen zweiten Schritt wird zur Abgrenzung des Begriffs der HB II, in der die Buchwerte des TU abgebildet sind, die sog. **HB III** eingeführt, die durch den Bezug auf die Zeitwerte bereits vor der Aufrechnung des Unterschiedsbetrags die gesamten aufgelösten stillen Reserven und stillen Lasten enthält. Bei dieser Neubewertung werden somit alle stille Reserven und alle stillen Lasten aufgelöst. Konkret ist der Buchwert der Positionen in der HB II mit seinem beizulegenden Wert zu vergleichen. Als beizulegender Zeitwert kommt der Börsen- oder Marktpreis infrage, der aber in der Praxis nur selten zweifelsfrei feststehen dürfte. Darüber hinaus ist als wichtigste Hilfsgröße der Wiederbeschaffungswert heranzuziehen, bei geplanter Veräußerung aber auch der Einzelveräußerungswert (Rz 49 ff.).

127 Auf den Konzern übertragen bedeutet dies zunächst, dass der **beizulegende Zeitwert** die AK der einzelnen Bilanzpositionen aus Konzernsicht darstellt. Problematisch in diesem Zusammenhang ist, dass der Kaufpreis der Beteiligung in der Praxis eher vom Ertrags- als vom Substanzwert abhängt, sodass eine gesonderte Substanzwertermittlung für die Zuordnung des beizulegenden Zeitwerts erforderlich werden kann. Zwar können detaillierte Bewertungsgutachten das Problem mildern, eine zweifelsfreie Ermittlung stiller Reserven wird aber kaum möglich sein. Dies gilt insb. dann, wenn Erwerbszeitpunkt und Basiszeitpunkt der KapKons auseinanderfallen, was nur noch bei einer erst später bestehenden Konzernbilanzierungspflicht, einem sukzessiven Anteilserwerb oder der Nutzung von Einbeziehungswahlrechten gem. § 296 HGB denkbar ist. Da im Konzern quasi fiktive AK für die einzelnen Positionen des TU auf den Stichtag des Erwerbs bzw. der ErstKons zu ermitteln sind, dürfte anzunehmen sein, dass bei der Wertermittlung für die einzelnen Sachverhalte grds. vom Zeitwert i.S.d. Wiederbeschaffungskosten auszugehen ist. Generelle Leitlinie und Bezugspunkt bei Zweifelsfragen sind zunächst § 255 Abs. 4 HGB und sodann die Generalnorm des § 297 Abs. 2 Satz 2 HGB.

128 Durch die Auflösung verschieben sich die AK der VG aus Konzernsicht und stellen für die handelsrechtliche Bewertung im Konzernabschluss die zukünftigen Wertobergrenzen bei der Bewertung im Konzernabschluss dar. Folgende Abb. verdeutlicht dies schematisch:[86]

---

[86] In Anlehnung an *Ammann/Müller*, Konzernbilanzierung, 2005, S. 141.

Kapitalkonsolidierung § 301

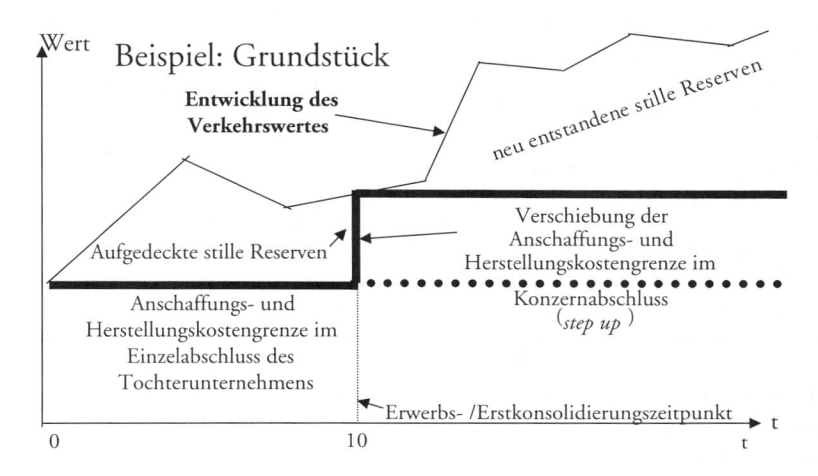

Beispiel: Grundstück

Abb. 4: Auflösung stiller Reserven im Rahmen der KapKons

Es wird deutlich, dass eine Auflösung stiller Reserven nur im Zeitpunkt des Erwerbs bzw. der erstmaligen Einbeziehung möglich ist. Anschließend neu entstehende stille Reserven sind im Konzernabschluss ebenso wenig zu beachten wie im Jahresabschluss. Im Hinblick auf den **Umfang der Auflösung stiller Reserven** sind die stillen Reserven komplett aufzulösen. Eine letztlich nach der Pagatorik notwendige AK-Restriktion, d. h. die Überprüfung, ob der Kaufpreis für das anteilige EK durch die Neubewertung überschritten wird, ist nicht notwendig. 129

6.3 Zusammenfassung in der Summenbilanz und Aufrechnung

Im dritten Schritt erfolgt die Addition der Jahresabschlusswerte des MU mit allen einbezogenen Jahresabschlusswerten auf der Basis der HB III zu der sog. Summenbilanz und daran anschließend die **Aufrechnung** der Beteiligungsbuchwerte im Jahresabschluss des MU mit den anteiligen in der HB III ausgewiesenen neu bewerteten EK-Positionen der jeweiligen TU. Der ermittelte Unterschiedsbetrag entspricht, soweit er aktiv ist, dem zu aktivierenden GoF, wenn er passiv ist, dem passiven Unterschiedsbetrag aus der KapKons. 130

6.3.1 Ermittlung eines Geschäfts- oder Firmenwerts

Neben den aus den Jahresabschlüssen übernommenen, aus Asset Deals stammenden GoF resultiert der GoF im Konzernabschluss aus der KapKons. Hierbei handelt es sich letztlich um die im Rahmen von Share Deals bezahlten Mehrbeträge, die im Vergleich von Kaufpreis und anteiligem Wert des erworbenen neu bewerteten EK (nach Bewertung der VG und Schulden zum beizulegenden Zeitwert) verbleiben. 131

Der **GoF im Jahresabschluss** ist nach § 246 Abs. 1 Satz 3 HGB einem VG mit begrenzter Nutzungsdauer im Wesentlichen gleichgestellt. Einzig besteht nach § 253 Abs. 5 HGB ein Zuschreibungsverbot. Diese Bestimmung wurde auch in 132 den Konzernabschluss übernommen, indem im § 309 Abs. 1 HGB ein entsprechender Verweis eingefügt wurde. Für ab dem Gj 2010 durchgeführte Erwerbe bzw. ErstKons ist der GoF zu **aktivieren** und planmäßig über die Nutzungsdauer **erfolgswirksam abzuschreiben**. In DRS 4 wurde bereits ab dem 1.1.2001 für alle nach dem HGB bilanzierenden Konzerne für den GoF eine Ansatzpflicht mit erfolgswirksamer Abschreibung über eine Nutzungsdauer von zunächst max. 20 Jahren (widerlegbare Vermutung) festgelegt. Nach einer kurzzeitigen Begündungsnotwendigkeit für eine Überschreitung einer geschätzten Nutzungsdauer von fünf Jahren für Gj 2010–2015 fordert inzwischen der Gesetzgeber nach § 314 Abs. 1 Nr. 20 HGB jeweils eine Erläuterung des Zeitraums, über den ein GoF abgeschrieben wird, unabhängig vom Zeitraum. Zudem wird für den Fall, dass eine Nutzungsdauer nicht verlässlich geschätzt werden kann, ein Abschreibungszeitraum von pauschal zehn Jahren vorgegeben (§ 253 Abs. 3 Satz 3 und 4 HGB). Sowohl nach DRS als auch nach HGB ist eine Anpassung von zurückliegenden Konzernabschlüssen nicht notwendig bzw. nach HGB sogar ausgeschlossen (Art. 66 Rz 17 ff.).

133 Da es sich bei einem GoF um einen einem VG gleichgestellten Posten handelt, haben eine **planmäßige Abschreibung** und die Prüfung der Werthaltigkeit und der Restnutzungsdauer zu jedem Stichtag erneut zu erfolgen (Rz 111); ggf. sind **außerplanmäßige Abschreibungen** vorzunehmen bzw. wird eine Kürzung der Restnutzungsdauer notwendig. Als Besonderheit im Vergleich zu den üblichen VG besteht jedoch auch dann ein **Zuschreibungsverbot**, wenn die Gründe der außerplanmäßigen Abschreibung nicht mehr gegeben sind. Dies ist angesichts der Gefahr, dass originäre GoF-Bestandteile aktiviert werden könnten, plausibel. Zudem ist über die Zuordnung des GoF zum MU oder zum TU auch die spätere **Fremdwährungsumrechnung** festzulegen (Rz 112).

6.3.2 Ermittlung und Behandlung eines passiven Unterschiedsbetrags aus der Kapitalkonsolidierung

134 Ein **passiver Unterschiedsbetrag aus der KapKons** stellt dem Charakter nach eine Rückstellung für drohende Verluste (badwill), einen „Gewinn" aus Beteiligungserwerb (lucky buy) oder einen technischen Unterschiedsbetrag dar (Rz 114 ff.). Im ersten Fall darf er gem. § 309 Abs. 2 Nr. 1 HGB erst dann ergebniswirksam aufgelöst werden, wenn die zum Zeitpunkt des Erwerbs erwartete ungünstige Entwicklung der künftigen Ertragslage des Unt tatsächlich eingetreten ist, feststeht, dass die Entwicklung nicht eintritt oder zu diesem Zeitpunkt erwartete Aufwendungen zu berücksichtigen sind. Vor allem mit Bezug auf das Realisations- und Vorsichtsprinzip ist davon auszugehen, dass eine Pflicht zur Auflösung besteht. Im zweiten Fall ist die erfolgserhöhende Auflösung des passiven Unterschiedsbetrags gem. § 309 Abs. 2 Nr. 2 HGB erst dann erlaubt, wenn am Abschlussstichtag feststeht, dass er einem realisierten Gewinn entspricht, wobei auch hier davon auszugehen ist, dass eine Auflösungspflicht besteht. Für die Behandlung des technischen Unterschiedsbetrag s. Rz 114.

135 Hinsichtlich des **Ausweises** des passiven Unterschiedsbetrags ist keine Saldierung mit Unterschiedsbeträgen auf der Aktivseite (GoF) erlaubt. Der passive Unterschiedsbetrag ist pflichtmäßig auf der Passivseite der Konzernbilanz zwischen EK und FK auszuweisen. Dies gilt auch für Altfälle, d. h., wenn noch GoF

und ein passiver Unterschiedsbetrag aus vor dem Gj 2010 vorgenommenen ErstKons vorhanden sind, müssen diese getrennt auf der Aktiv- und Passivseite der Konzernbilanz ausgewiesen werden.

6.4 Anwendungsbeispiel bei Einbeziehung einer 100-%-Tochter

Mit den Beispielunt „M-GmbH" und „T-GmbH" soll die Vorgehensweise der Neubewertungsmethode bei der **erstmaligen Kons. von 100 %igen TU** dargestellt werden.[87] Das MU M-GmbH erwirbt Ende t0 100 % der Anteile an der T GmbH zu einem Preis von 6,0 Mio. EUR. Es wird vereinbart, dass das Jahresergebnis des gesamten Gj in der T-GmbH verbleiben soll, d.h. thesauriert werden soll, und somit vom Erwerber mit übernommen wird.[88] Die aggregierten Jahresbilanzen der beiden Unt zum 31.12.t0 haben folgendes Aussehen:

136

Bilanz der M-GmbH zum 31.12.t0 in Mio. EUR			
Sonstiges AV	7,0	Grundkapital	4,0
Beteiligung TU	6,0	Rücklagen	3,0
UV	4,0	Jahresüberschuss	2,0
		Sonstige Verbindlichkeiten	8,0
	17,0		17,0

Bilanz der T-GmbH zum 31.12.t0 in Mio. EUR			
Sonstiges AV	3,0	Grundkapital	2,0
Beteiligung TU	2,0	Rücklagen	1,0
UV	2,0	Jahresüberschuss	1,0
		Sonstige Verbindlichkeiten	3,0
	7,0		7,0

Bei dem TU T-GmbH enthält die Position Maschinen 1,0 Mio. EUR **stille Reserven.** Vorausgesetzt, dass die Bedingungen des § 290 HGB erfüllt sind, und unter Ausblendung größenabhängiger Befreiungen ist von der M-GmbH ein Konzernabschluss aufzustellen. Angenommen wird aus Vereinfachungsgründen, dass für beide Unt bei der Überleitung der Jahresabschluss zu den HB II keine Anpassungsbuchungen erforderlich sind.

137

Die bei den Maschinen vorhandenen stillen Reserven (1,0 Mio. EUR) müssen zunächst in voller Höhe aufgelöst werden. Zur Verbesserung der Nachvollziehbarkeit erfolgt die Darstellung der Kons. spaltenorientiert. Die Positionen der HB II des MU und TU stehen nebeneinander. Der **Neubewertung des TU** wird in der spaltenorientierten Darstellungsweise insofern Rechnung getragen, als eine gesonderte Spalte eingeführt wird, in der die HB III des TU abgebildet wird.

138

---

[87] Vgl. zu weiteren (EDV-gestützten) Fallstudien *Krimpmann*, 2009, S. 54 ff.; *Küting/Seel*, DStR, 2009, S. 47.
[88] Vgl. DRS 23.12 spricht von einem erworbenen Ergebnis, was in die KapKons einzubeziehen ist.

139 Die im Beispiel erfolgte höhere Bewertung der Maschinen führt zwangsläufig zu einer Bilanzverlängerung auf der Aktivseite. Der Bilanzausgleich auf der Passivseite wird dadurch erreicht, dass die Rücklagen des TU um die aufgedeckten stillen Reserven in Form einer **Neubewertungsrücklage** erhöht werden. Dabei sind jedoch **latente Steuern** zu berücksichtigen,[89] sodass bei einem hier unterstellten Steuersatz von 40 % eine Erhöhung um 0,6 Mio. EUR sowie eine Bildung von passiven latenten Steuern von 0,4 Mio. EUR erfolgen. Der heranzuziehende Steuersatz soll derjenige des in den Konzernabschluss einbezogenen Unt sein, da sich bei diesem der Steuereffekt auch umkehrt. Damit wird die Fiktion des Konzerns als wirtschaftliche Einheit an dieser Stelle zugunsten einer stärker an den tatsächlichen Verhältnissen orientierten Vermögens-, Finanz- und Ertragslage zurückgedrängt.[90] Aus Wirtschaftlichkeits- und Wesentlichkeitsüberlegungen darf im Einzelfall für den Konzern aber auch ein einheitlicher Steuersatz angewandt werden (§ 306 Rz 29).[91] Die so ermittelte HB III des TU führt nach Summation mit der HB II des MU zum Summenabschluss.

140 Die folgende Tabelle verdeutlicht die Vorgehensweise:

	M-GmbH (HB II)		T-GmbH (HB II)		T-GmbH (HB III)		Sum.-bil.	Konsolidierung		Konzernbilanz	
	A	P	A	P	A	P	A/P	S	H	A	P
GoF								1,4 (2)		1,4	
Sonst. AV	7,0		3,0		3,0		10,0			10,0	
Maschinen			2,0		3,0		3,0			3,0	
Bet. TU	6,0						6,0		(1) 6,0		
UV	4,0		2,0		2,0		6,0			6,0	
KonsAP								1,4 (1)	(2) 1,4		
Gez. Kapital		4,0		2,0		2,0	6,0	2,0 (1)			4,0
Rücklagen		3,0		1,0		1,6	4,6	1,6 (1)			3,0
Jahresüberschuss		2,0		1,0		1,0	3,0	1,0 (1)			2,0
Pass. lat. St.						0,4	0,4				0,4
Verbindlichkeiten		8,0		3,0		3,0	11,0				11,0
Summe	17,0	17,0	7,0	7,0	8,0	8,0	25,0	7,4	7,4	20,4	20,4

Tab. 1: ErstKons mittels Neubewertungsmethode mit einem Kapitalanteil von 100 %, den die M-GmbH an der T-GmbH hält

141 Die **Konsolidierungsbuchungen** vollziehen sich bei 100 %igen TU in 2 Schritten. Zunächst ist der Wert der Beteiligung (6,0 Mio. EUR) gegen das in voller Höhe neu bewertete EK des TU aufzurechnen. Dieser Schritt der KapKons nach der Neubewertungsmethode wird durch folgenden Buchungssatz (= Buchung (1)) wiederge-

---

[89] Vgl. *Küting/Seel*, DStR 2009, S. 47.
[90] Vgl. BilMoG-BgrRegE, S. 83.
[91] Vgl. *Bieg/Kußmaul/Petersen/Waschbusch/Zwirner*, Bilanzrechtsmodernisierungsgesetz, 2009, S. 187.

geben, wobei die entstehende Differenz zunächst in einem Konsolidierungsausgleichsposten (KonsAP) abgefangen wird:

Konto	Soll	Haben
Gezeichnetes Kapital	2,0 Mio.	
Rücklagen	1,6 Mio.	
Jahresüberschuss	1,0 Mio.	
KonsAP	1,4 Mio.	
Beteiligung TU		6,0 Mio.

Im zweiten Schritt (= Buchung (2)) wird der **Konsolidierungsausgleichsposten** aufgelöst, indem er in den GoF umgebucht wird:

Konto	Soll	Haben
GoF	1,4 Mio.	
KonsAP		1,4 Mio.

Die Berücksichtigung der beiden Konsolidierungsbuchungen lässt aus der Summenbilanz die Konzernbilanz entstehen, aus der nun die innerkonzernlichen Kapitalverflechtungen eliminiert sind.

6.5 Vollkonsolidierung bei Minderheitsanteilen

Da es sich bei der Neubewertungsmethode um eine **VollKons unter Erwerbsfiktion** handelt, setzt ihre Anwendung die Kons. eines TU voraus. Zu beachten ist jedoch, dass die in § 290 HGB genannten Kriterien für das Bestehen eines Mutter-Tochter-Verhältnisses nicht nur bei einer Beteiligung von 100 % gelten. Bei einer Beteiligungsquote von unter 100 % würde die vollständige Übernahme aller VG und Schulden des TU die Vermögenslage des Konzerns unzutreffend darstellen, wenn im Konzernabschluss nicht deutlich gemacht wird, dass ein der Beteiligungsquote entsprechender Anteil konzernfremden Minderheitsgesellschaftern zusteht (§ 307 Rz 1 ff.). Deshalb ist in solchen Fällen gem. § 307 Abs. 1 HGB ein Ausgleichsposten für nicht dem MU gehörende Anteile i. H. d. Anteils anderer Gesellschafter am EK des TU zu bilden und gesondert im EK auszuweisen.

Bei der Neubewertungsmethode werden die **Anteile anderer Gesellschafter**, die mit dem BilRUG seit dem Gj 2016 als **nicht beherrschende Anteile** zu bezeichnen sind, auf der Basis des neu bewerteten EK ausgewiesen.[92] Ein nach der Aufrechnung des Beteiligungsbuchwerts mit dem anteiligen EK des MU evtl. verbleibender GoF muss mit Bezug auf § 307 Abs. 1 Satz 2 HGB ausschließlich dem MU zugerechnet werden. Eine quotale Aufteilung auf Mehrheits- und Minderheitsgesellschafter kommt nicht in Betracht. Im Hinblick auf FolgeKons bedeutet die vollständige Auflösung der stillen Reserven und Lasten, dass zusätzliche Abschreibungen aufgedeckter stiller Reserven quotal zulasten des Ergebnisanteils des MU und des Minderheitenanteils gehen, während die Abschreibung des GoF nur zulasten der Anteilseigner des MU erfolgt.

Da sich die Neubewertungsmethode dadurch auszeichnet, dass die Kons des Beteiligungsbuchwerts auf Basis des neu bewerteten EK des TU erfolgt, bedeutet dies im Fall von Minderheitenanteilen, dass der Ausgleichsposten für nicht beherr-

---

[92] Vgl. z. B. *Busse v. Colbe,* in MünchKomm HGB, 3. Aufl., § 301 Rn 45.

schende Anteile auch stille Reserven oder Lasten enthält. Es wird unterstellt, „dass die Minderheiten im Zeitpunkt der erstmaligen Kons. einen Preis für die Anteile gezahlt haben, der ihrem Anteil am konsolidierungspflichtigen Kapital und an den aufgedeckten stillen Reserven entspricht."[93] Der **Ausgleichsposten für nicht beherrschende Anteile** stellt sich im Vergleich zu der vor dem BilMoG alternativ zulässigen Buchwertmethode folglich in seiner Zusammensetzung und Höhe anders dar. Nach der per Wahlrecht in IFRS-Konzernabschluss anwendbaren *full goodwill method* nach IFRS 3.19 rev. 2008 (in US-GAAP-Konzernabschluss verpflichtend anzuwenden) können die nicht beherrschenden Anteile auch einen fiktiv zugerechneten GoF-Anteil beinhalten,[94] was mit dem HGB nicht vereinbar ist.[95]

6.6 Anwendungsbeispiel bei Einbeziehung einer Nicht-100-%-Tochter (GoF)

147 Die erstmalige KapKons nach der Neubewertungsmethode bei Vorhandensein von **Minderheitsgesellschaftern** soll auf der Basis der Daten des Ausgangsbeispiels erfolgen, wobei eine Modifizierung in der Weise erfolgt, dass unterstellt wird, es wären von dem MU für die 6,0 Mio. EUR lediglich 75 % der Kapitalanteile der T-GmbH erworben worden. Weiterhin besteht die Vereinbarung, dass das Jahresergebnis in der T-GmbH verbleibt und somit (anteilig) mit erworben wurde.

	M-GmbH (HB II)		T-GmbH (HB II)		T-GmbH (HB III)		Sum.-bil.	Konsolidierung		Konzern-bilanz	
	A	P	A	P	A	P	A/P	S	H	A	P
GoF								2,55 (2)		2,55	
Sonst. AV	7,0		3,0		3,0		10,0			10,0	
Maschinen			2,0		3,0		3,0			3,0	
Bet. TU	6,0						6,0		(1) 6,0		
UV	4,0		2,0		2,0		6,0			6,0	
KonsAP								2,55 (1)	(2) 2,55		
Gez. Kapital		4,0		2,0		2,0	6,0	1,5 (1) 0,5 (3)			4,0
Rücklagen		3,0		1,0		1,6	4,6	1,2 (1) 0,4 (3)			3,0
Jahresüberschuss		2,0		1,0		1,0	3,0	0,75 (1) 0,25 (3)			2,0
nicht beherrschende Anteile									1,15 (3)		1,15
Pass. lat. St.						0,4	0,4				0,4
Verbindlichkeiten		8,0		3,0		3,0	11,0				11,0
Summe	17,0	17,0	7,0	7,0	8,0	8,0	25,0	9,7	9,7	21,55	21,55

---

[93] *Schildbach*, Konzernabschluß, 1994, S. 158.
[94] Vgl. *Lüdenbach/Hoffmann/Freiberg*, in *Lüdenbach/Hoffmann/Freiberg*, IFRS-Kommentar, 15. Aufl. 2017, § 31, Rz 132.
[95] Vgl. zur Diskussion *Kessler/Leinen/Strickmann*, in *Weber* u.a., 2009, S. 323 ff.

Tab. 2: ErstKons mittels Neubewertungsmethode mit einem Kapitalanteil von 75 %, den die M-GmbH an der T-GmbH hält (Abwandlung 1)

Die **ErstKons** nach der Neubewertungsmethode vollzieht sich bei Vorhandensein von Minderheitsgesellschaftern in drei Buchungsschritten.[96] Zunächst ist der Beteiligungsbuchwert (6,0 Mio. EUR) gegen das anteilige neu bewertete EK aufzurechnen (= Buchung (1)). Das anteilige EK ist zu berechnen durch die Addition des neu bewerteten EK (4,6 Mio. EUR) und zu multiplizieren mit dem Kapitalanteil, woraus sich der Wert von 3,45 Mio. EUR ergibt. Die Differenz zwischen dem Wert der Beteiligung und der Summe der anteiligen EK-Komponenten i.H.v. 6,0–3,45 = 2,55 Mio. EUR wird vorübergehend in den Konsolidierungsausgleichsposten (KonsAP) eingestellt:

Konto	Soll	Haben
Gezeichnetes Kapital	1,5 Mio.	
Rücklagen	1,2 Mio.	
Jahresüberschuss	0,75 Mio.	
KonsAP	2,55 Mio.	
Beteiligung TU		6,0 Mio.

Im zweiten Schritt (= Buchung (2)) wird dieser durch die **Umbuchung in den GoF** aufgelöst:

Konto	Soll	Haben
GoF	2,55 Mio.	
KonsAP		2,55 Mio.

Schließlich ist der Teil des EK, der auf die Minderheiten entfällt, in die Position **nicht beherrschende Anteile** einzustellen (Buchung (3)):

Konto	Soll	Haben
Gezeichnetes Kapital	0,5 Mio.	
Rücklagen	0,4 Mio.	
Jahresüberschuss	0,25 Mio.	
Nicht beherrschende Anteile		1,15 Mio.

6.7 Anwendungsbeispiel bei Einbeziehung einer Nicht-100-%-Tochter (passiver Unterschiedsbetrag)

In einer zweiten Abwandlung des Ausgangsbeispiels soll die Entstehung eines **passiven Unterschiedsbetrags** verdeutlicht werden. Dazu werden die Bilanzen wie folgt verändert:

Das MU M-GmbH erwirbt Ende t0 75 % der Anteile an der T-GmbH zu einem Preis von lediglich 2,5 Mio. EUR, da bei diesem Szenario **schlechte Zukunftsaussichten** bei dem TU angenommen werden (DRS 23.142). Bei dem bilanziell unveränderten TU T-GmbH enthält die Position Maschinen weiterhin 1,0 Mio. EUR stille Reserven. Vorausgesetzt, dass die Bedingungen des § 290 HGB erfüllt sind,

---

[96] Vgl. auch *Kirsch/Heidemann/Jonas/Engelke*, in Baetge/Kirsch/Thiele, Bilanzrecht, § 301 HGB, Rz 98 ff., Stand 2/2017.

und unter Ausblendung größenmäßiger Befreiungen ist von der M-GmbH ein Konzernabschluss aufzustellen. Im vorliegenden Beispiel waren weiterhin für beide Unt bei der Überleitung der Einzelbilanzen zu den HB II keine Anpassungsbuchungen notwendig.

153 Obwohl der Beteiligungsbuchwert (2,5 Mio. EUR) das **anteilige neu bewertete EK** des TU (4,6 × 0,75 = 3,45 Mio. EUR) unterschreitet, sind die bei den Maschinen vorhandenen stillen Reserven (1,0 Mio. EUR) zunächst in voller Höhe aufzulösen, da es unerheblich ist, dass damit das Anschaffungswertprinzip eindeutig verletzt wird. Offensichtlich ist es dem Verkäufer der Anteile nicht einmal gelungen, den Kapitalanteil zu EK-Werten zu veräußern. Die vorhandenen stillen Reserven sind daher auch nicht mitbezahlt worden. Gleichwohl könnten sie Bestandteil des Kaufpreises gewesen sein, da ansonsten der Erwerber einen noch geringeren Betrag gezahlt hätte. Daher ist in der HB III die Tochter ebenso abzubilden wie im Ausgangsbeispiel.

	M-GmbH (HB II)		T-GmbH (HB II)		T-GmbH (HB III)		Sum.-bil.	Konsolidierung		Konzern-bilanz	
	A	P	A	P	A	P	A/P	S	H	A	P
Sonst. AV	7,0		3,0		3,0		10,0			10,0	
Maschinen			2,0		3,0		3,0			3,0	
Bet. TU	2,5						2,5		(1) 2,5		
UV	4,0		2,0		2,0		6,0			6,0	
KonsAP								0,95 (2)	(1) 0,95		
Gez. Kapital		4,0		2,0		2,0	6,0	1,5 (1) 0,5 (3)			4,0
Rücklagen		3,0		1,0		1,6	4,6	1,2 (1) 0,4 (3)			3,0
Jahresüberschuss		2,0		1,0		1,0	3,0	0,75 (1) 0,25 (3)			2,0
Anteile and. Ges.									1,15 (3)		1,15
Pass. UB									0,95 (2)		0,95
Pass. lat. St.						0,4	0,4				0,4
Verbindlichkeiten		4,5		3,0		3,0	7,5				7,5
Summe	13,5	13,5	7,0	7,0	8,0	8,0	21,5	5,55	5,55	19,0	19,0

Tab. 3: ErstKons mittels Neubewertungsmethode mit einem Kapitalanteil von 75 %, den die M-GmbH an der T-GmbH hält (Abwandlung 2)

154 Im **ersten Konsolidierungsbuchungsschritt** (= Buchung (1)) ist der Beteiligungsbuchwert (2,5 Mio. EUR) gegen das anteilige neu bewertete EK (3,45 Mio. EUR) aufzurechnen. Die Differenz zwischen dem Wert der Beteiligung und der Summe der anteiligen EK-Komponenten i. H. v. 2,5–3,45 = –0,95 Mio. EUR wird vorübergehend in den Konsolidierungsausgleichsposten (KonsAP) eingestellt:

Konto	Soll	Haben
Gezeichnetes Kapital	1,5 Mio.	
Rücklagen	1,2 Mio.	
Jahresüberschuss	0,75 Mio.	
Beteiligung TU		2,5 Mio.
KonsAP		0,95 Mio.

Im zweiten Schritt (= Buchung (2)) wird dieser durch die Umbuchung in den **passiven Unterschiedsbetrag aus KapKons** aufgelöst:

Konto	Soll	Haben
KonsAP	0,95 Mio.	
Passiver Unterschiedsbetrag aus KapKons		0,95 Mio.

Schließlich ist der Teil des EK, der auf die Minderheiten entfällt, mit einer identischen Buchung wie im Ausgangsbeispiel in die Position **nicht beherrschende Anteile** einzustellen (Buchung (3)):

Konto	Soll	Haben
Gezeichnetes Kapital	0,5 Mio.	
Rücklagen	0,4 Mio.	
Jahresüberschuss	0,25 Mio.	
Nicht beherrschende Anteile		1,15 Mio.

Bei dem passiven Unterschiedsbetrag ist zu prüfen und nach DRS 23.139 zu dokumentieren, ob er eher **EK- oder FK-Charakter** besitzt oder als technischer Unterschiedsbetrag zu verstehen ist. Der Ausweis muss bis auf wenige Ausnahmen beim technischen Unterschiedsbetrag (Rz 114) in der Konzernbilanz in jedem Fall zwischen EK und FK erfolgen, zudem sind Anhangangaben notwendig, damit der Charakter der Position von den Adressaten eingeschätzt werden kann (Rz 117f.). Im Fall negativer Zukunftsaussichten liegt ein *badwill* vor, der eine gedankliche Zuordnung des Postens vom Adressaten zum FK bedingt. Im Ergebnis wird somit zwar das aus betriebswirtschaftlicher Sicht überhöht ausgewiesene EK des TU bei der KapKons unkorrigiert übernommen, doch erfolgt durch den passiven Unterschiedsbetrag aus KapKons in der Konzernbilanz der Hinweis darauf, dass die übernommenen und ausgewiesenen VG in Summe weniger wert sein dürften, als die Einzelbewertung suggeriert. Eine solche Konstellation dürfte jedoch in der Praxis höchst selten anzutreffen sein, da unter diesen Bedingungen i.d.R. bereits im Jahresabschluss des TU Abschreibungen auf die VG hätten vorgenommen werden müssen. Bilanzrechtlich vereinbar ist die Entstehung eines passiven Unterschiedsbetrags in größerem Umfang nur, wenn unterschiedliche Einschätzungen der Zukunft vorliegen, wobei das Management des TU deutlich bessere Zukunftserwartungen haben muss als der Erwerber und letztlich auch der Verkäufer, da dieser ansonsten wohl kaum zu dem geringen Preis verkauft hätte. Nach IFRS wird aufgrund der Zuordnungsproblematik verlangt, dass in dem Fall, in dem ein negativer *goodwill* auftritt, die Bewertung der Vermögenswerte und Schulden ausdrücklich erneut zu überprüfen und ggf. anzupassen ist, wobei ein *badwill* erfasst werden soll und der dann verbleibende Betrag, der eigentlich nur noch EK-Charakter haben kann, auch direkt erfolgswirksam zu vereinnahmen ist.

158 Gleichwohl eröffnet die Neubewertungsmethode ohne Beachtung der Anschaffungskostenrestriktion enorme **Einschätzungsspielräume** bei der Identifikation und Auflösung stiller Reserven, da die Kontrolle der Bewertung durch den Markt nicht mehr gegeben ist. Insbesondere beim Sachanlagevermögen, wo Marktpreise für die einzelnen VG oft nur unter strengen Prämissen abgeleitet werden können, erscheint die Befürchtung überhöhter Bewertungen nicht unbegründet. Dies galt jedoch auch bisher schon, wenn damit etwa die ausgewiesene Höhe eines GoF minimiert werden sollte.

7 Folgekonsolidierung

7.1 Grundsätzliche Vorgehensweise

159 Im Rahmen der **FolgeKons** werden die Bilanzansatz- und Bewertungskorrekturen sowie der GoF bzw. der passive Unterschiedsbetrag aus der ErstKons weiterverrechnet, d. h., die vom TU übernommenen VG, Schulden, RAP und Sonderposten werden mit ihren neuen Werten aus der KapKons fortgeführt.[97] Die zugeordneten Beträge sind dabei analog zu den betreffenden Positionen fortzuführen, abzuschreiben oder aufzulösen, woraus sich die Erfolgswirksamkeit ergibt. Dabei gilt, dass die aufgelösten **stillen Reserven** oder Lasten das Schicksal der Position teilen, der sie zugeordnet worden sind.[98] Wird etwa im AV eine planmäßige lineare Abschreibung über eine bestimmte Nutzungsdauer vorgenommen, so wird auch die aufgelöste stille Reserve gleichmäßig über die verbleibende Nutzungsdauer verteilt und aus Konzernsicht als erhöhte Abschreibungen in der Konzern-GuV verrechnet. Findet keine planmäßige Abschreibung statt, wie etwa bei Vorräten, Forderungen, Finanzanlagen oder Grundstücken, so mindert die stille Reserve im Realisationszeitpunkt den im Jahresabschluss des TU ausgewiesenen Gewinn aus dem Abgang des Gegenstands. Umgekehrt mindert eine im Konzern erfasste stille Last etwa bei Rückstellungen oder Forderungen für den Fall des Eintritts des Schadensereignisses die im Jahresabschluss der Tochter ausgewiesenen Verluste. Die Aufdeckungen bedingen daher eine ergänzende Fortschreibungsrechnung zu den Daten der Jahresabschlüsse, da eine andere Verteilung auf die Perioden erfolgt.

160 Besteht ein **Abschreibungswahlrecht**, so kann es im Konzernabschluss unabhängig von seiner Ausübung in den Jahresabschlüssen der in den Konzernabschluss einbezogenen Unt ausgeübt werden (vgl. § 308 Abs. 1 Satz 2 HGB). Technisch werden die Buchwertabschreibung im Jahresabschluss des TU und die Abschreibung des Korrekturbetrags in einer Ergänzungsrechnung nach dem gleichen Verfahren durchgeführt.

161 Auch die Behandlung des **GoF** bzw. des passiven Unterschiedsbetrags aus der KapKons hat in den Folgeperioden erfolgswirksame Konsequenzen. Bezogen auf den passiven Unterschiedsbetrag stellt sich die Erfolgswirksamkeit erst dann ein, wenn diese Position gem. § 309 Abs. 2 HGB aufgelöst wird, wobei DRS 23.109 ff. Anwendungshinweise liefert. Bei der FolgeKons ist zudem zu berück-

---

[97] Vgl. z. B. *Kirsch/Prigge/Flügel/Klaholz/Jonas/Dollereder*, in *Baetge/Kirsch/Thiele*, Bilanzrecht, § 301 HGB, Rz 241 ff., Stand 2/2017; *Busse v. Colbe*, in MünchKomm HGB, 3. Aufl., § 301 Rn 98 ff.
[98] Vgl. z. B. DRS 23.101 und *Oser/Wirth*, in *Küting/Pfitzer/Weber*, Das neue deutsche Bilanzrecht, 2009, S. 445.

sichtigen, dass die Verrechnung des Beteiligungsbuchwerts mit dem anteiligen EK des TU nicht jährlich, sondern einmalig geschieht. Während die erworbenen Rücklagen im Rahmen der Kons. verrechnet werden, sind die in den Folgejahren neu erwirtschafteten Rücklagen in der Konzernbilanz als andere Gewinnrücklagen auszuweisen, soweit sie nicht anderen Gesellschaftern zustehen und deshalb den Ausgleichsposten für die nicht beherrschenden Anteile erhöhen. Ein beim TU in den jeweiligen Folgejahren erwirtschafteter Jahresüberschuss bzw. -fehlbetrag, der die Gewinnrücklagen verändert, ist im Konzern nach Berücksichtigung von Aufwendungen und Erträgen, die im Zusammenhang mit der Fortschreibung stiller Reserven und Lasten sowie Abschreibungen auf den GoF stehen, zu berücksichtigen.

7.2 Anwendungsbeispiel bei Nicht-100-%-Tochter (GoF)

Erst mithilfe der **FolgeKons** wird deutlich, warum die Erwerbsmethode als Methode der erfolgswirksamen ErstKons bezeichnet wird. Es wird auf die Ausgangsdaten der BeispielUnt M-GmbH und T-GmbH zurückgegriffen und sowohl für die Buchwertmethode als auch für die Neubewertungsmethode die FolgeKons für den Fall vorgenommen, dass Minderheitsgesellschafter an dem TU zu 25 % beteiligt sind. Folgende zusätzlichen Informationen und Prämissen sind bei der FolgeKons zu berücksichtigen:

- Das MU M-GmbH schüttet den Jahresüberschuss des Jahrs t0 in voller Höhe aus und erwirtschaftet im nächsten Jahr einen Jahresüberschuss in gleicher Höhe.
- Das TU T-GmbH stellt den Jahresüberschuss des Jahrs t0 wie vereinbart komplett in die Rücklagen ein und erwirtschaftet im nächsten Jahr einen Jahresüberschuss i.H.v. 0,8 Mio. EUR, der zur Erhöhung des UV führt.
- Das jeweilige AV wird von beiden Unt durch Reinvestitionen konstant gehalten.
- Ein sich bei der KapKons ergebender GoF wird linear über fünf Jahre abgeschrieben.
- Die Maschinen, bei denen die stillen Reserven aufgedeckt wurden, werden ausgehend vom Restbuchwert t0 ebenfalls linear über fünf Jahre abgeschrieben.

Somit haben die Bilanzen zum 31.12.t1 folgendes Aussehen:

Bilanz der M-GmbH zum 31.12.t1 in Mio. EUR			
Sonstiges AV	7,0	Grundkapital	4,0
Beteiligung TU	6,0	Rücklagen	3,0
UV	4,0	Jahresüberschuss	2,0
		Sonstige Verbindlichkeiten	8,0
	17,0		17,0

§ 301 Kapitalkonsolidierung

Bilanz der T-GmbH zum 31.12.t1 in Mio. EUR			
Sonstiges AV	3,0	Grundkapital	2,0
Maschinen	2,0	Rücklagen	2,0
UV	2,8	Jahresüberschuss	0,8
		Sonstige Verbindlichkeiten	3,0
	7,8		7,8

Tab. 4: Bilanzen der BeispielUnt M-GmbH und T-GmbH

164 Die FolgeKons soll zunächst mithilfe der Neubewertungsmethode angeknüpft an Abwandlung 1 (Vorhandensein von Minderheitsgesellschaftern) am Zahlenbeispiel demonstriert werden (Rz 147). Somit beträgt der Kapitalanteil, den das MU an dem TU hält, 75 %.

165 Jede FolgeKons beginnt mit der **Wiederholung der ErstKons** mit den dabei verwandten Werten. Dies ist notwendig, weil die Konzernbilanzierung in Deutschland in aller Regel nicht in dem geschlossenen System der doppelten Buchhaltung stattfindet, sondern ausgehend von den einzelnen Abschlüssen zu jedem Erstellungszeitpunkt erneut durchgeführt werden muss. So ist etwa die Erhöhung von Wertansätzen bei VG durch die Auflösung von stillen Reserven im Rahmen der Kons. in der Bilanz des TU nicht durchgeführt worden. Hier muss mit den alten Wertansätzen weitergearbeitet werden. Daher sind vor der Kapitalaufrechnung wie bei der ErstKons die stillen Reserven/Lasten mit den ehemals verwandten Werten aufzudecken und in der HB III zu erfassen. Analog zur ErstKons folgen drei Buchungsschritte: Zunächst ist der damalige Beteiligungsbuchwert (6,0 Mio. EUR) gegen das damalige anteilige neu bewertete EK aufzurechnen. Das damalige anteilige EK hatte einen Wert von 3,45 Mio. EUR, der jetzt in t1 in den Positionen „Gezeichnetes Kapital" und „Rücklagen" ausgewiesen ist. Die Differenz zwischen dem Wert der Beteiligung und der Summe der anteiligen EK-Komponenten i. H. v. 6,0 Mio. EUR – 3,45 Mio. EUR = 2,55 Mio. EUR wird wiederum vorübergehend in den Konsolidierungsausgleichsposten (KonsAP) eingestellt (= Buchung (1)):

Konto	Soll	Haben
Gezeichnetes Kapital	1,5 Mio.	
Rücklagen	1,2 Mio.	
Rücklagen (bei ErstKons: Jahresüberschuss t0)	0,75 Mio.	
KonsAP	2,55 Mio.	
Beteiligung TU		6,0 Mio.

166 Im zweiten Schritt (= Buchung (2)) wird der Konsolidierungsausgleichsposten (KonsAP) durch die Umbuchung in den **GoF** aufgelöst:

Konto	Soll	Haben
GoF	2,55 Mio.	
KonsAP		2,55 Mio.

167 Schließlich ist der Teil des EK zum Zeitpunkt t0, der auf die Minderheiten entfällt, in die Position **nicht beherrschenden Anteile** einzustellen (Buchung (3)):

Konto	Soll	Haben
Gezeichnetes Kapital	0,5 Mio.	
Rücklagen	0,4 Mio.	
Rücklagen (bei ErstKons: Jahresüberschuss t0)	0,25 Mio.	
Nicht beherrschende Anteile		1,15 Mio.

Im nächsten Schritt sind die in der Folgeperiode einerseits entstandenen neuen Werte in Form von Eigenkapitalerhöhungen und andererseits von notwendigen **Abschreibungen** auf die aufgedeckten stillen Reserven sowie den GoF zu berücksichtigen.[99] Da der GoF den Differenzbetrag zwischen dem vom MU gezahlten Beteiligungsbuchwert und dem auf das MU entfallenden Teil des EK darstellt, sind die Abschreibungen des GoF i. H. v. 2,55 Mio. EUR / 5 Jahre = 0,51 Mio. EUR erfolgswirksam gegen den Jahresüberschuss zu buchen. Zudem wäre eine außerplanmäßige Abschreibung zu prüfen und ggf. vorzunehmen,[100] was in diesem Beispiel aber als nicht notwendig angesehen wird. Zudem sind auf die in voller Höhe aufgelösten stillen Reserven Abschreibungen vorzunehmen. Der gesamte Abschreibungsbetrag i. H. v. 1,0 Mio. EUR / 5 Jahre = 0,20 Mio. EUR ist ebenfalls zunächst im Jahresergebnis zu verrechnen. Konzeptionell kann diese Berücksichtigung der Abschreibungen der aufgedeckten stillen Reserven aber auch bereits bei der Aufstellung der HB III im Rahmen der FolgeKons erfolgen, was insb. bei Vorhandensein nicht beherrschender Gesellschafter in der Kons. Buchungen erspart.[101] Allerdings ist bei folgenden Kons. stets zwischen der Abschreibungsverrechnung mit den Rücklagen und dem Jahresergebnis des TU zu unterscheiden (Rz 195 ff.). Die die Abschreibungen betreffende Konsolidierungsbuchung sieht folgendermaßen aus (= Buchung (4)):

168

Konto	Soll	Haben
Jahresüberschuss	0,71 Mio.	
Maschinen		0,20 Mio.
GoF		0,51 Mio.

Da im Rahmen der Auflösung der stillen Reserven **passive latente Steuern** berücksichtigt wurden, sind diese zudem analog zur Minderung des Unterschieds ergebniserhöhend aufzulösen.[102] Dagegen ist auch durch die Abschreibung des GoF keine latente Steuer zu berücksichtigen, da es sich dabei um Outside-bases-differences handelt.[103] Im konkreten Fall sind daher nur aus den abgebauten stillen Reserven der Maschinen 0,08 Mio. EUR als Ertrag in das Jahresergebnis zu buchen (= Buchung (5)).

169

Konto	Soll	Haben
Passive latente Steuern	0,08 Mio.	
Jahresüberschuss		0,08 Mio.

---

99 Vgl. z. B. *Bieg/Kußmaul/Petersen/Waschbusch/Zwirner*, Bilanzrechtsmodernisierungsgesetz, 2009, S. 285 f.
100 Vgl. zu Umsetzungsbeispielen *Theile*, BBK 2016, S. 753.
101 Vgl. z. B. *Kirsch/Klaholz/Jonas/Dollereder*, in Baetge/Kirsch/Thiele, *Bilanzrecht*, § 301 HGB, Rz 271, Stand 2/2017.
102 Vgl. z. B. *Oser/Wirth*, in *Küting/Pfitzer/Weber*, Das neue deutsche Bilanzrecht, 2009, S. 446.
103 Vgl. *Oser*, StuB 2016 S. 627.

170 Die Kons. schließt mit dem Ausweis des **Ergebnisanteils** der nicht beherrschenden Gesellschafter ab. Der zu verteilende Jahresüberschuss der Periode t1 beträgt lt. Ausweis im Jahresabschluss des TU 0,8 Mio. EUR. Allerdings sind hiervon noch die den Minderheitsanteilseignern zuzurechnenden Abschreibungen sowie die aufzulösenden latenten Steuern auf Konzernebene zu korrigieren. Diese betragen saldiert 0,12 Mio. EUR, sodass netto 0,68 Mio. EUR zu verteilen sind. Davon stehen den Minderheitsanteilseignern 25 % und somit 0,17 Mio. EUR zu, sodass der 6. Buchungssatz wie folgt aussieht:

Konto	Soll	Haben
Jahresüberschuss	0,17 Mio.	
nicht beherrschende Anteile		0,17 Mio.

171 Insgesamt ergibt sich folgendes Bild:

	M-GmbH (HB II)		T-GmbH (HB II)		T-GmbH (HB III)		Sum.-bil.	Konsolidierung		Konzernbilanz	
	A	P	A	P	A	P	A/P	S	H	A	P
GoF								2,55 (2)	(4) 0,51	2,04	
Sonst. AV	7,0		3,0		3,0		10,0			10,00	
Maschinen			2,0		3,0		3,0		(4) 0,2	2,80	
Bet. TU	6,0						6,0		(1) 6,0		
UV	4,0		2,8		2,8		6,8			6,80	
KonsAP								2,55 (1)	(2) 2,55		
Gez. Kapital		4,0		2,0		2,0	6,0	1,5 (1) 0,5 (3)			4,00
Rücklagen		3,0		2,0		2,6	5,6	1,95 (1) 0,65 (3)			3,00
Jahresüberschuss		2,0		0,8		0,8	2,8	0,71 (4) 0,17 (6)	(5) 0,08		2,00
nicht beherrschende Ges.								(3) 1,15 (6) 0,17			1,32
Pass. lat. St.							0,4	0,4	0,08 (5)		0,32
Verbindlichkeiten		8,0		3,0		3,0	11,0				11,00
Summe	17,0	17,0	7,8	7,8	8,8	8,8	25,8	10,66	10,66	21,64	21,64

Tab. 5: FolgeKons mittels Neubewertungsmethode bei einem Anteilsbesitz von weniger als 100 % (hier 75 %) (Abwandlung 1 zum 31.12.t1)

172 Denkbar ist auch, den 4. Buchungsschritt direkt aufzuspalten in den Abschreibungsanteil, der auf die Eigentümer des MU, und in denjenigen, der auf die nicht beherrschenden Anteile entfällt. Letzteren würden in einem separaten Buchungsschritt die auf sie entfallenden Abschreibungsbeträge direkt in der Position nicht beherrschende Gesellschafter zugerechnet werden. Dadurch entfiele bei dem 6. Buchungssatz die genauere Betrachtung des zu verteilenden Jahresüberschusses. Allerdings gelingt der Ausweis des Gewinnanteils der nicht beherrschenden Gesellschafter dann erst bei einer genaueren Betrachtung, was insb. in den folgenden Jahren zu Nachteilen führt, in denen alle Schritte der Vorjahre zu wiederholen sind.

Die zunehmend umfangreicheren Buchungen verdeutlichen die Notwendigkeit, die einzelnen Kons. stets sorgfältig zu dokumentieren und die Konzernabschlusserstellung mit geeigneten **EDV-gestützten Konsolidierungsprogrammen** abzuwickeln.[104]

Auch wird in diesem Beispiel deutlich, dass der Konzernabschluss hinsichtlich des EK-Ausweises deutliche Informationsvorteile gegenüber dem Jahresabschluss aufweist. Die thesaurierten Gewinne des TU finden im Jahresabschluss des MU keine Berücksichtigung. Auf Konzernebene werden diese Gewinne aber, korrigiert um die notwendigen Abschreibungserhöhungen, im Konzern-EK ausgewiesen. Insbesondere bei langjährigen Verbundbeziehungen kann es daher zu einer erheblichen Abweichung des EK-Ausweises in Konzernabschluss und Jahresabschluss kommen.

7.3 Anwendungsbeispiel bei Nicht-100-%-Tochter (passiver Unterschiedsbetrag)

Die **FolgeKons** im Jahr t1 soll auch am Beispiel der **Abwandlung 2** (Rz 151 ff.) verdeutlicht werden, bei der das MU bedingt durch schlechte Zukunftsaussichten bei der Tochter lediglich 2,5 Mio. EUR für den Kapitalanteil von 75 % gezahlt hat.

Da die übrigen Prämissen ebenso gelten wie im Ausgangsbeispiel, hat die Bilanz des MU zum 31.12.t1 das identische Aussehen wie zum 31.12.t0. Die Bilanz des TU ist in Tab. 4 abgebildet. Auch hier sind zunächst die drei **Buchungssätze der ErstKons zu wiederholen** (= Buchungen (1) bis (3)), wobei jedoch das Jahresergebnis von t0 in den Rücklagen enthalten ist:

Konto	Soll	Haben
Gezeichnetes Kapital	1,5 Mio.	
Rücklagen	1,2 Mio.	
Rücklagen (bei ErstKons: Jahresüberschuss t0)	0,75 Mio.	
Beteiligung TU		2,5 Mio.
KonsAP		0,95 Mio.

Konto	Soll	Haben
KonsAP	0,95 Mio.	
Passiver Unterschiedsbetrag aus KapKons		0,95 Mio.

Konto	Soll	Haben
Gezeichnetes Kapital	0,5 Mio.	
Rücklagen	0,4 Mio.	
Rücklagen (bei ErstKons: Jahresüberschuss t0)	0,25 Mio.	
Nicht beherrschende Gesellschafter		1,15 Mio.

Daran anschließend sind in der Folgeperiode einerseits die entstandenen neuen Werte in Form von EK-Erhöhungen und andererseits notwendige **Abschreibungen** auf die aufgedeckten stillen Reserven sowie eine eventuelle Auflösung des passiven Ausgleichspostens aus der KapKons zu berücksichtigen. Da Letzterer den Differenzbetrag zwischen dem vom MU gezahlten Beteiligungsbuch-

---

[104] Vgl. etwa *Krimpmann*, Konsolidierung nach IFRS/HGB, 2009, S. 38 ff.

177 wert und dem auf das MU entfallenden Teil des EK darstellt, sind die erfolgswirksamen Auflösungen dieses Postens gegen den Jahresüberschuss zu buchen.

177 Im hier dargestellten Fall hatte der Erwerber **negative Zukunftsaussichten** für den Abschlag vom EK-Betrag verantwortlich gemacht. Wie sich herausstellt, sind diese negativen Erwartungen aber doch nicht eingetreten, da die T-GmbH einen Jahresüberschuss von 0,8 Mio. EUR erwirtschaftet hat. Unter der Annahme, dass die negative Erwartung in der Periode 1 damit nicht mehr besteht, hat sich aus dem *badwill* ein *lucky buy* entwickelt. Hinsichtlich der Auflösung dieses Postens gibt es Interpretationsspielräume. Gem. § 309 Abs. 2 HGB ist eine Auflösung erst dann möglich, soweit dies mit den Grundsätzen der §§ 297 und 298 i.V.m. dem 4. Abschnitt des HGB vereinbar ist. Dies ist dann als gegeben anzusehen, wenn der Grund für den Abschlag eingetreten ist oder der Abschlag realisiert wurde. Letzteres trifft in diesem Beispiel nur zu, wenn eine weite Auslegung des Realisationsbegriffs zugrunde gelegt wird.[105] Der DRSC schlägt mit DRS 23.145 in diesen Situationen eine Auflösung über die durchschnittliche Restlaufzeit der erworbenen abnutzbaren VG vor,[106] was im Ergebnis eine Kaufpreisminderung bedeutet.[107] Durch den Wegfall der AK-Restriktion erscheint diese Möglichkeit betriebswirtschaftlich zutreffender zu sein, sodass sie für das Beispiel hier angewandt wird. Unter der Annahme, die durchschnittliche Nutzungsdauer der erworbenen VG beträgt fünf Jahre, ergibt sich somit der Buchungssatz (4):

Konto	Soll	Haben
Passiver Unterschiedsbetrag aus der KapKons	0,19 Mio.	
Jahresüberschuss		0,19 Mio.

178 Zudem sind auf die in voller Höhe aufgelösten stillen Reserven Abschreibungen vorzunehmen. Der gesamte **Abschreibungsbetrag** i.H.v. 1,0 Mio. EUR / 5 Jahre = 0,2 Mio. EUR ist ebenfalls zunächst im Jahresergebnis zu verrechnen. Die die Abschreibungen betreffende Konsolidierungsbuchung (= Buchung (5)) lautet wie folgt:

Konto	Soll	Haben
Jahresüberschuss	0,20 Mio.	
Maschinen		0,20 Mio.

179 Da im Rahmen der Auflösung der stillen Reserven **passive latente Steuern** berücksichtigt wurden, sind diese analog zur Minderung des Unterschiedsbetrags ergebniserhöhend aufzulösen. Im konkreten Fall sind wieder 0,08 Mio. EUR als Ertrag in das Jahresergebnis zu buchen (= Buchung (6)).

Konto	Soll	Haben
Passive latente Steuern	0,08 Mio.	
Jahresüberschuss		0,08 Mio.

---

[105] Vgl. etwa *Weber/Zündorf*, in *Küting/Pfitzer/Weber*, HdK, HGB, § 309, Rz 88.
[106] Falls das erworbene Vermögen zu einem wesentlichen Teil aus nicht abnutzbaren VG besteht, orientiert sich die Behandlung des passiven Unterschiedsbetrags am Verbrauch oder Abgang der nicht abnutzbaren VG. Der passive Unterschiedsbetrag ist somit in dem Umfang erfolgswirksam aufzulösen, in dem die nicht abnutzbaren VG außerplanmäßig abgeschrieben werden oder z.B. aufgrund eines Verkaufs als Abgang erfasst werden (DRS 23.146).
[107] Vgl. *Kirsch/Dollereder*, in *Baetge/Kirsch/Thiele*, Bilanzrecht, § 309 HGB, Rz 69.3, Stand 3/2017.

Die Kons. schließt mit dem Ausweis des Ergebnisanteils der **nicht beherrschenden Anteile** ab. Der zu verteilende Jahresüberschuss der Periode t1 beträgt lt. Ausweis des Jahresabschlusses des TU 0,8 Mio. EUR. Allerdings sind hiervon noch die den Minderheitsanteilseignern zuzurechnenden Abschreibungen auf Konzernebene zu korrigieren. Diese betragen saldiert 0,12 Mio. EUR, sodass netto 0,68 Mio. EUR zu verteilen sind. Davon stehen den Minderheitsanteilseignern 25 % und somit 0,17 Mio. EUR zu, sodass der 7. Buchungssatz wie folgt aussieht:

Konto	Soll	Haben
Jahresüberschuss	0,17 Mio.	
nicht beherrschende Anteile		0,17 Mio.

Nach allen Buchungen ergibt sich folgendes Bild:

	M-GmbH (HB II)		T-GmbH (HB II)		T-GmbH (HB III)		Sum.-bil.	Konsolidierung		Konzernbilanz	
	A	P	A	P	A	P	A/P	S	H	A	P
Sonst. AV	7,0		3,0		3,0		10,0			10,0	
Maschinen			2,0		3,0		3,0		(5) 0,20	2,8	
Bet. TU	2,5						2,5		(1) 2,5		
UV	4,0		2,8		2,8		6,8			6,8	
KonsAP								0,95 (2)	(1) 0,95		
Gez. Kapital		4,0		2,0		2,0	6,0	1,5 (1) 0,5 (3)			4,0
Rücklagen		3,0		2,0		2,6	5,6	1,95 (1) 0,65 (3)			3,0
Jahresüberschuss		2,0		0,8		0,8	2,8	0,20 (5) 0,17 (7)	(4) 0,19 (6) 0,08		2,7
nicht beherrschende Anteile									(3) 1,15 (7) 0,17		1,32
Pass. UB								0,19 (4)	(2) 0,95		0,76
Pass. lat. St.					0,4		0,4	0,08 (6)			0,32
Verbindlichkeiten		4,5		3,0		3,0	7,5				7,5
Summe	13,5	13,5	7,8	7,8	8,8	8,8	22,3	6,19	6,19	19,6	19,6

Tab. 6: FolgeKons mittels Neubewertungsmethode mit einem Kapitalanteil von 75 %, den die M-GmbH an der T-GmbH hält (Abwandlung 2 zum 31.12.t1)

Bei dieser Abwandlung besteht somit ein erheblich **größerer Einschätzungsspielraum** hinsichtlich der Interpretation des passiven Unterschiedsbetrags aus der KapKons, wobei die Behandlungsmöglichkeiten von einer vollständigen Auflösung, bei Begründung, dass die negative Zukunftserwartung eingetreten ist, bis zur Nichtauflösung mit Verweis auf die nicht erfolgte Realisation reichen. Allerdings ist eine solche Konstellation in der Praxis im Vergleich zum GoF-Ausweis deutlich seltener anzutreffen.

8 Sonderfragen der Kapitalkonsolidierung

183 Im prinzipienorientierten HGB sind viele Fragen im Bereich der KapKons nicht explizit geregelt, wie etwa
- der Erwerb weiterer Anteile an bereits vollkonsolidierten TU und Anteilsveräußerungen an weiterhin zu konsolidierenden TU zu behandeln ist,
- mit Änderungen des Beteiligungsbuchwerts ohne den Kapitalanteil im Jahresabschluss des MU umzugehen ist,
- eine Beendigung eines Mutter-Tochter-Verhältnisses, d. h. die Entnahme des TU aus dem KonsKreis, zu behandeln ist,
- eine ÜbergangsKons im Fall der Änderung der Einbeziehungsart in den Konzernabschluss vorzunehmen ist oder
- eine Kons. in mehrstufigen Konzernen zu erfolgen hat.

Allerdings liegt mit DRS 23 inzwischen eine Rechnungslegungsempfehlung vor, die weit über den bisherigen DRS 4 hinausgeht und für viele dieser Sachverhalte Regelungen mit der Vermutung, dass bei deren Beachtung die GoB für die Konzernbilanzierung eingehalten werden, enthält.

8.1 Veränderung des Kapitalanteils ohne Änderung des Status als Tochterunternehmen

184 **Kapitalerhöhungen beim Tochterunternehmen** sind für den Fall, dass alle Gesellschafter in gleicher Höhe beteiligt sind und es somit nicht zu einer Verschiebung der Eigentumsverhältnisse kommt, für die KapKons unerheblich (DRS 23.166). Es ist lediglich darauf zu achten, dass der Buchwert der Beteiligung am TU in der Bilanz des MU in gleicher Höhe steigt wie das anteilige EK der TU. Ein sich dennoch ergebender Unterschiedsbetrag ist im Falle einer Kapitalerhöhung gegen Bareinlage regelmäßig auf Anschaffungsnebenkosten zurückzuführen, die aufwandswirksam wie Rechts- und Beratungskosten zu erfassen sind. Eine sich im Rahmen einer Sachkapitalerhöhung ggf. aufgrund der unterschiedlichen Bewertungsnotwendigkeiten der beim TU bilanzierten eingebrachten VG zum ehemaligen Buchwert der hingegebenen VG beim MU ist im Rahmen der Zwischenergebniseliminierung zu verrechnen.[108]

Dies gilt in analoger Weise auch für Kapitalausschüttungen oder Kapitalherabsetzungen. Kommt es aber durch diese Maßnahmen zu einer Veränderung des Kapitalanteils, so liegt entweder eine Auf- oder Abstockung des Anteils am TU ohne Auswirkungen auf die Beherrschungsmöglichkeit oder eine ErstKons oder EntKons (Erhöhung oder Verringerung des Anteils mit Entstehung oder Verlust der Beherrschungsmöglichkeit) vor.

185 Kommt es aber durch diese Maßnahmen zu einer **Veränderung des Kapitalanteils**, beeinflusst dies entweder den Status als KonzernUnt (z. B. wird aus einem assoziierten Unt durch die Erlangung der Beherrschungsmöglichkeit ein TU) oder der Status bleibt unverändert (z. B. statt 75 % der Anteile werden anschließend 95 % der Anteile gehalten), was lediglich Fragen der Verrechnung entstehender Unterschiedsbeträge auslöst. Im ersten Fall liegt dagegen entweder

---

[108] Vgl. DRS 23.166.

ein sukzessiver Beteiligungserwerb (Erhöhung des Anteils) oder eine EntKons (Verringerung des Anteils) vor.

Bei **erstmaliger Einbeziehung** ist nach § 301 Abs. 2 Satz 1 HGB wie nach IFRS der Zeitpunkt maßgeblich, zu dem das Unt TU geworden ist (Rz 75 ff.).[109] Für diesen sukzessiven Erwerb ist somit der Zeitpunkt des Statuswechsels relevant. Für den Fall, dass erstmals überhaupt ein Konzernabschluss aufgestellt oder das TU nach Nutzung eines Einbeziehungswahlrechts gem. § 296 HGB erstmals in den Konzernabschluss einbezogen wird, besteht ein Wahlrecht: Wertansätze zum Zeitpunkt der erstmaligen Einbeziehung oder aber zum Zeitpunkt, zu dem das Unt TU geworden ist – also ohne Neubewertung bei erstmaliger Einbeziehung, soweit die hierzu erforderlichen Informationen vorliegen. Letzteres kann bspw. bei einem zuvor freiwillig erstellten Konzernabschluss der Fall sein (E-DRS 30.15) (zur Klarstellung mit dem BilRUG Rz 98). Eine tranchenweise Konsolidierung bei sukzessivem Anteilserwerb kommt grundsätzlich nicht in Betracht. Auch E-DRS 30.9 hält eine tranchenweise KapKons unter Zugrundelegung der Wertverhältnisse der einzelnen (historischen) Erwerbsschritte für nicht zulässig. Besonderheiten ergeben sich allerdings in den Fällen, in denen bisher die QuotenKons oder die at-equity-Methode angewendet wurde und jetzt eine ÜbergangsKons erforderlich ist (E-DRS 30.9) (Rz 214 ff.). 186

Anders als in den **IFRS**[110] findet nach Meinung des DRSC anlässlich des Erwerbs der Anteilstranche, durch die das Mutter-Tochter-Verhältnis begründet wird, **kein Tauschvorgang** bezogen auf die zu diesem Zeitpunkt bereits bestehenden Anteilstranchen statt, sodass eine Neubewertung bereits vorhandener Anteile (Alterwerbe) zum beizulegenden Zeitwert ausgeschlossen ist. Somit berechnen sich die im Rahmen der VollKons zu verrechnenden Anteile grundsätzlich nach den Anschaffungskosten der Anteile gem. § 255 Abs. 1 HGB i.V.m. § 253 Abs. 1 Satz 1 HGB in allen Konzernunternehmen (DRS 23.22). 187

Bei der **Erhöhung des Kapitalanteils bei einem bereits vollkonsolidierten Tochterunternehmen** durch den Erwerb von Dritten kommt es zu einer Verschiebung zwischen den Eigentumsverhältnissen der Anteilseigner des Mutterunternehmens und der anderen Gesellschafter. Für die konzernbilanzielle Abbildung von **Zukäufen** an bereits vollkonsolidierten Tochterunternehmen werden zwei Varianten in Abhängigkeit der zugrunde gelegten Konzerntheorie diskutiert und nun auch im DRS 23.171 alternativ zugelassen:[111] die **Abb. als Erwerbsvorgang i.S.d. Interessentheorie**[112] (so bereits DRS 4.26) oder auch neu das nach IFRS verlangte Vorgehen der **Abb. als Transaktion zwischen den Gesellschaftergruppen**[113] (Kapi- 188

---

[109] Vgl. z.B. *Oser/Reichart/Wirth*, in *Küting/Pfitzer/Weber*, Das neue deutsche Bilanzrecht, 2009, S. 423.
[110] Wird die Beherrschung nach IFRS sukzessive erworben, bleibt der Bewertungs- und Einbeziehungsstichtag der Tag, an dem die Beherrschungsmöglichkeit erlangt wurde. Letztlich wird der Anteil an einem assoziierten oder sonstigen nicht einbezogenen Unt erhöht, sodass dieses neue TU bereits vorher in der Konzernbilanz bereits mit einem Wert enthalten war, z.B. erfolgsneutral zum Fair Value als available for sale asset. Diese Altanteile werden dann nach IFRS 3.42 i.V.m. 32a zum Fair Value bewertet dem Kaufpreis der Neuanteile zugeschlagen, es wird somit ein Neukauf der Altanteile fingiert. Die Differenz zwischen Buchwert und Fair Value führt zu einem Erfolg in der GuV.
[111] Vgl. *Leinen*, in *Kessler/Leinen/Strickmann (Hrsg.)*, Leitfaden BilMoG, 2009, S. 605.
[112] Vgl. ADS, 6. Aufl., § 301 HGB, Rz 176; *Kirsch/Gimpel-Henning*, in *Baetge/Kirsch/Thiele*, Bilanzrecht, § 301 HGB, Rz 296 ff., Stand 2/2017.
[113] Vgl. *Dusemond/Weber/Zündorf*, in *Küting/Weber*, HdK, HGB § 301, Rn 196 ff.

talvorgang). Die gewählte Variante ist im Konzernabschluss einheitlich für alle Aufstockungsfälle – und ggf. auch Abstockungsfälle – sowie zeitlich und sachlich stetig anzuwenden (DRS 23.171).

189 • Nach bisher überwiegender Meinung der handelsrechtlichen Literatur und auch nach DRS 4.26 sowie weiterhin nach DRS 23.172 als eine mögliche Alternative ist in einem solchen Fall der hinzuerworbene Anteil separat von dem bisherigen Anteil erst zu konsolidieren.[114] Für die hinzuerworbene Tranche ist somit eine eigenständige Kapitalaufrechnung vorzunehmen (**Abb. als Erwerbsvorgang i. S. d. Interessentheorie**). Diese tranchenweise Konsolidierung ist grundsätzlich abzulehnen, da sie nicht mit dem Gesetzestext vereinbar ist (so auch E-DRS 30.B45 und DRS 23.9). Es kommt dabei zu einer anteiligen Aufdeckung der stillen Reserven und stillen Lasten der neu bewerteten VG und Schulden i. H. d. Zuerwerbs, zu einem Vergleich zwischen den AK des MU und dem hinzuerworbenen anteiligen EK des TU sowie zur Aktivierung eines GoF bzw. der Passivierung eines Unterschiedsbetrags aus KapKons. Damit sind die stillen Reserven nur beteiligungsproportional aufzulösen, was im Ergebnis eher der Buchwertmethode nach § 301 Abs. 1 HGB entspricht, zumal auch konsolidierungstechnisch eine fortgeschriebene Neubewertungsbilanz schwierig darzustellen ist.[115] Abschließend ist der überschießende Betrag als GoF zu aktivieren bzw. als Unterschiedsbetrag aus der KapKons zu passivieren und in der Folge gesondert erfolgswirksam abzuschreiben bzw. in Abhängigkeit des Charakters des passiven Unterschiedsbetrags aufzulösen.

• Problem ist jedoch, dass der Konzernabschluss auch nach HGB primär nach der **Einheitstheorie** zu erstellen ist, wonach das Ziel der Konzernbilanzierung eine Darstellung des Konzerns als ein Jahresabschluss eines fiktiven rechtlich einheitlichen Unt ist (§ 297 Abs. 2 HGB). Wird dies unterstellt, muss es für die Darstellung der VG und Schulden unerheblich sein, ob auf der Gesellschafterebene, d. h., die Minderheitsgesellschafter verkaufen Anteile an die Gesellschafter des MU, zu einem Wechsel von in der Höhe insgesamt unveränderten Anteilen kommt. Daher wird es nach DRS 23.175 auch als zulässig angesehen, bzw. es wäre sogar mit Blick auf die Annäherung an die IFRS auch zunehmend stärker zu fordern,[116] den Unterschied zwischen dem Kaufpreis für die zusätzlichen Anteile und dem mit ihm korrespondierenden Buchvermögen des TU ohne erneute Kons. erfolgsneutral mit dem EK zu verrechnen (**Abb. als Transaktion zwischen den Gesellschaftergruppen**).[117] Bei einer derartigen Interpretation als Kapitalvorgang sind die VG und Schulden daher nicht neu zu bewerten. Vielmehr sind die AK der weiteren Anteile mit dem hierauf entfallenden Anteil anderer Gesellschafter am EK zum Zeitpunkt des Erwerbs dieser Anteile zu verrechnen. Diese Vorgehensweise erscheint für die Erreichung der Ziele der Konzernbilanzierung deutlich zweckmäßiger und wird auch nach den IFRS gefordert. Theoretisch noch überzeugender ist die Behandlung als Trans-

---

[114] Vgl. Baetge/Klaholz/Jonas, in Baetge/Kirsch/Thiele Bilanzrecht, § 301 HGB, Rz 297 ff., Stand 8/2010; Herrmann, Die Änderung von Beteiligungsverhältnissen im Konzernabschluß, 1994, S. 121–123.
[115] Vgl. Winkeljohann/Deubert, in Beck Bil-Komm., 10. Aufl., 2016, § 301 HGB, Rz 218; Hoffmann/Lüdenbach, NWB-Kommentar Bilanzierung, 8. Aufl., 2017, § 301, Rz 112.
[116] Vgl. Winkeljohann/Deubert, in Beck Bil-Komm., 10. Aufl., 2016, § 301 HGB, Rz 208.
[117] Vgl. Dusemond/Weber/Zündorf, in Küting/Weber, HdK, HGB § 301, Rn 196 ff.

aktion unter Anteilseignern bei Anwendung der *full-goodwill*-Methode,[118] da dann das Problem des letztlich nur anteilig ausgewiesenen GoF relativiert wird und die erfolgsneutrale Verrechnung deutlich geringer ausfällt. Wurde dagegen wie nach HGB – mangels einer vergleichbaren Möglichkeit – den nicht beherrschten Anteilen kein Anteil vom GoF zugerechnet, so muss der erst beim Erwerb der 25-%-Tranche gezahlte GoF letztlich erfolgsneutral gegen die Rücklagen gerechnet werden (DRS 23.175).[119] Die Transaktionskosten werden vom DRSC im Rahmen dieser Regelung nicht explizit behandelt. Nach DRS 23.166 sind die Anschaffungsnebenkosten jedoch aufwandswirksam wie Rechts- und Beratungskosten zu erfassen, was hier auch sinnvoll erscheint.[120] Beide Vorgehensweisen sind nach HGB zulässig und auch in DRS 23.171 ff. aufgeführt.

190

Die gewählte Vorgehensweise unterliegt der **Konsolidierungsmethodenstetigkeit** (DRS 23.171). Gegen die Behandlung des Erwerbs zusätzlicher Anteile an vollkonsolidierten TU spricht nicht, dass der Gesetzgeber die erfolgsneutrale Verrechnung des GoF in § 309 Abs. 1 HGB ersatzlos gestrichen hat.[121] Bei dieser Abbildungsvariante fehlt es an dem für ein Entstehen eines GoF notwendigen Erwerbsgedanken. Auch repräsentiert sie die gewollte Annäherung an die internationale Rechnungslegung. Nach IFRS 10.33 darf der Erwerb von zusätzlichen Anteilen an bereits vollkonsolidierten TU nur als Transaktion zwischen den Gesellschaftergruppen im Konzern abgebildet werden. Konkretisiert wird in IFRS 10.B96: Treten bei dem im Besitz nicht beherrschender Anteilseigner befindlichen Eigentumsanteil Veränderungen ein, berichtigt ein Unt die Buchwerte der beherrschenden und nicht beherrschenden Anteile in der Weise, dass die Veränderungen an ihren jeweiligen Anteilen am TU dargestellt werden. Das Unt erfasst jede Differenz zwischen dem Betrag, um den die nicht beherrschenden Anteile angepasst werden, und dem beizulegenden Zeitwert der gezahlten oder erhaltenen Gegenleistung unmittelbar im EK und ordnet sie den Eigentümern des MU zu. Dies fußt im Wesentlichen auf folgenden Gedanken: Die Anteilseigner des MU und die Minderheitsgesellschafter sind beide gleichwertige EK-Geber des Konzerns. Durch den Austausch der Anteile zwischen beiden Gesellschaftergruppen lässt sich keine Neubewertung des Nutzenpotenzials des bilanzierten Reinvermögens begründen. Es ändert sich lediglich die Verteilung des Nutzenstroms auf die beiden Gesellschaftergruppen. Der entscheidende Moment für die Neubewertung des Reinvermögens eines TU ist die Überschreitung der Control-Grenze. Die Vorgehensweise ist zudem konsistent zur Behandlung des Erwerbs von eigenen EK-Instrumenten.[122]

Das vorstehend Gesagte gilt entsprechend für die **Veräußerung** von Anteilen an weiterhin zu konsolidierenden TU. Hier ist zwischen den Varianten „Ab-

191

---

[118] Vgl. auch mit ausführlichem Beispiel *Müller*, in *Federmann/Kußmaul/Müller*, HdB, Beitrag: Konsolidierung von Kapital und Schulden, Rz. 84 ff., Stand 8/2016.
[119] Ebenso nach den IFRS, vgl. hierzu *Lüdenbach/Hoffmann/Freiberg*, Haufe IFRS Kommentar, 15. Aufl., 2017, § 31, Rz 156.
[120] Vgl. *Müller/Reinke*, StuB 2015, S. 376 ff.
[121] So *Oser*, PiR 2009, S. 125.
[122] Vgl. *Leinen*, in *Kessler/Leinen/Strickmann*, BilMoG, 2009, S. 606. Eher ablehnend *Wirth*, in *Weber* u. a., 2009, S. 398 f.

bildung als Veräußerungsvorgang"[123] und „Abbildung als Transaktion zwischen den Gesellschaftergruppen"[124] zu unterscheiden. Wird die Anteilsreduktion als erfolgswirksame Veräußerung abgebildet, ist kein Raum mehr, den GoF konzernbilanziell im Zuge der Anteilsveräußerung teilweise abgehen zu lassen: Der GoF gilt nach § 246 Abs. 1 Satz 4 HGB als VG.[125] Stattdessen ist er anteilig den nicht beherrschenden Gesellschaftern zuzuordnen. Für eine andere Behandlung lieferte nach der hier vertretenen Auffassung bereits das bisherige Recht keine Grundlage. Schließlich stellt der bilanzierte GoF eine pagatorisch abgesicherte Größe dar. Ihn im Zuge der Anteilsveräußerung teilweise aus der Bilanz zu beseitigen, führt zu einem Konflikt mit einem Pfeiler der handelsrechtlichen Bilanzierung, dem Anschaffungskostenprinzip.[126] Besteht bei einer teilweisen Anteilsveräußerung der beherrschende Einfluss des MU über das TU fort, ist die Differenz zwischen dem Verkaufspreis der Anteile und dem hierauf entfallenden Anteil des EK zum Zeitpunkt der Veräußerung dieser Anteile erfolgsneutral in das Konzern-EK einzustellen. Der auf die verkauften Anteile entfallende Anteil des EK ist als „nicht beherrschende Anteile" auszuweisen (DRS 23.176).

192 Die Auswirkung von Veränderungen des Kapitalanteils ohne Veränderung des TU-Status soll in Fortführung der Abwandlung 1 des Ausgangsbeispiels in der Periode t2 dargestellt werden, wobei nacheinander sowohl die **Abb. als Erwerbsvorgang** als auch die **Abb. als Transaktion zwischen den Gesellschaftergruppen** dargelegt werden.[127]

193 Per 31.12.t2 erwirbt die M-GmbH für 2,0 Mio. EUR die restlichen 25 % der Anteile an der T-GmbH. Weitere stille Reserven sind bei den Maschinen des TU seit dem Ersterwerb i. H. v. 0,8 entstanden, der Steuersatz beträgt immer noch 40 %. Es wird erneut unterstellt, dass das anteilige Jahresergebnis von t2 mit von MU erworben wurde und somit keine Umgliederung als Verbindlichkeit notwendig ist. Die Bilanzen der beiden Unt haben folgendes Aussehen:

Bilanz der M-GmbH zum 31.12.t2 in Mio. EUR			
Sonstiges AV	7,0	Grundkapital	4,0
Beteiligung TU	8,0	Rücklagen	3,0
UV	2,0	Jahresüberschuss	2,0
		Sonstige Verbindlichkeiten	8,0
	17,0		17,0

---

[123] Vgl. DRS 23.173.
[124] Vgl. DRS 23.176; *Dusemond/Weber/Zündorf*, in *Küting/Weber*, HdK, HGB, § 301, Rn 210, 221 ff.
[125] Dies darf nicht damit verwechselt werden, dass der GoF bei der Ermittlung des Abgangserfolgs zu berücksichtigen ist.
[126] Vgl. zum Anschaffungskostenprinzip im Rahmen der KapKons *Leinen*, 2002, S. 55 ff.; *Leinen*, in *Kessler/Leinen/Strickmann*, BilMoG, 2009, S. 606.
[127] Vgl. zu anderen Beispielen *Kirsch*, IRZ 2016, S. 461, *Müller/Reinke*, StuB 2015, S. 378 ff.; *Wirth*, in *Weber* u. a., 2009, S. 384 ff.

Bilanz der T-GmbH zum 31.12.t2 in Mio. EUR			
Sonstiges AV	3,0	Grundkapital	2,0
Maschinen	2,0	Rücklagen	2,8
UV	3,6	Jahresüberschuss	0,8
		Sonstige Verbindlichkeiten	3,0
	8,6		8,6

Tab. 7: Bilanzen der BeispielUnt M-GmbH und T-GmbH zum 31.12.t2

8.1.1 Abbildung als Erwerbsvorgang

Um zu vermeiden, dass die einzelnen ErstKons vermengt werden, ist bei sukzessivem Beteiligungserwerb bei Abb. nach der Erwerbsmethode eine **Übergangs-Kons** vorzunehmen. Zunächst ist im Jahr t2 die **ErstKons** zum Zeitpunkt 31.12.t0 mit den historischen Wertansätzen **zu wiederholen**, was die in Rz 165 ff. dargestellten Buchungen 1–3 erfordert.

Dann sind die bereits erfolgten **Abschreibungen aus t1** durch entsprechende Buchungsschritte zu berücksichtigen, wobei eine Verrechnung jetzt erfolgsneutral mit den Rücklagen erfolgen muss, sodass die Buchungssätze (4) und (5) wie folgt lauten:

Konto	Soll	Haben
Gewinnrücklagen	0,71 Mio.	
Maschinen		0,20 Mio.
GoF		0,51 Mio.

Konto	Soll	Haben
Passive latente Steuern	0,08 Mio.	
Gewinnrücklagen		0,08 Mio.

Als 6. Buchungsschritt sind die **Abschreibungen des aktuellen Jahres** im Jahresergebnis zu korrigieren, was zu folgendem Buchungssatz (6) führt:

Konto	Soll	Haben
Jahresergebnis	0,71 Mio.	
Maschinen		0,20 Mio.
GoF		0,51 Mio.

Zudem sind die latenten Steuern aufzulösen (Buchung (7)):

Konto	Soll	Haben
Passive latente Steuern	0,08 Mio.	
Jahresergebnis		0,08 Mio.

Der **Anteil am Jahresüberschuss t1**, der den Anteilen anderer Gesellschafter zusteht und in den Rücklagen verrechnet wurde, betrug 0,17 Mio. EUR, der Anteil am aktuellen Gewinn beträgt wieder 0,17 Mio. EUR, was die folgenden klärenden Buchungen (8) und (9) erfordert:

Konto	Soll	Haben
Gewinnrücklage	0,17 Mio.	
Nicht beherrschende Anteile		0,17 Mio.

Konto	Soll	Haben
Jahresergebnis	0,17 Mio.	
Nicht beherrschende Anteile		0,17 Mio.

199 Die FolgeKons für den Fall der 75-%-Beteiligung zum 31.12.t2 ist damit durchgeführt. Auf dieser Basis sind nun aber die Wertansätze zu ermitteln, die für die ErstKons des neu erworbenen 25-%-Anteils notwendig sind.

200 Bei der Neubewertungsmethode besteht dabei aber das Problem, dass aus Konzernsicht bereits alle stillen Reserven zum Zeitpunkt der früheren ErstKons aufgedeckt wurden. Es ist strittig, ob der Bewertungszeitpunkt für die Ermittlung der Konzern-AK bei einem **Erwerb weiterer Anteile** auf den aktuellen Zeitpunkt mit der Konsequenz verschoben werden darf, dass die seit der ErstKons neu entstandenen stillen Reserven aufgedeckt wären. Dies verstößt ohne Zweifel gegen die generelle AK-Restriktion des HGB. Gleichwohl ist mit der grundsätzlichen Streichung dieser Restriktion bei der Neubewertungsmethode durch den Gesetzgeber genau dieses Ergebnis aber bewusst ermöglicht worden und wird von DRS 23.172 bei der Behandlung als Erwerbsvorgang mit der anteiligen Neubewertung von VG und Schulden i. H. d. Zuerwerbs so auch gefordert.

Dagegen waren nach der Buchwertmethode stets nur die anteiligen stillen Reserven und Lasten aufzulösen. In diesem Fall blieben dann die Wertansätze der zu früheren Zeitpunkten ermittelten stillen Reserven und Lasten unverändert, lediglich die auf die neu erworbenen Anteile bezogenen Beträge kamen mit aktuellen Werten hinzu. Dieses Vorgehen steht aber wiederum der Einheitstheorie des Konzernabschlusses entgegen. Nach IFRS 3.59 (2004) war dagegen eine vollständige Neubewertung bei jedem Erwerbsschritt notwendig. Danach hatte der Ansatz des GoF zu den ursprünglichen Werten zu erfolgen, der Ansatz der VG und Schulden aber mit den zum letzten Erwerb relevanten Zeitwerten. Durch die nach IAS 27.30 (2008) bzw. IFRS 10.23 nun notwendige Behandlung als Transaktion zwischen den Gesellschaftergruppen entsteht dieses Problem nicht: Nur bei einem sukzessiven Unternehmenszusammenschluss mit Wechsel des Status hat der Erwerber gem. IFRS 3.42 und 3.32a (2008) bzw. IFRS 10.B88 seinen zuvor an dem erworbenen Unt gehaltenen EK-Anteil zu dem zum Erwerbszeitpunkt geltenden beizulegenden Zeitwert neu zu bestimmen und den daraus resultierenden Gewinn bzw. Verlust erfolgswirksam zu erfassen (Rz 206).

201 In diesem Beispiel hat das MU den **zusätzlichen Kapitalanteil** den anderen Gesellschaftern für 2,0 Mio. EUR abgekauft. Das anteilige neu bewertete EK beträgt ohne die aufgelöste stille Reserve 5,6 Mio. EUR. Per Ende t2 hat die stille Reserve aus der ErstKons noch einen Restbuchwert von 0,6 Mio. EUR (brutto) bzw. 0,36 Mio. EUR (netto), da sie in t5 aufgebraucht sein wird. Die neu aufzudeckende stille Reserve darf nur anteilig berücksichtigt werden (DRS 23.172). Demnach sind von den 0,8 Mio. EUR (brutto) bzw. 0,64 Mio. EUR (netto) nur 25 % zu verrechnen, d. h., in den Rücklagen sind zusätzliche 0,12 Mio. EUR zu erfassen.

Die 10. Konsolidierungsbuchung verdeutlicht die Kons. der zuerworbenen Tranche von 25 % und lautet unter Auslassung des Konsolidierungsausgleichspostens und direkter Buchung auf den GoF:

Kapitalkonsolidierung § 301

Konto	Soll	Haben
Gez. Kapital	0,50 Mio.	
Rücklagen – aus ErstKons Rücklagen – aus Gewinnanteil Vj Rücklagen – aus neuen stillen Reserven	0,65 Mio. + 0,17 Mio. + 0,12 Mio.	
Jahresergebnis (Gewinnanteil)	0,17 Mio.	
GoF	0,39 Mio.	
Beteiligungsbuchwert		2,0 Mio.

Anschließend sind die nicht beherrschenden Anteile auszubuchen, wobei letztlich genau die entgegengesetzten Buchungen nötig sind, wie bei der Einstellung des Postens, die 11. Konsolidierungsbuchung verdeutlicht:

Konto	Soll	Haben
Nicht beherrschende Anteile	1,49 Mio.	
Gez. Kapital		0,50 Mio.
Rücklagen – aus ErstKons Rücklagen – aus Gewinnanteil Vj		0,65 Mio. + 0,17 Mio.
Jahresergebnis (Gewinnanteil)		0,17 Mio.

Nach dieser Vielzahl von Buchungen ergibt sich insgesamt folgendes Bild:

	M-GmbH (HB II)		T-GmbH (HB II)		T-GmbH (HB III)		Sum.bil.		Konsolidierung		Konzernbilanz	
	A	P	A	P	A	P	A	P	S	H	A	P
GoF									2,55 (2) 0,39 (10)	(4) 0,51 (6) 0,51	1,92	
Sonst. AV	7,0		3,0		3,0		10,0				10,00	
Maschinen			2,0		3,0 0,2		3,0 0,2			(4) 0,2 (6) 0,2	2,80	
Bet. TU	8,0						8,0			(1) 6,0 (10) 2,0		
UV	2,0		3,6		3,6		5,6				5,60	
Gez. Kapital		4,0		2,0		2,0		6,0	1,5 (1) 0,5 (3) 0,5 (10)	(11) 0,5		4,00
Rücklagen		3,0		2,8		3,4 0,12		6,4 0,12	1,95 (1) 0,65 (3) 0,71 (4) 0,17 (8) 0,65 (10) 0,17 (10) 0,12 (10)	(5) 0,08 (11) 0,65 (11) 0,17		3,00
Jahresüberschuss		2,0		0,8		0,8		2,8	0,71 (6) 0,17 (9) 0,17 (10)	(7) 0,08 (11) 0,17		2,00
nicht beherrschende Anteile									1,49 (11)	(3) 1,15 (8) 0,17 (9) 0,17		0
Pass. lat. St.							0,4	0,4 0,08	0,08 (5) 0,08 (7)			0,32
Verbindlichkeiten		8,0		3,0		3,0		11,0				11,00
Summe	17,0	17,0	8,6	8,6	9,6	9,6	26,6	26,6	14,13	14,13	20,32	20,32

Tab. 8: FolgeKons/ErstKons bei sukzessivem Beteiligungserwerb mittels Erwerbsmethode bei einem Anteilsbesitz von 100 % statt 75 % (Abwandlung 1 zum 31.12.t2)

204 Denkbar ist auch, die die nicht beherrschenden Anteile betreffenden Buchungsschritte nicht durchzuführen und die Wertansätze in einer **Nebenrechnung** zu ermitteln. Hier wurde aus Gründen der besseren Nachvollziehbarkeit der längere Weg beschritten.

Für den neu entstandenen GoF sowie für die aufgedeckten stillen Reserven sind Abschreibungspläne zu erstellen und in den Folgejahren sind diese Positionen gesondert fortzuführen, was einen erheblichen Aufwand darstellen dürfte – zumal wenn mehrere derartige Transaktionen bei einer Tochter vorkommen (z. B. Erwerb bei einem 60-%-TU von weiteren 10 %, später nochmals 5 % und erst dann die restlichen 25 %).

205 Bei einer **teilweisen Anteilsveräußerung ohne Verlust der Beherrschung** ist nach DRS 23.173 die Differenz zwischen dem Verkaufspreis der Anteile und dem hierauf entfallenden Anteil des Eigenkapitals zum Zeitpunkt der Veräußerung dieser Anteile erfolgswirksam zu behandeln. Der auf die verkauften Anteile entfallende Anteil des EK, einschließlich eines hierin enthaltenen GoF, ist als „nicht beherrschende Anteile" auszuweisen.

Konsequenterweise ist bei einem TU, das seinen Abschluss in fremder Währung aufstellt, eine auf die verkauften Anteile entfallende Differenz aus der Währungsumrechnung nach § 308a Satz 3 HGB erfolgswirksam aufzulösen (DRS 23.174).

8.1.2 Abbildung als Transaktion zwischen den Gesellschaftergruppen

206 Nach DRS 23.175 darf bzw. nach den internationalen Rechnungslegungsstandards ist ein **Erwerb weiterer Anteile** an einem bereits beherrschten und in den KonsKreis einbezogenen TU als **EK-Transaktion** (d. h. als Transaktion mit Eigentümern, die in ihrer Eigenschaft als Eigentümer handeln) zu bilanzieren (IFRS 10.23). Unter diesen Umständen sind die Buchwerte der beherrschenden und nicht beherrschenden Anteile anzupassen, sodass sie die Änderungen der an dem TU bestehenden Anteilsquoten widerspiegeln. Jede Differenz zwischen dem Betrag, um den die nicht beherrschenden Anteile angepasst werden, und dem beizulegenden Zeitwert der gezahlten oder erhaltenen Gegenleistung ist unmittelbar im EK zu erfassen und den Eigentümern des MU zuzuordnen (IFRS 10.B96). Nach DRS 23.175 sind ebenso bei einer Interpretation als Kapitalvorgang die VG und Schulden nicht neu zu bewerten. Vielmehr sind die AK der weiteren Anteile mit den hierauf entfallenden nicht beherrschenden Anteilen am EK zum Zeitpunkt des Erwerbs dieser Anteile zu verrechnen. Sofern sich nach dieser Verrechnung ein Unterschiedsbetrag ergibt, ist dieser ebenso wie nach IFRS erfolgsneutral mit dem Konzern-EK zu verrechnen.

Für das im vorangehenden Kapitel dargestellte Beispiel bedeutet dies, dass keine aufwendige Neubewertung des 25-%-Anteils nötig ist. Stattdessen werden lediglich die 10. und 11. Konsolidierungsbuchung vereinfachend zusammengefasst. Die Differenz zwischen dem Anstieg des Beteiligungsbuchwerts von 2,0 Mio. EUR im Jahresabschluss des MU wird direkt mit dem sich ergebenden Wert der nicht beherrschenden Anteile mit den Konzernrücklagen verrechnet. Stille Reserven und Lasten werden nicht aufgelöst.

Kapitalkonsolidierung § 301

Konto	Soll	Haben
Nicht beherrschende Anteile	1,49 Mio.	
Rücklagen	0,51 Mio.	
Beteiligungsbuchwert		2,0 Mio.

Nach dieser veränderten Buchung ergibt sich folgendes Bild:

	M-GmbH (HB II)		T-GmbH (HB II)		T-GmbH (HB III)		Sum.-bil.	Konsolidierung		Konzernbilanz	
	A	P	A	P	A	P	A/P	S	H	A	P
GoF							2,55 (2)		(4) 0,51 (6) 0,51	1,53	
Sonst. AV	7,0		3,0		3,0		10,0			10,00	
Maschinen			2,0		3,0		3,0		(4) 0,2 (6) 0,2	2,60	
Bet. TU	8,0						8,0		(1) 6,0 (10) 2,0		
UV	2,0		3,6		3,6		5,6			5,60	
KonsAP							2,55 (1)		(2) 2,55		
Gez. Kapital		4,0		2,0		2,0	6,0	1,5 (1) 0,5 (3)			4,00
Rücklagen		3,0		2,8		3,4	6,4	1,95 (1) 0,65 (3) 0,71 (4) 0,17 (8) 0,51 (10)	(5) 0,08		2,49
Jahresüberschuss		2,0		0,8		0,8	2,8	0,71 (6) 0,17 (9)	(7) 0,08		2,00
Nicht beherrschende Anteile								1,49 (10)	(3) 1,15 (8) 0,17 (9) 0,17		0
Pass. lat. St.						0,4	0,4	0,08 (5) 0,08 (7)			0,24
Verbindlichkeiten		8,0		3,0		3,0	11,0				11,00
Summe	17,0	17,0	8,6	8,6	9,6	9,6	26,6	14,13	14,13	19,73	19,73

Tab. 9: FolgeKons/ErstKons bei sukzessivem Beteiligungserwerb mittels EK-Transaktionsmethode bei einem Anteilsbesitz von 100 % statt 75 % (Abwandlung 1 zum 31.12.t2)

Diese erfolgsneutrale Verrechnung führt somit zu einer geringeren Konzernbilanzsumme durch den Nichtansatz von GoF sowie der fehlenden Neubewertung der zuerworbenen Tranche und einer Verringerung des EK. Zudem entfällt im Vergleich zur Variante des Erwerbs der aufwendige zusätzliche Abschreibungsbedarf für einen neu entstandenen GoF sowie die aufzudeckenden stillen Reserven. Langfristig gleichen sich die Auswirkungen durch die erfolgswirksame Abschreibung jedoch wieder an. Konsequenterweise ist bei einem TU, das seinen Abschluss in fremder Währung aufstellt, eine auf die verkauften Anteile entfallende Differenz aus der Währungsumrechnung nach § 308a Satz 3 HGB nach dieser Methode erfolgsneutral in den Posten „nicht beherrschende Anteile" umzugliedern (DRS 23.177).

8.2 Änderung des Beteiligungsbuchwerts ohne Kapitalanteilsveränderung

208 Nachträgliche **Änderungen des Beteiligungsbuchwerts** beim MU sind unterschiedlich zu behandeln. Handelt es sich um bestimmte Nach- bzw. Rückzahlungen, die sich aus dem Unternehmenserwerb direkt ergeben, wie etwa vertraglich festgelegte Ausgleichszahlungen zwischen Verkäufer und Erwerber bei bestimmten Ereignissen (z.B. bei Prozessen, Geschäftsabschlüssen etc.), sind die Wertansätze der ErstKons innerhalb des 12-monatigen Anpassungszeitraums nachträglich zu verändern (Rz 94). Es handelt sich somit um eine Veränderung der Konzern-AK.

209 Hängt der Grund für die Veränderung des Beteiligungsbuchwerts aber nicht direkt mit dem Erwerb zusammen, wie etwa im Fall **von außerplanmäßigen Abschreibungen** auf den Wert des TU, so ist dies für die KapKons unerheblich. Vielmehr kommt es in solchen Fällen zu einer Aufwands- und ErtragsKons mit eventueller Zwischenergebniseliminierung. Gleichwohl ist natürlich denkbar, dass in einem Abwertungsfall im Jahresabschluss des MU auch eine Wertkorrektur auf einen ggf. noch aktivierten GoF vorzunehmen ist, da dieser auch neben der planmäßigen Abschreibung auf ggf. bestehende außerplanmäßige Abschreibungsbedarfe hin zu überprüfen ist.

8.3 Entkonsolidierung

210 Scheidet ein TU aus dem KonsKreis aus, ist eine **EntKons** bzw. **EndKons**[128] durchzuführen. Das Ausscheiden kann durch kompletten oder anteiligen Verkauf geschehen, wobei es stets zu einer EntKons, bezogen auf die verkauften Anteile, kommt. Allerdings wird bei einem Teilverkauf oft lediglich von einer ÜbergangsKons gesprochen. Ist der verkaufte Anteil aber so hoch, dass hinsichtlich der Einbeziehungsart eines Unt in den Konzernabschluss eine Änderung gegenüber dem Vj. eintritt, so wird das Unt nicht mehr vollkonsolidiert, sondern ist gar nicht als Beteiligung oder assoziiertes Unt zu bewerten bzw. im Ausnahmefall quotal zu konsolidieren. Es kommt zu einer EntKons i.e.S. Während dieser Vorgang im Jahresabschluss des verkaufenden KonzernUnt als Abgang im Posten „Anteile an verbundenen Unternehmen" behandelt wird, ist er im Konzernabschluss in Konsequenz zur einheitstheoretisch orientierten VollKons als Abgang der einzelnen VG, Schulden, RAP und Sonderposten des TU zu erfassen. Eine Ausnahme von dieser Annahme der Einzelveräußerung besteht im Konzernabschluss lediglich im Rahmen der KFR, wo die Zahlungswirkungen in einer gesondert auszuweisenden Position innerhalb der Berechnung des Cashflow aus Investitionstätigkeit zu erfassen ist (DRS 21.43).

211 Die EntKons ist im Gesetz nur indirekt geregelt, da sich lediglich in § 308a Satz 4 HGB eine Regelung für den Abgang der erfolgsneutral erfassten Währungsumrechnungsdifferenzen im EK finden lässt. Daher ist die EntKons unter Berücksichtigung dieser Detailforderung aus dem Einheitsgrundsatz (§ 297

---

[128] Während z.B. *Baetge/Kirsch/Thiele* (Konzernbilanzen, 11. Aufl., 2015, S. 416ff.) und *Winkeljohann/Deubert* (in Beck Bil-Komm., 10. Aufl., 2016, § 301 HGB, Rz 300ff.) von einer Endkonsolidierung sprechen, bezeichnen etwa *Hoffmann/Lüdenbach* (NWB-Kommentar Bilanzierung, 8. Aufl. 2017, § 301 Rz 115ff.) und das DRSC (z.B. im DRS 23) diesen Vorgang als Entkonsolidierung.

Abs. 3 HGB) und dem Grundsatz der Bilanzidentität (§ 298 Abs. 1 HGB i.V.m. § 252 Abs. 1 Nr. 1 HGB) abzuleiten. Die **generelle Vorgehensweise** behandelt den Abgang eines verbundenen Unt im Konzernabschluss wie den Abgang eines TeilUnt Damit sind alle betreffenden VG, Schulden, RAP und Sonderposten auszubuchen und ein ggf. verbleibender Überschuss ist als Erfolg in der Konzern-GuV auszuweisen. Hinsichtlich des Zeitpunkts ist in Analogie zur ErstKons der Verkaufszeitpunkt für die Bewertung heranzuziehen. Bis zu diesem Zeitpunkt der Beendigung der Möglichkeit des beherrschenden Einflusses ist das auf das TU entfallende Reinvermögen zu Konzernbuchwerten (VG, Schulden, RAP und Sonderposten, ein ggf. bilanzierter GoF oder passiver Unterschiedsbetrag sowie eine ggf. vorhandene Eigenkapitaldifferenz aus der Währungsumrechnung) fortzuschreiben. Dafür empfiehlt DRS 23.180 die Aufstellung eines **Zwischenabschlusses**. Anschließend ist das zum Zeitpunkt der Beendigung der Möglichkeit des beherrschenden Einflusses ermittelte Reinvermögen zu Konzernbuchwerten des TU in voller Höhe als Abgang auszubuchen. In diesem Zusammenhang ist eine auf das ausscheidende TU entfallende Eigenkapitaldifferenz aus der Währungsumrechnung erfolgswirksam aufzulösen (§ 308a Satz 4 HGB). Der dabei entstehende Unterschied zwischen dem Veräußerungspreis einerseits und dem zum Abgangszeitpunkt fortgeschriebenen Reinvermögen zu Konzernbuchwerten andererseits ist nach DRS 23.182 **ergebniswirksam als Veräußerungsgewinn bzw. -verlust** in dem Posten sonstige betriebliche Erträge bzw. Aufwendungen der GuV zu erfassen. Die folgende Tabelle stellt die Ermittlung des Erfolgs aus der Veräußerung eines TU im Fall der EndKons im Überblick dar:[129]

	Veräußerungserlös des MU
−	anteilige Vermögenswerte des TU (zu Buchwerten der HB II)
+	anteilige Schulden des TU (zu Buchwerten der HB II)
−	noch nicht erfolgswirksam verrechnete anteilige stille Reserven aus der ErstKons
+	noch nicht erfolgswirksam verrechnete anteilige stille Lasten aus der ErstKons
−	noch nicht erfolgswirksam verrechneter GoF aus der ErstKons
+	noch nicht erfolgswirksam aufgelöster passiver Unterschiedsbetrag aus der ErstKons
−	noch nicht erfolgswirksam berücksichtigte anteilige Währungsumrechnungsverluste
+	noch nicht erfolgswirksam berücksichtigte anteilige Währungsumrechnungsgewinne
=	Erfolg aus der Veräußerung des TU

Tab. 10: Ermittlung des Erfolgs aus der Veräußerung eines TU im Fall der EntKons

---

[129] Vgl. z.B. *Kirsch/Zülch/Gimpel-Henning*, in *Baetge/Kirsch/Thiele*, Bilanzrecht, § 301 HGB, Rz 369.2, Stand 2/2017.

212 Durch die Anwendung der Neubewertungsmethode sind lediglich die anteiligen stillen Reserven und Lasten zu berücksichtigen. Die übrigen Teile werden mit den Anteilen anderer Gesellschafter verrechnet. Da der auf diese entfallende Anteil am Reinvermögen mit dem ausgewiesenen Anteil anderer Gesellschafter auf der Passivseite der Bilanz übereinstimmt, erfolgt der Abgang der **nicht beherrschenden Anteile** erfolgsneutral.

213 Bei Anwendung der **IFRS** kann es neben den Währungsumrechnungsverlusten noch weitere Neubewertungsrücklagen im EK geben, die erfolgswirksam einem Veräußerungserlös gegenüberzustellen sind (IFRS 10.B99). Mit der Eliminierung der VG und Schulden sind auch die nicht beherrschenden Anteile erfolgsneutral auszubuchen (IFRS 10.B98a ii).[130]

8.4 Übergangskonsolidierung mit Wechsel der Einbeziehungsmethode

214 Verändern sich die Verhältnisse von einem Unt zu dem MU, kann nach dem Stufenkonzept des HGB (§ 294 Rz 13) ein Auf- oder Abstieg geboten sein. So kann durch Hinzuerwerb von Anteilen aus einem assoziierten Unt ein TU werden, durch den Verkauf von Anteilen an einem TU ggf. ein Gemeinschafts-Unt. Eine Veränderung des Status muss dann auch zu einer Veränderung der Einbeziehungsmethode führen, wenn keine Wahlrechtsnutzung dies verhindert. Die im Rahmen der Konzernbilanzierung notwendigen Schritte sind dann jeweils die Entflechtung der Altanteile, d.h. die Beendigung der Anwendung der bislang angewandten Methode, und dann die Neubewertung der Anteile und die Anwendung der zukünftig notwendigen Einbeziehungsmethode. Dabei ist eine **Stichtagsanpassung** notwendig. Wird aus einem assoziierten Unt ein TU durch Erwerb von zusätzlichen Anteilen, so muss zum Erwerbszeitpunkt die At-equity-Bewertung aufgelöst und das TU über eine ErstKons einbezogen werden.

215 Eine **retroaktive ÜbergangsKons**, nach der zum Zeitpunkt des Übergangs eine Einbeziehung in der Weise erfolgt, als wäre schon vorher die zukünftige Einbeziehungsmethode angewandt worden, erscheint nicht mit den GoK und nun auch explizit nicht mit dem aktuellen Gesetzestext in § 301 Abs. 2 Satz 1 HGB vereinbar.[131] Allerdings plant der Gesetzgeber eine Überarbeitung und hat daher das DRSC um einen entsprechenden Vorschlag gebeten,[132] der wohl bereits (nicht-öffentlich) erfolgt sein soll und vom BMJV in eines der nächsten Gesetzespakete im HGB integriert werden könnte.
Aus diesem Grund wurden in dem bekannt gemachten DRS 23 die Passagen zur Aufwärtskonsolidierung (E-DRS 30.180–184) vorerst gestrichen. Die übrigen Passagen, die spiegelverkehrt die Abwärtskonsolidierung regeln, sind dagegen zum Entwurf unverändert im DRS 23 veröffentlicht und damit als GoB-adäquat erklärt worden.

---

[130] Vgl. *Lüdenbach/Hoffmann/Freiberg*, Haufe IFRS-Kommentar, 15. Aufl. 2017, § 31, Rz 167ff.
[131] Vgl. z.B. *Kirsch/Zülch/Gimpel-Henning*, in *Baetge/Kirsch/Thiele*, Bilanzrecht, § 301 HGB, Rz 354.3, Stand 2/2017; *Herrmann*, WPg 1994, S. 824f.
[132] Vgl. Mitteilung des DRSC v. 11.12.2015, http://www.drsc.de/service/index.php?ixnp_do= show_news_index&ixnp_lang=de&ixnp_id=1&ixnp_page=1&ixnp_do=show_news_article&ixnp_ art_id=3640, letzter Abruf am 24.3.2016 – aktuell nicht mehr verfügbar.

Dennoch hat auch in dem Fall der vorherigen Einbeziehung als at equity bewertets Unternehmen bei **erstmaliger Einbeziehung** eines nun TU nach § 301 Abs. 2 Satz 1 HGB eine vollständige Neubewertung zu dem Zeitpunkt zu erfolgen, zu dem das Unt TU geworden ist (E-DRS 30.181). Allerdings kann das Vorgehen der Neubewertung dazu führen, dass in den VG und Schulden, die bei vorheriger Quotenkonsolidierung anteilig als solche oder mittelbar über eine at-equity-Beteiligung im Konzernabschluss enthalten waren, erneut stille Reserven und Lasten aufgedeckt werden. Hier sieht das DRSC das Problem, dass die bisher bereits anteilig im Konzernabschluss enthaltenen VG und Schulden oberhalb ihrer historischen (ggf. fortgeführten) KAHK angesetzt sein könnten und damit der GoF (oder der passive Unterschiedsbetrag aus der KapKons) mit einem zu niedrigen oder zu hohen Betrag angesetzt wird (E-DRS 30.182 i.V.m. E-DRS 30.B43). Daher soll in diesem Fall bezogen auf das Altvermögen eine **anteilige Zwischenergebniseliminierung** nach § 304 HGB erfolgen (E-DRS 30.182), was im Ergebnis dazu führt, dass der Vermögens- und in der Folge auch der Ergebnisausweis nach der Zwischenergebniseliminierung demjenigen entspricht, der sich ergeben hätte, wenn eine tranchenweise KapKons erfolgt wäre (DRS 30.B44). Bei dieser Vorgehensweise wird nach Meinung des DRSC nur das auf die hinzuerworbenen Anteile, die i.d.R. den Statuswechsel auslösen (sog. Control-Tranche), entfallende anteilige Reinvermögen zu Beginn der VollKons zum beizulegenden Zeitwert bewertet und den AK dieser hinzuerworbenen Anteile gegenübergestellt, um den darauf entfallenden GoF bzw. passiven Unterschiedsbetrag zu ermitteln. Nach bislang in der Literatur häufig vertretener Auffassung waren dagegen die zuvor aufgelaufenen Differenzen erfolgsneutral auf die neue Konsolidierungsmethode zu übertragen.

Für das auf die zum Übergang auf die VollKons im Konzern enthaltene Beteiligung (**Alttranche**) entfallende Reinvermögen wird die historische QuotenKons bzw. der Wertansatz aus der bisherigen at-equity-Bewertung fortgeführt. Reinvermögen, das auf nicht beherrschende Anteile entfällt, wird zum Zeitpunkt der Erlangung der Beherrschungsmöglichkeit ebenfalls zum beizulegenden Zeitwert übernommen. Da es bei dieser Vorgehensweise im Zuge der VollKons zu keinen zusätzlichen Wertanpassungen beim Altvermögen kommt, entfällt in diesem Fall hierfür die Notwendigkeit einer Zwischenergebniseliminierung, wodurch die KapKons vereinfacht wird (E-DRS 30.B44). Dies rechtfertigt nach Ansicht des DRSC auch eine tranchenweise KapKons (E-DRS 30.184) zu den jeweiligen Erwerbszeitpunkten beim Übergang von der QuotenKons oder at-equity-Bewertung auf die VollKons, auch wenn dies nach dem Wortlaut des § 301 HGB formal nicht zulässig ist (DRS 30.B45) und nicht dem aktuellen IFRS-Stand entspricht. 216

Dies führt im Ergebnis zu einer ähnlichen Behandlung wie bei der Abbildung der Aufstockung ohne Statuswechsel nach der Erwerbsmethode (Rz 194 ff.) und zu **erheblichem Aufwand** durch die getrennte Behandlung der GoF und stillen Reserven der einzelnen Tranchen.[133] Aus **Vereinfachungsgründen** darf daher gem. den bisher nicht bekannt gemachten Regeln des E-DRS 30.183 beim Übergang auf die VollKons jedoch auch auf eine Zwischenergebniseliminierung für 217

---

[133] Vgl. zu konkreten Beispielen *Müller/Reinke*, StuB 2015, S. 408 ff.

das zuvor einbezogene Altvermögen verzichtet werden, wenn die damit verbundene Verzerrung des Vermögens- und Erfolgsausweises unwesentlich ist. Dies ist etwa dann der Fall, wenn im Zuge der Neubewertung für das hinter den Altanteilen stehende Vermögen stille Reserven aufgedeckt wurden, deren Abschreibungsdauer nicht wesentlich länger als die des im Fall einer Zwischenergebniseliminierung sonst entstandenen GoF wäre (E-DRS 30.183).

218 Ein TU könnte aufgrund eines der Wahlrechte des § 296 HGB bislang nicht in den Konzernabschuss einbezogen sein. In diesem Fall wäre bei der **erstmaligen Einbeziehung des bestehenden TU** der Zeitpunkt der erstmaligen Einbeziehung für die Wertansätze im Rahmen der KapKons maßgeblich. Bei einem **Aufwärtswechsel** würde eine Fortschreibung der Werte aus zurückliegenden at-equity-Bewertungen eines Teils der Anteile jedoch letztlich gegen die explizite Konkretisierung des Neubewertungszeitpunkts nach § 301 Abs. 2 HGB verstoßen. Daher sind die hinzuerworbenen Anteile zusammen mit dem Wert der Altanteile mit dem zum Zeitpunkt der TU-Werdung neu bewerteten anteiligen EK des TU zu verrechnen (DRS 8.33 i.V.m. DRS 4.9 und E-DRS 30.181). Allerdings sollen zukünftig nach dem Willen des DRSC die dabei aufgedeckten stillen Reserven und stillen Lasten für die Altanteile erfolgsneutral zugunsten des GoF bzw. des passiven Unterschiedsbetrags eliminiert werden, was letztlich dem kritisch gesehenen[134] Vorgehen bei einer Kapitaländerung ohne Kontrollwechsel nach der Erwerbsmethode entspricht und zu mindestens zwei hinsichtlich Höhe und Abschreibungsdauer unterschiedlichen Anteilen an stillen Reserven bzw. stillen Lasten pro neu bewertetem VG bzw. neubewerteter Schuld führt und die Folge-Kons unnötig verkompliziert.

219 Eine vom DRSC in E-DRS 30.184 als technisch zulässig erachtete **tranchenweise Kons.** wird in der Literatur kritisch gesehen.[135] Im Rahmen der tranchenweisen Kons. wird bei einem Übergang von der Quotenkonsolidierung auf die Vollkonsolidierung für die Altanteile die bisherige KapitalKons fortgeführt und lediglich für die hinzuerworbenen Anteile eine ErstKons zum Erwerbszeitpunkt durchgeführt (E-DRS 30.184).

220 Analog hat beim **Abwärtswechsel** (Übergang von der VollKons auf die Quoten-Kons gem. § 310 HGB oder auf die at-equity-Bewertung gem. § 312 HGB) nach dem Gesetzeswortlaut ebenfalls formal eine erneute Erwerbsbilanzierung auf den Zeitpunkt des Statuswechsels zu erfolgen. In diesem Fall mit der GoB-Vermutung durch das BMJV versehen, fordert DRS 23.186 dagegen in Fortführung der Regelungen des DRS 4.49ff., dass die bislang im Rahmen der VollKons vorgenommenen Konsolidierungsmaßnahmen nunmehr ohne Neubewertung quotal fortzuführen sind, und DRS 23.187, dass das nach einer VollKons verbleibende entsprechende Reinvermögen eines assoziierten Unt zu Konzernbuchwerten im Zeitpunkt des Abgangs als AK der Beteiligung anzunehmen ist.

221 Das DRSC begründet die vom Gesetz abweichende Regelung gut nachvollziehbar und für das BMJV überzeugend: Der Sinn und Zweck einer vollständigen

---

[134] Vgl. *Müller/Reinke*, StuB 2015, S. 380.
[135] Vgl. *Hoffmann/Lüdenbach*, NWB Bilanzkommentar, 8. Aufl., 2017, § 301 HGB, Rz 110; *Winkeljohann/Deubert*, in Beck Bil-Komm., 10. Aufl. 2016, § 301 HGB, Rz 126; *Kirsch/Zülch/Gimpel-Henning*, in *Baetge/Kirsch/Thiele*, Bilanzrecht, § 301 HGB, Rz 354.3, Stand 2/2017; *Leinen*, in *Kessler/Leinen/Strickmann* (Hrsg.), Leitfaden BilMoG, 2009, S. 603f.; *Oser/Roß/Wader/Drögemüller*, WPg 2008, S. 691.

Erwerbsbilanzierung ist nur dann plausibel, wenn ein GemUnt oder ein assoziiertes Unt erstmals in den Konzernabschluss einbezogen wird, also erstmals eine **gemeinsame Führung erfolgt** oder ein **maßgeblicher Einfluss auf die Geschäfts- und Finanzpolitik** ausgeübt wird. Dies sei aber bei der ÜbergangsKons gerade nicht der Fall. Da die Beherrschungsmöglichkeit der Geschäfts- und Finanzpolitik i.S.d. § 290 HGB, die bis zum Statuswechsel bestanden hat, die Einflussmöglichkeiten auf GemeinschaftsUnt oder assoziiertes Unt mit umfasst, sei daher anlässlich des Statuswechsels **keine neuerliche Zeitwertbewertung** für das anteilig auf die im Konzern verbleibenden Anteile entfallende Reinvermögen erforderlich (E-DRS 30.B46). Konkret sind die ausstehenden stillen Reserven und Lasten auf der Basis der Neubewertung bei damaligem Einbezug in den Konzernabschluss in die für die at-equity-Bewertung notwendige Nebenrechnung zu überführen. Die abgehenden Anteile werden dagegen erfolgswirksam entkonsolidiert.

Nach internationaler Rechnungslegung hat der Erwerber gem. IFRS 3.42 seinen zuvor an dem erworbenen Unt gehaltenen EK-Anteil zu dem zum Erwerbszeitpunkt geltenden beizulegenden Zeitwert neu zu bestimmen und den daraus resultierenden Gewinn bzw. Verlust erfolgswirksam zu erfassen. Der GoF ist nach IFRS 3.32a dann unter Berücksichtigung der zum Fair Value bewerteten Altanteile zu berechnen.

8.5 Konsolidierung bei konzerninternen Umwandlungen

Bei konzerninternen Umwandlungen ist von rein rechtlichen Änderungen innerhalb des KonsKreises auszugehen, die wirtschaftlich für die Abb. der fiktiven Einheit „Konzern" keine Relevanz haben.[136] Daher sind Effekte aus Aufspaltungen, Verschmelzungen o.Ä. im Rahmen der Vereinheitlichung der jeweiligen Jahresabschlüsse der TU vor der Kons. zu korrigieren (DRS 23.170). Somit werden etwaige Verschmelzungsverluste oder -gewinne eliminiert. Sollten noch Unterschiedsbeträge aus der ErstKons vorhanden sein, so sind diese auch nach der juristischen Maßnahme unverändert fortzuführen und entsprechend der ursprünglichen Ausgestaltung zu behandeln.[137]

8.6 Konsolidierung im mehrstufigen Konzern

Der Gesetzgeber hat im HGB hinsichtlich der Regelungen für die KapKons explizit nur einstufige Konzerne behandelt. In der Praxis sind aber häufig **mehrstufige Konzerne** anzutreffen, d.h., ein TU ist gleichzeitig selbst MU eines anderen TU. In diesen Fällen wird aus Sicht des obersten MU von einem EnkelUnt gesprochen. Da auch dieses Unt als verbundenes Unt des MU gilt, da es von dem MU beherrscht werden kann, muss es auch in den Konzernabschluss des MU konsolidiert werden.

---

[136] Vgl. *Winkeljohann/Deubert*, in Beck Bil-Komm., 10. Aufl., 2016, § 301 HGB, Rz 291, *Hoffmann/Lüdenbach*, NWB-Kommentar Bilanzierung, 8. Aufl., 2017, § 301, Rz 126.
[137] Vgl. *Kirsch/Engelke*, in *Baetge/Kirsch/Thiele*, Bilanzrecht, § 301 HGB, Rz 442, Stand 2/2017.

Folgendes Beispiel soll für die Erläuterungen herangezogen werden:

> **Beispiel**
> **Mehrstufiger Konzern**
> Die M-GmbH erwirbt im Gj 01 80 % an der T-GmbH, die seit mehreren Jahren 60 % der Anteile an der E-GmbH hält. Die Bilanzen haben zum Ende des Gj 01 folgendes Aussehen (in TEUR), wobei latente Steuern von 50 % bei der Auflösung der stillen Reserven berücksichtigt wurden.

(in TEUR)	M-GmbH HB II	T-GmbH HB II	T-GmbH HB III	E-GmbH HB II	E-GmbH HB III
(sonstiges) AV	100	100	160	100	200
Anteile an verb. Unt.					
M an T	100				
T an E		100	100		
Umlaufvermögen	160	100	100	100	100
Summe Aktiva	360	300	360	200	300
EK	150	50	80	100	150
FK	210	250	280	100	150
Summe Passiva	360	300	360	200	300

225 Als unterschiedliche Möglichkeiten der KapKons mehrstufiger Konzerne kommen die SimultanKons und die KettenKons in Betracht.[138] E-DRS 30.191 lässt grundsätzlich beide Varianten zu, präferiert aber die KettenKons. Zudem wird mit E-DRS 30.193 für die KonsMethode gefordert, dass stets sichergestellt ist, dass Unterschiedsbeträge unterer Konzernstufen nicht saldiert werden. Bei der **SimultanKons** werden alle Unt gleichzeitig in einer Summenbilanz zusammengefasst und für jedes einzelne eine Kons. mithilfe des Gleichungs- oder Matrizenverfahrens vorgenommen. Beim Gleichungsverfahren wird der gesamte Unterschiedsbetrag aus der KapKons bei einem zweistufigen Konzern unter Beachtung der indirekten Anteile der Minderheitsanteilseigner (§ 307 Rz 28 ff.) mit folgender Formel errechnet, wobei die Werte des Beispiels eingefügt wurden:[139]

---

[138] Vgl. *Winkeljohann/Deubert*, in Beck Bil-Komm., 10. Aufl., 2016, § 301 HGB, Rz 371.
[139] Vgl. *Baetge/Kirsch/Thiele*, Konzernbilanzen, 11. Aufl., 2015, S. 411.

	Beteiligungsbuchwert des TU in der Einzelbilanz der Mutter	100
−	Beteiligungsquote des MU am TU × neu bewertetes EK des TU	64
+	Beteiligungsquote des MU am TU × Beteiligungsbuchwert des EnkelUnt in der Bilanz der Tochter	80
−	Beteiligungsquote des MU am TU × Beteiligungsquote des TU am EnkelUnt × neu bewertetes EK des EnkelUnt	72
=	Gesamter Unterschiedsbetrag aus der KapKons	44

Tab. 11: Ableitung des gesamten Unterschiedsbetrags eines zweistufigen Konzerns über das Gleichungsverfahren

Die nicht beherrschenden Anteile sind unter Berücksichtigung der indirekten Anteile wie folgt zu ermitteln, wobei die indirekten nicht beherrschenden Anteile des TU zu berechnen sind mit der Beteiligungsquote der nicht beherrschenden Anteile des TU × Beteiligungsquote des TU am EnkelUnt (hier 20 % × 60 % = 12 %):

	Direkte Beteiligungsquote der nicht beherrschende Anteile am TU × neu bewertetes EK des TU	16
Þ	Indirekte Beteiligungsquote der nicht beherrschenden Anteile des TU am EnkelUnt × neu bewertetes EK des EnkelUnt	18
Þ	Direkte Beteiligungsquote der nicht beherrschenden Anteile am EnkelUnt × neu bewertetes EK des EU	60
=	Direkte Beteiligung der nicht beherrschenden Anteile am TU × Buchwert der Beteiligung des TU am EnkelUnt	20
=	Nicht beherrschende Anteile	74

Tab. 12: Ableitung der nicht beherrschenden Anteile eines zweistufigen Konzerns über das Gleichungsverfahren

Zur Diskussion der Berücksichtigung der indirekten Anteile bei der Berechnung der nicht beherrschenden Anteile vgl. mit weiterem Beispiel § 307 Rz 29 ff.

Bei **weiteren Konzernstufen** bietet sich die Matrizenrechnung als mathematisches Verfahren an. Dieses pragmatische Verfahren wurde in der Vergangenheit deshalb abgelehnt, weil die Unterschiedsbeträge auf den jeweiligen Konsolidierungsstufen nicht ersichtlich sind. Diese waren aber notwendig, um die Anschaffungskostenrestriktion auf den Zwischenebenen nicht zu verletzen und die auf den jeweiligen Ebenen höchstens auflösbaren stillen Reserven zu ermitteln. Inzwischen besteht diese Notwendigkeit nicht mehr, sodass das Verfahren grds. angewandt werden kann. Allerdings werden nicht nur für die Steuerung der einzelnen Konzernteileinheiten keine weiteren Informationen geliefert, sondern es kann auch zu einer nicht gesetzeskonformen Vermengung von GoF und passivischem Unterschiedsbetrag aus der KapKons kommen.[140]

226

---

[140] Vgl. *Winkeljohann/Deubert*, in Beck Bil-Komm., 10. Aufl., 2016, § 301 HGB, Rz 371.

227 Die daher genauere und von der Literatur ganz überwiegend und auch von DRS 23.191 präferierte[141] **KettenKons** unterstellt die hierarchisch aufwärtsgerichtete Kons. in jeweils nacheinander durchzuführenden Einzelschritten bis zur Konzernspitze. Für jede Stufe kommt es somit zur Erstellung eines (vereinfachten) Konzernabschlusses, der wiederum Ausgangsbasis für die nächsthöhere Konsolidierungsstufe und den dort zu erstellenden (vereinfachten) Konzernabschluss ist. Mit diesem Verfahren werden damit auch Informationen für die **interne Konzernsteuerung** generiert. Die Konzernabschlüsse sind insoweit vereinfacht, als dass die Minderheitsanteile an dem TU ausgewiesen werden müssen und nicht EK für die nächsthöhere Stufe darstellen (DRS 23.192).

Beispiel Kettenkonsolidierung
Für das Beispiel ergibt sich folgendes Schema:

	T-G-mbH	E-G-mbH	Konsolidierung		Zwischen-KA (T und E)	M-G-mbH	Konsolidierung		KA
	HB III	HB III	S	H			S	H	
GoF			(1) 8		8	(4) 36			44
(sonstiges) AV	160	200			360	100			460
Anteile an verb. Unt.					0				0
M an T					0	100	(4) 100		0
T an E	100		(1) 80 (2) 20		0				0
Umlaufvermögen	100	100			200	160			360
Summe Aktiva	360	300			568	360			864
EK	80	150	(1) 72 (3) 78		80	150	(4) 64 (5) 16		150
nicht beherrschende Anteile			(2) 20	(3) 78	58			(5) 16	74
FK	280	150			430	210			640
Summe Passiva	360	300			568	360			864

Konkret sind folgende Buchungen durchzuführen:
Zunächst muss auf der Ebene von T ein Zwischenabschluss durch Einbezug der E erstellt werden, wobei dies aber keinen Teilkonzernabschluss darstellt,[142] da die Erstellung nur aus der Sicht des MU erfolgt. So ist der Beteiligungsbuchwert aufzuteilen in den Anteil der Eigentümer des MU

---

[141] Vgl. etwa *Busse von Colbe*, in MünchKomm HGB, 3. Aufl., § 301 Rz 134 ff.; *Winkeljohann/Deubert*, in Beck Bil-Komm., 10. Aufl., 2016, § 301 HGB, Rz 371.
[142] Vgl. *Baetge/Kirsch/Thiele*, Konzernbilanzen, 11. Aufl., 2015, S. 392 ff.

(80 %) und in den Anteil anderer Gesellschafter des TU (20 %). Unter Verzicht des Zwischenbuchungssatzes mit Ermittlung des Unterschiedsbetrags ergibt sich daher Buchung 1:

Konto	Soll	Haben
EK (E)	72 TEUR	
GoF (Zwischenabschluss)	8 TEUR	
Beteiligungsbuchwert (T)		80 TEUR

Buchungssatz 2 verrechnet die direkten nicht beherrschenden Anteile mit den auszuweisenden nicht beherrschenden Anteilen, damit es nicht zu einem Doppelausweis kommt:

Konto	Soll	Haben
Nicht beherrschende Anteile (E)	20 TEUR	
Beteiligungsbuchwert (T)		20 TEUR

Schließlich ist das verbleibende EK der E-GmbH in nicht beherrschende Anteile umzugliedern (Buchungssatz 3):

Konto	Soll	Haben
EK (E)	78 TEUR	
Nicht beherrschende Anteile (Zwischenabschluss)		78 TEUR

Durch Addition entsteht dann der Zwischenabschluss, der zu ergänzen ist um die Bilanz des MU und die auf dieser Ebene notwendigen Konsolidierungen. In Buchungssatz 4 erfolgt die Aufrechnung des Beteiligungsbuchwerts mit dem anteiligen neu bewerteten EK mit Ermittlung des GoF:

Konto	Soll	Haben
EK (Zwischenabschluss)	64 TEUR	
GoF (Konzernabschluss)	36 TEUR	
Beteiligungsbuchwert (M)		100 TEUR

Schließlich sind die verbleibenden EK-Beträge in nicht beherrschende Anteile umzubuchen (Buchungssatz 5):

Konto	Soll	Haben
EK (Zwischenabschluss)	16 TEUR	
Nicht beherrschende Anteile (Konzernabschluss)		16 TEUR

In dem Konzernabschluss sind nun die beiden Unt so abgebildet, als wären sie ein einziges Unt.

Sollte auf einer der Ebenen ein passivischer Unterschiedsbetrag entstehen, so ist dieser gesondert auszuweisen, eine Verrechnung mit dem GoF ist nicht erlaubt.

Bei der FolgeKons sind die aufgedeckten stillen Reserven zusammen mit den gebildeten passiven latenten Steuern ergebniswirksam aufzulösen, wobei bei der Neubewertungsmethode die Beträge allen Anteilseignern zuzurechnen sind. Die Abschreibungen des GoF sind ebenfalls erfolgswirksam zu erfassen, wobei diese nur den Anteilseignern des MU zuzurechnen sind.

§ 303 Schuldenkonsolidierung

(1) Ausleihungen und andere Forderungen, Rückstellungen und Verbindlichkeiten zwischen den in den Konzernabschluß einbezogenen Unternehmen sowie entsprechende Rechnungsabgrenzungsposten sind wegzulassen.

(2) Absatz 1 braucht nicht angewendet zu werden, wenn die wegzulassenden Beträge für die Vermittlung eines den tatsächlichen Verhältnissen entsprechenden Bildes der Vermögens-, Finanz- und Ertragslage des Konzerns nur von untergeordneter Bedeutung sind.

PROF. DR. HARALD KESSLER, CVA/PROF. DR. AXEL KIHM, CPA, CVA/DR. MARKUS LEINEN, CVA

Inhaltsübersicht Rz
1 Überblick 1–7
   1.1 Inhalt und Anwendungsbereich 1–6
   1.2 Normenzusammenhang 7
2 Anwendungsfälle der Schuldenkonsolidierung 8–15
3 Behandlung von Aufrechnungsdifferenzen 16–23
   3.1 Grundlagen..................................... 16–21
   3.2 Fallbeispiele 22–23
      3.2.1 Fallbeispiel 1: Schuldenkonsolidierung ohne Beteiligung von Minderheiten 22
      3.2.2 Fallbeispiel 2: Schuldenkonsolidierung mit Beteiligung von Minderheiten 23
4 Schuldenkonsolidierung und Währungsumrechnung......... 24–27

1 Überblick

1.1 Inhalt und Anwendungsbereich

Gegenstand der **SchuldenKons** ist gem. § 303 Abs. 1 HGB die **Aufrechnung** der zwischen den in den **Konzernabschluss** einbezogenen Unt bestehenden **Ansprüche** und **Verpflichtungen**. Die Eliminierung dieser innerkonzernlichen Schuldverhältnisse trägt der Tatsache Rechnung, dass der Konzern als fiktives einheitliches Unt nur Forderungen und Verbindlichkeiten gegenüber fremden Dritten, nicht jedoch gegenüber sich selbst haben kann; diese Anordnung geht letztlich auf den in § 297 Abs. 1 Satz 1 HGB kodifizierten Einheitsgrundsatz zurück. 1

Ebenso wie die KapKons soll auch die SchuldenKons eine Verlängerung der Konzernbilanz als Folge von Doppelzählungen beim **Vermögen und Kapital** vermeiden. Abb. 1 zeigt die Einordnung der SchuldenKons in die zur Realisierung des Einheitsgrundsatzes notwendigen Konsolidierungsmaßnahmen. 2

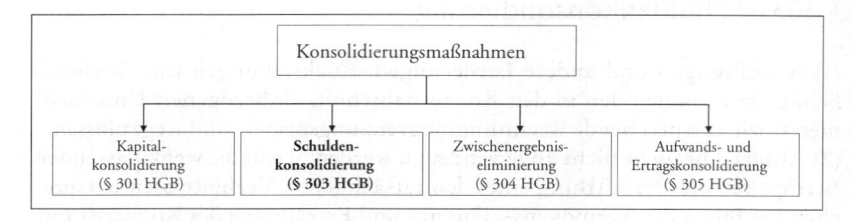

```
                    ┌──────────────────────────┐
                    │ Konsolidierungsmaßnahmen │
                    └──────────────────────────┘
         ┌──────────────┬──────────────┬──────────────┐
    Kapital-        Schulden-      Zwischenergebnis-   Aufwands- und
konsolidierung   konsolidierung      eliminierung   Ertragskonsolidierung
  (§ 301 HGB)     (§ 303 HGB)        (§ 304 HGB)       (§ 305 HGB)
```

Abb. 1: Einordnung der Schuldenkonsolidierung

3   Die SchuldenKons gem. § 303 HGB ist verpflichtend anzuwenden bei der Erstellung von Konzernabschlüssen im Wege der **VollKons**. Dies gilt über §§ 340i und 341j HGB auch für Konzernabschlüsse von **Kreditinstituten** und **Versicherungs-Unt** sowie über § 13 Abs. 2 PublG für Konzernabschlüsse nach dem **PublG**. Nach § 310 Abs. 2 HGB gelten die Vorschriften zur SchuldenKons für **quotal** in den Konzernabschluss einbezogene GemeinschaftsUnt entsprechend. Für nach der **Equity-Methode** im Konzernabschluss abgebildete Unt (§ 312 HGB) sieht das HGB ebenso wie DRS 8 keine Verpflichtung zur SchuldenKons vor. Im Falle einer langfristigen beteiligungsähnlichen Forderung eines KonzernUnt gegenüber einem assoziierten Unt wird vorgeschlagen, durch die den *Equity*-Wertansatz erhöhende SchuldenKons das Verrechnungsvolumen für anteilig auf den Konzern entfallende Verluste zu erhöhen, um ein vorzeitiges Aussetzen der *Equity*-Fortschreibung zu verhindern.[1] Die ansonsten notwendige Überlegung zur Werthaltigkeit der beteiligungsähnlichen Forderung geht damit in der *Equity*-Fortschreibung auf.

4   Nach § 306 HGB sind für aus Konsolidierungsmaßnahmen entstehende Differenzen zwischen den handelsrechtlichen Wertansätzen von VG, Schulden oder RAP und deren steuerlichen Wertansätzen latente Steuern zu bilden, sofern sich die Bewertungsunterschiede in späteren Perioden voraussichtlich wieder ausgleichen. Stehen sich eine zu eliminierende Forderung und Verbindlichkeit in gleicher Höhe gegenüber, hat die SchuldenKons keinen Einfluss auf das Nettovermögen im Konzern. Die Bildung latenter Steuern scheidet aus. Fallen die zu eliminierende Forderung und Verbindlichkeit betragsmäßig hingegen auseinander, sind im Rahmen der SchuldenKons regelmäßig latente Steuern zu berücksichtigen (vgl. § 306 Rz 11).

5   Sind Abschlüsse in **ausländischer Währung** in den Konzernabschluss einzubeziehen, erfolgt eine Umrechnung der für die SchuldenKons relevanten Bilanzpositionen gem. dem neu eingefügten § 308a HGB nach der **modifizierten Stichtagskursmethode**.

6   § 303 Abs. 2 HGB betont ausdrücklich die Geltung des **Wesentlichkeitsgrundsatzes** für die SchuldenKons. Danach müssen konzerninterne Ansprüche und Verpflichtungen nicht gegeneinander aufgerechnet werden, „wenn die wegzulassenden Beträge für die Vermittlung eines den tatsächlichen Verhältnissen entsprechenden Bildes der Vermögens-, Finanz- und Ertragslage des Konzerns nur von untergeordneter Bedeutung sind". Die Beurteilung der **untergeordneten Bedeutung** kann nicht isoliert oder nach allgemein gültigen Grundsätzen erfol-

---

[1] Vgl. *Winkeljohann/Deubert*, in Beck Bil-Komm., 10. Aufl., 2016, § 303, Rz 2.

gen, sondern muss einer Gesamtbetrachtung genügen, bei der bspw. auf die Relation zur Bilanzsumme, zu den Umsatzerlösen oder zum Konzernergebnis abgestellt wird. Bei der Ausübung des **Konsolidierungswahlrechts** ist das **Stetigkeitsgebot** des § 297 Abs. 3 Satz 2 HGB zu beachten.

1.2 Normenzusammenhang

Die SchuldenKons gem. § 303 HGB ist – wie die KapKons gem. § 301 HGB, die Behandlung der Zwischenergebnisse gem. § 304 HGB und die Aufwands- und ErtragsKons gem. § 305 HGB – eine Folge des in § 297 Abs. 1 Satz 1 HGB verankerten Einheitsgrundsatzes. Sofern Forderungen und Schulden erfolgswirksam konsolidiert werden, können latente Steuern i. S. d. § 306 HGB anfallen; des Weiteren sind insb. die Regelungen zur einheitlichen Bewertung (§ 308 HGB) und zur Währungsumrechnung (§ 308a HGB) zu beachten. Sowohl § 13 Abs. 2 PublG als auch branchenspezifisch die §§ 340i und 341j HGB verweisen (ebenfalls) auf § 303 HGB.

7

2 Anwendungsfälle der Schuldenkonsolidierung

Die SchuldenKons erschöpft sich nicht in der Aufrechnung konzerninterner Forderungen und Verbindlichkeiten. Gegenstand dieser Konsolidierungsmaßnahme sind vielmehr **alle Bilanzposten des Summenabschlusses** sowie **Angabepflichten**, die das Ergebnis von Schuldverhältnissen zwischen den in den Konzernabschluss einbezogenen Unt sind. Sprachlich genauer geht es damit bei der SchuldenKons um eine Kons. sämtlicher **innerkonzernlicher Ansprüche und Verpflichtungen**.

8

Die Notwendigkeit einer SchuldenKons kann sich damit bspw. auch bei den nachfolgend aufgeführten Sachverhalten ergeben.

9

– **Ausstehende Einlagen:** Gegenstand der SchuldenKons können nur eingeforderte ausstehende Einlagen auf das gezeichnete Kapital gegenüber in den Konzernabschluss einbezogenen Unt sein. Einzahlungsforderungen gegenüber konzernfremden Dritten sind unverändert in den Konzernabschluss zu übernehmen. Nicht eingeforderte Beträge auf das gezeichnete Kapital sind vom Posten gezeichnetes Kapital offen abzusetzen. Sie können nicht Gegenstand der SchuldenKons sein. Soweit sie gegenüber in den Konzernabschluss einbezogenen Unt bestehen, korrigieren sie das in die KapKons einzubeziehende Kapital (vgl. § 301 Rz 45).

10

– **Anleiheverbindlichkeiten:** Hält ein in den Konzernabschluss einbezogenes Unt in seinem Wertpapierbestand von anderen KonzernUnt emittierte Anleihen, liegen innerkonzernliche Kreditverhältnisse vor, die grds. zu eliminieren sind. Zurückerworbene Anleihen sind nach verbreiteter Auffassung nur dann mit der passivierten Anleiheschuld zu saldieren, wenn die Wertpapiere nicht mehr an Dritte veräußert werden können.[2] Eine SchuldenKons ist daher nur vorzunehmen, wenn und soweit die von einem einbezogenen Unt gehaltenen Anleihen nicht wieder in den Verkehr gebracht werden können.

11

---

[2] Vgl. *Busse v. Colbe/Ordelheide/Gebhardt/Pellens*, Konzernabschlüsse, 9. Aufl., Wiesbaden 2010, S. 360.

12 – **Geleistete und erhaltene Anzahlungen:** Geleistete und erhaltene Anzahlungen zwischen in den Konzernabschluss einbezogenen Unt unterliegen der Eliminierungspflicht.

13 – **Rückstellungen:** Besteht eine **Verbindlichkeitsrückstellung** gegenüber einem anderen in den Konzernabschluss einbezogenen Unt, ist die Rückstellung regelmäßig zu eliminieren. Etwas anderes gilt dann, wenn die ursprünglich gegenüber einem konsolidierten Unt eingegangene Verpflichtung am Bilanzstichtag (auch) gegenüber Dritten besteht, materiell also eine Außenverpflichtung vorliegt. Zu denken ist bspw. an passivierte Gewährleistungsverpflichtungen für Produkte, die unter Einschaltung eines weiteren KonzernUnt an Dritte verkauft wurden, oder an Drohverlustrückstellungen für konzerninterne Lieferungen, die Teil eines Reihengeschäfts sind, das aus Konzernsicht mit einem fremden Dritten eingegangen wurde. Sind in den EA der zu konsolidierenden Unt **Aufwandsrückstellungen** i.S.d. § 249 Abs. 1 Satz 2 HGB ausgewiesen, dürfen diese nicht eliminiert werden, soweit für die betreffenden Innenverpflichtungen auch aus Konzernsicht Passivierungspflicht besteht. Dazu gehören bspw. Rückstellungen für unterlassene Aufwendungen für Instandhaltung, die innerhalb von drei Monaten nach dem Abschlussstichtag nachgeholt werden. Entsprechendes gilt für vergleichbare konzerninterne Verbindlichkeitsrückstellungen, die aus Gesamtkonzernsicht den Charakter einer passivierungspflichtigen Aufwandsrückstellung annehmen (z.B. Instandhaltungsrückstellungen, die auf einem Pachtvertrag zwischen einbezogenen Unt beruhen).

14 – **Eventualschulden, Haftungsverhältnisse und sonstige finanzielle Verpflichtungen:** Beruhen nach § 251 HGB unter der Bilanz anzugebende Haftungsverhältnisse (z.B. Verbindlichkeiten aus der Begebung oder Übertragung von Wechseln) sowie die nach § 285 Nr. 3a HGB anzugebenden sonstigen finanziellen Verpflichtungen auf einer Rechtsbeziehung mit einem anderen KonzernUnt, unterliegen diese der SchuldenKons. D.h., die Angabe ist nicht in den Konzernabschluss zu übernehmen.

15 – **Drittschuldverhältnisse:** Ein Drittschuldverhältnis liegt vor, wenn ein in den Konzernabschluss einbezogenes Unt eine Forderung gegen einen konzernfremden Dritten ausweist, der seinerseits eine Forderung gegen ein anderes KonzernUnt hat. Gegenüber dem konzernfremden Dritten ist der Konzern damit sowohl Schuldner als auch Gläubiger. Eine Kons. von Drittschuldverhältnissen kommt nicht in Betracht, da § 303 HGB nur auf konzerninterne Ansprüche und Verpflichtungen abstellt.[3]

3 Behandlung von Aufrechnungsdifferenzen

3.1 Grundlagen

16 Bei der Kons. von konzerninternen Kreditverhältnissen, die sich wenigstens in einer Bilanz eines einzubeziehenden Unt niedergeschlagen haben, ist zwischen

---

[3] *Hoffmann/Lüdenbach* halten eine Aufrechnung für zulässig, wenn durch eine konzerninterne Forderungsabtretung an das verpflichtete KonzernUnt eine zivilrechtliche Aufrechnungslage nach § 387 BGB hergestellt werden könnte; vgl. *Hoffmann/Lüdenbach*, NWB-Kommentar Bilanzierung, 8. Aufl., 2017, § 303, Rz 11.

einer **erfolgsneutralen** und einer **erfolgswirksamen** SchuldenKons zu unterscheiden. Stehen sich die eliminierungspflichtigen Ansprüche und Verpflichtungen betragsgleich gegenüber, führt ihre Kons. zu einer erfolgsneutralen Kürzung der Konzernbilanzsumme. Häufig sind die aufzurechnenden Komponenten jedoch in unterschiedlicher Höhe in den Einzelbilanzen erfasst, sodass die SchuldenKons zu Aufrechnungsdifferenzen führt.

Mögliche **Ursachen** hierfür sind: 17
1. fehlerhafte Buchungen;
2. systembedingte, zeitverschobene Erfassung von Geschäftsvorfällen bei den konsolidierten Unt (z. B. Einbuchung der Forderung aus einem Versendungskauf vor dem Bilanzstichtag, Passivierung der Verbindlichkeit erst bei Erlangung des wirtschaftlichen Eigentums an der Ware im neuen Gj);
3. zeitverschobene Erfassung von Geschäftsvorfällen aufgrund unterschiedlicher Bilanzstichtage der konsolidierten Unt (nach § 299 Abs. 2 HGB darf der Abschlussstichtag eines TU oder GemeinschaftsUnt bis zu drei Monate vor dem KA-Stichtag liegen);
4. unterschiedliche Ansatz- und Bewertungsvorschriften für die eliminierungspflichtigen Ansprüche und Verpflichtungen.

In den ersten drei Fällen liegen **unechte Aufrechnungsdifferenzen** vor. Sie sind 18 bei der Ableitung der konsolidierungsfähigen EA durch Korrektur der buchungstechnischen Unzulänglichkeiten oder durch fiktive (erfolgsneutrale oder erfolgswirksame) Anpassungsbuchungen zu beseitigen.

Echte Aufrechnungsdifferenzen beruhen auf unterschiedlichen Ansatz- und 19 Bewertungsvorschriften für Ansprüche und Verpflichtungen. Anders als unechte Aufrechnungsdifferenzen, lassen sie sich durch organisatorische Maßnahmen im Vorfeld der Kons. wie Saldenabstimmungen, Buchungsstopp kurz vor dem Bilanzstichtag oder Vorgabe einheitlicher Bilanzstichtage für die in den Konzernabschluss einzubeziehenden Unt nicht vermeiden.

Echte Aufrechnungsdifferenzen können bspw. folgende **Ursachen** haben: 20
– Rückstellungen für konzerninterne Verpflichtungen (ihnen stehen keine Aktivposten gegenüber);
– Abschreibung konzerninterner Forderungen auf einen niedrigeren beizulegenden Wert ohne entsprechende Anpassung der Verbindlichkeit beim Schuldner;
– Abzinsung unverzinslicher Darlehen beim Gläubiger auf den Barwert, während der Schuldner die entsprechende Verbindlichkeit zum Erfüllungsbetrag nach § 253 Abs. 1 Satz 2 HGB ansetzt.

Für die **Behandlung echter Aufrechnungsdifferenzen** gelten folgende Grundsätze: 21
1. Aufrechnungsdifferenzen, die im **laufenden Gj** durch einseitige **erfolgswirksame** Buchungen entstanden sind, müssen durch Stornierung des entsprechenden Erfolgs in der Summen-GuV eliminiert werden. Das führt regelmäßig zur Erfassung latenter Steuern.
2. Ebenfalls **erfolgswirksam** zu bereinigen sind sämtliche Veränderungen des Differenzbetrags aus der erstmaligen Aufrechnung in den **Folgeperioden**, die sich als Aufwand oder Ertrag in der Summen-GuV niedergeschlagen haben.
3. Aufrechnungsdifferenzen, die nicht in der Abrechnungsperiode, sondern in **Vj.** entstanden sind, sowie bereits erfolgswirksam erfasste Veränderungen dieser Differenzen sind **erfolgsneutral** (z. B. durch entsprechende Anpassung

der Gewinnrücklagen) zu eliminieren. Da sie sich in der Vergangenheit auf den Konzernjahreserfolg ausgewirkt haben, dürfen sie diesen nicht ein weiteres Mal berühren.

3.2 Fallbeispiele

3.2.1 Fallbeispiel 1: Schuldenkonsolidierung ohne Beteiligung von Minderheiten

22

Beispiel

In ihrem Jahresabschluss zum 31.12.X1 hat die nach HGB bilanzierende M AG (MU) gegenüber ihrem TU, der T GmbH, eine Rückstellung wegen Schadensersatzes i. H. v. 400 GE gebildet. Der Steuersatz aller Unt des KonsKreis beträgt 30 %. Die Ausgangsdaten des Beispiels enthält die nachfolgende Übersicht (einschl. der Buchungen zur KapKons):

Bilanzposten	MU	TU	Summenabschluss	Konsolidierung S	H	Konzernabschluss
Bankguthaben	800	200	1.000			1.000
Beteiligung	2.100	–	2.100		❶ 2.100	–
Sonstiges Vermögen	7.500	6.000	13.500			13.500
Summe Aktiva	**10.400**	**6.200**	**16.600**			**14.500**
Gezeichnetes Kapital	2.000	1.500	3.500	❶ 1.500		2.000
Gewinnrücklage	1.000	600	1.600	❶ 600		1.000
Jahresüberschuss	800	500	1.300			1.300
Rückstellungen	400	–	400			400
Sonstige Schulden	6.200	3.600	9.800			9.800
Latente Steuern						
Summe Passiva	**10.400**	**6.200**	**16.600**			**14.500**

GuV-Posten	MU	TU	Summenabschluss	Konsolidierung S	H	Konzernabschluss
Ertrag aus Rückstellungsauflösung sonstige Erträge	18.000	8.000	26.000			26.000
Aufwand aus Rückstellungsbildung sonstige Aufwendungen	400 16.300	7.200	400 23.500			400 23.500
Steueraufwendungen	500	300	800			800
Jahresüberschuss	**800**	**500**	**1.300**			**1.300**

SchuldenKons zum 31.12.X1

Zum 31.12.X1 sind die in der nachfolgenden Übersicht dargestellten Konsolidierungsbuchungen vorzunehmen:

Bilanzposten	MU	TU	Summenabschluss	Konsolidierung S	H	Konzernabschluss
Bankguthaben	800	200	1.000			1.000
Beteiligung	2.100	–	2.100		❶ 2.100	–
Sonstiges Vermögen	7.500	6.000	13.500			13.500
Summe Aktiva	**10.400**	**6.200**	**16.600**			**14.500**
Gezeichnetes Kapital	2.000	1.500	3.500	❶ 1.500		2.000
Gewinnrücklage	1.000	600	1.600	❶ 600		1.000
Jahresüberschuss	800	500	1.300		❹ 280	1.580
Rückstellungen	400	–	400	❷ 400		0
Sonstige Schulden	6.200	3.600	9.800			9.800
Latente Steuern					❸ 120	120
Summe Passiva	**10.400**	**6.200**	**16.600**			**14.500**

GuV-Posten	MU	TU	Summenabschluss	Konsolidierung S	H	Konzernabschluss
Ertrag aus Rückstellungsauflösung sonstige Erträge	18.000	8.000	26.000			26.000
Aufwand aus Rückstellungsbildung sonstige Aufwendungen	400 16.300	7.200	400 23.500	❷ 400		23.500
Steueraufwendungen	500	300	800	❸ 120		920
Jahresüberschuss	**800**	**500**	**1.300**	❹ 280		**1.580**

Buchung 1: KapKons
Buchung 2: Der Aufwand aus Rückstellungsbildung des MU ist mit der gebildeten Rückstellung zu verrechnen:

Konto	Soll	Haben
Rückstellung	400	
Aufwand aus Rückstellungsbildung		400

Buchung 3: Da die Konsolidierungsbuchung das im Konzernabschluss ausgewiesene Nettovermögen im Vergleich zur Steuerbilanz erhöht, ist der ausgewiesene Steueraufwand zu niedrig. Die Anpassung erfordert daher nach § 306 HGB die erfolgswirksame Erfassung latenter Steuern von 120 (30 % von 400).

Konto	Soll	Haben
Latenter Steueraufwand	120	
Passive latente Steuern		120

Buchung 4 ist technischer Natur und berücksichtigt die nach der Doppik sich automatisch einstellende Änderung des Jahreserfolgs in der Bilanz.
Aufgrund besserer Erkenntnisse stockt die M AG die Rückstellung zum 31.12.X2 auf 450 auf. Die EA und der Summenabschluss stellen sich zum Stichtag wie folgt dar (einschl. der Buchung zur KapKons):

Bilanzposten	MU	TU	Summen-abschluss	Konsolidierung S	Konsolidierung H	Konzern-abschluss
Bankguthaben	800	200	1.000			1.000
Beteiligung	2.100	–	2.100		❶ 2.100	–
Sonstiges Vermögen	8.700	6.500	15.200			15.200
Summe Aktiva	**11.600**	**6.700**	**18.300**			**16.200**
Gezeichnetes Kapital	2.000	1.500	3.500	❶ 1.500		2.000
Gewinnrücklage	1.800	1.100	2.900	❶ 600		2.300
Jahresüberschuss	1.150	500	1.650			1.650
Rückstellungen	450	–	450			450
Sonstige Schulden	6.200	3.600	9.800			9.800
Latente Steuern						
Summe Passiva	**11.600**	**6.700**	**18.300**			**16.200**

GuV-Posten	MU	TU	Summen-abschluss	Konsolidierung S	Konsolidierung H	Konzern-abschluss
Ertrag aus Rückstellungsauflösung sonstige Erträge	18.000	8.000	26.000			26.000
Aufwand aus Rückstellungsbildung sonstige Aufwendungen	50 16.300	– 7.200	50 23.500			50 23.500
Steueraufwendungen	500	300	800			800
Jahresüberschuss	**1.150**	**500**	**1.650**			**1.650**

Zum 31.12.X2 sind folgende Konsolidierungsbuchungen vorzunehmen:

Bilanzposten	MU	TU	Summen-abschluss	Konsolidierung S	Konsolidierung H	Konzern-abschluss
Bankguthaben	800	200	1.000			1.000
Beteiligung	2.100	–	2.100		❶ 2.100	–
Sonstiges Vermögen	8.700	6.500	15.200			15.200
Summe Aktiva	**11.600**	**6.700**	**18.300**			**16.200**
Gezeichnetes Kapital	2.000	1.500	3.500	❶ 1.500		2.000
Gewinnrücklage	1.800	1.100	2.900	❶❹ 720	❸ 400	2.580
Jahresüberschuss	1.150	500	1.650		❻ 35	1.685
Rückstellungen	450	–	450	❷❸ 450		–
Sonstige Schulden	6.200	3.600	9.800			9.800
Latente Steuern	–	–	–		❹❺ 135	135
Summe Passiva	**11.600**	**6.700**	**18.300**			**16.200**

GuV-Posten	MU	TU	Summen-abschluss	Konsolidierung S	Konsolidierung H	Konzern-abschluss
Ertrag aus Rückstellungsauflösung sonstige Erträge	18.000	8.000	26.000			26.000
Aufwand aus Rückstellungsbildung sonstige Aufwendungen	50 16.300	– 7.200	50 23.500		❷ 50	– 23.500
Steueraufwendungen	500	300	800	❺ 15		815
Jahresüberschuss	**1.150**	**500**	**1.650**	❻ 35		**1.685**

Buchung 1: KapKons

Buchung 2: Die Aufstockung der Rückstellung ist gegen den gebuchten Aufwand aus Rückstellungsbildung des MU zu stornieren.

Konto	Soll	Haben
Rückstellung	50	
Aufwand aus Rückstellungsbildung		50

Buchung 3: Da die Rückstellung i. H. v. 400 GE bereits im vergangenen Jahr erfolgswirksam eliminiert worden ist, muss die Aufrechnungsdifferenz zum Ende des Vj. per 31.12.X2 erfolgsneutral gegen die Rücklagen ausgebucht werden.

Konto	Soll	Haben
Rückstellung	400	
Gewinnrücklagen		400

Buchung 4: Entsprechendes gilt für die Einbuchung der latenten Steuern für die Aufrechnungsdifferenz zum 31.12.X1. Auch der latente Steueraufwand darf sich nicht ein weiteres Mal auf den Jahreserfolg auswirken.

Konto	Soll	Haben
Gewinnrücklagen	120	
Passive latente Steuern		120

Buchung 5: Die Aufstockung der latenten Steuern ist dagegen – ebenso wie die hierfür verantwortliche Eliminierungsbuchung (vgl. Buchung 2) – erfolgswirksam.

Konto	Soll	Haben
Latenter Steueraufwand	15	
Passive latente Steuern		15

Schuldenkonsolidierung § 303

Buchung 6 ist wiederum das Ergebnis der erfolgswirksamen Konsolidierungsbuchungen.
Im Verlauf des Jahrs X3 wird die Verpflichtung durch Zahlung i. H. v. 420 GE beglichen, i. H. v. 30 GE löst MU die Rückstellung auf. TU erfasst den erhaltenen Schadensersatz in den sonstigen Erträgen. Die EA und der Summenabschluss stellen sich zum Stichtag wie folgt dar:

Bilanzposten	MU	TU	Summen-abschluss	Konsolidierung S	Konsolidierung H	Konzern-abschluss
Bankguthaben	380	620	1.000			1.000
Beteiligung	2.100	–	2.100		❶ 2.100	
Sonstiges Vermögen	9.870	7.030	16.900			16.900
Summe Aktiva	**12.350**	**7.650**	**20.000**			**17.900**
Gezeichnetes Kapital	2.000	1.500	3.500	❶ 1.500		2.000
Gewinnrücklage	2.950	1.600	4.550	❶ 600		3.950
Jahresüberschuss	1.200	950	2.150			2.150
Rückstellungen	–	–	–			–
Sonstige Schulden	6.200	3.600	9.800			9.800
Latente Steuern						
Summe Passiva	**12.350**	**7.650**	**20.000**			**17.900**

GuV-Posten	MU	TU	Summen-abschluss	Konsolidierung S	Konsolidierung H	Konzern-abschluss
Ertrag aus Rückstellungsauflösung	30	–	30			30
sonstige Erträge	18.000	8.420	26.420			26.420
Aufwand aus Rückstellungsbildung sonstige Aufwendungen	16.330	7.020	23.350			23.350
Steueraufwendungen	500	450	950			950
Jahresüberschuss	**1.200**	**950**	**2.150**			**2.150**

Zum 31.12.X3 ergeben sich die folgenden Konsolidierungsbuchungen:

Bilanzposten	MU	TU	Summen-abschluss	Konsolidierung S	Konsolidierung H	Konzern-abschluss
Bankguthaben	380	620	1.000			1.000
Beteiligung	2.100	–	2.100		❶ 2.100	
Sonstiges Vermögen	9.870	7.030	16.900			16.900
Summe Aktiva	**12.350**	**7.650**	**20.000**			**17.900**
Gezeichnetes Kapital	2.000	1.500	3.500	❶ 1.500		2.000
Gewinnrücklage	2.950	1.600	4.550	❶❷ 735	❷ 450	4.265
Jahresüberschuss	1.200	950	2.150	❻ 315		1.835
Rückstellungen	–	–	–	❷ 450	❸ 450	–
Sonstige Schulden	6.200	3.600	9.800			9.800
Latente Steuern				❺ 135	❹ 135	
Summe Passiva	**12.350**	**7.650**	**20.000**			**17.900**

GuV-Posten	MU	TU	Summen-abschluss	Konsolidierung S	Konsolidierung H	Konzern-abschluss
Ertrag aus Rückstellungsauflösung	30	–	30	❸ 30		–
sonstige Erträge	18.000	8.420	26.420	❸ 420		26.000
Aufwand aus Rückstellungsbildung sonstige Aufwendungen	16.330	7.020	23.350			23.350
Steueraufwendungen	500	450	950		❺ 135	815
Jahresüberschuss	**1.200**	**950**	**2.150**		❻ 315	**1.835**

Buchung 1: KapKons
Buchung 2 eliminiert die Aufrechnungsdifferenz nach dem Stand am Ende des Vj. erfolgsneutral gegen die Rücklagen.

Konto	Soll	Haben
Rückstellung	450	
Gewinnrücklagen		450

Mit **Buchung 3** ist zum einen der sonstige Ertrag des TU zu stornieren, zum anderen der Ertrag aus Rückstellungsauflösung des MU. Da mit der Vortragsbuchung (Buchung 2) die zum 31.12.X3 im Summenabschluss nicht mehr enthaltene Rückstellung eliminiert wird, ist als Gegenposten die Rückstellungsposition anzusprechen.

Konto	Soll	Haben
Sonstige Erträge	420	
Ertrag aus Rückstellungsauflösung	30	
Rückstellung		450

Buchung 4 erfasst die latente Steuerverbindlichkeit des Konzerns zum Ende des Vj. Die Buchung ist ebenso wie die mit ihr korrespondierende Eliminierung der Rückstellung zum 31.12.X2 (vgl. Buchung 2) erfolgsneutral.

Konto	Soll	Haben
Gewinnrücklagen	135	
Passive latente Steuern		135

Buchung 5 berücksichtigt den latenten Steuerertrag aus dem Abbau des Bewertungsunterschieds zwischen Konzernabschluss und Steuerbilanz.

Konto	Soll	Haben
Passive latente Steuern	135	
Steueraufwand		135

Buchung 6 passt erneut den Jahreserfolg in der Bilanz statistisch an das Ergebnis der erfolgswirksamen Konsolidierungsbuchungen an.

3.2.2 Fallbeispiel 2: Schuldenkonsolidierung mit Beteiligung von Minderheiten

23

Beispiel
In ihrem EA hat die B AG zum 31.12.X1 eine Drohverlustrückstellung für ein mit der C AG geschlossenes, Verlust bringendes Dauerbeschaffungsgeschäft über nicht bilanzierungsfähige Leistungen i. H. v. 400 GE gebildet. Die B AG und die C AG werden in den Konzernabschluss der A AG einbezogen. Die A AG ist an der B AG mit 80 % und an der C AG mit 100 % beteiligt. Der Ertragsteuersatz beträgt für alle Gesellschaften 30 %. Aktive latente Steuern für erwartete Steuerentlastungen werden im Konzernabschluss angesetzt. Zum 31.12.X2 beläuft sich die Rückstellung auf 250 GE. I. H. v. 200 GE wurde sie in Anspruch genommen, ein Betrag von 50 GE wurde aufgrund geänderter Marktverhältnisse zugeführt. Am 31.12.X3 ist das Dauerbeschaffungsgeschäft ausgelaufen, die zum 31.12.X2 bilanzierte Rückstellung wurde vollständig in Anspruch genommen.

SchuldenKons zum 31.12.X1
Zum Bilanzstichtag 31.12.X1 hat die B AG aus der Perspektive ihres EA eine Rückstellung nach § 249 Abs. 1 Satz 1 HGB i. H. v. 400 GE gebildet. Da die Drohverlustrückstellung steuerbilanziell keine Berücksichtigung findet, bildet die B AG für den Bewertungsunterschied zur Steuerbilanz aktive latente

Steuern i. H. v. 120 GE. Der Jahresüberschuss wird somit nach Steuern mit 280 GE belastet. Hiervon entfallen 80 % auf den Konzernanteil, 20 % auf die an der B AG beteiligten Minderheitsgesellschafter. Dies ist in der nachstehend abgebildeten verkürzten Bilanz der B AG bereits berücksichtigt.

Aktiva		Bilanz B AG zum 31.12.X1	Passiva
...		...	
		JÜ Konzern	−224
		JÜ Minderheiten	−56
		Rückstellung	400
Aktive latente Steuern	120		

Die C AG berücksichtigt in ihrem Jahresabschluss zum 31.12.X1 kein korrespondierendes Aktivum. Im Konzernabschluss der A AG ist die von der B AG gebildete Rückstellung im Zuge der SchuldenKons zu eliminieren. Dabei ist wie folgt zu verfahren:
Die Rückstellung ist erfolgserhöhend gegen die Aufwandsposition auszubuchen, über die sie gebildet wurde:

Konto	Soll	Haben
Rückstellung	400	
Aufwand		400

Die aktive latente Steuer ist durch die Erfassung eines latenten Steueraufwands zu eliminieren.

Konto	Soll	Haben
Latenter Steueraufwand	120	
Aktive latente Steuern		120

Aus dem Saldo der beiden vorstehenden Effekte ergibt sich ein Erfolg i. H. v. 280 GE.
Der Erfolg aus der Eliminierung der Rückstellung ist im Verhältnis 80 % zu 20 % auf den Konzern (Gesellschafter der A AG) und die Minderheitsgesellschafter der B AG aufzuteilen.

Konto	Soll	Haben
Minderheiten (GuV)	56	
Minderheiten (Bilanz)		56

Letztere Buchung wird in der Bilanzierungspraxis häufig nicht umgesetzt. Während die Konsolidierungssysteme den Minderheitenposten auf Basis der (konsolidierungsfähigen) EA berechnen und damit den Aufwand aus der Rückstellungsbildung den Minderheiten anteilig zuordnen, wird die als Konzernbuchung zu erfassende erfolgswirksame SchuldenKons allein dem Konzernanteil zugeordnet. Damit verbleiben im Konzern ein auf die Minderheitsgesellschafter entfallender Verlust von 56 GE und ein auf die Gesellschafter des MU entfallender Gewinn von 56 GE. Unter Wesentlichkeitsgesichtspunkten kann diese Vereinfachung vertretbar sein.

SchuldenKons zum 31.12.X2
Zum Bilanzstichtag 31.12.X2 hat sich der Wertansatz der Drohverlustrückstellung auf 250 GE vermindert. Die Abnahme von 150 GE ist das Ergebnis einer Inanspruchnahme von 200 und einer Erhöhung des berücksichtigten Verlusts um 50 GE. Der Sachverhalt hat auf den EA der B AG folgende Auswirkungen, wobei der aus der Konzernperspektive auf die Minderheitsgesellschafter entfallende Teil wiederum gesondert gezeigt wird.

Aktiva		Bilanz B AG zum 31.12.X2	Passiva
...		...	
		Gewinnrücklagen Konzern	–224
		JÜ Konzern	–76
		Gewinnrücklagen Minderheiten	–56
		JÜ Minderheiten	–19
Kasse	–200	Rückstellung	250
Aktive latente Steuern	75	...	

Der zum 31.12.X1 bestehende Bewertungsunterschied zwischen dem Wertansatz der Rückstellung in der HB der B AG und der Steuerbilanz von 400 GE hat sich auf 250 GE reduziert. Entsprechend ist die aktive latente Steuer von 120 GE auf 75 GE zu vermindern. Der daraus resultierende latente Steueraufwand entfällt zu 80 % auf den Konzernanteil (36 GE) und zu 20 % auf die Minderheitsgesellschafter der B AG (9 GE). Auch die erfolgswirksame Erhöhung der Rückstellung (50 GE) ist auf die beiden Gesellschaftergruppen aufzuteilen. Damit entfällt auf den Konzern ein Verlust i. H. v. 76 GE (40 GE + 36 GE), auf die Minderheitsgesellschafter ein Aufwand von 19 GE (10 GE + 9 GE). Die Inanspruchnahme der Rückstellung (200) ist in der verkürzten Bilanz durch eine Abnahme des Kassenbestands dargestellt. Die auf den Konzern bzw. die Minderheitsgesellschafter entfallende Veränderung der Gewinnrücklagen enthält den aus der Vorperiode vorgetragenen Verlust.
Im Konzernabschluss der A AG ist im Zuge der SchuldenKons zum 31.12.X2 wie folgt zu buchen:
Die Eliminierungsbuchung der Vorperiode ist erfolgsneutral vorzutragen.

Konto	Soll	Haben
Rückstellung	400	
Aktive latente Steuern		120
Gewinnrücklagen Konzern		224
Gewinnrücklagen Minderheiten		56

Der in der Vorperiode aus der Eliminierungsbuchung resultierende Erfolg (280 GE) erhöht in der Periode X2 die Gewinnrücklagen und gleicht damit die in der verkürzten HGB-Bilanz der B AG zum 31.12.X2 enthaltenen negativen Gewinnrücklagen aus.

Der Vortrag der Eliminierungsbuchung aus dem Vj. führt zudem zu einem vorläufigen Stand der aktiven latenten Steuern i. H. v. −45 GE und der Rückstellung i. H. v. −150 GE.

Im nächsten Schritt wird die erfolgswirksame Erhöhung der Rückstellung eliminiert. Dabei ist die Aufwandsposition anzusprechen, über die die Rückstellung gebildet wurde. Die Eliminierung der erfolgswirksamen Rückstellungsbildung führt, isoliert betrachtet, zu einer Reduktion der aktiven latenten Steuern von 15:

Konto	Soll	Haben
Rückstellung	50	
Latenter Steueraufwand	15	
Aufwand		50
Aktive latente Steuern		15

Nach dieser Buchung betragen der Stand der Rückstellung −200 GE und der der aktiven latenten Steuern −60 GE. Der verbleibende Saldo der Rückstellung ist gegen die GuV-Position auszubuchen, in der die C AG den ihr aus dem Vertragsverhältnis mit der B AG zufließenden Ertrag erfasst hat. Der Saldo der aktiven latenten Steuern ist durch die Erfassung eines latenten Steuerertrags auszugleichen:

Konto	Soll	Haben
Ertrag	200	
Rückstellung		200
Aktive latente Steuern	60	
Latenter Steuerertrag		60

Die Eliminierungsbuchungen der Periode X2 haben einen Erfolgseffekt i. H. v. 95 GE, bezogen auf den aus dem EA der B AG stammenden Aufwandssaldo, und einen gegenläufigen Erfolgseffekt von 200 GE, bezogen auf die Erträge aus dem EA der C AG. Die Eliminierung des aus dem EA der B AG stammenden Aufwandssaldos ist wiederum auf den Konzern- und den Minderheitenanteil im Verhältnis 80 % zu 20 % zu verteilen. Die aus dem EA der B AG in den Konzernabschluss einfließenden Erfolgsbeiträge der Gesellschaftergruppen werden damit auf null reduziert.

Konto	Soll	Haben
Minderheiten (GuV)	19	
Minderheiten (Bilanz)		19

SchuldenKons zum 31.12.X3
In der Periode X3 wird die verbleibende Rückstellung i. H. v. 250 GE vollständig in Anspruch genommen (dargestellt als Kassenabgang). Da sich damit auch der Bewertungsunterschied zum steuerbilanziellen Nichtansatz der Rückstellung auf null reduziert, ist die zum 31.12.X2 noch aktivierte Steuerlatenz erfolgswirksam aufzulösen. Der zu erfassende latente Steueraufwand wird wieder den beiden Gesellschaftergruppen des Konzerns zugeordnet. Zudem sind die Buchungen aus den Perioden X1 und X2 kumulativ vor-

zutragen. Auf die verkürzte HGB-Bilanz der B AG zum Stichtag 31.12.X3 hat der Sachverhalt damit folgende Auswirkungen:

Aktiva		Bilanz B AG zum 31.12.X3	Passiva
...		...	
		Gewinnrücklagen Konzern	–300
		JÜ Konzern	–60
		Gewinnrücklagen Minderh.	–75
		JÜ Minderheiten	–15
Kasse	–450	Rückstellung	0
Aktive latente Steuern	0	...	

Die SchuldenKons im Konzernabschluss der A AG erfordert zum 31.12.X3 folgende Maßnahmen:
Die Eliminierungsbuchungen der Vorperioden werden kumulativ vorgetragen:

Konto	Soll	Haben
Rückstellung	250	
Aktive latente Steuern		75
Gewinnrücklagen Konzern		100
Gewinnrücklagen Minderheiten		75

Unter Berücksichtigung der Vortragsbuchung ergeben sich ein Rückstellungssaldo i.H.v. –250 GE und ein Saldo der aktiven latenten Steuern i.H.v. –75 GE. Der Saldo der Rückstellung wird gegen die GuV-Position ausgebucht, in der die C AG den ihr aus dem Vertragsverhältnis mit der B AG zufließenden Ertrag erfasst hat. Der Saldo der aktiven latenten Steuern ist durch die Erfassung eines latenten Steuerertrags auszugleichen.

Konto	Soll	Haben
Ertrag	250	
Rückstellung		250
Aktive latente Steuern	75	
Latenter Steuerertrag		75

Der Erfolgseffekt aus dem Ausgleich des latenten Steuersaldos ist wieder im Verhältnis 80 % zu 20 % auf den Konzern und die Minderheitsgesellschafter aufzuteilen. Bei der Stornierung des Ertrags unterbleibt eine solche Aufteilung, da an der C AG keine Minderheiten beteiligt sind.

Konto	Soll	Haben
Minderheiten (GuV)	15	
Minderheiten (Bilanz)		15

4 Schuldenkonsolidierung und Währungsumrechnung

Erfolgt die Bewertung von innerkonzernlichen Fremdwährungsforderungen /-verbindlichkeiten in der Hauswährung eines KonzernUnt auf Basis der Wechselkurse am Bilanzstichtag, entstehen nach ihrer Umrechnung in die Berichtswährung im Rahmen der SchuldenKons, von anderen Bewertungsanpassungen abgesehen, **keine Aufrechnungsdifferenzen**. Nach § 256a HGB ist dies der Fall, wenn aufgrund von Wechselkursänderungen unrealisierte Verluste zu erfassen sind oder – bei Forderungen und Verbindlichkeiten mit einer Restlaufzeit von maximal einem Jahr – unrealisierte Währungsgewinne zum Ausweis gelangen. 24

Fraglich ist, wie mit diesem Erfolg im Konzernabschluss umzugehen ist. Auf den ersten Blick scheint der Ausweis von **Währungseffekten** aus konzerninternen Vorgängen dem Gedanken des Konzerns als wirtschaftlich einheitliche Unt zu widersprechen. Dem ist nicht so. Der Währungseffekt trägt dem Umstand Rechnung, dass ein Teil des Konzernvermögens in Fremdwährung valutiert und damit sein Wert in der Währung des betreffenden Unt von der Entwicklung der Wechselkurse abhängt. Soweit sich diese Währungsrisiken und -chancen bei monetären Posten realisieren, sind die entsprechenden Erfolge im Konzernabschluss auszuweisen. 25

Für die SchuldenKons bedeutet dies: Differenzen aus der Aufrechnung konzerninterner Forderungen und Verbindlichkeiten treten dann auf, wenn die Umrechnung bei den beteiligten Unt als Folge des (eingeschränkt zu beachtenden) Realisationsprinzips zu unterschiedlichen Forderungs- und Verbindlichkeitsbeträgen in der Berichtswährung des Konzerns führt. Dies ist der Fall, wenn für längerfristige Fremdwährungsforderungen/-verbindlichkeiten das Anschaffungskosten- und Realisationsprinzip nach § 256a HGB bei der Ableitung der konsolidierungspflichtigen Einzelabschlüsse weiterhin zu beachten ist. Dem entspricht, die daraus resultierende **Aufrechnungsdifferenz** durch Erfassung im EK erfolgsneutral zu behandeln, um den Ausweis eines fiktiven Erfolgs zu vermeiden. Ein durch das Imparitätsprinzip erzwungener einseitiger Umrechnungsverlust sollte dagegen ebenso wie ein erfasster Umrechnungsgewinn bei kurzfristigen Positionen erfolgswirksam im Konzernabschluss berücksichtigt werden. In beiden Fällen ist im KonsKreis eine nach den GoB zu erfassende Nettovermögensänderung eingetreten, deren Ausweis nicht mit dem Einheitsgrundsatz kollidiert. 26

> **Beispiel**
> Die A AG (MU) mit Sitz in Deutschland gewährt ihrem in den USA ansässigen TU B Inc. zum 31.12.X0 einen Kredit über 120 TUSD mit einer Laufzeit bis zum 31.12.X2. Die B Inc. stellt ihren Abschluss in USD auf. Der Devisenkassamittelkurs zum 31.12.X0 beträgt 1 EUR = 1,2 USD. In der Berichtswährung beläuft sich die Forderung somit auf 100 TEUR.
> Zum 31.12.X1 wird der Devisenkassamittelkurs mit 1 EUR = 1 USD festgestellt. Umgerechnet zum Stichtagskurs beträgt die Forderung des MU gegen das TU nunmehr 120 TEUR. Die Ertragsteuerbelastung beider Unt beträgt 30 %.

27

Beurteilung
Der Jahresabschluss der B Inc. ist zum 31.12.X1 in die Berichtswährung (EUR) umzurechnen. Das geschieht nach § 308a HGB nach der modifizierten Stichtagskursmethode (vgl. § 308a Rz 8 ff.). Die verkürzte in EUR umgerechnete Bilanz der B Inc. zum 31.12.X1 hat damit folgendes Bild:

Aktiva		Bilanz B Inc. zum 31.12.X1	Passiva
...		...	
Kasse	120	Verbindlichkeiten	120
...		...	

Die A AG rechnet in ihrem Abschluss zum 31.12.X1 die Fremdwährungsforderung mit dem Devisenkassamittelkurs am Stichtag um. Aufgrund der Veränderung der Währungsparität erhöht sich der Wert der Forderung von 100 TEUR auf 120 TEUR. Da die Forderung lediglich noch eine Restlaufzeit von einem Jahr hat, ist die Wertsteigerung **erfolgswirksam** zu erfassen. In der Steuerbilanz ist die Aufwertung über den Zugangswert nicht nachzuvollziehen (vgl. § 256a Rz 17 ff.). Für die daraus resultierende zu versteuernde temporäre Differenz ist eine passive latente Steuer i. H. v. 6 TEUR zu bilden. Nachstehend ist die verkürzte Bilanz der A AG zum 31.12.X1 dargestellt:

Aktiva		Bilanz A AG zum 31.12.X1	Passiva
...		...	
Forderung	120	Jahresüberschuss	14
...			
		Passive latente Steuern	6

Im Zuge der SchuldenKons sind die sich in gleicher Höhe gegenüberstehende Forderung und Verbindlichkeit auszubuchen. Im Konzernabschluss verbleibt ein Erfolg nach latenten Steuern von 14 TEUR. Dieser ist Ausdruck der Wertsteigerung des in USD angelegten Vermögens von 100 TEUR auf 120 TEUR. Es ergibt sich die folgende verkürzte Konzernbilanz:

Aktiva		Konzernbilanz zum 31.12.X1	Passiva
...		...	
Kasse	120	Jahresüberschuss	14
...		...	
		Passive latente Steuern	6

Variante
Die Restlaufzeit der Forderung beträgt am 31.12.X1 noch zwei Jahre.

Beurteilung
Die Forderung aus der konzerninternen Kreditvergabe ist aufgrund des Realisationsprinzips im EA der A AG nicht aufzuwerten. Aus der SchuldenKons ergibt sich damit eine passivische Aufrechnungsdifferenz von 20 TEUR.

> Diese ist nach der hier vertretenen Auffassung **nicht erfolgswirksam** zu behandeln, sondern in die Währungsumrechnungsdifferenz umzugliedern. Der in die Währungsumrechnungsdifferenz eingestellte unrealisierte Gewinn ist Ausdruck der in EUR bemessenen Wertsteigerung des in den USA investierten Vermögens, er ist dem Beteiligungsinvestment zuzuordnen. Der Ansatz einer latenten Steuer auf diese Wertsteigerung entspräche der Steuerlatenzierung auf eine *outside basis difference*. Dies ist nach § 306 Satz 4 HGB unzulässig.

§ 304 Behandlung der Zwischenergebnisse

(1) In den Konzernabschluß zu übernehmende Vermögensgegenstände, die ganz oder teilweise auf Lieferungen oder Leistungen zwischen in den Konzernabschluß einbezogenen Unternehmen beruhen, sind in der Konzernbilanz mit einem Betrag anzusetzen, zu dem sie in der auf den Stichtag des Konzernabschlusses aufgestellten Jahresbilanz dieses Unternehmens angesetzt werden könnten, wenn die in den Konzernabschluß einbezogenen Unternehmen auch rechtlich ein einziges Unternehmen bilden würden.
(2) Absatz 1 braucht nicht angewendet zu werden, wenn die Behandlung der Zwischenergebnisse nach Absatz 1 für die Vermittlung eines den tatsächlichen Verhältnissen entsprechenden Bildes der Vermögens-, Finanz- und Ertragslage des Konzerns nur von untergeordneter Bedeutung ist.

Prof. Dr. Harald Kessler, CVA/Prof. Dr. Axel Kihm, CPA, CVA

Inhaltsübersicht	Rz
1 Überblick	1–9
1.1 Inhalt und Anwendungsbereich	1–8
1.2 Normenzusammenhang	9
2 Voraussetzungen der Zwischenergebniseliminierung	10
3 Ermittlung von Zwischenerfolgen	11–35
3.1 Ermittlungsschema	11
3.2 Ermittlung der Konzernbestände	12–13
3.3 Feststellung der Einzelabschlusswerte	14
3.4 Bestimmung der Konzernanschaffungs- oder Herstellungskosten	15–26
3.5 Ermittlung der Zwischenergebnisse	27–30
3.6 Verrechnung zu eliminierender Zwischenergebnisse	31–35
4 Praxis-Beispiele	36–45
4.1 Zwischenergebniseliminierung im Anlagevermögen	36–37
4.2 Zwischenergebniseliminierung im Vorratsvermögen	38–40
4.3 Zwischenergebniseliminierung bei unterschiedlichen Steuersätzen	41
4.4 Zwischenergebniseliminierung bei Geschäften mit assoziierten Unternehmen	42–45

1 Überblick

1.1 Inhalt und Anwendungsbereich

1 Nach den für die einzelgesellschaftliche Rechnungslegung formulierten **Gewinnermittlungsprinzipien** – namentlich dem Realisationsprinzip und dem Imparitätsprinzip – gelten Gewinne erst dann als entstanden, wenn sie durch einen Umsatzakt mit einem fremden Dritten objektiviert wurden. Über § 298 Abs. 1

HGB gelten beide in § 252 Abs. 1 Nr. 4 HGB enthaltenen Prinzipien auch für die konsolidierte Rechnungslegung. In ihr sind die in den Konzernabschluss einbezogenen Unt nach dem Einheitsgrundsatz des § 297 Abs. 3 Satz 1 HGB so zu behandeln, als ob sie ein einziges Unt wären. Umsatzgewinne und -verluste können demnach erst durch die **Konzerngrenze überschreitende Austauschgeschäfte** entstehen. Für Gewinne und Verluste, die in den EA von KonzernUnt erfasst werden und ganz oder teilweise aus L&L an andere KonzernUnt stammen, fordert § 304 Abs. 1 HGB deshalb eine Eliminierungspflicht. Abb. 1 klassifiziert die Zwischenergebniseliminierung als eine zur Umsetzung des Einheitsgrundsatzes notwendige Konsolidierungsmaßnahme.

```
                        Konsolidierungsmaßnahmen
       ┌──────────────┬──────────────┬──────────────┬──────────────┐
       │  Kapital-    │  Schulden-   │Zwischenergebnis-│ Aufwands- und │
       │konsolidierung│konsolidierung│ eliminierung │Ertragskonsolidierung│
       │  (§ 301 HGB) │ (§ 303 HGB)  │ (§ 304 HGB)  │  (§ 305 HGB) │
       └──────────────┴──────────────┴──────────────┴──────────────┘
```

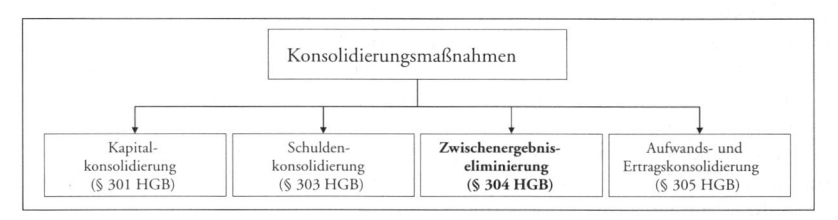

Abb. 1: Einordnung der Zwischenergebniseliminierung

Diese Regel zur **Zwischenerfolgseliminierung** ist als **Bewertungsvorschrift** konzipiert, die eine Neubewertung der innerkonzernlich transferierten und mit ihren Einzelabschlusswerten in die Summenbilanz eingegangenen VG aus Konzernsicht unter Beachtung der konzerneinheitlich gewählten Bilanzierungs- und Bewertungsmethoden vorsieht. Das erweitert den Anwendungsbereich der Zwischenergebniseliminierung insoweit, als mit ihr nicht nur Gewinne und Verluste aus innerkonzernlichen L&L, die sich in den Einzelabschlusswerten der VG niedergeschlagen haben, storniert werden. Die Neubewertung aus Konzernsicht beseitigt auch **Bewertungsdifferenzen**, die aus einer unterschiedlichen Abgrenzung der AHK aus Sicht des EinzelUnt und des Konzerns resultieren. 2

Das eigentliche Ziel der Regelung besteht damit in der Anpassung der auf Einzelabschlussebene für innerkonzernlich transferierte VG angesetzten Buchwerte an ihre höheren oder niedrigeren KA-Werte.[1] Die Eliminierung von Zwischenergebnissen i.e.S. ist nur ein Effekt – wenn auch der wichtigste – dieser Neubewertung. 3

Die Eliminierung von Zwischenergebnissen führt zu Abweichungen zwischen den konzernbilanziellen Wertansätzen der umbewerteten VG und deren steuerlichen Werten, die sich in den folgenden Gj regelmäßig abbauen. Diesem Umstand ist nach § 306 HGB durch die **Bildung von latenten Steuern** Rechnung zu tragen. 4

Werden GemeinschaftsUnt auf der Grundlage der **QuotenKons** in den Konzernabschluss einbezogen, sind die Bestimmungen des § 304 HGB entsprechend anzuwenden (vgl. § 310 Abs. 2 HGB), sodass etwaige Zwischenergebnisse aus Geschäften mit den GemeinschaftsUnt quotal, d.h. i.H.d. Beteiligungsquote am GemeinschaftsUnt zu eliminieren sind (vgl. DRS 9.10f.). 5

---

[1] Vgl. ADS, 6. Aufl., § 304 HGB, Rz 22.

6   Für nach der **Equity-Methode** in den Konzernabschluss einbezogene Unt sieht § 312 Abs. 5 Satz 3 HGB eine Verpflichtung zur Zwischenergebniseliminierung dann vor, „soweit die für die Beurteilung maßgeblichen Sachverhalte bekannt oder zugänglich sind". Da bei Anwendung der *Equity*-Methode die VG und Schulden des assoziierten Unt nicht in den Konzernabschluss übernommen werden, halten Teile der Literatur nur eine Upstream-Eliminierung für geboten.[2] DRS 8.30 f. verlangt demgegenüber eine Zwischenergebniseliminierung auch bei Downstream-Lieferungen.

7   Da § 312 Abs. 5 Satz 3 HGB eine entsprechende Anwendung des § 304 HGB anordnet, sind Zwischenergebnisse bei quotal konsolidierten GemeinschaftsUnt i. H. d. Beteiligungsquote des Investors zu eliminieren. Damit kann sich nichts anderes ergeben, wenn die Beteiligung nach der Equity-Methode bewertet wird. Das gilt auch für assoziierte Unt. Eine Ausnahme soll nach vereinzelt vertretener Auffassung für nicht vollkonsolidierte TU gelten, die nach der *Equity*-Methode bewertet werden.[3]

8   Eingeschränkt wird die Anwendung der Zwischenergebniseliminierung durch den in § 304 Abs. 2 HGB explizit formulierten allgemeinen **Wesentlichkeitsvorbehalt** in Bezug auf die zu eliminierenden Zwischenergebnisse.

1.2 Normenzusammenhang

9   Die **Zwischenergebniseliminierung** gem. § 304 HGB ist – wie die KapKons gem. § 301 HGB, die SchuldenKons gem. § 303 HGB und die Aufwands- und ErtragsKons gem. § 305 HGB – eine Folge des in § 297 **Abs. 1 Satz 1 HGB** verankerten Einheitsgrundsatzes. Erfolgswirksame Zwischenergebniseliminierungen führen regelmäßig zur Bildung latenter Steuern i. S. d. § 306 HGB; des Weiteren sind die Regelungen zur einheitlichen Bewertung (§ 308 HGB) und zur Währungsumrechnung (§ 308a HGB) zu beachten. Sowohl § 13 Abs. 2 PublG als auch branchenspezifisch die §§ 340i und 341j HGB verweisen auf § 304 HGB.

2   Voraussetzungen der Zwischenergebniseliminierung

10 Ausgehend vom Zweck der Zwischenergebniseliminierung und den Anforderungen der einschlägigen HGB-Vorschrift, lassen sich vier kumulativ zu erfüllende **Voraussetzungen** für eine Zwischenergebniseliminierung anführen:
1. Es müssen Lieferungen **zwischen** in den Konzernabschluss einbezogenen Unt erfolgt sein. Für Dreiecksgeschäfte, also Lieferungen, die aus dem Konzernbereich über einen fremden Dritten zu anderen KonzernUnt gelangen, kommt eine Zwischenergebniseliminierung nicht in Betracht. Das gilt auch dann, wenn der Dritte ein nicht konsolidiertes TU ist. Ausgenommen hiervon sind Fälle missbräuchlicher Gestaltung.[4]
2. Die zu eliminierenden Zwischenergebnisse müssen sich im **Buchwert** von VG niedergeschlagen haben. Der Austausch von Leistungen, die bei den einbezo-

---

[2]   Vgl. ADS, 6. Aufl., § 312 HGB, Rz 156 f.; WPH Edition, Wirtschaftsprüfung & Rechnungslegung, 15. Aufl., 2017, Abschn. G, Tz 687.
[3]   Vgl. *Küting/Zündorf*, in *Küting/Weber*, HdK, 2. Aufl., 1998, HGB § 312 HGB, Rn 227 f.
[4]   Vgl. zum HGB *Weber*, in *Küting/Weber*, HdK, 2. Aufl., 1998, HGB § 304, Rn 14.

genen Unt nur zu Aufwendungen und Erträgen führen, ist demgegenüber Gegenstand der Aufwands- und ErtragsKons (vgl. § 305 HGB).
3. Die zwischenergebnishaltigen VG müssen in den Konzernabschluss zu **übernehmen** sein. VG, die an nicht konsolidierte Unt veräußert wurden, fallen nicht unter die Konsolidierungsvorschrift.
4. Der Ansatz der Einzelabschlusswerte muss aus Konzernsicht **unzulässig** sein. Das ist der Fall, wenn der aus einzelgesellschaftlicher Sicht ermittelte Buchwert des betreffenden VG nicht unwesentlich von jenem Wertansatz abweicht, der sich nach den im Konzernabschluss angewandten Bewertungsmethoden ergibt.

3 Ermittlung von Zwischenerfolgen

3.1 Ermittlungsschema

Die Bestimmung der Bewertungsabweichung zwischen EA und Konzernabschluss bildet das Kernproblem der Zwischenergebniseliminierung. Sie erfolgt in drei Schritten.[5] Zunächst sind jene VG zu identifizieren, die ganz oder teilweise auf konzerninternen Lieferungen beruhen (**Konzernbestände**). Anschließend ist der **Wertansatz** zu bestimmen, mit dem diese VG in den Summenabschluss eingegangen sind. Diesem ist sodann der aus Konzernsicht gebotene Wert gegenüberzustellen. Aus der Differenz beider Größen ergibt sich das zu eliminierende Zwischenergebnis.

3.2 Ermittlung der Konzernbestände

Die am Abschlussstichtag vorhandenen Konzernbestände können individuell oder mithilfe von Vereinfachungsverfahren bestimmt werden. Die **individuelle Ermittlung** setzt voraus, dass über sämtliche VG, die Gegenstand konzerninterner Lieferungen waren, gesondert Buch geführt wird. Diese Verfahrensweise bietet sich insb. bei Anlagegütern an.[6] Im Vorratsvermögen ist sie regelmäßig nur eingeschränkt praktikabel. Das gilt vor allem dann, wenn gleichartige Güter sowohl von KonzernUnt als auch von Dritten bezogen werden. In diesem Fall kommt eine individuelle Ermittlung der Konzernbestände nur in Betracht, wenn die jeweiligen Bestände separat gelagert werden oder sich zumindest äußerlich unterscheiden, sodass im Zuge der Inventur eine Trennung des Konzernmaterials vom Fremdmaterial erfolgen kann.[7]

Scheidet eine individuelle Ermittlung der Konzernbestände aus praktischen oder wirtschaftlichen Erwägungen aus, ist auf **Vereinfachungsverfahren** zurückzugreifen, die die Zusammensetzung des Vorratsbestands anhand von Annahmen oder Fiktionen erklären. Gem. § 256 HGB kommen als Vereinfachungsverfahren die Durchschnittsmethode, die Fifo- oder die Lifo-Methode infrage.

---

[5] Vgl. hierzu auch *Kessler/Strickmann*, Konzernrechnungslegung und Konzernbilanzpolitik nach HGB, DRS und IFRS, in *Küting* (Hrsg.), Saarbrücker Handbuch der Betriebswirtschaftlichen Beratung, 3. Aufl., Herne/Berlin 2004, 2. Kapitel, Teil H, Rn 2706 ff.
[6] Vgl. mwN *Dusemond*, Die Konzernanschaffungs- und Konzernherstellungskosten nach § 304 HGB, 1994, S. 166 f.
[7] Vgl. ADS, 6. Aufl., § 304 HGB, Rz 59.

3.3 Feststellung der Einzelabschlusswerte

14 Liegen die für die Zwischenergebniseliminierung relevanten Konzernbestände vor, sind in einem zweiten Arbeitsschritt die für die Kons. maßgeblichen **Einzelabschlusswerte** festzustellen. Diese sind den zuvor an die konzerneinheitlichen Bewertungsmethoden angepassten Jahresabschlüssen der die VG haltenden Unt zu entnehmen (HB II).

3.4 Bestimmung der Konzernanschaffungs- oder Herstellungskosten

15 Zur Ermittlung der den Einzelabschlusswerten gegenüberzustellenden konzernspezifischen Zielwerte sind zunächst die Konzern-AK oder Konzern-HK der um Zwischenergebnisse zu bereinigenden VG zu bestimmen. Die Fortschreibung dieser Zugangswerte zum Konzernbilanzstichtag unter Beachtung der konzerneinheitlichen Bewertungsgrundsätze ergibt sodann den maßgeblichen Konzernabschlusswert.

16 VG, die aus Sicht des Konzerns von nicht konsolidierten Unt angeschafft wurden, sind mit ihren fortgeführten Konzern-AK anzusetzen. Die **Konzern-AK** umfassen die dem VG aus Konzernsicht zurechenbaren Beträge, die von den in den Konzernabschluss einbezogenen Unt aufgewandt wurden, um den VG zu erwerben und ihn in einen betriebsbereiten Zustand zu versetzen.

17 Der aus Konzernsicht ermittelte Zugangswert weicht von den im Einzelabschluss angesetzten AK ab, wenn
1. VG konzernintern mit Gewinn oder Verlust weiterveräußert wurden und/oder
2. in die AK des den VG bilanzierenden Unt Beträge eingeflossen sind, die aus Sicht des Konzerns nicht aktiviert werden dürfen.

18 Ein Beispiel für die zweite Möglichkeit sind Anschaffungsnebenkosten, die nicht angefallen wären, wenn die in den Konzernabschluss einbezogenen Unt ein einziges Unt bildeten. Hierzu rechnen etwa weiterbelastete Lager-, Zins- und Vertriebskosten[8] und die bei der innerkonzernlichen Veräußerung von Grundstücken entstehenden Transaktionskosten, wie GrESt, Gerichts- und Notariatskosten.

19 In den Konzernabschluss zu übernehmende VG, die im Konzernverbund hergestellt wurden, sind mit ihren **Konzern-HK** (vgl. Abb. 2) als Zugangswert anzusetzen.

---

[8] Vgl. *Winkeljohann/Schellhorn*, in Beck Bil-Komm., 10. Aufl., 2016, § 304 HGB, Rz 12.

Komponenten der Herstellungskosten nach HGB	
Aufwandsarten	**§ 255 Abs. 2 u. 3**
Materialeinzelkosten	Pflicht
Fertigungseinzelkosten	Pflicht
Sondereinzelkosten der Fertigung	Pflicht
Materialgemeinkosten	Pflicht
Fertigungsgemeinkosten	Pflicht
Wertverzehr des Anlagevermögens	Pflicht
Verwaltungskosten des Material- und Fertigungsbereichs	Pflicht
Allgemeine Verwaltungskosten	Wahlrecht
Zinsen auf Fremdkapital bei Zurechenbarkeit	Wahlrecht
Betriebliche Altersversorgung, freiwillige soziale Leistungen / Einrichtungen	Wahlrecht
Entwicklungskosten	Bedingtes Wahlrecht
Forschungskosten	Verbot
Sondereinzelkosten des Vertriebs	Verbot
Vertriebsgemeinkosten, Lagerkosten der Fertigprodukte nach Absatzreife	Verbot

Abb. 2: Herstellungskostenermittlung nach HGB

Die **Wertuntergrenze** der HK wird danach durch die dem VG zurechenbaren Einzelkosten sowie angemessene Teile der MGK und FGK und des Werteverzehrs des AV gebildet. Durch Einbeziehung der in § 255 Abs. 2 HGB aufgeführten aktivierungsfähigen Gemeinkosten sowie etwaiger Fremdkapitalzinsen nach § 255 Abs. 3 HGB gelangt man zur **Wertobergrenze**, die den Höchstwert der HK markiert.

Für Zwecke der Zwischenergebniseliminierung sind die HK der konzernintern erstellten VG aus der Sicht des Konzerns zu bestimmen. Aus diesem Grund können die einzelnen Kostenbestandteile nicht unbesehen aus den Kostenrechnungen der an der Herstellung beteiligten Unt übernommen werden. Zu eliminieren sind zum einen sämtliche Zwischenergebnisse i.e.S., also Gewinne und Verluste aus innerkonzernlichen L&L, die beim bilanzierenden Unt als Einzelkosten in den Wertansatz eingegangen sind. Weitere Anpassungen können aufgrund des abweichenden Kostencharakters bestimmter Herstellungsaufwendungen aus Sicht des Einzelunternehmens bzw. des Konzerns erforderlich sein. Zu unterscheiden ist zwischen **HK-Mehrungen, -minderungen** und **-umgliederungen**.

Als **Konzern-HK-Mehrungen** zusätzlich zu berücksichtigen sind solche Aufwendungen, die in den EA nicht aktivierungsfähig sind, vom Standpunkt des Konzerns dagegen Einzel- oder Gemeinkosten der Herstellung darstellen. Hierzu rechnen bspw. Vertriebskosten eines liefernden Unt, die aus Sicht des Konzerns als Einheitsunternehmen aktivierungspflichtige HK-Bestandteile darstellen,[9] sowie Mehrabschreibungen auf im Produktionsprozesseingesetzte Anlagegüter als Folge der Aufdeckung stiller Rücklagen im Zuge der ErstKons.

---

[9] Vgl. ADS, 6. Aufl., § 304 HGB, Rz 22.

23 Umgekehrt dürfen solche auf Einzelabschlussebene aktivierten Aufwendungen nicht in die Konzern-HK einbezogen werden, die aus dem Blickwinkel des Konzerns den Charakter aktivierbarer HK verlieren. Als Beispiele für derartige **HK-Minderungen** sind innerkonzernlich angefallene Miet- und Pachtzinsen sowie Lizenzgebühren zu nennen, die ein KonzernUnt zur Herstellung eines VG aufgewandt hat.[10] Ggf. treten an ihre Stelle zu berücksichtigende Abschreibungen auf Produktionsgebäude und immaterielle VG.

24 **Unterschiede hinsichtlich der Untergrenze der HK** auf EA- und Konzernabschlussebene können sich nach HGB schließlich daraus ergeben, dass bestimmte Aufwendungen, die aus Sicht des einzelnen KonzernUnt als Einzelkosten aktivierungspflichtig sind, für den Konzern als fiktives EinheitsUnt jedoch den Charakter von aktivierungsfähigen, aber nicht aktivierungspflichtigen Gemeinkosten annehmen. Derartige Änderungen in der Kostenstruktur, die eine Umgliederung der entsprechenden Kostenarten von der Gruppe der aktivierungspflichtigen in die Gruppe der aus Konzernsicht lediglich aktivierungsfähigen HK-Bestandteile erfordern, treten insb. auf, wenn ein VG in mehreren Fertigungsstufen bei unterschiedlichen KonzernUnt hergestellt wird. Für den Hersteller des Endprodukts stellen in diesem Fall die Aufwendungen für den Bezug der von anderen konsolidierten Unt produzierten unfertigen Erzeugnisse MEK dar. Aus Konzernsicht handelt es sich dagegen um ein Konglomerat verschiedener Kostenarten, das ggf. aktivierungsfähige, aber nicht aktivierungspflichtige Gemeinkosten enthält.[11] Seit der Anhebung der Wertuntergrenze der HK durch das BilMoG ist die Zahl der denkbaren Anwendungsfälle stark eingeschränkt worden.

25 In welcher Höhe die Konzern-HK tatsächlich anzusetzen sind, bestimmt sich nach den **konzerneinheitlichen Bewertungsvorschriften**. Mit dieser Entscheidung legt die Unternehmensleitung fest, ob die vom Konzern hergestellten VG mit dem Konzernmindestwert, dem Konzernhöchstwert oder mit einem Zwischenwert anzusetzen sind.

26 Die aus Konzernsicht ermittelten Zugangswerte sind in einem weiteren Schritt durch Vornahme etwaiger planmäßiger und außerplanmäßiger Abschreibungen auf den relevanten Stichtagswert fortzuschreiben. Auch insoweit sind die konzerneinheitlichen Bewertungsvorgaben zu beachten.

3.5 Ermittlung der Zwischenergebnisse

27 Die zu eliminierenden Zwischenergebnisse ergeben sich als Differenz zwischen dem in die Summenbilanz eingegangenen Wertansatz des VG und dem aus Konzernsicht anzusetzenden Abschlusswert. Dieser Vergleich kann insb. nach HGB in Abhängigkeit von den nach § 308 Abs. 1 Satz 1 HGB festgelegten konzerneinheitlichen Bewertungsmethoden zu unterschiedlichen Lösungen führen. Allgemein lassen sich drei Konstellationen unterscheiden.

28 Im ersten Fall (vgl. Abb. 3) liegt der Einzelabschlusswert über dem aus Konzernsicht maximal ansetzbaren Betrag.

---

10 Vgl. *Weber*, in *Küting/Weber*, HdK, 2. Aufl., 1998, HGB § 304, Rn 43.
11 Vgl. *Dusemond*, Die Konzernanschaffungs- und Konzernherstellungskosten nach § 304 HGB, 1994, S. 173.

```
┌─────────────────────────────────────────────────────────┐
│         ┬  Einzelabschlusswert (850)                    │
│         │  eliminierungspflichtiger                     │
│         │  Zwischengewinn (200)                         │
│         ┼  Konzernhöchstwert (650)                      │
│         │  eliminierungsfähiger                         │
│         │  Zwischengewinn (150)*                        │
│         ┴  Konzernmindestwert (500)                     │
│                                                         │
│            * Eingeschränkt durch                        │
│              – den Bewertungsrahmen des MU              │
│              – den Grundsatz der Einheitlichkeit der Bewertung │
└─────────────────────────────────────────────────────────┘
```

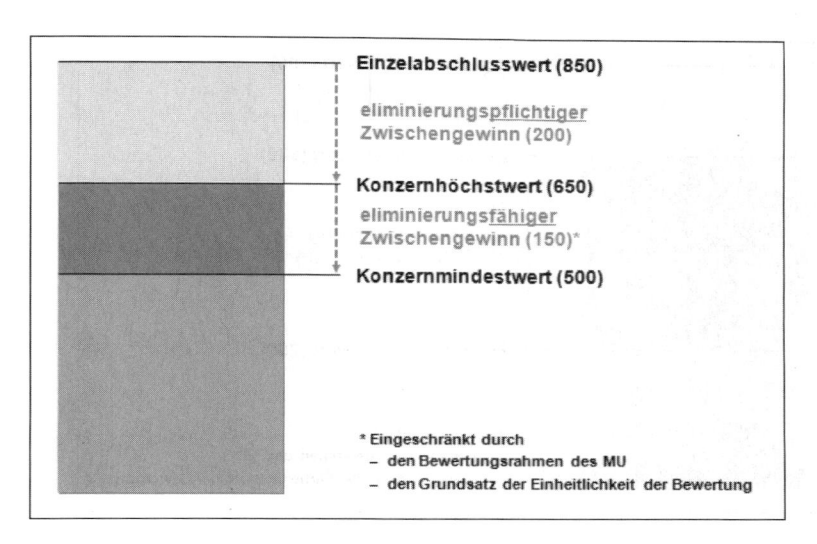

Abb. 3: Ermittlung von Zwischenergebnissen (Fall 1)

In dieser Konstellation muss unabhängig von der Abgrenzung der HK im Konzernabschluss eine Abwertung des VG auf den Konzernhöchstwert erfolgen. Der in jedem Fall eliminierungspflichtige Zwischengewinn beträgt im Beispiel mithin 200 GE (850–650). Da der VG nach § 255 Abs. 2 u. 3 i. V. m. § 298 Abs. 1 HGB aber auch mit einem zwischen dem Konzernhöchst- (650 GE) und dem Konzernmindestwert (500 GE) liegenden Wert angesetzt werden darf, ergibt sich zusätzlich ein eliminierungsfähiger Zwischengewinn von 150 GE. Dieses Eliminierungswahlrecht kann allerdings nicht frei ausgeübt werden. Es besteht einmal bei der Festlegung des **konzernbilanziellen Bilanzierungs- und Bewertungsrahmens** und verliert damit für die Zwischenergebniseliminierung im Einzelfall aufgrund des Gebots der konzerneinheitlichen Bewertung seine Bedeutung.

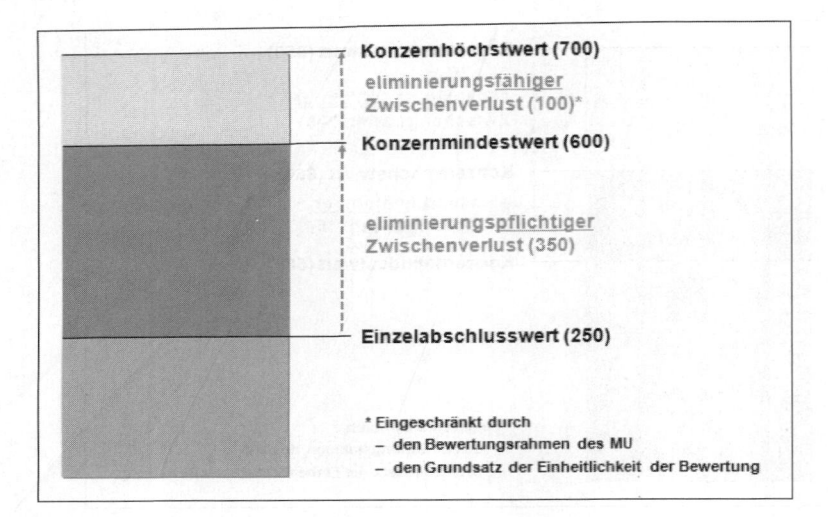

Abb. 4: Ermittlung von Zwischenergebnissen (Fall 2)

29 Liegt der **Einzelabschlusswert** wie im Fall 2 (vgl. Abb. 4) unterhalb des **Konzernmindestwerts**, ergibt sich i.H. der Differenz (im Beispiel: 350 GE) ein eliminierungspflichtiger Zwischenverlust. Durch eine Aufwertung des VG auf den Konzernhöchstwert können zusätzlich Zwischenverluste i.H.v. bis zu 100 GE eliminiert werden. Auch dieses Wahlrecht unterliegt dem Gebot der **konzerneinheitlichen Bewertung.**

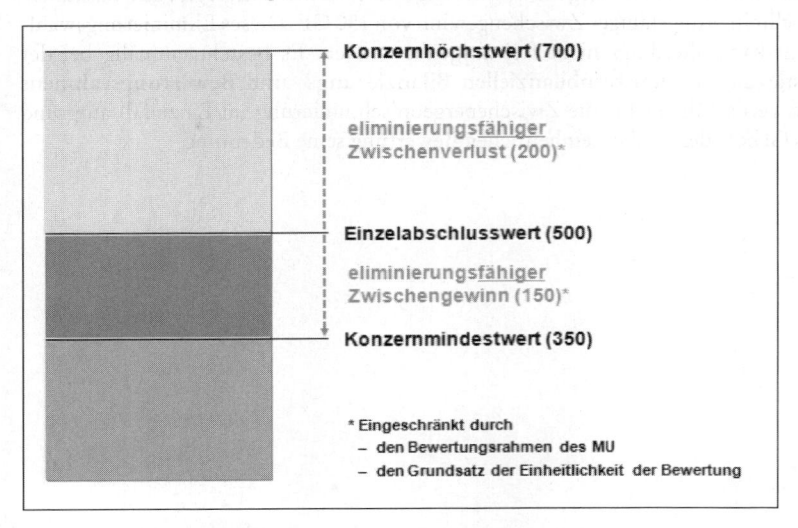

Abb. 5: Ermittlung von Zwischenergebnissen (Fall 3)

Keine unmittelbare Verpflichtung zur Zwischenergebniseliminierung nach § 304 Abs. 1 HGB ergibt sich im **Fall 3**, da ein zwischen Konzernmindest- und Konzernhöchstwert liegender Einzelabschlusswert aus Konzernsicht grds. zulässig ist. Je nachdem, wie der zu aktivierende HK-Umfang im Konzern in Ausübung des Bewertungswahlrechts von § 255 Abs. 2 u. 3 i.V.m. § 298 Abs. 1 HGB festgelegt wird, ergibt sich jedoch die Notwendigkeit, Zwischengewinne i.H.v. bis zu 150 GE oder Zwischenverluste bis zu 200 GE zu eliminieren. 30

3.6 Verrechnung zu eliminierender Zwischenergebnisse

Bei der Verrechnung von Zwischenergebnissen ist danach zu unterscheiden, ob die zu eliminierenden Beträge im Gj erstmals aufgetreten sind oder aus Vj. resultieren. 31

Die Korrektur der Bestände um **neu entstandene** Zwischenergebnisse ist erfolgswirksam und beeinflusst in voller Höhe den Konzernjahreserfolg. Gemessen am Erfolg des Summenabschlusses führt die Eliminierung von Zwischengewinnen zu einer Verminderung, die Eliminierung von Zwischenverlusten zu einer Erhöhung des Konzernjahreserfolgs. Aufgrund des entstehenden Unterschieds zwischen dem handelsrechtlichen Wertansatz des VG und seinem steuerlichen Wert, der sich in den folgenden Gj wieder abbauen wird, sind jeweils latente Steuern zu erfassen. 32

Da der Konzernabschluss alljährlich neu aus den EA der zu konsolidierenden Unt abgeleitet wird, müssen die **aus früheren Gj** stammenden Zwischenergebnisse, die aus Sicht des Konzerns noch nicht realisiert sind, auch in den Folgejahren eliminiert werden. Da sie bereits erfolgswirksam verrechnet wurden, dürfen sie sich nicht ein weiteres Mal auf den Konzernjahreserfolg auswirken. Sie sind stattdessen erfolgsneutral zu konsolidieren. Die Gegenbuchung zur Anpassung der Bestände erfolgt dabei im Konzern-EK, verbreitet in den Gewinnrücklagen oder im Ergebnisvortrag. 33

Veräußert der Konzern die in die Zwischenergebniseliminierung einbezogenen VG, realisieren sich in Vj. eliminierte Zwischenergebnisse. Damit baut sich die ursprüngliche Bewertungsdifferenz zwischen EA und Konzernabschluss wieder ab. Dazu kann es auch kommen, wenn die betreffenden VG planmäßig oder außerplanmäßig abzuschreiben sind. In allen Fällen wirkt sich der Abbau der Zwischenergebnisse erfolgswirksam im Konzernabschluss aus. 34

Zusammenfassend bedeutet dies, dass Zwischenergebnisse nach dem Stand am Ende des Vj. erfolgsneutral zu eliminieren sind, während ihre Veränderung zwischen zwei Stichtagen den Konzernjahreserfolg berührt. 35

4 Praxis-Beispiele

4.1 Zwischenergebniseliminierung im Anlagevermögen

Beziehen KonzernUnt Anlagegüter von anderen in den Konzernabschluss einbezogenen Unt, erweist sich die **Ermittlung der Zwischenergebnisse** regelmäßig als unproblematisch. Bei langlebigen VG kann sie allerdings über Jahre hinweg entsprechende Anpassungsbuchungen erfordern. Um den damit verbundenen Aufwand zu vermeiden, sollten konzerninterne Lieferungen in das langfristige Vermögen nach Möglichkeit auf Basis der AHK oder wenigstens mit einem vernachlässigbaren Gewinnaufschlag erfolgen. 36

37 Das nachfolgende Fallbeispiel verdeutlicht die buchungstechnische **Umsetzung der Zwischenergebniseliminierung** bei konzernintern bezogenen Anlagegütern.

> **Beispiel**
> Die T GmbH (TU) hat am 2.1.X1 eine von ihr hergestellte Verpackungsmaschine an die M AG (MU) zum Preis von 120 GE geliefert. Die produktionsbezogenen Vollkosten belaufen sich auf 100 GE.
> Das MU setzt die Maschine in ihrem eigenen Betrieb ein. Die Abschreibung erfolgt linear über zehn Jahre. Die Unt stellen ihre GuV jeweils nach dem UKV auf. Das MU erfasst die Abschreibungen in den Vertriebskosten. Der Ertragsteuersatz beider Unt beträgt 30 %.
> Die relevanten Ausschnitte aus den EA der Unt und aus dem Summenabschluss enthält die nachstehende Übersicht.

Bilanzposten	MU	TU	Summen-abschluss	Konsolidierung S	Konsolidierung H	Konzern-abschluss
...	...	...	...			
Maschine	108	...	108			
Aktive latente Steuern	...	...	...			
Summe Aktiva	...	...	...			
...	...	...	...			
Jahresüberschuss	-12	20	8			
...	...	...	...			
Summe Passiva	...	...	...			

GuV-Posten	MU	TU	Summen-abschluss	Konsolidierung S	Konsolidierung H	Konzern-abschluss
Umsatzerlöse	...	120	120			
...						
Herstellungskosten	...	100	100			
Vertriebskosten	12	...	12			
Latenter Steueraufwand	...	...	...			
Jahresüberschuss	-12	20	8			

Zwischenergebniseliminierung zum 31.12.X1
Zum 31.12.X1 sind die in der nachfolgenden Übersicht dargestellten Konsolidierungsbuchungen vorzunehmen:

Bilanzposten	MU	TU	Summen-abschluss	Konsolidierung S	Konsolidierung H	Konzern-abschluss
...	...	...	...			
Maschine	108	...	108	❷ 2	❶ 20	90
Aktive latente Steuern	...	...	...	❸ 5,4		5,4
Summe Aktiva	...	...	...			...
...	...	...	...			
Jahresüberschuss	-12	20	8	❹ 12,6		-4,6
...	...	...	...			
Summe Passiva	...	...	...			...

GuV-Posten	MU	TU	Summen-abschluss	Konsolidierung S	Konsolidierung H	Konzern-abschluss
Umsatzerlöse	...	120	120	❶ 120	...	0
...						
Herstellungskosten	...	100	100		❶ 100	0
Vertriebskosten	12	...	12		❷ 2	10
Latenter Steueraufwand	...	...	...		❸ 5,4	-5,4
Jahresüberschuss	-12	20	8		❹ 12,6	-4,6

Buchung 1: Die AK der Maschine sind um den von dem TU realisierten Zwischengewinn i.H.v. 20 GE zu reduzieren. Gleichzeitig ist der Umsatzvorgang in der GuV zu stornieren:

Konto	Soll	Haben
Umsatzerlöse	120	
HK		100
Maschine		20

Buchung 2: Als Folge der niedrigeren AK ergeben sich aus Konzernsicht um 2 GE geringere planmäßige Abschreibungen.

Konto	Soll	Haben
Maschine	2	
Vertriebskosten		2

Buchung 3: Der konzernbilanzielle Wertansatz der Maschine beträgt 90 GE, sein steuerlicher Wert, der dem des EA des MU entspricht, 108 GE. Auf den Bewertungsunterschied ist eine aktive latente Steuer i.H.v. 5,4 GE (30 % von 18 GE) abzugrenzen.

Konto	Soll	Haben
Aktive latente Steuern	5,4	
Latenter Steuerertrag		5,4

Buchung 4: Insgesamt vermindert sich der Konzernerfolg durch die Zwischenergebniseliminierung nach Steuern um 11,8 GE. Die entsprechende Anpassung in der Bilanz berücksichtigt die statistische Buchung 4.

Zwischenergebniseliminierung zum 31.12.X2

Zum 31.12.X2 ergeben sich keine zusätzlichen konsolidierungspflichtigen Sachverhalte. Es sind die in der nachfolgenden Übersicht dargestellten Konsolidierungsbuchungen vorzunehmen:

Bilanzposten	MU	TU	Summen-abschluss	Konsolidierung S	Konsolidierung H	Konzern-abschluss
Maschine	96	...	96	❷ 2	❶ 18	80
Aktive latente Steuern	...	...	...	❸ 5,4	❹ 0,6	4,8
Summe Aktiva	...	...	...			...
Gewinnrücklagen	-12	20	8	❶ 18	❸ 5,4	-4,6
Jahresüberschuss	-12	...	-12		❺ 1,4	-10,6
Summe Passiva	...	...	...			...

GuV-Posten	MU	TU	Summen-abschluss	Konsolidierung S	Konsolidierung H	Konzern-abschluss
Umsatzerlöse	...	...	...			0
...						
Herstellungskosten	...	...	...			0
Vertriebskosten	12	...	12		❷ 2	10
Latenter Steueraufwand	...	...	...	❹ 0,6		0,6
Jahresüberschuss	-12	...	-12	❺ 1,4		-10,6

Buchung 1: Die zum Ende des Gj X1 eliminierten Zwischenergebnisse sind erfolgsneutral gegen die Gewinnrücklagen zu eliminieren. Sie setzen sich aus

dem stornierten Umsatzgewinn (20 GE) und der Abschreibungskorrektur (–2 GE) zusammen. Die Buchung vollzieht die zum Ende des Vj. erforderliche Bewertungsanpassung nach.

Konto	Soll	Haben
Gewinnrücklagen	18	
Maschine		18

Buchung 2: Ebenso wie im Gj X1 sind die vom MU im Gj X2 vorgenommenen planmäßigen Abschreibungen aus Konzernsicht um 2 GE zu hoch. Zum 31.12.X2 betragen die eliminierungspflichtigen Zwischengewinne damit nur noch 16 GE. Ihre Veränderung im Vergleich zum Vj. ist erfolgswirksam durch Verminderung der Vertriebskosten zu berücksichtigen.

Konto	Soll	Haben
Maschine	2	
Vertriebskosten		2

Buchung 3 stellt den Stand der latenten Steuern zum Ende des Vj. her. Die Buchung ist wie die Nachholung der Anpassungsbuchung für die Maschine erfolgsneutral.

Konto	Soll	Haben
Aktive latente Steuern	5,4	
Gewinnrücklagen		5,4

Buchung 4: Der Bewertungsunterschied zwischen dem konzernbilanziellen Wertansatz der Maschine und ihrem steuerlichen Wert hat sich von 18 GE auf 16 GE reduziert. Entsprechend ist die aktive latente Steuern um 0,6 GE (30 % von 2 GE) aufzulösen.

Konto	Soll	Haben
Latenter Steueraufwand	0,6	
Aktive latente Steuern		0,6

Buchung 5 schreibt den Jahreserfolg in der Bilanz um den Saldo der erfolgswirksamen Konsolidierungsbuchungen fort.

Zwischenergebniseliminierung zum 31.12.X3

Zu Beginn des Gj X3 verkauft das MU die Maschine gegen Barzahlung an ein konzernfremdes Unt zum Preis von 85 GE. Der Kaufpreis geht auf dem Bankkonto ein. Den Veräußerungsverlust von 11 GE erfasst das MU in den sonstigen betrieblichen Aufwendungen. Die abschließende Behandlung des Vorgangs im Konzernabschluss macht die in der folgenden Übersicht dargestellten Konsolidierungsbuchungen erforderlich.

Bilanzposten	MU	TU	Summen-abschluss	Konsolidierung SH		Konzern-abschluss
Maschine	...	...	...	❷ 16	❶ 16	...
Kasse	85	...	85			85
Aktive latente Steuern	...	...	...	❸ 4,8	❹ 4,8	...
Summe Aktiva	...	...	...			...
Gewinnrücklagen	-24	20	-4	❶ 16	❸ 4,8	-15,2
Jahresüberschuss	-11	...	-11		❺ 11,2	0,2
...						...
Summe Passiva	...	...	...			...

GuV-Posten	MU	TU	Summen-abschluss	Konsolidierung SH		Konzern-abschluss
s.b. Erträge	...	...	...	❷ 5		5
	...	...	...			...
Herstellungskosten	...	...	...			...
s.b. Aufwendungen	11	...	11		❷ 11	...
Latenter Steueraufwand	...	...	...	❹ 4,8		4,8
Jahresüberschuss	-12	...	-11	❺ 11,2		0,2

Buchung 1: Im ersten Schritt ist erneut der Betrag der zum Ende des Vj. eliminierten Zwischenergebnisse erfolgsneutral gegen den Ergebnisvortrag zu buchen. Der Betrag entspricht dem Saldo aus storniertem Umsatzgewinn (20 GE) und der Abschreibungskorrektur für die Gj X1 und X2 (–4).

Konto	Soll	Haben
Gewinnrücklagen	16	
Maschine		16

Buchung 2: Aus Konzernsicht entsteht beim Verkauf der Verpackungsmaschine kein Veräußerungsverlust von 11 GE, sondern ein Gewinn von 5 GE (Differenz zwischen dem Konzernbuchwert per 31.12.X2 von 80 GE und dem Veräußerungspreis von 85 GE). Dieses Ergebnis stellt sich durch Berücksichtigung des im Vergleich zum EA um 16 GE verminderten Buchwerts der Maschine ein.

Konto	Soll	Haben
Maschine	16	
s. b. Aufwendungen		11
s. b. Erträge		5

Buchung 3 erfasst die latenten Steuern mit ihrem Stand zum Ende des Vj. i. H. v. 4,8 GE (30 % von 16 GE) erfolgsneutral gegen die Gewinnrücklagen.

Konto	Soll	Haben
Aktive latente Steuern	4,8	
Gewinnrücklagen		4,8

Buchung 4: Durch die Veräußerung der Maschine hat sich der Bewertungsunterschied zwischen konzernbilanziellem und steuerlichem Wertansatz auf null reduziert. Entsprechend ist die gebildete aktive latente Steuer aufzulösen.

Konto	Soll	Haben
Latenter Steueraufwand	4,8	
Aktive latente Steuern		4,8

Buchung 5 schreibt wiederum den Jahreserfolg in der Bilanz um den Saldo der erfolgswirksamen Konsolidierungsbuchungen fort.

4.2 Zwischenergebniseliminierung im Vorratsvermögen

38 Die Zwischenergebniseliminierung kann sich im Vorratsvermögen dann als problematisch erweisen, wenn gleichartige Güter sowohl von konzernfremden Dritten als auch von Unt des KonsKreis bezogen werden. In dieser Situation bieten sich zur Ermittlung der zwischenergebnishaltigen Vorratsbestände Vereinfachungsverfahren an, die die Anteile der konzernintern bezogenen VG auf Basis unterstellter Verbrauchsfolgen identifizieren.

39 Die Ermittlung der eliminierungspflichtigen Zwischenerfolge kann nach den Vorschriften des HGB zudem durch die Verwendung unterschiedlicher Bewertungsmethoden bei den einzelnen KonzernUnt erschwert sein. Das gilt etwa dann, wenn die Abgrenzung der HK im Konzernabschluss und in den EA der einbezogenen Unt abweichend erfolgt. Zwar können auch in diesem Fall die Konzern-HK der auf Lager liegenden Vorräte grds. **retrograd** durch Abzug der Bruttoergebnismarge von den Transferpreisen[12] ermittelt werden. In Abhängigkeit davon, ob die betreffenden Vorratsgüter in der laufenden oder einer früheren Periode produziert worden sind, können jedoch weitere Anpassungsbuchungen erforderlich werden.

40 Das folgende Beispiel verdeutlicht die Verfahrensweise bei der Zwischenergebniseliminierung in den aufgezeigten Problemfällen.

Beispiel			
Ein TU hat im Gj X1 die folgenden Lieferungen eines Vorratsguts erhalten:			
Lieferung von	Menge [ME]	Preis pro ME	Gesamtpreis
Konzernfremden	1.000	10,0	10.000
Konzernunternehmen	800	12,0	9.600
Konzernunternehmen	600	10,5	6.300
Konzernfremden	1.100	14,0	15.400
Summe	3.500	11,8	41.300

Der vollständig von Konzernfremden bezogene Anfangsbestand am 1.1.X1 belief sich auf 875 ME, sein Buchwert auf 8.750. Zum 31.12.X1 liegen 1.000 ME des Vorratsguts auf Lager. Da das TU keine Aufzeichnungen darüber führt, wie sich der Lagerbestand zusammensetzt, sollen die konzernintern bezogenen Bestandsmengen für Zwecke der Zwischenergebniseliminierung im Konzernabschluss anhand der periodischen Durchschnittsmethode bestimmt werden. D.h., der Endbestand setzt sich als gewogener Durchschnitt aus dem Anfangsbestand und allen Zugängen während der Berichtsperiode zusammen.
Das liefernde KonzernUnt hat die Vorratsgüter selbst von Dritten erworben und mit einem Gewinnaufschlag von jeweils 20 % an das TU verkauft. Niederstwertabschreibungen auf die Vorräte sind nicht vorzunehmen. Der Ertragsteuersatz im Konzern beträgt einheitlich 30 %. Die GuV wird nach dem GKV erstellt.

---

[12] Vgl. hierzu *Winkeljohann/Schellhorn*, in Beck Bil-Komm., 10. Aufl., 2016, § 304 HGB, Rz 39.

Zwischenergebniseliminierung zum 31.12.X1
Von den während des Berichtsjahrs verfügbaren Vorratsgütern (4.375 ME = 875 ME + 3.500 ME) liegen am Jahresende noch 1.000 ME auf Lager. Das sind rund 22,86 %. Nach der Verbrauchsfolgefiktion, die der Durchschnittsmethode zugrunde liegt, sind damit vom Anfangsbestand und von jedem Zugang am 31.12.X1 noch jeweils rund 22,86 % vorhanden. Bezogen auf die konzernintern zugegangenen 1.400 ME an Vorratsgütern entspricht das 320 ME.

Der durchschnittliche Verkaufspreis der konzernintern an das TU gelieferten Vorräte beträgt 11,357 GE [(9.600 + 6.300) : 1.400], der Einkaufspreis damit 9,464 GE. Für jede am 31.12.X1 auf Lager liegende ME ist damit ein Zwischengewinn von 1,893 GE zu eliminieren. Insgesamt beläuft sich damit der Zwischengewinn auf 606 GE (1,893 GE × 320 ME).

Für die Anpassungsbuchung zum 31.12.X1 bedeutet dies: Zu stornieren sind zum einen die Innenumsatzerlöse von 15.900 GE. Zum anderen ist der Materialaufwand um 15.294 GE zu vermindern. Das entspricht dem konzerninternen Lieferwert der vom TU verkauften Vorratsgüter (12.266 GE = 1.080 ME × 11,357 GE) zzgl. des Einstandspreises der noch auf Lager liegenden Vorräte (3.028 GE = 320 ME × 9,464 GE). Die Differenz zwischen den Größen entspricht aus Konzernsicht dem unrealisierten Zwischengewinn des liefernden KonzernUnt (606 GE). Die Anpassungsbuchung lautet damit:

Konto	Soll	Haben
Umsatzerlöse	15.900	
Materialaufwand		15.294
Fertige Erzeugnisse		606

I. H. d. Abwertung der fertigen Erzeugnisse entsteht eine Bewertungsdifferenz zu deren steuerlichem Wertansatz, auf den latente Steuern abzugrenzen sind.

Konto	Soll	Haben
Aktive latente Steuern	181,8	
Latenter Steuerertrag		181,8

4.3 Zwischenergebniseliminierung bei unterschiedlichen Steuersätzen

Insb. bei international tätigen Konzernen werden die an der innerkonzernlichen Transaktion beteiligten Unt häufig unterschiedliche Steuersätze aufweisen. Das führt zu der Frage, ob der Steuersatz des liefernden oder des empfangenden Unt für die Bildung latenter Steuern heranzuziehen ist. Da zum einen die Regel zur Zwischenergebniseliminierung als Bewertungsvorschrift formuliert ist, zum anderen die Bildung latenter Steuern nunmehr bilanzorientiert erfolgt, ist auf den **Steuersatz des** den VG bilanzierenden **EmpfängerUnt** abzustellen (vgl. DRS 18.45). Dies entspricht der Vorgehensweise nach IAS 12.[13] Das nachstehende Fallbeispiel verdeutlicht die Verfahrensweise.

---

[13] Vgl. *Senger/Brune*, in Beck'sches IFRS-Handbuch, 4. Aufl. 2013, § 33, Rz 249.

> **Beispiel**
> Das zu 80 % im Anteilsbesitz der A AG (MU) stehende österreichische TU Ö AG (TU) hat in Periode X1 100.000 Skimützen zum Preis von 15 EUR/Stück an die A AG geliefert. Die Einstandskosten der fremdbezogenen Waren betragen 12 EUR/Stück. Von den Skimützen befinden sich am 31.12.X1 bei der A AG noch 60.000 Stück auf Lager. Der Ertragsteuersatz beträgt in Deutschland 30 %, in Österreich 25 %.
>
> **Zwischenergebniseliminierung zum 31.12.X1**
> Zwischenerfolge sind auch bei Beteiligung von Minderheitsgesellschaftern stets in voller Höhe zu eliminieren. Im Fallbeispiel beträgt der zum 31.12.X1 zu eliminierende Zwischengewinn 180 TEUR (60.000 Stück × 3 EUR/Stück). Um diesen Betrag ist der Buchwert der bei der A AG auf Lager liegenden Skimützen zu reduzieren.
> Darüber hinaus sind die im Abschluss der Ö AG erfassten innerkonzernlichen Aufwendungen von 720 TEUR (60.000 Stück × 12 EUR/Stück) und Umsätze von 900 TEUR (= 60.000 Stück × 15 EUR/Stück) für die noch nicht an Dritte veräußerten Skimützen zu stornieren.
> Zusammengefasst ergibt sich damit zum 31.12.X1 die folgende Konsolidierungsbuchung (in TEUR):
>
> | Konto | Soll | Haben |
> |---|---|---|
> | Umsatzerlöse | 900 | |
> | Materialaufwand | | 720 |
> | Vorräte | | 180 |
>
> Auf den Bewertungsunterschied zwischen dem konzernbilanziellen Wertansatz der Vorräte und dem steuerlichen Wert ist eine latente Steuer auf Basis des Steuersatzes der A AG (30 %) abzugrenzen.
>
> | Konto | Soll | Haben |
> |---|---|---|
> | Aktive latente Steuern | 54 | |
> | Latenter Steuerertrag | | 54 |
>
> Zu beachten ist, dass die Minderheiten der Ö AG nach hier vertretener Auffassung in diesem Fall nicht an der Erfolgswirkung der Zwischenergebniseliminierung zu beteiligen sind. Das auf sie entfallende Reinvermögen beinhaltet den aus der Perspektive der Ö AG realisierten Erfolg. Damit ist die Erfolgswirkung im Beispiel im vollen Umfang den Gesellschaftern des MU zuzuordnen.
>
> **Zwischenergebniseliminierung zum 31.12.X2**
> Veräußert die A AG in der Periode X2 sämtliche Skimützen mit Gewinn, sind die in der Vorperiode eliminierten Zwischengewinne zum 31.12.X2 zu realisieren. Der im EA des MU erfasste Umsatzgewinn ist daher um den im Vj. stornierten Zwischengewinn aus der Lieferung der Ö AG zu erhöhen. Dazu sind in einem ersten Schritt die einzelgesellschaftlichen AK der veräußerten Skimützen an die Konzern-AK anzupassen. Dies erfolgt mit der Buchung:

Konto	Soll	Haben
Gewinnrücklagen	180	
Vorräte		180

In einem zweiten Schritt ist die AK-Korrektur in die GuV zu übernehmen. Der Materialaufwand vermindert sich dementsprechend um 180 TEUR.

Konto	Soll	Haben
Vorräte	180	
Materialaufwand		180

Durch die Veräußerung der Vorräte hat sich die Differenz zwischen konzernbilanziellem Wertansatz der Vorräte und steuerlichem Wert vollständig abgebaut. Entsprechend sind die in der Vorperiode gebildeten latenten Steuern aufzulösen. Systematisch erfordert dies zunächst die erfolgsneutrale Einbuchung der in der Vorperiode gebildeten latenten Steuern, die sodann erfolgswirksam aufzulösen sind. Damit ergibt sich die folgende zusammengefasste Buchung:

Konto	Soll	Haben
Latenter Steueraufwand	54	
Gewinnrücklagen		54

Korrespondierend zur Vorperiode, in der die Gesellschafter des MU den gesamten ergebnisbelastenden Effekt der Zwischenergebniseliminierung zu tragen hatten, entfällt nunmehr der positive Ergebniseffekt zum 31.12.X2 vollumfänglich auf sie.

4.4 Zwischenergebniseliminierung bei Geschäften mit assoziierten Unternehmen

Wie dargestellt (Rz 6), fordert DRS 8 nicht nur bei *Upstream*-Lieferungen von assoziierten Unt, sondern auch bei *Downstream*-Lieferungen an assoziierte Unt eine Zwischenergebniseliminierung. Die Ermittlung der eliminierungspflichtigen Zwischenergebnisse folgt dem Schema für Transaktionen zwischen vollkonsolidierten Unt. Dabei ist eine nur i. H. der Anteilsquote vorgenommene Eliminierung zu präferieren. 42

Buchungstechnisch ergibt sich die Besonderheit, dass bei *Downstream*-Lieferungen die von der Zwischenergebniseliminierung intendierte Anpassung des gelieferten VG an seinen Konzernbuchwert nicht durchführbar ist, da dieser im Konzernabschluss nicht erfasst ist. Bei *Upstream*-Lieferungen ist der VG dagegen beim MU oder TU erfasst. Allerdings scheiden die üblichen Gegenkonten „Umsatzerlöse" oder „sonstige betriebliche Erträge/Aufwendungen" aus, da die im Abschluss des assoziierten Unt erfassten Erfolge aus dem Umsatzvorgang nicht in den Konzernabschluss eingehen. 43

Aus diesem Grund ist bei Transaktionen mit assoziierten Unt wie folgt zu verfahren: Bei **Downstream-Lieferungen** erfolgt die Zwischenergebniseliminierung statt gegen den nicht bilanzierten VG gegen die Anteile am assoziierten Unt. 44

45 Bei **Upstream-Lieferungen** ist das zu eliminierende Zwischenergebnis im Posten „Ergebnis aus assoziierten Unternehmen" zu erfassen. Die bilanzielle Korrektur ist nach DRS 8.32 gegen den Anteilswert vorzunehmen und nicht gegen den Buchwert des gelieferten VG. Das nachfolgende Beispiel illustriert die Buchungstechnik der Zwischenergebniseliminierung bei Transaktionen mit assoziierten Unt.

> **Beispiel**
> Zu betrachten ist ein Austauschgeschäft zwischen dem MU und einem assoziierten Unt, an dem es mit 30 % beteiligt ist. Gegenstand des Austauschgeschäfts sind fertige Erzeugnisse mit aus einzelgesellschaftlicher und Konzernsicht übereinstimmenden HK von 400 GE. Der Verkaufspreis beträgt 550 GE, der Ertragsteuersatz beider Unt jeweils 30 %. Die Lieferung erfolgt im Fall A vom MU an das assoziierte Unt (*downstream*), im Fall B vom assoziierten Unt an das MU (*upstream*). Die fertigen Erzeugnisse befinden sich am Bilanzstichtag X1 noch vollständig auf Lager. Im Gj X2 werden die fertigen Erzeugnisse mit Gewinn weiterverkauft.
>
> **Zwischenergebniseliminierung zum 31.12.X1 (Fall A)**
> Die im EA des MU erfassten Erfolge aus der Transaktion mit dem assoziierten Unt sind anteilig zu eliminieren. Das erfordert eine Verminderung der Umsatzerlöse um 165 GE (30 % von 550 GE) und des Materialaufwands um 120 GE (30 % von 400 GE). Die Differenz entspricht dem zum 31.12.X1 zu eliminierenden Zwischenerfolg von 45 GE (30 % von 150 GE). Latente Steuern sollen im ersten Schritt unberücksichtigt bleiben (siehe hierzu die Erläuterungen am Ende des Beispiels).
>
> | Konto | Soll | Haben |
> |---|---|---|
> | Umsatzerlöse | 165 | |
> | Materialaufwand | | 120 |
> | Anteile an assoziierten Unt | | 45 |
>
> **Zwischenergebniseliminierung zum 31.12.X2 (Fall A)**
> Die Verminderung der Anteile an assoziierten Unt ist mit folgender Buchung in die Periode X2 vorzutragen:
>
> | Konto | Soll | Haben |
> |---|---|---|
> | Gewinnrücklagen | 45 | |
> | Anteile an assoziierten Unt | | 45 |
>
> Veräußert das assoziierte Unt im Gj X2 die gelieferten fertigen Erzeugnisse, ist der zum 31.12.X1 eliminierte Zwischenerfolg zu realisieren. Umsatzerlöse und Materialaufwand sind dementsprechend aus Konzernsicht zu erhöhen. Die sich ergebende Nettovermögensmehrung erhöht die Anteile an assoziierten Unt.
>
> | Konto | Soll | Haben |
> |---|---|---|
> | Materialaufwand | 120 | |
> | Anteile an assoziierten Unt | 45 | |
> | Umsatzerlöse | | 165 |

Zwischenergebniseliminierung zum 31.12.X1 (Fall B)
Unklar ist, wie sich die mit dem BilRUG eingeführte Verpflichtung zur sinngemäßen Anwendung des § 306 HGB über latente Steuern auswirkt. Auf den ersten Blick mag es nahe liegen, die in der GuV des Jahresabschlusses ausgewiesene Steuerbelastung auf den eliminierten Zwischenerfolg durch Erfassung eines latenten Steuerertrags mit der Buchung „Anteile an assoziierten Unt 13,5 an Latenter Steueraufwand 13,5" ebenfalls zu eliminieren. Die Gegenbuchung erfolgt in diesem Fall erneut gegen die Anteile an assoziierten Unt. Bei dieser Verfahrensweise wirkt sich die Zwischenergebniseliminierung lediglich i. H. d. Nachsteuereffekts auf den Anteilswert aus. In der Folgeperiode wäre dann die Wertanpassung der Anteile ebenfalls nur i. H. d. eliminierten Zwischengewinns nach Steuern durch die Buchung „Gewinnrücklagen 31,5 an Anteile an assoziierten Unt 31,5" vorzunehmen. Mit der Veräußerung der an das assoziierte Unt gelieferten fertigen Erzeugnisse hätte das MU sodann einen mit dem realisierten Zwischenergebnis korrespondierenden latenten Steueraufwand zu erfassen. Die Buchung dazu lautet „Latenter Steueraufwand 13,5 an Anteile an assoziierten Unt 13,5".
Alternativ könnte man daran denken, auf die Steuerlatenzierung bei der Zwischenergebniseliminierung durchgängig zu verzichten, da die Anpassung der Anteile an assoziierten Unt zu einer outside basis difference führt. Derartige temporäre Differenzen sind von § 306 HGB nicht erfasst (vgl. § 306 Rz 26f.). Auch wenn das DRSC aufgrund des neu in DRS 8.32a aufgenommenen Hinweises auf die entsprechende Geltung von § 306 HGB und DRS 18.26 an die erste Lösung denken mag, liegt es u. E. aus systematischen Gründen näher, keine latenten Steuern bei der Zwischenergebniseliminierung zu erfassen.
Im Fall einer Upstream-Lieferung kommt der Zwischenergebniseliminierung die Aufgabe zu, den Teil des Umsatzerfolgs des assoziierten Unt zu stornieren, der auf den Konzern entfällt. Latente Steuern bleiben zunächst erneut unberücksichtigt. Die Buchung zum 31.12.X1 lautet damit:

Konto	Soll	Haben
Ergebnis aus assoziierten Unt	45	
Anteile an assoziierten Unt		45

Zwischenergebniseliminierung zum 31.12.X2 (Fall B)
Veräußert das MU im darauffolgenden Gj die fertigen Erzeugnisse, ist der in der Vorperiode eliminierte Zwischengewinn zu realisieren. Fasst man die Folgewirkung mit der Vortragsbuchung zusammen, lautet die Anpassungsbuchung aus der Zwischenergebniseliminierung wie folgt:

Konto	Soll	Haben
Anteile an assoziierten Unt	45	
Ergebnis aus assoziierten Unt		45

Erneut führt die Zwischenergebniseliminierung u. E. zu einer outside basis difference, die keine Erfassung latenter Steuern auslöst.

§ 305 Aufwands- und Ertragskonsolidierung

(1) In der Konzern-Gewinn- und Verlustrechnung sind
1. bei den Umsatzerlösen die Erlöse aus Lieferungen und Leistungen zwischen den in den Konzernabschluß einbezogenen Unternehmen mit den auf sie entfallenden Aufwendungen zu verrechnen, soweit sie nicht als Erhöhung des Bestands an fertigen und unfertigen Erzeugnissen oder als andere aktivierte Eigenleistungen auszuweisen sind,
2. andere Erträge aus Lieferungen und Leistungen zwischen den in den Konzernabschluß einbezogenen Unternehmen mit den auf sie entfallenden Aufwendungen zu verrechnen, soweit sie nicht als andere aktivierte Eigenleistungen auszuweisen sind.

(2) Aufwendungen und Erträge brauchen nach Absatz 1 nicht weggelassen zu werden, wenn die wegzulassenden Beträge für die Vermittlung eines den tatsächlichen Verhältnissen entsprechenden Bildes der Vermögens-, Finanz- und Ertragslage des Konzerns nur von untergeordneter Bedeutung sind.

PROF. DR. HARALD KESSLER, CVA/DR. MARKUS LEINEN, CVA

Inhaltsübersicht	Rz
1 Überblick	1–3
1.1 Inhalt und Anwendungsbereich	1–2
1.2 Normenzusammenhang	3
2 Gegenstand der Aufwands- und Ertragskonsolidierung	4–9
3 Konsolidierungstechnik	10–15
3.1 Eliminierung innerkonzernlicher Umsatzerlöse (Abs. 1 Nr. 1)	10–11
3.2 Eliminierung anderer innerkonzernlicher Erträge (Abs. 1 Nr. 2)	12–13
3.3 Bereinigung innerkonzernlicher Ergebnisübernahmen ...	14–15

1 Überblick

1.1 Inhalt und Anwendungsbereich

1 Die Konzern-GuV als weiterer Bestandteil des Konzernabschlusses wird durch Addition der Einzel-GuV-Rechnungen der zu konsolidierenden Unt zur **Summen-GuV** mit anschließender Bereinigung um innerkonzernliche Einflüsse gewonnen. Die **Aufwands- und Ertragskonsolidierung** bewirkt, dass in der Konzern-GuV ausschließlich **Erfolgsbeiträge** aus Geschäften mit **fremden Dritten** erfasst und dem Einheitsgrundsatz des § 297 Abs. 3 Satz 1 HGB entsprechend aufgeschlüsselt werden; dazu ist eine Aufrechnung korrespondierender innerkonzernlicher Aufwendungen und Erträge der Summen-GuV und/oder die Umgliederung einzelner Erfolgskomponenten in andere GuV-Posten erforderlich.

Die **Aufwands- und Ertragskonsolidierung** ist zwar eng mit der als Bewertungsvorschrift konzipierten Zwischenergebniseliminierung verflochten; sie **ist aber unabhängig** davon durchzuführen, ob Zwischenergebnisse zu eliminieren sind oder nicht. Abb. 1 zeigt die Einordnung der Aufwands- und ErtragsKons in die zur Realisierung des Einheitsgrundsatzes notwendigen Konsolidierungsmaßnahmen.

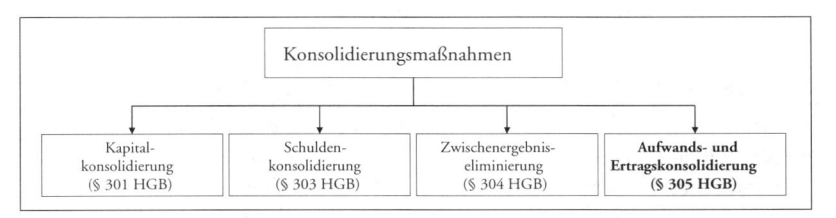

```
                    Konsolidierungsmaßnahmen
      ┌──────────────┬──────────────┬──────────────┐
  Kapital-       Schulden-    Zwischenergebnis-   Aufwands- und
konsolidierung  konsolidierung   eliminierung    Ertragskonsolidierung
  (§ 301 HGB)   (§ 303 HGB)    (§ 304 HGB)       (§ 305 HGB)
```

Abb. 1: Einordnung der Aufwands- und Ertragskonsolidierung

1.2 Normenzusammenhang

Die Aufwands- und ErtragsKons gem. § 305 HGB ist – wie die KapKons gem. § 301 HGB, die SchuldenKons gem. § 303 HGB und die Zwischenergebniseliminierung gem. § 304 HGB – eine Folge des in § 297 **Abs. 3 Satz 1 HGB** verankerten Einheitsgrundsatzes. Die Gliederung einer Konzern-GuV orientiert sich gem. § 298 **Abs. 1 HGB** an den für die Einzel-GuV einer großen KapG geltenden Gliederungsvorschriften des § 275 HGB. Sowohl § 13 **Abs. 2 PublG** als auch branchenspezifisch die §§ 340i und 341j HGB verweisen auf § 305 HGB.

2 Gegenstand der Aufwands- und Ertragskonsolidierung

Die Ertragslage der in den Konzernabschluss einbezogenen Unt ist so darzustellen, als ob diese ein einziges Unt wären. Daraus folgt, dass in die Konzern-GuV nur solche **Erfolgsbestandteile** eingehen dürfen, die aus **Beziehungen mit Konzernfremden** resultieren. Dazu sind die in der Summen-GuV erfassten **Aufwendungen und Erträge** aus dem **konzerninternen Lieferungs- und Leistungsverkehr** gegeneinander aufzurechnen oder in andere Posten umzugliedern, wobei als Vorbild die Behandlung der ihnen zugrunde liegenden Geschäftsvorfälle in einem (fiktiven) einheitlichen Unternehmen dient.
Die in § 305 HGB explizit angesprochenen Fälle der Aufwands- und Ertragseliminierung sind **erfolgsneutral**:
- Abs. 1 Nr. 1 fordert die Verrechnung bzw. Umgliederung der aus Lieferungs- und Leistungsverflechtungen zwischen einbezogenen Unt resultierenden Innenumsatzerlöse;
- Abs. 1 Nr. 2 erweitert die Eliminierungspflicht auf andere Erträge aus konzerninternen L&L.

Keine expliziten gesetzlichen Regelungen finden sich für **innerkonzernliche Ergebnisübernahmen** sowie für **Abschreibungen bzw. Zuschreibungen** auf

Anteile an einbezogenen Unt. Auch diese Erfolgsbeiträge müssen eliminiert werden, da sie aus Sicht des fiktiven EinheitsUnt Konzern keinen Bestand haben können. Im Gegensatz zu den in § 305 HGB genannten Verrechnungen oder Umgliederungen von Aufwendungen und Erträgen ist ihre Kons. **erfolgswirksam.**

6 Welche **Posten der GuV** – nach GKV oder nach UKV – vor allem für eine Aufwands- und ErtragsKons in Betracht kommen, fasst die nachfolgende Tabelle zusammen (+ = erfolgswirksame Eliminierung; – = erfolgsneutrale Eliminierung):

GKV (§ 275 Abs. 2 HGB)		UKV (§ 275 Abs. 3 HGB)	
• Nr. 1: Umsatzerlöse	–	• Nr. 1: Umsatzerlöse	–
• Nr. 2: Erhöhung oder Verminderung des Bestands an fertigen und unfertigen Erzeugnissen	–	• Nr. 2: HK der zur Erzielung der Umsatzerlöse erbrachten Leistungen	–
• Nr. 3: andere aktivierte Eigenleistungen	–	• Nr. 4: Vertriebskosten	–
• Nr. 4: sonstige betriebliche Erträge	–/+	• Nr. 5: allgemeine Verwaltungskosten	–
• Nr. 5: Materialaufwand	–	• Nr. 6: sonstige betriebliche Erträge	–/+
• Nr. 8: Sonstige betriebliche Aufwendungen	–	• Nr. 7: Sonstige betriebliche Aufwendungen	–
• Nr. 9: Erträge aus Beteiligungen	+	• Nr. 8: Erträge aus Beteiligungen	+
• Nr. 10: Erträge aus anderen Wertpapieren und Ausleihungen des FAV	–	• Nr. 9: Erträge aus anderen Wertpapieren und Ausleihungen des FAV	–
• Nr. 11: sonstige Zinsen und ähnliche Erträge	–	• Nr. 10: sonstige Zinsen und ähnliche Erträge	–
• Nr. 12: Abschreibungen auf Finanzanlagen	+	• Nr. 11: Abschreibungen auf Finanzanlagen	+
• Nr. 13: Zinsen und ähnliche Aufwendungen	–	• Nr. 12: Zinsen und ähnliche Aufwendungen	–
• Erträge/Aufwendungen aus Verlustübernahmen und Gewinnabführungen (§ 277 Abs. 3 Satz 2 HGB)	+	• Erträge/Aufwendungen aus Verlustübernahmen und Gewinnabführungen (§ 277 Abs. 3 Satz 2 HGB)	+

7 Auf die Aufwands- und Ertragseliminierung kann nach § 305 Abs. 2 HGB verzichtet werden, „wenn die wegzulassenden Beträge für die Vermittlung eines den tatsächlichen Verhältnissen entsprechenden Bildes der Vermögens-, Finanz- und Ertragslage des Konzerns nur von untergeordneter Bedeutung

sind" (Grundsatz der **Wesentlichkeit**). Ein diesbzgl. Hinweis im Anhang ist nicht erforderlich, aber zulässig.[1]

§ 310 Abs. 2 HGB regelt die analoge Anwendung der Aufwands- und Ertragseliminierung auf GemeinschaftsUnt, die auf der Grundlage der **QuotenKons** in den Konzernabschluss einbezogen werden. Dies bedeutet, dass die in quotaler Höhe in die Summen-GuV einfließenden Aufwendungen und Erträge des GemeinschaftsUnt aus Geschäften mit KonzernUnt in voller Höhe eliminiert werden, während die korrespondierenden Aufwendungen und Erträge der KonzernUnt i. H. d. Fremdanteils am GemeinschaftsUnt in die Konzern-GuV einfließen. Etwas anderes gilt für die generell nur i. H. d. Konzernanteils erfassten Beteiligungserträge des GesellschafterUnt. Sie sind in voller Höhe gegen den anteiligen Erfolg des GemeinschaftsUnt aufzurechnen. 8

Für nach der **Equity-Methode** einbezogene Unt kommt eine Aufwands- und ErtragsKons **nicht in Betracht,** da die Aufwendungen und Erträge der assoziierten Unt nicht in den Konzernabschluss zu übernehmen sind. 9

3 Konsolidierungstechnik

3.1 Eliminierung innerkonzernlicher Umsatzerlöse (Abs. 1 Nr. 1)

Die konsolidierungstechnische Umsetzung der Aufwands- und ErtragsKons bei innerkonzernlichen Umsatzerlösen aus **Lieferungen** hängt im Wesentlichen davon ab, ob 10

- gelieferte VG außerkonzernlich erworben oder vom Konzern selbst erstellt wurden,
- sie innerkonzernlich weiterverarbeitet wurden und
- sie dem AV oder UV zuzuordnen sind.

Zudem hängt die Konsolidierungstechnik davon ab, ob die Konzern-GuV nach dem GKV oder nach dem UKV erstellt wird. Bei Anwendung des **GKV** ergeben sich die folgenden Konsolidierungsalternativen:

- Verrechnung der innerkonzernlichen Umsatzerlöse mit den korrespondierenden Aufwendungen im Konzern;
- Umgliederung der innerkonzernlichen Umsatzerlöse in die Bestandsveränderungen bei Lieferung ins UV;
- Umgliederung der innerkonzernlichen Umsatzerlöse in die anderen aktivierten Eigenleistungen bei Lieferung ins AV.

Bei Anwendung des **UKV** entfallen naturgemäß die letzten beiden Alternativen, es erfolgt eine Verrechnung der Umsatzerlöse mit den auf sie entfallenden HK.

Beispiel

Ein TU liefert einen selbst erstellten VG zu 30 GE (= produktionsbezogene HK) an das MU. Dort wird er als Gegenstand des AV im Prozess der betrieblichen Leistungserstellung eingesetzt. Der Konzern als einheitliche Unternehmung hat einen Gegenstand des AV selbst erstellt. Bei Anwendung des UKV sind in der Konzern-GuV kein Umsatz und entsprechend auch

---

[1] Vgl. *Winkeljohann/Schellhorn*, in Beck Bil-Komm., 10. Aufl., 2016, § 305 HGB, Rz 51.

> keine HK der zur Erzielung des Umsatzes erbrachten Leistungen zu zeigen. Damit ist folgende Konsolidierungsbuchung erforderlich:
>
> | GuV-Posten | MU | TU | Summen-abschluss | Konsolidierung S | Konsolidierung H | Konzern-abschluss |
> |---|---|---|---|---|---|---|
> | Umsatzerlöse | ... | 30 | 30 | ❶ 30 | | 0 |
> | ... | | ... | ... | | | ... |
> | Herstellungskosten | ... | 30 | 30 | | ❶ 30 | 0 |
> | ... | | ... | ... | | | ... |
> | **Jahresüberschuss** | **0** | **0** | **0** | | | **0** |
>
> Im GKV wären die Umsatzerlöse in die anderen aktivierten Eigenleistungen umzusetzen. Ihnen ständen die beim TU angefallenen Primäraufwendungen gegenüber.

11 Die Eliminierung innerkonzernlicher Umsatzerlöse aus **Leistungen** (z. B. Mieten, Pachten, Verwaltungskostenumlagen oder sonstige Dienstleistungen) erfolgt regelmäßig durch Verrechnung mit den i. d. R. gleich hohen Aufwendungen. Im (seltenen) Fall einer aktivierungspflichtigen Leistung wird bei Anwendung des GKV eine Umgruppierung in andere aktivierte Eigenleistungen notwendig.

3.2 Eliminierung anderer innerkonzernlicher Erträge (Abs. 1 Nr. 2)

12 Auch innerkonzernliche L&L, die **nicht zu Umsatzerlösen**, sondern zu **anderen Erträgen** führen, sind zu eliminieren (vgl. § 305 Abs. 1 Nr. 2 HGB). Dies betrifft Erfolgsbeiträge, die nicht aus Leistungen resultieren, die der gewöhnlichen Geschäftstätigkeit eines Unt zuzuordnen sind. Sie werden im Gliederungsschema des § 275 HGB in einem anderen Ertragsposten als den Umsatzerlösen ausgewiesen. Ebenso wie Erträge sind auch Aufwendungen aus dem innerkonzernlichen Leistungsaustausch zu eliminieren. Als Beispiel ist die konzerninterne Veräußerung von AV zu nennen. Erfolgt die Veräußerung über oder unter Buchwert, so ist der entstehende sonstige betriebliche Ertrag oder Aufwand zu eliminieren. Dies geschieht, indem die betreffenden VG entsprechend der in § 304 Abs. 1 HGB enthaltenen Bewertungsvorschrift auf ihre Konzern-AK/-HK ab- bzw. aufgewertet werden. Eine Aufwertung steht unter dem Vorbehalt, dass der beizulegende Zeitwert i. S. d. § 253 Abs. 3 Satz 3 HGB nicht überschritten wird. Andernfalls ist der vom liefernden Unt im sonstigen betrieblichen Aufwand erfasste Veräußerungsverlust seinem konzernbilanziellen Charakter entsprechend (teilweise) in die Abschreibungen umzugliedern.

13 Unproblematisch ist die Kons. anderer Erträge aus konzernintern erbrachten Leistungen, wie der Erträge aus Mieten, Pachten, Lizenzen und Zinsen. Die sich im Regelfall in der Summen-GuV in gleicher Höhe gegenüberstehenden Erträge und Aufwendungen sind miteinander zu verrechnen. Bei einer Aktivierung als Teil der HK von Erzeugnissen oder selbst erstellten Anlagegütern sind sie im GKV in den Posten „Bestandsveränderungen" bzw. „andere aktivierte Eigenleistungen" umzugliedern, im UKV mit den entsprechenden Aufwendungen des Leistenden zu verrechnen.

> **Beispiel**
> TU1 stellt Elektromotoren her, die MU noch in der Lieferperiode bei der Herstellung einer selbst genutzten technischen Anlage verbaut. Bei TU1 sind zur Herstellung der Motoren Personalaufwand (50 GE) und Materialaufwand (30 GE) angefallen. TU1 realisiert aus der Veräußerung der Elektromotoren Umsatzerlöse i. H. v. 100 GE. Den Transport der Elektromotoren übernahm TU2. TU2 stellt TU1 für die Transportdienstleistung einen Betrag von 5 GE in Rechnung und vereinnahmt einen sonstigen betrieblichen Ertrag von 5 GE. Bei TU2 fallen für die Erbringung der Transportdienstleistung Personalaufwand (1 GE) und sonstiger betrieblicher Aufwand (2 GE) an.
>
> | GuV-Posten | MU | TU₁ | TU₂ | Summen-abschluss | Konsolidierung S | Konsolidierung H | Konzern-abschluss |
> |---|---|---|---|---|---|---|---|
> | Umsatzerlöse | ... | 100 | ... | 100 | ❶ 100 | | 0 |
> | Aktivierte Eigenleistungen | 100 | ... | ... | 100 | ❸ 17 | | 83 |
> | s. b. Erträge | ... | ... | 5 | 5 | ❷ 5 | | ... |
> | Materialaufwand | 100 | 30 | ... | 130 | | ❶ 100 | 30 |
> | Personalaufwand | ... | 50 | 1 | 51 | | | 51 |
> | s. b. Aufwendungen | ... | 5 | 2 | 7 | | ❷ 5 | 2 |
> | **Jahresüberschuss** | **0** | **15** | **2** | **17** | | | **0** |
>
> Buchung 1 eliminiert den innerkonzernlichen Umsatz und Materialaufwand aus der Veräußerung der Elektromotoren von TU1 an MU, Buchung 2 entsprechend den bei TU2 anfallenden sonstigen betrieblichen Ertrag und den korrespondierenden sonstigen betrieblichen Aufwand bei TU1 aus dem innerkonzernlichen Transport. Die Verminderung der aktivierten Eigenleistungen um 17 GE (Buchung 3) findet ihre bilanzielle Entsprechung in der Herabsetzung des Buchwerts der selbst genutzten technischen Anlage. Die aktivierten Eigenleistungen (83 GE) umfassen die im Konzern für die Herstellung der Elektromotoren und ihre Verbringung an den Bestimmungsort angefallenen Primäraufwendungen.

3.3 Bereinigung innerkonzernlicher Ergebnisübernahmen

Bei der Bereinigung **innerkonzernlicher Ergebnisübernahmen** ist zwischen periodenungleichen und periodengleichen Vereinnahmungen von Beteiligungserträgen sowie Aufwendungen und Erträgen aus Ergebnisabführungsverträgen zu unterscheiden. Bei der **periodenungleichen** Vereinnahmung von Beteiligungserträgen ist zu beachten, dass der Gewinn eines vollkonsolidierten KonzernUnt nur in der Periode seiner Erwirtschaftung in die Konzern-GuV einfließen darf. Um eine nochmalige Erfassung dieses Erfolgs im Konzernabschluss in der Folgeperiode zu verhindern, ist der beim MU vereinnahmte Beteiligungsertrag gegen die thesaurierten Gewinne des Konzerns zu verrechnen. Werden Beteiligungserträge **periodengleich** vereinnahmt, wird die doppelte Erfassung dadurch verhindert, dass der Beteiligungsertrag gegen die vom MU eingebuchte Forderung gegen das vollkonsolidierte KonzernUnt eliminiert wird. Ist bereits eine Zahlung erfolgt (Vorabausschüttung), ist der Beteiligungsertrag des MU gegen das Vorabausschüttungskonto des KonzernUnt aufzurechnen.

14

15 Besteht zwischen MU und TU ein **Ergebnisabführungsvertrag**, sind die aus den EA in die Summen-GuV einfließenden Aufwendungen und Erträge aus der Gewinnabführung bzw. Verlustübernahme, die sich in gleicher Höhe gegenüberstehen, miteinander zu verrechnen.

§ 306 Latente Steuern

¹Führen Maßnahmen, die nach den Vorschriften dieses Titels durchgeführt worden sind, zu Differenzen zwischen den handelsrechtlichen Wertansätzen der Vermögensgegenstände, Schulden oder Rechnungsabgrenzungsposten und deren steuerlichen Wertansätzen und bauen sich diese Differenzen in späteren Geschäftsjahren voraussichtlich wieder ab, so ist eine sich insgesamt ergebende Steuerbelastung als passive latente Steuern und eine sich insgesamt ergebende Steuerentlastung als aktive latente Steuern in der Konzernbilanz anzusetzen. ²Die sich ergebende Steuerbe- und die sich ergebende Steuerentlastung können auch unverrechnet angesetzt werden. ³Differenzen aus dem erstmaligen Ansatz eines nach § 301 Abs. 3 verbleibenden Unterschiedsbetrages bleiben unberücksichtigt. ⁴Das Gleiche gilt für Differenzen, die sich zwischen dem steuerlichen Wertansatz einer Beteiligung an einem Tochterunternehmen, assoziierten Unternehmen oder einem Gemeinschaftsunternehmen im Sinn des § 310 Abs. 1 und dem handelsrechtlichen Wertansatz des im Konzernabschluss angesetzten Nettovermögens ergeben. ⁵§ 274 Abs. 2 ist entsprechend anzuwenden. ⁶Die Posten dürfen mit den Posten nach § 274 zusammengefasst werden.

WP STB THOMAS BUDDE/WP STB GEORG VAN HALL

Inhaltsübersicht

	Rz
1 Überblick	1–3
2 Ansatz latenter Steuern im Konzern	4–28
2.1 Anwendungsbereich	4–7
2.2 Konsolidierungsmaßnahmen	8–21
2.2.1 Kapitalkonsolidierung	9–10
2.2.2 Schuldenkonsolidierung	11
2.2.3 Zwischenergebniseliminierung	12–15
2.2.4 Aufwands- und Ertragskonsolidierung	16–17
2.2.5 Konsolidierung von assoziierten Unternehmen	18
2.2.6 Steuerliche Verlustvorträge	19–20
2.2.7 Besonderheiten bei Personenhandelsgesellschaften	21
2.3 Ausnahmen vom Ansatz	22–28
2.3.1 Erstmaliger Ansatz eines Geschäfts- oder Firmenwerts	22–25
2.3.2 Outside basis differences	26–28
3 Bewertung latenter Steuern im Konzern	29
4 Ausweis und Erläuterung latenter Steuern im Konzern	30
5 Stetigkeit	31

1 Überblick

1 Die Abgrenzung latenter Steuern folgte im Jahresabschluss und Konzernabschluss nach HGB aF dem GuV-orientierten **Timing-Konzept**. Durch das BilMoG wird in §§ 274 u. 306 HGB ein Konzeptionswechsel vollzogen. Der Ansatz latenter Steuern erfolgt nunmehr nach dem in der internationalen Rechnungslegung üblichen bilanzorientierten **Temporary-Konzept**.[1] Materiell ergibt sich aus der Neufassung der §§ 274 u. 306 HGB eine deutliche Ausweitung der im Konzernabschluss auszuweisenden latenten Steuern. Denn im Gegensatz zum ehemals geltenden *Timing*-Konzept sind in Übereinstimmung mit IAS 12 künftig auch **erfolgsneutral entstandene Differenzen** in die Bilanzierung latenter Steuern einzubeziehen.[2]

2 Die Neufassung des § 306 HGB steht im Einklang mit Art. 29 Abs. 4, Art. 34 Nr. 11 der Konzernbilanzrichtlinie. Das nach dieser RL bestehende Ausweiswahlrecht – Konzernbilanz oder Anhang – wurde bereits im Wege des BiRiLiG zugunsten der Bilanz ausgeübt.[3]

3 Das DRSC hat den von ihm entwickelten Deutschen Rechnungslegungsstandard Nr. 18 (DRS 18) am 8.6.2010 verabschiedet. Er wurde am 3.9.2010 durch das BMJ im BAnz bekannt gemacht. Im Anschluss an die Änderungen durch das BilRUG hat der DRSC den Standard überarbeitet und am 21.4.2016 verabschiedet. Die Bekanntmachung der deutschsprachigen Fassung durch das BMJV erfolgte am 21.6.2016.[4] Dem DRS kommt zwar keine Gesetzeskraft zu, aber mit ihrer ordnungsgemäßen Anwendung ist die Vermutung verbunden, dass die die Konzernrechnungslegung betreffenden GoB beachtet werden (§ 342 Abs. 2 HGB). Der vormalige DRS 10 regelte in Ergänzung zu den §§ 274 u. 306 HGB die Bilanzierung latenter Steuern im Konzernabschluss. DRS 10 war allerdings letztmalig auf Gj, die vor dem oder am 31.12.2009 beginnen, anzuwenden.

2 Ansatz latenter Steuern im Konzern

2.1 Anwendungsbereich

4 Auf Ebene des Konzerns sind für alle in den Konzernabschluss einbezogenen Unt latente Steuern nach § 274 HGB i.V.m. § 298 HGB und auf **Konsolidierungsmaßnahmen** nach §§ 306 ff. HGB zu ermitteln. Die Bildung latenter Steuern erfolgt somit auf **drei Ebenen**.[5] Nachdem auf Ebene des Jahresabschlusses der Konzernges. die latenten Steuern (HB I) gebildet wurden, sind im nächsten Schritt auf die Anpassung dieser Buchwerte der VG, Schulden und RAP durch die konzerneinheitliche Bewertung (HB II) folglich auch Anpassungen der latenten Steuern vorzunehmen. Schließlich stellt die Erfassung latenter Steuern auf Konsolidierungsmaßnahmen die dritte Ebene der Ermittlung latenter Steuern dar.[6] § 306 ergänzt § 274 HGB für Zwecke der Kons., ihre Anwendungs-

---

1 Zu den Änderungen des BilMoG bei der latenten Steuerabgrenzung im Jahresabschluss vgl. § 274 HGB.
2 Vgl. *Karrenbrock*, WPg 2009, S. 334.
3 Vgl. BilMoG-BgrRegE, S. 83.
4 Vgl. http://www.drsc.de.
5 Vgl. BilMoG-BgrRegE, S. 83.
6 Vgl. *Wendholt/Wesemann*, DB 2009, Beil. 5, S. 73.

bereiche sind aber verschieden. § 274 HGB regelt den Ansatz latenter Steuern im Jahresabschluss einschließlich der HB II (Stufen 1 und 2), während § 306 HGB auf die Konsolidierungsmaßnahmen der §§ 300–307 HGB Anwendung findet (Stufe 3).[7]

Hier stellt sich bei der Aufstellung des Konzernabschlusses die Frage, ob das Ansatzwahlrecht für einen Aktivüberhang gem. § 274 Abs. 1 Satz 2 HGB, der durch Anpassungen an die konzerneinheitliche Bilanzierung und Bewertung entsteht, bereits in der Handelsbilanz II der einzubeziehenden Unt oder erst auf der Ebene der Summenbilanz ausgeübt wird.

Beispiel
Ansatzwahlrecht Aktivüberhang nach § 274 i. V. m. § 298 HGB
Die in den Konzernabschluss einbezogenen Unt stellen in ihren jeweiligen Jahresabschluss (HB I) die folgenden latenten Steuern fest, die sich bei der Erstellung der HB II nicht verändern:

	TEUR
• MU: aktive latente Steuern	500
• TU1: passive latente Steuern	– 300
• TU2: aktive latente Steuern	50

Folgende mögliche Ergebnisse bei der Ausübung des Ansatzwahlrechts ergeben sich in der Summenbilanz:

	Latente Steuern vor Konsolidierungsmaßnahmen TEUR
• das Ansatzwahlrecht wird auf Ebene der HB II ausgeübt	250
• das Ansatzwahlrecht wird in der HB II nicht ausgeübt	– 300
• das Ansatzwahlrecht wird in der Summenbilanz nicht ausgeübt:	0

In Ermangelung einer gesetzlichen Regelung sind wohl alle drei in dem Beispiel dargestellten Ausweisvarianten als zulässig zu erachten. Die Ausübung des Ansatzwahlrechts auf der Ebene der Summenbilanz erscheint dem Einheitsgrundsatz folgend als die zu bevorzugende Betrachtungsweise.

---

[7] Vgl. *Kozikowski/Fischer*, in Beck Bil-Komm., 10. Aufl., § 306 HGB, Rz 3. Die Zuordnung der latenten Steuern aus der Anpassung der Bewertung bei der Überleitung der HB I auf die HB II zum Jahresabschluss ist sachlich nicht unumstritten, da die Umbewertung nur zur Konzernabschluss erfolgt. Da die Umbewertung allerdings nicht zu den Konsolidierungsmaßnahmen gem. §§ 300–307 HGB zählt, ist die Zuordnung zu § 274 HGB insoweit aber folgerichtig. Vgl. *Loitz*, DB 2010, S. 2177.

Nicht erlaubt jedenfalls ist die Aktivierung von latenten Steuern nur einzelner in den Konzernabschluss einbezogener Unt (Teilaktivierung). Diese widerspricht dem Stetigkeitsgrundsatz (vgl. Rz 31).

5 Es sind nunmehr nicht allein die sich im Zeitablauf ausgleichenden ergebniswirksamen Differenzen zu berücksichtigen, sondern auch alle sich im Zeitablauf abbauenden erfolgsneutral entstandenen Differenzen. Diese bilanzorientierte Betrachtungsweise wird dadurch zum Ausdruck gebracht, dass begrifflich (Steuerabgrenzung) auf die Differenz zwischen den handelsrechtlichen Wertansätzen der VG oder Schulden und deren steuerlichen Wertansätzen abgestellt wird.[8]

6 Nach § 306 HGB sind auf **Bewertungsunterschiede, die durch Konsolidierungsmaßnahmen des Vierten Titels des HGB** (§§ 300–307 HGB) entstehen, latente Steuern anzusetzen, soweit sich die Differenz in Zukunft voraussichtlich wieder abbauen wird. Ebenso wie § 274 HGB ist dabei auf eine Gesamtbetrachtung der entstehenden Latenzen abzustellen (§ 306 Satz 1 HGB). Anders als § 274 Abs. 1 HGB sieht § 306 HGB aber kein Wahlrecht für den Ansatz eines Aktivüberhangs vor. Der entstehende Aktiv- oder Passivüberhang darf zum einen saldiert oder unsaldiert ausgewiesen werden (§ 306 Satz 2 HGB), zum anderen ist eine Zusammenfassung mit dem oder den Posten aus § 274 HGB zulässig (§ 306 Satz 6 HGB).

7 Die Vorschriften des § 306 HGB sind auch auf die Konsolidierung von GU (§ 310 HGB) und von assoziierten Unt (§§ 311, 312 HGB) anzuwenden.

2.2 Konsolidierungsmaßnahmen

8 Die Konsolidierungsmaßnahmen des relevanten Vierten Titels innerhalb der Konzernrechnungslegungsvorschriften des HGB beinhalten die **allg. Konsolidierungsgrundsätze und das Vollständigkeitsgebot** (§ 300 HGB), die **KapKons** (§ 301 HGB), die **SchuldenKons** (§ 303 HGB), die **Zwischenergebniseliminierung** (§ 304 HGB), die **Aufwands- und ErtragsKons** (§ 305 HGB) und die Ermittlung sowie den Ausweis der **Anteile anderer Gesellschafter** (§ 307 HGB). Die bis zur Einführung des BilMoG geltende Vorschrift zur KapKons bei Interessenzusammenführung (§ 302 HGB) wurde ersatzlos gestrichen. Damit sind nachfolgende sonstige Konsolidierungsmaßnahmen von der Regelung ausgenommen:
– einheitliche Bewertung (§ 308 HGB)
– Währungsumrechnung (§ 308a HGB)
– Behandlung des Unterschiedsbetrags (§ 309 HGB)
– anteilmäßige Kons. (§ 310 HGB)
– Wertansatz der Beteiligung an assoziierten Unt. (§§ 311 f. HGB)

Für diese Konsolidierungsmaßnahmen gelten meistenteils besondere Regelungen. Wertdifferenzen, die sich aus der einheitlichen Bewertung ergeben, werden durch § 274 HGB erfasst. Währungsdifferenzen werden nach der hierzu erlassenen Vorschrift – ohne latente Steuern hierauf zu berechnen – in einem nach den Rücklagen auszuweisenden gesonderten Posten ausgewiesen. Auch handelt es sich nicht um eine Konsolidierungsmaßnahme im eigentlichen Sinne. Die Bildung von latenten Steuern auf Unterschiedsbeträge gem. § 301 Abs. 3 i.V.m. § 309 HGB wurde ausdrücklich ausgeschlossen. Auf die anteilmäßige Kons. sind die Regelungen der VollKons, somit auch § 306 HGB, entsprechend anzuwen-

---

[8] Vgl. BilMoG-BgrRegE, S. 83.

den. Für die Kons. der Beteiligung an assoziierten Unt wurde nunmehr durch das BilRUG eine Regelung in § 312 Abs. 5 Satz 3 HGB getroffen. Das DRSC legt infolgedessen die analoge Anwendung von § 306 HGB fest.[9]

2.2.1 Kapitalkonsolidierung

Nach Einführung des BilMoG ist von der bis dahin wahlweise anzuwendenden Buchwert- oder Neubewertungsmethode als KapKons-Methode nur noch die **Neubewertungsmethode** zulässig.[10] Danach ist das EK des TU mit dem zum ErstKons-Zeitpunkt beizulegenden Zeitwert der in den Konzernabschluss aufzunehmenden VG, Schulden, RAP und Sonderposten anzusetzen. Infolgedessen werden die zum Zeitpunkt der ErstKons auf den VG, Schulden, RAP und Sonderposten ruhenden „stillen" Reserven und Lasten aufgedeckt und als Wertansatz mit in den Konzernabschluss übernommen. Ausgenommen von der Zeitwertbewertung sind Rückstellungen und latente Steuern, die nach den Regelungen für den Jahresabschluss anzusetzen sind (§ 301 Abs. 1 Satz 3 HGB). Sofern zwischen dem Buchwert der vom MU ausgewiesenen Beteiligung und dem neu bewerteten EK des TU ein aktiver bzw. passiver Unterschiedsbetrag entsteht, ist dieser als GoF bzw. als Unterschiedsbetrag aus der KapKons gem. § 301 Abs. 3 HGB auszuweisen (vgl. § 301 Rz 104ff.). Die noch bis zur Verabschiedung des BilMoG zulässige erfolgsneutrale Verrechnung des GoF mit den Konzern-Rücklagen ist nicht mehr zulässig.

9

In der Steuerbilanz können diese Neubewertungen zumindest nicht unmittelbar nachgebildet werden, weil sie durch einen ausschließlich rechnungslegungsbezogenen Bewertungsvorgang initiiert werden, dem kein Erwerbsvorgang bzw. Übertragungsvorgang, bezogen auf die neu bewerteten VG, Schulden, RAP und Sonderposten, zugrunde liegt. Erworben wird lediglich eine Beteiligung, durch die ein beherrschender Einfluss des MU entsteht. Infolge der Neubewertung entstehen latente Steuern auf die Differenzen zwischen den Wertansätzen der in den Konzernabschluss übernommenen VG, Schulden, RAP und Sonderposten und deren Wertansätzen in der Steuerbilanz. Die Differenzen entstehen bereits zum **Zugangszeitpunkt**, d.h. zu dem Zeitpunkt, zu dem das Unt TU geworden ist.

Für im Zuge der **ErstKons entstehende GoF bzw. Unterschiedsbeträge** aus der KapKons dürfen keine latenten Steuern abgegrenzt werden (vgl. § 306 Satz 3 HGB), da der GoF nur eine Residualgröße darstellt und der Ansatz passiver latenter Steuern wiederum zu einer Erhöhung des GoF führen würde, was wiederum eine zusätzliche Abgrenzung latenter Steuern bedingen würde (Rz 19).

10

> **Beispiel**
> Unt A hat zum 31.12.01 eine 60%ige Beteiligung zum Preis von 7 Mio. EUR an Unt B erworben. Das EK von B beträgt zum Erwerbsstichtag
> - 4 Mio. EUR zu Buch- und steuerlichen Werten und
> - 6 Mio. EUR nach Neubewertung.
> - B verfügt zum Zeitpunkt des Erwerbs über steuerlich nutzbare Verlustvorträge i.H.v. 1 Mio. EUR, die planmäßig in den nächsten 5 Jahren genutzt

---

[9] Vgl. DRS 18 Tz. 26, 28 und B7.
[10] Vgl. BilMoG-BgrRegE, S. 80.

werden können. Bei der Neubewertung kommen folgende beizulegende Zeitwerte zum Ansatz (Buchwerte in Klammern) (Hinweis: Nach der Neubewertungsmethode sind die beizulegenden Zeitwerte vollständig, nicht nur i. H. d. Beteiligungsquote anzusetzen.):
- Grundstück: 2 Mio. EUR (1 Mio. EUR)
- Vorratsvermögen: 1,0 Mio. EUR (0,5 Mio. EUR)
- Immaterielle VG: 1,5 Mio. EUR (0,0 Mio. EUR)
- Pensionsrückstellungen: 5,0 Mio. EUR (4,0 Mio. EUR)

Die latenten Steuern sollen mit einem Steuersatz von 30 % zu bewerten sein. Es ergeben sich folgende aktive oder passive latente Steuern:
- Grundstück: passive latente Steuern 0,3 Mio. EUR
- Vorratsvermögen: passive latente Steuern 0,15 Mio. EUR
- Immaterielle VG: passive latente Steuern 0,45 Mio. EUR
- Pensionsrückstellungen: aktive latente Steuern 0,3 Mio. EUR
- GoF: 0,0 Mio EUR
- Verlustvorträge: Nach den Regelungen zur Verlustnutzung (vgl. § 8c KStG) geht der Verlustvortrag infolge der Veräußerung der Anteilsmehrheit an A verloren. Daher sind bei der ErstKons keine aktiven latenten Steuern auf den Verlustvortrag zu berücksichtigen.

Infolge des Ansatzes der latenten Steuern entsteht ein GoF i. H. v. 1,6 Mio. EUR, der sich wie folgt ermittelt:
- AK der Beteiligung (7 Mio. EUR), abzgl. neu bewertetes EK (6 Mio. EUR) = 1 Mio. EUR
- Summe der auf die neu bewerteten VG entfallenden saldierten passiven latenten Steuern: 0,6 Mio. EUR

Nachfolgende Tabelle fasst die dargestellten Werte zusammen.

Beispiel	Buchwerte	Neubewertung	Abweichung	latente Steuern	Konzernabschluss
	Mio. EUR	Mio. EUR	Mio. EUR	Mio. EUR	Mio. EUR
Geschäfts- oder Firmenwert					1,6
Immaterielle VG	0,0	1,5	1,5	0,45	1,5
Grundstück	1,0	2,0	1,0	0,30	2,0
Vorratsvermögen	0,5	1,0	0,5	0,15	1,0
Sonstige Aktiva	7,5	7,5	0,0	0,00	7,5
Latente Steuern					0,3
Summe Aktiva	9,0	12,0	3,0	0,90	13,9
EK/Konsolidiertes Nettovermögen	4,0	6,0	2,0		7,0

	Buch-werte	Neube-wertung	Abwei-chung	latente Steuern	Konzern-abschluss
	Mio. EUR	Mio. EUR	Mio. EUR	Mio. EUR	Mio. EUR
– davon steuerlich nutz-bare Verlustvorträge	– 1,0	– 1,0	0,0	0,00	– 1,0
Pensionsrückstellungen	4,0	5,0	1,0	0,30	5,0
Sonstige Passiva	1,0	1,0	0,0	0,00	1,0
Latente Steuern					0,9
Summe Passiva	9,0	12,0	3,0	0,30	13,9

2.2.2 Schuldenkonsolidierung

Bilanzierte Ansprüche, Verbindlichkeiten und Rückstellungen zwischen den in den Konzernabschluss einbezogenen Unt sind wegzulassen (§ 303 Abs. 1 HGB). Solange konzerninterne Geschäftsvorfälle in den betreffenden Konzernunt spiegelbildlich erfasst werden und sich Forderungen und Verbindlichkeiten gleichartig und gleichwertig gegenüberstehen, kommt es zu keinen konsolidierungsbedingten Anpassungsmaßnahmen. Zwar entfällt der Ansatz konsolidierungspflichtiger Forderungen bzw. Schulden im Konzernabschluss. Hierbei handelt es sich allerdings nicht um einen durch den Entfall des Ansatzes begründeten divergierenden Wertansatz zwischen Konzernabschluss und Steuerbilanz, sondern um eine erforderliche Konsolidierungsmaßnahme zur Vermeidung des Ausweises von „Innengeschäften". Sofern sie sich jedoch nicht in gleicher Höhe gegenüberstehen, sind i.d.R. erfolgswirksame Konsolidierungsmaßnahmen erforderlich. Damit kommt es infolge solcher Schuldenkonsolidierungsmaßnahmen dazu, dass die Wertansätze der betreffenden Ansprüche, Verbindlichkeiten und Rückstellungen im Konzernabschluss zu verändern sind und damit von ihren steuerlichen Wertansätzen abweichen. Eine Steuerabgrenzung ist vorzunehmen, wenn diese Unterschiede auf **unterschiedlichen Bewertungsvorschriften**, so z.B. auf einem imparitätischen Ansatz- bzw. Bewertungserfordernis beruhen und sich diese Differenzen in späteren Jahren voraussichtlich wieder abbauen.[11]

11

> **Beispiel 1**
> TU A hat TU B Komponenten im Wert von netto 500 TEUR geliefert, die B als Hersteller von Maschinen in diese Maschinen einbaut. Infolge eines Einbruchs des Absatzmarkts gerät B in nachhaltige Zahlungsschwierigkeiten. A bewertet die gegen B bestehende Forderung aus Lieferung und Leistung daher in ihrem Jahresabschluss vorsichtshalber nur zu 50 % des Netto-Nennwerts und bildet eine entsprechende, auch steuerlich zulässige Einzelwertberichtigung.
> Bei der SchuldenKons im Konzernabschluss ist die auf die Forderung gebildete Einzelwertberichtigung i.H.v. 250 TEUR wieder aufzulösen. Die sich

---

11 Vgl. *Eberhartinger/Polt/Siegel*, in *Baetge/Kirsch/Thiele*, Bilanzrecht, § 306 HGB, Rz 44, Stand 08/2016.

im Zeitablauf wieder abbauende Differenz führt zu passiven latenten Steuern i. H. v. 75 TEUR (bei einem unterstellten Steuersatz von 30 %).
In Abwandlung des zuvor genannten Beispiels gewährt A für die gelieferten Komponenten ein Zahlungsziel von 2 Jahren. Die wirtschaftliche Entwicklung von B lässt erkennen, dass B in 2 Jahren die Kaufpreisschuld wird begleichen können. Die Forderung von A gegen B ist wegen des gewährten Zahlungsziels beim erstmaligen Ansatz im Jahresabschluss auch steuerlich wirksam mit einem annahmegemäß marktgerechten Zinssatz von 5 % abzuzinsen. Die über 2 Jahre diskontierte Brutto-Forderung (500 TEUR zzgl. 19 % USt) ist bei ihrem Zugang mit einem Wert i. H. v. 539,7 TEUR anzusetzen. Bei der Kons. ist die Abzinsung erfolgswirksam wieder aufzulösen. Infolge der konsolidierungsbedingten Auflösung der Abzinsung i. H. v. 55,3 TEUR sind passive latente Steuern i. H. v. 16,6 TEUR zu bilanzieren.

Beispiel 2
TU A bildet im Jahresabschluss für gelieferte Komponenten an TU B auch steuerlich anerkannte Garantie- bzw. Gewährleistungsrückstellungen i. H. v. 50 TEUR. Im Jahresabschluss von B sind im Zusammenhang mit den bei A gebildeten Rückstellungen keine Ansprüche zu aktivieren, da Schäden an den gelieferten Komponenten noch nicht (übereinstimmend) festgestellt wurden. Im Konzernabschluss sind die Garantie- bzw. Gewährleistungsrückstellungen erfolgswirksam aufzulösen. Infolge der Auflösung kommt es zu einem Ansatz von passiven latenten Steuern i. H. v. 15 TEUR.

Beispiel 3
TU A gewährt TU B ein Darlehen i. H. v. 100 TEUR. Es ist ein Disagio von 5 % vereinbart. A aktiviert die Darlehensforderung i. H. v. 100 TEUR und grenzt das Disagio passivisch ab. B setzt die Darlehensverbindlichkeit zum Erfüllungsbetrag von 100 TEUR an, verzichtet aber auf den Ansatz des Disagios als aktiven RAP. Da B in der Steuerbilanz das Disagio zu aktivieren hat, bildet er in der HB aktive latente Steuern i. H. v. 1,5 TEUR.
Die bei B vorgenommene aufwandswirksame Erfassung des Disagios ist im Rahmen der SchuldenKons wieder rückgängig zu machen.
Mit der Eliminierung der aufwandswirksamen Erfassung des Disagios wird der steuerliche Wertansatz wiederhergestellt, mit der Folge, dass die auf der Jahresabschlussebene für diesen Sachverhalt gebildeten aktiven latenten Steuern i. H. v. 1,5 TEUR wieder zu eliminieren sind.

2.2.3 Zwischenergebniseliminierung

12 Im Rahmen der Zwischenergebniseliminierung gem. § 304 HGB werden die aus L&L innerhalb des Konzerns entstehenden **Gewinn- bzw. Verlustbeiträge eliminiert**. Die ebenfalls dem Einheitsgedanken folgende Konsolidierungsmaßnahme verhindert, dass es bei konzerninternen Geschäftsvorfällen zu einem Gewinn- oder Verlustausweis kommt, der aus Konzernsicht nur bei Transaktionen mit außerhalb des Konzerns stehenden Dritten entstehen darf. Dabei ändert

sich häufig der Charakter des Ertrags bzw. Aufwands. Dies gilt z.B. für von einem TU hergestellte Erzeugnisse, die entweder zum langfristigen Verbleib bzw. zu Handels- oder Weiterverarbeitungszwecken an ein anderes TU geliefert werden. Im Fall der Aktivierung bei dem empfangenden TU im AV verwandeln sich die Umsatzerlöse im Jahresabschluss des TU in **Erträge aus anderen aktivierten Eigenleistungen** im Konzernabschluss (bei Anwendung des GKV). Sofern die Erzeugnisse in den Vorräten des empfangenden TU zu aktivieren sind, stellen sie für sich betrachtet **Erhöhungen des Bestands an unfertigen oder fertigen Erzeugnissen** dar. In jedem Fall lässt schon dieser Charakterwandel darauf schließen, dass in den betreffenden Erträgen oder Aufwendungen enthaltene Gewinn- oder Verlustanteile auf der Ebene des Konzernabschlusses nicht realisiert sind und daher auch nicht aktiviert werden dürfen.

Im Ergebnis gilt dies auch für konzerninterne **Dienstleistungen**, die im Jahresabschluss des empfangenden TU nicht aktiviert, sondern im Aufwand erfasst werden. Mangels Aktivierungsfähigkeit der Dienstleistung beim Empfänger bedürfen diese konzerninternen Transaktionen keiner gesonderten Zwischenergebniseliminierung. Diese werden durch die Aufwands- und ErtragsKons mit erfasst.

13

Durch die Zwischenergebniseliminierung wird der Wertansatz des betreffenden konzernintern gelieferten VG im Konzernabschluss gegenüber seinem steuerlichen Wertansatz verändert, woraus der Ansatz latenter Steuern abzuleiten ist. Die Differenzen werden bei den in der Nutzung zeitlich begrenzten VG des AV durch die Abschreibungen abgebaut. Bei in der Nutzung nicht zeitlich begrenzten VG des AV, z.B. Grundstücken und Beteiligungen, handelt es sich insoweit um quasi-permanente Differenzen, für die früher, d.h. vor Einführung des BilMoG, ein Ansatz versagt wurde.[12] Nach § 306 HGB i.d.F. des BilMoG sind hierauf zwingend latente Steuern anzusetzen.

14

Beispiel 1

15

TU A liefert am 1.1.01 an TU B eine Maschine, die A selbst hergestellt hat. B plant, diese Maschine zukünftig für die eigene Produktion einzusetzen, und aktiviert die Maschine im AV. Die HK der Maschine betragen 250 TEUR. A hat einen Gewinnaufschlag von 20 % vereinbart und stellt B die Maschinen für 300 TEUR zzgl. USt in Rechnung.

Im Konzernabschluss ist die Lieferung der Maschine von A an B als Innenumsatz zu eliminieren. Infolgedessen sind die von A im Jahresabschluss hierfür ausgewiesenen Umsatzerlöse im Konzernabschluss um den Gewinnanteil gekürzt in die Erträge aus anderen aktivierten Eigenleistungen umzugliedern. Der Wertansatz der Maschine im AV von B ist um den Gewinnaufschlag i.H.v. 50 TEUR auf die HK i.H.v. 250 TEUR zu reduzieren. Auf die Zwischengewinneliminierung entfallen bei einem Steuersatz von 30 % aktive latente Steuern i.H.v. 15 TEUR.

Aufgrund von Erfahrungswerten aus der Vergangenheit wird die planmäßige Nutzungsdauer bei linearem Wertverbrauch für den Konzernabschluss mit 8 Jahren eingeschätzt. Danach wird noch ein Restwert von 50 TEUR erwartet, der durch den Verkauf der Maschine realisiert werden soll. Steuerlich soll

---

12 Vgl. die bereits nach altem Recht geltende Kommentierung, stellvertretend für andere: ADS, 6. Aufl. § 306 HGB, Rz 32 ff.

die Maschine linear über 10 Jahre auf einen Restwert von 0 EUR abgeschrieben werden. Der Restbuchwert der Maschine im ersten Konzernabschluss nach dem Zugangszeitpunkt beträgt 225 TEUR, der steuerliche Wertansatz in der Steuerbilanz von B 270 TEUR. Die im Zugangszeitpunkt bilanzierten aktiven latenten Steuern von 15 TEUR sind auf 13,5 TEUR zu reduzieren.

Beispiel 2

TU A veräußert eine vor einigen Jahren erworbene 20-%-Beteiligung an einem ZulieferUnt an TU B. B beabsichtigt eine langfristige strategische Partnerschaft mit dem ZulieferUnt und aktiviert die Beteiligung in den Finanzanlagen. Die AK der Beteiligung für A betrugen ursprünglich 1 Mio. EUR. Der Verkaufspreis an B, der dem auf die Beteiligung entfallenden beizulegenden Zeitwert des ZulieferUnt entspricht, beträgt 2 Mio. EUR.

Im Konzernabschluss ist der bei A entstandene Veräußerungsgewinn zu eliminieren. Im Konzernabschluss kommt es insofern zu einem von dem steuerlichen Wertansatz bei B divergierenden Ansatz i. H. v. 1 Mio. EUR. Da die Beteiligung mangels zeitlicher Nutzungsbegrenzung nicht planmäßig abgeschrieben werden darf, wird diese Differenz allerdings erst bei der Weiterveräußerung durch B wieder abgebaut (quasi-permanente Differenz). Es sind aktive latente Steuern zu bilden. Gem. § 8b Abs. 3 KStG ist allerdings der Gewinn aus der Veräußerung einer Beteiligung steuerlich nicht anzusetzen, dafür aber i. H. v. 5 % als nicht abzugsfähige Betriebsausgabe zu berücksichtigen. Die Regelung wirkt sich auch auf die gewerbesteuerliche Bemessungsgrundlage aus.

Adjustierungen des handelsrechtlichen Wertansatzes im Konzernabschluss durch ggf. notwendige außerplanmäßige Abschreibungen auf den niedrigeren beizulegenden Wert gem. § 253 Abs. 3 HGB und das Wertaufholungsgebot gem. § 253 Abs. 5 HGB erfordern entsprechende Anpassungen des latenten Steuerpostens im Zeitablauf. Demgegenüber haben Abschreibungen auf den Beteiligungsbuchwert auf Ebene des Jahresabschlusses von TU B keinen Einfluss auf die Steuerlatenz nach § 306 HGB, da sie steuerlich nicht berücksichtigt werden.

Nachfolgend wird das vorgenannte Beispiel tabellarisch wiedergegeben.

Beispiel	TU A			TU B		
	01_{Anfang}	Geschäftsvorfälle	01_{Ende}	01_{Anfang}	Geschäftsvorfälle	01_{Ende}
Bilanz						
Beteiligung	1.000,0	−1.000,0	0,0	0,0	2.000,0	2.000,0
Bank	0,0	2.000,0	2.000,0	2.000,0	−2.000,0	0,0
EK	−1.000,0	−985,0	−1.985,0	−2.000,0	0,0	−2.000,0
Verbindlichkeiten	0,0	−15,0	−15,0	0,0	0,0	0,0
Summe	0,0	0,0	0,0	0,0	0,0	0,0

	TU A				TU B		
	01_{Anfang}	Geschäfts-vorfälle	01_{Ende}		01_{Anfang}	Geschäfts-vorfälle	01_{Ende}
GuV							
Sonstige betriebl. Erträge		−1.000,0	−1.000,0			0,0	0,0
Ertragsteuern							
§ 8b Abs. 3 KStG	5 %						
Steuersatz	30 %	15,0	15,0			0,0	0,0
Jahresergebnis		−985,0	−985,0		0,0	0,0	0,0

Beispiel

Konzern					
	01_{Anfang}	Geschäfts-vorfälle	01_{Ende}	Kons.	Summe
Bilanz					
Beteiligung	1.000,0	1.000,0	2.000,0	−1.000,0	1.000,0
Bank	2.000,0	0,0	2.000,0		2.000,0
EK	−3.000,0	−985,0	−3.985,0	985,0	−3.000,0
Verbindlichkeiten	0,0	−15,0	−15,0		−15,0
Latente Steuern				15,0	15,0
Summe	0,0	0,0	0,0	0,0	0,0
GuV					
Sonstige betriebl. Erträge		−1.000,0	−1.000,0	1.000,0	0,0
Ertragsteuern		15,0	15,0	0,0	15,0
Latente Steuern		0,0	0,0	−15,0	−15,0
Jahresergebnis	0,0	−985,0	−985,0	985,0	0,0

Beispiel
Im nachfolgenden Gj 02 erfolgt als einziger Geschäftsvorfall bei TU B eine Abschreibung auf den Beteiligungsansatz infolge einer andauernden Wertminderung. Die Abschreibung wirkt sich, wie oben erläutert, ertragsteuerlich nicht aus.

§ 306 Latente Steuern

	TU A				TU B		
	02_{Anfang}	Geschäfts-vorfälle	02_{Ende}	02_{Anfang}	Geschäfts-vorfälle	02_{Ende}	
Bilanz							
Beteiligung	0,0		0,0	2.000,0	–500,0	1.500,0	
Bank	2.000,0		2.000,0	0,0	0,0	0,0	
EK	–1.985,0		–1.985,0	–2.000,0	500,0	–1.500,0	
Verbindlichkeiten	–15,0		–15,0	0,0	0,0	0,0	
Latente Steuern							
Summe	0,0	0,0	0,0	0,0	0,0	0,0	
GuV							
Sonstige betriebl. Erträge		0,0	0,0		0,0	0,0	
Abschr. FAV		0,0	0,0		500,0		
Ertragsteuern							
§ 8b Abs. 3 KStG	5 %						
Steuersatz	30 %	0,0	0,0		0,0	0,0	
Latente Steuern		0,0	0,0		0,0	0,0	
Jahresergebnis		0,0	0,0		500,0	0,0	
Konzern							
	02_{Anfang}	Geschäfts-vorfälle	02_{Ende}	Kons. 01	Kons. 02	Konzern	
Bilanz							
Beteiligung	2.000,0	–500,0	1.500,0	–1.000,0	500,0	1.000,0	
Bank	2.000,0	0,0	2.000,0			2.000,0	
Eigenkapital	–3.985,0	500,0	–3.485,0	985,0	–492,5	–2.992,5	
Verbindlichkeiten	–15,0	0,0	–15,0			–15,0	
Latente Steuern				15,0	–7,5	7,5	
Summe	0,0	0,0	0,0	0,0	0,0	0,0	
GuV							
Sonstige betriebl. Erträge		0,0	0,0	1.000,0		1.000,0	
Abschr. FAV					–500,0	–500,0	
Ertragsteuern		0,0	0,0	0,0	0,0	0,0	
Latente Steuern		0,0	0,0	–15,0	7,5	–7,5	
Jahresergebnis		0,0	0,0	985,0	–492,5	492,5	

Die Regelung gilt wegen §§ 312 Abs. 5, 304 HGB auch für Zwischengewinne aus Liefer- und Leistungsverhältnissen mit assoziierten Unt.

2.2.4 Aufwands- und Ertragskonsolidierung

Bei der Aufwands- und ErtragsKons gem. § 305 HGB werden konzerninterne Erträge, insb. Umsatzerlöse, aber auch sonstige Liefer- und Leistungstransaktionen, mit den auf sie entfallenden Aufwendungen, soweit sie nicht als Bestandsveränderungen auszuweisen sind, verrechnet. I. d. R. stehen sich die zu konsolidierenden **Erträge und Aufwendungen in gleicher Höhe** gegenüber, sodass auch die mit den Erträgen und Aufwendungen korrespondierenden VG, z. B. Forderungen aus L&L oder AV, und Schulden sich gleichwertig gegenüberstehen. Mangels erforderlicher Anpassungen der Wertansätze durch die Konsolidierungsmaßnahme sind hierbei keine latenten Steuern zu erfassen.

Etwas anderes kann sich ergeben, wenn eine Transaktion zwischen zwei TU nur **einseitig** einen Ergebniseffekt auslöst. Dies ist regelmäßig bei Gewinnausschüttungen von KapG festzustellen. Die Ausschüttung der übertragenden Ges. erfolgt ergebnisneutral aus dem EK. Die empfangende Ges. weist ergebniswirksame Erträge aus Beteiligungen aus und aktiviert spätestens ab dem Zeitpunkt des Gewinnausschüttungsbeschlusses einen Gewinnanspruch.[13] Der Gewinnausschüttungsbeschluss erfolgt regelmäßig im Folge-Gj, sodass der ausgeschüttete Gewinn zum einen im Konzernabschluss des Gj seiner Entstehung ausgewiesen wird und zum anderen durch die Ausschüttung im Folgejahr oder in den Folgejahren ein weiteres Mal in den Konzernabschluss einfließt. Bei der dadurch erforderlichen Konsolidierungsmaßnahme ergeben sich zunächst keine Wertveränderungen des Gewinnanspruchs und der korrespondierenden Gewinnausschüttungsverpflichtung. Allerdings können sich je nach der Art der Besteuerung von Beteiligungserträgen Auswirkungen auf die Steuerschuld des empfangenden TU ergeben. Bei dem ausschüttenden TU ergibt sich regelmäßig keine steuerliche Auswirkung, da die Ausschüttung aus dem versteuerten Jahresergebnis erfolgt. Die durch die Kons. entstehende Differenz führt, solange hierdurch nicht eine permanente Differenz entsteht, grds. zum Ansatz latenter Steuern. Soweit die Beteiligungserträge (z.B. innerhalb eines Unternehmensverbunds) nicht besteuert werden und insoweit durch die Konsolidierungsmaßnahme die Steuerschuld nicht verändert wird, muss der Ansatz von latenten Steuern für diesen Teil unterbleiben.

Bei noch nicht erfolgtem Gewinnverwendungsbeschluss, aber handelsrechtlich zulässiger phasengleicher Übernahme von Ergebnissen aus Beteiligungen, entstehen aufgrund des steuerlichen Ansatzverbotes temporäre Differenzen, die ebenfalls dem Ansatzverbot für temporäre Differenzen , die sich zwischen dem steuerlichen Wertansatz einer Beteiligung an einem TU, assoziierten Unt oder GemeinschaftsUnt und dem handelsrechtlichen Wertansatz des im Konzernabschluss angesetzten Nettovermögens ergeben, unterliegen.[14]

---

[13] Es sei denn, es liegen die Voraussetzungen für eine phasengleiche Gewinnvereinnahmung vor.
[14] Vgl. DRS 18, Tz. 31.

2.2.5 Konsolidierung von assoziierten Unternehmen

18 Nach den Regelungen des § 312 Abs. 5 Satz 3 HGB sind die §§ 304 HGB und 306 HGB für die Kons. von assoziierten Unt entsprechend anzuwenden (vgl. Rz 8). Damit sind die neben den in § 312 Abs. 1 bis 4 HGB geregelten Maßnahmen zusätzlich durchzuführenden Konsolidierungserfordernisse auf Zwischenergebnisse und latente Steuern beschränkt. Damit wurden vom Gesetzgeber Vorgaben u. a. durch Art. 27 Abs. 7 i. V. m. Art. 24 Abs. 7 der RL 2013/34/EU umgesetzt.[15] Die Schulden und die Aufwands- und ErtragsKons wurden somit vom Gesetzgeber ausgenommen. Ebenso ist die Anwendung der §§ 304 HGB und 306 HGB begrenzt auf die Fälle, in denen die für die Beurteilung maßgeblichen Sachverhalte bekannt oder zugänglich sind.

Diese sich bis zum BilRUG nicht aus dem Gesetz ergebende Ausdehnung auf die Beteiligungen an assoziierten Unt beruht auf mit § 301 Abs. 1 HGB vergleichbaren Konsolidierungsmaßnahmen, die im Fall von assoziierten Unt nicht zu einer unterschiedlichen Behandlung führen sollen. Bei der Bewertung von Beteiligungen an assoziierten Unt im Konzernabschluss ist das auf die Beteiligung entfallende anteilige Eigenkapital des assoziierten Unt mit den Zeitwerten der VG, Schulden, RAP und Sonderposten zu bewerten. Diese Werte sind in den Folgeabschlüssen fortzuführen (vgl. § 312 Rz 45). Infolgedessen kommt es auch hier zu einer Aufdeckung stiller Reserven.

Anders als bei der KapKons gem. § 301 HGB kommt es beim erstmaligen Ansatz einer Beteiligung an einem assoziierten Unt nicht zu einem Ansatz latenter Steuern im Konzernabschluss (vgl. DRS 18.28). Vielmehr stellen sich die auf die Wertdifferenzen zwischen dem steuerlichen Wertansatz der Beteiligung und den gem. § 312 Abs. 2 HGB zu ermittelnden Wertansätze der betreffenden VG, Schulden, RAP und Sonderposten zu bildenden latenten Steuern, wie die Wertdifferenzen selbst, nur in einer Nebenrechnung dar. Gleiches gilt für die Fortentwicklung der latenten Steuern in Folgeabschlüssen.

Durch die Fortschreibung des Wertansatzes der *at-equity*-Beteiligung in Folgeabschlüssen gem. § 312 Abs. 4 HGB, nämlich um den Betrag der auf die Beteiligung entfallenden EK-Veränderung, entstehende Wertdifferenzen zwischen dem steuerlichen Wertansatz der Beteiligung und dessen Wertansatz im Konzernabschluss unterliegen § 306 Abs. 4 HGB. Auf diese *outside basis differences* dürfen keine latenten Steuern angesetzt werden (vgl. Rz 27).

Es gibt keine explizite Übergangsvorschrift im EGHGB zur Erstanwendung des § 312 HGB i. d. F. des BilRUG. Die Regelungen sind erstmals für Konzernabschlüsse und Konzernlageberichte für das nach dem 31.12.2015 beginnende Gj anzuwenden. Somit sind die Regelungen auch retrograd anzuwenden. Für in vorangegangenen Gj bilanzierte Beteiligungen an assoziierten Unt ergibt sich im Falle über den Buchwerten liegender beizulegender Zeitwerte bei der Berücksichtigung latenter Steuern eine Erhöhung des auf das assoziierte Unt entfallenden noch vorhandenen GoF. Ist kein GoF mehr vorhanden, ist die zu berücksichtigende passive latente Steuer sofort aufwandswirksam zu erfassen. Demnach ist bei Beteiligungen an assoziierten Unt regelmäßig ein Ergebniseffekt im Gj 2016 zu erwarten.

---

[15] Vgl. BilRUG-GesE 2015, S. 92, zu Buchstabe b) (§ 312 Abs. 5 HGB).

2.2.6 Steuerliche Verlustvorträge

Die Vorschrift des § 306 HGB verlangt, dass auf durch Konsolidierungsmaßnahmen bedingte temporäre Differenzen zwischen den steuerlichen und handelsrechtlichen Wertansätzen von VG, Schulden und RAP aktive bzw. passive latente Steuern zu bilden sind. Im Gegensatz zu § 274 HGB wird nicht nur auf ein Ansatzwahlrecht eines „Aktivüberhangs", sondern auch auf einen fünfjährigen Verlustverrechnungszeitraum bei bestehenden steuerlich nutzbaren Verlustvorträgen verzichtet. Letzteres ist deshalb nachvollziehbar, da sich die Regelung auf steuerlich nutzbare Verlustvorträge bezieht, die **durch Konsolidierungsmaßnahmen nicht beeinflusst** werden und insoweit auch nicht Regelungsbestandteil des § 306 HGB sein können. Die durch § 274 HGB bestehenden Wahlrechte, Ansatz eines Aktivüberhangs als aktive latente Steuern und Bruttoansatz aktiver und passiver latenter Steuern (vgl. § 274 Rz 25 ff.), können gem. §§ 298, 300 Abs. 2 HGB im Konzernabschluss unabhängig von ihrer Anwendung im Jahresabschluss ausgeübt werden.

Die fehlende Einflussnahme von Konsolidierungsmaßnahmen auf steuerliche Verlustvorträge führt im Zusammenhang mit § 306 HGB grds. zu keinen weiteren Betrachtungen. Es wird daher nur auf die gleiche Grundannahme, nämlich die Realisierbarkeit des latenten Steueranspruchs, hingewiesen.[16] Diese ist nicht nur auf einen sich mechanisch darstellbaren temporären Abbaueffekt zu beschränken, sondern muss auch ökonomisch darstellbar sein. Insoweit ist auch in diesem Zusammenhang auf den Hinweis des Rechtsausschusses – allerdings zum § 274 HGB – zu verweisen, dass bei der Einschätzung der Werthaltigkeit der latenten Steueransprüche „– wie im HGB allg. üblich – das Vorsichtsprinzip zu berücksichtigen und der Ansatz aktiver latenter Steuern sorgfältig zu prüfen"[17] sei.

In betragsmäßig wesentlichen Fällen mit langer Abbauphase werden hierzu ertragswert- oder *cashfloworientierte* Bewertungsverfahren, unter Berücksichtigung des für latente Steuern bestehenden Abzinsungsverbots, für die Bewertung des steuerlichen potenziellen Anspruchs zu Rate gezogen werden müssen (vgl. § 274 Rz 49 ff.).

Nach § 301 Abs. 1 Satz 2 HGB ist das mit dem Beteiligungsbuchwert zu verrechnende EK mit dem Zeitwert der in den Konzernabschluss aufzunehmenden VG, Schulden, RAP und Sonderposten des TU anzusetzen. Zu den Sonderposten zählen nicht zuletzt auch die von TU im Zusammenhang mit steuerlich nutzbaren Verlustvorträgen bilanzierten oder ggf. mit passiven latenten Steuern saldierten aktiven latenten Steuern. Damit sind steuerlich nutzbare Verlustvorträge grds. in die Kaufpreisallokation mit einzubeziehen. Es sind allerdings die Bewertungsrestriktionen gem. §§ 301 Abs. 1 Satz 3, 306 Satz 5 HGB zu beachten. Der Wert des Postens kann allein schon deswegen vom ggf. bilanzierten Buchwert bei TU abweichen, da infolge des Beteiligungserwerbs Auswirkungen auf das Jahresergebnis von TU seitens MU erwartet werden können (z.B. durch Sanierungsbzw. Restrukturierungsmaßnahmen und Synergieeffekte), die innerhalb des von TU gem. § 274 Abs. 1 Satz 4 HGB zu berücksichtigenden Verlustverrechnungszeitraums von fünf Jahren zu einem von den Erwartungen von TU abweichenden

---

[16] Vgl. eine ähnliche Betrachtungsweise bei ADS, 6. Aufl. § 306 HGB, Rz 42.
[17] Vgl. BilMoG-BgrRA, S. 114 und DRS 18.17 ff.

verrechenbaren steuerlichen Verlust führen. Die somit infolge der ErstKons entstehende Differenz zwischen den bei der TU ggf. angesetzten und im Konzernabschluss gem. § 301 Abs. 1 Satz 2 HGB auszuweisenden aktiven latenten Steuern ist allein schon deshalb kein Anwendungsfall von § 306 HGB, da dem handelsrechtlichen Wertansatz im Konzernabschluss kein steuerlicher Wertansatz gegenübersteht. Gleiches gilt für den Fall, dass ein TU in seinem Jahresabschluss wahlweise oder aufgrund nationaler Vorschriften auf den Ansatz von aktiven latenten Steuern verzichtet hat und erst im Zusammenhang mit der ErstKons im Konzernabschluss aktive latente Steuern zu bilanzieren sind; vgl. § 301 Rz 65.[18]

Werden jedoch aufgrund geänderter Erwartungen innerhalb der auf den erstmaligen Ansatz folgenden zwölf Monate latente Steuern angesetzt, ist eine ergebnisneutrale Erfassung beim GoF durchzuführen. Entsprechendes gilt im umgekehrten Fall. Erfolgen die Anpassungen später, hat die Erfassung latenter Steuern ergebniswirksam zu erfolgen (vgl. DRS 18.55).

20 Steuerliche Verlustvorträge gehen teilweise oder vollständig verloren, wenn ein schädlicher Beteiligungserwerb i.S.d. Vorschrift entsteht. Dies gilt, soweit der Beteiligungserwerb in den zeitlichen Regelungsbereich der Vorschriften reicht, nur so lange nicht, wenn an dem übertragenden und an dem übernehmenden Rechtsträger dieselbe Person zu jeweils 100 % mittelbar oder unmittelbar beteiligt ist (vgl. § 8c Abs. 1 Satz 5 KStG), stille Reserven nutzbar sind (vgl. § 8c Abs. 1 Satz 6 KStG) oder der Beteiligungserwerb zu Sanierungszwecken erfolgte (vgl. § 8c Abs. 1a KStG). Die gewerbesteuerlichen Regelungen folgen den körperschaftsteuerlichen Vorschriften (vgl. § 10a Satz 10 GewStG). Die sog. Sanierungsklausel gem. § 8c Abs. 1a KStG, die die fortdauernde Nutzbarkeit bestehender steuerlicher Verlustvorträge auch bei der Übernahme von mehr als 50 % der Anteile des Unt ermöglichte, ist wegen der Einleitung eines förmlichen Prüfverfahrens durch die Europäische Kommission vom BMF ausgesetzt worden.[19] Die Nichtigkeitsklage der Bundesrepublik Deutschland gegen den Beschluss über die Einleitung des Prüfverfahrens wurde seitens der Kommission wegen verspäteter Erhebung der Klage abgewiesen.[20] Auch wenn der Ausgang des Verfahrens ungewiss ist, haben betroffene Unt in ihrem Konzernabschluss bzw. Jahresabschluss den Ansatz von aktiven latenten Steuern auf steuerlich nutzbare Verlustvorträge vor diesem Hintergrund zu überprüfen.

Nachfolgendes Beispiel zeigt eine mögliche Interdependenz von konzerninternen Transaktionen und dem Verlustverrechnungszeitraum und weist insoweit auf eine Gestaltungsmöglichkeit hin.

> **Beispiel**
> TU A liefert an TU B eine Maschine zu einem Verkaufspreis von 1,1 Mio. EUR. Die HK der Maschine betragen 900 TEUR, der somit bei A entstandene Gewinn lautet 200 TEUR. A verfügt über steuerlich nutzbare Verluste von 100 TEUR, die erwartungsgemäß in den nächsten 5 Jahren mit Gewinnen in gleicher Höhe verrechnet werden können.

---

[18] Vgl. eine ähnliche Betrachtungsweise: *Leinen*, in *Kessler/Leinen/Strickmann*, BilMoG, 2009, S. 597f.
[19] Vgl. BMF-Schreiben v. 30.4.2010, IV C 2 – S 2745-a/08/10005:002 – (2010/0332067).
[20] Vgl. Beschluss des EuGH v. 18.12.2012 in der Rechtssache T-205/11.

> TU B aktiviert die Maschine im AV mit ihren AK von 1,1 Mio. EUR und schreibt die Maschine über 10 Jahre vollständig ab. B verfügt über steuerlich nutzbare Verlustvorträge von 500 TEUR und erwartet in den nächsten 5 Jahren Gewinne von 500 TEUR.
> A und B sind 100 %ige TU der C, die ebenfalls steuerlich nutzbare Verlustvorträge von 1 Mio. EUR aufweist. C erwartet in den nächsten 5 Jahren Gewinne von 1 Mio. EUR.
> Bei der Erstellung des Konzernabschlusses ist der bei A entstandene Zwischengewinn von 200 TEUR zu eliminieren. Im Gegenzug ist bei B die Abschreibung der Maschine um den zeitanteilig auf den Gewinnaufschlag entfallenden Betrag zu korrigieren. Dieser beträgt in jedem Gj, bei Außerachtlassen des konkreten Anschaffungszeitpunkts im Gj des Zugangs, 20 TEUR.
> Auf den eliminierten Zwischengewinn von 200 TEUR sind aktive latente Steuern von 60 TEUR (Steuersatz 30 %) zu aktivieren, die sich im Zeitablauf von 10 Jahren abbauen. Entsprechendes gilt für den bei B zu eliminierenden Anteil an der Abschreibung.
> Ein anderes Ergebnis stellt sich ein, wenn A die Maschine, z.B. im Zuge einer auch Dritten zugänglichen Rabattaktion, zu HK an B verkaufen würde. Mangels in den nächsten 5 Jahren erwarteter ausreichender Gewinne (s.o.) würden auf den zusätzlich entstehenden, annahmegemäß auch steuerlich nutzbaren Verlust(vortrag) bei A keine aktiven latenten Steuern gebildet werden dürfen.

2.2.7 Besonderheiten bei Personenhandelsgesellschaften

Bei der Ermittlung latenter Steuern im Rahmen der Kons. von PersG ist zu beachten, dass bei der Ermittlung der steuerlichen Wertansätze der VG, Schulden, RAP und Sonderposten nicht allein auf die Wertansätze in der Steuerbilanz des einzubeziehenden TU abzustellen ist, sondern dass darüber hinaus etwaige Ergänzungsbilanzen eines, mehrerer oder aller Gesellschafter in die Betrachtung einzubeziehen sind[21] In der Ergänzungsbilanz spiegeln sich die über die steuerlichen Buchwerte der im Gesamthandsvermögen befindlichen VG, Schulden und RAP hinausgehenden bzw. die für den GoF geleisteten Kaufpreiszahlungen bei Eintritt eines Gesellschafters wider. Nicht einzubeziehen sind Sonderbilanzen, da das darin abgebildete Vermögen sich weder im rechtlichen Eigentum des TU befindet noch ihm wirtschaftlich zugerechnet wird (vgl. § 246 Abs. 1 HGB).[22] Sofern das Sonderbetriebsvermögen allerdings dem rechtlichen oder wirtschaftlichen Eigentum eines in den Konzernabschluss einzubeziehenden Unt zuzurechnen ist, gelangt es hierdurch zum Ausweis im Konzernabschluss.[23]

21

Nicht zuletzt wegen der unterschiedlichen Zurechnung des Sonderbetriebsvermögens in der jeweiligen Handels- und Steuerbilanz der betreffenden Unt kann

---

[21] Zur steuerlichen Bilanzierung bei Personenhandelsgesellschaften vgl. *Frotscher/Geurts*, in Frotscher, EStG, § 15 EStG, Rz 242, Stand 02/2015.
[22] *Meyer/Loitz/Linder/Zerwas*, Latente Steuern, 2. Aufl. 2010, S. 156.
[23] Vgl. DRS 18 Tz. 39.

es z. B. aufgrund unterschiedlicher Abschreibungen zu unterschiedlichen Entwicklungen der als Sonderbetriebsvermögen klassifizierten VG und ihrer steuerlichen Wertansätze kommen. Wegen der gewerbesteuerlichen Hinzurechnungs- und Kürzungsvorschriften (vgl. §§ 8 Nr. 8, 9 Nr. 2 GewStG) fallen beim MU (Gesellschafter) keine latenten Steuern an. Es kann aber der Ansatz von KSt erforderlich sein, wenn der Gesellschafter eine KapG ist.[24]

Eine weitere Besonderheit ist zu berücksichtigen, sofern bei der PersG die Gewinnverwendung einer gesellschaftsvertraglichen Bestimmung oder eines darauf gründenden Gesellschafterbeschlusses unterliegt, durch die bzw. den den Gesellschaftern der PersG die Verfügungsgewalt über den zu verteilenden Gewinn, z. B. durch Einstellung in die Rücklagen, entzogen wird. Dies kann dazu führen, dass im Jahresabschluss des Gesellschafters eine Forderung auf den Gewinnanteil erst zum Zeitpunkt einer Beschlussfassung durch die GesV und somit ggf. erst in einem anderen Gj entsteht.[25] Steuerlich erfolgt die Gewinnzuweisung in dem Veranlagungszeitraum, in dem der steuerliche Gewinn entstanden ist. Im Jahresabschluss führt dies zu einem Ansatz aktiver latenter Steuern, der im Konzernabschluss zu eliminieren ist.

> **Beispiel (Beträge in TEUR)**
> Eine GmbH ist an einer KG beteiligt (Buchwert der Beteiligung 100 GE). Zur Vereinfachung wird angenommen, dass der GmbH alle Anteile an der KG gehören. Einziger Geschäftsvorfall der GmbH im Gj ist die Abschreibung ihres Sachanlagevermögens i. H. v. 30 GE, das gleichzeitig als Sonderbetriebsvermögen (SBV) der KG klassifiziert ist. Die KG erzielt in dem Gj Umsatzerlöse i. H. v. 100 GE, die als Forderungen ausgewiesen werden. Des Weiteren sind Abschreibungen auf das Sachanlagevermögen i. H. v. 50 GE zu berücksichtigen, die in gleicher Höhe steuerlich berücksichtigt werden. Das SBV der KG wird im Gegensatz zu seiner handelsrechtlichen Abschreibung bei der GmbH aber i. H. v. 40 GE abgeschrieben.
> Die KG erzielt im Gj einen Jahresüberschuss i. H. v. 50 GE, der in Folge von gesellschaftsvertraglichen Gewinnverwendungsvorgaben in voller Höhe den Gewinnrücklagen zugeführt wird.
> Nachfolgend wird die Behandlung der Geschäftsvorfälle in den Jahresabschluss und in den Steuerbilanzen der GmbH und KG und im Konzernabschluss der GmbH dargestellt:

---

[24] Vgl. IDW RS HFA 18 Tz. 42 ff.
[25] Vgl. IDW RS HFA 18 Tz. 20.

Latente Steuern § 306

		GmbH EA 1.1.	GmbH EA lfd. Gl.	GmbH EA 31.12.		KG EA 1.1.	KG EA lfd. Gl.	KG EA 31.12.		Summenbilanz HB I 1.1.	Summenbilanz HB I lfd. Gl.	Summenbilanz HB I 31.12.	Konsolidierungsbuchungen 1.1.	Konsolidierungsbuchungen lfd. Gl.	Konsolidierungsbuchungen 31.12.	GmbH Konzernbilanz (KA) 1.1.	GmbH Konzernbilanz (KA) lfd. Gl.	GmbH Konzernbilanz (KA) 31.12.
HB	Aktiva																	
	SAV (=SBV)	60,0	-30,0	30,0							-80,0		240,0	-100,0			-80,0	160,0
	Beteiligung	100,0		100,0				130,0				160,0	100,0		-100,0	100,0		0,0
	Forderungen		7,5	7,5				100,0			100,0	7,5	100,0	0,0	-7,5	0,0	100,0	0,0
	lat St		-22,5	-22,5							7,5	7,5		0,0	0,0	20,0		
	Σ	160,0	-22,5	137,5				230,0			340,0	27,5	367,5	240,0	-107,5	240,0		260,0
	Passiva																	
	EK	80,0	-24,0	56,0				150,0			80,0	-24,0	56,0	80,0	42,5	-24,0		56,0
	Kap.kto					100,0	50,0				100,0	50,0	150,0	-100,0	-50,0	50,0		150,0
	FK	80,0		80,0		80,0		80,0			160,0		160,0	-100,0	-150,0	160,0		160,0
	lat St		1,5	1,5								1,5	1,5					1,5
	Σ	160,0	-22,5	137,5		180,0	50,0	230,0			340,0	27,5	367,5	-100,0	-107,5	340,0	27,5	367,5

		GHB 1.1.	GHB lfd. Gl.	GHB 31.12.						SBV 1.1.	SBV lfd. Gl.	SBV 31.12.
StB	Aktiva											
	Kap.kto SBV	60,0	-40,0	20,0						60,0	-40,0	20,0
	Kap.kto Bet.	100,0	50,0	150,0								
	Forderungen		10,0	170,0								
	Σ	160,0	10,0	170,0						60,0	-40,0	20,0
	Passiva											
	EK	80,0	-40,0	40,0								
	Kap.kto		50,0	50,0		100,0	50,0	150,0		60,0	-40,0	20,0
	FK	80,0		80,0		80,0		80,0				
	Σ	160,0	10,0	170,0		180,0	50,0	230,0		60,0	-40,0	20,0

	Wert-differenz (HB ./. StB)	Steuersatz	latente Steuer
	10	15%	1,5
	-50	15%	-7,5

Es sind passive latente Steuern auf den Unterschiedsbetrag i.H.v. 10 GE zwischen dem handelsrechtlichen und steuerlichen Wertansatz des SAV bzw. SBV zu bilden. Wegen der gewerbesteuerlichen Hinzurechnung wirkt sich dies nur bei der KSt aus.

Wegen einer gesellschaftsvertraglichen Gewinnverwendungsregel, die eine Zuführung des Jahresüberschusses der KG in die Rücklagen erfordert, erlangt GmbH keinen Anspruch auf den Gewinn und hat somit auch keine Beteiligungserträge. Es entsteht ein latenter Steueranspruch wegen unabhängig von der gesellschaftsvertraglichen Regelung vorzunehmender steuerlicher Ergebniszuweisung an die GmbH:

2.3 Ausnahmen vom Ansatz

2.3.1 Erstmaliger Ansatz eines Geschäfts- oder Firmenwerts

22 **Ausgeschlossen** ist die Bildung einer Steuerlatenz aus dem erstmaligen Ansatz eines **GoF bzw. eines passiven Unterschiedsbetrags** (vgl. § 306 Satz 3 HGB). Da der GoF die Residualgröße der Kaufpreisallokation darstellt, führt der Ansatz passiver latenter Steuern zu einer Erhöhung des GoF, was wiederum eine zusätzliche Abgrenzung latenter Steuern bedingen würde. Der Verzicht auf die Abgrenzung latenter Steuern auf den GoF dient der Vermeidung dieser iterativen Endlosschleife.[26]

23 In diesem Punkt offenbart sich ein Bruch zur Regelung des § 274 HGB. Übernimmt ein Erwerber alle Aktiva und Passiva eines anderen Unt im Wege eines *asset deals*, richtet sich die Bildung latenter Steuern nach § 274 HGB. Das gilt auch für einen etwaigen nach § 246 Abs. 1 Satz 4 HGB anzusetzenden GoF. Wird der Erwerb als *share deal* abgewickelt, verbietet § 306 Satz 3 HGB einen Ansatz latenter Steuern für den sich ergebenden Konsolidierungsgoodwill.

> **Beispiel**
> Das Unt U, eine AG, ist das MU des U-Konzerns. U will den Konkurrenten T übernehmen. Zwei Szenarien zieht U in Betracht, nämlich den Erwerb sämtlicher Anteile an der T AG (share deal) und den Erwerb aller Aktiva und Passiva (asset deal) der T AG. Das in der HB erfasste Nettovermögen der T AG beträgt 20 Mio. EUR. Es umfasst keine stillen Reserven und keine stillen Lasten. Zu den Schulden gehört eine Drohverlustrückstellung i. H. v. 1 Mio. EUR. Da diese steuerlich keine Anerkennung gefunden hat, beläuft sich das Betriebsvermögen der T AG auf 21 Mio. EUR. U ist bereit, unabhängig von der Transaktionsstruktur einen maximalen Kaufpreis von 25 Mio. EUR zu zahlen.
> Erfolgt die Übernahme von T im Wege eines share deal, ermittelt sich im Konzernabschluss ein GoF von 5 Mio. EUR. Im Fall eines asset deal ergibt sich zunächst ebenfalls, wenn auch auf der Ebene des EA von U, ein GoF von 5 Mio. EUR. Da dieser in der Steuerbilanz wegen der Nichtpassivierung der Drohverlustrückstellung um 1 Mio. EUR niedriger ausgewiesen wird, liegt eine zu versteuernde temporäre Differenz von 1 Mio. EUR vor, für die passive latente Steuern zu berücksichtigen sind. Diese erhöhen ihrerseits wiederum den GoF, was Anlass zu einer erneuten Anpassung der latenten Steuern gibt. Der letztlich anzusetzende Betrag passiver latenter Steuern ermittelt sich nach folgender Formel:
>
> $$\frac{\text{Temporäre Differenz in Bezug auf den GoF} \times \text{Steuersatz}}{(1 - \text{Steuersatz})}$$
>
> Er beträgt im Beispiel 428.571 EUR. Das ergibt einen GoF in der HB von 5.428.571 EUR.

---

[26] Vgl. *Loitz*, WPg 2004, S. 1180; BilMoG-BgrRegE, S. 83.

Das Ergebnis ist unbefriedigend. Obwohl der Erwerb im Konzernabschluss wie ein *asset deal* abgebildet wird, weicht die bilanzielle Abbildung von jener des Jahresabschlusses ab. Das ist allein die Folge der abweichenden tatsächlichen Transaktionsstruktur. Hiergegen mag man einwenden, auch bei Existenz stiller Reserven oder stiller Lasten führe ein *asset deal* zu einer anderen bilanziellen Darstellung als ein *share deal*. Hier geht es allerdings allein um die abweichende Behandlung des GoF. Im Konzernabschluss sollen für ihn keine latenten Steuern gebildet werden, weil er eine Residualgröße darstelle. Für den Jahresabschluss lässt § 274 HGB dieses Argument dagegen nicht gelten. Das erscheint wertungswidersprüchlich. Ursächlich für diesen Konflikt ist die mangelnde inhaltliche Abstimmung der Regelungen über latente Steuern im Jahresabschluss und Konzernabschluss. Eine einheitliche Regelung entsprechend dem Vorbild von IAS 12 vermeidet derartige Verwerfungen. Sie ist aufgrund der Eigenständigkeit von Jahresabschlüssen und Konzernabschlüssen nach HGB jedoch nicht umsetzbar.

DRS 18.25 fordert im Fall eines **steuerlich abzugsfähigen GoF** die Berücksichtigung latenter Steuern. Ob die Ermittlung der latenten Steuern mit oder ohne Berücksichtigung der Iteration erfolgt, ist wohl im Einzelfall unter Wesentlichkeitsgesichtspunkten zu entscheiden (vgl. § 274 Rz 90 ff.).[27]

Als problematisch wird angesehen, dass mit dieser Regelung der GoF bzw. der passive Unterschiedsbetrag abweichend von den allg. Bewertungsgrundsätzen nur „*net of tax*" ausgewiesen wird. Dies beeinträchtige nicht nur den Einblick in die Vermögenslage des Konzerns, sondern ziehe erhebliche Komplikationen im Rahmen der Folgebewertung nach sich, wenn bspw. außerplanmäßige Abschreibungen je nach Umfang der Wertminderung ganz oder teilweise *net of tax* vorzunehmen seien und Änderungen der Steuersätze in späteren Jahren entsprechende Korrekturen des Geschäftswertansatzes erforderlich machen.[28]

2.3.2 Outside basis differences

Die Differenz zwischen dem im Konzernabschluss erfassten Vermögen eines TU und dem steuerbilanziellen Wert der vom MU am TU gehaltenen Anteile[29] wird in der internationalen Rechnungslegung als *outside basis difference* bezeichnet. Durch die Abgrenzung latenter Steuern auf *outside basis differences* werden steuerliche Wirkungen antizipiert, die in der Zukunft aus der Veräußerung der Anteile oder aus der Ausschüttung von Gewinnen resultieren können.

Der Gesetzgeber stellt durch das BilMoG in § 306 Satz 4 HGB klar, dass latente Steuern auf *outside basis differences* nicht gebildet werden dürfen. Der diesbezügliche **Konzeptionsbruch** wird **eingeräumt** und ist **Praktikabilitätserwägungen geschuldet**.[30]

Mit Blick auf die Informationsfunktion des Konzernabschlusses und die Regelungen zur internationalen Rechnungslegung mag man das Verbot bedauern. Die vom Gesetzgeber getroffene Kosten-Nutzen-Abwägung ist dennoch zu begrü-

---

[27] Vgl. *Loitz*, DB 2009, S. 917; *Kessler/Hall, van,* in *Kessler/Leinen/Strickmann,* BilMoG, 2009, S. 617 f.; zu den zu beachtenden Besonderheiten vgl. ADS International, Abschnitt 20, Tz 166 ff.
[28] Vgl. *Karrenbrock*, WPg 2008, S. 335.
[29] Zur steuerlichen Spiegelbildtheorie bei der Bilanzierung von Anteilen an Personenhandelsgesellschaften vgl. *Frotscher/Geurts,* in *Frotscher,* EStG, § 5 EStG, Rz 204, Stand 03/2017.
[30] Vgl. BilMoG-BgrRA, S. 118 f.

ßen. Insbesondere in mehrstufigen Konzernen verursacht die Ermittlung latenter Steuern auf outside basis differences nicht unerhebliche Schwierigkeiten, ja sie gehört zu den komplexesten Regelungen im *Tax Accounting* überhaupt.[31] Dies gilt zumindest, wenn man der Auffassung folgt, dass kaskadenartig auf jeder Konzernstufe steuerbilanzieller Beteiligungsansatz und ihm gegenüberstehendes Reinvermögen zu vergleichen wären.[32] Ob die in diesem Falle drohende Mehrfacherfassung latenter Steuern zu einer für den Bilanzadressaten nützlichen Information führt, darf indes bezweifelt werden.[33]

3 Bewertung latenter Steuern im Konzern

29 Die Berechnung latenter Steuern hat nach § 274 Abs. 2 HGB i. V. m. § 306 Satz 5 HGB auf dem Steuersatz desjenigen in den Konzernabschluss einbezogenen Unt zu basieren, bei dem sich der Steuereffekt auch abbaut. Damit wird die Fiktion des Konzerns als wirtschaftliche Einheit an dieser Stelle zugunsten einer stärker an den tatsächlichen Verhältnissen orientierten Vermögens-, Finanz- und Ertragslage zurückgedrängt.[34] Aus Wirtschaftlichkeits- und Wesentlichkeitsüberlegungen darf im Einzelfall für den Konzern ein einheitlicher Steuersatz angewandt werden.[35] Dies entspricht internationaler Praxis. Latente Steuern sind im Übrigen explizit nicht zu diskontieren (§ 274 Abs. 2 i. V. m. § 306 Satz 5 HGB). Die noch im RefE BilMoG angedachte Diskontierung aufgrund der Einordnung passiver latenter Steuern in die Rückstellungen hat sich nicht durchgesetzt.[36]

4 Ausweis und Erläuterung latenter Steuern im Konzern

30 Nach § 306 Satz 6 HGB dürfen die Posten der latenten Steuern im Konzern mit den Posten nach § 274 HGB zusammengefasst werden. Durch diese Saldierung ist für den Abschlussadressaten die Ursache latenter Steuern nicht mehr ersichtlich,[37] jedoch wird dieser Mangel durch die nach § 314 Abs. 1 Nr. 21 HGB erforderlichen Anhangangaben geheilt. Wie § 285 Nr. 29 HGB für den Jahresabschluss postuliert § 314 Abs. 1 Nr. 21 HGB für den Konzernanhang, dass zu erläutern ist, auf welchen Differenzen oder steuerlichen Verlustvorträgen die latenten Steuern beruhen und mit welchen Steuersätzen die Bewertung erfolgt ist. Neben den für den Jahresabschluss geltenden Erläuterungspflichten dürften für den Konzernabschluss weitere Angaben erforderlich sein, wenn bspw. unter *Materiality*-Gesichtspunkten ein durchschnittlicher Konzernsteuersatz zugrunde gelegt wurde. Aber auch im Fall der Zusammenfassung konsolidierungsspezifischer latenter Steuern mit solchen nach § 274 HGB sind die Beträge

---

[31] Vgl. *Loitz*, DB 2009, S. 917.
[32] Vgl. *Loitz/Klevermann*, DB 2009, S. 413.
[33] Vgl. *Kessler/Hall, van*, in *Kessler/Leinen/Strickmann*, BilMoG, 2009, S. 617.
[34] Vgl. BilMoG-BgrRegE, S. 83.
[35] Vgl. BilMoG-BgrRegE, S. 83 und DRS 18.42.
[36] Vgl. *Loitz*, DB 2009, S. 918.
[37] Vgl. *Karrenbrock*, WPg 2009, S. 335.

jeweils gesondert anzugeben. Ebenso ist für den Betrag der erfolgsneutral gebildeten latenten Steuern ein gesonderter Ausweis zu fordern.[38]

5 Stetigkeit

Gegebenenfalls kommt es bei der Erstellung des Konzernabschlusses zur Neubildung oder Auflösung von sich insgesamt ergebenden latenten Steuerentlastungen, die im Rahmen der konzerneinheitlichen Bilanzierung entstehen. Diese Anpassungsmaßnahme ist dann zu bedenken, wenn die einzubeziehenden TU das Wahlrecht zum Ansatz einer sich insgesamt ergebenden latenten Steuerentlastung unterschiedlich ausüben. Das auch im Konzernabschluss anzuwendende Stetigkeitsgebot (vgl. §§ 298 Abs. 1, 246 Abs. 3 Satz 1, 252 Abs. 1 Nr. 6 HGB) zwingt zur einheitlichen und stetigen Anwendung bei den gewählten Ansatz- und Bewertungsmethoden. Die Ansatz- und Bewertungsstetigkeit bezieht sich dabei auch auf **gleichartige** VG, Schulden, RAP und Sonderposten.[39] Es sprechen wohl mehr Gründe dafür als dagegen, die Stetigkeitsregeln auf KA-Ebene im Sinne einer einheitlichen Ausübung von Ansatzwahlrechten zu verstehen. Grundsätzlich handelt es sich hierbei nicht um einen Anwendungsfall des § 306 HGB, da diese latenten Steuern bei der Erstellung des Konzernabschlusses auf der Ebene der HB II ermittelt und angesetzt werden (vgl. §§ 298 Abs. 1, 274 Abs. 1 HGB). In Ermangelung einer direkten Bezugnahme auf diesen Sachverhalt im Gesetz wird an dieser Stelle dazu Stellung genommen.

31

---

[38] Vgl. *Karrenbrock*, WPg 2009, S. 336.
[39] Vgl. IDW RS HFA 38, Tz. 14.

§ 307 Anteile anderer Gesellschafter

(1) In der Konzernbilanz ist für nicht dem Mutterunternehmen gehörende Anteile an in den Konzernabschluß einbezogenen Tochterunternehmen ein Ausgleichsposten für die Anteile der anderen Gesellschafter in Höhe ihres Anteils am Eigenkapital unter dem Posten „nicht beherrschende Anteile" innerhalb des Eigenkapitals gesondert auszuweisen.
(2) In der Konzern-Gewinn- und Verlustrechnung ist der im Jahresergebnis enthaltene, anderen Gesellschaftern zustehende Gewinn und der auf sie entfallende Verlust nach dem Posten „Jahresüberschuß/Jahresfehlbetrag" unter dem Posten „nicht beherrschende Anteile" gesondert auszuweisen.

PROF. DR. STEFAN MÜLLER/PD DR. MARKUS KREIPL

Inhaltsübersicht	Rz
1 Überblick	1–10
1.1 Inhalt und Regelungszweck	1–5
1.2 Anwendungsbereich	6–9
1.3 Normenzusammenhänge	10
2 Ansatz in der Konzernbilanz (Abs. 1)	11–51
2.1 Abgrenzung der Anteile anderer Gesellschafter	11–14
2.2 Höhe des Ausgleichspostens	15–40
2.2.1 Einstufiger Konzern	15–27
2.2.1.1 Einzubeziehende Posten des Eigenkapitals	15–19
2.2.1.2 Erstkonsolidierung	20–23
2.2.1.3 Folgekonsolidierung	24–26
2.2.1.4 Besonderheiten bei negativem Eigenkapital des Tochterunternehmens	27
2.2.2 Mehrstufiger Konzern	28–37
2.2.3 Wirkung anderer Konsolidierungsmaßnahmen	38–40
2.3 Änderung des Anteilsbesitzes anderer Gesellschafter	41–44
2.3.1 Erwerb von Anteilen	41–42
2.3.2 Verkauf von Anteilen	43
2.3.3 Erwerb eigener Anteile durch ein Tochterunternehmen	44
2.4 Bezeichnung und Ausweis des Ausgleichspostens	45–51
3 Konzern-Gewinn- und Verlustanteile anderer Gesellschafter (Abs. 2)	52–60
3.1 Höhe des Anteils	52–58
3.2 Ausweis	59–60
4 Rechtsfolgen bei Pflichtverletzung	61–62

1 Überblick

1.1 Inhalt und Regelungszweck

Das Gesetz schreibt für die Konsolidierung der **Einheitstheorie** (§ 297 Abs. 3 Satz 1 HGB) folgend grds. die Einbeziehung der Posten mit ihren vollen Werten, die sog. **Voll- oder BruttoKons**, vor. Im Rahmen dieser Vollkonsolidierung werden die gesamten Aktiva und Passiva sowie Aufwendungen und Erträge eines TU nach Anwendung konzerneinheitlicher Ansatz- und Bewertungsvorschriften unabhängig von der Höhe der Beteiligung des MU in die Konzernbilanz übernommen. 1

Sind neben dem MU an einem TU **weitere** nicht der Konzernmutter zuzurechnende **Gesellschafter** beteiligt, ist der Anteil der anderen Gesellschafter am Nettovermögen des Konzerns gem. § 307 Abs. 1 HGB gesondert innerhalb des EK auszuweisen. Seit dem BilRUG ist dafür die Bezeichnung des Postens analog zu den IFRS mit „nicht beherrschende Anteile" zu wählen. Lediglich in Fällen der Einbeziehung von GemeinschaftsUnt im Rahmen einer QuotenKons ist kein Minderheitenausweis vorgesehen. 2

Die auf die anderen Gesellschafter entfallenden Teile des Jahresergebnisses des TU sind entsprechend § 307 Abs. 2 HGB in der **GuV** des Konzerns gesondert auszuweisen. Dabei ist ebenfalls die Bezeichnung „nicht beherrschende Anteile" zu verwenden. 3

Ein **Minderheitenausweis ist geboten**, da die Übernahme sämtlicher VG und Schulden des konsolidierten TU i.R. der VollKons auch eine Übernahme des EK-Anteils, der auf die anderen Gesellschafter entfällt, in die Konzernbilanz bedingt. 4

Wenngleich die Einbeziehung eines TU in den Konzernabschluss verdeutlicht, dass die **Beherrschungsmöglichkeit** über das TU in der Hand des MU liegt und nicht den anderen Gesellschaftern zusteht, muss bedacht werden, dass die Anteile dieser Gesellschafter nicht an Bedeutung verlieren,[1] da der **Eigenkapitalcharakter** beim Übergang in den Konzernabschluss erhalten bleibt.[2] In Konsequenz werden die Anteile von Minderheitseignern auch nach den IFRS im Konzern-EK ausgewiesen. 5

1.2 Anwendungsbereich

Der Geltungsbereich des § 307 HGB umfasst **alle gem. § 301 HGB vollkonsolidierten Unt**, da hier einerseits die vollständige Übernahme der Positionen in den Konzernabschluss gefordert wird und andererseits bei der Übernahme der entsprechenden Posten aus den Jahresabschlüssen der TU keine Berücksichtigung von Anteilen anderer Gesellschafter erfolgt (§ 301 Rz 19). 6

Wird die Einbeziehung von GemeinschaftsUnt im Rahmen einer **QuotenKons** vorgenommen, kommt § 307 HGB nicht zum Tragen. Die Anteile der anderen Gesellschafter werden hier bereits durch den anteilmäßigen Ansatz berücksich- 7

---

[1] Vgl. BT-Drs. 10/3440, S. 39, Begründung zu § 288 HGB.
[2] Vgl. *Kraft*, in Großkomm. HGB, § 307 Rn 2; *Kirsch/Engelke*, in Baetge/Kirsch/Thiele, Bilanzrecht, § 307 HGB, Rz 2, Stand 1/2017.

tigt (§ 310 Rz 21 ff.). Keine Berücksichtigung findet § 307 HGB auch bei der Bewertung **assoziierter Unt**.

8   Ist ein Unt zur Konzernrechnungslegung nach dem **PublG** verpflichtet, gilt § 307 HGB über einen Verweis in § 13 Abs. 2 Satz 1 PublG für Konzernabschlüsse dieses Unt analog.

9   Die §§ 340i Abs. 2 und 341j Abs. 1 HGB verweisen auf § 307 HGB, sodass die Vorschriften der Norm auch für Konzernabschlüsse von **Kreditinstituten** und **VersicherungsUnt** gelten; Sondervorschriften sind nicht vorgesehen.

1.3 Normenzusammenhänge

10 Die Bindung der Norm an die VollKons von TU bei der Konzernabschlusserstellung bedingt einen unmittelbaren Zusammenhang mit den §§ 301–306 HGB, die Vorschriften über die VollKons enthalten. Für die §§ 340i Abs. 2 und 341j Abs. 1 HGB wie auch für § 13 Abs. 2 Satz 1 PublG ergibt sich der Zusammenhang aus einem Verweis auf § 307 HGB.

2 Ansatz in der Konzernbilanz (Abs. 1)

2.1 Abgrenzung der Anteile anderer Gesellschafter

11 Anteile für andere Gesellschafter i. S. d. § 307 Abs. 1 HGB, für die ein Ausgleichsposten zu bilden ist, sind solche, die weder dem MU noch einem im Rahmen der KapKons in den Konzernabschluss einbezogenen TU gehören. § 307 HGB ist in Bezug auf die Anteile also als Ergänzung zu § 301 HGB zu verstehen.

12 Neben Anteilen, die von Gesellschaftern gehalten werden, die keinen Bezug zum Konzern haben, sind auch folgende Anteile als Anteile i. S. v. § 307 Abs. 1 HGB zu verstehen:
- Anteile, deren Rechte dem MU nach § 290 Abs. 3 Satz 2 HGB zugerechnet werden können (etwa über ein Treuhandverhältnis oder eine sonstige Vereinbarung);
- Anteile, die von GemeinschaftsUnt gehalten und nicht nach § 301 HGB verrechnet werden. Wird ein GemeinschaftsUnt im Wege der QuotenKons nach § 310 HGB einbezogen, sind nur die auf den Partner entfallenden Anteile zu berücksichtigen;[3]
- Anteile, die von assoziierten Unt gehalten werden;
- Anteile, die von nicht konsolidierten TU gehalten werden;
- Anteile, die von Unt gehalten werden, an denen der Konzern eine Beteiligung hält.

13 Unter „**gehören**" ist mangels Definition „nicht zustehen" i. S. v. § 290 Abs. 3 HGB respektive „gehören" i. S. v. § 16 Abs. 4 AktG zu verstehen, wobei der Terminus „gehören" nicht über alle denkbaren Konstellationen hinweg korrekt ist. Liegt der Anteilsbesitz an einem in den Konzernabschluss einbezogenem TU teilweise bei einem TU, das nicht in den Konzernabschluss einbezogen wird, sind diese Anteile von der Konzernmutter wie Anteile anderer Gesellschafter zu

---

[3] Vgl. *Busse von Colbe*, in MünchKomm. HGB, 3. Aufl., § 307 Rn 4.

behandeln.⁴ Die Beträge des darauf entfallenden EK sind in einen Ausgleichsposten einzustellen, wenngleich der materielle Besitz beim MU liegt, ihm diese Anteile also „gehören". In der Literatur wird daher mit Blick auf die Aussagefähigkeit des Konzernabschlusses vielfach empfohlen, einen **gesonderten Ausgleichsposten** für Anteile nicht konsolidierter TU an konsolidierten TU zu bilden.⁵

Liegt ein **mehrstufiger Konzern** vor (§ 301 Rz 224 ff.) und werden anstatt eines Konzernabschlusses mehrere Teilkonzernabschlüsse aufgestellt, ergibt sich ein ähnliches Problem, sofern die Unt der verschiedenen Teilkonzerne Beteiligungen an den Unt des jeweils anderen Teilkonzerns halten. Ein gesonderter Ausweis der auf diese Anteile entfallenden Eigenkapitalteile ist nicht erforderlich, woraus sich ergibt, dass ein Ausweis als Ausgleichsposten zu erfolgen hat (DRS 23.194).   14

2.2 Höhe des Ausgleichspostens

2.2.1 Einstufiger Konzern

2.2.1.1 Einzubeziehende Posten des Eigenkapitals

Der Ausgleichsposten hat gem. § 307 Abs. 1 HGB das **EK** des TU zu enthalten, das nicht auf das MU oder ein anderes einbezogenes TU entfällt. Die Basis der Ermittlung dieses Postens im Rahmen der ErstKons bildet dabei das EK laut HB II. Entsprechend § 266 Abs. 3 A. HGB sind bei **KapG** die folgenden Posten quotal einzubeziehen: 15

- Gezeichnetes Kapital
- Kapitalrücklage
- Gewinnrücklagen (zu etwaigen Korrekturnotwendigkeiten s. Rz 28 ff.)
- Gewinn-/Verlustvortrag
- Jahresüberschuss/-fehlbetrag (Ggf. sind abweichende Gewinnverteilungsvereinbarungen zu beachten. Zudem kann bei der ErstKons das Jahresergebnis noch den Alteigentümern (anteilig) zuzurechnen sein (DRS 23.12).)

Der Kapitalanteil der anderen Gesellschafter am Bilanzstichtag ist dabei maßgebend für deren Anteil an den aufgeführten EK-Posten. Evtl. abweichende **Gewinnverteilungsabreden** sind bei der Aufteilung des Jahresergebnisses entsprechend zu berücksichtigen, die **Stimmrechtsverteilung** ist jedoch ohne Relevanz (DRS 23.95). Ist ein TU in der Rechtsform einer **PersG** organisiert, sind **Gesellschafterkonten** mit EK-Charakter einzubeziehen.⁶ Rechte, die lediglich Schuldrechtscharakter besitzen, dürfen keine Berücksichtigung finden.⁷   16

Eine beim TU gem. § 272 Abs. 1a HGB zu verrechnende **Rücklage für eigene Anteile** bedingt keinen weiteren Ausweis der darauf entfallenden Teilbeträge anderer Gesellschafter im Ausgleichsposten; sie mindern die Rücklagen und sind daher indirekt durch den quotalen Einbezug berücksichtigt (§ 272 Rz 78 ff.).   17

---

4   Vgl. *Weber/Zündorf*, in *Küting/Weber*, HdK, HGB, § 307, Rn 4; *Kraft*, in Großkomm. HGB, § 307 Rn 14; ADS, 6. Aufl., § 307 HGB, Rz 11.
5   So etwa von *Wysocki/Wohlgemuth*, Konzernrechnungslegung, S. 99; *Busse von Colbe*, in Münch-Komm. HGB, 3. Aufl., § 307 Rn 4; einen erheblichen Umfang als Voraussetzung für einen gesonderten Ausweis sehend *Winkeljohann/Hoffmann*, in Beck Bil-Komm. 10. Aufl., 2016, § 307 HGB, Rz 9.
6   Vgl. *Kirsch/Engelke*, in *Baetge/Kirsch/Thiele*, Bilanzrecht, § 307 HGB, Rz 24, Stand 1/2017.
7   Vgl. *Kraft*, in Großkomm. HGB, § 307, Rn 17.

18 Die Zuordnung der auf andere Gesellschafter entfallenden Teilbeträge einer **Rücklage für Anteile an einem herrschenden oder mit Mehrheit beteiligten Unt** i.S.d. § 272 Abs. 4 HGB zum Ausgleichsposten ist ebenfalls unstrittig. Inwieweit eine Rücklage für Anteile an einem herrschenden oder mit Mehrheit beteiligten Unt jedoch zum zu konsolidierenden Kapital des TU gehört, wird kontrovers diskutiert.[8] Nach DRS 22.47 sind diese Rückbeteiligungen in der Konzernbilanz als eigene Anteile des MU zu behandeln.[9] Nach DRS 23.41 ist daher die vom TU im Jahresabschluss gebildete Rücklage für Anteile am MU gem. § 272 Abs. 4 Satz 1 HGB (Rückbeteiligung) Teil des konsolidierungspflichtigen EK. Dabei hat nach DRS 23.70 die Bewertung einer bereits bei Erwerb bzw. zum Zeitpunkt der erstmaligen Einbeziehung in den Konzernabschluss bestehenden Rückbeteiligung des TU am MU mit dem beizulegenden Zeitwert aus Sicht eines unabhängigen Erwerbers zu erfolgen.[10]

19 Eine garantierte Ausgleichszahlung für die anderen Gesellschafter im Falle eines Gewinnabführungs- oder Beherrschungsvertrags zwischen der Konzernmutter und einem TU geht nicht in den Ausgleichsposten ein, da regelmäßig bereits ein Ausweis als Verbindlichkeit erfolgt ist.

2.2.1.2 Erstkonsolidierung

20 Entsprechend der **Neubewertungsmethode** gem. § 301 Abs. 1 Satz 2 HGB verläuft die **KapKons in drei Schritten**. Zunächst sind die Abschüsse hinsichtlich Ansatz, Bewertung, Darstellung, Währung und ggf. Stichtag zu vereinheitlichen. Im nächsten Schritt werden die VG und Schulden in der Bilanz des TU zum Zeitpunkt des Erwerbs erfolgsneutral, d. h. mit direkter Verrechnung der Beträge im EK und in den passiven oder aktiven latenten Steuern des TU, neu bewertet. Das neu bewertete EK ergibt sich somit aus dem EK vor Neubewertung, zzgl. der aufgelösten und um latente Steuereffekte bereinigten stillen Reserven und abzgl. der um latente Steuereffekte bereinigten aufgedeckten stillen Lasten. Für diesen zweiten Schritt wurde zur Abgrenzung des Begriffs der HB II, in der die Buchwerte des TU abgebildet sind, die sog. **HB III** eingeführt, die durch den Bezug auf die Zeitwerte bereits vor der Aufrechnung des Unterschiedsbetrags die gesamten stillen Reserven und stillen Lasten verdeutlicht. Bei dieser Neubewertung werden somit alle stille Reserven und alle stillen Lasten aufgelöst. Im dritten Schritt erfolgt die Aufrechnung des Beteiligungsbuchwerts im Jahresabschluss des MU mit dem anteiligen in der HB III ausgewiesenen neu bewerteten EK des TU. Nach der Streichung der Anschaffungskostenrestriktion im HGB ergeben sich keine Probleme mehr bei der Frage nach der Höhe der aufzulösenden stillen Reserven und deren Zuordnung – die Auflösung hat vollumfänglich bei den jeweils relevanten Positionen zu erfolgen.

21 Sind neben dem MU an einem TU weitere nicht der Konzernmutter zuzurechnende Gesellschafter beteiligt, werden die **Anteile anderer Gesellschafter** bei der Neubewertungsmethode auf der Basis des neu bewerteten EK ausgewiesen. Ein

---

[8] Dies bejahend *Winkeljohann/Hoffmann*, in Beck Bil-Komm. 10. Aufl., § 307 HGB, Rz 15; WPH Edition, Wirtschaftsprüfung & Rechnungslegung, 15. Aufl., 2017, Abschn. G, Tz 487; a.A. ADS, 6. Aufl., § 307 HGB, Rz 16–18.

[9] Vgl. *Müller/Reinke*, DStR 2015, S. 1127 ff.

[10] Vgl. *Müller/Reinke*, StuB 2015, S. 378.

nach der Aufrechnung des Beteiligungsbuchwerts mit dem anteiligen EK des MU evtl. verbleibender GoF darf ausschließlich dem MU zugerechnet werden. Eine quotale Aufteilung auf Mehrheits- und Minderheitsgesellschafter kommt anders als bei der Full-Goodwill-Methode nach IFRS nicht in Betracht.[11] Im Hinblick auf FolgeKons bedeutet dies, dass lediglich zusätzliche Abschreibungen aufgedeckter stiller Reserven quotal zulasten des Ergebnisanteils des MU und des Minderheitenanteils gehen. Abschreibungen auf den GoF belasten dagegen ausschließlich den Ergebnisanteil des MU (zu Beispielen § 301 Rz 147 ff.).

Da sich die Neubewertungsmethode durch die Kons. des Beteiligungsbuchwerts auf Basis des neu bewerteten EK des TU auszeichnet, d. h., die stillen Reserven und Lasten vor der eigentlichen Kons. ohne Beachtung der Anschaffungskostenrestriktion aufgedeckt werden, bedeutet dies im Falle von Minderheitenanteilen, dass der **Ausgleichsposten** für Anteile anderer Gesellschafter auch stille Reserven oder Lasten enthält. Es wird unterstellt, „dass die Minderheiten im Zeitpunkt der erstmaligen Konsolidierung einen Preis für die Anteile gezahlt haben, der ihrem Anteil am konsolidierungspflichtigen Kapital und an den aufgedeckten stillen Reserven entspricht."[12]

Nach DRS 22.58 sind Veränderungen des Konzern-EK aufgrund von Änderungen des KonsKreis in einer gesonderten Zeile „Änderungen des Konsolidierungskreises" zu erfassen, was somit auch die nicht beherrschenden Anteile inkludiert.

2.2.1.3 Folgekonsolidierung

Im Rahmen der Folgekonsolidierung sind die aus der Anwendung der Neubewertungsmethode resultierenden Wertansätze in den Folgejahren fortzuschreiben. Der Ausgleichsposten für die Anteile anderer Gesellschafter ist entsprechend auf Basis der Neubewertungsbilanz (HB III), die auf den Stichtag der Folgekonsolidierung fortgeschrieben wird, zu ermitteln. Der Ausgleichsposten unterliegt somit anteilig den **Auswirkungen der späteren Abschreibungen** der bei der Neubewertung aufgedeckten stillen Reserven/Lasten.[13]

Eine **erfolgsneutrale Verrechnung** ohne Berührung der GuV ist mit dem Einheitsgrundsatz und den GoB nicht vereinbar und kommt daher nicht in Betracht.[14] Die einseitige erfolgswirksame Verrechnung ausschließlich mit dem auf das MU entfallenden Anteil am Ergebnis ist im Normalfall ebenso unzulässig.[15] Im Fall einer nur im Rahmen von Aufstockungen von Anteilen des MU am TU oder im Rahmen einer ÜbergangsKons nach DRS 23 möglichen tranchenweisen Kons. kann es jedoch zu einer quotalen Aufdeckung stiller Reserven kommen (DRS 23.172), die dann auch nur auf das dem MU zustehende Ergebnis abzuschreiben ist.[16]

---

[11] So auch *Winkeljohann/Hoffmann*, in Beck Bil-Komm. 10. Aufl.2016, , § 307 HGB, Rz 26 f.; *Kirsch/Engelke*, in *Baetge/Kirsch/Thiele*, Bilanzrecht, § 307 HGB, Rz 31, Stand 1/2017.
[12] *Schildbach*, Konzernabschluß, S. 158.
[13] Ebenso DRS 23.99 ff.
[14] Vgl. *Weber/Zündorf*, in *Küting/Weber*, HdK, HGB § 307, Rn 9; ADS, 6. Aufl., § 307 HGB, Rz 36; im Ergebnis gleich, jedoch die Ablehnung der erfolgsneutralen Verrechnung mit dem Realisationsprinzip begründend *Winkeljohann/Hoffmann*, in Beck Bil-Komm. 10. Aufl., 2016, § 307 HGB, Rz 29.
[15] So auch *Busse von Colbe*, in MünchKomm. HGB, 3. Aufl., § 307 Rn 6; ADS, 6. Aufl., § 307 HGB, Rz 36.
[16] Vgl. mit Beispielen *Müller/Reinke*, StuB 2015, S. 376 ff. und 408 ff.

26 Änderungen im EK des TU wirken sich anteilig auf den Ausgleichsposten aus, da der Ausgleichsposten im Rahmen der Folgekonsolidierung zu jedem Stichtag des Konzernabschlusses aus der HB III neu zu berechnen ist. Der auf die anderen Gesellschafter entfallende Teil der beim TU nach der ErstKkons gebildeten Rücklagen ist entsprechend im Ausgleichsposten enthalten.

2.2.1.4 Besonderheiten bei negativem Eigenkapital des Tochterunternehmens

27 U. U. kann sich – infolge von in der Einzelbilanz enthaltenen negativen Kapitalkonten anderer Gesellschafter einer KG – ein negativer Ausgleichsposten für die Anteile von Minderheitsgesellschaftern ergeben. Bestehen neben negativen auch passive Posten, spricht grds. nichts gegen eine Saldierung.[17] Scheidet eine Saldierung mangels Verrechnungsposten aus, wird mitunter die Auffassung vertreten, dass der negative Ausgleichsposten alternativ zu einem Ausweis im EK unter gesonderter Bezeichnung als „Ausgleichsposten für negative Kapitalkonten anderer Gesellschafter" auf der Aktivseite ausgewiesen werden kann.[18] Die Vorgabe des § 307 Abs. 1 HGB zum gesonderten Ausweis innerhalb des EK lässt dies u. E. nach ebenso wie der dadurch entstehende zu hohe EK-Ausweis jedoch nicht zu, weshalb ein Ausweis auf der Aktivseite ausscheidet und auch bei negativem Gesamtbetrag des Ausgleichspostens ein Ausweis innerhalb des EK geboten ist.[19] Nur sofern das gesamte Konzern-EK negativ ist, erfolgt ein Ausweis in Anlehnung an bzw. innerhalb einen/s nicht durch EK gedeckten Fehlbetrag/s gem. §§ 298 Abs. 1, 268 Abs. 3 HGB.

2.2.2 Mehrstufiger Konzern

28 Der Gesetzgeber hat im HGB hinsichtlich der Regelungen für die KapKons explizit nur einstufige Konzerne behandelt. In der Praxis sind aber häufig mehrstufige Konzerne anzutreffen, d. h., ein TU ist gleichzeitig selbst MU eines anderen TU. Als unterschiedliche Möglichkeiten der KapKons mehrstufiger Konzerne kommen die **Simultankonsolidierung (Gleichungsverfahren)** und die **Kettenkonsolidierung** in Betracht (DRS 23.191–193). Bei der Simultankonsolidierung werden alle Unt gleichzeitig in einer Summenbilanz zusammengefasst und für jedes einzelne wird eine Kons. mithilfe des Gleichungs- oder Matrizenverfahrens vorgenommen.[20] Die Kettenkonsolidierung unterstellt die hierarchisch aufwärtsgerichtete Kons. in jeweils nacheinander durchzuführenden Einzelschritten bis zur Konzernspitze. Für jede Stufe kommt es somit zur Erstellung eines (vereinfachten) Konzernabschlusses, der wiederum Ausgangsbasis für die nächsthöhere Konsolidierungsstufe und den dort zu erstellenden (vereinfachten) Konzernabschluss ist. Die Abschlüsse sind insoweit vereinfacht, als die Minderheitsanteilseigner des den Abschluss aufstellenden TU in einem Teilkonzernabschluss ausweispflichtig wären. Nach DRS 23.193 muss stets

---

[17] Gl. A. Weber/Zündorf, in Küting/Weber, HdK, HGB § 307, Rn 12.
[18] So etwa ADS, 6. Aufl., § 307 HGB, Rz 66.
[19] Gl. A. etwa Küting/Göth, BB 1994, S. 2446; Oechsle/Schipper, WPg 1994, S344.
[20] Vgl. z. B. Baetge/Kirsch/Thiele, Konzernbilanzen, 11. Aufl. 2015, S. 383 ff.

sicherstellt sein, dass Unterschiedsbeträge unterer Konzernstufen nicht saldiert werden, weshalb die KettenKons vom DRSC präferiert wird.

Die **Ermittlung des Ausgleichspostens** für die Anteile anderer Gesellschafter **in mehrstufigen Konzernen** ist umstritten, sofern Beteiligungen anderer Gesellschafter auf mehreren Stufen vorliegen. 29

Einerseits wird die Ansicht vertreten, dass sich der Ausgleichsposten für andere Gesellschafter der jeweiligen Konzernstufe ohne Berücksichtigung von Ausgleichsposten der jeweils darunter angehängten Stufen ergibt und die daraus resultierenden Ausgleichsposten addiert den Ausgleichsposten des Konzerns definieren (additive Ermittlung/**additives Verfahren** → „**direkter Anteil**"); das Teilkonzernergebnis enthalte auch die auf den Teilkonzern entfallenden Ergebnisanteile der nachfolgenden TU.[21] Gelten solle dies jedoch nur, sofern keine Beteiligungen eines TU an einem TU einer höheren Stufe oder einem anderen TU gleicher Stufe vorliegen. Ist diese Bedingung nicht erfüllt, bedürfe es zusätzlicher Ermittlungen. Folgt man dieser Argumentation, ist der Ausgleichsposten für andere Gesellschafter einer Zwischenholding auf Basis des anteiligen EK des Teilkonzerns nach Neubewertung der VG und Schulden zu ermitteln.[22] Argumentiert wird damit, dass zum einen bei einem Asset Deal eine Berücksichtigung erworbener VG ebenfalls komplett erfolgen würde, ohne dass der Anteil anderer Gesellschafter angepasst werden würde. Zum anderen sei vom Gesetzgeber eine Zurechnung von GoF auf Anteile anderer Gesellschafter – anders als bei der Full-Goodwill-Methode nach IFRS 3.19 – nicht gewollt. Ein Erwerb wird somit lediglich aus Sicht der Anteilseigner des MU abgebildet. Mit DRS 23.199 wird dieses additive Verfahren zur Bestimmung der effektiven Beteiligungsquote explizit als einzige Möglichkeit gefordert. 30

Andererseits wird aufgeführt, dass die indirekten Anteile anderer Gesellschafter ebenfalls zu berücksichtigen seien, um den Ausgleichsposten anderer Gesellschafter zutreffend auszuweisen. Der von den anderen Gesellschaftern mit dem Kaufpreis für die Beteiligung anteilig bezahlte GoF sei gegen deren Ausgleichsposten zu kürzen (multiplikative Ermittlung/**multiplikatives Verfahren** → „**Kreisanteil**").[23] Dahinter liegt der Gedanke, das Verhältnis der Anteilseigner des MU zu denen der anderen Gesellschafter im Konzern-EK zutreffender abzubilden und den anteiligen GoF der anderen Gesellschafter eben nicht auszuweisen, sondern direkt mit deren Anteilen zu verrechnen. Dann sind die nötigen Abschreibungen auf den verbleibenden GoF auch nur von den Anteilseignern des MU zu tragen. Zudem erlaubt diese Handhabung auch die Abbildung von Rückbeteiligungen und Beteiligungen zwischen SchwesterUnt. 31

Nach überwiegender Meinung wird inzwischen eine **Kompromissvariante** verfolgt, indem die Frage der additiven oder multiplikativen Ermittlung der Beteiligungsquote von der Entstehungsgeschichte des mehrstufigen Konzerns abhängig gemacht wird. Demnach soll eine Gründung bzw. der Erwerb eines EnkelUnt durch einen bestehenden Konzern (Ausdehnung des Konzerns nach unten) wirtschaftlich zutreffend ohne indirekte Anteile abgebildet werden, da der bestehende Konzern als MU gegenüber dem EnkelUnt aufzufassen ist (additives 32

---

21 So *Winkeljohann/Hoffmann*, in Beck Bil-Komm. 10. Aufl., 2016, § 307 HGB, Rz 35; *Senger*, in MünchKomm. Bilanzrecht, 3. Aufl., § 307 Rn 19.
22 Vgl. *Winkeljohann/Hoffmann*, in Beck Bil-Komm. 10. Aufl., 2016, § 307 HGB, Rz 37.
23 So etwa ADS, 6. Aufl., § 307 HGB, Rz 46–50.

Verfahren, DRS 23.194f.). Eine Ausdehnung des Konzerns nach oben, d.h. der Erwerb eines bestehenden Konzerns durch ein MU, soll (bzw. nach DRS 23.200 kann) nach der multiplikativen Methode unter Berücksichtigung der indirekten Anteile ermittelt werden.[24]

33 Wenngleich eine Außerachtlassung indirekter Anteile aus Sicht der Wirtschaftlichkeit zu begrüßen wäre, ist die **grundsätzliche Berücksichtigung indirekter Anteile anderer Gesellschafter** insb. im Hinblick auf einen zutreffenden Ausweis geboten.[25] Auch die Entstehung des Konzerns verhindert nicht, dass den Anteilen anderer Gesellschafter auf der Ebene des TU die anteiligen VG und Ergebnisse zuzurechnen sind. Zudem ist anzumerken, dass die Erstellung eines Teilkonzernabschlusses nicht erforderlich ist und Korrekturen bei bestehenden aufwärtsgerichteten Beteiligungen respektive Beteiligungen zwischen SchwesterGes ohnehin vorzunehmen sind. Entsprechend ist der Ausgleichsposten für Anteile anderer Gesellschafter auf Konzernebene um den Anteil der auf entsprechender Ebene beteiligten anderen Gesellschafter an dem Unterschiedsbetrag der jeweils darunter angehängten Stufen zu kürzen.

> **Beispiel**
> **Berücksichtigung indirekter Anteile bei lediglich abwärtsgerichteten innerkonzernlichen Beteiligungen**
> Das MU M hält 80 % der Anteile an dem TU T, 20 % der Anteile befinden sich im Besitz anderer Gesellschafter A_1. M sind für den Erwerb der Anteile AK i.H.v. 50 Mio. EUR entstanden. T hat ein EK von 40 Mio. EUR. 32 Mio. EUR davon entfallen auf M, 8 Mio. EUR auf A_1. Daraus ergibt sich bei T ein Unterschiedsbetrag (AK von M abzgl. der EK-Anteile von M) i.H.v. 18 Mio. EUR.
> T ist mit 60 % an einem untergeordneten EnkelUnt E beteiligt. 40 % der Anteile entfallen auf andere Gesellschafter A_2. T sind mit der Anschaffung Kosten i.H.v. 20 Mio. EUR entstanden. Daraus ergibt sich bei E ein Unterschiedsbetrag i.H.v. 5 Mio. EUR.

---

[24] Vgl. *Baetge/Kirsch/Thiele*, Konzernbilanzen, 11. Aufl., S. 367ff., *Kirsch/Engelke*, in *Baetge/Kirsch/Thiele*, Bilanzrecht, § 301 HGB, Rz 390.1ff., Stand 2/2017.

[25] Gl. A. *Küting*, Konzerninterne Umstrukturierungen, S. 151. Hinsichtlich der analogen Problematik bei den IFRS (siehe dazu den Einschub unter Rz 37) ebenfalls für die multiplikative Ermittlung argumentierend *Senger/Diersch*, Beck'sches IFRS-Handbuch, 4. Aufl., § 35 Rz 74; *Wirth*, Änderungen von Beteiligungsstrukturen, F. 3; *Philippi*, PiR 2009, S. 62f. Beide Verfahren als zulässig erachtend *Küting/Weber*, Der Konzernabschluss, 12. Aufl., 2012, S. 420. Beide Verfahren als zulässig erachtend mit Präferenzen für multiplikatives Verfahren *Küting/Weber/Wirth*, KoR 2013, S. 43ff. Beide Verfahren als zulässig erachtend mit Präferenzen für das additive Verfahren *Kirsch/Engelke*, in *Baetge/Kirsch/Thiele*, Bilanzrecht, § 301 HGB, Rz 391.1, Stand 2/2017 sowie der DRS 23.

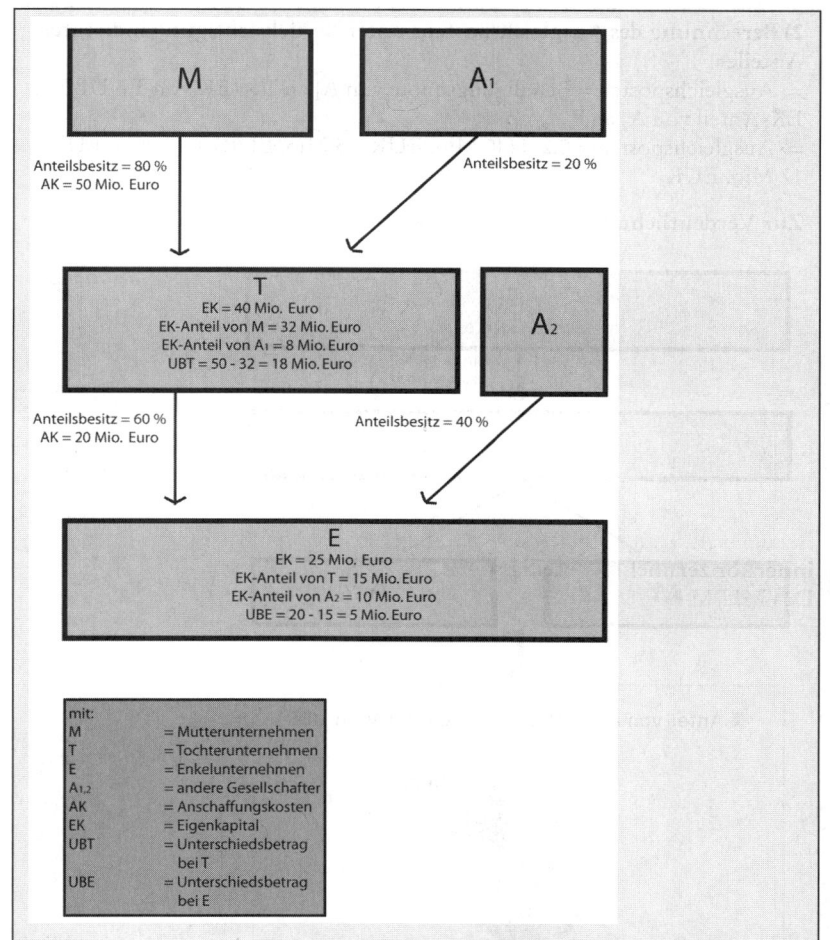

```
┌─────────────┐              ┌─────────────┐
│      M      │              │     A₁      │
└─────────────┘              └─────────────┘
Anteilsbesitz = 80 %            Anteilsbesitz = 20 %
AK = 50 Mio. Euro
       │                              │
       ▼                              ▼
┌─────────────────────────┐   ┌─────────────┐
│           T             │   │     A₂      │
│    EK = 40 Mio. Euro    │   └─────────────┘
│ EK-Anteil von M = 32 Mio. Euro│
│ EK-Anteil von A₁ = 8 Mio. Euro│
│ UBT = 50 − 32 = 18 Mio. Euro  │
└─────────────────────────┘
Anteilsbesitz = 60 %            Anteilsbesitz = 40 %
AK = 20 Mio. Euro
       │                              │
       ▼                              ▼
┌─────────────────────────────┐
│             E               │
│      EK = 25 Mio. Euro      │
│ EK-Anteil von T = 15 Mio. Euro│
│ EK-Anteil von A₂ = 10 Mio. Euro│
│ UBE = 20 − 15 = 5 Mio. Euro │
└─────────────────────────────┘
```

mit:
- M = Mutterunternehmen
- T = Tochterunternehmen
- E = Enkelunternehmen
- $A_{1,2}$ = andere Gesellschafter
- AK = Anschaffungskosten
- EK = Eigenkapital
- UBT = Unterschiedsbetrag bei T
- UBE = Unterschiedsbetrag bei E

Ein evtl. entstehender Unterschiedsbetrag besteht aus Vereinfachungsgründen nur aus einem GoF.

1) Berechnung des Ausgleichspostens ohne Berücksichtigung indirekter Anteile mittels einfacher Addition

Ausgleichsposten = Beteiligungsquote von A_1 an T × EK von T + EK-Anteil von A_2 an E

⇒ Ausgleichsposten = EK-Anteil von A_1 an T + EK-Anteil von A_2 an E
⇒ Ausgleichsposten = 8 Mio. EUR + 10 Mio. EUR = 18 Mio. EUR

Der bei E entstehende Unterschiedsbetrag wird bei der einfachen Addition nur dem MU zugerechnet. Dies führt zu einer unrichtigen Darstellung. Aufgrund ihrer Beteiligung an T i.H.v. 20 % ist den anderen Gesellschaftern A_1 ein Teil dieses Betrags zuzurechnen. Entsprechend ist der Ausgleichsposten auf Konzernebene um den Anteil von A_1 an dem Unterschiedsbetrag zu kürzen. Der Ausgleichsposten ist demnach wie folgt zu ermitteln:

2) Berechnung des Ausgleichspostens unter Berücksichtigung indirekter Anteile

$\Rightarrow$ Ausgleichsposten = Beteiligungsquote von A_1 an T × (EK von T – UBE) + EK-Anteil von A_2 an E

$\Rightarrow$ Ausgleichsposten = 0,2 × (40 Mio. EUR – 5 Mio. EUR) + 10 Mio. EUR = 17 Mio. EUR

Zur Verdeutlichung

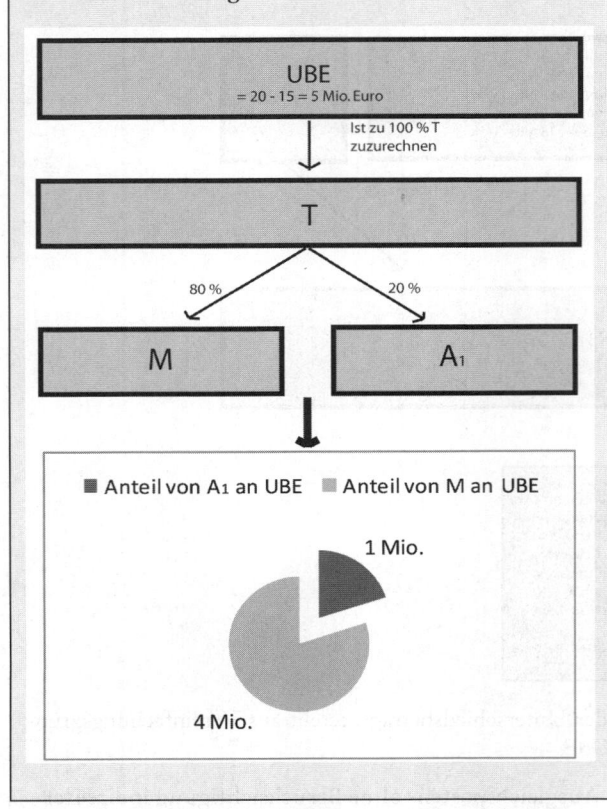

```
           UBE
      = 20 - 15 = 5 Mio. Euro
              │
         Ist zu 100 % T
           zuzurechnen
              ▼
            T
        ╱       ╲
     80 %      20 %
      ╱          ╲
     M            A₁
     │
     ▼
```

■ Anteil von A_1 an UBE   ■ Anteil von M an UBE

1 Mio.

4 Mio.

34 Analog zur Berücksichtigung indirekter Anteile bei lediglich abwärtsgerichteten innerkonzernlichen Beteiligungen hat die Berechnung etwaiger Ausgleichsposten u.E. auch bei bestehenden innerkonzernlichen Beteiligungen zwischen SchwesterGes. unter Berücksichtigung indirekter Anteile zu erfolgen. Die Vorgehensweise verdeutlicht folgendes Beispiel:

> **Beispiel**
> **Berücksichtigung indirekter Anteile bei zusätzlich bestehenden innerkonzernlichen Beteiligungen zwischen SchwesterGes.**
> Das MU M hält 80 % der Anteile an dem TU T_1, 20 % der Anteile befinden sich im Besitz anderer Gesellschafter A. M sind für die Anteile AK i.H.v.

50 Mio. EUR entstanden. T_1 hat ein EK von 40 Mio. EUR. 32 Mio. EUR davon entfallen auf M, 8 Mio. EUR auf A. Daraus ergibt sich bei T_1 ein Unterschiedsbetrag (AK von M abzgl. EK-Anteile von M) i.H.v. 18 Mio. EUR.

T_1 ist mit 40 % an einem gleichstufigen TU T_2 beteiligt. 60 % der Anteile entfallen auf M. T_1 sind mit der Anschaffung Kosten i.H.v. 15 Mio. EUR entstanden. Daraus ergibt sich bei T_2 ein Unterschiedsbetrag i.H.v. 5 Mio. EUR.

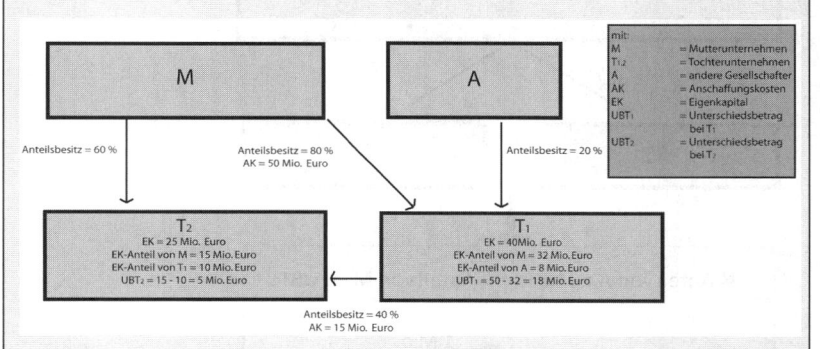

```
                    M                              A
                                                              mit:
                                                              M    = Mutterunternehmen
                                                              T₁,₂ = Tochterunternehmen
                                                              A    = andere Gesellschafter
                                                              AK   = Anschaffungskosten
                                                              EK   = Eigenkapital
                                                              UBT₁ = Unterschiedsbetrag
                                                                     bei T₁
   Anteilsbesitz = 60 %   Anteilsbesitz = 80 %      Anteilsbesitz = 20 %   UBT₂ = Unterschiedsbetrag
                          AK = 50 Mio. Euro                                       bei T₂

              T₂                                        T₁
        EK = 25 Mio. Euro                         EK = 40Mio. Euro
   EK-Anteil von M = 15 Mio. Euro            EK-Anteil von M = 32 Mio. Euro
   EK-Anteil von T₁ = 10 Mio. Euro           EK-Anteil von A = 8 Mio. Euro
   UBT₂ = 15 - 10 = 5 Mio. Euro              UBT₁ = 50 - 32 = 18 Mio. Euro

              Anteilsbesitz = 40 %
              AK = 15 Mio. Euro
```

Ein evtl. entstehender Unterschiedsbetrag besteht aus Vereinfachungsgründen nur aus einem GoF.

1) Berechnung des Ausgleichspostens ohne Berücksichtigung indirekter Anteile mittels einfacher Addition

⇒ Ausgleichsposten = Beteiligungsquote von A an T_1 × EK von T_1

⇒ Ausgleichsposten = EK-Anteil von A an T_1

⇒ Ausgleichsposten = **8 Mio. EUR**

Der bei T_2 entstehende Unterschiedsbetrag wird bei der einfachen Addition nur dem MU zugerechnet. Dies führt zu einer unrichtigen Darstellung. Aufgrund ihrer Beteiligung an T_1 i.H.v. 20 % ist den anderen Gesellschaftern **A** ein Teil dieses Betrags zuzurechnen. Entsprechend ist der Ausgleichsposten auf Konzernebene um den Anteil von **A** an dem Unterschiedsbetrag zu kürzen. Der Ausgleichsposten ist demnach wie folgt zu ermitteln:

2) Berechnung des Ausgleichspostens unter Berücksichtigung indirekter Anteile

⇒ Ausgleichsposten = Beteiligungsquote von A an T_1 × (EK von T_1 − UBT_2)

⇒ Ausgleichsposten = 0,2 × (40 Mio. EUR − 5 Mio. EUR) = **7 Mio. EUR**

Zur Verdeutlichung

UBT₂ = 20 - 15 = 5 Mio. Euro

Ist zu 100 % T₁ zuzurechnen

T₁

80 % → **M** 20 % → **A**

■ Anteil von A an UBT₂ ■ Anteil von M an UBT₂

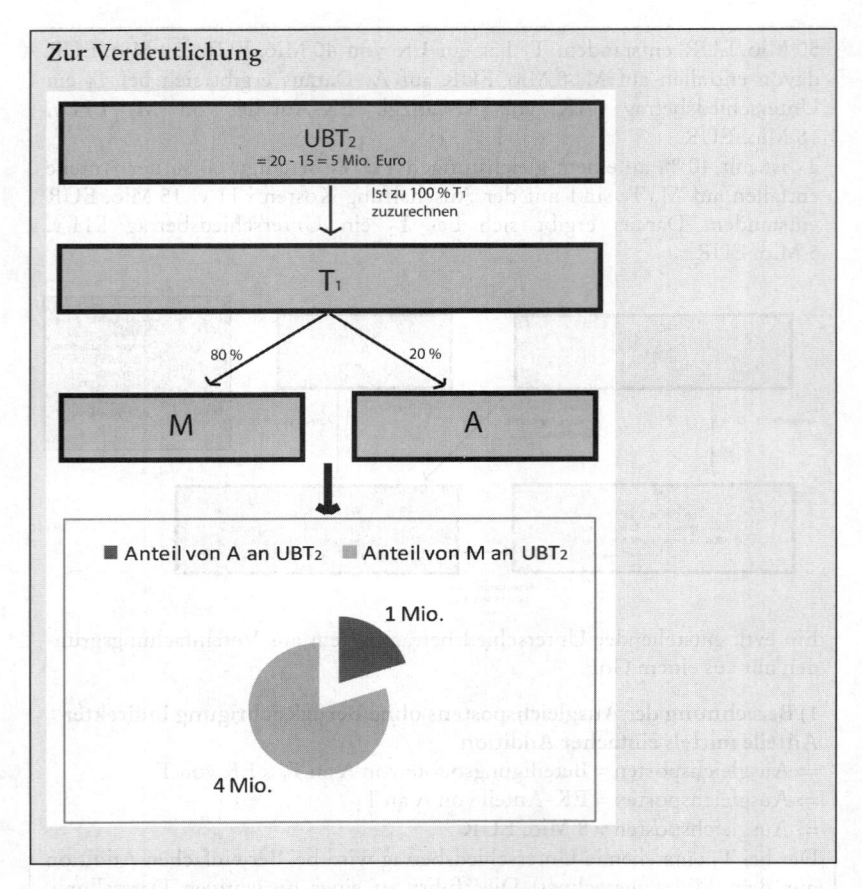

1 Mio.
4 Mio.

35 Sind neben dem MU an einem TU weitere nicht der Konzernmutter zuzurechnende Gesellschafter beteiligt, ist der Anteil der anderen Gesellschafter am Nettovermögen des Konzerns gesondert innerhalb des EK auszuweisen. Der Minderheitenausweis ist geboten, da die Übernahme sämtlicher VG und Schulden des konsolidierten TU im Rahmen der VollKons auch eine Übernahme des EK-Anteils, der auf die anderen Gesellschafter entfällt, in die Konzernbilanz bedingt.

36 Eine zutreffende Darstellung des Ausgleichspostens anderer Gesellschafter im Rahmen der KapKons bei mehrstufigen Konzernen bedingt zudem die Berücksichtigung indirekter Anteile anderer Gesellschafter. Der von anderen Gesellschaftern mit dem Kaufpreis für die Beteiligung anteilig bezahlte GoF ist gegen deren Ausgleichsposten zu kürzen (§ 301 Rz 224).

37 **Hinweis**
Ermittlung des Ausgleichspostens für die Anteile anderer Gesellschafter nach den IFRS
IFRS 3.19 räumt Bilanzierenden seit 2008 ein Wahlrecht bzgl. der Ermittlung des Ausgleichspostens für die nicht beherrschenden Anteile ein. Waren bis zur Neuregelung in IFRS 3 im Jahr 2008 nach IAS 22 alle nicht beherr-

schenden Anteile an dem erworbenen Unt einzig zum entsprechenden Anteil des identifizierbaren Nettovermögens des erworbenen Unt zu bewerten, kann nach IFRS 3.19 mittlerweile auch eine Bewertung zum beizulegenden Zeitwert (*full goodwill method*) erfolgen – zu einer Pflicht zur Anwendung der *full goodwill method* in Anlehnung an die US-GAAP konnte sich das IASB im Rahmen der Revision des IFRS 3 nicht durchringen. Wird das Wahlrecht zur Anwendung der *full goodwill method* nicht in Anspruch genommen, ergibt sich eine zum HGB analoge Behandlung: Im einstufigen Konzern umfasst der Minderheitenanteil (Multiple aus identifizierbarem Nettovermögen und prozentualer Beteiligungsquote) entsprechend keinen Anteil am Unterschiedsbetrag. Im mehrstufigen Konzern ergibt sich bei Vorliegen eines Unterschiedsbetrags (auf einer anderen Stufe als jener zwischen MU und nachgelagertem TU) dann die gleiche Problematik bzgl. der indirekten Anteile wie im Handelsrecht. Unserer Einschätzung nach ist auch hier der von den nicht beherrschenden Anteilen mit dem Kaufpreis für die Beteiligung anteilig bezahlte GoF gegen deren Ausgleichsposten zu kürzen.[26]
Die DPR vertritt Informationen aus dem Kreis geprüfter Unt zufolge wohl die Auffassung, dass eine Anwendung des multiplikativen Verfahrens nicht gewünscht bzw. zulässig sei. Diese Auffassung kann – auch vor dem Hintergrund der mehrheitlichen Präferenz für eine Anwendung des multiplikativen Verfahrens im Rahmen der IFRS – nicht nachvollzogen werden. Betroffenen Unt ist vor dem Hintergrund der faktischen Durchsetzungsmacht der DPR jedoch eine Anwendung des additiven Verfahrens zu empfehlen, wollen sie nicht eine Konfrontation wagen.
Erfolgt eine Anwendung der *full goodwill method*, sind die nicht beherrschenden Anteile zum beizulegenden Zeitwert zum Erwerbszeitpunkt zu bewerten, woraus sich ein Ausweis eines auf die Minderheitenanteile entfallenden GoF bereits im einstufigen Konzern ergibt. I.d.R. werden in diesem Zuge die Anschaffungskosten des Erwerbers um die Minderheitenanteile – berechnet auf Basis der AK des Erwerbers – aufgestockt. Eine Bindung des beizulegenden Zeitwerts der Minderheitenanteile an die AK des Erwerbers ist in IFRS 3 allerdings nicht verankert, sodass die Bewertung der Anteile des Erwerbers und die der Anteile der Minderheiten getrennt voneinander vorgenommen werden können. So können die nicht beherrschenden Anteile etwa gem. IFRS 3.B44 auf Basis ihres Börsenpreises (sofern sich der Börsenpreis aus einem aktiven Markt ergibt) oder nach IFRS 3.B45 unter Berücksichtigung einer Kontrollprämie ermittelt werden. Die geschilderte Problematik im Fall eines mehrstufigen Konzerns ergibt sich in Konsequenz der Anwendung der *full goodwill method* nicht, da auf jeder Stufe ohnehin ein auf die Minderheiten entfallender GoF berücksichtigt wird – auf eine weitere Veranschaulichung im Rahmen der Fallstudie wird deshalb verzichtet.[27]

---

[26] *Müller/Kreipl*, KoR 5/2010, S. 283. Gl. A. *Senger/Brune*, Beck'sches IFRS-Handbuch, § 30 Rz 66, § 35 Rz. 75.; *Wirth*, Änderungen von Beteiligungsstrukturen, F. 3; *Philippi*, PiR 2009, S. 62f.; *Küting*, Konzerninterne Umstrukturierungen, S. 151.
[27] Vgl. *Müller/Kreipl*, KoR 5/2010, S. 283f.

2.2.3 Wirkung anderer Konsolidierungsmaßnahmen

38 Die Berücksichtigung der Auswirkungen der SchuldenKons, der EK-Korrekturen, der Zwischenergebniseliminierung und die Anwendung der Equity-Methode im Ausgleichsposten sind umstritten. Da die anderen Gesellschafter, der **Einheitstheorie** folgend, im Konzernabschluss ebenfalls wie EK-Geber des Konzerns behandelt und entsprechend an den erfolgswirksamen Konsolidierungsmaßnahmen beteiligt werden sollten, scheint eine **Berücksichtigung im Ausgleichsposten** naheliegend.[28] Mangels Begründung für einen Verzicht auf die Berücksichtigung und im Interesse der Einheitstheorie wird in der Literatur stellenweise gefordert, die Minderheitenanteile auch an den Gunsten/Lasten der **erfolgswirksamen Konsolidierungsmaßnahmen** zu beteiligen.[29] Lediglich der Grundsatz der Wesentlichkeit dürfte Einschränkungen der Beteiligungen begründen.[30]

39 Die Berücksichtigung der anderen Gesellschafter und die damit verbundene Aufteilung der erfolgswirksamen Konsolidierungsmaßnahmen sind jedoch problematisch. Die Zuordnung der Zwischengewinne und -verluste zu den entsprechenden TU oder deren Ermittlung auf jeder Konzernstufe etwa beinhalten **offene Fragen** und bergen **erhebliche Kosten**. Auch die Ermittlung von Mehrungen respektive Minderungen bei Konzern-AK bleibt ungeklärt.

40 **Überwiegend** wird daher die Meinung vertreten, dass der hohe mit der Berücksichtigung erfolgswirksamer Konsolidierungsmaßnahmen verbundene Arbeitsaufwand im Hinblick auf die Wirtschaftlichkeit der Konzernrechnungslegung zu einer **Ablehnung** der Beteiligung der Minderheiten an diesen Maßnahmen führen muss.[31] Im Hinblick auf den geringen Informationsgewinn und den erheblichen Aufwand wird hier ebenfalls die Auffassung vertreten, dass eine anteilige **Berücksichtigung nicht geboten** ist, soweit es damit nicht zu einer Fehldarstellung der Vermögens-, Finanz- und Ertragslage kommt.

2.3 Änderung des Anteilsbesitzes anderer Gesellschafter

2.3.1 Erwerb von Anteilen

41 Erfolgt ein Erwerb von weiteren Anteilen Dritter eines bereits konsolidierten TU durch das MU oder ein anderes einbezogenes Unt, vermindert sich der Ausgleichsposten. Der Erwerb von weiteren Anteilen kann grds. mittels einer **ErstKons der zusätzlichen Anteile** gem. § 301 HGB abgebildet werden. Nach den internationalen Rechnungslegungsstandards ist ein **Hinzuerwerb weiterer Anteile** an einem bereits beherrschten und im KonsKreis einbezogenen TU, als **Eigenkapitaltransaktionen** (d.h. als Transaktionen mit Eigentümern, die in

---

[28] Vgl. *Kirsch/Engelke*, in *Baetge/Kirsch/Thiele*, Bilanzrecht, § 307 HGB, Rz 35, Stand 1/2017.

[29] So *Schmalenbach-Gesellschaft Deutsche Gesellschaft für Betriebswirtschaft*, Aufstellung internationaler Konzernabschlüsse, ZfbF, Sonderheft 9/1979, S. 77; *Busse von Colbe*, in MünchKomm. HGB, 3. Aufl., § 307 Rn 6; *Winkeljohann/Hoffmann*, in Beck Bil-Komm. 10. Aufl., 2016, § 307 HGB, Rz 53–67, mit ausführlichen Beispielen; *Kirsch/Engelke*, in *Baetge/Kirsch/Thiele*, Bilanzrecht, § 307 HGB, Rz 38, Stand 1/2017.

[30] So *Winkeljohann/Hoffmann*, in Beck Bil-Komm. 10. Aufl., 2016, § 307 HGB, Rz 53–67, mit ausführlichen Beispielen; *Kirsch/Engelke*, in *Baetge/Kirsch/Thiele*, Bilanzrecht, § 307 HGB, Rz 38, Stand 1/2017.

[31] So *Claussen/Scherrer*, in Kölner Kommentar zum HGB, § 307 Rn 37; ADS, 6. Aufl. § 307 HGB, Rz 40; *Weber/Zündorf*, in *Küting/Weber*, HdK, HGB § 307, Rn 11; *Küting*, ZfB 1984, S. 548; *Kraft*, in Großkomm. HGB, § 307 Rz 44.

ihrer Eigenschaft als Eigentümer handeln) zu bilanzieren (§ 301 Rz 184 ff.). Unter diesen Umständen sind die Buchwerte der beherrschenden und nicht beherrschenden Anteile anzupassen, sodass sie die Änderungen der an dem TU bestehenden Anteilsquoten widerspiegeln. Jede Differenz zwischen dem Betrag, um den die nicht beherrschenden Anteile angepasst werden, und dem beizulegenden Zeitwert der gezahlten oder erhaltenen Gegenleistung ist unmittelbar im EK zu erfassen und den Eigentümern des MU zuzuordnen. Nach DRS 23.171 sind beide Varianten nach HGB denkbar. Nach hier vertretener Auffassung erscheint eine Abbildung als Transaktion unter Eigentümern – insb. dem erklärten Reformziel der Annäherung an die IFRS bei Verabschiedung des BilMoG sowie einer deutlichen Vereinfachung im Rahmen der KonsVorgänge geschuldet – alternativ zu der noch vom überwiegenden Teil der Literatur vertretenen Erwerbsmethode (§ 301 Rz 194) unter Angabe und Beschreibung der Methode im Konzernanhang alternativ als sachgerechter.[32]

Wird zur Abbildung eines Erwerbs von weiteren Anteilen Dritter auf die **Erwerbsmethode** zurückgegriffen (§ 301 Rz 194 ff.), ergibt sich das Problem, dass in Anlehnung an § 301 HGB eine vollständige Neubewertung des konsolidierungspflichtigen Kapitals oder zumindest nach DRS 23.172 eine eigentlich untersagte tranchenweise Neubewertung und KapKons zu erfolgen hätte. Nach verbreiteter Literaturmeinung soll jedoch das EK, das auf die bereits konsolidierten Altanteile entfällt, von der Neubewertung unberührt bleiben, sodass sich ein Widerspruch ergibt. Weiter strittig ist darauf aufbauend, ob sich die Neubewertung nur auf die Teile des EK beziehen darf, die auf die neu erworbenen Anteile zurückzuführen sind – so auch das DRSC im DRS 23. 172 –,[33] oder ob die fremden Anteile zusätzlich zu berücksichtigen sind.[34] Wird die Neubewertungsmethode angewandt, bedingt nach Ansicht der Autoren lediglich die entgeltliche Abfindung der scheidenden Gesellschafter eine Korrektur der Wertbasis; eine Neubewertung der weiter in Fremdbesitz verbleibenden Anteile kann damit nicht begründet werden.

Beide Probleme ergeben sich bei der Variante „Abbildung als Transaktion unter Eigentümern" grds. nicht, was u.E. nach zusätzlich für diese an den internationalen Standards orientierte und auch mit DRS 23.175 nun in Deutschland anerkannte Abbildung spricht.[35]

2.3.2 Verkauf von Anteilen

Ein Verkauf von Anteilen durch das MU oder ein anderes einbezogenes Unt resultiert in einer Erhöhung des Ausgleichspostens, sofern das vom Verkauf betroffene TU weiterhin einbezogen wird, das Control-Verhältnis also aufrechterhalten bleibt. Nach hM hat eine **partielle EntKons** zu erfolgen; alternativ kann auch hier die Abbildung als Transaktion zwischen den Gesellschaftern erfolgen (§ 301 Rz 206 f.). Im Falle einer Erhöhung des Ausgleichspostens ist analog zur

---

32 Vgl. *Leinen*, in *Kessler/Leinen/Strickmann*, BilMoG, 2009, S. 605 f.
33 So ADS, 6. Aufl., § 307 HGB, Rz 57; *Kraft*, in Großkomm. HGB, § 307, Rn 54.
34 *Weber/Zündorf*, in *Küting/Weber*, HdK, HGB § 301, Rn 208, erachten beide Methoden für zulässig.
35 Für Beispiele siehe § 301 Rz 193 ff. sowie *Kirsch*, IRZ 2016, S. 461.

Verringerung des Ausgleichspostens zu verfahren. Das EK ergibt sich entsprechend aus der fortgeschriebenen Neubewertungsbilanz.

2.3.3 Erwerb eigener Anteile durch ein Tochterunternehmen

44 Erwirbt ein TU eigene Anteile von anderen einbezogenen Unt und sind an diesem TU Dritte beteiligt, ergibt sich eine Neuordnung der Besitzverhältnisse zwischen Mehrheits- und Minderheitsgesellschaftern. Der Ausgleichsposten ist **auf Basis der neuen Beteiligungsquote** zu berechnen, die eigenen Anteile sind dann im Konzern-EK zu berücksichtigen.

2.4 Bezeichnung und Ausweis des Ausgleichspostens

45 § 307 Abs. 1 HGB schreibt den **gesonderten Ausweis** des Ausgleichspostens **innerhalb des EK** unter Verwendung der Posten-Bezeichnung „nicht beherrschende Anteile" vor. Die Einbeziehung des Betrags in andere Posten oder eine Angabe im Konzernanhang ist unzureichend.

46 Der Gesetzgeber schreibt keine **weitere Untergliederung** vor. Ein differenzierter Ausweis in der Konzernbilanz oder im Anhang ist jedoch gestattet – und sinnvoll.[36] Entsprechend ist insb. ein gesonderter Ausgleichsposten für Anteile nicht konsolidierter TU an konsolidierten TU in Betracht zu ziehen (Rz 28 ff.).

47 **An welcher Stelle** der Posten innerhalb des EK ausgewiesen wird, ist freigestellt. Der sinnvollerweise in der Literatur vorgeschlagene Ausweis als letzter Unterposten im EK hat sich auch in der Praxis[37] durchgesetzt.

48 Der gesonderte Ausweis des Ausgleichspostens innerhalb des EK betont dessen **EK-Charakter** und hebt die **Bedeutung der Einheitstheorie** für den Konzernabschluss hervor,[38] wenngleich dieser im HGB nicht konsequent gefolgt wird.[39] Die nicht beherrschenden Anteile sind auch im EK-Spiegel gesondert auszuweisen und entsprechend der jährlichen Änderungen fortzuschreiben. DRS 22.14 empfiehlt dabei auch, die auf die nicht beherrschenden Anteile entfallenden Währungsumrechnungsdifferenzen gesondert auszuweisen und fortzuschreiben.

49 In Einzelfällen – bspw. bei negativen Eigenkapitalkonten einer KG – kann es zu einem **negativen Ausgleichsposten** kommen. Ergeben sich aus der Einbeziehung sowohl aktive als auch passive Posten, kann eine **Verrechnung** als **zulässig** angesehen werden.[40] Wenngleich eine Aufgliederung der aktiven und passiven Teilbeträge der Klarheit des Abschlusses dient, ist der Norm jedoch keine entsprechende Pflicht zu entnehmen.

50 Auch wenn der positive Ausgleichsposten nicht zur Verrechnung des Negativbetrags ausreicht, scheidet **ein gesonderter Ausweis** des Ausgleichspostens **auf der Aktivseite** der Konzernbilanz unter Rückgriff auf einen entsprechenden Formalhinweis aus (Rz 27).

---

[36] Vgl. *Kraft*, in Großkomm. HGB, § 307 Rn 60; *Damm/Zündorf*, DB 1984, S. 2631, 2633.
[37] Vgl. *Treuarbeit*, Jahres- und Konzernabschlüsse, S. 166.
[38] Vgl. ADS, 6. Aufl., § 307 HGB, Rz 62; *Winkeljohann/Hoffmann*, in Beck Bil-Komm. 10. Aufl., 2016, § 307 HGB, Rz 76.
[39] Vgl. *Kirsch/Engelke*, in *Baetge/Kirsch/Thiele*, Bilanzrecht, § 307 HGB, Rz 41, Stand 1/2017.
[40] So auch ADS, 6. Aufl., § 307 HGB, Rz 65; *Kraft*, in Großkomm. HGB, § 307 Rz 64; *Weber/Zündorf*, in *Küting/Weber*, HdK, HGB § 307, Rn 12.

Dem **generellen Ausweis** des Ausgleichspostens **innerhalb des EK**, der in der Literatur stellenweise gefordert wird, steht nach dem Wortlaut der Norm nichts entgegen. Solange das EK zur Verrechnung des negativen Gesamtbetrags des Ausgleichspostens genügt, ist diese Möglichkeit wahrzunehmen (Rz 27).[41]

3 Konzern-Gewinn- und Verlustanteile anderer Gesellschafter (Abs. 2)

3.1 Höhe des Anteils

Gem. § 307 Abs. 2 HGB ist der im Jahresergebnis enthaltene, anderen Gesellschaftern zustehende Gewinn respektive der auf sie entfallende Verlust **in der Konzern-GuV gesondert auszuweisen**. Der Ausweis hat nach dem Posten „Jahresüberschuss/Jahresfehlbetrag" zu erfolgen. Die Berücksichtigung als Aufwand oder Ertrag vor dem Posten „Konzernjahresüberschuss" ist unzulässig.

Die Anteile der anderen Gesellschafter am Jahresergebnis begründen keinen Anspruch bzw. keine Verpflichtung der anderen Gesellschafter im rechtlichen Sinne. Sie sind lediglich als "**ideeller Anteil**" zu verstehen.[42]

Unter der Bezeichnung Gewinn und Verlust ist hier der auf die anderen Gesellschafter entfallende Teil des **Jahresüberschusses/-fehlbetrags** lt. HB III, d. h. des neu bewerteten und fortgeschriebenen Jahresabschlusses des TU, zu verstehen. Die in der Literatur teilweise vertretene Ansicht, den Anteil anderer Gesellschafter am Gewinn und Verlust auf Basis des Bilanzgewinns/-verlustes des TU lt. HB I auszuweisen,[43] ist nach hM abzulehnen.[44] Im Hinblick auf die Abgrenzungsfunktion des Postens sind die das Konzernergebnis beeinflussenden Faktoren auf der Ebene des einbezogenen Unt zu berücksichtigen. Die **Auswirkungen** über die KapKons hinausgehender **erfolgswirksamer Konsolidierungsmaßnahmen** sind nicht zu berücksichtigen (Rz 27 ff.).

Wird **keine Ergebnisverwendungsrechnung** erstellt, ergibt sich eine Differenz zwischen dem in der GuV des Konzerns ausgewiesenen Jahresüberschuss und dem nach der Konzernbilanz. Das in der Konzern-GuV ausgewiesene Jahresergebnis enthält den gesamten Konzernerfolg. Der in der Konzernbilanz ausgewiesene Jahresüberschuss/-fehlbetrag ist hingegen bereits um den Anteil gekürzt, der den anderen Gesellschaftern zusteht. Der in der GuV gesondert auszuweisende Posten entspricht genau diesem Differenzbetrag und kann daher als Bindeglied betrachtet werden.

Ein bestehender **Gewinnabführungsvertrag** zwischen dem MU und einem TU mit Beteiligung anderer Gesellschafter bedingt gem. § 304 AktG einen angemessenen Ausgleich für die außenstehenden Aktionäre durch eine auf die Anteile am Grundkapital bezogene wiederkehrende Geldleistung (Ausgleichszahlung). Ob

---

[41] Dem Ausweis innerhalb des EK gegenüber dem gesonderten Ausweis auf der Aktivseite dagegen lediglich Vorrang einräumend *Kraft*, in Großkomm. HGB, § 307, Rz 63; *Winklejohann/Hoffmann*, in Beck Bil-Komm., 10. Aufl., § 307 HGB, Rz 77.
[42] Vgl. WPH Edition, Wirtschaftsprüfung & Rechnungslegung, 15. Aufl., 2017, Abschn. G, Tz 461; *Weber/Zündorf*, in *Küting/Weber*, HdK, HGB § 307, Rn 13.
[43] So *Busse von Colbe*, in MünchKomm. HGB, 3. Aufl., § 307 Rn 23.
[44] Vgl. *Winkeljohann/Hoffmann*, in Beck Bil-Komm., 10. Aufl., 2016, § 307 HGB, Rz 81; *Kraft*, in Großkomm. HGB, § 307, Rn 68; WPH Edition, Wirtschaftsprüfung & Rechnungslegung, 15. Aufl., Abschn. G, Tz 460.

die Ausgleichszahlung durch das MU oder das TU unter Garantie durch das MU geleistet wird, bleibt freigestellt.[45] Bei der Behandlung sind jedoch Unterschiede zu beachten.

57 Erfolgt die Begleichung der wiederkehrenden Geldleistung **seitens der Konzernmutter**, ist diese in deren EA vom übernommenen Gewinn abzusetzen respektive dem übernommenen Verlust hinzuzurechnen. Der Kons. der Aufwendungen und Erträge entspringt infolgedessen ein Restbetrag i.H. der Ausgleichszahlung, der in den Posten „anderen Gesellschaftern zustehender Gewinn" einzustellen ist.

58 Leistet das TU die Ausgleichszahlung, hat eine erfolgswirksame Stornierung des beim TU gebuchten Aufwands zu erfolgen. Die Ausgleichszahlung muss gleichzeitig in den Posten „anderen Gesellschaftern zustehender Gewinn" einbezogen werden. Dies ist auch nach DRS 22. Anlage 3 Beispiel 1b so vorgesehen. Dagegen verlangt DRS 23.159 die feste Ausgleichszahlung als Verbindlichkeit gegenüber anderen Gesellschaftern auszuweisen, was eher der Zahlung durch das MU entsprechen würde. Die Ausgleichszahlung ist wirtschaftlich als Ergebnis anderer Gesellschafter zu betrachten und sollte daher im EK ausgewiesen werden.[46] Das Bilanzergebnis des Konzerns wird nicht tangiert.

3.2 Ausweis

59 Sind auf andere Gesellschafter nicht nur Gewinne oder Verluste aus den Beteiligungen an einbezogenen TU zu verbuchen, sondern sind im Konzernabschluss sowohl Jahresüberschüsse als auch Jahresfehlbeträge zu berücksichtigen, hat – mit Blick auf das **Saldierungsverbot** – ein getrennter Ausweis in der GuV des Konzerns zu erfolgen. Eine Saldierung unter Rückgriff auf § 298 Abs. 1 HGB i.V.m. § 265 Abs. 7 HGB bedingt eine aufgegliederte Angabe im Konzernanhang.[47]

60 Für die **Bezeichnung** des Postens ist gem. § 307 Abs. 2 HGB ebenfalls die Verwendung der Formulierung „nicht beherrschende Anteile" vorgeschrieben.

4 Rechtsfolgen bei Pflichtverletzung

61 Ein Verstoß gegen die Vorschriften des § 307 HGB ist regelmäßig nicht straf- oder bußgeldbewehrt. Führt eine Pflichtverletzung i.S.d. § 307 HGB jedoch zu einer Nichterfüllung der Anforderungen des § 297 Abs. 2 und 3 HGB an den Konzernabschluss, liegt gem. § 334 Abs. 1 Nr. 2b HGB eine Ordnungswidrigkeit vor. Diese kann mit einem Bußgeld von bis zu 50.000 EUR belegt werden.

62 Verstöße gegen § 307 HGB bedingen die Einschränkung des **Bestätigungsvermerks** durch den AP. Ferner ist die nicht ordnungsgemäße Übernahme der Einzelabschlüsse im **Prüfungsbericht** zu erläutern.

---

[45] Vgl. statt vieler *Kirsch/Engelke*, in *Baetge/Kirsch/Thiele*, Bilanzrecht, § 307 HGB, Rz 56, Stand 1/2017.
[46] Vgl. *Bohnefeld/Ebeling*, WPg 2017, S. 375.
[47] Gl. A. ADS, 6. Aufl., § 307 HGB, Rz 79; *Kirsch/Engelke*, in *Baetge/Kirsch/Thiele*, Bilanzrecht, § 307 HGB, Rz 59, Stand 1/2017. Die Aufgliederung im Konzernanhang für unnötig erachtend dagegen *Kraft*, in Großkomm. HGB, § 307 Rn 76–77, der dann jedoch eine abweichende Bezeichnung des Postens voraussetzt.

§ 308 Einheitliche Bewertung

(1) ¹Die in den Konzernabschluß nach § 300 Abs. 2 übernommenen Vermögensgegenstände und Schulden der in den Konzernabschluß einbezogenen Unternehmen sind nach den auf den Jahresabschluß des Mutterunternehmens anwendbaren Bewertungsmethoden einheitlich zu bewerten. ²Nach dem Recht des Mutterunternehmens zulässige Bewertungswahlrechte können im Konzernabschluß unabhängig von ihrer Ausübung in den Jahresabschlüssen der in den Konzernabschluß einbezogenen Unternehmen ausgeübt werden. ³Abweichungen von den auf den Jahresabschluß des Mutterunternehmens angewandten Bewertungsmethoden sind im Konzernanhang anzugeben und zu begründen.

(2) ¹Sind in den Konzernabschluß aufzunehmende Vermögensgegenstände oder Schulden des Mutterunternehmens oder der Tochterunternehmen in den Jahresabschlüssen dieser Unternehmen nach Methoden bewertet worden, die sich von denen unterscheiden, die auf den Konzernabschluß anzuwenden sind oder die von den gesetzlichen Vertretern des Mutterunternehmens in Ausübung von Bewertungswahlrechten auf den Konzernabschluß angewendet werden, so sind die abweichend bewerteten Vermögensgegenstände oder Schulden nach den auf den Konzernabschluß angewandten Bewertungsmethoden neu zu bewerten und mit den neuen Wertansätzen in den Konzernabschluß zu übernehmen. ²Wertansätze, die auf der Anwendung von für Kreditinstitute oder Versicherungsunternehmen wegen der Besonderheiten des Geschäftszwegs geltenden Vorschriften beruhen, dürfen beibehalten werden; auf die Anwendung dieser Ausnahme ist im Konzernanhang hinzuweisen. ³Eine einheitliche Bewertung nach Satz 1 braucht nicht vorgenommen zu werden, wenn ihre Auswirkungen für die Vermittlung eines den tatsächlichen Verhältnissen entsprechenden Bildes der Vermögens-, Finanz- und Ertragslage des Konzerns nur von untergeordneter Bedeutung sind. ⁴Darüber hinaus sind Abweichungen in Ausnahmefällen zulässig; sie sind im Konzernanhang anzugeben und zu begründen.

(3) (*weggefallen*)

Prof. Dr. Stefan Müller/PD Dr. Markus Kreipl

Inhaltsübersicht	Rz
1 Überblick	1–9
1.1 Inhalt und Regelungszweck	1–4
1.2 Anwendungsbereich	5–7
1.3 Normenzusammenhänge	8–9
2 Grundsatz der einheitlichen Bewertung (Abs. 1)	10–34
2.1 Anwendbare Bewertungsmethoden	10–15
2.2 Einheitliche Anwendung von Bewertungsmethoden	16–24
2.3 Neuausübung von Bewertungswahlrechten im Konzernabschluss (Abs. 1 Satz 2)	25–31

    2.4   Pflicht zur Angabe und Begründung bei abweichender
          Bewertung im Konzernanhang (Abs. 1 Satz 3)..........   32–34
3 Neubewertungspflichten (Abs. 2)   35–57
    3.1   Grundsatz der Neubewertung (Abs. 2 Satz 1)   35–41
    3.2   Ausnahmetatbestände der Anpassungspflicht (Abs. 2 Sätze
          2–4)..   42–57
          3.2.1   Sonderregelungen für Kreditinstitute und Versiche-
                  rungsunternehmen.......................   42–48
          3.2.2   Ausnahme bei untergeordneter Bedeutung von
                  Bewertungsanpassungen   49–54
          3.2.3   Abweichungen in Ausnahmefällen.............   55–57
4 Rechtsfolgen bei Pflichtverletzung   58

1 Überblick

1.1 Inhalt und Regelungszweck

1 Im Gegensatz zur Regelung der Ansatzwahlrechte (§ 300 Rz 33) schreibt § 308 Abs. 1 Satz 1 HGB explizit vor, dass die in den Konzernabschluss übernommenen VG und Schulden der in den Konzernabschluss einbezogenen Unt gem. § 300 Abs. 2 HGB nach den auf den Jahresabschluss des MU anwendbaren Bewertungsmethoden einheitlich zu bewerten sind (**Vereinheitlichung der Bewertung**). Die Verpflichtung zur einheitlichen Bewertung folgt dem Prinzip der **Einheitstheorie**, die die Darstellung der Vermögens-, Finanz- und Ertragslage im Konzernabschluss entsprechend einer wirtschaftlichen Einheit fordert.[1] § 308 HGB soll so der Informationsfunktion des Konzernabschlusses gerecht werden.

2 Grundsätzlich geht das Gesetz davon aus, dass die im EA des MU zulässige bzw. angewandte Bewertung auch im Konzernabschluss als Maßstab gilt. Durch die **Neuausübung von Bewertungswahlrechten** gem. § 308 Abs. 1 Satz 2 HGB gegenüber der im MU tatsächlich angewandten Bewertung wird deshalb gem. § 308 Abs. 1 Satz 3 HGB eine **Angabe- und Begründungspflicht im Konzernanhang** ausgelöst.

3 Bei der Einbeziehung von Unt in den Konzernabschluss sind **Neubewertungen** zur Vereinheitlichung der Bewertung gem. § 308 Abs. 2 Satz 1 HGB erforderlich, wenn die in den Konzernabschluss aufzunehmenden VG und Schulden des MU oder der TU in den Jahresabschluss dieser Unt nach Methoden bewertet wurden, die sich von denen unterscheiden, die auf den Konzernabschluss anzuwenden sind oder von den gesetzlichen Vertretern des MU in Ausübung von Bewertungswahlrechten auf den Konzernabschluss angewandt werden.

4 Nicht nur aus Wirtschaftlichkeitsgründen, sondern auch zur Vereinfachung der Aufstellung des Konzernabschlusses erlaubt der Gesetzgeber in § 308 Abs. 2 Sätze 2–4 HGB **drei Ausnahmen** vom Grundsatz der einheitlichen Bewertung. Gem. Abs. 2 Satz 2 dürfen diejenigen Wertansätze beibehalten werden, die aufgrund der Besonderheiten des Geschäftszweigs für **Kreditinstitute oder**

---

[1] Vgl. *Kirsch/Dohrn/Gallasch*, in *Baetge/Kirsch/Thiele*, Bilanzrecht, § 308 HGB, Rz 4, Stand 3/2012; *Busse von Colbe*, in MünchKomm. HGB, 3. Aufl., § 308 Rn 4.

VersicherungsUnt gelten. Voraussetzung ist, dass im Anhang darauf hingewiesen wird. Außerdem ist ein Verzicht auf eine Vereinheitlichung der Bewertung gem. Abs. 2 Satz 3 möglich, wenn die Übernahme abweichender Wertansätze für die Vermittlung eines den tatsächlichen Verhältnissen entsprechenden Bildes der Vermögens-, Finanz- und Ertragslage des Konzerns nur **von untergeordneter Bedeutung** ist. Auch bei **nicht näher definierten Ausnahmefällen** darf gem. Abs. 2 Satz 4 von einer einheitlichen Bewertung abgewichen werden, wenn dies **im Anhang angegeben und begründet** wird.

1.2 Anwendungsbereich

Der Geltungsbereich des § 308 HGB umfasst **alle** gem. § 290 HGB – unter Berücksichtigung der §§ 291–293 HGB – **zur Konzernrechnungslegung verpflichteten Unt**. 5

Ist ein Unt zur Konzernrechnungslegung nach dem **PublG** verpflichtet, gilt § 308 HGB über einen Verweis in § 13 Abs. 2 Satz 1 PublG für Konzernabschlüsse dieses Unt analog. 6

Kreditinstitute und **VersicherungsUnt** haben gem. §§ 340i Abs. 2 HGB und 341i Abs. 1 HGB unabhängig von ihrer Größe einen Konzernabschluss und einen Konzernlagebericht aufzustellen, auch wenn sie nicht in der Rechtsform einer KapG betrieben werden. Entsprechend ist § 308 HGB anzuwenden. 7

1.3 Normenzusammenhänge

Die Verpflichtung zur einheitlichen Bewertung basiert auf dem Grundsatz der Einheitlichkeit. § 308 HGB dient dem Zweck der **Generalnorm (§ 297 HGB)**, die eine Darstellung der Vermögens-, Finanz- und Ertragslage im Konzernabschluss entsprechend einer wirtschaftlichen Einheit fordert. 8

Im Rahmen der Anwendung von § 308 HGB sind insb. die in § 298 Abs. 1 HGB abgehandelten Vorschriften zu berücksichtigen, die sich auf die konkreten **Methoden für die Bewertung** im Konzernabschluss beziehen. Für Kreditinstitute und VersicherungsUnt bestehen in Bezug auf die Bewertung mit den §§ 340e–g, 341b–h HGB **Sondervorschriften**, woraus sich eine Anbindung des § 308 HGB ergibt. Darüber hinaus steht die Norm in einem engen Zusammenhang mit § 300 Abs. 2 HGB.[2] 9

2 Grundsatz der einheitlichen Bewertung (Abs. 1)

2.1 Anwendbare Bewertungsmethoden

Für die auf den Konzernabschluss anwendbaren Bewertungsmethoden ist grds. auf die Bewertungsmethoden abzustellen, die für das MU maßgeblich sind. Zur Anwendung kommen bei MU in der Rechtsform der **KapG** entsprechend grds. die Bewertungsvorschriften der §§ 252–256a HGB, die durch § 274 HGB und ggf. 10

---

[2] § 308 Abs. 1 Satz 1 HGB schreibt explizit vor, dass die nach § 300 Abs. 2 HGB in den Konzernabschluss übernommenen VG und Schulden der in den Konzernabschluss einbezogenen Unt nach den auf den Jahresabschluss des MU anwendbaren Bewertungsmethoden einheitlich zu bewerten sind.

weitere branchenspezifische Regelungen zu ergänzen sind. Aus Sicht des Konzerns sind im Wesentlichen folgende **explizite Bewertungswahlrechte** relevant:

§ 253 Abs. 2 Sätze 1 und 2 HGB	Zinssatz zur Ermittlung des Barwerts von Pensionsrückstellungen entweder auf Basis von laufzeitadäquaten, über zehn Jahre ermittelten durchschnittlichen Marktzinssätzen oder pauschal mit einer unterstellten Laufzeit von 15 Jahren ermittelten über zehn Jahre ermittelten Marktzinssätzen
§ 253 Abs. 3 und 4 HGB	Bestimmung der Abschreibungsmethode
§ 253 Abs. 3 Satz 4 HGB	Abschreibungen auf Finanzanlagen bei voraussichtlich nur vorübergehender Wertminderung
§ 255 Abs. 2 HGB	Bemessung der HK; Einbezug von angemessenen Teilen der Kosten der allgemeinen Verwaltung sowie angemessener Aufwendungen für soziale Einrichtungen des Betriebs, freiwillige soziale Leistungen und die betriebliche Altersvorsorge
§ 255 Abs. 3 HGB	Bemessung der HK; Einbezug von Fremdkapitalkosten zur Finanzierung der Herstellung
§ 255 Abs. 4 HGB	Wahl einer allgemein anerkannten Bewertungsmethode, wenn kein Marktpreis verfügbar
§ 256 i. V. m. § 240 Abs. 3 und 4 HGB	Bewertungsvereinfachungsverfahren

Tab. 1: Explizite Bewertungswahlrechte für KapG im EA mit Relevanz für den Konzernabschluss

11 Hinzu kommen noch einige **implizite Wahlrechte**, die an Bedeutung gewonnen haben, da einerseits mit dem BilMoG weitere explizite Wahlrechte gestrichen wurden und andererseits Neuregelungen zu impliziten Bewertungswahlrechten geführt haben. Konkret sind dies im Wesentlichen:

§ 252 Abs. 1 Nr. 2 HGB	Einschätzung der Erfüllung der going concern-Prämisse
§ 252 Abs. 1 Nr. 4 HGB	Gebot der Vorsicht: Realisations- und Imparitätsprinzip
§ 252 Abs. 1 Nr. 5 HGB	Zeitliche Abgrenzung von Aufwendungen und Erträgen
§ 253 Abs. 1 HGB	Abschätzung des Erfüllungsbetrags bei Rückstellungen (insb. z. B. die Trendannahmen bei Pensionsverpflichtungen) sowie deren Laufzeit

§ 253 Abs. 1 HGB	Zeitwertbewertung bei Rückstellungen und Planvermögen im Zusammenhang mit Altersversorgungsverpflichtungen
§ 253 Abs. 3 HGB	Vornahme außerplanmäßiger Abschreibungen
§ 253 Abs. 5 HGB	Zeitpunkt des Wegfalls der Gründe für vorgenommene außerplanmäßige Abschreibungen (Wertaufholungsgebot)
§ 254 HGB	Bildung von Bewertungseinheiten
§ 255 Abs. 1 HGB	Bemessung von Anschaffungskosten und Anschaffungsnebenkosten
§ 255 Abs. 2a HGB	Trennung von Forschungs- und Entwicklungskosten
§ 256a HGB	Währungsumrechnung
§ 274 HGB	Bemessung der aktiven und passiven latenten Steuern

Tab. 2: Zentrale implizite Bewertungswahlrechte für KapG im EA mit Relevanz für den Konzernabschluss

Die **Bewertungsvorschriften für KapG** gelten auch für Unt anderer Rechtsformen, sofern diese gem. § 13 Abs. 2 **PublG** zur Aufstellung eines Konzernabschlusses verpflichtet sind und dieser **befreiende Wirkung** für eine untergeordnete KapG entfalten soll. § 13 Abs. 3 PublG relativiert die grds. aus Abs. 2 folgende Pflicht zur Anwendung der Vorschriften für KapG insofern wieder. Wird nicht auf eine befreiende Wirkung entsprechend § 291 HGB abgestellt, müssen die Vorschriften für KapG nicht angewandt werden.³ Ist dennoch ein TU, das selbst MU ist, in der Rechtsform einer KapG organisiert, ist für dieses ein Teil-KA unter Beachtung der Vorschriften für KapG aufzustellen. 12

Ist das MU in der Rechtsform einer KapG organisiert und handelt es sich um ein **Kreditinstitut** oder ein **VersicherungsUnt**, sind die besonderen Bewertungsvorschriften der §§ 340e–g HGB (Kreditinstitute) und 341b–h HGB (VersicherungsUnt) zu beachten. Bedingung für die Anwendung der Sondervorschriften auf ein TU ist jedoch, dass es sich bei diesem ebenfalls um ein Kreditinstitut respektive VersicherungsUnt handelt.⁴ 13

Ein weder nach HGB noch PublG zur Aufstellung eines Konzernabschlusses verpflichtetes Unt hat die Bewertungsvorschriften für große KapG zu beachten, sofern die **freiwillige** Erstellung eines Konzernabschlusses erfolgt und dieser eine befreiende Wirkung für untergeordnete KapG entfalten soll. 14

Die Anwendung von **Bewertungsvorschriften anderer EU-Länder** auf den Konzernabschluss deutscher MU ist unzulässig. 15

---

3 Vgl. *Kirsch/Dohrn/Gallasch*, in *Baetge/Kirsch/Thiele*, Bilanzrecht, § 308 HGB, Rz 23, Stand 3/2012.
4 Vgl. *Kirsch/Dohrn/Gallasch*, in *Baetge/Kirsch/Thiele*, Bilanzrecht, § 308 HGB, Rz 25, Stand 3/2012.

2.2 Einheitliche Anwendung von Bewertungsmethoden

16 Die in den Konzernabschluss gem. § 300 Abs. 2 HGB übernommenen VG und Schulden der in den Konzernabschluss einbezogenen Unt sind nach den auf den Jahresabschluss des MU anwendbaren Bewertungsmethoden **einheitlich** zu bewerten (Vereinheitlichung der Bewertung). Für gleichartige Sachverhalte ist unter gleichen wertbestimmenden Bedingungen folglich eine **unterschiedliche Ausübung** von Bewertungswahlrechten **unzulässig**. Eine Neuausübung von Ermessensentscheidungen im Konzernabschluss gegenüber den Jahresabschlüssen der einbezogenen Unt, etwa im Rahmen der Frage der Nutzungsdauer von VG, ist aufgrund des Grundsatzes der Willkürfreiheit nur möglich, solange die Änderung für den Zweck der Einheitlichkeit des Ansatzes erforderlich ist.[5]

> **Hinweis: Ansatzstetigkeit**
>
> Die §§ 300 bzw. 308 HGB fordern die **einheitliche Ausübung** von Ansatzwahlrechten nicht explizit. Vielfach wird deshalb argumentiert, dass die Ausübung der Ansatzwahlrechte auch bei gleichartigen Sachverhalten nicht zwingend für alle KonzernUnt in gleicher Weise durchgeführt werden muss und folglich auch nicht dem **Stetigkeitsgebot** unterliegt, sodass die Entscheidung für einen wahlweisen Ansatz zu jedem Abschlussstichtag neu getroffen werden kann.[6] Gleichwohl ist eine einheitliche Ausübung als Voraussetzung für eine adäquate Darstellung eines den tatsächlichen Verhältnissen entsprechenden Bildes der Vermögens-, Finanz- und Ertragslage zu sehen.[7] Mit Bezug auf die **Generalnorm** kann zudem angenommen werden, dass der im HGB verwendete Begriff Bewertungsmethoden, deren Beibehaltung gem. § 298 Abs. 1 HGB i.V.m. § 252 Abs. 1 Nr. 6 HGB explizit gefordert wird, als Oberbegriff aller auf den Jahresabschluss angewandten Rechnungslegungsmethoden zu verstehen ist, was eine Subsumtion der Ansatzwahlrechte bedeutet.[8] Deshalb ist davon auszugehen, dass im Konzernabschluss die Ansatzentscheidung **für gleichartige Sachverhalte einheitlich auszufallen hat** und gleiche Sachverhalte im Zeitablauf gleich darzustellen sind,[9] zumal durch das **Willkürverbot** eine weitere Grenze gesetzt wird.[10]

17 Bei der Bewertung sind Sachverhalte als gleichartig anzusehen, wenn **art- und funktionsgleiche** VG oder Schulden unter **gleichen wertbestimmenden Bedingungen** zu bewerten sind, woraus im Umkehrschluss folgt, dass unterschiedliche Sachverhalte entsprechend unterschiedlich zu behandeln sind.[11] So können z.B.

---

[5] Vgl. IDW RH HFA 1.018, Tz. 6.
[6] So etwa *Ordelheide*, WPg 1985, S. 509; ADS, 6. Aufl., § 300 HGB, Rz 19; *Weirich*, WPg 1987, S. 77.
[7] Vgl. *Kirsch/Hepers/Dettenrieder*, in *Baetge/Kirsch/Thiele*, Bilanzrecht, § 300 HGB, Rz 61, Stand 4/2012; die Nichteinhaltung des Stetigkeitsgebots kritisch betrachtend *Schülen*, in *Mellwig/Moxter/Ordelheide*, Einzelabschluß und Konzernabschluß, S. 123–128.
[8] Art. 6 Abs. 1b der EU-Bilanzrichtlinie spricht zudem nunmehr explizit von der stetigen Anwendung der Rechnungslegungsmethoden und Bewertungsgrundlagen. DRS 13.7 unterwirft die sachliche und zeitliche Erfassung von Posten grds. dem Stetigkeitsgebot.
[9] Im Ergebnis ebenso *Petersen/Zwirner*, DB 2011, S. 1707 ff.
[10] Vgl. *Küting/Seel*, DStR 2009, Beihefter zu 26, S. 37; *Kirsch/Hepers/Dettenrieder*, in *Baetge/Kirsch/Thiele*, Bilanzrecht, § 300 HGB, Rz 61–63, Stand 4/2012.
[11] Der Wertansatz selbst unterliegt nicht direkt dem Gebot der Einheitlichkeit.

verschiedene Abschreibungsmethoden und -fristen bei gleichartigen Anlagen gerechtfertigt sein, wenn stark unterschiedliche Nutzungsbedingungen vorliegen.[12]

> **Beispiel**
> Ein Kran, der auf einer Wüstenbaustelle eingesetzt wird und dessen Abtransport aus Kostengründen nach Fertigstellung zugunsten einer Entsorgung vor Ort nicht vorgesehen ist, ist im Konzernabschluss über eine kürzere Nutzungsdauer abzuschreiben als ein gleicher Kran in einer Gegend mit besserer Infrastruktur.

Liegen solche Unterschiede nicht vor, ist unter Verwendung **gleicher Rechengrößen** zu verfahren. Bestehen in Bezug auf die Bewertung **Ermessensspielräume**, sind diese ebenfalls gleich auszufüllen.[13] Damit ist zumindest bei Personenidentität keine Abweichung zwischen dem Jahresabschluss und dem Konzernabschluss bez. Ermessensspielräumen möglich, die nicht aus Wertaufhellungsgründen, die in den Zeitraum zwischen Aufstellung des Jahresabschlusses und der Aufstellung des Konzernabschlusses angefallen sind, begründet werden kann (Rz 27).

Problemresistent ist die **Definition der Art-, Funktions- und Wertebestimmungsgleichheit** dabei freilich nicht. Unstrittig ist, dass Unterschiede stets zu berücksichtigen sind. Die Beurteilung der Gleichartigkeit hat nach strengen Maßstäben zu erfolgen, um eine Nivellierung der Bewertung art- und funktionsverschiedener VG und Schulden zu vermeiden.[14] Strittig ist allerdings, welche Unterschiede für eine Gleichbehandlung ausschlaggebend sind und welche nicht.[15] Dieses Problem tritt etwa in Bezug auf die in die HK einzubeziehenden Gemeinkosten bei unterschiedlichen Fertigungsstandorten auf.[16]

18

> **Beispiel**
> Ein in den Konzernabschluss einzubeziehendes Unt, das in der Automobilbranche tätig ist, muss Gemeinkosten nicht in der gleichen Höhe in die HK einbeziehen wie ein ebenfalls zu konsolidierendes TU aus der Lebensmittelindustrie. Eine einheitliche Abgrenzung ist zudem auch dann nicht geboten, wenn zwei TU in der Automobilindustrie tätig sind, sich die Produktions- und Kostenstrukturen aber signifikant unterscheiden. Denkbar ist etwa die Serienfertigung von Standardfahrzeugen auf der einen Seite im Vergleich zur Fertigung exklusiver Fahrzeuge in Handarbeit auf der anderen Seite.
> Sind hingegen beide einzubeziehenden TU in der Automobilindustrie tätig, weichen ihre Produktions- und Kostenstrukturen aber nur minimal voneinander ab (etwa Serienproduktion auf gleichem Stand der Technik mit kaum abweichenden Kostenstrukturen), ist eine einheitliche Abgrenzung geboten.

---

12 Vgl. *Busse von Colbe/Ordelheide/Gebhardt/Pellens*, Konzernabschlüsse, 2003, S. 138.
13 So auch *Kirsch/Dohrn/Gallasch*, in *Baetge/Kirsch/Thiele*, Bilanzrecht, § 308 HGB, Rz 28, Stand 3/2012.
14 Vgl. IDW RH HFA 1.018, Tz. 4.
15 Vgl. dazu im Detail ADS, 6. Aufl., § 308 HGB, Rz 18–22.
16 Die Einbeziehung von Gemeinkosten in unterschiedlicher Höhe an die Bedingung knüpfend, dass unterschiedliche Produktions- und Kostenstrukturen vorliegen oder die Branche abweicht, etwa ADS, 6. Aufl., § 308 HGB, Rz 21.

19 Auch **länderspezifische Bedingungen** können bei gleichen VG und Schulden die Anwendung unterschiedlicher Bewertungsmethoden oder Rechengrößen bedingen.[17] Zu den bewertungsbestimmenden Faktoren können in diesem Zusammenhang auch unterschiedliche Gewinnspannen zählen.

> **Beispiel**
> In den KonsKreis sind zwei TU einzubeziehen, die im Bereich der Herstellung von Werkzeugen tätig sind. Beide Unt produzieren die gleichen Produkte (etwa die gleichen Schraubenzieher etc.). Unt **1** stellt seine Produkte in Deutschland her und setzt sie auch auf dem Heimatmarkt ab. Unt **2** produziert und verkauft die Produkte in einem Entwicklungsland. Der unterschiedliche Absatz- und Produktionsstandort bedingt bei Unt **1** Gewinnspannen, die jene von Unt **2** um das Zweifache übersteigen.
> Die einheitliche Ausübung von Wahlrechten in Bezug auf den Wertansatz (etwa das Gleichsetzen der angemessenen Gemeinkosten) bei der Abgrenzung der HK ist nicht gestattet.

20 Die Liquidation eines TU führt grds. zur Abkehr von dem Gebot der einheitlichen Bewertung. Die going concern-Prämisse des § 252 Abs. 1 Nr. 2 HGB ist hinfällig.[18]

21 Werden art- und funktionsgleiche VG oder Schulden nicht einheitlich bewertet, ist dies sachlich zu **begründen**. Willkür ist dabei zwar auszuschließen, de facto werden sich – wenn gewollt – in der Praxis aber immer Unterschiede finden lassen.

22 Für die gewählten Bewertungsmethoden gilt in allen Fällen gem. § 298 Abs. 1 HGB i.V.m. § 252 Abs. 1 Nr. 6 HGB[19] das **Gebot der Stetigkeit**, d.h., die auf den vorhergehenden Jahresabschluss angewandten Bewertungsmethoden müssen – im Interesse der Vergleichbarkeit[20] – beibehalten werden.[21] Ausnahmen sind nur in begründeten Einzelfällen zulässig (§ 252 Rz 137ff.).

23 In den Fällen, in denen Bewertungsmethoden für das MU zwar zulässig sind, von ihm aber nicht angewandt werden, weil es entsprechende VG und Schulden nicht besitzt, stehen die Bewertungsmethoden für den Konzernabschluss originär zur Verfügung.

24 Insgesamt betrachtet bietet die **Vereinheitlichung der Bewertung im Konzernabschluss** den Vorteil, dass sie einem Wertekonglomerat im Konzernabschluss entgegenwirkt. Andererseits ist zu bedenken, dass sich ein Konzernabschluss trotzdem auf eine Vielfalt von Werten stützt und der nicht operational fassbare Grundsatz der Einheitlichkeit durch wichtige Ausnahmen aufgeweicht wird. Des Weiteren muss berücksichtigt werden, dass die Vereinheitlichung der Bewertung im Konzernabschluss zwar die Möglichkeit einer eigenständigen Konzernbilanzpolitik eröffnet, die Fortschreibung und Weiterentwicklung der Dif-

---

[17] Vgl. IDW RH HFA 1.018, Tz. 4.
[18] Vgl. *Grottel/Huber*, in Beck Bil-Komm. 10. Aufl., 2016, § 308 HGB, Rz 8.
[19] Der Grundsatz der Stetigkeit entfaltet somit nur mittelbar Wirkung auf die Bewertung.
[20] Vgl. *Weirich*, WPg 1987, S. 377.
[21] So auch *Busse von Colbe*, in MünchKomm. HGB, 3. Aufl., § 308 Rn 10; *Kirsch/Dohrn/Gallasch*, in *Baetge/Kirsch/Thiele*, Bilanzrecht, § 308 HGB, Rz 32, Stand 3/2012.

ferenzen zwischen Jahresabschluss und Konzernabschluss aber erhebliche Dokumentationsanforderungen bewirkt, die langfristig nur mithilfe einer eigenständigen Konzernbuchführung lösbar sein dürften.[22]

2.3 Neuausübung von Bewertungswahlrechten im Konzernabschluss (Abs. 1 Satz 2)

Bewertungswahlrechte, die nach dem Recht des MU zulässig sind, können im Konzernabschluss unabhängig von ihrer Ausübung in den EA aller einbezogenen Unt **neu ausgeübt** werden. Unter das Neuausübungsrecht fallen somit auch jene Wahlrechte, die im EA des MU wahrgenommen wurden.

Denkbar ist bspw., dass im EA ein möglichst steuer- und/oder ausschüttungsoptimales Ergebnis dargestellt werden soll, während im Konzernabschluss, der eine reine Informationsfunktion hat, ein möglichst positives Ergebnis gezeigt werden soll, um z. B. den Zugang zu internationalen KM vorzubereiten bzw. zu erleichtern. Ein solcher Fall liegt etwa dann vor, wenn **Bestandsmehrungen** bei fertigen und unfertigen Erzeugnissen im Konzernabschluss an der handelsrechtlichen Obergrenze bewertet werden, während im Jahresabschluss des MU ein Ansatz an der Untergrenze erfolgt. Auch die andersartige Bewertung abnutzbaren AV durch die Verwendung anderer Abschreibungsverfahren trägt divergierenden bilanzpolitischen Zielsetzungen des jeweiligen Abschlusses Rechnung.

Unter dem Begriff „**Bewertungswahlrechte**" sind hier grds. die gesetzlichen Wahlrechte in Bezug auf die Bewertungsmethoden zu verstehen (**explizite Wahlrechte**). Implizite oder faktische Bewertungswahlrechte (Rz 11), die entstehen können, wenn verschiedene Rechengrößen verwendet werden dürfen oder Ermessensspielräume bestehen, dürfen in engen Grenzen ebenfalls neu ausgeübt werden. Bedingen etwa Sachverhalte aus Sicht der Konzernführung eine von der Position der Führung des TU abweichende Beurteilung, ist eine Neuausübung gestattet. Auch eine Neuausübung im Interesse der Vereinheitlichung der Bewertung ist zulässig.[23] Als Grenze fungiert der **Grundsatz des Willkürverbots** (§ 252 Rz 151).[24] Damit ist die Änderung von Ermessensentscheidungen zumindest bei personenidentischen Organen zwischen der Ebene des EA und des Konzernabschlusses grundsätzlich nicht zulässig.[25] Davon zu trennen ist die Notwendigkeit zur Anpassung der Bewertung aufgrund von werterhellenden Informationen. Aufgrund der der Aufstellung des Jahresabschlusses nachgelagerten Aufstellung des Konzernabschlusses können wertaufhellende Informationen bekannt werden, die eine bessere Einschätzung der Verhältnisse zum Stichtag ermöglichen. Diese wertaufhellenden Tatsachen sind bei den Bewertungen im Konzernabschluss bis zum Tag der Aufstellung zu berücksichtigen (§ 252 Rz 67).

---

22 Vgl. WPH Edition, Wirtschaftsprüfung & Rechnungslegung, 15. Aufl., 2017, Abschn. G, Tz 353; *Müller*, in *Federmann/Kußmaul/Müller* (Hrsg.), HdB, Konzernabschluss nach HGB, Rz 127, Stand 12/2016.
23 Vgl. *Grottel/Huber*, in Beck Bil-Komm. 10. Aufl., 2016, § 308 HGB, Rz 12.
24 Vgl. IDW RH HFA 1.018, Tz. 6.
25 Vgl. *Hoffmann/Lüdenbach*, NWB-Kommentar, 8. Aufl., 2017, § 308 HGB, Rz. 7.

28 Die Neuausübung von Bewertungswahlrechten unterliegt neben dem Grundsatz des Willkürverbots dem Gebot der **Einheitlichkeit der Bewertung** (Rz 16 ff.) und dem **Grundsatz der Stetigkeit (§ 252 Abs. 1 Nr. 6 i. V. m. § 298 Abs. 1 HGB)**.[26]

29 Der Maßgabe der **einheitlichen Bewertung** folgt die Bedingung, dass eine von den EA unabhängige Ausübung von Bewertungswahlrechten nur gestattet ist, sofern die Sachverhalte voneinander abweichen.

30 Aus der Anwendung des **Grundsatzes der Stetigkeit** auf die Vorschriften des § 308 Abs. 1 Satz 2 HGB ergibt sich ein **Verbot der Neuausübung** der Bewertungswahlrechte zu jedem Stichtag. Die daraus resultierende Bindung an die Entscheidungen der Vj. dient der Vergleichbarkeit der Konzernabschlüsse im Zeitverlauf. Die Pflicht zur stetigen Bewertung erstreckt sich auch auf im Laufe des Gj neu zugegangene VG und Schulden, sofern art- und funktionsgleiche Positionen bereits im Vj. vorhanden waren.[27]

31 Von dem Grundsatz der Stetigkeit darf nur in **begründeten Ausnahmefällen** abgewichen werden.[28]

> **Beispiel**
> Abweichungen vom Grundsatz der Bewertungsstetigkeit kommen etwa in folgenden Fällen in Betracht:[29]
> - Änderung von Gesetzen,
> - Einleitung von Sanierungsmaßnahmen,
> - Einbeziehung in einen oder Entlassung aus einem Konzernverbund,
> - wesentliche Veränderungen der Gesellschafterstruktur,
> - grundlegende Änderung der Einschätzung der Unternehmensentwicklung,
> - erhebliche Kapazitäts- und Bestandsveränderungen in Verbindung mit dafür nunmehr ungeeigneten Bewertungsverfahren,
> - Anwendung von oder Verzicht auf die Anwendung von Bewertungsvereinfachungsverfahren,
> - Produktions- und Sortimentsumstellung,
> - wesentliche Änderung des Beschäftigungsgrads,
> - wesentliche Änderung der Finanz- und Kapitalstruktur,
> - relevante technische Umwälzungen.

Eine Abweichung erfordert gem. § 313 HGB Abs. 1 Satz 3 Nr. 2 HGB dabei grds. die gesonderte Darstellung des Einflusses der Durchbrechung auf die Vermögens-, Finanz- und Ertragslage des Konzerns im Konzernanhang (§ 313 Rz 65 ff.).

---

[26] Vgl. IDW RH HFA 1.018, Tz. 5.
[27] Vgl. *Kirsch/Dohrn/Gallasch*, in *Baetge/Kirsch/Thiele*, Bilanzrecht, § 308 HGB, Rz 37, Stand 3/2012.
[28] Zu den in diesen Fällen grds. zu beachtenden Gesichtspunkten, wie der sachlichen Begründbarkeit, s. § 252 Rz 137 ff.
[29] ADS, 6. Aufl., § 252 HGB, Rz 113.

2.4 Pflicht zur Angabe und Begründung bei abweichender Bewertung im Konzernanhang (Abs. 1 Satz 3)

Grundsätzlich geht das Gesetz davon aus, dass die im Jahresabschluss des MU zulässige bzw. angewandte Bewertung auch im Konzernabschluss als Maßstab gilt. Durch die Neuausübung von Bewertungswahlrechten gegenüber der im MU tatsächlich angewandten Bewertung entsprechend den Möglichkeiten des § 308 Abs. 1 Satz 2 HGB wird deshalb gem. § 308 Abs. 1 Satz 3 HGB eine **Angabe- und Begründungspflicht** im Konzernanhang ausgelöst. Dabei ist der Grundsatz der Wesentlichkeit auf die Abweichungen zwischen dem Jahresabschluss des MU und dem Konzernabschluss zu beachten. Eine Pflicht zur Quantifizierung der Abweichungen besteht nicht.[30] 32

Zwingende **Voraussetzung** für die Pflicht zur Angabe der im Konzernabschluss neu bewerteten Posten und der im Konzernabschluss angewandten Bewertungsmethoden sowie für die Pflicht zur Begründung der Abweichungen respektive deren Ergebniswirkung bildet die Anforderung, dass der Sachverhalt sowohl im Jahresabschluss des MU als auch im Konzernabschluss auftritt. Die Angabe- und Begründungspflicht wird indes nicht ausgelöst, wenn der Sachverhalt im EA eines TU – nicht aber im Jahresabschluss des MU – auftritt und eine fiktive Ausübung der Bewertungswahlrechte des MU unterstellt wird.[31] 33

Folgende Angabe- und Begründungspflichten sind mindestens zu berücksichtigen:[32] 34
- Angabe der im Konzernabschluss anders als im EA des MU bewerteten Posten;
- Angabe der im Konzernabschluss anders als im EA des MU angewandten Bewertungsmethoden;
- Begründung, warum im Konzernabschluss anders als im EA des MU bewertet wird. **Pauschale Begründungen**, wie etwa „aufgrund besonderer Umstände", sind **unzulässig**.[33] Vielmehr müssen die Motive der Konzernleitung, die zu der Abweichung geführt haben, erkennbar werden.

3 Neubewertungspflichten (Abs. 2)

3.1 Grundsatz der Neubewertung (Abs. 2 Satz 1)

Bei der Einbeziehung von Unt in den Konzernabschluss sind **Neubewertungen zur Vereinheitlichung der Bewertung** gem. § 308 Abs. 2 Satz 1 HGB erforderlich, wenn die in den Konzernabschluss aufzunehmenden VG und Schulden des MU oder der TU in den Jahresabschluss dieser Unt nach Methoden bewertet worden sind, die sich von denen unterscheiden, die auf den Konzernabschluss anzuwenden sind oder von den gesetzlichen Vertretern des MU in Ausübung von Bewertungswahlrechten auf den Konzernabschluss angewandt werden. 35

---

30 So auch *Grottel/Huber*, in Beck Bil-Komm. 10. Aufl., 2016, § 308 HGB, Rz 15; *Kirsch/Dohrn/Gallasch*, in *Baetge/Kirsch/Thiele*, Bilanzrecht, § 308 HGB, Rz 42, Stand 3/2012.
31 Vgl. ADS, 6. Aufl., § 308 HGB, Rz 29; *Kirsch/Dohrn/Gallasch*, in *Baetge/Kirsch/Thiele*, Bilanzrecht, § 308 HGB, Rz 41, Stand 3/2012.
32 Für Kreditinstitute und Versicherungsunternehmen sind nach § 308 Abs. 2 Satz 2 HGB diesbezüglich Besonderheiten zu beachten und auch die Ausnahmefälle gem. § 308 Abs. 2 Satz 4 HGB lösen gesonderte Angabe- und Begründungspflichten aus.
33 So auch *Grottel/Huber*, in Beck Bil-Komm. 10. Aufl., 2016, § 308 HGB, Rz 17.

36 Eine Neubewertung unter Verwendung der im Konzernabschluss geltenden Methoden ist auch für VG und Schulden erforderlich, die im Jahresabschluss nicht angesetzt werden, jedoch in den Konzernabschluss einbezogen werden sollen.[34]

37 Die **Bewertungsanpassung** erfolgt zweckmäßigerweise **mittels Aufstellung** einer **HB II**. Die durch Modifizierung der Jahresabschlüsse ermittelten Wertansätze werden im Wege der Kons. dann im Anschluss in die Konzernbilanz übernommen.

38 Anpassungsmaßnahmen zur Vereinheitlichung der Bewertung sind einerseits bei der Einbeziehung **ausländischer TU** notwendig, deren Rechnungslegung nicht den handelsrechtlichen GoB für eine große KapG, die gem. § 298 Abs. 1 HGB grds. für das MU gelten, entspricht. Andererseits sind auch bei **inländischen TU**, die keine KapG sind, Anpassungsmaßnahmen notwendig.

39 Als zentrale Anpassungspunkte für die Bewertung stellen sich dabei in der Praxis für ausländische TU folgende heraus:

§ 252 Abs. 1 Nr. 4 HGB	Vorsichtige Bewertung, Imparitäts- und Realisationsprinzip
§ 252 Abs. 1 Nr. 5 HGB	Zeitliche Abgrenzung von Aufwendungen und Erträgen
§ 253 Abs. 1 HGB	AHK-Obergrenze ggf. mit Ausnahme des saldierten schuldendeckenden Vermögens
§ 253 Abs. 1 HGB	Wertansätze der Rückstellungen: Wahrscheinlichkeit des Eintritts und Bestimmung des Bewertungsbetrags (insb. Trendannahmen bei Pensionsrückstellungen)
§ 253 Abs. 3 HGB	Verfahren und Nutzungsdauerschätzungen der planmäßigen Abschreibung
§ 253 Abs. 4 HGB und § 256 HGB	Bewertung der VG des UV
§ 254 HGB und § 252 Abs. 1 Nr. 3 HGB	Bildung von Bewertungseinheiten und Einzelbewertungsgrundsatz
§ 255 Abs. 2 und 3 HGB	Bestimmung der HK
§ 248 und § 255 Abs. 2a HGB	Ggf. Bewertung der selbst geschaffenen immateriellen VG des AV und Entwicklungskosten
§ 255 Abs. 4 HGB	Bestimmung der beizulegenden Zeitwerte und ggf. der Ersatzbewertungsmethoden
§ 256a HGB	Währungsumrechnung
§ 272 HGB	Berechnung und Ausweis des EK
§ 274 HGB	Berechnung der aktiven und passiven latenten Steuern

Tab. 3: Zentrale Anpassungspunkte bei der Bewertung der HB II

---

[34] Vgl. *Grottel/Huber*, in Beck Bil-Komm. 10. Aufl., 2016, § 308 HGB, Rz 18.

Eventuell aus der Neubewertung resultierende **Unterschiedsbeträge** werden in § 308 Abs. 2 HGB nicht geregelt. Erfolgt eine **ErstKons**, sind die der Bewertungsanpassung zuzuschreibenden Beträge unter Berücksichtigung zumindest der passiven **latenten Steuer** (§ 306 Rz 8), da § 308 HGB nicht in den Anwendungskreis des § 306 HGB fällt und daher § 274 HGB mit am Ansatzwahlrecht für aktive Steuerlatenzen gilt, saldiert in die Gewinnrücklagen einzustellen, sofern der Zeitpunkt der ErstKons nicht später als der Erwerbszeitpunkt liegt (§ 301 Rz 126 ff.). Die Anpassung der Bewertung erfolgt somit **ohne Auswirkungen** auf das Konzernergebnis **erfolgsneutral**.

Folgewirkungen aus der Bewertungsanpassung können – in Abhängigkeit des betroffenen Gj – **erfolgsneutral oder erfolgswirksam** sein. Erfolgsneutral sind jene Anpassungen, die **vergangene Gj betreffen, erfolgswirksam** dagegen sind solche Anpassungen, die das **laufende Gj betreffen**. Sie sind bei der Erstellung der HB II grds. zu berücksichtigen, wobei wiederum zumindest passive latente Steuern zu beachten sind. Erfolgswirksame Bewertungsanpassungen können zu einer erheblichen Differenz zwischen dem Einzelergebnis des Unt und dem der HB II führen. Wurden **Dividenden** ausgeschüttet und übersteigen die ausgeschütteten Dividenden nach der Anpassung der Bewertung das Ergebnis der HB II, ist der Teil, der das Ergebnis übersteigt, als Entnahme aus den Gewinnrücklagen zu behandeln. Entsprechend hat eine Berücksichtigung im Konzernabschluss zu erfolgen.[35]

3.2 Ausnahmetatbestände der Anpassungspflicht (Abs. 2 Sätze 2–4)

3.2.1 Sonderregelungen für Kreditinstitute und Versicherungsunternehmen

Werden Kreditinstitute und/oder VersicherungsUnt in einen Konzernabschluss eines branchenfremden MU einbezogen, dürfen die Wertansätze für diese Unt gem. § 308 Abs. 2 Satz 2 HGB losgelöst von der Anforderung der einheitlichen Bewertung **beibehalten** werden, sofern sie auf branchenspezifischen Vorschriften beruhen. Die Ausnahmetatbestände sind für Kreditinstitute in den §§ 340e–g HGB und für VersicherungsUnt in den §§ 341b–h HGB geregelt. Werden Sachverhalte tangiert, die keinen branchenspezifischen Regelungen unterliegen, sind im Umkehrschluss die allgemeinen Vorschriften anzuwenden. Entsprechend hat dann eine Anpassung auf die im Konzernabschluss geltenden Bewertungsvorschriften zu erfolgen.[36]

Die Einbeziehung von **mehreren** Kreditinstituten und/oder VersicherungsUnt bedingt die Einhaltung der Einheitlichkeit der Bewertung über die Gesamtheit dieser Unt.

---

[35] Vgl. ADS, 6. Aufl., § 308 HGB, Rz 36; *Kraft*, in Großkomm. HGB, § 308, Rn 33.
[36] Vgl. *Geib/König*, WPg 1987, S. 661.

44 Die Sondervorschriften wurden für Kreditinstitute mit dem **Bankbilanzrichtlinie-Gesetz**[37] und für VersicherungsUnt mit dem **VersRiLiG**[38] aus der EG-Bankbilanzrichtlinie[39] und der EG-Versicherungsbilanzrichtlinie[40] in deutsches Recht umgesetzt.[41] In der Praxis dürften Kreditinstitute und/oder VersicherungsUnt aber wohl nur in seltenen Fällen in einen Konzernabschluss eines branchenfremden MU einbezogen werden.[42]

45 Aus den branchenspezifischen Bewertungsvorschriften für **Kreditinstitute** resultieren folgende Ansatzmöglichkeiten:
- **außerplanmäßige Abschreibungen** für bestimmte VG, die **dem Geschäftsbetrieb nicht dauernd dienen** (§ 340e HGB);
- **außerplanmäßige Abschreibungen** für bestimmte Forderungen an Kreditinstitute und Kunden, Schuldverschreibungen und andere festverzinsliche Wertpapiere sowie Aktien und andere nicht festverzinsliche Wertpapiere, soweit dies nach vernünftiger kaufmännischer Beurteilung **zur Sicherung** gegen die besonderen Risiken des Geschäftszweigs der Kreditinstitute **notwendig** ist und diese Vorsorgereserven 4 % des Gesamtbetrags der bezeichneten VG nicht übersteigen (§ 340f Abs. 1 HGB);
- **Sonderposten** „Fonds für allgemeine Bankrisiken" (§ 340g HGB).

46 Die Sonderregelungen für **VersicherungsUnt** bedingen folgende Ansatzmöglichkeiten:
- außerplanmäßige Abschreibungen für bestimmte VG des AV (§ 341b HGB);
- Rückstellungen für Beitragsüberträge[43] (§ 341e Abs. 2 Nr. 1 HGB);
- Rückstellungen für Beitragsrückerstattungen (§ 341e Abs. 2 Nr. 2 HGB);
- Rückstellungen für drohende Verluste aus dem Versicherungsgeschäft (§ 341e Abs. 2 Nr. 3 HGB);
- Deckungsrückstellungen (§ 341f HGB);
- Rückstellungen für noch nicht abgewickelte Versicherungsfälle (§ 341g HGB);
- Schwankungsrückstellungen sowie ähnliche Rückstellungen (§ 341h HGB).

47 Handelt es sich bei den in einen Konzernabschluss eines branchenfremden MU einzubeziehenden TU um **ausländische Ges.** in Form von Kreditinstituten und/oder VersicherungsUnt, können – sofern existent – die aus den landesspezifischen Sondervorschriften resultierenden Wertansätze beibehalten werden.[44] Tragen die relevanten Vorschriften nicht alleine den Besonderheiten von Kreditinstituten und VersicherungsUnt Rechnung, sondern handelt es sich um all-

---

[37] Gesetz zur Durchführung der Richtlinie des Rates der EG über den Jahresabschluss und den konsolidierten Abschluss von Banken und anderen Finanzinstituten v. 30.11.1990, BGBl 1990 I S. 2570.
[38] Gesetz zur Durchführung der Richtlinie des Rates der EG über den Jahresabschluss und den konsolidierten Abschluss von Versicherungsunternehmen v. 24.6.1994, BGBl 1994 I S. 1377.
[39] 86/635/EWG, Abl. L 372, S. 1.
[40] 91/674/EWG, Abl. L 374, S. 7.
[41] Vgl. *Kirsch/Dohrn/Gallasch*, in *Baetge/Kirsch/Thiele*, Bilanzrecht, § 308 HGB, Rz 55, Stand 3/2012.
[42] Vgl. *Busse von Colbe*, in MünchKomm. HGB, 3. Aufl., § 308 Rn 23.
[43] Teil der Beiträge, der Ertrag für eine bestimmte Zeit nach dem Abschlussstichtag darstellt.
[44] So auch *Geib/König*, WPg 1987, S. 661; ADS, 6. Aufl., § 308 HGB, Rz 42; für eine sachgerechte Bewertung die Deduzierung aus den deutschen GoB verlangend vgl. *Grottel/Huber*, in Beck Bil-Komm. 10. Aufl., 2016, § 308 HGB, Rz 24.

gemeine Vorgaben, hat jedoch eine einheitliche Bewertung und damit eine Neubewertung der betroffenen Posten zu erfolgen. Wenngleich nicht vorgeschrieben, ist ein Ansatz unter Beachtung der HGB-inhärenten Sondervorschriften jedoch zu empfehlen.[45]
Die Inanspruchnahme der Möglichkeit der Beibehaltung von Wertansätzen abweichend vom Recht des MU löst gem. § 308 Abs. 2 Satz 2 2. Hs. HGB die Pflicht zum Hinweis auf die Anwendung der Sondervorschriften im **Konzernanhang** aus. Eine Erläuterung der Posten oder eine Begründung sind dagegen nicht notwendig.[46]

48

3.2.2 Ausnahme bei untergeordneter Bedeutung von Bewertungsanpassungen

§ 308 Abs. 2 Satz 3 HGB sieht dem Grundsatz der Wesentlichkeit entsprechend einen Verzicht auf eine Neubewertung und damit eine Vereinheitlichung der Bewertung vor, wenn die Übernahme abweichender Wertansätze für die Vermittlung eines den tatsächlichen Verhältnissen entsprechenden Bildes der Vermögens-, Finanz- und Ertragslage (§ 297 Rz 85 ff.) des Konzerns nur **von untergeordneter Bedeutung** ist. Die Wertansätze dürfen dann unverändert in den Konzernabschluss übernommen werden.

49

Für die Auslegung des **Begriffs** „untergeordnete Bedeutung" liefert das Gesetz weder Kenngrößen noch numerische Grenzwerte. Auch das IDW sieht keine Möglichkeit zur Normierung quantitativer Kriterien für die Beurteilung der Unwesentlichkeit.[47] In der Praxis ist auf den Einzelfall abzustellen, wobei das **Gesamtbild aller Umstände** und nicht nur einzelne Verhältniszahlen die Beurteilungsgrundlage bilden.[48] Das Gesamtbild ist im Rahmen der Wesentlichkeitsprüfung **zu jedem Stichtag** und unter Beachtung des **Grundsatzes des Willkürverbots** (§ 252 Rz 151) erneut einer Prüfung zu unterziehen.[49]

50

Ergibt sich trotz isoliert gesehen unwesentlicher Einzelsachverhalte bei Gesamtbetrachtung keine untergeordnete Bedeutung, muss eine Neubewertung einzelner Sachverhalte vorgenommen werden, bis die verbleibenden Einzelsachverhalte auch in der Summe nicht mehr das Merkmal der Wesentlichkeit erfüllen.[50]

51

Ohne Kenntnis über die Folgen einer Neubewertung ist die Beurteilung einer untergeordneten Bedeutung dabei nicht möglich. Eine **überschlägige Ermittlung** der Wertansätze nach den für den Konzernabschluss angewandten Methoden kann deshalb als Voraussetzung für eine Befähigung zur Beurteilung der Wesentlichkeit angesehen werden.[51]

52

Entgegen den für Kreditinstitute und VersicherungsUnt gem. § 308 Abs. 2 Satz 2 2. Hs. HGB bestehenden Ausnahmetatbeständen löst ein Verzicht auf die Neu-

53

---

[45] Vgl. *Kirsch/Dohrn/Gallasch*, in *Baetge/Kirsch/Thiele*, Bilanzrecht, § 308 HGB, Rz 58, Stand 3/2012.
[46] Vgl. *Kraft*, in Großkomm. HGB, § 308, Rn 50; *Pohle*, in *Küting/Weber*, HdK, HGB § 308, Rn 47.
[47] Vgl. IDW RH HFA 1.018, Tz. 13.
[48] Vgl. *Grottel/Huber*, in Beck Bil-Komm. 10. Aufl., 2016, § 308 HGB, Rz 29; ADS, 6. Aufl., § 308 HGB, Rz 44.
[49] Vgl. IDW RH HFA 1.018, Tz. 13.
[50] Vgl. ADS, 6. Aufl., § 308 HGB, Rz 45.
[51] Vgl. anstatt vieler *Kirsch/Dohrn/Gallasch*, in *Baetge/Kirsch/Thiele*, Bilanzrecht, § 308 HGB, Rz 65, Stand 3/2012.

bewertung unter Berufung auf eine untergeordnete Bedeutung keine Pflicht zum Hinweis auf die Anwendung der Sondervorschriften im **Konzernanhang** aus.

54 Darf gem. Abs. 2 Satz 3 von einer Neubewertung abgesehen werden und handelt es sich bei der von der Befreiung betroffenen Ges. um ein **ausländisches TU**, dessen Bewertungsmethoden den deutschen **GoB** entgegenstehen, darf eine Neubewertung dennoch unterbleiben, sofern die Verletzung unter Einhaltung der Vorschriften der EU-RL erfolgt.[52]

3.2.3 Abweichungen in Ausnahmefällen

55 Auch in **begründeten Ausnahmefällen** darf gem. § 308 Abs. 2 Satz 4 HGB von einer einheitlichen Bewertung abgewichen werden. Eine nähere Spezifizierung der Anwendungsfälle und der damit verbundenen Voraussetzungen liefert der Gesetzgeber nicht. Die Regelung folgt dem Ziel der Praktikabilität der Kons. Vor dem Hintergrund eines drohenden Informationsverlusts bei abweichender Bewertung und nur unzulänglicher Kompensation durch Angabe respektive Begründung im Konzernanhang[53] ist § 308 Abs. 2 Satz 4 HGB nach hM restriktiv auszulegen.[54]

56 > **Beispiel**
> In den folgenden Fällen sind Ausnahmen denkbar:
> - Die Neubewertung ist **unmöglich**. Wenngleich in der Praxis kaum von Relevanz,[55] ist denkbar, dass die Informationsbereitstellung zur Bestimmung der Werte der VG und Schulden von einem TU verweigert wird (§ 294 Rz 28–30), oder Einzelwerte nicht mehr verfügbar sind, da die Bewertung unter Rückgriff auf Bewertungsvereinfachungsverfahren gem. § 256 HGB erfolgt ist.
> - Die Neubewertung ist **wirtschaftlich unzumutbar** oder führt zu einer **unangemessenen Verzögerung**. Die erstmalige Einbeziehung eines neu erworbenen TU, bei dem eine Bewertungsanpassung an konzerneinheitliche Regelungen eine Verzögerung und damit einen Nichteinbezug gem. § 296 Abs. 1 Nr. 2 HGB zur Folge haben könnte, kann hier beispielhaft aufgeführt werden (§ 296 Rz 29ff.).[56] Eine mit dem Verzicht auf eine Neubewertung verbundene Einbeziehung kann einer Nichteinbeziehung aus Sicht der Informationsvermittlung überlegen sein.[57] Eine Pflicht zur Umsetzung derjenigen Alternative mit dem höchsten Informationswert besteht für das MU aber auch unter Berücksichtigung der Generalnorm

---

[52] So auch *Busse von Colbe*, in MünchKomm. HGB, 3. Aufl., § 308 Rn 24.
[53] Der Angabe im Konzernanhang etwa nur in Einzelfällen eine kompensierende Wirkung zusprechend, vgl. WPH Edition, Wirtschaftsprüfung & Rechnungslegung, 15. Aufl., 2017, Abschn. G, Tz 306; *Kirsch/Dohrn/Gallasch*, in *Baetge/Kirsch/Thiele*, Bilanzrecht, § 308 HGB, Rz 70, Stand 3/2012.
[54] Vgl. IDW RH HFA 1.018, Tz. 14.
[55] Grds. dürfte davon auszugehen sein, dass das MU dazu in der Lage ist, die entsprechenden Unterlagen bei vorliegender Kontrollmacht zu erlangen. Mit Blick auf ausländische TU und die Problematik der Durchsetzbarkeit deutschen Rechts im Ausland ist dieser Fall aber dennoch denkbar.
[56] Vgl. IDW RH HFA 1.018, Tz. 15.
[57] Vgl.WPH Edition, Wirtschaftsprüfung & Rechnungslegung, 15. Aufl., 2017, Abschn. F, Tz 306.

> des § 297 Abs. 2 Satz 2 HGB nicht,[58] relativiert ja bereits Satz 3 die Vorgabe des Satzes 2 unter Verwendung der Formulierung „besondere Umstände".
> - Infolge der Neubewertung drohen **erhebliche finanzielle Nachteile**. Entfaltet eine Bewertungsanpassung negative Rückwirkungen auf den landesspezifischen Einzelabschluss des TU, ist möglicherweise von einem Ausnahmefall auszugehen. Finanzielle Nachteile sind insb. steuerrechtlicher oder devisenrechtlicher Natur.[59] Abweichende nationale Bilanzierungs- bzw. Bewertungsvorschriften begründen dagegen alleine keinen Ausnahmetatbestand.[60]

Auch wenn eine Quantifizierung der Bewertungsabweichungen im Konzernanhang nicht verlangt wird, muss zumindest auch nach § 313 Abs. 1 Satz 3 Nr. 2 HGB der Einfluss der Abweichung von Bewertungsmethoden auf die Vermögens-, Finanz- und Ertragslage gesondert dargestellt werden.[61]

Wird ein TU liquidiert, greift § 308 Abs. 2 Satz 4 HGB nicht. Dies scheitert bereits daran, dass eine einheitliche Bewertung bei unterschiedlichen Verhältnissen dem Grundsatz widerspricht (Rz 16). 57

Wird die befreiende Ausnahmeregelung des § 308 Abs. 2 Satz 4 HGB in Anspruch genommen, löst dies eine Angabe- und Begründungspflicht im Konzernanhang aus. Pauschale respektive zusammenfassende Angaben und Begründungen sind nicht ausreichend.[62] Jeder Posten, der nicht neu bewertet wird, muss aufgeführt und mit einer Begründung versehen werden. Eine Quantifizierung muss nicht erfolgen, sofern die Nichtanwendung des § 308 Abs. 2 Satz 1 HGB keine Abweichung von Bewertungsmethoden i.S.v. § 313 Abs. 1 Satz 3 Nr. 2 HGB darstellt (§ 313 Rz 58).

4 Rechtsfolgen bei Pflichtverletzung

Ein Verstoß gegen die Vorschriften des § 308 HGB erfüllt sowohl gem. § 334 Abs. 1 Nr. 2 Buchst. d und f HGB als auch § 20 Abs. 1 Nr. 2 Buchst. d und f PublG den Tatbestand einer **Ordnungswidrigkeit**, die bei nicht KM-orientierten Unt mit einer Geldbuße von bis zu 50.000 EUR geahndet werden kann. Für KM-orientierte Unt sind nach § 334 Abs. 3 HGB deutlich höhere Geldbußen möglich. Für **Kreditinstitute** (§ 340n Abs. 1 Nr. 2 Buchst. d und f HGB) und **VersicherungsUnt** (§ 341n Abs. 1 Nr. 2 Buchst. d und f HGB) ergeben sich die Rechtsfolgen aus den entsprechenden Sondervorschriften ebenfalls in Abhängigkeit der KM-Orientierung **analog**. 58

---

[58] Gl. A. ADS, 6. Aufl., § 308 HGB, Rz 50; a. A. *Kirsch/Dohrn/Gallasch,* in *Baetge/Kirsch/Thiele,* Bilanzrecht, § 308 HGB, Rz 69, Stand 3/2012.
[59] So auch *Kirsch/Dohrn/Gallasch,* in *Baetge/Kirsch/Thiele,* Bilanzrecht, § 308 HGB, Rz 68, Stand 3/2012; a. A. *Kraft,* in Großkomm. HGB, § 308, Rn 41.
[60] So etwa auch *Busse von Colbe,* in MünchKomm. HGB, 3. Aufl., § 308 Rn 25.
[61] Vgl. IDW RH HFA 1.018, Tz. 16.
[62] Vgl. ADS, 6. Aufl., § 308 HGB, Rz 52.

§ 308a Umrechnung von auf fremde Währung lautenden Abschlüssen

¹Die Aktiv- und Passivposten einer auf fremde Währung lautenden Bilanz sind, mit Ausnahme des Eigenkapitals, das zum historischen Kurs in Euro umzurechnen ist, zum Devisenkassamittelkurs am Abschlussstichtag in Euro umzurechnen. ²Die Posten der Gewinn- und Verlustrechnung sind zum Durchschnittskurs in Euro umzurechnen. ³Eine sich ergebende Umrechnungsdifferenz ist innerhalb des Konzerneigenkapitals nach den Rücklagen unter dem Posten „Eigenkapitaldifferenz aus Währungsumrechnung" auszuweisen. ⁴Bei teilweisem oder vollständigem Ausscheiden des Tochterunternehmens ist der Posten in entsprechender Höhe erfolgswirksam aufzulösen.

Dr. Markus Leinen, CVA/Benjamin Paulus, CVA

Inhaltsübersicht

		Rz
1	Überblick	1–7
2	Modifizierte Stichtagskursmethode	8–29
	2.1 Umrechnung der Bilanzposten	8–11
	2.2 Umrechnung der GuV	12–15
	2.3 Umrechnungsdifferenzen	16–18
	2.4 Ausscheiden eines Tochterunternehmens	19–26
	2.5 Kapitalflussrechnung	27–29
3	Konsolidierungsmaßnahmen	30–39
	3.1 Kapitalkonsolidierung	30–34
	3.2 Schuldenkonsolidierung	35
	3.3 Zwischenergebniseliminierung	36–38
	3.4 Aufwands- und Ertragseliminierung	39
4	Hochinflation	40–41
5	Anhangangaben	42–43

1 Überblick

1 § 308a HGB ergänzt den im Einzel- und Konzernabschluss zu beachtenden Regelungsgehalt des § 256a HGB zur Währungsumrechnung einzelner auf fremder Währung lautender VG und Verbindlichkeiten um Vorschriften zur Umrechnung ganzer auf fremder Währung lautender Abschlüsse. Die anzuwendenden Umrechnungsregeln werden im Schrifttum unter dem Begriff **modifizierte Stichtagskursmethode** zusammengefasst.[1]

2 Der Gesetzgeber hat sich gegen eine differenzierte, der funktionalen Theorie folgenden Ausformulierung der Umrechnungsregeln entschieden, seine Fest-

---

[1] Vgl. z.B. WPH Edition, Wirtschaftsprüfung & Rechnungslegung, 15. Aufl., 2017, Abschn. G, Tz 358.

legung auf die modifizierte Stichtagskursmethode folgt einem pragmatischen Ansatz.[2] Damit einher geht ein Konflikt zu den Regeln des § 256a HGB, der aus theoretischer Sicht zu beanstanden, vor dem Hintergrund des Grundsatzes der Wesentlichkeit und Wirtschaftlichkeit der Rechnungslegung im Konzernabschluss aber hinnehmbar ist.

> **Beispiel**
> Ein MU legt zum 1.1.01 100 EUR auf einem jederzeit fälligen Fremdwährungskonto an. Daneben gründet es am 1.1.01 ein ausländisches in Fremdwährung bilanzierendes TU, das es mit 100 EUR EK ausstattet. Hier legt das TU ab dem 1.1.01 die 100 EUR in FW auf einem jederzeit fälligen Konto an. Zum 1.1.01 gilt folgender Kurs: 1 EUR = 1,1 FW, zum 31.12.01: 1 EUR = 1 FW. Bei Anlage der 100 EUR auf einem Fremdwährungskonto sieht § 256a HGB eine Realisierung des Währungskursgewinns i. H. v. 10 EUR vor. Im Fall der Anlage über ein ausländisches TU fließen die 10 EUR in die Währungsumrechnungsdifferenz ein. Dies wäre anders, wenn man das ausländische TU als unselbstständige Einheit klassifiziert, die der funktionalen Theorie folgend nach der Zeitbezugsmethode in EUR als die funktionale Währung des MU und Konzerns umzurechnen wäre.

Nach der modifizierten Stichtagskursmethode sind die Bilanzposten eines Fremdwährungsabschlusses mit Ausnahme des zum historischen Kurs umzurechnenden EK zum **Devisenkassamittelkurs** des Abschlussstichtags in Euro umzurechnen (§ 308a Satz 1 HGB), die Posten der GuV mit dem **Durchschnittskurs** (§ 308a Satz 2 HGB). Da sich die Umrechnungskurse zur Abbildung der bilanziellen Reinvermögensdifferenz und des korrespondierenden Erfolgs in der GuV regelmäßig nicht entsprechen, entsteht eine **Währungsumrechnungsdifferenz**. Diese ist nach § 308a Satz 3 HGB innerhalb des Konzern-EK nach den Rücklagen unter der Bezeichnung „Eigenkapitaldifferenz aus Währungsumrechnung" auszuweisen. Ihre Realisierung erfolgt gem. § 308a Satz 4 HGB bei teilweisem oder vollständigem Ausscheiden des betreffenden TU aus dem Konzernabschluss. 3

Differieren das im Konzernabschluss ausgewiesene Reinvermögen eines TU und der steuerliche Wertansatz der vom MU am TU gehaltenen Beteiligung, ist auf diesen Bewertungsunterschied (*outside basis difference*) nach § 306 Satz 4 HGB **keine latente Steuer** zu bilden. Dies gilt auch, wenn diese Differenz währungskursbedingt ist. Entstehen indes bei einzelnen Konsolidierungsmaßnahmen durch die Währungsumrechnung Unterschiede zwischen dem konzernbilanziell gebotenen und dem steuerlichen Wertansatz sind hierauf latente Steuern nach § 306 HGB zu erfassen. 4

Die Umrechnungsregeln des § 308a HGB sind nicht nur auf Fremdwährungsabschlüsse von TU anzuwenden, sie gelten über den Verweis in § 310 Abs. 2 HGB auch für Fremdwährungsabschlüsse von **quotal konsolidierten** GemeinschaftsUnt. Für Fremdwährungsabschlüsse von GemeinschaftsUnt und assoziierten Unt, die nach der **Equity-Methode** in den Konzernabschluss einbezogen 5

---

[2] Vgl. hierzu *Hoffmann/Lüdenbach*, NWB Bilanzkommentar, 8. Aufl., 2017, § 308a HGB Rz 8 ff. Vgl. auch BilMoG-BgrRegE, S. 84.

werden, enthält das Gesetz keine Bezugnahme auf § 308a HGB. Nach hM erstreckt sich der Regelungsgehalt des § 308a HGB auch auf solche Abschlüsse.[3]

6 Unternehmen, die nach dem **PublG** zur Konzernrechnungslegung verpflichtet sind, haben die Reglung des § 308a HGB aufgrund des Verweises in § 13 Abs. 2 Satz 1 PublG zu beachten.

7 Keine unmittelbare Anwendbarkeit der Umrechnungsregeln des § 308a HGB ist im Falle von Fremdwährungsabschlüssen aus Hochinflationsländern gegeben.[4] Der Währungsumrechnung vorgelagert, bedarf es hier zunächst einer **Bereinigung der Inflationseinflüsse** (Rz 40 f.).

2 Modifizierte Stichtagskursmethode

2.1 Umrechnung der Bilanzposten

8 Sämtliche Bilanzposten eines Fremdwährungsabschlusses mit Ausnahme des EK sind mit dem **Devisenkassamittelkurs des Abschlussstichtags** in Euro umzurechnen.

9 Die Bezugnahme auf den Devisenkassamittelkurs findet sich entsprechend auch i. d. R.ung des § 256a HGB. Während § 256a HGB explizit nur die Folgebilanzierung von auf fremder Währung lautenden VG und Verbindlichkeiten regelt, ergibt sich die Fokussierung des § 308a HGB auf die FolgeKons implizit aus der Bezugnahme auf den Abschlussstichtag und den Verweis auf die GuV. Beide Normen zur Währungsumrechnung enthalten keine Aussage bez. der zu verwendenden Kurse zur Bestimmung der AK im Zugangszeitpunkt. Entsprechend der Überlegungen zu § 256a HGB gibt es auch bei der Bestimmung der in Euro bemessenen Konzernanschaffungskosten im **Erstkonsolidierungszeitpunkt** keine Bedenken gegen die Anwendung des **Devisenkassamittelkurses**.[5] Damit erübrigt sich eine theoretisch gebotene Differenzierung bei der Umrechnung von Aktivposten und Schulden im Hinblick auf die Verwendung von Geld- und Briefkursen (zur Umrechnung von Fremdwährungsgeschäften im Zugangszeitpunkt siehe § 256a Rz 7 ff.).

10 Die Frage des maßgeblichen Zeitpunkts zur Bestimmung des Devisenkassamittelkurses stellt sich bei einem nach § 299 Abs. 2 HGB zulässigen **vom Konzernbilanzstichtag abweichenden Abschlussstichtag** eines Fremdwährungsabschlusses. Ein solcher kann als Ersatz für den eigentlich gebotenen auf den Konzernbilanzstichtag aufzustellenden (Zwischen-)Abschluss verwendet werden, sofern zwischen dem abweichenden Abschlussstichtag und dem Konzernbilanzstichtag keine Vorgänge von besonderer Bedeutung für die Vermögens-, Finanz- und Ertragslage des betreffenden TU stattfinden.[6] Ist dem so, sollte die Umrechnung mit dem **Devisenkassamittelkurs des Konzernbilanzstichtags**

---

[3] Vgl. mwN *Melcher/Murer*, DB 2010, S. 1601; WPH Edition, Wirtschaftsprüfung & Rechnungslegung, 15. Aufl., 2017, Abschn. G, Tz 375.
[4] Vgl. BilMoG-BgrRegE, S. 84.
[5] Vgl. § 256a Rz 7. Entsprechend fordert auch DRS 23.38 die Verwendung des Devisenkassamittelkurses im Erstkonsolidierungszeitpunkt.
[6] Entsprechendes gilt über den Verweis in § 310 HGB für quotal konsolidierte GemeinschaftsUnt. Für at equity einbezogene GemeinschaftsUnt und assoziierte Unt ist nach § 312 Abs. 6 HGB auf den jeweils letzten Jahresabschluss abzustellen.

und nicht mit dem des abweichenden Abschlussstichtags erfolgen.[7] Es ist nicht ersichtlich, warum aus der unter dem Wesentlichkeitsvorbehalt stehenden Zulässigkeit eines abweichenden Abschlussstichtags zwangsläufig eine weitere Abweichung vom Stichtagsprinzip im Hinblick auf die Wahl des Umrechnungskurses folgen sollte. Der auf einen abweichenden Stichtag aufgestellte Fremdwährungsabschluss ist Ersatz für den eigentlich geforderten auf den Konzernbilanzstichtag aufzustellenden und für die Währungsumrechnung wie dieser zu behandeln. Ist er hierfür nicht geeignet, ist er zunächst in Fremdwährung um wesentliche für die Vermögens-, Finanz- und Ertragslage bedeutsame bis zum Konzernbilanzstichtag eingetretene Vorgänge anzupassen, um dieser Eignung zu genügen.

Das EK eines Fremdwährungsabschlusses ist zum **historischen Kurs** umzurechnen. Als historischer Kurs gilt für das im Erstkonsolidierungszeitpunkt vorhandene neubewertete EK der Devisenkassamittelkurs des Erstkonsolidierungszeitpunkts.[8] In der Folge wird der historische Kurs für Kapitalzuführungen sowie Gewinnausschüttungen durch den Devisenkassamittelkurs des jeweiligen Transaktionszeitpunkts bestimmt. Thesaurierte Erfolge des TU fließen mit dem Saldo der umgerechneten Aufwendungen und Erträge der jeweiligen Entstehungsperioden in das Konzern-EK ein.

11

2.2 Umrechnung der GuV

Die Aufwands- und Ertragspositionen der GuV sind nach § 308a Satz 2 HGB zum **Durchschnittskurs** in Euro umzurechnen. Der Jahreserfolg ergibt sich als Saldo der umgerechneten Aufwendungen und Erträge.

12

Der Durchschnittskurs bildet sich als **arithmetischer Mittelwert** der Stichtagskurse für eine bestimmte Periode.[9] Mögliche Perioden für die Durchschnittskursbestimmung sind die Woche, der Monat, das Quartal, das Halbjahr oder das gesamte Gj.[10] Nur für den Fall, dass bei der Umrechnung mit einem Jahresdurchschnittskurs gearbeitet wird, entspricht der als Saldogröße ermittelte in Euro bemessene Jahreserfolg dem zum Durchschnittskurs umgerechneten. Entsprechendes gilt für die in der GuV enthaltenen Zwischensummen.

13

Entspricht der in der **Fremdwährungs-GuV** eines ausländischen TU abgebildete Zeitraum in den zulässigen Grenzen des § 299 Abs. 2 HGB nicht dem Konzerngeschäftsjahr, sollte bei der Umrechnung dessen ungeachtet auf den Durchschnittskurs der Konzernabschlussperiode abgestellt werden.[11] Entsprechend der Umrechnung einer vom Konzernbilanzstichtag abweichenden Fremdwährungsbilanz

14

---

[7] A. A. *Hoffmann/Lüdenbach*, NWB Bilanzkommentar, 8. Aufl., 2017, § 308a HGB Rz 15. Die Verwendung des Devisenkassamittelkurses des Konzernbilanzstichtags als zulässig erachtend *Grottel/Leistner*, in Beck Bil-Komm., 10. Aufl., 2016, § 308a HGB Rz 31.

[8] Vgl. DRS 23.38. Das Ergebnis entspricht dem Saldo der zum Devisenkassamittelkurs umgerechneten VG, Schulden, Abgrenzungs- und Sonderposten.

[9] Ermittelt man den Durchschnittskurs einer Periode (bspw. Quartal) nicht auf Basis von Stichtagskursen, sondern auf Basis von verfügbaren Durchschnittskursen eines kürzeren Zeitraums (bspw. Monat) ergeben sich durch die unterschiedliche Gewichtung der Tageskurse in der jeweiligen Ableitungen aufgrund der abweichenden Anzahl von Börsentagen in den einzelnen Perioden leicht unterschiedliche Ergebnisse, die für die Bilanzierungspraxis vernachlässigbar sind.

[10] Die Tageskurse sowie Monats- und Jahresdurchschnittskurse der wichtigsten Währungen sind über den Internetauftritt der Deutschen Bundesbank unter https://www.bundesbank.de/Navigation/DE/Statistiken/Aussenwirtschaft/aussenwirtschaft.html verfügbar, letzter Abruf am 28.8.2017.

[11] A. A. *Hoffmann/Lüdenbach*, NWB Bilanzkommentar, 8. Aufl., 2017, § 308a HGB Rz 20.

(Rz 10) gilt auch hier: Die eine **vom Konzern-Gj abweichende Periode** abbildende Fremdwährungs-GuV ist ein unter Wesentlichkeitsgesichtspunkten zulässiger Ersatz für die theoretische gebotene mit dem Konzern-Gj deckungsgleiche GuV. Praktische Bedeutung haben diese Überlegungen nur bei der Verwendung eines Jahresdurchschnittskurses. Werden die Durchschnittskurse auf Basis kleinerer zeitlicher Perioden ermittelt, geht damit regelmäßig die Möglichkeit einher, einen Zwischenabschluss auf den Konzernabschlussstichtag zu erstellen.

15 Bei der Verwendung **unterjähriger Durchschnittskurse** ist zu beachten, dass die in einer unterjährigen Periode vorgenommene Währungsumrechnung nicht im Rahmen der Währungsumrechnung für die nächste unterjährige Periode überschrieben wird.

Beispiel

Ein seinen Abschluss in Fremdwährung aufstellendes TU weist für das 1. Quartal und das 1. Halbjahr (*year to date*) eines Gj folgende Aufwendungen und Erträge in seiner GuV aus:

FW	1. Quartal	1. Halbjahr
Erträge	400,00	860,00
Aufwendungen	320,00	680,00
Erfolg	80,00	180,00

Für die abgebildeten Perioden werden folgende Durchschnittskurse ermittelt:

Durchschnittskurse	1 EUR = ... FW
1. Quartal	1,00
1. Halbjahr	1,50
2. Quartal	2,00

Basierend auf diesen Kursen ergeben sich nachstehende in EUR umgerechneten Aufwendungen und Erträge für das 1. Quartal, das 1. Halbjahr und durch Subtraktion abgeleitet das 2. Quartal:

		1. Quartal	1. Halbjahr	2. Quartal
Erträge	FW	400,00	860,00	460,00
	Kurs	1,00	1,50	
	EUR	400,00	573,33	173,33
Aufwendungen	FW	320,00	680,00	360,00
	Kurs	1,00	1,50	
	EUR	400,00	453,33	53,33
Erfolg	FW	80,00	180,00	100,00
	EUR	80,00	120,00	40,00

Bei dieser Vorgehensweise stimmen die rechnerischen Durchschnittskurse der Erträge und Aufwendungen für das 2. Quartal nicht miteinander überein und entsprechen auch nicht den tatsächlich ermittelten. Der Grund liegt darin, dass die Erträge und Aufwendungen des 1. Quartals nunmehr auch mit den Durchschnittskursen des 1. Halbjahres umgerechnet werden. Da sich die Aufwendungen und Erträge vom 1. Quartal zum 1. Halbjahr nicht im gleichen Verhältnis entwickelt haben, wirkt sich die Kursdifferenz zwischen dem Durchschnittskurs des 1. Quartals und dem Durchschnittskurs des 1. Halbjahres in unterschiedlicher Höhe aus. Deswegen weichen die rechnerischen Durchschnittskurse des 2. Quartals, durch die der Ausgleich erfolgt, voneinander ab. Auf diese Weise abgeleitete EUR-Werte für das 2. Quartal sind somit fehlerhaft. Die zutreffenden Werte für das 2. Quartal erhält man, indem die Fremdwährungswerte der Aufwendungen und Erträge für das 2. Quartal mit dem Durchschnittskurs des 2. Quartals umgerechnet werden. Die Addition mit den EUR-Werten des 1. Quartals liefert dann die zutreffenden EUR-Werte des 1. Halbjahrs für eine *year-to-date*-Berichterstattung:

		1. Quartal	1. Halbjahr	2. Quartal	1. Halbjahr
Erträge	FW	400,00	860,00	460,00	
	Kurs	1,00		2,00	
	EUR	400,00		230,00	630,00
Aufwendungen	FW	320,00	680,00	360,00	
	Kurs	1,00		2,00	
	EUR	400,00		180,00	500,00
Erfolg	FW	80,00	180,00	100,00	
	EUR	80,00		50,00	130,00

2.3 Umrechnungsdifferenzen

Eine bei Anwendung der modifizierten Stichtagskursmethode entstehende Umrechnungsdifferenz ist nach § 308a Satz 3 HGB im Konzern-EK nach den Rücklagen unter der Bezeichnung „**Eigenkapitaldifferenz aus Währungsumrechnung**" auszuweisen.

Die Veränderung der Währungsumrechnungsdifferenz in einer Berichtsperiode setzt sich aus **zwei Effekten** zusammen: Zum einen resultiert sie aus dem Produkt von bilanziellem Reinvermögen zu Periodenbeginn multipliziert mit dem Delta aus dem Kurs am Periodenende und dem Kurs am Periodenanfang. Zum anderen aus dem Produkt der Reinvermögensänderung der Periode multipliziert mit dem Delta aus dem Kurs am Periodenende und dem Periodendurchschnittskurs. Dieses Grundschema ist anzupassen, wenn Kapitalmaßnahmen wie Kapitalerhöhungen, Kapitalherabsetzungen oder Ausschüttungen stattgefunden haben.

> **Beispiel**
> Ein in Fremdwährung bilanzierendes TU weist zum 1.1.01 ein bilanzielles Reinvermögen (EK) in Höhe von 100 FW aus. Zum 31.12.01 beträgt das bilanzielle Reinvermögen 120 FW. Da es in der Periode keine Kapitalzuführungen oder -entnahmen gab, zeigt die Fremdwährungs-GuV einen Jahresüberschuss in Höhe von 20 FW.
> In der Periode 01 gelten die folgenden Kurse:
>
> | | 1 EUR = ... FW |
> |---|---|
> | 1.1.01 | 1,30 |
> | Durchschnittskurs | 1,10 |
> | 31.12.01 | 1,00 |
>
> Die sich in der Periode 01 ergebende Veränderung der Währungsumrechnungsdifferenz (WUD) lässt sich wie folgt rechnerisch herleiten:
>
> | Ableitung WUD | FW | EUR | EUR | EUR | Delta |
> |---|---|---|---|---|---|
> | | | Kurs 1.1. | Ø-Kurs | Kurs 31.12. | |
> | | | 1,30 | 1,10 | 1,00 | |
> | Reinvermögen 1.1. | 100,00 | 76,92 | | 100,00 | 23,08 |
> | Jahresüberschuss | 20,00 | | 18,18 | 20,00 | 1,82 |
> | Reinvermögen 31.12. | 120,00 | | | WUD: | 24,90 |
>
> Die Veränderung der Währungsumrechnungsdifferenz in der Periode 01 entspricht einem noch nicht realisierten Erfolg. Sowohl dem am Anfang der Periode in Fremdwährung vorhandenen Reinvermögen als auch der in der Periode erwirtschafteten Reinvermögensmehrung entsprechen am Periodenende aufgrund der Fremdwährungsaufwertung höhere Euro-Beträge als bei Umrechnung mit dem Kurs am Periodenanfang bzw. mit dem Durchschnittskurs.

18 Sind an dem in Fremdwährung bilanzierenden TU **Minderheitsgesellschafter** beteiligt, so ist der auf sie entfallende Teil der Währungsumrechnungsdifferenz den Posten „nicht beherrschende Anteile" zuzurechnen.[12] Für den EK-Spiegel empfiehlt DRS 22.14, die auf die Minderheitsgesellschafter entfallende Währungsumrechnungsdifferenz gesondert darzustellen (§ 297 Rz 50 ff.).

---

[12] Vgl. DRS 23.156. Vgl. auch *Oser/Mojadadr/Wirth*, KoR 2008, S. 575 f.

2.4 Ausscheiden eines Tochterunternehmens

Die bei der VollKons eines in Fremdwährung bilanzierenden TU im Konzernabschluss gebildete Währungsumrechnungsdifferenz ist nach § 308a Satz 4 HGB bei **teilweisem oder vollständigem Ausscheiden** entsprechend aufzulösen. Neben der Veräußerung kann ein TU auch durch Liquidation oder durch die Eröffnung eines Insolvenzverfahrens und dem damit einhergehenden Verlust der Beherrschungsmöglichkeit aus dem KonsKreis ausscheiden.[13]

Der Erfolg aus der Realisierung der Währungsumrechnungsdifferenz ist ein unselbstständiger **Bestandteil des Gesamterfolgs** infolge des Ausscheidens des TU und damit nicht gesondert in der Konzern-GuV auszuweisen.[14]

Scheidet das in Fremdwährung bilanzierende TU vollständig aus dem KonsKreis aus, sind sämtliche in den Wertansätzen der abgehenden VG und Schulden enthaltenen Währungseffekte zu realisieren, die Währungsumrechnungsdifferenz ist entsprechend in voller Höhe aufzulösen.

Bei nur **teilweiser Veräußerung** des TU ist die Währungsumrechnungsdifferenz nur anteilig, entsprechend der auf die verkauften Anteile entfallenden Höhe aufzulösen.[15] Ist mit der Veräußerung der Anteile kein Statuswechsel verbunden, beinhaltet dies eine Umgliederung in den Posten „nicht beherrschende Anteile".[16] Ob mit der Übertragung aus Konzernsicht ein Erfolg realisiert wird, richtet sich nach der allgemeinen Behandlung des Abstockungsvorgangs als Veräußerungsvorgang oder Kapitaltransaktion (§ 301 Rz 184 ff.).

Geht mit der Veräußerung der Anteile ein **Übergang auf die QuotenKons oder die Equity-Methode** einher, ist der auf die verkauften Anteile entfallende Teil der Währungsumrechnungsdifferenz im Abgangserfolg zu berücksichtigen. Der auf die einbehaltenen, die QuotenKons bzw. Equity-Methode begründenden Anteile entfallende Teil verbleibt in der Währungsumrechnungsdifferenz.[17]

Ist das ehemalige TU nach der Veräußerung der Anteile nur noch als **einfache Beteiligung** zu klassifizieren entspricht der Zugangswert der Beteiligung dem anteiligen konzernbilanziellen Reinvermögen.[18] Damit enthält der Zugangswert anteilig auch die bislang im Konzernabschluss in den Vermögenswerten und Schulden des ehemaligen TU erfassten Währungskurseffekte. Fraglich ist, wie mit der korrespondierenden im Konzern-EK verbliebenen Währungsumrechnungsdifferenz zu verfahren ist. Denkbar ist, diese stehen zu lassen und bei Veräußerung der Beteiligung zu realisieren. Alternativ könnte das MU als Rechnungslegungsmethode auch eine Saldierung der verbliebenen Währungsumrechnungsdifferenz mit dem Wertansatz der Beteiligung definieren,[19] da die Beteiligungsbewertung zu fortgeführten AK keine Berücksichtigung unrealisierter Währungskurserfolge kennt.

---

13 Vgl. *Hoffmann/Lüdenbach*, NWB Bilanzkommentar, 8. Aufl., 2017, § 308a HGB Rz 35.
14 Ebenso *Hoffmann/Lüdenbach*, NWB Bilanzkommentar, 8. Aufl., 2017, § 308a HGB Rz 46.
15 Vgl. WPH Edition, Wirtschaftsprüfung & Rechnungslegung, 15. Aufl., 2017, Abschn. G, Tz 363.
16 Vgl. DRS 23.177.
17 Vgl. *Deubert*, DStR 2009, S. 344 f.
18 Vgl. DRS 23.190.
19 So wohl *Hoffmann/Lüdenbach*, NWB Bilanzkommentar, 8. Aufl., 2017, § 308a HGB Rz 40.

25 Das zur Behandlung der Währungsumrechnungsdifferenz bei Statuswechsel Gesagte gilt entsprechend für die **Veräußerung von Anteilen an GemeinschaftsUnt oder assoziierten Unt.**

26 Ist ein **mehrstufiger Konzern** gegeben, in dem das TU und das Enkelunternehmen (EU) in einer oder verschiedenen Fremdwährungen bilanzieren, so ist die Aufteilung der im Gesamtkonzern zu zeigenden Währungsumrechnungsdifferenz auf das TU und das EU davon abhängig, ob zunächst ein Teilkonzernabschluss TU/EU gebildet wird, der sich im Anschluss mit dem MU zum Gesamtkonzern zusammenfügt, oder ob das TU und das EU zunächst beide in Euro umgerechnet werden und dann die Kons. auf Teil- und Gesamtkonzernebene simultan erfolgt. Im zweiten Fall ist dem EU eine eigenständige in Euro bemessene Währungsumrechnungsdifferenz zuzuordnen, die bei Veräußerung des EU realisiert wird. Bei stufenweiser Kons. ist hingegen zunächst auf der Ebene TU/EU eine in der Fremdwährung des TU bemessene Währungsumrechnungsdifferenz zu realisieren, bevor dann zusammen mit dem MU der Gesamtkonzernabschluss abgeleitet wird. Als Konsequenz unterscheidet sich die Höhe des realisierten Entkonsolidierungserfolgs. Beide Vorgehensweisen sind als zulässig anzusehen.[20]

2.5 Kapitalflussrechnung

27 Zur Ableitung der **Kapitalflussrechnung** werden regelmäßig die Veränderungen der Bilanzposten ermittelt und in das Gliederungsschema der KFR überführt. Die so ermittelten vorläufigen Cashflows der Aktivitätsformate sind sodann u. a. im Hinblick auf nicht zahlungswirksame Aufwendungen und Erträge sowie nicht aufwandswirksame Ein- und Auszahlungen zu korrigieren.

28 Die Ableitung einer Konzern-KFR auf Gesamtkonzernebene führt im Hinblick auf in Fremdwährung bilanzierende TU zu folgendem Problem: Die Umrechnung der VG und Schulden zum Devisenkassamittelkurs des Bilanzstichtags führt zu Beständedifferenzen, die im **Widerspruch** zur Grundidee der Währungsumrechnung stehen. Danach sind Strömungsgrößen (z.B. Cashflows) mit dem Kurs im Zeitpunkt ihres Anfalls bzw. vereinfachend mit einem (Perioden-)Durchschnittskurs umzurechnen. Allein unter Wesentlichkeitsgesichtspunkten kann deshalb eine diesen Aspekt außer Acht lassende Erstellung der Konzern-KFR erfolgen.

29 Das beschriebene Problem lässt sich lösen, indem für das ausländische TU eine **KFR in Fremdwährung** aufgestellt und dann in Euro umgerechnet wird. Die in Euro transformierte KFR ist dann mit der KFR des Restkonzerns zusammenzufassen. Alternativ ist es auch möglich, die **KFR auf Gesamtkonzernebene** abzuleiten. Dann bedarf es allerdings einer rechnerischen Ermittlung der wechselkursbedingten Veränderung des Finanzmittelfonds und der Aufteilung dieser

---

[20] Vgl. *Hoffmann/Lüdenbach*, NWB Bilanzkommentar, 8. Aufl., 2017, § 308a HGB Rz 44 mit Präferenz für die simultane Vorgehensweise.

Veränderung auf die verschiedenen Cashflows, um die die Gesamtkonzern-KFR anzupassen ist.

> **Beispiel**
> Ein ausländisches TU weist zum 31.12.00 und 31.12.01 die nachfolgenden vereinfachten Bilanzen in FW aus, die basierend auf den angegebenen Kursen in EUR umgerechnet werden:
>
> | | 1 EUR = ... FW |
> | --- | --- |
> | 31.12.00 | 1,05 |
> | Durchschnittskurs | 1,20 |
> | 31.12.01 | 1,15 |
>
> | | 31.12.01 | | | 31.12.00 | | |
> | --- | --- | --- | --- | --- | --- | --- |
> | | FW | Kurs | EUR | FW | Kurs | EUR |
> | Anlagevermögen | 70,00 | 1,20 | 58,33 | 80,00 | 1,05 | 76,19 |
> | Forderungen | 130,00 | 1,20 | 108,33 | 120,00 | 1,05 | 114,29 |
> | Vorräte | 85,00 | 1,20 | 70,83 | 90,00 | 1,05 | 85,71 |
> | Kasse | 40,00 | 1,20 | 33,33 | 30,00 | 1,05 | 28,57 |
> | **Summe Aktiva** | 325,00 | | 270,83 | 320,00 | | 304,76 |
> | EK | -220,00 | | -200,00 | -200,00 | | -183,00 |
> | Jahresüberschuss | -15,00 | 1,15 | -13,04 | -20,00 | | -17,00 |
> | WUD | | | 17,21 | | | -9,52 |
> | Finanzverbindlichkeiten | -90,00 | 1,20 | -75,00 | -100,00 | 1,05 | -95,24 |
> | **Summe Passiva** | -325,00 | | -270,83 | -320,00 | | -304,76 |
>
> Wird die KFR wie in der Praxis üblich derivativ abgeleitet ergibt sich in FW die nachstehende vereinfachte KFR,[21] die ihrem Charakter als Veränderungsrechnung folgend auf Basis des **Durchschnittskurses** in EUR umgerechnet wird.

---

[21] Die Kapitalflussrechnung im Beispiel entspricht vereinfachend der Beständedifferenzenbilanz. D. h., die erforderlichen weitergehenden Korrekturen (erfolgswirksame, aber nicht zahlungswirksame Erfolge bzw. zahlungswirksame, aber nicht erfolgswirksame Sachverhalte) werden nicht betrachtet.

KFR TU	01		
	FW	Kurs	EUR
Jahresüberschuss	15,00	1,05	13,04
Bestandsveränderung Forderungen	-10,00	1,05	-8,70
Bestandsveränderung Vorräte	5,00	1,05	4,35
Cashflow laufende Geschäftstätigkeit	10,00		8,70
Bestandsveränderung AV	10,00	1,05	8,70
Cashflow Investitionstätigkeit	10,00		8,70
Veränderung Finanzverbindlichkeiten	-10,00	1,05	-8,70
Cashflow Finanzierungstätigkeit	-10,00		-8,70
Veränderung Aktivitätsformate	10,00		8,70
Wechselkursbedingte Veränderung Finanzmittelfonds			-3,93
Finanzmittelfonds 1.1.01	30,00	1,05	28,57
Finanzmittelfonds 31.12.01	40,00	1,20	33,33

Da der Finanzmittelbestand in EUR per 1.1.01 durch die Währungsumrechnung am 31.12.00 determiniert ist und die Umrechnung des Finanzmittelbestands am 31.12.01 mit dem Stichtagskurs erfolgt, entspricht die zum Durchschnittskurs umgerechnete Veränderung der Aktivitätsformate nicht dem Delta der zu Stichtagskursen umgerechneten Bestandsgrößen. Den Ausgleich stellt die **wechselkursbedingte Veränderung des Finanzmittelfonds** her. Sie lässt sich isoliert wie folgt ermitteln:

Umrechnung von auf fremde Währung lautenden Abschlüssen § 308a

Ableitung währungsbedingte Veränderung Finanzmittelfonds	FW	EUR Kurs 31.12.00	EUR Ø-Kurs	EUR Kurs 31.12.01	Delta
		1,05	1,15	1,20	
Kasse 1.1.01	30,00	28,57		25,00	-3,57
Veränderung	10,00		8,70	8,33	-0,36
Kasse 31.12.01	40,00				-3,93

Die für das ausländische TU abgeleitete und in EUR umgerechnete KFR ist mit der KFR des Restkonzerns zu addieren, um die KFR des Gesamtkonzerns abzuleiten.
Wird auf die Erstellung einer eigenständigen KFR für das in Fremdwährung bilanzierende ausländische TU verzichtet und die Konzern-KFR unmittelbar auf der **aggregierten Gesamtkonzernebene** erstellt, fließen die in EUR umgerechneten Wertansätze des TU wie folgt in die Konzernkapitalflussrechnung ein:

Konzern-KFR	01
Wertbeiträge TU	EUR
Jahresüberschuss	13,04
Bestandsveränderung Forderungen	5,95
Bestandsveränderung Vorräte	14,88
Cashflow laufende Geschäftstätigkeit	**33,88**
Bestandsveränderung AV	17,86
Cashflow Investitionstätigkeit	**17,86**
Veränderungen WUD	-26,73
Veränderung Finanzverbindlichkeiten	-20,24
Cashflow Finanzierungstätigkeit	**-46,97**
Veränderung Aktivitätsformate	4,76
Wechselkursbedingte Veränderung Finanzmittelfonds	
Finanzmittelfonds 01.01.01	28,57
Finanzmittelfonds 31.12.01	**33,33**

Aus den vorstehenden Wertbeiträgen zur Gesamtkonzern-KFR ist einerseits die nicht zahlungswirksame Veränderung der Währungsumrechnungsdifferenz zu eliminieren (26,73 EUR), andererseits ist die vorstehend gesondert ermittelte währungsbedingte Veränderung des Finanzmittelfonds (-3,93 EUR) zu berücksichtigen. Zu klären ist, wie der Saldo beider Korrekturen (22,80 EUR) auf die restlichen Positionen zu verteilen ist. Hierzu ist der Währungskurseffekt für alle in die verschiedenen Aktivitätsformate eingehenden Bestandsveränderungen zu ermitteln. Dieser beinhaltet zum einen die Differenz aus der Umrechnung des Anfangsbestands in Fremdwährung mit dem Kurs am 31.12.01 und dem Kurs am 31.12.00 (WUD 1). Zum anderen die Differenz aus der Veränderung der jeweiligen Position umgerechnet mit dem Kurs am 31.12.01 und dem Durchschnittskurs (WUD 2).

FW	31.12.01	31.12.00	WUD 1	WUD 2	Gesamt
Anlagevermögen	70,00	80,00	-9,52	0,36	-9,16
Forderungen	130,00	120,00	-14,29	-0,36	-14,65
Vorräte	85,00	90,00	-10,71	0,18	-10,53
Kasse	40,00	30,00			
Summe Aktiva	**325,00**	**320,00**			
EK	-220,00	-200,00			
Jahresüberschuss	-15,00	-15,00			
Finanzverbindlichkeiten	-90,00	-100,00	11,90	-0,36	11,54
Summe Passiva	**-325,00**	**-320,00**			**-22,80**

Damit können die Wertbeiträge des TU zur Gesamtkonzern-KFR wie folgt korrigiert werden:

Konzern-KFR	01	Korrektur	01
Wertbeiträge TU	**EUR**		**EUR**
Jahresüberschuss	13,04		13,04
Bestandsveränderung Forderungen	5,95	-14,65	-8,70
Bestandsveränderung Vorräte	14,88	-10,53	4,35
Cashflow laufende Geschäftstätigkeit	**33,88**		**8,70**
Bestandsveränderung AV	17,86	-9,16	8,70

Konzern-KFR Wertbeiträge TU	01 EUR	Korrektur	01 EUR
Cashflow Investitionstätigkeit	17,86		8,70
Veränderungen WUD	-26,73	26,73	0,00
Veränderung Finanzverbindlichkeiten	-20,24	11,54	-8,70
Cashflow Finanzierungstätigkeit	-46,97		-8,70
Veränderung Aktivitätsformate	4,76	4,76	8,70
Wechselkursbedingte Veränderung Finanzmittelfonds			-3,93
Finanzmittelfonds 01.01.01	28,57		28,57
Finanzmittelfonds 31.12.01	33,33		33,33

Die korrigierten Wertbeiträge des TU zur Gesamtkonzern-KFR entsprechen damit der in Fremdwährung abgeleiteten und in EUR umgerechneten KFR des TU.

3 Konsolidierungsmaßnahmen

3.1 Kapitalkonsolidierung

Die Bestimmung der **Konzernzugangswerte** im Rahmen der **ErstKons** eines in Fremdwährung bilanzierenden TU erfolgt auf Basis des Devisenkassamittelkurses des Zeitpunkts, zu dem das in Fremdwährung bilanzierende Unt TU geworden ist.[22]

Werden beim erworbenen TU **stille Reserven und Lasten** identifiziert, so sind diese Teil der in Fremdwährung zu führenden Konzern-AK der erworbenen VG und Schulden. Eine Zuordnung der stillen Reserven und Lasten zum MU und eine damit verbundene Führung in EUR ist abzulehnen.[23] Sie führte zu einer künstlichen Zerlegung des konzernbilanziellen Wertansatzes von VG und Schulden des TU in einen FW- und einen Euroanteil.

30

31

---

[22] Vgl. DRS 23.38.
[23] Die stillen Reserven und Lasten ebenso als Teil der in Fremdwährung zu führenden Konzern-AK präferierend *Oser/Mojadadr/Wirth*, KoR 2008, 576; eine Führung in Euro als zulässig erachtend *Grottel/Leistner*, in Beck Bil-Komm., 10. Aufl., 2016, § 308a HGB Rz 70, 72.

32 Die Zuordnung eines **GoF** richtet sich danach, wo die im Kaufpreis vergüteten Ertragspotenziale zukünftige Nutzenzuflüsse generieren. Werden diese beim MU erwartet, gilt der GoF als ein VG des MU und ist mithin nicht Gegenstand der Währungsumrechnung. Anders, wenn der Anfall der Nutzenpotenziale beim TU erwartet wird.[24] Dann ist der GoF dem TU zuzuordnen und als dessen VG in die Währungsumrechnung miteinzubeziehen. Für diesen Fall ist zu beachten, dass die aus der Umrechnung des GoF entstehende Währungsumrechnungsdifferenz **nicht anteilig etwaigen am TU beteiligten Minderheitsgesellschaftern zuzuordnen** sind. Das zum GoF Gesagte gilt entsprechend für einen passivischen Unterschiedsbetrag.

33 Die für TU geltende Vorgehensweise ist entsprechend dem Verweis in § 310 Abs. 2 HGB auf § 308a HGB sinngemäß auf die **QuotenKons** von GemeinschaftsUnt zu übertragen. Ändert sich der Status eines Unt durch den Hinzuerwerb von Anteilen vom GemeinschaftsUnt zum TU, ist die im Rahmen der QuotenKons im EK gebildete **Währungsumrechnungsdifferenz beizubehalten**.[25]

34 Wird der hM gefolgt, wonach der Regelungsgehalt des § 308a HGB auch bei Anwendung der **Equity-Methode** zu beachten ist, wird das anteilig neubewertete Reinvermögen des nach der Equity-Methode einbezogenen Unternehmens im Erstkonsolidierungszeitpunkt mit dem Devisenkassamittelkurs in EUR umgerechnet. Für das anteilige Jahresergebnis ist der Periodendurchschnittskurs maßgeblich. Wechselkursbedingte Veränderungen des anteilig neubewerteten EK sind im Konzernabschluss als Währungsumrechnungsdifferenz auszuweisen. Ein im Equity-Wertansatz enthaltener **GoF** ist entweder dem nach der Equity-Methode einbezogenen Unt oder dem MU zuzuordnen und entsprechend Gegenstand oder nicht Gegenstand einer Währungsumrechnung.[26] Werden weitere Anteile an dem Unt erworben, so dass es fortan als quotal konsolidiertes GemeinschaftsUnt oder als TU zu klassifizieren ist, bleibt die im Rahmen der Equity-Fortschreibung gebildete Währungsumrechnungsdifferenz im Konzern-EK erhalten.[27]

3.2 Schuldenkonsolidierung

35 Im Rahmen der Konsolidierung von **innerkonzernlichen Forderungen/Verbindlichkeiten** zwischen in unterschiedlichen Währungen bilanzierenden KonzernUnt stellt sich zum einen die Frage, wie in Anwendung des § 256a HGB in einem konsolidierungsfähigen Einzelabschluss auszuweisende Währungskursgewinne/-verluste aus der Bewertung konzerninterner Forderungen/Verbindlichkeiten im Konzernabschluss zu behandeln sind. Zum anderen ist der Umgang mit Aufrechnungsdifferenzen zu klären, wenn die Umrechnungen der konzerninternen Forderungen und Verbindlichkeiten in die Berichtswährung des Konzerns zu unterschiedlichen Wertansätzen führen. Im ersten Fall wird der Ausweis der entsprechenden Erfolge im Konzernabschluss befürwortet, im zweiten die

---

[24] Denkbar ist auch eine Zerlegung des GoF auf mehrere Konzerneinheiten. DRS 23.135 hält dies regelmäßig nicht für erforderlich.
[25] Vgl. *Grottel/Leistner*, in Beck Bil-Komm., 10. Aufl., 2016, § 308a HGB Rz 56.
[26] Vgl. *Melcher/Murer*, DB 2010, S. 1601 f.
[27] Vgl. *Grottel/Leistner*, in Beck Bil-Komm., 10. Aufl., 2016, § 308a HGB Rz 64.

erfolgsneutrale Verrechnung mit dem Posten „Eigenkapitaldifferenz aus Währungsumrechnung" (zu Details siehe § 303 Rz 24 ff.).

3.3 Zwischenergebniseliminierung

Aufgabe der als Bewertungsvorschrift formulierten Zwischenergebniseliminierung ist es, die auf Einzelabschlussebene für innerkonzernlich transferierte VG angesetzten Buchwerte an ihre **höheren oder niedrigeren Konzernabschluss-Werte** anzupassen. Sofern das liefernde und das empfangende KonzernUnt in der gleichen Währung bilanzieren, entspricht die bei dem einen KonzernUnt vorzunehmende Bewertungskorrektur dem Zwischenerfolg des anderen Konzern-Unt. Bilanziert eines der Unt in einer anderen Währung ist dies nicht mehr der Fall. 36

Liefert bspw. das in EUR bilanzierende MU Vorräte an ein in Fremdwährung bilanzierendes TU, so bemisst sich der Zugangswert der Vorräte im Einzelabschluss des TU nach dem Transaktionskurs, ebenso ein aus der Weiterveräußerung entstehender Materialaufwand. Regelmäßig werden der für die Umrechnung des Bestandswerts am Abschlussstichtag maßgebliche Devisenkassamittelkurs und der für die Umrechnung des Materialaufwands maßgebliche Durchschnittskurs vom Transaktionskurs abweichen. Werden in diesem Fall der Bestandswert und der Materialaufwand anteilig um den vollen Zwischenerfolg korrigiert, führt dies im Konzernabschluss nicht zu Wertansätzen, die den Konzern-AK entsprechen. Sind die Abweichungen wesentlich, ist wie im folgenden Beispiel dargestellt, eine Anpassung über den Posten „**Eigenkapitaldifferenz aus Währungsumrechnung**" vorzunehmen.[28] 37

Beispiel
Ein in FW bilanzierendes ausländisches TU kauft am 11.11.01 Vorräte vom MU für 400 EUR. Der Kaufpreis wird vom TU unmittelbar beglichen. Hierfür muss es 460 FW aufwenden. Die Konzern-AK der Vorräte betragen 350 EUR. Am 31.12.01 liegen beim TU noch 90 % der konzernintern bezogenen Vorräte auf Lager. 10 % der Vorräte wurden zum Preis von 60 FW an konzernfremde Dritte veräußert.
In der Periode 01 gelten die folgenden Kurse:

	1 EUR = ... FW
1.1.01	1,00
Transaktionskurs	1,15
Durchschnittskurs	1,20
31.12.01	1,30

---

[28] Ähnlich *Grottel/Leistner*, in Beck Bil-Komm., 10. Aufl., 2016, § 308a HGB Rz 92.

Das MU realisiert in seinem Einzelabschluss aus der konzerninternen Veräußerung der Vorräte einen Gewinn von 50 EUR. Das TU weist zum 31.12.01 in seinem Einzelabschluss die konzernintern bezogenen Vorräte in Höhe von 414 FW (90 % von 460 FW) aus und zeigt aus der Veräußerung des 10 %igen Teils der vom MU bezogenen Vorräte an konzernfremde Dritte einen Gewinn in Höhe von 14 FW (Umsatz 60 FW, Materialaufwand 46 FW). Wären die Vorräte vom MU an das ausländische TU ohne Gewinnaufschlag veräußert worden, stünden die noch im Bestand befindlichen Vorräte im Fremdwährungsabschluss des TU mit 402,50 FW zu Buche und im Rahmen der Weiterveräußerung an Konzernfremde wäre ein Materialaufwand von 40,25 FW zu erfassen, woraus ein Gewinn in Höhe von 19,75 FW resultierte.

Vorräte	31.12.01	Transaktionskurs	FW	davon Bestand (90 %)	davon MA (10 %)
Anschaffungskosten TU	400,00	1,15	460,00	414,00	46,00
Anschaffungskosten MU	350,00	1,15	402,50	362,25	40,25
Zwischengewinn	50,00		57,50	51,75	5,75

Bei einer Veräußerung der Vorräte an das TU ohne Gewinnaufschlag wäre der Lagerbestand des TU nach Währungsumrechnung mit 278,65 EUR zu bewerten (362,25 / 1,30), der Materialaufwand aus der Weiterveräußerung mit 33,54 EUR zu erfassen (40,25 / 1,20). Wird der im Einzelabschluss des MU realisierte Zwischengewinn in Höhe von 50,00 EUR zu 90 % gegen den Wertansatz des in EUR umgerechneten Vorratsbestands des TU und zu 10 % gegen den umgerechneten Materialaufwand eliminiert, wird der Vorratsbestand mit 273,46 EUR bewertet und der Materialaufwand mit 33,33 EUR ausgewiesen. Für den Vorratsbestand ergibt sich eine Differenz zum Zielwert (278,65 EUR) in Höhe von 5,19 EUR, für den Materialaufwand in Höhe von 0,21 EUR (zum Zielwert 33,54 EUR). Diese Differenzen sind gegen die **Währungsumrechnungsdifferenz** auszubuchen.

	MU	TU (FW)	Kurs	TU (EUR)	Summe	Eliminierung	Konzern
...							
Vorräte		414,00	1,30	318,46	318,46	-45,00 / 5,19	278,65
...							
WUD						-5,40	-5,40
...							
Umsatz MU	-400,00				-450,00	400,00	0,00
Umsatz TU		-60,00	1,20	-50,00			-50,00
Materialaufwand MU	350,00				350,00	-350,00	0,00
Materialaufwand TU		46,00	1,20	38,33	38,33	-5,00 / 0,21	33,54
...							

Der in der Währungsumrechnungsdifferenz erfasste Betrag von 5,40 EUR (Währungsgewinn) lässt sich wie folgt erklären. Über den **umgerechneten Einzelabschluss des TU** wird bezogen auf die Vorräte eine Währungsumrechnungsdifferenz in Höhe von 43,31 EUR (Währungsverlust) erfasst:

WUD Vorräte Basis AK TU	FW	EUR Kurs 11.11. 1,15	EUR Ø-Kurs 1,20	EUR Kurs 31.12. 1,30	Delta
Zugangswert 11.11.01	460,00	400,00		353,85	-46,15
Veränderung	-46,00		-38,33	-35,38	2,95
Wertansatz 31.12.01	414,00			WUD:	-43,21

Wären die Vorräte **ohne Gewinnaufschlag** vom MU an das TU geliefert worden, hätte sich folgende Währungsumrechnungsdifferenz ergeben:

WUD Vorräte	FW	EUR	EUR	EUR	Delta
Basis AK Konzern		Kurs 11.11. 1,15	Ø-Kurs 1,20	Kurs 31.12. 1,30	
Zugangs-wert 11.11.01	402,50	350,00		309,62	-40,38
Verände-rung	40,25		-33,54	-30,96	2,58
Wertan-satz 31.12.01	362,25			WUD:	-37,80

Durch die Reduktion der über den umgerechneten Einzelabschluss des TU in den Konzernabschluss einfließenden Währungsumrechnungsdifferenz um den Betrag von 5,40 EUR entspricht diese dem Wert, der sich ergäbe, wenn das MU die Vorräte ohne Gewinnaufschlag an das TU geliefert hätte.[29]

Durch die Zwischenergebniseliminierung weicht der konzernbilanzielle Wertansatz der Vorräte am 31.12.01 (278,65 EUR = 362,25 FW) von seinem steuerlichen Wert (414,00 FW) ab. Auf diesen Bewertungsunterschied (51,75 FW) ist nach § 306 HGB eine **aktive latente Steuer erfolgswirksam** zu erfassen. Bei einem angenommenen Steuersatz von 30 % beträgt diese 15,53 FW. Indem der Bilanzansatz der aktiven latenten Steuern zum Stichtagskurs in EUR umgerechnet wird (15,53 FW = 11,94 EUR), der latente Steuerertrag systembedingt zum Durchschnittskurs (15,53 FW = 11,94 EUR), ergibt sich aus der Berücksichtigung der latenten Steuer ein Effekt auf die Währungsumrechnungsdifferenz in Höhe von 1,00 EUR (Währungskursverlust).

38 Entsprechendes gilt für den umgekehrten Fall der Lieferung von VG eines in Fremdwährung bilanzierenden TU an das in Euro bilanzierende MU.

3.4 Aufwands- und Ertragseliminierung

39 Die in der Summen-GuV erfassten Aufwendungen und Erträge aus konzerninternen Leistungen, die im Rahmen der **Aufwands- und Ertragseliminierung** gegeneinander aufzurechnen sind, stehen sich nicht in gleicher Höhe gegenüber, wenn die KonzernUnt in unterschiedlichen Währungen bilanzieren. Ursächlich hierfür ist, dass der Transaktionskurs, der den in Fremdwährung zu erfassenden Aufwand/Ertrag bestimmt, und der Durchschnittskurs, zu dem im Rahmen der Konzernabschlusserstellung die Rückrechnung in EUR erfolgt, regelmäßig nicht übereinstimmen. Das bei Eliminierung der korrespondierenden Aufwendungen und Erträge in EUR entstehende **Delta** ist in die **Währungsumrechnungsdiffe-**

---

[29] Das im Beispiel auftretende Delta von 0,01 EUR ergibt sich aus Rundungsdifferenzen.

renz einzubuchen. Aus **Wesentlichkeitsgründen** sollte auch nichts gegen eine **ergebniswirksame Behandlung** sprechen.[30] Ist der Effekt zu hoch, ist zu überlegen, ob die der Durchschnittskursbildung zugrunde gelegte Periode zu lang bemessen ist.

Beispiel
Ein inländisches MU gründet am 1.1.01 ein in Fremdwährung bilanzierendes TU und stattet es mit EK in Höhe von 100 EUR aus. Für die Erbringung von Dienstleistungen in der Periode 01 zahlt das in FW bilanzierende TU 100 EUR an das MU, hierfür muss es 125 FW aufwenden.
In der Periode 01 gelten folgende Kurse:

01	1 EUR = ... FW
1.1.01	1,30
Transaktionskurs	1,25
Durchschnittskurs	1,20
31.12.01	1,15

Beim ausländischen TU entsteht ein Aufwand in Höhe von 125 FW (100 EUR umgerechnet zum Transaktionskurs von 1,25 FW/EUR). Aus dem Geschäftsvorfall geht in die Summen-GuV über das MU ein Ertrag in Höhe von 100 EUR und über das TU ein Aufwand in Höhe von 104,17 EUR ein (125 FW umgerechnet zum Durchschnittskurs von 1,20 FW/EUR).

	MU	TU (FW)	TU Kurs	TU (EUR)	Summe	Kapko	AuE	Konzern
Anteile verb. Unt	100,00				100,00	-100,00		
Kasse	100,00	5,00	1,15	4,35	104,35			104,35
EK	-100,00	-130,00	1,30	-100,00	-200,00	100,00		-100,00
JÜ	-100,00	125,00		104,17	4,17		-4,17	0,00
WUD				-8,51	-8,51		4,17	4,35
Ertrag	-100,00				-100,00		100,00	0,00
Aufwand		125,00	1,20	104,17	104,17		-104,17	0,00

Der zum Durchschnittskurs in EUR umgerechnete Aufwand des ausländischen TU weicht um 4,17 EUR von dem beim MU erfassten Ertrag ab. Ursächlich hierfür ist das **Auseinanderfallen von Transaktionskurs und Durchschnittskurs**. Wird dieses Delta gegen die Währungsumrechnungs-

---

[30] Die erfolgswirksame Behandlung wohl grundsätzlich befürwortend *Grottel/Leistner*, in Beck Bil-Komm., 10. Aufl., 2016, § 308a HGB Rz 96.

> differenz gebucht, entspricht ihre Höhe im Konzern dem Kassenbestand des ausländischen TU am Periodenende (5 FW) umgerechnet zum Stichtagskurs von 1,15 FW/EUR. Die mit der konzerninternen Transaktion aufgrund der Aufwertung der FW verbundene Reinvermögensmehrung realisiert sich damit erst beim (teilweisen) Ausscheiden des TU.

4 Hochinflation

40 Für die Umrechnung von Fremdwährungsabschlüssen aus **Hochinflationsländern** ist § 308a HGB nicht unmittelbar anwendbar.[31] Es bedarf einer **Bereinigung der Inflationseffekte**. Hierzu stehen zwei Vorgehensweisen zur Verfügung:[32] Zum einen ist die Aufstellung des Abschlusses des FremdwährungsUnt in einer **Hartwährung** möglich (hier bietet sich die Währung des MU an). Zum anderen kann eine Bereinigung der Inflationseffekte durch die **Indexierung** erfolgen mit anschließender Umrechnung des Abschlusses nach der Stichtagskursmethode.[33] Hiernach sind die Bilanzposten des Fremdwährungsabschlusses ab ihrem Anschaffungs- bzw. Herstellungszeitpunkt anhand eines **allgemeinen Preisindexes** (bspw. Verbraucherpreisindex, Güterpreisindex) anzupassen. Etwas anderes gilt für monetäre Posten, die unberührt bleiben. Die Aufwendungen und Erträge werden ab dem Zeitpunkt ihrer Erfassung in der GuV anhand des Preisindexes angepasst. Aus der Nettoposition der monetären Posten ergibt sich entweder ein Gewinn (Kaufkraftgewinn aus einer Nettoschuldnerposition) oder ein Verlust (Kaufkraftverlust aus einer Nettogläubigerposition), der in der GuV zu berücksichtigen ist. Der Gewinn und Verlust ergibt sich als Saldo der Anpassungen der nicht monetären Posten, des EK und der Posten der GuV und sollte der Änderung des Preisindexes bezogen auf den gewichteten Durchschnitt der Nettoposition aus monetären Posten in der Periode entsprechen. Der so angepasste Abschluss ist dann mit dem Stichtagskurs in Euro umzurechnen.[34]

41 Die Festlegung, ob ein TU seinen Sitz in einem Hochinflationsland hat, kann anhand der in IAS 29.3 genannten Kriterien erfolgen.[35] U. a. deutet danach eine

---

[31] Vgl. BilMoG-BgrRegE, S. 84.
[32] Vgl. den inzwischen aufgehobenen DRS 14.37f. sowie *Hoffmann/Lüdenbach*, NWB Bilanzkommentar, 8. Aufl., 2017, § 308a HGB Rz 50. Zur weiterhin vertretbaren Anwendung des aufgehobenen DRS 14 siehe auch WPH Edition, Wirtschaftsprüfung & Rechnungslegung, 15. Aufl., 2017, Abschn. G, Tz 379.
[33] Dies entspricht der Vorgehensweise nach IAS 21.42f. i. V. m. IAS 29.
[34] Vgl. zu dieser Methode das Beispiel bei *Hoffmann/Lüdenbach*, NWB Bilanzkommentar, 8. Aufl., 2017, § 308a HGB Rz 59.
[35] Vgl. *Grottel/Leistner*, in Beck Bil-Komm., 10. Aufl., 2016, § 308a HGB Rz 117.

kumulative **Preissteigerungsrate**, die innerhalb von drei Jahren mindestens annähernd 100 % beträgt, auf ein Hochinflationsland hin.[36]

5 Anhangangaben

Durch das BilRUG wurde § 313 Abs. 1 Satz 2 Nr. 2 HGB aF, der die Erläuterung der Währungsumrechnung im Konzernanhang explizit eingefordert hat, gestrichen. Praktische Änderungen für die Anhangberichterstattung im Konzern sollen damit ausweislich der Gesetzesbegründung zum BilRUG nicht verbunden sein, da gesonderte **Angaben zu den Grundlagen der Währungsumrechnung** bereits nach § 313 Abs. 1 Satz 2 Nr. 1 HGB bei den Erläuterungen zu den Bewertungsmethoden zu machen sind.[37]   42

Da der Gesetzgeber die modifizierte Stichtagskursmethode in § 308a HGB verbindlich vorgeschrieben hat, bedarf es im Hinblick auf die Methode der Einbeziehung von in Fremdwährung bilanzierender TU und quotal konsolidierter GemeinschaftsUnt keiner weitergehenden Erläuterung. Bei wesentlichen in FW bilanzierenden nach der **Equity-Methode** einbezogenen Unt ist ein Hinweis auf die entsprechende Anwendung des § 308a HGB angebracht. Zu beschreiben wäre auch die Umrechnung von Fremdwährungsabschlüssen aus **Hochinflationsländern**. Des Weiteren sollten die wichtigsten FW ausländischer TU mit Angabe der verwendeten **Umrechnungskurse** aufgeführt werden. Sind die Einflüsse starker **Wechselkursänderungen** auf die Inhalte des Konzernabschlusses von Bedeutung, sollten auch diese beschrieben werden.[38]   43

---

[36] Vgl. WPH Edition, Wirtschaftsprüfung & Rechnungslegung, 15. Aufl., 2017, Abschn. G, Tz 380. Nach einer Veröffentlichung des Center for Audit Quality (vgl. May 2017 IPTF Joint Meeting Highlights, http://www.thecaq.org/may-2017-iptf-joint-meeting-highlights, letzter Abruf am 27.8.2017) betrug Stand April 2017 in folgenden Ländern die kumulative Preissteigerungsrate für drei Jahre mehr als 100 %: Südsudan, Ukraine, Venezuela. In folgenden Ländern betrug die kumulative Preissteigerungsrate für drei Jahre in jüngster Vergangenheit mehr als 100 %: Malawi, Sudan. In folgenden Ländern beträgt die vorhergesagte Inflation für drei Jahre mehr als 100 %: Argentinien, Libyen, Suriname. In folgenden Ländern beträgt die vorhergesagte Inflation für drei Jahre zwischen 70 % und 100 %: Angola, Jemen. Daneben sollten Ägypten und Mozambique weiter beobachtet werden, da in Ägypten die erwartete 2017er Inflationsrate 26 % beträgt bzw. in Mozambik die Inflationsrate in 2016 25 % betrug und die erwartete kumulierte Inflationsrate über drei Jahre Ende 2017 60 % in Ägypten bzw. 57 % in Mozambik beträgt. Zudem wird auf Inkonsistenzen in Inflationsdaten Argentiniens hingewiesen. Da in der ausgewerteten Datenbasis nicht zu allen Ländern Informationen vorliegen, kann es weitere Länder geben (bspw. Syrien), in denen die kumulative Inflationsrate für drei Jahre über 100 % liegt

[37] Vgl. RegBegr BilRuG, BT-Drs. 18/4050, S. 73.

[38] Vgl. zu weiteren ggf. angabepflichtigen Sachverhalten *Grottel/Leistner*, in Beck Bil-Komm., 10. Aufl., 2016, § 308a HGB Rz 132.

§ 309 Behandlung des Unterschiedsbetrags

(1) Die Abschreibung eines nach § 301 Abs. 3 auszuweisenden Geschäfts- oder Firmenwertes bestimmt sich nach den Vorschriften des Ersten Abschnitts.
(2) Ein nach § 301 Abs. 3 auf der Passivseite auszuweisender Unterschiedsbetrag kann ergebniswirksam nur aufgelöst werden, soweit ein solches Vorgehen den Grundsätzen der §§ 297 und 298 in Verbindung mit den Vorschriften des Ersten Abschnitts entspricht.

WP StB Prof. Dr. Georg Heni/WP StB Carsten Ernst

Inhaltsübersicht	Rz
1 Überblick	1–9
1.1 Bedeutung und Inhalt	1–3
1.2 Rechtsentwicklung	4–9
2 Geschäfts- oder Firmenwert	10–22
2.1 Definition, Komponenten, Ausweis	10–12
2.2 Planmäßige Abschreibung	13–16
2.3 Außerplanmäßige Abschreibung	17–21
2.4 Wertaufholungsverbot	22
3 Passiver Unterschiedsbetrag aus der Kapitalkonsolidierung	23–33
3.1 Entstehungsursache und Ausweis	23–24
3.2 Auflösung	25–31
3.3 Einstellung in die Rücklagen	32
3.4 Saldierung von Unterschiedsbeträgen	33
4 Auswirkungen auf latente Steuern	34
5 Unterschiedsbetrag nach dem Publizitätsgesetz	35
6 Sanktionen	36

1 Überblick

1.1 Bedeutung und Inhalt

1 Die Bilanzierung des **Geschäfts- oder Firmenwerts** gehört zu den seit Langem im Schrifttum diskutierten Bilanzierungsproblemen, insb. die Frage nach seinem bilanziellen Charakter (s. Rz 11 f.) oder seiner Bewertung.[1] Der Gesetzgeber hat sich dafür entschieden, einen nach der Aufrechnung des neu bewerteten EK mit dem Buchwert der Beteiligung verbleibenden aktiven Unterschiedsbetrag als GoF oder passiven Unterschiedsbetrag (negativer Firmenwert bzw. **Badwill**) auszuweisen und einer eigenen Folgebewertung zugänglich zu machen, die das Konzernergebnis unmittelbar beeinflusst.[2]

---

[1] Vgl. auch *Moser/Hüttche*, FB 2009, S. 394 mwN.
[2] Vgl. § 301 Abs. 3 HGB. Zur Bedeutung des GoF für die Beurteilung der Konzernlage vgl. *Küting*, DB 2005, S. 2757.

Durch die planmäßige Verteilung eines als GoF oder negativer Firmenwert umschriebenen aktiven bzw. passiven Unterschiedsbetrags wird eine periodengerechte Konzernerfolgsermittlung bewirkt, die die Information der Abschlussadressaten hinsichtlich der Ertragslage verbessern soll.
Die praktische Bedeutung des § 309 HGB ist somit, zu regeln, wie mit solchen Unterschiedsbeträgen nach der ErstKons innerhalb der KapKons zu verfahren ist. Technisch wird damit das Vorgehen der FolgeKons im Rahmen der KapKons normiert. Im Gegensatz dazu regelt § 301 HGB, ob und in welchem Umfang solche zu bewertenden Unterschiedsbeträge aus der KapKons entstehen (Ansatz und Zugangsbewertung).³
Inhaltlich regelt § 309 HGB die **Folgebewertung** eines nach § 301 Abs. 3 HGB auszuweisenden GoF (**aktiver Unterschiedsbetrag**) aus der KapKons durch einen Verweis in § 309 Abs. 1 HGB auf die Vorschriften des Ersten Abschnitts sowie die Voraussetzungen für eine ergebniswirksame Auflösung eines gem. § 301 Abs. 3 HGB auf der Passivseite auszuweisenden Unterschiedsbetrags (§ 309 Abs. 2 HGB).⁴

2

Den Ausweis eines (aktiven oder passiven) Unterschiedsbetrags hingegen regelt die jeweilige KapKons-Methode selbst. Insoweit gilt § 301 Abs. 3 HGB unmittelbar für die VollKons und i. V. m. § 310 Abs. 2 HGB für die QuotenKons. Für die **Equity-Methode** gilt § 312 Abs. 1 HGB.
Der Anwendungsbereich des § 309 HGB umfasst nicht nur die typischen Anwendungsfälle der VollKons von TU, sondern gilt auch für die Kons. von GemeinschaftsUnt (§ 310 Abs. 2 HGB) und für Kapitalaufrechnungen im Rahmen der *Equity-Methode* (§ 312 Abs. 2 HGB).

3

1.2 Rechtsentwicklung

Eine Regelung für die Behandlung von Unterschiedsbeträgen als GoF oder als passiver Unterschiedsbetrag aus der KapKons wurde erstmalig mit dem BiRiLiG 1985 in das HGB eingefügt.⁵ Diese Regelung wurde weitgehend in Übereinstimmung mit der 7. EG-RL (Konzernbilanz-RL 83/349/EWG) in nationales Recht umgesetzt.⁶ Die Regelung des § 309 HGB entspricht insoweit inhaltlich Art. 30 und 31 der Konzernbilanz-RL.⁷

4

Die bisherige Regelung des § 309 HGB sah Wahlrechte vor, die es ermöglichten, einen sich aus der KapKons ergebenden GoF (aktiver Unterschiedsbetrag) über vier Jahre oder planmäßig über eine voraussichtliche Nutzungsdauer abzuschreiben oder auch sofort mit den Rücklagen zu verrechnen.

5

Mit der Neufassung des § 309 HGB durch das **BilMoG**⁸ entfallen diese Wahlrechte zur Behandlung des GoF. Nach der Neuregelung ist nur noch eine Abschreibung nach Maßgabe des Ersten Abschnitts des Dritten Buchs des HGB

6

---

3   Zu Methode, Zeitpunkt und Umfang der ErstKons vgl. § 301 Rz 23 ff.
4   Zur Interpretation eines aktiven und passiven Unterschiedsbetrags s. Rz 10–22 und Rz 23–33.
5   BiRiLiG 1985, BGBl I 1985, S. 2355.
6   Zur Umsetzung im alten Recht vgl. ADS, 6. Aufl., § 309 HGB, Rz 2–4. Hierzu auch *Oser*, DB 2008, S. 361.
7   Ob die 7. EG-Richtlinie zwingend die planmäßige Abschreibung des GoF vorschreibt, diskutiert *Altenburger*, WPg 2002, S. 806.
8   BilMoG v. 25.5.2009, BGBl I 2009, S. 1102.

zulässig, d. h. eine Abschreibung des GoF über die planmäßige Nutzungsdauer (§§ 246 Abs. 1 Satz 4 i. V. m. 253 Abs. 3 HGB).

7 Die Umsetzung der Neufassung des HGB durch das BilMoG führt hinsichtlich der Behandlung des Unterschiedsbetrags aus der KapKons zu keiner Anpassung an die Bestimmungen der IFRS/IAS, die den GoF ausschließlich einem *Impairment-Only-Approach* unterwerfen.[9]

8 Die geänderte Rechnungslegungsrichtlinie sieht hinsichtlich der FolgeKons (Art. 25 RL 2013/34/EU)[10] keine materiell wesentlichen Änderungen vor. Allerdings wird darin betont, dass die Überführung eines negativen Unterschiedsbetrags in die GuV nur dann in Betracht kommt, wenn diese einem methoden- und prinzipienbasierten Vorgehen entspricht, ohne dafür aber konkrete Anwendungshinweise – wie bislang nach § 309 Abs. 2 HGB der Fall – zu geben.[11]

9 Durch das BilRUG wurde der § 309 Abs. 2 HGB neu gefasst.[12] An die Stelle der bisherigen Kasuistik ist nun eine abstrakte Bilanzierungsanweisung getreten, welche aufgrund der ungenaueren Formulierung kritisch aufgenommen wurde.[13]

2 Geschäfts- oder Firmenwert

2.1 Definition, Komponenten, Ausweis

10 Nach § 301 Abs. 3 HGB ist ein nach Verrechnung gem. § 301 Abs. 1 HGB verbleibender **Unterschiedsbetrag**, wenn er auf der **Aktivseite** entsteht, **in der Konzernbilanz** als GoF auszuweisen. Durch die Verrechnung der AK der Anteile am TU mit den dahinter stehenden VG und Schulden des erworbenen TU (jeweils zu Zeitwerten bewertet) wird die rechtliche Sichtweise eines Beteiligungserwerbs im Jahresabschluss durch eine wirtschaftliche Sichtweise im Konzernabschluss ersetzt. Dahinter steht die Fiktion, dass der Konzern bei einem durch Share-Deal erworbenen TU ein Bündel einzelner VG und Schulden unmittelbar erworben hat.[14] Dies entspricht auch der Sichtweise des § 246 Abs. 1 Satz 4 HGB im EA, wonach ein unmittelbarer Erwerb von VG und Schulden erfolgt und ein derivativer GoF als positiver Unterschiedsbetrag aus dem gezahlten Kaufpreis und den Zeitwerten der übernommenen identifizierbaren VG und Schulden im Zeitpunkt der Übernahme entsteht.[15] § 246 Abs. 1 Satz 4 HGB gilt durch den Verweis in § 298 Abs. 1 HGB auch für die Konzernrechnungslegung. Zudem kann aus der Gesetzessystematik und dem Wortlaut der §§ 301 Abs. 3, 309 Abs. 1 HGB geschlossen werden, dass diese Fiktion auch für den Konzernabschluss gelten soll, so dass der **GoF definitionsgemäß** als ein **zeitlich begrenzt nutzbarer VG** aufzufassen und daher **aktivierungspflichtig** ist.[16]

---

[9] Vgl. auch *Oser*, DB 2008, S. 362.
[10] Vgl. Richtlinie 2013/34/EU über den Jahresabschluss, den konsolidierten Abschluss und damit verbundene Berichte von Unternehmen bestimmter Rechtsformen: verfügbar unter: http://eur-lex.europa.eu/LexUriServ/LexUriServ.do?uri=OJ:L:2013:182:0019:0076:DE:PDF, letzter Abruf am 1.6.2017.
[11] Vgl. Art. 24 Abs. 3 EU RL.
[12] BilRUG v. 17.7.2015, BGBl. I 2015, S. 1245; Die Anwendung ist zwingend für Konzernabschlüsse, deren Gj nach dem 31.12.2015 beginnt (Art. 75 EGHGB).
[13] Vgl. *Müller/Wobbe*, BB, 2015, S. 1259 ff.
[14] Vgl. ADS, 6. Aufl., § 301 HGB, Rz 37.
[15] Vgl. auch *Füllbier/Gassen*, DB 2007, S. 2611.
[16] Vgl. *Stibi/Fuchs*, KoR 2008, S. 102, mwN; ebenso *Petersen/Zwirner*, DB 2008, S. 2098.

Dieser Unterschiedsbetrag aus einem Unternehmenserwerb resultiert aus den spezifischen Chancen/Vorteilen eines Unternehmenserwerbs, die sich aus Know-how, Standortvorteilen, Mitarbeiterstamm und Management oder auch Organisationsstrukturen ergeben können. Im Unterschied zu den einzeln bilanzierungspflichtigen VG und Schulden fehlt es diesen Bestandteilen an der Einzelbewertbarkeit und Einzelveräußerbarkeit (-verkehrsfähigkeit) und daher auch an der Bilanzierungsfähigkeit in der Konzernbilanz. Eine Bewertung bzw. Übertragung dieser Chancen/Vorteile ist daher nur im Rahmen einer Gesamtbewertung bzw. eines Gesamtunternehmensverkaufs möglich. Ein **ausgewiesener GoF** beinhaltet daher alle insoweit **nicht bilanzierungsfähigen** Werte und ist als „**Sammelposten**" zu begreifen. Dies entspricht dem in der Literatur vertretenen „**Residuum**"-**Konzept**.[17]

11

Daneben schlägt sich im GoF auch die künftige Gewinnerwartung (diskontierte Gewinne) nieder. Der GoF beinhaltet daher auch kapitalisierte Übergewinne, die über die bloße Ertragserwartung der Unternehmenssubstanz (Substanzwert) hinausgehen.[18] Insoweit entspricht der GoF auch einem **Kapitalisierungsmehrwert**. Dies steht im Einklang mit dem in der Literatur bezeichneten „Übergewinn"-Konzept (*excess earnings*).[19]

Um den GoF näher zu erklären bzw. zu plausibilisieren, werden zwei Erklärungsansätze diskutiert.[20] Beim **Top-down-Ansatz** als Erklärungsansatz für den GoF wird der GoF als solcher, entsprechend seinem Charakter als Sammelposten undifferenziert übernommen. Als Erklärung dient hierbei der Differenzbetrag zwischen dem erwarteten und dem im Kaufpreis abgegoltenen Übergewinn, was dem o. g. Übergewinn-Konzept entspricht (s. Rz 11). Hingegen wird im Rahmen des **Bottom-up-Ansatzes** der GoF aus seinen einzelnen Komponenten zu erklären versucht. Aus beiden Ansätzen werden folgende **Einzelkomponenten des Goodwills** abgeleitet, deren zeitlicher Wertverlauf jeweils Indiz für eine Nutzungsdauerschätzung und damit für einen Abschreibungsplan des GoF sein kann:[21]

12

- nicht ansatzfähige immaterielle VG,
- Werte zukünftig geplanter immaterieller VG,
- Synergien-*Goodwill*,
- *Going-Concern-Goodwill*.[22]

Außerdem werden noch weitere Komponenten wie ein Restrukturierungs-, Strategie- und Flexibilitäts-Goodwill genannt.[23]

---

[17] Vgl. *Steiner/Gross*, BBK 2003, S. 309; Küting, DB 2005, S. 2757 mwN; zur Abgrenzung des GoF von anderen immateriellen VG s. auch Arbeitskreis der Schmalenbachgesellschaft „Immaterielle Werte im Rechnungswesen", DB 2009, S. 989 ff.
[18] Vgl. *Küting*, DB 2005, S. 2757.
[19] Vgl. auch *Sellhorn*, DB 2000, S. 891; *Hennrichs*, DB 2008, S. 539; ADS, 6. Aufl., § 309 HGB, Rz 8. Zu Fragen des Ausweises des GoF s. § 301 Rz 99 ff.
[20] Vgl. *Sellhorn*, DB 2000, S. 891; *Küting*, DB 2005, S. 2757.
[21] Vgl. *Sellhorn*, DB 2000, S. 893; ebenso *Moser*, FB 2008, S. 732; *Moser*, BWP 1/2012, S. 15.
[22] Die Going-Concern-Komponente resultiert aus dem Zusammenwirken der VG des Unt ohne Berücksichtigung der der Kaufpreisallokation zugrunde liegenden Transaktion.
[23] Vgl. *Sellhorn*, DB 2000, S. 891.

Beispiel zu Komponenten des GoF[24]
Die Spezial GmbH wurde im Wege eines Share-Deals zum 1.1.01 übernommen. Für die Übertragung der Anteile (100 %) wurde eine Gegenleistung von 600 Mio. EUR vereinbart. Bei den Kaufpreisverhandlungen ging der Erwerber von einem Unternehmenswert vor Synergien von 580 Mio. EUR (inkl. Terminal Value bei unbestimmter Nutzungsdauer) aus. Es wird erwartet, dass sich Synergien i. H. des Barwerts von 30 Mio. EUR realisieren lassen.
Es bestehen weiterhin wirtschaftliche Vorteile, die nicht als VG zu qualifizieren sind, i. H. v. 5 Mio. EUR.
Für immaterielle und materielle VG wie Kundenstamm, Sachanlagen und Basistechnologie wird bei beschränkter Nutzungsdauer ein Zeitwert von 511 Mio. EUR berechnet. Die Zeitwerte der immateriellen VG wie Kundenstamm und Basistechnologie sollen bei einer bestimmten Nutzungsdauer 154 Mio. EUR bzw. 162 Mio. EUR betragen, somit insgesamt 316 Mio. EUR. Der Zeitwert der Sachanlagen beträgt 175 Mio. EUR.
Der Zeitwert des Goodwills aufgrund der Kaufpreisallokation beträgt somit 89 Mio. EUR (= 600 Mio. EUR ./. 511 Mio. EUR). Diesen gilt es nachfolgend zu erklären.
Erklärung der Goodwillkomponenten:
1. Dieser setzt sich zunächst aus den im Kaufpreis vergüteten Synergien, die mit dem zugrunde liegenden Unternehmenszusammenschluss verbunden sind, i. H. v. 20 Mio. EUR zusammen.
2. Daneben bestehen rein wirtschaftliche Vorteile, die typischerweise nicht aktiviert werden können, wie z. B. Mitarbeiterstamm, Ausgaben für die Aus- und Weiterbildung oder Ausgaben für eine effiziente Neuorganisation des Unt i. H. v. 5 Mio. EUR. Der Goodwill nach Abzug von Synergien und den nicht ansetzbaren, reinen wirtschaftlichen Vorteilen beträgt somit 64 Mio. EUR.
3. Er beinhaltet sodann auch zukünftig („zu schaffende") immaterielle VGe, die bisher im Rahmen der Kaufpreisallokation nicht berücksichtigt wurden, obwohl bei der Ableitung des Unternehmenswerts regelmäßig vom Ersatz der VG mit bestimmter Nutzungsdauer nach deren Ablauf ausgegangen wurde, sodass sich in der Kaufpreisallokation zumeist nur die bereits vorhandenen immateriellen VG auswirken, nicht jedoch deren Substitute.
Da Zeitwerte für immateriellen VG wie Kundenstamm und Basistechnologie im Rahmen der Kaufpreisverteilung noch unter einer bestimmten ND subsumiert wurden, sind zur Ermittlung dieser dritten Komponente deren Zeitwerte nunmehr unter der Annahme einer unbestimmten Nutzungsdauer zu berechnen. Diese sollen hier 306 Mio. EUR bzw. 142 Mio. EUR betragen, somit insgesamt 448 Mio. EUR. Die Änderung der Nutzungsdauerannahme führt somit bei diesem Teil des Goodwills aber zu einem Betrag von 132 Mio. EUR, der vom noch zu erklärenden Restbetrag abweicht. Hätte man diese Nutzungsdauerverlängerung bereits bei der Kaufpreisallokation berücksichtigt, hätte sich ein sog. „angepasster" Unternehmenswert i. H. d.

---

[24] Beispiel nach *Moser/Hüttche*, FB 2009, S. 394.

> Summe der Zeitwerte aller bei unbestimmter Nutzungsdauer anzusetzender VG von 643 Mio. EUR (= Zeitwert Kundenstamm, Sachanlagen und Basistechnologie) ergeben. Entsprechend würde ein sog. „angepasster" GoF i. H. v. 132 Mio. EUR (= 643 Mio. EUR ./. 511 Mio. EUR) resultieren, der den noch zu erklärenden Teilbetrag aus der Kaufpreisallokation von 64 Mio. EUR mit einschließt.

2.2 Planmäßige Abschreibung

Aufgrund der Einstufung als zeitlich begrenzt nutzbarer VG (s. Rz 10) resultiert die Abschreibbarkeit des auszuweisenden GoF. Diese hat nach Maßgabe des Ersten Abschnitts zu erfolgen (§ 309 Abs. 1 HGB). Damit wird auf die für das AV maßgebliche Bewertungsnorm des § 253 Abs. 3 HGB verwiesen, weil ein GoF dem Betrieb dauernd zu dienen bestimmt (§§ 247 Abs. 2, 298 Abs. 1 HGB) und daher dem AV zuzuordnen ist. Wegen der Einstufung als zeitlich begrenzt nutzbarer VG hat demnach eine planmäßige Abschreibung des GoF über die voraussichtliche Nutzungsdauer zu erfolgen.[25]

13

Dies setzt die Festlegung eines Abschreibungsplans, der die **Bestimmung der Nutzungsdauer** und einer **Abschreibungsmethode** beinhaltet, voraus. Die Nutzungsdauer ist im Konzernanhang gem. § 313 Abs. 1 Nr. 1 HGB anzugeben. Außerdem sind die Angabepflichten gem. § 314 Nr. 20 HGB bei einer Nutzungsdauer von mehr als fünf Jahren zu beachten. Als Abschreibungsmethode kommen dabei sowohl lineare als auch degressive Abschreibungen in Betracht.[26] Die planmäßige Abschreibung beginnt im Zugangsjahr des Erwerbs; bei unterjährigem Erwerb ist eine zeitanteilige Abschreibung vorzunehmen.

Jedoch ist fraglich, ob die **Nutzungsdauer eines GoF** überhaupt bestimmbar und, wenn ja, wie diese in der Folge für Zwecke der externen Rechnungslegung zuverlässig festzulegen ist.[27] Dies soll am nachfolgenden Beispiel verdeutlicht werden. In diesem Zusammenhang könnte mit Verweis auf die verpflichtende Anhangangabe bei Ansatz einer Nutzungsdauer von mehr als fünf Jahren (§ 314 Nr. 20 HGB) auf eine typisierte Nutzungsdauer von fünf Jahren geschlossen werden. Da diese Anhangangabe jedoch nach Sinn und Zweck keine Vorgaben zur Bewertung macht, sondern lediglich eine Erläuterung der Bewertungsgrundlagen im Anhang bezweckt, kann daraus keine typisierte Nutzungsdauer abgeleitet werden.[28]

14

---

25 Daher bleibt auch für die Anwendung des *Impairment-Only-Approach* im Bereich der IFRS-Rechnungslegung, der allenfalls bei unbegrenzt nutzbaren VG bzw. VG mit unbestimmter Nutzungsdauer Anwendung finden könnte, kein Raum; ebenso *Stibi/Fuchs*, KoR 2008, S. 103. Dies stellt aber gleichzeitig einen gewichtigen Nachteil von HGB-Bilanzierenden gegenüber IFRS-Bilanzierenden dar.
26 Zur Einschränkung bei der Anwendung einer anderen als der linearen Methode vgl. DRS 4.31.
27 Auf dieser Erwägung basiert der *Impairment-Only-Approach*, der davon ausgeht, dass sich die Nutzungsdauer eines GoF nicht verlässlich schätzen lässt, und daher von einer planmäßigen Abschreibung abzusehen ist, vgl. auch *Oser*, DB 2008, S. 362.
28 Vgl. *Schurbohm-Ebneth/Zoeger*, DB 2008, Beil. 1 zu Heft 7, S. 43; ebenso *Busse von Colbe/Schurbohm-Ebneth*, BB 2008, S. 100.

> **Beispiel (Fortsetzung)**
> Die am Beispiel der Übernahme durch die Spezial GmbH dargestellten Komponenten des Goodwills sollen nunmehr auf ihre voraussichtliche Nutzungsdauer untersucht werden.
> Während der Differenzbetrag aus dem Zeitwert der immateriellen VG eines Unt und deren Werte bei unbestimmter Nutzungsdauer bereits konzeptionell eine unbestimmte Nutzungsdauer aufweist, weisen die nicht bilanzierungsfähigen anderen wirtschaftlichen Vorteile dagegen sicherlich eine bestimmte Nutzungsdauer auf. Die Bestimmung der Nutzungsdauer von Synergien hängt vom Einzelfall ab und damit davon, ob von einer Nachhaltigkeit ausgegangen werden kann oder nicht.
> Die zuverlässige Bestimmung einer einheitlichen Nutzungsdauer für den gesamten (aggregierten) Goodwill i. H. v. 89 Mio. EUR wird sich vor diesem Hintergrund sehr schwierig gestalten.

15 Ungeachtet der Problematik der Bestimmbarkeit einer **typisierten Nutzungsdauer** für einen aggregierten GoF ist gleichwohl dessen planmäßige Nutzungsdauer anhand verschiedener Komponenten hinsichtlich der Zusammensetzung des GoF zu bestimmen bzw. zu schätzen.[29] Die **Bestimmungsfaktoren** für den GoF[30] können in folgende Gruppen eingeteilt werden, je nachdem, worin die Ursache ihres Einflusses auf den Erfolg des Unt besteht (Umweltanalyse):[31]
a) unternehmensexterne Faktoren
b) unternehmensinterne Faktoren

> **Hinweise zu den unternehmensexternen und -internen Faktoren**
> **Zu a):**
> Hierunter kommen alle aus der externen Unternehmensumwelt herrührenden Einflussfaktoren in Betracht, wie z. B. Branchenentwicklungen, insb. Stabilität und Bestandsdauer der Branche des erworbenen Unt, Auswirkungen von Veränderungen der Absatz- und Beschaffungsmärkte sowie der wirtschaftlichen Rahmenbedingungen des erworbenen Unt (Regulierung) sowie erwartetes Verhalten von Konkurrenten.
> **Zu b):**
> Unternehmensinterne Faktoren sind Faktoren, die an den Leistungspotenzialen eines Unt ansetzen. Hierzu zählen u. a. Art des Unt, Umfang der Erhaltungsaufwendungen, die erforderlich sind, um den erwarteten ökonomischen Nutzen des erworbenen Unt zu realisieren, Mitarbeiterstamm, Bezug zu

---

[29] Vgl. *Schruff*, in WPH Edition, Wirtschaftsprüfung & Rechnungslegung, 15. Aufl., 2017, Abschn. G, Tz 438; zur Problematik der Schätzungen vgl. *Arbeitskreis Bilanzrecht der Hochschullehrer Rechtswissenschaft*, BB 2008, S. 156.
[30] Zu den Anhaltspunkten vgl. auch BilMoG RegE, S. 105.
[31] Vgl. *Moser/Hüttche*, FB 2009, S. 401 ff.; ebenso *Schultze*, KoR 2003, S. 458: Über den Erfolg eines einzelnen Unt entscheiden aber nicht nur die Umfeldbedingungen, sondern auch dessen besondere Eigenschaften, d. h. seine relative Positionierung innerhalb der Branche.

> immateriellen VG (Produktlebenszyklus, Laufzeit wichtiger Absatz- und Beschaffungsverträge) sowie Lebensdauer des erworbenen Unt (voraussichtliche Bestandsdauer und voraussichtliche Dauer der Beherrschung).[32]

Bewertungsrelevante Parameter wie Lebenszyklusdauern bedeutender Technologien, die bereits bei der Bewertung von bilanzierten VG zugrunde gelegt wurden, können nach der hier vertretenen Auffassung gleichwohl als Bewertungsgrundlage für die Bestimmung der Nutzungsdauer des GoF infrage kommen, wenn dadurch nicht nur der beizulegende Zeitwert der jeweiligen bilanzierten VG, sondern auch der Zukunftserfolg des Unt wertgemindert sein könnte. Insoweit wirken sich solche Umstände auf die *Going-Concern*-Komponente des GoF[33] nachteilig aus und sind daher ebenfalls zu berücksichtigen.

Die vorgenannten Faktoren und Kriterien sind nicht abschließend. Im Einzelfall muss eine Abwägung vorgenommen werden, da nicht auszuschließen ist, dass die Faktoren interdependent sind und kompensatorische Wirkungen bestehen.

Soweit aus einem Unternehmenserwerb **ein einheitlicher GoF** ggf. **auf mehrere Produktsparten** entfällt, ist der GoF aufzuteilen und für die einzelnen Produktsparten sind separate Nutzungsdauereinschätzungen vorzunehmen und damit separate Abschreibungspläne zu erstellen.[34]

Bei der **Ermittlung der voraussichtlichen Nutzungsdauer** kann neben der Nutzungsdauer einzelner *Goodwill*-Komponenten (s. Rz 13) auch das Übergewinn-Konzept (s. Rz 12) zugrunde gelegt werden. In diesem Fall wird gedanklich durch den Kaufpreis für ein Unt, abgesehen von nichtfinanziellen Beweggründen, der Ertragswert bezahlt.[35] Dies ist der Gegenwert, den der Käufer für die Zahlung des Kaufpreises vom Verkäufer eingeräumt bekommt. Der **Gegenwert** besteht dabei in der Form eines u. U. zeitlich begrenzten Stroms von finanziellen Vorteilen. Hierbei entspricht theoretisch die Nutzungsdauer des Übergewinns dem Zeitraum, in dem der erworbene Ertragswert des Übergewinns auf den Substanzwert der erworbenen VG/des erworbenen Unt absinkt.[36] Aus dieser Überlegung wären dann die voraussichtliche Nutzungsdauer des GoF und damit die planmäßige Abschreibung eines GoF abzuleiten. Darüber hinaus wären theoretisch die Grundlagen dafür festzulegen, welche künftigen Zahlungen auf den erworbenen GoF entfallen, da nur diese bei einem späteren Niederstwerttest berücksichtigt werden sollten. Vereinfacht formuliert handelt es sich

---

[32] Vgl. DRS 4.33 und *Schubert/Andrejewski/Roscher*, in Beck Bil-Komm., 10. Aufl., 2016, § 253 HGB, Rz 673. Die genannten Beispiele sind nicht abschließend. Der Gesetzgeber führt in der Gesetzesbegründung zum BilMoG eine Reihe weiterer Anhaltspunkte zur Bestimmung der Nutzungsdauer des GoF auf, vgl. BilMoG-BgrRegE, S. 48.
[33] Vgl. hierzu Rz 11.
[34] Vgl. DRS 4.32 u. 4.35.
[35] Hieraus ergibt sich die Problematik, dass der ursprüngliche Ertragswert nachträglich im Laufe der Zeit durch einen selbst geschaffenen Firmenwert ersetzt wird. Theoretisch exakt wäre die Trennung in den ursprünglichen Ertragswert mit dessen Bestimmungsfaktoren und den nachträglich geschaffenen Ertragswert und den damit verbundenen Bestimmungsfaktoren. Vor diesem Hintergrund stellen sich die Frage der Dokumentation und deren Umfang für Zwecke der externen Rechnungslegung. Auch wenn eine exakte Trennung wohl nicht verlangt werden kann, muss dies für die Abschlussadressaten nachvollziehbar und plausibel dokumentiert sein, um willkürliche Festlegungen der Nutzungsdauer auszuschließen (so auch *Zwirner/Böcker*, StuB 2011, S. 400 mwN.).
[36] Vgl. *Wagner/Schomaker*, DB 1987, S. 1365.

dabei um den Zeitraum, innerhalb dessen sich der GoF voraussichtlich verflüchtigt hat. Dementsprechend ist für die Bestimmung der **Nutzungsdauer des GoF** (die sog. **Goodwill-Reichweite**) die Angebots- und Kundenstruktur regelmäßig von zentraler Bedeutung: Je höher der Anteil an „Laufkundschaft" ist, desto geringer wird im Allgemeinen die Nutzungsdauer des GoF veranschlagt werden und umgekehrt. Denn für einen potenziellen Käufer ist das Risiko, solche Kunden zu verlieren tendenziell größer als bei einer vorhandenen Stammkundschaft.

16 Eine Übernahme der steuerrechtlichen Abschreibung über 15 Jahre (§ 7 Abs. 1 Satz 3 EStG) muss nachvollziehbar dargestellt werden; der **Verweis auf die steuerliche Behandlung** allein ist als Begründung ebenfalls wie bei einem Verweis auf § 285 Nr. 13 HGB (s. Rz 14) ausdrücklich **nicht ausreichend**.[37] Im Ergebnis hat eine gesonderte und insb. mit Blick auf das zu beachtende Vorsichtsprinzip eher zurückhaltende Einschätzung der Nutzungsdauer des GoF für handelsrechtliche Zwecke zu erfolgen.[38] Die steuerlich typisierte Nutzungsdauer eines GoF wird dabei nur zufällig mit der tatsächlichen Nutzungsdauer eines GoF übereinstimmen.

2.3 Außerplanmäßige Abschreibung

17 Im Fall einer **dauerhaften Wertminderung** ist der GoF **außerplanmäßig** abzuschreiben (§ 309 Abs. 1 i. V. m. § 253 Abs. 3 Satz 3 HGB). Diese außerplanmäßige Abschreibung ist unabhängig von der planmäßigen Abschreibung vorzunehmen.[39] Es besteht insoweit eine **Pflicht** zur außerplanmäßigen Abschreibung. Daher ergibt sich daraus auch der **Bewertungszeitpunkt**, zu dem eine Überprüfung des Wertansatzes eines GoF durchzuführen ist. Im Hinblick auf die Verpflichtung zur Aufstellung eines Jahresabschlusses bzw. Konzernabschlusses, der den gesetzlichen Bestimmungen genügt, hat eine solche **Überprüfung jährlich im Zeitpunkt der Aufstellung** zu erfolgen.

18 Eine außerplanmäßige Abschreibung ist dann vorzunehmen, wenn und soweit Bestimmungsfaktoren, die bei der Nutzungsdauerschätzung zugrunde gelegt wurden, im Bewertungszeitpunkt gegenüber der ursprünglichen Nutzungsdauerschätzung zur Bemessung der planmäßigen Abschreibung nachträglich weggefallen sind.[40] Die Gründe können dabei **unternehmensinterner** oder **-externer Art** sein.[41] **Gründe** hierfür können bspw. auf beschleunigten technologischen und wirtschaftlichen Entwicklungen (technologische Veralterung des Produktsortiments, Wegfall eines maßgeblichen Exportmarkts oder maßgeblichen Hauptkunden), Änderungen der Rechtslage, geänderten Kostenstrukturen im erworbenen Unt (gesunkene Rentabilität) oder auch verschärften Konkurrenzsituationen beruhen.[42] Daneben muss das Absinken des Ertragswerts voraussichtlich dauerhaft erfolgen. Hiervon kann grds. ausgegangen werden, es sei denn, es liegen Anzeichen für eine voraussichtlich schnelle wertmäßige Erholung des Ertragswerts vor.

---

[37] Vgl. *Theile*, BBK 23/2007, S. 1237; ebenso bereits *Wagner/Schomaker*, DB 1987, S. 1366.
[38] Vgl. *Winkeljohann/Hoffmann*, in Beck Bil-Komm., 10. Aufl., 2016, § 309 HGB, Rz 12 a. E.
[39] Vgl. *Prinz*, BBK 2008, S. 897.
[40] Ebenso *Winkeljohann/Hoffmann*, in Beck Bil-Komm., 10. Aufl., 2016, § 309 HGB, Rz 13.
[41] Vgl. *Wagner/Schomaker*, DB 1987, S. 1368.
[42] Vgl. auch *Winkeljohann/Hoffmann*, in Beck Bil-Komm., 10. Aufl., 2016, § 309 HGB, Rz 13.

Die **Höhe der außerplanmäßigen Abschreibung** bestimmt sich als Unterschiedsbetrag zwischen Buchwert und niedrigerem beizulegenden Wert des GoF im Bewertungszeitpunkt. Der beizulegende Wert eines GoF kann jedoch aufgrund dessen Eigenschaft als Rest- bzw. Sammelposten (s. Rz 11) nur im Wege einer Gesamtbewertung der wirtschaftlichen Einheit, der er zugeordnet wurde, ermittelt werden, da für diesen VG im bilanziellen Sinn im Rahmen eines Unternehmenserwerbs kein Entgelt als solches bezahlt wird. Vielmehr ergibt sich der GoF als **Differenz** zwischen dem **zukunftsbezogenen Gesamtkaufpreis** für die wirtschaftliche Einheit, denen der GoF (regelmäßig die Anteile am TU) zugerechnet wurde, und deren **Substanzwert bzw. Zeitwert des Reinvermögens** (Summe der Zeitwerte aus einzelbewerteten und einzelveräußerungsfähigen VG und Schulden).[43]

19

Die **Ermittlung der außerplanmäßigen Abschreibung** auf den GoF bedarf daher zunächst der Ermittlung des Ertragswerts der wirtschaftlichen Einheit und deren Substanzwert, denen der GoF zugeordnet wurde, zum maßgeblichen Bewertungsstichtag (**Schritt 1**).[44] Sodann ist der beizulegende Wert des GoF als Saldogröße zwischen diesem tatsächlichen Ertragswert und dem Substanzwert am Bewertungsstichtag zu ermitteln und dem Buchwert des GoF gegenüberzustellen, um den Umfang der Wertminderung festzustellen (**Schritt 2**).[45] Allerdings werden dadurch die Bewertung der Unternehmenssubstanz und die Bewertung des Geschäftswerts vermischt.[46] Hier stellt sich dann das nur schwer zu lösende Problem der „Vermischung" des ursprünglichen und aktivierten derivativen GoF und des mittlerweile neu entstandenen originären GoF.

Die **Ermittlung der tatsächlichen Ertragskraft (Schritt 1)** der wirtschaftlichen Einheit, der der GoF angehört, muss auf Grundlage einer Unternehmensbewertung durchgeführt werden. Als **Ertragswert** kann hier der durch Abzinsung errechnete **Gegenwartswert** (Barwert) aller erwarteten Zukunftserfolge berücksichtigt werden. Dieser ist vom Bilanzierenden unter Berücksichtigung der gegenwärtigen Markt- und Unternehmenssituation unter Berücksichtigung aller möglichen echten und unechten Synergien sowie der vorhandenen individuellen Anlagealternative zu ermitteln. Es ist daher ein **subjektiver Ertragswert** zu ermitteln.[47] Allerdings hat eine solche Neuermittlung des Ertragswerts, der den Informationsbedürfnissen der Konzernabschlussadressaten gerecht wird, zum Beurteilungszeitpunkt nur solche Korrekturen und Veränderungen hinsichtlich der genannten Parameter zum Erstbewertungszeitpunkt zu erfassen, die bis zum Folgebewertungszeitpunkt eingetreten sind. Andernfalls würde damit ein zukünftiger selbst geschaffener Zukunftserfolg angesetzt und damit werterhöhend berücksichtigt. Dieses Vorgehen stellt damit auch eine gewisse Objektivierung der Bewertung des GoF sicher. Da ein GoF nunmehr als VG aufzufassen ist, darf

20

---

[43] Vgl. auch *Wagner/Schomaker*, DB 1987, S. 1368.
[44] Ebenso wohl auch ADS, 6. Aufl., § 255 HGB, Rz 285, wonach eine außerplanmäßige Abschreibung nach § 253 Abs. 2 HGB aF dann als gerechtfertigt anzusehen ist, wenn der sich für den GoF ergebende Buchwert nicht durch die tatsächliche Ertragskraft gedeckt ist.
[45] Vgl. *Winkeljohann/Hoffmann*, in Beck Bil-Komm., 10. Aufl., 2016, § 309 HGB, Rz 14.
[46] Anm.: Dies ist Ausfluss des Einzelbewertungsgrundsatzes in der Handelsbilanz; vgl. hierzu kritisch *Wagner/Schomaker*, DB 1987, S. 1367.
[47] Vgl. insoweit IDW S 1 i.d.F. 2008; auch *Castedello*, in WP Handbuch Bd. II, 14. Aufl., Kapitel A, Rz 90f; ähnlich *Wagner/Schomaker*, DB 1987, S. 1369.

keine Saldierung des erworbenen GoF mit dem vom Unt selbst geschaffenen GoF erfolgen. Dies würde gegen das Aktivierungsverbot eines selbst geschaffenen GoF verstoßen.
Ob wegen der festgelegten begrenzten Nutzungsdauer des GoF die der **Ertragswertermittlung** zugrunde liegende Unternehmensbewertung auf Basis einer **ewigen Rente** beruhen darf, ist hingegen fraglich, da das Kalkül zur Feststellung der Werthaltigkeit nur die Feststellung verlangt, ob sich die in den AK für die wirtschaftliche Einheit manifestierten Ertragserwartungen, die zum erstmaligen Ansatz eines GoF geführt haben, nachhaltig auf einen niedrigeren beizulegenden Wert abgesenkt haben. Eine solche Forderung ist somit nicht zwingend. Zu bedenken ist, dass eine voraussichtliche Nutzungsdauer für den GoF (vgl. Rz 14) zu bestimmen ist, innerhalb derer der GoF auf den Substanzwert als Folge des nachträglichen allmählich eintretenden Wegfalls der Einflussfaktoren, die ursprünglich den Ertragswert für das Unt bestimmt haben, absinkt. Andererseits kann nicht unberücksichtigt bleiben, dass im Zugangszeitpunkt des GoF ein Ersatz von im Rahmen der Kaufpreisallokation angesetzten VG und Schulden in naher Zukunft implizit vorausgesetzt wird – resultierend aus der Art der Ermittlung des GoF im Zugangszeitpunkt auf Basis einer Unternehmensbewertung mit unbestimmter Planungsdauer (Phasenmethode und Terminal Value).
Die Forderung nach einer **begrenzten Planungsdauer** im Rahmen des Ertragswertkalküls zur Bemessung der Wertminderung würde daher voraussetzen, dass diesbezüglich auch bereits im Rahmen der **Zugangsbewertung des GoF** entsprechend verfahren wurde. Mangels dessen ist daher nach der hier vertretenen Auffassung weiterhin von einer unbegrenzten Planungsperiode für den Ertragswert des Unt zur Bestimmung des GoF im Folgebewertungszeitpunkt auszugehen.
Daneben ergibt sich wegen der Art der Ermittlung des GoF im Zugangszeitpunkt das Problem, dass der bislang bilanzierte und evtl. wertgeminderte GoF bislang noch zu schaffende immaterielle VG enthält, die sich nunmehr im Folgebewertungszeitpunkt konkretisiert haben (z.B. F&E-Projekte, die erst später die Marktreife erreicht haben). **Keinen Einfluss** auf die **Geschäftswertabschreibung** darf dementsprechend auch die Entwicklung haben, welcher der Substanzwert nach dem Unternehmenskauf unterliegt, da nur die Wertentwicklung des GoF nach dem Anschaffungsjahr relevant ist.[48] Daher kann bei der Ermittlung der Vergleichsgröße zum Buchwert des GoF auf den Ansatz des entsprechenden immateriellen VG im Folgebewertungszeitpunkt verzichtet werden.[49]
Soweit **Minderheiten an der wirtschaftlichen Einheit**, denen der GoF angehört, beteiligt sind, ist bei der Ermittlung des Substanzwerts der wirtschaftlichen Einheit der entsprechende Minderheitenanteil auszuscheiden.[50] Die Ermittlung des Ertragswerts der wirtschaftlichen Einheiten erfolgt im Gegensatz dazu ohne Korrekturen, wenn dieser bereits ohne Berücksichtigung von Minderheiten ermittelt wurde (**keine Gesamtbewertung**). Andernfalls wären sowohl beim Substanz- als auch beim Ertragswert der wirschaftlichen Einheit für die auf die

---

[48] Vgl. auch *Wagner/Schomaker*, DB 1987, S. 1368.
[49] Vgl. auch *Winkeljohann/Hoffmann*, in Beck Bil-Komm., 10. Aufl., 2016, § 309 HGB, Rz 14.
[50] Vgl. auch *Winkeljohann/Hoffmann*, in Beck Bil-Komm., 10. Aufl., 2016, § 309 HGB, Rz 14.

Minderheiten entfallenden Anteile entsprechende Korrekturen vorzunehmen.[51] Der **Umfang der außerplanmäßigen Abschreibung** ist auf den **Buchwert des GoF beschränkt.** Dies folgt aus dem Grundsatz der Einzelbewertung.

21

2.4 Wertaufholungsverbot

Nach § 253 Abs. 5 Satz 2 HGB darf beim GoF im Gegensatz zu anderen VG des AV und UV nach Wegfall der Gründe für eine vorgenommene außerplanmäßige Abschreibung **keine Wertaufholung** vorgenommen werden. Dies wird damit begründet, dass ein einmal verbrauchter bzw. vernichteter GoF nicht wiederaufleben kann, sondern ein originärer GoF neu geschaffen wird, für den gem. § 248 Abs. 2 Satz 2 HGB ein Bilanzierungsverbot besteht.[52]

22

3 Passiver Unterschiedsbetrag aus der Kapitalkonsolidierung

3.1 Entstehungsursache und Ausweis

Wenn im Zeitpunkt der **ErstKons** die AK der Beteiligung bzw. der Buchwert der Beteiligung niedriger sind als die zum Zeitwert bewerteten VG und Schulden, ist **ein passiver Unterschiedsbetrag** aus der KapKons auszuweisen. Mögliche **Ursachen** dafür sind eine Gewinnthesaurierung beim TU in der Zeit zwischen Kauf und ErstKons, schlechte Ertragsaussichten,[53] die ebenfalls bei den AK berücksichtigt wurden, ein aus einer starken Verhandlungsposition heraus unter den Wert des EK des TU gedrückter Kaufpreis oder auch Abschläge im Kaufpreis zur Berücksichtigung künftiger Verluste, die noch nicht im EK des erworbenen Unt berücksichtigt sind.[54] Die Einhaltung der Auflösungsregel des passiven Unterschiedsbetrags verlangt in der Praxis die Analyse und Dokumentation der Entstehungsursachen. Die im Kaufpreis antizipierten Abschläge sollten im Rahmen der ErstKons möglichst einzeln identifiziert und quantifiziert werden (ähnlich wie bei der Plausibilisierung des Goodwills; s. Rz 12). Je nachdem, welche Ursache dem Unterschiedsbetrag zugrunde liegt, hat er Eigen- oder Fremdkapitalcharakter.[55]

23

---

[51] Vgl. *Schruff*, in WPH Edition, Wirtschaftsprüfung & Rechnungslegung, 15. Aufl., 2017, Abschn. G, Tz 440.
[52] Vgl. *Leibfried/Brinkmann/Gutte/Redecker*, KoR, InfoDienst 11/2007, S. 11.
[53] Daneben können hierunter auch immer unzulängliche Kapitalrechte fallen. Die Überprüfung der Werthaltigkeit des GoF wird im HGB-KA grds. auf der Grundlage der rechtlichen Einheiten vorgenommen, sofern im ErstKons-Zeitpunkt der GoF nach DRS 4.30' auf Geschäftsfelder verteilt wurde, ist die Werthaltigkeit für jeden Teil der Gesamt-GoF, der auf ein Geschäftsfeld entfällt, gesondert zu prüfen. Vgl. WPH Edition, Wirtschaftsprüfung & Rechnungslegung, 15. Aufl., 2017, Abschn. G, Tz 442.
[54] Vgl. auch *Winkeljohann/Hoffmann*, in Beck Bil-Komm., 10. Aufl., 2016, § 309 HGB, Rz 20, und ADS, 6. Aufl., § 309 HGB, Rz 67.
[55] Vgl. *Winkeljohann/Deubert*, in Beck Bil-Komm., 10. Aufl., 2016, § 301 HGB, Rz. 20.

> **Beispiel**
> Die Z-GmbH hat eine Beteiligung im Rahmen des Tausches durch Hingabe eines anderen VG erworben. Der Buchwert des hingegebenen VG betrug 3 Mio. EUR. Durch ein Bewertungsgutachten nach IDW S1 belegt beträgt der beizulegende Zeitwert der (zu erwerbenden) Beteiligung rund 5 Mio. EUR. Das neu bewertete EK der Beteiligung beträgt 4 Mio. EUR im Zeitpunkt des Erwerbs. Die konzernrechnungslegende Z-GmbH macht von dem handelsrechtlichen Wahlrecht im Jahresabschluss Gebrauch, die erworbene Beteiligung weiterhin mit 3 Mio. EUR zu bilanzieren.
> Im Rahmen der KapKons entsteht im Konzernabschluss durch diese Art der Bilanzierung im EA ein passiver Unterschiedsbetrag i.H. der Differenz zwischen dem Zeitwert des abgehenden VG, der durch den Zeitwert der erworbenen Beteiligung bestimmbar ist, und deren Buchwert.
> Im Konzernabschluss der Z-GmbH, der den hingegebenen VG mit Buchwert von 3 Mio. EUR enthielt, ist durch den Tausch ein sofort erfolgswirksam zu vereinnahmender Buchgewinn i.H.v. 2 Mio. EUR (= 5,0 Mio. EUR ./. 3,0 Mio. EUR) entstanden, wodurch der passive Unterschiedsbetrag betragsmäßig vollständig eliminiert wird. Dies entspricht zugleich einer Zugangsbewertung der Beteiligung mit deren Zeitwert als AK.[56]

24 Dieser Unterschiedsbetrag ist **zwingend nach dem EK offen als Unterschiedsbetrag** aus der KapKons **auszuweisen** (§ 301 Abs. 3 HGB). Das **Wahlrecht zur Verrechnung** mit einem GoF aus einem anderen Unternehmenserwerb wurde mit Streichung des § 301 Abs. 3 Satz 3 HGB **aufgehoben**.[57] Eine ergebniswirksame Auflösung des Postens kann nur erfolgen, wenn die Bedingungen des § 309 Abs. 2 HGB erfüllt sind. Es handelt sich hierbei nach hM trotz des Wortlauts „kann" weiterhin um eine **Muss-Vorschrift**.[58]

3.2 Auflösung

25 Die Änderung des § 309 Abs. 2 HGB führt trotz dem Wandel zur abstrakten Bilanzierungsanweisung nicht zu einer Änderung von materieller Bedeutung. Dies liegt daran, dass es sich bei diesem Absatz wie bereits zuvor im Endeffekt um einen Verweis auf die GoB handelt.[59]

26 Wenn die negativen Entwicklungen bzw. erwarteten Verluste im Zeitpunkt des Unternehmenserwerbs zum Ausweis eines **negativen Unterschiedsbetrags** aus der KapKons geführt haben und diese negative Entwicklung zum Zeitpunkt der FolgeKons eingetreten ist, ist der negative Unterschiedsbetrag gem. § 309 Abs. 2 HGB erfolgswirksam aufzulösen.[60]

---

[56] Vgl. DRS 4.13.
[57] Damit wurde die Auffassung des DRS 4.39 zur Verrechnung aktiver und passiver Unterschiedsbeträge im Gesetz normiert.
[58] Vgl. *Winkeljohann/Hoffmann*, in Beck Bil-Komm., 10. Aufl., 2016, § 309 HGB, Rz 24; vgl. auch *Förschle/Hoffmann*, in Beck Bil-Komm., 9. Aufl., § 309 HGB, Rz 25 zum Rechtsstand vor BilRUG.
[59] Vgl. *Deubert/Lewe*, DB 2015, S. 53.
[60] Ebenso DRS 4.40.

Im Fall der Unterverzinslichkeit des UntVermögens als Entstehungsursache, wird eine planmäßige Auflösung des Unterschiedsbetrags gem. DRS 4.41 (s. Rz 29) bzw. E-DRS 30.140 bevorzugt[61] Eine sofortige Vereinnahmung wäre demnach nicht zulässig.

Gesetzlich weiter ungeregelt bleibt die Frage, wie zu verfahren ist, wenn die im Erwerbszeitpunkt **erwarteten Aufwendungen oder Verluste** wider Erwarten **nicht** eintreten. Hier gibt es zwei verschiedene Auffassungen. Es ist sowohl eine ertragswirksame Auflösung[62] als auch eine erfolgsneutrale Umgliederung in das EK[63] denkbar. Es wird hierzu die Meinung vertreten, dass ein solcher Unterschiedsbetrag **ergebniswirksam** aufgelöst werden darf.[64] Der Auflösungsbetrag darf den passiven Unterschiedsbetrag nicht überschreiten.[65]

Ein negativer Unterschiedsbetrag darf ergebniswirksam aufgelöst werden, wenn am Abschlussstichtag feststeht, dass er einem realisierten Gewinn entspricht. Mangels gesetzlicher Konkretisierungen wurde diese Auflösungsalternative durch DRS 4.41 näher konkretisiert. 27

Hierunter sind **Fälle** zu subsumieren, in denen der passive Unterschiedsbetrag auf einen günstigen Beteiligungserwerb („**lucky buy**")[66] oder auf die **Fortführung stiller Reserven beim Erwerb der Anteile** zurückzuführen ist.[67] Daneben kommen auch passive Unterschiedsbeträge, die auf der Abbildung von **Tauschgeschäften** beruhen, in Betracht.[68] Allerdings werden die sog. technischen passiven Unterschiedsbeträge wie die Fortführung stiller Reserven der Anteile nach der ErstKons ebenso wie passive Unterschiedsbeträge aufgrund von Tauschgeschäften nach hM nicht von § 309 Abs. 2 HGB erfasst.[69] In diesen Fällen ist deshalb auch eine erfolgsneutrale Umgliederung in die Rücklagen des Konzerns erlaubt (s. Rz 32). Dies ist bei Unterschiedsbeträgen, die nicht durch Transaktionen mit Eignern entstehen, auch deswegen möglich, da der Konzernabschluss eine Informations- und keine Ausschüttungsbemessungsfunktion innehat.[70] 28

Fraglich ist, zu welchem Zeitpunkt die Realisierung eines Gewinns feststeht, wenn es zu einem **passiven Unterschiedsbetrag** gekommen ist, der **nicht durch erwartete Verluste bzw. Aufwendungen entstanden** ist. Nach früherer und strenger Auffassung des IDW[71] ist dies der Zeitpunkt, zu dem entsprechend dem Realisationsprinzip feststeht, dass ein Gewinn während der Konzernzugehörigkeit tatsächlich entstanden ist. Also wäre dies der Zeitpunkt, in dem für die Anteile eine EndKons vorzunehmen wäre. Nach einer anderen Meinung kann 29

---

[61] Vgl. *Winkeljohann/Hoffmann*, in Beck Bil-Komm., 10. Aufl., 2016, § 309 HGB, Rz 23.
[62] Vgl. *Ordelheide*, WPg 1987, S. 31; *Winkeljohann/Hoffmann*, in Beck Bil-Komm., 10. Aufl., 2016, § 309 HGB, Rz 22 mwN.
[63] Vgl. ADS, 6. Aufl., § 309 HGB, Rz 92.
[64] Vgl. Rz 27; *Winkeljohann/Hoffmann*, in Beck Bil-Komm., 10. Aufl., 2016, § 309 HGB, Rz 22 mwN.
[65] Vgl. ADS, 6. Aufl., § 309 HGB, Rz 74.
[66] Anmerkung: „Lucky" i.d.S. heißt, dass sich der Erwerb nachträglich (durch Zufall) als günstig erweist.
[67] Vgl. ADS, 6. Aufl., § 309 HGB, Rz 75.
[68] Vgl. hierzu das Beispiel in Rz 23; *Winkeljohann/Hoffmann*, in Beck Bil-Komm., 10. Aufl., 2016, § 309 HGB, Rz 26 mwN.
[69] Vgl. auch *Welling/Lewang*, DB 2011, S. 2737.
[70] Vgl. *Deubert/Lewe*, DB 2015, S. 53.
[71] Vgl. IDW, SABI 2/1988, Behandlung des Unterschiedsbetrags aus der Kapitalkonsolidierung, WPg 1988, S. 622 (aufgehoben vom IDW am 14.3.2011).

bereits bei nachhaltig guter Ertragslage des erworbenen TU eine Realisierung nach vernünftiger kaufmännischer Beurteilung (Quasi-Sicherheit) angenommen werden, wenn entsprechend stichhaltige Gründe vorliegen.[72] Abweichend hierzu fordert DRS 4.41/E-DRS 30.140f, dass der passive Unterschiedsbetrag in allen Fällen, in denen er nicht auf erwarteten künftigen Aufwendungen oder Verlusten beruht, in einem **planmäßigen Verfahren aufgelöst** wird. Hierbei kann als Methode z. B. eine Verteilung über die gewichtete durchschnittliche Restnutzungsdauer der erworbenen abnutzbaren VG hinsichtlich des Anteils des passiven Unterschiedsbetrags, der die beizulegenden Zeitwerte der erworbenen nichtmonetären VG nicht übersteigt, in Betracht kommen. Der andere Teil wäre dementsprechend sofort erfolgswirksam zu vereinnahmen. Damit ist de facto eine indirekte Kaufpreiskorrektur für solche VG enthalten. Sofern die VG überwiegend nicht abnutzbar sind, wird die Auflösung am Verbrauch oder Abgang der nicht abnutzbaren VG befürwortet. Es ist nach der hier vertretenen Auffassung jedoch zweifelhaft, ob diese Bilanzierungsweise sachgerecht ist. Eine strenge Orientierung am Kriterium des Verbrauchs oder Abgangs (Leistungsbewirkung) verkennt den wirtschaftlichen Gebrauch bzw. Einsatz des nicht abnutzbaren VG im Unternehmen. Daher wäre nach der hier vertretenen Auffassung einer planmäßigen Verteilung des passiven UB nach dem Grundsatz einer periodengerechten Konzerngewinnermittlung auch in solchen Fällen der Vorzug zu geben.

30 Sofern der negative Unterschiedsbetrag bis zum Abgang des TU nicht oder nicht vollständig nach Abs. 2 aufgelöst ist, kommt es im Rahmen der EndKons zur Ertragsrealisierung, indem der Abgangswert der Beteiligung verringert und so der Veräußerungsgewinn erhöht wird.[73]

31 Kommt es zur EndKons wegen der Verringerung der Beteiligungshöhe (z. B. wird aus der Beteiligung ein assoziiertes Unt), so ist der verbleibende anteilige negative Unterschiedsbetrag mit den AK dieser Beteiligung (auf Konzernebene) zu verrechnen.[74]

3.3 Einstellung in die Rücklagen

32 Sofern zwischen dem Erwerb eines TU und dem Zeitpunkt der **ErstKons** ein Zeitraum liegt, in dem das TU Gewinne thesauriert hat, kann der negative Unterschiedsbetrag auf Gewinnthesaurierungen beruhen, die seit der Konzernzugehörigkeit entstanden sind. Dann war es bislang zulässig und ggf. angebracht, um die Ertragslage des Konzerns ab dem Zeitpunkt der erstmaligen Kons. dieses TU nicht zu verzerren, den **negativen Unterschiedsbetrag** direkt in die **Gewinnrücklagen** einzustellen.[75] Da es sich nicht um selbst erwirtschaftete Konzernergebnisbeiträge handelt, wäre nach einer Auffassung der Einstellung in die

---

[72] Vgl. ADS, 6. Aufl., § 309 HGB, Rz 76.
[73] Vgl. ADS, 6. Aufl., § 309 HGB, Rz 79.
[74] Vgl. *Winkeljohann/Hoffmann*, in Beck Bil-Komm., 10. Aufl., 2016, § 309 HGB, Rz 28.
[75] Vgl. auch *Weber/Zündorf*, in *Küting/Weber*, HdK, HGB § 309, Rn 87, die diesen Fall als Analogie zu § 309 Abs. 1 Satz 3 HGB sehen; vgl. auch ADS, 6. Aufl., § 309 HGB, Rz 68.

Kapitalrücklage der Vorzug zu geben.[76] Diesem Vorgehen entsprach die Kons. auf den Zeitpunkt der erstmaligen Einbeziehung in den Konzernabschluss (§ 301 Abs. 2 HGB aF) und wurde als gleichwertige Darstellungsalternative zur Kons. auf den Erwerbszeitpunkt gesehen. Dieses Vorgehen ist im Anhang angabepflichtig.[77] Auch nach der **Einführung des ErstKons-Zeitpunkts auf den Zeitpunkt des Erwerbs** und der Abschaffung des § 309 Abs. 1 Satz 3 HGB aF kann nach der hier vertretenen Auffassung **dieses Wahlrecht weiter angewandt werden**, soweit es sich um eine erstmalige Kons. von bislang nicht einbezogenen TU handelt und der entstandene Unterschiedsbetrag insoweit nur technisch bedingt ist.[78] Diese Unterschiedsbeträge können aus der erstmaligen Aufstellung eines Konzernabschlusses oder aus der erstmaligen Kons. von bisher gem. § 296 HGB nicht einbezogenen TU resultieren. Gleiches gilt, wenn der Unterschiedsbetrag auf einer **Unterbewertung der Beteiligung** im Rahmen einer Sacheinlage beruht.

> **Beispiel**
> Die S-AG bekommt durch Sacheinlage des Hauptaktionärs die Mehrheitsbeteiligung an der Z-GmbH übertragen. Nach einem vorliegenden Bewertungsgutachten nach IDW S1 beträgt der Zeitwert der Beteiligung 5 Mio. EUR. Im Übertragungsvertrag wird geregelt, dass auf die Einlage das Grundkapital um 1 Mio. EUR erhöht wird. Ein Agio wird ausdrücklich nicht vereinbart.
> Die Z-GmbH verfügt im Zeitpunkt der Einbringung über ein neu bewertetes EK i. H. v. 3 Mio. EUR.
> Damit ist die Sacheinlage bei der S-AG als MU unterbewertet. Im Rahmen der ErstKons entsteht i. H. d. Differenz zwischen dem neu bewerten EK und dem Buchwert der Beteiligung (= 5 Mio. EUR ./. 1 Mio. EUR) ein passiver Unterschiedsbetrag, der vorzugsweise innerhalb der Rücklagen als Kapitalrücklagen darzustellen wäre.[79]

Soweit es sich um eine FolgeKons handelt und dabei der **passive Unterschiedsbetrag** vor Anwendung des BilMoG (Altfall) bereits in die Rücklagen eingestellt wurde, kann nach der hier vertretenen Auffassung keine „Reaktivierung" des in **den Vorjahren mit Rücklagen verrechneten Unterschiedsbetrags** mit Verweis auf § 301 Abs. 3 HGB nF gefordert werden.

---

[76] Vgl. *Weber/Zündorf*, in: *Küting/Weber*, HdK, HGB § 309, Rn 87; nach der hier vertretenen Auffassung ist dies abzulehnen, da ein entsprechender Ausweis eine stärkere Kapitalbindung und damit ein geringeres Ausschüttungspotenzial suggeriert, was de facto nicht vorhanden ist, und daneben auch inhaltlich mit dem Posteninhalt nach § 272 HGB nicht übereinstimmt (zum EK-Ausweis im Konzern vgl. insoweit *Küting*, DB 2010, S. 183).
[77] Vgl. *Winkeljohann/Hoffmann*, in Beck Bil-Komm., 10. Aufl., 2016, § 309 HGB, Rz 30.
[78] Vgl. auch *Winkeljohann/Hoffmann*, in Beck Bil-Komm., 10. Aufl., 2016, § 309 HGB, Rz 30, die aber noch weiter danach differenzieren, ob die erstmals konsolidierten Anteile bisher *at equity* oder mit den AK bewertet wurden. Im Unterschied zu den idR längerer Zeit bestehenden und nunmehr erstmals konsolidierten TU soll in diesen Fällen eine ergebniswirksame Auflösung nach § 309 Abs. 2 Nr. 2 HGB zu präferieren sein, sofern dieses EK in den Beteiligungen bislang vor der Konzernzugehörigkeit erwirtschaftet wurde und sich noch nicht – wie bei der Bewertung zu AK – einmal in der Konzern-GuV niedergeschlagen hat. A. A. WPH Edition, Wirtschaftsprüfung & Rechnungslegung, 15. Aufl., 2017, Abschn. G, Tz 444ff.: **Mussvorschrift** (ebenso *Winkeljohann/Hoffmann*, in Beck Bil-Komm., 10. Aufl., 2016, § 309 HGB, Rz 24).
[79] Vgl. *Winkeljohann/Hoffmann*, in Beck Bil-Komm., 10. Aufl., 2016, § 309 HGB, Rz 30.

3.4 Saldierung von Unterschiedsbeträgen

33 Aktive und passive Unterschiedsbeträge von mehreren TU dürfen nach BilMoG nicht mehr miteinander verrechnet werden (§ 301 Abs. 3 HGB). Damit entfällt ein gängiges Gestaltungsmittel der Konzernrechnungslegungspraxis zur Beeinflussung der Konzernbilanzsumme und damit zur Befreiungsmöglichkeit nach § 293 HGB hinsichtlich der Konzernrechnungslegungspflicht.

4 Auswirkungen auf latente Steuern

34 Nach den steuerrechtlichen Vorschriften (§ 7 Abs. 1 Satz 3 EStG) ist ein GoF zwingend über 15 Jahre abzuschreiben. Da handelsrechtlich grds. nur noch die planmäßige Nutzungsdauer zugrunde gelegt werden darf, würden die Voraussetzungen zur Bildung latenter Steuern (§ 306 HGB) grds. vorliegen, wenn diese von der steuerlichen Nutzungsdauer und daher der buchmäßige Ansatz des GoF in der HB von dem Wertansatz in der Steuerbilanz abweicht.[80] Ebenfalls Auswirkung auf den Ansatz latenter Steuern hätte die unterschiedliche Behandlung des Wegfalls der Gründe einer außerplanmäßigen Abschreibung auf den GoF. Daneben hätte die **unterschiedliche Wertaufholungskonzeption** in Handels- und Steuerbilanz (§ 253 Abs. 5 Satz 2 HGB, § 6 Abs. 1 Nr. 1 Satz 4 EStG) Einfluss auf den Ansatz latenter Steuern. **Aktive latente Steuern** ergeben sich, wenn der GoF in der handelsrechtlichen Konzernbilanz über eine Nutzungsdauer abgeschrieben wird, die kürzer als 15 Jahre ist. **Passive latente Steuern** ergeben sich hingegen, wenn der GoF handelsrechtlich länger als 15 Jahre abgeschrieben wird. Im Fall aktiver latenter Steuern würde dies einen **aktiven Unterschiedsbetrag vermindern** bzw. im Fall **passiver latenter Steuern** einen **aktiven Unterschiedsbetrag** erhöhen. Die Einbeziehung latenter Steuern würde die Berechnung von Unterschiedsbeträgen aus der KapKons bereits beim erstmaligen Ansatz zu einem Zirkelproblem werden lassen.[81] Hierauf wurde gem. § 306 Satz 3 HGB verzichtet. Diese Differenzen bleiben u. E. auch in Folgejahren unberücksichtigt, soweit sie noch nicht (z.B. durch Abschreibungen gem. § 309 Abs. 1 i. V. m. 253 Abs. 3 HGB nF) abgebaut sind. Zu den jeweiligen Auswirkungen aus der Zugangs- und Folgebewertung des GoF auf die Bildung latenter Steuern vgl. insgesamt § 306 Rz 22–26.

5 Unterschiedsbetrag nach dem Publizitätsgesetz

35 § 13 Abs. 2 Satz 1 PublG wurde durch das BilMoG nicht geändert. Demnach sind die Vorschriften zum Konzernabschluss (§§ 294–314 HGB) weiterhin sinngemäß anzuwenden.

6 Sanktionen

36 § 309 HGB wird von der Bußgeldvorschrift § 334 HGB nicht unmittelbar erfasst. Ein Verstoß gegen die Vorschriften des § 309 HGB kann jedoch mittelbar von § 331 Nr. 2 HGB mit einer Freiheitsstrafe von bis zu drei Jahren oder mit

---

[80] Vgl. *Wendholt/Wesemann*, DB, Beil. 1 zu Heft 7/2008, S. 51.
[81] Vgl. BilMoG-BgrRegE, S. 84f.; ablehnend *Küting*, DB 2009, S. 2057.

Geldbuße sanktioniert werden, wenn dadurch die Verhältnisse im Konzernabschluss, Konzernlagebericht oder Konzernzwischenabschluss unrichtig wiedergegeben oder verschleiert werden. Ebenso ist ein Verstoß gegen die Generalnorm des § 297 Abs. 2 HGB mit einem Bußgeld nach § 334 Abs. 1 Nr. 2b HGB belegt, wenn die dargestellte Vermögens-, Finanz- und Ertragslage wesentlich von der tatsächlichen Vermögens-, Finanz- und Ertragslage abweicht.

Diese Vorschrift gewinnt bzgl. § 309 HGB durch den **Wegfall der Wahlrechte** und den damit zwingenden Ausweis des GoF an Bedeutung, da GoF wesentliche Bestandteile von Unternehmenszusammenschlüssen sind.[82]

---

[82] Vgl. *Günther/Ott*, WPg 2008, S. 917.

§ 310 Anteilmäßige Konsolidierung

(1) Führt ein in einen Konzernabschluß einbezogenes Mutter- oder Tochterunternehmen ein anderes Unternehmen gemeinsam mit einem oder mehreren nicht in den Konzernabschluß einbezogenen Unternehmen, so darf das andere Unternehmen in den Konzernabschluß entsprechend den Anteilen am Kapital einbezogen werden, die dem Mutterunternehmen gehören.
(2) Auf die anteilmäßige Konsolidierung sind die §§ 297 bis 301, §§ 303 bis 306, 308, 308a, 309 entsprechend anzuwenden.

Prof. Dr. Stefan Müller/PD Dr. Markus Kreipl

Inhaltsübersicht	Rz
1 Überblick	1–5
1.1 Inhalt und Regelungszweck	1–3
1.2 Anwendungsbereich	4
1.3 Normenzusammenhänge	5
2 Voraussetzung für die anteilmäßige Konsolidierung	6–20
2.1 Begriff des Gemeinschaftsunternehmens	6–13
2.2 Wahlrecht zur Quotenkonsolidierung oder der Bewertung at equity	14–20
3 Durchführung der Quotenkonsolidierung	21–33
3.1 Kapitalkonsolidierung	21–25
3.2 Beispiel Teil 1 – Kapitalkonsolidierung	26
3.3 Schuldenkonsolidierung	27–28
3.4 Beispiel Teil 2 – Schuldenkonsolidierung	29
3.5 Aufwands- und Ertragskonsolidierung sowie Zwischenergebniseliminierung	30–31
3.6 Beispiel Teil 3 – Aufwands- und Ertragskonsolidierung sowie Zwischenergebniseliminierung	32
3.7 Ent- und Übergangskonsolidierung	33
4 Zurechnung von Beteiligungen von Gemeinschaftsunternehmen an untergeordnete Unternehmen auf ein gemeinschaftlich führendes Mutterunternehmen	34
5 Rechtsfolgen bei Pflichtverletzung	35

1 Überblick

1.1 Inhalt und Regelungszweck

1 Der Gesetzgeber hat für die Einbeziehung von Unt in den Konzernabschluss eine **Stufenkonzeption** vorgesehen.[1] Während TU voll zu konsolidieren (§ 301 Rz 30 ff.) und assoziierte Unt nur *at equity* zu bewerten sind (§ 312 Rz 1 ff.),

---

[1] Vgl. *Ebeling*, in *Baetge/Kirsch/Thiele*, Bilanzrecht, § 310 HGB, Rz 2, Stand 8/2011.

können **GemeinschaftsUnt** anteilig in den Konzernabschluss einbezogen werden. Mit dieser Konzeption soll ein abgestufter Übergang unter Berücksichtigung der abnehmenden Intensität der Einflussnahme erreicht werden. Die VG und Schulden, Aufwendungen und Erträge sowie Zwischenergebnisse des gemeinschaftlich geführten Unt können daher höchstens mit einem dem MU gehörenden bzw. zuzurechnenden Kapitalanteil entsprechenden Bruchteil in den Konzernabschluss übernommen werden.

Diese sog. **Quotenkonsolidierung** ist erst im Rahmen der Übernahme eines Wahlrechts aus Art. 32 der 7. EG-RL mit dem BiRiLiG 1985 ins HGB aufgenommen worden. Anders als in den USA und inzwischen auch nach den IFRS[2] ist die QuotenKons in vielen anderen europäischen Ländern als Alternative zur *Equity*-Methode (§ 312 Rz 1) zur Kons. von GemeinschaftsUnt vorgesehen.

Für die Einbeziehung von GemeinschaftsUnt wurde mit der Vermutung, es handele sich um GoB für Konzerne, am 11.12.2001 **DRS 9** „Bilanzierung von Anteilen an Gemeinschaftsunternehmen im Konzernabschluss" veröffentlicht. Zusätzlich ist im Jahr 2016 auch noch **DRS 4** „Unternehmenserwerbe im Konzernabschluss" relevant, der Ausführungshinweise für die grundsätzlichen Konsolidierungsmaßnahmen enthält; beide wurden mit DRÄS 4 (Veröffentlichung 4.2.2010) an das BilMoG angepasst. DRS 4 wird durch den deutlich umfangreicheren DRS 23 „Kapitalkonsolidierung (Einbeziehung von Tochterunternehmen in den Konzernabschluss)", der durch das DRSC am 25.9.2015 verabschiedet und vom BMJV am 23.2.2016 bekannt gemacht wurde, zum Gj 2017 mit der Möglichkeit zur freiwilligen früheren Anwendung ersetzt.

1.2 Anwendungsbereich

Die Vorschrift ist von allen **konzernrechnungslegungspflichtigen MU** anzuwenden (§ 290 Rz 8 ff.). Dies bedeutet, dass zumindest noch ein TU neben dem GemeinschaftsUnt vorhanden sein muss. Ein GemeinschaftsUnt alleine löst keine Konzernrechnungslegungspflicht aus.

1.3 Normenzusammenhänge

Die QuotenKons ist der Interessentheorie (Rz 17) zuzurechnen und widerspricht somit der in § 297 Abs. 3 Satz 1 HGB geforderten Einheitstheorie. Bezüglich der Durchführung der Konsolidierungsmaßnahmen wird auf die §§ 297–301, 303–306, 308, 308a und 309 HGB verwiesen. Wird keine QuotenKons vorgenommen, so ist gem. § 312 HGB die Einbeziehung des GemeinschaftsUnt *at equity* zu prüfen. Aus dem Wahlrecht folgt, dass gem. § 311 Abs. 2 HGB auch auf den Einbezug *at equity* verzichtet werden darf, wenn die Beteiligung an dem GemeinschaftsUnt für die Vermittlung eines den tatsächlichen Verhältnissen entsprechenden Bildes der Vermögens-, Finanz- und Ertragslage nur von untergeordneter Bedeutung ist.[3]

---

2   Mit dem ab dem Gj 2014 in der EU anzuwendenden IFRS 11 wurde die QuotenKons. für GemeinschaftsUnt abgeschafft, vgl. *Lüdenbach/Hoffmann/Freiberg*, Haufe IFRS-Kommentar, 13. Aufl., 2015, § 34, Rz 1 ff., die Altregelung wird aktuell nicht mehr kommentiert.
3   Vgl. *Pellens/Fülbier*, in MünchKomm. HGB, 3. Aufl., § 310 Rn 22.

2 Voraussetzung für die anteilmäßige Konsolidierung

2.1 Begriff des Gemeinschaftsunternehmens

6 Verallgemeinert handelt es sich bei **GemeinschaftsUnt** um rechtlich selbstständige Unt mit vertraglichen Vereinbarungen über die Durchführung wirtschaftlicher Aktivitäten unter gemeinsamer Leitung zwischen zwei oder mehreren voneinander unabhängigen Parteien, wobei die wirtschaftliche Zusammenarbeit und somit die Verfolgung gemeinsamer Interessen im Vordergrund steht. Es handelt sich somit um Unt, die von einem in den Konzernabschluss einbezogenen MU oder TU und einem oder mehreren anderen, nicht zum Konzern gehörenden Unt gemeinsam geführt werden.

7 Unter dem Aspekt der **Intensität der Einflussnahme** bildet diese Gesellschaftsform die erste Übergangsstufe vom Kern der Unternehmensgruppe zur Umwelt. Im Gegensatz zum Beherrschungskonzept des § 290 HGB, das seinen Ausdruck darin findet, dass bei TU allein das Interesse des MU durchgesetzt werden kann, erfordern GemeinschaftsUnt einen Interessenausgleich der gleichberechtigten Gesellschafter.

8 Für die Einstufung als GemeinschaftsUnt sind also weder die Beteiligungsquoten noch die Gesellschafterzahl bestimmend. Konstitutive Merkmale sind vielmehr die **tatsächlich ausgeübte gemeinsame Führung**, die sich darin ausdrückt, dass die Geschäftspolitik in wesentlichen Fragen gemeinsam bestimmt wird, keinem Beteiligten besondere Leitungsbefugnisse zustehen, die **Gesellschafter voneinander unabhängig sind** und eine i.d.R. **auf Dauer ausgerichtete Zusammenarbeit vorliegt**. Die Möglichkeit zur Ausübung der gemeinschaftlichen Leitung in Analogie zum Beherrschungskonzept des § 290 HGB ist somit nicht ausreichend. Denkbar ist jedoch, dass sich die Gesellschafter die Führungsrollen aufteilen, etwa in technische und kaufmännische Führung, wobei aber sichergestellt sein muss, dass bei unterschiedlichen Auffassungen einvernehmliche Entscheidungen herbeigeführt werden. DRS 9.3 unterstellt, dass eine gemeinschaftliche Führung dann gegeben ist, wenn die GesellschafterUnt strategische Geschäftsentscheidungen sowie Entscheidungen über Investitions- und Finanzierungstätigkeiten einstimmig treffen.

9 Auch wenn der Wortlaut von § 310 Abs. 1 HGB explizit eine Unternehmereigenschaft bei den anderen Gesellschaftern unterstellt, ist denkbar, dass auch eine **Privatperson** die Rolle eines „nicht in den Konzernabschluss einbezogenen Unternehmens" ausfüllen kann.[4] Dagegen hat das GemeinschaftsUnt selbst stets die Unternehmenseigenschaften zu erfüllen.

10 Bei **Arbeitsgemeinschaften**, deren Zusammenarbeit von Beginn an zeitlich befristet ist und die häufig in der Rechtsform der GbR geführt werden, ist die Zuordnung als GemeinschaftsUnt i.S.d. HGB im Schrifttum strittig. Im Zweifel ist eine Unternehmenseigenschaft nachzuweisen, welche gem. HFA 1/1993[5] dann als gegeben anzusehen ist, wenn
- das Vermögen ganz oder teilweise gesamthänderisch gebunden ist,
- keine reine vermögensverwaltende Tätigkeit ausgeübt wird,

---

[4] Vgl. *Ebeling*, in *Baetge/Kirsch/Thiele*, Bilanzrecht, § 310 HGB, Rz 38, Stand 8/2011.
[5] Vgl. IDW HFA 1/1993, WPg 1993, S. 493.

- erwerbswirtschaftliche Interessen verfolgt werden,
- mittels einer Organisation nach außen in Erscheinung getreten wird sowie
- Rechtsbeziehungen zu Dritten oder zu Unt des Konzernverbunds bestehen.

Wird eine **GbR** als GemeinschaftsUnt klassifiziert, so müssen die die Ges. führenden Unt eine Rechnungslegung nach handelsrechtlichen Normen vereinbaren, da für diese Rechtsform keine gesetzlichen Rechnungslegungsvorschriften bestehen.[6]

Hinsichtlich der **Anzahl der gemeinschaftlich führenden Gesellschafter** werden als Untergrenze zwei – ansonsten handelt es sich um ein TU – und als Obergrenze fünf Gesellschafter genannt, da gem. § 311 Abs. 1 Satz 2 HGB bei unter 20 % kein maßgeblicher Einfluss mehr vermutet wird.[7] Es handelt sich dabei aber lediglich um den Vermutungstatbestand des maßgeblichen Einflusses, sodass auch mehr als fünf Gesellschafter möglich sind.[8] Grundsätzlich denkbar ist auch, dass neben den Gesellschaftern, die die gemeinschaftliche Führung ausüben, noch weitere Gesellschafter an dem GemeinschaftsUnt beteiligt sind (sog. Streubesitz). Maßgebend sind die Stimmenverteilung sowie die tatsächlich durchgeführte gemeinschaftliche Leitung. Wenn die das GemeinschaftsUnt führenden Gesellschafter eine Vereinbarung über die Beschränkung der Stimmrechtsausübung oder eine Einstimmigkeitsvereinbarung getroffen haben, sind letztlich jedoch auch die Höhe der Kapitalbeteiligung und die der Anteile der Stimmrechte für die Klassifikation eines GemeinschaftsUnt nicht mehr relevant.[9]

> **Beispiel**
> GemeinschaftsUnt können bei folgenden Konstellationen vorliegen, soweit eine gemeinschaftliche Führung tatsächlich ausgeübt wird:
> - Paritätische Stimmrechtsverteilung, d. h. 50 % : 50 %, 33,33 % : 33,33 % : 33,33 %, 25 % : 25 % : 25 % : 25 %, ...
> - Stimmrechtsmehrheit, aber Einstimmigkeitsvereinbarung, d. h. z. B. 80 % : 20 %, 55 % : 45 %, ...
> - Vorhandensein von Minderheitsgesellschaftern, soweit die Hauptgesellschafter gemeinsam führen, z. B. 40 % : 40 % : 20 % (Streubesitz), ...

Zwingend ist jedoch, dass das konsolidierungspflichtige MU oder ein anderes KonzernUnt überhaupt einen **Kapitalanteil** an dem GemeinschaftsUnt hält, da ansonsten eine quotale Einbeziehung bei einer Quote von 0 % nicht erfolgen kann.

2.2 Wahlrecht zur Quotenkonsolidierung oder der Bewertung at equity

Für gemeinschaftlich geführte Unt ist gem. § 310 Abs. 1 HGB und DRS 9.4 im Konzernabschluss eine anteilmäßige Kons. (**QuotenKons**) erlaubt, wenn mindestens eines der gemeinschaftlich führenden Unt nicht zum KonsKreis gehört.

---

6   Vgl. IDW HFA 1/1993, WPg 1993, S. 441.
7   Vgl. ADS, 6. Aufl., § 310 HGB, Rz 15.
8   Vgl. *Ebeling*, in *Baetge/Kirsch/Thiele*, Bilanzrecht, § 310 HGB, Rz 41, Stand 8/2011.
9   Vgl. *Zündorf*, BB 1987, S. 1913.

Alternativ ist ein Einbezug nach der *Equity*-Methode gem. § 312 HGB zulässig, was auch entsprechend in DRS 9.4 nachgebildet ist.[10] Wird auf das Einbeziehungswahlrecht des § 311 Abs. 2 HGB zurückgegriffen, so hat der Ausweis als Beteiligung zu erfolgen (§ 311 Rz 42 ff.).

15 Das **Methodenwahlrecht** bezieht sich jedoch nur auf die GemeinschaftsUnt. Im umgekehrten Fall eines assoziierten Unt darf ebenso wenig statt der Equity-Methode die QuotenKons erfolgen, wie ein TU statt der VollKons nicht anteilmäßig einbezogen werden darf.

16 Die für das GemeinschaftsUnt gewählte Konsolidierungsmethode muss im Anhang angegeben werden und ist gem. § 297 Abs. 3 Satz 2 HGB stetig beizubehalten. Allerdings darf diese Entscheidung für **jedes einzelne GemeinschaftsUnt gesondert** getroffen werden, wobei im Folgenden wiederum die Methodenstetigkeit zu beachten ist.[11]

17 Mit der QuotenKons wird der Zweck des konsolidierten Abschlusses, den Konzern als wirtschaftliche Einheit abzubilden, nicht erreicht. Zum einen gehören aus Sicht der Einheitstheorie die nicht in die Konzernbilanz aufgenommenen Anteile der anderen Gesellschafter ebenfalls zum EK. Zum anderen werden im Konzernabschluss VG und Schulden ausgewiesen, deren Wertansatz von der Beteiligungshöhe abhängt und der sich bei einer steigenden oder sinkenden Beteiligungshöhe entsprechend verändert, über die der Konzern nicht frei verfügen kann. Auch wenn die anteilige Einbeziehung die beschränkte Verfügungsmacht des Konzerns zum Ausdruck bringen soll, entspricht diese Abbildung nicht der tatsächlichen Rechtslage, denn es ist bspw. keine selbstständige Verwertbarkeit der Vermögenswerte gegeben. Die Aussagefähigkeit des Konzernabschlusses kann durch die Vermischung von voll und quotal konsolidierten Daten beeinträchtigt werden, da dies zu einem von außen nicht differenzierbaren Bewertungskonglomerat führt. Die Lage des Konzerns wird dadurch nicht richtig wiedergegeben. Außerdem wird der Wertansatz eines Gegenstands von der Höhe des Kapitalanteils abhängig gemacht. Dies führt dazu, dass ein gleicher Sachverhalt bei ungleichen Kapitalanteilen unterschiedlich bewertet wird. Die QuotenKons verstößt in elementarer Weise gegen die Einheitstheorie; sie ist der **Interessentheorie** zuzurechnen, bei der der Konzernabschluss als erweiterter Abschluss des MU zu verstehen ist. Als kritisch wird auch erachtet, dass die innerkonzernlichen Beziehungen und Geschäftsvorfälle nur anteilsmäßig eliminiert werden.

18 Als Resultat auf die Kritik an der QuotenKons werden von DRS 9 mit der Vermutung, es handele sich um GoB für den Konzern, **zusätzliche Anhangangaben** für KM-orientierte Unt gefordert, womit der Vorwurf des Wertekonglomerats entkräftet werden kann. So haben als Gesamtangabe zu erfolgen die Summen:
- der kurzfristigen Vermögenswerte,
- der langfristigen Vermögenswerte,
- der kurzfristigen Schulden,
- der langfristigen Schulden sowie
- der Aufwendungen und Erträge, die aus einbezogenen GemeinschaftsUnt resultieren.

---

[10] Vgl. zur Equity-Methode *Müller*, in *Federmann/Kußmaul/Müller* (Hrsg.), HdB, Equitiy-Bewertung nach HGB und IFRS, Rz 1 ff., Stand 4/2016.
[11] Vgl. *Ebeling*, in *Baetge/Kirsch/Thiele*, Bilanzrecht, § 310 HGB, Rz 2, Stand 8/2011.

Zudem ist eine gesonderte Angabe der nicht bilanzierten finanziellen Verpflichtungen, die im Zusammenhang mit dem GemeinschaftsUnt bestehen, d. h. gegenüber dem GemeinschaftsUnt selbst, gegenüber den anderen PartnerUnt oder gegenüber Dritten, notwendig (DRS 9.25).

Ein Vorteil der QuotenKons ist die **umfassende Darstellung des wirtschaftlichen Handelns** des Konzerns. Berücksichtigt man, dass viele Konzerne aus Kapazitäts- und Risikogründen bestimmte Aktivitäten zunehmend rechtlich ausgliedern und in Form von GemeinschaftsUnt durchführen, ist die Ablehnung der QuotenKons folglich zu relativieren. Die GemeinschaftsUnt gehören zwar nicht zur wirtschaftlichen Einheit, aber die daran beteiligten KonzernUnt beeinflussen die Geschäftsführung aktiv und sind an den Gewinnen und Verlusten operativ beteiligt. Eine unzulässige Erweiterung des VollKonsKreises durch ein PartnerschaftsUnt erfolgt dadurch jedoch nicht. Außerdem ist zu vermuten, dass „die Auswirkungen der Quotenkonsolidierung auf die externe Rechnungslegung des Gesamtkonzerns zu einer intensiveren Betreuung des Rechnungswesens des GemeinschaftsUnt führen dürften."[12]

19

Will man die **wirtschaftlichen Aktivitäten** eines Konzerns **zutreffend abbilden, stellt die QuotenKons** nach der hier vertretenen Ansicht durchaus eine **zieladäquate Konsolidierungsmethode** dar, zumal eine der Einheitstheorie entsprechende VollKons erst recht ein unzutreffendes Bild bieten würde. Unter Abbildungsaspekten sollte somit im Zweifel die QuotenKons einer Nettodarstellung, wie sie über die alternativ zulässige *Equity*-Bewertung, bei der die einzelnen Vermögens- und Erfolgskomponenten im Beteiligungsbuchwert untergehen, erfolgen würde (§ 312 Rz 12 ff.), vorgezogen werden.

20

3 Durchführung der Quotenkonsolidierung

3.1 Kapitalkonsolidierung

Im Zusammenhang mit der KapKons werden die Aktiva und Passiva des durch die **konzerneinheitliche Bilanzierung** (§ 300 Rz 10 ff.) **und Bewertung** (§ 308 Rz 1 ff.) modifizierten Jahresabschlusses des GemeinschaftsUnt entsprechend des direkt gehaltenen oder nach § 290 Abs. 5 HGB zuzurechnenden Kapitalanteils des MU quotal in den Konzernabschluss übernommen. Aus dem Konstrukt eines GemeinschaftsUnt mit mindestens zwei MU folgt das praktische Problem, dass das GemeinschaftsUnt i. d. R. in mindestens zwei Konzernabschlüsse einzubeziehen ist, was auch die Beachtung von mindestens zwei ggf. abweichenden Konzernrichtlinien zur jeweiligen Handhabung der Ansatz- und Bewertungsmethoden zur Folge hat. Da jedoch der explizite Verweis auf die Regelungen der Vereinheitlichung im Gesetz aufgenommen ist, bedeutet dies, dass das Rechnungswesen des GemeinschaftsUnt auch für jedes der gemeinsam leitenden Unt eine HB II erstellen muss, d. h. ggf. parallel mit unterschiedlichen Ansatz- und Bewertungsregelungen arbeiten muss. Allerdings sind Ausnahmen bei der Anpassung in § 308 Abs. 2 Satz 3 HGB für die Bewertung explizit und für die Ansatzvereinheitlichung implizit vorgesehen (§ 300 Rz 31). Demnach sind grds. gebotene Anpassungen der Ansatz- und Bewertungsvorschriften der ein-

21

---

[12] *Küting/Weber*, Konzernabschluss, 13. Aufl., 2012, S. 422.

22 zubeziehenden Unt entbehrlich, wenn dies für die Vermittlung eines den tatsächlichen Verhältnisse entsprechenden Bilds der Vermögens-, Finanz- und Ertragslage des Konzerns von untergeordneter Bedeutung ist.[13]
Es handelt sich bei der QuotenKons um eine **VollKons mit der eigenen Beteiligungsquote**. Da die QuotenKons völlig von den Kapitalanteilen der anderen Gesellschafter abstrahiert, ist **kein Ausgleichsposten** für Anteile anderer Gesellschafter auszuweisen. Der direkte Verweis auf § 301 HGB bedingt die pflichtgemäße Verwendung der **Neubewertungsmethode** für die ErstKons. Wurden GemeinschaftsUnt vor 2009 mit der Buchwertmethode erstkonsolidiert, so ist diese KonsMethode beizubehalten (Art. 66 EGHGB Rz 14).

23 Hinsichtlich des Ansatzes der Wertverhältnisse schreibt § 301 Abs. 2 Satz 1 HGB den **Zeitpunkt** vor, an dem das Unt GemeinschaftsUnt geworden ist. Für den Fall, dass das MU erstmals einen Konzernabschluss aufstellt oder das GemeinschaftsUnt nach einer zuvor erfolgten Nutzung eines Konsolidierungswahlrechts gem. § 296 HGB erstmalig einbezogen wird, sind nach § 301 Abs. 2 Satz 3 und 4 HGB die Wertansätze zum Zeitpunkt der Einbeziehung des GemeinschaftsUnt in den Konzernabschluss zugrunde zu legen. Fraglich ist, ob diese Verschiebung des Zeitpunkts auch erreicht werden kann, indem zuvor die Bewertung des GemeinschaftsUnt *at equity* gem. § 311 HGB erfolgte. Dem Sinn der Vorschrift folgend, durch die Verschiebung des Zeitpunkts der Wertermittlung das Informationsproblem zu umgehen,[14] wird in E-DRS 30.181 die Auffassung vertreten, dass für den seltenen Fall, dass ein GemeinschaftsUnt zunächst *at equity* und erst in späteren Jahren ggf. durch Zukauf oder durch Methodenänderung quotal konsolidiert wird, bei der Wertermittlung zunächst ungeachtet der vorangegangenen Equity-Bewertung der Altanteile nach § 301 Abs. 1 Satz 2 und 3 HGB eine vollständige Neubewertung der VG und Schulden des GemeinschaftsUnt zum Zeitpunkt des Statuswechsels (§ 301 Abs. 2 Satz 1 HGB) zu erfolgen hat. Allerdings wird dann, wenn durch die Neubewertung neue stille Reserven oder Lasten in den Altanteilen aufgedeckt werden, nach E-DRS 30.182 eine Zwischenergebniseliminierung (erfolgsneutral) zu Lasten oder zu Gunsten der Residualgröße GoF oder passivischer Unterschiedsbetrag gefordert. Dies ergibt im Ergebnis eine tranchenweise Kons., die eigentlich ausgeschlossen ist. In DRS 23 sind allerdings genau diese Passagen nicht mehr enthalten, da der Gesetzgeber die Frage der Übergangskonsolidierung zunächst gesetzlich in § 301 HGB verankern will und dazu das DRSC um einen Vorschlag ersucht hat.[15]
Unabhängig davon kann infolge der Neufassung des § 301 Abs. 2 Satz und 4 HGB im Zuge des BilRUG von der Abstellung auf den Zeitpunkt der Einbeziehung des GemeinschaftsUnt in den Konzernabschluss jedoch in Ausnahmefällen abgewichen werden. Gemäß § 301 Abs. 2 Satz 5 1. Hs. HGB kann sowohl im Falle der erstmaligen Aufstellung eines Konzernabschlusses als auch im Falle der erstmaligen Einbeziehung eines GemeinschaftsUnt nach einer zuvor erfolgten Nutzung eines Konsolidierungswahlrechts gem. § 296 HGB ausnahmsweise auf

---

[13] Vgl. IDW RH HFA 1.018, Tz. 11.
[14] Vgl. BilMoG-BegrRegE, S. 81.
[15] Mitteilung des DRSC vom 11.12.2015, abrufbar unter http://www.drsc.de/service/index.php?ixnp_do=show_news_index&ixnp_lang=de&ixnp_id=1&ixnp_page=1&ixnp_do=show_news_article&ixnp_art_id=3640, letzter Abruf am 20.3.2016 – aktuell nicht mehr verfügbar.

den Zeitpunkt abgestellt werden, an dem das Unt GemeinschaftsUnt geworden ist. § 301 Abs. 2 Satz 5 2. Hs. HGB verlangt allerdings die begründete Angabe der Abweichung im Konzernanhang.

Hinsichtlich der Ermittlung der **Quote für die Einbeziehung** ist auf die vom MU und/oder von TU des Konzerns gehaltenen Anteile am Kapital abzustellen. 24

> **Beispiel**
> Neben dem problemlosen Normalfall, dass ein Unt die Anteile neben mindestens einem weiteren konzernunabhängigen Unt hält und beide entsprechend als gemeinschaftlich leitendes Unt auftreten, bedürfen folgende Fälle aus der Sicht des einzelnen leitenden Unt einer gesonderten Betrachtung:
> - Die Kapitalanteile wurden zu verschiedenen Zeitpunkten erworben, etwa wenn eines der gemeinsam leitenden Unt aus dem GemeinschaftsUnt ausgestiegen ist und dessen Anteile von den verbleibenden leitenden Unt erworben wurden. In diesem Fall ist nach § 301 Abs. 2 HGB sowie DRS 4.26 eine gesonderte Kons. der einzelnen Quoten durchzuführen oder alternativ eine Abbildung als Transaktion zwischen den Gesellschaftern denkbar (E-DRS 30.166) (§ 301 Rz 194 f.).
> - Das GemeinschaftsUnt wird nicht direkt vom MU, sondern von einem einbezogenen TU gehalten, an dem das MU weniger als 100 % der Anteile hält. In diesem Fall sind indirekte Anteile anderer Gesellschafter zu berücksichtigen, die jedoch implizit bereits in der Position der Anteile anderer Gesellschafter enthalten sind, die im Rahmen der VollKons des TU in die Konzernbilanz gelangen. Für den Ergebnisanteil ist dann jedoch darauf zu achten, dass diese Kons. auf Basis eines Teil-KA erfolgt, da ansonsten die von § 307 Abs. 2 HGB geforderte Angabe der Anteile anderer Gesellschafter in der Konzern-GuV nicht richtig erfolgen könnte (§ 301 Rz 212 ff.).[16]
> - Wird das GemeinschaftsUnt von einem TU gehalten, welches aufgrund eines Konsolidierungswahlrechts nach § 296 HGB nicht voll konsolidiert ist, ist die Voraussetzung für die QuotenKons nach § 310 Abs. 1 Satz 1 HGB – „... einbezogenes Mutter- oder Tochterunternehmen ..." – nicht erfüllt. Zwar liegt nach § 271 Abs. 1 Satz 4 HGB i.V.m. § 16 Abs. 4 AktG eine Zuordnung der Anteile zum MU vor, für die Einbeziehung wäre jedoch ein Sonderposten notwendig, der im HGB nicht vorgesehen ist.[17]
> - Ein GemeinschaftsUnt kann seinerseits wieder ein GemeinschaftsUnt leiten. In diesem Fall wäre das erste GemeinschaftsUnt zwangsläufig im KonsKreis vertreten, allerdings nicht als TU. Dennoch kann durch den Verweis auf die Regelungen der VollKons das zweite GemeinschaftsUnt mit den dem MU zuzurechnenden Anteilen in den Konzernabschluss einbezogen werden.[18]

---

[16] Vgl. *Ebeling*, in *Baetge/Kirsch/Thiele*, Bilanzrecht, § 310 HGB, Rz 83, Stand 8/2011.
[17] Vgl. ADS, 6. Aufl., § 310 HGB, Rz 30; *Ebeling*, in *Baetge/Kirsch/Thiele*, Bilanzrecht, § 310 HGB, Rz 73–75, Stand 8/2011; *Pellens/Fülbier*, in MünchKomm. HGB, 3. Aufl., § 310 Rn 32; a.A. *Busse von Colbe/Müller/Reinhard*, Aufstellung von Konzernabschlüssen, 1989, S. 504.
[18] Vgl. ADS, 6. Aufl., § 310 HGB, Rz 30; *Ebeling*, in *Baetge/Kirsch/Thiele*, Bilanzrecht, § 310 HGB, Rz 76, Stand 8/2011; a.A. *Winkeljohann/Lewe*, in Beck Bil-Komm., 10. Aufl., 2016, § 310 HGB, Rz 30 ff.

25 Für den Fall, dass das GemeinschaftsUnt selbst MU ist, sollte die quotale Einbeziehung des **Teil-KA** erfolgen, was ggf. auch zu einem quotalen Ausweis von Anteilen anderer Gesellschafter führt, die aus den TU des GemeinschaftsUnt resultieren.[19]

3.2 Beispiel Teil 1 – Kapitalkonsolidierung

26 Eine Konzernmutter M AG hält Anteile an verschiedenen TU. Da Befreiungsmöglichkeiten nicht genutzt werden können, besteht eine Konzernrechnungslegungspflicht. Am Ende des Gj t2 erwirbt M eine Beteiligung i. H. v. 50 % an dem GemeinschaftsUnt G GmbH für 38 Mio. EUR. G besitzt Grundstücke im Wert von 50 Mio. EUR mit stillen Reserven i. H. v. 20 Mio. EUR. Die Bilanzen (bei der M AG wird zur klareren Darstellung auf die Abbildung der Anteile der TU verzichtet) haben das folgende Aussehen:

Aktiva	Bilanz (HB II) 31.12.t2 M AG (in Mio. EUR)		Passiva
Anteile an Beteiligungen	38	EK	38
	38		38

Aktiva	Bilanz (HB II) 31.12.t2 G GmbH (in Mio. EUR)		Passiva
Grundstücke	50	EK	50
	50		50

1. Schritt
Die Ansätze und Bewertungen sind gem. § 300 Abs. 1 HGB und § 308 HGB zu vereinheitlichen. In diesem Beispiel ergibt sich dafür keine Notwendigkeit.

2. Schritt
Eine Neubewertung hat für die Grundstücke einen Wert von 70 Mio. EUR ergeben. Davon entfallen 50 % (35 Mio. EUR) auf M und 50 % auf andere Gesellschafter (35 Mio. EUR). Nach § 310 Abs. 2 i. V. m. § 301 Abs. 1 HGB muss diese Neubewertung in der Bilanz der G GmbH vor der KapKons vorgenommen werden. Dabei sind latente Steuern zu beachten, die mit einer Steuerquote von 30 % angesetzt werden. Die Differenz zwischen Handels- und Steuerbilanz beläuft sich auf 20 Mio. EUR. Bei 30 % sind entsprechend passive latente Steuern i. H. v. 6 Mio. EUR zu berücksichtigen. Damit ergibt sich die folgende modifizierte Bilanz:

---

[19] Vgl. *Pellens/Fülbier*, in MünchKomm. HGB, 3. Aufl., § 310 Rn 37; *Winkeljohann/Lewe*, in Beck Bil-Komm., 10. Aufl., 2016, § 310 HGB, Rz 60.

Aktiva	Bilanz (HB III) 31.12.t2 G GmbH neu (in Mio. EUR)		Passiva
Grundstücke	70	EK	64
		Passive latente Steuern	6
	70		70

3. Schritt
Entsprechend der Beteiligungsquote ist die Summenbilanz zu bilden, in der zu den Werten der M AG (und den vollen Werten der einbeziehungspflichtigen TU, die hier aber aus Vereinfachungsgründen nicht dargestellt sind) die anteiligen Werte der G GmbH hinzuzuaddieren sind (Tabelle 1). Alternativ kann auch eine Summierung von G mit 100 % nebst Berücksichtigung der nur anteiligen Einbeziehung bei der Kons. erfolgen (Tabelle 2).

4. Schritt
Anschließend erfolgen die Aufrechnung des Beteiligungsbuchwerts mit dem neu bewerteten EK der G GmbH und die Ermittlung des Unterschiedsbetrags. Da alle stillen Reserven und Lasten bereits im 2. Schritt aufgelöst wurden, muss es sich bei einem aktiven Unterschiedsbetrag um einen GoF handeln, im umgekehrten Fall um einen passiven Unterschiedsbetrag aus der KapKons. Der GoF-„Anteil" von M beläuft sich hier auf 6 Mio. EUR. Tabelle 1 zeigt die Schritte 3 und 4 im Überblick und führt zur Konzernbilanz, wobei die einbeziehungspflichtigen TU nicht dargestellt sind.

Bilanz (in Mio. EUR)	M		G (neu)		Summenbilanz		Kons.		Konzern	
	A	P	A	P	A	P	A	P	A	P
Grundstücke			70		35				35	
Anteile an Beteiligungen	38				38			38		
GoF							6		6	
EK		38		64		70	32			38
Lat. Steuern				6		3				3
	38	38	70	70	73	73	38	38	41	41

Tab. 1: Konsolidierungsschritte bei anteiliger Berücksichtigung von G in der Summenbilanz

Die Summenbilanz setzt sich aus den Werten der M AG und den entsprechend der Beteiligungsquote anteilig berücksichtigten (50 %) Werten der G GmbH zusammen. Im Rahmen der Kons. werden die Position „Anteile an Beteiligungen" eliminiert, der GoF berücksichtigt sowie das EK aus der Summenbilanz um den anteiligen EK-Wert von G gekürzt.
Alternativ kann auch eine Summierung von G mit 100 % nebst Berücksichtigung der nur anteiligen Einbeziehung bei der Kons. erfolgen (Tabelle 2). Die alterna-

Bilanz (in Mio. EUR)	M		G (neu)		Summen-bilanz		Kons.		Konzern	
	A	P	A	P	A	P	A	P	A	P
Grundstücke			70		70			35	35	
Anteile an Beteiligungen	38				38			38		
GoF							6		6	
EK		38		64		102	64			38
Lat. Steuern				6		6	3			3
	38	38	70	70	108	108	73	73	41	41

Tab. 2: Konsolidierungsschritte bei vollständiger Berücksichtigung von G in der Summenbilanz und entsprechender Korrektur im Rahmen der Kons.

Die Werte aus Tabelle 2 ergeben sich grds. wie bei Tabelle 1. Da die lediglich 50 %ige Beteiligung hier im Rahmen der Bildung der Summenbilanz nicht berücksichtigt wurde, wurden die im Rahmen der Kons. angewandten Korrekturwerte entsprechend um diese Anteile erhöht.

3.3 Schuldenkonsolidierung

27 Weitere innerkonzernliche Beziehungen mit GemeinschaftsUnt sind im Rahmen der QuotenKons ebenfalls anteilig zu eliminieren. Generelles Ziel ist, dass im Konzernabschluss nur noch die Forderungen und Schulden, Zwischenergebnisse sowie Aufwendungen und Erträge erscheinen, die dem Anteil der anderen Gesellschafter am GemeinschaftsUnt entsprechen. So sind Schuldbeziehungen zwischen den übrigen in den Konzernabschluss einbezogenen Unt und dem GemeinschaftsUnt nur entsprechend der Konsolidierungsquote zu konsolidieren. Die verbleibenden Teile werden als **Forderungen bzw. Verbindlichkeiten gegenüber Unt, mit denen ein Beteiligungsverhältnis besteht**, in der Konzernbilanz ausgewiesen.[20]

28 Die quotale Einbeziehungsnotwendigkeit in den Konzernabschluss bezieht sich auch auf die nach § 251 HGB i.V.m. § 268 Abs. 7 HGB anzugebenden **Haftungsverhältnisse** sowie auf die nach § 314 Abs. 1 Nr. 2a HGB auszuweisenden **sonstigen finanziellen Verpflichtungen**. Aufgrund der verlangten engen Auslegung des Begriffs „Geschäft"[21] ist die Berichterstattung über Risiken und Vorteile von nicht in der Konzernbilanz enthaltenen Geschäften des MU und der in den Konzernabschluss einbezogenen TU nicht zwangsläufig auf nicht einbezogene Geschäfte des GemeinschaftsUnt auszuweiten.

---

20 Vgl. ADS, 6. Aufl., § 310 HGB, Rz 38; *Ebeling*, in *Baetge/Kirsch/Thiele*, Bilanzrecht, § 310 HGB, Rz 86, Stand 8/2011.
21 Vgl. BilMoG-BgrRegE, S. 69.

> **Beispiel**
> Mit der Abänderungsrichtlinie der EU sollen Geschäfte wie z.B. Factoring, Pensionsgeschäfte, Konsignationslagervereinbarungen, Verträge mit unbedingter Zahlungsverpflichtung, Forderungsverbriefungen über gesonderte Ges. oder nicht rechtsfähige Einrichtungen, die Verpfändung von Aktiva, Leasingverträge, die Auslagerung von Tätigkeiten u. Ä. umfasst werden.

Bestehen im Zusammenhang mit dem GemeinschaftsUnt derartige Geschäfte, die gar nicht oder nur anteilig im Konzernabschluss erfasst sind, so ist nach § 314 Abs. 1 Nr. 2 HGB eine Anhangangabe notwendig.

3.4 Beispiel Teil 2 – Schuldenkonsolidierung

Aufbauend auf Teil 1 sei nun angenommen, dass M am Ende von Gj t2 ein zinsloses Darlehen i. H. v. 10 Mio. EUR an G vergibt. Die Tilgung beginnt erst im Gj t3. Aufbauend ergeben sich vor der Neubewertung des Grundstücks folgende Bilanzen: 29

Aktiva	Bilanz (HB II) 31.12.t2 (M AG) (in Mio. EUR)		Passiva
Anteile an Beteiligungen	38	EK	48
Ford. ggü. Beteiligungen	10		
	48		48

Aktiva	Bilanz (HB II) 31.12.t2 (G GmbH) (in Mio. EUR)		Passiva
Grundstücke	50	EK	50
Kasse	10	Verb. ggü. Beteiligungen	10
	60		60

Wie in Teil 1 führen die Schritte 1 und 2 nach der Neubewertung und Berücksichtigung latenter Steuern (des Grundstücks) zu folgender Bilanz:

Aktiva	Bilanz 31.12.t2 (HB III) (G GmbH neu) (in Mio. EUR)		Passiva
Grundstücke	70	EK	64
Kasse	10	Verb. ggü. Beteiligungen	10
		Passive latente Steuern	6
	80		80

Entsprechend der Beteiligungsquote ist dann die Summenbilanz zu bilden, in der zu den Werten der M AG (und der vollen Werte der einbeziehungspflichtigen TU, die hier aber nicht dargestellt sind) die anteiligen Werte der G GmbH hinzuzuaddieren sind (Tabelle 3). Die Hinleitung zur Konzernbilanz ist wie folgt durchzuführen:

§ 310   Anteilmäßige Konsolidierung

Bilanz (in Mio. EUR)	M		G (neu)		Summenbilanz		Kons.		Konzern	
	A	P	A	P	A	P	A	P	A	P
Grundstücke			70		35				35	
Anteile an Beteiligungen	38				38			38		
Ford. ggü. Beteiligungen	10				10			5	5	
Kasse			10		5				5	
GoF							6		6	
EK		48		64		80	32			48
Verb. ggü. Beteiligungen				10		5	5			
Lat. Steuern				6		3				3
	48	48	80	80	88	88	43	43	51	51

Tab. 3: Konsolidierungsschritte bei anteiliger Berücksichtigung von G in der Summenbilanz

Die Summenbilanz setzt sich aus den Werten der M AG und den entsprechend der Beteiligungsquote anteilig berücksichtigten (50 %) Werten der G GmbH zusammen. Im Rahmen der Kons. werden die Positionen „Anteile an Beteiligungen" und „Verb. ggü. Beteiligungen" eliminiert. Die Position „Ford. ggü. Beteiligungen" ist um den konzerninternen Teil (50 % von 10 Mio. EUR) zu kürzen – die verbleibende Forderung i. H. v. 5 Mio. EUR besteht gegen die anderen Gesellschafter der G GmbH. Darüber hinaus wurde der Buchungssatz der KapKons wiederholt:

Datum	Konto	Soll	Haben
	Anteiliges EK	32 Mio. EUR	
	GoF	6 Mio. EUR	
	Ant. an Beteiligungen		38 Mio. EUR

3.5 Aufwands- und Ertragskonsolidierung sowie Zwischenergebniseliminierung

30   Bei der Behandlung von **Zwischenergebnissen** aus innerkonzernlichen Geschäften mit GemeinschaftsUnt ist unabhängig von der Lieferungsrichtung eine **quotale Eliminierung** i. H. d. Beteiligungsquote durchzuführen (DRS 9.11). Ebenso sind aus entsprechenden Geschäften stammende Aufwendungen und Erträge quotal gegeneinander aufzurechnen. Konsequenterweise sind auch die infolge dieser Eliminierungen notwendigen latenten Steuern nur anteilig zu berücksichtigen.

31   Eine Ausnahme von der Pflicht zur quotalen Korrektur existiert im Rahmen der Behandlung von Ausschüttungen, die von dem leitenden KonzernUnt als Beteiligungserträge erfasst sind. Wenn einem voll konsolidierten Unt im KonsKreis eine Ausschüttung aus dem GemeinschaftsUnt zufließt, ist diese komplett zu eliminieren, da die quotale Einbeziehung der Erträge und Aufwendungen bereits den Gewinnanteil zum Ausdruck bringt, der ansonsten doppelt erfasst würde. Da

die Ausschüttung bereits auf Basis des Kapitalanteils berechnet ist, scheidet in diesem Fall auch eine quotale Behandlung aus.[22]

3.6 Beispiel Teil 3 – Aufwands- und Ertragskonsolidierung sowie Zwischenergebniseliminierung

Aufbauend auf Teil 1 und Teil 2 sei nun angenommen, dass M an G Fertigerzeugnisse mit HK von 18 Mio. EUR für einen Rechnungsbetrag von 20 Mio. EUR netto liefert, die G sofort bezahlt und in der gleichen Periode für 24 Mio. EUR an Dritte auf Ziel weiterverkauft. G wiederum liefert am Jahresende Fertigfabrikate für 30 Mio. EUR netto an M, die HK i. H. v. 24 Mio. EUR erforderten und nicht sofort verkauft werden. M begleicht die Rechnung noch im laufenden Jahr, wozu ein Kredit i. H. v. 30 Mio. EUR aufgenommen wird. Zinsen und Tilgungszahlungen werden erst im darauf folgenden Gj fällig. Der Steuersatz beträgt 30 %. Aufbauend ergeben sich vor der Neubewertung des Grundstücks folgende Bilanzen:

32

Aktiva	Bilanz (HB II) 31.12.t2 (M AG) (in Mio. EUR)		Passiva
Anteile an Beteiligungen	38	EK	48
Vorräte	30	Gewinn	1,4
Bankguthaben	20	sonst. Verb.	18
Ford. ggü. Beteiligungen	10	Verb. aus Steuern	0,6
		Bankkredit	30
	98		98

Aktiva	Bilanz (HB II) 31.12.t2 (G GmbH) (in Mio. EUR)		Passiva
Grundstücke	50	EK	50
Forderung	24	Gewinn	5
Bankguthaben	10	sonst. Verb.	24
Kasse	10	Verb. ggü. Beteiligungen	10
		Verb. aus Steuern	5
	94		94

Wie in Teil 1 und Teil 2 führen die Schritte 1 und 2 nach der Neubewertung und Berücksichtigung latenter Steuern (auf das Grundstück) zu folgender Bilanz:

Aktiva	Bilanz (HB III) 31.12.t2 (G GmbH) (in Mio. EUR)		Passiva
Grundstücke	70	EK	64
Forderung	24	Gewinn	7
Bankguthaben	10	sonst. Verb.	24
Kasse	10	Verb. ggü. Beteiligungen	10
		Verb. aus Steuern	3
		Passive latente Steuern	6
	114		114

---

[22] Vgl. ADS, 6. Aufl., § 310 HGB, Rz 46.

Entsprechend der Beteiligungsquote ist dann die Summenbilanz zu bilden, in der zu den Werten der M AG (und der vollen Werte der einbeziehungspflichtigen TU, die hier aber nicht dargestellt sind) die anteiligen Werte der G GmbH hinzuzuaddieren sind (Tabelle 4). Die Hinleitung zur Konzernbilanz ist wie folgt durchzuführen:

Bilanz (in Mio. EUR)	M		G (neu)		Summen-bilanz		Kons.		Konzern	
	A	P	A	P	A	P	A	P	A	P
Grundstücke			70		35				35	
Anteile an Beteiligungen	38				38			38		
Vorräte	30				30			3	27	
Forderungen			24		12				12	
Ford. ggü. Beteiligungen	10				10			5	5	
Bankguthaben	20		10		25				25	
Kasse			10		5				5	
GoF							6		6	
EK		48		64		80	32			48
Gewinn		1,4		7		4,9	2,1			2,8
Verb. ggü. Beteiligungen				10		5	5			
Lat. Steuern				6		3				3
Bankkredit		30				30				30
Sonstige Verb.		18		24		30				30
Verb. aus Steuern		0,6		3		2,1	0,9			1,2
	98	98	114	114	155	155	46	46	115	115

Tab. 4: Konsolidierungsschritte bei anteiliger Berücksichtigung von G in der Summenbilanz

Die **Summenbilanz** setzt sich wieder aus den Werten der M AG und den entsprechend der Beteiligungsquote anteilig berücksichtigten (50 %) Werten der G GmbH zusammen. Im Rahmen der Kapital- und SchuldenKons werden die Positionen „Anteile an Beteiligungen" und „Verb. ggü. Beteiligungen" eliminiert. Die Position „Ford. ggü. Beteiligungen" ist um den konzerninternen Teil (50 % von 10 Mio. EUR) zu kürzen – die verbleibende Forderung i. H. v. 5 Mio. EUR besteht gegen die anderen Gesellschafter der G GmbH. Darüber hinaus wird der GoF berücksichtigt sowie das EK aus der Summenbilanz um den anteiligen EK-Wert von G gekürzt.
Im Rahmen der **Aufwands- und ErtragsKons** und **Zwischenergebniseliminierung** ist zunächst das Liefergeschäft von M an G zu betrachten: Da der Weiterverkauf der Erzeugnisse in der gleichen Periode stattgefunden hat, ergibt

sich lediglich die Notwendigkeit, die Aufwendungen und Erträge zu korrigieren. Konkret lautet der Buchungssatz:

Datum	Konto	Soll	Haben
	Umsatz (M)	10 Mio. EUR	
	Bezogene Leistungen (G)		10 Mio. EUR

Das andere Geschäft endet mit einer Lieferung des GemeinschaftsUnt an die Mutter (in deren Lager), d. h., dass auch der entstandene Zwischengewinn von 6 Mio. EUR zu eliminieren ist. Die Konsolidierungsbuchung hat – da nach der quotalen Einbeziehung nur noch 50 % der Beträge in der Summenbilanz stehen – folgendes Aussehen:

Datum	Konto	Soll	Haben
	Umsatz (G)	15 Mio. EUR	
	Bestandsveränderungen		12 Mio. EUR
	Vorräte		3 Mio. EUR
	(Steuern)		(0,9) Mio. EUR
	(Gewinn)		(2,1) Mio. EUR

Da in der GuV die Beträge der Aufwendungen und Erträge nicht gleich sind, ergibt sich ein veränderter Gewinn, der hier in Klammern dargestellt ist. In der GuV stellt sich dies wie folgt dar:

GuV (in Mio. EUR)	M		G		Summen-GuV		Korrektur		Konzern	
	A	P	A	P	A	P	A	P	A	P
Erlöse		20		54		47	25			22
Bestandsveränderungen							12			12
Aufw./HK	18		44		40			10	30	
Steuern	0,6		3		2,1			0,9	1,2	
Gewinn	1,4		7		4,9			2,1	2,8	

Tab. 5: Konsolidierungsschritte bei anteiliger Berücksichtigung von G in der Summenbilanz

Es wurden somit die internen Gewinne respektive Steuerverbindlichkeiten aus der Lieferung der Fertigerzeugnisse von G an M eliminiert, da die Erzeugnisse in den Bestand von M eingegangen sind und somit noch nicht an Externe veräußert wurden. Von den Gewinnen von G i. H. v. 7 Mio. EUR sind 4,2 Mio. EUR diesem Geschäft zuzuordnen. Entsprechend der Beteiligungsquote (50 %) erfolgte deshalb eine Korrektur um 2,1 Mio. EUR. Von der Steuerverbindlichkeit i. H. v. 3 Mio. EUR sind 1,8 Mio. EUR aus dem konzerninternen Geschäft entstanden. Unter Berücksichtigung der Beteiligungsquote ergibt sich so die Korrektur um 0,9 Mio. EUR.

3.7 Ent- und Übergangskonsolidierung

33 Für die **Änderung der Beteiligungsquote** gelten grds. die Regeln, die auch bei der VollKons zum Tragen kommen (§ 301 Rz 176 ff.):
- **Erhöhungen des Kapitalanteils** sind, soweit es beim Status des GemeinschaftsUnt bleibt, gesondert mit den Werten zum Erwerbszeitpunkt quotal zu konsolidieren (DRS 23.166).[23]
- Kommt es zu einer **Änderung der Konsolidierungsmethode**, d. h., aus dem GemeinschaftsUnt wird ein TU, so sind die alten Werte im Ergebnis insoweit fortzuführen und die Übergangskonsolidierung somit erfolgsneutral durchzuführen, als nach der notwendigen Neubewertung eine Zwischenergebniseliminierung zu erfolgen hat (E-DRS 30.184, noch nicht mit DRS 23 umgesetzt).[24]
- Im Fall der **Veräußerung von Anteilen** hat eine erfolgswirksame EndKons zu erfolgen (DRS 23.179).

4 Zurechnung von Beteiligungen von Gemeinschaftsunternehmen an untergeordnete Unternehmen auf ein gemeinschaftlich führendes Mutterunternehmen

34 Bei der Rechtezuordnung etwa zur Ermittlung der Beteiligungsquote sind neben direkten Beteiligungen nach § 290 Abs. 3 HGB auch Rechte zu berücksichtigen, die durch TU gehalten werden (§ 290 Rz 54). Da GemeinschaftsUnt nur gemeinschaftlich geführt werden, können die Rechte des GemeinschaftsUnt auf untergeordnete Unt nicht auf ein übergeordnetes (gemeinschaftlich führendes) Unt zugerechnet werden. Allerdings kann die Prüfung der Indikatoren der Beherrschungsmöglichkeit nach § 290 HGB oder des möglichen maßgeblichen Einflusses nach § 311 HGB auch dann geboten sein, wenn kein Beteiligungsverhältnis besteht, denn beide Einflüsse können sich auch auf vertraglicher oder anderer Grundlage ohne Vorliegen eines Beteiligungsverhältnisses ergeben. Die Prüfung kann dann dazu führen, dass auch auf indirekte Beteiligungen, die nicht durch TU, sondern GemeinschaftsUnt vermittelt werden, ein maßgeblicher oder sogar beherrschender Einfluss ausgeübt werden kann.[25] Im Normalfall müssten dagegen assoziierte Unt oder TU des GemeinschaftsUnt den gemeinschaftlich führenden Unt quotal zugerechnet werden. **Ausgangspunkt für die Konsolidierung ist somit der Konzernabschluss** des GemeinschaftsUnt. Dies erfolgt analog auch bei der Anwendung der *Equity*-Methode (§ 312 Abs. 6 Satz 2 HGB, § 312 Rz 103).

5 Rechtsfolgen bei Pflichtverletzung

35 Wird auf eine notwendige Einbeziehung des GemeinschaftsUnt verzichtet, greifen die **Sanktionsregeln** des § 334 Abs. 1 Nr. 2e HGB bzw. des § 20 Abs. 1 Nr. 2e PublG, die Bußgelder bis zu 50.000 EUR nach sich ziehen können.

---

[23] Vgl. *Müller/Reinke*, StuB, 2015, S. 376.
[24] Vgl. *Müller/Reinke*, StuB, 2015, S. 408; *Müller/Wobbe*, BB 2015, S. 1709.
[25] Vgl. für IFRS *Beiersdorf/Schmidt*, IRZ 2014, S. 179.

§ 311 Definition. Befreiung

(1) ¹Wird von einem in den Konzernabschluß einbezogenen Unternehmen ein maßgeblicher Einfluß auf die Geschäfts- und Finanzpolitik eines nicht einbezogenen Unternehmens, an dem das Unternehmen nach § 271 Abs. 1 beteiligt ist, ausgeübt (assoziiertes Unternehmen), so ist diese Beteiligung in der Konzernbilanz unter einem besonderen Posten mit entsprechender Bezeichnung auszuweisen. ²Ein maßgeblicher Einfluß wird vermutet, wenn ein Unternehmen bei einem anderen Unternehmen mindestens den fünften Teil der Stimmrechte der Gesellschafter innehat.

(2) Auf eine Beteiligung an einem assoziierten Unternehmen brauchen Absatz 1 und § 312 nicht angewendet zu werden, wenn die Beteiligung für die Vermittlung eines den tatsächlichen Verhältnissen entsprechenden Bildes der Vermögens-, Finanz- und Ertragslage des Konzerns von untergeordneter Bedeutung ist.

WP StB RA Dr. Holger Seidler

Inhaltsübersicht

	Rz
1 Überblick	1–5
2 Definition des assoziierten Unternehmens (Abs. 1 Satz 1)	6–21
2.1 In den Konzernabschluss einbezogenes Unternehmen	6–7
2.2 Beteiligung	8–9
2.3 Maßgeblicher Einfluss	10–21
2.3.1 Inhaltliche Bedeutung	10–12
2.3.2 Gegenstand	13–14
2.3.3 Tatsächliche Ausübung	15–21
3 Assoziierungsvermutung (Abs. 1 Satz 2)	22–36
3.1 Bedeutung	22–23
3.2 Berechnung	24–28
3.3 Widerlegung	29–36
3.3.1 Kein in den Konzernabschluss einbezogenes Unternehmen	29
3.3.2 Keine Beteiligung	30
3.3.3 Keine Ausübung maßgeblichen Einflusses	31–34
3.3.4 Keine ausreichenden Informationen zur Anwendung der Equity-Methode	35–36
4 Besonderheiten	37–41
4.1 Anwendung auf nach § 296 HGB nicht einbezogene Tochterunternehmen	37–40
4.2 Anwendung auf Gemeinschaftsunternehmen	41
5 Untergeordnete Bedeutung (Abs. 2)	42–44
6 Ausweis (Abs. 1 Satz 1)	45–47

1 Überblick

1. Beteiligungen an **assoziierten Unt** sind im Konzernabschluss gesondert auszuweisen und nach der Equity-Methode zu bewerten. Während § 311 HGB den Begriff des assoziierten Unt definiert, ist die Anwendung der Equity-Methode in § 312 HGB geregelt.[1] Die Vorschriften werden durch DRS 8, Bilanzierung von Anteilen an assoziierten Unt im Konzernabschluss, ergänzt.
Assoziierte Unt sind Beteiligungen, die unter dem maßgeblichen Einfluss des beteiligten Unt stehen, das regelmäßig zwischen 20 % bis einschl. 50 % der Stimmrechte hält.[2] Mit dem assoziierten Unt wird neben dem TU und dem GemeinschaftsUnt für den Konzernabschluss eine weitere Unternehmenskategorie eingeführt. Diese verschiedenen Kategorien bringen die unterschiedliche **Einflussnahme** durch das MU zum Ausdruck. Durch verschiedene Methoden der Einbeziehung wird diesen unterschiedlichen Stufen der Einflussnahme im Konzernabschluss Rechnung getragen.[3]

2. Die Beteiligung an einem assoziierten Unt setzt die Ausübung **maßgeblichen Einflusses** auf die Geschäfts- und Finanzpolitik des nicht einbezogenen Unt voraus. Dabei handelt es sich im Vergleich zum beherrschenden Einfluss um eine schwächere Form der Einflussnahme. Der Begriff des maßgeblichen Einflusses ist gesetzlich nicht definiert. § 311 Abs. 1 Satz 2 HGB enthält aber eine widerlegbare Vermutung für die Ausübung **maßgeblichen Einflusses**, falls das beteiligte Unt mindestens 20 % der Stimmrechte innehat.

3. Mit der Definition des assoziierten Unt und der Verpflichtung zum gesonderten Ausweis wurde Art. 33 Abs. 1 Sätze 1 u. 2 der Konzernbilanzrichtlinie in deutsches Recht umgesetzt. Nach Art. 33 Abs. 1 Satz 3 der Konzernbilanzrichtlinie sind auch die von TU des MU gehaltenen Stimmrechte bei der **Berechnung** der Quote zu berücksichtigen. Auch ohne ausdrücklichen Hinweis in § 311 HGB sind daher die Absätze 3 u. 4 des § 290 HGB für die Berechnung anzuwenden.[4]

4. § 311 Abs. 2 HGB sieht – auf der Grundlage des Art. 33 Abs. 9 der Konzernbilanzrichtlinie – eine Befreiung von der Verpflichtung zum Ausweis unter einem gesonderten Posten mit entsprechender Bezeichnung und von der Verpflichtung zur Anwendung der Equity-Methode vor. Dies setzt voraus, dass die Beteiligung nur von **untergeordneter Bedeutung** für die nach § 297 Abs. 2 Satz 2 HGB gebotene Vermittlung eines den tatsächlichen Verhältnissen entsprechenden Bildes der Vermögens-, Finanz- und Ertragslage des Konzerns ist.

5. Gem. § 13 Abs. 2 Satz 1 **PublG** gilt § 311 HGB sinngem. für den Konzernabschluss oder Teil-KA. Demgem. müssen assoziierte Unt auch in einen Konzernabschluss nach PublG nach Maßgabe des § 312 HGB einbezogen werden.

---

[1] Da der Gesetzgeber das Mitgliedstaatenwahlrecht des Art. 59 der Bilanzrichtlinie nicht an die Unt weitergegeben hat, ist die Equity-Methode auf den Konzernabschluss beschränkt. Gleichzeitig setzt die Anwendung der Equity-Methode voraus, dass überhaupt ein Konzernabschluss aufgestellt wird. Dies richtet sich nach Maßgabe des § 290 HGB.
[2] Vgl. *Winkeljohann/Lewe*, in Beck Bil-Komm., 10. Aufl., § 311 HGB, Rz 1.
[3] Vgl. ADS, 6. Aufl., § 311 HGB, Rz 4.
[4] Vgl. ADS, 6. Aufl., § 311 HGB, Rz 6.

2 Definition des assoziierten Unternehmens (Abs. 1 Satz 1)

2.1 In den Konzernabschluss einbezogenes Unternehmen

§ 311 Abs. 1 Satz 1 HGB enthält eine Legaldefinition des Begriffs assoziiertes Unt. Ein assoziiertes Unt ist ein nicht in den Konzernabschluss einbezogenes Unt, an dem ein in den Konzernabschluss einbezogenes Unt nach § 271 Abs. 1 HGB beteiligt ist und einen maßgeblichen Einfluss auf dessen Geschäfts- und Finanzpolitik ausübt.[5] In den Konzernabschluss einbezogene Unt sind das **MU und die im Wege der VollKons einbezogenen TU**.[6]   6

Assoziierte Unt i. S. d. § 311 Abs. 1 Satz 1 HGB sind keine einbezogenen Unt.[7] Das Gleiche gilt auch für **GemeinschaftsUnt**.[8] Aus der Sicht der an dem GemeinschaftsUnt beteiligten Unt üben beide zusammen zwar einen beherrschenden Einfluss auf das GemeinschaftsUnt aus. Jedes Unt für sich genommen übt jedoch allenfalls maßgeblichen Einfluss aus. Damit fallen Beteiligungen von assoziierten Unt oder GemeinschaftsUnt an anderen Unt aus dem Anwendungsbereich des § 311 Abs. 1 Satz 1 HGB heraus.[9]   7

2.2 Beteiligung

Erforderlich ist zudem, dass das in den Konzernabschluss einbezogene Unt an dem anderen Unt eine Beteiligung i. S. d. § 271 Abs. 1 HGB hält.[10] Dies erfordert eine **Beteiligungsabsicht**.[11] Fehlt dem die Anteile haltenden in den Konzernabschluss einbezogenen Unt die Beteiligungsabsicht, soll also keine dauerhafte Verbindung zu dem erworbenen Unt geschaffen werden, fehlt es am Tatbestandsmerkmal der Beteiligung i. S. d. § 311 Abs. 1 Satz 1 HGB.[12] Auch **Anteile an PersG** sind grds. als Beteiligung anzusehen.   8

Ebenso kann die Stellung als **atypisch stiller Gesellschafter** eine Beteiligung i. S. d. § 271 Abs. 1 HGB darstellen, wenn dem stillen Gesellschafter Kontroll- und Mitspracherechte eingeräumt worden sind und er als Mitunternehmer i. S. d. § 15 Abs. 1 Satz 1 Nr. 2 EStG anzusehen ist.[13]   9

---

[5] Assoziierte Unt sind keine „verbundenen Unternehmen" i. S. d. §§ 271 Abs. 2 HGB, 15 AktG; vgl. WPH Edition, Wirtschaftsprüfung & Rechnungslegung, 15. Aufl., 2017, Abschn. C, Tz 41 ff.
[6] Vgl. *Winkeljohann/Lewe*, in Beck Bil-Komm., 10. Aufl., § 311 HGB, Rz 5.
[7] Das assoziierte Unt unterliegt gerade keinem beherrschenden Einfluss; so auch *Winkeljohann/Lewe*, in Beck Bil-Komm., 10. Aufl., § 311 HGB, Rz 5.
[8] So auch *Gschrei*, Beteiligungen im Jahresabschluss und Konzernabschluss, S. 138. Vgl. auch ADS, 6. Aufl., § 311 HGB, Rz 35, mit Diskussion der Argumente. A. A. wohl WPH Edition, Wirtschaftsprüfung & Rechnungslegung, 15. Aufl., 2017, Abschn. G, Tz 555.
[9] Hiervon streng zu unterscheiden ist die Frage, ob die von einem in dem Wege der QuotenKons in den Konzernabschluss einbezogenen GemeinschaftsUnt gehaltenen Anteile an einem assoziierten Unt in die Bewertung nach der Equity-Methode einzubeziehen sind, wenn Anteile an dem assoziierten Unt auch noch von vollkonsolidierten Unt gehalten werden; vgl. dazu auch ADS, 6. Aufl., § 312 HGB, Rz 27.
[10] Vgl. zur Beteiligungsvermutung und zur Beteiligungsdefinition § 271 HGB Rz 5 ff., 19 ff.
[11] Vgl. zur Beteiligungsabsicht § 271 HGB Rz 12 ff.
[12] Von einer dauernden Verbindung wird man grundsätzlich sprechen können, wenn die Anteile länger als ein Jahr gehalten werden. Indizien für eine dauerhafte Verbindung sind bspw. gemeinsame Projekte, personelle Verflechtungen oder bestehende vertragliche Bindungen; so auch *Baetge/Kirsch/Thiele*, Konzernbilanzen, 11. Aufl. 2015, S. 355 mwN.
[13] So auch ADS, 6. Aufl., § 311 HGB, Rz 12.

2.3 Maßgeblicher Einfluss

2.3.1 Inhaltliche Bedeutung

10 Das Gesetz sieht keine **Definition** des Begriffs „maßgeblicher Einfluss" vor. Ähnlich wie der Begriff des beherrschenden Einflusses ist der Begriff des maßgeblichen Einflusses einer abstrakten Definition nur schwer zugänglich.[14] Zur Interpretation ist eine Einordnung in den Sinnzusammenhang der gesetzlichen Kategorien der Einflussnahme hilfreich.
Im Vergleich zum **beherrschenden Einfluss** ist der maßgebliche Einfluss eine **schwächere, mit geringerer Intensität** ausgestattete Form der Einflussnahme.[15] Es ist insb. nicht erforderlich, dass den Interessen des beteiligten Unt in sämtlichen Entscheidungen Rechnung getragen werden muss.[16]

11 Unter Beachtung der Systematik des Gesetzes dürfte nichts dagegen sprechen, die **gemeinsame Führung** i.S.d. § 310 HGB als einen Spezialfall des maßgeblichen Einflusses und Grenzfall zum beherrschenden Einfluss einzustufen. Der maßgebliche Einfluss erreicht äußerstenfalls die paritätische Mitwirkung in den unternehmenspolitischen Entscheidungen. In diesen Fällen besteht ein Wahlrecht zur Anwendung der **QuotenKons** oder der **Equity-Methode**.[17]

12 Maßgeblicher Einfluss lässt sich im Wege einer Negativabgrenzung also dahin gehend interpretieren, dass Entscheidungen von grundsätzlicher Bedeutung **nicht ohne Mitwirkung und nicht gegen den Willen des beteiligten Unt** getroffen werden.[18] Damit geht der maßgebliche Einfluss über den mit der Wahrnehmung von Gesellschafterrechten üblicherweise verbundenen Einfluss hinaus.[19]

2.3.2 Gegenstand

13 Der maßgebliche Einfluss muss nach § 311 Abs. 1 Satz 1 HGB auf die Geschäfts- und Finanzpolitik gerichtet sein. Dabei ist davon auszugehen, dass mit dem Begriff der Geschäfts- und Finanzpolitik die wesentlichen Entscheidungen innerhalb der Unternehmenspolitik erfasst werden sollen.[20] Nicht erforderlich ist es hingegen, dass sich die Einflussnahme auf jede einzelne Entscheidung im täglichen Geschäft erstreckt.[21] Notwendig ist aber die Mitwirkung bei den **Grundsatzentscheidungen der Geschäftspolitik**.[22] Dazu können grundlegende Entscheidungen über Marketing-, Produkt-, Investitions-, Finanzierungsstrate-

---

[14] So bereits *Maas/Schruff*, WPg 1986, S. 244, zur Abgrenzung der einheitlichen Leitung vom maßgeblichen Einfluss. Nach DRS 8.3 wird ein maßgeblicher Einfluss als Mitwirkung verstanden, ohne dass damit eine Beherrschung verbunden ist. Die in DRS 8 genannten Indizien stimmen mit den im Schrifttum erwähnten weitestgehend überein.
[15] Vgl. WPH Edition, Wirtschaftsprüfung & Rechnungslegung, 15. Aufl., 2017, Abschn. G, Rz 657 mwN.
[16] Vgl. *Schäfer*, Bilanzierung von Beteiligungen an assoziierten Unternehmen nach der Equity-Methode, S. 210.
[17] Vgl. ADS, 6. Aufl., § 311 HGB, Rz 16.
[18] Vgl. *Biener/Berneke*, Bilanzrichtlinien-Gesetz, S. 368.
[19] Vgl. *Kirsch*, Die Equity-Methode im Konzernabschluss, S. 26.
[20] Dafür spricht insb., dass die Finanzpolitik wesentlicher Bestandteil der Geschäftspolitik ist und sich aus dem Gesetz nichts dafür entnehmen lässt, dass der maßgebliche Einfluss insb. auf die Finanzpolitik ausgerichtet sein muss.
[21] Vgl. ADS, 6. Aufl. § 311 HGB, Rz 20; *Winkeljohann/Lewe*, in Beck Bil-Komm., 10. Aufl., § 311 HGB, Rz 15.
[22] Vgl. *Winkeljohann/Lewe*, in Beck Bil-Komm., 10. Aufl., § 311 HGB, Rz 15.

gien oder – in Anlehnung an § 290 Abs. 2 Nr. 2 HGB – die Besetzung von Führungspositionen gehören.[23] Der maßgebliche Einfluss muss zudem auf Dauer angelegt sein; die einmalige oder gelegentliche Einflussnahme genügt nicht.[24]
Erstreckt sich der Einfluss nur auf **einzelne Bereiche der Geschäftspolitik**, so können gleichwohl die Tatbestandsvoraussetzungen des § 311 Abs. 1 Satz 1 HGB erfüllt sein, wenn die betreffenden Bereiche für die Unternehmenspolitik von besonderer Bedeutung und/oder die Intensität und Regelmäßigkeit der Einflussnahme besonders ausgeprägt sind.[25]

2.3.3 Tatsächliche Ausübung

Im Gegensatz zu den IFRS und auch zu § 290 HGB verlangt § 311 HGB die **tatsächliche Ausübung** des **maßgeblichen Einflusses**; allein die Möglichkeit maßgeblichen Einflusses ist nicht ausreichend. Der Wortlaut des § 311 Abs. 1 Satz 1 HGB ist insoweit – auch im Verhältnis zu § 290 Abs. 1 HGB – eindeutig. Es ist daher erforderlich, dass aktiv an den Entscheidungen des assoziierten Unt mitgewirkt wird.

In Abhängigkeit von der jeweiligen **Unternehmensverfassung** wird der **Einfluss vermittelt durch die Organe** – regelmäßig die Aufsichtsorgane – des assoziierten Unt durch unter der Mehrheitsgrenze liegende Stimmrechtsausübung in der HV oder die Vertretung in Kontrollgremien ausgeübt. Dabei können grds. auch mehrere Unt gleichzeitig jeweils maßgeblichen Einfluss ausüben. Die Tatsache, dass einem anderen Unt die Mehrheit der Stimmrechte in der GesV zusteht – es also beherrschenden Einfluss ausübt –, schließt die Ausübung eines maßgeblichen Einflusses nicht aus.[26]

Auch ist es **nicht erforderlich**, dass der maßgebliche Einfluss **allein von dem MU oder einem der einbezogenen TU** ausgeübt wird. Vielmehr kann der maßgebliche Einfluss auch durch das Zusammenwirken mehrerer einbezogener Unt ausgeübt werden.[27] Bspw. kann bei zwei oder mehr beteiligten TU, die unter dem beherrschenden Einfluss eines MU stehen, eine Bündelung des Einflusspotenzials erreicht werden. Hier wird der maßgebliche Einfluss dann mittelbar durch das MU ausgeübt.[28]

---

[23] Eine Beherrschung der Entscheidung über die Gewinnverwendung ist für die Annahme maßgeblichen Einflusses nicht erforderlich, vgl. ADS, 6. Aufl., § 311 HGB, Rz 23 mwN; a. A. *Kirsch*, Die Equity-Methode im Konzernabschluss, S. 29.

[24] Ebenso WPH Edition, Wirtschaftsprüfung & Rechnungslegung, 15. Aufl., 2017, Abschn. G, Tz 664. Dort wird ausdrücklich darauf hingewiesen, dass eine Befristung der Ausübung maßgeblichen Einflusses zumindest bis zum Fristablauf zur Widerlegung der Assoziierungsvermutung nicht genügt; so wohl auch DRS 8.6.

[25] Vgl. WPH Edition, Wirtschaftsprüfung & Rechnungslegung, 15. Aufl., 2017, Abschn. G, Tz 662; ADS, 6. Aufl. § 311 HGB, Rz 22. Vor dem Hintergrund dieser Interpretation des Begriffs der Geschäfts- und Finanzpolitik kann auch der Auffassung von *Biener/Bernecke*, Bilanzrichtlinien-Gesetz, S. 368, nicht gefolgt werden, wonach die Tatbestandsvoraussetzungen des § 311 Abs. 1 Satz 1 HGB nicht erfüllt sein sollen, wenn sich der Einfluss nur auf die Geschäftspolitik (i. e. S.) oder nur auf die Finanzpolitik erstrecke.

[26] Vgl. *Schäfer*, Bilanzierung von Beteiligungen an assoziierten Unternehmen nach der Equity-Methode, S. 208; WPH Edition, Wirtschaftsprüfung & Rechnungslegung, 15. Aufl., 2017, Abschn. G, Tz 663; *Winkeljohann/Lewe*, in Beck Bil-Komm., 10. Aufl., § 311 HGB, Rz 15.

[27] Vgl. ADS, 6. Aufl., § 311 HGB, Rz 33.

[28] Dementsprechend sind auch bei Anwendung der Assoziierungsvermutung die Stimmrechte der TU dem MU analog § 290 Abs. 3 HGB zuzurechnen; vgl. ADS, 6. Aufl., § 311 HGB, Rz 33.

18 Wenn ausnahmsweise der tatsächliche Einfluss ausschließlich bei **nach § 296 HGB nicht einbezogenen TU** liegt und dieser auch nicht dem MU zuzurechnen ist, liegen die Tatbestandsvoraussetzungen des § 311 Abs. 1 Satz 1 HGB nicht vor.[29]

19 Bei einer AG begründet die **Ausübung der Stimmrechte** in der HV grds. noch keinen maßgeblichen Einfluss.[30] Hier wird regelmäßig zumindest ein Vertreter des in den Konzernabschluss einbezogenen Unt Mitglied des Aufsichtsrats sein müssen, da dort regelmäßig die geschäftspolitischen Entscheidungen gefällt werden. Demgegenüber kann bei einer GmbH regelmäßig über die GesV – je nach Gestaltung des Gesellschaftsvertrags – auf die Geschäftspolitik Einfluss genommen werden.

20 Der maßgebliche Einfluss kann auch **außerhalb der gesellschaftsrechtlichen Strukturen** z. B. durch den Austausch von Führungskräften, intensive Lieferungs- und Leistungsbeziehungen oder technologische Abhängigkeit ausgeübt werden. Ein Assoziierungsverhältnis liegt allerdings nur dann vor, wenn gleichzeitig eine Beteiligung besteht.[31]

21 Die Beurteilung der Frage, ob ein maßgeblicher Einfluss vorliegt und tatsächlich ausgeübt wird, kann nur in jedem **Einzelfall** unter Berücksichtigung des **Gesamtbildes der tatsächlichen Verhältnisse** anhand von Indizien beurteilt werden.

3 Assoziierungsvermutung (Abs. 1 Satz 2)

3.1 Bedeutung

22 Der Nachweis tatsächlichen maßgeblichen Einflusses ist in der Praxis mit Schwierigkeiten verbunden. Um die Anwendung des § 311 Abs. 1 Satz 1 HGB zu erleichtern, wird die Ausübung maßgeblichen Einflusses **widerlegbar vermutet,** wenn das in den Konzernabschluss einbezogene Unt mindestens den fünften Teil – 20 % – der Stimmrechte der Gesellschafter innehat (§ 311 Abs. 1 Satz 2 HGB). Die Vorschrift führt zu einer Umkehr der Beweislast.[32]

23 Der Schwellenwert von 20 % entstammt Art. 33 der Konzernbilanzrichtlinie, der seinerseits auf international Üblichem beruht. Aus der Vermutung darf nicht geschlossen werden, dass im Fall einer Beteiligung von weniger als 20 % die Ausübung maßgeblichen Einflusses ausgeschlossen ist. In einem solchen Fall kommt es vielmehr auf die **positive Feststellung** des Einflusses an.

3.2 Berechnung

24 Die Assoziierungsvermutung des § 311 Abs. 1 Satz 2 HGB knüpft – anders als die Beteiligungsvermutung des § 271 Abs. 1 Satz 3 HGB – **ausschließlich** an den **Anteil der Stimmrechte** an.

---

[29] Vgl. ADS, 6. Aufl., § 311 HGB, Rz 34.
[30] So auch ADS, 6. Aufl., § 311 HGB, Rz 26.
[31] Vgl. ADS, 6. Aufl., § 311 HGB, Rz 27.
[32] Die zur Widerlegung erforderlichen Tatsachen sind von dem den Konzernabschluss aufstellenden MU zu erbringen; ebenso *Biener/Schatzmann*, Konzern-Rechnungslegung, S. 53.

Auf die Berechnung sind § 290 Abs. 3 und 4 HGB analog anzuwenden.[33] Außer den dem MU unmittelbar zustehenden Stimmrechten sind danach auch die einem TU sowie die einem für Rechnung des MU oder TU handelnden Dritten zustehenden Stimmrechte zu berücksichtigen.[34] Die Zurechnung der Stimmrechte hat zur Folge, dass im Fall einer Verteilung des Stimmrechtsbesitzes auf mehrere TU desselben MU eine Gesamtbetrachtung aus Konzernsicht anzustellen ist. 25

Bei der Berechnung der Stimmrechtsquote kommt es nicht darauf an, ob die **TU in den Konzernabschluss einbezogen** werden.[35] Auch § 296 HGB bleibt daher hier – anders als bei der Frage, ob ein in den Konzernabschluss einbezogenes TU beteiligt ist – unberücksichtigt.[36] 26

Von der Zurechnung nicht umfasst sind Stimmrechte, die einem **Gemeinschafts-Unt** i.S.d. § 310 HGB oder einem **anderen assoziierten Unt** zustehen. 27

Aus der analogen Anwendung des § 290 Abs. 4 HGB ergibt sich, dass diejenigen **Stimmrechte, die nicht ausgeübt** werden **können** (z.B. Höchststimmrechtsklausel, § 134 Abs. 1 AktG), bei der Berechnung der Stimmrechtsquote nicht berücksichtigt werden. 28

3.3 Widerlegung

3.3.1 Kein in den Konzernabschluss einbezogenes Unternehmen

In den Konzernabschluss einbezogene Unt sind nur das MU oder die TU. Halten **assoziierte Unt oder GemeinschaftsUnt** eine Beteiligung, die ansonsten die Tatbestandsvoraussetzungen des § 311 Abs. 1 Satz 1 HGB erfüllt, ist die Anwendung der §§ 311, 312 HGB gleichwohl ausgeschlossen. 29

3.3.2 Keine Beteiligung

Da die Assoziierungsvermutung ausschließlich die Stimmrechtsquote berücksichtigt, könnte auch ein Anteilsbesitz erfasst werden, der weder aus der Sicht des einzelnen TU noch aus Sicht des MU als Beteiligung i.S.d. § 271 Abs. 1 HGB angesehen wird. Das gilt z.B. in dem Fall, in dem mehrere TU über geringe Stimmrechtsquoten verfügen, die aufgrund der Zurechnungsvorschriften aus Konzernsicht zur Beteiligungsvermutung (§ 271 Abs. 1 Satz 3 und 4 HGB) und zur Assoziierungsvermutung führen. Wird in diesem Fall die Beteiligungsvermutung widerlegt, weil bspw. **keine Beteiligungsabsicht** besteht, ist damit auch die Assoziierungsvermutung widerlegt. 30

3.3.3 Keine Ausübung maßgeblichen Einflusses

Die Vermutung eines maßgeblichen Einflusses kann durch den Nachweis widerlegt werden, dass tatsächlich kein maßgeblicher Einfluss ausgeübt wird. Dieser 31

---

[33] Vgl. *Biener/Berneke*, Bilanzrichtlinien-Gesetz, S. 368; WPH Edition, Wirtschaftsprüfung & Rechnungslegung, 15. Aufl., 2017, Abschn. G, Rz 659.
[34] Diese Zurechnung ist auch in Art. 33 Abs. 1 Satz 3 der Konzernbilanzrichtlinie zwingend vorgeschrieben. Die fehlende Verweisung in § 311 HGB wird daher ganz überwiegend als redaktionelles Versehen gewertet; vgl. bspw. WPH Edition, Wirtschaftsprüfung & Rechnungslegung, 15. Aufl., 2017, Abschn. G, Tz 659.
[35] Ebenso *Winkeljohann/Lewe*, in Beck Bil-Komm., 10. Aufl., § 311 HGB, Rz 16.
[36] Vgl. ADS, 6. Aufl., § 311 HGB, Rz 42.

Nachweis ist schwierig zu führen. Liegen außer der Assoziierungsvermutung ergänzend auch noch Indizien für die Ausübung maßgeblichen Einflusses vor, so erscheint die Widerlegung der Vermutung ausgeschlossen. Besondere Schwierigkeiten dürfte es bereiten, den Nachweis zu erbringen, dass ein tatsächlich ausgeübter Einfluss graduell schwächer ist als ein maßgeblicher Einfluss.[37] Etwas anderes dürfte gelten, wenn der Nachweis erbracht werden kann, dass die Interessen des in den Konzernabschluss einbezogenen Unt dauerhaft keine Berücksichtigung gefunden haben. Denkbar ist dies bspw., wenn ein beherrschender Einfluss seitens eines anderen Unt ausgeübt wird.

32 Kann der Nachweis erbracht werden, dass die Voraussetzungen für die Ausübung maßgeblichen Einflusses nicht vorliegen, ist die Vermutung widerlegt. Fallgestaltungen sind bspw. der ergebnislose Versuch, eine Vertretung in den Organen des Unt zu erreichen oder eine vertragliche Vereinbarung, nach der auf die Geltendmachung der eigenen Rechte verzichtet wurde. Liegt ein solches **Hindernis der Einflussnahme** vor, so ist gleichwohl im Einzelfall unter Berücksichtigung des Gesamtbildes der tatsächlichen Verhältnisse zu beurteilen, ob die Assoziierungsvermutung widerlegt ist. Dabei spielen auch die aufgrund von Lieferungs- und Leistungsbeziehungen oder technologischer Abhängigkeit ausgeübten Einflüsse eine Rolle.

33 Mit einem Stimmrechtsanteil von 20 % ist in einer AG normalerweise noch kein Einflusspotenzial verbunden. Die HV entscheidet nur in besonderen Fällen über Fragen der Geschäftspolitik. Deshalb kommt eine Widerlegung der Assoziierungsvermutung in Betracht, wenn die Stimmrechte bei einer AG trotz intensiver Bemühungen nicht wenigstens zu einer Vertretung im Aufsichtsrat geführt haben.[38] Diese **rechtsformspezifische Begründung** lässt sich aber nicht ohne Weiteres auf andere Rechtsformen ausdehnen. Die Mitwirkung an Grundsatzentscheidungen ist bei der GmbH regelmäßig schon auf der Ebene der GesV gegeben.

34 Die Ausübung eines maßgeblichen Einflusses ist ausgeschlossen, wenn über das Vermögen des Unt ein **Insolvenzverfahren** eröffnet worden ist (§ 80 InsO); die Assoziierungsvermutung ist dann generell widerlegt.

3.3.4 Keine ausreichenden Informationen zur Anwendung der Equity-Methode

35 Die Assoziierungsvermutung kann auch durch den Nachweis widerlegt werden, dass die zur Anwendung der Equity-Methode erforderlichen **Angaben von den assoziierten Unt nicht zu erhalten** sind.[39] Dies ergibt sich aus der Protokollerklärung Nr. 20 zu Art. 33 der Konzernbilanzrichtlinie.[40] Damit wird den praktischen Problemen in der Anwendung der **Equity-Methode** Rechnung getragen, denn eine besondere Auskunftspflicht für die Konzernrechnungslegung besteht im Gegensatz zu den TU für assoziierte Unt nicht.

---

[37] Vgl. ADS, 6. Aufl., § 311 HGB, Rz 46.
[38] Vgl. *Biener/Schatzmann*, Konzern-Rechnungslegung, S. 55; ebenso *Schmalenbach-Gesellschaft – Deutsche Gesellschaft für Betriebswirtschaft e.v.*, AK „Externe Unternehmensrechnung", Aufstellung von Konzernabschlüssen, ZfbF Sonderheft 21/1987, 2. Aufl., S. 132.
[39] Vgl. BT-Drucks. 10/3440, S. 42.
[40] Abgedruckt bei *Biener/Berneke*, Bilanzrichtlinien-Gesetz, S. 856.

Wenn das Gesamtbild der tatsächlichen Verhältnisse dafür spricht, dass ein maßgeblicher Einfluss tatsächlich ausgeübt wird, ist fraglich, ob eine **schriftliche Mitteilung der geschäftsführenden Organe**, dass die verlangten Informationen nicht zur Verfügung gestellt werden dürfen oder sollen, als ausreichend angesehen werden kann.[41] Hier besteht die Gefahr, dass der maßgebliche Einfluss genutzt wird, um die geschäftsführenden Organe zu einer Verweigerung der Informationserteilung zu bewegen.[42] 36

Zur Widerlegung der Assoziierungsvermutung mit der Begründung unzureichender Information sind vielmehr **verschiedene Informationserfordernisse** zu unterscheiden; der Hinweis auf ungenügende Information allein ist nicht ausreichend.[43] Zur Anwendung der **Equity-Methode** sind Informationen über stille Reserven und Lasten notwendig. Hingegen ist die Anwendung einheitlicher Bilanzierung und Bewertung nach § 312 Abs. 5 HGB nicht unabdingbar für die Equity-Methode. Die Eliminierung von Zwischenergebnissen wird nur verlangt, wenn die Informationen vorhanden oder zugänglich sind. Soweit sich das Informationsproblem also nur auf die einheitliche Bilanzierung und Bewertung oder die Eliminierung von Zwischenergebnissen bezieht, kann die Assoziierungsvermutung also nicht mit der Begründung widerlegt werden, die Daten seien nicht oder nicht in der gewünschten Qualität vorgelegt worden.[44]

4 Besonderheiten

4.1 Anwendung auf nach § 296 HGB nicht einbezogene Tochterunternehmen

Auch ohne ausdrücklichen Hinweis kommt für TU, die aufgrund von § 296 HGB nicht im Wege der VollKons einbezogen werden, die **Behandlung als assoziierte Unt in Betracht**.[45] Werden TU nicht in den KonsKreis einbezogen und liegen die Voraussetzungen des § 311 Abs. 1 Satz 1 HGB vor, so kann auf die Behandlung als assoziiertes Unt nur bei untergeordneter Bedeutung nach § 311 Abs. 2 HGB verzichtet werden. 37

Das Wahlrecht, auf die Einbeziehung eines TU in den Konzernabschluss zu verzichten, wenn die **Ausübung der Rechte** in Bezug auf das Vermögen oder die Geschäftsführung **erheblich und andauernd beschränkt** ist (§ 296 Abs. 1 Nr. 1 HGB), dürfte grds. auch eine Anwendung der Equity-Methode verhindern, da es in diesem Fall regelmäßig am maßgeblichen Einfluss fehlt.[46] 38

---

[41] Vgl. *Havermann*, WPg 1987, S. 318.
[42] Vgl. *Bühner/Hille*, WPg 1980, S. 263.
[43] Vgl. *Küting/Köthner/Zündorf*, in *Küting/Weber*, HdK, § 311 HGB, Rn 89 ff.; *Winkeljohann/Lewe*, in Beck Bil-Komm., 10. Aufl., § 311 HGB, Rz 18.
[44] Vgl. *Havermann*, WPg 1987, S. 318.
[45] Vgl. WPH Edition, Wirtschaftsprüfung & Rechnungslegung, 15. Aufl., 2017, Abschn. G, Tz 665; *Busse von Colbe*, in FS *Grochla*, S. 254. Liegen die Voraussetzungen des § 311 HGB nicht vor, ist das TU zu AK im Konzernabschluss auszuweisen.
[46] Vgl. ADS, 6. Aufl. § 311 HGB, Rz 64. *Winkeljohann/Lewe*, in Beck Bil-Komm., 10. Aufl. § 311 HGB, Rz 6, plädieren unter Hinweis auf § 297 Abs. 2 HGB dafür, bei tatsächlicher und länger andauernder Beeinträchtigung weder die VollKons noch die Equity-Methode anzuwenden. Andernfalls würde im Konzernabschluss Vermögen ausgewiesen, das dem Zugriff der Unt des Konzernkreises entzogen sei. Das dürfte dann aber auch bedeuten, dass die Beteiligung ebenfalls nicht zu AK im Konzernabschluss gezeigt wird.

Besteht nach § 296 Abs. 1 Nr. 2 HGB ein Wahlrecht, wegen **unverhältnismäßiger Kosten oder Verzögerungen** auf die **VollKons zu verzichten**, so wird in den meisten Fällen die Behandlung als assoziiertes Unt in Betracht kommen, sofern tatsächlich ein maßgeblicher Einfluss ausgeübt wird.

39 Sind die Anteile an einem TU ausschließlich mit der **Absicht der Weiterveräußerung** erworben worden, kann die VollKons nach § 296 Abs. 1 Nr. 3 HGB unterbleiben. In diesem Fall besteht keine Beteiligung i.S.d. § 271 Abs. 1 HGB, sodass die Behandlung des TU als assoziiertes Unt ausgeschlossen ist.[47]

40 Für TU, die nach § 296 Abs. 2 HGB wegen **untergeordneter Bedeutung** nicht einbezogen werden, wird regelmäßig auch nach § 311 Abs. 2 HGB auf die Anwendung der Equity-Methode verzichtet.[48] Im Schrifttum wird vielfach die Auffassung vertreten, dass diese generell nicht nach den Vorschriften für assoziierte Unt behandelt werden müssen bzw. die Befreiung großzügig anzuwenden sei.[49] Die pauschale Anwendung des § 311 Abs. 2 HGB auf TU, die nach § 296 Abs. 2 HGB nicht konsolidiert werden, erscheint aber nicht gerechtfertigt, selbst wenn in vielen Fällen auch zugleich die Beteiligung von untergeordneter Bedeutung sein wird.[50]

4.2 Anwendung auf Gemeinschaftsunternehmen

41 Für GemeinschaftsUnt i.S.d. § 310 Abs. 1 HGB besteht das Wahlrecht zur Einbeziehung im Wege der QuotenKons. Wird diese Möglichkeit nicht genutzt, so ist die Anwendung der Equity-Methode zwingend, soweit die Voraussetzungen des § 311 Abs. 1 HGB vorliegen und die Beteiligung nicht von untergeordneter Bedeutung ist.[51] Die gemeinsame Führung i.S.d. § 310 Abs. 1 HGB ist gleichbedeutend mit der Ausübung maßgeblichen Einflusses.[52]

5 Untergeordnete Bedeutung (Abs. 2)

42 Sind die Voraussetzungen des § 311 Abs. 2 HGB erfüllt, ist die Beteiligung für die Darstellung der Vermögens-, Finanz- und Ertragslage also von untergeordneter Bedeutung, kann auf den **gesonderten Ausweis** und die **Anwendung der Equity-Methode verzichtet** werden. Ob eine Beteiligung von untergeordneter Bedeutung ist, lässt sich nur im **Einzelfall** beurteilen.

43 Die Beteiligung muss für sämtliche Teilaspekte der Lage des Konzerns von untergeordneter Bedeutung sein.[53] Zu berücksichtigen sind dabei die sich aus der Anwendung der Equity-Methode und dem gesonderten Ausweis ergebenden

---

[47] Ebenso DRS 8.7, soweit Anteile zum Zweck der Weiterveräußerung in naher Zukunft erworben worden sind.
[48] Vgl. nur *Winkeljohann/Lewe*, in Beck Bil-Komm., 10. Aufl., § 311 HGB, Rz 6.
[49] Vgl. *Schäfer*, Bilanzierung von Beteiligungen an assoziierten Unternehmen nach der Equity-Methode, S. 198; *Winkeljohann/Lewe*, in Beck Bil-Komm., 10. Aufl., § 311 HGB, Rz 20; *Schmalenbach-Gesellschaft – Deutsche Gesellschaft für Betriebswirtschaft e.v.*, AK „Externe Unternehmensrechnung", Aufstellung von Konzernabschlüssen, ZfbF Sonderheft 21/1987, 2. Aufl., S. 133.
[50] Vgl. auch *Küting/Zündorf*, BB 1988, S. 873.
[51] Vgl. auch *Baetge/Kirsch/Thiele*, Konzernbilanzen, 11. Aufl. 2015, S. 361.
[52] Vgl. *Busse von Colbe*, in FS *Grochla*, S. 252; *Havermann*, WPg 1987, S. 316.
[53] Vgl. dazu *Winkeljohann/Lewe*, in Beck Bil-Komm., 10. Aufl., § 311 HGB, Rz 21.

Änderungen im Konzernabschluss. Bei isolierter Betrachtung unwesentliche Beteiligungen sind einer **Gesamtbeurteilung** zu unterwerfen.[54]
Wird nach § 311 Abs. 2 HGB auf die Behandlung als assoziiertes Unt verzichtet, so ist dies mit entsprechender Begründung im **Konzernanhang** nach § 313 Abs. 2 Nr. 2 Satz 2 HGB anzugeben.

6 Ausweis (Abs. 1 Satz 1)

Nach § 311 Abs. 1 Satz 1 HGB besteht die Verpflichtung, die Beteiligung an einem assoziierten Unt in der Konzernbilanz unter einem **besonderen Posten** mit entsprechender Bezeichnung auszuweisen. Ein „Davon-Vermerk" wird den gesetzlichen Anforderungen nicht gerecht.[55]
Im Gliederungsschema nach § 266 HGB, das für die **Konzernbilanz** um diesen Sonderposten zu erweitern ist, kann die Beteiligung an einem assoziierten Unt entweder als gesonderte Kategorie der Beteiligungen (A. III. 3.) oder als zusätzlicher Posten innerhalb der Finanzanlagen ausgewiesen werden.[56] Ein zusätzlicher Posten sollte vor den Beteiligungen (§ 266 Abs. 2 III. 3. HGB) stehen, da assoziierte Unt ihrer Art nach zwischen den Anteilen an verbundenen Unt und anderen Beteiligungen stehen.[57]
Grundsätzlich können alle Beteiligungen, auf die § 311 HGB angewandt wird, zusammengefasst ausgewiesen werden. Bei Anwendung auf **Beteiligungen an TU** ist dann aber ein Vermerk der Mitzugehörigkeit zum Posten „Anteile an verbundenen Unternehmen" erforderlich.[58] Werden dagegen die nach der Equity-Methode bewerteten Beteiligungen an TU als „Anteile an verbundenen Unternehmen" (§ 266 Abs. 2 III. 1. HGB) ausgewiesen, so sind wegen der Besonderheiten der Equity-Methode zusätzliche Angaben im Konzernanhang erforderlich.[59]
Das Gesetz schließt zwar nicht aus, dass auch diejenigen Beteiligungen an assoziierten Unt, die wegen untergeordneter Bedeutung **nicht nach der Equity-Methode bewertet** werden, in den Sonderposten einbezogen werden. Im Interesse der Klarheit und Übersichtlichkeit sollten unter diesem Posten jedoch nur solche Beteiligungen ausgewiesen werden, auf die § 312 HGB angewandt wird.[60] Handelt es sich um eine Beteiligung an einem nicht einbezogenen TU, so ist sie unter den „Anteilen an verbundenen Unternehmen" auszuweisen; im Übrigen unter den „Beteiligungen".

---

[54] Ebenso DRS 8.5.
[55] A. A. *Küting/Köthner/Zündorf*, in *Küting/Weber*, HdK, § 311 HGB, Rn 130.
[56] Vgl. *Küting/Köthner/Zündorf*, in *Küting/Weber*, HdK, § 311 HGB, Rn 130.
[57] Vgl. *Winkeljohann/Lewe*, in Beck Bil-Komm., 10. Aufl., § 311 HGB, Rz 25; ADS, 6. Aufl. § 311 HGB, Rz 71.
[58] Ebenso *Winkeljohann/Lewe*, in Beck Bil-Komm., 10. Aufl., § 311 HGB, Rz 25.
[59] Vgl. ADS, 6. Aufl. § 311 HGB, Rz 72.
[60] Vgl. ebenso *Küting/Köthner/Zündorf*, in *Küting/Weber*, HdK, § 311 HGB, Rn 131.

§ 312 Wertansatz der Beteiligung und Behandlung des Unterschiedsbetrags

(1) [1]Eine Beteiligung an einem assoziierten Unternehmen ist in der Konzernbilanz mit dem Buchwert anzusetzen. [2]Der Unterschiedsbetrag zwischen dem Buchwert und dem anteiligen Eigenkapital des assoziierten Unternehmens sowie ein darin enthaltener Geschäfts- oder Firmenwert oder passiver Unterschiedsbetrag sind im Konzernanhang anzugeben.

(2) [1]Der Unterschiedsbetrag nach Absatz 1 Satz 2 ist den Wertansätzen der Vermögensgegenstände, Schulden, Rechnungsabgrenzungsposten und Sonderposten des assoziierten Unternehmens insoweit zuzuordnen, als deren beizulegender Zeitwert höher oder niedriger ist als ihr Buchwert. [2]Der nach Satz 1 zugeordnete Unterschiedsbetrag ist entsprechend der Behandlung der Wertansätze dieser Vermögensgegenstände, Schulden, Rechnungsabgrenzungsposten und Sonderposten im Jahresabschluss des assoziierten Unternehmens im Konzernabschluss fortzuführen, abzuschreiben oder aufzulösen. [3]Auf einen nach Zuordnung nach Satz 1 verbleibenden Geschäfts- oder Firmenwert oder passiven Unterschiedsbetrag ist § 309 entsprechend anzuwenden. [4]§ 301 Abs. 1 Satz 3 ist entsprechend anzuwenden.

(3) [1]Der Wertansatz der Beteiligung und der Unterschiedsbetrag sind auf der Grundlage der Wertansätze zu dem Zeitpunkt zu ermitteln, zu dem das Unternehmen assoziiertes Unternehmen geworden ist. [2]Können die Wertansätze zu diesem Zeitpunkt nicht endgültig ermittelt werden, sind sie innerhalb der darauf folgenden zwölf Monate anzupassen. [3]§ 301 Absatz 2 Satz 3 und 4 gilt entsprechend.

(4) [1]Der nach Absatz 1 ermittelte Wertansatz einer Beteiligung ist in den Folgejahren um den Betrag der Eigenkapitalveränderungen, die den dem Mutterunternehmen gehörenden Anteilen am Kapital des assoziierten Unternehmens entsprechen, zu erhöhen oder zu vermindern; auf die Beteiligung entfallende Gewinnausschüttungen sind abzusetzen. [2]In der Konzern-Gewinn- und Verlustrechnung ist das auf assoziierte Beteiligungen entfallende Ergebnis unter einem gesonderten Posten auszuweisen.

(5) [1]Wendet das assoziierte Unternehmen in seinem Jahresabschluß vom Konzernabschluß abweichende Bewertungsmethoden an, so können abweichend bewertete Vermögensgegenstände oder Schulden für Zwecke der Absätze 1 bis 4 nach den auf den Konzernabschluß angewandten Bewertungsmethoden bewertet werden. [2]Wird die Bewertung nicht angepaßt, so ist dies im Konzernanhang anzugeben. [3]Die §§ 304 und 306 sind entsprechend anzuwenden, soweit die für die Beurteilung maßgeblichen Sachverhalte bekannt oder zugänglich sind.

(6) [1]Es ist jeweils der letzte Jahresabschluß des assoziierten Unternehmens zugrunde zu legen. [2]Stellt das assoziierte Unternehmen einen Konzernabschluß auf, so ist von diesem und nicht vom Jahresabschluß des assoziierten Unternehmens auszugehen.

§ 312 Wertansatz der Beteiligung und Behandlung des Unterschiedsbetrags

WP StB RA Dr. Holger Seidler

Inhaltsübersicht

			Rz
1	Überblick		1–11
2	Die Technik der Equity-Methode		12–94
	2.1 Erstmalige Anwendung (Abs. 1)		12–44
		2.1.1 Beteiligungsbuchwert (Abs. 1 Satz 1)	12–17
		2.1.2 Anteiliges Eigenkapital (Abs. 1 Satz 2)	18–23
		2.1.3 Buchwertmethode (Abs. 1 Sätze 1 und 2)	24–36
		2.1.3.1 Kapitalaufrechnung	24–26
		2.1.3.2 Aktiver Unterschiedsbetrag	27–34
		2.1.3.3 Passiver Unterschiedsbetrag	35–36
		2.1.4 Stichtag der Kapitalaufrechnung (Abs. 3)	37–40
		2.1.5 Latente Steuern	41
		2.1.6 Angaben im Konzernanhang	42–44
	2.2 Anwendung in Folgejahren (Abs. 2)		45–70
		2.2.1 Fortschreibung des Unterschiedsbetrags	45–52
		2.2.2 Berücksichtigung von Eigenkapitalveränderungen (Abs. 4)	53–70
		2.2.2.1 Überblick	53
		2.2.2.2 Anteiliger Jahresüberschuss	54–58
		2.2.2.3 Anteiliger Jahresfehlbetrag	59–63
		2.2.2.4 Kapitalerhöhungen	64–68
		2.2.2.5 Kapitalherabsetzungen	69
		2.2.2.6 Gewinnausschüttungen	70
	2.3 Einheitliche Bilanzierungs- und Bewertungsmethoden (Abs. 5 Sätze 1 und 2)		71–81
		2.3.1 Wahlrecht	71–73
		2.3.2 Anwendung auch auf den Bilanzansatz	74–75
		2.3.3 Anpassung abweichender Wertansätze	76–80
		2.3.4 Angaben im Konzernanhang (Abs. 5 Satz 2)	81
	2.4 Zwischenergebniseliminierung (Abs. 5 Satz 3)		82–91
		2.4.1 Entsprechende Anwendung des § 304 HGB	82–84
		2.4.2 Downstream- und Upstream-Zwischenergebniseliminierung	85–87
		2.4.3 Verrechnungstechnik	88–90
		2.4.4 Verzicht auf die Zwischenergebniseliminierung	91
	2.5 Latente Steuern (Abs. 5 Satz 3)		92–94
3	Zugrunde zu legender Jahresabschluss des assoziierten Unternehmens (Abs. 6 Satz 1)		95–100
4	Zugrunde zu legender Konzernabschluss des assoziierten Unternehmens (Abs. 6 Satz 2)		101–105
5	Sonderfragen		106–123
	5.1 Außerplanmäßige Abschreibungen nach § 253 Abs. 3 Satz 3 HGB		106–109
	5.2 Währungsumrechnung		110

	5.3	Erwerb weiterer Anteile	111–115
	5.4	Veräußerung von Anteilen	116–119
		5.4.1 Fortführung der Equity-Methode	116–117
		5.4.2 Übergang von der Equity-Methode zur Anschaffungskosten-Methode	118
		5.4.3 Vollständige Veräußerung	119
	5.5	Übergang von der Vollkonsolidierung zur Equity-Methode	120
	5.6	Übergang von der Quotenkonsolidierung zur Equity-Methode..	121–123
6	Anhang: Kapitalanteilsmethode		124–132
	6.1	Vorbemerkung	124–125
	6.2	Kapitalanteilsmethode bei erstmaliger Anwendung der Equity-Methode...............................	126–130
	6.3	Kapitalanteilsmethode bei Fortschreibung der Equity-Methode..	131–132

1 Überblick

1   Beteiligungen an assoziierten Unt – und ggf. TU – sind im Konzernabschluss nach der **Equity-Methode** zu bewerten. Der wesentliche Unterschied im Vergleich zur VollKons oder zur QuotenKons besteht darin, dass die VG, Schulden, Sonderposten, RAP, Aufwendungen oder Erträge aus dem Jahresabschluss des assoziierten Unt nicht in den Konzernabschluss übernommen werden. Vielmehr wird der im Konzernabschluss angesetzte Beteiligungsbuchwert, ausgehend von den AK, entsprechend der Entwicklung des Werts des anteiligen bilanziellen EK des assoziierten Unt in einer außerbilanziellen Nebenrechnung fortgeschrieben (sog. **one-line consolidation**), um so auf längere Sicht einen Gleichlauf des Buchwerts der Beteiligung mit dem anteiligen bilanziellen EK des assoziierten Unt herzustellen. Dies geschieht, indem der Buchwert der Beteiligung um die nach dem Erwerb erzielten Gewinne/Einlagen erhöht und um die Verluste/Ausschüttungen und Entnahmen vermindert wird (DRS 8.20).[1] Die Bilanzierung der Beteiligung nach der Equity-Methode wird – jedenfalls im Vergleich zur Bilanzierung zu AK – als für die Abschlussadressaten informativer angesehen, weil sich die EK-Entwicklung direkt in dem Konzernabschluss widerspiegelt.

2   Mit dem **BilMoG** wurden die Abs. 1–3 des § 312 HGB neu gefasst. Der Zweck der Neufassung bestand in einer Vereinheitlichung und Vereinfachung der Abbildung von Beteiligungen an assoziierten Unt im Konzernabschluss. Gleichzeitig sollte die Vorschrift an die IFRS angenähert werden.[2] Mit der Neufassung

---

[1] Vgl. *Baetge/Kirsch/Thiele*, Konzernbilanzen, 11. Aufl., 2015, S. 361; ADS, 6. Aufl., § 312 HGB, Rz 2.
[2] Vgl. BilMoG-BgrRegE, S. 84.

des § 312 Abs. 1 Satz 1 HGB wurde die Kapitalaufrechnung bei erstmaliger Anwendung der Equity-Methode **auf die Buchwertmethode beschränkt**.³

Die **erstmalige Anwendung der Equity-Methode** verlangt nach § 312 Abs. 2 Satz 1 HGB, ebenso wie bei der VollKons, die Analyse eines sich ergebenden Unterschiedsbetrags und dessen Zuordnung zu den betreffenden VG, Schulden, RAP und Sonderposten in der Bilanz des assoziierten Unt. Daraus ergibt sich gleichzeitig, dass die erstmalige Anwendung der Equity-Methode **erfolgsneutral** ist.⁴

Das anteilige EK ist bei der erstmaligen Einbeziehung eines assoziierten Unt nach § 312 Abs. 3 Satz 1 HGB zu dem Zeitpunkt zu ermitteln, zu dem das Unt assoziiertes Unt geworden ist. Dies galt bisher grds. auch dann, wenn das Unt bisher von untergeordneter Bedeutung für den Konzernabschluss war oder das MU wegen Überschreitens der Schwellenwerte des § 293 HGB erstmals zur Aufstellung eines Konzernabschlusses verpflichtet war. Lag der Zeitpunkt, zu dem das Unt assoziiertes Unt geworden ist, schon lange zurück, wäre diese Vorgehensweise sehr aufwendig gewesen. Vor diesem Hintergrund und aufgrund der Bestrebungen des Gesetzgebers, einen weitestgehenden Gleichlauf zwischen § 301 und § 312 HGB zu erreichen, wurde bereits bisher vertreten, § 301 Abs. 2 Satz 3 und 4 HGB auf die Kons. assoziierter Unt entsprechend anzuwenden.⁵ Die Anwendung dieser Erleichterungen wird in § 312 Abs. 3 Satz 3 HGB ausdrücklich gesetzlich eröffnet.⁶

Im Gegensatz zur VollKons erfolgt diese **Zuordnung ausschließlich in einer Nebenrechnung**; sie dient als Berechnungsgrundlage für die Fortschreibung in den Folgejahren. Der Unterschiedsbetrag sowie ein darin enthaltener GoF oder passiver Unterschiedsbetrag sind im Konzernanhang anzugeben (§ 312 Abs. 1 Satz 2 HGB).

Die Sätze 2 und 3 des § 312 Abs. 1 HGB betreffen die **Anwendung der Equity-Methode in den Folgejahren**. Im Gegensatz zur erstmaligen Anwendung ergeben sich aus der Anwendung der Equity-Methode in den Folgejahren **Auswirkungen auf den Unternehmenserfolg**.

Für Zwecke der Kapitalaufrechnung ist nach § 312 Abs. 3 Satz 1 HGB grundsätzlich auf den **Zeitpunkt** abzustellen, **zu dem das Unt assoziiertes Unt geworden** ist. Dadurch wird ein Gleichlauf mit § 301 HGB erreicht. Der Zeitpunkt, zu dem das Unt assoziiertes Unt geworden ist, dürfte regelmäßig auch der

---

3 Der Gesetzgeber weist darauf hin, dass die Kapitalanteilsmethode zu einer stärkeren Annäherung an die IFRS geführt hätte. Gleichwohl sei von einer ausschließlichen Beibehaltung der Kapitalanteilsmethode abgesehen worden, weil beide Methoden nur in seltenen Ausnahmefällen zu einem unterschiedlichen Ergebnis kämen und die Anwendung der Buchwertmethode gängige Praxis – so auch ausdrücklich DRS 8 Zusammenfassung – in Deutschland sei; vgl. BT-Drs. 10/10067, S. 85.
4 Der mit dem BilMoG erfolgte Austausch des Begriffs „Wert" gegen den Begriff „beizulegender Zeitwert" hat für die Anwendung der Equity-Methode keine Bedeutung. Bereits davor war es – anders als bei § 301 HGB – für Zwecke der Equity-Bewertung nicht zulässig, dass ein Erwerber seine subjektiven Erwartungen über den Wert von VG und Schulden bei der Kaufpreisallokation berücksichtigt. Nur maßgeblicher Einfluss wurde schon bisher als nicht ausreichend angesehen, um entsprechende Nutzungsentscheidungen auch durchzusetzen, vgl. dazu auch *Melcher/Murer*, DB 2010, S. 1598.
5 So auch *Gelhausen/Fey/Kämpfer*, Rechnungslegung und Prüfung nach dem Bilanzrechtsmodernisierungsgesetz, Abschn. Q, Rz 470ff.; *Melcher/Murer*, DB 2010, S. 1602.
6 Vgl. BGBl, 2015 I, S. 1251. Dazu auch *Oser/Orth/Wirth*, DB 2015, S. 202; *Blöink/Biermann*, Der Konzern 2015, S. 73.

Zeitpunkt sein, zu dem die in dem Konzernabschluss nach der Equity-Methode abzubildende Beteiligung erworben worden ist. Die sich durch einen sukzessiven Aufbau des maßgeblichen Einflusses möglicherweise ergebenden Gestaltungsmöglichkeiten werden wohl grds. nur eine geringe Bedeutung haben. Mit § 312 Abs. 3 Satz 3 HGB wird die Anwendung der Erleichterungen des § 301 Abs. 2 Satz 3 und 4 HGB – die Vorschriften wurden bereits bisher entsprechend angewandt – nunmehr ausdrücklich gesetzlich eröffnet.[7]

8 § 312 Abs. 4 Satz 1 HGB schreibt den **Grundgedanken der Equity-Methode** fest: Der im Rahmen der erstmaligen Anwendung der Equity-Methode ermittelte Wertansatz des Beteiligungsbuchwerts im Konzernabschluss ist in den Folgejahren um den Betrag der EK-Veränderungen (Gewinne, Einlagen, Verluste, Ausschüttungen, Entnahmen), die den dem MU gehörenden Anteilen am Kapital des assoziierten Unt entsprechen, zu erhöhen oder zu vermindern.

9 Werden im Jahresabschluss des assoziierten Unt andere **Bewertungsmethoden** angewandt als im Konzernabschluss, ist gem. § 312 Abs. 5 Satz 1 HGB eine Bewertungsanpassung zugelassen; im Konzernanhang wird eine Angabe verlangt, wenn keine Bewertungsanpassung erfolgt (§ 312 Abs. 5 Satz 2 HGB), d. h., dass assoziierte Unt auf Grundlage abweichender (eigener) Bewertungsmethoden einbezogen werden.[8]

10 Die **Eliminierung von Zwischenergebnissen** aus Geschäften zwischen assoziierten Unt und einem in den Konzernabschluss einbezogenen Unt ist nur unter der Voraussetzung vorgeschrieben, dass die notwendigen Informationen verfügbar sind (§ 312 Abs. 5 Satz 3 HGB). Eine Schulden- oder Aufwands- und ErtragsKons sieht § 312 HGB auch nach der Novellierung durch das BilRUG nicht vor.[9] Hingegen sind die latenten Steuern gem. § 312 Abs. 5 Satz 3 HGB, der ausdrücklich die entsprechende Anwendung des § 306 HGB fordert, künftig bei der Bewertung von Anteilen an assoziierten Unt zu berücksichtigen, soweit die für die Beurteilung maßgeblichen Sachverhalte bekannt oder zugänglich sind.[10]

11 Für die Anwendung der Equity-Methode ist nach § 312 Abs. 6 HGB der letzte Jahresabschluss des assoziierten Unt zugrunde zu legen. Bei abweichendem Gj braucht daher kein Zwischenabschluss aufgestellt zu werden, auch wenn der Bilanzstichtag mehr als drei Monate vor dem **Stichtag** des Konzernabschlusses liegt. DRS 8.12f. sehen hier eine über den Gesetzeswortlaut hinausgehende nahezu analoge Anwendung des § 299 HGB vor. Darüber hinaus kann aufgrund dieser Regelung der Vorjahresabschluss des assoziierten Unt verwendet werden, wenn der Jahresabschluss des Berichtsjahrs bis zur Aufstellung des Konzernabschlusses noch nicht vorliegt. Stellt das assoziierte Unt einen Konzernabschluss auf, ist dieser nach § 312 Abs. 6 Satz 2 HGB für die Anwendung der Equity-Methode zugrunde zu legen.

---

[7] Vgl. BGBl, 2015 I, S. 1251 sowie die Begründung zum RegE BilRUG, BT-Drucks. 18/4040, S. 73.
[8] Vgl. auch DRS 8.8, wonach die für die Ermittlung des Beteiligungsbuchwerts anzuwendenden Vorschriften dem HGB und den Regelungen des DSR entsprechen müssen.
[9] Diese war im Referentenentwurf zum BilRUG noch vorgesehen, wurde aber aufgrund der Kritik im Regierungsentwurf wieder fallen gelassen; dazu bspw. Oser/Orth/Wirtz, DB 2015, S. 202.
[10] Vgl. BGBl, 2015 I, S. 1251; BgrRegE BilRUG, BT-Drucks. 18/4050, S. 73.

2 Die Technik der Equity-Methode

2.1 Erstmalige Anwendung (Abs. 1)

2.1.1 Beteiligungsbuchwert (Abs. 1 Satz 1)

Nach § 312 Abs. 1 Satz 1 HGB ist eine Beteiligung an einem assoziierten Unt im Konzernabschluss mit dem im Jahresabschluss des MU oder des beteiligten TU ausgewiesenen Beteiligungsbuchwert anzusetzen. Soweit – was regelmäßig der Fall sein dürfte – von vornherein eine Beteiligung an einem assoziierten Unt erworben wird, **entspricht der Beteiligungsbuchwert den AK.** 12

Der Beteiligungsbuchwert des Konzernabschlusses entspricht dem im Jahresabschluss des unmittelbar beteiligten MU oder TU angesetzten Buchwertes der Beteiligung. Werden im Jahresabschluss vom Konzernabschluss **abweichende Bewertungsmethoden** angewandt, muss eine Neubewertung der Beteiligung in der HB II erfolgen, die dann auch auf die Equity-Methode durchschlägt (sog. Konzern-AK). Denkbar ist dies insb. dann, wenn ausländische TU die Beteiligung halten. 13

Ist der Beteiligungsbuchwert durch konzerninterne Transaktionen beeinflusst, so treten an die Stelle der AK des beteiligten Unt die AK des Konzerns.[11] 14

Halten **mehrere** in den Konzernabschluss **einbezogene Unt Anteile** an einem assoziierten Unt, so ist es zweckmäßig, deren Buchwerte zu einem Beteiligungsbuchwert zusammenzufassen. Ob die Anteile in den Jahresabschlüssen der beteiligten Unt als „Beteiligungen" ausgewiesen sind, ist dabei für die Anwendung der Equity-Methode unerheblich.[12] 15

Werden neben den Anteilen, die die Grundlage des Assoziierungsverhältnisses bilden, auch weitere Anteile am assoziierten Unt mit konkreter **Weiterveräußerungsabsicht** gehalten und im UV ausgewiesen, so sind diese nicht zu berücksichtigen. Es fehlt hier am Beteiligungscharakter der Anteile. 16

Auch die von einem im Wege der QuotenKons einbezogenen **Gemeinschafts-Unt** gehaltenen Anteile an einem assoziierten Unt sind in die Kapitalaufrechnung nach Maßgabe der Equity-Methode einzubeziehen.[13] Davon zu unterscheiden ist die Frage, ob die von GemeinschaftsUnt gehaltenen Anteile bei der Prüfung der Assoziierungsvermutung im Sinn des § 311 HGB zu berücksichtigen sind.[14] 17

2.1.2 Anteiliges Eigenkapital (Abs. 1 Satz 2)

Das anteilige EK eines assoziierten Unt in der **Rechtsform einer KapG** ermittelt sich anhand der in § 266 Abs. 3 A. HGB aufgeführten Posten. Einzubeziehen 18

---

[11] Denkbar ist bspw., dass die Beteiligung von einem anderen einbezogenen Unt erworben wurde und dabei Zwischenergebnisse entstanden sind. In diesem Fall ist vor der Kapitalaufrechnung eine Zwischenergebniseliminierung vorzunehmen.
[12] Vgl. auch ADS, 6. Aufl., § 312 HGB, Rz 25.
[13] Vgl. ADS, 6. Aufl., § 312 HGB, Rz 27 HGB; a. A. noch *Schäfer*, Bilanzierung von Beteiligungen an assoziierten Unternehmen nach der Equity-Methode, S. 237, der die Anwendung der Equity-Methode auf die unmittelbar von KonzernUnt gehaltenen Anteile – unter Hinweis auf den ursprünglichen Vorschlag zur Konzernbilanz-RL – beschränkt wissen will. Da die endgültige Regelung der Equity-Methode in der Konzernbilanz-RL von dem Vorschlag erheblich abweicht, kommt dieser Begründung aber keine Bedeutung mehr zu.
[14] Vgl. dazu § 311 HGB.

sind zudem ein Ergebnisvortrag sowie das Jahresergebnis, vorausgesetzt, dass es nicht den früheren Anteilseignern zusteht. Darüber hinaus muss auch der auf der Aktivseite ausgewiesene, nicht durch EK gedeckte Fehlbetrag berücksichtigt werden.[15] Eigene Anteile sind mit der Neufassung des § 272 Abs. 1a u. 1b HGB auf der Passivseite der Bilanz offen vom gezeichneten Kapital abzusetzen. Hier besteht also für Zwecke der Equity-Methode kein ergänzender Korrekturbedarf. Das Gleiche gilt für die nicht eingeforderten ausstehenden Einlagen.

19 Die Höhe der **Beteiligungsquote am EK** des assoziierten Unt in der Rechtsform einer KapG richtet **sich** nach dem auf das beteiligte Unt entfallenden Anteil am Nennkapital. Dabei bleiben Anteile im Besitz von nicht einbezogenen TU unberücksichtigt, auch wenn sie für Zwecke der Anhangangaben nach § 285 Nr. 11 HGB wegen der Zurechnung nach § 16 Abs. 4 AktG zu berücksichtigen sind. Unberücksichtigt bleiben ferner Anteile im Besitz von anderen assoziierten Unt.

20 Bei assoziierten Unt in der **Rechtsform einer PersG** können sich Schwierigkeiten in der Abgrenzung des anteiligen EK ergeben, wenn neben den festen Kapitalkonten sonstige Gesellschafterkonten existieren. Hier ist anhand der zur Klassifizierung von EK entwickelten Kriterien in jedem Einzelfall gesondert festzustellen, ob den Konten EK- oder FK-Charakter zukommt.[16]

21 Bei PersG richtet sich die **Beteiligungsquote am EK** nach dem Stand der Kapitalkonten. Bei einer Beteiligung als Komplementär ohne Einlage liegt zwar ein Beteiligungsverhältnis vor, gleichwohl kommt die Anwendung der Equity-Methode so lange nicht in Betracht, wie es an einem Anteil am EK fehlt.

22 Bei **ausländischen assoziierten Unt** muss das EK, das möglicherweise nach anderen Kriterien klassifiziert und gegliedert ist, in einer HB II entsprechend umklassifiziert, umgegliedert und ggf. an die einheitliche Bewertung angepasst werden.

23 Stellt das assoziierte Unt einen Konzernabschluss auf, so ist dieser gem. § 312 Abs. 6 Satz 1 HGB zugrunde zu legen. Aus der Kons. resultierende Posten sind, soweit sie nicht in den Gewinnrücklagen oder im Ergebnisvortrag enthalten sind, nicht zu berücksichtigen. Dies betrifft in erster Linie den **Ausgleichsposten für Anteile anderer Gesellschafter** gem. § 307 HGB.

2.1.3 Buchwertmethode (Abs. 1 Sätze 1 und 2)

2.1.3.1 Kapitalaufrechnung

24 Bei erstmaliger Anwendung der Equity-Methode ist – unter Berücksichtigung der allein zulässigen Buchwertmethode – der aus dem Jahresabschluss des MU oder des beteiligten TU übernommene Beteiligungsbuchwert[17] zur **Ermittlung des Unterschiedsbetrags** gegen das anteilige EK aus der Bilanz[18] des assoziierten

---

[15] Die Abgrenzung des EK bei Anwendung der Equity-Methode ist grds. mit der Abgrenzung der konsolidierungspflichtigen EK eines TU bei der VollKons nach § 301 HGB identisch.
[16] Vgl. dazu auch IDW RS HFA 7 sowie IDW HFA 1/1994.
[17] Regelmäßig werden der Beteiligungsbuchwert und der Betrag des anteiligen EK nicht übereinstimmen, weil bspw. beim Erwerb der Beteiligung an dem assoziierten Unt stille Reserven oder stille Lasten mit erworben wurden.
[18] Bei der Anpassung von abweichenden Bilanzierungs- und Bewertungsmethoden im Jahresabschluss an die konzerneinheitliche Bilanzierung und Bewertung nach § 312 Abs. 5 Satz 1 HGB ist auf die HB II abzustellen.

Unt aufzurechnen.[19] Übersteigt der Beteiligungsbuchwert das anteilige EK, ergibt sich ein aktiver Unterschiedsbetrag. Ist der Beteiligungsbuchwert niedriger, ergibt sich ein passiver Unterschiedsbetrag.[20] Der Unterschiedsbetrag wird nach § 312 Abs. 2 Sätze 2 und 3 HGB in den Folgejahren fortgeführt, abgeschrieben oder aufgelöst, sodass sich der Beteiligungsbuchwert und der Wert des anteiligen bilanziellen EK theoretisch zu irgendeinem Zeitpunkt entsprechen.[21]

Ein aktiver Unterschiedsbetrag deutet auf die **Existenz stiller Reserven** in den VG, nicht aktivierte selbst geschaffene immaterielle VG des AV und einen erworbenen selbst geschaffenen GoF hin. Ein passiver Unterschiedsbetrag deutet auf im Jahresabschluss des assoziierten Unt zulässigerweise nicht berücksichtigte Schulden – regelmäßig unter Art. 28 EGHGB fallende Pensionsverpflichtungen – oder negative Ertragsaussichten wegen mangelnder Rentabilität oder der Sanierungsbedürftigkeit des assoziierten Unt hin, mithin auf **stille Lasten**. Denkbar ist aber auch, dass der passive Unterschiedsbetrag auf einer (zulässigen) Unterbewertung der Beteiligung – z. B. aufgrund der Anwendung der Tauschgrundsätze – beruht. Eher selten ist der sog. lucky buy. Zudem kann ein passiver Unterschiedsbetrag auch darauf zurückzuführen sein, dass auf die Beteiligung in der Vergangenheit außerplanmäßige Abschreibungen erfolgten, denen keine Verminderung des EK des assoziierten Unt gegenübersteht.

25

Bestehen **mehrere Beteiligungen an assoziierten Unt**, ist die Kapitalaufrechnung für jedes assoziierte Unt gesondert vorzunehmen.[22]

26

Hat das assoziierte Unt seinen Jahresabschluss in fremder Währung aufgestellt, sind das EK und das Jahresergebnis in EUR umzurechnen. Hierzu ist § 308a HGB entsprechend anzuwenden.

2.1.3.2 Aktiver Unterschiedsbetrag

Ein sich aus der Kapitalaufrechnung ergebender aktiver Unterschiedsbetrag ist, unter Beachtung des Einzelbewertungsgrundsatzes (§§ 252 Abs. 1 Nr. 3, 298 Abs. 1 HGB), den Wertansätzen der VG, Schulden, RAP und Sonderposten des assoziierten Unt gem. § 312 Abs. 2 Satz 1 HGB insoweit zuzuordnen, als deren beizulegender Zeitwert höher oder niedriger ist als ihr Buchwert.[23] Die **Zuordnung** des aktiven Unterschiedsbetrags ist erfolgsneutral vorzunehmen.[24]

27

Die Zuordnung erfolgt ausschließlich in einer **Nebenrechnung,** denn die einzelnen Posten der Bilanz des assoziierten Unt gehen nicht in die Konzernbilanz

28

---

19 Früher war alternativ neben der Buchwert- die Kapitalanteilsmethode vorgesehen. Da die Beschränkung auf die Buchwertmethode nur für Erwerbsfälle Anwendung findet, die in Gj erfolgt sind, die nach dem 31.12.2009 begonnen haben (Art. 66 Abs. 3 Satz 4 EGHGB), kann die Kapitalanteilsmethode für Altfälle beibehalten werden. Auf sie wird daher unter Rz 126 ff. noch eingegangen.
20 Die Technik der Kapitalaufrechnung entspricht grds. der KapKons nach § 301 HGB.
21 So auch DRS 8.20 f.; vgl zum Ganzen auch *Havermann,* WPg 1987, S. 317.
22 Vgl. *Winkeljohann/Lewe,* in Beck Bil-Komm., 10. Aufl., 2016, § 312 HGB, Rz 15.
23 Können die stillen Reserven den einzelnen VG nicht mit angemessenem Aufwand zugeordnet werden, wird es auch als zulässig angesehen, eine Zuordnung auf abgrenzbare Gruppen vorzunehmen; vgl. *Förschle/Deubert,* in Beck Bil-Komm., 10. Aufl., 2016, § 301 HGB, Rz 90.
24 Die Abschreibungen bzw. Auflösungen der zugeordneten Beträge werden erst in den Folgejahren im Konzernerfolg wirksam. Für die Zuordnung gelten daher die Anforderungen an die Dokumentation bei der VollKons entsprechend (vgl. § 301 HGB).

ein.²⁵ In der Nebenrechnung wird festgelegt, wie der zugeordnete aktive Unterschiedsbetrag in den Folgejahren fortzuführen, abzuschreiben oder aufzulösen ist (§ 312 Abs. 2 Satz 2 HGB sowie DRS 8.20 f.).

29 Die Zuordnung der stillen Reserven hat sich auch auf **selbst erstellte immaterielle VG** zu erstrecken, die von assoziierten Unt bisher nicht aktiviert werden durften bzw. deren Aktivierung nach § 248 Abs. 2 Satz 1 HGB einem Wahlrecht unterliegt, denn aus Konzernsicht handelt es sich um entgeltlich erworbene VG. In der gleichen Weise ist schließlich auch ein selbst geschaffener GoF anzusetzen.

30 In § 312 Abs. 2 Satz 2 HGB wird ausdrücklich der beizulegende Zeitwert angesprochen. Die **Ermittlung** der in den VG, Schulden, RAP und Sonderposten ruhenden **stillen Reserven und stillen Lasten** hat demnach nach Maßgabe des auch international üblichen dreistufigen Konzepts zur Ermittlung des beizulegenden Zeitwerts zu erfolgen, das auch Eingang in den neuen § 255 Abs. 4 HGB gefunden hat.²⁶

31 Als Ausnahme dazu wird in § 312 Abs. 2 Satz 4 HGB die entsprechende Anwendung des § 301 Abs. 1 Satz 3 HGB vorgeschrieben. In der Vorschrift, die durch den Rechtsausschuss des BT eingefügt worden ist, heißt es, dass Rückstellungen nach § 253 Abs. 1 Sätze 2 und 3, Abs. 2 HGB und latente Steuern nach § 274 Abs. 2 HGB zu bewerten sind. Diese Vorschrift sieht mithin eine – aus Gründen der besseren Vergleichbarkeit – zwingend zu befolgende **Bewertungsvereinfachung** vor, um unnötige Anpassungsbuchungen zu vermeiden. Im Jahresabschluss werden die Rückstellungen mit einer Restlaufzeit von mehr als einem Jahr, Rückstellungen für wertpapiergebundene Pensionszusagen und die latenten Steuern gerade nicht – wie § 312 Abs. 2 Satz 1 HGB vorschreibt – mit dem beizulegenden Zeitwert bewertet. Die Rückstellungen mit einer Restlaufzeit von mehr als einem Jahr sind zu dem von der Deutschen Bundesbank vorgegebenen Durchschnittszinssatz und nicht mit einem fristenadäquaten Marktzinssatz abzuzinsen, die wertpapiergebundenen Pensionszusagen sind mit dem beizulegenden Zeitwert der Wertpapiere zu bewerten, nach deren Höhe sich die aus den Pensionszusagen resultierenden Altersversorgungsverpflichtungen richten. Ferner sind die latenten Steuern nicht abzuzinsen.

32 Den stille Reserven und stille Lasten aufweisenden Bilanzposten des assoziierten Unt dürfen Teile des aktiven Unterschiedsbetrags nur **beteiligungsproportional** zugewiesen werden.

33 Ein **nach der Zuordnung verbleibender aktiver Unterschiedsbetrag** ist als GoF in die Nebenrechnung aufzunehmen. Auf diesen ist § 309 HGB in den Folgejahren entsprechend anzuwenden (§ 312 Abs. 2 Satz 3 HGB).

34 Nach § 312 Abs. 1 Satz 2 HGB ist der in dem Beteiligungsbuchwert enthaltene und damit in der Konzernbilanz ausgewiesene (gesamte) aktive Unterschiedsbetrag im **Konzernanhang** anzugeben.²⁷ Zudem ist der enthaltene GoF geson-

---

25 Vgl. *Havermann*, WPg 1975, S. 236.
26 Besondere Schwierigkeiten kann die Ermittlung der stillen Reserven und stillen Lasten des assoziierten Unt bereiten, wenn die notwendigen Informationen nicht unmittelbar zugänglich sind. Vgl. zu der daraus möglicherweise resultierenden Widerlegung der Assoziierungsvermutung § 311 HGB.
27 Der bei erstmaliger Anwendung der Equity-Methode auch mögliche Vermerk in der Konzernbilanz entfällt aus Gründen der besseren Vergleichbarkeit ersatzlos.

dert anzugeben. Dies macht vor dem Hintergrund Sinn, dass die offene Verrechnung mit den Rücklagen nicht möglich ist.

2.1.3.3 Passiver Unterschiedsbetrag

Ein passiver Unterschiedsbetrag entsteht, wenn der **Beteiligungsbuchwert niedriger als das anteilige EK** ist. Auch der passive Unterschiedsbetrag ist zu analysieren und gem. § 312 Abs. 2 Satz 1 HGB den Wertansätzen der VG, Schulden, RAP und Sonderposten des assoziierten Unt in einer Nebenrechnung insoweit zuzuordnen, als deren beizulegender Zeitwert höher oder niedriger als ihr Buchwert ist.[28]

35

Denkbar ist die Entstehung eines passiven Unterschiedsbetrags auch aus dem Umstand heraus, dass die stillen Reserven des assoziierten Unt den ermittelten aktiven Unterschiedsbetrag übersteigen. In diesem Fall entsteht kein GoF. Der aktive Unterschiedsbetrag reicht nicht einmal aus, um die anteiligen stillen Reserven aufzudecken. Die Entstehung eines solchen passiven Unterschiedsbetrags setzt aber voraus, dass die stillen Reserven nicht lediglich anteilig in den Grenzen des ermittelten Unterschiedsbetrags – also faktisch in den **Grenzen der AK** – aufgedeckt werden, sondern anteilig in der tatsächlich vorhandenen Höhe. Dem steht aber § 312 Abs. 2 Satz 1 HGB entgegen. Danach ist der Unterschiedsbetrag zuzuordnen und nicht umgekehrt aus den anteiligen stillen Reserven abzuleiten.[29]

36

2.1.4 Stichtag der Kapitalaufrechnung (Abs. 3)

Nach Maßgabe des § 312 Abs. 3 HGB sind der Wertansatz der Beteiligung – mithin der Beteiligungsbuchwert – und der Unterschiedsbetrag auf der Grundlage der Wertansätze zu dem **Zeitpunkt zu ermitteln, zu dem das Unt assoziiertes Unt geworden ist** (Satz 1). Zur Bestimmung des Stichtags der Kapitalaufrechnung rückt § 311 HGB in den Fokus. Die Kapitalaufrechnung hat grundsätzlich auf der Basis der Werte zu dem Zeitpunkt zu erfolgen, zu dem das Unt erstmals assoziiertes Unt i.S.d. § 311 HGB geworden ist. Damit kann künftig nicht mehr auf den Zeitpunkt des Erwerbs der Anteile oder den Zeitpunkt der erstmaligen Einbeziehung des assoziierten Unt in den Konzernabschluss abgestellt werden, wie dies § 312 Abs. 3 HGB aF noch erlaubte.[30] Zudem dürfte der Zeitpunkt, zu dem das Unt assoziiertes Unt geworden ist, regelmäßig mit dem Zeitpunkt des Anteilserwerbs übereinstimmen.

37

Mit dem (im Wege des BilMoG) neu gefassten § 312 Abs. 3 Satz 1 HGB werden insb. aus dem **sukzessiven Anteilserwerb** resultierende technische Probleme vermieden. Eine gesonderte Kapitalaufrechnung der verschiedenen Tranchen entweder durch rückwirkende Anpassung auf den Stichtag des jeweiligen Erwerbs oder auf den Zeitpunkt der erstmaligen Einbeziehung in den Konzernabschluss entfällt.

38

---

[28] Die Ausführungen zum aktiven Unterschiedsbetrag gelten hier entsprechend.
[29] In diesem Punkt unterscheidet sich die letztlich durch die AK der Beteiligung begrenzte Aufdeckung der stillen Reserven und stillen Lasten auch von den internationalen Regelungen. Das BilMoG sah hier keine Änderung vor, vgl. dazu ausführlich *Melcher/Murer*, DB 2010, S. 1600 mwN.
[30] Nach Maßgabe des Art. 66 Abs. 3 Satz 4 EGHGB ändert sich aber für Erwerbsvorgänge nichts, die in Gj erfolgt sind, die vor dem 1.1.2010 begonnen haben.

39 Ergänzend bezieht § 312 Abs. 3 Satz 3 HGB die **Erleichterungen des § 301 Abs. 2 Satz 3 und 4 HGB** in die Wertansatzermittlung für Beteiligungen an assoziierten Unt mit ein. Danach sind die Wertansätze eines assoziierten Unt – wenn ein MU erstmals zur Aufstellung eines Konzernabschlusses verpflichtet ist – zum Zeitpunkt seiner Einbeziehung in den Konzernabschluss zugrunde zu legen (§ 301 Abs. 2 Satz 3 HGB). Das Gleiche gilt nach § 301 Abs. 2 Satz 4 HGB für ein assoziiertes Unt, auf dessen Einbeziehung bisher gem. § 296 HGB verzichtet worden ist.[31]

40 Zudem bietet § 312 Abs. 3 Satz 2 HGB eine weitere Erleichterung an. Können die Wertansätze zu dem Zeitpunkt, zu dem das Unt assoziiertes Unt geworden ist, nicht endgültig ermittelt werden, sind sie **innerhalb der darauffolgenden zwölf Monate anzupassen**. Der Gesetzgeber reagiert damit auf folgendes Problem: In der Praxis ist es häufig aus unterschiedlichen Gründen nicht möglich, die endgültigen beizulegenden Zeitwerte auf den Zeitpunkt zu bestimmen, zu dem das Unt assoziiertes Unt geworden ist. Üblicherweise erfordert es gerade bei assoziierten Unt einen erheblichen Zeitraum, um ausreichende Kenntnisse zu sammeln, die eine endgültige Bewertung zulassen. Um den Unt zu ermöglichen, die beizulegenden Zeitwerte mit hinreichender Sicherheit zu ermitteln, erlaubt § 312 Abs. 3 Satz 2 HGB innerhalb der auf den Stichtag folgenden zwölf Monate Anpassungen vorzunehmen.[32] Wörtlich bezieht sich § 312 Abs. 3 Satz 2 HGB „nur" auf den Beteiligungsbuchwert und den Unterschiedsbetrag. Regelmäßig stecken die Bewertungsprobleme jedoch in der Zuordnung des Unterschiedsbetrags auf die VG, Schulden, RAP und Sonderposten. Natürlich sind vom Sinn und Zweck des § 312 Abs. 3 Satz 2 HGB auch die insoweit bestehenden Bewertungsprobleme von der Vorschrift umfasst. Sie stehen letztlich im Zusammenhang mit dem Unterschiedsbetrag.

2.1.5 Latente Steuern

41 Gemäß § 312 Abs. 5 Satz 3 HGB ist § 306 HGB entsprechend anzuwenden, soweit die für die Beurteilung maßgeblichen Sachverhalte bekannt oder zugänglich sind.[33] Die Vorschrift stellt klar, was bereits vor dem BilRUG gängig Praxis war. Auch bei Anwendung der Equity-Methode waren und sind latente Steuern abzugrenzen, und zwar – entgegen dem Wortlaut des § 306 HGB – nicht lediglich beschränkt auf Konsolidierungsmaßnahmen. Der Ansatz der latenten Steuern ist bei der erstmaligen Anwendung der Equity-Methode auf Konzernabschlüsse für nach dem 31.12.2015 beginnende Gj, die mangels entsprechender Vereinfachungen in Art. 75 EGHGB retrospektiv zu erfolgen hat, erfolgsneutral, d. h. Bestandteil der Neubewertung in der Nebenrechnung. Es erscheint systematisch vertretbar, die erstmalige Erfassung der latenten Steuern in der Nebenrechnung

---

[31] Die Aufnahme der Vereinfachungsvorschrift in den § 312 Abs. 3 Satz 3 HGB erfolgte mit dem BilRUG, vgl. BGBl, 2015 I, S. 1251 sowie die BgrRegE BilRUG, BT-Drucks. 18/4050, S. 73.
[32] In BilMoG-BegrRegE, S. 13, wurde formuliert, dass die Anpassungen „innerhalb des folgenden Jahres" vorgenommen werden können. Nach Anregungen aus der Praxis wurde hier eine Präzisierung vorgenommen, um Auslegungsunsicherheiten zu vermeiden. Damit ist klar, dass die Frist zur Anpassung ab dem Stichtag der Kapitalaufrechnung zu laufen beginnt.
[33] Vgl. BGBl, 2015 I, S. 1251 sowie die BgrRegE BilRUG, BT-Drucks. 18/4050, S. 73; *Oser/Orth/Wirtz*, DB 2015, S. 2024; *Blöink/Biermann*, Der Konzern 2015, S. 73; *Deubert/Lewe*, DB 2015, Beilage 5, S. 49.

erfolgsneutral durch Erhöhung oder Verminderung des Restbuchwerts eines GoF vorzunehmen. Bei der Anwendung der Equity-Methode in den Folgejahren sind die Veränderungen dann erfolgswirksam zu erfassen (DRS 18.27).[34]

2.1.6 Angaben im Konzernanhang

§ 312 Abs. 1 Satz 2 HGB schreibt vor, dass der Unterschiedsbetrag sowie ein darin enthaltener GoF oder passiver Unterschiedsbetrag im **Konzernanhang** anzugeben sind.[35] Der Begriff „Unterschiedsbetrag" umfasst sowohl den aktiven als auch den passiven Unterschiedsbetrag. Zudem ist ein im Unterschiedsbetrag enthaltener GoF oder passiver Unterschiedsbetrag gesondert anzugeben. Die Angabepflicht ist nicht auf das Jahr der erstmaligen Anwendung der Equity-Methode beschränkt. Vielmehr soll den Abschlussadressaten die Entwicklung des gesamten Unterschiedsbetrags und eines darin enthaltenen GoF bzw. des passiven Unterschiedsbetrags gezeigt werden. 42

Bestehen **mehrere Beteiligungen an assoziierten Unt,** sind die diesbezüglichen Unterschiedsbeträge und zugehörigen GoF oder passiven Unterschiedsbeträge einzeln darzustellen. Anders hingegen DRS 8.49c, der nur die Angabe der Summe der GoF oder passiven Unterschiedsbeträge fordert. 43

Zusätzliche Angaben im Konzernanhang sind dann erforderlich, wenn die nach der Equity-Methode bewerteten **Beteiligungen an TU** (§ 296 HGB) als „Anteile an verbundenen Unternehmen" ausgewiesen werden. 44

2.2 Anwendung in Folgejahren (Abs. 2)

2.2.1 Fortschreibung des Unterschiedsbetrags

Gem. § 312 Abs. 2 Satz 2 HGB ist der zugeordnete Unterschiedsbetrag aus der erstmaligen Anwendung der Equity-Methode entsprechend der Behandlung der Wertansätze der VG, Schulden, RAP und Sonderposten im Jahresabschluss des assoziierten Unt in einer **Nebenrechnung** im Konzernabschluss fortzuführen, abzuschreiben oder aufzulösen. Sie wirken sich im Konzernabschluss auf das Konzernergebnis aus. Der Beteiligungsbuchwert kann sich vermindern oder auch über die ursprünglichen AK hinaus anwachsen. 45

Beträge, die als stille Reserven dem abnutzbaren **AV** zugeordnet worden sind, sind grds. über die Restnutzungsdauer dieser VG nach den im Jahresabschluss angewandten Verfahren abzuschreiben. Sind im Zusammenhang mit der Aufdeckung der stillen Reserven passive latente Steuern gebucht worden, sind diese den Abschreibungen entsprechend aufzulösen. Erforderliche außerplanmäßige Abschreibungen auf den niedrigeren beizulegenden Wert sind vorzunehmen. Beträge, die als stille Reserven dem nicht abnutzbaren AV zugeordnet worden sind, werden erst im Zeitpunkt des Abgangs dieser VG erfolgswirksam. Bei der Veräußerung sind dem Erlös nicht nur der Buchwert des VG, sondern auch die aufgedeckten stillen Reserven gegenüberzustellen, sodass der Veräußerungsgewinn oder -verlust aus Sicht des Konzerns von demjenigen im Jahresabschluss abweichen kann. In der gleichen Weise sind abgehende abnutzbare VG des AV zu behandeln. 46

---

[34] So auch *Oser/Orth/Wirtz*, DB 2015, S. 202.
[35] Vgl. ebenso DRS 8.49c.

47 Beim Verbrauch oder der Veräußerung von RHB und Waren des UV werden die zugeordneten stillen Reserven ebenfalls im Zeitpunkt des Abgangs erfolgswirksam. In der gleichen Weise ist grds. auch mit den unfertigen und fertigen Erzeugnissen zu verfahren.

48 **Zuschreibungen** sind nur insoweit zulässig, als sie einer Korrektur außerplanmäßiger Abschreibungen dienen, die zuvor in der Nebenrechnung erfolgswirksam geworden sind. Demgemäß können auch im Jahresabschluss vorgenommene Zuschreibungen nur insoweit berücksichtigt werden, als dadurch die Wertansätze der VG und Schulden nach Zuordnung des Unterschiedsbetrags nicht überschritten werden.

49 Ebenso werden zugeordnete **stille Lasten** in der gleichen Weise fortgeschrieben, wie die zugehörigen Bilanzposten. Es dürfte davon auszugehen sein, dass diese im Wesentlichen nur bei Rückstellungen vorhanden sind. Die zugeordneten Beträge sind nach Maßgabe des Jahresabschlusses als Inanspruchnahme oder Auflösung zu behandeln. Dies führt in der Nebenrechnung zu Aufwandsminderungen oder Erträgen.

50 Aus der Fortschreibung in der Nebenrechnung ergibt sich der **im Gj abzuschreibende bzw. aufzulösende Teil des Unterschiedsbetrags**. Im Hinblick darauf, dass die Auskunftsrechte bei assoziierten Unt beschränkt sind, sind ggf. Vereinfachungen der Fortschreibung (z. B. über eine durchschnittliche Restnutzungsdauer) zulässig.

51 Für die Abschreibung des nicht zuzuordnenden Teils eines aktiven Unterschiedsbetrags, der als **GoF** anzusehen ist, gilt nach § 312 Abs. 2 Satz 3 HGB der neue § 309 Abs. 1 HGB entsprechend.

52 Ein nicht zuzuordnender **passiver Unterschiedsbetrag** ist nach Maßgabe des § 309 Abs. 2 HGB erfolgswirksam aufzulösen, soweit ein solches Vorgehen den Grundsätzen der §§ 297 und 298 HGB in Verbindung mit den Vorschriften des Ersten Abschnitts entspricht. Mit dieser im Verhältnis zum früheren § 309 HGB aF abstrakteren Vorschrift sollen die bisherigen Fallgruppen weiterhin abgebildet werden und eine Öffnung für mögliche weitere Fallgruppen erfolgen.[36] Nicht geregelt und daher auch nicht eingeschränkt werden soll eine mögliche ergebnisneutrale Auflösung des passiven Unterschiedsbetrages etwa durch Übertragung in eine Rücklage.[37] Die Auflösung des passiven Unterschiedsbetrags erfolgt ebenfalls in der Nebenrechnung.[38] Da das Ergebnis der Nebenrechnung in den Posten „Beteiligungen an assoziierten Unternehmen" eingeht, wird die Auflösung erfolgswirksam. Dies führt zu einer Werterhöhung der Beteiligung auch über die AK hinaus.[39]

---

[36] Vgl. nur *Blöink/Biermann*, Der Konzern 2015, S. 73.
[37] Vgl. *Blöink/Biermann*, Der Konzern 2015, S. 73 m.w.N.
[38] Vgl. *Havermann*, Methoden der Bilanzierung von Beteiligungen (einschl. der Equity-Methode), S. 435.
[39] Vgl. *Schäfer*, Bilanzierung von Beteiligungen an assoziierten Unternehmen nach der Equity-Methode, S. 267.

2.2.2 Berücksichtigung von Eigenkapitalveränderungen (Abs. 4)

2.2.2.1 Überblick

Nach Maßgabe des § 312 Abs. 4 Satz 1 1. Hs. HGB ist der im Konzernabschluss angesetzte Beteiligungsbuchwert in den Folgejahren um den Betrag der Veränderungen des EK, die den dem MU gehörenden Anteilen am Kapital des assoziierten Unt entsprechen, zu erhöhen oder zu vermindern. Die auf die Beteiligung entfallenden Gewinnausschüttungen sind abzusetzen (§ 312 Abs. 4 Satz 1 2. Hs. HGB).[40] Das relevante EK determiniert § 266 Abs. 3 A. HGB. Zu berücksichtigen sind demgemäß anteilige Jahresüberschüsse, anteilige Jahresfehlbeträge, Einlagen (bspw. aus Kapitalerhöhungen), Entnahmen (bspw. aus Kapitalherabsetzungen) und Gewinnausschüttungen.

2.2.2.2 Anteiliger Jahresüberschuss

Der bei erstmaliger Anwendung der Equity-Methode im Konzernabschluss ausgewiesene Beteiligungsbuchwert des assoziierten Unt wird erfolgswirksam um den **anteiligen beteiligungsproportionalen Jahresüberschuss** erhöht, und zwar unabhängig davon, ob eine Gewinnausschüttung vorgenommen wird. Der anteilige Jahresüberschuss des assoziierten Unt wird aus dessen Jahresabschluss – bei Bewertungsanpassungen aus der HB II – übernommen.

Soweit in dem auf die Entstehung des Jahresüberschusses folgenden Gj oder in späteren Gj eine **Gewinnausschüttung** erfolgt, wird diese im Konzernabschluss als Aktivtausch erfolgsneutral behandelt. Sie mindert den Beteiligungsbuchwert. Es ist zudem sicherzustellen, dass im Jahresabschluss des beteiligten Unt enthaltene Beteiligungserträge einschl. der damit verbundenen steuerlichen Belastungen aufgrund vereinnahmter anteiliger Jahresüberschüsse i. H. d. Gewinnausschüttung im Konzernabschluss vollständig eliminiert werden (§ 312 Abs. 4 Satz 1 Hs. 2 HGB).

Besteht zwischen dem assoziierten und einem dritten Unt ein **Gewinnabführungsvertrag**, ist das Jahresergebnis des assoziierten Unt ausgeglichen. Abzuführende Gewinne und Erträge aus Verlustübernahme sind in der GuV vor dem Jahresüberschuss/Jahresfehlbetrag auszuweisen. Ein in der Konzernbilanz oder der Konzern-GuV zu berücksichtigender anteiliger Jahresüberschuss besteht nicht und kann daher auch nicht berücksichtigt werden. Gleichwohl ist eine von einem dritten Unt geleistete Ausgleichzahlung in der Konzern-GuV in dem Posten „Ergebnis aus Beteiligungen an assoziierten Unternehmen" zu berücksichtigen. Auf den Beteiligungsbuchwert in der Konzernbilanz hat diese Ausgleichzahlung aber keinen Einfluss, da ihr keine EK-Veränderung des assoziierten Unt zugrunde liegt.[41]

---

[40] Anteilige Jahresüberschüsse werden im Jahr ihrer Entstehung erfolgswirksam als gesonderter Posten in die Konzern-GuV übernommen und gleichzeitig dem Beteiligungsbuchwert zugeschrieben. Umgekehrt vermindern Jahresfehlbeträge den Beteiligungsbuchwert erfolgswirksam. Gewinnausschüttungen sind erfolgsneutral als Minderungen des Beteiligungsbuchwerts zu erfassen, da diese bereits in Vorperioden erfolgswirksam erfasst wurden. Ein wesentliches Merkmal der Equity-Methode ist damit die Synchronisierung der Gewinnentstehung bei dem assoziierten Unt mit der Gewinnvereinnahmung bei dem beteiligten Unt im KA.

[41] Vgl. ADS, 6. Aufl., § 312 HGB, Rz 102; *Winkeljohann/Lewe*, in Beck Bil-Komm., 10. Aufl., 2016, § 312 HGB, Rz 38.

57 § 312 Abs. 4 Satz 2 HGB schreibt vor, dass das auf eine Beteiligung an einem assoziierten Unt entfallende Ergebnis in der **Konzern-GuV** unter einem gesonderten Posten auszuweisen ist. Der Ausweis erfolgt als „Ergebnisse aus Beteiligungen an assoziierten Unternehmen" zweckmäßigerweise vor dem Posten „Erträge aus übrigen Beteiligungen" oder zwischen den Posten „Erträge aus Beteiligungen" und „Erträge aus anderen Wertpapieren und Ausleihungen des Finanzanlagevermögens".[42]

58 Alle Auswirkungen der Equity-Methode auf das Konzernergebnis können in dem Posten „Ergebnis aus Beteiligungen an assoziierten Unternehmen" **zusammengefasst ausgewiesen werden**.[43] Der Posten wird in § 312 Abs. 4 Satz 2 HGB für das auf assoziierte Beteiligungen entfallende Jahresergebnis ausdrücklich vorgeschrieben und ist auch für die Wertänderungen aus der Fortschreibung der Unterschiedsbeträge zutreffend, bei denen es sich letztlich ebenfalls nur um eine Korrektur des anteiligen Jahresergebnisses handelt.[44] Nach DRS 8.45 sind die im Ergebnis enthaltenen außerordentlichen Posten als „Davon-Vermerk" oder im Anhang gesondert anzugeben.[45]

2.2.2.3 Anteiliger Jahresfehlbetrag

59 Ein anteiliger Jahresfehlbetrag vermindert den in der Konzernbilanz ausgewiesenen **Beteiligungsbuchwert**. Die Ausführungen zur Behandlung eines anteiligen Jahresüberschusses in der Konzernbilanz gelten entsprechend.

60 Die Übernahme eines anteiligen Jahresfehlbetrags ist als gesonderter Posten der Konzern-GuV unter der Bezeichnung „Aufwendungen aus Verlustübernahme von assoziierten Unternehmen" nach den „Abschreibungen auf Finanzanlagen" auszuweisen.[46] Es spricht bei mehreren Beteiligungen an assoziierten Unt aber nichts gegen eine **Zusammenfassung von positiven und negativen Ergebnisbeiträgen** in der Konzern-GuV im Posten „Ergebnis aus Beteiligungen an assoziierten Unternehmen".[47] Dieser Posten ist dann im Anhang entsprechend zu erläutern.[48]

61 Unerheblich ist, ob ein **Jahresfehlbetrag durch eine Entnahme aus den Rücklagen ausgeglichen** worden ist; er führt gleichwohl zu einer Minderung des

---

[42] Vgl. ADS, 6. Aufl., § 312 HGB, Rz 98; *Harms*, BB 1987, S. 938; *Schmalenbach-Gesellschaft – Deutsche Gesellschaft für Betriebswirtschaft e. V.*, Aufstellung von Konzernabschlüssen, ZfbF, Sonderheft 21/1987, S. 154.

[43] Vgl. ADS, 6. Aufl., § 312 HGB, Rz 93; WPH Edition, Wirtschaftsprüfung & Rechnungslegung, 15. Aufl., 2017, Abschn. G, Tz 696.

[44] Nicht vertretbar ist die Verteilung der Abschreibungen auf den aktiven Unterschiedsbetrag auf die verschiedenen Abschreibungsposten der Konzern-GuV im Gliederungsschema des § 275 HGB, da die Vermögensposten der assoziierten Unt selbst nicht in der Konzernbilanz erscheinen. Der einzeilige Darstellung in der Konzernbilanz entspricht die einzeilige Darstellung in der Konzern-GuV; anders *Zündorf*, Der Anlagenspiegel im Konzernabschluss, S. 69.

[45] Strittig ist, ob der Ertrag aus assoziierten Unt vor oder nach den Ertragsteuern zu zeigen ist. Bei der Nettomethode, die DRS 8.46 fordert, ist die erfolgswirksame Änderung des Beteiligungsbuchwertes in der Konzern-GuV nach Kürzung um die Ertragsteuern auszuweisen. *Winkeljohann/Lewe*, in Beck Bil-Komm., 10. Aufl., 2016, § 312 HGB, Rn 44, sprechen sich dagegen für die Bruttomethode aus, wollen also den Ertragsteueraufwand in der Konzern-GuV erfassen.

[46] Vgl. auch WPH Edition, Wirtschaftsprüfung & Rechnungslegung, 15. Aufl., 2017, Abschn. G, Tz 692.

[47] Ebenso WPH Edition, Wirtschaftsprüfung & Rechnungslegung, 15. Aufl., 2017, Abschn. G, Tz 692; *Küting/Zündorf*, in *Küting/Weber*, HdK, HGB § 312, Rn 114; a.A. *Harms*, BB 1987, S. 938.

[48] Vgl. *Küting/Zündorf*, in *Küting/Weber*, HdK, HGB § 312, Rn 114, 117.

Beteiligungsbuchwerts. Werden Rücklagen zwecks Ausschüttung aufgelöst, ist erst die tatsächliche Ausschüttung zu berücksichtigen.

Die Verminderung des Beteiligungsbuchwerts in der Konzernbilanz um anteilige Jahresfehlbeträge kann dazu führen, dass der **Beteiligungsbuchwert auf null** absinkt. Es stellt sich hier die Frage, ob auch ein negativer Beteiligungsbuchwert denkbar ist. Im Schrifttum wird ganz überwiegend die Auffassung vertreten, dass, wenn der Wert der Beteiligung unter null sinkt, diese nicht in der Konzernbilanz agesetzt werden darf.[49] Der Wertansatz der Beteiligung bleibt mit einem Erinnerungswert bilanziert, während weitere Verluste beim assoziierten Unt lediglich statistisch in der Nebenrechnung erfasst und vorgetragen werden. Werden in den Folgejahren wieder Jahresüberschüsse vom assoziierten Unt erwirtschaftet, werden diese zunächst zur vollständigen Kompensation der statistisch vorgetragenen anteiligen Jahresfehlbeträge verwandt. Erst ein Ansteigen über die Null-Grenze hinaus hat eine Erhöhung des Beteiligungsbuchwerts im Konzernabschluss zur Folge.

62

Zu bedenken ist, dass dieses Vorgehen einen **Übergang von der Equity-Methode auf die Anschaffungskostenmethode,** wenn der Beteiligungsbuchwert unter null sinkt, und wiederum einen Übergang von der AK-Methode zur Equity-Methode bewirkt, sobald die Null-Grenze wieder überschritten wird.[50] Die zeitgleiche Vereinnahmung der Beteiligungsergebnisse wird ausgesetzt. Eine derartige Vorgehensweise stellt einen Bruch in der Bewertungskonzeption der Equity-Methode dar. Deren Ziel, einen Gleichlauf mit der Quoten- oder Voll-Kons zu erreichen, ohne die einzelnen Bilanzposten des assoziierten Unt quotal oder voll in den Konzernabschluss zu übernehmen, wird nicht erreicht. Nach der hier vertretenen Auffassung schließt § 312 HGB die Anwendung der Equity-Methode auch bei einem entstehenden negativen Beteiligungsbuchwert nicht aus.[51]

63

2.2.2.4 Kapitalerhöhungen

Werden im Rahmen einer **Kapitalerhöhung gegen Einlagen** zusätzliche Anteile an einem bereits vorher nach der Equity-Methode einbezogenen assoziierten Unt erworben, ist für die neuen Anteile eine Kapitalaufrechnung nach Maßgabe des § 312 Abs. 1 und 2 HGB vorzunehmen. Für einen Verzicht auf die Kapitalaufrechnung besteht keine gesetzliche Grundlage.[52]

64

Die **Kapitalerhöhung gegen Bareinlage** führt allenfalls i. H. d. aktivierungspflichtigen Anschaffungsnebenkosten zu einem aktiven Unterschiedsbetrag. Eine Zuordnung dieses Unterschiedsbetrags als stille Reserve zu den VG oder Schulden ist nicht möglich. Der Unterschiedsbetrag wäre demnach als GoF zu

65

---

[49] Vgl. *Küting/Zündorf*, in *Küting/Weber*, HdK, HGB § 312, Rn 125. Ebenso auch DRS 8.27, der durch DRS 8.49e flankiert wird, der eine Anhangangabe für die Summe der negativen und daher nicht bilanzierten Beteiligungsbuchwerte vorsieht.

[50] Vgl. *Havermann*, Methoden der Bilanzierung von Beteiligungen (einschl. der Equity-Methode), S. 425; *Fricke*, Rechnungslegung für Beteiligungen nach der Anschaffungskostenmethode und nach der Equity-Methode, S. 242.

[51] Ebenso ADS, 6. Aufl., § 312 HGB, Rz 114. Es ist insoweit auch gleichgültig, ob eine Einstandspflicht für Verluste des assoziierten Unt besteht, denn auch bei der Voll- und QuotenKons bleibt unberücksichtigt, ob eine solche Verpflichtung besteht; vgl. auch *Harms*, BB 1987, S. 1427.

[52] So *Fricke*, Rechnungslegung für Beteiligungen nach der Anschaffungskostenmethode und nach der Equity-Methode, S. 205; *Küting/Zündorf*, in *Küting/Weber*, HdK, HGB § 312, Rn 159.

behandeln. Da der Unterschiedsbetrag jedoch nicht auf bezahlte Ertragserwartungen zurückzuführen ist, erscheint es sachgerecht, ihn im Konzernabschluss sofort zulasten der sonstigen betrieblichen Aufwendungen auszubuchen.[53]

66 Grundsätzlich gilt dies auch für die **Kapitalerhöhung gegen Sacheinlagen**. Denkbar ist allerdings auch, dass der Zugang der neuen Anteile bei dem beteiligten Unt mit dem (höheren) beizulegenden Zeitwert der eingelegten VG erfolgt, während das assoziierte Unt den Buchwert der eingelegten VG fortführt. In diesem Fall ergibt sich ein aktiver Unterschiedsbetrag, der die stillen Reserven im Buchwert der eingelegten VG widerspiegelt und in den Folgejahren fortzuschreiben ist.

67 **Verringert** sich die **Beteiligungsquote** aufgrund von Kapitalerhöhungen, weil das einbezogene Unt nicht im Umfang seiner bisherigen Beteiligung neue Anteile übernimmt, so kann – je nach Ausgabekurs der neuen Anteile – eine Änderung (Verwässerung) des anteiligen EK eintreten.[54] Diese Veränderung des anteiligen EK ist gleichzeitig als Änderung des Beteiligungsbuchwerts erfolgswirksam in der Konzernbilanz zu berücksichtigen.[55] Außerdem ist wegen der Verringerung der Beteiligungsquote der Unterschiedsbetrag aus der früheren Kapitalaufrechnung – soweit noch nicht abgeschrieben oder aufgelöst – erfolgswirksam abzuschreiben bzw. aufzulösen.[56]

68 Eine **Kapitalerhöhung aus Gesellschaftsmitteln** erfordert dagegen keine weitere Kapitalaufrechnung, weil sich weder der Beteiligungsbuchwert noch das anteilige EK des assoziierten Unt ändern.

2.2.2.5 Kapitalherabsetzungen

69 Kapitalherabsetzungen führen nur dann zu einer Änderung des anteiligen EK, wenn sie zu einer Vermögensauskehrung führen. Die Minderung des anteiligen EK tritt erst mit der **Vermögensauskehrung** ein, die frühestens sechs Monate nach Eintragung der Kapitalherabsetzung vorgenommen werden darf.[57] Die Verminderung des Beteiligungsbuchwerts erfolgt – wie eine Gewinnausschüttung – im Konzernabschluss erfolgsneutral.

2.2.2.6 Gewinnausschüttungen

70 Anteilige Jahresüberschüsse assoziierter Unt erhöhen im Gj ihrer Entstehung den Beteiligungsbuchwert im Konzernabschluss erfolgswirksam. Die Gewinnausschüttung dagegen erfolgt üblicherweise erst im folgenden Gj oder zu einem noch späteren Zeitpunkt. Da die Gewinnausschüttung als Beteiligungsertrag in der GuV des Jahresabschlusses des beteiligten Unt enthalten ist, kann eine – in

---

53 Vgl. ADS, 6. Aufl., § 312 HGB, Rz 184. DRS 8.42 bestimmt als grundsätzliche Regel, dass der Teil des Änderungsbetrags des anteiligen EK, der nicht auf Einlagen des beteiligten Unt beruht, erfolgswirksam im Beteiligungsbuchwert zu berücksichtigen ist.
54 Vgl. hierzu die Beispiele bei *Küting/Zündorf*, in *Küting/Weber*, HdK, HGB § 312, Rn 161 ff., sowie *Fricke*, Rechnungslegung für Beteiligungen nach der Anschaffungskostenmethode und nach der Equity-Methode, S. 198.
55 Vgl. DRS 8.42; ADS, 6. Aufl., § 312 HGB, Rz 120.
56 Vgl. *Fricke*, Rechnungslegung für Beteiligungen nach der Anschaffungskostenmethode und nach der Equity-Methode, S. 199, sowie *Küting/Zündorf*, in *Küting/Weber*, HdK, HGB § 312, Rn 161 ff. mit Beispielen.
57 Vgl. bspw. § 225 Abs. 2 AktG.

Abhängigkeit von der Höhe der Gewinnausschüttung – teilweise oder vollständige **Doppelerfassung** des anteiligen Jahresüberschusses des assoziierten Unt in zwei Konzern-Gj nur vermieden werden, indem der Beteiligungsertrag eliminiert und gleichzeitig der Beteiligungsbuchwert vermindert wird. Die Gewinnausschüttung wird damit in der Konzernbilanz als erfolgsneutraler Aktivtausch dargestellt. In der Konzern-GuV sind die Erträge aus Beteiligungen erfolgswirksam zu eliminieren.[58]

2.3 Einheitliche Bilanzierungs- und Bewertungsmethoden (Abs. 5 Sätze 1 und 2)

2.3.1 Wahlrecht

Die Anwendung der Equity-Methode führt tendenziell zum Ausweis des Beteiligungsbuchwerts i. H. d. anteiligen EK und zur periodengleichen Übernahme des anteiligen Jahresergebnisses des assoziierten Unt in den Konzernabschluss. Im Verhältnis zu der AK-Methode werden stille Reserven im Beteiligungsbuchwert vermieden; zudem wird eine periodengerechte Erfolgsermittlung erreicht.[59] Dies setzt aber voraus, dass die **Bilanzierung und Bewertung im Konzernabschluss und im Jahresabschluss des assoziierten Unt einheitlich erfolgen.** Die Anwendung der Equity-Methode erfordert daher grds. eine vorherige Anpassung der Jahresabschlüsse der assoziierten Unt, sofern diese abweichende Bilanzierungs- und Bewertungsmethoden anwenden.[60]

71

Der maßgebliche Einfluss wird aber nicht immer ausreichen, das assoziierte Unt zur Anwendung der im Konzernabschluss angewandten Bilanzierungs- und Bewertungsmethoden oder zur Aufstellung einer HB II zu bewegen oder überhaupt die hierzu notwendigen Informationen zur Verfügung zu stellen. Auch DRS 8.8 sieht keine zwingende Anpassung an die Bilanzierungs- und Bewertungsmethoden des Konzerns vor, sondern allein die Beachtung der Vorschriften des HGB und des DSR. Zudem kann das Problem bestehen, dass das assoziierte Unt in den Konzernabschluss verschiedener beteiligter Unt einbezogen wird. Um den Unt unverhältnismäßigen Aufwand zu ersparen, hat der Gesetzgeber das **Wahlrecht** vorgesehen, auf die Anpassung zu verzichten.[61]

72

Demgemäß sieht § 312 Abs. 5 Satz 1 HGB vor, dass, soweit das assoziierte Unt in seinem Jahresabschluss vom Konzernabschluss abweichende Bewertungsmethoden anwendet, die abweichend bewerteten VG und Schulden für Zwecke der Abs. 1–4 des § 312 HGB nach den auf den Konzernabschluss angewandten Bewertungsmethoden bewertet werden können.[62] Aus der in § 312 Abs. 5 Satz 2 HGB enthaltenen Verpflichtung, die unterlassene Anpassung im **Konzern-**

73

---

58 Je nach Vorbelastung der Ergebnisse assoziierter Unt mit KSt und je nach Ausschüttungsverhalten des empfangenden TU oder des MU ist eine Steuerabgrenzung vorzunehmen.
59 Vgl. Begr. Kom. zum Vorschlag für eine 7. EG-Richtlinie v. 27.6.1976, BT-Drs. 7/5221, S. 21.
60 Vgl. *Schmalenbach-Gesellschaft*, Aufstellung von Konzernabschlüssen, ZfbF, Sonderheft 21/1987, S. 134.
61 Begr. RegE, BT-Drs. 10/3440, S. 42, zu § 293 HGB-EK.
62 Eine Möglichkeit, auf die Anwendung der Equity-Methode insgesamt zu verzichten, wenn die Anpassungen nicht vorgenommen werden können, besteht ausweislich des Wortlauts des § 312 Abs. 5 Sätze 1 und 2 HGB nicht; so aber die Empfehlung der *Schmalenbach-Gesellschaft*, Aufstellung von Konzernabschlüssen, ZfbF, Sonderheft 21/1987, S. 134.

anhang anzugeben, lässt sich die Präferenz des Gesetzgebers für eine Anpassung erkennen.

2.3.2 Anwendung auch auf den Bilanzansatz

74 Von seinem Wortlaut her sieht § 312 Abs. 5 Satz 1 HGB ein Wahlrecht zur Anpassung der Bewertung im Jahresabschluss des assoziierten Unt an die im Konzernabschluss angewandten Bewertungsmethoden vor. Die Anpassung an die Bilanzansatzvorschriften wird nicht erwähnt. Fraglich ist daher, ob eine **analoge Anwendung** der Vorschrift auch auf Bilanzansatzvorschriften geboten ist.[63] Voraussetzung dafür ist, dass Ansatz und Bewertung ein strukturgleiches Problem im Rahmen der Equity-Methode darstellen, im Gesetz aber eine Regelungslücke für den Bilanzansatz besteht.

75 Im Hinblick auf die einheitliche **Erfolgsermittlung** und die Höhe des **EK** sind Bilanzansatz- und Bewertungsregeln gleichermaßen bedeutend. Sowohl für die Voll- als auch QuotenKons wird eine Anpassung von Bewertung und Bilanzansatz verlangt. Auch hinsichtlich der Angabe und Begründungspflicht bei Abweichungen werden Bilanzierungs- und Bewertungsmethoden gem. § 313 Abs. 1 Nr. 3 HGB gleichgestellt. Die Ausdehnung des § 312 Abs. 5 Satz 1 HGB unter Berücksichtigung der Wertungen des § 300 Abs. 2 Satz 1 HGB ist daher geboten.[64]

2.3.3 Anpassung abweichender Wertansätze

76 § 308 Abs. 1 Satz 1 HGB verpflichtet zur einheitlichen Bewertung im Konzern nach den auf den Jahresabschluss des MU anwendbaren Bewertungsmethoden. Aufgrund des Verhältnisses der Equity-Methode zur Quoten- und VollKons kann die **Verpflichtung** zur konzerneinheitlichen Bewertung für Zwecke der Equity-Methode nicht weiter gehen als für Zwecke der VollKons.[65]

77 Eine einheitliche Bewertung kann erreicht werden, wenn die Bewertungsmethoden im Konzernabschluss auch im Jahresabschluss des assoziierten Unt angewandt werden. Auch für TU, die aufgrund des Konsolidierungswahlrechts gem. § 296 HGB ausnahmsweise nach der Equity-Methode bewertet werden, ist eine einheitliche Bewertung bereits im Jahresabschluss erreichbar. Für ausländische TU besteht diese Möglichkeit, wenn das jeweilige nationale Recht die für den Konzernabschluss vorgesehenen Bewertungsmethoden zulässt. Werden dagegen in den Jahresabschluss abweichende Bilanzierungs- und/oder Bewertungsmethoden angewandt, ist zu empfehlen, die erforderlichen **Anpassungen in der HB II** vorzunehmen. Kernproblem der Anpassungen dürfte aber die Frage sein,

---

[63] Vgl. dazu nur ADS, 6. Aufl., § 312 HGB, Rz 132.
[64] Dies gilt umso mehr, als sich eine bewusste Unterscheidung zwischen Bilanzansatz und Bewertung auch aus der Konzernbilanz-RL nicht ableiten lässt. Art. 33 Abs. 3 der Konzernbilanz-RL spricht nur von der Bewertungsanpassung. Durch den Verweis auf Art. 29 der Konzernbilanz-RL wird jedoch ersichtlich, dass die Bilanzansatzfrage unter Beachtung des Art. 18 der Konzernbilanz-RL als bereits geregelt angesehen und in den darauf aufbauenden Artikeln nur noch die Bewertungsproblematik angesprochen wird. Nach *Havermann*, Offene Fragen der Konzernrechnungslegung, S. 51, handelt es sich bei den Anpassungsvorschriften des HGB für die Equity-Methode um eine unvollständige Transformation gesetzestechnisch notwendiger Verweisungen.
[65] Vgl. *Kommission Rechnungswesen im Verband der Hochschullehrer für Betriebswirtschaft e. V.*, Stellungnahme zur Umsetzung der 7. EG-Richtlinie, DBW 1985, S. 673.

ob das MU überhaupt Zugriff auf die notwendigen Informationen erhält.[66] Ein assoziiertes Unt hat, anders als ein TU, keine Vorlage- und Auskunftspflichten i. S. d. § 294 Abs. 3 HGB. Umgekehrt steht dem MU auch kein Anspruch auf Information zu.

Es bestehen keine Bedenken, dass die **Ausnahmewahlrechte nach § 308 Abs. 2 Sätze 2–4 HGB** auch für die einheitliche Bewertung im Rahmen der HB II des assoziierten Unt gelten.[67] Ansonsten wären die assoziierten Unt strengeren Anforderungen unterworfen als die voll zu konsolidierenden TU. So können z. B. abweichende Wertansätze, die auf besonderen Bewertungsvorschriften für Kreditinstitute und VersicherungsUnt beruhen, nach Maßgabe des § 308 Abs. 2 Satz 2 HGB auch für die Equity-Bewertung beibehalten werden. Die Anwendung dieses Ausnahmewahlrechts von der Anpassungspflicht zieht eine Angabepflicht im Konzernanhang nach sich. 78

Sind die Auswirkungen von Bewertungsanpassungen nur von untergeordneter Bedeutung, d. h., beeinflussen sie die Darstellung der Vermögens-, Finanz- und Ertragslage **nicht wesentlich**, so kann nach § 308 Abs. 2 Satz 3 HGB auf eine Vereinheitlichung verzichtet werden. Eine Angabe im Konzernanhang ist in diesem Fall entbehrlich.[68] 79

§ 308 Abs. 2 Satz 4 HGB lässt weitere, nicht näher konkretisierte **Ausnahmefälle** zu. Die Vorschrift kann – im Gegensatz zur vollumfänglichen Nichtanpassung aufgrund von Informationshindernissen – nur als Ausnahmeregelung in Bezug auf einzelne Posten verstanden werden. Wird von dieser postenbezogenen Ausnahme der Anpassung Gebrauch gemacht, ist dies im Konzernanhang anzugeben. 80

2.3.4 Angaben im Konzernanhang (Abs. 5 Satz 2)

Wird auf die Anpassung der Bilanzierung und Bewertung im Rahmen der Ausübung des Wahlrechts des § 312 Abs. 5 Satz 1 HGB verzichtet, ist dies nach § 312 Abs. 5 Satz 2 HGB im **Konzernanhang** anzugeben.[69] Die Angabepflicht bezieht sich sowohl auf die unterlassenen Bewertungsanpassungen, als auch auf abweichende Bilanzansatzmethoden.[70] Dementsprechend fordert DRS 8.49a generell die Angabe der vom assoziierten Unt angewandten Bilanzierungs- und Bewertungsmethoden. Eine Begründung oder Erläuterung ist nicht verlangt. Wurden Anpassungen vorgenommen, entfällt die zusätzliche Angabe im Konzernanhang. 81

2.4 Zwischenergebniseliminierung (Abs. 5 Satz 3)

2.4.1 Entsprechende Anwendung des § 304 HGB

§ 312 Abs. 5 Satz 3 HGB schreibt vor, dass **§ 304 HGB über die Behandlung der Zwischenergebnisse entsprechend anzuwenden** ist, soweit die für die Beur- 82

---

[66] Vgl. *Havermann*, WPg 1987, S. 318.
[67] Ebenso ADS, 6. Aufl., § 312 HGB, Rz 140.
[68] Vgl. *Maas/Schruff*, WPg 1986, S. 238, Fn. 88.
[69] Die Angabepflicht nach § 312 Abs. 5 Satz 2 bezieht sich auch auf die Bilanzansatzmethoden.
[70] Vgl. WPH Edition, Wirtschaftsprüfung & Rechnungslegung, 15. Aufl., 2017, Abschn. G, Tz 686.

teilung maßgeblichen Sachverhalte bekannt oder zugänglich sind.[71] Aus dem Umstand, dass der Gesetzgeber die Zwischenergebniseliminierung im Rahmen der im BilRUG vorgenommenen klarstellenden Erweiterung auf die Beachtung der Vorschriften zu den latenten Steuern beibehalten hat, ergeben sich für die praktische Anwendung keine materiellen Auswirkungen.[72]

83 Weiterhin diskutabel ist, ob die Zwischenergebniseliminierung für Zwecke der Equity-Methode überhaupt geboten ist.[73] Für die in die VollKons einbezogenen TU lässt sich das Erfordernis der Zwischenergebniseliminierung aus der **Einheitstheorie und dem Realisationsprinzip** ableiten. Die zum KonsKreis gehörenden Unt werden wie unselbstständige Betriebsabteilungen der Einheit Konzern angesehen. Erfolgsbeiträge aufgrund von L&L zwischen TU können daher noch nicht als realisiert angesehen werden und müssen folglich eliminiert werden. Demgegenüber steht die Zwischenergebniseliminierung im Anwendungsbereich der Equity-Methode nach ganz überwiegender Auffassung im **Widerspruch zur Einheitstheorie und stellt einen Verstoß gegen das Realisationsprinzip dar**.[74] Gewinne oder Verluste aus Geschäften mit assoziierten Unt, die i. S. d. Einheitstheorie nicht dem Konzernkreis zuzurechnen sind, müssen eigentlich wie Geschäfte mit Dritten zu klassifizieren sein und daher als realisiert gelten.

84 Zwischenergebnisse, die aus **Geschäften zwischen assoziierten Unt** (sog. Satelliten-Eliminierung) entstanden sind, brauchen nicht eliminiert zu werden. Es ist nicht davon auszugehen, dass der maßgebliche Einfluss des MU ausreicht, die Lieferbeziehungen solcher Unt und deren Verrechnungspreise zu steuern bzw. aus konzernbilanzpolitischen Erwägungen zu manipulieren. Sie sind daher wie Geschäfte zwischen fremden Dritten zu behandeln.[75]

2.4.2 Downstream- und Upstream-Zwischenergebniseliminierung

85 Nach § 304 Abs. 1 HGB unterliegen der Pflicht zur Zwischenergebniseliminierung die VG, die in die Konzernbilanz zu übernehmen sind und die ganz oder

---

[71] § 312 Abs. 5 Sätze 3 und 4 setzt die Vorgaben der Art. 33 Abs. 7, 26 Abs. 1 Buchstabe c der Konzernbilanz-RL um. Aus der Kommissionsbegründung zum Vorschlag für eine Konzernbilanz-RL v. 27.6.1976, BT-Drs. 7/5221, S. 21, geht hervor, dass es aufgrund des maßgeblichen Einflusses auf das assoziierte Unt für erforderlich gehalten wurde, das übernommene Jahresergebnis um Zwischenergebnisse zu bereinigen.
[72] Die Streichung des Wahlrechts zur (nur) beteiligungsproportionalen Zwischenergebniseliminierung – § 312 Abs. 5 S. 4 HGB aF – ist vor dem Hintergrund der Tatsache, dass auch nur das anteilige Jahresergebnis des assoziierten Unt übernommen wird, schwer verständlich und kann wohl nur mit Vereinfachungsgesichtspunkten begründet werden. Eigentlich hätte für eine sachgerechte Darstellung die beteiligungsproportionale Zwischenergebniseliminierung als einzig mögliche Methode vorgeschrieben werden müssen.
[73] Vgl. zur Diskussion ADS, 6. Aufl., § 312 HGB, Rz 149.
[74] Vgl. *Bühner/Hille*, WPg 1980, S. 263; *Harms/Küting*, BB 1982, S. 2159; *Fricke*, Rechnungslegung für Beteiligungen nach der Anschaffungskostenmethode und nach der Equity-Methode, S. 277; *Kommission Rechnungswesen im Verband der Hochschullehrer für Betriebswirtschaft e. V.*, DBW 1979, S. 275; *Haase*, BB 1985, S. 1703; *Busse von Colbe*, in FS Grochla, S. 263; *Küting/Zündorf*, BB, Beilage 7/1986, S. 18; *Sahner/Häger*, BB 1988, S. 1780.
[75] Vgl. *Winkeljohann/Lewe*, in Beck Bil-Komm., 10. Aufl., 2016, § 312 HGB, Rz 83; ADS, 6. Aufl., § 312 HGB Rz 154; *Harms/Küting* BB 1982, S. 2160; *Schmalenbach-Gesellschaft*, Aufstellung von Konzernabschlüssen, ZfbF Sonderheft 21/1987, S. 139.

teilweise auf L&L von in den Konzernabschluss einbezogenen Unt beruhen.⁷⁶ Eine entsprechende Anwendung des § 304 HGB setzt mithin voraus, dass die VG, die auf L&L von assoziierten Unt beruhen, **in der Konzernbilanz** angesetzt sind. Damit werden solche L&L aus der Zwischenergebniseliminierung herausgenommen, die von dem MU oder einem TU an ein assoziiertes Unt erbracht werden und sich dort am Stichtag noch im Bestand befinden (sog. **Downstream-Geschäfte**). Umgekehrt kann im Rahmen der Equity-Methode nur die Eliminierung von Zwischenergebnissen aus sog. Upstream-Geschäften verlangt werden.⁷⁷ Im Schrifttum aber wird richtigerweise auch die Auffassung vertreten, dass die Zwischenergebniseliminierung nach § 312 Abs. 5 Satz 3 HGB bei **Up- und Downstream-Geschäften** vorzunehmen ist.⁷⁸ Diese Auffassung hat der DSR auch in DRS 8.31 übernommen, der eine Zwischenergebniseliminierungspflicht auch für Downstream-Geschäfte vorsieht.⁷⁹

Grundsätzlich müssen Zwischenergebnisse aus L&L eliminiert werden, die von assoziierten Unt erbracht werden. Um diesen Erfolgsbeitrag quantifizieren zu können, werden die AK oder HK des assoziierten Unt nach den konzerneinheitlichen Bewertungsmethoden ermittelt und aktivierungspflichtige Nebenkosten (z.B. Transportkosten) hinzugerechnet. Die so ermittelten **Konzern-AK bzw. -HK** stellen den Wert dar, zu dem die VG, vorbehaltlich der beteiligungsproportionalen Eliminierung, in der Konzernbilanz höchstens angesetzt werden dürfen bzw. mindestens angesetzt werden müssen.⁸⁰ Technisch erfolgt die Verrechnung der zu eliminierenden Zwischenergebnisse mit dem im Konzernabschluss ausgewiesenen Beteiligungsbuchwert des assoziierten Unt.⁸¹

86

Bedingt durch die Besonderheiten des Beteiligungsverhältnisses bei assoziierten Unt treten in der praktischen Anwendung der Equity-Methode regelmäßig Probleme auf, weil **notwendige Informationen** nicht bekannt oder zugänglich sind. Aus diesem Grund ist die Verpflichtung zur Zwischenergebniseliminierung nach § 312 Abs. 5 Satz 3 HGB auf die Fälle beschränkt, in denen solche Informationen bekannt oder zugänglich sind.⁸² Soweit exakte Einzelrechnungen nicht möglich oder zumutbar sind, kann die Eliminierung auch unter Verwendung vereinfachender Pauschsätze (z.B. pauschale Zwischenergebnissätze, kalkulatorische Zuschlagssätze) vorgenommen werden.

87

---

76 Im Rahmen der Equity-Methode werden die einzelnen VG und Schulden des assoziierten Unt nicht unmittelbar in den Konzernabschluss übernommen, sondern sind Bestandteil des in der Konzernbilanz ausgewiesenen Beteiligungsbuchwerts.
77 Vgl. *Havermann*, WPg 1987, S. 319; *Busse von Colbe*, ZfbF 1976, S. 675; *Sahner/Häger*, BB 1988, S. 1783; ADS, 6. Aufl., § 312 HGB, Rz 159.
78 Vgl. *Groß/Schruff/Wysocki, v.*, Konzernabschluss, S. 260; *Schmalenbach-Gesellschaft*, Aufstellung von Konzernabschlüssen, ZfbF, Sonderheft 21/1987, S. 138, die darauf hinweisen, dass in der Konzernbilanz-RL keine ausdrücklichen Hinweise dafür zu finden sind, dass § 312 Abs. 5 Satz 3 HGB nur auf Upstream-Geschäfte zu beziehen ist.
79 Vgl. dazu auch *Schmidbauer*, DStR 2001, S. 1534.
80 Vgl. auch ADS, 6. Aufl., § 312 HGB, Rz 162.
81 Vgl. auch DRS 8.32.
82 Für die Zwischenergebniseliminierung bei Upstream-Geschäften müssen bspw. Informationen über die AK bzw. HK des assoziierten Unt zugänglich sowie Angaben über am Stichtag aktivierte Bestände der in den Konzernabschluss einbezogenen Unt erhältlich sein.

2.4.3 Verrechnungstechnik

88 Der Verweis des § 312 Abs. 5 Satz 3 HGB auf § 304 HGB legt es nahe, die **Verrechnung eliminierter Zwischenergebnisse** auch im Rahmen der Equity-Methode bei den betreffenden Bilanzposten, den Beständen aus Upstream-Geschäften mit assoziierten Unt, vorzunehmen, wobei die erfolgswirksame Eliminierung in jedem Fall in der Konzern-GuV im Posten „Ergebnis aus Beteiligungen an assoziierten Unternehmen" vorzunehmen ist.[83] Der Wertansatz der Beteiligungen an assoziierten Unt bleibt bei dieser Vorgehensweise von der Eliminierung und Realisation des Zwischenergebnisses unberührt.

89 Nach der hier vertretenen Auffassung dürfte es aber eher dem Charakter der Equity-Methode entsprechen, die Eliminierung der Zwischenergebnisse im Schrifttum als eine **Korrektur des Wertansatzes der Beteiligung** anzusehen.[84] Mit der Verpflichtung zur Eliminierung von Zwischenergebnissen ginge ansonsten eine Ausweitung der Equity-Methode zu einer partiellen Kons. einher.[85]

90 In den Folgejahren ist nur noch die **Veränderung der Zwischenergebnisse** gegenüber dem Vj. **erfolgswirksam** zu berücksichtigen. Dieser Betrag ist beim Beteiligungswert und beim Beteiligungsergebnis zu berücksichtigen. Der Betrag zum Ende des Vj. ist erfolgsneutral im Ergebnisvortrag bzw. in den Gewinnrücklagen des Konzerns zu verrechnen.

2.4.4 Verzicht auf die Zwischenergebniseliminierung

91 Im Rahmen der VollKons kann grds. auf die Eliminierung von Zwischenergebnissen verzichtet werden, wenn die Bedingungen des § 304 Abs. 2 HGB erfüllt sind, wenn also die Zwischenergebniseliminierung für die Vermittlung eines den tatsächlichen entsprechenden Bilds der Vermögens-, Finanz- und Ertragslage des Konzerns nur von untergeordneter Bedeutung ist. Dies gilt selbst dann, wenn die Sachverhalte bekannt und zugänglich sind. Eine Angabe im Anhang ist nicht erforderlich.

2.5 Latente Steuern (Abs. 5 Satz 3)

92 Gemäß § 312 Abs. 5 Satz 3 HGB ist § 306 HGB entsprechend anzuwenden, soweit die für die Beurteilung maßgeblichen Sachverhalte bekannt oder zugänglich sind.[86] Die Vorschrift stellt klar, was bereits bisher gängige Praxis war. Auch bei Anwendung der Equity-Methode waren und sind latente Steuern abzugrenzen, und zwar – entgegen dem Wortlaut des § 306 HGB – nicht lediglich beschränkt auf Konsolidierungsmaßnahmen.

---

[83] So auch *Fricke*, Rechnungslegung für Beteiligungen nach der Anschaffungskostenmethode und nach der Equity-Methode, S. 323.
[84] Vgl. *Zündorf*, Quotenkonsolidierung versus Equity-Methode, S. 174; *Sahner/Häger*, BB 1988, S. 1783.
[85] Vgl. *Sahner/Häger*, BB 1988, S. 1783.
[86] Vgl. BGBl, 2015 I, S. 1251 sowie die BgrRegE BilRUG, BT-Drucks. 18/4050, S. 73; *Oser/Orth/Wirtz*, DB 2015, S. 202; *Blöink/Biermann*, Der Konzern 2015, S. 73.

Demgemäß sind bei der Kons. assoziierter Unt auf die im Rahmen der Kaufpreisallokation ermittelten stillen Reserven und Lasten latente Steuern zu erfassen und in den Folgejahren fortzuschreiben. Für aktive latente Steuern, die sich auf temporäre Differenzen aus der Anpassung der HB I an die konzerneinheitlichen Bilanzierungs- und Bewertungsmethoden in der HB II ergeben, besteht – entsprechend dem Vorgehen bei der VollKons – ein Ansatzwahlrecht.[87]   93

Strittig ist, ob eine Abgrenzung latenter Steuern auch auf phasenverschobene Ergebnisübernahmen in Betracht kommt. Nach der hier vertretenen Auffassung ist dies zu verneinen. Durch die anteilig zuzurechnenden Ergebnisübernahmen, die nach der Equity-Methode unabhängig von der Ausschüttung vorgenommen werden, ergeben sich Differenzen zwischen der Bewertung im handelsrechtlichen Konzernabschluss und der Beteiligungsbewertung in der Steuerbilanz des MU. Hierbei handelt es sich um sog. Outside Basis Differences, die § 306 Satz 4 HGB ausdrücklich von der Steuerabgrenzung ausnimmt.[88]   94

3 Zugrunde zu legender Jahresabschluss des assoziierten Unternehmens (Abs. 6 Satz 1)

Für die Einbeziehung in den Konzernabschluss sieht § 312 Abs. 6 Satz 1 HGB vor, dass der **letzte Jahresabschluss** des assoziierten Unt zugrunde zu legen ist. Mit dieser Vereinfachung – im Gegensatz zur VollKons ist die Aufstellung eines Zwischenabschlusses nicht erforderlich (§ 299 HGB) – wird wiederum den eingeschränkten Einflussmöglichkeiten des beteiligten Unt Rechnung getragen.[89]   95

DRS 8.12 und .13 **schränkt die Anwendung dieser Vereinfachungsvorschrift ein**. Die Regelung sieht eine analoge Anwendung der auch für die VollKons geltenden Vorschriften vor, nach denen entweder ein Zwischenabschluss aufzustellen ist oder nur ein Jahresabschluss verwendet werden darf, dessen Stichtag nicht mehr als drei Monate vor dem Stichtag des Konzernabschlusses liegt. Das in § 299 HGB vorgesehene Wahlrecht, wesentliche Veränderungen zwischen dem Stichtag des Jahresabschlusses des assoziierten Unt und dem Stichtag des Konzernabschlusses entweder in der Konzernbilanz oder in der Konzern-GuV zu berücksichtigen oder im Konzernanhang anzugeben, wird in DRS 8.13 auf eine Berücksichtigung in der Konzernbilanz und der Konzern-GuV beschränkt. Zwar sind zeitnahe Jahresabschlüsse grds. zu befürworten, § 312 Abs. 6 HGB trägt jedoch dem Umstand Rechnung, dass der Einfluss des MU auf das assoziierte Unt regelmäßig sehr begrenzt ist. Weitere Probleme ergeben sich, wenn an dem assoziierten Unt mehrere MU mit unterschiedlichen KA-Stichtagen beteiligt sind. Nach der hier vertretenen Auffassung kann es daher nur in den Fällen, in   96

---

[87] Vgl. DRS 8.32a und DRS 18.26.
[88] Vgl. *Melcher/Murer*, DB 2010, S. 1599; *Kühne/Melcher/Wesemann*, WPg 2009, S. 1063; anders *Gelhausen/Fey/Kämpfer*, Rechnungslegung und Prüfung nach dem Bilanzrechtsmodernisierungsgesetz, Abschn. Q, Rz 315, für den Fall, dass die Ausschüttung in dem Folgejahr so gut wie sicher ist und als Folge davon Ertragsteuern anfallen.
[89] Insb. bei assoziierten Unt, die in mehrere Konzernabschlüsse mit möglicherweise unterschiedlichen Bilanzstichtagen einbezogen werden, dürfte allein ein maßgeblicher Einfluss nicht zur Aufstellung eines oder mehrerer Zwischenabschlüsse ausreichen; so auch *Schäfer*, Bilanzierung von Beteiligungen an assoziierten Unternehmen nach der Equity-Methode, S. 347.

97 denen TU ausnahmsweise nach der Equity-Methode in den Konzernabschluss einbezogen werden, bei der Anwendung des § 299 HGB bleiben.
Stimmen die Abschlussstichtage überein, so ist grds. der zu diesem Stichtag aufgestellte Jahresabschluss des assoziierten Unt zugrunde zu legen. Auch wenn im Gesetz nicht verlangt wird, dass der Jahresabschluss des assoziierten Unt festgestellt ist, sollte der Jahresabschluss zumindest in **wahrscheinlich endgültiger Fassung** vorliegen.[90] Jedenfalls ist nicht erforderlich, dass die Prüfung des Jahresabschlusses abgeschlossen ist.[91] Ist bei Aufstellung des Konzernabschlusses kein Jahresabschluss oder nur ein Entwurf verfügbar, muss auf den Jahresabschluss des Vorjahrs zurückgegriffen werden.[92] Dann kann der Bilanzstichtag des assoziierten Unt bis zu zwölf Monate vor dem Stichtag des Konzernabschlusses liegen.[93]

98 Das HGB enthält keine Vorschrift, wie bei abweichenden Bilanzstichtagen zu verfahren ist. Gleichwohl ist davon auszugehen, dass eine Berichterstattung über den Stichtag des dem Konzernabschluss zugrunde gelegten Jahresabschlusses des assoziierten Unt im Konzernanhang nach Maßgabe des § 313 Abs. 1 Satz 2 Nr. 1 HGB erforderlich ist. Die Anhangangabe ist erforderlichenfalls – in Anlehnung an § 299 Abs. 3 HGB – um Hinweise darauf zu ergänzen, in welchem Umfang wesentliche Größen auf Schätzungen beruhen. Weichen die Abschlussstichtage des assoziierten Unt und des Konzerns voneinander ab, muss, anders aber DRS 8.12, **kein Zwischenabschluss** aufgestellt werden.[94]

99 Natürlich bleibt es unbenommen, freiwillig einen Zwischenabschluss aufzustellen. Ein **freiwillig** auf den Konzernstichtag aufgestellter und geprüfter **Zwischenabschluss** ist zwar kein Jahresabschluss und kann daher bei wörtlicher Auslegung von § 312 Abs. 6 Satz 1 HGB gar nicht berücksichtigt werden. Da Abs. 6 Satz 1 jedoch nur eine Vereinfachung vorsieht, sollten gegen die Verwendung zumindest eines geprüften Zwischenabschlusses keine Bedenken bestehen, wenn dadurch eine exaktere Periodenabgrenzung im Konzernabschluss erreicht werden kann. Allerdings ist dann wegen des Gebots der Methodenstetigkeit auch in den Folgejahren die Equity-Methode auf der Basis von Zwischenabschlüssen anzuwenden.[95]

100 Von den Beteiligungen an assoziierten Unt sind die **Beteiligungen an TU** abzugrenzen, die aufgrund des § 296 HGB nur ausnahmsweise nach der Equity-Methode bewertet werden. In diesen Fällen besitzt das MU gem. § 294 Abs. 3 HGB das Recht, die rechtzeitige Vorlage eines Jahresabschlusses zu verlangen. Die Erleichterungen des § 312 Abs. 6 Satz 1 HGB sind also nicht erforderlich. Gleichwohl kann eine gesetzliche Verpflichtung zur Verwendung eines auf den Stichtag des Konzernabschlusses aufgestellten Jahresabschlusses nicht angenommen werden.[96]

---

90 Vgl. WPH Edition, Wirtschaftsprüfung & Rechnungslegung, 15. Aufl., 2017, Abschn. G, Tz 703.
91 Vgl. auch IDW HFA 4/1988, Rz 9.
92 Vgl. *Winkeljohann/Lewe*, in Beck Bil-Komm., 10. Aufl., 2016, § 312 HGB, Rz 90.
93 Vgl. *Maas/Schruff*, WPg 1985, S. 6.
94 Vgl. *Biener/Berneke*, BiRiLiG, S. 374.
95 Vgl. IDW HFA 4/1988, Rz 4, Rz 5 u. 9.
96 Vgl. *Küting/Zündorf*, in *Küting/Weber*, HdK, HGB § 312, Rn 182.

Umrechnung der Fremdwährungsbeträge in Euro durchzuführen. Zwar wurde in § 312 HGB im Gegensatz zu § 310 Abs. 2 HGB kein ausdrücklicher Verweis auf § 308a HGB aufgenommen; das Ziel des Gesetzgebers, die Umrechnung von Jahresabschlüssen in fremder Währung zu vereinheitlichen und zu vereinfachen, gilt auch für die Kons. assoziierter Unt und rechtfertigt eine analoge Anwendung des § 308a HGB. Eine Abweichung von § 308a HGB kann vor diesem Hintergrund – dem Sinn und Zweck des § 308a HGB – bei Kons. assoziierter Unt keine Rechtfertigung finden.[107]

5.3 Erwerb weiterer Anteile

Denkbar ist, dass eine bisher zu AK bilanzierte Beteiligung durch Erhöhung der Beteiligungsquote nach Maßgabe der §§ 311 ff. HGB im Konzernabschluss zu zeigen ist. Nach Maßgabe des § 312 Abs. 3 Satz 1 HGB ist in diesem Fall für die erstmals vorzunehmende Kaufpreisallokation auf den Zeitpunkt abzustellen, zu dem das Unt assoziiertes Unt geworden ist. Eine sukzessive oder tranchenweise Ermittlung der Unterschiedsbeträge kommt nicht in Betracht. Die ErstKons hat – auch bei sukzessivem Erwerb – erfolgsneutral zu erfolgen. Die fortgeführten AK der bereits erworbenen und zu AK bilanzierten Tranchen werden bei der erstmaligen Anwendung der Equity-Methode wie zusätzliche AK behandelt. 111

Problematisch ist in diesem Zusammenhang, dass seit dem Erwerb der ersten Tranche Gewinne thesauriert und stille Reserven gebildet oder Lasten entwickelt worden sein können, die mit den fortgeführten AK gar nicht abgegolten wurden und daher zu einer erheblichen Verzerrung der Darstellung der Vermögens-, Finanz- und Ertragslage führen können.[108] Schlägt ein aktiver Unterschiedsbetrag aufgrund thesaurierter Gewinne oder gebildeter stiller Reserven in einen passiven Unterschiedsbetrag um, soll nach in der Literatur vertretener Auffassung die AK-Restriktion nicht durchgreifen, sondern der passive Unterschiedsbetrag sofort nach §§ 312 Abs. 2 Satz 3, 309 Abs. 2 Nr. 2 HGB erfolgswirksam aufgelöst werden.[109] Nach anderer Auffassung ist der passive Unterschiedsbetrag in diesen Fällen erfolgsneutral in die Konzerngewinnrücklagen umzugliedern.[110] 112

Werden weitere Anteile an einem assoziierten Unt, das bereits nach der Equity-Methode in den Konzernabschluss einbezogen wurde, hinzuerworben – wird also **lediglich die Beteiligungsquote erhöht** –, so ist für diese neuen Anteile eine **Kapitalaufrechnung** nach § 312 Abs. 1 HGB vorzunehmen.[111] Die dabei entstehenden Unterschiedsbeträge sind **gesondert** fortzuschreiben und im Konzernanhang anzugeben. 113

Sind die Auswirkungen einer Zuordnung für die Fortschreibung in den Folgejahren nur von **untergeordneter Bedeutung**, so bestehen keine Bedenken, den Unterschiedsbetrag insgesamt aus Vereinfachungsgründen als GoF zu behandeln.[112] 114

---

[107] Anders aber *Gelhausen/Fey/Kämpfer*, Rechnungslegung und Prüfung nach dem Bilanzrechtsmodernisierungsgesetz, Abschnitt Q, Rz 353.
[108] Vgl. *Melcher/Murer*, DB 2010, S. 1603 mwN.
[109] Vgl. *Melcher/Murer*, DB 2010, S. 1603.
[110] Vgl. *Oser/Reichart/Wirth*, in *Küting/Pfitzer/Weber*, Das neue deutsche Bilanzrecht, S. 424.
[111] So auch DRS 8.35; vgl. ebenso *Küting/Zündorf*, in *Küting/Weber*, HdK, HGB § 312, Rn 131.
[112] Ebenso *Küting/Zündorf*, in *Küting/Weber*, HdK, HGB § 312, Rn 137.

115 Bewirkt der Erwerb der Anteile einen **Übergang zur Quoten- oder zur Voll-Kons**, so wird die Beteiligung nicht mehr „einzeilig" in der Konzernbilanz ausgewiesen. Der Beteiligungsbuchwert im Zeitpunkt des Übergangs zur Voll-Kons stellt die anteiligen AK der Beteiligung dar (DRS 8.33). Die noch nicht verrechneten Unterschiedsbeträge sind auf die entsprechenden Bilanzposten zu verteilen. Erfolgswirksame Buchungen ergeben sich daraus nicht.[113] Zudem ändert sich der KonsKreis; die dazu nach Maßgabe des § 294 Abs. 2 HGB erforderlichen Angaben im Konzernanhang sollten von den nach § 313 Abs. 2 HGB erforderlichen Einzelangaben getrennt werden.

5.4 Veräußerung von Anteilen

5.4.1 Fortführung der Equity-Methode

116 Die Veräußerung von Anteilen unter Beibehaltung der Equity-Methode führt in der Konzernbilanz zu einem entsprechenden „**Abgang**" i. H. d. auf die verkauften Anteile entfallenden „Equity"-Wertansatzes im Veräußerungszeitpunkt. Die Bewertung der verbleibenden Anteile bleibt von der Veräußerung unberührt.

117 Die Veräußerung ist in der Nebenrechnung zu berücksichtigen. Dort ist auch ein noch vorhandener **GoF** anteilig als Abgang zu behandeln.
Sämtliche Abgangswerte werden dem Verkaufserlös gegenübergestellt, sodass sich im Konzern ggf. ein anderer **Verkaufserfolg** ergeben kann als im Jahresabschluss des beteiligten Unt.

5.4.2 Übergang von der Equity-Methode zur Anschaffungskosten-Methode

118 Wird nach dem Verkauf eines Teils der Beteiligung kein maßgeblicher Einfluss mehr ausgeübt, kann die Beteiligung nicht länger als Beteiligung an einem assoziierten Unt im Konzernabschluss ausgewiesen werden.[114]
Für die auf die verbliebenen Anteile entfallenden Wertabweichungen gegenüber dem Buchwert im Jahresabschluss des beteiligten Unt oder den niedrigeren beizulegenden Wert ist eine **erfolgsneutrale Verrechnung** mit den entsprechenden Gegenposten in den Gewinnrücklagen (bzw. Ergebnisvortrag) der Konzernbilanz vorzunehmen (ebenso für Erfolgsneutralität DRS 8.38)[115] Davon abweichend sieht DRS 8.37 aber vor, dass als AK der verbleibenden Anteile der entsprechende Beteiligungsbuchwert im Konzernabschluss angesetzt wird („Einfrieren der Equity-Methode"). Gleiches gilt für den Fall, dass der maßgebliche Einfluss entfällt. Folge ist, dass die Beteiligung im Konzernabschluss mit einem über dem im Jahresabschluss angesetzten Buchwert liegenden Buchwert ausgewiesen wird.[116]

---

[113] Vgl. zum Ganzen auch ADS, 6. Aufl., § 312 HGB, Rz 206.
[114] Ebenso *Küting/Zündorf*, in *Küting/Weber*, HdK, HGB § 312, Rn 155. Für die veräußerten Anteile gelten die unter Rz 116f. dargestellten Grundsätze.
[115] Vgl. *Küting/Zündorf*, in *Küting/Weber*, HdK, HGB § 312, Rn 154.
[116] Im handelsrechtlichen Schrifttum wird dieser Ansatz teilweise als mit dem AK-Prinzip unvereinbar und daher unzulässig eingestuft; vgl. *Küting/Zündorf*, in *Küting/Weber*, HdK, HGB § 312, Rz 167, mwN; *Schmidbauer*, DStR 2001, S. 1544. Nach wieder a. A. sei die Behandlung vor dem Hintergrund einer zutreffenden Darstellung der Vermögens-, Finanz- und Ertragslage und der Anpassung an internationale Regelungen als zulässig hinnehmbar; vgl. *Schruff*, BB 2001, S. 87.

5.4.3 Vollständige Veräußerung

Wird die Beteiligung an einem assoziierten Unt vollständig veräußert, so gelten die dargestellten Grundsätze. 119

5.5 Übergang von der Vollkonsolidierung zur Equity-Methode

Der Übergang von der VollKons auf die Equity-Methode stellt sich aus der Sicht des Konzerns unter Berücksichtigung der Einzelveräußerungsfiktion als Abgang einzelner VG und Schulden des TU dar. Wird der Übergang – was regelmäßig der Fall sein dürfte – durch eine Anteilsveräußerung ausgelöst, ist der auf das MU entfallende Veräußerungserlös aufzuteilen. Das auf die veräußerten Anteile entfallende Reinvermögen – ggf. bewertet zu fortgeführten Konzern-AHK – ist dem dafür erzielten Veräußerungserlös gegenüberzustellen, d.h., es ist eine **erfolgswirksame EndKons** vorzunehmen. 120

Gleichzeitig ist i.H.d. beim MU verbleibenden anteiligen EK des TU (jetzt assoziiertes Unt) ein Zugang unter den Beteiligungen an assoziierten Unt auszuweisen. Die Beteiligung ist mit dem Betrag anzusetzen, der sich als anteiliges Reinvermögen im Zeitpunkt des Übergangs ergibt. Der **Übergang auf die Equity-Methode ist somit für die verbliebenen Anteile erfolgsneutral**.[117] Noch verbliebene stille Reserven und Lasten sowie ein GoF oder passiver Unterschiedsbetrag werden in der Nebenrechnung fortgeführt.

5.6 Übergang von der Quotenkonsolidierung zur Equity-Methode

Bei Übergang von der QuotenKons auf die Equity-Methode scheidet ein bisher nach § 310 HGB anteilig in den Konzernabschluss einbezogenes Unt, auf das weiterhin ein maßgeblicher Einfluss ausgeübt wird, aus dem KonsKreis aus. In der Konzernbilanz ist dieser Vorgang – ebenso wie beim Übergang von der VollKons zur Equity-Methode – einerseits als **Abgang** der einzelnen anteiligen Vermögens- und Schuldposten und andererseits als **Zugang** bei den Beteiligungen an assoziierten Unt i.H.d. anteiligen EK darzustellen. Der Beteiligungsbuchwert ergibt sich aus dem anteiligen Reinvermögen zu Konzernwerten im Zeitpunkt des Übergangs.[118] Soweit der Unterschied zwischen den AK im Jahresabschluss und dem Beteiligungsbuchwert im Konzernabschluss auf während der Anwendung der Equity-Methode thesaurierten Gewinnen beruht, sind die in den Folgejahren erfolgenden Ausschüttungen dieser Beträge als Minderung des Beteiligungsbuchwerts zu behandeln. Auf diese Weise wird die Doppelerfassung von Ergebnisbeiträgen im Konzernabschluss vermieden. 121

Werden **keine Anteile veräußert**, ist der Übergang auf die Equity-Methode erfolgsneutral. Die Höhe des abgegangenen anteiligen Reinvermögens entspricht dem zugegangenen anteiligen EK. 122

---

[117] Vgl. auch ADS, 6. Aufl., § 301 HGB, Rz 285.
[118] Vgl. ADS, 6. Aufl., § 312 HGB, Rz 215.

123 Werden **Anteile veräußert**, gelten insoweit die Grundsätze der EndKons bei Übergang auf die Equity-Methode. Bezüglich der verbleibenden nach der Equity-Methode zu bewertenden Anteile gelten die vorstehenden Ausführungen.[119]

6 Anhang: Kapitalanteilsmethode

6.1 Vorbemerkung

124 Art. 66 Abs. 3 Satz 4 EGHGB schreibt die erstmalige Anwendung des § 312 HGB i.d.F. d. BilMoG auf **Erwerbsvorgänge** vor, die in Gj erfolgt sind, die nach **dem 31.12.2009** begonnen haben.[120] Mit der Vorschrift wird sichergestellt, dass sich bei den „Altfällen" kein Anpassungsbedarf ergibt. **Im Hinblick auf die Altfälle ist weiterhin nach den bisherigen Vorschriften des HGB zu verfahren.** Aus diesem Grund werden an dieser Stelle kurz auch die Grundsätze der Kapitalaufrechnung nach Maßgabe der Kapitalanteilsmethode dargestellt.

125 Im Grundsatz unterscheiden sich die Kapitalanteilsmethode (auch Neubewertungsmethode) und die künftig allein zulässige Buchwertmethode allein im **Ausweis**. Bei der Buchwertmethode war der gesamte Unterschiedsbetrag zwischen Buchwert und anteiligem EK vermerk- oder angabepflichtig, bei der Kapitalanteilsmethode wurden das anteilige neu bewertete EK und der GoF im Konzernabschluss getrennt ausgewiesen.

6.2 Kapitalanteilsmethode bei erstmaliger Anwendung der Equity-Methode

126 Das Gesetz enthielt bisher für die erstmalige Anwendung der Equity-Methode, ähnlich der VollKons, ein **Wahlrecht** zwischen der sog. Buchwertmethode und der sog. Kapitalanteilsmethode.

127 Das anteilige EK war bei der **Kapitalanteilsmethode** nicht auf der Grundlage von Buchwerten, sondern von Zeitwerten zu ermitteln. Daher war zunächst in einer Nebenrechnung eine Neubewertung des EK des assoziierten Unt vorzunehmen.[121] Die VG, Schulden, RAP, Bilanzierungshilfen und Sonderposten des assoziierten Unt wurden mit dem Zeitwert am Stichtag der Kapitalaufrechnung angesetzt. Die Obergrenze für die Neubewertung des anteiligen EK bildeten die AK der Beteiligung. Mit dieser **Begrenzung** sollte die Einhaltung des Anschaffungswertprinzips bei erstmaliger Anwendung gewährleistet werden. Dies schloss nicht aus, dass die Berücksichtigung anteiliger Jahresüber-

---

[119] Ergeben sich allein daraus, dass im Rahmen der Equity-Bewertung von den im Konzern anzuwendenden einheitlichen Bewertungsmethoden abgewichen wird (Abweichung des anteiligen EK des assoziierten Unt von dem anteiligen Reinvermögen zu Konzernwerten), ist eine erfolgswirksame Anpassung an den Beteiligungsbuchwert vorzunehmen; vgl. dazu auch ADS, 6. Aufl., § 312 HGB, Rz 218.

[120] Der Begriff „Erwerbsvorgang" ist hier weit auszulegen. Erfasst werden sollen alle Gestaltungen, die erstmals zur Anwendung der Equity-Methode zwingen, also auch Fallgestaltungen, bei denen es aufgrund irgendwelcher Umstände nach dem 31.12.2009 zur Begründung eines maßgeblichen Einflusses kommt, also ein Erwerb im eigentlichen Sinn gar nicht vorliegt.

[121] Die Neubewertung wird üblicherweise vor der erstmaligen Anwendung der Equity-Methode in der HB II des assoziierten Unt vorgenommen.

schüsse des assoziierten Unt in Folgejahren zu einer Überschreitung der AK führte. Dies ist in der Systematik der Equity-Methode angelegt.[122]

Überstiegen die AK der Beteiligung den sich nach der Neubewertung ergebenden Betrag des anteiligen EK, so hatte ein entstehender **aktiver Unterschiedsbetrag den Charakter eines (anteiligen) GoF.** Für den GoF bestand bei erstmaliger Anwendung nach § 312 Abs. 1 Satz 3 2. Hs. HGB aF ein Wahlrecht, ihn entweder in der Konzernbilanz gesondert auszuweisen oder ihn im Konzernanhang anzugeben. Wurde er in der Konzernbilanz gesondert ausgewiesen, so sollte er – seinem Charakter entsprechend – unter dem Posten „GoF" (§ 266 Abs. 2 A. I. 2. HGB) gesondert ausgewiesen werden.[123] Statt eines Sonderausweises war es auch zulässig, den entstehenden Unterschiedsbetrag in den Posten A. I. 2. „GoF" einzubeziehen und bei erstmaliger Anwendung im Konzernanhang anzugeben. Außerdem wurde auch bei Anwendung der Kapitalanteilsmethode der Ausweis des gesamten Buchwerts der Beteiligung im Posten „Beteiligungen an assoziierten Unternehmen" für zulässig gehalten, wenn der darin enthaltene GoF z.B. durch einen „davon"-Vermerk gesondert ausgewiesen wurde.[124]

128

Ein **passiver Unterschiedsbetrag** entsteht, wenn der Buchwert (die AK) einer Beteiligung niedriger als das anteilige EK des assoziierten Unt ist. Die Neubewertung des anteiligen EK des assoziierten Unt war aber auf die Höhe der AK der Beteiligung beschränkt. Aus diesem Grund konnte ein passiver Unterschiedsbetrag nur unter der **Voraussetzung** entstehen, dass entweder vor der erstmaligen Anwendung der Equity-Methode eine außerplanmäßige Abschreibung auf die Beteiligung vorgenommen wurde oder beim assoziierten Unt Gewinne nach Erwerb der Anteile, aber vor dem Stichtag der Kapitalaufrechnung thesauriert wurden.

129

Der passive Unterschiedsbetrag aus der Kapitalaufrechnung nach der Kapitalanteilsmethode war wie bei der Buchwertmethode nur im Konzernanhang anzugeben.

130

6.3 Kapitalanteilsmethode bei Fortschreibung der Equity-Methode

Bei Anwendung der Kapitalanteilsmethode war der aktive Unterschiedsbetrag aus der Kapitalaufrechnung, der den Charakter eines (anteiligen) GoF besaß, unabhängig von seinem Ausweis nach den Regeln des § 309 Abs. 1 HGB aF abzuschreiben, soweit er nicht mit den Rücklagen verrechnet worden ist. Im Übrigen waren die Werte der **Neubewertungsbilanz fortzuschreiben**, sodass sich das anteilige Jahresergebnis aus der fortgeschriebenen Neubewertungsbilanz ergab. Dadurch war die Auswirkung auf das Konzernergebnis mit dem bei der Buchwertmethode identisch.[125]

131

---

[122] Vgl. *Havermann,* WPg 1975, S. 235.
[123] Vgl. *Busse von Colbe,* in FS Grochla, S. 62; *Küting/Zündorf,* in *Küting/Weber,* HdK, HGB § 312, Rz 7.
[124] Vgl. zum Ganzen auch WP-Handbuch, Bd. I, 13. Aufl., Abschn. M, Rz 468.
[125] Vgl. WP-Handbuch, Bd. I, 13. Aufl., Abschn. M, Rz 471.

132 Waren im Rahmen einer Neubewertung des EK stille Reserven im abnutzbaren AV des assoziierten Unt aufgedeckt worden, musste der zu übernehmende anteilige Jahreserfolg in den Folgejahren um zusätzliche Abschreibungen korrigiert werden, da sich die Neubewertung im Jahresabschluss des assoziierten Unt selbst nicht ausgewirkt hat. Entsprechende Korrekturen waren ggf. im UV und bei Abgängen erforderlich.

§ 313 Erläuterung der Konzernbilanz und der Konzern-Gewinn- und Verlustrechnung. Angaben zum Beteiligungsbesitz

(1) ¹In den Konzernanhang sind diejenige Angaben aufzunehmen, die zu einzelnen Posten der Konzernbilanz oder der Konzern-Gewinn- und Verlustrechnung vorgeschrieben sind; diese Angaben sind in der Reihenfolge der einzelnen Posten der Konzernbilanz und der Konzern-Gewinn- und Verlustrechnung darzustellen. Im Konzernanhang sind auch die Angaben zu machen, die in Ausübung eines Wahlrechts nicht in die Konzernbilanz oder in die Konzern-Gewinn- und Verlustrechnung aufgenommen wurden. ²Im Konzernanhang müssen
1. die auf die Posten der Konzernbilanz und der Konzern-Gewinn- und Verlustrechnung angewandten Bilanzierungs- und Bewertungsmethoden angegeben werden;
2. Abweichungen von Bilanzierungs-, Bewertungs- und Konsolidierungsmethoden angegeben und begründet werden; deren Einfluß auf die Vermögens-, Finanz- und Ertragslage des Konzerns ist gesondert darzustellen.

(2) ¹Im Konzernanhang sind außerdem anzugeben:
1. Name und Sitz der in den Konzernabschluß einbezogenen Unternehmen, der Anteil am Kapital der Tochterunternehmen, der dem Mutterunternehmen und den in den Konzernabschluß einbezogenen Tochterunternehmen gehört oder von einer für Rechnung dieser Unternehmen handelnden Person gehalten wird, sowie der zur Einbeziehung in den Konzernabschluß verpflichtende Sachverhalt, sofern die Einbeziehung nicht auf einer der Kapitalbeteiligung entsprechenden Mehrheit der Stimmrechte beruht. ²Diese Angaben sind auch für Tochterunternehmen zu machen, die nach § 296 nicht einbezogen worden sind;
2. Name und Sitz der assoziierten Unternehmen, der Anteil am Kapital der assoziierten Unternehmen, der dem Mutterunternehmen und den in den Konzernabschluß einbezogenen Tochterunternehmen gehört oder von einer für Rechnung dieser Unternehmen handelnden Person gehalten wird. ³Die Anwendung des § 311 Abs. 2 ist jeweils anzugeben und zu begründen;
3. Name und Sitz der Unternehmen, die nach § 310 nur anteilmäßig in den Konzernabschluß einbezogen worden sind, der Tatbestand, aus dem sich die Anwendung dieser Vorschrift ergibt, sowie der Anteil am Kapital dieser Unternehmen, der dem Mutterunternehmen und den in den Konzernabschluß einbezogenen Tochterunternehmen gehört oder von einer für Rechnung dieser Unternehmen handelnden Person gehalten wird;
4. Name und Sitz anderer Unternehmen, die Höhe des Anteils am Kapital, das Eigenkapital und das Ergebnis des letzten Geschäftsjahrs dieser Unternehmen, für das ein Jahresabschluss vorliegt, soweit es sich um Beteiligungen i. S. d. § 271 Absatz 1 handelt oder ein solcher Anteil von einer Person für Rechnung des Mutterunternehmens oder eines anderen in den Konzernabschluss einbezogenen Unternehmens gehalten wird;

5. alle nicht nach den Nummern 1 bis 4 aufzuführenden Beteiligungen an großen Kapitalgesellschaften, die 5 Prozent der Stimmrechte überschreiten, wenn sie von einem börsennotierten Mutterunternehmen, börsennotierten Tochterunternehmen oder von einer für Rechnung eines dieser Unternehmen handelnden Person gehalten werden;
6. Name, Sitz und Rechtsform der Unternehmen, deren unbeschränkt haftender Gesellschafter das Mutterunternehmen oder ein anderes in den Konzernabschluss einbezogenes Unternehmen ist;
7. Name und Sitz des Unternehmens, das den Konzernabschluss für den größten Kreis von Unternehmen aufstellt, dem das Mutterunternehmen als Tochterunternehmen angehört, und im Falle der Offenlegung des von diesem anderen Mutterunternehmen aufgestellten Konzernabschlusses der Ort, wo dieser erhältlich ist;
8. Name und Sitz des Unternehmens, das den Konzernabschluss für den kleinsten Kreis von Unternehmen aufstellt, dem das Mutterunternehmen als Tochterunternehmen angehört, und im Falle der Offenlegung des von diesem anderen Mutterunternehmen aufgestellten Konzernabschlusses der Ort, wo dieser erhältlich ist.

(3) ¹Die in Absatz 2 verlangten Angaben brauchen insoweit nicht gemacht zu werden, als nach vernünftiger kaufmännischer Beurteilung damit gerechnet werden muß, daß durch die Angaben dem Mutterunternehmen, einem Tochterunternehmen oder einem anderen in Absatz 2 bezeichneten Unternehmen erhebliche Nachteile entstehen können. ²Die Anwendung der Ausnahmeregelung ist im Konzernanhang anzugeben. ³Satz 1 gilt nicht, wenn ein Mutterunternehmen oder eines seiner Tochterunternehmen kapitalmarktorientiert im Sinn des § 264d ist. ⁴Die Angaben nach Absatz 2 Nummer 4 und 5 brauchen nicht gemacht zu werden, wenn sie für die Vermittlung eines den tatsächlichen Verhältnissen entsprechenden Bilds der Vermögens-, Finanz- und Ertragslage des Konzerns von untergeordneter Bedeutung sind. Die Pflicht zur Angabe von Eigenkapital und Ergebnis nach Absatz 2 Nummer 4 braucht auch dann nicht erfüllt zu werden, wenn das in Anteilsbesitz stehende Unternehmen seinen Jahresabschluss nicht offenlegt.

(4) § 284 Absatz 2 Nummer 4 und Absatz 3 ist entsprechend anzuwenden.

MBA CPA Andreas Krimpmann

Inhaltsübersicht	Rz
1 Überblick	1–19
1.1 Inhalt	1–3
1.2 Zweck	4–5
1.3 Anwendungsbereich	6–17
1.3.1 Persönlicher Anwendungsbereich	6–10
1.3.2 Zeitlicher Anwendungsbereich	11–17
1.4 Normenzusammenhänge	18–19
2 Inhalte des Konzernanhangs (Abs. 1 Sätze 1 und 2)	20–44
2.1 Anforderungen, Form und Umfang	20–26

2.2	Angaben zu den Posten des Konzernabschlusses........	27–44
2.2.1	Pflichtangaben...........................	29–35
2.2.2	Wahlpflichtangaben......................	36–42
2.2.3	Freiwillige Angaben......................	43–44
3	Angaben zu Bilanzierungs- und Bewertungsmethoden (Abs. 1 Satz 3 Nr. 1)...	45–54
3.1	Bilanzierungs- und Bewertungsmethoden.............	45–48
3.2	Konsolidierungsmethoden.......................	49–54
4	Angaben zu Währungsumrechnungen (Abs. 1 Satz 2 Nr. 2 aF) .	55
5	Angaben und Begründungen zu Abweichungen von Bilanzierungs-, Bewertungs- und Konsolidierungsmethoden (Abs. 1 Satz 3 Nr. 2)...	56–69
5.1	Allgemeines.................................	56
5.2	Methodenabweichungen........................	57–64
5.2.1	Bilanzierungs- und Bewertungsmethoden.......	57–61
5.2.2	Konsolidierungsmethoden..................	62–64
5.3	Erläuterung der Auswirkungen....................	65–69
6	Angaben zu einbezogenen Unternehmen und zum Konzernanteilsbesitz (Abs. 2)..............................	70–102
6.1	Allgemeines.................................	70–74
6.2	Tochterunternehmen (Abs. 2 Nr. 1)................	75–80
6.3	Assoziierte Unternehmen (Abs. 2 Nr. 2).............	81–87
6.4	Anteilmäßig einbezogene Unternehmen (Abs. 2 Nr. 3) ...	88–91
6.5	Anteile an sonstigen Unternehmen (Abs. 2 Nr. 4–8).....	92–102
7	Sonstige relevante Angabepflichten und Regelungen (Abs. 3) ..	103–108
7.1	Befreiungsmöglichkeiten........................	103–104
7.1.1	Untergeordnete Bedeutung.................	103
7.1.2	Nicht publizitätspflichtige Unternehmen........	104
7.2	Schutzklauseln...............................	105–107
7.3	Sanktionen..................................	108
8	Verweis auf § 284 Abs. 2 und 3 HGB (Abs. 4)..............	109–110

1 Überblick

1.1 Inhalt

Gem. § 297 Abs. 1 HGB bildet der Konzernanhang mit der Konzernbilanz, der Konzern-GuV, der Konzern-KFR und dem Konzern-EK-Spiegel den Konzernabschluss. Er ist insofern ein gleichwertiger Bestandteil im Konzernabschluss. Ergänzt werden kann der Konzernabschluss um eine Konzern-SegmBer. Die wesentlichen **Inhalte des Konzernanhangs** sind in den §§ 313 und 314 HGB zusammengefasst. Grundlage hierfür bildet Art. 34 der 7. EG-RL.[1] **Zusätzliche Angabepflichten** können sich aus weiteren handelsrechtlichen Einzelvorschriften sowie anderen Gesetzen und Regelungen ergeben. Hierzu gehören im Besonderen verschiedene DRS sowie sich aus dem DCGK ergebende Angabe-

---

[1] Vgl. ADS, 6. Aufl., § 313 HGB, Rz 2.

notwendigkeiten. Ferner sind **Wahlpflichtangaben** möglich, die sich aus der Verlagerung von Informationen aus Konzern-Bilanz, Konzern-GuV, Konzern-KFR, Konzern-EK-Spiegel und Konzern-SegmBer in den Konzernanhang ergeben.[2] Daneben steht es den Erstellern eines Konzernabschlusses frei, weitere **freiwillige Informationen** zu geben. Aufgrund der Prüfungs- und Offenlegungspflicht wird eine Positionierung dieser Angaben in anderen Teilen des Geschäftsberichts allerdings bevorzugt.

2 Durch das KonTraG[3] wurde für Konzerne mit börsennotierten MU der Konzernanhang zunächst um eine vom Gesetzgeber nicht näher bestimmte **Kapitalflussrechnung** und eine **Segmentberichterstattung** erweitert. Zu beiden liegen als Ausgestaltungsempfehlungen mit GoB-Charakter mit dem DRS 2 (Kapitalflussrechnung) und dem DRS 3 (Segmentberichterstattung) Regelungen des DSR vor (§ 297 Rz 14 ff., 60 ff.). Mit Verabschiedung des TransPuG[4] sind diese Rechenwerke in ihrem Stellenwert aufgewertet worden. Sie sind als eigenständige Teile des Konzernabschlusses zusammen mit dem neu hinzukommenden **Konzerneigenkapitalspiegel** (DRS 7) zu sehen. Ferner wurde der Kreis der Unt, die einen Konzernabschluss aufzustellen haben, um Unt, die direkt oder indirekt (durch TU) einen organisierten Markt i.S.d. § 2 WpHG in Anspruch nehmen, erweitert. Eine nochmalige Erweiterung der Erstellungspflicht auf alle konzernrechnungslegungspflichtigen Unt erfolgte mit dem BilReG.

3 Die **Aufgabe** des Konzernanhangs ist es, die anderen Elemente des Konzernabschlusses durch Informationen zu ergänzen, zu erläutern, zu korrigieren sowie ggf. von bestimmten Angaben zu entlasten.[5] Grundlage dafür ist die Generalnorm des § 297 Abs. 2 HGB. Demnach ist der Konzernabschluss „klar und übersichtlich aufzustellen" und hat „unter Beachtung der Grundsätze ordnungsmäßiger Buchführung ein den tatsächlichen Verhältnissen entsprechendes Bild der Vermögens-, Finanz- und Ertragslage des Konzerns" zu vermitteln (§ 297 Rz 85 ff.). Die Angabepflichten sind nach § 297 Abs. 2 Satz 3 HGB noch weitgehender, wenn der Konzernabschluss kein zutreffendes Bild vermittelt (§ 297 Rz 86 ff.).

1.2 Zweck

4 Als wesentlicher Bestandteil des Konzernabschlusses hat auch der Konzernanhang die Aufgabe, die Abbildung eines **tatsächlichen Bildes der Vermögens-, Finanz- und Ertragslage** des Konzerns gem. § 297 Abs. 2 HGB sicherzustellen. Damit unterliegt er im Hinblick auf die Aufstellungs-, Publizitäts- und Prüfungspflichten denselben Anforderungen wie die übrigen Teile des Konzernabschlusses. Aufgrund der Einheitstheorie dient der Konzernanhang nicht der Ausschüttungsbemessung und Steuerfestsetzung, sondern in erster Linie dem **Informationszweck** des Konzernabschlusses. Dies hat der Gesetzgeber nicht zuletzt im Rahmen des TransPuG[6] erneut dadurch deutlich gemacht, dass der Konzernabschluss nunmehr keine steuerlichen Wertansätze mehr enthält.

---

2 Vgl. WPH Edition, Wirtschaftsprüfung & Rechnungslegung, 15. Aufl., 2017, Abschn. G, Tz 723.
3 Gesetz zur Kontrolle und Transparenz im Unternehmensbereich v. 27.4.1998, BGBl 1998 I S. 786.
4 Transparenz- und Publizitätsgesetz v. 19.7.2002, BGBl 2002 I S. 2681.
5 Vgl. *Baetge/Kirsch/Thiele*, Bilanzen, 9. Aufl., S. 757.
6 Vgl. TransPuG v. 19.7.2002, BGBl 2002 I S. 2681.

Hinsichtlich der im Konzernanhang enthaltenen Informationen gelten die gleichen Grundsätze wie für die anderen Abschlussbestandteile. Danach soll sich der Abschlussadressat ein **zutreffendes Bild** verschaffen können. Dazu sind neben dem Grundsatz der Klarheit und Übersichtlichkeit die Vollständigkeit, Wahrheitspflicht, Wesentlichkeit und Darstellungsstetigkeit zu beachten.[7] Eine Aufstellung in deutscher Sprache und in Euro gem. § 298 Abs. 1 i. V. m. § 244 HGB ist verpflichtend. Fehlanzeigen sind im Konzernanhang gem. § 298 Abs. 1 i. V. m. § 265 Abs. 1 HGB zu unterlassen.

1.3 Anwendungsbereich

1.3.1 Persönlicher Anwendungsbereich

Der Konzernanhang ist bei **KapG** und bei **PersG** i. S. d. § 264a HGB, die der Konzernrechnungslegungspflicht des § 290 HGB unterliegen und bei denen keine Befreiungsgründe vorliegen (§ 290 Rz 16 ff.), innerhalb von 5 Monaten nach Ablauf des Konzern-Gj aufzustellen.[8] Bei KM-orientierten KapG gem. § 264d HGB (§ 264d Rz 1 ff.) reduziert sich die Frist um einen Monat auf 4 Monate. Maßgeblich ist der Zeitpunkt der Einreichung der Unterlagen. **Befreiungsmöglichkeiten** ergeben sich aus der größenabhängigen Befreiung nach § 293 HGB sowie aus einer Befreiung durch übergeordnete Konzernabschlüsse nach §§ 291 und 292 HGB. Die befreiende Wirkung nach § 291 Abs. 2 Nr. 2 HGB bzw. § 292 Abs. 1 Satz 1 HGB ist dabei an einen den Vorschriften der 7. EG-RL entsprechenden Konzernabschluss oder einen gleichwertigen informativen Abschluss geknüpft. Ein entsprechender Konzernanhang oder vergleichbare Erläuterungen in dem übergeordneten Konzernabschluss werden vorausgesetzt.
Eine **weitere Befreiung von der Aufstellungspflicht** eines Konzernabschlusses nach HGB ergibt sich aus der Anwendung der internationalen Rechnungslegungsstandards. Nach § 315e HGB haben deutsche MU, deren Wertpapiere in einem EU-Mitgliedstaat zum Handel zugelassen sind, nach Art. 4 der IAS-VO ihren Konzernabschluss verpflichtend nach den **IFRS** aufzustellen. Unt, die die Zulassung eines Wertpapiers zum Handel an einem organisierten Markt beantragt haben, sind ebenfalls zur Anwendung der IFRS gem. § 315e Abs. 2 HGB verpflichtet. Zur Sicherung des Informationsgehalts von Angaben über die IFRS hinaus regelt § 315e HGB, welche HGB-Vorschriften zusätzlich zu befolgen sind. Nicht KM-orientierten MU ist es nach § 315e Abs. 3 HGB gestattet, freiwillig die IFRS für die Aufstellung des Konzernabschlusses anzuwenden.
Angabepfichten im Konzernanhang ergeben sich rechtsformunabhängig auch aus § 11 PublG, sofern das MU die Voraussetzungen nach § 11 Abs. 1 PublG erfüllt. **Branchenbezogene Erleichterungen** existieren gem. § 340i Abs. 2 Satz 2 HGB für Kreditinstitute und gem. § 341j Abs. 1 Satz 2 HGB für VersicherungsUnt, wobei branchenspezifische Angabepflichten zu beachten sind.

---

[7] Vgl. *Fülbier/Pellens*, in MünchKomm. HGB, 3. Aufl., § 313 Rn 22.
[8] Vgl. WPH Edition, Wirtschaftsprüfung & Rechnungslegung, 15. Aufl., 2017, Abschn. G, Rz 719.

1.3.2 Zeitlicher Anwendungsbereich

11 Beteiligungen an großen Unt durch börsennotierte Unt (§ 313 Abs. 2 Nr. 4 Satz 2; Rz 97) unterliegen durch das KapCoRiLiG[9] erweiterten Angabepflichten für nach dem 31.12.1998 beginnende Gj (Art. 48 Abs. 1 Satz 2 EGHGB).

12 Konzernabschlüsse sind durch das EuroEG[10] für nach dem 31.12.1998 endende Gj verpflichtend in Euro zu erstellen.

13 Für nach dem 31.12.2003 beginnende Gj sind Angaben zu den derivativen Finanzinstrumenten und zu den zu Finanzanlagen gehörenden Finanzinstrumenten nach § 314 Abs. 1 Nr. 10 und 11 HGB gem. Art. 58 Abs. 2 EGHGB erstmals in den Konzernanhang aufzunehmen.

14 Für nach dem 31.12.2004 beginnende Gj sind nach Art. 58 Abs. 3 EGHGB Angaben des Honorars für den Abschlussprüfer des Konzernabschlusses gem. § 314 Abs. 1 Nr. 9 HGB in den Konzernanhang aufzunehmen.

15 § 314 Abs. 1 Nr. 6 Buchst. a HGB wurde mit dem Vorstandsvergütungs-Offenlegungsgesetz[11] neu gefasst. Demnach sind umfangreiche Angaben zu Vorstandsgehältern von Vorständen börsennotierter AG im Konzernabschluss für nach dem 31.12.2005 beginnende Gj aufzunehmen. Ausnahmen sind gem. § 286 Abs. 5 HGB möglich. In diesem Fall kann eine Veröffentlichung für maximal 5 Jahre unterbleiben, soweit die HV mit drei Viertel-Mehrheit, bezogen auf das vertretene Grundkapital, dies beschließt (§ 314 Rz 40).

16 Die Vorschriften für den Konzernanhang sind mit dem TUG[12] auch für den verkürzten Halbjahreskonzernabschluss gem. § 37w i.V.m. § 37y WpHG ab dem Gj 2007 relevant, sofern Unt die Voraussetzungen des § 2 Abs. 1 Satz 1 WpHG erfüllen.

17 Durch das **BilRUG** kommt es zu diversen Änderungen und Ergänzungen bei den Angabepflichten. Eine zentrale Änderung ist die Verlagerung des Anlagespiegels, der nach § 268 Abs. 2 HGB i.V.m. § 298 HGB in der Konzernbilanz oder im Konzernanhang zu positionieren war, in den Konzernanhang. Zudem werden eine zusätzliche Aufgliederung der Abschreibungen und die Angabe von aktivierten Fremdkapitalzinsen verlangt (§ 313 Abs. 4 HGB). In § 314 HGB werden diverse Positionen geändert und fünf weitere Angabepflichten angehängt. Konkret wurde § 314 Abs. 1 Nr. 2–4, Nr. 6 Buchst. c, Nr. 7a, Nr. 7b, Nr. 10, Nr. 13 und Nr. 18–26 HGB geändert, neu gefasst oder angefügt. Anzuwenden sind die Regelungen für das nach dem 31.12.2015 beginnende Gj.

1.4 Normenzusammenhänge

18 Grundlage der Aufstellung des Konzernanhangs ist § 297 HGB bzw. § 11 PublG. Größenabhängige Erleichterungen bestehen für den Konzernanhang nicht. Gleiches gilt bzgl. Erleichterungen hinsichtlich der Offenlegung. Auch hier ist vollumfänglich zu berichten.

19 Die in § 313 Abs. 2 und 3 HGB geforderten Angaben haben Unt, die von der befreienden Regelung des § 315e HGB Gebrauch machen und ihren Konzernabschluss nach den IFRS gem. der jeweils geltenden Fassung der VO (EG)

---

[9] KapCoRiLiG v. 24.2.2000, BGBl 2000 I S. 154.
[10] EuroEG v. 9.6.1998, BGBl 1998 I S. 1242.
[11] VorstOG v. 3.8.2005, BGBl 2005 I S. 2267.
[12] Transparenzrichtlinie-Umsetzungsgesetz v. 5.1.2007, BGBl 2007 I S. 10.

Nr. 1606/2002 des Europäischen Parlaments und des Rates vom 19.7.2002 erstellen, zu machen (§ 315e Rz 17).

2 Inhalte des Konzernanhangs (Abs. 1 Sätze 1 und 2)

2.1 Anforderungen, Form und Umfang

§ 313 HGB unterscheidet hinsichtlich der im Konzernanhang aufzunehmenden Informationen nach dem Informationsgehalt. Es werden sowohl qualitative als auch quantitative Informationen gefordert. Zu den qualitativen Informationen gehören stets **Angaben** und **Darstellungen**. Sie sind als grundlegende Anforderungen an die Berichterstattung i.S.v. „Angabe aufnehmen" zu verstehen. Darstellungen können allerdings auch einen qualitativen Charakter haben. **Begründungen** und **Erläuterungen** sind über die bloße Angabe hinausgehende weitere Informationen, die eher einen qualitativen Charakter haben.[13]   20

Der Konzernanhang ist ein eigenständiger Bestandteil des Konzernabschlusses und als solcher **deutlich zu kennzeichnen**. Eine Platzierung von Informationen außerhalb des Konzernanhangs ist lediglich für ausgewählte Angaben zu Positionen der Konzernbilanz und Konzern-GuV sowie bei kapitalmarktorientierten Konzernen auch in Konzern-KFR, Konzern-EK-Spiegel und Konzern-SegmBer möglich. Eine Vermischung mit anderen Bestandteilen des Konzernabschlusses ist zu unterlassen, um einer Verwässerung von Angaben und damit einer Verschlechterung des Informationsgehalts vorzubeugen. Hiervon unberücksichtigt sind Ausweiswahlrechte nach § 37w Abs. 4 Satz 2 WpHG, § 315 Abs. 2 Nr. 4 HGB i.V.m. § 314 Abs. 1 Nr. 6a HGB und § 315 Abs. 4 HGB.   21

Da der Konzernanhang ein eigenständiger Bestandteil des Konzernabschlusses ist, ist er eigenständig zu entwickeln.[14] Eine explizite Nennung der Möglichkeit der Zusammenfassung von Prüfungsbericht und Bestätigungsvermerk ist mit dem BilReG[15] aus dem Gesetz gestrichen worden.   22

Werden Konzernabschluss und Jahresabschluss des MU gemeinsam offengelegt, dürfen nach § 298 Abs. 3 HGB der Konzernanhang und der Anhang des MU zusammengefasst werden (§ 298 Rz 68 ff.). Sinn und Zweck ist die Vermeidung von Wiederholungen und Doppelangaben. Bei der **Zusammenfassung** ist zu beachten, dass Sachverhalte, die ausschließlich den **Konzernabschluss** oder den **Jahresabschluss** betreffen, entsprechend kenntlich gemacht werden. Quantitative Angaben (z.B. Beträge, Anzahl der Mitarbeiter etc.) müssen eindeutig zuordenbar sein. Auch zusammengefasste Anhänge unterliegen den gleichen allgemeinen Formvorschriften wie der Konzernanhang.   23

Es gelten die **allgemeinen Formvorschriften** für die Erstellung des Konzernanhangs. Demnach ist   24

- der Konzernanhang nach § 298 Abs. 1 HGB i.V.m. § 244 HGB in deutscher Sprache und in Euro aufzustellen,
- die Angabe von Fehlanzeigen und Leerposten nicht erforderlich,
- auch für den Konzernanhang das Stetigkeitsprinzip zu beachten.

---

[13] Vgl. ADS, 6. Aufl., § 313 HGB, Rz 24.
[14] Vgl. *Fülbier/Pellens*, in MünchKomm. HGB, 3. Aufl., § 313 Rn 3.
[15] Gesetz zur Einführung internationaler Rechnungslegungsstandards und zur Sicherung der Qualität der Abschlussprüfung (Bilanzrechtsreformgesetz) v. 4.12.2004, BGBl 2004 I S. 316.

25 Eine Angabe von **Vorjahreszahlen** als Vergleichszahlen im Konzernanhang ist nicht zwingend, da nicht vorgeschrieben. Angabepflichten von Vorjahreszahlen können sich aber durch andere Normen ergeben. IDW RS HFA 44[16] empfiehlt zusätzlich die Angabe von Vorjahreszahlen bei Änderungen im KonsK.

26 Der Konzernanhang unterliegt einer **Gliederungspflicht**. Demnach ergibt sich die Gliederung aus der Reihenfolge der Posten in der Konzernbilanz und der Konzern-GuV. Der Grundsatz einer Vermittlung eines zutreffenden Bildes der Lage des Konzerns ist bei der Gliederung zu berücksichtigen. Die Anwendung von sachlichen, logischen und zweckmäßigen Kriterien ist geboten. Dies kann zu einem Widerspruch mit den Gliederungsvorschriften führen, wenn gleichartige Anhangangaben für mehrere Bilanzposten erforderlich werden. Führt die Aufteilung von Anhangangaben zu einer unzureichenden oder irreführenden Darstellung oder werden die Zwecke der Anhangangaben nicht erreicht, scheint es daher sachgerecht, gleichartige Anhangangaben zusammenzufassen.[17] In der Praxis hat sich das folgende Gliederungsschema herausgebildet:
1. Allgemeine Informationen zu den Grundsätzen des Konzernabschlusses.
2. Informationen zur Konsolidierung, zum KonsKreis sowie zu Konsolidierungsmethoden.
3. Allgemeine Informationen zu den Bilanzierungs- und Bewertungsmethoden und zur Währungsumrechnung (Rz 45ff., Rz 55ff.).
4. Erläuterungen zu den Posten von Konzernbilanz und Konzern-GuV, Konzern-KFR, Konzern-EK-Spiegel und Konzern-SegmBer hinsichtlich Bilanzierung und Bewertung in der Reihenfolge der jeweiligen Gliederung in diesen Rechenwerken (Rz 41 ff.).
5. Wahlpflichtangaben, die nicht in den Rechenwerken der Konzernbilanz und der Konzern-GuV, der Konzern-KFR, dem Konzern-EK-Spiegel und der Konzern-SegmBer erfolgt sind (Rz 36ff.).
6. Erläuterungen zur Konzern-KFR, zum Konzern-EK-Spiegel zur und Konzern-SegmBer.
7. Sonstige Informationen des Konzernanhangs (Rz 103ff.).

2.2 Angaben zu den Posten des Konzernabschlusses

27 Der Konzernanhang hat alle Angaben zu enthalten, die für die einzelnen Posten der Konzernbilanz und Konzern-GuV notwendig sind oder gem. einem Wahlrecht nicht in den übrigen Rechnungen ausgewiesen werden.

28 Aus der Rechtssystematik folgt, dass im Konzernanhang notwendige Angaben der anderen Teile des Konzernabschlusses (KFR, Konzern-EK-Spiegel und SegmBer) erfolgen müssen. Die Pflichtangaben ergeben sich dabei aus den Empfehlungen des DSR, die vom BMJ unter der Vermutung, dass eine Beachtung dieser Regelungen nicht zu GoB-Verstößen führen kann, veröffentlicht werden.

---

[16] Vgl. IDW RS HFA 44, FN-IDW 1/2012, S. 32ff.
[17] Vgl. *Armeloh*, in *Baetge/Kirchhoff*, S. 214.

2.2.1 Pflichtangaben

Die im Folgenden dargestellten Informationen **sind pflichtgemäß** im Konzernabschluss anzugeben.[18] Der Konzernanhang muss die nachfolgenden, nach dem Vorschlag zur Anhangstrukturierung gegliederten Pflichtangaben enthalten. Außerdem können die unter Rz 36 ff. aufgeführten Wahlpflichtangaben notwendig sein.[19] Die Aufstellung ist ergänzt um die für kapitalmarktorientierte Unt aufgrund der **Regelungen des DSR** erforderlichen weiteren Angaben sowie um die Angaben, die sich für börsennotierte Unt aufgrund **des DCGK** ergeben. 29

Sofern TU – seien es KapG oder PersG – von Angabepflichten nach §§ 264 ff. HGB gem. § 264 Abs. 3 HGB bzw. § 264b Nr. 3 HGB (§ 264 Rz 92 ff. bzw. § 264b Rz 24 f.) befreit sind, sind entsprechende Angaben über die Befreiung in den Konzernanhang aufzunehmen. Gleiches gilt für die Nichteinbeziehung von TU nach § 296 Abs. 3 HGB (§ 296 Rz 48 ff.). 30

Ändern sich Konsolidierungsgrundsätze und -methoden gegenüber den angewandten Grundsätzen und Methoden der Vj., sind entsprechende Angaben und Begründungen im Konzernanhang vorzunehmen. Explizit sind Angaben und Begründungen vorzunehmen für: 31
- Abweichungen von den Konsolidierungsmethoden des Vj. (§ 297 Rz 103 ff.),
- Einfluss von Abweichungen von den Vorjahreskonsolidierungsmethoden auf die Vermögens-, Finanz- und Ertragslage des Konzerns,
- Abweichung des Konzernabschlussstichtags vom Abschlussstichtag des MU (§ 299 Rz 6),
- Beibehaltung von Bilanzansätzen von Kreditinstituten oder VersicherungsUnt im Konzernabschluss (§ 300 Rz 36).

Darüber hinaus sind folgende Angaben zur Kons. vorzunehmen: 32
- Angabe der Methoden der KapKons (§ 301 Rz 7),
- Angabe der Unterlassung der Eliminierung von Zwischenergebnissen bei marktüblichen Lieferungs- und Leistungsverrechnungen sowie unverhältnismäßig hohem Aufwand und Erläuterung eines wesentlichen daraus resultierenden Einflusses auf die Vermögens-, Finanz- und Ertragslage des Konzerns (§ 304 Rz 8),
- Angabe und Begründung bei Abweichungen der Konzernbewertungsmethoden von den Bewertungsmethoden im Jahresabschluss des MU (§ 308 Rz 32 ff.),
- Hinweis auf die Beibehaltung von Wertansätzen von Kreditinstituten oder VersicherungsUnt im Konzernabschluss (§ 308 Rz 42 ff.),
- Angabe und Begründung von Abweichungen von der einheitlichen Bewertung (§ 308 Rz 32 ff.),
- Angabe und Begründung von Abweichungen von den auf den vorhergehenden Konzernabschluss angewandten Methoden der anteilmäßigen Kons. (§ 310 Rz 16),
- Angabe des Einflusses dieser Abweichungen auf die Vermögens-, Finanz- und Ertragslage des Konzerns (§ 310 Rz 16),
- Angabe und Begründung der Abweichung des Stichtags des quotal konsolidierten Unt vom Stichtag des MU,

---

[18] Vgl. *Fülbier/Pellens*, in MünchKomm. HGB, 3. Aufl., § 313 Rn 34.
[19] Vgl. insb. *Fülbier/Pellens*, in MünchKomm. HGB, 3. Aufl., § 313 Rn 32–34; WP-Handbuch, Bd. I, 14. Aufl., Abschn. M, Rz 685.

- Erläuterung des sich aus der KapKons ergebenden Unterschiedsbetrags (GoF bzw. negativer Unterschiedsbetrag aus der KapKons) und Erläuterung wesentlicher Änderungen dieses Postens gegenüber dem Vorjahr (§ 301 Rz 11),
- Angabe des Verzichts auf die Eliminierung von Zwischenergebnissen nach § 304 Abs. 2 Satz 1 HGB und Erläuterung eines daraus resultierenden Einflusses auf die Vermögens-, Finanz- und Ertragslage des Konzerns, soweit wesentlich (§ 304 Rz 8),
- Angabe und Begründung von Abweichungen von den auf den Jahresabschluss des MU angewandten Bewertungsmethoden im Konzernabschluss (§ 308 Rz 32 ff.),
- Hinweis auf die Beibehaltung von Wertansätzen von quotal konsolidierten Kreditinstituten oder VersicherungsUnt im Konzernabschluss,
- Angabe und Begründung von Abweichungen von den einheitlichen Bewertungsmethoden bei Quotenkons,
- Angabe des Unterschiedsbetrags zwischen dem Buchwert und dem anteiligen EK des assoziierten Unt sowie des enthaltenen GoF oder des passiven Unterschiedsbetrags (§ 312 Rz 5),
- Angabe der Unterlassung von Bewertungsanpassungen bei assoziierten Unt (§ 312 Rz 9),
- Angabe des Verzichts auf die Eliminierung von Zwischenergebnissen nach § 304 Abs. 2 Satz 1 HGB bei der Einbeziehung von assoziierten Unt und Erläuterung eines daraus resultierenden Einflusses auf die Vermögens-, Finanz- und Ertragslage des Konzerns, soweit wesentlich,
- Angabe im Jahr des Erwerbs des Namens des erworbenen Unt und Beschreibung des erworbenen Unt nach DRS 4.[20]

33 Zu den Pflichtangaben gehören seit dem BilRUG nicht mehr die Grundlagen der Währungsumrechnung, da diese durch den § 308a HGB hinreichend klar sind (Rz 55 ff.).

34 **Angaben zur Konzernbilanz**
- Angabe der angewandten Bilanzierungs- und Bewertungsmethoden bei der Konzernbilanz und Konzern-GuV (Rz 45 ff.),
- Angabe und Begründung von Abweichungen von Bilanzierungs-, Bewertungs- und Konsolidierungsmethoden und gesonderte Darstellung von deren Einfluss auf die Vermögens-, Finanz- und Ertragslage des Konzerns (Rz 56 ff.),
- Darstellung des erweiterten Bruttoanlagespiegels (Rz 109 ff.),
- Angabe der Abschreibungen des Gj (Rz 109 ff.),
- darüber hinaus sind Angaben nach DRS 13 zu beachten.

35 **Angaben zur Konzern-GuV**
- zusätzliche Angaben bei Nichtentsprechung der Vermittlung eines den tatsächlichen Verhältnissen entsprechenden Bildes des Konzernabschlusses wegen besonderer Umstände (§ 297 Rz 85 ff.),
- Angabe und Begründung von Darstellungs- und Gliederungsabweichungen in Konzernbilanz oder Konzern-GuV im Vergleich zum Vj.,

---

[20] DRS 4 ist letztmals im Gj 2016 zu beachten, ab dem Gj 2017 ist pflichtgemäß DRS 23 zu beachten, wobei eine vorherige Anwendung erlaubt und sinnvoll ist. Größere inhaltliche Änderungen bestehen aber in diesem Kontext nicht.

- Angabe und Erläuterung der Vorjahreszahlen in Konzernbilanz oder Konzern-GuV, sofern diese nicht vergleichbar sind (§ 265 Rz 10 ff.),
- Angabe und Erläuterung der Anpassungen von Vorjahreszahlen in Konzernbilanz und Konzern-GuV für Vergleichszwecke (§ 265 Rz 13),
- Angabe und Begründung der Ergänzung des Konzernabschlusses nach der für die anderen Geschäftszweige vorgeschriebenen Gliederung (§ 265 Rz 19),
- gesonderter Ausweis der Einzelposten, falls zur Erhöhung der Darstellungsklarheit in Konzernbilanz oder Konzern-GuV Posten zusammengefasst ausgewiesen werden,
- Erläuterung von Posten in den sonstigen VG, die erst nach dem Abschlussstichtag rechtlich entstehen, soweit sie einen größeren Umfang haben (§ 268 Rz 25 ff.),
- Erläuterung von Posten in den Verbindlichkeiten, die erst nach dem Abschlussstichtag rechtlich entstehen, soweit sie einen größeren Umfang haben (§ 268 Rz 37 f.),
- Erläuterung eines aktivierten Postens zur Steuerabgrenzung (§ 285 Rz 171 f.),
- Angabe der außergewöhnlichen Erträge und Aufwendungen hinsichtlich Betrag und Art, soweit nicht von untergeordneter Bedeutung für die Ertragslage (§ 314 Rz 117 ff.),
- Erläuterung der periodenfremden Erträge und Aufwendungen hinsichtlich Betrag und Art, soweit nicht von untergeordneter Bedeutung für die Ertragslage (§ 314 Rz 120),
- zusätzliche Angaben, bei Nichtvermittlung eines den tatsächlichen Verhältnissen entsprechenden Bildes des Konzernabschlusses wegen besonderer Umstände (§ 297 Rz 82 ff.),
- Angabe des Gesamtbetrags der Konzernverbindlichkeiten mit einer Restlaufzeit von mehr als 5 Jahren und der gesicherten Konzernverbindlichkeiten unter Angabe von Art und Form der Sicherheiten (§ 314 Rz 6 ff.),
- Art und Zweck sowie Risiken und Vorteile von nicht in der Konzernbilanz enthaltenen Geschäften des MU und der in den Konzernabschluss einbezogenen TU, soweit dies für die Beurteilung der Finanzlage des Konzerns notwendig ist (§ 314 Rz 10 ff.),
- Gesamtbetrag der sonstigen finanziellen Verpflichtungen, die nicht in der Konzernbilanz enthalten und nicht nach § 298 Abs. 1 HGB i. V. m. § 251 HGB oder nach Nr. 2 anzugeben sind, sofern diese Angabe für die Beurteilung der Finanzlage des Konzerns von Bedeutung ist; davon und von den Haftungsverhältnissen nach § 251 HGB sind Verpflichtungen gegenüber TU, die nicht in den Konzernabschluss einbezogen werden, sowie Altersversorgungsverpflichtungen jeweils gesondert anzugeben (§ 314 Rz 15 ff.),
- Aufgliederung der Umsatzerlöse des Konzerns nach Tätigkeitsbereichen sowie nach geografisch bestimmten Märkten (§ 314 Rz 20 ff.); entfällt bei freiwilliger Erstellung einer SegmBer gem. § 297 Abs. 1 Satz 2 HGB,

- Angabe des aus den Ansatzwahlrechten resultierenden Fehlbetrags bei den Rückstellungen für laufende Pensionen, Anwartschaften auf Pensionen und ähnliche Verpflichtungen im Konzern nach Art. 28 Abs. 2 EGHGB,
- Angabe des Fehlbetrags aus der Umstellung der Bewertung der Rückstellungen für laufende Pensionen, Anwartschaften auf Pensionen und ähnliche Verpflichtungen im Konzern auf das BilMoG nach Art. 67 Abs. 2 EGHGB,[21]
- hinsichtlich weiterer Angaben im Konzernanhang sind DRS 4.57–58 bzw. DRS 23.207–209,[22] DRS 8.47–49, DRS 9.23–24, DRS 10.39–40, 46, zu beachten.

2.2.2 Wahlpflichtangaben

36 Für Wahlpflichtangaben besteht **bezüglich des Orts** der Angabe **ein Wahlrecht**, sodass eine Nennung auch im Rahmen der Konzernbilanz oder Konzern-GuV (bzw. in der Konzern-KFR, der Konzern-EK-Spiegel oder dem Konzern-SegmBer) erfolgen kann. Eine konkrete Ausgestaltungsempfehlung kann nur insoweit erfolgen, als stets auf die Klarheit und Übersichtlichkeit der Darstellung abzustellen ist.

37 **Allgemeine Wahlpflichtangaben**
- Angaben zur Ermöglichung der Herstellung der Vergleichbarkeit aufeinanderfolgender Abschlüsse trotz wesentlicher Änderung des KonsKreis (§ 294 Rz 26 f.),
- Angaben zu VG und Schulden, die unter mehrere Posten der Bilanz fallen (§ 265 Rz 14 ff.),
- gesonderte Angabe des Gewinn- oder Verlustvortrags, wenn die Konzernbilanz unter Berücksichtigung der teilweisen Verwendung des Jahresergebnisses aufgestellt wird und der Gewinn-/Verlustvortrag in den Konzernbilanzgewinn/-verlust einbezogen ist (§ 268 Rz 8 ff.),
- gesonderter Ausweis eines aktivierten Disagios (§ 268 Rz 39 ff.),
- gesonderte Angabe der in § 251 HGB bezeichneten einzelnen Gruppen der Haftungsverhältnisse unter Angabe der gewährten Pfandrechte und sonstigen Sicherheiten (§ 268 Rz 42 ff.),
- gesonderte Angabe der Haftungsverhältnisse gegenüber nicht einbezogenen verbundenen Unt nach einzelnen Gruppen (§ 268 Rz 47 f.),
- Angabe von außerplanmäßigen Abschreibungen im AV nach § 253 Abs. 3 Satz 3 HGB,
- Angabe von Vorgängen von besonderer Bedeutung im Zeitraum zwischen Abschlussstichtag und Konzernabschlussstichtag bei Einbeziehung von Unt mit einem abweichenden Abschlussstichtag (§ 299 Rz 25),
- gesonderte Angabe des aktiven oder passiven Steuerabgrenzungspostens oder Zusammenfassung mit Posten nach § 274 HGB (§ 306 Rz 29),
- Angabe von Vorgängen von besonderer Bedeutung im Zeitraum zwischen Abschlussstichtag und Konzernabschlussstichtag bei quotaler Einbeziehung von Unt mit einem abweichenden Abschlussstichtag,

---

[21] Die Erfassung der Bewertungsdifferenz darf bis zum 31.12.2024 mit Zuführungen von mindestens 1/15 pro Gj erfolgen. Erstmalige Anwendung im Gj, das nach dem 31.12.2009 beginnt, ggf. freiwillig auch schon ein Jahr früher.
[22] Der DRS 4 gilt nur noch im Gj 2016, ab dem Gj 2017 gilt DRS 23, der allerdings auch schon vorher angewendet werden darf.

- Angabe des Unterschiedsbetrags (ab 2010: sowie des darin enthaltenen GoF) bei erstmaliger Anwendung der Buchwertmethode bei der Einbeziehung von assoziierten Unt (§ 312 Rz 45 ff.),
- Angabe des Personalaufwands des Gj (bei Anwendung des UKV, § 314 Rz 31).

Die Angabepflichten zur **Konzern-KFR**, zum **Konzern-EK-Spiegel** und zur **Konzern-SegmBer** gelten für Gj, die nach dem 31.12.2005 beginnen, und für alle Unt, die einen Konzernabschluss nach § 290 HGB zu erstellen haben, sowie für gleichgestellte Unt gem. § 264a HGB. Unt, die gem. § 315e HGB einen Konzernabschluss nach international anerkannten Rechnungslegungsstandards erstellen, sind von den Angabepflichten befreit. 38

- Die Angabeempfehlungen zur Konzern-KFR ergeben sich aus den Regelungen des DRS 2.51–53.
- Die Angabeempfehlungen zum Konzern-EK-Spiegel ergeben sich aus den Regelungen des DRS 7.15–16.
- Die Angabeempfehlungen zur Konzern-SegmBer ergeben sich aus den Regelungen des DRS 3.25–28 sowie DRS 3.37–48.

Sonstige Wahlpflichtangaben im Konzernanhang sind: 39
- Angaben über in den Konzernabschluss einbezogene Unt (Rz 75),
- Angaben über die nicht einbezogenen TU,
- Angaben über die assoziierten Unt (Rz 81),
- Angabe und Begründung bei Inanspruchnahme der Ausnahmeregelungen für assoziierte Unt von untergeordneter Bedeutung (§ 311 Abs. 2; Rz 44),
- Angaben über anteilmäßig einbezogene Unt (Rz 88 ff.),
- Angaben über weitere im Konzernanteilsbesitz stehende Unt (Rz 92 ff.),
- Angabe über die Anwendung der Ausnahmeregelung bei Weglassen von Angaben über im Konzernanteilsbesitz stehende Unt,
- Angaben nach DRS 8 Rz 51 über den Namen und Sitz jedes assoziierten Unt sowie die jeweiligen Anteile am Kapital und an den Stimmrechten sowie Anzahl der assoziierten Unt, die wegen Unwesentlichkeit nicht nach der *Equity*-Methode bilanziert werden.

Neben diesen Wahlpflichtangaben sind auch die Anhangangaben nach § 314 HGB zwingender Bestandteil des Konzernanhangs (§ 314 Rz 6 ff.).

Zu den sonstigen Wahlpflichtangaben im Konzernanhang **börsennotierter Unt** gehören Vergütungsangaben nach DCGK Rz 4.2.4 und Angaben zu nahe stehenden Personen nach DCGK Rz 7.1.4. Obwohl nur für KM-orientierte Unt verpflichtend, wird die freiwillige Anwendung für alle übrigen Unt empfohlen. 40

Weitere Angaben bzw. Erleichterungen können sich aus Einzelvorschriften des HGB oder anderen Gesetzen ergeben. Hier ist das Vollständigkeitsgebot zu beachten, das auch für den Anhang gilt. 41

Sofern Wahlpflichtangaben aus anderen Teilen des Konzernabschlusses in den Konzernanhang verlagert werden, besteht die Gefahr des Verwaschens und Auseinanderreißens relevanter Angaben. Daher ist es geboten, durch das Einfügen von Verweisnummern in allen Teilen des Konzernabschlusses die Nachvollziehbarkeit zu gewährleisten. 42

2.2.3 Freiwillige Angaben

43 Der verkürzte Konzernanhang im Rahmen der unterjährigen Berichterstattung gem. § 37w i. V. m. § 37y WpHG von MU, die als Inlandsemittenten Aktien oder Schuldtitel i. S. d. § 2 Abs. 1 Satz 1 WpHG begeben, muss grds. den gleichen Rechnungslegungsgrundsätzen genügen wie der Jahresabschluss.

44 Aufgrund der verkürzten Bilanz und GuV mit den wesentlichen Gliederungspositionen nach DRS 16 reduzieren sich somit auch die Anhangangaben. Das Weglassen einzelner Positionen kann im Konzernanhang des Zwischenberichts nicht durch zusätzliche Angaben kompensiert werden. Wesentliche Änderungen von Positionen sind so zu beschreiben, dass ein angemessenes Verständnis des Zahlenmaterials und der Entwicklung des Konzerns in der Zwischenberichtsperiode ermöglicht wird.

3 Angaben zu Bilanzierungs- und Bewertungsmethoden (Abs. 1 Satz 3 Nr. 1)

3.1 Bilanzierungs- und Bewertungsmethoden

45 Analog zum Einzelabschluss nach § 284 Abs. 2 Nr. 1 HGB (§ 284 Rz 26 ff.) **sind** für den Konzernabschluss die angewandten **Bilanzierungs- und Bewertungsmethoden** für Posten der Konzernbilanz und Konzern-GuV **anzugeben**. Im Vordergrund stehen nicht betragsmäßige Angaben, sondern die verbale Nennung der allgemeinen Rechnungslegungsgrundsätze, der angewandten Methoden und ausgeübten Wahlrechte für die Erstellung des Konzernabschlusses. Wie in Jahresabschlüssen sind die einzelnen angewandten Bilanzierungs- und Bewertungsmethoden anzugeben. Ein allgemeiner Verweis auf einheitlich angewandte Bilanzierungs- und Bewertungsmethoden reicht nicht aus.

46 Wird gem. § 298 Abs. 3 HGB der Konzernanhang mit dem Anhang des Jahresabschlusses des MU zusammengefasst, so ist ein **Verweis** auf die entsprechenden Anhangangaben des Einzelabschlusses bei gleicher Methodenanwendung möglich. Aus dem zusammengefassten Anhang muss deutlich hervorgehen, welche Angaben sich auf den Konzern und welche sich nur auf das MU beziehen. Insofern sind die konzernspezifischen Methoden gesondert anzugeben. Dies ergibt sich auch aus § 313 Abs. 1 Satz 2 Nr. 3 HGB, da neben den Bilanzierungs- und Bewertungsmethoden auch über die Konsolidierungsmethoden zu berichten ist.

47 Die angewandten Bilanzierungs- und Bewertungsmethoden erstrecken sich auf alle Bestandteile des Konzernabschlusses, also auch auf die Konzern-KFR, den Konzern-EK-Spiegel und die Konzern-SegmBer. Zu beachten sind die Gestaltungswahlrechte nach DRS 21 und 3. Ein Verweis auf diese Standards reicht alleine nicht aus. Beim EK-Spiegel können die entsprechenden Erläuterungen an den jeweiligen Stellen direkt vorgenommen werden.

48 Im Rahmen von Zwischenberichten sind gem. DRS 16.31 nur die übereinstimmende Anwendung der Bilanzierungs- und Bewertungsmethoden wie auch im Konzernabschluss zu bestätigen oder bei wesentlichen Abweichungen diese in Art und betragsmäßigen Auswirkungen zu beschreiben.

3.2 Konsolidierungsmethoden

Unter Konsolidierungsmethoden werden alle Methoden subsumiert, die für eine **Aufbereitung von Einzelabschlüssen** zur Erstellung eines Konzernabschlusses verwendet werden. Die Angabe der Konsolidierungsmethoden steht im engen Zusammenhang mit den angewandten Bewertungs- und Bilanzierungsmethoden. Zu den **Pflichtangaben** gehören

- Darstellung der angewandten Methoden. Hierzu gehören auch die Schulden- und die Aufwands-/Ertragskonsolidierung,
- einheitliche Anwendung von Bilanzierungs- und Bewertungsmethoden gem. § 300 und § 308 HGB sowie Abweichungen davon,[23]
- Vorgehensweise zur Vereinheitlichung der Bilanzstichtage einbezogener Unt nach § 299 Abs. 2 und 3 HGB,
- Angaben zur Währungsumrechnung nach § 313 Abs. 1 Satz 2 Nr. 2 HGB können bereits hier erfolgen (Rz 55).

Bisherige Angabepflichten zur **KapKons** wurden mit dem BilMoG **ersatzlos gestrichen**. Soweit eine Nennung der Erwerbsmethode nach § 301 HGB bei der KapKons erfolgt, dient dies lediglich der Klarheit, berührt aber keine Wahlrechte. Ansonsten sind Angabepflichten nach DRS 4 zu beachten, die für Gj, die nach dem 31.12.2005 beginnen, von Unt anzuwenden sind, die nach § 290 HGB, § 264a HGB oder nach § 11 PublG zur Aufstellung eines Konzernabschlusses verpflichtet sind.

Für Unt, die **erstmalig in einen Konzernabschluss einbezogen** oder TU wurden, **sind** nach § 301 Abs. 2 HGB Erläuterungen zu dem Zeitpunkt der erstmaligen Einbeziehung und der Werte zu diesem Zeitpunkt vorzunehmen. Durch die Änderung des § 301 Abs. 2 HGB im Zuge des BilRUG hat die Einbeziehung in den Konzernabschluss nicht mehr zwingend zu dem Zeitpunkt zu erfolgen, zu dem das Unt zum TU geworden ist, das MU also die Beherrschung über das TU erlangt hat.

Zu den **weiteren Angaben** bzgl. der Konsolidierungsmethoden, **gehören** regelmäßig Angaben zur Zwischenergebniseliminierung und die damit verbundene Behandlung latenter Steuern. Es ist besonders auf die **ausgeübten Wahlrechte** einzugehen.

Angabepflichten zu ausgeübten Wahlrechten bei der Anwendung der **Equity-Methode** nach § 312 HGB sind zu beachten. Zu nennen ist, ob von einer Vereinheitlichung der Bewertung abgesehen wurde (§ 312 Rz 83). Bei der **Quotenkonsolidierung** sind nach § 310 Abs. 2 HGB Angaben wie bei vollkonsolidierten Unt zu machen. Diese Berichtspflicht wird durch § 313 Abs. 2 Nr. 3 HGB darüber hinaus erweitert, da die Unt und die jeweiligen Tatsachen, aus denen sich die Anwendung des § 310 HGB ergibt, im Rahmen der Aufstellung des Anteilsbesitzes zu benennen sind.

Nur rudimentär geregelt ist die **EntKons**, wobei hierunter das Verlassen eines TU aus dem KonsKreis verstanden wird.[24] Die Veränderung des KonsKreises ist nach § 294 Abs. 2 HGB anzugeben (§ 294 Rz 20 ff.). Darüber hinaus sind für KM-orientierte Unt Veräußerungsgewinne bzw. -verluste nach DRS 4.61 anzu-

---

[23] Vgl. *Hachmeister*, in *Küting/Weber*, HdR, C 600, Rz 153 f., Stand 07/2002.
[24] Vgl. *Ammann/Müller*, Konzernbilanzierung, S. 190 f.; *Baetge/Hermann*, WPg 1995, S. 225 ff.

geben. Empfehlenswert, aber keine Pflichtangabe ist die Angabe der Methode der Entkonsolidierung, wofür DRS 23 eine Empfehlung unterbreitet, der Behandlung erfolgsneutral verrechneter Beträge mit dem Konzern-EK sowie der Effekte aus Währungsumrechnungen, wobei diese auch separat nach § 308a HGB anzugeben sind. Nach DRS 16.31 sind diese Angaben auch in den verkürzten Konzernanhang im Rahmen der unterjährigen Berichtspflicht aufzunehmen.

4 Angaben zu Währungsumrechnungen (Abs. 1 Satz 2 Nr. 2 aF)

55 Mit dem BilRUG ist die Pflichtangabe zur Währungsumrechnung entfallen, da die Währungsumrechnung bereits durch den Gesetzgeber in § 308a HGB normiert ist.

5 Angaben und Begründungen zu Abweichungen von Bilanzierungs-, Bewertungs- und Konsolidierungsmethoden (Abs. 1 Satz 3 Nr. 2)

5.1 Allgemeines

56 Liegen Abweichungen von Bilanzierungs- und Bewertungsmethoden sowie von Konsolidierungsmethoden vor, ist analog § 284 Abs. 2 Nr. 2 HGB nach § 313 Abs. 1 Satz 3 Nr. 2 HGB im Konzernanhang darüber zu berichten. Die Abweichungen sind zu erläutern und zu begründen. Ferner ist der Einfluss auf die Vermögens-, Finanz- und Ertragslage darzustellen.

5.2 Methodenabweichungen

5.2.1 Bilanzierungs- und Bewertungsmethoden

57 Bei einem Konzernabschluss können sich Abweichungen von den Bilanzierungs- und Bewertungsmethoden sowohl aus der Erstellung des Konzernabschlusses als auch aus den zugrunde liegenden Einzelabschlüssen ergeben. Selbst die Anpassung von Methoden in Einzelabschlüssen an die Methoden des MU oder des Konzernabschlusses lösen Berichtspflichten aus. Des Weiteren können Abweichungen bei der Vereinheitlichung der Bilanzierungs- und Bewertungsmethoden einzelner Abschlüsse von KonzernUnt zum Gesamtkonzern und aus Methodenabweichungen zwischen dem Einzelabschluss des MU und dem Konzernabschluss entstehen.[25]

58 Bei **Abweichungen** von Bilanzierungs- und Bewertungsmethoden ist der **Abschluss der Vorperiode** (§ 284 Rz 42 ff.) die **Vergleichsgrundlage**. Eine regelmäßig abweichende Ausübung von Bilanzierungs- und Bewertungswahlrechten ist nach § 313 Abs. 1 Satz 3 Nr. 2 HGB generell berichtspflichtig. Abweichungen vom Grundsatz der einheitlichen Bewertung sind nach § 308 Abs. 2 Satz 4 HGB anzugeben und zu begründen, da hier eine Verletzung des Stetigkeitsgrundsatzes vorliegt. **Abweichungen**, die zwischen dem **Einzelabschluss des MU und dem**

---

[25] Vgl. WPH Edition, Wirtschaftsprüfung & Rechnungslegung, 15. Aufl., 2017, Abschn. G, Rz 723.

Konzernabschluss bestehen, sind nach § 308 Abs. 1 Satz 3 HGB ebenfalls anzugeben und zu begründen. Eine Quantifizierung ist dagegen nicht erforderlich (§ 308 Rz 32 ff.).[26]

Die bisherigen Methoden und die neue angewandte Methode sind zu beschreiben. Aus der Begründung zur Anwendung der neuen Methode sollte der Grund ersichtlich sein, dass vom Stetigkeitsgrundsatz berechtigt abgewichen wurde. 59

Typische Abweichungen von Bilanzierungs- und Bewertungsmethoden im Konzernabschluss können z. B. resultieren aus: 60
- Nichteinbeziehung von wesentlichen TU in den Konzernabschluss,
- bewusste Abweichung von den konzerneinheitlichen Bewertungs- und Bilanzierungsmethoden bei TU in Hochinflationsländern,
- nachträglichen Neubewertungen von VG und Schulden im Rahmen von Unternehmenserwerben.

Keine Abweichungen bei regelmäßig angewandten Methoden sind wiederkehrende Wechsel im Rahmen von Bewertungsmethoden.[27] Eine allgemeine Beschreibung nach § 313 Abs. 1 Satz 2 Nr. 1 HGB ist ausreichend (Rz 45). 61

5.2.2 Konsolidierungsmethoden

Analog zu Änderungen bei Bilanzierungs- und Bewertungsmethoden können auch Änderungen von Konsolidierungsmethoden eine **Verletzung des Stetigkeitsgrundsatzes** bedeuten. Sie sind ebenfalls anzugeben und zu begründen, sowohl nach § 313 Abs. 1 Satz 3 Nr. 32 als auch nach § 297 Abs. 3 Sätze 4 und 5 HGB. Aus der Begründung hat der Ausnahmetatbestand hervorzugehen.[28] Ebenso sind die Auswirkungen auf die Vermögens-, Finanz- und Ertragslage anzugeben. Neben der Verletzung des Stetigkeitsgrundsatzes können sich auch Änderungen aus einer Verletzung der Einheitlichkeit ergeben, z. B. wenn abweichende Methoden auf den gleichen Sachverhalt angewandt werden.[29] Änderungen von Konsolidierungsmethoden ergeben sich auch aus dem BilMoG. Explizit ist dies in den Übergangsregelungen unter Art. 67 Abs. 5 EGHGB genannt. 62

Zu den Abweichungen von den Konsolidierungsmethoden gehören regelmäßig die folgenden Sachverhalte: 63
- Abweichungen vom Einheitsgrundsatz,
- abweichende Ausübungen bzw. Wechsel von Konsolidierungsmethodenwahlrechten, z. B. Wechseln von der QuotenKons zur *Equity*-Methode und umgekehrt,
- Einbeziehung von TU mit Zwischenabschlüssen in den Konzernabschluss,
- Einbeziehung von Jahresabschlüssen mit einer Abweichung von mehr als drei Monaten vom Bilanzstichtag des Konzernabschlusses,
- Abweichung bei der Anwendung der modifizierten Stichtagskursmethode für die Einbeziehung ausländischer TU, z. B. durch Anwendung von Rückumrechnungen,
- Einbeziehung von Jahresabschlüssen des TU, die selbst wiederum MU sind.

---

[26] Vgl. ADS, 6. Aufl., § 308 HGB, Rz 30.
[27] Vgl. ADS, 6. Aufl., § 313 HGB, Rz 80.
[28] Vgl. *Grottel*, in Beck Bil-Komm., 10. Aufl., 2016, § 313 HGB Rz 141.
[29] Vgl. ADS, 6. Aufl., § 313 HGB Rz 86.

64 Ist eine andere Konsolidierungsmethode **verpflichtend anzuwenden**, weil sich der Status einer Beteiligung geändert hat, stellt dies **keine Methodenänderung** i.S.d. § 313 Abs. 1 Satz 3 Nr. 2 HGB dar. Derartige Sachverhalte sind bei den Änderungen des KonsKreises nach § 294 Abs. 2 HGB zu beschreiben (§ 294 Rz 20 ff.).

5.3 Erläuterung der Auswirkungen

65 Durch die Abweichung von Bilanzierungs-, Bewertungs- oder Konsolidierungsmethoden können sich anders bewertete Posten im Konzernabschluss ergeben, sodass u. U. eine Vergleichbarkeit mit dem letzten Konzernabschluss nicht mehr gegeben ist. Folglich wird auch kein den tatsächlichen Verhältnissen entsprechendes Bild der Vermögens-, Finanz- und Ertragslage unter Beachtung der GoB vermittelt; die Auswirkungen sind daher entsprechend zu erläutern. Eine verbale Beschreibung ist ausreichend, sofern sich daraus der Umfang der Auswirkungen ersehen lässt.[30] Gleichwohl erscheint eine genaue Vergleichbarkeit nur dann herzustellen zu sein, wenn konkrete Zahlenangaben gegeben werden.[31]

66 Eine **erweiterte Angabepflicht** ergibt sich aus DRS 13 (Grundsatz der Stetigkeit und Berichtigung von Fehlern). Als Konkretisierung des § 313 Abs. 1 Satz 3 Nr. 2 HGB sind umfangreiche Angabepflichten gefordert. DRS 13.8 sieht Änderungen von Bilanzierungs-, Bewertungs- und Konsolidierungsmethoden nur in begründeten Ausnahmefällen, wie bei Änderung der rechtlichen Gegebenheiten, Anpassung an geänderte oder neue DRS, verbesserte Darstellung der Vermögens-, Finanz- und Ertragslage sowie Anpassungen an konzerneinheitliche Bilanzierungsgrundsätze bei der erstmaligen Einbeziehung in den Konzernabschluss vor. Die Angabepflichten nach DRS 13 beziehen sich insb. auf die betragsmäßige und individualisierte Darstellung der Auswirkungen eines anderen Bilanzierungsgrundsatzes auf die betreffenden Bilanzposten.

67 Für die Erläuterung der Auswirkungen ist der **Wesentlichkeitsgrundsatz** zu beachten. Auswirkungen von untergeordneter Bedeutung brauchen nicht erläutert zu werden, da hierdurch der Informationsgehalt des Konzernabschlusses nicht verzerrt wird.

68 Zu den Bilanzierungs- und Bewertungsmethoden gehören auch **Schätzungen**, wobei Schätzungen durch den DSR als Ermittlung des Wertansatzes von Abschlussposten im Fall der Unsicherheit definiert werden. Bei abweichenden Schätzungen sind nach DRS 13.30 die Auswirkungen auf die Vermögens-, Finanz- und Ertragslage betragsmäßig anzugeben und zu erläutern. Ferner sind Angaben zu den Auswirkungen auf Folgeperioden zu machen.

69 **Fehler**, die sich aus Unrichtigkeiten oder Verstößen gegen Bilanzierungsvorschriften ergeben, sind analog zu den Schätzungen zu behandeln. Im Konzernanhang sind nach DRS 13.25 Angaben über die Art des Fehlers, den Korrekturbetrag für jede anzupassende frühere Periode sowie den kumulierten Betrag bei der Korrektur von Fehlern aufzunehmen. Die Korrekturbeträge sind so zu erläutern, dass eine zuverlässige Beurteilung möglich ist (DRS 13.31).

---

[30] Vgl. ADS, 6. Aufl., § 313 HGB Rz 90; *Grottel*, in Beck Bil-Komm., 10. Aufl., 2016, § 313 HGB Rz 175.
[31] Vgl. *Schülen*, BB 1994, S. 2312.

6 Angaben zu einbezogenen Unternehmen und zum Konzernanteilsbesitz (Abs. 2)

6.1 Allgemeines

Ein **Pflichtbestandteil** im Konzernanhang sind **Angaben und Erläuterungen** zu in den KonsKreis **einbezogenen Unt** und **sonstige Beteiligungsbeziehungen**. Üblicherweise erfolgt dies in Form von Aufstellungen oder Listen der zum Konzern gehörenden Unt. Diese Anhangangabe ist unabhängig von Veränderungen im KonsKreis vorzunehmen. Ein Ausweiswahlrecht ist nicht vorhanden. Aufstellungen über den Anteilsbesitz können analog zu den Anhangangaben im Jahresabschluss des MU nach § 285 Nr. 11 HGB (§ 285 Rz 84 ff.) erfolgen. 70

Es gilt das **Stichtagsprinzip**. Demnach sind alle zum Stichtag des Konzernabschlusses in den Konzernabschluss einbezogenen sowie nicht einbezogenen Unt aufzuführen. 71

Die Rechtsform der Unt ist unerheblich. Auch stille Beteiligungen, Arge, GbR sowie sonstige juristische Personen können als Unt in den KonsKreis einbezogen werden, da ausschließlich auf die Unternehmenseigenschaft abgestellt wird. Gleiches gilt für den Sitz des Unt. 72

Aus dem Wesentlichkeitskriterium in § 313 Abs. 2 Nr. 4 Satz 3 HGB folgt, dass Aufstellungen zu TU, assoziierten Unt und anteilmäßig konsolidierten Unt nach § 313 Abs. 2 Nrn. 1–3 HGB vollständig zu erfolgen haben. Lediglich Unt, die unter die Vorschrift des § 313 Abs. 2 Nr. 4 Satz 3 HGB fallen, brauchen – sofern sie für die Vermögens-, Finanz- und Ertragslage von untergeordneter Bedeutung sind – nicht in die Aufstellung aufgenommen zu werden. 73

Unt, die nach § 315e HGB ihren Konzernabschluss nach den IFRS erstellen, haben die Anforderungen des § 313 Abs. 2 HGB auch bei der Erstellung des Konzernanhangs nach IFRS/IAS zu erfüllen. Dies gilt für sämtliche Arten von Beteiligungen.

Unberührt von den Angaben zu einbezogenen Unt ist die **Veränderung** bei den Beteiligungen des MU, sowohl direkte als auch indirekte Beteiligungen. Hierüber ist separat zu berichten. Gleiches gilt für Veränderungen im KonsKreis. 74

6.2 Tochterunternehmen (Abs. 2 Nr. 1)

Sämtliche Unt, die die Voraussetzungen des § 290 Abs. 1 Satz 1 HGB erfüllen (§ 290 Rz 18 ff.), sind im Konzernanhang aufzulisten. Es ist dabei unerheblich, ob ein TU in den Konzernabschluss einbezogen wird oder nicht, da § 313 Abs. 2 Nr. 1 Satz 2 HGB eine Anwendung des § 296 HGB außer Kraft setzt (s. ferner das Wesentlichkeitskriterium Rz 73). Dies gilt auch für Anteile an Unt, die von einem Treuhänder oder einer ähnlichen Person gehalten werden. 75

Wurden TU bisher im Rahmen der **Interessenzusammenführung** nach § 302 Abs. 3 HGB aF in den Konzernabschluss einbezogen, ist eine Fortführung nach Art. 67 Abs. 5 EGHGB zulässig. In diesem Fall ist eine gesonderte Angabe erforderlich.

Im Konzernanhang sind für TU **folgende Angaben** zu machen: 76
- Name,
- Sitz,

- Anteil am Kapital,
- Sachverhalt, der eine Einbeziehung bei fehlender Stimmrechtsmehrheit erfüllt.

77 Der **Name** und der **Sitz** sind entsprechend den Angaben im HR anzugeben. Bei ausländischen Unt sind die Angaben aus vergleichbaren Einrichtungen oder bei deren Nichtexistenz aus statutarischen Quellen abzuleiten.[32] Als Sitz ist nach § 24 BGB derjenige Ort zu werten, an dem sich die Hauptverwaltung befindet.

78 Der **Anteil am Kapital** des TU ist prozentual für alle Anteile anzugeben. Eine Verteilung zwischen Unt im Konzernverbund ist somit unerheblich. Gleiches gilt bei indirekt gehaltenen Beteiligungen. Werden Anteile treuhänderisch durch Dritte gehalten, sind diese mit zu berücksichtigen; werden Anteile dagegen für Dritte gehalten, sind diese wiederum nicht zu berücksichtigen.

79 Ist eine Beherrschung eines TU trotz **fehlender Stimmrechtsmehrheit** und damit der Einbezug in den KonsKreis gegeben, ist über den Sachverhalt im Konzernanhang zu berichten.[33] Zu nennen sind die Art und der Umstand der Beherrschung, wobei eine Beherrschung nach dem BilMoG grds. nach § 290 Abs. 2 HGB (§ 290 Rz 27 ff.) gegeben ist bei
- der Mehrheit der Stimmrechte,
- dem Bestellungs- und Abberufungsrecht für die Mehrheit der Mitglieder der Leitungsorgane i. V. m. einer Gesellschafterstellung,
- dem vertraglichen oder satzungsgemäßen Beherrschungsrecht oder
- der wirtschaftlichen Betrachtungsweise der Chancen und Risiken (ZweckGes).

80 Ist das TU selbst MU weiterer TU sowie anderer Unt, sind all diese Unt mit aufzuführen.

6.3 Assoziierte Unternehmen (Abs. 2 Nr. 2)

81 Wie bei den TU ist eine Aufstellung der assoziierten Unt – wie in § 311 Abs. 1 HGB (§ 311 Rz 6 ff.) definiert – nach § 313 Abs. 2 Nr. 2 HGB in den Konzernabschluss aufzunehmen. Die Aufstellung hat alle assoziierten Unt zu berücksichtigen. Dabei ist eine Assoziierung mit einem Unt aus dem Konzernverbund hinreichend.

82 Vergleichbar den TU sind im Konzernanhang für assoziierte Unt **folgende Angaben** zu machen:
- Name,
- Sitz,
- Anteil am Kapital.

83 Assoziierte Unt von untergeordneter Bedeutung sind getrennt aufzuführen. Die getrennte Angabe leitet sich aus § 313 Abs. 2 Nr. 2 Satz 2 i. V. m. § 311 Abs. 2 HGB indirekt ab.

84 **Name, Sitz** und **Anteil am Kapital** des assoziierten Unt sind analog zu den Kommentierungen der TU zu bestimmen (Rz 77 ff.).

85 Ist das assoziierte Unt selbst MU, brauchen dessen TU nicht angegeben zu werden.

---

[32] Vgl. ADS, 6. Aufl., § 313 HBG, Rz 96.
[33] Vgl. WPH Edition, Wirtschaftsprüfung & Rechnungslegung, 15. Aufl., 2017, Abschn. G, Rz 733.

Wird ein assoziiertes Unt nicht „*at equity*" konsolidiert, sind nach § 313 Abs. 2 Nr. 2 Satz 2 i. V. m. § 311 Abs. 2 HGB die Gründe hierfür darzulegen. Ein Grund können z. B. Wesentlichkeitserwägungen sein. 86

Zusätzliche Angaben zu assoziierten Unt im Konzernanhang ergeben sich aus DRS 8: 87
- Anzahl der Stimmrechte (DRS 8.48),
- angewandte Bilanzierungs- und Bewertungsmethoden, finanzielle Verpflichtungen im Zusammenhang mit dem assoziierten Unt sowie bei Wesentlichkeit eine zusammengefasste Bilanz und GuV (DRS 8.49),
- bei der erstmaligen Einbeziehung zusätzlich der Stichtag der Einbeziehung, die Höhe der AK, der entstandene Unterschiedsbetrag, die gewählte Abschreibungsdauer des *Goodwill* und ggf. eine Begründung für eine länger als 20 Jahre veranschlagte Nutzungsdauer sowie die Anwendung einer von der linearen Abschreibung abweichenden Abschreibungsmethode (DRS 8.49),
- die Summen der *Goodwills* und der negativen Unterschiedsbeträge (DRS 8.49c),
- die Zahl der nicht *at equity* bilanzierten assoziierten, unwesentlichen Unt (DRS 8.48b).

6.4 Anteilmäßig einbezogene Unternehmen (Abs. 2 Nr. 3)

Alle Unt, die nach § 310 Abs. 1 HGB nur anteilmäßig in den Konzernabschluss einbezogen werden, unterliegen denselben Berichtspflichten wie TU und assoziierte Unt. Aufgrund des Wahlrechts zur quotalen Einbeziehung in den Konzernabschluss oder der Einbeziehung *at equity* ist eine entsprechende Angabe im Anhang aufzuführen. I. d. R. ist dies die Voraussetzung zur quotalen Einbeziehung, die auf sachlichen oder rechtlichen Gründen basiert, wobei diese Angabepflicht nicht unumstritten ist.[34] 88

Wie bei TU sind im Konzernanhang für anteilmäßig einbezogene Unt **folgende Angaben** zu machen: 89
- Name,
- Sitz,
- Anteil am Kapital.

Name, Sitz und **Anteil am Kapital** des assoziierten Unt sind analog zu den Kommentierungen der TU zu bestimmen (Rz 77 ff.). Die Angabe des Namens und des Sitzes der anderen Anteilseigner an dem Gemeinschaftsunternehmen brauchen nicht in den Konzernanhang aufgenommen zu werden. 90

Zusätzliche Angaben zu anteilig konsolidierten Unt im Konzernanhang ergeben sich aus DRS 9. Hierzu gehören nach DRS 9.23–24 umfangreiche Angaben zum Goodwill, zum negativen Unterschiedsbetrag und damit verbundenen Bilanzierungspraktiken, nach DRS 9.21 Angaben zu den erworbenen Anteilen und Zahlungsverpflichtungen und nach DRS 9.26 analoge Angaben für vorgenommene Veräußerungen. Weitere zusätzliche Angaben beziehen sich auf verkürzte Angaben zu Vermögenswerten, Schulden, Aufwendungen, Erträgen und nicht bilanzierten finanziellen Verpflichtungen von anteilig einbezogenen Unt nach DRS 9.25, wobei diese Angabepflicht bei Anwendung der IFRS entfällt. 91

---

[34] So ist diese Methode nach US-GAAP grds. nicht vorgesehen. Vgl. zur generellen Kritik z. B. *Küting/Weber*, Konzernabschluss, 10. Aufl., S. 449.

6.5 Anteile an sonstigen Unternehmen (Abs. 2 Nr. 4–8)

92 Alle im Konzernbesitz befindlichen Beteiligungen, die nicht die Kriterien des § 313 Abs. 2 Nrn. 1–3 HGB erfüllen, sind gesondert aufzustellen und auszuweisen, sofern es sich um Unt i. S. d. § 271 Abs. 1 HGB handelt. Insofern handelt es sich bei dieser Vorschrift um einen Auffangtatbestand. Es ist dabei unerheblich, welches Unt die Anteile hält – sei es direkt, indirekt oder über mehrere Unt verteilt. Auch das Halten von Anteilen durch Dritte, wie z. B. Treuhänder, sind zu berücksichtigen. Eine Konzernzugehörigkeit ist nicht zwingend erforderlich. Es reicht aus, wenn für Rechnung eines Konzernunternehmens diese Anteile gehalten werden. Anders als bei TU wird auf den Kapitalanteil abgestellt, auf Stimmrechte kommt es somit nicht an.

93 Unerheblich ist die Intention der Beteiligung. Es kommt weder auf die Absicht der Beteiligung noch auf die Beteiligungsdauer und somit auch nicht auf den Ausweis im Jahresabschluss des haltenden Unt an. Zur Bestimmung der Anteilsquote sind sämtliche im Konzern gehaltenen Anteile zusammenzufassen. Werden Anteile durch einen Treuhänder gehalten, sind auch diese bei der Bestimmung der Anteilsquote heranzuziehen.

94 Wie bei TU sind im Konzernanhang für sonstige Unt **folgende Angaben** zu machen:
- Name,
- Sitz,
- Anteil am Kapital.

Darüber hinaus sind nach § 313 Abs. 2 Nr. 4 Satz 1 HGB das EK und das Ergebnis des letzten Gj anzugeben.

95 **Name, Sitz** und **Anteil am Kapital** des sonstigen Unt sind analog zu den Kommentierungen der TU zu bestimmen (Rz 77 ff.). Die Bestimmung des Anteils am Kapital des sonstigen Unt umfasst allerdings sämtliche – auch nicht konsolidierte – TU. Somit werden die von nicht konsolidierten TU gehaltenen Anteile auch voll in die Berechnung der Angabe unter § 313 Abs. 2 Nr. 4 HGB einbezogen.[35]

96 Angaben zu **EK** und **Jahresergebnis** beziehen sich auf das letzte Gj, für das ein Abschluss aufgestellt wurde. Demnach ist nicht zwangsläufig der letzte Jahresabschluss heranzuziehen. Es genügt, wenn der letzte vorliegende Jahresabschluss verwendet wird, selbst wenn das Unt ein MU ist. Dies sollte entsprechend kenntlich gemacht werden.[36] Dabei spielt der zurückliegende Zeitraum keine Rolle. Auch wenn der vorliegende Jahresabschluss mehr als drei Monate zurückliegt, braucht kein Zwischenabschluss aufgestellt werden. Für ausländische Abschlüsse ist entsprechend zu verfahren. Hier ist allerdings ggf. eine Währungsumrechnung durchzuführen.[37] Auf eine Angabe kann verzichtet werden, wenn das einbezogene Unt seinen Konzernabschluss nicht offenlegt.

97 Beteiligungen an großen KapG mit mehr als 5 % der Stimmrechte unterliegen einer gesonderten Berichtspflicht. Eine Summation sämtlicher im Konzernverbund gehaltenen Anteile von Unt, die nicht börsennotiert sind, ist zu unterlassen,

---

[35] Vgl. WP-Handbuch, Bd. I, 14. Aufl., Abschn. M, Rz 698.
[36] Vgl. *Fülbier/Pellens*, in MünchKomm. HGB, 3. Aufl., § 313 Rn 91.
[37] Vgl. *Grottel*, in Beck Bil-Komm., 10. Aufl., 2016, § 313 HGB Rz 288.

da explizit auf von börsennotierten Unt gehaltene Anteile abgestellt wird. Eine Wiederholung der unter § 313 Abs. 2 Nr. 4 Satz 1 HGB genannten Unt ist nicht erforderlich.

Ist das Unt selbst MU, sind dessen TU mangels einer expliziten Vorschrift nicht in die Liste der einbezogenen Unt aufzunehmen. **98**

Für **börsennotierte MU** und/oder TU sind auch Beteiligungen an großen KapG mit mehr als **5 % der Stimmrechte** berichtspflichtig. Diese Regelung ist auch weiterhin von MU, die nach § 315e HGB pflichtgemäß ihren Konzernabschluss nach internationalen Rechnungslegungsstandards gem. der jeweils geltenden Fassung der Verordnung (EG) Nr. 1606/2002 des Europäischen Parlamentes und des Rates vom 19.7.2002 erstellen, zu beachten. Anders als in den Angabepflichten von § 313 Abs. 2 Nr. 1–4 HGB ist dabei der Kapitalanteil unerheblich und es kommt auch nach dem BilRUG nicht zu einer Addition von auf verschiedene Unt verteilten Stimmrechten, da der Gesetzgeber die Formulierung „einem börsennotierten Mutterunternehmen, einem börsennotierten Tochterunternehmen oder von einer ..." beibehalten hat. Weiterhin werden dagegen nach § 21 WpHG aber Mitteilungspflichten ausgelöst, wenn die unmittelbaren und die mittelbaren Anteile zusammen 5 % überschreiten. Explizit anzugeben ist nur der Name. § 313 Abs. 2 Nr. 5 ist aus der Systematik dieser Vorschrift als Ergänzung zu den vorgenannten Angabepflichten zu verstehen, so dass eine Wiederholung der unter § 313 Abs. 2 Nr. 4 HGB genannten Unt nicht notwendig ist. Nach dem DCGK 7.1.4 sollen die börsennotierten AG eine Liste von Drittunt veröffentlichen, an denen sie eine Beteiligung von für das Unt nicht untergeordneter Bedeutung halten, in der Folgendes angegeben werden soll: Name und Sitz der Ges., Höhe des Anteils, Höhe des EK und Ergebnis des letzten Gj. Handelsbestände von Kredit- und Finanzdienstleistungsinstituten, aus denen keine Stimmrechte ausgeübt werden, bleiben hierbei unberücksichtigt. **99**

Analog zu § 285 Nr. 11a HGB muss in § 313 Abs. 2 Nr. 6 HGB Name, Sitz und Rechtsform der Unt, deren **unbeschränkt haftender Gesellschafter** das MU, das einbezogene TU oder ein einbezogenes GemeinschaftsUnt ist, angegeben werden. Danach sind die sich aus dem HR ergebenden Daten über Name, Sitz und Rechtsform derjenigen Unt anzugeben. Das Unt, an dem die Beteiligung besteht, muss selbst nicht rechnungslegungspflichtig sein. Mit Abschluss des Vertrags mit den weiteren Gesellschaftern und der Fortsetzung der Geschäfte mit Zustimmung des Eintretenden ist der Eintritt wirksam, was die Angabepflicht auslöst. Auf den Zeitpunkt der Eintragung der nur deklaratorisch wirkenden HR-Eintragung kommt es nicht an. Die Angabepflicht gilt nicht nur für das MU, sondern auch für die anderen in den Konzernabschluss einbezogenen Unt, so dass es theoretisch auch zu mehreren Angaben kommen kann. Die dafür notwendigen Informationen ergeben sich jedoch aus den jeweiligen Jahresabschlüssen der betroffenen Unt, soweit diese unter Beachtung der sich auf RL 2013/34/EU basierenden Rechnungslegungsnormen erstellt wurden. **100**

Schließlich werden neu für den Konzernanhang nun auch Angaben nach § 313 Abs. 2 Nr. 7 und 8 HGB, die im Jahresabschluss unter § 285 Nr. 14 und 14a HGB bereits bislang gefordert wurden, verlangt. Im Interesse der Offenlegung von **101**

Konzernverflechtungen und der „Verbindungen in eine fremdbestimmte Interessensphäre"[38] soll bei konzernabhängigen Ges. der **Zugang zu den übergeordneten Konzernabschlüssen** erleichtert werden. Verlangt wird die Angabe von Namen und Sitz des MU, das den Konzernabschluss für den größten Kreis (Konzernspitze); und dann desjenigen MU, das den Konzernabschluss für den kleinsten Kreis von Unt aufstellt, also der MU mit dem größten und mit dem kleinsten KonsKreis, und im Falle der Offenlegung den Ort, des von diesem anderen MU aufgestellten Konzernabschlusses, wo dieser Konzernabschluss erhältlich ist.

Wer MU[39] ist, ergibt sich aus § 290 HGB. Allerdings ist es unerheblich, in welcher Rechtsform das übergeordnete MU organisiert ist.[40] Es ist auch ohne Belang, ob es sich um ein kleines oder großes Unt handelt und ob es im Inland oder im Ausland gelegen ist.

Sind die beiden MU, für die die Angaben vorzunehmen sind, im Fall des zweistufigen Konzerns deckungsgleich, kann die Angabe auch nur zu diesem einen MU erfolgen.

102 Die Angabepflicht besteht dann, wenn die Mutter einen Konzernabschluss aufgestellt und offengelegt hat, unabhängig davon, ob eine Gesetzespflicht aus § 290 HGB besteht oder ob der Konzernabschluss freiwillig aufgestellt wurde, und auch unabhängig davon, ob das TU in den Konzernabschluss einbezogen wurde oder nicht.[41] Liegen Gründe vor, nach denen eine Befreiung von der Verpflichtung zur Aufstellung eines Konzernabschlusses erfolgt, bezieht sich die Angabepflicht auf das nächst höhere MU.[42] Ist entgegen einer entsprechenden Verpflichtung kein Konzernabschluss erstellt worden, hat in dem Konzernabschluss des angabepflichtigen MU das pflichtwidrig handelnde übergeordnete MU gleichwohl anzugeben. Nur dann, wenn keine Pflicht zur Aufstellung des Konzernabschlusses besteht und ein solcher auch nicht freiwillig erstellt wurde, bedarf es zu Nr. 7 und 8 überhaupt keiner Angabe, auch keiner Fehlanzeige. Anzugeben ist der **Name**, der die Rechtsform des MU einschließt, und der **Sitz** des Unt sowie der Ort, an dem die offengelegten Konzernabschlüsse erhältlich sind, also die Adresse der elektronisch eingereichten Fassung im UR oder BAnz. Steht die Offenlegung (z.B. Bekanntmachung im BAnz, § 325 HGB) des Konzernabschlusses noch bevor, ist darauf hinzuweisen.

Ist der Konzernabschluss freiwillig erstellt worden und somit auch nicht einzureichen, braucht der Ort nicht angegeben zu werden.[43] Ist ein Konzernabschluss nicht erstellt worden, besteht auch keine Pflicht zur Angabe nach Nr. 7 und 8, es sei denn, es hätte aufgrund einer gesetzlichen Pflicht ein Konzernabschluss erstellt werden müssen. In diesem Fall ist anstelle der Angabe des Orts der Offenlegung auf die nicht erfolgte Offenlegung hinzuweisen.[44]

---

38 Vgl. *Grottel*, in Beck Bil-Komm. 10. Aufl., 2016, § 285 HGB, Rz 452; s.a. *Poelzig*, in MünchKomm. HGB, 3. Aufl., § 285 Rn 286.
39 MU impliziert, dass eine unternehmerische Tätigkeit ausgeübt wird, was etwa bei einer reinen vermögensverwaltenden Tätigkeit nicht der Fall ist.
40 Vgl. *Wulf*, in *Baetge/Kirsch/Thiele* Bilanzrecht, § 285 HGB Rn 232 Stand 06/2016.
41 Ebenso *Poelzig*, in MünchKomm. HGB, 3. Aufl., § 285 Rn 292.
42 Vgl. *Poelzig*, in MünchKomm. HGB, 3. Aufl., § 285 Rn 292.
43 Vgl. *Hüttemann*, in Canaris/Schilling/Ulmer, HGB, § 285, Rz 101.
44 Vgl. *Grottel*, in Beck Bil-Komm., 10. Aufl., 2016, § 285 HGB Rz 458.

7 Sonstige relevante Angabepflichten und Regelungen (Abs. 3)

7.1 Befreiungsmöglichkeiten

7.1.1 Untergeordnete Bedeutung

Analog den Einzelabschlussregelungen des § 286 Abs. 3 Satz 1 Nr. 1 HGB können Angaben nach § 313 Abs. 2 Nr. 4 und 5 HGB ersatzlos entfallen, wenn die Angaben für die Vermittlung eines den tatsächlichen Verhältnissen entsprechenden Bilds der Vermögens-, Finanz- und Ertragslage von nachrangiger Bedeutung sind. Die nachrangige Bedeutung umfasst sowohl das einzelne Unt als auch kumulativ alle betroffenen Unt (§ 286 Rz 12 ff.).

103

7.1.2 Nicht publizitätspflichtige Unternehmen

Anhangangaben zu EK und Ergebnis des letzten vorliegenden Abschlusses einer Beteiligung brauchen nach § 313 Abs. 3 Satz 5 HGB nicht gemacht zu werden, sofern das entsprechende Unt nicht publizitätspflichtig ist und sein Jahresabschluss nicht offenlegt. Die Befreiungsmöglichkeiten gelten auch für MU, die einen Konzernabschluss gem. § 315e HGB erstellen. Von dem Verzicht der Offenlegung profitieren i.d.R. PersG, GbR, stille Beteiligungen und ähnliche Rechtsformen.

104

7.2 Schutzklauseln

Ein **Verzicht auf Angaben** ist immer dann möglich, wenn einem Unt unter vernünftiger kaufmännischer Beurteilung ein erheblicher Nachteil zugefügt werden könnte. Grundlage hierfür ist eine auf das Mitgliedstaatenwahlrecht der 7. EG-RL zurückzuführende Schutzklausel. Ein erheblicher Nachteil bedeutet eine Abwägung zwischen den Eigeninteressen des Unt und dem Publizitätsinteresse Außenstehender (§ 286 Rz 4 ff.). Auf den Konzern als Ganzes ist dabei nicht abzustellen. Der Verzicht von Angaben ist selektiv für das betroffene Unt (und nicht den Konzern) und den entsprechenden Sachverhalt auszuüben. Eine entsprechende Angabe ist im Konzernanhang aufzunehmen, wobei ein bloßer Hinweis für ausreichend erachtet wird.[45]

105

Ein **Verzicht** auf Angaben greift dann **nicht**, wenn Angaben aufgrund anderer Normen im Konzernanhang aufzunehmen sind.

106

Konzerne, deren MU oder eines ihrer TU KM-orientiert i.S.d. § 264d HGB sind (§ 264d Rz 1 ff.), haben diese Befreiungsmöglichkeit nicht, was einer Angleichung an die Regelung des IAS 27 entspricht.[46] Daher sind auch MU, die nach § 315e Abs. 1 oder Abs. 2 HGB pflichtgemäß ihren Konzernabschluss nach internationalen Rechnungslegungsstandards erstellen, von dieser Regelung bei der Erstellung des Konzernanhangs nach IAS/IFRS ausgenommen.

107

---

[45] Vgl. *Fülbier/Pellens*, in MünchKomm. HGB, 3. Aufl., § 313 Rn 101.
[46] Vgl. *Schurbohm/Streckenbach*, WPg 2002, S. 845, 851.

7.3 Sanktionen

108 Ein nicht ordnungsgemäß erstellter Konzernanhang sowie unrichtige Angaben darin können einen **Straftatbestand** nach § 331 Nr. 2 HGB (§ 331 Rz 51 ff.) oder eine **Ordnungswidrigkeit** nach § 334 Abs. 1 Nr. 2 Buchst. f HGB (§ 334 Rz 23) darstellen. Straftatbestände werden mit einer Freiheitsstrafe bis zu 3 Jahren oder einer Geldbuße geahndet. Die Geldbuße für Ordnungswidrigkeiten beträgt für nicht KM-orientierte Unt maximal 50.000 EUR. Als Folgeeffekt ist der **Bestätigungsvermerk** durch den Konzern-AP gem. § 322 Abs. 4 HGB einzuschränken oder zu versagen (§ 322 Rz 59 ff.). Bei Verstößen gegen die Offenlegungspflicht gem. § 325 Abs. 3 HGB ist ein Ordnungsgeld für nicht KM-orientierte Unt gem. § 335 Abs. 1 Satz 4 HGB zwischen 2.500 und 25.000 EUR anzudrohen.

8 Verweis auf § 284 Abs. 2 und 3 HGB (Abs. 4)

109 Aufgrund der Vorgaben der EU-RL 2013/34 ist der Anlagespiegel stets im Konzernanhang und nicht mehr alternativ auch in der Konzernbilanz auszuweisen. Daher entfällt die bisherige Wahlrechtsangabe aus § 268 Abs. 2 i. V. m. § 298 Abs. 1 HGB aF (§ 268 Rz 13 ff.) und wird inhaltlich leicht modifiziert als Anhangpflichtangabe über einen Verweis auf § 284 Abs. 2 Nr. 4 HGB neu im Konzernanhang gefordert, wobei den wesentlichen Bedingungen Rechnung zu tragen ist, die sich aus den Besonderheiten des Konzernabschlusses im Vergleich zum Jahresabschluss ergeben.

Zugleich wird die Vorgabe inhaltlich an die geänderten europäischen Vorgaben angepasst, indem auch eine **Aufgliederung der Abschreibungen** gefordert wird. Demnach sind Abschreibungen künftig nicht mehr nur in ihrer gesamten Höhe, sondern etwa nach folgendem Schema darzustellen:[47]

		Kumulierte Abschreibungen			
Abschreibungen zu Beginn des Gj	Zugänge (Abschreibungen des Gj)	Zuschreibungen des vorangegangenen Gj	Abgänge (Abschreibungen auf Abgänge des Gj)	Umbuchungen (Abschreibungen auf Umbuchungen des Gj)	Abschreibungen zum Ende des Gj
+	–	–	+/–		=

Um den besonderen Umständen des Konzernabschlusses gerecht zu werden, sollten im Anlagespiegel jeweils in gesonderten Spalten (falls relevant) die Änderungen des KonsKreises und die Effekte aus der Währungsumrechnung zur besseren Nachvollziehbarkeit eingefügt werden.

---

[47] Vgl. ADS, 6. Aufl., § 268 HGB, Rz. 63–66.

Ebenfalls ist im Konzernanhang auch eine Angabe erforderlich, ob Fremdkapitalzinsen in die Herstellungskosten von VG des AV oder UV einbezogen wurden. Auch dies entspricht der Anhangangabepflicht im Jahresabschluss in § 284 Abs. 2 Nr. 4 HGB (Angabe zu Fremdkapitalzinsen).

110

§ 314 Sonstige Pflichtangaben

(1) ¹Im Konzernanhang sind ferner anzugeben:
1. der Gesamtbetrag der in der Konzernbilanz ausgewiesenen Verbindlichkeiten mit einer Restlaufzeit von mehr als fünf Jahren sowie der Gesamtbetrag der in der Konzernbilanz ausgewiesenen Verbindlichkeiten, die von in den Konzernabschluß einbezogenen Unternehmen durch Pfandrechte oder ähnliche Rechte gesichert sind, unter Angabe von Art und Form der Sicherheiten;
2. Art und Zweck sowie Risiken, Vorteile und finanzielle Auswirkungen von nicht in der Konzernbilanz enthaltenen Geschäften des Mutterunternehmens und der in den Konzernabschluss einbezogenen Tochterunternehmen, soweit die Risiken und Vorteile wesentlich sind und die Offenlegung für die Beurteilung der Finanzlage des Konzerns erforderlich ist;
2a. der Gesamtbetrag der sonstigen finanziellen Verpflichtungen, die nicht in der Konzernbilanz enthalten sind und die nicht nach § 298 Abs. 1 in Verbindung mit § 268 Abs. 7 oder nach Nummer 2 anzugeben sind, sofern diese Angabe für die Beurteilung der Finanzlage des Konzerns von Bedeutung ist; davon und von den Haftungsverhältnissen nach § 251 sind Verpflichtungen betreffend die Altersversorgung sowie Verpflichtungen gegenüber Tochterunternehmen, die nicht in den Konzernabschluss einbezogen werden, oder gegenüber assoziierten Unternehmen jeweils gesondert anzugeben;
3. die Aufgliederung der Umsatzerlöse des Konzerns nach Tätigkeitsbereichen sowie nach geografisch bestimmten Märkten, soweit sich unter Berücksichtigung der Organisation des Verkaufs, der Vermietung oder Verpachtung von Produkten und der Erbringung von Dienstleistungen des Konzerns die Tätigkeitsbereiche und geografisch bestimmten Märkte untereinander erheblich unterscheiden;
4. die durchschnittliche Zahl der Arbeitnehmer der in den Konzernabschluss einbezogenen Unternehmen während des Geschäftsjahrs, getrennt nach Gruppen und gesondert für die nach § 310 nur anteilmäßig konsolidierten Unternehmen, sowie, falls er nicht gesondert in der Konzern-Gewinn- und Verlustrechnung ausgewiesen ist, der in dem Geschäftsjahr entstandene gesamte Personalaufwand, aufgeschlüsselt nach Löhnen und Gehältern, Kosten der sozialen Sicherheit und Kosten der Altersversorgung;
5. *(weggefallen)*
6. für die Mitglieder des Geschäftsführungsorgans, eines Aufsichtsrats, eines Beirats oder einer ähnlichen Einrichtung des Mutterunternehmens, jeweils für jede Personengruppe:
    a) die für die Wahrnehmung ihrer Aufgaben im Mutterunternehmen und den Tochterunternehmen im Geschäftsjahr gewährten Gesamtbezüge (Gehälter, Gewinnbeteiligungen, Bezugsrechte und sonstige aktienbasierte Vergütungen, Aufwandsentschädigungen, Versicherungsentgelte, Provisionen und Nebenleistungen jeder Art). ²In die Gesamtbezüge sind auch Bezüge einzurechnen, die nicht ausgezahlt, sondern in Ansprüche anderer Art umgewandelt oder zur Erhöhung anderer Ansprüche verwendet werden. ³Außer den Bezügen für das Geschäftsjahr

sind die weiteren Bezüge anzugeben, die im Geschäftsjahr gewährt, bisher aber in keinem Konzernabschluss angegeben worden sind. ⁴Bezugsrechte und sonstige aktienbasierte Vergütungen sind mit ihrer Anzahl und dem beizulegenden Zeitwert zum Zeitpunkt ihrer Gewährung anzugeben; spätere Wertveränderungen, die auf einer Änderung der Ausübungsbedingungen beruhen, sind zu berücksichtigen. ⁵Ist das Mutterunternehmen eine börsennotierte Aktiengesellschaft, sind zusätzlich unter Namensnennung die Bezüge jedes einzelnen Vorstandsmitglieds, aufgeteilt nach erfolgsunabhängigen und erfolgsbezogenen Komponenten sowie Komponenten mit langfristiger Anreizwirkung, gesondert anzugeben. ⁶Dies gilt auch für:

aa) Leistungen, die dem Vorstandsmitglied für den Fall einer vorzeitigen Beendigung seiner Tätigkeit zugesagt worden sind;

bb) Leistungen, die dem Vorstandsmitglied für den Fall der regulären Beendigung seiner Tätigkeit zugesagt worden sind, mit ihrem Barwert, sowie den von der Gesellschaft während des Geschäftsjahrs hierfür aufgewandten oder zurückgestellten Betrag;

cc) während des Geschäftsjahrs vereinbarte Änderungen dieser Zusagen;

dd) Leistungen, die einem früheren Vorstandsmitglied, das seine Tätigkeit im Laufe des Geschäftsjahrs beendet hat, in diesem Zusammenhang zugesagt und im Laufe des Geschäftsjahrs gewährt worden sind.

⁷Leistungen, die dem einzelnen Vorstandsmitglied von einem Dritten im Hinblick auf seine Tätigkeit als Vorstandsmitglied zugesagt oder im Geschäftsjahr gewährt worden sind, sind ebenfalls anzugeben. ⁸Enthält der Konzernabschluss weitergehende Angaben zu bestimmten Bezügen, sind auch diese zusätzlich einzeln anzugeben;

b) die für die Wahrnehmung ihrer Aufgaben im Mutterunternehmen und den Tochterunternehmen gewährten Gesamtbezüge (Abfindungen, Ruhegehälter, Hinterbliebenenbezüge und Leistungen verwandter Art) der früheren Mitglieder der bezeichneten Organe und ihrer Hinterbliebenen; Buchstabe a Satz 2 und 3 ist entsprechend anzuwenden. ⁹Ferner ist der Betrag der für diese Personengruppe gebildeten Rückstellungen für laufende Pensionen und Anwartschaften auf Pensionen und der Betrag der für diese Verpflichtungen nicht gebildeten Rückstellungen anzugeben;

c) die vom Mutterunternehmen und den Tochterunternehmen gewährten Vorschüsse und Kredite unter Angabe der gegebenenfalls im Geschäftsjahr zurückgezahlten oder erlassenen Beträge sowie die zugunsten dieser Personen eingegangenen Haftungsverhältnisse;

7. der Bestand an Anteilen an dem Mutterunternehmen, die das Mutterunternehmen oder ein Tochterunternehmen oder ein anderer für Rechnung eines in den Konzernabschluß einbezogenen Unternehmens erworben oder als Pfand genommen hat; dabei sind die Zahl und der Nennbetrag oder rechnerische Wert dieser Anteile sowie deren Anteil am Kapital anzugeben;

7a. die Zahl der Aktien jeder Gattung der während des Geschäftsjahrs im Rahmen des genehmigten Kapitals gezeichneten Aktien des Mutterunternehmens, wobei zu Nennbetragsaktien der Nennbetrag und zu Stückaktien der rechnerische Wert für jede von ihnen anzugeben ist;

7b. das Bestehen von Genussscheinen, Wandelschuldverschreibungen, Optionsscheinen, Optionen oder vergleichbaren Wertpapieren oder Rechten, aus denen das Mutterunternehmen verpflichtet ist, unter Angabe der Anzahl und der Rechte, die sie verbriefen;
8. für jedes in den Konzernabschluss einbezogene börsennotierte Unternehmen, das die nach § 161 des Aktiengesetzes vorgeschriebene Erklärung abgegeben und wo sie öffentlich zugänglich gemacht worden ist;
9. das von dem Abschlussprüfer des Konzernabschlusses für das Geschäftsjahr berechnete Gesamthonorar, aufgeschlüsselt in das Honorar für
   a) die Abschlussprüfungsleistungen,
   b) andere Bestätigungsleistungen,
   c) Steuerberatungsleistungen,
   d) sonstige Leistungen;
10. für zu den Finanzanlagen (§ 266 Abs. 2 A. III.) gehörende Finanzinstrumente, die in der Konzernbilanz über ihrem beizulegenden Zeitwert ausgewiesen werden, da eine außerplanmäßige Abschreibung gem. § 253 Abs. 3 Satz 6 unterblieben ist,
    a) der Buchwert und der beizulegende Zeitwert der einzelnen Vermögensgegenstände oder angemessener Gruppierungen sowie
    b) die Gründe für das Unterlassen der Abschreibung einschließlich der Anhaltspunkte, die darauf hindeuten, dass die Wertminderung voraussichtlich nicht von Dauer ist;
11. für jede Kategorie nicht zum beizulegenden Zeitwert bilanzierter derivativer Finanzinstrumente
    a) deren Art und Umfang,
    b) deren beizulegender Zeitwert, soweit er sich nach § 255 Abs. 4 verlässlich ermitteln lässt, unter Angabe der angewandten Bewertungsmethode,
    c) deren Buchwert und der Bilanzposten, in welchem der Buchwert, soweit vorhanden, erfasst ist, sowie
    d) die Gründe dafür, warum der beizulegende Zeitwert nicht bestimmt werden kann;
12. für mit dem beizulegenden Zeitwert bewertete Finanzinstrumente
    a) die grundlegenden Annahmen, die der Bestimmung des beizulegenden Zeitwertes mit Hilfe allgemein anerkannter Bewertungsmethoden zugrunde gelegt wurden, sowie
    b) Umfang und Art jeder Kategorie derivativer Finanzinstrumente einschließlich der wesentlichen Bedingungen, welche die Höhe, den Zeitpunkt und die Sicherheit künftiger Zahlungsströme beeinflussen können;
13. zumindest die nicht zu marktüblichen Bedingungen zustande gekommenen Geschäfte des Mutterunternehmens und seiner Tochterunternehmen, soweit sie wesentlich sind, mit nahe stehenden Unternehmen und Personen, einschließlich Angaben zur Art der Beziehung, zum Wert der Geschäfte sowie weiterer Angaben, die für die Beurteilung der Finanzlage des Konzerns notwendig sind; ausgenommen sind Geschäfte zwischen in einen Konzernabschluss einbezogenen nahestehenden Unternehmen, wenn diese Geschäfte bei der Konsolidierung weggelassen werden; An-

gaben über Geschäfte können nach Geschäftsarten zusammengefasst werden, sofern die getrennte Angabe für die Beurteilung der Auswirkungen auf die Finanzlage des Konzerns nicht notwendig ist;
14. im Fall der Aktivierung nach § 248 Abs. 2 der Gesamtbetrag der Forschungs- und Entwicklungskosten des Geschäftsjahres der in den Konzernabschluss einbezogenen Unternehmen sowie der davon auf die selbst geschaffenen immateriellen Vermögensgegenstände des Anlagevermögens entfallende Betrag;
15. bei Anwendung des § 254 im Konzernabschluss,
    a) mit welchem Betrag jeweils Vermögensgegenstände, Schulden, schwebende Geschäfte und mit hoher Wahrscheinlichkeit erwartete Transaktionen zur Absicherung welcher Risiken in welche Arten von Bewertungseinheiten einbezogen sind sowie die Höhe der mit Bewertungseinheiten abgesicherten Risiken;
    b) für die jeweils abgesicherten Risiken, warum, in welchem Umfang und für welchen Zeitraum sich die gegenläufigen Wertänderungen oder Zahlungsströme künftig voraussichtlich ausgleichen einschließlich der Methode der Ermittlung;
    c) eine Erläuterung der mit hoher Wahrscheinlichkeit erwarteten Transaktionen, die in Bewertungseinheiten einbezogen wurden,
    soweit die Angaben nicht im Konzernlagebericht gemacht werden;
16. zu den in der Konzernbilanz ausgewiesenen Rückstellungen für Pensionen und ähnliche Verpflichtungen das angewandte versicherungsmathematische Berechnungsverfahren sowie die grundlegenden Annahmen der Berechnung, wie Zinssatz, erwartete Lohn- und Gehaltssteigerungen und zugrunde gelegte Sterbetafeln;
17. im Fall der Verrechnung von in der Konzernbilanz ausgewiesenen Vermögensgegenständen und Schulden nach § 246 Abs. 2 Satz 2 die Anschaffungskosten und der beizulegende Zeitwert der verrechneten Vermögensgegenstände, der Erfüllungsbetrag der verrechneten Schulden sowie die verrechneten Aufwendungen und Erträge; Nummer 12 Buchstabe a ist entsprechend anzuwenden;
18. zu den in der Konzernbilanz ausgewiesenen Anteilen an Sondervermögen im Sinn des § 1 Abs. 10 des Kapitalanlagegesetzbuchs oder Anlageaktien an Investmentaktiengesellschaften mit veränderlichem Kapital im Sinn der §§ 108 bis 123 des Kapitalanlagegesetzbuchs oder vergleichbaren EU-Investmentvermögen oder vergleichbaren ausländischen Investmentvermögen von mehr als dem zehnten Teil, aufgegliedert nach Anlagezielen, deren Wert im Sinn der §§ 168, 278 des Kapitalanlagegesetzbuchs oder des § 36 des Investmentgesetzes in der bis zum 21. Juli 2013 geltenden Fassung oder vergleichbarer ausländischer Vorschriften über die Ermittlung des Marktwertes, die Differenz zum Buchwert und die für das Geschäftsjahr erfolgte Ausschüttung sowie Beschränkungen in der Möglichkeit der täglichen Rückgabe; darüber hinaus die Gründe dafür, dass eine Abschreibung gem. § 253 Abs. 3 Satz 4 unterblieben ist, einschließlich der Anhaltspunkte, die darauf hindeuten, dass die Wertminderung voraussichtlich nicht von Dauer ist; Nummer 10 ist insoweit nicht anzuwenden;

19. für nach § 268 Abs. 7 im Konzernanhang ausgewiesene Verbindlichkeiten und Haftungsverhältnisse die Gründe der Einschätzung des Risikos der Inanspruchnahme;
20. jeweils eine Erläuterung des Zeitraums, über den ein entgeltlich erworbener Geschäfts- oder Firmenwert abgeschrieben wird;
21. auf welchen Differenzen oder steuerlichen Verlustvorträgen die latenten Steuern beruhen und mit welchen Steuersätzen die Bewertung erfolgt ist.
22. wenn latente Steuerschulden in der Konzernbilanz angesetzt werden, die latenten Steuersalden am Ende des Geschäftsjahrs und die im Laufe des Geschäftsjahrs erfolgten Änderungen dieser Salden;
23. jeweils den Betrag und die Art der einzelnen Erträge und Aufwendungen von außergewöhnlicher Größenordnung oder außergewöhnlicher Bedeutung, soweit die Beträge nicht von untergeordneter Bedeutung sind;
24. eine Erläuterung der einzelnen Erträge und Aufwendungen hinsichtlich ihres Betrages und ihrer Art, die einem anderen Konzerngeschäftsjahr zuzurechnen sind, soweit die Beträge für die Beurteilung der Vermögens-, Finanz- und Ertragslage des Konzerns nicht von untergeordneter Bedeutung sind;
25. Vorgänge von besonderer Bedeutung, die nach dem Schluss des Konzerngeschäftsjahrs eingetreten und weder in der Konzern-Gewinn- und Verlustrechnung noch in der Konzernbilanz berücksichtigt sind, unter Angabe ihrer Art und ihrer finanziellen Auswirkungen;
26. der Vorschlag für die Verwendung des Ergebnisses des Mutterunternehmens oder gegebenenfalls der Beschluss über die Verwendung des Ergebnisses des Mutterunternehmens.

(2) Mutterunternehmen, die den Konzernabschluss um eine Segmentberichterstattung erweitern (§ 297 Abs. 1 Satz 2), sind von der Angabepflicht gem. Absatz 1 Nr. 3 befreit.

(3) Für die Angabepflicht gem. Absatz 1 Nr. 6 Buchstabe a Satz 5 bis 8 gilt § 286 Abs. 5 entsprechend. Für die Angabepflicht gem. Absatz 1 Nummer 6 Buchstabe a und b gilt § 286 Absatz 4 entsprechend.

MBA CPA Andreas Krimpmann

Inhaltsübersicht

	Rz
1 Überblick	1–5
1.1 Allgemeines	1–2
1.2 Anwendungsbereich	3–5
2 Pflichtangaben (Abs. 1)	6–132
2.1 Angaben zu Verbindlichkeiten mit mehr als fünf Jahren Restlaufzeit und zu gesicherten Verbindlichkeiten (Abs. 1 Nr. 1)	6–9
2.2 Angaben zu außerbilanziellen Geschäften (Abs. 1 Nr. 2)	10–14
2.3 Angaben zu sonstigen Verpflichtungen (Abs. 1 Nr. 2a)	15–19
2.4 Aufgliederung der Umsatzerlöse (Abs. 1 Nr. 3)	20–25

2.5	Angaben zur Mitarbeiteranzahl und zum Personalaufwand (Abs. 1 Nr. 4)	26–33
2.5.1	Zahl der Arbeitnehmer	26–30
2.5.2	Personalaufwand	31–33
2.6	Angaben zu Organbezügen sowie Krediten und sonstigen Rechtsgeschäften mit Organmitgliedern (Abs. 1 Nr. 6)	34–50
2.6.1	Angaben für tätige Organmitglieder (Abs. 1 Nr. 6 Buchst. a)	39–44
2.6.2	Angaben für ehemalige Organmitglieder und ihre Hinterbliebenen (Abs. 1 Nr. 6 Buchst. b)	45–46
2.6.3	Angaben über Vorschüsse und Kredite (Abs. 1 Nr. 6 Buchst. c)	47–50
2.7	Angaben zu Anteilen am Mutterunternehmen (Abs. 1 Nr. 7–7b)	51–55
2.8	Angabe zur Erklärung gem. § 161 AktG (Abs. 1 Nr. 8)	56
2.9	Angaben zum Honorar des Abschlussprüfers (Abs. 1 Nr. 9)	57–68
2.10	Angaben zu oberhalb des beizulegenden Zeitwerts ausgewiesenen Finanzinstrumenten (Abs. 1 Nr. 10)	69–72
2.11	Angaben zu derivativen Finanzinstrumenten (Abs. 1 Nr. 11)	73–76
2.12	Angaben zum Handelsbestand (Abs. 1 Nr. 12)	77–79
2.13	Angaben zu nahestehenden Personen (Abs. 1 Nr. 13)	80–92
2.14	Angaben zu Forschungs- und Entwicklungskosten (Abs. 1 Nr. 14)	93–95
2.15	Angaben zu Bewertungseinheiten (Abs. 1 Nr. 15)	96–99
2.16	Angaben zur Bewertung der Pensionsverpflichtungen (Abs. 1 Nr. 16)	100
2.17	Angaben zu saldiertem Planvermögen (Abs. 1 Nr. 17)	101–102
2.18	Angaben zu Sondervermögen (Abs. 1 Nr. 18)	103–106
2.19	Angaben zu Haftungsverhältnissen (Abs. 1 Nr. 19)	107
2.20	Angaben zu Geschäfts- oder Firmenwerten (Abs. 1 Nr. 20)	108–109
2.21	Angaben zu latenten Steuern (Abs. 1 Nr. 21–22)	110–116
2.22	Angaben zu außergewöhnlichen Aufwendungen und Erträgen (Abs. 1 Nr. 23)	117–119
2.23	Angaben zu periodenfremden Erträgen und Aufwendungen (Abs. 1 Nr. 24)	120
2.24	Angaben zu Ereignissen nach dem Abschlussstichtag (Abs. 1 Nr. 25)	121–125
2.25	Angaben zur Ergebnisverwendung (Abs. 1 Nr. 26)	126–132
3	Wahlpflichtangaben	133–135
4	Sonstige relevante Regelungen	136–142
4.1	Befreiungsmöglichkeiten	136
4.2	Schutzklauseln (Abs. 2 und 3)	137–139
4.3	Sanktionen	140–142

1 Überblick

1.1 Allgemeines

1 § 314 HGB erweitert die Angabepflichten des § 313 HGB. Diese **weiteren Pflichtangaben** beziehen sich auf Sachverhalte, die aus keiner Regelung des HGB hervorgehen, aber Bestandteil des Konzernanhangs sind. Die Angaben sind an die Angabepflichten des Jahresabschlusses für KapG nach § 285 HGB angelehnt, allerdings um Konzernspezifika angepasst.

2 Hinsichtlich der **Ausgestaltung der Angaben** wird mangels Angaben zur Art der Darstellung auf die Ausführungen zu § 313 HGB verwiesen (§ 313 Rz 20 ff.). Dabei gilt, dass die Angaben jeweils gesondert darzustellen sind, die gewählte Darstellungsform aber beizubehalten ist. Eine Angabenreihenfolge ist aus der Norm nicht abzuleiten.

1.2 Anwendungsbereich

3 Mit dem **BilMoG**[1] sind die Angabepflichten nach § 314 HGB erheblich erweitert worden. Ursächlich hierfür sind die umzusetzenden EU-Richtlinien, die sich in der Neufassung der Nr. 2, 2a, 8, 9 u. 13 niedergeschlagen haben. Anzuwenden sind diese für Konzernabschlüsse für nach dem 31.12.2008 beginnende Gj. Des Weiteren sind aufgrund geänderter Ansatz- und Bewertungsvorschriften die Nr. 10–11 inhaltlich neu gefasst und die Nr. 14–21 hinzugefügt worden.

4 Ferner erfolgten mit dem **VorstAG**[2] weitere Ergänzungen zu Abs. 1 Nr. 6 Buchst. a hinsichtlich der Erläuterungspflicht möglicher Leistungen und Zusagen an Vorstandsmitglieder. Mit dem das Investmentgesetz zum 21.7.2013 ersetzenden KAGB[3] wurde in Abs. 1 Nr. 18 eine Konkretisierung der berichtsnötigen Investmentvermögen vorgenommen, die für Gj, die nach dem 21.7.2013 beginnen, anzuwenden ist.

5 Durch das **BilRUG** wurde weitgehend auf Basis europäischer Vorgaben und überwiegend parallel zu den im Anhang des Jahresabschlusses nach § 285 HGB der § 314 HGB überarbeitet. Während die bestehenden Angabepflichten bis Nr. 21 durch teilweise kleinere Änderungen konkretisiert wurden, sind mit den Nr. 22–26 neue Angabenotwendigkeiten hinzugekommen. Zudem wurden nun explizit die Angabeerleichterungen aus dem Einzelabschluss in § 314 Abs. 3 HGB auch für den Konzernanhang aufgenommen. Anzuwenden sind die Regelungen für das nach dem 31.12.2015 beginnende Gj.

2 Pflichtangaben (Abs. 1)

2.1 Angaben zu Verbindlichkeiten mit mehr als fünf Jahren Restlaufzeit und zu gesicherten Verbindlichkeiten (Abs. 1 Nr. 1)

6 Der **Gesamtbetrag der Verbindlichkeiten mit einer Restlaufzeit von mehr als fünf Jahren** ist im Konzernanhang gesondert ohne eine weitere Aufgliederung

---

[1] BilMoG v. 25.5.2009, BGBl I 2009, S. 1102.
[2] Gesetz zur Angemessenheit der Vorstandsvergütung v. 31.7.2009, BGBl 2009 I S. 2509.
[3] KAGB eingeführt mit AIFM-UmsG v. 4.7.2013, BGBl 2013 I S. 1981.

anzugeben. Eine Aufgliederung, wie für den Einzelabschluss nach § 285 Nr. 2 HGB sowie nach § 298 Abs. 1 HGB i.V.m. § 268 Abs. 5 HGB zwingend geboten, ist allerdings gängige Praxis. Die Angabe für den Konzernabschluss impliziert eine vorher durchzuführende SchuldenKons; eine bloße Zusammenfassung aus den Einzelabschlüssen ist nicht zulässig.

Analog sind **gesicherte Verbindlichkeiten** als Gesamtbetrag für den Konzern anzugeben. Auch hier ist eine vorherige SchuldenKons vorzunehmen.[4] Gesicherte Verbindlichkeiten sind zu quantifizieren und nach Art und Form der Sicherheiten zu benennen (§ 285 Rz 7 ff.). 7

Die Gesamtbeträge der Verbindlichkeiten mit einer Restlaufzeit von mehr als fünf Jahren und der gesicherten Verbindlichkeiten beinhalten auch Beträge gegenüber nicht in den KonsKreis einbezogenen KonzernUnt sowie die nichtkonsolidierten Beträge gegenüber GemeinschaftsUnt. Eine gesonderte Angabe dieser Beträge ist nicht erforderlich. 8

Aufgrund der geforderten Angabepflichten ist ein **Verbindlichkeitenspiegel** empfehlenswert, in dem eine Aufgliederung der langfristigen und der gesicherten Beträge auf die Einzelposten vorgenommen werden kann. Dies kommt dann allerdings einer freiwilligen Angabe gleich. 9

2.2 Angaben zu außerbilanziellen Geschäften (Abs. 1 Nr. 2)

Unter außerbilanziellen Geschäften werden Geschäfte verstanden, die von KonzernUnt getätigt werden, aber keinen Einzug in den Konzernabschluss finden. Beispiele hierfür sind Factoring, Pensionsgeschäfte, Konsignationslagervereinbarungen, Verträge mit unbedingter Zahlungsverpflichtung, Forderungsverbriefungen über gesonderte Ges. oder nicht rechtsfähige Einrichtungen, Verpfändung von Aktiva, Leasingverträge oder die Auslagerung von Tätigkeiten. Zweck der Anhangangaben ist die Berichterstattung über Risiken und Chancen, die sich aus diesen Geschäften ergeben und sich auf die Vermögens-, Finanz- und Ertragslage des Konzerns auswirken können. Dies ist dann der Fall, wenn sich aus den außerbilanziellen Geschäften ein künftiger Ressourcenabfluss ergeben könnte, wobei immer auf den Einzelfall abzustellen ist. Ist dies gegeben, ist eine Anhangangabe zwingend. Dabei sind nicht nur die Chancen und Risiken zu nennen, es ist auch auf die Art und den Zweck des Geschäfts einzugehen. 10

Mit dem BilRUG neu aufgenommen wurde die verpflichtende Darstellung der **finanziellen Auswirkungen** von nicht in der Bilanz enthaltenen Geschäften. Dies ist allerdings nur als Konkretisierung zu werten, da es bereits schon in der alten Fassung des Abs. 1 Nr. 2. hM war, die Auswirkungen von Chancen und Risiken in positiver und negativer Art auf die Vermögens-, Finanz- und Ertragslage des Konzerns anzugeben, wobei diese sowohl in quantitativer als auch qualitativer Form erfolgten. 11

Ebenfalls neu mit dem BilRUG eingeführt wurde die Einschränkung der Berichterstattung auf Geschäfte mit **wesentlichen Chancen und Risiken**. Mit der Aufnahme dieser Einschränkung hat der Gesetzgeber die bereits im RefE zum BilMoG genannte Begründung nun formalisiert. 12

---

[4] Vgl. WPH Edition, Wirtschaftsprüfung & Rechnungslegung, 15. Aufl., 2017, Abschn. G, Tz 775.

13 Mit der Änderung des § 290 Abs. 2 HGB sind nun **Zweckges.** in den Konzernabschluss einzubeziehen. Sollten dennoch Gründe dafür sprechen, Zweckges. nicht in den Konzernabschluss einzubeziehen, sind zumindest Angaben über die Zweckges. zu machen. § 314 Abs. 1 Nr. 2 HGB hat somit eine Auffangfunktion.

14 Nicht angabepflichtig sind außerbilanzielle Geschäfte von nicht in den Konzernabschluss einbezogenen KonzernUnt. Hierzu gehören regelmäßig nicht konsolidierte TU, GemeinschaftsUnt und assoziierte Unt.[5] Gleiches gilt für im Rahmen der Kons. eliminierte außerbilanzielle Geschäfte.

2.3 Angaben zu sonstigen Verpflichtungen (Abs. 1 Nr. 2a)

15 Der **Gesamtbetrag der sonstigen finanziellen Verpflichtungen** ist anzugeben, sofern dieser für die Finanzlage des Konzerns von Bedeutung ist. Dabei handelt es sich um eine Wahlpflichtangabe (Rz 133), die dann von Bedeutung ist, wenn die finanziellen Verpflichtungen für die Beurteilung des künftigen finanziellen Spielraums des Konzerns erheblich sind.[6] Zusätzlich ist ein Davon-Vermerk für die finanziellen Verpflichtungen gegenüber nicht einbezogenen TU aufzunehmen.

16 Mit dem BilRUG wurden die Angaben zu den sonstigen Verpflichtungen erweitert. Künftig sind ein Davon-Vermerk für Altersversorgungsverpflichtungen und ein Davon-Vermerk für finanzielle Verpflichtungen gegenüber assoziierten Unt aufzunehmen.

17 Eine gesonderte Angabepflicht besteht dabei nach Art. 28 Abs. 2 EGHGB für nicht passivierte **Pensionsaltzusagen**. Sie sind als Fehlbetrag gesondert im Konzernanhang aufzuführen. Die Regelung ist deckungsgleich mit der des Einzelabschlusses.[7]

18 Empfehlenswert ist die Aufgliederung der einzelnen Verpflichtungen mit Angaben zu den Fristigkeiten, um eine bessere Darstellung der tatsächlichen Verhältnisse des Konzerns zu vermitteln.

19 Ferner sind die Angaben gem. § 298 Abs. 1 HGB i. V. m. § 268 Abs. 7 HGB bzgl. der Haftungsverhältnisse des Konzerns um die darin enthaltenen **Haftungsverhältnisse**, die sich auf nicht einbezogene TU beziehen, zu erweitern.

2.4 Aufgliederung der Umsatzerlöse (Abs. 1 Nr. 3)

20 Umsatzerlöse sind sowohl nach Tätigkeitsbereichen als auch nach geografisch bestimmten Märkten aufzugliedern. Dies impliziert, dass sich Tätigkeitsbereiche von Märkten unterscheiden. Bei Unt mit monolithischen Produkt- oder Vertriebsstrukturen ist diese Unterscheidung nicht notwendig; ein Berichtsformat ist dann ausreichend.[8] Umsatzerlöse spiegeln die Liefer- und Leistungsbeziehungen gegenüber Dritten wider.[9] Innenumsätze nach § 305 Abs. 1 HGB sind zu eliminieren und nicht in die Aufgliederung einzubeziehen. Somit ist stets auf die konsolidierten, mit Dritten realisierten Erträge abzustellen. Innenumsätze können aber auf freiwilliger Basis mit aufgenommen werden.

---

[5] Vgl. IDW RS HFA 32 Rz 32.
[6] Vgl. *Grottel*, in Beck Bil-Komm., 10. Aufl., 2016, § 314 HGB, Rz 23.
[7] Vgl. *Selchert*, DB 1987, S. 545 ff.
[8] Vgl. ADS, 6. Aufl., § 314 HGB, Rz 22.
[9] Vgl. WPH Edition, Wirtschaftsprüfung & Rechnungslegung, 15. Aufl., 2017, Abschn. G, Tz 776.

Für die Aufgliederung der Umsatzerlöse **nach Tätigkeitsbereichen** ist eine Anlehnung an die SegmBer nach DRS 3 mangels einer Konkretisierung im Gesetzestext empfehlenswert. Allerdings ist hier zu beachten, dass sich DRS 3 an international anerkannte Rechnungslegungsvorschriften, insb. an den bisherigen IAS 14 anlehnt. Eine Anlehnung der Aufgliederung der Umsatzerlöse an den IFRS 8 oder die US-GAAP-Regelung der FASB Accounting Standards Codification (Accounting Topic 280 Segment Reporting, vormals SFAS 131) ist mit Vorsicht durchzuführen, da eine Umsatzaufgliederung nach diesen Standards auf dem Management Approach, also auf der Abbildung der internen Berichts- und Managementstrukturen, basiert. Diese Strukturen müssen nicht zwangsläufig mit Tätigkeitsbereichen deckungsgleich sein. Dies eröffnet einen nicht zu unterschätzenden Handlungsspielraum bei der Aufgliederung.[10]

21

Für die Aufgliederung der Umsatzerlöse **nach geografisch bestimmten Märkten** ist auf Absatzmärkte abzustellen.[11] Dies ergibt sich aus der Forderung im Gesetz nach Berücksichtigung der Organisation des Verkaufs von Produkten und Dienstleistungen. Entscheidend ist demnach der Sitz des Kunden, also der finale Absatzmarkt.[12] Bei stark divergierenden Vertriebsgebieten, uneinheitlichen Absatzkanälen oder verstreuten Kundenstandorten können diese auch zu einem geografisch bestimmten Markt zusammengefasst werden, wenn dadurch eine bessere Darstellung der tatsächlichen Verhältnisse der Umsatzaufgliederung erreicht wird. Hier ist insb. der Wesentlichkeitsgrundsatz zu beachten und die Aufgliederung so zu wählen, dass die relevanten Märkte einzeln dargestellt werden.

22

Die Aufgliederung der Umsatzerlöse für das aktuelle Jahr ist um **Vorjahresangaben** zu ergänzen. Bei erheblichen Änderungen von Konzernstrukturen sind ggf. Pro-Forma-Angaben notwendig, sofern eine Vergleichbarkeit ansonsten nicht mehr gewährleistet ist.

23

Unt, die eine **SegmBer**, sei es verpflichtend oder auf freiwilliger Basis, erstellen, sind nach § 314 Abs. 2 Satz 1 HGB von den Angabepflichten zur Aufgliederung von Umsatzerlösen befreit. Insofern handelt es sich hier nur um ein Anwendungswahlrecht.

24

Im Rahmen der **Aufgliederung der Umsatzerlöse** wurde die geänderte Umsatzdefinition aus § 277 Abs. 1 HGB (§ 275 Rz 45 ff.) eingearbeitet, ohne dass sich daraus für den Anhang inhaltliche Änderungen ergeben würden. Es sind daher die Umsatzerlöse nach Tätigkeitsbereichen und geografisch bestimmten Märkten aufzugliedern, soweit sich unter Berücksichtigung der Organisation des Verkaufs, der Vermietung oder Verpachtung von Produkten und der Erbringung von Dienstleistungen der KapG die Tätigkeitsbereiche und geografisch bestimmten Märkte untereinander erheblich unterscheiden.

25

---

10 Vgl. WPH Edition, Wirtschaftsprüfung & Rechnungslegung, 15. Aufl., 2017, Abschn. G, Tz 779 ff.
11 Vgl. *Grottel*, in Beck Bil-Komm., 10. Aufl., 2016, § 314 HGB, Rz 42; *Fülbier/Pellens*, in MünchKomm. HGB, 3. Aufl., § 314, Rz 23; das IDW sieht aber auch die Möglichkeit.
12 Dagegen sieht das IDW auch die Möglichkeit der Gliederung nach dem Ort der jeweiligen Betriebstätigkeit (Umsatzherkunft), vgl. WPH Edition, Wirtschaftsprüfung & Rechnungslegung, 15. Aufl., 2017, Abschn. G, Tz 779.

2.5 Angaben zur Mitarbeiteranzahl und zum Personalaufwand (Abs. 1 Nr. 4)

2.5.1 Zahl der Arbeitnehmer

26 Im Konzernanhang hat eine Angabe der **durchschnittlichen Zahl der Arbeitnehmer** zu erfolgen. Durch die Beschränkung auf die einbezogenen Unt kommen nur die Mitarbeiter des MU sowie von voll- und quotal konsolidierten TU in Betracht. Doppelzählungen sind dabei zu vermeiden. Im Umkehrschluss dürfen konzernzugehörige Mitarbeiter nicht konsolidierter Unt, assoziierter Unt sowie sonstiger Beteiligungen nicht einbezogen werden. Die Vorschrift ist identisch mit den Anhangangaben zum Einzelabschluss nach § 285 Nr. 7 HGB (§ 285 Rz 36ff.).

27 Neu mit dem BilRUG eingeführt wurde die Angabe von Mitarbeiterzahlen **quotal einbezogener Unt** in die Berichtspflicht, wobei eine Angabe in einer separaten Gruppe gefordert wird. Unabhängig von der getrennten Angabe ist nach wie vor die Art der Berücksichtigung dieser Mitarbeiter in der Literatur umstritten. Er werden sowohl eine volle[13] als auch eine anteilmäßige[14] Berücksichtigung präferiert, wobei die erstere Meinung dem Wortlaut des Gesetzes am nächsten kommt. Unabhängig vom Meinungsstreit ist die durchschnittliche Anzahl der Arbeitnehmer quotal einbezogener Unt entweder gesondert oder als „Davon"-Vermerk anzugeben. Mit dem BilRUG hat der Gesetzgeber durch eine gesonderte Angabe der Mitarbeiter der quotal einbezogenen Unt hier dem Konflikt die Schärfe genommen.

28 Als **durchschnittliche Anzahl** ist der Jahresmittelwert der Mitarbeiter einbezogener Unt anzusetzen. Veränderungen des KonsKreises haben auch stets Auswirkungen auf die Berechnung der durchschnittlichen Anzahl der Mitarbeiter. Gleiches gilt für quotal einbezogene Unt, wobei hier eine anteilmäßige Einbeziehung von Mitarbeitern möglich erscheint.[15]

29 Die durchschnittliche Anzahl der Arbeitnehmer ist zu **gruppieren**. Hierbei ist auf Arbeitnehmergruppen abzustellen. Eine Gruppierung für Mitarbeiterzahlen quotal einbezogener Unt ist als separate Gruppe zu führen.

30 Es gilt **Methodenfreiheit** für die Berechnung der durchschnittlichen Mitarbeiteranzahl. Es ist allerdings auf Methodenstetigkeit in der Anwendung zu achten.

2.5.2 Personalaufwand

31 Erfolgt die **Gliederung** der GuV **nach dem UKV**, ist der Personalaufwand im Konzernanhang anzugeben. Die Gesamtangabe ist insb. für Wertschöpfungsrechnungen[16] und Relationen wie Personalaufwand/Mitarbeiter von Interesse.

32 Mit dem BilRUG neu eingeführt wurde die Aufteilung des Personalaufwands nach Löhnen und Gehälter, Kosten der sozialen Sicherheit und Kosten der Altersversorgung. Somit nähert sich die Angabepflicht des Konzernanhangs dem des Anhangs an. Eine Identität der zwei Anhangangaben ist allerdings nicht gegeben, da die Analyse des Personalaufwands im Konzernabschluss weitreichender ist als im Jahresabschluss. So sind die Kosten der Altersversorgung im

---

[13] Vgl. ADS, 6. Aufl., § 314 HGB, Rz 31.
[14] Vgl. *Grottel*, in Beck Bil-Komm., 10. Aufl., 2016, § 314 HGB, Rz 60.
[15] Vgl. *Fülbier/Pellens*, in: MünchKomm. HGB, 3. Aufl., § 314, Rn 27.
[16] Vgl. zu Wertschöpfungsrechnungen z. B. *Haller*, Wertschöpfungsrechnung, 1997.

Konzernabschluss explizit zu nennen, während diese im Jahresabschluss lediglich als Davon-Vermerk (der aggregierten Aufwendungen für Sozialabgaben, Altersvorsorge und Unterstützung) anzugeben sind.
Ist eine Anhangidentität zwischen Konzernabschluss und Jahresabschluss gewünscht, wäre die Angabe im Jahresabschluss als freiwillige Angabe entsprechend aufzuschlüsseln.

MU, die gem. § 315e HGB ihren Konzernabschluss pflichtgemäß oder freiwillig nach den IFRS erstellen, haben diese Angaben zusätzlich in den Konzernanhang aufzunehmen (§ 315e Rz 17). 33

2.6 Angaben zu Organbezügen sowie Krediten und sonstigen Rechtsgeschäften mit Organmitgliedern (Abs. 1 Nr. 6)

Im Konzernanhang **sind** Angaben über die Organbezüge, Kredite und sonstige Rechtsgeschäfte mit Organmitgliedern **aufzunehmen**. Getrennt nach Personengruppen (Mitglieder des Geschäftsführungsorgans, Aufsichtsrats, Beirats oder einer ähnlichen Einrichtung des MU) sind die Gesamtbezüge des Gj zu nennen. Gleiches gilt für die Bezüge früherer Mitglieder der Organe und ihrer Hinterbliebenen im Gj. Pensionsverpflichtungen dieses Personenkreises sind gesondert darzustellen. Gewährte Vorschüsse und Kredite für diese Personenkreise sind zu erläutern, wobei neben der Angabe des Zinssatzes, der Bedingungen und der ggf. im Gj getilgten Beträge außerdem eingegangene Haftungsverhältnisse darzulegen sind. Diese Angabepflichten sind durch DRS 17 konkretisiert worden, der über § 315e Abs. 1 HGB auch für Unt gilt, die ihren Konzernabschluss nach den IFRS erstellen. 34

Bei den **Organmitgliedern** im Konzern ist ausschließlich auf das MU abzustellen. Damit wird die Berichterstattung des Personenkreises mit dem des Einzelabschlusses des MU identisch sein. Üben Organmitglieder weitere Funktionen bei anderen Unt im Konzern aus und erhalten sie daraus weitere Einkünfte, können die Bezugsangaben zwischen Jahresabschluss und Konzernabschluss divergieren. Für den Konzernabschluss sind allerdings alle Bezüge aufzunehmen, unabhängig vom KonsKreis, von der Einstufung des betroffenen TU und von Art und Umfang der Tätigkeit. Es gilt stets eine konzernweite Betrachtung, wobei allerdings Bezüge aus Tätigkeiten bei GemeinschaftsUnt oder assoziierten Unt oder im Fall eines Teilkonzernabschlusses aus Tätigkeiten bei übergeordneten Ges. auszuklammern sind.[17] 35

Tätigkeiten von Organmitgliedern, aus denen Bezüge entstehen, umfassen sämtliche Tätigkeiten, nicht nur Organtätigkeiten. Der Begriff ist weit auszulegen, wobei es ausreicht, dass die Tätigkeiten im Interesse des MU stehen. Demgegenüber sind nebenamtliche Tätigkeiten sowie Aufgaben als Freiberufler nicht einzubeziehen.[18] 36

Obwohl nur zeitanteilig gezahlt, sollten Bezüge von Organmitgliedern unterjährig erworbener oder veräußerter TU vollständig berücksichtigt werden.[19] 37

---

[17] Vgl. WPH Edition, Wirtschaftsprüfung & Rechnungslegung, 2017, 15. Aufl., Abschn. G, Tz 802.
[18] Vgl. *Grottel*, in Beck Bil-Komm., 10. Aufl., 2016, § 314 HGB, Rz 88 f.
[19] Vgl. zu einer nur anteiligen Berücksichtigung *Fülbier/Pellens*, in MünchKomm. HGB, 3. Aufl., § 314, Rn 43.

38 Eine **Differenzierung** von Bezügen nach den Ursprüngen im Konzern ist nicht notwendig. Werden Einzel- und Konzernanhang gem. § 298 Abs. 3 HGB zusammengefasst, sind allerdings getrennte Angaben gem. § 285 Nr. 9 HGB u. § 314 Nr. 6 HGB erforderlich.

2.6.1 Angaben für tätige Organmitglieder (Abs. 1 Nr. 6 Buchst. a)

39 Gesamtbezüge tätiger Organmitglieder umfassen Gehälter, Gewinnbeteiligungen, Bezugsrechte und sonstige aktienbasierte Vergütungen, Aufwandsentschädigungen, Versicherungsentgelte, Provisionen, Nebenleistungen jeder Art sowie nicht ausgezahlte Bezüge. Unter nicht ausgezahlten Bezügen werden Erhöhungen von Ansprüchen und Bezüge des Gj, die bisher in keinem Konzernabschluss angegeben worden sind, verstanden. Zu entrichtende gesetzliche Arbeitgeberanteile zur Sozialversicherung nach DRS 17.18 fallen jedoch nicht unter diese Bezüge. Gleiches gilt für die den Mitgliedern des Aufsichtsrats, Beirats oder ähnlicher Einrichtungen erstattete USt, die als durchlaufender Posten zu behandeln ist. Bezüge und Zusagen, die mit einer aufschiebenden Bedingung versehen sind, sind erst mit vollständigem Eintritt der Bedingung angabepflichtig.

40 Die Angabe im Konzernanhang kann nach bisheriger Rechtsprechung analog § 286 Abs. 4 HGB (§ 286 Rz 17f.) dann unterbleiben, wenn aus der Angabe auf die Bezüge eines einzelnen Organmitglieds geschlossen werden kann.[20] Das Auskunftsrecht der Anteilseigner des MU (z.B. gem. § 131 AktG) bleibt davon unberührt.[21] Dies gilt nicht für Vorstände **börsennotierter AG**. Deren Bezüge sind analog den Empfehlungen des DCGK, Ziff. 4.2.4 und nach DRS 17.40 individualisiert anzugeben. Die in § 286 Abs. 5 i. V. m. § 286 Abs. 2 Satz 2 HGB eingeräumte Möglichkeit der Unterlassung von Angaben nach § 314 Abs. 1 Nr. 6 Buchst. a Sätze 5–8 HGB für einen Zeitraum von fünf Jahren aufgrund eines Beschlusses der HV bleibt ebenfalls hiervon unberührt.

41 **Vergütungen von Vorstandsmitgliedern** börsennotierter AG sind in **drei - Kategorien** zu unterteilen: erfolgsunabhängige, erfolgsabhängige Komponenten und Komponenten mit langfristiger Anreizwirkung. Beispiele hierzu gibt DRS 17.42–44:

- **Erfolgsunabhängige Komponenten:**
  - Gehälter,
  - feste jährliche Einmalzahlungen (z.B. erfolgsunabhängige Tantiemen, Urlaubsgelder),
  - von der Ges. für auf den Namen des Vorstandsmitglieds lautende Lebens-, Pensions- oder Unfallversicherungen gezahlte Versicherungsprämien,
  - Aufwandsentschädigungen.
- **Erfolgsabhängige Komponenten:**
  - Gewinnbeteiligungen,
  - variable Tantiemen und Boni,
  - sonstige Prämien für besondere Leistungen.

---

[20] Vgl. ADS, 6. Aufl., § 314 HGB, Rz 50; LG Köln v. 18.12.1996, 91 O 147/96, DB 1997, S. 320; *Klatte*, BB 1995, S. 35; *Kling*, BB 1995, S. 349, 350.
[21] Vgl. OLG Düsseldorf v. 26.6.1997, 19 W 2/97 AktE, DB 1997, S. 1609.

- **Langfristige Anreizwirkung:**
  - unentgeltliche Gewährung von Aktien mit mehrjähriger Veräußerungssperre,
  - Ausgabe von Wandelschuldverschreibungen,
  - Aktienoptionen,
  - sonstige aktienbasierte Vergütungen.

Sachbezüge und Nebenleistungen sind nach DRS 17.45 entsprechend einer der drei Kategorien zuzuordnen.

Die Angabe hat individualisiert mit Nennung des Namens des Vorstandsmitglieds zu erfolgen. Die Angabe bzgl. der gesamten Höhe muss mit den Angaben gem. § 315 Abs. 1 Nr. 6a Satz 1 HGB übereinstimmen.

Börsennotierte Unt haben **zusätzliche Angaben** in den Konzernanhang nach § 314 Abs. 1 Nr. 6a Satz 6 HGB aufzunehmen. Nach dieser Vorschrift in der Fassung des **VorstAG** handelt es sich dabei um folgende Angaben:[22]

- Leistungen, die dem Vorstandsmitglied für den Fall einer vorzeitigen Beendigung seiner Tätigkeit zugesagt worden sind;
- Leistungen, die dem Vorstandsmitglied für den Fall der regulären Beendigung seiner Tätigkeit zugesagt worden sind, mit ihrem Barwert sowie den von der Ges. während des Gj hierfür aufgewandten oder zurückgestellten Betrag;
- während des Gj vereinbarte Änderungen dieser Zusagen;
- Leistungen, die einem früheren Vorstandsmitglied, das seine Tätigkeit im Laufe des Gj beendet hat, in diesem Zusammenhang zugesagt und im Laufe des Gj gewährt worden sind.

Hierzu gehören **Leistungen für den Fall der Beendigung der Tätigkeit**, die von künftigen Ereignissen abhängen und somit i.d.R. mit einer aufschiebenden Bedingung versehen und damit noch nicht gewährt sind. Typische Beispiele sind Pensionen, Versorgungsleistungen und Abfindungen, die bis zur Beendigung des Organverhältnisses zugesagt wurden. Die Angabepflicht umfasst sämtliche zum Abschlussstichtag bestehenden Leistungen, unabhängig davon, ob sie zugesagt wurden.

Des Weiteren sind Bezüge gem. § 314 Abs. 1 Nr. 6a Satz 7 HGB individualisiert anzugeben, die einem einzelnen Vorstandsmitglied von einem Dritten im Hinblick auf seine Tätigkeit als Vorstandsmitglied zugesagt oder gewährt worden sind. Ein Zusammenhang zwischen der Leistung und der Vorstandstätigkeit muss dabei gegeben sein. Als Dritter kommt jede Person infrage, die nicht dem aufstellenden Unt zuzuordnen ist. Die Angabe ist entweder gesondert oder als „Davon"-Vermerk vorzunehmen.

Aktienoptionspläne und ähnliche Entgeltformen sind auch als Bezüge aktiver Organmitglieder anzugeben. In Anlehnung an IFRS 2 sind die Bezugsrechte und sonstigen aktienbasierten Vergütungen mit ihrer Anzahl und dem beizulegenden Zeitwert zum Zeitpunkt ihrer Gewährung anzugeben. Wertänderungen sind nur bei geänderten Ausübungsbedingungen zu berücksichtigen. Damit ist klargestellt, das eine Marktpreisbewertung zum Zeitpunkt der Gewährung aus Sicht-

---

[22] Zu den Details dieser Neuregelungen wird auf die Kommentierung zu § 285 Nr. 9 HGB (§ 285 Rz 47ff.) verwiesen. Die aufgrund des VorstAG geänderten Vorschriften in § 285 Nr. 9 und § 314 Abs. 1 Nr. 6 HGB sind im Wortlaut deckungsgleich.

weise des Unt zu erfolgen hat, unabhängig davon, ob sie auf Marktpreisen vergleichbarer Optionen oder auf Optionspreismodellen basieren.[23] Spätere Wertänderungen dürfen nicht berücksichtigt werden, da sie von dem Unt nicht beeinflusst werden können, obwohl hier i.d.R. eine abweichende Belastung vorliegen wird. Daher wird empfohlen, eine ausführliche Beschreibung in Anlehnung an die Pflichtangaben des IFRS 2 in den Konzernanhang aufzunehmen. Weitere Angaben zu Ausübungsbedingungen, Ausgestaltung und Risiken sind wünschenswert. Explizit gefordert sind allerdings nur die Angaben der Anzahl und zum beizulegenden Zeitwert.

2.6.2 Angaben für ehemalige Organmitglieder und ihre Hinterbliebenen (Abs. 1 Nr. 6 Buchst. b)

45 Angabepflichtig sind die **Gesamtbezüge der ehemaligen Organmitglieder** des MU und deren Hinterbliebenen. Hierzu gehören Abfindungen, Ruhegehälter, Hinterbliebenenbezüge und Leistungen verwandter Art. Die Gesamtbezüge umfassen alle Bezüge, die von allen Unt des Konzerns, also auch den TU, gewährt wurden. Hier liegt eine systematische Abweichung zu den Angaben nach § 285 Nr. 9 Buchst. b HGB vor, der für Zwecke des Einzelabschlusses einzig auf die gewährten Bezüge des MU abstellt (§ 285 Rz 48 ff.). Leistungen von Pensions- oder Unterstützungskassen sind nur bei einem unmittelbaren Anspruch des MU oder TU auf die Auszahlungen einzubeziehen oder wenn diese Pensions- und Unterstützungskassen als TU zu klassifizieren sind.

46 Bei **Pensionsverpflichtungen** sind – anders als im Einzelabschluss – alle Unt des Konzerns einzubeziehen. Auf eine einheitliche Bewertung der Pensionszusagen ist zu achten, da zum einen über die Kons. auch die Zusagen von TU einbezogen werden und zum anderen die Zusagen nicht konsolidierter Unt und Beteiligungen zu berücksichtigen sind.[24] Für die Pensionsverpflichtungen ist eine Unterteilung nach passivierten und nicht gebildeten Pensionsrückstellungen sowie nach den jeweiligen Personengruppen vorzunehmen.

2.6.3 Angaben über Vorschüsse und Kredite (Abs. 1 Nr. 6 Buchst. c)

47 Neben den Gesamtbezügen tätiger Organmitglieder sind Angaben zu **gewährten Vorschüsse, Krediten** sowie **eingegangenen Haftungsverhältnissen** im Konzernanhang zu berichten. Rechtsgeschäfte ehemaliger Organmitglieder und ihrer Hinterbliebenen fallen nicht unter diese Angabepflicht. Allerdings sind Rechtsgeschäfte zwischen den aktiven Organmitgliedern und TU angabepflichtig.[25]

48 Die Angabepflicht erstreckt sich nicht nur auf gewährte Vorschüsse und Kredite, es sind auch zurückgezahlte oder erlassene Beträge anzugeben. Es ist empfehlenswert beide Beträge getrennt voneinander darzustellen.

49 Es sind alle gewährten Vorteile unsaldiert anzugeben. Darunter fallen nicht nur Beträge, sondern auch Zinskonditionen und wesentliche Bedingungen der zugrunde liegenden Rechtsgeschäfte. Unsaldiert bedeutet, dass eine Saldierung von Verpflichtungen des Konzerns (bzw. sämtlicher Unt des Konzerns) mit den

---

[23] So auch *ADS*, 6. Aufl., § 285 HGB, Rz 13 ff.; a. A. *Grottel*, in Beck Bil-Komm., 10. Aufl., 2016, § 285 HGB, Rz 253.
[24] Vgl. *Grottel*, in Beck Bil-Komm., 10. Aufl., 2016, § 314 HGB, Rz 107.
[25] Vgl. *Dörner/Wirth*, in *Küting/Weber*, HdK, §§ 313, 314 HGB, Rz 390.

gewährten Vorschüssen und Krediten nicht vorgenommen werden darf. Es ist dabei unerheblich, auf welcher Ebene im Konzern Vorschüsse und Schulden gegenüber Organmitgliedern bestehen.
Übernommene Haftungsverhältnisse sind nun anzugeben. Die Angabepflicht ist konzernweit auszulegen, d. h. es sind alle Unt des KonsKreises (MU und alle TU) für diese Angabepflicht zu berücksichtigen.

50

2.7 Angaben zu Anteilen am Mutterunternehmen (Abs. 1 Nr. 7–7b)

Über Anteile am MU, die von dem MU, einem TU oder einem Dritten treuhänderisch gehalten werden, sind Angaben in den Konzernanhang aufzunehmen. Damit fallen Anteile am MU, die von Gemeinschafts- oder assoziierten Unt gehalten werden, aus der Angabepflicht heraus. Zu den Pflichtangaben gehören Anzahl, Nennbetrag (bzw. der rechnerische Wert bei nennwertlosen Aktien) und der prozentuale Anteil am gezeichneten Kapital. Diese Vorschrift steht in Analogie zu § 160 Abs. 1 Nr. 2 AktG, der identische Angaben fordert. Somit besteht für AG eine entsprechende Angabepflicht auch im Einzelabschluss. Auszuweisen sind die Anteile in der Bilanz als offen abgesetzte Rücklage gem. § 301 Abs. 4 HGB unter § 266 Abs. 3 A. III. 2. HGB.

51

Von einem Dritten treuhänderisch gehaltene Anteile an dem MU umfassen Anteile, die sowohl erworben als auch als Pfand genommen wurden. Nach hM ist diese Einschränkung entgegen der Formulierung in § 314 Abs. 1 Nr. 7 HGB, die zu einem Ausschluss der nichtkonsolidierten TU führt, als Ungenauigkeit zu werten, da diese auch nicht aus der 7. EG-RL abzuleiten ist.[26] Folglich sind auch treuhändisch gehaltene Anteile nicht konsolidierter TU zu berücksichtigen.[27] Eine Differenzierung bzgl. des Besitzers der Anteile oder dem Ort der Hinterlegung ist nicht notwendig.

52

Die Anteile des MU fallen nicht unter die Angabepflichten zum sonstigen Anteilsbesitz nach § 313 Abs. 2 Nr. 4 HGB (§ 313 Rz 92ff.); eine Inanspruchnahme der Schutzklausel des § 313 Abs. 3 HGB (§ 313 Rz 105f.) ist ausgeschlossen.

53

Neu aufgenommen in Nr. 7a ist die Nennung der Aktien und deren Beträge je Gattung des MU. Dabei ist zu unterscheiden nach Nennbetragsaktien, für die der Nennbetrag anzugeben ist, und nach Stückaktien, für die der rechnerische Wert anzugeben ist. Diese Vorschrift ist nur für AG und KGaA relevant und ist deckungsgleich mit den nach § 160 AktG geforderten Angaben.

54

Ebenfalls neu aufgenommen in Nr. 7b ist die Angabe zu Genussscheinen, Wandelschuldverschreibungen, Optionsscheinen, Optionen und vergleichbare Wertpapiere und Rechte. Für jede Kategorie sind die Anzahl und die Rechte aufzuführen. Die ursprünglich nur für AG und KGaA berichtspflichtigen Angaben sind durch die Übernahme aus dem AktG in das HGB auch für andere Rechtsformen berichtspflichtig. Dies betrifft mittelgroße und große KapG sowie PersG. Die Aufzählung der Instrumente ist dabei nicht abschließend. Unter Nr. 7b fallen sämtliche Instrumente, die ein Recht begründen.

55

---

[26] Vgl. stellvertretend *Fülbier/Pellens*, in MünchKomm. HGB, 3. Aufl., § 314, Rn 51.
[27] Vgl. ADS, 6. Aufl., § 314 HGB, Rz 53.

Die Ausgabe von derartigen Instrumenten ist konzernweit zu betrachten. Es sind sämtliche Instrumente, die Unt des Konzerns ausgeben, berichtspflichtig, sofern hierdurch eine Verpflichtung des MU entsteht. Dabei ist es egal, wie die Verpflichtung des MU entstanden ist. Konzerninterne Patronatserklärungen, Bürgschaften und ähnliche rechtlich bindende Zusagen, die eine externe Wirkung entfalten, können z. B. eine derartige Verpflichtung begründen.

2.8 Angabe zur Erklärung gem. § 161 AktG (Abs. 1 Nr. 8)

56 Vorstand und Aufsichtsrat einer börsennotierten Ges. haben gem. § 161 AktG jährlich darüber zu berichten, ob den Verhaltensempfehlungen des **DCGK** entsprochen wurde und wird oder welche Empfehlungen nicht angewandt werden oder wurden. Sofern Empfehlungen des DCGK nicht angewendet bzw. von ihnen abgewichen werden oder wurden, ist eine Begründung abzugeben, warum von diesen Empfehlungen abgewichen wird oder wurde. Diese Erklärung ist auch für alle voll und anteilig einbezogenen börsennotierten Unt abzugeben. Die Erklärung zum DCGK selbst ist damit aber nicht Gegenstand des Konzernanhangs. Im Konzernanhang ist anzugeben, dass die Erklärung nach § 161 AktG abgegeben und **wo** sie dauerhaft öffentlich zugänglich gemacht worden ist.

> **Beispiel**
> Die Angabe zur Erklärung gem. § 161 AktG könnte wie folgt formuliert werden:
> „Der Vorstand und der Aufsichtsrat der xyz AG haben die gem. § 161 AktG geforderte Entsprechendserklärung zum Deutschen Corporate Governance Kodex abgegeben und den Aktionären im Internet unter folgender Adresse dauerhaft zugänglich gemacht: www.Internetadresse.de."

2.9 Angaben zum Honorar des Abschlussprüfers (Abs. 1 Nr. 9)

57 Alle Unt haben im Konzernabschluss Angaben zum Honorar des AP zu machen. Eine Beschränkung auf Unt, die einen organisierten Markt i. S. d. § 2 Abs. 5 WpHG in Anspruch nehmen, wurde mit dem BilMoG aufgehoben. Die Angabepflicht gilt gem. § 315e HGB auch dann, wenn der Konzernabschluss verpflichtend oder freiwillig nach den IFRS aufgestellt wird. Der Gesetzgeber bezweckt mit den Honorarangaben eine erhöhte **Transparenz** der Beziehungen zwischen AP und Prüfungsmandant, um so eine verbesserte Einschätzung der Unabhängigkeit des AP vornehmen zu können. Diese Pflichtangabe ist im Kontext des § 319 HGB zur Vereinbarkeit bzw. Nichtvereinbarkeit von bestimmten Beratungsdienstleistungen mit der Tätigkeit und der Unabhängigkeit des AP zu sehen. Die Angabe ist auch aus Sicht des DCGK von Bedeutung, da der Prüfer Auskunft über seine Unabhängigkeit und seine finanziellen Verflechtungen im Rahmen des Auswahlverfahrens des AP durch den Aufsichtsrat bzw. Prüfungsausschuss zu geben hat. Ferner steht die Angabe nun vollständig im Einklang mit der vierten RL.[28]

---

[28] Vgl. Vierte Richtlinie 78/660/EWG Art. 15.

Erleichterungsvorschriften greifen **nicht**. Es ist unabhängig von der Größenklasse eines Konzerns zu berichten. 58

Als **AP** wird die Person oder Ges. verstanden, die zur Abschlussprüfung bestellt wurde. Werden mehrere Personen oder Ges. zur Abschlussprüfung bestellt, umfasst die Anhangangabe sämtliche Honorare aller bestellten Personen oder Ges. 59

Offenzulegen sind alle Honorare des AP des Konzerns i. S. d. § 319 Abs. 1 HGB. Diese Angabepflicht umfasst damit Leistungen, die für das MU und alle TU erbracht wurden. GemeinschaftsUnt sind quotal einzubeziehen. Somit beinhaltet die Honorarangabe erbrachte Leistungen für den Konzernabschluss als auch die Jahresabschlüsse der geprüften Unt. Ist als AP eine Prüfungsges. bestellt, sind die Honorare aller erbrachten Leistungen anzugeben. Nicht anzugeben sind Prüfungs- und Beratungsleistungen, die von Netzwerken von Prüfungsges. erbracht werden. Hierdurch wird die Aussagekraft der Honorarangaben allerdings erheblich verwässert.[29] Die Angabe des Honorars im Rahmen des Konzernabschlusses weist dabei regelmäßig von den Angaben zu den Honoraren im Anhang zum Jahresabschluss ab. 60

Honorare sind **betragsmäßig** anzugeben. Gefordert ist eine absolute, wertmäßige Honorarangabe für alle im Gj erbrachten Leistungen. Die Angabe der als Aufwand erfassten Honorare ist dabei nicht hinreichend. Zu berücksichtigen sind ebenfalls erbrachte, aber noch nicht abgerechnete Leistungen des AP. Davon abzugrenzen sind im Nachgang abgerechnete Leistungen des Vj. Insofern ist auf den Zeitpunkt der Leistungserbringung abzustellen, soweit nicht durch die Periodenabgrenzung Rückstellungen zu bilden sind, z. B. für Abschlussprüfungsleistungen.[30] 61

Anzugeben ist das **Gesamthonorar**, im Fall von mehreren AP aufgeteilt pro AP. Eine weitere Untergliederung bzw. die Angabe von Details ist nicht erforderlich. Zum Gesamthonorar gehört neben den in Rechnung gestellten Leistungen auch der Auslagenersatz, nicht jedoch die USt, sofern diese als Vorsteuer vom Finanzamt erstattet wird. Sind mehrere Personen oder Ges. zum AP bestellt, ist die betragsmäßige Angabe getrennt pro bestelltem AP vorzunehmen. 62

Die Angabe von **Vorjahresbeträgen** ist differenziert zu betrachten. Eine Verpflichtung zur Abgabe der Vorjahresbeträge nach dem HGB ist im Konzernabschluss nicht gegeben. Freiwillige Angaben dürfen gemacht werden. Im Rahmen eines befreienden IFRS-Konzernabschlusses sind aufgrund der Vorschriften der IFRS Vorjahresangaben erforderlich. 63

Seitens des Gesetzgebers ist eine **differenzierte** Angabe gefordert, wobei eine Differenzierung nach den Kategorien Abschlussprüfungsleistungen, andere Bestätigungsleistungen, Steuerberatungsleistungen und sonstige Leistungen zu erfolgen hat. Hinsichtlich der Zuordnung von erbrachten Leistungen des AP zu den Kategorien sind **Wertungsspielräume** vorhanden. Aufgrund des Stetigkeitsgebots sind einmal getroffene Zuordnungswahlrechte in den Folgeperioden beizubehalten. 64

---

[29] Vgl. *Lenz*, 2004, S. 711.
[30] Vgl. *Pfitzer/Oser/Orth*, DB 2004, S. 2593, 2595.

> **Beispiel**
> Die Angabe zum Honorar des AP kann nach dem folgenden Schema erfolgen:
>
> | | Geschäftsjahr | Vorjahr |
> |---|---|---|
> | Abschlussprüfungsleistungen | | |
> | Andere Bestätigungsleistungen | | |
> | Steuerberatungsleistungen | | |
> | Sonstige Leistungen | | |
> | Gesamt | | |

> **Beispiel**
> Die Angabe zum Honorar bei mehreren AP kann nach dem folgenden Schema erfolgen, hier dargestellt ohne Vorjahreshonorare:
>
> | | AP A | AP B | Gesamt |
> |---|---|---|---|
> | Abschlussprüfungsleistungen | | | |
> | Andere Bestätigungsleistungen | | | |
> | Steuerberatungsleistungen | | | |
> | Sonstige Leistungen | | | |
> | Gesamt | | | |

65 Zu den Honoraren der **Abschlussprüfung** zählen die im Gj erfassten Aufwendungen für
- pflichtgemäße Abschlussprüfungen von zu erstellenden Konzernabschlüssen und Jahresabschlüssen einschl. der Bestätigungsvermerk über das Ergebnis der Prüfungen;
- freiwillige Abschlussprüfung;
- prüferische Durchsichten von Zwischenabschlüssen, sei es freiwillig oder verpflichtend nach § 37w WpHG oder anderen gesetzlichen oder sonstigen Vorgaben wie bspw. Börsenvorschriften;
- sonstige gesetzliche Prüfungsaufträge. Hierzu gehören regelmäßig Prüfungsleistungen im Zusammenhang mit den internen Kontrollsystemen, IT- und Risikomanagementsystemen sowie Ordnungsmäßigkeitsprüfungen der Geschäftsführung i.S.d. § 53 HGrG, Prüfungen im Zusammenhang mit der Erfüllung von Einreichungspflichten bei Behörden sowie hinsichtlich der Einhaltung weiterer gesetzlicher Bestimmungen;
- Tätigkeiten im Rahmen eines Enforcement-Verfahrens der DPR oder der BaFin.[31]

66 Unter die Honorare für **andere Bestätigungsleistungen** fallen Aufwendungen für prüfungsnahe Leistungen, die nicht mit dem geprüften Abschluss und der Rechnungslegung zusammenhängen.
Hierzu gehören u.a.

---

[31] Vgl. *Kling*, WPg 2011, S. 214.

- freiwillige Prüfungsleistungen;
- Gründungsprüfungen;
- sonstige aktienrechtliche Prüfungen.

Zu den Honoraren für **Steuerberatungsleistungen** gehören Aufwendungen für die Erstellung von Steuererklärungen sowie die Beratung und Vertretung der KonzernUnt in steuerlichen Angelegenheiten. 67

Unter Honorare für **sonstige Leistungen** werden alle Leistungen subsumiert, die nicht unter die 3 vorgenannten Kategorien fallen. Diese Position dient als Auffangposition, um sämtliche Leistungen des AP zu erfassen. Hierzu gehören regelmäßig Sonderprüfungen und weiterführende Beratungsleistungen.[32] 68

2.10 Angaben zu oberhalb des beizulegenden Zeitwerts ausgewiesenen Finanzinstrumenten (Abs. 1 Nr. 10)

§ 314 Abs. 1 Nr. 10 HGB verlangt Angaben zu Finanzinstrumenten, die über ihrem beizulegenden Zeitwert ausgewiesen werden. Ein erhöhter Ausweis resultiert durch das Wahlrecht des gemilderten Niederstwertprinzips gem. § 298 Abs. 1 HGB i.V.m. § 253 Abs. 3 HGB, wobei ein über dem beizulegenden Zeitwert ausgewiesener Buchwert aus dem Verzicht einer außerplanmäßigen Abschreibung resultiert.[33] Daher beschränkt sich die Angabe auf Finanzinstrumente, die dem AV zuzurechnen sind und unter § 266 Abs. 2 A. III. HGB ausgewiesen werden. Eine abweichende Bewertung kann sich neben der Unterlassung von außerplanmäßigen Abschreibungen auch durch abweichende Wertansätze gegenüber dem Einzelabschluss ergeben, z.B. durch eine Neubewertung im Rahmen der ErstKons. 69

Angabepflichtig sind nach Buchst. a der Vorschrift der beizulegende Zeitwert sowie der Buchwert, woraus sich der Betrag der unterlassenen Abschreibung ermitteln lässt. Die Angabe sollte stets pro VG erfolgen. Eine Gruppierung ist allerdings zulässig. 70

Neben den Angaben zu Buch- und Zeitwert sind die Gründe für das Unterlassen der Abschreibung zu nennen. Explizit sollen die Anhaltspunkte für eine nicht dauerhafte Wertminderung genannt werden. Ziel der Angabe ist letztendlich die Begründung, warum eine nicht dauerhafte Wertminderung vorliegt, da nur dann keine außerplanmäßige Abschreibung vorzunehmen ist. 71

Auf die Angabe kann verzichtet werden, sofern es sich bei den Finanzinstrumenten um Anteile an Investmentvermögen handelt, über die nach Abs. 1 Nr. 18 zu berichten ist (vgl. Rz 103 ff.). 72

2.11 Angaben zu derivativen Finanzinstrumenten (Abs. 1 Nr. 11)

Die Art und der Umfang von Angaben zu derivativen Finanzinstrumenten (identisch mit § 285 Abs. 1 Nr. 19 HGB) verpflichten zu einer umfassenden Bericht- 73

---

[32] Zu weiteren Details bzgl. der Honorarangaben wird auf die Kommentierung zu § 285 Nr. 17 HGB (§ 285 Rz 115 ff.) verwiesen, die auch auf den am 11.3.2010 vom HFA des IDW verabschiedeten IDW RS HFA 36 zu den Anhangangaben nach § 285 Nr. 17 HGB und § 314 Abs. 1 Nr. 9 HGB Bezug nimmt.

[33] Vgl. IDW-Stellungnahme, WPg 2004, S. 143, 145.

erstattung hinsichtlich schwebender Geschäfte und den damit verbundenen Risiken. Der Berichtsumfang bezieht sich auf das MU sowie alle einbezogenen TU und soll somit eine Gesamtbeurteilung ermöglichen. Dabei ist es unerheblich, ob die derivativen Finanzinstrumente bilanzwirksam erfasst wurden oder ob dies noch nicht erfolgte.[34] Der **Begriff** „derivatives Finanzinstrument" ist seitens des Gesetzgebers nicht definiert.[35] Daher wird ersatzweise auf die Definitionen nach KWG, WpHG und IFRS zurückgegriffen. Wie im Regierungsentwurf wird auch hier der Begriff der Finanzinstrumente als Oberbegriff verwendet,[36] womit eine möglichst umfassende Definition erreicht werden soll.[37] Zu den derivativen Finanzinstrumenten gehören somit typischerweise Zinsswaps, -Futures, -optionsgeschäfte und Devisentermingeschäfte, -optionsgeschäfte sowie Währungsswaps, aktien-/indexbezogene Instrumente und Warentermingeschäfte.

74 Finanzinstrumente sind zu kategorisieren. Für jede **Kategorie** sind die folgenden Angaben offenzulegen:
- Art und Umfang,
- Buchwert und korrespondierender Bilanzposten,
- beizulegender Zeitwert nebst der angewandten Bewertungsmethoden. Kann ein beizulegender Zeitwert nicht bestimmt werden, sind stattdessen die Gründe hierfür anzugeben.

Als Kategorien für derivative Finanzinstrumente eignen sich in Anlehnung an § 1 Abs. 11 Nr. 2 Satz 4 KWG die zugrunde liegenden Risiken. Beispiele hierfür sind zinsbezogene, währungsbezogene oder aktien-/indexbezogene Risiken. Bestehen Zuordnungsschwierigkeiten, sind derivative Finanzinstrumente entweder als eigenständige Kategorie oder gesondert innerhalb der sonstigen Geschäfte zu erfassen.[38]

75 **Art und Umfang** können über die Natur der Finanzinstrumente, deren Einsatzbereiche und deren Volumen bestimmt werden. So sind als **Arten** z. B. Optionen, Futures, Forwards und Swaps zu nennen.[39] Der **Umfang** kann über Nominalwerte und Volumen verdeutlicht werden. Der **beizulegende Zeitwert** ist für jede Art von derivativen Finanzinstrumenten zu nennen, sofern er verlässlich ermittelbar ist. Demnach sind als zuverlässigster Maßstab Marktwerte zu verwenden. Mangelt es an deren Verfügbarkeit, ist ein mehrstufiges Ermittlungsschema nach § 255 Abs. 4 HGB anzuwenden, das an den international üblichen Verfahren angelehnt ist. Erst wenn keines der Verfahren greift, ist auf fortgeführte AK abzustellen. In diesem Kontext sind die Angaben zu den angewandten Bewertungsmethoden anzusiedeln. Zu den Angaben bzgl. der Bewertungsmodelle gehören nicht nur die Modelle an sich, sondern auch die zugrunde liegenden Annahmen. Ebenso sind hier die Gründe zu nennen, falls keine Bewertungsmethode für eine Bestimmung des beizulegenden Zeitwerts geeignet ist. Bei der Angabe des **Buchwerts** und des **Bilanzpostens**, in dem der Buchwert erfasst wurde, ist stets auf den Wertansatz des Konzernabschlusses abzustellen, da durch Neubewertungen der Bilanzansatz vom Bilanzansatz des Einzelabschlusses abweichen kann. Da es sich bei derivati-

---

[34] Vgl. BT-Drs. 15/3419 v. 24.6.2004 S. 30.
[35] Vgl. BT-Drs. 15/4054 v. 27.10.2004 S. 73.
[36] Vgl. BT-Drs. 15/3419 v. 24.6.2004 S. 30.
[37] Vgl. *Pfitzer/Oser/Orth*, DB 2004, S. 2593, 2595.
[38] Vgl. IDW RH HFA 1/2005, WPg 2005, S. 531, 532.
[39] Vgl. *Heuser/Theile*, GmbHR 2005, S. 201, 202.

ven Finanzinstrumenten häufig um schwebende Geschäfte handelt, ist bzgl. des Wertansatzes zu unterscheiden. Liegt ein negativer Wertansatz vor, ist aufgrund des Imparitätsprinzips eine Drohverlustrückstellung nach § 249 Abs. 1 Satz 1 HGB zu bilden. Dann sind entsprechende Anhangangaben im Rahmen dieses Bilanzpostens vorzunehmen. Bei einem beizulegenden Zeitwert über den AK erfolgt eine Begrenzung auf die AK. Damit sind schwebende Gewinne der externen Seite im Konzernanhang enthalten, sodass ein um stille Reserven bzw. Lasten bereinigter Bilanzansatz derivativer Finanzinstrumente für die Beurteilung der Erfolgs- und Finanzlage des Konzerns möglich ist.

Wegen der **gesonderten Angabepflichten** zu Bewertungseinheiten (Rz 96 ff.) beschränkt sich die Angabepflicht nach Nr. 11 auf reine Finanzinstrumente. Ferner brauchen hier **keine Angaben** zu Finanzinstrumenten des Handelsbestands von Kreditinstituten gemacht werden (Rz 77 ff.). 76

2.12 Angaben zum Handelsbestand (Abs. 1 Nr. 12)

Die Pflichtangabe nach Abs. 1 Nr. 12 für Finanzinstrumente, die mit dem beizulegenden Zeitwert zu bewerten sind, beschränkt sich aufgrund des Verweises auf § 340e Abs. 3 Satz 1 HGB ausschließlich auf Kreditinstitute. Ziel der Bewertung mit dem beizulegenden Zeitwert ist es, die Bewertung des meist sehr kurzfristig angelegten Handelsbestands der Banken ohne Anwendung des Imparitätsprinzips einfacher zu gestalten. Die sich daraus ergebenden Buchgewinne sind nach § 6 Abs. 1 Nr. 2b EStG für die Kreditinstitute auf Ebene der Steuerbilanz allerdings auch steuerpflichtig. Auf Konzernebene sind nur latente Steuern relevant. 77

Im Konzernabschluss ist die Angabe zum Handelsbestand dann relevant, wenn das MU ein Kreditinstitut ist. TU sind nur dann in die Angabepflicht einzubeziehen, wenn sie ebenfalls Kreditinstitute sind und über einen Handelsbestand an Finanzinstrumenten verfügen. Eine Angabe ist zu unterlassen, wenn das MU im Gegensatz zum TU kein Kreditinstitut ist. In diesem Fall ist eine Zuordnung des Handelsbestands zu den Wertpapieren des UV vorzunehmen. Die AK-Obergrenze ist zu beachten. 78

Aufgrund der Bewertung mit dem beizulegenden Zeitwert sind die grundlegenden Annahmen, die der Bestimmung des beizulegenden Zeitwerts mithilfe allgemein anerkannter Bewertungsmethoden zugrunde gelegt wurden, anzugeben. Analog den Vorgaben in Abs. 1 Nr. 11 sind Finanzinstrumente zu kategorisieren sowie Art und Umfang anzugeben (Rz 69 ff.). Zusätzlich sind für jede Kategorie die wesentlichen Bedingungen anzugeben, die die Höhe, den Zeitpunkt und die Sicherheit künftiger Zahlungsströme beeinflussen können. Die Angaben sollen über den Umfang der den Finanzinstrumenten anhaftenden Risiken informieren. 79

2.13 Angaben zu nahestehenden Personen (Abs. 1 Nr. 13)

Angaben sind zumindest über wesentliche marktunübliche Geschäfte des MU und der TU mit nahestehenden Unt und Personen, einschl. der Angaben über deren Wert, über die Art der Beziehung zu den nahestehenden Unt und Personen, in den Konzernanhang aufzunehmen. Dabei ist es freigestellt, ob nur über die wesentlichen marktunüblichen Geschäfte oder über alle Geschäfte mit nahestehenden Unt und Personen berichtet wird. Mit dieser Regelung werden die handelsrechtlichen Berichtspflichten an die internationale Rechnungslegung 80

(IAS 24) angepasst und mehr Transparenz entsprechend der Corporate Governance geschaffen.[40] Diese Pflichtangabe steht im Zusammenhang mit § 312 AktG, §§ 20f. AktG, §§ 21f. WpHG und Ziff. 7.1.5 des DCGK, die ähnliche Angaben verlangen.

81 **Nahestehende Personen** können natürliche oder juristische Personen sein. Zu den juristischen Personen zählen u. a. Unt, die das berichtende Unt oder eines seiner TU beherrschen können oder die auf das berichtende Unt oder auf seine TU unmittelbar oder mittelbar einwirken können. Gleiches gilt für natürliche Personen und für Zusammenschlüsse natürlicher Personen oder Unt, die einen gemeinsamen Einfluss gewährleisten.

82 Organmitglieder (Vorstand, Aufsichtsrat) sowie Manager in Schlüsselpositionen im Konzern sind demnach stets als nahestehende Personen zu qualifizieren, da sie aufgrund ihrer Funktion eine Beherrschung begründen können. Gleiches gilt für Aktionäre, sofern diese einen entsprechenden Einfluss auf das MU ausüben können.[41]

83 Die Angaben zu nahestehende Personen erstrecken sich auf das MU und alle TU des KonsKreis. Unt, deren Geschäfte konsolidiert werden, gelten nicht als nahestehende Personen. Diese Unt sind von der Berichtspflicht ausgenommen. Ausgenommen sind auch Geschäfte mit nahestehenden Personen von assoziierten Unt und GemeinschaftsUnt. Ebenfalls von den Berichtspflichten ausgenommen sind Geschäfte, die durch Konsolidierungsmaßnahmen eliminiert wurden. Daher sind einbezogene TU und GemeinschaftsUnt, soweit die Konsolidierung nach § 303, 304 und 305 HGB erfolgte, nicht in die Darstellung einzubeziehen. Assoziierte Unt gelten zwar als nahestehende Unt, so dass Geschäfte zwischen dem MU oder einbezogenen TU anzugeben sind, nicht aber Geschäfte des assoziierten Unt mit konzernfremden Dritten.[42]

84 Nicht unter die Regelung fallen natürliche Personen, die mittels **Anstellungsvertrag** an das Unt gebunden sind. Explizit ist dies in DRS 11.14 geregelt. Eine Überschneidung mit den Vorschriften des § 314 Abs. 1 Nr. 6 Buchst. a und b HGB sowie den Regelungen des DRS 17 ist somit ausgeschlossen.

85 Die **Art der Beziehung** ist offenzulegen. Dabei ist es unerheblich, ob Geschäfte mit nahestehenden Personen stattgefunden haben. Haben nahestehende Personen lediglich die Möglichkeit einer wesentlichen Einwirkung, ist über diese Personen nur dann zu berichten, wenn tatsächlich Geschäfte getätigt wurden. Sofern mehrere nahestehende Personen unterschiedliche Arten von Beziehungen mit den KonzernUnt haben, ist eine Gruppierung nach Art der Geschäfte geboten.

> **Beispiel**
> Arten nahestehender Personen:
> - Unt und natürliche Personen die das berichtende Unt direkt oder indirekt beherrschen,
> - Unt, die vom berichtenden Unt direkt oder indirekt beherrscht werden und keine TU sind,
> - Unt, die einen maßgeblichen Einfluss auf das berichtende Unt haben,

---

[40] Vgl. *Pfitzer/Oser/Orth*, DCGK, S. 21.
[41] Vgl. *DCGK*, Ziff. 7.1.4.
[42] Vgl. *Poelzig* in MünchKomm HGB, 3. Aufl., § 314 HGB, Rz. 88.

- Personen in Schlüsselpositionen,
- Nahe Familienangehörige beherrschender Personen oder Schlüsselpersonen,
- Unt, die beherrschenden Unt, beherrschenden natürlichen Personen, Schlüsselpersonen oder nahen Familienangehörigen gehören.

Liegt eine Vielzahl von Geschäften vor, ist eine Gruppierung nach **Art der Geschäfte** empfehlenswert. Geschäfte müssen in diesem Fall hinreichend gleichartig ein. Ist dies nicht gewährleistet, ist über die Geschäfte getrennt zu berichten. Unter Berücksichtigung der Art der Beziehung ist die Berichterstattung in Form einer Matrixstruktur zu bevorzugen. 86

Der **Wert der Geschäfte** ist betragsmäßig anzugeben, auch wenn ein Geschäft unentgeltlich ist. Angabepflichtig sind die wesentlichen Geschäfte, die zu marktunüblichen Konditionen getätigt wurden. Für alle weiteren Geschäfte liegt die Nennung durch das Wahlrecht der Angabe im Ermessen des Konzerns. Unter Geschäften werden alle Tätigkeiten und Maßnahmen verstanden, die direkt oder indirekt vorteilhaft oder nachteilig für den Konzern sind. Wesentlich sind Geschäfte, wenn sie sich auf die Finanzlage des Konzerns, mithin auf die gegenwärtige und künftige Liquidität, also der Mittelzu- und -abflüsse des MU und aller TU, auswirken. Marktunüblich sind Geschäfte, wenn sie einem Drittvergleich nicht standhalten. Ist eine quantitative Wertangabe nicht möglich, sind zumindest qualitative Angaben in Form ausführlicher Erläuterungen zu machen. 87

Bei Geschäften in Form von **Dauerschuldverhältnissen** ist als Wert die Verpflichtung während der Restlaufzeit anzusetzen. 88

Rechtlich nicht geregelt ist die Art der Angabe des Werts der Geschäfte. Demnach dürfen Geschäfte einzeln, in Gruppen oder in der Gesamtheit aufgeführt werden. Gleiches gilt für mehrere unwesentliche Geschäfte, die in ihrer Gesamtheit allerdings als wesentlich einzustufen sind. Zweckmäßig ist daher eine **Zusammenfassung** gleichartiger oder wirtschaftlich identischer Geschäfte. Gegenläufige Geschäfte dürfen nicht zusammengefasst werden, da sie sonst ein unzutreffendes Bild liefern würden. 89

Liegen **weitere Sachverhalte** von, die sich auf die Finanzlage des Konzerns auswirken, ist auch hierüber Bericht zu erstatten. 90

Im direkten Zusammenhang mit § 314 Abs. 1 Nr. 13 HGB steht DRS 11, der nunmehr eine verpflichtende Wirkung für alle Konzernabschlüsse entfalten kann. Im Rahmen der Aufnahme dieser Berichtspflicht durch das BilMoG werden auch einige Angaben nach dem DCGK erwartet,[43] wobei eine Nichtbeachtung berichtspflichtig ist. 91

Schutzklauseln für die Angaben zu nahe stehenden Personen gibt es nicht. Es sind vollumfängliche Angaben zu machen, auch zum Nachteil des Konzerns. 92

---

[43] Vgl. *Niehus*, HdJ, Abt. V/6 2005, Rz 32.

2.14 Angaben zu Forschungs- und Entwicklungskosten (Abs. 1 Nr. 14)

93 Wird vom **Ansatzwahlrecht** des § 248 Abs. 2 HGB Gebrauch gemacht, **sind** für Konzernabschlüsse, deren Gj nach dem 31.12.2009 beginnen, die **Gesamtbeträge der F&E-Kosten** des Konzerns **anzugeben**. Anzugeben sind der Gesamtbetrag sowie der davon auf die selbst geschaffenen immateriellen VG des AV entfallende Anteil. Die Angabe im Konzernanhang steht im Zusammenhang mit den Erläuterungspflichten zu F&E im Konzernlagebericht nach § 315 Abs. 2 Nr. 2 HGB (§ 315 Rz 71 f.). Aufgrund der konzerneinheitlichen Bilanzierungs- und Bewertungsvorschriften werden die angegebenen Beträge im Konzernanhang i.d.R. deutlich höher als im Einzelabschluss ausfallen. Konzerninterne Leistungsbeziehungen bei ausgelagerten Entwicklungseinheiten und Aktivierungen von konzernintern erworbenen F&E-Leistungen sind zu eliminieren, sodass nur die reinen F&E-Aufwendungen im Konzern in den Anhangangaben zu berücksichtigen sind.

94 Aufgrund der konzerneinheitlichen Bilanzierungs- und Bewertungsvorschriften werden die angegebenen Beträge im Konzernanhang i.d.R. deutlich höher als im Einzelabschluss ausfallen. Konzerninterne Leistungsbeziehungen bei ausgelagerten Entwicklungseinheiten und Aktivierungen von konzernintern erworbenen F&E-Leistungen sowie darauf anfallende Zwischengewinne sind zu eliminieren. Kostenkomponenten des Jahresabschlusses, die einer Ansatzpflicht bzw. einem Ansatzverbot unterliegen, sind für Zwecke des Konzernabschlusses hinsichtlich der Ansatzpflicht neu zu bewerten und sofern ansatzpflichtig als Bestandteile der F&E-Aufwendungen zu berücksichtigen. **Nur** die **reinen F&E-Aufwendungen** im Konzern **sind** in den Anhangangaben **zu berücksichtigen**.

95 Eine weitere Aufgliederung in F&E-Kosten ist nicht erforderlich. Ferner brauchen keine Angaben zu den Folgeeffekten, insb. zu den Abschreibungen der nach § 248 Abs. 2 HGB aktivierten Aufwendungen, gemacht zu werden.

2.15 Angaben zu Bewertungseinheiten (Abs. 1 Nr. 15)

96 Mit der Neufassung des § 254 HGB durch das BilMoG sind nun erstmals dezidierte Vorschriften zur Bilanzierung von Bewertungseinheiten (Sicherungsgeschäfte/Hedging) in das HGB aufgenommen worden. Analog dazu sind nach Abs. 1 Nr. 15 umfangreiche Angaben zu den Geschäftsvorfällen in den Konzernanhang aufzunehmen. Konkret sind **Angaben zum Betrag** der jeweiligen VG, Schulden, schwebenden Geschäfte und mit hoher Wahrscheinlichkeit erwarteten Transaktionen **gefordert**. Der Betrag bezieht sich dabei auf das **abgesicherte Grundgeschäft**, jedoch nicht auf die einzelne Bewertungseinheit und spiegelt somit das Gesamtvolumen des gesicherten Risikos wider. Das Risiko ist zu benennen, wobei dies in erster Linie Zins-, Währungs- und Preisrisiken sein werden. Aufgrund unterschiedlicher Sicherungsarten von Risiken sind zudem die Arten der Bewertungseinheiten anzugeben. Als **Minimalanforderung** ist hier nach **Mikro-, Portfolio- oder Makrohedge** zu unterscheiden. Analog zur betragsmäßigen Angabe ist das Gesamtvolumen des gesicherten Risikos anzugeben.

Über **Bewertungseinheiten** ist hinsichtlich der Wirksamkeit der Sicherung des inhärenten Risikos zu berichten Hierzu gehören Angaben zum Umfang und zum Sicherungszeitraum, in dem sich die gegenläufigen Wertänderungen oder Zahlungsströme voraussichtlich ausgleichen. Ferner sind **Ausführungen zur Ermittlungsmethode** aufzunehmen. Ein besonderes Augenmerk ist dabei auf die Makrohedges zu legen, die oftmals eng mit dem **Risikomanagementsystem** verbunden sind. Hier sind ebenso Angaben zur Verifizierung und Messung von Risiken gefordert wie auch zur Begründung des Absicherungszusammenhangs.[44] Durch die unterschiedlichen Sicherungsstrategien und die Natur des Risikos des Grundgeschäfts ist schließlich eine Erläuterung der **mit hoher Wahrscheinlichkeit erwarteten Transaktionen**, die in die Bewertungseinheiten einbezogen wurden, notwendig.

97

Im Unterschied zu der Vorschrift zum Einzelabschluss (§ 285 Nr. 23 HGB) sind Bewertungseinheiten im Konzern weiter zu fassen. So sind auch Bewertungseinheiten über Unternehmensgrenzen hinweg denkbar.

98

Eine Angabe zu den Bewertungseinheiten im Konzernlagebericht ist zulässig. Dieses Wahlrecht ist jedoch abzulehnen, weil der Konzernlagebericht eine andere Aufgabe als die Offenlegung von Detailinformationen hat.
Bei den geforderten Angaben handelt es sich um Detailinformationen und Erläuterungen von Bilanzpositionen, die konzeptionell dem Konzernanhang vorbehalten sein sollten.

99

2.16 Angaben zur Bewertung der Pensionsverpflichtungen (Abs. 1 Nr. 16)

Mit der Konkretisierung der Bilanzierung und Bewertung von Pensionsverpflichtungen durch das BilMoG für Konzernabschlüsse für Gj, die nach dem 31.12.2009 beginnen, erfolgt eine Abkehr von der bisherigen Praxis der Anlehnung an die steuerliche Berechnung nach § 6a EStG hin zu einer Anlehnung an die IFRS. Künftig sind Angaben bzgl. der **versicherungsmathematischen Berechnungsverfahren** und der grundlegenden Annahmen der Berechnungen zu treffen. Angabepflichtig ist der Abzinsungszinssatz, insb. auch hinsichtlich der Ausübung des Wahlrechts zwischen dem laufzeitabhängigen oder pauschalierten, von der Deutschen Bundesbank veröffentlichten Zinssatz. Ferner sind die **erwarteten Lohn- und Gehaltssteigerungen** angabepflichtig, die zugrunde liegenden Sterbetafeln sowie ggf. Details zu den einzelnen Pensionsplänen der einbezogenen Unt bei abweichenden Bewertungsmethoden. Generell gilt allerdings, dass ein kumulierter Ausweis ausreichend ist, sofern keine Detailgaben gemacht werden. Eine Angabe von Bandbreiten bei den verwendeten Berechnungsgrößen ist in Anlehnung an IAS 19.120 nicht notwendig. Getrennte Darstellungen, wie sie von vielen IFRS-Anwendern geboten werden, sind vorzuziehen.[45]

100

2.17 Angaben zu saldiertem Planvermögen (Abs. 1 Nr. 17)

Durch das BilMoG wird die Saldierungspflicht von zur Erfüllung von Altersvorsorgeverpflichtungen dienenden VG mit den korrespondierenden Schulden

101

---

[44] Vgl. BilMoG-BgrRegE, S. 86 i. V. m. S. 73.
[45] Vgl. *Müller*, IFRS, Fremdkapital, 2008, S. 122.

bei Vorliegen bestimmter Voraussetzungen eingeführt. War eine Saldierung bislang nur bei unmittelbaren Zusagen gem. § 112 AVmG möglich, ist eine Saldierung nach § 246 Abs. 2 Satz 2 HGB künftig Pflicht. Die Saldierungspflicht greift immer dann, wenn VG der Erfüllung von Altersvorsorgeverpflichtungen und vergleichbaren langfristig fälligen Verpflichtungen dienen und wenn sie dem Zugriff aller übrigen Gläubiger entzogen sind. Hierunter fallen regelmäßig die Planvermögen von Pensionsfonds, wobei diese nach § 253 Abs. 1 Satz 4 HGB zum Zeitwert zu bewerten sind. Die Bewertung hat unabhängig vom tatsächlichen späteren Erfüllungsbetrag zu erfolgen. Im Fall einer Überdeckung nach Saldierung ist ein offener Ausweis als „Aktiver Unterschiedsbetrag aus der Vermögensverrechnung" unter § 266 Abs. 2 E HGB vorzunehmen.

102 Vor dem unter Rz 101 erläuterten Hintergrund sind umfangreiche Angabepflichten erforderlich, wobei die Angabepflichten für Finanzinstrumente nach Nr. 12 Buchst. a (Rz 77 ff.) entsprechend anzuwenden sind. Anzugeben sind immer die AK, der beizulegende Zeitwert sowie der Erfüllungsbetrag der verrechneten Schulden. Ferner sind Angaben zu den verrechneten Aufwendungen und Erträgen zu machen. Aus den Angabepflichten für Finanzinstrumente nach Nr. 12 Buchst. a sind zudem die grundlegenden Annahmen, die zur Bestimmung des beizulegenden Zeitwerts mithilfe allgemein anerkannter Bewertungsmethoden angewandt wurden, mit aufzunehmen.

2.18 Angaben zu Sondervermögen (Abs. 1 Nr. 18)

103 Mit dem AIFM-UmsG[46] wurde das Investmentgesetz zum 21.7.2013 aufgehoben. Daher ist bei der Angabepflicht für Konzernabschlüsse von Gj, die nach dem 21.7.2013 beginnen, die abgedruckte Neufassung zu beachten. Inhaltlich ergeben sich keine neuen Pflichten, lediglich die Verweise und Konkretisierungen der relevanten Investmentanteile haben sich verändert. Nach Art. 71 Abs. 1 EGHGB sind somit Angaben zu Sondervermögen (Investmentanteilen) nach Nr. 18 für Gj, die vor dem 22.7.2013 begannen, dann in den Konzernanhang aufzunehmen, wenn es sich bei diesen Anteilen um inländisches **Investmentvermögen** i. S. d. § 1 KAGG oder um vergleichbares ausländisches Investmentvermögen handelt und mindestens 10 % der Anteile an diesen Vermögen gehalten und in der Konzernbilanz ausgewiesen werden. Von Investmentanteilen abzugrenzen sind stimmberechtigte Unternehmensaktien i. S. d. § 96 Abs. 1 InvG, bei denen vorrangig die Frage der Kons. zu prüfen ist.[47] Für nach dem 21.7.2013 beginnende Gj. sind die Angaben notwendig für **Sondervermögen** i. S. d. § 1 Abs. 10 KAGB oder Anlageaktien an Investment-AG mit veränderlichem Kapital i. S. d. §§ 108 bis 123 KAGB oder vergleichbaren EU-Investmentvermögen oder vergleichbaren ausländischen Investmentvermögens. Der Verweis auf das aufgehobene InvG wurde deshalb noch nicht gestrichen, da noch eine Übergangsfrist für dessen Anwendung besteht.[48]

104 Durch die Angabepflicht des Buchwerts in der Konzernbilanz und des Marktwerts i. S. d. § 36 InvG bzw. der §§ 168, 278 KAGB sind somit die stillen Reserven

---

[46] AIFM-UmsG v. 4.7.2013, BGBl 2013 I S. 1981.
[47] Vgl. BilMoG-BgrRegE, S. 86 i. V. m. S. 74.
[48] Vgl. AIFM-UmsG-BegrRegE, BR-Drs. 791/12, S. 560.

und Lasten im Konzernanhang nicht nur anzugeben, sondern auch nach Anlagezielen aufzugliedern. Bei ausländischen Investmentanteilen darf der nach ausländischen Vorschriften ermittelte Marktwert verwendet werden, sofern er dem Wert gem. § 36 InvG bzw. der §§ 168, 278 KAGB entspricht. Ist dies nicht der Fall oder die Ermittlung nicht möglich, ist nach deutschem Investmentrecht zu verfahren.

In Ausübung des Wahlrechts des **gemilderten Niederstwertprinzips** nach § 253 Abs. 3 Satz 4 HGB kann eine Abschreibung auf Sondervermögen/Investmentanteile unterbleiben, sofern es sich nur um eine vorübergehende Wertminderung handelt. In diesem Fall sind die Gründe hierfür anzugeben, aus der auch die Prüfung hinsichtlich einer notwendigen Abschreibung hervorgeht. Dabei ist auf die Kriterien für Direktanlagen abzustellen. Nach der Gesetzesbegründung kann die unterbliebene Abschreibung einer stillen Last nicht lediglich damit begründet werden, dass es sich bei den Anteilen und Anlageaktien um Wertpapiere handelt, die üblicherweise Wertschwankungen unterliegen. Auf die Ursachen für den niedrigeren Wert der Anteile oder Anlageaktien ist explizit einzugehen.[49]

105

Gefordert ist eine **Aufgliederung der Investmentanteile bzw. des Sondervermögens nach Anlagezielen.** Diese Aufgliederung nach Anlagezielen kann dabei z. B. nach Aktienfonds, Rentenfonds, Immobilienfonds, Mischfonds, Hedgefonds oder sonstige Spezial-Sondervermögen erfolgen. Die Aufgliederung soll der Erhöhung der Transparenz des Anlagerisikos dienen. Ferner sind rechtlich oder wirtschaftlich veranlasste Beschränkungen bei der Möglichkeit der täglichen Rückgabe der Anteile zu erläutern, damit die Interessenten „Hinweise auf ungewöhnliche Verhältnisse wie Investitionen in illiquide strukturierte Anlagevehikel, Hedgefonds mit langen Kündigungsfristen, Infrastrukturprojekte, unverbriefte Darlehensforderungen oder Private Equity Engagements"[50] erhalten.

106

2.19 Angaben zu Haftungsverhältnissen (Abs. 1 Nr. 19)

Mit dem BilMoG neu aufgenommen wurden Angabepflichten zu den Gründen der Einschätzung des Risikos der Inanspruchnahme aus Haftungsverhältnissen nach § 268 Abs. 7 1. Hs. HGB. Sinn der Angabe ist eine erhöhte Transparenz von Eventualverbindlichkeiten.[51] Hierzu sind im Konzernanhang eingegangene **Haftungsverhältnisse** nach Art der Verpflichtung aufgeschlüsselt anzugeben. Dabei sind Ausführungen zum inhärenten Risiko aufzunehmen. Diese Angabe ist auch bei einem Vorliegen von reinen Eventualverbindlichkeiten im Konzernanhang zu machen. Konkret sollen nunmehr die der Einschätzung des Risikos der Inanspruchnahme aus den für die Vermögens-, Finanz- und Ertragslage des Konzerns bedeutsamen (wesentlichen) Eventualverbindlichkeiten zugrunde liegenden Erwägungen deutlich werden.

107

2.20 Angaben zu Geschäfts- oder Firmenwerten (Abs. 1 Nr. 20)

Mit der Neuregelung des § 246 Abs. 1 Satz 4 HGB i. V. m. § 309 Abs. 1 HGB wird ein entgeltlich erworbener GoF nunmehr kraft gesetzlicher Fiktion als ein

108

---

49 Vgl. BilMoG-BgrRegE, S. 86 i. V. m. S. 74.
50 BilMoG-BgrRegE, S. 86 i. V. m. S. 74.
51 Vgl. dazu näher *Ernst/Seidler*, ZGR 2008, S. 631 (654 f.).

eigenständiger VG betrachtet. Für diesen VG sind mit Verweis auf den 1. Abschnitt Schätzungen zur betrieblichen Nutzungsdauer durchzuführen, die eine planmäßige Abschreibung zur Folge hat. Aufgrund des Einzelbewertungsgrundsatzes hat die Schätzung individuell für jeden entgeltlich erworbenen GoF zu erfolgen.

109 Hinsichtlich der Einschätzung zur betrieblichen Nutzungsdauer ist der Zeitraum zu erläutern, über den der GoF abgeschrieben wird. Anders als im Einzelabschluss, in dem ein GoF i.d.R. nur im Rahmen eines *Asset-Deal* entstehen kann, ist im Konzernabschluss auch ein GoF aus einem *Share-Deal* anzutreffen. Beiden Arten von GoF werden unterschiedliche Nutzungsdauern zurechenbar sein, sodass es in der Konzernbilanz zu einer Vermengung kommt. Es sollte daher auf die systembedingten Abschreibungsunterschiede bei der Angabe der Gründe eingegangen werden.

2.21 Angaben zu latenten Steuern (Abs. 1 Nr. 21–22)

110 Die Angabepflicht bzgl. latenter Steuern nach Nr. 21 wurde mit dem BilMoG neu eingefügt. Die Angaben sollen die Grundlagen für die bilanzierten latenten Steuern erläutern. Aufgrund der **Gesamtdifferenzbetrachtung** beschränkt sich die Angabepflicht nicht auf die Bilanzposten, es ist vielmehr eine **differenzierte Darstellung** vorzunehmen. Hierzu gehören auch Angaben zu nicht bilanzierten temporären Differenzen. Des Weiteren sind wegen des Wahlrechts zum Ansatz aktiver latenter Steuern im Einzelabschluss die Latenzen aus Differenzen und steuerlichen Verlustvorträgen auch bei Nichtaktivierung aufzuführen. Die Verwendung eines Latenzenspiegels wird empfohlen.

111 Der **Berichtsumfang** erstreckt sich dabei auf alle in den KonsKreis des Konzerns einbezogene Unt. Hierzu gehören auch quotal einbezogene Unt.

112 Im Rahmen der Anhangangaben zu latenten Steuern sind die **Steuersätze** anzugeben, mit denen die latenten Steuern bewertet werden. Diese Angabe ist aufgrund des Konzernabschlusses weitreichender als die korrespondierende Angabe im Jahresabschluss (§ 285 Rz 171 f.). Eine allgemeine Aussage zu den verwendeten Steuersätzen reicht somit nicht aus. Allerdings können sich aufgrund des Umfangs des KonsKreises umfangreiche Berichtspflichten ergeben. Bei ausländischen Beteiligungen sind die jeweiligen Steuersätze zu verwenden, die in den jeweiligen Ländern gelten, wobei eine Zusammenfassung der Steuersätze der Unt pro Land sachgerecht ist. Unterschiedliche Steuersätze ergeben sich in Deutschland durch unterschiedliche gewerbesteuerliche Hebesätze bei Beteiligungen. Hier dürfte mit der Angabe von Bandbreiten der Berichtspflicht Genüge getan werden.

113 Wird ein konzerneinheitlicher durchschnittlicher Steuersatz zur Berechnung latenter Steuern angewendet, ist dieser anstelle der individuellen Steuersätze anzugeben.

114 Eine weitere notwendige Angabe ergibt sich aus der **Entstehung** latenter Steuern. Die bei der **Neubewertungsmethode** im Rahmen der KapKons anfallenden **Steuerlatenzen** sind nach § 306 HGB **ansatzpflichtig** (§ 306 Rz 9 f.). Dagegen besteht für aktive Steuerlatenzen auf Ebene der TU (HB I und HB II) ein Ansatzwahlrecht. Hier bietet sich aufgrund der abweichenden Regelungen bzgl.

der latenten Steuern im Jahresabschluss bzw. Konzernabschlusses eine Orientierung an den Berichtspflichten zu latenten Steuern nach IAS 12 an.

Nach DRS 18.67 ist für den Konzernabschluss zusätzlich eine **steuerliche Überleitungsrechnung** in den Konzernanhang aufzunehmen. 115

Mit Nr. 22 neu eingefügt ist die Angabepflicht latenter Steuersalden, wenn latente Steuerschulden in der Konzernbilanz angesetzt werden. Ferner ist die Änderung dieser Salden angabepflichtig. Latente Steuerschulden können ihre Ursache in der Bilanzierung passiver Latenter Steuern und Passivüberhängen haben. Im Fall von Passivüberhängen wäre es in dem Fall geboten, neben den Passivposten auch die saldierten Aktivposten anzugeben. 116

2.22 Angaben zu außergewöhnlichen Aufwendungen und Erträgen (Abs. 1 Nr. 23)

Angaben zu außergewöhnlichen Aufwendungen und Erträgen beziehen sich auf Positionen von außergewöhnlicher Größenordnung oder Bedeutung. Es sind jeweils der Betrag sowie ihre Art zu nennen. Daher ist es sinnvoll, die Angabe der einzelnen Beträge unterteilt nach GuV-Positionen vorzunehmen. 117

Die außergewöhnliche **Größenordnung** ist im Kontext des Konzerns zu beurteilen und anhand konkreter Verhältnisse zu bestimmen. Daher kann es dann auch dazu kommen, dass Posten von außergewöhnlicher Größenordnung zu berichten sind, die nach dem HGB aF nicht berichtspflichtig wären. Ferner wird es zu Unterschieden zwischen dem Konzernabschluss und den Jahresabschlüssen des MU aufgrund der Berichtsreichweite kommen.

Die außergewöhnliche **Bedeutung** ist aus der bisherigen Definition der Geschäftstätigkeit abzuleiten. Demnach sind GuV-Posten als ao zu klassifizieren, wenn sie außerhalb der gewöhnlichen Geschäftstätigkeit anfallen. Sie sind ao, mithin ungewöhnlich und selten.

Eine über Betrag und Art hinausgehende Angabepflicht besteht nicht. 118

Sind die GuV-Posten lediglich von untergeordneter Bedeutung kann die Angabepflicht entfallen. 119

2.23 Angaben zu periodenfremden Erträgen und Aufwendungen (Abs. 1 Nr. 24)

Mit Streichung von § 277 Abs. 4 ist die Angabe zu periodenfremden Erträgen und Aufwendungen in den Anhang (vgl. § 285 Nr. 32 HGB) bzw. Konzernanhang verlagert worden. Materielle Änderungen ergeben sich dadurch keine. Insofern wird auf die Kommentierung zum § 285 Nr. 32 verwiesen. 120

2.24 Angaben zu Ereignissen nach dem Abschlussstichtag (Abs. 1 Nr. 25)

Die Berichtspflicht von Ereignissen nach dem Bilanzstichtag beschränkt sich auf diejenigen Vorgänge, die weder in der Konzern-GuV noch in der Konzernbilanz erfasst sind. Damit ist klargestellt, das ausschließlich wertbegründende und keine wertaufhellenden Ereignisse berichtspflichtig sind. 121

122 Die Angaben von Ereignissen nach dem Bilanzstichtag sind mit dem BilRUG aus dem Konzernlagebericht in den Konzernanhang verlagert worden. Inhaltlich haben sich keine Änderungen ergeben.
123 Strittig ist der Zeitpunkt, bis wann diese Vorgänge nach dem Konzernbilanzstichtag berücksichtigt werden sollen. Nach hM ist als frühester Zeitpunkt der Zeitpunkt der Aufstellung des Konzernabschlusses zu wählen. Darüber hinaus kann dieser Zeitraum bis zur Billigung des Konzernabschlusses reichen.
124 Nicht weiter spezifiziert ist die **besondere Bedeutung**. Allgemein werden hierunter Vorgänge verstanden, die eine materielle, wesentliche Auswirkung auf den Konzernabschluss haben. Unwesentliche Vorgänge sind somit nicht aufzunehmen. Ebenso sind Vorgänge, die für den Einzelabschluss eines Unt des Kons-Kreises wesentlich, für den Konzernabschluss aber unwesentlich sind, nicht zu berichten. Vorgänge von besonderer Bedeutung sind nach Literaturmeinung Vorgänge nach Abschluss des Konzern-Gj, die sowohl Auswirkungen auf die Lage des Konzerns wie auch auf seine Fortbestandsfähigkeit haben können. Danach kommt einem nach Abschluss des Konzern-Gj eingetretenen Vorgang eine besondere Bedeutung immer dann zu, wenn dieser Vorgang eine andere Darstellung der Lage des Konzerns im Rahmen der Berichtspflicht erzwingen würde, hätte er sich bereits vor Ablauf des Konzern-Gj vollzogen. Dabei ist sowohl über positive wie auch über negative Vorgänge zu berichten. An diese Berichtspflichten sind umso schärfere Anforderungen zu stellen, je ungünstiger das berichtspflichtige Ereignis ist.

Beispiel
Im Einzelnen können u. a. folgende Vorgänge oder Ereignisse, soweit sie nach Abschluss des Konzern-Gj eingetreten sind, von besonderer Bedeutung sein:
- Wirtschaftliche oder politische Ereignisse mit der Folge verschärfter Exportvorschriften, Auf- und Abwertungseinflüsse, Wettbewerbsverzerrungen etc., soweit sie eine bzw. verschiedene konzernrelevante Branchen betreffen,
- Abweichungen von der aus dem Konzernabschluss erkennbaren zukünftigen Entwicklung, bedingt z. B. durch bisher unvorhergesehene Marktänderungen, Kostensteigerungen, Umsatzrückgänge, schwerwiegende Verluste, stark rückläufige Marktpreise etc.,
- Erwerbe oder Veräußerungen von Beteiligungen oder anderen relevanten Anteilen,
- Kapitalerhöhungs- oder Kapitalherabsetzungsmaßnahmen,
- Gründungen oder Auflösungen von Niederlassungen/TU etc.,
- Beitritte zu Interessensgemeinschaften oder Kartellen,
- Abschlüsse ao Verträge,
- Ergebnisse wichtiger Prozesse,
- Arbeitskämpfe in für den Konzern wesentlichen Tarifgebieten,
- erhebliche Belegschaftsreduzierungen,
- Zusammenbrüche von Großkunden,
- Rückgängigmachung von Bilanzmaßnahmen, die der Verbesserung des Bilanzbilds dienen.

Die **finanziellen Auswirkungen** auf den Konzernabschluss sind zu nennen. Hier sind die Auswirkungen auf die Vermögens-, Finanz- und Ertragslage des Konzerns zu verstehen, analog der in DRS 20.114 konkretisierten Auslegung des Berichtsumfangs. Nach hM ist eine Beschreibung der qualitativen Auswirkung hinreichend, da sich aus dem Wortlaut keine Pflicht zur Angabe quantitativer Angaben herleiten lässt.

2.25 Angaben zur Ergebnisverwendung (Abs. 1 Nr. 26)

Neu in den Anhang aufgenommen wurde die Angabe zur Ergebnisverwendung. Da diese Angabe bisher nicht Pflichtbestandteil des Konzernabschlusses war, wird die Ergebnisverwendung nun prüfungspflichtig. Im Rahmen des Konzernabschlusses erstreckt sich diese Angabe ausschließlich auf das MU.

Zu berichten ist über den Vorschlag bzw. den Beschluss über die Ergebnisverwendung. Da ein Ergebnisverwendungsbeschluss regelmäßig auf einer HV oder Gesellschafterversammlung erfolgt, erfolgt dieser regelmäßig zeitlich nach dem Ergebnisverwendungsvorschlag. Durch die Wortwahl des Gesetzgebers („gegebenenfalls") lässt sich daher ein Vorrang des Vorschlages vor dem Beschluss interpretieren.

Es ist über die gesamte Ergebnisverwendung zu berichten. Ist eine Ausschüttung Bestandteil der Ergebnisverwendung, ist über die Höhe der vorgeschlagenen oder beschlossenen Ausschüttung zu berichten, nicht aber über den Zeitpunkt oder die Bezugsberechtigten.

Da der Beschluss zur Ergebnisverwendung regelmäßig erst nach der Aufstellung des Konzernabschlusses durch die HV oder Ges.versammlung erfolgt, ist der **Zeitpunkt** der Ergebnisverwendung irrelevant. Ebenso kann kein Zeitpunkt genannt werden, wenn der Ergebnisverwendungsvorschlag nach der Aufstellung des Konzernabschlusses erfolgt.

Angaben zu den **Bezugsberechtigten** der Gewinnausschüttung können unterbleiben, was auch schon vor dem Hintergrund der Belange des Datenschutzes notwendig ist. Ebenso müssen wie bisher die Bezüge einzelner natürlicher Personen aus ihrer Gesellschafterstellung nicht offengelegt werden.

Da **Vorabausschüttungen** bereits Bestandteil des Konzernabschlusses sind, reicht eine verkürzte Berichtspflicht über das verbleibende Ergebnis und deren Ergebnisverwendung aus. Dennoch liegt es letztendlich im Ermessen des MU, auch die Vorabausschüttung in die Anhangangabe aufzunehmen.

Die Angabe zum Gewinnverwendungsvorschlag kann **entfallen**, wenn keine Gewinnverwendung beschlossen werden muss, kann oder wird.

3 Wahlpflichtangaben

§ 314 HGB beinhaltet eine Reihe von Wahlpflichtangaben, die wahlweise in der Konzernbilanz, in der Konzern-GuV, im Konzernanhang oder im Konzernlagebericht aufgenommen werden können.

Wahlweise dürfen im Konzernanhang oder im Konzernlagebericht aufgenommen werden
- individualisierte Angaben der Vorstandsbezüge börsennotierter AG nach § 315 Abs. 2 Nr. 4 Satz 2 HGB,

- Angaben zur Aufgliederung von Umsatzerlösen nach Tätigkeitsbereichen nach Nr. 3, sofern sie im Rahmen der SegmBer erfolgen (Rz 20).
- Angaben zu Bewertungseinheiten nach Nr. 15. Aufgrund der vorgeschriebenen Angabepflichten werden Angaben zu Bewertungseinheiten im Konzernlagebericht üblicherweise im Rahmen der Risikoberichterstattung gemacht.

135 Angaben zum Personalaufwand sind nach Nr. 4 dann in den Konzernanhang aufzunehmen, wenn der Konzern das UKV anwendet. Wird das GKV angewandt und der Personalaufwand dadurch in der Konzern-GuV offen ausgewiesen, ist keine weitere Anhangangabe erforderlich.

4 Sonstige relevante Regelungen

4.1 Befreiungsmöglichkeiten

136 Erleichterungs- und Befreiungsvorschriften bestehen seit dem TransPuG[52] nicht mehr. Daher sind die handelsrechtlich vorgeschriebenen Anhangangaben vollständig zu machen. Befreiungsvorschriften können sich aber aus anderen Vorschriften ergeben:
- Unterlassung der Offenlegung von Vorstandsvergütungen börsennotierter AG aufgrund des Verweises nach Abs. 2 Satz 2 (Rz 138).
- Kreditinstitute sind nach § 340i Abs. 2 HGB von den Angaben nach § 314 Abs. 1 Nr. 1, 3 u. 6 Buchst. c HGB befreit. Die Befreiung nach Nr. 6 gilt aber nur dann, wenn das den Konzernabschluss aufstellende MU ein Kreditinstitut ist.
- VersicherungsUnt sind nach § 341j Abs. 1 HGB von den Angaben nach § 314 Abs. 1 Nr. 2a HGB befreit. Diese Befreiung ist beschränkt auf finanzielle Verpflichtungen im Rahmen des Versicherungsgeschäfts und denen in § 314 Abs. 1 Nr. 3 HGB.
- MU, die keine KapG sind und nur nach dem PublG zur Aufstellung des Konzernanhangs verpflichtet sind, sind nach § 13 Abs. 3 Satz 1 PublG von der Angabepflicht nach § 314 Abs. 1 Nr. 6 HGB entbunden.

4.2 Schutzklauseln (Abs. 2 und 3)

137 Unt, die freiwillig eine SegmBer erstellen, brauchen keine Aufgliederung der Umsatzerlöse nach § 314 Abs. 1 HGB aufzunehmen. Die direkte Angabepflicht entfällt. Aus der Gesetzesbegründung kann aber geschlossen werden, dass die nach § 314 Abs. 1 Nr. 3 HGB geforderten Angaben in der SegmBer enthalten sind, wie dies insb. DRS 3.31 Buchst. a sowie DRS 3.38–39 fordern. Die SegmBer hat somit einen Ersatzinformationscharakter. Der Ort der SegmBer ist nicht explizit festgelegt. Sie kann in den Konzernanhang oder in den Konzernlagebericht aufgenommen werden. Die Aufnahme in den Konzernanhang analog zu den IFRS ist schon aus Gründen der Vergleichbarkeit der Angaben zu empfehlen.

138 **Angaben** zur individuellen **Offenlegung von Vorstandsvergütungen** gem. § 314 Abs. 1 Nr. 6 Buchst. a Sätze 5–8 HGB können für **maximal fünf Jahre unterlassen** werden, sofern dies durch die HV beschlossen wird. Eröffnet wird diese Möglichkeit der Unterlassung von Pflichtangaben durch § 314 Abs. 3 Satz 1

---

[52] TransPuG v. 19.7.2002, BGBl I 2002, S. 2681.

i.V.m. § 286 Abs. 5 HGB. Hintergrund dieser Vorschrift ist die Ermöglichung einer verhältnisgerechten Anwendung. Die Unterlassung der Angaben bedarf eines **Mehrheitsbeschlusses** von mindestens drei Viertel des bei der Beschlussfassung vertretenen Grundkapitals und soll somit sicherstellen, dass eine breite Basis unter den Anteilseignern diesen Beschluss stützt. Von der Abstimmung **ausgenommen** sind Vorstandsmitglieder, die zugleich Aktionäre sind. Sie unterliegen nach § 136 Abs. 1 AktG einem Abstimmungsverbot, wenn sie persönlich betroffen sind. Wirksam anzuwenden ist der Beschluss der HV auf den nächsten, der HV folgenden Jahresabschlüsse. Eine Beschlusswiederholung ist zulässig. DCGK, Ziff. 4.2.4, gilt dann aber weiterhin; eine Entsprechenserklärung nach § 161 AktG ist abzugeben.

Die bisherigen Erleichterungsregeln des § 314 Abs. 2 HGB wurden mit dem BilRUG um folgende Erleichterung ergänzt:

> **§ 314 Abs. 3 Satz 2 HGB**
> Für die Angabepflicht gem. Absatz 1 Nummer 6 Buchstabe a und b gilt § 286 Absatz 4 entsprechend.

Diese Änderung stellt die Umsetzung der Mitgliedstaatenoption aus Artikel 28 Absatz 1 i.V.m. Artikel 17 Absatz 1 Buchstabe d Unterabsatz 2 der Richtlinie 2013/34/EU dar und dient dem Schutz personenbezogener Daten zu einzelnen Mitgliedern der Organe des MU im Konzernanhang. Die Ausnahmevorschrift des § 286 Abs. 4 HGB befreit alle KapG, jedoch **nicht die KM-orientierten Unt**, von der Angabe der Gesamtbezüge der Organmitglieder, unbeschadet des Auskunftsanspruchs des Aktionärs nach § 131 Abs. 1 AktG in der HV, sofern sich durch die Angabe die Bezüge eines Mitglieds feststellen lassen.[53] Die Vorschrift zielt auf den Schutz persönlicher Daten von Organmitgliedern. Eine Schutzbedürftigkeit besteht nur, wenn der Name des einzelnen Organmitglieds den Adressaten des Konzernabschlusses bekannt ist (§ 286 Rz 17). Somit kann auf die **Angabe der Vergütungen und Pensionen** verzichtet werden, wenn die Gefahr besteht, dass der finanzielle Status eines bestimmten Mitglieds des Organs festgestellt werden kann.

4.3 Sanktionen

Verstöße gegen das **Vorstandsvergütungs-Offenlegungsgesetz**,[54] die sich aus einer unzulässigen Nichtanwendung der Nr. 6 ergeben, können mit einer Geldbuße für Ordnungswidrigkeiten bei nicht-KM-orientierten MU bis zu einer Höhe von 50.000 EUR geahndet werden.

Verstöße gegen die Offenlegungspflicht gem. § 325 Abs. 3 HGB können im Ordnungsgeldverfahren mit einem anzudrohenden Ordnungsgeld gem. § 335 Abs. 1 HGB für nicht-KM-orientierte MU zwischen 2.500 und 25.000 EUR geahndet werden. Die pflichtgemäße Offenlegung ist von dem Betreiber des BAnz nach § 329 Abs. 1 HGB zu prüfen.

Zu den Folgen eines Verstoßes gegen die Vorschriften zum Anhang s. auch § 313 Rz 108.

---

53 Vgl. OLG Düsseldorf v. 26.6.1997, 19 W 2/97 AktE, AG 1997 S. 520.
54 Vorstandsvergütungs-Offenlegungsgesetz v. 3.8.2005, BGBl 2005 I S. 2267.

§ 315 Inhalt des Konzernlageberichts

(1) ¹Im Konzernlagebericht sind der Geschäftsverlauf einschließlich des Geschäftsergebnisses und die Lage des Konzerns so darzustellen, dass ein den tatsächlichen Verhältnissen entsprechendes Bild vermittelt wird. ²Er hat eine ausgewogene und umfassende, dem Umfang und der Komplexität der Geschäftstätigkeit entsprechende Analyse des Geschäftsverlaufs und der Lage des Konzerns zu enthalten. ³In die Analyse sind die für die Geschäftstätigkeit bedeutsamsten finanziellen Leistungsindikatoren einzubeziehen und unter Bezugnahme auf die im Konzernabschluss ausgewiesenen Beträge und Angaben zu erläutern. ⁴Ferner ist im Konzernlagebericht die voraussichtliche Entwicklung mit ihren wesentlichen Chancen und Risiken zu beurteilen und zu erläutern; zugrunde liegende Annahmen sind anzugeben. ⁵Die Mitglieder des vertretungsberechtigten Organs eines Mutterunternehmens i.S.d. § 297 Abs. 2 Satz 4 haben zu versichern, dass nach bestem Wissen im Konzernlagebericht der Geschäftsverlauf einschließlich des Geschäftsergebnisses und die Lage des Konzerns so dargestellt sind, dass ein den tatsächlichen Verhältnissen entsprechendes Bild vermittelt wird, und dass die wesentlichen Chancen und Risiken i.S.d. Satzes 4 beschrieben sind.

(2) ¹Im Konzernlagebericht ist auch einzugehen auf:
1. a) die Risikomanagementziele und -methoden des Konzerns einschließlich seiner Methoden zur Absicherung aller wichtigen Arten von Transaktionen, die im Rahmen der Bilanzierung von Sicherungsgeschäften erfasst werden, sowie
   b) die Preisänderungs-, Ausfall- und Liquiditätsrisiken sowie die Risiken aus Zahlungsstromschwankungen, denen der Konzern ausgesetzt ist, jeweils in Bezug auf die Verwendung von Finanzinstrumenten durch den Konzern und sofern dies für die Beurteilung der Lage oder der voraussichtlichen Entwicklung von Belang ist;
2. den Bereich Forschung und Entwicklung des Konzerns und
3. für das Verständnis der Lage des Konzerns wesentliche Zweigniederlassungen der insgesamt in den Konzernabschluss einbezogenen Unternehmen.

²Ist das Mutterunternehmen eine Aktiengesellschaft, hat es im Konzernlagebericht auf die nach § 160 Absatz 1 Nummer 2 des Aktiengesetzes im Anhang zu machenden Angaben zu verweisen.

(3) Absatz 1 Satz 3 gilt entsprechend für nichtfinanzielle Leistungsindikatoren, wie Informationen über Umwelt- und Arbeitnehmerbelange, soweit sie für das Verständnis des Geschäftsverlaufs oder der Lage des Konzerns von Bedeutung sind.

(4) Ist das Mutterunternehmen oder ein in den Konzernabschluss einbezogenes Tochterunternehmen kapitalmarktorientiert i.S.d. § 264d, ist im Konzernlagebericht auch auf die wesentlichen Merkmale des internen Kontroll- und Risikomanagementsystems im Hinblick auf den Konzernrechnungslegungsprozess einzugehen.

(5) § 298 Absatz 2 über die Zusammenfassung von Konzernanhang und Anhang ist entsprechend anzuwenden.

MBA CPA Andreas Krimpmann/Prof. Dr. Stefan Müller

Inhaltsübersicht   Rz
1 Überblick   1–9
  1.1 Inhalt   1
  1.2 Zweck   2
  1.3 Anwendungsbereich   3–4
  1.4 Normenzusammenhänge   5–9
2 Inhalte   10–90
  2.1 Anforderungen, Form und Umfang   10–18
  2.2 Konzernlagebericht (Abs. 1)   19–64
    2.2.1 Angaben zum Geschäftsverlauf und Analyse von Geschäftsverlauf und Lage des Konzerns (Abs. 1 Satz 1 und 2)   19–44
    2.2.2 Angaben zu den bedeutsamen finanziellen Leistungsindikatoren (Abs. 1 Satz 3)   45–46
    2.2.3 Erläuterungen zur voraussichtlichen Entwicklung mit ihren wesentlichen Chancen und Risiken (Abs. 1 Satz 4)   47–61
    2.2.4 Bilanzeid (Abs. 1 Satz 5)   62–64
  2.3 Weitere Angabepflichten (Abs. 2)   65–75
    2.3.1 Risiken bei Finanzinstrumenten (Abs. 2 Nr. 1) ...   66–70
    2.3.2 Angaben zur Forschung und Entwicklung (Abs. 2 Nr. 2)   71–74
    2.3.3 Zweigniederlassungsbericht (Abs. 2 Nr. 3)   75
  2.4 Angaben zu den bedeutsamen nichtfinanziellen Leistungsindikatoren (Abs. 3)   76–81
  2.5 Pflichtangaben KM-orientierter Unternehmen (Abs. 4) ...   82–90
3 Zusammenfassung von Konzernlagebericht und Lagebericht des Mutterunternehmens (Abs. 5)   91–93
4 Sonstige relevante Regelungen   94–98
  4.1 Befreiungsmöglichkeiten   94
  4.2 Schutzklauseln   95
  4.3 Offenlegung   96
  4.4 Sanktionen   97–98

1 Überblick

1.1 Inhalt

Gem. § 290 Abs. 1 Satz 1 HGB ist der Konzernlagebericht zusammen mit dem Konzernabschluss innerhalb der ersten fünf Monate aufzustellen. Insofern ist der Konzernlagebericht ein eigenständiger Bericht, der losgelöst vom Konzernabschluss aufzustellen ist. Die wesentlichen **Inhalte des Konzernlageberichts** sind in § 315 HGB zusammengefasst.

1

1.2 Zweck

2 Zweck des Konzernlageberichts ist es, in Ergänzung zum Konzernabschluss ein **umfassendes Bild der tatsächlichen wirtschaftlichen Situation des Konzerns** als wirtschaftliche Einheit aus Sicht des Managements zu geben. Hierzu zählen neben der Darstellung der Vermögens-, Finanz- und Ertragslage des Konzerns auch sonstige relevante Aspekte wie z. B. Produkte, Märkte, Technologien, politisches und soziales Umfeld oder rechtliche Rahmenbedingungen. Ferner soll der Konzernlagebericht einen Ausblick auf die erwartete künftige Entwicklung mit Chancen und Risiken des Konzerns geben. Insofern hat der Konzernlagebericht einen **Informations- und Rechenschaftszweck** zu erfüllen. Eine reine Zusammenfassung der Lageberichte der Unt des KonsKreises ist somit nicht hinreichend, der Konzernlagebericht ist vielmehr eigenständig auf Basis des Konzerns als wirtschaftliche Einheit zu entwickeln.

1.3 Anwendungsbereich

3 Der Konzernlagebericht ist nach § 290 Abs. 1 Satz 1 HGB grds. von den gesetzlichen Vertretern jedes MU in der Rechtsform der KapG zu erstellen, das einen beherrschenden Einfluss auf ein anderes Unt (TU) ausüben kann. Dieser Anwendungsbereich wird nach § 11 PublG auf Unt anderer Rechtsformen erweitert, die einen Konzernabschluss aufstellen.

4 Eine **Befreiung** von der Aufstellung eines Konzernlageberichts ist generell bei Vorliegen einer Konzernrechnungslegungspflicht nicht gegeben. Die Aufstellungspflicht ist somit an die des Jahresabschlusses gebunden; kann dieser Aufgrund von Befreiungen aus § 290 Abs. 5 HGB i. V. m. § 296 HGB sowie der §§ 291–293 HGB entfallen, so ist auch kein Konzernlagebericht aufzustellen, s. Rz 94.

1.4 Normenzusammenhänge

5 Die **Pflicht zur Aufstellung** eines Konzernlageberichts ergibt sich aus § 290 Abs. 1 Satz 1 HGB. Demnach ist ein Konzernlagebericht innerhalb der ersten fünf Monate nach dem Stichtag für das vergangene Konzern-Gj zu erstellen. Die Frist verringert sich bei KM-orientierten Unt mit § 325 Abs. 4 Satz 1 HGB auf vier Monate. Obwohl sich die Pflicht zur Erstellung nach § 290 HGB auf KapG bezieht, greift die Aufstellungspflicht auch für Kreditinstitute nach § 340i Abs. 1 Satz 1 HGB, für VersicherungsUnt nach § 341i Abs. 1 Satz 1 HGB und rechtsformunabhängig nach § 13 Abs. 1 Satz 1 PublG.

6 Während § 290 HGB die Pflicht zur Aufstellung des Konzernlageberichts regelt, ergibt sich der Inhalt des Konzernlageberichts aus § 315 HGB. Darüber hinaus können sich weitere **Inhalte** aus Ansatz-, Bewertungs- und Ausweisvorschriften anderer Vorschriften des HGB ergeben. Konkret kann jedoch auch bei Erfüllung der in § 314 Abs. 1 Nr. 6 HGB beschriebenen Angabepflichten bez. der Organbezüge im Konzernanhang, der nach § 315 Abs. 4 Nr. 1 HGB aF bzw. § 315a Abs. 2 HGB nF geforderte Vergütungsbericht im Konzernlagebericht kürzer ausfallen und auch auf die entsprechenden Stellen im Konzernanhang verweisen.[1]

---

[1] Vgl. dazu auch DRS 17.12.

Zusätzlich gelten die Vorschriften der DRS 17 und 20, die die Normen zur Konzernrechnungslegung des HGB mit der Vermutung konkretisieren, dass eine Beachtung zu einer Erfüllung der GoB führt (§ 342 Rz 14).[2] DRS 20 gibt explizit Empfehlungen zum Inhalt der einzelnen Bestandteile des Konzernlageberichts (Rz 16 ff.). Die Beachtung des DRS 20 ist seit dem Gj 2013 verpflichtend. Da der DRS 20 teilweise Forderungen enthält, die über die gesetzlichen Verpflichtungen hinausgehen, ist er nicht unumstritten[3] und sollte lediglich auf der Basis von weitgehend sinnvollen Empfehlungen genutzt werden.[4] Mit dem im Entwurf vorliegenden DRÄS 8[5] sollen in dem DRS 20 die durch das CSR-RLUG erfolgten gesetzlichen Änderungen der Konzernlageberichterstattung berücksichtigt und i. S. d. Aufgaben des DRSC als Rechnungslegungsempfehlung weiter konkretisiert werden.[6]

Unt, die nach § 315e HGB (bis zum Gj 2016 § 315a HGB aF) ihren Konzernabschluss nach den IFRS verpflichtend (Abs. 1 und 2) oder freiwillig (Abs. 3) erstellen, haben die Anforderungen des § 315e Abs. 1 HGB zu beachten. Dieser fordert von IFRS-Anwendern einen vollständigen Konzernlagebericht nach diesem Paragrafen. Nur so entfaltet der IFRS-Abschluss die befreiende Wirkung hinsichtlich des Konzernabschlusses nach HGB. Aufgrund der unterschiedlichen Rechtsnormen kommt es in einigen Teilen zu Überschneidungen von Inhalten des IFRS-Konzernabschlusses und dem (HGB-)Konzernlagebericht. Dennoch verlangt DRS 20.20 grds. eine Aufstellung in geschlossener Form für den Konzernlagebericht, d. h. ohne Verweise auf den Konzernanhang. Ausnahmen stellen z. B. dar:

- die Erklärung zur Unternehmensführung gem. § 315e HGB (kann auf der Internetseite des Konzerns erfolgen),
- Angaben zur Vergütung der Organmitglieder (separat innerhalb des Corporate Governance-Berichts im Geschäftsbericht),
- Angaben aufgrund § 315a Abs. 2 HGB von KM-orientierten Unt (auch im Konzernanhang, s. auch DRS 20.K192, K198, K219 und K231).

Somit sind ggf. Angaben sowohl im Konzernanhang als auch im Konzernlagebericht nötig, was zu vom DRSC gewollten, allerdings vom Gesetzgeber etwa mit der Umsetzung der CSR-RL wieder verringerten (§ 315a Rz 39) Doppelausweisen führt.

Konzernlageberichte, die nach DRS 20 erstellt werden, erfüllen nicht wie noch im E-DRS 27 angestrebt sowohl HGB als auch IFRS. Allerdings handelt es sich beim *Practice Statement* ausschließlich um Empfehlungen des IASB, die nicht verpflichtend anzuwenden sind, und der Überschneidungsbereich ist vergleichsweise groß, so dass mit wenigen Zusatzangaben bzw. konkreteren Angaben eine duale Anforderungserfüllung möglich erscheint.

---

[2] Vgl. *Müller/Stawinoga*, in *Müller/Stute/Withus* (Hrsg.), Handbuch Lagebericht, Teil A, Rz. 14. Bezüglich der praktischen Erfahrungen vgl. z. B. *Kajüter/Bachert/Blaesing/Kleinmanns*, Betriebswirtschaft 2010, S. 457.
[3] Vgl. *Lorson/Melcher/Müller/Velte/Wulf/Zündorf*, ZGR 2015, S. 887.
[4] Vgl. *Martin/Mühlbauer*, B+B 7–8/2016, S. 44; *Wiechers*, BBK 2017 S. 177.
[5] https://www.drsc.de/app/uploads/2017/06/170620_E-DRAES_8_website-1.pdf, letzter Abruf am 3.8.2017.
[6] Vgl. *Müller/Scheid*, BB, 2017, S. 1835–1838.

2 Inhalte

2.1 Anforderungen, Form und Umfang

10 Der Konzernlagebericht ist aufgrund seiner Bedeutung nach § 290 Abs. 1 HGB als ein **eigenständiges Element** klar und deutlich als solcher zu kennzeichnen. Aufgrund seiner eigenständigen Bedeutung muss er grds. eigenständig lesbar sein, ohne auf andere Bestandteile im Konzernabschluss zu verweisen. Allerdings liegt mit der Konzernerklärung der Unternehmensführung (§ 315e HGB) und der nichtfinanziellen Konzernerklärung (§ 315b HGB) explizit Berichte bzw. Berichtsteile vor, die als Abschnitt im Konzernlagebericht oder getrennt vom Konzernlagebericht dargestellt werden dürfen. Die in § 315a HGB verlangten übernahmerelevanten Angaben und Angaben zum Vergütungssystem können auch teilweise durch Angaben im Konzernanhang erfüllt werden.

Grundsätzlich sind positive wie auch negative Aspekte separat darzustellen (DRS 20.16). Im Rahmen des Geschäftsberichts eines Konzerns befindet sich der Konzernlagebericht regelmäßig vor dem Konzernabschluss.[7]

Nach dem aktuell vorliegenden DRS 20.12 hat der Konzernlagebericht „sämtliche Informationen zu vermitteln, die ein verständiger Adressat benötigt, um die Verwendung der anvertrauten Ressourcen und um den Geschäftsverlauf im Berichtszeitraum und die Lage des Konzerns sowie die voraussichtliche Entwicklung mit ihren wesentlichen Chancen und Risiken beurteilen zu können." Allerdings befindet sich der DRS 20 in Überarbeitung, so dass es hier angesichts der erfolgten Gesetzesänderungen zu einer Änderung kommen könnte.

11 Dazu hat der Konzernlagebericht **materiellen und formellen Anforderungen** zu genügen. Hierzu gehören in Anlehnung an die GoB und § 297 Abs. 2 HGB insb. die Grundsätze der Vollständigkeit, Verlässlichkeit und Ausgewogenheit, Klarheit und Übersichtlichkeit, Vermittlung der Sicht der Konzernleitung, Wesentlichkeit und Informationsabstufung.[8] Wie für den Konzernabschluss ist auch für den Konzernlagebericht das Gebot der Stetigkeit und der Wahrheit zu beachten.

12 **Stetigkeit** bedeutet, dass der Konzernlagebericht hinsichtlich Form und Inhalt stetig fortzuführen ist. Ist durch eine geänderte Berichterstattung eine bessere Klarheit und Übersichtlichkeit im Konzernlagebericht gegeben, kann der Stetigkeitsgrundsatz durchbrochen werden. Wird der Stetigkeitsgrundsatz durchbrochen, ist hierüber Bericht zu erstatten. Insb. sind die Gründe hierfür anzugeben. Vj.-Angaben sind – wenn möglich – anzupassen (DRS 20.26), wobei generell im Konzernlagebericht die Angabe von Vj.-Werten nur empfohlen und nicht gesetzlich gefordert sind.

13 **Wesentlichkeit** für den Konzernlagebericht bedeutet, dass Informationen aus Sicht des Konzerns und nicht aus Sicht des MU von Bedeutung sein müssen. Zudem ist der Grundsatz der **Informationsabstufung** zu beachten, wonach Ausführlichkeit und Detaillierungsgrad der Ausführungen im Konzernlagebericht von den spezifischen Gegebenheiten des Konzerns, wie insbesondere

---

[7] Vgl. *Stute*, 2010, S. 173 f.
[8] Vgl. DRS 20.12–35.

von der Art seiner Geschäftstätigkeit, seiner Größe und der Inanspruchnahme des KM, abhängen (DRS 20.34).

Die im Konzernlagebericht getätigten Aussagen müssen **verlässlich** sein. Dies bedeutet, dass sie zutreffend und nachvollziehbar sein müssen und einseitige Darstellungen nicht getätigt werden dürfen. Die im Konzernlagebericht getätigten Aussagen müssen ferner frei von Widersprüchen zum Konzernabschluss und konsistent mit diesem sein (DRS 20.19). 14

Mit dem **BilRUG** ist es ab den Gj 2016 zu Änderungen des § 315 HGB, insbesondere durch die Übertragung der bisher auf den Lagebericht beschränkten Erklärung zur Unternehmensführung aus § 289a HGB auf den Konzernlagebericht gekommen. Zudem wurde der **Nachtragsbericht** (Vorgänge von besonderer Bedeutung, die nach dem Schluss des Gj eingetreten sind), für Gj, die nach dem 31.12.2015 beginnen, in den Konzernanhang verschoben (§ 314 Rz 121 ff.). 15

Mit dem **CSR-RL-Umsetzungsgesetz**[9] wurde für große KM-orientierte Unt für nach dem 31.12.2016 beginnende Gj die Konzernlageberichterstattung neu strukturiert und deutlich erweitert. Es wurden die §§ 315a bis 315d HGB neu eingefügt; der bisherige **§ 315a HGB aF ist inhaltlich unverändert in § 315e HGB verschoben** worden. Die bislang in § 315 Abs. 4 HGB aF geforderten **übernahmerelevanten Angaben** finden sich in § 315a Abs. 1 HGB nF in überarbeiteter Form. Die bisher in § 315 Abs. 2 Nr. 4 HGB aF geforderten weiteren Pflichtangaben zu den Grundzügen des **Vergütungssystems** für börsennotierte MU sind in § 315a Abs. 2 HGB verschoben worden. Zusätzlich wird eine **nichtfinanzielle Konzernerklärung** verlangt (§ 315b HGB), die als gesonderter Teil des Konzernlageberichts oder als getrennter Bericht umgesetzt werden darf. Die **Erklärung der Konzernführung** wird von § 315 Abs. 5 HGB aF in erweiterter Form nun in § 315d HGB gefordert. Auch diese kann aus dem Konzernlagebericht ausgelagert werden. Innerhalb des § 315 HGB wurde die Pflicht zur Einbeziehung der nichtfinanziellen Leistungsindikatoren in die Analyse des Geschäftsverlaufs aus § 315 Abs. 1 Satz 4 HGB aF in einen neuen Abs. 3 und die Beschreibung der wesentlichen Merkmale des internen Kontroll- und Risikomanagementsystems aus § 315 Abs. 2 Nr. 5 HGB aF in den neuen Abs. 4 verschoben. Der bisherige Abs. 3 wird Abs. 5.

Wie beim Konzernanhang hat der Gesetzgeber für den Konzernlagebericht **keine zwingenden Gliederungsvorgaben** vorgesehen. Basierend auf den allgemeinen Grundsätzen, soll der Konzernlagebericht ein zutreffendes Bild der Lage des Konzerns geben. Insofern ist eine **Gliederung** nach **sachlichen, logischen** und **zweckmäßigen** Kriterien geboten. Informationen sind dementsprechend zusammenzufassen. In der **Praxis** haben sich **unterschiedliche Gliederungen** herausgebildet, die aber alle nach einem ähnlichen Muster aufgebaut sind. DRS 20 gliedert (in Anpassung an die aktuelle Gesetzeslage) wie folgt: 16

- **Grundlagen des Konzerns:** Geschäftsmodell, Ziele und Strategien (freiwillig), Steuerungssystem, Forschungs- und Entwicklungsbericht;
- **Wirtschaftsbericht:** Bestandteile des Wirtschaftsberichts sind immer die Darstellung und Analyse des Geschäftsverlaufs nebst Rahmenbedingungen,

---

[9] Gesetz zur Stärkung der nichtfinanziellen Berichterstattung der Unternehmen in ihren Lage- und Konzernlageberichten (CSR-Richtlinie-Umsetzungsgesetz) BGBl 2017 I S. 802.

Geschäftsergebnis und aktueller Lage, bedeutende Leistungsindikatoren sowie Ausführungen zur Vermögens-, Finanz- und Ertragslage, wobei diese Ausführungen getrennt für jedes Element (Vermögens-, Finanz- und Ertragslage) vorzunehmen sind;
- **Vergütungsbericht (DRS 17)** (nur für börsennotierte Unt nach § 315a Abs. 2 HGB);
- **Forschungs- und Entwicklungsbericht;**
- **Prognose-, Chancen- und Risikobericht:** Der Prognosebericht sollte zum einen eine Entwicklungsprognose und zum anderen eine Sensitivitätsanalyse beinhalten. Ferner ist es sinnvoll, Ausführungen zu den Risikozielen von Finanzinstrumenten aufzunehmen; der Risikobericht sollte nicht nur auf die Risikoanalyse eingehen, sondern auch Ausführungen zu den Risiken von Finanzinstrumenten und dem internen Kontroll- und Risikomanagementsystem enthalten. Sofern der Risikoteil im Rahmen des Prognoseberichts aufgenommen wurde, kann ein separater Risikobericht entfallen; zudem hat ein Chancenbericht zu erfolgen;
- **Internes Kontrollsystem und Risikomanagementsystem** bezogen auf den Konzernrechnungslegungsprozess (nur KM-orientierte Unt);
- **Risikoberichterstattung in Bezug auf die Verwendung von Finanzinstrumenten;**
- **Übernahmerelevante Angaben** (nur KM-orientierte Unt nach § 315a Abs. 1 HGB);
- **Eigentumsstrukturbericht;**
- **Versicherung der gesetzlichen Vertreter** des MU (umgangssprachlich auch als Bilanz- oder Lageberichtseid bezeichnet).

17 Sofern geboten, kann ein Inhaltsverzeichnis bzw. eine Gliederung den Ausführungen im Konzernlagebericht vorangestellt werden. Die einzelnen Abschnitte sind durch Überschriften deutlich kenntlich zu machen (DRS 20.25).

18 § 315 HGB unterscheidet nun auch sprachlich nicht mehr zwischen Pflicht- und Sollbestandteilen, wobei bereits vorher die unter Abs. 2 aufgeführten Angaben als notwendig angesehen wurden. DRS 20 fordert diese unter Beachtung des Grundsatzes der Informationsabstufung regelmäßig. Somit sind alle in § 315 HGB geforderten Angaben als Mindestumfang des Lageberichts zu verstehen.

2.2 Konzernlagebericht (Abs. 1)

2.2.1 Angaben zum Geschäftsverlauf und Analyse von Geschäftsverlauf und Lage des Konzerns (Abs. 1 Satz 1 und 2)

19 Der **Geschäftsverlauf** des Gj ist in einem **Wirtschaftsbericht** zu analysieren, zusammenzufassen und wiederzugeben. Hierbei sind die Geschäftsfelder des Konzerns sowie die Struktur und Komplexität des Konzerns ausgewogen und umfassend zu berücksichtigen. Es sind nicht nur finanzielle Angaben, sondern auch nicht finanzielle Leistungsindikatoren in den Wirtschaftsbericht aufzunehmen.

20 Für den in § 315 Abs. 1 Sätze 1–4 HGB verlangten, unter das Gebot der Vermittlung tatsächlicher Verhältnisse gestellten **Wirtschaftsbericht,** der als Herzstück des Konzernlageberichts bezeichnet werden kann,[10] genügt es nicht, den Ge-

---

[10] Vgl. *Ergün/Müller,* in *Müller/Stute/Withus* (Hrsg.), Handbuch Lagebericht, Teil B2, Rz. 1.

schäftsverlauf und die Lage des Konzerns zu analysieren und darzustellen. **Ausgangspunkt** für eine fundierte Analyse des Geschäftsverlaufs und der wirtschaftlichen Lage stellen die **Geschäftstätigkeit und deren Rahmenbedingungen** dar. Zum besseren Verständnis fordert DRS 20.36 als Ausgangspunkt für die Darstellung, Analyse und Beurteilung des Geschäftsverlaufs und der wirtschaftlichen Lage Angaben zu den Grundlagen des Konzerns. Konkret ist bzgl. des **Geschäftsmodells**, soweit für das Verständnis der Ausführungen im Konzernlagebericht erforderlich, einzugehen auf die organisatorische Struktur des Konzerns, Segmente, Standorte, Produkte und Dienstleistungen, Geschäftsprozesse, Absatzmärkte sowie externen Einflussfaktoren für das Geschäft.[11] Die nach DRS 20.39 im Folgenden gewünschten Angaben zu **Zielen und Strategien** des Konzerns lassen sich nicht aus dem Gesetz ableiten und erfolgen somit freiwillig. KM-orientierte Unt sollen nach DRS 20.K45 daran anschließend auf das **Steuerungssystem** eingehen.

Angaben zu den **Zielen** und **Strategien** des Konzerns sollen den Abschlussadressaten dabei unterstützen, die im Konzernlagebericht publizierten Informationen besser in das wirtschaftliche Umfeld einzuordnen. Allerdings bleibt es bei der freiwilligen Angabe. Insb. nennt DRS 20.40 hier die verbesserte Möglichkeit für den Abschlussadressaten, den Geschäftsverlauf, die wirtschaftliche Lage und die voraussichtliche Entwicklung im Hinblick auf die angestrebten Ziele im Rahmen einer Strategieberichterstattung besser einordnen zu können.

21

> **Beispiele zu strategischen Zielen**
> Im Bereich Kunden und Märkte:
> - Marktanteile, Marktpositionierung, Marktdurchdringung,
> - Markenentwicklung,
> - Kundenakzeptanz, Kundenzufriedenheit.
> Im Bereich Anteilseigner:
> - Unternehmenswert,
> - Dividendenpolitik.
> Im Bereich Produkte:
> - Produktmix/Portfolios,
> - Produktdiversifizierung.

Unter **Strategien** wird üblicherweise das längerfristige Ausrichten eines Unt unter Berücksichtigung der vorhandenen Ressourcen verstanden, um gesetzte Ziele zu erreichen. Die freiwilligen Angaben zur Strategie des Konzerns im Hinblick auf die Ziele beschränken sich somit auf den Konzern selbst und betreffen nicht untergeordnete Organisationsstrukturen wie z.B. Geschäftsbereiche. DRS 20 lässt dabei den freiwilligen Berichtsumfang und die Berichtstiefe offen. Neben den allgemeinen Ausführungen zu den strategischen Zielen können im Rahmen des Wirtschaftsberichts zusätzlich Aussagen zur Zielerreichung mit aufgenommen werden.

22

DRS 20 erweitert die Angaben zur Darstellung des Geschäftsmodells, der Strategien und Ziele sowie den Steuerungssystemen **über die gesetzlichen Vor-**

23

---

[11] Vgl. *Ergün/Müller*, in *Müller/Stute/Withus* (Hrsg.), Handbuch Lagebericht, Teil B1, Rz. 1 ff.

gaben hinaus. Je nach Detaillierungsgrad und Struktur im Konzern kann dies u. U. zu unerwünschten Publizitätseffekten von Unternehmensinterna führen. Ähnlich dem *Practice Statement* zum Management Commentary des IASB können sie nur als Empfehlungen betrachtet werden. Es bleibt abzuwarten, ob diese Angaben zur Akzeptanz bei den Anwendern führen werden und hier detaillierte Aussagen getätigt werden oder ob nur allgemeine Angaben vorzufinden sind. Untersuchungen zur Strategieberichterstattung haben Angaben im Konzernlagebericht in unterschiedlichster Weise vorgefunden, die mangels einer Normierung aber nicht zu einer generellen Aussage bzgl. des Umfangs und der Qualität einer Strategieberichterstattung führen.[12] Eine **Nichtangabe** im Konzernlagebericht kann nicht zu Konsequenzen führen, soweit der Konzernlagebericht ansonsten im Rahmen der rechtlichen Vorschriften erstellt wird und im Einklang mit diesen ist (§ 342 Rz 16).

24 Das im Konzern eingesetzte **Steuerungssystem** ist von KM-orientierten MU darzustellen (DRS 20.K45). Unter dem Steuerungssystem ist dabei das Managementsystem zu verstehen, das zur Zielerreichung und Strategieumsetzung verwendet wird und mit den Beteiligungen sowie der Leistungsprozess von der Beschaffung zum Absatz gesteuert wird. Eine einfache verbale Beschreibung des Systems kann dabei als hinreichend betrachtet werden. Die Pflicht zur Angabe von **Kennzahlen**, nach denen der Konzern gesteuert wird, beschränkt sich auf Angaben im Kontext der Konzernsteuerung. I. d. R. werden sich diese Kennzahlen auf betriebswirtschaftliche Größen zur Vermögens-, Finanz- und Ertragslage sowie zur Unternehmenswertsteuerung beschränken. Sofern erforderlich, sind die Kennzahlen zu erläutern, wobei sich die Erläuterung auch auf die Berechnung der Kennzahlen erstreckt. Die Angabe zur Berechnung der Kennzahlen ist nicht neu, sie wurde bisher lediglich für finanzielle Leistungsindikatoren gefordert und nun in den Angaben zum Steuerungssystem integriert. Mit der Berichtspflicht von Steuerungssystem und Kennzahlen erfolgt die Umsetzung des in den IFRS implementierten Management Approach auf für HGB basierte Konzernabschlüsse und Konzernlageberichte. Wie für die Ziele und Strategien ist die Angabepflicht zu den Steuerungssystemen des Konzerns nur von KM-orientierten MU zu erfüllen.

25 Erhöhte Berichtspflichten ergeben sich auch, sofern das MU im Rahmen des Konzernabschlusses eine **SegmBer** veröffentlicht. Neben den Erläuterungen zur Entwicklung der Segmente im Wirtschaftsbericht sind im Konzernlagebericht von KM-orientierten Unt Erläuterungen zu den Steuerungssystemen der Segmente aufzunehmen. Voraussetzung für diese Angabepflicht ist, dass sich die für die Segmente verwendeten Kennzahlen grundlegend voneinander unterscheiden. Ursachen für heterogene Segmentstrukturen können z. B. in der Aufbauorganisation eines Konzerns oder in den unter dem Konzerndach vereinten unterschiedlichen Geschäftsmodellen sein.

26 Die in DRS 20 geforderten Angaben zu den Steuerungssystemen von KM-orientierten Unt sind auch im **Mehrjahresvergleich** zu betrachten. Liegen wesentliche Veränderungen in den Steuerungssystemen oder in den Berechnungsmethoden von Kennzahlen vor, ist über die jeweiligen Sachverhalte im Konzernlagebericht zu berichten. Insb. sind die Veränderungen gegenüber dem Vj. darzustellen.

---

[12] Vgl. *Weißenberger/Sieber/Kraft*, KoR 2011, S. 254.

Unter wesentlichen Veränderungen sind die Veränderungen zu verstehen, die die Vermögens-, Finanz- und Ertragslage des Konzerns beeinflussen. Basierend auf diesen vorgeschalteten Erläuterungen der Grundlagen kann der Konzernlagebericht im Wirtschaftsbericht seinen Adressaten aufzeigen, wie sich der Konzern im abgelaufenen Konzern-Gj entwickelt hat und welche Gegebenheiten zu dieser Entwicklung geführt haben.[13] Diese Aussagen sind nicht nur beschreibender, sondern teilweise auch wertender Art. Letzteres gilt bspw. für Aussagen der Konzernleitung darüber, ob sie die jüngste Konzernentwicklung als günstig oder ungünstig beurteilt, wobei die wirtschaftliche Gesamtbeurteilung des Konzerns aus der Sicht der Konzernleitung im Vordergrund des Berichts steht und nicht die Erläuterung einzelner Posten des Konzernabschlusses. Welche Angaben hier zu machen sind, hängt von den spezifischen Gegebenheiten des Einzelfalls ab.

Ein Überblick über den Geschäftsverlauf und die Lage des Konzerns kann nur vor dem Hintergrund der gesamtwirtschaftlichen und branchenspezifischen Rahmenbedingungen erfolgen.[14] Deshalb ist es erforderlich, u.a. kurz auf die gesamtwirtschaftliche Entwicklung einzugehen und über die Gegebenheiten und Entwicklungen der konzernrelevanten Branchen zu berichten. Zudem empfiehlt es sich, über den Bereich Personal- und Sozialwesen sowie sonstige wichtige Vorgänge und Ereignisse zu informieren.[15]

> **Beispiel**[16]
> Zu den Angaben zur **gesamtwirtschaftlichen Entwicklung** gehören u.a. Angaben zur konjunkturellen Entwicklung (z.B. Nachfrageentwicklung), zu konjunkturpolitischen Maßnahmen auf den Gebieten der Steuer-, Geld-, Zins- und Außenwirtschaftspolitik, zu gesellschaftspolitischen Ereignissen (z.B. wirtschaftspolitische Reformen) etc., soweit der Konzern von diesen gesamtwirtschaftlichen Entwicklungen bzw. Maßnahmen betroffen ist.
> Zu den Angaben über **konzernrelevante Branchen** gehören u.a. Angaben über die Strukturen der konzernrelevanten Branchen (z.B. Wettbewerbs- und Marktverhältnisse), deren Konjunkturlage (z.B. Branchenumsatz, Branchenrentabilität, Branchenproduktionsleistung, Branchenpreis- und Lohnentwicklung) sowie Aussagen über die Position des Konzerns innerhalb dieser Branchen (z.B. Marktanteil, gewählte Marktstrategie).

Mit den Angaben zum Bereich **Personal und Soziales** ist über die **Arbeitnehmerschaft** (z.B. Anzahl und Qualifikation der Mitarbeiter, Altersaufbau, Fluktuation), über **Arbeitszeitregelungen, Arbeitsbedingungen, Mitbestimmungsregelungen**, über die **Struktur des Personalaufwands** (z.B. gesetzliche, tarifliche, freiwillige Bestandteile), über **Entlohnungssysteme** (z.B. Akkordlohn, Monatslohn, Fremdlohn), über **besondere Vergütungsregelungen** (z.B. Gewinnbeteiligung, Gratifikationen, Belegschaftsaktien), über **betriebliche So-

---

13 Vgl. WPH Edition, Wirtschaftsprüfung & Rechnungslegung, 15. Aufl., 2017, Abschn. G, Tz 889.
14 Vgl. DRS 20.59.
15 Vgl. Ergün/Müller, in Müller/Stute/Withus (Hrsg.), Handbuch Lagebericht, Teil B2, Rz 17ff.
16 Vgl. Müller/Peffekoven, in Kußmaul/Müller (Hrsg.), HdB, Beitrag Konzernlagebericht, Rz 36, Stand 8/2016.

zialleistungen (z. B. betriebliche Altersversorgung, Betriebskrankenkassen, Fürsorgeeinrichtungen, Unfallschutz, Werkswohnungen, Erholungsheime, Betriebskindergärten, Werksverpflegung) und über **Aus- und Fortbildung** (z. B. über das Angebot an Aus- und Weiterbildungsmaßnahmen einschließlich dafür unterhaltene Einrichtungen, Ausgaben für Schulung und Fortbildung wie auch über den Umfang, in dem die Belegschaft Aus- und Weiterbildungsmöglichkeiten genutzt hat bzw. nutzt) zu informieren. Gleichzeitig ist auf **betriebsinterne** wie auch **betriebsexterne Gegebenheiten** oder **Ereignisse** einzugehen mit besonderem Einfluss auf die Bereiche Personal und Soziales, insb. wesentliche Betriebsvereinbarungen, tarifliche Vereinbarungen und Streiks.[17]

30 Im Rahmen der Darstellung des Konzerngeschäftsverlaufs ist auch auf **sonstige wichtige Vorgänge** und/oder Ereignisse des abgelaufenen Konzern-Gj einzugehen.

> **Beispiel**
> Zu diesen **berichtspflichtigen Vorgängen/Ereignissen** gehören u. a. wesentliche Veränderungen der rechtlichen Rahmenbedingungen, der Abschluss oder die Beendigung wichtiger Verträge (z. B. Kooperationsvereinbarungen, Gewinnabführungs-, Beherrschungs-, Eingliederungsverträge, Lizenzverträge). Zu berichten ist auch über wichtige laufende bzw. abgeschlossene Rechtsstreitigkeiten, über den Erwerb oder die Veräußerung von konzernwesentlichen Anteilen/Beteiligungen, über wettbewerbsrechtlich bzw. kartellrechtlich bedeutsame Fragen für den Konzern, über Betriebsgrößenveränderungen, über Änderungen der Rechtsform und der Gesellschafterstruktur wichtiger Konzernges., über besondere Unglücksfälle, Naturkatastrophen, über Arbeitskampfmaßnahmen, Restrukturierungsmaßnahmen, Personalveränderungsmaßnahmen, Umstrukturierungs- und Rationalisierungsmaßnahmen sowie über damit verbundene Mitarbeiterumsetzungen, Entlassungen etc. und über Vorruhestandsregelungen sowie damit verbundene Abfindungsregelungen.

31 Zu informieren ist auch über **Vorgänge bzw. Ereignisse**, welche die **rechtlichen**, **wirtschaftlichen** und **gesellschaftlichen Rahmenbedingungen** ändern (z. B. Währungskrisen, politische Veränderungen, Veränderungen in den Absatz- und Beschaffungsmarktbedingungen, Umweltauflagen, Ausgliederungen von Unternehmensbereichen).[18]

32 Neben dem Geschäftsverlauf sind **Angaben zur Lage** des Konzerns in den Konzernlagebericht aufzunehmen. Hier wird es zwangsläufig zu Überschneidungen kommen. Im Prinzip ist die Lage eine Weiterentwicklung des Geschäftsverlaufs auf den Konzernbilanzstichtag mit einem Ausblick auf künftige Entwicklungen, die bereits zum Konzernbilanzstichtag bekannt sind. Insofern kann bereits aus dem Geschäftsverlauf auf die Lage geschlossen werden. Im Kontext der Rechnungslegung kann unter der Lage die gegenwärtige und zukünftige Vermögens-, Finanz- und Ertragslage verstanden werden. Da auch nichtfinanzielle Indikatoren in die Analyse nach § 315 Abs. 1 HGB einzubeziehen sind, sind auch diese, die Lage beeinflussenden Faktoren zu benennen.

---

[17] Vgl. *Busse von Colbe/Ordelheide/Gebhardt/Pellens*, Konzernabschlüsse, 2010, S. 674.
[18] Vgl. *Scherrer*, Kommentierung § 315 HGB, in BoHdR, § 315 HGB, Anm. 10.

> **Beispiel**
> Konkret können in Anlehnung an DRS 20.60 Angaben in folgenden Bereichen im Rahmen der Erläuterung des Geschäftsverlaufs erforderlich sein:
> - Umstrukturierungs- und Rationalisierungsmaßnahmen,
> - Unternehmenserwerbe/-veräußerungen,
> - Veränderungen bei Kooperationsvereinbarungen,
> - Veränderungen der rechtlichen oder wirtschaftlichen Rahmenbedingungen,
> - Veränderungen der Markt- und Wettbewerbsbedingungen,
> - Veränderungen des Marktanteils oder der Wettbewerbsposition,
> - besondere saisonale Einflüsse,
> - besondere Schadens- und Unglücksfälle.

Ein **grundlegendes Element** des Konzernlageberichts ist dabei die Darstellung der **Vermögens-, Finanz- und Ertragslage**.
Bzgl. der **Ertragslage** (§ 264 Rz 74 ff.) soll die Ergebnisentwicklung des Konzerns analysiert und erläutert werden. Im Zusammenhang mit der Darstellung der Ertragslage des Konzerns ist u. a. konkret über dessen Ergebnisentwicklung, seine Ergebnisstruktur (abgebildet z. B. durch Strukturkennzahlen) und über seine wesentlichen Ergebnisquellen zu berichten, wobei das Ergebnis in betriebliches und betriebsfremdes Ergebnis aufzuteilen ist; gleichzeitig müssen geschäftsgewöhnliche und ungewöhnliche oder nicht wiederkehrende Ergebniskomponenten voneinander getrennt quantifiziert werden.[19] Soweit erforderlich, sind auch etwaige periodische und/oder aperiodische Ergebniskomponenten einzeln darzustellen. Zum Zwecke umfassender und sachgerechter Informationsdarbietung zur Ertragslage kann es evtl. auch erforderlich sein, Aufwandsstruktur- sowie Rentabilitätskennzahlen zu bilden.[20] Verschiedene Einflüsse sind – soweit wesentlich – gem. DRS 20.67 in der Rangfolge ihrer Bedeutung darzustellen. So kann etwa die Aufschlüsselung in Mengen und Preiseffekte notwendig sein. Sind verschiedene Erklärungen für die Veränderung eines Postens verantwortlich, so sind diese bei Wesentlichkeit alle aufzuführen.

33

> **Beispiel**
> Als Beispiele können nach DRS 20.68 dienen:
> - Rohstoffmangel, Mangel an Fachkräften, unsichere Zulieferungsbedingungen,
> - Entwicklung von Patenten, Lizenzen oder Franchiseverträgen,
> - starke Abhängigkeit von bestimmten Zulieferern oder Kunden,
> - Produkthaftung,
> - Umweltschutzaufwendungen und mögliche Umweltschutzhaftung,
> - Änderung der rechtlichen oder regulatorischen Rahmenbedingungen, z. B. Einschränkung der Absatz- oder Beschaffungsmöglichkeiten,
> - Wechselkursschwankungen oder unterschiedliche Inflationsraten bei Aufwendungen und Erträgen oder auf verschiedenen Märkten.

---

19 Vgl. DRS 20.66.
20 Vgl. *Coenenberg*, Ertragslage, in *Leffson/Rückle/Großfeld* (Hrsg.): Handwörterbuch unbestimmter Rechtsbegriffe im Bilanzrecht, HGB, 1986, S. 162.

34 Integraler Bestandteil der Ertragslage ist die Auftrags- und Umsatzentwicklung im Konzern. Im Rahmen der Analyse der Ertragslage ist hierauf gesondert einzugehen. Werden Ausführungen zur Auftrags- und Umsatzreichweite getätigt, ist auf eine konsistente Aussage mit den Ausführungen im Prognosebericht zu achten. Dies gilt im Besonderen für Auftragseingänge von Langfristaufträgen, die erst in kommenden Berichtsperioden ihre volle Wirkung entfalten werden. Haben die Umsatzerlöse aufgrund der Art des Geschäftsmodells für den Konzern keine große Bedeutung, so ist die Position nach DRS 20.71 in der Berichterstattung durch relevantere gleichwertige Angaben zu ersetzen.

35 Bei der **Vermögenslage** (§ 264 Rz 65 ff.) soll die Zusammensetzung des Konzernvermögens erläutert werden. Zudem soll auf wesentliche Veränderungen gegenüber dem Vj. eingegangen werden. Dazu werden zweckmäßigerweise Vermögenskennzahlen, Aussagen zur Zusammensetzung des Vermögens wie auch Angaben zur Investitions- und Abschreibungspolitik, zu wesentlichen Unterschiedsbeträgen zwischen den Buchwerten der VG und ihren Zeit- bzw. Verkehrswerten, zu betriebsindividuell begründeten Abweichungen von ansonsten üblichen Werten, zum bilanzmäßig nicht ausgewiesenen Vermögen etc. erläutert. Einzugehen ist auch darauf, inwieweit die Vermögenswerte durch außerbilanzielle Geschäfte und Haftungsverhältnisse wesentlich beeinflusst werden und ob Vermögensteile aufgrund politischer oder sonstiger Einflüsse bedroht sind. Weiterhin ist auf wesentliches nicht betriebsnotwendiges Vermögen hinzuweisen.

36 Die Darstellung der Lage des Konzerns wird vervollständigt durch Angaben über bereits begonnene oder beabsichtigte bedeutende Vorhaben, schwebende Geschäfte und wesentliche Entwicklungstendenzen. Auch hinsichtlich dieser Berichtspflicht kommt es grds. nur auf die Darstellung solcher Entwicklungen an, die den **Konzern in seiner Gesamtheit** und nicht nur einzelne KonzernUnt beeinflussen. Gleichwohl kann auch über einzelne KonzernUnt zu berichten sein, wenn sich aufgrund neuer Entwicklungen für die überschaubare Zukunft abzeichnet, dass bspw. einzelne KonzernUnt stillzulegen sind und dies gleichzeitig für die Lage des Konzerns bedeutsam ist.[21]

37 Bei der **Finanzlage** (§ 264 Rz 69 ff.) soll die Kapitalstruktur des Konzerns erläutert werden. Dabei ist von KM-orientierten Unt auch auf Grundsätze des Finanzmanagements einzugehen (DRS 20.K79) Darüber hinaus sind Aussagen zur zukünftigen Erreichbarkeit bzw. Beibehaltung des finanziellen Gleichgewichts notwendig (Liquiditätslage). Dieses Gleichgewicht besteht dann, wenn die zukünftigen Auszahlungen durch vorhandene liquide Mittel und zukünftige Einzahlungen gedeckt werden. Aussagen zur Finanzlage sind somit Aussagen über die Fähigkeit des Konzerns, seine Zahlungsverpflichtungen zu erfüllen.[22] Nach DRS 20.78 werden im Zusammenhang mit der Darstellung der Finanzlage auch Aussagen zur **Kapitalstruktur** (Deckungsgrade, horizontale Bilanzstrukturkennzahlen), zu **Investitionen** und zur **Liquiditätslage** (Liquiditätsgrade 1., 2. oder 3. Ordnung aber auch Finanzierungsrechnungen i. S. v. Cashflow-Rechnungen bzw. Rechnungen zur Cashflow-Rentabilität oder auch Aussagen zur KFR) erwartet.[23] Letztere ist Basis der Liquiditätsanalyse, wobei neben der zukunftsorientierten Betrachtung

---

[21] Vgl. WPH Edition, Wirtschaftsprüfung & Rechnungslegung, 15. Aufl., 2017, Abschn. G, Tz 891.
[22] Vgl. DRS 20.95.
[23] Vgl. *Lachnit*, Bilanzanalyse, 2004, S. 267.

auch die abgelaufene Periode mit ihren Veränderungen des Zahlungsbestands darzustellen und zu kommentieren ist.

DRS 20.81 ff. verlangt eine ausführliche Darstellung und Analyse der **Kapitalstruktur** des Konzerns. Hier ist insb. auf Verbindlichkeiten mit Strukturangaben zu Fälligkeiten, Währung und Zinsen einzugehen. Ferner sind Aussagen zu Finanzierungsmaßnahmen zu tätigen, sei es durch Eigen- oder Fremdfinanzierung. Bei KM-orientierten MU ist zudem auf die Kreditwürdigkeit aufgrund eines durchgeführten Ratings einzugehen. Sämtliche Angaben sind mit einem Vorjahresvergleich zu versehen, sofern die Änderungen gegenüber dem Vj. wesentlich sind. 38

Sind **Investitionen** wesentlich für den Konzern, sind entsprechende Ausführungen im Wirtschaftsbericht aufzunehmen. Investitionen können sich dabei auf Finanz- und Sachanlagen sowie auf immaterielle VG erstrecken. Der Umfang erstreckt sich von abgeschlossenen über laufende bis hin zu geplanten Investitionen, wobei neben der eigentlichen Investition auch auf die Finanzierung der Investition einzugehen ist. 39

Aussagen zur **Liquidität** sollen anhand der Kapitalflussrechnung erläutert werden. Im Mittelpunkt soll die Fähigkeit des Konzerns stehen, seinen Zahlungsverpflichtungen nachzukommen, künftige Liquiditätsengpässe zu identifizieren und diese zu beheben. Ein Abgleich mit der künftigen Geschäftsentwicklung ist damit unabdingbar. Insofern müssen die Aussagen kongruent zu den im Prognosebericht gegebenen Informationen sein. Mögliche Liquiditätsbelastungen durch vorzeitige Rückzahlungsverpflichtungen sind ebenfalls aufzunehmen. Diese können sowohl bilanzierte als auch außerbilanzielle Verpflichtungen, z. B. durch Garantien, Leasingverträge oder Optionen, beinhalten. Es sind ebenfalls Aussagen zu Liquiditätspotenzialen zu tätigen. Gefordert werden explizit Angaben zu nicht ausgenutzten Kreditlinien. Da die KFR aber Bestandteil des Konzernabschlusses ist, können u. U. Verweise auf die KFR erforderlich werden, die konträr zur Intention des Konzernlageberichts als eigenständiges Dokument sind. Insofern sind bei den Ausführungen zur Liquidität auf eine eigenständige Lesbarkeit zu achten und Verweise zwischen Konzernabschluss und Konzernlagebericht möglichst zu vermeiden. 40

Die **Darstellung der Finanzlage** erfordert auch Aussagen zur **Konzernfinanzierung**. Hierzu ist u. a. auf finanzwirtschaftlich relevante Vorgänge und/oder Entwicklungen des Konzerns einzugehen. Detailliert zu informieren ist insb. über den durch bestimmte Kapitalbindungs- bzw. -entzugsentscheidungen verursachten **Kapitalbedarf** wie über die vom Konzern im Rahmen seiner Finanzierungspolitik zur Kapitalbedarfsdeckung geplanten bzw. im abgelaufenen Konzern-Gj begonnenen oder abgeschlossenen Finanzierungsmaßnahmen. Dabei ist u. a. über die **Art der Kapitalbeschaffungsalternativen** (z. B. Emissionen von Gesellschaftsanteilen, Genussscheinen, Anleihen etc. wie auch über eine Kapitalbeschaffung durch Kreditaufnahme, Finance Leasing, Subventionen und über mit diesen Subventionen verbundene Auflagen etc.) wie auch über den **Umfang und die Fristigkeit der geplanten,** schon **beschlossenen** bzw. **bereits begonnenen Kapitalbedarfsdeckung** zu informieren. Wenn notwendig, ist die Begründetheit der jeweiligen Maßnahme anzugeben. Erforderlichenfalls ist im Konzernlagebericht auch auf die – nur teilweise aus dem Konzernabschluss erkennbaren – finanzwirtschaftlich relevanten Verhältnisse einzugehen und über die **Höhe der Kreditlinien** bzw. deren etwaige Änderungen zu berichten. 41

Zu informieren ist auch über die – ggf. inzwischen geänderten – Grundsätze finanzwirtschaftlicher Planungen bzw. Entscheidungen der gesetzlichen Vertreter wie auch über die von den gesetzlichen Vertretern verfolgten Strategien zur Absicherung von Währungs-, Zins- und Kursrisiken. Zu berichten ist auch über **Geschäfte mit derivativen Finanzinstrumenten**, wobei dies auch im Kontext des Risikoberichts erfolgen kann.

42 Bestandteil der Darstellung zur Finanzlage sind auch Ausführungen zum **Finanzmanagement** des Konzerns. Neben den Zielen sollten auch Aussagen zu den Grundsätzen getätigt werden. Für die Ausführungen zum Finanzmanagement ist eine konzernweite Betrachtung erforderlich, in der auch TU einzubeziehen sind. Dabei reicht eine verbale Beschreibung aus. Die Angabepflicht ist auf Konzernen mit KM-orientierten MU beschränkt (DRS 20.K79).

43 Ein besonderes Augenmerk ist auf **außerbilanzielle Finanzierungsinstrumente** zu richten, die zu beschreiben und hinsichtlich ihrer erwarteten Wirkung zu erläutern sind. Auch sind **geplante Finanzierungen** im Rahmen der **Investitionsplanung** Gegenstand der Beschreibung der Finanzlage.

44 Neben den detaillierten Ausführungen zum Geschäftsverlauf und zur Vermögens-, Finanz- und Ertragslage des Konzerns ist eine **zusammenfassende Gesamtaussage** zu tätigen, die die Einschätzung der Konzernleitung zur Geschäftsentwicklung beinhaltet.

2.2.2 Angaben zu den bedeutsamen finanziellen Leistungsindikatoren (Abs. 1 Satz 3)

45 In die Analyse des Geschäftsverlaufs sind **finanzielle Leistungsindikatoren** einzubeziehen. Unter **finanziellen Leistungsindikatoren** werden insb. **Kennzahlen** verstanden, die Aufschluss über **wesentliche** finanzielle Entwicklungen des Konzerns geben. Hier sind neben **Bilanz-**, **Ertrags-** und **Liquiditätskennzahlen** auch wertorientierte Kennzahlen zu nennen, die in den Wirtschaftsbericht aufzunehmen sind. Neben der Angabe und der Interpretation sind auch die **Berechnungsgrundlagen dieser Kennzahlen** zur Wahrung von Klarheit und Transparenz aufzuführen.[24]

> **Beispiel**
> **Typische finanzielle Leistungsindikatoren**
> - Renditekennzahlen (Umsatz, EK, Gesamtkapital),
> - *Cashflow*,
> - *Working Capital*,
> - EBIT, EBITA, EBITDA,
> - Wertschöpfungs- und *Shareholder Value* Kennzahlen.

46 Erfolgt die Steuerung des Konzerns anhand von finanziellen Indikatoren, sind diese im Konzernlagebericht zu nennen. Bei der Definition und Berichterstattung der Kennzahlen sind von KM-orientierten Unt die Leitlinien der ESMA

---

[24] Vgl. *Ergün/Müller*, in *Müller/Stute/Withus* (Hrsg.), Handbuch Lagebericht, Teil B2, Rz. 86 ff.

„Guidelines on Alternative Performance Measures"[25] zu berücksichtigen;[26] andere Unt sollten sich ebenfalls daran orientieren, da diese im Wesentlichen auf die Grundsätze der Lageberichterstattung beruhen.[27] Ein Unterlassen der Angaben zu diesen Kenngrößen kann als Fehler gewertet werden.[28]

2.2.3 Erläuterungen zur voraussichtlichen Entwicklung mit ihren wesentlichen Chancen und Risiken (Abs. 1 Satz 4)

Die voraussichtliche Entwicklung des Konzerns ist zusammen mit den daraus resultierenden wesentlichen Chancen und Risiken bzgl. der Vermögens-, Finanz- und Ertragslage aus Sicht der Konzernleitung in einem **Prognosebericht** zusammenzufassen.[29] Der Prognosebericht hat alle wesentlichen Entwicklungen und Tendenzen des Konzerns zu berücksichtigen. Die künftigen Entwicklungen sollen auf den zugrundeliegenden Prognoseprämissen basieren. Insofern sind auch diese Prämissen in den Bericht aufzunehmen. Sofern Entwicklungen und Tendenzen bei einzelnen Unt des Konzerns für den Konzern relevant sind, sind diese in den Prognosebericht zu integrieren. Die aus der voraussichtlichen Entwicklung resultierenden wesentlichen **Chancen** und **Risiken** sind darzustellen. Dabei haben Chancen und Risiken einen **gleichwertigen Stellenwert** (DRS 20.166). Es ist somit dezidiert auf **beide Komponenten** einzugehen; eine **Saldierung** mit Angaben zu den daraus resultierenden Effekten ist **nicht zulässig**. Chancen und Risiken sind zu bewerten und Angaben zur Eintrittswahrscheinlichkeit und den daraus resultierenden Auswirkungen zu machen. Insb. ist auf künftige Faktoren zu Beschaffung, Produktion, Absatz und Personal einzugehen, die für die Lage des Konzerns von besonderer Bedeutung sind. Dies sollte im Kontext der erwarteten wirtschaftlichen Rahmenbedingungen und künftigen Branchenentwicklung erfolgen.[30] Die im Wirtschaftsbericht einbezogenen finanziellen und nichtfinanziellen Leistungsindikatoren sind weiterzuentwickeln und auch im Prognosebericht aufzunehmen. Die detaillierten Aussagen zur Prognose sind zu einer Gesamtaussage zu verdichten (DRS 20.118). Die Gesamtaussage soll die Einschätzung der Konzernleitung widerspiegeln.

Die **Annahmen**, auf denen die Prognose der künftigen Geschäftsentwicklung beruht, sind anzugeben (DRS 20.120). Die Annahmen müssen mit dem Konzernabschluss im Einklang stehen. Ferner sollten die Annahmen kongruent zu den Markt- und Branchenentwicklungen sein. Zu den Annahmen gehören sowohl finanzielle als auch nichtfinanzielle Größen. Vorstellbar sind externe Annahmen bzgl. prognostiziertem Marktvolumen und -wachstum, Preisgestaltungen im Markt, Technologietrends, Finanzmarktentwicklungen sowie dem wirtschaftlichen Umfeld. Interne Annahmen können auf Produktportfolios, Kosten- und Mengengerüsten, interne Strukturen, Entwicklungsaktivitäten sowie laufenden

---

[25] https://www.esma.europa.eu/sites/default/files/library/2015/10/2015-esma-1415en.pdf, letzter Abruf am 3.8.2017.
[26] Ein weiteres Dokument mit Fragen und Antworten zur Umsetzung dieser Leitlinien ist abrufbar unter https://www.iasplus.com/de/news/2017/januar/esma-apm-q-a, letzter Abruf am 3.8.2017.
[27] Vgl. *Bach/Berger*, BB 2016, S. 1514; *Dinh/Thielemann*, IRZ 2016, S. 433; *Fischer*, PiR 2017, S. 89.
[28] Vgl. zur praktischen Umsetzung *Zülch/Voll*, KOR 2016 S. 487.
[29] Vgl. *Withus*, in *Müller/Stute/Withus* (Hrsg.), Handbuch Lagebericht, Teil B5, Rz. 1 ff.
[30] Vgl. *Baetge/Hippel/Sommerhoff*, Betriebswirtschaft 2011, S. 365.

49 Im Rahmen der Aussagen zu künftigen **Risiken** sollten zumindest Aussagen zu Marktentwicklungen getätigt werden, die sich nachteilig auf die Konzernentwicklung auswirken könnten. Hierzu sind neben Markttendenzen auch Aussagen zu Produkttendenzen und -entwicklungen vorstellbar. Der Risikobericht muss so ausgestaltet sein, dass die Adressaten entscheidungsnützliche Informationen bekommen. Daher ist nach DRS 20.135 auf das Risikomanagementsystem einzugehen, was für KM-orientierte Unt nach § 315 Abs. 2 Nr. 5 HGB explizit bzgl. der internen Kontroll- und Risikomanagementsystems im Hinblick auf den Konzernrechnungslegungsprozess gefordert ist; es sind die (wesentlichen) einzelnen Risiken sowie eine zusammenfassende Darstellung der Risikolage erforderlich.

50 Sollten **einzelne Risiken** bestandsgefährdend sein, muss dies auch klar zum Ausdruck gebracht werden. Als Betrachtungszeitraum muss dafür mindestens der Prognosehorizont zugrunde gelegt werden und es ist grds. von einer Stichtagsbetrachtung auszugehen. Sollten sich während der Aufstellungszeit Gründe für eine Änderung von Einschätzungen ergeben, so wäre ein zusätzlicher Hinweis notwendig, falls ansonsten dem Adressaten ein falscher Eindruck vermittelt werden könnte.

Zudem sind für alle wesentlichen Risiken die bei Eintritt zu erwartenden Konsequenzen zu analysieren und zu beurteilen. Dabei muss deren Bedeutung für den Konzern oder für wesentliche, in den Konzernabschluss einbezogene Unt erkennbar werden. Die Risiken sind quantifiziert darzustellen, soweit diese Informationen auch intern vorliegen und für die Steuerung genutzt werden. DRS 20.152 verlangt für diesen Fall die intern ermittelten Werte anzugeben sowie die verwendeten Modelle und deren Annahmen darzustellen und zu erläutern.

> **Beispiel nach DRS 20.153**
> Marktpreisrisiken sind etwa mit Hilfe von Sensitivitätsanalysen und Kennzahlen wie *Value at Risk* quantifizierbar.

51 Die Unt können bei der Darstellung der Risiken nach DRS 20.157 auf zwei Arten vorgehen:
- Bei der Bruttodarstellung sind die Risiken vor den ergriffenen Maßnahmen sowie gesondert die Maßnahmen zur Risikobegrenzung darzustellen;
- bei der Nettobetrachtung sind die Risiken nach Risikobegrenzungsmaßnahmen darzustellen, allerdings müssen auch hier gesondert die ergriffenen Maßnahmen dargestellt werden.

> **Beispiel nach DRS 20.158**
> Die Auswirkungen von Risiken können z.B. durch den Abschluss eines Termingeschäfts oder einer Versicherung begrenzt werden. Sofern Risiken betrachtet werden, die sich auf bilanzielle Positionen auswirken (Ertragsperspektive), kann eine bilanzielle Vorsorge, wie z.B. Abschreibungen und die Bildung von Rückstellungen, eine Risikobegrenzungsmaßnahme sein.

Sind wesentliche Änderungen von Risiken im Vergleich zum Vj. aufgetreten, so ist darauf konkret erläuternd hinzuweisen. DRS 20.162 fordert für die Darstellung der Risiken i.S. der Klarheit und Übersichtlichkeit eine Zusammenfassung nach Risikogruppen, eine Gliederung nach einer Rangfolge oder aber segmentbezogen vorzugehen.

Seine Grenze hat die Darstellung von Risiken da, wo die Position des Konzerns geschwächt werden könnte. In diesem Fall kann von einer Quantifizierung abgesehen werden, was aber zu begründen ist. Zudem ist es erlaubt, die Darstellung im Konzernlagebericht zu aggregieren, so dass sie quantitativ nicht mit dem internen Risiko übereinstimmen muss (DRS 20.154). 52

Die **Risikolage** ist zu einem Gesamtbild zusammenzuführen, wobei auch auf die Risikotragfähigkeit des Konzerns eingegangen werden kann. 53

Bei der Berichterstattung über **Chancen** ist analog wie bei den Risiken vorzugehen. Es ist konzernspezifisch zu entscheiden, ob eine Darstellung zusammengefasst oder getrennt erfolgen soll. I.d.R. liegt in jeder Chance auch ein Risiko und umgekehrt.[31] 54

Hinsichtlich der **Finanzlage** und deren Entwicklung sollten im Prognosebericht Aussagen über das Investitionsvolumen, über wesentliche Mittelabflüsse und über Finanzierungen gemacht werden. 55

Hinsichtlich der **Ertragslage** werden Aussagen zu Umsatzentwicklungen, Aufwendungen und Finanzergebnissen erwartet. Aussagen zur steuerlichen Belastung und zur Steuerquote sollten diese Aussagen abrunden. Daneben sind auch Aussagen zur Dividendenpolitik möglich. 56

Der **Prognosezeitraum** hat nach DRS 20.127 **mindestens ein Jahr** zu umfassen. Dabei ist von dem Konzern in der zum Stichtag existierenden Zusammensetzung auszugehen. Die Prognosen müssen Aussagen zur erwarteten Veränderung der prognostizierten Leistungsindikatoren gegenüber dem entsprechenden Istwert des Berichtsjahrs enthalten und dabei die **Richtung und Intensität der Veränderung** verdeutlichen. Abweichende Bezugspunkte der Prognosen sind anzugeben (DRS 20.128). 57

Im Gegensatz zu den nach DRS 15 bislang weniger konkreten Regelungsinhalten müssen hier somit explizit bei den abgegebenen Prognosen neben der **Richtung** (als positiver oder negativer Trend) auch die **Intensität** (Stärke des Trends) der erwarteten Veränderung gegenüber dem Istwert des Berichtsjahrs ersichtlich sein (DRS 20.128). Während Punkt-, Intervall und qualifiziert-komparative Prognosen nach DRS 20.130 die gestiegenen Anforderungen an die Prognosepräzision erfüllen, ist dies für komparative und qualitative Prognosen nicht der Fall, da zwar den Adressaten die Veränderungsrichtung bekannt gemacht wird, jedoch nicht die erwartete Intensität der Veränderung. Abzugeben sind Prognosen dabei zu allen finanziellen und nichtfinanziellen Leistungsindikatoren, welche auch zur internen Steuerung verwendet werden.[32]

Der **Prognosebericht** ist ein unverzichtbarer, integraler Bestandteil des Konzernlageberichts. Ein **Weglassen** aufgrund interner oder externer Gründe ist 58

---

[31] Vgl. *Lachnit/Müller*, Unternehmenscontrolling, 2012, S. 223ff.
[32] Vgl. zur Umsetzung *Ergün/Juchler/Müller*, StuB 2012, S. 897; *Mujkanovic,* PiR 2017, S. 21; *Velte/Czaya*, KOR 2017, S. 70.

nicht zulässig und würde als wesentlicher Fehler gewertet werden.[33] Die Prognose ist unter Berücksichtigung der Einschätzung der künftigen wirtschaftlichen Entwicklung des Unt durch das Management aus der bisherigen Unternehmensentwicklung abzuleiten. Sollten Gründe vorliegen, die eine qualifizierte Prognose nicht ermöglichen, bestehen vielmehr erweiterte Berichtspflichten. Hier kommen neben allgemeineren Prognoseaussagen auch Beschreibungen der Gründe und der Auswirkungen auf den Konzernabschluss mit Nennung der wesentlichen Einflussfaktoren infrage. Sind keine verlässlichen quantitativen Angaben möglich, ist auch vorstellbar, dass Bandbreitenangaben oder Szenarien in den Prognosebericht aufgenommen werden. In diesen Fällen sind die zugrundeliegenden jeweiligen Annahmen mit anzugeben. Auf die sich hieraus ergebenden Risiken ist entsprechend einzugehen, insb. ist auf die Auswirkung auf die Vermögens-, Finanz- und Ertragslage des Konzerns einzugehen.

> **Beispiel**
> Folgende Gründe können zu einer erschwerten Erstellung eines Prognoseberichts führen:
> Interne Gründe
> - Insolvenzen,
> - Managementwechsel.
>
> Externe Gründe
> - Nicht einschätzbares wirtschaftliches Umfeld,
> - starke Strukturverschiebungen am Markt,
> - Inflationsrisiken.

59 Beinhaltet der Konzernabschluss eine **SegmBer**, ist gem. DRS 20 eine Berichterstattung im Konzernlagebericht grds. auch auf Segmentebene erforderlich. Somit sind die Entwicklungen je Segment zu prognostizieren und zu erläutern. Die Angaben je Segment sind separat von der voraussichtlichen Entwicklung des Konzerns zu machen, können aber Bestandteil des Prognoseberichts sein. Dabei müssen die zum SegmBer getätigten Aussagen konsistent hinsichtlich der Unternehmensentwicklung im Konzernlagebericht und konsistent zum Konzernabschluss sein. Allerdings geht dies über die gesetzliche Anforderung hinaus und ist daher lediglich als Empfehlung zu verstehen.

60 Durch die Angabe von Risiken als Bestandteil des Prognoseberichts ist ein eigenständiger **Risikobericht** nicht zwingend erforderlich. DRS 20.117 lässt offen, ob eine geschlossene oder getrennte Darstellung angewandt werden soll.[34] Die Form der Darstellung sollte sich danach richten, wie die voraussichtliche Entwicklung und die Risiken im konkreten Einzelfall klarer zum Ausdruck gebracht werden können. Im Sinne der Stetigkeit ist eine einmal gewählte Variante beizubehalten.

61 Die im Prognosebericht getätigten Aussagen zur künftigen Entwicklung des Konzerns haften naturgemäß Unsicherheiten bzgl. des späteren Eintritts an. Insofern wird empfohlen, auf diesen Sachverhalt im Konzernlagebericht hinzuweisen.

---

33 OLG Frankfurt, Az. WpÜG 11/09 und 12/09.
34 Zu Ausgestaltung vgl. *Ergün/Juchler/Müller*, ZCG 2012, S. 281.

> **Beispiel zur Eintrittswahrscheinlichkeit der getätigten Aussagen**
> Die im Lagebericht erfolgten Ausführungen zu künftigen Ereignissen und Entwicklungen der Ges. basieren auf Annahmen, Einschätzungen und Erwartungen, die zum Zeitpunkt der Erstellung des Konzernabschlusses getroffen wurden. Annahmen, Einschätzungen und Erwartungen künftiger Ereignisse und Entwicklungen haften naturgemäß Unsicherheiten und Risiken an. Daher können die tatsächlich eintretenden künftigen Ereignisse und Entwicklungen von den hier getätigten Aussagen abweichen.

2.2.4 Bilanzeid (Abs. 1 Satz 5)

Die Mitglieder des vertretungsberechtigten Organs eines MU haben zu versichern, dass sie nach bestem Wissen den Geschäftsverlauf so im Konzernlagebericht dargestellt haben, dass dieser ein den tatsächlichen Verhältnissen entsprechendes Bild vermittelt. Diese im Zusammenhang mit § 264 Abs. 2 Satz 3 HGB auch als **Bilanzeid** umschriebene Angabe nach Abs. 1 Satz 5 ist im Rahmen des TUG[35] in den Konzernlagebericht aufgenommen worden (§ 264 Rz 88 ff.). Sie soll nochmals das Bemühen des Managements unterstreichen, dass der Konzernlagebericht frei von unrichtigen Angaben ist und ein den tatsächlichen Verhältnissen entsprechendes Bild vermittelt. 62

Der Bilanzeid kann getrennt für Konzernabschluss und Konzernlagebericht oder einheitlich für Konzernabschluss und Konzernlagebericht ausgeführt werden,[36] wobei die Erklärung als „Versicherung der Mitglieder des vertretungsberechtigten Organs" zu bezeichnen ist. 63

> **Beispiel**
> Der Deutsche Standardisierungsrat schlägt für den Eid bezogen auf den Konzernlagebericht folgende Fassung vor (DRS 20.K234): „Wir versichern nach bestem Wissen, dass im Konzernlagebericht der Geschäftsverlauf einschließlich des Geschäftsergebnisses und die Lage des Konzerns so dargestellt sind, dass ein den tatsächlichen Verhältnissen entsprechendes Bild vermittelt wird, sowie die wesentlichen Chancen und Risiken der voraussichtlichen Entwicklung des Konzerns beschrieben sind."

> **Beispiel**
> Wird von der Wahl eines einheitlichen Bilanzeids Gebrauch gemacht, schlägt DRS 20.K235 folgende Formulierung vor: „Wir versichern nach bestem Wissen, dass gem. den anzuwendenden Rechnungslegungsgrundsätzen der Konzernabschluss ein den tatsächlichen Verhältnissen entsprechendes Bild der Vermögens-, Finanz- und Ertragslage des Konzerns vermittelt und im Konzernlagebericht der Geschäftsverlauf einschließlich des Geschäftsergebnisses und die Lage des Konzerns so dargestellt sind, dass ein den tatsächlichen Verhältnissen

---

[35] Transparenzrichtlinie-Umsetzungsgesetz (TUG) v. 5.1.2007, BGBl 2007 I S. 10.
[36] Vgl. WPH Edition, Wirtschaftsprüfung & Rechnungslegung, 15. Aufl., 2017, Abschn. G, Tz 900.

> entsprechendes Bild vermittelt wird, sowie die wesentlichen Chancen und Risiken der voraussichtlichen Entwicklung des Konzerns beschrieben sind."

64 Rechtlich bedeutet ein **Verstoß gegen den Bilanzeid**, dass auch explizit gegen andere Vorschriften, insb. gegen Abs. 1 Satz 1, verstoßen wurde. Hier greifen die strafrechtlichen Vorschriften des § 331 HGB (§ 331 Rz 59 ff.), insb. § 331 Abs. 1 Nr. 1 HGB, die für einen Verstoß eine Geldstrafe oder Freiheitsstrafe von bis zu drei Jahren vorsehen (Rz 98). Weitere rechtliche Konsequenzen aufgrund eines Verstoßes gegen den Bilanzeid sind dagegen fraglich.

2.3 Weitere Angabepflichten (Abs. 2)

65 Abs. 2 listet eine Reihe von Angaben auf, auf die in dem Konzernlagebericht einzugehen ist. Mit der durch das BilRUG erfolgten Klarstellung als weitere Pflichtbestandteile entfällt die bis dahin laufende Diskussion, ob es sich um Wahlpflichtangaben handeln würde. Schon bisher wurde das „soll" aus der Fassung vor dem BilRUG in diesem Zusammenhang als „müssen, wenn nicht können" verstanden, was eine Angabepflicht impliziert, solange nicht gute Gründe für eine Nichtangabe bestehen.[37] Daher war die Aufnahme der Angaben nach Abs. 2 in den Konzernlagebericht auch schon bisher notwendig und nach DRS 20 auch im Ergebnis verlangt, so dies für das Ziel der Lageberichterstattung notwendig ist. Mit dem BilRUG wurden die Angaben ab dem Gj 2016 explizit zu Pflichtangaben erklärt.

2.3.1 Risiken bei Finanzinstrumenten (Abs. 2 Nr. 1)

66 Sind Finanzinstrumente wesentlicher Bestandteil der gewöhnlichen Geschäftstätigkeit eines Unt, sind hierüber **Angaben im Konzernlagebericht** erforderlich.[38] Die Angaben zu Risiken der Finanzinstrumente sollten getrennt von den sonstigen Risiken erfolgen, können aber in dem Risikobericht integriert werden, solange das die Klarheit und Übersichtlichkeit nicht beeinträchtigt (DRS 20.180). Die zu machenden Angaben richten sich dabei nach dem Umfang und der Art der eingesetzten Finanzinstrumente. Unabhängig hiervon sind immer Angaben zu den **Risikomanagementzielen und -methoden** sowie den Risiken, die sich aus dem Einsatz der Finanzinstrumente ergeben, in den Konzernlagebericht aufzunehmen. Insb. sind Ausführungen zu der Risikoneigung der Unternehmensleitung im Rahmen der Risikomanagementziele zu machen.

67 Zu den Risikomanagementzielen und -methoden gehören Angaben zu den Absicherungsmethoden der wichtigsten Transaktionen, insb. der Behandlung bei Sicherungsgeschäften.[39]

68 Risiken aus dem Einsatz der Finanzinstrumente sind nach Preisänderungs-, Ausfall-, Liquiditäts- und Zahlungsstromrisiken zu unterscheiden. Je nach Risikoart empfiehlt sich eine Angabe zu den voraussichtlichen Entwicklungen. In

---

[37] Vgl. m.w.N. *Fülbier/Pellens*, MünchKomm HGB, 3. Aufl., § 315, Rz 25; *Lorson/Pfirmann/Tesch*, Kommentieung zu § 315 HGB, in *Kirsch*, 360° Bil eKommentar, 2015, Rz. 15.
[38] Vgl. ausführlich *Ergün/Müller*, in *Müller/Stute/Withus* (Hrsg.), Handbuch Lagebericht, Teil B6, Rz. 1 ff.
[39] Vgl. zu praktischen Ausgestaltungen *Ergün/Müller/Panzer*, StuB 2014, S. 756 ff.

jedem Fall sind Chancen und Risiken entsprechend darzustellen. Der Umfang der Ausführungen richtet sich dabei nach dem Umfang des Einsatzes von Finanzinstrumenten. Hinsichtlich des Umfangs und des Inhalts der Angaben zu Finanzinstrumenten empfiehlt sich ein Rückgriff auf die IFRS, insb. auf IAS 32 und IFRS 7. Zudem bestehen auch für den Konzernanhang bereits diesbezügliche Angabepflichten. 69

> **Beispiel**
> Aufgrund des Wahlrechts der Angaben zu den Finanzinstrumenten im Konzernlagebericht und im Konzernanhang empfiehlt sich eine Arbeitsteilung beider Berichte. Während im Konzernlagebericht allgemeine Ausführungen zu den Risiken, Risikomanagementzielen und -methoden aufgenommen werden sollten, bleiben detaillierte und quantitative Aussagen zu den Finanzinstrumenten dem Konzernanhang vorbehalten.

Nach DRS 20.181 ist in Bezug auf die Verwendung von Finanzinstrumenten im Konzern gesondert einzugehen auf 70

- die aus der Verwendung von Finanzinstrumenten resultierenden **Risikoarten**, denen der Konzern ausgesetzt ist (Marktpreisrisiken, Ausfallrisiken, Liquiditätsrisiken), und deren jeweiliges Ausmaß, wobei sich dies nur erstreckt auf offene Risikopositionen und nicht auf durch konkrete Sicherungsgeschäfte gedeckte Marktpreisrisiken, Ausfallrisiken bzw. Liquiditätsrisiken. Bei Letzteren ist daher nur das Restrisiko nach Liquiditätszusagen und eingeräumten Kreditlinien darzustellen;
- die **Risikomanagementziele** für die einzelnen Arten von Risiken aus der Verwendung von Finanzinstrumenten, denen der Konzern ausgesetzt ist;
- die **Risikomanagementmethoden** bzgl. der Risiken aus der Verwendung von Finanzinstrumenten, wobei relevant ist, wie der Konzern eingegangene Risiken in Bezug auf die Verwendung von Finanzinstrumenten steuert. Dies beinhaltet Ausführungen zu Maßnahmen der Risikoreduktion und Risikoüberwälzung. Dabei sind ggf. auch vom Unt eingegangene Sicherungsgeschäfte, sofern diese bestimmten, risikoverursachenden Geschäften nachweislich zuzuordnen sind, bedeutsam. Unabhängig davon, ob die Finanzinstrumente Teil einer Sicherungsbeziehung sind oder isoliert behandelt werden, ist einzugehen auf: die Art der Risiken, die gesichert werden, die Art der Sicherungsbeziehung, Maßnahmen zur Sicherstellung der beabsichtigten Effektivität der Risikoabsicherungen und antizipative Sicherungsbeziehungen.

Es ist zudem anzugeben, ob ökonomische Sicherungsbeziehungen als bilanzielle Sicherungsbeziehungen im Konzernabschluss abgebildet werden.

2.3.2 Angaben zur Forschung und Entwicklung (Abs. 2 Nr. 2)

Der Konzernlagebericht soll auf Forschungs- und Entwicklungsaktivitäten des Konzerns eingehen. Hier sind Angaben zu den wesentlichen Aktivitäten und zur Intensität notwendig, da sie Auskunft über die künftige Wettbewerbsfähigkeit 71 des Konzerns geben. Nach DRS 20.48 ist auch der F&E-Bericht Teil der Darstellung der Grundlagen des Konzerns.[40] Werden oder wurden F&E-Leistungen ausgelagert, sind auch die ausgelagerten Aktivitäten im Konzernlagebericht in dem Umfang und in der Art zu berücksichtigen wie sie für die konzerninternen Aktivitäten erfolgen (DRS 20.48). Eine separate Angabe ist dabei nicht erforderlich.

72 Eine **Aufgliederung** der Angaben in Grundlagenforschung, angewandte Forschung sowie Entwicklungstätigkeiten mit separaten Erläuterungen wird **empfohlen**.[41] Da für KonzernUnt, die keine Aktivierung von Entwicklungskosten vornehmen, die Angabe im Konzernanhang bzgl. F&E-Kosten entfällt, kommt dieser Lageberichtsbenennungspflicht hohe Bedeutung zu. Die Angabe ist unabhängig von der Aktivierung von Entwicklungskosten vorzunehmen.

73 Die **Angaben zu Forschungs- und Entwicklungsaktivitäten** beziehen sich auf die Aktivitäten für **eigene Zwecke**. Hierzu gehören sowohl die eigenen Aktivitäten als auch die an Dritte vergebenen F&E-Aktivitäten. Die verbalen Ausführungen zu den Aktivitäten sind mit quantitativen Angaben zu untersetzen.

> **Beispiel**
> **Beispiele zu quantitativen Aussagen**
> DRS 20.50 listet eine Vielzahl von quantitativen Angaben zu F&E-Aktivitäten auf:
> - Aufwendungen für F&E-Aktivitäten (absolut oder in Prozent),
> - Investitionsvolumen in F&E,
> - Anzahl Mitarbeiter,
> - Anzahl von Patenten, Lizenzen und Produktentwicklungen.

Wesentliche Veränderungen der F&E-Aktivitäten gegenüber dem Vj. sind anzugeben. Gründe für wesentliche Veränderungen können in geänderten Konzernstrukturen und -strategien, veränderten Forschungsschwerpunkten, neuen Produktportfolios oder Technologiegründen gegeben sein.

74 Über F&E-Aktivitäten für **fremde Zwecke** als Dienstleistung braucht hingegen **nicht** berichtet zu werden.

2.3.3 Zweigniederlassungsbericht (Abs. 2 Nr. 3)

75 § 315 Abs. 2 Nr. 3 HGB nF fordert, dass im Konzernlagebericht auch einzugehen ist auf für das Verständnis der Lage des Konzerns wesentliche Zweigniederlassungen der insgesamt in den Konzernabschluss einbezogenen Unt. Dieser Zweigniederlassungsbericht war bislang nur nach § 289 Abs. 2 Nr. 4 HGB im Lagebericht notwendig (§ 289 Rz 92) und ist nun auf Basis der RL 2013/34/EU auch in den Konzernlagebericht aufzunehmen. Anzugeben sind Zweigniederlassungen, dessen Begriff analog zu § 289 Abs. 2 Nr. 3 HGB zu verstehen ist (§ 289 Rz 94), des MU sowie der in den Konzernabschluss einbezogenen TU und

---

[40] Vgl. ausführlich *Ergün/Müller*, in *Müller/Stute/Withus* (Hrsg.), Handbuch Lagebericht, Teil B1, Rz. 69ff.
[41] Vgl. *Müller/Peffekoven*, in *Kußmaul/Müller* (Hrsg.), HdB, Beitrag Konzernlagebericht, Rz 55, Stand 8/2016.

quotal einbezogenen Gemeinschaftsunt.⁴² Die Ausgestaltung sollte sich orientieren an den mit DRÄS 6 geänderten Regelungen der DRS 20.38a bis 38c. Demnach ist die **Bedeutung der Zweigniederlassungen** für den Konzern darzustellen, wobei etwa auf die geografische Verbreitung und den Geschäftszweck der Zweigniederlassungen eingegangen werden kann. Nur wenn für das Verständnis der Lage des Konzerns erforderlich, sind im Konzernlagebericht zudem für die wesentlichen Zweigniederlassungen anzugeben:

- Sitz der in- und ausländischen Zweigniederlassungen,
- abweichende Firmierung, wenn die Zugehörigkeit zur Hauptniederlassung aus dieser nicht erkennbar ist,
- wesentliche Veränderungen gegenüber dem Vj (z. B. Errichtung, Aufhebung, Sitzverlegung).

2.4 Angaben zu den bedeutsamen nichtfinanziellen Leistungsindikatoren (Abs. 3)

Mit der Umsetzung der CSR-RL wurde der bisher in § 315 Abs. 1 Satz 4 HGB stehende Satz als eigener Abs. 3 verschoben. Allerdings ergeben sich daraus keine weiteren inhaltlichen Änderungen. Auch hat der Gesetzgeber diese klarere Positionierung nicht dazu genutzt, um die für große KM-orientierte Unt (§ 315b Rz 4) bestehende Gefahr der Dopplung von Angaben mit der nichtfinanziellen Erklärung textlich klar zu vermeiden. 76

Angaben zu **nichtfinanziellen Leistungsindikatoren** sollen Aufschluss über die aktuellen und künftig zu erwartenden wesentlichen Parameter des Geschäftsumfelds geben. 77

> **Beispiel**
> Hierzu gehören z. B. Erläuterungen zu Kunden, Lieferanten, Arbeitnehmern, Umweltaspekte, F&E, gesellschaftliche Reputation oder soziales Umfeld. DRS 20.107 nennt exemplarisch:
> - Kundenbelange (Indikatoren zum Kundenstamm, Kundenzufriedenheit etc.),
> - Umweltbelange (Emissionswerte, Energieverbrauch etc.),
> - Arbeitnehmerbelange (Indikatoren zur Mitarbeiterfluktuation, Mitarbeiterzufriedenheit, Betriebszugehörigkeit, Fortbildungsmaßnahmen etc.),
> - Indikatoren zu F&E (sofern diese Angaben nicht im Forschungs- und Entwicklungsbericht gemacht werden) und
> - die gesellschaftliche Reputation des Konzerns (Indikatoren zum sozialen und kulturellen Engagement, Wahrnehmung gesellschaftlicher Verantwortung etc.).

In welchem Umfang über **nichtfinanzielle Leistungsindikatoren** zu berichten ist, ist nicht explizit vorgeschrieben, soll sich aber an der Lage und Struktur des Konzerns orientieren. Sofern nichtfinanzielle Größen die Grundlage der Beurteilung der Vermögens-, Finanz- und Ertragslage des Konzerns sind, diese zur Entscheidungsfindung herangezogen werden oder anderweitig für die Geschäftstätigkeit von Bedeutung sind, sind diese nichtfinanziellen Größen im Konzern- 78

---

42 Vgl. WPH Edition, Wirtschaftsprüfung & Rechnungslegung, 15. Aufl., 2017, Abschn. G, Tz 907.

lagebericht aufzunehmen. Hier sind qualitative Angaben gefordert, die um quantitative Angaben ergänzt werden können, sofern dies die Lage des Konzerns erfordert (DRS 20.108).

79 Gem. DRS 20.106 soll sich die Berichtspflicht nicht finanzieller Leistungsindikatoren auf diejenigen Parameter beschränken, die von der Konzernleitung regelmäßig zur Beurteilung und Entscheidungsfindung herangezogen werden.

80 DRS 20.104 verlangt eine weitergehende Erläuterung von Kennzahlen mit Angabe der Maßgrößen. Werden Kennzahlen als interne Steuerungsgrößen verwendet, sind deren Komponenten zu erläutern und aus dem Konzernabschluss in Form einer Überleitungsrechnung abzuleiten.[43] Bei der Definition und Berichterstattung der Kennzahlen sind von KM-orientierten Unt die Leitlinien der ESMA „Guidelines on Alternative Performance Measures"[44] zu berücksichtigen; andere Unt sollten sich ebenfalls daran orientieren, da diese im Wesentlichen auf die Grundsätze der Lageberichterstattung beruhen.[45]

81 In DRS 20 sind in diesem Kontext Aussagen zur **Nachhaltigkeit** aufzunehmen. Verfolgt der Konzern ein Nachhaltigkeitskonzept, so ist dies anzugeben.[46] **Große KM-orientierte Unt** (§ 315b Rz 4) haben mit der Umsetzung der CSR-Richtlinie[47] in das HGB[48] innerhalb eines gesonderten Abschnitts im Konzernlagebericht oder als getrennter Bericht für nach dem 31.12.2016 beginnende Gj eine **nichtfinanzielle Erklärung** abzugeben (§ 315c Rz 1 ff.).

2.5 Pflichtangaben KM-orientierter Unternehmen (Abs. 4)

82 Die wesentlichen Merkmale des **internen Kontroll- und Risikomanagementsystems** im Hinblick auf den **Konzernrechnungslegungsprozess** sind in den Konzernlagebericht aufzunehmen, sofern KM-orientierte Unt i. S. d. § 264d HGB (§ 264d Rz 1 ff.) dem Konzernverbund angehören.[49] Dabei ist es gleichgültig, ob das MU oder ein TU die Kriterien des § 264d HGB erfüllt. Auch ein nicht börsennotiertes MU hat diese Angaben zu machen, wenn ein TU KM-orientiert ist.

83 Eine Berichtspflicht kann sich auch aus weiteren Vorschriften ergeben:
- Für publizitätspflichtige Unt nach § 13 PublG.
- Für Kreditinstitute nach § 340i HGB.
- Für Versicherungen nach § 341i HGB.

84 Die Position des Berichts über die wesentlichen Merkmale des internen Kontroll- und Risikomanagementsystems im Hinblick auf den Konzernrechnungslegungs-

---

[43] Vgl. mit einem Beispiel WPH Edition, Wirtschaftsprüfung & Rechnungslegung, 15. Aufl., 2017, Abschn. G, Tz 893.
[44] https://www.esma.europa.eu/sites/default/files/library/2015/10/2015-esma-1415en.pdf, letzter Abruf am 19.4.2017.
[45] Vgl. *Bach/Berger*, BB 2016 S. 1514; *Dinh/Thielemann*, IRZ 2016 S. 433; *Fischer*, PiR 2017 S. 89.
[46] Vgl. zu Nachhaltigkeitskonzepten *Wulf/Sackbrock*, in *Müller/Stute/Withus* (Hrsg.), Handbuch Lagebericht, Teil B13, Rz. 1 ff. sowie *Freidank/Müller/Velte* (Hrsg.), Handbuch Integrated Reporting, 2015.
[47] EU-Richtlinie 2014/95/EU vom 22.10.2014 zur Erhöhung der Unternehmenstransparenz in Sozial- und Umweltbelangen.
[48] Gesetz zur Stärkung der nichtfinanziellen Berichterstattung der Unternehmen in ihren Lage- und Konzernlageberichten (CSR-Richtlinie-Umsetzungsgesetz) BGBl 2017 I S. 802.
[49] Vgl. ausführlich *Withus*, in *Müller/Stute/Withus* (Hrsg.), Handbuch Lagebericht, Teil B7, Rz. 1 ff.

prozess im Konzernlagebericht ist nicht explizit vorgeschrieben. Es ist daher zulässig, diese Angaben in den Risikobericht zu integrieren.

Die **Angaben** über die **wesentlichen Merkmale** des internen Kontroll- und Risikomanagementsystems im Hinblick auf den Konzernrechnungslegungsprozess sind dann **erforderlich**, wenn ein **entsprechendes System** im Konzern implementiert ist. Ist kein derartiges System vorhanden, ist dies ebenfalls anzugeben. Im Konzernlagebericht sind lediglich Ausführungen zu diesem System zu machen. Die Ausführungen sind über den Rechnungslegungsprozess des gesamten Konzerns zu machen, eine Beschränkung auf nur KM-orientierte Unt ist nicht zulässig. Ein Zwang zur Einführung eines solchen Systems lässt sich generell jedoch nicht ableiten.[50]

85

Gegenstand der Angabepflicht sind diejenigen Teile des internen Kontroll- und Risikomanagementsystems, die sich auf den Konzernrechnungslegungsprozess beziehen.[51] Somit sind andere Elemente des internen Kontroll- und Risikomanagementsystems explizit von den Berichtspflichten ausgenommen. Hierdurch soll dem Schutzbedürfnis des Konzerns Rechnung getragen werden.[52]

86

Angaben zur Effizienz des Systems sind **nicht** erforderlich (DRS 20.K178). Aus der Gesetzesbegründung zum BilMoG ergibt sich, dass sich bereits mit der Auseinandersetzung mit diesem System die Frage nach der Effizienz stellt.[53] Die Ausführungen zum System sind auf jeden Fall so zu gestalten, dass sich ein fremder Dritter ein angemessenes Bild über das interne Kontroll- und Risikomanagementsystem im Hinblick auf den Konzernrechnungslegungsprozess machen kann.

87

Zu nennen sind die wesentlichen Merkmale des Systems, insb. deren Strukturen und Prozesse. Hierunter ist eine **Systembeschreibung** zu verstehen, die eine Darstellung der Struktur und der relevanten Kontroll-, Organisations- und Überwachungsmaßnahmen beinhaltet. Hinsichtlich der Ausführungen ist grds. nach Kontroll- und Risikomanagementsystemen zu trennen, wo sinnvoll, können sie aber zusammengefasst werden (DRS 20.K171). Dabei sind die Ausführungen auf die für einen externen Adressaten relevanten Informationen zu beschränken.

88

Hinsichtlich der **Kontrollsysteme** sind Ausführungen zu den **Grundsätzen und Verfahren** der Wirksamkeit von Kontrollen zu machen (DRS 20.K174). Daneben sind über die **Sicherung der Einhaltung maßgeblicher Vorschriften** Ausführungen zu machen. Zu den maßgeblichen Vorschriften gehören neben externen Anforderungen durch Gesetze, Richtlinien und sonstige Vorschriften auch interne Anforderungen und Regelungen des Konzerns. Unterhält der Konzern eine interne Revision, ist über die Revisionssysteme zu berichten, die sich auf die Konzernrechnungslegung beziehen.

89

Hinsichtlich der **Risikomanagementsysteme** ist auf Maßnahmen zur **Identifizierung und Bewertung von Risiken** einzugehen (DRS 20.K177). Bei bekannten und erkannten Risiken sind im Konzernlagebericht zusätzlich Ausführungen zu deren Begrenzung und Überprüfung im Hinblick auf den Einfluss auf den

90

---

[50] Vgl. BilMoG-BgrRegE, S. 76 i. V. m. S. 86.
[51] Vgl. zu Ausgestaltungen z. B. *Ergün/Lange/Müller*, StuB 2013, S. 909.
[52] Zu praktischen Umsetzungen vgl. *Ergün/Müller*, Haufe HGB Bilanz Kommentar Erfahrungsbericht BilMoG, 2012, Rz 571 ff.
[53] Vgl. BilMoG-BgrRegE, S. 76 i. V. m. S. 86.

Konzernabschluss aufzunehmen. Nach dem DCGK ist der Vorstand für ein angemessenes Risikomanagement und -controlling verantwortlich.[54]

3 Zusammenfassung von Konzernlagebericht und Lagebericht des Mutterunternehmens (Abs. 5)

91 Werden Konzernabschluss und Jahresabschluss des MU gemeinsam offengelegt, dürfen nach § 298 Abs. 3 HGB der Konzernlagebericht und der Lagebericht des MU zusammengefasst werden (§ 298 Rz 68 ff.). Sinn und Zweck ist die Vermeidung von Wiederholungen und redundanten Angaben. In diesem Fall sind die Vorschriften der §§ 298 und 315 gleichermaßen zu erfüllen.

92 Der zusammengefasste Lagebericht muss inhaltlich gleichermaßen auf die Geschäftsverläufe des MU und des Konzerns eingehen. Bei der Zusammenfassung ist zu beachten, dass Sachverhalte, die ausschließlich den **Konzernlagebericht** oder den Lagebericht betreffen, entsprechend kenntlich gemacht werden. Quantitative Angaben (z. B. Beträge, Anzahl der Mitarbeiter etc.) müssen eindeutig zuzuordnen sein.

93 Auch zusammengefasste Lageberichte unterliegen den gleichen allgemeinen Formvorschriften wie der Konzernlagebericht.

4 Sonstige relevante Regelungen

4.1 Befreiungsmöglichkeiten

94 Eine **Befreiung von der Aufstellung** eines Konzernlageberichts ist nur möglich, wenn keine Pflicht zur Aufstellung des Konzernabschlusses besteht (§ 290 Abs. 5 HGB i. V. m. § 296 HGB, §§ 291–293 HGB).

4.2 Schutzklauseln

95 Schutzklauseln analog § 286 HGB für den Jahresabschluss sind für den Konzernabschluss **nicht vorgesehen**. Zumindest in Bezug auf § 286 Abs. 1 HGB wird allerdings eine Ausstrahlungswirkung auf den Lagebericht angenommen, da ansonsten die Pflicht zur Unterlassung von Angaben, die das Wohl der Bundesrepublik Deutschland oder eines ihrer Länder gefährden, nicht greifen würde.[55] Die weiteren im Anhang explizierten Schutzklauseln, die ein Unterlassen von Angaben bereits erlauben, wenn dem Konzern dadurch erhebliche Nachteile zugefügt werden würden, sind nur in sehr engem Rahmen auf den Konzernlagebericht übertragbar. So wird ein Unterlassen von Angaben dann als gerechtfertigt angesehen, wenn

- diese einen Verstoß gegen die Sorgfalts- und Verschwiegenheitspflichten der Konzernleitung begründen (§ 93 Abs. 1 AktG; § 43 Abs. 1 GmbHG),[56]

---

[54] Vgl. Ergün/Müller, zrfc 2012, S. 102.
[55] Vgl. WPH Edition, Wirtschaftsprüfung & Rechnungslegung, 15. Aufl., 2017, Abschn. G, Tz 916.
[56] Vgl. Kajüter in Küting/Pfitzer/Weber (Hrsg.), HdR, 5. Aufl., §§ 289, 289a HGB, Rz. 59, Stand 4/2011.

- diese bereits nach § 131 Abs. 3 Satz 1 Nr. 1 AktG bzw. § 51a Abs. 2 Satz 2 GmbHG von den Auskunftsrechten des Aktionärs bzw. Gesellschafters ausgenommen sind[57] sowie
- durch die Angabe im Konzernlagebericht ein Straftatbestand verwirklicht sowie gegen ein anderes Gesetz verstoßen wird.[58]

Ein außerhalb dieser sehr engen Grenzen liegendes Unterlassen von Angaben, die zu einem unrichtigen Bild der Vermögens-, Finanz- und Ertragslage des Konzerns führen könnten, haben Sanktionen zur Folge (Rz 98 f.).

4.3 Offenlegung

Wie der Konzernabschluss ist der Konzernlagebericht nach § 325 Abs. 3 HGB offenzulegen. Die Offenlegung hat innerhalb von zwölf Monaten nach Ablauf des betreffenden Gj durch Einreichung beim HR und durch Bekanntgabe im BAnz zu erfolgen. Für KM-orientierte Unt verkürzt sich die Frist gem. § 325 Abs. 4 HGB auf vier Monate. 96

4.4 Sanktionen

Nicht ordnungsgemäß erstellte Konzernlageberichte sowie unrichtige Angaben im Konzernlagebericht unterliegen denselben Sanktionen wie Verstöße beim Konzernabschluss. Sie können einen **Straftatbestand** nach § 331 Nr. 2 HGB (§ 331 Rz 51 ff.) oder eine **Ordnungswidrigkeit** nach § 334 Abs. 1 Nr. 4 HGB (§ 334 Rz 23) erfüllen. Straftatbestände werden mit einer Freiheitsstraße bis zu drei Jahren oder einer Geldbuße geahndet. Die Geldbuße für Ordnungswidrigkeiten beträgt maximal 50.000 EUR. Als Folgeeffekt ist der **Bestätigungsvermerk** durch den Konzern-AP gem. § 322 Abs. 4 HGB i. V. m. § 322 Abs. 6 HGB einzuschränken oder zu versagen (§ 322 Rz 59 ff.). Bei Verstößen gegen die Offenlegungspflicht gem. § 325 Abs. 3 HGB ist ein Ordnungsgeld gem. § 335 Abs. 1 HGB zwischen 2.500 und 25.000 EUR anzudrohen. 97

Unterliegt das Unternehmen, das einen Konzernabschluss und Konzernlagebericht erstellt, den Vorschriften des **WpHG**, können weitere Straf- oder Bußgeldvorschriften der §§ 38 ff. WpHG einschlägig sein. 98

---

[57] Vgl. Böcking/Dutzi/Gros, in Baetge/Kirsch/Thiele (Hrsg.), Bilanzrecht, § 289, Rz 54, Stand 12/2012.
[58] Vgl. WPH Edition, Wirtschaftsprüfung & Rechnungslegung, 15. Aufl., 2017, Abschn. G, Tz 917.

§ 315a Ergänzende Vorschriften für bestimmte Aktiengesellschaften und Kommanditgesellschaften auf Aktien

(1) ¹Mutterunternehmen (§ 290), die einen organisierten Markt i.S.d. § 2 Absatz 7 des Wertpapiererwerbs- und Übernahmegesetzes durch von ihnen ausgegebene stimmberechtigte Aktien in Anspruch nehmen, haben im Konzernlagebericht außerdem anzugeben:
1. die Zusammensetzung des gezeichneten Kapitals unter gesondertem Ausweis der mit jeder Gattung verbundenen Rechte und Pflichten und des Anteils am Gesellschaftskapital;
2. Beschränkungen, die Stimmrechte oder die Übertragung von Aktien betreffen, auch wenn sie sich aus Vereinbarungen zwischen Gesellschaftern ergeben können, soweit die Beschränkungen dem Vorstand der Gesellschaft bekannt sind;
3. direkte oder indirekte Beteiligungen am Kapital, die 10 Prozent der Stimmrechte überschreiten;
4. die Inhaber von Aktien mit Sonderrechten, die Kontrollbefugnisse verleihen, und eine Beschreibung dieser Sonderrechte;
5. die Art der Stimmrechtskontrolle, wenn Arbeitnehmer am Kapital beteiligt sind und ihre Kontrollrechte nicht unmittelbar ausüben;
6. die gesetzlichen Vorschriften und Bestimmungen der Satzung über die Ernennung und Abberufung der Mitglieder des Vorstands und über die Änderung der Satzung;
7. die Befugnisse des Vorstands insbesondere hinsichtlich der Möglichkeit, Aktien auszugeben oder zurückzukaufen;
8. wesentliche Vereinbarungen des Mutterunternehmens, die unter der Bedingung eines Kontrollwechsels infolge eines Übernahmeangebots stehen, und die hieraus folgenden Wirkungen;
9. Entschädigungsvereinbarungen des Mutterunternehmens, die für den Fall eines Übernahmeangebots mit den Mitgliedern des Vorstands oder mit Arbeitnehmern getroffen sind.

²Die Angaben nach Satz 1 Nummer 1, 3 und 9 können unterbleiben, soweit sie im Konzernanhang zu machen sind. ³Sind Angaben nach Satz 1 im Konzernanhang zu machen, ist im Konzernlagebericht darauf zu verweisen. ⁴Die Angaben nach Satz 1 Nummer 8 können unterbleiben, soweit sie geeignet sind, dem Mutterunternehmen einen erheblichen Nachteil zuzufügen; die Angabepflicht nach anderen gesetzlichen Vorschriften bleibt unberührt.

(2) ¹Ist das Mutterunternehmen eine börsennotierte Aktiengesellschaft, ist im Konzernlagebericht auch auf die Grundzüge des Vergütungssystems für die in § 314 Absatz 1 Nummer 6 genannten Gesamtbezüge einzugehen. ²Werden dabei auch Angaben entsprechend § 314 Absatz 1 Nummer 6 Buchstabe a Satz 5 bis 8 gemacht, können diese im Konzernanhang unterbleiben.

Prof. Dr. Stefan Müller

Inhaltsübersicht   Rz
1 Übersicht 1
2 Pflichtangaben bez. übernahmerechtlicher Informationen
   (Abs. 1) 2–40
   2.1 Angaben zum gezeichneten Kapital (Abs. 1 Nr. 1) 5–6
   2.2 Beschränkungen (Abs. 1 Nr. 2) 7–10
   2.3 Kapitalbeteiligungen mit mehr als 10 % der Stimmrechte
        (Abs. 1 Nr. 3) 11–14
   2.4 Aktien mit Sonderrechten (Abs. 1 Nr. 4) 15–16
   2.5 Stimmrechtskontrolle bei Arbeitnehmerbeteiligungen
        (Abs. 1 Nr. 5) 17–19
   2.6 Ernennung und Abberufung von Vorstandsmitgliedern und
        Satzungsänderungen (Abs. 1 Nr. 6) 20–22
   2.7 Befugnisse des Vorstands (Abs. 1 Nr. 7) 23–25
   2.8 Wesentliche Vereinbarungen im Rahmen von Übernahmeangeboten (Abs. 1 Nr. 8) 26–33
   2.9 Entschädigungsvereinbarungen im Rahmen von Übernahmeangeboten (Abs. 1 Nr. 9) 34–38
   2.10 Ausweiswahlrechte und Schutzklausel 39–40
3 Weitere Pflichtangaben zu Grundzügen des Vergütungssystems
   für Organmitglieder (Abs. 2) 41–43

1 Übersicht

Mit der Umsetzung der CSR-RL (RL 2014/95/EU)[1] hat der deutsche Gesetzgeber für nach dem 31.12.2016 beginnende Gj die Regelungen zur Konzernlageberichterstattung neu strukturiert und deutlich erweitert. Es wurden die §§ 315a bis 315d HGB neu eingefügt; der bisherige **§ 315a HGB aF ist inhaltlich unverändert in § 315e HGB verschoben** worden. Inhaltlich finden sich in § 315a HGB nF zunächst die bislang in § 315 Abs. 4 HGB aF geforderten übernahmerelevanten Angaben in überarbeiteter Form (**Abs. 1**). Mit **Abs. 2** werden nun die bisher in § 315 Abs. 2 Nr. 4 HGB aF geforderten weiteren Pflichtangaben zu den Grundzügen des Vergütungssystems für börsennotierte MU verlangt.

2 Pflichtangaben bez. übernahmerechtlicher Informationen (Abs. 1)

Der Konzernlagebericht ist um weiterführende **Angaben zu der Eigentumsstruktur** zu erweitern, sofern eigene, stimmrechtsberechtigte Aktien an einem

---

[1] Gesetz zur Stärkung der nicht-finanziellen Berichterstattung der Unternehmen in ihren Lage- und Konzernlageberichten (CSR-Richtlinie-Umsetzungsgesetz) BGBl 2017 I S. 802.

organisierten Markt ausgegeben werden.² Als ein organisierter Markt ist ein Markt i. S. d. § 2 Abs. 7 WpHG zu verstehen.

3 Vom Wortlaut ist Abs. 1 weitgehend identisch mit § 289a Abs. 1 HGB. Konkretisiert wird Abs. 1 durch DRS 20 – Übernahmerechtliche Angaben (K188–K223) im Konzernlagebericht (§ 289a Rz 2 ff.). Mit dem im Entwurf vorliegenden DRÄS 8³ sollen in dem DRS 20 die durch das CSR-RLUG erfolgten gesetzlichen Änderungen der Konzernlageberichterstattung berücksichtigt und i. S. d. Aufgaben des DRSC als Rechnungslegungsempfehlung weiter konkretisiert werden. Aufgrund der **Einheitstheorie** und der Fiktion der wirtschaftlichen Einheit eines Konzerns wird folglich die Angabe zur Eigentumsstruktur eines Konzerns nahezu identisch mit der Eigentumsstruktur des MU sein. Neben der Eigentumsstruktur des MU ist jedoch zusätzlich noch eine Prüfung von gleichlautenden Sachverhalten bei den TU vorzunehmen und in den Konzernlagebericht zu integrieren, sofern sie von Bedeutung sind.

4 Die gem. Abs. 1 Satz 1 geforderte **explizite Nennung** der Angaben im Konzernlagebericht wird in Satz 2 jedoch deutlich relativiert. Zum einen können die in den Nrn. 1, 3 und 9 geforderten Angaben im Konzernlagebericht ganz unterbleiben, wenn sie im Konzernanhang notwendig sind. Zum anderen sind auch die übrigen Angabepflichten durch Verweis auf die entsprechenden Angaben im Konzernanhang zu erfüllen, wenn sie dort zu machen sind. Dabei gibt es eine deutliche Präferenz zur Darstellung der Angaben im Konzernanhang.⁴ Nur für die Angaben der Nr. 8 gibt es die Möglichkeit des Verzichts für den Fall, dass die Angaben dazu geeignet sind, dem MU erheblichen Schaden zuzufügen.

Bei den Angaben sind die Verhältnisse vom Bilanzstichtag zugrunde zu legen.

2.1 Angaben zum gezeichneten Kapital (Abs. 1 Nr. 1)

5 Lässt sich das **gezeichnete Kapital** in unterschiedliche Gattungen unterteilen, ist für jede Gattung gesondert anzugeben:
- Anteil am Gesellschaftskapital,
- damit verbundene Pflichten und
- damit verbundene Rechte.

Die Anteile pro Gattung müssen in Summe der Zusammensetzung des gezeichneten Kapitals entsprechen.

6 Die Zusammensetzung des gezeichneten Kapitals ist aufzugliedern in die Art der Aktien, den Nennbetrag pro Aktie und die Anzahl der ausgegebenen Aktien. Bei mehreren Gattungen sind diese Angaben pro Gattung zu machen. Die Angaben können komplett unterbleiben, wenn sie sich bereits im Konzernanhang finden. Ein Beispiel findet sich in § 289a Rz 4.

---

2 Vgl. Paetzmann, in Müller/Stute/Withus (Hrsg.), Handbuch Lagebericht, Teil B8, Rz. 1 ff.
3 https://www.drsc.de/app/uploads/2017/06/170620_E-DRAES_8_website-1.pdf, letzter Abruf am 3.8.2017.
4 Vgl. WPH Edition, Wirtschaftsprüfung & Rechnungslegung, 15. Aufl., 2017, Abschn. G, Tz 914.

2.2 Beschränkungen (Abs. 1 Nr. 2)

Unter Beschränkungen werden Beschränkungen bei der Übertragung von Aktien, der Stimmrechtsbegrenzung und -ausübung verstanden. Beschränkungen können durch **unterschiedliche Ursachen** initiiert sein: 7
- gesetzliche Vorschriften,
- Satzungsbestimmungen,
- Vereinbarungen zwischen Gesellschaftern und/oder Aktionären.

Im Konzernlagebericht sind die Regelungen zu erläutern, die sich auf die Beschränkungen beziehen.

Beschränkungen können zeitlicher und/oder inhaltlicher Natur sein. Während sich zeitliche Beschränkungen auf einen Zeitraum, z. B. eine definierte Halteperiode, beziehen, können inhaltliche Beschränkungen unterschiedliche Gründe haben. Dabei ist zu unterscheiden zwischen Beschränkungen 8
- der Höhe nach (z. B. prozentuale Beschränkungen, Volumen oder Mengen) und
- der Art nach (Ausgestaltung der Beschränkung).

Die Ausführungen zu den Beschränkungen unter Rz 7 gelten auch für Beschränkungen zwischen Aktionären und Gesellschaftern. Insofern sind diese Beschränkungen in den Konzernlagebericht aufzunehmen, sofern diese dem Vorstand der Ges. bekannt sind. Aktionäre und Gesellschafter sind nicht zu einem Auskunftsrecht verpflichtet. Da dem Vorstand daher nicht alle Sachverhalte bekannt sein werden, führt dies im Zweifelsfall zu unvollständigen Angaben im Konzernlagebericht. 9

Ein Beispiel für die Umsetzung der Angabepflichten findet sich in § 289a Rz 5. 10
Die Angaben können durch Verweis auf den Konzernanhang erfüllt werden, wenn sie dort erfolgen.

2.3 Kapitalbeteiligungen mit mehr als 10 % der Stimmrechte (Abs. 1 Nr. 3)

Übersteigen direkte oder indirekte Beteiligungen am Kapital einen Satz von mehr als 10 %, sind gesonderte Angaben erforderlich. Der Anteil ist kumulativ über alle gehaltenen Anteile zu ermitteln. 11

Diese Angabe soll die tatsächlichen Anteile an einem Unt offenlegen. Ziel ist es, einer Verschleierung der tatsächlichen Anteile durch Pyramidenstrukturen, wechselseitige Beteiligungen und zwischengeschalteten Konstrukten vorzubeugen. 12

Pflichtangaben sind 13
- die Höhe des Anteils am Kapital,
- bei natürlichen Personen: Name und Staat des Wohnsitzes und
- bei juristischen Personen: Name, Sitz und Staat.

Die Angaben sind Minimalangaben und können durch weiterführende Angaben ergänzt werden.

Die Berechnung der Höhe des Anteils am Kapital kann nach § 21 WpHG erfolgen. Die Angaben können komplett unterbleiben, wenn sie sich bereits im Konzernanhang finden. 14

2.4 Aktien mit Sonderrechten (Abs. 1 Nr. 4)

15 Aktionäre, die Aktien mit Sonderrechten halten, sind in den Konzernlagebericht aufzunehmen. Sie sind namentlich zu nennen. Sofern Aktien mit unterschiedlichen Sonderrechten ausgestattet sind, können die Inhaber der Aktien sortiert nach Sonderrechten im Konzernlagebericht aufgeführt werden.

16 Neben der reinen Nennung der Inhaber der Aktien mit Sonderrechten sind die den Aktien anhaftenden Sonderrechte zu beschreiben. Gefordert sind hier qualitative Angaben zu den Rechten. Insb. ist dabei auf die Art und den Umfang der Kontrollrechte einzugehen. Die Angaben können durch Verweis auf den Konzernanhang erfüllt werden, wenn sie dort erfolgen.

2.5 Stimmrechtskontrolle bei Arbeitnehmerbeteiligungen (Abs. 1 Nr. 5)

17 Werden Arbeitnehmer am Kapital ihres Unt beteiligt, sind im Rahmen des Eigentumsstrukturberichts gesonderte Angaben aufzunehmen. Unter Arbeitnehmern werden Mitarbeiter verstanden, die bei der Konzernmutter oder bei TU angestellt sind. Zu berichten ist über
- die Art der Stimmrechtskontrolle und
- die Art der Ausübung der Kontrolle.

18 Hinsichtlich der Art der Stimmrechtskontrolle sind Strukturangaben gefordert, wie eine unmittelbare Ausübung der Kontrollrechte erfolgt. Hierzu gehören auch Angaben, wie die Anteile gehalten werden.

19 Bzgl. der Art der Ausübung der Kontrollrechte sind – soweit möglich – Auskünfte über den Umfang und die Weise der Ausübung der Stimmrechte in den Konzernlagebericht aufzunehmen. Die Angaben können durch Verweis auf den Konzernanhang erfüllt werden, wenn sie dort erfolgen.

2.6 Ernennung und Abberufung von Vorstandsmitgliedern und Satzungsänderungen (Abs. 1 Nr. 6)

20 Für die Ernennung und Abberufung von Vorstandsmitgliedern und für Satzungsänderungen sind die gesetzlichen Vorschriften und die Bestimmungen der Satzung anzugeben.

21 Die Angabe der **gesetzlichen Vorschriften** bezieht sich auf die Nennung der relevanten Vorschriften. Zu nennen sind hier insb. die §§ 84 und 85 AktG bzgl. der Ernennung und Abberufung von Vorstandsmitgliedern und die §§ 133 und 176 AktG bzgl. Satzungsänderungen. Eine Auflistung der gesetzlichen Vorschriften ist nicht erforderlich. Nach DRS 20.K207 reicht ein Verweis auf die entsprechenden Vorschriften aus.

22 Anders als bei den Angaben zu den gesetzlichen Vorschriften ist ein Verweis auf die **Bestimmungen der Satzung** nicht ausreichend, da dem Informationsbedürfnis potenzieller Bieter nicht genügend Rechnung getragen wird.[5] DRS 20.K207 fordert eine Darstellung. Die wesentlichen Elemente und Bestimmungen der Satzung sind somit gesondert im Konzernlagebericht darzustellen. Änderungen, Abweichungen

---

[5] Vgl. *Baetge/Brüggemann/Haenelt*, BB 2007, S. 1887.

oder Ergänzungen der Satzung sind anzugeben. Die Angaben können durch Verweis auf den Konzernanhang erfüllt werden, wenn sie dort erfolgen.

2.7 Befugnisse des Vorstands (Abs. 1 Nr. 7)

Die Befugnisse des Vorstands hinsichtlich der Möglichkeit, Aktien auszugeben oder zurückzukaufen, sind in den Konzernlagebericht aufzunehmen. Hier sind die **tatsächlichen Befugnisse** anzugeben, ein Verweis auf gesetzliche Vorschriften ist nicht notwendig. 23

Die Befugnisse des Vorstands können sich aus satzungsmäßigen Ermächtigungen sowie aus Ermächtigungen aufgrund von Beschlüssen der HV ergeben. Dabei sind insb. die Befugnisse bzw. Ermächtigungen zu nennen, die für potenzielle Bieter von Bedeutung sind. 24

Die Befugnisse des Vorstands erstrecken sich auf 25
- den Erwerb eigener Aktien,
- die Ausgabe erworbener eigener Aktien,
- die Ausgabe von Aktien aus dem genehmigten Kapital und
- die Ausgabe von Wandel- oder Gewinnschuldverschreibungen sowie Genussrechten i. S. d. § 221 AktG.

Die Angaben können durch Verweis auf den Konzernanhang erfüllt werden, wenn sie dort erfolgen.

2.8 Wesentliche Vereinbarungen im Rahmen von Übernahmeangeboten (Abs. 1 Nr. 8)

Unter **wesentlichen Vereinbarungen** des MU werden solche Vereinbarungen verstanden, die für die Vermögens-, Finanz- und Ertragslage des Konzerns von **besonderer Bedeutung** sind und im Fall von Übernahmeangeboten wirksam werden, sich ändern oder enden. Mangels Konkretisierung einer wesentlichen Vereinbarung ergibt sich ein Ermessensspielraum für den Ersteller des Konzernlageberichts, welche Vereinbarungen zu berücksichtigen sind. 26

> **Beispiel**
> DRS 20.K214 nennt unter wesentlichen Vereinbarungen die folgenden Beispiele:
> - Finanzierungsverträge,
> - Joint-Venture-Verträge,
> - Lizenzverträge,
> - Einkaufsverträge,
> - Lieferverträge.

Obwohl sich die Vereinbarungen auf das MU beziehen, entfalten sie eine konzernweite Wirkung und sind daher auch aus Sicht des Konzerns zu beurteilen. Nicht berichtspflichtig sind hingegen Vereinbarungen von TU. 27

Wesentliche Vereinbarungen sind diejenigen des MU. Dies umfasst auch Vereinbarungen mit TU. Insofern brauchen nach Wortlaut des Gesetzestextes keine wesentlichen Vereinbarungen der TU berücksichtigt zu werden. Durch den Bezug auf die Vermögens-, Finanz- und Ertragslage als Kriterium einer wesentl- 28 lichen Vereinbarung entfalten wesentliche Vereinbarungen von TU allerdings eine indirekte Wirkung, die im Rahmen der Erstellung des Konzernlageberichts entsprechend zu würdigen ist.

29 Vereinbarungen, die als **unwesentlich** klassifiziert sind, brauchen nicht in den Konzernlagebericht aufgenommen werden. Erweisen sich jedoch unwesentliche Vereinbarungen kumulativ betrachtet als wesentlich, sind auch hierfür im Konzernlagebericht entsprechend qualitative Ausführungen zu machen.

30 Der Begriff Kontrollwechsel ist nicht weiter erläutert und daher unbestimmt. In Anlehnung an § 29 WpÜG wird von einer Kontrolle im Rahmen von Übernahmen gesprochen, wenn mindestens 30 % der Stimmrechte gehalten werden. Insofern ist von einem **Kontrollwechsel** auszugehen, wenn diese Schwelle im Rahmen eines Übernahmeangebots nach § 29 Abs. 1 WpÜG überschritten wird.

31 Die **Folgewirkungen** aus den Vereinbarungen, die im Fall eines Übernahmeangebots wirksam werden, sind darzustellen. Hier ist eine **qualitative Beschreibung** erforderlich.

32 Entsteht dem MU ein **erheblicher Nachteil,** kann eine Angabe zu den wesentlichen Vereinbarungen **unterlassen** werden. Ein erheblicher Nachteil ist nach vernünftiger kaufmännischer Beurteilung zu werten. Der Nachteil sollte anhand sachgerechter und sinnvoller Kriterien messbar sein und zu einem materiellen Schaden führen. Im Fall der unterlassenen Angabe ist eine entsprechende Anmerkung im Konzernlagebericht einzufügen.

33 Durch die explizite Angabe, dass andere gesetzliche Vorschriften unberührt bleiben, wird deutlich, dass diese anderen Vorschriften weiterhin zu beachten sind. Zu nennen sind hier insb. die **Vorschriften des AktG,** insb. die dezidierten Angaben zur Eigentumsstruktur.

2.9 Entschädigungsvereinbarungen im Rahmen von Übernahmeangeboten (Abs. 1 Nr. 9)

34 Unter **Entschädigungsvereinbarungen** werden Zahlungen an Vorstandsmitglieder und Arbeitnehmer verstanden, die im Fall einer Übernahme fällig werden. Ursächlich hierfür sind entweder **vertragliche Vereinbarungen** oder die **Beendigung eines Arbeits- oder Dienstvertrags,** sei es aufgrund von Kündigungen, Vertragsauflösungen oder ähnlichen Ursachen.

35 Die Vereinbarungen sind **so darzustellen,** dass die wesentlichen Inhalte unter dem **Aspekt der Klarheit und Übersichtlichkeit** wiedergegeben werden. Hierzu gehören auch die sich im Falle einer Übernahme ergebenden finanziellen Verpflichtungen samt ihren Berechnungsgrundlagen. Soweit absolute Verpflichtungen, z.B. in Form von Fixbeträgen, vorhanden sind, sind diese kumulativ anzugeben. Eine zusammenfassende Darstellung ist hinreichend.

36 Die zu **berichtenden Entschädigungsvereinbarungen** beziehen sich auf **Zusagen des MU.** Je nach Art und Umfang können sich diese Zusagen auch auf TU erstrecken. Daher sind alle vom MU gemachten direkten und indirekten Zusagen in die Angabepflichten einzubeziehen. Zusagen der TU sind hiervon allerdings nicht erfasst und somit auch nicht berichtspflichtig.

37 Die **Zielgruppe** der Begünstigten erstreckt sich nicht nur auf Vorstandsmitglieder. Auch Arbeitnehmer sind als Begünstigte zu berücksichtigen. Der Kreis der

einzubeziehenden Arbeitnehmer richtet sich dabei nach den vom MU gegebenen Zusagen und kann somit auch Arbeitnehmer von TU umfassen. Sofern es der Klarheit dient, ist eine Gliederung der Entschädigungsvereinbarungen nach Status des Mitarbeiters geboten.

> **Beispiel**
> Entschädigungsvereinbarungen lassen sich bspw. nach folgendem Schema gliedern:
> - Vorstand des MU,
> - Vorstände von TU,
> - leitende Mitarbeiter (Geschäftsbereiche, Leiter, Manager, GF von TU etc.),
> - sonstige Mitarbeiter.

Die Angaben zu den Entschädigungsvereinbarungen können wahlweise in den Konzernlagebericht oder in den Konzernanhang aufgenommen werden. Erfolgt eine Angabe im Konzernanhang, ist in den Konzernlagebericht ab dem Gj 2016 **kein entsprechender Verweis** mehr aufzunehmen (§ 289a Abs. 1 Satz 2 HGB). Zu einem Praxisbeispiel s. § 289a Rz 12. — 38

2.10 Ausweiswahlrechte und Schutzklausel

In Satz 2 sieht der Gesetzgeber **Ausweiswahlrechte** für die Angaben der Nrn. 1, 3 und 9 vor; für die übrigen Angaben reicht ein Verweis auf eine entsprechende Angabe im Konzernanhang, die insb. bei Rechnungslegung nach den IFRS mit den dort bestehenden Angabepflichten oftmals möglich sein dürfte, für die Berichterstattungspflicht im Konzernlagebericht. — 39

Eine Schutzklausel hat der Gesetzgeber explizit nur für die Angaben nach Nr. 8 in das Gesetz eingeführt. Nach hM soll aber auch generell die Schutzklausel von **§ 286 Abs. 1 HGB** für den Konzernlagebericht gelten, nach der Angaben unterbleiben müssen, die das Wohl der Bundesrepublik Deutschland oder eines ihrer Länder gefährdet (§ 286 Rz 4).[6] — 40

3 Weitere Pflichtangaben zu Grundzügen des Vergütungssystems für Organmitglieder (Abs. 2)

Grundzüge des Vergütungssystems für Organmitglieder sind in einem **Vergütungsbericht** zu erläutern. Diese Erläuterungen sind nur für börsennotierte AGs relevant. Während der Konzernlagebericht nur auf die Grundzüge des Vergütungssystems eingehen soll, bleiben dem Konzernanhang die Detailangaben vorbehalten.[7] DRS 17.13 fordert zudem die Angabe von Vorjahreszahlen und Vergleichsinformationen, sofern diese für das Verständnis von Bedeutung sind. Wird vom Wahlrecht nach Abs. 2 Satz 2 Gebrauch gemacht und die Angaben nach § 314 Abs. 1 Nr. 6 Buchst. a Sätze 5–8 HGB in den Konzernlagebericht aufgenommen, kann eine Angabe im Konzernanhang unterbleiben. Entsprechend der Klarheit und Übersichtlichkeit wird in DRS 17.12 die Zusammenfas- — 41

---

[6] Vgl. WPH Edition, Wirtschaftsprüfung & Rechnungslegung, 15. Aufl., 2017, Abschn. G, Tz 914.
[7] Vgl. *Krimpmann*, in *Müller/Stute/Withus* (Hrsg.), Handbuch Lagebericht, Teil B9, Rz. 1 ff.

sung auch mit den Angaben nach dem DCGK zu einem Vergütungsbericht empfohlen, der im Konzernlagebericht enthalten sein soll.

42 Der **Vergütungsbericht** soll insb. auf die folgenden Punkte eingehen (§ 289a Rz 13 ff.):
- Verhältnis erfolgsabhängiger zu erfolgsunabhängigen Vergütungskomponenten,
- Komponenten mit langfristiger Anreizwirkung,
- einzelne Parameter der Erfolgsbindung,
- Bedingungen für Aktienoptionen und sonstige Bezugsrechte,
- Bedingungen für Bonusleistungen.

43 Abs. 2 ist im Wortlaut weitgehend mit § 289a Abs. 2 HGB identisch. Anders als die Vorschrift zum Lagebericht entfaltet die Vorschrift nach Abs. 2 jedoch Wirkung für den gesamten Konzern. Insofern sind das Vergütungssystem bzw. die Vergütungssysteme aller Ges. in den Konzernlagebericht aufzunehmen. Bei gravierenden Unterschieden in unterschiedlichen Vergütungssystemen ist hierauf explizit einzugehen.

§ 315b Pflicht zur nichtfinanziellen Konzernerklärung; Befreiungen

(1) ¹Eine Kapitalgesellschaft, die Mutterunternehmen (§ 290) ist, hat ihren Konzernlagebericht um eine nichtfinanzielle Konzernerklärung zu erweitern, wenn die folgenden Merkmale erfüllt sind:
1. die Kapitalgesellschaft ist kapitalmarktorientiert i. S. d. § 264d,
2. für die in den Konzernabschluss einzubeziehenden Unternehmen gilt:
   a) sie erfüllen die in § 293 Absatz 1 Satz 1 Nummer 1 oder 2 geregelten Voraussetzungen für eine größenabhängige Befreiung nicht und
   b) bei ihnen sind insgesamt im Jahresdurchschnitt mehr als 500 Arbeitnehmer beschäftigt.

²§ 267 Absatz 4 bis 5 sowie § 298 Absatz 2 sind entsprechend anzuwenden. ³Wenn die nichtfinanzielle Konzernerklärung einen besonderen Abschnitt des Konzernlageberichts bildet, darf die Kapitalgesellschaft auf die an anderer Stelle im Konzernlagebericht enthaltenen nichtfinanziellen Angaben verweisen.

(2) ¹Ein Mutterunternehmen i. S. d. Absatzes 1 ist unbeschadet anderer Befreiungsvorschriften von der Pflicht zur Erweiterung des Konzernlageberichts um eine nichtfinanzielle Konzernerklärung befreit, wenn
1. das Mutterunternehmen zugleich ein Tochterunternehmen ist, das in den Konzernlagebericht eines anderen Mutterunternehmens einbezogen ist, und
2. der Konzernlagebericht nach Nummer 1 nach Maßgabe des nationalen Rechts eines Mitgliedstaats der Europäischen Union oder eines anderen Vertragsstaats des Abkommens über den Europäischen Wirtschaftsraum im Einklang mit der Richtlinie 2013/34/EU aufgestellt wird und eine nichtfinanzielle Konzernerklärung enthält.

²Satz 1 gilt entsprechend, wenn das andere Mutterunternehmen i. S. d. Satzes 1 einen gesonderten nichtfinanziellen Konzernbericht nach Absatz 3 oder nach Maßgabe des nationalen Rechts eines Mitgliedstaats der Europäischen Union oder eines anderen Vertragsstaats des Abkommens über den Europäischen Wirtschaftsraum im Einklang mit der Richtlinie 2013/34/EU erstellt und öffentlich zugänglich macht. ³Ist ein Mutterunternehmen nach Satz 1 oder 2 von der Pflicht zur Erstellung einer nichtfinanziellen Konzernerklärung befreit, hat es dies in seinem Konzernlagebericht mit der Erläuterung anzugeben, welches andere Mutterunternehmen den Konzernlagebericht oder den gesonderten nichtfinanziellen Konzernbericht öffentlich zugänglich macht und wo der Bericht in deutscher oder englischer Sprache offengelegt oder veröffentlicht ist.

(3) ¹Ein Mutterunternehmen i. S. d. Absatzes 1 ist auch dann von der Pflicht zur Erweiterung des Konzernlageberichts um eine nichtfinanzielle Konzernerklärung befreit, wenn das Mutterunternehmen für dasselbe Geschäftsjahr einen gesonderten nichtfinanziellen Konzernbericht außerhalb des Konzernlageberichts erstellt und folgende Voraussetzungen erfüllt:
1. der gesonderte nichtfinanzielle Konzernbericht erfüllt zumindest die inhaltlichen Vorgaben nach § 315c in Verbindung mit § 289c und

2. das Mutterunternehmen macht den gesonderten nichtfinanziellen Konzernbericht öffentlich zugänglich durch
a) Offenlegung zusammen mit dem Konzernlagebericht nach § 325 oder
b) Veröffentlichung auf der Internetseite des Mutterunternehmens spätestens vier Monate nach dem Abschlussstichtag und mindestens für zehn Jahre, sofern der Konzernlagebericht auf diese Veröffentlichung unter Angabe der Internetseite Bezug nimmt.

²Absatz 1 Satz 3, die §§ 289d und 289e sowie § 298 Absatz 2 sind auf den gesonderten nichtfinanziellen Konzernbericht entsprechend anzuwenden.

Prof. Dr. Stefan Müller

Inhaltsübersicht	Rz
1 Überblick	1–3
2 Verpflichtung zur Aufstellung der nichtfinanziellen Konzernerklärung (Abs. 1)	4–6
3 Befreiungsmöglichkeiten (Abs. 2)	7–8
4 Möglichkeit der Auslagerung aus dem Konzernlagebericht (Abs. 3)	9–10
5 Offenlegung des Ergebnisses der freiwilligen Prüfung (Abs. 4)	11–12

1 Überblick

1 Die Unternehmensberichterstattung befindet sich in einem Umbruch. Die Tendenz geht dabei weg von der reinen finanziellen Abbildung der Vermögens-, Finanz- und Ertragslage hin zur **Darstellung von nichtfinanziellen Faktoren**.[1] Schon bisher haben große KapG im Konzernlagebericht über die bedeutsamsten nichtfinanziellen Leistungsindikatoren, wie Informationen über Umwelt- und Arbeitnehmerbelange, zu berichten, soweit diese für das Verständnis des Geschäftsverlaufs oder der Lage von Bedeutung sind (§ 315 Abs. 3 HGB). Diese gesetzliche Vorgabe ist in den letzten Jahren zunehmend um Nachhaltigkeitsberichterstattungen auf freiwilliger Basis ergänzt worden, wobei als Stichworte hierzu nur stellvertretend das Framework des International Integrated Reporting Councils (IIRC)[2] und der Deutsche Nachhaltigkeitskodex (DNK) zu nennen sind. Auf diesen Zug ist auch die EU aufgesprungen, indem im November 2014 die RL 2014/95/EU (sog. CSR-Richtlinie) verabschiedet wurde, die eine weitere Ausweitung der pflichtmäßigen Publizität nichtfinanzieller Informationen fordert.[3] Konkret wurde die Bilanzrichtlinie 2013/34/EU geändert und eine Umsetzung von den Mitgliedstaaten bis zum 6.12.2016 gefordert, damit die Berichte pflichtgemäß erstmals für das Gj 2017 von den Unt veröffentlicht werden

---

[1] Vgl. *Freidank/Müller/Velte* (Hrsg.), Handbuch Integrated Reporting, 2015; *Hakelmacher*, WPg 2017, S. 204; *Kreipl/Müller*, DB 2016, S. 2425; *Zülch/Kretzmann*, DB 2016, S. 2617.
[2] Vgl. *Freidank/Müller/Velte* (Hrsg.), Handbuch Integrated Reporting, 2015; *Müller/Stawinoga*, WPg 2016, S. 612; *Müller/Stawinoga*, Der Controllingberater 41/2015, S. 85.
[3] Vgl. *Meeh-Bunse/Hermeling/Schomaker*, DStR 2016 S. 2769.

müssen. Der deutsche Gesetzgeber hat diese Frist zwar etwas überzogen, dennoch erfolgte die Umsetzung im HGB für diesen Zeitpunkt mit dem Gesetz zur Stärkung der nichtfinanziellen Berichterstattung der Unt in ihren Lage- und Konzernlageberichten (CSR-Richtlinie-Umsetzungsgesetz).[4]

Demnach müssen KM-orientierte MU, die mehr als 500 Mitarbeiter im Jahresdurchschnitt aufweisen im Rahmen der Konzernrechnungslegung auch jährlich eine **nichtfinanzielle Erklärung** veröffentlichen (**Abs. 1**), von der es jedoch Befreiungsmöglichkeiten gibt (**Abs. 2**), und die wahlweise als separater Abschnitt im Konzernlagebericht oder in einem gesonderten nichtfinanziellen Konzernbericht vorgenommen werden kann (**Abs. 3**). Neben einer kurzen Beschreibung des Geschäftsmodells ist in der nichtfinanziellen Erklärung zumindest auf Umwelt-, Arbeitnehmer- und Sozialbelange sowie die Achtung der Menschenrechte und Bekämpfung von Korruption und Bestechung einzugehen (§ 315c HGB i. V. m. § 289c HGB).[5] Mit dem im Entwurf vorliegenden DRÄS 8[6] soll in dem DRS 20 auch die durch das CSR-RLUG geforderte nichtfinanzielle Erklärung berücksichtigt und i. S. d. Aufgaben des DRSC als Rechnungslegungsempfehlung weiter konkretisiert werden.[7]

Die Richtlinie 2014/95/EU enthält ein Mitgliedstaatenwahlrecht hinsichtlich der **Prüfung** der nichtfinanziellen Erklärung, die der deutsche Gesetzgeber an die Unternehmen weitergegeben hat. Demnach hat die Prüfung lediglich formell seitens eines Vertreters des Berufsstands der Wirtschaftsprüfer zu erfolgen. Eine inhaltliche Prüfung der nichtfinanziellen Erklärung ist nicht notwendig, kann aber freiwillig vorgenommen werden, sodass die nichtfinanzielle Erklärung nicht zwangsläufig die gleiche Prüfungsintensität wie die Prüfung des Konzernlageberichts vorweist (§ 317 Abs. 2 Satz 4 HGB).[8]

2 Verpflichtung zur Aufstellung der nichtfinanziellen Konzernerklärung (Abs. 1)

Die Umsetzung der CSR-Richtlinie macht erneut eine **neue Größenklasse** im HGB notwendig, die der großen Unternehmen von öffentlichen Interesse. Diese sind zunächst nach § 315b Abs. 1 HGB KapG, die
1. ein Konzernmutterunternehmen nach § 290 HGB darstellen,
2. kapitalmarktorientiert im Sinne vom § 264d HGB sind,
3. die größenabhängige Befreiung für die Konzernrechnungslegung nach § 293 HGB nicht in Anspruch nehmen können und
4. zusammen mit allen Tochterunternehmen im Jahresdurchschnitt mehr als 500 Mitarbeiter aufweisen.

Dabei gelten die für die größenabhängigen Befreiungen geltenden Regelungen der § 267 Abs. 4 bis 5 HGB für die Nrn. 3 und 4. Konkret tritt die Rechtsfolge erst ein, wenn die Bedingungen an zwei aufeinanderfolgenden Bilanzstichtagen

---

[4] BGBl 2017 I S. 802.
[5] Vgl. *Kajüter*, IRZ 2016 S. 507; *Kreipl/Müller*, DB 2016, S. 2425; *Müller/Stawinoga/Velte*, ZfU 2015, S. 313; *Seibt*, DB 2016 S. 2707; *Wulf/Niemöller*, IRZ 2016 S. 245.
[6] Abrufbar unter https://www.drsc.de/app/uploads/2017/06/170620_E-DRAES_8-website-1.pdf, letzter Abruf am 3.8.2017.
[7] Vgl. *Müller/Scheid*, BB, 2017, S. 1835–1838.
[8] Vgl. *Müller/Stawinoga/Velte*, DB 2015, S. 542; *Simon-Heckroth*, WPg 2014, S. 311.

erfüllt sind (§ 267 Rz 25) und die Berechnung der Durchschnittswerte für die Mitarbeiterzahl ist auf Basis der Quartalswerte zu ermitteln (§ 267 Rz 24). Eine Berichterstattungpflicht hängt an der **Kapitalmarktorientierung des MU**; ein lediglich im KonsKreis enthaltenes KM-orientiertes TU löst keine Aufstellungspflicht für eine nichtfinanzielle Erklärung des MU aus. Auch muss das MU zur Aufstellung eines Konzernlageberichts verpflichtet sein, was nach der Gesetzesbegründung auch die Befreiungen der §§ 291 und 292 HGB neben der im Gesetzestext genannten größenabhängigen Befreiung nach § 293 HGB zur Anwendung kommen lässt. Demnach befreit der Einbezug in einen Konzernabschluss und Konzernlagebericht eines übergeordneten MU (§ 291 Rz 12 ff.) von der Aufstellung einer nichtfinanziellen Konzernerklärung.[9]

5   Zum Kreis der Zielgruppe der Regelung gehören auch **Kreditinstitute und Versicherungen**, die die Kriterien Nr. 1, 3 und 4 aus Rz 4 erfüllen. Diese haben über Verpflichtungen aus anderen Stellen im Gesetz § 340i Abs. 5 HGB und § 341j Abs. 4 HGB ebenfalls eine nichtfinanzielle Konzernerklärung abzugeben.

6   Die Regelungen zur **Zusammenfassung** von Anhang und Konzernanhang aus § 298 Abs. 2 HGB werden im Satz 2 auf die nichtfinanzielle Erklärung auf Einzelunternehmens- und Konzernebene übertragen. Daher können diese zur Vermeidung von Doppelangaben zusammengefasst aufgestellt und veröffentlicht werden, soweit aus den Angaben jeweils klar hervorgeht, welche Ebene konkret beschrieben wird (§ 298 Rz 68).

In der nichtfinanziellen Konzernerklärung oder in dem gesonderten nichtfinanziellen Konzernbericht können zur Vermeidung von Doppelungen auf nichtfinanzielle Angaben im Konzernlagebericht **Verweisungen** eingesetzt werden. Diese können etwa die nach § 315 Abs. 3 HGB geforderten Angaben zu den wesentlichen nichtfinanziellen Leistungsindikatoren sein.

3 Befreiungsmöglichkeiten (Abs. 2)

7   In Abs. 2 wird die Befreiung von der Aufstellung einer nichtfinanziellen Konzernerklärung bei Einbezug in eine nichtfinanzielle Konzernerklärung eines übergeordneten MU, die für die unter § 291 oder § 292 HGB fallenden MU bereits aus Abs. 1 gilt (§ 291 Rz 12 ff.), erweitert, da einige Anforderungen der §§ 291 und 292 HGB für die befreiende Einbeziehung explizit nicht gefordert werden. So ist **keine Zustimmung der Aktionäre** zur Erreichung der befreienden Wirkung notwendig. An die befreiende nichtfinanzielle Konzernerklärung sind allerdings die gleichen Anforderungen zu stellen, wie sie auch das MU erfüllen müsste (s. analog § 289b Rz 8).

8   Nach Abs. 2 Satz 3 ist die Nutzung der Befreiung im Konzernlagebericht des eigentlich berichtspflichtigen MU mit der **Erläuterung** aufzunehmen, wo die befreiend wirkende nichtfinanzielle Konzernerklärung, in das MU einbezogen wurde, offengelegt oder öffentlich zugänglich gemacht wurde und um welches Unt es sich handelt. Eine befreiende Wirkung kann eine nichtfinanzielle Konzernerklärung nur erlangen, wenn sie zudem in deutscher oder englischer Sprache verfügbar ist.

---

9   Gesetzesbegründung CSR-RL-Umsetzungsgesetz, BT-Drs. 18/9982, S. 56.

4 Möglichkeit der Auslagerung aus dem Konzernlagebericht (Abs. 3)

Die nichtfinanzielle Konzernerklärung kann entweder als Teil des Konzernlageberichts oder **ausgelagert in einem gesonderten nichtfinanziellen Konzernbericht** veröffentlicht werden, wobei die Frist der Veröffentlichung in der verabschiedeten Fassung nun ebenso wie der Konzernabschluss vier Monate nach dem Abschlussstichtag beträgt und zusammen mit dem Konzernlagebericht erfolgen muss. Der gesonderte nichtfinanzielle Konzernbericht kann dann auch in einen umfassenderen Nachhaltigkeitsbericht oder Integrated Report erfolgen. Dieses Ausweiswahlrecht wurde aus Art. 29a Abs. 4 CSR-Richtlinie fast eins zu eins in § 315b Abs. 3 HGB übernommen; einzig die Frist wurde von sechs auf vier Monate verkürzt. Daher darf eine Gesellschaft auf den Ausweis der nichtfinanziellen Konzernerklärung im Konzernlagebericht verzichten, sofern diese einen gesonderten Bericht erstellt, der zusammen mit dem Konzernlagebericht veröffentlicht oder innerhalb einer Frist von maximal vier Monaten nach dem Bilanzstichtag auf der Website der Gesellschaft publiziert und ein entsprechender Verweis im Konzernlagebericht hinterlegt ist. Somit können die Konzernlageberichterstattung und die CSR-Berichterstattung nebeneinander erfolgen, was angesichts der Relevanz der CSR-Informationen gerade für die im Konzernlagebericht darzustellende wirtschaftliche Lage nur schwer vorstellbar ist. Unter nichtfinanzielle Leistungsindikatoren sind gem. § 315 Abs. 3 HGB im Konzernlagebericht bislang schon und auch weiterhin unter anderem Informationen über Umwelt- und Arbeitnehmerbelange zu subsummieren. Die Aufzählung ist allerdings nicht abschließend. Daraus ergibt sich eine weit gefasste Berichterstattungspflicht. Diese hat generell die nichtfinanziellen Indikatoren zu umfassen, die zur Steuerung des Unt eingesetzt werden (DRS 20.106). Darüber hinaus ist bei der Analyse des Geschäftsverlaufs und der Lage des Konzerns nach hM auf nicht aktivierungsfähige immaterielle Werte einzugehen.[10] Unter Umständen ist in diesem Zuge auch über die gesellschaftliche Reputation zu berichten. Einschränkungen ergeben sich lediglich aus der unpräzisen Vorgabe, dass nur Informationen zu berichten sind, die für das Verständnis des Geschäftsverlaufs oder der Lage des Konzerns von Bedeutung sind.

Daher stehen gerade die Unt, die auch intensiv Nachhaltigkeitskennzahlen als nichtfinanzielle Leistungsindikatoren im Steuerungssystem nutzen, vor dem Dilemma, viele Informationen aus der nichtfinanziellen Konzernerklärung zu wiederholen. Dabei darf die KapG nach dem Gesetzestext nur dann auf die an anderer Stelle im Lagebericht enthaltenen nichtfinanziellen Angaben verweisen, wenn die nichtfinanzielle Erklärung einen besonderen Abschnitt des Lageberichts bildet. Somit kommt es nach dem Gesetzestext bei einer Auslagerung der nichtfinanziellen Erklärung in einen anderen (Nachhaltigkeits- oder Integrierten-) Bericht immer zu einer **Dopplung von Angaben**, da in diesem Fall weiterhin auch im Konzernlagebericht auf die nichtfinanziellen Leistungsindikatoren einzugehen ist. In der Gesetzesbegründung wird dagegen auch explizit der in der Gesetzestextfassung fehlende nichtfinanzielle Konzernbericht im Zusam-

---

[10] Vgl. z.B. WPH Edition, Wirtschaftsprüfung & Rechnungslegung, 15. Aufl., Abschn. F, Tz 1360.

menhang mit der **Verweismöglichkeit** genannt,[11] weshalb somit Verweise auch von diesem ausgelagerten Bericht auf den Konzernlagebericht erlaubt sind. DRS 20 fordert auf der Basis einer Rechnungslegungsempfehlung mit der Vermutung, dass eine Anwendung zur Beachtung der GoB in der Konzernrechnungslegung führt, dass der Konzernlagebericht – mit Ausnahme der expliziten gesetzlichen Ausweiswahlrechte – vollständig und aus sich heraus ohne Verweise verständlich zu sein hat. Somit dürfen nur Verweise vom ausgelagerten nichtfinanziellen Konzernbericht in den Konzernlagebericht möglich sein. Eine Doppelangabe ist angesichts der letztlich nicht getrennten Adressatengruppen wenig überzeugend. Neben der Frage der konkreten Abgrenzung von den nichtfinanziellen Leistungsindikatoren muss klar sein, dass wenn eine CSR-Berichterstattung Relevanz für den Konzern hat, dass dann diese Aspekte der Konzerntätigkeit zwangsläufig zur Darstellung der wirtschaftlichen Lage gehören, die im Konzernlagebericht zu erfolgen hat. Eine Nebenabbildung des Konzerns zu zeichnen, wirft die Bemühungen etwa des Integrated Reporting ökonomische, ökologische und soziale Aspekt des Konzerns zusammen und mit ihren jeweiligen Interdependenzen darzustellen,[12] deutlich zurück. Generell bleibt daher fraglich, ob sich diese Verpflichtung zur CSR-Berichterstattung nicht nachteilig auf die sich bislang primär auf freiwilliger Basis entwickelnde Nachhaltigkeitsberichterstattung auswirken wird, da ein Nachhaltigkeitsbericht bisher ein Signal i. S. d. Differenzierung unter den Unternehmen darstellt.[13]

5 Offenlegung des Ergebnisses der freiwilligen Prüfung (Abs. 4)

11 Die nichtfinanzielle Erklärung muss auch als Teil des Lageberichts lediglich einer formalen Prüfung unterzogen werden, eine inhaltliche Prüfung ist freiwillig. Wird eine nichtfinanzielle Erklärung **inhaltlich geprüft**, so ist nach § 315b Abs. 4 HGB das Ergebnis der Prüfung ebenfalls offenzulegen. Diese Regelung gilt jedoch erst für **Gj, die nach dem 31.12.2018 beginnen.** Grund dafür ist, dass diese Bestimmung erst im laufenden Gesetzgebungsverfahren hinzugefügt wurde und ein zeitlich gestuftes Inkrafttreten für sinnvoll gehalten wird, um Unt und insbesondere Aufsichtsräten die Zeit zu bieten, sich auf die neuen Aufgaben vorzubereiten und Erfahrungen mit den neuen Berichtsvorgaben zu sammeln.[14] Somit liegt die Entscheidung über die Veröffentlichung der Ergebnisse einer freiwillig beauftragten externen Überprüfung der nichtfinanziellen Berichterstattung noch bis zum Gj 2019 im Ermessen des Unt. Dies soll die Unternehmen darin bestärken, bei Bedarf umfangreichen externen Rat hinzuzuziehen, auch um eigene Kenntnisse im Hinblick auf die Prüfung der nichtfinanziellen Berichterstattung aufzubauen.

---

11 Vgl. Gesetzesbegründung CSR-RL-Umsetzungsgesetz, BT-Drs. 18/9982, S. 57.
12 Vgl. *Freidank/Müller/Velte* (Hrsg.), Handbuch Integrated Reporting – Herausforderungen für Steuerung, Überwachung und Berichterstattung, 2015.
13 Vgl. *Kreipl/Müller*, DB 2016, S. 2429.
14 Vgl. Beschlussempfehlung und Bericht des Ausschusses für Recht und Verbraucherschutz zum Entwurf der CSR-Richtlinie-Umsetzungsgesetzes, BT-Drs. 18/11450, S. 50.

Es bleibt gem. § 317 Abs. 2 Satz 4 HGB insofern bei einer **Überprüfung der** 12
Vorlage der nichtfinanziellen Konzernerklärung oder des gesonderte nichtfinanziellen Konzernberichts durch den AP (§ 289b Rz 11). Der Aufsichtsrat hat dagegen auch eine inhaltliche Prüfung vorzunehmen (§ 171 Abs. 1 AktG) und kann auch eine externe Prüfung der nichtfinanziellen Konzernerklärung nach § 111 Abs. 2 HGB beauftragen (§ 289b Rz 14). Da der Hinweis auf die Auslagerung der Erklärung im Lagebericht zu erfolgen hat, muss ein ausgelagerter nichtfinanzielle Konzernbericht stets vorher oder zumindest gleichzeitig mit dem Konzernlagebericht vorliegen, da der Prüfer ansonsten in seinem Bestätigungsvermerk das Vorhandensein des nichtfinanziellen Konzernberichts nicht bestätigen kann.

§ 315c Inhalt der nichtfinanziellen Konzernerklärung

(1) Auf den Inhalt der nichtfinanziellen Konzernerklärung ist § 289c entsprechend anzuwenden.
(2) § 289c Absatz 3 gilt mit der Maßgabe, dass diejenigen Angaben zu machen sind, die für das Verständnis des Geschäftsverlaufs, des Geschäftsergebnisses, der Lage des Konzerns sowie der Auswirkungen seiner Tätigkeit auf die in § 289c Absatz 2 genannten Aspekte erforderlich sind.
(3) Die §§ 289d und 289e sind entsprechend anzuwenden.

PROF. DR. STEFAN MÜLLER

Inhaltsübersicht

		Rz
1	Überblick	1–3
2	Inhaltliche Ausgestaltung (Abs. 1)	4
3	Vorgaben zur Einnahme der Konzernsichtweise bei der Berichterstattung (Abs. 2)	5–6
4	Nutzung von Rahmenwerken und Weglassen nachteiliger Angaben (Abs. 3)	7–8

1 Überblick

1   Die nichtfinanzielle Konzernerklärung hat das **Ziel**, zum einen eine Stärkung der Rechenschaft und der Vermittlung entscheidungsnützlicher Informationen über nichtfinanzielle Aspekte zu erreichen. Dabei stellt der Gesetzgeber nicht nur auf den Konzern, sondern darüber hinaus auch auf die Lieferketten der vom Konzern bearbeiteten Produkte und erbrachten Dienstleistungen ab.[1] Zum anderen ist eine Verhaltensbeeinflussung der Konzernführung bezweckt: Es soll analog zu den Überlegungen des International Integrated Reporting Councils eine Sensibilisierung für Nachhaltigkeit und intensivere Berücksichtigung ökonomischer, ökologischer und sozialer Belange in internen Entscheidungsprozessen (Integrated Thinking)[2] erreicht werden.

2   Die für Gj, die nach dem 31.12.2016 beginnen, bestehende **Verpflichtung zur Erstellung einer nichtfinanziellen Konzernerklärung** ergibt sich aus § 315b Abs. 1 HGB mit Befreiungsmöglichkeiten in § 315 Abs. 2 HGB und einem Ausweisausgestaltungswahlrecht in § 315b Abs. 3 HGB. Die nichtfinanzielle Konzernerklärung ist Bestandteil des Lageberichts oder kann als nichtfinanzieller Konzernbericht getrennt vom Konzernlagebericht veröffentlicht werden. Dennoch finden grundsätzlich die etwa in DRS 20 dargestellten Grundsätze ordnungsmäßiger Lageberichterstattung (§ 315 Rz 10ff.) für beide Berichtsarten

---

[1] Gesetzesbegründung CSR-RL-Umsetzungsgesetz, BT-Drs. 18/9982, S. 1.
[2] Vgl. The International <IR> Framework, S. 2, http://integratedreporting.org/wp-content/uploads/2015/03/13–12–08-THE-INTERNATIONAL-IR-FRAMEWORK-2–1.pdf, letzter Abruf am 20.4.2017.

Anwendung. Es ist nur eine formale Prüfung durch den AP vorgesehen (§ 317 Abs. 2 Satz 4 HGB) vorgesehen, allerdings hat der Aufsichtsrat auch inhaltlich zu prüfen (§ 315b Rz 12).

Der Gesetzgeber **spiegelt die Vorgaben** der §§ 289c bis 289e HGB in § 315c HGB auf den Konzern, da die nichtfinanzielle (Konzern-)Erklärung inhaltlich bis auf das andere Abbildungssubjekt (Einzelunt/Konzern) keine Unterschiede aufweist. 3

2 Inhaltliche Ausgestaltung (Abs. 1)

Inhaltlich ist neben einer kurzen Beschreibung des Geschäftsmodells in der nichtfinanziellen Konzernerklärung zumindest auf Umwelt-, Arbeitnehmer- und Sozialbelange sowie die Achtung der Menschenrechte und Bekämpfung von Korruption und Bestechung einzugehen (§ 315c Abs. 1 i.V.m. § 289c Abs. 1 und 2 HGB). 4

Die inhaltliche Ausgestaltung ist unter Berücksichtigung der mit Abs. 2 geforderten Konzernsichtweise identisch mit den Regelungen auf Ebene des Einzelunternehmens, weshalb im Weiteren auf die **Ausführungen zu § 289c HGB** verwiesen werden kann (§ 289c Rz 2 ff.).

Kurz nachdem Mitte 2017 das DRSC einen Entwurf des DRÄS 8[3] zur Änderung des DRS 20 „Konzernlagebericht" publizierte, stellte die Europäische Kommission den Unt daher entsprechende, unverbindliche Leitlinien zur Verfügung.[4] Im Rahmen der nun veröffentlichten Leitlinien ermutigt der europäische Gesetzgeber die Unt ausdrücklich, die ihnen durch die Richtlinie gewährte Flexibilität zu nutzen, um die Entwicklung innovativer Berichterstattungslösungen zu fördern.[5] Insofern handelt es sich bei dieser Orientierungshilfe weder um eine neue rechtliche Verpflichtung noch um einen technischen Standard.[6]

3 Vorgaben zur Einnahme der Konzernsichtweise bei der Berichterstattung (Abs. 2)

Der Gesetzgeber wiederholt die Anforderungen an die inhaltliche Ausgestaltung anders als in Art. 29a der EU-Bilanzrichtlinie nicht noch einmal für die Konzernberichterstattung, sondern nutzt die Verweismöglichkeit. Allerdings wird dann in Abs. 2 explizit darauf hingewiesen, dass die Konzernsichtweise einzunehmen ist. Somit sind nach § 315c Abs. 2 HGB jeweils diejenigen Angaben zu machen, die für das Verständnis des Geschäftsverlaufs, des Geschäftsergebnisses, der Lage des Konzerns sowie der Auswirkungen seiner Tätigkeit auf die genannten Aspekte erforderlich sind. Dies kann als **doppelter Wesentlichkeitsvorbehalt** 5

---

3   Der entsprechende Entwurf des DRSC ist abrufbar unter https://www.drsc.de/app/uploads/2017/06/170620_E-DRAES_8_website-1.pdf, letzter Abruf am 3.8.2017; vgl. hinsichtlich einer (tatsächlichen) Konkretisierung der nichtfinanziellen Erklärung im Kontext der Konzernlageberichterstattung durch den E-DRÄS 8 *Müller/Scheid*, BB 2017, S. 1835–1838.
4   Die von der Europäischen Kommission veröffentlichten Leitlinien zur Umsetzung der Richtlinie 2014/95/EU sind abrufbar unter http://eur-lex.europa.eu/legal-content/DE/TXT/PDF/?uri=CELEX:52017XC0705(01)&from=EN, letzter Abruf am 3.8.2017.
5   Vgl. Leitlinien der Europäischen Kommission zur Umsetzung der Richtlinie 2014/95/EU, S. 3.
6   Vgl. Leitlinien der Europäischen Kommission zur Umsetzung der Richtlinie 2014/95/EU, S. 4.

gewertet werden: So müssen die Angaben für das Verständnis des Geschäftsverlaufs, des Geschäftsergebnisses, der Lage des Konzerns bedeutsam und gleichzeitig auch für das Verständnis der Auswirkungen der Konzerntätigkeit notwendig sein.[7] Damit können Angaben zu nichtfinanziellen Aspekten, die in der nichtfinanziellen Erklärung noch für das Verständnis nötig waren in der nichtfinanziellen Konzernerklärung obsolet sein, da durch die insgesamt größere Abbildungseinheit dieser Aspekt an Relevanz verliert. Dennoch wird es zu großen inhaltlichen Überschneidungen kommen, da die grundsätzlichen Konzepte und Lieferketten oftmals keine großen Unterschiede aufweisen dürften, insbesondere wenn es sich um einen Stammhauskonzern handelt. Im Falle von Holdinggesellschaften kann es dann zu deutlich größeren Abweichungen kommen, da die TU über ihre eigenen Lieferketten verfügen, die, soweit die Angaben notwendig sind, auch darzustellen sind.

6   Bei der **Beschreibung der Lieferketten** ist ein Widerspruch zwischen Gesetzesbegründung und gesetzlicher Anforderung zu konstatieren. Einerseits sollen nach Erwägungsgrund 8 der RL 2014/95/EU die Berichtspflichten nicht zu übermäßigem Verwaltungsaufwand für kleine und mittlere Unt führen, da berichtspflichtige Unt nach der RL ihre Berichtspflicht nicht pauschal an kleine und mittlere Unt in ihrer Lieferkette und ihrer Kette von Subunternehmern weitergeben sollen.[8]
Anderseits wird mit § 315b Abs. 1 i. V. m. § 289c Abs. 3 HGB gefordert, wesentliche Risiken, die mit den Geschäftsbeziehungen der KapG, ihren Produkten und Dienstleistungen verknüpft sind und die sehr wahrscheinlich schwerwiegende negative Auswirkungen auf die in § 289c Abs. 2 HGB genannten Aspekte haben oder haben werden, soweit die Angaben von Bedeutung sind und die Berichterstattung über diese Risiken verhältnismäßig ist, anzugeben, wobei auch dies nur zu erfolgen hat, wenn dies für das Verständnis des Geschäftsverlaufs, des Geschäftsergebnisses, der Lage des Konzerns bedeutsam ist. Somit müssen MU von ihrem TU bzw. eigenen Zulieferern die Informationen versuchen zu bekommen,[9] wobei der mehrfache Wesentlichkeitsvorbehalt beachtet werden muss.

4   Nutzung von Rahmenwerken und Weglassen nachteiliger Angaben (Abs. 3)

7   Auch in der nichtfinanziellen Konzernerklärung sowie dem aus dem Konzernlagebericht ausgelagerten nichtfinanziellen Konzernbericht ist es möglich, analog zu § 289e HGB für den Konzern **nachteilige Angaben wegzulassen** (§ 289e Rz 1 ff.). Allerdings ist die Konzernperspektive einzunehmen, so dass ggf. auf Einzelebene problematische Aspekte in der größeren Konzernsicht dem Konzern aus vernünftiger kaufmännischer Betrachtung keinen erheblichen Schaden zufügen können und gleichzeitig das Weglassen der Angaben ein den tatsächlichen Verhältnissen entsprechendes und ausgewogenes Verständnis des Geschäftsverlaufs, des Geschäftsergebnisses, der Lage des Konzerns und der Aus-

---

[7]   Vgl. *Kajüter*, DB 2017, S. 619.
[8]   Gesetzesbegründung CSR-RL-Umsetzungsgesetz, BT-Drs. 18/9982, S. 2.
[9]   Vgl. *Haaker/Freiberg*, PiR 1/2017 S. 27.

wirkungen seiner Tätigkeiten nicht verhindert, so dass diese daher im nichtfinanziellen Konzernbericht angabepflichtig sind.

Analog zu § 289d HGB dürfen für den nichtfinanziellen Konzernbericht **nationale, europäische oder internationale Rahmenwerke** genutzt werden. Das berichtspflichtige MU hat gegenüber den Adressaten allerdings zu konkretisieren, welche Leitlinie bei der Erstellung des Berichts herangezogen wurde und falls keine Rahmenwerke genutzt wurden, warum dies entschieden wurde (§ 289d Rz 1 ff.).

§ 315d Konzernerklärung zur Unternehmensführung

¹Ein Mutterunternehmen, das eine Gesellschaft i.S.d. § 289f Absatz 1 oder Absatz 3 ist, hat für den Konzern eine Erklärung zur Unternehmensführung zu erstellen und als gesonderten Abschnitt in den Konzernlagebericht aufzunehmen. ²§ 289f ist entsprechend anzuwenden.

PROF. DR. STEFAN MÜLLER

Inhaltsübersicht	Rz
1 Überblick	1–2
2 Ausgestaltung der Konzernerklärung zur Unternehmensführung	3–5

1 Überblick

1 Mit dem BilRUG wurde als Umsetzung der Vorgabe der Bilanz-RL (Art. 29 Abs. 1 RL 2013/34/EU i.V.m. Art. 20 RL 2013/34/EU) in § 315 HGB ein neuer Abs. 5 angefügt, der mit dem CSR-RL-Umsetzungsgesetz in einen neuen § 315d HGB verschoben wurde, der MU, die börsennotierte AG sind, zu einer **Erklärung zur Unternehmensführung** für den Konzern verpflichtet. Danach sind die in § 289a HGB aF ab dem Gj 2017 § 289f HGB umgesetzten speziellen Vorgaben für börsennotierte AG auf konsolidierter Ebene auch im Konzernlagebericht notwendig. Der Inhalt wurde bereits mehrfach ergänzt. So erfuhr die Konzernerklärung zur Unternehmensführung bereits durch das Gesetz für die gleichberechtigte Teilhabe von Frauen und Männern an Führungspositionen in der Privatwirtschaft und im öffentlichen Dienst[1] und durch das CSR-RL-Umsetzungsgesetz[2] eine Erweiterung.

2 Der **Anwendungsbereich** von § 315d HGB umfasst **börsennotierte MU in der Rechtsform einer AG** und solche AG, die ausschließlich **andere Wertpapiere** (etwa Schuldverschreibungen) zum Handel am organisierten Markt i.S.d. § 2 Abs. 5 WpHG ausgegeben haben und deren Aktien mit Wissen[3] der Ges. über ein multilaterales Handelssystem i.S.d. § 2 Abs. 3 Satz 1 Nr. 8 WpHG (in Deutschland grds. der Freiverkehr) gehandelt werden (§ 289f Rz 5). Nach § 289a Abs. 3 HGB i.d.F.d. Gesetzes für die gleichberechtigte Teilhabe von Frauen und Männern an Führungspositionen in der Privatwirtschaft und im öffentlichen Dienst ist die Pflicht im Lagebericht erweitert worden auf börsennotierte KGaA (§ 289f Rz 17ff.), was nach dem BilRUG für den Konzernlagebericht rechtssystematisch bislang unterblieben ist. Die Abgabepflicht hängt einzig an

---

[1] Gesetz für die gleichberechtigte Teilhabe von Frauen und Männern an Führungspositionen in der Privatwirtschaft und im öffentlichen Dienst v. 24.4.2015, BGBl 2015 I S. 642ff.
[2] Gesetz zur Stärkung der nichtfinanziellen Berichterstattung der Unternehmen in ihren Lage- und Konzernlageberichten (CSR-Richtlinie-Umsetzungsgesetz) BGBl 2017 I S. 802.
[3] Vgl. BilMoG-BegrRegE, S. 104; 1423; *Grottel/Röhm-Kottmann*, in Beck Bil-Komm, 10. Aufl., 2016, § 289a HGB, Rz 2.

dem MU, sollte nur ein oder mehrere TU börsennotiert sein, löst dies keine Berichterstattungspflicht im Konzernlagebericht aus.[4]

2 Ausgestaltung der Konzernerklärung zur Unternehmensführung

Der Gesetzgeber unterstellt, dass das MU für den Konzern und für sich selbst gleiche Unternehmensführungsgrundsätze zu Grunde legt.[5] Somit kommt es diesbezüglich in großen Teilen zu Wiederholungen der Aussagen aus dem Lagebericht des MU. Fraglich ist jedoch, wie vorzugehen ist, wenn dies etwa aufgrund von kürzlich erfolgten Übernahmen noch nicht der Fall ist oder bei einer Finanzholding mit auch in der Ausgestaltung der Unternehmensführung weitgehend freien TU gar nicht angestrebt ist. Auch gibt es etwa mit der **Berichterstattung über den vorgenommenen und erreichten Frauenanteil** auf der obersten und den beiden darunter folgenden Unternehmensführungsebenen weitere Ausgestaltungsfragen im Konzern. In der Begründung des RefE wurde noch formuliert: „Bei der Anwendung von Absatz 5 soll ein Mutterunternehmen keine neuen Angaben beschaffen müssen."[6] Allerdings kann eine bloße Wiederholung der Erklärung des Lageberichts des MU auch nicht gewollt sein, doch dürften beide Erklärungen in den wesentlichen Punkten übereinstimmen,[7] so dass auf die Kommentierung zu § 289f verwiesen werden kann und im Folgenden lediglich die Konzernspezifika thematisiert werden (§ 289f Rz 1 ff.). Mit DRÄS 8 wird der DRS 20 diesbezüglich an die geänderten gesetzlichen Vorgaben angepasst.[8] Zumindest sind auch die Unternehmensführungsberichte von ggf. börsennotierten TU in die Erklärung im Konzernlagebericht einzubeziehen. In den Thesen zur Umsetzung eines Corporate Governance Berichts wird ebenfalls eine klare Konzernsicht präferiert,[9] da in der Praxis der Konzernabschluss und Konzernlagebericht zunehmend das zentrale Instrument der Finanzinformationskommunikation von MU werden.

3

Mit dem CSR-RL-Umsetzungsgesetz wurde eine Ausweitung der Erklärung zur Unternehmensführung für eine andere Anwendungsgruppe als die der großen Unt von öffentlichem Interesse in § 289f HGB um **Diversitätsangaben** verankert. Hiervon sind anders als bei der nichtfinanziellen Konzernerklärung nach § 315b HGB nur bestimmte Rechtsformen betroffen (AG, KGaA, Europäische Ges.), die allerdings auch nicht den bei der Pflicht zur nichtfinanziellen Konzernerklärung geltenden Schwellenwert von 500 Arbeitnehmern anwenden dürfen. Insgesamt geht die Bundesregierung von gut 325 Fällen in Deutschland aus, die diese Erklärung betrifft.[10]

4

---

[4] Vgl. z.B. WPH Edition, Wirtschaftsprüfung & Rechnungslegung, 15. Aufl., 2017, Abschn. G, Tz 920.
[5] Vgl. BilRUG-BgrRegE, BR-Drs 23/15 S. 93.
[6] Vgl. BilRUG-BgrRefE, Bearbeitungsstand: 28.7.2014, S. 81.
[7] Vgl. WPH Edition, Wirtschaftsprüfung & Rechnungslegung, 15. Aufl., 2017, Abschn. G, Tz 923.
[8] https://www.drsc.de/app/uploads/2017/06/170620_E-DRAES_8_website-1.pdf, letzter Abruf am 3.8.2017.
[9] Vgl. *AK Corporate Governance Reporting der Schmalenbach-Gesellschaft für Betriebswirtschaftslehre e. V. (Hrsg.)*, DB 2016, S. 2132.
[10] BT-Drs. 18/9982, S. 38.

Bei den Diversitätsangaben handelt es sich über die bereits gesetzlich geforderten Angaben und Erläuterungen zur Frauenquote hinaus um eine Beschreibung des Diversitätskonzepts, das im Hinblick auf die Zusammensetzung des vertretungsberechtigten Organs und des Aufsichtsrats in Bezug auf Aspekte wie bspw. Alter, Geschlecht, Bildungs- oder Berufshintergrund verfolgt wird, sowie der Ziele dieses Diversitätskonzepts, der Art und Weise seiner Umsetzung und der im Gj erreichten Ergebnisse im Berichtszeitraum (§ 289f Abs. 2 Nr. 6 HGB; Erweiterung und Neunummerierung des § 289a HGB aF). Auch die Pflicht zur Beschreibung des Diversitätskonzepts bleibt dabei ohne konkrete Festlegung anzugebender Kriterien. Analog zur nichtfinanziellen Konzernerklärung ist bei fehlendem Konzept eine erläuternde Negativerklärung abzugeben. Für die Beschreibung des Diversitätskonzepts betreffend die Verwaltungs-, Leitungs- und Aufsichtsorgane liegt seit der Einführung des Gesetzes für die gleichberechtigte Teilhabe von Frauen und Männer an Führungspositionen[11] nebst der korrespondierenden Änderung des Handelsgesetzbuches zumindest teilweise bereits ein Äquivalent vor. Gem. § 315d i.V.m. § 289f Abs. 2 Nr. 4 HGB sind in die Erklärung entsprechend stets Angaben betreffend die Festlegung der Zielgröße für den Frauenanteil in den beiden Führungsebenen unterhalb des Vorstands sowie die Festlegung der Zielgröße für den Frauenanteil im Aufsichtsrat und im Vorstand aufzunehmen. Darüber hinaus ist anzugeben, ob die festgelegten Zielgrößen während des Bezugszeitraums erreicht wurden, und wenn nicht, warum. Gem. § 289f Abs. 2 Nr. 5 HGB ist in die Erklärung zur Unternehmensführung bei börsennotierten AG und SE, für die die zwingende Frauenquote von 30 % gilt, die Angabe zu implementieren, ob die Ges. bei der Besetzung des Aufsichtsrats mit Frauen und Männern jeweils Mindestanteile im Bezugszeitraum eingehalten hat, und wenn nicht, weshalb. Über die §§ 289 Abs. 3 und 315 Abs. 3 HGB ist zudem u. U. auch im Zuge der Berichterstattung über Arbeitnehmerbelange oder die gesellschaftliche Reputation auf Aspekte der Diversität einzugehen. Die bisher im deutschen Handels- und Gesellschaftsrecht verankerten Angabepflichten beschränken sich in diesem Bereich jedoch auf Diversitätsfragen mit Geschlechtsbezug, die in Nr. 6 geforderten Diversitätsangaben haben auch auf andere Kriterien einzugehen.

5 Der Gesetzgeber verweist komplett auf den § 289f HGB, sodass auch das **Ausgliederungswahlrecht** des § 289a Abs. 1 HGB genutzt werden kann, wonach die Angaben gesondert auf einer Internetseite statt im Konzernlagebericht veröffentlicht werden können, was jedoch die Angabe der Seite und das dauerhafte Vorhalten voraussetzt (§ 289f Rz 25 ff.).

---

[11] BGBl I 2015 17, S. 642.

§ 315e Rechnungslegungsstandards

(1) Ist ein Mutterunternehmen, das nach den Vorschriften des Ersten Titels einen Konzernabschluss aufzustellen hat, nach Artikel 4 der Verordnung (EG) Nr. 1606/2002 des Europäischen Parlaments und des Rates vom 19. Juli 2002 in der jeweils geltenden Fassung verpflichtet, die nach den Artikeln 2, 3 und 6 der genannten Verordnung übernommenen internationalen Rechnungslegungsstandards anzuwenden, so sind von den Vorschriften des Zweiten bis Achten Titels nur § 294 Abs. 3, § 297 Abs. 1a, 2 Satz 4, § 298 Abs. 1, dieser jedoch nur in Verbindung mit den §§ 244 und 245, ferner § 313 Abs. 2 und 3, § 314 Abs. 1 Nr. 4, 6, 8 und 9, Abs. 3 sowie die Bestimmungen des Neunten Titels und die Vorschriften außerhalb dieses Unterabschnitts, die den Konzernabschluss oder den Konzernlagebericht betreffen, entsprechend anzuwenden.

(2) Mutterunternehmen, die nicht unter Absatz 1 fallen, haben ihren Konzernabschluss nach den dort genannten internationalen Rechnungslegungsstandards und Vorschriften aufzustellen, wenn für sie bis zum jeweiligen Bilanzstichtag die Zulassung eines Wertpapiers i.S.d. § 2 Abs. 1 des Wertpapierhandelsgesetzes zum Handel an einem organisierten Markt i.S.d. § 2 Abs. 5 des Wertpapierhandelsgesetzes im Inland beantragt worden ist.

(3) [1]Mutterunternehmen, die nicht unter Absatz 1 oder 2 fallen, dürfen ihren Konzernabschluss nach den in Absatz 1 genannten internationalen Rechnungslegungsstandards und Vorschriften aufstellen. [2]Ein Unternehmen, das von diesem Wahlrecht Gebrauch macht, hat die in Absatz 1 genannten Standards und Vorschriften vollständig zu befolgen.

WP StB Carsten Ernst

Inhaltsübersicht	Rz
1 Überblick	1–8
1.1 Inhalt, Bedeutung und Verfassungsmäßigkeit	1–2
1.2 Rechtsentwicklung	3–4
1.3 Normenzusammenhang	5–8
2 Anwendung internationaler Rechnungslegungsvorschriften auf den Konzernabschluss	9–22
2.1 Allgemeine Pflicht zur Aufstellung eines Konzernabschlusses nach IFRS/IAS (Abs. 1)	9–18
2.1.1 Pflicht zur Konzernrechnungslegung nach HGB/PublG	9
2.1.2 Mutterunternehmen i.S.v. Art. 4 VO (EG) Nr. 1606/2002	10–15
2.1.3 Umfang der Konzernrechnungslegungspflicht	16–18
2.2 Erweiterte Pflicht zur Aufstellung eines Konzernabschlusses nach IFRS/IAS (Abs. 2)	19–20
2.3 Wahlrecht zur Aufstellung eines Konzernabschlusses nach IFRS/IAS (Abs. 3)	21–22

1 Überblick

1.1 Inhalt, Bedeutung und Verfassungsmäßigkeit

1 § 315e HGB regelt, nach welchen (nationalen oder internationalen) Rechnungslegungsvorschriften der Konzernabschluss eines MU aufzustellen ist. Dies setzt daher zunächst eine Pflicht zur Konzernrechnungslegung voraus.[1]

2 Der **Inhalt** der Vorschrift umfasst nicht die Frage, **ob** ein Konzernabschluss aufzustellen ist, sondern vielmehr die Frage, nach welchen Vorschriften dies zu geschehen hat.[2] Sofern aufgrund der **KM-Orientierung**[3] des Konzerns die Voraussetzungen des **§ 315e Abs. 1 oder Abs. 2 HGB** vorliegen, **muss (Pflicht)** der Konzernabschluss unter Anwendung der internationalen Rechnungslegungsstandards aufgestellt werden. Ein **Wahlrecht** zur Konzernrechnungslegung nach internationalen Standards gewährt **§ 315e Abs. 3 HGB** nur für nicht KM-orientierte Konzerne.[4]

§ 315e HGB regelt damit die materiellen Anforderungen an den Konzernabschluss. **Diese Bestimmung ergänzt die sog. IFRS-VO (EG) Nr. 1606/2002** des EU-Parlaments und des Rates vom 19.7.2002 betreffend die Anwendung internationaler Rechnungslegungsstandards (ABl. EG Nr. L 243 S. 1) und bildet mit dieser einen einheitlichen Rechtsrahmen für die Konzernrechnungslegung nach internationalen Standards.[5] Mit der IAS-VO trägt der europäische Gesetzgeber dazu bei, die Funktionsweise des Binnenmarktes respektive des KM zu verbessern. Die Übernahme internationaler Rechnungslegungsstandards in deutsches Recht, wirft auf den ersten Blick **verfassungsrechtliche Probleme und Bedenken**, insb. hinsichtlich der faktischen Abgabe der Gesetzgebungskompetenz, auf. Diese Bedenken werden mittlerweile als unbegründet erachtet, so dass die Regelung verfassungsrechtlichen Bedenken Stand hält.[6]

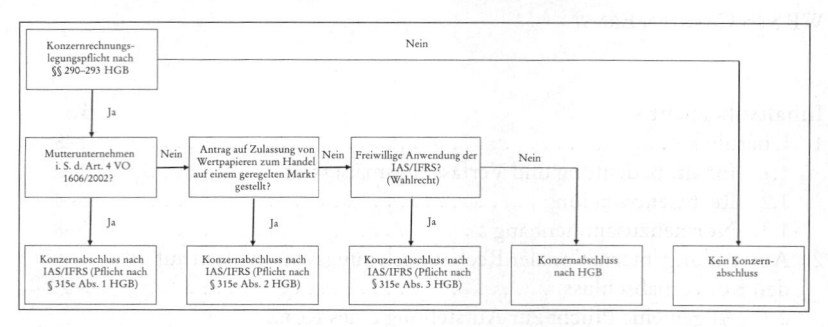

Abb. 1: Konzernrechnungslegung nach internationalen Standards

---

[1] Vgl. Rz 6.
[2] Dies ergibt sich aus dem Wortlaut des § 315e HGB. Dort heißt es in Satz 1: „Ist ein Mutterunternehmen, das nach den Vorschriften des Ersten Titels einen Konzernabschluss aufzustellen hat, …". So auch *Grottel/Kreher*, in Beck-Bil-Komm., 10. Aufl., 2016, § 315a HGB, Rz 2.
[3] Zur Definition der Kapitalmarktorientierung vgl. § 264d Rz 1 ff. und *Zwirner*, PIR 4/2010, S. 93.
[4] Diese Möglichkeit nutzen bislang jedoch nur wenige nicht-KM-orientierte MU.
[5] BT-Drs. 15/3419, S. 33.
[6] Vgl. *Heintzen*, BB 2001, S. 825, insbes. 827 ff.; *Albert*, Zur Rechtsverbindlichkeit internationaler Rechnungslegungsstandards (IAS/IFRS), IFSt-Schrift Nr. 448, S. 27, 32 ff.; *Heuermann*, FS Spindler, 2011, S. 83, 89 f.

1.2 Rechtsentwicklung

Mit dem **BilReG**[7] wurde die Vorschrift erstmals ins HGB eingefügt. Durch § 315e Abs. 3 HGB wird das in Art. 5 der IAS-VO vorgesehene Mitgliedstaatenwahlrecht – auch für alle nicht KM-orientierten MU einen Konzernabschluss nach internationalen Standards freiwillig zuzulassen – in nationales Recht umgesetzt.

Durch das BilRUG wurde der § 315e HGB redaktionell abgeändert. Somit ergeben sich keine materiellen Änderungen.[8]

1.3 Normenzusammenhang

§ 315e HGB gilt auch für nach PublG konzernrechnungslegungspflichtige Unt mit der Einschränkung, dass Abs. 2 nur dann Anwendung findet, wenn das MU seiner Rechtsform nach in den Anwendungsbereich der IFRS-VO fällt (§ 11 Abs. 6 Satz 1 Nr. 2 PublG). Insoweit wird die verpflichtende Anwendung der IAS/IFRS auf den Konzernabschluss im Fall der Beantragung der Zulassung von Wertpapieren zum Handel in einem geregelten Markt begrenzt auf unter die IFRS-VO fallende Unt. Damit sind „KM-orientierte" Einzelkaufleute oder eine Stiftung in diesen Fällen ausgeschlossen.[9]

§ 315e HGB regelt nicht, ob eine Pflicht zur Konzernrechnungslegung besteht. Diese beurteilt sich nach den Vorschriften des HGB (§§ 290–293 HGB) oder des PublG (§ 11 ff. PublG).[10]**Nicht maßgebend** bzgl. der Verpflichtung zur Aufstellung eines Konzernabschlusses ist IFRS 10.

Im Verhältnis zu den **Befreiungen der §§ 291, 292 HGB** von der (Teil-)Konzernrechnungslegung gilt grds., dass zwar ein befreiender Konzernabschluss auch nach internationalen Standards in Betracht kommt. Allerdings kommt nur einem Konzernabschluss nach Abs. 3 befreiende Wirkung für ein konzernrechnungslegungspflichtiges TU, das gleichzeitig MU ist, zu, da bei Zulassung von Wertpapieren zum Handel auf einem organisierten Markt gem. § 291 Abs. 3 Nr. 1 HGB weiterhin eine Pflicht zur Konzernrechnungslegung für das zu befreiende TU besteht, und zwar nach der Vorschrift des Abs. 1. Sofern nur ein Antrag auf Zulassung zum Handel durch das zu befreiende TU gestellt wurde, besteht zwar dem Grunde nach eine Konzernrechnungslegungspflicht, eine Befreiung durch einen Konzernabschluss auf übergeordneter Ebene ist aber noch möglich. Dieser kann nach Abs. 3 aufgestellt sein.

Eine andere Problemstellung besteht darin, nach welchen Vorschriften (HGB oder IFRS) eine Abgrenzung des KonsKreises erfolgt, wenn ein KM-orientiertes MU mit einem TU von untergeordneter Bedeutung vorliegt. Hat demnach ein Unt einen Konzernabschluss nach internationalen Standards (§ 315e Abs. 1 oder Abs. 2 HGB) aufzustellen, so ist nach der hier vertretenen Auffassung die Abgrenzung des KonsKreises bei der Aufstellung des Konzernabschlusses nach

---

[7] Bilanzrechtsreformgesetz (BilReG) v. 4.12.2004, BGBl 2004 I S. 3166; zum Entwurf der IAS-VO vgl. *Ernst*, BB 2001, S. 823.
[8] BilRUG v. 17.7.2015, BGBl. I 2015, S. 1245; die Anwendung ist zwingend für Konzernabschlüsse, deren Gj nach dem 31.12.2015 beginnt (Art. 75 EGHGB).
[9] RefE BilReG, S. 77.
[10] Vgl. *Pfitzer/Oser/Orth*, DB 2004, S. 2593; ebenso *Waschbusch/Steiner*, StB 2008, S. 22 mwN; vgl. *Grottel/Kreher*, in Beck Bil-Komm., 10. Aufl., 2016, § 315a HGB, Rz 5.

den IFRS, also unter Beachtung von IFRS 10, zu beurteilen.[11] Eine Anwendung des Wahlrechts zur Einbeziehung nach § 296 Abs. 2 HGB scheidet dabei aus.

2 Anwendung internationaler Rechnungslegungsvorschriften auf den Konzernabschluss

2.1 Allgemeine Pflicht zur Aufstellung eines Konzernabschlusses nach IFRS/IAS (Abs. 1)

2.1.1 Pflicht zur Konzernrechnungslegung nach HGB/PublG

9 Eine Pflicht zur Aufstellung eines Konzernabschlusses nach IFRS/IAS setzt eine Verpflichtung zur Konzernrechnungslegung des MU voraus.[12] Diese ergibt sich aus §§ 290–293 HGB bzw. § 11ff. PublG. Mit dem BilMoG wurde das für die **Verpflichtung zur Konzernrechnungslegung** bislang geltende duale System von einheitlicher Leitung (§ 290 Abs. 1 HGB) i.V.m. einer Beteiligung nach § 271 Abs. 1 HGB einerseits und Control-Verhältnis (§ 290 Abs. 2 HGB) andererseits ersetzt durch das auch in international anerkannten Rechnungslegungssystemen inzwischen angewandte Beherrschungssystem, das letztlich dem Control-Konzept entspricht.[13] Besteht nach Feststellung der Konzernrechnungslegungspflicht keine Verpflichtung nach § 315e Abs. 1 oder 2, den Konzernabschluss nach IFRS aufzustellen, kann gem. § 315e Abs. 3 freiwillig ein Konzernabschluss nach internationalen Standards aufgestellt werden. Die freiwillige Aufstellung eines Konzernabschlusses nach IFRS hat befreiende Wirkung, sodass nicht etwa zusätzlich ein Konzernabschluss nach HGB aufzustellen ist.

2.1.2 Mutterunternehmen i.S.v. Art. 4 VO (EG) Nr. 1606/2002

10 Ist ein MU nach §§ 290–293 HGB konzernrechnungslegungspflichtig, ist zu prüfen, ob das MU gem. Art. 4 der IFRS-VO verpflichtet ist, seinen Konzernabschluss nach den in EU-Recht übernommenen internationalen Rechnungslegungsstandards aufzustellen.[14] **Adressat der VO** sind damit **nur MU**, die einen Konzernabschluss aufzustellen haben.[15] Dabei wird zusätzlich eine KM-Orientierung i.S.d. IFRS-VO des MU vorausgesetzt.[16] Keine Rolle spielt dabei, ob dieses MU selbst wieder ein TU eines übergeordneten MU ist, für das eine uneingeschränkte Pflicht zur Konzernrechnungslegung nach handelsrechtlichen

---

[11] Hingegen beurteilt sich die Pflicht zur Konzernrechnungslegung unter Einschluss von §§ 294, 296 HGB i.V.m. DRS 19. Dabei dürfen die Wahlrechte des § 296 Abs. 1 HGB ausgeschöpft werden; dieser kann sich daher von dem für die Aufstellung maßgeblichen KonsKreis unterscheiden (vgl. auch *Küting/Mojadadr*, GmbHR 2011, S. 904). Zum Meinungsstand vgl. *Engelmann/Zülch*, DB 2006, S. 293ff.
[12] Vgl. Rz 1 u. Rz 6.
[13] Vgl. *Künkele/Koss*, in *Petersen/Zwirner* (Hrsg.), BilMoG, 2009, S. 520. Zur alten Rechtslage hinsichtlich der Konzernrechnungslegungspflicht s. auch § 290 Rz 6f.
[14] Hinweis: Art. 4 der VO ist unmittelbar geltendes EU-Recht und muss nicht gesondert in deutsches Recht umgesetzt werden.
[15] Vgl. auch *Grottel/Kreher*, in Beck Bil-Komm., 10. Aufl., 2016, § 315a HGB, Rz 3.
[16] Zur KM-Orientierung allg. vgl. § 264d Rz 1ff. und *Zwirner*, PIR 4/2010, S. 93.

Grundsätzen besteht. Eine Anwendung des Abs. 1 kommt daher auch für solche MU in Betracht.[17]

I. S. d. Art. 4 der IAS-VO sind dies solche MU, die als Ges. zu qualifizieren sind und 11
- die dem Recht eines Mitgliedstaats unterliegen (s. Rz 12) und
- deren **Wertpapiere** (s. Rz 13)[18]
- an einem **geregelten Markt** i.S.d. Art. 1 Abs. 13 der RL 93/22/EWG des Rates vom 10.5.1993 über Wertpapierdienstleistungen zum Handel in einem beliebigen Mitgliedstaat der EU **zugelassen** sind (s. Rz 14).

Unter **Ges.** werden nach Art. 48 des Vertrags von Rom solche **Unt** verstanden, die nach dem Zivil- oder dem Handelsrecht gegründet wurden, einschl. Genossenschaften und andere juristische Personen, die unter das öffentliche Recht oder unter das Privatrecht fallen, **ausgenommen jener**, die keinen Erwerbscharakter haben.[19] Die IFRS-VO **gilt somit nur für EU-Ges., also für solche, die nach dem Recht eines Mitgliedstaats gegründet wurden und auch ihren Sitz in einem Mitgliedstaat der EU haben.** Für nicht nach dem Recht eines Mitgliedstaats gegründete Ges. (Nicht-EU-Ges.) ist Art. 4 daher nicht anwendbar; es gilt insoweit das jeweils anwendbare nationale Recht. 12

Wenngleich die VO keine **Definition von Wertpapieren** enthält, ist es nach der hier vertretenen Auffassung wegen des Verweises auf die Wertpapierdienstleistungs-RL hinsichtlich des geregelten Markts in Art. 4 sachgerecht, diese ebenfalls zur Auslegung des Begriffs Wertpapiere heranzuziehen.[20] **Wertpapiere** sind demnach (Art. 1 Nr. 4 der RL) 13
- Aktien,
- andere, Aktien vergleichbare Wertpapiere,
- Schuldverschreibungen und sonstige verbriefte Schuldtitel,
- die auf einem KM gehandelt werden können, und
- alle anderen üblicherweise gehandelten Titel, die zum Erwerb solcher Wertpapiere durch Zeichnung oder Austausch berechtigen oder zu einer Barzahlung führen,
- mit Ausnahme von Zahlungsmitteln.

Die Definition ist **mit der des § 2 Abs. 1 WpHG vergleichbar**, jedoch nicht identisch. Es handelt sich daher sowohl um festverzinsliche als auch um nicht festverzinsliche Papiere.

Der Begriff des geregelten Markts umschreibt **einen Markt für Finanzinstrumente** und **entspricht daher** inhaltlich den in **Art. 4 Abs. 1 Nr. 14 der Finanzmarkt-RL**[21] formulierten Eigenschaften eines solchen Markts. Art. 4 Abs. 1 Nr. 14 der Finanzmarkt-RL wurde durch das Finanzmarktrichtlinienumset- 14

---

17 Vgl. *Zeyer/Maier*, PiR 7/2010, S. 190.
18 Im Gegensatz hierzu nennt Abs. 2 den Begriff des organisierten Marktes, ohne inhaltliche Unterschiede zu implizieren (vgl. *Schruff*, in WP-Handbuch, Bd. I, 14. Aufl., Kapitel N, Rz 4; diese Auffassung ist in der aktuellen Auflage des WP-Handbuchs nicht mehr enthalten).
19 Vgl. Kommentar der Kommission der EG vom November 2003, S. 6 f. Diese Definition entspricht jener der 4. und 7. EG-RL sowie der Bank-/Versicherungs-RL.
20 Vgl. *Schruff*, in WP-Handbuch, Bd. I, 14. Aufl., Kapitel N, Rz 5 f.; diese Auffassung ist in der aktuellen Auflage des WP-Handbuchs nicht mehr enthalten.
21 Richtlinie über Märkte für Finanzinstrumente (Finanzmarktrichtlinie) 2004/39/EG des Rates, Abl. L 145 v. 30.4.2004, S. 1.

zungsgesetz[22] in deutsches Recht umgesetzt. Danach wird ein geregelter Markt in § 2 Abs. 5 WpHG auch als organisierter Markt bezeichnet. **Ein geregelter Markt** ist definiert als ein von einem Marktbetreiber betriebenes und/oder verwaltetes multilaterales System, das die Interessen einer Vielzahl Dritter am Kauf und Verkauf von Finanzinstrumenten innerhalb des Systems und nach seinen nichtdiskretionären Regeln in einer Weise zusammenführt oder das Zusammenführen fördert, die zu einem Vertrag in Bezug auf Finanzinstrumente führt, die gem. den Regeln und/oder den Systemen des Markts zum Handel zugelassen wurden, sowie eine Zulassung erhalten hat und ordnungsgemäß und gem. den Bestimmungen des Titels III der RL 2004/39/EG funktioniert.[23]

15 Als **Anwendungsbeispiele für Abs. 1** kommen in Betracht:

> **Beispiel**
> **Beispiel 1:** Ein MU, das selbst einen geregelten Markt durch Ausgabe von Wertpapieren (Schuldtitel oder Aktien an einem organisierten Markt) in Anspruch nimmt und das **aufgrund der Überschreitung der Größenklassen** in § 293 HGB einer Pflicht zur Konzernrechnungslegung nach §§ 290–293 HGB unterliegt.
> **Beispiel 2:** Ein MU, das selbst einen geregelten Markt (nicht Freiverkehr) durch Ausgabe von Wertpapieren (Schuldtitel oder Aktien) in Anspruch nimmt, aber **trotz der Unterschreitung der Größenklassen** (§ 293 HGB) einer Pflicht zur Konzernrechnungslegung nach §§ 290–293 HGB unterliegt (§ 293 Abs. 5 HGB).
> **Beispiel 3:** Ein TU eines übergeordneten MU, das selbst MU ist (Teilkonzern) und das eine Zulassung seiner Wertpapiere zum Handel an einem geregelten Markt (nicht Freiverkehr) beantragt hat oder das den KM bereits durch Ausgabe von solchen Wertpapieren in Anspruch nimmt (ungeachtet der Größenklassen).[24]

2.1.3 Umfang der Konzernrechnungslegungspflicht

16 Abs. 1 der Vorschrift bestimmt den Umfang der anzuwendenden Vorschriften auf den internationalen Konzernabschluss eines MU, das einen organisierten

---

22 Finanzmarktrichtlinienumsetzungsgesetz v. 16.7.2007, BGBl 2007 I S. 1330.
23 Zur Übersicht des geregelten Markts in Deutschland s. die Übersicht über die geregelten Märkte in Abl. EU 2011/C 209/13 v. 15.7.2011.
24 Die größenabhängige Befreiung des § 293 HGB ist wegen § 293 Abs. 5 HGB nicht anwendbar; es besteht daher grds. eine Pflicht zur Konzernrechnungslegung, sofern keine Befreiung nach §§ 291, 292 HGB eintritt. Ein befreiender Konzernabschluss nach §§ 291, 292 HGB ist aber dann ausgeschlossen, wenn eine KM-Orientierung vorliegt (vgl. § 291 Abs. 3 Nr. 1 HGB bzw. § 292 Abs. 1 Satz 1 HGB i. V. m. § 2 Abs. 2 KonBefrV i. V. m. § 293 Abs. 3 Nr. 1 HGB). Dabei ist im Hinblick auf die KM-Orientierung wie folgt zu differenzieren: a) Bei bloßer Stellung eines Zulassungsantrags durch das TU, das gleichzeitig MU ist, besteht zwar eine Konzernrechnungslegungspflicht, jedoch kein (noch) mit der Möglichkeit der Befreiung durch einen übergeordneten Konzernabschluss. b) Besteht hingegen für das TU, das gleichzeitig MU ist, bereits eine Zulassung, ist hingegen – ungeachtet der Größe des Teilkonzerns – eine Konzernrechnungslegungspflicht anzunehmen und eine Befreiung nach §§ 291, 292 nicht mehr möglich. Im Fall a) bestünde eine Pflicht zur Konzernrechnungslegung nach Abs. 2, wenn kein befreiender Konzernabschluss (entweder nach nationalen oder internationalen Vorschriften) aufgestellt wird. Im Fall b) bestünde eine Pflicht zur Konzernrechnungslegung ohne Befreiungsmöglichkeit nach Abs. 1.

Markt in Anspruch nimmt. Neben den internationalen Rechnungslegungsvorschriften sind auf diesen Konzernabschluss ergänzend auch nationale Vorschriften anzuwenden.[25] Die **Angaben nach Abs. 1** müssen mit dem HGB und den IFRS **zweierlei Maßstäben** gerecht werden. Für das HGB muss beachtet werden, dass die Rechnungslegung auf die Erfüllung der durch Abs. 1 bezweckten Angaben ausgerichtet ist. Zur Erfüllung der IFRS ist zu fordern, dass die nach Abs. 1 insoweit zu erfolgenden freiwilligen Angaben der Systematik und der Verständlichkeit des Abschlusses gerecht werden und zur Steigerung der Entscheidungsnützlichkeit des Abschlusses beitragen.[26] Dies beinhaltet auch die Angabe von Vorjahresangaben.[27]

Hintergrund für den erweiterten Umfang der Konzernrechnungslegung bei KM-Orientierung ist, dass bestimmte Bereiche der Konzernrechnungslegung nicht von der IFRS-VO abgedeckt sind, die nach Auffassung des Rates und der Kommission[28] auch für einen Konzernabschluss nach IFRS von grundlegender Bedeutung sind.

Die **Positionierung der Angaben** nach Abs. 1 im Konzernabschluss ist nicht gesetzlich geregelt. Üblicherweise werden die Angaben im IFRS-Anhang gemacht und nicht in einem eigenständigen Abschnitt außerhalb des IFRS-Anhangs.[29] Hierbei stellt sich aber die Frage der sachlogischen Positionierung, wobei einmal eine Präsentation der Angaben innerhalb eines eigenständigen zusammenhängenden Abschnittes in Betracht kommt. Daneben ist auch die inhaltliche Zuordnung zu den Erläuterungen der einzelnen Bilanz-/GuV-Posten möglich.

Folgende nationale Vorschriften sind dabei von Bedeutung für einen Konzernabschluss nach IFRS und daher ergänzend anzuwenden, wobei zahlenmäßige Angaben – soweit erforderlich und möglich – auf Basis der IFRS zu erfolgen haben:[30]

- Vorlage- und Auskunftspflichten der TU gegenüber dem MU nach § 294 Abs. 3 HGB;
- Firma, Sitz, Registergericht und Nummer unter der das MU in das Handelsregister eingetragen ist nach § 297 Abs. 1a HGB
- Angabe falls sich das MU in Liquidation oder Abwicklung befindet (§ 297 Abs. 10 HGB)
- Erklärung der Unternehmensleitung nach § 297 Abs. 2 Satz 4 HGB;

17

---

[25] S. auch BT-Drs. 15/3419 S. 34; ebenso *Wendlandt/Knorr*, KoR 2005, S. 55.
[26] Vgl. auch *Zeyer/Maier*, PIR 7/2010, S. 190.
[27] Hinweis: Werden die ergänzenden Anhangangaben nach § 315e in einem separaten Abschnitt dargestellt, sollen Vorjahresangaben nicht erforderlich sein, da damit gezeigt werden würde, dass es sich hierbei um freiwillige Angaben handele (so *Grottel/Kreher*, in Beck Bil-Komm., 10. Aufl., 2016, § 315a HGB, Rz 10).
[28] Vgl. die gemeinsame Erklärung des Rates und der Kommission anlässlich der Verabschiedung der Modernisierungs-RL 2003/51/EG, die die 4. und 7. EG-RL zusammenfasst, v. 18.6.2003, Abl v. 17.7.2003 L 178/17, S. 1.
[29] Vgl. die Feststellung für DAX-Unternehmen von *Zeyer/Maier*, PIR 7/2010, S. 190.
[30] Vgl. BT-Drs. 15/3419 S. 34 f. mit Erläuterungen. Hinweis: Die Heranziehung der IFRS als Grundlage zur Ermittlung der geforderten zahlenmäßigen Angaben ist für einen IFRS-Konzernabschluss sachgerecht.

- Pflicht zur Erstellung des Konzernabschlusses in deutscher Sprache und in EUR sowie Unterzeichnungspflicht nach § 298 Abs. 1 i.V.m. §§ 244, 245 HGB;
- Anteilsbesitz des Konzerns nach § 313 Abs. 2 bis 3 HGB, sofern nicht die Schutzklausel des § 313 Abs. 3 HGB Anwendung findet;
- bestimmte Anhangangaben im Konzernabschluss nach § 314 Abs. 1 Nr. 4, 6, 8 und 9, wobei bei der Angabe nach § 314 Abs. 1 Nr. 6 die Vorschrift des § 298 Abs. 2 Satz 2 zu beachten ist;
- Konzernlagebericht (Neunter Titel) i.V.m. DRS 20;
- Vorschriften außerhalb des 2. Unterabschnitts, die den Konzernabschluss oder den Konzernlagebericht betreffen (insb. Prüfung).

Die gleichzeitige Anwendung nationaler Vorschriften und internationaler Standards führt zu inhaltlichen Redundanzen zwischen den Angaben im Konzernlagebericht und im IFRS-Anhang.[31]

18 Der **Umfang** der anzuwendenden internationalen Rechnungslegungsstandards ist gem. § 315e Abs. 1 HGB davon abhängig, ob diese nach den Art. 2, 3 und 6 der IAS-VO übernommen wurden.[32] Der Abschluss muss damit auf Standards beruhen, die durch einen Rechtsetzungsakt auf EU-Ebene legitimiert sind, da die Verlautbarungen des privatrechtlich organisierten IASB als Standardsetter für die internationale Rechnungslegung keine unmittelbare Rechtswirkung entfalten.[33] IFRS bzw. IAS, die erst nach dem Bilanzstichtag, aber vor Unterzeichnung des Konzernabschlusses durch die EU „*endorsed*" werden, dürfen (Wahlrecht) berücksichtigt werden, wenn eine frühzeitige Anwendung in der VO und in dem entsprechenden IFRS bzw. IAS gestattet ist.[34]

Diese Transformation der IFRS in EU-Recht wird in Art. 2, 3 und 6 der VO geregelt. Dies geschieht durch ein sog. **Komitologieverfahren**.[35] Mit der Änderung der IAS-VO durch die VO 297/2008/EG vom 11.3.2008[36] wurde ein neues Verfahren zur Übernahme der IFRS implementiert, um eine stärkere Einbindung des Europäischen Parlaments sicherzustellen.[37]

---

[31] Vgl. *Prigge*, KoR 2006, S. 252.
[32] Zum aktuellen Übernahmestatus (EU Endorsement status report) vgl. www.efrag.org/Endorsement, letzter Abruf am 1.8.2017.
[33] Vgl. auch *Grottel/Kreher*, in Beck Bil-Komm., 10. Aufl., 2016, § 315a HGB, Rz 8, und BT-Drs. 15/3419 S. 34. Im Rahmen der Abschlussprüfung stellt sich dabei insb. das Problem der Fehlerauswirkungen bei Nichtbeachtung der „full IFRS/IAS" auf den Bestätigungsvermerk nach § 322 HGB, wenn gleichzeitig ein Auftrag zur Prüfung der Beachtung der „full IFRS/IAS" erteilt wurde. S. hierzu *Schmidt/Küster*, in Beck Bil-Komm., 10. Aufl., 2016, § 322 HGB, Rz 135 f.
[34] Vgl. CESR-Erklärung v. 21.1.2006 bzgl. der Angaben zu Bilanzierungs- und Bewertungsmethoden nach IFRS.
[35] Beim Komitologieverfahren entscheiden das Europäische Parlament und der Rat über die grundsätzlichen Bestimmungen in den Rechtsakten und übertragen einem Fachausschuss die Regelung der technischen Durchführung. Diese Fachausschüsse existieren in allen Bereichen und sind mit Vertretern der Mitgliedstaaten unter Leitung der Kommission besetzt. Zum Rechtsschutz gegen fehlerhaft übernommene IFRS vgl. *Pöschke*, KoR 2008, S. 325.
[36] VO 297/2008/EG v. 11.3.2008, Abl. Nr. L 97 v. 9.4.2008, S. 62.
[37] Vgl. zum neuen Verfahren *Buchheim/Knorr/Schmidt*, KoR 2008, S. 334.

2.2 Erweiterte Pflicht zur Aufstellung eines Konzernabschlusses nach IFRS/IAS (Abs. 2)

Abs. 2 der Vorschrift trägt dem Informationsbedürfnis potenzieller Anleger Rechnung, das mit der bevorstehenden Börseneinführung zum Tragen kommt, und bestimmt, dass internationale Standards und die in Abs. 1 genannten ergänzenden Vorschriften auch im Fall eines Antrags auf Zulassung eines Wertpapiers zum Handel an einem geregelten Markt anzuwenden sind. Damit wird das Qualifikationsmerkmal „KM-Orientierung" in zeitlicher Hinsicht ausgedehnt.[38] Dies führt dazu, dass der Anwendungsbereich weiter ist, als dies durch Art. 4 u. 5 der IFRS-VO vorgesehen ist.[39]

Für den Antrag auf Zulassung wird in gleicher Weise wie bei Abs. 1 nur auf den Antrag des MU abgestellt.[40] Der Antrag muss nach Abs. 2 bis zum jeweiligen Bilanzstichtag, für den eine Pflicht zur Konzernrechnungslegung in Betracht kommt, gestellt worden sein.

Soweit die Voraussetzungen des Abs. 2 erfüllt sind, besteht eine Pflicht zur Aufstellung eines Konzernabschluss nach internationalen Standards im Umfang von Abs. 1.[41]

Sofern eine entsprechende Zulassung besteht, ist Abs. 1 und damit eine Pflicht zur internationalen Konzernrechnungslegung ohnehin zu beachten.

Als **Anwendungsbeispiele des Abs. 2** kommen in Betracht:

> **Beispiel**
> **Beispiel 1:** Ein MU, das selbst einen Antrag auf Zulassung zum Handel seiner Wertpapiere (Schuldtitel oder Aktien) auf einem geregelten Markt (nicht Freiverkehr) gestellt hat und das aufgrund des Überschreitens der Größenklassen in § 293 Abs. 1 und 2 HGB eine Pflicht zur Konzernrechnungslegung nach §§ 290–293 HGB hat.
> **Beispiel 2:** Ein MU, das selbst einen Antrag auf Zulassung zum Handel seiner Wertpapiere (Schuldtitel oder Aktien) auf einem geregelten Markt (nicht Freiverkehr) gestellt hat und das daher trotz Unterschreitens der Größenklassen (§ 293 HGB) eine Pflicht zur Konzernrechnungslegung nach §§ 290–293 HGB hat (§ 293 Abs. 5 HGB).
> **Beispiel 3:** Ein TU eines übergeordneten MU, das selbst MU ist (Teilkonzern) und das eine Zulassung seiner Wertpapiere (Schuldtitel oder Aktien) zum Handel auf einem geregelten Markt (nicht Freiverkehr) beantragt hat (ungeachtet der Größenklassen), soweit kein befreiender Konzernabschluss nach §§ 291, 292 HGB aufgestellt wird.[42]

---

[38] Vgl. BT-Drs. 15/3419 S. 35.
[39] Vgl. auch Grottel/Kreher, in Beck Bil-Komm., 10. Aufl., 2016, § 315a HGB, Rz 12.
[40] Soweit ein TU, das gleichzeitig ein MU ist, einen Zulassungsantrag gestellt hat, besteht evtl. für dieses Unt eine Pflicht zur Konzernrechnungslegung nach Abs. 2. Siehe die Übersicht über die geregelten Märkte in Abl. EU 2011/C 209/13 v. 15.7.2011.
[41] Siehe dazu Rz 16–Rz 18.
[42] Siehe die Übersicht über die geregelten Märkte in Abl. EU 2011/C 209/13 v. 15.7.2011.

2.3 Wahlrecht zur Aufstellung eines Konzernabschlusses nach IFRS/IAS (Abs. 3)

21 Für alle nicht KM-orientierten MU, die konzernrechnungslegungspflichtig sind, besteht ein **Wahlrecht nach Abs. 3**, anstelle eines Konzernabschlusses nach den Vorschriften des HGB einen **Konzernabschluss nach den internationalen Standards (IFRS/IAS)** aufzustellen. Damit setzt der deutsche Gesetzgeber das Mitgliedstaatenwahlrecht in Art. 5 b) der IAS-VO insoweit in nationales Recht um, als es sich um die Aufstellung eines Konzernabschlusses handelt.

Der **Umfang der Konzernrechnungslegung** bei Inanspruchnahme des Wahlrechts hat dabei dem **bei Anwendung des Abs. 1** vollständig zu entsprechen, um von der Konzernrechnungslegung nach HGB befreit zu werden.[43]

22 Als **Anwendungsbeispiele des Abs. 3** kommen in Betracht:

> **Beispiel**
> **Beispiel 1:** Ein MU, das weder einen Antrag auf Zulassung seiner Wertpapiere (Schuldtitel oder Aktien) zum Handel auf einem geregelten Markt gestellt hat noch einen organisierten KM aufgrund einer solchen Zulassung in Anspruch nimmt und das aufgrund des Überschreitens der Größenklassen in § 293 Abs. 1 und 2 HGB eine Pflicht zur Konzernrechnungslegung nach §§ 290–293 HGB hat.
> **Beispiel 2:** Ein TU, das gleichzeitig MU und mangels Befreiung nach §§ 291, 292 HGB zur Konzernrechnungslegung nach §§ 290–293 HGB verpflichtet ist, kann wahlweise einen Konzernabschluss nach IFRS/IAS nach Abs. 3 anstelle eines Konzernabschlusses nach HGB aufstellen, sofern keine KM-Orientierung i.S.v. Abs. 1 und 2 besteht.

---

[43] S. Rz 16–Rz 18.

§ 316 Pflicht zur Prüfung

(1) ¹Der Jahresabschluß und der Lagebericht von Kapitalgesellschaften, die nicht kleine i. S. d. § 267 Abs. 1 sind, sind durch einen Abschlußprüfer zu prüfen. ²Hat keine Prüfung stattgefunden, so kann der Jahresabschluß nicht festgestellt werden.
(2) ¹Der Konzernabschluß und der Konzernlagebericht von Kapitalgesellschaften sind durch einen Abschlußprüfer zu prüfen. ²Hat keine Prüfung stattgefunden, so kann der Konzernabschluß nicht gebilligt werden.
(3) ¹Werden der Jahresabschluß, der Konzernabschluß, der Lagebericht oder der Konzernlagebericht nach Vorlage des Prüfungsberichts geändert, so hat der Abschlußprüfer diese Unterlagen erneut zu prüfen, soweit es die Änderung erfordert. ²Über das Ergebnis der Prüfung ist zu berichten; der Bestätigungsvermerk ist entsprechend zu ergänzen.

WP StB Dirk Veldkamp

Inhaltsübersicht	Rz
1 Überblick	1–2
2 Gesetzlich vorgeschriebene Abschlussprüfungen	3–46
2.1 Prüfungspflicht für den Jahresabschluss (Abs. 1 Satz 1)	3–9
2.1.1 Prüfungspflichtige Kapitalgesellschaften	3–7
2.1.2 Andere prüfungspflichtige Unternehmen	8
2.1.3 Prüfungspflicht bei Abwicklung/Liquidation	9
2.2 Prüfungspflicht für den Konzernabschluss (Abs. 2)	10–14
2.2.1 Mutterunternehmen in der Rechtsform der Kapitalgesellschaft	10–13
2.2.2 Mutterunternehmen anderer Rechtsformen	14
2.3 Nachtragsprüfungen (Abs. 3)	15–23
2.4 Rechtsfolgen unterlassener (Pflicht-)Prüfungen (Abs. 1 Satz 2)	24–46
2.4.1 Jahresabschluss	24–26
2.4.2 Ergänzende Hinweise zu den Konsequenzen unterlassener Pflichtprüfungen	27–43
2.4.2.1 Kapitalgesellschaften	27–30
2.4.2.2 Personenhandelsgesellschaften	31–34
2.4.2.3 Konsequenzen für Abschlussprüfung, Bestätigungsvermerk und Prüfungsbericht im Folgejahr	35–43
2.4.3 Konzernabschluss	44–46
3 Freiwillige und satzungsgemäße Prüfungen	47–49
4 Prüfungen nach dem PublG	50

1 Überblick

1 § 316 HGB bestimmt die **Pflicht zur Prüfung** von KapG und KapCoGes und die wesentlichen Prüfungsgegenstände. Nähere Einzelheiten zu den Prüfungsgegenständen finden sich in § 317 HGB.[1] Wer zur Prüfung beauftragen kann, regelt § 318 HGB.
Nicht prüfungspflichtig i. S. v. § 316 HGB sind etwa:
- kleine Gesellschaften i. S. v. § 267 Abs. 1 HGB,
- gem. § 293 HGB nicht konzernrechnungslegungspflichtige Konzerne,
- gem. §§ 291, 292 HGB befreite MU,
- Tochter-KapG, die sämtliche Voraussetzungen des § 264 Abs. 3 HGB erfüllen,
- Tochter-KapCoGes, die die Anforderungen des § 264b HGB erfüllen.

2 **AP** dürfen nur WP und WPG sein. Mittelgroße Ges. dürfen allerdings auch von vBP und BPG geprüft werden.

2 Gesetzlich vorgeschriebene Abschlussprüfungen

2.1 Prüfungspflicht für den Jahresabschluss (Abs. 1 Satz 1)

2.1.1 Prüfungspflichtige Kapitalgesellschaften

3 Eine KapG ist nach § 316 Abs. 1 HGB **prüfungspflichtig**, wenn sie an zwei aufeinanderfolgenden Stichtagen jeweils mindestens zwei der drei**Größenmerkmale** des **§ 267 Abs. 1 HGB** überschreitet. Im Fall einer Umwandlung oder Neugründung besteht die Prüfungspflicht bereits am ersten Abschlussstichtag nach einer solchen Maßnahme, sofern die erforderlichen Größenmerkmale gegeben sind (§ 267 Abs. 4 Satz 2 HGB). Nachfolgend sind die Größenkriterien des § 267 HGB dargestellt:

	klein	mittelgroß	groß
Bilanzsumme TEUR	≤ 6.000	> 6.000 ≤ 20.000	> 20.000
Umsatzerlöse TEUR	≤ 12.000	> 12.000 ≤ 40.000	> 40.000
Arbeitnehmer	≤ 50	> 50 ≤ 250	> 250

Tab. 1: Überblick über die Größenklassen für die Jahresabschlussprüfung

4 Die im Prinzip allein von der Größe einer KapG abhängige Prüfungspflicht kennt eine Reihe von **Ausnahmen**. So sind **KM-orientierte** KapG immer prüfungspflichtig, weil sie kraft gesetzlicher Fiktion (§ 267 Abs. 3 Satz 2 HGB) immer als groß gelten.
Eine weitere Ausnahme von der Prüfungspflicht nach § 316 HGB besteht gem. **§ 264 Abs. 3 HGB** für KapG, die TU eines nach § 290 HGB zur Aufstellung eines Konzernabschlusses verpflichteten MU sind, sofern sie die in § 264 Abs. 3

---

[1] Die „Technik" der Prüfung ist im Gesetz nicht umfassend geregelt. Daher hat das IDW entsprechende berufsständische Prüfungsgrundsätze, insb. die IDW PS, in einem sog. *due process* festgelegt.

HGB geregelten Voraussetzungen erfüllen. Gleiches gilt für KapG, die TU eines nach § 11 PublG zur Aufstellung eines Konzernabschlusses verpflichteten MU sind (§ 264 Abs. 4).

Für KapG bestimmter **Wirtschaftszweige** gelten Spezialvorschriften, z. B. für Kreditinstitute und Versicherungsunternehmen, die die Prüfungspflicht ebenfalls grds. unabhängig von der Unternehmensgröße regeln.

Die vorgenannten Ausführungen gelten für **KapCoGes** über § 264a HGB analog.

Durch das **BilRUG** sind die **Größenkriterien** des § 267 HGB **angehoben** worden. Die neuen Schwellenwerte sind verpflichtend erstmals auf Jahres- und Konzernabschlüsse für Gj anzuwenden, die nach dem 31.12.2015 beginnen (Art. 75 Abs. 2 Satz 2 EGHGB). Die neuen Werte konnten wahlweise bereits auf Gj angewendet werden, die nach dem 31.12.2013 beginnen (Art. 75 Abs. 2 Satz 1 EGHGB).

2.1.2 Andere prüfungspflichtige Unternehmen

Eine Abschlussprüfung i. S. d. Vorschriften des HGB ist auch für eine Reihe von Unt vorgeschrieben, die nicht die Rechtsform einer KapG bzw. KapCoGes haben. Die **Prüfungspflicht** gilt etwa für

- publizitätspflichtige Unt gem. § 6 i. V. m. § 3 PublG,
- bestimmte Genossenschaften (§§ 53 ff. GenG),
- Kredit- und Finanzdienstleistungsinstitute (§ 340k HGB),
- Versicherungsunternehmen (§ 341k HGB),
- Eigenbetriebe, Beteiligungen von Gebietskörperschaften u. v. m.[2]

2.1.3 Prüfungspflicht bei Abwicklung/Liquidation

Aus § 270 Abs. 3 AktG bzw. § 71 Abs. 3 GmbHG ergibt sich, dass die Prüfungspflicht im Stadium der Abwicklung/Liquidation für die AG und GmbH grds. fortbesteht. Allerdings kann das Gericht von der Prüfung befreien, wenn die Verhältnisse der Ges. so überschaubar sind, dass eine Prüfung im Interesse der Gläubiger und der Aktionäre/Gesellschafter nicht geboten erscheint.[3]

2.2 Prüfungspflicht für den Konzernabschluss (Abs. 2)

2.2.1 Mutterunternehmen in der Rechtsform der Kapitalgesellschaft

Da der Konzernrechnungslegung die bei kleinen KapG vorgesehene Trennung zwischen der Verpflichtung zur Aufstellung des Abschlusses und dessen Prüfungspflicht fremd ist, kann bei der Abgrenzung der **prüfungspflichtigen Konzerne** auf die §§ 290–293 HGB verwiesen werden. Ist ein MU zur **Aufstellung** eines Konzernabschlusses verpflichtet, muss dieser **geprüft** werden. Die Prüfungspflicht erstreckt sich auch auf einen nach internationalen Rechnungslegungsgrundsätzen aufgestellten Konzernabschluss nach § 315e HGB.

Die (Aufstellungs- und) Prüfungspflicht ergibt sich aufgrund der nachfolgend skizzierten Größenkriterien (§ 293 HGB):

---

2   Vgl. ergänzend *Schmidt/Küster*, in Beck Bil-Komm., 10. Aufl., § 316 HGB, Rz 3 ff.
3   Eine kleine Ges. i. S. v. § 267 Abs. 1 HGB ist auch im Stadium der Abwicklung/Liquidation grds. von der Prüfungspflicht befreit. Vgl. *ADS*, 6. Aufl., § 316 HGB, Rz 34.

	addiert (§ 293 Abs. 1 Satz 1 Nr. 1)	konsolidiert (§ 293 Abs. 1 Satz 1 Nr. 2)
Bilanzsumme TEUR	> 24.000	> 20.000
Umsatzerlöse TEUR	> 48.000	> 40.000
Arbeitnehmer	> 250	> 250

Tab. 2: Überblick über die Größenklassen der Konzernabschlussprüfung

Um von der Pflicht, einen Konzernabschluss aufstellen und prüfen zu lassen, befreit zu sein, muss eine Ges. entweder die Größenmerkmale nach § 293 Abs. 1 Satz 1 Nr. 1 oder von Nr. 2 HGB unterschreiten (grds. zwei Kriterien an zwei aufeinanderfolgenden Stichtagen).

11 Nach § 293 Abs. 5 i.V.m. § 264d HGB sind auch „kleine" Konzerne aufstellungs- und **prüfungspflichtig**, wenn das MU oder ein in den Konzernabschluss einbezogenes TU **KM-orientiert** ist.

12 **Freiwillig** aufgestellte **Konzernabschlüsse** sind **nicht prüfungspflichtig**. Sollen freiwillig aufgestellte Konzernabschlüsse aber **befreiende Wirkung haben**, müssen diese Konzernabschlüsse nach §§ 316 ff. HGB geprüft sein.

13 Die vorgenannten Ausführungen gelten für **KapCoGes** über § 264a HGB analog.

2.2.2 Mutterunternehmen anderer Rechtsformen

14 Abschlussprüfungen i.S.d. Vorschriften des HGB sind auch für bestimmte Konzerne vorgeschrieben, deren MU nicht die Rechtsform einer KapG aufweist. Die **Prüfungspflicht** gilt etwa für
- Kreditinstitute, Versicherungsunternehmen und deren Holding-Ges. jeder Größe und Rechtsform (§§ 340k, 340i Abs. 3, 341k, 341i Abs. 2 HGB),
- Unt, die unter das PublG fallen (§ 14 PublG).

2.3 Nachtragsprüfungen (Abs. 3)

15 Bei **Änderungen** eines bereits **geprüften Jahresabschlusses**, IFRS-EA nach § 325 Abs. 2a HGB oder Konzernabschlusses respektive Lageberichts oder Konzernlageberichts hat eine **erneute Prüfung** stattzufinden, **soweit es die Änderungen erfordern** (§ 316 Abs. 3 Satz 1 HGB).
Über das **Ergebnis der Nachtragsprüfung** ist gem. § 316 Abs. 3 Satz 2 HGB **zu berichten**.

16 Zu einer Änderung von Abschlüssen und damit einer **Nachtragsprüfung** führen insb. folgende **Sachverhalte**:
- Änderung des Gewinnverwendungsvorschlags,
- Bekanntwerden von wertaufhellenden Tatsachen,
- Berichtigung von Fehlern.

Ferner können auch fehlerfreie Jahresabschlüsse geändert werden, wenn dafür gewichtige Gründe vorliegen.⁴   17

Der **Umfang einer Nachtragsprüfung** hängt vom Ausmaß der Änderungen sowie von der Zeitspanne seit Beendigung der ursprünglichen Prüfung ab.⁵ Der AP hat bei jeder Änderung alle Unterlagen erneut zu prüfen, aber nur, soweit es die Änderung erfordert.   18
Das bedeutet, dass zunächst die **Änderung** selbst auf ihre **Zulässigkeit** zu prüfen ist. Daraufhin muss festgestellt werden, ob aufgrund dieser Änderung auch **Änderungen an anderen Stellen** erforderlich sind und diese auch vorgenommen worden sind. Schließlich muss auch geprüft werden, ob sich die Änderungen auf das **Gesamtbild** des Jahresabschlusses/Konzernabschlusses auswirken. Zu weitergehenden Prüfungshandlungen ist der AP weder verpflichtet noch berechtigt.⁶

Werden dem AP jedoch bei der Nachtragsprüfung andere Tatsachen bekannt, die – hätte er sie schon vorher gekannt – sein bisheriges Urteil zum Jahresabschluss beeinflusst hätten, muss er die gesetzlichen Vertreter zur weiteren Änderung des Jahresabschlusses veranlassen und bzgl. dieser Änderungen wiederum eine Nachtragsprüfung durchführen.   19

Über das **Ergebnis der Nachtragsprüfung** ist zu berichten.⁷ Entsprechend § 321 Abs. 1 Satz 1 HGB ist die Berichterstattung **schriftlich** vorzunehmen. Diese erfolgt grds. in Form eines **eigenständigen Nachtragsprüfungsberichts**. Der Nachtragsprüfungsbericht hat zwingend einen **Hinweis** zu enthalten, dass der ursprünglich erstattete Prüfungsbericht und der Nachtragsprüfungsbericht nur gemeinsam verwendet werden dürfen. Er **bezieht** sich ausschließlich auf vorgenommene **Änderungen**, sodass die allgemeinen Gliederungsanforderungen grds. nicht zur Anwendung gelangen. Sofern die Berichterstattung **ausnahmsweise** durch eine **Ergänzung des ursprünglichen Prüfungsberichts** erfolgt, ist sicherzustellen, dass dem AP **sämtliche Exemplare** des ursprünglich erstatteten Prüfungsberichts **ausgehändigt** werden.⁸   20

Im **Nachtragsprüfungsbericht** sind **einleitend** Angaben zum Auftrag an den AP zur Prüfung der Änderungen im Jahresabschluss oder Konzernabschluss, Lagebericht oder Konzernlagebericht zu machen, wobei Hinweise zur Wahl des Nachtragsprüfers entfallen, da die Nachtragsprüfung zwingend durch den AP durchzuführen ist (§ 316 Abs. 3 HGB). Wird der ursprünglich erstattete Prüfungsbericht ergänzt, sind nur die Angaben zur Beauftragung erforderlich.⁹   21

Die **vorgenommenen Änderungen** sind darzulegen und Art und Umfang der Nachtragsprüfung zu erläutern, wobei es sich empfiehlt, darauf hinzuweisen, dass die gesetzlichen Vertreter für die Änderungen die Verantwortung tragen und es Aufgabe des AP ist, diese im Rahmen einer pflichtgemäßen Prüfung zu beurteilen.¹⁰   22

---

⁴ Vgl. IDW RS HFA 6, Tz 10ff. Änderungen bei geprüften, noch nicht festgestellten Abschlüssen sind jederzeit möglich. Bei festgestellten Abschlüssen ist das nur bei gewichtigen Gründen möglich.
⁵ Längere Zeitspannen können sich insb. auf den Lagebericht auswirken, da der Kenntnisstand im Zeitpunkt der erneuten Aufstellung zugrunde zu legen ist.
⁶ Vgl. *Förschle/Küster*, in Beck Bil-Komm., 10. Aufl., § 316 HGB, Rz 27.
⁷ Vgl. IDW PS 450, Tz 144ff.
⁸ Vgl. IDW PS 450, Tz 145.
⁹ Vgl. IDW PS 450, Tz 146.
¹⁰ Vgl. IDW PS 450, Tz 147.

23 Eine Änderung des Jahresabschlusses führt nicht zur Unwirksamkeit des Bestätigungsvermerks. Der **Bestätigungsvermerk** ist jedoch gem. § 316 Abs. 3 Satz 2 HGB um das Ergebnis der Nachtragsprüfung zu **ergänzen**.[11]

2.4 Rechtsfolgen unterlassener (Pflicht-)Prüfungen (Abs. 1 Satz 2)

2.4.1 Jahresabschluss

24 Soweit **Abschlussprüfungen** (einschl. Nachtragsprüfungen) gesetzlich vorgeschrieben sind, dürfen sie selbst dann nicht unterlassen werden, wenn alle Anteilseigner und gesetzlichen Vertreter damit einverstanden sind. Zur Durchsetzung der Prüfungspflicht sieht der Gesetzgeber für den Fall, dass eine Abschlussprüfung nicht erfolgt, eine Reihe von Sanktionen vor.
Wenn keine Prüfung stattgefunden hat, kann der Jahresabschluss einer KapG **nicht festgestellt** werden. Handelt es sich um den Jahresabschluss einer AG, so ist dieser gem. § 256 Abs. 1 Nr. 2 AktG **nichtig**. Eine entsprechende Vorschrift gilt für Unt, die nach dem PublG Rechnung legen müssen (§ 10 Nr. 1 PublG). Für die GmbH hat der Gesetzgeber auf eine explizite Regelung, welche die Nichtigkeit des Jahresabschlusses vorsieht, verzichtet. Es ist nach der herrschenden Meinung aber davon auszugehen, dass § 256 AktG sinngemäß auf die GmbH angewendet wird, sodass bei fehlender Prüfung auch die Nichtigkeit des Jahresabschlusses der GmbH gegeben ist.[12]

25 Eine für die Feststellung des Jahresabschlusses erforderliche Prüfung hat erst dann stattgefunden, wenn die Prüfung gem. §§ 316 ff. HGB durchgeführt und abgeschlossen worden ist. Als abgeschlossen gilt eine Prüfung, wenn der AP den gesetzlichen Vertretern der KapG (bzw. dem Aufsichtsrat) den Prüfungsbericht einschließlich des Bestätigungsvermerks (oder Versagungsvermerks) vorlegt.
Sofern bei einer AG oder KGaA der Jahresabschluss nicht durch den Vorstand und Aufsichtsrat, sondern durch die HV festgestellt wird und die HV den geprüften Jahresabschluss ändert, kommt der **Nachtragsprüfung** besondere Bedeutung zu. Denn die von der HV gefassten Beschlüsse über die Feststellung des Jahresabschlusses und die Gewinnverwendung werden erst dann wirksam, wenn aufgrund einer Nachtragsprüfung ein hinsichtlich der Änderungen uneingeschränkter Bestätigungsvermerk erteilt worden ist (§ 173 Abs. 3 Satz 1 AktG). Geschieht dies nicht binnen zwei Wochen nach der Beschlussfassung, so sind die genannten Beschlüsse der HV unwirksam (§ 173 Abs. 3 Satz 2 AktG). Eine analoge Anwendung des § 173 Abs. 3 AktG auf die GmbH ist umstritten.[13]

26 Neben den unmittelbaren Auswirkungen auf die Gültigkeit des Jahresabschlusses sieht das Gesetz weitere Maßnahmen vor, die die Durchführung der Abschlussprüfung sicherstellen sollen. Gegen die gesetzlichen Vertreter des prüfungspflichtigen Unt kann ein **Ordnungsgeld** festgesetzt werden, wenn sie ihre Pflichten hinsichtlich der Abschlussprüfung. nicht erfüllen (§ 335 HGB, § 21 PublG).

---

[11] Ein Formulierungsvorschlag findet sich in IDW PS 400, Tz 108.
[12] Vgl. *Baetge/Fischer/Sickmann*, in *Küting/Weber*, HdR, HGB § 316, Rn 28, mwN, Stand 11/2009.
[13] Vgl. die Quellenangaben bei *Baetge/Fischer/Sickmann*, in *Küting/Weber*, HdR, HGB § 316, Rn 32, Stand 11/2009.

2.4.2 Ergänzende Hinweise zu den Konsequenzen unterlassener Pflichtprüfungen

2.4.2.1 Kapitalgesellschaften

Eine **Heilung der Nichtigkeit** ist nur durch eine **Jahresabschlussprüfung** möglich.[14]

Zu berücksichtigen ist, dass die Nichtigkeit eines festgestellten Jahresabschlusses auch zur **Unwirksamkeit** der auf dem Feststellungsbeschluss aufbauenden **Ergebnisverwendungsbeschlüsse** führt.

Eine Rücklagendotierung kann etwa nicht wirksam erfolgt sein. Eine bereits buchmäßig erfasste, aber nicht wirksame Rücklagendotierung wäre daher unter Erhöhung des dem Folgeabschluss zugrunde zu legenden Ergebnisvortrags zu stornieren.

Sofern bei einer GmbH aufgrund eines nichtigen Gewinnverwendungsbeschlusses ein **Vermögenstransfer** von der Ges. an die Gesellschafter erfolgte, entsteht grds. ein **Rückforderungsanspruch** nach § 812 BGB. Allerdings müssen die Gesellschafter nach § 32 GmbHG Beträge nicht zurückzahlen, die sie in gutem Glauben (leichte Fahrlässigkeit) erhalten haben und wenn die Voraussetzungen des § 31 GmbHG nicht vorliegen. Bei einer AG besteht ein Rückforderungsanspruch nur bei fahrlässiger Unkenntnis der Unwirksamkeit.

Wird die Nichtigkeit des Vorjahresabschlusses nicht beseitigt, so folgt hieraus nicht zwangsläufig die Nichtigkeit des **Folgeabschlusses**, was damit zu begründen ist, dass § 256 AktG eine abschließende Aufzählung von Nichtigkeitsgründen enthält und dort die Nichtigkeit eines vorhergehenden Jahresabschlusses nicht als eigenständiger Nichtigkeitsgrund aufgeführt wird.

2.4.2.2 Personenhandelsgesellschaften

Eine **Heilung** der Nichtigkeit ist auch bei der PersG nur durch eine **Jahresabschlussprüfung** möglich.[15]

Weil aufgrund eines nichtigen Jahresabschlusses kein Gläubigerrecht der Kommanditisten gegenüber der Ges. hinsichtlich eines Gewinnanteils entstehen kann, kommt ein **Ausweis von Gewinnanteilen** unter den Verbindlichkeiten gegenüber Gesellschaftern in den Saldovorträgen für den Folgeabschluss nicht in Betracht. Vielmehr ist das EK vor Ergebnisverwendung, also unter Ausweis eines Jahresüberschusses, darzustellen.

Wird der Folgeabschluss geprüft und wirksam festgestellt, wird bei der PersG, deren Gesellschaftsvertrag keine gesonderte Beschlussfassung über die Gewinnverteilung vorsieht, die gesetzlich vorgesehene Gewinnverteilung auch hinsichtlich der Gewinne aus dem Vj. wirksam. Ist eine Beschlussfassung der Gesellschafter über die Ergebnisverwendung im Gesellschaftsvertrag vorgesehen, kann bei Vorliegen eines wirksamen Folgeabschlusses auch über die Gewinne aus dem nichtigen Vorjahresabschluss disponiert werden.

Auch bei PersG folgt aus der Nichtigkeit des Vorjahresabschlusses nicht zwangsläufig die Nichtigkeit des Folgeabschlusses. Begründet wird dies mit § 10 PublG, der wie § 256 AktG eine abschließende Aufzählung von Nichtigkeitsgründen

---

[14] Vgl. zu den nachfolgenden Ausführungen IDW, Fachausschuss Recht, IDW-FN 2002, S. 214 ff.
[15] Vgl. zu den nachfolgenden Ausführungen IDW, Fachausschuss Recht, IDW-FN 2002, S. 217 ff.

enthält; auch in § 10 PublG wird die Nichtigkeit eines vorhergehenden Jahresabschlusses nicht als eigenständiger Nichtigkeitsgrund aufgeführt.

2.4.2.3 Konsequenzen für Abschlussprüfung, Bestätigungsvermerk und Prüfungsbericht im Folgejahr

35 Sofern der **Vorjahresabschluss nicht geprüft** worden ist, sind bei der Abschlussprüfung des Folgeabschlusses die **Grundsätze über Erstprüfungen** zu beachten.[16] Falls der AP des Folgeabschlusses gegen die Bilanz des Vorjahresabschlusses keine Einwendungen aufgrund von Verstößen gegen handelsrechtliche Rechnungslegungsvorschriften zu erheben hat, ergeben sich aus der Nichtigkeit des Vorjahresabschlusses keine Auswirkungen auf die Einschätzung der Ordnungsmäßigkeit des zu prüfenden Folgeabschlusses.[17]

36 Anderenfalls ist der **Folgeabschluss** nur dann als **ordnungsmäßig** zu beurteilen, wenn den Einwendungen entweder durch eine Änderung des Vorjahresabschlusses entsprochen worden ist oder die Fehler im Folgeabschluss unter Beachtung des Bilanzzusammenhangs ergebniswirksam korrigiert und die daraus resultierenden Erfolgswirkungen gesondert ausgewiesen und angemessen erläutert wurden.

37 Sofern der nichtige Vorjahresabschluss (unwirksam) festgestellt und ein (ebenfalls unwirksamer) Ergebnisverwendungsbeschluss gefasst worden ist, ist die Ordnungsmäßigkeit des Folgeabschlusses ferner danach zu beurteilen, ob die **Rechtsfolgen aus der Nichtigkeit** des Vorjahresabschlusses im Folgeabschluss zutreffend berücksichtigt worden sind (z. B. Stornierung einer auf einem unwirksamen Ergebnisverwendungsbeschluss beruhenden Rücklagendotierung zugunsten des Ergebnisvortrags).

38 Vor diesem Hintergrund ist über eine **Einschränkung des Bestätigungsvermerks** oder die Erteilung eines Versagungsvermerks ausschließlich nach Maßgabe der Ordnungsmäßigkeit des zu prüfenden Jahresabschlusses zu entscheiden. Die Möglichkeit der Erteilung eines uneingeschränkten oder eingeschränkten Bestätigungsvermerks zu dem Folgeabschluss ist weiterhin danach zu beurteilen, ob die zuständigen Gesellschaftsorgane die Feststellung des Vorjahresabschlusses unterlassen haben oder ein – wenn auch wegen der fehlenden Prüfung unwirksamer – Feststellungsbeschluss vorliegt.

39 Auch bei einem unwirksamen Feststellungsbeschluss ist davon auszugehen, dass dieser den Willen der zuständigen Organe zum Ausdruck bringt, den (nichtigen) Abschluss für verbindlich zu erklären. Sofern nicht im Einzelfall abweichende Umstände bestehen, kann somit von einer hinreichend sicheren Grundlage für die Urteilsfindung des AP und damit für die Erteilung eines Bestätigungsvermerks für den Folgeabschluss ausgegangen werden.

40 Dem steht nicht entgegen, dass der **nichtige Vorjahresabschluss** noch **geändert** werden könnte, da auch wirksam festgestellte Abschlüsse grds. durch das Feststellungsorgan geändert werden können. Es besteht somit keine besondere Unsicherheit, die zusätzliche Ausführungen zu der unterlassenen Prüfung des Vorjahresabschlusses im Bestätigungsvermerk geboten erscheinen lassen.

---

[16] Vgl. IDW PS 205 und IDW PS 318.
[17] Vgl. zu den nachfolgenden Ausführungen IDW, Fachausschuss Recht, IDW-FN 2002, S. 216f.

Etwas anderes gilt, wenn die Feststellungsorgane **keinen** (unwirksamen) **Feststellungsbeschluss** gefasst haben, da es in diesem Fall mangels Vorjahreszahlen an einer sicheren Grundlage für die Urteilsbildung des AP zu dem zu prüfenden Jahresabschlusses mangelt. 41
Dementsprechend kommt die Erteilung eines uneingeschränkten oder eingeschränkten Bestätigungsvermerks nicht in Betracht.
Ein Urteil des AP über den Jahresabschluss kann in diesem Fall nur auf der Basis der Annahme einer Beschlussfassung der Gesellschafter über den Vorjahresabschluss in der dem AP vorgelegten Form getroffen werden, sofern diese Beschlussfassung mit Sicherheit erwartet werden kann. 42
Der Bestätigungsvermerk kann in diesem Fall nur schwebend unwirksam unter dem Vorbehalt der Beschlussfassung über den Vorjahresabschluss erteilt werden (bedingte Erteilung des Bestätigungsvermerks).
In allen anderen Fällen ist der **Bestätigungsvermerk** unter Hinweis auf die Unmöglichkeit der abschließenden Urteilsbildung **zu versagen**. 43
Sofern als Ergebnis der Jahresabschlussprüfung eine Einschränkung oder bedingte Erteilung des Bestätigungsvermerks erfolgt, ist der Grund dafür zu erläutern.[18]

2.4.3 Konzernabschluss

Der **Konzernabschluss** wird im Gegensatz zum Jahresabschluss nicht festgestellt, sondern gebilligt (§ 171 Abs. 2 Sätze 4 und 5 AktG, § 42a Abs. 4 GmbHG). Sofern der Konzernabschluss nicht von einem AP geprüft worden ist, kann der Konzernabschluss nicht gebilligt werden (§ 316 Abs. 2 Satz 2 HGB). Die fehlende Billigung des Konzernabschlusses hat aber keine unmittelbaren Folgen, da der Konzernabschluss lediglich eine Informationsfunktion hat und sich nicht auf die Gewinnverwendung auswirkt. Im Fall der AG hat der Aufsichtsrat in seinem Bericht über die Prüfung des Konzernabschlusses allerdings auch darauf einzugehen, ob er den Konzernabschluss gebilligt hat. Dieser Bericht des Aufsichtsrats ist gem. § 325 Abs. 3 Satz 1 HGB zusammen mit dem Konzernabschluss und dem Konzernlagebericht offenzulegen. Auf diese Weise wird die Öffentlichkeit über die Versagung der Billigung informiert. Rechtsfolgen sind mit der fehlenden Billigung nicht verknüpft, da der Konzernabschluss weder rechtsbegründende noch rechtsbegrenzende Wirkungen hat. 44
Ein ungeprüfter Konzernabschluss hat darüber hinaus **keine befreiende Wirkung** i. S. d. §§ 291, 292 HGB und § 11 Abs. 6 PublG. Insofern wären TU ggf. zur Aufstellung von Teilkonzernabschlüssen verpflichtet. 45
Auch hier sieht der Gesetzgeber Maßnahmen vor, die die Durchführung von Konzernabschlussprüfung gewährleisten sollen (Verhängung von **Ordnungsgeld** gegen die gesetzlichen Vertreter, § 335 HGB, § 21 PublG). 46

3 Freiwillige und satzungsgemäße Prüfungen

Auch bei kleinen und damit gesetzlich nicht prüfungspflichtigen Ges. finden häufig Abschlussprüfungen statt. **Freiwillige** Prüfungen werden i. d. R. von **Ban-** 47

---

[18] Vgl. IDW PS 400, Tz 58. Eine Berichtspflicht über die Nichtigkeit des Vorjahresabschlusses ergibt sich aus IDW PS 450, Tz 42 ff.

48 ken verlangt, die dies in ihren Kreditverträgen vorsehen. Weiterhin bestehen Konzernleitungen häufig auch auf der Prüfung von „kleinen" TU.
Darüber hinaus kann auch die **Satzung** oder der **Gesellschaftsvertrag** einer kleinen Ges. eine Prüfung vorschreiben. Satzung und Gesellschaftsvertrag können gesetzliche Prüfungen weder einschränken noch aufheben. Sie können sie aber erweitern.

49 In den vorgenannten Fällen resultieren keine Rechtsfolgen wegen Verletzung von § 316 Abs. 1 Satz 2 HGB, wenn gegen satzungsgemäße oder vertragliche Prüfungspflichten verstoßen worden ist. Allerdings liegen Satzungsverstöße vor oder es entstehen Schadensersatzansprüche. Darüber hinaus entsteht eine Berichtspflicht des AP nach § 321 HGB.[19]

4 Prüfungen nach dem PublG

50 Die Jahresabschlüsse von PersG, die nicht unter § 264a HGB fallen, Ekfl, Stiftungen, Körperschaften des öffentlichen Rechts sowie von anderen, in § 3 Abs. 1 PublG genannten Unt sind bei Erfüllung der Voraussetzungen prüfungspflichtig.

Voraussetzungen für eine **Prüfungspflicht** des **Jahresabschlusses** nach PublG ist, dass für drei aufeinanderfolgende Abschlussstichtage mindestens zwei der drei Größenmerkmale des § 1 Abs. 1 PublG überschritten werden. Für die Prüfung von Jahresabschlüssen nach PublG gelten gem. § 6 Abs. 1 PublG im Wesentlichen die §§ 316 ff. HGB.

Voraussetzung für die Prüfungspflicht eines **Konzernabschlusses** nach § 11 PublG ist, dass mindestens zwei der drei Größenmerkmale zum dritten Mal überschritten werden. Auch hier entsprechen die Prüfungsvorschriften weitgehend den §§ 316 ff. HGB (§ 14 Abs. 1 PublG).

---

[19] Vgl. hierzu auch IDW PS 450, Tz 42 ff.

§ 317 Gegenstand und Umfang der Prüfung

(1) ¹In die Prüfung des Jahresabschlusses ist die Buchführung einzubeziehen. ²Die Prüfung des Jahresabschlusses und des Konzernabschlusses hat sich darauf zu erstrecken, ob die gesetzlichen Vorschriften und sie ergänzende Bestimmungen des Gesellschaftsvertrags oder der Satzung beachtet worden sind. ³Die Prüfung ist so anzulegen, daß Unrichtigkeiten und Verstöße gegen die in Satz 2 aufgeführten Bestimmungen, die sich auf die Darstellung des sich nach § 264 Abs. 2 ergebenden Bildes der Vermögens-, Finanz- und Ertragslage des Unternehmens wesentlich auswirken, bei gewissenhafter Berufsausübung erkannt werden.

(2) ¹Der Lagebericht und der Konzernlagebericht sind darauf zu prüfen, ob der Lagebericht mit dem Jahresabschluß, gegebenenfalls auch mit dem Einzelabschluss nach § 325 Abs. 2a und der Konzernlagebericht mit dem Konzernabschluß sowie mit den bei der Prüfung gewonnenen Erkenntnissen des Abschlußprüfers in Einklang stehen und ob der Lagebericht insgesamt ein zutreffendes Bild von der Lage des Unternehmens und der Konzernlagebericht insgesamt ein zutreffendes Bild von der Lage des Konzerns vermittelt. ²Dabei ist auch zu prüfen, ob die Chancen und Risiken der künftigen Entwicklung zutreffend dargestellt sind. ³Die Prüfung des Lageberichts und des Konzernlageberichts hat sich auch darauf zu erstrecken, ob die gesetzlichen Vorschriften zur Aufstellung des Lage- oder Konzernlageberichts beachtet worden sind. ⁴Im Hinblick auf die Vorgaben nach den §§ 289b bis 289e und den §§ 315b und 315c ist nur zu prüfen, ob die nichtfinanzielle Erklärung oder der gesonderte nichtfinanzielle Bericht, die nichtfinanzielle Konzernerklärung oder der gesonderte nichtfinanzielle Konzernbericht vorgelegt wurde. ⁵Im Fall des § 289b Absatz 3 Satz 1 Nummer 2 Buchstabe b ist vier Monate nach dem Abschlussstichtag eine ergänzende Prüfung durch denselben Abschlussprüfer durchzuführen, ob der gesonderte nichtfinanzielle Bericht oder der gesonderte nichtfinanzielle Konzernbericht vorgelegt wurde; § 316 Absatz 3 Satz 2 gilt entsprechend mit der Maßgabe, dass der Bestätigungsvermerk nur dann zu ergänzen ist, wenn der gesonderte nichtfinanzielle Bericht oder der gesonderte nichtfinanzielle Konzernbericht nicht innerhalb von vier Monaten nach dem Abschlussstichtag vorgelegt worden ist. ⁶Die Prüfung der Angaben nach § 289f Absatz 2 und 5 sowie § 315d ist darauf zu beschränken, ob die Angaben gemacht wurden.

(3) ¹Der Abschlußprüfer des Konzernabschlusses hat auch die im Konzernabschluß zusammengefaßten Jahresabschlüsse, insbesondere die konsolidierungsbedingten Anpassungen, in entsprechender Anwendung des Absatzes 1 zu prüfen. ²Sind diese Jahresabschlüsse von einem anderen Abschlussprüfer geprüft worden, hat der Konzernabschlussprüfer dessen Arbeit zu überprüfen und dies zu dokumentieren.

(3a) Auf die Abschlussprüfung bei Unternehmen, die kapitalmarktorientiert i. S. d. § 264d sind, sind die Vorschriften dieses Unterabschnitts nur insoweit anzuwenden, als nicht die Verordnung (EU) Nr. 537/2014 des Europäischen Parlaments und des Rates vom 16. April 2014 über spezifische Anforderungen an die Abschlussprüfung bei Unternehmen von öffentlichem Interesse und zur Aufhebung des Beschlusses 2005/909/EG der Kommission (ABl. L 158 vom 27.5.2014, S. 77, L 170 vom 11.6.2014, S. 66) anzuwenden ist.

(4) Bei einer börsennotierten Aktiengesellschaft ist außerdem im Rahmen der Prüfung zu beurteilen, ob der Vorstand die ihm nach § 91 Abs. 2 des Aktiengesetzes obliegenden Maßnahmen in einer geeigneten Form getroffen hat und ob das danach einzurichtende Überwachungssystem seine Aufgaben erfüllen kann.

(4a) Soweit nichts anderes bestimmt ist, hat die Prüfung sich nicht darauf zu erstrecken, ob der Fortbestand des geprüften Unternehmens oder die Wirksamkeit und Wirtschaftlichkeit der Geschäftsführung zugesichert werden kann.

(5) Bei der Durchführung einer Prüfung hat der Abschlussprüfer die internationalen Prüfungsstandards anzuwenden, die von der Europäischen Kommission in dem Verfahren nach Artikel 26 Abs. 3 der Richtlinie 2006/43/EG des Europäischen Parlaments und des Rates vom 17. Mai 2006 über Abschlussprüfungen von Jahresabschlüssen und konsolidierten Abschlüssen, zur Änderung der Richtlinien 78/660/EWG und 83/349/EWG des Rates und zur Aufhebung der Richtlinie 84/253/EWG des Rates (ABl. EU Nr. L 157 S. 87), die zuletzt durch die Richtlinie 2014/56/EU (ABl. L 158 vom 27.5.2014, S. 196) geändert worden ist, angenommen worden sind.

(6) Das Bundesministerium der Justiz und für Verbraucherschutz wird ermächtigt, im Einvernehmen mit dem Bundesministerium für Wirtschaft und Energie durch Rechtsverordnung, die nicht der Zustimmung des Bundesrates bedarf, zusätzlich zu den bei der Durchführung der Abschlussprüfung nach Absatz 5 anzuwendenden internationalen Prüfungsstandards weitere Abschlussprüfungsanforderungen vorzuschreiben, wenn dies durch den Umfang der Abschlussprüfung bedingt ist und den in den Absätzen 1 bis 4 genannten Prüfungszielen dient.

WP STB CVA KLAUS BERTRAM/CPA STB M.B.L.T. (JUR.) PROF. RALPH BRINKMANN

Inhaltsübersicht Rz
1 Überblick 1–24
   1.1 Inhalt und Zweck 1–9
   1.2 Anwendungsbereich und Normenzusammenhang 10–24
2 Prüfung des Jahresabschlusses (Abs. 1 und Abs. 4a) 25–44
   2.1 Gegenstand (Abs. 1 Satz 1 und Abs. 4a) 25–32
   2.2 Umfang (Abs. 1 Sätze 2 und 3) 33–44
3 Prüfung des Konzernabschlusses (Abs. 1, 3 und 4a) 45–80
   3.1 Gegenstand 45–48
   3.2 Umfang 49–54
   3.3 Prüfung der zusammengefassten Jahresabschlüsse 55–72
      3.3.1 Geprüfte Jahresabschlüsse von Tochterunternehmen 55–69
      3.3.2 Ungeprüfte Jahresabschlüsse von Tochterunternehmen 70–72

3.4	Prüfung der konsolidierungsbedingten Anpassungen	73–80
3.4.1	Überleitung der HB I zur HB II	73–75
3.4.2	Konsolidierungsmaßnahmen	76–80
4	Prüfung des Lageberichts und Konzernlageberichts (Abs. 2) ...	81–122
4.1	Gegenstand und Umfang.........................	81–82
4.2	Einklangprüfung (Abs. 2 Satz 1)	83–97
4.3	Chancen und Risiken der künftigen Entwicklung (Abs. 2 Satz 2)................................	98–116
4.4	Angaben nach § 289f HGB (Abs. 2 Satz 3)	117–122
5	Abschlussprüfung bei kapitalmarktorientierten Unternehmen (Abs. 3a)...	123–137
6	Prüfung des Risikofrüherkennungssystems (Abs. 4)	138–153
6.1	Prüfungspflicht................................	138–141
6.2	Prüfungsdurchführung	142–149
6.3	Berichterstattung	150–153
7	ISA-Anwendung (Abs. 5)	154–163
8	Rechtsverordnung (Abs. 6)	164–167

1 Überblick

1.1 Inhalt und Zweck

§ 317 HGB regelt Gegenstand und Umfang der gesetzlichen Abschlussprüfung. Die Vorschrift legt die Durchführung der Abschlussprüfung fest bzw. welche Anforderungen an die Verrichtung der Prüfung gestellt werden. Der Zweck der Vorschrift liegt somit in der Sicherstellung der Qualität der Abschlussprüfung Aus theoretischer Sicht dient eine Abschlussprüfung i.S.v. § 317 HGB dem Abbau von Informationsasymmetrien zwischen dem Management und allen am Unternehmenserfolg Beteiligten.[1] **1**

Abs. 1 definiert in den Sätzen 1 und 2 die Prüfungsgegenstände für Jahresabschlussprüfungen und Konzernabschlussprüfungen. Satz 3 beschreibt die Zielsetzung der Abschlussprüfung, nämlich das Erkennen wesentlicher Unrichtigkeiten und Verstöße im Rahmen der anwendbaren Normensysteme (im Regelfall HGB, bei Konzernabschluss nach § 315e HGB auch IFRS, wie sie in der EU anzuwenden sind). **2**

Das Einklangerfordernis des Lageberichts mit dem Jahresabschluss (ggf. auch mit dem IFRS-EA) bzw. des Konzernlageberichts mit dem Konzernabschluss wird in **Abs. 2** der Vorschrift postuliert. Außerdem ist zu prüfen, ob im Lagebericht bzw. Konzernlagebericht die Chancen und Risiken der künftigen Entwicklung zutreffend dargestellt sind. Satz 3 stellt klar, dass die Erklärung zur Unternehmensführung (§ 289f HGB) nicht Gegenstand der Abschlussprüfung ist. **3**

Besondere Bestimmungen für den Konzern-AP enthält **Abs. 3** der Vorschrift. Dieser hat die im Konzernabschluss zusammengefassten Jahresabschlüsse sowie insb. die konsolidierungsbedingten Anpassungen zu prüfen. Die Regelung soll die volle Verantwortlichkeit des Konzern-AP für die Konzernabschlussprüfung **4**

---

[1] Vgl. *Marten/Quick/Ruhnke*, Wirtschaftsprüfung, 5. Aufl., 2015, S. 48.

betonen. Eine Verwertung der von AP der TU durchgeführten Abschlussprüfung ist zulässig. Der Konzern-AP hat in diesen Fällen die Arbeiten von AP einbezogener TU zu überprüfen und dies zu dokumentieren.

5 Der im Rahmen des AReG neu eingefügte **Abs. 3a** enthält die „Öffnungsklausel" zur EU-Verordnung für AP von PIE. Für die betroffenen AP (und die geprüften Unt) gilt die EU-Verordnung unmittelbar. Dies wird in Abs. 3a der Vorschrift klargestellt.

6 Die Prüfung des Risikofrüherkennungssystems bei börsennotierten AG ist in **Abs. 4** der Vorschrift geregelt.

7 Der ebenfalls im Rahmen des AReG neu eingefügte **Abs. 4a** hat nur klarstellenden Charakter. Der AP stellt im Rahmen der Abschlussprüfung keine (eigenständige) Prüfung der Fortführungsannahme des Unt oder Beurteilungen hinsichtlich der Wirksamkeit oder Wirtschaftlichkeit der Geschäftsführung an.

8 **Abs. 5** der Vorschrift regelt die direkte Anwendbarkeit derjenigen ISA, die von der EU angenommen worden sind. Die Regelung ist im Zuge der Umsetzung der 8. EU-RL geschaffen worden. Da bislang keine ISA von der EU angenommen worden sind, hat die Regelung derzeit noch keine materielle Bedeutung (Rz 161).

9 **Abs. 6** steht im Zusammenhang mit der direkten Anwendung der ISA. Die Vorschrift ermächtigt das BMJ, im Einvernehmen mit dem BMWi eine Rechtsverordnung zu erlassen, in der neben den ISA zusätzliche Anforderungen an die Abschlussprüfung (z.B. zur Berücksichtigung deutscher Besonderheiten, die in den ISA nicht oder nicht ausreichend geregelt sind) gestellt werden können. Durch das AReG ist die bislang grundsätzlich bestehende Möglichkeit der Nichtanwendung von Teilen der von der EU übernommenen ISA nunmehr gestrichen worden. Auch diese Vorschrift ist mangels Vorliegen einer derartigen Rechtsverordnung bislang noch ohne praktische Relevanz.

1.2 Anwendungsbereich und Normenzusammenhang

10 § 317 HGB ist auf alle gesetzlichen Abschlussprüfungen anzuwenden. Betroffen sind somit KapG und KapCoGes., die den zweiten Abschnitt des dritten Buchs des HGB zu beachten haben. Eigentlich „Betroffener" sind aber nicht die prüfungspflichtigen Ges., sondern deren AP, die diese Vorschrift im Rahmen ihrer Abschlussprüfung zu beachten haben.

11 Die Vorschrift ist auch anzuwenden bei der Prüfung von **nach internationalen Rechnungslegungsstandards aufgestellten Konzernabschlüssen** (§ 315e HGB) sowie bei der Prüfung eines **IFRS-EA** (§ 324a i.V.m. § 325 Abs. 2a HGB). Allerdings ist zu beachten, dass bei Abschlussprüfungen von PIE neben den handelsrechtlichen Regelungen die strengeren Vorschriften der EU-VO Nr. 537/2014 zu beachten sind.

12 Das Zusammenspiel der Vorschriften des HGB zur Abschlussprüfung (Dritter Unterabschnitt des Zweiten Abschnitts des Dritten Buchs) verdeutlicht Abb. 1.

Gegenstand und Umfang der Prüfung § 317

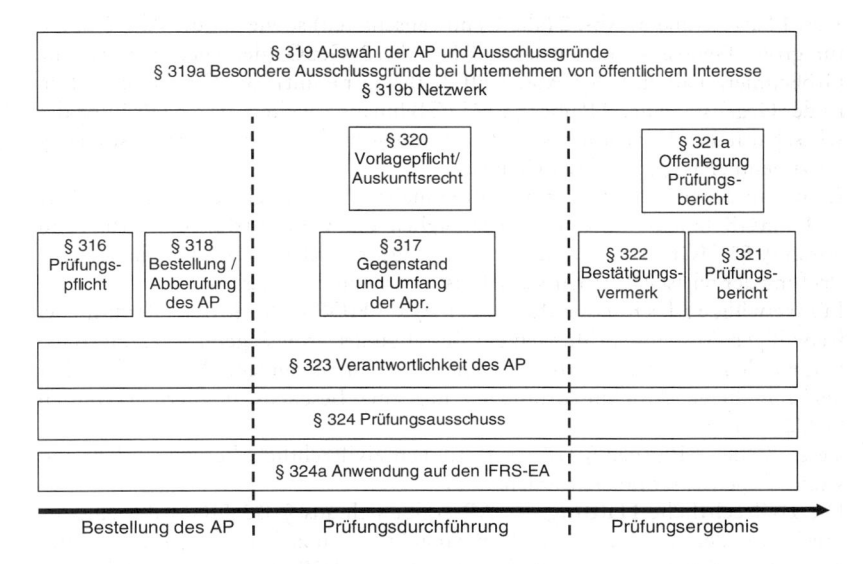

```
┌─────────────────────────────────────────────────────────────────┐
│         § 319 Auswahl der AP und Ausschlussgründe               │
│  § 319a Besondere Ausschlussgründe bei Unternehmen von          │
│                  öffentlichem Interesse                         │
│                   § 319b Netzwerk                               │
└─────────────────────────────────────────────────────────────────┘

                    ┌──────────────┐        ┌──────────────┐
                    │    § 320     │        │    § 321a    │
                    │ Vorlagepflicht/│      │  Offenlegung │
                    │ Auskunftsrecht│        │  Prüfungs-   │
                    │              │        │   bericht    │
                    └──────────────┘        └──────────────┘

┌────────┐┌────────┐┌──────────┐  ┌────────┐┌────────┐
│ § 316  ││ § 318  ││  § 317   │  │ § 322  ││ § 321  │
│Prüfungs│││Bestellung││Gegenstand│  │Bestätigungs││Prüfungs│
│pflicht ││Abberufung││und Umfang│  │vermerk ││bericht │
│        ││des AP  ││der Apr.  │  │        ││        │
└────────┘└────────┘└──────────┘  └────────┘└────────┘

          │ § 323 Verantwortlichkeit des AP │
          │ § 324 Prüfungsausschuss         │
          │ § 324a Anwendung auf den IFRS-EA│

Bestellung des AP   Prüfungsdurchführung   Prüfungsergebnis →
```

Abb. 1: Vorschriften des HGB zur Abschlussprüfung

Neben den handelsrechtlichen Regelungen zur Abschlussprüfung haben WP/vBP sowie WPG/BPG die Vorschriften der WPO und der BS WP/vBP zu beachten.   13

AP von Kreditinstituten und Finanzdienstleistungsinstituten sowie von **Versicherungsunternehmen und Pensionsfonds** unterliegen durch die Verweise in § 340k Abs. 1 bzw. § 341k Abs. 1 HGB ebenfalls den Regelungen des § 317 HGB. Außerdem haben AP dieser Unt branchenspezifische Erweiterungen des Prüfungsgegenstands zu berücksichtigen. Bei Kreditinstituten und Finanzdienstleistungsinstituten hat bspw. eine Prüfung der wirtschaftlichen Verhältnisse, Groß-,[2] Millionen-[3] und Organkredite[4] sowie eine Depotprüfung[5] zu erfolgen. Versicherungsunternehmen und Pensionsfonds sind an die Formblattverordnungen gebunden.   14

Nach **PublG** prüfungspflichtige Unt haben § 317 HGB durch die Verweise in § 6 Abs. 1 PublG (Jahresabschluss) bzw. § 14 Abs. 1 PublG (Konzernabschluss) gleichermaßen zu beachten. Der Gegenstand der Abschlussprüfung umfasst für Vereine, Stiftungen und Körperschaften den Jahresabschluss (Bilanz, GuV und Anhang) sowie den Lagebericht. Einzelkaufleute und reine PersG sind jedoch von der Aufstellung eines Anhangs und Lagebericht befreit (§ 5 Abs. 2 Satz 1 PublG). Unt i.S.d. § 264d HGB, die unter das PublG fallen, haben unabhängig von ihrer Rechtsform den Jahresabschluss um einen Anhang zu erweitern (§ 5 Abs. 2a PublG).   15

Auch für **Genossenschaften** findet die Regelung Anwendung, da § 53 Abs. 2 GenG auf § 317 verweist. Allerdings beschränkt sich die Anwendung auf § 317   16

---

2 Vgl. §§ 13–13b KWG.
3 Vgl. § 14 Abs. 1 KWG.
4 Vgl. § 15 KWG.
5 Vgl. § 29 Abs. 2 Satz 2 KWG.

Abs. 1 Sätze 2 und 3, Abs. 2 (alle Genossenschaften) sowie auf die Abs. 5 und 6 für große Genossenschaften i.S.v. § 58 Abs. 2 GenG (der wiederum auf die Größenmerkmale in § 267 Abs. 3 HGB Bezug nimmt). Bei Genossenschaften ist der Gegenstand der AP über § 317 HGB hinaus erweitert, da eine Prüfung der wirtschaftlichen Verhältnisse und der Ordnungsmäßigkeit der Geschäftsführung vorzunehmen ist (§ 53 Abs. 1 GenG).

17 KapG, an denen Gebietskörperschaften mehrheitlich beteiligt sind, haben über § 317 HGB hinaus die Ordnungsmäßigkeit der Geschäftsführung prüfen zu lassen (§ 53 HGrG).[6] Unt, die unter das Eigenbetriebsgesetz fallen, haben eine Prüfung der wirtschaftlichen Verhältnisse vornehmen zu lassen.

18 Für **freiwillige Abschlussprüfungen** gilt § 317 HGB nicht. Soweit allerdings bei freiwilligen Abschlussprüfungen ein Bestätigungsvermerk gem. § 322 HGB erteilt werden soll, ist § 317 HGB gleichermaßen anzuwenden.[7] Anderenfalls darf bei freiwilligen Abschlussprüfungen nur eine Bescheinigung erteilt werden (§ 322 Rz 170).

19 Verstöße des AP gegen § 317 HGB können zivilrechtlich, berufsrechtlich und strafrechtlich sanktioniert werden.

20 Die **zivilrechtliche Haftung** des AP ergibt sich aus § 323 HGB, der eine lex specialis zu den Regelungen des BGB darstellt (zu Einzelheiten s. § 323 Rz 77ff.).

21 **Berufsrechtlich** können Verstöße gegen § 317 HGB im Rahmen der Berufsaufsicht bzw. der Berufsgerichtsbarkeit mit den dort zur Verfügung stehenden Maßnahmen geahndet werden. Diese sind
- Belehrung (abgeleitet aus § 57 Abs. 2 Nr. 1 WPO),[8]
- Rüge (§ 68 Abs. 1 Nr. 1 WPO),
- Geldbuße bis zu 500.000 EUR (§ 68 Abs. 1 Nr. 2 WPO),
- zeitlich befristetes Verbot der Ausübung bestimmter Tätigkeiten (§ 68 Abs. 1 Nr. 3 WPO),
- zeitlich befristetes Verbot bei Unt des öffentlichen Interesses nach § 319a Abs. 1 Satz 1 HGB tätig zu werden, (§ 68 Abs. 1 Nr. 4 WPO),
- Berufsverbot von einem bis zu fünf Jahren (§ 68 Abs. 1 Nr. 5 WPO).
- Ausschließung aus dem Beruf des WP (§ 68 Abs. 1 Nr. 6 WPO) sowie
- Feststellung, dass der Bestätigungsvermerk nicht den Anforderungen des § 322 HGB bzw. des Art. 10 der EU-VO Nr. 537/2014 entspricht (§ 68 Abs. 1 Nr. 7 WPO).

22 Berufsrechtliche Pflichtverletzungen können im Rahmen der für gesetzliche AP verbindlichen externen Qualitätskontrollen (§ 57a WPO), der für AP von Unt des öffentlichen Interesses i.S.v. § 319a HGB obligatorischen anlassunabhängigen Sonderuntersuchungen der APAS (§ 62b WPO) oder im Rahmen sonstiger Erkenntnisse der Berufsaufsicht (z.B. durch die Bundesanzeigerdurchsicht der WPK, durch Mitteilungen der DPR [§ 342b Abs. 8 Satz 2 HGB] oder der BaFin [§ 37r Abs. 2 Satz 1 WpHG]) festgestellt und sanktioniert werden.

---

[6] Zu Einzelheiten vgl. IDW PS 720.
[7] Vgl. IDW PS 400, Tz 5.
[8] Vgl. *Marten/Köhler/Neubeck*, in *Baetge/Kirsch/Thiele*, Bilanzrecht, § 317 HGB, Rz 183, Stand 04/2012.

Strafrechtliche Sanktionen für Verstöße gegen § 317 enthält § 332 Abs. 1 HGB 23
implizit, da die Erteilung eines unrichtigen Bestätigungsvermerks i.S.v. § 322
einen Verstoß gegen § 317 bedingt (§ 332 Rz 27).

Hinsichtlich der **zeitlichen Anwendung** der durch das AReG geänderten Vor- 24
schriften des § 317 enthält Art. 79 EGHGB keine Übergangsvorschriften. Demzufolge
gilt Art. 15 Abs. 1 des AReG, wonach die geänderte Fassung des § 317
HGB am 17.6.2016 in Kraft getreten ist. Da die Generaldirektion Binnenmarkt
der EU-Kommission in ihren am 3.9.2014 veröffentlichen Fragen und Antworten
die Ansicht vertreten hat, die Regelungen seien erstmals für Gj anzuwenden,
die ab dem 17.6.2016 beginnen,[9] wird dies wohl auch für die Erstanwendung von
§ 317 HGB i.d.F. des AReG gelten.[10]

2 Prüfung des Jahresabschlusses (Abs. 1 und Abs. 4a)

2.1 Gegenstand (Abs. 1 Satz 1 und Abs. 4a)

Der in § 316 Abs. 1 HGB formulierte Prüfungsgegenstand bestimmt u.a. den 25
Jahresabschluss als Gegenstand der Abschlussprüfung § 317 Abs. 1 Satz 1 HGB
postuliert die Einbeziehung der **Buchführung** (§§ 238, 239 HGB) in die Prüfung
des Jahresabschlusses. Hierzu rechnen nicht nur die eigentliche Finanzbuchführung,
sondern auch die rechnungslegungsbezogenen Teile der Nebenbuchhaltungen,
wie bspw.
- Anlagenbuchhaltung,
- Lohn- und Gehaltsbuchhaltung,
- Lagerbuchhaltung,
- Debitoren- und Kreditorenbuchhaltung.

Zur Prüfung der Buchführung rechnet zwar nicht unmittelbar die **Kostenrech-** 26
nung, sodass diese nicht der Prüfung unterliegt. Die Kostenrechnung wird aber
häufig im Rahmen der Jahresabschlussprüfung zumindest in Teilen in die Prüfungshandlungen
des AP eingebunden, da aus ihr Informationen zur Aufstellung
des Jahresabschlusses (z.B. Bewertung von Vorräten, s. § 255 Rz 110ff.) oder zur
Gliederung von Jahresabschlussbestandteilen (z.B. Aufstellung der GuV nach
dem UKV, s. § 275 Rz 17) stammen.

Explizit in der Vorschrift nicht genannt ist das **Inventar** (§ 240 HGB), das aber 27
ebenfalls Gegenstand der Jahresabschlussprüfung ist, da es eine notwendige
Zwischenstufe zwischen Buchführung und Jahresabschluss darstellt (§ 240 Rz 2).

Der **Jahresabschluss** besteht im Regelfall aus den Bestandteilen 28
- Bilanz,
- GuV,
- Anhang.

Bei **KM-orientierten KapG** i.S.v. § 264d HGB, die keinen Konzernabschluss 29
aufstellen müssen, bestimmt § 264 Abs. 1 Satz 2 HGB, dass diese zusätzlich eine

---

[9] Vgl. Q&A – Implementation of the New Statutory Audit Framework, S. 1, abrufbar unter http://ec.europa.eu/internal_market/auditing/docs/reform/140903-questions-answers_en.pdf, letzter Abruf am 7.7.2017.

[10] Gl. A. *IDW*, IDW Positionspapier zu Inhalten und Zweifelsfragen der EU-Verordnung und der Abschlussprüferrichtlinie (Dritte Auflage mit Stand vom 10.4.2017, S. 11, abrufbar unter https://www.idw.de/blob/86498/be1e59dead022ed8b374a26fb679de79/down-positionspapier-zweifelsfragen-data.pdf, letzter Abruf am 7.7.2017.

KFR und einen EK-Spiegel als JA-Bestandteile aufstellen müssen; fakultativ können diese Ges. auch eine SegmBer als Bestandteil des Jahresabschlusses aufnehmen (zu Einzelheiten s. § 264 Rz 33).

30 Eine **Beschränkung** des gesetzlichen Prüfungsgegenstands durch den AP oder durch Regelungen im Prüfungsvertrag ist unzulässig.[11] Dagegen sind **Erweiterungen des Prüfungsgegenstands** durch den Auftraggeber zulässig.

> **Beispiel**
> Der Aufsichtsrat erteilt dem AP der prüfungspflichtigen AG gem. § 111 Abs. 2 Satz 3 AktG den Prüfungsauftrag und gibt ihm in diesem Zusammenhang auf, das IKS im Zusammenhang mit der Bewertung von Beteiligungen intensiv zu prüfen und darüber in der Bilanzsitzung des Aufsichtsrats zu berichten.

31 **Nicht** zum **Prüfungsgegenstand** der Prüfung des Jahresabschlusses zählen branchenspezifische gesetzliche Erweiterungen der AP (Rz 14) sowie die Prüfung des Versicherungsschutzes der Ges.

32 Durch den im Rahmen des AReG eingefügten **Abs. 4a** wird klargestellt, dass sich die Abschlussprüfung ebenfalls nicht darauf zu erstrecken hat, ob der Fortbestand des geprüften Unt oder die Wirksamkeit und Wirtschaftlichkeit der Geschäftsführung zugesichert werden kann. Es handelt sich um die Umsetzung von Art. 25a EU-RL 2014/56/EU und soll den Verantwortungsbereich des AP von dem der Geschäftsführung abgrenzen.[12] Änderungen gegenüber der bisherigen Rechtslage ergeben sich durch Abs. 4a nicht.

2.2 Umfang (Abs. 1 Sätze 2 und 3)

33 Der Umfang der Prüfung des Jahresabschlusses wird in Abs. 1 Sätze 2 und 3 nur indirekt geregelt, indem dort bestimmte Aussagen über den Prüfungsgegenstand gefordert werden.[13]

34 **Satz 2** der Vorschrift verlangt vom AP die Prüfung, ob der Jahresabschluss den gesetzlichen Vorschriften und den ergänzenden Vorschriften des Gesellschaftsvertrags bzw. der Satzung entspricht. Zu den **gesetzlichen Vorschriften** rechnen in erster Linie die Vorschriften des HGB:
- zur Buchführung (§§ 238, 239, 257 HGB),
- zum Inventar (§§ 240–241 HGB) und
- zur Aufstellung des Jahresabschlusses (§§ 242–288 HGB sowie die maßgeblichen Übergangsregelungen des EGHGB).

35 Darüber hinaus sind **rechtsformspezifische Bestimmungen** zu beachten:
- für die AG/KGaA/SE (§§ 56, 71–71e, 58, 150, 152, 158, 160, 161, 286, 288 AktG),
- für die GmbH (§§ 29–33, 42 GmbHG),
- für KapCoGes (§§ 120–121, 128a, 167–168, 172a, 264a–c HGB),
- für Genossenschaften (§§ 336–338 HGB, §§ 33, 48 GenG).

---

[11] Vgl. WPH Edition, Wirtschaftsprüfung & Rechnungslegung, 15. Aufl., 2017, Abschn. L, Tz 12.
[12] Vgl. Regierungsentwurf zum AReG vom 16.12.2015, S. 45.
[13] Vgl. *Baetge/Stellbrink/Janko* in *Küting/Pfitzer/Weber*, HdR, HGB § 317, Rn 5, Stand 07/2011.

Branchenspezifische Regelungen sehen die folgenden gesetzlichen Bestimmungen vor: 36
- Kreditinstitute und Finanzdienstleistungsinstitute (§§ 340a – 340h HGB, VO über die Rechnungslegung der Kreditinstitute und Finanzdienstleistungsinstitute [Kreditinstituts-Rechnungslegungs-VO – RechKredV][14]),
- Versicherungsunternehmen und Pensionsfonds (§§ 341a-341h HGB, VO über die Rechnungslegung von Versicherungsunternehmen [Versicherungsunternehmens-Rechnungslegungs-VO – RechVersV][15], VO über die Rechnungslegung von Pensionsfonds [Pensionsfonds-Rechnungslegungs-VO – RechPensV][16]),
- Zahlungsinstitute, VO über die Rechnungslegung der Zahlungsinstitute (Zahlungsinstitute-Rechnungslegungs-VO – RechZahlV)[17],
- Kapitalanlagegesellschaften (§§ 19d, 44 InvG), VO über Inhalt, Umfang und Darstellung der Rechnungslegung von Sondervermögen, Investmentaktiengesellschaften und Investmentkommanditgesellschaften sowie über die Bewertung der zu dem Investmentvermögen gehörenden VG (Kapitalanlage-Rechnungslegungs- und Bewertungsverordnung – KARBV)[18]
- Investmentaktiengesellschaften (§ 110 InvG),
- Unternehmensbeteiligungsgesellschaften (§ 8 UBGG),
- Verkehrsunternehmen (VO über die Gliederung des Jahresabschlusses von Verkehrsunternehmen),[19]
- Wohnungsbauunternehmen (VO über Formblätter für die Gliederung des Jahresabschlusses von Wohnungsunternehmen),[20]
- Krankenhäuser (VO über die Rechnungs- und Buchführungspflichten von Krankenhäusern [Krankenhaus-Buchführungs-VO – KHBV][21]),[22]
- Pflegeeinrichtungen (VO über die Rechnungs- und Buchführungspflichten der Pflegeeinrichtungen [Pflege-Buchführungs-VO – PBV][23]),
- Werkstätten für behinderte Menschen (VO zur Durchführung des Schwerbehindertengesetzes [Werkstätten-VO – WVO][24]).[25]

In Insolvenz befindliche Unt haben weiterhin die **Rechnungslegungsvorschriften der InsO** zu beachten (§§ 66, 155 InsO). Unter das **PublG** fallende Unt unterliegen den Regelungen des § 5 PublG. 37

Zu den gesetzlichen Vorschriften zählen auch die **GoB**, unabhängig davon, ob diese kodifiziert sind (§ 243 Abs. 1 HGB) oder nicht. Dies erfordert für den AP die Verpflichtung zur laufenden Auseinandersetzung mit fachlichen Entwicklungen. Bei Zweifelsfragen hat er alles Geeignete zu tun, um sich Klarheit zu 38

---

[14] BGBl 1998 I S. 3658, zuletzt geändert am 17.7.2015, BGBl 2015 I S. 1245.
[15] BGBl 1994 I S. 3378, zuletzt geändert am 17.7.2015, BGBl 2015 I S. 1245.
[16] BGBl 2003 I S. 246, zuletzt geändert am 17.7.2015, BGBl 2015 I S. 1245.
[17] BGBl 2009 I S. 3680, zuletzt geändert am 7.7.2015, BGBl 2015 I S. 1245.
[18] BGBl 2013 I S. 2483.
[19] BGBl 1968 I S. 193, zuletzt geändert am 17.7.2015, BGBl 2015I S. 1245.
[20] BGBl 1970 I S. 1334, zuletzt geändert am 17.7.2015, BGBl 2015I S. 1245.
[21] BGBl 1987 I S. 1045, zuletzt geändert am 21.12.2016, BGBl 2016 I S. 3076.
[22] Vgl. zu Einzelheiten IDW RS KHFA 1.
[23] BGBl 1995 I S. 1528, zuletzt geändert am 21.12.2016, BGBl 2016 I S. 3076.
[24] BGBl 1980 I S. 1365, zuletzt geändert am 29.3.2017, BGBl 2017I S. 626.
[25] Zu Einzelheiten vgl. IDW RS KHFA 2.

verschaffen. Er hat darüber hinaus die höchstrichterliche handelsrechtliche Rechtsprechung in Deutschland und der EU zu berücksichtigen.[26]

39 Neben den gesetzlichen Vorschriften hat der AP auch **ergänzende Bestimmungen des Gesellschaftsvertrags bzw. der Satzung**, soweit sie sich auf Buchführung, Inventar und Jahresabschluss beziehen, zu berücksichtigen. Derartige Bestimmungen sind bei KapG und PersG häufig anzutreffen und umfassen bspw.
- Regelungen zur Gewinnverwendung (z.B. obligatorische Rücklagendotierungen bei PersG),
- Regelungen zur Inanspruchnahme zweckgebundener Rücklagen,
- den Verzicht auf größenabhängige Erleichterungen bei Aufstellung und/oder Offenlegung des Jahresabschlusses,
- Regelungen zur Verzinsung von Gesellschafterkonten,
- Bestimmungen zu Vergütungen von Gesellschaftern und Organen (z.B. Haftungsvergütung des Komplementärs, Bezüge des Aufsichtsrats).

40 Satz 3 der Vorschrift verlangt vom AP, dass die Prüfung so angelegt wird, dass Unrichtigkeiten und Verstöße gegen die gesetzlichen Vorschriften (Rz 34–38) und ggf. ergänzende Bestimmungen des Gesellschaftsvertrags bzw. der Satzung (Rz 39) bei gewissenhafter Berufsausübung erkannt werden. Allerdings sind nur solche Unrichtigkeiten und Verstöße bei gewissenhafter Berufsausübung vom AP zu erkennen, die sich wesentlich auf die Vermögens-, Finanz- und Ertragslage des zu prüfenden Jahresabschlusses auswirken. Bestimmungen, wann eine Unrichtigkeit oder ein Verstoß wesentlich oder was unter gewissenhafter Berufsausübung zu verstehen ist, enthält § 317 HGB nicht (zur Definition von Unrichtigkeiten und Verstößen s. § 321 Rz 67 ff.). Mit Satz 3 der Vorschrift hat der Gesetzgeber über die reine Ordnungsmäßigkeitsprüfung gem. Sätzen 1 und 2 hinaus die **Problemorientierung der Abschlussprüfung** betont.[27]

41 Der Umfang der Abschlussprüfung wird zwar durch Anforderungen in anderen gesetzlichen Bestimmungen zur Abschlussprüfung weiter konkretisiert (z.B. in § 321 Abs. 2 Satz 4 HGB bez. im Prüfungsbericht vorzunehmender Ausführungen zu wesentlichen Bewertungsgrundlagen und der Ausübung von Bilanzierungs- und Bewertungswahlrechten). Eine hinreichende Konkretisierung des Umfangs der Abschlussprüfung wird aber vom Gesetzgeber nicht vorgenommen. Durch das Abstellen auf die **gewissenhafte Berufsausübung** in Satz 3 der Vorschrift wird deutlich, dass der Umfang der Abschlussprüfung je nach Prüfungssituation vom AP so zu bestimmen ist, dass wesentliche Unrichtigkeiten und Verstöße von ihm erkannt werden.[28] Zur Verdeutlichung des Zusammenhangs zwischen Ordnungsmäßigkeitsprüfung und Problemorientierung der Abschlussprüfung vgl. Abb. 2 zum Umfang der Abschlussprüfung

---

[26] Vgl. WPH Edition, Wirtschaftsprüfung & Rechnungslegung, 15. Aufl., 2017, Abschn. L, Tz 10.
[27] Vgl. *Marten/Köhler/Neubeck*, in *Baetge/Kirsch/Thiele*, Bilanzrecht, § 317 HGB, Rz 63, Stand 04/2012.
[28] Vgl. hierzu auch IDW PS 200, Tz 2.

```
┌──────────────┐        U                    ┌──────────────┐
│ Buchführung  │>       N                    │  Gesetzliche │>
└──────────────┘        R                    │  Vorschriften│
                        I                    └──────────────┘
┌──────────────┐        C
│  Inventar    │>       H
└──────────────┘        T
                        I
┌──────────────┐        G                    ┌──────────────┐
│   Bilanz     │>       K                    │     GoB      │>
└──────────────┘        E                    └──────────────┘
                        I
┌──────────────┐        T
│    GuV       │>       E                    ┌──────────────┐
└──────────────┘        N                    │  Ergänzende  │
                        U                    │ Bestimmungen │>
                        N                    │in Gesellschafts-
┌──────────────┐        D                    │vertrag bzw.  │
│   Anhang     │>       V                    │   Satzung    │
└──────────────┘        ...                  └──────────────┘
```

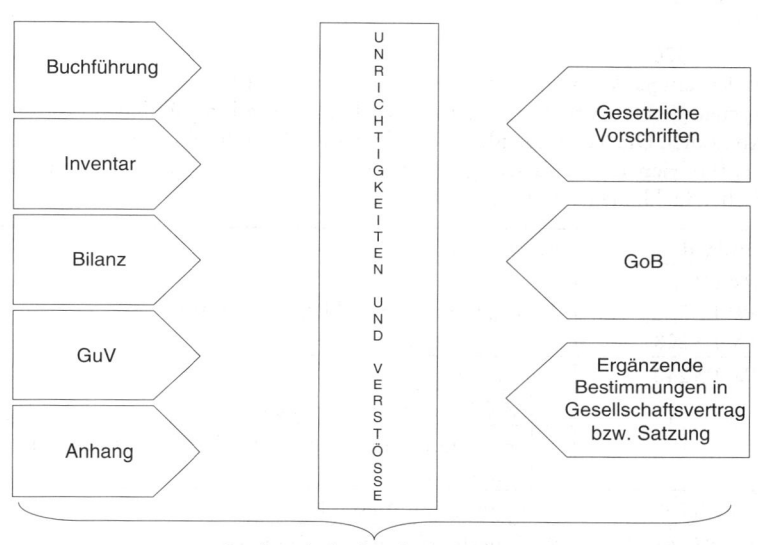

Gewissenhafte Berufsausübung des AP

Abb. 2: Umfang der Abschlussprüfung

Die in § 317 Abs. 1 Satz 3 HGB angesprochene gewissenhafte Berufsausübung des AP konkretisiert sich in den **GoA**, die den vom Gesetzgeber gesteckten Rahmen ausfüllen. Zu den gesetzlichen Öffnungsklauseln zur direkten Anwendung der ISA in § 317 Abs. 5 HGB bzw. ergänzender deutscher Prüfungsgrundsätze in § 317 Abs. 6 s. Rz 154 u. 163. **42**

Die derzeit in Deutschland gültigen GoA sind in IDW PS 200 und IDW PS 201 grundlegend dargestellt. Der Umfang der durchzuführenden Prüfungshandlungen wird demnach bestimmt durch die vom Gesetzgeber geforderten Aussagen zum Prüfungsgegenstand.[29] Das Ziel der Abschlussprüfung – die geforderten Aussagen – bestimmt somit letztlich den Umfang der Abschlussprüfung. Der AP hat berufliche und fachliche Prüfungsgrundsätze zu berücksichtigen. Die **beruflichen Grundsätze** umfassen:[30] **43**

- bestimmte handelsrechtliche Vorschriften zur Abschlussprüfung (§§ 318, 319–319b, 323–324 HGB, vgl. Rz 12),
- die maßgeblichen Vorschriften der WPO (§§ 43, 44 und 49 WPO),
- die Regelungen der BS WP/vBP (insb. §§ 28–44 BS WP/vBP),
- die VO 1/2006.

Fachliche Prüfungsgrundsätze stellen dar:[31]
- handelsrechtliche Vorschriften zur Abschlussprüfung (§§ 316–317, 320–322 HGB, vgl. Rz 12),

---

[29] Vgl. IDW PS 200, Tz 8 ff.
[30] Vgl. IDW PS 201, Tz 24.
[31] Vgl. IDW PS 201, Tz 27.

- IDW PS,
- IDW PH,
- VO 1/2006.

Zum derzeitigen Verbindlichkeitsgrad der ISA s. Rz 161.

44 Die genannten GoA basieren letztlich auf dem international üblichen Prüfungsrisikomodell. Die nachfolgende Übersicht verdeutlicht die einzelnen Teilaspekte des **risikoorientierten Prüfungsansatzes** und benennt die wesentlichen maßgeblichen fachlichen Standards.

Standard	Beschreibung	
IDW QS 1 IDW PS 220 IDW PS 208	Auftragsannahme und Prüfungsauftrag	
IDW PS 240	Prüfungsplanung	
	Zeitliche und personelle Planung	
	Erstellung einer Prüfungsstrategie und eines Prüfungsprogramms	
IDW PS 250	Festlegung von Wesentlichkeitsgrenzen	
IDW PS 261 nF IDW PS 210 IDW PS 230	Prüfungshandlungen zur Feststellung von Fehlerrisiken	
	Analyse des Unternehmensumfelds	
	Beschäftigung mit den Merkmalen, Zielen und Erfolgsfaktoren des Unternehmens	
IDW PS 261 nF IDW PS 210 IDW PS 300 nF	Verschaffung eines Überblicks über das IKS und Aufbauprüfung des IKS	
	Beurteilung der festgestellten Fehlerrisiken und Risikoklassifizierung	
	Prüfungshandlungen als Reaktion auf die beurteilten Risiken	
	Allgemeine prüferische Reaktionen auf Abschlussebene	
	Spezielle prüferische Reaktionen auf Aussageebene • Funktionsprüfungen des IKS • Aussagebezogene Prüfungshandlungen (analytische Prüfungshandlungen und Einzelfallprüfungen)	
Diverse	Durchführung weiterer Pflichtprüfungshandlungen	
IDW PS 300 nF	Abschließende Prüfungshandlungen	
IDW PS 460 nF	Erstellung der Arbeitspapiere und Abschluss der Auftragsdokumentation	

Standard	Beschreibung
	Berichterstattung
IDW EPS 400 nF IDW EPS 405 nF IDW EPS 406 nF	Bestätigungsvermerk Modifizierungen des Prüfungsurteils im Bestätigungsvermerk Hinweise im Bestätigungsvermerk
IDW PS 450 nF	Prüfungsbericht
IDW PS 470 nF	Mündliche Berichterstattung an das Aufsichtsorgan

Tab. 1: Prüfungsprozess der risikoorientierten Abschlussprüfung[32]

3 Prüfung des Konzernabschlusses (Abs. 1, 3 und 4a)

3.1 Gegenstand

Der im Rahmen einer Konzernabschlussprüfung durch den Konzern-AP zu beurteilende Gegenstand setzt sich aus den Bestandteilen des Konzernabschlusses zusammen. Bei einem **HGB-Konzernabschluss** umfasst dies somit gem. § 297 Abs. 1 HGB: 45

- Konzernbilanz,
- Konzern-GuV,
- Konzernanhang,
- KFR,
- EK-Spiegel sowie
- fakultativ eine SegmBer (zu Einzelheiten hierzu s. § 297 Rz 65 ff.).

Bei einem **nach internationalen Rechnungslegungsstandards aufgestellten Konzernabschlüssen gem.** § 315e HGB sind entsprechend die nach IFRS, wie sie in der EU anzuwenden sind, geforderten Abschlussbestandteile zu prüfen:[33] 46

- Konzernbilanz (Darstellung der Vermögenslage),
- Gesamtergebnisrechnung,
- GuV (soweit nicht in die Gesamtergebnisrechnung integriert),
- EK-Veränderungsrechnung,
- KFR (Darstellung der Zahlungsströme),
- Konzernanhang.

§ 317 Abs. 3 Satz 1 HGB ordnet die Prüfung der „konsolidierungsbedingten Anpassungen, in entsprechender Anwendung des Absatzes 1" an. Die **konsolidierungsbedingten Anpassungen** umfassen neben den Konsolidierungsmaßnahmen auch die Anpassungen in der HB II an die einheitlichen Bilanzierungs- und Bewertungsgrundsätze.[34] 47

Nicht Gegenstand der Konzernabschlussprüfung sind die in **Abs. 4a** der Vorschrift angesprochenen Sachverhalte (Rz 32). 48

---

[32] Basierend auf: *Schmidt*, Handbuch Risikoorientierte Abschlussprüfung, Düsseldorf 2008, S. 7.
[33] Vgl. *Lüdenbach/Hoffmann*, in *Lüdenbach/Hoffmann/Freiberg*, Haufe IFRS-Kommentar, 15. Aufl., 2017, § 2 Rz 4.
[34] Vgl. WPH Edition, Wirtschaftsprüfung & Rechnungslegung, 15. Aufl., 2017, Abschn. L, Tz 1116.

3.2 Umfang

49 Wie beim Jahresabschluss auch, umfasst die Prüfung des Konzernabschlusses die Feststellung der Ordnungsmäßigkeit bzgl. der für den Konzernabschluss relevanten Aufstellungsvorschriften. Dies sind für einen HGB-KA in erster Linie die §§ 290–314 HGB sowie ggf. **ergänzende Vorschriften des Gesellschaftsvertrags bzw. der Satzung des MU**. Die Prüfung des Konzernabschlusses umfasst gem. § 317 Abs. 3 Satz 1:
- die im Konzernabschluss zusammengefassten Jahresabschlüsse (Rz 55 ff.),
- die Abgrenzung des KonsKreises,[35]
- die konsolidierungsbedingten Anpassungen (Rz 76 ff.).

50 Für **nach PublG konzernrechnungslegungspflichtige Kaufleute** umfasst die Ordnungsmäßigkeitsprüfung die Beachtung der §§ 11–13 PublG sowie ggf. ergänzender Vorschriften des Gesellschaftsvertrags bzw. der Satzung. Soweit ein EKfm oder eine PersG gem. § 5 Abs. 5 Satz 3 i.V.m. § 13 Abs. 3 Satz 2 PublG anstelle der Konzern-GuV die dort genannten Daten veröffentlichen möchte, hat der Konzern-AP sowohl die Konzern-GuV als auch die offenzulegende Anlage zur Konzernbilanz zu prüfen.[36]

51 Die für bestimmte Rechtsformen maßgeblichen Spezialgesetze und branchenspezifischen Bilanzierungs-, Bewertungs- und Ausweisvorschriften gelten für den Konzernabschluss analog (Einzelheiten s. Rz 35).

52 Auch im Rahmen der Konzernabschlussprüfung sind, wie bei der Jahresabschlussprüfung, bestehende **GoB** zu beachten (Rz 38). Im Rahmen der Konzernrechnungslegung gelten die vom BMJ bekannt gemachten **DRS** nach gesetzlicher Vermutung als GoB (§ 342 Abs. 2 HGB).

53 Bei einem nach **IFRS, wie sie in der EU anzuwenden sind**, aufgestellten Konzernabschluss nach § 315e HGB sind die relevanten, von der EU übernommenen IFRS zu beachten[37] sowie darüber hinaus hierzu ergangene Interpretationen (IFRIC, SIC, DRSC AH) und fachliche Grundsätze.

54 Neben der Ordnungsmäßigkeitsprüfung, ob der Konzernabschluss den zugrunde liegenden Rechtsvorschriften entspricht, ist, wie bei der Jahresabschlussprüfung auch, der Konzernabschluss auf **Unregelmäßigkeiten** (Unrichtigkeiten und Verstöße) zu prüfen, die sich wesentlich auf die Darstellung der Vermögens-, Finanz- und Ertragslage des Konzerns auswirken (Rz 40).

---

[35] Die Abgrenzung des KonsKreises wird in der Vorschrift nicht explizit genannt. Jedoch erfordert die Prüfung der im Konzernabschluss zusammengefassten Jahresabschlüssen auch die Prüfung, ob ggf. Jahresabschlüsse nicht im Konzernabschluss zusammengefasst (enthalten) sind, die aber nach §§ 294 Abs. 1, 296 HGB einbeziehungspflichtig wären. Gl.A. *Schmidt/Ameling*, in Beck Bil-Komm., 10. Aufl., 2016, § 317 HGB, Rz 34.

[36] Vgl. WPH Edition, Wirtschaftsprüfung & Rechnungslegung, 15. Aufl., 2017, Abschn. M, Tz 603.

[37] Der jeweils aktuelle Endorsement-Status kann abgerufen werden unter http://www.efrag.org/Endorsement, letzter Abruf am 7.7.2017.

3.3 Prüfung der zusammengefassten Jahresabschlüsse

3.3.1 Geprüfte Jahresabschlüsse von Tochterunternehmen

§ 317 Abs. 3 HGB sieht vor, dass der Konzern-AP die Arbeit eines (anderen) AP eines einbezogenen TU zu überprüfen und dies zu dokumentieren hat.[38] Anstelle der früher zulässigen Übernahme ist lediglich eine Verwertung des Prüfungsergebnisses eines lokalen AP vorgesehen, um die **volle Verantwortlichkeit des Konzern-AP für die Konzernabschlussprüfung** zu betonen.

Die **Überprüfung der Arbeit eines anderen externen AP** erfolgt im Rahmen der Eigenverantwortlichkeit des Konzern-AP. Er hat zu beurteilen, in welchem Ausmaß und mit welcher Gewichtung die Prüfungsergebnisse verwertet werden können.[39] Hierzu wird sich der Konzern-AP insb. mit folgenden Aspekten beschäftigen:
- Bedeutung der vom anderen AP geprüften Teileinheit für den Konzernabschluss,
- fachliche Kompetenz und berufliche Qualifikation des anderen AP,
- Grad der Beurteilung durch den anderen AP, d.h., welches Prüfungsurteil dieser abgegeben hat (positive oder negative assurance):
  - Bestätigungsvermerk,
  - Bescheinigung nach prüferischer Durchsicht oder
  - Erstellung des Jahresabschlusses mit Plausibilitätsbeurteilungen der vorgelegten Unterlagen.[40]

Die Bedeutung der von einem anderen AP geprüften Teileinheit für den Konzernabschluss bemisst sich nach den **Wesentlichkeitseinschätzungen** des Konzern-AP. Üblicherweise kann ein Überschreiten eines Prozentsatzes von 15 % der konsolidierten VG, Schulden, Cashflows, des Konzernjahresüberschusses oder der Konzernumsatzerlöse als Anhaltspunkt für das Vorliegen einer bedeutsamen Teileinheit verwendet werden.[41]

> **Beispiel**
> Der Konzern-AP prüft neben dem Konzernabschluss die Jahresabschlüsse des MU und der inländischen TU. Die ausländischen TU (USA, Frankreich, Spanien und Italien) werden jeweils von lokalen AP geprüft. Im Rahmen der Prüfungsplanung zur Konzernabschlussprüfung versucht der Konzern-AP, sich einen Überblick über die Bedeutung der Teileinheiten zu verschaffen, und stellt auf Basis der für das laufende Jahr aufgestellten Konzernplanung folgende Relationen zusammen:

---

[38] Zu Auswirkungen auf die Qualitätssicherung bei Konzernabschlussprüfungen vgl. *Niemann/Bruckner*, DStR 2010, S. 345.
[39] Vgl. IDW PS 320 nF, Tz 5.
[40] Vgl. IDW S 7, Tz 37ff.
[41] Vgl. ISA 600RR.A5; IDW PS 320 nF, Anhang A 5.

	kons. VG	kons. Schulden	kons. Cashflows	Konzern-jahresüber-schuss	Konzern-umsatz-erlöse
MU und inländische TU	53 %	70 %	45 %	37 %	62 %
USA	12 %	9 %	22 %	25 %	27 %
Frankreich	10 %	8 %	14 %	13 %	5 %
Spanien	13 %	5 %	6 %	12 %	4 %
Italien	12 %	8 %	13 %	13 %	2 %

Auf Basis dieser Relationen und Anwendung der 15-%-Grenze ergäbe sich lediglich für das TU in den USA eine Klassifizierung als bedeutsam. Aufgrund der Erfahrungen aus der vergangenen Konzernabschlussprüfung, in deren Verlauf der Jahresabschluss der spanischen Ges. noch wesentlich verändert worden ist, entschließt sich der Konzern-AP, auch die spanische Ges. als bedeutsam zu klassifizieren.

58 Die Bestimmung von bedeutsamen und nicht bedeutsamen Teileinheiten ist von den Einschätzungen des Konzern-AP zur Wesentlichkeit und zum Vorliegen von Risiken abhängig. Dies ist letztlich Ausfluss des risikoorientierten Prüfungsansatzes.

59 Die **Feststellung der fachlichen Kompetenz und beruflichen Qualifikation** der anderen AP wird sich der Konzern-AP regelmäßig durch Vorlage geeigneter Nachweise (z. B. Teilnahmebescheinigung über eine durchgeführte externe Qualitätskontrolle) und sonstige Erklärungen (z. B. zu besonderen Branchenkenntnissen) des anderen AP bestätigen lassen.

60 Der **Grad der Beurteilung durch den anderen AP** ist Grundlage für die vom Konzern-AP vorzunehmende Einschätzung der Verlässlichkeit der Prüfungsergebnisse. So kommt einem erteilten Bestätigungsvermerk (*positive assurance*) regelmäßig höhere Verlässlichkeit zu als einer Bescheinigung nach prüferischer Durchsicht (*negative assurance*).

61 Da der Konzern-AP die volle Verantwortung für den Bestätigungsvermerk zum Konzernabschluss trägt, hat er sicherzustellen, dass im Rahmen der Konzernabschlussprüfung wesentliche Verstöße gegen die maßgeblichen Rechnungslegungsvorschriften (Rz 49) erkannt werden. Hierzu wird er geeignete Maßnahmen zur **Kommunikation mit den anderen AP** vornehmen müssen. In Betracht kommen dabei:

- Vorgabe von Art und Umfang vorzunehmender Prüfungshandlungen (*audit instructions*),
- Vorgabe von zu beachtenden Wesentlichkeitsgrenzen und mitteilungspflichtigen Prüfungsdifferenzen,[42]
- besondere Berichterstattungspflichten für spezielle Ereignisse (z. B. bei Vorliegen von bestandsgefährdenden Tatsachen oder Prüfungshemmnissen),

---

[42] Zu Einzelheiten bzgl. Prüfungsdifferenzen vgl. *Ruhnke*, WPg 2009, S. 677.

- Berichterstattungspflichten nach unmittelbarem Abschluss der Abschlussprüfungen für den anderen AP (z. B. *audit questionnaire*),
- Berichterstattungspflichten kurz vor Abschluss der Konzernabschlussprüfung für den anderen AP (z. B. zu Ereignissen nach dem Abschlussstichtag, *subsequent events reporting*).

Eine Differenzierung nach bedeutsamen oder nicht bedeutsamen Teileinheiten bietet sich an und ist nach ISA 600 ohnehin obligatorisch (zur unmittelbaren Anwendung der ISA s. Rz 161). Neben der Vorgabe von Berichterstattungspflichten an die anderen AP wird der Konzern-AP eigenverantwortlich **Art, Umfang und Intensität seiner eigenen Prüfungshandlungen** zur Beurteilung der Arbeiten anderer AP bestimmen. Da der Konzern-AP über ein umfassendes Auskunftsrecht gegenüber dem MU, den TU und den AP der TU verfügt (§ 320 Rz 43) kann er über das Lesen des Prüfungsberichts und weiterer ihm vom anderen AP zur Verfügung gestellter Informationen (Rz 61) hinaus auch direkt an der Abschlussprüfung des anderen AP teilnehmen (z. B. Teilnahme an der Inventurbeobachtung oder Schlussbesprechung), einzelne TU besuchen (**site visits**) und Befragungen anstellen oder auch die Arbeitspapiere des anderen AP durchsehen (**working paper review**). Vgl. hierzu auch § 320 Rz 45. Einen Überblick zur Bestimmung von Art und Umfang der Prüfungshandlungen in Teileinheiten des Konzerns, deren Jahresabschluss nicht vom Konzern-AP geprüft werden, zeigt Abb. 3 (s. Rz 64).

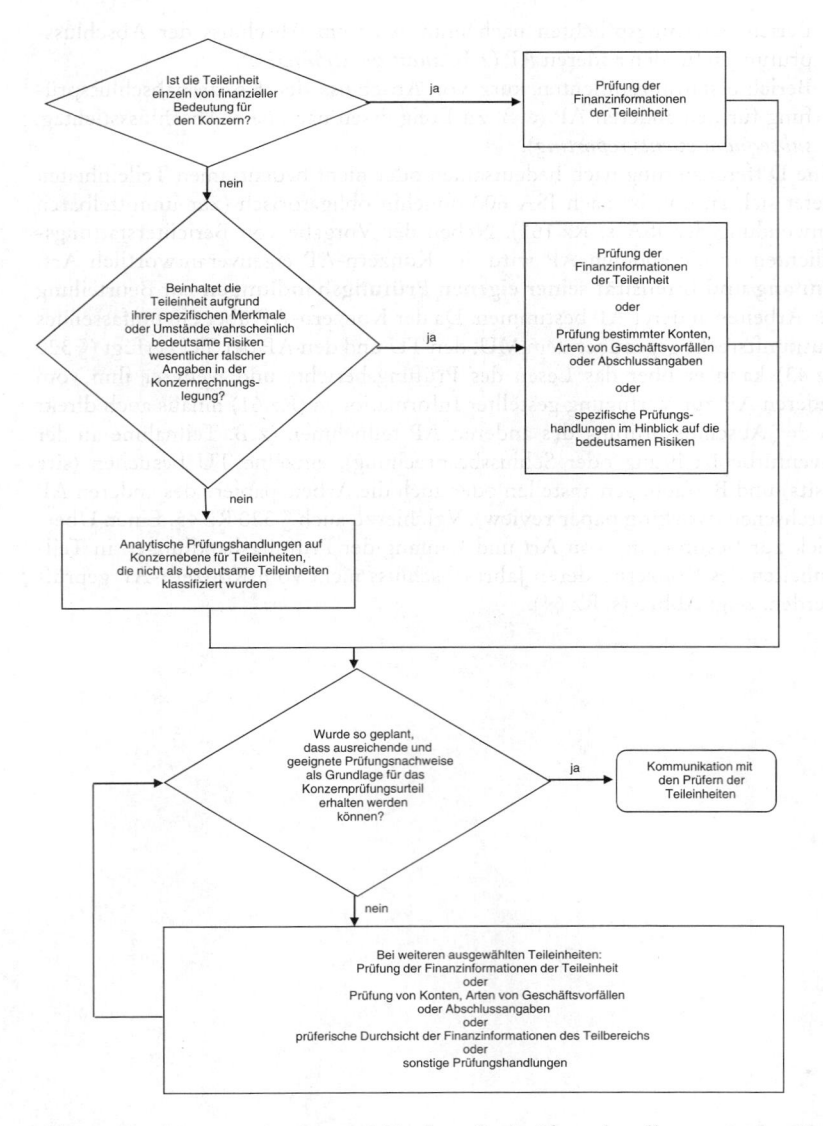

```
┌─────────────────────────────┐
│ Ist die Teileinheit         │
│ einzeln von finanzieller    │──ja──▶  Prüfung der
│ Bedeutung für               │         Finanzinformationen
│ den Konzern?                │         der Teileinheit
└─────────────────────────────┘
            │
           nein
            ▼
┌─────────────────────────────┐
│ Beinhaltet die              │         Prüfung der
│ Teileinheit aufgrund        │         Finanzinformationen
│ ihrer spezifischen Merkmale │         der Teileinheit
│ oder Umstände wahrscheinlich│            oder
│ bedeutsame Risiken          │──ja──▶  Prüfung bestimmter Konten,
│ wesentlicher falscher       │         Arten von Geschäftsvorfällen
│ Angaben in der              │         oder Abschlussangaben
│ Konzernrechnungs-           │            oder
│ legung?                     │         spezifische Prüfungs-
└─────────────────────────────┘         handlungen im Hinblick auf die
            │                           bedeutsamen Risiken
           nein
            ▼
┌─────────────────────────────┐
│ Analytische Prüfungshandlungen auf │
│ Konzernebene für Teileinheiten,    │
│ die nicht als bedeutsame Teileinheiten │
│ klassifiziert wurden               │
└─────────────────────────────┘
            │
            ▼
┌─────────────────────────────┐
│ Wurde so geplant,           │
│ dass ausreichende und       │
│ geeignete Prüfungsnachweise │──ja──▶  Kommunikation mit
│ als Grundlage für das       │         den Prüfern der
│ Konzernprüfungsurteil       │         Teileinheiten
│ erhalten werden             │
│ können?                     │
└─────────────────────────────┘
            │
           nein
            ▼
┌──────────────────────────────────────────────────────────┐
│ Bei weiteren ausgewählten Teileinheiten:                 │
│ Prüfung der Finanzinformationen der Teileinheit          │
│                      oder                                │
│ Prüfung von Konten, Arten von Geschäftsvorfällen         │
│ oder Abschlussangaben                                    │
│                      oder                                │
│ prüferische Durchsicht der Finanzinformationen des Teilbereichs │
│                      oder                                │
│ sonstige Prüfungshandlungen                              │
└──────────────────────────────────────────────────────────┘
```

Abb. 3: Bestimmung von Art und Umfang der Prüfungshandlungen in den Teileinheiten des Konzerns nach ISA 600RR[43]

63 Die Verantwortlichkeit des Konzern-AP für den Bestätigungsvermerk zur Konzernabschlussprüfung bedeutet aber nicht nur, dass er die Überleitung der HB I zur HB II zu prüfen hat. Vielmehr stellt die Anweisung in § 317 Abs. 3 Satz 1 HGB klar, dass die Jahresabschlüsse einbezogener TU „in entsprechender An-

---

[43] Entnommen aus: *Kämpfer/Schmidt*, WPg 2009, S. 51.

wendung des Absatzes 1 zu prüfen" sind. Die Tatsache, dass ein anderer AP die HB I geprüft hat, kann (und wird im Regelfall) der Konzern-AP für sein eigenes Urteil verwerten, ohne dass ihn dies aber von seiner Verantwortlichkeit entbindet.

Im Rahmen der Konzernabschlussprüfung hat der Konzern-AP auch zu beurteilen, wie mit etwaigen **Beanstandungen oder Prüfungshemmnissen der lokalen AP** umzugehen ist. Hat der lokale AP den Bestätigungsvermerk zur HB I eingeschränkt, so muss der Konzern-AP entscheiden, inwieweit dies Relevanz für sein eigenes Prüfungsurteil hat. Bspw. kann eine derartige Einschränkung auf Ebene der Konzernabschlussprüfung unterhalb der (Konzern-)Wesentlichkeitsgrenze liegen, sodass sie aus Konzernsicht nicht zu einer wesentlichen Beanstandung im Rahmen der Konzernabschlussprüfung führt oder es handelt sich um eine Beanstandung, die im Rahmen der Überleitung der HB I zur HB II beseitigt worden ist.

64

> **Beispiel**
> Der lokale AP des US-amerikanischen TU hat den Bestätigungsvermerk zu der nach US-Recht aufgestellten HB I eingeschränkt, weil die in der Bilanz enthaltenen Forderungen aus Teilgewinnrealisierung nach der Percentage-of-completion-Methode nicht hinreichend nachgewiesen werden konnten. Im Rahmen der Überleitung der HB I auf die HB II sind diese Forderungen, die im HGB-KA nicht angesetzt werden dürfen, eliminiert worden, sodass der Konzern-AP hieraus keine Beanstandung für seinen Bestätigungsvermerk zur Konzernabschlussprüfung zu ziehen hat. Eine Berichterstattung im Prüfungsbericht zur Konzernabschlussprüfung ist gleichwohl geboten, da es sich um für den Aufsichtsrat des MU überwachungsrelevante Informationen handelt, wenn bei einem TU der Bestätigungsvermerk eingeschränkt worden ist.[44]

Ist eine Beanstandung auf Ebene eines TU auch für die Beurteilung des Konzernabschlusses wesentlich, so wirkt sie sich auch auf den Bestätigungsvermerk zur Konzernabschlussprüfung aus. Allerdings steht die Beurteilung der Wesentlichkeit im Ermessen des Konzern-AP. Eine Bindungswirkung aus der Beurteilung des Sachverhalts auf Ebene eines TU durch den AP des TU besteht für den Konzern-AP entsprechend nicht.

65

Wird ein geprüfter **Jahresabschluss** eines einbezogenen TU nach Abschluss der Konzernabschlussprüfung nochmals **geändert**, erfordert dies eine Änderung des Konzernabschlusses nur dann, wenn die Änderung für den Konzernabschluss wesentlich ist.

66

> **Beispiel**
> In den Konzernabschluss auf den 31.12.01 der M-GmbH ist der Jahresabschluss der T-GmbH als vollkonsolidiertes TU einbezogen worden. Der Konzern-AP erteilt am 15.3.02 einen uneingeschränkten Bestätigungsvermerk zum Konzernabschluss der M-GmbH. Im Mai 02 wird der Jahres-

---

[44] Vgl. IDW EPS 450 nF, Tz 128.

> abschluss der T-GmbH nochmals (zulässigerweise⁴⁵) geändert und einer Nachtragsprüfung durch den AP unterzogen. Der AP erteilt wiederum einen uneingeschränkten Bestätigungsvermerk zum geänderten Jahresabschluss der T-GmbH.
> Der Konzern-AP hat nach Bekanntwerden der Änderung des Jahresabschlusses der T-GmbH zu beurteilen, welche Auswirkungen diese Änderungen auf den zum Konzernabschluss erteilten Bestätigungsvermerk haben. Wenn diese Änderungen (aus Konzernsicht) nicht wesentlich sind, braucht er die gesetzlichen Vertreter der M-GmbH nicht aufzufordern, den Konzernabschluss ebenfalls zu ändern und einer Nachtragsprüfung zu unterziehen.

67 Der Konzern-AP hat nach § 317 Abs. 3 Satz 2 HGB nicht nur die Arbeiten der AP von Jahresabschlüssen einbezogener TU zu überprüfen, sondern diese Überprüfung auch zu dokumentieren. Diese **Dokumentation** umfasst die Arbeitspapiere des Konzern-AP, die seine Planungshandlungen, Prüfungshandlungen und die Kommunikation mit anderen AP enthalten.[46] Er hat darüber hinaus auch im **Prüfungsbericht** zur Konzernabschlussprüfung die Verwertung und Einschätzung von für die Beurteilung wesentlichen Arbeiten anderer AP darzustellen (zu Einzelheiten der Darstellung im Prüfungsbericht s. § 321 Rz 170).[47]

68 Zu beachten ist weiterhin § 51b Abs. 6 WPO. Danach kann die WPK vom Konzern-AP schriftlich die **Unterlagen von externen Prüfern aus Drittstaaten über die Prüfung eines in den Konzernabschluss einbezogenen TU** anfordern. Als Drittstaaten gelten Staaten, die nicht Mitglied der EU, des Abkommens über den Europäischen Wirtschaftsraum (EWR) oder der Schweiz sind. Dies gilt aber nicht für solche AP aus Drittstaaten, die bei der WPK in Deutschland gem. § 134 Abs. 1 WPO registriert sind[48] oder deren Sitzstaat ein Gegenseitigkeitsabkommen mit der WPK gem. § 57 Abs. 9 Satz 5 Nr. 3 WPO abgeschlossen hat.

69 Für den Konzern-AP erfordert dies, mit externen AP aus derartigen Drittstaaten Vereinbarungen zu treffen, die den Zugang der WPK zu diesen Unterlagen in angemessener Frist sicherstellen, sofern diese Unterlagen nicht Bestandteil der eigenen Arbeitspapiere des Konzern-AP sind.[49] Zweckmäßigerweise sollte sich der Konzern-AP dieses Zugriffsrecht im Rahmen der Anerkennung der Prüfungsvorgaben (audit instructions) durch die externen AP ausdrücklich bestätigen lassen.[50]

3.3.2 Ungeprüfte Jahresabschlüsse von Tochterunternehmen

70 Soweit Jahresabschlüsse von TU nicht geprüft sind, hat der Konzern-AP diese gem. § 317 Abs. 3 Satz 1 HGB „in entsprechender Anwendung des Absatzes 1 zu prüfen". Diese Prüfung entspricht hinsichtlich Umfang und Gegenstand einer

---

45 Zur Zulässigkeit von Änderungen an Jahresabschlüssen vgl. IDW RS HFA 6, Tz 4 ff.
46 Zu Einzelheiten vgl. IDW PS 320 nF, Tz 48.
47 Vgl. IDW PS 320 nF, Tz 31.
48 Informationen zu Details der Registrierung ausländischer AP bei der WPK abrufbar unter http://www.wpk.de/eng/members/registration-of-auditors-from-third-countries/, letzter Abruf am 7.7.2017.
49 Vgl. IDW PS 320 nF, Tz A49.
50 Vgl. hierzu im Einzelnen IDW PS 320 nF, Tz 37 ff. sowie Anhang 3.

Vollprüfung, allerdings ohne Prüfungsbericht und Bestätigungsvermerk. Durch die nicht erfolgte Bezugnahme auf § 317 Abs. 4 und § 316 HGB wird deutlich, dass diese Prüfung nicht das Risikofrüherkennungssystem und den Lagebericht des TU umfasst.[51] Der Konzern-AP kann außerdem im Rahmen von Wesentlichkeitsüberlegungen die Intensität und den Umfang der Prüfung des Jahresabschlusses eines TU aus Konzernsicht bestimmen, sodass für den Konzern gänzlich unbedeutende TU überhaupt nicht geprüft werden müssen.[52]

Im Rahmen dieser Wesentlichkeitsüberlegungen hat der Konzern-AP außerdem eigenverantwortlich zu entscheiden, von welchen TU er **Vollständigkeitserklärungen der gesetzlichen Vertreter** einholt (§ 320 Rz 46). Darüber hinaus kann es im Einzelfall geboten sein, zu bestimmten Einzelsachverhalten über die Vollständigkeitserklärung hinaus schriftliche Erklärungen der gesetzlichen Vertreter eines TU einzuholen. 71

Ein Jahresabschluss eines TU, der einer **prüferischen Durchsicht** unterzogen wurde, ist geprüft, allerdings nur mit einer gewissen, nicht mit einer – für die Konzernabschlussprüfung erforderlichen – hinreichenden Sicherheit.[53] 72

3.4 Prüfung der konsolidierungsbedingten Anpassungen

3.4.1 Überleitung der HB I zur HB II

Da im Konzernabschluss die Jahresabschlüsse einbezogener TU nach den für das MU maßgeblichen Bilanzierungs- und Bewertungsvorschriften zusammenzufassen sind (§ 308 Abs. 1 HGB), ergibt sich mindestens bei ausländischen TU das Erfordernis der Prüfung der sog. **HB II (HB II).** Ausgangspunkt hierzu stellen die einheitlichen Bilanzierungs- und Bewertungsregeln des MU dar, die häufig in einer Konzernbilanzrichtlinie (group accounting manual) o. Ä. zusammengefasst sind. Die **Beurteilung der Angemessenheit der Konzernbilanzrichtlinie** ist eine wesentliche Prüfungshandlung des Konzern-AP, da eine unangemessene Konzernbilanzrichtlinie (z. B. widersprüchliche oder schwer verständliche Ausführungen, Unvollständigkeit) das Einhalten einheitlicher Rechnungslegungsregeln im Konzern erschwert bzw. im Extremfall verhindert. Ist keine (schriftliche) **Konzernbilanzrichtlinie** vorhanden, muss der Konzern-AP beurteilen, durch welche Maßnahmen das MU sichergestellt hat, dass die TU einheitliche Regelungen befolgen. In einfachen Konzernstrukturen mit z. B. ausschließlich inländischen TU dürfte das Aufstellen einer Konzernbilanzrichtlinie nicht zwingend erforderlich sein, wenn über wesentliche Bilanzierungs- und Bewertungswahlrechte konzernweite Absprachen zur einheitlichen Ausübung vorliegen. 73

Die auf Basis der Konzernbilanzrichtlinie aufgestellte HB II des TU ist ein wesentliches Prüfungsobjekt im Rahmen der Konzernabschlussprüfung. In der Praxis erfolgt die Prüfung der Überleitung der HB I (nach lokalem Recht aufgestellte und geprüfte HB) zur HB II (nach den konzerneinheitlichen Bilanzierungs- und Bewertungsmethoden aufgestellte HB II) häufig durch den lokalen AP des TU. Dieser verfügt aufgrund seiner Abschlussprüfung der HB I zumeist 74

---

[51] Vgl. *Marten/Köhler/Neubeck*, in *Baetge/Kirsch/Thiele*, Bilanzrecht, § 317 HGB, Rz 131, Stand 04/2012.
[52] Vgl. *Schmidt/Almeling*, in Beck Bil-Komm., 10. Aufl., 2016, § 317 HGB, Rz 36.
[53] Vgl. IDW PS 900, Tz 6.

über die notwendigen Kenntnisse, welche Abweichungen sich zur konzerneinheitlichen Bilanzierung und Bewertung ergeben, sodass auch aus Kostengesichtspunkten der lokale AP die Prüfung der Überleitung der HB I auf die HB II vornimmt. In Konstellationen, in denen die Einhaltung der konzerneinheitlichen Bilanzierungs- und Bewertungswahlrechte unsicher erscheint, ist die Prüfung der Überleitung der HB I zur HB II durch den Konzern-AP zweckmäßig.

> **Beispiel**
> Der deutsche WP ist Konzern-AP der A-AG mit Sitz in Köln. Die A-AG hält 100 % der Anteile an einem TU in Brasilien. Die nach brasilianischen Rechnungslegungsvorschriften aufgestellte HB I wird von einem brasilianischen AP geprüft. Nach den Feststellungen des Konzern-AP verfügt der brasilianische AP über keine ausreichenden Kenntnisse zur Prüfung der nach deutschem Handelsrecht aufzustellenden HB II des TU.
> Da es sich bei dem brasilianischen TU um eine bedeutsame Teileinheit des Konzerns handelt, prüft der Konzern-AP die HB II selbst. Hierzu muss er sich ausreichende Kenntnisse über die nach brasilianischen Grundsätzen aufgestellte HB I verschaffen. Er bindet daher einen ihm bekannten WP als freien Mitarbeiter in sein Prüfungsteam ein, der über die entsprechenden Kenntnisse verfügt.

75 Soweit bei in den Konzernabschluss einbezogenen TU **ein vom KA-Stichtag abweichender Abschlussstichtag** vorliegt, kann die Überleitung der HB I auf die HB II auch die Prüfung der Überleitung auf einen **Zwischenabschluss** (§ 299 Abs. 2 HGB) bzw. die Beurteilung von besonderen Vorgängen zwischen dem Abschlussstichtag des TU und dem KA-Stichtag (§ 299 Abs. 3 HGB) erfordern. Zu Einzelheiten s. § 299 Rz 7 und 25.

3.4.2 Konsolidierungsmaßnahmen

76 Die Prüfung der Konsolidierungsmaßnahmen umfasst das Nachvollziehen folgender Schritte:
- Kapitalkonsolidierung (§§ 301, 309 HGB),
- Schuldenkonsolidierung (§ 303 HGB),
- Zwischenergebniseliminierung (§ 304 HGB),
- Aufwands- und Ertragskonsolidierung (§ 305 HGB),
- Ansatz latenter Steuern auf Konsolidierungsmaßnahmen (§ 306 HGB),
- Ausweis von EK-Anteilen anderer Gesellschafter (§ 307 HGB),
- quotale Einbeziehung von GemeinschaftsUnt (§ 310 HGB),
- *Equity*-Bewertung von assoziierten Unt (§§ 311, 312 HGB).

77 Die Durchführung dieser Konsolidierungsmaßnahmen erfolgt häufig durch eine zentrale Konzernbuchführungsstelle. In größeren Konzernstrukturen sind hier aber auch dezentrale Strukturen („Tannenbaumprinzip" bei Teil-KA) möglich. Der Konzern-AP wird hier regelmäßig die Verfahren zur Erfassung der für die Durchführung der KonsMaßnahmen erforderlichen Daten prüfen. Dies betrifft sehr häufig **Konzern-Packages**, mit denen die TU dem MU die für die Erstellung des Konzernabschlusses benötigten Informationen bereitstellen. Die Prüfungshandlungen des Konzern-AP werden sich bzgl. der Konzern-Packages häufig auf

die Beurteilung der Angemessenheit (Aufbau, Inhalt, Verständlichkeit) sowie die zutreffende Verarbeitung in der Konzernbuchführungsstelle konzentrieren. Diese Konzern-Packages enthalten weitergehende Informationen über die HB II, z. B.

- zu konzerninternen L&L (zur Aufwands- und Ertragskonsolidierung),
- zu konzerninternen Margen aus L&L (zur Zwischenergebniseliminierung bei VG des AV bzw. des Vorratsvermögens),
- zu konzerninternen Forderungen und Verbindlichkeiten (Schuldenkonsolidierung),
- zu latenten Steuern auf Ebene der HB II,
- zu für den Konzernanhang, die Konzern-KFR und den EK-Spiegel benötigten Informationen.

Die inhaltliche Prüfung der von den TU an das MU zu liefernden Konzern-Packages erfolgt regelmäßig durch den AP, der die HB II prüft, häufig also den lokalen AP des TU. Dieser wird zumeist auch eine Bescheinigung über das Ergebnis seiner Prüfung an den Konzern-AP und/oder das MU abgeben.[54]

78

Die von der Konzernbuchführungsstelle vorzunehmende Verarbeitung der Konzern-Packages in der Konzernbuchführung zur Durchführung der KonsMaßnahmen wird häufig einen Schwerpunkt der Prüfungshandlungen des Konzern-AP darstellen. Nur mittels der aus den Konzern-Packages zur Verfügung gestellten Daten kann bspw. vom Konzern-AP beurteilt werden, ob das Unterlassen einer Zwischenergebniseliminierung wegen Unwesentlichkeit für die Vermögens-, Finanz- und Ertragslage des Konzerns nach § 304 Abs. 2 HGB zulässig ist.

79

Bestimmte KonsMaßnahmen werden häufig direkt vom MU bzw. der zentralen Konzernbuchführungsstelle vorgenommen. Hiervon betroffen sind insb. Maßnahmen der KapKons, z. B.

80

- Ermittlung des Reinvermögens eines erworbenen Anteils an einem TU im Erwerbszeitpunkt gem. § 301 Abs. 1 Satz 2 HGB (**Kaufpreisallokation**),
- Fortführung von im Rahmen einer KapKons aufgedeckten stillen Reserven und Lasten (z. B. Abschreibung aufgedeckter stiller Reserven im AV),
- planmäßige und außerplanmäßige Abschreibung aktivierter Geschäftswerte aus KapKons,
- Auflösung eines passiven Unterschiedsbetrags nach § 309 Abs. 2 HGB,
- Ermittlung des (Konzern-)Abgangserfolgs bei Anteilsveräußerungen von TU bzw. Anteilen an assoziierten Unt (**Endkonsolidierung**).

Auch diese KonsMaßnahmen sind vom Konzern-AP im Rahmen seiner Konzernabschlussprüfung zu beurteilen.

4 Prüfung des Lageberichts und Konzernlageberichts (Abs. 2)

4.1 Gegenstand und Umfang

Gegenstand der Prüfung nach § 317 Abs. 2 HGB ist der Lagebericht gem. § 289 HGB sowie der Konzernlagebericht nach § 315 HGB. Der **Umfang** der Prüfung des Lageberichts bzw. Konzernlageberichts bezieht sich nach der Vorschrift

81

---

[54] Vgl. IDW PS 320 nF, Anhang 4.

- auf den Einklang mit dem Jahresabschluss/Konzernabschluss sowie den bei der Abschlussprüfung gewonnenen Erkenntnissen und der Vermittlung eines zutreffenden Bildes[55] von der Lage der Ges./des Konzerns (Abs. 2 Satz 1, Rz 83),
- auf die Prüfung der zutreffenden Darstellung der Chancen und Risiken der künftigen Entwicklung (Abs. 2 Satz 2, Rz 98),
- jedoch **nicht** auf die Angaben nach § 289f HGB (Abs. 2 Satz 3, Rz 117ff.).

82 Gesetzliche Vorgaben zum Umfang der Prüfung des Lageberichts bestehen darüber hinaus auch gem. § 321 und § 322 HGB. Die in § 321 Abs. 1 Satz 2 vorgesehene Berichterstattung des AP über bestandsgefährdende und entwicklungsbeeinträchtigende Tatsachen konkretisiert den Prüfungsumfang gem. § 317 Abs. 2 Satz 2 HGB zur Prüfung der Chancen und Risiken der künftigen Entwicklung. § 321 Abs. 2 Satz 1 HGB verlangt die weitergehende Feststellung des AP im Prüfungsbericht, ob der Lagebericht/Konzernlagebericht den gesetzlichen Vorschriften und ggf. ergänzenden Bestimmungen in Gesellschaftsvertrag bzw. Satzung entspricht. Zu Einzelheiten zur Berichterstattung im Prüfungsbericht über die Prüfung des Lageberichts s. § 321 Rz 49, 101 u. 147.

§ 322 HGB enthält in Abs. 6 die Anforderung, dass sich die **Beurteilung des Prüfungsergebnisses** auch auf die **Einklangprüfung** zwischen Jahresabschluss und Lagebericht zu erstrecken und zudem die Einhaltung der gesetzlichen Vorschriften zur Aufstellung des Lageberichts/Konzernlageberichts zu erstrecken hat. Weiterhin ist die zutreffende Darstellung der Chancen und Risiken der zukünftigen Entwicklung im Lagebericht/Konzernlagebericht zu beurteilen. Während § 322 Abs. 6 HGB damit nahezu wortgleich die Regelungen von § 317 Abs. 2 Sätze 1 und 2 HGB aufgreift, betont § 322 Abs. 2 Satz 3 HGB das besondere Gewicht der Feststellung bestandsgefährdender Tatsachen, auf die dann auch im Bestätigungsvermerk selbst einzugehen ist. § 322 Abs. 2 Satz 4 HGB stellt für die Prüfung des Konzernlageberichts klar, dass auf bestandsgefährdende Risiken von für den Konzern unbedeutenden TU im Bestätigungsvermerk zur Konzernabschlussprüfung nicht einzugehen ist. Zu Einzelheiten bzgl. bestandsgefährdender Risiken im Bestätigungsvermerk s. § 322 Rz 108, zur Beurteilung der Prüfung des Lageberichts im Bestätigungsvermerk s. § 322 Rz 53 und 78. Zu beachten ist bei der Prüfung des Lageberichts auch die durch das AReG erfolgten Änderungen des § 322, die erstmals auf das ab dem 17.6.2016 beginnende Gj anzuwenden sind (Rz 24). Auch aufgrund dieser zeitlichen Vorgaben werden die berufsständischen Prüfungsgrundsätze entsprechend überarbeitet.[56]

Der HFA des IDW hat sich dafür ausgesprochen, IDW PS 350 nF erstmalig auf die Prüfung von Lageberichten für Berichtszeiträume anzuwenden, die nach dem 31.12.2016 beginnen.[57]

---

[55] Redaktionell geändert durch das BilRUG, zuvor wurde eine zutreffende „Vorstellung" gefordert. Die Anpassung diente der Anpassung an die entsprechenden Formulierungen in § 289 Abs. 1 Satz 1 bzw. § 315 Abs. 1 Satz 1.
[56] Vgl. IDW EPS 350 nF, IDW life 2016, S. 139.
[57] Vgl. WPg 2016 S. 370.

4.2 Einklangprüfung (Abs. 2 Satz 1)

Prüfungsobjekt ist der Lagebericht gem. § 289 HGB bzw. der Konzernlagebericht gem. § 315 HGB. Die dortigen gesetzlichen Anforderungen werden durch GoB konkretisiert, die mit DRS 20 Konzernlagebericht kodifiziert sind (Rz 52). Auch wenn die DRS qua Gesetzesvermutung nur Konzern-GoB darstellen, kommt ihnen wegen der weitgehenden inhaltlichen Übereinstimmung der Gesetzesvorschriften von § 289 HGB mit § 315 HGB auch für den Lagebericht Ausstrahlungswirkung zu.[58]

83

Der Lagebericht ist mit derselben Intensität und Sorgfalt wie der Jahresabschluss zu prüfen, d. h., es sind dieselben Grundsätze (GoA) anzuwenden. Dies erfordert bei der Beurteilung des Prüfungsergebnisses die Erzielung einer hinreichenden Sicherheit, ob im Lagebericht wesentliche Falschaussagen enthalten sind. Alle Ausführungen im Lagebericht sind daraufhin zu prüfen, ob sie im Einklang stehen mit den im Jahresabschluss enthaltenen Informationen sowie den sonstigen im Rahmen der Jahresabschlussprüfung gewonnenen Informationen. Dieses **Einklangerfordernis** kann sich primär nur auf Sachverhalte beziehen, die im abgelaufenen Gj realisiert und damit Eingang in das Zahlenwerk, den Jahresabschluss, gefunden haben. Der AP hat daher vergangenheitsorientierte Zahlenangaben im Lagebericht/Konzernlagebericht mit ihrer Übereinstimmung mit dem Jahresabschluss/Konzernabschluss zu prüfen.[59]

84

> **Beispiel**
> Im Lagebericht der prüfungspflichtigen B-GmbH sind zahlenmäßige Angaben zu im Berichtsjahr getätigten Investitionen enthalten. Der AP hat diese zahlenmäßigen Angaben im Rahmen seiner Einklangprüfung mit dem Anlagespiegel, sonstigen Unterlagen der B-GmbH zum Jahresabschluss (Anlagenbuchhaltung) bzw. seinen Arbeitspapieren zur Prüfung des AV abzustimmen. Ergeben diese Abstimmungen eine Übereinstimmung dieser Zahlen, stehen diese Zahlen des Lageberichts im Einklang mit dem JA.

Schon durch das in § 317 Abs. 2 Satz 1 HGB angesprochene Einklangerfordernis wird deutlich, dass die Prüfung des Lageberichts in engem Zusammenhang mit der Prüfung des Jahresabschlusses steht.[60] Daher hat der AP bereits bei der **Prüfungsplanung** anhand der ihm vorliegenden Informationen die Lage des Unt bzw. des Konzerns vorläufig zu beurteilen, da dies wesentliche Grundlage seiner Risikobeurteilung und damit Schwerpunktsetzung im Rahmen der Abschlussprüfung ist. Insbesondere sollte bereits in diesem Stadium eine vorläufige Beurteilung der Going-concern-Prämisse (§ 252 Abs. 1 Nr. 2 HGB) vorgenommen werden.

85

Im Rahmen der Prüfungsplanung zum Lagebericht hat der AP gem. IDW EPS 350 n.F. festzustellen, ob der Lagebericht **nicht prüfbare Angaben** enthält und

---

58 Vgl. IDW EPS 350 nF, Tz 5 A2.
59 Vgl. WPH Edition, Wirtschaftsprüfung & Rechnungslegung, 15. Aufl., 2017, Abschn. L, Tz 1030.
60 Vgl. IDW EPS 350 nF, Tz 11, A19.

ob er diese in seine Prüfung einbeziehen muss.[61] Die in IDW EPS 350 nF erstmals enthaltenen Ausführungen zu lageberichtsfremden Angaben im Lagebericht und der Umgang des AP damit kann wie folgt dargestellt werden:

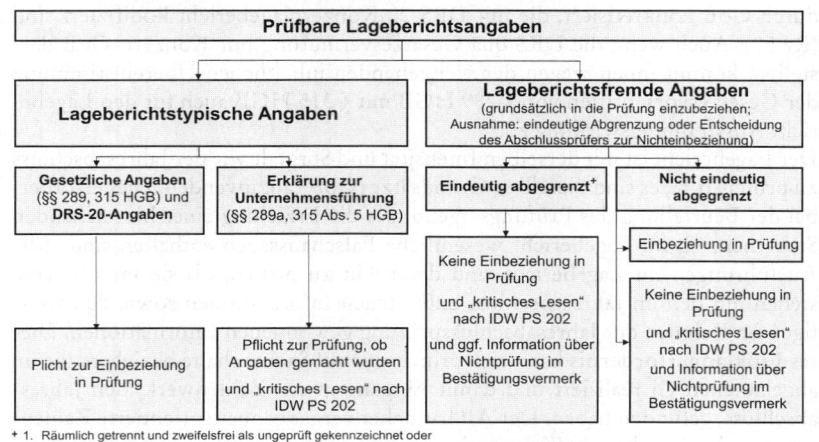

```
                        Prüfbare Lageberichtsangaben
                    ┌──────────────┴──────────────┐
                    ▼                             ▼
         Lageberichtstypische            Lageberichtsfremde Angaben
              Angaben                (grundsätzlich in die Prüfung einzubeziehen;
                                     Ausnahme: eindeutige Abgrenzung oder Entscheidung
                                     des Abschlussprüfers zur Nichteinbeziehung)
         ┌──────┴──────┐                 ┌──────────────┴──────────────┐
         ▼             ▼                 ▼                             ▼
   Gesetzliche    Erklärung zur     Eindeutig abgegrenzt⁺        Nicht eindeutig
     Angaben     Unternehmens-                                      abgegrenzt
  (§§ 289, 315    führung
   HGB) und     (§§ 289a, 315
   DRS-20-        Abs. 5 HGB)
   Angaben
                                                              Einbeziehung in Prüfung
                                   Keine Einbeziehung in
                                          Prüfung
                                   und „kritisches Lesen"   Keine Einbeziehung in
                                     nach IDW PS 202                Prüfung
    Plicht zur    Pflicht zur     und ggf. Information über  und „kritisches Lesen"
   Einbeziehung  Prüfung, ob       Nichtprüfung im             nach IDW PS 202
    in Prüfung  Angaben gemacht     Bestätigungsvermerk      und Information über
                wurden und                                    Nichtprüfung im
                „kritisches Lesen"                           Bestätigungsvermerk
                nach IDW PS 202
```
+ 1. Räumlich getrennt und zweifelsfrei als ungeprüft gekennzeichnet oder
  2. deutlich als ungeprüft gekennzeichnet, ohne dass hierdurch die Klarheit und die Übersichtlichkeit des Lageberichts wesentlich beeinträchtigt sind (sog. *-Lösung).

Abb. 4: Umgang mit prüfbaren lageberichtstypischen und lageberichtsfremden Angaben[62]

Weiterhin hat eine Festlegung der Wesentlichkeit sowie eine Identifizierung und Beurteilung der Risiken wesentlicher falscher Angaben und eine entsprechende Reaktion auf die beurteilten Angaben zu erfolgen.[63]
Danach wird sich die Wesentlichkeit im Regelfall mit der für den Abschluss als Ganzes festgelegten Wesentlichkeit bestimmen, es sei denn, für einzelne Abschlussposten sind spezifische Wesentlichkeiten bestimmt, sodass diese für die Prüfung der korrespondierenden Lageberichtangaben ebenfalls zu beachten sind. Generell wird die Anwendung des risikoorientierten Prüfungsansatzes auch bei der Prüfung des Lageberichts zu betonen sein. Bei kleinen und wenig komplexen Unt werden als Reaktion auf beurteilte Risiken aussagebezogene Prüfungshandlungen häufig ausreichend sein, um hinreichende Prüfungssicherheit zu erlangen.[64]

86 Da DRS 20 für den Konzernlagebericht als GoB gilt und diesem auch für den Lagebericht wesentliche Bedeutung zukommt, stellt sich dem AP häufig die Frage, wie bei einer Nichtbeachtung von Anforderungen des DRS 20 prüferisch zu verfahren ist. Das folgende Schaubild illustriert das entsprechende Vorgehen:

---

61 Eine Nichteinbeziehung kommt in Betracht, wenn das Unt die lageberichtsfremden Angaben eindeutig von den lageberichtstypischen Angaben abgegrenzt hat oder sich der AP gleichwohl dazu entscheidet, diese Angaben nicht zu prüfen. Vgl. IDW EPS 350 nF, Tz 23.
62 IDW Arbeitskreis „Lageberichtsprüfung", WPg 2016, S. 543.
63 Vgl. IDW Arbeitskreis „Lageberichtsprüfung", WPg 2016, S. 539.
64 Vgl. IDW EPS 350 nF, Tz 42 und Vorspann.

Gegenstand und Umfang der Prüfung § 317

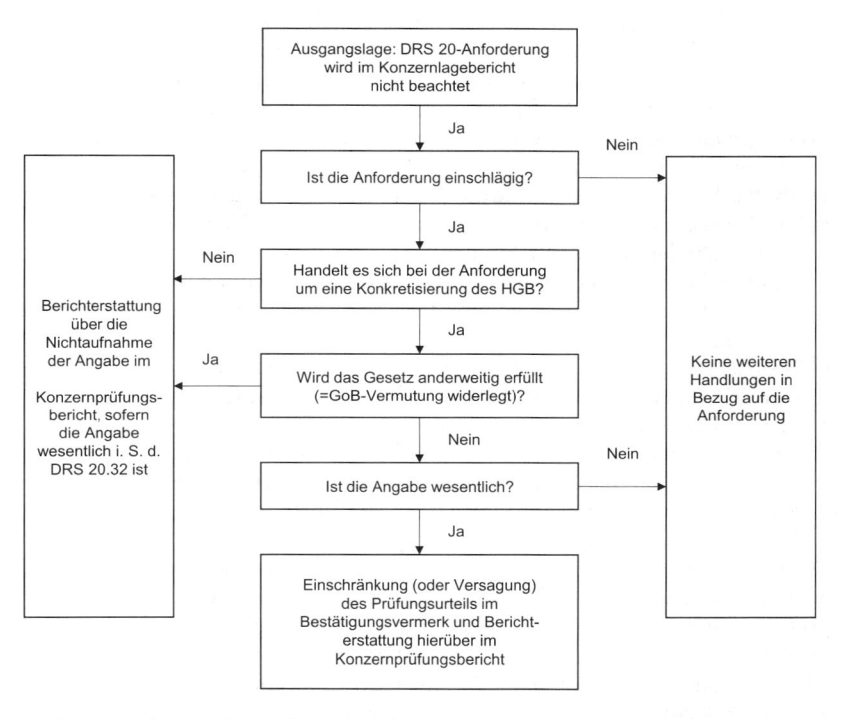

```
                    Ausgangslage: DRS 20-Anforderung
                    wird im Konzernlagebericht
                    nicht beachtet
                              |
                              Ja
                              ↓                        Nein
                    Ist die Anforderung einschlägig? ──────→
                              |
                              Ja
                              ↓
              Nein  Handelt es sich bei der Anforderung
            ←────── um eine Konkretisierung des HGB?
  Berichterstattung           |
  über die                    Ja
  Nichtaufnahme               ↓
  der Angabe im    Ja  Wird das Gesetz anderweitig erfüllt     Keine weiteren
  Konzernprüfungs- ←── (=GoB-Vermutung widerlegt)?             Handlungen in
  bericht, sofern             |                                 Bezug auf die
  die Angabe                  Nein                              Anforderung
  wesentlich i. S. d.         ↓                    Nein
  DRS 20.32 ist       Ist die Angabe wesentlich? ──────→
                              |
                              Ja
                              ↓
                    Einschränkung (oder Versagung)
                    des Prüfungsurteils im
                    Bestätigungsvermerk und Bericht-
                    erstattung hierüber im
                    Konzernprüfungsbericht
```

Abb. 5: Prüfungsschema bei Nichtbeachtung einer DRS-20-Anforderung im Konzernlagebericht[65]

Zur **Prüfungsdurchführung** sehen die berufsständischen Grundsätze für die **vergangenheitsorientierte Prüfung** insb. folgende Prüfungshandlungen vor:[66] 87
- Analyse des globalen Umfelds, d.h. Analyse des gesamtwirtschaftlichen, des rechtlich-politischen, des wissenschaftlich-technischen sowie des ökologischen Umfelds als Rahmenbedingungen der Unternehmenstätigkeit,
- Analyse des Unternehmensumfelds, d.h. Analyse der Branchenentwicklung, der Marktbedingungen auf Absatz- und Beschaffungsmärkten sowie der Wettbewerbsverhältnisse,
- Analyse der unternehmensinternen Erfolgsfaktoren, d.h. Analyse der Leistungs- und Produktpalette, der Beschaffungs- und Absatzpolitik, der strategischen Ausrichtung des Unternehmens, des Rationalisierungspotenzials, der Finanzierungsstrategie etc.,
- Analyse der internen Organisation und Entscheidungsfindung,
- Analyse der Beziehungen zu nahestehenden Personen,
- Analyse des Geschäftsergebnisses und der wesentlichen finanziellen Leistungsindikatoren (z.B. durch Branchenvergleich oder Soll-Ist-Abgleich mit der Planung für das abgelaufene Gj),

---

[65] IDW EPS 350 nF, Anlage 1F, Anlage 1.
[66] Vgl. IDW EPS 350 nF Tz 50–57, A46–54.

- wertende Aussagen im Lagebericht sind daraufhin zu überprüfen, ob nicht trotz sachlich zutreffender Einzelfeststellungen durch die vorgenommene Wortwahl oder Darstellungsform ein unzutreffender Eindruck vermittelt wird (z. B. durch unzutreffende Gewichtung oder Weglassen von Aussagen).

88 Prüfungshandlungen zur Beurteilung der Ausführungen im Lagebericht/Konzernlagebericht zu den Angaben nach § 289 Abs. 2 Nr. 2 bzw. § 315 Abs. 2 Nr. 2 HGB (**Risikomanagementziele und -methoden sowie zu den Risiken in Bezug auf die Verwendung von Finanzinstrumenten**) können bspw. sein:[67]
- Durchsicht der internen Richtlinien für das Finanz- und Rechnungswesen,
- Durchsicht von Berichten des Controllings oder des Risikomanagements,
- Durchsicht von Prüfungsprogrammen und Arbeitspapieren der Internen Revision,
- Beobachtung der Einhaltung der internen Richtlinien und Kontrollmaßnahmen, ggf. ergänzt durch stichprobenweise Einzelfallprüfungen,
- Plausibilisierung der Angaben anhand der in der Rechnungslegung abgebildeten korrespondierenden quantitativen Werte, z. B. aus der Bildung von Bewertungseinheiten (§ 254 HGB) und der hierzu vorgenommenen Erläuterungen in Anhang/Konzernanhang oder Lagebericht/Konzernlagebericht (§ 285 Nr. 23 bzw. § 314 Nr. 15).

89 Die nach § 285 Abs. 2 Nr. 3 bzw. § 315 Abs. 2 Nr. 3 HGB erforderlichen **Angaben zu Forschung und Entwicklung** variieren branchenabhängig.[68] Die Einklangprüfung durch den AP erfordert u. a. die Abstimmung mit den in der GuV enthaltenen Aufwendungen. Bei Unt mit hoher F&E-Intensität (z. B. Pharma-, Chemie-, Software und Automotive-Branche) kann bei Anwendung des UKV und eines nach § 265 Abs. 5 HGB um F&E-Aufwendungen ergänzten GuV-Gliederungsschemas der F&E-Aufwand direkt aus der GuV abgelesen werden. Häufig werden aber wegen der überwiegenden Verbreitung des GKV die im Lagebericht angegebenen Zahlenangaben mit separaten Rechenwerken des bilanzierenden Unt, z. B. der Kostenrechnung, abzustimmen sein. Soweit Entwicklungskosten nach § 248 Abs. 2 Satz 1 HGB aktiviert worden sind, sind Abstimmungen mit den diesbezüglichen Zahlenangaben lt. Anlagespiegel und Anhang (§§ 285 Nr. 22 u. 314 Nr. 14) sowie den Detailangaben in der Anlagenbuchführung vorzunehmen.

90 Die im Lagebericht (nicht: Konzernlagebericht) nach § 285 Abs. 2 Nr. 4 HGB vorzunehmenden **Angaben zu Zweigniederlassungen** variieren in der Praxis zwischen einer reinen Auflistung (z. B. Liste mit Orten bzw. auch Tätigkeitsschwerpunkten) und weitergehenden Angaben, z. B. zu Umsatzerlösen, Ergebnisbeiträgen oder Mitarbeiterzahlen der Zweigniederlassungen. Derartige Zahlenangaben sind mit den entsprechenden Zahlen des Jahresabschlusses im Rahmen der Einklangprüfung abzustimmen. Die schlichte Auflistung der Niederlassungen der Ges. kann bzgl. der inländischen Niederlassungen mit den Eintragungen im HR der Ges. abgestimmt werden, auch wenn die Eintragung im HR nur deklaratorischen Charakter hat. Bei ausländischen Niederlassungen bestehen regelmäßig vom deutschen Recht abweichende Rechtsvorschriften zur Registrierung bzw. Eintragung, sodass nicht immer vom Vorliegen dem deutschen HR vergleichbarer Register ausgegangen werden kann. Soweit im Lagebe-

---

[67] Vgl. IDW PS 350, Tz 31.
[68] Zur Konkretisierung der GoB zur F&E-Berichterstattung im Konzernlagebericht vgl. DRS 20.48 ff.

richt die Berichterstattung auf die wesentlichen Zweigniederlassungen beschränkt ist oder wenn nicht angabepflichtige Geschäftsstellen, Vertriebsbüros o. Ä. mit angegeben werden, ist dies vom AP nicht zu beanstanden.[69]
Bei börsennotierten AG sind gem. § 289 Abs. 2 Nr. 5 bzw. § 315 Abs. 2 Nr. 4 HGB die **Grundzüge des Vergütungssystems für die Gesellschaftsorgane** (Vorstand, Aufsichtsrat) anzugeben. Diese Angaben sind mit den entsprechenden Grundlagen (z. B. Vorstandsanstellungsverträge, Satzung) auf Richtigkeit und Vollständigkeit zu überprüfen. Soweit die Angaben nach § 285 Nr. 9 Buchst. a Sätze 5–9 bzw. § 314 Abs. 1 Nr. 6 Buchst. a Sätze 5–9 HGB anstelle im Anhang/Konzernanhang im Lagebericht/Konzernlagebericht enthalten sind, hat der AP diese Zahlenangaben mit den im Jahresabschluss/Konzernabschluss enthaltenen Zahlenangaben (z. B. Personalaufwand lt. GuV, Pensionsrückstellungen, Rückstellungen für Tantieme) abzustimmen.

91

§ 289 Abs. 3 bzw. § 315 Abs. 1 Satz 4 HGB fordert die **Angabe von nicht finanziellen Leistungsindikatoren** im Lagebericht von großen KapG/KapCoGes bzw. im Konzernlagebericht soweit diese für das **Verständnis** des Geschäftsverlaufs oder der Lage wesentlich sind. Der Ermessensspielraum des Vorstands bzw. der Geschäftsleitung bei Angabe dieser nicht finanziellen Leistungsindikatoren ist größer als bei finanziellen Leistungsindikatoren, bei denen die gesetzliche Vorschrift eine Angabepflicht bei wesentlicher **Bedeutung** (im Unterschied zu Verständnis) fordert.[70] Soweit Zahlenangaben z. B. zu Mitarbeiterentwicklung, Umweltemissionen oder Investitionen in Umweltschutzanlagen gegeben werden, sind diese mit den entsprechenden Zahlenangaben des Jahresabschlusses/Konzernabschlusses oder anderen betrieblichen Statistiken abzustimmen. Weitere Konkretisierungen der Berichterstattungserfordernisse zu nicht finanziellen Leistungsindikatoren finden sich in DRS 20.[71]

92

Die Berichterstattung für bestimmte börsennotierte AG/KGaA zu **übernahmerechtlichen Angaben und Erläuterungen** gem. § 289 Abs. 4 bzw. § 315 Abs. 4 HGB ist anhand der vertraglichen Regelungen (z. B. Stimmrechtsbindungsverträge) sowie durch Befragungen von Vorstand, Aufsichtsrat und ggf. anderen relevanten Auskunftspersonen (z. B. Rechtsberater der Ges.) zu prüfen.

93

Die Berichterstattungspflicht im Lagebericht von KM-orientierten KapG i. S. v. § 264d HGB zu den **wesentlichen Merkmalen des internen Kontroll- und Risikomanagementsystems im Hinblick auf den Rechnungslegungsprozess** (§ 289 Abs. 5, § 315 Abs. 2 Nr. 5 HGB) unterliegt ebenfalls der Einklangprüfung nach § 317 Abs. 2 Satz 1 HGB. Art und Umfang der Darstellung im Lagebericht ist mangels konkreter Angaben im Gesetz bzw. der Gesetzesbegründung zunächst unklar.[72] Durch die jüngst erfolgte Konkretisierung von GoB zu dieser Berichterstattungspflicht[73] werden sich auch die Prüfungsanforderungen an den AP weiter konkretisieren. Derzeit wird sich die Einklangprüfung des AP vor allem auf die Vollständigkeit und Richtigkeit der hierzu gemachten Angaben konzentrieren.

94

---

69 Vgl. WPH Edition, Wirtschaftsprüfung & Rechnungslegung, 15. Aufl., 2017, Abschn. L, Tz 1055.
70 Vgl. WPH Edition, Wirtschaftsprüfung & Rechnungslegung, 15. Aufl., 2017, Abschn. L, Tz 1056 ff.
71 Vgl. DRS 20.107 ff.
72 Vgl. *Withus*, WPg 2009, S. 859.
73 Vgl. DRS 20.K 169 ff.

95 Gem. § 312 Abs. 3 Satz 3 AktG hat der Lagebericht einer abhängigen AG/KGaA die **Schlusserklärung zum Abhängigkeitsbericht** des Vorstands zu enthalten. Da der Abhängigkeitsbericht im Falle einer prüfungspflichtigen AG/KGaA ohnehin durch den AP zu prüfen ist, ergibt sich hieraus keine Erweiterung des Prüfungsumfangs im Zusammenhang mit dem Lagebericht.[74] Ist die Wiedergabe der Schlusserklärung zum Abhängigkeitsbericht nicht im Lagebericht enthalten, unvollständig oder fehlerhaft, ist allerdings der Bestätigungsvermerk einzuschränken.[75] Eine Wiedergabe der Schlusserklärung zum Abhängigkeitsbericht im Konzernlagebericht der abhängigen AG ist mangels gesetzlicher Regelung in § 312 Abs. 3 AktG nicht vorgesehen.

96 § 315 Abs. 3 HGB ermöglicht die **Zusammenfassung des Lageberichts des MU mit dem Konzernlagebericht**. In diesem Fall hat der AP zu prüfen, ob im zusammengefassten Lagebericht der Ges. und des Konzerns die erforderlichen Angaben nach § 289 bzw. § 315 HGB sowohl für das MU wie auch für den Konzern enthalten sind.

97 § 317 Abs. 2 Satz 1 HGB erfordert die Einklangprüfung des Lageberichts nicht nur mit dem Jahresabschluss, sondern auch mit einem **IFRS-EA nach § 325 Abs. 2a HGB**. Auch wenn das Gesetz von einem einheitlichen Lagebericht ausgeht, wird es nicht zu beanstanden sein, wenn die Ges. zwei Lageberichte aufstellt, die sich lediglich in Bezug auf die Darstellung der Vermögens-, Finanz- und Ertragslage und die Beurteilung des Geschäftsergebnisses unterscheiden (§ 321 Rz 149, § 324a Rz 17).

> **Beispiel**
> Die A-AG stellt einen handelsrechtlichen Jahresabschluss und für Zwecke der Offenlegung einen IFRS-EA nach § 325 Abs. 2a HGB auf. Zu beiden Abschlüssen wird jeweils ein Lagebericht aufgestellt. Beide Lageberichte unterscheiden sich inhaltlich nur bzgl. der Bezugnahme auf den handelsrechtlichen Jahresabschluss bzw. den IFRS-EA. Durch die Wortwahl in der Überschrift („Lagebericht zum IFRS-EA") wird dem Adressaten der Rechnungslegung verdeutlicht, dass noch ein zweiter Lagebericht mit Bezugnahme (Einklang) zum handelsrechtlichen Jahresabschluss existiert.
> Im Rahmen der Offenlegung sind gem. § 325 Abs. 2b HGB der Jahresabschluss, der IFRS-EA sowie beide Lageberichte und der Bestätigungsvermerk des AP zum IFRS-EA zu veröffentlichen, um die für den IFRS-EA gewünschte Befreiungswirkung zu erzielen.

4.3 Chancen und Risiken der künftigen Entwicklung (Abs. 2 Satz 2)

98 Die im Lagebericht anzugebenden Chancen und Risiken der künftigen Entwicklung betreffen zukunftsgerichtete Aussagen. Regelmäßig sind hiervon folgende Berichtsteile erfasst:

---

[74] Vgl. WPH Edition, Wirtschaftsprüfung & Rechnungslegung, 15. Aufl., 2017, Abschn. L, Tz 1061.
[75] Vgl. WPH Edition, Wirtschaftsprüfung & Rechnungslegung, 15. Aufl., 2017, Abschn. M, Tz 878.

- Nachtragsbericht,
- Prognosebericht und
- Risikobericht.

Der **Nachtragsbericht** nach § 289 Abs. 2 Nr. 1 HGB hat Vorgänge von besonderer Bedeutung nach dem Abschlussstichtag bis zum Testatdatum[76] zu enthalten. Die berichtspflichtigen Vorgänge umfassen solche Vorgänge, deren Eintritt vor dem Abschlussstichtag zu einer anderen Darstellung der Vermögens-, Finanz- und Ertragslage geführt hätte, bzw. auch nicht abgeschlossene Entwicklungen und Einflüsse, die eine abweichende Darstellung der wirtschaftlichen Lage nach sich ziehen können.[77] Zu den Berichtspflichten im Einzelnen s. § 289 Rz 79. Berichtspflichtig sind somit u.a. solche Chancen und Risiken, die sich bereits konkretisiert haben. 99

Eine umfassende Prüfung der Geschäftsvorfälle nach dem Abschlussstichtag durch den AP ist nicht erforderlich. Mögliche Prüfungshandlungen sind:[78] 100
- Durchsicht von Zwischenberichten (Monats- und Quartalsberichte),
- Durchsicht von Protokollen über Sitzungen der gesetzlichen Vertreter,
- Durchsicht von Protokollen über Sitzungen der Aufsichtsgremien,
- Durchsicht von Protokollen über Gesellschafterversammlungen,
- Befragungen der gesetzlichen Vertreter, des Aufsichtsrats und anderer Auskunftspersonen,
- Durchsicht von Berichten der Internen Revision,
- Durchsicht der Aufwendungen für Rechtsberatung und andere Sachverständige zwecks Erlangung von Hinweisen auf wichtige Verträge, Prozesse oder sonstige Ereignisse,
- Beschaffung von neuen Informationen über den Stand schwebender Geschäfte sowie über laufende bzw. drohende Rechtsstreitigkeiten (Aktualisierung der Rechtsanwaltsbestätigung),
- Beschaffung von Informationen über den Stand der steuerlichen Verhältnisse (Veranlagungen, Außenprüfung),
- Einholung und kritische Würdigung einer Vollständigkeitserklärung, die sich auch auf den Lagebericht und die Angaben von besonderer Bedeutung nach dem Abschlussstichtag bezieht.

Besondere Bedeutung kommt diesen Angaben bei der Prüfung des Konzernabschlusses zu, soweit einbezogene Jahresabschlüsse von TU nicht durch den Konzern-AP, sondern durch andere AP geprüft worden sind. Hier wird der Konzern-AP durch geeignete Maßnahmen sicherstellen müssen, dass er von berichtspflichtigen Vorgängen erfährt (zur Kommunikation mit anderen AP s. Rz 61).[79] 101

---

[76] Vgl. IDW PS 203 nF, Tz 10; gl. A. *Schmidt/Almeling*, in Beck Bil-Komm., 10. Aufl., 2016, § 317 HGB, Rz 59; a. A.: *Marten/Köhler/Neubeck*, in *Baetge/Kirsch/Thiele*, Bilanzrecht, § 317 HGB, Rz 104, Stand 04/2012, die den Zeitraum auf die Datierung des Lageberichts beschränken, andererseits bei „besonders wichtigen Ereignissen" den Zeitraum bis zur Feststellung des Jahresabschlusses verlängern möchten.
[77] Vgl. DRS 20.115.
[78] Vgl. IDW PS 203 nF, Tz 13, 14.
[79] Vgl. IDW PS 203 nF, Tz 16.

> **Beispiel**
> Die konzernrechnungslegungspflichtige GmbH & Co. KG stellt einen Konzernlagebericht nach § 315 HGB auf, der durch den Konzern-AP zu prüfen ist. Neben den vom Konzern-AP geprüften Jahresabschluss des MU und der inländischen TU gehören zum KonsKreis noch drei ausländische Vertriebs-TU, die für die Vermögens-, Finanz- und Ertragslage des Konzerns von Bedeutung sind. Die nationalen Jahresabschlüsse sowie die nach handelsrechtlichen Grundsätzen aufgestellten HB II dieser ausländischen TU werden jeweils von lokalen AP geprüft.
> Der Konzern-AP verpflichtet die lokalen AP, bereits bei der **Prüfungsplanung** im Rahmen der **audit instructions** über festgestellte Vorgänge von besonderer Bedeutung nach dem Abschlussstichtag zu berichten. Da die Prüfung der nationalen Jahresabschlüsse und der HB II der ausländischen TU bis Ende Februar des Folgejahrs abgeschlossen sein soll, die Aufstellung von Konzernabschluss und Konzernlagebericht voraussichtlich bis Ende März des Folgejahrs dauert, vereinbart der Konzern-AP, dass die lokalen AP auch nach Abschluss ihrer eigentlichen Prüfungstätigkeiten gegen Ende März nochmals Prüfungshandlungen zu ggf. berichtspflichtigen Ereignissen nach dem Abschlussstichtag durchzuführen und darüber zu berichten haben.

102 Die Pflicht des AP zur Prüfung der Vorgänge nach dem Abschlussstichtag endet mit der Erteilung des Bestätigungsvermerks (Rz 99). Treten danach **berichtspflichtige Vorgänge** ein, sind die gesetzlichen Vertreter verpflichtet, den AP hiervon in Kenntnis zu setzen.[80] Soweit sich eine **Änderung des Lageberichts/Konzernlageberichts** ergibt, hat nach § 316 Abs. 3 HGB eine **Nachtragsprüfung** zu erfolgen (Einzelheiten hierzu s. § 316 Rz 15).

103 Die Angaben zu **Chancen und Risiken der künftigen Entwicklung** können vom AP nicht auf Einklang mit dem Jahresabschluss/Konzernabschluss geprüft werden, da sie zukünftige Zeiträume betreffen, die aufgrund des Stichtagsprinzips im Jahresabschluss/Konzernabschluss nicht abgebildet sind. Hier kann eine Einklangprüfung nur dahingehend erfolgen, ob die den Aussagen zugrunde liegenden Prämissen plausibel erscheinen.[81]

> **Beispiel**
> Der AP der prüfungspflichtigen AG stellt für das abgelaufene Gj gegenüber dem Vorjahr einen Anstieg der Materialeinsatzquote aufgrund gestiegener Rohölpreise fest. Der Vorstand ist bei der Aufstellung der Planung für das Folgejahr sowie der darauf aufbauenden Mehrjahresplanung davon ausgegangen, dass sich die Rohölpreise um rund 25 % gegenüber dem Niveau zum Zeitpunkt der Planerstellung (im Oktober des abgelaufenen Gj) vermindern. Der Rohölpreis hat erhebliche Bedeutung für die Aufwandsstruktur der AG. Der AP kann zu den diesbezüglichen Ausführungen im Lagebericht keinen Einklang mit dem Jahresabschluss feststellen. Er kann aber feststellen, ob es Hinweise gibt, die die Annahme des Vorstands stützen, z. B. Branchenreporte

---

[80] Vgl. *Baetge/Stellbrink/Janko*, in *Küting/Pfitzer/Weber*, HdR, HGB § 317, Rn 89, Stand 07/2011.
[81] Vgl. WPH Edition, Wirtschaftsprüfung & Rechnungslegung, 15. Aufl., 2017, Abschn. L, Tz 1040.

> und andere externe Quellen. Soweit nach diesen Feststellungen die erwartete Rohölpreisentwicklung als wesentliche Planannahme im Lagebericht angegeben und erläutert wurde, sind diese Darstellungen nicht zu beanstanden.

Aus der **fehlenden Möglichkeit der Einklangprüfung** mit dem Jahresabschluss/Konzernabschluss abzuleiten, die Prüfung dieser zukunftsbezogenen Angaben im Lagebericht wäre weniger streng oder intensiv als bei den übrigen Berichtsteilen, ist allerdings nicht zutreffend; die Prüfung ist in diesem Bereich eher als qualitative Prüfung anzulegen. Die Prüfung dieser Angaben hat allerdings zu berücksichtigen, dass der rechnungslegenden Ges. bei den **prognostischen Angaben ein größerer Ermessensspielraum** zuzubilligen ist als z. B. bei der Darstellung des Geschäftsverlaufs im abgelaufenen Gj.[82] 104

Für den AP ist es aber erforderlich, eine Beurteilung der Vertretbarkeit der von den gesetzlichen Vertretern getroffenen Annahmen vorzunehmen.[83] Dies erfordert, die bedeutsamen Annahmen auf Basis angemessener und ausreichender Prüfungsnachweise nachzuvollziehen. Eine umfassende Beurteilung jeder einzelnen Planungsgrundlage, wie dies z. B. im Rahmen einer Unternehmensbewertung vorgenommen wird, ist jedoch nicht erforderlich.[84]

DRS 20 ermöglicht einen zusammengefassten **Prognose-, Chancen- und Risikobericht**, in den auch die Berichterstattung in Bezug auf die Verwendung von Finanzinstrumenten sowie zum IKS im Hinblick auf den (Konzern-) Rechnungslegungsprozess integriert werden kann.[85] DRS 20 eröffnet den Unt allerdings eine Flexibilität der Berichterstattung,[86] wobei der Grundsatz der Stetigkeit bei der Berichterstattung gleichwohl zu beachten ist. Es ist demnach ebenfalls zulässig, separate Berichtsabschnitte für den Prognose-, Chancen- und Risikobericht zu verwenden. 105

Die **Darstellungen** haben die wesentlichen Chancen und Risiken der künftigen Entwicklungen zu enthalten. Auch wenn in § 317 Abs. 2 Satz 2 HGB das Wort „wesentlich" nicht genannt wird, ergibt sich dies aus der maßgeblichen Rechnungslegungsvorschrift (§ 289 Abs. 1 Satz 4 HGB). Ebenso sind die Begriffspaare „**voraussichtliche Entwicklung**" (§ 289 Abs. 1 Satz 4 HGB) und „**künftige Entwicklung**" (§ 317 Abs. 2 Satz 2 HGB) synonym zu verstehen.[87] Zu Einzelheiten zu den Berichtsinhalten s. § 289 Rz 43. 106

Für den AP sind bei der Prüfung von Prognose-, Chancen- und Risikobericht insb. folgende Prüfungshandlungen relevant:[88] 107

- Bei **prognostischen und wertenden Angaben** beurteilt der AP vor dem Hintergrund der Angaben im Jahresabschluss deren Plausibilität und Übereinstimmung mit seinen während der Abschlussprüfung gewonnenen Erkenntnissen. 108

---

[82] Vgl. *Fischer*, 1988, S. 19.
[83] Vgl. IDW EPS 350 nF, Tz 61, A57–A58.
[84] Vgl. IDW, Arbeitskreis „Lageberichtsprüfung", WPg 2016, S. 541.
[85] Vgl. DRS 20.K169.
[86] Vgl. DRS 20.117.
[87] Vgl. WPH Edition, Wirtschaftsprüfung & Rechnungslegung, 15. Aufl., 2017, Abschn. L, Tz 1045.
[88] Vgl. IDW EPS 350 nF, Tz 58–65, A 55–A64.

> **Beispiel**
> Der Prognosebericht nennt für das Folgejahr einen erwarteten Umsatzanstieg von 15 % bei dem Hauptumsatzträger. Der AP hat festgestellt, dass der Hauptumsatzträger in den letzten drei Jahren kontinuierlich Umsatzrückgänge erzielt hat. Die dem AP zugänglichen Informationen (ermittelt aus Gesprächen mit der Vertriebsleitung sowie aus internen Berichten, in denen negative Planabweichungen kommentiert werden) erklären den Umsatzrückgang vor allem mit einem technisch ausgereifteren Konkurrenzmodell.
> Soweit die Geschäftsführung nicht plausibel begründen kann, warum sie für das Folgejahr diese beachtlichen Zuwachsraten plant (z. B. gesteigerte Werbemaßnahmen, technische Überholung [relaunch] des Produkts), erscheinen die prognostischen Angaben nicht plausibel.

109 • Die Prüfung der prognostischen Angaben und Wertungen setzt zunächst voraus, dass der AP sich von der **Zuverlässigkeit und Funktionsfähigkeit des unternehmensinternen Planungssystems** überzeugt, soweit dieses für die Herleitung der Angaben des Lageberichts von Bedeutung ist. Außerdem ist zu prüfen, ob Prognosen und Wertungen als solche gekennzeichnet sind und diesen die tatsächlichen Verhältnisse zugrunde liegen, d. h., ob die Prognosen und Wertungen wirklichkeitsnah sind. Zur Einschätzung der **Prognosesicherheit** des Unternehmens ist ein Vergleich der Vorjahreslageberichte mit der tatsächlich eingetretenen Entwicklung vorzunehmen.[89]

> **Beispiel**
> Bereits im Rahmen der im November 2017 anberaumten Vorprüfung zur Jahresabschlussprüfung 2017 setzt sich der AP mit der unlängst vom Aufsichtsrat genehmigten Planungsrechnung für das Folgejahr auseinander. Im Gj 2017 ist eine signifikante Planabweichung festzustellen, die auf den im Frühjahr 2017 erfolgten Verlust eines Großkunden (durch Insolvenz) zurückzuführen ist. Hieraus ein unzuverlässiges Planungssystem abzuleiten, wäre eine vorschnelle Beurteilung. Der AP führt daher einen mehrjährigen Plan-Ist-Vergleich zur Ermittlung der Planungstreue durch, da das Planungssystem sich im Laufe der letzten Jahre nicht grds. verändert hat.
> Da dem Prozess der Planerstellung große Bedeutung für die Qualität der daraus abgeleiteten Prognosen zukommt, lässt sich der AP durch Vorlage von Unterlagen und Befragungen von Mitarbeitern verdeutlichen, wie die Planungsrechnung zustande gekommen ist.
> Die wesentlichen Planannahmen (geplante Umsatz- und Kostenentwicklung der bedeutendsten Kostenarten Material und Personal) werden vom AP durch vom Unt zur Verfügung gestellte Unterlagen (periodischer Branchenreport des Industrieverbands, dessen Mitglied das prüfungspflichtige Unt ist) und eigene Internet-Recherchen plausibilisiert.

110 • Daneben sind die der Prognose zugrunde liegenden Annahmen über die zukünftige Entwicklung der wesentlichen Einflussfaktoren der wirtschaftli-

---

[89] Vgl. IDW EPS 350 nF, Tz 63.

chen Lage vor dem Hintergrund der tatsächlichen Lage auf Vollständigkeit und Plausibilität zu prüfen. Die Prognosen im Lagebericht dürfen nicht von den internen Erwartungen des Unt abweichen. Die Erwartungen müssen realitätsnah sein und die Absichten sowie die Möglichkeiten der Unternehmensführung, bestimmte Handlungen durchzuführen, in angemessener Weise widerspiegeln. Sofern der Eintritt wesentlicher Annahmen nicht mit überwiegender Wahrscheinlichkeit erwartet wird, ist zu erwägen, ob alternative Betrachtungen und ihre Auswirkungen im Lagebericht darzustellen sind, damit die wirtschaftliche Lage ausreichend dargestellt wird.[90]

> **Beispiel**
> Im Lagebericht der prüfungspflichtigen GmbH wird ausgeführt, dass für das Folgejahr mit einem Umsatzanstieg in einer Bandbreite von 15–20 % gerechnet wird. Diese Aussage stützt sich auf die im Herbst erstellte Planungsrechnung, die dem AP plausibel erscheint. Im Prüfungszeitpunkt (Februar des Folgejahrs) stellt der AP aufgrund der Entwicklung in den ersten beiden Monaten fest, dass ggf. eine deutlich schlechtere Umsatzentwicklung auftreten könnte, da der Auftragseingang bislang signifikant hinter den erwarteten Werten zurückbleibt. In einer ersten Wirkungsanalyse hat das Controlling ein gegenüber der Planung um ca. 30 % reduziertes Vorsteuerergebnis als mögliche Konsequenz aufgezeigt.
> Nach den Feststellungen des AP ist der Eintritt des geplanten Umsatzzuwachses nicht mehr überwiegend wahrscheinlich. Er fordert den Geschäftsführer der GmbH auf, im Lagebericht auf mögliche Unsicherheiten bei der Umsatzerwartung vor dem Hintergrund der neuesten Informationen hinzuweisen und das Alternativszenario aufzuzeigen.

- Schließlich ist zu prüfen, ob das verwendete **Prognosemodell** für die jeweilige Problemstellung sachgerecht ist und richtig gehandhabt wurde. So ist z. B. eine **Trendextrapolation** nur dann sinnvoll, wenn von einer relativen Konstanz der unterstellten Ursache-Wirkung-Beziehung ausgegangen werden kann und sich die wesentlichen Einflussgrößen nicht grds. geändert haben (etwa das Produktprogramm bei der Prognose der Umsatzentwicklung).[91]

111

> **Beispiel**
> Die prüfungspflichtige GmbH führt die Hausmüllentsorgung im Stadtgebiet nebst näherem Umland einer süddeutschen Universitätsstadt durch. Laut Lagebericht der GmbH ist für das Folgejahr ein Anstieg der zu erwartenden Entsorgungsgebühren von 15 % mit entsprechenden Auswirkungen auf die Ergebnissituation geplant. Auf Befragen des AP legt der Geschäftsführer der Entsorgungs-GmbH hierzu mehrjährige Statistiken vor, die einen eindeutigen Zusammenhang zwischen der Entwicklung der Einwohnerzahlen und der Entsorgungsgebühren zeigen. Weiterhin legt er eine von den amtlichen Stellen veröffentlichte voraussichtliche Entwicklung der Einwohnerzahl für

---

90 Vgl. IDW EPS 350 nF, Tz 64. Weitergehende Prüfungshandlungen zur Beurteilung geschätzter Werte enthält IDW PS 314, Tz 9 ff.
91 Vgl. IDW EPS 350 nF, Tz 61, A57.

> das laufende und die nächsten drei Jahre vor. Hieraus ist ein Anstieg der Einwohnerzahlen für das Folgejahr von 15 % zu entnehmen.
> Bei näherer Prüfung der vorgelegten Unterlagen stellt der AP fest, dass der aufgezeigte Wirkungszusammenhang zwischen Einwohnerzahl und Entsorgungsgebühr tatsächlich nachweisbar ist. Allerdings erkennt er, dass die erwartete deutliche Zunahme der Einwohnerzahlen im Wesentlichen aus der Tatsache resultiert, das bislang nur Personen mit Erstwohnsitz in der Statistik erfasst werden, während zukünftig auch Personen mit Zweitwohnsitz in der Stadt – dies sind vor allem die Studenten – erfasst werden. Tatsächlich nimmt die Zahl der Personen, die Hausmüll entsorgen, somit nicht in der von der Entsorgungs-GmbH prognostizierten Größenordnung zu, sodass sich die Planung als unplausibel erweist.

112 • Neben der Realitätsnähe der Prognosen ist bei wertenden Aussagen zusätzlich zu prüfen, ob nicht durch **Darstellungsform und Wortwahl** möglicherweise ein beabsichtigtes irreführendes Bild der tatsächlich erwarteten Verhältnisse vermittelt wird.[92]

113 Den **zukunftsgerichteten Aussagen** im Lagebericht kommt für die Adressaten der Rechnungslegung eine hohe Bedeutung zu. Gerade in **wirtschaftlich angespannten Situationen** mit Unsicherheiten bzgl. der Fortführungsannahme hat die Prüfung dieser Angaben besonders kritisch zu erfolgen.[93] In derartigen Fällen sind vom geprüften Unt ggf. zusätzliche **mittelfristige Erfolgs- und Finanzplanungen** anzufordern und Überlegungen anzustellen, ob die Einstellung oder Aufgabe einzelner Betriebsteile oder Geschäftsfelder erforderlich sein kann.[94] Weiterhin sind ggf. die für die Prüfung des Vorliegens von Insolvenzeröffnungsgründen entwickelten Grundsätze[95] heranzuziehen.[96]

114 Im **Konzernlagebericht** sind zukunftsgerichtete Aussagen aus Konzernsicht vorzunehmen. Ausführungen zu einzelnen KonzernUnt sind nur dann von Belang, wenn es sich um ein für den Konzern wesentliches KonzernUnt handelt.[97] Mit steigender Größe des Konzerns nimmt die Komplexität eines konzernweiten Planungssystems zu, wodurch sich für den Konzern-AP eine entsprechende Erhöhung der Prüfungsintensität ergibt. Dies betrifft insb. stark vertikal integrierte Konzernstrukturen mit vielen konsolidierungspflichtigen Geschäften.

115 Soweit das Unternehmen wegen besonderer gesamtwirtschaftlicher Umstände (z.B. umfassende Finanz- und Wirtschaftskrise) und der damit verbundenen hohen Unsicherheit **keine verlässliche Prognose** abgeben kann, kann von konkreten Aussagen zur voraussichtlichen wirtschaftlichen Entwicklung abgesehen werden. Dies bedeutet aber nicht, dass überhaupt keine zukunftsgerichteten Angaben vorzunehmen sind. Vielmehr sind die besonderen gesamtwirtschaftli-

---

[92] Vgl. IDW EPS 350 nF, Tz 65.
[93] Vgl. WPH Edition, Wirtschaftsprüfung & Rechnungslegung, 15. Aufl., 2017, Abschn. L, Tz 1043.
[94] Vgl. *Schmidt/Almeling*, in Beck Bil-Komm., 10. Aufl., 2016, § 317 HGB, Rz 59.
[95] Vgl. IDW S 11.
[96] Vgl. IDW, IDW-FN 2015, S. 202.
[97] Vgl. *Marten/Köhler/Neubeck*, in *Baetge/Kirsch/Thiele*, Bilanzrecht, § 317 HGB, Rz 121, Stand 04/2012.

chen Umstände darzulegen und deren Auswirkungen auf die Prognosefähigkeit und die Vermögens-, Finanz- und Ertragslage zu beschreiben sowie verschiedene Zukunftsszenarien aufzuzeigen oder komparative Prognosen vorzunehmen.[98] Derartige besondere gesamtwirtschaftliche Umstände sind als extreme Ausnahmesituationen zu verstehen; normale zyklische Schwankungen der gesamtwirtschaftlichen Tätigkeit sind hiervon nicht erfasst, sodass dieses Mittel nicht bei jedem konjunkturellen Abschwung zur Verfügung steht. Ein Verzicht auf die Prognoseberichterstattung ist unzulässig und wird z. b. im Rahmen des *Enforcement* durch die DPR als Fehler beanstandet.[99] Unsicherheit ist jeder Planung immanent. Da es sich bei Prognosen um zukunftsgerichtete Aussagen handelt, kann nicht ex ante geprüft werden, ob sie per se richtig oder falsch sind.[100] Soweit das Unt über **kein Planungswesen** verfügt (z. B. wegen „überschaubarer" Verhältnisse), sind gleichwohl zukunftsgerichtete Aussagen im Lagebericht zu Chancen und Risiken der künftigen Entwicklung erforderlich. Mangels detaillierter Grundlagen kommt hierbei der kritischen Würdigung der Aussagen der gesetzlichen Vertreter besondere Bedeutung zu. Dies auch vor dem Hintergrund, dass nur prüfungspflichtige Ges. zur Aufstellung eines Lageberichts verpflichtet sind (§ 264 Abs. 1 Satz 4 HGB), sodass bei **Vorliegen einer Prüfungspflicht** schon eine gewisse Größe und Komplexität zu konstatieren ist. Zu beachten ist hierbei auch, dass bei einem nicht vorhandenen Planungswesen ggf. ein Verstoß gegen § 91 Abs. 2 AktG zur Einrichtung eines Risikofrüherkennungssystems möglich ist (s. hierzu im Einzelnen, auch zur Ausstrahlungswirkung auf Geschäftsführungsorgane anderer Rechtsformen, Rz 140ff.). 116

4.4 Angaben nach § 289f HGB (Abs. 2 Satz 3)

§ 289f HGB verpflichtet börsennotierte AG sowie bestimmte andere AG, im Lagebericht eine Erklärung zur Unternehmensführung abzugeben (§ 289f Abs. 1 Satz 1 HGB) bzw. in den Lageberichten einen Verweis auf die Angabe der Internetseite aufzunehmen, welche die Erklärung enthält (§ 289f Abs. 1 Satz 2 HGB). 117

§ 317 Abs. 2 Satz 3 HGB stellt klar, dass auch in dem Fall, dass die Erklärung zur Unternehmensführung im Lagebericht enthalten ist, diese **nicht Gegenstand der Abschlussprüfung** ist.[101] Da in derartigen Fällen der Lagebericht sowohl geprüfte als auch ungeprüfte Bestandteile enthält, kann dies bei den Adressaten des Bestätigungsvermerks bzw. des Prüfungsberichts ggf. zu einer Vergrößerung der **Erwartungslücke** führen. Daher ist es ratsam, im Lagebericht lediglich den Verweis auf die Internetseite aufzunehmen, unter der die Erklärung zur Unternehmensführung abgerufen werden kann.[102] Wird die Erklärung gleichwohl in den Lagebericht aufgenommen, ist die Aufnahme eines entsprechenden Hinweises im Prüfungsbericht in Analogie zur inhaltlich nicht geprüften Entsprechens- 118

---

[98] Vgl. DRS 20.133.
[99] Vgl. *Barth/Thormann*, DB 2015, S. 993.
[100] Vgl. *Marten/Köhler/Neubeck*, in *Baetge/Kirsch/Thiele*, Bilanzrecht, § 317 HGB, Rz 112.1, Stand 04/2012, mwN.
[101] Vgl. BilMoG-BgrRegE, S. 86.
[102] Vgl. *Marten/Köhler/Neubeck*, in *Baetge/Kirsch/Thiele*, Bilanzrecht, § 317 HGB, Rz 93.1, Stand 04/2012.

erklärung nach § 161 AktG zu beachten (§ 321 Rz 82).¹⁰³ Eine Kennzeichnung der Erklärung zur Unternehmensführung im Lagebericht selbst als „ungeprüft" kann nicht verlangt werden, wäre aber wohl nicht zu beanstanden.¹⁰⁴

119 Auch wenn die Erklärung zur Unternehmensführung selbst nicht Gegenstand der Abschlussprüfung ist, ergeben sich für den AP in gewissem Umfang **Prüfungspflichten**. Er hat nämlich für den Fall, dass der Lagebericht die Erklärung zur Unternehmensführung nicht enthält, zu prüfen, ob der nach § 289f Abs. 1 Satz 2 HGB erforderliche Verweis auf die Internetseite enthalten ist. Er hat darüber hinaus zu prüfen, ob die Erklärung zur Unternehmensführung auch **tatsächlich auf der Internetseite öffentlich zugänglich** gemacht worden ist.¹⁰⁵

120 Ist die Erklärung zur Unternehmensführung Bestandteil des Lageberichts, hat der AP festzustellen, ob sie in einem **eigenen Berichtsabschnitt**, eindeutig getrennt von den übrigen prüfungspflichtigen Angaben im Lagebericht dargestellt wird.¹⁰⁶

121 Ist die Erklärung zur Unternehmensführung Bestandteil des Lageberichts, nimmt die Ges. aber bez. der Beschreibung der Arbeitsweise von Vorstand und Aufsichtsrat sowie der Zusammensetzung und Arbeitsweise von deren Ausschüssen die Verweismöglichkeit nach § 289f Abs. 2 Nr. 3 HGB auf die Internetseite der Ges. in Anspruch, hat der AP zu prüfen, ob die betreffenden Angaben tatsächlich auf der Internetseite öffentlich zugänglich sind.¹⁰⁷

122 Auch wenn die Erklärung zur Unternehmensführung nicht der Abschlussprüfung unterliegt, ist sie einer **kritischen Durchsicht durch den AP** zu unterziehen.¹⁰⁸

5 Abschlussprüfung bei kapitalmarktorientierten Unternehmen (Abs. 3a)

123 Der durch das AReG neu geschaffene Abs. 3a der Vorschrift trägt dem Umstand Rechnung, dass ab dem 17.6.2016 für Abschlussprüfungen bei Unt, die kapitalmarktorientiert i. S. v. § 264d, aber keine KI oder Versicherungen sind, die unmittelbar geltende EU-Verordnung für spezifische Anforderungen bei Unternehmen von öffentlichem Interesse¹⁰⁹ anzuwenden ist. Die EU-VO Nr. 537/2014 gilt für Jahres- und Konzernabschlussprüfungen von Unt des öffentlichen Interesses und dient dem Ziel, die Unabhängigkeit und die Vermeidung von Interessenskonflikten bei AP dieser Unt zu fördern, sowie Vorschriften für die Überwachung der Einhaltung dieser Anforderungen durch AP (Art. 1 EU-VO Nr. 537/2014).

124 Titel II der EU-VO Nr. 537/2014 nennt die nachfolgend überblicksartig dargestellten Bedingungen für die Durchführung von Abschlussprüfungen bei Unt des öffentlichen Interesses. Art. 4 der EU-VO Nr. 537/2014 bestimmt, dass die **Prüfungshonorare** für die Abschlussprüfung nicht ergebnisabhängig sein dürfen

---

103 Vgl. IDW EPS 450 nF, Tz 52a.
104 Vgl. *Gelhausen/Fey/Kämpfer*, BilMoG, 2009, Abschn. S, Rz 16.
105 Vgl. IDW EPS 350 nF, Tz 77, A75.
106 Vgl. IDW EPS 350 nF, Tz 77.
107 Vgl. IDW EPS 350 nF, Tz 77, A75.
108 Vgl. IDW EPS 350 nF, Tz 77; IDW PS 202, Tz 10a.
109 EU-Verordnung Nr. 537/2014 des Europäischen Parlaments und des Rates vom 16. April 2014 über spezifische Anforderungen an die Abschlussprüfung bei Unternehmen von öffentlichem Interesse und zur Aufhebung des Beschlusses 2005/909/EG der Kommission, Abl. EU L 158/77 vom 27.5.2014.

und für sog. Nichtprüfungsleistungen eine Begrenzung (Cap) auf 70 % des Durchschnitts der in den letzten drei aufeinander folgenden Gj für die Abschlussprüfung des geprüften Unt (und seiner verbundenen Unt) gezahlten Honorare zu beachten ist. Überschreiten die insgesamt von einem Unt von öffentlichem Interesse an den AP gezahlten Honorare an drei aufeinander folgenden Gj 15 % der insgesamt von dem AP vereinnahmten Honorare, hat der AP den Prüfungsausschuss des geprüften Unt zu informieren, der über eine Gefährdung der Unabhängigkeit des AP zu beraten hat und ggf. eine auftragsbegleitende Qualitätssicherung durch einen anderen AP durchzuführen ist.

Art. 5 der EU-VO Nr. 537/2014 kodifiziert ein Verbot der Erbringung von **Nichtprüfungsleistungen.** Die dort enthaltene sog. Blacklist kann von den Mitgliedstaaten erweitert werden, wobei der deutsche Gesetzgeber dies im Rahmen des AReG nicht vorgenommen hat. Die in der Blacklist genannten Steuerberatungsleistungen und Bewertungsleistungen können von den Mitgliedstaaten unter bestimmten Bedingungen erlaubt werden. Hiervon hat der deutsche Gesetzgeber im AReG Gebrauch gemacht, indem § 319a Abs. 1 Nrn. 2 und 3 entsprechende Regelungen enthalten. Zu Einzelheiten zu Nichtprüfungsleistungen vgl. § 319a Rz 11 ff.. 125

Art. 6 der EU-VO Nr. 537/2014 betrifft die Vorbereitung des AP auf die Abschlussprüfung und die Beurteilung **der Gefährdungen für die Unabhängigkeit.** Danach hat der AP vor Mandatsannahme zu dokumentieren, dass er die Unabhängigkeitsvorschriften erfüllt. Der AP hat gegenüber dem Prüfungsausschuss des PIE eine schriftliche Unabhängigkeitserklärung abzugeben und mit dem Prüfungsausschuss Gefährdungen seiner Unabhängigkeit sowie angewendete Schutzmaßnahmen zu erörtern. 126

Der AP eines PIE hat gem. Art. 7 der EU-VO Nr. 537/2014 **Unregelmäßigkeiten** dem geprüften Unt mitzuteilen. Bereits bislang bestand für Unregelmäßigkeiten eine Mitteilungspflicht nach § 321 Abs. 1 Satz 3 HGB bzw. IDW PS 270. Die in der EU-VO Nr. 537/2014 definierten Unregelmäßigkeiten sind einerseits enger gefasst, als die nach § 321 Abs. 1 Satz 3 HGB,[110] andererseits wird eine Mitteilungspflicht des AP gegenüber der von den Mitgliedstaaten bestimmten Behörde kodifiziert (Art. 12 EU-Verordnung). Dazu hat der AP zunächst das Unt aufzufordern, geeignete Maßnahmen zum Umgang mit den vermuteten Unregelmäßigkeiten und zur Vermeidung einer Wiederholung zu treffen. Erfolgt dies nicht, ist die zuständige Behörde vom AP zu informieren. Welche Behörde in Deutschland für die Entgegennahme von Informationen über Unregelmäßigkeiten zuständig sein wird, ist derzeit noch nicht bekannt.[111] 127

Die von der EU-VO Nr. 537/2014 vorgeschriebene Durchführung einer **auftragsbegleitenden Qualitätssicherung** (Art. 8 der EU-VO Nr. 537/2014) ist grundsätzlich nicht neu, da § 24d Abs. 2 BS WP/vBP aF dies bereits vorgeschrie- 128

---

[110] Zu Einzelheiten vgl. *IDW*, IDW Positionspapier zu Inhalten und Zweifelsfragen der EU-Verordnung und der Abschlussprüferrichtlinie (Dritte Auflage mit Stand vom 10.4.2017), S. 63, abrufbar unter https://www.idw.de/blob/86498/be1e59dead022ed8b374a26fb679de79/down-positionspapier-zweifelsfragen-data.pdf, letzter Abruf am 7.7.2017.

[111] Vgl. *IDW*, IDW Positionspapier zu Inhalten und Zweifelsfragen der EU-Verordnung und der Abschlussprüferrichtlinie (Dritte Auflage mit Stand vom 10.4.2017), S. 65, abrufbar unter https://www.idw.de/blob/86498/be1e59dead022ed8b374a26fb679de79/down-positionspapier-zweifelsfragen-data.pdf, letzter Abruf am 7.7.2017.

ben hat. Neuerungen ergeben sich insoweit, als sich durch den erweiterten Kreis der Unt, die als PIE gelten (z. B. Einschluss von nicht kapitalmarktorientierten KI und Versicheurngsunt), der Anwendungsbereich erweitert hat. Ferner ist die Aufbewahrungspflicht für die Ergebnisse der auftragsbegleitenden Qualitätssicherung gem. Art. 8 Abs. 7 EU-VO Nr. 537/2014 zu beachten, die inhaltlich bislang schon über die VO 1/2006, Tz 152, geregelt war. Neu ist insoweit, dass das Aufbewahrungserfordernis nicht nur für den AP sondern auch explizit für den auftragsbegleitenden Qualitätssicherer gilt.

129 Die EU-VO Nr. 537/2014 enthält in Art. 9 eine Regelung in den Bereichen Prüfungsverfahren, Unabhängigkeit und interne Qualitätssicherung **internationaler Prüfungsstandards (ISA)** verbindlich vorzugeben, soweit diese von der EU-Kommission im Wege delegierter Rechtsakte angenommen wurden. § 317 Abs. 5 HGB enthält eine entsprechende Regelung bereits seit längerem, ohne dass bislang von der EU-Kommission die ISA für verbindlich erklärt wurden. Unter dem Begriff „internationale Prüfungsstandards" werden die von der IFAC über den IAASB herausgegebenen ISA, der ISQC 1 und andere damit zusammenhängende Standards zusammengefasst. Der IESBA-Code of Ethics fällt dagegen nicht darunter.[112]

130 Die EU-VO Nr. 537/2014 enthält weiterhin spezielle Anforderungen an den **Bestätigungsvermerk** bei PIE (Art. 10 EU-VO Nr. 537/2014). Diese betreffen im Einzelnen:
- Angaben zur Bestellung des AP (Zuständigkeit für die Bestellung; Datum der Bestellung; bisherige ununterbrochene Mandatsdauer, einschließlich bereits erfolgter Verlängerungen und erneuter Bestellungen);
- eine Beschreibung der bedeutsamsten beurteilten Risiken wesentlicher falscher Darstellungen, eine Zusammenfassung der Reaktion des Prüfers auf diese Risiken und ggf. wichtige Feststellungen, die sich in Bezug auf diese Risiken ergeben;
- Erklärung, dass keine verbotenen Nichtprüfungsleistungen nach Art. 5 Abs. 1 EU-VO Nr. 537/2014 erbracht wurden und der Abschlussprüfer die Unabhängigkeitsanforderungen erfüllt;
- Angabe von Leistungen, die zusätzlich zur Abschlussprüfung für das geprüfte Unt und für von diesem beherrschte Unt erbracht wurden, falls dies nicht schon im Abschluss oder im Lagebericht angegeben wurde.

131 Die EU-VO Nr. 537/2014 fordert in Art. 11 die Vorlage eines **zusätzlichen Berichts an den Prüfungsausschuss**. Diese Vorgabe ist an dem deutschen Prüfungsbericht nach § 321 HGB angelehnt, der international bisher nicht üblich war. Die Berichterstattungserfordernisse gehen z. T. über die bislang nach § 321 HGB bekannten Berichtsinhalte hinaus. So sind etwa anzugeben
- eine Beschreibung der (bei der Prüfung) verwendeten Methode, u. a. dahingehend, welche Kategorien der Bilanz direkt überprüft wurden und welche Kategorien dabei System- und Zuverlässigkeitsprüfungen unterzogen wurden;

---

[112] Vgl. *IDW*, IDW Positionspapier zu Inhalten und Zweifelsfragen der EU-Verordnung und der Abschlussprüferrichtlinie (Dritte Auflage mit Stand vom 10.4.2017), S. 67, abrufbar unter https://www.idw.de/blob/86498/be1e59dead022ed8b374a26fb679de79/down-positions-papier-zweifelsfragen-data.pdf, letzter Abruf am 7.7.2017.

- die Darlegung der quantitativen Wesentlichkeitsgrenze für den Abschluss als Ganzes und ggf. von spezifischen Wesentlichkeitsgrenzen sowie die Darlegung der qualitativen Faktoren, die bei der Festlegung der Wesentlichkeitsgrenze berücksichtigt wurden.

Die früher in § 55c WPO aF[113] geregelte Pflicht, jährlich einen **Transparenzbericht** zu erstatten, ergibt sich für AP von PIE nunmehr unmittelbar aus Art. 13 der EU-VO Nr. 537/2014. Gegenüber dem bisherigen Transparenzbericht sind insbesondere folgende Neuerungen zu beachten:[114] 132

- Bei den Angaben zum Netzwerk sind künftig alle Netzwerkmitglieder namentlich unter Angabe des Landes, in dem das jeweilige Mitglied als AP tätig werden darf bzw. seinen Hauptsitz hat, aufzuführen. Außerdem ist der Gesamtumsatz anzugeben, den die Netzwerkmitglieder mit der Prüfung von Jahres- und Konzernabschlüssen erzielt haben.
- Die Angaben zur Aufschlüsselung des Gesamtumsatzes des AP brauchen nur zu erfolgen, wenn diese Angaben nicht in dem veröffentlichten Jahresabschluss des AP enthalten sind. Der Gesamtumsatz ist aufzuschlüsseln in Einnahmen aus der Jahres- und Konzernabschlussprüfung von PIE und von TU eines PIE, Einnahmen aus der Jahres- und Konzernabschlussprüfung anderer Unt, Einnahmen aus zulässigen Nichtprüfungsleistungen für vom AP geprüfte Unt und Einnahmen aus Nichtprüfungsleistungen an andere Unt.
- Es sind die Grundsätze zu beschreiben, nach denen die interne Rotation gem. Art. 17 Abs. 7 der EU-VO Nr. 537/2014 vorgenommen wird.

Art. 14 der EU-VO Nr. 537/2014 verpflichtet die AP von PIE gegenüber der für sie zuständigen Behörde (in Deutschland ist dies nunmehr die APAS[115]) jährlich eine **Liste der geprüften Unternehmen von öffentlichem Interesse** vorzulegen. In dieser Liste sind die von den PIE bezogenen Einnahmen des AP aufzuschlüsseln nach: 133

- Einnahmen aus der Abschlussprüfung,
- Einnahmen aus zulässigen Nichtprüfungsleistungen, die nach Unionsrecht oder nationalem (deutschen) Recht erforderlich sind und
- Einnahmen aus zulässigen Nichtprüfungsleistungen, die nach Unionsrecht oder nationalem (deutschen) Recht nicht erforderlich sind.

In Art. 15 der EU-VO Nr. 537/2014 werden **Aufbewahrungspflichten** für die in der EU-VO Nr. 537/2014 in den verschiedenen Artikeln genannten Unterlagen und Informationen von fünf Jahren vorgegeben, allerdings vorbehaltlich ggf. längerer nationaler Bestimmungen. Da in Deutschland der durch das APAReG neu gefasste § 51b WPO eine Aufbewahrungsfrist von zehn Jahren vorgibt, ist dies die in Deutschland materiell maßgebliche Frist. 134

Teil III der EU-VO Nr. 537/2014 betrifft die Bestellung von AP durch Unternehmen von öffentlichem Interesse. Art. 16 der EU-VO Nr. 537/2014 regelt die **Bestellung des AP**. Der Prüfungsausschuss ist für die Auswahl und insbesondere 135

---

[113] Aufgehoben im Rahmen des APAReG mit Wirkung zum 17.6.2016. Der neue § 55c WPO enthält jetzt Regelungen zur Bestellung eines Praxisabwicklers.
[114] Vgl. *IDW*, IDW Positionspapier zu Inhalten und Zweifelsfragen der EU-Verordnung und der Abschlussprüferrichtlinie (Dritte Auflage mit Stand vom 10.4.2017), S. 56, abrufbar unter https://www.idw.de/blob/86498/be1e59dead022ed8b374a26fb679de79/down-positionspapier-zweifelsfragen-data.pdf, letzter Abruf am 7.7.2017.
[115] Vgl. § 66a Abs. 2 WPO.

das für viele PIE obligatorische Auswahlverfahren[116] zuständig. Der Prüfungsausschuss hat nach Abschluss des Auswahlverfahrens dem Aufsichtsrat eine Empfehlung für die Bestellung des AP vorzulegen, die begründet werden und mindestens zwei Vorschläge sowie die Präferenz des Prüfungsausschusses enthalten muss. Der Aufsichtsrat unterbreitet auf dieser Basis der Hauptversammlung den Wahlvorschlag, der auch die Empfehlung und Präferenz des Prüfungsausschusses enthalten muss; der Wahlvorschlag des Aufsichtsrats ist aber nicht an die Empfehlung des Prüfungsausschusses gebunden.[117]
Erste Vorschläge für die Ausgestaltung des Auswahlverfahrens liegen vor.[118] Hier wird die weitere Entwicklung abzuwarten sein. Auch der DCGK enthält zwischenzeitlich hierzu Regelungen.[119]

136 Die EU-VO Nr. 537/2014 enthält in Art. 17 Vorgaben zur **externen und internen Rotation** des AP. Zur externen Rotation wird hierzu auf § 318 Rz 37 ff. verwiesen, da die externe Rotation durch das AReG in § 318 Abs. 1a HGB kodifiziert wurde. Art. 17 Abs. 7 der EU-VO Nr. 537/2014 bestimmt für die verantwortlichen Prüfungspartner eine Beendigung ihrer Teilnahme an der Abschlussprüfung eines PIE spätestens nach sieben Jahren. Frühestens drei Jahre[120] nach dieser Beendigung dürfen sie wieder an der Abschlussprüfung dieses Unt teilnehmen. Das in der EU-VO Nr. 537/2014 vorgesehene Mitgliedstaatenwahlrecht zur Bestimmung eines kürzeren Zeitraums als sieben Jahre ist durch den deutschen Gesetzgeber nicht ausgeübt worden. Die Vorschriften zur internen Rotation des verantwortlichen Prüfungspartners sind personenbezogen, sodass bspw. ein Zusammenschluss zweier Prüfungsgesellschaften nicht zu einer Unterbrechung oder einem Neubeginn des Siebenjahreszeitraums führt. Gleiches gilt entsprechend, wenn ein verantwortlicher Prüfungspartner zu einer anderen Prüfungsgesellschaft wechselt.[121] Zu beachten ist, dass der Begriff „verantwortlicher Prüfungspartner" denjenigen bestimmt, der den Bestätigungsvermerk nach § 322 HGB unterzeichnet oder als WP von einer WPG als für die Durchführung der Abschlussprüfung vorrangig verantwortlich bestimmt worden ist. Auf Konzernebene gilt als verantwortlicher Prüfungspartner außerdem, wer als WP auf der Ebene bedeutender TU als für die Durchführung von deren Abschlussprüfungen vorrangig verantwortlich

---

[116] PIE mit geringer Marktkapitalisierung sind gem. Art. 16 Abs. 4 EU-VO Nr. 537/2014 von einem Auswahlverfahren befreit. Der Kreis der nicht dem Auswahlverfahren unterliegenden PIE wird durch Art. 2 Abs. 1 Buchst. f und t der Richtlinie 2003/71/EG vorgegeben.
[117] Vgl. *IDW*, IDW Positionspapier zu Inhalten und Zweifelsfragen der EU-Verordnung und der Abschlussprüferrichtlinie (Dritte Auflage mit Stand vom 10.4.2017), S. 37, abrufbar unter https://www.idw.de/blob/86498/be1e59dead022ed8b374a26fb679de7/down-positions-papier-zweifelsfragen-data.pdf, letzter Abruf am 7.7.2017.
[118] Vgl. *IDW*, IDW Positionspapier zur Ausschreibung der Abschlussprüfung von Unternehmen von öffentlichem Interesse (Stand vom 30.5.2016), abrufbar unter https://www.idw.de/blob/87716/1126313cc8f2a54d94bf5cc9ba5ff26c/down-positionspapier-ausschreibung-ap-data.pdf, letzter Abruf am 7.7.2017.
[119] Vgl. DCGK mit Stand vom 7.2.2017, Ziff. 5.3.2.
[120] Nach § 319a Abs. 1 Nr. 4 HGB aF war früher eine cooling-off-Periode von zwei Jahren zu beachten.
[121] Vgl. *IDW*, IDW Positionspapier zu Inhalten und Zweifelsfragen der EU-Verordnung und der Abschlussprüferrichtlinie (Dritte Auflage mit Stand vom 10.4.2017), S. 32, abrufbar unter https://www.idw.de/blob/86498/be1e59dead022ed8b374a26fb679de7/down-positions-papier-zweifelsfragen-data.pdf, letzter Abruf am 7.7.2017.

bestimmt worden ist. Häufig wird es bei einem PIE damit mehrere verantwortliche Prüfungspartner geben, für die jeweils die Vorschrift zur internen Rotation gilt.

Die in Art. 18 der EU-VO Nr. 537/2014 geregelte **Übergabeakte** betrifft Informationspflichten des bisherigen AP gegenüber dem nachfolgenden AP von PIE. Die Bereitstellung von Informationen hat auf Anforderung des neuen AP zu erfolgen. Eine Pflicht des bisherigen AP zum Tätigwerden besteht nicht.[122] Art. 18 bezieht sich auf die in Art. 11 EU-VO Nr. 537/2014 genannten gesonderten Berichte an den Prüfungsausschuss (Prüfungsberichte) sowie die in Art. 12 der EU-VO Nr. 537/2014 vorgesehenen Berichte des AP an die zuständige Prüferaufsicht (in Deutschland: APAS). Folgende Unterlagen dürften zu den üblicherweise bereitzustellenden Informationen durch den bisherigen AP gehören:

137

- Prüfungsberichte (regelmäßig dürften die letzten drei geprüften Jahresabschlüsse/Konzernabschlüsse genügen),
- Vollständigkeitserklärung der gesetzlichen Vertreter für den letzten vom bisherigen AP geprüften Jahresabschluss/Konzernabschluss,
- Erklärung nicht gebuchter Prüfungsdifferenzen für den letzten vom bisherigen AP geprüften Jahresabschluss/Konzernabschluss,
- ggf. Zusammenstellung im Prüfungsverlauf berichtigter Fehler für den letzten vom bisherigen AP geprüften Jahresabschluss/Konzernabschluss,
- Kommunikation des bisherigen AP an den Aufsichtsrat, insb. im Rahmen der sog. Bilanzsitzung (§ 176 Abs. 2 Satz 1 und 2 AktG): Präsentationen oder verteilte Unterlagen für den letzten vom bisherigen AP geprüften Jahresabschluss/Konzernabschluss,
- Management Letter für die letzte vom bisherigen AP durchgeführte Jahresabschlussprüfung/Konzernabschlussprüfung.

Art. 18 Abs. 2 der EU-Verordnung spricht von der Zurverfügungstellung „jeglicher Information, die den zuständigen Behörden (Prüferaufsicht) gem. den Artikel 12 und 13 übermittelt werden". Hiervon nicht erfasst sind die zu internen Zwecken angefertigten Arbeitspapiere des bisherigen AP.[123]

6 Prüfung des Risikofrüherkennungssystems (Abs. 4)

6.1 Prüfungspflicht

Abs. 4 der Vorschrift sieht für börsennotierte AG eine Beurteilung der nach § 91 Abs. 2 AktG zu treffenden Maßnahmen hinsichtlich deren Geeignetheit vor.

138

Börsennotiert bestimmt sich nach § 3 Abs. 2 AktG und setzt die Zulassung von Aktien zu einem von staatlich anerkannten Stellen geregelten und überwachten Markt voraus. Dieser Markt muss regelmäßig stattfinden und unmittelbar oder mittelbar für das Publikum zugänglich sein. In Deutschland erfüllt diese Krite-

139

---

[122] Vgl. *IDW*, IDW Positionspapier zu Inhalten und Zweifelsfragen der EU-Verordnung und der Abschlussprüferrichtlinie (Dritte Auflage mit Stand vom 10.4.2017), S. 60, abrufbar unter https://www.idw.de/blob/86498/be1e59dead022ed8b374a26fb679de79/down-positions-papier-zweifelsfragen-data.pdf, letzter Abruf am 7.7.2017.

[123] Vgl. *IDW*, IDW Positionspapier zu Inhalten und Zweifelsfragen der EU-Verordnung und der Abschlussprüferrichtlinie (Dritte Auflage mit Stand vom 10.4.2017), S. 62, abrufbar unter https://www.idw.de/blob/86498/be1e59dead022ed8b374a26fb679de79/down-positions-papier-zweifelsfragen-data.pdf, letzter Abruf am 7.7.2017.

rien der **regulierte Markt**. Nicht börsennotiert i.S.v. § 3 Abs. 2 AktG sind AG/KGaA/SE, die Aktien am Open Market (Freiverkehr) begeben haben, z.B. Entry Standard der Börse Frankfurt oder M:access der Börse München. Für den Jahresabschluss von Unt, die Aktien am Open Market begeben haben, besteht somit keine Prüfungspflicht nach § 317 Abs. 4.

140 Eine **Prüfungspflicht** kann sich auch für nicht börsennotierte Ges. ergeben, wenn diese im Risikobericht des Lageberichts auf das **Risikofrüherkennungssystem** eingehen.[124] Allerdings ist diese Prüfung dann Teil der Prüfung des Lageberichts, was Konsequenzen für die Berichterstattung des AP im Prüfungsbericht hat, da auch in diesen Fällen nicht in einem separaten Abschnitt des Prüfungsberichts gem. § 321 Abs. 4 HGB zu berichten ist (§ 321 Rz 134). Ist allerdings der Prüfungsauftrag bei nicht börsennotierten Ges. um die Prüfung des Risikofrüherkennungssystems erweitert, so hat die **Berichterstattung** in einem separaten Berichtsabschnitt zu erfolgen. Für eine derartige Erweiterung des Prüfungsauftrags bedarf es einer ausdrücklichen Vereinbarung im Prüfungsauftrag. Als Folge daraus ist dann das Risikofrüherkennungssystem in einem § 317 Abs. 4 HGB entsprechenden Umfang zu prüfen.[125]

141 § 91 Abs. 2 AktG gilt nicht nur für börsennotierte AG/KGaA/SE, sondern für sämtliche Ges. dieser Rechtsformen. Die vom Gesetzgeber in der Gesetzesbegründung bei Einführung von § 91 Abs. 2 AktG erwartete **Ausstrahlungswirkung** auf Geschäftsführer anderer Gesellschaftsformen – insb. die GmbH –, die eine vergleichbare Größe und Komplexität der Struktur aufweisen,[126] ist hinreichend diskutiert worden.[127] Während die Beurteilung von Risikofrüherkennungssystemen anderer Gesellschaftsformen als AG/KGaA/SE auch aus anderen Gründen für den AP erforderlich sein kann (z.B. Beurteilung des Vorliegens von Unregelmäßigkeiten wegen Verletzung von Sorgfaltspflichten, s. § 321 Rz 140, oder im Rahmen der Prüfung der Ordnungsmäßigkeit der Geschäftsführung nach § 53 HGrG[128]), ist die Prüfungspflicht nach § 317 Abs. 4 HGB auf börsennotierte AG/KGaA/SE beschränkt und bei allen anderen Gesellschaftsformen nicht unmittelbarer Gegenstand der Abschlussprüfung[129] Dies gilt auch für nicht in der Rechtsform der AG betriebene Kreditinstitute und Versicherungen, die dennoch nach § 25a KWG bzw. § 34 Abs. 2 VAG explizit ein Risikofrüherkennungssystem entsprechend § 91 Abs. 2 AktG einzurichten haben.[130]

6.2 Prüfungsdurchführung

142 **Prüfungsobjekt** ist das **Risikofrüherkennungssystem** i.S.v. § 91 Abs. 2 AktG, das Teil des umfassenderen **Risikomanagementsystems** ist. Das Risikomanage-

---

[124] Vgl. *Marten/Köhler/Neubeck*, in *Baetge/Kirsch/Thiele*, Bilanzrecht, § 317 HGB, Rz 152.1, Stand 04/2012.
[125] Vgl. *Gelhausen*, BFuP 1999, S. 395; *Eggemann/Konradt*, BB 2000, S. 506.
[126] Vgl. BT-Drs. 13/9712, S. 15.
[127] Zustimmend *Lück*, DB 1998, S. 1925; ADS, 6. Aufl., § 317 HGB, Rz 18; *Schmidt/Almeling*, in Beck Bil-Komm., 10. Aufl., 2016, § 317 HGB, Rz 76; ablehnend: *Lenz/Ostrowski*, BB 1997, S. 1527.
[128] Vgl. IDW PS 720, Tz 20, Fragenkreis 4.
[129] Vgl. WPH-Edition, Wirtschaftsprüfung & Rechnungslegung, 15. Aufl., 2017, Abschn. O, Tz 19.
[130] Vgl. *Marten/Köhler/Neubeck*, in *Baetge/Kirsch/Thiele*, Bilanzrecht, § 317 HGB, Rz 156, Stand 04/2012.

mentsystem umfasst auch die Reaktionen des Vorstands auf erfasste und kommunizierte Risiken, die nicht der Prüfung durch den AP unterliegen. Es handelt sich bei der Prüfung nach § 317 Abs. 4 HGB um eine System- und nicht um eine Geschäftsführungsprüfung.[131]

In der praktischen Arbeit relativiert sich diese Trennung zwischen Risikofrüherkennungssystem und Risikomanagementsystem, da für den AP gerade auch die Maßnahmen zur Risikosteuerung und -überwachung Bedeutung haben. Diese Maßnahmen haben auch Auswirkung auf die Darstellung der Risikoberichterstattung im Lagebericht, da es für den Adressaten der Rechnungslegung u. U. entscheidungserheblich ist, ob identifizierte Risiken durch Gegenmaßnahmen reduziert oder eliminiert worden sind.

143

> **Beispiel**
> Die börsennotierte AG wird von einem wichtigen Kunden auf Schadenersatz wegen fehlerhafter Produkte (Nichteinhaltung von technischen Standards) verklagt. Zur Prüfung des Risikofrüherkennungssystems gehört die Beurteilung der eingerichteten Verfahrensweisen, die eine schnelle Identifikation und Bewertung des Risikos aus der Klage sicherstellen.
> Darüber hinaus ist aber auch der weitere Umgang mit den Risiken für den AP von Bedeutung. Wenn bspw. durch geeignete Maßnahmen des Risikomanagements vom Vorstand ein Vergleich mit dem klagenden Kunden herbeigeführt werden kann, bevor von der Gegenseite öffentlichkeitswirksam das Verschulden der AG kommuniziert wird, kann dies Auswirkungen für den AP hinsichtlich der Beurteilung der bilanziellen Behandlung des Risikos und der Darstellung des Risikos im Lagebericht haben.

Ein Risikofrüherkennungssystem soll insb. dazu dienen, bestandsgefährdende und entwicklungsbeeinträchtigende Risiken rechtzeitig zu erkennen. Die konkrete Ausgestaltung von Risikofrüherkennungssystemen hängt von den Umständen des jeweiligen Einzelfalls ab. Als **Mindestrahmen** kann die Berücksichtigung folgender Maßnahmen angesehen werden:[132]

144

- Festlegung der Risikofelder, die zu bestandsgefährdenden Entwicklungen führen können,
- Risikoerkennung und Risikoanalyse,
- Risikokommunikation,
- Zuordnung von Verantwortlichkeiten und Aufgaben,
- Einrichtung eines Überwachungssystems und
- Dokumentation der getroffenen Maßnahmen.

Die Prüfung des Risikofrüherkennungssystems ist in die **Prüfungsplanung** der Abschlussprüfung einzubinden. Das Risikofrüherkennungssystem ist konzernweit auszurichten,[133] sodass der AP frühzeitig Sorge dafür zu tragen hat, wie die Prüfung der Konzernunternehmen bzgl. des Risikofrüherkennungssystems vorzunehmen ist. Dies gilt insb. dann, wenn die Jahresabschlüsse der Konzern-

145

---

[131] Vgl. IDW PS 340, Tz 6, 19.
[132] Zu Einzelheiten vgl. IDW PS 340, Tz 7 ff.
[133] Vgl. BT-Drs. 13/9712, S. 15.

unternehmen von anderen AP geprüft werden (zur Kommunikation des Konzern-AP mit anderen externen AP s. Rz 61).

146 Die **Prüfungsdurchführung** betrifft die Bereiche
- Feststellung der getroffenen Maßnahmen i. S. v. § 91 Abs. 2 AktG,
- Beurteilung der Eignung der getroffenen Maßnahmen und
- Prüfung der Einhaltung der vorgesehenen Maßnahmen (Wirksamkeit).

147 Die **Feststellung der getroffenen Maßnahmen** erfolgt anhand der **Dokumentation des Risikofrüherkennungssystems**, sofern diese nicht offensichtlich fehlerhaft ist.[134] Die **Dokumentation** des Risikofrüherkennungssystems obliegt dem Vorstand des zu prüfenden Unt. Regelmäßig bietet sich die Dokumentation in einem **Risikohandbuch** an, in dem die o. g. Maßnahmen beschrieben und damit nachvollziehbar dokumentiert sind. Der AP sollte frühzeitig auf die Notwendigkeit einer Dokumentation hinweisen, um dem Unt ggf. die Möglichkeit zur nachträglichen Dokumentation vor Beginn der Abschlussprüfung zu geben. Eine **fehlende Dokumentation** des Risikofrüherkennungssystems wird von der Rechtsprechung als **schwerwiegender Verstoß** gegen die gesetzlichen Pflichten beurteilt.[135] Für den AP bedeutet das Nichtvorhandensein einer Dokumentation, dass er die Maßnahmen i. S. e. zumeist aufwändigen Systemaufnahme selbst dokumentieren muss. Dies wird nach dem Abschlussstichtag regelmäßig nicht mehr möglich sein, sodass dies spätestens im Rahmen einer Vorprüfung zu erfolgen hat.[136]

148 Die **Beurteilung der Eignung der getroffenen Maßnahmen**, ob diese grds. geeignet sind, bestandsgefährdende Risiken rechtzeitig zu erkennen, umfasst Prüfungshandlungen zur Feststellung, ob alle wesentlichen Risikoarten systematisch erkannt, bewertet und kommuniziert werden und ob alle Risikofelder durch die identifizierten Risiken bzw. Risikoarten abgedeckt sind.[137] Dies kann auch die Hinzuziehung von Sachverständigen erfordern.

> **Beispiel**
> Die Beurteilung, ob der Versicherungsschutz für bestimmte Risiken (z. B. Betriebsunterbrechungsversicherung) angemessen ist, erfordert häufig das Hinzuziehen eines Versicherungsfachmanns.
> In der Praxis wird dies zumeist vom Unt in der Form vorgenommen, dass regelmäßig die Angemessenheit des Versicherungsschutzes durch Versicherungsfachleute beurteilt wird. Der AP wird sich in diesen Fällen insb. davon zu überzeugen haben, welche Konsequenzen aus der Beurteilung des Versicherungsfachmanns gezogen wurden, ob z. B. Versicherungssummen an ein gestiegenes Geschäftsvolumen angepasst wurden.

149 Die **Prüfung der Einhaltung der vorgesehenen Maßnahmen** zielt auf die Wirksamkeit der eingerichteten Maßnahmen ab. Übliche Prüfungshandlungen

---

[134] Vgl. IDW PS 340, Tz 24.
[135] Vgl. LG München I, Urteil v. 5.4.2007, 5 HKO 15964/06, ZIP 2007, S. 1951.
[136] Vgl. IDW PS 340, Tz 25.
[137] Vgl. IDW PS 340, Tz 27.

sind die Prüfung erfolgter Vorgänge sowie Befragung und Beobachtung. Als **Funktionsprüfungen** kommen in Betracht:[138]
- Durchsicht von Unterlagen zur Risikoerfassung, um beurteilen zu können, ob die zuständigen Stellen die ihnen zugewiesenen Aufgaben verstanden und wie vorgesehen wahrgenommen haben,
- Durchsicht der Unterlagen zur Risikokommunikation auf den verschiedenen hierarchischen Stufen und in unterschiedlichen Funktionsbereichen, um beurteilen zu können, ob die erkannten Risiken ordnungsgemäß analysiert und die Informationen an die zuständige Stelle weitergeleitet wurden,
- Befragungen und Beobachtungen zur Einhaltung der eingerichteten Kontrollmaßnahmen (z. B. Einhaltung von Meldegrenzen),
- Durchsicht von Prüfungsprogrammen und Arbeitspapieren der internen Revision.

6.3 Berichterstattung

§ 321 Abs. 4 HGB sieht die Berichterstattung des AP über die Ergebnisse der Prüfung nach § 317 Abs. 4 HGB in einem gesonderten Abschnitt des **Prüfungsberichts** vor (§ 321 Rz 134). 150

Eine Berichterstattung im **Bestätigungsvermerk** kommt grds. nicht in Betracht, es sei denn, dass ein Prüfungshemmnis (§ 322 Rz 82) vorliegt oder festgestellte Mängel gleichzeitig als Mängel in der Buchführung zu qualifizieren sind. 151

Gegen die Nichtberücksichtigung festgestellter Mängel im Bestätigungsvermerk ist verschiedentlich Kritik vorgebracht worden, da dies das Ziel einer Abschlussprüfung, die Beseitigung der **Informationsasymmetrie** zwischen dem Management und allen am Unternehmenserfolg Beteiligten, nicht berücksichtige.[139] Hiergegen kann vorgebracht werden, dass dies vom Gesetzgeber aus gutem Grund nicht vorgenommen wurde, da der Bestätigungsvermerk, anders als der Prüfungsbericht, gerade auch für die Öffentlichkeit bestimmt ist (zu den Adressaten des Bestätigungsvermerks s. § 322 Rz 11). Die Berichterstattung des AP ist vom Gesetzgeber dreistufig vorgesehen, nämlich im Bestätigungsvermerk, im Prüfungsbericht und in der mündlichen Berichterstattung an den Aufsichtsrat gem. § 171 Abs. 1AktG. Dem Bestätigungsvermerk kommt als komprimiertem Gesamturteil zur Abschlussprüfung die Aufgabe der Information der Öffentlichkeit über die Ordnungsmäßigkeit der Rechnungslegung zu. Nach der hier vertretenen Auffassung erscheint es sachgerecht, festgestellte Mängel im Risikofrüherkennungssystem nicht an derart prominenter Stelle in die Öffentlichkeit zu bringen, da dies auch eine ansonsten ordnungsgemäße Rechnungslegung in ihrer Wahrnehmung durch die Öffentlichkeit beeinträchtigen könnte. Soweit allerdings bestandsgefährdende Risiken festzustellen sind, hat der AP – unabhängig davon, ob diese vom Risikofrüherkennungssystem rechtzeitig, verspätet oder gar nicht identifiziert, bewertet und kommuniziert wurden – hierauf im Bestätigungsvermerk einzugehen (§ 322 Abs. 2 Satz 3 HGB). 152

Da die angesprochene **Informationsasymmetrie** besteht, hat der Gesetzgeber die Berichterstattung im Lagebericht um die wesentlichen Merkmale des internen 153

---

[138] Vgl. IDW PS 340, Tz 31.
[139] Vgl. *Marten/Quick/Ruhnke*, Wirtschaftsprüfung, 5. Aufl., 2015, S. 329; *Pollanz*, DB 2001, S. 1325.

Kontroll- und Risikomanagementsystems im Hinblick auf den Rechnungslegungsprozess für KM-orientierte KapG vorgesehen (§ 289 Abs. 5 HGB) und auch die mündliche Berichterstattung des AP an den Aufsichtsrat um die Berichterstattung über wesentliche Schwächen des internen Kontroll- und Risikomanagementsystems bezogen auf den Rechnungslegungsprozess ergänzt (§ 171 Abs. 1 Satz 2 AktG).

7 ISA-Anwendung (Abs. 5)

154 Abs. 5 der Vorschrift dient der Umsetzung von Art. 26 Abs. 1 der Abschlussprüferrichtlinie,[140] nach dem die EU-Mitgliedstaaten die AP zu verpflichten haben, die nach Art. 48 Abs. 2 der Abschlussprüferrichtlinie von der EU übernommenen internationalen Prüfungsstandards bei der Durchführung von Abschlussprüfungen anzuwenden. Entsprechend diesen Vorgaben weist § 317 Abs. 5 HGB den AP an, die von der EU übernommenen ISA bei der Durchführung von Abschlussprüfungen anzuwenden. Auch wenn in § 317 Abs. 5 HGB allgemein von „internationalen Prüfungsstandards" gesprochen wird, sind die in Art. 2 Nr. 11 der Abschlussprüferrichtlinie genannten **International Standards of Auditing (ISA)** des IAASB der IFAC gemeint.[141]

Abs. 5 wurde mit dem AReG redaktionell an den überarbeiteten Art. 26 der Abschlussprüferrichtlinie angepasst.

155 Bislang sind von der EU noch keine ISA übernommen worden, obwohl die der Regelung zugrunde liegende Abschlussprüferrichtlinie schon einige Jahre vorliegt. Der Hintergrund dafür war zunächst, dass vor Übernahme der ISA die Beendigung des sog. *Clarity Project* durch den die ISA erlassenden Standardsetter, das IAASB, abgewartet werden sollte. Mit dem *Clarity Project* wurden die ISA insgesamt harmonisiert und in diesem Zusammenhang entweder „*redrafted*" (neu strukturiert und formuliert) oder „*revised and redrafted*" (inhaltlich aktualisiert sowie neu strukturiert und formuliert). Nachdem das *Clarity Project* abgeschlossen ist, wurden die sog. *clarified ISA* am 3.3.2009 vom PIOB (*Public Interest Oversight Board*), dem Aufsichtsorgan über das *Standard-Setting*-Verfahren des IAASB, genehmigt.[142]

156 Die ISA entfalten bereits seit langem Wirkung auch auf die deutschen Prüfungsgrundsätze. Da sowohl IDW als auch WPK Mitglied der IFAC sind, werden die ISA seit 1998 im Rahmen der Entwicklung der IDW PS in **deutsche Prüfungsgrundsätze** transformiert. Somit werden die *clarified ISA* auch ohne bislang erfolgte Übernahme durch die EU in den deutschen Prüfungsstandards eine inhaltliche Berücksichtigung finden.[143] Grundsätzliche materielle Neuerungen werden sich durch die Übernahme der ISA und deren direkte Anwendung für den deutschen Berufsstand der WP/vBP nicht ergeben.[144]

---

[140] Richtlinie 2006/43 EG des Europäischen Parlaments und des Rates vom 17. Mai 2006 über Abschlussprüfungen von Jahresabschlüssen und konsolidierten Abschlüssen, ABl. EU 2006 Nr. L 157, S. 87.
[141] Vgl. BilMoG-BgrRegE, S. 87.
[142] Vgl. *Ferlings*, WPg 6/2009, S. M 1.
[143] Vgl. *Ferlings*, WPg 6/2009, S. M 1.
[144] Vgl. *Petersen/Zwirner*, StuB 2008, S. 51; *Marten/Köhler/Neubeck*, in *Baetge/Kirsch/Thiele*, Bilanzrecht, § 317 HGB, Rz 175, Stand 07/2009.

§ 317

Eine von der Universität Duisburg-Essen im Auftrag der EU-Kommission durchgeführte Studie[145] zu den Kosten-Nutzen-Effekten einer Einführung der ISA zeigt den erwarteten Nutzenüberhang, den weltweit einheitlich gültige Prüfungsstandards für Unt und deren AP bringen können. 157

Ausgelöst durch das Grünbuch der EU-Kommission zur Abschlussprüfung vom 13.10.2010[146] haben sich langwierige Diskussionen über die Fortentwicklung der Regelungen zur Abschlussprüfung ergeben. Zuletzt wurden im Zuge der sog. Trilogverhandlungen zwischen EU-Parlament, EU-Kommission und dem EU-Ministerrat die Weichenstellungen für eine ISA-Übernahme vorgenommen. Die geänderte Abschlussprüferrichtlinie[147] sieht – wie auch derzeit schon in § 317 Abs. 5 HGB angelegt – die direkte Anwendung der von der EU übernommenen ISA vor. Die Umsetzung der ISA-Anwendung wird noch Zeit in Anspruch nehmen, aber zum jetzigen Zeitpunkt scheint § 317 Abs. 5 HGB zumindest in absehbarer Zeit aus seinem bisherigen „Dornröschenschlaf" zu erwachen. 158

Die sich durch die ISA-Adoption ergebende direkte Anwendung der ISA bedeutet, dass die englischsprachigen Originaltexte, bzw. die amtlichen Übersetzungen in die deutsche Sprache, als Amtssprache der EU für deutsche Abschlussprüfungen verbindlich sein werden. Es gilt, die z. T. leidvollen Erfahrungen bei den IFRS bzgl. der Übersetzungen der Originaltexte bei der Übersetzung der ISA in die jeweiligen Amtssprachen der EU zu vermeiden. Im Juni 2011 hat das IDW in Kooperation mit dem Institut der Österreichischen Wirtschaftsprüfer und der Treuhand-Kammer, Schweizer Kammer der Wirtschaftsprüfer und Steuerexperten, eine vollständige Textausgabe der ISA und des ISQC 1 (Stand: 2010) in synoptischer Darstellung Englisch – Deutsch vorgelegt.[148] 159

Die zu den jeweiligen ISA ergangenen **Anwendungshinweise** (sog. *application and other explanatory material*) werden nicht von der EU übernommen, werden gleichwohl aber materielle Bedeutung haben (müssen) für die Prüfungsdurchführung. Neben den ISA soll auch ISQC 1 (*International Standard on Quality Control*) von der EU übernommen werden. 160

Die derzeitigen **Rechtsfolgen** der Regelung in § 317 Abs. 5 HGB stellen sich wie folgt dar: Soweit ISA von der EU übernommen worden sind (Rz 154), entfalten diese eine direkte Gültigkeit für alle Abschlussprüfungen in Deutschland. Da bislang keine ISA von der EU übernommen worden sind, haben die ISA derzeit demzufolge noch keine unmittelbare Rechtswirkung für deutsche Abschlussprüfungen[149] Keine direkte Rechtsfolge, aber gleichwohl absehbare Konsequenz wird sein, dass diejenigen IDW PS ab dem Erstanwendungszeitpunkt der ISA in 161

---

[145] Vgl. *Köhler/Böhm*, WPg 2009, S. 1002.
[146] Abrufbar unter http://edz.bib.uni-mannheim.de/www-edz/pdf/kom/gruenbuch/kom-2010-0561-de.pdf, letzter Abruf am 30.7.2017.
[147] Die geänderte Abschlussprüferrichtlinie ist am 27.5.2014 im Amtsblatt der EU veröffentlicht worden und am 17.6.2014 in Kraft getreten. Eine deutsche Übersetzung findet sich unter http://www.wpk.de/uploads/tx_templavoila/CELEX-32014L0056-DE-TXT.pdf, letzter Abruf am 30.7.2017.
[148] Vgl. *IDW*, International Standards on Auditing (ISAs), IDW Textausgabe Englisch – Deutsch mit Nachtrag, 2015.
[149] Vgl. IDW PS 201, Tz 32; *Pfitzer/Orth*, in *Baetge/Kirsch/Thiele*, Bilanzrecht, § 322 HGB, Rz 501, Stand 06/2005; a. A.: *Marten/Quick/Ruhnke*, Wirtschaftsprüfung, 5. Aufl., 2015, S. 120, die bei gegenüber den deutschen GoA im Ausnahmefall weitergehenden Anforderungen der ISA davon ausgehen, dass diese bereits nach jetziger Rechtslage zu berücksichtigen sind.

der EU aufgehoben werden, die Inhalte regeln, für die durch die dann von der EU übernommenen ISA gesetzlich verbindliche Regelungen vorliegen werden.

162 Da auch bei **freiwilligen Apr.** regelmäßig ein Bestätigungsvermerk erteilt werden soll, gelten die vorgenannten Rechtsfolgen auch in diesen Fällen, anderenfalls darf kein Bestätigungsvermerk nach § 322 HGB, sondern lediglich eine Bescheinigung erteilt werden (§ 322 Rz 169).

163 Bezüglich des **möglichen Erstanwendungszeitpunkts** für von der EU übernommene ISA gibt es immer noch keinen verlässlichen Zeithorizont.[150] Tabelle 2 gibt einen Überblick über die Struktur der *clarified ISA*.

ISA	Bezeichnung	
200–299	**Allgemeine Grundsätze und Verantwortlichkeiten**	
	200	Übergreifende Zielsetzungen des unabhängigen Prüfers und Grundsätze einer Prüfung in Übereinstimmung mit den ISA
	210	Vereinbarung der Auftragsbedingungen für Prüfungsaufträge
	220	Qualitätssicherung bei einer Abschlussprüfung
	230	Prüfungsdokumentation
	240	Die Verantwortung des Abschlussprüfers bei dolosen Handlungen
	250	Berücksichtigung von Auswirkungen von Gesetzen und anderen Rechtsvorschriften auf den Abschluss bei einer Abschlussprüfung
	260	Kommunikation mit den für die Überwachung Verantwortlichen
	265	Mitteilung über Mängel im internen Kontrollsystem an die für die Überwachung Verantwortlichen und das Management
300–499	**Risikobeurteilung und Reaktionen auf beurteilte Risiken**	
	300	Planung einer Abschlussprüfung
	315	Identifizierung und Beurteilung der Risiken wesentlicher falscher Darstellungen aus dem Verstehen der Einheit und ihres Umfelds
	320	Die Wesentlichkeit bei der Planung und Durchführung einer Abschlussprüfung
	330	Die Reaktionen des Abschlussprüfers auf beurteilte Risiken

---

[150] Vgl. *IDW*, IDW Positionspapier zu Inhalten und Zweifelsfragen der EU-Verordnung und der Abschlussprüferrichtlinie (Dritte Auflage mit Stand vom 10.4.2017), S. 68; abrufbar unter https://www.idw.de/blob/86498/be1e59dead022ed8b374a26fb679de79/down-positionspapier-zweifelsfragen-data.pdf, letzter Abruf am 7.7.2017.

ISA	Bezeichnung	
	402	Überlegungen bei der Abschlussprüfung von Einheiten, die Dienstleister in Anspruch nehmen
	450	Die Beurteilung der während der Abschlussprüfung festgestellten falschen Darstellungen
500–599	**Prüfungsnachweise**	
	500	Prüfungsnachweise
	501	Prüfungsnachweise – besondere Überlegungen zu ausgewählten Sachverhalten
	505	Externe Bestätigungen
	510	Eröffnungsbilanzwerte bei Erstprüfungsaufträgen
	520	Analytische Prüfungshandlungen
	530	Stichprobenprüfungen
	540	Die Prüfung geschätzter Werte in der Rechnungslegung einschließlich geschätzter Zeitwerte und der damit zusammenhängenden Abschlussangaben
	550	Nahestehende Personen
	560	Ereignisse nach dem Abschlussstichtag
	570	Fortführung der Unternehmenstätigkeit
	580	Schriftliche Erklärungen
600–699	**Verwertung der Arbeiten Anderer**	
	600	Besondere Überlegungen zu Konzernabschlussprüfungen (einschl. der Tätigkeit von Teilbereichsprüfern)
	610	Verwertung der Arbeit interner Prüfer
	620	Verwertung der Arbeit eines Sachverständigen des Abschlussprüfers
700–799	**Schlussfolgerungen der Abschlussprüfung und Erteilung des Vermerks**	
	700	Bildung eines Prüfungsurteils und Erteilung eines Vermerks zum Abschluss
	701	Berichterstattung über besonders wichtige Prüfungssachverhalte
	705	Modifizierungen des Prüfungsurteils im Vermerk des unabhängigen Abschlussprüfers
	706	Hervorhebung eines Sachverhalts und Hinweis auf sonstige Sachverhalte durch Absätze im Vermerk des unabhängigen Abschlussprüfers
	710	Vergleichsinformationen – Vergleichszahlen und Vergleichsabschlüsse

ISA	Bezeichnung	
	720	Die Pflichten des Abschlussprüfers im Zusammenhang mit sonstigen Informationen in Dokumenten, die den geprüften Abschluss enthalten
800–899	**Besondere Bereiche**	
	800	Besondere Überlegungen bei Prüfungen von Abschlüssen, die aufgestellt sind in Übereinstimmung mit einem Regelwerk für einen speziellen Zweck
	805	Besondere Überlegungen bei Prüfungen von einzelnen Finanzaufstellungen und bestimmten Bestandteilen, Konten oder Posten einer Finanzaufstellung
	810	Auftrag zur Erteilung eines Vermerks zu einem verdichteten Abschluss

Tab. 2: Struktur der ISA[151]

8 Rechtsverordnung (Abs. 6)

164 Abs. 6 stellt eine Ermächtigung für das BMJ dar, eine Rechtsverordnung zu erlassen, um zusätzlich zu den gem. Abs. 5 zwingend anzuwendenden ISA weitere Abschlussprüfungsanforderungen vorzuschreiben (sog. *add-ons*). Die vor dem AReG enthaltene Möglichkeit, die Nichtanwendung von Teilen der ISA vorzugeben, wenn dies durch den Umfang der Abschlussprüfung bedingt ist und den Prüfungszielen der Abs. 1–4 des § 317 HGB dient (sog. *carve-outs*) ist mit dem AReG gestrichen worden. Der Erlass der Rechtsverordnung hat im Einvernehmen mit dem Bundesministerium für Wirtschaft und Technologie zu erfolgen und bedarf nicht der Zustimmung des Bundesrats.

165 Auch früher schon wäre der deutsche Gesetzgeber durch die EU-Vorgaben ermächtigt gewesen, eigene nationale Prüfungsgrundsätze vorzugeben, wie dies in anderen Ländern teilweise erfolgt ist. Von dieser Ermächtigung hat der deutsche Gesetzgeber aber keinen Gebrauch gemacht, da er keinen Bedarf gesehen hat, über die vom Berufsstand entwickelten Prüfungsgrundsätze hinaus weitere Prüfungsvorgaben zu machen. Er hat allerdings in der Vergangenheit ergänzende Anforderungen in die gesetzlich vorgegebenen Prüfungsziele aufgenommen, indem er bspw. die Prüfung des Risikofrüherkennungssystems börsennotierter AG im Zuge des KonTraG als Prüfungsgegenstand definiert hat. Die im Gesetz angelegte Möglichkeit, zusätzliche nationale Anforderungen zu definieren geht auf eine entsprechende Ermächtigung in Art. 26 Abs. 3 der Abschlussprüferrichtlinie[152] zurück, die auch in den vorgeschlagenen Änderungen zur Abschlussprüferrichtlinie enthalten ist.

---

[151] Vgl. IFAC/IAASB-Handbook 2016, Übersetzungen entnommen aus *IDW*, International Standards on Auditing (ISAs), IDW Textausgabe Englisch-Deutsch, 2015, S. IX–XI.
[152] Richtlinie 2006/43 EG des Europäischen Parlaments und des Rates vom 17. Mai 2006 über Abschlussprüfungen von Jahresabschlüssen und konsolidierten Abschlüssen, ABl. EU 2006 Nr. L 157, S. 87.

Unabhängig von der Übernahme der ISA durch die EU könnte das BMJ von der Ermächtigungsvorschrift bereits jetzt Gebrauch machen und zusätzliche Prüfungsanforderungen per Rechtsverordnung vorgeben. Derzeit ist aber nicht ersichtlich, dass hier entsprechende Absichten bestehen. **166**

Während die Abschlussprüferrichtlinie die Mitgliedstaaten ermächtigt, nationale Prüfungsstandards, Prüfverfahren und Prüfungsanforderungen zur Berücksichtigung nationaler Besonderheiten als gesetzliche Regelungen vorzuschreiben, hat der deutsche Gesetzgeber in § 317 Abs. 6 HGB ausschließlich zusätzliche Prüfungsanforderungen vorgesehen. Diese zusätzlichen Prüfungsanforderungen aufgrund nationaler Besonderheiten könnten bspw. auf die Prüfung des Risikofrüherkennungssystems bei börsennotierten AG abstellen, da es sich hierbei um deutsche Besonderheiten handelt. Die Beschränkung auf **Prüfungsanforderungen** bringt den Willen des deutschen Gesetzgebers zum Ausdruck, die bewährte Praxis im Berufsstand, Abschlussprüfungsverfahren und Prüfungsmethodik durch selbst auferlegte Vorgaben (IDW PS) zu bestimmen, beizubehalten.[153] Eine Übernahme bzw. Ersetzung dieser IDW PS zu nationalen Besonderheiten – z.B. IDW PS 350 Prüfung des Lageberichts – durch nationale Prüfungsstandards mit Gesetzescharakter ist somit nicht vorgesehen.[154] **167**

---

[153] Vgl. BilMoG-BgrRegE, S. 88.
[154] A.A. *Marten/Köhler/Neubeck*, in *Baetge/Kirsch/Thiele*, Bilanzrecht, § 317 HGB, Rz 179, Stand 04/2012.

§ 318 Bestellung und Abberufung des Abschlussprüfers

(1) ¹Der Abschlußprüfer des Jahresabschlusses wird von den Gesellschaftern gewählt; den Abschlußprüfer des Konzernabschlusses wählen die Gesellschafter des Mutterunternehmens. ²Bei Gesellschaften mit beschränkter Haftung und bei offenen Handelsgesellschaften und Kommanditgesellschaften i. S. d. § 264a Abs. 1 kann der Gesellschaftsvertrag etwas anderes bestimmen. ³Der Abschlußprüfer soll jeweils vor Ablauf des Geschäftsjahrs gewählt werden, auf das sich seine Prüfungstätigkeit erstreckt. ⁴Die gesetzlichen Vertreter, bei Zuständigkeit des Aufsichtsrats dieser, haben unverzüglich nach der Wahl den Prüfungsauftrag zu erteilen. ⁵Der Prüfungsauftrag kann nur widerrufen werden, wenn nach Absatz 3 ein anderer Prüfer bestellt worden ist.

(1a) ¹Die Höchstlaufzeit des Prüfungsmandats nach Artikel 17 Absatz 1 Unterabsatz 2 der Verordnung (EU) Nr. 537/2014 verlängert sich auf 20 Jahre, wenn der Wahl für das elfte Geschäftsjahr in Folge, auf das sich die Prüfungstätigkeit des Abschlussprüfers erstreckt, ein im Einklang mit Artikel 16 Absatz 2 bis 5 der Verordnung (EU) Nr. 537/2014 durchgeführtes Auswahl- und Vorschlagsverfahren vorausgeht. ²Werden ab dem in Satz 1 genannten elften Geschäftsjahr mehrere Wirtschaftsprüfer oder Wirtschaftsprüfungsgesellschaften gemeinsam zum Abschlussprüfer bestellt, verlängert sich die Höchstlaufzeit des Prüfungsmandats gem. Artikel 17 Absatz 1 Unterabsatz 2 der Verordnung (EU) Nr. 537/2014 auf 24 Jahre.

(1b) ¹Eine Vereinbarung, die die Wahlmöglichkeiten nach Absatz 1 auf bestimmte Kategorien oder Listen von Prüfern oder Prüfungsgesellschaften beschränkt, ist nichtig.

(2) ¹Als Abschlußprüfer des Konzernabschlusses gilt, wenn kein anderer Prüfer bestellt wird, der Prüfer als bestellt, der für die Prüfung des in den Konzernabschluß einbezogenen Jahresabschlusses des Mutterunternehmens bestellt worden ist. ²Erfolgt die Einbeziehung auf Grund eines Zwischenabschlusses, so gilt, wenn kein anderer Prüfer bestellt wird, der Prüfer als bestellt, der für die Prüfung des letzten vor dem Konzernabschlußstichtag aufgestellten Jahresabschlusses des Mutterunternehmens bestellt worden ist.

(3) ¹Auf Antrag der gesetzlichen Vertreter, des Aufsichtsrats oder von Gesellschaftern, deren Anteile bei Antragstellung zusammen den zwanzigsten Teil der Stimmrechte oder des Grundkapitals oder einen Börsenwert von 500 000 Euro erreichen, hat das Gericht nach Anhörung der Beteiligten und des gewählten Prüfers einen anderen Abschlussprüfer zu bestellen, wenn
1. dies aus einem in der Person des gewählten Prüfers liegenden Grund geboten erscheint, insbesondere wenn ein Ausschlussgrund nach § 319 Abs. 2 bis 5 oder §§ 319a und 319b besteht oder ein Verstoß gegen Artikel 5 Abs. 4 Unterabsatz 1 oder Absatz 5 Unterabsatz 2 Satz 2 der Verordnung (EU) Nr. 537/2014 vorliegt, oder
2. die Vorschriften zur Bestellung des Prüfers nach Artikel 16 der Verordnung (EU) Nr. 537/2014 oder die Vorschriften zur Laufzeit des Prüfungsmandats nach Artikel 17 der Verordnung (EU) Nr. 527/2014 nicht eingehalten worden sind.

4	Ersetzung des Abschlussprüfers durch das Gericht (Abs. 3). . . .	51–64
	4.1 Allgemeines	51–52
	4.2 Antragsberechtigter Personenkreis	53–54
	4.3 Antragsfrist	55
	4.4 Antragsverfahren	56
	4.5 Antragsgründe	57–64
5	Bestellung des Abschlussprüfers durch das Gericht (Abs. 4) . . .	65–72
	5.1 Allgemeines	65
	5.2 Antragsberechtigter Personenkreis	66
	5.3 Antragsvoraussetzungen	67–72
	5.3.1 Fehlende Wahl des Abschlussprüfers	67–68
	5.3.2 Sonstige Antragsgründe	69–72
6	Vergütung des gerichtlich bestellten Abschlussprüfers (Abs. 5) .	73
7	Kündigung des Prüfungsauftrags (Abs. 6)	74–91
	7.1 Allgemeines	74–76
	7.2 Kündigungsgrund	77–83
	7.3 Kündigungserklärung	84
	7.4 Wirkung der Kündigung	85–91
8	Mitteilungs- und Vorlagepflichten als Konsequenz der Kündigung des Abschlussprüfers (Abs. 7)	92–94
	8.1 Allgemeines	92
	8.2 Kündigungsfolgen	93–94
9	Information der Wirtschaftsprüferkammer bei Kündigung oder Widerruf des Prüfungsauftrags (Abs. 8)	95–96

1 Überblick

§ 318 HGB regelt Zuständigkeit und Form für die Bestellung und Abberufung des AP bei allen prüfungspflichtigen KapG und KapCoGes. Weiterhin regelt die Vorschrift das Kündigungsrecht des **AP** sowie eine Informationspflicht an die WPK bei Kündigung oder Widerruf. § 318 HGB gilt unmittelbar für die Prüfung des Jahres- und Konzernabschlusses sowie über § 324a Abs. 1 HGB auch für den IFRS-EA nach § 325 Abs. 2a HGB.

§ 318 HGB folgt im Gesetz den Vorschriften zur Prüfungspflicht und zu den Prüfungsgegenständen (§§ 316, 317 HGB).

Durch die **Reform der Abschlussprüfung in der EU** werden die gesetzlichen Vorschriften zur Prüfung künftig in erheblichem Umfang geändert bzw. überlagert. Am 27.5.2014 wurden die Änderungsrichtlinie zur Abschlussprüferrichtlinie und die EU-Verordnung zur Abschlussprüfung im Amtsblatt der EU veröffentlicht (EU-RL 2014/56/EU v. 16.4.2014 zur Änderung der Abschlussprüferrichtlinie 2006/43/EG[1] und EU-VO Nr. 537/2014 v. 16.4.2014[2]). Sowohl die überarbeitete Abschlussprüferrichtlinie als auch die EU-VO Nr. 537/2014 sind am 16.6.2014 in Kraft getreten. Die EU-VO Nr. 537/2014 gilt ab dem

---

[1] ABl. EU Nr. L 158, S. 196.
[2] ABl. EU Nr. L 158, S. 77.

17.6.2016 unmittelbar. Daher werden durch das AReG lediglich Mitgliedstaatenwahlrechte in das HGB aufgenommen. Dies erfolgt durch den neu eingefügten § 318 Abs. 1a HGB. Die überarbeitete Abschlussprüferrichtlinie ist bis zum 17.6.2016 in nationales Recht umzusetzen gewesen. Auch dies ist durch das AReG erfolgt. Betroffen sind der neu eingefügte § 318 Abs. 1b HGB sowie Änderungen in § 318 Abs. 3 Satz 1 HGB.
Sowohl die EU-VO Nr. 537/2014 als auch das AReG sind grds. ab dem 17.6.2016 anwendbar.[3]

4 Die **überarbeitete Abschlussprüferrichtlinie** enthält Vorschriften, die – nach Umsetzung durch die Mitgliedstaaten – bei allen **gesetzlichen Abschlussprüfungen** anzuwenden sind. Die **EU-VO Nr. 537/2014** regelt die Abschlussprüfung bei **Unt von öffentlichem Interesse**. Unt von öffentlichem Interesse werden in Art. 2 Nr. 13 der überarbeiteten Abschlussprüferrichtlinie definiert: Dazu zählen KM-orientierte Unt, Kreditinstitute, Versicherungen und Unt, die von den Mitgliedstaaten als solche bestimmt worden sind.

5 Nach § 319a Abs. 1 HGB i.d.F. d. AReG sind von öffentlichem Interesse:
- Unt, die KM-orientiert i.S.d. § 264d HGB sind,
- CRR-Kreditinstitute i.S.d. § 1 Abs. 3d Satz 1 KWG,
- Versicherungsunt i.S.d. Art. 2 Abs. 1 Richtlinie 91/674 EWG.

2 Bestellung des Abschlussprüfers für den Jahres- und den Konzernabschluss (Abs. 1)

2.1 Überblick

6 Zur Bestellung des AP bedarf es neben der **Wahl** des AP durch die Gesellschafter zusätzlich des Abschlusses eines **Prüfungsvertrags** zwischen dem AP und den gesetzlichen Vertretern des prüfungspflichtigen Unt. Der Begriff „Bestellung" umfasst also neben der Wahl des AP auch die Auftragserteilung durch die Vertreter der Ges. sowie die Auftragsannahme durch den AP.[4]

7 Das Bestellungsverfahren wird bei **Unt von öffentlichem Interesse** durch die EU-VO Nr. 537/2014 in mehrfacher Hinsicht modifiziert. Bei Unt von öffentlichem Interesse besteht eine Pflicht zur Ausschreibung der Abschlussprüfung sowohl bei einem Wechsel des AP als auch bei der Verlängerung der Höchstlaufzeit desselben Prüfungsmandants (Art. 16 Abs. 3 EU-VO Nr. 537/2014). Nach Art. 17 Abs. 1 der EU-VO Nr. 537/2014 besteht eine Pflicht zur externen Rotation nach einer Höchstlaufzeit des Prüfungsmandats von grds. 10 Jahren. Eine Verlängerung ist unter gewissen Voraussetzungen möglich (Mitgliedstaatenwahlrecht, umgesetzt mit § 318 Abs. 1a HGB, vgl. Rz 38ff.).

8 Das Verfahren zur **Auswahl des AP bei Unt von öffentlichem Interesse** wird in Art. 16 der EU-VO Nr. 537/2014 detailliert geregelt:
- Art. 16 Abs. 2: Der **Prüfungsausschuss** hat dem Aufsichtsrat eine **Empfehlung** für die Bestellung des AP vorzulegen; diese hat – abgesehen vom Fall der Erneuerung des Prüfungsmandats – mindestens zwei Vorschläge und eine

---

[3] Vgl. dazu *IDW*, IDW Positionspapier zu Inhalten und Zweifelsfragen der EU-Verordnung und der Abschlussprüferrichtlinie (Stand: 11.4.2016), abrufbar unter http://www.idw.de/idw/im-fokus/reform-abschlusspruefung, letzter Abruf am 1.6.2017.
[4] Zur Beauftragung des AP vgl. auch IDW PS 220.

Präferenz mit Begründung zu enthalten. Darüber hinaus ist, sofern nicht die größenabhängige Erleichterung des Art. 16 Abs. 4 greift, das Unt verpflichtet, ein **Ausschreibungsverfahren** nach den Regeln des Art. 16 Abs. 3 durchzuführen. Dieses ist die Grundlage für die Empfehlung des Prüfungsausschusses zur Wahl des AP.

- Art. 16 Abs. 3: Das geprüfte Unt ist bei der Ausgestaltung des Auswahlverfahrens und der Auswahl der AP grds. frei. Ein öffentliches Ausschreibungsverfahren i. S. d. Ausschreibung öffentlicher Aufträge ist nicht erforderlich, vielmehr muss die Ausschreibung öffentlich i. S. v. „bekannt" sein (z. B. Veröffentlichung im BAnz).[5] Den **regulatorischen Rahmen für Ausschreibungen** fasst das IDW wie folgt zusammen:[6] Soweit nicht ein bestehendes Mandant i. S. v. Art. 17 Abs. 1 und 2 EU-VO Nr. 537/2014 verlängert wird, hat das Ausschreibungsverfahren anhand folgender Vorgaben des Art. 16 Abs. 3 Unterabs. 1 Buchst. a) bis f) zu erfolgen:[7]
  - Bei der Aufforderung von AP zur Abgabe eines Angebots ist darauf zu achten, dass eine Bestellung des AP nicht gegen die Regeln zur externen Rotation verstößt (Höchstlaufzeit und „Abkühlungsphase").
  - Die Aufforderung von AP darf in keiner Weise solche AP ausschließen, die im vorausgegangenen Kalenderjahr weniger als 15 % der von Unt von öffentlichem Interesse gezahlten Gesamthonorare erhalten haben.
  - Die Ausschreibungsunterlagen des Unt müssen es ermöglichen, dessen Geschäftstätigkeit und die Art der durchzuführenden Abschlussprüfung zu erfassen.
  - Das Unt kann das Auswahlverfahren frei gestalten und im Laufe des Verfahrens direkte Verhandlungen mit interessierten Bietern führen.
  - Die Ausschreibungsunterlagen müssen die Qualitätsstandards enthalten, deren Erfüllung von der Aufsichtsbehörde verlangt werden.
  - Die Angebote der AP sind anhand der in den Ausschreibungsunterlagen festgelegten Auswahlkriterien zu beurteilen; in einem Bericht sind die im Auswahlverfahren gezogenen Schlussfolgerungen zu nennen, wobei alle Erkenntnisse und Schlussfolgerungen der von der zuständigen Aufsichtsbehörde veröffentlichten Inspektionsberichte über die bietenden AP zu berücksichtigen sind.
  - Das Unt muss in der Lage sein, auf Verlangen der Aufsichtsbehörde darzulegen, dass das Auswahlverfahren auf faire Weise durchgeführt wurde.
- Art. 16 Abs. 5: Der **Wahlvorschlag an die HV** muss die Empfehlung und Präferenz des Prüfungsausschusses enthalten. Dabei ist es grds. ausreichend, wenn der Aufsichtsrat der HV lediglich einen AP vorschlägt. Hat der Aufsichtsrat eine von der Empfehlung des Prüfungsausschusses abweichende Präferenz, muss er diese bei seinem Vorschlag begründen.

---

[5] *IDW*, IDW Positionspapier zu Inhalten und Zweifelsfragen der EU-Verordnung und der Abschlussprüferrichtlinie (Stand 11.4.2016), abrufbar unter http://www.idw.de/idw/im-fokus/reform-abschlusspruefung, letzter Abruf am 1.6.2017.

[6] Zum Ausschreibungsprozess vgl. *IDW*, IDW Positionspapier zur Ausschreibung der Abschlussprüfung für Unternehmen von öffentlichem Interesse (Stand 30.5.2016), abrufbar unter http://www.idw.de/idw/im-fokus/reform-abschlusspruefung, letzter Abruf am 1.6.2017.

[7] D. h. keine Anwendung bei reiner Erneuerung i. S. e. Verlängerung des Prüfungsmandats (erneute Bestellung desselben AP vor Ablauf der Höchstlaufzeit von 10 Jahren).

- Art. 16 Abs. 6: **Klauseln** in einem zwischen dem Unt von öffentlichem Interesse und einem Dritten geschlossenen Vertrag, die die Auswahlmöglichkeiten der Gesellschafter im Hinblick auf die Auswahl des AP beschränken, sind **nichtig**. Sofern ein Dritter versucht, eine solche Vertragsklausel durchzusetzen oder die Entscheidung über die Wahl des AP anderweitig zu beeinflussen, ist dies der Aufsichtsbehörde mitzuteilen.

2.2 Wahl des Abschlussprüfers

2.2.1 Wahlverfahren bei der AG

9 Das AktG schreibt zwingend die **Wahl** des AP **durch** die **HV** vor (§ 119 Abs. 1 Nr. 4 AktG). Hierdurch soll eine unparteiische, von den Organen der AG unabhängige Prüfung erreicht werden. Nur für das erste Gj wird der AP ausnahmsweise durch die Gründer gewählt (§ 30 Abs. 1 Satz 1 AktG).
Das Wahlrecht der HV ist dabei unbeschränkt. Die HV ist nicht an die Vorschläge des Aufsichtsrats gebunden.[8]
Der Wahlvorgang ist durch detaillierte aktienrechtliche Vorschriften geregelt. Für die Einberufung der HV ist der Vorstand zuständig, der auf Vorschlag des Aufsichtsrats die Wahl des AP als Tagesordnungspunkt bekannt zu machen hat. Wahlvorschläge können auch von den Aktionären unterbreitet werden.[9] Der Wahlbeschluss muss mit **einfacher Stimmenmehrheit** gefasst werden (§ 133 Abs. 1 AktG). Die Satzung kann allerdings abweichende Regelungen enthalten.[10]
Der Wahlbeschluss muss bei börsennotierten AG in der HV notariell beurkundet werden. Bei anderen AG reicht eine vom AR-Vorsitzenden unterschriebene Niederschrift, sofern nicht aufgrund anderer Tagesordnungspunkte (z.B. Beschlussfassung über Kapitalmaßnahmen) eine notarielle Beurkundung erforderlich ist.

2.2.2 Wahlverfahren bei der KGaA

10 Die **Wahl** bei der KGaA erfolgt – nach Vorschlag durch den Aufsichtsrat – ebenfalls **durch** die **HV** (§ 285 Abs. 1 AktG). Dabei ist zu beachten, dass nach § 285 Abs. 1 Satz 2 Nr. 6 AktG die persönlich haftenden Gesellschafter ihr Stimmrecht bei der Wahl des AP nicht ausüben dürfen. Sinn und Zweck dieser Regelung ist es, einen Einfluss der Komplementäre, die den Jahresabschluss aufstellen, auf die Wahl des AP auszuschließen.[11]
Allerdings steht den Komplementären das Recht zu, Widerspruch zu erheben und die Ersetzung des AP durch das Gericht gem. § 318 Abs. 3 HGB zu betreiben.[12]

2.2.3 Wahlverfahren bei der GmbH

11 Auch bei der GmbH wird der AP im Regelfall von den **Gesellschaftern gewählt**. Allerdings kann der Gesellschaftsvertrag diese Kompetenz auch auf ein **anderes**

---

[8] Vgl. *Schmidt/Heinz*, in Beck Bil-Komm., 10. Aufl., § 318 HGB, Rz 4.
[9] Dazu müssen die Aktionäre spätestens zwei Wochen vor dem Tag der HV dem Vorstand einen Wahlvorschlag machen (§ 127 Satz 1 AktG).
[10] Vgl. *Schmidt/Heinz*, in Beck Bil-Komm., 10. Aufl., § 318 HGB, Rz 4; *Baetge/Thiele*, in *Küting/Pfitzer/Weber*, HdR, HGB § 318, Rn 9, Stand 10/2010.
[11] Vgl. *Schmidt/Heinz*, in Beck Bil-Komm., 10. Aufl., § 318 HGB, Rz 5; *Baetge/Thiele*, in *Küting/Pfitzer/Weber*, HdR, HGB § 318, Rn 12, Stand 10/2010.
[12] Vgl. *Baetge/Thiele*, in *Küting/Pfitzer/Weber*, HdR, HGB § 318, Rn 14, Stand 10/2010.

werden. Hierzu empfiehlt sich die Rücksendung des vom Unt gegengezeichneten Auftragsschreibens.
- Gibt der AP nach entsprechender Aufforderung vor der Wahl ein Angebot zur Durchführung der Jahresabschlussprüfung ab, das alle wesentlichen Bestandteile enthält, kann dieses Angebot von dem Unt ohne zusätzliche weitere Absprache durch Erklärung nach der Wahl zum AP angenommen werden. Dadurch wird der Prüfungsauftrag mit dem Inhalt des Angebots wirksam.

26 Auch für **freiwillige Jahresabschlussprüfungen** ist eine **Vereinbarung** zwischen dem Unt und dem AP **abzuschließen**. Dabei handelt das Unt durch einen zur Vertretung Berechtigten. Die Auswahl des AP obliegt als Grundlagengeschäft dem Unternehmensinhaber oder den Gesellschaftern, sofern im Gesellschaftsvertrag nichts anderes bestimmt ist.[24]

2.7.2.2 Regelungen zum Prüfungsauftrag in einem Auftragsbestätigungsschreiben

27 **Auftragsbestätigungsschreiben** können vertragsrechtlich unterschiedliche Bedeutung haben: Sie können der **Dokumentation** getroffener Vereinbarungen dienen oder lediglich eine **Willenserklärung** zum Vertragsabschluss darstellen bzw. dokumentieren. Diese Auftragsbestätigungsschreiben enthalten die Festlegungen zu **Ziel und Umfang** der Abschlussprüfung, zu den Pflichten des AP gegenüber dem Auftraggeber und zur **Form der Berichterstattung**.

28 Im Fall der gesetzlichen Abschlussprüfung ergeben sich wesentliche Inhalte für den Auftrag bereits aus dem Gesetz. Doch ist auch in diesen Fällen ein entsprechendes Auftragsbestätigungsschreiben zur Verdeutlichung des Prüfungsauftrags und zur Vermeidung von Missverständnissen und falschen Erwartungen beim Auftraggeber sinnvoll.[25]
Ergibt sich aus der Beauftragung, dass die Abschlussprüfung nicht erweitert, sondern durch einen **zusätzlichen Auftrag** ergänzt werden soll, ist es sachgerecht, diesen gesondert zu bestätigen.[26]

29 Gilt der AP des MU zugleich als **AP des Konzerns**, so ist hierauf im Auftragsbestätigungsschreiben ausdrücklich hinzuweisen. Ist der AP des MU zugleich AP von TU, ist i.d.R. für Letzteres der Auftrag gesondert zu bestätigen, da insoweit selbstständige Auftragsverhältnisse bestehen. Dies schließt nicht aus, dass ggf. die Auftragsbestätigungen in einem Schreiben erfolgen können.[27]

30 Im Fall der **Nachtragsprüfung** (§ 316 Abs. 3 HGB) bedarf es keiner erneuten Bestellung (Wahl und Beauftragung), weil sich der ursprüngliche Prüfungsauftrag dem Grunde nach auch hierauf erstreckt. Ergänzende Vereinbarungen sind zu treffen, soweit dies wegen veränderter Umstände erforderlich ist, z.B. für Einzelheiten der Prüfungsdurchführung oder bzgl. der Anpassung der Vergütung. Der AP wird tätig, wenn das Unt den geänderten Abschluss zur Prüfung vorlegt.[28]

---

[24] Vgl. IDW PS 220, Tz 9. Zu beachten ist bei freiwilligen Jahresabschlussprüfungen, dass keine gesetzliche Haftungsbeschränkung besteht. Vgl. zur Haftung des AP die Ausführungen zu § 323 HGB.
[25] Vgl. IDW PS 220, Tz 14.
[26] Denkbar ist etwa die Prüfung nach § 53 HGrG.
[27] Vgl. IDW PS 220, Tz 16.
[28] Vgl. IDW PS 220, Tz 17.

den Prüfungsvertrag nur dann kündigen, wenn ein wichtiger Grund vorliegt (§ 318 Abs. 6 Satz 1 HGB, vgl. Rz 74 ff.).

2.6 Bestellung des Abschlussprüfers bei der Europäischen AG

Auch bei der SE wird der AP von der HV gewählt. Die VO Statut SE verweist diesbezüglich auf die Regelungen für AG. Der Prüfungsauftrag wird vom Aufsichtsrat (SE mit dualistischem System) oder vom Verwaltungsrat (SE mit monistischem System) erteilt. 22

2.7 Prüfungsvertrag

2.7.1 Allgemeines

Der Prüfungsvertrag sollte die wichtigsten Voraussetzungen des Vertragsverhältnisses beschreiben. Dazu gehören etwa: 23
- Honorarvereinbarungen,
- Beschreibung der Leistungspflichten, die im Rahmen des Pflichtprüfungsauftrags vom AP erbracht werden sollen,
- Pflichten des prüfungspflichtigen Unt,
- Folgen bei Verletzung der Pflichten beider Vertragsparteien,
- Haftung des AP.

Das Auftragsverhältnis ist zivilrechtlicher Natur. Vertragsinhalt ist eine Geschäftsbesorgung (§ 675 BGB) mit überwiegend werkvertraglichen Elementen.[22]

2.7.2 Auftragsbestätigung i. S. v. IDW PS 220

2.7.2.1 Grundsätze

Hinsichtlich der Ausgestaltung des Prüfungsvertrags in Form eines **Auftragsbestätigungsschreibens** finden sich Hinweise für den AP in **IDW PS 220**. 24

Das Gesetz selbst enthält keine Regelungen hinsichtlich der für den Abschluss des Prüfungsauftrags erforderlichen Erklärungen. Das Unt und der AP haben sich über die Inhalte des Prüfungsauftrags zu einigen, soweit nicht das Gesetz zwingende Regelungen enthält. **Wesentliche Abreden** sind **schriftlich** zu treffen, um Zweifel zu vermeiden, mit welchem Inhalt der Prüfungsauftrag zustande kommt. 25

Folgende **Fallgestaltungen** können unterschieden werden:[23]
- Das Unt erteilt dem AP den Auftrag zur Durchführung der Jahresabschlussprüfung. Enthält die Erklärung des Unt bereits sämtliche erforderlichen Vertragsbestandteile, wird dieses Angebot durch ein Auftragsbestätigungsschreiben angenommen.
- In vielen Fällen wird das Schreiben des AP zusätzliche Bestandteile für den Auftragsinhalt aufweisen. In diesem Fall bedarf es der Annahme dieses veränderten Angebots durch das Unt. Dieses kann zwar konkludent geschehen, sollte aber aus Gründen der Rechtssicherheit ausdrücklich erklärt

---

[22] So *Schmidt/Heinz*, in Beck Bil-Komm., 10. Aufl., § 318 HGB, Rz 14. Ausführlich zum Prüfungsvertrag *ADS*, 6. Aufl., § 318 HGB, Rz 191 ff.; *Baetge/Thiele*, in *Küting/Pfitzer/Weber*, HdR, HGB § 318, Rn 61 ff., Stand 10/2010.
[23] Vgl. IDW PS 220, Tz 7.

2.7.2.3 Inhalt des Prüfungsauftrags

Bei gesetzlichen Abschlussprüfungen ergeben sich die Pflichten des AP aus §§ 317ff. HGB und der Berufsauffassung, die insb. in IDW PS festgelegt ist. Zur Verdeutlichung empfiehlt es sich, auch insoweit den **wesentlichen Auftragsinhalt** ausdrücklich in die Auftragsformulierung aufzunehmen. Bei freiwilligen Abschlussprüfungen muss der Umfang der Prüfung entsprechend §§ 317ff. HGB vereinbart werden. Hierfür empfiehlt sich eine Bezugnahme auf die gesetzliche Regelung. 31

Die in einem Auftragsbestätigungsschreiben regelmäßig anzusprechenden Punkte sind in IDW PS 220, Tz 18ff., aufgeführt. 32

2.7.2.4 Besonderheiten bei Folgeprüfungen

Die Bestellung zum AP muss auch bei Folgeprüfungen für jedes Gj neu erfolgen. Der AP hat stets **erneut zu klären**, ob der Prüfungsauftrag angenommen werden darf. 33

Bei jeder Bestellung ist eine **neue Vereinbarung** erforderlich. Dabei sollten die **wesentlichen Vertragsmerkmale** bei jeder Beauftragung vereinbart und aus Gründen der Klarheit eine Bezugnahme auf frühere Abreden vermieden werden. Der AP kann zur Vermeidung von Wiederholungen im Auftragsbestätigungsschreiben auf die sonstigen Bedingungen für den Auftrag bei vorherigen Prüfungen Bezug nehmen. 34

Die Regelungen zu Form und Inhalt von Auftragsbestätigungsschreiben sind grds. auch bei Folgeprüfungen zu beachten. Der AP hat in diesem Zusammenhang insb. abzuwägen, ob Umstände vorliegen, die eine Änderung der Bedingungen für den Auftrag erfordern, oder ob die Notwendigkeit besteht, den Auftraggeber auf bestimmte bestehende Vereinbarungen ausdrücklich hinzuweisen.[29] 35

2.8 Exkurs: Prüfungsauftrag des Abschlussprüfers im Insolvenzfall

Umstritten ist das Vorgehen im **Insolvenzfall**. Nach einem Urteil des OLG Dresden endet der zwischen einem prüfungspflichtigen Unt und dem AP geschlossene Prüfungsvertrag, wenn nicht das Gj vor der Eröffnung des Insolvenzverfahrens betroffen ist, jedenfalls dann mit der Eröffnung des Insolvenzverfahrens, wenn der Insolvenzverwalter nicht die Erfüllung wählt. Für davorliegende Gj hat die Bestellung nach § 155 Abs. 3 Satz 1 InsO auf Antrag des Insolvenzverwalters durch das Registergericht zu erfolgen.[30] Das Gericht hat in seiner Entscheidung offengelassen, ob der Prüfungsvertrag gem. §§ 115, 116 InsO erlischt oder – weil die Geschäftsbesorgung sich nicht auf das zur Masse gehörende Vermögen bezieht – dessen Schicksal nach § 103 InsO von der Erfüllungswahl des Insolvenzverwalters abhängt. 36

---

[29] Vgl. IDW PS 220, Tz 26.
[30] OLG Dresden, Beschluss v. 30.9.2009, 13 W 281/09, ZInsO 2010, S. 46.

2.9 Externe Rotation bei Unternehmen des öffentlichen Interesses[31]

2.9.1 Grundsätzliche Pflicht zur externen Rotation nach Ablauf der Höchstlaufzeit nach EU-Recht

37 Im Mittelpunkt der Reform der Abschlussprüfung und auf europäischer Ebene am heftigsten diskutiert war die externe Pflichtrotation der WPG/des AP. Gem. Art. 17 Abs. 1 EU-VO Nr. 537/2014 darf bei Unt von öffentlichem Interesse das Prüfungsmandat grds. nicht länger als zehn Jahre laufen (Grundrotationsperiode). Nach Ablauf der Höchstlaufzeit dürfen weder die WPG/der AP noch ihr/sein Netzwerk innerhalb der folgenden vier Jahre die Abschlussprüfung wieder übernehmen (Art. 17 Abs. 3 EU-VO Nr. 537/2014, sog. „Abkühlungsphase").[32]
Die Dauer des Prüfungsmandats wird dabei vom ersten Gj an berechnet, für dessen Jahresabschluss der AP erstmals die Abschlussprüfung durchgeführt hat (Art. 17 Abs. 8 EU-VO Nr. 537/2014).
Diese Neuregelungen sind unmittelbar geltendes Recht.
Art. 17 Abs. 4 EU-VO Nr. 537/2014 gewährt Mitgliedstaatenwahlrechte zur Verlängerung der Rotationsfristen bei einem öffentlichen Ausschreibungsverfahren (auf 20 Jahre) sowie bei *Joint Audits* (auf 24 Jahre). Diese Wahlrechte sind durch den nationalen Gesetzgeber umzusetzen.

2.9.2 Ausübung Mitgliedstaatenwahlrecht zur Verlängerung der Höchstlaufzeit (Abs. 1a)

38 Die Mitgliedstaatenwahlrechte werden durch den deutschen Gesetzgeber mit dem AReG in § 318 Abs. 1a HGB umgesetzt. Dabei hat sich der Gesetzgeber dafür entschieden, zwischen Unt, die KM-orientiert i. S. v. § 264d HGB sind, und Kreditinstituten und Versicherungen zu unterscheiden.

39 KM-orientierte Ges. i. S. d. § 264d HGB können nach § 318 Abs. 1a HGB die Grundrotationsperiode wie folgt verlängern:
- Bei Durchführung eines Auswahl- und Vorschlagsverfahrens[33] nach Art. 16 der EU-VO Nr. 537/2014 verlängert sich die Grundrotationszeit von zehn auf 20 Jahre. Dieses Auswahl- und Vorschlagsverfahren muss dabei nur im elften zu prüfenden Gj durchgeführt werden.[34] Die Ausschreibung muss dabei so rechtzeitig erfolgen, dass die Bestellung des AP im elften Jahr verwirklicht wird.
- Werden ab dem elften Gj Gemeinschaftsprüfungen (*Joint Audits*)[35] durchgeführt, verlängert sich die Grundrotationszeit von zehn auf 24 Jahre. Das *Joint Audit* muss dabei ab dem elften Gj ununterbrochen durchgeführt werden.[36]

40 Von der Verlängerung der Grundrotationszeit ausgenommen sind Kreditinstitute (§ 340k Abs. 1 Satz 1 2. HS HGB) und Versicherungsunt (§ 341k Abs. 1

---

[31] Zur Auswahl des Abschlussprüfers und zur externen Rotation vgl. etwa die Beiträge von *Kelm/Naumann*, WPg 2016, S. 653; *Quick*, DB 2016, S. 1205; *Weber/Velte/Stock*, WPg 2016, S. 660.
[32] Sog. „externe Rotation". Dagegen ist bei der sog. „internen Rotation" nur der verantwortliche Prüfungspartner auszutauschen (vgl. bislang § 319a Abs. 1 Nr. 4 HGB bzw. nunmehr Art. 17 Abs. 7 Unterabs. 1 EU-VO Nr. 537/2014).
[33] Vgl. dazu auch Rz 8.
[34] AReG-BegrRegE, S. 46.
[35] Vgl. zum Vorgehen beim *Joint Audit* IDW PS 208.
[36] AReG-BegrRegE, S. 46.

Satz 2 HGB). Der Gesetzgeber begründet diese Sonderbestimmungen mit deren besonderer Bedeutung für den Finanzmarkt.[37]

2.9.3 Übergangsfristen zur externen Rotation

Ausgangspunkt für die externe Rotation ist das Inkrafttreten der EU-VO Nr. 537/2014 (16.6.2014). Für die Rotationsfristen sieht Art. 41 EU-VO Nr. 537/2014 abgestufte Übergangsverfahren vor: 41
- „Langläufer" (Mandatslaufzeit von mind. 20 Jahren zum 16.6.2014, Art. 41 Abs. 1 EU-VO Nr. 537/2014): Die Übergangsfrist beträgt sechs Jahre, d. h., ab dem 17.6.2020 kann der bisherige AP nicht mehr bestellt werden.
- „Mittelläufer" (Mandatslaufzeit von mind. elf und weniger als 20 Jahren zum 16.6.2014, Art. 41 Abs. 2 EU-VO Nr. 537/2014): Die Übergangsfrist beträgt neun Jahre, d. h., ab dem 17.6.2023 kann der bisherige AP nicht mehr bestellt werden.
- „Kurzläufer" (Mandatslaufzeit von weniger als elf Jahren zum 16.6.2014, Art. 41 Abs. 3 EU-VO Nr. 537/2014): Bestehende Prüfungsmandatsverhältnisse können bis zum Ablauf der Grundrotationsperiode von grds. zehn Jahren wahrgenommen werden. Es besteht die Möglichkeit zur Verlängerung um zehn Jahre (öffentliche Ausschreibung) bzw. 14 Jahre (*Joint Audit*).

Auch im Fall der „Kurzläufer" beginnt die zehnjährige Höchstlaufzeit mit der ersten Mandatierung des AP, auch wenn diese in der Vergangenheit liegt. Aus dem Zusammenspiel von Inkrafttreten (16.6.2014) und Wirksamwerden (17.6.2016) der EU-VO Nr. 537/2014 ergibt sich eine Regelungslücke für Unt, die in 2014 ihren AP noch keine elf Jahre, aber im Jahr 2016 schon mehr als elf Jahre mandatiert hatten. § 318 Abs. 1a HGB setzt – in Umsetzung der EU-Vorgaben – für die Nutzung der Verlängerungsoption voraus, dass die Ausschreibung für das elfte Gj erfolgt. Allerdings ist für die betroffenen „Kurzläufer" für das „11. Gj" keine Ausschreibung mehr möglich. Das AReG führt mit Art. 79 Abs. 3 EGHGB insoweit eine (eigene) Übergangsregelung ein, als dass Prüfungsmandate entsprechend § 318 Abs. 1a HGB auch verlängert werden können, wenn die Wahl des AP für das zwölfte oder 13. Gj in Folge erfolgt und die Wahl des AP für das nächste nach dem 16.6.2016 beginnende Geschäftsjahr erfolgt. Ausweislich der Begründung des Rechtsausschusses ist eine Verlängerung der Höchstlaufzeit auch bei „Kurzläufern" auf 20 Jahre (Ausschreibungsverfahren) bzw. 24 Jahre (*Joint Audit*) möglich.[38] 42

Nachfolgend werden die verschiedenen Konstellationen hinsichtlich der möglichen Übergangsfristen zusammenfassend dargestellt.[39] 43

---

[37] AReG-BegrRegE, S. 46.
[38] AReG-BegrRA, S. 66. Mit Bezug zur Begründung des Rechtsausschusses dürften auch Prüfungsmandate erfasst sein, die im Jahr 2017 bereits das 14. Gj verzeichnen würden („Kurzläufer" mit einer Erstbestellung für das Gj 2004, vgl. auch *Kelm/Naumann*, WPg 2016, S. 653).
[39] In Anlehnung an *Weber/Velte/Stock*, WPg 2016, S. 660.

Kategorie	Beginn des 1. geprüften Gj		Letztmögliche Bestellung	
	Nach	Vor	Allgemein	Bei Gj = Kj.
„Langläufer"	–	17.6.1994	Vor dem 17.6.2020	Für Gj 2020
„Mittelläufer"	16.6.1994	17.6.2003	Vor dem 17.6.2023	Für Gj 2023
„Kurzläufer" Unterfall 1	16.6.2003	17.6.2006	Grds. für Gj, die vor dem 17.6.2016 beginnen; bei Optionsausübung Verlängerung um max. 10 bzw. 14 Jahre möglich	Für Gj 2016 bei Kreditinstituten und Versicherungen, ansonsten für Gj 2026 (Ausschreibung) bzw. Gj 2030 (*Joint Audit*)
„Kurzläufer" Unterfall 2	16.6.2006	–	Grds. für das 10. Gj seit Erstbestellung; bei Optionsausübung Verlängerung um max. 10 bzw. 14 Jahre möglich	Frühestens für Gj 2017 bei Kreditinstituten und Versicherungen, ansonsten frühestens für Gj 2027 (Ausschreibung) bzw. Gj 2031 (*Joint Audit*)

2.9.4 Ausnahmen von der externen Rotation

44 In Ausnahmefällen können Unt von öffentlichem Interesse eine externe Rotation vermeiden. Nach Art. 17 Abs. 6 der EU-VO Nr. 537/2014 wäre bei der zuständigen Aufsichtsbehörde (in Deutschland die APAS) eine Verlängerung der Mandatsdauer – um maximal zwei weitere Jahre – zu beantragen. Möglich wäre dies nach Ablauf der Grundrotationsdauer von zehn Jahren und nach in Anspruch genommener Verlängerungsoption. Denkbare Ausnahmefälle könnten bei Zusammenschlüssen oder erfolglosen Ausschreibungsprozessen vorliegen.[40]

2.10 Keine Beschränkung bei der Auswahl des Abschlussprüfers (Abs. 1b)

45 Der neue § 318 Abs. 1b HGB dient der Umsetzung des Art. 37 Abs. 3 der überarbeiteten Abschlussprüferrichtlinie; die an Unt von öffentlichem Interesse gerichtete Regelung in Art. 16 Abs. 6 der EU-VO Nr. 537/2014 gilt bereits unmittelbar. § 318 Abs. 1b HGB regelt explizit, dass eine **Einschränkung** der Grundgesamtheit, aus der ein zu bestellender **AP** ausgewählt werden kann, nicht erlaubt ist. Das zu prüfende Unt darf insbesondere keine vertraglichen Regelun-

---

[40] IDW, IDW Positionspapier zu Inhalten und Zweifelsfragen der EU-Verordnung und der Abschlussprüferrichtlinie (erstmalig überarbeitete Fassung mit Stand: 11.4.2016), abrufbar unter http://www.idw.de/idw/im-fokus/reform-abschlusspruefung, letzter Abruf am 1.6.2017.

gen mit Dritten treffen, die zu einer Beeinflussung der Auswahl des AP führen. Dieses Verbot umfasst sowohl den AP des Jahresabschlusses als auch den AP des Konzernabschlusses.[41]

§ 318 Abs. 1b HGB ist durch den nationalen Gesetzgeber weitgehend an die für Unt von öffentlichem Interesse geltende Regelung der EU-VO Nr. 537/2014 angelehnt worden. Eine Ausnahme besteht in der fehlenden **Mitteilungspflicht** gegenüber der **Aufsichtsbehörde**. Allerdings bleibt es den Betroffenen unbenommen, sich aus eigenem Antrieb an die Aufsichtsbehörden zu wenden.[42]

3 Fiktion der Bestellung des Jahresabschlussprüfers zum Konzernabschlussprüfer (Abs. 2)

Der Gesetzgeber geht davon aus, dass der **AP des Jahresabschlusses** des MU i. d. R. auch den Konzernabschluss prüft. Der AP des Jahresabschlusses gilt als zum Konzern-AP gewählt, wenn keine separate Wahl erfolgt (**Wahl kraft Fiktion**, § 318 Abs. 2 Satz 1 HGB). Für eine Prüfung des Konzernabschlusses durch den AP des MU spricht, dass er die Verhältnisse des MU und häufig auch der wichtigsten Konzernunternehmen am ehesten kennt.[43]

Vor einem Wahlvorschlag, der auf eine gesonderte Wahl eines Konzern-AP verzichtet, haben sich die Vorschlagenden davon zu überzeugen, dass der Prüfer des Jahresabschlusses auch die Konzernabschlussprüfung ordnungsmäßig durchführen kann. Sie haben hierzu insb. die **personelle** und **sachliche Ausstattung** des Prüfers zu berücksichtigen. Der Prüfer muss von der zu prüfenden Gesellschaft über den Umfang der einzubeziehenden Abschlüsse, insb. der Abschlüsse ausländischer TU, informiert werden, damit er beurteilen kann, ob er personell und sachlich dem Prüfungsauftrag gerecht werden kann und ob er die **Kenntnisse** besitzt, die zur Durchführung dieser speziellen **Konzernabschlussprüfung** erforderlich sind. Die „automatische" Bestellung des JA-Prüfers zum Konzern-AP entbindet die im zu prüfenden Unt für die Bestellung des AP zuständigen Gremien somit nicht von ihrer Pflicht, die **Eignung** des vorgesehenen AP für die anstehende Konzernabschlussprüfung **zu beurteilen**.

Ein Konzern-AP ist gem. § 318 Abs. 2 HGB auch dann bestellt, wenn die gesetzlichen Vertreter bzw. die Gesellschafter des MU versehentlich annehmen, dass ein Konzernabschluss weder aufzustellen noch zu prüfen ist.[44] Der Prüfer des Jahresabschlusses hat alle Rechte eines Konzern-AP und muss beurteilen, ob ggf. ein Konzernabschluss aufzustellen und zu prüfen ist.

Es ist denkbar, dass auch lediglich der Konzernabschluss, nicht aber der Jahresabschluss des MU prüfungspflichtig ist, weil Letzterer die relevanten Größenkriterien nach § 267 HGB nicht überschreitet. Eine automatische Bestellung des JA-Prüfers zum Konzern-AP greift in diesem Fall nicht, da die freiwillige Prüfung

---

[41] AReG-BegrRegE, S. 46.
[42] AReG-BegrRegE, S. 46.
[43] Vgl. *Baetge/Thiele*, in *Küting/Pfitzer/Weber*, HdR, HGB § 318, Rn 76, Stand 10/2010.
[44] Vgl. *Baetge/Thiele*, in *Küting/Pfitzer/Weber*, HdR, HGB § 318, Rn 78, Stand 10/2010.

des Jahresabschlusses anderen Regelungen unterliegt als die Pflichtprüfung des KA.[45] Insofern empfiehlt sich hier die gesonderte Wahl eines Konzern-AP.

50 Die Wahl des **Konzern-AP** kann bei einer **GmbH** oder einer **PersG** ebenso wie die Wahl des Jahresabschlussprüfers im Gesellschaftsvertrag abweichend von den gesetzlichen Vorgaben geregelt sein (§ 318 Abs. 1 Satz 2 HGB). Dabei kann die Zusammensetzung des den Konzern-AP wählenden Personenkreises von der für den Jahresabschluss relevanten Regelung abweichen. In diesem Fall geht die gesellschaftsvertragliche Regelung, die die Kompetenz zur Wahl der verschiedenen AP bewusst unterschiedlich regelt, der gesetzlichen Fiktion der Bestellung des JA-Prüfers zum Konzern-AP vor. Dies hat zur Folge, dass § 318 Abs. 2 HGB in diesem Fall nicht greift. Der JA-Prüfer ist auch dann, wenn kein Konzern-AP bestellt wird, nicht automatisch zum Konzern-AP bestellt. Dasselbe gilt, wenn bspw. gesellschaftsvertraglich festgelegt ist, dass Jahresabschluss und Konzernabschluss von unterschiedlichen AP zu prüfen sind und nur ein JA-Prüfer bestellt wird.

4 Ersetzung des Abschlussprüfers durch das Gericht (Abs. 3)

4.1 Allgemeines

51 Auf Antrag hat das Gericht einen anderen AP zu bestellen, wenn dies aus einem **in der Person des gewählten AP** liegenden Grund geboten erscheint, insb. wenn ein Ausschlussgrund nach §§ 319 Abs. 2–5, 319a, 319b HGB besteht oder (eingefügt durch das AReG) ein Verstoß gegen Art. 5 Abs. 4 Unterabs. 1 oder Art. 5 Abs. 5 Unterabs. 2 Satz 2 der EU-VO Nr. 537/2014 oder die Vorschriften zur Bestellung des Prüfers nach Art. 16 oder zur Laufzeit des Prüfungsmandats nach Art. 17 der EU-VO Nr. 537/2014 nicht eingehalten worden sind. **Ersetzung bedeutet,** dass der bisherige AP abberufen und ein neuer AP bestellt wird.

52 Ist der Jahresabschluss nicht kraft Gesetzes, sondern aufgrund der Satzung/des Gesellschaftsvertrags von einem AP zu prüfen, ist in den Fällen des § 318 Abs. 3 HGB nicht das Gericht zuständig, sondern das gem. Satzung/Gesellschaftsvertrag zuständige Wahlgremium.

4.2 Antragsberechtigter Personenkreis

53 Die Antragsberechtigten sind im Gesetz abschließend genannt: die **gesetzlichen Vertreter**, der **Aufsichtsrat**, die **Gesellschafter**. Das Antragsrecht steht dem jeweiligen **Organ insgesamt** zu. Daher ist ein entsprechender Beschluss des Organs erforderlich.[46]
Das Verfahren konnte bei der GmbH und der GmbH & Co. KG von jedem Gesellschafter eingeleitet werden. Bei **Aktionären** mussten weitere Bedingungen erfüllt sein:

---

[45] Vgl. *Baetge/Thiele*, in *Küting/Pfitzer/Weber*, HdR, HGB § 318, Rn 78, Stand 10/2010. *ADS* sehen diesen Fall dagegen vom Wortlaut des § 318 Abs. 2 HGB erfasst: *ADS*, 6. Aufl., § 318 HGB, Rz 292a.
[46] Vgl. *Schmidt/Heinz*, in Beck Bil-Komm., 10. Aufl., § 318 HGB, Rz 18 mwN.

- Die Aktionäre müssen gegen die Wahl des AP bei der Beschlussfassung Widerspruch erklärt haben.
- Ihre Anteile am Grundkapital müssen 5 % des Grundkapitals oder einen Börsenwert von 500 TEUR betragen.
- Sie müssen seit mindestens drei Monaten vor dem Tag der Wahl des AP Inhaber dieser Aktien sein.

In Umsetzung von Art. 38 Abs. 3 der überarbeiteten Abschlussprüferrichtlinie durch das AReG sind die Voraussetzungen für einen vonseiten der Gesellschafter gestellten Antrag geändert worden. Zukünftig müssen unabhängig von der Rechtsform die **Anteile der antragstellenden Gesellschafter** 5 % des Grundkapitals erreichen. Die Anteile an den Stimmrechten werden dabei dem Anteil am Grundkapital gleichgesetzt. Beibehalten wird die Alternative des Erreichens eines Börsenwerts von 500 TEUR.[47]

4.3 Antragsfrist

Der Antrag ist binnen **zwei Wochen** seit dem Tag der Wahl des AP zu stellen. Es handelt sich um eine zwingende Ausschlussfrist. Wird der Antrag nicht rechtzeitig gestellt, ist die Antragstellung nicht mehr möglich.[48] Die Antragsfrist verschiebt sich entsprechend, wenn ein Befangenheitsgrund erst nach der Wahl bekannt wird oder erst nach der Wahl eintritt.

4.4 Antragsverfahren

Für den Antrag nach § 318 Abs. 3 HGB ist **örtlich** und **sachlich** das Amtsgericht am Sitz des zu prüfenden Unt **zuständig**. **Antragsteller** sind die in § 318 Abs. 3 Satz 1 oder Satz 6 HGB genannten Personen. **Antragsgegner** ist die Ges., vertreten durch ihre gesetzlichen Vertreter. Ebenfalls **Beteiligter** ist der gewählte AP. Allen Beteiligten ist rechtliches Gehör zu gewähren.

Gibt das Gericht dem Antrag statt, hat es gleichzeitig einen AP zu bestellen. Es kann dabei Vorschlägen der Beteiligten folgen.

4.5 Antragsgründe

§ 318 Abs. 3 Satz 1 HGB besagt, dass das Gericht einen anderen AP zu bestellen hat, wenn dies aus einem **in der Person des gewählten AP** liegenden Grund geboten erscheint, insb. wenn ein **Ausschlussgrund**
- nach § 319 Abs. 2–5 HGB oder
- nach § 319a HGB und
- nach § 319b HGB

besteht (§ 318 Abs. 1 Satz 1 Nr. 1 1. HS HGB). Durch das AReG werden die Antragsgründe um die Ausschlussgründe
- Verstoß gegen Art. 5 Abs. 4 Unterabs. 1 oder Abs. 5 Unterabs. 2 Satz 2 der EU-VO Nr. 537/2014 (§ 318 Abs. 1 Satz 1 Nr. 1 2. HS HGB) und

---

[47] AReG-BegrRegE, S. 47.
[48] Vgl. *ADS*, 6. Aufl., § 318 HGB, Rz 340.

- Nichteinhaltung der Vorschriften zur Bestellung des AP nach Art. 16 der EU-VO Nr. 537/2014 oder der Vorschriften zur Laufzeit des Prüfungsmandats nach Art. 17 der EU-VO Nr. 537/2014 (§ 318 Abs. 1 Satz 1 Nr. 2 HGB)

erweitert.

Der Antrag an das Gericht muss die **Gründe erläutern**, derentwegen die Bestellung eines anderen AP verlangt wird. Die Antragsgründe müssen Zweifel begründen, dass der AP eine ordnungsgemäße Durchführung der Prüfung im Interesse der Gesellschaft und der Öffentlichkeit gewährleistet.[49]

Das Gesetz verlangt ausdrücklich, dass nur in der Person des Prüfers liegende Gründe die gerichtliche Ersetzung rechtfertigen. Der in § 318 Abs. 3 Satz 1 HGB genannte Begriff „Befangenheit" ist dabei als umfassender, generalisierter Tatbestand zu interpretieren.[50]

58 Der in § 318 Abs. 3 Satz 1 HGB verwendete Begriff der **Besorgnis der Befangenheit** findet sich ebenfalls in der WPO und der BS WP/vBP.

Dort wird auf „nahe Beziehungen" zu einem Beteiligten oder zum Gegenstand der Beurteilung abgestellt. Der AP muss nach § 49 WPO seine Tätigkeit versagen, wenn ein **unabhängiger Dritter** bei objektiver Betrachtung **Zweifel** an der Unbefangenheit des AP haben könnte. Dabei kommt es also nicht darauf an, ob der Prüfer sich subjektiv für befangen hält, sondern darauf, ob die Besorgnis der Befangenheit bei anderen zu Recht besteht. Eine gerichtliche Ersetzung muss damit aus der Sicht eines verständigen Dritten geboten sein.[51]

59 **Anhaltspunkte**, die bei objektiver Betrachtung die Besorgnis der Befangenheit rechtfertigen, können etwa freundschaftliche oder verwandtschaftliche Beziehungen mit den gesetzlichen Vertretern des zu prüfenden Unt, geschäftliche Interessen oder wirtschaftliche Abhängigkeiten sein.

60 Wird ein Unt in jährlich aufeinanderfolgenden Prüfungen von **demselben Prüfer** geprüft, so liegt dagegen **keine Besorgnis** der Befangenheit vor.[52] Gleiches gilt, wenn der AP gleichzeitig TU oder Konkurrenzunternehmen prüft.[53]

61 Ob **mangelnde fachliche Qualifikation**, fehlende Spezialkenntnisse des AP, **mangelnde personelle** oder **sachliche Ausstattung** seine Befangenheit begründen, richtet sich danach, ob der AP objektiv in der Lage ist, die Durchführung der Abschlussprüfung zu überwachen und sich das Prüfungsergebnis zu eigen macht, auch wenn er zulässigerweise sachkundige Dritte oder andere Hilfskräfte hinzuzieht.[54]

62 **Berufsgerichtliche Verfahren**, die zu einer schweren Bestrafung des AP geführt haben, ohne dass ein Berufsausschluss erfolgt ist, können ein Antragsgrund sein, soweit ernsthaft zu erwarten ist, dass die berufsgerichtliche Bestrafung im Zusammenhang mit anderen Gründen zu einer Beeinträchtigung der Abschlussprüfung führt.[55]

---

[49] Vgl. *Schmidt/Heinz*, in Beck Bil-Komm., 10. Aufl., § 318 HGB, Rz 22.
[50] Vgl. *Baetge/Thiele*, in *Küting/Pfitzer/Weber*, HdR, HGB § 318, Rn 99, Stand 10/2010.
[51] Vgl. *ADS*, 6. Aufl., § 318 HGB, Rz 353.
[52] Zur Begrenzung der Höchstlaufzeit des Prüfungsmandats bei Unt von öffentlichem Interesse vgl. die Ausführungen in Rz 37 ff.
[53] Vgl. *Baetge/Thiele*, in *Küting/Pfitzer/Weber*, HdR, HGB § 318, Rn 103, Stand 10/2010. Die Prüfung von Konkurrenzunternehmen wird allerdings zum Teil von Unt kritisch gesehen.
[54] Vgl. *Schmidt/Heinz*, in Beck Bil-Komm., 10. Aufl., § 318 HGB, Rz 23.
[55] Vgl. *Baetge/Thiele*, in *Küting/Pfitzer/Weber*, HdR, HGB § 318, Rn 108, Stand 10/2010; *ADS*, 6. Aufl., § 318 HGB, Rz 373.

Durch das **BilMoG** ist § 318 Abs. 3 Satz 1 HGB um einen Verweis auf § 319b 63
HGB ergänzt worden. Hintergrund ist die Ausdehnung von Ausschlussgründen auf Netzwerkmitglieder in dem in das HGB eingefügten § 319b HGB. Mit der Ergänzung des § 318 Abs. 3 Satz 1 HGB wurden die Antragsgründe des **gerichtlichen Ersetzungsverfahrens erweitert**. Das Gericht hat auch dann einen neuen AP zu bestellen, wenn die Voraussetzungen des **§ 319b** HGB vorliegen, also ein Mitglied des Netzwerks des AP einen der Ausschlussgründe nach §§ 319, 319a HGB erfüllt, der den Ausschluss des AP von der Abschlussprüfung nach sich zieht.

§ 318 Abs. 3 Satz 1 HGB hat bereits bislang konkretisiert, wann ein wichtiger 64
Grund für eine gerichtliche Abberufungsmöglichkeit besteht. Durch die **Neufassung der Ausschlussgründe** durch die EU-VO Nr. 537/2014 ist der Katalog des § 318 Abs. 3 Satz 1 HGB insoweit um Verstöße gegen die Vorgaben zum Auswahl- oder Bestellungsverfahren nach den Art. 16 und 17 der EU-VO Nr. 537/2014, die verbotene Erbringung von Nichtprüfungsleistungen (Art. 5 Abs. 4 Unterabs. 1 EU-VO Nr. 537/2014) sowie die Fortsetzung der Abschlussprüfung entgegen den Vorgaben des Art. 5 Abs. 5 Unterabs. 2 Satz 2 der EU-VO Nr. 537/2014 zu erweitern gewesen (Umsetzung ist erfolgt durch das AReG, § 318 Abs. 3 Satz 1 Nr. 1 2. HS und Nr. 2 HGB). Ausweislich der Regierungsbegründung führen diese Verstöße **nicht** zur **Nichtigkeit** der Bestellung des AP.[56]

5 Bestellung des Abschlussprüfers durch das Gericht (Abs. 4)

5.1 Allgemeines

Sinn und Zweck des gerichtlichen Bestellungsverfahrens ist es, die rechtzeitige 65
Durchführung der Abschlussprüfung zu gewährleisten. Der Vorrang der Bestellung durch das Unt gilt so lange, bis das Gericht seinerseits einen AP bestellt hat. Das **Gericht interveniert** in den Fällen der **Untätigkeit** des Wahlorgans der Ges., der **Unwirksamkeit** der Wahl oder bei **sonstigen Ereignissen**, die eine Durchführung der Abschlussprüfung durch den gewählten AP verhindern. § 318 Abs. 4 HGB greift also dann ein, wenn

- bis zum Ende des Gj kein AP gewählt ist (Abs. 4 Satz 1),
- der gewählte AP den Auftrag ablehnt (Abs. 4 Satz 2 1. Alt.),
- der gewählte AP aus anderen Gründen wegfällt (Abs. 4 Satz 2 2. Alt.) oder
- der gewählte AP verhindert ist (Abs. 4 Satz 2 3. Alt.).

Im Unterschied zu § 318 Abs. 3 HGB zielt das Verfahren nach § 318 Abs. 4 HGB also nicht darauf ab, eine Bestellung durch die Ges. zu überprüfen und ggf. zu korrigieren.

Das HGB verpflichtet die **gesetzlichen Vertreter**, den **Antrag unverzüglich** nach Ablauf des Gj zu stellen, wenn ein Tatbestand nach § 318 Abs. 4 Satz 1 oder Satz 2 HGB gegeben ist. Der Kreis der **Antragsberechtigten** ist im Gesetz abschließend genannt. Während die **Leitungsorgane** den Antrag nach § 318 Abs. 4 Satz 3 HGB

---

[56] AReG-BegrRegE, S. 47. § 256 Abs. 1 Nr. 3 AktG ist diesbezüglich durch das AReG angepasst worden. In diesen Fällen geht die Anwendbarkeit des Ersetzungsverfahrens der Anwendbarkeit der Nichtigkeitsgründe vor.

stellen müssen, ist die Antragstellung durch den Aufsichtsrat oder die Gesellschafter fakultativ. Abweichend zu § 318 Abs. 3 HGB steht das Antragsrecht jedem Aktionär zu, auch dem Vorzugsaktionär, nicht aber dem Inhaber von Genussscheinen oder Obligationen.[57]

Gegen die Entscheidung des Gerichts kann **sofortige Beschwerde** eingelegt werden (§ 318 Abs. 4 Satz 4 HGB). Darüber hinaus ist eine Anfechtung der Bestellung des AP nicht zulässig. Bis zur Bestellung durch das Gericht kann der AP durch eine, wenn auch verspätet einberufene, HV oder GesV gewählt werden.

5.2 Antragsberechtigter Personenkreis

66 Der **antragsberechtigte Personenkreis** umfasst die gesetzlichen Vertreter der Ges., den Aufsichtsrat oder einzelne Gesellschafter.[58] Andere Personen als die genannten sind nicht antragsberechtigt. Im Fall der Insolvenz der Ges. bestellt das Registergericht den AP auf Antrag des Insolvenzverwalters. § 318 Abs. 4 Satz 3 HGB statuiert eine **Antragspflicht** nur für die gesetzlichen Vertreter der Ges. Entsteht aus der Pflichtverletzung ein Schaden für die Ges., sind die gesetzlichen Vertreter ersatzpflichtig (§§ 93 AktG, 43 GmbHG).

5.3 Antragsvoraussetzungen

5.3.1 Fehlende Wahl des Abschlussprüfers

67 Der AP ist nicht gewählt, wenn
- das Wahlorgan untätig geblieben ist oder
- der Wahlbeschluss nichtig gewesen ist oder
- die Wahl erfolgreich angefochten worden ist.

Die Anfechtung muss im Verfahren nach § 246 AktG im Wege einer Anfechtungsklage geltend gemacht werden. Gem. § 248 AktG steht infolge der Urteilswirkung dann fest, dass ein AP nicht wirksam gewählt worden ist. Auf die GmbH finden die Regelungen in §§ 246f. AktG analog Anwendung.[59]

68 Der **Antrag** auf gerichtliche Bestellung eines AP kann erst **nach Ablauf des Gj** gestellt werden. Dies gilt auch, wenn abzusehen ist, dass das zuständige Gremium sein Recht nicht fristgemäß ausüben wird.

Eine außerordentliche HV oder GesV muss nicht zwangsläufig immer dann einberufen werden, wenn die ordentliche HV oder GesV keinen Wahlbeschluss gefasst hat. Der Vorstand einer AG oder die Geschäftsführung einer GmbH müssen vielmehr zwischen dem für die Einberufung und Abhaltung einer HV/GesV entstehenden Aufwand und der – allerdings erheblichen – Bedeutung der AP-Bestellung durch die Ges. abwägen.[60]

---

[57] Vgl. *Schmidt/Heinz*, in Beck Bil-Komm., 10. Aufl., § 318 HGB, Rz 27.
[58] Für die Antragsberechtigung der Gesellschafter kommt es auf die Höhe ihrer Beteiligung nicht an, vgl. *Schmidt/Heinz*, in Beck Bil-Komm., 10. Aufl., § 318 HGB, Rz 27; *ADS*, 6. Aufl., § 318 HGB, Rz 390.
[59] Gegen die Beschlüsse einer KapCoGes ist dagegen keine Anfechtungsklage, sondern nur eine allgemeine Feststellungsklage zulässig, vgl. *Schmidt/Heinz*, in Beck Bil-Komm., 10. Aufl., § 318 HGB, Rz 28.
[60] Vgl. *ADS*, 6. Aufl., § 318 HGB, Rz 402.

Die Wahlbefugnis des zuständigen Organs endet mit der Bestellung des AP durch das Gericht. Eine dennoch durchgeführte Wahl ist nicht wirksam. Jedoch kann ein **Ersatzprüfer** gewählt werden für den Fall, dass der gerichtlich bestellte AP wegfällt. Entscheidender Zeitpunkt für das Erlöschen der Wahlbefugnis der Gesellschafter ist der Zeitpunkt des Ergehens der gerichtlichen Entscheidung.[61]

5.3.2 Sonstige Antragsgründe

Nach § 318 Abs. 2 Satz 2 HGB liegen „sonstige Gründe" vor, wenn   69
- der gewählte AP die Auftragsannahme abgelehnt hat oder
- der gewählte und ordnungsgemäß bestellte AP nachträglich weggefallen ist oder
- der gewählte und bestellte AP an der rechtzeitigen Beendigung der Abschlussprüfung verhindert ist.

Aufgrund des Verweises auf § 318 Abs. 4 Satz 1 HGB kann der Antrag auf gerichtliche Bestellung aus sonstigen Gründen ebenfalls erst nach Ablauf des Gj gestellt werden.

Die **Ablehnung des Prüfungsauftrags** muss gem. § 51 WPO durch den AP   70
unverzüglich erfolgen, sodass i. d. R. genug Zeit für die Wahl eines anderen AP bleibt. Bei nicht unverzüglicher Ablehnung macht sich der AP schadensersatzpflichtig (§ 51 Satz 2 WPO). Eine gerichtliche Bestellung des AP kommt dann infrage, wenn nach Ablehnung durch den ursprünglich vorgesehenen AP kein neuer AP gewählt wird.

Gründe für den **nachträglichen Wegfall** des gewählten Prüfers sind Tod oder   71
Geschäftsunfähigkeit sowie Erlöschen, Rücknahme oder Widerruf der Bestellung als WP (§§ 19, 20 WPO) und die Kündigung des Prüfungsauftrags gem. § 318 Abs. 6 HGB. Der Wegfall des gewählten Prüfers schließt alle tatsächlichen oder rechtlichen Gründe ein, die eine Weiterführung der Prüfung durch den gewählten Prüfer verhindern.[62]
In § 318 Abs. 4 HGB nicht ausdrücklich geregelt sind die Fälle, in denen der Bestellungsakt insgesamt nichtig ist. Auch in diesen Fällen fällt der AP nachträglich weg. Das Gleiche gilt, wenn der Wahlakt der HV/GesV z. B. wegen Besorgnis der Befangenheit angefochten wird und die Anfechtungsklage Erfolg hat. In diesen beiden Fällen erfolgt die „Vernichtung" des Bestellungsakts erst nach der HV/GesV, sodass diese nicht mehr reagieren kann. § 318 Abs. 4 HGB dürfte daher entsprechend anzuwenden sein.

Eine **nicht rechtzeitige Beendigung** der Prüfung kann sich durch Krankheit,   72
Zeitmangel, Mitarbeitermangel oder anderweitigen Ausfall des AP ergeben. Ein Antragsgrund nach § 318 Abs. 4 Satz 2 3. Alt. HGB ist allerdings nur gegeben, wenn die Verzögerung nicht durch das zu prüfende Unt zu vertreten ist. Eine fehlende Prüfungsbereitschaft bzw. eine fehlende Mitwirkung des prüfungspflichtigen Unt wäre vom AP in seinem Prüfungsergebnis (Prüfungsbericht und/oder Bestätigungsvermerk) zu berücksichtigen.[63]

---

[61] Weiterführend *Schmidt/Heinz*, in Beck Bil-Komm., 10. Aufl., § 318 HGB, Rz 28; *ADS*, 6. Aufl., § 318 HGB, Rz 405.
[62] Vgl. *Baetge/Thiele*, in *Küting/Pfitzer/Weber*, HdR, HGB § 318, Rn 132, Stand 10/2010.
[63] Vgl. *Baetge/Thiele*, in *Küting/Pfitzer/Weber*, HdR, HGB § 318, Rn 133, Stand 10/2010. Zu Prüfungshemmnissen und deren Auswirkung auf Prüfungsbericht und Bestätigungsvermerk vgl. IDW PS 400, Tz 50, 68af., sowie IDW PS 450, Tz 59.

Im Fall der Verhinderung des gewählten AP erlischt sein Mandat. Der durch das Gericht zu bestellende AP tritt regelmäßig aus Gründen der Rechtssicherheit an die Stelle des verhinderten AP.[64]

6 Vergütung des gerichtlich bestellten Abschlussprüfers (Abs. 5)

73 § 318 Abs. 5 HGB regelt die **Ansprüche** des nach § 318 Abs. 3 oder Abs. 4 HGB vom Gericht bestellten AP. Er ersetzt **auf Antrag** die allgemeinen vertraglichen Regelungen in §§ 612, 632 BGB. Nach Bestellung durch das Gericht und Annahme durch den AP kommt zwischen der zu prüfenden Ges. und dem AP ein Prüfungsvertrag zustande, der den üblichen Regelungen des Prüfungsvertrags entspricht (Rz 23 ff.).
Der gerichtlich bestellte AP kann wie der gewählte AP mit der zu prüfenden Ges. Vereinbarungen über das Honorar und den Auslagenersatz treffen. Es gilt dabei der übliche Grundsatz der Vertragsfreiheit. Wenn eine solche besondere Vergütungsvereinbarung geschlossen wird, entfällt regelmäßig die Veranlassung, das Beschlussverfahren nach § 318 Abs. 5 HGB zu beantragen.[65]

7 Kündigung des Prüfungsauftrags (Abs. 6)

7.1 Allgemeines

74 Grundsätzlich gelten für das Auftragsverhältnis zwischen WP und Unt die Regelungen des BGB und somit auch die Vorschriften über die Kündigung nach §§ 626, 627, 649 BGB. Eine Ausnahme von der Möglichkeit der Kündigung nach den vorgenannten Paragrafen besteht für den Bereich der gesetzlich vorgeschriebenen Abschlussprüfung. Dem gem. § 318 Abs. 1 HGB bestellten AP kann der Auftrag nicht durch Kündigung seitens des zu prüfenden Unt entzogen werden. Der AP kann vielmehr nur aus den in § 318 Abs. 3 HGB genannten Gründen auf Antrag der insoweit Berechtigten durch das Gericht abberufen werden. Demgegenüber kann der WP den angenommenen Prüfungsauftrag kündigen, allerdings nur aus wichtigem Grund.

75 § 318 Abs. 6 HGB regelt die **Kündigung des Prüfungsauftrags** durch den AP. Eine Kündigung ist nur aus **wichtigem Grund** möglich. Meinungsverschiedenheiten über Inhalt, Einschränkung oder Versagung des Bestätigungsvermerk sind ausdrücklich als Kündigungsgrund ausgeschlossen (§ 318 Abs. 6 Satz 2 HGB).

76 Dem **prüfungspflichtigen Unt** steht **kein Kündigungsrecht** zu. Daher kann es den Prüfungsauftrag auch nicht wegen pflichtwidrigen Verhaltens des AP kündigen. Hier wäre das Unt auf das Ersetzungsverfahren nach § 318 Abs. 3 HGB angewiesen.

---

[64] Nach *Schmidt/Heinz*, in Beck Bil-Komm., 10. Aufl., § 318 HGB, Rz 31, wäre es bei einem sehr weit fortgeschrittenen Prüfungsablauf denkbar, dass das Gericht ausnahmsweise dem gewählten AP einen anderen AP zur Seite stellt, wenn gewährleistet ist, dass der Ablauf dadurch beschleunigt oder die Verwertung der bereits vorhandenen Prüfungsergebnisse ermöglicht wird.

[65] Für den Fall der Nichtleistung der Vergütung durch die geprüfte Ges. ist die Forderung im Wege der Leistungsklage vor dem ordentlichen Gericht durchzusetzen. S. dazu *Schmidt/Heinz*, in Beck Bil-Komm., 10. Aufl., § 318 HGB, Rz 32.

7.2 Kündigungsgrund

Der AP kann den Prüfungsauftrag aus wichtigem Grund kündigen, wenn ihm die Fortsetzung seiner Tätigkeit nicht zugemutet werden kann. 77

Persönliche Differenzen zwischen AP und prüfungspflichtigem Unt berechtigen i. d. R. nicht zur Kündigung.[66] 78

Sachliche Differenzen über die zutreffende Beurteilung des Prüfungsobjekts sind ebenfalls kein zulässiger Kündigungsgrund, da § 318 Abs. 6 Satz 2 HGB ausdrücklich Differenzen über die Art und den Inhalt des Bestätigungsvermerks ausschließt. 79

Auch eine **Verletzung der Vorlage- und Auskunftspflichten** des prüfungspflichtigen Unt stellt keinen wichtigen Grund dar. § 320 HGB verpflichtet prüfungspflichtige Unt, dem AP alle für die Prüfung notwendigen Unterlagen zur Verfügung zu stellen. Bei Verstößen gegen § 320 HGB hat der Prüfer zum einen im Prüfungsbericht gesondert auf diese Umstände hinzuweisen, zum anderen den Bestätigungsvermerks des prüfungspflichtigen Unt einzuschränken oder zu versagen.[67] 80

Zweifel an der Vertrauenswürdigkeit des geprüften Unt werden sich im Regelfall auch eher im Prüfungsergebnis niederschlagen. In besonderen Extremfällen, in denen z. B. eine kriminelle Betätigung entdeckt wird, dürfte jedoch eine Kündigung aus wichtigem Grund gerechtfertigt sein.[68] 81

Ein Kündigungsgrund liegt dagegen vor, wenn für den AP die **Durchführung der Abschlussprüfung unmöglich** geworden ist. Ein Beispiel dafür ist eine schwerwiegende Erkrankung des AP. Aber auch wenn der AP erst während der Abschlussprüfung erkennt, dass ihm die nötigen Kenntnisse oder Fähigkeiten zur Durchführung der Abschlussprüfung fehlen und er dieses Problem nicht beheben kann, ist ein wichtiger Grund zur Kündigung des Prüfungsauftrags gegeben.[69] 82

Schließlich stellt es einen wichtigen Grund dar, wenn der AP bei einer Fortführung der Abschlussprüfung gegen **gesetzliche Vorschriften verstoßen** würde und dies nicht anders als durch eine Kündigung des Prüfungsauftrags verhindert werden kann. Der wichtigste Fall ist ein sich erst während der Prüfung ergebender Verstoß gegen die Unabhängigkeitsanforderungen der §§ 319, 319a, 319b HGB und der EU-VO Nr. 537/2014. 83

7.3 Kündigungserklärung

Die Kündigung kann formlos, also auch mündlich erklärt werden. Allerdings muss der AP die Kündigung gem. § 318 Abs. 6 Satz 3 HGB schriftlich begründen; dabei muss der **Kündigungsgrund** schriftlich deutlich gemacht werden. Die Kündigung ist dem Gesellschaftsorgan gegenüber zu erklären, das den Prüfungsauftrag erteilt hat. 84

---

[66] Vgl. *Baetge/Thiele*, in *Küting/Pfitzer/Weber*, HdR, HGB § 318, Rn 150, Stand 10/2010; *Schmidt/Heinz*, in Beck Bil-Komm., 10. Aufl., § 318 HGB, Rz 34.
[67] Vgl. IDW PS 400, Tz 50, 68a f., sowie IDW PS 450, Tz 59.
[68] Vgl. *ADS*, 6. Aufl., § 318 HGB, Rz 440, mwN.
[69] Vgl. *Baetge/Thiele*, in *Küting/Pfitzer/Weber*, HdR, HGB § 318, Rn 148, Stand 10/2010.

7.4 Wirkung der Kündigung

85 Mit der Kündigung des AP endet seine Stellung als gesetzlicher AP; zugleich **endet** der **Prüfungsvertrag**. Es muss ein neuer AP gewählt bzw. vom Gericht bestellt werden.
Der AP hat nach der Kündigung unter bestimmten Voraussetzungen einen **Vergütungsanspruch** für seine Tätigkeit. Kündigt der AP aus einem in der Verantwortung des Unt liegenden Grund, hat er Anspruch auf eine angemessene Vergütung für seine bisher geleistete Arbeit.[70]

86 Kündigt der AP den Prüfungsauftrag aus wichtigem Grund (§ 318 Abs. 6 und 7 HGB), ist gem. § 318 Abs. 6 Satz 4 HGB über das Ergebnis der bisherigen Prüfung gegenüber den Organen der zu prüfenden Ges. zu berichten. Für diesen Bericht sind die Grundsätze des IDW PS 450 entsprechend anzuwenden.[71]

87 Die Berichtspflicht gilt nur für **Kündigungen nach § 318 Abs. 6** und 7 HGB, nicht jedoch für Kündigungen durch die zu prüfende Ges. in den Fällen des § 318 Abs. 1 Satz 5 i.V.m. Abs. 3 HGB nach gerichtlicher Ersetzung oder in den Sonderfällen der Kündigung bei nichtiger Prüferwahl und Wegfall des Prüfers.

88 Die Angaben zum **Prüfungsauftrag** müssen klar erkennen lassen, dass es sich um einen **Bericht anlässlich einer Kündigung** des Prüfungsauftrags handelt. Daher empfiehlt es sich, die Begründung der Kündigung des Prüfungsauftrags nach § 318 Abs. 6 Satz 3 HGB in diesen Abschnitt des Berichts aufzunehmen.[72]

89 Die Berichterstattungspflichten erstrecken sich grds. auf die **nach IDW PS 450 bestehenden Berichtspflichten**, soweit dies dem AP nach den bis zur Kündigung des Prüfungsauftrags durchgeführten Prüfungshandlungen möglich ist. Ob und inwieweit der AP die geforderten Feststellungen treffen kann, ist nach den Verhältnissen des Einzelfalls zu entscheiden. Insbesondere die Berichterstattung nach § 321 Abs. 1 Satz 3 und Abs. 2 Satz 2 HGB wird nur in Ausnahmefällen, wenn eine Kündigung erst gegen Ende der Prüfung erfolgt, vorgenommen werden können.[73]

90 Der AP hat darauf hinzuweisen, wenn bestimmte Vorgänge bis zum Ende der Prüfungshandlungen noch **nicht abschließend beurteilt** werden konnten, diese sich nach Einschätzung des AP aber auf die Ordnungsmäßigkeit der Rechnungslegung auswirken können.

91 Nach erklärter Kündigung hat der AP **über das bisherige Ergebnis** seiner bisherigen Prüfungshandlungen **Bericht zu erstatten**. Dieser Prüfungsbericht muss den gesetzlichen Vertretern oder dem Aufsichtsrat vorgelegt werden. Im Prüfungsbericht sollten für jedes Prüffeld, das der kündigende Prüfer geprüft hat, Urteile enthalten sein. Alle außergewöhnlichen Sachverhalte müssen aufgeführt werden, um dem neuen Prüfer eine schnelle Einarbeitung zu ermöglichen. Der scheidende AP ist verpflichtet, dem neuen AP verlangte Auskünfte zu erteilen.[74]

---

[70] Vgl. *Baetge/Thiele*, in *Küting/Pfitzer/Weber*, HdR, HGB § 318, Rn 155, Stand 10/2010.
[71] Vgl. IDW PS 450, Tz 150 ff.
[72] Vgl. IDW PS 450, Tz 151.
[73] Vgl. IDW PS 450, Tz 152.
[74] Vgl. ADS, 6. Aufl., § 318 HGB, Rz 451 ff. Nach § 26 Abs. 3 BS WP/vBP ist der bisherige AP verpflichtet, dem neuen AP die Kündigung und den Prüfungsbericht zu erläutern, soweit dem nicht die Verschwiegenheitspflicht, andere gesetzliche Bestimmungen oder berechtigte Interessen des bisherigen AP nicht entgegenstehen. Die Einsichtnahme in die Arbeitspapiere des scheidenden AP dürfte von der Auskunftspflicht nicht umfasst sein.

8 Mitteilungs- und Vorlagepflichten als Konsequenz der Kündigung des Abschlussprüfers (Abs. 7)

8.1 Allgemeines

Kündigt der AP gem. § 318 Abs. 6 HGB aus wichtigem Grund, so hat im prüfungspflichtigen Unt das Organ, an das die Kündigungserklärung gerichtet ist, bestimmte, in § 318 Abs. 7 HGB geregelte **Mitteilungs- und Vorlagepflichten**. Diese Pflichten treffen grds. die **gesetzlichen Vertreter** des prüfungspflichtigen Unt. Wenn allerdings der Prüfungsauftrag vom **Aufsichtsrat** erteilt worden ist, ist dieser auch Adressat der Kündigungserklärung. Den Aufsichtsrat treffen dann auch die entsprechenden Folgepflichten.

92

8.2 Kündigungsfolgen

Der jeweilige Adressat der Kündigungserklärung hat die Kündigung dem Aufsichtsrat, der nächsten HV bzw. bei der GmbH den **Gesellschaftern mitzuteilen**. Ist der Aufsichtsrat Adressat der Kündigungserklärung, hat dieser die gesetzlichen Vertreter zu unterrichten.
Der Empfänger der Kündigungserklärung ist ferner zur Vorlage des **Berichts des AP** verpflichtet. Dieser ist nach § 318 Abs. 7 Satz 2 HGB unverzüglich dem Aufsichtsrat vorzulegen.[75] Jedes AR-Mitglied hat das Recht, den Bericht nach § 318 Abs. 7 Satz 3 HGB zur Kenntnis zu nehmen und außerdem den Bericht des AP zu erhalten, sofern der Aufsichtsrat nicht nach § 318 Abs. 7 Satz 4 HGB beschlossen hat, den Prüfungsbericht nur an die Mitglieder eines Ausschusses auszuhändigen.[76]

93

Auch der **neue AP** hat Anspruch auf Aushändigung des Prüfungsberichts seines Vorgängers. Früher war dies zwar gesetzlich nicht explizit geregelt. Dennoch gehörte der Prüfungsbericht schon bisher zu den Unterlagen, die die prüfungspflichtige Ges. dem AP nach § 320 HGB aushändigen musste. Durch die **Ergänzung** von § 320 HGB um einen **Abs. 4** im Rahmen des **BilMoG** ist dies nunmehr auch ausdrücklich im Gesetz geregelt.[77] Danach hat der neue AP gegenüber dem bisherigen AP jetzt auch einen direkten, gesetzlich normierten Anspruch auf die Aushändigung des Prüfungsberichts.

94

Auf die Einsicht in den Prüfungsbericht seines Vorgängers darf der neue AP nicht verzichten, da er sonst gegen die Verpflichtung zur gewissenhaften Prüfung nach § 323 Abs. 1 HGB bzw. § 43 WPO verstoßen würde. Dazu gehört zwingend auch die Einsicht in die schriftliche Kündigungsbegründung seines Vorgängers.[78]

---

[75] Vgl. *Schmidt/Heinz*, in Beck Bil-Komm., 10. Aufl., § 318 HGB, Rz 36.
[76] Vgl. *Baetge/Thiele*, in *Küting/Pfitzer/Weber*, HdR, HGB § 318, Rn 159, Stand 10/2010.
[77] Vgl. die Ausführungen zu § 320 Abs. 4 HGB.
[78] Hinsichtlich der Pflichten bei vorzeitiger Beendigung eines Prüfungsauftrags enthält § 26 BS WP/vBP konkrete berufsrechtliche Gebote.

9 Information der Wirtschaftsprüferkammer bei Kündigung oder Widerruf des Prüfungsauftrags (Abs. 8)

95 Mit § 318 Abs. 8 HGB ist durch das BilMoG Art. 38 Abs. 2 der (früheren) Abschlussprüferrichtlinie 2006/43/EG in nationales Recht umgesetzt worden. Der **Zweck** von § 318 Abs. 8 HGB besteht darin, zu verhindern, dass sich der AP und das zu prüfende Unt während der Laufzeit des Prüfungsvertrags unzulässigerweise – und unbemerkt – möglicherweise sogar einvernehmlich trennen.

Die Beendigung eines bestehenden Prüfungsauftrags ist für den AP und das zu prüfende Unt zum Schutz der Unabhängigkeit des AP im Fall der gesetzlichen Abschlussprüfung bislang schon nur sehr eingeschränkt – nämlich grds. allein durch Widerruf oder Kündigung – möglich. Der Widerruf eines bestehenden Prüfungsauftrags nach § 318 Abs. 1 Satz 5 HGB setzt die Bestellung eines anderen AP voraus, die nur unter den einschränkenden Voraussetzungen des § 318 Abs. 3 HGB überhaupt möglich ist. Die Kündigung eines bestehenden Prüfungsauftrags ist gem. § 318 Abs. 6 Satz 2 HGB nur aus wichtigem Grund und nur durch den AP möglich.

96 Neben diesen sehr stark eingeschränkten Möglichkeiten der Beendigung eines bestehenden Prüfungsauftrags zur Durchführung einer gesetzlich vorgeschriebenen Abschlussprüfung tritt das Erfordernis, die zuständige Stelle mit einer ausreichenden Begründung unverzüglich über die Beendigung zu unterrichten. Nach den Vorgaben der Abschlussprüferrichtlinie muss die entsprechende **zuständige Stelle** – in Deutschland die WPK – über die Abberufung bzw. den Rücktritt eines Prüfers **unverzüglich informiert** werden. Die **Unterrichtung** hat **sowohl durch den WP als auch durch die gesetzlichen Vertreter** der Ges. zu erfolgen.[79] Eine Beendigung eines laufenden Prüfungsvertrages ist schriftlich und ausführlich zu begründen, um die WPK in die Lage zu versetzen, die Rechtmäßigkeit dieser Beendigung zu überprüfen.[80] In der Begründung sollen beide Seiten ihre Einschätzung der Lage darlegen, damit die WPK die Argumente hinreichend würdigen kann. Durch die Einbeziehung der WPK soll der Prozess der Kündigung bzw. des Widerrufs zukünftig stärker objektiviert werden.[81]

---

[79] Da diese gesetzliche Anforderung dem betroffenen Unt zumindest nicht immer bekannt sein dürfte, ist ein diesbezüglicher Hinweis des AP an die gesetzlichen Vertreter empfehlenswert.
[80] Gefordert ist eine detaillierte Darlegung des zugrunde liegenden Sachverhalts nebst der hieraus gezogenen Schlussfolgerung.
[81] Zum Verfahren der WPK bei Mitteilungen nach § 318 Abs. 8 HGB vgl. WPK Magazin, 2/2010, S. 30.

§ 319 Auswahl der Abschlussprüfer und Ausschlussgründe

(1) ¹Abschlussprüfer können Wirtschaftsprüfer und Wirtschaftsprüfungsgesellschaften sein. ²Abschlussprüfer von Jahresabschlüssen und Lageberichten mittelgroßer Gesellschaften mit beschränkter Haftung (§ 267 Abs. 2) oder von mittelgroßen Personenhandelsgesellschaften i. S. d. § 264a Abs. 1 können auch vereidigte Buchprüfer und Buchprüfungsgesellschaften sein. ³Die Abschlussprüfer nach den Sätzen 1 und 2 müssen über einen Auszug aus dem Berufsregister verfügen, aus dem sich ergibt, dass die Eintragung nach § 38 Nummer 1 Buchstabe h oder Nummer 2 Buchstabe f der Wirtschaftsprüferordnung vorgenommen worden ist; Abschlussprüfer, die erstmalig eine gesetzlich vorgeschriebene Abschlussprüfung nach § 316 des Handelsgesetzbuchs durchführen, müssen spätestens sechs Wochen nach Annahme eines Prüfungsauftrages über den Auszug aus dem Berufsregister verfügen. ⁴Die Abschlussprüfer sind während einer laufenden Abschlussprüfung verpflichtet, eine Löschung der Eintragung unverzüglich gegenüber der Gesellschaft anzuzeigen.

(2) ¹Ein Wirtschaftsprüfer oder vereidigter Buchprüfer ist als Abschlussprüfer ausgeschlossen, wenn während des Geschäftsjahres, für dessen Schluss der zu prüfende Jahresabschluss aufgestellt wird, oder während der Abschlussprüfung Gründe, insbesondere Beziehungen geschäftlicher, finanzieller oder persönlicher Art, vorliegen, nach denen die Besorgnis der Befangenheit besteht.

(3) ¹Ein Wirtschaftsprüfer oder vereidigter Buchprüfer ist insbesondere von der Abschlussprüfung ausgeschlossen, wenn er oder eine Person, mit der er seinen Beruf gemeinsam ausübt,
1. Anteile oder andere nicht nur unwesentliche finanzielle Interessen an der zu prüfenden Kapitalgesellschaft oder eine Beteiligung an einem Unternehmen besitzt, das mit der zu prüfenden Kapitalgesellschaft verbunden ist oder von dieser mehr als zwanzig vom Hundert der Anteile besitzt;
2. gesetzlicher Vertreter, Mitglied des Aufsichtsrats oder Arbeitnehmer der zu prüfenden Kapitalgesellschaft oder eines Unternehmens ist, das mit der zu prüfenden Kapitalgesellschaft verbunden ist oder von dieser mehr als zwanzig vom Hundert der Anteile besitzt;
3. über die Prüfungstätigkeit hinaus bei der zu prüfenden oder für die zu prüfende Kapitalgesellschaft in dem zu prüfenden Geschäftsjahr oder bis zur Erteilung des Bestätigungsvermerks
   a) bei der Führung der Bücher oder der Aufstellung des zu prüfenden Jahresabschlusses mitgewirkt hat,
   b) bei der Durchführung der internen Revision in verantwortlicher Position mitgewirkt hat,
   c) Unternehmensleitungs- oder Finanzdienstleistungen erbracht hat oder
   d) eigenständige versicherungsmathematische oder Bewertungsleistungen erbracht hat, die sich auf den zu prüfenden Jahresabschluss nicht nur unwesentlich auswirken,
   sofern diese Tätigkeiten nicht von untergeordneter Bedeutung sind; dies gilt auch, wenn eine dieser Tätigkeiten von einem Unternehmen für die zu

prüfende Kapitalgesellschaft ausgeübt wird, bei dem der Wirtschaftsprüfer oder vereidigte Buchprüfer gesetzlicher Vertreter, Arbeitnehmer, Mitglied des Aufsichtsrats oder Gesellschafter, der mehr als zwanzig vom Hundert der den Gesellschaftern zustehenden Stimmrechte besitzt, ist;
4. bei der Prüfung eine Person beschäftigt, die nach den Nummern 1 bis 3 nicht Abschlussprüfer sein darf;
5. in den letzten fünf Jahren jeweils mehr als dreißig vom Hundert der Gesamteinnahmen aus seiner beruflichen Tätigkeit von der zu prüfenden Kapitalgesellschaft und von Unternehmen, an denen die zu prüfende Kapitalgesellschaft mehr als zwanzig vom Hundert der Anteile besitzt, bezogen hat und dies auch im laufenden Geschäftsjahr zu erwarten ist; zur Vermeidung von Härtefällen kann die Wirtschaftsprüferkammer befristete Ausnahmegenehmigungen erteilen.

²Dies gilt auch, wenn der Ehegatte oder der Lebenspartner einen Ausschlussgrund nach Satz 1 Nr. 1, 2 oder 3 erfüllt.

(4) ¹Wirtschaftsprüfungsgesellschaften und Buchprüfungsgesellschaften sind von der Abschlussprüfung ausgeschlossen, wenn sie selbst, einer ihrer gesetzlichen Vertreter, ein Gesellschafter, der mehr als zwanzig vom Hundert der den Gesellschaftern zustehenden Stimmrechte besitzt, ein verbundenes Unternehmen, ein bei der Prüfung in verantwortlicher Position beschäftigter Gesellschafter oder eine andere von ihr beschäftigte Person, die das Ergebnis der Prüfung beeinflussen kann, nach Absatz 2 oder Absatz 3 ausgeschlossen sind. ²Satz 1 gilt auch, wenn ein Mitglied des Aufsichtsrats nach Absatz 3 Satz 1 Nr. 2 ausgeschlossen ist oder wenn mehrere Gesellschafter, die zusammen mehr als zwanzig vom Hundert der den Gesellschaftern zustehenden Stimmrechte besitzen, jeweils einzeln oder zusammen nach Absatz 2 oder Absatz 3 ausgeschlossen sind.

(5) ¹Absatz 1 Satz 3 sowie die Absätze 2 bis 4 sind auf den Abschlussprüfer des Konzernabschlusses entsprechend anzuwenden.

WP StB Harm Dodenhoff

Inhaltsübersicht	Rz
1 Überblick	1–12
1.1 Anwendungsbereich und Normenzusammenhang	1–5
1.2 Grundlagen der Vorschriften zur Unabhängigkeit des Abschlussprüfers	6–7
1.3 Grundstruktur der Vorschrift	8–12
2 Voraussetzungen für die Eignung als Abschlussprüfer (Abs. 1)	13–21
2.1 Als Abschlussprüfer zugelassener Personenkreis (Abs. 1 Sätze 1 und 2)	13–18
2.2 Teilnahme an der Qualitätskontrolle (Abs. 1 Satz 3)	19–21
3 Allgemeiner Ausschlussgrund: Besorgnis der Befangenheit (Abs. 2)	22–35
4 Besondere Ausschlussgründe (Abs. 3)	36–72
4.1 Gemeinsame Berufsausübung (Abs. 3 Satz 1)	36–38

4.2 Finanzielle Interessen (Abs. 3 Satz 1 Nr. 1)............	39–44
4.3 Organzugehörigkeit und Arbeitnehmereigenschaft in der zu prüfenden Kapitalgesellschaft (Abs. 3 Satz 1 Nr. 2)....	45–48
4.4 Ausübung bestimmter Tätigkeiten (Abs. 3 Satz 1 Nr. 3) ..	49–64
4.4.1 Allgemeines..............................	49–50
4.4.2 Buchführung und Aufstellung des Jahresabschlusses	51–56
4.4.3 Interne Revision	57
4.4.4 Unternehmensleitungs- und Finanzdienstleistungen	58–60
4.4.5 Versicherungsmathematische oder Bewertungsleistungen..................................	61–64
4.5 Einsatz von befangenen Personen (Abs. 3 Satz 1 Nr. 4) ...	65–68
4.6 Umsatzabhängigkeit (Abs. 3 Satz 1 Nr. 5).............	69–71
4.7 Ehegatten und Lebenspartner......................	72
5 Ausschlussgründe für Prüfungsgesellschaften (Abs. 4)........	73–78
6 Ausschlussgründe für Konzernabschlussprüfer (Abs. 5)	79–81
7 Rechtsfolgen bei Verstößen gegen § 319 HGB..............	82–86

1 Überblick

1.1 Anwendungsbereich und Normenzusammenhang

§ 319 HGB regelt die bei gesetzlich vorgeschriebenen Abschlussprüfung an die Unabhängigkeit des AP zu stellenden Anforderungen. Die Vorschrift gilt für alle Abschlussprüfungen, bei denen ein Bestätigungsvermerk erteilt wird, und ist von den betreffenden AP und den beauftragenden Organen der prüfungspflichtigen Unt zu beachten. **1**

Der vorgesehene AP hat vor Annahme eines Mandats zur Durchführung einer Abschlussprüfung sowie während der gesamten Dauer der Auftragsdurchführung zu prüfen, ob die Unbefangenheit gefährdende Umstände vorliegen bzw. ein gesetzlicher Ausschlusstatbestand erfüllt ist.[1] **2**

Der Aufsichtsrat bzw. der Prüfungsausschuss soll nach dem **DCGK** vor Unterbreitung des Wahlvorschlags eine Erklärung des vorgesehenen AP einholen, ob und ggf. welche beruflichen, finanziellen oder sonstigen Beziehungen zwischen dem Prüfer und seinen Organen und dem Prüfungsteam einerseits und dem Unt und seinen Organmitgliedern andererseits bestehen, die Zweifel an der Unabhängigkeit des AP begründen können. Außerdem soll der Aufsichtsrat mit dem AP vereinbaren, dass der Vorsitzende des Aufsichtsrates bzw. des Prüfungsausschusses über während der Prüfung auftretende mögliche Ausschluss- oder Befangenheitsgründe unverzüglich unterrichtet wird, soweit diese nicht umgehend beseitigt werden.[2]

Bei § 319 HGB handelt es sich um **zwingendes Recht**. Durch Satzungsbestimmungen bzw. gesonderte Regelungen können keine nach § 319 HGB ausgeschlossenen Personen als AP zugelassen werden. Dagegen sind über das HGB hinausgehende gesonderte Bestimmungen hinsichtlich des AP soweit **3**

---

[1] Vgl. BS WP/vBP aF, § 21 Abs. 5 bzw. BS WP/vBP nF, § 29 Abs. 5.
[2] Vgl. hierzu IDW PS 345, Tz 36.

zulässig, als sie mit dem Prüfungszweck im Einklang stehen und die Auswahl des AP nicht wesentlich einengen.[3]

4 Über § 319 HGB hinausgehend, sind bei Abschlussprüfungen von Unt von öffentlichem Interesse weitergehende Anforderungen an die Unabhängigkeit des AP zu stellen, die in § 319a HGB konkretisiert werden.

5 Durch § 319b HGB wird die Anwendung der Unabhängigkeitsvorschriften der § 319 und § 319a HGB unter bestimmten Voraussetzungen auf sog. Netzwerke ausgedehnt.

1.2 Grundlagen der Vorschriften zur Unabhängigkeit des Abschlussprüfers

6 Die Vorschriften zur Unabhängigkeit des AP gehen zurück auf Art. 24 und 25 der 8. EU-RL (84/253/EWG). Diese verpflichten die Mitgliedstaaten dazu, Regelungen zu treffen, dass AP eine Pflichtprüfung weder in eigenem noch im Namen einer Prüfungsgesellschaft durchführen dürfen, wenn sie nach dem Recht des betreffenden Mitgliedstaats nicht unabhängig sind.

Als Grundlage für die Harmonisierung der Unabhängigkeitsvorschriften in den EU-Mitgliedstaaten hatte die EU-Kommission dazu im Mai 2002 eine Empfehlung veröffentlicht, nach der ein AP eine gesetzlich vorgeschriebene Abschlussprüfung nicht durchführen darf, wenn zwischen ihm und dem zu prüfenden Unt finanzielle, geschäftliche oder sonstige Beziehungen bestehen, die einen sachverständigen und informierten Dritten veranlassen würden, die Unabhängigkeit des AP infrage zu stellen.[4] Als die Unabhängigkeit des AP gefährdende Faktoren werden in der Empfehlung genannt:
- Eigeninteresse,
- Überprüfung eigener Leistungen,
- Interessenvertretung,
- Vertrautheit oder Vertrauen,
- Einschüchterung.

Wenn diese Faktoren vorliegen, hat der AP geeignete Maßnahmen zu ergreifen, um die Besorgnis der Befangenheit zu vermeiden oder auf ein akzeptables Maß zu reduzieren. Sofern dies nicht möglich ist, hat er seine Tätigkeit zu versagen.

7 Die Umsetzung der wesentlichen Punkte dieser EU-Empfehlung in nationales Recht ist durch den deutschen Gesetzgeber mit dem BilReG erfolgt, wobei in § 319 HGB Unabhängigkeitsanforderungen aufgenommen wurden, die bei allen Pflichtprüfungen gelten, und in § 319a HGB solche, die nur bei der Prüfung von Unt von öffentlichem Interesse zu beachten sind. Beide Vorschriften sind durch das AReG geändert worden.

Mit dem BilMoG wurde die Anwendung der Unabhängigkeitsvorschriften durch die Einfügung von § 319b HGB bei entsprechender Zugehörigkeit des AP unter bestimmten Voraussetzungen auf Netzwerke ausgedehnt.

---

[3] Vgl. *Schmidt/Nagel*, in Beck Bil-Komm., 10. Aufl., 2016, § 319 HGB, Rz 5.
[4] Empfehlung der Kommission vom 16.5.2002, Unabhängigkeit der Abschlussprüfer in der EU: Grundprinzipien, 2002/590/EG.

1.3 Grundstruktur der Vorschrift

Abs. 1 bestimmt, dass AP nur WP oder WPG sowie für bestimmte Unt auch vBP oder BPG sein dürfen, die zudem über einen Auszug aus dem Berufsregister verfügen müssen, aus dem sich ergibt, dass die Eintragung nach § 38 Nr. 1 Buchst. h oder Nr. 2 Buchst. f WPO als AP vorgenommen worden ist. 8

Abs. 2 enthält als **allgemeinen Ausschlusstatbestand** den Grundsatz, dass ein WP oder vBP als AP ausgeschlossen ist, wenn die **Besorgnis der Befangenheit** besteht. 9

In Abs. 3 wird der allgemein in Abs. 2 definierte **Unabhängigkeitsgrundsatz** durch die Aufzählung einzelner nicht mit der Unabhängigkeit des AP zu vereinbarender Sachverhalte konkretisiert. Bei Vorliegen einer der in Abs. 3 aufgeführten Tatbestände besteht die unwiderlegbare Vermutung, dass der betreffende WP bzw. vBP als AP ausgeschlossen ist. 10

Bei nicht in der Liste des Abs. 3 aufgeführten Sachverhalten, die aber von Abs. 2 erfasst werden, ist dagegen nach den Umständen des Einzelfalls zu entscheiden, ob eine Besorgnis der Befangenheit vorliegt.

In Abs. 4 wird die Anwendung der Ausschlusstatbestände der Abs. 2 und 3 auf WPG und BPG übertragen. 11

Abs. 5 bestimmt die entsprechende Anwendung des Abs. 1 Satz 3 sowie der Abs. 2 und 4 auf die Konzernabschlussprüfung. 12

2 Voraussetzungen für die Eignung als Abschlussprüfer (Abs. 1)

2.1 Als Abschlussprüfer zugelassener Personenkreis (Abs. 1 Sätze 1 und 2)

Gem. Abs. 1 sind als AP generell nur **WP** und **WPG** sowie für die Prüfung mittelgroßer GmbH (§ 267 Abs. 2 HGB) und mittelgroßer KapCoGes (§ 264a HGB) auch **vBP** und **BPG** zugelassen. 13

Mit der Reform des GmbH-Rechts durch das MoMiG[5] ist die Möglichkeit einer vereinfachten Gründung von UG in das GmbHG aufgenommen worden. Da es sich bei der UG um eine besondere Form der GmbH handelt, für die spezielle Regeln gelten, können Jahresabschlüsse mittelgroßer UG auch von vBP und BPG geprüft werden.

WP bzw. vBP werden öffentlich bestellt.[6] WPG bzw. BPG unterliegen einem Anerkennungsverfahren.[7] Alle WP, WPG, vBP und BPG sind Pflichtmitglieder der WPK und werden von dieser in einem öffentlichen Berufsregister geführt.[8] 14

Die **Bestellung** zum WP bzw. vBP oder die **Anerkennung** als WPG bzw. BPG muss zum Zeitpunkt der Wahl und danach bis zum Abschluss der Prüfung, d.h. bis zur Erteilung des Bestätigungsvermerks bzw. zur Auslieferung des Prüfungsberichts, gegeben sein. 15

---

5   Gesetz zur Modernisierung des GmbH-Rechts und zur Bekämpfung von Missbräuchen vom 23.10.2008, BGBl 2008 I S. 2026.
6   § 1 Abs. 1 WPO.
7   § 1 Abs. 3 WPO.
8   Vgl. http://www.wpk.de/register/, letzter Abruf am 1.8.2017.

16 Gem. § 27 WPO können WPG in der Rechtsform der AG, SE, KGaA, GmbH, OHG, KG, als KapCoGes oder als Partnerschaftsgesellschaft anerkannt werden.
17 Eine BGB-Ges. kann nicht als WPG anerkannt werden (§ 27 WPO), weshalb eine **Sozietät** mehrerer WP oder vBP, die i.d.R. als BGB-Ges. betrieben wird, nicht als AP gewählt werden kann.
18 Für Unt, die Ende 1989 als gemeinnützige Wohnungsunternehmen oder als Organe der staatlichen Wohnungspolitik anerkannt waren, darf gem. Art. 25 Abs. 1 EGHGB auch der zuständige Prüfungsverband als AP bestellt werden.

2.2 Teilnahme an der Qualitätskontrolle (Abs. 1 Satz 3)

19 Nach § 57a Abs. 1 WPO sind WP/WPG/vBP/BPG, die gesetzlich vorgeschriebene Abschlussprüfungen oder von der BAFin beauftragte betriebswirtschaftliche Prüfungen durchführen, verpflichtet, sich einer **externen Qualitätskontrolle** zu unterziehen. Die Qualitätskontrolle dient der Überwachung, ob das in der Praxis des AP eingerichtete Qualitätssicherungssystem angemessen ist und die Regelungen des Qualitätssicherungssystems eingehalten werden (§ 57a Abs. 2 Satz 1 WPO). Sie wird von bei der WPK registrierten Prüfern für Qualitätskontrolle durchgeführt,[9] die in einem Qualitätskontrollbericht über die Durchführung der Qualitätskontrolle und deren Ergebnisse zu berichten haben.[10] In seinem Prüfungsurteil, das Bestandteil des Qualitätskontrollberichts ist, stellt der Prüfer für Qualitätskontrolle fest, ob Sachverhalte bekannt geworden sind, die gegen die Annahme sprechen, dass das in der Prüfungspraxis eingeführte Qualitätssicherungssystem im Einklang mit den gesetzlichen Vorschriften und der Berufssatzung steht und mit hinreichender Sicherheit eine ordnungsgemäße Abwicklung von Abschlussprüfungen nach § 316 HGB und von betriebswirtschaftlichen Prüfungen, die von der BaFin beauftragt werden, gewährleistet (Negativabgrenzung) werden.[11] Sofern das Prüfungsurteil des Prüfers für Qualitätskontrolle nicht versagt wurde, hat die WPK nach der bis zum 16.6.2016 geltenden Rechtslage nach Vorlage des Qualitätskontrollberichts eine Teilnahmebescheinigung erteilt.[12]

Mit dem in Kraft treten des APAReG ist das System der Teilnahmebescheinigungen ab dem 17.6.2016 auf ein Registrierungssystem umgestellt worden, bei dem WP bzw. WPG und vBP bzw. BPG, die gesetzliche Abschlussprüfungen nach § 316 HGB durchführen, dies bei der WPK anzeigen müssen, um daraufhin im Berufsregister entsprechend registriert und in das System der Qualitätskontrolle einbezogen zu werden.[13]

Gem. § 40 Abs. 3 WPO übermittelt die WPK der geprüften Praxis auf Antrag einen entsprechenden Auszug aus dem Berufsregister.

Die Registrierung als Abschlussprüfer wird im Berufsregister gelöscht, wenn
- die Qualitätskontrolle nicht innerhalb der von der Kommission für Qualitätskontrolle (KfQK) vorgegebenen Frist durchgeführt worden ist,
- wesentliche Prüfungshemmnisse festgestellt worden sind oder

---

[9] § 57a Abs. 3 Satz 1 WPO.
[10] § 57a Abs. 5 Satz 1 WPO.
[11] § 57a Abs. 5 Satz 4 WPO.
[12] § 57a Abs. 6 Satz 7 WPO aF.
[13] § 57a Abs. 1 i.V.m. § 38 Nr. 1 Buchst. h oder Nr. 2 Buchst. f WPO.

- wesentliche Mängel im Qualitätssicherungssystem festgestellt worden sind, die das Qualitätssicherungssystem als unangemessen oder unwirksam erscheinen lassen.[14]

Nach Abs. 1 Satz 3 mussten AP bis zum 16.6.2016 über eine wirksame **Bescheinigung** über die Teilnahme an der Qualitätskontrolle nach § 57a WPO oder über eine von der WPK erteilte **Ausnahmegenehmigung** von der Pflicht zur Teilnahme an diesem Verfahren verfügen. Eine Anpassung der Vorschrift an die oben beschriebene Umstellung der Qualitätskontrolle von Teilnahmebescheinigungen auf ein Registrierungssystem (Rz 19) ist im Zuge des AReG erfolgt, so dass bei der Anwendung der Vorschrift nunmehr auf die Registrierung im Berufsregister als AP abzustellen ist. 20

Nach alter Rechtslage musste die wirksame Bescheinigung über die Teilnahme an der Qualitätskontrolle oder die Ausnahmegenehmigung der WPK spätestens zum Zeitpunkt der Wahl des AP durch das zuständige Gesellschaftsorgan (§ 318 Rz 9ff.) vorliegen. Wenn dies nicht der Fall war, wurde ein Wahlbeschluss, der unter der Bedingung gefasst wurde, dass eine Teilnahmebescheinigung bzw. eine Ausnahmegenehmigung bis zum Beginn der Prüfungshandlungen vorliegt, für zulässig gehalten. Nach dem Wortlaut des § 57a Abs. 1 Satz 1 WPO aF musste die Teilnahmebescheinigung bzw. die Ausnahmegenehmigung jedenfalls spätestens bei Annahme des Prüfungsauftrags durch den AP und für die gesamte Dauer der Abschlussprüfung vorliegen.[15] 21

Nach dem in Kraft treten des APAReG hat sich die Rechtslage insoweit geändert, als der AP weder zum Zeitpunkt der Wahl noch bei der Auftragsannahme schon als AP im Berufsregister eingetragen sein muss. Die für die Registrierung notwendige Anzeige bei der WPK ist erst spätestens zwei Wochen nach der Annahme des ersten Prüfungsauftrags vorzunehmen[16] und der Auszug aus dem Berufsregister muss dem AP erst sechs Wochen nach der Annahme des Prüfungsantrags vorliegen.

Für den Fall, dass die Teilnahmebescheinigung vor Beendigung der Abschlussprüfung nach § 57e Abs. 2 Satz 3 oder Abs. 3 Satz 2 WPO aF widerrufen wurde, lag nach alter Rechtslage ein wichtiger Kündigungsgrund nach § 318 Abs. 6 HGB vor und der AP war aus berufsrechtlichen Gründen zur Kündigung des Prüfungsauftrags verpflichtet. Das gilt auch nach der neuen Rechtslage, wenn die Registrierung als Abschlussprüfer nach § 57e Abs. 2 Satz 3 i.V.m. § 57a Abs. 6a WPO aufgrund einer entsprechenden Entscheidung der KfQK im Berufsregister gelöscht wird.

3 Allgemeiner Ausschlussgrund: Besorgnis der Befangenheit (Abs. 2)

Gem. Abs. 2 ist ein WP bzw. vBP als AP ausgeschlossen, wenn Gründe vorliegen, nach denen die Besorgnis der Befangenheit besteht. Dies können insb. Beziehungen geschäftlicher, finanzieller oder persönlicher Art sein. Es handelt sich hierbei um den allgemeinen Grundsatz der Unabhängigkeit des 22

---

[14] § 57a Abs. 6a WPO.
[15] Vgl. LG Berlin, Beschluss v. 8.11.2011, WiL 2/11, in WPKM 1/2012 S. 46f.
[16] § 57a Abs. 1 WPO.

AP. In der Vorschrift sind Sachverhalte aufgeführt, aus denen sich die Besorgnis der Befangenheit ergeben kann. Eine Aussage zu den Wirkungsmechanismen, durch die die Freiheit der Urteilsbildung beeinträchtigt werden kann, ist dagegen in der Vorschrift nicht enthalten.[17]
Folgende **Faktoren** (Wirkungsmechanismen) sind bei der Beurteilung, ob **Besorgnis der Befangenheit** vorliegt, relevant:[18]
- wirtschaftliches oder sonstiges Eigeninteresse des AP von nicht nur untergeordneter Bedeutung am Ergebnis der Prüfung,
- Darstellungen im Abschluss, an deren Gestaltung der AP mitgewirkt hat (Selbstprüfung),
- Vertretung der Interessen für oder gegen das zu prüfende Unt durch den AP,
- übermäßiges Vertrauen bzw. Vertrautheit des AP durch Beziehungen zur Unternehmensleitung,
- besondere Einflussnahmen durch das zu prüfende Unt.

Dies sind auch die Faktoren, die den in Abs. 3 geregelten Katalogtatbeständen zugrunde liegen.

23   Ob im Einzelfall eine **Besorgnis der Befangenheit** besteht, bestimmt sich nicht danach, ob tatsächlich Befangenheit gegeben ist oder der AP sich selbst für befangen hält, sondern nach der Sicht eines vernünftigen und sachverständigen Dritten und nach Art und Umfang objektiver Gründe, die bei dem Dritten Zweifel an der Unvoreingenommenheit des AP wecken können (**independence in appearance**).[19] Der Anwendungsbereich des Abs. 2 setzt sich dabei nur aus Sachverhalten zusammen, die entweder nicht in Abs. 3, § 319a und § 319b HGB genannt sind oder die zwar vom Grunde her von diesen Vorschriften erfasst sind, bei denen aber aufgrund des Nichterreichens von darin festgelegten quantitativen Grenzen (z.B. im Zusammenhang mit den Vorschriften zur Umsatzabhängigkeit oder zur internen Rotation) die diesen Katalogtatbeständen immanente unwiderlegbare Vermutung, dass die Besorgnis der Befangenheit besteht, nicht gegeben ist. Dazu wird in § 22a Abs. 3 BS WP/vBP aF bzw. § 31 Abs. 3 BS WP/vBP nF ausgeführt, dass in Fällen, in denen die Tatbestandsmerkmale der §§ 319 Abs. 3, 319a HGB nicht vollständig erfüllt sind, Besorgnis der Befangenheit nur dann bestehen kann, wenn zusätzliche Umstände (z.B. eine besondere wirtschaftliche Bedeutung des betreffenden Sachverhalts) eine nicht unbedeutende Gefährdung der Unbefangenheit begründen.

24   § 2 BS WP/vBP konkretisiert den Grundsatz der Unabhängigkeit als **allgemeine Berufspflicht** des WP/vBP gem. § 43 Abs. 1 WPO. Dort werden in Abs. 2 Tatbestände genannt, die mit dem Grundsatz der Unabhängigkeit nicht vereinbar und damit berufswidrig sind.

---

17   Vgl. *Schmidt/Nagel*, in Beck Bil-Komm., 10. Aufl., 2016, § 319 HGB, Rz 20.
18   Vgl. BT-Drs. 15/3419, S. 38.
19   Vgl. BT-Drs. 15/3419, S. 38.

Beispiel
Im Einzelnen sind dies:
- Vereinbarung von **Erfolgshonoraren**

Beispiel
Der AP und das zu prüfende Unt vereinbaren, dass sich das Prüfungshonorar um 15 % des unter normalen Umständen abrechenbaren Honorarvolumens erhöht, wenn der in dem geprüften Jahresabschluss ausgewiesene Jahresüberschuss einen bestimmten Betrag übersteigt.

Ergebnis
Es besteht die Besorgnis der Befangenheit, weil der AP ein wirtschaftliches Eigeninteresse am Ergebnis der Abschlussprüfung hat.
- **Verknüpfung** der Honorarvereinbarung für die Abschlussprüfung mit weiteren Bedingungen

Beispiel
Der AP akzeptiert ein besonders niedriges Honorar für die Durchführung der Abschlussprüfung unter der Bedingung, dass er durch Beratungsaufträge ein bestimmtes zusätzliches Honorarvolumen von dem zu prüfenden Unt erhält.

Ergebnis
Es besteht die Besorgnis der Befangenheit, weil in der Verknüpfung der Abschlussprüfung mit den zusätzlichen Beratungsaufträgen ein besonderes wirtschaftliches Eigeninteresse des AP zum Ausdruck kommt.
- Entgegennahme oder Zahlung von **Vermittlungsprovisionen**

Beispiel
Der AP und ein Dritter vereinbaren, dass der Dritte für die Vermittlung eines Prüfungsmandats 5 % der für dieses Mandat abgerechneten Honorarumsätze erhält.

Ergebnis
Es besteht die Besorgnis der Befangenheit, weil in der Bereitschaft des AP, eine Vermittlungsprovision zu zahlen, ein besonderes wirtschaftliches Eigeninteresse an der Durchführung der Prüfung zum Ausdruck kommt.
- Übernahme von **Mandantenrisiken**

Beispiel
Der AP übernimmt gegenüber dem geprüften Unt oder einem Dritten die Garantie, dass der Wert bestimmter im Jahresabschluss bilanzierter VG einen bestimmten Betrag nicht unterschreitet (Ausbietungsgarantie).

Ergebnis
Aufgrund übernommener Mandantenrisiken besteht die Besorgnis der Befangenheit, weil der AP dadurch ein wirtschaftliches Eigeninteresse am Ergebnis der Prüfung hat und darüber hinaus in der Risikoübernahme eine besondere Nähe zum geprüften Unt zum Ausdruck kommt.
- Annahme von **Versorgungsbezügen**

> **Beispiel**
> Der AP und das geprüfte Unt vereinbaren anstelle eines festen Prüfungshonorars, dass der AP mit Vollendung des 65. Lebensjahrs monatliche Versorgungsbezüge in einer bestimmten Höhe erhält.
>
> **Ergebnis**
> Durch die Vereinbarung von Versorgungsbezügen besteht die Besorgnis der Befangenheit, weil sich der AP durch die lange wirtschaftliche Bindung in eine besondere Nähe zu dem geprüften Unt begibt.

25 Nach § 21 Abs. 2 Satz 4 BS WP/vBP aF bzw. § 29 Abs. 2 Satz 4 BS WP/vBP nF können sich bei der **Durchführung von Prüfungen** Umstände, die eine Besorgnis der Befangenheit begründen, insb. aus Beziehungen geschäftlicher, finanzieller oder persönlicher Art ergeben. In § 21 Abs. 2 Satz 2 BS WP/vBP aF bzw. § 29 Abs. 2 Satz 2 BS WP/vBP nF werden als Umstände in diesem Sinne hervorgehoben:
- Eigeninteresse (s. Rz 26 ff.),
- Selbstprüfung (s. Rz 29),
- Interessenvertretung (s. Rz 30),
- persönliche Vertrautheit (s. Rz 31),
- Einschüchterung (s. Rz 32).

In § 21 Abs. 2 Satz 3 BS WP/vBP aF bzw. § 29 Abs. 2 Satz 3 BS WP/vBP nF wird klargestellt, dass eine Beeinträchtigung der Unbefangenheit nur dann gegeben sein kann, wenn die Umstände selbst für die Urteilsbildung offensichtlich nicht unwesentlich oder auch unter Berücksichtigung von Schutzmaßnahmen insgesamt nicht unbedeutend sind.

26 In § 23 BS WP/vBP aF bzw. § 32 BS WP/vBP nF werden Tatbestände genannt, bei denen **Eigeninteressen** vorliegen können. Dabei werden finanzielle Eigeninteressen und Eigeninteressen sonstiger Art unterschieden.

27 Als Tatbestände, die auf **finanzielle Eigeninteressen** hindeuten, werden in Abs. 1 angeführt:
- kapitalmäßige oder sonstige finanzielle Bindungen (s. Rz 40 ff.),
- übermäßige Umsatzabhängigkeit (s. Rz 69 ff.),
- über normalen Geschäfts- und Lieferverkehr mit Dritten hinausgehende Leistungsbeziehungen.

> **Beispiel**
> Das geprüfte Unt ist Autohändler und liefert dem AP einen neuen Pkw. Dabei gewährt es dem AP einen Rabatt von 20 % auf den Listenpreis. Üblich sind Rabatte bis zu 12 % vom Listenpreis.
>
> **Ergebnis**
> Bei der Beurteilung, ob Besorgnis der Befangenheit besteht, ist zu prüfen, ob derartige Konditionen auch fremden Dritten gewährt werden. Wenn dem AP, wie in dem Beispiel dargestellt, besonders begünstigende, ungewöhnliche Konditionen eingeräumt werden, besteht die Besorgnis der Befangenheit.
> - Forderungen aus einem **Kredit- oder Bürgschaftsverhältnis**

Beispiel
Der AP hat dem geprüften Unt ein Darlehen über 1 Mio. EUR zu einem marktüblichen Zinssatz gewährt. Sicherheiten sind nicht vereinbart.

Ergebnis
Es besteht die Besorgnis der Befangenheit, weil der AP in seinem Prüfungsurteil durch die Befürchtung negativer Konsequenzen auf die Solvenz des geprüften Unt beeinflusst sein könnte. Bei der Beurteilung sind insb. auch die Bedeutung des Betrags für die Vermögensverhältnisse des AP und die bestehenden Sicherheiten zu würdigen.

Beispiel
Der AP hat bei dem geprüften Unt (Kreditinstitut) ein Darlehen i.H.v. 1 Mio. EUR zu marktüblichen Konditionen aufgenommen.

Ergebnis
Eine Besorgnis der Befangenheit des AP besteht nicht. Nur wenn der Gläubiger aufgrund besonderer Konditionen die Möglichkeit hätte, einen erheblichen wirtschaftlichen Druck auf den AP auszuüben, könnte sich daraus eine Besorgnis der Befangenheit ableiten.

- Erhebliche und über einen längeren Zeitraum **offenstehende Honorarforderungen**

Beispiel
Aus den vorangegangenen beiden Abschlussprüfungen stehen Honorarforderungen des AP i.H.v. 1 Mio. EUR aus, die 30 % des EK und 20 % des Jahresergebnisses des AP ausmachen.

Ergebnis
Bei derart lange ausstehenden Honorarforderungen, die für die Vermögensverhältnisse des AP offensichtlich von Bedeutung sind, besteht Besorgnis der Befangenheit.

Gem. § 23 Abs. 2 BS WP/vBP aF bzw. § 32 Abs. 2 BS WP/vBP nF können **Eigeninteressen sonstiger Art** insb. bei den folgenden Tatbeständen vorliegen: 28

Beispiel
- **Pflichtverletzungen** aus vorangegangenen Prüfungen, sofern ein Verdeckungsrisiko besteht

Beispiel
Bei der Prüfung des Vorjahresabschlusses hat der AP einen wesentlichen Fehler bei der Bewertung der Pensionsrückstellungen nicht bemerkt. Nach der Wiederwahl zum AP hat das zu prüfende Unt den AP darauf aufmerksam gemacht und die Korrektur im laufenden Jahresabschluss vorgenommen.

Ergebnis
Da der Fehler im vom AP zu prüfenden Jahresabschluss des laufenden Jahres korrigiert wurde, besteht kein Verdeckungsrisiko und damit auch keine

> Besorgnis der Befangenheit. Nur wenn der AP einen in der Vorjahresprüfung nicht erkannten wesentlichen Fehler in der Rechnungslegung nicht offenbart, besteht ein Verdeckungsrisiko bei der laufenden bzw. anstehenden Abschlussprüfung. Bei erheblichem materiellem Gewicht des Fehlers könnte sich daraus die Besorgnis der Befangenheit ableiten.
> - Offene **Rechtsstreitigkeiten** über Regress- oder Gewährleistungsfragen aus früheren Aufträgen
>
> **Beispiel**
> Das geprüfte Unt macht gegen den AP wegen in Vorjahren durchgeführter fehlerhafter Beratungsleistungen erhebliche Schadenersatzansprüche geltend.
>
> **Ergebnis**
> Eine Besorgnis der Befangenheit kann in diesem Fall dadurch begründet sein, dass das zu prüfende Unt mit der Durchsetzung behaupteter Ansprüche für den Fall droht, dass der AP sich in wesentlichen Bilanzierungsfragen nicht der Meinung des Unt anschließt. Für den Fall, dass die Schadenersatzansprüche bereits gerichtsanhängig sind, wird aufgrund der Tatsache, dass auf die richterliche Entscheidung kein Einfluss ausgeübt werden kann, von einer wesentlich verminderten Möglichkeit, auf den AP Druck auszuüben, auszugehen sein.

29 Das **Selbstprüfungsverbot** wird in § 23a BS WP/vBP aF bzw. § 33 BS WP/vBP nF konkretisiert. Danach liegt Selbstprüfung vor, wenn ein Sachverhalt zu beurteilen ist, an dessen Entstehung der Prüfer selbst unmittelbar beteiligt war und diese Beteiligung nicht von untergeordneter Bedeutung ist. In der Begründung zur BS WP/vBP wird als Grund für das Selbstprüfungsverbot angeführt, dass in Fällen, in denen der WP selbst unmittelbar an der Entstehung des Prüfungsgegenstands mitgewirkt hat, die Gefahr besteht, dass bei der Prüfung Fehler nicht erkannt (fachliche Voreingenommenheit) oder aber zur Vermeidung von Nachteilen nicht offenbart werden (Selbstschutz). Wenn es sich bei der früheren Befassung mit der Tätigkeit um eine Prüfung gehandelt hat, kommt eine Besorgnis der Befangenheit nicht in Betracht (§ 23a Abs. 2 BS WP/vBP aF bzw. § 33 Abs. 2 BS WP/vBP nF). Von einem generellen Verdeckungsrisiko bei Feststellung eines objektiven Fehlers im Rahmen einer Folgeprüfung kann danach nicht ausgegangen werden.[20]

Weitere Tatbestände, bei denen ein Verstoß gegen das Selbstprüfungsverbot vorliegen kann, werden in § 23a Abs. 3–6 BS WP/vBP aF bzw. § 33 Abs. 3–6 BS WP/vBP nF aufgeführt. Im Wesentlichen entsprechen diese Tatbestände den in § 319 Abs. 3 Nr. 3 HGB genannten Ausschlussgründen (vgl. Rz 49ff.).

30 In § 23b Abs. 1 BS WP/vBP aF bzw. § 34 Abs. 1 BS Wp/vBP nF wird zur **Interessenvertretung** ausgeführt, dass die Unbefangenheit dann gefährdet sein kann, wenn der WP in anderer Angelegenheit beauftragt war, Interessen für oder gegen das zu prüfende Unt zu vertreten. Eine Interessenvertretung für das zu prüfende Unt liegt nach Abs. 2 insb. vor, wenn der WP einseitig und nachhaltig für das zu prüfende Unt eintritt, für das Unt Werbung betreibt oder dessen Produkte vertreibt, weil dadurch persönliche Gewinn- und Honorarinteressen

---

[20] Vgl. BS WP/vBP, Begründung zu § 23a Abs. 2 aF bzw. zu § 33 nF.

begründet werden und eine besonders enge berufliche Verflechtung mit dem Unt eingegangen wird. Als problematisch werden insb. solche Fälle angesehen, in denen der WP als oder wie ein Generalbevollmächtigter des Unt auftritt. Steuerliche und rechtliche Vertretung sind dagegen unschädlich. Eine Interessenvertretung gegen das Unt liegt insb. bei einseitiger und nachhaltiger Wahrnehmung von gegen das Unt gerichteten Interessen Dritter oder von Treuhandfunktionen im Auftrag von einzelnen Gesellschaftern oder Gesellschafter-Gruppen vor. Unschädlich sind dagegen treuhänderische Tätigkeiten für alle Gesellschafter oder die Übernahme ergänzender Kontrollaktivitäten (z.B. Bucheinsicht nach § 166 HGB und § 51a GmbHG oder die Prüfung der Verwendung eingezahlter Gelder) im Auftrag einzelner Gesellschafter, sofern die anderen Gesellschafter ihre Zustimmung erteilt haben.[21]

Nach § 24 BS WP/vBP aF bzw. § 35 BS WP/vBP nF liegt **persönliche Vertrautheit** vor, wenn der WP enge persönliche Beziehungen zu dem zu prüfenden Unt, den Mitgliedern der Unternehmensleitung oder Personen, die auf den Prüfungsgegenstand Einfluss haben, unterhält. Dabei werden allerdings nicht alle Fälle persönlicher Vertrautheit erfasst. Entscheidend ist nach der Begründung zur BS WP/vBP das Gesamtbild der Verhältnisse, das zu der Annahme einer übermäßigen Vertrautheit führen kann, durch welche die Urteilsbildung des AP beeinflusst wird. Dabei kommt es vor allem auf die Art (z.B. nahe Verwandtschaft, Freundschaft oder Bekanntschaft), die Dauer und die Intensität der Beziehung an. Bedeutsam ist auch die Funktion, die von dem anderen im zu prüfenden Unt in Bezug auf die Abschlussprüfung ausgeübt wird.[22]

31

> **Beispiel 1**
> Der Schwager des AP ist in dem zu prüfenden Unt in der Verwaltungsabteilung als Elektriker beschäftigt.
>
> **Ergebnis**
> Durch die verwandtschaftliche Beziehung kann in dem vorliegenden Fall eine persönliche Vertrautheit zwischen dem AP und seinem Schwager angenommen werden. Aufgrund der untergeordneten und rechnungslegungsfernen Funktion des Schwagers im zu prüfenden Unt ist kein Grund zur Besorgnis der Befangenheit anzunehmen.

> **Beispiel 2**
> Der Schwager des AP ist Leiter der Verwaltung des zu prüfenden Unt.
>
> **Ergebnis**
> In diesem Fall führt die durch die verwandtschaftliche Beziehung anzunehmende persönliche Vertrautheit dazu, dass die Besorgnis der Befangenheit besteht, weil der Schwager des AP als Verwaltungsleiter zumindest in für die Rechnungslegung relevante Teilbereiche involviert sein wird.

---

21 Vgl. BS WP/vBP, Begründung zu § 23b Abs. 3 aF bzw. zu § 34 Abs. 1 nF.
22 Vgl. BS WP/vBP, Begründung zu § 24 aF bzw. zu § 35 nF.

32 In § 36 Satz 1 BS WP/vBP nF wird Einschüchterung als eine Situation beschrieben, in der der WP/vBP vermeintlich oder tatsächlich Druck oder unangemessener Einflussnahme ausgesetzt ist, um ihn von einer sachgerechten Urteilsbildung abzuhalten. In Satz 2 dieser Vorschrift wird klargestellt, dass Einschüchterung als ein die Besorgnis der Befangenheit begründender Umstand nicht in Betracht kommt, wenn durch gesetzliche Regelungen (z. B. § 318 Abs. 1 Satz 5 oder Abs. 6 Satz 2) sicher gestellt ist, dass eine Drucksituation nicht entstehen kann. Mit dieser Begründung waren in der BS WP/vBP aF keine Regelungen zur Einschüchterung enthalten.

33 Im Unterschied zu den von § 319 Abs. 3 HGB erfassten Sachverhalten, bei denen Schutzmaßnahmen nicht berücksichtigt werden können (§ 22a Abs. 2 BS WP/vBP aF bzw. § 31 Abs. 2 BS WP/vBP nF), kann der vorgesehene AP im Anwendungsbereich des Abs. 2 Schutzmaßnahmen ergreifen, um der Besorgnis der Befangenheit entgegenzuwirken. Solche Schutzmaßnahmen sind zu unterscheiden von Maßnahmen, die den Grund für die Besorgnis der Befangenheit beseitigen (Vermeidungsmaßnahmen). Vermeidungsmaßnahmen verhindern die Erfüllung der Tatbestandsvoraussetzungen für die Besorgnis der Befangenheit und können sowohl im Geltungsbereich von Abs. 2 als auch für Abs. 3 zum Tragen kommen.

34 § 22 Abs. 1 BS WP/vBP a.F. bzw. § 30 Abs. 1 BS WP/vBP n.F. nennt die folgenden **Schutzmaßnahmen**:

> **Beispiel**
> - Erörterungen mit dem Aufsichtsgremium
>
> **Beispiel**
> Die Honorarforderungen des AP sind in einer für die Vermögensverhältnisse des AP bedeutenden Höhe noch nicht beglichen.
> Der AP erörtert diesen Sachverhalt mit dem AR-Vorsitzenden und setzt bei der Durchführung der Abschlussprüfung einen nicht an der Prüfung beteiligten WP zur auftragsbegleitenden Qualitätssicherung ein.
>
> **Ergebnis**
> Durch die ausstehenden Honorarforderungen besteht aufgrund des daraus resultierenden wirtschaftlichen Eigeninteresses des AP die Besorgnis der Befangenheit. Diese wird durch die ergriffenen Schutzmaßnahmen auf ein akzeptables Maß reduziert.
>
> - Erörterungen mit **Aufsichtsstellen** außerhalb des Unt (z.B. BaFin oder Rechnungshöfe)
>
> **Beispiel**
> Der zur Wahl vorgesehene AP hat das zu prüfende Unt der öffentlichen Hand im laufenden Geschäftsjahr beim Erwerb einer Beteiligung beraten.
> Der vorgesehene AP legt Art und Umfang dieser Beratungstätigkeit im Rahmen des von der öffentlichen Hand zu betreibenden Abstimmungsverfahrens gegenüber dem zuständigen Rechnungshof offen.
>
> **Ergebnis**
> Im Hinblick auf das Selbstprüfungsverbot könnte in Bezug auf die Bewertung der von dem zu prüfenden Unt erworbenen Beteiligung die Besorgnis der

Befangenheit bestehen. Durch die Offenlegung dieses Sachverhalts gegenüber dem zuständigen Rechnungshof hat dieser die Möglichkeit, die Frage der Besorgnis der Befangenheit für sich zu prüfen und die Zustimmung zur Bestellung des AP nur zu erteilen, wenn nach seiner Auffassung keine Besorgnis der Befangenheit besteht.
- **Transparenzregelungen** (z. B. Offenlegung von Honoraren)

Beispiel
Der bestellte AP erbringt regelmäßig in großem Umfang Beratungsleistungen für das zu prüfende Unt. Diese sind einschl. der dafür angefallenen Honorare zum einen grds. im Anhang anzugeben und zum anderen i. d. R. Gegenstand einer jährlichen Berichterstattung gegenüber den Aufsichtsgremien des geprüften Unt.

Ergebnis
Der durch die umfangreiche Beratungstätigkeit hervorgerufenen Besorgnis der Befangenheit in Bezug auf Selbstprüfung und wirtschaftliche Interessen kann durch die systematische Herstellung von Transparenz gegenüber den Aufsichtsgremien entgegengewirkt werden. Ob die Besorgnis der Befangenheit hierdurch beseitigt wird, ist nach den Gesamtumständen des Einzelfalls zu beurteilen.
- Einschaltung von Personen in den Prüfungsauftrag, die nicht schon anderweitig damit befasst waren

Beispiel
Ein enger Schulfreund des Prüfungsleiters wirkt an der Aufstellung des zu prüfenden Jahresabschlusses mit. Als Reaktion darauf setzt der AP bei der Durchführung der Abschlussprüfung einen nicht an der Prüfung beteiligten WP zur auftragsbegleitenden Qualitätssicherung ein.

Ergebnis
Durch die Mitwirkung des Schulfreunds des Prüfungsleiters an der Aufstellung des Jahresabschlusses besteht im Hinblick auf eine besondere Vertrautheit die Besorgnis der Befangenheit. Diese wird durch die als Schutzmaßnahme eingerichtete auftragsbegleitende Qualitätssicherung auf ein akzeptables Maß reduziert.
- Beratung mit Kollegen, die in Fragen der Unbefangenheit erfahren sind

Beispiel
Ein Mitglied des Prüfungsteams wechselt zum zu prüfenden, nicht börsennotierten Unt und wird dort Leiter des Rechnungswesens. Der AP berät sich mit einem erfahrenen Kollegen über Art und Umfang der zu ergreifenden Schutzmaßnahmen. Der Kollege schlägt vor, der durch den Wechsel des Mitarbeiters begründeten besonderen Vertrautheit dadurch Rechnung zu tragen, dass das Prüfungsteam mit Personen besetzt wird, die bisher möglichst wenig mit dem wechselnden Mitarbeiter zusammengearbeitet haben, und dass schwierige Bilanzierungsfragen mit dem Mandanten auch auf der dem Rechnungswesenleiter übergeordneten Ebene besprochen werden. Außerdem werden die Arbeitsergebnisse des wechselnden Mitarbeiters einer internen Nachschau unterzogen.

Ergebnis
Der Wechsel des Mitarbeiters zum zu prüfenden Unt begründet die Besorgnis der Befangenheit aufgrund der dadurch entstehenden besonderen Vertrautheit. Durch die Konsultation eines erfahrenen Kollegen werden wirksame Schutzmaßnahmen ergriffen, um die Besorgnis der Befangenheit auf ein akzeptables Maß zu reduzieren.
- Personelle und organisatorische Maßnahmen, durch die sichergestellt wird, dass Informationen aus der zusätzlichen Tätigkeit, die zu einer Befangenheit als AP führen können, den für die Abschlussprüfung Verantwortlichen nicht zur Kenntnis gelangen (sog. „Firewalls").

Beispiel
Ein Mitarbeiter des Rechnungswesen des zu prüfenden Unt wechselt zum AP. Bei der Abschlussprüfung wird der Mitarbeiter ausschließlich in Bereichen eingesetzt, für die er auf Seiten des zu prüfenden Unt nicht zuständig war.

Ergebnis
Im Hinblick auf die durch den Wechsel des Mitarbeiters verursachte besondere Vertrautheit und durch die Gefahr der Selbstprüfung besteht die Besorgnis der Befangenheit. Diese kann durch die beschriebenen organisatorischen Schutzmaßnahmen im Einzelfall auf ein akzeptables Maß reduziert werden. Die Besorgnis der Befangenheit könnte in dem vorliegenden Fall gänzlich vermieden werden, wenn der wechselnde Mitarbeiter überhaupt nicht bei der Abschlussprüfung des Unt eingesetzt wird, von dem er zum AP wechselt.

In der Begründung zur BS WP/vBP wird ausgeführt, dass bei Einschaltung Dritter grds. die Verschwiegenheitspflicht zu beachten ist. Eine ausdrückliche Entbindung von der Verschwiegenheitspflicht ist allerdings dann entbehrlich, wenn die Einschaltung des Dritten für die Durchführung des Auftrags erforderlich ist.[23]

35 Ob ein Sachverhalt nach § 319 Abs. 2 HGB die Besorgnis der Befangenheit begründet, ist regelmäßig einzelfallabhängig zu würdigen und entzieht sich einer typisierenden Betrachtungsweise. Die Beurteilung hat unter Berücksichtigung von Art und Bedeutung des Sachverhalts, des dargestellten Bezugsrahmens, der getroffenen Vermeidungs- und Schutzmaßnahmen sowie der möglichen Auswirkungen des Sachverhalts auf die Sichtweise eines objektiven und verständigen Dritten für den jeweiligen Einzelfall zu erfolgen. Wenn die Besorgnis der Befangenheit nicht durch Vermeidungs- oder Schutzmaßnahmen beseitigt oder in ausreichendem Maß gemindert werden kann, ist die Annahme bzw. Fortführung des Prüfungsauftrags ausgeschlossen.[24]

---

[23] Vgl. BS WP/vBP, Begründung zu § 22 Abs. 1 aF bzw. zu § 30 Abs. 1 nF.
[24] Vgl. *Schmidt/Nagel*, in Beck Bil-Komm., 10. Aufl., 2016, § 319 HGB, Rz 31.

4 Besondere Ausschlussgründe (Abs. 3)

4.1 Gemeinsame Berufsausübung (Abs. 3 Satz 1)

Ein WP/vBP ist von der Abschlussprüfung ausgeschlossen, wenn er die Tatbestandsvoraussetzungen des Abs. 3 erfüllt. Nach dieser Vorschrift liegt ein Ausschlussgrund auch dann vor, wenn die Tatbestandsvoraussetzungen von einer Person erfüllt werden, mit der der WP/vBP seinen Beruf gemeinsam ausübt. Mit dieser **Sozietätsklausel** sollen Umgehungen der einzelnen Tatbestände des Abs. 3 verhindert werden. Die Begründung für diese Klausel liegt in der Gleichgerichtetheit der Interessen, die zwischen den in derselben Praxis freiberuflich oder im Angestelltenverhältnis tätigen WP und den bei der Abschlussprüfung beschäftigten Personen grds. anzunehmen sind.[25]

36

Die Sozietätsklausel ist auch auf RA, StB oder andere Angehörige freier Berufe, mit denen der WP-Beruf gemeinsam ausgeübt wird, anzuwenden, da eine Gleichrichtung der Interessen in wirtschaftlicher Hinsicht zumindest bei vereinbartem Gewinn-Pooling auch dann gegeben ist, wenn eine Sozietät mit einem Angehörigen eines anderen Berufs gebildet worden ist.[26] Eine gemeinsame Berufsausübung kommt auch mit einer juristischen Person in Betracht.

Nach dem Zweck der Vorschrift ist als gemeinsame Berufsausübung jede Zusammenarbeit zu verstehen, in der eine Gleichrichtung des wirtschaftlichen Interesses durch ganzes oder teilweises Pooling der Einnahmen und Ausgaben erfolgt.[27] Dabei sind die gemeinsamen wirtschaftlichen Interessen jedoch nicht allein das entscheidende Kriterium, wesentlich ist auch ein gemeinsames Auftreten nach außen, z. B. als Sozietät.[28]

Auf reine **Bürogemeinschaften** ist die Sozietätsklausel nicht anwendbar, soweit keine gemeinsamen Prüfungs- und Beratungstätigkeiten ausgeübt werden.[29] Lediglich die gemeinsame Nutzung der Büroräume und der Infrastruktur begründet mangels gemeinsamer wirtschaftlicher Interessen keinen Ausschlussgrund.[30]

37

Wegen der **Mitgliedschaft in einem Netzwerk** wird auf § 319b HGB verwiesen.

38

4.2 Finanzielle Interessen (Abs. 3 Satz 1 Nr. 1)

Wer Anteile oder andere nicht nur unwesentliche finanzielle Interessen an der zu prüfenden KapG/KapCoGes oder eine Beteiligung an einem Unt besitzt, das mit der zu prüfenden KapG/KapCoGes verbunden ist, oder von dieser mehr als 20 % der Anteile besitzt, darf nicht AP sein.

39

Als Anteilsbesitz gilt jede **Beteiligung am gezeichneten Kapital** der zu prüfenden KapG. Dies gilt auch für Beteiligungen an KapCoGes. Auf die Höhe der Beteiligung kommt es dabei nicht an. Bei einer **Personenhandelsgesellschaft** sind Gesellschafter die phG und die Kommanditisten.

40

---

[25] Vgl. Begründung RegE BiRiLiG, BT-Drs. 10/317, S. 96.
[26] Vgl. ADS, 6. Aufl., § 319 HGB, Rz 60; *Baetge/Thiele/Moser*, in *Küting/Pfitzer/Weber*, HdR, HGB § 319, Rz 59, Stand 2/2011.
[27] Vgl. ADS, 6. Aufl., § 319 HGB, Rz 57; *Baetge/Thiele/Moser*, in *Küting/Pfitzer/Weber*, HdR, HGB § 319, Rz 57, Stand 2/2011.
[28] Vgl. ADS, 6. Aufl., § 319 HGB, Rz 58; *Baetge/Thiele/Moser*, in *Küting/Pfitzer/Weber*, HdR, HGB § 319, Rz 61, Stand 2/2011.
[29] Vgl. *Baetge/Thiele/Moser*, in *Küting/Pfitzer/Weber*, HdR, HGB § 319, Rz 61, Stand 2/2011.
[30] Vgl. BS WP/vBP, Begründung zu § 21 Abs. 4 Satz 1 aF bzw. zu § 29 Abs. 4 Satz 1 nF.

41   Eine stille Beteiligung führt grds. nicht zu Anteilsbesitz i. S. v. Abs. 3 Satz 1 Nr. 1, da keine gesellschaftsrechtliche Beteiligung vorliegt.[31] Bei atypischen stillen Beteiligungen kann dies anders zu beurteilen sein, wenn der stille Gesellschafter Rechte hat, die denen eines Gesellschafters einer KapG entsprechen.[32]

42   Der Ausschlusstatbestand wird auch durch das **Halten von Gesellschafts-Anteilen** durch den AP als **Treuhänder** erfüllt, weil er die Interessen des Treugebers zu vertreten hat und dadurch sein Urteil beeinflusst werden könnte. Anders ist die Situation im Fall der Sicherungstreuhand, bei der die Funktionen des Treuhänders beschränkt sind. Wenn der WP Treugeber ist, sind ihm die vom Treuhänder gehaltenen Anteile zuzurechnen.[33]

43   Nach Abs. 3 Satz 1 Nr. 1 können auch **mittelbare Beteiligungen** am zu prüfenden Unt zum Ausschluss führen. Dies gilt allerdings nur dann, wenn es sich um Beteiligungen an einem Unt handelt, das mit der zu prüfenden KapG/KapCoGes verbunden ist oder von dieser mehr als 20 % der Anteile besitzt. Der mittelbare Anteilsbesitz über Anteile an Wertpapier-Investmentfonds ist auch nach den Änderungen durch das BilReG kein gesetzlicher Ausschlussgrund.[34] Dies wird damit begründet, dass die Inhaber solcher Anteile – soweit es sich um Publikumsgesellschaften handelt – keine Einflussmöglichkeiten auf die Anlageentscheidungen des Fonds haben; zudem ist im Regelfall davon auszugehen, dass die finanziellen Interessen wegen der Zusammensetzung des Fondsvermögens nicht wesentlich sind.

44   **Andere finanzielle Interessen** sind z. B. Schuldverschreibungen, Schuldscheine, Optionen, Genussrechte oder sonstige Wertpapiere. Derartige finanzielle Interessen begründen nur dann die unwiderlegbare Vermutung der Besorgnis der Befangenheit, wenn sie nicht unwesentlich sind. Bei der Beurteilung der Wesentlichkeit wird es aus der Sicht eines verständigen und objektiven Dritten insb. darauf ankommen, ob es sich bei den finanziellen Interessen um unbedingte Forderungsrechte handelt oder ob die Höhe der Forderung von den wirtschaftlichen Verhältnissen des zu prüfenden Unt abhängt.[35] Danach dürften gesicherte Forderungen (z. B. Pfandbriefe und Kommunalobligationen) im Allgemeinen als unwesentlich einzustufen sein.[36] Andere kapitalmäßige oder finanzielle Bindungen, wie z. B. Darlehen oder langfristige Mietverträge, erfüllen den Ausschlusstatbestand im Regelfall nicht, wenn die Vereinbarungen wie unter fremden Dritten ausgestaltet sind.[37]

> **Beispiel**
> WP A ist Inhaber einer nachrangigen Anleihe des zu prüfenden Unt über 1 Mio. EUR. Die Anleihe nimmt bis zur Höhe des Nennbetrags an den etwaigen Verlusten des zu prüfenden Unt teil. Die Verzinsung der Anleihe ist vom Ergebnis des Unt abhängig.

---

31   Vgl. *Schmidt/Nagel*, in Beck Bil-Komm., 10. Aufl., 2016, § 319 HGB, Rz 35.
32   Vgl. ADS, 6. Aufl., § 319 HGB, Rz 75.
33   Vgl. ADS, 6. Aufl., § 319 HGB, Rz 82.
34   Vgl. ADS, 6. Aufl., § 319 HGB, Rz 71; *Baetge/Thiele/Moser*, in *Küting/Pfitzer/Weber*, HdR, HGB § 319, Rz 79, Stand 2/2011.
35   Vgl. *Schmidt/Nagel*, in Beck Bil-Komm., 10. Aufl., 2016, § 319 HGB, Rz 36.
36   Vgl. *Gelhausen*, in *Freidank* (Hrsg.), Reform der Rechnungslegung und Corporate Governance in Deutschland und Europa, 2001, S. 170.
37   Vgl. *Schmidt/Nagel*, in Beck Bil-Komm., 10. Aufl., 2016, § 319 HGB, Rz 36.

> **Ergebnis**
> WP A ist als AP des Unt ausgeschlossen, weil er durch die Höhe und die Ausgestaltung der von ihm gehaltenen nachrangigen Anleihe nicht nur unwesentliche sonstige finanzielle Eigeninteressen an dem zu prüfenden Unt besitzt.

4.3 Organzugehörigkeit und Arbeitnehmereigenschaft in der zu prüfenden Kapitalgesellschaft (Abs. 3 Satz 1 Nr. 2)

WP/vBP sind als AP ausgeschlossen, wenn sie gesetzliche Vertreter, Mitglied des Aufsichtsrats oder Arbeitnehmer der zu prüfenden KapG/KapCoGes sind.[38] Wenn der AP diese Funktionen bei einem mit dem Mandanten verbundenen Unt oder einer Ges. ausübt, die von der zu prüfenden Ges. mehr als 20 % der Anteile besitzt, wird der Ausschlussgrund ebenfalls verwirklicht. Abs. 3 Nr. 2 gilt auch, wenn der AP Liquidator, Insolvenzverwalter o. Ä. ist, weil er in dieser Funktion gesetzlicher Vertreter ist.[39] 45

Gesetzliche **Vertreter** sind bei der AG die Vorstandsmitglieder (§ 76 AktG), bei GmbH die Geschäftsführer (§ 35 GmbHG), bei KGaA die Komplementäre (§ 282 AktG), bei SE der Vorstand bzw. der Verwaltungsrat und bei Vereinen die Vorstandsmitglieder. Für KapCoGes gelten als gesetzliche Vertreter die Mitglieder des vertretungsberechtigten Organs der vertretungsberechtigten Ges. (§ 264a Abs. 2 HGB). Bei PersG ist von der Vorschrift die Stellung als phG erfasst. 46

Der WP/vBP ist auch von der Abschlussprüfung ausgeschlossen, wenn er Mitglied in einem gesetzlich vorgeschriebenen (§ 30 Abs. 1, § 95 f. AktG) oder fakultativen **Aufsichtsrat** ist. Aufsichtsrat i. S. d. Abs. 3 Satz 1 Nr. 2 ist jedes unternehmenseigene Aufsichtsgremium, z. B. Beirat oder Kuratorium, das unternehmensinterne Überwachungsfunktionen ausübt. Durch eine Regelung, nach der ein WP/vBP als Mitglied des Überwachungsorgans für solche Sachverhalte, die den Jahresabschluss der Ges. betreffen, von der Abstimmung ausgeschlossen ist, kann die Besorgnis der Befangenheit nicht beseitigt werden, weil ihm als Organmitglied durch die Teilnahme am Meinungsbildungsprozess eine wesentliche Einflussmöglichkeit verbleibt.[40] 47

102 **Arbeitnehmer** sind alle Personen, die in einem festen Arbeitsverhältnis mit dem zu prüfenden Unt stehen (§ 611 BGB) und jeder Mitarbeiter in einem vergleichbaren Abhängigkeitsverhältnis.[41] Kurzfristige Hospitanten- oder Praktikantentätigkeiten sowie freiberufliche Tätigkeiten werden von der Vorschrift grds. nicht erfasst. 48

---

[38] Vgl. zur Anwendung auf KapCoGes *Gelhausen/Buchenau*, Besorgnis der Befangenheit bei Mitgliedschaft im Beirat der Komplementärgesellschaft der geprüften GmbH & Co. KG, Anmerkung zu LG Berlin v. 25.2.2010, WPKM, S. 42.
[39] Vgl. *Schmidt/Nagel*, in Beck Bil-Komm., 10. Aufl., 2016, § 319 HGB, Rz 38.
[40] Vgl. LG Berlin, Beschluss v. 25.2.2010, Wil 18/09, WPKM, S. 54.
[41] Vgl. *Baetge/Thiele/Moser*, in *Küting/Weber*, HdR, HGB § 319, Rz 96, Stand 2/2011.

4.4 Ausübung bestimmter Tätigkeiten (Abs. 3 Satz 1 Nr. 3)
4.4.1 Allgemeines

49 Abs. 3 Satz 1 Nr. 3 konkretisiert das sog. **Selbstprüfungsverbot**. Danach können WP/vBP als AP einen Tatbestand nur beurteilen, wenn sie an dessen Zustandekommen über die Prüfungstätigkeit hinaus selbst nicht maßgeblich mitgewirkt haben. Deshalb darf der AP in dem zu prüfenden Gj und bis zur Erteilung des Bestätigungsvermerks nicht bei der Führung der Bücher oder der Aufstellung des Jahresabschlusses sowie in verantwortlicher Position nicht an der internen Revision mitwirken sowie keine Bewertungsleistungen erbringen, wenn diese sich auf den zu prüfenden Jahresabschluss nicht nur unwesentlich auswirken.

Um eine Umgehung der entsprechenden Vorschriften zu verhindern, gilt dies nach Abs. 3 Satz 1 Nr. 3 Hs. 2 auch dann, wenn derartige Tätigkeiten von einem Unt für die zu prüfende KapG ausgeübt werden, auf das der WP/vBP einen maßgeblichen Einfluss hat (gesetzlicher Vertreter, Arbeitnehmer, Mitglied des Aufsichtsrats oder Gesellschafter mit einem Stimmrechtsanteil von mehr als 20 %).

50 Bei der Beurteilung der Beachtung des Selbstprüfungsverbots ist die **unzulässige Mitwirkung** an der Gestaltung des Prüfungsgegenstands von der **zulässigen Beratung** abzugrenzen. Bei einer eigenverantwortlichen Entscheidung des Leitungsorgans über den vom AP beratenen Gegenstand liegt eine unzulässige Mitwirkung, welche die Besorgnis der Befangenheit begründet, nicht vor. Eine Mitwirkung ist damit unzulässig, wenn der beratende AP dem Leitungsorgan nicht nur Handlungsalternativen aufzeigt, sondern ganz oder teilweise unternehmerische Entscheidungen selbst trifft. Kann aus faktischen Gründen keine Handlungsalternative aufgezeigt werden, ist auch ein alternativloser Entscheidungsvorschlag zulässig.[42] Wenn sich aus einer Beratungstätigkeit des AP für den Prüfungsmandanten Haftungsrisiken ergeben, die den AP dazu bewegen können, im Rahmen der Abschlussprüfung bestimmte Sachverhalte nicht pflichtgemäß zu würdigen, um mögliche Beratungsfehler zu verschleiern, kann sich daraus die Besorgnis der Befangenheit ableiten.[43] In solchen Fällen kann die Besorgnis der Befangenheit beseitigt werden, indem der Sachverhalt rechtzeitig gegenüber dem Auftraggeber offengelegt wird.[44]

4.4.2 Buchführung und Aufstellung des Jahresabschlusses

51 Eine Mitwirkung bei der Führung der Bücher oder der Aufstellung des zu prüfenden Jahresabschlusses führt nach Buchst. a) zu einem Ausschluss von der Abschlussprüfung. Die technische Durchführung der Lohn- und Gehaltsabrechnung durch den AP (Durchführung der Datenverarbeitung, Erstellung der Lohn- und Gehaltsabrechnungen, DATEV-Eingaben) stellt keinen Ausschlussgrund dar, wenn die inhaltliche Verantwortung beim Mandanten verbleibt, d.h. er für die Kontierung der Belege verantwortlich ist. Dies gilt auch für die Meldungen an Sozialversicherungsträger und Krankenkassen.[45]

---

[42] Vgl. *Schmidt/Nagel*, in Beck Bil-Komm., 10. Aufl., 2016, § 319 HGB, Rz 47.
[43] Vgl. BGH, Urteil v. 25.11.2002, II ZR 49/01, GmbHR 2003, S. 419.
[44] Vgl. *Gelhausen/Kuss*, NZG 9/2003, S. 425.
[45] Vgl. WPK, WPKM 3/2009, S. 36, unter Bezugnahme auf § 23a Abs. 6 Satz 2 BS WP/vBP aF.

Die Beratung zum Aufbau der **Arbeits- und Ablauforganisation** ist dagegen weiterhin **zulässig**.[46] Dazu gehören die Beratung
- bei der Ausgestaltung von Erfassungs-, Bearbeitungs- und Überwachungssystemen,
- bei der Entwicklung von Kontenplänen,
- von Inventuranweisungen,
- von Bilanzierungsanweisungen.

Im Rahmen der Prüfungstätigkeit muss vom AP auf **Fehler** bei der Erstellung des Jahresabschlusses hingewiesen werden; der AP darf dabei beraten oder alternative Korrekturmöglichkeiten nennen, konkrete Hinweise geben oder Vorschläge machen.[47] Dies ist unschädlich, wenn nach dem Gesamtbild der Verhältnisse die Verarbeitung des Buchungsstoffs beim Unt verbleibt; unter dieser Voraussetzung ist auch eine größere Anzahl von Korrekturhinweisen unbedenklich. In der Begründung zu § 23a Abs. 3 BS WP/vBP aF wird dargelegt, dass eine Besorgnis der Befangenheit nicht ausgelöst wird, wenn der AP lediglich Hinweise zur möglichen oder rechtlich gebotenen Behandlung von Sachverhalten oder Geschäftsvorfällen gibt. Die prüfungsvorbereitende oder –begleitende Beratung entstammt dabei der Korrekturfunktion des AP, der dem geprüften Unt festgestellte Fehler mitzuteilen und auf eine Korrektur hinzuwirken hat. Voraussetzung für die Zulässigkeit der prüfungsvorbereitenden oder prüfungsbegleitenden Beratung ist dass die Entscheidung im Verantwortungsbereich des zu prüfenden Unt bleibt.[48] Dies gilt auch für Beratungsleistungen im Bereich bilanzpolitischer Maßnahmen oder dem Aufbau des internen Kontrollsystems oder des Risikomanagementsystems.[49]

Eine **unzulässige Mitwirkung** nach Buchst. a) liegt vor, wenn der AP
- die laufenden Geschäftsvorfälle kontiert,
- die Konten abschließt und in den Jahresabschluss überführt,
- das Anlagenverzeichnis führt,
- die Abschreibungen auf das AV berechnet,
- die Vorratsinventur durchführt,
- die erforderlichen Abwertungen zum UV ermittelt,
- die zum Bilanzstichtag erforderlichen Rückstellungen berechnet,
- einen unfertigen Jahresabschluss selbst fertigstellt,
- den Anhang oder Lagebericht erstellt,[50]
- ein Sanierungsgutachten nach IDW S 6 für das zu prüfende Unt erstellt.[51]

In Buchst. a) ist die Mitwirkung des AP bei der **Aufstellung des Vorjahresabschlusses** nicht unmittelbar aufgeführt. Ein Ausschluss nach Abs. 3 kommt daher nicht in Betracht. Da die Prüfung des Jahresabschlusses aber auch die Vergleichszahlen des Vj. einschließt, muss im Einzelfall untersucht werden, ob

---

46 Vgl. *Baetge/Thiele/Moser*, in *Küting/Weber*, HdR, HGB § 319, Rz 57, Stand 2/2011.
47 Vgl. BGH, Urteil v. 30.4.1992, III ZR 151/91 , DB 1992, S. 1466.
48 Vgl. aber OLG Hamm, Urteil v. 27.1.2009, 25 U 57/08, DStR 2009, S. 1978, wonach die Überführung eines lückenhaften, unvollständigen oder unbrauchbaren Entwurfs in einen testierfähigen Jahresabschluss auch bei Entscheidungsverantwortung der Geschäftsführung hinsichtlich der vorgenommenen Korrekturen zu einer unzulässigen Mitwirkung des AP führt.
49 Vgl. *Schmidt/Nagel*, in Beck Bil-Komm., 10. Aufl., 2016, § 319 HGB, Rz 49.
50 Vgl. *Schmidt/Nagel*, in Beck Bil-Komm., 10. Aufl., 2016, § 319 HGB, Rz 50.
51 Vgl. WPKM 4/2011, S. 45.

die Besorgnis der Befangenheit nach Abs. 2 begründet ist. Dies dürfte jedenfalls dann nicht der Fall sein, wenn der Vorjahresabschluss von einem anderen AP geprüft worden ist und damit einer unabhängigen Beurteilung unterlag.[52]

55 Im Hinblick auf das Selbstprüfungsverbot kann auch die Mitwirkung bei der **Einrichtung von Rechnungslegungsinformationssystemen** unzulässig sein. Bei der Beurteilung derartiger Sachverhalte ist allerdings zu berücksichtigen, dass der Gesetzgeber in § 319a Abs. 1 Satz 1 Nr. 3 HGB in der Fassung vom 22.12.2015 die grundsätzliche Unvereinbarkeit der Entwicklung, Einrichtung und Einführung von Rechnungslegungsinformationssystemen ausdrücklich nur für die Pflichtprüfung bei Unt von öffentlichem Interesse festgeschrieben hat. Es kann deshalb im Umkehrschluss davon ausgegangen werden, dass bei anderen Unt diese Beratungsleistungen unter Beachtung des Selbstprüfungsverbots grds. zulässig sind.[53]

56 Für die **Erbringung von Steuerberatungsleistungen** hat der Gesetzgeber in § 319a HGB ebenfalls eine Sonderregelung für Pflichtprüfungen bei Unt von öffentlichem Interesse getroffen, sodass in anderen Fällen Abschlussprüfungen und gleichzeitige Steuerberatung grds. vereinbar sind. Zu beachten ist allerdings auch in diesen Fällen das Selbstprüfungsverbot. Für den Fall, dass der AP die bilanziellen Auswirkungen von ihm ausgearbeiteter und von ihm beim Prüfungsmandanten eingeführter steuerrechtlicher Gestaltungen beurteilt, kann hierin eine unzulässige Mitwirkung an der Aufstellung des Jahresabschlusses gesehen werden, wenn die Auswirkungen auf den Jahresabschluss wesentlich sind. Wenn neben der HB eine Steuerbilanz aufgestellt wird und der AP diese Steuerbilanz erstellt, sieht der BGH dies aufgrund des Vorrangs der HB unter der Voraussetzung als unschädlich an, dass die HB vom Leitungsorgan der KapG/KapCo-Ges alleinverantwortlich erstellt wird.[54] Allerdings sind auch dabei die Gesamtumstände des Einzelfalls im Hinblick auf das Selbstprüfungsverbot zu würdigen. Wenn eine vom AP erstellte Steuerbilanz im Rahmen der eigenverantwortlichen Übernahmeentscheidung des Mandanten im Wesentlichen unverändert in die HB übernommen wird, hätte der AP sein eigenes Werk zu prüfen, so dass er in einer derartigen Konstellation von der Prüfung ausgeschlossen ist.[55]
Die **Berechnung der Steuerrückstellungen** für die HB durch den AP dürfte im Rahmen der zulässigen Steuerberatung unschädlich sein.[56] Die Beratung durch den AP zu der Frage, ob geplante Rückstellungen in bestimmter Höhe steuerlich anerkannt werden, führt gleichermaßen nicht zum Ausschluss von der Abschlussprüfung

4.4.3 Interne Revision

57 Die **Durchführung der internen Revision** in verantwortlicher Position ist mit der Abschlussprüfung nicht vereinbar (Buchst. b)), weil es sich dabei um die Übernahme einer Unternehmensleitungsaufgabe handelt. Durch diese Vorschrift

---

[52] Vgl. BGH, Urteil v. 21.4.1997, II ZR 317/95, WM 1997, S. 1385.
[53] Vgl. *Schmidt/Nagel*, in Beck Bil-Komm., 10. Aufl., 2016, § 319 HGB, Rz 51.
[54] Vgl. BGH, Urteil v. 21.4.1997, II ZR 317/95, WM 1997, S. 1385.
[55] Vgl. WPKM 2/2010, S 36.
[56] Vgl. WPH Edition, Wirtschaftsprüfung & Rechnungslegung, 15. Aufl., 2017, Abschn. A, Tz 109; a. A. *Schmidt/Nagel*, in Beck Bil-Komm., 10. Aufl., 2016, § 319 HGB, Rz 52.

ist lediglich die vollständige Übernahme oder Leitung der internen Revision durch den AP ausgeschlossen. Dies ergibt sich unmittelbar aus dem Gesetzestext, der die Durchführung der internen Revision „in verantwortlicher Position" ausschließt. Zulässig ist aber die Übernahme einzelner Prüfungsaufträge im Auftrag der internen Revision, und zwar unabhängig davon, ob sie im Rahmen der Abschlussprüfung oder als eigenständige Prüfungsaufträge durchgeführt werden.[57]

4.4.4 Unternehmensleitungs- und Finanzdienstleistungen

In Buchst. c) wird bestimmt, dass die Erbringung von **Unternehmensleitungs- und Finanzdienstleistungen** zu einem Ausschluss als AP führen, wenn sie nicht von untergeordneter Bedeutung sind. Es handelt sich hierbei um Tätigkeiten, mit denen häufig eine nach außen erkennbare Interessenwahrung des Mandanten verbunden ist.[58]

58

Die Übernahme von **Unternehmensleitungsfunktionen** begründet nach Buchst. c) unwiderlegbar die Besorgnis der Befangenheit, weil mit solchen Funktionen eine Ausrichtung auf die Interessen des zu prüfenden Unt verbunden ist, die einer unbefangenen Abschlussprüfung entgegensteht. Außerdem kann in einem solchen Fall die Gefahr einer Selbstprüfung bestehen, wenn der AP die Auswirkungen von im Rahmen der Ausübung der Unternehmensleitungsfunktion getroffenen Entscheidungen auf die Rechnungslegung zu beurteilen hat.

59

Die Übernahme von Unternehmensleitungsfunktionen kann im Rahmen eines Dienstleistungsvertrags mit dem oder als Organ des zu prüfenden Unt erfolgen. Es kann sich um Führungsaufgaben in der Unternehmensleitung oder in nachgeordneten Bereichen handeln. Bei der Frage, ob eine im Vj. ausgeübte Unternehmensleitungsfunktion schädlich sein kann, kommt es darauf an, ob sich aus der Tätigkeit unmittelbare Auswirkungen im zu prüfenden Gj ergeben. Auch wenn Unternehmensleitungsfunktionen im Folgejahr vor Beendigung der Abschlussprüfung übernommen werden, wird im Allgemeinen die Besorgnis der Befangenheit begründet sein.

In der Begründung zu § 23a Abs. 5 BS WP/vBP aF bzw. § 33 Abs. 5 BS WP/vBP nF wird darauf hingewiesen, dass die Übernahme von Unternehmensleitungsfunktionen durch einen beurlaubten Angestellten des AP unschädlich ist, wenn die vertraglichen Beziehungen ausschließlich zwischen dem beurlaubten Angestellten und dem Unt bestehen. In diesem Fall hat der AP weder negative Folgen aus möglichen Pflichtverletzungen zu erwarten, noch ist er am Erfolg der Tätigkeit des beurlaubten Angestellten beteiligt.[59]

Nach der Entstehungsgeschichte der deutschen Vorschriften in Anlehnung an die Regelungen der SEC[60] sind folgende **Finanzdienstleistungen** für Prüfungsmandanten ausgeschlossen:

60

- Tätigkeiten eines „broker-dealers",
- Entscheidungen über den Erwerb oder die Verwaltung von Finanzanlagen,

---

57 Vgl. IDW PS 321, Tz 28.
58 Vgl. zum Folgenden *Schmidt/Nagel*, in Beck Bil-Komm., 10. Aufl., 2016, § 319 HGB, Rz 60.
59 Vgl. BS WP/vBP, Begründung zu § 23a Abs. 5 aF bzw. zu § 33 Abs. 5 nF.
60 Vgl. SEC, Final Rule: Strengthening the Commissions Requirements Regarding Auditor Independence, http:// www.sec.gov/rules/final/33–8183.htm.

- Abwicklung von Geschäften über Kauf oder Verkauf von Finanzanlagen,
- Treuhandtätigkeiten,
- Werbung für Anlagen des Prüfungsmandanten.

Die Beratung im Zusammenhang mit dem Erwerb von Beteiligungen dürfte danach weiter zulässig sein, wenn die Abgrenzungskriterien zwischen unzulässiger Mitwirkung und zulässiger Beratung eingehalten werden (s. Rz 50).[61]
Auch bei den folgenden Dienstleistungen dürfte eine Besorgnis der Befangenheit nicht begründet sein, weil es sich nicht um Finanzdienstleistungen i. S. v. Buchst. c) handelt:
- Erarbeitung von Finanzierungskonzepten,
- Vorbereitung von Verhandlungen mit potenziellen Investoren,
- Shareholder-Value-Analysen, bei denen es sich nicht um Bewertungsleistungen mit unmittelbaren Auswirkungen auf die Rechnungslegung handelt,
- Wirtschaftlichkeitsanalysen im Bereich der Vermögensanlagen.

4.4.5 Versicherungsmathematische oder Bewertungsleistungen

61 Nach Buchst. d) ist die Erbringung eigenständiger **versicherungsmathematischer** oder **Bewertungsleistungen**, die sich auf den Jahresabschluss nicht nur unwesentlich auswirken, durch den AP ausgeschlossen. Die Berechnung der Pensionsrückstellungen oder – bei Versicherungsunternehmen – der Deckungsrückstellungen ist nach Buchstabe d) ausgeschlossen, wenn die Entwicklung und Umsetzung der Berechnungsmethodik sowie die Festlegung der maßgeblichen Annahmen beim AP liegt. Die formale Entscheidung der Unternehmensleitung über die Übernahme der Werte in den Abschluss hat dann für die Frage der Besorgnis der Befangenheit keine Bedeutung.[62]

62 In der Begründung zur BS WP/vBP werden folgende Bewertungsleistungen erörtert:[63]

---

[61] Vgl. Schmidt/Nagel, in Beck Bil-Komm., 10. Aufl., 2016, § 319 HGB, Rz 60.
[62] Vgl. BS WP/vBP, Begründung zu § 23a Abs. 6 aF bzw. zu § 33 Abs. 6 nF.
[63] Vgl. BS WP/vBP, Begründung zu § 23a Abs. 6 aF bzw. zu § 33 Abs. 6 nF.

Bewertungsleistung	Würdigung im Hinblick auf die mögliche Begründung der Besorgnis der Befangenheit
Bewertung einer zur Veräußerung bestimmten Beteiligung	Die Bewertung einer zur Veräußerung bestimmten Beteiligung begründet im Allgemeinen nicht die Besorgnis der Befangenheit, weil sich das Bewertungsergebnis nicht unmittelbar auf den zu prüfenden Abschluss auswirkt. Wenn die Beteiligung zum Abschlussstichtag noch nicht veräußert ist, erfolgt die Bewertung zu fortgeführten AK. Wurde die Beteiligung vor Ablauf des Gj veräußert, ist der Kaufpreis und nicht das Ergebnis der Bewertungsleistung für die Bilanzierung entscheidend. Die Bewertungsleistung wirkt sich in diesem Fall nicht unmittelbar auf den Abschluss aus. Sofern bei einer noch nicht veräußerten Beteiligung aufgrund der Bewertungsleistung ein Abschreibungsbedarf ersichtlich wird, ist dies unschädlich, wenn das Unt die Höhe der Abschreibung letztlich selbst festlegt; dies wird aufgrund der unterschiedlichen Bewertungsstichtage im Allgemeinen der Fall sein.
Bewertung einer zu erwerbenden Beteiligung	Die Bewertung einer zu erwerbenden Beteiligung kann die Besorgnis der Befangenheit begründen, wenn der Kaufpreis i. H. d. Gutachtenwerts vereinbart wird. Im Rahmen der Abschlussprüfung müsste dann der AP den von ihm selbst ermittelten Wert beurteilen (Selbstprüfung). Die Unabhängigkeitsgefährdung ist geringer oder ausgeschlossen, wenn die Bewertungsleistung keinen bestimmten Wert, sondern eine größere Bandbreite von Werten beinhaltet. Dies gilt auch dann, wenn keine Wertermittlung erfolgt, sondern nur wesentliche Parameter für die Bewertung ermittelt werden und wenn lediglich eine grobe indikative Einschätzung des Werts vorgenommen wird.
Bewertung für Zwecke der Abschlussprüfung	Für die Abschlussprüfung notwendige Bewertungsleistungen sind grds. unschädlich. Als Beispiel kann der Niederstwerttest genannt werden, bei dem die Werthaltigkeit von bilanzierten Vermögenswerten zu beurteilen ist. Eine solche Bewertungsleistung begründet auch dann keine Besorgnis der Befangenheit, wenn der Mandant selbst keine Bewertung vorgenommen hat. Stellt der AP Abschreibungsbedarf fest, kann aber eine unreflektierte Übernahme der Ergebnisse der Bewertungsleistung durch das Unt in den Abschluss schädlich sein.

Bewertungsleistung	Würdigung im Hinblick auf die mögliche Begründung der Besorgnis der Befangenheit
Kaufpreisallokation	Die Aufteilung eines Gesamtkaufpreises auf einzelne VG und Schulden durch den AP begründet im Allgemeinen die Besorgnis der Befangenheit, weil sich das Ergebnis dieser Bewertungsleistung unmittelbar auf den zu prüfenden Abschluss auswirkt. Für die Unterstützung bei der Aufteilung in Form einer Erl. möglicher Methoden und der Diskussion von Zweifelsfragen gilt dies allerdings nicht.
Prüfung der Werthaltigkeit von Sacheinlagen nach §§ 33f., 183 Abs. 3 AktG	Bei der Prüfung der Werthaltigkeit von Sacheinlagen handelt es sich nicht um eine Bewertungsleistung, sondern um eine Prüfungstätigkeit. Die nochmalige Beurteilung des Prüfungsgegenstands im Rahmen der Abschlussprüfung begründet für sich betrachtet keine Besorgnis der Befangenheit. Etwas anderes gilt, wenn der AP den Wert der Sacheinlage selbst ermittelt und die Bilanzierung nicht nach den Tauschgrundsätzen erfolgsneutral erfolgt.
Bewertungsleistungen bei Umwandlungsvorgängen zur Ermittlung von Umtauschverhältnissen	Bewertungsleistungen zur Ermittlung von Umtauschverhältnissen können nur dann die Besorgnis der Befangenheit begründen, wenn sie sich unmittelbar auf die Bilanzierung des bewerteten Vermögens auswirken. Eine solche Auswirkung ergibt sich z.B. dann nicht, wenn von der Buchwertfortführung Gebrauch gemacht wird.

63 Nach dem Gesetzeswortlaut behandelt Abs. 3 nur Bewertungsleistungen des lfd. Gj. Bewertungsleistungen, die in einem früheren Gj erbracht wurden, fallen dagegen in den Anwendungsbereich des Abs. 2 und sind daraufhin zu beurteilen, ob sie sich wesentlich auf den zu prüfenden Jahresabschluss auswirken. Je weiter die Bewertungsleistung in der Vergangenheit liegt, desto unwahrscheinlicher ist es, dass sie eine Besorgnis der Befangenheit begründen könnte. In diesem Sinne dürften die Bewertungsleistungen des AP aus früheren Gj für die Frage der Besorgnis der Befangenheit keine Bedeutung mehr haben, wenn z.B. aktuelle Wertindikationen von Sachverständigen Dritten vorliegen. Außerdem ist zu berücksichtigen, ob zwischenzeitlich eine Prüfung des Bewertungsergebnisses durch einen anderen Prüfer erfolgt ist. Wenn dies geschehen ist, dürfte die Besorgnis der Befangenheit ebenfalls nicht begründet sein.[64]

64 Ob sich Bewertungsleistungen wesentlich auf den zu prüfenden Abschluss auswirken, ist für sämtliche Bewertungsleistungen mit Auswirkungen auf den Abschluss, die im Gj erbracht werden, einheitlich zu beurteilen.[65]

---

[64] Vgl. *Schmidt/Nagel*, in Beck Bil-Komm., 10. Aufl., 2016, § 319 HGB, Rz 64.
[65] Vgl. *Schmidt/Nagel*, in Beck Bil-Komm., 10. Aufl., 2016, § 319 HGB, Rz 66.

4.5 Einsatz von befangenen Personen (Abs. 3 Satz 1 Nr. 4)

Abs. 3 Satz 1 Nr. 4 bestimmt, dass bei der Prüfung keine Person beschäftigt sein darf, die nach den Nrn 1–3 als AP ausgeschlossen ist. Bei der Prüfung beschäftigt ist eine Person, deren Tätigkeit der Prüfung eindeutig zugeordnet werden kann und die Einfluss auf Umfang, Ablauf oder Ergebnis der Prüfung hat (Prüfungsplanung, Bearbeitung einzelner Prüffelder, Berichterstattung). Diese Vorschrift bezieht sich damit in erster Linie auf diejenigen **Fachkräfte**, die als Mitglieder des Prüfungsteams bei der Durchführung der Abschlussprüfungen eingesetzt sind. Dazu zählen die Prüfungsgehilfen, d. h. vom Prüfungsassistenten angefangen alle Mitarbeiter, die noch kein Berufsexamen abgelegt haben, und alle WP/vBP. Auch Mitarbeiter, die z. B. für die Durchführung von (IT-)Systemprüfungen und die Prüfung des Risikofrüherkennungssystems, für die Prüfung der steuerrechtlichen Verhältnisse und der Steuerrückstellungen oder im Rahmen von speziellen Qualitätssicherungsmaßnahmen (z. B. materielle Berichtskritik oder auftragsbegleitende Qualitätssicherung nach § 24d BS WP/vBP) oder von Konsultationen zu schwierigen fachlichen Fragen in die Prüfung eingebunden sind, können von der Vorschrift erfasst werden. Dies gilt allerdings nur, soweit sie bei der Prüfung nicht nur punktuell eingebunden sind. Bei einer nur punktuellen Einbindung werden im Allgemeinen die Einflussmöglichkeiten auf die Ergebnisse der Prüfung zu gering sein, um eine Besorgnis der Befangenheit begründen zu können.[66]

Mit der Vorschrift wird der Tatsache Rechnung getragen, dass mit der Prüfung inhaltlich befasste Mitarbeiter (trotz der verantwortlichen Leitung der Abschlussprüfung durch WP/vBP und ihrer angemessenen Beaufsichtigung und Kontrolle) einen nicht unerheblichen Einfluss auf die Qualität der Prüfung haben können.[67]

Verwaltungskräfte (Schreib- und Sekretariatskräfte, Bibliothek, formelle Berichtskritik) sind lediglich formal mit der Abschlussprüfung befasst. Sie werden von der Vorschrift nicht erfasst. Als bei der Prüfung beschäftigte Personen gelten nicht nur Arbeitnehmer, sondern auch **freie Mitarbeiter**.[68]

Der Ausschlusstatbestand ist nur erfüllt, wenn der WP einen befangenen Arbeitnehmer im Rahmen der betrieblichen Abschlussprüfung tatsächlich einsetzt. Nicht relevant ist in diesem Zusammenhang die Tatsache, dass Mitarbeiter durch ihre hierarchische Stellung oder dadurch, dass sie in der gleichen Niederlassung beschäftigt sind, eine gewisse Nähe zu den bei einer Prüfung beschäftigten Mitarbeitern haben können. Ein Ausschlussgrund liegt ebenfalls in den Fällen nicht vor, in denen Mitarbeiter bei der Durchführung anderer Aufträge für den Prüfungsmandanten, nicht aber im Rahmen der Abschlussprüfung tätig werden. Das interne Qualitätssicherungssystem der WP-/vBP-Praxis muss für die von Abs. 3 Satz 1 Nr. 4 erfassten Fälle eine Analyse der möglichen Unabhängigkeitsgefährdung und Maßnahmen zu deren Beseitigung vorsehen. Im Zweifel darf die Fachkraft bei der betrieblichen Prüfung nicht eingesetzt werden.

---

[66] Vgl. *Schmidt/Nagel*, in Beck Bil-Komm., 10. Aufl., 2016, § 319 HGB, Rz 67.
[67] Vgl. ADS, 6. Aufl., § 319 HGB, Rz 73; *Baetge/Thiele/Moser*, in *Küting/Pfitzer/Weber*, HdR, HGB § 319, Rz 125, Stand 2/2011.
[68] Vgl. ADS, 6. Aufl., § 319 HGB, Rz 143; *Baetge/Thiele/Moser*, in *Küting/Pfitzer/Weber*, HdR, HGB § 319, Rz 127, Stand 2/2011.

4.6 Umsatzabhängigkeit (Abs. 3 Satz 1 Nr. 5)

69 Nach Abs. 3 Satz 1 Nr. 5 ist ein WP/vBP von der Abschlussprüfung ausgeschlossen, wenn er in den letzten 5 Jahren jeweils mehr als 30 % der Einnahmen seiner beruflichen Tätigkeit aus der Prüfung und Beratung der KapG/KapCoGes erzielt hat und auch im laufenden Gj voraussichtlich erzielen wird. Mit der Vorschrift wird die mögliche Unabhängigkeitsgefährdung durch das wirtschaftliche Eigeninteresse des WP/vBP berücksichtigt. Bei Meinungsverschiedenheiten über die Richtigkeit des Jahresabschlusses wird es dem AP umso schwerer fallen, seine Auffassung durchzusetzen und notfalls die Beendigung des Auftragsverhältnisses in Kauf zu nehmen, je höher die damit verbundene finanzielle Einbuße ist.[69]

Als **Gesamteinnahmen** gelten alle Einnahmen, die aus beruflichen Tätigkeiten i.S.v. § 2 bzw. § 129 WPO erzielt werden. Besitzt der AP eine Zusatzqualifikation (z.B. RA) sind auch die Einnahmen aufgrund dieser Qualifikation Bestandteil seiner Gesamteinnahmen. Sonstige Einnahmen aus Leistungsbeziehungen mit dem Mandanten, die nicht der beruflichen Tätigkeit zuzuordnen sind, z.B. Mieteinnahmen sowie Auslagenersatz[70] und Umsatzsteuer, werden nicht erfasst.[71]

Bei **gemeinsamer Berufsausübung** sind aufgrund der Sozietätsklausel die Einnahmen aller Personen, die mit dem AP den Beruf gemeinsam ausüben, zu addieren.[72]

Für die Berechnung der Einhaltung der Umsatzgrenze ist das gesamte aus dem **Bereich des geprüften Unt** bezogene Honorar maßgebend. Zu diesem Honorar gehört auch das Honorar von allen in- und ausländischen Unt, an denen die zu prüfende KapG/KapCoGes mehr als 20 % der Anteile besitzt, unabhängig davon, ob ein Konzernabschluss aufzustellen ist oder freiwillig aufgestellt wird. Das ist darin begründet, dass die zu prüfende KapG/KapCoGes in diesen Unt die Auftragsvergabe beeinflussen könnte.[73] Zur Bestimmung des Anteilsbesitzes kommt eine Durchrechnung der Quote (z.B. Prüfungsmandat hält an Unt A 60 %, Unt A an Unt B 40 %, durchgerechnete Quote ist 24 %) nicht in Betracht. Als dem MU zustehende Rechte werden nach § 290 Abs. 3 HGB auch die einem TU zustehenden Rechte und die den für Rechnung des MU oder von TU handelnden Personen zustehenden Rechte berücksichtigt. Diese Vorschrift ist bei der Ermittlung des Gesamthonorars entsprechend anzuwenden.[74]

70 Nachdem die Umsatzabhängigkeit fünf Jahre hintereinander bestanden hat, entsteht der **Ausschlussgrund im sechsten Jahr**. Dem AP wird damit eine genügend lange Frist eingeräumt, das Überschreiten der kritischen Grenze durch geeignete Maßnahmen zu vermeiden. Die „fünf Jahre" betreffen jeweils das Gj des AP und beinhalten somit z.B. auch Rumpfgeschäftsjahre, sodass die „fünf Jahre" in derartigen Fällen bereits vor Ablauf von fünf Kj. erreicht sind.[75] Für das laufende Gj ist

---

69 Vgl. *Schmidt/Nagel*, in Beck Bil-Komm., 10. Aufl., 2016, § 319 HGB, Rz 70.
70 Soweit es sich nicht um Auslagenersatz im Rahmen der Abschlussprüfung handelt.
71 Vgl. ADS, 6. Aufl., § 319 HGB, Rz 152, 158.
72 Vgl. ADS, 6. Aufl., § 319 HGB, Rz 161; *Baetge/Thiele/Moser*, in *Küting/Pfitzer/Weber*, HdR, HGB § 319, Rz 139, 141, Stand 2/2011.
73 Vgl. ADS, 6. Aufl., § 319 HGB, Rz 158; *Baetge/Thiele/Moser*, in *Küting/Pfitzer/Weber*, HdR, HGB § 319, Rz 137; Stand 2/2011.
74 Vgl. ADS, 6. Aufl., § 319 HGB, Rz 155.
75 Vgl. *Baetge/Thiele/Moser*, in *Küting/Pfitzer/Weber*, HdR, HGB § 319, Rz 133, Stand 2/2011.

das erwartete Honoraraufkommen zu schätzen. Maßgebend für den Fristbeginn ist der Zeitpunkt der Wahl zum AP, nicht der der Auftragsannahme.[76]
Wenn die Umsatzgrenze z.B. im sechsten Jahr unterschritten wird, kann in den folgenden fünf Jahren grds. kein Ausschlussgrund nach Abs. 3 Satz 1 Nr. 5 eintreten. Dies gilt nicht, wenn durch gezielte Beeinflussung der Honorarzahlungen das Überschreiten der Schwelle in einem oder mehreren Jahr(en) bewusst verhindert wird. Außerdem muss die Art der Einkommensermittlung im Zeitablauf konsistent sein.

Zur **Vermeidung von Härtefällen** kann die WPK nach Nr. 5 letzter Hs. befristete Ausnahmegenehmigungen erteilen. Die Gewährung liegt im pflichtgemäßen Ermessen der WPK. Ein Härtefall kann insb. bei Eröffnung, Verlegung oder Schließung einer Praxis vorliegen.[77] 71

4.7 Ehegatten und Lebenspartner

Wenn der **Ehegatte** oder der **Lebenspartner** des AP einen Ausschlussgrund nach Satz 1 Nrn. 1–3 erfüllt, liegt nach Abs. 3 Satz 2 ebenfalls ein Ausschlussgrund vor. Nach § 1 Abs. 1 Satz 1 LPartG sind Lebenspartner zwei Personen gleichen Geschlechts, die persönlich, gegenseitig und bei gleichzeitiger Anwesenheit unter Abgabe übereinstimmender Willenserklärungen erklären, miteinander eine Partnerschaft auf Lebenszeit führen zu wollen. 72

Zu welchem Zeitpunkt die Ehegemeinschaft oder die Partnerschaft eingegangen wird, ist unerheblich. Es kommt ausschließlich darauf an, dass sie während der Zeit, in der die Abschlussprüfung stattfindet, bestanden hat. Wird die Ehegemeinschaft oder Partnerschaft vor Beendigung der Prüfung aufgehoben, entfällt der Ausschlussgrund nach Abs. 3 Satz 2.[78]

5 Ausschlussgründe für Prüfungsgesellschaften (Abs. 4)

Durch Abs. 4 werden die Anforderungen der Abs. 2 und 3 in der Weise auf WPG/BPG übertragen, dass diese von der Abschlussprüfung ausgeschlossen sind, wenn sie selbst oder 73
- ein gesetzlicher Vertreter,
- ein Gesellschafter, der mehr als 20 % der den Gesellschaftern zustehenden Stimmrechte besitzt,
- ein verbundenes Unt,
- ein bei der Prüfung in verantwortlicher Position beschäftigter Gesellschafter,
- eine andere von ihr beschäftigte Person, die das Ergebnis der Prüfung beeinflussen kann,

einen der in den Abs. 2 und 3 definierten Ausschlusstatbestände verwirklicht. Dies gilt auch, wenn ein Mitglied des Aufsichtsrats nach Abs. 3 Satz 1 Nr. 2 ausgeschlossen ist (Organstellung beim Prüfungsmandanten, einem mit diesem

---

[76] Vgl. ADS, 6. Aufl., § 319 HGB, Rz 155.
[77] Vgl. ADS, 6. Aufl., § 319 HGB, Rz 163; *Baetge/Thiele/Moser*, in *Küting/Pfitzer/Weber*, HdR, HGB § 319, Rz 143, Stand 2/2011.
[78] Vgl. *Schmidt/Nagel*, in Beck Bil-Komm., 10. Aufl., 2016, § 319 HGB, Rz 73.

verbundenen Unt oder einem Unt, von dem das zu prüfende Unt mehr als 20 % der Anteile besitzt).
Der maßgebliche **Stimmrechtsanteil** eines Gesellschafters errechnet sich aus dem eigenen Anteilsbesitz und ggf. aus ihm zuzurechnenden Stimmrechten.[79] Im Fall von Treuhandschaften sind die Anteile grds. dem Treugeber zuzurechnen, es sei denn, der Treugeber verzichtet auf die Ausübung der ihm zustehenden Entscheidungs- und Weisungsrechte. Die Vorschrift ist nicht nur auf Fälle anzuwenden, in denen einzelne Gesellschafter, denen mehr als 20 % der Stimmrechte zuzurechnen sind, einen Ausschlusstatbestand erfüllen. Sie ist auch anzuwenden auf mehrere Gesellschafter, die zusammen mehr als 20 % der den Gesellschaftern zustehenden Stimmrechte besitzen, wenn diese jeweils einzeln oder zusammen einen der Ausschlusstatbestände nach Abs. 2 oder 3 erfüllen. Erfüllt ein Mitglied mit weniger als 20 % der Stimmrechte einen Ausschlusstatbestand nach Abs. 2 oder 3, ist die WPG/BPG als AP ausgeschlossen, wenn die ihm zuzurechnenden Stimmrechte zusammen mit den Stimmrechten der übrigen Sozietätsmitglieder die Quote von 20 % überschreiten. Aber auch, wenn ein solcher Gesellschafter einen Ausschlusstatbestand nur zusammen mit den anderen Gesellschaftern erfüllt, führt dies zu einem Ausschluss der WPG/BPG. Dies gilt z. B. für die Ermittlung der finanziellen Interessen nach Abs. 3 Satz 1 Nr. 1 und die Bestimmung der Grenze für die Umsatzabhängigkeit nach Abs. 3 Satz 1 Nr. 5.

> **Beispiel**
> WP A und WP B halten jeweils 15 % der Anteile an der X WPGmbH. Beide WP sind zugleich Gesellschafter der Y StB GmbH, die den Jahresabschluss der prüfungspflichtigen Z GmbH unter der Leitung von WP A erstellt hat. Kann die X WPG GmbH bei der Z GmbH zum AP bestellt werden?
>
> **Ergebnis**
> WP A ist als Person von der Abschlussprüfung bei der Z GmbH ausgeschlossen, weil er an der Erstellung des zu prüfenden Jahresabschlusses mitgewirkt hat. Für die Beurteilung der Frage, ob auch die X WPG GmbH von der Abschlussprüfung bei der Z GmbH ausgeschlossen ist, sind die Anteile der WP A und B. i.H.v. jeweils 15 % zusammen zu betrachten. Damit ist der Schwellenwert von 20 % der Stimmrechtsanteile überschritten und die X WPG GmbH als AP der Z GmbH ausgeschlossen.

74 Zur Auslegung des Begriffs „**verbundenes Unternehmen**" ist § 271 Abs. 2 HGB heranzuziehen (§ 271 Rz 31).

75 Als **in verantwortlicher Position beschäftigte Gesellschafter** werden zunächst diejenigen Gesellschafter einzustufen sein, die nach den internen Regelungen der Prüfungsgesellschaft für die Abwicklung des Prüfungsauftrags verantwortlich sind und diese Verantwortung durch Unterzeichnung des Bestätigungsvermerks und des Prüfungsberichts auch erkennbar dokumentieren. Dabei handelt es sich um den sog. verantwortlichen WP und den Mitunterzeichner, soweit es sich bei diesen um Gesellschafter der Prüfungsgesellschaft handelt. Außerdem sind diesem Personenkreis solche Gesellschafter zuzurechnen, die für bestimmte Teil-

---

[79] Vgl. *Baetge/Thiele/Moser*, in *Küting/Pfitzer/Weber*, HdR, HGB § 319, Rz 159, Stand 2/2011.

bereiche der Prüfung verantwortlich sind, z. B. für (IT-)Aufbau- und Funktionsprüfungen oder die Prüfung des Risikofrüherkennungssystems. Trotz der im Gesetz verwendeten unterschiedlichen Begriffe dürfte der Personenkreis der in verantwortlicher Position beschäftigten Gesellschafter mit dem der verantwortlichen Prüfungspartner nach § 319a HGB (§ 319a Rz 23) identisch sein.

Darüber hinaus sind von Abs. 4 Satz 1 **von der WPG/BPG beschäftigte Personen erfasst, die das Ergebnis der Prüfung beeinflussen können.** Es handelt sich dabei um den gleichen Personenkreis, der in Abs. 3 Satz 1 Nr. 4 als „bei der Prüfung beschäftigt" bezeichnet wird. Damit werden von der Vorschrift alle Mitarbeiter erfasst, die dem Prüfungsteam angehören, einschl. der im Rahmen der Prüfung eingesetzten Spezialisten für bestimmte Prüffelder oder für Bereiche, bei denen besondere Kenntnisse erforderlich sind (z. B. bei Risiken für Unregelmäßigkeiten oder bei Zweifeln an der Angemessenheit der *Going-Concern*-Annahme). Ausnahmsweise können hierzu auch Mitarbeiter aus fachlichen Kompetenzzentren zählen, wenn diese Stellungnahmen oder Gutachten zu Fachfragen erstellen und diese Mitwirkung über eine nur punktuelle Befassung hinausgeht (s. im Übrigen Rz 65 f.). 76

Nach Abs. 4 Satz 2 gilt für **Mitglieder des Aufsichtsrats** einer Prüfungsgesellschaft, dass ausschließlich die Übernahme der Funktion eines gesetzlichen Vertreters, die Mitgliedschaft im Aufsichtsrat und die Stellung als Arbeitnehmer des zu prüfenden Unt zu einem Ausschluss der Prüfungsgesellschaft als AP führen. 77

> **Beispiel**
> A hält sämtliche Anteile an der prüfungspflichtigen Z GmbH und ist zugleich Mitglied des Aufsichtsrates der X AG WPG. Kann die X AG WPG zum AP der Z GmbH bestellt werden?
>
> **Ergebnis**
> Da A weder gesetzlicher Vertreter noch Mitglied im Aufsichtsrat, noch Arbeitnehmer der Z GmbH ist, liegt kein Ausschlussgrund nach § 319 Abs. 4 HGB vor und die X AG WPG könnte insoweit zum AP bestellt werden. Zu prüfen bleibt in einem solchen Fall allerdings, ob sich nach dem Gesamtbild der Verhältnisse eine Besorgnis der Befangenheit nach Abs. 2 ergibt.

In Abs. 4 sind ausschließlich Zurechnungsvorschriften enthalten. Für die einzelnen **Ausschlusstatbestände** und deren Auslegung gelten die Ausführungen zu Abs. 2 und 3. Durch den Verweis in Abs. 4 auf die Ausschlussgründe nach Abs. 3 ist auch bei WPG/BPG die Sozietätsklausel anzuwenden. Dies bedeutet, dass eine WPG/BPG z. B. dann als AP ausgeschlossen ist, wenn mehr als 20 % ihrer Stimmrechte von einem Gesellschafter gehalten werden, der gleichzeitig Sozius einer Anwaltssozietät ist, die den zu prüfenden Jahresabschluss erstellt hat.[80] 78

> **Beispiel 1**
> Die Bücher der prüfungspflichtigen Z GmbH werden von der Y GmbH StBG geführt, bei der es sich um ein verbundenes Unt der X AG WPG handelt. Kann die X AG WPG zum AP der Z GmbH bestellt werden?

---

[80] Vgl. *Schmidt/Nagel*, in Beck Bil-Komm., 10. Aufl., 2016, § 319 HGB, Rz 82.

> **Ergebnis**
> Aufgrund der Sozietätsklausel ist die X AG WPG von der Abschlussprüfung der Z GmbH ausgeschlossen (Abs. 4 i. V. m. Abs. 3 Satz 1 Nr. 3 Buchst. a).
>
> **Beispiel 2**
> Die WP A und B sind Gesellschafter-Geschäftsführer der X WPG mbH. Der Jahresabschluss der prüfungspflichtigen Z GmbH ist von der Y StB GmbH erstellt worden, an der die Ehefrauen der beiden WP sämtliche Anteile besitzen. Kann die X WPG mbH zum AP der Z GmbH bestellt werden?
>
> **Ergebnis**
> Aufgrund der Sozietätsklausel ist die X WPGmbH von der Abschlussprüfung der Z GmbH ausgeschlossen (Abs. 4 Satz 1 i. V. m. Abs. 3 Satz 2, Satz 1 Nr. 3 2. Hs., Nr. 3 1. Hs. Buchst. a).

6 Ausschlussgründe für Konzernabschlussprüfer (Abs. 5)

79 Gem. Abs. 5 gelten die Unvereinbarkeitsregelungen nach Abs. 2–4 für den AP des Konzernabschlusses entsprechend. Dies gilt auch für die Pflicht zur Teilnahme am Verfahren der Qualitätskontrolle nach § 57a WPO; auch Konzern-AP müssen über eine wirksame Teilnahmebescheinigung oder eine Ausnahmegenehmigung der WPK verfügen. Nach Abs. 5 i. V. m. Abs. 2–4 führen die Ausschlussgründe, die einen Ausschluss als AP des MU zur Folge haben, gleichzeitig zu einem Ausschluss als Konzern-AP. Fraglich könnte sein, ob diese Folge auch eintritt, wenn Ausschlussgründe in Bezug auf einzelne in den Konzernabschluss einbezogene TU vorliegen. Bei nicht in den Konzernabschluss einbezogenen TU stellt sich diese Frage nicht, weil hier aufgrund der eingeschränkten Prüfungspflichten (insb. Prüfung der Abgrenzung des KonsKreises) eine Besorgnis der Befangenheit im Hinblick auf die Prüfung des Konzernabschlusses nicht erkennbar ist.[81]

80 Wenn in Bezug auf ein einbezogenes TU ein Ausschlussgrund nach den Abs. 2–4 vorliegt, dürfte dies grds. einen Ausschluss als Konzern-AP zur Folge haben, weil sich Abs. 5 auf die Prüfung des Konzernabschlusses bezieht, der sich aus den Abschlüssen des MU und der TU zusammensetzt. Nach § 317 Abs. 3 HGB hat der Konzern-AP im Fall der Prüfung der Jahresabschlüsse von einbezogenen TU durch andere AP deren Arbeit zu überprüfen,[82] mit der Folge, dass die gesetzlichen Ausschlusstatbestände auch in diesen Fällen greifen.
Diese Überlegungen gelten auch für die Prüfung der für Zwecke der Kons aufgestellten Handelsbilanzen II von ausländischen TU. Im Falle einer Prüfung des Jahresabschlusses (HB I) von ausländischen TU führt die Erfüllung von Ausschlussgründen im Hinblick auf die HB II (z. B. Erstellung der HB II oder Erbringung von Bewertungsleistungen, die unmittelbar vom Mandanten in die HB II übernommen werden) zu einem Ausschluss als Konzern-AP.

---

[81] Vgl. *Schmidt/Nagel*, in Beck Bil-Komm., 10. Aufl., 2016, § 319 HGB, Rz 87.
[82] Vgl. BilMoG-BgrRegE, S. 87.

Ferner stellt sich die Frage, ob die Vorschriften der Abs. 2–4 auch von den AP von TU, die nicht Konzern-AP sind, eingehalten werden müssen. Wenn der Jahresabschluss von in den Konzernabschluss einbezogenen TU nicht nach § 317 Abs. 3 Satz 1 HGB vom AP des Konzernabschlusses selbst, sondern zulässigerweise nach Satz 2 durch einen anderen AP geprüft wurde und der Konzern-AP zu diesem Zweck dessen Arbeiten verwertet, sind die Anforderungen des IDW PS 320 „Verwertung der Arbeit eines anderen externen Prüfers" zu beachten. Danach hat der Konzern-AP die fachliche Kompetenz und berufliche Qualifikation dieses anderen AP nach Maßgabe der für den Konzern-AP geltenden Erfordernisse der Unabhängigkeit, Gewissenhaftigkeit, Unparteilichkeit, Unbefangenheit und Eigenverantwortlichkeit sowie unter Berücksichtigung des Auftrags des anderen externen Prüfers zu beurteilen.[83] In Bezug auf die Unabhängigkeit ist es in der Praxis der Konzern-Apr. üblich, dass der Konzern-AP im Rahmen der Verwendung von *Audit Instructions* an die anderen AP auf die Einhaltung von Unabhängigkeitsvorschriften hinweist und sich deren Beachtung durch die anderen AP bestätigten lässt (zu Einzelheiten s. § 317 Rz 61). Dies gilt unabhängig davon, ob das TU seinen Sitz im Inland oder im Ausland hat.

In der Prüfungspraxis kann es sich für den Konzern-AP empfehlen, mit ausländischen Prüfern von in den Konzernabschluss einbezogenen TU die Einhaltung der Unabhängigkeitsregeln des *IFAC Code of Ethics* zu vereinbaren. Diese entsprechen in allen wesentlichen Aspekten den Empfehlungen der EU-Kommission zur Unabhängigkeit des AP vom 16.5.2002. Auf eine ins Detail gehende Information der ausländischen Prüfer über die deutschen Unabhängigkeitsvorschriften kann in diesem Fall verzichtet werden.

Zu den einzelnen für Konzern-AP entsprechend geltenden Ausschlussgründen wird auf die Erl. zu den Abs. 2–4 verwiesen.

7 Rechtsfolgen bei Verstößen gegen § 319 HGB

Bei den sich aus einem Verstoß gegen § 319 HGB ergebenden Folgen für den Wahlbeschluss und den Jahresabschluss ist danach zu unterscheiden, ob es bereits an der Qualifikation als WP bzw. vBP nach Abs. 1 fehlt oder ob ein Ausschlussgrund nach den Abs. 2–4 vorliegt.

Die Wahl einer Person zum AP, die bereits die Voraussetzungen des Abs. 1 nicht erfüllt, ist nichtig. Im Fall einer gesetzlichen Prüfungspflicht ist ein von dieser Person geprüfter Jahresabschluss nach § 256 Abs. 1 Nr. 3 AktG ebenfalls nichtig. Liegt dagegen ein Verstoß gegen die Abs. 2–4 vor, sind gegen den Wahlbeschluss gerichtete Anfechtungs- und Nichtigkeitsklagen, die sich auf eine Befangenheit des gewählten AP stützen, unzulässig (§§ 243 Abs. 3, 249 Abs. 1 AktG). Die Prüfung einer möglichen Befangenheit des gewählten AP erfolgt insoweit unabhängig davon, zu welchem Zeitpunkt die Befangenheit eingetreten ist, ausschließlich im Ersetzungsverfahren nach § 318 Abs. 3 HGB. Ein Verstoß gegen die Abs. 2–4 führt gem. § 256 Abs. 1 Nr. 3 AktG nicht zur Nichtigkeit des JA.

---

[83] Vgl. IDW PS 320, Tz 19.

83 Bei Verstößen gegen § 319 HGB verliert der AP wegen der Nichtigkeit des schuldrechtlichen Prüfungsauftrags (§ 134 BGB) seinen vertraglichen Vergütungsanspruch.[84] Ein Anspruch aus ungerechtfertigter Bereicherung gem. § 817 Satz 2 BGB scheidet ebenfalls aus, wenn der AP vorsätzlich gegen ein gesetzliches Verbot verstoßen hat.[85] Dies dürfte in den eindeutigen Fällen des Abs. 3 regelmäßig der Fall sein, während hinsichtlich eines Verstoßes gegen die allgemeine Befangenheitsvorschrift des Abs. 2 wegen der Unbestimmtheit des verwendeten Rechtsbegriffs nicht zwangsläufig von vorsätzlichem Handeln ausgegangen werden kann. Letzteres gilt auch für die Fälle des Abs. 3, soweit diese durch Verwendung unbestimmter Rechtsbegriffe schwierige Abgrenzungsfragen aufwerfen.[86]

84 Aus **Delikt** können sich bei einem Verstoß gegen § 319 HGB Schadenersatzansprüche des Mandanten nur im Hinblick auf wirtschaftliche Nachteile wegen der notwendig gewordenen Bestellung eines anderen Prüfers ergeben, nicht dagegen aus inhaltlichen Prüfungsmängeln.[87] Dementsprechend kommt auch eine Haftung gegenüber Dritten nicht in Betracht (zur Dritthaftung des AP s. § 323 Rz 85 ff.).

85 Nach § 334 Abs. 2 HGB handelt der AP ordnungswidrig, wenn er trotz Vorliegens eines Ausschlussgrunds einen Bestätigungsvermerk erteilt, und kann daher mit einem **Bußgeld** belegt werden. Der WP kann den Bußgeldtatbestand jedoch dadurch vermeiden, dass er bestehende Ausschlussgründe vor Testaterteilung beseitigt, sofern es sich nicht der Sache nach um nachwirkende Ausschlussgründe handelt.[88] Die **Ordnungswidrigkeit** setzt Vorsatz voraus (§ 10 OWiG), wobei Eventualvorsatz genügt. Unkenntnis der gesetzlichen Ausschlussgründe exkulpiert nicht, weil diese Bestandteil der Berufsgrundsätze zur Unabhängigkeit sind, deren Unkenntnis nicht unvermeidbar (§ 11 Abs. 2 OWiG) ist. Unkenntnis des unterzeichnenden WP über das Vorliegen von Tatbestandsvoraussetzungen kann den Vorsatz ausschließen; dies kann auch der Fall sein, wenn die Inhabilität begründende Tatsachen zwar der Geschäftsführung oder dem Vorstand einer WPG/BPG, nicht hingegen dem unterzeichnenden WP bekannt sind.[89]

86 Wird trotz Vorliegens eines Ausschlussgrundes ein Bestätigungsvermerk erteilt, wird dies regelmäßig eine **Berufspflichtverletzung** darstellen, die nach §§ 67 ff. WPO berufsgerichtlich geahndet wird.[90]

---

[84] Vgl. zum Umfang des Vergütungsanspruchs BGH, Urteil v. 21.1.2010, Xa ZR 175/07, WPKM, S. 46.
[85] Vgl. BGH, Urteil v. 30.4.1992, III ZR 151/91, DB 1992, S. 1466.
[86] Vgl. *Schmidt/Nagel*, in Beck Bil-Komm., 10. Aufl., 2016, § 319 HGB, Rz 93.
[87] Vgl. ADS, 6. Aufl., § 319 HGB, Rz 256.
[88] Vgl. ADS, 6. Aufl., § 319 HGB, Rz 258.
[89] Vgl. *Schmidt/Nagel*, in Beck Bil-Komm., 10. Aufl., 2016, § 319 HGB, Rz 95.
[90] Vgl. *Schmidt/Nagel*, in Beck Bil-Komm., 10. Aufl., 2016, § 319 HGB, Rz 96, LG Berlin, Beschluss v. 8.11.2011, WiL 2/11, in WPKM 1/2012, S. 46 f.

§ 319a Besondere Ausschlussgründe bei Unternehmen von öffentlichem Interesse

(1) ¹Ein Wirtschaftsprüfer ist über die in § 319 Abs. 2 und 3 genannten Gründe hinaus auch dann von der Abschlussprüfung eines Unternehmens, das kapitalmarktorientiert im Sinn des § 264d, das CRR-Kreditinstitut i.S.d. § 1 Absatz 3d Satz 1 des Kreditwesengesetzes, mit Ausnahme der in § 2 Absatz 1 Nummer 1 und 2 des Kreditwesengesetzes genannten Institute, oder das Versicherungsunternehmen i.S.d. Artikels 2 Absatz 1 der Richtlinie 91/674/EWG ist, ausgeschlossen, wenn er
1. *(weggefallen)*
2. in dem Geschäftsjahr, für dessen Schluss der zu prüfende Jahresabschluss aufzustellen ist, über die Prüfungstätigkeit hinaus Steuerberatungsleistungen i.S.d. Artikels 5 Absatz 1 Unterabsatz 2 Buchstabe a Ziffer i und iv bis vii der Verordnung (EU) Nr. 537/2014 erbracht hat, die sich einzeln oder zusammen auf den zu prüfenden Jahresabschluss unmittelbar und nicht nur unwesentlich auswirken; eine nicht nur unwesentliche Auswirkung liegt insbesondere dann vor, wenn die Erbringung der Steuerberatungsleistungen im zu prüfenden Geschäftsjahr den für steuerliche Zwecke zu ermittelnden Gewinn im Inland erheblich gekürzt hat oder ein erheblicher Teil des Gewinns ins Ausland verlagert worden ist, ohne dass eine über die steuerliche Vorteilserlangung hinausgehende wirtschaftliche Notwendigkeit für das Unternehmen besteht, oder
3. in dem zu prüfenden Geschäftsjahr oder bis zur Erteilung des Bestätigungsvermerks über die Prüfungstätigkeit hinaus bei der zu prüfenden oder für die zu prüfende Kapitalgesellschaft Bewertungsleistungen i.S.d. Artikels 5 Absatz 1 Unterabsatz 2 Buchstabe f der Verordnung (EU) Nr. 537/2014 erbracht hat, die sich einzeln oder zusammen auf den zu prüfenden Jahresabschluss unmittelbar und nicht nur unwesentlich auswirken.

²§ 319 Abs. 3 Satz 1 Nr. 3 letzter Teilsatz, Satz 2 und Abs. 4 gilt für die in Satz 1 genannten Ausschlussgründe entsprechend. ³Satz 1 Nr. 2 und 3 gilt auch, wenn Personen, mit denen der Wirtschaftsprüfer seinen Beruf gemeinsam ausübt, die dort genannten Ausschlussgründe erfüllen; erbringt der Wirtschaftsprüfer Steuerberatungsleistungen i.S.d. Artikels 5 Absatz 1 Unterabsatz 2 Buchstabe a Ziffer i und iv bis vii der Verordnung (EU) Nr. 537/2014 oder Bewertungsleistungen i.S.d. Artikels 5 Absatz 1 Unterabsatz 2 Buchstabe f der Verordnung (EU) Nr. 537/2014, so hat er deren Auswirkungen auf den zu prüfenden Jahresabschluss im Prüfungsbericht darzustellen und zu erläutern. ⁴Verantwortlicher Prüfungspartner ist, wer den Bestätigungsvermerk nach § 322 unterzeichnet oder als Wirtschaftsprüfer von einer Wirtschaftsprüfungsgesellschaft als für die Durchführung einer Abschlussprüfung vorrangig verantwortlich bestimmt worden ist.

(1a) ¹Auf Antrag des Abschlussprüfers kann die Abschlussprüferaufsichtsstelle beim Bundesamt für Wirtschaft und Ausfuhrkontrolle diesen von den Anforderungen des Artikels 4 Absatz 2 Unterabsatz 1 der Verordnung (EU) Nr. 537/2014 ausnahmsweise für höchstens ein Geschäftsjahr ausnehmen, allerdings nur bis zu 140 Prozent des Durchschnitts der in Artikel 4 Absatz 2 Unterabsatz 1 der Verordnung (EU) Nr. 537/2014 genannten Honorare.

(2) ¹Absatz 1 ist auf den Abschlussprüfer des Konzernabschlusses entsprechend anzuwenden. ²Als verantwortlicher Prüfungspartner gilt auf Konzernebene auch, wer als Wirtschaftsprüfer auf der Ebene bedeutender Tochterunternehmen als für die Durchführung von deren Abschlussprüfung vorrangig verantwortlich bestimmt worden ist.

(3) Der Prüfungsausschuss des Unternehmens muss der Erbringung von Steuerberatungsleistungen i.S.d. Artikels 5 Absatz 1 Unterabsatz 2 Buchstabe a Ziffer i und iv bis vii der Verordnung (EU) Nr. 537/2014 durch den Abschlussprüfer vorher zustimmen. Falls das Unternehmen keinen Prüfungsausschuss eingerichtet hat, muss die Zustimmung durch seinen Aufsichts- oder Verwaltungsrat erfolgen.

WP STB HARM DODENHOFF

Inhaltsübersicht	Rz
1 Überblick	1–9
2 Besondere Ausschlussgründe bei Unternehmen von öffentlichem Interesse	10–30
2.1 Umsatzabhängigkeit	10
2.2 Ausübung bestimmter Tätigkeiten	11–21
2.2.1 Steuerberatungsleistungen (Abs. 1 Satz 1 Nr. 2 und Satz 3 i.V.m. Abs. 3)	11–17
2.2.2 Bewertungsleistungen (Abs. 1 Satz 1 Nr. 3 und Satz 3)	18
2.2.3 Entwicklung, Einrichtung und Einführung von Rechnungslegungsinformationssystemen	19–20
2.2.4 Verbundene Unternehmen und Beteiligungsunternehmen (Abs. 1 Satz 2 i.V.m. § 319 Abs. 3 Satz 1 Nr. 3 letzter Teilsatz HGB)	21
2.3 Interne Rotation	22–26
2.4 Sozietätsklausel (Abs. 1 Satz 3)	27
2.5 Ausschlussgründe bei Prüfungsgesellschaften (Abs. 1 Satz 2 i.V.m. § 319 Abs. 4)	28
2.6 Ausschlussgründe bei der Prüfung von Konzernabschlüssen (Abs. 2)	29–30
3 Rechtsfolgen von Verstößen gegen § 319a HGB	31–32

1 Überblick

1 In § 319a HGB werden besondere Ausschlussgründe definiert, die über die Vorschriften von § 319 HGB hinausgehend nur bei der Abschlussprüfung von

- Unt, die KM-orientiert i. S. v. § 264d HGB sind,
- CRR-Kreditinstituten i. S. d. § 1 Abs. 3d Satz 1 KWG, mit Ausnahme der in § 2 Abs. 1 Nrn. 1 und 2 KWG genannten Institute, und
- Versicherungsunt i. S. d. Art. 2 Abs. 1 der Richtlinie 91/674/EWG

beachtet werden müssen. Die Aufnahme von Banken, mit Ausnahme der Deutschen Bundesbank und der Kreditanstalt für Wiederaufbau (KfW), sowie von Versicherungsunt (Lebensversicherungen, Zusatzversicherungen zur Lebensversicherung, Rentenversicherungen und Sachversicherungen) in den Anwendungsbereich der Vorschrift ist aufgrund des Wegfalls einer entsprechenden Ausnahmevorschrift in den EU-rechtlichen Vorgaben durch das AReG umgesetzt worden.

Ein Unt ist **kapitalmarktorientiert**, wenn es einen organisierten Markt i. S. d. § 2 Abs. 5 WpHG durch von ihm ausgegebene Wertpapiere i. S. d. § 2 Abs. 1 Satz 1 WpHG in Anspruch nimmt oder die Zulassung solcher Wertpapiere zum Handel an einem organisierten Markt beantragt hat (s. § 264d HGB).

Bei einem **organisierten Markt** i. S. d. § 2 Abs. 5 WpHG handelt es sich um einen Markt, der von staatlich anerkannten Stellen geregelt und überwacht wird, regelmäßig stattfindet und für das Publikum unmittelbar oder mittelbar zugänglich ist. Diese Kriterien erfüllt an den deutschen Wertpapierbörsen der regulierte Markt.[1] Nicht erfasst sind damit Unt, deren Wertpapiere im Freiverkehr gehandelt werden. Zu den organisierten KM zählen auch die übrigen geregelten Märkte i. S. d. EU-Wertpapierdienstleistungs-RL (92/22/EWG). Ob ein KM in einem Drittland die Anforderungen eines organisierten Markts erfüllt, ist im Einzelfall unter Zugrundelegung der Kriterien des § 2 Abs. 5 WpHG zu entscheiden.[2]

Die allgemeinen Ausschlussgründe nach § 319 Abs. 2 und 3 HGB sind auch bei der Pflichtprüfung von Unt von öffentlichem Interesse zu beachten. Danach sind WP als AP ausgeschlossen, wenn Gründe vorliegen, nach denen die Besorgnis der Befangenheit besteht. Dies ist insb. bei Beziehungen geschäftlicher, finanzieller und persönlicher Art anzunehmen. Bei der Beurteilung, ob Besorgnis der Befangenheit besteht, ist die Sicht eines verständigen und objektiven Dritten maßgebend. In den Fällen des § 319 Abs. 2 HGB kann der WP Vermeidungs- und Schutzmaßnahmen ergreifen, um die Besorgnis der Befangenheit zu beseitigen bzw. zu mindern. Wenn keine geeigneten Vermeidungs- oder Schutzmaßnahmen verfügbar sind, ist der WP von der Abschlussprüfung ausgeschlossen. Verwirklicht der WP die in § 319 Abs. 3 und in § 319a HGB festgelegten besonderen Ausschlussgründe, ist er ebenfalls von der Abschlussprüfung ausgeschlossen. Im Unterschied zu § 319 Abs. 2 HGB besteht in diesen Fällen die **unwiderlegbare Vermutung**, dass Besorgnis der Befangenheit gegeben ist, mit der Folge, dass Schutzmaßnahmen die Besorgnis der Befangenheit nicht beseitigen können.[3] Maßnahmen zur Vermeidung der Verwirklichung der Tatbestandsvoraussetzungen sind dagegen grds. möglich.

Gem. § 43 Abs. 3 WPO dürfen AP oder bei WPG die als verantwortliche Prüfer eingesetzten WP frühestens zwei Jahre nach Beendigung der letzten Abschlussprüfung eine wichtige Führungstätigkeit bei dem geprüften Unt übernehmen,

---

[1] Der regulierte Markt entstand am 1.11.2007 aufgrund des Finanzmarktrichtlinie-Umsetzungsgesetzes durch die Fusion von geregeltem Markt und amtlichem Markt.
[2] Vgl. *Schmidt/Nagel* in Beck Bil-Komm., 10. Aufl., 2016, § 319a HGB, Rz 2.
[3] Vgl. § 22a Abs. 2 BS WP/vBP aF bzw. § 31 Abs. 2 BS WP/vBP nF.

sofern es sich hierbei um ein Unt von öffentlichem Interesse handelt. Bei einem Verstoß gegen diese Vorschrift kann die WPK eine Geldbuße bis zu TEUR 50 verhängen.[4] Unter dem Gesichtspunkt der Unabhängigkeit des AP wird in einem solchen Fall zu prüfen sein, ob nach § 319 Abs. 2 HGB Besorgnis der Befangenheit vorliegt.

6 In § 319a Abs. 1a wird die Möglichkeit eröffnet für ein Jahr eine auch der Höhe nach begrenzte Ausnahme von der Anforderung des Art. 4 Abs. 2 Unterabs. 1 der EU-Verordnung Nr. 537/2014 (Umsatzabhängigkeit) beim Bundesamt für Wirtschaft und Ausfuhrkontrolle zu beantragen.

7 Über § 319 HGB hinausgehend sind in § 319a Abs. 2 HGB weitere Tatbestände aufgeführt, bei deren Verwirklichung ein WP als AP eines von einem Unt von öffentlichem Interesse aufgestellten Konzernabschlusses ausgeschlossen ist.

8 § 319a Abs. 3 macht die Erbringung von bestimmten Steuerberatungsleistungen von der vorherigen Zustimmung des Prüfungsausschusses bzw., wenn dieser nicht eingerichtet ist, von der Zustimmung des Aufsichts- oder Verwaltungsrats abhängig.

9 Bei der Anwendung des § 319a ist zu beachten, dass für die Unternehmen im Anwendungsbereich dieser Norm mit der EU-Abschlussprüferreform[5] in erster Linie die EU-rechtlichen Vorschriften unmittelbar gelten und erst in zweiter Linie die nationalen Bestimmungen. Im Folgenden werden daher nicht nur die Regelungen des § 319a kommentiert, sondern auch die in diesem Zusammenhang zu beachtenden EU-rechtlichen Regelungen erläutert.

2 Besondere Ausschlussgründe bei Unternehmen von öffentlichem Interesse

2.1 Umsatzabhängigkeit

10 Wenn ein WP in den letzten 5 Jahren mehr als 30 % der Gesamteinnahmen aus seiner beruflichen Tätigkeit von der zu prüfenden KapG oder von Unt, an denen die zu prüfende KapG mehr als 20 % der Kapitalanteile besitzt, bezogen hat und dies auch im laufenden Jahr zu erwarten ist, besteht gem. § 319 Abs. 3 Satz 1 Nr. 5 HGB Besorgnis der Befangenheit. Eine Sonderregelung für Unt von öffentlichem Interesse liegt nach dem Wegfall des Abs. 1 Satz 1 Nr. 1 durch die Änderung des § 319a durch das AReG nicht mehr vor, so dass insoweit § 319 Abs. 3 Satz 1 Nr. 5 auch für Unt von öffentlichem Interesse gilt.
Zu beachten ist jedoch, dass Art. 4 Abs. 2 EU-Verordnung Nr. 537/2014 zusätzlich eine relative, honorarbezogene Beschränkung von Nichtprüfungsleistungen definiert, die in diesem Zusammenhang ebenfalls zu beachten ist. Danach sind die Gesamthonorare für zulässigerweise gegenüber dem geprüften Unternehmen, dessen MU oder abhängigen Ges. erbrachte Nichtprüfungsleistungen auf maximal 70 % des Durchschnitts der in den letzten drei aufeinanderfolgenden Gj für die Abschlussprüfung der genannten Unt durchschnittlich gezahlten Honorare begrenzt. Die Regelung erfasst nur Fälle, in denen der AP für einen Zeitraum von drei oder mehr aufeinander folgenden Jahren für ein geprüftes Unt zulässige

---

4 Vgl. WPK-Magazin 2/2009, S. 7.
5 Verordnung (EU) Nr. 537/2014, ABL. EU vom 27.5.2014 L 158, S. 77.

Nichtprüfungsleistungen und Abschlussprüfungsleistungen erbringt und kommt damit erst im vierten Jahr der Leistungserbringung zur Anwendung. Dabei sind für die Berechnung die bei ordnungsgemäßer Periodenabgrenzung auf das jeweilige Gj entfallenden Honorare zugrunde zu legen.[6]
Gem. § 319a Abs. 1a besteht die Möglichkeit beim Bundesamt für Wirtschaft und Ausfuhrkontrolle begrenzt auf ein Jahr eine Anhebung der maßgeblichen Honorarbegrenzung auf höchstens 140 % zu beantragen.

2.2 Ausübung bestimmter Tätigkeiten

2.2.1 Steuerberatungsleistungen (Abs. 1 Satz 1 Nr. 2 und Satz 3 i. V. m. Abs. 3)

Abweichend von Art. 5 Abs 1 EU-Verordnung Nr. 537/2014, wonach die Erbringung von Steuerberatungsleistungen bei Unt von öffentlichem Interesse durch den AP grundsätzlich ausgeschlossen ist, hat der deutsche Gesetzgeber von der Möglichkeit Gebrauch gemacht, Steuerberatungsleistungen von der sogenannten „black list" auszunehmen. Untersagt ist allerdings die sog. „aggressive Steuerplanung", durch die der steuerliche Gewinn im Inland erheblich gekürzt oder ein erheblicher Teil des Gewinns ins Ausland verlagert wird, ohne dass ein über die steuerliche Vorteilserlangung hinausgehender Grund besteht. Da diese Vorschrift in erheblichen Umfang Beurteilungsspielräume eröffnet, hat der Gesetzgeber die Erbringung von Steuerberatungsleistungen durch den AP an die vorherige Zustimmung durch den Prüfungsausschuss bzw. den Aufsichtsrat oder Verwaltungsrat (§ 319a Abs. 3) und an eine Berichtspflicht (§ 319a Abs. 1 Satz 3) geknüpft, nach der der AP die Auswirkungen der von ihm erbrachten Steuberatungsleistungen auf den zu prüfenden Jahresabschluss im Prüfungsbericht darzustellen und zu erläutern hat.

11

Die Vorschrift erfasst alle Beratungsleistungen, die dem Geltungsbereich des Steuerberatungsgesetzes unterliegen, und damit alle dort definierten Arten von Hilfeleistung in steuerrechtlichen Angelegenheiten.[7] Diese Beratungsleistungen sind für die Feststellung, ob eine Besorgnis der Befangenheit nach Nr. 2 vorliegt, **nur relevant, wenn** sie

12

- im zu prüfenden Gj erbracht werden (s. Rz 13),
- außerhalb der Prüfungstätigkeit erbracht werden (s. Rz 14),
- sich im zu prüfenden Jahresabschluss unmittelbar und nicht nur unwesentlich auswirken (s. Rz 16).

Um die unwiderlegbare Besorgnis der Befangenheit nach Nr. 2 zu begründen, müssen diese Kriterien kumulativ erfüllt sein.

Für die Besorgnis der Befangenheit nach Nr. 2 sind nur **Beratungsleistungen, die im zu prüfenden Gj erbracht worden sind,** von Bedeutung. Beratungsleistungen, die in einem früheren Gj erbracht worden sind, können aber unter dem Gesichtspunkt des Selbstprüfungsverbots Anlass zur Besorgnis der Befangenheit geben (s. dazu auch § 319 Rz 29).

13

---

[6] Vgl. *Schüppen*, Prüfung und Beratung – ein Bilanzierungsproblem?, in Festschrift anlässlich des 10-jährigen Bestehens des VMEBF e. V., 2016, S. 195.
[7] Vgl. *Schmidt/Nagel*, in Beck Bil-Komm., 10. Aufl., 2016, § 319a HGB, Rz 12 ff.

14 Nach Nr. 2 können Steuerberatungsleistungen darüber hinaus nur dann schädlich sein, wenn sie **außerhalb der Prüfungstätigkeit** erbracht worden sind. Es muss sich daher im Regelfall um eigenständige Beratungsaufträge handeln, in denen der Prüfer gegenüber dem Mandanten eine gesonderte Leistung erbringt.[8]

15 Das nach alter Rechtslage erforderliche Kriterium, dass die Steuerberatungsleistungen über das **Aufzeigen von Gestaltungsalternativen** hinausgehen müssen, um eine Inhabilität des AP zu begründen, ist in der Fassung der Vorschrift nach dem AReG im Gesetzeswortlaut nicht mehr enthalten. Daraus ist zu schließen, dass eine über das Aufzeigen von Gestaltungsalternativen hinausgehende Steuerberatung immer zur Befangenheit des AP führt. Zu der alten Rechtslage war zum Verbot der Steuerberatung, die über das Aufzeigen von Gestaltungsalternativen hinausgeht, in der Begr RegE BilReG ausgeführt, „dass die Regelung nur greift, wenn der AP Vorschläge und Empfehlungen gemacht und nicht lediglich Hinweise auf eine bestehende Rechtslage zu bestimmten Situationen gegeben hat, die ein Handeln des Mandanten nahe legen oder es – zur Wahrung von Vorteilen – sogar erfordern".[9] Wenn der AP die Rechtslage abstrakt oder zu bestimmten Sachverhalten erläutert, besteht jedenfalls nach der Begründung zu § 23a Abs. 7 BS WP/vBP aF bzw. § 33 Abs. 7 BS WP/vBP nF keine Besorgnis der Befangenheit.[10]

16 Wenn Steuerberatungsleistungen vorliegen, die im Gj außerhalb der Prüfungstätigkeit durchgeführt wurden, ist zur Feststellung einer möglichen Besorgnis der Befangenheit im nächsten Schritt zu prüfen, ob sie sich im zu prüfenden Jahresabschluss auswirken, weil nur in diesem Fall das Risiko eines Verstoßes gegen das Selbstprüfungsverbot besteht. Wenn diese Voraussetzungen gegeben sind, muss in einem weiteren Schritt festgestellt werden, ob die Auswirkungen unmittelbar und nicht nur unwesentlich sind.[11]

Steuerberatungsleistungen wirken sich in den meisten Fällen zumindest mittelbar auf den Jahresabschluss aus, weil sie unternehmerische Entscheidungen unterstützen, durch die im Jahresabschluss abzubildende Geschäftsvorfälle ausgelöst werden. So haben steuerrechtliche Beratungen im Allgemeinen Änderungen der im Jahresabschluss darzustellenden Steuerlast des beratenen Unt zur Folge. Für die Frage, ob das Selbstprüfungsverbot verletzt ist, hat der Gesetzgeber daher die zusätzlichen Kriterien der „**Unmittelbarkeit**" und der „**Wesentlichkeit**" eingeführt.[12] Damit bleiben Steuerberatungsleistungen, die sich nur mittelbar auswirken, außer Betracht. Von Abs. 1 Satz 1 Nr. 2 werden damit Beratungsfälle erfasst, in denen die Auswirkungen auf die im Jahresabschluss dargestellte Vermögens-, Finanz- und Ertragslage mit in die Gestaltung einbezogen werden und die Beratung von vornherein darauf ausgerichtet ist, ein gewünschtes bilanzielles Ergebnis zu erzielen. In diesen Fällen besteht die Besorgnis der Befangenheit, weil der AP die bilanziellen Konsequenzen der von ihm entwickelten rechtlichen Konstruktion im Rahmen der Abschlussprüfung nicht mehr unvoreingenommen beurteilen kann. Bezogen auf die Steuerberatung bedeutet dies, dass eine Besorgnis der Befangenheit wegen eines Verstoßes gegen das Selbstprüfungsverbot nur

---

[8] Vgl. BT-Drs. 15/3419, S. 41.
[9] Vgl. BT-Drs. 15/3419, S. 42.
[10] Vgl. BS WP/vBP, Begründung zu § 23a Abs. 7 aF bzw. § 33 Abs. 7 nF.
[11] Vgl. *Schmidt/Nagel*, in Beck Bil-Komm., 10. Aufl., 2016, § 319a HGB, Rz 15.
[12] Vgl. RegE BilReG, BT-Drs. 15/3419, S. 41f.

anzunehmen ist, wenn die Beratung unmittelbar auch eine bilanzielle Wirkung erzielen soll, weil der AP in diesem Fall eine Gewähr für den Eintritt der abschlussgestaltenden Wirkungen übernimmt.[13]

Die Auswirkungen auf den Jahresabschluss müssen zudem nicht nur unwesentlich sein. Im Gesetz sind beispielhaft die erhebliche Kürzung der steuerlichen Bemessungsgrundlage im Inland und die Verlagerung eines erheblichen Teils des Gewinns in das Ausland als zwei Fallgruppen der sogenannten „aggressiven Steuerplanung" genannt. Im Übrigen sind solche Auswirkungen wesentlich, wenn sie eine Relevanz für Entscheidungen der Abschlussadressaten haben.

Aus den folgenden steuerlichen Beratungsleistungen dürfte sich in Abhängigkeit von den Verhältnissen des Einzelfalls **keine Besorgnis der Befangenheit** nach Nr. 2 ergeben:[14] 17

- Erstellung von Steuererklärungen,
- Beratung zu bereits verwirklichten Sachverhalten (z. B. in Betriebsprüfungen und Einspruchsverfahren),
- Beratung in steuerrechtlichen Fragen, soweit der Inhalt der Beratung in steuerrechtlichen Auskünften zu geplanten Maßnahmen des Mandanten besteht,
- Stellungnahmen zu Steuermodellen, die von anderen Beratern entwickelt wurden,
- Umsatzsteuerberatung mit dem Schwerpunkt auf der Erfüllung und Optimierung von steuerrechtlichen Verpflichtungen,
- steuerrechtliche Due-Diligence-Aufträge bei Kauf und Verkauf von Unt,
- Vertretung des Mandanten bei Betriebsprüfungen,
- Vertretung in außergerichtlichen und gerichtlichen Rechtsbehelfsverfahren.

Bei Aufträgen zur Analyse und Darstellung der steuerrechtlichen Folgen von Gestaltungsmöglichkeiten oder Handlungsalternativen hängt die Beurteilung der Besorgnis der Befangenheit entscheidend davon ab, inwieweit das beratene Unt selbst in der Lage ist, die Ergebnisse der Beratung vor der Entscheidung über die Umsetzung zu würdigen.[15] Bei größeren Unt werden im Regelfall hinreichende Ressourcen zur Verfügung stehen, um eine eigenständige fachliche Beurteilung und Entscheidung über die Umsetzung der Beratungsergebnisse zu leisten. Solange der Berater nicht die Steueroptimierung als den letztlich angestrebten Erfolg schuldet, sondern eine fachgerechte Analyse, die auch eine Einschätzung der Chancen und Risiken steuerrechtlicher Zweifelsfragen beinhalten kann, dürfte eine Besorgnis der Befangenheit nicht bestehen.[16]

2.2.2 Bewertungsleistungen (Abs. 1 Satz 1 Nr. 3 und Satz 3)

Die Erbringung von Bewertungsleistungen durch den AP gegenüber dem Unt von öffentlichem Interesse über die Prüfungstätigkeit hinaus, führt nur dann zum Ausschluss des WP von der Abschlussprüfung, wenn die Bewertungsleistungen sich einzeln oder zusammen unmittelbar und nicht nur unwesentlich auf den zu prüfenden Jahresabschluss auswirken. 18

---

[13] Vgl. *Schmidt/Nagel*, in Beck Bil-Komm., 10. Aufl., 2016, § 319a HGB, Rz 15.
[14] Vgl. *Schmidt/Nagel*, in Beck Bil-Komm., 10. Aufl., 2016, § 319a HGB, Rz 16.
[15] Vgl. BS WP/vBP, Begründung zu § 23a Abs. 7 aF bzw. zu § 33 Abs. 7 nF.
[16] Vgl. *Schmidt/Nagel*, in Beck Bil-Komm., 10. Aufl., 2016, § 319a HGB, Rz 16.

Zum Begriff der Bewertungsleistung wird auf die Kommentierung zu § 319 Rz 61 verwiesen.
Da diese Vorschrift in erheblichen Umfang Beurteilungsspielräume eröffnet, hat der Gesetzgeber die Erbringung von Bewertungsleistungen durch den AP an eine Berichtspflicht (§ 319a Abs. 1 Satz 3) geknüpft, nach der der AP die Auswirkungen der von ihm erbrachten Bewertungsleistungen auf den zu prüfenden Jahresabschluss im Prüfungsbericht darzustellen und zu erläutern hat.

2.2.3 Entwicklung, Einrichtung und Einführung von Rechnungslegungsinformationssystemen

19 Ein WP ist gem. Art. 5 Abs. 1 Buchst. e) EU-Verordnung Nr. 537/2014 von der Abschlussprüfung eines Unt von öffentlichem Interesse auch ausgeschlossen, wenn er über die Prüfungstätigkeit hinaus an der Gestaltung und Umsetzung interner Kontroll- und Risikomanagementverfahren, die bei der Erfüllung und/oder Kontrolle von Finanzinformationen oder Finanztechnologieinformationen zum Einsatz kommen, mitgewirkt hat.

20 Zulässig sind aber weiterhin sog. projektbegleitende Prüfungen, bei denen vom AP unter Beachtung des Selbstprüfungsverbots im Vorfeld der Abschlussprüfung festgestellt wird, ob bei der Einführung neuer oder der Umgestaltung bestehender Rechnungslegungsinformationssysteme die gesetzlichen Anforderungen beachtet werden.[17]

2.2.4 Verbundene Unternehmen und Beteiligungsunternehmen (Abs. 1 Satz 2 i. V. m. § 319 Abs. 3 Satz 1 Nr. 3 letzter Teilsatz HGB)

21 Nach Abs. 1 Satz 2 i.V.m. § 319 Abs. 3 Satz 1 Nr. 3 letzter Teilsatz HGB stellt auch die Erbringung von Steuerberatungsleistungen i.S.d. Nr. 2 sowie Bewertungsleistungen i. S. d. Nr. 3 für die zu prüfende KapG/KapCoGes durch ein Unt, bei dem der WP gesetzlicher Vertreter, Mitglied des Aufsichtsrats oder Gesellschafter ist, der mehr als 20 % der den Gesellschaftern zustehenden Stimmrechte besitzt, einen Ausschlusstatbestand dar.[18]

2.3 Interne Rotation

22 Bereits mit dem KonTraG wurde eine Regelung zur internen Rotation in § 319 HGB eingeführt. Diese Vorschrift wurde mit Inkrafttreten des BilReG in § 319a HGB übernommen und ist durch das BilMoG hinsichtlich des von der Rotation betroffenen Personenkreises und der Dauer der zu beachtenden sog. „**Abkühlungsphase**" modifiziert worden. Nach der früheren Fassung des § 319a Abs. 1 Satz 1 Nr. 4 HGB war für den dortigen Ausschlussgrund ausschließlich die Unterzeichnung des Bestätigungsvermerks in sieben oder mehr Fällen maßgeblich. Durch die mit dem BilMoG eingefügten Änderungen wird nunmehr auf denjenigen abgestellt, der für die Prüfung in sieben oder mehr Fällen verantwortlich war (verantwortlicher Prüfungspartner). In den Gesetzesmaterialien wurde nochmals klargestellt, dass in den Fällen, in denen der AP des Jahresabschlusses gleichzeitig der Konzern-AP ist, keine Mehrfachzählung vorzunehmen ist, son-

---

[17] Vgl. hierzu IDW PS 850.
[18] Vgl. *Schmidt/Nagel*, in Beck Bil-Komm., 10. Aufl., 2016, § 319 HGB, Rz 48.

dern für jedes Prüfungsmandat (Jahresabschlussprüfung, Konzernabschlussprüfung sind separate Prüfungsmandate) die Sieben-Fälle-Grenze isoliert zu beurteilen ist.[19] Bei sog. Mischfällen in denen der WP z.B. zunächst in vier Fällen den Jahresabschluss und anschließend in drei Fällen den Konzernabschluss geprüft hat, ist nach Sinn und Zweck der Vorschrift davon auszugehen, dass für die Ermittlung der Fallzahl im Rahmen der Rotationsvorschriften die Tätigkeiten in Bezug auf den Jahresabschluss und auf den Konzernabschluss gleich zu behandeln sind, so dass in dem vorstehenden Beispiel eine Rotationspflicht für den verantwortlichen Prüfungspartner sowohl des Jahresabschlusses als auch des Konzernabschlusses besteht.[20] Zugleich wurde der Mindestzeitraum (Abkühlungsphase), nach dessen Ablauf erneut bei dem Mandanten geprüft werden darf, von drei auf zwei Jahre verkürzt.[21]

Durch das AReG ist § 319a Abs. 1 Satz 1 Nr. 4 aufgehoben worden. Die neben der neu eingeführten externen Rotation und unabhängig von dieser fortbestehende Pflicht zur internen Rotation ergibt sich nunmehr unmittelbar aus Art. 17 Abs. 7 EU-Verordnung Nr. 537/2014. Dabei ist es gegenüber dem bisher geltenden Recht zu zwei Verschärfungen gekommen. Zum einen muss der verantwortliche WP statt einer zweijährigen, wieder eine dreijährige „Cooling-off-Periode" einhalten, bevor er wieder an der Abschlussprüfung des geprüften Unt mitwirken darf. Außerdem muss der AP bzw. die betreffende WPG ein angemessenes graduelles System für das „beteiligte Führungspersonal" einführen, das zumindest die bei der Prüfung beschäftigten WP erfasst und eine gestaffelte Rotation dieser Personen vorsieht.[22] Die Grundsätze, nach denen diese Rotation der verantwortlichen Prüfungspartner und Mitarbeiter durchgeführt wird ist gem. Art. 13 Abs. 2 Buchst. j) der EU-Verordnung Nr. 537/2014 im Transparenzbericht darzustellen.

In Abs. 1 Satz 5 wird der Begriff des verantwortlichen Prüfungspartners definiert. **23** Danach ist **verantwortlicher Prüfungspartner** der AP, den den Bestätigungsvermerk nach § 322 HGB unterzeichnet hat, und der AP, der von einer Prüfungsgesellschaft für ein bestimmtes Prüfungsmandat als für die Durchführung der Abschlussprüfung vorrangig verantwortlich bestimmt worden ist. Der persönliche Anwendungsbereich des § 319a Abs. 1 Nr. 4 HGB ist danach auf WP beschränkt,[23] wobei verschiedene Personen gleichzeitig als verantwortliche Prüfungspartner klassifiziert werden können. Dies ist zum einen der den Bestätigungsvermerk unterzeichnende WP und zum anderen der WP, der für die Durchführung der Jahresabschlussprüfung durch eine WPG als vorrangig verantwortlich bestimmt worden ist, also dazu bestimmt ist, die Jahresabschlussprüfung verantwortlich zu leiten. Inwieweit diese natürlichen Personen identisch oder verschieden sind, ist an den Verhältnissen des Einzelfalls festzumachen und wird sich aus den Arbeitspapieren zu der jeweiligen Abschlussprüfung ergeben. Da der den Bestätigungsvermerk unterzeichnende WP die Abschlussprüfung i.d.R. auch verantwortlich leitet, ergeben sich aus der Vorschrift jedenfalls für die interne Rotation keine

---

19 Vgl. BilMoG-BgrRA, S. 120.
20 Vgl. *Gelhausen/Fey/Kämpfer*, Rechnungslegung und Prüfung nach dem Bilanzrechtsmodernisierungsgesetz, 2009, Teil T, Tz 19.
21 Vgl. WPK Magazin 2/2009, S. 7.
22 Vgl. *Schüppen*, Die europäische Abschlussprüfungsreform und ihre Implementierung in Deutschland – vom Löwen zum Bettvorleger?, NZG 2016, S. 251.
23 Vgl. BilMoG-BgrRegE, S. 88f.

wesentlichen Änderungen im Verhältnis zur bisherigen Rechtslage.[24] Die Pflicht zur Rotation ist von jedem einzelnen als verantwortlicher Prüfungspartner einzustufenden WP zu beachten und im Rahmen des einzuführenden Rotationssystems zu dokumentieren.

24 Nach Abs. 1 Satz 4 ist die Vorschrift zur internen Rotation auf eine **WPG** mit der Maßgabe anzuwenden, dass sie nicht AP sein darf, wenn sie bei der Abschlussprüfung des Unt einen WP beschäftigt, der nicht AP sein darf. Dies bedeutet, dass der ausgeschlossene WP nach der Rotation innerhalb der Abkühlungsphase nicht mehr in einer Weise an der Durchführung der Abschlussprüfung beteiligt sein darf, in der er Entscheidungsbefugnisse hat, die es ihm erlauben, das Prüfungsurteil maßgeblich zu beeinflussen.[25]

25 **Unzulässig** dürften damit insb. folgende Tätigkeiten sein:[26]
- Einsatz als Mitglied des Prüfungsteams,
- Wahrnehmung von Mandantenkontakten, die im Rahmen der Prüfung erforderlich sind,
- Teilnahme und Berichterstattung in der Bilanzsitzung des Aufsichtsrats i. S. d. § 171 Abs. 1 Satz 2 AktG (in Ausnahmefällen dürfte aber die Anwesenheit als Gast zulässig sein),
- Übernahme der auftragsbegleitenden Qualitätssicherung (§ 24d Abs. 2 BS WP/vBP aF) für dieses Mandat.

26 Dagegen ist es ohne Weiteres **zulässig**, dass der ausgeschlossene WP dem Prüfungsteam zu einzelnen Fragen Auskünfte erteilt. Außerdem umfasst das Rotationsgebot nicht Leistungen für den Mandanten, die außerhalb der Abschlussprüfung erbracht werden. Hierzu gehören insb. Beratungsleistungen, Gutachten sowie sonstige betriebswirtschaftliche Prüfungen.[27]

Nicht von § 319a HGB erfasst, aber gleichwohl von materieller Bedeutung für die Durchführung von Abschlussprüfungen bei Unt von öffentlichem Interesse sind die Regelungen in § 48 Abs. 2 und 3 BS WP/vBP nF. Gem. Art. 8 Abs. 2 der EU-Verordnung Nr. 537/2014 , hat die auftragsbegleitende Qualitätssicherung durch einen AP zu erfolgen. Die nach altem Recht aufgrund der Vorgaben in der damaligen BS WP/vBP bestehende Pflicht zur Rotation des auftragsbegleitenden Qualitätssicherers gilt nicht mehr .

2.4 Sozietätsklausel (Abs. 1 Satz 3)

27 Nach Abs. 1 Satz 3 gelten die Vorschriften des Abs. 1 Satz 1 Nrn. 1–3 auch, wenn Personen, mit denen der WP seinen Beruf gemeinsam ausübt, die dort genannten Ausschlussgründe erfüllen (Sozietätsklausel). In Abs. 1 Satz 3 wird nicht auf Abs. 1 Satz 1 Nr. 4 verwiesen, der die Rotation regelt. Deshalb kann ein Sozius ohne weiteres anstelle des ausgeschlossenen WP als AP bestellt werden.[28] Zu Einzelheiten zur Sozietätsklausel s. § 319 Rz 36ff.

---

[24] Vgl. BilMoG-BgrRegE, S. 89.
[25] Vgl. *Schmidt/Nagel*, in Beck Bil-Komm., 10. Aufl., 2016, § 319a HGB, Rz 35.
[26] Vgl. *Schmidt/Nagel*, in Beck Bil-Komm., 10. Aufl., 2016, § 319a HGB, Rz 33.
[27] Vgl. *Schmidt/Nagel*, in Beck Bil-Komm., 10. Aufl., 2016, § 319a HGB, Rz 33.
[28] Vgl. *Schmidt/Nagel*, in Beck Bil-Komm., 10. Aufl., 2016, § 319a HGB, Rz 7.

2.5 Ausschlussgründe bei Prüfungsgesellschaften (Abs. 1 Satz 2 i. V. m. § 319 Abs. 4)

Bei WPG sind die Ausschlussgründe nach Abs. 1 Satz 1 entsprechend anzuwenden. Da dies der Systematik des § 319 HGB entspricht, kann insoweit auf § 319 Rz 73 ff. verwiesen werden. Zur Anwendung des Rotationsgebots bei WPG s. Rz 24 ff. 28

2.6 Ausschlussgründe bei der Prüfung von Konzernabschlüssen (Abs. 2)

Bei der Prüfung von Konzernabschlüssen ist Abs. 1 entsprechend anzuwenden (Abs. 2 Satz 1). Dazu wird auf § 319 Rz 79 ff. verwiesen. 29

Die für die Jahresabschlussprüfung bei Unt von öffentlichem Interesse geltenden Vorschriften zur internen Rotation gelten auch für die Konzernabschlussprüfungen, sodass insoweit auf Rz 23 ff. verwiesen wird. 30

Abs. 2 Satz 2 dehnt den Begriff des **verantwortlichen Prüfungspartners** auf solche WP aus, die von einer WPG auf Ebene bedeutender TU vorrangig bestimmt worden sind. Mit der Vorschrift wird die Rotation bei Konzernabschlussprüfungen auf solche WP ausgeweitet, die zwar nicht den Bestätigungsvermerk unterzeichnen oder die gesamte Konzernabschlussprüfung verantwortlich leiten, jedoch Teilbereiche der Konzernabschlussprüfung, nämlich auf Ebene bedeutender TU, verantworten. Damit sind WP der mit der Konzernabschlussprüfung beauftragten WPG zur Rotation verpflichtet, die mit der Jahresabschlussprüfung bedeutender TU befasst sind. Das gilt auch für solche WP der mit der Konzernabschlussprüfung beauftragten WPG, die zwar nicht den Jahresabschluss bedeutender TU, jedoch die HB II und damit die Anpassung an konzerneinheitliche Bilanzierungs- und Bewertungsmethoden verantwortlich prüfen. Eigentlich steht nichts entgegen, die für die Konzernabschlussprüfung auf der Ebene bedeutender TU vorrangig verantwortlichen WP im Wege der Rotation bei anderen konzernangehörigen TU des geprüften MU einzusetzen.[29] Die Beschäftigung eines WP, für den die Pflicht zur Rotation bei der Konzernabschlussprüfung besteht, im Rahmen der Abschlussprüfung bei in den Konzernabschluss einbezogenen TU ist allerdings unzulässig, wenn hierin eine Beschäftigung einer Person i. S. v. Abs. 2 Satz 1 i. V. m. Abs. 1 Satz 4 zu sehen ist. Das ist dann der Fall, wenn das Ergebnis der Abschlussprüfung bzw. des reporting package vom Konzern-AP verwertet wird, weil hier das Ergebnis zur Jahresabschlussprüfung in die Beurteilung im Rahmen der Konzernabschlussprüfung einfließt.[30]

Für das Rotationserfordernis ist Voraussetzung, dass die betreffenden WP als für die Durchführung der Konzernabschlussprüfung auf der Ebene **bedeutender TU** vorrangig verantwortlich bestimmt worden sind. Bedeutende TU sind solche, deren Einbeziehung in den Konzernabschluss sich erheblich auf die Vermögens-, Finanz- und Ertragslage des Konzerns auswirkt. Die Einstufung als bedeutendes TU ist in jedem Fall gesondert zu beurteilen. Erforderlich ist, dass die Einbeziehung des zu beurteilenden TU sowohl die Vermögens-, Finanz- und Ertragslage des Konzerns erheblich beeinflusst. Davon ist regelmäßig auszugehen, wenn das

---

[29] Vgl. BilMoG-BgrRegE, S. 89.
[30] Vgl. *Schmidt/Nagel*, in Beck Bil-Komm., 10. Aufl., 2016, § 319a HGB, Rz 37.

TU mehr als 20 % des Konzernvermögens hält oder mit mehr als 20 % zum Konzernumsatz jeweils vor Kons beiträgt. Diese Interpretation eines bedeutenden TU entspricht den Vorgaben der SEC.[31] Die Frage ist zu jedem Bilanzstichtag neu zu prüfen. Wird aus einem einbezogenen, aber für die Vermögens-, Finanz- und Ertragslage unbedeutenden Unt ein bedeutendes Unt, setzt die Rotationspflicht erst ein, wenn der WP dieses Unt „in seiner bedeutenden Phase" sieben Jahre in Folge geprüft hat. Sinkt das Unt zu einem unbedeutenden Unt herab und wird es zu einem späteren Zeitpunkt wieder bedeutend, beginnt die Frist zu dem späteren Zeitpunkt wieder neu zu laufen.[32]

Klarstellend ist darauf hinzuweisen, dass mit den vorgenannten, in der RegBegr aufgeführten Schwellenwerten Vermögen und Umsatz des zu prüfenden Geschäftsjahrs vor Kons gemeint sind.[33] Neben den als Anhaltspunkte für die Bedeutung von TU für den Konzernabschluss zu verstehenden quantitativen Schwellenwerten kommen auch qualitative Aspekte in Betracht. Von Bedeutung für die Vermögens-, Finanz- und Ertragslage des Konzernabschlusses können bspw. auch TU bzw. Teilbereiche sein, bei denen Sachverhalte mit wesentlichen Ermessensspielräumen oder sachverhaltsgestaltenden Maßnahmen bzw. andere spezifische Merkmale oder Umstände vorliegen.[34]

Im Übrigen ist für die Frage nach dem Rotationserfordernis zu differenzieren, ob das bedeutende TU KM-orientiert ist und in welcher Funktion der WP tätig wird. Wenn das bedeutende Unt selbst KM-orientiert ist, finden die Rotationsvorschriften nach § 319a Abs. 1 und Abs. 2 HGB nebeneinander Anwendung. Ist dies nicht der Fall, richtet sich die Frage der Rotation nur nach § 319a Abs. 2 HGB. Wird der WP von der den Konzernabschluss des MU prüfenden WPG als AP des bedeutenden TU tätig, ist § 319a Abs. 2 HGB anzuwenden. Führt er hingegen nur eine sog. **Package-Prüfung** durch, trifft ihn keine Rotationspflicht. Dies ergibt sich daraus, dass § 319a Abs. 2 Satz 2 HGB ausdrücklich auf die Abschlussprüfung des bedeutenden TU abstellt.[35]

Denkbar sind auch Fälle, in denen der WP von der das MU prüfenden WPG als vorrangig verantwortlich für die Abschlussprüfung von mehreren unbedeutenden TU bestimmt ist, die insgesamt betrachtet gleichwohl bedeutend sind. Sinn und Zweck der Rotationsvorschrift bestehen darin, die Unabhängigkeit des WP dadurch sicherzustellen, dass eine zu enge Bindung an die Geschäftsführungs- und Aufsichtsorgane des zu prüfenden Unt nicht entstehen kann. Hierfür ergeben sich keine Gefahren, wenn die Geschäftsführungs- und Aufsichtsorgane für sich genommen unbedeutender TU nicht identisch sind. Anders ist bei Personenidentität zu entscheiden.[36]

---

31 Vgl. *Erchinger/Melcher*, DB 2009, Beil. 5, S. 93. Demgegenüber wird in ISA 600.A5 ein TU bei Überschreiten von 15 % des (konsolidierten) Vermögens, der Schulden, des Gewinns oder Umsatzes als bedeutend klassifiziert.
32 Vgl. BilMoG-BgrRegE, S. 89; WPK-Magazin 2/2009, S. 7.
33 Vgl. BilMoG-BgrRA, S. 120.
34 Zu weiteren Ausführungen über quantitativ und/oder qualitativ bedeutsame Teilbereiche eines Konzerns vgl. IAASB, ISA 600.9m, Special Consideration-Audits of Group Financial Statements (Including the Work of Component Auditors), Revised and Redrafted 2007.
35 Vgl. BilMoG-BgrRA, S. 120.
36 Vgl. BilMoG-BgrRA, S. 91.

3 Rechtsfolgen von Verstößen gegen § 319a HGB

Die Rechtsfolgen aus einer Überschreitung der 70-%-Grenze aus der EU-Verordnung bzw. der 140-%-Grenze aus § 319a Abs. 1a sind weder in der Verordnung noch im HGB geregelt. Nach dem Wortlaut handelt es sich bei den maßgeblichen Vorschriften nicht um ein Tätigkeitsverbot, sondern um eine Honorarbegrenzung. Daraus folgt, dass bei Überschreitung der relevanten Relationen ein darüber hinausgehendes Honorar nicht verlangt werden kann bzw. für insoweit bereits gezahltes Honorar, ein Herausgabeanspruch aus ungerechtfertigter Bereicherung besteht.[37]

Im Übrigen wird zu den Rechtsfolgen von Verstößen gegen § 319a HGB auf § 319 Rz 82 ff. verwiesen.

Gem. § 43 Abs. 3 WPO dürfen AP oder bei WPG die als verantwortliche Prüfer eingesetzten Berufsangehörigen frühestens 2 Jahre nach ihrer Beendigung der letzten Prüfung eine wichtige Führungstätigkeit bei dem Mandanten übernehmen, sofern es sich hierbei um ein Unt von öffentlichem Interesse handelt. Bei Zuwiderhandlung kann die WPK nach § 133a WPO eine Geldbuße bis zu 50.000 EUR verhängen.[38]

---

[37] Vgl. *Schüppen*, Prüfung und Beratung – ein Bilanzierungsproblem?, in Festschrift anlässlich des 10-jährigen Bestehens der VMEBF e. V., 2016, S. 196.
[38] Vgl. WPK Magazin 2/2009, S. 7.

§ 319b Netzwerk

(1) ¹Ein Abschlussprüfer ist von der Abschlussprüfung ausgeschlossen, wenn ein Mitglied seines Netzwerks einen Ausschlussgrund nach § 319 Abs. 2, 3 Satz 1 Nr. 1, 2 oder Nr. 4, Abs. 3 Satz 2 oder Abs. 4 erfüllt, es sei denn, dass das Netzwerkmitglied auf das Ergebnis der Abschlussprüfung keinen Einfluss nehmen kann. ²Er ist ausgeschlossen, wenn ein Mitglied seines Netzwerks einen Ausschlussgrund nach § 319 Abs. 3 Satz 1 Nr. 3 oder § 319a Abs. 1 Satz 1 Nr. 2 oder 3 erfüllt. ³Ein Netzwerk liegt vor, wenn Personen bei ihrer Berufsausübung zur Verfolgung gemeinsamer wirtschaftlicher Interessen für eine gewisse Dauer zusammenwirken.
(2) Absatz 1 ist auf den Abschlussprüfer des Konzernabschlusses entsprechend anzuwenden.

WP StB Harm Dodenhoff

Inhaltsübersicht

		Rz
1	Überblick	1–3
2	Netzwerkdefinition	4–10
3	Ausschlussgründe bei Zugehörigkeit zu einem Netzwerk	11–18
3.1	Ausschlussgründe mit Widerlegbarkeit des Netzwerkeinflusses	11–14
3.2	Ausschlussgründe ohne Widerlegbarkeit des Netzwerkeinflusses	15–17
3.3	Ausschlussgründe bei der Prüfung von Konzernabschlüssen (Abs. 2)	18
4	Rechtsfolgen von Verstößen gegen § 319b HGB	19

1 Überblick

1 Mit der Einführung des § 319b HGB wird die in Art. 22 Abs. 2 der Abschlussprüferrichtlinie vorgeschriebene netzwerkweite Ausdehnung der Unabhängigkeitsvorschriften umgesetzt. Die Vorschrift soll sicherstellen, dass AP oder Prüfungsgesellschaften von der Durchführung einer Abschlussprüfung absehen, wenn zwischen ihnen oder ihrem Netzwerk und dem geprüften Unt unmittelbar oder mittelbar eine finanzielle oder geschäftliche Beziehung, ein Beschäftigungsverhältnis oder eine sonstige Verbindung besteht, aus der ein objektiver, verständiger und informierter Dritter den Schluss ziehen würde, dass ihre Unabhängigkeit gefährdet ist. Unter einer sonstigen Verbindung ist dabei auch die Erbringung zusätzlicher Leistungen zu verstehen, die keine Prüfungsleistungen sind.[1]

2 Wenn ein die Besorgnis der Befangenheit begründender Tatbestand nicht beim AP oder einer Prüfungsgesellschaft selbst, sondern bei einem Dritten vorliegt, war der AP bzw. die Berufsgesellschaft aufgrund der sog. Sozietätsklausel auch

---

[1] Vgl. BilMoG-BgrRegE, S. 89.

nach der früheren Rechtslage von einer gesetzlichen Abschlussprüfung ausgeschlossen (s. § 319 Rz 36ff.).[2] Durch § 319b HGB wird der persönliche Anwendungsbereich für einen Teil der in § 319 und § 319a HGB kodifizierten Unabhängigkeitsvorschriften auf etwaige Netzwerkpartner ausgedehnt.[3]
In Abs. 1 Satz 3 wird der Begriff des Netzwerks definiert.
Durch Verweise auf § 319 HGB werden in Abs. 1 Satz 1 Ausschlussgründe für Netzwerkmitglieder bestimmt, bei denen die Möglichkeit besteht, die gesetzliche Vermutung der Besorgnis der Befangenheit zu widerlegen.
In Abs. 1 Satz 2 werden durch Bezugnahme auf § 319 und § 319a HGB Ausschlussgründe bestimmt, bei denen die Besorgnis der Befangenheit unwiderleglich vermutet wird.
Abs. 2 der Vorschrift regelt die entsprechende Anwendung von Abs. 1 auf den Konzern-AP.

2 Netzwerkdefinition

Nach Abs. 1 Satz 3 liegt ein Netzwerk vor, wenn Personen bei ihrer Berufsausübung zur Verfolgung gemeinsamer wirtschaftlicher Interessen für eine gewisse Dauer zusammenwirken.

Gem. dieser Netzwerkdefinition müssen Personen bei ihrer Berufsausübung gemeinsam zusammenwirken. Nach der Gesetzesbegründung ist der Begriff „Personen" dem BGB entlehnt. Er umfasst sowohl natürliche als auch juristische Personen, wobei auch teilrechtsfähige Personenvereinigungen (z.B. GbR) unter den Begriff zu subsumieren sind.[4]

Dem Tatbestandsmerkmal **bei ihrer Berufsausübung** kommt **einschränkende** Bedeutung zu. Gemeinsame wirtschaftliche Interessen sind nur relevant, wenn sie bei der Berufsausübung verfolgt werden. Damit fällt – umgekehrt – die Verfolgung wirtschaftlicher Interessen gelegentlich der Berufsausübung nicht in die Netzwerkdefinition. Folglich werden Mitgliedschaften in Berufsverbänden oder Ähnlichem, die zwar dauerhaft eingegangen werden, aber die Berufsausübung lediglich flankieren, soweit sie nicht bereits mangels Verfolgung gemeinsamer wirtschaftlicher Interessen aus der Netzwerkdefinition herausfallen, von der Vorschrift nicht erfasst.[5]

Nach der Gesetzesbegründung soll durch die Verwendung des Begriffs „zusammenwirken" zum Ausdruck gebracht werden, dass es auf die rechtliche Ausgestaltung des Netzwerks – schon zur Vermeidung von Umgehungen – nicht ankommt, sondern jedes Zusammenwirken zur Begründung eines Netzwerks ausreichen kann. Darüber hinaus ist dem Begriff „Kooperation" immanent, dass das Zusammenwirken für eine gewisse Dauer erfolgen muss. Ein einmaliges oder nur gelegentliches Zusammenwirken genügt für die Annahme eines Netzwerks keinesfalls.[6]

Zur Auslegung des Tatbestandsmerkmals der **Verfolgung gemeinsamer wirtschaftlicher Interessen** ist auf die in Art. 2 Nr. 7 der Abschlussprüferrichtlinie

---

[2] Vgl. BilMoG-BgrRegE, S. 89.
[3] Vgl. WPKM 2/2009, S. 4.
[4] Vgl. BilMoG-BgrRegE, S. 91.
[5] Vgl. BilMoG-BgrRegE, S. 91.
[6] Vgl. BilMoG-BgrRegE, S. 90.

aufgeführten Merkmale abzustellen. Danach ist als Netzwerk eine breitere Struktur definiert, die auf Kooperation ausgerichtet ist und der ein AP oder eine Prüfungsgesellschaft angehört und die eindeutig auf Gewinn- und Kostenteilung abzielt. Ein **Netzwerk** liegt nach dieser **Definition** auch vor bei
- gemeinsamem Eigentum,
- gemeinsamer Kontrolle,
- gemeinsamer Geschäftsführung,
- gemeinsamen Qualitätssicherungsmaßnahmen und -verfahren,
- einer gemeinsamen Geschäftsstrategie,
- der Verwendung einer gemeinsamen Marke,
- der Verwendung gemeinsamer fachlicher Ressourcen.

Nach dem Wortlaut der Abschlussprüferrichtlinie und der Gesetzesbegründung ist dabei schon ausreichend, wenn die Netzwerkmitglieder mit ihrem Zusammenwirken ein einziges der in Art. 2 Nr. 7 Spiegelstrich 2 genannten Kriterien verfolgen.[7]

Die WPK hat einen Fragebogen veröffentlicht, mit dem die o. g. Kriterien operationalisiert werden.[8]

9   Wird eine gemeinsame, den Außenauftritt bestimmende **Marke** verwandt, soll ohne Weiteres von einem Netzwerk ausgegangen werden können, weil dies als Indiz für das Vorliegen gemeinsamer wirtschaftlicher Interessen gewertet wird.[9] Bei Marken spielen insb. Wortmarken (sprachliches Zeichen), Bildmarken (grafisches Zeichen) und Bild-/Wortmarken eine Rolle. Dabei ist es unerheblich, ob es sich um eine geschützte Marke handelt. Die WPK sieht das Merkmal einer gemeinsamen Marke als erfüllt an, wenn sich ein prägender Namensbestandteil des Zusammenschlusses in der Firma der Mitgliedsgesellschaften wiederfindet. Daneben ist die Verwendung einer gemeinsamen Marke immer dann gegeben, wenn der Außenauftritt durch ein gemeinsames Logo oder einen gleichlautenden Hinweis auf einen Zusammenschluss bestimmt wird. Dies ist nach Auffassung der WPK der Fall, wenn das Logo oder der Hinweis auf den Zusammenschluss auf dem Briefpapier bzw. im Internet auf der Startseite geführt wird oder dort mit „wenigen Seitenklicks" aufgerufen werden kann.[10] Die in der Praxis anzutreffende Verwendung eines gemeinsamen Logos (bspw. eines internationales Netzwerks) als Ganzes oder Teil des Firmennamens des AP dürfte danach unstreitig auf eine Verbindung mit den anderen Logoträgern in einem Netzwerk hindeuten. Hiervon abzugrenzen sind jedoch Organisationen, bei denen das gemeinsam geführte Logo (bspw. einer internationalen Assoziation oder Allianz, nicht eines Netzwerks) bereits eine Erläuterung bzw. eine selbsterklärende Kooperationsbezeichnung enthält, dass kein Netzwerk vorliegt (z. B. „unabhängiges Mitglied von ABC")[11] und Fälle, in denen das Logo nach dem Gesamtbild in einer den Außenauftritt nicht *bestimmenden* Art und Weise verwendet wird.

10 Die Verwendung des Begriffs „Netzwerk" oder „network" kann nach der Gesetzesbegründung bei einem objektiven, verständigen und informierten Drit-

---

[7] Vgl. BilMoG-BgrRegE, S. 90; *Fölsing*, ZCG 2009, S. 761.
[8] Vgl. WPKM 1/2013, S. 22f.
[9] Vgl. BilMoG-BgrRegE, S. 90; WPKM 2/2009, S. 4.
[10] Vgl. WPKM 2/2010, S. 31.
[11] Vgl. WPKM 3/2010, S. 31.

ten die Besorgnis der Befangenheit (§ 319 Abs. 2) hervorrufen, sofern diese Bezeichnung werbend im Geschäftsverkehr verwandt wird. Danach würde jeder objektive, verständige und informierte Dritte bei Verwendung des Worts **Netzwerk** schließen, dass ein Netzwerk i. S. d. § 319b Abs. 1 Satz 3 HGB vorliegt.[12]

3 Ausschlussgründe bei Zugehörigkeit zu einem Netzwerk

3.1 Ausschlussgründe mit Widerlegbarkeit des Netzwerkeinflusses

Nach Abs. 1 Satz 1 ist ein AP von der Abschlussprüfung grds. ausgeschlossen, wenn ein Mitglied seines Netzwerks einen der folgenden Ausschlussgründe erfüllt:

- **Besorgnis der Befangenheit** nach § 319 Abs. 2 HGB (s. § 319 Rz 22 ff.),
- **Finanzielle Interessen** gem. § 319 Abs. 3 Satz 1 Nr. 1 HGB (s. § 319 Rz 39 ff.),
- **Organzugehörigkeit** oder **Arbeitnehmereigenschaft** in dem zu prüfenden Unt gem. § 319 Abs. 3 Satz 1 Nr. 2 HGB (s. § 319 Rz 45 ff.),
- **Einsatz von befangenen Personen** gem. § 319 Abs. 3 Satz 1 Nr. 4 HGB (s. § 319 Rz 65),
- Erfüllung der Ausschlusstatbestände durch **Ehegatten und Lebenspartner** gem. § 319 Abs. 3 Satz 2 HGB (s. § 319 Rz 72).

11

Im Unterschied zu den Fällen des § 319 Abs. 3 HGB, in denen eine Besorgnis der Befangenheit unwiderlegbar vermutet wird, indizieren die in § 319b Abs. 1 Satz 1 HGB durch die Verweisung genannten Ausschlussgründe zwar eine Inhabilität, führen aber dann nicht zum Ausschluss als AP, wenn der Netzwerkpartner auf das Ergebnis der Abschlussprüfung keinen Einfluss nehmen kann.[13]

12

Wie bei Vorliegen eines der genannten Ausschlussgründe das Nichtbestehen eines Einflusses des Netzwerkpartners nachzuweisen ist, lassen die Gesetzesmaterialien weitgehend offen. Zwar wird klargestellt, dass der AP darzulegen hat, warum der Netzwerkpartner keinen Einfluss nehmen kann. Außer einem Verweis auf ähnlich gelagerte Fälle bei der Abschlussprüfung von genossenschaftlichen Kreditinstituten (§ 340k Abs. 2 HGB) schweigen sich die Gesetzesmaterialien hierzu aus.[14] Es kann derzeit in Zweifelsfällen nur geraten werden, dass der AP in seinen Arbeitspapieren ausführliche Sachverhaltsdarstellungen und Beurteilungen insb. zu den Strukturen und deren Funktionsweise in seinem Netzwerk vornimmt.[15] Ein möglicher Anhaltspunkt kann die Quantifizierung von erbrachten Leistungen durch das Netzwerkmitglied (Honorarvolumen) sein, um deren Bedeutung für einen sachverständigen Dritten transparent darzulegen. Die weitere Rechtsauslegung in diesem Zusammenhang wird zu beobachten sein.

13

Durch die Verweisung in Abs. 1 Satz 1 auf § 319 Abs. 4 HGB gelten die Ausschlussgründe auch für Prüfungsgesellschaften (s. hierzu im Einzelnen § 319

14

---

12 Vgl. BilMoG-BgrRegE, S. 91; *Petersen/Zwirner/Boecker*, WPg 2010, S. 466.
13 Vgl. WPKM 2/2009, S. 4.
14 Vgl. BilMoG-BgrRegE, S. 90.
15 Vgl. *Gelhausen/Fey/Kämpfer*, Rechnungslegung und Prüfung nach dem Bilanzrechtsmodernisierungsgesetz, 2009, Teil T, Tz. 181 ff.

Rz 73 ff.). Der pauschale Verweis auf § 319 Abs. 4 HGB führt dazu, dass nach dem Gesetzeswortlaut für alle Ausschlussgründe (z. B. auch bei einer Mitwirkung an der Erstellung) die Möglichkeit eröffnet wäre, eine fehlende Einflussmöglichkeit auf das Prüfungsergebnis geltend zu machen.[16] Nach der Gesetzesbegründung zum BilMoG geht der Gesetzgeber aber ausdrücklich davon aus, dass die Erfüllung der Ausschlusstatbestände des § 319 Abs. 3 Satz 1 Nr. 3 HGB auch in einem Netzwerk zu einer unwiderlegbaren Vermutung der Besorgnis der Befangenheit führen muss.[17] Die pauschale Verweisung auf § 319 Abs. 4 HGB ist daher als ein gesetzestechnisches Versehen zu werten,[18] mit der Folge, dass in den betreffenden Fällen vom Vorliegen der Besorgnis der Befangenheit auszugehen ist.

3.2 Ausschlussgründe ohne Widerlegbarkeit des Netzwerkeinflusses

15 Von einem Ausschluss als AP ist nach dem Gesetzeswortlaut ohne Weiteres nur dann auszugehen, wenn die in § 319b Abs. 1 Satz 2 HGB genannten Ausschlussgründe nach § 319 Abs. 3 Satz 1 Nr. 3 HGB oder § 319a Abs. 1 Satz 1 Nr. 2 oder 3 HGB vorliegen.[19] Im Einzelnen sind damit folgende Ausschlussgründe von der Vorschrift erfasst:
- **Buchführung und Aufstellung des Jahresabschlusses** gem. § 319 Abs. 3 Satz 1 Nr. 3a) HGB (s. § 319 Rz 51 ff.),
- **Interne Revision** gem. § 319 Abs. 3 Satz 1 Nr. 3b) HGB (s. § 319 Rz 57),
- **Unternehmensleitungs- und Finanzdienstleistungen** gem. § 319 Abs. 3 Satz 1 Nr. 3c) HGB (s. § 319 Rz 58 f.),
- **Versicherungsmathematische** oder **Bewertungsleistungen** gem. § 319 Abs. 3 Satz 1 Nr. 3d) HGB (s. § 319 Rz 61 ff.),
- **Rechts- und Steuerberatungsleistungen** gem. § 319a Abs. 1 Satz 1 Nr. 2 HGB (s. § 319a Rz 11 ff.).

Bei diesen Ausschlussgründen geht es um die Erbringung von Beratungs- oder Bewertungsleistungen, deren Ergebnis sich letztlich unabhängig von einem weiteren Zutun des Netzwerkmitglieds unmittelbar im handelsrechtlichen Jahresabschluss oder Konzernabschluss niederschlägt. Nach Auffassung des Gesetzgebers wird ein objektiver, verständiger und informierter Dritter in diesen Fällen immer den Schluss ziehen, dass der AP bei der Beurteilung der Leistung seines Netzwerkangehörigen befangen ist.[20]

Nach der Änderung des § 319a Abs. 1 Nr. 3 durch das AReG wird die Entwicklung, Einrichtung und Einführung von Rechnungslegungsinformationssystemen nicht mehr durch die Vorschrift erfasst.

16 Nach der Gesetzesbegründung ist die Erbringung von Beratungsleistungen durch den AP nur dann nicht zulässig, wenn sich das Ergebnis der Beratung unmittelbar im Jahresabschluss oder Konzernabschluss widerspiegelt. Damit soll es insb. mittelständischen AP weiterhin ermöglicht werden, sich im Rahmen

---

[16] Vgl. *Fölsing*, ZCG 2009, S. 76.
[17] Vgl. BilMoG-BgrRegE, S. 90.
[18] Vgl. *Fölsing*, ZCG 2009, S. 76.
[19] Vgl. WPKM 2/2009, S. 6.
[20] Vgl. BilMoG-BgrRegE, S. 90.

eines Netzwerks mit Spezialisten auf dem Gebiet der Unternehmensberatung zusammenzuschließen und so eine breite Produktpalette anzubieten.[21]
Abs. 1 Satz 2 verweist weder auf § 319 Abs. 4 HGB noch auf § 319a Abs. 1 Satz 2 HGB. Daraus könnte geschlossen werden, dass Prüfungsgesellschaften von den Bestimmungen dieser Vorschrift nicht erfasst werden. Dieses Ergebnis ist mit dem in der Gesetzesbegründung dokumentierten Willen des Gesetzgebers nicht vereinbar.[22] Danach sollen z. b. zu einem unwiderlegbaren Ausschluss diejenigen Fälle führen, in denen der Netzwerkpartner an der Erstellung des zu prüfenden Jahresabschluss oder in sonstiger Weise von nicht nur untergeordneter Bedeutung für diesen mitwirkt. Es ist daher von einem eindeutigen gesetzgeberischen Versehen auszugehen,[23] mit der Folge, dass in den betreffenden Fällen vom Vorliegen der Besorgnis der Befangenheit auszugehen ist. 17

3.3 Ausschlussgründe bei der Prüfung von Konzernabschlüssen (Abs. 2)

Abs. 1 ist auf den AP des Konzernabschlusses entsprechend anzuwenden. Die zu § 319 Abs. 2 HGB angestellten Überlegungen gelten daher sinngemäß (§ 319 Rz 79 ff.). 18
Gerade bei Konzernabschlussprüfungen wird die Regelung des § 319b HGB vermutlich den breitesten Anwendungsbereich finden. Der Konzern-AP hat durch geeignete Maßnahmen sicherzustellen, dass keine Ausschlussgründe von Netzwerkmitgliedern verwirklicht werden bzw. bestehende Ausschlussgründe erkannt und die erforderlichen Schritte (z. B. Schutzmaßnahmen, s. § 319 Rz 34) eingeleitet werden.

4 Rechtsfolgen von Verstößen gegen § 319b HGB

Zu den Rechtsfolgen von Verstößen gegen § 319b HGB wird auf § 319 Rz 82 ff. und § 319a Rz 31 f. verwiesen. 19

---

[21] Vgl. BilMoG-BgrRegE, S. 90.
[22] Vgl. BilMoG-BgrRegE, S. 89.
[23] Vgl. WPKM 2/2009, S. 6.

§ 320 Vorlagepflicht. Auskunftsrecht

(1) ¹Die gesetzlichen Vertreter der Kapitalgesellschaft haben dem Abschlußprüfer den Jahresabschluß und den Lagebericht unverzüglich nach der Aufstellung vorzulegen. ²Sie haben ihm zu gestatten, die Bücher und Schriften der Kapitalgesellschaft sowie die Vermögensgegenstände und Schulden, namentlich die Kasse und die Bestände an Wertpapieren und Waren, zu prüfen.
(2) ¹Der Abschlußprüfer kann von den gesetzlichen Vertretern alle Aufklärungen und Nachweise verlangen, die für eine sorgfältige Prüfung notwendig sind. ²Soweit es die Vorbereitung der Abschlußprüfung erfordert, hat der Abschlußprüfer die Rechte nach Absatz 1 Satz 2 und nach Satz 1 auch schon vor Aufstellung des Jahresabschlusses. ³Soweit es für eine sorgfältige Prüfung notwendig ist, hat der Abschlußprüfer die Rechte nach den Sätzen 1 und 2 auch gegenüber Mutter- und Tochterunternehmen.
(3) ¹Die gesetzlichen Vertreter einer Kapitalgesellschaft, die einen Konzernabschluß aufzustellen hat, haben dem Abschlußprüfer des Konzernabschlusses den Konzernabschluß, den Konzernlagebericht, die Jahresabschlüsse, Lageberichte und, wenn eine Prüfung stattgefunden hat, die Prüfungsberichte des Mutterunternehmens und der Tochterunternehmen vorzulegen. ²Der Abschlußprüfer hat die Rechte nach Absatz 1 Satz 2 und nach Absatz 2 bei dem Mutterunternehmen und den Tochterunternehmen, die Rechte nach Absatz 2 auch gegenüber den Abschlußprüfern des Mutterunternehmens und der Tochterunternehmen.
(4) ¹Der bisherige Abschlussprüfer hat dem neuen Abschlussprüfer auf schriftliche Anfrage über das Ergebnis der bisherigen Prüfung zu berichten; § 321 ist entsprechend anzuwenden.
(5) ¹Ist die Kapitalgesellschaft als Tochterunternehmen in den Konzernabschluss eines Mutterunternehmens einbezogen, das seinen Sitz nicht in einem Mitgliedstaat der Europäischen Union oder einem anderen Vertragsstaat des Abkommens über den Europäischen Wirtschaftsraum hat, kann der Prüfer nach Absatz 2 zur Verfügung gestellte Unterlagen an den Abschlussprüfer des Konzernabschlusses weitergeben, soweit diese für die Prüfung des Konzernabschlusses des Mutterunternehmens erforderlich sind. Für die Übermittlung personenbezogener Daten gelten § 4b Absatz 2 bis 6 und § 4c des Bundesdatenschutzgesetzes entsprechend.

WP StB CVA Klaus Bertram

Inhaltsübersicht

	Rz
1 Überblick	1–10
1.1 Inhalt	1–3
1.2 Zweck	4–6
1.3 Anwendungsbereich	7–10
2 Jahresabschluss	11–36
2.1 Vorlagepflicht (Abs. 1 Satz 1)	11–13
2.2 Auskunftsrechte	14–36

2.2.1	Prüfungsrecht (Abs. 1 Satz 2)................	14–21
2.2.2	Aufklärungen und Nachweise (Abs. 2 Sätze 1 und 2)	22–31
2.2.3	Rechte gegenüber Mutter- und Tochterunternehmen (Abs. 2 Satz 3)...............	32–36
3 Konzernabschluss (Abs. 3)............................		37–49
3.1	Vorlagepflicht (Abs. 3 Satz 1)..................	37–42
3.2	Auskunftsrechte (Abs. 3 Satz 2).................	43–49
4 Durchsetzung und Grenzen der Auskunftsrechte...........		50–57
4.1	Durchsetzung der Auskunftsrechte................	50–54
4.2	Grenzen der Auskunftsrechte....................	55–57
5 Berichterstattung an den Folgeprüfer (Abs. 4 und 5).........		58–66
5.1	Grundsatz (Abs. 4)............................	58–63
5.2	Auskünfte an Konzern-AP in Drittstaaten (Abs. 5).....	64–66

1 Überblick

1.1 Inhalt

§ 320 HGB verpflichtet die gesetzlichen Vertreter einer prüfungspflichtigen Ges. (§ 316 Rz 3), dem Jahres- bzw. Konzernabschlussprüfer die zu prüfenden Unterlagen (Jahresabschluss und Lagebericht bzw. Konzernabschluss und Konzernlagebericht) vorzulegen. Darüber hinaus sind dem AP alle Bücher, Schriften und Unterlagen vorzulegen, alle notwendigen Auskünfte zu erteilen sowie alle sonstigen Informationen zur Verfügung zu stellen, die dieser für eine ordnungsgemäße Abschlussprüfung benötigt. **1**

Abs. 4 der Vorschrift beinhaltet eine **Auskunftspflicht** des bisherigen AP gegenüber dem neuen AP (**Folgeprüfer**), um diesem den Zugang zu relevanten Informationen zu gewähren. Er ist gem. Art. 66 Abs. 2 EGHGB auf Abschlussprüfungen für nach dem 31.12.2008 beginnende Gj anzuwenden. Bei einem dem Kj. entsprechenden Gj ist die Vorschrift somit erstmals auf Abschlussprüfungen des Gj 2009 anzuwenden. **2**

Der durch das AReG neu geschaffene Abs. 5 regelt die **Zulässigkeit der Übermittlung von Prüfungsunterlagen** an den Konzern-AP eines in einem Drittland ansässigen MU. **3**

1.2 Zweck

§ 320 HGB soll sicherstellen, dass der AP alle Informationen, Unterlagen und Auskünfte erhält, damit er eine ordnungsgemäße Abschlussprüfung durchführen kann. Die Vorschrift sichert dem AP die für eine unabhängige und gewissenhafte Abschlussprüfung erforderliche **starke Position gegenüber den gesetzlichen Vertretern**. Eine ordnungsgemäße Abschlussprüfung erfordert die Durchführung angemessener Prüfungshandlungen, die Einholung aussagekräftiger Prüfungsnachweise und Auskünfte, die der AP ohne die Verpflichtung zur Unterstützung für die gesetzlichen Vertreter der geprüften Ges. nur schwer durchführen bzw. erlangen kann. **4**

5 Materiell etwa gleiche Rechte wie § 320 HGB gewährt § 145 Abs. 1 bis 3 AktG dem Sonderprüfer bei der Prüfung von Vorgängen bei der Gründung einer AG oder der Geschäftsführung sowie bei Maßnahmen der Kapitalbeschaffung und -herabsetzung.[1]

6 Die starke Position des AP aus § 320 HGB hat ihr Pendant in der umfassenden Pflicht zur Verschwiegenheit und dem Verbot der Verwertung von Geschäfts- und Betriebsgeheimnissen des geprüften Unt nach § 323 HGB (§ 323 Rz 72).

1.3 Anwendungsbereich

7 § 320 HGB gilt für **gesetzliche Jahres- und Konzernabschlussprüfungen** nach § 316 HGB. Die Vorschrift ist entsprechend auch bei **Nachtragsprüfungen** nach § 316 Abs. 3 HGB anzuwenden. Die Vorschrift ist darüber hinaus anzuwenden bei Abschlussprüfungen nach
- §§ 6 Abs. 1, 14 Abs. 1 PublG,
- § 324a HGB (IFRS-EA, s. § 324a Rz 8)
- § 340a Abs. 1 HGB (Kreditinstitute und Finanzdienstleistungsinstitute),
- § 341a Abs. 1 HGB (Versicherungsunternehmen und Pensionsfonds)

sowie sinngemäß bei Prüfungen
- des Abhängigkeitsberichts nach § 313 Abs. 1 Satz 3 AktG,[2]
- einer Kapitalerhöhung aus Gesellschaftsmitteln nach § 209 Abs. 4 Satz 2 AktG, §§ 57f. Abs. 3 Satz 2 GmbHG,
- einer Verschmelzungsprüfung nach § 11 Abs. 1 Satz 1 UmwG,
- einer prüferischen Durchsicht eines Halbjahres- oder Quartalsfinanzberichts gem. § 37w Abs. 5 Satz 7, Abs. 3 Satz 3 WpHG.[3]

8 Für **Genossenschaften** gilt § 320 HGB nicht, auch nicht im Wege des Analogieschlusses. Die speziellen genossenschaftlichen Regelungen in § 57 Abs. 1 GenG eröffnen dem Prüfer des Jahresabschlusses einer Genossenschaft allerdings materiell ähnliche Rechte wie dem AP nach § 320 HGB.

9 Demgegenüber findet § 320 HGB bei **freiwilligen Prüfungen** grds. keine Anwendung.[4] Bei freiwilligen Prüfungen ist im Prüfungsvertrag die (analoge) Anwendung von § 320 HGB zu vereinbaren.[5]

10 In **zeitlicher Hinsicht** ist Abs. 5 mangels entsprechender Übergangsregelung im EGHGB ab dem 17.6.2016 anzuwenden.[6] Nach hier vertretener Auffassung ist die Vorschrift für ab dem 17.6.2016 beginnende Gj, d. h. bei kalendergleichem Gj ab dem Gj 2017, zu berücksichtigen.[7]

---

[1] Vgl. *Baetge/Göbel/Brembt*, in *Küting/Pfitzer/Weber*, HdR, HGB § 320, Rn 6, Stand 12/2015.
[2] Vgl. WPH Edition, Wirtschaftsprüfung & Rechnungslegung, 15. Aufl., 2017, Abschn. O, Tz 78.
[3] Vgl. *Winkeljohann/Küster*, in *Budde/Förschle/Winkeljohann*, Sonderbilanzen, 4. Aufl., Abschn. G, Rz 113.
[4] Vgl. *Schmidt/Heinz*, in Beck Bil-Komm., 10. Aufl., § 320 HGB, Rz 4.
[5] Vgl. IDW PS 303, Tz 10.
[6] Vgl. Art. 15 Abs. 1 AReG.
[7] Vgl. *IDW*, IDW Positionspapier zu Inhalten und Zweifelsfragen der EU-Verordnung und der Abschlussprüferrichtlinie (dritte Auflage mit Stand 10.4.2017), abrufbar unter https://www.idw.de/blob/86498/be1e59dead022ed8b374a26fb679de79/down-positionspapier-zweifelsfragen-data.pdf, letzter Abruf am 17.7.2017.

2 Jahresabschluss

2.1 Vorlagepflicht (Abs. 1 Satz 1)

Die Vorschrift verpflichtet die gesetzlichen Vertreter der prüfungspflichtigen Ges., dem AP den zu prüfenden Jahresabschluss und Lagebericht **unverzüglich** vorzulegen. Die unverzügliche Vorlage, d.h. ohne schuldhaftes Zögern (§ 121 Abs. 1 Satz 1 BGB), gründet auf der Vorstellung, dass zunächst die gesetzlichen Vertreter Jahresabschluss und Lagebericht aufstellen und erst dann der AP mit seiner Prüfung beginnt. Diese eher „klassische Sichtweise" ist in der Praxis oftmals nicht mehr anzutreffen.

11

Die Komplexität der Rechnungslegung für den Jahresabschluss und Konzernabschluss, verbunden mit dem zunehmenden Termindruck (**fast close**) bei Abschlusserstellung und -prüfung, haben zu einer **zeitlichen Überlappung von Erstellung und Prüfung** geführt, sodass im Zuge der Abschlussprüfung von den gesetzlichen Vertretern vorgelegte Unterlagen auch bis zum Abschluss der Abschlussprüfung wieder geändert werden können. Hier wird die **Korrektivfunktion des AP** deutlich, der bei der Abschlussprüfung festgestellte Fehler, die von der geprüften Ges. berichtigt werden, nicht in sein Prüfungsurteil einzubeziehen hat.[8]

12

> **Beispiel**
> Der AP der prüfungspflichtigen GmbH stellt während der Abschlussprüfung fest, dass für einen laufenden Rechtsstreit keine Rückstellung gebildet worden ist, obwohl nach seinen Feststellungen eine Rückstellung nach § 249 Abs. 1 Satz 1 HGB geboten ist.
> Nachdem der AP dem Geschäftsführer der GmbH diese Feststellung mitgeteilt hat, entscheidet der Geschäftsführer, den Jahresabschluss zu ändern und eine Rückstellung für den Rechtsstreit (sowie die gebotenen Folgeänderungen, z.B. Steuerrückstellung, Tantiemeaufwand) in den Jahresabschluss aufzunehmen. Da der endgültige geprüfte Jahresabschluss den festgestellten Fehler nicht mehr enthält, hat der AP keine Auswirkungen auf den Bestätigungsvermerk zu berücksichtigen.

§ 320 Abs. 2 Satz 2 HGB stellt die gesetzliche Grundlage dieser Korrektivfunktion des AP dar, da hiermit dem AP auch schon vor Aufstellung des Jahresabschlusses die Auskunftsrechte zugestanden werden (Rz 23).

13

2.2 Auskunftsrechte

2.2.1 Prüfungsrecht (Abs. 1 Satz 2)

Die Vorschrift gibt dem AP das Recht zur Prüfung der Bücher und Schriften der zu prüfenden Ges. sowie der VG und Schulden. Da § 317 Abs. 1 HGB den AP verpflichtet, den Jahresabschluss nicht nur auf formale, sondern auch auf materielle Richtigkeit zu prüfen (§ 317 Rz 25), müssen ihm neben den prüfungs-

14

---

[8] Vgl. IDW PS 400, Tz 52.

pflichtigen Unterlagen selbst (Jahresabschluss und Lagebericht) auch die diesen zugrunde liegenden Aufzeichnungen zugänglich sein.

15 Abs. 1 Satz 2 ist umfassend auszulegen. Der AP kann Zugang zu sämtlichen Unterlagen der zu prüfenden Ges. verlangen; die im Gesetz vorgenommene Aufzählung von VG ist als beispielhaft zu verstehen.[9] Da der AP eine Prüfung durchführt, gewährt ihm das Prüfungsrecht die Durchführung aller dafür von ihm als notwendig erachteten Prüfungshandlungen, z. B.[10]

- Einsichtnahme,[11]
- Inaugenscheinnahme (z. B. Zutritt zu den Geschäftsräumen des zu prüfenden Unt, Inaugenscheinnahme von durchgeführten Investitionen in das Sachanlagevermögen),[12]
- Beobachtung (z. B. der Vorratsinventur),[13]
- Berechnung,[14]
- Nachvollziehen.[15]

16 Welche Aufzeichnungen für die Prüfung des Jahresabschlusses und Lagebericht vorgelegt werden müssen bzw. sollen, liegt im Ermessen des AP, nicht etwa der gesetzlichen Vertreter der zu prüfenden Ges.

> **Beispiel**
> Der AP der prüfungspflichtigen GmbH fordert Einblick in die Reisekostenabrechnungen des Geschäftsführers. Der kaufmännische Leiter möchte die Reisekostenabrechnungen nicht vorlegen, da sie nach seiner Ansicht nicht wesentlich für die Prüfung des Jahresabschlusses und Lageberichts sind.
> Es liegt ein Verstoß gegen das Prüfungsrecht nach § 320 Abs. 1 Satz 2 HGB vor. Der AP kann von dem Geschäftsführer die Vorlage der Reisekostenabrechnungen fordern. Kommt der Geschäftsführer dieser Aufforderung nicht nach, liegt ein Prüfungshemmnis vor, das ggf. Auswirkungen auf den Bestätigungsvermerk haben kann.

17 Der im Gesetzestext angeführte Begriff **Bücher** umfasst neben dem Grund- und Hauptbuch auch sämtliche Nebenbücher der Buchführung, also z. B. auch die Betriebsbuchhaltung (Kostenrechnung, Kalkulation) und andere Aufzeichnungen (zum Begriff der Bücher s. § 238 Rz 43). Unter den Begriff fallen auch Arbeitsanweisungen und andere Organisationsunterlagen, da diese für eine Aufbau- und Funktionsprüfung des rechnungslegungsbezogenen IKS unerlässlich sind.[16] Da die Bücher regelmäßig in großem Umfang elektronisch geführt werden, sind von dem Begriff auch die Prüfung der verwendeten EDV-Systeme sowie erforderliche Maßnahmen zur Lesbarmachung von Daten erfasst.

18 Der zeitliche Umfang der vorzulegenden Bücher ist nicht nur auf das zu prüfende Gj beschränkt. Vielmehr darf der AP auch die Vorjahresbücher

---

[9] Vgl. *Baetge/Göbel/Brembt*, in *Küting/Pfitzer/Weber*, HdR, HGB § 320, Rn 13 f, Stand 12/2015.
[10] Vgl. IDW PS 300, Tz 14.
[11] Vgl. IDW PS 300, Tz 29.
[12] Vgl. IDW PS 300, Tz 30.
[13] Vgl. IDW PS 301, Tz 7, 16.
[14] Vgl. IDW PS 300, Tz 34.
[15] Vgl. IDW PS 300, Tz 35.
[16] Vgl. *Baetge/Göbel/Brembt*, in *Küting/Pfitzer/Weber*, HdR, HGB § 320, Rn 11, Stand 12/2015.

einsehen und hat gleichfalls Zugriffsrechte auf zukunftsgerichtete Unterlagen, z. B. Planungsrechnungen, Finanzpläne.

Der Begriff **Schriften** umfasst z. B.[17] 19
- alle Arten von Geschäftspapieren (Briefe, E-Mails, Verträge, Bestellungen, Rechnungen, Lieferscheine, Frachtpapiere und sonstiger Schriftverkehr),
- Unterlagen zu Rechtsstreitigkeiten,
- Unterlagen zu Haftungsverhältnissen,
- Personalunterlagen,
- Unterlagen zu Vorstands- und Aufsichtsratssitzungen sowie Gesellschafterversammlungen (Protokolle, Vorlagen etc.),
- Steuerbescheide und Steuererklärungen, Schriftverkehr mit Finanzbehörden (z. B. zu Rechtsbehelfsverfahren),
- Unterlagen zu Finanzinstrumenten (Verträge, Abrechnungen, Nettingvereinbarungen, Dokumentation von Bewertungseinheiten, vgl. § 254 Rz 47),
- Unterlagen der internen Revision,
- Unterlagen zum rechnungslegungsrelevanten IKS (z. B. Organisationshandbücher, Arbeitsanweisungen, Stellenbeschreibungen, Ablaufdiagramme, Dokumentationen von vorgenommenen Zertifizierungen [z. B. ISO 9001]).

Der Gesetzeswortlaut spricht von **Vermögensgegenständen** und **Schulden**. 20
Gleichwohl umfasst das Prüfungsrecht auch solche Posten des Jahresabschlusses, die nicht diesen Begriff erfüllen, also z. B. EK, RAP, GoF. Dementsprechend sind die in Abs. 1 Satz 2 explizit aufgeführten VG **Kasse** und **Bestände an Wertpapieren und Waren** nur exemplarisch zu verstehen (Rz 15).

Das Prüfungsrecht des AP umfasst auch das Recht, **Kopien** von Unterlagen 21
anzufertigen und **Saldenbestätigungen** von Kreditinstituten (Bankbestätigungen), Rechtsanwälten, Debitoren/Kreditoren u. a. einzuholen.[18]

2.2.2 Aufklärungen und Nachweise (Abs. 2 Sätze 1 und 2)

Das Prüfungsrecht wird durch Abs. 2 Satz 1 ergänzt, mit dem die gesetzlichen 22
Vertreter zur aktiven Unterstützung des AP verpflichtet werden. Unter **Aufklärungen** sind insb. Auskünfte, Erklärungen und Begründungen zu verstehen.[19] Auch wenn das Gesetz nur von den gesetzlichen Vertretern spricht, fallen hierunter nach hM auch die von diesen beauftragten Mitarbeiter oder sonstigen Auskunftspersonen (z. B. StB der Ges.).[20] **Nachweise** sind alle für die verlangten Aufklärungen erheblichen Unterlagen, d. h. i. d. R. schriftliche Unterlagen. Die Beschaffung von Unterlagen von Dritten, wie z. B. Grundbuch- oder Handelsregisterauszüge, zählt ebenfalls hierzu.

Abs. 2 Satz 2 stellt klar, dass die Auskunftsrechte des AP auch schon vor der 23
(endgültigen) Aufstellung des Jahresabschlusses bestehen. Die Vorschrift ermöglicht es ihm, ab dem Zeitpunkt der Bestellung (§ 318 Rz 6) erforderliche Prüfungshandlungen durchzuführen. In der Praxis hat diese Regelung große Bedeutung, da eine Reihe von Prüfungshandlungen aus Gründen der zeitlichen Entzerrung des zumeist engen Terminplans einer Abschlussprüfung zeitlich

---

17 Vgl. *Ruhnke/Schmidt*, in *Baetge/Kirsch/Thiele*, Bilanzrecht, § 320 HGB, Rz 33, Stand 6/2010.
18 Vgl. zu Einzelheiten IDW PS 302 nF.
19 Vgl. *Schmidt/Heinze*, in Beck Bil-Komm., 10. Aufl., § 320 HGB, Rz 12.
20 Vgl. *ADS*, 6. Aufl. § 320 HGB, Rz 70.

vorgelagert wird. In **Vorprüfungen** oder **Zwischenprüfungen** werden regelmäßig folgende Prüfungshandlungen durchgeführt:
- Prüfungshandlungen zur Risikobeurteilung (inkl. Aufbauprüfung des rechnungslegungsbezogenen IKS),
- Prüfung der Wirksamkeit des rechnungslegungsbezogenen IKS (Funktionsprüfung) und abschließende Beurteilung der Fehlerrisiken,
- Prüfung organisatorischer Umstellungen (z. B. Wechsel des IT-Systems),
- Prüfung der Vorratsinventur (Inventurbeobachtung),[21]
- Prüfung des Risikofrüherkennungssystems nach § 317 Abs. 4 HGB.

24 Oftmals stellen Auskünfte oder Erklärungen der gesetzlichen Vertreter einen wichtigen Prüfungsnachweis zur Erlangung hinreichender Prüfungssicherheit dar.[22] Für den AP bedeutsame Erklärungen der gesetzlichen Vertreter hat der AP nicht nur mündlich (z. B. im Rahmen der Schlussbesprechung), sondern auch schriftlich einzuholen. In der Praxis erfolgt dies zumeist durch die **Vollständigkeitserklärung** der gesetzlichen Vertreter, mittels derer sich der AP zum Abschluss der Abschlussprüfung die Vollständigkeit der erteilten Erklärungen und Nachweise durch die gesetzlichen Vertreter der geprüften Ges. bestätigen lässt.[23] Ob aus § 320 HGB eine Verpflichtung der gesetzlichen Vertreter zur Abgabe einer Vollständigkeitserklärung abgeleitet werden kann, kann dahingestellt bleiben, da regelmäßig die zu prüfende Ges. über die im Auftragsschreiben des AP vereinbarten AAB die Abgabe einer Vollständigkeitserklärung vertraglich vereinbart ist.

In der Praxis werden regelmäßig vom Berufsstand entwickelte standardisierte Formulare verwendet, die für verschiedene Arten von Abschlussprüfungen vorliegen und mit optionalen Modulen kombinierbar sind.[24] In diesen Vollständigkeitserklärungen wird nicht nur die Vollständigkeit der erteilten Erklärungen und Nachweise bestätigt, sondern sind darüber hinaus vom AP einzuholende schriftliche Auskünfte bzw. Erklärungen der gesetzlichen Vertreter vorgesehen. Dies betrifft z. B.:
- besondere Umstände, die der Fortführung der Ges. (Going-concern-Prämisse) entgegenstehen können,[25]
- Besicherung von Verbindlichkeiten und eingegangene Haftungsverhältnisse,
- für die Beurteilung der wirtschaftlichen Lage der Ges. bedeutsame Verträge oder Rechtsstreitigkeiten,
- Störungen oder wesentliche Mängel im IKS,[26]
- Täuschungen, Vermögensschädigungen oder sonstige Gesetzesverstöße, die Bedeutung für den Inhalt des Jahresabschlusses oder des Lageberichts oder auf die Darstellung des sich nach § 264 Abs. 2 HGB ergebenden Bilds der Vermögens-, Finanz- und Ertragslage haben können,[27]

---

[21] Vgl. IDW PS 301, Tz 18.
[22] Vgl. IDW PS 300, Tz 32.
[23] Vgl. IDW PS 303 nF, Tz 23.
[24] Vgl. IDW Verlag GmbH, www.idw-verlag.de.
[25] Vgl. IDW PS 270, Tz 28.
[26] Vgl. IDW PS 261, Tz 89.
[27] Vgl. IDW PS 210, Tz 26 ff.

- wesentliche Chancen und Risiken, auf die im Lagebericht einzugehen ist,[28] und Ereignisse nach dem Abschlussstichtag,[29]
- Aussagen über die zur Bestimmung von Zeitwerten bedeutenden Annahmen und Absichten,[30]
- Erklärungen zur Einrichtung und Dokumentation eines Risikofrüherkennungssystems gem. § 317 Abs. 4 HGB.[31]

Die Vollständigkeitserklärung ist von denjenigen gesetzlichen Vertretern einzuholen, welche für die Aufstellung von Jahresabschluss und Lagebericht verantwortlich sind (z. B. CFO, kaufmännischer Geschäftsführer) und die über die Kenntnisse der entsprechenden Sachverhalte verfügen.[32] Soweit der für die Aufstellung von Jahresabschluss und Lagebericht verantwortliche gesetzliche Vertreter nicht einzelvertretungsberechtigt ist, ist die Erklärung in vertretungsberechtigter Zahl von den gesetzlichen Vertretern zu unterschreiben. Es gibt kein Erfordernis, dass alle gesetzlichen Vertreter die Vollständigkeitserklärung zu unterschreiben haben; gleichwohl ist dieses vielfach üblich. 25

Die Vollständigkeitserklärung kann kein Ersatz für solche Prüfungsnachweise sein, von deren Verfügbarkeit der AP normalerweise ausgehen kann.[33] 26

> **Beispiel**
> Zum Nachweis der zutreffenden Umsatzrealisierung von kurz vor oder am Abschlussstichtag gebuchten Umsatzerlösen bei Lieferungen liegen im Regelfall geeignete Prüfungsnachweise in Form von Verträgen, Lieferscheinen, Frachtpapieren, Abnahmeprotokollen o. Ä. vor, denen zumeist höhere Verlässlichkeit nachkommt, als eine diesbezügliche Erklärung der Geschäftsführung.

In bestimmten Fällen kann es erforderlich sein, neben der Vollständigkeitserklärung der gesetzlichen Vertreter weitere **schriftliche Erklärungen von anderen Personen** einzuholen, z. B. von Mitgliedern des Aufsichtsrats oder Anteilseignern der Gesellschaft. 27

> **Beispiel**
> Die prüfungspflichtige AG befindet sich in einer wirtschaftlich schwierigen Situation, da die Auftragseingänge infolge einer anhaltenden Nachfrageschwäche deutlich hinter den Planungen zurückbleiben. Der Vorstand beabsichtigt mit Zustimmung des Aufsichtsrates eine kurzfristige Kapitalzufuhr in Form der Aufnahme eines Investors im Wege einer Barkapitalerhöhung mit Ausschluss des Bezugsrechts der Altaktionäre. Zum Zeitpunkt der Beendigung der Abschlussprüfung (Februar 02) ist noch kein Durchbruch bei den Verhandlungen mit dem Investor erzielt worden. Zur Sicherstellung der weiteren Unternehmensfinanzierung und damit der Bestätigung der *Going-Concern*-Prämisse, die dem zu prüfenden Jahresabschluss zum 31.12.01 zugrunde liegt,

---

[28] Vgl. IDW PS 350, Tz 28.
[29] Vgl. IDW PS 203, Tz 14.
[30] Vgl. IDW PS 315, Tz 50.
[31] Vgl. IDW PS 340, Tz 24.
[32] Vgl. IDW PS 303 nF, Tz 8.
[33] Vgl. IDW PS 303 nF, Tz 17.

> wird in den nächsten 4 bis 6 Monaten zusätzliches Kapital benötigt, das durch die weitgehend ausgeschöpften Kreditlinien bei den Hausbanken nicht gedeckt werden kann.
> Der Vorstand erklärt dem AP schriftlich, dass er von einem positiven Ausgang der Verhandlungen mit dem Investor überzeugt ist und auch die Zustimmung der HV erhalten wird. Die diesbezüglichen Ausführungen im Lagebericht der Ges. sind nach den Feststellungen des AP nicht zu beanstanden.
> Da dem AP aufgrund der Einsicht in Aufsichtsratsprotokolle bekannt ist, dass auch der Aufsichtsrat zeitweilig Kontakt mit dem möglichen Investor gehabt hat, bittet er den Aufsichtsratsvorsitzenden, ihn schriftlich über seinen Kenntnisstand zu den Verhandlungen zu informieren.

28 Zur Weigerung der gesetzlichen Vertreter zur Abgabe einer Vollständigkeitserklärung vgl. Rz 51.

29 Zusammen mit der Vollständigkeitserklärung hat der AP von den gesetzlichen Vertretern eine **Aufstellung nicht korrigierter Prüfungsdifferenzen** einzuholen sowie die Erklärung, dass nach Auffassung der gesetzlichen Vertreter die Auswirkungen dieser nicht korrigierten Angaben sowohl einzeln als auch insgesamt unwesentlich sind.[34] Soweit im Rahmen der Abschlussprüfung festgestellte Fehler vom Unternehmen korrigiert werden, braucht diese Erklärung nicht eingeholt zu werden, da sie sich nur auf im geprüften Abschluss noch enthaltene Fehler beziehen (Rz 12).

> **Beispiel**
> Der AP stellt im Rahmen seiner Abschlussprüfung fest, dass bei der Bewertung der RHB das strenge Niederstwertprinzip gem. § 253 Abs. 4 HGB nicht eingehalten wurde und eine Abschreibung auf den niedrigeren Börsenkurs am Abschlussstichtag i.H.v. 10 TEUR geboten wäre. Der Fehler ist nach Einschätzung des AP für sein Prüfungsurteil unwesentlich. Der Geschäftsführer der geprüften Ges. entscheidet nach Mitteilung des Fehlers durch den AP, dass der Jahresabschluss zu ändern und die Abschreibung bei den RHB zu berücksichtigen ist.
> Da im (endgültig) geprüften Jahresabschluss kein Fehler mehr enthalten ist, hat der AP keine Erklärung über nicht korrigierte Prüfungsdifferenzen einzuholen.

30 Neben der **Vollständigkeitserklärung** ist die **Schlussbesprechung** ein in der Praxis wesentliches Element der Auskunftserteilung. In der Schlussbesprechung berichtet der AP über seine getroffenen Feststellungen und lässt sich von den gesetzlichen Vertretern im Prüfungsverlauf aufgetretene Zweifelsfragen oder wichtige Aussagen (z.B. zu Ereignissen nach dem Abschlussstichtag) nochmals bestätigen. Regelmäßig stellt die Schlussbesprechung das Ende der materiellen Prüfungshandlungen dar, weshalb dann die Vollständigkeitserklärung und der Bestätigungsvermerk auf diesen Tag datiert werden.[35]

---

[34] Vgl. IDW PS 303 nF, Tz 28.
[35] Vgl. IDW PS 400, Tz 81.

Soweit zwischen dem Datum der Vollständigkeitserklärung und der Auslieferung des Bestätigungsvermerks bzw. Prüfungsberichts ein **längerer Zeitraum** liegt, hat der AP mündliche oder schriftliche Erklärungen der gesetzlichen Vertreter über diesen Zeitraum einzuholen.[36] Was unter einem längeren Zeitraum zu verstehen ist, kann nicht allgemeinverbindlich festgelegt werden, sondern ist an den Verhältnissen des Einzelfalls auszurichten. In unproblematischen Fällen können zwischen dem Datum der Vollständigkeitserklärung und Auslieferung des Bestätigungsvermerks durchaus mehrere Wochen liegen. Bestehen aber z.B. wirtschaftliche Schwierigkeiten mit Unsicherheiten bzgl. der weiteren Unternehmensfinanzierung, können bereits wenige Tage verstrichene Zeit Anlass geben, eine aktualisierte Erklärung der gesetzlichen Vertreter einzuholen.[37]

31

2.2.3 Rechte gegenüber Mutter- und Tochterunternehmen (Abs. 2 Satz 3)

Der AP erhält nach Abs. 2 Satz 3 der Vorschrift die Auskunftsrechte zu Aufklärungen und Nachweisen gem. Abs. 2 Satz 1 und 2 auch in Bezug zu MU und TU der zu prüfenden Ges. Es besteht hinsichtlich der MU und TU demgegenüber kein Prüfungsrecht i.S.v. Abs. 1 Satz 2 der Vorschrift, sodass den Aufklärungen und Nachweisen von MU und TU besondere Bedeutung zukommt.[38] Bedeutsam ist dies insb. in solchen Fällen, in denen der AP des zu prüfenden Unternehmens nicht der Konzern-AP ist, da ihm die Prüfungsrechte nach § 317 Abs. 3 HGB in Bezug auf MU und TU der zu prüfenden Ges. nicht zustehen.

32

Materiell entsprechen die Auskunftsrechte nach Abs. 2 Satz 3 denen nach Abs. 2 Satz 1 und 2 (Rz 22 ff.) vollinhaltlich, sodass der AP z.B. auch Einsicht in Kalkulationsunterlagen oder Planungsrechnungen des TU nehmen darf.

33

Auskunftsverpflichtet sind die gesetzlichen Vertreter des TU im Zeitpunkt des Auskunftsbegehrens. Ein Auskunftsrecht gegenüber ehemaligen Organmitgliedern des TU eröffnet § 320 Abs. 2 Satz 3 HGB nicht. Es kann aber im Einzelfall erforderlich sein, das TU zu veranlassen, aus dem Anstellungsvertrag des ehemaligen Organmitglieds Auskunftsansprüche durchzusetzen.[39]

34

Die Begriffe **MU** und **TU** bestimmen sich nach § 290 HGB (§ 290 Rz 16 ff.). Die Auskunftsrechte bestehen unabhängig davon, ob das betreffende TU in den Konzernabschluss einbezogen ist oder gem. § 296 HGB nicht konsolidiert wird. Das Auskunftsrecht ist daran gekoppelt, dass es sich um ein TU handelt, sodass es auch dann Anwendung findet, wenn die Unternehmensverbindung nicht während des gesamten Gj bestand (z.B. Erwerb des TU im laufenden Gj). Allerdings gilt das Auskunftsrecht erst ab dem Zeitpunkt, zu dem die betreffende Ges. TU geworden ist.

35

Gegenüber **assoziierten Unt** (§ 311 HGB), **GemeinschaftsUnt** (§ 310 HGB) und **BeteiligungsUnt** (§ 271 Abs. 1 HGB) bestehen die Auskunftsrechte nicht.

36

---

36 Vgl. IDW PS 303 nF, Tz 30.
37 Vgl. IDW, IDW-FN 2009, S. 7 zu Sonderkündigungsrechten von Gläubigern bei Verletzung von Kreditvereinbarungen (*Covenants*).
38 Vgl. *Baetge/Göbel/Brembt*, in *Küting/Pfitzer/Weber*, HdR, HGB § 320, Rn 18, Stand 12/2015.
39 Vgl. *Schmidt/Heinz*, in Beck Bil-Komm., 10. Aufl., § 320 HGB, Rz 17.

3 Konzernabschluss (Abs. 3)

3.1 Vorlagepflicht (Abs. 3 Satz 1)

37 Die gesetzlichen Vertreter des MU haben dem Konzern-AP folgende Unterlagen vorzulegen:
- Konzernabschluss,
- Konzernlagebericht,
- Jahresabschlüsse der TU,
- Lageberichte der TU,
- Prüfungsberichte der AP von prüfungspflichtigen oder freiwillig geprüften Jahresabschlüssen oder Handelsbilanz II der TU.

38 Die **Vorlagepflicht** besteht unmittelbar nur für die gesetzlichen Vertreter des MU, nicht für die der TU. § 294 Abs. 3 HGB verpflichtet jedoch die gesetzlichen Vertreter der TU, dem MU den Jahresabschluss, Lagebericht, (Teil-) Konzernabschluss, (Teil-) Konzernlagebericht, die entsprechenden Prüfungsberichte der AP sowie einen etwaigen Zwischenabschluss unverzüglich zur Verfügung zu stellen (zu Einzelheiten s. § 294 Rz 28). Auch wenn in Abs. 3 nicht explizit erwähnt, gilt die Vorlagepflicht gegenüber dem Konzern-AP genauso **unverzüglich**, wie gegenüber dem AP des Jahresabschlusses gem. Abs. 1 (Rz 11).[40]

39 Von der Vorlagepflicht erfasst sind auch die **Konsolidierungsunterlagen**, d.h. die Unterlagen, die Grundlage der Konzernbuchführung darstellen, aus denen sich Details zur Durchführung der Konsolidierungsmaßnahmen sowie zur Erstellung des Konzernanhangs ergeben (sog. **Konzern-Package**), die Überleitung von nach abweichendem Recht erstellten Jahresabschlüssen auf die konzerneinheitlichen Bilanzierungs- und Bewertungsmethoden (sog. **HB II**) und die im Zuge der Neubewertungsmethode bei der Kapitalkonsolidierung aufgestellte Zeitwertbilanz von erworbenen TU (sog. **HB III**).

40 Die Definition von **MU und TU** knüpft wiederum an § 290 HGB an. Die Vorlagepflicht besteht unabhängig davon, ob die TU in den Konzernabschluss einbezogen werden oder nicht. Es ist auch unerheblich, ob der Konzernabschluss nach HGB oder nach IFRS, wie sie in der EU anzuwenden sind (§ 315e HGB), aufgestellt ist.

41 Für nach PublG konzernrechnungslegungspflichtige Unt ergibt sich die Vorlagepflicht aus dem gesetzlichen Verweis in § 14 Abs. 1 PublG auf § 320 HGB (Rz 7).

42 Für **freiwillige KA-Prüfungen** ist § 320 Abs. 3 HGB nicht anwendbar. Der Konzern-AP sollte sich daher die entsprechenden Auskunfts- und Prüfungsrechte im Prüfungsvertrag zusichern (Rz 9).

3.2 Auskunftsrechte (Abs. 3 Satz 2)

43 Die Auskunftsrechte des Konzern-AP bestehen gegenüber
- dem MU,
- den TU,
- dem AP des MU (soweit nicht identisch mit Konzern-AP) und
- den AP der TU.

---

[40] Vgl. *ADS*, 6. Aufl. § 320 HGB, Rz 61.

Gegenüber dem MU und den TU bestehen sowohl **Auskunfts- als auch Prüfungsrechte**, während gegenüber den AP des MU bzw. der TU ein **Auskunftsrecht** besteht. Diese Unterscheidung hat spätestens seit dem Wegfall der früher zulässigen gesetzlichen Übernahme von geprüften Jahresabschlüssen einbezogener TU (zu Einzelheiten vgl. § 317 Rz 62) keine größere praktische Bedeutung mehr, da dem Konzern-AP die Verantwortung für den Bestätigungsvermerk zum Konzernabschluss obliegt[41] und er bei der Konzernabschlussprüfung entscheiden und dokumentieren muss, inwieweit er die Prüfungsergebnisse von lokalen AP in den Konzernabschluss einbezogener TU verwertet.[42] Die Dokumentationspflichten bestehen nicht nur für die Arbeitspapiere des Konzern-AP, sondern in bestimmtem Umfang auch für den Prüfungsbericht des Konzern-AP (§ 321 Rz 173). 44

Im Rahmen von Konzernabschlussprüfung kommt der zeitlichen Planung eine besondere Bedeutung zu, da der Konzern-AP sicherstellen muss, dass er rechtzeitig die benötigten Informationen erhält. Daher werden regelmäßig folgende Maßnahmen zu ergreifen sein (vgl. § 317 Rz 61 ff.):[43] 45

- Erstellung von **Prüfungsvorgaben (audit instructions)** an die lokalen AP (Regelungen zu zeitlichen Vorgaben, Berichterstattungserfordernissen [*audit questionnaire*], Prüfungsschwerpunkten, Wesentlichkeitsüberlegungen),
- Vorgabe von **Berichterstattungspflichten** des lokalen AP bei besonderen Ereignissen (z. B. Prüfungshemmnisse, Einschränkungen oder Versagungen des Bestätigungsvermerks, Ereignisse nach dem Abschlussstichtag),[44]
- **Planung vorzunehmender Prüfungshandlungen** bei der Prüfung von Jahresabschlüssen einbezogener TU in Abhängigkeit von Wesentlichkeitsüberlegungen, und der Tatsache, ob die Jahresabschlüsse dieser TU geprüft oder nicht geprüft werden. Infrage kommen
  - Beurteilung der Qualifikation des lokalen AP und der von diesem angewandten Prüfungsstandards,
  - Durchsicht von Prüfungsberichten lokaler AP,
  - zeitweise Teilnahme an der Abschlussprüfung des lokalen AP (z. B. Inventurbeobachtung, Schlussbesprechung),
  - Einsichtnahme von Arbeitspapieren des lokalen AP (**working paper review**).

Das Auskunftsrecht des Konzern-AP betrifft auch die Einholung von Vollständigkeitserklärungen von gesetzlichen Vertretern von TU. Der AP hat zu entscheiden, für welche TU er Vollständigkeitserklärungen einholen möchte. Ein Kriterium hierfür kann sein, dass der Jahresabschluss des TU bereits von einem AP geprüft und in diesem Zusammenhang von dem lokalen AP eine Vollständigkeitserklärung eingeholt wurde. 46

Beispiel
In den KonsKreis der konzernrechnungslegungspflichtigen AG werden fünf TU einbezogen, deren Jahresabschluss der Konzern-AP nicht selbst geprüft hat. Von diesen fünf TU sind bei zwei – für den Konzernabschluss wesentlichen

---

41 Vgl. *Oser/Roß/Wader/Drögemöller*, WPg 2008, S. 110.
42 Vgl. *Heininger*, BB 25/2009, S. M 1; WPK, WPKM 2/2009, S. 7.
43 Vgl. *Link/Giese/Kunellis*, BB 2008, S. 380; *Niemann/Bruckner*, DStR 2010, S. 348.
44 Zu Einzelheiten vgl. IDW PS 320 nF, Tz 28f.

> – TU die Jahresabschlüsse von einem lokalen AP geprüft und mit einem uneingeschränkten Bestätigungsvermerk versehen worden. Bei den drei nicht geprüften Jahresabschlüssen handelt es sich um eine operativ tätige GmbH & Co. KG, deren Komplementärgesellschaft sowie eine unbedeutende Vorrats-GmbH.
> Der Konzern-AP entscheidet aus Risiko- und Wesentlichkeitsüberlegungen, von den gesetzlichen Vertretern der operativ tätigen GmbH & Co. KG, nicht aber der Komplementärgesellschaft und der Vorrats-GmbH eine Vollständigkeitserklärung einzuholen. Darüber hinaus holt er von den gesetzlichen Vertretern der zwei durch lokale AP geprüften TU eine Vollständigkeitserklärung ein.

47 Für die Prüfungspraxis bedeutsam ist in diesem Zusammenhang auch, dass die WPK vom Konzern-AP nach § 51b Abs. 6 WPO die Vorlage von Unterlagen über die Arbeit anderer externer AP aus Drittstaaten[45] verlangen kann (zu Einzelheiten vgl. § 317 Rz 68).

48 Für **assoziierte Unt** oder **GemeinschaftsUnt** besteht kein Auskunftsrecht nach § 320 Abs. 3 HGB, sodass sich der Konzern-AP in derartigen Fällen an die gesetzlichen Vertreter des MU zu wenden hat, damit diese die Informationsrechte auf gesellschaftsrechtlicher Grundlage geltend machen.[46] Allerdings besteht die Vorlagepflicht gem. Abs. 3 Satz 1 auch für die Abschlüsse dieser Gesellschaften, da der AP prüfen muss, ob die Einbeziehung nach § 311 HGB bzw. § 310 HGB zu Recht erfolgt ist.[47]

49 Für die auskunftspflichtigen AP des MU und der TU stellt § 320 Abs. 3 Satz 2 HGB eine gesetzliche Durchbrechung von der **Verschwiegenheitspflicht** nach § 323 Abs. 1 Satz 1 HGB dar (§ 323 Rz 61).

4 Durchsetzung und Grenzen der Auskunftsrechte

4.1 Durchsetzung der Auskunftsrechte

50 Die Rechte aus § 320 HGB haben für den AP zum Jahresabschluss und Konzernabschluss elementare Bedeutung, sodass deren Durchsetzung gegen die gesetzlichen Vertreter große praktische Bedeutung zukommt.

51 § 331 Nr. 4 HGB sieht zwar für eine **Verletzung der Auskunftspflicht** (unrichtige Angaben, unrichtige Wiedergabe oder Verschleierung) eine Freiheitsstrafe von bis zu 3 Jahren oder Geldstrafe vor. Mit dieser „Drohgebärde" von den gesetzlichen Vertretern verweigerte Auskunftsrechte durchzusetzen, ist für den AP wohl nur im Ausnahmefall möglich. Dem AP steht als wesentliches Element zur Durchsetzung der Auskunftsrechte die Einschränkung des Bestätigungsvermerks (im Extremfall auch die Erteilung eines Versagungsvermerks) zu. Verweigerte Auskunftserteilung oder die Weigerung, die Durchführung erforderlicher Prüfungshandlungen zu dulden, stellen **Prüfungshemmnisse** dar, die vom

---

[45] Externe Prüfer aus Drittstaaten sind Abschlussprüfer oder Abschlussprüfungsgesellschaften, die ihren Sitz in einem Staat haben, der nicht Mitgliedstaat der Europäischen Union oder des EWR ist.
[46] Vgl. WPH Edition, Wirtschaftsprüfung & Rechnungslegung, 15. Aufl., 2017, Abschn. M, Tz 550.
[47] Vgl. *Ruhnke/Schmidt*, in *Baetge/Kirsch/Thiele*, Bilanzrecht, § 320 HGB, Rz 84, Stand 6/2010.

AP zu würdigen sind und – bei Wesentlichkeit – zu einer Einschränkung oder Versagung des Bestätigungsvermerks führen müssen.[48] Die Weigerung der gesetzlichen Vertreter zur Abgabe einer Vollständigkeitserklärung hat die Erteilung eines Versagungsvermerks zur Folge.[49]

> **Beispiel**
> Im Jahresabschluss der prüfungspflichtigen GmbH & Co KG wird eine Beteiligung an einer französischen Ges. ausgewiesen, die vor zwei Jahren von der GmbH & Co. KG erworben wurde. Zur Beurteilung der Werthaltigkeit der unverändert zu AK bewerteten Beteiligung fordert der AP von den gesetzlichen Vertretern der GmbH & Co. KG die Vorlage des letzten Jahresabschlusses nebst Prüfungsbericht des französischen AP. Die Geschäftsführer der Komplementär-GmbH verweigern die Vorlage dieser Unterlagen und sind auch nach mehrfachen (zuletzt auch schriftlich vorgetragenen) Nachfragen nicht bereit, dem AP diese oder andere Informationen zu der Beteiligung zur Verfügung zu stellen. „Die Beteiligung haben wir vor gut zwei Jahren zu den in der Bilanz ausgewiesenen AK erworben und die ist sie auch heute noch wert" ist die lapidare Auskunft, die der AP in der Schlussbesprechung erhält.
> Da er auch durch alternative Prüfungshandlungen keine hinreichende Prüfungssicherheit hinsichtlich der Bewertung der Beteiligung erzielen kann, liegt ein Prüfungshemmnis vor, das – bei unterstellter Wesentlichkeit für den Jahresabschluss – zu einer Einschränkung des Bestätigungsvermerks führt.

Der AP hat zur Vermeidung des Vorliegens eines Prüfungshemmnisses alle ihm zumutbaren Möglichkeiten zur Erlangung hinreichender Sicherheit auszuschöpfen. So kann er den **Aufsichtsrat** auffordern, die gesetzlichen Vertreter nach § 90 Abs. 3 AktG zur Auskunftserteilung zu veranlassen.[50] Der Aufsichtsrat kann die Auskunftserteilung auch aus seinem eigenen Prüfungsrecht gem. § 111 Abs. 2 Satz 1 AktG fordern. Über § 52 GmbHG gelten diese Regelungen auch für einen fakultativen Aufsichtsrat mit Überwachungsfunktion bei einer GmbH. **52**

Soweit eine AG einen Abhängigkeitsbericht nach § 311 Abs. 1 AktG aufstellen und nach § 313 Abs. 1 AktG durch den AP prüfen lassen muss, gibt § 407 Abs. 1 AktG die Möglichkeit der **Festsetzung eines Zwangsgelds** gegen den Vorstand, falls dieser den Auskunftspflichten für den Abhängigkeitsbericht (Rz 7) nicht nachkommt. **53**

Eine **Kündigung des Prüfungsauftrags** kann vom AP nur aus einem wichtigen Grund erfolgen (§ 318 Abs. 6 HGB). Da § 322 Abs. 2 Nr. 4, Abs. 5 HGB die Erteilung eines Versagungsvermerks aufgrund der Unmöglichkeit der Abgabe eines Prüfungsurteils vorsieht (§ 322 Rz 96) bzw. eine Einschränkung aufgrund eines Prüfungshemmnisses möglich ist,[51] wird ein solcher wichtiger Grund im Regelfall nicht gegeben sein (zu Einzelheiten vgl. § 318 Rz 77). Soweit das **54**

---

48 Vgl. IDW PS 400, Tz 50f.
49 Vgl. IDW PS 303 nF, Tz 23; IDW PS 400, Tz 68a. A.A. *Schmidt/Heinz*, in Beck Bil-Komm., 10. Aufl., § 320 HGB, Rz 13, die auch eine Einschränkung bzw. reine Erläuterung im Prüfungsbericht im Einzelfall für ausreichend erachten.
50 Vgl. *Baetge/Göbel/Brembt*, in *Küting/Pfitzer/Weber*, HdR, HGB § 320, Rn 53, Stand 12/2015.
51 Vgl. IDW PS 400, Tz 50f.

prüfungspflichtige Unt aber keinerlei Bereitschaft zur Mitwirkung zeigt, dem AP sämtliche Auskunfts- und Prüfungsrechte verweigert und darüber hinaus Prüfungshandlungen behindert, Täuschungen vornimmt o. Ä., dürfte ein wichtiger Grund für eine Kündigung des Prüfungsauftrags nach § 318 Abs. 6 HGB gegeben sein.[52] Auch die fachlichen Regeln für die Durchführung von Abschlussprüfungen sehen in Fällen fehlender Vertrauensgrundlage und/oder Täuschung die Möglichkeit einer Kündigung nach § 318 Abs. 6 HGB vor.[53]

4.2 Grenzen der Auskunftsrechte

55 Die in Abs. 2 Satz 1 und Satz 3 enthaltene einschränkende Formulierung „soweit für eine sorgfältige Prüfung notwendig" stellt die Grenzen der Auskunftsrechte dar. Der AP ist nur soweit auskunftsberechtigt, wie dies für eine Aufgabenbewältigung nach §§ 316, 317 HGB erforderlich ist. Was im Einzelnen für eine sorgfältige Prüfung notwendig ist, entscheidet der AP eigenverantwortlich; er ist auch nicht gegenüber den gesetzlichen Vertretern begründungspflichtig.

56 Durch die in den letzten Jahren vom Gesetzgeber vorgenommene Erweiterung der Prüfungsgegenstände gerade im Hinblick auf den Lagebericht bzw. Konzernlagebericht dürften sich sachliche Gründe für eine Weigerung der gesetzlichen Vertreter zur Vorlage von Unterlagen bzw. Erteilung von Auskünften nur selten finden lassen.[54] Vorgebrachte Einwände des geprüften Unt gegen die **Einsichtnahme in Vorstands-, Aufsichtsrats- oder Gesellschafterprotokollen** werden zumeist mit der strengen Geheimhaltungsbedürftigkeit begründet. Diese wird für den AP und dessen Gehilfen über § 323 Abs. 1 HGB sichergestellt (§ 323 Rz 22), sodass hierin kein sachlicher Grund für die Verweigerung der Einsichtnahme zu sehen ist,[55] zumal derartige Protokolle häufig wesentliche Anhaltspunkte für die vom AP vorzunehmende Beurteilung der Fehlerrisiken liefern.

57 Letztlich findet das Auskunftsrecht Grenzen durch die Grundsätze von Treu und Glauben (§ 242 BGB), insb. durch das Schikaneverbot des § 226 BGB.

5 Berichterstattung an den Folgeprüfer (Abs. 4 und 5)

5.1 Grundsatz (Abs. 4)

58 Abs. 4 der Vorschrift räumt dem **Folgeprüfer** ein unmittelbar gegenüber dem bisherigen AP geltendes Informationsrecht ein. Dieses Informationsrecht gilt nicht nur für einen regulären Prüferwechsel, sondern auch für einen vorzeitigen Abschlussprüferwechsel (gerichtliche Ersetzung, Kündigung aus wichtigem Grund).

59 Die Vorschrift kodifiziert nicht nur ein Auskunftsrecht des Folgeprüfers, sondern auch eine Auskunftspflicht des bisherigen AP. Der Auskunftspflicht hat der bisherige AP aber nur dann nachzukommen, wenn er vom Folgeprüfer hierzu **schriftlich aufgefordert** wird. Sofern keine Zweifel an der Identität des neuen

---

[52] Vgl. *Burg/Müller* in KölnKomm HGB, § 320 HGB, Rz 48; a. A. *Baetge/Göbel/Brembt*, in *Küting/Pfitzer/Weber*, HdR, HGB § 320, Rn 56, Stand 12/2015.
[53] Vgl. IDW PS 210, Tz 76.
[54] Vgl. *Ruhnke/Schmidt*, in *Baetge/Kirsch/Thiele*, Bilanzrecht, § 320 HGB, Rz 72, Stand 6/2010.
[55] Vgl. *Baetge/Göbel/Brembt*, in *Küting/Pfitzer/Weber*, HdR, HGB § 320, Rn 44, Stand 12/2015.

AP bestehen, wird neben der gesetzlich geforderten Schriftform (§ 126a BGB) auch eine Anforderung per Telefax oder E-Mail zulässig sein.[56]

Umfang und Form der Berichterstattung erfordern eine schriftliche Berichterstattung i.S.v. § 321 HGB, wie der 2. Hs. der Vorschrift verdeutlicht. Die Berichterstattung hat somit die Grundsätze ordnungsmäßiger Berichterstattung bei Abschlussprüfungen zu berücksichtigen.[57] Im Fall eines regulären Prüferwechsels hat die Vorschrift keine größere praktische Relevanz, da dem Folgeprüfer regelmäßig der Prüfungsbericht des bisherigen AP von der zu prüfenden Ges. zur Verfügung gestellt wird. 60

> **Beispiel**
> Die prüfungspflichtige GmbH hat WP A zum AP des Jahresabschlusses zum 31.12.01 bestellt. WP A hat die Abschlussprüfung durchgeführt, einen uneingeschränkten Bestätigungsvermerk erteilt und einen Prüfungsbericht nach § 321 HGB erstattet. Die Gesellschafterversammlung, die über die Feststellung des Jahresabschlusses zum 31.12.01 befindet, wählt zum AP des Jahresabschlusses zum 31.12.02 WP B.
> WP B hat gegenüber WP A ein Auskunftsrecht nach § 320 Abs. 4 HGB und WP A entsprechend eine Auskunftspflicht gegenüber WP B. Da die GmbH den Prüfungsbericht für das Gj 01 WP B zur Verfügung stellt, wird WP B von seinem Auskunftsrecht keinen Gebrauch machen.

Das Auskunftsrecht des Folgeprüfers bzw. die Auskunftspflicht des bisherigen AP umfasst den Prüfungsbericht, nicht jedoch die Arbeitspapiere des bisherigen AP.[58] Derartige **Einsichtnahmen in Arbeitspapiere**[59] gehen über die gesetzliche Regelung hinaus und setzen ein gegenseitiges Einvernehmen sowie insb. die Entbindung des bisherigen AP von der Verschwiegenheitspflicht durch die geprüfte Ges. voraus (§ 323 Rz 68).[60] 61

Das gesetzliche Recht auf Auskunftsverweigerung bei Gefahr der Selbstbelastung (§ 323 Rz 66) bleibt durch § 320 Abs 4 HGB unberührt. 62
Praktische Bedeutung erlangt die Vorschrift vor allem in Fällen der vorzeitigen Beendigung von Prüfungsaufträgen, die auftreten können bei:
- Wegfall des bisherigen AP (§ 318 Abs. 4 Satz 2 HGB),
- gerichtlicher Ersetzung des AP (§ 318 Abs. 3 HGB),
- Kündigung des Prüfungsauftrags aus wichtigem Grund durch den AP (§ 318 Abs. 6 HGB).

Da für den Fall der Kündigung des Prüfungsauftrags aus wichtigem Grund handelsrechtlich nach § 318 Abs. 6 Satz 4 HGB sowie berufsrechtlich nach § 42 Abs. 3 BS WP/vBP ohnehin Berichtspflichten des bisherigen AP bestehen, ergibt sich auch in diesen Fällen durch Abs. 4 der Vorschrift keine materielle Verschärfung der Berichtspflicht. 63

---

56 Vgl. *Gelhausen/Fey/Kämpfer*, BilMoG, 2009, Abschn. S, Rz 47.
57 Vgl. IDW PS 450, Tz 150.
58 Vgl. IDW PS 205, Tz 12.
59 Zum Anspruch auf Herausgabe der Arbeitspapiere an staatliche Stellen und dem Mandanten vgl. *Gutmann*, BB 2010, S. 171.
60 Vgl. *Erchinger/Melcher*, DB 2009, Beil. 5, S. 94.

Einzig in dem **Fall der gerichtlichen Ersetzung** des AP nach § 318 Abs. 3 HGB schafft § 320 Abs. 4 HGB **materiell neue Berichtspflichten**.[61] Dem trägt § 26 BS WP/vBP entsprechend Rechnung.[62] Die Berichterstattung hat sich an den zu § 318 Abs. 6 HGB entwickelten Grundsätzen zu orientieren (§ 318 Rz 85 ff.).[63]

5.2 Auskünfte an Konzern-AP in Drittstaaten (Abs. 5)

64 Der durch das AReG neu eingefügte Abs. 5 dient der Umsetzung von Art. 23 Abs. 5 Unterabs. 1 und 3 der überarbeiteten Abschlussprüferrichtlinie. Die Regelung normiert eine Übermittlungsbefugnis (keine Übermittlungspflicht) des AP an den Konzern-AP des in einem Drittland ansässigen MU und entspricht somit den Regelungen des Abs. 4.

65 Besonderheiten gegenüber Abs. 4 ergeben sich aus möglicherweise in den betreffenden Drittländern nicht ausreichend bestehenden Datenschutzbestimmungen. Die Vorschrift stellt in Abs. 5 Satz 2 klar, dass bei Übermittlung personenbezogener Daten § 4b Abs. 2–6 und § 4c BDSG gelten. Der AP des TU trägt als übermittelnde Stelle (§ 4b BDSG) die Verantwortung für die Zulässigkeit der Datenübermittlung. Soweit dem betreffenden Drittland von der EU-Kommission ein angemessenes Datenschutzniveau konstatiert wurde – sog. „Whitelist" – ist dies unproblematisch. In allen übrigen Fällen muss der AP durch vertragliche Regelungen mit dem Konzern-AP sicherstellen, dass die Vorgaben des § 4c BDSG beachtet werden.[64]

66 Die von der Regelung erfassten Unterlagen beziehen sich inhaltlich auf die dem AP des TU nach Abs. 2 zur Verfügung gestellten Unterlagen. Somit sind die Arbeitspapiere des AP hiervon nicht erfasst. Für AP von PIE regelt Art. 18 EU-AprVO die sog. Übergabe (vgl. § 317 Rz 137).

---

61 Vgl. WPK, WPKM 2/2009, S. 7; IDW PS 450, Tz 150.
62 Vgl. *Gelhausen/Precht*, WPKM 1/2010, S. 33.
63 GlA: *Gelhausen/Fey/Kämpfer*, BilMoG, 2009, Abschn. S, Rz 45.
64 Vgl. *Schmidt/Heinz*, in Beck Bil-Komm., 10. Aufl, § 320 HGB, Rz 55.

§ 321 Prüfungsbericht

(1) ¹Der Abschlußprüfer hat über Art und Umfang sowie über das Ergebnis der Prüfung zu berichten; auf den Bericht sind die Sätze 2 und 3 sowie die Absätze 2 bis 4a anzuwenden. ²Der Bericht ist schriftlich und mit der gebotenen Klarheit abzufassen; in ihm vorweg zu der Beurteilung der Lage des Unternehmens oder Konzerns durch die gesetzlichen Vertreter Stellung zu nehmen, wobei insbesondere auf die Beurteilung des Fortbestandes und der künftigen Entwicklung des Unternehmens unter Berücksichtigung des Lageberichts und bei der Prüfung des Konzernabschlusses von Mutterunternehmen auch des Konzerns unter Berücksichtigung des Konzernlageberichts einzugehen ist, soweit die geprüften Unterlagen und der Lagebericht oder der Konzernlagebericht eine solche Beurteilung erlauben.³ Außerdem hat der Abschlussprüfer über bei Durchführung der Prüfung festgestellte Unrichtigkeiten oder Verstöße gegen gesetzliche Vorschriften sowie Tatsachen zu berichten, die den Bestand des geprüften Unternehmens oder des Konzerns gefährden oder seine Entwicklung wesentlich beeinträchtigen können oder die schwerwiegende Verstöße der gesetzlichen Vertreter oder von Arbeitnehmern gegen Gesetz, Gesellschaftsvertrag oder die Satzung erkennen lassen.

(2) ¹Im Hauptteil des Prüfungsberichts ist festzustellen, ob die Buchführung und die weiteren geprüften Unterlagen, der Jahresabschluss, der Lagebericht, der Konzernabschluss und der Konzernlagebericht den gesetzlichen Vorschriften und den ergänzenden Bestimmungen des Gesellschaftsvertrags oder der Satzung entsprechen. ²In diesem Rahmen ist auch über Beanstandungen zu berichten, die nicht zur Einschränkung oder Versagung des Bestätigungsvermerks geführt haben, soweit dies für die Überwachung der Geschäftsführung und des geprüften Unternehmens von Bedeutung ist. ³Es ist auch darauf einzugehen, ob der Abschluss insgesamt unter Beachtung der Grundsätze ordnungsmäßiger Buchführung oder sonstiger maßgeblicher Rechnungslegungsgrundsätze ein den tatsächlichen Verhältnissen entsprechendes Bild der Vermögens-, Finanz- und Ertragslage der Kapitalgesellschaft oder des Konzerns vermittelt. ⁴Dazu ist auch auf wesentliche Bewertungsgrundlagen sowie darauf einzugehen, welchen Einfluss Änderungen in den Bewertungsgrundlagen einschließlich der Ausübung von Bilanzierungs- und Bewertungswahlrechten und der Ausnutzung von Ermessensspielräumen sowie sachverhaltsgestaltende Maßnahmen insgesamt auf die Darstellung der Vermögens-, Finanz- und Ertragslage haben. ⁵Hierzu sind die Posten des Jahres- und des Konzernabschlusses aufzugliedern und ausreichend zu erläutern, soweit diese Angaben nicht im Anhang enthalten sind. ⁶Es ist darzustellen, ob die gesetzlichen Vertreter die verlangten Aufklärungen und Nachweise erbracht haben.

(3) ¹In einem besonderen Abschnitt des Prüfungsberichts sind Gegenstand, Art und Umfang der Prüfung zu erläutern. ²Dabei ist auch auf die angewandten Rechnungslegungs- und Prüfungsgrundsätze einzugehen.

(4) ¹Ist im Rahmen der Prüfung eine Beurteilung nach § 317 Abs. 4 abgegeben worden, so ist deren Ergebnis in einem besonderen Teil des Prüfungs-

berichts darzustellen. ²Es ist darauf einzugehen, ob Maßnahmen erforderlich sind, um das interne Überwachungssystem zu verbessern.
(4a) Der Abschlussprüfer hat im Prüfungsbericht seine Unabhängigkeit zu bestätigen.
(5) ¹Der Abschlußprüfer hat den Bericht unter Angabe des Datums zu unterzeichnen und den gesetzlichen Vertretern vorzulegen; § 322 Absatz 7 Satz 3 und 4 gilt entsprechend. ²Hat der Aufsichtsrat den Auftrag erteilt, so ist der Bericht ihm und gleichzeitig einem eingerichteten Prüfungsausschuss vorzulegen. Im Fall des Satzes 2 ist der Bericht unverzüglich nach Vorlage dem Geschäftsführungsorgan mit Gelegenheit zur Stellungnahme zuzuleiten.

WP StB CVA Klaus Bertram

Inhaltsübersicht	Rz
1 Überblick	1–23
1.1 Inhalt	1–4
1.2 Normenzusammenhang und Zweck	5–23
2 Allgemeine Berichtsgrundsätze	24–41
2.1 Vorbemerkungen	24
2.2 Schriftlichkeit	25–28
2.3 Klarheit	29–32
2.4 Wahrheit	33–34
2.5 Vollständigkeit	35–40
2.6 Unparteilichkeit	41
3 Inhalt des Prüfungsberichts	42–149
3.1 Prüfungsauftrag und Erklärung der Unabhängigkeit (Abs. 4a)	42–46
3.2 Grundsätzliche Feststellungen (Abs. 1)	47–80
3.2.1 Lage des Unternehmens	49–66
3.2.1.1 Stellungnahme zur Lagebeurteilung (Abs. 1 Satz 2)	49–58
3.2.1.2 Bestandsgefährdende und entwicklungsbeeinträchtigende Tatsachen (Abs. 1 Satz 3 zweiter Teilsatz)	59–66
3.2.2 Unregelmäßigkeiten (Abs. 1 Satz 3 erster und dritter Teilsatz)	67–80
3.2.2.1 Unregelmäßigkeiten in der Rechnungslegung	72–76
3.2.2.2 Sonstige Unregelmäßigkeiten	77–80
3.3 Gegenstand, Art und Umfang (Abs. 3)	81–93
3.4 Feststellungen und Erläuterungen zur Rechnungslegung (Abs. 2)	94–133
3.4.1 Ordnungsmäßigkeit der Rechnungslegung	95–113
3.4.1.1 Buchführung und weitere geprüfte Unterlagen	95–103
3.4.1.2 Jahresabschluss	104–109

		3.4.1.3	Lagebericht	110–113
	3.4.2	Gesamtaussage des Jahresabschlusses		114–133
		3.4.2.1	Feststellungen zur Gesamtaussage	114–117
		3.4.2.2	Bewertungsgrundlagen	118–123
		3.4.2.3	Änderungen in den Bewertungsgrundlagen	124–127
		3.4.2.4	Sachverhaltsgestaltende Maßnahmen	128–129
		3.4.2.5	Aufgliederungen und Erläuterungen	130–132
		3.4.2.6	Erbrachte Steuerberatungs- und Bewertungsleistungen	133
	3.5	Feststellungen zum Risikofrüherkennungssystem (Abs. 4)		134–140
	3.6	Feststellungen aus der Erweiterung des Prüfungsauftrags		141–144
	3.7	Wiedergabe des Bestätigungsvermerks (§ 322 Abs. 7 Satz 2)		145–147
	3.8	Anlagen zum Prüfungsbericht		148
	3.9	Besonderheiten bei einem IFRS-Einzelabschluss nach § 325 Abs. 2a HGB		149
4	Unterzeichnung und Vorlage (Abs. 5)			150–164
5	Prüfungsbericht bei Konzernabschlussprüfungen			165–190
	5.1	Prüfungsauftrag und Erklärung der Unabhängigkeit		166
	5.2	Grundsätzliche Feststellungen		167–169
	5.3	Gegenstand, Art und Umfang der Prüfung		170–175
	5.4	Feststellungen und Erläuterungen zur Konzernrechnungslegung		176–190
6	Sonderfragen der Berichterstattung			191–237
	6.1	Freiwillige Prüfungen		191–197
	6.2	Erstattung von Teilberichten		198–201
	6.3	Erstprüfungen		202–204
	6.4	Berichterstattung bei Prüfung von nach internationalen Rechnungslegungsnormen aufgestellten Abschlüssen		205–210
	6.5	Nachtragsprüfungen		211–219
	6.6	Gemeinschaftsprüfungen (joint audit)		220
	6.7	Prüfungsbericht in fremder Sprache		221–225
	6.8	Prüfungen nach internationalen Prüfungsgrundsätzen		226–228
	6.9	Zusammengefasster Prüfungsbericht		229–231
	6.10	Kündigung des Prüfungsauftrags		232–233
	6.11	Mängel des Prüfungsberichts		234–237

1 Überblick

1.1 Inhalt

§ 321 HGB ist eine für alle nach HGB prüfungspflichtigen Ges. (große und mittelgroße KapG, KapCoGes) zu beachtende Vorschrift. Eigentlich „Betroffener" der Regelung ist aber nicht der Bilanzierende, sondern dessen AP. Die Vorschrift regelt die Mindestinhalte für den Prüfungsbericht, die der Gesetzgeber dem gesetzlichen AP auferlegt hat.

2 Der Prüfungsbericht dient im Unterschied zum Bestätigungsvermerk nicht der Information der Allgemeinheit, sondern einem begrenzten Adressatenkreis (i.d.R. Prüfungsausschuss, Aufsichtsrat, Gesellschafterversammlung).
3 Die Vorschrift des § 321 HGB wird für den AP ergänzt um die berufsüblichen Grundsätze ordnungsmäßiger Berichterstattung bei Abschlussprüfungen.[1]
4 In zeitlicher Hinsicht ist der durch das AReG geänderte § 321 erstmals auf das nach dem 16.6.2016 beginnende Gj, d. h. bei kalendergleichem Gj erstmals auf das Gj 2017 anzuwenden.[2]
Die Neufassung des maßgeblichen Prüfungsstandards IDW EPS 450 nF ist für die Prüfung von Abschlüssen für Berichtszeiträume, die am 15.12.2017 oder danach enden, anwendbar.[3]

1.2 Normenzusammenhang und Zweck

5 § 321 HGB ist für alle gesetzlichen Abschlussprüfungen (Jahresabschlussprüfung, Konzernabschlussprüfung) anzuwenden. In den §§ 316–324a HGB sind die **gesetzlichen Grundlagen für die Abschlussprüfung** kodifiziert. Etliche andere Gesetze verweisen auf diese und lehnen sich dementsprechend an die handelsrechtlichen Grundsätze an (z.B. § 6 Abs. 1 PublG, § 34 KHG NRW, § 6b Abs. 1 EnWG). Neben § 321 HGB sind teilweise branchenspezifische Sonderregelungen zu beachten, etwa die Prüfungsberichtsverordnung für **Kreditinstitute und Finanzdienstleistungsinstitute (PrüfbV)**[4] sowie Stellungnahmen der BaFin und die Prüfungsberichteverordnung (**PrüfV**) für **Versicherungsunternehmen und Pensionsfonds.**[5]
6 Für AP von PIE ist über § 316 HGB hinaus auch Art. 11 der EU-VO unmittelbar zu beachten, der einen Bericht an den Prüfungsausschuss vorsieht, der mindestens folgende Inhalte aufweisen muss:[6]
- die Erklärung, dass der AP, die Prüfungspartner und Mitglieder der höheren Führungsebene und das Leitungspersonal des AP, die die Abschlussprüfung durchführen, unabhängig vom geprüften Unt sind,
- die Angabe jedes an der Prüfung beteiligten verantwortlichen Prüfungspartners,
- ggf. Hinweise zu von anderen AP oder externen Sachverständigen durchgeführten Arbeiten sowie zu deren Unabhängigkeit,
- eine Beschreibung der Art, der Häufigkeit und des Umfangs der Kommunikation mit dem Prüfungsausschuss und bestimmten anderen Gremien des geprüften Unt,

---

[1] Vgl. IDW EPS 450 nF.
[2] Vgl. Art. 79 Abs. 1 EGHGB.
[3] Vgl. IDW EPS 450 nF, Tz 7a. Soweit es sich um die gesetzliche Prüfung von Abschlüssen eines PIE handelt, ist IDW EPS 450 nF bereits für Berichtszeiträume anwendbar, die nach dem 16.6.2016 beginnen.
[4] Verordnung über die Prüfung der Jahresabschlüsse der Kreditinstitute und Finanzdienstleistungsinstitute sowie der darüber zu erstellenden Berichte (Prüfungsberichtsverordnung – PrüfbV), v. 11.6.2015, BGBl 2015 I S. 930, zuletzt geändert 11.4.2017, BGBl 2017 I S. 802.
[5] Verordnung über den Inhalt der Prüfungsberichte zu den Jahresabschlüssen von Versicherungsunternehmen (Prüfungsberichteverordnung – PrüfV), BGBl I 1998, S. 1209, zuletzt geändert am 17.7.2015, BGBl 2015 I S. 1245, aufgehoben zum 1.4.2016.
[6] Vgl. Art 11 Abs. 2 EU-VO.

- eine Beschreibung des Umfangs und des Zeitplans der Prüfung,
- eine Beschreibung der (bei der Prüfung) verwendeten Methode, u.a. dahingehend, welche Kategorien der Bilanz direkt überprüft wurden und welche Kategorien dabei System- und Zuverlässigkeitsprüfungen unterzogen wurden,
- die Darlegung der quantitativen Wesentlichkeitsgrenze für den Abschluss als Ganzes und ggf. von spezifischen Wesentlichkeitsgrenzen sowie die Darlegung der qualitativen Faktoren, die bei der Festlegung der Wesentlichkeitsgrenze berücksichtigt wurden,
- Angaben zu bestimmten im Laufe der Prüfung festgestellten Ereignissen oder Gegebenheiten, die erhebliche Zweifel an der Fähigkeit des Unt zur Fortführung der Geschäftstätigkeit aufwerfen können, sowie dazu, ob diese Ereignisse oder Gegebenheiten eine wesentliche Unsicherheit darstellen; ferner eine Zusammenfassung von unterstützenden Maßnahmen (bspw. Garantien, Patronatserklärungen), die bei der Beurteilung der Fortführungsfähigkeit berücksichtigt wurden,
- die Angabe bedeutsamer Mängel im internen Finanzkontrollsystem oder Rechnungslegungssystem des Unt einschließlich der Angabe, ob diese Mängel beseitigt wurden,
- die Angabe von im Laufe der Prüfung festgestellten bedeutsamen Sachverhalten im Zusammenhang mit der Nichteinhaltung von Rechtsvorschriften oder des Gesellschaftsvertrags, soweit sie für die Fähigkeit des Prüfungsausschusses, seine Aufgaben wahrzunehmen, als relevant betrachtet werden,
- die Angabe und Beurteilung der bei verschiedenen Posten des Abschlusses angewandten Bewertungsmethoden einschließlich etwaiger Auswirkungen von Änderungen an diesen Methoden,
- ggf. die Angabe, welche Prüfungsarbeiten von Drittstaatenprüfern oder von AP, bei denen es sich nicht um Mitglieder desselben Netzwerks wie das des Prüfers des Konzernabschlusses handelt, im Zusammenhang mit der Konzernabschlussprüfung ausgeführt wurden,
- Angaben über
  - etwaige bedeutsame Schwierigkeiten während der Abschlussprüfung,
  - etwaige sich aus der Abschlussprüfung ergebende bedeutsame Sachverhalte, die mit dem Management erörtert wurden, und
  - etwaige sonstige Sachverhalte, die aus Sicht des Prüfers für die Aufsicht über den Rechnungslegungsprozess bedeutsam sind.

Die EU-VO gilt ab dem 17.6.2016. Die erstmalige Anwendung gilt für Gj, die nach dem 16.6.2016 beginnen, d.h. bei kalendergleichem Gj erstmals für das Gj 2017.[7]

Die WPO enthält **berufsrechtliche Vorschriften**, die der WP (auch) im Rahmen von Abschlussprüfungen zu beachten hat (z.B. §§ 43–44, 48, 50–51c, 53–54a, 55b-56, 57a WPO). Darüber hinaus sind die Vorschriften der gem. § 57 Abs. 3 WPO erlassenen BS WP/vBP zu beachten, in der besondere Berufspflichten bei

---

[7] Vgl. *IDW*, Positionspapier zu Inhalten und Zweifelsfragen der EU-Verordnung und der Abschlussprüferrichtlinie (dritte Auflag Stand: 10.4.2017), S. 11, abrufbar unter https://www.idw.de/blob/86498/be1e59dead022ed8b374a26fb679de79/down-positionspapier-zweifelsfragen-data.pdf, letzter Abruf am 3.7.2017.

der Durchführung von Prüfungen und der Erstattung von Gutachten niedergelegt sind (§§ 28–44 BS WP/vBP).

8 Neben den gesetzlichen Vorschriften existieren für AP die **berufsständischen Grundsätze**. Dies sind in Deutschland die vom IDW veröffentlichten Prüfungsstandards und Prüfungshinweise, die im Wesentlichen auf den entsprechenden internationalen Vorbildern, namentlich den ISA, beruhen und darüber hinaus auf Besonderheiten der deutschen Rechtslage eingehen, sowie die – inhaltlich inzwischen teilweise veraltete – Gemeinsame Stellungnahme von WPK und IDW VO 1/2006.[8] Zum Grad der Verbindlichkeit von PS und PH für den AP enthält IDW PS 201 diesbezügliche Hinweise.[9]

9 Der AP führt seine Prüfung aufgrund einer **öffentlich-rechtlichen Verpflichtung des Bilanzierenden** durch. Das Ergebnis der Abschlussprüfung wird den zuständigen Organen des geprüften Unt in der mündlichen Berichterstattung an den Aufsichtsrat[10] sowie mittels des Prüfungsberichts mitgeteilt. Der Prüfungsbericht ist aufgrund seiner Vertraulichkeit im Regelfall nicht für die Öffentlichkeit bestimmt (zu Ausnahmen § 321a Rz 3), sondern nur einem beschränkten Kreis von Adressaten zugänglich. Zum Kreis der gesetzlichen Adressaten vgl. Rz 10. In Erfüllung der öffentlich-rechtlichen Verpflichtung erteilt der AP darüber hinaus einen Bestätigungsvermerk bzw. einen Versagungsvermerk gem. § 322 HGB. Dieser ist insb. für die Öffentlichkeit bestimmt, weshalb er vom prüfungspflichtigen Bilanzierenden im Rahmen der Offenlegung gem. § 325 HGB dem Betreiber des BAnz einzureichen ist (§ 325 Rz 71).

10 Der Prüfungsbericht richtet sich **originär an das Überwachungsorgan** des geprüften Unt, also den Aufsichtsrat oder ähnliche Einrichtungen (z. B. Beirat). Soweit mangels gesetzlicher Verpflichtung kein derartiges Organ besteht, richtet sich der Prüfungsbericht an das Organ, das den AP gewählt hat (i. d. R. die GesV, zu Einzelheiten § 318 Rz 6 ff.).

11 Bei **Kreditinstituten und Finanzdienstleistungsinstituten, Zahlungsinstitute** sowie **Versicherungsunternehmen und Pensionsfonds** besteht zudem für den AP die Verpflichtung, der BaFin und der Deutschen Bundesbank den Prüfungsbericht zuzuleiten sowie darüber hinaus für Erläuterungen gegenüber der BaFin zur Verfügung zu stehen (vgl. § 26 Abs. 1 Satz 3 KWG, § 17 Abs. 1 Satz 3 ZAG, § 59 Sätze 1 und 2 VAG).

12 Bei Prüfungen von **Unt der öffentlichen Hand** zählen ferner Prüfungsämter sowie Rechnungshöfe aufgrund verschiedener länderspezifischer Regelungen zum Empfängerkreis.

13 Bei **kapitalmarktorientierten Kapitalgesellschaften** führt die DPR Prüfungen gem. § 342b HGB dahin gehend durch, ob der zuletzt festgestellte Jahresabschluss und Lagebericht bzw. der zuletzt gebilligte Konzernabschluss und Konzernlagebericht den gesetzlichen Vorschriften entsprechen (sog. **enforcement**). Im Rahmen dieser Prüfungen wird regelmäßig von der DPR der Prüfungsbericht des AP angefordert. Soweit die betroffenen Unt an der (grds. freiwilligen) Prüfung durch die DPR nicht teilnehmen wollen bzw. in Fällen, in

---

[8] Vgl. WPK/IDW, WPg 2006, S. 629.
[9] Vgl. im Einzelnen IDW PS 201, Tz 20 ff.
[10] Bedeutsame Schwächen des rechnungslegungsbezogenen IKS sind dem Aufsichtsrat *schriftlich* in angemessener Zeit mitzuteilen, vgl. IDW PS 261 n. F., Tz 89.

denen das Unt mit den Feststellungen der DPR nicht übereinstimmt, wird eine weitere, dann verpflichtende Prüfung durch die BaFin vorgenommen (sog. **2. Stufe des enforcement**), die in diesen Fällen ebenfalls Einsichtnahme in den Prüfungsbericht nimmt (zu Einzelheiten § 342b Rz 6).

Im Rahmen von **externen Qualitätskontrollen** gem. § 57a WPO nimmt der Prüfer für Qualitätskontrolle Einsicht in die vom AP erstatteten Prüfungsberichte.[11]   14

Bei **Inspektionen** der APAS gem. § 62b WPO bei Abschlussprüfungen von PIE wird die Einhaltung der Berufspflichten beurteilt. Hierzu gehört regelmäßig auch die Einsichtnahme in die Prüfungsberichte.   15

Auch die **Finanzverwaltung** hat Zugriff auf den Prüfungsbericht des AP, da gem. § 150 Abs. 4 AO und § 60 Abs. 3 EStDV ein Einsichtnahmerecht besteht.   16

Regelmäßig wird der Prüfungsbericht darüber hinaus vom prüfungspflichtigen Unt an ausgewählte Dritte, insb. **Fremdkapitalgeber**, weitergegeben. Kreditgebende Banken sind im Rahmen der Prüfung der wirtschaftlichen Verhältnisse gem. § 18 KWG verpflichtet, den Prüfungsbericht des AP zu den Kreditunterlagen zu nehmen. Aber auch andere Fremdkapitalgeber (z.B. Genussrechtskapitalgeber, Stille Gesellschafter) lassen sich oftmals ein vertragliches Recht zur Einsichtnahme in den Prüfungsbericht einräumen. Für den AP bestehen hier Haftungsrisiken, da ggf. ein Vertrag mit Schutzwirkung zugunsten Dritter oder sogar ein Auskunftsvertrag zwischen AP und dem Fremdkapitalgeber zustande kommen kann. Es ist dem AP anzuraten, den Prüfungsbericht nur dann selbst an Dritte weiterzuleiten, wenn er zuvor mit diesen einen Auskunftsvertrag abgeschlossen hat, in den die AAB für WP und WPG in der jeweils gültigen Fassung ausdrücklich einbezogen werden (§ 323 Rz 90).   17

Soweit das prüfungspflichtige Unt in einen Konzernabschluss einbezogen wird, besteht gem. § 294 Abs. 3 Satz 1 HGB die Verpflichtung des geprüften Unt, den Prüfungsbericht dem **Mutterunternehmen** einzureichen.   18

Der **Wirtschaftsausschuss** eines Unt kann die Vorlage des Prüfungsberichts fordern, wenn ein entsprechender Beschluss der Einigungsstelle nach § 109 BetrVG vorliegt.[12]   19

Dem Prüfungsbericht kommen mehrere Funktionen zu, die am Empfängerkreis ausgerichtet sind:[13]   20

- **Unterstützungsfunktion:** Der Prüfungsbericht soll den Aufsichtsrat bzw. die GesV des geprüften Unt bei der Unternehmensüberwachung unterstützen.
- **Unterrichtungsfunktion:** Aufsichtsbehörden (z.B. BaFin) werden durch den Prüfungsbericht unterrichtet und hierdurch in ihrer Aufsichtsfunktion unterstützt.
- **Dokumentations- und Nachweisfunktion:** Der AP ist aufgrund der berufsrechtlichen Anforderungen zum Nachweis der von ihm durchgeführten Abschlussprüfungen verpflichtet. Im Prüfungsbericht werden neben den Arbeitspapieren des AP Prüfungshandlungen und -feststellungen dokumentiert.

Verstößt der AP gegen die Berichtspflicht des § 321 HGB, hat er zivilrechtlich Schadensersatzpflichten gem. § 323 HGB (§ 323 Rz 77), strafrechtlich Freiheits-   21

---

11 Vgl. IDW PS 140 nF, Tz 74.
12 Vgl. BAG, Beschluss v. 8.8.1989, 1 ABR 61/88, DB 1989, S. 2621.
13 Vgl. Orth, in *Baetge/Kirsch/Thiele*, Bilanzrecht, § 321 HGB, Rz 9, Stand 2/2014.

oder Geldstrafen gem. § 332 HGB und § 403 AktG (§ 332 Rz 44) sowie berufsrechtlich ggf. Maßnahmen gem. §§ 67, 68 WPO zu beachten.

22 Abs. 4a der Vorschrift zur Erklärung der Unabhängigkeit im Prüfungsbericht (Rz 42) ist gem. Art. 66 Abs. 2 Satz 1 EGHGB erstmals auf Abschlussprüfungen von Gj anzuwenden, die nach dem 31.12.2008 beginnen.

23 Da auch § 317 Abs. 3 Satz 2 HGB erstmals auf Abschlussprüfungen von Gj anzuwenden war, die nach dem 31. 12. 2008 beginnen, kann entsprechend für davor liegende Gj die bis dahin geltende Fassung der Vorschrift, die im Rahmen von Konzernabschlussprüfungen die **gesetzliche Übernahme von geprüften Jahresabschlüssen einbezogener TU** vorsah, angewandt werden.

2 Allgemeine Berichtsgrundsätze

2.1 Vorbemerkungen

24 Abs. 1 Satz 1 der Vorschrift enthält einige, längst nicht aber alle der an einen Prüfungsbericht zu stellenden Grundanforderungen. Die aus den allgemeinen Berufsgrundsätzen des WP abgeleiteten Grundanforderungen sind:[14]
- Schriftlichkeit (Rz 25),
- Klarheit Rz 29),
- Wahrheit (Rz 33),
- Vollständigkeit (Rz 35),
- Unparteilichkeit (Rz 41).

2.2 Schriftlichkeit

25 Der Prüfungsbericht ist gem. Abs. 1 Satz 1**schriftlich** zu erstatten. Schriftlichkeit hat zur Folge, dass Wesentliches nicht etwa deshalb weggelassen werden darf, weil der AP darüber bereits in anderer Form (z. B. im Rahmen der Berichterstattung an den Aufsichtsrat[15]) berichtet hat.[16]
Die Berichterstattung im Prüfungsbericht darf nicht im Widerspruch zu der mündlichen Berichterstattung an den Aufsichtsrat stehen.[17]

26 Schriftlichkeit bedeutet auch, dass der Prüfungsbericht regelmäßig in **Papierform** auszudrucken ist. Dies begründet sich in dem Erfordernis der eigenhändigen Unterzeichnung und der Siegelführung (Rz 153).
Durch die in 2016 erfolgte Änderung der BS WP/vBP[18] ist nunmehr auch eine rein elektronische Unterzeichnung und Siegelung des Prüfungsberichts möglich.[19]

27 In der Praxis werden vermehrt von Auftraggebern elektronische Ausfertigungen des Prüfungsberichts (**pdf-Dateien**) gewünscht. Dies ist aus haftungsrechtlicher Sicht problematisch, da die Gefahr besteht, dass nicht mehr nachvollzogen werden kann, wie viele Berichtsexemplare herausgegeben wurden und an wen

---

[14] Vgl. IDW EPS 450 nF, Tz 8ff.
[15] Neben der mündlichen Berichterstattung (vgl. IDW EPS 470 nF) sind dem Aufsichtsrat bedeutsame Schwächen des rechnungslegungsbezogenen IKS *schriftlich* mitzuteilen, vgl. IDW PS 261 n.F., Tz 89.
[16] Vgl. *Kuhner/Päßler*, in *Küting/Pfitzer/Weber*, HdR, § 321 HGB, Rn 9, Stand 04/2011.
[17] Vgl. IDW EPS 450 nF, Tz 10a.
[18] Vgl. § 20 Abs. 2 Satz 2 BS WP/vB.
[19] Zu Einzelheiten, vgl. WPK Magazin, 1/2017, S. 17.

(zur Dritthaftung § 323 Rz 85 ff.). Derartige pdf-Dateien sollten gegen Änderungen und das Kopieren und Entnehmen von Inhalten durch entsprechende Programmeinstellungen geschützt sowie mit einem Passwortschutz versehen werden. Zusätzlich empfiehlt sich ein Hinweis, dass es sich insoweit nur um eine elektronische Kopie handelt und nur der Prüfungsbericht in Papierform maßgeblich ist.[20]

Die durch das AReG vorgenommene Umformulierung in Abs. 1 hat nur klarstellenden Charakter und ist somit nur redaktioneller Art. Schriftlichkeit und (nachfolgende) Klarheit waren auch vor dem AReG gesetzlich normierte Berichtsgrundsätze.[21]

28

2.3 Klarheit

Der Grundsatz der Klarheit ist in Abs. 1 Satz 1 explizit angesprochen. Der Grundsatz verlangt eine verständliche, eindeutige und problemorientierte Berichterstattung. Hierzu gehört eine übersichtliche, möglichst kontinuierliche Gliederung, die nach den Berufsgrundätzen wie folgt empfohlen wird:[22]

29

- Prüfungsauftrag,
- grundsätzliche Feststellungen,
- Gegenstand, Art und Umfang der Prüfung,
- Feststellungen und Erläuterungen zur Rechnungslegung,
- Feststellungen zum Risikofrüherkennungssystem,
- Feststellungen aus Erweiterungen des Prüfungsauftrags,
- Wiedergabe des Bestätigungsvermerks.

Es ist ein **sachlicher Stil** zu verwenden und eine **Beschränkung auf das Wesentliche** vorzunehmen. Zu Letzterem empfiehlt der Berufsstand, über die gesetzlichen Pflichtbestandteile hinausgehende Darstellungen in die Anlagen zum Prüfungsbericht aufzunehmen, damit sie die gesetzlich verlangten wesentlichen Feststellungen und Sachverhalte nicht überlagern. Dies gilt insb., wenn umfangreiche Zahlentabellen oder andere Zusammenstellungen (z. B. zu rechtlichen, steuerlichen oder wirtschaftlichen Verhältnissen) aufgenommen werden sollen.

30

Der AP hat eine **eindeutige Berichterstattung** im Prüfungsbericht vorzunehmen. Dies erfordert Formulierungen, die Fehldeutungen und Fehlinterpretationen durch den Berichtsleser ausschließen. Ein Verstoß gegen den Grundsatz der Klarheit liegt dann vor, wenn Aussagen nur verschlüsselt, versteckt oder beschönigend gemacht werden.[23] Im Haftungsfall wird sich der AP nicht auf versteckte Vorbehalte berufen können, wenn im Prüfungsbericht ein beanstandungsfreies Bild von der Rechnungslegung bzw. der Lage der Ges. dargestellt wird.[24]

31

Das **Gebot der Verständlichkeit** des Prüfungsberichts ist **einzelfallbezogen** an den Adressaten des Prüfungsberichts auszurichten. Der AP kann dabei von einem Grundverständnis für die wirtschaftlichen Gegebenheiten des Unt und

---

[20] Vgl. WPK, WPKM 4/2008, S. 37; FAIT: Auslieferung von Prüfungsberichten auf elektronischem Datenträger, IDW-FN 2013, S. 500; IDW Life, 2016, S. 1028.
[21] Vgl. auch Beschlussempfehlung und Bericht des Ausschusses für Recht und Verbraucherschutz zum AReG, BT-Drs 18/7902 v. 16.3.2016.
[22] Vgl. IDW EPS 450 nF, Tz 12.
[23] Vgl. WPH Edition, Wirtschaftsprüfung & Rechnungslegung, 15. Aufl., 2017, Abschn. M, Tz 153.
[24] Vgl. *Grewe*, in BoHdR, § 321 HGB, Rz 29.

für die Grundlagen der Rechnungslegung ausgehen. Für besonders komplexe betriebswirtschaftliche und rechtliche Sachverhalte besteht die Gelegenheit, diese in der Bilanzsitzung des Aufsichtsrats oder der GesV eingehender zu erläutern.[25]

32 Nicht allgemein gebräuchliche Fachausdrücke, Fremdwörter und Abkürzungen sollten an geeigneter Stelle erläutert werden,[26] z.B. durch Verwendung eines Abkürzungsverzeichnisses.

2.4 Wahrheit

33 Der Grundsatz der Wahrheit des Prüfungsberichts erfordert, dass der Inhalt des Prüfungsberichts den tatsächlichen Gegebenheiten entsprechen muss. Der AP hat im Prüfungsbericht darzustellen, wenn er sich im Zuge einer eigenverantwortlichen Verwertung auf die Ergebnisse anderer AP (z.B. durchgeführte Abschlussprüfungen von Tochtergesellschaften), der Internen Revision oder sachverständiger Dritter (z.B. versicherungsmathematischer Gutachter) gestützt hat.

34 Der AP muss von der **Richtigkeit** seiner Feststellungen und den daraus abgeleiteten **Schlussfolgerungen** überzeugt sein. Insbesondere darf der Prüfungsbericht nicht den Eindruck erwecken, dass Sachverhalte geprüft wurden, obwohl deren Prüfung (noch) nicht möglich war.[27] Ist es dem AP mittels seiner Prüfungshandlungen nicht gelungen, einen Sachverhalt gesichert zu beurteilen, so ist dies im Prüfungsbericht anzugeben.[28] Zu Meinungsverschiedenheiten bei sog. Joint audits vgl. Rz 220.

2.5 Vollständigkeit

35 Der Grundsatz der Vollständigkeit beinhaltet die Forderung, dass der Prüfungsbericht alle in den jeweiligen gesetzlichen Vorschriften oder vertraglichen Vereinbarungen geforderten Feststellungen enthält. Der Grundsatz der Vollständigkeit wird durch den Grundsatz der Klarheit begrenzt. Daher sind insb. **wesentliche Feststellungen und Ergebnisse der Prüfung** darzustellen. Wesentlich sind dabei solche Feststellungen, die für eine ausreichende Information der Berichtsadressaten für die Vermittlung eines klaren Bildes über das Prüfungsergebnis von Bedeutung sind.

36 Der Umfang der Berichterstattung hat sich an dem Adressatenkreis zu orientieren. Ein Berichtsadressat, der über die zum Verständnis einer gesetzlichen Rechnungslegung erforderlichen Kenntnisse verfügt, sollte sich anhand des Prüfungsberichts ein eigenes Urteil über die Ordnungsmäßigkeit von Buchführung, Jahresabschluss und Lagebericht sowie über die wirtschaftliche Lage des Unt bilden können. Daher ist es bei Abfassung des Prüfungsberichts im Einzelfall erforderlich, die Struktur des Empfängerkreises des Prüfungsberichts zu berücksichtigen (**Adressatenbezug** des Prüfungsberichts). Nach Sinn und Zweck der Durchführung einer Abschlussprüfung ist es geboten, über Sachverhalte, deren Ordnungsmäßigkeit festgestellt wird, eher knapp zu berichten, während bei

---

[25] Vgl. *Böcking/Orth*, BFuP 1999, S. 426.
[26] Vgl. *Kuhner/Päßler*, in *Küting/Pfitzer/Weber*, HdR, § 321 HGB, Rn 12, Stand 04/2011.
[27] Vgl. WPH Edition, Wirtschaftsprüfung & Rechnungslegung, 15. Aufl., 2017, Abschn. M, Tz 132.
[28] Vgl. *Grewe*, in BoHdR, § 321 HGB, Rz 32.

problematischen oder zu beanstandenden Sachverhalten eine ausführliche Berichterstattung vorzunehmen ist.[29]

Da der Prüfungsbericht nur einem eingeschränkten Adressatenkreis zugänglich ist, sind auch **vertrauliche Angaben** in den Prüfungsbericht aufzunehmen, falls dies für eine angemessene Information der Adressaten erforderlich ist. Der AP darf insb. nicht abwägen zwischen dem Wert einer Angabe für die Information des Aufsichtsorgans und dem der Gefährdung ihrer Vertraulichkeit. Der AP muss vielmehr davon ausgehen, dass die Mitglieder des Aufsichtsorgans ihre Verschwiegenheitspflicht[30] kennen und beachten. Der Gesetzgeber hat im Übrigen auch keine Schutzklausel (etwa vergleichbar § 286 HGB für den Anhang) vorgesehen.

37

Wünsche des Auftraggebers nach Einschränkung der Berichterstattung dürfen nicht gegen den Grundsatz der Vollständigkeit verstoßen. Ein **Schweigerecht** besteht für den Prüfungsbericht über eine gesetzliche Abschlussprüfung nicht.[31] Die Bedeutung des Verschweigens erheblicher Umstände (sog. **negativer Inhalt**, § 321a Rz 47) wird deutlich an den dafür vorgesehenen Strafen (§ 332 Rz 23, vgl. auch § 403 Abs. 1 AktG).

38

Der Grundsatz der Vollständigkeit umfasst auch das Gebot der **Einheitlichkeit** des Prüfungsberichts. Etwaige Teil-, Zwischen- oder Sonderberichte sind daher als einheitliches Ganzes anzusehen, soweit sie sich auf die Pflichtprüfung des gleichen Zeitraums beziehen. Daher ist im Prüfungsbericht auf diese Berichte hinzuweisen und deren Ergebnis aufzunehmen.

39

Beispiel
Der AP führt im November 01 eine Vorprüfung bei dem von ihm geprüften Maschinenbau-Unternehmen durch. Im Rahmen der Vorprüfung werden insb. Aufbau- und Funktionsprüfungen des rechnungslegungsbezogenen IKS, hier im Bereich Umsatzrealisierung, vorgenommen. Der AP stellt hierbei Schwachstellen fest, da mangels Kenntnis der rechtlichen Bedeutung von Lieferungsbedingungen (sog. *Incoterms*) zu früh fakturiert wird. Diese Schwachstellen teilt er der Geschäftsführung unmittelbar nach Abschluss der Vorprüfung mit; der Aufsichtsrat wird ebenfalls von ihm in Kenntnis gesetzt. Im Rahmen der Hauptprüfung im März 02 kann der AP durch Ausweitung des Stichprobenumfangs trotz der festgestellten Schwachstellen eine hinreichende Sicherheit bei der Prüfung der Forderungen aus L&L/Umsatzerlöse erzielen, zumal das Unt aufgrund vom AP getroffener Feststellungen zu zwei unzutreffend in 01 als Umsatz berücksichtigten Lieferungen den Jahresabschluss entsprechend korrigiert hat. Aufgrund dieser Korrekturen sinkt der Umsatz für 01 gegenüber den vorgelegten Zahlen um rund 15 %, obwohl die Geschäftsführung diesen mit dem Vorbehalt der noch nicht beendeten Abschlussprüfung bereits dem zuständigen Firmenkundenberater der Hausbank mitgeteilt hatte. Der AP erteilt als Ergebnis seiner Prüfungsfeststellungen einen uneingeschränkten Bestätigungsvermerk.

---

29 Vgl. WPH Edition, Wirtschaftsprüfung & Rechnungslegung, 15. Aufl., 2017, Abschn. M, Tz 136.
30 Vgl. z. B. § 116 Satz 2 AktG.
31 Vgl. ADS, 6. Aufl., § 321 HGB, Rz 43.

> Auch wenn die getroffenen Beanstandungen zum Prüfungsende behoben sind, sind diese für das Aufsichtsorgan wesentlich, da sie Schwächen im internen Kontrollsystem betreffen. Dies auch vor dem Hintergrund, dass die Hausbank bereits vorläufige Umsatzzahlen erhalten hat, die nunmehr nach unten zu korrigieren sind. Die Schwächen im internen Kontrollsystem sind in den Prüfungsbericht aufzunehmen, auch wenn der AP den Aufsichtsrat bereits darüber informiert hat. Die Tatsache, dass der Hausbank bereits Umsatzzahlen genannt wurden, die von den testierten abweichen, wird den AP erst recht veranlassen, die Schwächen im Prüfungsbericht zu benennen, da die Hausbank hiervon keine Kenntnis haben kann (Empfängerbezogenheit) und der AP davon ausgehen kann, dass der Hausbank der Prüfungsbericht vorgelegt werden wird.

40 In einem **Management Letter** sind ergänzende, z.B. organisatorische Hinweise des AP enthalten, die anlässlich der Prüfung festgestellt worden sind. Der Management Letter kann aber kein (teilweiser) Ersatz für den Prüfungsbericht sein; für die Adressaten notwendige Informationen sind zwingend im Prüfungsbericht darzulegen. Der Management Letter ist auch kein Teilbericht und daher nicht in den Prüfungsbericht aufzunehmen.[32]

2.6 Unparteilichkeit

41 Der Grundsatz der Unparteilichkeit wird in § 323 Abs. 1 HGB, § 43 Abs. 1 Satz 2 WPO sowie in § 28 BS WP/vBP explizit betont. Er verlangt, dass der AP alle getroffenen Feststellungen unter Berücksichtigung der verfügbaren Informationen sachlich und unvoreingenommen darzulegen hat und verpflichtet ihn damit zu einer objektiven Berichterstattung.[33]
Zum Grundsatz der Unparteilichkeit gehört auch, dass der AP auf ggf. abweichende Auffassungen der gesetzlichen Vertreter hinweist.[34]

3 Inhalt des Prüfungsberichts

3.1 Prüfungsauftrag und Erklärung der Unabhängigkeit (Abs. 4a)

42 § 321 HGB verlangt keine Angaben zum Prüfungsauftrag. Gleichwohl sind sie aus dem Grundsatz der Klarheit abzuleiten. Die berufsständischen Vorgaben sehen in dem Abschnitt Prüfungsauftrag regelmäßig Angaben vor zu:[35]
- Firma und Sitz des geprüften Unt,
- Abschlussstichtag (bei Rumpfgeschäftsjahren Beginn und Ende),
- Hinweis darauf, dass es sich um eine Abschlussprüfung handelt,
- Angaben zur Wahl und Beauftragung des AP,
- Erklärung der Unabhängigkeit des AP,

---

[32] Vgl. IDW EPS 450 nF, Tz 17.
[33] Vgl. *Schmidt/Poullie*, in Beck Bil-Komm., 10. Aufl., 2016, § 321 HGB, Rz 14.
[34] Vgl. IDW EPS 450 nF, Tz 11.
[35] Vgl. IDW EPS 450 nF, Tz 22–25.

- Hinweis darauf, dass die Berichterstattung gem. IDW EPS 450 nF erfolgt,
- Hinweis auf die dem Prüfungsauftrag zugrunde gelegten Auftragsbedingungen (regelmäßig: Allgemeine Auftragsbedingungen für Wirtschaftsprüfer und Wirtschaftsprüfungsgesellschaften in der jeweils bei Auftragsbestätigung gültigen Fassung).

Bei gesetzlichen Abschlussprüfungen ergibt sich der Adressat des Prüfungsberichts aus der gesetzlichen Regelung, sodass hierzu keine Ausführungen erforderlich sind. Bei freiwilligen Abschlussprüfungen (Rz 194) sollte dementsprechend ausgeführt werden, dass der Prüfungsbericht an die geprüfte Ges. gerichtet ist. 43

Soweit der AP neben der Abschlussprüfung des Jahresabschlusses und Lageberichts auch die Prüfung des Konzernabschlusses und Konzernlageberichts und/oder die Prüfung des Abhängigkeitsberichts vorgenommen hat, empfiehlt es sich, auf diese separaten Prüfungsberichte im Abschnitt Prüfungsauftrag hinzuweisen. 44

Abs. 4a dient der Dokumentation der Beachtung der **Unabhängigkeitsgrundsätze** der §§ 319–319b, § 43 Abs. 1 WPO, §§ 2, 20–24 BS WP/vBP. Der AP ist gem. § 51b Abs. 4 WPO verpflichtet, in seinen Arbeitspapieren diejenigen Maßnahmen darzustellen, die er zur Überprüfung seiner Unabhängigkeit ergriffen hat. Darüber hinaus hat er in den Arbeitspapieren etwaige Umstände, die seine Unabhängigkeit gefährden können, sowie die ergriffenen Schutzmaßnahmen zur Beseitigung dieser Gefährdung darzustellen.[36] Abs. 4a ergänzt diese internen Dokumentationspflichten des AP und verlangt, auch gegenüber den Adressaten des Prüfungsberichts die Einhaltung der Grundsätze der Unabhängigkeit zu dokumentieren (**Erklärung zur Unabhängigkeit**). 45

Für die Erklärung zur Unabhängigkeit wird folgende Formulierung empfohlen.[37] „Ich/Wir bestätige/n hiermit gem. § 321 Abs. 4a HGB, dass wir bei unserer Abschlussprüfung die anwendbaren Vorschriften zur Unabhängigkeit beachtet haben".[38] 46

3.2 Grundsätzliche Feststellungen (Abs. 1)

Die sog. Vorwegberichterstattung verlangt, dass der AP zur Beurteilung der Lage durch die gesetzlichen Vertreter Stellung zu nehmen hat. Dabei ist insb. auf die Beurteilung des Fortbestands und der zukünftigen Entwicklung des Unt unter Berücksichtigung des Lageberichts einzugehen.[39] Außerdem ist im Rahmen der sog. **Redepflicht** über bei der Durchführung der Abschlussprüfung festgestellte Tatsachen zu berichten, die 47

- den Bestand des Unt gefährden können,
- die Entwicklung des geprüften Unt wesentlich beeinträchtigen können,
- Unrichtigkeiten oder Verstöße gegen gesetzliche Vorschriften darstellen,
- schwerwiegende Verstöße der gesetzlichen Vertreter oder von Arbeitnehmern gegen Gesetz, Gesellschaftsvertrag oder Satzung erkennen lassen.

---

[36] Vgl. WPK, WPKM 2/2009, S. 6.
[37] Vgl. IDW EPS 450 nF, Tz 23a.
[38] Bei gesetzlichen Abschlussprüfungen von PIE ist darüber hinaus zu ergänzen: „Des Weiteren erklären wir gem. Artikel 6 Abs. 2 Buchst. a) der Verordnung (EU) 537/2014, dass die Prüfungsgesellschaft, Prüfungspartner und Mitglieder der höheren Führungsebene und das Leitungspersonal, die die Abschlussprüfung durchführen, unabhängig vom geprüften Unternehmen sind." Vgl. IDW EPS 450 nF, P23a/1.
[39] Vgl. WPH Edition, Wirtschaftsprüfung & Rechnungslegung, 15. Aufl., 2017, Abschn. M, Tz 178 ff.

48 Die Tatsache, dass der AP nicht an beliebiger Stelle im Prüfungsbericht, sondern **vorweg** über die wirtschaftliche Lage sowie über festgestellte Unregelmäßigkeiten zu berichten hat, zeigt, welche Bedeutung der Gesetzgeber diesem Berichtsteil zugemessen und die problemorientierte Sicht des Prüfungsberichts normiert hat.[40] Hiermit wird bezweckt, dass die Berichtsadressaten durch den AP über eine negative Unternehmensentwicklung oder festgestellte Unregelmäßigkeiten informiert werden, damit rechtzeitig geeignete Maßnahmen eingeleitet werden können. Durch die Stellungnahme eines unabhängigen Dritten zu den möglicherweise subjektiv gefärbten Darlegungen des Vorstands zur Lage des Unt soll dem Berichtsadressaten eine Objektivierung der Lagebeurteilung ermöglicht werden.[41]

3.2.1 Lage des Unternehmens

3.2.1.1 Stellungnahme zur Lagebeurteilung (Abs. 1 Satz 2)

49 Der AP hat in seiner Stellungnahme zur Lagebeurteilung durch die gesetzlichen Vertreter deren wesentliche Aussagen im Lagebericht zu würdigen. Im Vordergrund hierbei steht die **Beurteilung des Fortbestands** und der **zukünftigen Entwicklung** des Unt, wie sie im Jahresabschluss und Lagebericht ihren Ausdruck gefunden haben.[42] Gelangt der AP im Rahmen seiner diesbezüglichen Prüfung zu keiner anderen Einschätzung als die gesetzlichen Vertreter, so genügt für den Fall einer **positiven** Fortbestands- und Entwicklungsprognose grds. eine **knappe Feststellung im Prüfungsbericht**.[43] Bei **unsicherer** oder **negativer Fortbestandsprognose** der gesetzlichen Vertreter sind **regelmäßig ausführliche Darstellungen** des AP unter expliziter Bezugnahme auf die Angaben und Ausführungen der gesetzlichen Vertreter im Anhang und Lagebericht erforderlich.[44]

50 In seinen Ausführungen im Prüfungsbericht zur Lagebeurteilung durch die gesetzlichen Vertreter hat der AP die für die Berichtsadressaten **wesentlichen Aussagen** des Lageberichts **hervorzuheben**. Diese Hervorhebungen können durch analysierende Darstellungen wesentlicher Aspekte der wirtschaftlichen Lage ergänzt werden.[45] Grundsätzlich sind verbale Ausführungen hierzu ausreichend. Im Einzelfall ist es aber zweckmäßig oder sogar geboten, zahlenmäßige Darstellungen vorzunehmen, wenn diese quantitativen Angaben für die Beurteilung durch die Berichtsadressaten von besonderer Bedeutung sind. Mit der Verwendung von zahlenmäßigen Darstellungen sollte im Einzelfall maßvoll umgegangen werden, um zu vermeiden, dass die Berichtsadressaten mit zu vielen Details belastet werden. Andererseits kann sich eine knapp gehaltene zahlenmäßige Aufbereitung zur Veranschaulichung von Entwicklungstendenzen anbieten. Als Grundlage für die Lagebeurteilung können sich zusammenfassende Übersichten unter Angabe von Vorjahreszahlen zur Struktur von Bilanz und GuV empfehlen.[46]

---

[40] Vgl. BT-Drs. 13/9712, S. 28.
[41] Vgl. *Hommelhoff*, BB 1998, S. 2571.
[42] Vgl. IDW EPS 450 nF, Tz 28.
[43] Vgl. WPH Edition, Wirtschaftsprüfung & Rechnungslegung, 15. Aufl., 2017, Abschn. M, Tz 192 f.
[44] Vgl. hierzu im Einzelnen IDW PS 270.
[45] Vgl. IDW EPS 450 nF, Tz 29.
[46] Vgl. IDW EPS 450 nF, Tz 30.

Die Hervorhebungspflicht des AP umfasst eine **kurze Darstellung der Kern-** 51
aussagen des Lageberichts zur wirtschaftlichen Lage und zum Geschäftsverlauf. Anhaltspunkte für wesentliche Angaben zur wirtschaftlichen Lage und zum Geschäftsverlauf können z.b. folgende Bereiche betreffen:[47]
- Entwicklung von Gesamtwirtschaft und Branche sowie Entwicklung des Unternehmens im Branchenvergleich (z.B. Marktanteile, Umsatzwachstum),
- Umsatz- und Auftragsentwicklung,
- Produktion (z.B. Änderung von *Make-or-buy*-Entscheidungen, Änderungen des Produktsortiments, Rationalisierungsmaßnahmen),
- Beschaffung (z.B. Preisrisiken, Lieferantenabhängigkeiten),
- Investitionen (durchgeführte und verschobene bzw. gestrichene),
- Finanzierung (z.B. Kreditlinien, Maßnahmen zur EK- und FK-Beschaffung),
- Personal- und Sozialbereich (z.b. besondere Vergütungsvereinbarungen, Tarifverträge, Betriebsvereinbarungen),
- wichtige Kennzahlen zur Vermögens-, Finanz- und Ertragslage und deren Entwicklung im Zeitablauf sowie *benchmarking*,
- wichtige Segmente/Sparten.

Hervorheben bedeutet Auswahl und Wiedergabe solcher Angaben des Jahres- 52
abschlusses und Lageberichts, die wichtige Veränderungen und Entwicklungstendenzen aufzeigen.[48] **Analysierende Darstellungen** umfassen vor allem ver-
tiefende Erläuterungen wesentlicher Angaben, die Beschreibung von Ursachen
sowie die kritische Würdigung von Annahmen, wobei diese unabhängig davon
hervorzuheben und zu analysieren sind, ob sie eine positive oder negative
Entwicklung des Unternehmens betreffen.[49]

Zu beachten ist auch der unterschiedliche Adressatenkreis von Lagebericht und 53
Prüfungsbericht. Der Lagebericht ist (auch) für die Öffentlichkeit bestimmt, da
er im BAnz offenzulegen ist (§ 325 Rz 71). Demgegenüber ist der Prüfungsbericht lediglich einem sehr begrenzten Adressatenkreis zugänglich (Rz 9). Der
AP hat also im Einzelfall die Möglichkeit, aus Vertraulichkeitsüberlegungen
zulässigerweise nicht im Lagebericht enthaltene Angaben in seiner Stellungnahme zur Lagebeurteilung aufzugreifen.

Beurteilungsspielräume können **unterschiedliche Lageeinschätzungen** zur 54
Folge haben. Auch wenn die Lageeinschätzung durch die gesetzlichen Vertreter
vom AP als grds. vertretbar beurteilt wird, kann auf die mit dieser Beurteilung
verbundenen alternativen Einschätzungen einzugehen sein.[50] Wird allerdings die
Lagebeurteilung der gesetzlichen Vertreter durch den AP als nicht mehr vertretbar
beurteilt, so ist dies im Prüfungsbericht zu erläutern und ggf. das Prüfungsurteil im
Bestätigungsvermerk zu modifizieren. Der AP kann eigene Feststellungen zur
Lage des Unt treffen. Er ist aber nicht verpflichtet, anstelle der gesetzlichen
Vertreter sämtliche im Einzelfall im Lagebericht erforderlichen Angaben vor-
zunehmen.[51]

---

[47] Vgl. *Plendl*, HWRP, Sp. 1782.
[48] Vgl. WPH Edition, Wirtschaftsprüfung & Rechnungslegung, 15. Aufl., 2017, Abschn. M, Tz 186.
[49] Vgl. *Forster*, 1997, S. 947.
[50] Vgl. WPH Edition, Wirtschaftsprüfung & Rechnungslegung, 15. Aufl., 2017, Abschn. M, Tz 195.
[51] Vgl. IDW EPS 450 nF, Tz 33.

55 Besondere Bedeutung kommt der im Lagebericht vorzunehmenden Einschätzung der zukünftigen Entwicklung des Unt zu. Gerade in wirtschaftlich schwierigen Zeiten sind prognostische und wertende Angaben der gesetzlichen Vertreter im Lagebericht besonders kritisch zu würdigen.[52] In diesem Fall sind erforderlichenfalls die für die Prüfung im Hinblick auf **Überschuldung bzw. Zahlungsunfähigkeit** entwickelten Grundsätze der Beurteilung des Vorliegens von Insolvenzeröffnungsgründen heranzuziehen.[53]

56 Wird zulässigerweise kein Lagebericht aufgestellt, besteht keine Verpflichtung des AP, anstelle der gesetzlichen Vertreter zur Beurteilung der wirtschaftlichen Lage des Unt die ansonsten im Lagebericht auszuführenden Angaben im Prüfungsbericht vorzunehmen. Allerdings kann es geboten sein, auf bestehende Zweifel an der von den gesetzlichen Vertretern unterstellten Fortführungsannahme wegen bestandsgefährdender oder entwicklungsbeeinträchtigender Tatsachen hinzuweisen (Rz 59 ff.).[54]

57 Wird von den gesetzlichen Vertretern unzulässigerweise[55] kein Lagebericht aufgestellt, gilt das Vorstehende analog. Der AP hat in diesen Fällen zu Beginn der Vorwegberichterstattung festzustellen, dass die gesetzlichen Vertreter unzulässigerweise keinen Lagebericht aufgestellt haben und dass deshalb eine Stellungnahme zur Beurteilung der Lage durch die gesetzlichen Vertreter nach § 321 Abs. 1 Satz 2 HGB nicht möglich war[56] (zu den Auswirkungen auf den Bestätigungsvermerk § 322 Rz 80).

58 Soweit eine börsennotierte und bestimmte andere AG die **Erklärung zur Unternehmensführung** gem. § 289f Abs. 1 Satz 1 HGB in einen gesonderten Abschnitt des Lageberichts aufgenommen hat, ist hierauf nicht einzugehen, da diese Erklärung nicht der Prüfung durch den AP unterliegt (§ 317 Rz 118). Zur Abgrenzung des Prüfungsgegenstands in derartigen Fällen vgl. Rz 82.

3.2.1.2 Bestandsgefährdende und entwicklungsbeeinträchtigende Tatsachen (Abs. 1 Satz 3 zweiter Teilsatz)

59 Eine **Bestandsgefährdung** liegt nach allgemeiner Auffassung grds. dann vor, wenn ernsthaft damit zu rechnen ist, dass das Unt in absehbarer Zeit seinen Geschäftsbetrieb nicht mehr fortführen kann und ggf. Insolvenz anmelden oder in Liquidation gehen muss.[57] Als „absehbare Zeit" wird nach berufsständischen Grundsätzen ein Zeitraum von mindestens zwölf Monaten, gerechnet vom Abschlussstichtag, angenommen.[58] In Einzelfällen sowie insb. für Unt mit längeren Produktionszyklen müssen auch deutlich längere Zeiträume in Betracht gezogen werden. Die Gefährdung muss sich auf den rechtlichen Bestand des Unt beziehen, nicht nur auf Zweigniederlassungen oder andere abgrenzbare Unternehmensteile.

---

52 Vgl. IDW, IDW-FN 2009, S. 11.
53 Vgl. IDW S 11.
54 Vgl. IDW EPS 450 nF, Tz 34.
55 Unzulässigkeit ist auch dann gegeben, wenn eine kleine KapG/KapCoGes aufgrund gesellschaftsvertraglicher oder satzungsmäßiger Regelung zur Aufstellung eines Lageberichts verpflichtet ist.
56 Vgl. IDW EPS 450 nF, Tz 34.
57 Vgl. *Orth*, in *Baetge/Kirsch/Thiele*, Bilanzrecht, § 321 HGB, Rz 61, Stand 2/2014.
58 Vgl. IDW PS 270, Tz 8.

Indikatoren für eine Bestandsgefährdung können z. B. sein:[59]
- nicht kostendeckende Fertigungen,
- häufige Liquiditätsengpässe,
- drohender Abzug von Fremdkapital ohne Ersatzaussichten,
- Nichteinhaltung von Darlehenskonditionen (*Covenants*),
- ständige Zuschüsse der Anteilseigner,
- erhebliche laufende Verluste,
- nachhaltige Preisveränderungen im Beschaffungs- oder Absatzbereich,
- Ausfall wesentlicher Forderungen,
- Unterbilanz oder der Verlust der Hälfte des Grund- oder Stammkapitals (§ 92 Abs. 1 AktG, § 49 Abs. 3 GmbHG),
- bilanzielle Überschuldung.

In Einzelfällen kann es aus Gründen der Eilbedürftigkeit erforderlich sein, vorab einen gesonderten **Teilbericht** zu erstatten. Aufgrund der Bedeutung der Kenntnis über Bestandsgefährdungen oder Entwicklungsbeeinträchtigungen sind diese Teilberichte vollständig in den Prüfungsbericht aufzunehmen[60] und um bis zum Prüfungsende erfolgte weitere Entwicklungen zu ergänzen.

60

> **Beispiel**
> Der AP stellt im Rahmen der Vorprüfung im November 01 fest, dass aufgrund des im laufenden Gj bislang erzielten Verlusts das Stammkapital der prüfungspflichtigen GmbH zu mehr als 50 % aufgezehrt ist. Eine gemeinsam mit der Geschäftsführung vorgenommene überschlägige Hochrechnung ergibt, dass zum 31.12.01 durch den Verlust die mit einem Kreditinstitut vereinbarten *Covenants* aus einem Darlehensvertrag, nämlich die Eigenkapitalquote, nicht eingehalten werden können, sodass dem Kreditinstitut ein Sonderkündigungsrecht für das Darlehen zustünde.
> Der AP informiert die GesV, die vom Geschäftsführer gem. § 49 Abs. 3 GmbHG unverzüglich einberufen wurde, in Form eines Teilberichts. Die Gesellschafter führen noch vor dem Abschlussstichtag der GmbH weiteres EK zu.
> Im Rahmen der im März 02 erfolgenden Hauptprüfung stellt der AP fest, dass aufgrund der Eigenkapitalzufuhr die *Covenants* zum 31.12.01 nun doch nicht verletzt wurden. Wie er dem zwischenzeitlichen Schriftverkehr des Geschäftsführers mit der Hausbank sowie der von ihm eingeholten Saldenbestätigung entnehmen kann, bestehen keine Hinweise, dass die Hausbank die Finanzierung nicht mehr in dem bislang vorgenommenen Umfang vornimmt. Für das Gj 02 wird zum Prüfungsende aufgrund einer zwischenzeitlich seit Jahresbeginn eingetretenen Erhöhung der Auftragseingänge mit einem leicht positiven, mindestens aber einem ausgeglichenen Ergebnis gerechnet.
> Auch wenn der AP zum Abschluss seiner Prüfung keine konkreten Entwicklungsbeeinträchtigungen oder Bestandsgefährdungen (mehr) erkennen kann, hat er in seinem Prüfungsbericht den erstatteten Teilbericht sowie die weitere Entwicklung bis zum Prüfungsende darzustellen.

---

[59] Vgl. *Schmidt/Poullie*, in Beck Bil-Komm., 10. Aufl., 2016, § 321 HGB, Rz 34 mwN.
[60] Vgl. IDW EPS 450 nF, Tz 41.

61 **Entwicklungsbeeinträchtigende Tatsachen** beziehen sich auf Brüche in der Kontinuität der wirtschaftlichen Entwicklung des geprüften Unt.[61] Zwischen bestandsgefährdenden und entwicklungsbeeinträchtigenden Tatsachen ist keine objektivierte Grenzziehung möglich.[62] Daher kommen grds. dieselben Tatbestände wie bei einer Bestandsgefährdung in Betracht, wobei die Berichtspflicht schon durch weniger schwerwiegende Auswirkungen, die zu mehr als nur zu einer angespannten Lage des Unt führen, ausgelöst wird.[63] Weitere Indikatoren für entwicklungsbeeinträchtigende Tatsachen können bspw. sein:[64]
- drohende längerfristige Dividendenlosigkeit,
- deutliche Verschlechterung der Rentabilität,
- Verkauf von Beteiligungen oder Teilbetrieben zur Deckung kurzfristiger Liquidität,
- Umsatzrückgang wegen des Verlusts wichtiger Märkte oder generellem Nachfragerückgang,
- drohende Sanierungsmaßnahmen,
- Regulierungen mit langfristigen Auswirkungen auf die Rentabilität (z.B. Verschärfung behördlicher Umweltauflagen, Auslaufen von zeitlich befristeten Genehmigungen ohne konkrete Aussicht auf Verlängerung).

62 **Entwicklungsbeeinträchtigende Tatsachen** treten oftmals zeitlich vorgelagert vor bestandsgefährdenden Tatsachen auf. Daher sind derartige Tatsachen bereits dann zu nennen, wenn sie eine Entwicklungsbeeinträchtigung oder eine Gefährdung der Unternehmensfortführung zur Folge haben können, nicht erst dann, wenn die Entwicklungsbeeinträchtigung bereits eingetreten ist.[65] Ziel dieser vom Gesetzgeber gewollten Berichterstattung ist eine frühzeitige Information der Überwachungsgremien, damit ausreichend Zeit für Maßnahmen bleibt, den Entwicklungsbeeinträchtigungen zu begegnen und ggf. Bestandsgefährdungen zu verhindern. Daher sollte der **AP im Zweifel** über die festgestellten Tatsachen **berichten**. Hierfür spricht auch, dass der Gesetzgeber mit dem im Zuge des BilReG geschaffenen § 321a HGB den Gesellschaftern und Gläubigern ein Einsichtnahmerecht in die Prüfungsberichte der letzten drei Gj eröffnet hat, um feststellen zu können, ob der AP rechtzeitig auf erkennbare Entwicklungen hingewiesen hat (§ 321a Rz 3).

63 Die Berichterstattung erfolgt durch Schilderung der betreffenden Sachverhalte und den sich daraus möglicherweise ergebenden Auswirkungen. Bestehen größere Beurteilungsrisiken über zukünftige Sachverhalte oder Entwicklungen, ist darüber ebenfalls zu berichten. Es empfiehlt sich, die Ausführungen zu bestandsgefährdenden und entwicklungsbeeinträchtigenden Tatsachen in einem gesonderten Abschnitt des Prüfungsberichts vorzunehmen. Soweit dies nicht erfolgt und die Ausführungen mit denen zur Stellungnahme zur Lagebeurteilung durch die gesetzlichen Vertreter zusammengefasst werden, ist eindeutig darauf hinzuweisen, dass es sich um nach § 321 Abs. 1 Satz 3 HGB berichtspflichtige Tatsachen handelt.[66]

---

61 Vgl. *Kuhner/Päßler*, in *Küting/Pfitzer/Weber*, HdR, § 321 HGB, Rn 36, Stand 04/2011.
62 Vgl. *Plendl*, 1990, S. 12.
63 Vgl. IDW EPS 450 nF, Tz 41.
64 Vgl. ADS, 6. Aufl., § 321 HGB, Rz 77.
65 Vgl. IDW EPS 450 nF, Tz 36.
66 Vgl. IDW EPS 450 nF, Tz 40.

Die **Berichterstattung des AP** kann nur Tatsachen bzw. Sachverhalte umfassen, 64
die von ihm im **Prüfungsverlauf** festgestellt worden sind. Allerdings sind im
Prüfungsverlauf die Prüfungsintensität und Schwerpunktsetzung anzupassen,
sodass bei Unt in wirtschaftlich angespannten Verhältnissen oder bei festgestellten
Schwächen im IKS regelmäßig erhöhte Aufmerksamkeit des AP geboten sein
wird. Der AP darf auch unternehmensextern gewonnene Tatsachen berücksichtigen,
es sein denn, sie unterliegen seiner Verschwiegenheitsverpflichtung.[67]

> **Beispiel**
> Der AP der prüfungspflichtigen A-GmbH stellt im Zuge der Prüfung des
> Jahresabschlusses zum 31.12.01 fest, dass in den Forderungen aus L&L eine
> wesentliche Forderung gegen den Hauptauftraggeber, die B-GmbH, ausgewiesen
> wird. Die Forderung ist nicht wertberichtigt, da der A-GmbH keine
> Erkenntnisse bekannt sind, die für eine Wertberichtigung sprechen könnten.
> Der AP ist zufällig auch bei der betreffenden B-GmbH zum AP bestellt und
> weiß, dass sich die B-GmbH in erheblichen Liquiditätsschwierigkeiten befindet
> und eine Insolvenz nicht auszuschließen ist.
> Der AP darf die Kenntnis von den Liquiditätsschwierigkeiten der B-GmbH
> im Rahmen der Abschlussprüfung der A-GmbH nicht verwenden und im
> Prüfungsbericht ggf. als entwicklungsbeeinträchtigende Tatsache aufführen,
> da er als AP der B-GmbH der Verschwiegenheitspflicht nach § 323 HGB
> unterliegt.

Der AP hat nur über festgestellte Bestandsgefährdungen oder Entwicklungs- 65
beeinträchtigungen zu berichten. Eine **Negativerklärung** ist nicht erforderlich.
Eine positive Feststellung, dass keine berichtspflichtigen Tatsachen vorliegen,
kann der AP nicht abgeben.[68]
Bei Abschlussprüfungen von PIE ist Art. 11 Abs. 2 Buchst. i) EU-APrVO zu 66
beachten. Danach hat der AP, wenn er Ereignisse oder Gegebenheiten festgestellt
hat, die erhebliche Zweifel an der Fortführungsfähigket des Unt begründen, die
Maßnahme, die bei der Beurteilung der Fortführungsfähigkeit berücksichtigt
wurden, im Prüfungsbericht darzustellen.[69]
Dies erfordert die Zusammenfassung aller Garantien, Comfort Letters (Prüfbescheinigungen),
Hilfszusagen der öffentlichen Hand und anderer unterstützender
Maßnahmen.

3.2.2 Unregelmäßigkeiten (Abs. 1 Satz 3 erster und dritter Teilsatz)

In die **Vorwegberichterstattung** einzubeziehen sind auch im Verlauf der Ab- 67
schlussprüfung gewonnene Erkenntnisse über Unrichtigkeiten oder Verstöße
gegen gesetzliche Vorschriften sowie Tatsachen, die schwerwiegende Verstöße
der gesetzlichen Vertreter oder von Arbeitnehmern gegen Gesetz, Gesellschaftsvertrag
oder die Satzung erkennen lassen (Abs. 1 Satz 3). Für die Berichterstat-

---

[67] Vgl. IDW EPS 450 nF, Tz 37.
[68] Vgl. IDW EPS 450 nF, Tz 39.
[69] Vgl. IDW EPS 450 nF, Tz P35/1.

tungspflichten des AP bzgl. dieser unter dem Oberbegriff **Unregelmäßigkeiten** subsumierten Sachverhalte ist folgende Kategorisierung zu beachten:[70]

```
                          Unregelmäßigkeiten
                                 │
         ┌───────────────────────┴───────────────────────┐
         ▼                                               ▼
falsche Angaben in der Rechnungslegung       keine falschen Angaben
                                              in der Rechnungslegung
         │                                               │
   ┌─────┴─────┐                                         ▼
   ▼           ▼                                   sonstige
Unrichtigkeiten  Verstöße                      Gesetzesverstöße
(unbeabsichtigt) (beabsichtigt)               (unbeabsichtigt oder
                                                   beabsichtigt)
   ERROR         FRAUD
                  │
            ┌─────┴─────┐
            ▼           ▼
       Täuschungen   Vermögens-
                     schädigungen und
                     Gesetzesverstöße
   │                    │                              │
   ▼                    ▼                              ▼
  Konsequenzen für Prüfungsbericht           Konsequenzen nur
      und Bestätigungsvermerk                 für Prüfungsbericht
```

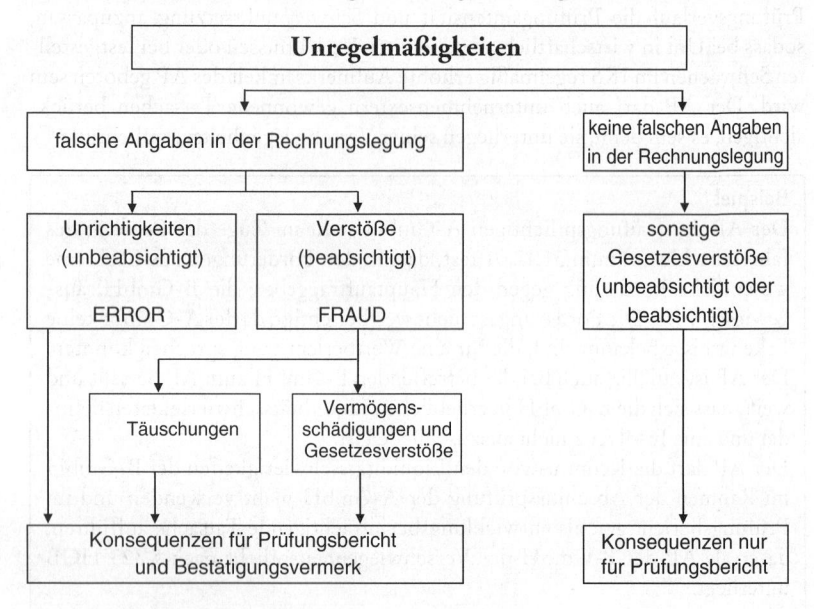

Abb. 1: Unregelmäßigkeiten

68 **Unrichtigkeiten** i.S.d. Vorschrift sind **unbewusste Fehler** (z.B. Schreib- und Rechenfehler, Fehleinschätzungen, unbeabsichtigt falsche Anwendung von Rechnungslegungsgrundsätzen in Buchführung, Jahresabschluss und Lagebericht). **Verstöße** sind demgegenüber **bewusste Handlungen und Unterlassungen**, die im Widerspruch zu Gesetzen oder sonstigen Vorschriften stehen.[71]

69 Eine Berichtspflicht für Unregelmäßigkeiten besteht nur, soweit der AP solche feststellt. Eine **Negativerklärung**, dass keine berichtspflichtigen Unregelmäßigkeiten vorliegen, sollte nicht abgegeben werden.[72]

70 Bei festgestellten Unregelmäßigkeiten hat der AP die daraus ggf. bestehenden Auswirkungen auf den Bestätigungsvermerk zu erläutern.

71 Die für bestandsgefährdende oder entwicklungsbeeinträchtigende Tatsachen bestehende Pflicht zur Erstattung von Teilberichten bei Eilbedürftigkeit (Rz 60) ist auch auf Unregelmäßigkeiten anzuwenden;[73] insb. dann, wenn es sich um von der Geschäftsführung durchgeführte bzw. veranlasste Unregelmäßigkeiten (sog. *top management fraud*) handelt.

---

[70] Vgl. IDW PS 210, Tz 7.
[71] Vgl. *IDW* PS 210, Tz 7.
[72] Vgl. IDW EPS 450 nF, Tz 43.
[73] Vgl. IDW PS 210, Tz 62.

3.2.2.1 Unregelmäßigkeiten in der Rechnungslegung

Bei der Berichterstattung über Verstöße gegen Vorschriften zur Rechnungslegung sind neben den **gesetzlichen Vorschriften** auch die (kodifizierten oder nicht kodifizierten) **GoB** zu beachten.[74] Zu den GoB rechnen gem. der Fiktion des § 342 Abs. 2 HGB die vom DRSC verabschiedeten und vom BMJV bekannt gemachten DRS. Weiterhin können auch **rechnungslegungsbezogene Vorschriften des Gesellschaftsvertrags bzw. der Satzung** zu beachten sein. Beispiele für solche Regelungen sind: **72**

- verkürzte Frist zur Aufstellung des Jahresabschlusses und Lageberichts,
- Regelungen bei Personengesellschaften zur Verzinsung von Gesellschafterkonten oder zur Berechnung der Haftungsvergütung der Komplementärin,
- Satzungsregelungen bei KGaA zur Berechnung von Vergütungen (Tätigkeitsvergütungen, Gewinnanteil, Tantieme) des phG,
- gesellschaftsrechtliche Regelungen bei Personengesellschaften über die Dotierung von Rücklagen bei Aufstellung des Jahresabschlusses.

Das **Gebot der Wesentlichkeit** erfordert, nicht sämtliche festgestellten Unregelmäßigkeiten, sondern nur die für die Überwachungstätigkeit der Geschäftsführung bzw. der geprüften Ges. **bedeutsamen im Prüfungsbericht** aufzuführen.[75] **73**

> **Beispiel**
> Der AP stellt im Rahmen seiner Prüfung fest, dass Aufwendungen für Personaleinstellungen i. H. v. 100 EUR unter den Löhnen und Gehältern, die sich insgesamt auf 1.500 TEUR belaufen, ausgewiesen werden. Es handelt sich um eine Unrichtigkeit, da ein Ausweis unter Sonstige betriebliche Aufwendungen geboten ist.
> Der Fehler liegt unterhalb der Wesentlichkeits- und Nichtaufgriffsgrenze des AP, sodass für das Prüfungsergebnis keine Konsequenzen zu ziehen waren. Die Unrichtigkeit ist für die Überwachung der Geschäftsführung von keiner bzw. sehr geringer Relevanz, sodass im Prüfungsbericht unter Unregelmäßigkeiten in der Rechnungslegung keine Ausführungen erforderlich sind.

Die **Wesentlichkeit** bestimmt sich in derartigen Fällen nicht allein an den betragsmäßigen Auswirkungen einer Unrichtigkeit, wie nachfolgendes Beispiel illustriert: **74**

> **Beispiel**
> Im Zuge der Prüfung des IKS im Bereich Personal stellt der AP bei Auswertung seiner Stichproben fest, dass der Allein-Geschäftsführer mehrfach gegen die Reisekostenrichtlinien der prüfungspflichtigen GmbH verstoßen und überhöhte Spesenabrechnungen von insgesamt 2.000 EUR vorgenommen hat. Auf Befragen erklärt der Geschäftsführer, dass ihm diese Fehler bislang nicht bekannt waren und er sich die Sachverhalte nur als Versehen erklären kann.

---

[74] Vgl. BT-Drs. 13/9712, S. 28.
[75] Vgl. IDW EPS 450 nF, Tz 47.

> Der eigentlich zu bilanzierende Rückforderungsanspruch gegen den Geschäftsführer liegt unter der Wesentlichkeitsgrenze des AP, sodass keine Konsequenzen für das Prüfungsergebnis (Bestätigungsvermerk) zu ziehen sind. Infrage kann aber trotz der betragsmäßig geringen Höhe eine Berichterstattung als Unregelmäßigkeit kommen. Dies ist vom AP eigenverantwortlich unter Berücksichtigung des Empfängerkreises des Prüfungsberichts (existiert ein Aufsichtsrat, ist der Geschäftsführer gleichzeitig Alleingesellschafter?) zu entscheiden.

75 Grundsätzlich sind nur solche Unregelmäßigkeiten berichtspflichtig, die bis zum Prüfungsende nicht behoben sind. Soweit aber Unrichtigkeiten oder Verstöße im Prüfungsverlauf behoben wurden, kann der AP eigenverantwortlich gleichwohl darüber berichten, wenn dies nach seinem Ermessen für die Überwachungsfunktion des Aufsichtsrats wesentlich erscheint. Dies betrifft insb. solche Unregelmäßigkeiten, die auf Schwächen im IKS der Ges. hindeuten.[76]

76 Eine Berichtspflicht kann sich auch dadurch ergeben, dass trotz Auskunftsbereitschaft des Unt vom AP nicht festgestellt werden kann, ob eine Täuschung, Vermögensschädigung oder ein Gesetzesverstoß vorliegt.[77]

3.2.2.2 Sonstige Unregelmäßigkeiten

77 Hierunter sind solche Verstöße der gesetzlichen Vertreter oder Arbeitnehmer gegen Gesetz, Gesellschaftsvertrag oder Satzung zu erfassen, die sich nicht unmittelbar auf die Rechnungslegung beziehen. Es sind bereits solche Tatsachen berichtspflichtig, die einen substanziellen Hinweis auf schwerwiegende Verstöße enthalten, ohne dass der AP eine abschließende rechtliche Würdigung zu treffen hat.[78]

78 Derartige Verstöße betreffen Gesetze, die das Unt oder deren Organe als solche verpflichten oder im Rahmen der Tätigkeit der gesetzlichen Vertreter als Arbeitnehmer für die Ges. anfallen.[79] Demgegenüber sind Verstöße der gesetzlichen Vertreter oder Arbeitnehmer, die deren Privatbereich betreffen, nicht von der Berichtspflicht erfasst. **Beispiele** für **berichtspflichtige Gesetzesverstöße** sind:
- Verstoß gegen Vorschriften der Kapitalerhaltung (z.B. entgegen § 92 Abs. 2 AktG, § 49 Abs. 3 GmbHG keine Einberufung einer Haupt- bzw. Gesellschafterversammlung bei Verlust i.H. von 50 % des Grund- bzw. Stammkapitals),
- Verstoß gegen Aufstellungsvorschriften (z.B. Nichtaufstellung eines Konzernabschlusses),
- Verstoß gegen Offenlegungsvorschriften,[80]
- bei börsennotierten Unternehmen: Tatsachen, die erkennen lassen, dass die nach § 161 AktG abgegebene Entsprechenserklärung zum DCGK inhaltlich unzutreffend ist,

---

[76] Vgl. IDW EPS 450 nF, Tz 47.
[77] Vgl. *Schmidt/Poullie*, in Beck Bil-Komm., 10. Aufl., 2016, § 321 HGB, Rz 33.
[78] Vgl. BT-Drs. 14/8769, S. 28.
[79] Vgl. WPH Edition, Wirtschaftsprüfung & Rechnungslegung, 15. Aufl., 2017, Abschn. M, Tz 235.
[80] A.A. *Hoffmann/Lüdenbach*, NWB-Kommentar Bilanzierung, 6. Aufl., 2015, § 321 HGB, Rz 44.

- Maßnahmen der Geschäftsführung, die ohne die erforderliche Zustimmung der GesV oder des Aufsichtsrats durchgeführt werden (zustimmungspflichtige Rechtsgeschäfte),
- Nichtdurchführung einer erforderlichen Pflichtprüfung nach § 316 HGB des Vorjahresabschlusses (und damit Nichtigkeit des Vorjahresabschlusses),
- Verstöße gegen das Geldwäschegesetz, Steuergesetze, Insolvenzrecht, Strafrecht (z. B. Untreue), BetrVG, MitbestG.

Bei Abschlussprüfungen von PIE besteht aufgrund Art. 11 Abs. 1 EU-APrVO eine entsprechende Berichterstattungspflicht. Im Unterschied zu § 321 Abs. 1 Satz 3 HGB beschränkt sich die dortige Berichterstattungspflicht nicht auf Verstöße der gesetzlichen Vertreter oder von Arbeitnehmern. Entscheidend ist vielmehr, ob die Berichterstattung für den Prüfungsausschuss für die Wahrnehmung seiner Aufgaben relevant ist.[81]

79

Soweit der AP bedeutsame Schwächen in den nicht auf den Jahresabschluss oder Lagebericht bezogenen Bereichen des IKS festgestellt hat, hat er hierüber ebenfalls nach § 321 Abs. 1 Satz 3 HGB zu berichten.[82] Es wird empfohlen in derartigen Fällen darauf hinzuweisen, dass diese Schwächen zwar als Ergebnis der Prüfungshandlungen festgestellt wurden, die Prüfung aber nicht darauf gerichtet ist, das IKS unbeschadet einer Erweiterung des Prüfungsauftrags weitergehend zu beurteilen, als dies für die Beurteilung von Jahresabschluss und Lagebericht erforderlich ist.[83]

80

3.3 Gegenstand, Art und Umfang (Abs. 3)

Abs. 3 der Vorschrift verpflichtet den AP, in einem besonderen Abschnitt des Prüfungsberichts Gegenstand, Art und Umfang der Abschlussprüfung zu erläutern. Dies gilt im Übrigen auch für die Abfassung des Bestätigungsvermerks (§ 322 Rz 35). Darüber hinaus ist im Prüfungsbericht auch auf die angewandten Rechnungslegungs- und Prüfungsgrundsätze einzugehen. Aufgrund der Adressatenausrichtung des Prüfungsberichts sind hier zur Schaffung einer besseren Beurteilungsmöglichkeit der Prüfungstätigkeit des AP[84] weitaus detailliertere Erläuterungen zu geben, als dies in dem für die Öffentlichkeit bestimmten Bestätigungsvermerk erfolgt. Ziel ist es, das Aufsichtsorgan bei seiner eigenen Prüfung des Jahresabschlusses und Lageberichts (vgl. § 171 Abs. 1 AktG) zu unterstützen, indem der AP seine Vorgehensweise darzulegen hat.

81

Gegenstand der Abschlussprüfung sind gem. § 317 HGB
- die Buchführung,
- der Jahresabschluss,
- der Lagebericht sowie
- ggf. das Risikofrüherkennungssystem nach § 91 Abs. 2 AktG (nur bei börsennotierten AG/KGaA/SE).

Bei börsennotierten und bestimmten anderen AG, die nach § 289f HGB in einem gesonderten Abschnitt des Lageberichts eine Erklärung zur Unternehmensführung bzw. die Angabe der Internetseite aufzunehmen haben, auf der die Erklä-

82

---

[81] Vgl. IDW EPS 450 nF, Tz P50/1.
[82] Vgl. IDW PS 261 nF, Tz 93.
[83] Vgl. IDW EPS 450 nF, Tz 50a.
[84] BT-Drs. 13/9712, S. 29.

rung dauerhaft öffentlich zugänglich gemacht wird, ist darauf hinzuweisen, dass dieser Abschnitt des Lageberichts gem. § 317 Abs. 2 Satz 4 HGB nicht in die Prüfung einzubeziehen ist; insoweit ist in der Prüfung lediglich festzustellen, ob diese Angaben gemacht wurden.[85]

83 Der AP hat anzugeben, nach welchen **Rechnungslegungsgrundsätzen** der Jahresabschluss aufgestellt wurde. Dies können bspw. sein:
- deutsche handelsrechtliche Vorschriften,[86]
- IFRS, wie sie in der EU anzuwenden sind („EU-IFRS" gem. § 315e Abs. 1 HGB),
- vollständige IFRS („full IFRS"),
- IFRS for SME,
- US-GAAP oder
- andere nationale Rechnungslegungsstandards.

84 Ist aufgrund größenabhängiger, rechtsform- oder wirtschaftszweigspezifischer gesetzlicher Regelungen (z.B. § 53 GenG, § 29 KWG, § 57 VAG) oder im Rahmen der Auftragserteilung der Gegenstand der Abschlussprüfung gegenüber § 317 HGB erweitert worden, ist **auf Erweiterungen des Prüfungsgegenstands** im Prüfungsbericht einzugehen, unabhängig davon, ob auf diese Erweiterungen im Bestätigungsvermerk einzugehen ist oder nicht.[87]

85 Bei KapG bzw. KapCoGes, die als TU unter Inanspruchnahme von § 264 Abs. 3 oder 4 bzw. § 264b HGB ausschließlich die für alle Kfl. geltenden Vorschriften beachten, aber die Prüfungserleichterung nicht in Anspruch nehmen (Pflichtprüfung[88]), kann darauf hingewiesen werden, dass der Jahresabschluss nach den Vorschriften des Ersten Abschnitt s des Dritten Buchs des HGB aufgestellt wurde. Zweckmäßig erscheint in diesem Zusammenhang darüber hinaus der Hinweis, dass im Zeitpunkt der Beendigung der Abschlussprüfung die Erfüllung der Voraussetzungen des § 264 Abs. 3 oder Abs. 4 HGB insoweit nicht beurteilt werden konnte, als diese Voraussetzungen ihrer Art nach erst zu einem späteren Zeitpunkt erfüllbar sind; die fehlenden Voraussetzungen sollten hierbei genannt werden (zu Auswirkungen auf den Bestätigungsvermerk, § 322 Rz 105).

86 Es empfiehlt sich, in diesem Berichtsabschnitt darauf hinzuweisen, dass für die Rechnungslegung, den dazu eingerichteten internen Kontrollen sowie die Angaben gegenüber dem AP die gesetzlichen Vertreter die Verantwortung tragen und die Aufgabe des AP darin besteht, die Unterlagen, die zugrunde liegende Buchführung sowie die gemachten Angaben zu prüfen.[89]

87 Soweit der AP vorab Teilberichte über Prüfungsergebnisse erstattet hat (Rz 198), hat er eine Übersicht der erstatteten Teilberichte und deren Gegenstand zu geben.[90]

88 Weiterhin hat der AP Angaben zu **Art und Umfang** der Abschlussprüfung vorzunehmen. Hierbei sind zunächst die angewandten **Prüfungsgrundsätze** zu bezeichnen. Dies werden im Regelfall die vom IDW festgestellten Grundsätze ordnungsmäßiger Abschlussprüfung sein. Sofern ergänzend andere Prüfungsgrundsätze, insb. die ISA, angewandt wurden, sollte dies ebenfalls angegeben

---

85 Vgl. IDW EPS 450 nF, Tz 52a.
86 Vgl. IDW PS 201, Tz 5ff.
87 Vgl. IDW EPS 450 nF, Tz 54.
88 Vgl. IDW PH 9.200.1, Tz 4.
89 Vgl. IDW EPS 450 nF, Tz 53.
90 Vgl. IDW EPS 450 nF, Tz 60.

werden (Rz 226).[91] Bezüglich der Angabepflichten zu den angewandten Prüfungsgrundsätzen im Bestätigungsvermerk vgl. § 322 Rz 37. Soweit der AP in sachlich begründeten Einzelfällen von den deutschen Prüfungsgrundsätzen abweicht, hat er dies im Prüfungsbericht darzulegen und zu begründen.[92]

Der AP hat darüber hinaus seine **Prüfungsstrategie** und seine Prüfungsdurchführung näher zu erläutern, wobei auch Angaben zur zeitlichen Durchführung, insb. bei längeren Unterbrechungen z.B. wegen fehlender Prüfungsbereitschaft des Unt, empfohlen werden.[93] Im Einzelnen können folgende Angaben in Betracht kommen:[94] 89

- Prüfung des rechnungslegungsbezogenen IKS,
- Prüfungsschwerpunkte (auch solche, die mit dem Aufsichtsrat vereinbart wurden),
- Zielsetzung und Verwendung von Auswahlverfahren (Vollerhebung, bewusste Auswahl und Stichprobe),
- Angaben zu den Bestandsnachweisen (z.B. Anlagenkartei, Grundbuchauszüge, Teilnahme an Inventuren durch den AP, Einholung von Saldenbestätigungen und andere Bestätigungen Dritter),
- Prüfung von rechnungslegungsbezogenen organisatorischen Umstellungen (z.B. im Berichtsjahr erfolgter IT-Systemwechsel),
- Verwendung der Prüfungsergebnisse Dritter (z.B. AP von TU),
- Prüfung von Zweigniederlassungen, Werken, Betriebsstätten,
- Prüfung der Angaben im Lagebericht, insb. prognostischer Angaben,
- Zusammenarbeit mit der internen Revision,
- Auswirkungen aus dem Vorjahresabschluss (z.B. bei nicht geprüftem Vorjahresabschluss),
- Besonderheiten bei Erstprüfungen[95] (Rz 202),
- Auswirkungen eines erweiterten Prüfungsauftrags.

Unbeachtet der Pflichten nach IDW EPS 270 nF hat sich die Prüfung nicht darauf zu erstrecken, ob der Fortbestand des geprüften Unt oder die Wirksamkeit und Wirtschaftlichkeit der Geschäftsführung zugesichert werden kann (§ 317 Abs. 4a HGB). Es empfiehlt sich, hierauf im Prüfungsbericht hinzuweisen.[96] 90

Eine Darstellung einzelner Prüfungshandlungen oder eine Begründung des Prüfungsvorgehens ist nicht erforderlich, zumal dies ggf. die Effizienz und Vertraulichkeit von Folgeprüfungen beeinträchtigen könnte.[97] 91

Die Darstellung muss so angelegt sein, dass das Überwachungsgremium erkennen kann, auf welche **externen Nachweise** sich der AP gestützt und wie die **Grundzüge des Prüfungsvorgehens** erfolgt sind, um ggf. Konsequenzen für die eigene Überwachungstätigkeit erkennen zu können.[98] Wenn trotz ggf. durchgeführter alternativer Prüfungshandlungen eine Beurteilung wesentlicher Sach-

---

[91] Vgl. *Orth*, in *Baetge/Kirsch/Thiele*, Bilanzrecht, § 321 HGB, Rz 105, Stand 2/2014.
[92] Vgl. IDW PS 450, Tz 55.
[93] Vgl. *Kuhner/Päßler*, in *Küting/Pfitzer/Weber*, HdR, § 321 HGB, Rn 73, Stand 04/2011.
[94] Vgl. IDW EPS 450 nF, Tz 57; *Schmidt/Poullie*, in Beck Bil-Komm., 10. Aufl., 2016, § 321 HGB, Rz 68.
[95] Vgl. IDW PS 205, Tz. 17 ff.
[96] Vgl. IDW EPS 450 nF, Tz 56.
[97] Vgl. *Kuhner/Päßler*, in *Küting/Pfitzer/Weber*, HdR, § 321 HGB, Rn 75, Stand 04/2011.
[98] Vgl. IDW EPS 450 n.F., Tz 56.

92 verhalte aufgrund von Prüfungshemmnissen nicht oder nicht mit der hinreichenden Sicherheit möglich ist, ist dies im Prüfungsbericht darzulegen.[99]

92 Gem. § 321 Abs. 2 Satz 6 HGB hat der AP im Prüfungsbericht anzugeben, ob die gesetzlichen Vertreter die verlangten **Auskünfte und Nachweise** erbracht haben. Kommen die gesetzlichen Vertreter ihren Auskunfts- und Nachweispflichten gem. § 320 Abs. 2 HGB nach, genügt eine Feststellung, dass alle erbetenen Auskünfte und Nachweise erbracht wurden. Außerdem ist auf die Abgabe einer **Vollständigkeitserklärung** durch die gesetzlichen Vertreter hinzuweisen. Soweit der AP Zweifel an der Richtigkeit von Auskünften hat oder wenn Nachweise oder Auskünfte nicht oder nur verzögert erteilt bzw. vorgelegt worden sind, hat der AP darzulegen, inwieweit sich dadurch Auswirkungen auf eine abschließende und verlässliche Beurteilung der Prüfungsgegenstände und damit auch auf den Bestätigungsvermerk ergeben haben.[100]

93 AP von PIE haben darüber hinaus folgende Angabepflichten aufgrund der EU-APrVO zu beachten:
- Art. 11 Abs. 2 Buchst. b) und e) EU-APrVO fordert die Angabe jedes an der Prüfung beteiligten Prüfungspartners sowie eine Beschreibung des Umfangs und des Zeitplans der Prüfung;
- Art. 10 Abs. 2 Buchst. c) EU-APrVO erfodert eine Beschreibung der bedeutsamsten beurteilten Risiken wesentlicher falscher Darstellungen, einschl. der beurteilten Risiken wesentlicher falscher Darstellungen aufgrund von Betrug, eine Zusammenfassung der Reaktion des AP auf diese Risiken und ggf. wichtige Feststellungen, die sich in Bezug auf diese Risiken ergeben;
- nach Art. 11 Abs. 2 Buchst. c) EU-APrVO hat ggf. ein Hinweis darauf zu erfolgen, dass der AP Vorkehrungen getroffen hat, dass bestimmte seiner Tätigkeiten von einem anderen AP, der nicht demselben Netzwerk angehört, durchgeführt werden, oder dass auf die Arbeit externer Sachverständiger zurückgegriffen wird, sowie die Bestätigung dass der AP seitens des anderen AP und/oder des externen Sachverständigen eine Bestätigung hinsichtlich ihrer Unabhängigket erhalten hat;
- Art. 11 Abs. 2 Buchst. g) EU-APrVO sieht eine Beschreibung der verwendeten Methode vor, u. a. dahingehend, welche Kategorien der Bilanz direkt überprüft wurden und welche Kategorien dabei System- und Zuverlässigkeitsprüfungen unterzogen wurden, einschl. einer Erläuterung wesentlicher Veränderungen bei der Gewichtung von System- und Zuverlässigkeitsprüfungen gegenüber dem Vj., selbst wenn der Vj.-Abschluss von einem anderen AP geprüft wurde;
- Art. 11 Abs. 2 Buchst. h) EU-APrVO erfodert die Darlegung der quantitativen Wesentlichkeitsgrenze, die bei der Durchführung der Abschlussprüfung für den Abschluss als Ganzes zugrunde gelegt wurde, sowie ggf. angewandte spezifische Wesentlichkeitsgrenzen sowie die Darlegung der qualitativen Faktoren, die bei der Festlegung der Wesentlichkeitsgrenze berücksichtigt wurden;

---

[99] Vgl. WPH Edition, Wirtschaftsprüfung & Rechnungslegung, 15. Aufl., 2017, Abschn.. M, Tz 298.
[100] Vgl. WPH Edition, Wirtschaftsprüfung & Rechnungslegung, 15. Aufl., 2017, Abschn. M, Tz 304; IDW EPS 450 nF, Tz 59.

- nach Art. 11 Abs. 2 Buchst. p) i) EU-APrVO sind etwaige bedeutsame Schwierigkeiten, die während der Abschlussprüfung aufgetreten sind, aufzuführen;
- nach Art. 11 Abs. 2 Buchst. p) ii) EU-APrVO sind etwaige sich aus der Abschlussprüfung ergebende bedeutsame Sachverhalte, die besprochen wurden oder Gegenstand des Schriftverkehrs mit dem Management waren, aufzuführen;
- nach Art. 11 Abs. 2 Buchst. p) iii) EU-APrVO sind etwaige sonstige sich aus der Abschlussprüfung ergebende Sachverhalte, die nach Einschätzung des AP für die Aufsicht über den Rechnungslegungsprozess bedeutsam sind;
- die Angabe, ob das geprüfte Unt alle verlangten Erläuterungen und Unterlagen geliefert hat (Art. 11 Abs. 2 Buchst. o) EU-APrVO) sowie
- eine Beschreibung der Art, der Häufigkeit und des Umfangs der Kommunikation mit dem Prüfungsausschuss, dem Unternehmensleitungsorgan und dem Verwaltungs- oder Aufsichtsorgan, einschl. der Zeitpunkte der Zusammenkünfte mit diesen Organen (Art. 11 Abs. 2 Buchst. b) EU-APrVO).

3.4 Feststellungen und Erläuterungen zur Rechnungslegung (Abs. 2)

Abs. 2 Satz 1 verpflichtet den AP festzustellen, ob die Buchführung und die weiteren geprüften Unterlagen, der Jahresabschluss sowie der Lagebericht den gesetzlichen Vorschriften und den ergänzenden Vorschriften des Gesellschaftsvertrags bzw. der Satzung entsprechen. Da es sich um die **Feststellung**[101]**der Ordnungsmäßigkeit** handelt, kann auf die Darstellung von unwesentlichen und unproblematischen Teilen des Jahresabschlusses verzichtet werden.[102]

Abs. 2 Satz 2 verlangt demgegenüber eine Berichterstattung über solche Beanstandungen, die zwar nicht zu einer Einschränkung oder Beanstandung des Bestätigungsvermerk (genauer: Modifizierung eines Prüfungsurteils im Bestätigungsvermerk) geführt haben, für die Überwachung der Geschäftsführung und des geprüften Unt aber von Bedeutung sind.[103] In Betracht kommen hierbei wohl insb. Feststellungen zu Schwachstellen im rechnungslegungsbezogenen IKS (Rz 98).

Abs. 2 Satz 3 fordert das Eingehen darauf, ob der Abschluss insgesamt unter Beachtung der GoB oder sonstiger maßgeblicher Rechnungslegungsgrundsätze ein den tatsächlichen Verhältnissen entsprechendes Bild der Vermögens-, Finanz- und Ertragslage der Ges. vermittelt.[104]

Abs. 2 Satz 4 verpflichtet den AP zur Beurteilung der Gesamtaussage des Jahresabschlusses unter besonderer Berücksichtigung von
- wesentlichen Bewertungsgrundlagen,
- Änderungen in den Bewertungsgrundlagen und
- sachverhaltsgestaltenden Maßnahmen.

Abs. 2 Satz 5 erfordert angemessene Aufgliederungen und Erläuterungen einzelner Posten des Jahresabschlusses, soweit diese Angaben nicht im Anhang enthalten sind.

---

101 Vgl. *Gross/Möller*, WPg 2004, S. 329.
102 BT-Drs. 14/8769, S. 28.
103 Vgl. IDW EPS 450 nF, Tz 62.
104 Vgl. WPH Edition, Wirtschaftsprüfung & Rechnungslegung, 15. Aufl., 2017, Abschn. M, Tz 308.

3.4.1 Ordnungsmäßigkeit der Rechnungslegung

3.4.1.1 Buchführung und weitere geprüfte Unterlagen

95 Die Beurteilung der Ordnungsmäßigkeit der Buchführung betrifft die Verpflichtungen aus §§ 238–241 HGB. Hierzu gehören:
- die Organisation und das System der Buchführung,
- das Beleg- und Ablagewesen,
- die zeitnahe, vollständige und fortlaufende Erfassung von Geschäftsvorfällen,
- die Bestandsnachweise,
- die Herleitung des Abschlusses aus der Buchführung,
- das rechnungslegungsrelevante interne Kontrollsystem.

In Betracht kommen nicht sämtliche der angesprochenen Punkte, sondern die für den Berichtsadressaten aus Sicht des AP relevanten. Daher werden insb. Veränderungen gegenüber dem Vorjahr (z.B. organisatorische Veränderungen, Wechsel des Buchführungssystems) anzusprechen sein.[105]

96 Die Beurteilung der Ordnungsmäßigkeit der Buchführung erfordert keine Feststellungen zum gesamten Rechnungswesen, sondern zur **Finanzbuchführung**, soweit auf ihr der Jahresabschluss aufbaut. Bestandteile der Finanzbuchführung sind das Hauptbuch, die verschiedenen Nebenbücher (z.B. Anlagenbuchhaltung, Debitoren- und Kreditorenbuchhaltung, Lohn- und Gehaltsbuchhaltung), das Bestandswesen sowie Inventare und Saldenlisten.[106]

97 Hierzu werden regelmäßig auch Ausführungen zum verwendeten **IT-System** erforderlich sein. Soweit im Zuge der Abschlussprüfung Mängel hinsichtlich der Sicherheit der für Zwecke der Rechnungslegung verarbeiteten Daten festgestellt werden, sind diese im Prüfungsbericht darzustellen.[107] Eine Negativerklärung, dass derartige Mängel nicht festgestellt worden sind, ist nicht gefordert.

98 Soweit im Rahmen der Abschlussprüfung im Rechnungswesen wesentliche Mängel festgestellt worden sind, die auf **organisatorische Schwächen** (z.B. mangelnde Sorgfalt, mangelnde Anweisung und Ausbildung von Mitarbeitern, fehlende Abstimmung von IT-Systemen) hindeuten, ist über diese zu berichten, auch wenn sie bis zum Prüfungsende behoben sind.[108] Sind derartige Feststellungen oder Mängel nach Einschätzung des AP für die Berichtsadressaten nicht von Bedeutung, kann er von einer Aufnahme in den Bericht absehen und auf sie stattdessen mündlich oder in einem Management Letter (Rz 40) hinweisen.

99 Besondere Bedeutung in der Berichterstattung des AP haben festgestellte **wesentliche Mängel des internen Kontrollsystems**, z.B. fehlende Funktionstrennung, fehlende Kontrollmaßnahmen. Eine Berichterstattungspflicht besteht in besonderem Maße, wenn die festgestellten Mängel im IKS auf eine Verletzung der Sorgfaltspflicht der gesetzlichen Vertreter schließen lassen.[109]

100 Für AP von PIE ist Art. 11 Abs. 2 Buchst. j) EU-APrVO zu beachten, wonach die Angabe bedeutsamer Mängel im internen Finanzkontrollsystem des geprüften Unt oder im Rechnungslegungssystem obligatorisch ist. Dabei ist im Prü-

---

[105] Vgl. *Kuhner/Päßler*, in *Küting/Pfitzer/Weber*, HdR, § 321 HGB, Rn 49, Stand 04/20011.
[106] Vgl. WPH Edition, Wirtschaftsprüfung & Rechnungslegung, 15. Aufl., 2017, Abschn. M, Tz 311.
[107] Vgl. IDW EPS 450 nF, Tz 65.
[108] Vgl. WPH Edition, Wirtschaftsprüfung & Rechnungslegung, 15. Aufl., 2017, Abschn. M, Tz 319.
[109] Vgl. WPH Edition, Wirtschaftsprüfung & Rechnungslegung, 15. Aufl., 2017, Abschn. M, Tz 321.

fungsbericht auch darauf einzugehen, ob diese festgestellten bedeutsamen Schwächen zwischenzeitlich vom Unt beseitigt worden sind oder nicht.[110]

101 Es empfiehlt sich für den AP auch über festgestellte wesentliche Mängel in den nicht rechnungslegungsbezogenen Bereichen des IKS zu berichten und hierbei darauf hinzuweisen, dass Systemschwächen zwar als Prüfungsergebnis festgestellt wurden, die Abschlussprüfung aber nicht darauf gerichtet ist, die Wirksamkeit des IKS für Geschäftsführungszwecke zu beurteilen.[111]

102 Bei den **weiteren geprüften Unterlagen** handelt es sich um solche Unterlagen, die der AP im Rahmen seiner Prüfung der Ordnungsmäßigkeit der Rechnungslegung ergänzend herangezogen hat. Dies können bspw. sein:
- Kostenrechnung, BAB,
- Planungsrechnungen,
- Verträge,
- Protokolle von Aufsichtsrats- oder Gesellschafterversammlungen,
- Unternehmensinternes Reporting an Geschäftsführung, Aufsichtsrat, GesV.

103 Der AP hat hinsichtlich dieser weiteren geprüften Unterlagen festzustellen, ob die aus ihnen hervorgehenden Informationen zu einer ordnungsgemäßen Abbildung in Buchführung, Jahresabschluss und Lagebericht geführt haben.

3.4.1.2 Jahresabschluss

104 Der AP hat gem. Abs. 2 Satz 1 auszuführen, ob der Jahresabschluss den gesetzlichen Vorschriften und den ergänzenden Bestimmungen des Gesellschaftsvertrags bzw. der Satzung entspricht.
Dies umfasst die Beurteilung, ob im Jahresabschluss die maßgeblichen gesetzlichen Vorschriften einschließlich der GoB und alle größenabhängigen, rechtsformgebundenen oder wirtschaftszweigspezifischen Regelungen sowie Jahresabschluss-bezogene Regelungen des Gesellschaftsvertrags oder der Satzung beachtet worden sind.[112]

105 Die Aussage bezieht sich auf die Bestandteile des Jahresabschlusses, d.h. Bilanz, GuV und Anhang. Bei KM-orientierten Gesellschaften i.S.d. § 264d HGB, die nicht konzernrechnungslegungspflichtig sind, umfasst der Jahresabschluss darüber hinaus eine KFR und einen Eigenkapitalspiegel sowie fakultativ eine Segmentberichterstattung (§ 264 Rz 33).

106 In diesem Berichtsabschnitt ist auch einzugehen auf etwaige Durchbrechungen der Ansatz- und Bewertungsstetigkeit[113] sowie auf fehlende oder eingeschränkte Vergleichbarkeit zum Vorjahresabschluss.[114]

107 Bezüglich des **Anhangs** ist festzustellen, ob dieser alle gesetzlich vorgeschriebenen Pflichtangaben enthält. Im Fall einer Zusammenfassung von Anhang/Konzernanhang nach § 298 Abs. 3 HGB sollte dies sowohl für die Pflichtangaben des Anhangs wie auch des Konzernanhangs erfolgen. Nimmt der Bilanzierende im Anhang eine eingeschränkte Berichterstattung unter Bezugnahme auf § 286 HGB oder § 160 Abs. 2 AktG vor, so hat der AP darzustellen, ob dies zu Recht

---

110 Vgl. IDW EPS 450 nF, Tz P65/2.
111 Vgl. IDW PS 261, Tz 93.
112 Vgl. IDW EPS 450nF, Tz 67.
113 Zur Zulässigkeit vgl. IDW RS HFA 38, Tz 15.
114 Vgl. hierzu IDW PS 318.

erfolgt ist.[115] Weiterhin ist im Fall einer zulässigen Inanspruchnahme der Befreiungsregelung nach § 285 Nr. 17 letzter Satzteil HGB (Nichtangabe des AP-Honorars wegen Angabe im Konzernabschluss) darauf einzugehen, wenn im Zeitpunkt der Beendigung der Abschlussprüfung nicht beurteilt werden konnte, ob alle im Konzernabschluss zu machenden Angaben zur Inanspruchnahme der Befreiungsregelung dort enthalten sind.[116]

108 Handelt es sich bei dem zu prüfenden Unt um eine KleinstKapG (§ 267a HGB) und verzichtet diese auf die Erstellung eines Anhangs, ist im Prüfungsbericht darzustellen, ob alle erforderlichen Angaben unter der Bilanz (oder als Anlage zur Bilanz) gemacht sind, um der gesetzlichen Vermutung des § 264 Abs. 2 Satz 5 HGB in Bezug auf die Erfüllung der Generalnorm zu genügen.[117]

109 Soweit der geprüfte Jahresabschluss **nicht korrigierte Fehler** enthält, ist gem. Abs. 2 Satz 2 der Vorschrift hier (auch) darüber zu berichten (zur Berichterstattung über Unregelmäßigkeiten in der Rechnungslegung vgl. Rz 72). Ein Verweis auf die ggf. ausführlichere Berichterstattung im Rahmen der Darstellung von Unregelmäßigkeiten erscheint zweckmäßig. Soweit der AP eine **Abweichung von IDW RS** toleriert, hat er dies im Prüfungsbericht darzulegen und zu begründen, auch wenn als Grund für die Abweichung eine höchstrichterliche Rechtsprechung angegeben wird.[118]

3.4.1.3 Lagebericht

110 Da bereits in der Vorwegberichterstattung eine Beurteilung der Lageberichterstattung der gesetzlichen Vertreter erfolgt ist (Rz 49), erstreckt sich die hier vorzunehmende Beurteilung auf die Einhaltung der gesetzlichen Vorschrift von § 289 HGB.[119] Liegen **Mängel** vor, hat der AP diese hier darzulegen (zur Berichterstattung über Unregelmäßigkeiten in der Rechnungslegung vgl. Rz 72), unabhängig davon, ob sie zu einer Einschränkung des Bestätigungsvermerks geführt haben oder nicht.[120]

111 Sofern im Lagebericht bspw. entsprechend DRS 20.104 die Berechnung finanzieller Leistungsindikatoren (z.B. ein um Sondereffekte bereinigtes EBITDA) erläutert wird, ist dies nicht zu beanstanden (und dementsprechend nicht im Prüfungsbericht explizit zu erwähnen).[121]

112 Wird im Lagebericht ausgeführt, dass dieser unter Beachtung von DRS 20 aufgestellt wurde und stellt der AP fest, dass nicht alle einschlägigen Anforderungen des DRS 20 beachtet wurden, hat der AP diese Abweichungen zu würdigen und bei Wesentlichkeit einen Mangel festzustellen, der eine Einschränkung des Bestätigungsvermerks erfordert.[122]

113 Der AP hat darzulegen, ob nach dem Ergebnis seiner Prüfung der Lagebericht den gesetzlichen Vorschriften entspricht.[123]

---

[115] Vgl. IDW EPS 450 nF, Tz 69.
[116] Vgl. IDW PH 9.200.2, Tz 8.
[117] Vgl. IDW EPS 450 nF, Tz 69a.
[118] Vgl. IDW PS 201, Tz 13.
[119] Vgl. Orth, in Baetge/Kirsch/Thiele, Bilanzrecht, § 321 HGB, Rz 91, Stand 2/2014.
[120] Vgl. WPH Edition, Wirtschaftsprüfung & Rechnungslegung, 15. Aufl., 2017, Abschn. M, Tz 343.
[121] Vgl. IDW, Berichterstattung über die 232. Sitzung des HFA, FN-IDW 2013, S. 359.
[122] Vgl. IDW, Berichterstattung über die 234. Sitzung des HFA, FN-IDW 2014, S. 195.
[123] Vgl. IDW EPS 450 nF, Tz 71.

Im Fall einer Zusammenfassung von Lagebericht und Konzernlagebericht (§§ 315 Abs. 3, 298Abs. 3 HGB) sollte festgestellt werden, ob sowohl für den Lagebericht als auch für den Konzernlagebericht die Pflichtangaben enthalten sind.

3.4.2 Gesamtaussage des Jahresabschlusses

3.4.2.1 Feststellungen zur Gesamtaussage

Abs. 2 Satz 3 der Vorschrift verlangt vom AP ein Eingehen auf die Einhaltung der Generalnorm des § 264 Abs. 2 HGB. Danach hat der Abschluss unter Beachtung der GoB oder sonstiger maßgeblicher Rechnungslegungsgrundsätze insgesamt ein den tatsächlichen Verhältnissen entsprechendes Bild der Vermögens-, Finanz- und Ertragslage der Ges. zu vermitteln. 114

Die Einhaltung der Generalnorm ist nicht automatisch gegeben, wenn im Rahmen der Darstellung der Ordnungsmäßigkeit der Rechnungslegung (Rz 95 ff.) keine Mängel festgestellt wurden. Soweit nämlich bspw. KapG die Erleichterungen des § 264 Abs. 3 HGB zulässigerweise teilweise in Anspruch nehmen und keinen Anhang aufstellen, entspricht dies – bei Vorliegen der übrigen Voraussetzungen – zwar den Rechnungslegungsvorschriften; die Einhaltung der Generalnorm ist in diesen Fällen aber nur durch zusätzliche Angaben gewährleistet.[124] 115

Die Gesamtaussage bezieht sich ausschließlich auf den Jahresabschluss, nicht auf den Lagebericht, sodass auf Letzteren in diesem Berichtsteil nicht einzugehen ist. Über das Ergebnis der Beurteilung ist im Prüfungsbericht zu berichten, auch wenn sich keine Besonderheiten ergeben haben.[125] Damit der Berichtsadressat die Beurteilung des AP zur Gesamtaussage nachvollziehen kann, hat er diese zu begründen und dabei auf die in Abs. 2 Satz 4 der Vorschrift genannten Erläuterungen einzugehen. Diese Erläuterungen werden nachfolgend dargestellt: 116

---

[124] Zu Einzelheiten vgl. IDW PH 9.200.1, Tz 10.
[125] Vgl. IDW PS 450, Tz 72.

```
                    ┌─────────────────────────┐
                    │   Erläuterungen nach    │
                    │   § 321 Abs. 2 Satz 4 HGB│
                    └─────────────────────────┘
                               │
         ┌─────────────────────┼─────────────────────┐
         │                     │                     │
┌────────────────┐   ┌────────────────┐   ┌────────────────────┐
│  wesentliche   │   │ Änderungen in den│   │ sachverhaltsgestaltende│
│Bewertungsgrundlagen│ │Bewertungsgrundlagen│ │      Maßnahmen       │
└────────────────┘   └────────────────┘   └────────────────────┘
```

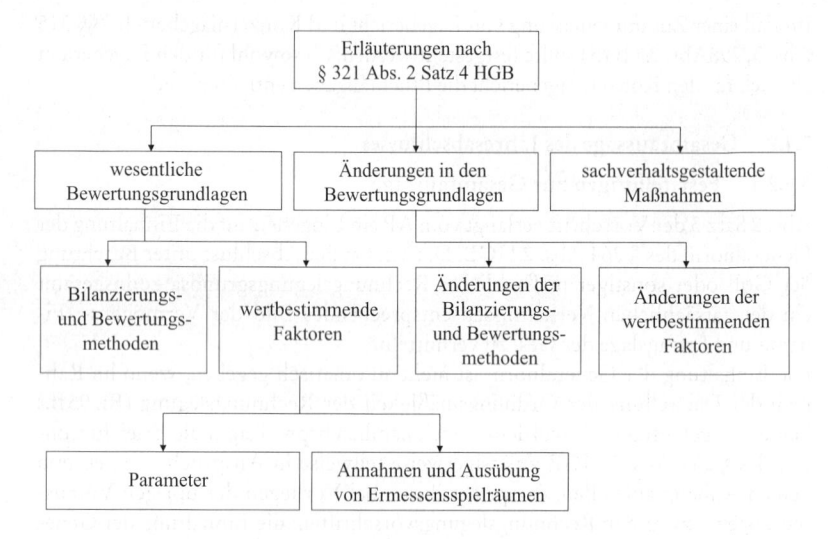

Abb. 2: Erläuterungen gem. § 321 Abs. 2 Satz 4 HGB[126]

Ergibt die Beurteilung der Gesamtaussage keine Besonderheiten, ist es ausreichend, in diesem Berichtsabschnitt festzustellen, dass der Jahresabschluss insgesamt unter Beachtung der GoB ein den tatsächlichen Verhältnissen entsprechendes Bild der Vermögens-, Finanz- und Ertragslage der Ges. vermittelt.[127]

117 Kommt der AP zu der Beurteilung, dass kein Bestätigungsvermerk, sondern ein Versagungsvermerk bzw. die Nichtabgabe des Prüfungsurteils im Bestätigungsvermerk erteilt werden muss, sind keine weiteren Erläuterungen zur Beurteilung der Gesamtaussage erforderlich. Bei einem eingeschränkten Bestätigungsvermerk sind dagegen Erläuterungen zur Beurteilung der Gesamtaussage erforderlich und sinnvoll.[128]

3.4.2.2 Bewertungsgrundlagen

118 Hierunter werden **Bilanzierungs- und Bewertungsmethoden** und **wertbestimmende Faktoren** erfasst. Die Erläuterungspflicht umfasst demgemäß das Eingehen auf die Ausübung von Ansatz- und Bewertungswahlrechten und die Bestimmung maßgeblicher Faktoren (Parameter, Annahmen, Ausübung von Ermessensspielräumen). Die Erläuterungspflicht verlangt nicht eine Wiederholung der bereits im Anhang enthaltenen Bilanzierungs- und Bewertungsmethoden für sämtliche Posten des Abschlusses. Vielmehr sind die für den Berichtsadressaten **relevanten Bewertungsgrundlagen** darzustellen und hierbei insb. auf **bestehende Ermessensspielräume** (z.B. aufgrund von Bandbreiten für Schätzungen) hinzuweisen. Insbesondere bei einseitiger Ausübung von Ermessensspielräumen zur Beeinflussung der Gesamtaussage sind vom AP zahlenmäßige Erläuterungen der Auswirkungen vorzunehmen; eine Beurteilung der wirtschaftlichen Zweckmäßigkeit der

---

[126] Vgl. IDW EPS 450 nF, Tz 74.
[127] Vgl. WPH Edition, Wirtschaftsprüfung & Rechnungslegung, 15. Aufl., 2017, Abschn. M, Tz 349.
[128] Vgl. IDW EPS 450 n.F., Tz 77.

Bilanzierungs- und Bewertungsentscheidungen obliegt allerdings nicht dem AP. Diese sind vielmehr als geschäftspolitische Entscheidungen der gesetzlichen Vertreter durch die Berichtsadressaten zu beurteilen.

> **Beispiel**
> Ein Unt bildet im Jahresabschluss zum 31.12.01 eine Rückstellung für einen Schadensersatzprozess, in dem das Unt von einem Kunden auf die Zahlung eines Gesamtschadens von 1.000 TEUR verklagt worden ist. Für die zu erwartende Schadensersatzzahlung ist im Jahresabschluss eine Rückstellung i. H. von 200 TEUR gebildet. Im Rahmen seiner Abschlussprüfung hat der AP, gestützt auf Auskünfte des Rechtsanwalts des Unt, die Höhe der Rückstellung als noch zulässig erachtet. Nach seinen Feststellungen beläuft sich der zulässige Ermessensspielraum für die Rückstellung auf 200–350 TEUR. Die im Gj 01 gebildete Rückstellung hat wesentliche Auswirkungen auf die Ertragslage der Ges. gehabt, da unter Berücksichtigung der Rückstellung ein Ergebnis vor Steuern von 100 TEUR erzielt wurde.
> Im Rahmen der Berichterstattung über die Bewertungsgrundlagen hat der AP darzulegen, dass die Bewertung der Rückstellung mit dem unteren Ende des zulässigen Ermessensspielraums bemessen wurde und dass bei vorsichtiger Einschätzung des Risikos durch die gesetzlichen Vertreter sich ein Vorsteuerverlust im Gj 01 ergeben hätte.

Bilanzierungs- und Bewertungswahlrechte ergeben sich insb. bei folgenden Bilanzpositionen bzw. Sachverhalten:[129] **119**
- Aktivierung von selbst geschaffenen immateriellen VG des AV,
- gemildertes Niederstwertprinzip beim AV,
- Festwert bei Sachanlagen oder bestimmten Vorräten,
- Anwendung von Verbrauchsfolgeverfahren,
- Vollkosten oder Teilkosten bei Vorräten und bei selbst geschaffenen immateriellen VG des AV,
- Ansatz eines Aktivüberhangs von latenten Steuern,
- Behandlung eines Disagios,
- Passivierung von sog. Altzusagen bei Pensionsrückstellungen und Unterdeckungen bei mittelbaren Verpflichtungen.

Soweit ein Bilanzierender unter Bezugnahme auf § 246 Abs. 3 Satz 2 HGB eine zulässige Durchbrechung der **Ansatzstetigkeit** geltend macht, wird hierüber im Prüfungsbericht zu berichten sein, soweit es sich um wesentliche Auswirkungen handelt. **120**

Parameter sind i. d. R. durch Marktpreise oder allgemein akzeptierte Standardwerte objektivierte Faktoren.[130] Beispiele für **wertbestimmende Parameter** sind:[131] **121**
- Wechselkurse,
- Börsenkurse,

---

[129] Vgl. IDW EPS 450 nF, Tz 79; WPH Edition, Wirtschaftsprüfung & Rechnungslegung, 15. Aufl., 2017, Abschn. M, Tz 357.
[130] Vgl. WPH Edition, Wirtschaftsprüfung & Rechnungslegung, 15. Aufl., 2017, Abschn. M, Tz 358.
[131] Vgl. IDW EPS 450 nF, Tz 82.

- Steuersätze,
- Zinssätze,
- biometrische Rechnungsgrundlagen,
- Vertragslaufzeiten.

122 **Wertbestimmende Annahmen** der gesetzlichen Vertreter zur Ausübung von Ermessensspielräumen sind z. B.:[132]
- künftige Auslastung des Unternehmens,
- Nutzungsdauern,
- Restwerte und Abbruchkosten,
- künftige Zahlungsein- oder -ausgänge,
- Fluktuationsraten,
- Gehaltsentwicklung,
- künftige Preisentwicklungen von Vorleistungen (Rohstoffe, Dienstleistungen),
- Inflationsraten,
- Wahrscheinlichkeit künftiger Inanspruchnahme (z.B. Gewährleistungen, Prozessrisiken).

123 Für AP von PIE sieht Art. 11 Abs. 2 Buchst. l) EU-APrVO die Angabe und Beurteilung der bei den verschiedenen Posten des Jahresabschlusses angewandten Bewertungsmethoden, einschl. etwaiger Auswirkungen von Änderungen an diesen Methoden, vor. Im Unterschied zum Wortlaut des § 321 HGB beschränkt sich die EU-APrVO nicht auf die wesentlichen Bewertungsgrundlagen und fordert zudem eine Beurteilung.[133]

3.4.2.3 Änderungen in den Bewertungsgrundlagen

124 Für Bewertungsmethoden ist in § 252 Abs. 1 Nr. 6 HGB ein Stetigkeitsgebot kodifiziert. Der Gesetzgeber lässt nur in sachlich begründeten Ausnahmefällen eine Durchbrechung der Bewertungsstetigkeit gem. § 252 Abs. 2 HGB zu (§ 252 Rz 128 ff.). Ein Abweichen von bisher angewandten Bewertungsmethoden kommt demnach nur in sehr eingeschränktem Umfang in Betracht,[134] sodass hierzu im Prüfungsbericht Stellung zu nehmen ist. Dabei geht es weniger um die Zulässigkeit der Durchbrechung, die unter der Ordnungsmäßigkeit des Jahresabschlusses zu beurteilen ist (Rz 104), als vielmehr um die Auswirkungen auf die Gesamtaussage des Abschlusses.

125 Da die Bewertungsgrundlagen auch die Ausübung von Ermessensspielräumen umfassen (Rz 118), ist über deren Änderungen durch die gesetzlichen Vertreter zu berichten.[135]

> **Beispiel**
> Sachverhalt wie im Ausgangsbeispiel (Rz 118). Bei Aufstellung des Jahresabschlusses zum 31.12.02 ist der Schadensersatzprozess aufgrund umfänglicher Beweisaufnahmen immer noch anhängig. Die Auskünfte des Rechtsanwalts des Unt sind bzgl. der Risikoeinschätzung unverändert gegenüber

---

132 Vgl. IDW EPS 450 nF, Tz 83.
133 Vgl. IDW EPS 450 nF, Tz P84/2.
134 Vgl. IDW RS HFA 38, Tz 14; vertiefend hierzu vgl. *Löffler/Roß*, WPg 2012, S. 366.
135 Vgl. IDW EPS 450 nF, Tz 90.

> dem Vorjahr. Der AP erachtet wiederum einen Ermessensspielraum von 200–350 TEUR als zulässig.
> Im Jahresabschluss zum 31.12.02 wird die Vorjahresrückstellung von 200 TEUR auf nunmehr 350 TEUR erhöht. Unter Berücksichtigung dieser Rückstellungsdotierung beläuft sich das Vorsteuerergebnis für das Gj 02 auf 750 TEUR.
> Der AP sollte – auch wenn die veränderte Ausübung des Ermessensspielraums durch die gesetzlichen Vertreter durch ihn nicht beanstandet wird – im Prüfungsbericht die geänderte Ausübung darzustellen. Hierbei empfiehlt es sich auch, darzustellen, wie die Vorsteuerergebnisse der Gj 01 und 02 ausgefallen wären, wenn in beiden Gj der Ermessensspielraum in gleicher Weise ausgeübt worden wäre.

Nicht immer verfügt der AP über eindeutig zahlenmäßig bestimmbare Informationen, wie in dem vorstehenden Beispiel. Soweit quantitative Aussagen wegen bestehender Unsicherheiten nicht aussagefähig erscheinen, sollte der AP zumindest tendenzielle Aussagen zu den Auswirkungen auf die Gesamtaussage des Abschlusses treffen, ohne hierbei Wertungen der Änderungen vorzunehmen.[136] 126

In zeitlicher Hinsicht ist die Berichterstattung dergestalt beschränkt, dass nur die Änderungen des zu prüfenden Gj, nicht die in Vorjahren vorgenommenen, darzustellen sind. Daher sind nur zukünftige Umkehreffekte darzustellen und soweit möglich zu quantifizieren.[137] 127

3.4.2.4 Sachverhaltsgestaltende Maßnahmen

Sachverhaltsgestaltende Maßnahmen können die Momentaufnahme des Jahresabschlusses über die Bilanzierungs- und Bewertungswahlrechte hinaus zielorientiert beeinflussen.[138] Hierunter sind Maßnahmen zu verstehen, die sich auf **Ansatz** oder **Bewertung** von VG und Schulden auswirken, sofern 128

- sie von der üblichen Gestaltung abweichen, die nach Einschätzung des AP den Erwartungen der Abschlussadressaten entspricht, und
- sich die Abweichung von der üblichen Gestaltung auf die Gesamtaussage des Jahresabschlusses wesentlich auswirkt.[139]

Häufig werden sachverhaltsgestaltende Maßnahmen nicht ausschließlich zur Beeinflussung des betreffenden Jahresabschlusses durchgeführt, sondern beruhen auf unternehmerischen Entscheidungen. Gleichwohl ist darüber zu berichten, wenn sie geeignet sind, die Darstellung der Vermögens-, Finanz- und Ertragslage wesentlich zu beeinflussen.[140] Beispiele für sachverhaltsgestaltende Maßnahmen sind:[141] 129

---

136 Vgl. IDW EPS 450 nF, Tz 92, 93.
137 Vgl. Orth, in Baetge/Kirsch/Thiele, Bilanzrecht, § 321 HGB, Rz 96.9, Stand 2/2014.
138 Vgl. Schmidt/Poullie, in Beck Bil-Komm., 10. Aufl., 2016, § 321 HGB, Rz 61.
139 Vgl. IDW EPS 450 nF, Tz 94.
140 Die in IDW ERS HFA 13 nF aufgeführten Fallkonstellationen zum Übergang des wirtschaftlichen Eigentums sowie zur Gewinnrealisierung nach HGB stellen ebenfalls mögliche Berichtspunkte dar, die im Einzelfall hier anzugeben sind.
141 Vgl. WPH Edition, Wirtschaftsprüfung & Rechnungslegung, 15. Aufl., 2017, Abschn. M, Tz 372.

- Forderungsverkäufe im Rahmen von *asset backed securities*-Transaktionen,
- Pensionsgeschäfte,[142]
- *Sale-and-lease-back*-Transaktionen,
- Gestaltungen mit dem Ergebnis der Aktivierung von Entwicklungskosten oder anderen selbst geschaffenen immateriellen VG,
- *window dressing*, d. h. abschlussstichtagsbezogene Beeinflussung der Gesamtaussage des Jahresabschlusses (z. B. Tilgung von Verbindlichkeiten kurz vor dem Abschlussstichtag bei Neuaufnahme der Verbindlichkeiten kurz nach dem Abschlussstichtag),
- Übergang von Kauf zu Leasing im Rahmen der Anschaffung von VG,
- der Einsatz von Zweckgesellschaften (*special purpose entities*, z. B. Leasingobjektgesellschaften),
- Tauschumsätze,
- die Ausgestaltung von Aktienoptionsplänen,
- Factoring,
- konzerninterne Transaktionen bzw. solche mit nahestehenden Personen.

3.4.2.5 Aufgliederungen und Erläuterungen

130 Die in Abs. 2 Satz 5 der Vorschrift geforderte Aufgliederung und Erläuterung von Abschlussposten sind nur dann obligatorisch, wenn durch die Aufgliederung und Erläuterung eine wesentliche Verbesserung des Verständnisses der Gesamtaussage erreicht wird.[143] Sofern einzelne Posten aufgegliedert werden, sind sie auch zu erläutern. Dies erfordert regelmäßig Ausführungen, welchen Einfluss bspw. die geänderte Ausübung eines Wahlrechts oder die Durchführung einer Sachverhaltsgestaltung auf Ansatz, Bewertung oder Zusammensetzung einzelner Abschlussposten hat.[144] Hierzu kann es bspw. empfehlenswert sein, über die Darstellungen im Anhang hinaus auf Rechte Dritter an bilanzierten VG (Verfügungsbeschränkungen, Belastungen) einzugehen.[145] Da die gesetzlich geforderten Aufgliederungen und Erläuterungen in direktem Zusammenhang mit der Gesamtaussage stehen, werden sie regelmäßig bei den Ausführungen zu den Bilanzierungs- und Bewertungsmethoden und deren Änderungen sowie den sachverhaltsgestaltenden Maßnahmen und nicht in einem separaten Berichtsabschnitt vorgenommen.

131 Von den gesetzlich erforderlichen Aufgliederungen und Erläuterungen sind weitergehende sonstige Aufgliederungen und Erläuterungen zu unterscheiden. Aufgrund gesonderter Beauftragung oder den Erwartungen der Berichtsadressaten wird der AP i. d. R. eine Analyse des Jahresabschlusses vornehmen, indem die **Vermögens-, Finanz- und Ertragslage** – oftmals die einzelnen Lagen jeweils separat – **in Strukturdarstellungen** aufbereitet, Veränderungen analysiert und daraus abgeleitete oder auch weitergehende Kennzahlen dargestellt werden.[146] Diese Analyse ist dem Gebot der Klarheit der Berichterstattung

---

[142] Vgl. § 340b HGB.
[143] Vgl. *Orth*, in *Baetge/Kirsch/Thiele*, Bilanzrecht, § 321 HGB, Rz 97.1, Stand 2/2014.
[144] Vgl. IDW EPS 450 nF, Tz 98.
[145] Vgl. *ADS*, 6. Aufl., § 321 HGB, Rn 115.
[146] Zu Einzelheiten über Möglichkeiten der Darstellung vgl. WPH Edition, Wirtschaftsprüfung & Rechnungslegung, 15. Aufl., 2017, Abschn. M, Tz 383 ff.

folgend (Rz 29) in einem von den Ausführungen zur Gesamtaussage getrennten Berichtsabschnitt (z. B. im Anschluss an die Ausführungen zur Gesamtaussage oder in einer Anlage zum Prüfungsbericht) vorzunehmen.[147] Ein Verzicht auf eine Darstellung der Vermögens-, Finanz- und Ertragslage ist insb. in folgenden Konstellationen denkbar:[148]
- Anhang und Lagebericht enthalten bereits entsprechend detaillierte Darstellungen, sodass eine (erneute) Aufnahme in den Prüfungsbericht lediglich eine Wiederholung wäre,
- im Rahmen der Stellungnahme zur Lagebeurteilung (Rz 49) oder im Rahmen der Darstellung der Erläuterungen i. S. v. § 321 Abs. 2 Satz 4 HGB (Rz 116 ff.) sind bereits entsprechend aussagekräftige Darstellungen im Prüfungsbericht enthalten,
- bei einem Prüfungsbericht über den Jahresabschluss eines TU, das in den Konzernabschluss des MU einbezogen wird und dessen wirtschaftliche Lage im Wesentlichen von den Verhältnissen des MU geprägt ist; dabei ist zusätzlich vorauszusetzen, dass im Prüfungsbericht über die Konzernabschlussprüfung des MU die wirtschaftliche Lage ausreichend dargestellt wird,
- wenn auf die Darstellung der Vermögens-, Finanz- und Ertragslage im Prüfungsbericht auftragsgemäß (insb. bei freiwilligen Abschlussprüfungen) verzichtet werden soll; dies ist jedoch nur zulässig, soweit sich das betreffende Unt nicht in einer wirtschaftlichen Schieflage befindet und der AP sich im Übrigen von der Funktionsfähigkeit des internen Informationssystems überzeugt hat.

Eine **detaillierte Aufgliederung aller Posten der Bilanz und GuV** zur Sicherung der Unternehmensdokumentation hat in einer Anlage zum Prüfungsbericht oder ggf. in einem separaten Anlagenband zu erfolgen. Bei mittelständischen Unt ohne ausgeprägte eigene Dokumentation können diese Aufgliederungen und Erläuterungen ein wichtiges Informations- und Kontrollinstrument darstellen.[149] Zu beachten ist hierbei, dass der AP mit der Aufnahme dieser Aufgliederungen und Erläuterungen auch die Verantwortlichkeit für deren Richtigkeit übernimmt, wodurch sich regelmäßig eine Ausweitung der Prüfungshandlungen im Rahmen der Abschlussprüfung ergibt, da ein reines Übernehmen von unternehmensinternen Aufstellungen unzulässig ist.[150] Zu beachten ist außerdem, dass durch die Aufgliederungen der Posten der Bilanz und der GuV die Wesentlichkeitsgrenze für die Prüfungsfeststellungen im Zusammenhang mit diesen Aufgliederungen und Erläuterungen ggf. anzupassen ist.

132

3.4.2.6 Erbrachte Steuerberatungs- und Bewertungsleistungen

Für AP von PIE ergibt sich aus § 319a Abs. 1 Satz 3 HGB die Notwendigkeit, im Prüfungsbericht darauf einzugehen, wenn sie bei dem geprüften Unt

133

---

[147] Vgl. IDW EPS 450 nF, Tz 112; weitere Gründe für eine grundsätzlich vorzunehmende Analyse der Vermögens-, Finanz- und Ertragslage vgl. WPH Edition, Wirtschaftsprüfung & Rechnungslegung, 15. Aufl., 2017, Abschn. M, Tz 381.
[148] Vgl. WPH Edition, Wirtschaftsprüfung & Rechnungslegung, 15. Aufl., 2017, Abschn. M, Tz 382.
[149] Vgl. IDW EPS 450 nF, Tz 99.
[150] Vgl. *Gross/Möller*, WPg 2004, S. 323.

- **Steuerberatungsleistungen** i.S.d. Art. 5 Abs. 1 Unterabs. 2 Buchst. a Ziffer i und iv–vii der EU-VO bzw.
- **Bewertungsleistungen** i.S.d. Art. 5 Abs. 1 Unterabs. 2 Buchst. f der EU-VO erbracht haben.

Die Einschätzung der Auswirkungen solcher Steuerberatungs- und Bewertungsleistungen auf den geprüften Abschluss ist im Prüfungsbericht in einem eigenständigen Berichtsabschnitt darzustellen und zu erläutern. Eine Angabe der einzelnen Steuberatungs- bzw. Bewertungsleistungen schreibt der Gesetzeswortlaut nicht vor.[151]

3.5 Feststellungen zum Risikofrüherkennungssystem (Abs. 4)

134 Bei einer börsennotierten AG (§ 3 Abs. 2 AktG) umfasst der Prüfungsgegenstand gem. § 317 Abs. 4 HGB auch die dem Vorstand nach § 91 Abs. 2 AktG obliegenden Maßnahmen (Risikofrüherkennungssystem). Abs. 4 der Vorschrift verpflichtet den AP, in einem gesonderten Abschnitt des Prüfungsberichts auszuführen, ob der Vorstand die nach § 91 Abs. 2 AktG erforderlichen Maßnahmen getroffen, insb. ein **Risikofrüherkennungssystem** eingerichtet hat, und ob das Überwachungssystem seine Aufgaben erfüllen kann. Zur Prüfung des Risikofrüherkennungssystems s. § 317 Rz 138.

135 Die Berichterstattungspflicht betrifft somit die Prüfungsberichte von börsennotierten AG. Da sich die Vorschrift auf die geprüfte Gesellschaft bezieht und folglich das Risikofrüherkennungssystem lediglich Bestandteil der Jahresabschlussprüfung ist, ist ein Abschnitt im Prüfungsbericht lediglich zur Jahresabschlussprüfung dieser Ges. zwingend, auch wenn die Ausgestaltung des Risikofrüherkennungssystems konzernweit zu erfolgen hat. Insbesondere bei börsennotierten AG, die zugleich MU eines (Teil-)Konzerns sind, braucht der Konzern-AP im Prüfungsbericht zum (Teil-)Konzernabschluss grds. keine Feststellungen zum Risikofrüherkennungssystem des MU zu treffen.[152]

136 Der AP hat festzustellen, ob das Risikofrüherkennungssystem geeignet ist, den Fortbestand der Ges. gefährdende Entwicklungen frühzeitig zu erkennen, und ob Maßnahmen zu dessen Verbesserung erforderlich sind. Konkrete **Verbesserungsvorschläge** sind nicht Gegenstand der Berichterstattung, es sind lediglich die betreffenden Bereiche zu benennen.[153] Der AP hat auch keine Darstellung des Risikofrüherkennungssystems vorzunehmen.

137 Soweit **keine Beanstandungen** festgestellt werden, empfiehlt sich folgende Formulierung:[154] „Unsere Prüfung hat ergeben, dass der Vorstand die nach § 91 Abs. 2 AktG geforderten Maßnahmen, insb. zur Einrichtung eines Überwachungssystems, in geeigneter Weise getroffen hat und dass das Überwachungssystem geeignet ist, Entwicklungen, die den Fortbestand der Gesellschaft gefährden, frühzeitig zu erkennen."

---

[151] Vgl. IDW EPS 450 nF, Tz P103/1.
[152] Vgl. WPH Edition, Wirtschaftsprüfung & Rechnungslegung, 15. Aufl., 2017, Abschn. M Tz 420, 581.
[153] Vgl. IDW EPS 450 nF, Tz 106.
[154] Vgl. IDW EPS 450 nF, Tz 105.

Soweit das Risikofrüherkennungssystem **offenkundig völlig unzureichende** 138
Maßnahmen des Vorstands umfasst, handelt es sich um eine sonstige Unregelmäßigkeit, über die gem. § 321 Abs. 1 Satz 3 HGB zu berichten ist (Rz 77).[155]
Diese Redepflicht besteht für alle AG, da die Vorschrift des § 91 Abs. 2 AktG 139
keine Differenzierung hinsichtlich Börsennotierung nach § 3 Abs. 2 AktG vornimmt.
Nach hM entfaltet § 91 Abs. 2 AktG eine **Ausstrahlungswirkung** auf Ges. 140
anderer Rechtsform, da die Implementierung eines angemessenen Überwachungssystems zu den Sorgfaltspflichten der gesetzlichen Vertreter zu zählen ist.[156] Eine Berichterstattung als Unregelmäßigkeit bei diesen Ges. kann dann in Betracht kommen, wenn die Geschäftsführung im Rahmen des Risikoberichts bzw. Prognoseberichts als Teil des Lageberichts (vgl. DRS 20) keine angemessenen Instrumentarien zur Risikofrüherkennung implementiert hat und der Lagebericht deshalb in den genannten Bereichen unvollständig sein kann.

3.6 Feststellungen aus der Erweiterung des Prüfungsauftrags

Soweit der Prüfungsauftrag **aufgrund gesellschaftsvertraglicher bzw. sat-** 141
zungsmäßiger Regelung oder aufgrund **freiwilliger Beauftragung** erweitert ist und sich diese Erweiterung nicht auf den Jahresabschluss oder Lagebericht bezieht, ist über das Ergebnis dieser Erweiterung in einem separaten Abschnitt des Prüfungsberichts zu berichten.[157]
Über diejenigen Erweiterungen des Prüfungsauftrags, die sich auf den Jahresabschluss oder Lagebericht beziehen, ist nicht hier, sondern im Rahmen der Ordnungsmäßigkeit der Rechnungslegung (Rz 104 ff.) zu berichten.
In Betracht kommen insb. Prüfungen nach **§ 53 HGrG** (Prüfung der Ordnungs- 142
mäßigkeit der Geschäftsführung und der wirtschaftlichen Verhältnisse), Prüfung einer REIT-AG nach § 11 Abs. 4 ReitG,[158] Prüfung der Angaben zum DCGK oder Prüfung der Entflechtung der Rechnungslegung gem. § 6b Abs. 5 EnWG.[159] Wichtig ist eine klare Trennung von eigenständigen Prüfungsaufträgen, wie z.B. Prüfung des Abhängigkeitsberichts und Prüfung von Lizenzentgelten an Duale Systeme, über die separat zu berichten ist. Die Abgrenzung zwischen der Erweiterung des Prüfungsauftrags und eigenständiger Prüfung kann im Einzelfall von den mit dem Auftraggeber getroffenen Vereinbarungen abhängen.[160]
Die Berichterstattung umfasst die Darstellung der **wesentlichen Ergebnisse**. Bei 143
einer Prüfung nach § 53 HGrG ist auf die Beantwortung der Fragen des betr. Fragenkatalogs zu verweisen, der als Anlage dem Prüfungsbericht beizufügen ist.[161] Weiterhin sind Angaben zur Berücksichtigung der Vorjahresbeanstandungen und -empfehlungen zu machen.[162]
Eine Prüfung nach § 53 HGrG umfasst auch die Prüfung des Risikofrüherken- 144
nungssystems der Gesellschaft. Da diese Prüfungspflicht aber nicht auf § 317

---

[155] Vgl. *Kuhner/Päßler*, in *Küting/Pfitzer/Weber*, HdR, § 321 HGB, Rn 78, Stand 04/2011.
[156] Vgl. *Orth*, in *Baetge/Kirsch/Thiele*, Bilanzrecht, § 321 HGB, Rz 119, Stand 2/2014, mwN.
[157] Vgl. IDW EPS 450 nF, Tz 108.
[158] Zu Einzelheiten vgl. IDW PH 9.950.2.
[159] Zu Einzelheiten vgl. IDW PS 610.
[160] Vgl. IDW EPS 450 nF, Tz 19.
[161] Vgl. IDW PS 720, Tz 15.
[162] Vgl. IDW PH 9.450.1, Tz 5.

Abs. 4 HGB beruht, sollte hierüber ebenfalls in dem Abschnitt über die Erweiterung des Prüfungsauftrags und nicht in dem Abschnitt über die Prüfung des Risikofrüherkennungssystems (Rz 134) berichtet werden.[163]

3.7 Wiedergabe des Bestätigungsvermerks (§ 322 Abs. 7 Satz 2)

145 Der Bestätigungsvermerk bzw. der Versagungsvermerk sind gem. § 322 Abs. 7 Satz 2 HGB in den Prüfungsbericht aufzunehmen. Hierbei handelt es sich um eine Wiedergabe des an anderer Stelle erteilten Bestätigungsvermerks, der nicht im Prüfungsbericht selbst enthalten sein darf.[164] Die Ursache dieser scharfen Trennung liegt in dem unterschiedlichen Adressatenkreis von Prüfungsbericht und Bestätigungsvermerk. Der Prüfungsbericht ist nur einem eingeschränkten Adressatenkreis zugänglich (Rz 9), während der Bestätigungsvermerk für die Öffentlichkeit bestimmt ist. Daher wird in der Praxis zumeist ein sog. **Testatsexemplar**, bestehend aus Bestätigungsvermerk, Jahresabschluss, Lagebericht und AAB, ausgefertigt. In diesen Fällen ist der Bestätigungsvermerk dem Prüfungsbericht nicht als Anlage beizufügen. Wird kein Testatsexemplar ausgefertigt, ist das Original des Bestätigungsvermerk als Anlage zum Prüfungsbericht beizufügen[165] (Rz 148).

146 Die Wiedergabe des Bestätigungsvermerks im Prüfungsbericht ist unter Angabe von Ort der Niederlassung, Datum der Unterzeichnung und Name des bzw. der unterzeichnenden WP vorzunehmen, allerdings nicht zu unterzeichnen und nicht zu siegeln.[166] Hiervon zu unterscheiden sind die zumeist direkt im Anschluss erfolgende Unterzeichnung und Siegelung des Prüfungsberichts selbst (Rz 150).

147 Wird der Prüfungsbericht von denselben Personen unterzeichnet, die auch den Bestätigungsvermerk gezeichnet haben (Regelfall), kann bei der Wiedergabe des Bestätigungsvermerks auf die Angabe der Namen der den Bestätigungsvermerk zeichnenden WP verzichtet werden. Gleiches gilt für die Angabe des Ortes der Niederlassung und des Datums der Erteilung des Bestätigungsvermerks, wenn diese Angaben identisch zu den Angaben im Prüfungsbericht sind (Regelfall).[167]

3.8 Anlagen zum Prüfungsbericht

148 Zu unterscheiden sind obligatorische und fakultative Anlagen zum Prüfungsbericht. **Obligatorische Anlagen** zum Prüfungsbericht sind:
- geprüfter Jahresabschluss,
- geprüfter Lagebericht,
- Fragenkatalog des IDW PS 720 bei Erweiterung des Prüfungsauftrags nach § 53 HGrG (Rz 138).

An **fakultativen Anlagen** kommen in Betracht:
- Bestätigungsvermerk (soweit kein Testatsexemplar ausgefertigt wurde, Rz 145),
- AAB des WP (Anlage ist zwar fakultativ, sollte für den WP aber obligatorisch sein),

---

[163] GlA: *Schmidt/Poullie*, in Beck Bil-Komm., 10. Aufl., 2016, § 321 HGB, Rz 90.
[164] Vgl. IDW PH 9.450.2, Tz 4.
[165] Vgl. IDW PH 9.450.2, Tz 3.
[166] Vgl. IDW EPS 450 nF, Tz 109.
[167] Vgl. WPH Edition, Wirtschaftsprüfung & Rechnungslegung, 15. Aufl., 2017, Abschn. M, Tz 461.

- Darstellung der rechtlichen, steuerlichen und wirtschaftlichen Verhältnisse,[168]
- Analyse der Vermögens-, Finanz- und Ertragslage (Rz 132),
- Aufgliederungen und Erläuterungen der Posten von Bilanz und GuV (Rz 132),
- weitere Anlagen nach individueller Vereinbarung mit dem Auftraggeber.

3.9 Besonderheiten bei einem IFRS-Einzelabschluss nach § 325 Abs. 2a HGB

Nach § 325 HGB offenlegungspflichtige Unt können anstelle ihres nach handelsrechtlichen Grundsätzen aufgestellten und geprüften Jahresabschluss auch einen Einzelabschluss nach den in § 315e Abs. 1 HGB bezeichneten internationalen Rechnungslegungsstandards aufstellen, prüfen lassen und offenlegen (§ 325 Rz 120). Für diesen IFRS-EA gilt gem. § 324a Abs. 1 HGB die Vorschrift des § 321 HGB. Für den Prüfungsbericht zum IFRS-EA ergeben sich im Einzelnen folgende Besonderheiten:[169]

149

- Als **Rechnungslegungsgrundsätze** sind die „IFRS, wie sie in der EU anzuwenden sind," zu bezeichnen.
- **Prüfungsgegenstand** sind die nach den EU-IFRS geforderten Unterlagen, d. h. neben Bilanz, GuV und Anhang auch die KFR, der Eigenkapitalspiegel, ggf. die SegmBer. Auch der Lagebericht gehört zum Prüfungsgegenstand. Es ist festzustellen, ob der IFRS-EA ordnungsgemäß aufgestellt wurde und die geprüften Unterlagen den IFRS, wie sie in der EU anzuwenden sind, entsprechen. Weiterhin ist festzustellen, ob die gem. § 325 Abs. 2a Satz 3 HGB genannten Vorschriften beachtet wurden.
- Ein IFRS-EA ist nicht an die handelsrechtlichen GoB gebunden. Insoweit ist bei der Berichterstattung ausschließlich darauf einzugehen, ob der IFRS-EA ein den tatsächlichen Verhältnissen entsprechendes Bild der Vermögens-, Finanz- und Ertragslage vermittelt.
- Bei der Stellungnahme zur Beurteilung der Darstellung der Lage der Ges. durch die gesetzlichen Vertreter ist zu beachten, dass, soweit ein einheitlicher Lagebericht erstellt wird, dieser in erforderlichem Umfang auch auf den IFRS-EA Bezug nehmen muss. Es wird aber nicht zu beanstanden sein, wenn die Ges. zwei Lageberichte aufstellt, die sich lediglich in Bezug auf die Darstellung der Vermögens-, Finanz- und Ertragslage und des Geschäftsergebnisses unterscheiden (§ 324a Rz 17).
- Der Prüfungsbericht zum IFRS-EA kann gem. § 324a Abs. 2 Satz 2 HGB mit dem Prüfungsbericht zum Jahresabschluss, Konzernabschluss oder IFRS-Konzernabschluss zusammengefasst werden. Dies erscheint allerdings nur in solchen Fällen zweckmäßig und den Grundsätzen einer klaren Berichterstattung entsprechend, wenn es sich bei dem Konzernabschluss um einen gem. § 315e HGB nach IFRS aufgestellten Konzernabschluss handelt (§ 324a Rz 18).

---

[168] Vgl. zu Einzelheiten möglicher Berichterstattung WPH Edition, Wirtschaftsprüfung & Rechnungslegung, 15. Aufl., 2017, Abschn. M, Tz 480ff.
[169] Vgl. *Schmidt/Poullie*, in Beck Bil-Komm., 10. Aufl., 2016, § 321 HGB, Rz 99.

4 Unterzeichnung und Vorlage (Abs. 5)

150 Abs. 5 der Vorschrift betrifft die Unterzeichnung und Vorlage des Prüfungsberichts durch den AP.

Die Unterzeichnung des Prüfungsberichts ist zu unterscheiden von der Unterzeichnung des Bestätigungsvermerks; es handelt sich um zwei separate Elemente der Berichterstattung mit unterschiedlichem Adressatenkreis (Rz 9).

151 Der Prüfungsbericht ist unter Angabe von Ort der Niederlassung und Datum zu unterzeichnen.[170] Bei gesetzlichen Abschlussprüfungen ist außerdem das Berufssiegel zu führen (§ 48 Abs. 1 Satz 1 WPO, § 19 Abs. 1 BS WP/vBP). Bei freiwilligen Abschlussprüfungen kann das Siegel geführt werden (§ 48 Abs. 1 Satz 2 WPO, § 19 Abs. 2 BS WP/vBP). Zur elektronischen Siegelung des Prüfungsberichts vgl. Rz 26.

152 Die mit dem AReG vorgenommene Umformulierung von Abs. 5 S. 1 der Vorschrift hat materiell nur klarstellenden Charakter. Auch bislang schon war aufgrund der GoA die Angabe des **Datums der Unterzeichnung** obligatorisch.

153 Die Unterzeichnung hat eigenhändig zu erfolgen. Es wird als ausreichend angesehen, wenn zumindest ein Exemplar des Prüfungsberichts vom WP eigenhändig unterzeichnet wird. Für weitere Ausfertigungen genügen auch mechanische Vervielfältigungen der Unterschrift. Zur elektronischen Unterzeichnung des Prüfungsberichts vgl. Rz 26.[171]

154 Der unterzeichnende WP hat die **Bezeichnung** „Wirtschaftsprüfer/Wirtschaftsprüferin" zu verwenden (§ 18 Abs. 1 Sätze 1 u. 2 WPO). vBP haben entsprechend die Berufsbezeichnung „vereidigter Buchprüfer/vereidigte Buchprüferin" zu verwenden (§ 128 Abs. 2 WPO). Eine Hinzufügung anderer Berufsbezeichnungen bei Mehrfachqualifikation ist nur zulässig, wenn es sich um einen amtlich verliehenen **ausländischen Prüfertitel** handelt (§ 18 Abs. 1 Satz 3 WPO), wie z. B. der US-amerikanische CPA.

155 In aller Regel werden Prüfungsbericht und Bestätigungsvermerk durch den bzw. dieselben Personen unterzeichnet. Ein Abweichen hiervon ist rechtlich zwar nicht ausgeschlossen, in der Praxis aber sehr ungewöhnlich, da Prüfungsbericht und Bestätigungsvermerk eng aufeinander bezogen sind.[172]

> **Beispiel**
> Die WPG führt bei dem Mandanten eine Prüfung des Jahresabschlusses zum 31.12.01 durch. Die Schlussbesprechung mit der Geschäftsführung (Beendigung der materiellen Prüfungshandlungen) erfolgt am 12.3.02. Am 15.3.02 wird – unter dem Datum 12.3.02 – ein Testatsexemplar ausgeliefert. Den Bestätigungsvermerk haben die beiden für die WPG vertretungsberechtigten WP Müller und Meier unterzeichnet. Am 18.3.02 verstirbt Müller aufgrund eines tragischen Autounfalls. Da der Prüfungsbericht noch nicht unterschrieben worden ist, innerhalb der WPG jedoch organisatorisch die Unterzeich-

---

[170] Vgl. IDW EPS 450 nF, Tz 116.
[171] Vgl. *Orth*, in *Baetge/Kirsch/Thiele*, Bilanzrecht, § 321 HGB, Rz 121, Stand 2/2014, mwN.
[172] Vgl. *Gelhausen*, WPKM 2/2007, S. 61. Auch bei der Prüfung von PIE werden im Regelfall die Unterzeichner von Prüfungsbericht und Bestätigungsvermerk identisch sein; vgl. IDW EPS 450 nF, Tz P115/1.

> nung von Prüfungsberichten durch zwei WP angeordnet ist, hat ein anderer WP gemeinsam mit WP Meier den Prüfungsbericht zu unterzeichnen.

Bei **Berufsgesellschaften** als AP erfolgt die Unterzeichnung durch vertretungsberechtigte natürliche Personen, die WP bzw. vBP (bei Prüfungen von mittelgroßen Ges. i. S. v. § 267 HGB) sind. Die Unterzeichnung durch einen WP und einen sonstigen mit der Abschlussprüfung betrauten Mitarbeiter ist unzulässig (§ 32 Satz 2 WPO). Vertretungsberechtigte Personen können nicht nur die gesetzlichen Vertreter der Berufsgesellschaft (z. B. Vorstandsmitglieder, Geschäftsführer, persönlich haftende Gesellschafter), sondern auch rechtsgeschäftlich bevollmächtigte Vertreter (insb. Prokuristen) sein.[173]

156

Die mit dem AReG in Satz 1, 2. HS der Vorschrift vorgenommene Ergänzung durch Verweis auf § 322 Abs. 7 Satz 3 und 4 erfordert, dass der für den Auftrag verantwortliche WP einer WPG den Prüfungsbericht zu unterzeichnen hat. Materiell war dies regelmäßig keine Neuerung, da – bei im Regelfall anzutreffender Personenidentität zwischen Unterzeichner des Bestätigungsvermerks und des Prüfungsberichts – § 27a BS WP/vBP aF auch früher schon galt.

157

Der Prüfungsbericht ist gem. Abs. 5 Satz 1 den gesetzlichen Vertretern vorzulegen. Soweit der Aufsichtsrat den Auftrag erteilt hat, ist gem. Abs. 5 Satz 2 der Prüfungsbericht diesem vorzulegen. Dieser Verpflichtung wird durch die Vorlage an den Aufsichtsratsvorsitzenden entsprochen.[174] Die Regelung ist analog auch für Beiräte und andere Aufsichtsgremien anzuwenden, soweit diese dem AP den Prüfungsauftrag erteilt haben. Zu beachten ist die durch das AReG erfolgte Änderung, den Prüfungsbericht neben dem Aufsichtsrat gleichzeitig einem eingerichteten Prüfungsausschuss vorzulegen.

158

Abs. 5 Satz 2 verpflichtet den AP, vor Zuleitung des Prüfungsberichts an den Aufsichtsrat dem Vorstand Gelegenheit zur Stellungnahme zu geben. In der Praxis erfolgt dies üblicherweise durch Übersendung eines **Vorabexemplars** (auch bezeichnet als Entwurfsexemplar, Leseexemplar) des Prüfungsberichts. Die Übersendung eines Vorabexemplars dient nicht nur der Gelegenheit zur Stellungnahme des Vorstands, sondern auch zur Beseitigung letzter Unrichtigkeiten aus der Berichterstattung.[175] Vorabexemplare sind zur Vermeidung von Missbräuchen eindeutig als solche zu bezeichnen.[176] Angesichts des Gesetzeswortlauts wurde auch bislang schon die Auffassung vertreten, dem Vorstand sei kein Berichtsentwurf, sondern der unterschriebene Prüfungsbericht zuzuleiten.[177] Die durch das AReG vorgenommene Neufassung in Abs. 5 Satz 3 stellt dies nunmehr klar, d. h. die Geschäftsführungsorgane haben unverzüglich nach Vorlage des Prüfungsberichts an Aufsichtsrat und Prüfungsausschuss die Gelegenheit zum Prüfungsbericht Stellung zu nehmen. Die Gesetzesmaterialien lassen darüber hinaus auch eindeutig erkennen, dass die Praxis der Versendung eines Vorabentwurfs des Prüfungsberichts

159

---

173 Vgl. *Gelhausen*, WPKM 2/2007, S. 59.
174 Vgl. IDW EPS 450 nF, Tz. 117.
175 Vgl. *Ebke*, in *MünchKomm HGB*, 3. Aufl., § 321 HGB, Rz 92f.
176 Vgl. WPH Edition, Wirtschaftsprüfung & Rechnungslegung, 15. Aufl., 2017, Abschn. M, Tz 494.
177 Vgl. *Hommelhoff*, BB 1998, S. 2628.

an die Geschäftsführung auch im Falle der Erteilung des Prüfungsauftrags durch den Aufsichtsrat zulässig ist.[178]

160 Die **Anzahl auszufertigender Prüfungsberichte** wird vom Auftraggeber bestimmt. Gem. den AAB[179] besteht Anspruch auf fünf Exemplare. Bzgl. der Problematik bei Prüfungsberichten als pdf-Dateien vgl. Rz 27.

161 Die Auslieferung des Prüfungsberichts stellt die **Beendigung der Abschlussprüfung**. dar. Die Auslieferung des Prüfungsberichts darf nicht später als die Auslieferung des Bestätigungsvermerks erfolgen.[180] Erst dann liegen die Voraussetzungen des § 316 Abs. 1 Satz 2 HGB vor, sodass erst ab diesem Zeitpunkt eine Feststellung des Jahresabschlusses vorgenommen werden kann.[181]

162 Die gesetzlichen Vertreter haben den Prüfungsbericht der GesV vorzulegen (vgl. z. B. § 42a Abs. 1 Satz 2 GmbHG), während bei einer AG/KGaA die HV – auch wenn diese gem. § 173 AktG den Jahresabschluss feststellt – den Prüfungsbericht nicht erhält. TU haben gem. § 294 Abs. 3 ihren Prüfungsbericht dem MU einzureichen.

163 Bei der Prüfung von **Kreditinstituten und Finanzdienstleistungsinstituten** hat der AP gem. § 26 Abs. 1 Satz 3 KWG den Prüfungsbericht unmittelbar der BaFin und der Deutschen Bundesbank zu übermitteln. Gleiches gilt für AP von **Zahlungsinstituten** gem. § 17 Abs. 1 Satz 3 ZAG. **Versicherungsunternehmen und Pensionsfonds** haben den Prüfungsbericht der BaFin vorzulegen (§ 59 VAG).

164 AP von PIE haben gem. Art. 11 Abs. 5 EU-APrVO den zuständigen Behörden i. S. d. Art. 20 Abs. 1 EU-APrVO den zusätzlichen Bericht (Prüfungsbericht) auf Verlagen und im Einklang mit dem nationalen Recht zur Verfügung zu stellen. Gem. § 66a Abs. 2 WPO ist die APAS die zuständige Behörde in Deutschland.[182]

5 Prüfungsbericht bei Konzernabschlussprüfungen

165 Für Konzernabschlussprüfungen gelten die in Rz 24–161 dargestellten Grundsätze analog, da § 321 HGB auch auf Konzernabschlussprüfungen i. S. v. § 316 Abs. 2 HGB anzuwenden ist. Im Folgenden wird lediglich auf konzernspezifische Besonderheiten eingegangen. Die Konzernabschlussprüfung stellt einen eigenständigen Prüfungsauftrag dar. Daher ist grds. ein separater Prüfungsbericht zu erstatten (zu Ausnahmen Rz 229).

---

[178] Vgl. Reg-Begr. zum AReG, BT-Drs. 18/7219, S. 51.
[179] Vgl. IDW-Verlag, Ziff. 10.3 der Allgemeinen Auftragsbedingungen für Wirtschaftsprüfer und Wirtschaftsprüfungsgesellschaften nach dem Stand v. 1.1.2017.
[180] Vgl. IDW EPS 450 nF, Tz 117.
[181] Vgl. OLG Stuttgart v. 1.7.2009, 20 U 8/08, IDW-FN 2010, S. 52, bestätigt vom BGH mit Beschluss v. 21.6.2010, II ZR 166/09, BB 2010, S. 1649. Das OLG Stuttgart hat es als Mindestanforderung an den Prüfungsbericht für zulässig erachtet, wenn ein zuvor übersandtes Entwurfsexemplar des Prüfungsberichts vor der Beschlussfassung des Aufsichtsrats vom AP unterzeichnet wird und der AP gegenüber dem Aufsichtsrat erkennen lässt, dass dieser unterzeichnete Entwurfsbericht als rechtsverbindliche Erklärung gelten solle.
[182] Vgl. IDW EPS 450 nF, Tz P117/4.

5.1 Prüfungsauftrag und Erklärung der Unabhängigkeit

Im Rahmen der Ausführungen zur Wahl und Beauftragung des Konzern-AP ist – sofern kein Konzern-AP gewählt ist – auf die Fiktion des § 318 Abs. 2 HGB einzugehen.[183]

166

5.2 Grundsätzliche Feststellungen

Die Berichterstattungspflicht bezieht sich auch auf entwicklungsbeeinträchtigende oder bestandsgefährdende Tatsachen sowie Unregelmäßigkeiten der in dem Konzernabschluss zusammengefassten Jahresabschluss. Im Konzernabschluss zusammengefasst sind vollkonsolidierte TU und nach der QuotenKons einbezogene TU. At equity bewertete Unt fallen demnach grds. nicht hierunter. Insbesondere in Konstellationen, bei denen zukünftig zu erwartende negative Ergebnisbeiträge von assoziierten Unt wesentliche Größenordnungen für die Ertragslage des Konzerns ausmachen, ist aber auch hier eine Berichterstattung des Konzern-AP erforderlich, soweit die Voraussetzungen für die Vorwegberichterstattung (Entwicklungsbeeinträchtigung, Bestandsgefährdung) gegeben sind.

167

Für den Konzern-AP gilt einerseits zu beachten, dass auf Ebene der Jahresabschlussprüfung eines einbezogenen TU berichtspflichtige Tatsachen auf Konzern-Ebene ggf. keine Berichterstattung mehr begründen. Andererseits hat der Konzern-AP zu beachten, dass der Zeitpunkt der Aufstellung des Konzernabschlusses regelmäßig später als die der einbezogenen TU liegt, sodass der Konzern-AP auch solche berichtspflichtigen Sachverhalte und Tatsachen von TU aufzunehmen hat, die ggf. erst nach Aufstellung des Jahresabschlusses des TU auftreten bzw. bekannt werden. Stellt der Konzern-AP fest, dass die Voraussetzungen für die Inanspruchnahme von § 264 Abs. 3 HGB bzw. § 264b HGB für ein TU nicht vorgelegen haben, hat er darüber zu berichten.

168

> **Beispiel**
> In den Konzernabschluss des MU wird eine Vielzahl in- und ausländischer TU einbezogen. Im Prüfungsbericht zum Jahresabschluss eines in den Konzernabschluss einbezogenen, gleichwohl unbedeutenden TU hat der lokale AP im Rahmen der Vorwegberichterstattung ausgeführt, dass aufgrund eines unerwarteten Verlusts im abgelaufenen Gj das Stammkapital von 25 TEUR zu mehr als 50 % durch Verluste aufgezehrt ist und die Geschäftsführung zwischenzeitlich eine GesV einberufen hat, in der eine Dotierung einer Kapitalrücklage zum Ausgleich des Bilanzverlustes durch den Alleingesellschafter beschlossen wurde.
> Im Rahmen der Berichterstattung zur Konzernabschlussprüfung hat der Konzern-AP zu entscheiden, ob es sich aus Konzernsicht ebenfalls um berichtspflichtige Tatsachen i.S.v. § 321 Abs. 1 Satz 3 HGB handelt. Häufig wird dies in der geschilderten Konstellation nicht der Fall sein, sodass keine Ausführungen im Prüfungsbericht zur Konzernabschlussprüfung vorzunehmen sind.

---

[183] Vgl. IDW EPS 450 nF, Tz 119.

169 Soweit im Bericht über die Jahresabschlussprüfung des MU eine Vorwegberichterstattung über bestandsgefährdende oder entwicklungsbeeinträchtigende Tatsachen oder Unregelmäßigkeiten erfolgt ist, ist eine Nichtaufnahme dieser Feststellungen in den Prüfungsbericht zur Konzernabschlussprüfung unter Hinweis auf die bereits zum Jahresabschluss des MU erfüllte Berichtspflicht nur zulässig, wenn der Konzern-AP zugleich AP des Jahresabschlusses des MU ist.[184]

5.3 Gegenstand, Art und Umfang der Prüfung

170 Zum Gegenstand der Konzernabschlussprüfung ist anzugeben, nach welchen Rechnungslegungsgrundsätzen der Konzernabschluss und der Konzernlagebericht aufgestellt wurden. Darüber hinaus sind Angaben zum Prüfungsgegenstand erforderlich betreffend die Prüfung[185]
- der Konzernbuchführung,
- der Abgrenzung des KonsKreises,
- der Ordnungsmäßigkeit der in den Konzernabschluss einbezogenen Jahresabschlüsse,
- der Konsolidierungsmaßnahmen,
- der Beachtung der gesetzlichen Vorschriften und der sie ergänzenden Regelungen des Gesellschaftsvertrags bzw. der Satzung des MU, wenn im Konzernabschluss zusammengefasste Jahresabschlüsse bisher ungeprüft sind,
- der Überleitung der im Konzernabschluss zusammengefassten Jahresabschlüsse auf die für den Konzernabschluss geltenden Vorschriften (sog. HB II bzw. Reporting Packages).

171 Abs. 2 Satz 6 der Vorschrift fordert explizit die Feststellung, ob die verlangten Aufklärungen und Nachweise erbracht wurden. Im Falle einer Konzernabschlussprüfung bezieht sich dies auf die in § 320 Abs. 3 HGB geregelten Vorlage-, Duldungs- und Auskunftspflichten der gesetzlichen Vertreter des MU und der TU sowie der AP dieser Unt. Im Allgemeinen genügt eine positive Feststellung, dass die erbetenen Aufklärungen und Nachweise erbracht worden sind. Wurden allerdings Auskünfte nicht erteilt oder Unterlagen nicht vorgelegt, ist dieses im Prüfungsbericht anzugeben.[186]

172 Das Auskunftsrecht des § 320 Abs. 3 HGB umfasst nach dem Gesetzeswortlaut nicht assoziierte Unt sowie GemeinschaftsUnt. Gleichwohl wird im Rahmen einer ordnungsgemäßen Durchführung der Konzernabschlussprüfung der AP das MU veranlassen, benötigte Auskünfte einzuholen oder eine unmittelbare Kontaktaufnahme zwischen Konzern-AP und den gesetzlichen Vertretern dieser Unt bzw. deren AP herzustellen.[187]

173 Der Konzern-AP hat im Rahmen der Beschreibung seiner **Prüfungsstrategie** auch darzulegen, wie er die Verwertung von einbezogenen Abschlüssen, die von lokalen AP geprüft worden sind, vorgenommen hat. In diesem Zusammenhang

---

[184] Vgl. IDW EPS 450 nF, Tz 121.
[185] Vgl. IDW EPS 450 nF, Tz 122.
[186] Vgl. WPH Edition, Wirtschaftsprüfung & Rechnungslegung, 15. Aufl., 2017, Abschn. M Tz 548. Bei Abschlussprüfungen von PIE ist immer die Angabe erforderlich, ob das geprüfte Unt alle verlangten Erläuterungen und Nachweise erbracht hat; vgl. IDW EPS 450 nF, Tz P124/1.
[187] Vgl. WPH Edition, Wirtschaftsprüfung & Rechnungslegung, 15. Aufl., 2017, Abschn. M, Tz 550.

kann es sich empfehlen auf im Rahmen der Prüfungsplanung versandte **audit instructions** und vorgenommene Prüfungshandlungen einzugehen, wie z. B.
- Auswertung der Prüfungsberichte,
- Einholung und Auswertung von weitergehenden Berichterstattungen des lokalen AP an den Konzern-AP (z. B. Konsolidierungsfragebogen),
- Teilnahme an Besprechungen oder Inventuren im Rahmen der lokalen Abschlussprüfung,
- Einsichtnahme in die Arbeitspapiere des lokalen AP.

Bei Abschlussprüfungen von PIE ist gem. Art. 11 Abs. 2 Buchst. n) EU-APrVO zu erläutern, welche Prüfungsarbeiten von Teilbereichsprüfern
- aus Nicht-EU-Ländern, die auch nicht infolge einer Zulassung gem. den Art. 3 und 44 EU-APrRiLi in der EU registriert sind, bzw.
- aus EU-Ländern, sofern diese Teilbereichsprüfer nicht dem Netzwerk des Konzernabschlussprüfers angehören,

durchgeführt worden sind.[188]

174

Bei MU, die in einem gesonderten Abschnitt des Konzernlageberichts eine Erklärung zur Unternehmensführung bzw. die Angabe der Internetseite aufzunehmen haben, auf der die Erklärung dauerhaft zugänglich gemacht wird, ist hier darauf hinzuweisen, dass die Angaben nach § 315 Abs. 5 i. V. m. § 289a HGB gem. § 317 Abs. 2 Satz 4 HGB nicht in die Prüfung einzubeziehen sind. Im Rahmen der Abschlussprüfung ist insoweit lediglich festzustellen, ob diese Angaben gemacht wurden.[189]

175

5.4 Feststellungen und Erläuterungen zur Konzernrechnungslegung

Im Rahmen der **Berichtspflichten** nach Abs. 2 Satz 1 hat der AP zu folgenden Bereichen Ausführungen in den Prüfungsbericht aufzunehmen:
- KonsKreis und Konzernabschlussstichtag,
- Ordnungsmäßigkeit der in den Konzernabschluss einbezogenen Abschlüsse,
- Ordnungsmäßigkeit des Konzernabschlusses.

176

Bezüglich des **KonsKreises** ist – da entsprechende Angaben im Konzernanhang ohnehin enthalten sind – festzustellen, ob die diesbezüglichen Anhangangaben zutreffend sind. Es empfiehlt sich auf Veränderungen im KonsKreis gegenüber dem Vorjahr einzugehen. Der AP hat außerdem festzustellen, ob bei der Abgrenzung des KonsKreises das Gebot der Stetigkeit (§ 297 Abs. 3 Satz 2 HGB) sowie die Vorschriften zur Nichteinbeziehung (§ 296 HGB), zur QuotenKons (§ 310 HGB) und zur *Equity*-Bilanzierung (§§ 311, 312 HGB) eingehalten wurden.[190]

177

Im Rahmen von Konzernabschlussprüfungen bei PIE ist gem. Art. 11 Abs. 2 Buchst. m) EU-APrVO im Prüfungsbericht eine Erläuterung des Umfangs der Kons. und der vom geprüften Unt auf etwaige nicht konsolidierte Unt angewandte Ausschlusskriterien vorzunehmen sowie die Angabe, ob die angewandten Kriterien im Einklang mit den Rechnungslegunsregelungen stehen. Diese

178

---

[188] Vgl. IDW EPS 450 nF, Tz P123/1.
[189] Vgl. IDW EPS 450 nF, Tz 123a.
[190] Vgl. IDW EPS 450 nF, Tz 126.

Erläuterungspflicht ist somit weitergehender als die nach § 321 HGB hinreichende Feststellung der Gesetzeskonformität.[191]

179 Weicht bei einbezogenen TU der Stichtag des Jahresabschlusses vom **Konzernabschlussstichtag** ab und ist von dem TU kein Zwischenabschluss aufgestellt worden (§ 299 Abs. 2 Satz 2 HGB), so hat der AP festzustellen, ob die Voraussetzungen hierfür vorgelegen haben. Ergänzend ist in diesen Fällen darauf einzugehen, ob sich Vorgänge von besonderer Bedeutung auf die Vermögens-, Finanz- und Ertragslage des TU zwischen diesen beiden Stichtagen ergeben haben.[192]

180 Im Konzernprüfungsbericht ist auf die Prüfung der **Ordnungsmäßigkeit der einbezogenen Jahresabschlüsse** von TU einzugehen. In Abhängigkeit von der Größe des KonsKreises kann es sich empfehlen, im Prüfungsbericht diejenigen Prüfungsberichte bzw. Bestätigungsvermerke von anderen AP anzugeben, die vom Konzern-AP verwertet wurden. Im Interesse der Klarheit der Berichterstattung empfiehlt es sich darzulegen, wie der Konzern-AP mit einbezogenen Abschlüssen prüferisch umgegangen ist, die entweder von einem lokalen AP geprüft wurden oder gar keiner Abschlussprüfung unterlegen haben.

181 Im Konzernprüfungsbericht sind bedeutsame Ergebnisse der Prüfung dieser Jahresabschlüsse anzugeben.

> **Beispiel**
> Der Konzern-AP stellt fest, dass der lokale AP eines in den Konzernabschluss einbezogenen US-amerikanischen TU den Bestätigungsvermerk eingeschränkt hat, da er die im lokalen US-amerikanischen Jahresabschluss aktivierten Forderungen aus Teilgewinnrealisierung (*percentage-of-completion*-Methode) als fehlerhaft beurteilt hat.
> Im Zuge der Erstellung der nach deutschen handelsrechtlichen Grundsätzen erstellten HB II sind diese aktivierten Forderungen eliminiert worden, da im Konzernabschluss die Umsatzrealisierung erst nach Fertigstellung und Abnahme erfolgt (*completed-contract*-Methode). Der Konzern-AP kommt zum Ergebnis, dass die Einschränkung des Bestätigungsvermerks bei dem TU keine Auswirkungen auf die Ordnungsmäßigkeit der einbezogenen HB II und damit auf die Ordnungsmäßigkeit des Konzernabschlusses hat. Im Prüfungsbericht erfolgt eine Berichterstattung über den Sachverhalt und die Begründung, warum die Ordnungsmäßigkeit des einbezogenen Abschlusses gleichwohl gegeben ist.

182 Soweit Einwendungen von lokalen AP gegen Jahresabschlüsse einbezogener TU nicht wie in dem vorstehenden Beispiel aufgrund von Konsolidierungsmaßnahmen gegenstandslos werden, ist eine Einschätzung der Wesentlichkeit der Einwendungen für die Aussage des Konzernabschlusses vorzunehmen. Besonderheiten aus der Prüfung dieser Jahresabschlüsse sind in den Konzern-Prüfungsbericht aufzunehmen.[193]

---

[191] Vgl. IDW EPS 450 nF, Tz P125/1.
[192] Vgl. WPH Edition, Wirtschaftsprüfung & Rechnungslegung, 15. Aufl., 2017, Abschn. M, Tz 556.
[193] Vgl. WPH Edition, Wirtschaftsprüfung & Rechnungslegung, 15. Aufl., 2017, Abschn. M, Tz 558.

In diesem Berichtsabschnitt ist außerdem anzugeben, ob die Anpassungen der Jahresabschlüsse der einbezogenen TU an die konzerneinheitlichen Bilanzierungs- und Bewertungsmethoden (HB II bzw. Reporting Packages) ordnungsgemäß durchgeführt wurde (§ 300 Rz 20).[194] Hierzu empfiehlt es sich, auf organisatorische Maßnahmen zur Sicherstellung der einheitlichen Bilanzierung und Bewertung (z. B. Konsolidierungsrichtlinie) einzugehen. 183

Im Rahmen der Berichterstattung über die **Ordnungsmäßigkeit des Konzernabschlusses** hat der Konzern-AP das System der **Konzernbuchführung** darzulegen.[195] Im Einzelnen können folgende Aspekte darzustellen sein:[196] 184
- konzerneinheitlicher Kontenplan,
- Konsolidierungsrichtlinie,
- Internes Berichts- und Formularwesen,
- dezentrale oder zentrale Erstellung der HB II,
- mehrstufige oder einstufige Konsolidierungsmethodik,
- Konsolidierungssoftware.[197]

Die Berichterstattung über die Ordnungsmäßigkeit des Konzernabschlusses erfordert die Feststellung, ob der Konzernabschluss den gesetzlichen Vorschriften und den ergänzenden Bestimmungen des Gesellschaftsvertrag bzw. der Satzung des MU entspricht.[198] Weiterhin ist einzugehen auf: 185
- Übereinstimmung der angewandten Konsolidierungsmethoden mit den gesetzlichen Vorschriften,
- zutreffende Berücksichtigung der Vortragsbuchungen des Vorjahres-Konzernabschlusses,
- Angaben im Konzernanhang vollständig und zutreffend,
- KFR in Übereinstimmung mit DRS 21,
- Konzerneigenkapitalspiegel in Übereinstimmung mit DRS 24,
- SegmBer in Übereinstimmung mit DRS 3.

Soweit gesetzliche Wahlrechte (z. B. Beibehaltung der Buchwertmethode im Rahmen der KapKons für Altfälle vor dem Inkrafttreten des BilMoG, Art. 66 Abs. 3 Satz 4 EGHGB) durch einen DRS eingeschränkt werden, ist im Prüfungsbericht über eine zulässige Abweichung von den DRS zu berichten, auch wenn dies keine Auswirkungen auf den Bestätigungsvermerk hat.[199] 186

Im Rahmen der Berichterstattung zur **Gesamtaussage des Konzernabschlusses** wird insb. auf im Rahmen der Konsolidierungsmaßnahmen ausgeübte Wahlrechte und Ermessensspielräume sowie sachverhaltsgestaltende Maßnahmen einzugehen sein, die sich auf die Vermögens-, Finanz- und Ertragslage des Konzerns auswirken. Beispiele hierfür sind:[200] 187
- Abgrenzung des KonsKreises,
- Behandlung von Differenzen aus der Zwischenergebniseliminierung und SchuldenKons,

---

[194] Vgl. IDW EPS 450 nF, Tz 130.
[195] Vgl. *Orth,* in *Baetge/Kirsch/Thiele,* Bilanzrecht, § 321 HGB, Rz 137, Stand 2/2014.
[196] Vgl. *Schmidt/Poullie,* in Beck Bil-Komm., 10. Aufl., 2016, § 321 HGB, Rz 114.
[197] Vgl. hierzu IDW RS FAIT 4.
[198] Vgl. IDW EPS 450 nF, Tz 132.
[199] Vgl. IDW EPS 450 nF, Tz 134.
[200] Vgl. IDW EPS 450 nF, Tz 137.

- Ermittlung und Behandlung von Geschäfts- und Firmenwerten (Kaufpreisallokation, Bestimmung der Nutzungsdauer des Geschäfts- oder Firmenwerts),
- Behandlung eines Aktivüberhangs latenter Steuern gem. § 274 Abs. 2 HGB.

188 Die bei mittelständischen Konzernen oftmals gewünschte Dokumentation sämtlicher Konsolidierungsmaßnahmen geht über die gesetzlichen Anforderungen zu **Aufgliederungen und Erläuterungen** gem. § 321 Abs. 2 Satz 5 HGB hinaus und sollte daher im Bedarfsfall in einer Anlage zum Prüfungsbericht vorgenommen werden. Je nach Empfängerkreis kann sich eine **Analyse des Konzernabschlusses** innerhalb des Prüfungsberichts – aber in einem von den Ausführungen zur Gesamtaussage getrennten Berichtsabschnitt – oder in einer Anlage zum Prüfungsbericht empfehlen.

189 Zur Zusammenfassung des Prüfungsberichts zum Jahresabschluss und Konzernabschluss vgl. Rz 229.

190 Sofern im Rahmen der Prüfung des **Konzernlageberichts** festgestellt worden ist, dass DRS 20-Anforderungen nicht beachtet worden sind, hat der AP das Prüfungsurteil im Bestätigungsvermerk zum Konzernlagebericht einzuschränken oder zu versagen, wenn[201]

- die DRS 20-Anforderungen einschlägig sind,
- die DRS 20-Anforderungen Konkretisierungen des HGB darstellen,
- die gesetzlichen Anforderungen nicht anderweitig erfüllt werden und
- es sich um falsche Angaben im Konzernlagebericht handelt, die wesentlich i.S.d. IDW PS 250 nF sind.

Erfüllt der Konzernlagebericht einzelne einschlägige Anforderungen des DRS 20 nicht,

- die nach DRS 20.32 wesentlich sind und
- bei denen es sich nicht um eine Konkretisierung des HGB handelt oder die gesetzlichen Anforderungen anderweitig erfüllt werden,

hat der AP über die Nichtbeachtung der Anforderungen des DRS 20 unter Würdigung der Begründung der gesetzlichen Vertreter für die Abweichung von DRS 20 ausschließlich im Prüfungsbericht zu berichten.[202]

6 Sonderfragen der Berichterstattung

6.1 Freiwillige Prüfungen

191 Bei freiwilligen Abschlussprüfungen können Prüfungsgegenstand, Prüfungsdurchführung und Berichterstattung über die Prüfung zwischen Auftraggeber und AP grds. frei vereinbart werden. Soweit allerdings ein Bestätigungsvermerk nach § 322 HGB bei solchen Prüfungen erteilt werden soll, sind die für gesetzliche Abschlussprüfungen geltenden Regelungen analog zu beachten (§ 322 Rz 170). Darüber hinaus ist dann auch ein Prüfungsbericht zu erstellen, der den für gesetzliche Jahresabschlussprüfungen zu beachtenden Vorschriften des § 321 HGB entspricht. In diesen Fällen darf mit dem Auftraggeber keine Berichterstattung mit einem geringeren Umfang vereinbart werden.[203]

---

[201] Vgl. IDW EPS 450 nF, Tz 137a.
[202] Vgl. IDW EPS 450 nF, Tz 137b.
[203] Vgl. IDW EPS 450 nF, Tz 20.

192 Freiwillige Abschlussprüfungen werden bei solchen Unt durchgeführt, die keiner gesetzlichen Abschlussprüfungspflicht (auch nicht nach §§ 6, 14 PublG) unterliegen, z.B.:
- Einzelunternehmen,
- Personenhandelsgesellschaften, die nicht § 264a HGB unterliegen,
- kleine KapG/KapCoGes,
- Konzernabschlüsse von MU i.S.v. § 290 HGB, die die Voraussetzungen von § 293 HGB erfüllen.

193 Bei KapG, die unter § 264 Abs. 3 HGB fallen, oder KapCoGes, die unter § 264b HGB fallen, können die Befreiungsvorschriften auch nur teilweise in Anspruch genommen werden. Soweit bei diesen Unt eine Abschlussprüfung durchgeführt wird, handelt es sich um eine Pflichtprüfung.[204]

> **Beispiel**
> Eine mittelgroße KapCoGes, die in einen Konzernabschluss eines übergeordneten MU einbezogen wird, lässt ihren Jahresabschluss durch einen AP prüfen. Für Offenlegungszwecke nimmt die KapCoGes die Befreiungsvorschrift des § 264b HGB in Anspruch. Bezüglich Aufstellung und Prüfung des Abschlusses werden die Befreiungsregelungen nicht in Anspruch genommen. Es handelt sich um eine gesetzliche Abschlussprüfung i.S.v. § 316 Abs. 1 HGB, über die gem. § 321 HGB zu berichten ist.

194 Besonderheiten des Prüfungsberichts zu **freiwilligen Abschlussprüfungen** sind:
- Adressierung des Prüfungsberichts (einleitend im Berichtsabschnitt Prüfungsauftrag),
- bei zulässigem Wegfall bestimmter Rechnungslegungsbestandteile entfallen die hierauf gerichteten Berichtsteile, z.B. bei Nichtaufstellung eines Lageberichts gem. § 264 Abs. 1 Satz 3 HGB entfällt die Stellungnahme zur Lagebeurteilung durch die gesetzlichen Vertreter. Die Regelungen zur Redepflicht bei entwicklungsbeeinträchtigenden und bestandsgefährdenden Tatsachen sowie zu Unregelmäßigkeiten bleiben auch in diesen Fällen bestehen (Rz 67ff.),
- Soweit bei Nichtkapitalgesellschaften zulässigerweise kein Anhang aufgestellt wird, ist im Rahmen der Ausführungen zur Gesamtaussage darauf einzugehen, inwieweit ggf. auf andere Weise die Angaben gemacht werden, die unter Beachtung der GoB erforderlich sind, damit ein zutreffendes Bild der Vermögens-, Finanz- und Ertragslage durch den Abschluss vermittelt wird;[205] Gleiches gilt auch für KapG/KapCoGes, die die Aufstellungserleichterungen von § 264 Abs. 3 bzw. § 264b HGB in Anspruch nehmen.[206]
- Falls das zu prüfende Unt keinen Anhang aufstellen muss (z.B. nach § 5 Abs. 1 PublG) oder nicht der Generalnorm des § 264 Abs. 2 HGB unterliegt, hat der AP im Prüfungsbericht die Bewertungsgrundlagen, ihre Änderungen und sachverhaltsgestaltende Maßnahmen insoweit darzustellen, als dies im Interesse einer Einschätzung der Aussage des Jahresabschlusses erforderlich ist. Hierdurch sollen die Gesellschafter und ein evtl. freiwillig gebildetes Auf-

---

[204] Vgl. WPH Edition, Wirtschaftsprüfung & Rechnungslegung, 15. Aufl., 2017, Abschn. M, Tz 643.
[205] Vgl. WPH Edition, Wirtschaftsprüfung & Rechnungslegung, 15. Aufl., 2017, Abschn. M, Tz 657.
[206] Vgl. IDW PH 9.200.1, Tz 10.

sichtsorgan in die Lage versetzt werden, die erforderlichen Grundsatzentscheidungen zu treffen bzw. vorzubereiten.[207]

195 Prüfungsberichte über freiwillige Abschlussprüfungen, die von einer WPG als AP erstattet werden, sind durch einen vertretungsberechtigten WP zu **unterzeichnen**. Im Unterschied zu Pflichtprüfungen darf neben einem WP auch ein Nicht-WP den Prüfungsbericht unterzeichnen.[208] Gleiches gilt entsprechend bei BPG für vBP. Eine **Siegelführung** ist zulässig, aber gem. § 48 Abs. 1 Satz 2 WPO nicht obligatorisch (Rz 151).

196 Die Prüfung eines IFRS-EA (Rz 206) stellt eine gesetzliche Abschlussprüfung. dar (§ 322 Rz 181).

197 Zu Prüfungsberichten bei freiwilligen Abschlussprüfungen, bei denen lediglich eine Bescheinigung erteilt werden soll, wird auf das einschlägige berufsständische Schrifttum verwiesen.[209]

6.2 Erstattung von Teilberichten

198 Eine Erstattung von Teilberichten kommt insb. dann in Betracht, wenn aus Gründen der Eilbedürftigkeit vor Abschluss der Prüfung bestimmte Feststellungen dem Aufsichtsrat mitzuteilen sind. Dies betrifft vor allem die **Ausübung der Redepflicht** zu
- bestandsgefährdenden oder entwicklungsbeeinträchtigenden Tatsachen (Rz 59) und
- Unregelmäßigkeiten und Verstößen (Rz 67).

199 Darüber hinaus können Teilberichte dann in Betracht kommen, wenn die Abschlussprüfung zeitlich unterbrochen wird (z.B. in Vor- und Hauptprüfung) und der Auftraggeber nach der Vorprüfung eine Vorabberichterstattung wünscht (z.B. über die Prüfung des internen Kontrollsystems im Rahmen der Vorprüfung) oder der AP dies für geboten erachtet.

200 Eine **Teilberichterstattung** kann auch bei der **Prüfung des Risikofrüherkennungssystems** nach § 317 Abs. 4 HGB in Betracht kommen, wenn es sich um ein sehr komplexes Risikofrüherkennungssystem handelt und die nach Abs. 4 Satz 1 gebotene Berichterstattung sehr umfangreich ausfällt. In diesem Fall ist im Prüfungsbericht in dem gesonderten Abschnitt zur Prüfung des Risikofrüherkennungssystems das Ergebnis darzustellen und bzgl. der Details auf den Teilbericht zu verweisen. Im Hinblick auf den Grundsatz der Einheitlichkeit der Berichterstattung (Rz 39) sollte allerdings im Zweifelsfall der Darstellung im Prüfungsbericht der Vorzug vor einer Berichterstattung in einem Teilbericht gegeben werden.[210]

201 Soweit Teilberichte erstattet werden, ist im Prüfungsbericht eine **geschlossene Übersicht über die Teilberichte** und deren Gegenstand zu geben, um sicherzustellen, dass die Empfänger des Prüfungsberichts sämtliche für sie bestimmte

---

[207] Vgl. IDW EPS 450 nF, Tz 76.
[208] Vgl. WPH Edition, Wirtschaftsprüfung & Rechnungslegung, 15. Aufl., 2017, Abschn. M, Tz 661; § 44 Abs. 2 Satz 1 BS WP/vBP.
[209] Vgl. WPH Edition, Wirtschaftsprüfung & Rechnungslegung, 15. Aufl., 2017, Abschn. M, Tz 664; IDW S 7; IDW PS 900.
[210] Vgl. *ADS*, 6. Aufl., Tz 137.

Informationen erhalten (Rz 87).[211] Soweit der AP Vorabberichte aufgrund festgestellter entwicklungsbeeinträchtigender oder bestandsgefährdender Tatsachen erstattet hat, sind diese wegen ihrer Bedeutung vollinhaltlich in den Prüfungsbericht aufzunehmen (Rz 61).[212]

6.3 Erstprüfungen

Unter Erstprüfungen sind solche Abschlussprüfungen zu verstehen, bei denen der AP erstmals AP ist. Ursache hierfür ist entweder, dass 202
- der Vorjahresabschluss durch einen anderen AP geprüft worden ist,
- der Vorjahresabschluss nicht durch einen AP geprüft worden ist oder
- es sich um den ersten Jahresabschluss des zu prüfenden Unt handelt.

Der AP hat bei Erstprüfungen im Prüfungsbericht festzustellen, ob die Eröffnungsbilanzwerte ordnungsgemäß aus dem Vorjahresabschluss übernommen worden sind. Außerdem hat er auf zusätzlich erforderliche Prüfungshandlungen zur Feststellung der Eröffnungsbilanzwerte im Prüfungsbericht hinzuweisen.[213] Die Berichterstattung erfolgt in dem Berichtsabschnitt zu Gegenstand, Art und Umfang der Abschlussprüfung (Rz 81). 203

Eine **ausgeweitete Berichterstattung** im Prüfungsbericht kann dann erforderlich sein, wenn z. B. folgende Sachverhalte bei Erstprüfungen auftreten: 204
- Der Bestätigungsvermerk zum Vorjahresabschluss ist eingeschränkt oder versagt worden.
- Der Vorjahresabschluss ist trotz gesetzlicher Verpflichtung nicht geprüft worden und hinsichtlich der Bestandsnachweise kann der AP für die Vorjahreszahlen keine hinreichenden Nachweise erlangen.
- Im Fall der Erstprüfung eines Abschlusses, die wegen einer Umwandlung (Verschmelzung, Spaltung) erforderlich wird, stellen sich das rechtmäßige Zustandekommen der Umwandlung oder die bei Abbildung der Umwandlung angesetzten Werte (z. B. Zeitwerte) als problematisch dar.
- Im Fall der erstmaligen Aufstellung eines Jahresabschlusses oder Konzernabschlusses nach IFRS wird es regelmäßig erforderlich sein, über das Zustandekommen und die Prüfung der IFRS-Eröffnungsbilanz zu berichten.

6.4 Berichterstattung bei Prüfung von nach internationalen Rechnungslegungsnormen aufgestellten Abschlüssen

Hauptanwendungsfall für die Berichterstattung über die Prüfung von nach internationalen Rechnungslegungsnormen aufgestellten Abschlüssen ist die Prüfung von Konzernabschlüssen, die nach § 315e HGB aufgestellt sind. MU, die aufgrund gesetzlicher Verpflichtung oder freiwillig einen Konzernabschluss nach IFRS, wie sie in der EU anzuwenden sind, aufstellen, haben diesen gem. § 316 Abs. 2 Satz 1 HGB durch einen AP prüfen zu lassen. Der AP hat entsprechend § 321 HGB über diese Abschlussprüfung zu berichten. 205
Gem. § 324a Abs. 1 HGB findet § 321 auch Anwendung auf IFRS-EA gem. § 325 Abs. 2a HGB (§ 324a Rz 8). 206

---

[211] Vgl. IDW EPS 450 nF, Tz 60.
[212] Vgl. WPH Edition, Wirtschaftsprüfung & Rechnungslegung, 15. Aufl., 2017, Abschn. M, Tz 140.
[213] Vgl. IDW PS 205, Tz 18.

207 Bei Abschlüssen nach § 315e HGB bzw. § 325 Abs. 2a HGB hat der AP im Rahmen der **Stellungnahme zur Beurteilung der Lagedarstellung der gesetzlichen Vertreter** des Konzerns bzw. Unt die in Rz 49 ff. beschriebenen Grundsätze zu beachten.

208 Im Rahmen der Berichterstattung zu **Gegenstand, Art und Umfang** sind die nach IFRS, wie sie in der EU anzuwenden sind, geforderten Unterlagen anzugeben, die auf die Beachtung der entsprechenden Standards zu prüfen sind.[214] Im Einzelnen sind dies:
- Bilanz (Darstellung der Vermögenslage),
- GuV (sofern nicht in der Gesamtergebnisrechnung enthalten),[215]
- Gesamtergebnisrechnung,
- KFR (Darstellung der Zahlungsströme),
- Anhang inkl. ergänzender handelsrechtlicher Angaben nach § 315e Abs. 1 HGB bzw. § 325 Abs. 2a Satz 3 HGB,
- Lagebericht/Konzernlagebericht.

209 Die Berichterstattung über die **Ordnungsmäßigkeit des Konzernabschlusses** (bzw. des IFRS-EA) hat darauf einzugehen, ob die geprüften Unterlagen den IFRS, wie sie in der EU anzuwenden sind, entsprechen. Insbesondere ist darauf einzugehen, ob die gem. § 315e Abs. 1 HGB (bzw. § 325 Abs. 2a Satz 3 HGB) genannten Vorschriften beachtet wurden.

210 § 321 HGB findet aber auch auf freiwillige Abschlussprüfungen von Jahresabschlüssen oder Konzernabschlüssen, die z. B. nach US-GAAP aufgestellt sind, Anwendung. Ein US-GAAP-Konzernabschluss kann nach Auslaufen der Übergangsregelung von Art. 57 EGHGB keine Befreiungswirkung mehr für KM-orientierte MU entfalten. Die Verpflichtung des AP zur Stellungnahme zur Beurteilung der Lage durch die gesetzlichen Vertreter des Unt bzw. des Konzerns besteht grds. nur, soweit die geprüften Unterlagen eine solche Beurteilung durch den AP erlauben.[216]

6.5 Nachtragsprüfungen

211 § 316 Abs. 3 Satz 2 HGB verpflichtet den AP, über eine durchgeführte **Nachtragsprüfung** zu berichten. Es handelt sich nicht um einen eigenständigen Prüfungsauftrag, sondern infolge vorgenommener Änderungen am geprüften Jahresabschluss und Lagebericht um die „Wiederaufnahme" des eigentlich schon beendeten Prüfungsauftrags. Gleichwohl wird im Regelfall ein eigenständiger Nachtragsprüfungsbericht vom AP erstellt (§ 316 Rz 21).

212 Der Verzicht auf einen eigenständigen **Nachtragsprüfungsbericht**, indem der ursprüngliche Prüfungsbericht ergänzt wird, wobei sichergestellt sein muss, dass sämtliche Exemplare (Originale und Mehrfertigungen) des ursprünglich erstatteten Prüfungsberichts diese Ergänzung erfahren, wird wohl nur in seltenen Ausnahmefällen vorkommen.[217]

---

214 Vgl. WPH Edition, Wirtschaftsprüfung & Rechnungslegung, 15. Aufl., 2017, Abschn. M, Tz 617.
215 Vgl. *Lüdenbach/Hoffmann/Freiberg*, in *Lüdenbach/Hoffmann/Freiberg*, Haufe IFRS-Kommentar, 15. Aufl., 2017, § 2, Rz 4.
216 Vgl. IDW EPS 450 nF, Tz 141.
217 Vgl. *Orth*, in *Baetge/Kirsch/Thiele*, Bilanzrecht, § 321 HGB, Rz 153, Stand 2/2014.

Für den Nachtragsprüfungsbericht gilt ebenfalls der Grundsatz der **Schriftlichkeit** (Rz 25). Der Nachtragsprüfungsbericht hat einen Hinweis darauf zu enthalten, dass er nur gemeinsam mit dem Prüfungsbericht verwendet werden darf.[218] Dies begründet sich damit, dass im Nachtragsprüfungsbericht ausschließlich auf die vorgenommenen Änderungen Bezug genommen wird, die zu der Nachtragsprüfung geführt haben, sodass die **allgemeinen Gliederungsanforderungen** der Prüfungsberichterstattung grds. **nicht anzuwenden** sind.[219]   213

Im Nachtragsprüfungsbericht sind zunächst einleitend **Angaben zum Auftrag** an den AP vorzunehmen. Hinweise zur Wahl des Nachtragsprüfers entfallen, da die Nachtragsprüfung zwingend durch den AP durchzuführen ist (§ 316 Abs. 3 HGB).[220]   214

Anschließend sind die **vorgenommenen Änderungen** an Jahresabschluss und Lagebericht darzulegen, wobei es sich empfiehlt, auf die Verantwortlichkeit der gesetzlichen Vertreter für die vorgenommenen Änderungen hinzuweisen. Weiterhin sind Angaben über **Art und Umfang** der Nachtragsprüfung vorzunehmen. Art und Umfang der Nachtragsprüfung sind abhängig vom Umfang der vorgenommenen Änderungen sowie vom zeitlichen Abstand der Nachtragsprüfung zur Abschlussprüfung.   215

> **Beispiel**
> Die mittelgroße GmbH stellt im März 01 Jahresabschluss und Lagebericht auf. Der AP testiert im April 01 und liefert ebenfalls im April 01 seinen Prüfungsbericht aus. Im Mai 01 wird der Jahresabschluss durch die GesV festgestellt. Der Jahresabschluss ist wesentlich beeinflusst von einer für einen Schadensersatzprozess gebildeten Rückstellung. Im August 01 werden Tatsachen bekannt, die die Geschäftsführung veranlassen, den Jahresabschluss und Lagebericht nochmals zu ändern.
> Da seit der im April abgeschlossenen Abschlussprüfung mehrere Monate vergangen sind, holt der AP zur Beurteilung der vorgenommenen Änderungen aktualisierte Rechtsanwaltsbestätigungsschreiben ein. Auch die vorgenommenen Änderungen im Lagebericht erfordern Prüfungshandlungen, um die seit April eingetretenen Veränderungen würdigen zu können. Die Grundsätze einer ordnungsgemäßen Berichterstattung erfordern, dass diese Prüfungshandlungen – zumindest in Grundzügen – im Nachtragsprüfungsbericht angegeben werden.

Der AP hat im **Nachtragsprüfungsbericht** darzulegen, ob die an Jahresabschluss und Lagebericht vorgenommenen Änderungen den **gesetzlichen Vorschriften** und den **Vorschriften des Gesellschaftsvertrags bzw. der Satzung** entsprechen und ob der geänderte Abschluss insgesamt unter Beachtung der GoB ein den tatsächlichen Verhältnissen entsprechendes Bild der Vermögens-, Finanz- und Ertragslage der Ges. vermittelt.[221]   216

Wenn der Lagebericht geändert wurde, ist eine erneute **Stellungnahme zur Lagebeurteilung der gesetzlichen Vertreter** nach § 321 Abs. 1 Satz 2 HGB   217

---

[218] Vgl. IDW EPS 450 nF, Tz 145.
[219] Vgl. Orth, in *Baetge/Kirsch/Thiele*, Bilanzrecht, § 321 HGB, Rz 152, Stand 2/2014.
[220] Vgl. IDW EPS 450 nF, Tz 146.
[221] Vgl. WPH Edition, Wirtschaftsprüfung & Rechnungslegung, 15. Aufl., 2017, Abschn. N, Tz 41.

abzugeben; gleichermaßen ist die Beurteilung des Lageberichts entsprechend § 317 Abs. 2 HGB zu erneuern.[222]

218 Im **Nachtragsprüfungsbericht** ist der ergänzte bzw. ggf. geänderte Bestätigungsvermerk wiederzugeben. Während ergänzte bzw. ggf. geänderte Bestätigungsvermerke mit einem **Doppeldatum** versehen werden (§ 322 Rz 156), gilt dies für den Nachtragsprüfungsbericht nunmehr nur noch für den (Ausnahme-)Fall, dass die Berichterstattung durch eine Ergänzung des ursprünglichen Prüfungsberichts erfolgt.[223] Im Regelfall ist daher ausschließlich das Datum der Beendigung der Nachtragsprüfung anzugeben.

219 Als obligatorische **Anlagen** zum Nachtragsprüfungsbericht sind der geänderte Jahresabschluss und Lagebericht beizufügen. Es empfiehlt sich darüber hinaus die AAB mit beizufügen.

6.6 Gemeinschaftsprüfungen (joint audit)

220 Bei Gemeinschaftsprüfungen ist ein gemeinsamer Prüfungsbericht der Gemeinschaftsprüfer zu erstatten.[224] Folgende Besonderheiten gilt es zu berücksichtigen:[225]
- Die Ausführungen zum Prüfungsauftrag müssen Angaben zur gemeinsamen Bestellung mehrerer WP/vBP bzw. WPG/BPG enthalten.
- Da die Gemeinschaftsprüfer jeweils die Gesamtverantwortung für das Prüfungsergebnis haben, sind bei Art und Umfang der Abschlussprüfungen keine Darstellungen über die sachliche und/oder zeitliche Aufteilung von Prüfungsgebieten auf die Gemeinschaftsprüfer vorzunehmen.[226]
- Soweit zwischen den Gemeinschaftsprüfern **Meinungsverschiedenheiten** über Prüfungsfeststellungen bestehen, die bis zur Erstattung des Prüfungsberichts nicht ausgeräumt werden können, ist dies im Prüfungsbericht darzustellen. Hierbei kann es sich empfehlen, dies in einem separaten Berichtsabschnitt vorzunehmen, in dem diese Meinungsverschiedenheiten sowie deren Auswirkungen auf den geprüften Abschluss und Lagebericht dargestellt werden.[227]
- Stellen die Gemeinschaftsprüfer Beanstandungen fest, ist dies in der Vorwegberichterstattung (Rz 67) darzustellen. Dies gilt auch, wenn die Beanstandung nur von einem der Gemeinschaftsprüfer erhoben wird.
- Kommen die Gemeinschaftsprüfer zu einem unterschiedlichen Prüfungsergebnis, wird jeder Gemeinschaftsprüfer einen **eigenen Bestätigungsvermerk** erstatten. Im Prüfungsbericht sind dann beide Bestätigungsvermerke wiederzugeben. Die abweichenden Auffassungen sind im Prüfungsbericht zu erläutern.

---

[222] Vgl. *Kuhner/Päßler*, in *Küting/Pfitzer/ Weber*, HdR, § 321 HGB, Rn 99, Stand 04/2011.
[223] Vgl. IDW EPS 450 nF, Tz 145.
[224] Vgl. IDW PS 208, Tz 21.
[225] Vgl. IDW PS 208, Tz 22ff.
[226] Dies gilt ausdrücklich nicht bei Gemeinschaftsprüfungen von PIE, da Art. 11 Abs. 2 Buchst. f) EU-APrVO die Beschreibung der Aufgabenverteilung zwischen den Gemeinschaftsprüfern fordert; vgl. IDW EPS 450 nF, Tz P56/4.
[227] Entsprechendes gilt für Gemeinschaftsprüfer von PIE, da Art. 11 Abs. 3 EU-APrVO dies explizit fordert; vgl. IDW EPS 450 nF, Tz P56/5.

6.7 Prüfungsbericht in fremder Sprache

Die Berichterstattung über eine gem. § 316 HGB durchgeführte Abschlussprüfung erfolgt regelmäßig in deutscher Sprache. Aufgrund der Adressatenorientierung des Prüfungsberichts (Rz 36) stellt sich oftmals das Erfordernis, den Prüfungsbericht auch in fremder Sprache zu erstatten. Hierbei sind zwei Möglichkeiten zu unterscheiden:
- Übersetzung des in deutscher Sprache erstatteten Prüfungsberichts in eine fremde Sprache,
- Erstattung des originären Prüfungsberichts in fremder Sprache.

221

Soweit der Prüfungsbericht in deutscher Sprache erstattet ist und darüber hinaus eine **Übersetzung des in deutscher Sprache erstatteten Prüfungsberichts in eine fremde Sprache** vorgenommen wird, ist es erforderlich, dass aus dem übersetzten Prüfungsbericht ersichtlich wird, dass es sich um eine Übersetzung aus der deutschen Sprache handelt. Dies hat nicht nur deklaratorischen Charakter, sondern es sollte vielmehr klargestellt werden, dass nur der in deutscher Sprache erstattete Prüfungsbericht rechtlich verbindlich ist.[228]

222

Der im Prüfungsbericht wiedergegebene Bestätigungsvermerk wird in diesem Fall gleichfalls übersetzt und daher nur in der fremden Sprache wiedergegeben. Der übersetzte Prüfungsbericht sollte weder gesiegelt noch unterschrieben werden, da hierdurch die Gefahr besteht, dass der Empfänger davon ausgeht, dass der siegelnde und unterschreibende AP die mit der Übersetzung des Prüfungsberichts wiedergegebenen Aussagen in der fremden Sprache bestätigt – gerade dies soll aber durch den Hinweis auf die Übersetzung in die fremde Sprache vermieden werden.

223

Grundsätzlich ist auch **die Erstattung des originären Prüfungsberichts in fremder Sprache** zulässig. Dies folgt allein schon aus der Adressatenorientierung des Prüfungsberichts. Etwas anderes gilt für den Bestätigungsvermerk, der genauso wie der zu prüfende Jahresabschluss nach § 244 HGB in deutscher Sprache zu erteilen ist (§ 322 Rz 203). Das sog. Testatsexemplar (Rz 145) enthält somit den in deutscher Sprache abgefassten Jahresabschluss und Lagebericht sowie den Bestätigungsvermerk. Im originär in fremder Sprache abgefassten Prüfungsbericht kann die Wiedergabe des Bestätigungsvermerks in fremder Sprache erfolgen. Als Anlage zum Prüfungsbericht sind aber obligatorisch der geprüfte Jahresabschluss und Lagebericht beizufügen, die wie dargestellt in deutscher Sprache abgefasst sind. In derartigen Fällen können dem Prüfungsbericht fakultativ Übersetzungen des Jahresabschlusses und Lageberichts beigefügt werden.

224

Grundsätzlich empfiehlt sich nach der hier vertretenen Auffassung allein schon aus Haftungsgesichtspunkten die Abfassung des Prüfungsberichts in deutscher Sprache und die Zurverfügungstellung von Übersetzungen des Prüfungsberichts für nicht der deutschen Sprache mächtige Adressaten.

225

6.8 Prüfungen nach internationalen Prüfungsgrundsätzen

Die Berichterstattung über Prüfungen nach internationalen Prüfungsgrundsätzen folgt den dort hierfür maßgeblichen Grundsätzen.[229]

226

---

[228] Vgl. Orth, in Baetge/Kirsch/Thiele, Bilanzrecht, § 321 HGB, Rz 166, Stand 2/2014.
[229] Vgl. Schmidt/Poullie, in Beck Bil-Komm., 10. Aufl., 2016, § 321 HGB, Rz 145.

227 Die Berichterstattung über nach **ISA** durchgeführte Abschlussprüfungen richtet sich nach ISA 700, 701, 705 und 706. Nach ISA 700 hat der AP ein Prüfungsurteil in Form eines sog. **Bestätigungsberichts**, dem sog. Auditor's Report, abzugeben, der durch Anpassung der gesetzlichen Regelungen zum Bestätigungsvermerk im Zuge des BilReG auch in Deutschland Eingang gefunden hat. Einen Prüfungsbericht analog § 321 HGB kennen die ISA (bislang) nicht.[230]

228 Ähnlich sind die Regelungen nach den *US-Generally Accepted Auditing Standards* (**US-GAAS**) des AICPA und nach den *Auditing Standards* des PCAOB, die ebenfalls nur den Bestätigungsbericht des AP kennen. Es finden sich zwar in einzelnen Prüfungsvorschriften Berichterstattungspflichten des AP, wie insb. nach SAS 61 bzw. AU 380, wonach der AP dem *Audit Committee* bzw. einem vergleichbar eingerichteten Organ (in Deutschland: Aufsichtsrat oder Prüfungsausschuss des Aufsichtsrats) über bestimmte Fragen der Abschlussprüfung zu berichten hat. Die Form dieser Berichterstattung ist aber nicht bestimmt, d.h., der AP kann gem. AU 380.03 mündlich oder schriftlich berichten.[231]

6.9 Zusammengefasster Prüfungsbericht

229 § 325 Abs. 3a 2. Hs. HGB gestattet die Zusammenfassung des Prüfungsberichts zum Jahresabschluss mit dem Prüfungsbericht zum Konzernabschluss, wenn Jahresabschluss und Konzernabschluss zusammen im eBAnz veröffentlicht werden. Zudem ist es erforderlich, dass der AP des Jahresabschlusses zugleich auch Konzern-AP ist. § 324 Abs. 2 Satz 2 HGB erlaubt zudem die Zusammenfassung des Prüfungsberichts zum Jahresabschluss mit dem Prüfungsbericht zum IFRS-EA (§ 324a Rz 16).

230 Die Zusammenfassung von Prüfungsberichten widerspricht eigentlich dem Grundsatz der Klarheit der Berichterstattung (Rz 29). Deshalb wird hiervon **in der Praxis nur selten Gebrauch** gemacht und sollte nach der hier vertretenen Auffassung nur bei ausdrücklichem Wunsch des Auftraggebers vorgenommen werden. Der Berufsstand empfiehlt eine Zusammenfassung nur dann vorzunehmen, wenn die Rechnungslegung gemeinsame Teile aufweist, z.B. zusammengefasster Anhang/Konzernanhang nach § 298 Abs. 3 HGB bzw. zusammengefasster Lagebericht/Konzernlagebericht nach § 315 Abs. 3 HGB.[232]

231 Im Fall eines zusammengefassten Prüfungsberichts muss dieser die gesetzlich geforderten Feststellungen (z.B. Vorwegberichterstattung, Ordnungsmäßigkeit, Gesamtaussage) sowohl für den Jahresabschluss als auch für den Konzernabschluss enthalten.[233]

6.10 Kündigung des Prüfungsauftrags

232 Erfolgt durch den AP eine Kündigung des Prüfungsauftrags aus wichtigem Grund (§ 318 Abs. 6 und 7 HGB) hat er gem. § 318 Abs. 6 Satz 4 HGB über das

---

[230] Vgl. zu der für AP von PIE vorgesehenen Berichtspflicht Rz 6.
[231] Vgl. *Orth*, in *Baetge/Kirsch/Thiele*, Bilanzrecht, § 321 HGB, Rz 503, Stand 2/2014.
[232] Vgl. IDW EPS 450 nF, Tz 138.
[233] Vgl. IDW EPS 450 nF, Tz 138.

Ergebnis der bisherigen Prüfung gegenüber den Organen der zu prüfenden Ges. zu berichten.[234] Zu Einzelheiten der Berichterstattung vgl. § 318 Rz 85 ff.
Neben den gesetzlichen Vertretern hat der AP gem. § 320 Abs. 4 HGB dem neuen AP über das Ergebnis der bisherigen Prüfung zu berichten. Dies betrifft neben der o. a. Kündigung des Prüfungsauftrags durch den AP auch die Fälle des Widerrufs des Prüfungsauftrags durch die zu prüfende Ges. gem. § 318 Abs. 1 Satz 5 i. V. m. Abs. 3 HGB (zu Einzelheiten vgl. § 318 Rz 21). 233

6.11 Mängel des Prüfungsberichts

Der AP hat den gesetzlichen Vertretern einen fachlich einwandfreien und den Grundsätzen des § 321 HGB entsprechenden Prüfungsbericht vorzulegen. Enthält der Prüfungsbericht demgegenüber Sachverhaltsfehler oder fachliche Mängel, so hat der Auftraggeber nach allgemeinen Grundsätzen **Anspruch auf Mängelbeseitigung** durch den AP (§ 633 BGB).[235] Ein wesentliches Hilfsmittel zur Vermeidung von Sachverhaltsfehlern stellen die sog. Vorab- oder Entwurfsexemplare (Rz 159) dar. 234

Enthält der Prüfungsbericht Mängel, so hat der AP sämtliche Ausfertigungen des mangelbehafteten Prüfungsberichts zurückzufordern und gegen mangelfreie Berichtsexemplare zu ersetzen. Die AAB sehen gem. Ziff. 8 vor, dass der Mangelbeseitigungsanspruch unverzüglich schriftlich geltend gemacht werden muss und nach Ablauf von zwölf Monaten ab dem gesetzlichen Verjährungsbeginn verjährt. In der Praxis besonders problematisch sind Fälle, in denen der mangelbehaftete Prüfungsbericht neben der Aushändigung in Papierform als pdf-Datei in elektronischer Form zur Verfügung gestellt wurde, da nicht nachvollzogen werden kann, wie viele Exemplare der Mandant tatsächlich herausgegeben hat und an wen.[236] 235

Kommt der AP dem Verlangen nach Mängelbeseitigung nicht nach oder schlägt diese fehl, wären nach allgemeinem Werkvertragsrecht die Gewährleistungsansprüche des § 634 BGB (Rücktritt vom Vertrag, Minderung der Vergütung, Schadensersatz) anzuwenden. Eine Herabsetzung der Vergütung kann der Auftraggeber nach Ziff. 7 Abs. 1 der AAB allerdings nur bei fehlgeschlagener Nachbesserung verlangen. Ein Rücktritt vom Vertrag auf Initiative des Auftraggebers ist nur in den engen Grenzen des § 318 Abs. 1 Satz 5 HGB möglich und somit im Fall eines mangelhaften Prüfungsberichts ausgeschlossen. 236

Zu haftungsrechtlichen, berufsrechtlichen und strafrechtlichen Konsequenzen einer mangelhaften Berichterstattung vgl. Rz 21. 237

---

[234] Vgl. IDW EPS 450 nF, Tz 150.
[235] Vgl. WPH Edition, Wirtschaftsprüfung & Rechnungslegung, 15. Aufl., 2017, Abschn. M, Tz 680.
[236] Vgl. WPK, WPKM 4/2008, S. 37.

§ 321a Offenlegung des Prüfungsberichts in besonderen Fällen

(1) ¹Wird über das Vermögen der Gesellschaft ein Insolvenzverfahren eröffnet oder wird der Antrag auf Eröffnung des Insolvenzverfahren mangels Masse abgewiesen, so hat ein Gläubiger oder Gesellschafter die Wahl, selbst oder durch einen von ihm zu bestimmenden Wirtschaftsprüfer oder im Fall des § 319 Abs. 1 Satz 2 durch einen vereidigten Buchprüfer Einsicht in die Prüfungsberichte des Abschlussprüfers über die aufgrund gesetzlicher Vorschriften durchzuführende Prüfung des Jahresabschlusses der letzten drei Geschäftsjahre zu nehmen, soweit sich diese auf die nach § 321 geforderte Berichterstattung beziehen. ²Der Anspruch richtet sich gegen denjenigen, der die Prüfungsberichte in seinem Besitz hat.
(2) ¹Bei einer Aktiengesellschaft oder einer Kommanditgesellschaft auf Aktien stehen den Gesellschaftern die Rechte nach Absatz 1 Satz 1 nur zu, wenn ihre Anteile bei Geltendmachung des Anspruchs zusammen den einhundertsten Teil des Grundkapitals oder einen Börsenwert von 100 000 Euro erreichen. ²Dem Abschlussprüfer ist die Erläuterung des Prüfungsberichts gegenüber den in Absatz 1 Satz 1 aufgeführten Personen gestattet.
(3) ¹Der Insolvenzverwalter oder ein gesetzlicher Vertreter des Schuldners kann einer Offenlegung von Geheimnissen, namentlich Betriebs- oder Geschäftsgeheimnissen, widersprechen, wenn die Offenlegung geeignet ist, der Gesellschaft einen erheblichen Nachteil zuzufügen. ²§ 323 Abs. 1 und 3 bleibt im Übrigen unberührt. ³Unbeschadet des Satzes 1 sind die Berechtigten nach Absatz 1 Satz 1 zur Verschwiegenheit über den Inhalt der von ihnen eingesehenen Unterlagen nach Absatz 1 Satz 1 verpflichtet.
(4) Die Absätze 1 bis 3 gelten entsprechend, wenn der Schuldner zur Aufstellung eines Konzernabschlusses und Konzernlageberichts verpflichtet ist.

WP StB CVA Klaus Bertram

Inhaltsübersicht

	Rz
1 Überblick	1–4
2 Einsichtnahme in den Prüfungsbericht (Abs. 1)	5–27
2.1 Einsichtnahmeberechtigter Personenkreis (Abs. 1 Satz 1)	5–9
2.2 Betroffene Gesellschaften (Abs. 1 Satz 1)	10–16
2.3 Geltendmachung des Einsichtsrechts (Abs. 1 Satz 2)	17–22
2.4 Umfang des Einsichtsrechts (Abs. 1 Satz 1)	23–27
3 Begrenzung des Einsichtnahmerechts und Erläuterungsrecht des Abschlussprüfers (Abs. 2)	28–38
3.1 Begrenzung des Einsichtnahmerechts (Abs. 2 Satz 1)	28–33
3.2 Erläuterungsrecht des Abschlussprüfers (Abs. 2 Satz 2)	34–38
4 Widerspruchsrecht und Verschwiegenheitspflicht	39–49
4.1 Widerspruchsrecht (Abs. 3 Satz 1)	39–43

4.2 Verschwiegenheitspflicht	44–49
4.2.1 Abschlussprüfer (Abs. 3 Satz 2)	44
4.2.2 Einsichtnehmende (Abs. 3 Satz 3)	45–49
5 Einsichtnahme in Prüfungsberichte zu Konzernabschlüssen	50–55

1 Überblick

§ 321a HGB regelt die **Offenlegung von Prüfungsberichten** in Insolvenzfällen. Der Gesetzgeber hat im Rahmen des BilReG die Vorschrift neu geschaffen und damit Gläubigern und Gesellschaftern von insolventen Unt Zugriffsmöglichkeiten auf den Prüfungsbericht eingeräumt. 1

Hintergrund der Schaffung dieser Vorschrift war, in Fällen einer öffentlichen Diskussion über die **Qualität der Tätigkeit des Abschlussprüfers** im Zusammenhang mit einer insolventen Ges., diesen durch die Offenlegung des Prüfungsberichts von Vermutungen und Mutmaßungen zu entlasten.[1] Bis dahin war es dem AP aufgrund der gesetzlichen Verschwiegenheitsverpflichtung (§ 323 Abs. 1 HGB) nicht möglich, gegenüber Anschuldigungen Stellung zu nehmen. Hierzu bedurfte es regelmäßig zunächst der Entbindung von der Verschwiegenheit durch das geprüfte Unt (§ 323 Rz 68). 2

Die Vorschrift ermöglicht somit einem begrenzten Personenkreis die Möglichkeit, nachzuprüfen, ob der AP seinen gesetzlichen Berichterstattungspflichten nachgekommen ist. Hieraus ergibt sich zugleich eine **präventive Wirkung** für den AP, damit dieser angehalten wird, seinen Prüfungsbericht entsprechend § 321 HGB zu erstatten, da er mit einer Offenlegung rechnen muss. 3

Art. 58 Abs. 3 Satz 1 EGHGB bestimmt, dass die Vorschrift **erstmals** auf das nach dem 31.12.2004 beginnende Gj **anzuwenden** ist, d.h. bei Gj = Kj erstmals für das Gj 2005. Da sich das Einsichtsrecht gem. Abs. 1 Satz 1 der Vorschrift auf die Prüfungsberichte der letzten drei Gj bezieht, können somit Prüfungsberichte von Gj, die nach dem 31.12.2002 beginnen, in den zeitlichen Anwendungsbereich von § 321a HGB gelangen. 4

> **Beispiel**
> Die prüfungspflichtige I-GmbH hat ein mit dem Kj. übereinstimmendes Gj. Im Mai 2005 wird über das Vermögen der I-GmbH ein Insolvenzverfahren eröffnet. Die letzten drei vorliegenden Prüfungsberichte betreffen zwar die Jahre 2002–2004. Das Jahr 2002 wird aber von der Anwendungsregelung des Art. 58 Abs. 3 Satz 1 EGHGB nicht erfasst, sodass in diesem Fall nur die Prüfungsberichte 2003 und 2004 offenzulegen sind.

Soweit die Eröffnung des Insolvenzverfahrens oder die Ablehnung des Antrags mangels Masse vor dem 1.1.2005 erfolgte, entsteht auch nach diesem Zeitpunkt kein Einsichtsrecht i.S.v. § 321a HGB.[2]

---

[1] Vgl. Orth, in Baetge/Kirsch/Thiele, Bilanzrecht, § 321a HGB, Rz 6, Stand 2/2014.
[2] Vgl. Forster/Gelhausen/Möller, WPg 2007, S. 201.

2 Einsichtnahme in den Prüfungsbericht (Abs. 1)

2.1 Einsichtnahmeberechtigter Personenkreis (Abs. 1 Satz 1)

5 Das Einsichtnahmerecht besteht für Gläubiger und Gesellschafter des insolventen Unt. Unter **Gläubiger** sind alle Gläubiger der Ges. im zivilrechtlichen Sinne zu verstehen. Gläubiger sind somit auch die Inhaber von gewinnabhängigen Zahlungsansprüchen, wie z. B. aus Nachrangdarlehen, Genussrechten oder stille Ges.[3] Nicht zu den einsichtsberechtigten Gläubigern rechnen somit Gläubiger von TU oder des MU, sodass in Fällen der Insolvenz eines Konzerns oder einer Unternehmensgruppe ein Gläubiger nur Prüfungsberichte derjenigen Ges. einsehen darf, bei denen er auch Gläubiger ist. Werden Forderungen abgetreten,[4] geht das Einsichtnahmerecht mit über.[5] Das Einsichtnahmerecht besteht für sämtliche Forderungen, unabhängig von deren Höhe oder zeitlicher Fälligkeit.[6] Soweit ein Gläubiger jedoch seine Forderung vollumfänglich realisiert (z. B. wegen bestehender Aus- oder Absonderungsrechte), besteht kein berechtigtes Interesse mehr an einem Einsichtnahmerecht in die Prüfungsberichte.[7]

6 **Gesellschafter** des Unt sind alle direkt am EK der insolventen Ges. Beteiligten. Maßgeblicher Zeitpunkt der Gesellschafterstellung ist hierbei der Zeitpunkt der Geltendmachung des Einsichtsrechts.[8] Stille Gesellschafter rechnen nicht zum Kreis der Gesellschafter, da sie gem. § 230 HGB ihre Einlage dergestalt geleistet haben, dass diese in das Vermögen der (nunmehr insolventen) Ges. übergegangen ist. Sie sind aber Gläubiger des Unt und erhalten hierüber das entsprechende Einsichtsrecht (Rz 5). Darüber hinaus bestehen die in § 233 HGB genannten Kontrollrechte der stillen Gesellschafter. Handelt es sich bei dem Gesellschafter um eine juristische Person, kann diese nicht nur durch einen gesetzlichen Vertreter, sondern auch durch einen vertretungsberechtigten Mitarbeiter (z. B. Prokurist, Syndikusanwalt) vertreten werden. Es handelt sich hierbei nicht um einen Fall der Beauftragung eines WP (vgl. nachfolgend), sondern um eine Einsichtnahme durch den Berechtigten selbst.[9]

7 Gläubiger und Gesellschafter können gem. Abs. 1 Satz 1 der Vorschrift ihr **Einsichtsrecht** auch durch einen **WP** oder **vBP** ausüben lassen. vBP können diese Funktion allerdings nur für mittelgroße Ges. i. S. v. § 267 HGB ausüben, wobei dies für jedes der drei Jahre separat zu beurteilen ist.[10]

> **Beispiel**
> Die mittelgroße I-GmbH geht im Gj 04 insolvent. Bis einschl. Gj 02 handelte es sich um eine große KapG i. S. v. § 267 HGB. Ein Gläubiger bestimmt einen vBP zur Einsichtnahme in die Prüfungsberichte der Jahre 01–03. Der vBP darf

---

3 Vgl. *Forster/Gelhausen/Möller*, WPg 2007, S. 193.
4 Z. B. gehen gem. § 9 Abs. 2 BetrAVG Pensionsansprüche und Pensionsanwartschaften auf den PSV über.
5 Vgl. *Forster/Gelhausen/Möller*, WPg 2007, S. 193.
6 Gem. § 41 Abs. 1 InsO gelten noch nicht fällige Forderungen auf den Eröffnungszeitpunkt des Insolvenzverfahrens als fällig.
7 Vgl. *Forster/Gelhausen/Möller*, WPg 2007, S. 193.
8 Vgl. *Orth*, in *Baetge/Kirsch/Thiele*, Bilanzrecht, § 321a HGB, Rz 27, Stand 2/2014.
9 Vgl. *Forster/Gelhausen/Möller*, WPg 2007, S. 197.
10 Gl. A. *Pfitzer/Oser/Orth*, Reform des Aktien-, Bilanz- und Aufsichtsrechts, 2. Aufl., 2006, S. 125.

> die Einsichtnahme nur für die Prüfungsberichte der Gj vornehmen, in denen er die Voraussetzungen des § 319 Abs. 1 Satz 2 HGB erfüllt. Dies ist im vorliegenden Fall ausschließlich für das Gj 03 erfüllt.

Das Einsichtnahmerecht kann auch auf WPG/BPG übertragen werden.[11] Die WPG ihrerseits wird regelmäßig die Auftragsverantwortung Mitarbeitern übertragen, die selbst WP bzw. vBP sind. Dies ist aber nicht zwingend, weil das Erfordernis aus Abs. 1 Satz 1 durch die Beauftragung der WPG / BPG erfüllt ist und die Mitarbeiter nach § 50 WPO zur Verschwiegenheit verpflichtet sind.[12] Somit können auch von der WPG/BPG beauftragte Nicht-Berufsträger das Einsichtnahmerecht für die WPG/BPG ausüben. 8

Die Übertragung des Einsichtnahmerechts auf einen WP schließt zwar nach dem Gesetzeswortlaut („oder") die eigene Wahrnehmung des Einsichtnahmerechts durch den Gesellschafter oder Gläubiger aus. Nach Sinn und Zweck der Regelung dürfte aber eine Einsichtnahme sowohl durch den Gesellschafter bzw. Gläubiger und dessen WP möglich sein. Dies erscheint gerade in solchen Fällen sachgerecht, in denen zunächst der Berechtigte sein Einsichtsrecht selbst wahrnimmt und dabei zur Erkenntnis gelangt, dass er zum besseren Verständnis des Prüfungsberichts einen WP (oder ggf. vBP) benötigt.[13] Bei derartigen sachlich begründeten Fällen wird somit auch eine **mehrfache Ausübung des Einsichtnahmerechts** in Betracht kommen.[14] 9

2.2 Betroffene Gesellschaften (Abs. 1 Satz 1)

Die Vorschrift findet gem. Abs. 1 Satz 1 Anwendung auf Fälle, in denen über das Vermögen der Ges. ein **Insolvenzverfahren eröffnet** (§ 27 Abs. 1 InsO) oder ein Antrag auf Eröffnung des Insolvenzverfahrens **mangels Masse angelehnt** worden ist (§ 26 Abs. 1 InsO).[15] 10

Weitere Voraussetzung ist, dass bei der Ges. eine gesetzliche Pflichtprüfung erfolgt ist. Prüfungspflichtig nach Handelsrecht sind: 11
- große und mittelgroße KapG (AG, KGaA, GmbH, SE),
- große und mittelgroße KapCoGes.

Ges. i. S. v. § 1 PublG sind zwar **gem. § 6 Abs. 1 Satz 2 PublG** unter Verweis auf §§ 321–324 HGB **prüfungspflichtig**. Natürliche Personen als Einzelkaufleute und Personenhandelsgesellschaften mit natürlichen Personen als Vollhafter sind allerdings **nicht insolvenzfähig**, sodass die Voraussetzungen von Abs. 1 Satz 1 nicht erfüllt sind und kein Einsichtnahmerecht besteht.[16] 12

Bei **Genossenschaften** besteht zwar ebenfalls Prüfungspflicht aufgrund gesetzlicher Vorschriften (§§ 53 ff. GenG). Dort existiert aber keine dem Regelungsgehalt von § 321a HGB entsprechende Vorschrift oder eine Verweisung auf 13

---

11 BT-Drs. 15/3419 S. 43.
12 Somit können auch von der WPG/BPG beauftragte Nicht-Berufsträger das Einsichtnahmerecht für die WPG/BPG ausüben.
13 Gl. A. *Orth*, in *Baetge/Kirsch/Thiele*, Bilanzrecht, § 321a HGB, Rz 30, Stand 2/2014.
14 Gl. A. *Forster/Gelhausen/Möller*, WPg 2007, S. 198.
15 Gleiches muss wohl auch im Fall der Einstellung eines bereits eröffneten Insolvenzverfahrens mangels Masse (§ 207 Abs. 1 InsO) gelten.
16 Vgl. *Forster/Gelhausen/Möller*, WPg 2007, S. 192.

§ 321a HGB, sodass bei Prüfungsberichten von Genossenschaften kein Einsichtnahmerecht besteht.

14 Soweit die **Prüfungspflicht aufgrund spezialgesetzlicher Regelung** mit Verweis auf die analoge Anwendung der Vorschriften über die handelsrechtliche Pflichtprüfung beruht, entsteht auch ein Einsichtnahmerecht gem. § 321a HGB. So ordnet § 8 Abs. 1 UBGG für kleine UBG in der Rechtsform der KapG an, dass für diese die für mittelgroße KapG geltenden Vorschriften, d.h. auch die zur Pflichtprüfung, anzuwenden sind.[17] Zum Umfang des Einsichtsrechts vgl. Rz 23.

15 Bei Ges., die unter Inanspruchnahme von **§ 264 Abs. 3 bzw. § 264b** HGB keinen Jahresabschluss haben prüfen lassen, erscheint es fraglich, ob die Gläubiger ein Einsichtsrecht für den Prüfungsbericht des befreienden Konzernabschlusses haben.[18] Der Konzernabschluss ist zwar in diesen Fällen das einzige Informationsinstrument für die Gläubiger. Wenn der Gesetzgeber hier aber Gläubigern von TU entgegen Abs. 4 der Vorschrift ein Einsichtsrecht gewähren wollte, hätte er dies regeln müssen. In den Fällen, in denen das den befreienden Konzernabschluss aufstellende MU selbst die Befreiung gem. § 264 Abs. 3 bzw. § 264b HGB für den Jahresabschluss in Anspruch nimmt, ist das Einsichtsrecht in den Konzernprüfungsbericht in Abs. 4 geregelt (vgl. Rz 50).

16 **Freiwillige Abschlussprüfungen** sind ebenfalls nicht vom Regelungsbereich des § 321a HGB erfasst,[19] sodass auch hier kein gesetzliches Einsichtnahmerecht besteht. Soweit der Insolvenzverwalter in Fällen freiwilliger Abschlussprüfung ungeachtet des Nichtbestehens eines gesetzlichen Einsichtsrechts den Prüfungsbericht Gläubigern, Gesellschaftern oder sonstigen Dritten zugänglich machen möchte, macht er sich ggf. **strafbar** (z.B. gem. § 404 Abs. 1 Nr. 1 AktG, § 85 Abs. 1 GmbHG).[20] Da auch bei freiwilligen Abschlussprüfungen dem Prüfungsvertrag regelmäßig allgemeine Auftragsbedingungen inkl. Haftungs- und Weitergabebeschränkungen[21] zugrunde liegen,[22] macht er sich darüber hinaus gegenüber dem AP ggf. **schadensersatzpflichtig**.

2.3 Geltendmachung des Einsichtsrechts (Abs. 1 Satz 2)

17 Die gesetzliche Formulierung, wonach sich das Einsichtsrecht „gegen denjenigen (richtet), der die Prüfungsberichte in seinem Besitz hat", lässt bewusst mehrere Möglichkeiten offen. Der Anspruch könnte sich demgemäß richten gegen
- den Insolvenzverwalter,
- sonstige Personen, die den Prüfungsbericht **für** die Ges. verwahren,
- den AP,
- andere Personen, die Prüfungsberichte der Ges. in ihrem Besitz haben.

---

[17] Enger: *Forster/Gelhausen/Möller*, WPg 2007, S. 192, die ein Einsichtnahmerecht nur für Fälle vorsehen, bei denen die Prüfungspflicht nicht ausschließlich für Zwecke einer Aufsichtsbehörde, sondern auch im Interesse der Gläubiger und Gesellschafter besteht und als Indikator hierfür eine Publizitätspflicht des geprüften Jahresabschlusses und des Bestätigungsvermerks ansehen.
[18] Bejahend: *Forster/Gelhausen/Möller*, WPg 2007, S. 200.
[19] Vgl. IDW PS 450, Tz 152c.
[20] Vgl. WP-Handbuch, Wirtschaftsprüfung & Rechnungslegung, 15. Aufl., 2017, Abschn. M, Rz 42.
[21] Vgl. z.B. IDW-Verlag GmbH: Allgemeine Auftragsbedingungen für Wirtschaftsprüfer und Wirtschaftsprüfungsgesellschaften, Stand 1.1.2002, Ziff. 7, 9.
[22] Vgl. IDW PS 220, Tz 9, 19.

Mit der Eröffnung des Insolvenzverfahrens erhält der **Insolvenzverwalter** die 18
Verfügungszuständigkeit für das Massevermögen (§ 80 Abs. 1 InsO). Zum Massevermögen rechnen auch die Prüfungsberichte (§ 36 Abs. 2 Nr. 1 InsO). Ein **vorläufiger Insolvenzverwalter** ist nicht zur Einsichtsgewährung befugt, da die Voraussetzung von Abs. 1 Satz 1 (Eröffnung des Insolvenzverfahrens oder Ablehnung des Antrags mangels Masse) nicht vorliegt. Entsprechendes muss für den Sachwalter im insolvenzrechtlichen Schutzschirmverfahren (§ 270 Abs. 1 InsO) gelten.

Neben dem Insolvenzverwalter können aber auch **sonstige Personen, die den** 19
Prüfungsbericht für die Ges. verwahren, in Betracht kommen. Dies können die gesetzlichen Vertreter, im Fall der Liquidation die Liquidatoren (§§ 146 Abs. 1, 161 Abs. 2 HGB, § 66 Abs. 1 GmbHG) bzw. bei Abwicklung die Abwickler (§§ 265, 278 Abs. 3 AktG) sowie nach Beendigung der Liquidation bzw. Abwicklung ehemalige Gesellschafter, aber auch Dritte, denen die Unterlagen zur Erfüllung der handelsrechtlichen Aufbewahrungspflichten übergeben worden sind, sein.

Der **AP** verfügt zwar regelmäßig über Belegexemplare der von ihm erstatteten Prüfungsberichte. Er verwahrt diese allerdings nicht für die geprüfte Ges., sondern aufgrund eigener gesetzlicher und berufsrechtlicher Aufbewahrungspflichten. Außerdem verfügt er auch nicht über das Widerspruchsrecht gem. Abs. 3 Satz 1 für Betriebs- und Geschäftsgeheimnisse, sodass dem AP kein Recht zur Einsichtsgewährung zusteht.[23] Es ist aber wohl nicht zu beanstanden, wenn der AP in Abstimmung mit dem Insolvenzverwalter die Einsichtnahme gem. Abs. 1 Satz 1 gewährt. Hierbei sollte aber vom AP zuvor die Ausübung des Widerspruchsrechts nach Abs. 3 Satz 1 mit dem Insolvenzverwalter erörtert werden (Rz 39 ff.).

Andere Personen, die den Prüfungsbericht in ihrem Besitz haben, sind bspw. 20
ehemalige Gesellschafter oder Organe (Vorstände, Geschäftsführer, Aufsichtsrat). Da diese über kein Widerspruchsrecht i.S.v. Abs. 3 Satz 1 verfügen, haben sie kein Recht zur Einsichtsgewährung. Darüber hinaus gibt es weitere Personen, die im Besitz des Prüfungsberichts sind, z.B. das Finanzamt, DPR, WPK, APAK sowie insb. Fremdkapitalgeber (Kreditinstitute). Auch diese Personen dürfen keine Einsichtnahme gewähren, da sie die Prüfungsberichte nur für eigene, eng begrenzte Zwecke erhalten haben und ihre Aufgabenstellung sowie ihre Verschwiegenheitspflicht eine darüber hinaus gehende Verwendung nicht zulassen.[24] Zwar wird in der Gesetzesbegründung auf „sonstige Fälle" Bezug genommen, ohne diese aber näher zu spezifizieren.[25] Eine allzu extensive Auslegung würde aber gegen die Zielsetzung der Vorschrift und insb. gegen das Widerspruchsrecht aus Abs. 3 Satz 1 verstoßen.[26]

Die Vorschrift enthält keine Regelungen über die Art und den Ort der Geltend- 21
machung der Einsichtsgewährung. Daher kommen die für die jeweiligen Rechtsformen gültigen Regelungen, wie, in welcher Form und wo die Einsicht zu

---

[23] Gl.A. *Schmidt/Poullie,* in Beck Bil-Komm., 10. Aufl., 2016, § 321a HGB, Rz 12; a.A.: *Forster/Gelhausen/Möller,* WPg 2007, S. 195.
[24] Vgl. *Forster/Gelhausen/Möller,* WPg 2007, S. 195.
[25] BT-Drs. 15/3419 S. 43.
[26] Vgl. *Pfitzer/Oser/Orth,* DB 2004, S. 2593.

gewähren ist, zur Anwendung (vgl. §§ 118, 166 HGB, §§ 52 Abs. 2, 175 Abs. 2, 179a Abs. 2, 293f, 319 Abs. 3 AktG, §§ 51a, 51b GmbHG, §§ 42, 47, 49 Abs. 2, 63 UmwG).[27] Das Einsichtnahmerecht wird an dem **Ort** ausgeübt, an dem die Prüfungsberichte aufbewahrt werden. In Fällen eines laufenden Insolvenzverfahrens hat der Insolvenzverwalter die Prüfungsberichte im Besitz, sodass dieser den Ort der Einsichtnahme bestimmt. Soweit das Insolvenzverfahren abgeschlossen oder mangels Masse gar nicht eröffnet wurde, wird das Einsichtnahmerecht dort ausgeübt, wo sich die Prüfungsberichte befinden. Die **Aufbewahrungspflicht** richtet sich auch in diesen Fällen nach rechtsformspezifischen Vorschriften (vgl. §§ 157 Abs. 2, 166 Abs. 2 HGB, §§ 273 Abs. 2, 278 Abs. 3 AktG, § 74 Abs. 2 GmbHG).

22 Der Gesetzgeber hat ein Einsichtnahmerecht geschaffen. I. d. R. wird die Einsichtnahme in ein Original des Prüfungsberichts in Betracht kommen; die Vorlage einer Kopie des Prüfungsberichts wird aber auch möglich sein. Der Einsichtnehmende hat **keinen Anspruch auf die Anfertigung und Mitnahme von Kopien**, da dies die Vertraulichkeit in hohem Maße gefährden würde.[28]

2.4 Umfang des Einsichtsrechts (Abs. 1 Satz 1)

23 Das Einsichtsrecht bezieht sich auf die Prüfungsberichte der **letzten drei Gj**. Hierbei kommen aber nur Prüfungsberichte in Betracht, bei denen es sich um die Berichterstattung über eine gesetzliche Abschlussprüfung handelt. Soweit wegen Unterschreitens der Größenkriterien gem. § 267 HGB keine Prüfungspflicht bestand, aber dennoch eine (freiwillige) Abschlussprüfung durchgeführt wurde, unterliegen diese Prüfungsberichte nicht dem Einsichtnahmerecht (vgl. Rz 16).

> **Beispiel**
> Bei der mittelgroßen Z-GmbH wird im September 05 das Insolvenzverfahren eröffnet. Die Gj 01 bis 04 sind durch einen AP geprüft worden. Bei der Abschlussprüfung für das Gj 02 und 03 handelte es sich um freiwillige Abschlussprüfungen; die Gj 01 und 04 betrafen Pflichtprüfungen.
> Es besteht ein Einsichtnahmerecht lediglich für den Prüfungsbericht des Gj 04. Bei den Gj 02 und 03 handelte es sich um freiwillige Prüfungen, bei denen kein Einsichtnahmerecht besteht. Der Prüfungsbericht für das Gj 01 betrifft zwar eine gesetzliche Abschlussprüfung, die allerdings einen mehr als drei Gj vor Insolvenzeröffnung liegenden Zeitraum betrifft.

24 Das Einsichtsrecht betrifft den Prüfungsbericht des AP. Dieser umfasst die **gesetzlichen Bestandteile inklusive der obligatorischen Anlagen** (geprüfter Jahresabschluss und Lagebericht[29]). Damit hat der Einsichtsberechtigte auch Zugriff auf die Rechnungslegung für die betreffenden Gj, auch wenn diese – ggf. pflichtwidrig – nicht oder nur unter Ausnutzung von größenabhängigen Erleichterungen (§ 327 Rz 13) offengelegt wurden. Das Einsichtsrecht umfasst gleicher-

---

[27] Vgl. *Forster/Gelhausen/Möller*, WPg 2007, S. 198.
[28] Vgl. *Pfitzer/Oser/Orth*, DB 2004, S. 2593.
[29] Vgl. IDW PS 450, Tz 110.

maßen den Prüfungsbericht über etwaig durchgeführte **Nachtragsprüfungen**.[30] Vorweg-, Lese- oder Entwurfsexemplare des Prüfungsberichts, die dem Vorstand bzw. der Geschäftsführung vom AP überlassen wurden, unterliegen genauso wenig dem Einsichtnahmerecht wie ein Management Letter oder die Arbeitspapiere des AP.

Soweit der Prüfungsauftrag über § 321 HGB hinaus erweitert wurde, greift die **inhaltliche Beschränkung des Einsichtsrechts** gem. Abs. 1 Satz 1 letzter Hs. der Vorschrift. Damit **unterliegen dem Einsichtsrecht** insb. **nicht** Berichtsteile über:[31] 25
- rechtsform- oder wirtschaftszweigspezifische Vorschriften,[32]
- sonstige gesetzliche Erweiterungen des Prüfungsauftrags, z.B. Prüfung nach § 53 HGrG,
- freiwillige Erweiterungen des Prüfungsauftrags, z.B. weitere Anlagen zum Prüfungsbericht (detaillierte Aufgliederungen und Erläuterungen der Posten des Jahresabschlusses, Darstellung rechtlicher, wirtschaftlicher und steuerlicher Verhältnisse).

Derartige Berichtspassagen sind von dem Einsichtgewährenden **von der Einsichtnahme auszuschließen** (z.B. durch Schwärzung, Herausnahme, Anfertigung von Teilkopien).[33] 26

Für den Prüfungsbericht zu einem **IFRS-EA nach § 325 Abs. 2a** HGB gilt dagegen das Einsichtsrecht, da § 324a Abs. 1 Satz 1 HGB auf § 321a HGB verweist.[34] Dies erscheint auch sachgerecht, da der IFRS-EA nach § 325 Abs. 2a HGB gerade für Offenlegungszwecke erstellt wird und diesem die Befreiungswirkung für Offenlegungszwecke auch nur zukommt, wenn zugleich der Bestätigungsvermerk des AP offengelegt wird (§ 325 Rz 140). 27

3 Begrenzung des Einsichtnahmerechts und Erläuterungsrecht des Abschlussprüfers (Abs. 2)

3.1 Begrenzung des Einsichtnahmerechts (Abs. 2 Satz 1)

Die **Begrenzung des Einsichtnahmerechts** gilt für KapG in der Rechtsform der 28
- Aktiengesellschaft,
- Kommanditgesellschaft auf Aktien,
- SE (vgl. § 3 SE-AG[35]).

Das Einsichtnahmerecht kann bei diesen Gesellschaften nur von solchen **Gesellschaftern** ausgeübt werden, die mindestens 29
- **1 % des Grundkapitals** oder
- einen **Börsenwert von 100.000 EUR**

---

[30] Vgl. *Forster/Gelhausen/Möller*, WPg 2007, S. 195.
[31] Vgl. IDW PS 450, Tz 152c; gl. A. *Forster/Gelhausen/Möller*, WPg 2007, S. 196; a.A.: *Schmidt/Poullie*, in Beck Bil-Komm., 10. Aufl., 2016, § 321a HGB, Rz 8 betreffend die Berichterstattung nach § 53 HGrG.
[32] Z.B. Kreditbericht nach § 29 Abs. 4 KWG i.V.m. §§ 59ff. PrüfbV.
[33] Vgl. *Forster/Gelhausen/Möller*, WPg 2007, S. 196.
[34] Gl. A. *Orth*, in *Baetge/Kirsch/Thiele*, Bilanzrecht, § 321a HGB, Rz 11, Stand 2/2014; nunmehr auch *Schmidt/Poullie*, in Beck Bil-Komm., 10. Aufl., 2016, § 321a HGB, Rz 6.
[35] Die SE ist in § 321a Abs. 2 Satz 1 HGB nicht genannt. Bei Einführung der Vorschrift existierte das SE-AG noch nicht. Da selbst DAX-Unt zwischenzeitlich die Rechtsform der SE gewählt haben, erscheint die dargestellte Rechtsfolge zwingend.

auf sich vereinigen. Sinn und Zweck der Regelung ist es, bei Publikumsgesellschaften das Verfahren der Einsichtnahme mit Rücksicht auf die große Zahl von Gesellschaftern praktikabel zu halten.[36]

30 Die Grenzwerte sind an die in §§ 142 Abs. 2, 148 Abs. 1 AktG geregelten Grenzwerte für die gerichtliche Bestellung eines Sonderprüfers angelehnt und bewusst nicht an die 5-fach höheren Grenzwerte in § 318 Abs. 3 HGB zur gerichtlichen Ersetzung eines AP. Begründet wird dies mit dem höheren Gewicht, dem eine Ersatzbestellung des AP im Vergleich zur Einsichtnahme in den Prüfungsbericht zukommt.[37]

31 Der erforderliche Grenzwert muss bei Geltendmachung des Einsichtnahmerechts erreicht werden. Das Kriterium **Börsenwert** ist somit an den im Insolvenzfall regelmäßig stark gesunkenen Aktienkurs nach Eröffnung des Insolvenzverfahrens bzw. Ablehnung des Antrags auf Eröffnung mangels Masse gebunden. Gleichermaßen sind Anteilsübertragungen nach Eröffnung des Insolvenzverfahrens zu berücksichtigen, z. B. wenn ein Konkurrenzunternehmen zum Zweck der Einsichtnahme in die Prüfungsberichte nach Insolvenzeröffnung Aktien erwirbt. Der für die Sonderprüfung nach § 142 Abs. 2 AktG maßgebliche 3-Monatszeitraum kommt mangels gesetzlichen Verweises nicht zur Anwendung.[38]

32 Für **nicht börsennotierte Ges.** kommt dem zweiten Grenzwert naturgemäß keine Bedeutung zu. Hier knüpft das Einsichtnahmerecht ausschließlich an die 1-%-Grenze des Grundkapitals an. Ein Nichterreichen dieser Grenze erscheint in der Praxis lediglich bei ausgesprochen weit gefächerten Gesellschafterkreisen von Familiengesellschaften denkbar.

33 Die Beschränkung des Einsichtnahmerechts gilt nur für Gesellschafter, nicht aber für **Gläubiger**, die auch bei geringen Forderungen gegen das insolvente Unt einsichtnahmeberechtigt sind (Rz 5).

3.2 Erläuterungsrecht des Abschlussprüfers (Abs. 2 Satz 2)

34 Das Erläuterungsrecht des AP stellt eine gesetzliche Ausnahme von der ansonsten bestehenden Verschwiegenheitsverpflichtung des AP gem. § 323 Abs. 1 und 3 HGB dar. Der AP benötigt kraft der gesetzlichen Regelung hierfür **keine Entbindung von der Verschwiegenheitsverpflichtung** durch die Unternehmensorgane. Diese können auch nur im Rahmen ihres Widerspruchsrechts nach Abs. 3 Satz 1 dagegen vorgehen (Rz 39 ff.).

35 Ziel des Erläuterungsrechts ist, dem AP die Möglichkeit der Entlastung zu geben, wenn z. B. im Rahmen öffentlicher Berichterstattung Zweifel an der Qualität der durchgeführten Abschlussprüfung bzw. der Berichterstattung darüber geäußert werden. Der AP erhält dieses Erläuterungsrecht aber erst, wenn das Einsichtnahmerecht gem. Abs. 1 Satz 1 ausgeübt wird, und es besteht auch nur gegenüber den Einsichtnehmenden. Es handelt sich um ein Recht des AP, nicht um eine Verpflichtung, auch wenn dies von den Einsichtnehmenden gewünscht wird.

36 Da gem. Abs. 3 Satz 3 die Verschwiegenheitspflicht „im Übrigen" bestehen bleibt, wird das Erläuterungsrecht des AP so zu verstehen sein, dass sich der AP

---

[36] BT-Drs. 15/3419 S. 43.
[37] BT-Drs. 15/3419 S. 44.
[38] Vgl. *Forster/Gelhausen/Möller*, WPg 2007, S. 194; a. A.: *Orth*, in *Baetge/Kirsch/Thiele*, Bilanzrecht, § 321a HGB, Rz 65, Stand 2/2014.

auf Berichtsteile beschränkt, die ggf. missverständlich oder die zum Verständnis der für die im Prüfungszeitpunkt bestandenen wirtschaftlichen Situation der geprüften Ges. erforderlich sind. Nicht zulässig wäre es somit, den gesamten Prüfungsbericht zu kommentieren oder ihn sogar den Einsichtnehmenden zu überlassen.[39]

Das Erläuterungsrecht des AP wird weiter beschränkt durch das Widerspruchsrecht gem. Abs. 3 Satz 1 (Rz 39 ff.); es empfiehlt sich daher für den AP, sich vor Ausübung des Erläuterungsrechts mit den Widerspruchsberechtigten abzustimmen, ob sie ihr Widerspruchsrecht ausüben. 37

Da auch der Prüfungsbericht den Einsichtnehmenden nicht überlassen oder in Kopie zur Verfügung gestellt werden darf (Rz 22), ist das Erläuterungsrecht **ausschließlich mündlich** auszuüben.[40] Bei den Erläuterungen kann sich der AP an den berufsüblichen Grundsätzen für die mündliche Berichterstattung an den Aufsichtsrat orientieren.[41] Durch die Wahrnehmung des Erläuterungsrechts entsteht kein Auskunftsvertrag oder sonstiges Schuldverhältnis zwischen AP und Einsichtsberechtigten. Gleichwohl erscheint es für den AP zweckmäßig, vor einer Erläuterung des Prüfungsberichts Haftungsausschlüsse oder -begrenzungen mit dem Einsichtnehmenden zu vereinbaren.[42] 38

4 Widerspruchsrecht und Verschwiegenheitspflicht

4.1 Widerspruchsrecht (Abs. 3 Satz 1)

Die Vorschrift eröffnet ein Widerspruchsrecht, das im Regelfall mehreren Personen zusteht, nämlich dem Insolvenzverwalter und den gesetzlichen Vertretern der insolventen Ges. Jede dieser Personen hat ein eigenes Widerspruchsrecht und darf dieses unabhängig von den anderen Widerspruchsberechtigten ausüben. 39

> **Beispiel**
> Über das Vermögen der T-GmbH wird im August 01 das Insolvenzverfahren eröffnet. Im Oktober 01 meldet ein Gläubiger sein Einsichtnahmerecht beim Insolvenzverwalter an. Der AP möchte sein Erläuterungsrecht ausüben und fragt den Insolvenzverwalter, ob dieser sein Widerspruchsrecht in Anspruch nimmt.
> Neben dem Insolvenzverwalter sind die Geschäftsführer der T-GmbH ebenfalls widerspruchsberechtigt. Da diese den Einsicht begehrenden Gläubiger üblicherweise besser kennen als der Insolvenzverwalter, können diese auch eher Gründe für einen Widerspruch erkennen, weil es sich bei dem Gläubiger z.B. gleichzeitig um einen direkten Konkurrenten handelt.

---

[39] Vgl. *Forster/Gelhausen/Möller*, WPg 2007, S. 199.
[40] A.A. *Forster/Gelhausen/Möller*, WPg 2007, S. 199, die auch eine schriftliche Erläuterung für zulässig erachten.
[41] Vgl. IDW PS 470; gl. A. *Schmidt/Poullie*, in Beck Bil-Komm., 10. Aufl., § 321a HGB, Rz 11.
[42] Vgl. *Orth*, in *Baetge/Kirsch/Thiele*, Bilanzrecht, § 321a HGB, Rz 8, Stand 2/2014, der in außergewöhnlichen, sachverhaltsabhängigen Ausnahmefällen einen Dritthaftungsanspruch für möglich hält.

40 Sobald einer der Berechtigten Widerspruch erhebt, darf dem Einsichtnehmenden der Prüfungsbericht nur insoweit zugänglich gemacht werden, dass die geheimhaltungsbedürftigen Tatsachen nicht erkennbar sind. Dies kann bspw. durch Schwärzen bzw. Herausnahme der Berichtspassagen oder durch Vorlage von Teilkopien des Prüfungsberichts erreicht werden.

41 Den Widerspruchsberechtigten untereinander stehen gegenseitig keine Rechtsmittel zu, wenn sie der Auffassung sind, ein geltend gemachter Widerspruch sei unzulässig. Der Einsicht nehmende Gläubiger oder Gesellschafter kann allerdings seinen Anspruch auf Einsichtnahme der durch Widerspruch entzogenen Berichtsteile durch Leistungsklage geltend machen.[43] Ob auch Zwangsmittel wie ein Ordnungsgeld gem. § 335 HGB geltend gemacht werden können, ist strittig.[44]

42 Obwohl es sich nach dem Gesetzeswortlaut um ein Widerspruchsrecht handelt, besteht in den Fällen, in denen die Einsichtnahme zugelassen und dadurch der im Gesetz genannte **erhebliche Nachteil** für die Ges. bewirkt wird, faktisch eine **Widerspruchspflicht**, da sich bei Nichtausübung des Widerspruchsrechts der Insolvenzverwalter bzw. die gesetzlichen Vertreter gegenüber der insolventen Ges. ggf. schadensersatzpflichtig machen.

43 Das Widerspruchsrecht stellt ab auf **Geheimnisse**, insb. Betriebs- oder Geschäftsgeheimnisse, deren Offenlegung geeignet ist, der insolventen Ges. einen erheblichen Nachteil zuzufügen. Geheimnisse stellen wohl stets solche Informationen dar, die bei Offenlegung im regulären Geschäftsbetrieb zu einem Verstoß von Geheimhaltungsverpflichtungen der gesetzlichen Vertreter oder des Aufsichtsrates geführt hätten.[45] Dies können bspw. im Prüfungsbericht angeführte Herstellungsverfahren, Liefer- oder Absatzbeziehungen oder Kennzahlen (z.B. Deckungsbeiträge, Margen einzelner Produktlinien) sein. Der Begriff des **erheblichen Nachteils** ist gesetzlich nicht geregelt und daher auf den Einzelsachverhalt zu beziehen. Es dürfte im Regelfall ausreichend sein, die Eignung zur Nachteilszufügung geltend zu machen, um das Widerspruchsrecht auszuüben. Der Begriff ist eher eng auszulegen und es ist von einer hohen Wahrscheinlichkeit der Nachteilszufügung auszugehen.[46]

4.2 Verschwiegenheitspflicht

4.2.1 Abschlussprüfer (Abs. 3 Satz 2)

44 Die Verschwiegenheitspflicht des AP und seiner Mitarbeiter richtet sich nach § 323 Abs. 1 und 3 HGB (§ 323 Rz 45), wie Satz 2 der Vorschrift nochmals klarstellt. Eine Ausnahme von dieser Regelung stellt die Regelung des Abs. 2 Satz 2 dar, die dem AP das Erläuterungsrecht gegenüber den Einsichtnehmenden eröffnet (vgl. Rz 34), das jedoch wiederum durch das Widerspruchsrecht gem. Abs. 3 Satz 1 begrenzt werden kann (Rz 39).

---

43 Vgl. *Forster/Gelhausen/Möller*, WPg 2007, S. 197.
44 Bejahend: *Orth*, in *Baetge/Kirsch/Thiele*, Bilanzrecht, § 321a HGB, Rz 141, Stand 2/2014; ablehnend: *Forster/Gelhausen/Möller*, WPg 2007, S. 197.
45 Vgl. *Kuhner*, in *Küting/Pfitzer/Weber*, HdR, § 321a HGB, Rn 29; Stand 07/2011.
46 Vgl. *Orth*, in *Baetge/Kirsch/Thiele*, Bilanzrecht, § 321a HGB, Rz 94, Stand 2/2014.

4.2.2 Einsichtnehmende (Abs. 3 Satz 3)

Die Vorschrift verpflichtet alle Einsichtnehmenden zur Verschwiegenheit über sämtliche bei der Einsichtnahme gewonnenen Erkenntnisse. Die Verschwiegenheitsverpflichtung besteht somit nicht nur für einsichtnehmende Gläubiger oder Gesellschafter, sondern auch für von diesen beauftragte WP/vBp (Rz 7). 45

Die Verschwiegenheitsverpflichtung ergänzt das Widerspruchsrecht des Abs. 3 Satz 1 (Rz 39) insoweit, als die Einsichtnehmenden auch dann zur Verschwiegenheit verpflichtet sind, wenn ihnen Betriebs- und Geschäftsgeheimnisse durch die Einsichtnahme zur Kenntnis gelangen, weil die Widerspruchsberechtigten ihr Widerspruchsrecht nicht ausgeübt haben.[47] 46

Die Verschwiegenheitsverpflichtung der Einsichtnehmenden beinhaltet das Verbot der Weitergabe von Informationen an Dritte über den Inhalt der Prüfungsberichte. Dies umfasst auch den sog. **negativen Inhalt**, d. h. eigentlich erforderliche Inhalte des Prüfungsberichts (z.B. über entwicklungsbeeinträchtigende oder bestandsgefährdende Tatsachen), die aber tatsächlich fehlen. Außerdem sind die vom AP ggf. gegebenen (mündlichen) Erläuterungen gem. Abs. 2 Satz 2 von der Verschwiegenheitspflicht umfasst.[48] 47

Die Verschwiegenheitsverpflichtung gilt auch gegenüber anderen Einsichtnehmenden.[49] 48

Während dem AP in § 323 Abs. 1 Satz 2 HGB die Verwertung von erlangten Erkenntnissen verboten ist, ist dies für die Einsichtsberechtigten nicht ausdrücklich gesetzlich geregelt. Nach dem Regelungsziel der Vorschrift scheint eine Verwertung zur Durchsetzung von Ansprüchen gegen Organmitglieder der insolventen Ges. oder den AP wohl zulässig.[50] Bezüglich des AP weist die Gesetzesbegründung jedoch ausdrücklich darauf hin, dass „keine über § 323 HGB hinaus gehenden Haftungsansprüche geschaffen werden" sollen.[51] 49

5 Einsichtnahme in Prüfungsberichte zu Konzernabschlüssen

Wenn die betroffene Ges. konzernrechnungslegungspflichtig ist, gelten die für den Jahresabschluss vorgesehenen Einsichtsrechte für den Konzernabschluss analog (s. Rz 23 ff.). 50

Einsichtsberechtigt sind allerdings nur die **Gesellschafter** des MU, nicht solche von TU (außenstehende Gesellschafter). 51

---

47 Vgl. *Forster/Gelhausen/Möller*, WPg 2007, S. 200.
48 Vgl. *Orth*, in *Baetge/Kirsch/Thiele*, Bilanzrecht, § 321a HGB, Rz 94, Stand 2/2014.
49 Vgl. *Orth*, in *Baetge/Kirsch/Thiele*, Bilanzrecht, § 321a HGB, Rz 94, Stand 2/2014.
50 Gl. A. *Forster/Gelhausen/Möller*, WPg 2007, S. 200.
51 BT-Drs. 15/4054 S. 39.

> **Beispiel**
> Die mittelständische Unternehmensgruppe weist folgende Beteiligungsstruktur zu:
>
> ```
>                    MU                  außenstehende
>                                         Gesellschafter
>         100 %            80 %
>
>         TU1              TU2
> ```
>
> MU ist insolvent. Einsichtnahmeberechtigt in den Prüfungsbericht des Konzernabschlussprüfers sind nur die Gesellschafter des MU, nicht diejenigen von TU2 (außenstehende Gesellschafter).

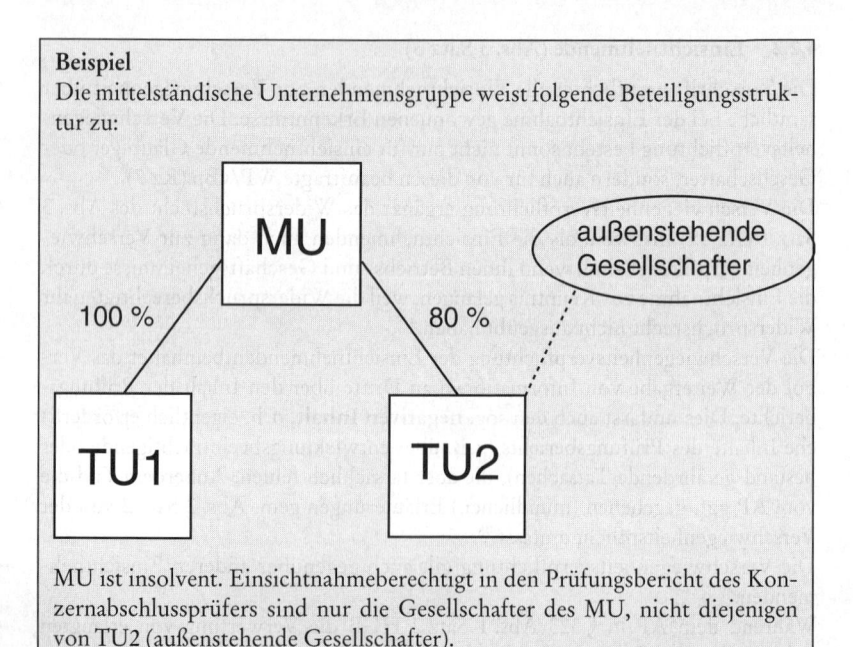

52 Auch für **Gläubiger** gilt, dass diese Gläubiger des MU sein müssen, da Abs. 4 der Vorschrift ausdrücklich von dem zur Konzernrechnungslegung verpflichteten Schuldner spricht. Eine Forderung gegen ein TU reicht mithin nicht aus (Rz 15).

53 Wie beim Jahresabschluss auch, betrifft das Recht zur Einsichtnahme nur gesetzliche Konzernabschlussprüfungen. Prüfungsberichte über **freiwillige Konzernabschlussprüfungen**, z.B. von gem. § 291 Abs. 1 HGB nicht prüfungspflichtigen Teilkonzernen, sind somit von der Vorschrift nicht erfasst (Rz 16).[52]

54 Das Einsichtsrecht bezieht sich lediglich auf den Prüfungsbericht über die Konzernabschlussprüfung, nicht aber auf die Prüfungsberichte von in den Konzernabschluss einbezogenen **Tochtergesellschaften**. Hier würden von Seiten der Tochtergesellschaften berechtigte Interessen gegen die Einsichtnahme bestehen, da ihnen hierdurch ggf. erhebliche Nachteile entstehen könnten, zumal ihre gesetzlichen Vertreter nicht über das Widerspruchsrecht des Abs. 3 Satz 1 verfügen.[53] Besonders offensichtlich ist dies in Fällen, in denen zwar die Muttergesellschaft, nicht aber die Tochtergesellschaft insolvent ist. Zur Inanspruchnahme von § 264 Abs. 3 HGB bzw. § 264b HGB durch Tochtergesellschaften vgl. Rz 15.

55 Das **Widerspruchsrecht** gem. Abs. 3 Satz 1 steht dem Insolvenzverwalter bzw. den Organen des MU zu. Bei der Ausübung des Widerspruchsrechts haben diese aber nicht nur die Interessen des MU, sondern auch die Interessen von in den Konzernabschluss einbezogenen TU zu beachten.

---

[52] Vgl. *Forster/Gelhausen/Möller*, WPg 2007, S. 200.
[53] Vgl. *Orth*, in *Baetge/Kirsch/Thiele*, Bilanzrecht, § 321a HGB, Rz 121, Stand 2/2014.

§ 322 Bestätigungsvermerk

(1) ¹Der Abschlussprüfer hat das Ergebnis der Prüfung in einem Bestätigungsvermerk zum Jahresabschluss oder zum Konzernabschluss zusammenzufassen. ²Der Bestätigungsvermerk hat Gegenstand, Art und Umfang der Prüfung zu beschreiben und dabei die angewandten Rechnungslegungs- und Prüfungsgrundsätze anzugeben; er hat ferner eine Beurteilung des Prüfungsergebnisses zu enthalten. ³In einem einleitenden Abschnitt haben zumindest die Beschreibung des Gegenstands der Prüfung und die Angabe zu den angewandten Rechnungslegungsgrundsätzen zu erfolgen.
(1a) ¹Bei der Erstellung des Bestätigungsvermerks hat der Abschlussprüfer die internationalen Prüfungsstandards anzuwenden, die von der Europäischen Kommission in dem Verfahren nach Artikel 26 Absatz 3 der Richtlinie 2006/43/EG angenommen worden sind.
(2) ¹Die Beurteilung des Prüfungsergebnisses muss zweifelsfrei ergeben, ob
1. ein uneingeschränkter Bestätigungsvermerk erteilt,
2. ein eingeschränkter Bestätigungsvermerk erteilt,
3. der Bestätigungsvermerk aufgrund von Einwendungen versagt oder
4. der Bestätigungsvermerk deshalb versagt wird, weil der Abschlussprüfer nicht in der Lage ist, ein Prüfungsurteil abzugeben.

²Die Beurteilung des Prüfungsergebnisses soll allgemein verständlich und problemorientiert unter Berücksichtigung des Umstandes erfolgen, dass die gesetzlichen Vertreter den Abschluss zu verantworten haben. ³Auf Risiken, die den Fortbestand des Unternehmens oder eines Konzernunternehmens gefährden, ist gesondert einzugehen. ⁴Auf Risiken, die den Fortbestand eines Tochterunternehmens gefährden, braucht im Bestätigungsvermerk zum Konzernabschluss des Mutterunternehmens nicht eingegangen zu werden, wenn das Tochterunternehmen für die Vermittlung eines den tatsächlichen Verhältnissen entsprechenden Bildes der Vermögens-, Finanz- und Ertragslage des Konzerns nur von untergeordneter Bedeutung ist.
(3) ¹In einem uneingeschränkten Bestätigungsvermerk (Absatz 2 Satz 1 Nr. 1) hat der Abschlussprüfer zu erklären, dass die von ihm nach § 317 durchgeführte Prüfung zu keinen Einwendungen geführt hat und dass der von den gesetzlichen Vertretern der Gesellschaft aufgestellte Jahres- oder Konzernabschluss aufgrund der bei der Prüfung gewonnenen Erkenntnisse des Abschlussprüfers nach seiner Beurteilung den gesetzlichen Vorschriften entspricht und unter Beachtung der Grundsätze ordnungsmäßiger Buchführung oder sonstiger maßgeblicher Rechnungslegungsgrundsätze ein den tatsächlichen Verhältnissen entsprechendes Bild der Vermögens-, Finanz- und Ertragslage des Unternehmens oder des Konzerns vermittelt. ²Der Abschlussprüfer kann zusätzlich einen Hinweis auf Umstände aufnehmen, auf die er in besonderer Weise aufmerksam macht, ohne den Bestätigungsvermerk einzuschränken.
(4) ¹Sind Einwendungen zu erheben, so hat der Abschlussprüfer seine Erklärung nach Absatz 3 Satz 1 einzuschränken (Absatz 2 Satz 1 Nr. 2) oder zu versagen (Absatz 2 Satz 1 Nr. 3). ²Die Versagung ist in den Vermerk, der nicht mehr als Bestätigungsvermerk zu bezeichnen ist, aufzunehmen. ³Die

Einschränkung oder Versagung ist zu begründen; Absatz 3 Satz 2 findet Anwendung. ⁴Ein eingeschränkter Bestätigungsvermerk darf nur erteilt werden, wenn der geprüfte Abschluss unter Beachtung der vom Abschlussprüfer vorgenommenen, in ihrer Tragweite erkennbaren Einschränkung ein den tatsächlichen Verhältnissen im Wesentlichen entsprechendes Bild der Vermögens-, Finanz- und Ertragslage vermittelt.

(5) ¹Der Bestätigungsvermerk ist auch dann zu versagen, wenn der Abschlussprüfer nach Ausschöpfung aller angemessenen Möglichkeiten zur Klärung des Sachverhalts nicht in der Lage ist, ein Prüfungsurteil abzugeben (Absatz 2 Satz 1 Nr. 4). ²Absatz 4 Satz 2 und 3 gilt entsprechend.

(6) ¹Die Beurteilung des Prüfungsergebnisses hat sich auch darauf zu erstrecken, ob der Lagebericht oder der Konzernlagebericht nach dem Urteil des Abschlussprüfers mit dem Jahresabschluss und gegebenenfalls mit dem Einzelabschluss nach § 325 Abs. 2a oder mit dem Konzernabschluss in Einklang steht, die gesetzlichen Vorschriften zur Aufstellung des Lage- oder Konzernlageberichts beachtet worden sind und der Lage- oder Konzernlagebericht insgesamt ein zutreffendes Bild von der Lage des Unternehmens oder des Konzerns vermittelt. ²Dabei ist auch darauf einzugehen, ob die Chancen und Risiken der zukünftigen Entwicklung zutreffend dargestellt sind.

(6a) Wurden mehrere Prüfer oder Prüfungsgesellschaften gemeinsam zum Abschlussprüfer bestellt, soll die Beurteilung des Prüfungsergebnisses einheitlich erfolgen. Ist eine einheitliche Beurteilung ausnahmsweise nicht möglich, sind die Gründe hierfür darzulegen; die Beurteilung ist jeweils in einem gesonderten Absatz vorzunehmen. Die Sätze 1 und 2 gelten im Fall der gemeinsamen Bestellung von
1. Wirtschaftsprüfern oder Wirtschaftsprüfungsgesellschaften,
2. vereidigten Buchprüfern oder Buchprüfungsgesellschaften sowie
3. Prüfern oder Prüfungsgesellschaften nach den Nummern 1 und 2.

(7) ¹Der Abschlussprüfer hat den Bestätigungsvermerk oder den Vermerk über seine Versagung unter Angabe des Ortes der Niederlassung des Abschlussprüfers und des Tages der Unterzeichnung zu unterzeichnen; im Fall des Absatzes 6a hat die Unterzeichnung durch alle bestellten Personen zu erfolgen. ²Der Bestätigungsvermerk oder der Vermerk über seine Versagung ist auch in den Prüfungsbericht aufzunehmen. ³Ist der Abschlussprüfer eine Wirtschaftsprüfungsgesellschaft, so hat die Unterzeichnung zumindest durch den Wirtschaftsprüfer zu erfolgen, welcher die Abschlussprüfung für die Prüfungsgesellschaft durchgeführt hat. ⁴Satz 3 ist auf Buchprüfungsgesellschaften entsprechend anzuwenden.

WP StB CVA KLAUS BERTRAM

Inhaltsübersicht	Rz
1 Überblick	1–24
1.1 Inhalt	1–3
1.2 Normenzusammenhang und Zweck	4–24
2 Inhalt und Bestandteile des Bestätigungsvermerks bei gesetzlichen Jahresabschlussprüfungen	25–112
2.1 Überschrift	25–26
2.2 Einleitender Abschnitt (Abs. 1 Satz 2)	27–34
2.3 Beschreibender Abschnitt (Abs. 1 Satz 2)	35–42
2.4 Beurteilung durch den Abschlussprüfer	43–107
2.4.1 Grundsätze	43
2.4.2 Formen des Prüfungsergebnisses (Abs. 2 Satz 1)	44–99
2.4.2.1 Uneingeschränkter Bestätigungsvermerk (Abs. 3 Satz 1)	47–58
2.4.2.2 Eingeschränkter Bestätigungsvermerk (Abs. 4)	59–89
2.4.2.3 Versagungsvermerk	90–99
2.4.3 Ergänzungen des Prüfungsurteils	100–102
2.4.4 Hinweis zur Beurteilung des Prüfungsergebnisses(Abs. 3 Satz 2)	103–107
2.5 Hinweis auf Bestandsgefährdungen (Abs. 2 Satz 3)	108–112
3 Erteilung des Bestätigungsvermerks (Abs. 7)	113–123
4 Bestätigungsvermerk bei Konzernabschlussprüfungen	124–141
4.1 Einleitender Abschnitt	125–128
4.2 Beschreibender Abschnitt	129
4.3 Beurteilung durch den Abschlussprüfer	130–137
4.4 Konzernabschlüsse nach § 315e HGB	138–141
5 Sonderfälle und Einzelfragen	142–210
5.1 Bedingte Erteilung von Bestätigungsvermerken	142–149
5.2 Tatsachen nach Erteilung des Bestätigungsvermerks	150–168
5.2.1 Nachtragsprüfungen	150–159
5.2.2 Widerruf von Bestätigungsvermerken	160–168
5.3 Freiwillige Abschlussprüfungen	169–182
5.4 Prüfungen nach PublG	183–186
5.5 Zusammengefasster Bestätigungsvermerk	187–193
5.6 Einzelabschluss nach § 325 Abs. 2a HGB	194–196
5.7 Gemeinschaftsprüfungen (joint audits, Abs. 6a)	197–199
5.8 Prüfungen nach internationalen Prüfungsgrundsätzen	200–202
5.9 Bestätigungsvermerk in fremder Sprache	203–206
5.10 Offenlegung des Bestätigungsvermerks	207–210

1 Überblick

1.1 Inhalt

§ 322 HGB beinhaltet mit den Regelungen zum Bestätigungsvermerk den für die Öffentlichkeit wohl bedeutendsten Teil der Abschlussprüfung, nämlich den

1

(auch) für die Öffentlichkeit bestimmten Bestätigungsvermerk als zusammenfassendes Prüfungsergebnis.

> **Wichtig**
> Der HFA des IDW hat Ende 2016 den Entwurf einer Neufassung von IDW PS 400 (IDW EPS 400 nF, Stand: 14.12.2016) verabschiedet. Weiterhin sind IDW EPS 401, IDW EPS 405 und IDW EPS 406 als weitere Bestandteile der IDW PS 400er-Reihe verabschiedet worden. Diese Entwürfe setzen die vom IAASB verabschiedeten Anforderungen an den Bestätigungsvermerk unter Berücksichtigung der nationalen gesetzlichen Besonderheiten sowie der Regelungen der EU-APrVO um.
> Aufgrund von Stellungnahmen zu IDW EPS 400 nF und Gesprächen mit Vertretern des Berufsstands hat der HFA die vorgeschlagene zweigeteilte Struktur des Bestätigungsvermerks (gesondertes Prüfungsurteil zum geprüften Jahresabschluss bzw. Konzernabschluss und zum geprüften Lagebericht/ Konzernlagebericht) überdacht und einen alternativen Ansatz entwickelt, in dem beide Prüfungsurteile nunmehr wieder zusammengeführt werden. Im Rahmen der für Dezember 2017 zu erwartenden endgültigen Verabschiedung von IDW PS 400 nF wird dann dieser alternative Ansatz umgesetzt.[1]
> Die verpflichtende Erstanwendung von IDW PS 400 nF betrifft Abschlussprüfungen ab dem Gj 2018 (bei kalendergleichem Gj), d.h. erst ab 2019 zu erteilende Bestätigungsvermerke. Eine frühere Anwendung ist allerdings zulässig. AP von PIE müssen aufgrund der EU-VO die neuen Regeln bereits für 2017 anwenden (entweder auf Basis IDW EPS 400 nF oder IDW PS 400 nF). Alle übrigen Abschlussprüfungen können bis dahin nach der bisherigen Fassung von IDW PS 400 (Stand: 28.11.2014) vorgehen.
> Damit die nachfolgende Kommentierung nicht zu unübersichtlich wird, ist in dieser 8. Auflage des Kommentars die für die große Mehrzahl der Fälle (d.h. Abschlussprüfungen außerhalb PIE) für die Jahresabschlussprüfung 2017 anzuwendende Fassung von IDW PS 400 (Stand: 28.11.2014) unter Berücksichtigung der durch das BilRUG erfolgten Änderungen des § 322 HGB zugrunde gelegt worden. Soweit im Einzelfall die Neuregelungen durch IDW PS 400 nF bereits frühzeitig angewendet werden sollen bzw. müssen (Abschlussprüfungen von PIE) sollte unmittelbar der zum Redaktionsschluss dieser Auflage noch nicht vorliegende IDW PS 400 nF herangezogen werden. In der für 2018 geplanten 9. Auflage wird dann die Kommentierung für den Jahresabschluss/Konzernabschluss 2018 zu beachtende Erstanwendung von IDW PS 400 nF entsprechend aktualisiert.

2 Entsprechend internationalen Vorbildern ist der Bestätigungsvermerk in Form eines **Bestätigungsberichts** zu erteilen. Das frühere „Formeltestat", das sich nach Ansicht des Gesetzgebers nicht bewährt hatte, sollte einem frei formulierten Bestätigungsvermerk weichen.[2] Aufgrund der **hohen Außenwirkung** des Bestäti-

---

[1] Vgl. Mitgliederrundschreiben des IDW vom 27.7.2017, abrufbar im zugangsgeschützten Mitgliederbereich des IDW unter https://www.idw.de/mein-idw/im-fokus-exklusiv/bestaetigungsvermerk/der-neue-bestaetigungsvermerk/102164, letzter Abruf am 9.8.2017.
[2] Vgl. BT-Drs. 13/9712, S. 29.

gungsvermerks haben sich in der Praxis gleichwohl standardisierte Formulierungen für Bestätigungsvermerke herausgebildet,[3] sodass die (in der überwiegenden Anzahl) uneingeschränkten Testate in der Praxis auch heute einheitlich formuliert werden. Hieraus zu folgern, der Gesetzgeber habe sein mit dem KonTraG gestecktes Ziel nicht erreicht, wäre aber falsch. Es entspricht den Erwartungen der Adressaten des Bestätigungsvermerks, dass in den „unproblematischen" Fällen eines uneingeschränkten Bestätigungsvermerks dieser in standardisierter Form erteilt wird. Die Möglichkeit zur freien Formulierung erhält insb. dann Relevanz, wenn es darum geht, auch bei uneingeschränkten Testaten ergänzende Hinweise abzugeben (Abs. 3 Satz 2) bzw. vorgenommene Einschränkungen des Bestätigungsvermerks zu begründen (Abs. 4 Satz 3). Hiermit wird der international verwendete Grundsatz „emphasis of matter" auch im deutschen Recht abgebildet.[4] Bzgl. der bereits verabschiedeten bzw. zukünftig zu erwartenden Änderungen vgl. Rz 201[5]

§ 322 HGB regelt **Mindestbestandteile** des Bestätigungsvermerks, die der Gesetzgeber dem AP vorgeschrieben hat, um den problemorientierten Charakter des Bestätigungsvermerks zu stärken. Der Leser des Bestätigungsvermerks soll – wenn auch in stark komprimierter Form – erfahren, was Gegenstand der Abschlussprüfung war, welche Beurteilung der AP vorgenommen hat, welche Bestandsgefährdungen vorliegen und welche ergänzenden Hinweise der AP für erforderlich hält. Folgende Bestandteile des Bestätigungsvermerks sind zu unterscheiden:[6]

- Überschrift,
- einleitender Abschnitt,
- beschreibender Abschnitt,
- Beurteilung durch den AP,
- ggf. Hinweis zur Beurteilung des Prüfungsergebnisses,
- ggf. Hinweis auf Bestandsgefährdungen.

1.2 Normenzusammenhang und Zweck

§ 322 HGB ist für alle gesetzlichen Abschlussprüfungen (Jahresabschlussprüfung, Konzernabschlussprüfung) anzuwenden. In den §§ 316–324a HGB sind die **gesetzlichen Grundlagen für die Abschlussprüfung** kodifiziert. Eine wichtige Ausnahme hiervon betreffen Abschlussprüfungen von PIE. Für diese sind für nach dem 16.6.2016 beginnende Gj die Regelungen der EU-VO unmittelbar anzuwenden (vgl. § 317 Rz 123 ff.).[7] Weiterhin ist der durch das AReG neu eingefügte Abs. 1a zu beachten, der den Vorrang der von der EU übernommenen ISA regelt (ähnlich wie der seit längerem existierende § 317 Abs. 5 HGB). Da die EU bislang keine ISA übernommen hat, hat Abs. 1a auch nach Inkrafttreten (vgl. nachfolgend) bislang keine praktische Relevanz.

---

3 Vgl. IDW PS 400, Anhang 1 und 2.
4 Vgl. ISA 706: emphasis of matter paragraphs and other matter paragraphs in the independent auditor's report.
5 Vgl. auch *Köhler*, WPg 2015, S. 109 ff.
6 Vgl. IDW PS 400, Tz 17.
7 Vgl. *IDW*, IDW Positionspapier zu Inhalten und Zweifelsfragen der EU-Verordnung und der Abschlussprüferrichtlinie (Dritte Auflage mit Stand: 10.4.2017), S. 11 ff., abrufbar unter https://www.idw.de/blob/86498/be1e59dead022ed8b374a26fb679de79/down-positions-papier-zweifelsfragen-data.pdf, letzter Abruf am 28.7.2017. Zur Struktur des Bestätigungsvermerks und Formulierungsbeispielen bei PIE vgl. *IDW*, IDW-FN 2015, S. 54; vgl. auch Rz 1.

§ 322 ist gleichermaßen bei Abschlussprüfungen von **Kredit- und Finanzdienstleistungsinstituten** gem. § 340k HGB sowie bei **Versicherungsunternehmen und Pensionsfonds** gem. § 341k HBG anzuwenden. Für Genossenschaften sieht § 58 Abs. 2 GenG eine entsprechende Anwendung der Bestimmungen des § 322 HGB vor, sofern die **Genossenschaften** die Größenkriterien des § 267 Abs. 3 HGB für große Gesellschaften erfüllen. Etliche andere Gesetze verweisen auf diese gesetzlichen Grundlagen und lehnen sich dementsprechend an die handelsrechtlichen Grundsätze an (z.B. § 6 Abs. 1 PublG, § 34 KHG NRW, § 10 Abs. 1 EnWG).

5   Hinsichtlich der **zeitlichen Anwendung** gilt folgendes zu beachten. Die durch das BilRUG vorgenommenen Änderungen in Abs. 1 Satz 3, Abs. 6 Satz 1 sowie die in Abs. 7 aufgenommenen Sätze 3 und 4 sind erstmals auf das nach dem 31.12.2015 beginnende Gj anzuwenden,[8] d.h. bei kalendergleichem Gj auf das Gj 2016. Die durch das AReG vorgenommenen Änderungen des § 322 in Abs. 1, 4 und 7 sowie die neu aufgenommenen Abs. 1a und 6a sind erstmals auf Jahresabschlüsse und Konzernabschlüsse für das nach dem 16.6.2016 beginnende Gj anzuwenden. Demzufolge sind diese Änderungen bei kalendergleichem Gj erstmals in 2017 anzuwenden.

6   Die WPO enthält **berufsrechtliche Vorschriften**, die der WP (auch) im Rahmen von Abschlussprüfungen zu beachten hat (z.B. §§ 43–44, 48, 50–51b, 53–54a, 55a–56, 57a WPO). Darüber hinaus sind die Vorschriften der gem. § 57 Abs. 3 WPO erlassenen BS WP/vBP zu beachten, in der besondere Berufspflichten bei der Durchführung von Prüfungen und der Erstattung von Gutachten niedergelegt sind (§§ 28–44 BS WP/vBP).

7   Neben den gesetzlichen Vorschriften existieren für AP die **berufsständischen Grundsätze**. Dies sind in Deutschland die vom IDW festgestellten Prüfungsstandards und Prüfungshinweise, die im Wesentlichen auf den entsprechenden internationalen Vorbildern, namentlich den ISA, beruhen und darüber hinaus auf Besonderheiten der deutschen Rechtslage eingehen, sowie IDW QS 1.

8   Der AP führt seine Prüfung aufgrund einer öffentlich-rechtlichen Verpflichtung des Bilanzierenden durch. Das Ergebnis seiner Abschlussprüfung wird zunächst dem geprüften Unternehmen mitgeteilt, zum einen in der mündlichen Berichterstattung an den Aufsichtsrat,[9] zum anderen in Form des Prüfungsberichts gem. § 321 HGB. Der Prüfungsbericht ist aufgrund seiner Vertraulichkeit im Regelfall nicht für die Öffentlichkeit bestimmt (zu Ausnahmen § 321a Rz 3), sondern nur einem beschränkten Kreis von Adressaten zugänglich (§ 321 Rz 9).

9   In Erfüllung der öffentlich-rechtlichen Verpflichtung erteilt der AP darüber hinaus einen Bestätigungsvermerk bzw. einen Versagungsvermerk gem. § 322 HGB. Dieser ist insb. für die Öffentlichkeit bestimmt, weshalb er vom prüfungspflichtigen Bilanzierenden im Rahmen der Offenlegung gem. § 325 HGB beim BAnZ einzureichen ist (§ 325 Rz 71).

10 Ein weiterer Unterschied zum Prüfungsbericht liegt darin, dass ein Bestätigungsvermerk bzw. Versagungsvermerk nur erteilt wird, wenn die Abschlussprüfung abgeschlossen wird. Wird demgegenüber ein **Prüfungsauftrag aus wichtigem Grund gekündigt**, so ist weder ein Bestätigungsvermerk noch eine Bescheinigung

---

8   Vgl. Art. 75 Abs. 1 EGHGB.
9   Vgl. IDW PS 470.

zu erteilen, sondern nach Maßgabe von § 318 Abs. 6 Satz 4 HGB lediglich ein Bericht über das Ergebnis der bisherigen Prüfung zu erstatten (§ 318 Rz 85 ff.).[10]

§ 2 Abs. 1 WPO bestimmt, dass es zu den beruflichen Aufgaben eines WP gehört, Bestätigungsvermerke über die Vornahme und das Ergebnis durchgeführter Prüfungen von Jahresabschlüssen wirtschaftlicher Unt zu erteilen bzw. zu versagen.[11] Durch den Bestätigungsvermerk werden vom AP auch diejenigen Adressaten der Rechnungslegung, die kein Recht zur Einsichtnahme in den Prüfungsbericht haben, über das Ergebnis der Prüfung unterrichtet.[12] Derartige externe **Adressaten des Bestätigungsvermerks** sind somit z. B.:

- nicht in den Prüfungsbericht einsichtsberechtigte Gesellschafter, z. B. Aktionäre,[13]
- Gläubiger des geprüften Unt,
- (potenzielle) Geschäftspartner des Unt,
- Ratingagenturen,
- Finanzanalysten,
- Wirtschaftsauskunfteien,
- Mitarbeiter des geprüften Unt sowie
- die interessierte Öffentlichkeit.

Der Bestätigungsvermerk ist ein Positivbefund, der auch im Fall eines eingeschränkten Bestätigungsvermerks noch – mit Ausnahme der eingeschränkten Teilbereiche – eine positive Aussage zur Rechnungslegung vermittelt. Daher wird anstelle der gesetzlichen Bezeichnung „Bestätigungsvermerk" häufig auch der Begriff „**Testat**" verwendet.[14] Demgegenüber hat der Versagungsvermerk kein entsprechendes Pendant im Sprachgebrauch. Hier wird zumeist von einem „versagten Testat" gesprochen.

Der international verwendete Begriff „Vermerk" als Oberbegriff für „Bestätigungsvermerk" und „Versagungsvermerk" hat sich in Deutschland (noch) nicht durchgesetzt, da aufgrund der langjährigen Verwendung des Begriffs Bestätigungsvermerk der Gesetzgeber diesen (bislang) fortgeführt hat.

Zur Information dieses weit gefassten Adressatenkreises hat der Gesetzgeber die Offenlegung des Bestätigungsvermerks zusammen mit dem geprüften Jahresabschluss und Lagebericht sowie weiteren Unterlagen vorgeschrieben (§ 325 Rz 71). Der Bestätigungsvermerk als Ergebnis einer gesetzlichen Abschlussprüfung ist dementsprechend auch nicht zu adressieren, da sich die Adressaten aus der gesetzlichen Regelung ergeben.[15]

Der Bestätigungsvermerk dient dem Zweck, den Adressatenkreis über die **Gesetz- und Ordnungsmäßigkeit** des Jahresabschlusses und Lageberichts sowie der zugrunde liegenden Buchführung zu unterrichten. Er vermittelt somit eine Aussage über die **Verlässlichkeit der Rechnungslegung**. Darüber hinaus übt er eine **Warnfunktion** aus, um Marktteilnehmer bei Vorliegen

---

[10] Vgl. IDW PS 400, Tz 10.
[11] Vgl. *Jansen/Pfitzer*, Stuttgart 1999, S. 679.
[12] Vgl. WPH Edition, Wirtschaftsprüfung & Rechnungslegung, 15. Aufl., 2017, Abschn. M, Tz 683.
[13] Anders bei der GmbH, da dort gem. § 42a Abs. 1 Satz 1 GmbHG der Prüfungsbericht der Gesellschafterversammlung vorzulegen ist.
[14] Vgl. *Orth/Schaefer*, in *Baetge/Kirsch/Thiele*, Bilanzrecht, § 322 HGB, Rz 4.
[15] Vgl. IDW PS 400, Tz 22.

bestimmter Anzeichen, z. B. bestandsgefährdende Risiken, frühzeitig auf etwaige wirtschaftliche „Schieflagen" hinzuweisen.

16 Aufgrund des weit gefassten Adressatenkreises haben sich unterschiedliche Vorstellungen über Inhalt und Tragweite des Bestätigungsvermerks herausgebildet. Unter der **Erwartungslücke** wird die Diskrepanz zwischen den Erwartungen der Informationsempfänger und dem gesetzlich normierten Zweck und Umfang der Jahresabschlussprüfung verstanden.[16] Ursachen der Erwartungslücke liegen oftmals in der fehlenden Kenntnis der Rechnungslegungs- und Prüfungsnormen. Die Aussagefähigkeit des Bestätigungsvermerks muss daher an den tatsächlichen Möglichkeiten gemessen werden. Die durch das KonTraG vorgenommenen Erweiterungen der Vorschriften zum Bestätigungsvermerk dienten u. a. dem Abbau der Erwartungslücke. Die öffentliche Diskussion im Zusammenhang mit Unternehmenszusammenbrüchen zeigt, dass trotz dieser Bestrebungen unverändert eine Erwartungslücke besteht. Angesichts der z. T. unreflektierten Berichterstattung in den Medien bei Unternehmensinsolvenzen darf bezweifelt werden, dass es gelingen wird, die Erwartungslücke aller Adressaten des Bestätigungsvermerks zu schließen. Aus rein ökonomischer Sicht obliegt der Abschlussprüfung und damit vor allem dem Bestätigungsvermerk die Funktion der Senkung von Transaktionskosten auf den Kapitalmärkten.[17]

17 Die **rechtliche Wirkung** des Bestätigungsvermerks ergibt sich unmittelbar aus dem Gesetz. § 316 Abs. 1 Satz 2 HGB stellt klar, dass bei gesetzlicher Prüfungspflicht ein ungeprüfter Jahresabschluss nicht festgestellt werden kann. Damit kann auch kein wirksamer Gewinnverwendungsbeschluss gefasst werden. Für den Konzernabschluss stellt § 316 Abs. 2 Satz 2 HGB gleichermaßen fest, dass dieser ohne eine gesetzlich vorgeschriebene Prüfung nicht gebilligt werden kann.

18 Eine **Änderung** eines geprüften Jahresabschlusses oder Konzernabschlusses führt kraft Gesetzes zu einer Nachtragsprüfung (§ 316 Abs. 3 HGB), für die dieselben rechtlichen Wirkungen gelten. Zu Einzelheiten s. Rz 150, § 316 Rz 5 ff.

19 Soweit ein Bestätigungsvermerk eingeschränkt oder ein Versagungsvermerk erteilt wurde, kann sich dies nachteilig auf die **Entlastung** der für die Aufstellung des Jahresabschlusses und Lageberichts verantwortlichen Gesellschaftsorgane (Vorstand, Geschäftsführung) auswirken.[18] Soweit die Einschränkung oder Versagung allerdings auf Nichtigkeitsgründe des Jahresabschlusses zurückzuführen ist (vgl. § 256 AktG), kann auch trotz Vorliegens eines Bestätigungsvermerks bzw. Versagungsvermerks kein wirksamer Gewinnverwendungsbeschluss getroffen werden.[19]

20 In folgenden Fällen hat die Erteilung eines uneingeschränkten Bestätigungsvermerks direkte, unmittelbare Bedeutung für die Wirksamkeit von Beschlüssen der Gesellschaftsorgane:
- **Ändert** die HV den Jahresabschluss, so werden ihre vor Beendigung der dann folgenden Nachtragsprüfung gefassten Beschlüsse über die Feststellung dieses Jahresabschlusses und die Gewinnverwendung nach § 173 Abs. 3 AktG erst wirksam, wenn der AP binnen zwei Wochen seit der Beschlussfassung einen

---

16 Vgl. WPH Edition, Wirtschaftsprüfung & Rechnungslegung, 15. Aufl., 2017, Abschn. M, Tz 689.
17 Vgl. *Orth/Schaefer*, in *Baetge/Kirsch/Thiele*, Bilanzrecht, § 322 HGB, Rz 5.
18 Vgl. *Schmidt/Küster*, in Beck Bil-Komm., 10. Aufl., 2016, § 322 HGB, Rz 14.
19 Vgl. *Orth/Schaefer*, in *Baetge/Kirsch/Thiele*, Bilanzrecht, § 322 HGB, Rz 25.

hinsichtlich der Änderungen uneingeschränkten Bestätigungsvermerk erteilt hat, anderenfalls werden sie nichtig.
- Dem Beschluss der HV über eine **Kapitalerhöhung aus Gesellschaftsmitteln** kann gem. § 290 Abs. 1 AktG die letzte Jahresbilanz nur zugrunde gelegt werden, wenn diese mit dem uneingeschränkten Bestätigungsvermerk des AP versehen ist. Anderenfalls hat das Registergericht die Eintragung der Kapitalerhöhung abzulehnen.[20] Entsprechendes gilt für eine andere dem Kapitalerhöhungsbeschluss zugrunde gelegte Bilanz (z.B. Zwischenbilanz, § 290 Abs. 3 Satz 2 AktG).[21]
- Besteht ein **genehmigtes Kapital** und sieht die Satzung vor, dass die neuen Aktien an Arbeitnehmer der Ges. ausgegeben werden können (§ 202 Abs. 4 AktG), so kann die auf diese Aktien zu leistende Einlage in bestimmten Grenzen auch aus dem Jahresüberschuss gedeckt werden, wenn der betreffende Jahresabschluss mit dem uneingeschränkten Bestätigungsvermerk des AP versehen ist (§ 204 Abs. 3 AktG).
- Nach § 57e Abs. 1 GmbHG gilt bei einer **Kapitalerhöhung aus Gesellschaftsmitteln einer GmbH** ebenfalls die Pflicht zur Vorlage einer mit einem uneingeschränkten Bestätigungsvermerk versehenen Jahresbilanz.[22]

Das geprüfte Unternehmen hat Anspruch auf einen Bestätigungs- oder Versagungsvermerk, da § 322 Abs. 1 Satz 1 HGB den AP hierzu eindeutig anweist. Dieser Rechtsanspruch kann gerichtlich verfolgt werden, es kommt auch eine Zwangsvollstreckung nach § 888 Abs. 1 ZPO in Betracht.

Soweit beim AP Ausschlussgründe gem. § 319 Abs. 2–4, § 319a Abs. 1, § 319b Abs. 1 HGB vorliegen, führt dies nicht zur Nichtigkeit des Jahresabschlusses (vgl. § 256 Abs. 1 Nr. 3 AktG). Verfügt der AP aber nicht über die Qualifikation des § 319 Abs. 1 HGB (WP bzw. WPG, im Fall mittelgroßer Gesellschaften auch vBP bzw. BPG), ist ein von diesem geprüfter Jahresabschluss nichtig und kann folglich keine Rechtswirkung entfalten. Wird der Jahresabschluss von einem WP/vBP bzw. einer WPG/BPG geprüft, der bzw. die nicht über die gem. § 319 Abs. 1 Satz 3 HGB erforderliche Teilnahmebescheinigung nach § 57a WPO oder eine entsprechende Ausnahmegenehmigung der WPK verfügt, führt dies zur Nichtigkeit des Jahresabschlusses. Zu Einzelheiten s. § 319 Rz 82.

Wird die gerichtliche Bestellung des AP später aufgehoben, bleibt ein bereits erteilter Bestätigungsvermerk wirksam.[23]

Für ein unrichtiges Testat i.S.v. § 322 hat der AP zivilrechtlich Schadensersatzpflichten gem. § 323 HGB (§ 323 Rz 77), strafrechtlich Freiheits- oder Geldstrafen gem. § 332 HGB (§ 332 Rz 44) sowie berufsrechtlich ggf. Maßnahmen gem. §§ 67, 68 WPO zu beachten.[24]

---

[20] Vgl. *Hüffer/Koch*, AktG, 12. Aufl. 2016, § 210 AktG, Rn 6.
[21] Zur Prüfung solcher Zwischenbilanzen vgl. IDW PH 9.400.6.
[22] Vgl. *Baumbach/Hueck*, GmbHG, 20. Aufl. § 57e GmbHG, Rn 2.
[23] Vgl. OLG Düsseldorf, Urteil v. 26.2.1996, 3 Wx 279/95, DB 1996, S. 1178.
[24] Vgl. zur Haftung eines WP wegen sittenwidrig erteiltem Testat: WPK, WPKM 3/2014, S. 55.

2 Inhalt und Bestandteile des Bestätigungsvermerks bei gesetzlichen Jahresabschlussprüfungen

2.1 Überschrift

25 § 322 HGB enthält keine Anforderung an eine Überschrift für den Bestätigungsvermerk bzw. Versagungsvermerk. Damit ein Bestätigungsvermerk von anderen, abgeschwächteren Formen von Prüfungsurteilen (z. B. Bescheinigung) eindeutig unterschieden werden kann, hat sich in der Praxis die **Verwendung einer Überschrift** bewährt.

26 Angelehnt an die Bezeichnung der gesetzlichen Vorschrift des § 322 HGB empfiehlt der Berufsstand die Überschrift „Bestätigungsvermerk des Abschlussprüfers" bzw. „Versagungsvermerk des Abschlussprüfers".[25] Der Zusatz „des Abschlussprüfers" dient der Abgrenzung des Bestätigungsvermerks des gesetzlich bestellten, unabhängigen und dem Berufseid verpflichteten AP von etwaigen Vermerken zu dem Jahresabschluss, die von Organen des Unternehmens oder von Dritten gegeben werden.[26]

2.2 Einleitender Abschnitt (Abs. 1 Satz 2)

27 Im einleitenden Abschnitt des Bestätigungsvermerks ist der Prüfungsgegenstand zu beschreiben sowie die Abgrenzung der Verantwortlichkeit des AP vorzunehmen. Während sich dies früher allein aus den GoA ergab, ist dies mit der Ergänzung der Vorschrift durch das BilRUG nunmehr auch gesetzlich kodifiziert.
Als **Prüfungsgegenstand** sind der Jahresabschluss unter Einbeziehung der Buchführung sowie der Lagebericht zu bezeichnen. Sämtliche Bestandteile des geprüften Abschlusses sind – ggf. angepasst an die vom Unt benutzten Bezeichnungen – zu nennen.[27] Bei KapG/KapCoGes, die die Aufstellungserleichterungen des § 264 Abs. 3 bzw. § 264b HGB in Anspruch nehmen, sind nur die tatsächlich auch aufgestellten **Bestandteile des Jahresabschlusses** zu nennen, d.h., wird kein Anhang aufgestellt, ist dieser in der Aufzählung auch nicht anzugeben. Außerdem sind gem. § 322 Abs. 1 Satz 2 HGB die **Rechnungslegungsvorschriften** anzugeben, nach denen der Jahresabschluss aufgestellt wurde.

28 **Erweiterungen** des Prüfungsgegenstands aufgrund gesetzlicher, gesellschaftsvertraglicher, satzungsmäßiger oder vertraglicher Erweiterung des Prüfungsgegenstands der Jahresabschlussprüfung sind ebenfalls hier zu nennen, z. B. eine freiwillig aufgestellte Kapitalflussrechnung. Sehr häufig finden sich bei PersG Regelungen im Gesellschaftsvertrag, die in zulässiger Weise die gesetzlichen Vorschriften für den Jahresabschluss ergänzen, z. B.
- Verzinsung von Gesellschafterkonten,
- Berechnung der Haftungsvergütung,
- Vorschriften zur Rücklagendotierung.

Derartige Regelungen im Gesellschaftsvertrag bzw. der Satzung sind nicht einzeln zu bezeichnen. Es genügt, auf die ergänzenden Bestimmungen des Gesellschaftsvertrags bzw. der Satzung zu verweisen. Umgekehrt sollte ein Verweis auf

---

[25] Vgl. IDW PS 400, Tz 19.
[26] Vgl. IDW PS 400, Tz 20.
[27] Vgl. WPH Edition, Wirtschaftsprüfung & Rechnungslegung, 15. Aufl., 2017, Abschn. M, Tz 713.

ergänzende Regelungen im Gesellschaftsvertrag bzw. in der Satzung nur erfolgen, wenn solche auch bestehen.

Sehen gesetzliche Vorschriften eine **Beurteilung weiterer Prüfungsgegenstände und eine Aussage darüber im Bestätigungsvermerk** vor, so ist dies im einleitenden Abschnitt anzugeben. Beispiele hierfür sind § 30 KHG NRW,[28] § 8 Abs. 3 UBGG, § 37 SKHG, § 6b Abs. 5 EnWG. Gleiches gilt, wenn zwar das anwendbare Landesrecht solche Erweiterungen nicht vorsieht, diese aber parallel zum Gegenstand der Jahresabschlussprüfung gemacht werden. Die Berichterstattung im Bestätigungsvermerk erstreckt sich in diesen Fällen auf den einleitenden und beschreibenden Abschnitt sowie das Prüfungsurteil.[29]

29

Aufgrund § 289f HGB stellt sich bei der Prüfung von Jahresabschlüssen börsennotierter und bestimmter anderer AG (§ 289f Rz 4) die Frage, ob im einleitenden Abschnitt des Bestätigungsvermerks klarzustellen ist, dass die im Lagebericht enthaltene **Erklärung zur Unternehmensführung** bzw. die im Lagebericht enthaltene Angabe der Internetseite, auf der die Erklärung abrufbar ist, nicht zum Prüfungsgegenstand des AP gehört und somit hierüber keine Aussage getroffen werden kann. Da ein derartiger „Disclaimer" im Bestätigungsvermerk eher dazu geeignet wäre, Missverständnisse bei den Adressaten des Bestätigungsvermerks hervorzurufen, sollte dies unterbleiben.[30] Die Bezugnahme im beschreibenden Abschnitt des Bestätigungsvermerks auf die gesetzliche Regelung in § 317 Abs. 2 Satz 3 HGB erscheint ausreichend für die erforderliche Abgrenzung.

30

Darüber hinaus sind im einleitenden Abschnitt des Bestätigungsvermerks die **Firma** der geprüften Ges. sowie das **Gj** anzugeben.

31

Weiterhin ist im einleitenden Abschnitt die **Abgrenzung der Verantwortung des AP** von der der gesetzlichen Vertreter vorzunehmen. Abs. 2 Satz 2 der Vorschrift fordert, die Beurteilung des Prüfungsergebnisses allgemeinverständlich und problemorientiert unter Berücksichtigung des Umstands vorzunehmen, dass die gesetzlichen Vertreter der Ges. den Abschluss zu verantworten haben. Dies wird im einleitenden Abschnitt durch die explizite Bezugnahme auf die Verantwortung der gesetzlichen Vertreter klargestellt.

32

Für den einleitenden Abschnitt empfiehlt sich folgende Formulierung:[31]

33

> **Beispiel**
>
> „Ich habe/Wir haben den Jahresabschluss – bestehend aus Bilanz, Gewinn- und Verlustrechnung sowie Anhang – unter Einbeziehung der Buchführung und den Lagebericht der ... [Gesellschaft] für das Geschäftsjahr vom ... [Datum] bis ... [Datum] geprüft. Die Buchführung und die Aufstellung von Jahresabschluss und Lagebericht nach den deutschen handelsrechtlichen Vorschriften [und den ergänzenden Bestimmungen des Gesellschaftsvertrags/der Satzung] liegen in der Verantwortung der gesetzlichen Vertreter der Gesellschaft. Meine/Unsere Aufgabe ist es, auf der Grundlage der von mir/uns durchgeführten Prüfung eine Beurteilung über den Jahresabschluss unter Einbeziehung der Buchführung und über den Lagebericht abzugeben."

---

[28] Zur Erteilung des Bestätigungsvermerks bei Krankenhäusern vgl. IDW PH 9.400.1.
[29] Vgl. WPH Edition, Wirtschaftsprüfung & Rechnungslegung, 15. Aufl., Abschn. M, Tz 718.
[30] Vgl. auch IDW PS 400, Tz 24–27.
[31] Vgl IDW PS 400, Tz 27.

34 Verzichtet ein TU gem. § 264 Abs. 3 HGB bzw. § 264b HGB bei der Aufstellung des Jahresabschlusses zulässigerweise auf die Anwendung der ergänzenden Vorschriften für KapG/KapCoGes, ist im zweiten Satz des einleitenden Abschnitt s des Bestätigungsvermerks darauf hinzuweisen, dass der Jahresabschluss nach den Vorschriften des Ersten Abschnitt s des Dritten Buchs des HGB aufgestellt wurde.[32]

> **Beispiel**
> „Ich habe/Wir haben den Jahresabschluss – bestehend aus Bilanz und Gewinn- und Verlustrechnung – unter Einbeziehung der Buchführung der ... [Gesellschaft] für das Geschäftsjahr vom ... [Datum] bis ... [Datum] geprüft. Die Buchführung und die Aufstellung des Jahresabschlusses **nach den Vorschriften des Ersten Abschnitt s des Dritten Buchs des HGB** [und den ergänzenden Bestimmungen des Gesellschaftsvertrags/der Satzung] liegen in der Verantwortung der gesetzlichen Vertreter der Gesellschaft. Meine/Unsere Aufgabe ist es, auf der Grundlage der von mir/uns durchgeführten Prüfung eine Beurteilung über den Jahresabschluss unter Einbeziehung der Buchführung abzugeben."

2.3 Beschreibender Abschnitt (Abs. 1 Satz 2)

35 Die Anforderung der Vorschrift nach Beschreibung von Gegenstand, Art und Umfang der Prüfung wird bez. des Gegenstands im einleitenden Abschnitt erfüllt (Rz 27). Art und Umfang der Prüfung werden im beschreibenden Abschnitt des Bestätigungsvermerks ausgeführt. Diese Beschreibung erfolgt im Bestätigungsvermerk naturgemäß weit weniger ausführlich als deren Erläuterung im Prüfungsbericht (§ 321 Rz 81 ff.).[33]
Zur Beschreibung der **Art** der Prüfung genügt es, darauf hinzuweisen, dass es sich um eine Jahresabschlussprüfung handelt.[34]

36 Die Beschreibung des **Umfangs** beschränkt sich auf das grundsätzliche Prüfungsvorgehen, um hierdurch weitergehenden oder unzutreffenden Erwartungen der Öffentlichkeit an die Tragweite der Abschlussprüfung zu begegnen. Hierzu wird der AP regelmäßig auf folgende Gesichtspunkte eingehen:[35]
- die Berücksichtigung der Kenntnisse über die Geschäftstätigkeit und das wirtschaftliche und rechtliche Umfeld der Ges. sowie der Erwartungen über mögliche Fehler bei der Festlegung der einzelnen Prüfungshandlungen,
- die Beurteilung der Wirksamkeit des rechnungslegungsbezogenen IKS sowie der Nachweise für die Angaben in der Rechnungslegung auf Basis von Stichproben,
- die Beurteilung der bei der Rechnungslegung angewandten Grundsätze,
- die Beurteilung der wesentlichen in die Rechnungslegung eingeflossenen Einschätzungen der gesetzlichen Vertreter sowie

---

[32] Vgl. WPH Edition, Wirtschaftsprüfung & Rechnungslegung, 15. Aufl., 2017, Abschn. M, Tz 727; IDW PH 9.200.1, Tz 8 i. V. m. Tz 1; IDW PS 400, Tz 26.
[33] Vgl. Orth/Schaefer, in Baetge/Kirsch/Thiele, Bilanzrecht, § 322 HGB, Rz 36.
[34] Vgl. Hell/Küster, in Küting/Pfitzer/Weber, HdR, HGB § 322, Rn 25, Stand 10/2010.
[35] Vgl. IDW PS 400, Tz 31.

- die Würdigung der Gesamtdarstellung des Jahresabschlusses – wie sie sich aus dem Zusammenwirken von Bilanz, GuV und Anhang unter Beachtung der GoB ergibt – und des Lageberichts durch den AP.

§ 322 Abs. 1 Satz 2 HGB verpflichtet den AP außerdem, die angewandten Prüfungsgrundsätze anzugeben. Hierzu erfolgt im Regelfall eine Bezugnahme auf die vom IDW festgestellten deutschen Grundsätze ordnungsmäßiger Abschlussprüfungen. Soweit der Abschlussprüfung auch die ISA zugrunde liegen, kann hierauf ergänzend verwiesen werden (Rz 200). Nicht sachgerecht ist es derzeit, ausschließlich auf die ISA zu verweisen, da mangels Anerkennung der ISA durch die EU für Pflichtprüfungen derzeit ausschließlich die nationalen Vorschriften einzuhalten sind und dies im Bestätigungsvermerk zum Ausdruck kommen muss.[36] Zu den Rechtsgrundlagen für eine verpflichtende Anwendung der ISA bei gesetzlichen Abschlussprüfungen in Deutschland s. § 317 Rz 154. 37

Erweiterungen des Prüfungsgegenstands aufgrund wirtschaftszweigspezifischer und ähnlicher Regelungen, Bestimmungen in Gesellschaftsvertrag oder Satzung sowie vertraglicher Vereinbarung dürfen im Bestätigungsvermerk nur berücksichtigt werden, soweit sie sich auf die Rechnungslegung beziehen. Zusätzliche Beauftragungen, z.B. Prüfung der Geschäftsführung, sind nicht im Bestätigungsvermerk zu berücksichtigen, sondern sind im Prüfungsbericht gesondert darzustellen.[37] 38

Wenn im Einzelfall **besondere Prüfungshandlungen** erforderlich waren, sind hierzu im Bestätigungsvermerk keine Hinweise erforderlich. Gleiches gilt für die Verwertung von Prüfungsergebnissen anderer AP oder sonstiger Sachverständiger. Der AP hat abschließend zum Umfang zu erklären, dass die Prüfung eine hinreichend sichere Grundlage für das Prüfungsurteil darstellt.[38] 39

Im Regelfall wird für den beschreibenden Abschnitt folgende Formulierung empfohlen:[39] 40

> **Beispiel**
> „Ich habe meine/Wir haben unsere Jahresabschlussprüfung nach § 317 HGB unter Beachtung der vom Institut der Wirtschaftsprüfer (IDW) festgestellten deutschen Grundsätze ordnungsmäßiger Abschlussprüfung vorgenommen. Danach ist die Prüfung so zu planen und durchzuführen, dass Unrichtigkeiten und Verstöße, die sich auf die Darstellung des durch den Jahresabschluss unter Beachtung der Grundsätze ordnungsmäßiger Buchführung und durch den Lagebericht vermittelten Bilds der Vermögens-, Finanz- und Ertragslage wesentlich auswirken, mit hinreichender Sicherheit erkannt werden. Bei der Festlegung der Prüfungshandlungen werden die Kenntnisse über die Geschäftstätigkeit und über das wirtschaftliche und rechtliche Umfeld der Gesellschaft sowie die Erwartungen über mögliche Fehler berücksichtigt. Im Rahmen der Prüfung werden die Wirksamkeit des rechnungslegungsbezogenen internen Kontrollsystems sowie Nachweise für die Angaben in Buchführung, Jahresabschluss und Lagebericht überwiegend auf der Basis von

---

[36] Vgl. WPH Edition, Wirtschaftsprüfung & Rechnungslegung, 15. Aufl., 2017, Abschn. M, Tz 738.
[37] Vgl. IDW PS 400, Rz 12; *Schmidt/Küster*, in Beck Bil-Komm., 10. Aufl., 2016, § 322 HGB, Rz 22.
[38] Vgl. IDW PS 400, Tz 33–35.
[39] Vgl. IDW PS 400, Tz 36.

> Stichproben beurteilt. Die Prüfung umfasst die Beurteilung der angewandten Bilanzierungsgrundsätze und der wesentlichen Einschätzungen der gesetzlichen Vertreter sowie die Würdigung der Gesamtdarstellung des Jahresabschlusses und des Lageberichts. Ich bin/Wir sind der Auffassung, dass meine/unsere Prüfung eine hinreichend sichere Grundlage für meine/unsere Beurteilung bildet."

41 Die regelmäßige Verwendung dieser standardisierten Beschreibung des Umfangs wird empfohlen, unabhängig von dem individuellen Beitrag zur Prüfungssicherheit, der mit den in der Beschreibung genannten Prüfungshandlungen erzielt wurde.

> **Beispiel**
> Im Rahmen der Abschlussprüfungen einer mittelgroßen GmbH prüft der AP auch das rechnungslegungsbezogene interne Kontrollsystem der Gesellschaft. Die hierbei erzielte geringe Verlässlichkeit führt dazu, dass der AP umfängliche analytische Prüfungshandlungen und insb. Einzelfallprüfungen mit hohen Stichprobenumfängen durchführt. Auf diese Weise erzielt er letztlich nach seiner Auffassung hinreichende Prüfungssicherheit, sodass er sich für ein uneingeschränktes Prüfungsurteil entscheidet.
> Auch wenn im konkreten Fall die Prüfung des rechnungslegungsbezogenen internen Kontrollsystems keinen wesentlichen Beitrag zur Gewinnung des Prüfungsurteils geleistet hat, sollte dennoch im Bestätigungsvermerk die vom Berufsstand empfohlene Formulierung zum beschreibenden Abschnitt verwendet werden. Im Prüfungsbericht wird allerdings zu den Ergebnissen der Prüfung des rechnungslegungsbezogenen internen Kontrollsystems zu berichten sein.

42 Soweit bei der Abschlussprüfung ein Prüfungshemmnis auftritt, ist dies bereits im beschreibenden Abschnitt des Bestätigungsvermerks anzugeben.[40] Zu einem Formulierungsvorschlag vgl. Rz 88.

2.4 Beurteilung durch den Abschlussprüfer

2.4.1 Grundsätze

43 Nach Abs. 2 Satz 2 der Vorschrift hat die **Beurteilung des Prüfungsergebnisses** allgemeinverständlich und problemorientiert zu erfolgen. Einschränkungen der Prüfbarkeit (**Prüfungshemmnisse**) und Prüfungserschwernisse erfordern zusätzliche Ausführungen.

2.4.2 Formen des Prüfungsergebnisses (Abs. 2 Satz 1)

44 Es existieren folgende Formen des Prüfungsergebnisses:
- uneingeschränkter Bestätigungsvermerk,
- eingeschränkter Bestätigungsvermerk,

---

[40] Vgl. IDW PS 400, Tz 62.

- Versagungsvermerk aufgrund von Einwendungen,
- Versagungsvermerk aufgrund von Prüfungshemmnissen.

Da auch bei einem eingeschränkten Bestätigungsvermerk zwischen Einwendungen und Prüfungshemmnissen als Grund für die Einschränkung differenziert wird, ergibt sich folgendes Schaubild: 45

uneingeschränkt positive Gesamtaussage	eingeschränkt positive Gesamtaussage	keine positive Gesamtaussage	keine Urteilsabgabe
	wesentliche Beanstandung ohne Auswirkung auf die Generalnorm des § 264 Abs. 2 HGB	wesentliche Beanstandung mit Auswirkung auf die Generalnorm des § 264 Abs. 2 HGB	wesentliche Prüfungshemmnisse	
uneingeschränkter Bestätigungsvermerk	eingeschränkter Bestätigungsvermerk	Versagungsvermerk aufgrund von Einwendungen	Versagungsvermerk aufgrund von Prüfungshemmnissen
§ 322 Abs. 2 Nr. 1 HGB	§ 322 Abs. 2 Nr. 2 HGB	§ 322 Abs. 2 Nr. 3 HGB	§ 322 Abs. 2 Nr. 4 HGB

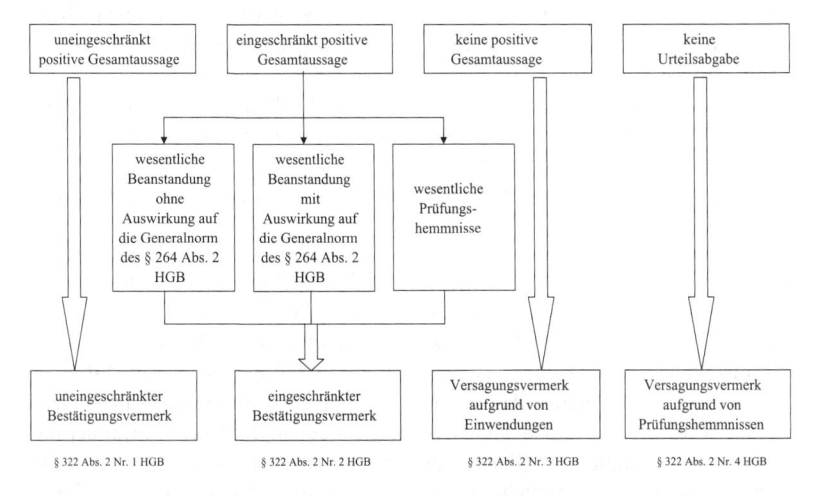

Abb. 1: Formen des Prüfungsurteils

In der internationalen Praxis existiert ein sog. **Nichterteilungsvermerk** („disclaimer of opinion")[41], der nicht gleichzusetzen ist mit einem Versagungsvermerk. Da die geprüfte Ges. Anspruch auf Erteilung eines Bestätigungs- oder Versagungsvermerks hat (Rz 21) und – entgegen der international üblichen Praxis – ein AP bei Vorliegen von Prüfungshemmnissen im Allgemeinen keine Kündigung aus wichtigem Grund nach § 318 Abs. 6 Satz 1 HGB vornehmen darf, ist anstelle eines Nichterteilungsvermerks analog ISA 705.9 ein Versagungsvermerk zu erteilen. Insoweit ist die schlichte Übersetzung der international üblichen „adverse opinion" mit Versagungsvermerk zwar zutreffend, allerdings nur für den Versagungsvermerk aufgrund von Einwendungen (zum Begriff der Einwendungen s. Rz 59). 46

2.4.2.1 Uneingeschränkter Bestätigungsvermerk (Abs. 3 Satz 1)

Wenn nach dem abschließenden Ergebnis der Prüfung der AP keine wesentlichen Beanstandungen gegen die Buchführung, den Jahresabschluss und den Lagebericht zu erheben hat, ist der Bestätigungsvermerk in uneingeschränkter Form zu erteilen.[42] Ein uneingeschränkter Bestätigungsvermerk trifft somit die **positive Gesamtaussage** des AP, dass[43] 47

---

[41] Vgl. ISA 705.9.
[42] Vgl. IDW PS 400, Tz 42.
[43] Vgl. WPH Edition, Wirtschaftsprüfung & Rechnungslegung, 15. Aufl., 2017, Abschn. M, Tz 757.

- die von ihm durchgeführte Prüfung zu keinen Einwendungen geführt hat und dass **Buchführung und Jahresabschluss den gesetzlichen Vorschriften** (und ggf. ergänzenden Regelungen des Gesellschaftsvertrags bzw. der Satzung) **entsprechen,**
- der **Jahresabschluss** unter Beachtung der GoB oder sonstiger maßgeblicher Rechnungslegungsgrundsätze ein den tatsächlichen Verhältnissen entsprechendes Bild der Vermögens-, Finanz- und Ertragslage der Ges. vermittelt (**Generalnorm** des § 264 Abs. 2 HGB),
- der **Lagebericht mit dem Jahresabschluss in Einklang** steht, den gesetzlichen Vorschriften entspricht[44] und insgesamt ein zutreffendes Bild von der Lage der Ges. vermittelt sowie
- im Lagebericht die Chancen und Risiken der zukünftigen Entwicklung zutreffend dargestellt sind.

48   Die Bestätigung, dass der Jahresabschluss der Generalnorm des § 264 Abs. 2 HGB entspricht, ist auch dann abzugeben, wenn kleine KapG gesetzliche Erleichterungen für die Aufstellung des Jahresabschlusses – z.B. Ausweis eines Rohergebnisses in der GuV nach § 276 Satz 1 HGB – wahrnehmen.[45] Nehmen KapG/KapCoGes die Aufstellungserleichterungen gem. § 264 Abs. 3 HGB bzw. § 264b HGB in Anspruch und stellen keinen Anhang auf, kann die Generalnorm allerdings nicht bestätigt werden.[46] In diesen Fällen ist Satz 2 der empfohlenen Formulierung (Rz 55) somit wegzulassen. Gleiches gilt für Abschlussprüfungen von Ges., die aufgrund ihrer Rechtsform nicht verpflichtet sind, die Anforderungen der Generalnorm des § 264 Abs. 2 HGB zu erfüllen.[47]

49   Die Einhaltung der Generalnorm des § 264 Abs. 2 HGB kann auch für Branchen bestätigt werden, die über spezielle Bewertungsvorschriften verfügen (z.B. Kreditinstitute und Finanzdienstleistungsinstitute sowie Versicherungsunternehmen und Pensionsfonds).[48]

50   Ein uneingeschränkter Bestätigungsvermerk setzt voraus, dass auf die Rechnungslegung bezogene **Vorschriften des Gesellschaftsvertrags bzw. der Satzung** eingehalten wurden.[49]

Beispiel
Eine i.S.d. § 267 HGB mittelgroße GmbH nimmt bei Aufstellung des Jahresabschlusses die größenabhängigen Erleichterungen nach §§ 276 Satz 1, 288 Satz 2 HGB in Anspruch. Der Gesellschaftsvertrag der GmbH enthält die Regelung, dass der Jahresabschluss nach den für große KapG geltenden Vorschriften aufzustellen ist.
Der Jahresabschluss ist nicht in Übereinstimmung mit dem Gesellschaftsvertrag aufgestellt worden. Der AP hat einen eingeschränkten Bestätigungsvermerk zu erteilen.

---

[44] Vgl. IDW, IDW Life 07.2016, S. 585.
[45] Vgl. IDW PS 400, Tz 43.
[46] Vgl. IDW PH 9.200.1, Tz 10; IDW PS 400, Tz 49.
[47] Zu Einzelheiten hinsichtlich der Einhaltung der Generalnorm vgl. WPH Edition, Wirtschaftsprüfung & Rechnungslegung, 15. Aufl., 2017, Abschn. M, Tz 765 ff.
[48] Vgl. *Schmidt/Küster*, in Beck Bil-Komm., 10. Aufl., 2016, § 322 HGB, Rz 30.
[49] Vgl. IDW PS 400, Tz 44.

Wurde bei Aufstellung des Jahresabschlusses eine **gesetzeswidrige Bestimmung** des Gesellschaftsvertrags oder Satzung angewandt (z. B. zur Rücklagendotierung entgegen § 58 AktG), ist bei Wesentlichkeit der Beanstandung der Bestätigungsvermerk einzuschränken oder ggf. zu versagen.[50]

51

Ist im Fall einer **Erstprüfung**[51] der Vorjahresabschluss nicht geprüft oder zu diesem ein Versagungsvermerk erteilt worden, schließt dies die Erteilung eines uneingeschränkten Bestätigungsvermerks nicht aus, sofern die Voraussetzungen (materielle Richtigkeit des Abschlusses) hierfür vorliegen.[52]

52

Die Bestätigung, dass der Lagebericht ein zutreffendes Bild von der Lage der Ges. vermittelt und die Chancen und Risiken der zukünftigen Entwicklung zutreffend darstellt, darf nur abgegeben werden, wenn der Lagebericht die Anforderungen von § 289 HGB erfüllt. Dies wurde im Zuge des BilRUG durch eine Ergänzung in Abs. 6 Satz 1 der Vorschrift gesetzlich kodifiziert. Entsprechend ist die Formulierung im Bestätigungsvermerk anzupassen.[53] Werden nicht zur Lagedarstellung erforderliche gesetzliche Angabepflichten (z. B. zu Zweigniederlassungen) weggelassen, steht dies einem uneingeschränkten Bestätigungsvermerk nicht entgegen.[54]

53

Der Bestätigungsvermerk bezieht sich beim Anhang auch auf freiwillige Angaben, die über die Mindestangaben hinaus aufgenommen werden. Da der Anhang in der aufgestellten Form nach § 317 Abs. 1 HGB Gegenstand der Abschlussprüfung ist, sind auch diese Angaben in den Bestätigungsvermerk mit einzubeziehen.[55] Gleiches gilt analog für freiwillige Angaben im Lagebericht. Ausnahmen hiervon stellen die entgegen den Willen des Gesetzgebers mit vollem Wortlaut in den Anhang oder Lagebericht aufgenommene Entsprechenserklärung nach § 161 AktG[56] sowie die Erklärung zur Unternehmensführung nach § 289f HGB (Rz 1 ff.) dar.

54

Die **Formulierung** eines uneingeschränkten Prüfungsurteils wird **wie folgt empfohlen:**[57]

55

> **Beispiel**
> „Meine/Unsere Prüfung hat zu keinen Einwendungen geführt. Nach meiner/ unserer Beurteilung aufgrund der bei der Prüfung gewonnenen Erkenntnisse entspricht der Jahresabschluss den gesetzlichen Vorschriften [und den ergänzenden Vorschriften des Gesellschaftsvertrags/der Satzung] und vermittelt unter Beachtung der Grundsätze ordnungsmäßiger Buchführung ein den tatsächlichen Verhältnissen entsprechendes Bild der Vermögens-, Finanz- und Ertragslage der Gesellschaft. Der Lagebericht steht im Einklang mit dem Jahresabschluss, entspricht den gesetzlichen Vorschriften, vermittelt insgesamt ein zutreffendes Bild von der Lage der Gesellschaft und stellt die Chancen und Risiken der zukünftigen Entwicklung zutreffend dar."

---

50 Vgl. IDW PS 400, Tz 70.
51 Zum Begriff Erstprüfung vgl. IDW PS 205, Tz 1.
52 Vgl. IDW PS 400, Tz 45; zur Anpassung von Vorjahresfehlern in laufender Rechnung vgl. IDW RS HFA 6, Tz 16 ff.
53 Vgl. IDW PS 400 Tz 46 sowie Anhang Nr. 1.
54 Vgl. IDW PS 400, Tz 49.
55 Vgl. *Schmidt/Küster*, in Beck Bil-Komm., 10. Aufl., 2016, § 322 HGB, Rz 27.
56 Vgl. IDW PS 345, Tz 22. Danach ist in derartigen Fällen im einleitenden Abschnitt des Bestätigungsvermerks ein Hinweis aufzunehmen, dass der AP keine Prüfung der Entsprechenserklärung vorgenommen hat.
57 Vgl. IDW PS 400, Tz 46.

56 Die Formulierungsempfehlung soll auch bei solchen gesetzlichen Jahresabschlussprüfungen angewandt werden, für die eine entsprechende (z.B. §§ 58 Abs. 2 GenG, 340k Abs. 1 Satz 1 HGB, 341k Abs. 1 Satz 1 HGB) oder sinngemäße (§ 6 Abs. 1 PublG) Anwendung der Vorschriften über den Bestätigungsvermerk vorgeschrieben ist.[58]

57 Ist der **Grundsatz der Fortführung des Unternehmens** (§ 252 Abs. 1 Nr. 2 HGB) unzweifelhaft nicht mehr gegeben (z.b. bei insolvenzrechtlicher Zahlungsunfähigkeit), hat die Bewertung unter Veräußerungs- bzw. Liquidationsgesichtspunkten zu erfolgen. Außerdem sind ergänzende Hinweise im Anhang sowie eine Darlegung der Situation im Lagebericht erforderlich. Nur unter diesen Voraussetzungen kann in derartigen Fällen ein uneingeschränkter Bestätigungsvermerk erteilt werden.

58 Im Fall eines uneingeschränkten Bestätigungsvermerks bedarf es regelmäßig keiner weiteren Beurteilung. Zu ergänzenden Hinweisen wegen besonderer Umstände vgl. Rz 103 oder wegen Bestandsgefährdungen vgl. Rz 108.

2.4.2.2 Eingeschränkter Bestätigungsvermerk (Abs. 4)

2.4.2.2.1 Einschränkung aufgrund von Einwendungen

59 Eine Einschränkung ist nach Abs. 4 Satz 1 der Vorschrift geboten, wenn Einwendungen gegen die Rechnungslegung zu erheben sind und eine Versagung nicht in Betracht kommt. Grundlage des gesetzlich nicht definierten Begriffs **Einwendung** können

- wesentliche Beanstandungen gegen den Jahresabschluss, Lagebericht oder die Buchführung als auch
- Prüfungshemmnisse sein, also besondere Umstände, aufgrund derer der AP Teile der Rechnungslegung nicht mit hinreichender Sicherheit beurteilen kann (Rz 82).[59]

60 Nach der so vorgenommenen Definition stellt Einwendung den Oberbegriff für Beanstandung und Prüfungshemmnis dar. Allerdings verwendet der Gesetzgeber in Abs. 2 Nr. 3 den Begriff Einwendung im Zusammenhang mit dem Versagungsvermerk, der wohl nicht die „umfasenden" Prüfungshemmnisse i.S.v. Abs. 2 Nr. 4 beinhaltet. Aufgrund des Fehlens einer gesetzlichen Definition des Begriffs Einwendung ergibt sich in der praktischen Anwendung für den AP die Notwendigkeit, über die „Schwere" festgestellter Verstöße bzw. über deren Wesentlichkeit für den zu testierenden Abschluss zu befinden.[60]

61 Die **Abgrenzung zwischen eingeschränktem Bestätigungsvermerk und Versagungsvermerk** formuliert der Gesetzgeber in Abs. 4 Satz 4. Danach ist eine Einschränkung nur dann zulässig, wenn trotz Einschränkung der Jahresabschluss im Wesentlichen ein zutreffendes Bild der Vermögens-, Finanz- und Ertragslage der Gesellschaft vermittelt. Die Einwendung muss **abgrenzbare Teilbereiche** der Rechnungslegung betreffen, sodass gleichwohl aber wesentliche Teilbereiche der Rechnungslegung (noch) positiv beurteilt werden können. Soweit Fehler quantifizierbar sind, erscheint eine Einschränkung des Bestätigungsvermerks mit einem

---

[58] Vgl. IDW PS 400, Tz 47.
[59] Vgl. WPH Edition, Wirtschaftsprüfung & Rechnungslegung, 15. Aufl., 2017, Abschn. M, Tz 812.
[60] Vgl. *Orth/Schaefer*, in *Baetge/Kirsch/Thiele*, Bilanzrecht, § 322 HGB, Rz 85.

höheren Informationsgehalt für den Adressaten verbunden, als bei einem Versagungsvermerk, da in diesem die zusätzliche Angabe fehlt, welche Teile der Rechnungslegung einwandfrei sind.[61]

> **Beispiel**[62]
> Der AP stellt im Zuge der Prüfung des Jahresabschlusses der prüfungspflichtigen GmbH fest, dass die Werthaltigkeit einer Forderung, die 95 % der Bilanzsumme ausmacht, nicht gegeben ist, da der Schuldner bereits vor dem Abschlussstichtag einen Insolvenzantrag gestellt hatte. Sämtliche übrige Posten des Jahresabschlusses sind unzweifelhaft zutreffend abgebildet.
> Bei der Beurteilung der Einwendung hat der AP nicht nur zu berücksichtigen, dass es sich um einen abgrenzbaren Teilbereich handelt, sondern dass ggf. ein Insolvenzgrund vorliegt. Insoweit könnte die Aufrechterhaltung der Fortführungsprämisse nach § 252 Abs. 1 Nr. 2 HGB fraglich sein, sodass sich Auswirkungen auf den gesamten Jahresabschluss, nicht nur auf abgrenzbare Teilbereiche, ergeben können.

Ob ein festgestellter Verstoß die Nichtigkeit des Jahresabschlusses bewirken kann, hat grds. keine Auswirkung darauf, ob eine Einschränkung oder eine Versagung vorzunehmen ist. Die aus Einwendungen zu ziehenden Schlussfolgerungen haben die Adressaten der Rechnungslegung zu ziehen; der Bestätigungsvermerk weist „lediglich" auf einen bestehenden Mangel hin.[63] Allerdings wird ein die Nichtigkeit des Jahresabschlusses bewirkender Verstoß wohl regelmäßig als so schwerwiegend anzusehen sein, dass der AP den Bestätigungsvermerk einschränkt.

62

Nicht jede Beanstandung, die der AP im Rahmen seiner Abschlussprüfung zur Rechnungslegung feststellt, begründet eine Einschränkung.[64] Die Beanstandung muss das **Wesentlichkeitskriterium** erfüllen, um zu einer Einschränkung des Bestätigungsvermerks zu berechtigen.[65] Ob das Wesentlichkeitskriterium erfüllt ist, hat der AP dabei nach pflichtgemäßem Ermessen zu beurteilen.[66] Das pflichtgemäße Ermessen des AP wird im Rahmen der Jahresabschlussprüfung durch die Gesetze, die Rechtsprechung und die im Berufsstand der WP entwickelten Grundsätze ordnungsmäßiger Abschlussprüfungen umschrieben.[67]

63

Das Wesentlichkeitskriterium dürfte insb. dann erfüllt sein, wenn die Beanstandung wegen ihrer relativen Bedeutung zu einer unzutreffenden Beurteilung der Rechnungslegung führen kann.[68] Die Wesentlichkeit einer Beanstandung lässt sich somit häufig mittels einer **quantitativen Komponente**, d.h. der Relation zwischen der Auswirkung eines Fehlers und einer sinnvollen Bezugsgröße, ermitteln. Darüber hinaus kann bei Verstößen gegen besonders bedeutsame Einzelvorschriften das Wesentlichkeitskriterium mittels der **qualitativen Kom-**

64

---

61 Vgl. *Elkart/Naumann*, WPg 1995, S. 403; *Hell/Küster*, in *Küting/Weber*, HdR, HGB § 322, Rn 40, Stand 10/2010, die diese Auffassung als strittig bezeichnen.
62 Vgl. *Orth/Schaefer*, in *Baetge/Kirsch/Thiele*, Bilanzrecht, § 322 HGB, Rz 86.
63 Vgl. *Elkart/Naumann*, WPg 1995, S. 403.
64 Dies gilt in der internationalen Praxis gleichermaßen, vgl. ISA 700.35, 36.
65 Vgl. *Hell/Küster*, in *Küting/Weber*, HdR, HGB § 322, Rn 33, Stand 10/2010.
66 Vgl. WPH Edition, Wirtschaftsprüfung & Rechnungslegung, 15. Aufl., 2017, Abschn. M, Tz 819.
67 Vgl. IDW PS 400, Tz 37.
68 Vgl. IDW PS 400, Tz 51; IDW EPS 250 n.F., Tz 22.

ponente erfüllt sein.[69] Zu beachten ist weiterhin, dass mehrere für sich genommen unwesentliche Mängel in ihrer Gesamtheit wesentlich sein können, sodass eine Einschränkung des Bestätigungsvermerks geboten ist.[70]

65 Aufgrund seiner Treuepflicht hat der AP festgestellte Unrichtigkeiten zunächst der Gesellschaft anzuzeigen und zur Berichtigung der Mängel aufzufordern.[71] Werden fehlerhafte Ansatz-, Gliederungs- oder Bewertungsentscheidungen sowie Anhang- oder Lageberichtsangaben bis zum Prüfungsende korrigiert, führt dies nicht zu einer Einschränkung des Bestätigungsvermerks. Gleiches gilt für Vorjahresmängel, soweit die Durchführung der Korrektur im zu prüfenden Abschluss nicht zu beanstanden ist.[72]

66 Inwieweit das Kriterium der **Wesentlichkeit** auch **für Anhangangaben** gilt, ist nicht in allen Fällen eindeutig. Im Rahmen der Umsetzung des ISA-Wesentlichkeitskonzepts ist bzgl. Anhangangaben zwischen originären Informationen und Aufgliederungen bzw. Erläuterung von Bilanz- oder GuV-Posten zu unterscheiden. **Originäre Informationen** sind solche, die originär nur im Anhang zu machen sind, während **Aufgliederungen bzw. Erläuterungen** dem besseren Verständnis eines **Bilanz- oder GuV-Postens** dient. Wird weiter differenziert zwischen quantitativen und qualitativen Angaben, ergibt sich folgende Übersicht, anhand derer das Erfordernis einer Einschränkung beurteilt werden kann:[73]

Anhang/Konzernanhang	Originäre Anhangangabe	Aufgliederung bzw. Erläuterung von Bilanz- oder GuV-Posten
Quantitative Angaben	**Unterlassene Angabe**, die Einblick in die Vermögens-, Finanz- und Ertragslage gewährt: Würdigung unter Berücksichtigung der Entscheidungsrelevanz für die Adressaten **Unterlassene Angabe**, die anderen Einblickszielen dient: grundsätzlich wesentlich **Fehlerhafte Angaben:** Würdigung unter Berücksichtigung der Entscheidungsrelevanz für die Adressaten und der Bedeutung der verletzten Rechtsnorm	Bilanz- oder GuV-Posten unwesentlich: Unterlassene oder fehlerhafte Anhangangaben sind grundsätzlich unwesentlich Bilanz- oder GuV-Posten wesentlich: • Unterlassene Anhangangaben sind grds. wesentlich • Fehlerhafte Anhangangaben: Würdigung unter Berücksichtigung der Entscheidungsrelevanz für die Adressaten
Qualitative Angaben	**Unterlassene Angabe**, die anderen Einblickszielen dient: grundsätzlich wesentlich **unvollständige oder fehlerhafte Details:** Nur dann nicht wesentlich, wenn zweifelsfrei unbeachtlich	

---

[69] Vgl. *Hell/Küster*, in *Küting/Weber*, HdR, HGB § 322, Rn 33, Stand 10/2010.
[70] Vgl. WPH Edition, Wirtschaftsprüfung & Rechnungslegung, 15. Aufl., 2017, Abschn. M, Tz 825.
[71] Vgl. *Orth/Schaefer*, in *Baetge/Kirsch/Thiele*, Bilanzrecht, § 322 HGB, Rz 85.
[72] Vgl. IDW PS 400, Tz. 52.
[73] Vgl IDW PS 250 nF, Tz 28.

> **Beispiel**
> Bei der Prüfung des Anhangs einer großen GmbH stellt der AP fest, dass die nach § 285 Nr. 4 HGB erfolgte Aufgliederung der Umsatzerlöse nach geographisch bestimmten Märken fehlerhaft ist. Die im Anhang erfolgte Aufgliederung und die nach den Feststellungen des AP zutreffende Aufgliederung stellen sich wie folgt dar:
>
> | | Anhang | zutreffend |
> |---------|----------|------------|
> | Inland | 80 TEUR | 82 TEUR |
> | Ausland | 20 TEUR | 18 TEUR |
> | Gesamt | 100 TEUR | 100 TEUR |
>
> Es handelt sich um einen Verstoß gegen § 285 Nr. 4 HGB, der aber nach Einschätzung des AP nicht wesentlich ist. Eine Einschränkung des Bestätigungsvermerks ist nach dem Ermessen des AP daher nicht erforderlich.

Der Anwendungsbereich der in dem obigen Beispiel illustrierten quantitativen Wesentlichkeitsbetrachtung im Anhang ist vergleichsweise weit. Weitere mögliche Anwendungsfälle können z. B. sein: **67**
- Gesamtbetrag der sonstigen finanziellen Verpflichtungen (§ 285 Nr. 3a HGB),
- durchschnittliche Beschäftigtenzahlen (§ 285 Nr. 7 HGB),
- Angabe von Materialaufwand und Personalaufwand bei Anwendung des UKV (§ 285 Nr. 8 HGB),
- Bezüge der Gesellschaftsorgane (§ 285 Nr. 9 HGB),
- Abschlussprüferhonorar (§ 285 Nr. 17 HGB),
- zahlenmäßige Angaben zu über ihrem beizulegenden Zeitwert ausgewiesenen Finanzanlagen (§ 285 Nr. 18 HGB) und zu nicht zum beizulegenden Zeitwert ausgewiesenen derivativen Finanzinstrumenten (§ 285 Nr. 19 HGB),
- Angaben zu Forschungs- und Entwicklungsaufwendungen (§ 285 Nr. 22 HGB),
- zahlenmäßige Angaben zu Bewertungseinheiten (§ 285 Nr. 23 HGB),
- zahlenmäßige Angaben zu Pensionsverpflichtungen sowie Deckungsvermögen (§ 285 Nr. 24, 25 HGB, Art 67 Abs. 1 Satz 4 HGB).

Dass neben der quantitativen Komponente auch die qualitative Komponente der Wesentlichkeitsbetrachtung zu beachten ist, wird besonders deutlich an der Angabe des nach § 268 Abs. 8 HGB ausschüttungsgesperrten Betrags (§ 285 Nr. 28 HGB), da ein überhöhter Gewinnverwendungsbeschluss nach § 241 Nr. 3 AktG nichtig wäre.[74] Die **Beurteilung derartiger qualitativer Komponenten ist weitaus schwieriger** als bei quantitativen Überlegungen. Entsprechend verantwortungsvoll sollte der AP mit derartigen Überlegungen umgehen und im Zweifel bei fehlerhaften oder unvollständigen Anhangangaben eher von Wesentlichkeit ausgehen und auf Korrektur des Anhangs drängen. **68**

Während ein Verstoß gegen gesetzliche oder gesellschaftsvertragliche bzw. satzungsmäßige Einzelbestimmungen (z. B. fehlende Anhangangabe, Nichtberücksichtigung einer Satzungsregelung zur Rücklagendotierung bei Aufstellung des **69**

---

[74] Vgl. *Gelhausen/Althoff*, WPg 2009, S. 590.

Jahresabschlusses) vergleichsweise einfach zu bestimmen ist, ist bei einem **Verstoß gegen die Generalklausel des § 264 Abs. 2 HGB** die Grenzziehung zwischen einem Verstoß und einem gerade noch tolerierbaren Mangel schwer.[75]

> **Beispiel**
> Der zu prüfende Jahresabschluss einer mittelgroßen KapG ist durch Sachverhaltsgestaltungen vor dem Abschlussstichtag (Tilgung von Gesellschafterdarlehen kurz vor dem Abschlussstichtag, Neuaufnahme der Darlehen kurze Zeit nach dem Abschlussstichtag) wesentlich beeinflusst. Die Eigenkapitalquote am Abschlussstichtag liegt infolge der niedrigeren Bilanzsumme deutlich höher, als dies während des überwiegenden Zeitraums des Gj der Fall ist. Es liegt kein Verstoß gegen Einzelvorschriften oder die GoB vor, gleichwohl ist fraglich, ob die Vermögenslage der Gesellschaft zutreffend i. S. v. § 264 Abs. 2 HGB abgebildet ist. Der AP hat eigenverantwortlich zu entscheiden, ob hier ergänzende Angaben nach § 264 Abs. 2 Satz 2 HGB zwingend geboten sind.

70 Nach der hier vertretenen Meinung stellt die (alleinige) Verletzung der Generalklausel des § 264 Abs. 2 HGB eher einen Ausnahmefall dar. Der handelsrechtliche Jahresabschluss ist auch nach BilMoG durch wesentliche **Ansatzwahlrechte** (z. B. selbst geschaffene immaterielle VG, Aktivüberhang latenter Steuern, Altzusagen bei Pensionsrückstellungen) und faktische Bewertungswahlrechte (z. B. bei der Bestimmung von Eintrittswahrscheinlichkeiten für Risiken) geprägt. Die vom Gesetzgeber darüber hinaus geschaffenen Einzelregelungen zur Erläuterung im Anhang dienen gerade dazu, trotz dieser Wahlrechtsmöglichkeiten den Anforderungen der Generalnorm zu entsprechen. Werden diese Einzelregelungen eingehalten, ist im Regelfall davon auszugehen, dass auch die Generalnorm des § 264 Abs. 2 HGB erfüllt ist. Nur in Ausnahmefällen bei Vorliegen besonderer Umstände wird daher ein (alleiniger) Verstoß gegen die Generalnorm festzustellen sein. Zu Einzelheiten s. § 264 Rz 82.

71 **Beispiele für Einschränkungen** wegen wesentlicher Beanstandungen können sein:[76]
- **Buchführung:** Verstöße gegen §§ 238, 239 HGB, z. B. Fehlen erforderlicher Handelsbücher, Mängel der Ordnungsmäßigkeit, unzureichende Abstimmung bei mehreren EDV-Kreisen, Differenzen zwischen Haupt- und Nebenbüchern, Nichtbeachtung sonstiger Grundsätze für die Buchführungsdokumente (Belegprinzip, Aufbewahrungsfristen), Verstöße gegen Inventarvorschriften (§§ 240, 241 HGB), z. B. mangelhafte Bestandsnachweise.
- **Gliederungsvorschriften:** z. B. kein gesonderter Ausweis der Kapitalrücklage nach § 272 Abs. 2 HGB.
- **Ansatzvorschriften:** z. B. keine oder nicht ausreichende Bildung von notwendigen Rückstellungen für drohende Verluste aus schwebenden Geschäften.

---

[75] Vgl. *Schmidt/Küster*, in Beck Bil-Komm., 10. Aufl., 2016, § 322 HGB, Rz 60.
[76] Vgl. *Schmidt/Küster*, in Beck Bil-Komm., 10. Aufl., 2016, § 322 HGB, Rz 61; WPWPH Edition, Wirtschaftsprüfung & Rechnungslegung, 15. Aufl., 2017, Abschn. M, Tz 816.

- **Bewertungsvorschriften:** z.B. Überbewertung durch Nichtbeachtung des Niederstwertprinzips nach § 253 Abs. 4 HGB, wesentliche Unterbewertung von Rückstellungen.
- Verstoß gegen gesetzliche und gesellschaftsvertragliche Vorschriften zur Ergebnisverwendung und Rücklagendotierung.
- Die Nichtberücksichtigung von **nicht abschließend beurteilbaren Risiken** führt in der Praxis mitunter zu Einschränkungen unter Angabe des Risikopotenzials.
- **Anhang:** fehlende, fehlerhafte oder unvollständige Anhangangaben (Rz 66).
- **Lagebericht:** unvollständige, unrichtige oder irreführende Darstellung, soweit dadurch die Lage und/oder die voraussichtliche Entwicklung mit ihren wesentlichen Chancen und Risiken nicht zutreffend dargestellt sind.[77]
- Fehlende, fehlerhafte oder unvollständige **Schlusserklärung zum Abhängigkeitsbericht** im Lagebericht.
- Verstoß gegen die **Generalnorm des § 264 Abs. 2 HGB** (Rz 77ff.).

§ 322 Abs. 4 Satz 3 und 4 HGB erfordert eine **Begründung der Einschränkung**, sodass die Tragweite der festgestellten Verstöße erkennbar wird.[78] Aus der Formulierung der Einschränkung muss der **Beanstandungsgrund** (Angabe der verletzten Rechtsvorschrift) eindeutig hervorgehen und die relative Bedeutung des Mangels ist erkennbar zu machen. Soweit möglich und sachgerecht, ist die **Größenordnung durch Zahlenangaben** zu verdeutlichen.[79] Bei Verstößen, die darauf beruhen, dass bestimmte Beträge nicht angegeben werden, erscheint die Angabe dieser Zahlen fraglich.[80] Die Praxis zeigt, dass bei vergleichsweise häufig anzutreffenden Fällen der Nichtangabe der Geschäftsführerbezüge (§ 285 Nr. 9 Buchst. a) und b) HGB) regelmäßig im Bestätigungsvermerk zwar der Grund der Einschränkung, nicht aber die nicht angegebene Zahl selbst angeführt wird.[81]

Zur Darstellung der Tragweite der Einschätzung gehört grds. nicht das Eingehen auf Rechtsfolgen des Verstoßes (z.B. Nichtigkeit des Jahresabschlusses). Diese Würdigung ist nicht Aufgabe des AP.[82]

Der Forderung eines klaren und eindeutigen Prüfungsurteils entsprechend hat der Bestätigungsvermerk das Wort „Einschränkung" zu enthalten. Die Formulierung des Prüfungsurteils wird daher regelmäßig eingeleitet mit:[83]

> **Beispiel**
> „Meine/Unsere Prüfung hat mit Ausnahme der folgenden Einschränkung zu keinen Einwendungen geführt."

---

77 IDW PS 250 n.F., Tz 27c qualifiziert das Weglassen einer gesetzlichen Angabe im Lagebericht als i.d.R. wesentlich, während fehlerhafte Angaben unter dem Blickwinkel der Wesentlichkeit (Entscheidungsrelevanz für Rechnungslegungsadressaten) zu würdigen sind. Entsprechend auch IDW EPS 350 nF, Tz A84.
78 Vgl. zur fehlenden Begründung und Verdeutlichung der Tragweite einer Einschränkung, WPK, WPKM 4/2007, S. 39.
79 Vgl. IDW PS 400, Tz 58.
80 Vgl. Orth/Schaefer, in Baetge/Kirsch/Thiele, Bilanzrecht, § 322 HGB, Rz 98.
81 Vgl. Zusammenstellung der eingeschränkten oder ergänzten Bestätigungsvermerke für das Jahr 2016, http://www.wpk.de/oeffentlichkeit/berichte/berufsaufsicht/, letzter Abruf am 1.8.2017.
82 Vgl. WPH Edition, Wirtschaftsprüfung & Rechnungslegung, 15. Aufl., 2017, Abschn. M, Tz 836.
83 Vgl. IDW PS 400, Tz 59.

75 Der sich anschließende Einschränkungsgrund ist nach den zuvor beschriebenen Aussagen zur **Tragweite** zu formulieren. Es können unterschieden werden:[84]
- Einschränkungen, die sich ausschließlich auf die Gesetzmäßigkeit beziehen (Rz 76),
- Einschränkungen, die sich auf die Gesetzmäßigkeit einschl. der Generalnorm beziehen (Rz 77),
- Einschränkungen, die sich auf die Gesetzmäßigkeit einschl. der Generalnorm und des Lageberichts beziehen (Rz 78),
- Einschränkungen, die sich ausschließlich auf den Lagebericht beziehen (Rz 79),
- Einschränkungen, die sich wegen pflichtwidrig fehlendem Lagebericht ergeben (Rz 80).

76 Einschränkungen, die sich **ausschließlich auf die Gesetzmäßigkeit** beziehen, beinhalten Verstöße gegen Gesetz oder auf die Rechnungslegung bezogene Regelungen des Gesellschaftsvertrags bzw. der Satzung. Es handelt sich bei derartigen Verstößen zumeist um fehlende, fehlerhafte oder unvollständige Anhangangaben. Hierzu wird folgende Formulierung empfohlen:[85]

> **Beispiel**
> „Meine/Unsere Prüfung hat **mit Ausnahme der folgenden Einschränkung zu keinen Einwendungen geführt. Entgegen § 285 Nr. 9 Buchst. a HGB wurden im Anhang die Gesamtbezüge der Geschäftsführung/des Vorstands nicht angegeben.**
> Nach meiner/unserer Beurteilung aufgrund der bei der Prüfung gewonnenen Erkenntnisse entspricht der Jahresabschluss **mit der genannten Einschränkung** den gesetzlichen Vorschriften [und den ergänzenden Bestimmungen des Gesellschaftsvertrags/der Satzung]. Der Jahresabschluss vermittelt unter Beachtung der Grundsätze ordnungsmäßiger Buchführung ein den tatsächlichen Verhältnissen entsprechendes Bild der Vermögens-, Finanz- und Ertragslage der Gesellschaft. Der Lagebericht steht im Einklang mit **einem den gesetzlichen Vorschriften entsprechenden Jahresabschluss**, entspricht den gesetzlichen Vorschriften, vermittelt insgesamt ein zutreffendes Bild von der Lage der Gesellschaft und stellt die Chancen und Risiken der zukünftigen Entwicklung zutreffend dar."

77 Einschränkungen, die sich **auf die Gesetzmäßigkeit einschließlich der Generalnorm** beziehen, sich ausnahmsweise aber nicht auf den Lagebericht auswirken, sind selten, da die Analyse des Geschäftsverlaufs im Lagebericht das Eingehen auf die Vermögens-, Finanz- und Ertragslage erfordert, sodass Verstöße gegen die Generalnorm regelmäßig zu Auswirkungen auf den Lagebericht führen. Tritt dieser seltene Fall dennoch auf, so wird für die Formulierung des zweiten Absatzes des Prüfungsurteils empfohlen:

---

[84] Vgl. WPH Edition, Wirtschaftsprüfung & Rechnungslegung, 15. Aufl., 2017, Abschn. M, Tz 840.
[85] Vgl. IDW PS 400, Anhang 8.

> **Beispiel**
> „Mit dieser Einschränkung entspricht der Jahresabschluss nach meiner/unserer Beurteilung aufgrund der bei der Prüfung gewonnenen Erkenntnisse den gesetzlichen Vorschriften [und den ergänzenden Bestimmungen des Gesellschaftsvertrags/der Satzung] und vermittelt unter Beachtung der Grundsätze ordnungsmäßiger Buchführung ein den tatsächlichen Verhältnissen entsprechendes Bild der Vermögens-, Finanz- und Ertragslage der Gesellschaft. Der Lagebericht steht im Einklang mit dem Jahresabschluss; **die Aussage des Lageberichts wird durch den Mangel des Jahresabschlusses nicht beeinträchtigt.** Der Lagebericht entspricht den gesetzlichen Vorschriften, vermittelt insgesamt ein zutreffendes Bild von der Lage der Gesellschaft und stellt die Chancen und Risiken der zukünftigen Entwicklung zutreffend dar."

Einschränkungen, die sich **auf die Gesetzmäßigkeit einschließlich der Generalnorm und des Lageberichts** beziehen, betreffen oftmals Verstöße im Zusammenhang mit Ansatz, Bewertung oder Ausweis von Posten der Bilanz und GuV, da sich derartige Verstöße regelmäßig auch auf die Darstellung der Vermögens-, Finanz- und Ertragslage und den Lagebericht auswirken. Sie können wie folgt formuliert werden:[86] 78

> **Beispiel**
> „Meine/Unsere Prüfung hat **mit Ausnahme der folgenden Einschränkung zu keinen Einwendungen geführt. In einer Größenordnung von … EUR wurden Umsatzerlöse ausgewiesen, obwohl sie am Abschlussstichtag nicht i. S. v. § 252 Abs. 1 Nr. 4 HGB realisiert waren.**
> Mit dieser Einschränkung entspricht der Jahresabschluss nach meiner/unserer Beurteilung aufgrund der bei der Prüfung gewonnenen Erkenntnisse den gesetzlichen Vorschriften [und den ergänzenden Bestimmungen des Gesellschaftsvertrags/der Satzung] und vermittelt unter Beachtung der Grundsätze ordnungsmäßiger Buchführung ein den tatsächlichen Verhältnissen entsprechendes Bild der Vermögens-, Finanz- und Ertragslage der Gesellschaft. **Mit der genannten Einschränkung** steht der Lagebericht im Einklang mit **einem den gesetzlichen Vorschriften entsprechenden Jahresabschluss**, entspricht den gesetzlichen Vorschriften, vermittelt insgesamt ein zutreffendes Bild von der Lage der Gesellschaft und stellt die Chancen und Risiken der zukünftigen Entwicklung zutreffend dar."

Einschränkungen, die sich **ausschließlich auf den Lagebericht** beziehen, sind wie folgt zu formulieren:[87] 79

---

[86] Vgl. IDW PS 400, Anhang 9.
[87] Vgl. IDW PS 400, Anhang 10, bei dem Einschränkungsgrund wurde die verletzte Rechtsnorm mit angegeben.

> **Beispiel**
> „Meine/Unsere Prüfung hat **mit Ausnahme der folgenden Einschränkung zu keinen Einwendungen geführt. Im Lagebericht sind die Preisänderungsrisiken aus Devisentermingeschäften entgegen § 289 Abs. 2 Nr. 2 Buchst. b) HGB nicht dargestellt.**
> Nach meiner/unserer Beurteilung aufgrund der bei der Prüfung gewonnenen Erkenntnisse entspricht der Jahresabschluss den gesetzlichen Vorschriften [und den ergänzenden Bestimmungen des Gesellschaftsvertrags/der Satzung] und vermittelt unter Beachtung der Grundsätze ordnungsmäßiger Buchführung ein den tatsächlichen Verhältnissen entsprechendes Bild der Vermögens-, Finanz- und Ertragslage der Gesellschaft. **Mit der genannten Einschränkung** steht der Lagebericht im Einklang mit dem Jahresabschluss, entspricht den gesetzlichen Vorschriften, vermittelt insgesamt ein zutreffendes Bild von der Lage der Gesellschaft und stellt die Chancen und Risiken der zukünftigen Entwicklung zutreffend dar."

80 Einschränkungen, die sich wegen **pflichtwidrig fehlendem Lagebericht** ergeben, können wie folgt formuliert werden:[88]

> **Beispiel**
> „Meine/Unsere Prüfung hat **mit Ausnahme der folgenden Einschränkung zu keinen Einwendungen geführt. Entgegen der gesetzlichen Verpflichtung nach § 264 Abs. 1 Satz 1 HGB ist ein Lagebericht nicht aufgestellt worden.**
> Nach meiner/unserer Beurteilung aufgrund der bei der Prüfung gewonnenen Erkenntnisse entspricht der Jahresabschluss den gesetzlichen Vorschriften [und den ergänzenden Bestimmungen des Gesellschaftsvertrags/der Satzung] und vermittelt unter Beachtung der Grundsätze ordnungsmäßiger Buchführung ein den tatsächlichen Verhältnissen entsprechendes Bild der Vermögens-, Finanz- und Ertragslage der Gesellschaft. **Da ein Lagebericht nicht aufgestellt worden ist, vermittelt die Rechnungslegung insoweit kein zutreffendes Bild von der Lage der Gesellschaft und stellt die Chancen und Risiken der zukünftigen Entwicklung nicht dar.**"

81 Eine Einschränkung des Bestätigungsvermerks wegen unzutreffender Annahme der Fortführungsprämisse ist unzulässig, da es sich hierbei nicht um eine auf einen abgrenzbaren Teilbereich bezogene Beanstandung handelt, sondern sie sich auf den Jahresabschluss insgesamt auswirkt. Daher ist in solchen Fällen ein Versagungsvermerk zu erteilen (Rz 93).[89]

2.4.2.2.2 Einschränkung aufgrund von Prüfungshemmnissen

82 Neben Einschränkungen aufgrund von Einwendungen sind auch Einschränkungen aufgrund von Prüfungshemmnissen möglich. Ein **Prüfungshemmnis** liegt

---

[88] Vgl. IDW PS 400, Anhang 11, bei dem Einschränkungsgrund wurde die verletzte Rechtsnorm mit angegeben.
[89] Vgl. IDW PS 270, Tz 41.

dann vor, wenn der AP abgrenzbare Teile der Rechnungslegung aufgrund besonderer Umstände nicht mit hinreichender Sicherheit beurteilen kann.[90]

Für Einschränkungen aufgrund von Prüfungshemmnissen kommen die für Einschränkungen aufgrund von Einwendungen geltenden Grundsätze analog zur Anwendung (Rz 59ff.). Darüber hinaus gilt es folgende **Besonderheiten** zu beachten. **83**

Im Gegensatz zu einer Einwendung besteht bei einem Prüfungshemmnis Unsicherheit, ob die Rechnungslegung in dem betreffenden Teilbereich zu beanstanden ist. Da die Zielsetzung der Jahresabschlussprüfung die Abgabe eines Positivbefunds zur Rechnungslegung darstellt, muss der AP alle ihm zur Verfügung stehenden Möglichkeiten ausschöpfen, um diesen Positivbefund abzugeben. Erst wenn unter Ausschöpfung aller Möglichkeiten des AP keine positive Aussage zu einem Teilbereich der Rechnungslegung möglich ist, darf eine Einschränkung aufgrund von Prüfungshemmnissen vorgenommen werden. Dies folgt aus dem Anspruch des geprüften Unt auf Erteilung eines Bestätigungs- oder Versagungsvermerks (Rz 21) sowie der aus den allgemeinen Berufsgrundsätzen abgeleiteten Treuepflicht des AP gegenüber dem Auftraggeber. Der AP hat demzufolge den Mandanten vor Erteilung eines derartigen Testats von dem Prüfungshemmnis zu unterrichten. **84**

> **Beispiel**
> Die prüfungspflichtige mittelgroße GmbH hat enge Termine bei Aufstellung und Prüfung ihres Jahresabschlusses zu beachten, da sie in den Konzernabschluss ihres MU einbezogen wird. Der AP des Jahresabschlusses zum 31.12.01 der GmbH kann aufgrund krankheitsbedingtem Ausfalls des Buchhaltungsleiters erst zwei Wochen später als eigentlich geplant mit der Hauptprüfung beginnen. Der eigentlich für das Ende der KW 7/02 vorgesehene Abschluss der Abschlussprüfung inkl. Erteilung des Testats kann möglicherweise nicht eingehalten werden.
> Gegen Ende der KW 7/02 hat der AP im Prüffeld Forderungen aus L&L, die einen wesentlichen Jahresabschluss-Posten darstellen, noch keine hinreichende Prüfungssicherheit erlangen können. Er teilt dem Geschäftsführer der GmbH mit, dass er aufgrund dieser noch nicht abschließend geprüften Position des Jahresabschlusses bis Ende der Woche kein Testat erteilen kann. Der GF möchte nach Rücksprache mit der Konzerngeschäftsführung den AP veranlassen, ein eingeschränktes Testat abzugeben, in dem hinsichtlich der Forderungen aus L&L ein Prüfungshemmnis enthalten ist. Da die Forderungen aus L&L bezogen auf den Konzernabschluss des MU unwesentlich sind, werden daraus keine Konsequenzen für den Bestätigungsvermerk zum Konzernabschluss erwartet.
> Der AP sollte nicht einfach dem Begehren des Geschäftsführers nachkommen, sondern ihn sowie ggf. die Gesellschafterversammlung der GmbH auf mögliche Konsequenzen eines eingeschränkten Testats hinweisen (z.B. Herabstufung der Kreditwürdigkeit bei Wirtschaftsauskunfteien oder Kreditinstituten, negative Konsequenzen für die von der Gesellschafterversammlung der GmbH

---

[90] Vgl. IDW PS 400, Tz 50.

> vorzunehmende Entlastung des Geschäftsführers nach § 46 Nr. 5 GmbHG). Wird von der GmbH unverändert auf die Erteilung eines Testats bis Ende KW 7/02 bestanden, kann der AP dann allerdings nur einen aufgrund des Prüfungshemmnisses eingeschränkten Bestätigungsvermerks erteilen.

85 **Beispiele für Prüfungshemmnisse**, die zu einer Einschränkung des Bestätigungsvermerks führen können, sind:[91]
- vom Unternehmen **verweigerte direkte Kontaktaufnahme** mit Auskunftspersonen (z. B. Rechtsanwalt des Unt, Sachverständige),[92]
- **Beschränkungen beim Einholen von Saldenbestätigungen** (z. B. Übermittlungsschwierigkeiten aufgrund von Poststreiks oder langen Postlaufzeiten, Beschränkungen bei der Zurverfügungstellung benötigter Daten und Informationen),[93]
- **mangelnde Nachprüfbarkeit von Geschäftsvorfällen mit nahe stehenden Personen und Unternehmen** (z. B. wenn die Mitwirkung verweigert wird oder bei im Ausland ansässigen nahe stehenden Personen und Unternehmen wegen politischer Restriktionen die erforderlichen Prüfungsnachweise nicht eingeholt werden können),
- **unzureichende Erfüllung der Auskunfts- und Nachweispflichten des § 320 HGB**, die zu einer Nichtbeurteilung des zu prüfenden Sachverhalts führen (z. B. keine Vorlage benötigter Buchhaltungsunterlagen oder sonstiger Jahresabschluss-relevanter Dokumente [Verträge, Berechnungen, Inventurunterlagen], Verweigerung der Auskunftserteilung durch verbundene Unternehmen),
- **fehlende Verwertbarkeit** der Ergebnisse anderer Prüfer[94] und der Arbeitsergebnisse von Sachverständigen,[95]
- **mangelnde Aufklärbarkeit von Unregelmäßigkeiten**,[96]
- **mangelnde Prüfungssicherheit aufgrund eines hohen Entdeckungsrisikos** (z. B. ist aufgrund eines hohen Fehlerrisikos in einem Prüffeld mit „Massendaten"[97] die Erzielung einer hinreichenden Sicherheit durch weitergehende Prüfungshandlungen unmöglich).[98]

86 Bei Prüfungshemmnissen im Zusammenhang mit **nicht abschließend beurteilbaren Risiken** sind vom AP die Auswirkungen auf die Rechnungslegung zu würdigen, z. B. ob bei Rechtsstreitigkeiten eine angemessene Rückstellungsbildung vorgenommen wurde oder Rückstellungen für drohende Verluste aus schwebenden Geschäften entsprechend den erkannten Sachverhalten in ausreichendem Umfang gebildet wurden. Auch in Fällen, in denen die Wertansätze von Beteiligungen nicht ausreichend oder gar nicht geprüft werden können, stellt sich die Frage der Auswirkung auf den Bestätigungsvermerk. Hinweise in Anhang

---

[91] Vgl. WPH Edition, Wirtschaftsprüfung & Rechnungslegung, 15. Aufl., 2017, Abschn. M,, Tz 818; *Schmidt/Küster*, in Beck Bil-Komm., 10. Aufl., 2016, § 322 HGB, Rz 61.
[92] Vgl. IDW PS 302, Tz 34ff.
[93] Vgl. WPH Edition, Wirtschaftsprüfung & Rechnungslegung, 15. Aufl., 2017, Abschn. M, Tz 818.
[94] Vgl. IDW PS 320, Tz 35.
[95] Vgl. IDW PS 322, Tz 25.
[96] Vgl. IDW PS 210, Tz 72.
[97] Vgl. IDW PS 261, Tz 68.
[98] Vgl. *Hell/Küster*, in *Küting/Weber*, HdR, HGB § 322, Rn 34, Stand 10/2010.

und Lagebericht allein sind in derartigen Fällen zumeist nicht ausreichend, sodass auch hier häufig eine Einschränkung des Bestätigungsvermerks geboten ist.[99]

Prüfungshemmnisse sind nur solche, die sich im Verlauf der Abschlussprüfung bei der Prüfung einzelner Prüffelder ergeben. Legt der Auftraggeber bereits bei Auftragserteilung im Rahmen der Auftragsbedingungen Beschränkungen fest, handelt es sich – auch wenn die Bezeichnung des Auftragsschreibens ggf. anders lautet – nicht um eine Beauftragung zu einer Jahresabschlussprüfung mit der Folge, dass kein Bestätigungsvermerk, sondern nur eine Bescheinigung über die durchgeführten Tätigkeiten erteilt werden kann.[100]

87

Bei Vorliegen von Prüfungshemmnissen ist dies bereits im beschreibenden Abschnitt des Bestätigungsvermerks (Rz 42) anzugeben, wobei hierfür folgende Formulierung empfohlen wird:[101]

88

> **Beispiel**
> „**Mit Ausnahme des im folgenden Absatz dargestellten Prüfungshemmnisses** habe ich meine/haben wir unsere Jahresabschlussprüfung nach § 317 HGB unter Beachtung der vom Institut der Wirtschaftsprüfer (IDW) festgestellten deutschen Grundsätze ordnungsmäßiger Abschlussprüfung vorgenommen. Danach ist die Prüfung so zu planen und durchzuführen, dass Unrichtigkeiten und Verstöße, die sich auf die Darstellung des durch den Jahresabschluss unter Beachtung der Grundsätze ordnungsmäßiger Buchführung und durch den Lagebericht vermittelten Bilds der Vermögens-, Finanz- und Ertragslage wesentlich auswirken, mit hinreichender Sicherheit erkannt werden. Bei der Festlegung der Prüfungshandlungen werden die Kenntnisse über die Geschäftstätigkeit und über das wirtschaftliche und rechtliche Umfeld der Gesellschaft sowie die Erwartungen über mögliche Fehler berücksichtigt. Im Rahmen der Prüfung werden die Wirksamkeit des rechnungslegungsbezogenen internen Kontrollsystems sowie Nachweise für die Angaben in Buchführung, Jahresabschluss und Lagebericht überwiegend auf der Basis von Stichproben beurteilt. Die Prüfung umfasst die Beurteilung der angewandten Bilanzierungsgrundsätze und der wesentlichen Einschätzungen der gesetzlichen Vertreter sowie die Würdigung der Gesamtdarstellung des Jahresabschlusses und des Lageberichts. Ich bin/Wir sind der Auffassung, dass meine/unsere Prüfung **mit der im nachfolgenden Absatz dargestellten Ausnahme** eine hinreichend sichere Grundlage für meine/unsere Beurteilung bildet."

Die Formulierung des Prüfungsurteils kann dann wie folgt erfolgen:[102]

89

> **Beispiel**
> „Meine/Unsere Prüfung hat **mit Ausnahme der folgenden Einschränkung zu keinen Einwendungen geführt. Das Vorhandensein der ausgewiesenen Vorräte i.H.v. ... EUR ist nicht hinreichend nachgewiesen, weil ich/wir**

---

[99] Vgl. *Schmidt/Küster*, in Beck Bil-Komm., 10. Aufl., 2016, § 322 HGB, Rz 62.
[100] Vgl. IDW PS 400, Tz 57.
[101] Vgl. IDW PS 400, Tz 61.
[102] Vgl. IDW PS 400, Tz 59, 61 sowie Anhang 12.

> nicht an der Inventur teilnehmen und durch alternative Prüfungshandlungen keine hinreichende Sicherheit über den Bestand der Vorräte gewinnen konnte(n). Es kann daher nicht ausgeschlossen werden, dass der Jahresabschluss insoweit fehlerhaft ist.
> Mit dieser Einschränkung entspricht der Jahresabschluss nach meiner/unserer Beurteilung aufgrund der bei der Prüfung gewonnenen Erkenntnisse den gesetzlichen Vorschriften [und den ergänzenden Bestimmungen des Gesellschaftsvertrags/der Satzung] und vermittelt unter Beachtung der Grundsätze ordnungsmäßiger Buchführung ein den tatsächlichen Verhältnissen entsprechendes Bild der Vermögens-, Finanz- und Ertragslage der Gesellschaft. **Mit der genannten Einschränkung steht der Lagebericht im Einklang mit einem den gesetzlichen Vorschriften entsprechenden Jahresabschluss**, entspricht den gesetzlichen Vorschriften, vermittelt insgesamt ein zutreffendes Bild von der Lage der Gesellschaft und stellt die Chancen und Risiken der zukünftigen Entwicklung zutreffend dar."

2.4.2.3 Versagungsvermerk

2.4.2.3.1 Versagungsvermerk aufgrund von Einwendungen (Abs. 4 Sätze 1–3)

90 Der Bestätigungsvermerk ist zu versagen, wenn aufgrund der zu erhebenden Einwendungen ein Positivbefund zur Rechnungslegung insgesamt nicht mehr möglich ist (**negative Gesamtaussage**).[103] Dieser Fall tritt dann auf, wenn wesentliche Beanstandungen gegen den Jahresabschluss zu erheben sind, die sich auf diesen als Ganzen auswirken und so bedeutend und zahlreich sind, dass nach der Beurteilung des AP eine Einschränkung des Bestätigungsvermerks nicht mehr angemessen ist, um die missverständliche oder unvollständige Darstellung im Jahresabschluss zu verdeutlichen.[104] Aus der Tatsache, dass es sich nach Beurteilung des AP um eine insgesamt negative Gesamtaussage handelt, folgert, dass auch der Begriff Bestätigungsvermerk in diesen Fällen nicht mehr verwendet werden darf, sondern stattdessen der Begriff **Versagungsvermerk** in der Überschrift anzuwenden ist (Rz 26).[105]

91 Zur Abgrenzung zu einem wegen Einwendungen eingeschränkten Bestätigungsvermerks vgl. Rz 61.

92 Gem. Abs. 4 Satz 3 der Vorschrift ist die **Versagung zu begründen**. Im Gegensatz zur Einschränkung ist eine Darstellung der Tragweite nicht gefordert. Da ein Versagungsvermerk die äußerste Stufe der Kritik darstellt, sind weitere Aussagen über die Tragweite entbehrlich. Auch wenn die Tragweite eines Versagungsvermerks aus sich heraus erkennbar und abschätzbar wäre, kann die Darstellung der Tragweite, insb. die Angabe von quantitativen Größen der Mängel, die zu der Versagung geführt haben, für die Adressaten des Versagungsvermerks von Interesse sein. Dies wird sich i.d.R. auch aus der allgemeinen Anforderung des § 322 Abs. 2 Satz 2 HGB nach einer klaren,

---

[103] Vgl. *Hell/Küster*, in *Küting/Weber*, HdR, HGB § 322, Rn 38, Stand 10/2010.
[104] Vgl. IDW PS 400, Tz 65.
[105] Vgl. *Orth/Schaefer*, in *Baetge/Kirsch/Thiele*, Bilanzrecht, § 322 HGB, Rz 102.

eindeutigen und allgemein verständlichen Formulierung ergeben. Im Hinblick auf die trotz der Erteilung des Versagungsvermerks gegebene Möglichkeit zur Feststellung des Jahresabschlusses erscheint es sachgerecht, wenn der AP eine Quantifizierung vornimmt, soweit ihm dies möglich ist.[106]

Anwendungsfälle **für einen Versagungsvermerk** aufgrund von Einwendungen können sein:[107]

- **Buchführung:** Wesentliche nicht behebbare Mängel, wie z. B. unvollständige Erfassung von wichtigen Geschäftsvorfällen bzw. Unmöglichkeit einer sicheren Beurteilung wegen fehlender Beweiskraft.
- **Gliederungsvorschriften:** Versagung nur, wenn die Klarheit und Übersichtlichkeit des Jahresabschlusses insb. bei mehreren Verstößen insgesamt nicht mehr gegeben sind. Zumeist wird bei Verstößen gegen Gliederungsvorschriften nur eine Einschränkung in Betracht kommen.
- **Ansatz- und Bewertungsvorschriften:** Wesentliche Überbewertung bei den Aktivposten oder Weglassen von Schuldposten mit gravierender Auswirkung auf das Bilanzergebnis. Aufstellen des Jahresabschlusses unter Fortführungsgesichtspunkten, obwohl diese unzweifelhaft nicht gegeben sind.[108]
- **Anhang:** Ein unvollständiger oder fehlerhafter Anhang ist danach zu gewichten, ob die mangelhaften Angaben noch ein positives Gesamturteil ermöglichen. Wird überhaupt kein Anhang aufgestellt, erscheint nach § 322 Abs. 4 Satz 3 HGB eine Versagung zwingend, da keine positive Aussage zur Generalnorm mehr abgegeben werden kann.
- **Lagebericht:** Wird entgegen § 264 Abs. 1 HGB kein Lagebericht aufgestellt oder ist er in wesentlichen Teilen unvollständig oder fehlerhaft, ist eine Einschränkung der Versagung vorzuziehen, da der Lagebericht nur einen Teil der Rechnungslegung darstellt und ein Versagungsvermerk nicht erkennen lässt, dass zum Jahresabschluss ggf. eine positive Aussage möglich ist.
- **Vollständigkeitserklärung:** Weigern sich die gesetzlichen Vertreter, eine Vollständigkeitserklärung gegenüber dem AP abzugeben, mit der sie ihre Gesamtverantwortung für die Rechnungslegung dokumentieren, ist ein Versagungsvermerk zu erteilen.[109]

Eine Versagung kommt auch dann in Betracht, wenn mehrere Verstöße vorliegen, die einzeln betrachtet eine Einschränkung des Bestätigungsvermerks rechtfertigen würden, in ihrer Gesamtheit aber so weitreichend sind, dass ein Positivbefund zur Generalnorm nicht mehr möglich ist.

Für einen Versagungsvermerk aufgrund von Einwendungen wird folgende Formulierung vorgeschlagen:[110]

> **Beispiel**
> „Versagungsvermerk des Abschlussprüfers
> Ich habe/Wir haben den Jahresabschluss- bestehend aus Bilanz, Gewinn- und Verlustrechnung sowie Anhang – unter Einbeziehung der Buchführung und

---

[106] Vgl. WPH Edition, Wirtschaftsprüfung & Rechnungslegung, 15. Aufl., 2017, Abschn. M, Tz 855.
[107] Vgl. *Schmidt/Küster*, in Beck Bil-Komm., 10. Aufl., 2016, § 322 HGB, Rz 67.
[108] Vgl. IDW PS 270, Tz 41.
[109] Vgl. IDW PS 303 nF, Tz 27.
[110] Vgl. IDW PS 400, Anhang 13.

den Lagebericht der ... [Gesellschaft] für das Geschäftsjahr vom ... [Datum] bis ... [Datum] geprüft. Die Buchführung und die Aufstellung von Jahresabschluss und Lagebericht nach den deutschen handelsrechtlichen Vorschriften [und den ergänzenden Bestimmungen des Gesellschaftsvertrags/der Satzung] liegen in der Verantwortung der gesetzlichen Vertreter. Meine/Unsere Aufgabe ist es, auf der Grundlage der von mir/uns durchgeführten Prüfung eine Beurteilung über den Jahresabschluss unter Einbeziehung der Buchführung und den Lagebericht abzugeben.

Ich habe meine/Wir haben unsere Jahresabschlussprüfung nach § 317 HGB unter Beachtung der vom Institut der Wirtschaftsprüfer (IDW) festgestellten deutschen Grundsätze ordnungsmäßiger Abschlussprüfung vorgenommen. Danach ist die Prüfung so zu planen und durchzuführen, dass Unrichtigkeiten und Verstöße, die sich auf die Darstellung des durch den Jahresabschluss unter Beachtung der Grundsätze ordnungsmäßiger Buchführung und durch den Lagebericht vermittelten Bilds der Vermögens-, Finanz- und Ertragslage wesentlich auswirken, mit hinreichender Sicherheit erkannt werden. Bei der Festlegung der Prüfungshandlungen werden die Kenntnisse über die Geschäftstätigkeit und über das wirtschaftliche und rechtliche Umfeld der Gesellschaft sowie die Erwartungen über mögliche Fehler berücksichtigt. Im Rahmen der Prüfung werden die Wirksamkeit des rechnungslegungsbezogenen internen Kontrollsystems sowie Nachweise für die Angaben in Buchführung, Jahresabschluss und Lagebericht überwiegend auf der Basis von Stichproben beurteilt. Die Prüfung umfasst die Beurteilung der angewandten Bilanzierungsgrundsätze und der wesentlichen Einschätzungen der gesetzlichen Vertreter sowie die Würdigung der Gesamtdarstellung des Jahresabschlusses und Lageberichts. Ich bin/wir sind der Auffassung, dass meine/unsere Prüfung eine hinreichend sichere Grundlage für meine/unsere Beurteilung bildet.

Meine/Unsere Prüfung hat zu folgender Einwendung geführt. Der Jahresabschluss wurde unzulässigerweise unter der Annahme der Fortführung der Unternehmenstätigkeit aufgestellt, obwohl wegen der ungesicherten Liquiditätsausstattung der Gesellschaft hiervon nicht ausgegangen werden kann. Aufgrund der Bedeutung dieser Einwendung versage ich/versagen wir den Bestätigungsvermerk.

Nach meiner/unserer Beurteilung aufgrund der bei der Prüfung gewonnenen Erkenntnisse entspricht der Jahresabschluss **nicht** den gesetzlichen Vorschriften [und den ergänzenden Bestimmungen des Gesellschaftsvertrags/der Satzung] und vermittelt **kein** unter Beachtung der Grundsätze ordnungsmäßiger Buchführung den tatsächlichen Verhältnissen entsprechendes Bild der Vermögens-, Finanz- und Ertragslage der Gesellschaft. Der Lagebericht steht **nicht** in Einklang mit dem Jahresabschluss, entspricht **nicht** den gesetzlichen Vorschriften, vermittelt insgesamt **kein** zutreffendes Bild von der Lage der Gesellschaft und stellt die Chancen und Risiken der zukünftigen Entwicklung **nicht** zutreffend dar."

2.4.2.3.2 Versagungsvermerk aufgrund von Prüfungshemmnissen (Abs. 5)

Neben der Versagung aufgrund von Einwendungen kann es in bestimmten Fällen vorkommen, dass der Bestätigungsvermerk versagt werden muss, da nach Ausschöpfung aller angemessenen Möglichkeiten zur Klärung des Sachverhalts der AP nicht in der Lage ist, ein Urteil zur Rechnungslegung abzugeben (zum international üblichen Nichterteilungsvermerk vgl. Rz 46). In diesem Fall werden die Auswirkungen des Prüfungshemmnisses auf den Jahresabschluss als so weitgehend erachtet, dass eine Einschränkung des Bestätigungsvermerks nicht ausreicht. 96

Die Abgrenzung von einer Einschränkung des Bestätigungsvermerks aufgrund von Prüfungshemmnissen ist an Abs. 4 Satz 3 der Vorschrift auszurichten, wonach eine Einschränkung nur dann in Betracht kommt, wenn insgesamt noch ein Positivbefund zur Generalnorm möglich ist (Rz 61). 97

Ist der AP mangels Aufklärungen und Nachweisen trotz alternativer Prüfungshandlungen nicht in der Lage, ein Gesamturteil über die Rechnungslegung abzugeben, hat er den Bestätigungsvermerk zu versagen.[111] Anwendungsfälle für derartige Konstellationen sind die bei den zum Versagungsvermerk aufgrund von Einwendungen dargestellten Anwendungsfälle (Rz 93) nur mit dem Unterschied, dass dem AP eine Beurteilung nicht möglich ist. Dies gilt auch für den Fall, dass der Jahresabschluss unter der Annahme der Fortführung der Ges. aufgestellt wurde und der AP nicht beurteilen kann, ob dies zutrifft.[112] 98

Die Formulierung des Versagungsvermerks ist bei Vorliegen von Prüfungshemmnissen anzupassen. Der beschreibende Abschnitt entfällt gänzlich. Im Prüfungsurteil hat der AP das Prüfungshemmnis darzustellen und zudem infolge der Schwere des Prüfungshemmnisses auf die Versagung zu verweisen.[113] Folgende Formulierung wird empfohlen:[114] 99

> **Beispiel**
> „Versagungsvermerk des Abschlussprüfers
> Ich habe/Wir haben den Jahresabschluss – bestehend aus Bilanz, Gewinn- und Verlustrechnung sowie Anhang – unter Einbeziehung der Buchführung und den Lagebericht der … [Gesellschaft] für das Geschäftsjahr vom … [Datum] bis … [Datum] geprüft. Die Buchführung und die Aufstellung von Jahresabschluss und Lagebericht nach den deutschen handelsrechtlichen Vorschriften [und den ergänzenden Bestimmungen des Gesellschaftsvertrags/der Satzung] liegen in der Verantwortung der gesetzlichen Vertreter. Meine/Unsere Aufgabe ist es, auf der Grundlage der von mir/uns durchgeführten Prüfung eine Beurteilung über den Jahresabschluss unter Einbeziehung der Buchführung und den Lagebericht abzugeben.
> **Als Ergebnis meiner/unserer Prüfung stelle ich/stellen wir fest, dass ich/ wir nach Ausschöpfung aller angemessenen Möglichkeiten zur Klärung des Sachverhalts aus folgendem Grund nicht in der Lage war(en), ein Prüfungsurteil abzugeben: Durch die Unternehmensleitung wurde die**

---

[111] Vgl. IDW PS 400, Tz 68a.
[112] Vgl. IDW PS 270, Tz 36, 42; IDW, IDW-FN 2009, S. 12.
[113] Vgl. *Orth/Schaefer*, in *Baetge/Kirsch/Thiele*, Bilanzrecht, § 322 HGB, Rz 112.
[114] Vgl. IDW PS 400, Tz 69.

> Einsichtnahme in die Kalkulationsunterlagen zur Ermittlung der Herstellungskosten der unfertigen und fertigen Erzeugnisse sowie das Einholen von Saldenbestätigungen zu Forderungen aus L&L verweigert. Aus diesem Grund war es nicht möglich, eine hinreichende Sicherheit über die tatsächliche Höhe der Vorratsbestände und Forderungen zu erzielen, die im Jahresabschluss i. H. v. etwa 80 % der Bilanzsumme ausgewiesen sind. Aufgrund der Bedeutung des dargestellten Prüfungshemmnisses versage ich/versagen wir den Bestätigungsvermerk.
> Aussagen darüber, ob der Jahresabschluss den gesetzlichen Vorschriften [und den ergänzenden Bestimmungen des Gesellschaftsvertrags/der Satzung] entspricht und ein unter Beachtung der Grundsätze ordnungsmäßiger Buchführung entsprechendes Bild der Vermögens-, Finanz- und Ertragslage der Gesellschaft vermittelt, sind wegen des dargestellten Prüfungshemmnisses nicht möglich. Ebenso **kann nicht beurteilt werden**, ob der Lagebericht in Einklang mit einem den gesetzlichen Vorschriften entsprechenden Jahresabschluss steht, den gesetzlichen Vorschriften entspricht, ein zutreffendes Bild von der Lage der Gesellschaft vermittelt und die Chancen und Risiken der zukünftigen Entwicklung zutreffend darstellt."

2.4.3 Ergänzungen des Prüfungsurteils

100 Nur in bestimmten Fällen sind Erweiterungen des Prüfungsauftrags aus gesetzlicher, gesellschaftsvertraglicher oder satzungsmäßiger Regelung bzw. vertraglicher Vereinbarung im Bestätigungsvermerk zu berücksichtigen (Rz 28). Der Bestätigungsvermerk enthält ausschließlich ein auf die Rechnungslegung bezogenes Prüfungsurteil, sodass auch nur solche Erweiterungen des Prüfungsauftrags für die Aufnahme in den Bestätigungsvermerk in Betracht kommen, die sich auf die Rechnungslegung beziehen. **Nicht im Bestätigungsvermerk** sind somit Erweiterungen des Prüfungsauftrags **aufzunehmen** zur
- Prüfung des Risikofrüherkennungssystems nach § 317 Abs. 4 HGB,[115]
- Prüfung der Ordnungsmäßigkeit der Geschäftsführung nach § 53 HGrG,[116]
- Erweiterung der Abschlussprüfung nach § 16d Abs. 1 Satz 2 Rundfunkstaatsvertrag.[117]

101 Soweit der Gegenstand der Abschlussprüfung durch gesetzliche Vorschriften über den Jahresabschluss und Lagebericht hinaus erweitert und hierüber eine Aussage im Bestätigungsvermerk vorgesehen ist (z. B. durch § 30 KHG NRW, § 6b Abs. 5 EnWG[118], vgl. Rz 29), ist das hierzu abzugebende Prüfungsurteil in einem gesonderten Abschnitt des Bestätigungsvermerks nach dem Prüfungsurteil über den Jahresabschluss und Lagebericht aufzunehmen.[119]

---

[115] Vgl. IDW PS 340, Tz 2.
[116] Vgl. IDW PS 720, Tz 1.
[117] Vgl. IDW PS 721, Tz 3.
[118] Zu Einzelheiten vgl. IDW PS 610.
[119] Vgl. IDW PS 400, Tz 70.

Eine Ergänzung des Prüfungsurteils ist nicht zu verwechseln mit einer weitergehenden Beurteilung des Prüfungsurteils gem. § 322 Abs. 3 Satz 2 HGB (Rz 103) und mit Hinweisen auf Bestandsgefährdungen gem. § 322 Abs. 2 Satz 3 HGB (Rz 108).

102

2.4.4 Hinweis zur Beurteilung des Prüfungsergebnisses (Abs. 3 Satz 2)

Die in Abs. 2 Satz 2 der Vorschrift enthaltene Anforderung nach einer allgemein verständlichen und problemorientierten Beurteilung wird ergänzt durch Abs. 3 Satz 2, wonach der AP zusätzliche Hinweise auf Umstände aufnehmen kann, auf die er in besonderer Weise aufmerksam machen möchte. Mit diesen Regelungen wollte der Gesetzgeber dem AP die Abkehr vom reinen „Formeltestat" zum problemorientierten Bestätigungsvermerk ermöglichen (Rz 2), indem über das eigentliche Prüfungsurteil hinaus eine weitere Beurteilung des Prüfungsergebnisses vorgenommen wird. Der Hinweis auf besondere Umstände wird gelegentlich auch als „sonstiger ergänzender Hinweis" bezeichnet.[120] Er ist aber **strikt zu unterscheiden von Ergänzungen des Prüfungsurteils** (Rz 100).

103

Es handelt sich bei der Regelung um eine **„Kann-Vorschrift"**, während der Hinweis auf Bestandsgefährdungen gem. Abs. 2 Satz 3 obligatorisch ist (Rz 108). Die Formulierung „besondere Umstände" verdeutlicht, dass im Regelfall keine derartigen Hinweise erforderlich sind. In Einzelfällen können Hervorhebungen von Sachverhalten oder weitergehende Erläuterungen zum Inhalt der Rechnungslegung oder zur Tragweite des Prüfungsergebnisses sachgerecht sein. Zusätzliche Hinweise sind allerdings auf die Sachverhalte begrenzt, auf die der AP trotz ordnungsgemäßer Darstellung in Jahresabschluss und Lagebericht aufmerksam machen möchte wegen verbleibender Unsicherheiten, die vom Ergebnis zukünftiger Vorgänge oder Ereignisse abhängen und nicht von der Gesellschaft unmittelbar beeinflusst werden können (z.B. noch laufende Verhandlungen, schwebende Rechtsstreitigkeiten).[121]

104

Derartige Hinweise haben keinen Einfluss auf das Prüfungsurteil des AP und können somit auch nicht eine Einschränkung oder Versagung des Bestätigungsvermerks ersetzen.[122] Daher ist für den AP eine eindeutige Abgrenzung dieser Hinweise von Prüfungshemmnissen oder Einwendungen vorzunehmen.

105

Beispiele für derartige Hinweise auf besondere Umstände sind:[123]

- **verbleibende wesentliche Unsicherheiten:** z.B. laufende Verhandlungen, schwebende Prozesse, Risiken aus langfristigen Aufträgen, steuerliche Risiken, Risiken im Zusammenhang mit geschätzten Werten, Risiken bez. der Aufrechterhaltung wesentlichen Fremdkapitals.
- **Hinweis zur Erfüllung der Generalnorm:** In kritischen Grenzfällen, in denen es zweifelhaft sein könnte, ob die Rechnungslegung die Generalnorm erfüllt und in denen keine Einschränkung des Bestätigungsvermerks erforderlich ist, könnte es sachgerecht sein, im Rahmen der Beurteilung des Prüfungsergebnisses auf die Unsicherheit hinzuweisen.
- **Hinweis aufgrund ergänzender Rechnungslegungsnormen des Gesellschaftsvertrags oder der Satzung:** Gegenstand eines derartigen Hinweises könnten z.B. Unsicherheiten über die Auslegung von derartigen Vorschriften

---

[120] Vgl. *Schmidt/Küster*, in Beck Bil-Komm. 10. Aufl., 2016, § 322 HGB, Rz 36.
[121] Vgl. WPH Edition, Wirtschaftsprüfung & Rechnungslegung, 15. Aufl., 2017, Abschn. M, Tz 906.
[122] Vgl. *Orth/Schaefer*, in *Baetge/Kirsch/Thiele*, Bilanzrecht, § 322 HGB, Rz 76.3.
[123] Vgl. WPH Edition, Wirtschaftsprüfung & Rechnungslegung, 15. Aufl., 2017, Abschn. M, Tz 911.

sein. Kann der Sachverhalt bis zum Abschluss der Prüfung nicht geklärt werden und erscheint die der Bilanzierung zugrunde liegende Interpretation der Regelung nicht unvertretbar, kann ein Hinweis durch den AP sachgerecht sein.

- **Hinweis aufgrund prognostischer Angaben im Lagebericht:** Wenn der AP seine Beurteilung von wesentlichen prognostischen Aussags im Lagebericht weitgehend nur auf Erklärungen der gesetzlichen Vertreter der Ges. stützen kann, kann hierauf in Form eines Hinweises einzugehen sein.
- **Hinweis auf abweichende Prüfungsergebnisse bei Gemeinschaftsprüfungen:** Können sich die Gemeinschaftsprüfer nicht auf ein gemeinsames Prüfungsurteil einigen, hat jeder Gemeinschaftsprüfer sein Prüfungsurteil in einem eigenen Bestätigungsvermerk zu formulieren. In dem jeweiligen Bestätigungsvermerk ist im Rahmen der Beurteilung des Prüfungsergebnisses auf die abweichenden Ergebnisse der anderen beteiligten Prüfer hinzuweisen (Rz 198).[124]
- **Hinweis aufgrund zulässiger Inanspruchnahme von § 264 Abs. 3 HGB:** Nimmt eine Tochter-KapG Erleichterungen bei der Aufstellung des Jahresabschlusses und Lageberichts in Anspruch, kann der AP grds. auch dann davon ausgehen, dass § 264 Abs. 3 HGB zu Recht in Anspruch genommen wurde, wenn bei Beendigung der Abschlussprüfung ausschließlich die Erfüllung der Voraussetzungen des § 264 Abs. 3 Nr. 3 oder 4 HGB aussteht, aber keine Anhaltspunkte bestehen, dass diese voraussichtlich nicht erfüllt werden. In diesem Fall ist ein Hinweis darauf zu geben, dass im Zeitpunkt der Beendigung der Abschlussprüfung die Erfüllung der Voraussetzungen des § 264 Abs. 3 HGB insoweit nicht beurteilt werden konnte, als diese Voraussetzungen ihrer Art nach erst zu einem späteren Zeitpunkt erfüllbar sind. Die noch ausstehenden Voraussetzungen sind zu benennen.[125]

106 Die Formulierung eines Hinweises auf besondere Umstände hat in einem gesonderten Absatz im Anschluss an das Prüfungsurteil zu erfolgen, wobei zur Abgrenzung von Beanstandungen oder Prüfungshemmnissen folgende Einleitung empfohlen wird:[126]

> **Beispiel**
> „Ohne diese Beurteilung einzuschränken, weise ich/weisen wir darauf hin, dass …"

107 Bei einem eingeschränkten Bestätigungsvermerk oder einem Versagungsvermerk ergibt sich die Beurteilung des Prüfungsergebnisses aus der Begründung der Einschränkung oder Versagung.[127] Ist im Einzelfall zusätzlich zu einer Einschränkung (z. B. wegen Nichtangabe der Geschäftsführerbezüge gem. § 285 Nr. 9 Buchst. a) HGB) ein Hinweis auf besondere Umstände erforderlich, sollte dieser wie folgt eingeleitet werden:[128]

---

[124] Vgl. IDW PS 208, Tz 29.
[125] Vgl. IDW PH 9.200.1, Tz 9.
[126] Vgl. IDW PS 400, Tz. 75.
[127] Vgl. IDW PS 400, Tz. 76.
[128] Vgl. *Orth/Schaefer*, in *Baetge/Kirsch/Thiele*, Bilanzrecht, § 322 HGB, Rz 76.1.

> **Beispiel**
> „Ohne diese Beurteilung **weiter** einzuschränken, weise ich/weisen wir darauf hin, dass …"

2.5 Hinweis auf Bestandsgefährdungen (Abs. 2 Satz 3)

Während im Prüfungsbericht gem. § 321 Abs. 1 Satz 3 HGB auf bestandsgefährdende und entwicklungsbeeinträchtigende Risiken im Rahmen der **Redepflicht** zu berichten ist, ergibt sich im Bestätigungsvermerk eine Hinweispflicht nur für bestandsgefährdende Risiken gem. Abs. 2 Satz 3 der Vorschrift.

Mit dieser Hinweispflicht hat der Gesetzgeber die **Warnfunktion** des Bestätigungsvermerks betont. Es erfolgt eine Hervorhebung der Bestandsgefährdung, die den Bestätigungsvermerk nicht einschränkt. Sie kann deshalb auch nicht eine unzureichende Risikodarstellung in Jahresabschluss und Lagebericht ersetzen, sondern soll an prominenter Stelle dem Leser des zusammen mit dem geprüften Jahresabschluss und Lagebericht offengelegten Bestätigungsvermerk die Situation der Ges. verdeutlichen.

Da ein **uneingeschränkter Bestätigungsvermerk** nur erteilt werden kann, wenn im Lagebericht die bestandsgefährdenden Risiken angemessen dargestellt worden sind, kann sich der AP bei der Formulierung des Hinweises auf eine Nennung der Risiken beschränken und im Übrigen auf die Ausführungen im Lagebericht Bezug nehmen.[129] Der im Anschluss an das Prüfungsurteil in einem gesonderten Abschnitt des Bestätigungsvermerks aufzunehmende Hinweis kann bspw. wie folgt formuliert werden:[130]

> **Beispiel**
> „Ohne diese Beurteilung einzuschränken, weise ich/weisen wir auf die Ausführungen im Lagebericht hin. Dort ist im Abschnitt … ausgeführt, dass der Fortbestand der Gesellschaft aufgrund angespannter Liquidität bedroht ist."

Zu Beispielen für mögliche bestandsgefährdende Tatsachen vgl. § 321 Rz 59. Soweit bestandsgefährdende Risiken **im Lagebericht nicht dargestellt** sind, hat der AP im Bestätigungsvermerk die von ihm im Rahmen der Abschlussprüfung festgestellten Bestandsrisiken und ihre möglichen Auswirkungen anzugeben und den Bestätigungsvermerk einzuschränken.[131] Wird im Lagebericht zwar über bestandsgefährdende Tatsachen berichtet, werden diese aber nicht deutlich und unter Nennung der Gründe bzw. Anhaltspunkte dargestellt, und wird durch die Darstellungsform und Wortwahl ein irreführendes Bild vermittelt, sodass die **Bestandsgefährdung nicht erkennbar** wird, ist die Lagedarstellung nicht in Übereinstimmung mit den Anforderungen des § 289 Abs. 1 HGB, sodass der Bestätigungsvermerk einzuschränken ist.[132]

Soweit im Einzelfall neben dem gesetzlich zwingenden Hinweis auf Bestandsgefährdung gem. Abs. 2 Satz 3 der Vorschrift ein weiterer Hinweis auf besondere

---

[129] Vgl. IDW PS 270, Tz 36; IDW, IDW-FN 2009, S. 12.
[130] Vgl. IDW PS 400, Tz 77.
[131] Vgl. IDW PS 270, Tz 37.
[132] Vgl. WPH Edition, Wirtschaftsprüfung & Rechnungslegung, 15. Aufl., 2017, Abschn. M, Tz 898.

Umstände gem. Abs. 3 Satz 2 (Rz 103) im Bestätigungsvermerk aufgenommen werden soll, sollte zunächst der Hinweis auf die bestandsgefährdenden Risiken und dann im Anschluss der Hinweis auf besondere Umstände gegeben werden.

112 Zu bestandsgefährdenden Risiken bei TU im Bestätigungsvermerk zum Konzernabschluss und Konzernlagebericht des MU vgl. Rz 134.

3 Erteilung des Bestätigungsvermerks (Abs. 7)

113 Der Bestätigungsvermerk ist nach Abs. 7 Satz 1 der Vorschrift vom AP unter Angabe von Ort und Tag zu unterzeichnen. **Ort** wird regelmäßig die berufliche Niederlassung des den Bestätigungsvermerk zeichnenden WP sein. Die Datierung des Bestätigungsvermerks hat an dem **Tag** zu erfolgen, an dem die **Abschlussprüfung materiell abgeschlossen** ist.[133] Dies ist erst dann der Fall, wenn sämtliche erforderlichen Auskünfte erteilt und Nachweise erbracht worden sind, sodass das Testatsdatum zeitlich nicht vor der Durchführung einer Schlussbesprechung oder dem Datum der einzuholenden Vollständigkeitserklärung liegen darf.[134]

114 Liegt zwischen dem Datum des Bestätigungsvermerks und seiner Auslieferung ein längerer Zeitraum oder ist bis zur Auslieferung des Bestätigungsvermerks das Eintreten wesentlicher Ereignisse zu erwarten, hat der AP ergänzende mündliche oder schriftliche Erklärungen der gesetzlichen Vertreter über die Vollständigkeit der erteilten Auskünfte und Nachweise für diesen Zeitraum einzuholen.[135]

> **Beispiel**
> Am 20.2.01 findet die Schlussbesprechung zur Jahresabschlussprüfung 01 der prüfungspflichtigen GmbH statt. Im Rahmen der Schlussbesprechung erhält der AP letzte noch benötigte Auskünfte. Wenige Tage nach der Schlussbesprechung erhält er die vom Geschäftsführer ausgefüllte und mit Datum vom 20.2.01 unterschriebene Vollständigkeitserklärung. Das Testatsdatum bestimmt der AP mit dem 20.2.01.
> Infolge Arbeitsüberlastung kommt der AP erst am 15.3.01 dazu, das Testatsexemplar auszufertigen und an den Auftraggeber zu schicken. Er hat sich vor der Auslieferung des Bestätigungsvermerks von dem Geschäftsführer bestätigen zu lassen, dass in der Zwischenzeit keine Ereignisse eingetreten sind, die eine Änderung des Jahresabschlusses oder Lageberichts erfordern oder die Auswirkungen auf den Bestätigungsvermerk haben.

115 Die **Unterzeichnung** des Bestätigungsvermerks erfolgt bei Berufsgesellschaften, die zum gesetzlichen AP bestellt sind, gem. § 32 WPO durch vertretungsberechtigte WP bzw. im Fall der Prüfung einer mittelgroßen Gesellschaft auch durch vertretungsberechtigte vBP (zur Vertretungsberechtigung vgl. § 321 Rz 156).[136] Zu beachten sind darüber hinaus die durch das BilRUG neu aufgenommenen Sätze 3 und 4 in Abs. 7 der Vorschrift. Danach ist bei gesetzlichen Abschluss-

---

[133] Vgl. *Orth/Schaefer*, in *Baetge/Kirsch/Thiele*, Bilanzrecht, § 322 HGB, Rz 133.
[134] Vgl. IDW PS 303 nF, Tz 29.
[135] Vgl. IDW PS 203 nF, Tz 19; IDW PS 303, Tz 25.
[136] Zur Verantwortlichkeit des Mitunterzeichners vgl. IDW, IDW-FN 2013, S. 294.

prüfung von WPG/BPG der Bestätigungsvermerk zumindest von dem für die Auftragsdurchführung verantwortlichen WP/vBP zu unterzeichnen. Dies war zuvor aufgrund entsprechender berufsrechtlicher Regelung in § 27a BS WP/vBP aF geregelt; die neugefasste Berufssatzung enthält eine entsprechende Regelung in § 44 Abs. 1 BS WP/vBP. Sofern eine Sozietät zum AP bestellt ist, ist der Bestätigungsvermerk von allen WP, die zum Zeitpunkt der Wahl des AP der Sozietät als Sozien angehört haben, zu unterzeichnen. Daher empfiehlt sich aus praktischen Gründen, in derartigen Fällen nur einen Sozius zum AP wählen zu lassen.[137]

Im Regelfall werden diejenigen WP, die den Bestätigungsvermerk unterzeichnen, dieselben sein, die den Prüfungsbericht unterzeichnen. Zu Ausnahmen vgl. § 321 Rz 155. 116

Die Unterzeichnung hat **eigenhändig** zu erfolgen, sodass die Verwendung von mechanischen, faksimilierten oder gescannten Unterschriften nicht ausreichend ist.[138] 117

Allerdings ist nach § 20 Abs. 2 S. 2 BS WP/vBP nunmehr auch eine rein elektronische Siegelung eines Bestätigungsvermerk möglich.[139]

Der unterzeichnende WP hat die **Bezeichnung** „Wirtschaftsprüfer/Wirtschaftsprüferin" zu verwenden (§ 18 Abs. 1 Sätze 1 und 2 WPO). Unterzeichnende vBP haben entsprechend die Berufsbezeichnung „vereidigter Buchprüfer/vereidigte Buchprüferin" zu verwenden (§ 128 Abs. 2 WPO). Eine Hinzufügung anderer Berufsbezeichnungen bei Mehrfachqualifikation ist nur zulässig, wenn es sich um einen amtlich verliehenen ausländischen Prüftitel handelt (§ 18 Abs. 1 Satz 3 WPO[140]), wie z. B. der US-amerikanische CPA oder der britische CA.[141] 118

Oberhalb der Berufsbezeichnung ist der **Name** des WP in Druckschrift wiederzugeben, wobei grds. der Nachname ausreicht. Zur Vermeidung von Verwechslungen kann es u.U. sinnvoll sein, bei Namensidentität mehrerer WP in einer Wirtschaftsprüferpraxis auch die Vornamen oder eine Abkürzung des Vornamens mit anzuführen (z.B. Werner Meier oder W. Meier). Die Ergänzung um einen geschlechterspezifischen Zusatz „Frau" oder „Herr" sollte nicht erfolgen, auch wenn im Einzelfall aus dem Vornamen nicht auf das Geschlecht geschlossen werden kann.[142] 119

Der Bestätigungsvermerk ist außerdem mit dem **Berufssiegel** nach § 48 Abs. 1 WPO zu versehen (zur Siegelführung bei freiwilligen Abschlussprüfungen vgl. Rz 180). 120

Prüfungsbericht nach § 321 HGB und Bestätigungsvermerk nach § 322 HGB sind 2 unabhängige Berichterstattungselemente des AP (Rz 8f.). Daher ist der Bestätigungsvermerk im Regelfall auch unabhängig vom Prüfungsbericht zu erteilen. Die Anforderung der festen Verbindung mit dem Jahresabschluss und 121

---

[137] Vgl. *Orth/Schaefer*, in *Baetge/Kirsch/Thiele*, Bilanzrecht, § 322 HGB, Rz 135.
[138] Vgl. WPH Edition, Wirtschaftsprüfung & Rechnungslegung, 15. Aufl., 2017, Abschn. M, Tz 915.
[139] Zu Einzelheiten vgl. WPK Magazin 1/2017, S. 17.
[140] Die Vorschrift wurde im Zuge des BARefG v. 3.9.2007 neu eingefügt, BGBl I 2007, S. 2178.
[141] Vgl. *Teckenmeyer*, in *Hense/Ulrich*, WPO-Kommentar, 2. Aufl., Düsseldorf 2013, § 18 WPO, Rz 4 und 12.
[142] Vgl. *Orth/Schaefer*, in *Baetge/Kirsch/Thiele*, Bilanzrecht, § 322 HGB, Rz 136.2.

dem Lagebericht[143] erfolgt in der Praxis mittels eines sog. **Testatsexemplars**, bestehend aus Bestätigungsvermerk, Jahresabschluss, Lagebericht und AAB (§ 321 Rz 145).

122 Der Bestätigungsvermerk ist gem. Abs. 7 Satz 2 der Vorschrift im Prüfungsbericht wiederzugeben (§ 321 Rz 145 ff.). Wird kein Testatsexemplar erteilt, ist das Original des Bestätigungsvermerks als Anlage zum Prüfungsbericht beizufügen (§ 321 Rz 148).

123 Die Ausführungen zur Vorlage des Bestätigungsvermerks gelten für einen Versagungsvermerk analog.

4 Bestätigungsvermerk bei Konzernabschlussprüfungen

124 § 322 HGB gilt für Jahres- und Konzernabschlussprüfungen gleichermaßen, sodass die dargestellten Grundsätze zu Bestätigungs- und Versagungsvermerken bei gesetzlichen Jahresabschlussprüfungen für Konzernabschlussprüfungen analog anzuwenden sind. Darüber hinaus ergeben sich nachfolgende Besonderheiten.

4.1 Einleitender Abschnitt

125 Bei der Nennung des geprüften Unternehmens ist die Firma des MU, das den Konzernabschluss aufstellt, anzugeben. Die Beschreibung des Prüfungsgegenstands erfolgt durch Hinweis auf den Konzernabschluss und Konzernlagebericht, anstelle Buchführung, Jahresabschluss und Lagebericht. Ein Hinweis auf die Konzernbuchführung, die vom Prüfungsergebnis ebenfalls erfasst wird, ist nicht erforderlich. Die Bestandteile des Konzernabschlusses sind zu nennen, d.h. gem. § 297 Abs. 1 HGB Konzernbilanz, Konzern-GuV, Konzernanhang, Kapitalflussrechnung, Eigenkapitalspiegel und ggf. Segmentberichterstattung.[144]

126 Bei Prüfung eines Konzernabschlusses, der gleichzeitig Teilkonzern eines übergeordneten Konzernabschlusses ist, ist es zulässig, im Bestätigungsvermerk anstelle Konzernabschluss auch „Teilkonzernabschluss" anzugeben.

127 Soweit der Gesellschaftsvertrag bzw. die Satzung des MU ergänzende Vorschriften über den Konzernabschluss bzw. den Konzernlagebericht enthält, sind diese wie beim Bestätigungsvermerk zur Jahresabschlussprüfung anzugeben.[145] Gleichermaßen ist auch auf Regelungen im Gesellschaftsvertrag bzw. in der Satzung des MU, die sich auf den Jahresabschluss beziehen, hinzuweisen.

128 Der einleitende Abschnitt bei Konzernabschlussprüfungen kann wie folgt formuliert werden:[146]

> **Beispiel**
> „Ich habe/Wir haben den von der … (Mutterunternehmen) aufgestellten Konzernabschluss – bestehend aus Bilanz, Gewinn- und Verlustrechnung, Anhang, Kapitalflussrechnung und Eigenkapitalspiegel [sowie Segmentberichterstattung] – und den Konzernlagebericht für das Geschäftsjahr vom … [Datum] bis … [Datum] geprüft. Die Aufstellung von Konzernabschluss und

---

[143] Vgl. IDW PS 400, Tz 80.
[144] Vgl. WPH Edition, Wirtschaftsprüfung & Rechnungslegung, 15. Aufl., 2017, Abschn. M, Tz 934.
[145] Vgl. WPH Edition, Wirtschaftsprüfung & Rechnungslegung, 15. Aufl., 2017, Abschn. M, Tz 936.
[146] Vgl. IDW PS 400, Anhang 2.

> Konzernlagebericht nach den deutschen handelsrechtlichen Vorschriften [und den ergänzenden Bestimmungen des Gesellschaftsvertrags der Satzung] liegt in der Verantwortung der gesetzlichen Vertreter der Gesellschaft. Meine/Unsere Aufgabe ist es, auf der Grundlage der von mir/uns durchgeführten Prüfung eine Beurteilung über den Konzernabschluss und den Konzernlagebericht abzugeben."

4.2 Beschreibender Abschnitt

Aufgrund der Besonderheiten der Konzernabschlussprüfung ist die Beschreibung des Umfangs der Prüfung zu ergänzen um Angaben
- zum Konsolidierungskreis,
- zu den angewandten Konsolidierungsgrundsätzen,
- zu den einbezogenen Abschlüssen.[147]

Der beschreibende Abschnitt kann wie folgt formuliert werden:[148]

> **Beispiel**
> „Ich habe meine/Wir haben unsere Konzernabschlussprüfung nach § 317 HGB unter Beachtung der vom Institut der Wirtschaftsprüfer (IDW) festgestellten deutschen Grundsätze ordnungsmäßiger Abschlussprüfung vorgenommen. Danach ist die Prüfung so zu planen und durchzuführen, dass Unrichtigkeiten und Verstöße, die sich auf die Darstellung des durch den Konzernabschluss unter Beachtung der Grundsätze ordnungsmäßiger Buchführung und durch den Konzernlagebericht vermittelten Bilds der Vermögens-, Finanz- und Ertragslage wesentlich auswirken, mit hinreichender Sicherheit erkannt werden. Bei der Festlegung der Prüfungshandlungen werden die Kenntnisse über die Geschäftstätigkeit und über das wirtschaftliche und rechtliche Umfeld des Konzerns sowie die Erwartungen über mögliche Fehler berücksichtigt. Im Rahmen der Prüfung werden die Wirksamkeit des rechnungslegungsbezogenen internen Kontrollsystems sowie Nachweise für die Angaben im Konzernabschluss und Konzernlagebericht überwiegend auf der Basis von Stichproben beurteilt. Die Prüfung umfasst die Beurteilung der Jahresabschlüsse der in den Konzernabschluss einbezogenen Unternehmen, der Abgrenzung des Konsolidierungskreises, der angewandten Bilanzierungs- und Konsolidierungsgrundsätze und der wesentlichen Einschätzungen der gesetzlichen Vertreter sowie die Würdigung der Gesamtdarstellung des Konzernabschlusses und des Konzernlageberichts. Ich bin/Wir sind der Auffassung, dass meine/unsere Prüfung eine hinreichend sichere Grundlage für meine/unsere Beurteilung bildet."

---

[147] Vgl. *Schmidt/Küster*, in Beck Bil-Komm., 10. Aufl., 2016, § 322 HGB, Rz 118.
[148] Vgl. IDW PS 400, Anhang 2.

4.3 Beurteilung durch den Abschlussprüfer

130 Hinweise auf die Verwertung von Prüfungsergebnissen anderer AP (z. B. von AP ausländischer TU) sind nicht sachgerecht, da die Gesamtverantwortung beim Konzernabschlussprüfer verbleibt.[149]

131 Die Formulierungsempfehlung für einen uneingeschränkten Bestätigungsvermerk entspricht derjenigen zum uneingeschränkten Bestätigungsvermerk im Rahmen einer Jahresabschlussprüfung; eine Erweiterung der Aussage zur Generalnorm um die Zahlungsströme der Gesellschaft ist nicht erforderlich.[150]

> **Beispiel**[151]
> „Meine/Unsere Prüfung hat zu keinen Einwendungen geführt.
> Nach meiner/unserer Beurteilung aufgrund der bei der Prüfung gewonnenen Erkenntnisse entspricht der Konzernabschluss den gesetzlichen Vorschriften [und den ergänzenden Bestimmungen des Gesellschaftsvertrags/der Satzung] und vermittelt unter Beachtung der Grundsätze ordnungsmäßiger Buchführung ein den tatsächlichen Verhältnissen entsprechendes Bild der Vermögens-, Finanz- und Ertragslage des Konzerns. Der Konzernlagebericht steht in Einklang mit dem Konzernabschluss, entspricht den gesetzlichen Vorschriften, vermittelt insgesamt ein zutreffendes Bild von der Lage des Konzerns und stellt die Chancen und Risiken der zukünftigen Entwicklung zutreffend dar."

132 Ergeben sich wesentliche Unsicherheiten aus der Tatsache, dass ein Zwischenabschluss für ein in den Konzernabschluss einbezogenes TU gem. § 299 Abs. 2 HGB nicht aufgestellt wurde, ist dies im Rahmen der Beurteilung des Prüfungsergebnisses als Hinweis auf besondere Umstände (Rz 103) gem. § 322 Abs. 3 Satz 2 HGB anzugeben.[152]

133 Ein derartiger Hinweis ist auch dann geboten, wenn der Konzern-AP feststellt, dass die **Voraussetzungen für die Inanspruchnahme von § 264 Abs. 3 HGB bzw. § 264b HGB** durch ein TU hierfür nicht vorgelegen haben. Er hat den Verstoß im Prüfungsbericht darzulegen (§ 321 Rz 168) und im Bestätigungsvermerk einen Hinweis aufzunehmen, ohne dass hierdurch das Gesamturteil des Konzern-AP hiervon negativ beeinflusst wird.[153]

134 Auf **bestandsgefährdende Risiken** ist analog zur Vorgehensweise bei einer Jahresabschlussprüfung einzugehen (Rz 108). Da der Konzern eine wirtschaftliche, aber keine rechtliche Einheit darstellt, beziehen sich die bestandsgefährdenden Risiken sowohl auf die rechtliche Einheit des MU wie auch der einbezogenen TU.[154] Bestandsgefährdende Risiken bei solchen TU, die für die Beurteilung der Vermögens-, Finanz- und Ertragslage des Konzerns von untergeordneter Bedeutung sind, brauchen gem. § 322 Abs. 2 Satz 4 HGB nicht angegeben werden. Der Beurteilungsmaßstab, wann ein TU für die Beurteilung

---

149 Vgl. IDW PS 400, Tz 93.
150 Vgl. WPH Edition, Wirtschaftsprüfung & Rechnungslegung, 15. Aufl., 2017, Abschn. M, Tz 941.
151 Vgl. IDW PS 400, Anhang 2.
152 Vgl. IDW PS 400, Tz 92.
153 Vgl. *Orth/Schaefer*, in *Baetge/Kirsch/Thiele*, Bilanzrecht, § 322 HGB, Rz 158; IDW PH 9.200.1, Tz 16.
154 Vgl. WPH Edition, Wirtschaftsprüfung & Rechnungslegung, 15. Aufl., 2017, Abschn.. M, Tz 942.

der Vermögens-, Finanz- und Ertragslage des Konzerns von untergeordneter Bedeutung ist, entspricht den zu § 296 Abs. 2 HGB entwickelten Grundsätzen (§ 296 Rz 42).[155]

Die Formulierung eines eingeschränkten Bestätigungsvermerks oder eines Versagungsvermerks zur Konzernabschlussprüfung entspricht den zur Jahresabschlussprüfung entwickelten Grundsätzen (Rz 59 und 90). **Einwendungen** im Rahmen einer Konzernabschlussprüfung betreffen zumeist die Besonderheiten des Konzernabschlusses, z. B. Verstöße gegen:[156] 135

- die Abgrenzung des Konsolidierungskreises,
- allgemeine Konsolidierungsgrundsätze und Vollständigkeitsgebot, z. B. Kapitalkonsolidierung, Schuldenkonsolidierung, Aufwands- und Ertragskonsolidierung, Zwischenergebniseliminierung,
- die einheitliche Bewertung, z. B. Übernahme von nach abweichendem ausländischen Recht bewerteten Posten in die HB II,
- assoziierte Unternehmen, z. B. Verstoß gegen die Vorschriften zum Wertansatz der Beteiligungen,
- Währungsumrechnung im Konzernabschluss,
- Gliederungsvorschriften,
- Konzernanhang,
- Kapitalflussrechnung,
- Eigenkapitalspiegel,
- Segmentberichterstattung,
- Konzernlagebericht,
- mangelhafte Aufbereitung der konsolidierten Jahresabschlüsse und eine nicht ausreichende Dokumentation der Konsolidierung und sie vorbereitende Maßnahmen,
- die Wahl eines vom Abschlussstichtag des MU abweichenden Abschlussstichtags,
- Vorlagepflicht oder Auskunftsrecht des Konzern-AP in Bezug auf das MU und die TU.

Eine Einschränkung oder Versagung eines Bestätigungsvermerks eines in den Konzernabschluss einbezogenen Jahresabschluss führt nur dann zu einer Einschränkung oder Versagung des Bestätigungsvermerks zum Konzernabschluss und Konzernlagebericht, wenn die festgestellten Mängel der Einzelabschlüsse nicht mehr im Rahmen der Konsolidierung behoben wurden und für den Konzernabschluss von wesentlicher Bedeutung sind.[157] 136

Zu Auswirkungen einer abweichenden Abgrenzung des Konsolidierungskreises bei freiwilligen Abschlussprüfungen vgl. Rz 179. 137

4.4 Konzernabschlüsse nach § 315e HGB

Über die zu Konzernabschlussprüfung nach HGB erfolgten Ausführungen hinaus (Rz 124 ff.) ergeben sich folgende Besonderheiten. 138

---

[155] Vgl. BT-Drs. 15/3419, S. 44.
[156] Vgl. *Schmidt/Küster*, in Beck Bil-Komm., 10. Aufl., 2016, § 322 HGB, Rz 125; WPH Edition, Wirtschaftsprüfung & Rechnungslegung, 15. Aufl., 2017, Abschn. M, Tz 944.
[157] Vgl. IDW PS 400, Tz 95; IDW PS 320, Tz 34.

Im einleitenden Abschnitt sind die dem Konzernabschluss zugrunde liegenden Rechtsvorschriften zu bezeichnen. Dies sind die nach den Artikeln 2, 3 und 6 der Verordnung (EG) Nr. 1606/2002 des Europäischen Parlaments und des Rats vom 19. Juli 2002 betreffend die Anwendung internationaler Rechnungslegungsstandards von der EU übernommenen IFRS.

139 Die Tatsache, dass der Konzernabschluss nach internationalen Rechnungslegungsstandards aufgestellt ist, hat keinen Einfluss darauf, dass dieser nach deutschen Prüfungsgrundsätzen zu prüfen ist (zur Prüfung nach internationalen Prüfungsgrundsätzen Rz 200). Daher ist auch im Bestätigungsvermerk zu einem nach § 315e HGB erstellten Konzernabschluss auf die deutschen Prüfungsgrundsätze Bezug zu nehmen. Bei der Beurteilung des Prüfungsergebnisses sind bei der Aussage zur Generalnorm anstelle der GoB-Restriktion die **IFRS, wie sie in der EU anzuwenden sind,** und die **ergänzenden Vorschriften des § 315e Abs. 1 HGB** zu nennen.[158]

140 Für einen uneingeschränkten Bestätigungsvermerk zu einem Konzernabschluss und Konzernlagebericht nach § 315e HGB empfiehlt sich folgende Formulierung:[159]

> **Beispiel**
> Bestätigungsvermerk des Abschlussprüfers
> „Ich habe/Wir haben den von der … (Mutterunternehmen) aufgestellten Konzernabschluss – bestehend aus Bilanz, Gesamtergebnisrechnung, Eigenkapitalveränderungsrechnung, Kapitalflussrechnung und Anhang – und den Konzernlagebericht für das Geschäftsjahr vom … [Datum] bis … [Datum] geprüft. Die Aufstellung von Konzernabschluss und Konzernlagebericht **nach den IFRS, wie sie in der EU anzuwenden sind, und den ergänzend nach § 315e Abs. 1 HGB anzuwendenden handelsrechtlichen Vorschriften** [sowie den ergänzenden Bestimmungen des Gesellschaftsvertrags/der Satzung] liegt in der Verantwortung der gesetzlichen Vertreter der Gesellschaft. Meine/Unsere Aufgabe ist es, auf der Grundlage der von mir/uns durchgeführten Prüfung eine Beurteilung über den Konzernabschluss und den Konzernlagebericht abzugeben.
> Ich habe meine/Wir haben unsere Konzernabschlussprüfung nach § 317 HGB unter Beachtung der vom Institut der Wirtschaftsprüfer (IDW) festgestellten deutschen Grundsätze ordnungsmäßiger Abschlussprüfung vorgenommen. Danach ist die Prüfung so zu planen und durchzuführen, dass Unrichtigkeiten und Verstöße, die sich auf die Darstellung **des durch den Konzernabschluss unter Beachtung der anzuwendenden Rechnungslegungsvorschriften und durch den Konzernlagebericht vermittelten Bilds** der Vermögens-, Finanz- und Ertragslage wesentlich auswirken, mit hinreichender Sicherheit erkannt werden. Bei der Festlegung der Prüfungshandlungen werden die Kenntnisse über die Geschäftstätigkeit und über das wirtschaftliche und rechtliche Umfeld des Konzerns sowie die Erwartungen über mögliche Fehler berücksichtigt. Im Rahmen der Prüfung werden die Wirksamkeit des rechnungslegungsbezogenen internen Kontrollsystems sowie Nachweise für die Angaben im Konzernabschluss und Konzernlage-

---

[158] Vgl. WPH Edition, Wirtschaftsprüfung & Rechnungslegung, 15. Aufl., 2017, Abschn. M, Tz 987.
[159] Vgl. IDW PS 400, Anhang 4.

> bericht überwiegend auf der Basis von Stichproben beurteilt. Die Prüfung umfasst die Beurteilung der Jahresabschlüsse der in den Konzernabschluss einbezogenen Unternehmen, der Abgrenzung des Konsolidierungskreises, der angewandten Bilanzierungs- und Konsolidierungsgrundsätze und der wesentlichen Einschätzungen der gesetzlichen Vertreter sowie die Würdigung der Gesamtdarstellung des Konzernabschlusses und des Konzernlageberichts. Ich bin/Wir sind der Auffassung, dass meine/unsere Prüfung eine hinreichend sichere Grundlage für meine/unsere Beurteilung bildet.
> Meine/Unsere Prüfung hat zu keinen Einwendungen geführt.
> Nach meiner/unserer Beurteilung aufgrund der bei der Prüfung gewonnenen Erkenntnisse entspricht der Konzernabschluss **den IFRS, wie sie in der EU anzuwenden sind, und den ergänzend nach § 315e Abs. 1 HGB anzuwendenden Vorschriften** [sowie den ergänzenden Bestimmungen des Gesellschaftsvertrags/der Satzung] und vermittelt **unter Beachtung dieser Vorschriften** ein den tatsächlichen Verhältnissen entsprechendes Bild der Vermögens-, Finanz- und Ertragslage des Konzerns. Der Konzernlagebericht steht in Einklang mit dem Konzernabschluss, entspricht den gesetzlichen Vorschriften, vermittelt insgesamt ein zutreffendes Bild von der Lage des Konzerns und stellt die Chancen und Risiken der zukünftigen Entwicklung zutreffend dar."
> (Ort)
> (Datum)
> (Unterschrift)
> Wirtschaftsprüfer

Sofern für einen Konzernabschluss die gleichzeitige Entsprechung mit den IFRS, wie sie in der EU anzuwenden sind, und den IFRS insgesamt geprüft werden soll, ist dies im einleitenden Abschnitt des Bestätigungsvermerks darzustellen und im Prüfungsurteil die Beurteilung der Übereinstimmung des Konzernabschlusses mit den neben den gesetzlichen Vorschriften zu berücksichtigenden Regelungen zu erweitern.[160]

141

5 Sonderfälle und Einzelfragen

5.1 Bedingte Erteilung von Bestätigungsvermerken

Der AP kann den Bestätigungsvermerk unter eine Bedingung stellen. Dabei kommt nur eine aufschiebende Bedingung in Betracht. Eine **auflösende Bedingung**, d.h. eine nachträglich wegfallende Wirksamkeit, ist im Hinblick auf das öffentliche Interesse an der Verlässlichkeit des Bestätigungsvermerks und aufgrund bestehender Rechtsfolgewirkungen (Feststellung des Jahresabschlusses) als **unzulässig** anzusehen.[161]

142

Eine Erteilung des Bestätigungsvermerks unter einer **aufschiebenden Bedingung** kommt dann in Betracht, wenn im geprüften Jahresabschluss Sachverhalte berück-

143

---

[160] Vgl. IDW PS 400, Tz 97; Formulierungsbeispiel für einen derartigen Bestätigungsvermerk IDW PS 400, Anhang 5.
[161] Vgl. ADS, 6. Aufl., § 322 HGB, Rz 50.

sichtigt wurden, die erst nach dem Ende der Abschlussprüfung abgeschlossen werden, entsprechend dem Stichtagsprinzip aber noch für das abgelaufene Geschäftsjahr Bedeutung haben.[162] Wird in diesen Fällen keine aufschiebende Bedingung vorgenommen, ist eine Einschränkung des Bestätigungsvermerks geboten.[163]

144 Weitere **Voraussetzungen** für die Erteilung eines aufschiebend bedingten Bestätigungsvermerks sind, dass[164]
- die zum Abschluss noch nicht erfüllte Bedingung in einem formgebundenen Verfahren inhaltlich bereits festgelegt ist,
- es zur rechtlichen Verwirklichung noch der Beschlussfassung von Organen oder formeller Akte bedarf und
- die anstehende Erfüllung der Voraussetzung mit an Sicherheit grenzender Wahrscheinlichkeit erwartet werden kann.

145 Insbesondere die letzte Voraussetzung führt dazu, dass die in der Praxis oftmals auftretenden Fälle, dass in einer Haupt- oder Gesellschafterversammlung bereits Beschlüsse auf Basis eines geprüften Abschlusses gefasst werden sollen, in denen der Beschluss bereits „antizipiert" wurde,[165] nicht zu einer Anwendung eines aufschiebend bedingten Bestätigungsvermerks führen, da die erforderlichen Beschlussmehrheiten nicht mit an Sicherheit grenzender Wahrscheinlichkeit erwartet werden können.

146 Anwendungsfälle für aufschiebend bedingte Bestätigungsvermerke können z.B. folgende Konstellationen darstellen:

147 **Ausstehende Feststellung des Vorjahresabschlusses:** Wurde der Vorjahresabschluss noch nicht festgestellt, steht dies jedoch an (und ist auch zu erwarten), so kann der Bestätigungsvermerk unter einer aufschiebenden Bedingung erteilt werden. Die Bedingung ist nicht erforderlich, wenn mit hinreichender Sicherheit davon ausgegangen werden kann, dass der noch nicht festgestellte Vorjahresabschluss ohne Feststellung beibehalten werden soll.[166]

> **Beispiel**[167]
> „Unter der Bedingung, dass der Jahresabschluss zum ... [Datum] in der Fassung festgestellt wird, die diesem Jahresabschluss zugrunde gelegt worden ist, erteile ich/erteilen wir den nachstehenden Bestätigungsvermerk:
> Bestätigungsvermerk des Abschlussprüfers ..."

Erfolgt die Feststellung des Jahresabschlusses des laufenden Jahres (dessen Bestätigungsvermerk unter der aufschiebenden Bedingung der Feststellung des Vorjahresabschlusses steht) wird damit konkludent auch der Vorjahresabschluss festgestellt, sodass diesbezüglich Rechtssicherheit besteht.[168]

148 **Sanierungen:** Eine Bedingung kommt bez. der im Rahmen einer beabsichtigen Sanierung vorgesehenen Sanierungsmaßnahmen hinsichtlich der Beurteilung der

---

[162] Vgl. *Elkart/Naumann*, WPg 1995, S. 363.
[163] Vgl. IDW PS 400, Tz 98.
[164] Vgl. *Orth/Schaefer*, in *Baetge Kirsch/Thiele*, Bilanzrecht, § 322 HGB, Rz 78.
[165] Vgl. IDW PS 400, Tz 98.
[166] Vgl. IDW PS 400, Tz 99.
[167] WPH Edition, Wirtschaftsprüfung & Rechnungslegung, 15. Aufl., 2017, Abschn. M, Tz 1038.
[168] Vgl. ADS, 6. Aufl., § 322 HGB, Rz 58.

Annahme der Fortführung der Ges. in Betracht. Da die Maßnahmen zwar in der Bilanz berücksichtigt, tatsächlich aber bei Erteilung des Bestätigungsvermerks noch nicht rechtlich vollzogen worden sind, kann dies über eine Bedingung kenntlich gemacht werden. Der Inhalt der Sanierungsmaßnahmen muss aber schon feststehen und ihre Rechtswirksamkeit darf nur noch von der Erfüllung formaler Voraussetzungen abhängen.[169]

> **Beispiel**[170]
> „Unter der Bedingung, dass die beschlossene, im Jahresabschluss berücksichtigte vereinfachte Kapitalherabsetzung mit anschließender Kapitalerhöhung im Handelsregister eingetragen wird, erteile ich/erteilen wir den nachstehenden Bestätigungsvermerk:
> Bestätigungsvermerk des Abschlussprüfers ..."

Ein unter einer aufschiebenden Bedingung erteilter Bestätigungsvermerk ist **schwebend unwirksam**, d. h., er kann keine Rechtskraft entfalten und somit kann der Jahresabschluss auch nicht festgestellt werden. Erst mit Bedingungseintritt ist der Bestätigungsvermerk erteilt und der Jahresabschluss geprüft.[171] Der Nachweis des Bedingungseintritts ist durch die Ges. zu führen. Der AP ist nicht verpflichtet, den Bedingungseintritt zu prüfen und zu bestätigen.[172] Zur Offenlegung eines unter einer aufschiebenden Bedingung erteilten Bestätigungsvermerks s. Rz 210.

149

5.2 Tatsachen nach Erteilung des Bestätigungsvermerks

5.2.1 Nachtragsprüfungen

Werden der geprüfte Jahresabschluss und Lagebericht bzw. Konzernabschluss und Konzernlagebericht nach Erteilung des Bestätigungsvermerks geändert, erfolgt gem. § 316 Abs. 3 HGB eine erneute Prüfung, soweit es die Änderung erfordert (§ 316 Rz 15). Die Nachtragsprüfung kann nur durch den bestellten AP erfolgen (§ 316 Rz 21), bei Wegfall des bestellten AP vgl. Rz 158.

150

Änderungen an der geprüften Rechnungslegung erfolgen im Regelfall durch die gesetzlichen Vertreter der Gesellschaft oder werden von der Gesellschafter- bzw. Hauptversammlung vorgenommen.[173] Allerdings kann die Initiative auch vom AP ausgehen. Zwar ist er nach Auslieferung des Bestätigungsvermerks nicht verpflichtet, den geprüften Jahresabschluss und Lagebericht weiterzuverfolgen. Werden dem AP aber nach Erteilung des Bestätigungsvermerks Tatsachen bekannt, die bereits zum Zeitpunkt der Testatserteilung bestanden und die zur Erteilung eines eingeschränkten Bestätigungsvermerks oder Versagungsvermerks geführt hätten, hat das AP das Unternehmen zu veranlassen, den Abschluss zu ändern, woraus eine

151

---

[169] Vgl. *Schmidt/Küster*, in Beck Bil-Komm., 10. Aufl., 2016, § 322 HGB, Rz 183.
[170] Vgl. IDW PS 400, Tz 101.
[171] Vgl. IDW PS 400, Tz 100.
[172] Vgl. WPH Edition, Wirtschaftsprüfung & Rechnungslegung, 15. Aufl., 2017, Abschn. M, Tz 1035.
[173] Zu Voraussetzungen zu Änderungen von Jahresabschlüssen vgl. IDW RS HFA 6, Tz 6 ff.

152 Nachtragsprüfung folgt. Kommt das Unternehmen dieser Aufforderung nicht nach, kommt ein Widerruf des Bestätigungsvermerks (Rz 160) in Betracht.[174]

152 Eine Nachtragsprüfung ändert nichts an der Wirksamkeit des ursprünglich erteilten Bestätigungsvermerks. Dieser bleibt unverändert wirksam und ist nach Beendigung der Nachtragsprüfung entsprechend zu ergänzen (§ 316 Abs. 3 Satz 2 HGB). Unter die Formulierung „entsprechend zu ergänzen" fallen jedwede Änderungen am Bestätigungsvermerk, d.h. die Einschränkung oder Versagung eines bislang uneingeschränkten Bestätigungsvermerks genauso wie der Wegfall einer Einschränkung oder Versagung. Führt die Nachtragsprüfung zu dem Ergebnis, dass der ursprünglich erteilte Bestätigungsvermerk unverändert aufrecht gehalten werden kann, ändert sich der Wortlaut des Bestätigungsvermerks nicht. Es ist allerdings erforderlich, das Prüfungsurteil um einen **gesonderten Abschnitt** zu ergänzen, um deutlich zu machen, dass sich der Bestätigungsvermerk auf einen geänderten Jahresabschluss und Lagebericht bezieht.[175] Für den gesonderten Abschnitt wird folgende Formulierung empfohlen:[176]

> **Beispiel**
> „Diese Bestätigung erteile ich/erteilen wir aufgrund meiner/unserer pflichtgemäßen, am … [Datum] abgeschlossenen Abschlussprüfung und meiner/unserer Nachtragsprüfung, die sich auf die Änderung des/der … [geänderte Posten bzw. Angaben] bezog. Auf die Begründung der Gesellschaft im geänderten Anhang, Abschnitt … wird verwiesen. Die Nachtragsprüfung hat zu keinen Einwendungen geführt."

153 In der Praxis gibt es Fälle, in denen zwischen Abschluss der ursprünglichen Abschlussprüfung und Abschluss der Nachtragsprüfung nur ein kurzer Zeitraum liegt und die Änderung spätestens bis zur Feststellung des Jahresabschlusses durchgeführt wird. In derartigen Fällen ist der gesonderte Absatz zum Hinweis auf die Nachtragsprüfung entbehrlich.[177] Nach der hier vertretenen Auffassung sollten diese Fälle Ausnahmecharakter haben und im Interesse einer klaren und problemorientierten Berichterstattung im Zweifel der gesonderte Absatz aufgenommen werden.

154 Handelt es sich um den besonderen Fall einer Nachtragsprüfung nach § 173 Abs. 3 AktG i.V.m. § 316 Abs. 3 HGB (die Hauptversammlung ist für die Feststellung des Jahresabschlusses zuständig und ändert diesen), so ergibt sich die Notwendigkeit der Ergänzung des Bestätigungsvermerks bereits aus formalen Gründen, auch wenn die Nachtragsprüfung zu keiner Änderung des Prüfungsurteils geführt hat. Daher kommt die zuvor angesprochene Ausnahmeregelung in derartigen Fällen nicht in Betracht, da nach hM eine explizite Aussage im Bestätigungsvermerk erforderlich ist, ob sich eventuelle Einwendungen des AP auf die ursprüngliche Fassung oder eben gerade auf die Änderung des Jahresabschlusses durch die Hauptversammlung beziehen.[178]

---

[174] Vgl. IDW PS 400, Tz 104.
[175] Vgl. IDW PS 400, Tz 108.
[176] Vgl. IDW PS 400, Tz 108.
[177] Vgl. IDW PS 400, Tz 108.
[178] Vgl. *Orth/Schaefer*, in *Baetge/Kirsch/Thiele*, Bilanzrecht, § 322 HGB, Rz 196.

Die vorgenommenen Änderungen an Jahresabschluss und Lagebericht können aber auch zu einer Änderung des Bestätigungsvermerks führen. Soweit ein bisher uneingeschränkter Bestätigungsvermerk infolge der am Jahresabschluss vorgenommenen Änderungen einzuschränken ist, ist der Wortlaut des Bestätigungsvermerks nach den Grundsätzen für Einschränkungen anzupassen (Rz 59). Der auch in diesen Fällen aufzunehmende gesonderte Abschnitt zur Nachtragsprüfung wäre dann wie folgt zu formulieren:[179]

155

> **Beispiel**
> „Diese Bestätigung erteile ich/erteilen wir aufgrund meiner/unserer pflichtgemäßen, am ... [Datum] abgeschlossenen Abschlussprüfung und meiner/unserer Nachtragsprüfung, die sich auf die Änderung des/der ... [geänderte Posten bzw. Angaben] bezog. Auf die Begründung der Gesellschaft im geänderten Anhang, Abschnitt ... wird verwiesen. **Die Einschränkung bezieht sich auf eine Änderung, die Gegenstand der Nachtragsprüfung war.**"

Das bei der Unterzeichnung des Bestätigungsvermerks anzugebende Datum sollte im Fall einer Nachtragsprüfung ein sog. **Doppeldatum** sein. Es sind somit sowohl das Datum des Bestätigungsvermerks der ursprünglichen Abschlussprüfung als auch das Datum der Ergänzung des Bestätigungsvermerks im Rahmen der Nachtragsprüfung anzugeben.

156

> **Beispiel**
> ... Die Nachtragsprüfung hat zu keinen Einwendungen geführt.
> (Ort)
> Datum ursprünglicher Bestätigungsvermerk/Datum Nachtragsprüfung

Zu beachten ist außerdem, dass bei der zweiten Datumsangabe dargestellt werden muss, auf welche Änderung des ursprünglichen Abschlusses sich das zweite Datum bezieht.[180]

157

Es sind auch Konstellationen möglich, in denen der ursprüngliche AP zwischenzeitlich weggefallen ist und die Nachtragsprüfung nicht durchführen kann (z.B. durch Tod oder das zwischenzeitliche Entstehen von Ausschlussgründen i.S.v. §§ 319–319b HGB). In derartigen Fällen greift das Verfahren der gerichtlichen Bestellung eines Nachtragsprüfers (§ 318 Rz 65). Fraglich ist, wie der Bestätigungsvermerk des nicht mit dem ursprünglichen AP personenidentischen Nachtragsprüfers zu formulieren ist.

158

Der Nachtragsprüfer kann das **Prüfungsurteil** des ursprünglichen AP insoweit übernehmen, als es sich nicht auf die Nachtragsprüfung bezieht.[181] Diese gesetzliche Übernahme des Prüfungsergebnisses ergibt sich aus Sinn und Zweck der Regelung von § 316 Abs. 3 HGB, da es nicht Aufgabe des Nachtragsprüfers sein soll, nochmals eine vollumfängliche Abschlussprüfung durchzuführen. Hierfür

159

---

[179] Vgl. WPH Edition, Wirtschaftsprüfung & Rechnungslegung, 15. Aufl., 2017, Abschn. N, Tz 50.
[180] Vgl. IDW PS 203 nF, Tz 24.
[181] Vgl. *Orth/Schaefer*, in *Baetge/Kirsch/Thiele*, Bilanzrecht, § 322 HGB, Rz 198.2.

hätte der Gesetzgeber eine entsprechende Grundlage treffen müssen, wenn er dies beabsichtigt hätte. Für die geänderten Bereiche der Rechnungslegung kann der Nachtragsprüfer die Prüfungsergebnisse des ursprünglichen AP zwar verwerten, nicht aber übernehmen.[182] Die **Gesamtverantwortung für die Nachtragsprüfung** liegt somit beim Nachtragsprüfer. Im Ergebnis bedeutet dies, dass der Nachtragsprüfer im Rahmen des von ihm zu erteilenden Bestätigungsvermerk nur insoweit das Prüfungsergebnis des bisherigen AP verwerten darf, als es nicht Gegenstand der Nachtragsprüfung ist. Kommt der Nachtragsprüfer zu dem Ergebnis, dass die Nachtragsprüfung zu keinen Einwendungen geführt hat, kann der gesonderte Abschnitt zur Nachtragsprüfung bspw. wie folgt formuliert werden:[183]

> **Beispiel**
> „Diese Bestätigung erteile ich/erteilen wir aufgrund der durch ... [bisheriger Abschlussprüfer] pflichtgemäß durchgeführten und am ... mit einem uneingeschränkten Bestätigungsvermerk abgeschlossenen Abschlussprüfung sowie der von mir/uns als gerichtlich bestellter Nachtragsprüfer pflichtgemäß durchgeführten und am ... [Datum] abgeschlossenen Nachtragsprüfung, die sich auf die Änderung des/der ... [geänderte Posten bzw. Angaben] bezog. Auf die Begründung der Gesellschaft im geänderten Anhang, Abschnitt ... wird verwiesen. Die Nachtragsprüfung hat zu keinen (weiteren) Einwendungen geführt."

5.2.2 Widerruf von Bestätigungsvermerken

160   Mangels gesetzlicher Regelung hat sich der unter bestimmten Voraussetzungen gebotene Widerruf eines Bestätigungsvermerks nach allgemeinen Rechtsgrundsätzen sowie Berufsgrundsätzen zu vollziehen.[184] Soweit der AP erkennt, dass die Voraussetzungen zur Erteilung des von ihm abgegebenen Bestätigungsvermerk nicht vorgelegen haben und die geprüfte Ges. nicht bereit ist, die notwendigen Schritte zu einer Änderung des geprüften Abschlusses (mit anschließender Nachtragsprüfung) vorzunehmen, ist er zum Widerruf des Bestätigungsvermerks verpflichtet.[185] Die Entscheidung zum Widerruf hat nach pflichtgemäßem Ermessen und unter Wahrung des Verhältnismäßigkeitsgrundsatzes zu erfolgen.[186] Danach ergibt sich eine Pflicht zum Widerruf aus der Schutzfunktion, die der Bestätigungsvermerk gegenüber solchen Adressaten der Rechnungslegung hat, die keine unmittelbare Einsichtnahmemöglichkeit in den Prüfungsbericht haben und im Vertrauen auf den Jahresabschluss vermögenswirksame Entscheidungen treffen.[187]

---

[182] Vgl. IDW PS 320, Tz 5.
[183] Vgl. *Orth/Schaefer*, in *Baetge/Kirsch/Thiele*, Bilanzrecht, § 322 HGB, Rz 198.7.
[184] Vgl. *Sarx*, in *Ballwieser/Moxter Nonnenmacher*, FS Clemm, 1996, S. 345; WPH Edition, Wirtschaftsprüfung & Rechnungslegung, 15. Aufl., 2017, Abschn. N, Tz 73.
[185] Vgl. IDW PS 400, Tz 111.
[186] Vgl. WPH Edition, Wirtschaftsprüfung & Rechnungslegung, 15. Aufl., 2017, Abschn. N, Tz 58.
[187] Vgl. Kammergericht Berlin, Beschluss v. 19.9.2000, 2 W 5362/00, AG 2001, S. 187.

Eine Verpflichtung zum Widerruf ist grds. gegeben, wenn der Jahresabschluss **161**
oder Lagebericht einen bedeutungsvollen Fehler aufweist und die Nichtigkeit des
Jahresabschlusses noch geltend gemacht werden kann.[188]
Gründe für einen Widerruf können sein:
- Der AP gewinnt neue Erkenntnisse, die im Zeitpunkt der Testatserteilung schon vorlagen.
- Der AP ist getäuscht worden.
- Der AP hat im Rahmen der Abschlussprüfung Tatsachen übersehen, die er bei gewissenhafter Prüfung nicht hätte übersehen dürfen.
- Der AP hat bestimmte Sachverhalte falsch gewürdigt.

Keine Begründung für einen Widerruf stellen wertaufhellende Informationen **162**
dar, die erst nach Beendigung der Aufstellungsphase des Jahresabschlusses
bekannt werden und die der AP erst nach Testatserteilung erhält.[189]

Ein Widerruf ist dann nicht erforderlich, wenn die Vermeidung eines falschen **163**
Eindrucks über das Ergebnis der Abschlussprüfung aufgrund von Informationen
der Adressaten des Bestätigungsvermerks bereits auf andere Weise sichergestellt
ist.

> **Beispiel**
> Im Zuge der Prüfung des Jahresabschlusses 02 der prüfungspflichtigen GmbH stellt der AP fest, dass der im Vorjahr uneingeschränkt testierte Jahresabschluss 01 einen wesentlichen Fehler enthielt (Überbewertung von Vorräten). Im Jahresabschluss 02 ist der Fehler offen korrigiert worden, indem im Anhang ergänzende Erläuterungen vorgenommen wurden.
> Ein Widerruf des Bestätigungsvermerks zum Jahresabschluss 01 ist nicht erforderlich, da die Adressaten des Bestätigungsvermerks über den Fehler im Folgeabschluss informiert werden.

Soweit im Zuge einer Überprüfung eines Jahresabschlusses bzw. Konzern- **164**
abschlusses durch die **DPR** oder die **BaFin** Fehler in der Rechnungslegung
festgestellt werden, kommt ebenfalls ein Widerruf in Betracht. Soweit aber die
Ges. eine Fehlerkorrektur in Übereinstimmung mit IDW RS HFA 6 vornimmt,
ist ein Widerruf nicht erforderlich.[190]

Die **Wirkung** eines Widerrufs liegt darin, dass die geprüfte Ges. den Bestätigungs- **165**
vermerk nicht mehr verwenden darf. Erfolgt der Widerruf vor der Feststellung des
Jahresabschlusses, kann keine Feststellung erfolgen, da kein geprüfter Jahresabschluss
vorliegt. Erfolgt allerdings der Widerruf erst nach Feststellung des
Jahresabschlusses, wird die Feststellung durch den Widerruf nicht unwirksam.
Dies gilt allerdings nicht, soweit der materielle Grund für den Widerruf des
Bestätigungsvermerks zu einer Nichtigkeit des Jahresabschlusses führt.[191]

Soweit ein Widerruf eines Bestätigungsvermerks vorgenommen wird, ist die **166**
Erteilung eines davon abweichenden Bestätigungsvermerks (bzw. ggf. eines

---

[188] Vgl. ADS, 6. Aufl., § 322 HGB, Rz 365.
[189] Vgl. *Schmidt/Küster*, in Beck Bil-Komm. 10. Aufl., 2016, § 322 HGB, Rz 173.
[190] Vgl. IDW PH 9.400.11, Tz 9.
[191] Vgl. WPH Edition, Wirtschaftsprüfung & Rechnungslegung, 15. Aufl., 2017, Abschn. N, Tz 74.

Versagungsvermerks) vorzunehmen, da die geprüfte Ges. Anspruch auf Erteilung eines Bestätigungsvermerks hat (Rz 21).[192]

167 Der Widerruf durch den AP ist dem Auftraggeber schriftlich zu begründen, sodass die Ges. die Begründung nachvollziehen und ggf. einer rechtlichen Überprüfung unterziehen kann.[193] In der Begründung sind der Fehler und seine Auswirkung auf den Jahresabschluss darzustellen.

168 Die Unterrichtung von allen Personen, die von dem Bestätigungsvermerk Kenntnis haben (z. B. Gesellschafter, Fremdkapitalgeber), ist durch den AP vorzunehmen, wobei sich eine zeitnahe Unterrichtung empfiehlt. Ist der Jahresabschluss nebst Bestätigungsvermerk bereits offengelegt, muss auch der Widerruf offen gelegt werden.[194] Verweigert das Unt die Offenlegung des Widerrufs, kann der AP den Widerruf selbst in geeigneter Weise bekannt machen. Es empfiehlt sich in jedem Fall, rechtlichen Rat einzuholen, angesichts der erheblichen Auswirkungen eines Widerrufs oder seiner Unterlassung.

5.3 Freiwillige Abschlussprüfungen

169 Freiwillige Abschlussprüfungen werden aufgrund gesellschaftsvertraglicher oder satzungsmäßiger Vorgaben, vertraglicher Vereinbarungen mit Kreditgebern, Vorgaben eines zur Aufstellung eines Konzernabschlusses verpflichteten MU oder sonstiger Gründe beauftragt. Der Anwendungsbereich betrifft z. B.:
- KapG/KapCoGes, die als klein i. S. von § 267 HGB einzustufen sind,
- Konzernabschlüsse von Mutterunternehmen i. S. von § 290 HGB, die die Größenkriterien von § 293 HGB nicht überschreiten,
- Personenhandelsgesellschaften, die nicht unter § 264a HGB fallen,
- Einzelkaufleute.

170 Bei freiwilligen Abschlussprüfung ist die Erteilung eines dem § 322 HGB entsprechenden Bestätigungsvermerks nur zulässig, wenn die Prüfung nach Art und Umfang der Pflichtprüfung nach §§ 316 ff. HGB entspricht.[195] Bei etwaigen Beschränkungen des Prüfungsumfangs (z. B. durch den Auftraggeber) oder der Berichterstattung im Prüfungsbericht (§ 321 Rz 186) ist lediglich die Erteilung einer Bescheinigung möglich.[196] Daher empfiehlt es sich bei einer freiwilligen Abschlussprüfung die Anwendung der §§ 316 ff. HGB ausdrücklich zu vereinbaren.[197]

171 Für eine freiwillige Abschlussprüfung, zu der ein Bestätigungsvermerk erteilt werden soll, gelten die allgemeinen Grundsätze für die Erteilung von Bestätigungsvermerken (Rz 25 ff.). Besonderheiten ergeben sich aus folgenden Gesichtspunkten:

172 Im Unterschied zur gesetzlichen Abschlussprüfung, bei der sich der Adressat des Bestätigungsvermerks aus der gesetzlichen Regelung ergibt, ist bei freiwilligen Prüfungen eine **Adressierung** des Bestätigungsvermerks vorzunehmen.[198] Der

---

[192] Vgl. IDW PS 400, Tz 113.
[193] Vgl. Kammergericht Berlin, Beschluss v. 19.9.2000, 2 W 5362/00, AG 2001, S. 187.
[194] Vgl. WPH Edition, Wirtschaftsprüfung & Rechnungslegung, 15. Aufl., 2017, Abschn. M, Tz 76.
[195] Vgl. IDW PS 400, Tz 5.
[196] Zu Bescheinigungen vgl. WPH Edition, Wirtschaftsprüfung & Rechnungslegung, 15. Aufl., 2017, Abschn. M, Tz 1014; IDW S 7.
[197] Vgl. IDW PS 220, Tz 18.
[198] Vgl. IDW PS 400, Tz 23.

Bestätigungsvermerk ist – analog zum Prüfungsbericht (§ 321 Rz 194) – an das geprüfte Unternehmen zu adressieren.

> **Beispiel**[199]
> Bestätigungsvermerk des Abschlussprüfers
> An die … [Personenhandelsgesellschaft/kleine Kapitalgesellschaft]
> Ich habe/Wir haben den Jahresabschluss …

Bei KapG, die unter § 264 Abs. 3 HGB fallen, oder KapCoGes, die unter § 264b HGB fallen, können die Befreiungsvorschriften auch lediglich teilweise in Anspruch genommen werden. Soweit bei diesen Unternehmen eine Abschlussprüfung durchgeführt wird, handelt es sich um eine Pflichtprüfung.[200] Zur Inanspruchnahme von Aufstellungserleichterungen bei diesen Gesellschaften vgl. Rz 34. **173**

Im **einleitenden Abschnitt** hat die Bezeichnung der Bestandteile des Jahresabschlusses auch etwaige freiwillige Bestandteile (z.B. Anhang oder Lagebericht von Personenhandelsgesellschaften, die nicht unter § 264a HGB fallen) zu umfassen, da auch diese in den Bestätigungsvermerk mit einzubeziehen sind.[201] **174**

> **Beispiel**
> Die Meier KG, bei der der Firmengründer, Herr Meier, Komplementär ist, lässt eine freiwillige Abschlussprüfung des Jahresabschlusses durchführen. Die pflichtgemäß nach § 242 HGB aufgestellte Bilanz und GuV hat die Meier KG freiwillig um einen Anlagespiegel als weiteren Bestandteil des Jahresabschlusses erweitert.
> Der Anlagespiegel ist als Bestandteil des Jahresabschlusses in die Prüfung und damit auch in den Bestätigungsvermerk des AP mit einzubeziehen.

Da für freiwillige Abschlussprüfungen dieselben Prüfungsgrundsätze anzuwenden sind, wie bei gesetzlichen Abschlussprüfungen, ergeben sich bei der Formulierung des **beschreibenden Abschnitts** des Bestätigungsvermerks keine Besonderheiten. Zur freiwilligen Anwendung der ISA vgl. Rz 200. **175**

Im Abschnitt zur Beurteilung durch den AP ist bei Jahresabschluss, die zulässigerweise keinen Anhang enthalten (Einzelkaufleute, Personenhandelsgesellschaften, die nicht unter § 264a HGB fallen), keine Aussage zur Generalnorm möglich, sodass lediglich die Übereinstimmung mit den gesetzlichen Vorschriften einschließlich der GoB bestätigt werden kann. Gleichermaßen entfällt die Aussage zum Lagebericht, wenn zulässigerweise kein Lagebericht aufgestellt wurde. Der Abschnitt zur Beurteilung durch den AP kann in diesen Fällen wie folgt formuliert werden:[202] **176**

---

[199] Vgl. IDW PS 400, Anhang 7.
[200] Vgl. WPH Edition, Wirtschaftsprüfung & Rechnungslegung, 15. Aufl., 2017, Abschn. M, Tz 1020.
[201] Vgl. IDW PS 400, Tz 13.
[202] Vgl. IDW PS 400, Anhang 7.

> **Beispiel**
> „Nach meiner/unserer Beurteilung aufgrund der bei der Prüfung gewonnenen Erkenntnisse entspricht der Jahresabschluss den gesetzlichen Vorschriften [und den ergänzenden Bestimmungen des Gesellschaftsvertrags]."

177 Bei kleinen KapG, die einen Anhang – unter Inanspruchnahme der größenabhängigen Erleichterungen – aufstellen, aber gem. § 264 Abs. 1 Satz 3 HGB **keinen Lagebericht** aufstellen, kann die Erfüllung der Generalnorm bestätigt werden. Die Formulierung des Abschnitt s zur Beurteilung durch den AP lautet:[203]

> **Beispiel**
> „Nach meiner/unserer Beurteilung aufgrund der bei der Prüfung gewonnenen Erkenntnisse entspricht der Jahresabschluss den gesetzlichen Vorschriften [und den ergänzenden Bestimmungen des Gesellschaftsvertrags/der Satzung] und vermittelt unter Beachtung der Grundsätze ordnungsmäßiger Buchführung ein den tatsächlichen Verhältnissen entsprechendes Bild der Vermögens-, Finanz- und Ertragslage der Gesellschaft."

178 Auch bei freiwilligen Abschlussprüfungen, für die ein Bestätigungsvermerk erteilt werden soll, sind nach § 322 Abs. 2 Satz 3 HGB **bestandsgefährdende Risiken** im Bestätigungsvermerk zu nennen (Rz 108). Soweit die Ges. zulässigerweise keinen Lagebericht aufgestellt hat, ist der AP zwar nicht verpflichtet, im Bestätigungsvermerk auf bestandsgefährdende Risiken hinzuweisen.[204] Nach der hier vertretenen Auffassung ist dieser Hinweis gleichwohl zu empfehlen, da auch bei freiwilligen Abschlussprüfungen nicht ausgeschlossen werden kann, dass der Bestätigungsvermerk Personen zur Kenntnis gebracht wird, die keinen Zugang zum Prüfungsbericht haben (zur Redepflicht im Prüfungsbericht bei freiwilligen Abschlussprüfungen vgl. § 321 Rz 194).

179 Bei **freiwilligen Konzernabschlussprüfungen** kann ebenfalls ein Bestätigungsvermerk entsprechend § 322 HGB erteilt werden, sofern die für freiwillige Abschlussprüfung geltenden Voraussetzungen (Rz 169) erfüllt sind. Bei der Wahl eines von den gesetzlichen Vorschriften abweichenden Konsolidierungskreises (z. B. bei der Aufstellung eines Gruppen- oder Spartenabschlusses) kann ausnahmsweise dann von einer Einschränkung des Bestätigungsvermerks abgesehen werden, wenn die angewandten Abgrenzungsgrundsätze im Konzernanhang angegeben werden.[205] Im Bestätigungsvermerk ist die andere Abgrenzung des Konsolidierungskreises durch die Bezeichnung des Abschlusses (z. B. als Gruppen- oder Spartenabschluss) und durch klarstellende Hinweise im einleitenden und beschreibenden Abschnitt sowie im Rahmen der Beurteilung des Prüfungsergebnisses zu verdeutlichen. Weitere Voraussetzung ist, dass für den abweichend abgegrenzten Konsolidierungskreis die Beherrschungsmöglichkeit (§ 290 Abs. 1 und 2 HGB) gegeben ist.

---

[203] Vgl. IDW PS 400, Anhang 7.
[204] Vgl. IDW PS 400, Tz 79.
[205] Vgl. WPH Edition, Wirtschaftsprüfung & Rechnungslegung, 15. Aufl., 2017, Abschn. M, Tz 1029; ADS, 6. Aufl., § 322 HGB, Rz 420.

Bestätigungsvermerke über freiwillige Abschlussprüfungen, die von einer WPG als AP erstattet werden, sind durch einen vertretungsberechtigten WP zu **unterzeichnen**. Neben einem WP kann auch ein Nicht-WP den Bestätigungsvermerk unterzeichnen.[206] Gleiches gilt entsprechend bei BPG für vBP. Eine **Siegelführung** ist zulässig, aber gem. § 48 Abs. 1 Satz 2 WPO nicht obligatorisch.   180

Die Prüfung eines **IFRS-EA** (Rz 194) stellt eine gesetzliche Abschlussprüfung dar. Wenn sich ein Unt für die – grds. freiwillige – Anwendung von § 325 Abs. 2a HGB entscheidet, besteht gem. § 324a Abs. 1 HGB Prüfungspflicht (§ 324a Rz 8).   181

Die Regelungen zur **Nachtragsprüfung** sind bei ausdrücklicher Vereinbarung der §§ 316ff. HGB im Rahmen von freiwilligen Abschlussprüfung ebenfalls anwendbar.[207]   182

5.4 Prüfungen nach PublG

Die Regelung von § 322 HGB gilt gem. § 6 Abs. 1 Satz 2 PublG für nach dem PublG zur Rechnungslegung verpflichtete Unternehmen sinngemäß. Sinngemäß bedeutet, dass die für gesetzliche Abschlussprüfung entwickelten Grundsätze (Rz 25ff.) nur insoweit anzuwenden sind, als die nach PublG rechnungslegungspflichtigen Unternehmen entsprechende Rechnungslegungspflichten haben.   183

Die für freiwillige Abschlussprüfungen dargestellten Grundsätze zur Formulierung des Bestätigungsvermerks bei Unternehmen, die zulässigerweise keinen Anhang aufstellen bzw. keine entsprechenden Angaben in Bilanz und GuV aufnehmen, nicht die Generalnorm des § 264 Abs. 2 HGB zu beachten haben oder die zulässigerweise keinen Lagebericht aufstellen (Rz 176ff.), gelten für nach PublG aufgestellte Jahresabschlüsse gleichermaßen.   184

Eine **Adressierung** des Bestätigungsvermerks kommt nicht in Betracht, da es sich bei einer Jahresabschlussprüfung nach § 6 Abs. 1 PublG um eine gesetzliche Abschlussprüfung handelt.[208]   185

Bei der Bezeichnung der **angewandten Rechnungslegungsvorschriften** im einleitenden Abschnitt des Bestätigungsvermerks genügt die Angabe der deutschen handelsrechtlichen Vorschriften. Eine gesonderte Bezugnahme auf die damit eingeschlossenen Regelungen des PublG ist nicht erforderlich.[209]   186

§ 5 Abs. 4 PublG schreibt vor, dass das **Privatvermögen** und die Privatschulden von Einzelkaufleuten sowie von Gesellschaftern von Personengesellschaften nicht im Jahresabschluss enthalten sein dürfen. Einer gesonderten Bestätigung bedarf es hierzu im Bestätigungsvermerk nicht.[210] Erkennt allerdings der AP, dass das Geschäftsvermögen des Kaufmanns durch private Schulden erheblich gefährdet ist, kann sich eine Hinweispflicht im Bestätigungsvermerk ergeben. Für den Konzernabschluss nach § 13 PublG gelten die vorstehenden Grundsätze gem. § 14 PublG entsprechend.

---

[206] Vgl. § 44a Abs. 2 BS WP/vBP.
[207] Vgl. WPH Edition, Wirtschaftsprüfung & Rechnungslegung, 15. Aufl., 2017, Abschn. N, Tz 30.
[208] Vgl. IDW PS 400, Tz 22.
[209] Vgl. WPH Edition, Wirtschaftsprüfung & Rechnungslegung, 15. Aufl., 2017, Abschn. M, Tz 954.
[210] Vgl. WPH Edition, Wirtschaftsprüfung & Rechnungslegung, 15. Aufl., 2017, Abschn. M, Tz 959.

5.5 Zusammengefasster Bestätigungsvermerk

187 § 325 Abs. 3a HGB ermöglicht die Zusammenfassung des Bestätigungsvermerks zum Konzernabschluss mit dem Bestätigungsvermerk zum Jahresabschluss oder dem Bestätigungsvermerk zum IFRS-EA. Voraussetzung hierfür ist, dass der Konzernabschluss und der Jahresabschluss bzw. IFRS-EA zusammen im BAnZ offengelegt werden. Bezüglich der dann ebenfalls erforderlichen Zusammenfassung der Prüfungsberichte s. § 321 Rz 229.

188 Die Zusammenfassung des Bestätigungsvermerks zum Jahresabschluss mit dem Bestätigungsvermerk zum IFRS-EA ist gesetzlich nicht geregelt und entspricht auch nicht den Berufsgrundsätzen.[211]

189 Auch wenn im Gesetz nicht angesprochen, ist weitere Voraussetzung, dass der Konzern-AP zugleich auch AP des Jahresabschlusses bzw. IFRS-EA ist (zur Bestellungsfiktion des Konzern-AP vgl. § 318 Rz 47 ff.).

190 Eine Zusammenfassung der Bestätigungsvermerke ist nach der gesetzlichen Regelung auch zulässig, wenn sich die beiden zusammengefassten Bestätigungsvermerke auf nach unterschiedlichen Rechnungslegungsvorschriften aufgestellte Abschlüsse beziehen (z. B. Konzernabschluss nach IFRS, Jahresabschluss nach HGB).[212]

191 Der Berufsstand empfiehlt, eine Zusammenfassung nur in solchen Fällen vorzunehmen, wenn die Rechnungslegung gemeinsame Teile aufweist (z. B. zusammengefasster Konzernanhang und Anhang des MU nach § 298 Abs. 2 HGB).[213] Zur Formulierung eines zusammengefassten Bestätigungsvermerks enthält IDW PS 400 entsprechende Vorschläge.[214]

192 Eine Zusammenfassung kommt auch dann in Betracht, wenn zu einem Abschluss ein uneingeschränkter Bestätigungsvermerk, zu dem anderen ein eingeschränkter Bestätigungsvermerk erteilt worden ist.[215] Eine Zusammenfassung ist allerdings unzulässig, wenn zu einem der Abschlüsse ein Versagungsvermerk erteilt worden ist, da § 322 Abs. 4 HGB ausdrücklich bestimmt, dass ein Versagungsvermerk nicht als Bestätigungsvermerk bezeichnet werden darf.[216]

193 Nach der hier vertretenen Auffassung sollte von der gesetzlichen Möglichkeit der Zusammenfassung der Bestätigungsvermerk kein Gebrauch gemacht werden, da dies einer klaren Berichterstattung eher entgegenwirkt und zudem unsicher erscheint, dass beide Abschlüsse immer gemeinsam mit dem zusammengefassten Bestätigungsvermerk verwendet werden.

5.6 Einzelabschluss nach § 325 Abs. 2a HGB

194 Auch für den IFRS-EA gilt gem. § 324a Abs. 1 HGB die Regelung des § 322 HGB. Insoweit sind die für Jahresabschlussprüfungen entwickelten Grundsätze analog anzuwenden (Rz 25 ff.). Bei einer Prüfung des IFRS-EA handelt es sich um eine gesetzliche Abschlussprüfung (Rz 181).

195 Im einleitenden Abschnitt des Bestätigungsvermerks sind als maßgebliche Rechnungslegungsgrundsätze die IFRS, wie sie in der EU anzuwenden sind, zu

---

[211] Vgl. IDW PS 400, Tz 96.
[212] Vgl. *Schmidt/Küster*, in Beck Bil-Komm., 10. Aufl., 2016, § 322 HGB, Rz 145.
[213] Vgl. IDW PS 400, Tz 96.
[214] Vgl. IDW PS 400, Anhang 3.
[215] Vgl. *Schmidt/Küster*, in Beck Bil-Komm., 10. Aufl., 2016, § 322 HGB, Rz 146.
[216] Vgl. WPH Edition, Wirtschaftsprüfung & Rechnungslegung, 15. Aufl., 2017, Abschn. M, Tz 998.

bezeichnen. Eine Bezugnahme im beschreibenden Abschnitt auf die GoB entfällt (analog zum Bestätigungsvermerk zu einem Konzernabschluss nach § 315e HGB), da die GoB auf IFRS-Abschlüsse nicht übertragbar sind. Ebenso erscheint eine Bezugnahme auf die Angaben in der Buchführung im beschreibenden Abschnitt entbehrlich, zumindest in den Fällen, in denen der IFRS-EA im Weg einer Überleitungsrechnung aus dem Jahresabschluss entwickelt wird (ebenfalls analog zum Konzernabschluss).

Der uneingeschränkte Bestätigungsvermerk zu einem IFRS-EA könnte wie folgt formuliert werden: **196**

> **Beispiel**
> Bestätigungsvermerk des Abschlussprüfers
> „Ich habe/Wir haben den von der … (Gesellschaft) aufgestellten Einzelabschluss – bestehend aus Bilanz, Gesamtergebnisrechnung, Eigenkapitalveränderungsrechnung, Kapitalflussrechnung und Anhang – und den Lagebericht für das Geschäftsjahr vom … [Datum] bis zum … [Datum] geprüft. Die Aufstellung von Einzelabschluss und Lagebericht **nach den IFRS, wie sie in der EU anzuwenden sind, und den ergänzend nach § 325 Abs. 2a HGB anzuwendenden handelsrechtlichen Vorschriften** [sowie den ergänzenden Bestimmungen des Gesellschaftsvertrags/der Satzung] liegt in der Verantwortung der gesetzlichen Vertreter der Gesellschaft. Meine/Unsere Aufgabe ist es, auf der Grundlage der von mir/uns durchgeführten Prüfung eine Beurteilung über den Einzelabschluss und den Lagebericht abzugeben.
>
> Ich habe meine/Wir haben unsere Abschlussprüfung nach § 317 HGB unter Beachtung der vom Institut der Wirtschaftsprüfer (IDW) festgestellten deutschen Grundsätze ordnungsmäßiger Abschlussprüfung vorgenommen. Danach ist die Prüfung so zu planen und durchzuführen, dass Unrichtigkeiten und Verstöße, die sich auf die Darstellung des durch den **Einzelabschluss unter Beachtung der anzuwendenden Vorschriften** und durch den Lagebericht vermittelten Bilds der Vermögens-, Finanz- und Ertragslage wesentlich auswirken, mit hinreichender Sicherheit erkannt werden. Bei der Festlegung der Prüfungshandlungen werden die Kenntnisse über die Geschäftstätigkeit und über das wirtschaftliche und rechtliche Umfeld der Gesellschaft sowie die Erwartungen über mögliche Fehler berücksichtigt. Im Rahmen der Prüfung werden die Wirksamkeit des rechnungslegungsbezogenen internen Kontrollsystems sowie Nachweise **für die Angaben im Einzelabschluss und Lagebericht** überwiegend auf der Basis von Stichproben beurteilt. Die Prüfung umfasst die Beurteilung der angewandten Bilanzierungsgrundsätze und der wesentlichen Einschätzungen der gesetzlichen Vertreter sowie die Würdigung der Gesamtdarstellung des Einzelabschlusses und des Lageberichts. Ich bin/Wir sind der Auffassung, dass meine/unsere Prüfung eine hinreichend sichere Grundlage für meine/unsere Beurteilung bildet.
>
> Meine/Unsere Prüfung hat zu keinen Einwendungen geführt.
>
> Nach meiner/unserer Beurteilung aufgrund der bei der Prüfung gewonnenen Erkenntnisse entspricht der Einzelabschluss **den IFRS, wie sie in der EU anzuwenden sind, und den ergänzend nach § 325 Abs. 2a HGB anzuwendenden Vorschriften** [sowie den ergänzenden Bestimmungen des Gesell-

> schaftsvertrags/der Satzung] und vermittelt **unter Beachtung dieser Vorschriften** ein den tatsächlichen Verhältnissen entsprechendes Bild der Vermögens-, Finanz- und Ertragslage der Gesellschaft. Der Lagebericht steht in Einklang mit dem Einzelabschluss, entspricht den gesetzlichen Vorschriften, vermittelt insgesamt ein zutreffendes Bild von der Lage der Gesellschaft und stellt die Chancen und Risiken der zukünftigen Entwicklung zutreffend dar."
> (Ort)
> (Datum)
> (Unterschrift)
> Wirtschaftsprüfer

5.7 Gemeinschaftsprüfungen (joint audits, Abs. 6a)

197 Soweit mehrere WP zum Gemeinschaftsprüfer bestellt worden sind, werden diese im Regelfall einen gemeinsamen Bestätigungsvermerk erstatten, der dann von den Gemeinschaftsprüfern gemeinsam unterzeichnet wird.[217] Hierfür sind die allgemeinen Grundsätze für die Erstattung von Bestätigungsvermerken anzuwenden (Rz 25ff.).

198 Können sich die Gemeinschaftsprüfer nicht auf ein gemeinsames Prüfungsurteil einigen, hat **jeder Gemeinschaftsprüfer einen eigenen Bestätigungsvermerk** zu erstatten, wobei in Form eines Hinweises auf besondere Umstände nach § 322 Abs. 3 Satz 2 HGB das abweichende Ergebnis des anderen Gemeinschaftsprüfers anzugeben ist (Rz 105).

Hat ein Gemeinschaftsprüfer einen eingeschränkten Bestätigungsvermerk erteilt, so gilt der Bestätigungsvermerk insgesamt als eingeschränkt, auch wenn der andere Gemeinschaftsprüfer seinen Bestätigungsvermerk nicht einschränkt.[218]

199 Der mit dem AReG neu aufgenommene Abs. 6a der Vorschrift beruht auf der Umsetzung der geänderten Abschlussprüferrichtlinie. Materiell bringt er keine Änderungen zu dem vorstehend ausgeführten. Das in Abs. 6a Satz 1 enthaltene Wort „soll" bringt den Regelfall (Rz 197) zum Ausdruck, lässt aber gleichwohl Spielraum für den Ausnahmefall (Rz 198).

5.8 Prüfungen nach internationalen Prüfungsgrundsätzen

200 Nach der derzeitigen Rechtslage sind für gesetzliche Abschlussprüfungen in Deutschland deutsche Prüfungsgrundsätze anzuwenden. Zwar besteht in § 317 Abs. 5 HGB und nach dem AReG auch in § 322 Abs. 1a eine „Öffnungsklausel" für die ISA. Mangels bislang erfolgter Annahme der ISA durch die EU geht diese Regelung derzeit (noch) ins Leere.[219]

201 Soweit neben den deutschen Prüfungsgrundsätzen auch auf freiwilliger Basis die ISA angewandt werden, wird exemplarisch für einen nach § 315e HGB nach IFRS aufgestellten Konzernabschluss und Konzernlageberichts eines nicht-PIE

---

[217] Vgl. IDW PS 208, Tz 28.
[218] Vgl. IDW PS 208, Tz 29.
[219] A. A. *Marten/Quick/Ruhnke*, Wirtschaftsprüfung, 5. Aufl., 2015, S. 120, die bei gegenüber den deutschen Grundsätzen ordnungsmäßiger Abschlussprüfung im Ausnahmefall weitergehenden Anforderungen der ISA davon ausgehen, dass diese vom AP bereits nach jetziger Rechtslage zu berücksichtigen sind.

§ 323 Verantwortlichkeit des Abschlussprüfers

(1) ¹Der Abschlußprüfer, seine Gehilfen und die bei der Prüfung mitwirkenden gesetzlichen Vertreter einer Prüfungsgesellschaft sind zur gewissenhaften und unparteiischen Prüfung und zur Verschwiegenheit verpflichtet; § 57b der Wirtschaftsprüferordnung bleibt unberührt. ²Sie dürfen nicht unbefugt Geschäfts- und Betriebsgeheimnisse verwerten, die sie bei ihrer Tätigkeit erfahren haben. ³Wer vorsätzlich oder fahrlässig seine Pflichten verletzt, ist der Kapitalgesellschaft und, wenn ein verbundenes Unternehmen geschädigt worden ist, auch diesem zum Ersatz des daraus entstehenden Schadens verpflichtet. ⁴Mehrere Personen haften als Gesamtschuldner.
(2) ¹Die Ersatzpflicht von Personen, die fahrlässig gehandelt haben, beschränkt sich auf eine Million Euro für eine Prüfung. ²Bei Prüfung einer Aktiengesellschaft, deren Aktien zum Handel im regulierten Markt zugelassen sind, beschränkt sich die Ersatzpflicht von Personen, die fahrlässig gehandelt haben, abweichend von Satz 1 auf vier Millionen Euro für eine Prüfung. ³Dies gilt auch, wenn an der Prüfung mehrere Personen beteiligt gewesen oder mehrere zum Ersatz verpflichtende Handlungen begangen worden sind, und ohne Rücksicht darauf, ob andere Beteiligte vorsätzlich gehandelt haben.
(3) Die Verpflichtung zur Verschwiegenheit besteht, wenn eine Prüfungsgesellschaft Abschlußprüfer ist, auch gegenüber dem Aufsichtsrat und den Mitgliedern des Aufsichtsrats der Prüfungsgesellschaft.
(4) Die Ersatzpflicht nach diesen Vorschriften kann durch Vertrag weder ausgeschlossen noch beschränkt werden.
(5) (weggefallen)

WP StB CVA Klaus Bertram

Inhaltsübersicht	Rz
1 Überblick	1–19
1.1 Inhalt	1–4
1.2 Zweck	5–8
1.3 Anwendungsbereich	9–19
2 Pflichten des Abschlussprüfers	20–76
2.1 Kreis der Verpflichteten	20–25
2.2 Gewissenhaftigkeit	26–40
2.3 Unparteilichkeit	41–44
2.4 Verschwiegenheitspflicht	45–71
2.4.1 Reichweite	45–60
2.4.2 Gesetzliche Ausnahmen	61–67
2.4.3 Entbindung von der Verschwiegenheitspflicht	68–71
2.5 Verbot der unbefugten Verwertung von Geschäfts- und Betriebsgeheimnissen	72–76
3 Haftung des Abschlussprüfers	77–102
3.1 Haftung gegenüber Auftraggeber	77–84

3.2	Haftung gegenüber Dritten...........................	85–92
	3.2.1 Verbundene Unternehmen der geprüften Gesellschaft.................................	85
	3.2.2 Sonstige Dritte...........................	86–92
3.3	Haftungsbegrenzung.................................	93–101
	3.3.1 Haftsummen (Abs. 2)......................	93–99
	3.3.2 Haftungsausschluss oder -begrenzung (Abs. 4) ...	100–101
3.4	Verjährung..	102
4 Freiwillige Abschlussprüfungen............................		103–106

1 Überblick

1.1 Inhalt

1 § 323 HGB regelt die Pflichten des AP bei der Durchführung von gesetzlichen Abschlussprüfungen und kodifiziert Haftungsregelungen bei etwaiger Pflichtverletzung des AP. Der **Pflichtenrahmen** des gesetzlichen AP umfasst demnach:
- die Abschlussprüfung **gewissenhaft** und **unparteiisch** durchzuführen (Abs. 1 Satz 1),
- die **Verschwiegenheitspflicht** (Abs. 1 Satz 1 und Abs. 3),
- das **Verbot der unbefugten Verwertung von** gelegentlich der Abschlussprüfung erlangten **Geschäfts- und Betriebsgeheimnissen** der zu prüfenden Gesellschaft (Abs. 1 Satz 2).

2 Dieser Pflichtenrahmen ist dem AP bereits aufgrund berufsrechtlicher Vorgaben auferlegt. So bestimmen die allgemeinen Berufspflichten (§ 43 Abs. 1 Satz 1 WPO), dass der WP seine Tätigkeit unabhängig, gewissenhaft, verschwiegen und eigenverantwortlich durchzuführen hat. § 43 Abs. 1 Satz 2 WPO verlangt insb. bei der Erstattung von Prüfungsberichten oder Gutachten, dass sich der WP unparteiisch verhält. Die BS WP/vBP enthält Konkretisierungen dieser allgemeinen Berufspflichten:
- § 4 BS WP/vBP: Gewissenhaftigkeit,
- § 9 BS WP/vBP: Verschwiegenheit,
- § 20 BS WP/vBP: Unparteilichkeit.

3 Während die berufsrechtlichen Regelungen in der WPO bzw. der BS WP/vBP den Pflichtenrahmen des WP zwar bestimmen, diesen aber „nur" mit berufsrechtlichen Sanktionen bewehren, verschafft § 323 HGB dem Auftraggeber der Abschlussprüfung eine vertragliche **Haftung** des WP und seiner Mitarbeiter, die auch nicht durch Prüfungsvertrag ausgeschlossen werden kann (§ 323 Abs. 4 HGB).[1]

4 Soweit der AP seinen Pflichtenrahmen verletzt, ist er **schadensersatzpflichtig**. Die Ersatzpflicht besteht gegenüber der geprüften Gesellschaft sowie ihrer verbundenen Unternehmen (Abs. 1 Satz 3). Während für vorsätzliche Pflichtverletzungen keine Haftungsbeschränkungen vorgesehen sind, bestimmt Abs. 2 der Vorschrift Haftungshöchstsummen für fahrlässige Verstöße des AP. Diese Haftung kann gem. Abs. 4 der Vorschrift nicht vertraglich abbedungen werden. Zur **Verjährung** der Ansprüche vgl. Rz 102.

---

[1] Vgl. *Kuhner/Päßler*, in *Küting/Pfitzer/Weber*, HdR, 5. Aufl., § 323 HGB, Rn 2, Stand 5/2013.

1.2 Zweck

§ 323 HGB enthält spezielle zivilrechtliche Regelungen, die teilweise „**Sondervertragsrecht**" **für den Prüfungsvertrag** zwischen AP und geprüfter Ges. darstellen.² Der Pflichtenrahmen des AP bestimmt sich dem Grund nach bereits aus den zivilrechtlichen Vorschriften (§§ 675 Abs. 1, 631, 633, 242 BGB); Gleiches gilt für die Haftung (vgl. § 280 Abs. 1 BGB). Beides wird von § 323 HGB aufgegriffen und modifiziert. Der Pflichtenrahmen gilt nicht nur für den AP, sondern auch für seine Gehilfen sowie im Fall einer WPG/BPG auch deren gesetzliche Vertreter persönlich. Die Haftung des AP ist der Höhe nach durch Abs. 2 der Vorschrift begrenzt (Rz 93); andererseits gibt es aber auch Haftungsberechtigte, die gar nicht Vertragspartner des Prüfungsvertrags sind, nämlich verbundene Unt der geprüften Ges.

Die Vorschrift des § 323 HGB ist zum **Schutz der geprüften Gesellschaft** erlassen worden. Deutlich wird dies an der Verschwiegenheitspflicht sowie an dem Verbot der Verwertung von Geschäfts- und Betriebsgeheimnissen. Die Tatsache, dass der AP im Rahmen seiner Prüfung tiefe Einblicke in Unternehmensinterna erhält, ist nur tolerierbar, wenn der AP im Gegenzug zur umfassenden Verschwiegenheit verpflichtet wird.³

Beispiel
Der AP prüft den Jahresabschluss eines Maschinenbauunternehmens. Dem Geschäftsführer des Maschinenbauunternehmens ist bekannt, dass der AP außerdem auch den Jahresabschluss eines wichtigen Kunden des Maschinenbauunternehmens prüft.
Aufgrund der Verschwiegenheitspflicht des § 323 Abs. 1 HGB kann der Geschäftsführer des Maschinenbauunternehmens dem AP Einblicke in die Kalkulationsgrundlagen der diesen Kunden betreffenden Aufträge gewähren, ohne dass er befürchten muss, dass Deckungsbeiträge, Margen etc. dem Kunden ggf. bekannt werden können.

§ 323 HGB übt weiterhin einen **institutionellen Schutzcharakter** aus, indem durch die vertragliche Haftung eine präventive Wirkung zur Einhaltung der erforderlichen Prüfungsqualität und damit auch Sicherstellung der Qualität der Rechnungslegung der geprüften Ges. geschaffen wird.⁴

Das Haftungsrecht der AP war europaweit auf dem Prüfstand. Die EU-Kommission hatte im Januar 2007 einen öffentlichen Konsultationsprozess zu europaweiten Überlegungen zur Reform der Haftungsbestimmungen für AP eingeleitet. Die Ergebnisse der Konsultation wurden am 18.6.2007 veröffentlicht.⁵ Als Konsequenz der daran anschließenden Diskussion veröffentlichte die EU-Kommission am 5.6.2008 eine Empfehlung zur Beschränkung der zivilrechtlichen Haftung von Abschlussprüfern und Prüfungsgesellschaften.⁶ Danach sollten

---

2 Vgl. *Hennrichs*, in *Baetge/Kirsch/Thiele*, Bilanzrecht, § 323 HGB, Rz 3, Stand 12/2014.
3 Vgl. WPH Edition, Wirtschaftsprüfung & Rechnungslegung, 15. Aufl., 2017, Abschn. A, Tz 170.
4 Vgl. *Hennrichs*, in *Baetge/Kirsch/Thiele*, Bilanzrecht, § 323 HGB, Rz 5, Stand 12/2014.
5 Vgl. Konsultationsbericht über die Haftungsregelungen für Abschlussprüfer und ihre Auswirkungen auf die europäischen Kapitalmärkte, abrufbar unter http://ec.europa.eu/finance/auditing/liability/index_de.htm, letzter Abruf am 17.7.2017.
6 Vgl. Abl. EU v. 21.6.2008, L 162/39.

Haftungsgrenzen für AP europaweit durchgesetzt werden, wie das in Deutschland mit § 323 HGB bereits der Fall ist.

Da längst nicht alle Jurisdiktionen in der EU ähnlich „komfortable" Haftungsbeschränkungen für AP aufweisen wie in Deutschland mit § 323 HGB, kann nicht grds. ausgeschlossen werden, dass sich für deutsche AP in Zukunft eine Verschärfung der Haftungssituation ergeben kann. Allerdings finden sich in der überarbeiteten Abschlussprüferrichtlinie[7] hierzu keine Verschärfungen, so dass für die überschaubare Zukunft der derzeitige Haftungsrahmen des § 323 HGB als maßgeblich bleibt.

1.3 Anwendungsbereich

9 § 323 HGB gilt für gesetzliche Jahres- und Konzernabschlussprüfungen nach § 316 HGB. Darüber hinaus erfolgt bei vielen anderen gesetzlichen Prüfungen ein Verweis auf die Anwendung von § 323 HGB:
- Gründungsprüfung (§ 49 AktG),
- Nachgründungsprüfung (§ 53 AktG),
- Aktienrechtliche Sonderprüfungen (§§ 144, 258 Abs. 5 Satz 1 AktG),
- Prüfungen nach dem UmwG:
  - Verschmelzung (§§ 9, 11 Abs. 2 UmwG),
  - Spaltung (§ 125 UmwG),
  - Vermögensübertragung (§ 176 Abs. 1 UmwG),
  - Formwechsel (§ 197 UmwG),
- Prüfung einer Kapitalerhöhung aus Gesellschaftsmitteln (§ 209 Abs. 4 Satz 2 AktG, § 57f Abs. 3 Satz 2 GmbHG),
- Prüfung von Unternehmensverträgen (§ 293d Abs. 2 AktG),
- Prüfung von Eingliederungen (§ 320 Abs. 3 AktG),
- Prüfung bzw. prüferische Durchsicht von Halbjahres- oder Quartalsfinanzberichten (§§ 37w ff. WpHG),
- Prüfung des Jahresberichtes von Sondervermögen (§ 44 Abs. 5 InvestmentG),
- Prüfung des Jahresabschlusses und Lageberichts einer Investmentaktiengesellschaft (§ 110a Abs. 2 InvestmentG),
- Externe Qualitätskontrolle (§ 57b Abs. 4 WPO).

10 Für die Prüfung von Jahresabschluss von **Genossenschaften** gilt § 323 HGB demgegenüber nicht. Hier enthält § 62 GenG eine Spezialregelung.

11 Nach hM gilt § 323 HGB auch ohne expliziten Gesetzesverweis bei allen anderen gesetzlich angeordneten Prüfungen,[8] so z. B. für die Prüfung des Abhängigkeitsberichts (§ 313 AktG), Prüfung nach § 53 HGrG und Prüfung nach § 1 Abs. 4 REITG.

12 Demgegenüber findet § 323 HGB bei **freiwilligen Prüfungen** keine Anwendung (Rz 103).[9] Gleiches gilt auch für Prüfungshandlungen, die über den gesetzlichen

---

[7] Abrufbar unter http://www.wpk.de/uploads/tx_templavoila/CELEX-32014L0056-DE-TXT.pdf, letzter Abruf am 30.7.2017.
[8] Vgl. ADS, 6. Aufl., § 323 HGB, Rz 7; *Schmidt/Feldmüller*, in Beck Bil-Komm., 10. Aufl., 2016, § 323 HGB, Rz 4; *Kuhner/Päßler*, in *Küting/Pfitzer/Weber*, HdR, 5. Aufl., § 323 HGB, Rn 1, Stand 5/2013.
[9] Vgl. ADS, 6. Aufl., § 323 HGB, Rz 9.

Pflichtrahmen hinausgehen und somit nicht mehr als Teil der gesetzlichen Abschlussprüfung angesehen werden können.[10]

§ 323 HGB ist in der derzeitigen Fassung seit 2004 anzuwenden. Mit dem Wirtschaftsprüfungsexamens-Reformgesetz (WPRRefG) wurde der frühere Abs. 5 der Vorschrift, der eine Sonderregelung zur Verjährung enthielt, mit Wirkung zum 1.1.2004 aufgehoben (vgl. zur Verjährung Rz 102). 13

Pflichtverstöße i.S.v. § 323 Abs. 1 und 3 HGB lösen nicht nur die in der Vorschrift angesprochenen zivilrechtlichen Haftungsfolgen (Rz 77) aus, sondern bewirken auch ggf. straf- und berufsrechtliche Konsequenzen. **Strafrechtliche Konsequenzen** enthalten §§ 332, 333 HGB. § 332 HGB regelt **Pflichtverletzungen gegen Berichterstattungspflichten** des AP (§ 332 Rz 19). § 333 HGB stellt die **Verletzung von Geheimhaltungspflichten** unter Strafe (§ 333 Rz 38). 14

Berufsrechtlich werden Pflichtverletzungen gleichermaßen geahndet, auch wenn ggf. keine zivilrechtlichen Schadensersatzansprüche vom geprüften Unt geltend gemacht werden. 15

> **Beispiel**
> Im Rahmen der Durchsicht des BAnz stellt die WPK fest, dass der vom AP mit einem uneingeschränkten Bestätigungsvermerk versehene Jahresabschluss und Lagebericht Fehler enthalten (unvollständige Angaben zum Beteiligungsbesitz). Nach Sachverhaltsermittlung durch Nachfrage beim AP leitet die WPK ein berufsaufsichtliches Verfahren gegen den AP ein.

Die von der WPK vorgenommene Berufsaufsicht verhängt gegen WP, die eine Pflichtverletzung begehen, eine berufsgerichtliche Maßnahme (§ 67 WPO). Danach kommen nach § 68 WPO als Maßnahmen bei Pflichtverstößen in Betracht: 16

- Geldbußen bis zu 500.000 EUR,
- ein auf bestimmte Tätigkeitsgebiete beschränktes Tätigkeitsverbot für die Dauer von einem bis fünf Jahre,
- ein Berufsverbot von einem bis fünf Jahre oder
- ein Ausschluss aus dem Beruf.

Geldbuße und Tätigkeitsverbote bzw. Berufsverbote können auch nebeneinander verhängt werden.

Außerdem kann der Vorstand der WPK eine **Rüge** gegen einen WP wegen eines Pflichtverstoßes erteilen (§ 69 WPO). Hat ein WP durch die Verurteilung in einem Strafprozess die Fähigkeit zur Bekleidung öffentlicher Ämter verloren, ist ein **Widerruf der Bestellung** nach § 20 Abs. 2 Nr. 2 WPO gesetzlich vorgeschrieben.[11] 17

Der frühere Abs. 5 der Vorschrift, der eine spezielle **fünfjährige Verjährungsfrist** vorsah, wurde durch Art. 6 des Wirtschaftsprüfungsexamens-Reformgesetzes (WPRRefG) mit Wirkung ab 1.1.2004 aufgehoben. Die Übergangsregelung in Art. 55 EGHGB hierzu sieht vor, dass die neue Verjährungsregelung auch für alle am 1.1.2004 bestehenden und noch nicht verjährten Altansprüche anzuwenden ist. 18

---

[10] Vgl. WPH Edition, Wirtschaftsprüfung & Rechnungslegung, 15. Aufl., 2017, Abschn. A, Tz 324.
[11] Vgl. *Kuhner/Päßler*, in *Küting/Pfitzer/Weber*, HdR, 5. Aufl., § 323 HGB, Rn 51, Stand 5/2013.

19 Die **Haftungshöchstsummen** von § 323 Abs. 2 HGB sind gem. Art. 51 EGHGB auf Schadensfälle anzuwenden, die die Prüfung von Gj, die nach dem 31.12.2001 beginnen, betreffen.

2 Pflichten des Abschlussprüfers

2.1 Kreis der Verpflichteten

20 Abs. 1 Satz 1 der Vorschrift präzisiert den Kreis der durch die Vorschrift verpflichteten Personen. Danach sind vom Pflichtenrahmen des § 323 HGB direkt erfasst:
- der AP,
- die Gehilfen des AP und
- die bei der Prüfung mitwirkenden gesetzlichen Vertreter einer Prüfungsgesellschaft.

21 **Abschlussprüfer** i. S. d. Vorschrift ist der gem. § 318 HGB bestellte AP. Dieser kann durch Wahl durch das zuständige Organ der zu prüfenden Ges und anschließender Beauftragung, durch gerichtliche Bestellung (§ 318 Abs. 4 HGB) oder durch gerichtliche Ersetzung (§ 318 Abs. 3 HGB) bestellt worden sein (zu Einzelheiten § 318 Rz 9, 65 und 51). Im Fall einer WPG/BPG ist diese selbst AP, auch wenn sie selbst nicht handeln kann, sondern durch ihre Organe vertreten wird.

22 Unter **Gehilfen des Abschlussprüfers** sind alle bei der Abschlussprüfung eingesetzten Personen zu verstehen, mit Ausnahme des AP selbst bzw. der bei der Prüfung mitwirkenden gesetzlichen Vertreter einer Prüfungsgesellschaft. Hierunter fallen eingesetzte WP/vBP, Prüfungsassistenten und sonstige Personen, die Arbeiten im Zusammenhang mit der Abschlussprüfung erbringen, auch wenn sie keinen Einfluss auf das Prüfungsergebnis haben (z. B. reine Schreibarbeiten). Denn auch diese Personen erlangen Informationen über das geprüfte Unt, die unter die Verschwiegenheitspflicht von Abs. 1 der Vorschrift fallen.[12] Es ist im Übrigen auch unerheblich, ob die Personen in einem festen oder freien Anstellungsverhältnis stehen oder ggf. nur einmalig tätig werden. Es ist auch unerheblich, ob die Personen eine die in § 50 WPO vorgesehene Verpflichtungserklärung zur Verschwiegenheit abgegeben haben, da § 323 Abs. 1 HGB die in § 50 WPO angesprochene gesetzliche Verschwiegenheitspflicht unmittelbar begründet.[13] Der Kreis der Verpflichteten geht somit über das eigentliche Prüfungsteam hinaus. Den Gehilfen des AP steht das gesetzliche **Zeugnisverweigerungsrecht** zu (§§ 53a StPO, 102 Abs. 2 AO, 383 Abs. 1 Nr. 6 ZPO).

23 **Gesetzliche Vertreter** einer Prüfungsgesellschaft sind je nach Rechtsform der Prüfungsgesellschaft deren vertretungsberechtigte Organe:
- bei der AG der Vorstand,
- bei der GmbH die Geschäftsführer,
- bei einer PersG (OHG, KG) die zur Geschäftsführung berechtigten Gesellschafter,

---

[12] Vgl. *Hennrichs*, in *Baetge/Kirsch/Thiele*, Bilanzrecht, § 323 HGB, Rz 22, Stand 12/2014; a. A: ADS, 6. Aufl., § 323 HGB, Rz 13 f., die nur solche Personen als Gehilfen des AP betrachten, die inhaltlich am Zustandekommen des Prüfungsergebnisses beteiligt sind.
[13] Vgl. WPH Edition, Wirtschaftsprüfung & Rechnungslegung, 15. Aufl., 2017, Abschn. A, Tz 312.

- bei einer SE der Vorstand (dualistisches System) bzw. der Verwaltungsrat (monistisches System),
- bei einer KGaA der oder die persönlich haftenden Gesellschafter,
- bei einer PartG die Partner,
- bei einer PersG oder KGaA, deren Geschäftsführung und Vertretung durch eine WPG/BPG als phG erfolgt, die für die Rechtsform dieser WPG/BPG betreffenden gesetzlichen Vertreter.

Die **Mitwirkung** der gesetzlichen Vertreter einer Prüfungsgesellschaft an einer Abschlussprüfung ist nicht erst dann gegeben, wenn sie unmittelbar an Prüfungshandlungen teilnehmen. Mitwirkung bei der Prüfung umfasst auch schon die Auswahl und Überwachung von Mitarbeitern.[14] 24

Zum Regelungsbereich des § 323 HGB in Bezug auf den Prüfer für Qualitätskontrolle (§ 57a Abs. 3 WPO) und dessen Gehilfen, Mitarbeitern der WPK und der APAK vgl. Rz 62. 25

2.2 Gewissenhaftigkeit

Gewissenhaftigkeit i. S. v. § 323 HGB stellt eine Konkretisierung der allgemeinen vertragsrechtlichen Sorgfaltspflicht des § 276 Abs. 2 BGB für die Abschlussprüfung dar. Gewissenhaftigkeit beinhaltet demnach zwei Merkmale, nämlich den Aspekt der **Sorgfalt** und das **Handeln nach bestem Wissen und Gewissen**. Die gesetzliche Anforderung nach Gewissenhaftigkeit erfordert somit einerseits die sorgfältige Beachtung der für die Abschlussprüfung geltenden gesetzlichen und fachlichen Regelungen sowie andererseits die Beurteilung im Einzelfall, ob und wie diese Regelungen anzuwenden sind.[15] 26

§ 4 BS WP/vBP enthält eine Konkretisierung dessen, was unter Gewissenhaftigkeit zu verstehen ist. Danach fallen hierunter folgende Aspekte: 27
- **Bindung an das Gesetz und Beachtung** der für die Berufsausübung geltenden Bestimmungen sowie **fachlichen Regelungen** (Rz 28–35),
- Verbot der Auftragsannahme aufgrund **mangelnder Sachkunde** oder **nicht ausreichend verfügbarer Zeit** (Rz 36–38),
- Vornahme einer sachgerechten **Gesamtplanung** zur Sicherstellung einer ordnungsgemäßen und zeitgerechten Auftragsabwicklung (Rz 39),
- **Beendigung des Auftragsverhältnisses**, wenn nach Auftragsannahme Umstände eintreten, die zur Ablehnung des Auftrags hätten führen müssen (Rz 40).

Die WPO enthält **berufsrechtliche Vorschriften**, die der WP (auch) im Rahmen von Abschlussprüfungen zu beachten hat (z.B. §§ 43–44, 48, 50–51c, 53–54a, 55a–56, 57a WPO). Darüber hinaus sind die Vorschriften der gem. § 57 Abs. 3 WPO erlassenen BS WP/vBP zu beachten, in der besondere Berufspflichten bei der Durchführung von Prüfungen und der Erstattung von Gutachten niedergelegt sind (§§ 28–49 BS WP/vBP). 28

Fachliche Prüfungsgrundsätze sind gesetzlich in den §§ 316–322 HGB niedergelegt. Daneben können im Rahmen von Abschlussprüfungen wirtschaftszweig- 29

---

[14] Vgl. *Hennrichs*, in *Baetge/Kirsch/Thiele*, Bilanzrecht, § 323 HGB, Rz 23, Stand 12/2014; *Schmidt/Feldmüller*, in Beck Bil-Komm., 10. Aufl., 2016, § 323 HGB, Rz 63.
[15] Vgl. *Kuhner/Päßler*, in *Küting/Pfitzer/Weber*, HdR, 5. Aufl., § 323 HGB, Rn 4, Stand 5/2013.

spezifische oder rechtsformabhängige Vorschriften, gesellschafterbezogene (§ 53 HGrG) sowie gesellschaftsvertragliche oder satzungsmäßige Bestimmungen zu beachten sein.[16]

30 Neben den gesetzlichen Vorschriften existieren für AP die **fachlichen Grundsätze**. Dies sind in Deutschland die vom IDW festgestellten PS und PH, die im Wesentlichen auf den ISA, beruhen und darüber hinaus auf Besonderheiten der deutschen Rechtslage eingehen, sowie dem IDW QS 1. Zum Grad der Verbindlichkeit von PS und PH für den AP enthält IDW PS 201 Vorgaben. Danach ist eine **Abweichung von IDW PS nur in Ausnahmefällen** zulässig; eine Abweichung von einem IDW PS ohne Vorliegen gewichtiger Gründe kann im Rahmen der Berufsaufsicht zum Nachteil des AP ausgelegt werden.[17] Der Auffassung, dass mangels „Rechtssetzungsbefugnis eines privaten Standard-Setters [diesen Standards] keinerlei Rechtsnormqualität zukommt"[18], ist zwar rechtssystematisch zuzustimmen. Faktisch wird sich die Judikative im Fall der Beurteilung eines zivil- und haftungsrechtlich relevanten Verstoßes i.S.v. § 323 HGB auf die berufsrechtliche Beurteilung abstützen. Da ein Verstoß gegen das Gebot der Gewissenhaftigkeit regelmäßig im Weg eines berufsaufsichtlichen Verfahrens festgestellt wird (Rz 15) und hierbei die IDW PS – vor allem aufgrund des Verfahrens ihres Zustandekommens – hohe Bedeutung haben, begründen sie faktisch eine Umkehrung der Beweislast, d.h., der davon abweichende AP hat darzulegen, dass er dennoch ordnungsgemäß geprüft hat..

31 IDW PH haben nicht den gleichen Verbindlichkeitsgrad wie IDW PS, sondern dienen der Orientierung des AP; ihre Anwendung wird lediglich empfohlen.[19] Faktisch wird ein Abweichen von IDW PH gleichwohl auf einen Verstoß gegen die Gewissenhaftigkeit hindeuten, sodass es sich für den AP empfiehlt, auch in derartigen Fällen angemessen zu dokumentieren, worin sich die Abweichung begründet und weshalb er dennoch hinreichende Prüfungssicherheit erzielt hat. Bspw. können im Einzelfall atypische Sachverhalte ein Abweichen von IDW PH erfordern.

32 Allerdings wäre es wohl zu weitgehend, IDW PS oder IDW PH Weisungscharakter zuzusprechen, zumal dies mit den Grundsätzen der Unabhängigkeit und Eigenverantwortlichkeit (§ 43 WPO) nicht vereinbar wäre.[20] IDW PS und IDW PH stellen demzufolge auch keine Mindestanforderungen für den AP dar, die in jedem Einzelfall vom AP einzuhalten sind.[21]

33 Nach der derzeitigen Rechtslage sind für gesetzliche Abschlussprüfungen in Deutschland **deutsche Prüfungsgrundsätze** anzuwenden.[22] Zwar ist durch das BilMoG in § 317 Abs. 5 HGB eine „Öffnungsklausel" für die ISA bereits

---

16 Vgl. IDW PS 201, Tz 27.
17 Vgl. im Einzelnen IDW PS 201, Tz 27ff.
18 *Hennrichs*, in *Baetge/Kirsch/Thiele*, Bilanzrecht, § 323 HGB, Rz 26, Stand 12/2014.
19 Vgl. IDW PS 201, Tz 28.
20 Gl.A. *Schmidt/Feldmüller*, in Beck Bil-Komm. 10. Aufl., 2016, § 323 HGB, Rz 12.
21 A.A. *Baumbach/Hopt/Merkt*, HGB, 36. Aufl., 2013, § 323 HGB, Rn 1.
22 Vgl. *Pfitzer/Orth*, in *Baetge/Kirsch/Thiele*, Bilanzrecht, § 322 HGB, Rz 501, Stand 12/2014.

angelegt worden. Mangels bislang erfolgter Annahme der ISA durch die EU geht diese Regelung derzeit (noch) ins Leere (§ 317 Rz 154 ff.).[23]

Gegenstand einer Abschlussprüfung ist ein Jahresabschluss/Lagebericht bzw. Konzernabschluss/Konzernlagebericht, die nach bestimmten, im Regelfall handelsrechtlichen Rechnungslegungsstandards aufgestellt sind. Die handelsrechtlichen **Rechnungslegungsvorschriften** sind in §§ 238 ff. HGB dargelegt, sodass deren Kenntnis für den AP ebenso Teil der Anforderungen zur Gewissenhaftigkeit darstellt, wie dies gleichermaßen für GoB, für vom DSR verabschiedete und vom BMJ bekannt gemachte DRS sowie die vom IDW festgestellten IDW RS und IDW RH gilt. 34

Soweit der zu prüfende Jahresabschluss bzw. Konzernabschluss nach internationalen Rechnungslegungsstandards aufgestellt worden ist, ist dementsprechend die Kenntnis dieser Standards und hierzu ergangener Interpretationen für den AP erforderlich. Für die **IFRS** sind dies neben den IAS und IFRS die IFRIC und SIC sowie die zu Fragestellungen der IFRS festgestellten IDW RS und IDW RH. 35

Das in § 4 Abs. 2 BS WP/vBP enthaltene Merkmal der Gewissenhaftigkeit hinsichtlich **ausreichender Sachkunde** steht eng im Zusammenhang mit § 4a BS WP/vBP, der die fachliche Fortbildung der WP/vBP selbst, sowie mit § 6 WP/vBP, der die Aus- und Fortbildung der Mitarbeiter des WP/vBP regelt. Nur durch ausreichende und angemessene Aus- und Fortbildung in den benötigten Fachgebieten kann die Sachkunde nachprüfbar nachgewiesen werden. 36

> **Beispiel**
> Die quantitativen Anforderungen des § 4a BS WP/vBP (mindestens 40 Stunden Fortbildung p.a.) kann ein WP durch die Belegung eines einwöchigen Seminars zum internationalen Steuerrecht erfüllen. Zum Nachweis der erforderlichen Sachkunde als AP eines IFRS-Konzernabschlusses hilft ihm dieses Seminar aber nicht.

Erforderliche Sachkunde erfordert neben der Kenntnis fachlicher Regelungen auch eine **sachgerechte Organisation** der Abschlussprüfung Dies schließt die ausreichende Einteilung von Mitarbeitern (Prüfungsleitern, Prüfungsassistenten) für den betreffenden Auftrag sowie die Überwachung der Mitarbeiter ein. Abschn. 4.6 der VO 1/2006 enthält diesbezügliche Konkretisierungen, die bei der Durchführung von betriebswirtschaftlichen Prüfungen zu beachten sind.[24] 37

Gewissenhaftigkeit erfordert nach § 4 Abs. 2 BS WP/vBP außerdem **ausreichend Zeit** zur ordnungsgemäßen Bearbeitung des Auftrags. Dies setzt eine angemessene Auftragsplanung durch den AP sowie die Vereinbarung realistischer Zeitpläne mit dem Mandanten voraus. Zeitmangel ist kein Entschuldigungsgrund für eine nicht ordnungsgemäße Berufsausübung. Daher hat der AP unverzüglich darauf hinzuweisen, wenn er eine Abschlussprüfung nicht in der gesetzten Frist durchführen kann. 38

---

[23] A.A. *Marten/Quick/Ruhnke*, Wirtschaftsprüfung, 5. Aufl., 2015, S. 120, die bei gegenüber den deutschen Grundsätzen ordnungsmäßiger Abschlussprüfung im Ausnahmefall weitergehenden Anforderungen der ISA davon ausgehen, dass diese vom AP bereits nach jetziger Rechtslage zu berücksichtigen sind.
[24] Vgl. WPK/IDW, WPg 2006, S. 638 ff.

39 Die Forderung nach einer angemessenen **Gesamtplanung** (§ 4 Abs. 3 BS WP/vBP) gründet sich auf denselben Überlegungen. Nur durch eine angemessene Gesamtplanung aller Aufträge ist der AP in der Lage, mit der erforderlichen Sachkunde (insb. den erforderlichen Mitarbeitern) und ausreichender Zeit die AP durchzuführen. Die Anforderung an eine angemessene Gesamtplanung ist stark abhängig von Größe und Struktur der WP-Praxis, sodass diesem Gesichtspunkt bei größeren Prüfungseinheiten weit größere Bedeutung zukommt, als z. B. bei einer Kanzlei eines Einzel-WP mit nur wenigen Mitarbeitern. Konkretisierungen zur Ausgestaltung der Gesamtplanung enthält Abschn. 4.4 der VO 1/2006.[25]

40 § 4 Abs. 4 BS WP/vBP stellt klar, dass zur gewissenhaften Berufsausübung auch gehört, einen **Auftrag vorzeitig zu beenden**, wenn Umstände eintreten, die eine Auftragsannahme verhindert hätten. Auch hierzu enthält die VO 1/2006 in Abschn. 4.2 weitergehende Konkretisierungen. Typische Anwendungsfälle sind das nachträgliche Auftreten von die Unabhängigkeit ausschließenden Sachverhalten oder das nachträgliche Bekanntwerden von Zweifeln an der Integrität des Mandanten. Vgl. zur Kündigung des Prüfungsauftrags aus wichtigem Grund auch § 318 Rz 74 ff.

2.3 Unparteilichkeit

41 Die Abschlussprüfung dient insb. dem öffentlichen Interesse. Daher bestimmt § 323 Abs. 1 Satz 1 HGB, dass eine Abschlussprüfung **unparteiisch** durchzuführen ist, womit vor allem gemeint ist, dass der AP nicht allein die Interessen der zu prüfenden Ges. und deren Organe im Auge haben darf.[26]

42 § 20 BS WP/vBP stellt klar, dass Unparteilichkeit bedeutet, **keinen der Beteiligten zu benachteiligen oder zu bevorzugen**, wobei dies bzgl. einer Abschlussprüfung insb. auf die Form der Berichterstattung, d. h. die Ausführungen im Prüfungsbericht, ankommt bzw. bei der mündlichen Berichterstattung an den Aufsichtsrat von Belang ist.[27] Da der Prüfungsbericht mehreren „Beteiligten" zugänglich ist, kommt der **unparteiischen Berichterstattung** große Bedeutung zu (zu den Adressaten des Prüfungsberichts vgl. § 321 Rz 9). Daher dürfen wesentliche Sachverhalte nicht verschwiegen oder verklausuliert dargestellt werden.[28] Es widerspricht aber nicht dem Gebot der Unparteilichkeit, eine Schlussbesprechung mit der Unternehmensleitung durchzuführen und dieser den Prüfungsbericht im Entwurf zu überlassen (§ 321 Rz 159).

43 Die Pflicht zur Unparteilichkeit korrespondiert mit dem persönlichen Ausschlussgrund der **Besorgnis der Befangenheit** (§ 319 Abs. 2 HGB), d. h. wenn die Unabhängigkeit des AP durch geschäftliche, finanzielle oder persönliche Umstände beeinträchtigt wird.[29] Auch hierzu enthält die BS WP/vBP Konkretisierungen:

- Eigeninteressen (§ 32 BS WP/vBP),
- Selbstprüfung (§ 33 BS WP/vBP),
- Interessenvertretung (§ 34 BS WP/vBP),

---

[25] Vgl. WPK/IDW, WPg 2006, S. 637.
[26] Vgl. ADS, 6. Aufl., § 323 HGB, Rz 28.
[27] Zur mündlichen Berichterstattung an den Aufsichtsrat vgl. IDW EPS 470 nF, Tz 8 ff.
[28] Vgl. *Kuhner/Päßler*, in *Küting/Pfitzer/Weber*, HdR, 5. Aufl., § 323 HGB, Rn 13, Stand 5/2013.
[29] Vgl. *Hennrichs*, in *Baetge/Kirsch/Thiele*, Bilanzrecht, § 323 HGB, Rz 34, Stand 12/2014.

- persönliche Vertrautheit (§ 35 BS WP/vBP) und
- Einschüchterung (§ 36 BS WP/vBP).

Besorgnis der Befangenheit kann nicht nur in der Person des AP, sondern auch durch o. g. Umstände begründet werden, die im Verhältnis zu einer Person auftreten, mit der der AP gemeinsam den Beruf ausübt oder die zur Teilnahme an der Abschlussprüfung vorgesehen bzw. eingesetzt ist (vgl. § 29 Abs. 4 Satz 1 Nr. 1–6 BS WP/vBP). Dies gilt entsprechend auch für WPG/BPG bez. deren gesetzlichen Vertreter oder Gesellschafter, die einen maßgeblichen Einfluss ausüben können oder bei der Abschlussprüfung in verantwortlicher Position beschäftigt werden (§ 29 Abs. 4 Satz 2 BS WP/vBP). Einzelheiten zum Ausschlussgrund Besorgnis der Befangenheit s. § 319 Rz 22 ff. 44

2.4 Verschwiegenheitspflicht

2.4.1 Reichweite

Die in Abs. 1 Satz 1 der Vorschrift dem AP auferlegte Verschwiegenheitspflicht ist ein zentraler Eckpfeiler zum Schutz der geprüften Ges. (Rz 6). Sie ist daher umfassend und **weit auszulegen** und bezieht sich somit grds. auf alles, was der AP (und die übrigen der Verschwiegenheitspflicht unterliegenden Personen, vgl. Rz 20) im Rahmen der Durchführung der Abschlussprüfung bekannt geworden ist. Nur eine derartig weite Auslegung lässt das dem AP zustehende Einblicks- und Informationsrecht i. S. v. § 320 HGB vertretbar erscheinen.[30] Auch die in § 43 WPO als allgemeine Berufspflicht bestehende Verschwiegenheitspflicht wird im Übrigen ähnlich weit ausgelegt (zum Verhältnis § 43 WPO zu § 323 HGB vgl. Rz 2).[31] 45

Die Reichweite der Verschwiegenheitspflicht findet dann ihre Grenzen, wenn es um Sachverhalte geht, die **allgemein bekannt oder jedermann ohne Weiteres zugänglich** sind. Hierunter fallen solche Sachverhalte und Tatsachen, die von der geprüften Ges. offiziell bekannt gemacht (z. B. im BAnz) oder in Form von Presseberichten, Pressemitteilungen erkennbar von der Ges. veranlasst oder bestätigt worden sind.[32] Ohne Weiteres zugänglich sind Informationen, die im HR eingetragen sind oder von der geprüften Ges. auf ihrer Internetseite publiziert werden. Nicht ohne Weiteres zugänglich sind demgegenüber Eintragungen im Grundbuch, da hier eine Einsichtnahme nur bei berechtigtem Interesse möglich ist (§ 12 Abs. 1 GBO). Entscheidend für die Reichweite der Verschwiegenheit ist weiterhin der wirkliche oder mutmaßliche Wille der geprüften Ges., bestimmte Informationen nicht an Dritte weiterzugeben. Im Zweifel ist daher vom Bestehen der Verschwiegenheitspflicht auszugehen. 46

§ 9 BS WP/vBP konkretisiert die Anforderungen von § 43 WPO. Die in § 9 Abs. 3 BS WP/vBP vorgenommene Klarstellung, dass die Verschwiegenheitspflicht auch nach Beendigung des Auftragsverhältnisses fortbesteht, gilt für § 323 HGB gleichermaßen. Da der Prüfungsauftrag mit Auslieferung von Bestätigungsvermerk und Prüfungsbericht abgeschlossen ist (zu Einzelheiten vgl. § 321 Rz 161), ist evident, dass dann nicht bereits die Verschwiegenheitspflicht enden 47

---

[30] Vgl. *Mock*, DB 2003, S. 1996.
[31] Vgl. *Maxl*, in *Hense/Ulrich*, WPO-Kommentar, 2. Aufl., § 43 WPO, Rn 119.
[32] Vgl. *Schmidt/Feldmüller*, in Beck Bil-Komm., 10. Aufl., 2016, § 323 HGB, Rz 32.

kann. Es entspricht hM, dass die Verschwiegenheitspflicht i.S.v. § 323 Abs. 1 Satz 1 HGB **keine zeitliche Begrenzung** kennt.[33]

48 Sie endet bspw. auch nicht durch Untergehen der geprüften Ges., z.B. durch Löschung im HR infolge Ablehnung eines Antrags auf Insolvenzeröffnung mangels Masse (§ 26 Abs. 1 InsO i.V.m. § 394 Abs. 1 Satz 2 FGG). Im Fall einer Verschmelzung gehen die Ansprüche aus § 323 HGB auf die aufnehmende Ges. über, sodass auch nur diese Ges. den AP erforderlichenfalls von der Verschwiegenheitspflicht entbinden kann (Rz 68).

49 Die Verschwiegenheitspflicht besteht gegenüber **außenstehenden Dritten**, dagegen nicht gegenüber den vertretungsberechtigten Organen der Ges. selbst. Hieraus allerdings zu folgern, der Vorstand der zu prüfenden AG sei laufend über den Stand der Abschlussprüfung zu unterrichten, würde zu weit gehen, da hierdurch die Kontrollfunktion der Abschlussprüfung beeinträchtigt werden könnte. Gegenüber Mitarbeitern der geprüften Ges., die von deren gesetzlichen Vertretern als Auskunftspersonen bestimmt worden sind, ist der AP mitteilungsberechtigt.[34]

> **Beispiel**
> Der Geschäftsführer der prüfungspflichtigen GmbH hat dem AP als Auskunftsperson den Buchhalter Fleißig benannt. Der AP ist berechtigt, dem Fleißig mitzuteilen, für welche ausgewählte Debitoren und Kreditoren Saldenbestätigungen einzuholen sind.

50 Gegenüber dem **Aufsichtsrat** oder dem **Prüfungsausschuss** der geprüften Ges. besteht keine Verschwiegenheitspflicht des AP, da er diesem nach §§ 171 Abs. 1 Satz 2 AktG, 321 Abs. 5 Satz 2 HGB mündlich und schriftlich zu berichten hat.[35] Gleiches gilt bei einem überwachenden Aufsichtsrat einer GmbH bzw. vergleichbaren Überwachungsgremien bei Gesellschaften anderer Rechtsformen.

51 Gegenüber **Aktionären** einer AG oder KGaA ist der AP zur Verschwiegenheit verpflichtet (§ 176 Abs. 2 Satz 3 AktG). **Gesellschafter einer GmbH** haben dagegen gem. § 42a Abs. 3 GmbHG ein Auskunftsrecht gegen den AP. Zu beachten ist allerdings, dass dieses Auskunftsrecht nicht den einzelnen Gesellschafter, sondern der GesV als Einheit zusteht. Einzelne Gesellschafter haben demgemäß nur ein Auskunftsrecht gegen den AP, wenn sie von der GesV dazu ermächtigt worden sind.

52 Innerhalb des **Prüfungsteams** besteht keine Verschwiegenheitspflicht, da alle im Rahmen der Prüfung beschäftigten Personen der Verschwiegenheitspflicht unterliegen (Rz 22). Für eine effiziente Prüfungsdurchführung sind eine umfassende und fortlaufende Information innerhalb des Prüfungsteams unerlässlich.

53 Nicht der Verschwiegenheitspflicht unterliegt eine innerhalb der Prüfungsgesellschaft durchgeführte **Konsultation** (§ 39 Abs. 3 BS WP/vBP), z.B. mit einer

---

[33] Vgl. ADS, 6. Aufl., § 323 HGB, Rz 37; *Ebke*, in MünchKomm HGB, 3. Aufl., § 323, Rn 55; *Kuhner/Päßler*, in *Küting/Pfitzer/Weber*, HdR, 5. Aufl., § 323 HGB, Rn 14, Stand 5/2013; *Hennrichs*, in *Baetge/Kirsch/Thiele*, Bilanzrecht, § 323 HGB, Rz 35, Stand 12/2014.
[34] Vgl. *Kuhner/Päßler*, in *Küting/Pfitzer/Weber*, HdR, 5. Aufl., § 323 HGB, Rn 14, Stand 11/2013.
[35] Vgl. zu Einzelheiten der mündlichen Berichterstattung an den Aufsichtsrat IDW EPS 470 nF und zur Berichterstattung im Prüfungsbericht IDW EPS 450 nF.

Grundsatzabteilung. Auch die hier eingesetzten WP/vBP bzw. Mitarbeiter sind über § 43 bzw. § 50 WPO zur Verschwiegenheit verpflichtet. Eine angemessene Konsultation erfordert die Darstellung des zugrunde liegenden Sachverhalts. Hierzu darf auch nicht unmittelbar mit dem Prüfungsauftrag befassten Mitarbeitern der Prüfungsgesellschaft Einblick in die Arbeitspapiere gewährt bzw. benötigte Informationen mitgeteilt werden.

Wird eine externe Konsultation z. B. bei einem Berufskollegen vorgenommen, so ist dieser entweder zur Verschwiegenheit zu verpflichten oder der von diesem zu beurteilende Sachverhalt ist vorher durch den AP so zu anonymisieren, dass der Konsultierte keine der Verschwiegenheitspflicht entgegenstehenden Informationen erhält. 54

> **Beispiel**
> Der Einzel-WP, der den Jahresabschluss der prüfungspflichtigen GmbH & Co. KG prüft, stößt im Zuge der Abschlussprüfung auf einen für ihn schwierig zu beurteilenden Sachverhalt im Zusammenhang mit einer Bewertungseinheit zwischen einem am Bilanzstichtag schwebenden Beschaffungsgeschäft und einem Devisentermingeschäft. Nachdem er den Sachverhalt aufgenommen und selbst beurteilt hat, möchte er aufgrund der Tragweite der Beurteilung für den zu prüfenden Jahresabschluss eine Konsultation durchführen. Er stellt eine fachliche Anfrage bei einem Fachreferenten des IDW, indem er den Sachverhalt anonymisiert darlegt und um grundsätzliche Beurteilung der konkreten Rechnungslegungsfrage zu Bewertungseinheiten bittet.
> Soweit die anonymisierte Darstellung des Sachverhalts keine Rückschlüsse auf die zu prüfende Gesellschaft ermöglicht, liegt kein Verstoß gegen die Verschwiegenheitspflicht durch den AP vor.

Auch gegenüber Mitarbeitern der Prüfungsgesellschaft, die für die **laufende Qualitätssicherung** zuständig sind, besteht keine Verschwiegenheitspflicht. Hauptanwendungsfälle sind die auftragsbezogene Qualitätssicherung in Form der Berichtskritik (§ 48 Abs. 2 BS WP/vBP) und der auftragsbegleitenden Qualitätssicherung (§ 48 Abs. 3 und 4 BS WP/vBP) sowie die Nachschau zur Auftragsabwicklung, zu der WP verpflichtet sind (§ 49 BS WP/vBP). 55

Bei größeren Prüfungsverbünden werden Qualitätssicherungsmaßnahmen, wie z. B. die Nachschau, häufig gesellschaftsübergreifend durchgeführt. Soweit Mitarbeiter von anderen Prüfungsgesellschaften des Prüfungsverbunds auftragsbezogene Nachschauen bei einer Prüfungsgesellschaft durchführen, sind sie zuvor zur Verschwiegenheitspflicht zu verpflichten, da sie insoweit wie ein freier Mitarbeiter zu behandeln sind.[36] 56

> **Beispiel**
> Fünf Einzel-WP (A, B, C, D und E) haben aus Gründen der Effizienzsteigerung und Qualitätsverbesserung ein gemeinsames Qualitätssicherungssystem für die Durchführung von Abschlussprüfungen entwickelt. Ein -

---

[36] Vgl. WPH Edition, Wirtschaftsprüfung & Rechnungslegung, 15. Aufl., Abschn. D, Tz 83.

> Bestandteil dieses gemeinsamen Qualitätssicherungssystems stellt die gegenseitige Durchführung von Nachschauen von Prüfungsaufträgen dar.
> WP A soll bei WP B eine Nachschau für einen von B abgewickelten Prüfungsauftrag durchführen. WP B hat WP A gem. § 50 WPO zur Verschwiegenheit zu verpflichten.

57 Die Verschwiegenheitspflicht besteht nicht gegenüber Mitgliedern des gesetzlichen Vertretungsorgans der Prüfungsgesellschaft (Rz 23).[37] Entweder gehören diese als an der Prüfung Mitwirkende ohnehin schon zum Kreis der der Verschwiegenheitspflicht unterliegenden Personen (Rz 22) oder sie sind aufgrund ihrer allumfassenden Zuständigkeit und Verantwortlichkeit für die WPG/BPG befugt, sich über die Prüfungstätigkeit der WPG/BPG zu informieren (zum Verwertungsverbot der hierdurch gewonnenen Erkenntnisse vgl. Rz 72).

58 Eine spezielle Regelung enthält § 323 Abs. 3 HGB für den **Aufsichtsrat und die Mitglieder des Aufsichtsrats einer Prüfungsgesellschaft**. Zu diesem Organ bzw. dessen Mitgliedern besteht eine explizite Verschwiegenheitspflicht der an dem Prüfungsauftrag beteiligten Personen (Rz 20). Durch die Vorschrift wird die Berichtspflicht des Vorstands der Prüfungsgesellschaft nach § 90 AktG eingeschränkt[38] und gleichermaßen die Überwachungstätigkeit des Aufsichtsrats zumindest partiell beeinträchtigt. Die Regelung ist bei einem **fakultativen Aufsichtsrat** oder Beirat gleichermaßen anzuwenden.

59 Gegenüber **Gesellschaftern der Prüfungsgesellschaft** gilt die Verschwiegenheitspflicht ebenfalls. Hier tritt das Kollisionsinteresse innerhalb der Prüfungsgesellschaft hinter die Interessen der zu prüfenden Ges. zurück.[39]

60 Die Verschwiegenheitspflicht umfasst nicht nur den Verzicht auf aktives Tun, sondern auch die Verhinderung der Einsichtnahme Dritter.[40] Daher hat der AP geeignete Vorkehrungen zu treffen, die die unbefugte Einsichtnahme Dritter verhindern (vgl. § 9 Abs. 2 BS WP/vBP). Hierzu können im Einzelnen Regelungen zur Aufbewahrung und Sicherung von Arbeitspapieren[41] und sonstigen mandantenbezogenen Informationen gehören.[42]

2.4.2 Gesetzliche Ausnahmen

61 Der Gesetzgeber hat verschiedene Ausnahmen von der Verschwiegenheitspflicht vorgesehen. Danach besteht eine Auskunftspflicht des gesetzlichen AP
- gegenüber dem **Konzern-AP** nach § 320 Abs. 3 Satz 2 HGB (vgl. § 320 Rz 49),
- gegenüber dem **Sonderprüfer** einer AG nach § 258 Abs. 5 Satz 2 i. V. m. § 145 Abs. 2 AktG,

---

[37] Vgl. *Schmidt/Feldmüller*, in Beck Bil-Komm., 10. Aufl., 2016, § 323 HGB, Rz 37.
[38] Vgl. *Hennrichs*, in *Baetge/Kirsch/Thiele*, Bilanzrecht, § 323 HGB, Rz 81, Stand 12/2014.
[39] Vgl. *Poll*, DZWiR 1995, S. 95 ff.
[40] Vgl. *Kuhner/Päßler*, in *Küting/Pfitzer/Weber*, HdR, 5. Aufl., § 323 HGB, Rn 20, Stand 5/2013.
[41] Zum Anspruch auf die Herausgabe von Arbeitspapieren des Wirtschaftsprüfers vgl. *Gutman*, BB 2010, S. 171.
[42] Vgl. IDW QS 1, Tz 190 ff.; IDW PS 460, Tz 31 ff.

- in Form einer **Mitteilungspflicht an die BAFiN und die Deutsche Bundesbank** bei Vorliegen bestimmter Tatsachen nach § 29 Abs. 3 KWG[43],
- in Form einer **Offenlegung des Prüfungsberichts** nach § 321a HGB, wenn für die geprüfte Ges. ein Insolvenzverfahren eröffnet bzw. ein Antrag auf Eröffnung eines Insolvenzverfahrens mangels Masse abgelehnt wurde (zu Einzelheiten vgl. § 321a Rz 34, 44),
- in Form einer Abgabe einer Verdachtsanzeige im Hinblick auf **Geldwäsche** nach § 11 Abs. 3 GwG,
- im Rahmen von **Berufsaufsichtsverfahren** (z. B. Inspektionen gem. § 62b WPO) nach § 62 Abs. 3 WPO.

§ 323 Abs. 1 Satz 1 2. Hs. HGB eröffnet über den Verweis auf § 57b WPO eine gesetzliche Ausnahme von der Verschwiegenheitspflicht im Rahmen der für gesetzliche AP obligatorischen **externen Qualitätskontrolle gem. § 57a WPO**. § 57b Abs. 3 WPO entbindet den AP insoweit von der Verschwiegenheitspflicht, als er dem Prüfer für Qualitätskontrolle die für dessen Zwecke benötigten Informationen zur Verfügung stellt. Der Prüfer für Qualitätskontrolle selbst, seine Mitarbeiter, die Bediensteten der WPK und die Mitglieder der Qualitätskontrollkommission unterliegen gem. § 57b Abs. 1 und 2 WPO ihrerseits einer Verschwiegenheitspflicht für im Rahmen ihrer Tätigkeiten erlangte Kenntnisse. Für die Mitglieder der APAK gilt gem. § 66b Abs. 1 WPO ebenfalls eine Verschwiegenheitspflicht.

Ob und inwieweit sich durch den **PCAOB** für dort registrierte deutsche WP bzw. WPG Auswirkungen auf eine weitere gesetzliche Ausnahme von der Verschwiegenheitspflicht ergeben werden, bleibt der weiteren Entwicklung vorbehalten. Derzeit können sich die dort registrierten WP bzw. WPG auf ihre Verschwiegenheitspflicht berufen. Soweit im Zuge sog. **joint inspections** im Rahmen einer Inspektion nach § 62b WPO auch ausländische Prüferaufsichten an diesen Untersuchungen teilnehmen, gilt für diesen Personenkreis unverändert die Verschwiegenheitspflicht; eine Einsichtnahme in Arbeitspapiere des AP ist für diesen Personenkreis nur durch Entbindung von der Verschwiegenheitspflicht durch den Auftraggeber möglich, während für die deutschen Sonderuntersucher über § 62 Abs. 3 WPO eine gesetzliche Ausnahme von der Verschwiegenheitspflicht besteht.[44]

Keine gesetzliche Ausnahme liegt vor, wenn sich ein AP oder eine Prüfungsgesellschaft auf freiwilliger Basis einer **Zertifizierung nach ISO 9001** unterzieht. Soweit hierbei der Verschwiegenheitspflicht unterliegende Informationen dem Zertifizierer offengelegt werden müssen, ist zuvor eine Entbindung von der Verschwiegenheit von der geprüften Ges. einzuholen.[45]

Weiterhin kann eine gesetzliche Ausnahme von der Verschwiegenheitspflicht dann in Betracht kommen, wenn dies zur Abwendung einer schweren Straftat nach § 138 StGB erforderlich ist.[46] Diskutiert wird auch, ob eine gesetzliche Ausnahme vorliegt, wenn für den AP ein allgemeiner Rechtfertigungsgrund

---

[43] Vgl. IDW, Weitergabe von Informationen bzw. Unterlagen an die BaFin nach § 36 Abs. 1 WpHG, IDW-FN 2012, S. 409.
[44] Vgl. zu Einzelheiten *Krauß*, in Hense/Ulrich, WPO-Kommentar, 2. Aufl., § 62 WPO, Rn 47.
[45] Vgl. *Kuhner/Päßler*, in *Küting/Pfitzer/Weber*, HdR, 5. Aufl., § 323 HGB, Rn 16, Stand 5/2013.
[46] Vgl. ADS, 6. Aufl., § 323 HGB, Rz 63.

vorliegt (§§ 34, 193 StGB). Ein berechtigtes Eigeninteresse des AP könne demnach in Regressprozessen oder Honorarstreitigkeiten vorliegen sowie in straf- oder bußgeldrechtlichen Verfahren.[47] In derartigen Fällen ist vom AP eine Interessenabwägung vorzunehmen, da das öffentliche Interesse an die Verschwiegenheitspflicht des AP ein hohes Gut darstellt und daher an die Zumutbarkeit für den AP hohe Anforderungen zu stellen sind (Durchbrechung der Verschwiegenheitspflicht als *ultima ratio*).[48]

66 Für den AP kann sich eine Auskunftspflicht als Zeuge im Rahmen von Verfahren vor staatlichen Gerichten oder Ermittlungsbehörden ergeben. Die Verschwiegenheitspflicht nach § 323 Abs. 1 HGB hat allerdings Vorrang vor der grds. für jeden Bürger bestehenden Aussagepflicht (z. B. §§ 48, 51, 161a StPO). Prozessual wurde dies durch ein **Zeugnisverweigerungsrecht** hergestellt, das in folgenden Rechtsgebieten geregelt ist:
- im **Zivilprozessrecht** nach § 383 Abs. 1 Nr. 6 ZPO,
- im **Strafprozessrecht** nach § 53 Abs. 1 Nr. 3 StPO, das über § 161a Abs. 1 Satz 2 StPO auch für das staatsanwaltschaftliche Ermittlungsverfahren gilt,
- im **Steuerermittlungs- und Finanzgerichtsverfahren** nach § 102 Abs. 1 Nr. 3b AO i. V. m. § 84 FGO.

67 Das Recht zur Zeugnisverweigerung stellt für den AP über § 323 Abs. 1 Satz 2 HGB, § 43 WPO, § 203 Abs. 1 Nr. 3 StGB, § 38 Abs. 1 Nr. 2c WpHG eine **Pflicht** dar. Wird der AP allerdings von der Verschwiegenheitspflicht entbunden (Rz 68), entfällt hiermit auch das Zeugnisverweigerungsrecht, sodass der AP dann nach § 385 Abs. 2 ZPO, § 53 Abs. 2 StPO, § 102 Abs. 3 AO i. V. m. § 84 FGO zur Aussage verpflichtet ist.[49]

2.4.3 Entbindung von der Verschwiegenheitspflicht

68 Soweit keine gesetzliche Ausnahme von der Verschwiegenheitspflicht vorliegt, kann der der Verschwiegenheitspflicht unterliegende Personenkreis (Rz 20) nur durch den Auftraggeber von der Verschwiegenheitspflicht entbunden werden. Bestehen mehrere Auftraggeber, müssen alle Auftraggeber der Entbindung zustimmen. Die Entbindung von der Verschwiegenheitspflicht kann sich auf alle ihr unterliegenden Umstände oder nur auf Teile davon beziehen. Die Entbindung sollte aus Nachweisgründen schriftlich vorgenommen werden. Es empfiehlt sich außerdem, die Entbindung nur für einen **bestimmten Adressatenkreis** vorzunehmen.[50]

> **Beispiel**
> Bei der prüfungspflichtigen GmbH bestehen Überlegungen, einen weiteren finanzkräftigen Gesellschafter im Weg einer Kapitalerhöhung aufzunehmen. Der potenzielle Investor führt Untersuchungen über die GmbH im Weg einer *due diligence* durch. Im Rahmen dieser Untersuchungen soll der AP der GmbH gegenüber dem Investor bzw. dessen Beratern Auskünfte zu dem von ihm geprüften Jahresabschluss der GmbH erteilen.

---

47 Vgl. *Hennrichs*, in Baetge/Kirsch/Thiele, Bilanzrecht, § 323 HGB, Rz 40.1, Stand 12/2014.
48 Vgl. *Ebke*, in MünchKomm HGB, 3. Aufl., § 323, Rn 57.
49 Vgl. WPH Edition, Wirtschaftsprüfung & Rechnungslegung, 15. Aufl., Abschn. A, Rz 182.
50 Vgl. *Schmidt/Feldmüller*, in Beck Bil-Komm., 10. Aufl., 2016, § 323 HGB, Rz 43.

> Der AP lässt sich von dem Geschäftsführer der GmbH eine schriftliche Entbindung von der Verschwiegenheitspflicht zur Erteilung von Auskünften geben. Hierin sind ggf. bestehende Begrenzungen der Entbindung sowie der Adressatenkreis benannt, gegenüber dem der AP Auskünfte geben darf (Investor und dessen Berater).
> Damit über den Kreis der Auskunftsberechtigten hinaus niemand die vom AP gegebenen Auskünfte erhält sowie aus Haftungsgründen, lässt sich der AP vor Erteilung der Auskünfte von den Auskunftswilligen (Investor und dessen Berater) schriftlich bestätigen, dass sie die erhaltenen Informationen nicht weitergeben und nur für den vorgesehenen Zweck verwenden (sog. **hold-harmless-letter**).

Zuständig für die Entbindung von der Verschwiegenheitspflicht ist das für die Vertretung zuständige Organ, d. h. im Fall der AG – trotz § 111 Abs. 1 Satz 3 AktG – der Vorstand, da es sich hierbei um eine Geschäftsführungsmaßnahme handelt.[51] Bei der personalistisch geprägten GmbH wird teilweise die Zustimmung der GesV für notwendig gehalten.[52] Die Entbindung von der Verschwiegenheit erfolgt durch die Mitglieder des Vertretungsorgans in der für die Vertretung erforderlichen Anzahl. 69

Im Fall der **Insolvenz** geht die Befugnis zur Entbindung von der Verschwiegenheitspflicht auf den Insolvenzverwalter über.[53] 70

Soweit eines der Organmitglieder ein **selbstständiges schutzwürdiges Interesse** an der Verschwiegenheit des AP besitzt, wird auch dessen Zustimmung benötigt. Dies kann z.B. dann auftreten, wenn es um Tatsachen aus der persönlichen Sphäre des Organmitglieds geht (z.B. betreffend schuldrechtlicher Verträge, die das Organmitglied mit der geprüften Ges. geschlossen hat). 71

2.5 Verbot der unbefugten Verwertung von Geschäfts- und Betriebsgeheimnissen

Abs. 1 Satz 2 der Vorschrift regelt eine unbefugte Verwertung von Geschäfts- und Betriebsgeheimnissen. Das Verwertungsverbot geht insoweit über die Verschwiegenheitspflicht hinaus, als es für Geschäfts- und Betriebsgeheimnisse neben der Verschwiegenheit auch die unbefugte Verwertung durch den verpflichteten Personenkreis (Rz 20) verbietet. Ein Verstoß gegen das Verwertungsverbot stellt somit immer dann auch einen Verstoß gegen die Verschwiegenheitspflicht dar, wenn die verwerteten Umstände zugleich Dritten bekannt werden. 72

Neben dem Verwertungsverbot gem. § 323 Abs. 1 Satz 2 HGB existieren weitere Verwertungsverbote: 73
- § 11 BS WP/vBP verbietet die Verwertung sämtlicher im Rahmen der Berufsausübung (also nicht nur Abschlussprüfung) erhaltenen Kenntnisse über Tatsachen und Umstände des Auftraggebers oder Dritte;
- § 14 WpHG regelt das Verbot von **Insidergeschäften** mit Finanzinstrumenten.

---

[51] Vgl. *Hennrichs*, in *Baetge/Kirsch/Thiele*, Bilanzrecht, § 323 HGB, Rz 39, Stand 12/2014.
[52] Vgl. *Baumbach/Hueck/Schulze-Osterloh*, GmbHG, 19. Aufl., § 41 GmbHG, Rz 170 und § 85 GmbHG Rz 11 mwN.
[53] Vgl. *Schmidt/Feldmüller*, in Beck Bil-Komm., 10. Aufl., 2016, § 323 HGB, Rz 44.

74 Auch wenn die Vorschrift „nur" von Geschäfts- und Betriebsgeheimnissen spricht, ist dieser Begriff im Hinblick auf den Schutzzweck der Vorschrift (Rz 6) weit auszulegen, sodass der Umfang sich materiell nicht von den der Verschwiegenheitspflicht unterliegenden Tatsachen (Rz 46) unterscheidet.[54]

75 **Verwertung** stellt jede Form der wirtschaftlichen Nutzung dar, insb. Veräußerung an Dritte, Verwendung als Entscheidungsgrundlage bei Finanzanlagen oder anderen Vermögensdispositionen.[55] Unter das Verwertungsverbot fällt auch die Verwendung von Kenntnissen über die wirtschaftliche Situation des geprüften Unternehmens in einer anderen Abschlussprüfung desselben AP.

> **Beispiel**
> Der WP prüft als AP den Jahresabschluss der prüfungspflichtigen A-GmbH, die wirtschaftlich angeschlagen ist. Der WP ist außerdem AP der B-GmbH, die beträchtliche Darlehen an die A-GmbH ausgereicht hat.
> Seine Kenntnisse über die tatsächliche wirtschaftliche Situation der A-GmbH darf der WP nicht als AP des Jahresabschlusses der B-GmbH verwerten, d. h., bei der Beurteilung der Werthaltigkeit der Darlehen der B-GmbH darf er sich nur auf die im Rahmen der Abschlussprüfung der B-GmbH erhaltenen Informationen und Unterlagen stützen.

76 Für das Verbot unerheblich ist, ob die Verwertung im Interesse des AP erfolgt oder ob dem geprüften Unt aus der Verwertung ein Schaden droht. Besteht eine Genehmigung der Verwertung durch die geprüfte Ges., ist es zweifelhaft, ob eine zivilrechtliche Haftung nach § 323 HGB noch besteht, da in der Vorschrift explizit nur **„unbefugte"** Verwertungen untersagt sind.[56] Soweit allerdings ein Verstoß gegen das Verbot von Insidergeschäften nach § 14 WpHG vorliegt, kann auch eine etwaige Genehmigung durch die geprüfte Ges. eine Sanktionierung nach § 38 WpHG nicht verhindern.

3 Haftung des Abschlussprüfers

3.1 Haftung gegenüber Auftraggeber

77 Soweit ein Verstoß gegen die Pflichten aus § 323 Abs. 1 Satz 1 und 2 HGB erfolgt, haftet der verpflichtete Personenkreis (Rz 20) nach Abs. 1 Satz 3 der Vorschrift der geprüften Ges. Ebenso wie bei den Pflichten des AP beschränkt sich die Haftung nicht auf die Parteien des Prüfungsvertrags, sondern bezieht ausdrücklich mit ein:
- den AP,
- die Gehilfen des AP (Rz 22),
- im Fall einer WPG/BPG die bei der Prüfung mitwirkenden gesetzlichen Vertreter (Rz 23).

---

[54] Vgl. *Hennrichs*, in *Baetge/Kirsch/Thiele*, Bilanzrecht, § 323 HGB, Rz 42, Stand 12/2014; *Schmidt/Feldmüller*, in Beck Bil-Komm., 10. Aufl., 2016, § 323 HGB, Rz 51; a. A. *Kuhner/Päßler*, in *Küting/Pfitzer/Weber*, HdR, 5. Aufl., § 323 HGB, Rn 22, Stand 5/2013.

[55] Vgl. *Kuhner/Päßler*, in *Küting/Weber*, HdR, 5. Aufl., § 323 HGB, Rn 25, Stand 5/2013.

[56] Zustimmend: *Kuhner/Päßler*, in *Küting/Pfitzer/Weber*, HdR, 5. Aufl., § 323 HGB, Rn 26, Stand 5/2013; ablehnend: *Baumbach/Hopt/Merkt*, HGB, 36. Aufl., 2013, § 323 HGB, Rn. 5.

Die genannten Personen haften nach Abs. 1 Satz 4 der Vorschrift als **Gesamt-** 78
schuldner i. S. v. § 421 BGB, sodass auch die Haftungshöchstsummen nur einmal
in Anspruch genommen werden können (Rz 99).

Eine Haftung kommt in Betracht, soweit von dem o. g. Personenkreis ein Pflicht- 79
verstoß **vorsätzlich** oder **fahrlässig** vorgenommen wurde. Kann Vorsatz nachgewiesen werden, entfällt die Haftungsbegrenzung nach Abs. 2 der Vorschrift
(Rz 93) und es kommen strafrechtliche Konsequenzen in Betracht. Für einen
Anspruch wegen Fahrlässigkeit genügt bereits das Vorliegen leichter Fahrlässigkeit, da sich aus der Natur des Prüfungsvertrags ein strenger Sorgfaltsmaßstab
ergibt.[57] Die Abgrenzung zwischen grober Fahrlässigkeit und bedingtem Vorsatz
kann im Einzelfall besonders schwer fallen, hat allerdings besondere Bedeutung
wegen der Folgen auf die Haftungsbegrenzung.[58] Bei **umstrittenen Rechtsfragen** hat sich der AP an der hM, d. h. vor allem an einer höchst- oder oberge-
richtlichen Rechtsprechung zu orientieren.[59]

Wann ein solcher Pflichtverstoß vorliegt, bestimmt sich nach einem **objektiven** 80
Maßstab; auf subjektive Vorstellungen des Geschädigten kommt es dabei nicht
an.[60] Hat sich der o. g. Personenkreis so verhalten, wie es kompetente Fachleute
als sachgerecht empfohlen haben, kann diesen i. d. R. kein Vorwurf einer Pflichtverletzung gemacht werden (zur Verbindlichkeit von IDW PS vgl. Rz 30).

> **Beispiele für derartige Pflichtverletzungen sind:**
> - Der AP verzichtet generell auf die Einholung einer Saldenbestätigung,
> - im Rahmen einer Stichprobe aufgedeckte Fehler führen nicht zu einer
>   Intensivierung der Prüfung bei diesem Prüffeld.

Im Haftungsprozess trägt der Antragssteller, d. h. die geprüfte Ges die **Dar-** 81
legungs- und Beweislast für die Pflichtverletzung. Die Grundsätze des sog.
Anscheinbeweises (Ableitung einer Pflichtverletzung aus der Tatsache des Scha-
denseintritts) sind aufgrund der Komplexität einer Abschlussprüfung nur in
Ausnahmefällen anwendbar.[61]

Eine Schadensersatzpflicht des AP setzt neben der Pflichtverletzung die hieraus 82
verursachte Entstehung eines Schadens im Sinne einer **Vermögensminderung**
voraus (Kausalität).[62] Beispiele für eine derartige Vermögensminderung sind:
- Anstatt eines richtigerweise auszuweisenden Bilanzverlusts erteilt der AP einer
  AG einen uneingeschränkten Bestätigungsvermerk zu einem Jahresabschluss,
  der einen Bilanzgewinn ausweist. Soweit die HV eine **Ausschüttung** beschließt
  und die Ausschüttung von den Aktionären nicht zurückverlangt werden kann
  (§ 62 Abs. 1 Satz 2 AktG), kann ein Schaden entstanden sein.
- Sind **Verstöße von Mitarbeitern der geprüften Ges.** aufgetreten, die zu einer
  Vermögensschädigung der Ges. geführt haben, und hat der AP diese nicht

---

57 Vgl. *Kuhner/Päßler*, in *Küting/Pfitzer/Weber*, HdR, 5. Aufl., § 323 HGB, Rn 28, Stand 5/2013.
58 Vgl. *Schmidt/Feldmüller*, in Beck Bil-Komm. 10. Aufl., 2016, § 323 HGB, Rz 131.
59 Vgl. *Bärenz*, BB 2003, S. 1781 f.
60 Vgl. WPH Edition, Wirtschaftsprüfung & Rechnungslegung, 15. Aufl., 2017, Abschn. A, Tz 305.
61 Vgl. ADS, 6. Aufl., § 323 HGB, Rz 101 mwN.
62 Vgl. WPH Edition, Wirtschaftsprüfung & Rechnungslegung, 15. Aufl., 2017, Abschn. A, Tz 314.

erkannt, obwohl er sie bei ordnungsgemäßer Prüfung hätte erkennen müssen, kann hierin ebenfalls eine Schadenskausalität begründet liegen.[63]
- Der AP erteilt ungerechtfertigterweise einen eingeschränkten Bestätigungsvermerk oder einen Versagungsvermerk. Als Folge erhält die geprüfte Ges. nur noch unter sehr erschwerten Bedingungen Fremdkapital.

83 Der AP kann gem. § 254 Abs. 1 BGB der geprüften Ges. etwaiges **Mitverschulden** entgegenhalten.[64] Ein Mitverschulden kann zum vollständigen oder teilweisen Wegfall der Schadensersatzpflicht des AP führen. In derartigen Konstellationen wird es daher regelmäßig auf den Grad des Mitverschuldens im Einzelfall ankommen. Während bei einer Täuschung des AP durch Organe oder Mitarbeiter der gepr. Ges. das Mitverschulden als schadensursächlich anzusehen ist, ist in Fällen leichter Fahrlässigkeit beider (sowohl der AP als auch die gepr. Ges. verletzen ihre Sorgfaltspflichten) wohl eher ein überwiegendes Verschulden des AP anzunehmen, insb. wenn es um die Beurteilung bilanzieller Sachverhalte geht.[65]

84 Neben § 323 HGB gibt es weitere mögliche Anspruchsgrundlagen des Auftraggebers gegen den AP. Bezüglich Ansprüchen aus den allgemeinen bürgerlich-rechtlichen **Haftungstatbeständen für vertragliche Leistungsstörungen** und **deliktischer Haftung** nach §§ 823 ff. BGB wird teilweise die Auffassung vertreten, dass diese durch das „Sonderrecht" aus § 323 HGB verdrängt werden.[66] Die für Architekten, Rechtsanwälte und Steuerberater entwickelten Grundsätze zur sog. **Sekundärhaftung** sind für als AP tätige WP nicht anwendbar.[67]

3.2 Haftung gegenüber Dritten

3.2.1 Verbundene Unternehmen der geprüften Gesellschaft

85 Abs. 1 Satz 3 der Vorschrift weist verbundene Unt der geprüften Ges. einen direkten Schadensersatzanspruch gegen den AP zu, soweit diese durch den AP geschädigt wurden. Der Begriff verbundenes Unt bestimmt sich nach § 271 Abs. 2 HGB und ist damit unabhängig davon, ob das verbundene Unt auch tatsächlich in den Konzernabschluss einbezogen ist (zu Einzelheiten vgl. § 271 Rz 31).
Ein Schadensersatzanspruch des verbundenen Unt der geprüften Ges. wird nach Sinn und Zweck der Vorschrift des § 323 HGB nur anzunehmen sein, wenn der AP im Rahmen seines Auskunftsrechts nach § 320 HGB seine Pflichten gegenüber dem verbundenen Unt verletzt hat.[68]

3.2.2 Sonstige Dritte

86 Die Regelungen des § 323 HGB stellen abschließend die Haftung des AP aus dem Prüfungsvertrag gegenüber dem Auftraggeber und verbundenen Unt bei Pflicht-

---

63 Vgl. zur nicht entdeckten Unterschlagung eines AP auch WPK, WPKM 1/2007, S. 50.
64 Vgl. *WPK*, WPKM 1/2010, S. 40; *Ebke*, in MünchKomm HGB, 3. Aufl., § 323, Rn. 74; *Schmidt/Feldmüller*, in Beck Bil-Komm., 10. Aufl., 2016, § 323 HGB, Rz 121; *BGH*, Urt. v. 10.12.2009, VII ZR 42/08, GmbHR 2010, S. 263.
65 Vgl. *Schmidt/Feldmüller*, in Beck Bil-Komm., 10. Aufl., 2016, § 323 HGB, Rz 123.
66 Vgl. *Kuhner/Päßler*, in *Küting/Pfitzer/Weber*, HdR, 5. Aufl., § 323 HGB, Rn 42, Stand 5/2013; a. A.: *Hennrichs*, in *Baetge/Kirsch/Thiele*, Bilanzrecht, § 323 HGB, Rz 60, Stand 12/2014.
67 Vgl. BGH, Urt. v. 10.12.2009, VII ZR 42/08, DStR 2010, S. 340.
68 Vgl. *Schmidt/Feldmüller*, in Beck Bil-Komm. 10. Aufl., 2016, § 323 HGB, Rz 116; a. A.: *Hennrichs*, in *Baetge/Kirsch/Thiele*, Bilanzrecht, § 323 HGB, Rz 58, Stand 12/2014.

prüfungen dar.⁶⁹ Eine Ausweitung der Haftung des AP aus § 323 HGB im Weg der Auslegung oder eines Analogieschlusses auf Dritte ist demgegenüber nicht möglich.⁷⁰ § 323 HGB entfaltet aber andererseits auch keine allgemeine Sperrwirkung in Bezug auf Schadensersatzansprüche vertragsfremder Dritter.⁷¹
Es kommen Ansprüche Dritter gegen den AP in Betracht mittels 87
- des Rechtsinstituts Vertrag mit Schutzwirkung zugunsten Dritter (Rz 88),
- Auskunftsvertrag (Rz 90) oder
- Ansprüchen aus rechtsgeschäftlichen und rechtsgeschäftsähnlichen Schuldverhältnissen nach § 311 Abs. 3 BGB (Rz 90).

Das Rechtsinstitut des **Vertrags mit Schutzwirkung zugunsten Dritter** stellt 88 einen Analogieschluss zu § 328 Abs. 2 BGB dar.⁷² An die Annahme einer vertraglichen Einbeziehung von Dritten (z.B. Gläubigern, Anteilseignern der geprüften Ges.) sind strenge Anforderungen zu stellen, sodass eine stillschweigende Ausdehnung der Haftung des AP auf Dritte grds. nicht anzunehmen ist. Vielmehr ist dies nur im Einzelfall möglich, wenn von dem AP deutlich im Drittinteresse eine besondere Leistung erwartet wird.⁷³ Allein die Tatsache, dass der (auch) für die Öffentlichkeit bestimmte Bestätigungsvermerk zur Entscheidungsfindung über Vermögensdisposition von Eigen- und Fremdkapitalgebern dient, kann keine (auch nicht stillschweigende) Haftung auslösen. Denn grds. ist jeder Bestätigungsvermerk einer Pflichtprüfung auch zur Reduzierung der Unsicherheit potenzieller Kapitalgeber in Bezug auf die Verlässlichkeit der von der geprüften Ges. vorgelegten Rechnungslegung bestimmt. Jedem AP ist auch bewusst, dass nicht nur der Bestätigungsvermerk, sondern auch häufig der Prüfungsbericht Kapitalgebern von der geprüften Ges. zur Verfügung gestellt wird, oftmals aufgrund vertraglicher Verpflichtung (Kreditverträge mit Kreditinstituten sehen regelmäßig die Vorlage des Prüfungsberichts des AP vor). Hieraus eine generelle Dritthaftung des AP vorzusehen, ginge an Sinn und Zweck der Vorschrift des § 323 HGB vorbei und wird auch von der Rechtsprechung so nicht gewürdigt.⁷⁴

Eine Dritthaftung des AP aus dem Rechtsinstitut des Vertrags mit Schutzwirkung zugunsten Dritter ist unter sehr strengen Voraussetzungen möglich; die 89 Prüfungsleistung des AP muss von vornherein erkennbar zum Gebrauch gegenüber Dritten verwendet werden und nach dem Willen des Auftraggebers mit einer entsprechenden Beweiskraft ausgestattet sein. Kommt nach dem Vorgenannten ausnahmsweise eine Dritthaftung des AP in Betracht, so gilt auch gegenüber dem Dritten die gesetzliche Haftungsbegrenzung nach § 323 Abs. 2 HGB (Rz 93).⁷⁵

---

69 Vgl. *Kuhner/Päßler*, in *Küting/Pfitzer/Weber*, HdR, 5. Aufl., § 323 HGB, Rn 43, Stand 5/2013.
70 Vgl. OLG Düsseldorf, Urteil v. 19.11.1998, 8 U 59/98, IDW FN 2000, S. 518.
71 Vgl. OLG Köln, Urteil v. 24.2.2011, 8 U29/10, DStR 2012, S. 578; BGH, Urteil v. 2.4.1998, III ZR 245/96, DStR 1998, S. 823; a.A. *Ebke*, in MünchKomm HGB, 3. Aufl., § 323, Rn. 143 ff.
72 Vgl. WPH Edition, Wirtschaftsprüfung & Rechnungslegung, 15. Aufl., 2017, Abschn. A, Tz 331.
73 Vgl. BGH, Beschluss v. 30.10.2008, III ZR 307/07, WPKM 1/2009, S. 31.
74 Vgl. BGH, Urteil v. 15.12.2005, III ZR 424/04, WPKM 3/2006, S. 40; OLG Düsseldorf, Urteil v. 2.6.2009, I 23 U 108/08, DB 2009, S. 2369; OLG Stuttgart, Urteil v. 29.9.2009, 12 U 147/05, BB 2010, S. V.; *Fischer*, DB 2012, S. 1495, BGH, Urteil v. 24.4.2014, III ZR 156/13, DB 2014, S. 1126.
75 Vgl. BGH, Urteil v. 2.4.1998, III ZR 245/96, DB 1998, S. 1075; gl.A. OLG Hamm, Urteil v. 9.4.2003, 25 U 1008/02, WPKM 1/2004, S. 50, und OLG Düsseldorf, Urteil v. 12.6.2003, 1–6 U 244/02, WPKM 4/2004, S. 50.

90 Ein ggf. auch stillschweigend begründeter **Auskunftsvertrag** zwischen dem AP und einem Dritten kann ebenfalls Grundlage einer Dritthaftung darstellen. Daher sind Auskünfte des AP, der als Sachverständiger regelmäßig besonderes Vertrauen genießt, ggf. als schlüssiges Verhalten zum Abschluss eines Auskunftsvertrags zu werten. Mündliche oder schriftliche Auskünfte, Bestätigungen o. Ä. des AP gegenüber Kreditgebern des geprüften Unt sind daher besonders risikobehaftet, auch wenn nicht zwangsläufig eine Haftungsgrundlage entstehen muss.[76] Die Annahme eines derartigen Auskunftsvertrags erfordert eine direkte Kontaktaufnahme des AP mit dem Dritten.[77] Aus diesem Grund sollte der AP keine Prüfungsberichte oder Testatsexemplare „zur Abkürzung des Postwegs" direkt an die Hausbank des geprüften Unt versenden.

91 Problematisch am Auskunftsvertrag ist weiterhin, dass dieser ein eigenständiges Vertragsverhältnis zwischen AP und dem Dritten begründet, für das die Haftungsbegrenzung von § 323 Abs. 2 HGB nicht gilt, d. h., die Haftung ist der Höhe nach unbegrenzt.[78] Ist eine Kontaktaufnahme mit Dritten unvermeidbar, z. B. weil der Auftraggeber darauf drängt, ist dem AP anzuraten, einen Auskunftsvertrag mit dem Dritten schriftlich abzuschließen und dort u. a. auch die AAB unter besonderem Hinweis auf die dort genannten Haftsummenbegrenzungen einzubeziehen.[79]

92 Die im Zuge des Schuldrechtsmodernisierungsgesetzes gesetzlich kodifizierte **Dritthaftung aus § 311 Abs. 3 BGB** stellt eine zu § 323 HGB konkurrierende gesetzliche Haftungsregelung dar. Die überwiegende Auffassung in der Literatur sieht in § 311 Abs. 3 BGB – auch unter Bezug auf die Regierungsbegründung bei Einführung der Vorschrift[80] – keine generelle Dritthaftungsgrundlage gegenüber dem AP, sondern die Vorschrift dann als nicht anwendbar an, wenn die Grundsätze des Vertrags mit Schutzwirkung zugunsten Dritter (Rz 88) eingreifen.[81] Die praktische Bedeutung der Abgrenzung zwischen diesen beiden Anspruchsgrundlagen wird angezweifelt, da die Zurechnungskriterien einer Haftung nach § 311 Abs. 3 BGB und der Grundsätze des Vertrags mit Schutzwirkung zugunsten Dritter weithin vergleichbar sind, sodass es letztlich für den AP und den Anspruchsgegner materiell unbedeutend ist, auf welcher dieser beiden Anspruchsgrundlagen die Haftung beruht.[82]

3.3 Haftungsbegrenzung

3.3.1 Haftsummen (Abs. 2)

93 Abs. 2 der Vorschrift sieht eine Haftungsobergrenze für den AP vor. Diese greift aber nur für fahrlässige Pflichtverletzungen, nicht bei Vorsatz (Rz 79). Ist eine WPG/BPG als AP bestellt und handelt einer ihrer Mitarbeiter bei einer Pflichtverletzung vorsätzlich, so hat sich dies die WPG/BPG auch grds. zuzurechnen

---

[76] Vgl. WPK, WPKM 1/2009, S. 33.
[77] Vgl. WPH Edition, Wirtschaftsprüfung & Rechnungslegung, 15. Aufl., 2017, Abschn. A, Tz 343.
[78] Vgl. *Schmidt/Feldmüller*, in Beck Bil-Komm. 10. Aufl., 2016, § 323 HGB, Rz 213.
[79] Zur Haftungssituation zum Bericht der AP im Zusammenhang mit der „Bankenabgabe" vgl. IDW-FN 2012, S. 405.
[80] Vgl. BT-Drs. 14/4040, S. 162.
[81] Vgl. WPH Edition, Wirtschaftsprüfung & Rechnungslegung, 15. Aufl., 2017, Abschn. A, Tz 352.
[82] Vgl. *Hennrichs*, in *Baetge/Kirsch/Thiele*, Bilanzrecht, § 323 HGB, Rz 124, Stand 12/2014.

lassen. Soweit die WPG/BPG selbst kein eigenes Verschulden trifft, wäre es unbillig, sie für den Vorsatz des Mitarbeiters unbeschränkt haften zu lassen, sodass für die WPG/BPG die Haftungsbeschränkung zur Anwendung kommt. Für den vorsätzlich handelnden Mitarbeiter gilt dies nicht, er haftet unbeschränkt.[83] Handelt ein gesetzlicher Vertreter einer WPG/BPG vorsätzlich, haftet die WPG/BPG ohne Haftungsbegrenzung.[84]

Die Haftungsobergrenze beträgt für   94
- Abschlussprüfungen von AG/KGaA/SE, deren Aktien zum Handel im regulierten Markt zugelassen sind, 4 Mio. EUR,
- alle übrigen gesetzlichen Abschlussprüfungen 1 Mio. EUR.

Unter **reguliertem Markt** sind von der EU regulierte Börsensegmente i. S. v. § 32   95
BörsG zu verstehen. In Deutschland rechnen hierzu der **Amtliche Markt** und der **Geregelte Markt**. Innerhalb des regulierten Markts bestehen unterschiedliche Transparenzlevel, die sich insb. hinsichtlich der Publizitätsanforderungen unterscheiden (z. B. bei der Frankfurter Wertpapierbörse *General Standard* und *Prime Standard*).

Nicht regulierter Markt liegt vor, wenn sich die Regulierung nicht nach EU-   96
Recht (in Deutschland BörsG), sondern ausschließlich nach von den jeweiligen Börsen vorgegebenen Regelungen richtet. In Deutschland ist dies der **Freiverkehr** (z. B. Frankfurter Wertpapierbörse: *Entry*-Standard, Börse München: *M:access*).

Maßgebender Beurteilungszeitpunkt, welche der beiden Höchstgrenzen zur   97
Anwendung kommt, ist der Zeitpunkt der Beendigung der Abschlussprüfung[85]

> **Beispiel**
> Die AG hat die Zulassung von Aktien zum Handel im Geregelten Markt beantragt. Der AP beendet seine Abschlussprüfung des Jahresabschlusses/Konzernabschlusses zum 31.12.01 am 12.3.02 mit der mündlichen Berichterstattung an den Aufsichtsrat bzw. Prüfungsausschuss. Am 20.3.02 erfolgt die Zulassung der Aktien zum Handel im Geregelten Markt.
> Die Haftungsobergrenze für die vom AP durchgeführte Abschlussprüfung des Jahresabschlusses/Konzernabschlusses zum 31.12.01 beläuft sich nach § 323 Abs. 2 HGB auf 1 Mio. EUR.

Die Haftungsobergrenze von 1 Mio. EUR des § 323 Abs. 2 Satz 1 HGB ist   98
identisch mit der berufsrechtlich vorgeschriebenen **Mindestversicherungssumme für die Haftpflichtversicherung**, da § 54 Abs. 1 WPO auf die in § 323 Abs. 2 Satz 1 HGB genannte Grenze verweist. Soweit WP bzw. WPG Abschlussprüfungen durchführen, auf die die Haftungsobergrenze von 4 Mio. EUR gem. § 323 Abs. 2 Satz 2 HGB anzuwenden ist, sind sie verpflichtet, entsprechende Mindestversicherungssummen bei ihrer Berufshaftpflichtversicherung vorzusehen. Diese Verpflichtung ergibt sich zwar nicht explizit aus § 54 WPO, lässt sich aber aus § 27 BS WP/vBP entnehmen, zumal dies auch dem Gebot der gewissenhaften Berufsausübung nach § 43 Abs. 1 WPO entspricht.

---

[83] Vgl. ADS, 6. Aufl., § 323 HGB, Rz 131.
[84] Vgl. *Schmidt/Feldmüller*, in Beck Bil-Komm., 10. Aufl., 2016, § 323 HGB, Rz 132.
[85] Vgl. *Kuhner/Päßler*, in *Küting/Pfitzer/Weber*, HdR, 5. Aufl., § 323 HGB, Rn 34, Stand 5/2013.

99   Die Haftungshöchstsumme besteht „**für eine Prüfung**". Sie gilt somit unabhängig von der Anzahl der Pflichtverletzungen, der Anzahl der an der Prüfung beteiligten Personen (Pflichtverletzer) oder der Anzahl der Geschädigten (geprüfte Ges. sowie deren verbundene Unt).[86] Jahres- und Konzernabschlussprüfung eines MU sind zwei eigenständige Prüfungen, für die jeweils die Haftungshöchstsumme zur Anwendung kommt. Dies gilt unabhängig davon, ob beide Abschlussprüfungen von demselben AP vorgenommen wurden oder sich derselbe Fehler auf beide Abschlüsse auswirkt, sodass sich die Haftungshöchstsummen im letztgenannten Fall faktisch verdoppeln. Soweit sich ein Pflichtverstoß (z. B. die Beurteilung der Werthaltigkeit einer Beteiligung unter Missachtung der fachlichen Grundsätze) über mehrere Jahre bei der Abschlussprüfung einer Ges. wiederholt, gilt für jede dieser Abschlussprüfungen die Haftungshöchstsumme einmal.

3.3.2 Haftungsausschluss oder -begrenzung (Abs. 4)

100 Abs. 4 der Vorschrift dient der Klarstellung, dass die in den Abs. 1–3 vorgesehene Haftung des AP nicht durch **vertragliche Vereinbarungen** ausgeschlossen oder begrenzt werden kann.[87] Etwaige entgegenstehende Vereinbarungen im Prüfungsvertrag sind nach § 134 BGB nichtig und damit unwirksam.[88] § 18 BS WP/vBP enthält darüber hinaus ein Verbot derartiger vertraglicher Abreden.

101 Eine etwaige vertraglich vereinbarte **Erweiterung der Haftung** für gesetzliche Abschlussprüfungen wäre zwar zivilrechtlich wirksam, verbietet sich aber aufgrund berufsrechtlicher Vorgaben, weil ein derartiger Wettbewerb um Prüfungsaufträge als unlauter und daher berufswidrig anzusehen ist.[89] Bei freiwilligen Abschlussprüfungen (Rz 103) und sonstigen Aufträgen des WP außerhalb des Anwendungsbereichs von § 323 HGB darf über die Haftungshöchstsummen von § 323 Abs. 2 HGB hinaus eine höhere Haftungssumme vertraglich vereinbart werden.[90]

3.4 Verjährung

102 Es gilt die regelmäßige Verjährungsfrist von **drei Jahren** nach § 195 BGB. Für den Verjährungsbeginn und die Höchstfristen ist § 199 BGB anzuwenden. Danach beginnt nach § 199 Abs. 1 BGB die Verjährungsfrist erst dann, wenn
- der Anspruch entstanden ist (Pflichtverletzung und Schadenskausalität) und
- der Gläubiger (geprüfte Ges. oder verbundenes Unt) von den den Anspruch begründenden Umständen Kenntnis erlangt oder ohne grobe Fahrlässigkeit hätte erlangen müssen.

Letztliche Sicherheit über die Verjährung kann also erst nach zehn bzw. 30 Jahren gem. § 199 Abs. 3 BGB bestehen.

---

[86] Vgl. *Hennrichs*, in *Baetge/Kirsch/Thiele*, Bilanzrecht, § 323 HGB, Rz 73, Stand 12/2014.
[87] Zur Begrenzung der Dritthaftung bei Jahresabschlussprüfungen vgl. IDW, IDW-FN 2010, S. 179.
[88] Vgl. *Quick*, BB 1992, S. 1678.
[89] Vgl. WPH Edition, Wirtschaftsprüfung & Rechnungslegung, 15. Aufl., 2017, Abschn. A, Tz 323; § 18 BS WP/vBP.
[90] Vgl. *Maxl*, in *Hense/Ulrich*, WPO-Kommentar, 2. Aufl. 2013, § 54a WPO, Rn 19 i. V. m. Rn 3.

4 Freiwillige Abschlussprüfungen

§ 323 HGB hat ausschließlich Bedeutung für gesetzliche Abschlussprüfungen i.S.v. § 316 HGB bzw. bei Anwendung aufgrund eines gesetzlichen Verweises (Rz 9). Auf freiwillige Abschlussprüfungen findet § 323 HGB keine Anwendung (Rz 12), auch nicht im Weg des Analogieschlusses. 103

Art und Umfang der Haftungsbegrenzung bei freiwilligen Abschlussprüfungen richten sich somit einzig nach den **Regelungen im Prüfungsvertrag**. Dies gilt im Übrigen nicht nur für die Haftungsbegrenzung, sondern auch für den Prüfungsumfang, der grds. gegenüber dem bei einer gesetzlichen Abschlussprüfung eingeschränkt werden kann. In derartigen Fällen ist dann aber lediglich die Erteilung einer Bescheinigung, nicht mehr eines Bestätigungsvermerks zulässig (§ 322 Rz 170). 104

Im Regelfall zielt auch eine freiwillige Abschlussprüfung auf die Erteilung eines Bestätigungsvermerks ab. Dann hat diese aber nach dem für gesetzliche Abschlussprüfungen geltenden Umfang zu erfolgen.[91] Die Erteilung eines Bestätigungsvermerks spricht zwar dafür, dass der AP die Prüfung nach den für Pflichtprüfungen maßgeblichen handelsrechtlichen Regelungen (§§ 316ff. HGB) vorgenommen hat.[92] Gleichwohl ist bei freiwilligen Abschlussprüfungen darauf zu achten, dass der Auftragsumfang und die Auftragsbedingungen – zu denen auch die Haftungsbegrenzung gehört – eindeutig mit dem Auftraggeber abgestimmt werden. Der Berufsstand empfiehlt daher, bei freiwilligen Abschlussprüfungen im **Auftragsbestätigungsschreiben** den Auftragsumfang entsprechend § 317 HGB zu vereinbaren[93] und eine Vereinbarung zur Haftungsbegrenzung vorzunehmen.[94] In der Praxis werden bei freiwilligen Abschlussprüfungen regelmäßig die **AAB** und die darin enthaltene Haftungsbegrenzung, die die Haftungshöchstgrenzen des § 323 Abs. 2 HGB aufgreift,[95] verwendet. Berufsrechtlich handelt es sich dabei um eine vertragliche Begrenzung von Ersatzansprüchen nach § 54a Abs. 1 WPO. Von Bedeutung ist auch die nach Nr. 9 Abs. 3 AAB vorgesehene Ausschlussfrist zur Geltendmachung von Ansprüchen, die – im Unterschied zur Regelung bei gesetzlichen Abschlussprüfungen – binnen zwölf Monaten nach Kenntnis vom Schaden und schadenbegründendem Ereignis geltend zu machen sind. 105

Da bei freiwilligen Abschlussprüfungen das Sonderrecht des § 323 HGB nicht zur Anwendung kommt, richten sich auch die Folgen im Rahmen dieser Abschlussprüfung auftretenden Pflichtverletzungen nach den vertraglich vereinbarten Regelungen. Ein direkter Anspruch gegen andere Personen als den AP selbst (z.B. die Prüfungsgehilfen des AP) kommt daher – anders als bei § 323 Abs. 1 Satz 1 HGB – nicht in Betracht.[96] Gleiches gilt für den Kreis der Geschädigten. Hier ist grds. nur die geprüfte Ges., nicht aber deren verbundene Unt anspruchsberechtigt (vgl. aber zu möglichen Anspruchsgrundlagen für Dritthaftung Rz 85ff.). 106

---

[91] Vgl. IDW EPS 400 nF, Tz 5.
[92] Vgl. *Fischer*, DB 2012, S. 1495.
[93] Vgl. IDW PS 220, Tz 18.
[94] Vgl. IDW PS 220, Tz 19.
[95] Vgl. AAB nach dem Stand v. 1.1.2017, Nr. 9.
[96] GlA: *Schmidt/Feldmüller*, in Beck Bil-Komm. 10. Aufl., 2016, § 323 HGB, Rz 165.

§ 324 Prüfungsausschuss

(1) ¹Unternehmen, die kapitalmarktorientiert i. S. d. § 264d sind, die keinen Aufsichts- oder Verwaltungsrat haben, der die Voraussetzungen des § 100 Abs. 5 des Aktiengesetzes erfüllen muss, sind verpflichtet, einen Prüfungsausschuss im Sinn des Absatzes 2 einzurichten, der sich insb. mit den in § 107 Abs. 3 Satz 2 und 3 des Aktiengesetzes beschriebenen Aufgaben befasst. ²Dies gilt nicht für
1. Kapitalgesellschaften im Sinn des Satzes 1, deren ausschließlicher Zweck in der Ausgabe von Wertpapieren im Sinn des § 2 Abs. 1 des Wertpapierhandelsgesetzes besteht, die durch Vermögensgegenstände besichert sind; im Anhang ist darzulegen, weshalb ein Prüfungsausschuss nicht eingerichtet wird;
2. Kreditinstitute im Sinn des § 340 Abs. 1, die einen organisierten Markt im Sinn des § 2 Abs. 5 des Wertpapierhandelsgesetzes nur durch die Ausgabe von Schuldtiteln im Sinn des § 2 Abs. 1 Nr. 3 Buchstabe a des Wertpapierhandelsgesetzes in Anspruch nehmen, soweit deren Nominalwert 100 Millionen Euro nicht übersteigt und keine Verpflichtung zur Veröffentlichung eines Prospekts nach dem Wertpapierprospektgesetz besteht;
3. Investmentvermögen i. S. d. § 1 Absatz 1 des Kapitalanlagegesetzbuchs.

(2) ¹Die Mitglieder des Prüfungsausschusses sind von den Gesellschaftern zu wählen. ²Die Mitglieder müssen in ihrer Gesamtheit mit dem Sektor, in dem das Unternehmen tätig ist, vertraut sein; die Mehrheit der Mitglieder, darunter der Vorsitzende, muss unabhängig sein und mindestens ein Mitglied muss über Sachverstand auf den Gebieten Rechnungslegung oder Abschlussprüfung verfügen. ³Der Vorsitzende des Prüfungsausschusses darf nicht mit der Geschäftsführung betraut sein. ⁴§ 107 Abs. 3 Satz 5, § 124 Abs. 3 Satz 2 und § 171 Abs. 1 Satz 2 und 3 des Aktiengesetzes sind entsprechend anzuwenden.

(3) ¹Die Abschlussprüferaufsichtsstelle beim Bundesamt für Wirtschaft und Ausfuhrkontrolle kann zur Erfüllung ihrer Aufgaben gem. Artikel 27 Absatz 1 Buchstabe c der Verordnung (EU) Nr. 537/2014 von einem Unternehmen, das kapitalmarktorientiert i. S. d. § 264d, das CRR-Kreditinstitut i. S. d. § 1 Absatz 3d Satz 1 des Kreditwesengesetzes, mit Ausnahme der in § 2 Absatz 1 Nummer 1 und 2 des Kreditwesengesetzes genannten Institute, oder das Versicherungsunternehmen i. S. d. Artikels 2 Absatz 1 der Richtlinie 91/674/EWG ist, eine Darstellung und Erläuterung des Ergebnisses sowie der Durchführung der Tätigkeit seines Prüfungsausschusses verlangen. ²Die Abschlussprüferaufsichtsstelle soll zunächst auf Informationen aus öffentlich zugänglichen Quellen zurückgreifen. Satz 1 findet keine Anwendung, wenn das Unternehmen eine Genossenschaft, eine Sparkasse oder ein sonstiges landesrechtliches öffentlich-rechtliches Kreditinstitut ist.

WP STB DIRK VELDKAMP

Inhaltsübersicht Rz
1 Überblick 1–8
   1.1 Hintergrund der Neuregelung. 1–3
   1.2 Allgemeine Vorbemerkungen zum Prüfungsausschuss ... 4–8
2 Aufgaben des Prüfungsausschusses 9–15
3 Persönlicher Anwendungsbereich des § 324 HGB........... 16–22
   3.1 Grundsätzlich betroffene Gesellschaften (Abs. 1 Satz 1) .. 16–18
   3.2 Ausnahmen vom Anwendungsbereich (Abs. 1 Satz 2).... 19–22
4 Zusammensetzung des Prüfungsausschusses (Abs. 2 Sätze 1–3) . 23–27
5 Der Prüfungsausschuss als Schnittstelle zwischen Abschlussprüfer und Aufsichtsrat (Abs. 2 Satz 4) 28–29
6 Prüfungsausschuss und Abschlussprüferaufsichtsstelle (Abs. 3). 30
7 Sanktionen bei Verstößen gegen prüfungsbezogene Pflichten .. 31–32

1 Überblick

1.1 Hintergrund der Neuregelung

§ 324 HGB mit der Bezeichnung „Prüfungsausschuss" ist zum 1.1.2010 durch das BilMoG eingeführt worden. § 324 HGB i.d.F. des BilMoG resultierte aus der Umsetzung des Art. 41 Abs. 1 Satz 1 der Abschlussprüferrichtlinie 2006/43/EG vom 17.5.2006. Nach dieser Vorschrift hat jedes Unt von öffentlichem Interesse einen Prüfungsausschuss zu bilden. Gem. Art. 2 Nr. 13 der Abschlussprüferrichtlinie sind Unt von öffentlichem Interesse Unt, die unter das Recht eines Mitgliedstaats fallen und deren übertragbare Wertpapiere zum Handel auf einem geregelten Markt eines Mitgliedstaats i.S.d. Art. 4 Abs. 1 Nr. 14 der RL 2004/39/EG (Finanzmarktrichtlinie), zugelassen sind. Art. 4 Abs. 1 Nr. 14 der Finanzmarktrichtlinie wurde mit § 2 Abs. 5 WpHG umgesetzt. **1**

Durch das AReG vom 10.5.2016 wird § 324 HGB erneut an EU-Recht angepasst. Die Änderungen des § 324 HGB resultieren aus der Umsetzung des Art. 1 Nr. 32 der EU-RL 2014/56/EU vom 16.4.2014, mit welchem Kapitel X der Abschlussprüferrichtlinie 2006/43/EG durch einen neuen Art. 39 zum Prüfungsausschuss ersetzt worden ist. Durch die Neufassung werden der Anwendungsbereich, Vorgaben für die Mitglieder und die Aufgaben des Prüfungsausschusses geändert sowie Auskunftsrechte der APAS neu eingeführt. Im Zusammenhang mit der überarbeiteten Abschlussprüferrichtlinie sind durch das AReG auch § 100 Abs. 5 AktG und § 107 Abs. 3 und 4 AktG geändert worden. **2**

§ 324 HGB i.d.F. d. AReG trat grds. am 17.6.2016 in Kraft. § 324 Abs. 2 Satz 2 HGB i.d.F. d. AReG muss allerdings so lange nicht angewendet werden, wie alle Mitglieder des Prüfungsausschusses vor dem 17.6.2016 bestellt worden sind (Art. 79 Abs. 2 EGHGB). Des Weiteren ist § 12 Abs. 5 EGAktG zu beachten. Danach finden die §§ 100 Abs. 5 und 107 Abs. 4 AktG i.d.F. d. AReG keine Anwendung, solange alle Mitglieder des Aufsichtsrats und des Prüfungsausschusses vor dem 17.6.2016 bestellt worden sind. **3**

Wirksam bestellte Aufsichtsräte bzw. benannte Ausschussmitglieder sollen damit nicht vorzeitig ausgetauscht werden müssen. Es genügt nach Auffassung des Gesetzgebers, wenn die neuen Vorschriften bei der nächstmöglichen regulären Neubesetzung erfüllt werden.
Da die Amtsdauer eines AR-Mitglieds bis zu fünf Jahre betragen kann (§ 102 Abs. 1 AktG), können also bis zu fünf Jahre vergehen, bis die Neuregelung verpflichtend anzuwenden ist.

1.2 Allgemeine Vorbemerkungen zum Prüfungsausschuss[1]

4 Bislang bestand für Aufsichtsräte deutscher AG **keine gesetzliche Verpflichtung, Ausschüsse** einzurichten (§ 107 Abs. 3 AktG:„Der Aufsichtsrat kann ... Ausschüsse bestellen ..."). In der Praxis haben allerdings insb. börsennotierte Ges. diverse Ausschüsse eingerichtet, darunter auch Prüfungsausschüsse.[2]

5 Dies dürfte auch auf die Bestimmungen des DCGK zurückzuführen sein. Dieser regelt die Bildung, Besetzung und allgemeinen Aufgaben von Aufsichtsratsausschüssen (Ziffern 5.3.1 bis 5.3.3). Der **DCGK**, der sich in erster Linie an börsennotierte Ges. richtet, empfiehlt u. a. die Einrichtung eines Prüfungsausschusses. Nach **Ziffer 5.3.2** soll sich der **Prüfungsausschuss** vorrangig mit Fragen
- der Rechnungslegung,
- des Risikomanagements und der Compliance,
- der Unabhängigkeit des AP,
- der Erteilung des Prüfungsauftrags,
- der Bestimmung von Prüfungsschwerpunkten und
- der Honorarvereinbarung mit dem AP

befassen.

6 Bezüglich des **Qualifikationsprofils** verlangt der DCGK, dass fachlich qualifizierte Ausschüsse gebildet werden sollen (Ziffer 5.3.1). Der Vorsitzende des Prüfungsausschusses soll über besondere Kenntnisse und Erfahrungen in der Anwendung von Rechnungslegungsgrundsätzen und internen Kontrollverfahren verfügen und kein ehemaliges Vorstandsmitglied des Unt sein, dessen Bestellung vor weniger als 2 Jahren endete (Ziffer 5.3.2).

7 Da es sich bei Einrichtung eines Prüfungsausschusses um eine Empfehlung des DCGK handelt, haben börsennotierte Unt in der Entsprechenserklärung gem. § 161 AktG anzugeben, wenn sie die empfohlenen Ausschüsse nicht eingerichtet haben.

8 Auch nach Inkrafttreten des BilMoG und des AReG ist die Einrichtung eines Prüfungsausschusses nicht zur grundsätzlichen Pflicht für alle Unt geworden. Lediglich bestimmte Unt müssen nach § 324 HGB einen Prüfungsausschuss einrichten. Nach § 324 HGB ist ein (isolierter) Prüfungsausschuss nur verpflichtend, wenn kein Aufsichts- oder Verwaltungsrat vorhanden ist, der entsprechend der aktienrechtlichen Vorgaben besetzt ist.

---

[1] Zum Thema Prüfungsausschuss vgl. etwa die Beiträge von *Erchinger/Melcher*, DB 2009, Beilage 5, S. 91; *Lanfermann/Röhricht*, BB 2009, S. 887; *Velte*, StuB 2009, S. 342 (jeweils § 324 HGB i d. F. BilMoG); *Fromholzer/Hauser*, DB 2016, S. 401; *Kelm/Naumann*, WPg 2016, S. 653; *Meyer/Mattheus*, DB 2016, S. 695; *Velte*, WPg 2015, S. 482 (jeweils § 324 HGB i.d.F. AReG).

[2] Vgl. *Eibelshäuser/Stein*, Der Konzern 2008, S. 486.

2 Aufgaben des Prüfungsausschusses

§ 324 HGB steht weiterhin im Zusammenhang mit der Umsetzung von EU-Recht. Auch wenn ein Prüfungsausschuss eingerichtet ist, ist der Aufsichtsrat nicht dazu verpflichtet, die für einen Prüfungsausschuss empfohlenen Aufgaben in vollem Umfang an den Prüfungsausschuss weiterzugeben. Die nunmehr in Art. 39 der überarbeiteten Abschlussprüferrichtlinie formulierten Aufgaben können auch von einem Aufsichtsrat oder Verwaltungsrat selbst wahrgenommen werden. Da der deutsche Gesetzgeber von diesem Wahlrecht Gebrauch machen wollte, ist die Umsetzung im Wesentlichen im AktG erfolgt. § 324 HGB kommt nur die Funktion eines **Auffangtatbestands** zu. § 324 Abs. 1 Satz 1 HGB sieht die Verpflichtung vor, dass **KM-orientierte Ges.**, die **keinen Aufsichtsrat oder Verwaltungsrat** haben, der die Voraussetzungen des § 100 Abs. 5 AktG erfüllen muss (mindestens ein Mitglied mit Sachverstand auf den Gebieten Rechnungslegung oder Abschlussprüfung, Vertrautheit aller Mitglieder mit der Branche des Unt), einen Prüfungsausschuss einzurichten haben, der die in § 107 Abs. 3 Sätze 2 und 3 AktG beschriebenen Aufgaben wahrnimmt. Diese **Aufgaben** sind die Überwachung 9

- des Rechnungslegungsprozesses,
- der Wirksamkeit der internen Kontrollsysteme,
- der Wirksamkeit der Risikomanagementsysteme,
- des internen Revisionssystems sowie
- der Abschlussprüfung (hier insbesondere der Auswahl und der Unabhängigkeit des AP).

Des Weiteren finden sich relevante Neuerungen zu den Pflichten des Prüfungsausschusses in der EU-VO Nr. 537/2014, die unmittelbar – d. h. ohne Umsetzung durch den nationalen Gesetzgeber – Geltung entfalten. Hier ist insbesondere die Verpflichtung zur Durchführung eines Auswahlverfahrens für die Wahl des AP und die damit einhergehende Empfehlung zur Auswahl des AP nach Art. 16 der EU-VO Nr. 537/2014 zu nennen.[3] 10

Im **AktG** sind folgende Änderungen vorgenommen worden: § 100 Abs. 5 AktG und § 107 Abs. 3 und 4 AktG sind ergänzt worden. § 100 Abs. 5 AktG schreibt vor, dass mindestens ein Aufsichtsratsmitglied über Sachverstand auf den Gebieten Rechnungslegung oder Abschlussprüfung verfügen muss. Das bislang in § 100 Abs. 5 AktG enthaltene Unabhängigkeitserfordernis für dieses AR-Mitglied entfällt. Durch das AReG neu geregelt ist weiterhin, dass alle Mitglieder des Aufsichtsrates mit der Branche des Unt vertraut sein müssen. Nimmt der Aufsichtsrat die Aufgaben des Prüfungsausschusses zulässigerweise selbst war, gelten die entsprechenden Sachkenntnisanforderungen für ihn damit unmittelbar; hat der Aufsichtsrat dagegen einen Prüfungsausschuss nach § 107 Abs. 3 Satz 2 AktG bestellt oder besteht ein solcher nach § 324 HGB, sind die entsprechenden Anforderungen durch den Prüfungsausschuss zu erfüllen. 11

Es bleibt dem Aufsichtsrat unbenommen, einen Prüfungsausschuss einzurichten und diesem insb. die Überwachung des Rechnungslegungsprozesses, der Wirksamkeit der internen Kontrollsysteme, der Wirksamkeit des Risikomanagementsystems und des internen Revisionssystems sowie der Abschlussprüfung zu über- 12

---

[3] Vgl. ausführlich *Meyer/Matthews*, DB 2016, S. 695.

tragen (§ 107 Abs. 3 Satz 2 AktG). Mit der Vorschrift wird gleichzeitig zum Ausdruck gebracht, dass die in § 107 Abs. 3 Satz 2 AktG bezeichneten Aufgaben bereits bisher Aufgaben des Aufsichtsrates sind, die lediglich auf den Prüfungsausschuss übertragen werden können, ohne dass der Aufsichtsrat in seiner Gesamtheit dadurch aus seiner Verantwortung entlassen werden würde. Richtet der Aufsichtsrat einen Prüfungsausschuss ein, hat er dafür Sorge zu tragen, dass zumindest ein Mitglied des Prüfungsausschusses über Sachverstand auf dem Gebiet der Rechnungslegung oder Abschlussprüfung verfügt (§ 107 Abs. 4 AktG).

13 In Umsetzung von Art. 39 Abs. 6 der überarbeiteten Abschlussprüferrichtlinie ist § 107 Abs. 3 AktG durch das AReG ergänzt worden. Der Prüfungsausschuss kann Empfehlungen oder Vorschläge zur Gewährleistung der Integrität des Rechnungslegungsprozesses machen. Diese Vorschläge wären – der Systematik des AktG folgend – an den Aufsichtsrat zu erteilen.[4]

14 Der Prüfungsausschuss soll die ihm durch den Aufsichtsrat übertragenen **Aufgaben** zeitnäher und effizienter erledigen als dies im (relativ großen) AR-Plenum möglich ist. Dabei besteht die Möglichkeit, dass der Aufsichtsrat dem Prüfungsausschuss nur bestimmte Teilbereiche überträgt. Die übrigen Aufgaben hat der Aufsichtsrat dann selbst wahrzunehmen.

15 Insofern ist es konsequent, wenn angesichts des Aufgabenspektrums des Prüfungsausschusses zumindest ein Mitglied über einen entsprechenden Sachverstand verfügt und der gesamte Prüfungsausschuss Branchenkenntnisse haben muss.

3 Persönlicher Anwendungsbereich des § 324 HGB

3.1 Grundsätzlich betroffene Gesellschaften (Abs. 1 Satz 1)

16 § 324 Abs. 1 Satz 1 HGB sieht – in seiner Funktion als **Auffangtatbestand** – die Verpflichtung vor, dass Ges. i.S.d. § 264d HGB, die keinen Aufsichts- oder Verwaltungsrat haben, der die Voraussetzungen des § 100 Abs. 5 AktG erfüllen muss, einen **Prüfungsausschuss** einzurichten haben, der die in § 107 Abs. 3 Sätze 2 und 3 AktG beschriebenen Aufgaben wahrnimmt.

17 In der Umsetzung von Art. 39 der überarbeiteten Abschlussprüferrichtlinie ist der persönliche Anwendungsbereich von § 324 HGB, der bislang auf KapG beschränkt war, auf **KM-orientierte Unt aller Rechtsformen** erweitert worden.

18 Unter § 324 HGB können etwa **folgende Ges.** fallen, soweit sie KM-orientiert sind und nicht unter die Ausnahmen des § 324 Abs. 1 Satz 2 HGB fallen:
- mitbestimmungsfreie Gesellschaften mit beschränkter Haftung,
- kapitalistische offene Handelsgesellschaften und Kommanditgesellschaften über § 264a HGB,
- Kreditinstitute über § 340k HGB,
- Versicherungsunternehmen über § 341k HGB.

3.2 Ausnahmen vom Anwendungsbereich (Abs. 1 Satz 2)

19 In § 324 Abs. 1 Satz 2 HGB werden eine Reihe von KM-orientierten Ges. aus dem **Anwendungsbereich** von § 324 Abs. 1 Satz 1 HGB **herausgenommen**.

---

[4] AReG-BegrRegE, S. 68.

§ 324 Abs. 1 Satz 2 Nr. 1 HGB erfasst solche **Ges.**, deren ausschließlicher Zweck   20
in der **Ausgabe von Wertpapieren i. S. d. § 2 Abs. 1 Satz 1 WpHG** besteht, die
durch Vermögensgegenstände besichert sind. Derartige Ges. – Emittenten von
„Asset Back Securities" – dienen regelmäßig nur als Vehikel zur Liquiditäts-
beschaffung und sind von der Verpflichtung zur Einrichtung eines Prüfungsausschusses befreit. Allerdings müssen sie im Anhang begründen, warum sie es
nicht für erforderlich halten, einen Prüfungsausschuss einzurichten. Ob es dazu
mehr als eines Hinweises auf die fehlende gesetzliche Pflicht bedarf, lässt sich aus
den Gesetzesmaterialien nicht eindeutig entnehmen. Nach der hier vertretenen
Auffassung reicht ein schlichter Verweis nicht aus, weil das Gesetz von „darlegen" spricht. Für diese Auslegung spricht im Übrigen auch der Grundsatz des
„comply or explain" im DCGK.

Nach § 324 Abs. 1 Satz 2 Nr. 2 HGB sind zudem **Kreditinstitute**, die einen   21
organisierten Markt i. S. d. § 2 Abs. 5 WpHG nur durch die Ausgabe von **Schuldtiteln i. S. d. § 2 Abs. 1 Satz 1 Nr. 3 Buchst. a WpHG** in Anspruch nehmen, von
der Anwendung des § 324 Abs. 1 Satz 1 HGB befreit. Dies setzt aber voraus, dass
der **Nominalwert** der ausgegebenen Wertpapiere **100 Mio. EUR nicht übersteigt** und keine Verpflichtung zur Veröffentlichung eines Prospekts nach dem
Wertpapierprospektgesetz besteht.

Neu eingefügt durch das AReG ist § 324 Abs. 1 Satz 2 Nr. 3 HGB. Mit der   22
Neufassung soll sichergestellt werden, dass auch künftig **Investmentvermögen**
i. S. d. § 1 Abs. 1 KAGB von der verpflichtenden Einrichtung eines Prüfungsausschusses befreit bleiben. Eine explizite Regelung in § 324 Abs. 1 Satz 2 HGB
ist zur Beibehaltung der bestehenden Rechtslage notwendig: Durch die Erweiterung des persönlichen Anwendungsbereichs in § 324 Abs. 1 Satz 1 HGB auf
„Unt" werden zukünftig grds. auch Investmentvermögen erfasst. Es handelt
sich insofern um eine Folgeänderung zu § 324 Abs. 1 Satz 1 HGB.[5]

4 Zusammensetzung des Prüfungsausschusses (Abs. 2 Sätze 1–3)

§ 324 Abs. 2 HGB trifft rudimentäre Aussagen zur **Einrichtung und Organisa-   23
tion** des Prüfungsausschusses. Die Vorschrift basiert teilweise auf Art. 39 Abs. 1
der überarbeiteten Abschlussprüferrichtlinie. Danach legen die Mitgliedstaaten
fest, ob der Prüfungsausschuss sich aus nicht an der Geschäftsführung beteiligten
Mitgliedern des Verwaltungs- oder des Aufsichtsorgans oder aus Mitgliedern
zusammensetzt, die durch die GesV bestellt werden. Vorschriften zur Anzahl der
Mitglieder oder der Dauer ihrer Amtsperiode bestehen nicht.

Wenn ein Unt i. S. d. Abs. 1 kein Aufsichts- oder Verwaltungsorgan aufweist, das   24
auch die in § 107 Abs. 3 Sätze 2 und 3 AktG beschriebenen Aufgaben eines
Prüfungsausschusses wahrnimmt, sind die Mitglieder des Prüfungsausschusses
unmittelbar von den Gesellschaftern zu wählen. In diesem Fall muss die Ges.
selbst in ihrer Satzung oder ihrem Gesellschaftsvertrag Regelungen hinsichtlich
der Wahl und der Dauer der Mitgliedschaft im Prüfungsausschuss, der Informa-

---

[5] Vgl. AReG-BegrRegE, S. 55.

tions- und sonstigen Rechte und Pflichten der Mitglieder des Prüfungsausschusses sowie der Möglichkeiten der Beendigung der Mitgliedschaft aufstellen.[6] Um etwaige Regelungslücken zu schließen, können die aktienrechtlichen Vorschriften zum Aufsichtsrat herangezogen werden.[7] Letzteres gilt insb. auch im Hinblick auf die Sorgfaltspflichten und die Verantwortlichkeiten, die zur Gewährleistung einer ordnungsgemäßen Tätigkeit des Prüfungsausschusses auch für die Mitglieder des Prüfungsausschusses Anwendung finden müssen. Über § 324 Abs. 2 Satz 2 HGB findet das in § 100 Abs. 5 AktG niedergelegte Erfordernis, dass mindestens ein Mitglied über Sachverstand in Rechnungslegung oder Abschlussprüfung verfügen muss und alle Mitglieder entsprechende Branchenkenntnisse haben müssen, auch auf den „alleinstehenden" Prüfungsausschuss Anwendung.

25 **Sachverstand** setzt voraus, dass das Mitglied beruflich mit der Rechnungslegung oder der Abschlussprüfung aktuell befasst oder in der Vergangenheit gewesen ist. Dies ist z. B. für Finanzvorstände, leitende Angestellte aus dem Rechnungswesen oder für Angehörige der steuerberatenden oder wirtschaftsprüfenden Berufe anzunehmen. Der zweite zu berücksichtigende Aspekt ist die **Branchenkenntnis** des Gesamtprüfungsausschusses. Das neu durch das AReG eingeführte Erfordernis der Vertrautheit der Mitglieder insgesamt mit der Branche, in der das Unt tätig ist, beruht auf Art. 39 Abs. 1 der überarbeiteten Abschlussprüferrichtlinie. Eine Vertrautheit mit dem Geschäftsfeld des Unt kommt – neben praktischer Erfahrung – etwa dann in Betracht, wenn einzelne Mitglieder durch intensive Weiterbildungen Sektorkenntnisse erworben haben oder langjährig als Angehörige der beratenden Berufe einen tiefergehenden Einblick in die entsprechende Branche genommen haben.[8]

26 Die Vorgabe nach § 324 Abs. 2 Satz 2 HGB, wonach der Vorsitzende des Prüfungsausschusses nicht mit der Geschäftsführung betraut sein darf, kann eigentlich nur bei der monistisch strukturierten Europäischen Aktiengesellschaft bzw. bei entsprechend organisierten KM-orientierten Gesellschaften mit beschränkter Haftung praktische Bedeutung erlangen. Dasselbe gilt auch für die Wahl der Mitglieder des Prüfungsausschusses durch die Gesellschafter, da ansonsten grds. die Regelungen im Hinblick auf die interne Organisation des Aufsichtsrat nach den aktienrechtlichen Bestimmungen Gültigkeit haben.

27 § 324 Abs. 2 Satz 2 HGB erweitert in Umsetzung von Art. 39 Abs. 1 der neugefassten Abschlussprüferrichtlinie das Erfordernis der Unabhängigkeit auf die Mehrheit der Mitglieder des Prüfungsausschusses, zu denen zumindest auch der Vorsitzende zählen muss.

---

6 Eine Übertragung der Funktionen des Prüfungsausschusses auf die GesV kommt nach Auffassung des Gesetzgebers nicht in Betracht.
7 § 108 Abs. 2 Satz 3 AktG sieht zur Beschlussfassung im Aufsichtsrat eine Mindestgröße von drei Mitgliedern vor. Bei Prüfungsausschüssen von AG sind zwei bis sechs Mitglieder die Regel (vgl. *Grottel/Röhm-Rottmann*, in Beck Bil-Komm., 10. Aufl., § 324 HGB, Rz 167). Eine Mindestgröße von drei Mitgliedern wird in der Literatur empfohlen (vgl. *Hell/Pfirmann*, in *Küting/PfitzerWeber*, HdR, HGB § 324, Rn 31, Stand 02/2011; *Grottel/Röhm-Rottmann*, in Beck Bil-Komm., 10. Aufl., § 324 HGB, Rz 17). In Bezug auf die Amtszeit regelt § 102 Abs. 1 AktG eine maximale Amtszeit für AR-Mitglieder von fünf Gj (vier Gj zzgl. des Gj, in dem die Tätigkeit aufgenommen worden ist). Daran kann sich auch der Prüfungsausschuss orientieren.
8 Vgl. AReG-BegrRegE, S. 67.

5 Der Prüfungsausschuss als Schnittstelle zwischen Abschlussprüfer und Aufsichtsrat (Abs. 2 Satz 4)

Nach § 324 Abs. 2 Satz 4 HGB sind die §§ 124 Abs. 3 Satz 2 und 171 Abs. 1 Sätze 2 und 3 AktG entsprechend anzuwenden. Der Aufsichtsrat hat seinen Vorschlag zur Wahl des AP auf die Empfehlung des Prüfungsausschusses zu stützen (§ 124 Abs. 3 Satz 2 AktG). Der AP hat gegenüber dem Prüfungsausschuss eine verbindliche Auskunftspflicht (§ 171 Abs. 1 Satz 2 AktG). Nach § 171 Abs. 1 Satz 3 AktG muss der AP den Prüfungsausschuss über seine Unabhängigkeit informieren.

Nach der Neufassung durch das AReG verweist § 324 Abs. 2 Satz 4 HGB nunmehr auch auf § 107 Abs. 3 Satz 5 AktG. Danach ist dem Aufsichtsrat regelmäßig über die Arbeit der Ausschüsse zu berichten. § 324 HGB findet zwar nur auf Unt Anwendung, die keinen Aufsichtsrat oder Verwaltungsrat haben, der die Voraussetzungen des § 100 Abs. 5 AktG erfüllen muss. Sofern jedoch ein (nicht den aktienrechtlichen Vorgaben besetzter) Aufsichtsrat oder Verwaltungsrat eingerichtet ist, ist auch dieser über die Arbeit des Prüfungsausschusses zu unterrichten. Hat ein Unt demgegenüber keinen Aufsichtsrat oder Verwaltungsrat, geht die Verweisung ins Leere.[9]

28

29

6 Prüfungsausschuss und Abschlussprüferaufsichtsstelle (Abs. 3)

Die APAS hat gem. Art. 27 EU-VO Nr. 537/2014 regelmäßig die Entwicklungen auf dem Markt für die Bereitstellung von Abschlussprüfungsleistungen für Unt von öffentlichem Interesse zu überwachen. Zu diesem Zweck sind u. a. die Tätigkeitsergebnisse der Prüfungsausschüsse zu bewerten. § 324 Abs. 3 HGB schafft dazu die Ermächtigungsgrundlage für die APAS. Adressat eines entsprechenden Informationsverlangens der APAS ist das Unt. § 324 Abs. 3 HGB erfasst dabei sämtliche Unt von öffentlichem Interesse, unabhängig von ihrer Rechtsform. Der persönliche Anwendungsbereich geht damit über die Unt, die einen Prüfungsausschuss nach § 324 Abs. 1 Satz 1 HGB eingerichtet haben, hinaus.

30

Zur Entlastung der betroffenen Unt soll die APAS ihre Informationen zunächst aus öffentlichen Quellen beschaffen.

7 Sanktionen bei Verstößen gegen prüfungsbezogene Pflichten

Eine wesentliche Neuerung in Hinblick auf den Prüfungsausschuss bzw. Aufsichtsrat ergibt sich aus den Sanktionsvorgaben der Art. 30 ff. der überarbeiteten Abschlussprüferrichtlinie. Diese verlangen nicht nur wie bisher eine Sanktionierung von Pflichtverletzungen von AP, sondern ergänzend auch der jeweils zuständigen Organe der geprüften Unt. Für Ges. i. S. d. § 324 HGB erfolgt die Umsetzung durch das AReG in §§ 334 Abs. 2a, 333a HGB. Für die anderen Ges. erfolgen die Änderungen in den jeweils anzuwendenden Gesetzen, für die AG z. B. in §§ 404a, 405 Abs. 3b–3d AktG.

31

---

[9] AReG-BegrRegE, S. 56.

32 Sanktioniert werden nicht alle möglichen Verstöße, sondern nur solche, die in Zusammenhang mit der Auswahl und Überwachung des AP stehen (vgl. dazu die Kommentierung zu § 334 HGB).

§ 324a Anwendung auf den Einzelabschluss nach § 325 Abs. 2a

(1) ¹Die Bestimmungen dieses Unterabschnitts, die sich auf den Jahresabschluss beziehen, sind auf einen Einzelabschluss nach § 325 Abs. 2a entsprechend anzuwenden. ²An Stelle des § 316 Abs. 1 Satz 2 gilt § 316 Abs. 2 Satz 2 entsprechend.
(2) ¹Als Abschlussprüfer des Einzelabschlusses nach § 325 Abs. 2a gilt der für die Prüfung des Jahresabschlusses bestellte Prüfer als bestellt. ²Der Prüfungsbericht zum Einzelabschluss nach § 325 Abs. 2a kann mit dem Prüfungsbericht zum Jahresabschluss zusammengefasst werden.

WP StB CVA Klaus Bertram

Inhaltsübersicht

		Rz
1	Überblick	1–7
2	Prüfungspflicht des IFRS-EA nach § 325 Abs. 2a HGB (Abs. 1)	8–11
2.1	Anwendbare Vorschriften (Abs. 1 Satz 1)	8
2.2	Billigung (Abs. 1 Satz 2)	9–11
3	Bestellung des Abschlussprüfers und Prüfungsbericht (Abs. 2)	12–18
3.1	Bestellung des Abschlussprüfers (Abs. 2 Satz 1)	12–15
3.2	Prüfungsbericht (Abs. 2 Satz 2)	16–18

1 Überblick

§ 324a HGB regelt die Abschlussprüfung eines gem. den in § 315e Abs. 1 HGB bezeichneten internationalen Rechnungslegungsstandards aufgestellten Einzelabschlusses. § 325 Abs. 2a HGB eröffnet offenlegungspflichtigen Bilanzierenden die Möglichkeit, anstelle des nach handelsrechtlichen Grundsätzen aufgestellten Jahresabschlusses einen **nach den von der EU übernommenen IFRS aufgestellten Einzelabschluss** mit befreiender Wirkung offen zu legen. Der Gesetzgeber hat im Rahmen des Ende 2004 beschlossenen BilReG die Vorschrift neu geschaffen, um allen nach § 325 HGB offenlegungspflichtigen Bilanzierenden auch für die einzelgesellschaftliche Rechnungslegung die Anwendung der IFRS zu ermöglichen, allerdings nur für **Informationszwecke**. Für Zwecke der Kapitalerhaltung, Ausschüttungsbemessung, Grundlage der Besteuerung sowie für aufsichtsrechtliche Zwecke ist unverändert der handelsrechtliche Jahresabschluss maßgeblich.[1]

Hintergrund der Schaffung dieser Vorschrift war, dass ein freiwillig aufgestellter und offen gelegter **IFRS-EA** nur dann nach § 325 Abs. 2b HGB befreiende Wirkung für Offenlegungszwecke erlangt, wenn auch der Bestätigungsvermerk des AP zum IFRS-EA bzw. der Vermerk über dessen Versagung zum Bundes-

1

2

---

[1] Vgl. WPH Edition, Wirtschaftsprüfung & Rechnungslegung, 15. Aufl. 2017, Abschn. K, Rz 4.

anzeiger eingereicht wird. § 324a HGB bestimmt die für diese gesonderte Abschlussprüfung anwendbaren Rechtsvorschriften und, soweit aufgrund des Prüfungsgegenstands erforderlich, z.T. abweichende Regelungen.

3   Gem. Art. 58 Abs. 3 Satz 1 EGHGB ist § 324a HGB **erstmals auf das nach dem 31.12.2004 beginnende Geschäftsjahr**, d.h. bei Gj = Kj erstmals für das Gj 2005, anzuwenden.

4   § 324a HGB ist für **prüfungspflichtige KapG/KapCoGes** anzuwenden. Für **mittelgroße** KapG/KapCoGes sind bei Ausübung dieses Wahlrechts die Anforderungen des § 325 Abs. 2a Sätze 2–6 HGB zu berücksichtigen, d.h., die für den handelsrechtlichen Jahresabschluss bestehenden größenabhängigen Offenlegungserleichterungen gem. § 327 HGB (§ 327 Rz 13ff.) kommen im Fall des IFRS-EA nicht zur Anwendung. Dies erscheint auch sachgerecht, da bei einer freiwilligen Offenlegung eines IFRS-EA kein Grund für die Gewährung von Offenlegungserleichterungen besteht.

5   Eine Anwendung für **nicht prüfungspflichtige kleine KapG/KapCoGes** ist nicht vorgesehen. Bei diesen kann keine Befreiungswirkung i.S.v. § 325 Abs. 2a HGB eintreten, da es überhaupt an einer Prüfungspflicht des Jahresabschlusses fehlt und somit die in § 325 Abs. 2b HGB genannten Voraussetzungen nicht erfüllt werden können. Gleichwohl können diese Gesellschaften einen IFRS-EA aufstellen, prüfen lassen und offen legen. Für den in solchen Fällen beauftragten AP ist zu beachten, dass er in den Auftragsbedingungen die Anwendung der §§ 316ff. HGB vereinbart.[2]

6   Für **Genossenschaften** findet § 324a HGB infolge des Verweises in § 53 Abs. 2 Satz 2 GenG ebenfalls Anwendung. Zwar gelten für die Prüfung von Jahresabschlüssen von Genossenschaften spezielle Prüfungsvorschriften in § 53 GenG. Durch die Verweise in §§ 53 Abs. 2 Satz 2, 58 Abs. 1 und 2 GenG sind die dort genannten handelsrechtlichen Prüfungsvorschriften auch im Zuge der Prüfung eines IFRS-EA von Genossenschaften anwendbar.

7   **Kreditinstitute und Finanzdienstleistungsinstitute** können gem. § 340l Abs. 1 Satz 1 i.V.m. Abs. 5 HGB ebenfalls von dem Wahlrecht zur befreienden Offenlegung eines IFRS-EA Gebrauch machen. Ebenso **Versicherungsunternehmen und Pensionsfonds** gem. § 341l Abs. 1 Satz 1 i.V.m. Abs. 4 HGB.

2   Prüfungspflicht des IFRS-EA nach § 325 Abs. 2a HGB (Abs. 1)

2.1   Anwendbare Vorschriften (Abs. 1 Satz 1)

8   Abs. 1 Satz 1 bestimmt, dass die für den Jahresabschluss geltenden **Prüfungsvorschriften** auch auf den IFRS-EA anzuwenden sind. Anwendbar für den IFRS-EA sind somit folgende Vorschriften des HGB:

---

[2] Vgl. IDW PS 220, Tz 18.

Vorschrift	Regelungsbereich
§ 316 Abs. 1 Satz 1 HGB	Prüfungspflicht
§ 316 Abs. 3 HGB	Nachtragsprüfungspflicht
§ 317 Abs. 1 HGB	Gegenstand und Umfang der Prüfung des Jahresabschlusses
§ 317 Abs. 2 HGB	Gegenstand und Umfang der Prüfung des Lageberichts
§ 317 Abs. 5 und 6 HGB	Anwendung der von der EU angenommenen ISA und zusätzliche Prüfungsanforderungen auf Basis einer Rechtsverordnung (derzeit noch ohne praktische Relevanz)
§ 318 Abs. 1 HGB	Bestellung des AP
§ 318 Abs. 3–8 HGB	Abberufung, gerichtliche Bestellung des AP, Kündigung aus wichtigem Grund
§ 319 Abs. 1–4 HGB	Auswahl der AP und Ausschlussgründe
§ 319a Abs. 1 HGB	Besondere Ausschlussgründe bei Unternehmen von öffentlichem Interesse
§ 319b Abs. 1 HGB	Netzwerk
§ 320 Abs. 1 HGB	Vorlagepflicht
§ 320 Abs. 2 HGB	Auskunftspflicht
§ 320 Abs. 4 HGB	Berichterstattung des bisherigen an den neuen AP
§ 321 Abs. 1–5 HGB	Prüfungsbericht (ergänzt durch Sonderregelung § 324a Abs. 2 Satz 2)
§ 321a Abs. 1–3 HGB	Offenlegung des Prüfungsberichts in besonderen Fällen
§ 322 Abs. 1–7 HGB	Bestätigungsvermerk
§ 323 Abs. 1–4 HGB	Verantwortlichkeit des AP

Tab. 1: Anwendbare Vorschriften gem. § 324a HGB

Soweit sich aus der Anwendung der einzelnen Vorschriften auf die Prüfung eines IFRS-EA Besonderheiten ergeben, sind diese bei den jeweiligen Vorschriften kommentiert.

2.2 Billigung (Abs. 1 Satz 2)

9 Die Vorschrift stellt klar, dass analog zum handelsrechtlichen Konzernabschluss der IFRS-EA nicht festzustellen, sondern vom je nach Rechtsform zuständigen Gremium (Rz 11) zu billigen ist. Dies ergibt sich auch aus der Zielsetzung des IFRS-EA, der ausschließlichen Informationsvermittlung (Rz 1).

10 Die Vorschrift bestimmt weiterhin, dass bei unterlassener Prüfung des IFRS-EA keine Billigung erfolgen kann. Damit entfaltet in diesen Fällen auch eine Offenlegung im Bundesanzeiger keine befreiende Wirkung nach § 325 Abs. 2b HGB.[3]

11 Welches **Organ** für die Billigung des IFRS-EA zuständig ist, ergibt sich aus den rechtsformspezifischen Vorschriften:
- **AG**: Aufsichtsrat (§ 171 Abs. 4 i.V.m. Abs. 1 bis 3 AktG)
- **KGaA**: Hauptversammlung (§ 286 Abs. 1 AktG)
- **GmbH**: Gesellschafterbeschluss (§ 46 Nr. 1a i.V.m. § 42a Abs. 4 Satz 2 GmbHG[4]); soweit ein fakultativer Aufsichtsrat gem. § 52 Abs. 1 GmbHG existiert, für den die aktienrechtlichen Vorschriften zum Aufsichtsrat anwendbar sind,[5] ist durch den Verweis in § 53 Abs. 1 i.V.m. § 171 Abs. 4 AktG der Aufsichtsrat zuständig.
- **SE**: monistisches System: Verwaltungsrat (§ 47 Abs. 4 Satz 2 SEAG), dualistisches System: Aufsichtsrat (§ 3 SE-AG i.V.m. § 171 Abs. 4 AktG).
- **Personenhandelsgesellschaften**: Soweit im Gesellschaftsvertrag Zuständigkeiten für die Feststellung des Jahresabschlusses bzw. Billigung des Konzernabschlusses festgelegt sind, gelten diese analog für den IFRS-KA. Im Regelfall wird dies in der Zuständigkeit der Gesellschafter liegen; enthält der Gesellschaftsvertrag keine Regelungen, gilt ebenfalls die Gesellschafterversammlung als zuständig, da es sich um ein Grundlagengeschäft handelt.

3 Bestellung des Abschlussprüfers und Prüfungsbericht (Abs. 2)

3.1 Bestellung des Abschlussprüfers (Abs. 2 Satz 1)

12 Die Vorschrift regelt, dass der Abschlussprüfer des handelsrechtlichen Jahresabschlusses kraft Gesetz zum AP des IFRS-EA bestellt wird. Hierbei handelt es sich um eine Durchbrechung der in Abs. 1 Satz 1 geregelten analogen Anwendung der §§ 316–324 HGB. Der Bilanzierende hat keine Möglichkeit, einen anderen AP mit der Prüfung des IFRS-EA zu beauftragen, um die Befreiungswirkung des § 325 Abs. 2a HGB für den IFRS-EA zu erlangen. Es kann auch nicht ein ggf. vom AP des Jahresabschlusses abweichender Konzern-AP in die Rolle des AP gem. § 324 Abs. 2 Satz 2 HGB gelangen.[6]

---

[3] Vgl. LG Berlin, Urteil v. 1.12.2006, GmbHR 2007, S. 92.
[4] § 42a Abs. 4 GmbHG verweist auf Abs. 2, der von *Feststellung* spricht. Gem. der Gesetzesbegründung und auch Literaturmeinung ist hiermit gleichwohl die *Billigung* des IFRS-EA gemeint, vgl. BT-Drucks. 15/3419 S. 55; *Orth*, in *Baetge/Kirsch/Thiele*, Bilanzrecht, § 324a HGB, Rz 65, Stand 12/2014.
[5] Dies kann allerdings durch Gesellschaftsvertrag abbedungen werden; vgl. § 52 Abs. 1 letzter Hs. GmbHG.
[6] Vgl. BR-Drs. 326/04 S. 97; *Kirsch*, in BoHdR, § 324a HGB, Anm. 11.

In der Praxis bedeutet dies, dass bereits bei der Bestellung des AP für den handelsrechtlichen Jahresabschluss vom zuständigen Organ mit dem vorgesehenen AP geklärt werden muss, ob dieser fachlich und personell in der Lage ist, auch diesen Prüfungsauftrag durchzuführen. Denn sollte der AP z. B. aufgrund fehlender Fachkenntnis der IFRS nicht in der Lage sein, den IFRS-EA zu prüfen, darf er diesen Prüfungsauftrag nicht annehmen (§ 43 WPO, § 11 Abs. 2 BS WP/vBP).   13

Soweit sich das Unt erst nach Bestellung des AP zum handelsrechtlichen Jahresabschluss entschließt, einen befreienden IFRS-EA nach § 325 Abs. 2a HGB aufzustellen und prüfen zu lassen, und dann feststellt, dass der bestellte AP diesen weiteren Auftrag nicht durchführen kann, bleibt als einziger Ausweg die **gerichtliche Ersetzung** durch einen anderen AP gem. § 318 Abs. 3 Satz 1 HGB.[7] Vgl. hierzu § 318 Rz 51.   14

Soweit für die Prüfung des handelsrechtlichen Jahresabschlusses zwei AP gemeinsam bestellt worden sind (**joint audit**), gelten diese aufgrund der Fiktion von Abs. 2 Satz 1 auch als gemeinsame AP des IFRS-EA.[8]   15

3.2 Prüfungsbericht (Abs. 2 Satz 2)

Da AP des handelsrechtlichen Jahresabschlusses und des IFRS-EA personenidentisch sind (Ausnahme s. Rz 14), hat der Gesetzgeber mit der Vorschrift die gesetzliche Möglichkeit zur **Zusammenfassung des Prüfungsberichts** geschaffen.   16

Bezüglich der Zusammenfassung des Prüfungsberichts über den handelsrechtlichen Jahresabschluss und den Konzernabschluss bestand schon länger – zunächst lediglich aufgrund berufsständischer Prüfungsgrundsätze[9], später aufgrund gesetzlicher Regelung (§ 325 Abs. 3a HGB) – die Möglichkeit der Zusammenfassung. Hierzu ist es einerseits erforderlich, dass es sich bei beiden Abschlussprüfungen um denselben AP handelt, und andererseits, dass der Bilanzierende Anhang und Konzernanhang gem. § 298 Abs. 3 HGB sowie Lagebericht und Konzernlagebericht gem. § 315 Abs. 3 i. V. m. § 298 Abs. 3 HGB zusammengefasst hat.

In der praktischen Anwendung erfolgt die Zusammenfassung der Prüfungsberichte eher selten, da dies im Interesse der Klarheit der Berichterstattung von den Berichtsadressaten zumeist nicht gewünscht wird und für den AP auch nicht unproblematisch ist.[10] Da sich IFRS-EA und handelsrechtlicher Jahresabschluss oftmals stark unterscheiden, wird von den betroffenen Unt z. T. auch nicht ein einheitlicher Lagebericht – wie eigentlich vom Gesetzgeber vorgesehen[11] – aufgestellt, sondern es werden **zwei Lageberichte** aufgestellt, die sich lediglich in Bezug auf die Darstellung der Vermögens-, Finanz- und Ertragslage und des Geschäftsergebnisses unterscheiden. Der eine Lagebericht nimmt auf den handelsrechtlichen Jahresabschluss Bezug, während der andere auf den IFRS-EA abstellt. Im Sinne der von § 289 HGB geforderten klaren und übersichtlichen   17

---

[7] GlA *Orth*, in *Baetge/Kirsch/Thiele*, Bilanzrecht, § 324a HGB, Rz 76, Stand 12/2014.
[8] Vgl. *Hell/Pfirmann* in: *Küting/Pfitzer/Weber*, HdR, § 324a HGB, Rz 15, Stand: 02/2011.
[9] Vgl. IDW PS 450, Tz 138.
[10] Vgl. *Pfitzer/Oser/Orth*, DB 2004, S. 2602.
[11] Vgl. BT-Drs. 15/3419, S. 45.

Berichterstattung erscheint dies zweckmäßig. Da gem. § 325 Abs. 2a und 2b HGB beide Abschlüsse und beide Lageberichte offenzulegen sind, erscheint diese über den Gesetzestext hinausgehende Interpretation zulässig.

18 Gem. § 325 Abs. 3a HGB besteht auch die Möglichkeit, den Prüfungsbericht über den IFRS-EA mit dem **Prüfungsbericht über den Konzernabschluss** zusammenzufassen. Dies erscheint auch nur in solchen Fällen zweckmäßig und den Grundsätzen einer klaren Berichterstattung entsprechend, wenn es sich bei dem Konzernabschluss um einen gem. § 315e HGB nach IFRS aufgestellten Konzernabschluss handelt.

§ 325 Offenlegung

(1) ¹Die Mitglieder des vertretungsberechtigten Organs von Kapitalgesellschaften haben für die Gesellschaft folgende Unterlagen in deutscher Sprache offenzulegen:
1. den festgestellten oder gebilligten Jahresabschluss, den Lagebericht und den Bestätigungsvermerk oder den Vermerk über dessen Versagung sowie
2. den Bericht des Aufsichtsrats und die nach § 161 des Aktiengesetzes vorgeschriebene Erklärung.

²Die Unterlagen sind elektronisch beim Betreiber des Bundesanzeigers in einer Form einzureichen, die ihre Bekanntmachung ermöglicht.

(1a) ¹Die Unterlagen nach Absatz 1 Satz 1 sind spätestens ein Jahr nach dem Abschlussstichtag des Geschäftsjahrs einzureichen, auf das sie sich beziehen. ²Liegen die Unterlagen nach Absatz 1 Satz 1 Nummer 2 nicht innerhalb der Frist vor, sind sie unverzüglich nach ihrem Vorliegen nach Absatz 1 offenzulegen.

(1b) ¹Wird der Jahresabschluss oder der Lagebericht geändert, so ist auch die Änderung nach Absatz 1 Satz 1 offenzulegen. ²Ist im Jahresabschluss nur der Vorschlag für die Ergebnisverwendung enthalten, ist der Beschluss über die Ergebnisverwendung nach seinem Vorliegen nach Absatz 1 Satz 1 offenzulegen.

(2) Die Mitglieder des vertretungsberechtigten Organs der Kapitalgesellschaft haben für diese die in Absatz 1 bezeichneten Unterlagen jeweils unverzüglich nach der Einreichung im Bundesanzeiger bekannt machen zu lassen.

(2a) ¹Bei der Offenlegung nach Absatz 2 kann an die Stelle des Jahresabschlusses ein Einzelabschluss treten, der nach den in § 315e Abs. 1 bezeichneten internationalen Rechnungslegungsstandards aufgestellt worden ist. ²Ein Unternehmen, das von diesem Wahlrecht Gebrauch macht, hat die dort genannten Standards vollständig zu befolgen. ³Auf einen solchen Abschluss sind § 243 Abs. 2, die §§ 244, 245, 257, 264 Absatz 1a, 2 Satz 3, § 285 Nr. 7, 8 Buchstabe b, Nr. 9 bis 11a, 14 bis 17, § 286 Abs. 1, 3 und 5 anzuwenden. ⁴Die Verpflichtung, einen Lagebericht offenzulegen, bleibt unberührt; der Lagebericht nach § 289 muss in dem erforderlichen Umfang auch auf den Einzelabschluss nach Satz 1 Bezug nehmen. ⁵Die übrigen Vorschriften des Zweiten Unterabschnitts des Ersten Abschnitts und des Ersten Unterabschnitts des Zweiten Abschnitts gelten insoweit nicht. ⁶Kann wegen der Anwendung des § 286 Abs. 1 auf den Anhang die in Satz 2 genannte Voraussetzung nicht eingehalten werden, entfällt das Wahlrecht nach Satz 1.

(2b) ¹Die befreiende Wirkung der Offenlegung des Einzelabschlusses nach Absatz 2a tritt ein, wenn
1. statt des vom Abschlussprüfer zum Jahresabschluss erteilten Bestätigungsvermerks oder des Vermerks über dessen Versagung der entsprechende Vermerk zum Abschluss nach Absatz 2a in die Offenlegung nach Absatz 2 einbezogen wird,
2. der Vorschlag für die Verwendung des Ergebnisses und gegebenenfalls der Beschluss über seine Verwendung unter Angabe des Jahresüberschusses

oder Jahresfehlbetrags in die Offenlegung nach Absatz 2 einbezogen werden und
3. der Jahresabschluss mit dem Bestätigungsvermerk oder dem Vermerk über dessen Versagung nach Absatz 1 Satz 1 bis 4 offen gelegt wird.

(3) Die Absätze 1 bis 2 und 4 Satz 1 gelten entsprechend für die Mitglieder des vertretungsberechtigten Organs einer Kapitalgesellschaft, die einen Konzernabschluss und einen Konzernlagebericht aufzustellen haben.

(3a) Wird der Konzernabschluss zusammen mit dem Jahresabschluss des Mutterunternehmens oder mit einem von diesem aufgestellten Einzelabschluss nach Absatz 2a bekannt gemacht, können die Vermerke des Abschlussprüfers nach § 322 zu beiden Abschlüssen zusammengefasst werden; in diesem Fall können auch die jeweiligen Prüfungsberichte zusammengefasst werden.

(4) ¹Bei einer Kapitalgesellschaft im Sinn des § 264d, die keine Kapitalgesellschaft im Sinn des § 327a ist, beträgt die Frist nach Absatz 1a Satz 1 längstens vier Monate. ²Für die Wahrung der Fristen nach Satz 1 und Absatz 1a Satz 1 ist der Zeitpunkt der Einreichung der Unterlagen maßgebend.

(5) Auf Gesetz, Gesellschaftsvertrag oder Satzung beruhende Pflichten der Gesellschaft, den Jahresabschluss, den Einzelabschluss nach Absatz 2a, den Lagebericht, den Konzernabschluss oder den Konzernlagebericht in anderer Weise bekannt zu machen, einzureichen oder Personen zugänglich zu machen, bleiben unberührt.

(6) Die §§ 11 und 12 Abs. 2 gelten für die beim Betreiber des Bundesanzeigers einzureichenden Unterlagen entsprechend; § 325a Abs. 1 Satz 3 und § 340l Absatz 2 Satz 6 bleiben unberührt.

PROF. DR. BERT KAMINSKI

Inhaltsübersicht

		Rz
1	Überblick	1–30
	1.1 Regelungszweck und Inhalt	1–7
	1.2 Anwendungsbereich	8–24
	1.3 Normenzusammenhänge	25–30
2	Offenlegungspflicht	31–116
	2.1 Einreichungspflicht beim Bundesanzeiger	31–57
	2.2 Einzureichende Unterlagen	58–104
	2.2.1 Allgemeine Grundsätze	58–64
	2.2.2 Jahresabschluss	65–70
	2.2.3 Bestätigungs- bzw. Versagungsvermerk	71–80
	2.2.4 Lagebericht	81–82
	2.2.5 Bericht des Aufsichtsrats	83–88
	2.2.6 Erklärung nach § 161 AktG	89–91
	2.2.7 Gewinnverwendungsvorschlag	92–104
	2.3 Nachreichungspflichten bei verkürzter Einreichung zur Fristwahrung	105–108
	2.4 Nachträgliche Änderung	109–114
	2.5 Formvorschriften	115–116

3 Bekanntmachungspflicht im Bundesanzeiger (Abs. 2)	117–119
4 Offenlegung eines internationalen Einzelabschlusses mit befreiender Wirkung (Abs. 2a und 2b)	120–143
4.1 Anforderungen an den Abschluss	122–138
4.1.1 Allgemeine Grundsätze	122–125
4.1.2 Anwendung von HGB-Vorschriften	126–136
4.1.3 Nichtanwendung von Vorschriften	137
4.1.4 Suspendierung des Wahlrechts	138
4.2 Weitere Voraussetzungen für die befreiende Wirkung	139–143
5 Offenlegung von Konzernabschluss und Konzernlagebericht (Abs. 3 und 3a)	144–155
5.1 Offenlegungspflicht	144–152
5.2 Zusammenfassungsmöglichkeiten	153–155
6 Fristvorgaben für kapitalmarktorientierte Unternehmen (Abs. 4)	156–159
7 Ergänzende Regelungen in Gesetz, Gesellschaftsvertrag oder Satzung (Abs. 5)	160–162
8 Anforderungen an die Unterlagen	163–166
9 Sanktionen	167–175
9.1 Verstoß gegen die Offenlegungspflicht	173–174
9.2 Unrichtige Darstellung	175
10 Gestaltungen zur Vermeidung oder Begrenzung der Offenlegung	176–208
10.1 Wechsel der Rechtsform	179–185
10.2 „Vollhafter-Modell"	186–192
10.3 Erlangung der Befreiungstatbestände gem. § 264 Abs. 3 bzw. § 264b HGB	193–198
10.4 Schaffung von kleineren Unternehmensteilen	199–203
10.5 Größenabhängige Überlegungen	204–206
10.6 Betrieb einer inländischen Zweigniederlassung eines Unternehmens aus einem Drittstaat	207–208

1 Überblick

1.1 Regelungszweck und Inhalt

Die Norm schafft die Voraussetzung, damit interessierte Kreise **Einsicht in die Rechnungslegung** des Unt erlangen können, um der Gläubigerschutzfunktion der externen Rechnungslegung zu genügen.[1] Bereits die Erste EG-RL[2] verpflichtete die Mitgliedstaaten, für Ges. die offenlegungspflichtigen Unterlagen zu sammeln und Interessenten auf schriftliches Verlangen Abschriften hiervon zu übersenden.[3] Damit sollen nicht nur die Gesellschafter, sondern auch außen-

1

---

[1] Vgl. *Dollerer*, BB 1958, S. 1281 ff. sowie zu einer Analyse der Auswirkungen auf die Steuerung eines Unternehmens *Meier-Schatz*, S. 161 ff.
[2] V. 9.3.1968, Abl. EG, Nr. L 65/1968, S. 8 ff.
[3] Vgl. zur Rechtsentwicklung *Haller/Hütten/Löffelmann*, in *Küting/Pfitzer/Weber*, HdR, Einf HGB §§ 325–329, Rz 6 ff. (5/2014).

stehende Dritte zeitnah über die Entwicklung des Unt informiert werden. Hieraus hat der EuGH in seinem Urteil v. 23.9.2004[4] abgeleitet, dass diese Informationen jeder interessierten Person zugänglich zu machen sind. Die früher geltende Beschränkung des Antragsrechts nach § 335a HGB aF wurde als nicht richtlinienkonform erklärt.

2 Der durch das MicroBilG[5] geschaffene § 326 Abs. 2 HGB trägt der Umsetzung der durch die am 14.3.2012 verabschiedeten RL 2012/6/EU des Europäischen Parlaments und des Rates zur Änderung der RL 78/660/EWG des Rates über den Jahresabschluss von Gesellschaften bestimmter Rechtsformen hinsichtlich Kleinstbetrieben, sog. Micro-Richtlinie,[6] Rechnung.[7] Danach können die Staaten KapG, die bestimmte Größenkriterien nicht überschreiten, von bestimmten Rechnungslegungs- und Offenlegungspflichten entbinden.[8] Da es sich hierbei um ein Wahlrecht handelt, das vom jeweiligen Mitgliedstaat auszuüben ist, muss einer möglichen unterschiedlichen Ausgestaltung in den anderen Mitgliedsstaaten Rechnung getragen werden. Die in § 326 Abs. 2 HGB vorgesehene Hinterlegung ist gegenüber der Offenlegung vorrangig, so dass in diesen Fällen eine Hinterlegung, aber keine weitergehende Offenlegung zu erfolgen hat.

3 Nach Auffassung des Gesetzgebers gibt es einen Zusammenhang zwischen der Begrenzung der Haftung der Gesellschafter für die Verbindlichkeiten der Ges. und der Unternehmenspublizität. Danach ist die **Offenlegung „der Preis" für die Haftungsbeschränkung**.[9] Hieraus erklärt sich, dass nur KapG und KapCoGes unter diese Regelung fallen. Hingegen sind andere PersG, wie insb. BGB- oder Partnerschaftsges., hiervon nicht betroffen. Allerdings wird dieser Grundsatz nicht konsequent umgesetzt, weil aufgrund von § 9 Abs. 1 PublG für den Jahresabschluss und § 15 Abs. 1 PublG für den Konzernabschluss (Rz 12) auch Ges. in den Anwendungsbereich der Norm fallen können, deren Gesellschafter einer vollumfänglichen persönlichen Haftung für die Verbindlichkeiten der Ges. unterliegen. Der Gesetzgeber hat mit Datum vom 15.7.2013 ein Gesetz zur Einführung einer Partnerschaftsgesellschaft mit beschränkter Berufshaftung und zur Änderung des Berufsrechts der Rechtsanwälte, Patentanwälte und Steuerberater beschlossen.[10] Obwohl danach eine Haftungsbeschränkung erfolgen kann, führt dies nicht zu einer Veränderung der Offenlegungspflicht dieser Ges. nach § 325 HGB. Vielmehr bleiben auch diese haftungsbeschränkten Ges. nicht offenlegungspflichtig. *Römermann* kritisiert diese ausschließlich berufsrechtliche Haftungsbeschränkung.[11] Der DAV verteidigt die Beschränkung mit

---

4 C-425/02, Axel Springer AG/Zeitungsverlag Niederrhein GmbH & Co. Essen KG, C-103/03; Hans-Jürgen Weske, Slg. 2004, I-10823 vgl. zu einer Analyse z.B. *Kiesel/Grimmen*, DStR 2004, S. 2210ff.
5 V. 20.12.2012, BGBl 2012 I S. 2751.
6 ABl. L 81 v. 21.3.2012, S. 3.
7 Vgl. zu einem Überblick z.B. *Fey/Deubert/Lewe*, BB 2013, S. 107ff. *Meyer*, DStR 2013, S. 931ff. *Zwirner/Busch/Froschhammer*, StuB 2013, S. 318.
8 Vgl. zu einem Überblick z.B. *Zwirner/Froschhammer*, Stbg 2013, S. 227ff. oder *Haller/Groß*, DB 2012, S. 2109ff.
9 Vgl. BT-Drs. 14/1806, S. 16 und BT-Drs. 14/2353, S. 26.
10 BGBl 2013 I S. 2390.
11 Er kritisiert das unnötige Hinzufügen einer „hybriden Struktur aus PersG mit kapitalgesellschaftsähnlicher Haftung", vgl. *Römermann*, AnwBl 2012, S. 288 sowie zu den Voraussetzungen *Römermann/Prass*, Stbg 2012, S. 322ff.

dem Argument, dass sich ansonsten sofort die Frage nach einer Mindestkapitalausstattung stelle und hieraus eine steuerliche Gleichbehandlung mit einer Anwalts-GmbH resultieren würde.[12]

Durch die Offenlegung wird erreicht, dass eine größere Zahl von Personen Einsicht in die Lage und Entwicklung der Ges. erhalten kann. Hiermit ist eine gewisse **Selbstkontrolle** verbunden, weil die Unternehmensleitung sich bewusst sein muss, dass sie die Ergebnisse ihres Handelns offenlegen muss. Dieser Effekt ist bei KM-orientierten Ges. besonders ausgeprägt, weil zu erwarten ist, dass die Marktteilnehmer auf die Entwicklung des Unt reagieren[13] und sich z.B. von Anteilen an der Ges. trennen werden. Hieraus können erhebliche Kursrückgänge resultieren, sodass auch andere Gesellschafter auf Änderungen durch die Unternehmensleitung drängen werden. 4

Obwohl der vierte Unterabschnitt mit **Offenlegung** überschrieben ist, wird dieser **Begriff** gesetzlich nicht definiert. Hierunter sind für Zwecke der Rechnungslegung „nur" die Einreichung zur Bekanntmachung im **Bundesanzeiger** (https://www.bundesanzeiger.de) in elektronischer Form und die Veranlassung der Bekanntmachung zu verstehen. Hingegen wird an anderen Gesetzesstellen ein weiteres Verständnis verwendet (so etwa in § 339 HGB bei Genossenschaften, bei denen auch die Bekanntmachung hierunter fällt, oder in § 18 KWG). Diese – durch das EHUG[14] geschaffenen – Regelungen ersetzen die bis dahin geltende Offenlegungskonzeption, die aus der Einreichung von Unterlagen zum HR und einer Bekanntmachung im (realen) BAnz bestand. Bei KleinstKapG i.S.v. § 267a HGB ist hierunter die Einreichung in elektronischer Form zum BAnz zu verstehen, vgl. § 326 Rz 24 ff. 5

Der Gesetzgeber hat durch das BilRUG insb. den bisherigen Abs. 1 neu gefasst. 6

Durch das CSR-Richtlinie-Umsetzungsgesetz[15] wurden in § 325 HGB Änderungen vorgenommen. Diese haben im Wesentlichen redaktionelle Bedeutung und keine inhaltlichen Auswirkungen. Hierbei wurde insbesondere die Bezeichnung der „gesetzlichen Vertreter" durch die Migleder des vertretungsberechtigten Organs ersetzt. 7

1.2 Anwendungsbereich

Die Regelung gilt unmittelbar für **KapG** und infolge von § 264a HGB auch für **KapCoGes**. Hierbei ist zu beachten, dass die Einbeziehung Letzterer auf die Rspr. des EuGH zurückzuführen ist.[16] Im Schrifttum wird diskutiert, inwieweit die Vorschrift gegen das Grundrecht des **Datenschutzes** verstößt.[17] Dies gilt 8

---

12 Vgl. *Hellwig*, AnwBl 2012, S. 345.
13 Vgl. zu einer empirischen Analyse *Grottke/Löffelmann/Späth/Haendel*, DStR 2012, S. 94 ff.
14 V. 10.11.2006, BGBl 2006 I S. 2553.
15 Gesetz zur Stärkung der nichtfinanziellen Berichterstattung der Unternehmen in ihren Lage- und Konzernlageberichten, vom 11.4.2017, BGBl. I 2017, S. 802.
16 Vgl. EuGH, Urteil v. 23.9.2004, C-425/02, Axel Springer AG/Zeitungsverlag Niederrhein GmbH & Co. Essen KG, C-103/03; Hans-Jürgen Weske, Slg. 2004, I-10823, vgl. zu einer Analyse z.B. *Kiesel/Grimmen*, DStR 2004, S. 2210 ff.
17 Vgl. z.B. *Starck*, DStR 2008, S. 2035; *Leible*, ZHR 162 (1998), S. 617; *Großfeld*, NJW 1986, S. 960 u. *Gustavus*, GmbHR 1987, S. 254 sowie *Dietrich*, NJ 2010, S. 108 f. sowie zu einer verfassungsrechtlichen Würdigung vor dem Hintergrund der Funktion des Jahresabschlusses *Brete*, GmbHR 2009, S. 617 ff.

speziell für den Fall, dass eine Ges. nur einen oder wenige Gesellschafter hat. Bisher ist weder der EuGH noch die nationale Rechtsprechung[18] dieser Auffassung gefolgt. Auf die **Offenlegungserleichterung** in Abs. 1 Satz 4 aF für die GmbH (Rz 93 ff.) wird verwiesen.[19] Teilweise werden grundlegend verfassungsrechtliche Bedenken geäußert.[20]

9   Im Rahmen eines Verfahrens zur Verfassungsmäßigkeit des Ordnungsgelds in Fällen bis zu den Änderungen durch das EHUG haben die Beschwerdeführer hilfsweise darauf hingewiesen, dass die Offenlegungspflicht nach § 325 HGB gegen Art. 14 Abs. 1 GG verstoße. Das BVerfG hat in seinem Beschluss über die Nichtannahme der Verfassungsbeschwerde vom 11.2.2009[21] dieser Argumentation keine Bedeutung geschenkt. Vielmehr ging das Gericht davon aus, dass die Verfassungsbeschwerde keine hinreichende Aussicht auf Erfolg habe und lehnte diese deshalb ab. Zwar setzt sich das Gericht in seinem Beschluss nicht mit einem möglichen Verstoß gegen Art. 14 Abs. 1 GG auseinander, gleichwohl sieht es keine verfassungsrechtlichen Bedenken. Neben der Analyse einer Reihe von Fragen, die für die Weitergeltungsregelungen des **Ordnungsgeldverfahrens** bedeutsam sind, wurde im Übrigen auf § 93d Abs. 1 Satz 3 BVerfGG verwiesen. Dieser sieht vor, dass die Ablehnung der Annahme einer Verfassungsbeschwerde keiner Begründung bedarf. In einer ganzen Reihe von folgenden Beschlüssen hat das BVerfG die Annahme von Verfahren gegen die Pflicht aus § 325 HGB abgelehnt. Dabei geht das Gericht in nunmehr ständiger Rechtsprechung davon aus, dass selbst wenn ein Eingriff in die Grundrechte gegeben sei, dieser gerechtfertigt wäre. Hierzu wird insb. auf den im Allgemeininteresse liegenden Schutz des Wirtschaftsverkehrs der Marktteilnehmer und einer Kontrollmöglichkeit der betroffenen Ges. vor dem Hintergrund deren nur beschränkter Haftung verwiesen.[22]

10 Zumindest nach Auffassung des LG Bonn[23] verstoßen diese Regelungen auch nicht gegen Europäisches Unionsrecht. Die **ordnungsgeldbewehrte Offenlegungspflicht** sei im Hinblick auf die Haftungsbeschränkung der KapG insb. zum Gläubigerschutz und zur Gewährleistung der Markttransparenz geeignet, erforderlich und verhältnismäßig. Dies gelte auch für kleinere KapG, für die die offenzulegenden Jahresabschlussunterlagen beschränkt sind. Die anderen Auskunftsmöglichkeiten ersetzten die Offenlegung der Jahresabschlussunterlagen nicht.

11 Gem. § 264 Abs. 3 HGB braucht eine KapG (u.a.) die Regelungen über die Offenlegung bzw. Hinterlegung **nicht beachten**, wenn kumulativ:
1. alle Gesellschafter des TU der Befreiung für das jeweilige Gj zugestimmt haben und der Beschluss nach § 325 Abs. 1 bis 1b HGB offengelegt worden ist,

---

18 Vgl. z.B. LG Bonn, Urteil v. 19.2.2007, 11 T 19/05, Juris.
19 Der Gesetzgeber begründet diese Annahme mit dem Datenschutzgedanken, vgl. BT-Drs. 12/7912, S. 23 f.
20 Vgl. zu einer Analyse *Friauf*, GmbHR 1985, S. 245 ff.; *Meilicke*, DB 1986, S. 2445 ff.; *ders.*, StBJb 1986/87, S. 256 ff. u. *Kuntze-Kaufhold*, GmbHR 2009, S. 75 ff sowie speziell zu den personenbezogenen Gesellschaften *Dietrich*, NJ 2010, S. 108 ff.
21 1 BvR 3582/08, WM 2009, S. 893 = NZG 2009, S. 515 = BB 2009, S. 1122.
22 Vgl. BVerfG, Beschlüsse v. 11.3.2009, 1 BvR 3413/08, NJW 2009, S. 2588; v. 10.9.2009, 1 BvR 1636/09, juris; v. 1.2.2011, 2 BvR 1236/10, WM 2011, S. 614 (mit Anm. *Kleinmanns*, BB 2011, S. 1138); v. 11.2.2009, 1 BvR 3582/08, NZG 2009, S. 515; v. 18.4.2011, 1 BvR 874/11, juris; v. 18.4.2011, 1 BvR 956/11, juris; v. 13.4.2011, 1 BvR 822/11, BFH/NV 2011, S. 1277; v. 24.3.2011, 1 BvR 555/11, juris; v. 24.3.2011, 1 BvR 488/11, juris; v. 16.3.2011, 1 BvR 441/11, juris; v. 16.3.2011, 1 BvR 412/11, juris.
23 Beschluss v. 7.10.2008, 30 T 122/08, GmbHR 2009, 95.

2. das MU zur Übernahme der bis zum Abschlussstichtag eingetretenen Verluste nach § 302 AktG verpflichtet ist oder eine solche Verpflichtung freiwillig übernommen hat und diese Erklärung nach § 325 Abs. 1 bis 1b HGB offengelegt worden ist,
3. das TU in einen Konzernabschluss eines MU mit Sitz innerhalb eines Mitgliedstaats der EU oder eines anderen Vertragsstaats des Abkommens über den EWR einbezogen worden ist[24] und
4. die Befreiung des TU von der Offenlegung nach § 325 HGB im Anhang des Konzernabschlusses des MU anzugeben ist und dies nach § 325 Abs. 1 bis 1b HGB offengelegt ist.

In der **Gestaltungsberatung** könnte versucht werden, durch das gezielte Schaffen dieser Voraussetzungen die Offenlegungspflichten zu vermeiden (Rz 176 ff.).[25] Eine Berufung auf diese Regelung setzt voraus, dass das MU einen Konzernabschluss aufgestellt und offengelegt haben muss, dessen Anhang den Anforderungen des § 264 Abs. 3 Nr. 4 Buchst. a HGB (§ 264 Rz 105) bzw. seit dem BilRUG § 264 Abs. 3 Nr. 3 HGB entspricht (§ 264 Rz 115).[26]

Diese Möglichkeit besteht auch für KapG, die **Tochtergesellschaft** eines **nach § 11 PublG** zur Aufstellung eines **Konzernabschlusses** verpflichteten MU sind. Dies setzt jedoch voraus, dass von dem Wahlrecht des § 13 Abs. 3 Satz 1 PublG kein Gebrauch gemacht wird (§ 264 Rz 123). Daher müssen die Regelungen zu den Pflichtangaben über die Bezüge der Organmitglieder (§ 314 Abs. 1 Nr. 6 HGB) beachtet werden.

12

Für haftungsbeschränkte **Personengesellschafter** sieht § 264b HGB vor, dass eine Offenlegung bzw. Hinterlegung unterbleiben kann, wenn kumulativ:
1. sie in den Konzernabschluss eines MU mit Sitz in einem Mitgliedstaat der EU oder einem anderen Vertragsstaat des Abkommens über den EWR oder in den Konzernabschluss eines anderen Unt, das persönlich haftender Gesellschafter dieser PersG ist, einbezogen wird;
2. der Konzernabschluss sowie der Konzernlagebericht im Einklang mit der RL 83/349/EWG des Rates vom 13. Juni 1983 aufgrund von Art. 54 Abs. 3 Buchst. g des Vertrags über den konsolidierten Abschluss[27] und der RL 84/253/EWG des Rates vom 10.4.1984 über die Zulassung der mit der Pflichtprüfung der Rechnungslegungsunterlagen beauftragten Personen[28] in ihren jeweils geltenden Fassungen nach dem für das den Konzernabschluss aufstellende Unt maßgeblichen Recht aufgestellt, von einem zugelassenen AP geprüft und offengelegt worden ist, und
3. die Befreiung der PersG
   a) im Anhang des von dem MU aufgestellten und nach § 325 HGB durch Einreichung beim Betreiber des BAnz offengelegten Konzernabschlusses angegeben und

13

---

[24] Mit dem MicroBilG ist die Erweiterung auf Konzernabschlüsse ausländischer EU- bzw. EWG-MU vom Gesetzgeber nun für Jahresabschlüsse, die nach dem 31.12.2012 beginnen, klargestellt.
[25] Kritisch zu den hiermit verbundenen Erleichterungen für die Prüfung *Marten/Zürn*, BB 2004, S. 1615 ff.
[26] Vgl. LG Bonn, Beschluss v. 09.11.2012, 38 T 285/12, BeckRS 2013, 01708.
[27] Abl. EG, Nr. L 193, S. 1.
[28] Abl. EG, Nr. L 126, S. 20.

b) zusätzlich im BAnz für die Personenhandelsgesellschaft unter Bezugnahme auf diese Vorschrift und unter Angabe des MU mitgeteilt worden ist (vgl. zu einer Erläuterung § 264b Rz 3 ff.).

14 Hierbei ist auf eine sehr sorgfältige Erfüllung der Tatbestandsvoraussetzungen für diese Ausnahmeregelung zu achten. Das LG Bonn hat in seinem Urteil v. 8.12.2010[29] die Verhängung eines Ordnungsgeldes wegen Nichteinreichung des Jahresabschlusses in einem Fall bestätigt, in dem eine Ges. zwar in einen Konzernabschluss einbezogen, dieser aber nicht im BAnz offengelegt wurde.

15 Diese Befreiung von der Offenlegungs- bzw. Hinterlegungspflicht erstreckt sich nicht nur auf die in den Konzernabschluss einbezogenen TU, sondern auch auf den von dem MU aufzustellenden Einzelabschluss.[30] Daher muss nur der Konzernabschluss offengelegt werden. Hingegen scheidet eine Befreiung aus, wenn der Konzernabschluss nicht zum BAnz eingereicht wird.[31]

16 § 325 HGB ordnet zunächst die Offenlegungspflicht dem Grund und dem Umfang nach an. Durch § 326 HGB werden **Erleichterungen** für kleine KapG (einschl. KleinstKapG i. S. v. § 267a HGB) kodifiziert.[32] § 327 HGB schafft für mittelgroße KapG die Möglichkeit der Aggregation von Bilanzpositionen. § 328 HGB enthält Vorgaben für Form und Inhalt der Offenlegung und § 329 HGB Regelungen zur Prüfungs- und Unterrichtungspflicht für den Betreiber des BAnz.

17 Weitergehende Befreiungen sieht das Gesetz nicht vor. Folglich müssen grds. **alle genannten Ges.** der Offenlegungs- bzw. Hinterlegungspflicht nachkommen (zu möglichen Sanktionen der Nichtbefolgung s. Rz 167 ff.). Dies gilt unabhängig von der Tätigkeit, sodass z. B. auch Ges., die sich ausschließlich **vermögensverwaltend** betätigen oder keine gewerbliche Betätigung verfolgen, unter diese Regelung fallen. Erfasst sind grundsätzlich auch sog. **Vorratsges.**, die bisher noch keiner Geschäftstätigkeit nachgehen. Ferner gilt dies für Ges., über deren Vermögen ein **Insolvenzverfahren** eröffnet wurde (zur personellen Zuständigkeit s. Rz 38). Dies gilt sowohl für die Alt-Abschlüsse aus früheren Jahren vor der Insolvenz als auch für die Abschlüsse während des laufenden Insolvenzverfahrens. Die Pflichten beziehen sich auf das nicht zur Insolvenzmasse gehörende Vermögen, so dass i. d. R. eine Nullbilanz abzugeben ist.[33] Eine Ausnahme wurde hiervon lediglich in dem Fall zugelassen, dass Zahlungsunfähigkeit gegeben ist.[34] Allerdings werden in diesen Fällen häufig die Voraussetzungen des § 326 Abs. 2 HGB erfüllt sein, so dass statt der Offenlegung nur eine Hinterlegung in elektronischer Form beim BAnz erfolgen muss.

18 Eine **Befreiung** von der Offenlegungs- bzw. Hinterlegungspflicht in anderen Fällen ist grds. **nicht möglich.** Dies gilt auch für eine Ges., die sich in **Liquida-**

---

29 31 T 652/10, NJW-Spezial 2011, S. 113.
30 Vgl. LG Bonn, Urteil v. 30.9.2009, 30 T 848/09, BB 2010, S. 1208 (mit Anm. *Kleinmanns*, BB 2010, S. 1210).
31 Vgl. LG Bonn, Urteil v. 27.3.2012, 35 T 693/11, BeckRS 2012, 09109.
32 Offenbar besteht hier auch bei vielen Steuerberatern nicht die notwendige „Offenlegungskompetenz", um diese Erleichterungen für die Bilanzierenden nutzbar zu machen, vgl. *Kräußlein*, DStR 2009, S. 872 ff. sowie hierzu *Hofmann*, DStR 2009, S. 925.
33 Vgl. LG Bonn, Urteil v. 22.4.2008, 11 T 28/07, ZIP 2008, S. 1082.
34 Vgl. LG Bonn, Urteil v. 25.5.2009, 36 T 68/08, ZIP 2009, S. 1242 und v. 16.9.2009, 30 T 366/09, ZIP 2009, S. 2107.

tion befindet. Diese Pflicht endet nicht mit der Offenlegung bzw. Hinterlegung der Liquidationsbilanz, wenn die Ges. als LiquidationsGes. fortbesteht.

> **Beispiel**[35]
> Die Gesellschafter der A-GmbH beschließen die Auflösung der Ges. zum 30.6.01. Bis zum 30.6.02 wird auch die Liquidationsbilanz nach § 325 HGB offengelegt. In der Folgezeit kommt es zu Streitigkeiten zwischen den Gesellschaftern über die Verteilung des Vermögens. Aus diesem Grund erfolgt zunächst keine Auskehrung des Vermögens der A-GmbH, sondern dessen zinsbringende Anlage am KM. Da unverändert eine unternehmerische Betätigung – wenn auch „nur" in Form der Kapitalanlage – durchgeführt wird, ist die Offenlegungspflicht auch künftig nicht entfallen.

In § 9 PublG wird für den Jahresabschluss und in § 15 PublG für den Konzernabschluss auf § 325 HGB verwiesen. Allerdings finden diese Regelungen nur insoweit Anwendung, wie infolge der Besonderheiten von Einzelunternehmen und PersG keine Abweichungen geboten sind. Ferner wird der Umfang der offenlegungspflichtigen Unterlagen begrenzt, um einen Ausgleich mit den Interessen der Gesellschafter auf Schutz ihrer Privatsphäre zu erreichen. Außerdem besteht diese Verpflichtung nur, wenn die Größenmerkmale des § 1 Abs. 1 PublG überschritten werden. 19

Der Rat der Wirtschafts- und Finanzminister hat am 21.2.2012 die sog. Micro-RL[36] verabschiedet. Dadurch sollen KleinstUnt von den Belastungen infolge der Offenlegung von umfangreichen Bilanzen entlastet werden und eine Anpassung der Berichtspflichten an den tatsächlichen Bedarf der Nutzer und Ersteller von Abschlüssen erfolgen. Im Bereich der Offenlegung ist vorgesehen, dass KleinstUnt ihre Rechnungslegungsunterlagen nicht mehr einer breiten Öffentlichkeit im elektronischen Wege zugänglich machen müssen. Vielmehr erhalten die Mitgliedstaaten die Möglichkeit, die Jahresabschlüsse dieser Unt an ein Register zu übersenden, wo sie dann nur bei Nachfragen zur Herausgabe von Informationen an Dritte verpflichtet werden. Hingegen unterbleibt eine Veröffentlichung. Ein solches KleinstUnt liegt vor, wenn zwei der drei nachfolgenden Schwellenwerte nicht überschritten werden: 20

- Bilanzsumme von 350.000 EUR,
- Nettoumsatzerlöse von 700.000 EUR,
- durchschnittliche Zahl der Beschäftigten während des Gj: 10.

Der Entwurf der RL sah noch eine Bilanzsumme von 500.000 EUR und Nettoumsatzerlöse von 1.000.000 EUR vor. Diese Grenzen wurden im laufenden Diskussionsprozess jedoch nach unten korrigiert. Die Kommission wurde im Rahmen einer umfassenden Revisionsklausel aufgefordert, spätestens fünf Jahre nach Inkrafttreten der Regelung einen Bericht über deren Auswirkungen auf

---

35 In Anlehnung an LG Bonn, Urteil v. 23.7.2010, 11 T 246/10, NZG 2010. S. 1276.
36 Richtlinie des Europäischen Parlaments und des Rates zur Änderung der Richtlinie 78/660/EWG des Rates über den Jahresabschluss von Ges. bestimmter Rechtsformen im Hinblick auf KleinstUnt; vgl. die Mitteilung zur Tagung des Rates für Wirtschaft und Finanzen, abrufbar unter: http://www.consilium.europa.eu/uedocs/cms_data/docs/pressdata/de/ecofin/128782.pdf, letzter Abruf am 1.9.2016.

21 KleinstUnt vorzulegen und hierbei insb. auf die Größenkriterien und die Verringerung des Verwaltungsaufwands einzugehen. Diese Grenzwerte gelten für alle Mitgliedstaaten in gleicher Weise, unabhängig von der jeweiligen Wirtschaftskraft. Dies hat zur Folge, dass die Bedeutung dieser Regelungen in den einzelnen Mitgliedstaaten sehr unterschiedlich ist.

21 Die RL richtet sich an die Mitgliedstaaten und ist von diesen in nationales Recht umzusetzen.[37] Der deutsche Gesetzgeber hat dies durch das MicroBilG[38] getan. Der neu geschaffene § 326 Abs. 2 HGB (vgl. § 326 Rz 24 ff.) setzt diese Vorgaben in nationales Recht um. Diese Regelungen sind vorrangig zur Offenlegung nach § 325 HGB.

Das LG Bonn ging davon aus, dass diese – damals geplanten – Regelungen auf der Grundlage des zuvor geltenden Rechts auch für die hiervon möglicherweise zukünftig begünstigten Unt keine rückwirkende Ausnahme von den Offenlegungspflichten nach § 325 HGB zulasse.[39] Diese Entscheidung ist auf Grundlage des Entwurfs der Richtlinie ergangen. Die Erleichterungen für KleinstKapG i.S.v. § 267a HGB gelten erstmals für Jahresabschlüsse, die sich auf einen nach dem 30.12.2012 liegenden Abschlussstichtag beziehen.[40]

22 Durch das BilRUG hat der Gesetzgeber die Größenklassen des § 267 HGB um rd. 20 % erhöht (vgl. § 267 Rz 10). Damit sollen ausweislich der Regierungsbegründung Unt von der Prüfungs- und Offenlegungspflicht befreit und von den damit verbundenen Kosten entlastet werden.[41] Zugleich wurden durch dieses Gesetz die Erleichterungen für KleinstKapG i.S.v. § 267a HGB auch mit Wirkung ab dem Gj. 2016 auf Genossenschaften ausgedehnt.

23 Im Rahmen der **IFRS** bestehen keine vergleichbaren Regelungen, weil sich die Offenlegung nach den jeweiligen nationalen Vorschriften richten soll. Folglich findet § 325 HGB auch Anwendung, wenn ein deutsches Unt zulässigerweise einen IFRS-Abschluss aufstellt. Vgl. hierzu die Kommentierung zu Abs. 2a, 2b und 3 unter Rz 120 ff.

24 Die Neuregelungen durch das CSR-Richtlinie-Umsetzungsgesetz[42] gelten für große KapG, haftungsbeschränkte PersG sowie Banken und Versicherungen, sog. Unternehmen des öffentlichen Interesses oder Public Interest Entities (PIE). Diese haben für Gj ab dem 1.1.2017 eine nichtfinanzielle Erklärung abzugeben.[43] Hiernach richtete sich auch der Anwendungszeitpunkt für die Änderungen im § 325 HGB.

---

[37] Vgl. Art. 288 Abs. 3 AEUV.
[38] V. 20.12.2012, BGBl 2012 I S. 2751.
[39] Vgl. LG Bonn, Urteil v. 29.4.2009, 31 T 986/08.
[40] Vgl. Art. 70 Abs. 1 EGHGB.
[41] Vgl. BT-Drs. 18/4050, S. 60.
[42] Gesetz zur Stärkung der nichtfinanziellen Berichterstattung der Unternehmen in ihren Lage- und Konzernlageberichten, vom 11.4.2017, BGBl. I 2017, S. 802.
[43] Vgl. hierzu z.B. *Velte*, Prüfung der nichtfinanziellen Erklärung nach dem CSR-Richtlinie-Umsetzungsgesetz, IRz 2017, S. 325 ff.; *Kajüter*, Nichtfinanzielle Berichterstattung nach dem CSR-Richtlinie-Umsetzungsgesetz, DB 2017, S. 617 ff.

1.3 Normenzusammenhänge

Die Regelungen bauen auf den **gesellschaftsrechtlichen Vorgaben** auf. Diese sehen vor, dass die Mitglieder des vertretungsberechtigten Organs verpflichtet sind, einen Jahresabschluss aufzustellen.[44] Mit diesem muss sich der Aufsichtsrat bzw. die GesV auseinandersetzen.[45] Neben diesen „internen" Informationsempfängern sollen auch **Außenstehende** die Möglichkeit bekommen, sich über die wirtschaftlichen Verhältnisse der Ges. zu informieren.

§ 325 HGB lässt **speziellere Regelungen** für weitergehende Offenlegungspflichten unberührt. Dies gilt insb. für § 340l HGB für Kreditinstitute und § 341l HGB für Versicherungsunt (Rz 161 ff.). Soweit wie etwa in § 289b ff. HGB spezielle Vorgaben zur Erweiterung der Inhalte des Jahresabschlusses (etwa um eine nichtfinanzielle Erklärung für Unternehmen des öffentlichen Interesses) vorgesehen sind, gelten diese Regelungen auch bei der Offenlegung nach § 325 HGB.

Das HGB räumt kleinen und mittleren KapG und entsprechenden KapCoGes an unterschiedlichen Stellen **Erleichterungen** ein (so z. B. in § 266 Abs. 1 Satz 3 HGB). Werden diese Möglichkeiten genutzt, entfalten sie auch für die Offenlegung Wirkung, sodass die **vereinfachten Unterlagen** offenzulegen sind. Das Unt muss auf Aufforderung nachweisen, dass die Voraussetzungen für eine Nutzung von Erleichterungen tatsächlich vorlagen. Reagiert das Unt auf diese Aufforderung nicht, darf der BAnZ unterstellen, dass diese Erleichterungen zu Unrecht genutzt wurden.[46] Vgl. zu den Regelungen für KleinstUnt i. S. v. § 267a Rz 7 sowie zur Ausdehnung auf Genossenschaften Rz 17.

Infolge von steuerlichen Außenprüfungen kommt es häufig zu einer Bilanzberichtigung. **§ 4 Abs. 2 Satz 2 EStG** sieht in diesem Zusammenhang die Möglichkeit einer **Bilanzänderung** vor, sofern sich diese auf den gleichen Veranlagungszeitraum wie die Bilanzänderung bezieht.[47] Damit wird es u. U. möglich, ein steuerliches Mehrergebnis aus einer Bp zu neutralisieren. Fraglich war, ob eine erneute Offenlegung der dann geänderten Bilanz nach § 325 HGB Voraussetzung für die steuerliche Anerkennung der Bilanzänderung ist. Dieser Frage kommt schon vor dem Hintergrund des Maßgeblichkeitsprinzips in § 5 Abs. 1 Satz 1 EStG besondere Bedeutung zu. Das FinMin Schleswig-Holstein führt hierzu aus[48], dass für eine wirksame Änderung der HB als Voraussetzung für die Änderung der Steuerbilanz eine Offenlegung der geänderten Bilanz nicht erfolgt sein muss. Dieser Auffassung ist zu folgen. Einerseits ist § 4 Abs. 2 EStG ebenso wenig wie § 5 Abs. 1 EStG die wirksame Änderung der HB nicht ohne Weiteres als formale Voraussetzung zu entnehmen. Dies würde auch zu einer Einschränkung der Änderungsmöglichkeiten durch die Bp führen, was nicht sachgerecht wäre, weil damit systemwidrige Grenzen für eine steuerlich gebotene Korrektur aufgebaut würden. Schließlich müsste eine solche Änderung auch einer Nachtragsprüfung durch den AP unterzogen werden und hierüber wäre dann ent-

---

[44] Vgl. § 41 GmbHG, § 91 AktG oder § 33 GenG sowie implizit § 120 HGB (ggf. i. V. m. § 161 Abs. 2 HGB), sowie BGH vom 29.3.1993, II ZR 263/94, BGHZ 132 S. 263 und vom 24.3.1980, II ZR 88/79 BGHZ 76, S. 338, 342 zur Aufstellung des Jahresabschlusses als Geschäftsführungsmaßnahme.
[45] Vgl. § 42 Abs. 2 GmbHG, § 111 Abs. 2 AktG.
[46] Vgl. *Christ*, in *Christ/Müller-Hell* (Hrsg.), S. 103.
[47] Vgl. zum Merkmal des sachlichen Zusammenhangs BMF-Schreiben vom 18. 5. 2000, BStBl. I 2000, S. 587.
[48] Verfügung v. 30.6.2011, VI 304 – S 2141–011, juris.

sprechend zu berichten. Anderseits folgt die Änderung der HB anderen Grundregeln. I.d.R. ist eine Änderung ausgeschlossen, wenn bereits eine Ausschüttung vorgenommen wurde. Hingegen hat eine Offenlegung nach § 325 Abs. 1 Satz 5 HGB aF bzw. nach § 325 Abs. 1b Satz 1 HGB nF zu erfolgen, wenn eine gesellschaftsrechtlich ordnungsgemäße Änderung der HB vorgenommen wurde. Auch vom Sinn und Zweck her kann nicht verlangt werden, eine Offenlegung nach § 325 HGB als Voraussetzung für eine Änderung der Steuerbilanz zu machen. Schließlich ist die offengelegte HB nur die Grundlage für die anschließend erfolgende eigenständige steuerliche Gewinnermittlung. Insoweit steht eine nicht erfolgte handelsrechtliche Änderung und deren unterbliebene Offenlegung bzw. Hinterlegung einer Bilanzänderung nach § 4 Abs. 2 Satz 2 EStG nicht entgegen.

29 Der Gesetzgeber hat mit dem „Gesetz zur Modernisierung und Entbürokratisierung des Steuerverfahrens (Steuerbürokratieabbaugesetz)" v. 20.12.2008[49] die Verpflichtung geschaffen, dass Unt zusammen mit ihrer Steuererklärung umfangreiche Daten der Bilanz und GuV gem. § 5b EStG an das Finanzamt elektronisch übermitteln müssen, die sog. E-Bilanz.[50] Diese Regelung steht neben der Verpflichtung aus § 325 HGB und ersetzt diese nicht. Umgekehrt kann ein Steuerpflichtiger unter Hinweis auf die erfolgte Offenlegung des handelsrechtlichen Jahresabschlusses im BAnz seiner Verpflichtung zur Datenübermittlung nach § 5b EStG nicht entgehen. Als problematisch erweist sich, dass diese Regelungen nicht mit den Erleichterungen für KleinstKapG i.S.v. § 267a HGB (s. Rz 8 ff.) abgestimmt sind und dadurch diese Erleichterungen konterkariert werden.

30 Fraglich könnte sein, ob die Pflicht zur Offenlegung des Jahresabschlusses vor dem Hintergrund des Verbots, sich zu einer Selbstbezichtigung zwingen zu müssen (Art. 2 Abs. 1 GG und Art. 6 Abs. 1 EMRK), zu einem Verwertungsverbot im **Strafverfahren** führt.[51] Dies ist m.E. nicht der Fall, und zwar auch dann nicht, wenn sich aus dem offengelegten Jahresabschluss Hinweise auf eine (Steuer-)Straftat ergeben oder herleiten lassen. Ursächlich hierfür ist, dass die Strafverfolgungsbehörden den Jahresabschluss grds. auch auf andere Weise (insb. durch Beschlagnahme im Rahmen einer Durchsuchung) erlangen können. Insoweit führt die Offenlegung nur zu einer veränderten Publizität, aber nicht zur Begründung eines neuen Zwangs zur Selbstbezichtigung, auch wenn dadurch das Entdeckungsrisiko möglicherweise vergrößert wird.

2 Offenlegungspflicht

2.1 Einreichungspflicht beim Bundesanzeiger

31 Der Gesetzeswortlaut stellt seit den Änderungen durch das CSR-Richtlinie-Umsetzungsgesetz[52] auf die Mitglieder des vertretungsberechtigten Organs der **KapG** ab. Bis dahin wurde von den gesetzlichen Vertretern gesprochen. Diese

---

49 BGBl. I 2008, 2850.
50 Vgl. hierzu im Detail *Kaminski*, in *Frotscher/Geurts*, EStG, § 5b EStG, Stand 02/2012, mwN und Hinweisen zum tatsächlichen Anwendungszeitpunkt.
51 Vgl. hierzu eingehend *Weiß*, DB 2010, S. 1744 ff.
52 Gesetz zur Stärkung der nichtfinanziellen Berichterstattung der Unternehmen in ihren Lage- und Konzernlageberichten, vom 11.4.2017, BGBl. I 2017, S. 802.

Formulierung ist historisch zu erklären, weil die Norm ursprünglich nur für KapG galt und später auf die KapCoGes ausgeweitet wurde. Diese sind vom Wortlaut ebenfalls erfasst. Damit hat die Änderung nur redaktionellen Charakter.[53] Die Offenlegungspflicht für **inländische Zweigniederlassungen** ausländischer KapG und Personenhandelsgesellschaften i.S.v. § 264a HGB sind in § **325a HGB** gesondert geregelt. Obwohl der Gesetzgeber durch das BilRUG den § 325 Abs. 1 HGB aF grundlegend neu strukturiert hat, wurde diese Bezugnahme nicht geändert.

> **Beispiel**
> Die A-GmbH und die B-GmbH schließen sich zu einer BGB-Ges. zusammen, um gemeinsam einen Autobahnabschnitt als Arbeitsgemeinschaft zu bauen. Offenlegungspflichtig sind die A-GmbH und die B-GmbH, nicht aber die BGB-Ges., weil diese keine Personenhandelsgesellschaft ist.

Handelt es sich bei der ausländischen Ges. um eine **Scheinges.**, richtet sich deren Offenlegungspflicht nach § 325 HGB und nicht nach § 325a HGB.[54] Dies ist sinnvoll, weil damit den tatsächlichen wirtschaftlichen Verhältnissen Rechnung getragen wird.

Die **gesetzlichen Vertreter** bzw. nunmehr die Mitglieder des vertretungsberechtigten Organs sind nach Maßgabe der gesellschaftsrechtlichen Regelungen zu bestimmen.

Rechtsform	Mitglieder des vertretungsberechtigten Organs	Bei mehreren Mitgliedern
AG	Vorstand (§ 78 Abs. 1 AktG)	Gesamtvertretung (§ 78 Abs. 2 AktG)[55]
KGaA	Persönlich haftende Gesellschafter (§ 278 Abs. 2 AktG i.V.m. §§ 161 Abs. 2, 125 Abs. 1 HGB)	Einzelvertretung (§ 125 Abs. 1 HGB)
SE	a) **Dualistisches System mit Leitungs- und Aufsichtsorgan:** Leitungsorgan (Art. 39 Abs. 1 SE-VO), das im Wesentlichen dem Vorstand entspricht	Gesamtvertretung (§ 78 Abs. 2 AktG i.V.m. Art. 9 Abs. 1 lit. c SE-VO), wobei in der Satzung eine abweichende Regelung erfolgen kann

---

[53] Vgl. auch die Regierungsbegründung auf BR-Drucks. 547/16, S. 64.
[54] Vgl. LG Bonn, Urteil v. 22.1.2013, 37 T 1161/11, BeckRS 2013, 05887.
[55] Eine abweichende Regelung kann in der Satzung erfolgen. Ferner kann der Aufsichtsrat eine Regelung treffen, wenn er hierzu ermächtigt wurde.

Rechtsform	Mitglieder des vertretungsberechtigten Organs	Bei mehreren Mitgliedern
	b) **Monistisches System mit Verwaltungsrat** Der Verwaltungsrat leitet die Ges., der seinerseits einen oder mehrere geschäftsführende Direktoren bestellt, die die Geschäfte der Ges. führen und die Ges. gerichtlich und außergerichtlich vertreten (vgl. §§ 22, 40, 41 SEAG). Vertretungsberechtigt sind die geschäftsführenden Direktoren (§ 41 Abs. 1 SEAG)	Gemeinschaftliche Vertretung (§ 41 Abs. 2 SEAG); Die Satzung kann auch unechte Gesamtvertretung vorsehen (§ 41 Abs. 3 SEAG)
GmbH (einschl. UG haftungsbeschränkt)	Geschäftsführer (§ 35 Abs. 1 GmbHG)	Gesamtvertretung, aber dispositiv
Haftungsbeschränkte OHG	Alle Gesellschafter	Einzelvertretung (§ 125 Abs. 1 HGB)
Haftungsbeschränkte KG	Komplementäre (§ 170 HGB)	Einzelvertretung (§ 125 Abs. 1 i.V.m. § 161 Abs. 2 HGB)

Tab. 1: Gesetzliche Vertreter

34 Die Neuregelung durch das CSR-Richtlinie-Umsetzungsgesetz[56] stellt auf die Mitglieder des vertretungsberechtigten Organs ab. Hierbei ist entscheidend, wer die Ges. im laufenden Geschäftsverkehr vertritt. Hingegen kommt es nicht darauf an, wer etwa die AG gegenüber der Geschäftsführung, also den Vorständen, vertritt.

35 Das Gesetz weist die Zuständigkeit jeweils dem **Organ als Ganzem** zu, also etwa „dem" Vorstand. Üblicherweise gibt es innerhalb des Organs Absprachen über die **Aufgabenverteilung**. Dies ist auch für Zwecke der Offenlegung zulässig. Gleichwohl werden damit die übrigen Organmitglieder nicht von ihren Aufgaben befreit. Vielmehr bleiben sie verpflichtet, auf eine ordnungs- und fristgemäße Offenlegung hinzuwirken.[57] Kommt es zu einem Verstoß gegen die

---

[56] Gesetz zur Stärkung der nichtfinanziellen Berichterstattung der Unternehmen in ihren Lage- und Konzernlageberichten, vom 11.4.2017, BGBl. I 2017, S. 802.
[57] Vgl. ADS, 6. Aufl., § 325 HGB, Rz 17.

gesetzlichen Pflichten, können auch gegen die übrigen Organmitglieder Sanktionen (Rz 167 ff.) verhängt werden.

Ergeben sich bei den benannten Personen **im Zeitablauf Veränderungen**, so ist die 36
Person zuständig, die zum Zeitpunkt der Offenlegungspflicht gesetzlicher Vertreter ist. Dies gilt z. B. auch, wenn sie zum Zeitpunkt, auf den sich die offenlegungspflichtigen Unterlagen beziehen, noch gar nicht für die Ges. tätig war.[58]

Die nach dem Gesetz zuständigen Personen haben die Möglichkeit, sich bei der 37
Erfüllung ihrer Offenlegungspflicht auch **Dritter zu bedienen**. Dies gilt insb. für den Steuerberater des Unt. oder qualifizierte eigene Mitarbeiter. Allerdings führt dies nicht dazu, dass damit eine vollständige Suspendierung von der gesetzlichen Pflicht erfolgt oder etwa die Haftung ausgeschlossen wird. Vielmehr geht die Rechtsprechung davon aus, dass es nach einer entsprechenden Beauftragung zu einer **Überwachungspflicht** kommt.[59] Diese ist so auszugestalten, dass Unregelmäßigkeiten bei der Pflichterfüllung des Beauftragten über einen längeren Zeitraum nicht verborgen bleiben.[60] Hierbei ist davon auszugehen, dass dieser Pflicht nur genügt wird, wenn überprüft wird, ob die Unterlagen rechtzeitig an den Betreiber des BAnz übersandt wurden und dort auch eingehen.[61]

Die Offenlegungspflicht bleibt auch mit der Beantragung eines **Insolvenzverfahrens** 38
bestehen. Hinsichtlich der Verantwortlichkeit ist zu unterscheiden:

- Wird das Verfahren **mangels Masse** gar nicht erst eröffnet oder später eingestellt, haben die gesetzlichen Vertreter für eine Liquidation der Ges. zu sorgen. Folglich gelten die Grundsätze, die für dieses Verfahren anzuwenden sind.
- Wird vom Gericht ein **Insolvenzverwalter** eingesetzt, hat dieser gem. § 155 Abs. 1 Satz 2 InsO die unverändert bestehenden handels- (und steuer-)rechtlichen Rechnungslegungspflichten zu erfüllen. Folglich muss er auch für die Offenlegung sorgen.[62] Allerdings besteht die Publizitätspflicht der insolventen KapG und ihrer gesetzlichen Vertreter nur hinsichtlich des insolvenzfreien Vermögens. Da KapG – abgesehen von den Fällen der echten Freigabe – über kein insolvenzfreies Vermögen verfügen, entfällt damit insoweit die Offenlegungspflicht. Es ist davon auszugehen, dass auch keine sog. „Nullbilanzen" erforderlich sind, nur um formal eine Offenlegung vorzunehmen. Dies schließt jedoch nicht aus, dass bei insolvenzfreien Vermögen auch die bisherigen gesetzlichen Vertreter weiterhin zur Offenlegung verpflichtet sein können.[63] Ferner bleibt die Ges. in diesen Fällen weiterhin der Adressat für die Androhung und Festsetzung des Ordnungsgelds.[64] Häufig wird in diesen Fällen eine Berufung auf § 326 Abs. 2 HGB (vgl. Rz 23) erfolgen können.

Soll die Ges. **liquidiert** werden, geht die Vertretungsmacht auf die Abwickler 39
bzw. Liquidatoren über (vgl. §§ 269, 278 Abs. 2, 290 AktG bzw. § 70 GmbHG). Folglich müssen sie für die Erfüllung der Offenlegungspflicht sorgen.

---

[58] So auch *Haller/Hütten/Löffelmann*, in *Küting/Pfitzer/Weber*, HdR, § 325 HGB, Rz 12, Stand 5/2014.
[59] Vgl. LG Bonn, Urteil v. 21.3.2011, 35 T 1620/10, DStR 2011, S. 780.
[60] Vgl. FG Nürnberg, Urteil v. 12.6.2007, II 144/2004, juris, auch zu möglichen Ausnahmen.
[61] Vgl. LG Bonn, Urteil v. 20.1.2010, 31 T 1398/09, juris.
[62] Vgl. z. B. LG Frankfurt (Oder), Urteil v. 4.9.2006, 32 T 12/05, NZI 2007, S. 294, und aus der Lit. z. B. *Schlauß*, DB 2007, S. 2194.
[63] Vgl. LG Bonn, Urteil v. 22.4.2008, 11 T 28/07, ZIP 2008, S. 1082.
[64] Vgl. LG Bonn, Urteil v. 13.11.2008, 30 T 275/08, GmbHR 2009, S. 94; vgl. hierzu auch *Blank*, ZInsO 2009, 2186.

40 In Satz 1 der bisher geltenden Fassung wurde zunächst nur der **Jahresabschluss** (Rz 58 ff.) als offenlegungspflichtig bezeichnet. Durch die Sätze 2 und 3 wurde der Katalog der unter § 325 HGB fallenden Unterlagen erweitert. Aus dieser Trennung ergaben sich keine inhaltlichen Auswirkungen, vielmehr waren die Unterlagen in gleicher Weise zu behandeln. Durch das BilRUG wurden mit Wirkung ab dem Gj. 2016 die Regelungen zusammengefasst. Dabei wird nun einerseits zwischen dem festgestellten oder gebilligten Jahresabschluss, dem Lagebericht und dem Bestätigungsvermerk oder dem Vermerk über dessen Versagung (Nr. 1) sowie dem Bericht des Aufsichtsrats und der nach § 161 AktG vorgeschriebene Erklärung (Nr. 2) differenziert.

41 Einzureichen sind die Unterlagen beim **Betreiber des BAnz**. Dies ist die Bundesanzeiger Verlagsgesellschaft mbH, Amsterdamer Straße 192, 50735 Köln. Die Unterlagen sind in **elektronischer Form** vorzulegen. Dies hat so zu geschehen, dass eine Bekanntmachung möglich wird. Hierfür wurde eine spezielle Serviceplattform eingerichtet, die die Abwicklung erleichtern soll.[65] Hingegen ist eine Einreichung beim BfJ nicht zulässig und entfaltet folglich auch keine befreiende Wirkung.

42 Für die Einreichung stehen **unterschiedliche Formate** zur Verfügung, wobei die Veröffentlichung bei einer Lieferung der Daten im Format XML (= Extensible Markup Language) am kostengünstigsten ist. Der BAnz, das Unternehmensregister und das Handelsregister kommunizieren in diesem Datenformat.[66] Allerdings ist auch eine Einreichung in den Datenformaten MS-Excel, MS-Word oder RTF (= Rich Text Format) möglich. Bei diesen Formaten sind Embleme, Abbildungen und Schaubilder in die Dateien einzubinden, während Grafiken beim XML-Format gesondert übermittelt werden müssen.

43 Hinsichtlich des **Zeitpunkts der Offenlegung** enthält Abs. 1 Satz 2 eine abgestufte Regelung: Die Offenlegung muss **unverzüglich** nach der Vorlage des Jahresabschlusses an die Gesellschafter, **spätestens** innerhalb von **zwölf Monaten** nach Ablauf des Gj erfolgen.[67] Hierbei ist die Zwölf-Monatsfrist als äußerster Termin anzusehen, sodass eine frühere Offenlegung erfolgen sollte. Damit wird dem Bedürfnis nach zeitnaher Information Rechnung getragen. Hierin liegt auch die Motivation für die Begrenzung der Frist auf vier Monate für KapGes i.S.v. § 264d HGB durch Abs. 4 (Rz 156 ff.). Die in der Praxis zu beobachtende Tendenz der vollständigen Ausschöpfung der Zwölf-Monatsfrist ist vor dem Hintergrund der Zielsetzung der Norm problematisch. Diese zielt auf eine zeitnahe Offenlegung ab. Gleichwohl ist sie nach dem Gesetzeswortlaut zulässig und mit dem Handlungsmaßstab eines ordentlichen und gewissenhaften Geschäftsleiters vereinbar.

44 Durch das BilRUG sind diese Regelungen nunmehr in Abs. 1a normiert worden. Danach endet die Frist zur Einreichung im Jahr nach dem Abschlussstichtag auf das sich die Unterlagen beziehen. Dies ist grundsätzlich das Ende des nächsten Gj. Sofern die Unterlagen nach Abs. 1 Nr. 2 (vgl. Rz 58) nicht innerhalb dieser

---

[65] Diese findet sich im Internet unter https://publikations-plattform.de/sp/wexsservlet#b, letzter Abruf am 7.6.2016.
[66] Vgl. *Mail/Seidler*, in *Noack* (Hrsg.), S. 141.
[67] A. A. *Hartmann*, Bilanzrecht der GmbH, S. 238, der davon ausgeht, dass die Zwölf-Monatsfrist stets voll ausgeschöpft werden kann.

Frist vorliegen, sind sie „unverzüglich" (vgl. Rz 46) nach ihrem Vorliegen offenzulegen.

Fraglich ist, wie diese Regelung auszulegen ist, wenn die Umstellung eines Gj **45** erfolgt. Hier kann der nächste Abschlussstichtag durchaus deutlich kürzer als innerhalb der nächsten zwölf Monate erreicht werden. M. E. ist davon auszugehen, dass in diesen Fällen auf das ursprüngliche Ende des folgenden Gj unter Vernachlässigung der Änderung des Abschlussstichtages abzustellen ist. Andernfalls könnte eine so zeitnahe Einreichung verlangt werden, dass die gesetzlichen Vertreter gar nicht in der Lage wären, diese Pflicht zu erfüllen. Außerdem ist kein Grund ersichtlich, warum die Umstellung eines Gj und die damit verbundene Einführung eines Rumpf-Gj zu einer veränderten Offenlegung führen sollte. Unabhängig davon fallen die in Rz 58 genannten Dokumente, die sich auf das Rumpf-GJ beziehen, auch unter die Offenlegungspflicht.

„**Unverzüglich**" ist unter Rückgriff auf § 121 Abs. 1 Satz 1 BGB i. S. v. „ohne **46** schuldhaftes Zögern" auszulegen. Da die gesetzlichen Vertreter verpflichtet sind, für eine ordnungsgemäße Organisation des Rechnungswesens zu sorgen, sind strenge Anforderungen zu stellen. Es ist zu erwarten, dass diese Organisationsmaßnahmen dazu führen, dass zeitnah zur Vorlage an die Gesellschafter offengelegt wird. In der Praxis wird diese Frist häufig überschritten. So sollen rd. 57 % der Unt ihre Abschlüsse erst im 1. Quartal des übernächsten Wj erfüllen.[68]

Die „**Vorlage an die Gesellschafter**" ist rechtsformspezifisch geregelt. Abzu- **47** stellen ist auf die Vorlage, nicht etwa auf das Abhalten einer GesV oder dgl., auch wenn diese regelmäßig erst nach Vorlage des Jahresabschlusses durchgeführt wird. Hierfür sind im Einzelnen die folgenden Fristen vorgesehen:

Rechtsform	Frist	Rechtsgrundlage
AG/KGaA	Zur ordentlichen HV, die in den ersten acht Monaten des Gj durchzuführen ist	§ 175 Abs. 1 Satz 2 AktG
SE	a) **Dualistisches System mit Leitungs- und Aufsichtsorgan** Recht des Sitzstaats, wobei die HV binnen sechs Monaten nach Abschluss des Gj zusammentreten muss	§ 175 Abs. 2 AktG i. V. m. Art. 54 SE-VO
	b) **Monistisches System mit Verwaltungsrat** Die geschäftsführenden Direktoren haben den Jahresabschluss und den Lagebericht unverzüglich nach ihrer Aufstellung dem Verwaltungsrat vorzulegen.	§ 47 Abs. 1 SEAG

---

[68] Vgl. o. V., BB 2012, S. 625.

Rechtsform	Frist	Rechtsgrundlage
GmbH (einschl. UG haftungsbeschränkt)	Die Gesellschafter haben spätestens bis zum Ablauf der ersten acht Monate, bei kleinen Ges. i. S. d. § 267 Abs. 1 HGB, ersten elf Monate über die Ergebnisverwendung zu beschließen.	§ 42a Abs. 2 GmbHG
Haftungsbeschränkte OHG	Keine gesetzliche Regelung, Bestimmung im Gesellschaftsvertrag möglich	–
Haftungsbeschränkte KG	Keine gesetzliche Regelung, Bestimmung im Gesellschaftsvertrag möglich	–

Tab. 2: Vorlagefristen für den Jahresabschluss an die Gesellschafter

48 Führen diese Vorgaben zu einer früheren Vorlagepflicht des Jahresabschlusses (wie insb. für den Vorstand einer AG/KGaA nach § 175 Abs. 1 Satz 2 AktG), können die verpflichteten Personen die Zwölf-Monatsfrist nicht vollständig ausschöpfen. Vielmehr ergibt sich aus der Vorgabe des „unverzüglich", dass diese Regelungen zu einer Verkürzung der Frist führen. Diese Einschränkung hat jedoch nur dann praktische Bedeutung, wenn Abs. 4 Satz 1 nicht ohnehin schon zu einer Begrenzung der Frist auf vier Monate führt.

49 Weitere **Voraussetzungen** müssen **nicht erfüllt** sein. So kann z. B. eine Offenlegung nicht mit dem Hinweis unterbleiben, dass der Bericht des Aufsichtsrats noch nicht vorliegt. Schließlich enthält Abs. 1a Satz 2 (i.d. F. d. BilRUG) für diesen Fall eine besondere Fristenregelung. Ferner können z.B. Hinweise auf noch nicht abgegebene steuerliche Erklärungen oder noch nicht durchgeführte Betriebsprüfungen keine Verzögerung rechtfertigen. Dies gilt z. B. auch für schwebende Anfechtungs- oder Nichtigkeitsklagen.[69] Der Jahresabschluss muss noch nicht festgestellt sein. Die gesetzlichen Vertreter müssen vor der Offenlegung nicht erst gesondert zur Aufstellung des Jahresabschlusses aufgefordert werden.[70] Folglich hat auch die vom Gesetzgeber im Rahmen des Gesetzes zur Modernisierung des Besteuerungsverfahrens[71] beschlossene Verlängerung der Abgabefristen von Steuererklärungen und der zugleich erschwerten Möglichkeit zur Erlangung einer weiteren Fristverlängerung[72] keinen Einfluss auf die handelsrechtliche Offenlegung.

50 In der Praxis liegen die einzureichenden Unterlagen i.d. R. nicht zu einem einheitlichen Zeitpunkt vor, sondern werden während eines – regelmäßig **begrenzten Zeitraums** – erstellt. Fraglich ist, ob in einem solchen Fall die einzelnen Unterlagen gesondert einzureichen sind oder ob gewartet werden kann, bis alle Unterlagen vorliegen, um diese gemeinsam offenzulegen. Dies ist zumindest in den Fällen zu bejahen, in denen mit einer zeitnahen Ergänzung der Unterlagen zu rechnen ist. Auch der Rechtsausschuss des Deutschen Bundestags ging davon

---

[69] Vgl. *Grottel*, in Beck Bil-Komm., 10. Aufl., 2016, § 325 HGB, Rz 41.
[70] Vgl. OLG Köln, Urteil v. 28.8.2000, 2 Wx 55/99, GmbHR 2000, S. 1104.
[71] Vom 18.7.2016, BGBl. I 2016, 1679.
[72] Vgl. hierzu *Kaminski*, AktStR 2016, 361 ff., 371.

aus, dass die Pflicht zur unverzüglichen Offenlegung nicht dadurch verletzt wird, dass die Feststellung des Jahresabschlusses durch die Gesellschafter abgewartet wird.[73] Schließlich wird sich für Außenstehende ein umfassendes Bild über die Lage der Gesellschaft i.d.R. erst auf Grundlage sämtlicher Unterlagen ergeben können, so dass auch deren Informationsgewinn bei einer teilweisen vorzeitigen Offenlegung von Unterlagen als zweifelhaft angesehen werden muss. Andererseits ergibt sich aus Satz 5 aF bzw. Abs. 1a Satz 1 nF, dass dies nicht zu einer Überschreitung der äußersten Frist (Rz 43) führen darf. Dies gilt sowohl für die absolute Frist von zwölf Monaten (bzw. vier Monaten in den Fällen des Abs. 4) als auch für das „unverzüglich". Sollte sich herausstellen, dass eine ursprünglich erwartete zeitnahe Vervollständigung der Unterlagen zeitnah nicht (mehr) zu erwarten ist, muss insoweit eine teilweise Offenlegung erfolgen und ergänzend Satz 5 aF (Rz 105 ff.) bzw. Abs. 1a beachtet werden.

Als **Zeitpunkt** der Offenlegung gilt nicht die tatsächliche Veröffentlichung, sondern der Zeitpunkt der **Einreichung** der Unterlagen beim BAnz in elektronischer Form. Damit gehen evtl. Verzögerungen im Geschäftsbereich des BAnz nicht zulasten der gesetzlichen Vertreter der offenlegungspflichtigen Ges.[74] Dies ist sachgerecht. Gleichwohl sollte für einen Nachweis gesorgt werden können, dass eine fristgerechte Übermittlung erfolgt ist.

51

Die im Gesetz genannten Fristen sind **nicht verlängerbar**. Vielmehr führt deren Überschreitung zu Sanktionen (Rz 167 ff.). Hierbei ist es möglich, Sanktionen auch dann zu verhängen, wenn zwar die absolute Frist von zwölf Monaten (bei Abs. 4: vier Monate) gewahrt ist, aber keine „unverzügliche" Vorlage vorgenommen wird. Allerdings dürfte in diesen Fällen dem BfJ der Nachweis der verspäteten Vorlage schwerer fallen. Damit wird der Zielsetzung des Gesetzgebers nach einer zeitnahen Information Rechnung getragen. Dies gilt insbesondere auch in den Fällen, in denen der Steuerberater mit der Erstellung und Offenlegung der Bilanz beauftragt wurde und für steuerliche Zwecke eine Fristverlängerung gewährt wird.[75] Zu den Auswirkungen des Gesetzes zur Modernisierung des Besteuerungsverfahrens Rz 48.

52

§ 236 AktG enthält eine Spezialvorschrift, die in Fällen der **vereinfachten Kapitalherabsetzung** nach §§ 229 ff. AktG vorsieht, dass der Jahresabschluss erst offenzulegen ist, wenn die vereinfachte Kapitalherabsetzung gem. § 324 AktG im HR eingetragen ist. Damit sollen unterschiedliche Informationen über die Höhe des EK vermieden werden. Durch diese Regelung kann es auch zu einer Überschreitung der Zwölf-Monatsfrist (in den Fällen des Abs. 4: der Vier-Monatsfrist) kommen. Wird zusammen mit der Kapitalherabsetzung eine Kapitalerhöhung beschlossen, darf die Offenlegung erst vorgenommen werden, wenn auch diese im HR eingetragen ist. Damit wird dem Umstand Rechnung getragen, dass diese Kapitalmaßnahmen erst mit ihrer Eintragung im HR wirksam werden. Nach seinem Wortlaut suspendiert § 236 AktG die Offenlegung „des **Jahresabschlusses**". Sinn und Zweck der Regelung gebieten es, diesen Begriff für

53

54

---

[73] Vgl. BT-Drs. 10/4268 S. 120. Hingegen sind *Maul/Seidler* (in *Noack (Hrsg.)*, S. 147) der Auffassung, dass eine solche Vorgehensweise nach Verabschiedung des EHUG nicht mehr zulässig sein soll.
[74] Vgl. BR-Drs. 10/317, S. 106.
[75] Vgl. hierzu etwa für das Jahr 2015 die gleichlautenden Erlasse der obersten Finanzbehörden der Länder vom 4.1.2016, 3 – S 0320/53, BStBl I 2016, S. 38.

Zwecke dieser Norm in Abweichung von dem in Rz 65 ff. dargestellten Verständnis weiter zu interpretieren.[76] Deshalb müssen hierunter alle offenlegungspflichtigen Unterlagen verstanden werden, in denen das EK ausgewiesen wird. Andernfalls würde die vom Gesetzgeber intendierte Zielsetzung nicht erreicht.

55 Aus dem zweistufigen Aufbau der gesetzlichen Vorgaben zum Zeitpunkt der Veröffentlichung in § 325 Abs. 1 Satz 1 HGB folgt, dass das **„unverzüglich"** (Rz 46) unverändert gilt. Folglich müssen die bisher wegen § 236 AktG nicht vorgelegten Unterlagen i. S. v. § 325 HGB unverzüglich zum BAnz eingereicht und deren dortige Offenlegung veranlasst werden, sobald das Unt von der Eintragung der Kapitalmaßnahme Kenntnis erlangt hat. Durch das BilRUG ist insoweit eine Änderung vorgenommen worden, weil sich das „Unverzüglich" (Rz 46) nicht mehr auf alle offenlegungspflichtigen Unterlagen bezieht, sondern nur auf den Fall, dass Unterlagen i. S. v. Abs. 1 Satz 1 Nr. 2 nicht innerhalb der Frist nach Abs. 1a Satz 1 vorgelegt werden können.

56 Für die **GmbH** enthält § 58a Abs. 4 GmbHG eine dem § 236 AktG entsprechende Regelung für den Fall der vereinfachten Kapitalherabsetzung gem. §§ 58a ff. GmbHG. § 58f Abs. 3 GmbHG sieht einen Aufschub für die vereinfachte Kapitalherabsetzung mit anschließender Kapitalerhöhung vor.

57 Sofern ein Unt seinen StB mit der Erstellung des Jahresabschlusses beauftragt, umfasst dies nicht automatisch auch dessen Offenlegung. Vielmehr ist hierfür ein gesonderter Auftrag erforderlich.[77] Allerdings ist der StB aufgefordert, den Mandanten auf die Offenlegungspflicht hinzuweisen. Aus Sicht des StB ist hierbei zu beachten, dass es sich nicht um eine Hilfeleistung in steuerlichen Angelegenheiten handelt, die nicht unter die Steuerberatergebührenverordnung fällt. Folglich muss hierfür eine Vergütung gesondert vereinbart werden.

2.2 Einzureichende Unterlagen

2.2.1 Allgemeine Grundsätze

58 Der Gesetzgeber hatte zunächst keine zusammenfassende Aufzählung der offenlegungspflichtigen Unterlagen vorgenommen, sondern diese in den Sätzen 1 bis 5 in unterschiedlichen Zusammenhängen normiert. Im Einzelnen fallen hierunter:
- der Jahresabschluss (Rz 65 ff.),
- der Bestätigungsvermerk bzw. Versagungsvermerk (Rz 71 ff.),
- der Lagebericht (Rz 81 f.),
- der Bericht des Aufsichtsrats (Rz 83 ff.),
- die Erklärung nach § 161 AktG (Rz 89 ff.) und
- der Gewinnverwendungsvorschlag (Rz 92 ff.).

59 Dies wurde mit dem BilRUG geändert und nunmehr eine einheitliche Aufzählung geschaffen. Diese umfasst:

---

[76] Gl. A. *Haller/Hütten/Löffelmann*, in *Küting/Pfitzer/Weber*, HdR, § 325 HGB, Rz 99, Stand 05/2014.
[77] Vgl. *Look*, DStR 2007, S. 2231.

Satz 1 Nr. 1	Satz 1 Nr. 2
• den festgestellten oder gebilligten Jahresabschluss (Rz 65 ff.), • den Lagebericht (Rz 81 f.), • den Bestätigungsvermerk bzw. Versagungsvermerk (Rz 71 ff.),	• den Bericht des Aufsichtsrats (Rz 83 ff.), • die Erklärung nach § 161 AktG (Rz 89 ff.).

Tab. 3: Offenlegungspflichtige Unterlagen nach § 325 Abs. 1 HGB i.d.F. d. BilRUG

Dieser Katalog ist **abschließend**, sodass allenfalls eine **freiwillige Erweiterung** vorgenommen werden kann. Sofern sich aufgrund von gesellschaftsrechtlichen Regelungen weitere Einreichungspflichten ergeben, sind diese nicht nach den Vorgaben dieses Unterabschnitts zu behandeln, insb. führen Verstöße gegen diese nicht zu den unter Rz 167 ff. erläuterten Sanktionen. Dies schließt andere Konsequenzen nicht aus, wie z. B. die Berichtspflicht des AP nach § 321 Abs. 1 Satz 3 HGB wegen eines Verstoßes gegen Vorschriften der Satzung. 60

Diese Unterlagen sind nur offenlegungs- bzw. hinterlegungspflichtig, wenn sie tatsächlich vorliegen. § 325 HGB begründet **keine Verpflichtung**, Unterlagen **extra zu erstellen** oder erstellen zu lassen, um deren Offenlegung bzw. Hinterlegung vornehmen zu können. Folglich variieren Umfang und Inhalt der Offenlegung bzw. Hinterlegung bei den Unt in Abhängigkeit von der Größe und der Rechtsform sowie ggf. späterer Änderungen. 61

> **Beispiel**
> Eine kleine GmbH ist nicht prüfungspflichtig und hat auch keinen Aufsichtsrat. § 325 HGB führt nicht zu einer Prüfungspflicht für den Jahresabschluss durch einen AP. Vielmehr ergibt sich diese aus § 316 HGB (und ggf. ergänzenden Satzungsbestimmungen). Ferner entsteht keine Verpflichtung, einen Aufsichtsrat zu bilden, sofern sich eine solche Notwendigkeit nicht aus einer Vorgabe aus der Satzung der GmbH ergibt.

Ist eine Ges. gesetzlich nicht verpflichtet, eine der in Rz 58 bzw. 59 genannten Unterlagen zu erstellen, geschieht dies jedoch **freiwillig**, besteht hierfür keine Offenlegungspflicht. Gleichwohl hat die Gesellschaft die **Möglichkeit**, weitergehende Unterlagen offenzulegen bzw. zu hinterlegen. Es ist jedoch darauf zu achten, dass Außenstehende nicht über den Inhalt der Unterlagen getäuscht werden (können). Wurde z. B. eine freiwillige Abschlussprüfung durchgeführt und der hierüber erteilte Bestätigungsvermerk offengelegt, muss aus diesem ersichtlich sein, inwieweit diese Prüfung mit einer gesetzlichen Pflichtprüfung vergleichbar und was tatsächlich Gegenstand der Prüfung war. Dies ist jedoch regelmäßig unproblematisch, weil die Berufsgrundsätze der WP zur Erteilung von Bestätigungsvermerken[78] entsprechende Vorgaben enthalten. 62

Es besteht keine Verpflichtung, einen **Negativbericht** in dem Sinne zu erstellen und offenzulegen, dass und ggf. warum einige der im Gesetz genannten Unterla- 63

---

[78] Vgl. IDW PS 400.

gen nicht erstellt werden mussten. Vielmehr sind nur die Unterlagen offenzulegen bzw. zu hinterlegen, die erstellt werden müssen. Dies schließt nicht aus, dass das Unt auf Nachfrage des BfJ in der Lage sein muss zu begründen, warum bestimmte Unterlagen nicht offengelegt bzw. hinterlegt wurden.

64 Durch das BilRUG ist klargestellt worden, dass die Unterlagen in deutscher Sprache offenzulegen sind. Diese Regelung hat lediglich klarstellenden Charakter. Sie soll gewährleisten, dass die vom Gesetzgeber angestrebten Einsichtsmöglichkeiten nicht dadurch umgangen werden können, dass die Unterlagen in einer fremden – möglicherweise sehr exotischen und damit wenig verbreiteten – Sprache offengelegt werden.[79] Stellt das Unternehmen seinen Jahresabschluss oder andere der in § 325 Abs. 1 Satz 1 HGB i.d.F. d. BilRUG genannten Dokumente in einer anderen Sprache als Deutsch auf, sind diese zwingend zu übersetzen. Hierfür gibt es keine näheren Vorgaben, so dass eine eigene Übersetzung durch das Unt ausreichend ist und insb. keine amtliche Übersetzung zu erfolgen hat. Hiervon unberührt bleibt die Möglichkeit einer ergänzenden freiwilligen Offenlegung in einer anderen Sprache. Diese richtet sich nach § 325 Abs. 6 i.V.m. §§ 11 und 12 HGB.

2.2.2 Jahresabschluss

65 Erfasst wird der Abschluss nach § 242 Abs. 3 HGB (§ 242 Rz 7 ff.). Folglich umfasst er die **Bilanz** und die **GuV**. Dieser wird gem. § 264 Abs. 1 HGB für alle KapG und KapCoGes um den **Anhang** ergänzt. Unerheblich ist, ob es sich um ein volles Gj oder um ein **Rumpfgj** handelt. Ferner zählen hierzu auch die Jahresbilanz im Rahmen der Liquidation, die Abwicklungsbilanz nach § 279 Abs. 2 Satz 2 AktG und Jahresabschlüsse, die Schlussbilanzen einer übertragenen Ges. sind, sowie die DM-Eröffnungsbilanz.[80]

66 Hierbei handelt es sich um die **endgültige Fassung** des Jahresabschlusses, sodass evtl. Probeabschlüsse nicht erfasst sind. Dies ist auch bei der Wahrung der Offenlegungsfristen (Rz 43 ff.) zu beachten, sodass bereits der endgültige Abschluss vorliegen muss. Dieses Verständnis bestätigt auch die durch das BilRUG angepasste Formulierung. Danach wird auf die festgestellte oder gebilligte Bilanz abgestellt. Auch die Reg.-Bgr.[81] zur Neufassung durch das BilRUG ordnet an, dass es zur Wahrung der Offenlegungspflicht nicht zulässig ist, zunächst den ungeprüften Jahresabschluss und Lagebericht einzureichen und später den Bestätigungsvermerk nachzureichen. Vielmehr ist jetzt auch der Bestätigungsvermerk innerhalb der Frist nach Abs. 1a einzureichen. Zugleich muss eine Feststellung oder Billigung erfolgt sein. Eine frühere Offenlegung wäre weder mit dem Gesetzeswortlaut noch der Vorgabe aus Art. 30 Abs. 1 der Richtlinie 2013/34/EU zu vereinbaren.

67 Die Zuständigkeit für die Feststellung ergibt sich aus den gesellschaftsrechtlichen Vorgaben und ist wie folgt geregelt:

---

[79] Bisher ergab sich dies nach einhelliger Auffassung schon aus § 244 HGB, vgl. dazu z.B. *Schmidt/Ries*, Beck Bil-Komm., 10. Aufl., 2016, § 244 HGB Rn. 3.
[80] Vgl. LG Chemnitz, Urteil v. 17.8.1995, 1 O 2428/95, ZIP 1995, S. 1612.
[81] Vgl. BT-Drucks. 18/4050, S. 77.

Hieraus folgt, dass bei einer evtl. **freiwilligen oder gesellschaftsvertraglich angeordneten Prüfung** keine Offenlegungspflicht besteht. Gleichwohl kann freiwillig eine Offenlegung erfolgen oder sich eine solche Pflicht aus der Satzung ergeben. Hierbei muss der Umfang der Prüfung hinreichend deutlich werden. Besonderheiten entstehen, wenn der geprüfte Jahresabschluss nicht dem offengelegten Jahresabschluss entspricht. Dies ist der Fall, wenn von den Erleichterungsmöglichkeiten der §§ 326 ff. HGB Gebrauch gemacht wurde. In diesen Fällen muss darauf hingewiesen werden, dass sich der Bestätigungsvermerk auf den geprüften und nicht auf den offengelegten Jahresabschluss bezieht (§ 322 Rz 207 ff.). 76

Da **kleine KapG** und solche Ges. i. S. v. § 264a HGB nicht prüfungspflichtig sind, entfällt diese Offenlegung für sie immer. Da es sich bei den KleinstKapG i. S. v. § 267a HGB um eine Teilmenge der kleinen KapG handelt, gilt dies für sie entsprechend. Hierbei ist die Ausdehnung dieser Regelungen auf Genossenschaften durch das BilRUG zu beachten. 77

Nicht zu den offenlegungspflichtigen Unterlagen gehören der **Prüfungsbericht** und die **Arbeitspapiere** des AP sowie ein evtl. **Management-Letter**. Dies gilt auch, wenn eine Prüfung – sei es aufgrund der Erfassung im Rahmen einer Stichprobe oder aufgrund einer Veranlassung durch die BaFin – des Jahresabschlusses, des Lageberichts, des Konzernabschlusses oder des Konzernlageberichts durch die **Prüfstelle für Rechnungslegung** (§ 342b HGB) vorgenommen und hierüber von ihr und/oder der BaFin ein Bericht verfasst wird. 78

Wird der Prüfungsauftrag erweitert und schlägt sich dies in einem ausführlichen Bestätigungsvermerk nieder, ist gleichwohl das vollständige Testat in unveränderter Fassung offenzulegen und zwar auch mit den Teilen, die sich auf die Erweiterung beziehen. Hierfür kommt es auf die Grundlage für die Erweiterung des Prüfungsauftrages nicht an, sodass es sich hierbei sowohl um gesetzliche als auch gesellschaftsvertragliche Regelungen handeln kann. 79

> **Beispiel**
> Eine GmbH befindet sich vollständig im Eigentum eines Bundeslandes. Nach § 53 HGrG i. V. m. § 65 LHO ist der Prüfungsauftrag dahingehend zu ergänzen, dass auch die Ordnungsmäßigkeit der Geschäftsführung zum Gegenstand der Jahresabschlussprüfung wird. Da im Rahmen des Testats auch auf die Ergebnisse dieser Prüfung eingegangen wird, liegt insoweit ein erweiterter Text vor. Dieser ist vollständig offenzulegen. Andernfalls hätte der Gesetzgeber nicht eine Erweiterung der Prüfung des handelsrechtlichen Jahresabschlusses angeordnet, sondern eine Sonderprüfung.

Erfolgt eine freiwillige Ergänzung des Prüfungsauftrags und schlägt sich dies im Testat nieder, hat gleichwohl eine vollständige Wiedergabe des Wortlauts zu erfolgen. Dies gilt ungeachtet des Umstandes, dass eine freiwillige Ergänzung des Prüfungsauftrages erfolgt ist. Entscheidend hierfür ist, dass andernfalls eine Möglichkeit bestünde, die eine Veränderung ermöglichte und diese Möglichkeit Diskussionen auslösen könnte, inwieweit eine zutreffende Veränderung des Bestätigungsvermerks erfolgt ist. Zugleich wäre damit die Möglichkeit zur Kommunikation zwischen dem AP und dem Leser des Jahresabschlusses beeinträchtigt. 80

2.2.4 Lagebericht

81 Der Inhalt des Lageberichts ergibt sich aus § 289 HGB. Der Lagebericht ist **vollständig** offenzulegen.

82 **Kleine KapG** (einschl. KleinstKapG i.S.v. § 267a HGB und seit dem BilRUG auch entsprechende Genossenschaften) und gleichgestellte PersG i.S.v. § 264a HGB sind von der Pflicht zur Aufstellung eines Lageberichts gem. § 264 Abs. 1 Satz 3 HGB befreit. Wird dennoch ein Lagebericht erstellt (z.B. auf **freiwilliger** Basis oder einer obligatorischen Anordnung in der Satzung), kann dieser offengelegt werden, er ist jedoch nicht offenlegungspflichtig. Das CSR-Richtlinie-Umsetzungsgesetz verpflichtet bestimmte große Unternehmen von öffentlichem Interesse, sog. PIEs (Rz 24) dazu, ihren Lage- bzw. Konzernlagebericht für nach dem 31.12.2016 beginnende Gj um eine sog. nichtfinanzielle Erklärung zu erweitern (§ 289 Rz 40ff.). Diese ist dann Bestandteil des Lageberichts und ist entsprechend mit auszuweisen.[84]

2.2.5 Bericht des Aufsichtsrats

83 Eine **Offenlegungspflicht** für den Bericht des Aufsichtsrats gibt es nur, wenn dieses Gremium zwingend zu bilden ist. Fehlt es – wie regelmäßig bei KapCoGes – an einem solchen Organ, besteht keine Offenlegungspflicht. Zu einer freiwilligen Bildung eines solchen Organs: Rz 85

84 Unerheblich ist, aufgrund welcher Regelungen ein Aufsichtsrat errichtet wird, wenn seine Kompetenzen den gesetzlichen Anforderungen entsprechen. Dies ist bei der AG und der KGaA der Fall. Bei einer **GmbH** ist entscheidend, ob der Gesellschaftsvertrag abweichende Regelungen trifft, die hinter den gesetzlichen Vorgaben zurückbleiben. Ist dies nicht der Fall oder enthält die Satzung hierzu keine nähere Regelung, obwohl sie die Bildung eines Aufsichtsrats anordnet, gilt infolge des § 52 Abs. 1 GmbHG das aktienrechtliche Konzept entsprechend. Dies ist auch der Fall, wenn sich aufgrund anderer gesetzlicher Regelungen die Verpflichtung ergibt, einen Aufsichtsrat zu bilden, wie z.B. §§ 77 Abs. 1 BetrVG 1952, 25 Abs. 1 MitbestG 1976, 2, 3 Abs. 1 MitbestErgG, 3K AGG. In diesen Fällen ist der Bericht des Aufsichtsrats offenzulegen. Sieht die Satzung hingegen eingeschränkte Kompetenzen vor, liegt **keine Prüfungspflicht** i.S.d. Gesetzes vor und der Prüfungsbericht des Aufsichtsrats **muss nicht** offengelegt werden.

85 Bei KapCoGes besteht keine gesetzliche Pflicht zur Bildung eines Aufsichtsrats. Gleichwohl kann dieser – oder ein **anderes Aufsichtsgremium** – freiwillig gebildet werden. Sofern dies geschieht und ein Prüfungsbericht vorgelegt wird, ist dieser nicht offenlegungspflichtig.[85] Etwas anderes gilt, wenn bei einer KapCoGes dem Aufsichtsrat die Rechte und Pflichten nach Maßgabe des AktG zugewiesen werden. In diesem Fall wäre der Bericht des Aufsichtsrats über seine Prüfung offenlegungspflichtig.

86 Gem. § 171 Abs. 1 AktG hat der Aufsichtsrat den Jahresabschluss, den Lagebericht und den Gewinnverwendungsvorschlag zu prüfen. Der Vorstand ist gem. § 170 Abs. 1 AktG verpflichtet, den Jahresabschluss und den Lagebericht, „un-

---

[84] Vgl. zu alternativen Ausweismöglichkeiten *Kajüter*, Aktuelle Berichterstattung nach dem CSR-Richtlinie-Umsetzungsgesetz, DB 2017, S. 617ff.
[85] Vgl. z.B. *Fehrenbacher*, in MünchKomm. HGB, 3. Aufl., § 325 Rn 29; *Grottel*, in Beck Bil-Komm., 10. Aufl., 2016, § 325 HGB, Rz 14.

verzüglich" (Rz 46) dem Aufsichtsrat nach deren Aufstellung vorzulegen. Zwar trifft diese Prüfungspflicht das Organ „Aufsichtsrat", doch ist jedes Mitglied verpflichtet, sich aufgrund eigener Prüfung ein Urteil zu bilden. Hierbei kann der Bericht eines evtl. bestehenden Prüfungsausschusses (§ 107 Abs. 3 Satz 2 AktG i.d.F. des BilMoG) in die Prüfung einbezogen werden, jedoch darf keine ungeprüfte Übernahme der Ergebnisse erfolgen.

Gesetzliche Vorgaben zum Umfang der Prüfung bestehen nicht. Inhaltlich hat sich die Prüfung auf die Rechtmäßigkeit und die Zweckmäßigkeit der Handlungen des Vorstands und der hiermit verbundenen Ergebnisse zu beziehen.[86] 87

Über das Ergebnis seiner Prüfung hat der Aufsichtsrat schriftlich an die HV gem. § 171 Abs. 2 AktG zu berichten.[87] Dieser Bericht ist von den gesetzlichen Vertretern (Rz 33 ff.) offenzulegen. Er muss Aussagen enthalten, in welcher Art und in welchem Umfang der Aufsichtsrat die Geschäftsführung geprüft hat. Bei börsennotierten AG sind noch weitere Angaben geboten (Art und Zahl der Ausschüsse sowie die Zahl der Sitzungen von Aufsichtsrat und Ausschüssen). Bei prüfungspflichtigen KapG hat der Aufsichtsrat zum Ergebnis der Prüfung Stellung zu nehmen. Ferner ist am Ende zu erklären, ob Einwendungen zu erheben sind und ob der vom Vorstand aufgestellte Jahresabschluss gebilligt wird. 88

2.2.6 Erklärung nach § 161 AktG

Seit dem TransPuG[88] müssen börsennotierte KapG zusätzlich die Entsprechenserklärung nach § 161 AktG offenlegen. Darin müssen Vorstand und Aufsichtsrat erklären, inwieweit sie die Regelungen des **Deutschen Corporate Governance Kodex**[89] beachtet haben (hierzu § 285 Rz 115 f.), insb. welche der dort genannten Regelungen nicht berücksichtigt wurden. Durch die Offenlegung soll der Schutzzweck der Erklärung erfüllt werden.[90] Andererseits werden aus der hiermit verbundenen Konsequenz für die Notwendigkeit zur Befolgung des Kodex verfassungsrechtliche Bedenken hergeleitet.[91] 89

Für alle **anderen Ges.** besteht keine entsprechende Verpflichtung. Dies gilt unabhängig davon, dass der DCGK allgemeine Grundsätze guter Unternehmensführung enthält und der Gesetzgeber trotz der Normierung im AktG sich positive Auswirkungen auch auf die Unternehmensführung bei anderen Rechtsformen versprach.[92] Vgl. zur Erklärung zur Unternehmensführung auch § 289f Rz 8 ff. 90

Gem. § 285 Nr. 16 HGB (§ 285 Rz 115 f.) ist im Anhang anzugeben, dass die Erklärung nach § 161 AktG abgegeben wurde und wo diese öffentlich zugänglich ist. Hingegen soll – nach Auffassung des Gesetzgebers – die Erklärung selbst nicht in den Anhang aufgenommen werden.[93] Damit bildet sie keinen Bestand des Jahresabschlusses. Durch die Offenlegung im Rahmen des § 325 HGB wird der Zielsetzung Rechnung getragen, die rechnungslegungsbezogenen Informationen über die Ges. an einer Stelle offenzulegen, um den Zugriff durch Außenstehende zu erleichtern. 91

---

86 Vgl. *Clemm*, ZGR 1980, S. 457.
87 Vgl. zum Umfang dieser Berichtspflicht ADS, § 171 AktG, Rz 39 ff.
88 V. 19.7.2002, BGBl I, S. 2681.
89 Abrufbar im Internet unter http://www.dcgk.de/de/kodex.html, letzter Abruf am 7.6.2016.
90 Vgl. BT-Drs. 14/8769, S. 29.
91 Vgl. *Tröger*, ZHR 175, S. 746 ff., 758.
92 Vgl. die Präambel des Kodex.
93 Vgl. BT-Drs. 14/8769, S. 25.

2.2.7 Gewinnverwendungsvorschlag

92 Gem. § 268 Abs. 1 HGB hat die Ges. die Möglichkeit, den Jahresabschluss bereits unter Berücksichtigung der – vollständigen oder teilweisen – Verwendung des Jahresergebnisses aufzustellen. Durch spezielle Angaben in der Bilanz wird dafür gesorgt, dass die Gewinnverwendung transparent wird. § 325 Abs. 1 Satz 2 HGB aF enthielt Vorgaben, wenn von § 268 Abs. 1 HGB kein Gebrauch gemacht, also die Gewinnverwendung im Jahresabschluss nicht berücksichtigt wurde.

93 Außerdem besteht die Möglichkeit, im Anhang einen Vorschlag über die Ergebnisverwendung aufzunehmen.[94] Wenn dies geschieht, kann auf eine gesonderte Offenlegung nach § 325 Abs. 1 Satz 3 HGB aF verzichtet werden, weil sie bereits im Rahmen des Jahresabschlusses und damit des Satzes 1 erfolgt. Nach Abs. 1b muss eine gesonderte Offenlegung des Beschlusses nur erfolgen, wenn im Jahresabschluss nur der Vorschlag für die Ergebnisverwendung enthalten ist.

94 Eine gesonderte Offenlegung kann **unterbleiben, wenn** ein Gewinnverwendungsvorschlag bzw. -beschluss **nicht notwendig** ist. Dies gilt insb. bei Ergebnisabführungsverträgen gem. §§ 291 ff. AktG (ggf. analog für die GmbH), bei denen die Abführung des gesamten Jahresüberschusses dazu führt, dass das Ergebnis der beherrschten Ges. Null beträgt oder wenn ein Bilanzverlust ausgewiesen wird und keine ausschüttungsfähigen Gewinnrücklagen vorhanden sind. Die übrigen Offenlegungspflichten bleiben hiervon unberührt.

95 Ist keine zuvor genannte Befreiungsregelung anzuwenden, muss gem. § 325 Abs. 1 HGB der Vorschlag für die Gewinnverwendung offengelegt werden. Bei einer AG/KGaA ergibt sich die Pflicht zur Aufstellung eines Gewinnverwendungsvorschlags für den Vorstand aus § 170 Abs. 2 AktG und § 176 Abs. 1 Satz 1 AktG; dieser ist dem Aufsichtsrat und der HV vorzulegen.

96 Besonderheiten gelten bei einer GmbH, die über einen Aufsichtsrat verfügt. Während für den **obligatorischen Aufsichtsrat** nicht auf § 170 AktG verwiesen wird, geschieht dies in § 52 Abs. 1 GmbHG für den fakultativen Aufsichtsrat. Ein solches Ergebnis ist wenig überzeugend, weil damit die eigentlich strengeren Verpflichtungen zu weniger strengen Regelungen führen. Dies hat zur Folge, dass bei einer GmbH eine Offenlegung des Gewinnverwendungsvorschlags geboten ist, wenn ein fakultativer Aufsichtsrat besteht, nicht aber bei einem obligatorischen.[95]

97 Erfolgt – zeitlich später – die Beschlussfassung über die Gewinnverwendung, ist auch dieser Beschluss elektronisch offenzulegen. Hierbei muss der Jahresüberschuss bzw. Jahresfehlbetrag angegeben werden. Die Zuständigkeit für die Beschlussfassung über die Gewinnverwendung liegt bei der AG/KGaA gem. § 174 AktG bei der HV, bei der GmbH gem. § 42 Abs. 2 GmbHG bei der GesV.

98 Satz 4 aF enthielt für die **GmbH** eine wichtige Ausnahme: Danach sind **keine Aussagen** über die Ergebnisverwendung zu machen, „wenn sich anhand dieser Angaben die **Gewinnanteile von natürlichen Personen feststellen** lassen". Hiermit sollten persönliche Daten der Gesellschafter geschützt werden.[96] Diese Ausnahme bezog sich sowohl auf Vorschläge für die Gewinnverwendung als

---

[94] Vgl. ADS, 6. Aufl., § 325 HGB, Rz 36; *Klatte*, BB 1995, S. 38.
[95] Nach Auffassung von *Ziegler*, Rpfleger 1989, S. 92, soll eine analoge Anwendung der aktienrechtlichen Regelungen geboten sein.
[96] Vgl. BT-Drs. 12/7912, S. 23.

auch auf die Beschlussfassung. Ein gesonderter Hinweis, dass diese Möglichkeit genutzt wurde, musste nicht aufgenommen werden, konnte aber der Transparenz dienen.

Aus dem Ziel dieser Regelung folgt, dass sie bereits dann anzuwenden ist, wenn **bei einem Gesellschafter** diese Möglichkeit besteht.[97] Gem. § 40 Abs. 1 GmbHG haben die Geschäftsführer eine Gesellschafterliste zu führen und evtl. Veränderungen zum HR einzureichen. Damit wird es möglich zu erkennen, wer in welchem Umfang an der Ges. beteiligt ist. Sofern für einen Gesellschafter festgestellt werden kann, wie hoch seine Gewinnanteile sind, lässt sich damit der Gewinnanteil der anderen Gesellschafter errechnen.[98] Folglich ist eine Berufung auf diese Regelungen bereits immer dann möglich, wenn bei einem der Gesellschafter diese Gefahr besteht. 99

> **Beispiel**
> An der D-GmbH sind der A und die B-GmbH beteiligt. Ausweislich der Gesellschafterliste ist A zu 60 und die B zu 40 % an der D beteiligt. Würde offengelegt, welchen Gewinnanteil die B bekommt, kann ermittelt werden, wie hoch die Ausschüttungen an den A sind.

Der Begriff der **natürlichen Person** erfasst nicht nur die direkte Beteiligung durch eine solche Person, sondern auch die mittelbare über eine PersG,[99] wenn im Übrigen die Voraussetzungen erfüllt wären, können auch stille Beteiligungen dazu gehören. Bei einem mehrstufigen Personengesellschaftskonzern kann streitig sein, ob eine Berufung auf diese Regelung erfolgen kann. Vor dem Hintergrund der ggf. drohenden Sanktionen sind diejenigen, die sich auf solche Erleichterungen berufen, gut beraten, mithilfe einer aussagefähigen Dokumentation einen entsprechenden Nachweis führen zu können. 100

Für die Gliederung des **Gewinnverwendungsvorschlags** bietet es sich an, auf das Schema in § 170 Abs. 2 Satz 2 AktG zurückzugreifen. Bei AktG und KGaA ist dies ohnehin zwingend, bei den anderen Rechtsformen ist dies ebenfalls sinnvoll, wobei eine terminologische Anpassung geboten sein kann. Auf jeden Fall muss deutlich werden, wie hoch der Betrag ist, der an die Gesellschafter verteilt wird, der in die Gewinnrücklagen eingestellt wird und der Betrag, der auf neue Rechnung vorgetragen wird. 101

Bei KapCoGes werden die **Gewinnanteile** bereits bei der Bilanzerstellung den Kapitalkonten der Gesellschafter anteilig zugeschrieben. Folglich kann ein **Gewinnverwendungsvorschlag** oder die **Beschlussfassung** hierüber nur Bedeutung haben, wenn im Gesellschaftsvertrag insoweit abweichende Regelungen getroffen werden. Ist dies nicht der Fall, hat diese Vorgabe für die genannten PersG keine Bedeutung. 102

Gem. § 264 Abs. 2 Satz 3 HGB (§ 264 Rz 88) haben die dort benannten KapG einen sog. **Bilanzeid** zu leisten. Fraglich ist, ob dieser offenzulegen ist. § 325 HGB trifft hierzu keine Aussage. Insoweit lässt sich hieraus auch keine formale Pflicht 103

---

[97] HM, vgl. z.B. *Grottel*, in Beck Bil-Komm., 10. Aufl., 2016, § 325 HGB, Rz 21; ADS, 6. Aufl., § 325 HGB, Rz 64.
[98] Vgl. *Pfitzer/Wirth*, DB 1994, S. 1940.
[99] Gl. A. *Grottel*, in Beck Bil-Komm., 10. Aufl., 2016, § 325 HGB, Rz 21.

104 zur Veröffentlichung ableiten.[100] Allerdings ergibt sich eine **Offenlegungspflicht** aus dem Zweck der Regelung, der nur erfüllt wird, wenn eine Offenlegung erfolgt. Daher ist von einer faktischen Offenlegungspflicht auszugehen.[101]

104 Die Neufassung des Abs. 1 durch das BilRUG hat dazu geführt, dass der Gewinnverwendungsvorschlag nicht mehr in der Liste der offenlegungspflichtigen Unterlagen enthalten ist. Dies rechtfertigt sich daraus, dass für mittelgroße und große KapG die Pflicht geschaffen wurde, im Anhang bzw. im Konzernanhang den Vorschlag oder ggf. den Beschluss über die Verwendung des Ergebnisses auszuweisen. Damit sind diese Informationen bereits aus dem Anhang ersichtlich, so dass eine gesonderte Offenlegung mit Wirkung ab dem Gj 2016 entfallen kann. Hierbei wird im Regelfall ein Vorschlag zur Gewinnverwendung vorliegen. Wird später dann ein Gewinnverwendungsbeschluss getroffen, ist dieser unverzüglich nach seinem Vorliegen offenzulegen.[102]

2.3 Nachreichungspflichten bei verkürzter Einreichung zur Fristwahrung

105 Um die Wahrung der absoluten Fristen von zwölf bzw. vier Monaten (Abs. 4) zu ermöglichen, sieht Satz 5 aF vor, zunächst den Jahresabschluss (Rz 65 ff.) und den Lagebericht (Rz 81 ff.) offenzulegen. Die übrigen Unterlagen müssen dann „unverzüglich" (Rz 43) nach ihrem Vorliegen eingereicht werden. Hierbei ist auf die noch fehlenden Unterlagen hinzuweisen, wobei es ausreicht, die fehlenden Unterlagen zu benennen. Auf ohnehin nicht offenlegungspflichtige – weil nicht zu erstellende – Unterlagen muss nicht hingewiesen werden.

106 Zur **Fristwahrung** reicht noch die Offenlegung eines (noch) ungeprüften Jahresabschlusses aus. Allerdings ist zu beachten, dass Änderungen im Rahmen der Prüfung oder im Vorfeld der Feststellung des Jahresabschlusses eine erneute Offenlegungspflicht (Rz 31 ff.) auslösen. Allerdings wird es in vielen Fällen nicht gewollt sein, dass auf diese Art und Weise ersichtlich wird, welche Änderungen am Jahresabschluss auf Intervention des AP vorgenommen wurden. Um dies zu vermeiden, ist es geboten, eine zeitliche Abstimmung mit dem AP vorzunehmen, die eine Offenlegung des noch ungeprüften Jahresabschlusses entbehrlich macht.

107 **Unterschiedliche Auffassungen** bestehen darüber, ob die zunächst noch fehlenden Unterlagen sofort offengelegt werden müssen oder ob so lange gewartet werden kann, bis sämtliche Unterlagen vorliegen, um diese gemeinsam offenlegen zu können.[103] M. E. kann es – gerade nach der Umstellung auf eine elektronische Veröffentlichung – nicht darum gehen, mithilfe dieser Regelung eine Verzögerung der Offenlegung bzw. Hinterlegung zu ermöglichen. Vielmehr kommt im Gesetzeswortlaut die Vorstellung des Gesetzgebers zum Ausdruck, dass zeitnah offenzulegen ist. Gerade angesichts der modernen schnellen Kommunikationsformen und den hiermit verbundenen (geringen) Kosten sind hohe Anforderungen an eine Begründung für die weitere zeitliche Aufschiebung zu stellen. Danach wird eine **zusammengefasste Offenlegung** nur in Betracht kommen, wenn sehr zeitnah sämtliche Unterlagen vorliegen. Da die gesetzlichen

---

[100] Gl. A. *Altenhain*, WM 2008, 1142; *Schellhorn*, DB 2009, 2364; a. A. *Hönsch*, ZCG 2006, S. 119.
[101] Ebenso *Schellhorn*, DB 2009, S. 2364; *Hönsch*, ZCG 2006, S. 119.
[102] Vgl. die Reg.-Begr. BT-Drucks. 18/4050, S. 78.
[103] Vgl. zur Diskussion mwN z. B. *Grottel*, in Beck Bil-Komm., 10. Aufl., 2016, § 325 HGB, Rz 46.

Fristen seitens des Unt bereits ausgenutzt wurden, ist für die Gewährung weiterer Erleichterungen eine besondere Rechtfertigung erforderlich. Gegen diese Auffassung mag die hiermit verbundene **Kostenbelastung** (insb. die Personalkosten für die damit betrauten Mitarbeiter) sprechen. Gleichwohl sind diese Kosten vor dem Hintergrund der vom Gesetzgeber verfolgten Zielsetzung zu beurteilen. Daher sind bei **Wirtschaftlichkeitsüberlegungen** strenge Maßstäbe anzusetzen, wenn diese als Rechtfertigung für eine verzögerte Offenlegung herangezogen werden sollen. Außerdem wurde für KleinstKapG i. S. v. § 267a HGB mit § 326 Abs. 2 HGB mit der Möglichkeit der Hinterlegung (vgl. Rz 20 ff.) eine besondere Erleichterung geschaffen.

Diese Konzeption wird durch das BilRUG geändert. Nunmehr wird die Frist für die Offenlegung grundsätzlich auf den Zeitraum bis zum Ende des folgenden Geschäftsjahres begrenzt (zur Ermittlung Rz 43 f.). Damit ist klargestellt, dass diese Frist vollständig ausgenutzt werden kann. Auf Grund der Formulierung des Gesetzes („spätestens") kann auch eine frühere Offenlegung erfolgen. Allerdings ist es nicht zu beanstanden wenn, vorbehaltlich des Abs. 4, diese Frist vollständig ausgenutzt wird. 108

2.4 Nachträgliche Änderung

Erfolgt eine nachträgliche Änderung von **bereits offengelegten bzw. hinterlegten Unterlagen**, ist dies offenzulegen bzw. eine erneute Hinterlegung vorzunehmen. Hierbei stellt der Wortlaut auf „die Änderung" ab. Hieraus ist jedoch nicht zu folgern, dass nur die Änderung als solche beim BAnz einzureichen ist. Vielmehr muss sich dies nach dem Sinn und Zweck der Regelung auf das gesamte Dokument beziehen. Für die notwendige Transparenz muss deutlich werden, worauf sich die Änderung erstreckt und was für diese ursächlich war. Diese Regelungen finden sich nach der Neufassung durch das BilRUG nunmehr in Abs. 1b. 109

Von einer **Änderung** ist auszugehen, wenn sich Inhalt oder Form des Jahresabschlusses nach seiner Auf- oder Feststellung geändert hat.[104] Eine **Wesentlichkeitsgrenze** gibt es hierbei nicht, sodass jede Änderung eine erneute Offenlegung bzw. Hinterlegung bedingt. Etwas anderes gilt lediglich für die Korrektur von Schreib-, Druck- und/oder Rechenfehlern. Redaktionelle Klarstellungen sind nur zulässig, wenn sie tatsächlich keine materielle Änderung beinhalten.[105] Hierbei sind strenge Maßstäbe zu beachten. M. E. sollte aus Gründen der Transparenz und der gebotenen Objektivität auf die Berichtigung (etwa in einer Fußnote) hingewiesen werden, sodass erkennbar wird, worauf sich diese bezog und ersichtlich wird, ob diese tatsächlich nur redaktionellen Charakter hatte. Der Zeitraum zwischen der ursprünglichen Offenlegung bzw. Hinterlegung und der Änderung ist unerheblich. Denkbar ist, dass dieser mehrere Jahre umfasst, wobei auch zu prüfen ist, inwieweit sich Änderungen bei anderen offenlegungs- bzw. hinterlegungspflichtigen Unterlagen und in anderen Jahren Korrekturnotwendigkeiten ergeben. 110

---

[104] Vgl. auch *Fehrenbacher*, MünchKomm. HGB, 3. Aufl. § 325 Rn 40.
[105] Vgl. *Grottel*, in Beck Bil-Komm., 10. Aufl., 2016, § 325 HGB, Rz 34, § 328 HGB, Rz 25.

111 Eine Änderung ist bei einer **nachträglichen Abschlussprüfung** oder einer späteren Feststellung möglich. Dies kann insb. der Fall sein, wenn der Jahresabschluss vor seiner Feststellung eingereicht und offengelegt wurde. Dass solche Änderungen möglich sind, ergibt sich auch aus § 316 Abs. 3 HGB und § 173 Abs. 3 AktG. Zu beachten ist, dass diese Änderung regelmäßig eine **Nachtragsprüfung** durch den AP auslöst (§ 316 Abs. 3 HGB). M. E. muss davon ausgegangen werden, dass auch der Bestätigungsvermerk über die Nachtragsprüfung mit offenzulegen ist. Nur so wird dem Auftrag aus Abs. 1 Satz 2 aF bzw. Abs. 1 Satz 1 Nr. 1 nF genügt, nach dem der Bestätigungsvermerk offenzulegen ist. Zu prüfen ist außerdem, inwieweit sich aus der Änderung des Jahresabschlusses Auswirkungen auf den Lagebericht und den Vorschlag für die Gewinnverwendung ergeben. Sind auch diese betroffen, ist eine **erneute Offenlegung** geboten. Waren bisher einzelne Unterlagen noch nicht offengelegt, so ist es ausreichend, wenn die korrigierte Fassung offengelegt wird. Eine Offenlegung der Entwürfe ist nicht geboten. Aus Transparenzgründen ist zu berichten, wenn andere Unterlagen aufgrund der Änderung in korrigierter Form offengelegt werden, bzw. welche Konsequenzen sich aus der Korrektur für den Inhalt dieser Unterlagen ergeben.

112 Kommt es zu einem **Widerruf eines früher erteilten Bestätigungsvermerks**, etwa weil der AP getäuscht wurde und die Rechnungslegung einen bedeutsamen Fehler enthält, nachdem der Bestätigungsvermerk bereits offengelegt wurde, ist dies von den vertretungsberechtigten Organen der Ges. offenzulegen. Hierbei sollte auch darauf hingewiesen werden, aus welchen Gründen der Widerruf erfolgte. Der AP wird von den gesetzlichen Vertretern die Offenlegung der Widerrufung des Testats verlangen. Kommen diese der Forderung nicht innerhalb einer angemessenen Frist nach, wird er den Widerruf selbst in geeigneter Weise bekannt machen.

113 Die „**Einreichung**" folgt den allgemeinen Grundsätzen, sodass eine elektronische und elektronisch verwertbare Form zu bewahren ist. Dies ist geboten, um eine möglichst zeitnahe Berichtigung der nunmehr unzutreffenden Unterlagen zu gewährleisten. Es ist mit hinreichender Klarheit auf die Änderung hinzuweisen, sodass es dem externen Adressaten der Unterlagen problemlos möglich ist, zwischen den ursprünglichen und den nunmehr geänderten Unterlagen differenzieren zu können. Hierbei ist die Einreichung in deutscher Sprache vorzunehmen (Rz 64).

114 Die elektronische Form führt dazu, dass sämtliche Erklärungen nicht eigenhändig unterschrieben werden können. Dies gilt sowohl für die Bilanz, das Testat als auch die übrigen Erklärungen. Es wird den Anforderungen genügt, wenn entweder das unterschriebene Dokument eingescannt oder statt der **Unterschrift** nur die Namensangabe (ggf. mit dem Zusatz „gez." oder „Im Original unterschrieben") verwendet wird.[106]

2.5 Formvorschriften

115 Durch Satz 7 bzw. Abs. 1 Satz 2 i.d.F. d. BilRUG wird angeordnet, dass die Offenlegung in einer Form geboten ist, die eine elektronische Offenlegung

---

[106] Vgl. ADS, 6. Aufl., § 325 HGB, Rz 70.

ermöglicht. Hiermit soll erreicht werden, dass die Daten übernommen und nicht erneut erfasst werden müssen. Damit wird es möglich, die Kosten der Offenlegung zu senken und dieses Verfahren zu beschleunigen sowie Fehler zu vermeiden.

Die Offenlegung hat mithilfe des Internet-Portals des Bundesanzeiger-Verlags zu erfolgen. Hingegen war für eine Übergangsfrist, die zum 31.12.2009 endete, eine Einreichung in Papierform möglich.[107] 116

3 Bekanntmachungspflicht im Bundesanzeiger (Abs. 2)

Um die gewünschte Publizität zu erreichen, verpflichtet Abs. 2 die gesetzlichen Vertreter bzw. nunmehr die Mitglieder des vertretungsberechtigten Organs (Rz 31 ff.) zur „unverzüglichen" Bekanntmachung im Anschluss an die Einreichung beim BAnz. Diese umfasst sämtliche Angaben, die nach Abs. 1 erforderlich sind, sodass es unzulässig wäre, die Unterlagen nur teilweise bekannt zu machen. Es ist jedoch möglich, Unterlagen zu unterschiedlichen Zeitpunkten an den Betreiber des BAnz zu geben. Diese Möglichkeit besteht auch nach der Neufassung des BilRUG weiterhin. Schließlich sieht Abs. 1a lediglich einen spätest möglichen Zeitpunkt vor, trifft aber keine weiteren Vorgaben, insb. nicht hinsichtlich der Einheitlichkeit der Vorlage. 117

Der Gesetzgeber nimmt eine sprachliche Differenzierung vor: Gem. Abs. 1 hat eine „**Einreichung**" der Unterlagen zum Betreiber des BAnz zu erfolgen, in Abs. 2 und Abs. 3a wird von einer „**Bekanntmachung**" gesprochen. Hiermit werden zwei unterschiedliche Pflichten erfasst: Während die gesetzlichen Vertreter die Einreichung selber vornehmen können, kann die Bekanntmachung im BAnZ nicht durch das Unt selbst, sondern nur durch dessen Betreiber erfolgen. Insoweit kann das Unt nur veranlassen, dass eine solche Bekanntmachung vorgenommen wird, diese jedoch nicht selber durchführen. Allerdings kommt diesem Unterschied in der Praxis keine wesentliche Bedeutung zu, denn i.d.R. werden die gesetzlichen Vertreter mit der Einreichung zum BAnz dessen Betreiber bitten, für eine Bekanntmachung zu sorgen.[108] 118

Unter „**unverzüglich**" ist nach allgemeinem Verständnis ohne schuldhaftes Zögern zu verstehen (Rz 46). Hieraus folgt, dass nur solche zeitlichen Verzögerungen hinzunehmen sind, für die die gesetzlichen Vertreter kein Verschulden trifft. Im Allgemeinen ist zu erwarten, dass die organisatorischen Vorkehrungen getroffen werden, um dieser Verpflichtung zeitnah nachkommen zu können. Um den Zweck der Norm (Rz 1 ff.) nicht durch veraltete Informationen zu gefährden, sind strenge Anforderungen zu stellen. 119

4 Offenlegung eines internationalen Einzelabschlusses mit befreiender Wirkung (Abs. 2a und 2b)

Durch das BilReG hat der Gesetzgeber die Möglichkeit geschaffen, anstelle des offenzulegenden HGB-EA einen EA nach internationalen Rechnungslegungs- 120

---

107 Vgl. Art. 61 Abs. 1 EGHGB.
108 Gl.A. *Grottel*, in Beck Bil-Komm., 10. Aufl., 2016, § 325 HGB, Rz 61; *Maul/Seidler* in *Noack*, Das neue Gesetz über elektronische Handels- und Unternehmensregister – EHUG, S. 140.

standards zu verwenden. Mit diesen Regelungen wird Art. 5 der IAS-Verordnung[109] umgesetzt. Dies gilt jedoch **nur für Zwecke der Offenlegung**. Hiervon unberührt bleibt die Notwendigkeit, einen Jahresabschluss nach Maßgabe der HGB-Vorschriften aufzustellen. Dieser bildet auch künftig die Grundlage für die Ausschüttungsbemessung, die steuerliche Gewinnermittlung, die Kapitalerhaltung, die Verlustanzeigepflichten[110] usw. Um zusätzliche bürokratische Belastungen für die Unt zu vermeiden, bildet die Regelung ein Wahlrecht.

121 Um einen Verlust von Informationen zu vermeiden, hat der Gesetzgeber in Abs. 2a angeordnet, welche **Anforderungen dieser Jahresabschluss** zu erfüllen hat. Einerseits sind die internationalen Vorgaben vollständig anzuwenden, wodurch eine teilweise Anwendung des HGB und ein partieller Rückgriff auf internationale Rechnungslegungsstandards ausgeschlossen werden.[111] Andererseits finden ausgewählte HGB-Vorschriften ergänzend Anwendung. Zugleich müssen weitere, in Abs. 2b normierte, Anforderungen erfüllt werden, damit der Abschluss befreiende Wirkung entfalten kann.

4.1 Anforderungen an den Abschluss

4.1.1 Allgemeine Grundsätze

122 Eine befreiende Wirkung kann nur eintreten, wenn der Jahresabschluss den in § 315a Abs. 1 HGB aF bezeichneten Standards genügt. Der Verweis wurde im Rahmen des CSR-Richtlinie-Umsetzungsgesetz[112] auf § 315e Abs. 1 HGB geändert, wobei es sich um eine Folgeänderung der in Bezug genannten Norm handelt. Hierbei handelt es sich um die von der EU-Kommission im Wege des Komitologieverfahrens übernommenen IFRS. Hingegen hat ein IFRS-Abschluss keine befreiende Wirkung, wenn er nicht nur die von der EU anerkannten Standards berücksichtigt, sondern alle. Andernfalls würde der Wortlaut des § 315e HGB nicht ausreichend beachtet.[113]

123 Der IFRS-Jahresabschluss hat die folgenden Bestandteile:
- Bilanz,
- Gesamtergebnisrechnung,
- Eigenkapitalspiegel,
- KFR und
- Anhang.
- Sofern es sich um ein KM-orientiertes Unt handelt, muss der Anhang eine SegmBer und die GuV Angaben zu den „earnings per share" enthalten.

124 Gem. § 171 Abs. 4 Satz 2 AktG muss der Aufsichtsrat den Jahresabschluss „billigen", bevor dieser vom Vorstand offengelegt werden kann. Der Gesetzgeber hat darauf verzichtet, wie beim Konzernabschluss alternativ eine Billigung durch die HV vorzusehen. Entscheidend hierfür waren die hiermit verbundenen

---

[109] V. 19.7.2002, ABl. EG 2002, Nr. L 243, S. 1.
[110] Vgl. § 92 Abs. 1 AktG bzw. § 49 Abs. 3 GmbHG.
[111] Ein solcher Abschluss würde nicht den gesetzlichen Anforderungen genügen; vgl. BT-Drs. 15/3419 S. 46.
[112] Gesetz zur Stärkung der nichtfinanziellen Berichterstattung der Unternehmen in ihren Lage- und Konzernlageberichten, vom 11.4.2017, BGBl. I 2017, S. 802.
[113] Vgl. *Fey/Geubert*, KoR 2006, S. 95.

Verzögerungen bei der Offenlegung.[114] Dieses Vorgehen verdeutlicht, dass der Gesetzgeber nicht nur eine Information der Öffentlichkeit erreichen wollte, sondern dieser die Daten auch zeitnah zur Verfügung stehen sollen.

Bei einer GmbH führt § 52 Abs. 1 GmbHG zu einer entsprechenden Anwendung von § 171 AktG, sodass der Abschluss den Gesellschaftern und ggf. dem Aufsichtsrat vorzulegen ist. Vgl. die Ausführungen in Rz 47 ff. Die Billigung setzt eine Prüfung durch den Aufsichtsrat voraus. Hierüber ist ein Bericht zu erstellen, der gem. § 325 Abs. 1 Satz 3 HGB aF bzw. § 325 Abs. 1 Satz 1 Nr. 2 HGB nF offenzulegen ist.

125

4.1.2 Anwendung von HGB-Vorschriften

Der Gesetzgeber ordnet aus drei Gründen die ergänzende Anwendung von HGB-Vorschriften zu den IFRS an:[115]

126

- Vorschriften, die **unabhängig** von den zu befolgenden **Rechnungslegungsvorschriften**, immer Gültigkeit besitzen,
- Vorschriften, die ausgewählte Regelungen der **Bilanzrichtlinie umsetzen**, und
- Vorschriften, die dem **öffentlichen Interesse** dienen oder Angaben **vervollständigen**, die für den Nutzer relevant sind.

Zur ersten Gruppe gehören:

127

- § 243 Abs. 2 HGB: Grundsatz der Klarheit und Übersichtlichkeit (§ 243 Rz 20 ff.),
- § 244 HGB: Aufstellung in deutscher Sprache und in EUR (§ 244 Rz 4 ff.)[116],
- § 245 HGB: Pflicht zur Unterzeichnung (§ 245 Rz 1 ff.) und
- § 257 HGB: Aufbewahrungsvorschriften (§ 257 Rz 1 ff.).

Zur zweiten Gruppe gehören:

128

- § 285 Satz 1 Nr. 7 HGB: Anhangangabe zur Beschäftigtenzahl (§ 285 Rz 36 ff.),
- § 285 Satz 1 Nr. 8b HGB: Anhangangabe zum Personalaufwand (§ 285 Rz 43 ff.),
- § 285 Satz 1 Nr. 9 HGB: Anhangangabe zu den Bezügen der (ehemaligen) Organmitglieder sowie zu den ihnen gewährten Krediten und Vorschüssen (§ 285 Rz 48 ff.); hierbei kann unter den Voraussetzungen des § 286 Abs. 6 HGB[117] auf die in § 285 Satz 1 Nr. 9 Buchst. a HGB Sätze 5–8 verlangten Angaben verzichtet werden,
- § 285 Satz 1 Nr. 11 HGB: Anhangangabe zu den Unt, von denen die bilanzierende Ges. mindestens 20 % der Anteile besitzt (§ 285 Rz 84 ff.),
- § 285 Satz 1 Nr. 11a HGB: Unt, deren unbeschränkt haftender Gesellschafter das bilanzierende Unt ist (§ 285 Rz 89 ff.).

Unter den Voraussetzungen des § 286 Abs. 3 HGB (§ 286 Rz 12 ff.) kann im Jahresabschluss nach internationalen Rechnungslegungsstandards auf die Angaben gem. § 285 Satz 1 Nr. 11 und 11a HGB verzichtet werden.

Zur dritten Gruppe gehören die folgenden Regelungen:

129

---

[114] Vgl. BT-Drs. 15/3419 S. 54.
[115] Vgl. BT-Drs. 15/3419 S. 47 f.
[116] Kritisch *Hüttche*, DStR 2004, S. 1190.
[117] Vgl. hierzu *Klatte*, BB 1995, S. 35 ff.; *Pfitzer/Wirth*, DB 1994, S. 1938 f.

- § 285 Satz 1 Nr. 10 HGB: namentliche Nennung der Organmitglieder (§ 285 Rz 78 ff.),
- § 285 Satz 1 Nr. 15 HGB: Angaben zu den persönlich haftenden Gesellschaftern bei PersG nach § 264a HGB (§ 285 Rz 111 ff.),
- § 285 Satz 1 Nr. 16 HGB: Angaben zur Entsprechenserklärung gem. § 161 AktG (§ 285 Rz 115 ff.) und
- § 285 Satz 1 Nr. 17 HGB: Angaben zur Höhe der Vergütung des AP (§ 285 Rz 117 ff.).

130 Sofern im Gesellschaftsrecht **weitere Vorgaben** zu Erläuterungen im Rahmen des Anhangs bestehen, wie insb. zu den Rücklagen der AG gem. § 152 Abs. 2 und 3 AktG, sind diese nicht in den IFRS-Anhang aufzunehmen. Entscheidend hierfür ist, dass sich alle materiellen Fragen, wie insb. die Höhe der möglichen Ausschüttungen oder die Umwandlung von Rücklagen in Nennkapital, aus dem HGB-Jahresabschluss ergeben.

131 Der Lagebericht des Unt bezieht sich auf den HGB-Abschluss. Nutzt ein Unt das Wahlrecht des § 325 Abs. 2a HGB, ordnet Satz 4 die Bezugnahme im Lagebericht auf den internationalen Abschluss an. Dies ist jedoch nur insoweit erforderlich, wie sich die Angaben nicht bereits aus dem Anhang („notes") ergeben, weil sonst eine doppelte Berichterstattung erfolgte. Um dies zu verhindern, sollte im Lagebericht auf den Anhang verwiesen werden.[118] Diese Vorgehensweise hat den Vorzug, dass die von § 325 Abs. 2a Satz 2 HGB verlangte Vollständigkeit gewahrt bleibt. Dabei muss der Verweis eindeutig sein. Er darf nicht dazu führen, dass einem Außenstehenden der Einblick erschwert wird, sodass ein präziser Verweis unter Angabe der exakten Fundstelle in den „notes" geboten ist. Hingegen könnte eine umgekehrte Verweisung dazu führen, dass nicht alle Angaben in den „notes" enthalten sind. Dies ist nur dann zulässig, wenn ein IFRS-Standard den Verweis explizit erlaubt.[119]

132 In der Praxis werden teilweise zwei eigenständige Lageberichte aufgestellt, die im Übrigen identisch sind, aber bei der Darstellung der Vermögens-, Finanz- und Ertragslage ein Lagebericht auf den HGB-Abschluss Bezug nimmt und der andere auf den IFRS-Abschluss (§ 324a Rz 17). Gem. § 325 Abs. 2a und 2b HGB sind dann beide Abschlüsse offenzulegen. Dies hat zur Konsequenz, dass kein Verlust an Informationen gegenüber einer zusammengefassten Veröffentlichung eintritt. Daher ist davon auszugehen, dass diese Vorgehensweise zulässig ist.

133 Diese Erläuterungen haben sich – entsprechend dem **Grundsatz der Wesentlichkeit** – auf bedeutsame Änderungen bzw. Abweichungen zu beziehen. Ferner muss erkennbar bleiben, auf welchen Regelungskreis sich die Angaben im Lagebericht beziehen.

134 Als grundlegend problematisch erweist sich die „**Vermischung**" von internationalen und nationalen Vorgaben. Dies führt im Detail zu erheblichen Problemen, weil Begrifflichkeiten z. T. abweichend definiert werden.

---

[118] Gl. A. *Fey/Deubert*, KoR 2006, S. 98; *Müller*, in *Baetge/Kirsch/Thiele*, Bilanzrecht, § 325 Rz 115, Stand 8/2015.
[119] Vgl. *Prigge*, KoR 2006, S. 253, sowie *Fey/Deubert*, KoR 2006, S. 98.

> **Beispiel**[120]
> Der Kreis der Arbeitnehmer wird nach den IFRS bzw. den HGB-Vorschriften unterschiedlich abgegrenzt. So zählen z.B. Vorstände und Geschäftsführer nach IAS 19.6 zu den employees, nicht aber zu den Arbeitnehmern gem. § 267 HGB.

Um die angestrebte Transparenz zu erlangen, kann es sich anbieten, im Rahmen der Berichterstattung zu erläutern, nach Maßgabe welcher Regelungen eine Ermittlung vorgenommen wurde. Dies führt jedoch zwangsläufig dazu, dass entweder die IFRS nicht umfassend angewendet werden oder von den HGB-Regelungen abgewichen wird. **135**

Durch das CSR-Richtlinie-Umsetzungsgesetz[121] wurde Satz 4 präzisiert. Dadurch soll eine Klarstellung erfolgen, dass auch bei einer befreienden Offenlegung gem. dem den internationalen Rechnungslegungsstandards (IFRS) entsprechend aufgestellten EA der Lagebericht offenzulegen ist. Entscheidet sich das Unt für einen IFRS-Abschluss, soll dies nicht zur Folge haben, dass es keinen Lagebericht aufstellen muss. Hiervon bleibt auch die Verpflichtung unberührt, in den Lagebericht eine nichtfinanzielle Erklärung aufzunehmen.[122] **136**

4.1.3 Nichtanwendung von Vorschriften

Durch Satz 5 werden die übrigen Vorschriften des Zweiten Unterabschnitts des 1. Abschnitts und des 1. Unterabschnitts des 2. Abschnitts des 3. Buchs auf den Abschluss nach § 325 Abs. 2a HGB für nicht anwendbar erklärt. Hieraus folgt, dass die unter Rz 126ff. genannte Aufzählung der neben den internationalen Rechnungslegungsstandards i.S.v. § 315e Abs. 1 HGB anzuwendenden HGB-Regelungen abschließend ist. **137**

4.1.4 Suspendierung des Wahlrechts

§ 286 Abs. 1 HGB ermöglicht es, insoweit auf eine Berichterstattung zu verzichten, als es „für das Wohl der Bundesrepublik Deutschland oder einer ihrer Länder erforderlich" ist (§ 286 Rz 4ff.). Durch § 325 Abs. 2a Satz 6 HGB wird angeordnet, dass eine Berufung auf diese Ausnahmeregelung dazu führt, dass eine **befreiende Wirkung** des IFRS-EA **nicht eintritt**. Vielmehr bleibt es dann bei der Offenlegungspflicht nach § 325 Abs. 2 HGB, sodass eine Anwendung der HGB-Vorschriften geboten ist. In diesem Rahmen ist zu entscheiden, inwieweit eine Berufung auf § 286 Abs. 1 HGB möglich ist. Damit wird erreicht, dass ein Verstoß gegen die IFRS wegen deren sonst unvollständigen Anwendung unterbunden wird.[123] **138**

---

[120] In Anlehnung an *Hüttche*, DStR 2004, S. 1191.
[121] Gesetz zur Stärkung der nichtfinanziellen Berichterstattung der Unternehmen in ihren Lage- und Konzernlageberichten, vom 11.4.2017, BGBl. I 2017, S. 802.
[122] Vgl. die Reg.-Begr. auf BR-Drucks. 547/16, S. 64.
[123] Dies zöge auch eine Beanstandung gem. § 322 Abs. 4 HGB nach sich; vgl. BT-Drs. 15/3419 S. 46.

4.2 Weitere Voraussetzungen für die befreiende Wirkung

139 Neben den Anforderungen hinsichtlich der materiell zu beachtenden Regelungen für eine befreiende Wirkung des Abschlusses nach § 325 Abs. 2a HGB definiert Abs. 2b **weitere Voraussetzungen**. Sind diese nicht erfüllt, hat der Abschluss – trotz Beachtung der Vorgaben des Abs. 2a – keine befreiende Wirkung. Dies sind im Einzelnen die folgenden Anforderungen, die **kumulativ** vorliegen müssen:

140 Aufgrund von § 324a Abs. 1 HGB (§ 324a Rz 8 ff.) besteht eine faktische Prüfungspflicht für den Abschluss, der nach § 325 Abs. 2a HGB befreiende Wirkung entfalten soll. Ist hingegen keine Prüfung erfolgt, hat die Offenlegung keine befreiende Wirkung. Dieser **Bestätigungsvermerk** bzw. der Vermerk über seine Versagung ist in die Offenlegung gem. § 325 Abs. 2 HGB einzubeziehen. Damit wird der entsprechende Vermerk zur Prüfung des HGB-Jahresabschlusses ersetzt.

141 Es sind der Vorschlag und ggf. der Beschluss über die **Ergebnisverwendung** (Rz 92 ff.) unter Angabe des Jahresüberschusses bzw. des Jahresfehlbetrags in die Offenlegung mit einzubeziehen. Der Gesetzgeber will damit die Bedeutung des HGB-Abschlusses für die Ausschüttungsbemessung und die Bedeutung der Ausschüttung für den Bilanzleser betonen.[124] Hingegen ist eine „Überleitungsrechnung" zwischen dem IFRS- und dem HGB-Ergebnis nicht vorgeschrieben. Sie kann sich aber anbieten, um den Einblick in die Vermögens-, Finanz- und Ertragslage der KapG zu verbessern.

142 Große KapG und große KapCoGes haben – auch bei Anwendung des § 325 Abs. 2a HGB – ihren EA zusammen mit dem Bestätigungsvermerk (bzw. dessen Versagung) beim Betreiber des BAnz elektronisch einzureichen. Ferner sind die unter Rz 120 genannten Unterlagen ebenfalls offenzulegen.

143 Im Rahmen der Neufassung des Abs. 1 durch das BilRUG war dem Gesetzgeber ein redaktioneller Fehler unterlaufen. In Abs. 2b Nr. 3 wurde auf Abs. 1 Satz 1 bis 4 verwiesen, um den Jahresabschluss mit dessen Bestätigungs- bzw. Versagungsvermerk in Bezug zu nehmen. Diese waren jedoch infolge der Neuregelungen dort nicht mehr geregelt. Durch das CSR-Richtlinie-Umsetzungsgesetz[125] wurde dieser Verweis auf den Jahresabschluss mit dem dazugehörigen Vermerk auf Abs. 1 und Abs. 1a Satz 1 angepasst. Diese Regelung hat lediglich klarstellende Bedeutung, weil sich bereits sowohl aus dem Kontext als auch aus der Historie der Norm ergab, was der Gesetzgeber regeln wollte.

5 Offenlegung von Konzernabschluss und Konzernlagebericht (Abs. 3 und 3a)

5.1 Offenlegungspflicht

144 Die Regelungen zur Einreichung in elektronischer Form beim BAnz (Abs. 1 bzw. seit dem BilRUG nach Abs. 1 bis 1b), die Pflicht für eine unverzügliche Bekanntmachung im BAnz zu sorgen (Abs. 2) und die Verkürzung der Offenlegungspflicht von max. zwölf auf vier Monate für KM-orientierte Unt gelten auch für den **Konzernabschluss** und den **Konzernlagebericht**.

---

[124] Vgl. BT-Drs. 15/3419 S. 47.
[125] Gesetz zur Stärkung der nichtfinanziellen Berichterstattung der Unternehmen in ihren Lage- und Konzernlageberichten, vom 11.4.2017, BGBl. I 2017, S. 802.

Diese Verpflichtung besteht für die gesetzlichen **Vertreter** bzw. Mitglieder des vertretungsberechtigten Organs (Rz 33 ff.) **der Konzernmuttergesellschaft**, weil § 290 HGB die Pflicht zur Aufstellung des Konzernabschlusses der Muttergesellschaft überträgt. Folglich ist nach diesen Grundsätzen zu entscheiden, ob ein Konzernabschluss aufzustellen ist (§ 290 Rz 16 ff.). 145

Da an die Pflicht zur Aufstellung des Konzernabschlusses angeknüpft wird, folgt hieraus, dass die Abs. 3 und 3a für solche **Unt** keine Bedeutung haben, die **keinen Konzernabschluss aufstellen** müssen. Die Regelung begründet keine eigenständige Konzernrechnungslegungspflicht. Unerheblich ist es hierbei, ob die Nichterstellung aufgrund der nicht gegebenen Konzernkriterien oder der Berufung auf einen Befreiungstatbestand (wie z. B. § 291 oder § 293 HGB) erfolgt. 146

Die Verpflichtung bezieht sich auf den **Konzernabschluss** und den **Konzernlagebericht**. Ersterer besteht gem. § 297 Abs. 1 HGB aus der Konzernbilanz, der Konzern-GuV, dem Konzernanhang, der KFR und dem EK-Spiegel. Ferner kann er wahlweise um eine SegmBer erweitert werden. Da es sich hierbei um ein Wahlrecht handelt, kann dieses m. E. für die Offenlegung unabhängig davon ausgeübt werden, ob eine solche Rechnung erstellt wurde. Folglich kann ein erstellter Segmentbericht nicht offengelegt werden. Außenstehende bekommen damit nicht weniger Informationen, als wenn das Unt von der Erweiterungsmöglichkeit keinen Gebrauch gemacht hätte. Eine **freiwillige Segmentberichterstattung** kann zum BAnz eingereicht werden. 147

Die Verpflichtung besteht unabhängig davon, ob der Konzernabschluss nach Maßgabe der **HGB-Vorschriften** aufgestellt wird oder auf Grundlage von § 315e HGB **internationalen Rechnungslegungsstandards** folgt. Ist Letzteres der Fall, ist dieser „internationale" Abschluss offenzulegen. 148

Der **Konzernlagebericht** ist kein Bestandteil des Konzernabschlusses. Folgerichtig wird dieser im Gesetz gesondert aufgeführt. Sein Inhalt ergibt sich aus § 315 HGB (§ 315 Rz 1 ff.). 149

Der Konzernabschluss steht neben dem Jahresabschluss der Mutterges. Diese Parallelität spiegelt sich auch bei der Offenlegung wider, denn es müssen beide Abschlüsse (zzgl. der Lagebericht) offengelegt werden. Mit dem TransPuG[126] wurde § 299 Abs. 1 HGB dahingehend geändert, dass der Stichtag des Jahresabschlusses des MU und des Konzernabschlusses übereinstimmen müssen. Die gemeinsame Offenlegung beider Abschlüsse ist sinnvoll. 150

Hieraus erklärt sich, dass die Unterlagen auf den Konzernabschluss und den Konzernlagebericht beschränkt sind. Die anderen in Satz 2 und 3 genannten Unterlagen werden schon im Rahmen des Jahresabschlusses offengelegt. Sollte dies ausnahmsweise nicht der Fall sein, ist zu prüfen, ob aufgrund der „entsprechenden Anwendung" eine Offenlegung im Rahmen des Konzernabschlusses geboten ist.[127] Allerdings kann der Konzerngewinn nicht ausgeschüttet werden, sodass es keine Vorschläge oder Beschlüsse über seine Verwendung geben kann. 151

Der Konzernabschluss wird nicht festgestellt, sondern „nur" gebilligt. Dies setzt jedoch voraus, dass er zuvor vom Aufsichtsrat geprüft wurde. Der **Bericht des Aufsichtsrats** ist gem. § 325 Abs. 1 Satz 3 HGB aF bzw. nach § 325 Abs. 1 Satz 1 Nr. 2 i. d. F. d. BilRUG offenlegungspflichtig. 152

---

[126] V. 19.7.2002, BGBl I, S. 2681.
[127] Gl. A. *Maul/Seidler*, in *Noack* (Hrsg.), S. 138.

5.2 Zusammenfassungsmöglichkeiten

153 § 322 HGB gibt die Möglichkeit, den Bestätigungsvermerk des AP zusammenzufassen, wenn der Konzernabschluss zusammen mit dem Jahresabschluss der Mutter oder mit einem nach § 325 Abs. 2a HGB erstellten Abschluss, also einem Jahresabschluss unter Beachtung internationaler Rechnungslegungsstandards, bekannt gemacht wird. In diesem Fall kann der AP einen gemeinsamen Bestätigungsvermerk für beide Abschlüsse erteilen. Folglich kann dieses Testat nur insgesamt mit beiden Abschlüssen offen gelegt werden.

154 Der Begriff des **Prüfungsberichts** bezieht sich auf den des Aufsichtsrats, nicht den des AP: 1. ist dessen Bericht ohnehin nicht offenlegungspflichtig (Rz 78) und 2. ergibt sich dies aus der Stellung der Regelung. Sie bezieht sich – i. V. m. der durch Abs. 3 angeordneten sinngemäßen Anwendung – auf Abs. 1 Satz 3 aF bzw. Abs. 1 Satz 1 Nr. 2 nF. Gem. § 170 Abs. 1 Satz 2 AktG ist der Aufsichtsrat verpflichtet, den Konzernabschluss zu prüfen und hierüber in der HV zu berichten.

155 Hinsichtlich der Prüfungspflicht durch den Aufsichtsrat bei anderen Rechtsformen, insb. bei einer GmbH, gilt das unter Rz 83 ff. Ausgeführte entsprechend.

6 Fristvorgaben für kapitalmarktorientierte Unternehmen (Abs. 4)

156 Durch Abs. 4 Satz 1 wird die **Frist** zur Offenlegung **auf vier Monate begrenzt**. Diese Regelung gilt für KM-orientierte Unt i. S. v. § 264d HGB (§ 264d Rz 4 ff.), die keine KapG i. S. v. § 327a HGB sind. Dies sind Ges., die ausschließlich zum Handel an einem organisierten Markt zugelassene Schuldtitel i. S. d. § 2 Abs. 1 Satz 1 Nr. 3 WpHG mit einer Mindeststückelung von 50.000 EUR oder dem am Ausgabetag entsprechenden Gegenwert einer anderen Währung ausgeben (§ 327a Rz 2 ff.). Hierbei handelt es sich um den **maximal zulässigen Zeitraum**, sodass eine frühere Offenlegung möglich ist. Dies ergibt sich schon aus der zeitlichen Vorgabe in Abs. 1 Satz 2 bzw. Abs. 1a i. d. F. d. BilRUG, wo zunächst eine unverzügliche Offenlegung verlangt wird und die dortige Frist von zwölf Monaten als äußerste Frist normiert (Rz 43) wird.

157 Für die **Berechnung der Fristen** gelten die allgemeinen Regelungen (Rz 46 ff.). Eine Fristverlängerung ist nicht zulässig.

158 Inhaltlich erstreckt sich diese Pflicht auf den Jahresabschluss und den Bestätigungsvermerk bzw. Versagungsvermerk. Für die anderen offenlegungspflichtigen Unterlagen ergibt sich die Verpflichtung zur Offenlegung mit dem Jahresabschluss aus dem Wortlaut von Abs. 1 Satz 3 aF („gleichzeitig") bzw. Abs. 1 Satz 1 Nr. 2 nF. Damit sind im Ergebnis alle Unterlagen i. S. d. Rz 58 ff. innerhalb dieser Frist offenzulegen. Etwas anderes gilt nur, wenn eine verkürzte Offenlegung nach Abs. 1 Satz 5 aF (Rz 105) erfolgt.

159 In Abs. 2 wird den gesetzlichen Vertretern aufgegeben, unverzüglich nach der Einreichung der Unterlagen für deren **Bekanntmachung** zu sorgen. Infolge der Verkürzung der Frist auf vier Monate ergibt sich, dass auch früher bekannt zu machen ist, weil dies unverzüglich im Anschluss an die Einreichung zu erfolgen hat.

7 Ergänzende Regelungen in Gesetz, Gesellschaftsvertrag oder Satzung (Abs. 5)

Abs. 5 ordnet an, dass andere Publizitätspflichten von § 325 HGB unberührt bleiben. Die Quellen, aus denen sich weitere Offenlegungsverpflichtungen ergeben können, sind nur beispielhaft, also nicht abschließend. 160

Weitergehende Verpflichtungen können sich z.B. aufgrund der Rechtsform (etwa bei Genossenschaften) oder infolge der Tätigkeit (etwa bei Kreditinstituten und Versicherungen) ergeben. 161

Diese Vorschriften führen dazu, dass eine Berufung auf die Regelung des § 325 HGB mit Wirkung für die gesetzliche Offenlegungspflicht eröffnet wird. So wäre es bspw. möglich, unter den Voraussetzungen des § 325 Abs. 2a (und 2b) HGB einen Abschluss i.S.v. § 315e Abs. 1 HGB offenzulegen und darüber hinausgehende Verpflichtungen auf anderer Grundlage zu erfüllen. Ob eine solche Vorgehensweise wirtschaftlich sinnvoll ist, wird im Einzelfall genau zu prüfen sein. 162

8 Anforderungen an die Unterlagen

Seit der Neuregelung durch das EHUG wird das HR in elektronischer Form geführt. Hieraus ergeben sich Rückwirkungen für die Offenlegung des Jahresabschlusses: Dieser ist nunmehr in elektronischer Form vorzulegen. Dies ergibt sich aus dem Verweis in Abs. 6 auf § 12 HGB. Dessen Abs. 2 ordnet an, dass die Dokumente in elektronischer Form zum HR einzureichen sind. Diese Regelungen gelten auch für Rechnungslegungsunterlagen, die beim BAnz einzureichen sind. Dies kommt bereits in Abs. 1 Satz 1 zum Ausdruck, der eine „**elektronische**" Einreichung anordnet. 163

Die Landesregierungen können gem. § 8a Abs. 2 Satz 2 HGB genaue Datenvorgaben für die elektronische Dateneinreichung bestimmen. Die Übergangsregelung zur Zulassung einer Einreichung in Papierform ist zum 31.12.2009 abgelaufen. 164

Der Verweis auf § 11 HGB trägt der Publizitätsrichtlinie[128] Rechnung. Neben der obligatorischen Veröffentlichung kann eine freiwillige Offenlegung in der Amtssprache eines jeden Mitgliedstaats der EU erfolgen. Diese vom Unt eingereichte – neben dem deutschen Text – gestellte Übersetzung des Inhalts der Eintragung wird weder von Amts wegen geprüft, noch wird eine beglaubigte Übersetzung verlangt. § 11 Abs. 2 HGB begrenzt die Publizitätswirkung dieser Übersetzung(en) auf die Fälle, in denen eine Diskrepanz zwischen der deutschen und der ausländischen Fassung besteht. Die Übersetzung kann einem Dritten durch das Unt nicht entgegengehalten werden, gleichwohl kann sich der Dritte hierauf berufen, sofern das Unt nicht nachweist, dass dem Dritten die Diskrepanz bekannt war. 165

Durch den letzten Hs. wird angeordnet, dass § 325a Abs. 1 Satz 3 und § 340l Abs. 2 Satz 4 HGB (i.d.F. d. BilRUG: § 340l Abs. 2 Satz 6 HGB) unberührt bleiben. Hieraus folgt, dass in den Fällen, in denen Deutsch nicht die Amtssprache (§ 325a Rz 34) im Staat der Hauptniederlassung ist, eine Veröffentlichung in Englisch möglich ist oder eine vom HR der Niederlassung beglaubigte Abschrift oder notfalls die Bescheinigung eines WP vorgelegt werden kann (§ 325a Rz 36 ff.). 166

---

[128] RL 68/151/EWG v. 9.3.1968 i.d.F. der RL 2003/58/EG v. 15.7.2003, L 221/13.

9 Sanktionen

167 Die **Offenlegungsvorschriften** haben in Deutschland lange Zeit kaum Beachtung gefunden. In Schätzungen wurde davon ausgegangen, dass bis zu 95 % aller deutschen Unt ihren Offenlegungspflichten gar nicht, nicht vollständig oder nicht fristgerecht nachkamen.[129] Dieser Umstand hat dazu geführt, dass die EU-Kommission ein Vertragsverletzungsverfahren gegen die Bundesrepublik Deutschland einleitete und vor dem EuGH gegen die Bundesrepublik Deutschland obsiegte.[130] Hinzu kam ein zweites EuGH-Verfahren zur Offenlegungspflicht für KapG & Co. KG. Dies zeigte, dass die Bundesrepublik Deutschland die Europäischen RL nicht zutreffend in nationales Recht umgesetzt hatte.[131] Dies hat dazu geführt, dass der Gesetzgeber mit dem EHUG die **Sanktionen bei Nichtbeachtung** der Offenlegungsvorschriften grundlegend verändert hat.[132] Hierbei kommt es auf die Frage eines möglichen Verschuldens nicht an, vgl. zu Möglichkeiten einer zulässigen Vermeidung oder Begrenzung der Offenlegung Rz 176 ff..

168 Die seit 1.1.2007 geltenden Regelungen[133] sehen unterschiedliche Konsequenzen und Sanktionen vor. Sie zielen darauf ab, einerseits eine **zeitnahe** Offenlegung zu gewährleisten. Andererseits sollen Sanktionen angeordnet werden, wenn **unzutreffende** Angaben vorsätzlich oder leicht fahrlässig offengelegt werden.

169 Für den AP ist fraglich, wie er zu verfahren hat, wenn er im Rahmen der Jahresabschlussprüfung feststellt, dass die gesetzlichen Vertreter ihre Offenlegungspflicht nicht erfüllt haben. Nach Auffassung des IDW ist hierüber im Prüfungsbericht zu berichten.[134] Hierbei handelt es sich um einen Anwendungsfall des § 321 Abs. 1 Satz 3 HGB (§ 321 Rz 72 ff.). Dies gilt unabhängig davon, ob es sich um einen einmaligen oder einen wiederholten Verstoß gegen die Offenlegungspflicht handelt. Besonderheiten gelten jedoch hinsichtlich der Offenlegung des Konzernabschlusses: Wird die Prüfung des EA zu einem Zeitpunkt beendet, zu dem die Aufstellungsfrist für den Konzernabschluss noch nicht abgelaufen ist, besteht keine Berichtspflicht. Ist hingegen diese Frist schon abgelaufen, ist entsprechend zu berichten.[135]

---

[129] Vgl. zu empirischen Befunden z.B. *Noack*, Unternehmenspublizität, 2002, Rdnr. 87; *Heni*, DStR 1999, S. 914; *Marx/Dallmann*, BB 2004, S. 929 ff.; *Theile/Mitsche*, WPg 2006, S. 1141 ff. sowie zu möglichen Sanktionen *Baetge/Apelt*, DB 1988, S. 1709 ff., insbes. S. 1711 ff., sowie zur früheren Praxis *Berndsen*, S. 23 ff. und zur Veränderung aufgrund des EHUG *Henselmann/Kaya*, WPg 2009, S. 498 ff.; *Schauß*, DB 2010, S. 153 ff.; speziell zu den Kapitalgesellschaften & Co. *Buchheim*, DB 2010, S. 1133 ff. Es ist nunmehr davon auszugehen, dass die Offenlegungsquote bei deutlich über 90 % liegt.

[130] Vgl. EuGH, Urteil v. 29.9.1998, C-191/95, Slg. 1998, I-05449. Grundlage hierfür bildete das Verfahren C-97/96 mit EuGH, Urteil v. 4.12.1997, Daihatsu-Händler e.V., Slg. 1997, I-06843. Vgl. hierzu z.B. *de Weert*, BB 1998, S. 366; *Hirte*, NJW 1999, S. 36 ff. Vgl. zu einer empirischen Untersuchung zur Nutzung der offengelegten Daten durch Unt *Grottke/Löffelmann/Späth/Haende*, DStR 2012, S. 94 ff.

[131] Vgl. EuGH, Urteil v. 23.9.2004, Rs. C-435/02, Axel Springer AG/Zeitungsverlag Niederrhein, und C-103/01, *Weske*, DStRE 2004, S. 1257; vgl. zu einer Analyse z.B. *Kiesel/Grimmen*, DStR 2004, S. 2210 ff.

[132] Vgl. zu den zunächst durch das KapCoRiLiG geschaffenen Antragsverfahren *Zimmer/Eckhold*, NJW 2000, S. 1361 ff., insbes. die EU-rechtlichen Bedenken auf S. 1368.

[133] Vgl. zum alten Recht z.B. *Weirich/Zimmermann*, AG 1985, S. 272 ff. (speziell zur kleinen AG).

[134] Vgl. IDW PS 450, Anm 50.

[135] Vgl. *Ammermann/Ravenstein*, WPg 2009, S. 691.

Wird festgestellt, dass der Bestätigungsvermerk bzw. Versagungsvermerk einer vorherigen Prüfung durch das Unt verändert oder **unzutreffend offengelegt** wurde, hat der Prüfer einen Anspruch auf Unterlassung und muss auf eine Richtigstellung drängen.

Die im Folgenden erläuterten Sanktionen gelten aufgrund von § 335b HGB auch für KapCoGes.

Neben den im Weiteren dargestellten Sanktionen kann auch ein Verstoß gegen die Sorgfaltspflichten i.S.v. § 93 AktG bzw. § 43 GmbHG vorliegen. Ferner droht ggf. eine deliktische Schadensersatzhaftung gem. § 823 Abs. 2 BGB.

9.1 Verstoß gegen die Offenlegungspflicht

§ 335 HGB sieht vor, dass gegen die Mitglieder der vertretungsberechtigten Organe wegen der Nichtbefolgung von § 325 HGB ein Ordnungsgeldverfahren einzuleiten ist. Das Ordnungsgeld beträgt mindestens 2.500 EUR, höchstens 25.000 EUR.[136] Durch das Gesetz zur Änderung des HGB[137] wurden diese Mindestwerte für KleinstKapG i.S.v. § 267a HGB auf 500 EUR und für kleine KapG i.S.v. § 267 Abs. 1 HGB auf 1.000 EUR gesenkt.[138] Außerdem kann jeweils ein geringerer Betrag festgesetzt werden, wenn die Beteiligten die Sechswochenfrist nur geringfügig überschreiten.[139] Dieses Verfahren ist auch durchzuführen, wenn der Jahresabschluss pflichtwidrig noch nicht erstellt ist. Es besteht auch die Möglichkeit eines Ordnungsgeldverfahrens gegen die Ges.[140] Zu Einzelheiten § 335 Rz 1 ff.

Vertretungsberechtigte Organe sind die in Rz 29 ff. genannten gesetzlichen Vertreter. Hierzu gehören auch Aufsichtsratsmitglieder, wenn sie eine Position innehaben, die dem aktienrechtlichen Aufsichtsratkonzept entspricht. Dies ist bei einer AG und KGaA der Fall. Bei einer GmbH hängt dies von der Ausgestaltung des Aufsichtsrats ab. Sie haften für ein festgesetztes Ordnungsgeld als Gesamtschuldner.

9.2 Unrichtige Darstellung

Gem. § 331 HGB kann mit Freiheitsstrafe bis zu drei Jahren oder mit Geldstrafe bestraft werden, wer als Mitglied in einem vertretungsberechtigten Organ zur Erlangung der Befreiung nach § 325 Abs. 2a Satz 1, Abs. 2b einen Jahresabschluss nach den in § 315e Abs. 1 HGB genannten internationalen Rechnungslegungsstandards vorsätzlich oder leichtfertig offenlegt, in dem die Verhältnisse der Ges. unrichtig wiedergegeben oder verschleiert worden sind (§ 331 Rz 1 ff.).

---

[136] Vgl. zu einer möglichen Rückstellungsbildung für dieses Ordnungsgeld und die künftige Erfüllung der Offenlegungspflicht *Althoff/Hoffmann*, GmbHR 2010, S. 518.
[137] V. 4.10.2013, BGBl 2013 I S. 3746.
[138] Vgl. zu diesen Änderungen *Meyer*, DStR 2013, S. 931 ff., *Zwirner/Busch/Froschhammer*, StuB 2013, S. 318.
[139] Vgl. § 335 Abs. 4 Satz 2 Nr. 4 HGB.
[140] Vgl. zu einer Rechtsprechungsübersicht zu diesem Verfahren *Stollenwerk/Kurpat*, BB 2009, S. 150 ff.

10 Gestaltungen zur Vermeidung oder Begrenzung der Offenlegung

176 Viele Unt befürchten durch die Offenlegung ihres Jahresabschlusses gravierende Nachteile.[141] Hierbei werden im Einzelnen insb. die Einblicke von Geschäftspartnern genannt, die zu Problemen bei künftigen Vertragsverhandlungen führen können (etwa wenn die Ertragslage des Unt sehr gut ist und die Vermutung nahe liegt, dass aus der bisherigen Geschäftsbeziehung eine hohe oder zumindest überdurchschnittliche Marge erzielt werden konnte). Ferner kommen persönliche Aspekte hinzu, etwa wenn nicht bekannt werden soll, wie eigenkapitalstark ein Unt ist und damit wie vermögend die hieran beteiligten Gesellschafter sind. Dies gilt entsprechend für besonders negative Werte und hieraus befürchtete negative Rückschlüsse auf die Dauerhaftigkeit einer Geschäftsbeziehung. Ein besonderes Problem bildete lange Zeit die Offenlegung der Höhe der Vergütungen der Leitungsorgane, was jedoch durch das Vorstandsvergütungs-Offenlegungsgesetz[142] einer teilweisen gesetzlichen Lösung zugeführt wurde. Im Folgenden werden einige Ansätze diskutiert, die zur Begrenzung oder Vermeidung der Offenlegung herangezogen werden könnten.

177 Im konkreten Fall sind die Vor- und Nachteile sowie die **weiteren Auswirkungen** genau abzuwägen, um zu entscheiden, ob die Maßnahme vor dem Hintergrund der eintretenden Erleichterung bei der Offenlegung verhältnismäßig ist und ob möglicherweise entstehende Folgewirkungen hinnehmbar sind.

178 Im Folgenden werden Ansätze vorgestellt, die zu einer Vermeidung oder zumindest zu einer weniger umfangreichen Offenlegungspflicht führen könnten. Denkbar ist darüber hinaus auch, eine **Verzögerungsstrategie** zu verfolgen.[143] Diese zielt darauf ab, Informationen erst dann offenlegen zu müssen, wenn diese bereits teilweise veraltet sind und damit die Einsichtsmöglichkeiten in das Unt erst zu einem Zeitpunkt gewährt werden, wenn die hiermit möglicherweise verbundenen Nachteile sich nicht mehr so negativ auswirken können. Diese Strategie zielt darauf ab, alle zeitlichen Spielräume auszuschöpfen, um so insgesamt die Voraussetzungen für eine Offenlegung erst möglichst spät zu erfüllen. Hierbei ist zu beachten, dass bei einer nicht fristgerechten Einreichung einer Karenzzeit von sechs Wochen besteht, innerhalb der nur eine Bearbeitungsgebühr von 50,– EUR ausgelöst wird. Bei einer darüber hinausgehenden Fristüberschreitung wird dann aber das Ordnungsgeldverfahren eingeleitet. Nach einer empirischen Studie handelt es sich hierbei um das am häufigsten angewendete Instrument. Danach gaben 8 % der Unternehmen an, sogar kontinuierlich Bußgelder in Kauf zu nehmen, um einer zeitnahen Offenlegung zu entgehen.[144] Allerdings ist zu prüfen, ob eine solche Vorgehensweise mit der Compliancestrategie des Unt zu vereinbaren ist.

---

[141] Vgl. hierzu auch *Grottke/Löffelmann/Späth/Haendel*, DStR 2012, S. 94 ff. sowie *Muzzu/Prystav/Stein*, DStR 2013, S. 1304.
[142] V. 3.8.2005, BGBl 2005 I S. 2267.
[143] Vgl. hierzu *Kußmaul/Ruiner*, KoR 2007, S. 681 sowie *Kaya* 2010, S. 75.
[144] Vgl. *Grottke/Löffelmann/Späth/Naendnel*, DStR 2012, S. 98 f.

10.1 Wechsel der Rechtsform

Die Offenlegungspflichten gelten nur für KapG und KapCoGes. Folglich unterliegen klassische PersG und Einzelunternehmer nicht der Offenlegungspflicht gem. § 325 HGB. Für sie gelten allenfalls die Regelungen des § 9 PublG. Hiermit sind insb. die folgenden Vorteile verbunden: 179

Die Offenlegungspflicht gilt nur, wenn nach Maßgabe des § 1 Abs. 1 PublG eine Rechnungslegungspflicht besteht. Die folgende Abb. stellt diese Größenmerkmale gegenüber. Es wird deutlich, dass eine Pflicht zur Rechnungslegung nach dem PublG **erst bei deutlich größeren Unt** eintritt. Folglich wird es möglich, der Offenlegungspflicht zu entgehen, sofern die Größenklassen des PublG nicht überschritten werden, zumal selbst kleine Ges. i.S.v. § 267 Abs. 1 HGB offenlegungspflichtig sind. Lediglich KleinstKapG i.S.v. § 267a HGB können sich auf die Erleichterungen in § 326 Abs. 2 HGB (Rz 20 und § 326 Rz 24ff.) berufen, müssen dann allerdings eine Hinterlegung des Jahresabschlusses vornehmen. 180

	HGB	PublG	Faktor
Bilanzsumme	4,84 Mio. EUR	65 Mio. EUR	13,4
Umsatzerlöse	9,68 Mio. EUR	130 Mio. EUR	13,4
Arbeitnehmer	> 50	> 5.000	100

Tab. 5: Vergleich der Größenklassen zwischen HGB und PublG[145]

Der Gesetzgeber hat die Größenklassen des § 267 HGB durch das BilRUG mit pflichtgemäßer Anwendung seit dem Gj. 2016 angepasst, während die Regelungen im PublG nicht verändert wurden. Danach ergibt sich das folgende Verhältnis.

	HGB	PublG	Faktor
Bilanzsumme	6,00 Mio. EUR	65 Mio. EUR	10,8
Umsatzerlöse	12,00 Mio. EUR	130 Mio. EUR	10,8
Arbeitnehmer	> 50	> 5.000	100

Tab. 6: Vergleich der Größenklassen zwischen HGB und PublG nach Inkrafttreten des BilRUG

Besteht infolge des Überschreitens der Größenklassen des PublG grds. eine Offenlegungspflicht, müssen zwar die für große KapG geltenden Regelungen beachtet werden. Allerdings können die Erleichterungen des § 5 Abs. 2 PublG genutzt werden. Danach brauchen die **GuV** und der Beschluss über die **Verwendung** des Ergebnisses **nicht** offengelegt zu werden, wenn die folgenden Angaben in einer Anlage zur Bilanz gemacht werden:
1. die Umsatzerlöse i.S.d. § 277 Abs. 1 HGB,
2. die Erträge aus Beteiligungen, 181

---

[145] Auf die Unterschiede zwischen dem PublG und dem HGB im Rahmen der Kriterien zur Einordnung wird verwiesen.

3. die Löhne, Gehälter, sozialen Abgaben sowie Aufwendungen für Altersversorgung und Unterstützung,
4. die Bewertungs- und Abschreibungsmethoden einschl. wesentlicher Änderungen und
5. die Zahl der Beschäftigten.

Ferner können die folgenden Positionen **zusammengefasst** und unter dem EK ausgewiesen werden:
1. die Kapitalanteile der Gesellschafter,
2. die Rücklagen,
3. ein Gewinnvortrag und
4. ein Gewinn unter Abzug der nicht durch Vermögenseinlagen gedeckten Verlustanteile von Gesellschaftern, eines Verlustvortrags und eines Verlustes.

182 PersG und EKfl sind von der Pflicht, einen Anhang zu erstellen und den Jahresabschluss um einen Lagebericht zu ergänzen, gem. § 5 Abs. 2 PublG befreit. Folglich muss auch deren Offenlegung nicht erfolgen, und zwar auch nicht, wenn freiwillig entsprechende Unterlagen erstellt werden. Etwas anderes gilt nur, wenn Angaben nicht in der Bilanz bzw. GuV gemacht werden, sondern in den Anhang verlagert werden.[146]

183 Im Ergebnis dürfte damit eine **deutliche Erleichterung der Offenlegungsproblematik** eintreten, selbst wenn es nicht gelingen sollte, unter den Grenzwerten zu bleiben und eine Offenlegung nach dem PublG damit ganz zu vermeiden. Fraglich ist allerdings, ob die Gesellschafter bereit sind, ausschließlich zur Erreichung dieser Vorteile einen Rechtsformwechsel vorzunehmen. Für eine Rechtsform sprechen i.d.R. vielfältige Gründe, sodass die Wahl mit großer Sorgfalt getroffen wurde, wobei sowohl der Haftung als auch steuerlichen Überlegungen besondere Bedeutung zukommt. Insoweit ist fraglich, ob die hiermit verbundenen Auswirkungen verhältnismäßig zum erlangbaren Vorteil bei der Offenlegung sind.[147] Dies sollte bei der Aufstellung dieser Teile des Jahresabschlusses berücksichtigt werden, um Anhang und Lagebericht vermeiden zu können.

184 Dieser Überlegung kommt besondere Bedeutung zu, wenn eine freiberufliche Tätigkeit ausgeübt wird.[148] Sofern als Rechtsform keine KapG gewählt wird, sondern etwa eine BGB-Ges. (oder z.B. eine Partnerschaftsges.), kann damit die Offenlegungspflicht sowohl nach Maßgabe des HGB als auch des PublG vermieden werden. Dies gilt auch nach Umsetzung der Vorschläge für eine Partnerschaftsgesellschaft mit beschränkter Berufshaftung (PartG mbB)[149] (Rz 3). Entscheidend ist hierfür, dass die Offenlegung an die Rechtsform anknüpft und KapG und PersG erfasst, nicht aber jegliche Form von Ges. Ggf. kann auch durch die Auslagerung von entsprechenden Tätigkeiten in eine eigene Ges. für eine gewerbliche Tätigkeit eine mit weniger strengen Offenlegungspflichten verbundene Größenklasse i.S.v. § 267 HGB erreicht werden oder die Voraussetzungen geschaffen werden, um als KleinstKapG i.S.v. § 267a HGB qualifiziert zu

---

[146] Vgl. z.B. ADS, 6. Aufl., § 9 PublG, Anm 20.
[147] Vgl. zum Wechsel in eine rechtsfähige Stiftung des privaten Rechts *Dorozala/Söffing*, DStR 2000, S. 1569f.
[148] Vgl. *Christ*, in *Christ/Müller-Helle*, S. 157.
[149] Vgl. das Gesetz zur Einführung einer Partnerschaftsgesellschaft mit beschränkter Berufshaftung und zur Änderung des Berufsrechts der Rechtsanwälte, Patentanwälte, Steuerberater und Wirtschaftsprüfer v. 15.7.2013, BGBl 2013 I S. 2390.

werden, um so die Erleichterungen des § 326 Abs. 2 HGB (vgl. Rz 20) nutzen zu können. Hierbei muss jedoch verhindert werden, dass eine Pflicht zur Aufstellung eines Konzernabschlusses entsteht.

Ist an einer offenlegungspflichtigen Ges. eine natürliche Person beteiligt, kann durch einen Wechsel in die Rechtsform der GmbH erreicht werden, dass die Angaben über die Ergebnisverwendung nicht offengelegt werden müssen (§ 325 Abs. 1 Satz 5 aF; Rz 98 ff.). Insoweit kann eine teilweise Erleichterung bei der Offenlegung erreicht werden, ohne dass hiermit eine Aufgabe der Haftungsbeschränkung für die Gesellschafter verbunden ist. **185**

10.2 „Vollhafter-Modell"

Ein weiterer Gestaltungsansatz ist für haftungsbeschränkte Personenhandelsges. besonders interessant. Dabei gilt es, den Umstand zu nutzen, dass die Offenlegungspflicht nur besteht, wenn keine natürliche Person als Komplementär an der Ges. beteiligt ist, wie dies bei der klassischen GmbH & Co. KG der Fall ist. Hierbei kann auf die Gestaltungsansätze zurückgegriffen werden, die genutzt wurden, um die Prüfungspflicht im Rahmen des KapCoRiLiG zu verhindern.[150] Der wohl bedeutendste Ansatz in diesem Bereich ist das sog. Vollhafter-Modell.[151] **186**

Denkbar ist, dass KapG eine Umwandlung in eine PersG vornehmen, um so in den Anwendungsbereich dieses Ansatzes zu kommen. Allerdings haben bereits die Ausführungen unter Rz 181 ff. gezeigt, dass es sich hierbei um einen vergleichsweise grundlegenden Eingriff handelt. Vorteilhaft kann für die bisherigen Gesellschafter jedoch sein, dass sie in der neuen Ges. nicht zwingend die Stellung eines Komplementärs einnehmen müssen. Insoweit besteht möglicherweise eher die Bereitschaft, an einer solchen Umstrukturierung mitzuwirken. **187**

An der Personenhandelsges. wird eine natürliche Person beteiligt, die unbeschränkt haftet. Da für die bisherigen Gesellschafter die Begrenzung ihrer persönlichen Haftung häufig ein wesentliches Motiv für die gewählte Struktur war, werden sie sich regelmäßig nicht bereit erklären, die Rolle des Vollhafters zu übernehmen. Folglich muss eine andere Person gefunden werden. Denkbar ist hierfür eine vermögenslose Privatperson zu verwenden. Da diese jedoch i.d.R. keinen Einfluss auf die Geschäftsführung haben soll, wird sie im Innenverhältnis von der Geschäftsführung und Vertretung ausgeschlossen.[152] **188**

Zumindest nach bisherigem Verständnis würde diese Vorgehensweise dazu führen, dass die Offenlegungspflicht vermieden wird. Bisher ist lediglich für Zwecke des § 264a HGB die Auffassung vertreten worden, dass die Hereinnahme einer natürlichen Person zur Vermeidung des § 264a HGB nicht ausreichend sein soll.[153] Dies entspricht jedoch nicht der hM und steht auch nicht im Einklang mit dem Gesetzeswortlaut. Für die Praxis wären mit dieser Auffassung vielfältige Schwierigkeiten verbunden, die eine praktikable Abgrenzung kaum möglich erscheinen lassen. Es müsste eine Grenze des Einflusses des Vollhafters festgelegt und abgegrenzt werden können, deren Unterschreiten als „schädlich" zu qualifizieren wäre. Da der Status des vollumfänglich persönlich haftenden **189**

---

[150] Vgl. zu solchen Gestaltungsmöglichkeiten Rz 167 ff.
[151] Vgl. hierzu z. B. *Dorozala/Söffing*, DStR 2000, S. 1568; *Herrmann*, WPg 2001, S. 271 ff.
[152] *Waßmer*, GmbHR 2002, S. 413 ff., spricht deshalb von einer GmbH & Stroh KG.
[153] Vgl. *Waßmer*, GmbHR 2002, S. 412, S. 420.

Gesellschafters unabhängig von der Geschäftsführung und Vertretung der Ges. ist, könnten hierfür keine hohen Anforderungen gestellt werden, ohne dass auch eine Vielzahl von Fällen erfasst wird, bei denen diese Struktur aus anderen Gründen gewählt wurde.

190 Gleichwohl besteht eine Reihe von **zivilrechtlichen Problemen**: Fraglich ist, ob dieses Modell zu einer Benachteiligung der Gläubiger der Ges. führt, was nicht nur bei einer evtl. Insolvenz, sondern auch im Rahmen des laufenden Geschäftsverkehrs u. U. zu erheblichen Problemen führen kann. Sofern der Gesellschafter ausscheidet, haftet er gem. §§ 160 ff. HGB für fünf Jahre für Verbindlichkeiten der Ges. fort. Ferner ist zu überlegen, wie bei einem evtl. Erbgang des Vollhafters zu verfahren ist, insb. inwieweit im Kreis der Erben die Bereitschaft besteht, die Funktion des Vollhafters zu übernehmen. Nicht auszuschließen ist eine Durchgriffshaftung, wenn der Vollhafter zwar nach außen als Geschäftsführer auftritt, im Innenverhältnis jedoch vollständig gegenüber den beschränkt haftenden Ges. weisungsabhängig ist.

191 Ein Vorteil dieser Gestaltung besteht darin, dass mit ihr nicht nur die Offenlegung nach § 325 HGB vermieden wird, sondern auch die Prüfungspflicht gem. § 316 Abs. 1 und 2 i.V.m. § 264a HGB. Ob diese Vorteile und die sich hieraus ergebenden Kosteneinsparungen ausreichen, um die Nachteile auszugleichen, bedarf einer sorgfältigen Analyse des Einzelfalls, insb. vor dem Hintergrund möglicherweise als Vollhafter in Betracht kommender Personen.

192 Besondere **Vorsicht** ist geboten, wenn die Ges. bisher nicht originär gewerblich tätig, sondern **nur gewerblich geprägt** i.S.v. § 15 Abs. 3 Nr. 2 EStG war. Durch den Eintritt der natürlichen Person als Vollhafter entfällt die gewerbliche Prägung, sodass von einer Betriebsaufgabe und einem Übergang zu einer vermögensverwaltenden Tätigkeit auszugehen ist. Hiermit verbunden sind die Aufdeckung und Besteuerung der stillen Reserven.

10.3 Erlangung der Befreiungstatbestände gem. § 264 Abs. 3 bzw. § 264b HGB

193 Die Pflicht zur Offenlegung nach § 325 HGB entfällt, wenn eine Einbeziehung in einen Konzernabschluss erfolgt und dieser bestimmten Anforderungen genügt (Rz 11 f.). Folglich zielt die Gestaltung darauf ab, die Voraussetzungen zu schaffen, um diese Befreiungsmöglichkeiten nutzen zu können.[154]

194 Gelingt dies, muss die Ges. zwar in den Konzernabschluss einbezogen werden, jedoch nicht selbst den Jahresabschluss offenlegen. Hiermit werden die Einblicke in das Unt deutlich eingeschränkt, indem nur stark verdichtete Daten offengelegt werden, von denen zusätzlich nicht erkennbar ist, inwieweit sie sich auf welche Konzernges. beziehen.[155]

195 Die Schwierigkeiten bei diesem Ansatz liegen in den Voraussetzungen für seine Nutzung. Es ist einerseits erforderlich, dass die Muttergesellschaft einen Konzernabschluss aufstellt und offenlegt. Damit kommt es nur zu einer Einschränkung der Offenlegungspflichten, nicht aber zu deren vollständiger Vermeidung.

---

[154] Vgl. hierzu *Giese/Rabenhorst/Schindler*, BB 2001, S. 511 ff.; *Herrmann*, WPg 2001, S. 273 ff.; *Kuntze-Kaufhold*, BB 2006, S. 428 ff., und *Deilmann*, BB 2006, S. 2347 ff.
[155] Vgl. *Bitter/Grashoff*, DB 2000, S. 838; *Dorozala/Söffing*, DStR 2000, S. 1568.

Allerdings wird damit der Einblick in die einzelne Ges. deutlich ungenauer, insb. wenn z. B. ertragstarke und ertragschwache Ges. in den Konzernabschluss einbezogen werden und sich damit die Zahlen u. U. teilweise nivellieren.

Als problematisch erweist sich, dass § 264 Abs. 3 Nr. 2 HGB nur anzuwenden ist, wenn die Muttergesellschaft zur Verlustübernahme nach § 302 AktG verpflichtet ist oder eine solche Verpflichtung freiwillig übernommen hat. Folglich sind die **zivilrechtlichen Haftungsrisiken** ungleich größer, wenn sich der Gesellschafter auf diese Regelung beruft. Wirtschaftlich wird er vergleichbar einem unbeschränkt haftenden Ges. einer PersG gestellt, wenngleich die Einwirkungsmöglichkeiten bei den aktienrechtlichen Regelungen insoweit andere sind. Dies hat zur Folge, dass die in vielen Fällen als wesentlich angesehene Begrenzung der persönlichen Haftung für Verbindlichkeiten der Ges. mit dieser Gestaltung aufgegeben wird. 196

Insgesamt ist der bei der Offenlegung erlangbare Vorteil vergleichsweise gering, weil anders als bei einem Wechsel zur PersG die Konzernrechnungslegungspflichten sich nach den Größenklassen des § 293 HGB richten und nicht nach den deutlich höheren Grenzwerten des PublG.[156] Außerdem ist zu beachten, dass die Erklärung zur Übernahme der Verluste durch einen Gesellschafter unter Zustimmung zu diesem Verlustausgleich durch die anderen Gesellschafter die Gläubiger nicht unbillig benachteiligen darf. Diese Gefahr bestünde, sofern eine weitgehend vermögenslose Person oder ein entsprechendes Unt sich zum Ausgleich der Verluste bereit erklärt, zumal hiermit i. d. R. auch entsprechende Beteiligungsstrukturen einhergehen müssten. 197

Andererseits wird gerade in Konzernverbünden häufig schon aus anderen Gründen – insb. um die Voraussetzungen für die ertragsteuerliche Organschaft zu erfüllen – ein entsprechender Unternehmensvertrag geschlossen. Insoweit wird die Vermeidung der Offenlegungspflicht eher eine positive „Nebenwirkung" dieses Vertrags sein als die hauptsächliche Motivation für diesen. 198

10.4 Schaffung von kleineren Unternehmensteilen

Eine weitere Gestaltung könnte darauf zielen, die größenabhängigen Erleichterungen zu nutzen. Wie unter Rz 16 dargestellt, sind kleine KapG i. S. d. § 267 Abs. 1 HGB und kleine KapCoGes nur verpflichtet, die Bilanz und den Anhang offenzulegen, nicht aber die GuV. Insoweit kann versucht werden, den Umfang der offenlegungspflichtigen Unterlagen zu begrenzen, um so die negativen Auswirkungen der Offenlegung zu beschränken. Schließlich könnte auch versucht werden, die Qualifikation als KleinstKapG i. S. v. § 267a HGB zu erlangen, um sich auf die Möglichkeit des § 326 Abs. 2 HGB (vgl. Rz 20) berufen zu können. 199

Die Schwierigkeiten bei diesem Ansatz liegen einerseits in den relativ niedrigen Grenzwerten in § 267 HGB bzw. § 267a HGB, andererseits in den Kosten für die Implementierung und Unterhaltung dieser Struktur. 200

Zwar hat das BilMoG die Grenzwerte für kleine KapG um rd. 20 % erhöht, doch war dies die erste Anpassung seit dem 10.12.2004.[157] Die Änderung durch das BilRUG erreichte nur für kleine KapG ungefähr diese Größenordnung, mittel- 201

---

[156] Vgl. auch Tab. 5 und 6 in Rz 180.
[157] Neufassung durch BilReG v. 9.12.2004, BGBl 2004 I S. 3166. Davor wurden die Werte über drei Jahre (gültig ab 1.1.2002 bis 9.12.2004) hinweg nicht angepasst.

große Unt erhielten nicht einmal einen Inflationsausgleich (Rz 180). Diese Grenzwerte dürfen auch in den nächsten Jahren nicht überschritten werden, sofern diese Vorgehensweise nicht nur sehr kurzfristig zu Vorteilen führen soll. Es zeigt sich, dass Unternehmensstrukturen zu errichten sind, die relativ kleine Ges. umfassen, und laufend zu prüfen ist, inwieweit sich den gesetzlichen Grenzen genähert wurde, sodass eine Aufteilung auf mehrere Unt notwendig wird.

202 Dies führt zu einem Anstieg der Kosten, die mit dieser Struktur verbunden sind. Es stellt sich die Frage, ob die Überführung der Substanz des bisherigen Unt auf die neuen Ges. ohne hohe Transaktionskosten erfolgen kann. Eine Spaltung ist nur steuerneutral möglich, wenn die einzelnen Unternehmensteile Teilbetriebe sind und kein Betriebsvermögen vorhanden ist, das für mehrere Teilbetriebe als wesentliche Betriebsgrundlage zu qualifizieren ist. Wäre dies nicht der Fall, würde eine steuerneutrale Spaltung ausscheiden. Ferner können weitere steuerliche Nachteile infolge des Untergangs von Verlust-, Zins- oder EBITDA-Vorträgen entstehen. Schließlich sind die laufenden Kosten einer solchen Struktur nicht zu unterschätzen, denn es muss eine Reihe von Ges. gegründet und koordiniert werden. Die hiermit verbundenen Verwaltungskosten werden tendenziell höher sein als im Fall des Einheitsunt. Hinzu können weitere Folgebelastungen kommen, etwa indem die Möglichkeit zum sofortigen Verlustausgleich nicht mehr besteht, was u. a. Liquiditäts- und Zinsnachteile verursachen kann.

203 Auch bei dieser Gestaltung müssen andere Vor- und Nachteile berücksichtigt werden. Denkbar wäre, dass schon aus anderen Gründen vergleichsweise selbstständige Unternehmensteile bestehen, sodass die Mehrbelastung eher gering ist. Allerdings resultieren aus dieser Vorgehensweise vergleichsweise komplexe Unternehmensstrukturen, die tendenziell die Anpassungsmöglichkeit an veränderte Rahmenbedingungen in der Zukunft nachteilig beeinflussen. Schließlich wird möglicherweise eine Konzernrechnungslegungspflicht ausgelöst, die wiederum zu einer umfangreichen, allerdings stärker aggregierten Offenlegung führt.

10.5 Größenabhängige Überlegungen

204 Eine weitere Gestaltung könnte darauf abzielen, die **größenabhängigen Grenzwerte** zu **unterschreiten**, sodass die jeweils **günstigeren Offenlegungsvorschriften** zur Anwendung kommen. Im Ergebnis wird damit versucht, große Ges. unter die Regelungen für mittelgroße fallen zu lassen und mittelgroße unter die Vorgaben für kleine Ges. Damit wird die Nutzung der größenabhängigen Erleichterungen möglich. Allerdings ist dieser Vorteil – verglichen mit einer vollständigen Vermeidung der Offenlegung – vergleichsweise gering.[158] Dankbar wäre auch, die Voraussetzungen für eine Nutzung des § 326 Abs. 2 HGB (vgl. Rz 20) zu schaffen, indem eine Qualifikation als KleinstKapG i. S. v. § 267a HGB erlangt wird.

205 Ansatzpunkte für diese Vorgehensweise bietet die klassische Bilanzpolitik, bei der entweder mithilfe von sachverhaltsdarstellenden oder sachverhaltsgestaltenden Maßnahmen versucht wird, eine gezielte Beeinflussung der Werte zu errei-

---

[158] Gl. A. *Höfner*, NJW 2004, S. 475.

chen, die für die Einstufung i.S.d. § 267 HGB wesentlich sind.[159] Naturgemäß besteht bei der Zahl der Arbeitnehmer weniger Gestaltungsspielraum, sodass insb. den Maßnahmen zur Gestaltung der Höhe der Bilanzsumme und der Umsatzerlöse Bedeutung zukommt. Denkbar wäre z.b. durch den Abschluss von Leasing-Verträgen, die zu einer Bilanzierung beim Leasing-Geber führen, eine niedrigere Bilanzsumme zu erreichen. Bei solchen Maßnahmen müssen die anderen bilanziellen Auswirkungen (z.b. auf das Bilanzbild) und darüber hinausgehende Konsequenzen (z.b. bei der Beurteilung hinsichtlich der Kreditwürdigkeit der Ges.) beachtet werden.

Insgesamt erscheinen solche Maßnahmen am Erfolg versprechendsten, wenn das Unt vor Durchführung dieser Maßnahmen die gesetzlichen Grenzwerte nur geringfügig überschreitet, weil dann nur relativ geringer Handlungsbedarf besteht. Andererseits ist zu beachten, dass an jedem Bilanzstichtag erneut zu prüfen ist, ob die Größenklassen überschritten wurden, sodass kompensatorische Effekte in der Zukunft besonderer Beachtung bedürfen.

10.6 Betrieb einer inländischen Zweigniederlassung eines Unternehmens aus einem Drittstaat

Inländische Zweigniederlassungen sind nach § 325a HGB verpflichtet, die Rechnungslegungsgrundlagen der ausländischen Hauptniederlassung im Inland offenzulegen (§ 325a Rz 5 ff.). Der deutsche Gesetzgeber hat diese Regelungen unzutreffend umgesetzt: Danach besteht eine solche Pflicht nur, wenn sich die Hauptniederlassung in einem Mitgliedstaat der EU oder des EWR befindet, nicht aber in einem Drittstaat (§ 325a Rz 16). Hieraus kann – insb. bei Neugründungen – die Gestaltung hergeleitet werden, eine Ges. in einem Drittstaat zu gründen, die dann im Inland eine Zweigniederlassung unterhält.[160] Dies hätte den Vorteil, dass damit die Offenlegungspflicht im Inland vollständig vermieden wäre.

Es ist jedoch darauf hinzuweisen, dass mit einer solchen Gestaltung gravierende Auswirkungen verbunden sind. So muss die inländische Unternehmenstätigkeit unter der Firma einer ausländischen Ges. durchgeführt werden. Hiermit werden häufig Akzeptanzprobleme und Zurückhaltung bei Geschäftspartnern verbunden sein. Ferner muss die Ges. im Ausland die dort geltenden Buchführungspflichten – und evtl. bestehenden Offenlegungsverpflichtungen – erfüllen. Fraglich ist auch, wie dauerhaft es bei der bisherigen Regelung in § 325a HGB bleibt. Ferner bedarf es einer eingehenden Analyse möglicher steuerlicher Konsequenzen sowie einer Abschätzung der entstehenden Transaktionskosten. Es erscheint als wahrscheinlich, dass der deutsche Gesetzgeber bei einer häufigen Verbreitung dieser Struktur eine Anpassung des § 325a HGB vornehmen wird. Insoweit sollte eingehend geprüft werden, ob die Nachteile dieser Struktur die Vorteile der Nichtoffenlegung tatsächlich überwiegen oder ob Erleichterungen mithilfe einfacherer Ansätze erlangt werden können.

---

[159] Vgl. zu einer ausführlichen Darlegung der Inhalte der als Grenzwerte herangezogenen Kriterien *Christ*, in *Christ/Müller-Helle*, S. 124 ff.
[160] Vgl. hierzu *Kaya* (2010), S. 241.

§ 325a Zweigniederlassungen von Kapitalgesellschaften mit Sitz im Ausland

(1) ¹Bei inländischen Zweigniederlassungen von Kapitalgesellschaften mit Sitz in einem anderen Mitgliedstaat der Europäischen Union oder Vertragsstaat des Abkommens über den Europäischen Wirtschaftsraum haben die in § 13e Abs. 2 Satz 4 Nr. 3 genannten Personen oder, wenn solche nicht angemeldet sind, die gesetzlichen Vertreter der Gesellschaft für diese die Unterlagen der Rechnungslegung der Hauptniederlassung, die nach dem für die Hauptniederlassung maßgeblichen Recht erstellt, geprüft und offengelegt oder hinterlegt worden sind, nach den §§ 325, 328, 329 Abs. 1 und 4 offenzulegen. ²Die Unterlagen sind in deutscher Sprache einzureichen. ³Soweit dies nicht die Amtssprache am Sitz der Hauptniederlassung ist, können die Unterlagen der Hauptniederlassung auch
1. in englischer Sprache oder
2. in einer von dem Register der Hauptniederlassung beglaubigten Abschrift oder,
3. wenn eine dem Register vergleichbare Einrichtung nicht vorhanden oder diese nicht zur Beglaubigung befugt ist, in einer von einem Wirtschaftsprüfer bescheinigten Abschrift, verbunden mit der Erklärung, dass entweder eine dem Register vergleichbare Einrichtung nicht vorhanden oder diese nicht zur Beglaubigung befugt ist,

eingereicht werden; von der Beglaubigung des Registers ist eine beglaubigte Übersetzung in deutscher Sprache einzureichen.
(2) Diese Vorschrift gilt nicht für Zweigniederlassungen, die von Kreditinstituten i. S. d. § 340 oder von Versicherungsunternehmen i. S. d. § 341 errichtet werden.
(3) ¹Bei der Anwendung von Abs. 1 ist für die Einstufung einer Kapitalgesellschaft als Kleinstkapitalgesellschaft (§ 267a) und für die Geltung von Erleichterungen bei der Rechnungslegung das Recht des anderen Mitgliedstaates der Europäischen Union oder das Recht des Vertragsstaates des Abkommens über den Europäischen Wirtschaftsraum maßgeblich. ²Darf eine Kleinstkapitalgesellschaft nach dem für sie maßgeblichen Recht die Offenlegungspflicht durch die Hinterlegung der Bilanz erfüllen, darf sie die Offenlegung nach Absatz 1 ebenfalls durch Hinterlegung bewirken. ³§ 326 Abs. 2 gilt entsprechend.

Prof. Dr. Bert Kaminski

Inhaltsübersicht   Rz
1 Überblick 1–20
  1.1 Regelungszweck und Inhalt. 1–4
  1.2 Anwendungsbereich 5–18
    1.2.1 Zeitlicher Anwendungsbereich 5
    1.2.2 Persönlicher Anwendungsbereich 6–18
  1.3 Normenzusammenhänge 19–20

2	Offenlegungs- bzw. Hinterlegungspflichten für inländische Zweigniederlassungen ausländischer Kapitalgesellschaften	21–49
	2.1 Betroffene Personen	21–24
	2.2 Betroffene Unterlagen...........................	25–30
	2.3 Anforderungen an die Offenlegung.................	31–39
	2.4 Hinterlegung	40–44
	2.5 Prüfung durch den Betreiber des Bundesanzeigers.......	45–46
	2.6 Rechtsfolgen bei Verstößen......................	47–49
3	Rückausnahme für Zweigniederlassungen von Banken und Versicherungen.....................................	50
4	Sonderregelungen für Kleinstkapitalgesellschaften	51–54
5	Übergangsvorschriften	55–56

1 Überblick

1.1 Regelungszweck und Inhalt

Die Regelung zielt darauf ab, diejenigen Personen **zu schützen**, die im Inland mit den **Niederlassungen ausländischer KapG** in Beziehungen treten.[1] Dies soll erreicht werden, indem die **ausländische Hauptniederlassung** der **inländischen Zweigniederlassung** verpflichtet wird, ihre nach dem für sie maßgeblichen Recht aufgestellten, geprüften und offengelegten „Unterlagen der Rechnungslegung" (s. Rz 25 ff.) im Inland unter Anwendung der §§ 325, 328, 329 Abs. 1 und 4 HGB offenzulegen bzw. zu hinterlegen. Auf EU-Ebene erfolgte eine Verschmelzung der 4. und 7. EU-RL, die keine Änderungen im Bereich der Offenlegung vorsehen.[2]

1

Die „Globalisierung" führt zu einem zunehmenden Engagement von ausländischen Unt in Deutschland, sodass das Bedürfnis für eine **Informationsmöglichkeit** des Rechtsverkehrs gesehen wurde.[3] Insbesondere aufgrund der Rspr. des EuGH zur Anerkennung von nach ausländischem Recht gegründeten Ges. im Inland[4] war deren zunehmende Verbreitung in Deutschland festzustellen. Diese wickeln regelmäßig ihre gesamte Unternehmenstätigkeit über eine **deutsche Zweigniederlassung** ab, während die **ausländische Hauptniederlassung** eine „Hülle" ohne geschäftliche Betätigung ist. Durch die Regelungen sollen Personen geschützt werden, die über die Zweigniederlassung mit der ausländischen Ges. in Beziehungen treten.[5]

2

Um dieses Ziel zu erreichen, ordnet die Norm eine **Offenlegung bzw. Hinterlegung der nach ausländischem Recht offenzulegenden Unterlagen im Inland** an. Um die hieraus entstehenden Belastungen für die betroffenen Unt zu

3

---

[1] Vgl. auch die RegBegr auf BT-Drs. 12/3908, S. 1, sowie zu den Zielen der Zweigniederlassungsrichtlinie *Kindler*, NJW 1993, S. 3302.
[2] Vgl. *Kreipl/Müller*, Stbg 2012, S. 404.
[3] Vgl. zur tatsächlichen Nutzung dieser Möglichkeit *Grottke/Löffelmann/Späth/Haendel*, DStR 2012, S. 97 f.
[4] Vgl. aus der Rspr. des EuGH insbes. Urteil v. 9.3.1999, Rs. C-212/97 (Centros), Slg. 1999, S. I-1459; Urteil v. 5.11.2002, Rs. C-208/00 (Übersering), Slg. 2002, S. I-09919; Urteil v. 30.9.2003, Rs. C-167/01 (Inspire Art), Slg. 2003, S. I-10155.
[5] Vgl. BT-Drs. 12/3908, S. 1.

beschränken, werden Anforderungen definiert, unter denen Erleichterungen (insb. hinsichtlich der Sprache) genutzt werden können. Zugleich wurde die **11. EG-RL**[6] in deutsches Recht umgesetzt. Damit soll erreicht werden, dass inländische Zweigniederlassungen ausländischer KapG innerhalb der EU den gleichen Publizitätspflichten unterliegen wie KapG.[7] Hingegen ist eine gesonderte Rechnungslegung für die Aktivitäten der inländischen Zweigniederlassung handelsrechtlich nicht erforderlich.[8]

4 Durch das CSR-Richtlinie-Umsetzungsgesetz[9] wurden in § 325 HGB formale und redaktionelle Änderungen vorgenommen (§ 325 Rz 7). Diese können auch mittelbare Auswirkungen im Rahmen des § 325a HGB haben. Hingegen ist eine unmittelbare Änderung dieser Norm unterblieben.

1.2 Anwendungsbereich

1.2.1 Zeitlicher Anwendungsbereich

5 Die zeitliche Anknüpfung ist im Gesetz nicht eindeutig definiert.[10] Auch wenn die Zweigniederlassung im Inland zur Buchführung oder zu einer anderen Form der Gewinnermittlung oder zur Vornahme von Aufzeichnungen verpflichtet ist,[11] kommt es für Zwecke des § 325a HGB nicht darauf an, für welchen Zeitraum sie ihre Rechnungslegung erstellt. Entscheidend ist vielmehr, ob zu dem Zeitpunkt, zu dem die Hauptniederlassung ihren Jahresabschluss bzw. Konzernabschluss offen legt, eine Zweigniederlassung im Inland besteht.

1.2.2 Persönlicher Anwendungsbereich

6 Die Verpflichtung besteht für **inländische Zweigniederlassungen** (bzw. deren gesetzliche Vertreter). § 325a HGB definiert – wie schon die Zweigniederlassungsrichtlinie – den **Begriff** der Zweigniederlassung nicht. Folglich ist auf die allgemeine Definition zurückzugreifen. Für die Auslegung ist das deutsche Begriffsverständnis entscheidend, auch wenn dieses vom ausländischen Recht abweichen sollte. Da die Regelung im Zusammenhang mit den §§ 13d–13g HGB steht, ist ein einheitliches Begriffsverständnis zu verwenden.

7 Der Gesetzgeber benutzt diesen Begriff an unterschiedlichen Stellen, so z. B. in den §§ 13, 13d, 13e, 13f HGB, nimmt jedoch keine Definition vor. Auch im Steuerrecht wird in § 12 Satz 1 Nr. 2 AO dieser Ausdruck verwendet, aber nicht definiert.[12] Folglich hat seine Bestimmung durch Auslegung zu erfolgen.

8 Unter einer Zweigniederlassung wird ein **rechtlich unselbstständiger, räumlich getrennter und mit einer gewissen Selbstständigkeit versehener Teil der Gesellschaft** verstanden. Die nicht nur vorübergehend betriebenen Geschäfte

---

6 Zweigniederlassungsrichtlinie v. 21.12.1989, Abl. EG, Nr. L 44/1989, S. 40–42.
7 Vgl. z. B. *Veit*, BB 1997, S. 461, *Kaya/Zenk*, KoR 2011, S. 96.
8 Hiervon unabhängig bleibt die Frage, wie für steuerliche Zwecke das Einkommen zu ermitteln ist. Dies kann ggf. auch durch Einnahmeüberschussrechnung nach § 4 Abs. 3 EStG oder einen unvollständigen Betriebsvermögensvergleich nach § 4 Abs. 1 EStG geschehen.
9 Gesetz zur Stärkung der nichtfinanziellen Berichterstattung der Unternehmen in ihren Lage- und Konzernlageberichten, vom 11.4.2017, BGBl I 2017, S. 802.
10 Vgl. hierzu auch ADS, § 325a HGB, Anm. 3, 6. Aufl., 2000.
11 Denkbar ist hier insb. eine Einnahmeüberschussrechnung gem. § 4 Abs. 3 EStG.
12 Vgl. zur dortigen Definition z. B. *Drüen*, in *Tipke/Kruse*, AO/FGO, § 12 AO Rn. 25, Stand 8/2014.

müssen dem Unternehmenszweck dienen.[13] Hierbei darf es sich nicht ausschließlich um eine völlig unbedeutende Hilfstätigkeit handeln. § 13e Abs. 2 Satz 1 HGB verpflichtet KapG zur Anmeldung einer Zweigniederlassung beim inländischen HR. Die Anmeldung ist jedoch kein Tatbestandsmerkmal der Zweigniederlassung, sodass durch die Nichtanmeldung § 325a HGB nicht umgangen werden kann. Zweigniederlassungen können wirtschaftlich auch Beteiligungen an anderen Ges. zugeordnet sein.[14]

In der Praxis werden Zweigniederlassungen und Betriebsstätten i. S. v. § 12 AO häufig gleichgesetzt.[15] Dies ist jedoch unzutreffend, weil die Zweigniederlassung nur eine Möglichkeit von vielen zur Begründung einer Betriebsstätte ist. Allerdings ist gem. § 12 Satz 1 Nr. 2 AO jede Zweigniederlassung eine Betriebsstätte, aber nicht jede Betriebsstätte eine Zweigniederlassung. Daher darf insb. nicht die Schlussfolgerung gezogen werden, dass, nur weil keine inländische Zweigniederlassung besteht, keine (beschränkte) Steuerpflicht im Inland vorliegt.

9

Für die Beurteilung sind die Verhältnisse zum Zeitpunkt der **Entstehung der Offenlegungs- bzw. Hinterlegungspflicht** entscheidend. Folglich wirken spätere Ereignisse nicht auf diesen Zeitpunkt zurück.

10

Beispiel
Eine inländische Zweigniederlassung einer ausländischen KapG (Gj. = Kj.) wird im März des folgenden Jahrs in eine KapG umgewandelt. Da bis zur Vorlage des ersten Abschlusses der inländischen KapG keine Informationen zur Verfügung stehen, verlangt der Zweck des § 325a HGB, dass gleichwohl eine Offenlegung der Unterlagen der ausländischen Hauptniederlassung im Inland zu erfolgen hat.

Die Regelung stellt auf **KapG** mit Hauptniederlassung in einem EU- oder EWR-Staat ab. Infolge von § 264a HGB gilt diese Vorschrift auch für **KapG & Co. KG**.[16] Ob eine ausländische Ges. unter diese Regelung fällt, richtet sich danach, ob ihre Rechtsform einer deutschen KapG oder KapG & Co. KG vergleichbar ist.[17] Bei Ges. innerhalb der EU sind dies die in Art. 1 der 4. EG-RL[18] genannten Ges. Bei Ges. in den EWR-Staaten ist hierfür auf die Organisations- und Haftungsstruktur abzustellen.[19] Um eine der KapG & Co. KG vergleichbare ausländische Ges. handelt es sich, wenn deren Rechtscharakter der deutschen Rechtsform entspricht. Die Beschränkung auf diesen Kreis wird damit gerechtfertigt, dass Unt, die einer

11

---

[13] HM, vgl. z. B. *Hopt*, in *Baumbach/Hopt*, 36. Aufl., § 13 Rn. 3; *Kindler*, NJW 1993, S. 3303; *Seibert*, GmbHR 1992, S. 738.

[14] Vgl. hierzu und möglichen Auswirkungen im Rahmen einer ertragsteuerlichen Organschaft *Richter/Braun*, GmbHR 2012, S. 18.

[15] Vgl. zur Abgrenzung zwischen Zweigniederlassung und Teilbetrieb *Biechele*, StuB 2011, S. 878.

[16] Wie hier z. B. *Müller*, in *Baetge/Kirsch/Thiele*, Bilanzrecht, § 325a HGB, Rz 6, Stand 12/2013; *Grottel*, in Beck Bil.-Komm., 10. Aufl., 2016, § 325a HGB, Rz 1; a. A. *Haller/Hütten/Wittmann*, in *Küting/Pfitzer/Weber*, HdR, § 325a HGB, Rn. 7, Stand 5/2014; *Fehrenbacher*, in MünchKomm. HGB, 3. Aufl., § 325a Rn 4.

[17] Unvollständige Übersichten finden sich für die GmbH in der 12. EG-Richtlinie (Abl. EG Nr. L 65/8) sowie für die AG und KGaA in Art. 1 der 4. EG-Richtlinie (Abl. EG, Nr. L 222/1).

[18] 78/660/EWG v. 25.7.1979 i. d. F. von 2009.

[19] Vgl. z. B. *Hopt*, in *Baumbach/Hopt*, HGB, 36. Aufl., § 13d Rn. 3; *Haller/Hütten/Wittmann*, in *Küting/Pfitzer/Weber*, HdR, § 325a HGB, Rn 5, Stand 5/2014.

Haftungsbeschränkung unterliegen, hierfür einen Ausgleich in Form der Offenlegung von Rechnungslegungsunterlagen schaffen sollen.[20] Dies ist auch der Grund, warum es im PublG keine vergleichbare Regelung gibt und auch kein Verweis auf § 325a HGB erfolgt. Die Vorschrift findet auf Genossenschaften keine Anwendung, weil die §§ 336 – 339 HGB keine entsprechende Regelung und keinen Verweis enthalten.

Für die Verpflichtung nach § 325a HGB ist es unerheblich, in welche Größenklasse die Zweigniederlassung und/oder die Ges. fällt.[21] Etwas anderes gilt lediglich dann, wenn hieran Befreiungs- oder Erleichterungsregelungen anknüpfen. Vgl. zu den Sonderregelungen für KleinstKapG unter 4., Rz 51 ff.

12 Die **Hauptniederlassung** ist der (einzige) räumliche Mittelpunkt des Unt, von dem aus die Geschäfte dauerhaft geleitet werden.[22] Dies ist bei Handelsgesellschaften der Sitz, der bei juristischen Personen durch Satzung bzw. Vertrag bestimmt wird.

13 Fraglich ist, was als **Sitz** i. S. d. Norm zu verstehen ist. Dieser kann entweder nach der Sitz- oder nach der Gründungstheorie determiniert werden.[23] Die Sitztheorie bestimmt als Gesellschaftsstatut das Recht des Staates, in dem die Ges. ihren tatsächlichen Verwaltungssitz hat, während die Gründungstheorie auf das Recht des Staates abstellt, nach dessen Recht die Ges. gegründet wurde. Hierbei ist zu beachten, dass ein grundlegender Wandel weg von der Sitztheorie hin zur Gründungstheorie erfolgt.[24] Der Gesetzgeber hat am 7.1.2008 einen Referentenentwurf zum Internationalen Privatrecht der Ges., Vereine und juristischen Personen vorgelegt.[25] Danach ist vorgesehen, von der Sitz- zur Gründungstheorie zu wechseln. Dies würde dann auch für Zwecke des § 325a HGB gelten.[26] Hierbei ist zu beachten, dass dieser Theorie nicht nur in den EU- und EWR-Fällen, sondern auch bei Drittstaatenges. gefolgt werden soll. Allerdings ist dieses Gesetzesvorhaben infolge der hiergegen geäußerten – insb. mitbestimmungsrechtlichen[27] – Bedenken bisher nicht abgeschlossen.[28]

14 Nach derzeitigem Recht wird wohl – schon aus europarechtlichen Gründen – ebenfalls von der Geltung der **Gründungstheorie** auszugehen sein.[29] Allerdings ist dies nicht unstreitig, weil zum Zeitpunkt der Einführung der Norm die Sitztheorie als wohl noch h.M. galt und von der Rechtsprechung des EuGH gebilligt wurde.[30] Allerdings darf hierbei die zwischenzeitliche Weiterentwicklung des Gemeinschaftsrechts nicht unberücksichtigt bleiben, so dass von der Gründungstheorie auszugehen ist. Folglich kommt es darauf an, in welchem

---

20 Vgl. z. B. *Roth*, ZGR 2005, S. 356.
21 Vgl. *Grottel*, in Beck Bil.-Komm., 10. Aufl., 2016, § 325a HGB, Rz 30.
22 Vgl. *Roth*, in *Koller/Kindler/Roth/Morck*, HGB, 8. Aufl., § 13 Rz 5.
23 Vgl. grundsätzlich zu diesen *Kindler*, in MünchKomm. BGB, 6. Aufl., IntGesR Rn. 351 ff.
24 Vgl. grundlegend EuGH, Urteil v. 5.11.2002, Rs. C-208/00 (Überseering), Slg. 2002, S. I-09919; BGH, Urteil v. 13.3.2003, VII ZR 370/98, BGHZ 154, S. 185.
25 RefE eines Gesetzes zum Internationalen Privatrecht der Gesellschaften, Vereine und juristischen Personen; vgl. dazu auch *Kindler*, in MünchKomm. BGB, 6. Aufl., IntGesR Rn. 64.
26 Vgl. *Kaya/Zenk*, IWB 2010, S. 574.
27 Vgl. *Däubler/Heuschmid*, NZG 2009, S. 493 ff.
28 Vgl. insoweit und zur Initiative auf EU-Ebene *Kindler*, in MünchKomm. BGB, 6. Aufl., IntGesR Rn. 64 ff.
29 Gl. A. *Zetzsche*, in Kölner Kommentar zum Rechnungslegungsrecht, 1. Aufl. 2011, § 325a Rz 16.
30 Vgl. grundlegend EuGH, Urteil v. 27.9.1988, Rs. 81/87, Daily Mail, Slg. 1989, S. 5483.

Staat sich der Satzungssitz der Ges. befindet, nicht darauf, wo die tatsächlichen Entscheidungen getroffen werden, auch wenn diese Orte häufig identisch sein werden.

Mitgliedstaaten der EU waren am 15.8.2017 Belgien, Bulgarien, Dänemark, Estland, Deutschland, Finnland, Frankreich, Großbritannien, Griechenland, Irland, Italien, Kroatien, Lettland, Litauen, Luxemburg, Malta, die Niederlande, Österreich, Polen, Portugal, Rumänien, Schweden, Slowakei, Slowenien, Spanien, Tschechien, Ungarn und Zypern. Mitgliedstaaten des Abkommens über den Europäischen Wirtschaftsraum (**EWR**-Abkommen) waren am 15.8.2016 neben den genannten EU-Staaten Norwegen, Island und Liechtenstein. Durch das Gesetz zur Umsetzung der RL 2012/6EU des Europäischen Parlaments und des Rates vom 14.3.2012 zur Änderung der RL 78/660/EWG des Rates über den Jahresabschluss von Gesellschaften bestimmter Rechtsformen hinsichtlich Kleinstbetrieben[31] wurde der bis dahin verwendet Begriff der Europäischen Wirtschaftsgemeinschaft in Europäische Union geändert. Damit wurde der allgemein veränderten Bezeichnung Rechnung getragen, ohne dass hiermit inhaltliche Änderungen verbunden waren. Bei Drucklegung war noch nicht erkennbar, inwieweit sich aus dem Votum für einen Austritt von Großbritannien („BREXIT") Konsequenzen ergeben. Insoweit ist der weitere Verlauf der Austrittsverhandlungen abzuwarten.

15

Im Gegensatz zur 11. EG-RL umfasst § 325a HGB **nicht alle ausländischen Unt**, sondern nur die in EU- und EWR-Staaten.[32] Insoweit hat der deutsche Gesetzgeber die RL, die hinsichtlich ihres Ziels für die Mitgliedstaaten verbindlich ist[33], unzureichend umgesetzt. Sofern hieraus Nachteile entstehen, ist zu prüfen, ob Regressansprüche gegen die Bundesrepublik Deutschland bestehen.[34] Unverständlich ist, dass dieser bereits seit 1993 bestehende Mangel immer noch nicht beseitigt wurde.[35] Nach derzeitiger Rechtslage kommt die Regelung bei einer ausländischen Ges. mit Sitz außerhalb des EU- und des EWR-Raums nicht zur Anwendung. Dies gilt auch, wenn eine Ges. ihre gesamten Geschäfte in der Bundesrepublik Deutschland ausübt und ihre Gesellschafter ausschließlich Inländer sind. Auch das BilRUG hat dies nicht geändert.

16

Zu den Besonderheiten bei inländischen Zweigniederlassungen bei **Banken und Versicherungen** s. Rz 50.

17

Handelt es sich bei der ausländischen Ges. um eine Scheingesellschaft, richtet sich deren Offenlegungspflicht nach § 325 HGB und nicht nach § 325a HGB.[36] Dies ist sinnvoll, weil damit den tatsächlichen wirtschaftlichen Verhältnissen Rechnung getragen wird.

18

---

[31] MicroBilG v. 20.12.2012, BGBl 2012 I S. 2751.
[32] Vgl. zu den Gründen für die im Rahmen des Gesetzgebungsverfahrens erfolgte Einschränkung *Hahnefeld*, DStR 1993, S. 1597.
[33] Vgl. Art. 288 Abs. 3 AEUV (ex Art. 249 Abs. 3 EG-Vertrag).
[34] Vgl. aus der Rspr. des EuGH z.B. Urteil v. 19.11.1991, C-690 u. C-9/90 Slg. S.I-5357; Urteil v. 5.3.1996, C-46/93 u. C-48/93, Slg. I-1029.
[35] Vgl. zu einer möglichen Lösung im Wege der richtlinienkonformen Rechtsfortbildung *Kaya/Zenk*, KoR 2011, S. 18.
[36] Vgl. LG Bonn v. 22.1.2013, 37 T 1161/11, BeckRS 2013, 05887.

1.3 Normenzusammenhänge

19 Die Regelung lässt die **Buchführungspflicht** aufgrund von §§ 238 ff. HGB unberührt. Sofern die inländische Zweigniederlassung Kaufmannseigenschaft hat, entsteht hieraus eine selbstständige Buchführungspflicht.

20 Die generellen **Offenlegungsvorschriften** für inländische KapG gem. § 325 HGB werden durch § 325a HGB für inländische Zweigniederlassungen von EU- und EWR-Gesellschaften ergänzt. Für Form und Inhalt der Unterlagen bei Offenlegung und Veröffentlichung wird auf § 328 HGB verwiesen, für die Prüfungspflicht des Registergerichts auf § 329 HGB. Aufgrund des Abs. 2 sind § 340i Abs. 2 und § 341l HGB vorrangig vor § 325a HGB. Der durch das MicroBilG[37] geschaffene Abs. 3 trägt der Umsetzung der durch die am 14.3.2012 verabschiedeten RL 2012/6/EU des Europäischen Parlaments und des Rates zur Änderung der RL 78/660/EWG des Rates über den Jahresabschluss von Gesellschaften bestimmter Rechtsformen hinsichtlich Kleinstbetrieben, sog. Micro-Richtlinie,[38] Rechnung. Danach können die Staaten KapG, die bestimmte Größenkriterien nicht überschreiten, von bestimmten Rechnungslegungs- und Offenlegungspflichten entbinden.[39] Da es sich hierbei um ein Wahlrecht handelt, das vom jeweiligen Mitgliedstaat auszuüben ist, muss einer möglichen unterschiedlichen Ausgestaltung in den anderen Mitgliedstaaten Rechnung getragen werden.

2 Offenlegungs- bzw. Hinterlegungspflichten für inländische Zweigniederlassungen ausländischer Kapitalgesellschaften

2.1 Betroffene Personen

21 Die **Zuständigkeit für die Offenlegung** bzw. **Hinterlegung** liegt bei den Personen, die als **ständige Vertreter** die Ges. in den Angelegenheiten der Zweigniederlassung (außergerichtlich und gerichtlich) vertreten können. Sie müssen bei Anmeldung der Zweigniederlassung benannt werden (§ 13e Abs. 2 Satz 4 Nr. 3 HGB). Handelsbevollmächtigte können nur dann als ständige Vertreter agieren, wenn sie eine dauerhafte Prozessführungsbefugnis (§ 54 Abs. 2 HGB) und generelle Vertretungsmacht haben.[40] Hierbei wird es sich in erster Linie um Prokuristen handeln.[41]

22 Sind **keine** Personen als **Vertretungsberechtigte** eingetragen, liegt die Verpflichtung bei den **gesetzlichen Vertretern der Hauptniederlassung**. Dies sind diejenigen, die die ausländische Ges. vertreten können, unabhängig davon, welchen Bezug sie zur inländischen Zweigniederlassung oder zum Inland aufweisen. Die Zuordnung dieses Vertretungsrechts richtet sich nach ausländischem Gesellschaftsrecht.

---

37 V. 20.12.2012, BGBl 2012 I S. 2751.
38 ABl. L 81 v. 21.3.2012, S. 3.
39 Vgl. zu einem Überblick z.B. *Zwirner/Froschhammer*, Stbg 2013, S. 227 oder *Haller/Groß*, DB 2012, S. 2109.
40 Vgl. BT-Drs. 12/3908, S. 16.
41 Vgl. *Seibert*, DB 1993, S. 1706.

> **Beispiel**
> Der CFO einer britischen Ltd. hat noch nie die deutsche Zweigniederlassung der Ges. aufgesucht, gleichwohl kann er für die Erfüllung des § 325a HGB verantwortlich sein. Es obliegt der Ges., durch organisatorische Maßnahmen (wie z. B. die Beauftragung externer Dienstleister) die Erfüllung dieser Pflicht zu gewährleisten. Sanktionen wegen deren Nichterfüllung richten sich nach ausländischem Recht.

Sind **mehrere Personen** verpflichtet für eine Offenlegung bzw. Hinterlegung zu sorgen, tragen sie in gleichem Maß Verantwortung. Bestehen innerhalb eines Leitungsgremiums Absprachen über die Aufgabenverteilung, gelten diese nur im Innenverhältnis, nicht aber gegenüber Dritten. 23

Während des **Insolvenzverfahrens** besteht die Verpflichtung aus § 325a HGB fort. Diese obliegt dem Insolvenzverwalter, der gem. § 155 Abs. 1 InsO die handels- und steuerrechtlichen Verpflichtungen der Ges. zu erfüllen hat. Sofern sich Teile des Vermögens bei den ständigen Vertretern befinden, können diese u. U. neben dem Insolvenzverwalter verpflichtet sein.[42] Folglich treffen sie auch mögliche Sanktionen (Rz 47 ff.), wenn die Offenlegung ganz oder teilweise unterbleibt. 24

2.2 Betroffene Unterlagen

Offenzulegen bzw. zu hinterlegen sind die Unterlagen der Rechnungslegung der Hauptniederlassung, die nach **dem dort geltenden Recht erstellt, geprüft und offengelegt bzw. hinterlegt** wurden. Hieraus ergibt sich, dass keine gesonderte Erstellungspflicht oder eine Begrenzung von Angaben der EU- oder EWR-Hauptniederlassung auf die inländische Zweigniederlassung zu erfolgen hat. Es sind die im Ausland vorhandenen Unterlagen zu verwenden. Folglich sind für den Umfang der offenzulegenden Unterlagen die Vorgaben des ausländischen Rechts entscheidend. Aufgrund der Begrenzung auf EU- und EWR-Unt ist davon auszugehen, dass die Rechnungslegungs- und Prüfungsvorschriften in den betroffenen Staaten einander angeglichen sind.[43] Da die Vorschriften insbesondere aufgrund der den Mitgliedstaaten eingeräumten Wahlrechte jedoch nicht identisch ausgestaltet sind, hat dies zur Folge, dass die offenzulegenden Unterlagen zwischen den einzelnen Staaten variieren können. 25

> **Beispiel**
> Ein ausländisches Unt, das eine Zweigniederlassung in der Bundesrepublik Deutschland unterhält, wird in der Rechtsform einer EinzelUnt geführt. Die ausländische Rechtsordnung sieht für diese Unternehmensform Erleichterungen vor, die eine Offenlegung von personenbezogenen Daten verhindern sollen. Diese Erleichterungen gelten auch im Rahmen der inländischen Offenlegungspflicht, unabhängig davon, ob das deutsche Recht vergleichbare Befreiungen vorsieht.

---

[42] Vgl. LG Bonn, Beschluss v. 16.5.2008, 11 T 52/07, NZI 2008 S. 53.
[43] Vgl. BT-Drs. 12/5170, S. 15 unter Hinweis auf die Verpflichtung zur Durchführung der Richtlinien der EG auch in den EWR-Staaten aufgrund des Abkommens über den Europäischen Wirtschaftsraum (Abl. EG, Nr. L 13.1.1994, S. 3–36).

26 Zu den offenlegungs- bzw. hinterlegungspflichtigen Unterlagen gehören die Bilanz, die GuV, der Anhang, der Lagebericht, der Bestätigungsvermerk oder der Versagungsvermerk des AP, ein Vorschlag zur Verwendung des Ergebnisses und der Beschluss über die Verwendung des Ergebnisses. Dies setzt jedoch jeweils voraus, dass diese Unterlagen nach dem nationalen Recht des Sitzstaates erstellt werden müssen. Besteht nach seinem Recht eine Befreiung (z. B. von der Pflicht zur Prüfung des Jahresabschlusses infolge des Nichterreichens bestimmter Größenklassen), müssen diese Unterlagen im Inland auch nicht offengelegt bzw. hinterlegt werden.

27 Unterlagen, die nicht nach ausländischem Recht offenlegungs-, hinterlegungs- oder prüfungspflichtig sind, fallen **nicht in den Anwendungsbereich** des § 325a HGB. Dies gilt speziell wenn das ausländische Recht (**größenabhängige**) **Erleichterungen** bei der Offenlegung, Hinterlegung oder Prüfung vorsieht. Etwas anderes gilt für Erweiterungen, die mit „den Unterlagen der Rechnungslegung" gemeinsam geprüft und offengelegt werden. Der Bestätigungs- bzw. Versagungsvermerk ist regelmäßig offenlegungspflichtig.

28 Die **Offenlegungspflicht** erfasst auch einen **Konzernabschluss**, wenn die Hauptniederlassung nach ihrem lokalen Recht einen solchen aufzustellen hat. Unterbleibt dies, weil sie ihrerseits in einen Konzernabschluss einbezogen wird, muss der „Mutterkonzernabschluss" offengelegt werden. Dies gilt auch, wenn es sich bei der „Obergesellschaft" nicht um eine EU- oder EWR-KapG handelt. Kann sich hingegen die ausländische Ges. zu Recht auf eine nationale Befreiungsvorschrift berufen (z. B. in Abhängigkeit von der Größe), die nicht auf einer Einbeziehung in einen anderen Konzernabschluss beruht, kann die Offenlegung im Inland unterbleiben.

29 Aus der Bindung an die ausländischen Unterlagen folgt, dass eine **evtl. freiwillige Erweiterung** des ausländischen Abschlusses der Mutterges. im Inland ebenfalls offenzulegen bzw. zu hinterlegen ist. Daher darf keine Änderung der im Ausland offengelegten bzw. hinterlegten Unterlagen erfolgen.[44] Hierfür spricht auch der Wortlaut, wonach nicht auf die Prüfungspflicht abgestellt wird, sondern auf die Prüfung. Hingegen führt eine **freiwillige Offenlegung** im Ausland nicht dazu, dass diese Unterlagen beim Register der inländischen Zweigniederlassung einzureichen sind. Allerdings ist eine freiwillige Offenlegung möglich.

30 Werden die offen- bzw. hinterlegungspflichtigen Unterlagen geändert, unterliegen diese Änderungen ebenfalls der Publizität im Inland, sofern dies nach Maßgabe des ausländischen Rechts offenlegungs- oder hinterlegungspflichtig ist.

2.3 Anforderungen an die Offenlegung

31 Die Offenlegung hat nach Maßgabe des § 325 HGB zu erfolgen (§ 325 Rz 31 ff., sowie zu möglichen Formen § 325 Rz 115 f. und zu evtl. Erleichterungen § 325 Rz 11 ff.). Dies gilt jedoch nur, soweit das ausländische Recht keine Vorgabe enthält. Im Regelfall richtet sich damit die Offenlegung nach den **Vorschriften des Staats der Hauptniederlassung**. Ergänzend gilt § 325 HGB, sodass die Unterlagen beim Betreiber des BAnz einzureichen sind.[45]

---

44 Vgl. ADS, 6 Aufl., § 325a Rz 28 und 38.
45 Vgl. *Leuering*, ZRP 2006, S. 205.

Besteht in Deutschland nur eine Zweigniederlassung, sind die Unterlagen an deren Sitz zum HR einzureichen. Liegen hingegen **mehrere inländische Zweigniederlassungen** vor, kann eine mehrfache Einreichung unterbleiben, wenn von der Möglichkeit des § 13e Abs. 5 HGB Gebrauch gemacht und ein Register als zuständig ausgewählt wurde. Infolge der Eintragung dieses zuständigen Registers in den Registern der anderen Zweigniederlassungen ist die Publizität gewahrt. Da diese Regelung nicht für ausländische haftungsbeschränkte PersG gilt, sollte in diesen Fällen eine Mitteilung an das Registergericht erfolgen, um so die notwendige Publizität und eine Beschränkung der Einreichung zu ermöglichen. 32

Das Gesetz verweist auf die „Unterlagen der Rechnungslegung der Hauptniederlassung". Folglich richten sich auch evtl. **Erleichterungen** bei der Offenlegung nach ausländischem Recht. Die inländische Zweigniederlassung kann sich nur dann auf Erleichterungen berufen, wenn diese im Ausland genutzt wurden. 33

Satz 2 beinhaltet zunächst den Grundsatz, dass die Unterlagen in **deutscher Sprache** einzureichen sind. Hierfür werden jedoch durch Satz 3 wichtige Ausnahmen für den Fall getroffen, dass Deutsch nicht die Amtssprache am Sitz der Hauptniederlassung ist. Dies ist – außer in Deutschland – nur in Österreich, in Liechtenstein sowie in 17 von 26 Kantonen der Schweiz der Fall. In Luxemburg ist Deutsch zusammen mit Luxemburgisch und Französisch und in Belgien zusammen mit Niederländisch und Französisch Amtssprache. In Südtirol ist Deutsch neben Italienisch und u. U. Ladinisch Amtssprache. 34

In allen anderen Fällen ist es zulässig, die Unterlagen in Englisch vorzulegen. Zusätzliche Voraussetzungen müssen hierfür nicht erfüllt werden. Alternativ kann auch eine vom ausländischen Register der Hauptniederlassung beglaubigte Abschrift vorgelegt werden. Da es sich hierbei um die beim Register der Hauptniederlassung eingereichten Unterlagen handelt, müssen auch die Vorgaben dieses Staates zur Einreichung der Unterlagen beachtet werden. Schreibt dieser Staat etwa vor, dass die Einreichung in der eigenen nationalen Sprache zu erfolgen hat, wäre diese auch für die Offenlegung in Deutschland zwingend, sofern nicht in deutscher oder englischer Sprache offengelegt wird. 35

> **Beispiel**
> Ein in Italien ansässiges Unt unterhält in Deutschland eine Zweigniederlassung. Aufgrund der starken Verwurzelung der Ges. in Frankreich wird als Konzernsprache Französisch verwendet. Es wäre nicht zulässig, wenn die Offenlegung in Deutschland in Französisch erfolgt, sofern das italienische Recht nicht eine solche Möglichkeit eröffnen würde. Zu einer ggf. möglichen Einbeziehung in einen Konzernabschluss: Rz 28.

Da im Ausland nicht zwingend ein solches Register besteht, bedarf es einer **Sonderregelung**. Diese kann nur genutzt werden, wenn das Ausland kein entsprechendes Register kennt oder dieses nicht zu einer entsprechenden Beglaubigung befugt ist. In diesem Fall kann eine von einem **WP bescheinigte Abschrift** vorgelegt werden. Der Gesetzgeber verwendet die Bezeichnung **WP**, gemeint ist der **ausländische AP**. Hierbei bestimmen sich die an seine Person zu stellenden Anforderungen (z. B. hinsichtlich Qualifikation und Unabhängigkeit) nach dem ausländischen Recht. Hingegen kommt es nicht darauf an, ob der Prüfer einem 36 deutschen WP vergleichbar ist. Ferner muss der Prüfer eine Erklärung abgeben, dass die registerrechtlichen Voraussetzungen für die Anwendung dieser Regelung erfüllt sind. M. E. ist dies auch der Fall, wenn das ausländische Register nicht bereit ist, eine entsprechende Bescheinigung auszustellen, z. B. weil hierfür im Ausland eine Rechtsgrundlage fehlt.

37 Das ausländische Recht ist auch für den **Zeitpunkt der Offenlegung bzw. Hinterlegung** entscheidend. Sieht es etwa längere Fristen für die Offenlegung bzw. Hinterlegung vor, können diese auch für die Offenlegung nach § 325a HGB genutzt werden. Andernfalls müsste für Zwecke der Offenlegung bzw. Hinterlegung im Inland eine frühere Offenlegung bzw. Hinterlegung im Ausland erfolgen. Dies ist nicht sachgerecht und würde die Wertungsentscheidung des ausländischen Gesetzgebers zur angemessenen Frist für die Offenlegung bzw. Hinterlegung ignorieren. Vor diesem Hintergrund muss auch die absolute Frist von zwölf Monaten (§ 325 Abs. 1 Satz 2 Alt. 2 HGB) bzw. von vier Monaten (§ 325 Abs. 4 Satz 1 HGB) zurücktreten. Mit der Umsetzung der Pflicht zur Offenlegung innerhalb eines Jahres nach Art. 30 der Richtlinie 2013/34 EU[46] durch die Mitgliedstaaten der Union wird dies deutlich an Bedeutung verlieren. Entsprechend führen kürzere ausländische Fristen zu einer früheren Offenlegung im Inland.

38 Es ist eine beglaubigte Übersetzung der Beglaubigung des ausländischen Registers ins Deutsche vorzulegen. Diese Pflicht bezieht sich nur auf die **Registerbescheinigung**, nicht aber auf die gesamten Unterlagen. Ein Mindestumfang oder -inhalt für diesen Beglaubigungsvermerk ordnet das Gesetz nicht an, sodass geringe Anforderungen zu stellen sind.

39 Es gibt keine gesetzlichen Vorgaben zur **Währungsumrechnung**. Hieraus folgt, dass die ausländischen Rechnungslegungsunterlagen in der Währung des Staates der Hauptniederlassung vorzulegen sind. Wird zulässigerweise im Abschluss durch die Hauptniederlassung eine andere Währung verwendet, gilt diese auch für Zwecke des § 325a HGB.

2.4 Hinterlegung

40 Der durch das MicroBilG[47] geschaffene § 326 Abs. 2 HGB gibt KleinstKapG i. S. v. § 267a HGB die Möglichkeit, ihren Offenlegungspflichten nach § 325 HGB dadurch zu genügen, dass eine Hinterlegung der Bilanz beim BAnz erfolgt. Hierbei wird lediglich die Bilanz in elektronischer Form eingereicht. Unabhängig von der Nutzung dieser Möglichkeit kann eine Berufung auf die Regelungen zur Verkürzung der Bilanz nach § 275 Abs. 5 HGB erfolgen. Allerdings kann hierauf auch verzichtet werden und die nach den allgemeinen Vorgaben in § 275 Abs. 2 oder 3 HGB vorgesehene Gliederung verwendet werden. Außerdem eröffnet § 266 Abs. 1 Satz 4 HGB die Möglichkeit zur Zusammenfassung von Bilanzpositionen, indem nur im Gliederungsschema mit Buchstaben versehene Posten ausgewiesen werden. Ferner besteht nach § 264 Abs. 1 Satz 5 HGB die Möglichkeit, unter bestimmten Voraussetzungen auf die Erstellung eines Anhangs zu verzichten.[48]

---

[46] Richtlinie 2013/34/EU des Europäischen Parlaments und des Rates vom 26.6.2013, ABl. EU, vom 29.6.2013, L 182/19.
[47] V. 20.12.2012, BGBl 2012 I S. 2751.
[48] Vgl. zu einem Überblick z. B. *Haller/Groß*, DB 2012, S. 2109 oder *Zwirner/Froschhammer*, Stbg 2013, S. 227.

Eine Hinterlegung setzt kumulativ voraus, dass 41
- die gesetzlichen Vertreter der KleinstKapG i. S. v. § 267a HGB einen Hinterlegungsauftrag beim Betreiber des BAnz einreichen und
- die KleinstKapG dem Betreiber des BAnz mitteilt, zwei der drei Merkmale des § 267a HGB nicht überschritten zu haben. Hierfür sind keine quantitativen Angaben erforderlich.

Da in § 326 Abs. 2 HGB auch auf § 325 Abs. 1 Satz 2 und 6 HGB verwiesen wird, 42 soll gewährleistet sein, dass die Hinterlegung innerhalb der Offenlegungsfrist erfolgt und ggf. auch eine nach Feststellung oder Prüfung geänderte Bilanz hinterlegt wird. Folglich muss diese unverzüglich nach Vorlage an die Gesellschafter, jedoch spätestens vor Ablauf des zwölften Monats des dem Abschlussstichtag nachfolgenden Gj erfolgen. Außerdem ist die Offenlegung um eine mögliche nachträgliche Änderung der Bilanz zu ergänzen (§ 326 Abs. 2 Satz 2 HGB).

Dritte erhalten nur auf Antrag an das Unternehmensregister eine Kopie der 43 hinterlegten Bilanz eine KleinstKapG, vgl. § 9 Abs. 6 HGB. Eine solche Anfrage ist kostenpflichtig.

Zu einer eingehenden Erläuterung der Hinterlegung und der hierbei zu beach- 44 tenden Sonderregelungen wird auf die Kommentierung zu § 326 Abs. 2 HGB verwiesen.

2.5 Prüfung durch den Betreiber des Bundesanzeigers

In § 325a Abs. 1 Satz 1 letzter Hs. HGB wird auf § 329 Abs. 1 HGB verwiesen. 45 Auch wenn die gesetzliche Formulierung suggeriert, dies gelte nur für die Prüfung und Offenlegung, ist hiermit eine Prüfungspflicht durch den Betreiber des BAnz verbunden. Da keine weitergehenden Vorgaben enthalten sind, richtet sich die Prüfung nach den **allgemeinen Grundsätzen** des § 329 HGB (§ 329 Rz 10 ff.).

Eine Besonderheit besteht darin, dass die Unterlagen im Ausland bereits einer 46 Prüfung unterlagen. Nach Auffassung des Gesetzgebers kann die Prüfung der Vollzähligkeit erfolgen, indem sich das deutsche Registergericht auf eine vom Register der Hauptniederlassung **beglaubigte Abschrift der im Ausland veröffentlichten Unterlagen** verlässt.

2.6 Rechtsfolgen bei Verstößen

Durch das BilMoG[49] ist der Verweis auf § 329 HGB um die Inbezugnahme des 47 Abs. 4 erweitert worden. Daraus folgt, dass der Betreiber des BAnz angehalten ist, den Verwaltungsbehörden Unt zu benennen, die ihre Unterlagen nicht oder unvollständig eingereicht haben. Damit wird die Grundlage geschaffen, um ein **Ordnungsgeldverfahren** nach § 335, § 340o oder § 341o HGB eröffnen zu können. Da die Zweigniederlassungen von Banken und Versicherungen ausgeschlossen sind (Rz 50), ist nur § 335 HGB von Bedeutung. Die Meldung hat an das BfJ zu erfolgen. Hierbei können sowohl die Ges. als auch die gesetzlichen Vertreter, die zur Erfüllung der Offenlegungspflicht verpflichtet sind, in Anspruch genommen werden.

---

[49] V. 28.5.2009, BGBl 2009 I S. 1102.

48 Wird gegen die Verpflichtung, die Unterlagen beim Betreiber des BAnz einzureichen, oder gegen die gesetzlichen Prüfungspflichten verstoßen, ist gem. § 329 Abs. 4 HGB ein Ordnungsgeldverfahren einzuleiten. Dabei beträgt das Ordnungsgeld gem. § 335 Abs. 1 Satz 4 HGB mindestens 2.500 EUR und höchstens 25.000 EUR. Das Ordnungsgeldverfahren kann sich direkt **gegen die Ges.** richten, ohne dass es zuvor erforderlich wäre, die Privatanschriften der gesetzlichen Vertreter zu ermitteln.[50]

49 Weitergehende Sanktionen sind nicht zulässig. Das LG Göttingen hat mit Beschluss v. 12.7.2005[51] entschieden, dass die **Handelsregistereintragung** einer englischen private limited company nicht deshalb unterbleiben kann, weil die Ges. die gesetzlich vorgeschriebenen Unterlagen i.S.v. § 325a HGB nicht vorgelegt hat. Dies gilt speziell, wenn die ausländische Ges. erst vor kurzem gegründet wurde und zeitnah hierzu eine inländische Zweigniederlassung eintragen lassen will.

3 Rückausnahme für Zweigniederlassungen von Banken und Versicherungen

50 Da für die inländischen Zweigstellen (Rz 8) von Banken und Versicherungen mit § 340l Abs. 2 bzw. §§ 341l, 341 Abs. 2 HGB **weitergehende Regelungen** bestehen, muss eine Ausgrenzung dieser Zweigniederlassungen aus dem Anwendungsbereich des § 325a HGB erfolgen, um eine unsinnige doppelte Offenlegung zu vermeiden. Hiervon werden die folgenden Zweigniederlassungen erfasst:
- inländische Zweigniederlassungen von **Kreditinstituten** i.S.v. § 340 HGB oder
- inländische Zweigniederlassungen von **Versicherungsunternehmen** i.S.v. § 341 HGB.

Zur Abgrenzung dieser Eigenschaft wird auf die dortige Kommentierung verwiesen.

4 Sonderregelungen für Kleinstkapitalgesellschaften

51 Die Regelungen der Micro-Richtlinie[52] sind von der EU als Wahlrecht für die einzelnen Mitgliedsstaaten ausgestaltet. Hieraus folgt, dass eine unterschiedliche Nutzung in den jeweiligen Staaten denkbar ist. So wäre es etwa möglich, dass ein Land vollständig auf die Nutzung dieser Möglichkeiten verzichtet und den grds. erfassten KleinstKapG keine Erleichterungen gewährt. Deshalb verweist § 325a Abs. 3 Satz 1 HGB auf die Ausübung des Wahlrechts durch den Ansässigkeitsstaat der ausländischen Ges. Eine Hinterlegung bzw. eine Nutzung der übrigen Erleichterungen für KleinstKapG soll nur insoweit möglich sein, wie dies nach Maßgabe des ausländischen Rechts zulässig ist.

52 Durch diese Vorgehensweise gewährleistet der deutsche Gesetzgeber, dass für Zwecke der Offenlegung oder der Hinterlegung beim Betreiber des BAnz der inländischen Zweigniederlassungen keine Veränderungen der ausländischen

---

50 Vgl. Zetzsche, in Kölner Kommentar zum Rechnungslegungsrecht, 1. Aufl. 2011, § 325a Rz 3.
51 3 T 1/05, NotBZ 2006, S. 34–35, mit Anm. Wachter, EWiR 2005, S. 797–798.
52 ABl. L 81 v. 21.3.2012, S. 3.

Rechnungslegung vorgenommen werden müssen, um eine Offenlegung bzw. Hinterlegung in Deutschland vornehmen zu können. Hiermit ist allerdings der Nachteil verbunden, dass die Analysemöglichkeiten dieser Abschlüsse erschwert werden. Schließlich müsste der Bilanzadressat wissen, in welcher Weise der ausländische Staat die Regelungen der Micro-Richtlinie ausgeübt hat. Außerdem kommt erschwerend hinzu, dass als Vergleichsobjekte im Rahmen einer Bilanzanalyse inländische Abschlüsse nur eingeschränkt verwendet werden können, weil insoweit die Vergleichbarkeit nicht gegeben ist. Folglich können nur die jeweils im Inland offengelegten bzw. hinterlegten Abschlüssen von Unt. aus dem jeweiligen Staat verwendet werden. Hierbei erweist sich die Möglichkeit der Hinterlegung als weitere Hürde für die Informationsbeschaffung. Schließlich muss eine gebührenpflichtige Herausgabe einer Kopie des Abschlusses erst beantragt werden. Zugleich bekommen damit die Unt. die Möglichkeit, eine für jeden zugängliche Hinterlegung des Jahresabschlusses im Internet zu verhindern.

Voraussetzung für die Anwendbarkeit des ausländischen Rechts ist, dass sich die Hauptniederlassung der Ges. in einem Mitgliedstaat der EU oder des EWR befinden muss, vgl. Rz 15. Andernfalls wäre § 325a HGB ohnehin nicht anwendbar. 53

Durch Satz 3 wird § 326 Abs. 2 HGB für entsprechend anwendbar erklärt. Diese Regelung setzt Art. 1a Abs. 2 Buchst. e der Micro-Richtlinie[53] um und schafft damit die Möglichkeit, statt der Offenlegung nach § 325 HGB eine Hinterlegung vorzunehmen, vgl. Rz 40. Hierbei gelten die Ausführungen zur Form der Hinterlegung aus Rz 25 ff. entsprechend. Entscheidend sind jeweils die formalen Anforderungen nach ausländischem Recht. Eine Anpassung muss nicht erfolgen. Probleme können entstehen, wenn nach ausländischem Recht besondere Datenformate zu beachten sind. Es ist dann eine Übermittlung in der Form vorzunehmen, die eine Lesbarkeit beim BAnz gewährleistet. 54

5 Übergangsvorschriften

Zu den allgemeinen Übergangsvorschriften wird auf die 2. Aufl. dieser Kommentierung verwiesen. 55

Die Erleichterungen für KleinstKapG i.S.v. § 267a HGB gelten erstmals für Jahresabschlüsse, die sich auf einen nach dem 30.12.2012 liegenden Abschlussstichtag beziehen.[54] 56

---

[53] ABl. L 81 v. 21.3.2012, S. 3.
[54] Vgl. Art. 70 Abs. 1 EGHGB.

§ 326 Größenabhängige Erleichterungen für kleine Kapitalgesellschaften und Kleinstkapitalgesellschaften bei der Offenlegung

(1) ¹Auf kleine Kapitalgesellschaften (§ 267 Abs. 1) ist § 325 Abs. 1 mit der Maßgabe anzuwenden, daß die gesetzlichen Vertreter nur die Bilanz und den Anhang einzureichen haben. ²Der Anhang braucht die die Gewinn- und Verlustrechnung betreffenden Angaben nicht zu enthalten.
(2) ¹Die gesetzlichen Vertreter von Kleinstkapitalgesellschaften (§ 267a) können ihre sich aus § 325 Absatz 1 bis 2 ergebenden Pflichten auch dadurch erfüllen, dass sie die Bilanz in elektronischer Form zur dauerhaften Hinterlegung beim Betreiber des Bundesanzeigers einreichen und einen Hinterlegungsauftrag erteilen. ²§ 325 Absatz 1 Satz 2, Absatz 1a und 1b ist entsprechend anzuwenden. ³Kleinstkapitalgesellschaften dürfen von dem in Satz 1 geregelten Recht nur Gebrauch machen, wenn sie gegenüber dem Betreiber des Bundesanzeigers mitteilen, dass sie zwei der drei in § 267a Absatz 1 genannten Merkmale für die nach § 267 Absatz 4 maßgeblichen Abschlussstichtage nicht überschreiten.

PD Dr. Markus Kreipl

Inhaltsübersicht   Rz
1 Überblick..   1–10
   1.1 Inhalt und Regelungszweck.........................   1–4
   1.2 Anwendungsbereich..............................   5–10
2 Offenlegungspflichten für kleine Kapitalgesellschaften (Abs. 1).   11–23
   2.1 Offenlegungspflichtige Unterlagen..................   11–13
   2.2 Offenlegung der Bilanz und Mindestumfang..........   14–18
   2.3 Verkürzung des Anhangs und Mindestgliederung.......   19–23
3 Hinterlegung der Bilanz bei Kleinstkapitalgesellschaften (Abs. 2).   24–30
4 Unterzeichnung.......................................   31
5 Rechtsfolgen bei Pflichtverletzung....................   32

1 Überblick

1.1 Inhalt und Regelungszweck

1 § 326 HGB räumt kleinen KapG i.S.d. § 267 Abs. 1 HGB (§ 267 Rz 2 ff.) sowie KleinstKapG (§ 267a Rz 1 ff.) und ihnen jeweils gleichgestellten PersG i.S.v. § 264a HGB **größenabhängige Erleichterungen** bei der **Offenlegung** des Jahresabschlusses ein. Die gewährten Erleichterungen beschränken sich dabei auf die nach § 325 Abs. 1 HGB offenzulegenden Unterlagen der Rechnungslegung und die Hinterlegung der Bilanz bei KleinstKapG. Eine Pflicht zur Inanspruchnahme der Erleichterungen besteht grds. nicht. Wenngleich das Wahlrecht nicht pflichtgemäß ausgeübt werden muss, wird unter Berufung auf die Interessenslage der

Ges. respektive der Gesellschafter bei Fehlen einer entsprechenden Regelung in den Statuten der Ges. mitunter eine faktische Pflicht zur Inanspruchnahme des Wahlrechts gesehen oder eine solche zumindest für denkbar gehalten.[1] Dies widerspricht jedoch dem Sinn und Zweck eines handelsrechtlichen Wahlrechts und damit bereits dem Willen des Gesetzgebers eindeutig, der in Bezug auf die Offenlegung eben keine Pflicht zur Inanspruchnahme kodifiziert hat. Hier wird letztlich zudem explizit gegen die Informationsfunktion der Rechnungslegung argumentiert, ohne dass dafür eine gesetzliche Basis besteht und ohne dass sich diese Argumentation in der Bilanzierung deutscher Unt widerspiegelt. Im Rahmen einer empirischen Untersuchung wurde festgestellt, dass die handelsrechtlich gewährten Aufstellungs- und/oder Offenlegungserleichterungen regelmäßig nicht genutzt werden. In Abhängigkeit einer Börsennotierung (*Entry Standard* – nicht KM-orientiert) schwankt die Quote kleiner und mittlerer Unt, die auf eine Inanspruchnahme dieser verzichten, zwischen 12,05 % und 62,50 %.[2] Offenbar verstehen immer mehr Unt den Jahresabschluss zunehmend als geeignetes Instrument zur fundierten Selbstdarstellung, der damit zu einer „Visitenkarte des Unternehmens" mutiert. Ferner werden die negativen Folgen einer Nicht-Inanspruchnahme der Erleichterungen übergewichtet. Eine Offenlegung kann sich aber bspw. bei der Finanzierung, der Mitarbeitergewinnung sowie hinsichtlich des Kunden- und Lieferantenvertrauens positiv auswirken. Entsprechend besteht grds. **keine Pflicht zur Inanspruchnahme.**

Abs. 1 Satz 1 räumt den betroffenen Ges. die Möglichkeit ein, nur die **Bilanz** und den **Anhang** zum BAnz einzureichen. Nach Satz 2 darf der Anhang zudem um Angaben zur GuV gekürzt werden. Der Zeitpunkt der Veröffentlichung der einreichungspflichtigen Unterlagen bestimmt sich nach Maßgabe des § 325 Abs. 1 HGB (§ 325 Rz 31 ff.).

Abs. 2 zielt auf die KleinstKapG, die als Untergruppe der kleinen KapG statt der Offenlegung eine Hinterlegung der Bilanz (von der Erstellung des Anhangs sind diese Unt unter bestimmten Voraussetzungen befreit, § 264 Abs. 1 HGB) beantragen können. Der Verweis auf die Offenlegungsvorschriften des § 325 HGB respektive deren Erfüllung durch KleinstKapG bereits durch Hinterlegung der Bilanz gem. § 326 Abs. 2 HGB wurde dabei mit dem BilRUG überarbeitet. Zunächst wurde in § 326 Abs. 2 Satz 1 HGB die Angabe „§ 325" durch die Wörter „§ 325 Abs. 1 bis 2" ersetzt. Daraus ergibt sich gegenüber der Altfassung eine Klarstellung hinsichtlich der Offenlegung eines etwaig durch eine KleinstKapG aufzustellenden Konzernabschlusses (Rz 24 f.). Darüber hinaus wurden in § 326 Abs. 2 Satz 2 HGB die Wörter „§ 325 Abs. 1 Satz 2 und 6" durch die Wörter „§ 325 Abs. 1 Satz 2, Abs. 1a und 1b" ersetzt. Dies ist der Neufassung des § 325 Abs. 1 HGB, konkret der Ersetzung des Absatzes durch die Abs. 1 bis 1b, geschuldet. Es handelt sich insofern lediglich um eine Folgeänderung redaktioneller Natur.

Ein Konflikt mit dem **höherrangigen Recht** auf „informelle Selbstbestimmung" (Art. 2 Abs. 1 i.V.m. Art. 1 GG) wurde sowohl vom BayOLG[3] als auch vom

---

[1] So etwa *Grottel,* in Beck Bil-Komm., 10. Aufl., § 326 HGB, Rz 1; ADS, 6. Aufl. § 326 HGB, Rz 10.
[2] Vgl. *Blümle/Kreipl/Panzer,* Kommunikationsverhalten, S. 273.
[3] Urteil v. 24.11.1994, DB 1995, S. 316.

OLG Köln[4] verneint. Das als gering einzustufende **öffentliche Interesse** an Informationen dieser Unt als auch das große Interesse der Ges. an der Geimhaltung der Rechnungslegungsinformationen rechtfertigt die Einschränkung der Informationsqualität- und -quantität.[5] Allerdings zeigen Untersuchungen des Betreibers des BAnz, dass gerade Daten kleiner Unt überraschend häufig abgerufen werden.[6]

4 Eine befreiende Wirkung in Bezug auf die Aufstellung der Rechnungslegungsunterlagen gem. § 325 Abs. 1 HGB besitzt § 326 HGB nicht. Die Pflicht zur **Vorlage vor dem Hauptorgan** (§ 176 Abs. 1 AktG, § 42a GmbHG sowie § 264 i. V. m. 264a HGB und dem Gesellschaftsvertrag bei OHG und KG) bleibt bestehen, wenngleich ungeachtet dessen im Gesetz verankerte **Aufstellungserleichterungen**[7] genutzt werden können. Entgegen GmbH-Gesellschaftern, für die es das besondere Auskunfts- und Einsichtsrecht nach § 51a Abs. 1 GmbHG gibt, steht Aktionären gem. § 131 Abs. 1 Satz 3 AktG zu, die Vorlage des Jahresabschlusses in der Form zu verlangen, die ohne Inanspruchnahme der Erleichterungen zum Tragen gekommen wäre; hiervon ausgenommen ist lediglich § 274a HGB.

Gesellschaftsvertragliche Regelungen, die über die gesetzlichen Anforderungen hinaus gehen, wie etwa eine Vereinbarung zur Aufstellung des Jahresabschlusses nach den für große KapG geltenden Vorschriften, berührt die Möglichkeit zur Inanspruchnahme der Offenlegungserleichterungen des § 326 HGB nicht, sodass eine verkürzte Offenlegung auch in diesen Fällen möglich ist.

In der Praxis führen diese Regelungen zu einer erheblichen Abweichung zwischen der internen und der externen Berichterstattung.[8]

1.2 Anwendungsbereich

5 § 326 HGB in der Fassung des BilRUG ist analog zu den übrigen Vorschriften ohne Option auf vorzeitige Anwendung erstmals auf Jahresabschlüsse und Konzernabschlüsse für das nach dem 31.12.2015 beginnende Gj anzuwenden (§ 293 Rz 18). Anders als die Vorschriften zur Erstellung entfalten jene zur Offenlegung insofern faktisch zeitversetzt Bedeutung – erst die 2017 vorzunehmende Offenlegung des 2016er Abschlusses hat unter Beachtung der nachfolgend dargestellten Vorschriften unter Beachtung des BilRUG zu erfolgen. Für den im Kalenderjahr 2016 offenzulegenden Jahresabschluss und Konzernabschluss für vor dem 1.1.2016 beginnende Gj wird im Übrigen auf die Altfassung verwiesen.

---

4 Beschl. v. 8.3.1991–2 Wx 1/91, ZIP 1991, S. 1214.
5 Gl. A. *Grönwoldt*, BB 1998, S. 1494; *Müller*, in *Baetge/Kirsch/Thiele*, Bilanzrecht, § 326 HGB, Rz 2, Stand 12/2013.
6 „... Aufs Jahr hochgerechnet wären das ca. 42 Mio. (abgerufene) Jahresabschlüsse. Geht man von etwa 1,1 Mio. veröffentlichungspflichtigen Unt aus, würde dies, rein rechnerisch betrachtet, bedeuten, dass jedes Unt ca. 38-mal pro Jahr aufgerufen wird. Der weitaus größte Teil der Abrufe (über 80 %) betrifft dabei gerade kleine Unt, was angesichts der Tatsache, dass über kleine Unt ansonsten – im Internet – wenig zu finden ist, nicht verwundert." https://www.ebundesanzeiger.de/ebanzwww/wexsservlet?session.sessionid=0b3199b0e4ae359f74b5e5e11aa5704d&page.navid=to_knowledgeable_news_side&global_data.designmode=eb&notice_stat_param.selected_date=15.02.2012#Notice_135, Mitteilung vom 15.2.2012, letzter Abruf 20.3.2012.
7 Die §§ 266 Abs. 1 und 274a (verkürzte Bilanz), 276 (verkürzte GuV), 288 Satz 1 (verkürzter Anhang) HGB.
8 Vgl. *Fehrenbacher*, in MünchKomm. HGB, 3. Aufl., § 326 Rn 4; ADS, 6. Aufl. § 326 HGB, Rz 32.

Relevant ist die Regelung des § 326 Abs. 1 HGB nur für **kleine KapG** und **KapCoGes**. In Abs. 2 wird die Zielgruppe nochmals auf KleinstKapG eingeschränkt. Maßgeblich für die Zuordnung zum Kreis der „kleinen" Ges. sind die Schwellenwerte des § 267 Abs. 1 HGB. Zum Kreis der KleinstKapG sind dies die Schwellenwerte des § 267a Abs. 1 HGB i.V.m. dem Verbot zur Bilanzierung von VG zum beizulegenden Zeitwert (§ 267a Rz 1 ff.) sowie die Anforderung des § 267 Abs. 4 Satz 1 HGB, dass diese an zwei aufeinanderfolgenden Abschlussstichtagen nicht überschritten werden. Eine KM-Orientierung schließt gem. § 267 Abs. 3 Satz 2 HGB jedoch eine Inanspruchnahme der Erleichterungen grds. aus (§ 264d Rz 1). Bei Neugründungen oder Umwandlungen schließt ein Überschreiten der Schwellenwerte bereits im ersten Jahr die Anwendung des § 326 HGB aus (§ 267 Rz 27 ff.). 6

Kreditinstitute und **VersicherungsUnt** haben grds. entsprechend großen KapG zu handeln und fallen daher gem. den §§ 340a Abs. 1, 341a Abs. 1 HGB nicht in den Anwendungsbereich des § 326 HGB. 7

Mit dem im Zuge des BilRUG neu eingeführten § 267a Abs. 3 HGB wird zudem festgelegt, dass 8

Investmentgesellschaften i.S.d. § 1 Abs. 11 KAGB,
Unternehmensbeteiligungsgesellschaften i.S.d. § 1a Abs. 1 UBGG und
Unternehmen, deren **einziger Zweck** darin besteht, **Beteiligungen** an anderen Unternehmen zu erwerben sowie die Verwaltung und Verwertung dieser Beteiligungen wahrzunehmen, ohne dass sie unmittelbar oder mittelbar in die Verwaltung dieser Unternehmen eingreifen, wobei die Ausübung der ihnen als Aktionär oder Gesellschafter zustehenden Rechte außer Betracht bleibt, nicht als KleinstKapG gelten und entsprechend ebenfalls von der Anwendung des § 326 HGB, genauer jener des § 326 Abs. 2 HGB, ausgeschlossen sind.

Unt, die nach dem **PublG** zur Rechnungslegung verpflichtet sind, dürfen die Erleichterungen des § 326 HGB nicht in Anspruch nehmen, da diese aufgrund der Größenkriterien stets nicht als klein gelten können. 9

Wird der Jahresabschluss dem **Betriebsrat** oder dem **Wirtschaftsausschuss** vorgelegt, hat dieser gem. § 108 Abs. 5 BetrVG der Form ohne Inanspruchnahme der Erleichterungen des § 326 HGB zu entsprechen. 10

Wenngleich § 65 Abs. 1 Nr. 4 BHO vorsieht, dass sich der **Bund** nur an **privatrechtlichen Ges.** beteiligt, die ihren Jahresabschluss entsprechend den Vorschriften für große KapG aufstellen und prüfen, können Unt mit der öffentlichen Hand als Gesellschafter die Erleichterungen des § 326 HGB anwenden. Die dem Bund zur Verfügung gestellten Informationen werden auf Basis der internen Berichterstattung – und nicht des verkürzten, offengelegten Jahresabschlusses – erstellt.[9]

---

[9] Vgl. ADS, 6. Aufl., § 326 HGB, Rz 9.

2 Offenlegungspflichten für kleine Kapitalgesellschaften (Abs. 1)

2.1 Offenlegungspflichtige Unterlagen

11 Von den in § 325 Abs. 1 HGB aufgeführten Rechnungslegungsunterlagen **müssen** Ges., die unter den Anwendungsbereich des § 326 Abs. 1 HGB fallen, **nur die Bilanz und den Anhang offenlegen.** Die **weiteren** in § 325 HGB bezeichneten Unterlagen **müssen nicht** an den Träger des BAnz übergeben werden. Die daraus resultierende Nichteinreichung der GuV hat – sofern das Wahlrecht in Anspruch genommen wird – die Übermittlung eines unvollständigen Jahresabschlusses an das Veröffentlichungsorgan zur Folge.

12 Die im HGB kodifizierten **Aufstellungserleichterungen** stehen nicht im **Konflikt** mit den in § 326 Abs. 1 HGB festgeschriebenen Erleichterungen im Zusammenhang mit der **Offenlegung.** Die Formulierung des § 326 Abs. 1 HGB lässt eine Inanspruchnahme der Aufstellungserleichterungen zwar nicht zu, aus der Zielsetzung des Gesetzgebers,[10] das Mitgliedsstaatenwahlrecht, welches eine Nachholung der Aufstellungserleichterungen vorsieht, voll auszuschöpfen, ergibt sich diese Interpretation jedoch. Auf eine Offenlegung kann entsprechend den Maßgaben des § 326 Abs. 1 HGB verzichtet werden, wenngleich von dem Recht auf Verzicht der Aufstellung des jeweilig gleichen Sachverhalts nicht Gebrauch gemacht wurde.[11] Nicht unter die Aufstellungserleichterungen fallen jedoch Zusammenfassungen i. S. d. § 265 Abs. 7 HGB; eine Offenlegung bedingt auch eine Aufstellung.[12]

13 Weitere normierte Einreichungspflichten – etwa des AktG oder des GmbHG – bleiben von § 326 Abs. 1 HGB unberührt; ihnen ist weiterhin nachzukommen.[13]

2.2 Offenlegung der Bilanz und Mindestumfang

14 Die Bilanz ist in **vollem Umfang** offenzulegen. Die Aufstellung und Feststellung dürfen sowohl unter Rückgriff auf die Normalgliederung (§ 266 Abs. 1 Satz 2 HGB) als auch auf das verkürzte Bilanzschema (§ 266 Abs. 1 Satz 3 HGB) erfolgen. Die Wahl kann bei der Offenlegung unabhängig von Aufstellung und Feststellung erneut getroffen werden.

15 Sowohl für die Aufstellung als auch die Offenlegung sind folgende Einzelvorschriften sozusagen als **Mindestumfang** stets zu beachten:
- § 268 Abs. 1 HGB: Gewinn-/Verlustvortrag, wenn nicht im Bilanzgewinn/-verlust integriert (alternativ auch im Anhang)
- § 268 Abs. 3 HGB: Nicht durch EK gedeckter Fehlbetrag
- § 268 Abs. 4 Satz 1 HGB: Restlaufzeit bei Forderungen
- § 268 Abs. 5 Satz 1 HGB: Verbindlichkeiten mit einer Restlaufzeit von bis zu einem Jahr und der Betrag der Verbindlichkeiten mit einer Restlaufzeit von mehr als einem Jahr

---

[10] Vgl. BilMoG-BegrRA, BT-Drs. 10/4268, S. 86.
[11] Vgl. *Farr*, AG 1996, S. 145; *Müller*, in *Baetge/Kirsch/Thiele*, Bilanzrecht, § 326 HGB, Rz 23, Stand 12/2013; *Grottel*, in Beck Bil-Komm., 10. Aufl., § 326 HGB, Rz 15; ADS, 6. Aufl., § 326 HGB, Rz 21.
[12] Vgl. *Grottel*, in Beck Bil-Komm., 10. Aufl., § 326 HGB, Rz 19.
[13] Vgl. *Fehrenbacher*, in MünchKomm. HGB, 3. Aufl., § 326 Rn 4.

- § 272 Abs. 1 Satz 3 HS 1 HGB: Ausstehende Einlagen auf das gezeichnete Kapital
- § 272 Abs. 1 Satz 3 HS 2 HGB: Eingeforderte Einlagen auf das gezeichnete Kapital
- § 272 Abs. 1 Satz 4 HGB: Nicht eingeforderte ausstehende Einlagen

Für **kleine AG und KGaA** sind ferner zu berücksichtigen: 16
- § 272 Abs. 1a Satz 1 HGB: Nennbetrag/rechnerischer Wert von erworbenen eigenen Anteilen
- § 152 Abs. 1 AktG: Auf jede Aktiengattung entfallender Betrag des Grundkapitals, bedingtes Kapital sowie die Gesamtstimmenzahl der Mehrstimmrechtsaktien und die der übrigen Aktien, sofern vorhanden
- § 152 Abs. 2 AktG: Kapitalrücklage: Einstellungen und Entnahmen (alternativ auch im Anhang)
- § 152 Abs. 3 AktG: Gewinnrücklagen: Einstellungen und Entnahmen (alternativ auch im Anhang)

Von **kleinen GmbH** gesondert zu beachten: 17
- § 42 Abs. 2 Satz 2 GmbHG: Eingeforderte Nachschüsse, soweit mit der Zahlung gerechnet werden kann, sowie die Kapitalrücklage
- § 42 Abs. 3 GmbHG: Ausleihungen, Forderungen und Verbindlichkeiten gegenüber Gesellschaftern (alternativ auch im Anhang)

Die Sondervorschriften für **kleine KapCoGes** wurden mit dem MicroBilG für 18
Gj, die nach dem 30.12.2012 enden, gelockert. So müssen zwar folgende Sachverhalte nach § 264c Abs. 5 HGB ermittelt werden:
- § 264c Abs. 1 HGB: Ausleihungen, Forderungen und Verbindlichkeiten gegenüber Gesellschaftern (alternativ auch im Anhang)
- § 264c Abs. 2 HGB: Kapitalanteile, Rücklagen, Gewinn-/Verlustvortrag und Jahresüberschuss/-fehlbetrag im EK
- § 264c Abs. 4 Satz 2 HGB: Ausgleichsposten für aktivierte eigene Anteile

Im Rahmen des Ausweises kann auf diese Posten dann jedoch verzichtet werden, da dies nach Auffassung der Bundesregierung für reine KapG ebenso gelten würde und kein Anlass für eine schärfere Regelung für KapCoGes gesehen wird.[14] Somit können die Bilanz und der Anhang ohne diese Angaben offengelegt werden.

2.3 Verkürzung des Anhangs und Mindestgliederung

§ 326 Abs. 1 Satz 2 HGB gewährt kleinen KapG und ihnen gleichgestellten 19
PersG die Möglichkeit, zu Veröffentlichungszwecken auf die Anhangangaben zu verzichten, die die **GuV** betreffen. Satz 2 besitzt dabei nur klarstellenden Charakter, da eine Offenlegung der GuV bereits gem. Satz 1 ausbleiben darf.
Werden Aufstellungserleichterungen erst im Rahmen der Offenlegung in Anspruch genommen respektive wird auf GuV-Angaben bei der Offenlegung 20
verzichtet, empfiehlt sich der Ausweis dieser in einem **gesonderten Abschnitt** bereits bei Aufstellung.[15]

---

[14] Vgl. MicroBilG, BT-Drs 17/11292 S. 17.
[15] So auch *Farr*, GmbHR 1996, S. 185; ADS, 6. Aufl., § 326 HGB, Rz 31; dies als Muss betrachtend *Grottel*, in Beck Bil-Komm., 10. Aufl., § 326 HGB, Rz 25.

21 **Freiwillige Zusatzangaben,** die nicht die GuV, die Ergebnisverwendung oder Angaben, die bei der Anwendung einer Aufstellungserleichterung entfallen, betreffen, unterliegen der Offenlegungspflicht, sofern sie bereits bei der Aufstellung angegeben wurden.

22 Nach Satz 2 verringern sich die Pflichtangaben in einem offengelegten Jahresabschluss über die bereits im Rahmen der Aufstellung geltenden Befreiungen in § 288 HGB hinaus.

> **Beispiel**
> Für eine kleine GmbH ergeben sich nach Inanspruchnahme aller größenabhängigen Aufstellungs- und Offenlegungserleichterungen folgende Mindestangabepflichten im Anhang (soweit dies nicht bereits an einem anderen Ort des Jahresabschlusses oder – soweit freiwillig erstellt – Lageberichts erfolgt und nur, wenn diese nicht die GuV betreffen):
> § 264 Abs. 2 Satz 2: zusätzliche Angaben zur Vermögens-, Finanz- und Ertragslage
> § 265 Abs. 1: Angaben zu Abweichungen der Form
> § 265 Abs. 2: Angabe zu Vorjahreswerten
> § 265 Abs. 3: Angaben zur Postenmitzugehörigkeit
> § 265 Abs. 4: Angaben zu Gliederungsergänzungen (ohne Satz 2)
> § 268 Abs. 7: Angaben zu Haftungsverhältnissen
> § 284 Abs. 2 Nr. 1: Angabe der auf die Posten der Bilanz angewandten Bilanzierungs- und Bewertungsmethoden
> § 284 Abs. 2 Nr. 2: Angaben zu Abweichungen von Bilanzierungs- und Bewertungsmethoden
> § 284 Abs. 2 Nr. 4: Angabe zur Einbeziehung von Fremdkapitalzinsen in die HK
> § 285 Nr. 1: Zusatzangaben zu Verbindlichkeiten und Sicherungen
> § 285 Nr. 3a: Gesamtbetrag der sonstigen finanziellen Verpflichtungen, die nicht in der Bilanz enthalten und die nicht nach § 268 Abs. 7 oder Nr. 3 HGB anzugeben sind
> § 285 Nr. 7: Durchschnittliche Zahl der während des Geschäftsjahrs beschäftigten Arbeitnehmer (nicht nach Gruppen getrennt)
> § 285 Nr. 9c: Gewährte Vorschüsse an Organe
> § 285 Nr. 13: Erläuterung des Zeitraums, über den ein entgeltlich erworbener GoF abgeschrieben wird
> § 285 Nr. 14a: Name und Sitz eines ggf. vorhandenen MU (ohne Angaben zur Erhältlichkeit des Konzernabschlusses)
> § 285 Nr. 16: Angaben zur nach § 161 AktG vorgeschriebene Erklärung
> § 285 Nr. 20: Angaben zu gem. § 340e Abs. 3 Satz 1 HGB mit dem beizulegenden Zeitwert bewerteten Finanzinstrumenten
> § 285 Nr. 23: Angaben zu Bewertungseinheiten
> § 285 Nr. 25: Angaben zu einem saldierten Planvermögen
> § 285 Nr. 31: Angaben zu Erträgen und Aufwendungen von außergewöhnlicher Größenordnung oder außergewöhnlicher Bedeutung
> § 286 Abs. 3 Satz 4: Angabe, wenn auf die Angaben nach § 285 Nr. 11 und 11b unter Berufung auf § 286 Abs. 3 Satz 1 Nr. 2 HGB verzichtet wurde.

Rechtsformabhängig ergeben sich ggf. weitere Angabepflichten, wobei sich die Erleichterung der Offenlegung der GuV auch dort auswirkt. So ist z.B. bei kleinen AG und KGaA § 240 Satz 3 AktG nicht zu berücksichtigen: Verwendung der aus der Kapitalherabsetzung und aus der Auflösung von Gewinnrücklagen gewonnenen Beträge.

23

3 Hinterlegung der Bilanz bei Kleinstkapitalgesellschaften (Abs. 2)

Nach § 326 Abs. 2 HGB kann von KleinstKapG statt der üblichen Offenlegung (Bekanntmachung der Daten als jederzeit abrufbare Information im Internet durch den Betreiber des BAnz) alternativ eine **Hinterlegung** erfolgen. Bei einer Hinterlegung der Bilanz von KleinstKapG ist diese nur auf Antrag an das Unternehmensregister als kostenpflichtige elektronische Kopie (derzeit: 4,50 EUR pro Bilanz) erhältlich. Die Einsichtnahme und damit die Antragstellung ist ungeachtet dessen jedermann gestattet. So sind etwa keine Begründungen oder Nachweise über ein begründetes Interesse für die Einsichtnahme vorzulegen. Allerdings hat vor der Antragstellung eine Registrierung beim Unternehmensregister zu erfolgen, wobei eine Übermittlung der registrierten Daten der Antragsteller bzw. der Anträge an die KleinstKapG nicht erfolgt. Damit bleiben die Antragsteller den hinterlegenden Unt gegenüber hinsichtlich Name und Anzahl anonym. Neben dem Verzicht auf Aufstellung eines Anhangs kann diese Verfahrensänderung der Offenlegung der Rechnungslegungsunterlagen für KleinstKapG als zentrale Änderung des MicroBilG angesehen werden.

24

§ 326 Abs. 2 Satz 1 HGB sieht zu diesem Zwecke vor, dass den Pflichten des HGB durch Einreichung beim BAnz und Erteilung eines Hinterlegungsauftrages entsprochen werden kann. Die Altfassung verwies dagegen unpräzise auf § 325 HGB. Daraus ergibt sich gegenüber der Altfassung eine Klarstellung hinsichtlich der Offenlegung eines etwaig durch eine KleinstKapG aufzustellenden Konzernabschlusses. Durch die Einschränkung des Verweises lediglich auf die ersten beiden Absätze des § 325 HGB und damit die explizite Ausnahme der Vorschriften zur Offenlegung eines Konzernabschlusses (§ 325 Abs. 3 und 3a HGB) wird präzisiert, dass KleinstKapG mit der Hinterlegung der Bilanz nur die Pflichten zur Offenlegung des Jahresabschlusses – nicht aber jene der Offenlegung eines Konzernabschlusses – erfüllen können.

25

KleinstKapG haben gem. § 326 Abs. 2 Satz 3 HGB zusätzlich zu der Bilanz dem BAnz gegenüber die Mitteilung zu machen, dass sie zwei der drei in § 267a Abs. 1 HGB genannten Merkmale für die nach § 267 Abs. 4 HGB maßgeblichen Abschlussstichtage nicht überschreiten. Der BAnz hat sich im Zuge der Umsetzung der Hinterlegungsoption für KleinstKapG dazu entschieden, die Einreichung zur Hinterlegung durch Nutzung des gesonderten Veröffentlichungsbereichs „Hinterlegen beim Bundesanzeiger" auf der Publikations-Plattform (https://publikations-plattform.de) oder über den Webservice nebst den entsprechenden Feldern zur Bestätigung der Gesellschaftsart und der Größenklassenzugehörigkeit darzustellen.

26

Der Anforderung des § 326 Abs. 2 Satz 3 HGB – dass KleinstKapG von dem Recht auf Hinterlegung nur Gebrauch machen dürfen, wenn sie gegenüber dem

Betreiber des BAnz mitteilen, dass sie zwei der drei in § 267a Abs. 1 HGB genannten Merkmale für die nach § 267 Ab. 4 HGB maßgeblichen Abschlussstichtage nicht überschreiten – wird im Rahmen des Hinterlegungsauftrags per Publikations-Plattform durch die Angaben unter dem Punkt „Weitere Auftragsdaten" entsprochen.

Eine Pflicht zur Übermittlung der konkreten Umsatz- und Mitarbeitergrößen des Unt ist nicht festgeschrieben, um die Unt von unnötigem Verwaltungsaufwand zu entlasten. Allerdings kann es durch den Betreiber des BAnz zu Prüfungen und Nachfragen kommen.

27 KleinstKapG müssen sich gem. § 6 Abs. 1 Satz 2 Justizverwaltungskostenordnung mit derzeit 3 EUR Jahresgebühr an den **Kosten des Unternehmensregisters** beteiligen.

28 Der Betreiber des BAnz übermittelt dem Unternehmensregister unverzüglich die von KleinstKapG zur Hinterlegung eingereichten Bilanzen in einem Dateiformat, das die Archivierung der Daten ermöglicht. Derzeit nimmt der Betreiber des BAnz MS-Word-Dokumente ab Microsoft Office 2000 (Version 9), RTF-Dokumente sowie auf Basis der bundesanzeigerspezifischen DTD und XSD oder eines bundesanzeigerspezifischen Webformulars erstellte XML/XBRL-Daten („XML/XBRL-Format") entgegen.[16] Ist das Dateiformat ungeeignet zur Archivierung, so wandelt der Betreiber des BAnz die Daten im Auftrag des Unt um. Derzeit kostet die Einreichung eines Jahresabschlusses kleiner KapG bei Anlieferung im „XML-Format" auch bei Nutzung des bundesanzeigerspezifischen Webformulars 30,00 EUR;[17] die Gebühr für die Hinterlegung der Bilanz bei Anlieferung im „XML-Format" oder Nutzung des Webformulars beträgt 23,00 EUR.[18] Hinsichtlich des Umfangs der einzureichenden Unterlagen ergeben sich die in Tab. 1 dargestellten Einreichungspflichten:

	KapG und PersG gem. § 264a HGB			
	kleinst	klein	mittel	groß
Bilanz	X mit Erleichterungen	X mit Erleichterungen	X mit Erleichterungen	X
GuV			X	X
Anhang		X mit Erleichterungen	X mit Erleichterungen	X
Lagebericht			X	X

---

[16] Vgl. Allgemeine Geschäftsbedingungen Bundesanzeiger, https://www.bundesanzeiger.de/ebanzwww/i18n/doc//D042.pdf?document=D5=de, letzter Abruf am 1.6.2017.

[17] Vgl. Preisliste Bundeanzeiger, https://www.bundesanzeiger.de/download/D045_Preisliste.pdf, letzter Abruf am 1.6.2017.

[18] Vgl. Allgemeine Geschäftsbedingungen für die entgeltliche Hinterlegung von Jahresabschlussunterlagen (Kleinstkapitalgesellschaften), https://www.bundesanzeiger.de/ebanzwww/i18n/doc//D089.pdf?document=D11&language=de, letzter Abruf am 1.6.2017.

	KapG und PersG gem. § 264a HGB			
	kleinst	klein	mittel	groß
Bericht des Aufsichtsrats			X	X
Erklärung nach § 161 AktG*				X
Gewinnverwendungsvorschlag			X mit Erleichterungen	X mit Erleichterungen
Bestätigungs-/ Versagungsvermerk			X	X

*: soweit nicht aus dem eingereichten Jahresabschluss ersichtlich und die AG börsennotiert ist.
Tab. 1: Beim BAnz einzureichende Unterlagen nach Größenklassen

Eine **Pflicht zur Inanspruchnahme der Erleichterungen besteht grds. nicht.** 29
Wenngleich das Wahlrecht nicht pflichtgemäß ausgeübt werden muss, wird unter Berufung auf die Interessenlage der Ges. bzw. der Gesellschafter bei Fehlen einer entsprechenden Regelung in den Statuten der Ges. mitunter eine faktische Pflicht zur Inanspruchnahme des Wahlrechts gesehen oder eine solche zumindest für denkbar gehalten.[19] Dies widerspricht jedoch dem Sinn und Zweck eines handelsrechtlichen Wahlrechts und damit bereits dem Willen des Gesetzgebers eindeutig, der in Bezug auf die Offenlegung oder Hinterlegung eben keine Pflicht zur Inanspruchnahme kodifiziert hat. Hier wird letztlich zudem explizit gegen die Informationsfunktion der Rechnungslegung argumentiert, ohne dass dafür eine gesetzliche Basis besteht und ohne dass sich diese Argumentation in der Bilanzierung deutscher Unt widerspiegelt.[20] Ferner werden die negativen Folgen einer nicht erfolgten Inanspruchnahme der Erleichterungen übergewichtet. Eine Offenlegung kann sich aber bspw. bei der Finanzierung, der Mitarbeitergewinnung sowie hinsichtlich des Kunden- und Lieferantenvertrauens positiv auswirken.

Daher erscheint die **Hinterlegungsregelung unnötig** und kontraproduktiv. Der 30
Verwaltungs- bzw. Informationsbeschaffungsaufwand wird insb. auf Ebene der Abschlussadressaten (massiv) erhöht, während relevante Nutzenmomente nicht erkennbar sind. Offenlegungsscheue Unt können lediglich die Einsichtsbarrieren auf die Bilanz erhöhen, nicht aber eine Offenlegung gänzlich verhindern und Abschlussadressaten, die sich hauptsächlich für die Jahresabschlüsse von Kleinst- und kleinen KapG interessieren, sehen sich Mühen und Kosten ausgesetzt. Insbesondere bei Kleinst- und kleinen KapG ist ein denkbares „Risiko" infolge einer Informationspreisgabe von relevanten/brisanten Daten in dem offengelegten verkürzten Jahresabschlüssen gering – von den mit dem MicroBilG umge-

---

[19] So etwa *Grottel*, in Beck Bil-Komm., 10. Aufl., § 326 HGB, Rz 1.
[20] Vgl. zu empirischen Befunden *Kreipl/Lange/Müller* in Haufe HGB Bilanz Kommentar Erfahrungsbericht BilMoG, 2012, Rz 90ff. (Bilanz), Rz 337ff. (GuV) und Rz 459 (Anhang).

setzten weiteren Erleichterungen bzgl. einer Zusammenfassung der Bilanzpositionen bleiben somit letztlich lediglich Bilanzsumme und EK als Daten von Interesse übrig.

4 Unterzeichnung

31 Während sich § 325 Abs. 1–1b HGB auf die Offenlegung des Jahresabschlusses bezieht, der gem. § 245 Abs. 1 HGB unter Angabe des Datums zu unterzeichnen ist (§ 245 Rz 1 ff.), verkürzt sich die Einreichungspflicht infolge der größenabhängigen Erleichterungen für kleine KapG und KleinstKapG bei der Offenlegung/Hinterlegung gem. § 326 HGB auf die Bilanz und den Anhang (kleine KapG) bzw. die – ggf. um die geforderten Zusatzangaben erweiterte – Bilanz (KleinstKapG).
In der Praxis wird daraus mitunter abgeleitet, dass die Unterzeichnung aus den einzureichenden Unterlagen nicht ersichtlich bzw. nicht miteingereicht sein muss. Dies wird entweder deshalb als zulässig erachtet, weil die Unterzeichnung regelmäßig unter der GuV bzw. am Ende des Anhangs platziert wird (§ 245 Rz 11) und eben jene Teile etwaig nicht offengelegt/hinterlegt bzw. erstellt werden müssen oder weil die Unterschrift/en (lediglich) als Teil des Jahresabschlusses im Gesamten gesehen werden.
Diese Auffassung verkennt zum einen, dass die Unterzeichnung u.a. die Dokumentation der Verantwortlichkeit für den Jahresabschluss bzw. vielmehr dessen Teile bezweckt. Wird auf die Offenlegung des Jahresabschlusses unter Inanspruchnahme der Erleichterungen des § 326 HGB teilweise verzichtet bzw. tritt infolge dessen an ihrer statt nur die Offenlegung/Hinterlegung der Bilanz – ggf. nebst Anhang –, so befreit dies nicht von der Dokumentation der Verantwortlichkeit für die offengelegten/hinterlegten Teile des Jahresabschlusses. Zum anderen wird mit der Unterzeichnung auch die Vollständigkeit des Jahresabschlusses (Aufstellung) – zunächst i.S.d. § 242 Abs. 3 HGB bestehend aus Bilanz und GuV, bei kleinen KapG zudem gem. § 264 Abs. 1 Satz 1 HGB um einen Anhang erweitert – bestätigt. Der mögliche Verzicht auf Offenlegung der GuV – bei KleinstKapG zudem auf Erstellung eines Anhangs oder auf Offenlegung eines ggf. freiwillig erstellten Anhangs – befreit insofern nicht von der Bestätigung der Vollständigkeit per Unterschrift/en, nur weil diese unter der GuV oder dem ggf. freiwillig erstellten Anhang platziert wurde/n. Bei kleinen KapG, bei denen auch der Anhang Gegenstand der Unterzeichnung ist und die Unterschrift/en daher ohnehin regelmäßig am Ende des Anhangs platziert ist/sind, kann dieses Argument ohnehin nicht aufgeführt werden. Darüber hinaus wird/werden die Unterschrift/en durch Platzierung weder Teil der GuV oder des Anhangs noch nehmen sie Bezug auf das „Gesamtgebilde Jahresabschluss" sondern vielmehr auf alle pflichtgemäß oder freiwillig aufgestellten Bestandteile.

5 Rechtsfolgen bei Pflichtverletzung

32 Ein direkter Verstoß gegen § 326 HGB ist nicht möglich. Eine Pflichtverletzung kann nur im Zusammenhang mit der unrechtmäßigen Inanspruchnahme von Offenlegungserleichterungen erfolgen, die einen Verstoß gegen § 325 HGB bedingen. Entsprechend greifen die Rechtsfolgen des § 325 HGB (§ 325 Rz 173 ff.).

§ 327 Größenabhängige Erleichterungen für mittelgroße Kapitalgesellschaften bei der Offenlegung

¹Auf mittelgroße Kapitalgesellschaften (§ 267 Abs. 2) ist § 325 Abs. 1 mit der Maßgabe anzuwenden, daß die gesetzlichen Vertreter
1. die Bilanz nur in der für kleine Kapitalgesellschaften nach § 266 Abs. 1 Satz 3 vorgeschriebenen Form beim Betreiber des Bundesanzeigers einreichen müssen. ²In der Bilanz oder im Anhang sind jedoch die folgenden Posten des § 266 Abs. 2 und 3 zusätzlich gesondert anzugeben:

Auf der Aktivseite
A I 1 Selbst geschaffene gewerbliche Schutzrechte und ähnliche Rechte und Werte;
A I 2 Geschäfts- oder Firmenwert;
A II 1 Grundstücke, grundstücksgleiche Rechte und Bauten einschließlich der Bauten auf fremden Grundstücken;
A II 2 technische Anlagen und Maschinen;
A II 3 andere Anlagen, Betriebs- und Geschäftsausstattung;
A II 4 geleistete Anzahlungen und Anlagen im Bau;
A III 1 Anteile an verbundenen Unternehmen;
A III 2 Ausleihungen an verbundene Unternehmen;
A III 3 Beteiligungen;
A III 4 Ausleihungen an Unternehmen, mit denen ein Beteiligungsverhältnis besteht;
B II 2 Forderungen gegen verbundene Unternehmen;
B II 3 Forderungen gegen Unternehmen, mit denen ein Beteiligungsverhältnis besteht;
B III 1 Anteile an verbundenen Unternehmen.

Auf der Passivseite
C 1 Anleihen,
davon konvertibel;
C 2 Verbindlichkeiten gegenüber Kreditinstituten;
C 6 Verbindlichkeiten gegenüber verbundenen Unternehmen;
C 7 Verbindlichkeiten gegenüber Unternehmen, mit denen ein Beteiligungsverhältnis besteht;
2. den Anhang ohne die Angaben nach § 285 Nr. 2 und 8 Buchstabe a, Nr. 12 beim Betreiber des Bundesanzeigers einreichen dürfen.

PD Dr. Markus Kreipl

Inhaltsübersicht	Rz
1 Überblick	1–10
1.1 Inhalt und Regelungszweck	1–4
1.2 Anwendungsbereich	5–10
2 Offenlegungspflichten für mittelgroße Kapitalgesellschaften	11–17
2.1 Offenlegungspflichtige Unterlagen	11–12

2.2 Offenlegung der Bilanz und Mindestumfang 13–14
2.3 Verkürzung des Anhangs 15–17
3 Rechtsfolgen bei Pflichtverletzung 18

1 Überblick

1.1 Inhalt und Regelungszweck

1 § 327 HGB räumt mittelgroßen KapG i. S. d. § 267 Abs. 2 HGB (§ 267 Rz 10) **größenabhängige Erleichterungen** bei der **Offenlegung** des Jahresabschlusses ein. Die gewährten Erleichterungen beschränken sich dabei analog zu § 326 HGB auf die nach § 325 Abs. 1–2 HGB offenzulegenden Unterlagen der Rechnungslegung, die weiteren Vorschriften des § 325 HGB werden nicht berührt.[1] Eine Pflicht zur Inanspruchnahme der Erleichterungen besteht nicht. Wenngleich das Wahlrecht nicht pflichtgemäß ausgeübt werden muss, wird unter Berufung auf die Interessenslage der Ges. respektive der Gesellschafter bei Fehlen einer entsprechenden Regelung in den Statuten der Ges. mitunter eine faktische Pflicht zur Inanspruchnahme des Wahlrechts gesehen oder eine solche zumindest für denkbar gehalten.[2] Dies widerspricht jedoch dem Sinn und Zweck eines handelsrechtlichen Wahlrechts und damit bereits dem Willen des Gesetzgebers eindeutig, der in Bezug auf die Offenlegung eben keine Pflicht zur Inanspruchnahme kodifiziert hat. Hier wird letztlich zudem explizit gegen die Informationsfunktion der Rechnungslegung argumentiert, ohne dass dafür eine gesetzliche Basis besteht und ohne dass sich diese Argumentation in der Bilanzierung deutscher Unt widerspiegelt. Ferner werden die negativen Folgen einer Nicht-Inanspruchnahme der Erleichterungen übergewichtet. Eine Offenlegung kann sich aber bspw. bei der Finanzierung, der Mitarbeitergewinnung sowie hinsichtlich des Kunden- und Lieferantenvertrauens positiv auswirken. Entsprechend besteht m. E. grds. **keine Pflicht zur Inanspruchnahme**. Im Rahmen einer empirischen Untersuchung wurde festgestellt, dass die handelsrechtlich gewährten Aufstellungs- und/oder Offenlegungserleichterungen regelmäßig nicht genutzt werden. In Abhängigkeit einer Börsennotierung (*Entry Standard* – nicht KM-orientiert, s. Rz 5) schwankt die Quote kleiner und mittlerer Unt, die auf eine Inanspruchnahme dieser verzichten, zwischen 12,05 % und 62,50 %.[3] Offenbar verstehen immer mehr Unt den Jahresabschluss zunehmend als geeignetes Kommunikationsmittel zur fundierten Selbstdarstellung, der damit zu einer „Visitenkarte des Unternehmens" mutiert.

2 Satz 1 räumt den betroffenen Ges. die Möglichkeit ein, die Bilanz lediglich in der für kleine KapG/KapCoGes bestimmten verkürzten Form nach § 266 Abs. 1 Satz 3 HGB offenzulegen. Wird von dem Wahlrecht Gebrauch gemacht, eine verkürzte Bilanz beim BAnz einzureichen, sind gem. **Satz 2 Nr. 1** weitere Gliederungsposten entsprechend dem Schema nach § 266 Abs. 2 und 3 HGB in der

---

[1] Für weiterführende Informationen zum Verhältnis zwischen den §§ 325 Abs. 1 und 326 HGB s. *Autenrieth*, DB 1988, S. 2581.
[2] So etwa *Grottel*, in Beck Bil-Komm., 10. Aufl., § 326 HGB, Rz 1; ADS, 6. Aufl. § 326 HGB, Rz 10.
[3] Vgl. *Blümle/Kreipl/Panzer*, Kommunikationsverhalten, S. 273.

Bilanz oder im Anhang gesondert auszuweisen. Nach **Satz 2 Nr. 2** darf der Anhang zudem um Angaben verkürzt werden, die die §§ 285 Nr. 2, 8 Buchst. a sowie 12 HGB betreffen.

Der **Zeitpunkt der Offenlegung** der einreichungspflichtigen Unterlagen bestimmt sich nach Maßgabe des § 325 Abs. 1a HGB (§ 325 Rz 43 ff.). 3

Eine befreiende Wirkung in Bezug auf die Aufstellung der Rechnungslegungsunterlagen besitzt § 327 HGB nicht. Die Pflicht zur **Vorlage vor dem Hauptorgan** (§ 176 Abs. 1 AktG, § 42a GmbHG) bleibt bestehen, wenngleich ungeachtet dessen im Gesetz verankerte **Aufstellungserleichterungen**[4] genutzt werden können.[5] Entgegen GmbH-Gesellschaftern, für die es das besondere Auskunfts- und Einsichtsrecht nach § 51a Abs. 1 GmbHG gibt, steht Aktionären gem. § 131 Abs. 1 Satz 3 AktG zu, die Vorlage des Jahresabschlusses in der Form zu verlangen, die ohne Inanspruchnahme der Erleichterungen zum Tragen gekommen wäre. Für TU ist § 264 Abs. 3 und 4 HGB respektive § 264b HGB zu beachten (§ 325 Rz 156 ff.). 4

Gesellschaftsvertragliche Regelungen, die über die gesetzlichen Anforderungen hinausgehen, wie etwa eine Vereinbarung zur Aufstellung des Jahresabschlusses nach den für große KapG geltenden Vorschriften, berühren die Möglichkeit zur Inanspruchnahme der Offenlegungserleichterungen des § 327 HGB nicht, sodass eine verkürzte Offenlegung auch in diesen Fällen möglich ist.

In der Praxis führen diese Regelungen zu einer Abweichung zwischen der internen und der externen Berichterstattung.[6] Die Prüfung und Feststellung des Jahresabschlusses, der unter Rückgriff auf § 327 HGB aufgestellt wurde, ist nach hM nicht vorgeschrieben[7] – aber zulässig. Gem. § 328 Abs. 1a Satz 2 Hs. 2 HGB ist bei der Offenlegung jedoch kenntlich zu machen, dass sich der Bestätigungsvermerk auf den vollständigen Abschluss bezieht (§ 328 Rz 28 ff.).

1.2 Anwendungsbereich

Relevant ist die Regelung des § 327 HGB nur für **mittelgroße KapG** und **KapCo-Ges**. Maßgeblich für die Zuordnung zum Kreis der „mittelgroßen" Gesellschaften sind die Schwellenwerte des § 267 Abs. 2 HGB (§ 267 Rz 13 ff.) sowie die Anforderung des § 267 Abs. 4 Satz 1 HGB, dass diese an zwei aufeinander folgenden Abschlussstichtagen nicht überschritten werden. Eine KM-Orientierung schließt gem. § 267 Abs. 3 Satz 2 HGB jedoch eine Inanspruchnahme der Erleichterungen grds. aus. Eine Ges. ist entsprechend dann KM-orientiert, wenn sie einen organisierten Markt i.S.d. § 2 Abs. 5 des Wertpapierhandelsgesetzes durch von ihr ausgegebene Wertpapiere i.S.d. § 2 Abs. 1 Satz 1 des Wertpapierhandelsgesetzes in Anspruch nimmt oder die Zulassung solcher Wertpapiere zum Handel an einem organisierten Markt beantragt hat (§ 264d Rz 1 ff.). 5

Erfüllt ein KapG die größenabhängigen Kriterien des § 327 HGB, ist die Ges. aber dazu verpflichtet einen **Konzernabschluss** aufzustellen, kommen die Er- 6

---

[4] Der §§ 276 (verkürzte GuV) und 288 Satz 2 (verkürzter Anhang) HGB.
[5] Vgl. *Fehrenbacher*, in MünchKomm. HGB, 3. Aufl., § 327 Rn 2.
[6] Vgl. *Fehrenbacher*, in MünchKomm. HGB, 3. Aufl., § 326 Rn 4.
[7] Gl. A. *Grottel*, in Beck Bil-Komm., 10. Aufl., § 327 HGB, Rz 17; *Müller*, in *Baetge/Kirsch/Thiele*, Bilanzrecht, § 327 HGB, Rz 34, Stand 12/2013.

leichterungen des § 327 HGB für diesen nicht zum Tragen. Der Konzernabschluss ist somit immer gem. § 325 Abs. 3 und 4 HGB zu publizieren.[8]

7 **Kreditinstitute** und **VersicherungsUnt** haben grds. entsprechend großen KapG zu handeln und fallen daher gem. den §§ 340a Abs. 1, 341a Abs. 1 HGB nicht in den Anwendungsbereich des § 327 HGB.

8 Unt, die nach dem **PublG** zur Rechnungslegung verpflichtet sind, dürfen die Erleichterungen des § 327 HGB nicht in Anspruch nehmen.

9 Wird der Jahresabschluss dem **Betriebsrat** oder dem **Wirtschaftsausschuss** vorgelegt, hat dieser gem. § 108 Abs. 5 BetrVG der Form ohne Inanspruchnahme der Erleichterungen des § 327 HGB zu entsprechen (§ 326 Rz 10).

10 Wenngleich § 65 Abs. 1 Nr. 4 BHO vorsieht, dass sich der **Bund** nur an privatrechtlichen Ges. beteiligt, die ihren Jahresabschluss entsprechend den Vorschriften für große KapG aufstellen und prüfen, können Unt mit der öffentlichen Hand als Ges. die Erleichterungen des § 327 HGB anwenden. Die dem Bund zur Verfügung gestellten Informationen werden auf Basis der internen Berichterstattung – und nicht des verkürzten, offengelegten Jahresabschlusses – erstellt.

2 Offenlegungspflichten für mittelgroße Kapitalgesellschaften

2.1 Offenlegungspflichtige Unterlagen

11 Von den in § 325 Abs. 1 HGB aufgeführten **Rechnungslegungsunterlagen** müssen Ges., die unter den Anwendungsbereich des § 327 HGB fallen, **sämtliche Unterlagen offenlegen**. Sie stehen den großen Ges. nahe; eine Möglichkeit zum Verzicht auf die Offenlegung einzelner Unterlagen wurde daher vom Gesetzgeber nicht vorgesehen.[9] Entsprechend müssen folgende Unterlagen an den Betreiber des BAnz übermittelt werden:
- Bilanz, GuV, Anhang (ggf. inklusiv Gewinnverwendungsvorschlag und -beschluss) (§ 325 Rz 65),
- Lagebericht (§ 325 Rz 81),
- Bestätigungsvermerk bzw. Versagungsvermerk (§ 325 Rz 71),
- Bericht des Aufsichtsrats (§ 325 Rz 83),
- ggf. Gewinnverwendungsbeschluss, wenn im Anhang nur der Gewinnverwendungsvorschlag angegeben[10] (§ 325 Rz 92),
- Änderung des Jahresabschluss oder Bestätigungsvermerks (§ 325 Rz 105).

Anwender des § 327 HGB können jedoch **inhaltliche Erleichterungen** in Anspruch nehmen (Rz 13 ff.).

12 Die mittelgroßen Ges. zur Verfügung stehenden **Aufstellungserleichterungen** stehen nicht im **Konflikt** mit den in § 327 HGB festgeschriebenen Erleichterungen im Zusammenhang mit der **Offenlegung**. Die Formulierung des § 327 HGB lässt eine Inanspruchnahme der Aufstellungserleichterungen zwar nicht direkt zu, nach hM kann eine Offenlegung unter Berufung auf eine solche Erleichterung

---

[8] Vgl. ADS, 6. Aufl., § 327 HGB, Rz 10.
[9] Vgl. *Fehrenbacher*, in MünchKomm. HGB, 3. Aufl., § 327 Rn 4.
[10] Angaben über die Ergebnisverwendung brauchen von Gesellschaften mit beschränkter Haftung nicht gemacht zu werden, wenn sich anhand dieser Angaben die Gewinnanteile von natürlichen Personen feststellen lassen, die Gesellschafter sind.

jedoch unterbleiben. Auf eine Offenlegung kann entsprechend den Maßgaben des § 327 HGB (analog zu § 326 HGB) demnach verzichtet werden, wenn von dem Recht auf Verzicht der Aufstellung des jeweilig gleichen Sachverhalts nicht Gebrauch gemacht wurde.[11] Auch kann auf die Inanspruchnahme einer Aufstellungserleichterung verzichtet und eine Offenlegung vorgenommen werden.

> **Beispiel**
> Wenngleich in § 327 HGB nicht kodifiziert, können sich so Offenlegungserleichterungen aus verfügbaren Aufstellungserleichterungen etwa für die GuV ergeben. Gestattet ist gem. § 276 Satz 1 HGB in diesem Zusammenhang, die Positionen des § 275 Abs. 2 Nr. 1–5 HGB (GKV) sowie des § 275 Abs. 3 Nr. 1–3 und 6 HGB (UKV) zusammenzufassen.

Auf die Angaben zur Aufgliederung des Umsatzes nach § 285 Nr. 4 HGB, die Erläuterungen zu latenten Steuern nach § 285 Nr. 29 HGB sowie die Erläuterung der einzelnen Erträge und Aufwendungen, die einem anderen Gj zuzurechnen sind, nach § 285 Nr. 32 HGB kann gem. § 288 Abs. 2 HGB verzichtet werden. Angaben zu dem vom Abschlussprüfer für das Geschäftsjahr berechneten Gesamthonorar gem. § 285 Nr. 17 HGB dürfen unterbleiben. Unt sind dann jedoch verpflichtet, diese der Wirtschaftsprüferkammer auf deren schriftliche Anforderung zu übermitteln. Sie brauchen die Angaben nach § 285 Nr. 21 HGB nur zu machen, sofern die Geschäfte direkt oder indirekt mit einem Gesellschafter, Unt, an denen die Ges. selbst eine Beteiligung hält, oder Mitgliedern des Geschäftsführungs-, Aufsichts- oder Verwaltungsorgans abgeschlossen wurden. Angaben zu den Organbezügen gem. § 285 Nr. 9 Buchst. a und b HGB dürfen ebenfalls unterbleiben, sofern § 286 Abs. 4 HGB eine Nichtangabe gestattet (§ 286 Rz 17 f.). Dies gilt hinsichtlich der Angaben gem. § 285 Nr. 11 und 11b HGB gleichermaßen, sofern § 286 Abs. 3 HGB eine Nichtangabe gestattet.
Wird auf die Angabe nach § 285 Nr. 11 und 11b unter Berufung auf § 286 Abs. 3 Satz 1 Nr. 2 HGB verzichtet, ist dies jedoch gem. § 286 Abs. 3 Satz 4 HGB im Anhang anzugeben. § 327 Satz 2 Nr. 2 HGB gewährt darüber hinaus weitere Verkürzungen der Anhangangaben (Rz 15 f.).

2.2 Offenlegung der Bilanz und Mindestumfang

§ 327 Satz 1 Nr. 1 HGB räumt den betroffenen Ges. die Möglichkeit ein, die Bilanz lediglich in der für kleine KapG/KapCoGes bestimmten verkürzten Form nach § 266 Abs. 1 Satz 3 HGB (§ 266 Rz 9) offenzulegen. Wird von dem Wahlrecht Gebrauch gemacht, eine verkürzte Bilanz beim BAnz einzureichen, sind gem. § 327 Satz 2 HGB weitere Gliederungsposten entsprechend dem Schema nach § 266 Abs. 2 und 3 HGB (§ 266 Rz 10 ff.) in der Bilanz oder im Anhang gesondert auszuweisen. Ein gesonderter Ausweis kann hierbei mittels Integration in die entsprechenden Bilanzposten und Betragsangabe in der Hauptspalte nebst Einführung eines zusätzlichen Postens „sonstige..." oder „übrige..." als

13

---

[11] Vgl. *Farr*, AG 1996, S. 145; *Müller*, in *Baetge/Kirsch/Thiele*, Bilanzrecht, § 326 HGB Rz 23, Stand 12/2013; *Grottel*, in Beck Bil-Komm., 10. Aufl., § 326 HGB, Rz 15.

auch in Form eines Davon-Vermerks vorgenommen werden.[12] Im Interesse einer Aufwandsminimierung empfiehlt es sich jedoch auf eine Anhangangabe zurückzugreifen.[13]

14 Nach § 284 Abs. 3 HGB hat bei Rückgriff auf das verkürzte Bilanzschema eine Übernahme der gem. § 327 Nr. 1 HGB zusätzlich aufzuführenden Posten in das im Anhang darzustellende Anlagegitter zu erfolgen, sofern diese das Anlagevermögen betreffen.

2.3 Verkürzung des Anhangs

15 § 327 Satz 2 Nr. 2 HGB gewährt mittelgroßen KapG und ihnen gleichgestellten PersG die Möglichkeit, zu Veröffentlichungszwecken auf einige Anhangangaben zu verzichten.

16 Werden Aufstellungserleichterungen erst im Rahmen der Offenlegung in Anspruch genommen, empfiehlt sich der Ausweis dieser in einem **gesonderten Abschnitt** bereits bei der Aufstellung.[14] **Freiwillige Zusatzangaben**, die keine Angaben, die bei der Anwendung einer Aufstellungserleichterung entfallen, betreffen, unterliegen der Offenlegungspflicht, sofern sie bereits bei der Aufstellung angegeben wurden (§ 326 Rz 21).

17 Nach Satz 2 Nr. 2 **entfällt** die Pflicht zur Offenlegung folgender **Angaben**:
- § 285 Nr. 2 HGB: Angaben für jeden Posten der Verbindlichkeiten nach dem vorgeschriebenen Gliederungsschema.
- § 285 Nr. 8 Buchst. a HGB: Materialaufwand bei Anwendung des UKV.
- § 285 Nr. 12 HGB: Rückstellungen mit erheblichem Umfang, die in der Bilanz unter dem Posten „sonstige Rückstellungen" nicht gesondert ausgewiesen werden.

3 Rechtsfolgen bei Pflichtverletzung

18 Ein direkter Verstoß gegen § 327 HGB ist nicht möglich. Eine Pflichtverletzung kann nur im Zusammenhang mit der unrechtmäßigen Inanspruchnahme von Offenlegungserleichterungen erfolgen, die einen **Verstoß gegen § 325 HGB** bedingt. Entsprechend greifen die Rechtsfolgen des § 325 HGB (§ 325 Rz 173 ff.).

---

[12] Gl. A. ADS, 6. Aufl., § 327 HGB, Rz 13.
[13] Gl. A. *Grottel*, in Beck Bil-Komm., 10. Aufl., § 327 HGB, Rz 9.
[14] So auch *Farr*, GmbHR 1996, S. 185; ADS, 6. Aufl., § 326 HGB, Rz 31; dies als Muss betrachtend *Grottel*, in Beck Bil-Komm., 10. Aufl., § 326 HGB, Rz 25.

§ 327a Erleichterung für bestimmte kapitalmarktorientierte Kapitalgesellschaften

§ 325 Abs. 4 Satz 1 ist auf eine Kapitalgesellschaft nicht anzuwenden, wenn sie ausschließlich zum Handel an einem organisierten Markt zugelassene Schuldtitel im Sinn des § 2 Absatz 1 Nummer 3 des Wertpapierhandelsgesetzes mit einer Mindeststückelung von 100.000 Euro oder dem am Ausgabetag entsprechenden Gegenwert einer anderen Währung begibt.

PD Dr. Markus Kreipl

Inhaltsübersicht	Rz
1 Überblick	1–3
1.1 Inhalt und Regelungszweck	1
1.2 Anwendungsbereich und Normzusammenhänge	2–3
2 Erleichterung der Offenlegung	4–6
2.1 Offenlegungsfrist	4
2.2 Von der Erleichterung betroffene Unterlagen	5
2.3 Prüfung der fristgerechten Einreichung	6
3 Befreiung von Bilanz- und Lageberichtseid	7
4 Rechtsfolgen bei Pflichtverletzung	8

1 Überblick

1.1 Inhalt und Regelungszweck

§ 327a HGB spricht KM-orientierten Ges., die lediglich **Schuldtitel** emittieren (Rz 2), Erleichterungen zu. Ges., die unter den Anwendungsbereich des § 327a HGB fallen, werden von der gem. § 325 Abs. 4 Satz 1 HGB vorgesehenen verkürzten Offenlegungsfrist von vier Monaten entsprechend nicht tangiert. Der Zeitpunkt der Veröffentlichung der einreichungspflichtigen Unterlagen bestimmt sich nach Maßgabe des § 325 Abs. 1a HGB (Rz 5). Die Regelung wurde im Kontext einer Erleichterung in das HGB aufgenommen, da dies nach Auffassung des Gesetzgebers die Verständlichkeit der Regelung fördert.[1] Ob die teilweise redundante Überschneidung mit § 325 Abs. 4 HGB diesbezüglich tatsächlich förderlich ist, darf bezweifelt werden.
In Verbindung mit § 264 Abs. 2 Satz 3 HGB bzw. § 297 Abs. 2 Satz 4 HGB für den Konzernabschluss ergibt sich zudem die Befreiung entsprechender Unt von der Abgabe des Bilanzeides. Gleiches gilt zudem über § 264 Abs. 2 Satz 3 HGB i. V. m. § 289 Abs. 1 Satz 5 HGB für den Lageberichtseid analog.

1

---

[1] Vgl. BT-Drs. 16/2781, S. 81.

1.2 Anwendungsbereich und Normzusammenhänge

2 Relevant ist die Regelung des § 327a HGB nur für **kapitalmarktorientierte KapG**, die ausschließlich zum Handel an einem organisierten Markt zugelassene Schuldtitel i. S. d. § 2 Abs. 1 Nr. 3 WpHG begeben. Organisierter Markt i. S. d. § 2 Abs. 5 WpHG ist „… ein im Inland, in einem anderen Mitgliedstaat der Europäischen Union oder einem anderen Vertragsstaat des Abkommens über den Europäischen Wirtschaftsraum betriebenes oder verwaltetes, durch staatliche Stellen genehmigtes, geregeltes und überwachtes multilaterales System …". Der Handel entsprechender Schuldtitel an einem organisierten Markt eines nicht in § 2 Abs. 5 WpHG bezeichneten Drittlands berechtigt daher nicht zur Inanspruchnahme der Erleichterung des § 327a HGB. Schuldtitel in diesem Sinne sind Schuldverschreibungen (inkl. im WpHG einzeln aufgeführter Genuss- und Optionsscheine), Genussscheine, Optionsscheine sowie Zertifikate, die Schuldtitel vertreten.

Ergänzende Voraussetzung bildet die Anforderung, dass die Mindeststückelung 50.000 EUR oder einem am Ausgabetag entsprechenden Gegenwert einer anderen Währung entspricht. Zu den relevanten Schuldtiteln gehören insb. Genussscheine, Inhaberschuldverschreibungen und Orderschuldverschreibungen sowie Zertifikate, die Schuldtitel vertreten.

3 § 327a HGB in der Fassung des BilRUG ist analog zu den übrigen Vorschriften ohne Option auf vorzeitige Anwendung erstmals auf Jahresabschlüsse und Konzernabschlüsse für das nach dem 31.12.2015 beginnenden Gj anzuwenden (§ 293 Rz 8). Anders als die Vorschriften zur Erstellung entfalten jene zur Offenlegung insofern faktisch zeitversetzt Bedeutung – erst die 2017 vorzunehmende Offenlegung des 2016er Abschlusses hat unter Beachtung der nachfolgend dargestellten Vorschriften unter Beachtung des BilRUG zu erfolgen. Allerdings waren die Änderungen an § 327a HGB lediglich formaler Natur.

2 Erleichterung der Offenlegung

2.1 Offenlegungsfrist

4 § 325 Abs. 4 Satz 1 HGB verlangt, das KapG i. S. d. § 264d HGB, die keine KapG i. S. d. § 327a HGB sind, die Offenlegung nach längstens **vier Monaten** vollziehen müssen (§ 325 Rz 156). Wird der Anwendungsbereich des § 327a HGB berührt, gilt zur Einreichung der Unterlagen beim Betreiber des BAnz die in § 325 Abs. 1a Satz 1 HGB festgeschriebene Höchstfrist von **zwölf Monaten** (§ 325 Rz 43 ff.).

2.2 Von der Erleichterung betroffene Unterlagen

5 Die Erleichterung des § 327a HGB bezieht sich auf sämtliche gem. § 325 Abs. 1 HGB offenlegungspflichtigen Rechnungslegungsunterlagen (§ 325 Rz 58 ff.). Über den Verweis in § 325 Abs. 3 HGB auf § 325 Abs. 1-2 HGB bezieht sich die Erleichterung auch auf einen ggf. zu erstellenden Konzernabschluss, der dann ebenfalls später eingereicht werden kann.[2]

---

[2] Vgl. *Fehrenbacher*, in MünchKomm. HGB, 3. Aufl., § 327a Rn 4.

2.3 Prüfung der fristgerechten Einreichung

Die Prüfung der fristgerechten Einreichung der Rechnungslegungsunterlagen 6
erfolgt durch den Betreiber des BAnz. Zur Durchführung der Berechtigungsprüfung kann der Betreiber dazu gem. § 329 Abs. 2 Satz 1 HGB Angaben zur Eigenschaft als KapG i. S. d. § 327a HGB von der die Unterlagen einreichenden Ges. verlangen (§ 329 Rz 13 ff.).

3 Befreiung von Bilanz- und Lageberichtseid

§ 264 Abs. 2 Satz 3 HGB sieht die Pflicht zur Versicherung (Bilanzeid) der 7
Darstellung eines den tatsächlichen Verhältnissen entsprechenden Bilds der Vermögens-, Finanz- und Ertragslage nach bestem Wissen durch die gesetzlichen Vertreter einer KapG, die Inlandsemittent i. S. d. § 2 Abs. 7 WpHG ist, vor, wobei KapG i. S. d. § 327a HGB explizit ausgenommen sind (§ 264 Rz 88 ff.).[3] Für den Konzernabschluss sieht § 297 Abs. 2 Satz 4 HGB eine analoge Pflicht zur Abgabe eines Bilanzeids vor – ebenfalls unter expliziter Befreiung von KapG i. S. d. § 327a HGB (§ 297 Rz 90 ff.).
Gleiches gilt zudem über § 264 Abs. 2 Satz 3 HGB i. V. m. § 289 Abs. 1 Satz 5 HGB für den Lageberichtseid (§ 289 Rz 68 ff.).
Die Pflicht zur Unterzeichnung nach § 245 HGB (§ 245 Rz 1 ff.) bleibt davon unberührt. In Konsequenz ändern sich hinsichtlich des Jahresabschlusses durch die Befreiung vom Bilanzeid die Rechtsfolgen (dazu Rz 8). Inwieweit eine Pflicht zur Unterzeichnung des Lageberichts besteht ist umstritten (dazu § 245 Rz 1).

4 Rechtsfolgen bei Pflichtverletzung

Ein direkter Verstoß gegen § 327a HGB ist nicht möglich. Eine Pflichtverletzung 8
kann nur im Zusammenhang mit der unrechtmäßigen Inanspruchnahme von Offenlegungserleichterungen erfolgen, die einen **Verstoß gegen § 325 HGB** bedingt. Entsprechend greifen die Rechtsfolgen des § 325 HGB (§ 325 Rz 173). Gleiches gilt hinsichtlich der Befreiung von Bilanz- und Lageberichtseid. Während eine Verletzung der Pflicht zur Unterzeichnung lediglich eine Ordnungswidrigkeit i. S. v. § 334 Abs. 1 Nr. 1a HGB darstellt, erfüllt ein unrichtiger Bilanz- oder Lageberichtseid gem. § 331 Abs. 3a HGB die Voraussetzungen für eine Straftat. Entsprechend kommt neben einer Geldstrafe auch eine Freiheitsstrafe von bis zu drei Jahren in Betracht.

---

[3] Vgl. *Müller*, in *Baetge/Kirsch/Thiele*, Bilanzrecht, § 327a HGB, Rz 31, Stand 12/2013.

§ 328 Form und Inhalt der Unterlagen bei der Offenlegung, Veröffentlichung und Vervielfältigung

(1) ¹Bei der Offenlegung des Jahresabschlusses, des Einzelabschlusses nach § 325 Absatz 2a, des Konzernabschlusses oder des Lage- oder Konzernlageberichts sind diese Abschlüsse und Lageberichte so wiederzugeben, dass sie den für ihre Aufstellung maßgeblichen Vorschriften entsprechen, soweit nicht Erleichterungen nach den §§ 326 und 327 in Anspruch genommen werden oder eine Rechtsverordnung des Bundesministeriums der Justiz und für Verbraucherschutz nach Absatz 4 hiervon Abweichungen ermöglicht. ²Sie haben in diesem Rahmen vollständig und richtig zu sein. ³Die Sätze 1 und 2 gelten auch für die teilweise Offenlegung sowie für die Veröffentlichung oder Vervielfältigung in anderer Form auf Grund des Gesellschaftsvertrages oder der Satzung.

(1a) ¹Das Datum der Feststellung oder der Billigung der in Absatz 1 Satz 1 bezeichneten Abschlüsse ist anzugeben. ²Wurde der Abschluss auf Grund gesetzlicher Vorschriften durch einen Abschlussprüfer geprüft, so ist jeweils der vollständige Wortlaut des Bestätigungsvermerks oder des Vermerks über dessen Versagung wiederzugeben; wird der Jahresabschluss wegen der Inanspruchnahme von Erleichterungen nur teilweise offengelegt und bezieht sich der Bestätigungsvermerk auf den vollständigen Jahresabschluss, ist hierauf hinzuweisen. ³Bei der Offenlegung von Jahresabschluss, Einzelabschluss nach § 325 Absatz 2a oder Konzernabschluss ist gegebenenfalls darauf hinzuweisen, dass die Offenlegung nicht gleichzeitig mit allen anderen nach § 325 offenzulegenden Unterlagen erfolgt.

(2) ¹Werden Abschlüsse in Veröffentlichungen und Vervielfältigungen, die nicht durch Gesetz, Gesellschaftsvertrag oder Satzung vorgeschrieben sind, nicht in der nach Absatz 1 vorgeschriebenen Form wiedergegeben, so ist jeweils in einer Überschrift darauf hinzuweisen, daß es sich nicht um eine der gesetzlichen Form entsprechende Veröffentlichung handelt. ²Ein Bestätigungsvermerk darf nicht beigefügt werden. ³Ist jedoch auf Grund gesetzlicher Vorschriften eine Prüfung durch einen Abschlußprüfer erfolgt, so ist anzugeben, zu welcher der in § 322 Abs. 2 Satz 1 genannten zusammenfassenden Beurteilungen des Prüfungsergebnisses der Abschlussprüfer in Bezug auf den in gesetzlicher Form erstellten Abschluss gelangt ist und ob der Bestätigungsvermerk einen Hinweis nach § 322 Abs. 3 Satz 2 enthält. ⁴Ferner ist anzugeben, ob die Unterlagen bei dem Betreiber des Bundesanzeigers eingereicht worden sind.

(3) ¹Absatz 1 Nr. 1 ist auf den Lagebericht, den Konzernlagebericht, den Vorschlag für die Verwendung des Ergebnisses und den Beschluß über seine Verwendung entsprechend anzuwenden. ²Werden die in Satz 1 bezeichneten Unterlagen nicht gleichzeitig mit dem Jahresabschluß oder dem Konzernabschluß offengelegt, so ist bei ihrer nachträglichen Offenlegung jeweils anzugeben, auf welchen Abschluß sie sich beziehen und wo dieser offengelegt worden ist; dies gilt auch für die nachträgliche Offenlegung des Bestätigungsvermerks oder des Vermerks über seine Versagung.

(4) Die Rechtsverordnung nach § 330 Abs. 1 Satz 1, 4 und 5 kann dem Betreiber des Bundesanzeigers Abweichungen von der Kontoform nach § 266 Abs. 1 Satz 1 gestatten.
(5) Für die Hinterlegung der Bilanz einer Kleinstkapitalgesellschaft (§ 326 Absatz 2) gilt Absatz 1 entsprechend.

PD Dr. Markus Kreipl

Inhaltsübersicht	Rz
1 Überblick	1–15
1.1 Inhalt und Regelungszweck	1–7
1.2 Anwendungsbereich	8–13
1.3 Normenzusammenhänge	14–15
2 Offenlegung, Veröffentlichung und Vervielfältigung (Abs. 1)	16–21
3 Jahres-, Einzel- und Konzernabschluss – Pflichtpublizität (Abs. 1 und 1a)	22–31
3.1 Form und Inhalt – Vollständigkeit/Richtigkeit (Abs. 1)	22–26
3.2 Feststellung, Billigung, Bestätigungsvermerk sowie Gleichzeitigkeit mit anderen Unterlagen (Abs. 1a)	27–30
3.2.1 Feststellungs- und Billigungsdatum (Abs. 1a Satz 1)	27
3.2.2 Bestätigungsvermerk (Abs. 1a Satz 2)	28–30
3.3 Gleichzeitigkeit mit anderen Unterlagen (Abs. 1a Satz 3)	31
4 Jahres-, Einzel- und Konzernabschluss – freiwillige Publizität (Abs. 2)	32–36
5 Sonstige Unterlagen (Abs. 3)	37–42
5.1 Form und Inhalt (Abs. 3 Satz 1)	37–40
5.2 Nachträgliche Offenlegung (Abs. 3 Satz 2)	41–42
6 Abweichungen von der Kontoform (Abs. 4)	43
7 Hinterlegung (Abs. 5)	44
8 Rechtsfolgen bei Pflichtverletzung	45–47

1 Überblick

1.1 Inhalt und Regelungszweck

§ 328 HGB regelt **Form** und **Inhalt** der Rechnungslegungsunterlagen, die nach Maßgabe der §§ 325 ff. HGB, des Gesellschaftsvertrags und/oder der Satzung offenzulegen oder zu hinterlegen sind.[1] Neben der Offenlegung definiert der Gesetzgeber in § 328 HGB dabei auch die Anforderung an die Publizitätsarten der Veröffentlichung und der Vervielfältigung (Rz 16 ff.). Von den Vorschriften des § 328 HGB werden neben der pflichtgemäß zu erfüllenden Publizität **auch freiwillig publizierte Unterlagen** berührt, wenngleich diese einem anderen

1

---

[1] Mit Fallbeispiel BBK 2007, S. 671.

Anforderungskatalog unterworfen sind. Über Form und Inhalt hinausgehende eigenständige Publizitätspflichten regelt § 328 HGB nicht.

2 Neben den unterschiedlichen Publizitätsarten sind in § **328 Abs. 1 und 1a HGB** die Anforderungen in Bezug auf die pflichtgemäß zu erfüllende Offenlegung kodifiziert. Die Abschlüsse haben demnach den für die Aufstellung maßgeblichen Vorschriften zu entsprechen. Neben der Angabe des Feststellungs- und Billigungsdatums sowie des Bestätigungsvermerks ist nach § 328 Abs. 1a HGB bei Rückgriff auf Erleichterungen der §§ 326 und 327 HGB die Grundlage des Vermerks des AP zu benennen. Gemäß **Abs. 5** gelten diese Vorschriften auch für die Hinterlegung der Bilanz von KleinstKapG nach § 326 Abs. 2 HGB (§ 326 Rz 24).

3 **Abs. 2** schreibt vor, dass Veröffentlichungen und Vervielfältigungen, die nicht durch Gesetz, Gesellschaftsvertrag oder Satzung vorgeschrieben sind und die nicht in der nach Abs. 1 vorgeschriebenen Form wiedergegeben werden, einen entsprechenden Nicht-Anwendungshinweis enthalten müssen. Ein Bestätigungsvermerk darf in diesen Fällen nicht beigefügt werden. Abs. 2 enthält insofern ein Wahlrecht, als dass Abs. 1 freiwillig angewandt werden darf.

4 **Abs. 3** dehnt den Anwendungsbereich des Abs. 1 auf den Lagebericht, den Konzernlagebericht, den Vorschlag für die Verwendung des Ergebnisses und den Beschluss über seine Verwendung sowie die Aufstellung des Anteilsbesitzes aus. Abs. 3 regelt zudem den Fall einer nachträglichen Offenlegung der sonstigen Unterlagen.

5 **Abs. 4** ermächtigt den Verordnungsgeber des § 330 Abs. 1 HGB dazu, dem Betreiber des BAnz Abweichungen von der Kontoform nach § 266 Abs. 1 Satz 1 HGB zu gestatten.

6 Im Gesellschaftsvertrag oder in der Satzung festgeschriebene Änderungen der Publizitätsanforderungen des § 328 HGB in Bezug auf Form und Inhalt sind unzulässig.[2] Im Interesse einheitlicher und umfassend geltender Schutzvorschriften gilt dies auch für die freiwillige Publizität.[3] Bei Vorliegen rein satzungsmäßiger Publizitätspflichten müssen die Vorschriften des Abs. 1 jedoch keine Anwendung finden; lediglich die Regelungen des Abs. 2 sind zu beachten. Diese Ausweichmöglichkeit ist Stimmen in der Literatur zufolge sogar der Förderung der freiwilligen Publizität dienlich.[4]

7 Die Standardisierung von Form und Inhalt des Jahresabschlusses, des EA nach § 325 Abs. 2a HGB, des Konzernabschlusses und der sonstigen Unterlagen dient dem **Schutz der Allgemeinheit**, der dadurch erreicht wird, dass Abschlussadressaten keine irreführenden oder schlecht verständlichen Informationen erhalten.

1.2 Anwendungsbereich

8 Relevant ist die Regelung des § 328 HGB zunächst für alle **KapG**. Neben KapG müssen jedoch auch **KapCoGes** die Vorgaben des § 328 HGB einhalten. Beschränkungen auf einzelne Abschlüsse sind nicht existent. Die Norm gilt sowohl für den Jahresabschluss, den EA nach § 325 Abs. 2a HGB sowie den Konzern-

---

[2] Ebenso *Fehrenbacher*, in MünchKomm. HGB, 3. Aufl., § 328 Rn 1; *Grottel*, in Beck Bil-Komm., 10. Aufl., § 328 HGB, Rz 3.
[3] Vgl. ADS, 6. Aufl., § 328 HGB, Rz 12.
[4] So ADS, 6. Aufl., § 328 HGB, Rz 74.

abschluss. Ob die Abschlüsse vollständig oder nur teilweise offengelegt werden, ist nicht von Belang; Erleichterungen von den Vorschriften des § 328 HGB bei nur teilweiser Offenlegung sind nicht vorgesehen.

Die Aufstellung eines Abschlusses nach den IFRS befreit nicht von der Pflicht zur Anwendung des § 328 HGB.[5] Ein nach § 291 HGB **befreiender Konzernabschluss** mit Lagebericht und Bestätigungsvermerk ist nach Maßgabe des HGB offenzulegen (§ 291 Rz 11). Der Verweis auf § 328 HGB beschränkt sich allerdings auf Abs. 1 und 3, sodass die freiwillig publizierten Unterlagen deutschen Rechtsanforderungen nicht entsprechen müssen. Auch die Aufstellung erfolgt nach dem für das MU gültigen Recht.

In anderen Gesetzen – wie etwa dem WpHG oder dem AktG – kodifizierte Offenlegungsvorschriften werden von § 328 HGB nicht berührt. Wenngleich nicht zwingend vorgeschrieben, empfiehlt sich eine Anwendung der Vorgaben des § 328 HGB bei diesen Veröffentlichungen jedoch, sofern dem keine spezifischen Vorschriften entgegenstehen.[6] Gleiches gilt für Veröffentlichungen von Unt, die grds. nicht in den Anwendungsbereich des § 328 HGB fallen.[7] In diesem Zuge sind insb. die Offenlegungsvorschriften des § 37v WpHG zu nennen, die von Unt in Gestalt von Inlandsemittenten die Erstellung eines Jahresfinanzberichts für den Schluss eines jeden Gj und eine Veröffentlichung spätestens vier Monate nach Ablauf eines jeden Gj vorsehen, wenn die Unt nicht nach den handelsrechtlichen Vorschriften zur Offenlegung der in § 37v Abs. 2 WpHG genannten Rechnungslegungsunterlagen verpflichtet sind.

Kreditinstitute und **VersicherungsUnt** unterliegen grds. eigenen Offenlegungsvorschriften. Aufgrund von Verweisen in den §§ 340l Abs. 1 Satz 1 und Abs. 2 Satz 1 sowie 341l Abs. 1 Satz 1 HGB sind die Vorschriften des § 328 HGB aber auch für Ges. dieser Gattung relevant. Gleiches gilt für eG (§ 339 Abs. 2 HGB) und Unt, die gem. **PublG** (§§ 9 Abs. 1 Satz 1 und 15 Abs. 2 PublG) einen Abschluss zu erstellen haben. Der Verweis in § 15 Abs. 2 PublG bezieht sich dabei entgegen den anderen Verweisen nicht nur auf die Offenlegung, sondern auch auf die Veröffentlichung und die Vervielfältigung.[8]

§ 328 Abs. 1 HGB wurde mit dem **BilRUG** durch die neuen Abs. 1 und 1a ersetzt. Die Aufteilung in § 328 Abs. 1 und 1a HGB sollte zunächst die Lesbarkeit verbessern. Infolge der Änderungen an § 325 Abs. 1 HGB, die als Konsequenz von Art. 30 Abs. 1 EU-Bilanzrichtlinie eine Offenlegung des nunmehr zwingend festgestellten/gebilligten Jahresabschlusses, des Lageberichts sowie des Bestätigungsvermerks oder des Vermerks über dessen Versagung innerhalb der Jahresfrist ab dem Bilanzstichtag vorsehen und damit die fristwahrende Offenlegung zunächst ungeprüfter, nicht festgestellter/gebilligter Jahresabschlüsse und Lageberichte nebst Nachreichung des Bestätigungsvermerks

---

[5] Vgl. *Fehrenbacher*, in MünchKomm. HGB, 3. Aufl., § 328 Rn 3.
[6] Vgl. *Fehrenbacher*, in MünchKomm. HGB, 3. Aufl., § 328 Rn 3.
[7] In § 328 Abs. 2 HGB allgemeine Grundsätze zur Veröffentlichung oder Vervielfältigung sehend ADS, 6. Aufl., § 328 HGB, Rz 8; betonend, dass Verwechslungen zwischen einem vollständigen Abschluss und einer publizierten gekürzten Fassung immer ausgeschlossen werden müssen, *Zimmer*, in Großkomm. HGB, § 328 Rn 8.
[8] Gl. A. ADS, 6. Aufl., § 328 HGB, Rz 7; *Grottel*, in Beck Bil-Komm., 10. Aufl., § 328 HGB, Rz 4; a. A. *Zimmer*, in Großkomm. HGB, § 328 Rn 6, der seine Begründung auf der Überschrift des § 15 PublG und nicht auf die Formulierung innerhalb der Normen fußt.

ersetzt haben, wurden auch Änderungen an § 328 Abs. 1 HGB erforderlich. In Konsequenz entfielen im Zuge des BilRUG die auf den Fall der Offenlegung vor Prüfung oder Feststellung der Abschlüsse bezogenen Sonderregelungen des § 328 Abs. 1 Nr. 2 HGB aF. Zudem ist bei der Offenlegung nunmehr gegebenenfalls darauf hinzuweisen, dass die Offenlegung von Jahresabschluss, Einzelabschluss nach § 325 Abs. 2a HGB (Einzelabschluss gem. den in § 315e Abs. 1 HGB bezeichneten IFRS) oder Konzernabschluss nicht gleichzeitig mit allen anderen nach § 325 HGB offenzulegenden Unterlagen (ggf. gesonderter Beschluss über die Ergebnisverwendung, Bericht des Aufsichtsrats und die nach § 161 AktG vorgeschriebene Erklärung) erfolgt.

13 § 328 HGB in der Fassung des BilRUG ist analog zu den übrigen Vorschriften ohne Option auf vorzeitige Anwendung erstmals auf Jahresabschlüsse und Konzernabschlüsse für das nach dem 31.12.2015 beginnenden Gj anzuwenden (§ 293 Rz 8). Anders als die Vorschriften zur Erstellung entfalten jene zur Offenlegung insofern faktisch zeitversetzt Bedeutung – erst die 2017 vorzunehmende Offenlegung des 2016er Abschlusses hat unter Beachtung der nachfolgend dargestellten Vorschriften unter Beachtung des BilRUG zu erfolgen. Für den im Kalenderjahr 2016 offenzulegenden Jahresabschluss und Konzernabschluss für vor dem 1.1.2016 beginnende Gj wird im Übrigen auf die Altfassung verwiesen.

1.3 Normenzusammenhänge

14 § 328 HGB enthält keine eigenen Offenlegungsvorschriften. Relevant sind in diesem Zusammenhang neben den für Kreditinstitute, VersicherungsUnt, eG und Unt, die dem PublG unterliegen, geltenden Sondervorschriften in Bezug auf die **Offenlegung** (Rz 16) oder **Hinterlegung** (Rz 44) daher die Vorschriften der §§ **325–327 HGB.**

15 Norminhärente Verpflichtungen zur **Veröffentlichung** respektive **Vervielfältigung**, die in einem Zusammenhang mit § 328 HGB stehen, sind etwa in den §§ 131 Abs. 1 Satz 3 AktG sowie 42a Abs. 1 und 4 GmbHG zu finden.

2 Offenlegung, Veröffentlichung und Vervielfältigung (Abs. 1)

16 § 328 HGB erfasst drei unterschiedliche Publizitätsarten: Offenlegung, Veröffentlichung und Vervielfältigung, wobei die hier getroffenen Regelungen der Offenlegung gem. Abs. 5 auch auf die Hinterlegung anzuwenden sind. Unter **Offenlegung** sind die Einreichung von Unterlagen zum Betreiber des BAnz und die damit verbundene Bekanntmachung zu verstehen.[9] Eine eindeutige Legaldefinition, wie sie früher der Überschrift des Vierten Unterabschnitts des Zweiten Abschnitts des Dritten Buchs des HGB zu entnehmen war, liefert das HGB heute nicht mehr, wenngleich der Titel „Offenlegung. Prüfung durch den Betreiber des Bundesanzeigers" darauf hindeutet. Letztlich ergibt sich die Definition des Begriffs der Offenlegung aus der Regelung des § 325 HGB.[10] Die **Hinterlegung** können die gesetzlichen Vertreter einer KleinstKapG beim BAnz zusammen mit

---

[9] Vgl. *Fehrenbacher*, in MünchKomm. HGB, 3. Aufl., § 328 Rn 7.
[10] Vgl. *Grottel*, in Beck Bil-Komm., 10. Aufl., § 328 HGB, Rz 2; ADS, 6. Aufl., § 328 HGB, Rz 14.

der Erklärung der Einhaltung der Schwellenwerte (§ 326 Rz 26) für diese kleinste Größenklasse beauftragen. Dann tritt an die Stelle der internetweiten Offenlegung der eingereichten Unterlagen, die sich bei diesen Unt auf die Bilanz beschränken kann, die kostenpflichtige Herausgabe nur auf Antrag. Das Antragsstellungsrecht ist nicht eingeschränkt und bedarf auch keiner Begründung.

Der Begriff der **Veröffentlichung** meint die Bekanntgabe an die Öffentlichkeit, die nach hM als unbegrenzter Personenkreis verstanden wird.[11] Die Offenlegung ist entsprechend als gesetzlich bzw. handelsrechtlich zu erfüllende Teilmenge der Veröffentlichung zu verstehen. 17

Der Begriff der **Vervielfältigung** umfasst die Reproduktion von Unterlagen zur Verbreitung dieser an einen bestimmten[12] Personenkreis. Beispielhaft können hier etwa Abschriften zur Vorlage während der HV aufgeführt werden. 18

Die Wahl des **Veröffentlichungsmediums** ist dabei nicht von Bedeutung.[13] Gleiches gilt grds. auch für die anderen Publizitätsarten, wobei insb. bei der Offenlegung die gesetzlichen Vorgaben zu beachten sind. Bei einem uneingeschränkten Personenkreis kommen bestimmte Datenträger sicher nicht in Betracht, das Internet aber wohl. 19

§ 328 HGB ist nicht auf die **Publikationen Dritter** anwendbar. Veröffentlichungen oder Vervielfältigungen fallen nur unter den Anwendungsbereich der Norm, sofern das publizierende Unt Urheber ist. Die Zurechnung zum Urheber umfasst allerdings auch Publikationen im Namen des oder mit ausdrücklicher Billigung durch den Urheber.[14] 20

Unter die Veröffentlichungen fallen **interne Mitteilungen**, etwa an Mitarbeiter, bereits aufgrund des in diesen Fällen eingeschränkten Adressatenkreises, nicht (zu Vorlagepflichten nach dem BetrVG s. § 267a Rz 13). Da § 328 HGB lediglich auf Publikationen nach außen anwendbar ist, sind interne Reproduktionen nicht unter Beachtung der Vorschriften der Norm zu publizieren. 21

3 Jahres-, Einzel- und Konzernabschluss – Pflichtpublizität (Abs. 1 und 1a)

3.1 Form und Inhalt – Vollständigkeit/Richtigkeit (Abs. 1)

Die Wiedergabe des Jahresabschlusses, des EA nach § 325 Abs. 2a HGB und des Konzernabschlusses erfordert gem. Abs. 1 Satz 2 in Bezug auf Form und Inhalt die Einhaltung des Gebots der **Vollständigkeit** und **Richtigkeit**. Die Pflichtpublizität muss nach Abs. 1 Satz 1 den für die Aufstellung maßgeblichen Vorschriften entsprechen. Unter Richtigkeit ist in diesem Zusammenhang zu verstehen, dass Fehler bei der Wiedergabe nicht vorkommen. Fehler bei der Publizität, die nicht in den Originalunterlagen vorkommen, sind entsprechend zu korrigieren. Bei Ges., die die Erleichterungen der §§ 326, 327 HGB in 22

---

11 So auch *Müller*, in Baetge/Kirsch/Thiele, Bilanzrecht, § 328 HGB Rz 21, Stand 08/2015; *Grottel*, in Beck Bil-Komm., 10. Aufl., § 328 HGB, Rz 2; *Fehrenbacher*, in MünchKomm. HGB, 3. Aufl., § 328 Rn 8.
12 Ebenso *Grottel*, in Beck Bil-Komm., 10. Aufl., § 328 HGB, Rz 2; einen ausgewählten Personenkreis voraussetzend *Fehrenbacher*, in MünchKomm. HGB, 3. Aufl., § 328 Rn 9.
13 Zur Publikation von Unterlagen in elektronischen Medien s. *Noack*, ZGR 1998, S. 592.
14 Vgl. ADS, 6. Aufl., § 328 HGB, Rz 16.

Anspruch nehmen, ist die entsprechend gekürzte Fassung maßgebend. Der Grundsatz der Vollständigkeit und Richtigkeit wird durch die Inanspruchnahme im Rahmen der Offenlegung nicht verletzt – er wird in gewisser Weise an die reduzierte Publizitätspflicht angepasst.[15] Auch dürfen Offenlegungserleichterungen bis zum Zeitpunkt der Offenlegung nachgeholt werden. Bei der Veröffentlichung oder Vervielfältigung dürfen die Erleichterungen dann nicht mehr nachgeholt werden.

23 In der Originalfassung enthaltene **Fehler** dürfen im Interesse der Kongruenz von Vorlage und Wiedergabe dem Gebot der Richtigkeit entsprechend nicht korrigiert werden. Das Korrekturverbot gilt dabei allerdings nur für materielle Fehler, nicht aber für Druckfehler sowie mit dem Publizitätsverfahren entstandene Fehler.[16] **Rundungen** sind zulässig.[17]

24 Das Gebot der Vollständigkeit bedingt ein Verbot zur Durchführung von **Kürzungen** sowie **Zusammenfassungen**. Es gilt sowohl bei der Offenlegung, der Veröffentlichung als auch der Vervielfältigung. Mit dem Gebot werden zudem **Umgliederungen** ausgeschlossen. Auch eine **nachträgliche Trennung** eines mit dem Konzernanhang zusammengefassten Anhangs des MU kommt nicht in Betracht. Gewählte Gestaltungsvarianten sind grds. beizubehalten.

25 **Erweiterungen** sind grds. gestattet, unterliegen jedoch einigen Anforderungen. Sie dürfen nicht im Widerspruch zu den Angaben des Abschlusses in der maßgeblichen Fassung stehen und müssen deutlich davon abgegrenzt werden;[18] eine Trennung der Erweiterungen ist auch von bereits bei der Aufstellung vorgenommenen freiwilligen Angaben erforderlich. Eine räumliche Trennung ist zudem empfehlenswert.

26 Wenngleich nur für die Offenlegung befreiender Konzernabschluss nach § 291 Abs. 1 Satz 1 HGB explizit vorgeschrieben, sind sowohl Unterlagen der Offenlegung als auch der gesetzlich vorgeschriebenen Veröffentlichung und Vervielfältigung in deutscher Sprache zu publizieren. **Übersetzungen** fallen, sofern alle Unterlagen (inklusive des vollständigen Bestätigungsvermerks) analog zur maßgeblichen Fassung ohne Änderungen veröffentlicht werden und im Rahmen etwaiger Währungsumrechnungen ausreichende Erläuterungen beigefügt werden, nicht unter den Begriff der Wiedergabe i. S. d. § 328 HGB.

3.2 Feststellung, Billigung, Bestätigungsvermerk sowie Gleichzeitigkeit mit anderen Unterlagen (Abs. 1a)

3.2.1 Feststellungs- und Billigungsdatum (Abs. 1a Satz 1)

27 Zwecks Gewährleistung der Rechtssicherheit[19] ist gem. § 328 Abs. 1a Satz 1 HGB das **Datum der Feststellung** des Jahresabschlusses respektive **der Billigung** des EA oder Konzernabschlusses anzugeben. Abschlussadressaten soll mittels der Offenlegung kenntlich gemacht werden, ob noch Änderungen an der publizierten Fassung des Abschlusses zu erwarten sind. Im Fall der Publikation eines Konzern-

---

15 Ähnlich auch *Grottel*, in Beck Bil-Komm., 10. Aufl., § 328 HGB, Rz 7.
16 Vgl. *Müller*, in *Baetge/Kirsch/Thiele*, Bilanzrecht, § 328 HGB Rz 26, Stand 08/2015; *Grottel*, in Beck Bil-Komm., 10. Aufl., § 328 HGB, Rz 9.
17 So etwa auch ADS, 6. Aufl., § 328 HGB, Rz 43.
18 Vgl. *Müller*, in *Baetge/Kirsch/Thiele*, Bilanzrecht, § 328 Rz 29, Stand 08/2015.
19 Vgl. BT-Drs. 10/317, S. 99.

abschlusses bezieht sich die Pflicht zur Datumsangabe nur auf die Billigung. Das Datum der Feststellung des Jahresabschlusses des MU muss nicht angegeben werden. Eine **Voraboffenlegung (vor Feststellung/Billigung)**, wie sie vor Einführung des BilRUG noch gestattet war, kommt nicht (mehr) in Betracht.

3.2.2 Bestätigungsvermerk (Abs. 1a Satz 2)

Wird ein Jahresabschluss, IFRS-EA oder Konzernabschluss pflichtgemäß publiziert und ist dieser der gesetzlichen Prüfungspflicht (Jahresabschluss mittelgroßer und großer KapG sowie alle Konzernabschlüsse) unterworfen, ist der Bestätigungsvermerk oder der Vermerk über dessen Versagung in **vollständigem Wortlaut** (§ 322 Rz 44ff.) – also nebst Beschreibung des Gegenstands der Prüfung, Angaben zu den angewandten Rechnungslegungsgrundsätzen, Ergänzungen, Einschränkungs- oder Versagungsbegründung, Ort und Datum dessen Unterzeichnung sowie dem Namen des Prüfers und im Fall einer Anstellung des Prüfers bei einer WP-Ges. dessen Arbeitgeber – wiederzugeben. Gleiches gilt bei Zusammenfassung des Vermerks entsprechend § 325 Abs. 3a HGB für den gem. § 298 Abs. 2 HGB zusammengefassten Jahresabschluss und Konzernabschluss sowie für den IFRS-EA und -Konzernabschluss.[20] Eine Auftrennung des Vermerks bei nur vollständiger Offenlegung eines Abschlusses ist nicht zulässig; in diesem Fall sollte der Hinweis beigefügt werden, dass sich der Vermerk nicht nur auf den publizierten Abschluss bezieht. Bei erfolgter Nachtragsprüfung ist nur der auf Basis dieser Prüfung erteilte Bestätigungsvermerk beizufügen. 28

Gesellschaften, die sich einer **freiwilligen Abschlussprüfung** unterziehen, sind nicht dazu verpflichtet, den Bestätigungsvermerk wiederzugeben. Wird der Abschluss in geprüfter Fassung vollständig publiziert, ist die Wiedergabe des exakten Wortlauts allerdings gestattet.[21] Ein Hinweis nach Maßgabe des § 328 Abs. 2 Satz 3 HGB darf hingegen nicht erfolgen. Anders verhält es sich bei freiwilligen Abschlussprüfung und einer Versagung oder Einschränkung des Bestätigungsvermerks, worauf hinzuweisen ist. 29

Bei nur **teilweiser Offenlegung** aufgrund der Inanspruchnahme von Offenlegungserleichterungen oder der Nachholung von Aufstellungserleichterungen bei der Offenlegung ist von der publizierenden Ges. im Zusammenhang mit und zusätzlich zu dessen vollständiger Wiedergabe darauf hinzuweisen, dass sich der Bestätigungsvermerk auf den vollständigen Jahresabschluss bezieht.[22] Der Hinweis entfällt, sofern der AP auch den verkürzten Abschluss testiert und daraufhin eine Bescheinigung ausstellt[23] (ein zweiter Vermerk kann nicht erteilt werden), die dem vollständigen Vermerk bei Offenlegung vorzustehen hat. 30

---

[20] Vgl. *Fehrenbacher*, in MünchKomm. HGB, 3. Aufl., § 328 Rn 21; *Grottel*, in Beck Bil-Komm., 10. Aufl., § 328 HGB, Rz 11.
[21] Vgl. *Grottel*, in Beck Bil-Komm., 10. Aufl., § 328 HGB, Rz 13.
[22] Vgl. WPH Edition, Wirtschaftsprüfung & Rechnungslegung, 15. Aufl., 2017, Abschn. N, Tz 19ff.; *Fehrenbacher*, in MünchKomm. HGB, 3. Aufl., § 328 Rn 22; *Müller*, in *Baetge/Kirsch/Thiele*, Bilanzrecht, § 328 HGB, Rz 36, Stand 08/2015; *Grottel*, in Beck Bil-Komm., 10. Aufl., § 328 HGB, Rz 11.
[23] Vgl. WPH Edition, Wirtschaftsprüfung & Rechnungslegung, 15. Aufl., 2017, Abschn. M, Tz 1003; *Müller*, in *Baetge/Kirsch/Thiele*, Bilanzrecht, § 328 HGB, Rz 36, Stand 08/2015; *Grottel*, in Beck Bil-Komm., 10. Aufl., § 328 HGB, Rz 12; *Fehrenbacher*, in MünchKomm. HGB, 3. Aufl., § 328 Rn 23.

Zu den Vorgaben in Bezug auf den Bestätigungsvermerk bei „**freiwilliger Publizität**" s. Rz 35.

3.3 Gleichzeitigkeit mit anderen Unterlagen (Abs. 1a Satz 3)

31 Erfolgt die **Offenlegung** des Jahresabschlusses, IFRS-EA oder Konzernabschlusses nicht gleichzeitig mit allen anderen nach § 325 HGB offenzulegenden Unterlagen (u. a. Bericht des Aufsichtsrats, Erklärung gem. § 161 AktG zum Corporate Governance Kodex), so ist darauf hinzuweisen.

4 Jahres-, Einzel- und Konzernabschluss – freiwillige Publizität (Abs. 2)

32 § 328 Abs. 2 HGB regelt die nicht auf Gesetz, Gesellschaftsvertrag oder Satzung beruhenden Veröffentlichungen und Vervielfältigungen von Jahresabschlüssen, EA nach § 325 Abs. 2a HGB und Konzernabschlüssen, die nicht den Vorschriften der Offenlegung des § 328 Abs. 1 HGB unterliegen und auch tatsächlich von der dort vorgeschriebenen Form abweichen. Abs. 2 enthält insofern ein Wahlrecht, als dass Abs. 1 freiwillig angewandt werden darf. Unter den Anwendungsbereich des § 328 Abs. 2 HGB fallende Veröffentlichungen und Vervielfältigungen sind etwa **Finanzanzeigen**, sog. **Geschäftsberichte**, sofern sie nicht auch zur Erfüllung aktienrechtlicher Vorlagepflichten dienen, oder **Werbeinformationen**, die wesentliche Abschlusskennzahlen enthalten.[24] **Börsenzulassungsprospekte** müssen dagegen mindestens den **gesamten Jahresabschluss** nebst Lagebericht und Bestätigungsvermerk enthalten. Sie fallen daher nicht in den Anwendungsbereich des § 328 Abs. 2 HGB, sondern werden von Abs. 1 erfasst.

33 Besonderen **Formanforderungen** unterliegen die freiwillig publizierten Unterlagen nicht. Neben Kürzungen sind auch Zusammenfassungen oder Umgliederungen gestattet. Zu den Besonderheiten bei freiwilliger Publizität sonstiger Unterlagen s. Rz 40. Abs. 2 schreibt allerdings vor, dass die Unterlagen einen entsprechenden Nicht-Anwendungshinweis in Bezug auf Abs. 1 enthalten müssen. Der Hinweis muss sich dabei aus der Überschrift ergeben.[25]

> **Beispiel**
> „Gekürzter Jahresabschluss zum …" oder
> „Erweiterter Jahresabschluss zum …".

Grenzen setzt den Abweichungen allerdings die Anforderung, dass es sich noch um einen Jahresabschluss (bzw. das entsprechend andere Dokument) handeln muss, der als solcher erkennbar ist.[26] Werden die zentralen Aussagen so ver-

---

[24] Von einigen Autoren geforderten Ausnahmen darf zwecks Vermeidung einer Normaushöhlung nur in engen Grenzen stattgegeben werden. Gl. A. ADS, 6. Aufl., § 328 HGB, Rz 82; mit einer differenzierteren Betrachtung *Zimmer*, in Großkomm. HGB, § 328 Rn 25.
[25] Vgl. *Fehrenbacher*, in MünchKomm. HGB, 3. Aufl., § 328 Rn 31.
[26] Vgl. *Grottel*, in Beck Bil-Komm., 10. Aufl., § 328 HGB, Rz 17; ADS, 6. Aufl., § 328 HGB, Rz 88; *Fehrenbacher*, in MünchKomm. HGB, 3. Aufl., § 328 Rn 30; *Müller*, in *Baetge/Kirsch/Thiele*, Bilanzrecht, § 328 HGB Rz 54, Stand 08/2015.

fälscht, dass eine Täuschung von Adressaten folgen kann, muss ein entsprechender Hinweis – etwa „Auszug aus dem Jahresabschluss" – aufgenommen werden. Die mit **der Offenlegung zusammengelegte Wiedergabe** der freiwilligen Informationen ist grds. zulässig.[27] In diesem Fall hat allerdings eine geeignete Kennzeichnung der über die Offenlegung hinausgehenden Informationen zu erfolgen,[28] sodass eine Trennung für die Adressaten klar ersichtlich ist und sich so eine Vertrauensbasis bilden kann. 34

Ein Bestätigungsvermerk darf nicht beigefügt werden, um etwaige Verwechslungen mit den unter Einhaltung der Offenlegungsvorschriften des § 328 Abs. 1 HGB veröffentlichten „vollständigen" Unterlagen zu verhindern.[29] Ist aufgrund gesetzlicher Vorschriften eine Prüfung durch einen AP erfolgt, gewährleistet § 328 Abs. 2 Satz 3 HGB, dass die Adressaten entsprechend über das Ergebnis Kenntnis erlangen. So ist anzugeben, zu welcher der in § 322 Abs. 2 Satz 1 HGB genannten zusammenfassenden Beurteilungen des Prüfungsergebnisses der AP in Bezug auf den in gesetzlicher Form erstellten Abschluss gelangt ist und ob der Bestätigungsvermerk einen Hinweis nach § 322 Abs. 3 Satz 2 HGB enthält. Siehe dazu insb. auch § 322 Rz 187 ff., Rz 207 ff. 35

Den Unterlagen ist gem. § 328 Abs. 2 Satz 4 HGB ein **Offenlegungshinweis** beizufügen. Dieser hat kenntlich zu machen, ob die Unterlagen bei dem Betreiber des BAnz eingereicht worden sind. Ort und Wortlaut sind nicht festgelegt. 36

5 Sonstige Unterlagen (Abs. 3)

5.1 Form und Inhalt (Abs. 3 Satz 1)

§ 328 Abs. 3 HGB dehnt den Anwendungsbereich des Abs. 1 auf den **Lagebericht**, den **Konzernlagebericht**, den **Vorschlag** sowie den **Beschluss über die Verwendung des Ergebnisses** aus. Im Zuge des BilRUG wurde allerdings versäumt, den Verweis auf den neuen Abs. 1 anzupassen. Gemäß der im BGBl. veröffentlichten Fassung wird insofern – formal falsch – noch auf Abs. 1 Nr. 1 und nicht auf Abs. 1 verwiesen. 37

Im Fall der Übertragbarkeit sind – ungeachtet des kleinen formalen Fehlers – die formbezogenen Anforderungen an die pflicht-, satzungs- oder gesellschaftsvertragsgemäße Offenlegung, Veröffentlichung und Vervielfältigung des Abs. 1 anzuwenden. Ein Verweis auf den für die freiwillige Publizität geltenden Abs. 2 ist nicht gesetzt. Nach hM sind die Vorschriften des Abs. 1 über den Verweis in Abs. 3 auch für den **Bericht des Aufsichtsrats** zu beachten[30]; die Nichterfassung in Abs. 3 dürfte auf einem Redaktionsversehen beruhen.

Lagebericht und **Konzernlagebericht** müssen der Fassung nach § 289 bzw. § 325 Abs. 2a Satz 4 oder § 315 HGB entsprechen. Für sie gilt das Gebot der Vollständigkeit und Richtigkeit (Rz 22). Außer der Befreiung kleiner KapG (inkl. der Teilgruppe der KleinstKapG) und ihnen gleichgestellter PersG von

---

[27] Anstatt vieler vgl. *Grottel*, in Beck Bil-Komm., 10. Aufl., § 328 HGB, Rz 16.
[28] Etwa mit dem Vorschlag verschiedenfarbiges Papier zu verwenden *Grottel*, in Beck Bil-Komm., 10. Aufl., § 328 HGB, Rz 16.
[29] Vgl. *Müller*, in *Baetge/Kirsch/Thiele*, Bilanzrecht, § 328 HGB Rz 55, Stand 08/2015.
[30] Ebenso *Grottel*, in Beck Bil-Komm., 10. Aufl., § 328 HGB, Rz 21; ADS, 6. Aufl., § 328 HGB, Rz 100.

der Aufstellung – und damit auch der Offenlegung – eines Lageberichts existieren keine Aufstellungs- und/oder Offenlegungserleichterungen für dieses Rechnungslegungsinstrument. Wurden der Anhang des MU und der Konzernanhang oder der Lagebericht und der Konzernlagebericht zusammengefasst, hat gem. § 298 Abs. 2 Satz 1 oder § 315 Abs. 3 HGB eine unveränderte Übernahme zu erfolgen.[31] Der Bestätigungsvermerk bezieht sich auch auf den Lagebericht, sodass er nicht gesondert beizufügen ist.

38 **Ergebnisverwendungsvorschlag und -beschluss** sind ohne Änderungen der internen Vorlage zu entnehmen und entsprechend der gesetzlichen Vorschriften zu publizieren. Einschlägig in Bezug auf Gliederung/Inhalt sind für AG/KGaA und über einen Verweis in § 52 GmbHG auch für GmbH mit einem Aufsichtsrat die Vorgaben des § 170 Abs. 2 AktG; nur für AG/KGaA zudem § 174 Abs. 2 AktG. Ist § 170 Abs. 2 AktG nicht auf die jeweilige GmbH anzuwenden, bestehen keine Gliederungsanforderungen. Formanforderungen bestehen grds. nicht, sodass auch eine Darstellung im Anhang zulässig ist. Eine Zusammenfassung genügt den gesetzlichen Anforderungen, sofern Vorschlag und Beschluss identisch sind.[32]

39 Für den **Bericht des Aufsichtsrats** gilt analog zum Lagebericht/Konzernlagebericht das Gebot der Vollständigkeit und Richtigkeit (Rz 22).

40 Der fehlende Verweis auf § 328 Abs. 2 HGB wirft die Frage auf, inwieweit die von § 328 HGB nicht eingeschränkte und somit zulässige **freiwillige Publizität** sonstiger Unterlagen i.S.d. § 328 Abs. 3 HGB den formalen und inhaltlichen Anforderungen des Abs. 1 unterworfen ist bzw. lediglich den Anforderungen des § 328 Abs. 2 HGB unterliegt. Wenngleich strittig, sollten freiwillig publizierte Unterlagen mit Bezug zu den von § 328 Abs. 3 HGB tangierten Unterlagen dem Grundsatz der Vollständigkeit und Richtigkeit i.S.d. § 328 Abs. 1 HGB unterworfen werden.

5.2 Nachträgliche Offenlegung (Abs. 3 Satz 2)

41 § 328 Abs. 3 Satz 2 HGB schreibt vor, wie bei einer **zeitversetzten** gesonderten **Offenlegung** von Unterlagen i.S.d. § 328 Abs. 3 Satz 1 HGB zu verfahren ist. Veröffentlichungen oder Vervielfältigungen nach Gesellschaftsvertrag oder Satzung werden nicht erfasst. Werden die in § 328 Abs. 3 Satz 1 HGB genannten Unterlagen nachträglich offengelegt, ist jeweils anzugeben, auf welchen Abschluss sie sich beziehen und wo dieser offengelegt worden ist.

> **Beispiel**
> Zur Kenntlichmachung des Abschlussbezugs sollten die Unterlagen mindestens mit „... zum Jahres-/Konzernabschluss", Abschlussstichtag und Firmenname bezeichnet werden.[33]

42 Die Hinweispflicht gilt gem. Hs. 2 auch für die nachträgliche Offenlegung des **Bestätigungsvermerks** oder des Vermerks über seine Versagung. Eine vom Ab-

---

[31] Vgl. *Grottel*, in Beck Bil-Komm., 10. Aufl., § 328 HGB, Rz 21.
[32] Vgl. ADS, 6. Aufl., § 328 HGB, Rz 108.
[33] Vgl. *Müller*, in *Baetge/Kirsch/Thiele*, Bilanzrecht, § 328 HGB Rz 77, Stand 12/2013.

schluss getrennte Offenlegung des Vermerks ist umstritten, einer teilweise strengen Auslegung in Anlehnung an § 322 Abs. 1 HGB bedarf es jedoch nur bei der Erteilung, nicht aber der Offenlegung.[34] Die **alleinige Wiedergabe** des Bestätigungsvermerks ist bei Einhaltung der Anforderungen des § 328 Abs. 3 Satz 2 HGB ausreichend[35] und neben der erneuten Offenlegung des Abschlusses auch die einzige Möglichkeit, den Anforderungen des § 328 Abs. 3 HGB gerecht zu werden, da der Prüfer kaum ein Testatsexemplar ohne Abschluss ausstellen wird.

6 Abweichungen von der Kontoform (Abs. 4)

§ 328 Abs. 4 HGB ermächtigt den Verordnungsgeber des § 330 Abs. 1 HGB, das BMJV, im Einvernehmen mit dem BMF und dem BMWI (§ 330 HGB spricht fälschlicherweise noch vom BMJ sowie vom BMWT) dazu, dem Betreiber des BAnz **Abweichungen von der Kontoform** nach § 266 Abs. 1 Satz 1 HGB zu gestatten. Die Regelung trägt etwaigen Darstellungsproblemen auf Computermonitoren Rechnung, die sich bei Verwendung der Kontenform ergeben könnten. Die Staffelform ist in Bezug darauf nicht probleminhärent.[36]

43

7 Hinterlegung (Abs. 5)

Obwohl nur explizit auf Abs. 1 bezogen, wird mit Abs. 5 die Ausgestaltung der Hinterlegung der Bilanz von KleinstKapG den Regelungen für die Offenlegung bzgl. Form und Inhalt sowie wohl auch der übrigen in Abs. 1a–4 getroffenen Regelungen – sofern relevant – gleichgestellt. Somit gelten die zuvor vorgenommenen Kommentierungen auch für die auf Antrag einer KleinstKapG lediglich zu hinterlegende Bilanz (§ 326 Rz 24 ff.).

44

8 Rechtsfolgen bei Pflichtverletzung

Ein Verstoß gegen § 328 HGB hat – unabhängig davon, ob es sich um freiwillige oder pflichtgemäße Publikationen handelt – keine Auswirkungen auf die **Rechtswirksamkeit** der Rechnungslegungsunterlagen. Für die Wirksamkeit ist einzig die Feststellung bzw. in Bezug auf den Bestätigungsvermerk die Erteilung relevant.

45

Sind in den Unternehmenspublikationen **Fehler oder Lücken** enthalten, sind diese dem Grundsatz der Vollständigkeit und Richtigkeit entsprechend zu korrigieren. Von der Korrektur identifizierbarer kleiner Druckfehler kann allerdings abgesehen werden. Bei anderen Korrekturen kommt die erneute Kundgebung der ganzen Unterlagen als auch die Herausgabe einer verständlichen Korrekturmeldung in der gleichen Form in Betracht. Gleiches gilt für freiwillig publizierte Unterlagen.

46

Liegt eine vorsätzliche Pflichtverletzung vor, handelt es sich um eine nach Maßgabe des § 334 Abs. 1 Nr. 2b HGB geahndete **Ordnungswidrigkeit**. Voraussetzung für das Vorliegen einer Ordnungswidrigkeit ist dabei, dass die

47

---

[34] Vgl. ADS, 6. Aufl., § 328 HGB, Rz 119.
[35] So auch ADS, 6. Aufl., § 328 HGB, Rz 119; *Fehrenbacher*, in MünchKomm. HGB, 3. Aufl., § 328 Rn 40; a. A. *Grottel*, in Beck Bil-Komm., 10. Aufl., 2016, § 328 HGB, Rz 24.
[36] Begründung im Entwurf eines Gesetzes über elektronische Handelsregister und Genossenschaftsregister sowie das Unternehmensregister, BR-Drs. 942/05, S. 122.

Unterlagen bereits veröffentlicht wurden. Ein Verstoß gegen die Vorschriften des § 328 HGB ist dann regelmäßig bußgeldbewehrt. Die Geldbuße kann bis zu 50.000 EUR betragen. Entgegen der fristgerechten Einreichung ist die normkonforme Einreichung entsprechend den Vorgaben von § 328 HGB nicht vom Betreiber des BAnz zu prüfen (§ 329 Rz 10 ff.). Bezüglich einer möglichen über das Bußgeld hinausgehenden Bestrafung der Mitglieder des vertretungsberechtigten Organs oder des Aufsichtsrats s. § 400 Abs. 1 Nr. 1 AktG oder § 82 Abs. 2 Nr. 2 GmbHG.

§ 329 Prüfungs- und Unterrichtungspflicht des Betreibers des Bundesanzeigers

(1) ¹Der Betreiber des Bundesanzeigers prüft, ob die einzureichenden Unterlagen fristgemäß und vollzählig eingereicht worden sind. ²Der Betreiber des Unternehmensregisters stellt dem Betreiber des Bundesanzeigers die nach § 8b Abs. 3 Satz 2 von den Landesjustizverwaltungen übermittelten Daten zur Verfügung, soweit dies für die Erfüllung der Aufgaben nach Satz 1 erforderlich ist. ³Die Daten dürfen vom Betreiber des Bundesanzeigers nur für die in Satz 1 genannten Zwecke verwendet werden.

(2) ¹Gibt die Prüfung Anlass zu der Annahme, dass von der Größe der Kapitalgesellschaft abhängige Erleichterungen oder die Erleichterung nach § 327a nicht hätten in Anspruch genommen werden dürfen, kann der Betreiber des Bundesanzeigers von der Kapitalgesellschaft innerhalb einer angemessenen Frist die Mitteilung der Umsatzerlöse (§ 277 Abs. 1) und der durchschnittlichen Zahl der Arbeitnehmer (§ 267 Abs. 5) oder Angaben zur Eigenschaft als Kapitalgesellschaft im Sinn des § 327a verlangen. ²Unterlässt die Kapitalgesellschaft die fristgemäße Mitteilung, gelten die Erleichterungen als zu Unrecht in Anspruch genommen.

(3) In den Fällen des § 325a Abs. 1 Satz 3 und des § 340l Absatz 2 Satz 6 kann im Einzelfall die Vorlage einer Übersetzung in die deutsche Sprache verlangt werden.

(4) Ergibt die Prüfung nach Absatz 1 Satz 1, dass die offen zu legenden Unterlagen nicht oder unvollständig eingereicht wurden, wird die jeweils für die Durchführung von Ordnungsgeldverfahren nach den §§ 335, 340o und 341o zuständige Verwaltungsbehörde unterrichtet.

Prof. Dr. Stefan Müller

Inhaltsübersicht	Rz
1 Überblick	1–9
1.1 Inhalt und Regelungszweck	1–5
1.2 Anwendungsbereich	6–9
2 Umfang der Prüfung (Abs. 1)	10–12
3 Mitteilungspflicht in Zweifelsfällen (Abs. 2)	13–17
4 Vorlage einer Übersetzung (Abs. 3)	18
5 Rechtsfolgen bei Pflichtverletzung (Abs. 4)	19

1 Überblick

1.1 Inhalt und Regelungszweck

§ 329 HGB regelt die Prüfungs- und Unterrichtungspflicht des Betreibers des BAnz (vor dem 1.4.2012 wurde im Gesetz stets von „elektronischen Bundesanzeiger" gesprochen), der Bundesanzeiger Verlagsgesellschaft in Köln.[1] Der Verlagsgesellschaft wird in § 329 Abs. 1 HGB dabei lediglich eine **beschränkte Prüfungspflicht** auferlegt,[2] die die Validierung der **Vollzähligkeit** der eingereichten Unterlagen sowie der Einhaltung der **Einreichungsfrist** beinhaltet (§ 329 Abs. 1 Satz 1 HGB). § 329 Abs. 1 Satz 2 HGB sieht vor, dass dem Betreiber des BAnz sämtliche zur Prüfung erforderliche Daten des Unternehmensregisters zur Verfügung stehen, wozu auch Dokumente des Handels-, Genossenschafts- und Partnerschaftsregisters sowie Bekanntmachungen der Insolvenzgerichte gehören. Eine von der Prüfung abweichende Verwendung dürfen die Daten gem. § 329 Abs. 1 Satz 3 HGB dabei nicht finden. Die beschränkte Prüfungspflicht bringt mit sich, dass dem Betreiber des Anzeigers außer der nach § 329 Abs. 1 Satz 4 HGB geforderten Weiterleitung an das Bundesamt der Justiz im Fall eines Verstoßes keine Zwangs- bzw. Sanktionierungsmittel zur Verfügung stehen. Die Einleitung eines Ordnungsgeldverfahrens gem. § 335 HGB obliegt dem Bundesamt als zuständige Verwaltungsbehörde (Rz 19).

2 Die Prüfungspflicht des Betreibers des BAnz umfasst gem. § 329 Abs. 2 HGB auch, inwieweit die etwaige Inanspruchnahme größenabhängiger **Erleichterungen** sowie Erleichterungen nach Maßgabe des § 327a HGB berechtigt war. Besteht Anlass zur Annahme, dass Erleichterungen zu Unrecht beansprucht wurden, steht der Verlagsgesellschaft ein auf die Mitteilung der Umsatzerlöse, der durchschnittlichen Zahl der Arbeitnehmer oder von Angaben zur Eigenschaft als KapG i. S. d. § 327a HGB **beschränktes Auskunftsrecht** zur Verfügung.

3 Aus Abs. 3 ergibt sich ein auf den Einzelfall beschränktes Recht bei Vorliegen von **Zweigniederlassungen** von KapG mit Sitz im Ausland zur Beanspruchung einer Übersetzung der Unterlagen der Hauptniederlassung.

4 Die Publizität der Unternehmensrechnungslegung soll alle Interessierten dazu befähigen, sich einen Überblick über die wirtschaftlichen Verhältnisse des Unt zu verschaffen. Das ist insb. dann erforderlich, wenn den Gläubigern – wie etwa bei KapG – grds. nur das Gesellschaftsvermögen haftet. Die Pflicht zur Offenlegung ist somit als **Kehrseite der Haftungsbeschränkung** zu verstehen, kann sich aber auch aus dem Geschäftsgegenstand (z.B. bei Banken und VersicherungsUnt) ergeben.

5 **Weicht das Gj vom Kj ab,** kann es trotz noch nicht abgelaufener Offenlegungsfrist zur Zustellung einer Androhungsverfügung kommen, da diese Information nicht Bestandteil der Handelsregisterindexdaten ist. Ein Formblatt zur Mitteilung dieses Sachverhalts liegt dem Androhungsschreiben bei. Auch kann ein Vorabhinweis an den Betreiber des BAnz erfolgen, der vom Ministerium begrüßt wird.

1.2 Anwendungsbereich

6 Der Kreis der offenlegungspflichtigen Unt hat sich durch das im Jahr 2007 in Kraft getretene EHUG nicht verändert.[3] Relevant sind die Regelungen des § 329 HGB entsprechend für alle **KapG**. Neben KapG müssen auch KapCoGes die

---

[1] Seit Einführung des EHUG, vorher oblag die Prüfung dem Registergericht.
[2] Vgl. *Fehrenbacher*, in MünchKomm. HGB, 3. Aufl., § 329 Rn 1.
[3] Vgl. z.B. *Hucke*, in *Baetge/Kirsch/Thiele*, Bilanzrecht, § 329 HGB, Rz 11, Stand 8/2015.

Vorgaben des § 329 HGB einhalten. Mit dem BilRUG wurde für Gj, die nach dem 23.7.2015 begonnen haben, die Anwendung über Jahresabschluss und Lagebericht hinaus auch ausgeweitet auf die **Offenlegung von Zahlungsberichten**, da auf die Abs. 1, 3 und 4 des § 329 HGB verwiesen wird. Anders verhält es sich dagegen bei dem **nichtfinanziellen (Konzern-)Bericht** nach § 289b Abs. 3 HGB bzw. § 315b Abs. 3 HGB nach dem CSR-RL-Umsetzungsgesetz. Dieser kann alternativ zu der nichtfinanziellen (Konzern-)Erklärung gesondert vom (Konzern-)Lagebericht erstellt werden und ist dann auf der Internetseite des Unt zu veröffentlichen, was vom AP und Aufsichtsrat zu prüfen ist.

Unter den Anwendungsbereich des § 329 HGB fallen über Verweise auch **Kreditinstitute** (§ 340l Abs. 1 HGB), **VersicherungsUnt** (§ 341l Abs. 1 HGB), **eG** (§ 339 Abs. 2 HGB) und bestimmte Unt, die dem **PublG** unterliegen (§§ 9 Abs. 1 Satz 2, 15 Abs. 2 PublG). Nach dem Publizitätsgesetz zur Offenlegung verpflichtete Unt sind dabei jene, die gem. § 1 PublG in 3 aufeinanderfolgenden Gj 2 der 3 nachfolgenden Merkmale erfüllen: Bilanzsumme über 65 Mio. EUR, Umsatzerlöse über 130 Mio. EUR, durchschnittlich über 5.000 Mitarbeiter. 7

Auch KapG mit Sitz im Ausland und **Zweigniederlassungen** in Deutschland unterliegen über einen Verweis in § 325a Abs. 1 Satz 1 HGB teilweise den Vorschriften des § 329 HGB. 8

Inwieweit Ges. **überhaupt eine Geschäftstätigkeit** entfalten, ist für die Gültigkeit von § 329 HGB nicht von Relevanz. Das Fehlen einer werbenden Tätigkeit stellt vom Gesetz her keinen Ausnahmegrund dar und die handelsrechtlichen Pflichten bestehen auch bei Unt in **Liquidation** oder bei **Insolvenzeröffnung** fort (§ 264 Rz 40). 9

2 Umfang der Prüfung (Abs. 1)

Große Ges. (§ 267 Rz 10) müssen grds. sämtliche der in § 325 Abs. 1 HGB genannten Unterlagen einreichen. Mittelgroße Unt können von den Erleichterungen nach § 327 HGB und kleine Ges. von der Erleichterung des § 326 HGB Gebrauch machen. Einzureichen und offenzulegen sind von kleinen Ges. entsprechend nur Bilanz und Anhang. Kommen keine Erleichterungen zum Tragen, sind einzureichen und **formell – nicht aber materiell**[4]**–** vom BAnz **auf Vollzähligkeit** zu prüfen: 10

- der Jahresabschluss (Bilanz, GuV sowie Anhang inkl. der Aufstellung zum Anteilsbesitz und Vorschlag oder Beschluss zur Ergebnisverwendung) mit dem Bestätigungs-/Versagungsvermerk[5] des AP oder der EA nach internationalen Rechnungslegungsstandards;
- der Lagebericht (inkl. der ggf. abzugebenden Erklärung zur Unternehmensführung gem. § 289f HGB);
- der Bericht des Aufsichtsrats;
- die Entsprechenserklärung zum DCGK nach § 161 AktG;

---

[4] Dies gilt selbst dann, wenn der eingereichte Jahresabschluss offensichtlich nicht wirksam festgestellt wurde; vgl. *Ott*, in *Federmann/Kußmaul/Müller* (Hrsg.), HdB, Offenlegung des Jahresabschlusses, Rz 78, Stand 10/2015; ADS, 6. Aufl., § 329 HGB, Rz 4.

[5] Sofern verpflichtend vorgeschrieben. Er bedingt zwar eine Prüfung abseits einer rein formellen Kontrolle, darf aufgrund seiner Zugehörigkeit zu den offenlegungspflichtigen Unterlagen jedoch nicht außen vor gelassen werden.

- die Änderungen des Jahresabschlusses infolge einer nachträglichen Prüfung oder Feststellung sowie des Bestätigungs-/Versagungsvermerks bei erforderlicher Nachtragsprüfung.

Entsprechendes gilt für die Offenlegung eines **Konzernabschlusses** und eines Konzernlageberichts. Mit der Neufassung des § 325 HGB durch das BilRUG kommt es hier zu leicht anderen Prüfungen.

11 Inhaltliche Mängel schließen die Vollzähligkeit nur dann aus, wenn sie dazu führen, dass bei den eingereichten Unterlagen etwa nicht mehr von einem Jahresabschluss ausgegangen werden kann.[6]

12 Neben der Prüfung auf Vollzähligkeit obliegt dem Betreiber des BAnz gem. § 329 Abs. 1 HGB auch die Kontrolle der **fristgerechten Einreichung** der Unterlagen. Nach § 328 Abs. 1 Nr. 2 HGB geht das Gesetz von einer Offenlegungspflicht innerhalb der 12- bzw. 4-Monatsfrist des § 325 Abs. 1a bzw. Abs. 4 HGB aus, auch wenn bis dahin die genannten Abschlüsse noch nicht geprüft oder festgestellt sind (§ 328 Rz 31). Wird der Jahresabschluss oder LB geändert, so ist die Änderung ebenfalls offenzulegen. Für den Fall, dass nur ein Vorschlag zur Ergebnisverwendung im Anhang nach § 285 Nr. 34 HGB enthalten ist, muss der Beschluss über die Ergebnisverwendung nach dem Vorliegen veröffentlicht werden (§ 325 Abs. 1b HGB). Werden erforderliche Unterlagen nicht fristgerecht eingereicht, sind diese unverzüglich nach ihrem Vorliegen zur Bekanntmachung dem BAnz einzureichen (§ 325 Abs. 1a Satz 2 HGB). Bei der sukzessiven Offenlegung ist auf diesen Umstand hinzuweisen (§ 328 Rz 41). Die Fristen markieren dabei den zulässigen Einreichungszeitpunkt, § 325 HGB verlangt seit dem BilRUG nicht mehr die auch zuvor nicht sanktionierte[7] Einreichung unverzüglich nach Vorlage an die Gesellschafter.

3 Mitteilungspflicht in Zweifelsfällen (Abs. 2)

13 § 329 Abs. 2 HGB räumt dem Betreiber des BAnz ein über das in Abs. 1 vorgesehene Maß hinausgehendes limitiertes **Informationsrecht** in bestimmten Fällen ein. Sofern ein einreichungspflichtiges Unt bei der Offenlegung handelsrechtliche Erleichterungen in Anspruch nimmt und seitens der Bundesanzeiger Verlagsgesellschaft Zweifel über die Rechtmäßigkeit deren Inanspruchnahme bestehen, kann diese die Mitteilung der für die Erleichterungen maßgeblichen Kennzahlen/Informationen durch das einreichende Unt verlangen. Voraussetzung für das Auskunftsrecht bildet dabei der **Anlass zur Annahme** einer unrechtmäßigen Inanspruchnahme, der sich sowohl aus den eingereichten als auch aus den vom Unternehmensregister zur Verfügung gestellten Dokumenten ergeben kann. Neben den für die Beurteilung in Bezug auf die Erleichterung des § 327a HGB relevanten Angaben ist das einreichende Unt zur Mitteilung der Umsatzerlöse (definiert in § 277 Abs. 1 HGB) sowie der durchschnittlichen Arbeitnehmerzahl (nach § 267 Abs. 5 HGB) verpflichtet (zur Ermittlung s. § 267 Rz 16ff.). Die Bilanzsumme ist dem BAnz durch die stets einzureichende Bilanz bekannt.

---

[6] Vgl. *Fehrenbacher*, in MünchKomm. HGB, 3. Aufl., § 329 Rn 7.
[7] Vgl. *Fehrenbacher*, in MünchKomm. HGB, 3. Aufl., § 329 Rn 9.

Ergibt sich dem Betreiber des BAnz daraus, dass das Unt nicht der entsprechenden Größenklasse angehört oder nicht Unt i. S. d. § 327a HGB ist, gelten die Erleichterungen nach Ablauf der Frist in Bezug auf § 329 HGB – nicht jedoch auf andere handelsrechtliche Normen – als **zu Unrecht in Anspruch genommen** (§ 329 Abs. 2 Satz 2 HGB). Es handelt sich also um eine von den tatsächlichen Verhältnissen unabhängige Fiktion. Gleiches gilt, sofern das Unt der Pflicht zur Mitteilung der geforderten Zusatzangaben nicht oder nicht rechtzeitig nachkommt. Zu den Rechtsfolgen der daraus resultierenden unvollständigen bzw. nicht fristgerechten Einreichung der offenlegungspflichtigen Unterlagen s. § 329 Abs. 4 HGB (Rz 19). 14

Die Erleichterungen des **§ 327 HGB** sind für das Auskunftsrecht des § 329 Abs. 2 HGB nicht von Bedeutung, da sie rein inhaltlicher Natur sind und keine Verkürzungen in Bezug auf die vom Betreiber des BAnz zu prüfende Vollständigkeit der Unterlagen oder die Einreichungsfristen enthalten. Anders verhält es sich bei den Erleichterungen des § 326 HGB. Da die Inanspruchnahme zur Kürzung um einen Jahresabschlussbestandteil an sich berechtigt, können in Konsequenz die Auskunftsrechte des § 329 Abs. 2 HGB ausgelöst werden. 15

Die reine Angabe der Informationen ist dabei ausreichend, einer **Begründung** bedarf es nicht. **Formalanforderungen** in Bezug auf die Nachlieferung der entsprechenden Angaben gibt es ebenfalls nicht, die Informationen müssen lediglich dazu geeignet sein, die notwendige sachgerechte Beurteilung zu ermöglichen.[8] Ergibt sich die Rechtmäßigkeit der Inanspruchnahme der Erleichterungen aus den anderen bereits eingereichten Unterlagen bzw. aus den vom Betreiber des Unternehmensregisters an den Betreiber des BAnz übermittelten Informationen auch ohne die Angabe der Zusatzinformationen, entfällt die Mitteilungspflicht.[9] 16

Eine Veröffentlichung der Zusatzangaben erfolgt nicht. Für den Fall von festgestellten Verstößen s. Rz 19. 17

4 Vorlage einer Übersetzung (Abs. 3)

Sofern **Zweigniederlassungen** von KapG mit Sitz im Ausland vorliegen und § 325a Abs. 1 Satz 3 HGB tangiert wird, kann der Betreiber des BAnz im Einzelfall die Vorlage einer **Übersetzung** in die deutsche Sprache verlangen. Eine Begründungspflicht sieht das Gesetz dabei nicht vor, der Formulierung „im Einzelfall" ist jedoch zu entnehmen, dass der Gesetzgeber eine restriktive Anwendung bezweckt, die dann auch regelmäßig einer Begründung bedürfen müsste. Gleiches gilt, sofern Kreditinstitute mit Zweigniederlassungen von § 340l Abs. 2 Satz 4–6 HGB Gebrauch machen. 18

5 Rechtsfolgen bei Pflichtverletzung (Abs. 4)

Führt die Prüfung der fristgerechten Einreichung respektive der Vollständigkeit der eingereichten Unterlagen zu dem Ergebnis, dass die Ges. bzw. ihre vertretungsberechtigten Organe ihren gem. § 329 HGB vorgeschriebenen Pflichten 19

---

[8] Vgl. *Fehrenbacher*, in MünchKomm. HGB, 3. Aufl., § 329 Rn 9a.
[9] Beispielhaft eine Holding aufführend ADS, 6. Aufl., § 329 HGB, Rz 21.

nicht nachgekommen ist bzw. sind, wird vom Betreiber des BAnz i.d.R. zunächst ein Hinweis an die Ges. übermittelt; eine Hinweispflicht besteht dabei aber nicht.[10] Ist der Hinweis ohne Ergebnis oder wurde kein Hinweis gegeben, erfolgt gem. § 329 Abs. 4 HGB eine Mitteilung an das Bundesamt der Justiz[11], die als zuständige Verwaltungsbehörde ein **Ordnungsgeldverfahren nach § 335 HGB** (über einen Verweis in den §§ 340o, 341o HGB auch bei Kreditinstituten und VersicherungsUnt sowie über einen Verweis in § 21 PublG ebenfalls bei nach dem Publizitätsgesetz zur Offenlegung verpflichteten Ges.) und den dort genannten Vorschriften weiterer Instanzen[12] einleitet, das sich gegen die Mitglieder des vertretungsberechtigten Organs der zur Offenlegung verpflichteten Ges. als auch gegen die Ges. selbst richten kann (§ 335 Rz 1 ff.). In einer ganzen Reihe von folgenden Beschlüssen hat das Gericht die Annahme von Verfahren gegen die Offenlegungspflicht abgelehnt. Dabei geht das Gericht in nunmehr ständiger Rechtsprechung davon aus, dass der Eingriff in die Grundrechte der Gesellschafter durch die Offenlegung gerechtfertigt sei. Hierzu wird insb. auf den im Allgemeininteresse liegenden Schutz des Wirtschaftsverkehrs der Marktteilnehmer und einer Kontrollmöglichkeit der betroffenen Ges. vor dem Hintergrund deren nur beschränkter Haftung verwiesen.[13]

Zum Sonderfall einer Insolvenz s. § 335 Rz 65 ff.

---

10 Vgl. *Fehrenbacher*, in MünchKomm. HGB, 3. Aufl., § 329 Rn 16.
11 Mit dem Hinweis auf Übererfüllung der EU-Vorgaben *Ott*, in *Federmann/Kußmaul/Müller* (Hrsg.), HdB, Offenlegung des Jahresabschlusses, Rz 83, Stand 10/2015.
12 FGG und VwVfG. S. dazu § 335 Rz 25.
13 Vgl. BVerfG, Beschlüsse v. 11.3.2009, 1 BvR 3413/08, NJW 2009, S. 2588; v. 10.9.2009, 1 BvR 1636/09, juris; v. 1.2.2011, 2 BvR 1236/10, WM 2011, S. 614 (mit Anm. *Kleinmanns*, BB 2011, S. 1138); v. 11.2.2009, 1 BvR 3582/08, NZG 2009, S. 515; v. 18.4.2011, 1 BvR 874/11, juris; v. 18.4.2011, 1 BvR 956/11, juris; v. 13.4.2011, 1 BvR 822/11, BFH/NV 2011, S. 1277; v. 24.3.2011, 1 BvR 555/11, juris; v. 24.3.2011, 1 BvR 488/11, juris; v. 16.3.2011, 1 BvR 441/11, juris; v. 16.3.2011, 1 BvR 412/11, juris.

§ 330 Verordnungsermächtigung für Formblätter und andere Vorschriften

(1) ¹Das Bundesministerium der Justiz und für Verbraucherschutz wird ermächtigt, im Einvernehmen mit dem Bundesministerium der Finanzen und dem Bundesministerium für Wirtschaft und Energie durch Rechtsverordnung, die nicht der Zustimmung des Bundesrates bedarf, für Kapitalgesellschaften Formblätter vorzuschreiben oder andere Vorschriften für die Gliederung des Jahresabschlusses oder des Konzernabschlusses oder den Inhalt des Anhangs, des Konzernanhangs, des Lageberichts oder des Konzernlageberichts zu erlassen, wenn der Geschäftszweig eine von den §§ 266, 275 abweichende Gliederung des Jahresabschlusses oder des Konzernabschlusses oder von den Vorschriften des Ersten Abschnitts und des Ersten und Zweiten Unterabschnitts des Zweiten Abschnitts abweichende Regelungen erfordert. ²Die sich aus den abweichenden Vorschriften ergebenden Anforderungen an die in Satz 1 bezeichneten Unterlagen sollen den Anforderungen gleichwertig sein, die sich für große Kapitalgesellschaften (§ 267 Abs. 3) aus den Vorschriften des Ersten Abschnitts und des Ersten und Zweiten Unterabschnitts des Zweiten Abschnitts sowie den für den Geschäftszweig geltenden Vorschriften ergeben. ³Über das geltende Recht hinausgehende Anforderungen dürfen nur gestellt werden, soweit sie auf Rechtsakten des Rates der Europäischen Union beruhen. ⁴Die Rechtsverordnung nach Satz 1 kann auch Abweichungen von der Kontoform nach § 266 Abs. 1 Satz 1 gestatten. ⁵Satz 4 gilt auch in den Fällen, in denen ein Geschäftszweig eine von den §§ 266 und 275 abweichende Gliederung nicht erfordert.

(2) ¹Absatz 1 ist auf Kreditinstitute i. S. d. § 1 Abs. 1 des Gesetzes über das Kreditwesen, soweit sie nach dessen § 2 Abs. 1, 4 oder 5 von der Anwendung nicht ausgenommen sind, und auf Finanzdienstleistungsinstitute i. S. d. § 1 Abs. 1a des Gesetzes über das Kreditwesen, soweit sie nach dessen § 2 Abs. 6 oder 10 von der Anwendung nicht ausgenommen sind, sowie auf Institute i. S. d. § 1 Absatz 2a des Zahlungsdiensteaufsichtsgesetzes, nach Maßgabe der Sätze 3 und 4 ungeachtet ihrer Rechtsform anzuwenden. ²Satz 1 ist auch auf Zweigstellen von Unternehmen mit Sitz in einem Staat anzuwenden, der nicht Mitglied der Europäischen Gemeinschaft und auch nicht Vertragsstaat des Abkommens über den Europäischen Wirtschaftsraum ist, sofern die Zweigstelle nach § 53 Abs. 1 des Gesetzes über das Kreditwesen als Kreditinstitut oder als Finanzinstitut gilt. ³Die Rechtsverordnung bedarf nicht der Zustimmung des Bundesrates; sie ist im Einvernehmen mit dem Bundesministerium der Finanzen und im Benehmen mit der Deutschen Bundesbank zu erlassen. ⁴In die Rechtsverordnung nach Satz 1 können auch nähere Bestimmungen über die Aufstellung des Jahresabschlusses und des Konzernabschlusses im Rahmen der vorgeschriebenen Formblätter für die Gliederung des Jahresabschlusses und des Konzernabschlusses sowie des Zwischenabschlusses gem. § 340a Abs. 3 und des Konzernzwischenabschlusses gem. § 340i Abs. 4 aufgenommen werden, soweit dies zur Erfüllung der Aufgaben der Bundesanstalt für Finanzdienstleistungsaufsicht oder der Deutschen Bundesbank erforderlich ist, insbesondere um einheitliche

Unterlagen zur Beurteilung der von den Kreditinstituten und Finanzdienstleistungsinstituten durchgeführten Bankgeschäfte und erbrachten Finanzdienstleistungen zu erhalten.

(3) ¹Absatz 1 ist auf Versicherungsunternehmen nach Maßgabe der Sätze 3 und 4 ungeachtet ihrer Rechtsform anzuwenden. ²Satz 1 ist auch auf Niederlassungen im Geltungsbereich dieses Gesetzes von Versicherungsunternehmen mit Sitz in einem anderen Staat anzuwenden, wenn sie zum Betrieb des Direktversicherungsgeschäfts der Erlaubnis durch die deutsche Versicherungsaufsichtsbehörde bedürfen. ³Die Rechtsverordnung bedarf der Zustimmung des Bundesrates und ist im Einvernehmen mit dem Bundesministerium der Finanzen zu erlassen. ⁴In die Rechtsverordnung nach Satz 1 können auch nähere Bestimmungen über die Aufstellung des Jahresabschlusses und des Konzernabschlusses im Rahmen der vorgeschriebenen Formblätter für die Gliederung des Jahresabschlusses und des Konzernabschlusses sowie Vorschriften über den Ansatz und die Bewertung von versicherungstechnischen Rückstellungen, insbesondere die Näherungsverfahren, aufgenommen werden. ⁵Die Zustimmung des Bundesrates ist nicht erforderlich, soweit die Verordnung ausschließlich dem Zweck dient, Abweichungen nach Absatz 1 Satz 4 und 5 zu gestatten.

(4) ¹In der Rechtsverordnung nach Absatz 1 in Verbindung mit Absatz 3 kann bestimmt werden, daß Versicherungsunternehmen, auf die die Richtlinie 91/674/EWG nach deren Artikeln 2 in Verbindung mit den Artikeln 4, 7 und 9 Nummer 1 und 2 sowie Artikel 10 Nummer 1 der Richtlinie 2009/138/EG des Europäischen Parlaments und des Rates vom 25. November 2009 betreffend die Aufnahme und Ausübung der Versicherungs- und der Rückversicherungstätigkeit (Solvabilität II) (ABl. L 335 vom 17.12.2009, S. 1) nicht anzuwenden ist, von den Regelungen des Zweiten Unterabschnitts des Vierten Abschnitts ganz oder teilweise befreit werden, soweit dies erforderlich ist, um eine im Verhältnis zur Größe der Versicherungsunternehmen unangemessene Belastung zu vermeiden; Absatz 1 Satz 2 ist insoweit nicht anzuwenden. ²In der Rechtsverordnung dürfen diesen Versicherungsunternehmen auch für die Gliederung des Jahresabschlusses und des Konzernabschlusses, für die Erstellung von Anhang und Lagebericht und Konzernanhang und Konzernlagebericht sowie für die Offenlegung ihrer Größe angemessene Vereinfachungen gewährt werden.

(5) Die Absätze 3 und 4 sind auf Pensionsfonds (§ 236 Abs. 1 des Versicherungsaufsichtsgesetzes) entsprechend anzuwenden.

Prof. Dr. Stefan Müller

Inhaltsübersicht	Rz
1 Überblick	1–6
1.1 Inhalt und Regelungszweck	1–5
1.2 Anwendungsbereich	6
2 Allgemeine Verordnungsermächtigung (Abs. 1)	7–12
3 Sondervorschriften für Kreditinstitute (Abs. 2)	13–16

4 Sondervorschriften für Versicherungsunternehmen (Abs. 3 und 4) 17–22
5 Sondervorschriften für Pensionsfonds (Abs. 5) 23
6 Rechtsfolgen bei Pflichtverletzung 24–25

1 Überblick
1.1 Inhalt und Regelungszweck

§ 330 HGB ermächtigt das BMJV im Einvernehmen mit weiteren Ministerien zum Erlass **geschäftszweigspezifischer Formblätter** oder **anderer Vorschriften** zur Berücksichtigung von Besonderheiten bei der Rechnungslegung. Die handelsrechtlichen Vorschriften zur Gliederung der Bilanz (§ 266 HGB) und der GuV (§ 275 HGB) sowie die Sondervorschriften für PersG (§ 264c HGB) tragen lediglich den Spezifika von Industrie- und HandelsUnt[1] Rechnung und sind nicht in vollem Umfang zur Darstellung eines den tatsächlichen Verhältnissen entsprechenden Bilds der Vermögens-, Finanz- und Ertragslage von Unt anderer Wirtschaftszweige geeignet.[2] Zwecks Gewährleistung einer tatsachengerechten Darstellung können unter Rückgriff auf § 330 HGB neben Formblättern auch Vorschriften für die Gliederung des Jahresabschlusses oder Konzernabschlusses, den Anhang oder den Konzernanhang sowie den Lagebericht oder den Konzernlagebericht vorgegeben werden. 1

> **Beispiel**
> Auszug aus der Verordnung über die Rechnungs- und Buchführungspflichten von Krankenhäusern v. 24.3.1987[3] in Bezug auf die Gliederung der Bilanz:
> Aktivseite
> B.II. Forderungen und sonstige Vermögensgegenstände
> B.II.1. Forderungen aus L&L (KGr. 12), ... davon mit einer Restlaufzeit von mehr als einem Jahr
> B.II.2. Forderungen an Gesellschafter bzw. den Krankenhausträger(KUGr. 160), ... davon mit einer Restlaufzeit von mehr als einem Jahr
> B.II.3. Forderungen nach dem Krankenhausfinanzierungsrecht (KGr. 151), ... davon nach der BPflV (KUGr. 151), ... davon mit einer Restlaufzeit von mehr als einem Jahr
> ...

Im Fall des **§ 330 Abs. 1 HGB**, der sich grds. auf alle KapG und ihnen gleichgestellte PersG bezieht, benötigt der Adressat der Ermächtigung auch das Einverständnis des BMF sowie des BMWT. **§ 330 Abs. 2 HGB** sieht Besonderheiten für Kreditinstitute vor. Rechtsverordnungen i.S.d. Abs. 2 erfordern dabei das 2

---

1 Vgl. *Hucke*, in Baetge/Kirsch/Thiele, Bilanzrecht, § 330 HGB, Rz 2, Stand 9/2012; *ADS*, 6. Aufl., § 330 HGB, Rz 1; den Begriff Produktionsunternehmen statt Industrieunternehmen verwendend *Fehrenbacher*, in MünchKomm. HGB, § 330 Rn 2.
2 Ebenso *Hucke*, in Baetge/Kirsch/Thiele, Bilanzrecht, § 330 HGB, Rz 2, Stand 9/2012; *Fehrenbacher*, in MünchKomm. HGB, 3. Aufl., § 330 Rn 2.
3 Krankenhaus-Buchführungs-Verordnung v. 24.3.1987, zuletzt geändert am 17.7.2015, BGBl 1987 I S. 1045 und BGBl 2015 I S. 1245.

Einverständnis des BMF und sind im Benehmen mit der Deutschen Bundesbank zu erlassen. Bei Anwendung des § 330 Abs. 3 und 4 HGB (Sondervorschriften für VersicherungsUnt) ist ebenfalls das Einvernehmen des BMF von Nöten. Rechtsverordnungen i.S.d. Abs. 3 bedürfen zudem der Zustimmung des BR. § 330 Abs. 5 HGB verweist ohne weitere Angaben in Bezug auf etwaige Voraussetzungen auf die Abs. 3 und 4, sodass deren Hürden entsprechend gelten.

3 Da sich § 330 HGB nicht auf betriebsspezifische Abweichungen bezieht, sondern die einheitliche Berücksichtigung von Eigenheiten ganzer Geschäftszweige regelt, wird der **Anwendungsbereich des § 265 Abs. 5–7 HGB** (§ 265 Rz 17ff.) nicht berührt.[4] Bei der **Bündelung mehrerer Formblätter** von Unt eines Konzerns ist § 265 Abs. 4 HGB analog anzuwenden (Rz 11).

4 Die einheitliche Verordnungsermächtigung für Formblätter des § 330 Abs. 1 HGB wurde mit dem **BiRiLiG**[5] eingeführt und setzt Teile der 4. und 7. EG-RL[6] in deutsches Recht um, geht mit der Regelung in Bezug auf Anhang und Lagebericht respektive das entsprechende Konzernpendant aber auch darüber hinaus. § 330 Abs. 2 HGB wurde mit dem **BaBiRiLiG**[7], § 330 Abs. 3 und 4 HGB mit dem **VersRiLiG**[8] und § 330 Abs. 5 HGB mit dem **Altersvermögensgesetz**[9] angefügt. Ein Rückgriff auf einzelne Spezialgesetze ist seither überflüssig.

5 Mit dem AReG[10] wurden in Abs. 4 lediglich die EU-Richtlinien für Versicherungsunt aktualisiert.

1.2 Anwendungsbereich

6 Relevant ist die Regelung des § 330 HGB grds. für alle **KapG**. Neben KapG müssen auch KapCoGes die Vorgaben des § 330 HGB einhalten. Aufgrund eines Verweises in § 336 Abs. 3 HGB ist § 330 Abs. 1 HGB auch auf **eG** anzuwenden. Für Unt, die gem. **PublG** einen Abschluss zu erstellen haben, sehen die §§ 5 Abs. 3, 13 Abs. 4 PublG eine entsprechende Anwendung der Bestimmungen des § 330 HGB vor.

2 Allgemeine Verordnungsermächtigung (Abs. 1)

7 Die allgemeine Verordnungsermächtigung des § 330 Abs. 1 HGB hat den Erlass **geschäftszweigspezifischer Formblätter** oder **anderer Vorschriften** zur Gliederung des Jahresabschlusses oder Konzernabschlusses, Anpassung des Inhalts des Anhangs oder des Konzernanhangs sowie des Lageberichts oder des Konzernlageberichts zum Inhalt. Ein qualitativer Unterschied zwischen Formblättern und anderen Vorschriften besteht dabei nicht.[11]

---

4 Vgl. *Hucke*, in *Baetge/Kirsch/Thiele*, Bilanzrecht, § 330 HGB, Rz 10, Stand 9/2012; lediglich Abs. 4 und 5 aufführend *Fehrenbacher*, in MünchKomm. HGB, 3. Aufl., § 330 Rn 2.
5 Gesetz v. 19.12.1985, BGBl 1985 I S. 2355.
6 Art. 4 Abs. 2 Satz 2 der 4. EG-RL v. 27.7.1978, ABl. EG, Nr. L 222/11; Art. 17 Abs. 1 der 7. EG-RL v. 13.6.1983, ABl. EG, Nr. L 193/1.
7 Gesetz v. 30.11.1990, BGBl 1990 I S. 2570.
8 Gesetz v. 24.6.1994, BGBl 1994 I S. 1377.
9 Gesetz v. 26.6.2001, BGBl 2001 I S. 1310.
10 Gesetz v. 10.6.2016, BGBl 2016 I S. 1142.
11 Vgl. *Winkeljohann/Lawall*, in Beck Bil-Komm., 10. Aufl., 2016, § 330 HGB, Rz 12.

Abweichungen von Ansatz- oder Bewertungsvorschriften, den Vorgaben in 8
Bezug auf die Abschlussprüfung und die Offenlegung sowie Sanktionen sind
mit § 330 Abs. 1 HGB nicht zugelassen.[12]
Voraussetzung für den Erlass einer Rechtsverordnung i. S. d. § 330 Abs. 1 HGB 9
ist, dass der Geschäftszweig von den handelsrechtlichen Standards abweichende
Regelungen/Gliederungen zwecks der Darstellung eines den tatsächlichen Verhältnissen entsprechenden Bildes der Vermögens-, Finanz- und Ertragslage auch
tatsächlich erfordert.[13]

> **Beispiel**
> Auszug (§ 12 Abs. 1) aus der Verordnung über die Rechnungslegung von
> Kreditinstituten v. 11.12.1998[14]:
> Als Kassenbestand sind gesetzliche Zahlungsmittel einschl. der ausländischen
> Noten und Münzen sowie Postwertzeichen und Gerichtsgebührenmarken
> auszuweisen. Zu einem höheren Betrag als dem Nennwert erworbene Gedenkmünzen sowie Goldmünzen, auch wenn es sich um gesetzliche Zahlungsmittel handelt, und Barrengold sind im Posten „Sonstige Vermögensgegenstände" (Aktivposten Nr. 15) zu erfassen.

Die Vorgaben etwaiger Formblätter oder anderer Vorschriften sollen den für 10
große KapG bzw. KapCoGes gültigen Vorgaben **gleichwertig** sein (§ 330 Abs. 1
Satz 2 HGB). Daraus ergibt sich, dass der Informationsgehalt nicht verringert
werden darf und mittels der Formblätter etc. keine **Erleichterungen** eingeführt
werden dürfen.[15] Die Begrenzung einzelner Posten führt aber nicht automatisch
zu einer Erleichterung, sofern an anderer Stelle eine geschäftszweigspezifische
Untergliederung erfolgt.[16] Über das geltende Recht[17] hinausgehende Anforderungen sind ebenfalls unzulässig. Eine Ausnahme bilden lediglich Vorgaben, die
auf Rechtsakten des Rats der EU beruhen (§ 330 Abs. 1 Satz 3 HGB). Unter
Rechtsakte i. S. v. § 330 Abs. 1 Satz 3 HGB fallen insb. EU-Richtlinien. Darüber
hinaus ist die Vorschrift nur bedingt von praktischer Bedeutung. Allerdings ist zu
bedenken, dass die Vorschrift auch künftige Rechtsakte des Rats der EU umfasst
und es so zu einer Verschiebung der praktischen Bedeutung kommen kann.
Gegen diesen dynamischen Verweis in die Zukunft bestehen allerdings verfassungsrechtliche Bedenken.[18]
Bei der **Bündelung mehrerer Formblätter** von Unt eines Konzerns als auch 11
eines Unt mit mehreren Geschäftszweigen ist § 265 Abs. 4 HGB maßgebend,
d. h. es sind die Posten nach Maßgabe eines Unt zu verwenden und um die Posten

---

12 Vgl. *Fehrenbacher*, in MünchKomm. HGB, 3. Aufl., § 330 Rn 7; *Winkeljohann/Lawall*, in Beck Bil-Komm., 10. Aufl., 2016, § 330 HGB, Rz 11.
13 Vgl. *Hucke*, in Baetge/Kirsch/Thiele, Bilanzrecht, § 330 HGB, Rz 22, Stand 9/2012; *Fehrenbacher*, in MünchKomm. HGB, 3. Aufl., § 330 Rn 6.
14 Verordnung über die Rechnungslegung von *Kreditinstituten* v. 10.2.1992. Neufassung v. 11.12.1998, zuletzt geändert am 9.6.2011, BGBl 1998 I S. 3658 und BGBl 2011 I S. 1043.
15 Ebenso *ADS*, 6. Aufl., § 330 HGB, Rz 7–8.
16 Vgl. *Fehrenbacher*, in MünchKomm. HGB, 3. Aufl., § 330 Rn 7.
17 Bilanzrecht des HGB nebst Spezialgesetzen.
18 Vgl. BVerfG, Beschluss v. 1.3.1978, 1 BvR 786, 793/70, 168/71, 95/73, NJW 1978, S. 1475, das im behandelten Fall eine Auslegung als dynamischen Verweis aus verfassungsrechtlichen Gründen ablehnt; *Sachs*, NJW 1981, S. 1651.

der anderen Formblatt-Unt zu erweitern.[19] Sofern Formblatt-Unt in Abschlüsse von **Konzernen** anderer Branchen einzubeziehen sind, gelten die Regelungen der §§ 300 Abs. 2 Satz 3, 308 Abs. 2 Satz 2 HGB sowie § 13 PublG. Für den umgekehrten Fall gelten die Vorschriften der §§ 340 ff. oder 341 ff. HGB.[20]

12 Derzeit bestehen aufgrund von § 330 HGB, § 16 Satz 1 Nr. 7 KHG sowie § 83 Abs. 1 Satz 1 Nr. 3 SGB XI folgende **Formblatt-Verordnungen:**

Verordnung über Formblätter für die Gliederung des Jahresabschlusses für **WohnungsUnt** v. 22.9.1970 (zuletzt geändert am 17.7.2015)	BGBl 1987 I S. 770 (BGBl 2015 I S. 1245)
Neufassung der **Krankenhaus**-Buchführungs-Verordnung v. 24.3.1987 (zuletzt geändert am 21.12.2016)	BGBl 1987 I S. 1045 (BGBl 2016 I S. 3076)
Geänderte Verordnung über die Gliederung des Jahresabschlusses von **VerkehrsUnt** v. 13.7.1988 (zuletzt geändert am 17.7.2015)	BGBl 1988 I S. 1057 (BGBl 2015 I S. 1245)
Verordnung über die Rechnungslegung von **Kreditinstituten** v. 10.2.1992. Neufassung v. 11.12.1998 (zuletzt geändert am 17.7.2015)	BGBl 1998 I S. 3658 (BGBl 2015 I S. 1245)
Verordnung über die Rechnungslegung von **VersicherungsUnt** v. 8.11.1994 (zuletzt geändert am 17.7.2015)	BGBl 1994 I S. 3378 (BGBl 2015 I S. 1245)
Verordnung über die Rechnungslegungs- und Buchführungspflichten der **Pflegeeinrichtungen** v. 22.11.1995 (zuletzt geändert am 21.12.2016)	BGBl 1995 I S. 1528 (BGBl 21.12.2016 I 3076)
Verordnung über die Rechnungslegung von **Pensionsfonds** v. 25.2.2003 (zuletzt geändert am 17.7.2015)	BGBl 2003 I S. 246 (BGBl 2015 I S. 1245)
Verordnung über die Rechnungslegung der **Zahlungsinstitute und E-Geld-Institute**[21] v. 2.11.2009 (zuletzt geändert am 17.7.2015)	BGBl 2009 I S. 3680 (BGBl 2015 I S. 1245)

Tab. 1: Derzeit gültige Formblatt-Verordnungen

---

[19] Vgl. *Fehrenbacher*, in MünchKomm. HGB, 3. Aufl., § 330 Rn 8; *Winkeljohann/Lawall*, in Beck Bil-Komm., 10. Aufl., 2016, § 330 HGB, Rz 15.
[20] Vgl. *Winkeljohann/Lawall*, in Beck Bil-Komm., 10. Aufl., 2016, § 330 HGB, Rz 15.
[21] Konkret haben Zahlungsinstitute und E-Geld-Institute abweichend von § 266 und § 275 HGB gesonderte Gliederungen zu verwenden, wobei unter Zahlungsinstituten und E-Geld-Institute Einrichtungen verstanden werden, die gewerbsmäßig oder in einem Umfang, der einen in kaufmännischer Weise eingerichteten Geschäftsbetrieb erfordert, Zahlungsdienste erbringen, ohne selbst Kreditinstitut zu sein. Einer von zahlreichen Anwendungsfällen wäre z.B. die Übermittlung von Geldbeträgen.

3 Sondervorschriften für Kreditinstitute (Abs. 2)

§ 330 Abs. 2 Satz 1 HGB erweitert den Anwendungsbereich von Abs. 1 auf **Kredit- und Finanzdienstleistungsinstitute**. Die Ermächtigung ist dabei auch auf Zweigstellen von Unt mit Sitz in einem Staat anzuwenden, der nicht Mitglied der Europäischen Gemeinschaft und auch nicht Vertragsstaat des Abkommens über den Europäischen Wirtschaftsraum ist, gleichwohl jedoch als Institut nach § 53 Abs. 1 KWG[22] gilt (§ 330 Abs. 2 Satz 2 HGB). 13

Für die Verordnungsermächtigung, die unabhängig von der Rechtsform anzuwenden ist, gelten etwaige Sondervorschriften des **KWG** (§ 330 Abs. 2 Satz 1 HGB). 14

Der Adressat der Ermächtigung, das BMJ, hat Rechtsverordnungen, die unter § 330 Abs. 2 HGB fallen, im Einvernehmen mit dem **BMF** zu erlassen. Rechtsverordnungen i.S.d. § 330 Abs. 2 Sätze 1 und 2 HGB sind gem. § 330 Abs. 2 Satz 3 HGB zudem im Benehmen mit der **Deutschen Bundesbank** zu erlassen, wodurch dieser ein qualifiziertes Anhörungsrecht zukommt.[23] 15

§ 330 Abs. 2 Satz 4 HGB gestattet in Bezug auf die Aufstellung des Jahresabschlusses und Konzernabschlusses sowie eines Zwischen- und Konzernzwischenabschlusses eine **inhaltliche Ausdehnung** der Rechtsverordnungen gem. § 330 Abs. 1 HGB. Voraussetzung für eine Erweiterung ist jedoch, dass diese zur Erfüllung der Aufgaben des Bundesaufsichtsamts für Kreditwesen oder der Deutschen Bundesbank erforderlich ist. 16

4 Sondervorschriften für Versicherungsunternehmen (Abs. 3 und 4)

§ 330 Abs. 3 Satz 1 HGB erweitert den Anwendungsbereich von Abs. 1 auch auf **VersicherungsUnt**. Die rechtsformunabhängige Anwendung setzt dabei voraus, dass die betroffenen Unt nach dem VAG[24] zugelassen sind.[25] Die Ermächtigung ist gem. Satz 2 auch auf Niederlassungen von VersicherungsUnt mit Sitz in einem anderen Staat anzuwenden, wenn sie zum Betrieb des Direktversicherungsgeschäfts der Erlaubnis durch die deutsche Versicherungsaufsichtsbehörde bedürfen. 17

Der Adressat der Ermächtigung, das BMJ, hat Rechtsverordnungen, die unter § 330 Abs. 3 Sätze 1 und 2 HGB fallen, im Einvernehmen mit dem **BMF** zu erstellen (§ 330 Abs. 3 Satz 3 HGB). Diese Rechtsverordnungen bedürfen gem. Satz 3 zudem der Zustimmung des **BR**,[26] es sei denn, sie dienen ausschließlich der Gewährung von Abweichungen von der Kontoform nach § 266 Abs. 1 Satz 1 HGB (§ 330 Abs. 3 Satz 5 HGB). 18

Abs. 3 Satz 4 gestattet in Bezug auf die Aufstellung des Jahresabschlusses und Konzernabschlusses sowie auf Vorschriften über den Ansatz und die Bewertung von versicherungstechnischen Rückstellungen die **Aufnahme näherer Bestim-** 19

---

[22] Kreditwesengesetz v. 10.7.1961, BGBl 1961 I S. 881.
[23] Vgl. *Hucke*, in *Baetge/Kirsch/Thiele*, Bilanzrecht, § 330 HGB, Rz 32, Stand 9/2012; *Fehrenbacher*, in MünchKomm. HGB, 3. Aufl., § 330 Rn 11.
[24] Versicherungsaufsichtsgesetz v. 17.12.1992, BGBl 1993 I S. 2.
[25] Vgl. *Fehrenbacher*, in MünchKomm. HGB, 3. Aufl., § 330 Rn 12.
[26] Zum Schutz etwaiger Besteuerungsinteressen der Bundesländer; BT-Drs. 12/7646, S. 3.

mungen in die Rechtsverordnungen, woraus sich eine Ausdehnung der handels- und spezialrechtlichen Vorschriften ergeben kann.

20 Abs. 4 sieht die Fortführung oder Einführung von **Befreiungen** (Satz 1) und **Erleichterungen** (Satz 2) für Versicherungsunt vor, auf die die aufgelisteten EU-Richtlinien[27] nicht anzuwenden sind. Vereinfachungen dürfen sich auf die Gliederung des Jahresabschlusses und des Konzernabschlusses, die Erstellung von Anhang und Lagebericht sowie Konzernanhang und Konzernlagebericht als auch die Offenlegung beziehen.

21 Zu den Unt, die in den **Anwendungsbereich** des § 330 Abs. 4 HGB fallen, gehören etwa Pensionskassen sowie VersicherungsUnt mit räumlich und sachlich begrenztem Tätigkeitsbereich.[28]

22 **Voraussetzung** für den Erlass einer Rechtsverordnung i.S.d. § 330 Abs. 4 Satz 1 HGB ist, dass die Befreiungen erforderlich sind, um eine im Verhältnis zur Größe der VersicherungsUnt unangemessene Belastung zu vermeiden. Eine Rechtsverordnung i.S.d. § 330 Abs. 4 Satz 2 HGB setzt entsprechend voraus, dass die Erleichterungen der Größe angemessen sind.

5 Sondervorschriften für Pensionsfonds (Abs. 5)

23 § 330 Abs. 5 HGB sieht die analoge Anwendung der Regelungen für VersicherungsUnt des § 330 Abs. 3 und 4 HGB (Rz 17–22) für **Pensionsfonds** vor, die unter den Anwendungsbereich des § 112 VAG fallen. Da sie nach dem Altersvermögensgesetz[29] überwiegend wie VersicherungsUnt behandelt werden und dem VAG unterliegen (§ 1 Abs. 1 VAG), war die Ausdehnung des § 330 Abs. 3 und Abs. 5 HGB auf Pensionsfonds nur konsequent.

6 Rechtsfolgen bei Pflichtverletzung

24 Ein Verstoß gegen § 330 HGB erfüllt das Tatbestandsmerkmal einer Ordnungswidrigkeit, sofern eine Verordnung zu § 330 HGB explizit auf § 334 HGB verweist. Für die Mitglieder des vertretungsberechtigten Organs oder Aufsichtsrats ist die Ordnungswidrigkeit dann gem. § 334 Abs. 1 Nr. 6 HGB regelmäßig **bußgeldbewährt**. Liegt kein Verweis auf § 334 HGB vor, kann – mangels Tatbestand – kein Bußgeld verhängt werden. Für Kreditinstitute und VersicherungsUnt finden sich in den §§ 340o und 341o HGB in Bezug auf Pflichtverletzungen gesonderte Vorschriften, die den Regelungen/Verordnungen für diese Ges. Rechnung tragen. Ein Verstoß kann dann nur nach § 335 HGB mit einem **Ordnungsgeld** belegt werden. Darüber hinaus sehen die Formblatt-Verordnungen mitunter weitere bußgeldbewährte Tatbestände vor.

---

[27] Abs. 2 der Richtlinie 91/674/EWG i.V.m. Art. 4, 7 und 9 Nr. 1 und 2 sowie Art. 10 Nr. 1 der Richtlinie 2009/138/EG des Europäischen Parlaments und des Rates vom 25.11.2009 betreffend die Aufnahme und Ausübung der Versicherungs- und der Rückversicherungstätigkeit (Solvabilität II) (ABl. L 335 vom 17.12.2009, S. 1).
[28] Vgl. *Hucke*, in *Baetge/Kirsch/Thiele*, Bilanzrecht, § 330 HGB, Rz 42 ff., Stand 9/2012; *Winkeljohann/Lawall*, in Beck Bil-Komm., 10. Aufl., 2016, § 330 HGB, Rz 55 f.
[29] Gesetz v. 26.6.2001, BGBl 2001 I S. 1310.

Weitere Folgen einer **Missachtung von Formblättern** ergeben sich insb. aus 25
§ 256 AktG, dessen Regelungen auch bei GmbH Anwendung finden.[30] Zur
Nichtigkeit oder **Anfechtbarkeit** eines Jahresabschlusses oder Konzernabschlusses führt ein Verstoß allerdings nur, wenn die Klarheit und Übersichtlichkeit wesentlich eingeschränkt sind.[31]

---

[30] Vgl. *Fehrenbacher*, in MünchKomm. HGB, 3. Aufl., § 330 Rn 15.
[31] „Wegen Verstoßes gegen … sowie wegen der Nichtbeachtung von Formblättern, nach denen der Jahresabschluss zu gliedern ist, ist der Jahresabschluss nur nichtig, wenn seine Klarheit und Übersichtlichkeit dadurch wesentlich beeinträchtigt sind.", § 256 Abs. 4 AktG.

§ 331 Unrichtige Darstellung

Mit Freiheitsstrafe bis zu drei Jahren oder mit Geldstrafe wird bestraft, wer
1. als Mitglied des vertretungsberechtigten Organs oder des Aufsichtsrats einer Kapitalgesellschaft die Verhältnisse der Kapitalgesellschaft in der Eröffnungsbilanz, im Jahresabschluß, im Lagebericht einschließlich der nichtfinanziellen Erklärung, im gesonderten nichtfinanziellen Bericht oder im Zwischenabschluß nach § 340a Abs. 3 unrichtig wiedergibt oder verschleiert,
1a. als Mitglied des vertretungsberechtigten Organs einer Kapitalgesellschaft zum Zwecke der Befreiung nach § 325 Abs. 2a Satz 1, Abs. 2b einen Einzelabschluss nach den in § 315e Absatz 1 genannten internationalen Rechnungslegungsstandards, in dem die Verhältnisse der Kapitalgesellschaft unrichtig wiedergegeben oder verschleiert worden sind, vorsätzlich oder leichtfertig offen legt,
2. als Mitglied des vertretungsberechtigten Organs oder des Aufsichtsrats einer Kapitalgesellschaft die Verhältnisse des Konzerns im Konzernabschluß, im Konzernlagebericht einschließlich der nichtfinanziellen Konzernerklärung, im gesonderten nichtfinanziellen Konzernbericht oder im Konzernzwischenabschluß nach § 340i Abs. 4 unrichtig wiedergibt oder verschleiert,
3. als Mitglied des vertretungsberechtigten Organs einer Kapitalgesellschaft zum Zwecke der Befreiung nach den §§ 291 Abs. 1 und 2 oder einer nach § 292 einen Konzernabschluß oder Konzernlagebericht, in dem die Verhältnisse des Konzerns unrichtig wiedergegeben oder verschleiert worden sind, vorsätzlich oder leichtfertig offenlegt,
3a. entgegen § 264 Abs. 2 Satz 3, § 289 Abs. 1 Satz 5, § 297 Abs. 2 Satz 4 oder § 315 Absatz 1 Satz 5 eine Versicherung nicht richtig abgibt,
4. als Mitglied des vertretungsberechtigten Organs einer Kapitalgesellschaft oder als Mitglied des vertretungsberechtigten Organs oder als vertretungsberechtigter Gesellschafter eines ihrer Tochterunternehmen (§ 290 Abs. 1, 2) in Aufklärungen oder Nachweisen, die nach § 320 einem Abschlußprüfer der Kapitalgesellschaft, eines verbundenen Unternehmens oder des Konzerns zu geben sind, unrichtige Angaben macht oder die Verhältnisse der Kapitalgesellschaft, eines Tochterunternehmens oder des Konzerns unrichtig wiedergibt oder verschleiert.

RA StB Daniel Münster/RA StB Annette Meier-Behringer

Inhaltsübersicht	Rz
1 Überblick	1–8
1.1 Geschütztes Rechtsgut und Schutzbereich	1–4
1.2 Deliktsnatur	5–6
1.3 Normzusammenhang	7–8
2 Täterkreis	9–29
2.1 Mitglieder des vertretungsberechtigten Organs	10–25

	2.1.1	Aktiengesellschaft	11
	2.1.2	Kommanditgesellschaft auf Aktien	12
	2.1.3	GmbH	13
	2.1.4	Kapitalgesellschaft in Liquidation	14
	2.1.5	Sonstige Personen	15
	2.1.6	Faktische Betrachtungsweise	16–24
	2.1.7	Aus mehreren Personen bestehende vertretungsberechtigte Organe	25
2.2	Mitglieder des Aufsichtsrats		26–28
2.3	Vertretungsberechtigter Gesellschafter		29
3	Tathandlungen		30–69
3.1	Unrichtige Darstellung der Unternehmensverhältnisse (Nr. 1)		31–45
	3.1.1	Tatmittel	31–33
	3.1.2	Unrichtige Wiedergabe	34–40
	3.1.3	Verschleierung	41
	3.1.4	Verhältnisse	42–45
3.2	Offenlegung eines unrichtigen befreienden Einzelabschlusses (Nr. 1a)		46–50
3.3	Unrichtige Darstellung im Konzernabschluss (Nr. 2)		51–54
3.4	Offenlegung eines unrichtigen befreienden Konzernabschlusses oder -lageberichts (Nr. 3)		55–58
	3.4.1	Unrichtiger Konzernabschluss	56
	3.4.2	Offenlegung	57–58
3.5	Unrichtige Versicherung – „Bilanzeid" (Nr. 3a)		59–63
3.6	Unrichtige Angaben gegenüber Abschlussprüfern (Nr. 4)		64–69
4	Subjektiver Tatbestand		70–77
4.1	Nrn. 1, 2 und 4		70–72
4.2	Nr. 1a		73–75
4.3	Nr. 3		76
4.4	Nr. 3a		77
5	Rechtswidrigkeit und Schuld		78–80
6	Irrtum		81–83
7	Vollendung und Beendigung der Tat		84–91
7.1	Vollendung		85–90
	7.1.1	Nr. 1	85
	7.1.2	Nr. 1a	86
	7.1.3	Nr. 2	87
	7.1.4	Nr. 3	88
	7.1.5	Nr. 3a	89
	7.1.6	Nr. 4	90
7.2	Beendigung		91
8	Konkurrenzen		92–98
8.1	Mehrere unrichtige Darstellungen in einer Bilanz		92
8.2	Mehrere unrichtige Darstellungen in mehreren Tatbestandsalternativen		93–95
8.3	Verhältnis zu den Straftatbeständen des Strafgesetzbuches		96–97
8.4	Verhältnis zu anderen Strafgesetzen		98

9 Strafverfolgung und Rechtsfolgen 99–103
9.1 Verfahrensrechtliche Besonderheiten 99
9.2 Rechtsfolgen 100–101
9.3 Verjährung 102–103

1 Überblick

1.1 Geschütztes Rechtsgut und Schutzbereich

1 Bei § 331 HGB handelt es sich um ein **Schutzgesetz i.S.d. § 823 Abs. 2 BGB**, weshalb die Einordnung als geschütztes Rechtssubjekt im Hinblick auf einen zivilrechtlichen Schadensersatz eine besondere Rolle spielt. Jeder Verstoß gegen § 331 HGB, der zugleich auch zu einem kausalen Schaden führt, verhilft dem geschützten Personenkreis zu einem Schadensersatzanspruch. Hierdurch wird der durch die Strafnorm vermittelte Schutz zivilrechtlich abgesichert.

2 **Geschütztes Rechtsgut** ist das Vertrauen in die Richtigkeit und die Vollständigkeit bestimmter Informationen über die Verhältnisse der KapG bzw. des Konzerns.[1] Dabei sind KapG nach der Überschrift zum zweiten Abschnitt des dritten Buches die AG, die KGaA und die GmbH. Hinzu kommt die SE.

3 Zu den durch die Norm **geschützten Rechtssubjekten** zählt nach hM auch die Ges. bzw. der Konzern selbst.[2] Daneben sind auch alle Personen, die mit der KapG oder dem Konzern in irgendeiner wirtschaftlichen und/oder rechtlichen Beziehung stehen oder solche Beziehungen eingehen wollen, in den Schutzbereich der Norm einbezogen. Hierzu zählen insb. aktuelle und potenzielle Gesellschafter, Vertragspartner, Gläubiger, potenzielle Kreditgeber und Arbeitnehmer.

4 Zuletzt wurde § 331 HGB durch das CSR-Richtlinien-Umsetzungsgesetz vom 9.3.2017 geändert. Insoweit werden die Straftatbestände nach § 331 Nr. 1 und 2 HGB um Verstöße in der nichtfinanziellen Erklärung und dem gesonderten nichtfinanziellen Bericht sowie in entsprechenden Erklärungen und Berichten auf Konzernebene erweitert. Die Erweiterungen gelten für Gj, die nach dem 31.12.2016 beginnen.

1.2 Deliktsnatur

5 Bei § 331 HGB handelt es sich um ein **abstraktes Gefährdungsdelikt**. Ein konkreter Erfolg, wie z.B. ein resultierender Schaden oder eine Vermögensgefährdung, ist für die Vollendung des Delikts nicht erforderlich. Das bloße Handeln des Täters genügt für die Strafbarkeit.

6 § 331 HGB ist in allen Tatbestandsalternativen ein **echtes Sonderdelikt**. Der Kreis der möglichen Täter wird durch das Gesetz selbst beschrieben und einge-

---

[1] Vgl. *Quedenfeld*, in MünchKomm. HGB, 3. Aufl., § 331 Rn 1; *Dannecker*, in Großkomm. HGB, § 331, Rn 3; *Tschesche*, in *Baetge/Kirsch/Thiele*, Bilanzrecht, § 331 HGB, Rz 2, *Eisolt*, StuB 2010, 533.

[2] Ebenso *Quedenfeld*, in MünchKomm. HGB, 3. Aufl., § 331, Rn 2; *Tschesche*, in *Baetge/Kirsch/Thiele*, Bilanzrecht, § 331 HGB, Rz 2; a.A. *Dannecker*, in Großkomm. HGB, § 331, Rn 5, der die KapG nur als Institution in den Schutzbereich einbezieht.

schränkt. Andere Personen (z.B. StB und AP) können daher lediglich Anstifter oder Gehilfe sein, selbst wenn sie mit der Bilanzerstellung beauftragt wurden. Insoweit ist auch die Strafe nach § 28 Abs. 1 StGB zu mildern, da es sich bei der Sonderdeliktseigenschaft um ein **besonderes persönliches Merkmal** handelt.

1.3 Normzusammenhang

Der sechste Unterabschnitt des HGB enthält in den §§ 331–335c HGB Sanktionen für die Verletzung der im HGB niedergelegten Pflichten, soweit sie KapG betreffen. Dabei stellen die §§ 331–333a HGB **Straftatbestände** (sog. „reine Bilanzdelikte"[3]) dar, während § 334 HGB **Ordnungswidrigkeiten** ahndet. Die Regelung des § 335 HGB ist eine **Ordnungsgeldvorschrift,** um die Erfüllung bestimmter Pflichten zu erzwingen.

Der Anwendungsbereich von § 331 HGB wird durch § 335b HGB auf PersG, die über keine natürliche Person als phG verfügen (KapCoGes.),[4] erweitert. Die Vorschrift gilt demnach auch etwa für die GmbH & Co. KG. Zudem gilt die Vorschrift aufgrund besonderer Verweisungsvorschriften entsprechend für Kreditinstitute (§ 340m HGB) und Versicherungsunternehmen (§ 341m HGB) – jeweils unabhängig von deren Rechtsform. Vergleichbare Straftatbestände bzgl. Unt, die nicht in der Rechtsform einer KapG betrieben werden, finden sich in § 17 PublG und § 147 GenG.

7

8

2 Täterkreis

Als Täter kommen zunächst nur die in § 331 HGB ausdrücklich genannten Personen in Betracht. Täter können demnach nur die Mitglieder des vertretungsberechtigten Organs einer KapG (Nrn. 1 bis 4), die Mitglieder des Aufsichtsrats einer KapG (Nr. 1 bis 2) und die vertretungsberechtigten Gesellschafter des TU einer KapG (Nr. 4) sein. Der Bilanzeid nach Nr. 3a ist auf die gesetzlichen Vertreter einer KapG, die ein KM-orientiertes Unt i.S.d. § 2 Abs. 7 WpHG ist, also auf sog. Inlandsemittenten, beschränkt (vgl. §§ 264 Abs. 2 Satz 3, 289 Abs. 1 Satz 5, 297 Abs. 2 Satz 4, 315 Abs. 1 Satz 5 i.V.m. 331 Nr. 3a HGB). Inlandsemittenten sind Unt, die Aktien oder Schuldtitel ausgeben und an einem organisierten Markt in Deutschland teilnehmen, ohne dass sie Emittenten mit Herkunftsland Deutschland sein müssen.[5]

9

2.1 Mitglieder des vertretungsberechtigten Organs

Täter einer Straftat nach § 331 HGB kann nur eine natürliche Person sein, die **Mitglied des vertretungsberechtigten Organs** ist. Wer zu dem jeweiligen Personenkreis zählt, bestimmt sich nach der gesetzlichen Regelung für die jeweilige Gesellschaftsform.

10

---

3 Vgl. *Spatschek/Wulf,* DStR 2003, S. 173.
4 Vgl. § 264a HGB.
5 Vgl. *Quedenfeld,* in MünchKomm. HGB, 3. Aufl., § 331, Rn 6; *Ziemann,* wistra 2007, S. 293.

2.1.1 Aktiengesellschaft

11 Mitglieder des vertretungsberechtigten Organs der AG sind die **Mitglieder des Vorstands**, § 76 Abs. 2 und 3 AktG. Soweit sie Vorstandsgeschäfte wahrnehmen, zählen hierzu auch die stellvertretenden Vorstandsmitglieder, § 94 AktG.[6]

2.1.2 Kommanditgesellschaft auf Aktien

12 Bei der KGaA sind die Mitglieder des vertretungsberechtigten Organs die **persönlich haftenden Gesellschafter**, §§ 278 Abs. 2, 283 AktG.

2.1.3 GmbH

13 Taugliche Täter bei der GmbH sind die **Geschäftsführer** (§ 35 Abs. 1 GmbHG) und die stellvertretenden Geschäftsführer (§ 44 GmbHG).[7]

2.1.4 Kapitalgesellschaft in Liquidation

14 Bei der KapG in Liquidation sind die Mitglieder des vertretungsberechtigten Organs der oder die Abwickler bzw. Liquidatoren (§§ 265 Abs. 1, 290 AktG, § 66 GmbHG).[8] Falls eine juristische Person als Liquidator bestellt ist, sind nach § 14 Abs. 1 Nr. 1, 1. Alt. StGB die Mitglieder von deren vertretungsberechtigtem Organ Normadressat des § 331 HGB.

2.1.5 Sonstige Personen

15 Andere als die im Gesetz ausdrücklich genannten Personen können nicht Täter sein. Für leitende, nicht zum Vorstand gehörende bzw. nicht zu Geschäftsführern bestellte **Angestellte, Prokuristen oder Handlungsbevollmächtigte** gilt dies entsprechend. Ebenso können Personen, denen die Bilanzerstellung rechtsgeschäftlich übertragen wurde, nicht Täter sein. Die Möglichkeit einer generellen Delegation von Unternehmenspflichten nach § 14 Abs. 2 Nr. 1 StGB oder einer speziellen Delegation nach § 14 Abs. 2 Nr. 2 StGB begründet auch keine strafrechtliche Verantwortung, weil die Bilanzerstellung eine höchstpersönliche Organpflicht ist, §§ 264 Abs. 1 Satz 2 HGB, 91 Abs. 1 AktG.[9]

2.1.6 Faktische Betrachtungsweise

16 Für die Frage der möglichen Täterschaft kommt es nicht allein auf die zivil- oder gesellschaftsrechtliche Wirksamkeit des Bestellungsaktes an. Vielmehr bestimmt sich der Begriff des vertretungsberechtigten Organs auch nach den tatsächlichen Kriterien.[10]

---

[6] Vgl. *Dannecker*, in Großkomm. HGB, § 331, Rn 16; *Grottel/Hoffmann*, in Beck Bil-Komm., 10. Aufl., 2016, § 331 HGB, Rz 18; *Quedenfeld*, in MünchKomm. HGB, 3. Aufl., § 331 Rn 9.

[7] Vgl. *Dannecker*, in Großkomm. HGB, § 331, Rn 21; *Grottel/Hoffmann*, in Beck Bil-Komm., 10. Aufl., 2016, § 331 HGB, Rz 18; *Quedenfeld*, in MünchKomm. HGB, 3. Aufl., § 331 Rn 12.

[8] Vgl. *Dannecker*, in Großkomm. HGB, § 331, Rn 24; *Grottel/Hoffmann*, in Beck Bil-Komm., 10. Aufl., 2016, § 331 HGB, Rz 18; *Quedenfeld*, in MünchKomm. HGB, 3. Aufl., § 331 Rn 14.

[9] Vgl. *Dannecker*, in Großkomm. HGB, § 331, Rn 25; *Quedenfeld*, in MünchKomm. HGB, 3. Aufl., § 331, Rn 15.

[10] Vgl. *Spatscheck/Wulf*, DStR 2003, S. 173; *Dannecker*, in Großkomm. HGB, § 331, Rn 26; *Quedenfeld*, in MünchKomm. HGB, 3. Aufl., § 331, Rn 16.

Bei einer **nicht wirksam entstandenen oder noch nicht bestehenden KapG** gibt es bereits Mitglieder des vertretungsberechtigten Organs, wenn ein solches Amt von einer natürlichen Person ausgeübt wird.[11]

Die **zivilrechtlich unwirksame oder mangelhafte Bestellung** zum Mitglied des Vertretungsorgans lässt die strafrechtliche Verantwortung bei tatsächlicher Übernahme und Ausübung des Amtes unberührt.[12] So kann auch eine Person, die kraft Gesetzes die Fähigkeit, ein Mitglied des vertretungsberechtigten Organs zu sein, verloren hat (vgl. §§ 6 GmbHG, 76 AktG) weiterhin Täter sein, wenn sie ihre Organfunktion weiter ausübt.[13]

Die **Eintragung in das Handelsregister** stellt keine Strafbarkeitsvoraussetzung dar. Der tatsächliche Beginn der Tätigkeit vor der Eintragung begründet bereits die Tätereigenschaft.

> **Beispiel**
> Fehlt es noch an einem **förmlichen Bestellungsakt**, erfolgt die Organtätigkeit aber mit Einverständnis oder auch nur mit der Duldung des für die Bestellung zuständigen Organs (GesV, HV, AR), ist ebenfalls die Tätereigenschaft gegeben.[14]

Die **rückwirkende Beendigung der Organstellung**, die zivilrechtlich möglich ist, lässt die Strafbarkeit unberührt. Der Täter bleibt, wenn er über den Zeitpunkt der Beendigung der Organstellung hinaus seine Aufgaben weiter wahrnimmt, bis zur tatsächlichen Amtsaufgabe tauglicher Täter.[15]

Wird ein Geschäftsführer bzw. Vorstand als sog. „**Strohmann**" in das HR eingetragen, ohne dass er tatsächlich Organfunktionen übernimmt und wahrnimmt, hat dies keinen Einfluss auf seine formelle Täterqualifikation. Zudem lässt dieses Vorschieben eines nur eingetragenen Dritten, dessen Organfunktionen tatsächlich aber vollständig von dem Hintermann, dem tatsächlichen Geschäftsführer bzw. Vorstand ausgeübt werden, die Täterschaft des Hintermanns unberührt. Täter kann in diesen Strohmann-Fällen damit sowohl das eingetragene Mitglied des vertretungsberechtigten Organs als auch der faktische Geschäftsführer/Vorstand sein.[16]

Bisher ungeklärt ist die Frage, wie weit die faktische Betrachtung reichen kann, wenn der Handelnde neben einem formell ordnungsgemäß bestellten und aktiven Vertretungsorgan seinerseits tätig ist. Der BGH[17] setzt als entscheidendes Kriterium zunächst eine „überragende Stellung" des **faktischen Vertretungsorgans** voraus, was die Ausübung von wesentlichen Geschäftsführungsaufgaben erfordert. Zu diesen **Geschäftsführungsaufgaben** gehören[18]

---

11 Vgl. RGSt 34, 412; 37, 25; 43, 407; *Dannecker*, in Großkomm. HGB, § 331, Rn 31.
12 Vgl. BGHSt 3, 32; *Quedenfeld*, in MünchKomm. HGB, 3. Aufl., § 331, Rn 18.
13 Vgl. *Quedenfeld*, in MünchKomm. HGB, 3. Aufl., § 331, Rn 19.
14 Vgl. BGHSt 3, 32; 21, 101; 31, 118; OLG Düsseldorf NJW 1988, S. 3166.
15 Vgl. *Dannecker*, in Großkomm. HGB, § 331, Rn 30; *Quedenfeld*, in MünchKomm. HGB, 3. Aufl., § 331, Rn 23.
16 Vgl. RGSt 16, 269; 43, 407; 64, 81; 71, 112; BGHSt 6, 314; 28, 20; 34, 221; 34, 379; BGH, wistra 1990, S. 60; *Quedenfeld*, in MünchKomm. HGB, 3. Aufl., § 331, Rn 24.
17 Vgl. BGHSt 31, 118.
18 Vgl. *Dierlamm*, NStZ 1996, S. 153.

- die Bestimmung der Unternehmenspolitik,
- die Unternehmensorganisation,
- die Einstellung und Entlassung von Mitarbeitern einschl. des Ausstellens von Zeugnissen,
- die Gestaltung der Geschäftsbeziehungen zu Vertragspartnern der Ges. einschl. der Vereinbarung von Vertrags- und Zahlungsmodalitäten,
- die Entscheidung in Steuerangelegenheiten,
- die Verhandlungen mit Kreditgebern,
- die Steuerung von Buchhaltung und Bilanzierung sowie
- eine dem Geschäftsführergehalt entsprechende Vergütung.

24 Mit der **Übernahme und Ausübung dieser wesentlichen Geschäftsführungsaufgaben** durch das faktische Vertretungsorgan muss das für die Bestellung zuständige Organ einverstanden sein.[19] Darüber hinaus fordert das Schrifttum,[20] dass die Tätigkeit des faktischen Vertretungsorgans nach außen erkennbar und auf Dauer angelegt sein muss. Darüber hinaus ist eine faktische Organstellung aus strafrechtlicher Sicht abzulehnen. Die bloße Anmaßung einer Organstellung nach diesen Kriterien ist auch im Fall eines aktiven Allein- bzw. Mehrheitsgesellschafters nicht ausreichend, solange bestellte und tatsächlich als Gesellschaftsorgan nicht nur nachrangig tätige Dritte vorhanden sind.[21]

2.1.7 Aus mehreren Personen bestehende vertretungsberechtigte Organe

25 Besteht das **vertretungsberechtigte Organ** aus mehreren Personen, kann jede dieser Personen Täter i. S. d. § 331 HGB sein. Interne Zuständigkeitsverteilungen spielen dabei grds. keine Rolle.[22] Dies gilt, da sich die gesetzlichen Organpflichten nicht durch gesellschaftsinterne Organisationsregeln beseitigen lassen. Interne Zuständigkeiten können jedoch im Rahmen des Vorsatzes und des Verschuldens bedeutsam werden.

2.2 Mitglieder des Aufsichtsrats

26 Mitglieder des Aufsichtsrats sind dann taugliche Täter, wenn es sich um einen **obligatorischen Aufsichtsrat** handelt. Ein solcher besteht bei der AG (§§ 95 ff. AktG) und der KGaA (§ 278 Abs. 3 AktG). Bei der GmbH besteht er nur in den Fällen der §§ 77 Abs. 1 BetrVG, 6 Abs. 1 Mitbestimmungsgesetz, 4 Montanmitbestimmungsgesetz, 5 Mitbestimmungs-ErgG und 3KAGG.

27 Ansonsten kann bei einer GmbH ein Aufsichtsrat durch die Satzung vorgesehen werden, § 52 GmbHG (**fakultativer Aufsichtsrat**). Die Mitglieder eines solchen fakultativen Aufsichtsrats sind nur dann Normadressat des § 331 HGB, wenn

---

[19] Vgl. *Quedenfeld*, in MünchKomm. HGB, § 331, Rn 25 f.
[20] Vgl. *Dierlamm*, NStZ 1996, S. 153; *Quedenfeld*, in MünchKomm. HGB, 3. Aufl., § 331, Rn 27; *Dannecker*, in Großkomm. HGB, § 331, Rn 28.
[21] Vgl. *Quedenfeld*, in MünchKomm. HGB, 3. Aufl., § 331, Rn 27; *Dannecker*, in Großkomm. HGB, § 331, Rn 29.
[22] Vgl. *Quedenfeld*, in MünchKomm. HGB, 3. Aufl., § 331, Rn 28; *Dannecker*, in Großkomm. HGB, § 331, Rn 32; *Spatscheck/Wulf*, DStR 2003, S. 173.

ihnen die Prüfungspflichten der §§ 171, 337 AktG übertragen sind.[23] Dies ist nach § 52 GmbHG immer dann der Fall, wenn die Satzung nichts anderes bestimmt. Die Täterschaft entfällt jedoch, wenn dem fakultativen Aufsichtsrat nach der Satzung ausdrücklich nicht die Prüfungspflichten nach §§ 171, 337 AktG übertragen sind.[24] **Mitglieder sonstiger fakultativer Aufsichtsgremien** wie z. B. des Beirats oder des Verwaltungsrats kommen wegen des strafrechtlichen Analogieverbots nicht als Täter in Betracht.

Ersatzmitglieder eines Aufsichtsrats (§ 101 Abs. 3 Satz 2 AktG) sind erst dann taugliche Täter, wenn das bisherige Mitglied ausgeschieden und das Ersatzmitglied die Funktion als Aufsichtsratsmitglied tatsächlich ausübt.[25]

2.3 Vertretungsberechtigter Gesellschafter

Der Begriff des vertretungsberechtigten Gesellschafters in § 331 Nr. 4 HGB betrifft den Fall, dass es sich bei dem TU i. S. d. § 290 Abs. 1 und 2 HGB nicht um eine KapG handelt. In diesem Fall kann auch der vertretungsberechtigte Gesellschafter einer PersG tauglicher Täter sein. Täter kann dagegen nicht der Gesellschafter einer GmbH im Falle der Vakanz der Geschäftsführerposition sein, da dieser nicht an die Stelle des fehlenden Geschäftsführers tritt.

3 Tathandlungen

§ 331 HGB differenziert formal zwischen sechs unterschiedlichen Tatbeständen.

3.1 Unrichtige Darstellung der Unternehmensverhältnisse (Nr. 1)

3.1.1 Tatmittel

§ 331 Nr. 1 HGB betrifft die unrichtige Wiedergabe oder die Verschleierung der Verhältnisse der KapG in der **Eröffnungsbilanz** (§ 242 Abs. 1 HGB), im **Jahresabschluss** (§ 242 Abs. 3 HGB), im **Lagebericht** (§§ 264 Abs. 1, 289 HGB), einschließlich der nichtfinanziellen Erklärung (§ 289b Abs. 1; § 289c HGB), im gesonderten nichtfinanziellen Bericht (§ 289b Abs. 3 HGB)[26] und im **Zwischenabschluss bei Kreditinstituten** (§ 340a Abs. 3 HGB).

Der Jahresabschluss besteht gem. § 242 Abs. 2 und 3 HGB aus der Bilanz sowie der GuV. Es stellt sich daher die Frage, inwieweit der Inhalt des **Anhangs** sowie ggf. der weiteren Pflichtbestandteile KFR und Eigenkapitalspiegel zum Jahresabschluss (§ 264 Abs. 1 HGB) zu den strafrechtlich relevanten Angaben zählt.

Da der Jahresabschluss für KapG durch § 264 HGB erweitert wird und Anhang sowie ggf. weitere Pflichtbestandteile eine Einheit bilden, ist von einer Einbeziehung der gesamten Bestandteile in § 331 Nr. 1 HGB auszugehen. Dafür spricht

---

[23] Ebenso *Quedenfeld*, in MünchKomm. HGB, 3. Aufl., § 331, Rn 34; *Dannecker*, in Großkomm. HGB, § 331, Rn 23; *Tschesche*, in Baetge/Kirsch/Thiele, Bilanzrecht, § 331 HGB, Rz 23; *Spatscheck/Wulf*, DStR 2003, S. 173; *Grottel/H. Hoffmann*, in Beck Bil-Komm., 10. Aufl., 2016, § 331 HGB, Rz 18.

[24] *Eisolt* StuB 2010, 533, 536.

[25] Vgl. *Quedenfeld*, in MünchKomm. HGB, 3. Aufl., § 331, Rn 36; *Dannecker*, in Großkomm. HGB, § 331, Rn 18 und 22.

[26] Zur Anwendung siehe Rz 4.

überdies, dass Angaben im Anhang die Richtigkeit, Vollständigkeit und Klarheit von Bilanz und Gewinn- und Verlustrechnung betreffen. Insoweit spricht auch der Wortlaut des § 331 Nr. 1 HGB nicht dagegen, da er sich nicht ausdrücklich auf die Legaldefinition des § 242 Abs. 3 HGB bezieht.[27]

3.1.2 Unrichtige Wiedergabe

34 Die Verhältnisse sind dann unrichtig wiedergegeben, wenn die Darstellung mit der Wirklichkeit nicht übereinstimmt.[28] Maßgeblich sind also objektive Faktoren und nicht die subjektive Vorstellung des Handelnden. Der Inhalt der Darstellung ist nach dem Empfängerhorizont auszulegen. Entscheidend ist dabei das Verständnis eines bilanzkundigen Lesers.[29]

35 **Beispiel**
Klassische Beispiele für eine unrichtige Darstellung sind die Aktivierung nicht existenter oder der Ges. nicht (mehr) gehörender VG des AV, die Überbewertung von Forderungen oder Warenbeständen, das Verschweigen von Verbindlichkeiten, die Manipulation von Warenbeständen oder des AV.

36 Die Darstellung beschränkt sich dabei nicht nur auf unwahre Tatsachen, sondern erfasst auch (eventuell auf richtigen Tatsachen beruhende) Schlussfolgerungen, wie Bewertungen, Schätzungen und Prognosen.[30]
Unrichtige Schlussfolgerungen können daher sowohl auf falschen Tatsachen beruhen oder aber auch korrekte Tatsachen mit einer falschen Bewertung oder Beurteilung versehen. Maßstab bei solch unrichtigen Bewertungen und Beurteilungen sind dabei die Vorschriften des Bilanzrechts, die GoB und das Gebot, die Vermögens-, Finanz- und Ertragslage der KapG richtig auszuweisen.[31] Diese **Bewertungsvorschriften** geben ihrerseits auch wiederum **Ermessensspielräume** und **Gestaltungsmöglichkeiten** für den Bilanzierenden. Allerdings werden diese Spielräume durch Grenzwerte sowohl nach oben als auch nach unten begrenzt. Diese Grenzwerte sind Ergebnis von bestimmten, allgemein anerkannten Erfahrungssätzen. Werden diese Grenzwerte über- bzw. unterschritten, ist der Bilanzansatz unrichtig.

37 Eine **Schlussfolgerung** ist demnach **objektiv unrichtig**, wenn sie nach einheitlicher Meinung der Fachleute schlechthin unvertretbar ist.[32] Bei der Ausübung von Bewertungs- und Beurteilungsspielräumen ist eine **unrichtige Wiedergabe** nicht gegeben, wenn sich der Bilanzierende auf eine **wissenschaftliche Minderm-**

---

[27] Vgl. *Dannecker*, in Großkomm. HGB, § 331, Rn 33; *Quedenfeld*, in MünchKomm. HGB, 3. Aufl., § 331, Rn 56; *Spatscheck/Wulf*, DStR 2003, S. 173.
[28] Vgl. *Dannecker*, in Großkomm. HGB, § 331, Rn 40; *Quedenfeld*, in MünchKomm. HGB, 3. Aufl., § 331, Rn 41; *Tschesche*, in *Baetge/Kirsch/Thiele*, Bilanzrecht, § 331 HGB, Rz 28; *Grottel/Hoffmann*, in Beck Bil-Komm., 10. Aufl., 2016, § 331 HGB, Rz 11; *Spatscheck/Wulf*, DStR 2003, S. 173.
[29] Vgl. RGSt 68, 349; *Dannecker*, in Großkomm. HGB, § 331, Rn 40.
[30] Vgl. *Dannecker*, in Großkomm. HGB, § 331, Rn 40; *Quedenfeld*, in MünchKomm. HGB, 3. Aufl., § 331 Rn 47; *Grottel/Hoffmann*, in Beck Bil-Komm., 10. Aufl., 2016, § 331 HGB, Rz 11.
[31] Vgl. *Dannecker*, in Großkomm. HGB, § 331, Rn 41.
[32] Vgl. *Eisolt*, StuB 2010, 533, 536;; *Quedenfeld*, in MünchKomm. HGB, 3. Aufl., § 331, Rn 42; *Dannecker*, in Großkomm. HGB, § 331, Rn 42; LG Düsseldorf, Urteil v. 4.8.2009 (– 7 0274/09); KG Berlin, wistra 2010, 235.

einung beruft. In Betracht kommt in einem solchen Fall jedoch die Tatbestandsalternative des Verschleierns durch Unterlassen eines klarstellenden Hinweises. Unrichtige Angaben i.S.d. § 331 Nr. 1 HGB liegen auch dann vor, wenn es sich um freiwillige Angaben handelt.³³   38

Besteht eine besondere Rechtspflicht zum Handeln, ist eine unrichtige Wiedergabe auch durch Unterlassen (§ 13 Abs. 1 StGB) möglich. Dies kommt in Betracht, wenn das materielle Bilanzrecht die Vollständigkeit der Darstellung wie in den §§ 246 Abs. 1, 284, 285, 300 Abs. 2 HGB vorschreibt oder wenn eine Angabe als falsch erkannt und ihre Richtigstellung unterlassen wird.   39

Unerheblich ist, ob die unrichtige Wiedergabe ein zu günstiges oder zu pessimistisches Bild der Gesellschaft vermittelt.³⁴   40

3.1.3 Verschleierung

Eine Verschleierung der Verhältnisse liegt vor, wenn wirtschaftliche Verhältnisse zwar objektiv richtig dargestellt werden, einzelne Tatsachen aber so undeutlich und unkenntlich wiedergegeben werden, dass sich der wirkliche Tatbestand für den bilanzkundigen Leser nur schwer oder überhaupt nicht erkennen lässt und so die Gefahr einer Falschinterpretation entsteht.³⁵ Die Abweichung von einer in der Literatur einheitlich empfohlenen Darstellungsform stellt nicht unbedingt eine Verschleierung der Verhältnisse dar.³⁶   41

> **Beispiel**
> Als Beispiele für eine Verschleierung der Verhältnisse gelten etwa Verstöße gegen das Saldierungsverbot des § 246 Abs. 2 HGB, das Aktivierungsverbot eines selbst geschaffenen Kundenstamms oder das Zusammenziehen wesensfremder Posten.

3.1.4 Verhältnisse

Gegenstand der unrichtigen Wiedergabe oder des Verschleierns sind die Verhältnisse einer KapG. Der Begriff der Verhältnisse umfasst alle tatsächlichen Umstände, Vorgänge, Daten und Schlussfolgerungen jeder Art, die für die Beurteilung der gegenwärtigen Situation und wegen der Einbeziehung des Lageberichts auch der voraussichtlichen Entwicklung des Unt von Bedeutung sein können.³⁷ Hierzu zählen auch die Beziehungen zu verbundenen Unt.³⁸   42

---

[33] Vgl. *Dannecker*, in Großkomm. HGB, § 331, Rn 44.
[34] Vgl. *Grottel/Hoffmann*, in Beck Bil-Komm., 10. Aufl., 2016, § 331 HGB, Rz 12, 13; *Quedenfeld*, in MünchKomm. HGB, 3. Aufl., § 331, Rn 45.
[35] Vgl. *Dannecker*, in Großkomm. HGB, § 331, Rn 48; *Quedenfeld*, in MünchKomm. HGB, 3. Aufl., § 331, Rn 46; *Tschesche*, in *Baetge/Kirsch/Thiele*, Bilanzrecht, § 331 HGB, Rz 31; *Grottel/Hoffmann*, in Beck Bil-Komm., 10. Aufl., 2016, § 331 HGB, Rz 15; *Spatscheck/Wulf*, DStR 2003, S. 173.
[36] Vgl. OLG Celle, NZG 2000, S. 613; *Spatscheck/Wulf*, DStR 2003, S. 173.
[37] Vgl. *Tschesche*, in *Baetge/Kirsch/Thiele*, Bilanzrecht, § 331 HGB, Rz 32; *Quedenfeld*, in MünchKomm. HGB, 3. Aufl., § 331, Rn 48; *Spatscheck/Wulf*, DStR 2003, S. 173.
[38] Vgl. *Grottel/Hoffmann*, in Beck Bil-Komm., 10. Aufl., 2016, § 331 HGB, Rz 16; *Tschesche*, in *Baetge/Kirsch/Thiele*, Bilanzrecht, § 331 HGB, Rz 32.

43 Der **Begriff der Verhältnisse** der Ges. ist – anders als bei § 265b StGB (Kreditbetrug) – nicht auf die wirtschaftlichen Verhältnisse begrenzt, sondern erfasst auch soziale, politische und sonstige Umstände.[39]
Insbesondere durch die Einbeziehung der nichtfinanziellen Erklärung und des nichtfinanziellen Berichts zählen nichtfinanzielle Belange wie Umweltschutz, Menschenrechte und Bekämpfung der Korruption zu den Verhältnissen der KapG.

> **Beispiel**
> Zu den sozialen, politischen und sonstigen Umstände zählen etwa die Aufgliederung der Arbeitnehmer nach Gruppen gem. § 285 Satz 1 Nr. 7 HGB oder die Angabe der Namen der Mitglieder des Geschäftsführungsorgans und eines Aufsichtsrats gem. § 285 Satz 1 Nr. 10 HGB.

44 Die Weite des Begriffs „Verhältnisse" ist im Hinblick auf das Bestimmtheitsgebot des Art. 103 Abs. 2 GG **verfassungsrechtlich** nicht unbedenklich. Diesen Bedenken ist nach richtiger Auffassung[40] dadurch Rechnung zu tragen, dass der Begriff unter Berücksichtigung der Strafwürdigkeit und Strafbedürftigkeit restriktiv ausgelegt wird. Wenn der Schutzbereich der Norm neben dem Schutz der Ges. auch dem Schutz derer dient, die in wirtschaftlicher und rechtlicher Beziehung zu der Ges. stehen oder in eine solche treten wollen, dann dürfen die Verhältnisse im Sinne dieser Norm auch nur solche sein, die einen wirtschaftlichen Bezug haben und daher für die Beurteilung der wirtschaftlichen Situation der Gesellschaft relevant sind.[41]

45 Eine weitere Restriktion erfährt der Straftatbestand des § 331 Nr. 1 HGB durch das – dem Gesetzeswortlaut allerdings nicht zu entnehmende – Erfordernis der **Erheblichkeit**. Da die Verletzung bestimmter Rechnungslegungsvorschriften nach den Regelungen in § 334 Abs. 1 Nr. 1a bis d HGB lediglich als Ordnungswidrigkeiten geahndet werden, ist eine Abgrenzung zu dem Straftatbestand des § 331 Nr. 1 HGB erforderlich. Diese Abgrenzung ist nach hM in der **Erheblichkeit des Verstoßes** gegen Rechnungslegungsvorschriften zu finden. Erst wenn die Verletzung von Rechnungslegungsvorschriften so erheblich ist, dass sie zu einer Unrichtigkeit oder Unvollständigkeit der Darstellung als solcher führt, ist die Grenze der Strafbarkeit erreicht.[42]

3.2 Offenlegung eines unrichtigen befreienden Einzelabschlusses (Nr. 1a)

46 Der Straftatbestand wurde nach dem Vorbild des § 331 Nr. 3 HGB mit der Einführung eines von der Bundesanzeigerpublizität des Jahresabschlusses befrei-

---

[39] Vgl. *Grottel/H. Hoffmann*, in Beck Bil-Komm., 10. Aufl., § 331 HGB, Rz 17; *Quedenfeld*, in MünchKomm. HGB, 3. Aufl., § 331, Rn 56.
[40] Vgl. *Tschesche*, in *Baetge/Kirsch/Thiele*, Bilanzrecht, § 331 HGB, Rz 33; *Quedenfeld*, in MünchKomm. HGB, 3. Aufl., § 331, Rn 48.
[41] Vgl. *Quedenfeld*, in MünchKomm. HGB, 3. Aufl., § 331, Rn 48.
[42] Vgl. *Dannecker*, in Großkomm. HGB, § 331, Rn 43; *Quedenfeld*, in MünchKomm. HGB, 3. Aufl., § 331, Rn 50.

enden Einzelabschlusses nach internationalen Rechnungslegungsstandards durch das BilReG[43] mit Wirkung vom 10.12.2004 eingefügt.

Die Aufnahme dieses Straftatbestands war notwendig, da nach § 325 Abs. 2a HGB für große KapG ein Wahlrecht besteht, statt des Jahresabschlusses nach § 242 HGB einen sog. **Einzelabschluss nach den in § 315e HGB** beschriebenen internationalen Regeln offenzulegen. Während der Jahresabschluss nach den handelsrechtlichen Vorschriften erfolgt, wird der Einzelabschluss nach den IFRS erstellt. Dieser IFRS-EA dient aber nur der Publizität der Rechnungslegung, verdrängt also nicht den HGB-Jahresabschluss in seiner gesellschaftsrechtlichen, steuerlichen und aufsichtsrechtlichen Bedeutung. In § 331 Nr. 1 HGB sind nur die dort genannten Abschlüsse, nicht jedoch der IFRS-EA geschützt. Dieser Schutz besteht nun seit Aufnahme des Tatbestandes des § 331 Nr. 1a HGB. 47

Die Tathandlungen der **unrichtigen Wiedergabe** und des **Verschleierns** entsprechen den Tathandlungen nach § 331 Nr. 1 HGB. Maßstab für die Unrichtigkeit im Hinblick auf die Abweichung zu den objektiven Gegebenheiten sind jedoch nicht die Bewertungsregelungen des HGB, sondern die von der EU geprüften und veröffentlichten IFRS-Regelungen i.V.m. den in § 315e Abs. 1 HGB genannten weiterhin anzuwendenden handelsrechtlichen Vorschriften.[44] 48

Das Tatbestandsmerkmal der Offenlegung bedeutet die Bekanntmachung des Einzelabschlusses im BAnz, § 325 Abs. 1 HGB. 49

Zudem ist erforderlich, dass die Offenlegung zum Zwecke der Befreiung nach § 325 Abs. 2a HGB erfolgt. Bei Verfolgung eines anderen Zweckes ist der Tatbestand des § 331 Nr. 1a HGB nicht erfüllt.[45] 50

3.3 Unrichtige Darstellung im Konzernabschluss (Nr. 2)

§ 331 Nr. 2 HGB stellt die unrichtige Darstellung bei der Aufstellung des Konzernabschlusses, des Konzernlageberichts, einschließlich der nichtfinanziellen Konzernerklärung, des gesonderten nichtfinanziellen Konzernberichts und des Konzernzwischenabschlusses nach § 340i Abs. 4 HGB unter Strafe. 51

Die Norm setzt dementsprechend voraus, dass die Verhältnisse des Konzerns unrichtig wiedergegeben oder verschleiert werden. Die Tathandlungen **unrichtige Wiedergabe** und **Verschleiern** sind identisch mit den Tathandlungen in § 331 Nr. 1 HGB. Insoweit wird auf die Ausführungen in Rz 31 ff. verwiesen. 52

Gegenstand der Tathandlung ist die Darstellung der **Verhältnisse des Konzerns**, wobei auch hier auf die im Rahmen des § 331 Nr. 1 HGB gemachten Ausführungen zu dem Tatbestandsmerkmal „Verhältnisse" verwiesen werden kann (Rz 42 ff.). 53

Der Begriff des **Konzerns** ist in § 18 AktG legal definiert. Im Aktienrecht wird dabei zwischen dem Unterordnungskonzern (§ 18 Abs. 1 Satz 1 AktG), bei dem ein herrschendes und ein oder mehrere abhängige Unt zusammengefasst sind, und dem Gleichordnungskonzern (§ 18 Abs. 2 AktG), bei dem rechtlich selbstständige Unt unter einheitlicher Leitung zusammengefasst sind, ohne dass das 54

---

[43] BilReG v. 4.12.2004, BGBl 2004 I S. 3166.
[44] Vgl. *Quedenfeld*, in MünchKomm. HGB, 3. Aufl., § 331, Rn 58.
[45] Vgl. *Quedenfeld*, in MünchKomm. HGB, 3. Aufl., § 331, Rn 59.

eine Unt von dem anderen abhängig ist, differenziert. Aus **strafrechtlicher Sicht** spielt diese Unterscheidung jedoch keine Rolle, es ist das handelsrechtliche Verständnis des § 290 HGB zugrunde zu legen (§ 290 Rz 16 ff.).[46]

3.4 Offenlegung eines unrichtigen befreienden Konzernabschlusses oder -lageberichts (Nr. 3)

55 § 331 Nr. 3 HGB erfasst die Fälle, in denen Mitglieder des vertretungsberechtigten Organs einer KapG einen befreienden Abschluss nach §§ 291, 292, 292a HGB offenlegen, der die Verhältnisse des Konzerns unrichtig wiedergibt oder verschleiert. Die Vorschrift knüpft damit an die Unterscheidung zwischen MU an, die nur verpflichtet sind, einen Konzernabschluss und Konzernlagebericht aufzustellen (§ 290 HGB), und MU, die einen befreienden Abschluss nach §§ 291, 292, 292a HGB zudem offenlegen. Die Offenlegung eines unrichtigen Konzernabschlusses oder Konzernlageberichts befreit ein MU auf niedriger Stufe von der Einhaltung der in § 331 Nr. 2 HGB sanktionierten Vorschriften. § 331 Nr. 2 HGB stellt daher die Einhaltung der Befreiungsvorschriften unter Strafe.[47]

3.4.1 Unrichtiger Konzernabschluss

56 Die Tathandlung des § 331 Nr. 3 HGB setzt einen unrichtigen Konzernabschluss oder -lagebericht voraus. Ein solcher liegt vor, wenn die objektiven Tatbestandsvoraussetzungen des § 331 Nr. 2 HGB erfüllt sind (Rz 51 ff.).

3.4.2 Offenlegung

57 Weiter setzt die Tathandlung die Offenlegung des unrichtigen Konzernabschlusses oder Konzernlageberichts voraus. Unter Offenlegung ist nach der Legaldefinition des § 325 Abs. 1 HGB die Einreichung des Konzernabschlusses oder Konzernlageberichts (§ 325 Abs. 3 HGB) beim Betreiber des BAnz zu verstehen.

58 Die Offenlegung kann dabei sowohl durch das befreite TU als auch durch dessen MU erfolgen.[48] Täter können daher sowohl die Mitglieder des vertretungsberechtigten Organs des MU und des TU sein – je nachdem, wer die Offenlegung vornimmt. Aufsichtsratsmitglieder können nicht Täter sein.

3.5 Unrichtige Versicherung – „Bilanzeid" (Nr. 3a)

59 Der sog. **Bilanzeid** nach § 264 Abs. 2 Satz 3 HGB verpflichtet die gesetzlichen Vertreter eines KM-orientierten Unt i.S.d. § 2 Abs. 7 WpHG (sog. Inlandsemittent), eine Versicherung darüber abzugeben, dass in den **Finanzberichten** ein den **tatsächlichen Verhältnissen** entsprechendes Bild der Vermögens-, Finanz- und Ertragslage des Unt vermittelt wird (§ 264 Rz 65). § 331 Nr. 3a HGB stellt nun die im Gesetzeswortlaut genannte Versicherung unter Strafe,

---

[46] Vgl. *Dannecker*, in Großkomm. HGB, § 331, Rn 68; *Quedenfeld*, in MünchKomm. HGB, 3. Aufl., § 331, Rn 61.
[47] Vgl. *Dannecker*, in Großkomm. HGB, § 331, Rn 86; *Quedenfeld*, in MünchKomm. HGB, 3. Aufl., § 331, Rn 68; *Tschesche*, in *Baetge/Kirsch/Thiele*, Bilanzrecht, § 331 HGB, Rz 51.
[48] Vgl. *Grottel/Hoffmann*, in Beck Bil-Komm., 10. Aufl., 2016, § 331 HGB, Rz 32; *Quedenfeld*, in MünchKomm. HGB, 3. Aufl., § 331, Rn 71; *Tschesche*, in *Baetge/Kirsch/Thiele*, Bilanzrecht, § 331 HGB, Rz 52.

soweit sie nicht richtig abgegeben werden. Die Tathandlung besteht alternativ in der Abgabe einer falschen Versicherung darüber, dass
- nach bestem Wissen der **Jahresabschluss** ein den tatsächlichen Verhältnissen entsprechendes Bild i.S.d. § 264 Abs. 2 Satz 1 HGB vermittelt oder der Anhang Angaben nach § 264 Abs. 2 Satz 2 HGB enthält (**§ 264 Abs. 2 Satz 3 HGB**);
- nach bestem Wissen im **Lagebericht** der Geschäftsverlauf einschl. des Geschäftsergebnisses und die Lage der KapG so dargestellt sind, dass ein den tatsächlichen Verhältnissen entsprechendes Bild vermittelt wird und dass die wesentlichen Chancen und Risiken i.S.d. § 289 Abs. 1 Satz 4 HGB beschrieben sind (**§ 289 Abs. 1 Satz 5 HGB**);
- nach bestem Wissen der **Konzernabschluss** ein den tatsächlichen Verhältnissen entsprechendes Bild i.S.d. § 297 Abs. 2 Satz 2 HGB vermittelt oder der Konzernanhang Angaben nach § 297 Abs. 2 Satz 3 HGB enthält (**§ 297 Abs. 2 Satz 4 HGB**);
- nach bestem Wissen im **Konzernlagebericht** der Geschäftsverlauf einschl. des Geschäftsergebnisses und die Lage des Konzerns so dargestellt sind, dass ein den tatsächlichen Verhältnissen entsprechendes Bild vermittelt wird und dass die wesentlichen Chancen und Risiken i.S.d. § 315 Abs. 1 Satz 4 HGB beschrieben sind (**§ 315 Abs. 1 Satz 5 HGB**).

Ob eine Versicherung nicht richtig ist, muss sich an den **Tatbestandmerkmalen „unrichtige Wiedergabe" und „Verschleiern"** des § 331 Nr 1 HGB orientieren.[49] Demnach sind Maßstab für die Richtigkeit der Versicherung die GoB und die Bewertungsvorschriften des HGB. Wie in § 331 Nr. 1 HGB ist auch eine gewisse Erheblichkeit der Unrichtigkeit zu fordern (Rz 45).[50]

Die **Nichtabgabe** der geforderten Versicherung ist in § 331 Nr. 3a HGB nicht unter Strafe gestellt, sondern wird als Ordnungswidrigkeit geahndet nach § 39 Abs. 2 Nr. 19 i.V.m. § 37 Abs. 2 Nr. 3 WpHG.[51]

Die **falsche Versicherung** muss schriftlich erfolgt sein.

Täter können nach dem Wortlaut der §§ 264 Abs. 2 Satz 3, 289 Abs. 1 Satz 5, 297 Abs. 2 Satz 4, 315 Abs. 1 Satz 5 HGB nur die Mitglieder des vertretungsberechtigten Organs einer KapG sein.

3.6 Unrichtige Angaben gegenüber Abschlussprüfern (Nr. 4)

§ 331 Nr. 4 HGB umfasst zunächst die unrichtige Wiedergabe oder Verschleierung der Verhältnisse der KapG, eines TU oder des Konzerns gegenüber dem AP. Darüber hinaus werden von § 331 Nr. 4 HGB auch alle sonstigen unrichtigen Angaben erfasst. Dazu gehören alle Aufklärungen und Nachweise, die der AP zur Durchführung und Erfüllung seiner Aufgabe nach § 320 Abs. 2 HGB von den gesetzlichen Vertretern verlangen kann. Die Strafbarkeit ist daher bedingt und begrenzt durch das Auskunftsrecht des § 320 HGB.[52]

---

[49] Vgl. *Ziemann*, wistra 2007, S. 292; *Quedenfeld*, in MünchKomm. HGB, 3. Aufl., § 331, Rn 73.
[50] Vgl. *Ziemann*, wistra 2007, S. 292; *Quedenfeld*, in MünchKomm. HGB, 3. Aufl., § 331, Rn 65–73.
[51] Vgl. *Ziemann*, wistra 2007, S. 292.
[52] Vgl. *Dannecker*, in Großkomm. HGB, § 331, Rn 108; *Quedenfeld*, in MünchKomm. HGB, 3. Aufl., § 331, Rn 74.

65 **Aufklärungen und Nachweise** umfassen jegliche mündliche oder schriftliche Stellungnahme, die der AP zur Durchführung der Abschlussprüfung benötigt und sich aus der Sicht des Täters auf das Prüfungsergebnis auswirken soll.[53] **Aufklärung** bedeutet die Klärung und das Ausräumen von Zweifeln, Unklarheiten und Widersprüchen. **Nachweise** sind die vom Prüfer herangezogenen, für die Prüfung erforderlichen Belege jeder Art.

66 **Unrichtige Angaben** sind überprüfbare Aussagen über Tatsachen, deren Inhalt mit der objektiven Wirklichkeit nicht übereinstimmen. Die Tatsachen können sich auch auf Bewertungen, Erwartungen, Schätzungen oder Prognosen beziehen. Anders als bei den anderen Tatbestandsalternativen des § 331 HGB können die unrichtigen Angaben auch mündlich gemacht werden.[54]

67 Hinsichtlich der objektiven Tatbestandsmerkmale „unrichtige Wiedergabe" und „Verschleierung" der Verhältnisse kann auf die obigen Ausführungen zu § 331 Nr. 1 HGB verwiesen werden (Rz 41 ff.).

68 **Adressat der Angaben** ist nach dem Gesetzeswortlaut ausschließlich der AP. Das ist nach § 319 Abs. 1 HGB ein WP oder ein vBp. Im Gegensatz dazu werden in den §§ 332 und 333 HGB auch die Gehilfen des AP erfasst. Daraus ist jedoch nicht zu folgern, dass unrichtige Angaben gegenüber einem Gehilfen des AP im Falle des § 331 Nr. 4 HGB straflos sind. Vielmehr kann sich der AP zur Erfüllung seiner Aufgaben anderer Personen bedienen und sich beim Auskunftsverlangen vertreten lassen. Somit gelten solchen Personen gegenüber gemachte Angaben als gegenüber dem AP gemacht.

69 Nicht unter § 331 Nr. 4 HGB fällt die **Verweigerung** der von dem Prüfer nach § 320 Abs. 2 HGB verlangten Angaben. Geschützt werden soll nämlich nur die Richtigkeit, Vollständigkeit und Klarheit der Angaben für den AP, nicht jedoch die Erfüllung der Auskunftspflicht.[55]

4 Subjektiver Tatbestand

4.1 Nrn. 1, 2 und 4

70 Der subjektive Tatbestand des § 331 Nrn. 1, 2 und 4 HGB setzt **Vorsatz** (§ 15 StGB) voraus. Das bedeutet, dass der Täter wissen muss, dass die von ihm vorgelegte Rechenschaft nicht mit den Tatsachen übereinstimmt. § 331 HGB ist ein sog. **unechtes Blankettgesetz**. Dies bedeutet, dass die Vorschriften über die Rechnungslegung über das normative Tatbestandsmerkmal der unrichtigen Darstellung einbezogen werden.[56] Es genügt daher bereits bedingter Vorsatz (**dolus eventualis**), sodass es ausreicht, dass der Täter die Verwirklichung des jeweiligen Tatbestandes tatsächlich für möglich hält und dabei billigend in Kauf nimmt, dass die von ihm abgegebene Darstellung unrichtig ist.[57]

71 Der Tatbestand verlangt keine besondere **Täuschungsabsicht**.

---

53 Vgl. *Quedenfeld*, in MünchKomm. HGB, 3. Aufl., § 331, Rn 77; *Maul*, DB 1989, S. 185.
54 Vgl. *Tschesche*, in Baetge/Kirsch/Thiele, Bilanzrecht, § 331 HGB, Rz 64.
55 Vgl. *Quedenfeld*, in MünchKomm. HGB, 3. Aufl., § 331, Rn 79.
56 Vgl. *Spatscheck/Wulf*, DStR 2003, S. 173, 176.
57 Vgl. *Dannecker*, in Großkomm. HGB, § 331, Rn 55; *Quedenfeld*, in MünchKomm. HGB, 3. Aufl., § 331, Rn 83; *Grottel/Hoffmann*, in Beck Bil-Komm., 10. Aufl., 2016, § 331 HGB, Rz 23.

Erkennt der Täter dagegen die Unrichtigkeit seiner Darstellung nicht, obwohl er sie hätte erkennen können, liegt nur eine straflose Fahrlässigkeit vor. 72

4.2 Nr. 1a

Der subjektive Tatbestand verlangt Vorsatz oder Leichtfertigkeit. 73

Der **Vorsatz** muss sich auf alle objektiven Tatbestandsmerkmale beziehen, also auf die Unrichtigkeit des EA und auf die Offenlegung zum Zwecke der Befreiung.[58] Hinsichtlich der Unrichtigkeit des EA genügt bereits **Eventualvorsatz** (dolus eventualis). Hinsichtlich der Befreiung verlangt § 331 Nr. 1a HGB dagegen **Absicht**.[59] 74

Bei der **Leichtfertigkeit** handelt es sich um einen besonders starken Grad der Fahrlässigkeit, der der groben Fahrlässigkeit im Zivilrecht entspricht.[60] Auch bei leichtfertigem Verhalten muss der Täter „zum Zwecke der Befreiung nach § 325 Abs. 2a Satz 1, Abs. 2b HGB ...", also mit Absicht hinsichtlich der Befreiung handeln.[61] 75

4.3 Nr. 3

Die Vorschrift verlangt wie § 331 Nr. 1a HGB **bedingten Vorsatz** oder **Leichtfertigkeit** und die **Absicht** hinsichtlich des Merkmals „zum Zwecke der Befreiung...". Insoweit kann auf die obigen Ausführungen zu § 331 Nr. 1a HGB verwiesen werden. 76

4.4 Nr. 3a

Eventualvorsatz reicht zur Erfüllung des subjektiven Tatbestands aus. Auch die in den blankettausfüllenden Normen enthaltene Formulierung „nach bestem Wissen" ist nicht im strafrechtlichen Sinne als direkter Vorsatz zu verstehen. Der Wissensvorbehalt soll nach dem Willen des Gesetzgebers lediglich eine Fahrlässigkeitshaftung ausschließen.[62] 77

5 Rechtswidrigkeit und Schuld

Grundsätzlich indiziert die Tatbestandsmäßigkeit des Handelns dessen Rechtswidrigkeit. Da der umfassende Schutzzweck des § 331 HGB über einen Individualschutz hinausgeht, ist die Norm der Disposition der Gesellschafter oder des Aufsichtsrats entzogen. Eine Einwilligung oder Weisung der Gesellschafter, insb. Allein- oder Mehrheitsgesellschafter, des Aufsichtsrats oder anderer fakultativer Aufsichtsgremien kann daher kein Rechtfertigungsgrund sein.[63] 78

---

[58] Vgl. *Quedenfeld*, in MünchKomm. HGB, 3. Aufl., § 331, Rn 85.
[59] Vgl. *Dannecker*, in Großkomm. HGB, § 331, Rn 100; *Grottel/Hoffmann*, in Beck Bil-Komm., 10. Aufl., 2016, § 331 HGB, Rz 33.
[60] Vgl. BGHSt 20, 323; 33, 67; *Fischer*, StGB, § 15 Rz 20 mwN.
[61] Vgl. *Dannecker*, in Großkomm. HGB, § 331, Rn 101.; *Grottel/Hoffmann*, in Beck Bil-Komm., 10. Aufl., 2016, § 331 HGB, Rz 33.
[62] Vgl. *Ziemann*, wistra 2007, S. 294; *Fleischer*, ZIP 2007, S. 102; ausführlich *Altenhain*, WM 2008, 1141, 1145.
[63] Vgl. *Dannecker*, in Großkomm. HGB, § 331, Rn 61; *Quedenfeld*, in MünchKomm. HGB, 3. Aufl., § 331, Rn 82; *Tschesche*, in *Baetge/Kirsch/Thiele*, Bilanzrecht, § 331 HGB, Rz 81.

79 Ein **rechtfertigender Notstand** nach § 34 StGB kommt nach herrschender Ansicht nur in ganz atypischen Ausnahmesituationen in Betracht, wenn der Schutz anderer Interessen wesentlich überwiegt.[64]

80 Hinsichtlich der **Schuldfrage** gelten die allgemeinen strafrechtlichen Grundsätze. Es kann dabei entschuldigend wirken, wenn der Täter persönlich oder durch Mitarbeiter nicht in der Lage war, seinen bilanzrechtlichen Pflichten korrekt nachzukommen und auch keine Geldmittel zur Beauftragung von Fachkräften (z. B. StB, WP) zur Verfügung stand.[65]

6 Irrtum

81 Hinsichtlich der Irrtumslehre gelten die allgemeinen Grundsätze zu **Tatbestandsirrtum** (§ 16 StGB) und **Verbotsirrtum** (§ 17 StGB).

82 Irrt sich der Täter über den Inhalt der blankettausfüllenden Norm, geht er also rechtsirrig davon aus, dass die von ihm vorgenommene Bilanzierung nach den maßgeblichen Vorschriften zulässig sei, dann unterliegt er einem vorsatzausschließenden Tatbestandsirrtum (§ 16 StGB). Dies ist z.B. der Fall, wenn der Täter Vermögensgegenstände nicht bilanziert hat, da er in der irrigen Annahme war, diese seien nicht bilanzierungsfähig.[66]

83 Soweit sich der Täter jedoch über die Existenz der blankettausfüllenden Norm als solcher irrt, liegt ein Verbotsirrtum (§ 17 StGB) vor, der lediglich bei seiner Unvermeidbarkeit zur Straflosigkeit führt.

> **Beispiel**
> Ein Verbotsirrtum wäre bspw. gegeben, wenn der Täter irrtümlich annimmt, er dürfe die Lage der Gesellschaft ausnahmsweise deshalb unrichtig darstellen, weil sonst die Kreditgeber nicht zur Sanierung überredet werden könnten.[67]

7 Vollendung und Beendigung der Tat

84 Bei § 331 HGB handelt es sich um ein Vergehen (§§ 12 Abs. 2, 23 Abs. 1 StGB), weshalb mangels ausdrücklicher Bestimmung der **Versuch** nicht strafbar ist.

7.1 Vollendung

7.1.1 Nr. 1

85 Die **Vollendung der Tat** liegt vor, wenn sämtliche Tatbestandsmerkmale erfüllt sind.[68] Dies ist der Fall, wenn die Eröffnungsbilanz, der Jahresabschluss, der

---

[64] Vgl. *Dannecker*, in Großkomm. HGB, § 331, Rn 61; *Quedenfeld*, in MünchKomm. HGB, 3. Aufl., § 331, Rn 82; die Möglichkeit eines Notstands ausschließend: *Otto*, in Heymann, HGB, 2. Aufl. 1999, § 331, Rz 34; *Spatscheck/Wulf*, DStR 2003, S. 176.
[65] Vgl. BGH, DStR 1998, S. 500; *Ehlers*, DStR 1998, S. 1758; *Tschesche*, in Baetge/Kirsch/Thiele, Bilanzrecht, § 331 HGB, Rz 82.
[66] Vgl. *Quedenfeld*, in MünchKomm. HGB, 3. Aufl., § 331 Rn 93.
[67] Vgl. *Dannecker*, in Großkomm. HGB, § 331, Rn 60.
[68] Vgl. *Fischer*, StGB § 22, Rz 4.

Lagebericht oder der Zwischenabschluss einem der möglichen Adressaten zugegangen ist.[69] Die Kenntnisnahme durch den Empfänger ist nicht notwendig; § 331 Nr. 1 HGB ist insoweit als Gefährdungsdelikt ausgestaltet. Auch ist nicht notwendig, dass sich der Empfänger durch das Rechenwerk oder den Lagebericht tatsächlich über die Verhältnisse der Ges. täuschen lässt.

7.1.2 Nr. 1a

Die Tat ist mit der Offenlegung **vollendet**. Dies ist der Fall, wenn die Bekanntmachung im BAnz erfolgt und die Darstellung für die möglichen Adressaten zugänglich ist. Der erstrebte Zweck der Befreiung muss nicht eingetreten sein. 86

7.1.3 Nr. 2

Die Tat ist **vollendet**, wenn der Konzernabschluss, der Konzernlagebericht oder der Konzernzwischenabschluss einem der bestimmungsgemäßen Adressaten zugegangen sind. 87

7.1.4 Nr. 3

Die Vollendung im Fall des § 331 Nr. 3 HGB ist identisch mit § 331 Nr. 1a HGB, weshalb auf die dortigen Ausführungen (Rz 86) verwiesen wird. 88

7.1.5 Nr. 3a

Vollendet ist die Tat mit Ablegung des Bilanzeids, also regelmäßig mit Unterzeichnung der schriftlichen Versicherung.[70] Die Kenntnis des Inhalts durch den Empfänger ist nicht notwendig. 89

7.1.6 Nr. 4

Die Tat ist **vollendet**, wenn der AP oder einer seiner Gehilfen die für die Prüfung bestimmten Aufklärungen oder Nachweise erhalten haben.[71] Der bloße Zugang genügt. Eine Kenntnisnahme des Inhalts ist bei schriftlichen Erklärungen nicht notwendig; bei mündlichen Erklärungen dagegen schon.[72] 90

7.2 Beendigung

Die für die Verjährung entscheidende **Beendigung** der Tat tritt ein, wenn der Adressat (erstmalig) inhaltliche Kenntnis vom Rechenwerk bzw. dem Lagebericht nimmt.[73] Im Fall des § 331 Nr. 4 HGB ist die Tat beendet, wenn der AP Kenntnis vom Inhalt der Aufklärungen und Nachweise genommen hat. 91

---

[69] Vgl. *Grottel/Hoffmann*, in Beck Bil-Komm., 10. Aufl., 2016, § 331 HGB, Rz 22; *Dannecker*, in Großkomm. HGB, § 331, Rn 62; *Quedenfeld*, in MünchKomm. HGB, 3. Aufl., § 331 Rn 94.
[70] Vgl. *Grottel/Hoffmann*, in Beck Bil-Komm., 10. Aufl., 2016, § 331 HGB, Rz 37; *Altenhain*, WM 2008, 1141, 1146.
[71] Vgl. *Grottel/Hoffmann*, in Beck Bil-Komm., 10. Aufl., 2016, § 331 HGB, Rz 39; *Dannecker*, in Großkomm. HGB, § 331, Rn 117; *Quedenfeld*, in MünchKomm. HGB, 3. Aufl., § 331 Rn 100.
[72] Vgl. *Dannecker*, in Großkomm. HGB, § 331, Rn 117.
[73] Vgl. *Dannecker*, in Großkomm. HGB, § 331, Rn 63; *Quedenfeld*, in MünchKomm. HGB, 3. Aufl., § 331, Rn 94.

8 Konkurrenzen

8.1 Mehrere unrichtige Darstellungen in einer Bilanz

92 **Mehrere Falschangaben** in einer Bilanz sind zu einer natürlichen **Handlungseinheit** verknüpft und stellen daher nur **eine** strafbare Handlung dar.[74]

8.2 Mehrere unrichtige Darstellungen in mehreren Tatbestandsalternativen

93 Soweit der Täter Falschangaben in einem Jahresabschluss macht und dieser unrichtige Abschluss in einen Konzernabschluss eingeht, für den der Täter ebenfalls verantwortlich ist, kann je nach Sachverhalt zwischen diesen mehrfachen Tatbestandserfüllungen Tateinheit oder Tatmehrheit vorliegen.
Tateinheit nach § 52 StGB liegt vor, wenn der Jahresabschluss und der Konzernabschluss gleichzeitig gefertigt werden oder die Anfertigung des Jahresabschlusses Vorstufe des Konzernabschlusses ist, da die Arbeiten nahtlos übergehen.
Tatmehrheit ist gegeben, wenn die Abschlüsse praktisch getrennt erstellt werden, was insb. bei unterschiedlichen Wj gilt.

94 Das Gleiche gilt auch bei unrichtigen Rechenwerken, die erstellt werden, um diese zum Zweck der Befreiung nach § 291 HGB oder § 325 Abs. 2a HGB offenzulegen (§ 331 Nrn. 1a und 3 HGB).
§ 331 Nr. 4 HGB ist im Verhältnis zu § 331 Nrn. 1 und 2 HGB die speziellere Norm und konsumiert diese daher.[75]

95 Der Bilanzeid nach § 331 Nr. 3a HGB kann nur dann falsch sein, wenn auch die ihr zugrunde liegenden Abschlüsse bzw. Lageberichte falsch i. S. d. §§ 331 Nrn. 1 und 2 HGB sind. Die Erstellung des Jahresabschlusses/Lageberichts findet zeitlich vor dem Bilanzeid statt, weshalb insoweit zwei verschiedene Tathandlungen vorliegen. Die §§ 331 Nrn. 1 und 2 HGB einerseits und § 331 Nr. 3a HGB andererseits stehen nicht im Verhältnis strafloser Vor-/Nachtat zueinander, sondern im Verhältnis der **Realkonkurrenz** gem. § 53 StGB.[76]

8.3 Verhältnis zu den Straftatbeständen des Strafgesetzbuches

96 **Allgemeine Vermögens- und Wirtschaftsdelikte** wie § 246 StGB (Unterschlagung), § 263 StGB (Betrug), § 263a StGB (Computerbetrug), § 264 StGB (Subventionsbetrug), § 264a StGB (Kapitalanlagebetrug), § 265b StGB (Kreditbetrug) oder § 266 StGB (Untreue) stehen in Tateinheit mit den Tatbeständen des § 331 HGB, wenn das Geschehen eine natürliche Handlung bildet. Eine Tatmehrheit zu diesen Straftatbeständen kann dann gegeben sein, wenn die einzelnen Handlungen nicht von einem einheitlichen Willensentschluss getragen werden, so bspw. wenn eine falsche Bilanz erstellt wird und erst danach eine Vorlage zur Krediterlangung erfolgt.[77]

---

[74] Vgl. BGH, wistra 1996, S. 348; *Dannecker*, in Großkomm. HGB, § 331, Rn 119; *Quedenfeld*, in MünchKomm. HGB, 3. Aufl., § 331, Rn 106.
[75] Vgl. *Quedenfeld*, in MünchKomm. HGB, 3. Aufl., § 331, Rn 107.
[76] Vgl. *Quedenfeld*, in MünchKomm. HGB, 3. Aufl., § 331, Rn 107.
[77] Vgl. *Dannecker*, in Großkomm. HGB, § 331, Rn 123; *Quedenfeld*, in MünchKomm. HGB, 3. Aufl., § 331, Rn 108.

Gesetzeskonkurrenz besteht zu den **Bankrottdelikten** der §§ 283 Abs. 1 Nr. 7a, 283b Abs. 1 Nr. 3a StGB. Diese Tatbestände konsumieren die Regelung des § 331 Nr. 1 HGB, da sie die Falschbilanzierung in der Insolvenz zu einem eigenständigen Delikt machen, das im Falle des Handelns in der Krise mit einer höheren Strafandrohung belegt ist.

8.4 Verhältnis zu anderen Strafgesetzen

§ 82 Abs. 2 Nr. 2 GmbHG ist in Bezug auf die EB, den Jahresabschluss, den Lagebericht und den Zwischenabschluss kraft ausdrücklicher gesetzlicher Regelung gegenüber § 331 Nr. 1 HGB **subsidiär**. Ebenso sind § 400 Abs. 1 Nr. 1 AktG, § 147 Abs. 2 Nr. 1 GenG, § 17 PublG und § 313 Abs. 1 Nr. 1 UmwG **subsidiär** zu § 331 Nr. 1 HGB.[78]

9 Strafverfolgung und Rechtsfolgen

9.1 Verfahrensrechtliche Besonderheiten

Bei § 331 HGB handelt es sich um ein Offizialdelikt, weshalb bei hinreichendem Tatverdacht die Strafverfolgung von Amts wegen erfolgt. Die Tatbestände des § 331 HGB sind Wirtschaftsstraftaten, für die nach § 74c Nr. 1 GVG am Landgericht die **Wirtschaftsstrafkammer** (in der Berufungsinstanz oder bei besonderer Bedeutung des Falls auch in der ersten Instanz) zuständig ist.

9.2 Rechtsfolgen

Die **Strafe** ist alternativ Freiheitsstrafe von einem Monat bis zu drei Jahren (§ 38 Abs. 2 StGB) oder Geldstrafe. Nach § 40 Abs. 1 Satz 2 StGB beträgt die Geldstrafe mindestens fünf und höchstens 360 Tagessätze.[79]
Bei einer Bereicherung des Täters kann neben einer Freiheitsstrafe zusätzlich eine Geldstrafe verhängt werden (§ 41 StGB). Ebenso ist die Anordnung des Verfalls gem. §§ 73 ff. StGB und die Einziehung nach §§ 74 ff. StGB denkbar.
Als Maßregel der Besserung kann zudem ein **Berufsverbot** nach § 70 StGB verhängt werden.

9.3 Verjährung

Die **Strafverfolgungsverjährung** tritt gem. § 78 Abs. 2 Nr. 4 StGB nach 5 Jahren ein. Sie beginnt mit der Beendigung der Tat (§ 78a StGB) und kann durch die in § 78c StGB genannten Handlungen unterbrochen werden. 10 Jahre nach Beendigung der Tat tritt die absolute Verjährung ein (§ 78 Abs. 3 Satz 2 StGB).
Die **Strafvollstreckungsverjährung** ist abhängig von der verhängten Strafe und bestimmt sich nach § 79 Abs. 3 Nrn. 3 bis 5 StGB. Sie kann bei § 331 HGB 3, 5 oder 10 Jahre betragen und beginnt mit Rechtskraft der verurteilenden Entscheidung.

---

[78] Vgl. *Dannecker*, in Großkomm. HGB, § 331, Rn 121; *Quedenfeld*, in MünchKomm. HGB, 3. Aufl., § 331, Rn 111.
[79] Zur Berechnung der Geldstrafe vgl. *Fischer*, StGB § 40, Rn 6.

§ 332 Verletzung der Berichtspflicht

(1) Mit Freiheitsstrafe bis zu drei Jahren oder mit Geldstrafe wird bestraft, wer als Abschlußprüfer oder Gehilfe eines Abschlußprüfers über das Ergebnis der Prüfung eines Jahresabschlusses, eines Einzelabschlusses nach § 325 Abs. 2a, eines Lageberichts, eines Konzernabschlusses, eines Konzernlageberichts einer Kapitalgesellschaft oder eines Zwischenabschlusses nach § 340a Abs. 3 oder eines Konzernzwischenabschlusses gem. § 340i Abs. 4 unrichtig berichtet, im Prüfungsbericht (§ 321) erhebliche Umstände verschweigt oder einen inhaltlich unrichtigen Bestätigungsvermerk (§ 322) erteilt.

(2) Handelt der Täter gegen Entgelt oder in der Absicht, sich oder einen anderen zu bereichern oder einen anderen zu schädigen, so ist die Strafe Freiheitsstrafe bis zu fünf Jahren oder Geldstrafe.

RA StB Daniel Münster/RA StB Annette Meier-Behringer

Inhaltsübersicht

	Rz
1 Überblick	1–7
1.1 Geschütztes Rechtsgut und Schutzbereich	1–3
1.2 Deliktsnatur	4–5
1.3 Normzusammenhänge	6–7
2 Täterkreis	8–15
2.1 Abschlussprüfer	9–12
2.2 Gehilfe eines Abschlussprüfers	13–15
3 Tathandlung	16–28
3.1 Tatgegenstand	17–18
3.2 Handlung	19–28
3.2.1 Unrichtige Berichterstattung	19–22
3.2.2 Verschweigen erheblicher Umstände	23–25
3.2.3 Erteilen eines unrichtigen Bestätigungsvermerks	26–28
4 Subjektiver Tatbestand	29–30
5 Rechtswidrigkeit und Schuld	31–32
6 Irrtum	33
7 Vollendung und Beendigung der Tat	34–35
7.1 Vollendung	34
7.2 Beendigung	35
8 Qualifikationen	36–40
8.1 Handeln gegen Entgelt	37–38
8.2 Handeln in Bereicherungsabsicht	39
8.3 Handeln in Schädigungsabsicht	40
9 Konkurrenzen	41–43
9.1 Mehrere Tathandlungen	41
9.2 Verhältnis zu den Straftatbeständen des Strafgesetzbuchs	42
9.3 Verhältnis zu anderen Strafgesetzen	43
10 Strafverfolgung und Rechtsfolgen	44
11 Verjährung	45

1 Überblick

1.1 Geschütztes Rechtsgut und Schutzbereich

Geschütztes Rechtsgut des § 332 HGB ist nach hM das Vertrauen in die Richtigkeit und Vollständigkeit der Prüfung von Abschlüssen, Lageberichten und Zwischenabschlüssen durch ein unabhängiges Kontrollorgan.[1]   1

Zu den durch die Norm **geschützten Rechtssubjekten** zählen, ebenso wie bei § 331 HGB, zunächst auch die Ges. bzw. der Konzern selbst. Daneben schützt § 332 HGB auch alle Personen, die mit der KapG oder dem Konzern in wirtschaftlicher und/oder rechtlicher Beziehung stehen bzw. in eine solche Beziehung treten wollen (§ 331 Rz 2). Hierzu zählen insb. Gesellschafter, Arbeitnehmer, Vertragspartner, Gläubiger oder potenzielle Kreditgeber.   2

Bei § 332 HGB handelt es sich um ein **Schutzgesetz i. S. d. § 823 Abs. 2 BGB**.[2]   3

1.2 Deliktsnatur

Analog zu § 331 HGB handelt es sich bei § 332 HGB um ein **abstraktes Gefährdungsdelikt**. Ein konkreter Erfolg ist daher für die Vollendung des Delikts nicht erforderlich. Für die Strafbarkeit genügt das bloße Handeln des Täters.[3]   4

§ 332 HGB ist in allen Tatbestandsalternativen ein **echtes Sonderdelikt**. Der Kreis der möglichen Täter wird durch das Gesetz selbst auf AP und deren Gehilfen begrenzt (Rz 9).   5

1.3 Normzusammenhänge

§ 332 HGB dient der Sicherung der Einhaltung zivilrechtlicher Bilanznormen. Die Vorschrift richtet sich nur an AP und deren Gehilfen. Sie stellt damit die schärfste Sanktion im Sanktionssystem der berufsrechtlichen Verantwortung des WP dar.[4]   6

Der Anwendungsbereich von § 332 HGB wird durch § 335b HGB auf **PersG**, die über keine natürliche Person als phG verfügen, erweitert. Ebenso gilt die Norm aufgrund besonderer Verweisungen entsprechend für Kreditinstitute (§ 340m HGB) und Versicherungsunternehmen (§ 341m HGB) – jeweils unabhängig von deren Rechtsform.   7

2 Täterkreis

Taugliche Täter des § 332 HGB können nur AP und deren Gehilfen sein. Personen, die diesem Täterkreis nicht angehören, können nur als Anstifter (§ 26 StGB) oder Gehilfen (§ 27 StGB) an der Tat teilnehmen.   8

---

[1] Vgl. *Tschesche*, in *Baetge/Kirsch/Thiele*, Bilanzrecht, § 332 HGB, Rz 2, Stand 9/2007; *Quedenfeld*, in MünchKomm. HGB, 3. Aufl., § 332 Rn 1; *Dannecker*, in Großkomm. HGB, § 332 Rn 5.
[2] Vgl. OLG Düsseldorf, NZG 1999, S. 903; OLG Karlsruhe, WM 1985, S. 940; *Dannecker*, in Großkomm. HGB, § 332 Rn 8.
[3] Vgl. *Dannecker*, in Großkomm. HGB, § 332 Rn 9; *Dierlamm*, NStZ 2000, S. 131.
[4] Vgl. *Dannecker*, in Großkomm. HGB, § 332 Rn 1.

2.1 Abschlussprüfer

9 AP können nach § 319 HGB sein: WP, Wirtschaftsprüfungsgesellschaften und bei Jahresabschlüssen und Lageberichten mittelgroßer Ges. auch vBp bzw. Buchprüfungsgesellschaften (§ 319 Rz 13 ff.).

10 Soweit eine **Wirtschafts- oder Buchprüfungsgesellschaft** zum AP bestellt ist, kommt als Täter nur der für die bestellte Ges. persönlich handelnde Prüfer, der seinerseits über die Qualifikation eines WP oder vBp verfügen muss, in Betracht.[5] Die **Haftung des Prüfers**, der zugleich Organ der Prüfungsgesellschaft ist, ergibt sich aus § 14 Abs. 1 StGB. Für angestellte Wirtschafts- oder Buchprüfer ergibt sich die persönliche Haftung aus § 14 Abs. 2 StGB.[6] Macht sich ein Organ der Prüfungsgesellschaft nach § 332 HGB strafbar, kann gegen die Ges. selbst eine Geldbuße gem. § 30 OWiG verhängt werden.

11 **Mängel der Bestellung** als AP sind für die strafrechtliche Beurteilung unbedeutend, § 14 Abs. 3 StGB. Entscheidend ist vielmehr, ob die betreffende Person den Prüfungsauftrag übernommen und die Prüfung durchgeführt hat.

> **Beispiel**
> So kann etwa ein vereidigter Buchprüfer, der entgegen § 319 HGB zum AP einer großen GmbH gewählt wird, Täter nach § 332 HGB sein.[7]

Auch das Vorliegen von Ausschlussgründen des § 319 Abs. 2 und 3 HGB steht der Tätereigenschaft nicht entgegen. Ob eine wirksame Bescheinigung über die Teilnahme an der **Qualitätskontrolle nach § 57a WPO** bzw. eine Ausnahmegenehmigung vorliegt, ist für die strafrechtliche Beurteilung irrelevant.

12 Nicht ausreichend ist es hingegen, wenn eine Person oder Ges. zum Prüfer bestellt wurde, die die **Prüfungsqualifikationen erkennbar nicht besitzt** oder die Prüfertätigkeit „angemaßt" wird.[8]

> **Beispiel**
> Ein StB erteilt unter seiner Berufsbezeichnung ein Testat nach § 322 HGB.[9]

In diesen Fällen besteht kein durch § 332 HGB zu gewährleistender Vertrauensschutz.

2.2 Gehilfe eines Abschlussprüfers

13 Unter den Begriff des Gehilfen des AP i.S.d. § 332 HGB fallen grds. alle Personen, die den AP in irgendeiner Weise als **Angestellte oder freie Mitarbeiter** bei seiner Prüfungstätigkeit unterstützen. Der Begriff ist identisch mit dem des § 323 HGB (§ 323 Rz 22).

---

[5] Vgl. *Tschesche*, in *Baetge/Kirsch/Thiele*, Bilanzrecht, § 332 HGB, Rz 22, Stand 9/2007; *Quedenfeld*, in MünchKomm. HGB, 3. Aufl., § 332 Rn 5.
[6] Vgl. *Spatschek/Wulf*, DStR 2003, S. 177; *Dannecker*, in Großkomm. HGB, § 332 Rn 15; *Quedenfeld*, in MünchKomm. HGB, 3. Aufl., § 332 Rn 5.
[7] Vgl. *Grottel/H. Hoffmann*, in Beck Bil-Komm., 10. Aufl., § 332 HGB, Rz 35.
[8] Vgl. *Quedenfeld*, in MünchKomm. HGB, 3. Aufl., § 332 Rn 7, 8; *Tschesche*, in *Baetge/Kirsch/Thiele*, Bilanzrecht, § 332 HGB, Rz 23, Stand 9/2007.
[9] Vgl. *Streck*, DStR 1997, S. 75.

Dieser weite Begriff ist dahin gehend einzuschränken, dass Täter nur sein kann, wer eine prüfungsspezifische Tätigkeit ausübt und dadurch Einfluss auf das Prüfungsergebnis und die Erteilung des Bestätigungsvermerks hat.[10] Schreibkräfte, einfache Büroangestellte, Hilfskräfte etc. scheiden daher regelmäßig als taugliche Täter aus.[11] 14

Da die Prüfung und die damit einhergehenden prüferischen Tätigkeiten durch Dritte erfolgt, können Mitarbeiter der geprüften Ges. nicht Gehilfen des AP sein.[12] 15

3 Tathandlung

§ 332 Abs. 1 HGB enthält für gesetzliche AP und deren Gehilfen drei **Tatbestände**: 16
- die unrichtige Berichterstattung,
- das **Verschweigen** erheblicher Umstände im Prüfungsbericht und
- das Erteilen eines **unrichtigen Bestätigungsvermerks**.

Diese drei Tatbestände werden unter dem Begriff „Verletzung der Berichtspflicht" zusammengefasst.

3.1 Tatgegenstand

Tauglicher Tatgegenstand ist nach § 332 Abs. 1 HGB der unrichtige oder unvollständige Bericht (§ 321 HGB) über die Prüfung von Jahresabschluss, Lagebericht, Konzernabschluss oder Konzernlagebericht einer KapG sowie zusätzlich der Bericht über Abschlüsse und Zwischenabschlüsse von Kreditinstituten (§§ 340a Abs. 3, 340i Abs. 4 i.V.m. 340k Abs. 2 HGB), unabhängig von deren Rechtsform, sowie der unrichtige oder unvollständige Bestätigungsvermerk. **Außerhalb des Prüfungsberichts** oder des Bestätigungsvermerks getroffene Äußerungen werden vom Tatbestand nicht erfasst.[13] Da der AP gem. § 321 HGB über das Ergebnis der Prüfung schriftlich zu berichten hat, kann sich die Strafbarkeit nach hM[14] auch nur aus schriftlichen und nicht aus **mündlichen Äußerungen** des Prüfers ergeben. 17

Der Bericht über das Ergebnis anderer Prüfungen als der in § 332 Abs. 1 HGB genannten gesetzlichen Abschlussprüfungen i.S.d. § 316 HGB wird durch § 332 HGB nicht geschützt. Freiwillige Abschlussprüfungen[15] oder ein Due-Diligence-Bericht fallen nicht unter § 332 HGB.[16] 18

---

[10] Vgl. *Grottel/Hoffmann*, in Beck Bil-Komm., 10. Aufl., § 332 HGB, Rz 36; *Quedenfeld*, in Münch-Komm. HGB, 3. Aufl., § 332 Rn 9.
[11] Zur Strafbarkeit der Hilfskräfte bei Verstoß gegen die Verschwiegenheitspflicht s. § 333 Rz 9.
[12] Vgl. *Dannecker*, in Großkomm. HGB, § 332 Rz 20.
[13] Vgl. *Dannecker*, in Großkomm. HGB, § 332 R. 21; *Spatscheck/Wulf*, DStR 2003, S. 177.
[14] Ebenso *Dannecker*, in Großkomm. HGB, § 332 Rn 33; *Grottel/Hoffmann*, in Beck Bil-Komm., 10. Aufl., § 332 HGB, Rz 9; *Spatscheck/Wulf*, DStR 2003, S. 177.
[15] So bspw. die freiwillige Prüfung einer kleinen GmbH i.S.d. § 267 HGB.
[16] Vgl. *Spatscheck/Wulf*, DStR 2003, S. 177.

3.2 Handlung

3.2.1 Unrichtige Berichterstattung

19 Der Bericht über das Ergebnis der Prüfung ist unrichtig, wenn er von den wirklichen Prüfungsfeststellungen abweicht. Es ist also nicht entscheidend, ob das mitgeteilte Prüfungsergebnis von der Wirklichkeit abweicht, sondern allein ob der Bericht vom Ergebnis der Prüfung abweicht.

20 Der Prüfer, der aufgrund fehlerhafter Feststellungen einen objektiv unrichtigen Prüfungsbericht erstellt und darüber aber zutreffend berichtet, macht sich nicht nach § 332 HGB strafbar. Jedoch macht sich ein Prüfer strafbar, der einen objektiv richtigen Prüfungsbericht erstattet, dieser aber nicht mit seinen Prüfungsfeststellungen übereinstimmt. § 332 HGB will nur gewährleisten, dass der Prüfer auch über das berichtet, was er festgestellt hat.[17]

21 Unrichtig ist die Berichterstattung auch dann, wenn überhaupt **keine Prüfung** stattgefunden hat und der Prüfer eine solche nur vortäuscht und einen Prüfungsbericht erstellt.[18] Nicht nach § 332 HGB strafbar macht sich der Prüfer, der überhaupt keinen Prüfungsbericht erstellt.

22 Nach dem Wortlaut der Norm ist jede unrichtige Berichterstattung tatbestandsmäßig. In der Tatbestandsalternative des Verschweigens (Rz 23 ff.) ist im Gegensatz nur das Verschweigen erheblicher Umstände tatbestandsmäßig (Rz 25). Zur Vermeidung sinnwidriger Ergebnisse muss daher auch die Strafbarkeit der unrichtigen Berichterstattung auf **erhebliche Unrichtigkeiten** beschränkt werden.[19] Geringfügige Unrichtigkeiten sind deshalb strafrechtlich dann unbeachtlich, wenn dadurch das ansonsten zutreffend wiedergegebene Prüfungsergebnis nicht verfälscht wird.

3.2.2 Verschweigen erheblicher Umstände

23 Ein Verschweigen erheblicher Umstände liegt vor, wenn der Prüfungsbericht durch die Nichterwähnung von erheblichen Umständen, die dem Prüfer bei der Prüfung bekannt geworden sind, unvollständig und lückenhaft wird.[20] Auch bei dieser Tatbestandsalternative kommt es daher auf die Diskrepanz zwischen dem Wissen des Prüfers und seiner Darstellung im Prüfungsbericht an.

24 Der Prüfer kann sich nicht dadurch entlasten, dass er die verschwiegenen Tatsachen mündlich oder außerhalb des Prüfungsberichts mitgeteilt hat.[21]

25 Verfolgt werden kann nur das Verschweigen erheblicher Umstände, also von Umständen, die für die Beurteilung der Unternehmenslage aus Sicht der Berichtsempfänger bedeutsam sind.[22]

---

[17] Vgl. *Tschesche*, in *Baetge/Kirsch/Thiele*, Bilanzrecht, § 332 HGB, Rz 27, Stand 9/2007; *Spatscheck/Wulf*, DStR 2003, S. 177.
[18] Vgl. OLG Karlsruhe, WM 1985, S. 942; *Graf*, BB 2001, S. 565.
[19] Ebenso *Grottel/Hoffmann*, in Beck Bil-Komm., 10. Aufl., § 332 HGB, Rz 13; *Quedenfeld*, in MünchKomm. HGB, 3. Aufl., § 332 Rn 13; *Dierlamm*, NStZ 2000, S. 131; a.A. *Tschesche*, in *Baetge/Kirsch/Thiele*, Bilanzrecht, § 332 HGB, Rz 28, Stand 9/2007; *Stahlschmidt*, StB 2003, S. 65.
[20] Vgl. *Dannecker*, in Großkomm. HGB, § 332 Rn 43; *Quedenfeld*, in MünchKomm. HGB, 3. Aufl., § 332 Rn 24.
[21] Vgl. *Quedenfeld*, in MünchKomm. HGB, 3. Aufl., § 332 Rn 25.
[22] Vgl. *Spatscheck/Wulf*, DStR 2003, S. 178.

3.2.3 Erteilen eines unrichtigen Bestätigungsvermerks

Der notwendige Inhalt des Bestätigungsvermerks ergibt sich aus § 322 Abs. 1 bis 3 und 6 HGB. Ein in dieser Form erteilter Bestätigungsvermerk ist dann unrichtig, wenn er nach dem Ergebnis der Abschlussprüfung nicht mit diesem Inhalt hätte abgegeben werden dürfen, sondern vielmehr eine Einschränkung des Bestätigungsvermerks oder gar dessen Versagung hätte erfolgen müssen.[23] Dies gilt nicht nur für den uneingeschränkten (§ 322 Abs. 2 Satz 1 Nr. 1 HGB), sondern auch für den eingeschränkten Bestätigungsvermerk (§ 322 Abs. 2 Satz 1 Nr. 2 HGB). 26

Wird der Bestätigungsvermerk zu Unrecht versagt und ein Versagungsvermerk erteilt, liegt keine strafbare Handlung vor, da der **Versagungsvermerk** nach § 322 Abs. 4 Satz 2 HGB ausdrücklich kein Bestätigungsvermerk ist.[24] Unter Umständen kann jedoch eine Strafbarkeit als unrichtige Berichterstattung (Rz 19 ff.) gegeben sein. 27

Die **Nichteinhaltung von Formalien** führt nicht zu einer Strafbarkeit nach § 332 HGB, wenn der Bestätigungsvermerk inhaltlich richtig ist. 28

> **Beispiel**
> Unter die **Nichteinhaltung von Formalien** fallen etwa Fehler in der Orts- oder Datumsangabe oder die Unterzeichnung nicht durch den Prüfer, sondern den Gehilfen.

Entscheidend ist auch bei dieser Tatbestandsalternative ausschließlich die inhaltliche Übereinstimmung von Prüfungsergebnis und Bestätigungsvermerk.

4 Subjektiver Tatbestand

Alle drei Tatbestandsalternativen des § 332 Abs. 1 HGB sind nur bei vorsätzlichem Verhalten strafbar. **Bedingter Vorsatz** (dolus eventualis) reicht dabei aus,[25] d. h., der Täter muss die Gefahr der Tatbestandsverwirklichung erkannt und dies zumindest billigend in Kauf genommen haben. Ausreichend für die Annahme des bedingten Vorsatzes ist, wenn der AP Anhaltspunkte dafür hat, dass der Prüfungsbericht lückenhaft ist, er ihn aber trotzdem erstattet, ohne weitere Prüfungen vorzunehmen.[26] 29

Eine weitergehende **Täuschungs- oder Schädigungsabsicht** ist nicht erforderlich. 30

---

[23] Vgl. *Quedenfeld*, in MünchKomm. HGB, 3. Aufl., § 322 Rn 26; *Grottel/H. Hoffmann*, in Beck Bil-Komm., 10. Aufl., § 332 HGB, Rz 26; *Tschesche*, in *Baetge/Kirsch/Thiele*, Bilanzrecht, § 332 HGB, Rz 30, Stand 9/2007.

[24] Vgl. *Grottel/Hoffmann*, in Beck Bil-Komm., 10. Aufl., § 332 HGB, Rz 28.

[25] Ebenso *Quedenfeld*, in MünchKomm. HGB, 3. Aufl., § 332 Rn 33; *Grottel/Hoffmann*, in Beck Bil-Komm., 10. Aufl., § 332 HGB, Rz 41; *Tschesche*, in *Baetge/Kirsch/Thiele*, Bilanzrecht, § 332 HGB, Rz 31, Stand 9/2007; a. A. *Dierlamm*, NStZ 2000, S. 132, der hiergegen Bedenken äußert und teilweise direkten Vorsatz fordert.

[26] Vgl. *Grottel/Hoffmann*, in Beck Bil-Komm., 10. Aufl., § 332 HGB, Rz 41.

5 Rechtswidrigkeit und Schuld

31 Die Tatbestandsmäßigkeit des Handelns indiziert grds. dessen Rechtswidrigkeit. Die Rücksichtnahme auf Gesellschaftsinteressen kann eine Verletzung der Berichtspflicht nicht rechtfertigen. Insb. geht die Berichtspflicht der Geheimhaltungspflicht des § 333 HGB vor.[27] **Rechtfertigungsgründe** sind praktisch nicht vorstellbar.

32 Hinsichtlich der **Schuldfrage** gelten die allgemeinen strafrechtlichen Grundsätze.

6 Irrtum

33 Hinsichtlich der Irrtumslehre gelten die allgemeinen Grundsätze zu **Tatbestandsirrtum** (§ 16 StGB) und **Verbotsirrtum** (§ 17 StGB).
Irrt sich der Täter über den Sachverhalt, der die Unrichtigkeit des Prüfungsberichts oder des Bestätigungsvermerks begründet, liegt ein den Vorsatz ausschließender Tatbestandsirrtum vor. Dies gilt auch, wenn sich der Täter über die Bedeutung des normativen Tatbestandsmerkmals „Erheblichkeit" irrt.
Ein Verbotsirrtum liegt vor, wenn sich der Täter über die Rechtswidrigkeit seines Verhaltens irrt.[28]

7 Vollendung und Beendigung der Tat

7.1 Vollendung

34 Da es sich bei § 332 HGB um ein Vergehen (§§ 12 Abs. 2, 23 Abs. 1 StGB) handelt, ist der **Versuch** mangels ausdrücklicher Bestimmung nicht strafbar.
Bei den Tatbestandsalternativen der unrichtigen Berichterstattung und des Verschweigens erheblicher Umstände im Prüfungsbericht ist die Tat vollendet, wenn der Bericht dem gesetzlichen Adressaten gem. § 321 Abs. 5 HGB zugegangen ist. Eine Kenntnisnahme des Empfängers ist nicht erforderlich.
Bei der Tatbestandsalternative der Erteilung eines unrichtigen Bestätigungsvermerks ist gleichfalls der Zugang bei den gesetzlichen Empfängern erforderlich. Die Unterzeichnung des unrichtigen Bestätigungsvermerks reicht noch nicht aus, um Tatvollendung anzunehmen.[29]

7.2 Beendigung

35 Beendet ist die Tat, wenn alle bestimmungsgemäßen Empfänger den Prüfungsbericht erhalten und von ihm **Kenntnis genommen** haben.

---

[27] Vgl. *Quedenfeld*, in MünchKomm. HGB, 3. Aufl., § 332 Rn 30; *Tschesche*, in *Baetge/Kirsch/Thiele*, Bilanzrecht, § 332 Rz 34, Stand 9/2007.
[28] Vgl. *Dannecker*, in Großkomm. HGB, § 332 Rn 56.
[29] Vgl. *Grottel/Hoffmann*, in Beck Bil-Komm., 10. Aufl., § 332 HGB, Rz 40.

8 Qualifikationen

In § 332 Abs. 2 HGB wird der Strafrahmen von bis zu 3 Jahren auf bis zu 5 Jahre 36
erhöht, wenn der Täter die Handlung gegen Entgelt oder in der Absicht, sich oder
einen anderen zu bereichern oder einen anderen zu schädigen, vornimmt.

8.1 Handeln gegen Entgelt

Entgelt ist nach der Legaldefinition des § 11 Abs. 1 Nr. 9 StGB jede in einem 37
Vermögensvorteil bestehende Gegenleistung. Hierzu zählen alle **vermögenswerten Leistungen** (Geld, Schecks, Erlass von Schulden etc.), nicht aber immaterielle Vorteile oder sonstige Begünstigungen. Egal ist dabei, ob der Täter das Entgelt vor oder nach Begehung der Tat erhält. Es reicht bereits die Vereinbarung eines Entgelts und das darauf gerichtete Handeln des Täters aus, ohne dass es tatsächlich zur Zahlung des Entgelts kommt.[30]

Das Entgelt und die strafbare Handlung müssen in einem **gegenseitigen Abhän-** 38
gigkeitsverhältnis stehen. Diese Voraussetzung ist nicht gegeben, wenn der AP nur das **übliche Honorar** erhält oder, wenn es zur Vereinbarung des Entgelts erst nach der Tat kommt.[31]

8.2 Handeln in Bereicherungsabsicht

Der Täter handelt mit Bereicherungsabsicht, wenn er durch die Tat für sich oder 39
einen anderen einen rechtswidrigen Vermögensvorteil erstrebt.[32] Nicht notwendig ist, dass der angestrebte Vermögensvorteil auch tatsächlich eingetreten ist.

8.3 Handeln in Schädigungsabsicht

Schädigungsabsicht liegt vor, wenn das Handeln des Täters darauf gerichtet ist, 40
einem anderen einen Nachteil zuzufügen. Die Schädigungsabsicht muss sich dabei nicht gegen die geprüfte KapG oder den geprüften Konzern richten, sondern kann jede andere natürliche oder juristische Person betreffen.
Der Schadensbegriff beschränkt sich dabei nach hM nicht nur auf Vermögensschäden, sondern auch auf Schäden immaterieller Art.[33]

9 Konkurrenzen

9.1 Mehrere Tathandlungen

Bei mehreren Tathandlungen in ein und demselben Bericht wird § 332 HGB nur 41
einmal verwirklicht, da die verschiedenen Tatalternativen eine **einheitliche Verletzung der Berichtspflicht** bilden. Dies gilt auch für den inhaltlich unrichtigen

---

[30] Vgl. *Grottel/Hoffmann*, in Beck Bil-Komm., 10. Aufl., § 332 HGB, Rz 45; *Quedenfeld*, in MünchKomm. HGB, 3. Aufl., § 332 Rn 44; *Dannecker*, in Großkomm. HGB, § 332 Rn 61.
[31] Vgl. *Quedenfeld*, in MünchKomm. HGB, 3. Aufl., § 332 Rn 45; *Dannecker*, in Großkomm. HGB, § 332 Rn 62; *Spatscheck/Wulf*, DStR 2003, S. 180.
[32] Ebenso *Dannecker*, in Großkomm. HGB, § 332 Rn 63; *Grottel/Hoffmann*, in Beck Bil-Komm., 10. Aufl., § 332 HGB, Rz 47; *Spatscheck/Wulf*, DStR 2003, S. 180; a. A. *Quedenfeld*, in MünchKomm. HGB, 3. Aufl., § 332 Rn 46, der keine Rechtswidrigkeit des Vermögensvorteils verlangt.
[33] Vgl. *Grottel/Hoffmann*, in Beck Bil-Komm., 10. Aufl., § 332 HGB, Rz 48; *Quedenfeld*, in MünchKomm. HGB, 3. Aufl., § 332 Rn 48; *Dannecker*, in Großkomm. HGB, § 332 Rn 65.

Bestätigungsvermerk, der sich auf einen unrichtigen oder unvollständigen Prüfungsbericht bezieht.

9.2 Verhältnis zu den Straftatbeständen des Strafgesetzbuchs

42 Die Tathandlung kann eine **tateinheitliche Beihilfehandlung** zu § 263 StGB (Betrug), § 264a StGB (Kapitalanlagebetrug), § 265b StGB (Kreditbetrug) etc. sein, wenn der Täter weiß, dass der testierte Jahresabschluss zur Erlangung eines Kredits etc. vorgelegt wird.

9.3 Verhältnis zu anderen Strafgesetzen

43 Gegenüber § 403 AktG ist § 332 HGB **lex specialis** bez. der in § 332 HGB erfassten Berichtsinstrumente. Dies gilt auch für die Vorschriften der §§ 18 PublG, 314 UmwG, 150 GenG und 137 VAG.

10 Strafverfolgung und Rechtsfolgen

44 Die Strafe beträgt entweder Freiheitsstrafe von einem Monat bis zu drei Jahren oder Geldstrafe. Liegen auch die Voraussetzungen der Tatbestandsqualifikation gem. § 332 Abs. 2 HGB vor, so erhöht sich das Höchstmaß des Strafrahmens auf fünf Jahre.
Im Übrigen wird auf die Erläuterungen bei § 331 HGB (§ 331 Rz 99 ff.) verwiesen.

11 Verjährung

45 Hinsichtlich der Verjährung wird ebenfalls auf die Erläuterungen zu § 331 HGB (§ 331 Rz 102 f.) verwiesen.

1.3 Normzusammenhänge

Die Vorschrift sanktioniert die Verletzung der **Geheimhaltungsverpflichtung** durch AP in ihrer Eigenschaft als Geheimnisträger. Die allgemeine Schweigepflicht des AP ergibt sich aus § 323 HGB, die Verschwiegenheitspflicht der Beschäftigten einer Prüfstelle aus § 342c Abs. 1 HGB.
Soweit die Kenntnis eines Geheimnisses nicht im Rahmen der Jahresabschlussprüfung bzw. bei der Prüftätigkeit durch die Prüfstelle erlangt wird, bleiben als strafrechtlicher Schutz nur die allgemeinen Strafvorschriften der §§ 203 und 204 StGB.[4]

Der Anwendungsbereich von § 333 HGB wird durch § 335b HGB auf **PersG**, die über keine natürliche Person als phG verfügen, erweitert. Ebenso gilt die Norm aufgrund besonderer Verweisungen entsprechend für Kreditinstitute (§ 340m HGB) und VersicherungsUnt (§ 341m HGB) – jeweils unabhängig von deren Rechtsform.

2 Täterkreis

Taugliche Täter des § 333 HGB können nach dem Gesetzeswortlaut nur AP, deren Gehilfen und Beschäftigte der Prüfstelle für Rechnungslegung (§ 342b HGB) sein. Personen, die diesem Täterkreis nicht angehören, können nur als Anstifter (§ 26 StGB) oder Gehilfen (§ 27 StGB) an der Tat teilnehmen.

2.1 Abschlussprüfer

Als möglicher Täter kommt der AP in Betracht. Diesbezüglich kann auf die Ausführungen bei § 332 HGB (§ 332 Rz 8 ff.) verwiesen werden.

2.2 Gehilfe eines Abschlussprüfers

Hinsichtlich der Definition des Gehilfen des AP gelten zunächst die Ausführungen bei § 332 HGB (§ 332 Rz 13 ff.).
Während jedoch bei der Tathandlung des § 332 HGB auf die Gehilfen eingegrenzt wurde, die eine prüfungsspezifische Tätigkeit ausüben und dadurch Einfluss auf das Prüfungsergebnis haben, ist eine solche Einschränkung bei § 333 HGB nicht dienlich. Denn gegen die Verschwiegenheitspflicht kann jeder Prüfungsgehilfe (auch bloße Schreib- und Hilfskräfte) verstoßen.[5]

2.3 Beschäftigter einer Prüfstelle

Beschäftigter einer Prüfstelle nach § 342b HGB ist jeder, der für eine solche Prüfstelle bei der Erfüllung ihrer Aufgaben tätig ist. Dazu gehören nicht nur Arbeitnehmer der Prüfstelle, sondern auch Personen, derer sich die Prüfstelle i.S.d. § 342b Abs. 1 Satz 4 HGB bei der Durchführung ihrer Aufgaben bedient.[6]

---

[4] Vgl. *Tschesche*, in *Baetge/Kirsch/Thiele*, Bilanzrecht, § 333 HGB Rz 4, Stand 9/2007.
[5] Ebenso *Grottel/Hoffmann*, in Beck Bil-Komm., 10. Aufl., § 333 HGB, Rz 16; *Dannecker*, in Großkomm. HGB, § 333 Rn 15; a.A. *Quedenfeld*, in MünchKomm. HGB, 3. Aufl., § 333 Rn 7.
[6] Vgl. *Quedenfeld*, in MünchKomm. HGB, 3. Aufl., § 333 Rn 8.

3 Tathandlung

3.1 Tatgegenstand

11 Gegenstand der Tathandlung ist nach dem Wortlaut des Gesetzes zunächst ein Geheimnis unter besonderer Nennung des **Betriebs- und Geschäftsgeheimnisses**. Insoweit ist der Gesetzeswortlaut mit den Vorschriften der § 404 AktG und § 85 GmbHG identisch. Bei § 333 HGB kommt für die Beschäftigten der Prüfstelle als weiterer Tatgegenstand die Erkenntnis über das Unt hinzu.

3.1.1 Geheimnis

12 Trotz der besonderen Hervorhebung des Betriebs- und Geschäftsgeheimnisses in § 333 HGB ist jedes Geheimnis geschützt. Bei der namentlichen Nennung des Betriebs- und Geschäftsgeheimnisses handelt es sich lediglich um die Hervorhebung des praktisch wichtigsten Anwendungsgebiets.[7]

13 Ein Geheimnis ist eine **nicht offenkundige Tatsache**, die das Unt betrifft und bez. derer die Ges. ein objektiv anzuerkennendes **Geheimhaltungsinteresse** hat. Erforderlich ist zudem, dass auch die Ges. diese Tatsache nicht offenbaren will (**Geheimhaltungswille**).[8]

14 Durch § 333 HGB werden nicht nur Geheimnisse der geprüften Ges. geschützt, sondern auch Geheimnisse von TU i. S. d. § 290 HGB, GemeinschaftsUnt nach § 310 HGB oder assoziierten Unt gem. § 311 HGB.[9]

3.1.1.1 Fehlende Offenkundigkeit

15 Eine Tatsache ist dann offenkundig, wenn sie allgemein bekannt oder derart zugänglich ist, dass sie von einem außenstehenden Dritten jederzeit auf legalem Weg in Erfahrung gebracht werden kann.[10] Demnach fehlt es an der **Offenkundigkeit**, wenn bereits eine Tatsache nur einem eng begrenzten, noch überschaubaren Personenkreis bekannt ist.[11]

16 Auch dann wenn die Tatsache über den Kreis der Personen, für deren Kenntnis sie bestimmt ist, hinaus bekannt geworden ist, liegt noch ein Geheimnis vor, weil die Tatsache anderen Personen noch unbekannt ist (**relative Unbekanntheit**). Erst wenn die Tatsache dem **beliebigen, nicht mehr kontrollierbaren Zugriff Dritter** preisgegeben ist, liegt Offenkundigkeit und damit kein Geheimnis mehr vor.[12]

3.1.1.2 Geheimhaltungsinteresse

17 An der nicht offenkundigen Tatsache muss ein nach objektiven Kriterien festzustellendes **Geheimhaltungsinteresse** der KapG bestehen. Dies ist immer dann anzunehmen, wenn die Geheimhaltung geboten ist, um eine sonst drohende,

---

[7] Vgl. *Quick*, BB 2004, S. 1490.
[8] Vgl. *Dannecker*, in Großkomm. HGB, § 333 Rn 23; *Quedenfeld*, in MünchKomm. HGB, 3. Aufl., § 333 Rn 10.
[9] Vgl. *Grottel/Hoffmann*, in Beck Bil-Komm., 10. Aufl., § 333 HGB, Rz 8; *Quick*, BB 2004, S. 1492.
[10] Vgl. *Dannecker*, in Großkomm. HGB, § 333 Rn 24; *Quedenfeld*, in MünchKomm. HGB, 3. Aufl., § 333 Rn 11; *Quick*, BB 2004, S. 1491.
[11] Vgl. RGSt 74, S. 111; *Dannecker*, in Großkomm. HGB, § 333 Rn 24; *Quick*, BB 2004, S. 1491.
[12] Vgl. *Dannecker*, in Großkomm. HGB, § 333 Rn 24; *Quick*, BB 2004, S. 1491.

die Durchführung des Qualitätskontrollverfahrens erforderlich ist. In diesem Fall ist auch die Verschwiegenheit des AP gem. §§ 43 Abs. 1 Satz 1 WPO, 323 Abs. 1 Satz 1 HGB und 57b Abs. 3WPO eingeschränkt.[25]

Für den **Beschäftigten einer Prüfstelle** ist § 342c Abs. 1 Satz 2 HGB zu beachten, wonach bei gesetzlich begründeten Mitteilungspflichten die Verschwiegenheitspflicht nach § 342c Abs. 1 Satz 1 HGB nicht gilt. Eine solche Mitteilungspflicht besteht nach § 342b Abs. 6 und Abs. 8 HGB bei dem Verdacht von Straftaten im Zusammenhang mit der Rechnungslegung und bei dem Verdacht einer Berufspflichtverletzung des AP. 28

3.2.3 Unbefugtes Verwerten (Abs. 2 Satz 2)

Verwerten bedeutet jede wirtschaftliche Nutzung des Geheimnisses durch den Täter selbst mit dem Zweck der Gewinnerzielung für sich oder einen Dritten.[26] Die Verfolgung von ideellen oder politischen Zielen ist kein Verwerten i.S.d. § 333 Abs. 2 Satz 2 HGB. 29

Unerheblich ist, ob der Täter tatsächlich einen Gewinn erzielt hat. Ebenso kommt es nach hM nicht darauf an, ob der Ges. ein Schaden entstanden ist.[27] Hinsichtlich des Merkmals „unbefugt" gelten die oben (Rz 26) dargestellten Grundsätze. 30

4 Subjektiver Tatbestand

Die Tatalternativen „Offenbarung" bzw. „Verwertung" sind nur bei vorsätzlichem Verhalten strafbar. Die Fahrlässigkeit ist mangels ausdrücklicher Strafandrohung (§ 15 StGB) nicht strafbar. 31

Hinsichtlich des **Offenbarens** ist bedingter Vorsatz (**dolus eventualis**) ausreichend, d.h., der Täter muss die Gefahr der Tatbestandsverwirklichung erkannt und dies zumindest billigend in Kauf genommen haben. Ausreichend für die Annahme des bedingten Vorsatzes ist z.B., wenn der AP geheime Unterlagen nicht sicher verwahrt und damit die Einsichtnahme durch Nichtberechtigte billigend in Kauf nimmt.[28] 32

Für das **unbefugte Verwerten** ist ein lediglich bedingter Vorsatz nicht ausreichend. Vielmehr ist zielgerichtetes Handeln erforderlich.[29] 33

5 Rechtswidrigkeit und Schuld

Die **Tatbestandsmäßigkeit des Handelns** indiziert grds. dessen **Rechtswidrigkeit**. 34

---

25 Siehe hierzu Erläuterungen bei *Grottel/Hoffmann*, in Beck Bil-Komm., 10. Aufl., § 333 HGB, Rz 31.
26 Vgl. *Dannecker*, in Großkomm. HGB, § 333 Rn 40; *Quedenfeld*, in MünchKomm. HGB, 3. Aufl., § 333 Rn 34.
27 Vgl. *Dannecker*, in Großkomm. HGB, § 333 Rn 40; *Quedenfeld*, in MünchKomm. HGB, 3. Aufl., § 333 Rn 34.
28 Vgl. *Grottel/Hoffmann*, in Beck Bil-Komm., 10. Aufl., § 333 HGB, Rz 19; *Quick*, BB 2004, S. 1493.
29 Vgl. *Dannecker*, in Großkomm. HGB, § 333 Rn 40; *Grottel/Hoffmann*, in Beck Bil-Komm., 10. Aufl., § 333 HGB, Rz 19; *Quedenfeld*, in MünchKomm. HGB, 3. Aufl., § 333 Rn 34.

In Eil- oder Notfällen, in denen eine Entscheidung des zuständigen Entscheidungsträgers nicht rechtzeitig eingeholt werden kann, kann der Rechtfertigungsgrund des **übergesetzlichen Notstands** gem. § 34 StGB vorliegen.[30] Voraussetzung hierfür ist, dass der Täter eigene schutzwürdige Interessen gegenüber der Ges. verfolgt und die Offenbarung des Geheimnisses zur Erreichung dieser Interessen erforderlich ist.

35 Hinsichtlich der **Schuldfrage** gelten die allgemeinen strafrechtlichen Grundsätze.

6 Irrtum

36 Es gelten die allgemeinen Grundsätze zu **Tatbestandsirrtum** (§ 16 StGB) und **Verbotsirrtum** (§ 17 StGB).
Irrt sich der Täter über den Geheimnischarakter der offenbarten Tatsache oder darüber, dass ihm das Geheimnis in seiner Funktion als AP, Gehilfe oder Beschäftigter einer Prüfstelle bekannt geworden ist, liegt ein den Vorsatz ausschließender **Tatbestandsirrtum** vor. Dies gilt auch, wenn der Täter irrig davon ausgeht, dass ein von der Geheimhaltungspflicht befreiender Beschluss des vertretungsberechtigten Organs vorliegt.[31]

37 Irrt sich der Täter über die Schweigepflicht als solche oder geht er irrig vom Eingreifen eines Rechtfertigungsgrunds aus, so liegt lediglich ein **Verbotsirrtum** nach § 17 StGB vor, der nur im Fall der Unvermeidbarkeit zur Straflosigkeit führt.

7 Vollendung und Beendigung der Tat

38 Bei § 333 HGB handelt es sich um ein Vergehen (§§ 12 Abs. 2, 23 Abs. 1 StGB), weshalb mangels ausdrücklicher Bestimmung der **Versuch** nicht strafbar ist.

7.1 Vollendung

39 Die Tat der **Offenbarung** ist dann vollendet, wenn das Geheimnis bzw. die Erkenntnis mindestens einem Unbekannten zugänglich gemacht worden ist. Der Täter hat dann alles aus seiner Sicht Erforderliche für die Kenntnisnahme des Empfängers getan.[32] Ob dieser dann von dem Geheimnis Kenntnis erlangt, ist irrelevant.

40 Die Vollendung der Tat im Fall des **Verwertens** liegt vor, wenn der Täter nach seiner Vorstellung das Geheimnis soweit genutzt hat, dass der Eintritt des erstrebten Vermögensvorteils ohne weiteres Zutun nach seiner Ansicht unmittelbar bevorsteht.[33] Es ist dabei unbedeutend, ob die Vermögensmehrung tatsächlich eintritt.

---

30 Vgl. *Dannecker*, in Großkomm. HGB, § 333 Rn 64.
31 Vgl. *Grottel/Hoffmann*, in Beck Bil-Komm., 10. Aufl., § 333 HGB, Rz 20.
32 Vgl. *Dannecker*, in Großkomm. HGB, § 333 Rn 37; *Grottel/Hoffmann*, in Beck Bil-Komm., 10. Aufl., § 333 HGB, Rz 18.
33 Vgl. *Dannecker*, in Großkomm. HGB, § 333 Rn 37; *Grottel/Hoffmann*, in Beck Bil-Komm., 10. Aufl., § 333 HGB, Rz 18; *Quedenfeld*, in MünchKomm. HGB, 3. Aufl., § 333 Rn 4.

7.2 Beendigung

Die **unbefugte Offenbarung** ist beendet, wenn der unbefugte Dritte von dem Geheimnis Kenntnis genommen hat. Eine Beendigung des **Verwertens** liegt vor, wenn der erstrebte Vermögensvorteil beim Täter oder einem Dritten eingetreten ist. 41

8 Qualifikation

In § 333 Abs. 2 Satz 1 HGB wird der Strafrahmen von bis zu einem Jahr auf bis zu zwei Jahre erhöht, wenn der Täter die Handlung gegen Entgelt oder in der Absicht, sich oder einen anderen zu bereichern oder einen anderen zu schädigen, vornimmt. Die Qualifikationsmerkmale sind identisch mit denen des § 332 Abs. 2 HGB, weshalb auf die dort gemachten Ausführungen (§ 332 Rz 37 ff.) verwiesen wird. 42

8.1 Offenbaren gegen Entgelt

Entgelt ist nach der Legaldefinition des § 11 Abs. 1 Nr. 9 StGB jede in einem Vermögensvorteil bestehende Gegenleistung. Hierzu zählen alle **vermögenswerten Leistungen** (Geld, Schecks, Erlass von Schulden etc.), nicht aber immaterielle Vorteile oder sonstige Begünstigungen. Egal ist dabei, ob der Täter das Entgelt vor oder nach Begehung der Tat erhält. Es reichen bereits die Vereinbarung eines Entgelts und das darauf gerichtete Handeln des Täters aus, ohne dass es tatsächlich zur Zahlung des Entgelts kommt. Das Entgelt und die strafbare Handlung müssen in einem **gegenseitigen Abhängigkeitsverhältnis** stehen.[34] 43

8.2 Bereicherungsabsicht

Der Täter handelt mit Bereicherungsabsicht, wenn er durch die Tat für sich oder einen anderen einen **rechtswidrigen Vermögensvorteil** anstrebt. Dabei muss sich aber die Absicht auch auf die Rechtswidrigkeit des angestrebten Vermögensvorteils beziehen. Der Bereicherungserfolg muss nicht eingetreten sein. 44

8.3 Schädigungsabsicht

Schädigungsabsicht liegt vor, wenn das Handeln des Täters darauf gerichtet ist, einem anderen einen Nachteil zuzufügen. Der Schadensbegriff beschränkt sich dabei nicht nur auf Vermögensschäden, sondern auch auf immaterielle Schäden. 45

9 Konkurrenzen

9.1 Mehrere Tathandlungen

Das unbefugte Offenbaren und das unbefugte Verwerten sind selbstständige Delikte, die in **Tateinheit** und **Tatmehrheit** zueinander stehen können. Die Offenbarung gegen Entgelt stellt kein Verwerten i.S.d. § 333 Abs. 2 Satz 2 HGB dar, sondern erfüllt den Qualifikationstatbestand des § 333 Abs. 2 Satz 1 46

---

[34] Vgl. zum Folgenden *Dannecker*, in Großkomm. HGB, § 333 Rn 56 ff.

HGB. Wird ein Geheimnis gegenüber verschiedenen Personen mehrfach offenbart, liegt Tatmehrheit (§ 53 StGB) vor.

9.2 Verhältnis zu Straftatbeständen des Strafgesetzbuchs

47 Mit Delikten des Strafgesetzbuchs wie z.B. **Unterschlagung** (§ 246 StGB), **Untreue** (§ 266 StGB), **Landesverrat** (§ 94 StGB) oder **Offenbaren von Staatsgeheimnissen** (§ 95 StGB) steht § 333 HGB in Tateinheit, wenn das Geschehen eine natürliche Handlung bildet. Gegenüber §§ 203 und 204 StGB ist § 333 HGB **lex specialis**.[35]

9.3 Verhältnis zu anderen Strafgesetzen

48 § 404 AktG, § 151 GenG, § 315 UmwG und § 138 VAG sind aufgrund der ausdrücklichen Anordnung des Gesetzgebers in diesen Vorschriften subsidiär zu § 333 HGB. § 19 PublG ist **lex specialis** zu § 333 HGB.[36]
§ 38 WpHG steht zu § 333 HGB in Idealkonkurrenz, wenn die Geheimhaltungspflichtverletzung gleichzeitig als Grundlage eines verbotenen Geschäfts dient.[37] Ebenso besteht Idealkonkurrenz zu § 43 BDSG, soweit durch die Tatbegehung auch Daten natürlicher Personen (z.B. Personalakten oder Kundenlisten) offenbart werden.[38]

10 Strafverfolgung und Rechtsfolgen

10.1 Strafantragsdelikt

49 Nach § 333 Abs. 3 HGB wird die Verletzung der Geheimhaltungspflicht **nur auf Antrag** verfolgt. Der Strafantrag ist Strafverfolgungsvoraussetzung. Antragsberechtigt ist nur die KapG. **Kein Antragsrecht** haben TU, GemeinschaftsUnt und assoziierte Unt, auch wenn deren Geheimnisse verletzt wurden. Das Antragsrecht wird durch den gesetzlichen Vertreter der KapG ausgeübt.

50 Der Strafantrag ist nach § 77b Abs. 1 StGB binnen einer Frist von drei Monaten zu stellen. Diese **Frist** beginnt nach § 77b Abs. 2 Satz 1 StGB mit Ablauf des Tags, an dem das gesetzliche Vertretungsorgan von Tat und Person des Täters Kenntnis erlangt hat. Besteht das Vertretungsorgan aus mehreren Personen, so ist die Kenntnis aller Mitglieder erforderlich, soweit sie ihre Vertretung nur insgesamt ausüben können.[39]

51 Der **Strafantrag** ist nach § 158 Abs. 2 StPO schriftlich oder zu Protokoll bei einem Gericht oder der Staatsanwaltschaft zu stellen. Er kann bis zum rechtskräftigen Abschluss des Strafverfahrens nach § 77d Abs. 1 StGB **zurückgenommen** werden. Zu beachten ist dabei aber die **negative Kostenfolge** des § 470 Abs. 1 Satz 1 StPO. Ein erneuter Strafantrag bleibt zudem verwehrt, § 77d Abs. 1 StGB.

---

35 Vgl. *Quedenfeld*, in MünchKomm. HGB, 3. Aufl., § 333 Rn 49.
36 Vgl. *Dannecker*, in Großkomm. HGB, § 333 Rn 68.
37 Vgl. *Quedenfeld*, in MünchKomm. HGB, 3. Aufl., § 333 Rn 52.
38 Vgl. *Quedenfeld*, in MünchKomm. HGB, 3. Aufl., § 333 Rn 51.
39 Vgl. *Quedenfeld*, in MünchKomm. HGB, 3. Aufl., § 333 Rn 56; *Dannecker*, in Großkomm. HGB, § 333 Rn 73; *Grottel/Hoffmann*, in Beck Bil-Komm., 10. Aufl., § 333 HGB, Rz 21.

Durch Erklärung gegenüber dem Gericht oder der Staatsanwaltschaft ist ein Strafantragsverzicht möglich. 52

10.2 Rechtsfolgen

Die **Strafe** im Fall des unbefugten Bereicherns ist alternativ Freiheitsstrafe von einem Monat bis zu einem Jahr oder Geldstrafe. 53
Der Qualifikationstatbestand nach § 333 Abs. 2 Satz 1 HGB und der Fall des Verwertens sehen alternativ Freiheitsstrafe von einem Monat bis zu zwei Jahren oder Geldstrafe vor.
Im Übrigen wird auf die Erläuterungen bei § 331 HGB (§ 331 Rz 100 ff.) verwiesen.

11 Verjährung

Hinsichtlich der Verjährung wird ebenfalls auf die Erläuterungen zu § 331 HGB (§ 331 Rz 102 f.) verwiesen. 54

§ 333a Verletzung der Pflichten bei Abschlussprüfungen

Mit Freiheitsstrafe bis zu einem Jahr oder mit Geldstrafe wird bestraft, wer als Mitglied eines nach § 324 Absatz 1 Satz 1 eingerichteten Prüfungsausschusses

1. eine in § 334 Absatz 2a bezeichnete Handlung begeht und dafür einen Vermögensvorteil erhält oder sich versprechen lässt oder
2. eine in § 334 Absatz 2a bezeichnete Handlung beharrlich wiederholt.

RA StB Daniel Münster/RA StB Annette Meier-Behringer

Inhaltsübersicht	Rz
1 Überblick	1–2
2 Objektiver Tatbestand	3–7
2.1 Täterkreis	3
2.2 Tathandlung	4–7
3 Vorsatz	8
4 Rechtswidrigkeit und Schuld	9–10
5 Versuchsstrafbarkeit	11
6 Strafverfolgung und Rechtsfolgen	12–13
7 Verjährung	14

1 Überblick

1 Die Vorschrift wurde mit dem AReG neu in das HGB eingeführt. Sie dient der Umsetzung der Art. 30 Abs. 1, 30a Abs. 1b, 30c und 30f der überarbeiteten Abschlussprüferrichtlinie. Die Vorschrift stellt die in § 334 Abs. 2a HGB benannten Ordnungswidrigkeiten bei Hinzutreten weiterer Tatbestandsmerkmale unter Strafe.

2 Der Anwendungsbereich von § 333a HGB wird durch § 335b HGB auf **PersG**, die über keine natürliche Person als phG verfügen, erweitert.

2 Objektiver Tatbestand

2.1 Täterkreis

3 Täter i. S. d. § 333a HGB können nur Mitglieder eines nach § 324 Abs. 1 Satz 1 HGB eingerichteten Prüfungsausschusses sein. Personen, die diesem Täterkreis nicht angehören, können nur als Anstifter (§ 26 StGB) oder Gehilfen (§ 27 StGB) an der Tat teilnehmen. Insoweit ist § 333a HGB in allen Tatbestandsalternativen ein **echtes Sonderdelikt**, da nur die im Gesetz ausdrücklich genannten Personen als Täter in Betracht kommen.

2.2 Tathandlung

Tathandlung i.S.d. § 333a Nr. 1 HGB ist die Verwirklichung einer Pflichtverletzung der in § 334 Abs. 2a HGB genannten Tatbestände (§ 334 Rz 29), um einen **Vermögensvorteil** zu erhalten oder sich versprechen zu lassen. Nach dem Wortlaut der Vorschrift muss sich der Vermögensvorteil bei dem Täter als Mitglied des Prüfungsausschusses verwirklichen bzw. ihm versprochen werden. 4

Ein Vermögensvorteil ist jedweder geldwerte Vorteil. Er kann auch in der Vermeidung einer Zahlung liegen. 5

Als Tatalternative normiert § 333a Nr. 2 HGB die **beharrliche Wiederholung** der in § 334 Abs. 2a HGB genannten Handlung. 6

Eine Wiederholung des Verhaltens ist eine Voraussetzung, reicht aber alleine nicht aus. Zusätzlich ist auch noch das Merkmal der Beharrlichkeit notwendig. Beharrlichkeit liegt vor bei einer in der Tatbegehung zum Ausdruck kommenden besonderen Hartnäckigkeit und damit gesteigerten Gleichgültigkeit des Täters, die zugleich die Gefahr weiterer Begehung indiziert. Indizien für eine Beharrlichkeit können die Dauer und Anzahl der Verstöße sein. Darüber hinaus kommt eine Beharrlichkeit in Betracht, wenn die Verstöße für sich schwer wiegen oder ein systematisches Vorgehen ersichtlich ist. 7

3 Vorsatz

Der subjektive Tatbestand setzt die vorsätzliche Begehung der Tat (§ 15 StGB) voraus. **Eventualvorsatz** reicht zur Erfüllung des subjektiven Tatbestands aus. Der Vorsatz muss sich auf alle objektiven Tatbestandsmerkmale beziehen, also auf die Pflichtverletzung nach § 334 Abs. 2a HGB und den Vermögensvorteil (Alt. 1) bzw. die beharrliche Wiederholung (Alt. 2). 8

4 Rechtswidrigkeit und Schuld

Grundsätzlich indiziert die Tatbestandsmäßigkeit des Handelns dessen Rechtswidrigkeit. 9

Betreffend die **Schuldfrage** gelten die allgemeinen strafrechtlichen Grundsätze. 10

5 Versuchsstrafbarkeit

Bei § 333a HGB handelt es sich um ein Vergehen (§§ 12 Abs. 2, 23 Abs. 1 StGB), weshalb mangels ausdrücklicher Bestimmung der **Versuch** nicht strafbar ist. 11

6 Strafverfolgung und Rechtsfolgen

Die Strafe beträgt entweder Freiheitsstrafe bis zu einem Jahr oder Geldstrafe. Im Übrigen wird auf die Erläuterungen bei § 331 HGB (§ 331 Rz 99 ff.) verwiesen. 12

Bei Straftaten nach § 333a HGB hat die Staatsanwaltschaft, die das Strafverfahren abschließende Entscheidung sowie ggf. einen Hinweis auf ein gegen die Entscheidung eingelegtes Rechtsmittel an die Abschlussprüferaufsicht zu übermitteln. Hierzu wird auf die dortige Kommentierung verwiesen. 13

7 Verjährung

14 Hinsichtlich der Verjährung wird auf die Erläuterungen zu § 331 HGB (§ 331 Rz 102 f.) verwiesen.

§ 334 Bußgeldvorschriften

(1) Ordnungswidrig handelt, wer als Mitglied des vertretungsberechtigten Organs oder des Aufsichtsrats einer Kapitalgesellschaft
1. bei der Aufstellung oder Feststellung des Jahresabschlusses einer Vorschrift
   a) des § 243 Abs. 1 oder 2, der §§ 244, 245, 246, 247, 248, 249 Abs. 1 Satz 1 oder Abs. 2, des § 250 Abs. 1 oder 2, des § 251 oder des § 264 Absatz 1a oder Absatz 2 über Form oder Inhalt,
   b) des § 253 Absatz 1 Satz 1, 2, 3, 4, 5 oder Satz 6, Abs. 2 Satz 1, auch in Verbindung mit Satz 2, Abs. 3 Satz 1, 2, 3, 4 oder Satz 5, Abs. 4 oder 5 des § 254 oder des § 256a über die Bewertung,
   c) des § 265 Abs. 2, 3, 4 oder 6, der §§ 266, 268 Absatz 3, 4, 5, 6 oder Absatz 7, der §§ 272, 274, 275 oder des § 277 über die Gliederung oder
   d) des § 284 oder des § 285 über die in der Bilanz, unter der Bilanz oder im Anhang zu machenden Angaben,
2. bei der Aufstellung des Konzernabschlusses einer Vorschrift
   a) des § 294 Abs. 1 über den Konsolidierungskreis,
   b) des § 297 Absatz 1a, 2 oder 3 oder des § 298 Abs. 1 in Verbindung mit den §§ 244, 245, 246, 247, 248, 249 Abs. 1 Satz 1 oder Abs. 2, dem § 250 Abs. 1 oder dem § 251 über Inhalt oder Form,
   c) des § 300 über die Konsolidierungsgrundsätze oder das Vollständigkeitsgebot,
   d) des § 308 Abs. 1 Satz 1 in Verbindung mit den in Nummer 1 Buchstabe b bezeichneten Vorschriften, des § 308 Abs. 2 oder des § 308a über die Bewertung,
   e) des § 311 Abs. 1 Satz 1 in Verbindung mit § 312 über die Behandlung assoziierter Unternehmen oder
   f) des § 308 Abs. 1 Satz 3, des § 314 oder des § 314 über die im Anhang zu machenden Angaben,
3. bei der Aufstellung des Lageberichts oder der Erstellung eines gesonderten nichtfinanziellen Berichts einer Vorschrift des §§ 289 bis 289b Absatz 1, §§ 289c, 289d, 289e Absatz 2, auch in Verbindung mit § 289b Absatz 2 oder 3, oder des § 289f über den Inhalt des Lageberichts oder des gesonderten nichtfinanziellen Berichts,
4. bei der Aufstellung des Konzernlageberichts oder der Erstellung eines gesonderten nichtfinanziellen Konzernberichts einer Vorschrift der §§ 315 bis 315b Absatz 1, des § 315c, auch in Verbindung mit § 315b Absatz 2 oder 3, oder des § 315d über den Inhalt des Konzernlageberichts oder des gesonderten nichtfinanziellen Konzernberichts,
5. bei der Offenlegung, Hinterlegung, Veröffentlichung oder Vervielfältigung einer Vorschrift des § 328 über Form oder Inhalt oder
6. einer auf Grund des § 330 Abs. 1 Satz 1 erlassenen Rechtsverordnung, soweit sie für einen bestimmten Tatbestand auf diese Bußgeldvorschrift verweist,

zuwiderhandelt.

(2) Ordnungswidrig handelt, wer zu einem Jahresabschluss, zu einem Einzelabschluss nach § 325 Abs. 2a oder zu einem Konzernabschluss, der aufgrund

gesetzlicher Vorschriften zu prüfen ist, einen Vermerk nach § 322 Abs. 1 erteilt, obwohl nach § 319 Abs. 2, 3, 5, § 319a Abs. 1 Satz 1, Abs. 2, § 319b Abs. 1 Satz 1 oder 2 er oder nach § 319 Abs. 4, auch in Verbindung mit § 319a Abs. 1 Satz 2, oder § 319b Abs. 1 die Wirtschaftsprüfungsgesellschaft oder die Buchprüfungsgesellschaft, für die er tätig wird, nicht Abschlussprüfer sein darf.
(2a) Ordnungswidrig handelt, wer als Mitglied eines nach § 324 Absatz 1 Satz 1 eingerichteten Prüfungsausschusses
1. die Unabhängigkeit des Abschlussprüfers oder der Prüfungsgesellschaft nicht nach Maßgabe des Artikels 4 Absatz 3 Unterabsatz 2, des Artikels 5 Absatz 4 Unterabsatz 1 Satz 1 oder des Artikels 6 Absatz 2 der Verordnung (EU) Nr. 537/2014 des Europäischen Parlaments und des Rates vom 16. April 2014 über spezifische Anforderungen an die Abschlussprüfung bei Unternehmen von öffentlichem Interesse und zur Aufhebung des Beschlusses 2005/909/EG der Kommission (ABl. L 158 vom 27.5.2014, S. 77, L 170 vom 11.6.2014, S. 66) überwacht,
2. eine Empfehlung für die Bestellung eines Abschlussprüfers oder einer Prüfungsgesellschaft vorlegt, die den Anforderungen nach Artikel 16 Absatz 2 Unterabsatz 2 oder 3 der Verordnung (EU) Nr. 537/2014 nicht entspricht oder der ein Auswahlverfahren nach Artikel 16 Absatz 3 Unterabsatz 1 der Verordnung (EU) Nr. 537/2014 nicht vorangegangen ist, oder
3. den Gesellschaftern einen Vorschlag für die Bestellung eines Abschlussprüfers oder einer Prüfungsgesellschaft vorlegt, der den Anforderungen nach Artikel 16 Absatz 5 Unterabsatz 1 der Verordnung (EU) Nr. 537/2014 nicht entspricht.
(3) [1]Die Ordnungswidrigkeit kann mit einer Geldbuße bis zu fünfzigtausend Euro geahndet werden. [2]Ist die Kapitalgesellschaft kapitalmarktorientiert i. S. d. § 264d, beträgt die Geldbuße in den Fällen des Absatzes 1 höchstens den höheren der folgenden Beträge:
1. zwei Millionen Euro oder
2. das Zweifache des aus der Ordnungswidrigkeit gezogenen wirtschaftlichen Vorteils, wobei der wirtschaftliche Vorteil erzielte Gewinne und vermiedene Verluste umfasst und geschätzt werden kann.
(3a) Wird gegen eine kapitalmarktorientierte Kapitalgesellschaft i. S. d. § 264d in den Fällen des Absatzes 1 eine Geldbuße nach § 30 des Gesetzes über Ordnungswidrigkeiten verhängt, beträgt diese Geldbuße höchstens den höchsten der folgenden Beträge:
1. zehn Millionen Euro,
2. 5 Prozent des jährlichen Gesamtumsatzes, den die Kapitalgesellschaft in dem der Behördenentscheidung vorausgegangenen Geschäftsjahr erzielt hat oder
3. das Zweifache des aus der Ordnungswidrigkeit gezogenen wirtschaftlichen Vorteils, wobei der wirtschaftliche Vorteil erzielte Gewinne und vermiedene Verluste umfasst und geschätzt werden kann.
(3b) [1]Gesamtumsatz i. S. d. Absatzes 3a Nummer 2 ist der Betrag der Umsatzerlöse nach § 277 Absatz 1 oder der Betrag der Nettoumsatzerlöse nach Maßgabe des auf das Unternehmen anwendbaren nationalen Rechts im

Einklang mit Artikel 2 Nummer 5 der Richtlinie 2013/34/EU. ²Handelt es sich bei der Kapitalgesellschaft um ein Mutterunternehmen oder um ein Tochterunternehmen i. S. d. § 290, ist anstelle des Gesamtumsatzes der Kapitalgesellschaft der Gesamtumsatz im Konzernabschluss des Mutterunternehmens maßgeblich, der für den größten Kreis von Unternehmen aufgestellt wird. ³Wird der Konzernabschluss für den größten Kreis von Unternehmen nicht nach den in Satz 1 genannten Vorschriften aufgestellt, ist der Gesamtumsatz nach Maßgabe der den Umsatzerlösen vergleichbaren Posten des Konzernabschlusses zu ermitteln. ⁴Ist ein Jahres- oder Konzernabschluss für das maßgebliche Geschäftsjahr nicht verfügbar, ist der Jahres- oder Konzernabschluss für das unmittelbar vorausgehende Geschäftsjahr maßgeblich; ist auch dieser nicht verfügbar, kann der Gesamtumsatz geschätzt werden.

(4) Verwaltungsbehörde im Sinn des § 36 Abs. 1 Nr. 1 des Gesetzes über Ordnungswidrigkeiten ist in den Fällen der Absätze 1 und 2a das Bundesamt für Justiz, in den Fällen des Absatzes 2 die Abschlussprüferaufsichtsstelle beim Bundesamt für Wirtschaft und Ausfuhrkontrolle.

(5) Die Absätze 1 bis 4 sind auf Kreditinstitute im Sinn des § 340 und auf Versicherungsunternehmen im Sinn des § 341 Abs. 1 nicht anzuwenden.

RA StB Daniel Münster/RA StB Annette Meier-Behringer

Inhaltsübersicht	Rz
1 Überblick	1–6
1.1 Regelungszweck und Inhalt	1–3
1.2 Anwendungsbereich	4
1.3 Normenzusammenhänge	5
1.4 Inhalt	6
2 Ordnungswidrigkeiten durch Organe der Kapitalgesellschaft (Abs. 1)	7–25
2.1 Täterkreis	7–8
2.2 Tathandlungen	9–25
2.2.1 Aufstellung und Feststellung des Jahresabschlusses (Abs. 1 Nr. 1)	11–15
2.2.1.1 Vorschriften über Form und Inhalt (Abs. 1 Nr. 1 lit. a)	12
2.2.1.2 Vorschriften über die Bewertung (Abs. 1 Nr. 1 lit. b)	13
2.2.1.3 Vorschriften über die Gliederung (Abs. 1 Nr. 1 lit. c)	14
2.2.1.4 Vorschriften über weitere Angaben in der Bilanz, unter der Bilanz und im Anhang (Abs. 1 Nr. 1 lit. d)	15
2.2.2 Aufstellung des Konzernabschlusses (Abs. 1 Nr. 2)	16–22
2.2.2.1 Vorschrift über den Konsolidierungskreis (Abs. 1 Nr. 2 lit. a)	17

	2.2.2.2 Vorschriften über Inhalt und Form (Abs. 1 Nr. 2 lit. b)	18
	2.2.2.3 Vorschrift über Konsolidierungsgrundsätze und das Vollständigkeitsgebot (Abs. 1 Nr. 2 lit. c)	19
	2.2.2.4 Vorschriften über die Bewertung (Abs. 1 Nr. 2 lit. d)	20
	2.2.2.5 Vorschrift über die Behandlung assoziierter Unternehmen (Abs. 1 Nr. 2 lit. e)..	21
	2.2.2.6 Vorschriften über Angaben im Konzernanhang (Abs. 1 Nr. 2 lit. f)............	22
2.2.3	Aufstellung des (Konzern-)Lageberichts und Erstellung des nichtfinanziellen (Konzern-)Berichts (Abs. 1 Nr. 3 und 4).......................	23
2.2.4	Offenlegung, Hinterlegung, Veröffentlichung und Vervielfältigung (Abs. 1 Nr. 5)................	24
2.2.5	Verordnungen gem. § 330 Abs. 1 Satz 1 HGB (Abs. 1 Nr. 6)	25
3 Ordnungswidrigkeit durch Abschlussprüfer (Abs. 2)		26–27
3.1 Täterkreis		26
3.2 Tathandlung		27
4 Ordnungswidrigkeiten durch Mitglieder eines Prüfungsausschusses (Abs. 2a)		28–29
4.1 Täterkreis		28
4.2 Tathandlung		29
5 Subjektiver Tatbestand		30
6 Rechtswidrigkeit		31
7 Vorwerfbarkeit		32
8 Irrtum		33
9 Vollendung und Beendigung.........................		34–41
9.1 Tatbestände nach Abs. 1 Nr. 1–4		35–37
	9.1.1 Aufstellung und Erstellung	36
	9.1.2 Feststellung...........................	37
9.2 Offenlegung, Hinterlegung, Veröffentlichung und Vervielfältigung (Abs. 1 Nr. 5).....................		38
9.3 Verstoß gegen Formblatt-Verordnungen (Abs. 1 Nr. 6)...		39
9.4 Verstoß des Abschlussprüfers (Abs. 2)		40
9.5 Verstoß des Prüfungsausschusses (Abs. 2a)		41
10 Konkurrenzen...................................		42–44
10.1 Konkurrierende Ordnungswidrigkeit		42
10.2 Zusammentreffen von Straftat und Ordnungswidrigkeit ..		43–44
11 Sanktionen (Abs. 3–3b).............................		45–47
12 Verfahren		48–52

1 Überblick

1.1 Regelungszweck und Inhalt

§ 334 HGB ahndet Verstöße gegen bestimmte Rechnungslegungsvorschriften zum Jahresabschluss und Konzernabschluss sowie zum Lagebericht und Konzernlagebericht von KapG als Ordnungswidrigkeit.

Mit den Änderungen durch das **CSR-Richtlinien-Umsetzungsgesetz** werden die Bußgeldtatbestände des § 334 HGB auf Verstöße gegen Angabepflichten für die nichtfinanzielle Erklärung und den gesonderten nichtfinanziellen Bericht sowie entsprechende Erklärungen und Berichte auf Konzernebene und erweiterte Diversitätsangaben (§ 289f Abs. 2 Nr. 6; § 315d HGB) ausgeweitet. Zudem wird der Bußgeldrahmen für KM-orientierte KapG erheblich erhöht.[1]
Geschütztes Rechtsgut ist das Vertrauen in die Richtigkeit und Vollständigkeit der Informationen über die Verhältnisse der Ges.[2] Die Rechtsgutverletzung weist gegenüber den Fällen der §§ 331–333 HGB einen geringeren Unrechtsgehalt auf. Die Grenze zur Strafwürdigkeit und Strafbedürftigkeit wird dabei noch nicht überschritten,[3] der Ahndungswürdigkeit und Ahndungsbedürftigkeit wird nach Auffassung des Gesetzgebers durch Verhängung einer Geldbuße ausreichend Rechnung getragen.
Zum **geschützten Personenkreis** gehören neben den Aktionären und Gesellschaftern auch gegenwärtige und zukünftige Gläubiger der Ges.[4]
§ 334 HGB ist **Schutzgesetz i. S. d. § 823 Abs. 2 BGB**, da neben dem Schutz der Allgemeinheit auch die Interessen Einzelner in den Schutzbereich der Norm fallen.[5]

1.2 Anwendungsbereich

§ 334 HGB erfasst den gesamten **Ordnungswidrigkeitenbereich** hinsichtlich der Rechnungslegung von KapG.[6] § 335b HGB stellt klar, dass diese Vorschriften auch von KapCoGes zu beachten sind. Ausgenommen sind nach § 334 Abs. 5 HGB Kreditinstitute i. S. d. § 340 HGB und VersicherungsUnt i. S. d. § 341 HGB. Für diese gelten rechtsformunabhängig die Sonderregelungen nach den §§ 340n, 341n HGB. In der Praxis dürfte sich der Anwendungsbereich des § 334 HGB weitgehend auf nicht prüfungspflichtige und nicht freiwillig geprüfte kleine KapG beschränken, da im Übrigen die über § 334 HGB sanktionierten Verstöße regelmäßig im Rahmen der Jahresabschlussprüfung festgestellt und behoben werden.[7]

---

1 Die Änderungen greifen für Gj, die nach dem 31.12.2016 beginnen.
2 Streitig für § 334 Abs. 2 HGB; vgl. *Dannecker*, in Großkomm. HGB, § 334 Rn 16.
3 Vgl. BVerfGE 8, 197, 207; 18, 28.
4 Vgl. BayOLG, NJW 1988, S. 918.
5 Vgl. *Otto*, in *Heymann*, HGB. 2. Aufl., § 334, Rz 13; *Tiedemann*, in *Scholz*, GmbHG, 9. Aufl., Vor § 82 Rz 84.
6 Vgl. *Grottel/Hoffmann*, in Beck Bil-Komm., 10. Aufl., 2016, § 334, Rz 47.
7 Vgl. *Tschesche*, in Baetge/Kirsch/Thiele, Bilanzrecht, § 334, Rz 3, Stand 2/2013.

1.3 Normenzusammenhänge

5 Als **Teil der Sanktionsvorschriften** des HGB wird § 334 HGB durch deren Normzusammenhänge bestimmt (§ 331 Rz 7). Weder im AktG noch im GmbHG existiert eine über § 334 HGB hinausgehende Regelung. Lediglich § 20 Abs. 1 PublG enthält eine dem § 334 Abs. 1 HGB im Inhalt und Aufbau entsprechende Vorschrift.[8]

In materiell-rechtlicher und prozessualer Hinsicht gelten für § 334 HGB die **Vorschriften des Ordnungswidrigkeitengesetzes**. Wesentliche Kriterien der mit Bußgeld bewehrten Ordnungswidrigkeit sind dabei, dass die Pflichtverletzung tatbestandsmäßig feststeht, das Verhalten rechtswidrig und die Verletzung der Vorschrift vorwerfbar sein muss.

Die Vorschrift ist als **Blankettvorschrift** ausgestaltet. Die Tathandlungen des § 334 HGB werden durch Verweise auf die entsprechenden Vorschriften zu Jahresabschluss, Konzernabschluss, Lagebericht und Konzernlagebericht konkretisiert.

1.4 Inhalt

6 Die Änderungen durch das BilRUG im Bereich des § 334 HGB betreffen ausschließlich Ergänzungen und Anpassungen an die §§ 253, 264, 268, 289, 297 sowie 315 HGB, die folgerichtig auch für den Bereich der Bußgeldvorschriften umgesetzt wurden.[9]

2 Ordnungswidrigkeiten durch Organe der Kapitalgesellschaft (Abs. 1)

2.1 Täterkreis

7 Der Täter i.S.d. § 334 HGB kann nur einem eingeschränkten Personenkreis angehören; es handelt sich daher um **echte Sonderdelikte**. § 334 Abs. 1 HGB erfasst das Handeln von unternehmensinternen natürlichen Personen. **Handelnder** kann nur das Mitglied des vertretungsberechtigten Organs (§ 331 Rz 10ff.) oder des Aufsichtsrates der KapG (§ 331 Rz 26ff.) sein. Letztere können nur ordnungswidrig handeln, wenn sie für die Feststellung des Jahresabschlusses zuständig sind. Dies ist bei Mitgliedern eines obligatorischen Aufsichtsrats immer der Fall. Den Mitgliedern eines fakultativen Aufsichtsrats dagegen muss die Kompetenz zur Feststellung im Rahmen des Gesellschaftsvertrags erteilt worden sein, da eine Vorschrift wie § 82 Abs. 2 Nr. 2 GmbHG für das Ordnungswidrigkeitenrecht fehlt.[10]

8 Im Ordnungswidrigkeitsgesetz wird nicht nach Tätern und Beteiligten unterschieden. Nach § 14 Abs. 1 Satz 1 OWiG gilt die sog. **Einheitstäterlösung**, derzufolge jede Teilnahme als Täterschaft gewertet wird. Selbst wenn bei einem

---

[8] Hierzu im Einzelnen: *Grottel/Hoffmann*, in Beck Bil-Komm., 10. Aufl., 2016, § 334 Rz 45.
[9] § 334 HGB i.d.F. d. BilRUG ist erstmals anzuwenden auf Jahresabschlüsse, Lageberichte, Konzernabschlüsse und Konzernlageberichte für Gj, die nach dem 31.12.2015 beginnen oder bei früherer freiwilliger Anwendungen der durch das BilRUG geänderten Vorschriften.
[10] Vgl. *Tschesche*, in *Baetge/Kirsch/Thiele*, Bilanzrecht, § 334 Rz 21, Stand 2/2013; *Grottel/Hoffmann*, in Beck Bil-Komm., 10. Aufl., 2016, § 334 Rz 10; *Dannecker*, in Großkomm. HGB, § 334 Rn 34.

Tatbeteiligten die besonderen persönlichen Merkmale fehlen, die eine Ahndung erst begründen können, kann in der Person die tatbeteiligte Täterschaft gegeben sein, sofern die entsprechenden Merkmale bei einem der Täter vorliegen (§ 14 Abs. 1 Satz 2 OWiG). Damit reicht es aus, wenn nur einer der Täter zum Personenkreis des § 334 Abs. 1 HGB gehört.

2.2 Tathandlungen

Die Tathandlungen erfolgen bei § 334 Abs. 1 HGB bei der Aufstellung oder Feststellung des Jahresabschlusses (§ 334 Abs. 1 Nr. 1 HGB), der Aufstellung des Konzernabschlusses (§ 334 Abs. 1 Nr. 2 HGB), der Aufstellung des Lageberichts oder der Erstellung eines gesonderten nichtfinanziellen Berichts (§ 334 Abs. 1 Nr. 3 HGB), der Aufstellung des Konzernlageberichts oder der Erstellung eines gesonderten nichtfinanziellen Konzernberichts (§ 334 Abs. 1 Nr. 4 HGB), der Offenlegung, Veröffentlichung oder Vervielfältigung (§ 334 Abs. 1 Nr. 5 HGB) sowie bei Verstoß gegen eine Rechtsverordnung gem. § 330 Abs. 1 Satz 1 HGB (§ 334 Abs. 1 Nr. 6 HGB).

9

Die Regelung des § 334 Abs. 1 HGB ist **abschließend**. Verletzungen von Vorschriften außerhalb des Katalogs des Abs. 1 können daher nicht als Ordnungswidrigkeit geahndet werden.[11] Auch Zuwiderhandlungen in der Eröffnungsbilanz sowie bei sonstigen Abschlüssen und im Rahmen der Buchführung außerhalb der Bilanz sind nicht von § 334 HGB erfasst.[12]

10

2.2.1 Aufstellung und Feststellung des Jahresabschlusses (Abs. 1 Nr. 1)

Durch § 334 Abs. 1 Nr. 1 HGB sind Verstöße gegen die meisten zwingenden Vorschriften der Aufstellung (§ 264 Abs. 1 HGB) und der Feststellung (§ 172 AktG, § 46 Nr. 1 GmbHG) des Jahresabschlusses mit Bußgeld belegt. § 334 Abs. 1 Nr. 1 HGB differenziert die Tathandlungen nach Zuwiderhandlungen gegen Vorschriften über die Form und den Inhalt (lit. a), die Bewertung (lit. b), die Gliederung von Bilanz und GuV (lit. c) und die in der Bilanz oder im Anhang zu machenden Angaben (lit. d).

11

2.2.1.1 Vorschriften über Form und Inhalt (Abs. 1 Nr. 1 lit. a)

Es werden folgende Vorschriften über Form und Inhalt geschützt:

12

§ 243 Abs. 1 HGB	GoB; wegen des strafrechtlichen Bestimmtheitsgrundsatzes nur, soweit es eindeutig anerkannte, unbestrittene Grundsätze sind[13]
§ 243 Abs. 2 HGB	Grundsatz der Klarheit und Übersichtlichkeit
§ 244 HGB	Sprache und Währung
§ 245 HGB	Unterzeichnung

---

[11] Vgl. *Grottel/Hoffmann*, in Beck Bil-Komm., 10. Aufl., 2016, § 334 Rz 17 ff. mit ausführlicher Begründung und Auflistung der nicht nach § 334 HGB mit Bußgeld bewehrten Bilanzierungsvorschriften.

[12] Vgl. *Quedenfeld*, in MünchKomm. HGB, 3. Aufl., § 334 Rz 18; *Tschesche*, in *Baetge/Kirsch/Thiele*, Bilanzrecht, § 334 Rz 23, Stand 2/2013.

[13] Vgl. *Dannecker*, in Großkomm. HGB, § 334 Rn 41; *Quedenfeld*, in MünchKomm. HGB, 3. Aufl., § 334 Rz 20.

§ 246 HGB	Vollständigkeit und Verrechnungsverbot
§ 247 HGB	Inhalt der Bilanz
§ 248 HGB	Bilanzierungsverbote
§ 249 Abs. 1 Satz 1 HGB	Verbindlichkeits- und Drohverlustrückstellungen
§ 249 Abs. 2 HGB	Analogieverbot für Rückstellungen und Auflösungsverbot von Rückstellungen
§ 250 Abs. 1 HGB	Aktive Rechnungsabgrenzungsposten
§ 250 Abs. 2 HGB	Passive Rechnungsabgrenzungsposten
§ 251 HGB	Haftungsverhältnisse
§ 264 Abs. 2 HGB	Grundsatz des true and fair view und besondere Angabepflicht im Anhang
Zusätzlich für Gj ab 2016: § 264 Abs. 1a HGB (BilRUG)	Firma, Sitz, Registergericht, HR-Nummer und ggf. Liquidation oder Abwicklung

2.2.1.2 Vorschriften über die Bewertung (Abs. 1 Nr. 1 lit. b)

13 Es werden folgende Vorschriften über die Bewertung geschützt:

§ 253 Abs. 1 Satz 1 HGB	Bewertung von Vermögensgegenständen
§ 253 Abs. 1 Satz 2 HGB	Bewertung von Verbindlichkeiten und Rückstellungen
§ 253 Abs. 1 Satz 3 HGB	Bewertung von bestimmten Pensionsrückstellungen
§ 253 Abs. 1 Satz 4 HGB	Bewertung von Planvermögen
§ 253 Abs. 1 Satz 5, 6 HGB	Verbot der Fair-Value-Bewertung für KleinstKapGes
§ 253 Abs. 2 Sätze 1, 2 HGB	Abzinsung von Rückstellungen
§ 253 Abs. 3 Sätze 1, 2, 3, 4 HGB	Minderung der Anschaffungs- und Herstellungskosten um planmäßige Abschreibungen
§ 253 Abs. 3 Satz 5 HGB	Minderung der Anschaffungs- und Herstellungskosten um außerplanmäßige Abschreibungen
§ 253 Abs. 4 HGB	Abschreibungen auf Vermögensgegenstände des Umlaufvermögens
§ 253 Abs. 5 HGB	Wertaufholungsgebot bei Wegfall früherer Abschreibungsgründe
§ 254 HGB	Bildung von Bewertungseinheiten
§ 256a HGB	Bewertung von Fremdwährungsforderungen und -verbindlichkeiten

2.2.1.3 Vorschriften über die Gliederung (Abs. 1 Nr. 1 lit. c)

Es werden folgende Vorschriften über die Gliederung geschützt: **14**

§ 265 Abs. 2 HGB	Angabe der entsprechenden Beträge des Vorjahrs und Erläuterungspflichten
§ 265 Abs. 3 HGB	Vermerkpflicht bei der Mitzugehörigkeit zu mehreren Posten der Bilanz und Ausweis eigener Anteile
§ 265 Abs. 4 HGB	Gliederung des Jahresabschlusses bei mehreren Geschäftszweigen, Angabe- und Begründungspflicht
§ 265 Abs. 6 HGB	Angaben zur abweichenden Gliederung und Änderung von Bezeichnungen der einzelnen Posten zum Zweck der Aufstellung eines klaren und übersichtlichen Jahresabschlusses bei besonderen KapG
§ 266 HGB	Gliederung der Bilanz
§ 268 Abs. 2 HGB	Darstellung der Entwicklung des AV
§ 268 Abs. 3 HGB	Ausweis eines nicht durch EK gedeckten Fehlbetrags
§ 268 Abs. 4 HGB	Vermerk des Betrags von Forderungen mit bestimmten Restlaufzeiten und Erläuterung von Aufwendungen für zukünftige Vermögensgegenstände
§ 268 Abs. 5 HGB	Vermerk des Betrags von Verbindlichkeiten mit bestimmten Restlaufzeiten und Erläuterung von Aufwendungen für zukünftige Verbindlichkeiten und Ausweis von Anzahlungen
§ 268 Abs. 6 HGB	Ausweis aktivierter Disagios im RAP
§ 268 Abs. 7 HGB	Haftungsverhältnisse gegenüber verbundenen Unternehmen
§ 272 HGB	Ausweis des EK
§ 274 HGB	gesonderter Ausweis der aktiven und passiven Steuerabgrenzung
§ 275 HGB	Gliederung der GuV
§ 277 HGB	Ausweis von einzelnen Posten der GuV

2.2.1.4 Vorschriften über weitere Angaben in der Bilanz, unter der Bilanz und im Anhang (Abs. 1 Nr. 1 lit. d)

15 Es werden folgende Vorschriften über weitere Angaben in der Bilanz, unter der Bilanz und im Anhang geschützt:

§ 284 HGB	Erläuterung der Bilanz und der GuV
§ 285 HGB	Sonstige Pflichtangaben

2.2.2 Aufstellung des Konzernabschlusses (Abs. 1 Nr. 2)

16 § 334 Abs. 1 Nr. 2 HGB erfasst sechs Fallgruppen von Bilanzierungsvorschriften, deren Nichtbeachtung zu einer Ordnungswidrigkeit führen. Es handelt sich um Vorschriften über den KonsKreis (§ 334 Abs. 1 Nr. 2 lit. a HGB), über Inhalt und Form (§ 334 Abs. 1 Nr. 2 lit. b HGB), über Konsolidierungsgrundsätze und das Vollständigkeitsgebot (§ 334 Abs. 1 Nr. 2 lit. c HGB), über die Bewertung (§ 334 Abs. 1 Nr. 2 lit. d HGB), über die Behandlung assoziierter Unt (§ 334 Abs. 1 Nr. 2 lit. e HGB) und über Angaben im Konzernanhang (§ 334 Abs. 1 Nr. 2 lit. f HGB).

2.2.2.1 Vorschrift über den Konsolidierungskreis (Abs. 1 Nr. 2 lit. a)

17 Es wird folgende Vorschrift über den KonsKreis geschützt:

§ 294 Abs. 1 HGB	Grundsätze über die Einbeziehung des MU und der TU in den Konzernabschluss

2.2.2.2 Vorschriften über Inhalt und Form (Abs. 1 Nr. 2 lit. b)

18 Es werden folgende Vorschriften über Inhalt und Form geschützt:

§ 297 Abs. 2 HGB	Grundsatz der Klarheit und Übersichtlichkeit, Grundsatz des true and fair view und besondere Angabepflicht im Konzernanhang
§ 297 Abs. 3 HGB	Vermögens-, Finanz- und Ertragslage als wirtschaftliche Einheit, Grundsatz der Stetigkeit sowie Angabe und Begründung von Ausnahmefällen im Konzernanhang
Zusätzlich für Gj ab 2016: § 297 Abs. 1a HGB (BilRUG)	Firma, Sitz, Angaben zum Mutterunternehmen (Registergericht, HR-Nummer) und ggf. Liquidation oder Abwicklung

i. V. m. § 298 Abs. 1 HGB:

– § 244 HGB	Sprache und Währung
– § 245 HGB	Unterzeichnung
– § 246 HGB	Vollständigkeit und Verrechnungsverbot

- § 247 HGB   Inhalt der Bilanz
- § 248 HGB   Bilanzierungsverbote
- § 249 Abs. 1 Satz 1 HGB   Verbindlichkeits- und Drohverlustrückstellungen
- § 249 Abs. 2 HGB   Analogieverbot für Rückstellungen und Auflösungsverbot von Rückstellungen
- § 250 Abs. 1 HGB   Aktive RAP
- § 251 HGB   Haftungsverhältnisse

2.2.2.3   Vorschrift über Konsolidierungsgrundsätze und das Vollständigkeitsgebot (Abs. 1 Nr. 2 lit. c)

Es wird folgende Vorschrift über Konsolidierungsgrundsätze und das Vollständigkeitsgebot geschützt: 19

§ 300 HGB   Konsolidierungsgrundsätze und Vollständigkeitsgebot (Zusammenfassung der Jahresabschluss des MU und der TU, vollständige Einbeziehung der VG, Schulden, RAP und Sonderposten der TU)

2.2.2.4   Vorschriften über die Bewertung (Abs. 1 Nr. 2 lit. d)

Es werden folgende Vorschriften über die Bewertung geschützt: 20

§ 308 Abs. 1 Satz 1 HGB   Bewertung der Vermögensgegenstände der TU nach den Bewertungsmethoden des Jahresabschlusses für das MU

§ 308 Abs. 2 HGB   Neubewertung nach der Bewertungsmethode des Konzernabschlusses bei abweichenden Bewertungsmethoden im Jahresabschluss des MU oder der TU, Beibehaltungswahlrechte, Angabe- und Begründungspflichten im Konzernanhang

§ 308a HGB   Umrechnung von auf fremde Währung lautenden Abschlüssen

2.2.2.5   Vorschrift über die Behandlung assoziierter Unternehmen (Abs. 1 Nr. 2 lit. e)

Es wird folgende Vorschrift über die Behandlung assoziierter Unt geschützt: 21

§ 311 Abs. 1 Satz 1 HGB i.V.m. § 312 HGB   Ausweis der Beteiligung an assoziierten Unt

2.2.2.6 Vorschriften über Angaben im Konzernanhang (Abs. 1 Nr. 2 lit. f)

22 Es werden folgende Vorschriften über Angaben im Konzernanhang geschützt:

§ 308 Abs. 1 Satz 3 HGB	Angaben über Abweichungen von den im MU angewandten Bewertungsmethoden
§ 313 HGB	Erläuterungen zur Konzernbilanz und zur Konzern-GuV, Pflichtangaben, Aufstellung des Anteilsbesitzes
§ 314 HGB	sonstige Pflichtangaben

2.2.3 Aufstellung des (Konzern-)Lageberichts und Erstellung des nichtfinanziellen (Konzern-)Berichts (Abs. 1 Nr. 3 und 4)

23 § 334 Abs. 1 Nr. 3 HGB erfasst den **Pflichtinhalt** nach §§ 289–289f HGB des Lageberichts und für Gj, die nach dem 31.12.2016 beginnen, auch der nichtfinanziellen Erklärung oder des gesonderten nichtfinanziellen Berichts. Hierdurch soll die Einhaltung des **true und fair view** bei der Aufstellung des Lageberichts und der Erstellung der nichtfinanziellen Erklärung bzw. des gesonderten nichtfinanziellen Berichts geschützt werden. Die Darstellung des Geschäftsverlaufs und der Lage der KapG im Lagebericht hat derart zu erfolgen, dass ein den tatsächlichen Verhältnissen entsprechendes Bild der Ges. vermittelt wird. Hierbei sind auch die wesentlichen Chancen und Risiken der künftigen Entwicklung zu erläutern. In der nichtfinanziellen Erklärung bzw. dem gesonderten nichtfinanziellen Bericht sind mindestens Angaben zu Umwelt-, Arbeitnehmer- und Sozialbelangen, zur Achtung der Menschenrechte und zur Bekämpfung von Korruption und Bestechung sowie diesbezüglich verfolgten Konzepten, bestehenden wesentlichen Risiken und bedeutsamen nichtfinanziellen Leistungsindikatoren zu erläutern (§ 289c Rz 1 ff.).[14]
Maßstab für das Vorliegen eines Verstoßes ist hier wie bei § 331 HGB, ob sich der sachkundige, d.h. bilanzkundige Leser aufgrund der erteilten Informationen ein den tatsächlichen Verhältnissen entsprechendes Bild der KapG machen kann.[15] Entsprechendes gilt für die Pflichtinhalte des Konzernlageberichts und des gesonderten nichtfinanziellen Konzernberichts nach §§ 315–315d HGB, die von § 334 Abs. 1 Nr. 4 HGB erfasst werden.

2.2.4 Offenlegung, Hinterlegung, Veröffentlichung und Vervielfältigung (Abs. 1 Nr. 5)

24 § 334 Abs. 1 Nr. 5 HGB bezieht sich auf die Vorschrift des § 328 HGB über Form und Inhalt der Unterlagen bei der Offenlegung, Hinterlegung, Veröffentlichung und Vervielfältigung des Jahresabschlusses und des Konzernabschlusses. Wird die Aufstellung des Jahresabschlusses durch das vertretungsberechtigte Organ vollständig unterlassen, greift § 335 Abs. 1 Nr. 6 HGB – mit der Möglich-

---

[14] Eingefügt durch das CSR-Richtlinien-Umsetzungsgesetz v. 9.3.2017; die Neuregelung gilt für Gj, die nach dem 31.12.2016 beginnen.
[15] Vgl. *Quedenfeld*, in MünchKomm. HGB, 3. Aufl., § 334 Rz 34.

keit, ein Zwangsgeld zu verhängen – ein. § 334 Abs. 1 Nr. 5 HGB erfasst dagegen Verstöße, die bei erfolgter Offenlegung begangen wurden.

2.2.5 Verordnungen gem. § 330 Abs. 1 Satz 1 HGB (Abs. 1 Nr. 6)

Soweit Rechtsverordnungen nach § 330 Abs. 1 Satz 1 HGB (Formblattverordnungen) für bestimmte Tatbestände auf § 334 HGB verweisen, sind Verstöße gegen die Rechtsverordnung als Ordnungswidrigkeiten zu verfolgen. 25

3 Ordnungswidrigkeit durch Abschlussprüfer (Abs. 2)

3.1 Täterkreis

Täter des § 334 Abs. 2 HGB können **Wirtschaftsprüfer und vereidigte Buchprüfer** sein, die selbst Jahres- oder Konzernabschlussprüfer sind oder für eine Wirtschaftsprüfungs- oder Buchführungsprüfungsgesellschaft handeln und für diese den Bestätigungsvermerk erteilen und unterzeichnen.[16] Andere gesetzliche Vertreter oder Prüfungsgehilfen kommen nicht als Täter in Betracht, da sie selbst den Bestätigungsvermerk nicht erteilen und unterzeichnen. Diese können jedoch als Tatbeteiligte der Ordnungswidrigkeit verfolgt werden.[17] Nicht von § 334 Abs. 2 HGB erfasst ist die Erteilung eines Bestätigungsvermerks durch eine Person, die nicht AP ist.[18] 26

3.2 Tathandlung

§ 334 Abs. 2 HGB bezieht sich auf **Verstöße des AP gegen die gesetzlichen Ausschlussgründe** gem. §§ 319–319b HGB. Auf diese Weise soll die Unabhängigkeit des AP sichergestellt werden. Tathandlung ist die Erteilung eines Bestätigungsvermerks nach § 322 HGB durch den AP, trotz der Besorgnis seiner Befangenheit. Die Erstellung des Prüfungsberichts gem. § 321 HGB durch einen ausgeschlossenen Prüfer ist dagegen nicht tatbestandsmäßig.[19] 27

4 Ordnungswidrigkeiten durch Mitglieder eines Prüfungsausschusses (Abs. 2a)

4.1 Täterkreis

Mitglieder eines nach § 324 Abs. 1 Satz 1 HGB eingerichteten Prüfungsausschusses können Täter i. S. d. § 334 Abs. 2a HGB sein. 28

4.2 Tathandlung

§ 334 Abs. 2a HGB sanktioniert die Verletzung von Pflichten des Prüfungsausschusses für folgende Tatbestände: 29

---

[16] Vgl. *Grottel/Hoffmann*, in Beck Bil-Komm., 10. Aufl., 2016, § 334 Rz 27.
[17] Sog. Einheitstheorie (Rz 8).
[18] Vgl. *Quedenfeld*, in MünchKomm. HGB, 3. Aufl., § 334 Rz 43.
[19] Vgl. *Tiedemann*, in *Scholz*, GmbHG, 10. Aufl., § 82 Rz 92.

- Mangelnde Überwachung der Unabhängigkeit des AP durch Nichtbeachtung der 15 %-Honorargrenze,[20] durch unterlassene oder nicht ordnungsgemäße Billigung bei der Erbringung von Nichtprüfungsleistungen[21] und Unterlassen der Einholung der jährlichen Unabhängigkeitserklärung des AP sowie der Erörterung möglicher Gefährdungen der Unabhängigkeit.[22]
- Nichtbeachtung des vorgegebenen Auswahlverfahrens durch Unterlassen oder nicht ordnungsgemäßer Durchführung der Ausschreibung[23] und Verstöße gegen die Vorgaben bei der Auswahl der vorzuschlagenden Abschlussprüfer.[24]

5 Subjektiver Tatbestand

30 Eine Beteiligung an der Ordnungswidrigkeit ist nur möglich, wenn der Täter, der die Täterqualifikation des § 334 HGB erfüllt, und der Beteiligte vorsätzlich handeln. Handelt nur der Beteiligte vorsätzlich, liegt keine Beteiligung i. S. d. § 14 Abs. 1 OWiG vor.

6 Rechtswidrigkeit

31 Das Verhalten des Täters muss rechtswidrig sein. Die Verwirklichung des Unrechtstatbestands **indiziert** regelmäßig die Rechtswidrigkeit. Sie kann jedoch bei Vorliegen von Rechtfertigungsgründen (z. B. Notwehr, Nothilfe, gesetzlicher Notstand) fehlen. Hierbei gelten die allgemeinen strafrechtlichen Grundsätze.

7 Vorwerfbarkeit

32 Die Handlung ist grds. vorwerfbar, wenn sie vorsätzlich oder fahrlässig begangen wird. Mangels ausdrücklicher gesetzlicher Regelung ist im Rahmen des § 334 HGB allerdings nur die **vorsätzliche Begehung** ahndbar (§ 10 OWiG). Bedingter Vorsatz ist hierbei ausreichend.[25]

8 Irrtum

33 Die Beurteilung von Tatbestands- und Verbotsirrtümern (§ 11 OWiG) entspricht den strafrechtlichen Grundsätzen (§ 331 Rz 81 ff.).

9 Vollendung und Beendigung

34 Mangels ausdrücklicher Regelung in § 334 HGB kann der Versuch der Tatbestandsverwirklichung nicht geahndet werden (§ 13 Abs. 2 OWiG).

---

[20] Art. 4 Abs. 3 UAbs. 2 der EU-Verordnung Nr. 537/2014.
[21] Art. 5 Abs. 4 UAbs. 1 Satz 1 der EU-Verordnung Nr. 537/2014.
[22] Art. 6 Abs. 2 der EU-Verordnung Nr. 537/2014.
[23] Art. 16 der EU-Verordnung Nr. 537/2014.
[24] Art. 16 Abs. 5 der EU-Verordnung Nr. 537/2014.
[25] Vgl. *Otto*, in *Heymann*, HGB. 2. Aufl., § 334 Rz 31.

9.1 Tatbestände nach Abs. 1 Nr. 1–4

Die Tathandlung nach § 334 Abs. 1 Nr. 1 bis 4 HGB erfolgt während des Aufstellens von Jahresabschluss oder Konzernabschluss, Lagebericht oder Konzernlagebericht, der Erstellung des gesonderten nichtfinanziellen Berichts bzw. der Feststellung des Jahresabschlusses.

9.1.1 Aufstellung und Erstellung

Nach dem Wortlaut des Gesetzes „bei der Aufstellung" bzw. „der Erstellung" tritt die Vollendung der Tathandlung ein, wenn die Ergebnisse der Buchführung in den Jahresabschluss, Lagebericht oder nichtfinanziellen Bericht übernommen werden. Vorausgehende Abschlussbuchungen im Rahmen der Buchführung sind einer Sanktion als reine Vorbereitungshandlungen entzogen. Die Beendigung der Tat tritt mit dem Ende der Aufstellung bzw. Erstellung ein.[26]

> **Beispiel**
> Ein Verstoß gegen die GoB erfüllt erst mit der Übernahme des Buchführungsergebnisses in den Jahresabschluss den Tatbestand des § 334 Abs. 1 Nr. 1a HGB.[27]

9.1.2 Feststellung

Das Feststellen des Jahresabschlusses stellt einen rechtsgeschäftlichen Akt dar, der durch die Willenserklärung der hierfür zuständigen Personen zustande kommt. Tathandlung ist die Abgabe der Willenserklärung bei der Abstimmung. Mit der Stimmabgabe wird die Tat vollendet. Beendigung liegt vor, wenn der Beschluss gefasst worden ist.[28]

9.2 Offenlegung, Hinterlegung, Veröffentlichung und Vervielfältigung (Abs. 1 Nr. 5)

Die Verletzung des § 328 HGB muss bei der Offenlegung, Hinterlegung, Veröffentlichung oder Vervielfältigung erfolgen. Der Tatbestand wird erst bei der Publizierung in einer der 4 genannten Weisen vollendet und zeitgleich beendet.[29]

9.3 Verstoß gegen Formblatt-Verordnungen (Abs. 1 Nr. 6)

Die Beurteilung der Tatvollendung richtet sich nach der jeweiligen Rechtsverordnung. Mit der unvollständigen oder unrichtigen Eintragung in das Formblatt wird die Tat regelmäßig vollendet und beendet.[30]

---

[26] Vgl. *Quedenfeld*, in MünchKomm. HGB, 3. Aufl., § 334 Rz 48; *Dannecker*, in Großkomm. HGB, § 334 Rn 81; a. A. *Waßmer*, in MünchKomm. BilR, 1. Aufl., § 334 Rz 74, der die Vollendung der Tat erst annehmen will, wenn der Jahresabschluss einem Adressaten zugänglich gemacht wurde.
[27] Vgl. *Quedenfeld*, in MünchKomm. HGB, 3. Aufl., § 334 Rz 48.
[28] Vgl. *Quedenfeld*, in MünchKomm. HGB, 3. Aufl., § 334 Rz 49.
[29] Vgl. *Quedenfeld*, in MünchKomm. HGB, 3. Aufl., § 334 Rz 50.
[30] Vgl. *Dannecker*, in Großkomm. HGB, § 334 Rn 85.

9.4 Verstoß des Abschlussprüfers (Abs. 2)

40 Für die Vollendung der Tat nach § 334 Abs. 2 HGB ist Voraussetzung, das der Bestätigungsvermerk einem gesetzlichen Vertreter zugegangen ist. Nicht erforderlich ist, dass der gesetzliche Vertreter tatsächlich Kenntnis nimmt. Die Erteilung des Bestätigungsvermerks durch Unterschrift ist dagegen nur eine sanktionslose Vorbereitungshandlung.[31] Die Tat ist beendet, sobald der Bestätigungsvermerk, der an die Öffentlichkeit gerichtet ist, im BAnz bzw. im Unternehmensregister veröffentlicht ist.[32]

9.5 Verstoß des Prüfungsausschusses (Abs. 2a)

41 Hat der Prüfungsausschuss die in § 334 Abs. 2a HGB aufgeführten Pflichten nicht erfüllt, ist die Tat mit Bestellung des AP vollendet.

10 Konkurrenzen

10.1 Konkurrierende Ordnungswidrigkeit

42 Werden durch eine Tathandlung mehrere Tatbestände des § 334 HGB erfüllt, liegt **Handlungseinheit** vor, die – wie im Strafrecht – nur als eine Ordnungswidrigkeit geahndet wird (§ 19 OWiG). Bei **Handlungsmehrheit**, d. h. wenn mehrere verschiedene Handlungen tatbestandsmäßig sind, wird für jeden Verstoß gesondert eine Geldbuße verhängt (§ 20 OWiG). Im Ordnungswidrigkeitenrecht gilt abweichend vom Strafrecht das Kumulationsprinzip, wonach die einzelnen Geldbußen zu einer Gesamtgeldbuße aufsummiert werden.[33]

10.2 Zusammentreffen von Straftat und Ordnungswidrigkeit

43 Erfüllt eine Tathandlung sowohl einen Straftatbestand als auch den Tatbestand einer Ordnungswidrigkeit, findet nach dem **Subsidiaritätsprinzip** nur das jeweilige Strafgesetz Anwendung (§ 21 OWiG). Der Unrechtsgehalt der Ordnungswidrigkeit wird durch den Unrechtsgehalt des Strafgesetzes überlagert.[34] Bei der Bemessung der Strafe kann die Ordnungswidrigkeit jedoch unter Umständen straferhöhend berücksichtigt werden.[35]

44 Bei **tatmehrheitlicher Begehung** einer Straftat und einer Ordnungswidrigkeit kann neben der Bestrafung nach der Strafnorm auch die Ordnungswidrigkeit geahndet werden (§ 82 Abs. 2 OWiG).

11 Sanktionen (Abs. 3–3b)

45 Ordnungswidrigkeiten i. S. d. § 334 HGB können mit einer Geldbuße von **bis zu 50.000 EUR** geahndet werden. Für KM-orientierte KapG gelten für Gj, die nach dem 31.12.2016 beginnen, höhere Obergrenzen: Bei Verstößen gegen die Tat-

---

[31] Vgl. *Dannecker*, in Großkomm. HGB, § 334 Rn 92.
[32] Für Jahresabschlüsse mit Wirtschaftsjahrbeginn vor dem 1.1.2006 ist die Veröffentlichung im HR oder BAnz ausschlaggebend.
[33] Vgl. *Quedenfeld*, in MünchKomm. HGB, 3. Aufl., § 334 Rz 55.
[34] Vgl. *Dannecker*, in Großkomm. HGB, § 334 Rn 100.
[35] Vgl. BGHSt 23, 342, 345.

bestände des § 334 Abs. 1 HGB beträgt die Obergrenze 2 Mio. EUR oder das Zweifache des aus der Ordnungswidrigkeit gezogenen Vorteils, wobei der höhere der beiden Werte maßgeblich ist. Wird gegen eine KM-orientierte KapG eine Geldbuße nach § 30 OWiG[36] verhängt, gilt als Obergrenze der höhere Betrag aus folgenden Beträgen: 10 Mio. EUR oder 5 % des jährlichen Gesamtumsatzes i. S. d. Abs. 3b im Jahr vor der Entscheidung des BfJ oder das Zweifache des aus der Ordnungswidrigkeit gezogenen Vorteils.

§ 17 Abs. 1 OWiG bestimmt als Mindestmaß einen Betrag von 5 EUR. Bei geringfügigen Verstößen kann nach § 56 OWiG gegenüber den Betroffenen auch eine Verwarnung ausgesprochen werden.

Für die **Bemessung der Geldbuße** sind die Bedeutung der Ordnungswidrigkeit, die Schwere des Vorwurfs gegen den Täter und u. U. die wirtschaftliche Lage des Täters zugrunde zu legen (§ 17 Abs. 3 OWiG). Die Geldbuße soll den wirtschaftlichen Vorteil des Täters aus der Tat abschöpfen.[37] Reicht das gesetzliche Höchstmaß hierfür nicht aus, kann auch eine höhere Geldbuße verhängt werden (§ 17 Abs. 4 OWiG).   46

Nach § 30 OWiG kann neben den unmittelbaren Tätern auch **gegen die KapG isoliert** eine Geldbuße verhängt werden, wenn ein Mitglied des vertretungsberechtigten Organs der KapG eine Ordnungswidrigkeit begeht, durch die Pflichten der Ges. verletzt werden. Die Tathandlungen des § 334 HGB erfüllen regelmäßig die Voraussetzung des § 30 OWiG. Es steht daher im pflichtgemäßen Ermessen der Behörde, ob gegen das Organmitglied, die KapG oder beide eine Geldbuße verhängt wird. Ist gegen das Organmitglied eine angemessene Geldbuße wegen dessen wirtschaftlicher Verhältnisse nicht möglich, kann die Festsetzung einer Geldbuße auch gegenüber der KapG erfolgen, um dem Unrechtsgehalt der Tat bei der Bemessung der Geldbuße gerecht zu werden.[38]   47

12 Verfahren

Für die Einleitung und Durchführung des Bußgeldverfahrens ist in den Fällen des Abs. 1 und 2a das **Bundesamt für Justiz** zuständig. Für Verstöße nach Abs. 2 ist die Abschlussprüferaufsichtsstelle beim Bundesamt für Wirtschaft und Ausfuhrkontrolle als zentrale Aufsichtsbehörde für Abschlussprüfer und Prüfungsgesellschaften zuständig. In den übrigen Fällen sind die jeweiligen obersten Landesbehörden, die Wirtschaftsministerien der Bundesländer, **sachlich zuständig** (§ 36 Abs. 1 Nr. 2 lit. a OWiG). Durch Rechtsverordnung der Landesregierung kann die Zuständigkeit auch auf eine andere Behörde übertragen werden.   48

Die **örtliche Zuständigkeit** richtet sich entweder nach dem Bezirk, in dem die Ordnungswidrigkeit begangen oder entdeckt wurde, oder nach dem Wohnsitz des Täters zum Zeitpunkt der Einleitung des Bußgeldverfahrens (§ 37 Abs. 1 Nrn. 1 und 2 OWiG).

Nach dem **Opportunitätsprinzip** (§ 47 OWiG) liegt es im pflichtgemäßen Ermessen der zuständigen Behörde, ob sie die Ordnungswidrigkeit verfolgt   49

---

[36] S. Rz 47.
[37] Vgl. *Tschesche*, in *Baetge/Kirsch/Thiele*, Bilanzrecht, § 334 Rz 61, Stand 2/2013.
[38] Vgl. *Grottel/Hoffmann*, in Beck Bil-Komm., 10. Aufl., 2016, § 334 Rz 42.

oder nach § 47 Abs. 1 OWiG einstellt. Entscheidet sich die Behörde für die Verfolgung der Ordnungswidrigkeit, so erfolgt diese **von Amts wegen**.

50   Das Bußgeld wird durch **Bußgeldbescheid** festgesetzt, gegen den der Betroffene innerhalb von zwei Wochen schriftlich oder zur Niederschrift **Einspruch** gegenüber der erlassenden Behörde erheben kann (§ 67 Abs. 1 Satz 1 OWiG). Gegen die Einspruchsentscheidung ist gem. § 79 Abs. 1 OWiG Rechtsbeschwerde zulässig.

51   Die **Verfolgungsverjährung** beträgt drei Jahre und beginnt mit der Beendigung der Handlung (Rz 34 ff.).

52   Bei einer rechtskräftig festgestellten Geldbuße von mehr als 5.000 EUR beträgt die **Vollstreckungsverjährung** fünf Jahre und bei einer Geldbuße bis zu 5.000 EUR drei Jahre (§ 34 Abs. 2 OWiG).

§ 335 Festsetzung von Ordnungsgeld

(1) ¹Gegen die Mitglieder des vertretungsberechtigten Organs einer Kapitalgesellschaft, die
1. § 325 über die Pflicht zur Offenlegung des Jahresabschlusses, des Lageberichts, des Konzernabschlusses, des Konzernlageberichts und anderer Unterlagen der Rechnungslegung oder
2. § 325a über die Pflicht zur Offenlegung der Rechnungslegungsunterlagen der Hauptniederlassung

nicht befolgen, ist wegen des pflichtwidrigen Unterlassens der rechtzeitigen Offenlegung vom Bundesamt für Justiz (Bundesamt) ein Ordnungsgeldverfahren nach den Absätzen 2 bis 6 durchzuführen; im Fall der Nummer 2 treten die in § 13e Abs. 2 Satz 5 Nr. 3 genannten Personen, sobald sie angemeldet sind, an die Stelle der Mitglieder des vertretungsberechtigten Organs der Kapitalgesellschaft. ²Das Ordnungsgeldverfahren kann auch gegen die Kapitalgesellschaft durchgeführt werden, für die die Mitglieder des vertretungsberechtigten Organs die in Satz 1 Nr. 1 und 2 genannten Pflichten zu erfüllen haben. ³Dem Verfahren steht nicht entgegen, dass eine der Offenlegung vorausgehende Pflicht, insbesondere die Aufstellung des Jahres- oder Konzernabschlusses oder die unverzügliche Erteilung des Prüfauftrags, noch nicht erfüllt ist. ⁴Das Ordnungsgeld beträgt mindestens zweitausendfünfhundert und höchstens fünfundzwanzigtausend Euro. ⁵Eingenommene Ordnungsgelder fließen dem Bundesamt zu.

(1a) ¹Ist die Kapitalgesellschaft kapitalmarktorientiert i.S.d. § 264d, beträgt das Ordnungsgeld höchstens den höheren der folgenden Beträge:
1. zehn Millionen Euro,
2. 5 Prozent des jährlichen Gesamtumsatzes, den die Kapitalgesellschaft im der Behördenentscheidung vorausgegangenen Geschäftsjahr erzielt hat, oder
3. das Zweifache des aus der unterlassenen Offenlegung gezogenen wirtschaftlichen Vorteils; der wirtschaftliche Vorteil umfasst erzielte Gewinne und vermiedene Verluste und kann geschätzt werden.

²Wird das Ordnungsgeld einem Mitglied des gesetzlichen Vertretungsorgans der Kapitalgesellschaft angedroht, beträgt das Ordnungsgeld abweichend von Satz 1 höchstens den höheren der folgenden Beträge:
1. zwei Millionen Euro oder
2. das Zweifache des aus der unterlassenen Offenlegung gezogenen Vorteils; der wirtschaftliche Vorteil umfasst erzielte Gewinne und vermiedene Verluste und kann geschätzt werden.

(1b) ¹Gesamtumsatz i.S.d. Absatzes 1a Satz 1 Nummer 2 ist
1. im Falle von Kreditinstituten, Zahlungsinstituten und Finanzdienstleistungsinstituten i.S.d. § 340 der sich aus dem auf das Institut anwendbaren nationalen Recht im Einklang mit Artikel 27 Nummer 1, 3, 4, 6 und 7 oder Artikel 28 Nummer B1, B2, B3, B4 und B7 der Richtlinie 86/635/EWG des Rates vom 8. Dezember 1986 über den Jahresabschluss und den konsolidierten Abschluss von Banken und anderen Finanzinstituten (ABl. L 372

§ 335　　　　　　　　　　　　　　　　　　　　　　Festsetzung von Ordnungsgeld

vom 31.12.1986, S. 1) ergebende Gesamtbetrag, abzüglich der Umsatzsteuer und sonstiger direkt auf diese Erträge erhobener Steuern,
2. im Falle von Versicherungsunternehmen der sich aus dem auf das Versicherungsunternehmen anwendbaren nationalen Recht im Einklang mit Artikel 63 der Richtlinie 91/674/EWG des Rates vom 19. Dezember 1991 über den Jahresabschluss und den konsolidierten Abschluss von Versicherungsunternehmen (ABl. L 374 vom 31.12.1991, S. 7) ergebende Gesamtbetrag, abzüglich der Umsatzsteuer und sonstiger direkt auf diese Erträge erhobener Steuern,
3. im Übrigen der Betrag der Umsatzerlöse nach § 277 Absatz 1 oder der Nettoumsatzerlöse nach Maßgabe des auf das Unternehmen anwendbaren nationalen Rechts im Einklang mit Artikel 2 Nummer 5 der Richtlinie 2013/34/EU.
²Handelt es sich bei der Kapitalgesellschaft um ein Mutterunternehmen oder um ein Tochterunternehmen i. S. v. § 290, ist anstelle des Gesamtumsatzes der Kapitalgesellschaft der Gesamtumsatz im Konzernabschluss des Mutterunternehmens maßgeblich, der für den größten Kreis von Unternehmen aufgestellt wird. ³Wird der Konzernabschluss für den größten Kreis von Unternehmen nicht nach den in Satz 1 genannten Vorschriften aufgestellt, ist der Gesamtumsatz nach Maßgabe der den in Satz 1 Nummer 1 bis 3 vergleichbaren Posten des Konzernabschlusses zu ermitteln. ⁴Ist ein Jahresabschluss oder Konzernabschluss für das maßgebliche Geschäftsjahr nicht verfügbar, ist der Jahres- oder Konzernabschluss für das unmittelbar vorausgehende Geschäftsjahr maßgeblich; ist auch dieser nicht verfügbar, kann der Gesamtumsatz geschätzt werden.
(1c) Soweit dem Bundesamt Ermessen bei der Höhe eines Ordnungsgeldes zusteht, hat es auch frühere Verstöße der betroffenen Person zu berücksichtigen.
(1d) ¹Das Bundesamt unterrichtet die Bundesanstalt für Finanzdienstleistungsaufsicht unverzüglich über jedes Ordnungsgeld, das gem. Absatz 1 gegen eine Kapitalgesellschaft i. S. d. § 264d oder gegen ein Mitglied ihrer Vertretungsorgane festgesetzt wird. ²Wird gegen eine solche Ordnungsgeldfestsetzung Beschwerde eingelegt, unterrichtet das Bundesamt die Bundesanstalt für Finanzdienstleistungsaufsicht über diesen Umstand sowie über den Ausgang des Beschwerdeverfahrens.
(2) ¹Auf das Verfahren sind die §§ 15 bis 19, § 40 Abs. 1, § 388 Abs. 1, § 389 Abs. 3, § 390 Abs. 2 bis 6 des Gesetzes über das Verfahren in Familiensachen und in den Angelegenheiten der freiwilligen Gerichtsbarkeit sowie im Übrigen § 11 Nr. 1 und 2, § 12 Abs. 1 Nr. 1 bis 3, Abs. 2 und 3, §§ 14, 15, 20 Abs. 1 und 3, § 21 Abs. 1, §§ 23 und 26 des Verwaltungsverfahrensgesetzes nach Maßgabe der nachfolgenden Absätze entsprechend anzuwenden. ²Das Ordnungsgeldverfahren ist ein Justizverwaltungsverfahren. ³Zur Vertretung der Beteiligten sind auch Wirtschaftsprüfer und vereidigte Buchprüfer, Steuerberater, Steuerbevollmächtigte, Personen und Vereinigungen im Sinn des § 3 Nr. 4 des Steuerberatungsgesetzes sowie Gesellschaften im Sinn des § 3 Nr. 2 und 3 des Steuerberatungsgesetzes, die durch Personen im Sinn des § 3 Nr. 1 des Steuerberatungsgesetzes handeln, befugt.

(2a) ¹Für eine elektronische Aktenführung und Kommunikation sind § 110a Abs. 1, § 110b Abs. 1 Satz 1, Abs. 2 bis 4, § 110c Abs. 1 sowie § 110d des Gesetzes über Ordnungswidrigkeiten entsprechend anzuwenden. ²§ 110a Abs. 2 Satz 1 und 3 sowie § 110b Abs. 1 Satz 2 und 4 des Gesetzes über Ordnungswidrigkeiten sind mit der Maßgabe entsprechend anzuwenden, dass das Bundesministerium der Justiz und für Verbraucherschutz die Rechtsverordnung ohne Zustimmung des Bundesrates erlassen kann; es kann die Ermächtigung durch Rechtsverordnung auf das Bundesamt für Justiz übertragen.

(3) ¹Den in Absatz 1 Satz 1 und 2 bezeichneten Beteiligten ist unter Androhung eines Ordnungsgeldes in bestimmter Höhe aufzugeben, innerhalb einer Frist von sechs Wochen vom Zugang der Androhung an ihrer gesetzlichen Verpflichtung nachzukommen oder die Unterlassung mittels Einspruchs gegen die Verfügung zu rechtfertigen. ²Mit der Androhung des Ordnungsgeldes sind den Beteiligten zugleich die Kosten des Verfahrens aufzuerlegen. ³Der Einspruch kann auf Einwendungen gegen die Entscheidung über die Kosten beschränkt werden. ⁴Der Einspruch gegen die Androhung des Ordnungsgeldes und gegen die Entscheidung über die Kosten hat keine aufschiebende Wirkung. ⁵Führt der Einspruch zu einer Einstellung des Verfahrens, ist zugleich auch die Kostenentscheidung nach Satz 2 aufzuheben.

(4) ¹Wenn die Beteiligten nicht spätestens sechs Wochen nach dem Zugang der Androhung der gesetzlichen Pflicht entsprochen oder die Unterlassung mittels Einspruchs gerechtfertigt haben, ist das Ordnungsgeld festzusetzen und zugleich die frühere Verfügung unter Androhung eines erneuten Ordnungsgeldes zu wiederholen. ²Haben die Beteiligten die gesetzliche Pflicht erst nach Ablauf der Sechswochenfrist erfüllt, hat das Bundesamt das Ordnungsgeld wie folgt herabzusetzen:
1. auf einen Betrag von 500 Euro, wenn die Beteiligten vom Recht einer Kleinstkapitalgesellschaft nach § 326 Absatz 2 Gebrauch gemacht haben;
2. auf einen Betrag von 1 000 Euro, wenn es sich um eine kleine Kapitalgesellschaft i. S. d. § 267 Absatz 1 handelt;
3. auf einen Betrag von 2 500 Euro, wenn ein höheres Ordnungsgeld angedroht worden ist und die Voraussetzungen der Nummern 1 und 2 nicht vorliegen, oder
4. jeweils ein geringeren Betrag, wenn die Beteiligten die Sechswochenfrist nur geringfügig überschritten haben.

³Bei der Herabsetzung sind nur Umstände zu berücksichtigen, die vor der Entscheidung des Bundesamtes eingetreten sind.

(5) ¹Waren die Beteiligten unverschuldet gehindert, in der Sechswochenfrist nach Absatz 4 Einspruch einzulegen oder ihrer gesetzlichen Verpflichtung nachzukommen, hat ihnen das Bundesamt auf Antrag Wiedereinsetzung in den vorigen Stand zu gewähren. ²Das Verschulden eines Vertreters ist der vertretenen Person zuzurechnen. ³Ein Fehlen des Verschuldens wird vermutet, wenn eine Rechtsbehelfsbelehrung unterblieben ist oder fehlerhaft ist. ⁴Der Antrag auf Wiedereinsetzung ist binnen zwei Wochen nach Wegfall des Hindernisses schriftlich beim Bundesamt zu stellen. ⁵Die Tatsachen zur Begründung des Antrags sind bei der Antragstellung oder im Verfahren über den Antrag glaubhaft zu machen. ⁶Die versäumte Handlung ist spätestens sechs Wochen nach Wegfall des Hindernisses nachzuholen. ⁷Ist inner-

halb eines Jahres seit dem Ablauf der Sechswochenfrist nach Absatz 4 weder Wiedereinsetzung beantragt noch die versäumte Handlung nachgeholt worden, kann Wiedereinsetzung nicht mehr gewährt werden. [8]Die Wiedereinsetzung ist nicht anfechtbar. [9]Haben die Beteiligten Wiedereinsetzung nicht beantragt oder ist die Ablehnung des Wiedereinsetzungsantrags bestandskräftig geworden, können sich die Beteiligten mit der Beschwerde nicht mehr darauf berufen, dass sie unverschuldet gehindert waren, in der Sechswochenfrist Einspruch einzulegen oder ihrer gesetzlichen Verpflichtung nachzukommen.

(5a) (weggefallen)

(6) [1]Liegen dem Bundesamt in einem Verfahren nach den Absätzen 1 bis 5 keine Anhaltspunkte über die Einstufung einer Gesellschaft im Sinn des § 267 Absatz 1 bis 3 oder des § 267a vor, kann es den in Absatz 1 Satz 1 und 2 bezeichneten Beteiligten aufgeben, die Bilanzsumme nach Abzug eines auf der Aktivseite ausgewiesenen Fehlbetrags (§ 268 Absatz 3), die Umsatzerlöse (§ 277 Absatz 1) und die durchschnittliche Zahl der Arbeitnehmer (§ 267 Absatz 5) für das betreffende Geschäftsjahr und für diejenigen Geschäftsjahre, die für die Einstufung erforderlich sind, anzugeben. [2]Unterbleiben die Angaben nach Satz 1, so wird für das weitere Verfahren vermutet, dass die Erleichterungen der §§ 326 und 327 nicht in Anspruch genommen werden können. [3]Die Sätze 1 und 2 gelten für den Konzernabschluss und den Konzernlagebericht entsprechend mit der Maßgabe, dass an die Stelle der §§ 267, 326 und 327 der § 293 tritt.

(7) [1]Das Bundesministerium der Justiz und für Verbraucherschutz kann zur näheren Ausgestaltung der elektronischen Aktenführung und elektronischen Kommunikation nach Absatz 2a in der ab dem 1. Januar 2018 geltenden Fassung durch Rechtsverordnung, die nicht der Zustimmung des Bundesrates bedarf,
1. die Weiterführung von Akten in Papierform gestatten, die bereits vor Einführung der elektronischen Aktenführung in Papierform angelegt wurden,
2. die organisatorischen und dem Stand der Technik entsprechenden technischen Rahmenbedingungen für die elektronische Aktenführung einschließlich der einzuhaltenden Anforderungen des Datenschutzes, der Datensicherheit und der Barrierefreiheit festlegen,
3. die Standards für die Übermittlung elektronischer Akten zwischen dem Bundesamt und einer anderen Behörde oder einem Gericht näher bestimmen,
4. die Standards für die Einsicht in elektronische Akten vorgeben,
5. elektronische Formulare einführen und
  a) bestimmen, dass die in den Formularen enthaltenen Angaben ganz oder teilweise in strukturierter maschinenlesbarer Form zu übermitteln sind,
  b) eine Kommunikationsplattform vorgeben, auf der die Formulare im Internet zur Nutzung bereitzustellen sind, und
  c) bestimmen, dass eine Identifikation des Formularverwenders abweichend von Absatz 2a in Verbindung mit § 110c des Gesetzes über Ordnungswidrigkeiten und § 32a Absatz 3 der Strafprozessordnung durch Nutzung

des elektronischen Identitätsnachweises nach § 18 des Personalausweisgesetzes oder § 78 Absatz 5 des Aufenthaltsgesetzes erfolgen kann,
6. Formanforderungen und weitere Einzelheiten für den automatisierten Erlass von Entscheidungen festlegen,
7. die Einreichung elektronischer Dokumente, abweichend von Absatz 2a in Verbindung mit § 110c des Gesetzes über Ordnungswidrigkeiten und § 32a der Strafprozessordnung, erst zum 1. Januar des Jahres 2019 oder 2020 zulassen und
8. die Weiterführung der Akten in der bisherigen elektronischen Form bis zu einem bestimmten Zeitpunkt vor dem 1. Januar 2026 gestatten.
²Das Bundesministerium der Justiz und für Verbraucherschutz kann die Ermächtigungen des Satzes 1 durch Rechtsverordnung ohne Zustimmung des Bundesrates auf das Bundesamt für Justiz übertragen.

RA StB Daniel Münster/RA StB Annette Meier-Behringer

Inhaltsübersicht	Rz
1 Überblick	1–6
1.1 Regelungszweck und Inhalt.	1
1.2 Anwendungsbereich	2–4
1.3 Normenzusammenhänge	5–6
1.3.1 Europäische Regelungen	5
1.3.2 Nationale Regelungen	6
2 Normadressat	7–12
2.1 Vertretungsberechtigtes Organ (Abs. 1 Satz 1 1. Hs.)	7–8
2.2 Ständiger Vertreter einer Zweigniederlassung (Abs. 1 Satz 1 2. Hs.)	9
2.3 Kapitalgesellschaft (Abs. 1 Satz 2)	10–12
3 Ordnungsbewehrte Pflichtverletzungen (Abs. 1 Satz 1 Nr. 1, 2)	13–18
4 Verschulden	19–21
5 Empfänger des Ordnungsgelds (Abs. 1 Satz 5)	22
6 Durchführung des Ordnungsgeldverfahrens	23–61
6.1 Zuständigkeit	23–24
6.2 Vorausgehende Pflichten (Abs. 1 Satz 3)	25
6.3 Höhe des Ordnungsgelds (Abs. 1 Satz 4, Abs. 1a – 1c)	26
6.4 Informationspflicht (Abs. 1d)	27
6.5 Verfahrensgrundsätze (Abs. 2 Sätze 1, 2)	28
6.6 Erweiterung der Vertretungsbefugnis (Abs. 2 Satz 3)	29
6.7 Elektronische Aktenführung und Kommunikation (Abs. 2a)	30
6.8 Androhung des Ordnungsgelds (Abs. 3 Satz 1)	31–36
6.8.1 Inhaltliche Anforderungen	32–35
6.8.1.1 Bezeichnung der Verpflichtung	32
6.8.1.2 Fristsetzung	33
6.8.1.3 Einspruch	34
6.8.1.4 Betragsmäßige Angabe des Ordnungsgelds	35

	6.8.2	Verfahrenskosten	36
	6.9	Einspruchsverfahren	37–40
		6.9.1 Zulässigkeit	37–38
		6.9.2 Begründetheit	39
		6.9.3 Keine aufschiebende Wirkung des Einspruchs	40
	6.10	Festsetzung des Ordnungsgelds (Abs. 4)	41–47
		6.10.1 Keine Offenlegung und keine Rechtfertigung innerhalb der Sechswochenfrist	41
		6.10.2 Herabsetzung des Ordnungsgelds	42–44
		6.10.3 Änderungsbefugnis	45
		6.10.4 Unzureichende Offenlegung innerhalb der Sechswochenfrist	46–47
	6.11	Wiedereinsetzung in den vorherigen Stand (Abs. 5)	48–61
		6.11.1 Verschulden	49–54
		6.11.2 Antrag, Antrags- und Handlungsfrist	55–57
		6.11.3 Ausschluss und Anfechtbarkeit der Wiedereinsetzung	58–60
		6.11.4 Präklusion	61
7	Feststellung der Größenklasse im Einspruchsverfahren (Abs. 6)		62
8	Vollstreckung		63–64
9	Sonderfall: Insolvenz		65–71
	9.1	Grundlagen	65
	9.2	Publizitätsverpflichtung des Insolvenzverwalters	66
	9.3	Sanktionen nach § 335 HGB in der Insolvenz	67–71
		9.3.1 Ordnungsgeldverfahren gegen den Insolvenzverwalter	67–69
		9.3.2 Ordnungsgeldverfahren gegen die gesetzlichen Vertreter	70
		9.3.3 Ordnungsgeldverfahren gegen die Gesellschaft	71

1 Überblick

1.1 Regelungszweck und Inhalt

1   Mit dem **EHUG** wurde im Jahre 2006 § 335 HGB in das HGB eingefügt.[1] Durch § 335 HGB erhält das Bundesamt für Justiz (BfJ) die Möglichkeit Verstöße gegen Offenlegungspflichten durch KapG mittels Auferlegung eines Ordnungsgelds zu sanktionieren. Der Druck auf die Unt, die sich ihren Offenlegungsverpflichtungen entziehen möchten, hat sich durch die Verfahrenseinleitung von Amts wegen, die Auferlegung der Verfahrenskosten und die fehlende aufschiebende Wirkung der Rechtsbehelfe erheblich verstärkt.[2] Durch das MicroBilG und zuletzt durch das Gesetz zur Änderung des Handelsgesetzbuchs wurden geän-

---

[1] Zur Altfassung und zu den Übergangsvorschriften vgl. 2. Aufl.
[2] Die Offenlegungsquote konnte durch das mit dem EHUG eingeführte Verfahren auf mehr als 90 % gesteigert werden; vgl. BT-Drucks. 17/5028 v. 15.3.2011 mit weiteren statischen Angaben über die Offenlegungen 2008–2010, sowie den EU-Planungen, Erleichterungen im Bereich der Offenlegungen für kleine und mittlere Unt zu schaffen.

derte europäischen Vorgaben umgesetzt und das Ordnungsgeldverfahren modernisiert. Wesentliche Änderungen waren dabei die Absenkung der Offenlegungspflichten für KleinstKapG durch das MicroBilG und die Herabsetzung der Sanktionen für kleine und KleinstKapG durch das Gesetz zur Änderung des Handelsgesetzbuchs. Daneben wurde das Verfahren um die Möglichkeit der Wiedereinsetzung in den vorherigen Stand ergänzt und eine zweite gerichtliche Instanz in Form der Rechtsbeschwerde eingeführt. Zur besseren Verständlichkeit wurden die gerichtlichen Verfahren zur Überprüfung der Entscheidungen des BfJ aus dem § 335 HGB herausgelöst und in einem neuen § 335a HGB zusammengefasst.[3]

Mit dem Gesetz zur Umsetzung der Transparenzrichtlinie-Änderungsrichtlinie (TRLÄndRLUmsG) wurden Regelungen für KM-orientierte KapG neu eingeführt, die den Ordnungsgeldrahmen für die Sanktionierung von Offenlegungsverstößen ausweiten und bei Offenlegungsverstößen eine Informationspflicht des BfJ gegenüber der BaFin auslösen.

1.2 Anwendungsbereich

Der Kreis der **offenlegungspflichtigen Unt** umfasst KapG gem. § 325 Abs. 1 Satz 1 HGB, PersG ohne eine natürliche Person als phG gem. § 264a Abs. 1, § 325 Abs. 1 Satz 1 HGB, eG gem. § 339 Abs. 1 Satz 1 HGB, Banken gem. § 340l Abs. 1 Satz 1 HGB, VersicherungsUnt gem. § 341l Abs. 1 Satz 1 HGB, Zweigniederlassungen ausländischer KapG mit Sitz in einem EU-Mitgliedstaat oder in einem EWR-Vertragsstaat gem. § 325a Abs. 1 Satz 1 HGB sowie nach dem PublG zur Offenlegung verpflichtete Unt (§ 9 PublG). Das EHUG hat zu keiner Veränderung beim Kreis der offenlegungspflichtigen Unt geführt.[4]

Die zur Veröffentlichung einzureichenden Unterlagen sind abhängig von der Größenklasse der Ges nach §§ 267, 267a HGB. Mittelgroße und große KapG i. S. d. § 267 HGB müssen sämtliche in § 325 Abs. 1 HGB aufgezählten Unterlagen einreichen. Es handelt sich dabei um den Jahresabschluss – bestehend aus Bilanz, GuV –, erweitert um einen Anhang und ggf. KFR sowie Eigenkapitalspiegel, einen Lagebericht, einen Bericht des Aufsichtsrats, einen Ergebnisverwendungsvorschlag und -beschluss sowie ggf. die Entsprechungserklärung zum Corporate Governance Codex nach § 161 AktG. Nach § 325 Abs. 3 HGB gilt entsprechendes für den Konzernabschluss und den Konzernlagebericht. Kleine KapG müssen nach § 326 Abs. 1 HGB nur die Bilanz und den Anhang offenlegen. Die durch das MicroBilG eingeführte KleinstKapG kann auf die Erstellung eines Anhangs verzichten, soweit bestimmte Angaben unter der Bilanz erläutert werden; zu veröffentlichen bzw. zu hinterlegen ist in diesem Fall nur die Bilanz (§ 326 Rz 24 ff.). Daneben können Kleinst-, kleine und mittelgroße Ges. von den Erleichterungen nach § 326 HGB bzw. § 327 HGB Gebrauch machen. Unter den Voraussetzungen des § 264 Abs. 3 HGB brauchen TU ihren EA nicht offenzulegen (§ 264 Rz 92 ff.).

§ 335 HGB ist gem. § 61 Abs. 5 Satz 1 EGHGB erstmals auf Jahresabschluss und Konzernabschluss sowie Lagebericht und Konzernlagebericht für das **nach dem**

---

3 Zur Altfassung vgl. 3. Aufl.
4 Vgl. *Schlauß*, DB 2007, S. 2192.

31.12.2005 begonnene Gj anzuwenden. Für Altfälle, d.h. die Jahresabschlüsse für vor dem 1.1.2006 begonnene Gj, bleibt es nach der Begründung zum EHUG[5] beim bisherigen Verfahren nach § 335a HGB aF i.V.m. § 140a FGG. Die Regelungen des MircoBilG für die KleinstKapG sowie die Änderungen durch das Gesetz zur Änderung des Handelsgesetzbuchs sind für einen nach dem 30.12.2012 liegenden Abschlussstichtag anzuwenden.[6] Die Änderungen durch das **Gesetz zur Umsetzung der Transparenzrichtlinie-Änderungsrichtlinie** für KM-orientierte KapGes sind anzuwenden ab dem 26.11.2015. Der erst im Juli 2015 mit dem **Kleinanlegerschutzgesetz** eingeführte Höchstbetrag des Ordnungsgeldes für KM-orientierte KapGes wurde hierbei wieder gestrichen; bleibt aber anwendbar für den Zeitraum vom 10.7.2015 bis 25.11.2015 für Gj, die nach dem 31.12.2014 beginnen.[7]

1.3 Normenzusammenhänge

1.3.1 Europäische Regelungen

5   Die nationalen Vorschriften über die Offenlegung von Jahresabschlüssen beruhen auf **gemeinschaftsrechtlichen Vorgaben**. Das EHUG dient der Umsetzung der **Publizitätsrichtlinie**[8] und der **Transparenzrichtlinie**[9] in nationales Recht. Die europakonforme Umsetzung des Art. 6a i.V.m. Art. 2 Abs. 1 lit. f der Publizitätsrichtlinie verpflichtet die Mitgliedsstaaten geeignete Sanktionsmaßnahmen bei Verletzung von Publizitätspflichten vorzusehen.[10] Die Erleichterungen für KleinstKapG durch das MicroBilG beruhen auf der Umsetzung der sog. Mirco-Richtlinie.[11]

Die Umsetzung der Transparenzrichtlinie-Änderungsrichtlinie[12] führt zu einer Verschärfung der Sanktionen bei Offenlegungsverstößen durch KM-orientierte KapGes.

---

[5]   Vgl. BT-Drs. 16/960, S. 51.
[6]   Vgl. § 70 Abs. 1, 3 EGHGB.
[7]   Art. 74 EGHGB.
[8]   RL 2003/58/EG des Europäischen Parlaments und des Rates v. 15.7.2003 zur Änderung der RL 68/151EWG des Rates in Bezug auf die Offenlegungspflichten von Gesellschaften bestimmter Rechtsformen, ABl.EG Nr. L 221, S. 13.
[9]   RL 2004/109/EG des Europäischen Parlaments und des Rates v. 15.12.2004 zur Harmonisierung der Transparenzanforderungen in Bezug auf Informationen über Emittenten, deren Wertpapiere zum Handel auf einem geregelten Markt zugelassen sind, und zur Änderung der RL 2001/34/EG, ABl.EG Nr. L 390, S. 38.
[10] Vgl. EuGH, Urteil v. 4.12.1997, Rs. C-97/96 (Daihatsu), Slg. 1997, 1–6843; EuGH, Urteil v. 29.9.1998, Rs. C-191/95 (Kommission/Deutschland), Slg. 1998, 1–5449.
[11] RL 2012/6/EU des Europäischen Parlaments und des Rates v. 14.3.2013 zur Änderung der RL 78/660/EWG des Rates über den Jahresabschluss von Gesellschaften bestimmter Rechtsformen hinsichtlich Kleinstkapitalgesellschaften, ABl.EU Nr. L 81 v. 31.03.2012, S. 3.
[12] RL 2013/50/EU des Europäischen Parlaments und des Rates v. 22.10.2013 zur Änderung der RL 2004/109/EG des Europäischen Parlaments und des Rates v. 15.12.2004 zur Harmonisierung der Transparenzanforderungen in Bezug auf Informationen über Emittenten, deren Wertpapiere zum Handel auf einem geregelten Markt zugelassen sind, der RL 2003/71/EG des Europäischen Parlaments und des Rates betreffend den Prospekt, der beim öffentlichen Angebot von Wertpapieren oder deren Zulassung zum Handel zu veröffentlichen ist, sowie der RL 2007/14/EG der Kommission mit Durchführungsbestimmungen zu bestimmten Vorschriften der RL 2004/109/EG, Abl. L 294 v. 6.11.2013, S. 13.

1.3.2 Nationale Regelungen

Das Verfahren nach § 335 HGB wird seit der Modifizierung durch das EHUG nicht mehr von den Registergerichten, sondern von einer **Bundesbehörde**, dem BfJ,[13] durchgeführt. Soweit nicht in § 335 HGB eigene Regelungen getroffen wurden, wird ergänzend auf das Verfahren nach dem Gesetz über das Verfahren in Familiensachen und den Angelegenheiten der freiwilligen Gerichtsbarkeit (FamFG) und das Verwaltungsverfahrensgesetz (VwVfG) verwiesen.

2 Normadressat

2.1 Vertretungsberechtigtes Organ (Abs. 1 Satz 1 1. Hs.)

Das Ordnungsgeldverfahren ist nach § 335 Abs. 1 Satz 1 1. Hs. HGB gegen die **Mitglieder des vertretungsberechtigten Organs** (§ 331 Rz 10 ff.) der KapG zu führen. Dies sind die Vorstandsmitglieder einer AG (§§ 76 Abs. 1, 78 Abs. 1 AktG), die Geschäftsführer einer GmbH (§ 35 Abs. 1 GmbHG), die Vorstandsmitglieder einer KGaA (§ 283 AktG), die Vorstandsmitglieder einer EG (§ 22 Abs. 1 GenG) sowie die Vorstands- bzw. Verwaltungsratsmitglieder einer SE (§§ 76 Abs. 1, 78 Abs. 1 AktG bzw. § 22 Abs. 1 SEAG).

Bei einer offenlegungspflichtigen GmbH & Co. KG ist das Ordnungsgeldverfahren gegen den bzw. die Geschäftsführer der Komplementär-GmbH zu richten.[14]

Besteht das Gesellschaftsorgan aus mehreren Mitgliedern, so kann das Verfahren gegen alle Mitglieder eröffnet werden. Die Geschäftsverteilung innerhalb des Organs ist unerheblich.[15]

2.2 Ständiger Vertreter einer Zweigniederlassung (Abs. 1 Satz 1 2. Hs.)

In den Fällen des § 335 Abs. 1 Satz 1 2. Hs. HGB treten an die Stelle der vertretungsberechtigten Organe die **ständigen Vertreter der inländischen Zweigniederlassung** (§ 13e Abs. 2 Satz 5 Nr. 3 HGB), wenn diese zum HR am Sitz der Zweigniederlassung angemeldet ist. Der Kreis dieser ständigen Vertreter umfasst Prokuristen, Generalbevollmächtigte und Handlungsbevollmächtigte mit der Befugnis, die Ges. gerichtlich und außergerichtlich zu vertreten.[16] Vor der Anmeldung verbleibt es bei § 335 Abs. 1 Satz 1 Hs. 1 HGB.

2.3 Kapitalgesellschaft (Abs. 1 Satz 2)

Nach § 335 Abs. 1 Satz 2 HGB kann das Ordnungsgeldverfahren auch gegen die **KapG** selbst durchgeführt werden, für die die gesetzlichen Vertreter die Offenlegungspflicht zu erfüllen haben. Dadurch wird es dem BfJ ermöglicht, Verfügungen im Ordnungsgeldverfahren stets an den Geschäftssitz der Ges. zuzustellen. Die **Zustellung** hat auch in diesem Fall an die gesetzlichen Vertreter zu

---

[13] www.bundesjustizamt.de.
[14] Vgl. *Müller-Helle*, in Christ/Müller-Helle, S. 174.
[15] Vgl. LG Trier, Beschluss v. 16.10.2003, 7 HK T 4/03, GmbHR 2004, S. 502.
[16] Vgl. *Sonnenschein/Weitemeyer*, in *Heymann*, HGB, 2. Aufl., § 13e Rz 13.

erfolgen.¹⁷ Diese Regelung soll die **Zustellung der Verfügung** erleichtern und sicherstellen, da nicht an die Privatadressen der Geschäftsführer und Vorstände, sondern an die leichter zu ermittelnde Geschäftsadresse zugestellt werden kann.¹⁸

11 Die Ges. wird als Adressat der Verfügung zusätzlich **materiell belastet**.¹⁹ Die gesetzlichen Vertreter können jedoch bei pflichtwidrigem Unterlassen der Veröffentlichungspflicht nach § 43 Abs. 2 GmbHG bzw. § 93 Abs. 2 AktG durch die Ges. auf Schadensersatz in Anspruch genommen werden.

12 Die Verwendung des Worts „auch" in § 335 Abs. 1 Satz 2 HGB darf dabei nicht dahin gehend verstanden werden, dass zusätzlich zu einem Verfahren gegen die gesetzlichen Vertreter ein weiteres Verfahren gegen die Ges. eingeleitet werden kann. Dies würde zu einer unverhältnismäßigen Verdopplung der Sanktion führen und widerspräche dem erklärten Ziel des Gesetzgebers.²⁰

3 Ordnungsbewehrte Pflichtverletzungen (Abs. 1 Satz 1 Nr. 1, 2)

13 Durch § 335 HGB wird der pflichtwidrige Verstoß gegen die **Veröffentlichungspflicht** nach §§ 325, 325a HGB sanktioniert. Für Kleinst-, kleine und mittelgroße KapG i.S.d. §§ 267, 267a HGB gelten nach §§ 326, 327 HGB größenabhängige Erleichterungen für die Offenlegung. Daneben können GmbH von der Regelung des § 325 Abs. 1 Satz 5 HGB Gebrauch machen.

Die notwendigen Unterlagen sind **unverzüglich nach der Vorlage an die Gesellschafter, spätestens nach Ablauf von zwölf Monaten** nach dem Stichtag des Jahresabschlusses beim Betreiber des BAnz einzureichen (§ 325 Abs. 1 HGB) und im BAnz zu veröffentlichen (§ 325 Abs. 2 HGB). Für KleinstKapG besteht ein Wahlrecht, ob sie die Offenlegungsverpflichtung durch **Offenlegung oder** durch **Hinterlegung** des Jahresabschlusses beim BAnz erfüllen.

14 **Hinweis**
Entscheidet sich die KleinstKapG für die Hinterlegung der Rechnungslegungsunterlagen, wird Dritten nur auf Antrag und gegen eine Gebühr Einsicht in diese gewährt. Die Unternehmensinformationen sind damit nicht mehr ohne weiteres für jedermann einsehbar.

15 Die Einreichungs- und Veröffentlichungsfrist beträgt im Regelfall 12 Monate (§ 325 Abs. 1 HGB). Für bestimmte KM-orientierte Unt gilt eine kürzere Frist von nur 4 Monaten (§ 325 Abs. 4 HGB). Die Frist für die Einreichung und Veröffentlichung ist dabei strikt von der Frist für die Erstellung des Jahresabschlusses nach § 264 Abs. 1 Satz 2, 3 HGB zu trennen.

---

17 Vgl. LG Bonn, Beschluss v. 16.5.2008–11 T 52/07, nrwe.de.
18 Vgl. BT-Drs. 16/2781, S. 82.
19 Vgl. *Schlauß*, DB 2007, S. 2193; *Grashoff*, DB 2006, S. 2642, der in der Ausweitung des Adressatenkreises, begründet alleine mit der erleichterten Zustellung, einen Verstoß gegen das verfassungsrechtlich geschützte Übermaßverbot sieht.
20 Ebenso *Müller-Helle*, in *Christ/Müller-Helle*, S. 175; a.A. *Schlauß*, DB 2007, S. 2194.

> **Beispiel**
> Die nicht KM-orientierte mittelgroße X-GmbH hat ein abweichendes Gj von Juni bis Mai. Der für den 31.5.15 aufzustellende Jahresabschluss ist innerhalb von 6 Monaten, also bis spätestens 30.11.15 zu erstellen. Spätestens am 31.5.16 muss der Jahresabschluss beim Betreiber des BAnz eingereicht und dort veröffentlicht werden.

16

Die Frist des § 325 Abs. 1 HBG ist **nicht verlängerbar**. Für die Einhaltung der Frist reicht aus, dass die Unterlagen **rechtzeitig beim BAnz** eingereicht werden. Dabei kommt es nicht darauf an, wann die Daten im BAnz veröffentlicht werden, ausschlaggebend ist vielmehr der Zeitpunkt der Einreichung.[21]

17

Wie § 328 Abs. 1 Nr. 2 HGB zeigt, geht das Gesetz von einer Offenlegungspflicht innerhalb der 12- bzw. 4-Monatsfrist aus, auch wenn bis dahin die entsprechenden Abschlüsse noch nicht geprüft oder festgestellt sind. Werden zur **Wahrung der Frist** der Jahresabschluss und der Lagebericht ohne die anderen erforderlichen Unterlagen eingereicht, sind der Bericht des Aufsichtsrates und der Vorschlag für die Ergebnisverwendung nach ihrem Vorliegen, die Beschlüsse nach der Beschlussfassung und der Vermerk nach der Erteilung **unverzüglich nachzureichen** (§ 325 Abs. 1 Satz 5 HGB). Bei der **sukzessiven Offenlegung** ist auf diesen Umstand hinzuweisen (§ 328 Abs. 1 Nr. 2 letzter Hs. HGB). Für Gj, die nach dem 31.12.2015 beginnen, reicht es zur Fristwahrung nicht mehr aus, dass der noch nicht festgestellte und ungeprüfte Jahresabschluss veröffentlicht wird. Mit dem BilRUG wurde § 325 HGB dahingehend geändert, dass der festgestellte Jahresabschluss, der Lagebericht und der Bestätigungs- bzw. Versagungsvermerk innerhalb der Offenlegungsfrist einzureichen sind. Eine sukzessive Offenlegung in der bisherigen Weise ist damit nicht mehr möglich.

18

4 Verschulden

Im Rahmen der Neuregelung des § 335 HGB durch das EHUG wurde die Frage offengelassen, ob für die Festsetzung des Ordnungsgelds ein **Verschulden des Betroffenen am Pflichtenverstoß** erforderlich ist. Noch im Gesetzgebungsverfahren hat der Bundesrat sich gegen ein **Verschuldenserfordernis** ausgesprochen.[22] Dieser Auffassung folgen auch Teile der Literatur.[23] Nach der Rechtsprechung ist eine schuldhafte Pflichtverletzung nur für die Ordnungsgeldfestsetzung Voraussetzung, die Androhungsverfügung kann dagegen verschuldensunabhängig ergehen.[24]

19

Maßgeblicher Zeitpunkt für die Beurteilung, ob schuldhaft gehandelt wurde, ist die Jahresfrist zur Offenlegung nach § 325 Abs. 1 Satz 2; Abs. 4 HGB; ob der Jahresabschluss in der Sechswochenfrist des § 335 Abs. 3 HGB erstellt werden

---

21 So auch das Bundesamt für Justiz auf seiner Internetseite – www.bundesjustizamt.de – unter „Fragen und Antworten zum Ordnungsgeldverfahren".
22 Vgl. BT-Drs. 16/960, S. 79.
23 Vgl. *Quedenfeld*, in MünchKomm. HGB, 3. Aufl., § 335 Rz 15; *Hucke*, in *Baetge/Kirsch/Thiele*, Bilanzrecht, § 335 Rz 26, Stand 4/2016; *de Weerth*, NZI 2008, S. 714.
24 Vgl. LG Bonn, Beschluss v. 16.9.2009, 30 T 366/09, unter Aufgabe der bisherigen Rechtsprechung zum Verschuldenserfordernis für die Androhungsverfügung.

kann, ist deshalb nicht von Bedeutung.[25] Die Unkenntnis von der Offenlegungspflicht lässt das Verschulden nicht entfallen;[26] dieser Umstand kann aber bei der Höhe des Ordnungsgelds berücksichtigt werden.[27]
Das Verschulden ist **positiv festzustellen**. Wegen des strafähnlichen Charakters des Ordnungsgelds greift eine Vermutung, wie sie in § 280 Abs. 1 Satz 2 BGB geregelt ist, nicht ein.[28] Da die Gründe für das Überschreiten der Frist i.d.R. für Dritte nicht erkennbar sind, trifft die Ges. bzw. die vertretungsberechtigten Organe die sekundäre Darlegungslast für die Umstände, die zur Fristüberschreitung geführt haben.[29] Verbleibende Zweifel wirken aber zu Gunsten des Betroffenen.[30]

20 Die Ges bzw. die vertretungsberechtigten Organe müssen sich das Verschulden von **Erfüllungsgehilfen nicht nach § 278 BGB** zurechnen lassen. Bedient sich das Unt eines z. B. StB für die Erfüllung der Offenlegungsverpflichtung und leitet dieser den Jahresabschluss über IT-Dienstleister an den BAnz, ist bei Fristüberschreitung ein etwaiges Verschulden sowohl des StB wie auch der IT-Dienstleister nicht wie eigenes Verschulden nach § 278 BGB zurechenbar.[31] Es verbleibt jedoch bei einer Überwachungspflicht des Unt, ob der beauftragte Dritte rechtzeitig die Einreichung bei dem Betreiber des BAnz veranlasst hat. Verschulden liegt damit auch vor, wenn diese Überwachungspflicht verletzt wurde.[32]

21 Am **Verschulden fehlt** es insb. **nicht** bei
- **verzögerter Erstellung** des Jahresabschlusses wegen anhängiger Rechtsstreitigkeiten oder laufender Betriebsprüfungen;[33]
- **fehlender Liquidität** für die Erstellung des Jahresabschlusses[34] – vorrangige Erfüllung anderweitiger Verpflichtungen rechtfertigen sogar die Verhängung eines erhöhten Ordnungsgelds;[35]
- **fehlender Beschlussfähigkeit** der GesV;
- **personeller Unterbesetzung oder unzureichender technischer Ausstattung** der Buchführungsabteilung;[36]
- **fehlender Zuständigkeit** des Geschäftsführers für die Offenlegung nach dem internen Geschäftsverteilungsplan der Ges.;[37]
- **Beschlagnahme** von Buchhaltungsunterlagen durch die Staatsanwaltschaft.[38]

---

[25] Vgl. LG Bonn, Beschluss v. 25.10.2007, 11 T 21/07, nrwe.de.
[26] Vgl. LG Bonn, Beschluss v. 25.10.2007, 11 T 21/07, nrwe.de.
[27] Vgl. LG Bonn, Beschluss v. 30.6.2008, 11 T 48/07, nrwe.de.
[28] Vgl. LG Bonn, Beschluss v. 16.5.2008, 11 T 52/07, nrwe.de.
[29] Vgl. LG Bonn, Beschluss v. 21.1.2011, 35 T 1158/10, nrwe.de.
[30] So auch *Waßmer*, ZIS 2011, S. 658 unter Verweis auf BVerfG 9, 167, 170.
[31] Vgl. LG Bonn, Beschluss v. 21.1.2011, 35 T 1158/10, anders noch LG Bonn, Beschluss v. 29.10.2008, 30 T 104/08, DStR 2009, S. 451 m. Anm.
[32] Vgl. LG Bonn, Beschluss v. 21.1.2011, 35 T 1158/10, www.nrwe.de.
[33] Vgl. LG Bonn, Beschluss v. 1.12.2008, 37 T 288/08, nrwe.de: § 326 Abs. 1 Satz 6 HGB regelt, dass eventuelle Änderungen des Jahresabschlusses nach Fertigstellung und Veröffentlichung einzureichen sind. Hieraus lässt sich schließen, dass die Offenlegungsverpflichtung auch die Möglichkeit von vorläufigen Jahresabschlüssen kennt.
[34] Vgl. LG Bonn, Beschluss v. 30.6.2008, 11 T 48/07, nrwe.de: Die verantwortlichen Organe müssten frühzeitig Sorge für eine rechtzeitige Zuführung von Liquidität tragen. Etwas anderes kann nach Eröffnung des Insolvenzverfahrens gelten vgl. Rz 57.
[35] Vgl. LG Bonn, Beschluss v. 6.12.2007, 11 T 11/07, nrwe.de.
[36] Vgl. LG Bonn, Beschluss v. 25.10.2007, 11 T 21/07, nrwe.de.
[37] Vgl. LG Trier, Beschluss v. 16.10.2003, 7 HK T 4/03, GmbHR 2004, S. 502.
[38] Vgl. LG Bonn, Beschluss v. 28.7.2008, 30 T 52/08, nrwe.de.

5 Empfänger des Ordnungsgelds (Abs. 1 Satz 5)

Dem BfJ entstehen bei der Verfolgung der Verstöße gegen Offenlegungsverpflichtungen beträchtliche Kosten.[39] Als Ausgleich legt § 335 Abs. 1 Satz 5 HGB fest, dass eingenommene Ordnungsgelder dem BfJ zufließen.

22

6 Durchführung des Ordnungsgeldverfahrens

6.1 Zuständigkeit

Das **BfJ** hat die Aufgabe nach § 335 Abs. 1 Satz 1 HGB, Verstöße gegen die Offenlegungspflichten aus §§ 325, 325a HGB durch Festsetzung von Ordnungsgeld zu sanktionieren. Es wird stets **von Amts wegen** tätig und muss ein Ordnungsgeldverfahren einleiten, wenn es von einem Verstoß gegen § 325 HGB erfährt. Stellt der **Betreiber des BAnz**[40] fest, dass ein Unt seiner Publikationspflicht nicht oder nicht vollständig nachgekommen ist, muss er unverzüglich das BfJ hierüber informieren (§ 339 Abs. 4 HGB). Ein Antrag eines Dritten ist hierfür nicht mehr notwendig.[41] Dieses **Meldeverfahren** läuft völlig automatisiert während des gesamten Verfahrens im Wege eines ständigen elektronischen Datenaustausches zwischen den an der Offenlegung beteiligten Stellen. Hierdurch wird es dem BfJ ermöglicht, im Ordnungsgeldverfahren zeitnah zu reagieren.

23

Die **zentrale Zuständigkeit** des BfJ gilt nach den Übergangsvorschriften erstmals für Abschlüsse für die nach dem 31.12.2005 begonnenen Gj (Art. 61 Abs. 5 Satz 1 EGHGB und § 22 Abs. 2 PublG). Für die Ahndung von Publizitätspflichtverletzungen, die **vor dem 1.1.2006 begonnene Geschäftsjahre** betreffen, verbleibt es bei dem Ordnungsgeldverfahren vor dem örtlich zuständigen **Registergericht**.[42]

24

6.2 Vorausgehende Pflichten (Abs. 1 Satz 3)

Für die Einleitung des Ordnungsgeldverfahrens ist gem. § 335 Abs. 1 Satz 3 HGB **nicht erforderlich**, dass eine der Offenlegung vorausgehende Pflicht, insbes. die Aufstellung des Jahresabschlusses oder Konzernabschlusses oder die unverzügliche Erteilung des Prüfauftrags, noch nicht erfüllt ist. Die Ahndung dieser Pflichtverletzungen kann mittelbar im Rahmen des Ordnungsgeldverfahrens erfolgen.[43]

25

---

[39] Vgl. *Grashoff*, DB 2006, S. 2642.
[40] Bundesanzeiger Verlagsgesellschaft mbH mit Sitz in Köln; www.bundesanzeiger.de.
[41] Vgl. *Schlauß*, DB 2007, S. 2192.
[42] Vgl. OLG München, Beschluss v. 18.2.2008, 31 Wx 087/07, BB 2008, S. 489; a. A. LG Bayreuth, Beschluss v. 23.7.2007, 13 KH T 2/07, nachdem für Wirtschaftsjahre mit Beginn vor dem 1.1.2006 die Zuständigkeitsvoraussetzung für die Festsetzung eines Ordnungsgelds bei Verstoß gegen die Offenlegungspflicht fehle. § 140a FGG wurde durch das EHUG ersatzlos gestrichen. Eine Übergangsregelung hat der Gesetzgeber nur für die materiell-rechtlichen Vorschriften getroffen, für die Zuständigkeitsvorschriften habe der Gesetzgeber sich dagegen nicht festgelegt. Damit fehle seit 1.1.2007 eine Ermächtigungsnorm für die Festsetzung des Ordnungsgelds für Altfälle.
[43] Vgl. hierzu auch die in der Stellungnahme des Bundesrats geäußerten Bedenken, BT-Drs. 16/960, S. 79 f.

6.3 Höhe des Ordnungsgelds (Abs. 1 Satz 4, Abs. 1a – 1c)

26 Das Ordnungsgeld beträgt **mindestens 2.500 EUR bis zu 25.000 EUR**. Für **KM-orientierte KapG** gelten für Gj, die nach dem 31.12.2014 beginnen, erhöhte Obergrenzen: Für den Zeitraum vom 10.07.2015 bis 25.11.2015 beträgt die durch das Kleinanlegerschutzgesetz eingeführte Obergrenze 250.000 EUR. Ab dem 26.11.2015 gelten die wesentlich höheren Obergrenzen, die mit dem Gesetz zur Umsetzung der Transparenzrichtlinie-Änderungsrichtlinie eingeführt wurden. Erfolgt die Androhung ggü. einer KM-orientierten KapG, bestimmt sich die Obergrenze mit dem höheren Wert aus folgenden Beträgen: **10 Mio. EUR oder 5 % des jährlichen Gesamtumsatzes oder das Zweifache des aus der unterlassenen Offenlegung gezogenen wirtschaftlichen Vorteils**. Wie die Ermittlung des maßgeblichen Gesamtumsatzes zu erfolgen hat, legt Abs. 1b fest. Bei einer Androhung gegen ein **Mitglied des Vertretungsorgans** der KM-orientierten KapG ergibt sich die Obergrenze aus dem höheren Betrag von entweder **2 Mio. EUR oder dem Zweifachen des aus der unterlassenen Offenlegung gezogenen Vorteils**.

Innerhalb dieser Grenzen steht d. H. d. Ordnungsgelds **im Ermessen des BfJ**; hierbei sind nach Abs. 1c frühere Verstöße zu berücksichtigen. Daneben kann die wirtschaftliche Bedeutung der Offenlegung für ein Ordnungsgeld im oberen gesetzlichen Rahmen sprechen.[44]

6.4 Informationspflicht (Abs. 1d)

27 Das BfJ hat die **BaFin** unverzüglich über die Höhe des Ordnungsgeldes gegen KM-orientierte KapG oder einem Mitglied ihrer Vertretungsorgane und ggf. über die Umstände des Beschwerdeverfahrens und dessen Ausgang zu unterrichten.

6.5 Verfahrensgrundsätze (Abs. 2 Sätze 1, 2)

28 Nach § 335 Abs. 2 Satz 2 HGB ist das Ordnungsgeldverfahren ein **Justizverwaltungsverfahren** i. S. d. § 23 Abs. 1 EGGVG. Das Verfahren richtet sich gem. § 335 Abs. 2 Satz 1 HGB in weiten Teilen nach den Regelungen des **Gesetzes über das Verfahren in Familiensachen und in den Angelegenheiten der freiwilligen Gerichtsbarkeit (FamFG)**[45] sowie nach den Regelungen des **Verwaltungsverfahrensgesetzes (VwVfG)**. Der Verweis auf FamFG-Regelungen umfasst die Bekanntmachung der Verfügung (§ 15 FamFG), die Berechnung der Fristen (§ 16 FamFG mit Verweis auf §§ 187, 188 BGB), den Antrag und die Entscheidung über die Wiedereinsetzung in den vorherigen Stand (§ 17–19 FamFG), die Wirksamkeit der Verfügung (§ 40 FamFG), die Androhung und Festsetzung des Zwangsgelds (§§ 388 Abs. 1, 389 Abs. 3 FamFG) und das Verfahren bei Einspruch (§ 390 Abs. 2–6 FamFG). Das VwVfG findet Anwendung im Hinblick auf die Beteiligungsfähigkeit (§ 11 Nr. 1 und 2 VwVfG), die Handlungsfähigkeit (§ 12 Abs. 1 Nr. 1–3, Abs. 2 und 3 VwVfG), die Bevollmächtigten,

---

[44] Vgl. *Müller-Helle*, in *Christ/Müller-Helle*, S. 176; *Wenzel*, BB 2008, S. 769.
[45] Durch das FGG-Reformgesetz v. 17.12.2009 wurde die Vorschrift des § 335 HGB angepasst. Mit Wirkung zum 1.9.2009 wurden die Verweiskette sowie die Terminologien des FGG durch das FamFG ersetzt.

Beistände und Empfangsbevollmächtigten (§§ 14, 15, 20 Abs. 1 und 3 VwVfG), die Besorgnis der Befangenheit (§ 21 Abs. 1 VwVfG), die Amtssprache (§ 23 VwVfG – deutsch) und die Beweismittel (§ 26 VwVfG).

6.6 Erweiterung der Vertretungsbefugnis (Abs. 2 Satz 3)

§ 335 Abs. 2 Satz 3 HGB enthält eine Sonderregelung für die Vertretung der Beteiligten im Ordnungsgeldverfahren. Zur Vertretung sind danach auch befugt: 29
- WP,
- vBp,
- StB,
- Steuerbevollmächtigte,
- Personen und Vereinigungen i.S.d. § 3 Nr. 4 StBerG[46] und
- Ges. i.S.d. § 3 Nr. 2, Nr. 3 StBerG: Partnerschafts-, Steuerberatungs-, Wirtschaftsprüfungs- und Buchprüfungsgesellschaften, die durch Personen i.S.d. § 3 Nr. 1 StBerG wie StB, Steuerbevollmächtigte, RA, niedergelassene europäische RA, WP und vBp handeln.

Gerade diese Berufsstände sind mit den bilanziellen Angelegenheiten der publizitätspflichtigen Unt betraut. Die Vertretungsbefugnis folgt damit den Erfahrungen aus der Praxis.[47]

6.7 Elektronische Aktenführung und Kommunikation (Abs. 2a)

Für die elektronische Aktenführung und Kommunikation verweist § 335 Abs. 2a 30
HGB auf die Regelungen des **Ordnungswidrigkeitengesetzes** (OWiG). Der Verweis umfasst die Erstellung und Einreichung formgebundener und anderer elektronischer Dokumente (§ 110a Abs. 1 OWiG), die elektronische Aktenführung (§ 110b Abs. 1 Satz 1, Abs. 2–4 OWiG), die Erstellung elektronischer Dokumente durch Behörden und Gerichte (§ 110c Abs. 1 OWiG) sowie den Aktenausdruck, die Akteneinsicht und die Aktenübersendung (§ 110d OWiG). Daneben werden **Ermächtigungen zum Erlass von Rechtsverordnungen** erteilt hinsichtlich des Zeitpunkts, von dem an elektronische Dokumente bei den Behörden und Gerichten eingereicht werden können, sowie der für die Bearbeitung der Dokumente geeigneten Form (§ 110a Abs. 2 Satz 1 OWiG), der Beschränkung der Zulassung der elektronischen Form auf einzelne Behörden, Gerichte oder Verfahren (§ 110a Abs. 2 Satz 3 OWiG), des Zeitpunkts, von dem an die Akten elektronisch geführt werden oder im behördlichen Verfahren geführt werden können sowie der hierfür geltenden **organisatorisch-technischen Rahmenbedingungen** für die Bildung, Führung und Aufbewahrung der elektronisch geführten Akten (§ 110b Abs. 1 Satz 2 OWiG) und der Beschränkung der Zulassung der elektronischen Aktenführung auf einzelne Behörden, Gerichte oder Verfahren (§ 110b Abs. 1 Satz 4 OWiG).

---

[46] Zwischenzeitlich aufgehoben durch das 8. Gesetz zur Änderung des Steuerberatungsgesetzes v. 8.4.2008, BGBl 2008 I S. 666.
[47] Vgl. BT-Drs. 16/2781, S. 82.

6.8 Androhung des Ordnungsgelds (Abs. 3 Satz 1)

31 Das Ordnungsgeldverfahren beginnt mit der Androhung eines Ordnungsgelds durch das BfJ verbunden mit der Aufforderung, der gesetzlichen Offenlegungsverpflichtung nach § 325 HGB innerhalb einer Frist von sechs Wochen ab Zugang der Androhung nachzukommen.

6.8.1 Inhaltliche Anforderungen

6.8.1.1 Bezeichnung der Verpflichtung

32 Um einerseits die europakonforme Richtlinienumsetzung hinsichtlich der Durchsetzung der Offenlegung gewährleisten zu können und andererseits die Interessen des von der Androhung Betroffenen ausreichend zu berücksichtigen, ist für die Bestimmtheit der Androhung ausreichend, wenn sie die Anforderung „der in § 325 HGB genannten Rechnungslegungsunterlagen" unter Angabe des Abschlussstichtags enthält, wie dies auch derzeit vom BfJ praktiziert wird. Eine Einzelaufstellung der offenzulegenden Unterlagen ist nicht erforderlich.[48]

6.8.1.2 Fristsetzung

33 In der Androhung muss auf die gesetzliche **Sechswochenfrist** hingewiesen werden.

6.8.1.3 Einspruch

34 Das BfJ muss darauf hinweisen, dass gegen die Androhung innerhalb der Sechswochenfrist Einspruch erhoben werden kann.

6.8.1.4 Betragsmäßige Angabe des Ordnungsgelds

35 Der Betrag des angedrohten Ordnungsgelds muss sich aus der Androhung ergeben. Die Angabe des gesetzlichen Rahmens ist nicht ausreichend. Wird das Ordnungsgeld nicht beziffert, liegt keine Androhung i. S. d. § 335 Abs. 3 Satz 1 HGB vor. Ein **Einspruch** ist in diesem Fall **nicht statthaft**, aber mangels rechtswirksamer Verfügung auch nicht notwendig.

6.8.2 Verfahrenskosten

36 Zugleich mit der Androhung werden dem Adressaten die Verfahrenskosten[49] zuzüglich Auslagen[50] auferlegt. Die Verfahrenskosten sind auch dann zu tragen, wenn die Offenlegung innerhalb der Sechswochenfrist nachgeholt wird. Erfolgt die Androhung gegen mehrere Mitglieder des vertretungsberechtigten Organs gleichzeitig, entstehen die Verfahrenskosten für jede Androhung gesondert.

---

[48] Im Ergebnis auch *Noak*, Unternehmenspublizität, S. 95.
[49] § 335 Abs. 3 HGB, Nr. 600 des Gebührenverzeichnisses der Justizverwaltungskostenordnung (JVKostO): 50 EUR; ab 1.8.2013: Nr. 1.200 des Kostenverzeichnisses des Justizverwaltungskostengesetzes (JVKostG): 100 EUR.
[50] § 5 JVKostO i. V. m. § 137 Abs. 1 Nr. 2 KostO; ab 1.8.2013: Nr. 9002 des Kostenverzeichnisses des Gerichtskostengesetzes (GKG).

6.9 Einspruchsverfahren

6.9.1 Zulässigkeit

Der Adressat des Ordnungsgeldverfahrens hat nach § 335 Abs. 3 Satz 1 HGB die Möglichkeit das Unterlassen der Offenlegung im Einspruchsverfahren zu rechtfertigen. Der Einspruch kann auf Einwendungen gegen die Kostenentscheidung beschränkt werden (§ 335 Abs. 3 Satz 3 HGB). Über die Zulässigkeit und Begründetheit des Einspruchs entscheidet das BfJ. 37

Der Einspruch ist innerhalb **der Sechswochenfrist schriftlich** oder zur Niederschrift der Geschäftsstelle beim BfJ als Ausgangsbehörde einzulegen. Eine Begründung des Einspruchs ist für dessen **Zulässigkeit** nicht erforderlich.[51] Ohne Begründung hat das BfJ nach § 390 Abs. 1 FamFG die Beteiligten zu hören, sofern der Einspruch sich nicht ohne Weiteres als begründet ergibt. Sofern die Beteiligten an der Anhörung nicht teilnehmen, kann eine Entscheidung nach Sachlage getroffen werden (§ 390 Abs. 2 FamFG). Für die Praxis ist daher zu empfehlen, eine Begründung einzureichen, um dem BfJ die Rechtsansicht des Beteiligten zu erläutern und dadurch das Verfahren zu beschleunigen. 38

6.9.2 Begründetheit

Die Androhung des Ordnungsgelds sowie die Kostenfestsetzung sind aufzuheben, wenn der Einspruch **begründet** ist (§ 390 Abs. 3 FamFG). 39
Ist der Einspruch nicht begründet, so ist dieser zu verwerfen und das angedrohte Ordnungsgeld nach Ablauf der Sechswochenfrist festzusetzen.[52] Das BfJ hat in diesem Fall zugleich eine **erneute Ordnungsgeldandrohung** auszusprechen, wenn die Offenlegung zu diesem Zeitpunkt noch nicht erfolgt ist. Dabei ist § 390 Abs. 5 FamFG zu beachten, so dass die Frist von sechs Wochen erst mit Eintritt der Rechtskraft der Verwerfung des Einspruchs zu laufen beginnt.[53]
Sofern die Umstände es rechtfertigen, kann das BfJ von der Festsetzung eines Ordnungsgelds **absehen** oder das Ordnungsgeld **geringer festsetzen** als ursprünglich angedroht (§ 390 Abs. 4 Satz 2 FamFG). Die Entscheidung hierüber liegt im Ermessen des BfJ.

6.9.3 Keine aufschiebende Wirkung des Einspruchs

Der Einspruch hat nach § 335 Abs. 3 Satz 4 HGB **keine aufschiebende Wirkung**, d.h., durch die Einlegung des Einspruchs gegen die Ordnungsgeldandrohung kann der Ablauf der Sechswochenfrist nicht gehemmt werden. Nach Ablauf der Sechs-Wochenfrist kann das Ordnungsgeld unabhängig davon festgesetzt werden, ob über den Einspruch bereits entschieden worden ist. Die Frist 40

---

[51] Vgl. *Bumiller/Winkler*, Freiwillige Gerichtsbarkeit, 8. Aufl., § 132 Rz 33.
[52] § 390 Abs. 4 FamFG geht zwar von einer einheitlichen Entscheidung aus, mit der Einspruch verworfen und das Ordnungsgeld festgesetzt wird, nach § 335 Abs. 2 Satz 1 HGB ist das FamFG aber nur „nach Maßgabe der nachfolgenden Absätze entsprechend anzuwenden", sodass der Ablauf der Sechswochenfrist als Voraussetzung der Festsetzung weiter zu beachten ist. Ebenso *Wenzel*, BB 2008, S. 772.
[53] Vgl. LG Bonn, Beschluss v. 8.2.2011, 31 T 791/10, nrwe.de; Gleiches gilt für einen nicht offensichtlich unzulässigen Einspruch, LG Bonn, Beschluss v. 11.2.2011, 31 T 951/10, nrwe.de.

zur Offenlegung lässt sich durch die Einlegung eines Einspruchs daher nicht zeitlich strecken.[54] Dies gilt ebenso für die Zahlungsverpflichtung hinsichtlich der Verfahrenskosten.

6.10 Festsetzung des Ordnungsgelds (Abs. 4)

6.10.1 Keine Offenlegung und keine Rechtfertigung innerhalb der Sechswochenfrist

41 Wird die Offenlegung nicht innerhalb der Sechswochenfrist nach Androhung des Ordnungsgelds nachgeholt oder die Unterlassung mittels Einspruch gerechtfertigt, wird das Ordnungsgeld durch das BfJ festgesetzt. Durch die Ordnungsgeldfestsetzung erledigt sich das **Ordnungsgeldverfahren** nicht, vielmehr wird mit der Festsetzung die frühere Verfügung unter Androhung eines weiteren und regelmäßig höheren Ordnungsgelds **wiederholt** und mit der Festsetzung des Ordnungsgelds verbunden (§ 335 Abs. 4 Satz 1 HGB). Das Verfahren kann solange fortgesetzt werden, bis das Unt bzw. die gesetzlichen Vertreter die Offenlegungsverpflichtung erfüllen oder die Nichterfüllung rechtfertigen. Ein **Freikaufen** von der Offenlegung ist daher nicht möglich. Die Festsetzung ist auch dann noch zulässig, wenn die Offenlegung zwar verspätet, aber noch vor der Festsetzung erfolgt.[55]

Bei wiederholter Festsetzung eines Ordnungsgelds sind die gesetzlichen Grenzen des § 335 Abs. 1 Satz 4 und Abs. 1a HGB für jede Androhung gesondert anzuwenden. Insgesamt können daher Ordnungsgelder über den gesetzlichen Obergrenzen festgesetzt werden.

6.10.2 Herabsetzung des Ordnungsgelds

42 Mit der Neuregelung des Ordnungsgeldverfahrens durch das Gesetz zur Änderung des HGB wurde die Verpflichtung zur Absenkung des Ordnungsgeldes nach verspäteter Offenlegung in bestimmten Fällen eingeführt.[56] Bei einer **Offenlegung nach der Sechswochenfrist** hat das BfJ das Ordnungsgeld nach § 335 Abs. 4 Satz 2 HGB wie folgt herabzusetzen:
- bei Hinterlegung nach § 326 Abs. 2 HGB durch eine KleinstKapG auf 500 EUR (Nr. 1),
- bei kleinen KapG auf 1.000 EUR (Nr. 2),
- bei Ges,. die keine Kleinst- oder kleine KapG ist, auf 2.500 EUR, wenn ein höheres Zwangsgeld angedroht wurde (Nr. 3) oder
- jeweils auf einen geringeren Betrag, wenn die Sechswochenfrist nur geringfügig überschritten wurde (Nr. 4).

---

[54] A. A. *Wenzel*, BB 2008, S. 771: Wurde ein zulässiger Einspruch eingelegt, könne das Bundesamt für Justiz ein Ordnungsgeld nur dann festsetzen, wenn es zuvor über die Begründetheit des Einspruchs entschieden habe, da das Nichteinlegen eines Einspruchs Voraussetzung für die Festsetzung des Ordnungsgelds sei. Insoweit führe der Einspruch zumindest faktisch zu einer aufschiebenden Wirkung.
[55] Vgl. BVerfG, Beschluss v. 11.3.2009, 1 BvR 3413/08.
[56] Zur Altfassung vgl. 3. Aufl. Rz 35 ff.

Eine geringfügige Überschreitung der Sechswochenfrist liegt regelmäßig nur bei 43
einer **Fristüberschreitung von höchstens zwei Wochen** vor.[57] Im Rahmen der
Herabsetzung gem. Abs. 4 Satz 2 Nr. 4 ist eine Unterschreitung der jeweiligen
gesetzlichen Mindestbeträge von 500 EUR/1.000 EUR/2.500 EUR möglich.[58]
Liegt einer der Herabsetzungsgründe vor, besteht ein Anspruch auf die Herabsetzung. Ein Ermessensspielraum besteht aber hinsichtlich der Höhe der Herabsetzung.

Ein **Erlass** oder eine über die gesetzliche Regelung hinausgehende Herabsetzung 44
des Ordnungsgelds aus Billigkeitsgesichtspunkten ist nicht möglich.[59]

6.10.3 Änderungsbefugnis

Eine einmal getroffene Ordnungsgeldfestsetzung kann vom BfJ außerhalb eines 45
Rechtsbehelfsverfahrens nicht mehr geändert werden. Dies gilt unabhängig
davon, ob die Änderung zugunsten oder zulasten des Adressaten ergeht.[60]

6.10.4 Unzureichende Offenlegung innerhalb der Sechswochenfrist

Erfolgt die Offenlegung innerhalb von sechs Wochen nach der Androhung nur 46
unzureichend, wird die gesetzliche Verpflichtung des § 325 HGB nicht erfüllt
und es liegen grds. die Voraussetzungen für die Festsetzung des Ordnungsgelds
vor. Zur ausreichenden **Gewährung des rechtlichen Gehörs** muss in diesem Fall
vor Erlass der Ordnungsgeldfestsetzung eine Mitteilung an den Betroffenen
erfolgen, dass die Offenlegung als nicht ausreichend erachtet wird.[61]

Das BfJ hat sich im Rahmen des § 335 HGB auf die Prüfung der Vollständigkeit 47
und Vollzähligkeit der Unterlagen zu beschränken.[62] Ein inhaltlicher bzw.
formeller Mangel führt selbst bei Veröffentlichung eines nichtigen Jahresabschluss nicht zu einer Verletzung der Offenlegungspflicht.[63]

6.11 Wiedereinsetzung in den vorherigen Stand (Abs. 5)

Der durch das Gesetz zur Änderung des Handelsgesetzbuchs neu eingefügte 48
Abs. 5 regelt die Wiedereinsetzung in den vorherigen Stand im Ordnungsgeldverfahren. Hiernach ist demjenigen, der ohne Verschulden gehindert war, die
Sechswochenfrist nach Abs. 4 einzuhalten, auf Antrag Wiedereinsetzung in den
vorherigen Stand zu gewähren.

6.11.1 Verschulden

Abweichend vom Verschulden als Voraussetzung der Festsetzung des Ord- 49
nungsgelds (Rz 19 ff.) – maßgeblicher Zeitpunkt ist hier die Jahresfrist zur
Offenlegung nach § 325 HGB (Rz 19) – ist für das Verschulden im Wiedereinsetzungsverfahren auf den Ablauf der Sechswochenfrist abzustellen. Nur

---

57 Vgl. LG Bonn, Beschluss v. 20.1.2010, 31 T 1398/09, nrwe.de.
58 Vgl. BT Drs 17/13221 S. 7.
59 Vgl. BVerfG, Beschluss v. 1.2.2011, 2 BvR 1236/10, GmbHR 2011, S. 528.
60 Vgl. LG Bonn, Beschluss v. 24.3.2009, 30 T 658/08, nrwe.de.
61 Vgl. *Wenzel*, BB 2008, S. 772.
62 Vgl. BayObLG NJW-RR 2000, 1350.
63 Vgl. LG Bonn, Beschluss v. 15.03.2013, 37 T 730/12, nrwe.de.

wenn den Beteiligten zu diesem Zeitpunkt kein Verschulden an der unterbliebenen Offenlegung trifft, ist Wiedereinsetzung in den vorherigen Stand zu gewähren.

50 Der Begriff des Verschuldens wird im Gesetz nicht definiert. Aufgrund der bisher ergangen Rechtsprechung zum Verschuldensbegriff im Ordnungsgeldverfahren wird auch für die Wiedereinsetzung in den vorherigen Stand ein restriktiver Maßstab für fehlendes Verschulden angewandt werden.

51
> **Beispiel**
> Eine unverschuldete Versäumnis der Sechswochenfrist liegt vor
> – bei schwerer Erkrankung oder Tod des Alleingeschäftsführers,
> – bei Verlust von Rechnungs- oder Buchführungsunterlagen infolge von Naturereignissen oder Bränden und
> – in Fällen, in denen Dritte – wie ehemalige Geschäftsführer oder Vorstandsmitglieder – die in ihrem Besitz befindlichen Rechnungslegungsunterlagen nicht an die Ges herausgeben und es so verhindern, dass Rechnungslegungsunterlagen erstellt oder offengelegt werden.

52
> **Hinweis**
> Für die vom Juni-Hochwasser 2013 betroffenen Unt hat das BfJ bereits vor Inkrafttreten des § 335 Abs. 5 HGB angekündigt, dass zwar keine Fristverlängerungen gewährt werden können, aber ein entsprechender Hinweis an das BfJ im Rahmen von Einwendungen berücksichtigt wird. Diese Fälle können für Abschlussstichtage, die nach dem 31.12.2012 liegen, durch Wiedereinsetzung in den vorherigen Stand sachgerecht gelöst werden.

53 Anders als bei der Ordnungsgeldfestsetzung muss sich der Beteiligte das Verschulden eines Vertreters nach § 335 Abs. 5 Satz 2 HGB zurechnen lassen. Eine wirksame Vertretung setzt dabei entweder gesetzliche Vertretungsmacht oder rechtsgeschäftlich erteilte Vollmacht voraus (§§ 164, 167 BGB). Das Verschulden einer Hilfsperson, z.B. eines Boten, kann dem Beteiligten dagegen nicht zugerechnet werden, soweit er seiner Auswahl- und Überwachungspflicht nachgekommen ist.

54 Bei fehlerhafter oder fehlender Rechtsbehelfsbelehrung gilt die gesetzliche Vermutung des fehlenden Verschuldens (§ 335 Abs. 5 Satz 3 HGB).

6.11.2 Antrag, Antrags- und Handlungsfrist

55 Der Antrag auf Wiedereinsetzung ist **innerhalb von zwei Wochen nach Wegfall des Hindernisses schriftlich** beim BfJ zu stellen.

56 Die **Glaubhaftmachung** der Tatsachen zur Begründung der Wiedereinsetzung kann im Antrag oder auch noch im Verfahren über den Antrag erfolgen. Glaubhaftmachung bedeutet dabei ein herabgesetztes Beweismaß, so dass die Vermittlung der überwiegenden Wahrscheinlichkeit der behaupteten Tatsache ausreicht. Geeignetes Mittel ist hierbei die Versicherung an Eides statt.[64]

---

[64] Siehe § 31 FamFG.

Innerhalb von sechs Wochen nach Wegfall des Hindernisses ist die versäumte 57
Handlung nachzuholen; es ist also Einspruch einzulegen oder der gesetzlichen
Verpflichtung zur Offenlegung nachzukommen.

6.11.3 Ausschluss und Anfechtbarkeit der Wiedereinsetzung

Bei Vorliegen der Voraussetzungen der Wiedereinsetzung besteht **kein Ermes-** 58
sen des BfJ. Der Beteiligte hat in diesem Fall einen Anspruch auf Wiedereinsetzung in den vorherigen Stand. Wurde jedoch innerhalb eines Jahrs seit Ablauf der Sechswochenfrist nach Abs. 4 weder Wiedereinsetzung beantragt noch die versäumte Handlung nachgeholt, ist eine Wiedereinsetzung ausgeschlossen.

> **Hinweis** 59
> Aufgrund der teilweise sehr langen Verfahrensdauern beim BfJ kann es vorkommen, dass das Ordnungsgeld erst über ein Jahr nach Ablauf der Sechswochenfrist festgesetzt wird. In diesen Fällen ist eine Wiedereinsetzung in den vorherigen Stand nicht mehr möglich. Es sollte in derartigen Fällen daher auch ohne eine Festsetzung des Ordnungsgelds die Wiedereinsetzung beantragt werden.

Eine einmal erfolgte Wiedereinsetzung ist nicht anfechtbar. 60

6.11.4 Präklusion

Wurde die Wiedereinsetzung nicht beantragt oder ist die Ablehnung der Wiedereinsetzung bestandskräftig geworden, können die Beteiligten im Beschwerdeverfahren nach § 335a Abs. 1 HGB nicht mehr vorbringen, dass es ihnen unverschuldet nicht möglich war, die Sechswochenfrist zu wahren. 61

7 Feststellung der Größenklasse im Einspruchsverfahren (Abs. 6)[65]

Liegen dem BfJ im Rahmen eines Verfahrens, in dem Einspruch eingelegt wurde, 62
keine ausreichenden Anhaltspunkte dafür vor, wie die betroffene Ges. in die Größenklassen nach § 267 Abs. 1, 2 oder 3 HGB oder des § 267a HGB einzustufen ist, müssen **Unterlagen zum Nachweis der Größenklasse** eingereicht werden. Das BfJ hat in diesem Fall nach § 335 Abs. 6 HGB die Organmitglieder der Ges., die Ges. selbst oder die ständigen Vertreter aufzufordern, Angaben zur Bilanzsumme nach Abzug eines auf der Aktivseite ausgewiesenen Fehlbetrags (§ 268 Abs. 3 HGB), zu den Umsatzerlösen in den ersten zwölf Monaten vor dem Abschlussstichtag (§ 227 Abs. 1 HGB) und die durchschnittliche Arbeitnehmerzahl (§ 267 Abs. 5 HGB) für das vom Ordnungsgeldverfahren betroffene Gj sowie für die Gj, die für die Größenklasseneinstufung erforderlich sind, anzugeben. Macht das betroffene Unt innerhalb der Sechswochenfrist keine der angeforderten Angaben, besteht für das weitere Verfahren die **gesetzliche Vermutung**, dass die Erleichterungen für Kleinst-, kleine und mittelgroße Ges. nach

---

[65] § 335 Abs. 6 HGB ersetzt § 140a Abs. 3 FGG. Die beiden Normen sind dabei weitgehend deckungsgleich (BT-Drs. 16/2781, S. 83).

den §§ 326 und 327 HGB nicht in Anspruch genommen werden können (§ 335 Abs. 6 Satz 2 HGB). Die Ges. muss sich in diesem Fall wie eine große KapG behandeln lassen. Für den Konzernabschluss gilt hinsichtlich der größenabhängigen Befreiungen nach § 293 HGB Entsprechendes.

8 Vollstreckung

63 Für die Beitreibung **offener Forderungen aus Ordnungsgeldverfahren** ist die **Justizbeitreibungsstelle** zuständig. Aufgrund der Regelungen der Justizbeitreibungsordnung (JBeitrO) stehen der Justizbeitreibungsstelle **alle gesetzlichen Zwangsvollstreckungsmittel** zur Verfügung.
In der Praxis fordert die Justizbeitreibungsstelle vor der Einleitung der Zwangsvollstreckung durch Zahlungserinnerung zum Ausgleich der rückständigen Forderung innerhalb einer zweiwöchigen Nachfrist auf. Bei ungenutztem Fristablauf wird die Zwangsvollstreckung eingeleitet.

64
> **Hinweis**
> Für die vom Juni-Hochwasser 2013 betroffenen Unt hat das BfJ darauf hingewiesen, dass auf schriftlichen Antrag zeitlich befristete Stundungen gewährt werden können.

9 Sonderfall: Insolvenz

9.1 Grundlagen

65 Nach § 155 Abs. 1 Satz 1 InsO bleiben **die handels- und steuerrechtlichen Pflichten** des Schuldners zur Buchführung und zur Rechnungslegung in der Insolvenz **unberührt**. Für die Insolvenzmasse trifft die Rechnungslegungspflicht nach § 155 Abs. 1 Satz 2 InsO den Insolvenzverwalter sowohl bei Fortführung wie auch bei Schließung des Betriebs. Damit ist der Insolvenzverwalter regelmäßig verpflichtet, die Handelsbücher zu führen (§ 239 HGB), den Jahresabschluss aufzustellen (§ 242 HGB), die Ansatz- und Bewertungsvorschriften zu beachten (§§ 246 ff., 252 ff. HGB) und bei bestehender Prüfungspflicht[66] einen AP mit der Prüfung des Jahresabschlusses zu beauftragen (§ 316 HGB).[67] Nach hM[68] treffen den Insolvenzverwalter diese Pflichten nach Eröffnung des Insolvenzverfahrens auch für den Zeitraum vor der Eröffnung.

9.2 Publizitätsverpflichtung des Insolvenzverwalters

66 Die Verpflichtung nach § 325 Abs. 1 Satz 1 HGB zur Offenlegung des Jahresabschlusses trifft originär die gesetzlichen Vertreter der KapG, nicht den **Insolvenzverwalter**, der nicht allgemeiner Vertreter des Schuldners ist.[69] Nach § 155

---

[66] Zu einer möglichen Befreiung von der Prüfung des Jahresabschlusses in Analogie zu § 71 Abs. 3 Satz 1 GmbHG, den §§ 270 Abs. 3 Satz 1, 278 Abs. 3 AktG vgl. *Grashoff*, NZI 2008, S. 68 sowie OLG München, Beschluss v. 9.1.2008, 31 Wx 066/07.
[67] Vgl. *Stollenwerk/Krieg*, GmbHR 2008, S. 577.
[68] Vgl. *Stollenwerk/Krieg*, GmbHR 2008, S. 577 mwN.
[69] Vgl. LG Frankfurt am Main, ZIP 2007, S. 2325.

Abs. 1 und 2 Satz 2 InsO wird dem Insolvenzverwalter die Verpflichtung für die Offenlegung der Jahresabschlüsse jedoch zugewiesen, soweit sie die Insolvenzmasse betreffen. Die Offenlegungspflicht ist damit eine Annex der Rechnungslegungspflicht und vom Insolvenzverwalter zu erfüllen.[70]

Auf die **Befreiung von der Offenlegungspflicht** kann sich der Insolvenzverwalter aufgrund der **Annexfunktion** berufen, wenn keine Verpflichtung besteht, den Jahresabschluss der insolventen Gesellschaft selbst aufzustellen. Dies kann z. B. der Fall sein, wenn es sich um ein massearmes **Insolvenzverfahren** oder ein Verfahren, in dem keine oder nur unzureichende Buchhaltungsunterlagen vorhanden sind, handelt und es dem **Insolvenzverwalter** nicht zuzumuten ist, seiner Verpflichtung zur Rechnungslegung und Offenlegung nachzukommen.[71]

Nach Auffassung des BfJ wird das Ordnungsgeldverfahren nicht mehr weiter verfolgt, wenn das Insolvenzverfahren mangels Masse eingestellt oder die Masseverbindlichkeit angezeigt, oder der Antrag auf Insolvenzeröffnung mangels Masse abgewiesen wird. Im Rahmen des Einspruchsverfahrens sind die Gründe für die **Entbindung von der Offenlegungspflicht** vorzutragen und nachzuweisen.

9.3 Sanktionen nach § 335 HGB in der Insolvenz

9.3.1 Ordnungsgeldverfahren gegen den Insolvenzverwalter

Nach § 335 Abs. 1 HGB kann das Ordnungsgeldverfahren gegen die Mitglieder des vertretungsberechtigten Organs der KapG oder auch die KapG selbst durchgeführt werden. 67

Durch das Insolvenzverfahren wird der Insolvenzverwalter nicht zum Mitglied des vertretungsberechtigten Organs; er hat nach § 80 Abs. 1 InsO lediglich die Verwaltungs- und Verfügungsbefugnis inne und nimmt dabei seine Aufgaben im eigenen Namen, aber mit Wirkung für und gegen die Insolvenzmasse wahr.[72] Dem Wortlaut nach ist der Anwendungsbereich des § 335 HGB für den Insolvenzverwalter nicht eröffnet.[73] Gegen den Insolvenzverwalter selbst kann daher mangels gesetzlicher Grundlage kein Ordnungsgeldverfahren eingeleitet werden.[74]

Die **Verpflichtung des Insolvenzverwalters** zur Aufstellung und Veröffentlichung des Jahresabschlusses aus § 155 Abs. 1 Satz 2 InsO kann daher vom BfJ gegenüber dem Insolvenzverwalter nicht erzwungen werden.[75] 68

Der Insolvenzverwalter unterliegt jedoch der **Kontrolle des Insolvenzgerichts**. Nach § 58 Abs. 2 InsO kann das Insolvenzgericht gegen den Insolvenzverwalter im Fall der pflichtwidrigen Unterlassung der Offenlegung ein Zwangsgeld festsetzen. Daneben macht sich der Insolvenzverwalter nach § 60 InsO schadensersatzpflichtig, wenn er die Offenlegung des Jahresabschlusses pflichtwidrig versäumt. 69

---

70 Vgl. *Pink/Fluhme*, ZInsO 2008, S. 818.
71 Vgl. *Pink/Fluhme*, ZInsO 2008, S. 819 – Eine Befreiung von der Offenlegung in Analogie zu § 71 Abs. 3 Satz 1 GmbHG, den §§ 270 Abs. 3 Satz 1, 278 Abs. 3 AktG ist mangels Regelungslücke nicht möglich; vgl. *Grashoff*, NZI 2008, S. 68.
72 St. Rspr. – vgl. nur BGH, Beschluss v. 27.10.1983, I ARZ 334/83, BGHZ 88, S. 331.
73 So das Bundesamt für Justiz auf seiner Internetseite – www.bundesjustizamt.de – unter „Fragen und Antworten zum Ordnungsgeldverfahren"; ebenso *Schlauß*, BB 2008, S. 938; a. A. *de Weerth*, NZI 2008, S. 714.
74 Ebenso *Maus*, ZInsO 2008, S. 9; a. A. *de Weerth*, NIZ 2008, S. 14.
75 Vgl. *Stollenwerk/Kurpat*, BB 2009, S. 153.

9.3.2 Ordnungsgeldverfahren gegen die gesetzlichen Vertreter

70 Nach hM[76] ändert die Eröffnung des Insolvenzverfahrens nichts an der Rechtsnatur der Schuldnerin und an der Organstellung innerhalb der KapG. Da die Insolvenzgesellschaft nach § 155 Abs. 1 Satz 1 InsO weiterhin zur handelsrechtlichen Rechnungslegung verpflichtet ist, haben ihre weiterhin im Amt befindlichen gesetzlichen Vertreter den Jahresabschluss für diese nach § 325 Abs. 1 und 2 HGB offenzulegen.[77]

Daneben regelt § 155 Abs. 2 Satz 2 InsO eine **eigene Verpflichtung** des Insolvenzverwalters **zur Offenlegung** in Bezug auf die Insolvenzmasse. Beide Pflichten stehen damit nebeneinander, auch wenn der Insolvenzverwalter bei Erfüllung seiner Verpflichtung nach § 155 Abs. 2 Satz 2 InsO auch die Pflicht nach § 325 HGB erfüllt. Stehen der Insolvenzges. aufgrund des Insolvenzbeschlags nach §§ 35, 80 InsO keine Rücklagen zur Aufbringung der Rechnungs- und Offenlegungskosten mehr zur Verfügung, ist die Unterlassung der Offenlegung nicht verschuldet; die im Amt befindlichen gesetzlichen Vertreter sind nicht verpflichtet, die Erfüllung der Offenlegungspflicht aus ihrem Privatvermögen zu finanzieren.[78]

Die **Offenlegungspflicht** durch die gesetzlichen Vertreter beschränkt sich in der Praxis daher auf das nicht zur Insolvenzmasse gehörende Vermögen der Schuldnerin. Für dieses Vermögen ist die Verwaltungsbefugnis nicht nach § 80 Abs. 1 InsO auf den Insolvenzverwalter übergegangen, sodass nach Auffassung des LG Bonn[79] im Regelfall eine sog. **Nullbilanz** zu erstellen und offenzulegen ist, soweit nicht ohnehin aufgrund Freigabe durch den Insolvenzverwalter **insolvenzfreies Vermögen** vorhanden ist.

9.3.3 Ordnungsgeldverfahren gegen die Gesellschaft

71 Nach § 335 Abs. 1 Satz 2 HGB kann das Ordnungsgeldverfahren auch gegen die **Gesellschaft selbst** eingeleitet werden.

In der Praxis hat das BfJ zunächst dem Insolvenzverwalter die Androhung und Festsetzung des Ordnungsgelds an die Ges. „c/o" zugesandt. Hierbei fehlt es an einer Zustellung am Geschäftssitz der KapG. Der Geschäftssitz der Ges. befindet sich nicht an der Anschrift des Insolvenzverwalters. In diesen Fällen fehlt es an einer **ordnungsmäßigen Beteiligung** der Betroffenen am Ordnungsgeldverfahren.[80] Das BfJ verschickt nunmehr die Verfügungen an die insolvente Ges., „vertreten durch die Geschäftsführung". Entsprechend der Argumentation zu den Mitgliedern des vertretungsberechtigten Organs besteht auch hier die Offenlegungspflicht aufgrund möglichen insolvenzfreien Vermögens (Rz 66).

---

[76] Vgl. *Haas*, in *Gottwald*, InsolvenzR-Hdb., 3. Aufl., § 91 Rz 29; *Holzer*, ZVI 2007, S. 403.
[77] Vgl. LG Bonn, Beschluss v. 6.3.2008, 11 T 53/07, nrwe.de, m. Anm *Weitzmann*, EWiR 2008, S. 443; LG Bonn, Beschluss v. 16.5.2008, 11 T 52/07, nrwe.de; LG Bonn, Beschluss v. 22.4.2008, 11 T 28/07, nrwe.de.
[78] Vgl. LG Bonn, Beschluss v. 16.9.2009, 30 T 366/09, nrwe.de.
[79] Vgl. LG Bonn, Beschluss v. 13.11.2008, 30 T 275/08, nrwe.de.
[80] Vgl. LG Bonn, Beschluss v. 16.5.2008, 11 T 52/07, nrwe.de.

§ 335a Beschwerde gegen die Festsetzung von Ordnungsgeld; Rechtsbeschwerde; Verordnungsermächtigung

(1) Gegen die Entscheidung, durch die das Ordnungsgeld festgesetzt oder der Einspruch oder der Antrag auf Wiedereinsetzung in den vorigen Stand verworfen wird, sowie gegen die Entscheidung nach § 335 Absatz 3 Satz 5 findet die Beschwerde nach den Vorschriften des Gesetzes über das Verfahren in Familiensachen und in den Angelegenheiten der freiwilligen Gerichtsbarkeit statt, soweit sich aus den nachstehenden Absätzen nichts anderes ergibt.
(2) ¹Die Beschwerde ist binnen einer Frist von zwei Wochen einzulegen; über sie entscheidet das für den Sitz des Bundesamtes zuständige Landgericht. ²Zur Vermeidung von erheblichen Verfahrensrückständen oder zum Ausgleich einer übermäßigen Geschäftsbelastung wird die Landesregierung des Landes, in dem das Bundesamt seinen Sitz unterhält, ermächtigt, durch Rechtsverordnung die Entscheidung über die Rechtsmittel nach Satz 1 einem anderen Landgericht oder weiteren Landgerichten zu übertragen. ³Die Landesregierung kann diese Ermächtigung auf die Landesjustizverwaltung übertragen. ⁴Ist bei dem Landgericht eine Kammer für Handelssachen gebildet, so tritt diese Kammer an die Stelle der Zivilkammer. ⁵Entscheidet über die Beschwerde die Zivilkammer, so sind die §§ 348 und 348a der Zivilprozessordnung entsprechend anzuwenden; über eine bei der Kammer für Handelssachen anhängige Beschwerde entscheidet der Vorsitzende. ⁶Das Landgericht kann nach billigem Ermessen bestimmen, dass den Beteiligten die außergerichtlichen Kosten, die zur zweckentsprechenden Rechtsverfolgung notwendig waren, ganz oder teilweise aus der Staatskasse zu erstatten sind. ⁷Satz 6 gilt entsprechend, wenn das Bundesamt der Beschwerde abhilft. ⁸§ 91 Absatz 1 Satz 2 und die §§ 103 bis 107 der Zivilprozessordnung gelten entsprechend. ⁹§ 335 Absatz 2 Satz 3 ist anzuwenden.
(3) ¹Gegen die Beschwerdeentscheidung ist die Rechtsbeschwerde statthaft, wenn das Landgericht sie zugelassen hat. ²Für die Rechtsbeschwerde gelten die Vorschriften des Gesetzes über das Verfahren in Familiensachen und in den Angelegenheiten der freiwilligen Gerichtsbarkeit entsprechend, soweit sich aus diesem Absatz nichts anderes ergibt. ³Über die Rechtsbeschwerde entscheidet das für den Sitz des Landgerichts zuständige Oberlandesgericht. ⁴Die Rechtsbeschwerde steht auch dem Bundesamt zu. ⁵Vor dem Oberlandesgericht müssen sich die Beteiligten durch einen Rechtsanwalt vertreten lassen; dies gilt nicht für das Bundesamt. ⁶Absatz 2 Satz 6 und 8 gilt entsprechend.
(4) ¹Für die elektronische Aktenführung des Gerichts und die Kommunikation mit dem Gericht nach den Absätzen 1 bis 3 sind § 110a Absatz 1, § 110b Absatz 1 Satz 1, Absatz 2 bis 4, § 110c Absatz 1 sowie § 110d des Gesetzes über Ordnungswidrigkeiten entsprechend anzuwenden. ²§ 110a Absatz 2 Satz 1 und 3 sowie § 110b Absatz 1 Satz 2 und 4 des Gesetzes über Ordnungswidrigkeiten sind mit der Maßgabe anzuwenden, dass die Landesregierung des Landes, in dem das Bundesamt seinen Sitz unterhält, die Rechtsverordnung

§ 335a   Beschwerde gegen die Festsetzung von Ordnungsgeld

erlassen und die Ermächtigung durch Rechtsverordnung auf die Landesjustizverwaltung übertragen kann.

RA StB Daniel Münster/RA StB Annette Meier-Behringer

Inhaltsübersicht	Rz
1 Überblick	1–3
1.1 Regelungszweck und Inhalt	1
1.2 Anwendungsbereich	2
1.3 Normenzusammenhänge	3
2 Beschwerde (Abs. 1, 2)	4–15
2.1 Zulässigkeit der Beschwerde	4–11
2.2 Wirkung der Beschwerde	12
2.3 Präklusion von Einwendungen	13
2.4 Beschwerdeentscheidung	14
2.5 Kosten des Verfahrens	15
3 Rechtsbeschwerde (Abs. 3)	16–22
3.1 Zulässigkeit der Rechtsbeschwerde	17–20
3.2 Entscheidung über die Rechtsbeschwerde	21
3.3 Kosten des Verfahrens	22
4 Elektronische Aktenführung	23

1 Überblick

1.1 Regelungszweck und Inhalt

1   Im Rahmen der Reform des handelsrechtlichen Ordnungsgeldverfahrens durch das Gesetz zur Änderung des Handelsgesetzbuches wurde § 335a HGB neu eingefügt. Hierbei wurden die bisher in § 335 Abs. 4, 5 und 5a HGB getroffenen Regelungen zur Überprüfung der Entscheidungen des BfJ in den § 335a HGB verschoben, verbunden mit der Einführung der Möglichkeit einer Rechtsbeschwerde gegen die Entscheidungen im Beschwerdeverfahren.[1] Durch die Konzentration der Regelungen zum gerichtlichen Verfahren in einer gesonderten Vorschrift soll die Verständlichkeit der Regelungen im Ordnungsgeldverfahren erhöht werden. Daneben soll durch die Einführung der Rechtsbeschwerde und damit einer Überprüfung von Beschwerdeentscheidungen in zweiter Instanz eine einheitliche Rechtsprechung sichergestellt werden. Die bisherigen Regelungen in § 335 Abs. 5 HGB aF führten zu einer Alleinzuständigkeit des LG Bonns, gegen dessen Entscheidungen keine Rechtsmittel statthaft waren. Da aufgrund der großen Anzahl von Verfahren mehrere Kammern mit den Ordnungsgeldentscheidungen befasst waren, kam es in der Vergangenheit zu differierenden Entscheidungen. Zur Vereinheitlichung der Rechtsprechung war die Einführung einer zweiten Instanz notwendig geworden.[2]

---

1   Zur bisherigen Regelung in § 335 Abs. 4, 5 und 5a vgl. 3. Aufl.
2   Vgl. BT-Drs. 17/13221, S. 6ff.

1.2 Anwendungsbereich

§ 335a HGB trifft abschließend Regelungen über das gerichtliche Rechtsmittelverfahren im Bereich des Ordnungsgeldverfahrens. § 335a Abs. 1, 2 und 4 HGB gelten für Jahres- und Konzernabschlüsse, aufgrund der Verschiebung aus § 335 HGB bereits fort- bzw. rückwirkend für Gj., die nach dem 30.12.2012 enden. Die Regelungen über die Rechtsbeschwerde in § 335a Abs. 3 HGB sind erstmals für Ordnungsgeldverfahren anzuwenden, die nach dem 31.12.2013 eingeleitet werden.[3]

1.3 Normenzusammenhänge

Die Regelungen des § 335a HGB sind Teil der Regelungen zum Ordnungsgeldverfahren, welche zur Erfüllung europarechtliche Vorgaben notwendig waren.[4] Sowohl für das Beschwerde- wie auch das Rechtsbeschwerdeverfahren wird neben den eigenen Verfahrensvorschriften ergänzend auf die Vorschriften des **Gesetzes über das Verfahren in Familiensachen und in Angelegenheiten der freiwilligen Gerichtsbarkeit (FamFG)** verwiesen.

2 Beschwerde (Abs. 1, 2)

2.1 Zulässigkeit der Beschwerde

Wurde das Ordnungsgeld durch das BfJ festgesetzt, kann diese Entscheidung mit der Beschwerde nach dem FamFG (§ 58 ff. FamFG) angegriffen werden. Daneben ist die Beschwerde statthaft gegen die Entscheidung, durch die der Einspruch oder der Antrag auf Wiedereinsetzung in den vorigen Stand verworfen wurde, sowie gegen die Entscheidung über die Kosten bei Einstellung des Verfahrens (§ 335 Abs. 3 Satz 5).

Die Beschwerde ist **innerhalb von zwei Wochen** (Abs. 2 Satz 1) ab Bekanntgabe der Ordnungsgeldfestsetzung oder Entscheidung des BfJ **schriftlich** oder zur Niederschrift beim **BfJ** einzulegen (§ 64 FamFG). Dieses kann der Beschwerde **selbst abhelfen**, sofern es die Beschwerde für begründet hält (§ 68 Abs. 1 FamFG).[5]

> **Hinweis**
> Die Einlegung des Rechtsmittels beim Beschwerdegericht wahrt die Frist nicht. Ein beim LG Bonn eingelegtes Rechtsmittel ist unverzüglich an das BfJ weiterzuleiten. Für die Wahrung der Beschwerdefrist ist der Zeitpunkt des Eingangs beim BfJ maßgeblich. Verzögerungen wirken sich in diesem Fall zum Nachteil des Beschwerdeführers aus.

Hilft das BfJ der Beschwerde nicht ab, hat es diese unverzüglich an das **Landgericht Bonn**, als dem örtlich und sachlich zuständigen Gericht (Abs. 2 Satz 1), weiterzuleiten (§ 68 Abs. 1 Satz 1 FamFG). Intern entscheidet der Vorsitzende der Handelskammer abschließend über die Beschwerde (Abs. 2 Satz 3). Durch

---

[3] Art. 70 Abs. 1, 3 EGHGB.
[4] Siehe § 335 Rz 5.
[5] Zur Anwendung von § 335 Abs. 5 Satz 11 und 12 HGB aF vgl. 2. Aufl., § 335 Rz 63.

Rechtsverordnung kann die Landesregierung des Landes, in dem das BfJ seinen Sitz hat, das Bundesland Nordrhein-Westfalen, zur Vermeidung von erheblichen Verfahrensrückständen oder zum Ausgleich einer übermäßigen Geschäftsbelastung durch Rechtsverordnung die Entscheidung über die Beschwerde einem anderen Landgericht oder weiteren Landgerichten übertragen.[6]

8 Die bisherige Regelung nach § 335 Abs. 5 Satz 4 HGB aF, wonach eine Rechtsbeschwerde nicht statthaft war, wurde in den neuen § 335a HGB nicht aufgenommen. Die bisherige Alleinzuständigkeit des Landgerichts Bonn für gerichtliche Entscheidungen im Ordnungsgeldverfahren wurde durch die Einführung des Rechtsbeschwerdeverfahrens beendet.

9 **Beschwerdebefugt** ist derjenige, der durch die Entscheidung des BfJ belastet wird. **Nicht beschwerdebefugt** ist dagegen der **Insolvenzverwalter**, da dieser durch die Ordnungsgeldfestsetzung gegenüber den Mitgliedern des vertretungsberechtigten Organs oder gegenüber der KapG **nicht in eigenen Rechten verletzt** oder in seiner Rechtsposition als Verwalter beeinträchtigt wird. Durch die Verfügung an die Ges. oder deren Geschäftsführung wird keine Masseverbindlichkeit geschaffen.[7]

10 Zur **Vertretung** sind die unter § 335 Rz 29 genannten Personen und Ges. befugt.

11 Nach § 65 Abs. 1 FamFG **soll** die Beschwerde in Anlehnung an § 571 Abs. 1 ZPO **begründet werden**, so dass eine fehlende Begründung nicht zur Unzulässigkeit der Beschwerde führen kann. Dies gilt auch dann, wenn dem Beschwerdeführer eine Frist zur Begründung (§ 65 Abs. 2 FamFG) eingeräumt wurde.

2.2 Wirkung der Beschwerde

12 Die Beschwerde hat **keine aufschiebende Wirkung**. § 391 FamFG enthält keine dem § 24 Abs. 1 FFG entsprechende Regelung, die festlegt, dass der Beschwerde gegen die Festsetzung von Ordnungsmitteln aufschiebende Wirkung zukommt. Die Beitreibung des Ordnungsgelds kann daher schon vor der Entscheidung über die Beschwerde erfolgen.[8] Daneben verhindert die Beschwerde nicht die Fortführung des Ordnungsgeldverfahrens. Erneute Ordnungsgeldandrohungen und -festsetzungen durch das BfJ bleiben möglich.

2.3 Präklusion von Einwendungen

13 Legt der Beteiligte gegen die Androhungsverfügung keinen Einspruch ein, wird **bestandskräftig unterstellt, dass der Adressat zur Offenlegung verpflichtet war**. Der Prüfungsumfang der Beschwerde gegen die nachfolgende Festsetzung des Ordnungsgelds unterliegt insoweit den Beschränkungen des § 391 Abs. 2 FamFG. Eine Überprüfung von materiellen Mängeln der Androhung ist in diesem Fall aufgrund Präklusion im Verfahren der Beschwerde nicht mehr möglich. Diese Überprüfung findet ausschließlich im Einspruchsverfahren statt.[9] Die Nachprüfungen im Beschwerdeverfahren haben sich darauf zu beschränken,

---

[6] Hierdurch soll die Gefahr von Verfahrensstaus und damit verbundenen längeren Bearbeitungszeiten bereits frühzeitig beseitigt werden können; vgl. BT-Drs. 16/12407, S. 187.
[7] Vgl. LG Bonn, Beschluss v. 22.4.2008, 11 T 28/07, nrwe.de.
[8] Ebenso *Pink/Fluhme*, ZInsO 2008, S. 822; a.A. *Wenzel*, BB 2008, S. 771; *Hucke*, in *Baetge/Kirsch/Thiele*, Bilanzrecht, § 335a Rz 15, Stand 12/2014.
[9] Vgl. *Wenzel*, BB 2008, S. 772.

ob Verfahrensfehler bei der Festsetzung vorliegen, d.h. des festgesetzten Ordnungsgelds angemessen ist, ein rechtzeitiger Einspruch nicht beachtet wurde oder die Offenlegungspflicht vor der Festsetzung erfüllt war.[10]
Daneben umfasst die Nachprüfung die Frage, ob die Verletzung der Offenlegungspflicht schuldhaft erfolgt ist,[11] soweit die Präklusion nach § 335 Abs. 5 Satz 9 HGB im Wiedereinsetzungsverfahren nicht greift.[12]
Eine sachlich falsche, aber bestandskräftige **Androhungsverfügung** muss nicht aus Billigkeitsgesichtspunkten korrigiert werden. Zur Vermeidung von Härten, die sich durch die Beschränkung des Prüfungsumfangs des Beschwerdeverfahrens ergeben können, bietet § 390 Abs. 6 FamFG eine ausreichende Ausgleichsmöglichkeit.[13]

2.4 Beschwerdeentscheidung

Die Entscheidung ergeht durch Beschluss, der nach § 69 Abs. 2 FamFG zu begründen ist. Auf Antrag kann die Sache nach § 69 Abs. 2,3 FamFG auf das BfJ zurückverwiesen werden, wenn sie im Vorverfahren Unzulässigkeit abgelehnt wurde oder an einem schweren Verfahrensfehler leidet und es zur Entscheidung einer umfangreichen und aufwendigen Beweisaufnahme bedarf.

14

2.5 Kosten des Verfahrens

Hinsichtlich der Kosten kann das Landgericht nach billigem Ermessen bestimmen, dass die **außergerichtlichen Kosten** der Beteiligten, die zur zweckentsprechenden Rechtsverfolgung notwendig waren, ganz oder teilweise **aus der Staatskasse** erstattet werden (Abs. 2 Satz 6). Dies wird insb. dann geboten sein, wenn eine behördliche Androhung erfolgte, ohne dass eine Verpflichtung des Unt zur Offenlegung zum konkreten Stichtag vorlag und wenn sich die Beteiligten eines Beistands bedient haben. In einem solchen Fall wäre es unbillig, das Unt, welches sich in der Beschwerdeinstanz z.B. von einem RA hat vertreten lassen, die insoweit verursachten Kosten selbst tragen zu lassen.[14] Für die Kosten und Kostenfestsetzung sind § 91 Abs. 1 Satz 2 ZPO und die §§ 103-107 ZPO entsprechend anzuwenden.

15

3 Rechtsbeschwerde (Abs. 3)

Durch das Gesetz zur Änderung des Handelsgesetzbuchs wurde die Möglichkeit der Rechtsbeschwerde gegen die Beschwerdeentscheidung des LG Bonn neu in das Gesetz aufgenommen. Das Verfahren richtet sich nach § 70ff. FamFG, soweit nicht in Abs. 3 abweichende Regelungen getroffen wurden.

16

---

[10] Vgl. LG Bonn, Beschluss v. 24.6.2008, 30 T 40/08, nrwe.de; Beschluss v. 27.10.2008, 30 T 187/08, nrwe.de.
[11] Vgl. LG Bonn, Beschluss v. 16.9.2009, 30 T 366/09, nrwe.de.
[12] Vgl. § 335 Rz 62.
[13] Vgl. LG Bonn, Beschluss v. 24.6.2008, 30 T 40/08, nrwe.de.
[14] Vgl. BT-Drs. 16/2781, S. 83.

3.1 Zulässigkeit der Rechtsbeschwerde

17 Die Rechtsbeschwerde ist nur **statthaft**, soweit sie in erster Instanz durch das LG Bonn mit Beschluss **zugelassen** wurde. Die Rechtsbeschwerde eröffnet damit keine vollständige zweite Instanz, sondern beschränkt sich auf Rechtssachen von grundsätzlicher Bedeutung oder Fälle, in denen die Fortbildung des Rechts oder die Sicherung einer einheitlichen Rechtsprechung eine Entscheidung des Rechtsbeschwerdegerichts erfordern (§ 70 Abs. 2 FamFG). Das Rechtsbeschwerdegericht ist an die Zulassung des Beschwerdegerichts gebunden.

18 Die Rechtsbeschwerde ist **innerhalb eines Monats** nach schriftlicher Bekanntgabe des Beschlusses über die Zulassung mittels **Beschwerdeschrift** beim zuständigen Rechtsbeschwerdegericht einzureichen (§ 71 FamFG). Über die Rechtsbeschwerde entscheidet das **OLG Köln** als das zuständige OLG für den Gerichtsbezirk Bonn. Wurde bisher das Ordnungsgeldverfahren in der Praxis ausschließlich durch die Entscheidungen des LG Bonn beeinflusst, wird hier in Zukunft das OLG Köln die wesentlichen Vorgaben prägen. Die Rechtsbeschwerde kann auch durch das BfJ eingelegt werden.

19 Im Rechtsbeschwerdeverfahren haben sich die Beteiligten – mit Ausnahme des BfJ – zwingend durch einen Rechtsanwalt vertreten lassen (Abs. 2 Satz 4).

20 > **Hinweis**
> Aufgrund des Anwaltszwanges im Rechtsbeschwerdeverfahren kann die Beschwerdeschrift – anders als im Beschwerdeverfahren – nur von einem Rechtsanwalt wirksam eingereicht werden.

3.2 Entscheidung über die Rechtsbeschwerde

21 Die Entscheidung des Rechtsbeschwerdegerichts ergeht durch Beschluss. Von einer Begründung kann abgesehen werden, soweit sich die Entscheidung nur zur Klärung grundsätzlicher Rechtsfragen, zur Fortbildung des Rechts oder zur Sicherung einer einheitlichen Rechtsprechung eignet (§ 74 Abs. 7 FamFG).

3.3 Kosten des Verfahrens

22 Für die Kosten des Verfahrens wird auf die Regelungen des Beschwerdeverfahrens verwiesen (vgl. Rz 15).

4 Elektronische Aktenführung

23 Über Abs. 4 wird auch bei den Gerichten die elektronische Aktenführung möglich. Die Regelung entspricht § 335 Abs. 2a HGB für die Aktenführung im Festsetzungsverfahren (vgl. hierzu auch § 335 Rz 30).

§ 335b Anwendung der Straf- und Bußgeld- sowie der Ordnungsgeldvorschriften auf bestimmte offene Handelsgesellschaften und Kommanditgesellschaften

¹Die Strafvorschriften der §§ 331 bis 333, die Bußgeldvorschrift des § 334 sowie die Ordnungsgeldvorschrift des § 335 gelten auch für offene Handelsgesellschaften und Kommanditgesellschaften im Sinn des § 264a Abs. 1. ²Das Verfahren nach § 335 ist in diesem Fall gegen die persönlich haftenden Gesellschafter oder gegen die Mitglieder der vertretungsberechtigten Organe der persönlich haftenden Gesellschafter zu richten. ³Es kann auch gegen die offene Handelsgesellschaft oder gegen die Kommanditgesellschaft gerichtet werden. ⁴§ 335a ist entsprechend anzuwenden.

RA STB DANIEL MÜNSTER/RA STB ANNETTE MEIER-BEHRINGER

Inhaltsübersicht	Rz
1 Allgemeines	1–2
2 Anwendbarkeit	3–4

1 Allgemeines

§ 335b HGB wurde durch das KapCoRiLiG[1] eingeführt. Nach § 335b HGB gelten die Strafvorschriften der §§ 331–333 HGB, die Bußgeldvorschriften des § 334 HGB und die Ordnungsgeldvorschriften des § 335 HGB, die nach dem Wortlaut dieser Vorschriften nur für KapG gelten, auch für oHG und KG i.S.d. § 264a HGB. Dies bedeutet, dass PersG, Stiftungen und eG, bei denen nur eine KapG phG ist, den KapG bzgl. der strengen Bilanzvorschriften gleichgestellt sind. **1**

Mitglieder des vertretungsberechtigten Organs i.S.d. §§ 331 ff. HGB sind dann jeweils die Mitglieder des vertretungsberechtigten Organs der persönlich haftenden KapG, Stiftung oder eG, die die oHG oder KG vertritt. **2**

2 Anwendbarkeit

Anwendbar sind die gesamten Vorschriften nach Art. 5 Nr. 2 Abs. 13.1 KapCoRiLiG erstmals auf Jahresabschlüsse und Lageberichte bzw. Konzernabschlüsse und Konzernlagebericht von oHG oder KG i.S.d. § 264a HGB für das nach dem 31.12.1999 beginnende Gj. **3**

Mit dem BilRUG wurde als Satz 4 ein Verweis auf § 335a HGB eingefügt, was lediglich der Klarstellung dient, dass auch für die in dieser Vorschrift angesprochenen Ges. die Möglichkeit der Beschwerde besteht. **4**

---

[1] Gesetz v. 24.2.2000, BT-Drs. 14/1806.

§ 335c Mitteilungen an die Abschlussprüferaufsichtsstelle

(1) Das Bundesamt für Justiz übermittelt der Abschlussprüferaufsichtsstelle beim Bundesamt für Wirtschaft und Ausfuhrkontrolle alle Bußgeldentscheidungen nach § 334 Absatz 2a.
(2) ¹In Strafverfahren, die eine Straftat nach § 333a zum Gegenstand haben, übermittelt die Staatsanwaltschaft im Falle der Erhebung der öffentlichen Klage der Abschlussprüferaufsichtsstelle die das Verfahren abschließende Entscheidung. ²Ist gegen die Entscheidung ein Rechtsmittel eingelegt worden, ist die Entscheidung unter Hinweis auf das eingelegte Rechtsmittel zu übermitteln.

RA StB Daniel Münster/RA StB Annette Meier-Behringer

Inhaltsübersicht	Rz
1 Überblick	1
2 Mitteilungspflichten	2–4

1 Überblick

1 § 335c HGB wurde mit dem AReG neu in das HGB eingefügt und dient der Umsetzung der Art. 30 Abs. 1, 30a Abs. 1b, 30c und 30f der überarbeiteten Abschlussprüferrichtlinie. Diese sehen die Veröffentlichung verhängter rechtskräftiger Sanktionen für Verstöße gegen prüfungsbezogene Pflichten der Mitglieder eines nach § 324 Abs. 1 Satz 1 HGB eingerichteten Prüfungsausschusses vor. Um den Marktteilnehmern die Informationsbeschaffung zu erleichtern, soll die Veröffentlichung der durch das BfJ verhängten Bußgeldentscheidungen sowie Verurteilungen von Straftaten nach § 333a HGB einheitlich durch die Abschlussprüferaufsichtsstelle beim Bundesamt für Wirtschaft und Ausfuhrkontrolle erfolgen.

2 Mitteilungspflichten

2 Bußgeldentscheidungen nach § 334 Abs. 2a HGB hat das BfJ an die Abschlussprüferaufsicht zu übermitteln.

3 Bei Straftaten nach § 333a HBG hat die Staatsanwaltschaft, die das Strafverfahren abschließende Entscheidung sowie ggf. einen Hinweis auf ein gegen die Entscheidung eingelegtes Rechtsmittel an die Abschlussprüferaufsicht zu übermitteln.

4 Die Art und Weise der Veröffentlichung der Bußgeldentscheidungen nach § 334 Abs. 2a HGB und der Straftaten nach § 333a HGB ist nicht im HGB geregelt, sondern richtet sich nach den Bekanntmachungsvorschriften für die Abschlussprüferaufsichtsstelle in § 69 WPO. Die öffentliche Bekanntmachung erfolgt auf der Internetseite der Abschlussprüferaufsichtsstelle. Eine Bekanntmachung personenbezogener Daten erfolgt dabei nicht. Daneben ist nach § 69 Abs. 2 WPO

eine Anonymisierung hinsichtlich des betroffenen Unternehmens möglich, wenn die Stabilität der Finanzmärkte oder strafrechtliche Ermittlungen gefährdet würden oder die Nennung des Unternehmens den Beteiligten einen unverhältnismäßig hohen Schaden zufügen würde.

§§ 336–341y (nicht kommentiert)

Diese ergänzenden Vorschriften zu den eingetragenen Genossenschaften, Kreditinstituten und Finanzdienstleistungsinstituten sowie Versicherungsunternehmen und Pensionsfonds werden nicht kommentiert.

Zu §§ 341q–341y sei verwiesen auf die Kommentierung in § 264 Rz 127ff.

§ 342 Privates Rechnungslegungsgremium

(1) ¹Das Bundesministerium der Justiz und für Verbraucherschutz kann eine privatrechtlich organisierte Einrichtung durch Vertrag anerkennen und ihr folgende Aufgaben übertragen:
1. Entwicklung von Empfehlungen zur Anwendung der Grundsätze über die Konzernrechnungslegung,
2. Beratung des Bundesministeriums der Justiz und für Verbraucherschutz bei Gesetzgebungsvorhaben zu Rechnungslegungsvorschriften,
3. Vertretung der Bundesrepublik Deutschland in internationalen Standardisierungsgremien und
4. Erarbeitung von Interpretationen der internationalen Rechnungslegungsstandards im Sinn von § 315e Abs. 1.

²Es darf jedoch nur eine solche Einrichtung anerkannt werden, die aufgrund ihrer Satzung gewährleistet, daß die Empfehlungen und Interpretationen unabhängig und ausschließlich von Rechnungslegern in einem Verfahren entwickelt und beschlossen werden, das die fachlich interessierte Öffentlichkeit einbezieht. ³Soweit Unternehmen oder Organisationen von Rechnungslegern Mitglied einer solchen Einrichtung sind, dürfen die Mitgliedschaftsrechte nur von Rechnungslegern ausgeübt werden.

(2) Die Beachtung der die Konzernrechnungslegung betreffenden Grundsätze ordnungsmäßiger Buchführung wird vermutet, soweit vom Bundesministerium der Justiz und für Verbraucherschutz bekanntgemachte Empfehlungen einer nach Absatz 1 Satz 1 anerkannten Einrichtung beachtet worden sind.

DR. H.C. WP STB LIESEL KNORR[1]

Inhaltsübersicht	Rz
1 Privates Rechnungslegungsgremium	1–7
1.1 Gesetzliche Voraussetzungen (Abs. 1)	1–5
1.2 Anerkennung des DRSC	6–7
2 Aufgaben der Fachausschüsse	8–11
2.1 Entwicklung von Standards (Abs. 1 Nr. 1)	8
2.2 Beratung des BMJ (Abs. 1 Nr. 2)	9
2.3 Vertretung der Bundesrepublik Deutschland in internationalen Standardisierungsgremien (Abs. 1 Nr. 3)	10
2.4 Erarbeitung von Interpretationen der internationalen Rechnungslegungsstandards i. S. v. § 315e Abs. 1 HGB (Abs. 1 Nr. 4)	11
3 Bekanntmachung der Standards durch das BMJ (Abs. 2)	12–13
4 Vermutung der Richtigkeit (Abs. 2)	14–16

---

[1] Die Autorin gibt ihre persönliche Auffassung wieder.

1 Privates Rechnungslegungsgremium

1.1 Gesetzliche Voraussetzungen (Abs. 1)

1 Mit dem KonTraG wurde 1998 die Internationalisierung der deutschen Rechnungslegung forciert und in Anlehnung an das IASC und den US-FASB mit § 342 HGB die rechtliche Voraussetzung zur Anerkennung eines **privaten deutschen Rechnungslegungsgremiums** geschaffen, d.h. die Ermächtigung des BMJ, eine private Einrichtung durch Vertrag anzuerkennen. Im März 1998 gründeten Vertreter der Wirtschaft, des Berufsstands der WP, der Börse und der Lehre das **Deutsche Rechnungslegungs Standards Committee (DRSC) e. V.** in Berlin. Im September 1998 schlossen dann BMJ und DRSC den sog. Standardisierungsvertrag; nach Kündigung im Juni 2010 wurde im Dezember 2011 als Schlusspunkt der Neuorganisation des DRSC erneut ein Vertrag zwischen BMJ und DRSC abgeschlossen,[2] der einige Vorgaben zur Organisation und zum Verfahren der Standardsetzung enthält.

2 Laut **Satzung** (i.d.F. v. 20.7.2011)[3] ist der Zweck des DRSC im gesamtwirtschaftlichen Interesse:
   a) die Entwicklung von Empfehlungen zur Anwendung der Grundsätze über die Konzernrechnungslegung;
   b) die Beratung bei Gesetzgebungsvorhaben auf nationaler und EU-Ebene zu Rechnungslegungsvorschriften;
   c) die Vertretung der Bundesrepublik Deutschland in internationalen Gremien der Rechnungslegung;
   d) die Erarbeitung von Interpretationen der internationalen Rechnungslegungsstandards i. S. v. § 315e Abs. 1 HGB;
   e) die Erhöhung der Qualität der Rechnungslegung;
   f) die Förderung der Forschung und Ausbildung in den vorgenannten Bereichen.

3 **Mitglied des DRSC** kann jede juristische Person und jede Personenvereinigung werden, die der gesetzlichen Pflicht zur Rechnungslegung unterliegt oder sich mit der Rechnungslegung befasst. Zu den Entscheidungsbefugnissen der Mitgliederversammlung gehören die Wahl, Abberufung und Entlastung der Mitglieder des Verwaltungsrats und des Nominierungsausschusses, Satzungsänderungen sowie die Auflösung des Vereins.

4 Dem **Verwaltungsrat** obliegt es, unter Berücksichtigung des gesamtwirtschaftlichen Interesses die Grundsätze und Leitlinien für die Arbeit des Vereins festzulegen. Er wählt die Mitglieder der **Fachausschüsse**; er bestellt, berät und überwacht das **Präsidium**, das die Geschäfte des Vereins führt und die Fachausschüsse ohne Stimmrecht leitet. Die Mitglieder der Fachausschüsse üben ihre Tätigkeit unabhängig aus.

5 Die Arbeit des DRSC soll durch Mitgliedsbeiträge und Erlöse aus Publikationen sowie freiwillige Zuwendungen **finanziert werden**.

---

[2] Vgl. https://www.drsc.de/app/uploads/2017/02/150702_Satzung.pdf, letzter Abruf am 3.8.2017.
[3] Vgl. https://www.drsc.de/app/uploads/2017/02/150702_Satzung.pdf, letzter Abruf am 1.6.2017.

1.2 Anerkennung des DRSC

Mit Abschluss des Standardisierungsvertrags wurde der DRSC e.V. als die zuständige Standardisierungsorganisation in Deutschland (erneut) anerkannt. Der Verein verpflichtete sich, ein unabhängiges Rechnungslegungsgremium zur Erfüllung der fachlichen Aufgaben nach § 342 Abs. 1 HGB einzurichten und die dazu notwendige Finanzierung aufzubringen. Bei der Erfüllung der Aufgaben ist das öffentliche, insb. auch das gesamtwirtschaftliche Interesse zu berücksichtigen. In dem seit 1998 weitgehend unveränderten Text des Vertrags wird nur ein Rechnungslegungsgremium erwähnt; die Satzung sieht vor, die Facharbeit auf 2 Gremien (IFRS und HGB) aufzuteilen. Klarstellend wurde in der Begründung des Regierungsentwurfs zum BilMoG darauf hingewiesen, dass nicht nur die Empfehlungen, sondern auch die Interpretationen unabhängig und ausschließlich von Rechnungslegern in einem Verfahren entwickelt und beschlossen werden, das die fachlich interessierte Öffentlichkeit einbezieht.[4]

Für die Entwicklung von Rechnungslegungsempfehlungen für die Konzernrechnungslegung (Standards) werden Restriktionen genannt, d.h., es sind die Belange der Gesetzgebung, der öffentlichen Verwaltung und des Rechtsverkehrs zu berücksichtigen. Es wird auch das Verfahren skizziert, das mindestens bei der Erarbeitung der Standards und Interpretationen einzuhalten ist, von der Veröffentlichung eines Entwurfs über die Mindestfrist zur Kommentierung bis zur Erörterung in einer öffentlichen Sitzung. Es wird klargestellt, dass Standards nicht im Widerspruch zu Rechtsvorschriften stehen dürfen, eine sinnvolle Weiterentwicklung der GoB damit aber nicht ausgeschlossen wird.

2 Aufgaben der Fachausschüsse

2.1 Entwicklung von Standards (Abs. 1 Nr. 1)

Abs. 1 Nr. 1 nennt an erster Stelle die Entwicklung von Empfehlungen zur Anwendung der Grundsätze über die Konzernrechnungslegung. Die Beschränkung auf die Konzernrechnungslegung wurde bewusst getroffen, da einem privaten Gremium keine Gestaltungs- und Mitwirkungsmöglichkeiten hinsichtlich des Einzelabschlusses eingeräumt werden sollten, was in Anbetracht der Maßgeblichkeit der HB für die steuerliche Gewinnermittlung als problematisch angesehen wurde.[5] Der Formulierung „Empfehlungen zur Anwendung" von GoB kann entnommen werden, dass Standards zwar, wie im Standardisierungsvertrag vorgesehen, eine sinnvolle Weiterentwicklung der GoB vorsehen dürfen, sie jedoch immer mit dem Konzernbilanzrecht vereinbar sein müssen. Dementsprechend hat das Rechnungslegungsgremium in einigen Standards unter dem Titel „de lege ferenda" über den eigentlichen Standardtext hinaus Vorschläge veröffentlicht,[6] die bei einer Gesetzesreform aufgenommen werden sollten, um die Qualität der Rechnungslegung zu verbessern. Mit dem Inkrafttreten der EU VO zur Anwendung der IAS für Konzernabschlüsse KM-orientierter Unt[7] hat

---

[4] Vgl. BilMoG-BgrRegE, S. 97.
[5] Vgl. *Ernst*, WPg 1998, S. 1025, 1030–1031.
[6] Vgl. z.B. DRS 4 Unternehmenserwerbe.
[7] VO (EG) Nr. 1606/2002 v. 19.7.2002, Abl. EG v. 11.9.2002.

das DRSC seine Tätigkeit neu ausgerichtet,[8] d. h. der Begleitung der Fortentwicklung der internationalen Rechnungslegung mehr Bedeutung zugemessen. Der Bestand an veröffentlichten Standards wird weiterhin an Gesetzesänderungen angepasst (so bspw. an das BilMoG); insb. die Lageberichterstattung wird weiterentwickelt, um den in Deutschland erreichten Qualitätsstandard in die internationale Diskussion einzubringen, wo es eine vergleichbare Regelung noch nicht gibt. Neu aufzunehmende Themen sollen einer Agendakonsultation unterliegen.

2.2 Beratung des BMJ (Abs. 1 Nr. 2)

9   Die Verpflichtung zur Zusammenarbeit und zur Unterstützung des BMJ ist im Standardisierungsvertrag vor allem als Informationsaustausch angelegt. Eine Beschränkung auf die Konzernrechnungslegung ist nicht vorgesehen. Ob es langfristig auch zu einer privaten Standardsetzung für den Einzelabschluss kommt,[9] ist noch nicht abzusehen. Das bisher umfassendste Beratungsangebot dürften die Vorbereitungen für im BilMoG aufzunehmende Themen gewesen sein.[10]

2.3 Vertretung der Bundesrepublik Deutschland in internationalen Standardisierungsgremien (Abs. 1 Nr. 3)

10 Die Vertretung der Bundesrepublik Deutschland in internationalen Gremien ist weder im Gesetz noch im Standardisierungsvertrag konkretisiert. Die Intention wird zum einen darin gesehen, den Einfluss Deutschlands auf die Standardsetzung in internationalen Gremien zu stärken. Hier sind jedoch enge Grenzen gesetzt, da sich die Bundesrepublik z. B. im Regelungsausschuss für Rechnungslegung, der die EU-Kommission im Übernahmeverfahren der IFRS unterstützt, nicht von einem privatwirtschaftlich organisierten Verein vertreten lässt. Ist das internationale Gremium auch privatwirtschaftlich organisiert, haben die Mitglieder der Entscheidungsgremien persönliche Mandate. Die Zusammenarbeit zwischen nationalen Standardsettern und dem IASB ist ausdrücklich gewünscht und in der Satzung der IFRS Foundation[11] festgehalten. Auch auf europäischer Ebene ist die Zusammenarbeit über den Austausch eines Memorandum of Understanding zwischen der European Financial Reporting Advisory Group (EFRAG) und den Standardsettern von Großbritannien, Frankreich und Deutschland (mit der Option für weitere Partner) festgeschrieben.

2.4 Erarbeitung von Interpretationen der internationalen Rechnungslegungsstandards i. S. v. § 315e Abs. 1 HGB (Abs. 1 Nr. 4)

11 Die Einfügung dieser vierten Aufgabe im Rahmen des BilMoG ist in der umfangreichen Literatur zu diesem Reformgesetz bislang weitgehend unbeachtet geblie-

---

8   Vgl. Pressemitteilung des DRSC v. 23.7.2003, abrufbar unter www.drsc.de.
9   Vgl. *Hommelhoff/Schwab*, HGB-Bilanzrecht, 2002, § 342, S. 2067 f.
10 Vgl. die Vorschläge des DRSC zum BilMoG, abrufbar unter www.drsc.de.
11 Vgl. http://www.ifrs.org/-/media/feature/about-us/legal-and-governance/constitution-docs/ifrs-foundation-constitution.pdf?la=en=1D69211A3DEB589C68833D4FFA076572FCE07484, letzter Abruf am 3.8.2017.

ben. Die Begründung zum Regierungsentwurf erkennt an, dass die Interpretation sämtlicher IFRS dem IFRS Interpretations Committee obliegt.[12] Die Erfahrung aus den ersten Jahren der Pflichtanwendung der IFRS zeigt jedoch, dass das IFRS Interpretations Committee sich nicht aller Themen annehmen kann, hier insb. nicht derer, die lediglich nationale Bedeutung aufweisen, die sich aus unterschiedlichen rechtlichen Rahmenbedingungen in den die IFRS anwendenden Ländern ergeben. Die Begründung des Regierungsentwurfs führt als Beispiele die im Zusammenhang mit dem Insolvenzrecht aufgetretenen Probleme bei der bilanzbefreienden Übertragung von Pensionsverpflichtungen auf Treuhänder und die bilanzielle Abbildung der ratierlichen Auszahlung von KSt-Guthaben nach der Änderung des KStG oder die Auswirkungen der Änderung des Betriebsrentengesetzes auf die Rechnungslegung nach IFRS an.[13] Rechnungslegungs Interpretation Nr. 3 (RIC 3) hat das Thema der Abgrenzung emittierter Finanzinstrumente in EK und FK vor dem Hintergrund des deutschen Gesellschaftsrechts in Bezug auf Regelungen des IAS 32 nach seiner Überarbeitung in 2008 aufgenommen; bereits mit der Erarbeitung des IFRIC 6 (Liabilities arising from participation in a Specific Market – waste electrical and electronic equipment) und RIC 2 (Verpflichtung zur Entsorgung von Elektro- und Elektronikgeräten) wurde die Zusammenarbeit und Aufteilung von Themen zwischen dem internationalen und dem nationalen Interpretationsgremium etabliert.

3 Bekanntmachung der Standards durch das BMJ (Abs. 2)

Verbindlichkeit erlangen die Standards mit der Bekanntmachung durch das BMJ. Für die Interpretationen der internationalen Rechnungslegungsstandards ist eine Bekanntmachung nicht vorgesehen, da es sich nicht um die Fortschreibung von Grundsätzen der ordnungsmäßigen Rechnungslegung handelt, die es nur für die deutsche Rechnungslegung gibt.

Ob das BMJ in Zusammenhang mit der Bekanntmachung eine inhaltliche Prüfung verbinden kann oder muss und die Bekanntmachung davon abhängt, ob der Inhalt den materiell-rechtlichen Vorstellungen des BMJ entspricht, ist im Gesetz offengelassen. Da entsprechend den Informationspflichten lt. Standardisierungsvertrag dem BMJ die Teilnahme an allen öffentlichen und nichtöffentlichen Sitzungen des Rechnungslegungsgremiums und der Zugang zu allen Sitzungsunterlagen eingeräumt werden, kann die Verfahrensbegleitung schon sehr früh einsetzen. Lediglich im Fall des DRS 17 (Berichterstattung über die Vergütung der Organmitglieder) wurden alle Verbände, die das BMJ in Fragen der Rechnungslegung konsultiert, noch einmal aufgerufen, etwaige Bedenken kundzutun. Die nachhaltigste Kontroverse hat die Bekanntmachung des DRS 10 (Latente Steuern im Konzernabschluss) ausgelöst, den der HFA des IDW als nicht vertretbare Auslegung von § 274 HGB ansah,[14] mit der Folge einer Erläuterungs-

---

[12] Vgl. BilMoG-BgrRegE, S. 97.
[13] Vgl. BilMoG-BgrRegE, S. 97.
[14] Vgl. Berichterstattung zur 189. Sitzung des HFA am 29.9.2003, Ergebnisbericht-Online, S. 8, abrufbar im Mitgliederbereich der IDW-Homepage unter www.idw.de.

pflicht im Prüfungsbericht bei Befolgung des Standards und einer Widerlegung der GoB-Vermutung bei Nichtbefolgung.

4 Vermutung der Richtigkeit (Abs. 2)

14 Die Vermutung der Beachtung der die Konzernrechnungslegung betreffenden GoB, soweit vom BMJ bekannt gemachte Empfehlungen einer anerkannten Einrichtung beachtet worden sind, hat umfängliche Kritik ausgelöst, vor allem verfassungsrechtlicher und gesetzessystematischer Art.[15] Letztlich entscheiden im Rahmen unserer Rechtsordnung nur Gerichte über die richtige gesetzmäßige Konzernbilanzierung.[16] Der Vermutung der Richtigkeit kommt somit nur eine Beweislasterleichterung zu.[17]

15 Der Berufsstand der WP greift die Konsequenzen der Nichtbeachtung bekannt gemachter Empfehlungen in seinem Prüfungsstandard IDW PS 201[18] auf:
- Sofern im Konzernabschluss ein gesetzliches Wahlrecht abweichend von einer durch das BMJ bekannt gemachten Empfehlung des DRSC ausgeübt wird, begründet dies keine Einwendung des Konzern-AP gegen die Ordnungsmäßigkeit der Konzernrechnungslegung. Der Konzern-AP hat jedoch **im Prüfungsbericht** auf eine solche Abweichung **hinzuweisen**.
- Werden gesetzliche Anforderungen an die Rechnungslegung konkretisiert und handelt es sich dabei um Auslegungen der allgemeinen gesetzlichen Grundsätze, haben diese auch Bedeutung für den Jahresabschluss und Lagebericht. Der AP hat nach den allgemeinen Grundsätzen zu beurteilen, ob sich aus einer Nichtbeachtung Konsequenzen für die Berichterstattung bis hin zum Bestätigungsvermerk ergeben.

16 Stellt ein DRS über das Gesetz hinausgehende Anforderungen (z.B. Anhangangaben in Zusammenhang mit einem Unternehmenserwerb in DRS 4), führt die Nichtbeachtung dieser Vorschriften zu keinerlei Konsequenzen für den Bestätigungsvermerk und den Prüfungsbericht.

---

15 Vgl. *Hommelhoff/Schwab*, BFuP 1998, S. 42; *Budde/Steuber*, DStR 1998, S. 1184; *Zitzelsberger*, WPg 1998, S. 253.
16 Vgl. *Ernst*, WPg 1998, S. 1031.
17 Vgl. *Hommelhoff/Schwab*, BFuP 1998, S. 42.
18 Rechnungslegungs- und Prüfungsgrundsätze für die Abschlussprüfung, FN-IDW 2009, S. 533ff.

§ 342a Rechnungslegungsbeirat

(1) Beim Bundesministerium der Justiz und für Verbraucherschutz wird vorbehaltlich Absatz 9 ein Rechnungslegungsbeirat mit den Aufgaben nach § 342 Abs. 1 Satz 1 gebildet.
(2) Der Rechnungslegungsbeirat setzt sich zusammen aus
1. einem Vertreter des Bundesministeriums der Justiz und für Verbraucherschutz als Vorsitzendem sowie je einem Vertreter des Bundesministeriums der Finanzen und des Bundesministeriums für Wirtschaft und Energie,
2. vier Vertretern von Unternehmen,
3. vier Vertretern der wirtschaftsprüfenden Berufe,
4. zwei Vertretern der Hochschulen.
(3) ¹Die Mitglieder des Rechnungslegungsbeirats werden durch das Bundesministerium der Justiz und für Verbraucherschutz berufen. ²Als Mitglieder sollen nur Rechnungsleger berufen werden.
(4) ¹Die Mitglieder des Rechnungslegungsbeirats sind unabhängig und nicht weisungsgebunden. ²Ihre Tätigkeit im Beirat ist ehrenamtlich.
(5) Das Bundesministerium der Justiz und für Verbraucherschutz kann eine Geschäftsordnung für den Beirat erlassen.
(6) Der Beirat kann für bestimmte Sachgebiete Fachausschüsse und Arbeitskreise einsetzen.
(7) ¹Der Beirat, seine Fachausschüsse und Arbeitskreise sind beschlußfähig, wenn mindestens zwei Drittel der Mitglieder anwesend sind. ²Bei Abstimmungen entscheidet die Stimmenmehrheit, bei Stimmengleichheit die Stimme des Vorsitzenden.
(8) Für die Empfehlungen des Rechnungslegungsbeirats gilt § 342 Abs. 2 entsprechend.
(9) Die Bildung eines Rechnungslegungsbeirats nach Absatz 1 unterbleibt, soweit das Bundesministerium der Justiz und für Verbraucherschutz eine Einrichtung nach § 342 Abs. 1 anerkennt.

WP STB CVA KLAUS BERTRAM

Inhaltsübersicht	Rz
1 Überblick	1–2
2 Rechnungslegungsbeirat	3–6
2.1 Zustandekommen und Aufgaben (Abs. 1 und Abs. 9)	3–4
2.2 Zusammensetzung und Organisation (Abs. 2 bis Abs. 7)	5
2.3 Empfehlungen (Abs. 8)	6

1 Überblick

1 Mit § 342a HGB wurde im Zuge des KonTraG vom Gesetzgeber Vorsorge getroffen, dass im Fall des Nichtzustandekommens eines privaten Rechnungslegungsgremiums i.S.v. § 342 HGB eine gesetzliche Regelung zur Schließung dieser Lücke besteht.

2 Gesetzestechnisch stellt § 342a HGB somit einen **Auffangtatbestand** dar, der greift, falls kein privates Rechnungslegungsgremium vom BMJ gem. § 342 Abs. 1 HGB anerkannt wird. Nachdem das DRSC am 28.6.2010 den Standardisierungsvertrag mit dem BMJ mit Wirkung zum 31.12.2010 gekündigt hatte,[1] wäre ab dem 1.1.2011 eigentlich vom BMJ ein Rechnungslegungsbeirat einzurichten gewesen. Dies ist aber nicht erfolgt, da von vielen Beteiligten Bemühungen unternommen wurden, das DRSC auf geänderter Grundlage wieder als deutschen Standardsetter zu etablieren. Dies erfolgte letztendlich im Verlauf des Jahres 2011 auch, so dass am 2.12.2011 ein neuer Standardisierungsvertrag zwischen dem DRSC und dem BMJ geschlossen wurde.[2] Somit wird § 342a HGB wohl auch künftig ohne Anwendungsbereich bleiben.

2 Rechnungslegungsbeirat

2.1 Zustandekommen und Aufgaben (Abs. 1 und Abs. 9)

3 Abs. 1 weist dem BMJ die **Kompetenz zur Bildung eines Rechnungslegungsbeirats** zu. Der Vorbehalt auf Abs. 9 macht die derzeitige Funktion der Vorschrift deutlich, nämlich als Auffangtatbestand, falls kein privates Rechnungslegungsgremium anerkannt ist. Da das DRSC vom BMJ (wieder) anerkannt ist, ist gem. Abs. 9 kein Rechnungslegungsbeirat zu bilden (Rz 2).

4 Der **Aufgabenbereich** des Rechnungslegungsbeirats entspricht dem des Standardisierungsgremiums, wie der Verweis auf § 342 Abs. 1 HGB verdeutlicht. Zu den Aufgabenbereichen im Einzelnen s. § 342 Rz 8.

2.2 Zusammensetzung und Organisation (Abs. 2 bis Abs. 7)

5 Die Abs. 2 bis 7 enthalten Vorgaben für die **Zusammensetzung** sowie die **Organisation** des Rechnungslegungsbeirats. Diese Vorgaben betreffen
- personelle Zusammensetzung (Abs. 2),[3]
- Qualifikation (Rechnungsleger, Abs. 3),
- Unabhängigkeit (Abs. 4),
- Erlass einer Geschäftsordnung durch das BMJ (Abs. 5),
- Zulässigkeit der Bildung von Fachausschüssen und Arbeitskreisen (Abs. 6),
- Beschlussfähigkeit (Abs. 7).

---

[1] Vgl. Pressemitteilung des DRSC v. 28.6.2010, http://www.drsc.de/docs/press_releases/2010/100628_neuordnungDRSC.pdf, letzter Abruf am 27.6.2016.

[2] Vgl. https://www.drsc.de/app/uploads/2017/03/111202_SV_BMJ-DRSC.pdf, letzter Abruf am 1.6.2017.

[3] Hier gibt es Abweichungen zur personellen Besetzung des Standardisierungsrats (DSR), da bei diesem keine Vertreter der in § 342a Abs. 2 genannten Ministerien und auch keine Sitzverteilung auf bestimmte Rechnungslegergruppen vorgesehen sind.

2.3 Empfehlungen (Abs. 8)

Die vom Rechnungslegungsbeirat im Fall seiner Bildung abzugebenden Empfehlungen haben denselben Charakter wie die des DRSC, wie der Verweis auf § 342 Abs. 2 HGB klarstellt (vgl. hierzu im Einzelnen § 342 Rz 14).

§ 342b Prüfstelle für Rechnungslegung

(1) ¹Das Bundesministerium der Justiz und für Verbraucherschutz kann im Einvernehmen mit dem Bundesministerium der Finanzen eine privatrechtlich organisierte Einrichtung zur Prüfung von Verstößen gegen Rechnungslegungsvorschriften durch Vertrag anerkennen (Prüfstelle) und ihr die in den folgenden Absätzen festgelegten Aufgaben übertragen. ²Es darf nur eine solche Einrichtung anerkannt werden, die aufgrund ihrer Satzung, ihrer personellen Zusammensetzung und der von ihr vorgelegten Verfahrensordnung gewährleistet, dass die Prüfung unabhängig, sachverständig, vertraulich und unter Einhaltung eines festgelegten Verfahrensablaufs erfolgt. ³Änderungen der Satzung und der Verfahrensordnung sind vom Bundesministerium der Justiz und für Verbraucherschutz im Einvernehmen mit dem Bundesministerium der Finanzen zu genehmigen. ⁴Die Prüfstelle kann sich bei der Durchführung ihrer Aufgaben anderer Personen bedienen. ⁵Das Bundesministerium der Justiz und für Verbraucherschutz macht die Anerkennung einer Prüfstelle sowie eine Beendigung der Anerkennung im amtlichen Teil des Bundesanzeigers bekannt.

(2) ¹Die Prüfstelle prüft, ob der zuletzt festgestellte Jahresabschluss und der zugehörige Lagebericht oder der zuletzt gebilligte Konzernabschluss und der zugehörige Konzernlagebericht, der zuletzt veröffentlichte verkürzte Abschluss und der zugehörige Zwischenlagebericht sowie zuletzt veröffentlichte Zahlungsberichte oder Konzernzahlungsberichte, jeweils einschließlich der zugrunde liegenden Buchführung, eines Unternehmens i.S.d. Satzes 2 den gesetzlichen Vorschriften einschließlich der Grundsätze ordnungsmäßiger Buchführung oder den sonstigen durch Gesetz zugelassenen Rechnungslegungsstandards entspricht. ²Geprüft werden die Abschlüsse und Berichte von Unternehmen, deren Wertpapiere i.S.d. Satzes § 2 Abs. 1 Satz 1 des Wertpapierhandelsgesetzes die Bundesrepublik Deutschland als Herkunftsland haben; unberücksichtigt bleiben hierbei Anteile und Aktien an offenen Investmentvermögen i.S.d. § 1 Absatz 4 des Kapitalanlagegesetzbuch.³ Die Prüfstelle prüft,
1. soweit konkrete Anhaltspunkte für einen Verstoß gegen Rechnungslegungsvorschriften vorliegen,
2. auf Verlangen der Bundesanstalt für Finanzdienstleistungsaufsicht oder
3. ohne besonderen Anlass (stichprobenartige Prüfung).

⁴Im Fall des Satzes 3 Nr. 1 unterbleibt die Prüfung, wenn offensichtlich kein öffentliches Interesse an der Prüfung besteht; Satz 3 Nr. 3 ist auf die Prüfung des verkürzten Abschlusses und des zugehörigen Zwischenlageberichts nicht anzuwenden. ⁵Die stichprobenartige Prüfung erfolgt nach den von der Prüfstelle im Einvernehmen mit dem Bundesministerium der Justiz und für Verbraucherschutz und dem Bundesministerium der Finanzen festgelegten Grundsätzen. ⁶Das Bundesministerium der Finanzen kann die Ermächtigung zur Erteilung seines Einvernehmens auf die Bundesanstalt für Finanzdienstleistungsaufsicht übertragen. ⁷Die Prüfung kann trotz Wegfalls der Zulassung der Wertpapiere zum Handel im organisierten Markt fortgesetzt wer-

den, insbesondere dann, wenn Gegenstand der Prüfung ein Fehler ist, an dessen Bekanntmachung ein öffentliches Interesse besteht.
(2a) Prüfungsgegenstand nach Absatz 2 können auch die Abschlüsse und Berichte sein, die das Geschäftsjahr zum Gegenstand haben, das dem Geschäftsjahr vorausgeht, auf das Absatz 2 Satz 1 Bezug nimmt. Eine stichprobenartige Prüfung ist hierbei nicht zulässig.
(3) [1]Eine Prüfung des Jahresabschlusses und des zugehörigen Lageberichts durch die Prüfstelle findet nicht statt, solange eine Klage auf Nichtigkeit gem. § 256 Abs. 7 des Aktiengesetzes anhängig ist. [2]Wenn nach § 142 Abs. 1 oder Abs. 2 oder § 258 Abs. 1 des Aktiengesetzes ein Sonderprüfer bestellt worden ist, findet eine Prüfung ebenfalls nicht statt, soweit der Gegenstand der Sonderprüfung, der Prüfungsbericht oder eine gerichtliche Entscheidung über die abschließenden Feststellungen der Sonderprüfer nach § 260 des Aktiengesetzes reichen.
(4) [1]Wenn das Unternehmen bei einer Prüfung durch die Prüfstelle mitwirkt, sind die gesetzlichen Vertreter des Unternehmens und die sonstigen Personen, derer sich die gesetzlichen Vertreter bei der Mitwirkung bedienen, verpflichtet, richtige und vollständige Auskünfte zu erteilen und richtige und vollständige Unterlagen vorzulegen. [2]Die Auskunft und die Vorlage von Unterlagen kann verweigert werden, soweit diese den Verpflichteten oder einen seiner in § 52 Abs. 1 der Strafprozessordnung bezeichneten Angehörigen der Gefahr strafgerichtlicher Verfolgung oder eines Verfahrens nach dem Gesetz über Ordnungswidrigkeiten aussetzen würde. [3]Der Verpflichtete ist über sein Recht zur Verweigerung zu belehren.
(5) [1]Die Prüfstelle teilt dem Unternehmen das Ergebnis der Prüfung mit. [2]Ergibt die Prüfung, dass die Rechnungslegung fehlerhaft ist, so hat sie ihre Entscheidung zu begründen und dem Unternehmen unter Bestimmung einer angemessenen Frist Gelegenheit zur Äußerung zu geben, ob es mit dem Ergebnis der Prüfstelle einverstanden ist.
(6) [1]Die Prüfstelle berichtet der Bundesanstalt für Finanzdienstleistungsaufsicht über:
1. die Absicht, eine Prüfung einzuleiten,
2. die Weigerung des betroffenen Unternehmens, an einer Prüfung mitzuwirken,
3. das Ergebnis der Prüfung und gegebenenfalls darüber, ob sich das Unternehmen mit dem Prüfungsergebnis einverstanden erklärt hat.

[2]Ein Rechtsbehelf dagegen ist nicht statthaft.
(7) Die Prüfstelle und ihre Beschäftigten sind zur gewissenhaften und unparteiischen Prüfung verpflichtet; sie haften für durch die Prüfungstätigkeit verursachte Schäden nur bei Vorsatz.
(8) [1]Die Prüfstelle zeigt Tatsachen, die den Verdacht einer Straftat im Zusammenhang mit der Rechnungslegung eines Unternehmens begründen, der für die Verfolgung zuständigen Behörde an. [2]Tatsachen, die auf das Vorliegen einer Berufspflichtverletzung durch den Abschlussprüfer schließen lassen, übermittelt sie der Abschlussprüferaufsichtsstelle beim Bundesamt für Wirtschaft und Ausfuhrkontrolle.
(9) Die Prüfstelle stellt der Europäischen Wertpapier- und Marktaufsichtsbehörde gem. Artikel 35 der Verordnung (EU) Nr. 1095/2010 des Europäischen

Parlaments und des Rates vom 24. November 2010 zur Errichtung einer Europäischen Aufsichtsbehörde (Europäische Wertpapier- und Marktaufsichtsbehörde), zur Änderung des Beschlusses Nr. 716/2009/EG und zur Aufhebung des Beschlusses 2009/77/EG der Kommission (Abl. L 331 vom 15.12.2010, S. 84; L 115 vom 27.4.2012, S. 35), die zuletzt durch die Richtlinie 2014/51/EU (Abl. L 153 vom 22.5.2014, S. 1) geändert worden ist, auf Verlangen unverzüglich alle für die Erfüllung ihrer Aufgaben erforderlichen Informationen zur Verfügung.

WP/STB PROF. DR. BETTINA THORMANN/WP PROF. DR. INGO ZEMPEL[1]

Inhaltsübersicht Rz
1 Überblick 1–16
   1.1 Gesetzesgeschichte 1–5
   1.2 Zweistufiges *Enforcement*-Verfahren 6–9
   1.3 Sanktionssystem bei fehlerhafter Rechnungslegung 10–16
      1.3.1 Veröffentlichung anstelle von Berichtigung 10
      1.3.2 Öffentliches Interesse 11–13
      1.3.3 Rechtsmittel gegen die Anordnung der BaFin 14–16
2 Privatrechtliche *Enforcement*-Institution (Abs. 1) 17–37
   2.1 Normzweck und Regelungsinhalt 17–19
   2.2 Errichtung der Prüfstelle 20–25
      2.2.1 Delegationskompetenz 20–22
      2.2.2 Struktur der Prüfstelle 23–25
   2.3 Anerkennungsvoraussetzungen 26–31
   2.4 Genehmigungsvorbehalt 32
   2.5 Beiziehung externer Personen 33–35
   2.6 Anerkennungsbekanntmachung 36–37
3 Prüfungsgegenstand und Prüfungsanlässe (Abs. 2 und 2a) 38–70
   3.1 Normzweck und Regelungsinhalt 38
   3.2 Prüfungsgegenstand 39–44
   3.3 Kreis der geprüften Unternehmen 45–46
   3.4 Prüfungsmaßstab 47–57
      3.4.1 Allgemeine Rechnungslegungsvorschriften 47–48
      3.4.2 Grundsatz der Wesentlichkeit 49–52
      3.4.3 *Enforcement* bei Ermessensentscheidungen 53–55
      3.4.4 Prüfungsumfang 56–57
   3.5 Prüfungsanlässe 58–70
      3.5.1 Anlassprüfung 59–64
      3.5.2 Prüfung auf Verlangen der BaFin 65
      3.5.3 Stichprobenprüfung 66–70
4 Subsidiarität zur Nichtigkeitsklage und Sonderprüfung (Abs. 3) 71–74
   4.1 Normzweck und Regelungsinhalt 71
   4.2 Nichtigkeitsklage 72

---

[1] Die Autoren geben ihre persönliche Auffassung wieder.

4.3	Sonderprüfung	73
4.4	Konzernabschluss	74
5	Auskunfts- und Vorlagepflichten bei Prüfungsmitwirkung (Abs. 4)	75–86
5.1	Normzweck und Regelungsinhalt	75
5.2	Freiwilligkeit der Mitwirkung	76–77
5.3	Umfang der Mitwirkungspflicht	78–82
5.4	Ausnahmen von der Auskunfts- und Vorlagepflicht	83–84
5.5	Beendigung der Mitwirkung	85–86
6	Verfahrensabschluss bei der DPR (Abs. 5)	87–93
6.1	Normzweck und Regelungsinhalt	87
6.2	Adressat des Prüfungsergebnisses	88
6.3	Folgen bei fehlerfreier Rechnungslegung	89
6.4	Folgen bei fehlerhafter Rechnungslegung	90–93
7	Berichterstattungspflichten gegenüber der BaFin (Abs. 6)	94–99
7.1	Normzweck und Regelungsinhalt	94
7.2	Anlässe der Berichterstattung	95–99
7.2.1	Prüfungseinleitung	95–96
7.2.2	Mitwirkungsverweigerung	97
7.2.3	Ergebnis der Prüfung	98–99
8	Gewissenhaftigkeit und Unparteilichkeit der Prüfung (Abs. 7)	100–103
8.1	Normzweck und Regelungsinhalt	100
8.2	Pflichtenkreis und Haftung	101–103
9	Anzeigepflichten der Prüfstelle (Abs. 8)	104–107
9.1	Normzweck und Regelungsinhalt	104
9.2	Verdacht von Straftaten	105
9.3	Verdacht von Berufspflichtverletzungen	106
9.4	Umfang der Anzeige	107
10	Weitergabe von Informationen und Unterlagen an die ESMA (Abs. 9)	108

1 Überblick

1.1 Gesetzesgeschichte

Als Folge von Zweifeln an der Funktionsfähigkeit des KM wurde im Mai 2000 die Regierungskommission „*Corporate Governance*" (sog. *Baums*-Kommission) u. a. mit der Aufgabe eingesetzt, mögliche Defizite bei der Unternehmenskontrolle zu identifizieren und Lösungsvorschläge zu erarbeiten. In dem im Juli 2001 vorgelegten Bericht wird auch empfohlen, eine nach dem Vorbild des britischen *Financial Reporting Review Panel (FRRP)* privatwirtschaftlich getragene und organisierte Einrichtung vorzusehen, die „groben Verstößen gegen Rechnungslegungsvorschriften"[2] nachzugehen hat. Bereits im Juni 2000 hatte die EU-Kom-

1

---

[2] Bericht der Regierungskommission „*Corporate Governance*" v. 11.7.2001, Rz 278.

mission festgestellt, dass für das Funktionieren des europäischen KM ein effizientes *Enforcement*-System unabdingbar sei.[3]

2 Diese Empfehlungen wurden vom 10-Punkte-Programm der Bundesregierung zur Stärkung der Unternehmensintegrität und des Anlegerschutzes vom 25.2.2003 aufgegriffen und mit dem BilKoG vom 15.12.2004 vornehmlich in den §§ 342b–e HGB, Art. 56 EGHGB und §§ 37n–u WpHG umgesetzt. Mit diesem Gesetzgebungsvorhaben sollen die Qualität der Rechnungslegung verbessert (Präventionsfunktion) und Verstöße aufgedeckt und dem KM bekannt gemacht werden (Sanktionsfunktion).[4]

3 Die Umsetzung der EU-Transparenzrichtlinie (2004/109/EG) in nationales Recht durch das Transparenzrichtlinie-Umsetzungsgesetz (TUG)[5] im Jahr 2007 hatte zur Folge, dass neben den Jahresfinanzberichten der Unt auch deren Halbjahresfinanzberichte im Rahmen eines *Enforcement*-Verfahrens geprüft werden konnten.

4 Im Jahr 2015 wurden die *Enforcement*-Vorschriften durch das Gesetz zur Umsetzung der Transparenzrichtlinie-Änderungsrichtlinie[6] an folgenden Stellen geändert: Der Kreis der geprüften Unt wurde neu bestimmt (Rz 45); der Prüfungsgegenstand wurde auf den (Konzern-)Zahlungsbericht von Unt bestimmter Rohstoffsektoren ausgeweitet (Rz 39); die Prüfung der Abschlüsse und Berichte des Vorjahres wurde ergänzend ermöglicht (Rz 40).

5 Weitere Änderungen der gesetzlichen Vorschriften zum *Enforcement* wurden durch das Abschlussprüfungsreformgesetz (AReG)[7] und das Abschlussprüferaufsichtsreformgesetz (APAReG)[8] im Jahr 2016 vorgenommen. Durch das AReG wurde die den Finanzberichten zugrunde liegende Buchführung in die Bilanzkontrolle einbezogen (Rz 39) und die Möglichkeit zur Fortführung einer Prüfung trotz Wegfall der Börsennotierung geregelt (Rz 42). Seit der Neuordnung der Berufsaufsicht über die AP durch das APAReG besteht die Informationspflicht der DPR bei Vorliegen von Anhaltspunkten für Berufspflichtverletzungen durch den AP nicht mehr gegenüber der Wirtschaftsprüferkammer (WPK), sondern gegenüber der Abschlussprüferaufsichtsstelle (APAS) beim Bundesamt für Wirtschaft und Ausfuhrkontrolle (BAFA) (Rz 106). Des Weiteren wurde in 2017 im Rahmen des Zweiten Finanzmarktnovellierungsgesetzes (2. FiMaNoG)[9] klargestellt, dass der European Securities and Markets Authority (ESMA) alle zur Erfüllung ihrer Aufgaben erforderlichen Informationen und

---

[3] Vgl. Mitteilung an den Rat und das Europäische Parlament v. 13.6.2000 „Rechnungslegungsstrategie der EU: Künftiges Vorgehen", S. 10.
[4] Vgl. ausdrücklich BegrRegE BilKoG, BT-Drs. 15/3421 S. 11.
[5] Transparenzrichtlinie-Umsetzungsgesetz v. 5.1.2007, BGBl 2007 Teil I Nr. 1 S. 10.
[6] Gesetz zur Umsetzung der Transparenzrichtlinie-Änderungsrichtlinie v. 20.11.2015, BGBl. 2015 Teil I Nr. 46 S. 2029.
[7] Gesetz zur Umsetzung der prüfungsbezogenen Regelungen der Richtlinie 2014/56/EU sowie zur Ausführung der entsprechenden Vorgaben der EU-Verordnung Nr. 537/2014 im Hinblick auf die Abschlussprüfung bei Unternehmen von öffentlichem Interesse v. 10.5.2016, BGBl 2016 Teil I Nr. 23 S. 1142.
[8] Gesetz zur Umsetzung der aufsichts- und berufsrechtlichen Regelungen der Richtlinie 2014/56/EU sowie zur Ausführung der entsprechenden Vorgaben der EU-Verordnung Nr. 537/2014 im Hinblick auf die Abschlussprüfung bei Unternehmen von öffentlichem Interesse v. 31.3.2016, BGBl 2016 Teil I Nr. 14 S. 518.
[9] Zweites Gesetz zur Novellierung von Finanzmarktvorschriften auf Grund europäischer Rechtsakte v. 23.6.2017.

Unterlagen unverzüglich zur Verfügung zu stellen sind (Rz 108). Die durch die CSR-Richtlinie[10] eingeführte „nichtfinanzielle Erklärung" unterliegt keiner inhaltlichen Prüfung durch die DPR (Rz 39).

1.2 Zweistufiges *Enforcement*-Verfahren

Auf Basis einer intensiven Diskussion hat sich der deutsche Gesetzgeber letztlich dafür entschieden, das *Enforcement*-System in Deutschland zweistufig auszugestalten: mit einer privatrechtlich organisierten Organisation auf der 1. Stufe und der staatlichen BaFin auf der 2. Stufe.

Die Vertretung des deutschen *Enforcement*-Systems im Ausland wird primär von der BaFin wahrgenommen. Dies hat jedoch im Benehmen mit der DPR zu erfolgen (§ 37s WpHG). Die Kooperation mit den europäischen *Enforcement*-Institutionen findet in erster Linie im Rahmen der mehrmals im Jahr stattfindenden *European Enforcers Coordination Sessions (EECS)* statt. Die *EECS* liegen im Verantwortungsbereich der ESMA – der Nachfolgeinstitution des *Committee of European Securities Regulators (CESR)*. Zu den Aufgaben von ESMA gehören neben der Kapital- und Finanzmarktaufsicht auch die Koordination und die Vereinheitlichung des Rechnungslegungs-*Enforcement* in der EU.[11]

Im Regelfall wird das Prüfverfahren – bei freiwilligem Mitwirken des jeweils betroffenen Unt – ausschließlich auf der 1. Stufe abgewickelt. Damit soll die Idee einer Prüfung zwischen privatrechtlich geprägten Institutionen i. S. d. Selbstorganisation der Wirtschaft realisiert werden. Die BaFin selbst darf daher regelmäßig nur dann Prüfungsaktivitäten übernehmen, wenn das zu prüfende Unt seine Mitwirkung bei der Prüfung auf der 1. Stufe verweigert oder der auf der 1. Stufe getroffenen Fehlerfeststellung nicht zustimmt.[12] Daraus wird klar, dass auf der 1. Stufe ein eigenständiges Prüfverfahren stattfindet.[13]

Das Verfahren zur Fehlerveröffentlichung – weitere Sanktionsmaßnahmen als die Fehlerveröffentlichung hat der Gesetzgeber in Deutschland nicht eingeführt – ist dagegen ausschließlich auf der 2. Stufe angesiedelt und damit der BaFin zugeordnet, die dabei mit ihren hoheitlichen Mitteln agieren kann. Entsprechend kann die BaFin per Verwaltungsakt gegenüber dem Unt anordnen, die Fehlerfeststellung nebst Begründung nach Maßgabe von § 37q Abs. 2 WpHG allgemein zugänglich zu veröffentlichen.[14]

Seit November 2009 kann die DPR Auskünfte zu bestimmten Rechnungslegungsproblemen an die Unt bereits im Vorfeld der Abschlusserstellung ertei-

---

10 In Deutschland durch das Gesetz zur Stärkung der nichtfinanziellen Berichterstattung der Unternehmen in ihren Lage- und Konzernlageberichten (CSR-Richtlinie-Umsetzungsgesetz) v. 11.4.2017, BGBl 2017 Teil I Nr. 20 S. 802 in nationales Recht umgesetzt.
11 Vgl. *Hoffmann/Detzen*, DB 2011, S. 1261.
12 Vgl. § 37p Abs. 1 WpHG und die dort beschriebenen weiteren Aufgriffstatbestände für die Einleitung einer Prüfung durch die BaFin.
13 Hätte der Gesetzgeber auf der 1. Stufe nur „Vor-Ermittlungen" angesiedelt, wäre die Akzeptanz der privatrechtlich organisierten Einrichtung bei den zu prüfenden Unt von vornherein infrage gestellt worden.
14 Zu weiteren Einzelheiten des Fehlerveröffentlichungsverfahrens vgl. *Kumm/Müller*, IRZ 2009, S. 77.

len.¹⁵ Unabdingbare Bestandteile einer solchen schriftlich zu stellenden fallbezogenen Voranfrage sind ein hinreichend konkretisierter Sachverhalt, die vom Unt vorgeschlagene bilanzielle Behandlung sowie eine Stellungnahme des AP. Sofern die DPR die Voranfrage annimmt, teilt die DPR ihre – rechtlich nicht verbindliche – Auffassung dem Unt mit. Mit diesem Verfahren können Fehler bereits bei der Abschlusserstellung vermieden werden, was die präventive Funktion der DPR stärkt.

1.3 Sanktionssystem bei fehlerhafter Rechnungslegung

1.3.1 Veröffentlichung anstelle von Berichtigung

10 Als Folge einer fehlerhaften Rechnungslegung sieht das deutsche *Enforcement*-System als Sanktion nicht wie z.B. in den USA eine Berichtigungspflicht (Restatement) vor, sondern lediglich eine Veröffentlichung der festgestellten Fehler (§ 37q Abs. 2 WpHG) durch das betroffene Unt. Entscheidend sei – so die Regierungsbegründung¹⁶ – die Information des KM.¹⁷

1.3.2 Öffentliches Interesse

11 Voraussetzung einer Veröffentlichung ist das öffentliche Interesse hieran. Liegt dieses nicht vor, hat die BaFin nach § 37q Abs. 2 Satz 2 WpHG von Amts wegen von einer entsprechenden Anordnung abzusehen. Das Unt kann aber auch einen Antrag auf Verzicht einer Veröffentlichung stellen, wenn diese geeignet ist, den berechtigten Interessen des Unt zu schaden (§ 37q Abs. 2 Satz 3 WpHG). Dann hat die BaFin eine Güterabwägung vorzunehmen und das Interesse der Öffentlichkeit demjenigen des Unt an einer Geheimhaltung gegenüberzustellen.

12 Der Zweck des *Enforcement*-Verfahrens, den KM rasch zu informieren, verdeutlicht aber, dass ein Verzicht auf eine Veröffentlichung die Ausnahme darstellen sollte.¹⁸ Diese allgemeine Beurteilung wird durch den Beschluss des OLG Frankfurt am Main vom 14.6.2007 und dessen Folgebeschlüsse bestätigt.¹⁹ In dieser Entscheidung stellt das Gericht klar, dass das öffentliche Interesse nicht bereits dadurch entfällt, dass zwischenzeitlich ein neuer Abschluss vorliegt, in dem der festgestellte Fehler korrigiert wurde, und berechtigte Interessen nicht schon deswegen anzunehmen sind, weil der Aktienkurs negativ beeinflusst werden könnte.

13 Diese Wertung spiegelt sich auch in der Entscheidungspraxis der BaFin wider: Bei insgesamt 234 Fehlerfeststellungen in den Jahren 2005–2016 wurde nur in acht Fällen von einer Fehlerveröffentlichung abgesehen.²⁰

---

15 Vgl. *Zülch et al*, DB 2014, S. 609–614; *Brandt*, FS von Rosen, 2008, S. 629; *Schildbach*, StuB 2006, S. 924 sowie *Schön*, DB 2008, S. 1027, mit der Replik dazu von *Berger*, DB 2008, S. 1843.
16 Vgl. BegrRegE BilKoG, BT-Drs. 15/3421 S. 18.
17 Wegen der fehlenden Möglichkeit, eine Berichtigung zu verlangen, hat die BaFin gegenüber der ESMA ein Abweichen von *ESMA Guideline 7* erklärt. Vgl. ESMA, Guidelines compliance table, März 2015.
18 Vgl. ausdrücklich BegrRegE BilKoG, BT-Drs. 15/3421 S. 11.
19 Vgl. OLG Frankfurt a.M., Beschluss v. 14.6.2007, WpÜG 1/07; OLG Frankfurt a.M., Beschluss v. 22.1.2009, WpÜG 1 und 3/08; OLG Frankfurt a.M., Beschluss v. 31.5.2012, WpÜG 2 und 3/12; OLG Frankfurt a.M., Beschluss v. 7.1.2016, WpÜG 1/15 und 2/15.
20 Vgl. BaFin, Jahresberichte 2013 bis 2016 Abschnitt V.5 „Bilanzkontrolle".

1.3.3 Rechtsmittel gegen die Anordnung der BaFin

Bei der Anordnung der **BaFin** zur Fehlerveröffentlichung handelt es sich um einen belastenden Verwaltungsakt, gegen den nach § 37t WpHG **Widerspruch** eingelegt werden kann. Über Recht- und Zweckmäßigkeit des Widerspruchs entscheidet die BaFin selbst.[21] Gegen diese Entscheidung wiederum kann das Unt sich mit einer **Beschwerde** nach § 37u WpHG i.V.m. § 48 Abs. 4 WpÜG an das OLG Frankfurt am Main wenden.

Weder Widerspruch noch Beschwerde (§§ 37t Abs. 2 bzw. 37u Abs. 1 Satz 2 WpHG) haben aufschiebende Wirkung. Hiermit hat der Gesetzgeber dem Interesse des KM an einer zeitnahen, effektiven und beschleunigten Überprüfung der Rechnungslegung den Vorrang vor dem Grundsatz der aufschiebenden Wirkung eines Rechtsmittels gegen belastende Verwaltungsakte gegeben.

Die **aufschiebende Wirkung** einer Fehlerveröffentlichung kann aber nach § 37u Abs. 2 WpHG i.V.m. § 50 Abs. 3 WpÜG erreicht werden, wenn „ernsthafte Zweifel an der Rechtmäßigkeit" der Verfügung der BaFin bestehen. In der Praxis hat ein Unt unter Berufung auf diese Vorschrift bewirkt, dass die Veröffentlichung aufgeschoben wurde.[22]

2 Privatrechtliche *Enforcement*-Institution (Abs. 1)

2.1 Normzweck und Regelungsinhalt

Die Vorschrift des Abs. 1 schafft primär die Rechtsgrundlage für die Anerkennung einer privatrechtlich organisierten Institution als 1. Stufe des **zweistufigen** *Enforcement*-Verfahrens.

Die Regelungen spiegeln daher die verfahrenstechnischen und materiellen Voraussetzungen des Anerkennungsverfahrens zwischen der privatrechtlichen *Enforcement*-Institution auf der einen Seite und dem BMJV sowie dem BMF auf der anderen Seite wider.

Wenngleich in Abs. 1 selbst nur einzelne zentrale Anerkennungsvoraussetzungen benannt werden, sichern sich BMJV und BMF letztlich über die von der privatrechtlichen *Enforcement*-Institution vorzulegende Satzung nebst Verfahrensordnung eine sehr viel detailliertere Einsichtsmöglichkeit in die tatsächliche Ausgestaltung der Gesamtorganisation und insb. den Ablauf eines Prüfungsverfahrens.

2.2 Errichtung der Prüfstelle

2.2.1 Delegationskompetenz

Mit Abs. 1 Satz 1 schafft der Gesetzgeber die Möglichkeit, eine privatrechtlich organisierte Institution – der Legaldefinition nach als Prüfstelle bezeichnet – mit der *Enforcement*-Aufgabe zu betrauen. Gleichwohl ist für den Fall vorgesorgt, dass davon nicht Gebrauch gemacht wird oder die Aufgabendelegation scheitert. Denn letztlich kann und darf die öffentliche Hand keinen verbindlichen Einfluss bei der Errichtung und dem Fortbestehen einer solchen Institution ausüben.

---

[21] Vgl. *Giesberts*, in *Hirte/Möllers*, KölnKomm. WpHG, § 37t Rz 10, 2. Aufl., 2014.
[22] Vgl. OLG Frankfurt a.M., Beschluss v. 14.6.2007, WpÜG 1/07.

Diese demnach zwingend notwendige öffentliche Reservefunktion wird gem. §§ 37n f. WpHG der BaFin zugewiesen.

21 Tatsächlich haben BMJV und BMF einen **Anerkennungsvertrag** mit dem DPR e.V.[23] als Prüfstelle i.S.v. Abs. 1 Satz 1 geschlossen (30.3.2005) und ihm dadurch die in § 342b HGB definierte Aufgabenstellung übertragen.[24]

22 Der DPR e.V. selbst, dessen Vereinszweck gerade in der Trägerschaft einer weisungsunabhängigen Prüfstelle zur Prüfung von Verstößen gegen Rechnungslegungsvorschriften gem. §§ 342b ff. HGB liegt (§ 2 Abs. 1 Buchst. a Vereinssatzung), ist am 14.5.2004 von 15 Berufs- und Interessenvertretungen aus dem Bereich der Rechnungslegung[25] im Benehmen mit dem BMJV – parallel zum Gesetzgebungsverfahren für die Einführung des *Enforcement* der Rechnungslegung in Deutschland (BilKoG) – gegründet und am 10.9.2004 in das Vereinsregister eingetragen worden.

2.2.2 Struktur der Prüfstelle

23 Der DPR e.V. hat als obligatorische Vereinsorgane einen Vorstand und eine Mitgliederversammlung sowie als fakultative Vereinsorgane die Prüfstelle und den Nominierungsausschuss (§ 6 Abs. 1 Vereinssatzung).[26] Weiterhin ist nach § 7 Abs. 2 Satz 2 Vereinssatzung ein Geschäftsführer zu bestellen.

24 Von zentraler Bedeutung ist das Vereinsorgan Prüfstelle (im Folgenden auch als DPR bezeichnet), das die operative Tätigkeit mit der Durchführung des *Enforcement*-Verfahren leistet.[27] Die Prüfstelle selbst besteht nach § 9 Abs. 1 Satz 1 Vereinssatzung aus dem Präsidium (Präsident und Vizepräsident) und mindestens drei weiteren Personen (allesamt als „Mitglieder der Prüfstelle" bezeichnet).[28] Das Präsidium und der Geschäftsführer bilden zusammen die Leitung der Prüfstelle.

25 Wenngleich die Aufgabe des DPR e.V. primär darin liegt, als Trägerverein für die Prüfstelle zu fungieren, um dessen Außenrechtsfähigkeit zu gewährleisten, werden auch von den übrigen Vereinsorganen **wichtige Aufgaben** wahrgenommen. So obliegen dem – ehrenamtlich tätigen – Vorstand die Rechnungslegung des DPR e.V. und der Abschluss der Dienstverträge mit den Beschäftigten,[29] der Mitgliederversammlung die Beschlussfassung über den Wirtschaftsplan und die Wahl der Mitglieder des Vorstands und des Nominierungsausschusses und dem – ebenfalls ehrenamtlich tätigen – Nominierungsausschuss die Auswahl der Mitglieder der Prüfstelle.

---

[23] Im internationalen Kontext tritt der DPR e.V. auch unter der Bezeichnung „*Financial Reporting Enforcement Panel*" bzw. „*FREP*" auf.
[24] Generelle Information zum DPR e.V. und speziell zu dem in der Kommentierung angesprochenen Reglement sind unter www.frep.info zu finden.
[25] Zu einem späteren Zeitpunkt sind zwei weitere Verbände zum Mitgliederkreis hinzugetreten.
[26] Vgl. zur Struktur und zur Funktions- und Arbeitsweise des DPR e.V. ausführlich *Brandt*, FS von Rosen, 2008, S. 623.
[27] Aufgenommen hat die Prüfstelle ihre Tätigkeit entsprechend der gesetzlichen Vorgabe des Art. 56 Abs. 1 Satz 2 EGHGB mit dem 1.7.2005.
[28] Tatsächlich verfügt die Prüfstelle neben dem Präsidium über Planstellen für 16 weitere Mitglieder der Prüfstelle.
[29] Mitglieder der Prüfstelle, Geschäftsführer und Mitarbeiter der Geschäftsstelle.

2.3 Anerkennungsvoraussetzungen

Als Voraussetzung für den Abschluss eines Anerkennungsvertrags (Rz 21) benennt Abs. 1 Satz 2, dass die privatrechtliche Institution die *Enforcement*-Prüfungen auf Basis eines festgelegten Verfahrensablaufs unabhängig, sachverständig und vertraulich durchführen können muss, also nach Grundsätzen, die auch für den Bereich der Abschlussprüfung gelten. 26

Dass sämtliche dieser Anforderungen gewährleistet sind, muss sich – so die ausdrückliche gesetzliche Regelung – aus der Satzung, der Verfahrensordnung und der personellen Zusammensetzung ableiten lassen. 27

Wie die DPR eine *Enforcement*-Prüfung operativ abwickelt, ist zentral in der **Verfahrensordnung** geregelt, die sich das Vereinsorgan Prüfstelle satzungsgemäß gegeben hat und die entsprechend vom BMJV und BMF genehmigt worden ist.[30] Die Verfahrensordnung sieht insb. vor, dass innerhalb der Prüfstelle aus jeweils drei Mitgliedern (i. d. R. dem Präsidium und einem weiteren Mitglied) Kammern gebildet werden, die für die Urteilsfindung zuständig sind (§ 4 Verfahrensordnung). Die Durchführung der Prüfungshandlungen obliegt dem sog. fallverantwortlichen Prüfer (§ 6 Verfahrensordnung), dem ein Berichtskritiker zugeordnet wird (§ 8 Verfahrensordnung). Bestimmungen zum Verfahrensablauf, insb. zum Bereich der Erkenntnisgewinnung und der Urteilsfindung, finden sich in § 17 Verfahrensordnung. 28

Das Kriterium **Unabhängigkeit** ist von herausragender Bedeutung für jede prüfende Institution und damit auch für die DPR. Entsprechend umfassend sind die Bestimmungen in der Verfahrensordnung zu den Anforderungen, die sich inhaltlich an die Unabhängigkeitsanforderungen für die gesetzliche Abschlussprüfung anlehnen, und zu den entsprechenden Maßnahmen zur Sicherstellung der Unabhängigkeit gehalten (§§ 9 und 13 ff. Verfahrensordnung). 29

Sachverständigkeit verlangt auf jeden Fall eine hohe Qualifikation der Mitglieder der Prüfstelle in Hinblick auf deren Kenntnisse und praktische Erfahrungen mit den relevanten Rechnungslegungsstandards, d. h. primär mit den IFRS. Entsprechend muss der Nominierungsausschuss bei seiner Auswahlentscheidung insb. diesen Aspekt berücksichtigen.[31] 30

Die **Vertraulichkeit** des gesamten Verfahrensablaufs stellt den dritten Grundpfeiler dar, ohne den ein auf freiwilliger Mitwirkung der Unt beruhendes *Enforcement*-Verfahren[32] nicht denkbar wäre. Unbesehen der Regelungen, die sich die DPR selbst über die Vereinssatzung und die Verfahrensordnung auferlegt hat, ist das Verschwiegenheitsgebot auch nochmals gesetzlich gefasst (§ 342c HGB), um auch im internationalen Kontext entsprechendes Vertrauen durch eine ausdrückliche Gesetzesbestimmung sicherzustellen und im Übrigen auch entsprechende Sanktionen bei Verstößen androhen zu können.[33] 31

---

[30] Vgl. § 9 Abs. 5 Vereinssatzung; dort werden auch einige zwingend zu berücksichtigende Kernbestandteile definiert. Im Rahmen des Anerkennungsverfahrens des DPR e.V. als Prüfstelle i.S.v. Abs. 1 Satz 1 hat der Vorstand eine „Vorabfassung" vorgelegt, die die Prüfstelle unverzüglich nach ihrer Konstitution mit geringfügigen Modifikationen verabschiedet hat.
[31] Vgl. § 8 Abs. 4 und 7 i.V.m. § 9 Abs. 2 Vereinssatzung.
[32] Vgl. Abs. 4 Satz 1 und die dortige Kommentierung zu dieser Vorschrift.
[33] Vgl. die Strafrechtsbestimmung in § 333 HGB bzw. die zivilrechtliche Schadensersatzpflicht in § 342c HGB.

2.4 Genehmigungsvorbehalt

32 Mit der Vorschrift des Abs. 1 Satz 3 stellt der Gesetzgeber sicher, dass sowohl die Satzung als auch die Verfahrensordnung, die der Entscheidung über die Anerkennung der privatrechtlichen Institution als Prüfstelle i.S.v. Abs. 1 Satz 1 zugrunde gelegt wurden, nicht im Nachhinein autonom von der DPR geändert werden können. Entsprechend bedarf es jeweils der Genehmigung des BMJV im Einvernehmen mit dem BMF.

2.5 Beiziehung externer Personen

33 Die personellen Kapazitäten, über die die DPR verfügen kann, gründen sich primär auf die hauptberuflich bei der DPR beschäftigten Mitglieder der Prüfstelle. Daneben gestattet der Gesetzgeber der DPR, sich auch durch andere externe Personen unterstützen zu lassen (Abs. 1 Satz 4), was auch der BaFin möglich ist (§ 4 Abs. 3 FinDAG).

34 Die DPR macht davon auch tatsächlich Gebrauch, indem sie vornehmlich zur Abstützung ihrer Prüfungsergebnisse bei kritischen Prüffällen Gutachten von WPG und RA einholt, z.B. ein Gutachten zu einer komplexen Immobilienbewertung oder einer Leasinggestaltung. Die dafür erforderlichen finanziellen Mittel werden der DPR über das an den Wirtschaftsplan der DPR geknüpfte Finanzierungsverfahren bereitgestellt.

35 In Hinblick auf die Integritätsanforderungen Unabhängigkeit, Verschwiegenheit und das Verbot, vertrauliche Informationen zu verwerten, gelten für externe Personen dieselben Anforderungen wie für die Mitglieder der Prüfstelle (vgl. § 9 Abs. 2 Verfahrensordnung, § 342c Rz 6).

2.6 Anerkennungsbekanntmachung

36 Für die Veröffentlichung der Anerkennung und deren allfälliger Beendigung schreibt Abs. 1 Satz 5 dem BMJV den Einsatz des **Bundesanzeigers**[34] vor.

37 Damit ist sichergestellt, dass insb. die dem *Enforcement* unterliegenden Unt, aber auch die weitere Öffentlichkeit jederzeit auf einfache Weise die Legitimation des DPR e.V. nachvollziehen können.

3 Prüfungsgegenstand und Prüfungsanlässe (Abs. 2 und 2a)

3.1 Normzweck und Regelungsinhalt

38 Die Vorschriften des Abs. 2 dienen dazu, den Kern des *Enforcement*-Verfahrens zu regeln. Bestimmt werden der Prüfungsgegenstand, der Prüfungsmaßstab, der Kreis der zu prüfenden Unt sowie die Prüfungsanlässe. Abs. 2a, der durch das Gesetz zur Umsetzung der Transparenzrichtlinie-Änderungsrichtlinie im Jahr 2015 eingeführt wurde, dehnt den zeitlichen Anwendungsbereich des *Enforcement* von den zuletzt veröffentlichten Abschlüssen und Berichten des Unt auf die Finanzberichte des Vorjahres aus.

---

[34] Vgl. www.bundesanzeiger.de.

3.2 Prüfungsgegenstand

Gegenstand der Prüfung ist nach Abs. 2 Satz 1 der zuletzt festgestellte Jahresabschluss mit Lagebericht oder der zuletzt gebilligte Konzernabschluss mit Konzernlagebericht. Seit Verabschiedung des TUG im Jahr 2007 können auch der zuletzt veröffentlichte Halbjahresabschluss[35] mit Zwischenlagebericht und seit dem Gesetz zur Umsetzung der Transparenzrichtlinie-Änderungsrichtlinie aus dem Jahr 2015 der Zahlungs- oder Konzernzahlungsbericht von Unt, die in der mineralgewinnenden Industrie tätig sind oder Holzeinschlag in Primärwäldern betreiben, einer *Enforcement*-Prüfung unterzogen werden. Darüber hinaus wurde durch das AReG aus dem Jahr 2016 klargestellt, dass das *Enforcement* auch die Prüfung der den Finanzberichten des Unt zugrunde liegenden Buchführung umfasst. **Hauptgegenstand** der Prüfung sind die **Konzernabschlüsse**, da diese primär den Informationsinteressen des KM dienen. Die „nichtfinanzielle Erklärung" gem. CSR-Richtlinie, in der bspw. über Umwelt-, Sozial- und Arbeitnehmerbelange berichtet wird, unterliegt keiner inhaltlichen Prüfung durch die DPR.[36] Es gilt lediglich zu prüfen, ob die Erklärung abgegeben wurde.[37]

39

Bis zum Inkrafttreten des Gesetzes zur Änderung der Transparenzrichtlinie-Änderungsrichtlinie waren *Enforcement*-Prüfungen auf die jeweils letzten Abschlüsse begrenzt. Dadurch sollte – so die Regierungsbegründung[38] – ein Ausgleich zwischen dem Interesse der Unt an Rechtssicherheit und dem Interesse des Schutzes potenzieller Anleger gefunden werden. Seit dem 1.1.2016 können nach Abs. 2a Satz 1 auch die Finanzberichte, die das den zuletzt veröffentlichten Berichten und Abschlüssen unmittelbar vorangehende Jahr zum Gegenstand haben, im Rahmen eines *Enforcement*-Verfahrens geprüft werden. Eine Stichprobenprüfung ist hierbei gem. Abs. 2a Satz 2 nicht zulässig. Ein im Vorjahr identifizierter ergebniswirksamer Fehler wird dennoch weiterhin in dem laufenden *Enforcement*-Verfahren aufgegriffen, wenn der Fehler zu einem zu hohen/niedrigen Ausweis der Gewinnrücklagen führt und insoweit in dem zu prüfenden Abschluss fortbesteht.

40

Sofern eine Prüfung eingeleitet wurde, ist sie auch dann abzuschließen, wenn während der laufenden Prüfung der Folgeabschluss festgestellt, gebilligt bzw. veröffentlicht wird.[39]

41

Bis zum Jahr 2016 wurde eine noch nicht abgeschlossene Prüfung i.d.R. ergebnislos eingestellt, sobald die Wertpapiere des Unt nicht mehr gehandelt wurden,[40] da keine schutzwürdigen Interessen von Anlegern mehr vorlagen. Das AReG stellte jedoch in Abs. 2 Satz 7 klar, dass ein *Enforcement*-Verfahren trotz Wegfall der Börsennotierung des Unt fortgeführt werden kann, wenn das Verfahren weit

42

---

[35] Das Gesetz spricht in Abs. 2 Satz 1 vom „verkürzten Abschluss", wie er in § 37w Abs. 3 WpHG umrissen ist.
[36] Nach Maßgabe von § 342b Abs. 2 Satz 1 HGB ist zwar der (Konzern-)Lagebericht Gegenstand von *Enforcement*-Prüfungen, jedoch hat sich die *Enforcement*-Prüfung des (Konzern-)Lageberichts an dem Prüfungsmaßstab auszurichten, der gem. § 317 Abs. 2 HGB auch für die Abschlussprüfung anzuwenden ist.
[37] Vgl. Beschlussempfehlung CSR-Richtlinie-Umsetzungsgesetz BT-Drucks. 18/11450, S. 46.
[38] Vgl. BegrRegE BilKoG, BT-Drs. 15/3421 S. 13.
[39] Vgl. ebenso *Müller*, ZHR 2004, S. 415.
[40] Vgl. Rz 45 f.

fortgeschritten ist und z.B. aus generalpräventiven Gründen öffentliches Interesse an einer etwaigen Fehlerbekanntmachung besteht.[41]

43 Bei Unt, deren Wertpapiere durch eine Börseneinführung erstmals gehandelt werden, können auch Abschlüsse in das *Enforcement* einbezogen werden, die am letzten Stichtag noch gar nicht dem *Enforcement* unterlagen.

44 Bei **ausländischen Unt** wird auf die Abschlüsse zurückzugreifen sein, die nach den jeweiligen nationalen gesellschaftsrechtlichen Vorschriften – der Feststellung bzw. Billigung vergleichbar – rechtswirksam werden. Für die Abschlüsse, mit denen der deutsche KM informiert wird, dürfte die Vermutung gelten, dass es sich um die relevanten, dem *Enforcement* unterliegenden Abschlüsse handelt.

3.3 Kreis der geprüften Unternehmen

45 Bis zum 31.12.2015 unterlagen nach Abs. 2 Satz 2 die Unt dem *Enforcement*, deren Wertpapiere wie Aktien, Genussscheine oder Inhaberschuldverschreibungen an einer deutschen Börse zum Handel am regulierten Markt zugelassen waren (sog. **KM-orientierte Unt**). Auf den juristischen Sitz der Unt kam es nicht an.[42] Andere Länder der EU sahen dagegen in der EU-Transparenzrichtlinie aus dem Jahr 2004 eine Sollkonzeption, wonach der EU-Mitgliedstaat für die Prüfung zuständig ist, in dem das Unt ansässig ist (sog. Herkunftsstaatprinzip). Aufgrund der unterschiedlichen Definition des Kreises der zu prüfenden Unt in Deutschland und in den anderen EU-Mitgliedstaaten unterlagen Unt mit Notierung in Deutschland und Sitz in einem anderen EU-Mitgliedstaat einer doppelten Prüfung und im umgekehrten Fall keinem *Enforcement*. Nach der bis zum 31.12.2015 geltenden Rechtslage unterlagen 686 Unt (zum 1.7.2015 ermittelt) dem deutschen *Enforcement*.[43]

46 Zur Vermeidung von Aufsichtslücken und Doppelprüfungen innerhalb der Europäischen Union bzw. des Europäischen Wirtschaftsraums führte das Gesetz zur Umsetzung der Transparenzrichtlinie-Änderungsrichtlinie ab dem 1.1.2016 das Herkunftsstaatprinzip in Deutschland ein.[44] Danach fallen die Unt unter das *Enforcement*, die als Emittenten von Wertpapieren i.S.v. § 2 Abs. 1 WpHG die Bundesrepublik Deutschland als Herkunftsstaat haben. Damit sind alle Unt mit Sitz in Deutschland grundsätzlich durch die DPR bzw. BaFin zu prüfen, auch wenn ihre Wertpapiere nicht in Deutschland, sondern nur in einem anderen EU-Mitgliedstaat zum Handel an einem organisierten Markt zugelassen sind (§ 2 Abs. 6 Nr. 1 Buchst. a) und Nr. 2 Buchst. a) WpHG). Ausländische Emittenten mit Zulassung zum Handel am organisierten Markt im Inland unterliegen hingegen generell nur dann dem *Enforcement* durch die DPR bzw. BaFin, wenn sie Deutschland als Herkunftsstaat gewählt haben (§ 2 Abs. 6 Nr. 1 Buchst. b) und Nr. 2 Buchst. b) WpHG). **Vom *Enforcement* ausgenommen** sind diejenigen **Unt**, deren **Wertpapiere im Freiverkehr** gehandelt werden. Gemäß der ab dem

---

[41] Vgl. BegrRegE AReG, BT-Drs. 18/7219 S. 54.
[42] Vgl. ausdrücklich BegrRegE BilKoG, BT-Drs. 15/3421 S. 14.
[43] Seit Gründung der DPR im Jahr 2005 ist der weitaus größte Teil aller Unt, die dem *Enforcement* in Deutschland unterliegen, mindestens einmal geprüft worden. Seit dem 1.7.2005 hat die DPR über 1.200 Prüfverfahren abgeschlossen. Dabei kam es in über 240 Fällen zu Fehlerfeststellungen (Stand: 31.12.2016).
[44] Vgl. BegrRegE Gesetz zur Umsetzung der Transparenzrichtlinie-Änderungsrichtlinie, BT-Drs. 18/5010 S. 50.

1.1.2016 geltenden Rechtslage unterliegen 615 Unt (zum 1.7.2016 ermittelt) dem deutschen *Enforcement*.

3.4 Prüfungsmaßstab

3.4.1 Allgemeine Rechnungslegungsvorschriften

Den Prüfungsmaßstab stellen gem. Abs. 2 Satz 1 die jeweils geltenden Rechnungslegungsvorschriften einschließlich der GoB dar. Bei den deutschen Unt sind dies das HGB sowie branchenspezifische Vorschriften für deren Jahresabschluss und gem. (EG) Verordnung Nr. 1606/2002 die IFRS für deren Konzernabschluss sowie die in § 315a HGB genannten Vorschriften. Zusätzlich dürfte auch die Einhaltung von Gesellschaftsvertrag oder Satzung zu prüfen sein, soweit diese für die Rechnungslegung relevant sind.[45]   47

Für Abschlüsse ausländischer Unt kann auch deren nationales Recht Maßstab sein. Wenn es sich hierbei z.B. um die Einhaltung von *Japanese-GAAP* handelt, dürfte eine Prüfung mit besonderen Schwierigkeiten verbunden sein.   48

3.4.2 Grundsatz der Wesentlichkeit

Von besonderer Bedeutung für nahezu jede Prüfung ist die Frage, ab wann das zu prüfende Ist-Objekt als nicht mehr mit dem Soll-Objekt übereinstimmend zu beurteilen ist. Die Entscheidungsfindung wird maßgeblich vom Grundsatz der Wesentlichkeit (*materiality*) bestimmt, nach *Peemöller*[46] einer der elementarsten Rechnungslegungsgrundsätze bei der Aufstellung von Jahresabschlüssen.[47]   49

Der Normenkreis der IFRS stellt auf den Adressaten (*user*) der Informationen ab. Hiernach ist Voraussetzung einer Abweichung von der Norm und damit eines Rechnungslegungsverstoßes, dass eine Information weggelassen oder fehlerhaft dargestellt wurde. Diese muss so wesentlich sein, dass sie die Entscheidungen der Adressaten beeinflussen könnte.[48] Die HGB-Vorschriften weisen zwar keinen vergleichbaren expliziten Bezug der Wesentlichkeit für die Fehlerhaftigkeit einer Rechnungslegung auf. Dennoch gilt auch bei der Beurteilung des HGB-Abschlusses dieselbe Wertung wie bei den IFRS.   50

Für die **Abschlussprüfung** haben die Berufsorganisationen mit dem IDW PS 250 n.F. (Wesentlichkeit im Rahmen der Abschlussprüfung) bzw. mit dem ISA 320 (*Materiality in Planning and Performing an Audit*) Wesentlichkeitsgrundsätze entwickelt. **Für das *Enforcement* gibt es keinen Grund, hiervon inhaltlich abzuweichen.**   51

Damit gelten im Kern die gleichen Beurteilungskriterien für das *Enforcement* wie für die Abschlussprüfung. Das kann auch gar nicht anders sein, da die Existenzberechtigung beider Institutionen gleichermaßen darin besteht, das Vertrauen in die von den Unt zu erstellenden Abschlüsse mit zugehörigen Lagebericht zu stärken und bei Abweichungen dies öffentlich kundzutun. Unterschiedliche   52

---

[45] So auch *Gelhausen/Hönsch*, AG 2005, S. 513.
[46] Vgl. *Peemöller*, in *Ballwieser* et al., Handbuch International Financial Reporting Standards 2011, Abschn. 21, Rz 32.
[47] Diese von *Peemöller* auf die IFRS bezogene Aussage dürfte gleichermaßen für andere Rechnungslegungsstandards gelten.
[48] Vgl. IAS 1.7, IAS 8.5, IAS 8.8 und IAS 8.41.

Aussagen von AP und *Enforcement*-Institutionen zum gleichen Prüfungsobjekt würden das Gegenteil bewirken und Verwirrung statt Vertrauen schaffen. Diese Auffassung wurde durch einen Beschluss des OLG Frankfurt am Main ausdrücklich bestätigt.[49]

3.4.3 *Enforcement* bei Ermessensentscheidungen

53 Da Rechnungslegung keine exakte Wissenschaft ist und viele Posten auf Schätzungen oder Annahmen über die Zukunft beruhen, beeinflussen zwangsläufig **subjektive Wertungen** die Rechnungslegung. Dies wiederum hat zur Folge, dass nicht ein eindeutiger Betrag wie i.d.R. bei der Höhe eines Kassenbestands, sondern eine **Bandbreite** von möglichen Werten im Einklang mit den Rechnungslegungsvorschriften steht. Jede Prüfungsinstanz, sei es der AP, die DPR, die BaFin oder das Gericht, stehen vor der schwierigen Frage, wo die Grenze einer akzeptablen Bandbreite im Einzelfall zu ziehen ist.

54 In der Praxis wird die DPR ein von den Unt ausgeübtes und vom AP akzeptiertes Ermessen nur beanstanden, wenn widersprüchliche oder unrealistische Annahmen getroffen wurden.

55 Nach den gleichen Grundsätzen dürften die BaFin oder ein Gericht ihre Entscheidungen zu treffen haben.[50]

3.4.4 Prüfungsumfang

56 Eine *Enforcement*-Prüfung unterscheidet sich von der Abschlussprüfung vor allem durch den wesentlich geringeren Umfang. Insbesondere unterliegen bei einem zu prüfenden Konzernabschluss die Abschlüsse der TU als solche nicht dem *Enforcement*. Gleichermaßen ausgenommen vom *Enforcement* sind die inhaltliche Prüfung eines Abhängigkeitsberichts und die Prüfung des Risikoüberwachungssystems (§ 317 Abs. 4 HGB).[51]

57 Wegen des eingeschränkten Prüfungsumfangs stellt das **Ergebnis der Prüfung durch die DPR**, auch wenn diese zu keinen Beanstandungen führte, **kein positives Gesamturteil über den geprüften Abschluss** dar. Hierauf weist die DPR die geprüften Unt ausdrücklich hin, wenn diesen das Ergebnis der Prüfung mitgeteilt wird. Damit soll verhindert werden, dass Unt durch den Verweis auf eine beanstandungsfreie Prüfung einen falschen Eindruck in der Öffentlichkeit erwecken könnten.

3.5 Prüfungsanlässe

58 Das Gesetz nennt in Abs. 2 Satz 3 drei Anlässe, die zu einer *Enforcement*-Prüfung führen können. Zwei sind reaktiver Natur, da bestimmte Anhaltspunkte für einen Rechnungslegungsverstoß vorliegen müssen. Im Übrigen wird die DPR von sich aus tätig und wählt stichprobenartig Unt aus. Ein Anspruch der Unt, eine Prüfung einzuleiten, besteht jedenfalls nicht.

---

[49] OLG Frankfurt a. M., Beschluss v. 22.1.2009, WpÜG 1 und 3/08.
[50] Zur Auslegung vgl. OLG Frankfurt a. M., Beschluss v. 7.1.2016, WpÜG 1/15 und 2/15.
[51] Kritisch hierzu *Lenz*, BFuP 2004, S. 229, und *Seidel*, DB 2005, S. 654.

3.5.1 Anlassprüfung

Zu einer Anlassprüfung (Abs. 2 Satz 3 Nr. 1) kommt es, soweit Anhaltspunkte für einen Rechnungslegungsverstoß vorliegen. 59

Die Einschränkung „soweit" bedeutet, dass sich die Prüfung auf die Sachverhalte zu richten hat, bei denen entsprechende Anhaltspunkte vorliegen. Allerdings steht es der Prüfstelle offen, die Prüfung auszuweiten, wenn sich weitere Anhaltspunkte für Rechnungslegungsverstöße ergeben.[52] 60

Anhaltspunkte erhält die DPR durch den gem. § 3 Abs. 1 Nr. 5 der Verfahrensordnung eingerichteten Medienausschuss, dessen Aufgabe darin besteht, Berichte in der Wirtschaftspresse und in sonstigen Medien zu analysieren. Daneben erhält die Prüfstelle vereinzelt Hinweise von Dritten.[53] Auch ein eingeschränkter Bestätigungsvermerk des AP stellt i.d.R. einen Anhaltspunkt dar. 61

Die vermuteten Verstöße müssen hinreichend konkret sein und dürfen nicht auf bloßen Vermutungen, Spekulationen oder Hypothesen beruhen.[54] 62

Weiterhin muss der vermutete Verstoß nach Abs. 2 Satz 4 Hs. 1 von öffentlichem Interesse für den KM sein. Dies ist nicht der Fall, wenn es sich um offensichtlich unwesentliche Verstöße handelt, die für den KM belanglos sind und denen keine Aussagekraft zukommt. 63

Gem. § 3 Abs. 1 Nr. 3 der Verfahrensordnung obliegt dem Vorprüfungsausschuss der DPR die Beurteilung, ob die Voraussetzungen für konkrete Anhaltspunkte und ein entsprechendes öffentliches Interesse jeweils vorliegen, was im Einzelfall eine schwierige Abwägung mit sich bringen kann. Sind die Voraussetzungen unstreitig gegeben, ist eine Prüfung zwingend einzuleiten. Im Zweifelsfall wird der Ausschuss sich eher für die Einleitung einer Prüfung zu entschließen haben.[55] 64

3.5.2 Prüfung auf Verlangen der BaFin

Auch eine Prüfung auf Verlangen der BaFin (Abs. 2 Satz 3 Nr. 2) stellt eine Form der Anlassprüfung dar. Denn für die Entscheidung der BaFin gelten nach § 37o Abs. 1 WpHG die gleichen Voraussetzungen hinsichtlich Konkretheit von Anhaltspunkten und öffentlichem Interesse. Zu einer Prüfung auf Verlangen kommt es, wenn die BaFin über entsprechende Hinweise verfügt oder ihr diese zugänglich gemacht werden. 65

3.5.3 Stichprobenprüfung

Die Stichprobenprüfung (Abs. 2 Satz 3 Nr. 3) stellt den häufigsten Fall einer *Enforcement*-Prüfung dar. In den Jahren 2013 bis 2016 betrug ihr Anteil an den insgesamt durchgeführten Prüfungen der DPR im Durchschnitt über 90 %. Die Stichprobenprüfung verdeutlicht den **präventiven Charakter** des *Enforcement*. Sie ist auf den zuletzt festgestellten Jahresabschluss bzw. zuletzt gebilligten Konzernabschluss begrenzt, da Halbjahresabschlüsse, Vorjahresabschlüsse und 66

---

52 So auch die Gesetzesbegründung; vgl. BegrRegE BilKoG, BT-Drs. 15/3421, S. 14.
53 Seit dem 17.6.2016 ist die APAS befugt, der DPR die im Rahmen der Berufsaufsicht entdeckten konkreten Anhaltspunkte für eine fehlerhafte Rechnungslegung mitzuteilen.
54 Vgl. hierzu BegrRegE BilKoG, BT-Drs. 15/3421 S. 14.
55 So auch *Gelhausen/Hönsch*, AG 2005, S. 515, sowie *Hennrichs*, ZHR 2004, S. 403.

(Konzern-)Zahlungsberichte von der Stichprobenprüfung gem. Abs. 2 Satz 4 Hs. 2 bzw. Abs. 2a Satz 2 ausgenommen sind.

67 Die Auswahl der Stichproben richtet sich nach den „Grundsätze(n) für die stichprobenartige Prüfung gem. § 342b Abs. 2 Satz 3 Nr. 3 HGB", die im Einvernehmen mit dem BMJV und dem BMF festgelegt werden (Abs. 2 Satz 5), wobei das BMF seine Ermächtigung zur Erteilung des Einvernehmens auf die BaFin übertragen kann (Abs. 2 Satz 6). Die Fassung vom 20.4.2005 wurde mit Datum vom 15.12.2016 geändert.

68 Die Stichprobengrundsätze basieren unverändert auf einem gemischten Modell, bei dem eine risikoorientierte Auswahl mit einer Zufallsauswahl kombiniert wird. Sie entsprechen damit den in den *ESMA Guidelines* (Tz. 47) formulierten Grundsätzen.[56] Überlegungen der Regierungsbegründung zum BilKoG,[57] wonach eine Schichtung der Unt, etwa nach DAX-Gruppen, erfolgen soll und das Bestreben, die Unt durch Stichprobenprüfungen nicht unverhältnismäßig zu belasten, sind ebenfalls in den Stichprobengrundsätzen verankert.

69 Umfang und Intensität der Stichprobenprüfungen hängen zwangsläufig von den Kapazitäten der DPR ab, wobei Anlass- und Verlangensprüfungen Vorrang haben. Die Grundsätze sehen eine dreigeteilte Stichprobenziehung vor. Die **1. Stichprobenziehung** erfolgt aus einer **nach Risikoaspekten** zusammengestellten Auswahl. Diese Risikoaspekte betreffen bspw. erstmaliges Listing, außergewöhnliche Transaktionen, die wirtschaftliche Lage oder Auffälligkeiten in einem vorhergehenden *Enforcement*-Verfahren. Die Festlegung der Risikoaspekte und die Auswahl der betroffenen Unt werden vom Medienausschuss der DPR durchgeführt. Die Wahrscheinlichkeit für ein Unt, innerhalb dieser 1. Stichprobenziehung ausgewählt zu werden, beträgt 40 % (bis 2016: 30 %).[58] Die übrigen Unt bilden die Grundgesamtheit für die **2. Stichprobenziehung**, welche eine Zufallsauswahl mit Schichtung darstellt. Dabei werden in einer ersten Schicht alle Indexunternehmen mit Listing im DAX, MDAX. SDAX oder TecDAX erfasst; die zweite Schicht umfasst alle übrigen Unt.
Bei der 2016 neu etablierten **3. Stichprobenziehung** werden nochmals alle Unternehmen erfasst, die in dem betreffenden Jahr nicht im Rahmen der 1. und 2. Stichprobenziehung ausgewählt wurden. Aus dieser Gruppe wird einmal jährlich eine Zufallsauswahl von zehn Unt gezogen, von denen drei Unt bewusst ausgewählt werden. Damit ist sichergestellt, dass jedes Unt jederzeit mit einem Prüfverfahren rechnen muss.

70 Den Grundsätzen zufolge werden die einem DAX-Segment (DAX, MDAX, SDAX und TecDAX) angehörenden Unt innerhalb von vier bis fünf Jahren und die übrigen Unt innerhalb von acht bis zehn Jahren geprüft.[59]

---

56 Vgl. ESMA, Final Report „*ESMA Guidelines on enforcement of financial information*", 10.7.2014. Zur Diskussion der *ESMA Guidelines* vgl. *Berger/Pasch*, WPg 2014. S. 649–662; *Berger/Pasch*, WPg 2015, S. 16–26; *Hommelhoff/Gundel*, BB 2014, S. 811–815; *Naumann*, IRZ 2014, S. 45.
57 Vgl. BegrRegE BilKoG, BT-Drs. 15/3421 S. 14.
58 Vgl. Grundsätze für die stichprobenartige Prüfung v. 15.12.2016, S. 3.
59 Vgl. Grundsätze für die stichprobenartige Prüfung gem. § 342b Abs. 2 Satz 3 Nr. 3 HGB v. 15.12.2016, Nr. 2b.

4 Subsidiarität zur Nichtigkeitsklage und Sonderprüfung (Abs. 3)

4.1 Normzweck und Regelungsinhalt

Der Normzweck der Vorschrift liegt darin, mögliche divergierende Entscheidungen zwischen einer *Enforcement*-Prüfung und den aktienrechtlichen Instituten Nichtigkeitsklage nach § 256 Abs. 7 AktG bzw. Sonderprüfung nach §§ 142 ff. bzw. §§ 258 ff. AktG zu vermeiden. Entsprechend bestimmt Abs. 3 die Subsidiarität der *Enforcement*-Prüfung gegenüber den aktienrechtlichen Verfahren.[60]

71

4.2 Nichtigkeitsklage

Abs. 3 Satz 1 bewirkt eine Sperre, wonach eine Prüfung des Jahresabschlusses nicht stattfindet, solange eine Nichtigkeitsklage gem. § 256 Abs. 7 AktG anhängig ist. Eine Prüfung kann dann entsprechend nicht eingeleitet werden bzw. eine bereits begonnene Prüfung ist zu unterbrechen. Wird die Nichtigkeit des Jahresabschlusses festgestellt, hat sich die *Enforcement*-Prüfung erledigt, andernfalls – so die Regierungsbegründung[61] – lebt die Möglichkeit einer Prüfung wieder auf.[62] Diese darf sich dann nur auf Sachverhalte beziehen, die nicht Gegenstand der Nichtigkeitsklage waren.[63] Offen bleibt, ob eine durch die Nichtigkeitsklage unterbrochene Prüfung in jedem Fall abzuschließen ist. Es erscheint sachgerecht, die Entscheidung hierüber davon abhängig zu machen, ob der KM noch ein Interesse an einem Prüfungsergebnis hat.

72

4.3 Sonderprüfung

Auch eine Sonderprüfung nach §§ 142 ff. oder 258 ff. AktG führt zu einer Sperre einer *Enforcement*-Prüfung (Abs. 3 Satz 2), hier allerdings nur insoweit, als sich der Gegenstand der Sonderprüfung mit dem der *Enforcement*-Prüfung deckt.

73

4.4 Konzernabschluss

Die gesetzliche Sperre bezieht sich bei einer Nichtigkeitsklage oder einer Sonderprüfung jeweils auf den Jahresabschluss, sodass die *Enforcement*-Prüfung des für den KM wesentlich bedeutenderen Konzernabschlusses hiervon unberührt sein könnte. Zumindest in den Fällen, in denen die durch Nichtigkeitsklage oder Sonderprüfung im Einzelabschluss aufgegriffenen Sachverhalte auch für den Konzernabschluss von Bedeutung sind, erscheint es sachgerecht, keine Prüfung des Konzernabschlusses zu beginnen bzw., wenn diese bereits eingeleitet ist, diese auszusetzen.[64]

74

---

60 Die inhaltlich gleiche Sperrwirkung entfaltet § 37o Abs. 2 WpHG, wenn eine Prüfung durch die BaFin durchgeführt wird.
61 Vgl. hierzu BegrRegE BilKoG, BT-Drs. 15/3421 S. 14.
62 Zustimmend *Paal*, in *Schmidt/Ebke*, MünchKomm. HGB, Band 4, § 342b Rz 31, 3. Aufl., 2013; *Hennrichs*, ZHR 2004, S. 406; *Mattheus/Schwab*, BB 2004, S. 1105, sowie *Müller*, ZHR 2004, S. 416.
63 So auch *Gelhausen/Hönsch*, AG 2005, S. 517.
64 Zustimmend *Hönsch*, in *Assmann/Schneider*, WpHG, § 37o Rz 31, 6. Aufl., 2012.

5 Auskunfts- und Vorlagepflichten bei Prüfungsmitwirkung (Abs. 4)

5.1 Normzweck und Regelungsinhalt

75 Abs. 4 verdeutlicht, dass die **Mitwirkung eines Unt** an einer Prüfung durch die **DPR freiwillig** ist. Hat sich das Unt aber zur Mitwirkung entschlossen, ist es auskunfts- und offenlegungspflichtig. Ein Verstoß hiergegen kann mit Bußgeld belegt werden (§ 342e HGB).

5.2 Freiwilligkeit der Mitwirkung

76 Kein Unt ist gezwungen, an einer Prüfung durch die DPR mitzuwirken. Eine Weigerung stellt somit auch kein Fehlverhalten gegenüber der DPR dar, hat jedoch zur Folge, dass die Prüfung gem. § 37p Abs. 1 Satz 2 Nr. 1 WpHG auf der 2. Stufe von der BaFin wahrgenommen wird. Diese kann sich bei ihrer Prüfung wiederum der DPR bedienen (§ 37o Abs. 4 WpHG).

77 Während die DPR für ihre *Enforcement*-Prüfung keine Kosten erhebt, haben die Unt im Fall der Weigerung gem. § 17c FinDAG die durch die *Enforcement*-Prüfung auf der 2. Stufe entstehenden Kosten zu tragen.

5.3 Umfang der Mitwirkungspflicht

78 Hat das Unt seine Mitwirkung erklärt, ist es verpflichtet, richtige und vollständige Auskünfte zu erteilen und richtige und vollständige Unterlagen vorzulegen (Abs. 4 Satz 1).

79 Diese Verpflichtung betrifft zunächst die gesetzlichen Vertreter. Die Verschwiegenheitspflicht eines Vorstands gilt nach § 93 Abs. 1 Satz 4 AktG ausdrücklich nicht gegenüber der DPR in einem Prüfverfahren.

80 Diese Verpflichtung gilt aber auch für die sonstigen Personen, derer sich die gesetzlichen Vertreter bei der Mitwirkung bedienen. Zu den sonstigen Personen zählen auch die AP, nachdem diese von der Verschwiegenheitspflicht entbunden worden sind. Deren Einbindung erscheint empfehlenswert, da sie zu einem effizienten und effektiven Ablauf der Prüfung beitragen.[65]

81 Strittig ist die Frage, ob die DPR auch einen Anspruch auf **Einblick in die Arbeitspapiere des AP** hat, soweit dies zur Urteilsfindung erforderlich ist. Im Bereich der *Enforcement*-Prüfung durch die BaFin unterliegt der AP denselben Auskunfts- und Vorlagepflichten wie das Unt selbst (§ 37o Abs. 4 Satz 1 WpHG). Durch einen Beschluss des OLG Frankfurt am Main ist geklärt worden, dass sich diese Verpflichtung auch auf die Arbeitspapiere erstreckt.[66] Nach *Bräutigam/Heyer*[67] gilt dies auch für die Prüfstelle, da es dem Zweck des zweistufigen Verfahrens widersprechen würde, wenn die DPR nicht dieselben Erkenntnismöglichkeiten erhielte.

---

[65] Zustimmend *Bräutigam/Heyer*, AG 2006, S. 191–194; *Gelhausen/Hönsch*, AG 2005, S. 521–523; *Kämpfer*, BB-Beilage 3/2005, S. 15; *Müller*, ZHR 2004, S. 418; a.A. *Baetge/Lienau*, DB 2004, S. 2279.
[66] OLG Frankfurt a.M., Beschluss v. 12.2.2007, WpÜG 1/06, AG 2007, S. 207.
[67] *Bräutigam/Heyer*, AG 2006, S. 194.

Das Gesetz gewährt der DPR einen insgesamt sehr weitgehenden Anspruch auf Auskünfte und Unterlagen. Dies wird in der Regierungsbegründung zum BilKoG aber für erforderlich gehalten, damit die Prüfstelle ihre Funktion wahrnehmen kann.[68]

5.4 Ausnahmen von der Auskunfts- und Vorlagepflicht

Eine Mitwirkung kann nach Abs. 4 Satz 2 verweigert werden, wenn jemand sich oder einen Angehörigen der Gefahr einer strafgerichtlichen Verfolgung oder einem Ordnungswidrigkeitsverfahren aussetzen würde. Die Prüfstelle trifft eine Belehrungspflicht (Abs. 4 Satz 3).

Sofern ein Auskunftspflichtiger sich zu Recht auf Abs. 4 Satz 2 beruft, besteht keine andere Möglichkeit, als sich die gewünschten Informationen über eine andere Person des betroffenen Unt zu beschaffen.[69] Ist auch das nicht möglich, liegt faktisch ein **Prüfungshemmnis** vor. Eine Mitwirkungsverweigerung – mit der Folge der Abgabe des Prüfverfahrens an die BaFin – dürfte aus Sicht der DPR darin aber nicht zu sehen sein. Denn auch auf der 2. Stufe gilt der „"*nemo-tenetur*-Grundsatz (§ 370 Abs. 4 Satz 3 i.V.m. § 4 Abs. 9 WpHG). Insofern würde das Prüfungshemmnis nur durchgereicht werden, ohne dass der BaFin andere Mittel zur Durchsetzung des Auskunftsanspruchs zur Verfügung stünden.

5.5 Beendigung der Mitwirkung

Die Mitwirkungserklärung kann jederzeit während des laufenden Verfahrens widerrufen werden.[70] Eine Mitwirkungsverweigerung kann aber auch durch das Verhalten des Unt zum Ausdruck kommen, etwa wenn trotz Terminsetzung und nachfolgender Mahnung Unterlagen nicht vorgelegt werden. Da die DPR über keine Zwangsmittel verfügt, bleibt ihr keine Wahl, als dieses Verhalten als Nichtmitwirkung festzustellen. Die Folge davon ist, dass das *Enforcement*-Verfahren mit den bis dahin gewonnenen Erkenntnissen an die BaFin abgegeben wird.

Bei der *Enforcement*-Prüfung **ausländischer Unt** kann die Anforderung sensibler Informationen (z.B. Aufsichtsratsprotokolle) zu Konflikten führen, wenn dies mit der Begründung abgelehnt wird, das Recht des Sitzlands lasse dies nicht zu. In einem solchen Fall muss die DPR sorgfältig erwägen, ob die gewünschte Information für das Prüfungsurteil zwingend ist, ggf. durch alternative Prüfungshandlungen ersetzt werden kann oder die Weigerung als fehlende Mitwirkung gewertet wird.

6 Verfahrensabschluss bei der DPR (Abs. 5)

6.1 Normzweck und Regelungsinhalt

Abs. 5 zielt auf die Verpflichtung der DPR ab, die Unt nach Beendigung der Prüfung über dessen Ergebnis zu informieren. Bestimmt werden entsprechend

---

[68] Vgl. hierzu BegrRegE BilKoG, BT-Drs. 15/3421 S. 15.
[69] Vgl. zur parallelen Situation im Geltungsbereich des WpHG *Schlette/Bouchon*, in *Fuchs*, WpHG, § 4 Rz 56, 2. Aufl., 2014.
[70] So auch *Gelhausen/Hönsch*, AG 2005, S. 519.

die Mitteilungspflichten gegenüber den Unt und besondere Vorgaben, wenn die Prüfung zur Feststellung einer fehlerhaften Rechnungslegung führt.

6.2 Adressat des Prüfungsergebnisses

88 Nach Beendigung der Prüfung hat die DPR dem Unt das Ergebnis mitzuteilen (Abs. 5 Satz 1). Dritten gegenüber besteht die allgemeine Verschwiegenheitspflicht von § 342c HGB, auch wenn es sich um Personen handelt, deren Hinweise zu einer Anlassprüfung führten.[71]

6.3 Folgen bei fehlerfreier Rechnungslegung

89 Bei fehlerfreier Rechnungslegung erhält das Unt lediglich eine entsprechende Information über das Prüfungsergebnis ohne weitere Begründung. Für das Unt ist damit das Prüfverfahren regelmäßig beendet. Nur unter den engen Voraussetzungen des § 37p Abs. 1 Satz 2 Nr. 2 WpHG (erhebliche Zweifel an der Richtigkeit des Prüfungsergebnisses der DPR oder an der ordnungsgemäßen Durchführung der Prüfung durch die DPR) kann das *Enforcement*-Verfahren von der BaFin auf der 2. Stufe wieder eröffnet werden.[72]

6.4 Folgen bei fehlerhafter Rechnungslegung

90 Im Fall einer fehlerhaften Rechnungslegung hat die DPR die Entscheidung zu begründen (Abs. 5 Satz 2), ohne dabei aber auf möglicherweise erforderliche Korrekturen einzugehen. Dem Unt ist eine angemessene Zeit zu gewähren, der DPR mitzuteilen, ob es mit dem Ergebnis einverstanden ist oder nicht.

91 Erteilt das Unt seine Zustimmung, ist der Fehler einvernehmlich festgestellt und es schließt sich das Veröffentlichungsverfahren von § 37q WpHG an. Stimmt das Unt dem Fehler nicht zu, wird die BaFin in aller Regel eine *Enforcement*-Prüfung auf der 2. Stufe einleiten (§ 37p Abs. 1 Satz 2 Nr. 1 HGB). Die dabei entstehenden Kosten sind gem. § 17c FinDAG vom Unt zu tragen, sofern die BaFin das Prüfungsergebnis der DPR bestätigt. Die Kosten sind von dem betroffenen Unt nach § 17c FinDAG auch dann zu erstatten, wenn das Prüfungsverfahren durch die BaFin wegen eines zwischenzeitlich erfolgten Delistings nicht zu Ende geführt, sondern eingestellt wird.[73]

92 Ausweislich des Tätigkeitsberichts der DPR bewegte sich die Zustimmungsquote der Unt zu den Fehlerfeststellungen der DPR in den Jahren 2013 bis 2016 im Durchschnitt auf einem Niveau von rd. 70 %.[74]

93 Im Sinne ihrer präventiven Aufgabenstellung gibt die DPR den Unt bei Mitteilung ihres Prüfungsergebnisses – unabhängig von einer Fehlerfeststellung – sog. **Hinweise für die zukünftige Rechnungslegung**.

---

[71] So auch *Paal*, in *Schmidt/Ebke*, MünchKomm. HGB, Band 4, § 342b Rz 38, 3. Aufl., 2013.
[72] Zum Fehlerfeststellungsverfahren bei der BaFin vgl. *Müller*, AG 2010, S. 483.
[73] Vgl. OLG Frankfurt a. M., Beschluss v. 7.11.2013, WpÜG 1/13, DStR 2014, S. 276. Vgl. hierzu auch *Bosse*, BB 2014, S. 946.
[74] Vgl. DPR, Tätigkeitsbericht 2016, S. 11

7 Berichterstattungspflichten gegenüber der BaFin (Abs. 6)

7.1 Normzweck und Regelungsinhalt

Die BaFin benötigt bestimmte Informationen aus dem Verfahren auf der 1. Stufe, damit sie die von ihr durchzuführenden Verfahrensschritte unternehmen kann. Entsprechend regelt Abs. 6 die Mitteilungspflichten der DPR gegenüber der BaFin.

94

7.2 Anlässe der Berichterstattung

7.2.1 Prüfungseinleitung

Die DPR hat der BaFin mitzuteilen, dass sie beabsichtigt, eine Prüfung einzuleiten, damit die BaFin der DPR gem. § 37p Abs. 3 WpHG mögliche Hinderungsgründe für eine Prüfung (Nichtigkeitsklage oder Sonderprüfung) anzeigen kann. Bei der Prüfung von Halbjahresabschlüssen, bei denen es weder Nichtigkeitsklagen noch Sonderprüfungen gibt, bedarf es dieser Information an sich nur in den Fällen, bei denen das Aufgriffsrecht der BaFin nach § 37p Abs. 1 Satz 4 WpHG besteht. Dennoch informiert die DPR in allen Fällen die BaFin. Denn wenn ein Verfahren gegen einen Jahresabschluss anhängig ist, wäre zu prüfen, ob der Gegenstand der Nichtigkeitsklage oder Sonderprüfung sich nicht mit den Anhaltspunkten deckt, die zur Anlassprüfung des Halbjahresabschlusses führten.

95

96

7.2.2 Mitwirkungsverweigerung

Erst nachdem die DPR von der BaFin informiert wurde, dass keine Hinderungsgründe vorliegen, informiert sie das Unt über ihre Prüfungsabsicht. Dieses kann nun entscheiden, ob es an der Prüfung mitwirken will (Rz 76). Erklärt das Unt seine Mitwirkung, hat damit die Prüfung begonnen. Weigert es sich, ist dies der BaFin mitzuteilen. Die BaFin kann dann nach § 37p Abs. 1 Satz 2 Nr. 1 WpHG selbst eine Prüfung auf der 2. Stufe anordnen und, falls erforderlich, mit öffentlich-rechtlichen Mitteln durchsetzen. I. d. R. ordnet die BaFin die Prüfung auch tatsächlich an.[75]

97

7.2.3 Ergebnis der Prüfung

Nach Beendigung der Prüfung hat die DPR der BaFin das Prüfungsergebnis mitzuteilen. Drei Fälle lassen sich unterscheiden:
1. keine Fehlerfeststellung,[76]
2. Fehlerfeststellung, und das Unt stimmt zu,[77]
3. Fehlerfeststellung, und das Unt stimmt nicht zu.[78]

98

---

[75] Vgl. zur Kostenpflichtigkeit nach § 17c FinDAG Rz 77.
[76] In diesem Fall ist das Verfahren für das Unt regelmäßig beendet; vgl. zu den Ausnahmen Rz 89.
[77] Hieran schließt sich das Fehlerveröffentlichungsverfahren der BaFin nach § 37q Abs. 2 WpHG an.
[78] Dieser Fall führt dazu, dass die BaFin die Prüfung auf der 2. Stufe eröffnen kann (§ 37p Abs. 1 Satz 2 Nr. 1 WpHG).

99 Gegen das Prüfungsergebnis der DPR stehen den Unt keine Rechtsmittel zu. Da das Verfahren auf der 1. Stufe zu keinen unmittelbaren Folgen für die Unt führt, sondern dies erst durch einen hoheitlichen Akt seitens der BaFin geschieht, können die Einwendungen des Unt uneingeschränkt im Rahmen des Verwaltungsverfahrens geltend gemacht werden.[79]

8 Gewissenhaftigkeit und Unparteilichkeit der Prüfung (Abs. 7)

8.1 Normzweck und Regelungsinhalt

100 Die Vorschrift statuiert die Pflicht zur Gewissenhaftigkeit und Unparteilichkeit bei der Prüfungsdurchführung. Diese Pflichten korrespondieren mit den materiellen Anforderungen des Abs. 1 Satz 2 (Sachverständigkeit, Unabhängigkeit). Insofern werden wohl keine dem Kern nach eigenständigen Pflichten geschaffen. Deren Verletzung wird aber mit einer Schadensersatzpflicht bewehrt.

8.2 Pflichtenkreis und Haftung

101 Die Pflicht zur gewissenhaften und unparteiischen Prüfung nach Abs. 7 Hs. 1, die auch im Bereich der Abschlussprüfung gilt (vgl. § 323 Abs. 1 Satz 1 HGB), verdeutlicht auch an dieser Stelle das Anliegen des Gesetzgebers an der Integrität der privatrechtlichen *Enforcement*-Institution. Normadressaten sind dem Gesetzeswortlaut nach sowohl die Prüfstelle als Institution selbst als auch ihre Beschäftigten, d.h. in der Rechtspraxis der DPR e.V. und alle auf Basis eines Dienstvertrags für die DPR tätigen Personen.

102 Bei einem Verstoß gegen das Gewissenhaftigkeits- und Unparteilichkeitsgebot müssen sowohl die Prüfstelle als auch deren Beschäftigte nach Abs. 7 Hs. 2 zivilrechtlich einstehen, sofern der Schaden durch die Prüfungstätigkeit entstanden ist.[80]

103 Die Haftung greift in unbegrenzter Höhe, beschränkt sich allerdings auf den vorsätzlichen Pflichtverstoß.[81]

9 Anzeigepflichten der Prüfstelle (Abs. 8)

9.1 Normzweck und Regelungsinhalt

104 Die Vorschrift bezweckt, Prüfungsfeststellungen der DPR auch für mögliche **straf- bzw. berufsrechtliche Verfahren** zu verwenden. Abs. 8 regelt entsprechend die Anzeigepflichten der DPR gegenüber den zuständigen Behörden im Fall von straftatbegründenden Verdachtsmomenten im Zusammenhang mit der Rechnungslegung sowie die Informationspflicht gegenüber der Abschlussprüferaufsichtsstelle (APAS) beim Bundesamt für Wirtschaft und Ausfuhrkontrolle

---

[79] Vgl. ausführlich zu den möglichen Rechtsmitteln im *Enforcement*-Verfahren Gelhausen/Hönsch, AG 2007, S. 308–320.
[80] Praktisch sind von der Sanktionsandrohung neben dem DPR e.V. die Mitglieder der Prüfstelle betroffen.
[81] Vgl. dagegen die hinsichtlich der Verschuldensform weniger privilegierte Haftungsbestimmung bei § 342c Abs. 1 Satz 4 HGB.

(BAFA), soweit Anhaltspunkte für eine Berufspflichtverletzung durch den AP vorliegen.[82]

9.2 Verdacht von Straftaten

Stößt die DPR bei ihrer Tätigkeit auf Tatsachen, die den Verdacht einer Straftat im Zusammenhang mit der Rechnungslegung eines Unt begründen, hat sie nach Abs. 8 Satz 1 die für die Verfolgung zuständige Staatsanwaltschaft zu informieren. Der Verdacht einer Straftat muss im Zusammenhang mit der Rechnungslegung stehen und auf Tatsachen beruhen. Mutmaßungen allein genügen nicht. Andererseits ist es nicht Sache der Prüfstelle zu befinden, ob eine Straftat tatsächlich gegeben ist. Daher obliegt ihr im Zweifel eine Mitteilungspflicht.

105

9.3 Verdacht von Berufspflichtverletzungen

Soweit Tatsachen vorliegen, die auf das Vorliegen einer Berufspflichtverletzung durch den AP schließen lassen, hat die DPR die APAS zu informieren (Abs. 8 Satz 2). Eine solche Vermutung liegt i.d.R. vor, wenn die Prüfstelle zu einer Fehlerfeststellung gekommen ist und der AP einen uneingeschränkten Bestätigungsvermerk zu dem geprüften Abschluss erteilt hatte.[83]

106

9.4 Umfang der Anzeige

Die Anzeige an die zuständige Staatsanwaltschaft bzw. die APAS hat alle Unterlagen und Informationen zu umfassen, die für deren eigene Urteilsbildung erforderlich sind.

107

10 Weitergabe von Informationen und Unterlagen an die ESMA (Abs. 9)

Im Rahmen der Einführung des 2. FiMaNoG wurde analog zur Regelung für die BaFin[84] auch für die DPR klargestellt, dass der ESMA alle zur Erfüllung ihrer Aufgaben erforderlichen Informationen und Unterlagen unverzüglich zur Verfügung zu stellen sind. Diese spezielle Regelung ermöglicht der DPR, zukünftig trotz des allgemeinen Verschwiegenheitsgebots in § 342c HGB bei *Peer Reviews* der ESMA auch unternehmensspezifische Prüfakten herauszugeben. Solche ESMA-*Peer Reviews* werden gem. Art. 30 der ESMA-Verordnung[85] regelmäßig zur Erhöhung der Konsistenz der Aufsichtspraxis der nationalen *Enforcer* in Europa durchgeführt.

108

---

[82] Die gleichen Mitteilungspflichten bei Verdacht einer Straftat bzw. dem möglichen Vorliegen einer Berufsrechtsverletzung obliegen der BaFin nach § 37r WpHG.
[83] Vgl. hierzu ausdrücklich BegrRegE BilKoG, BT-Drs. 15/3421 S. 16.
[84] Vgl. § 7a Abs. 1 WpHG.
[85] Vgl. EU Regulation No 1095/2010.

§ 342c Verschwiegenheitspflicht

(1) ¹Die bei der Prüfstelle Beschäftigten sind verpflichtet, über die Geschäfts- und Betriebsgeheimnisse des Unternehmens und die bei ihrer Prüftätigkeit bekannt gewordenen Erkenntnisse über das Unternehmen Verschwiegenheit zu bewahren. ²Dies gilt nicht im Fall von gesetzlich begründeten Mitteilungspflichten. ³Die bei der Prüfstelle Beschäftigten dürfen nicht unbefugt Geschäfts- und Betriebsgeheimnisse verwerten, die sie bei ihrer Tätigkeit erfahren haben. ⁴Wer vorsätzlich oder fahrlässig diese Pflichten verletzt, ist dem geprüften Unternehmen und, wenn ein verbundenes Unternehmen geschädigt worden ist, auch diesem zum Ersatz des daraus entstehenden Schadens verpflichtet. ⁵Mehrere Personen haften als Gesamtschuldner.

(2) ¹Die Ersatzpflicht von Personen, die fahrlässig gehandelt haben, beschränkt sich für eine Prüfung und die damit im Zusammenhang stehenden Pflichtverletzungen auf den in § 323 Abs. 2 Satz 2 genannten Betrag. ²Dies gilt auch, wenn an der Prüfung mehrere Personen beteiligt gewesen oder mehrere zum Ersatz verpflichtende Handlungen begangen worden sind, und ohne Rücksicht darauf, ob andere Beteiligte vorsätzlich gehandelt haben. ³Sind im Fall des Satzes 1 durch eine zum Schadensersatz verpflichtende Handlung mehrere Unternehmen geschädigt worden, beschränkt sich die Ersatzpflicht insgesamt auf das Zweifache der Höchstgrenze des Satzes 1. ⁴Übersteigen in diesem Fall mehrere nach Absatz 1 Satz 4 zu leistende Entschädigungen das Zweifache der Höchstgrenze des Satzes 1, so verringern sich die einzelnen Entschädigungen in dem Verhältnis, in dem ihr Gesamtbetrag zum Zweifachen der Höchstgrenze des Satzes 1 steht.

(3) ¹Die §§ 93 und 97 der Abgabenordnung gelten nicht für die in Absatz 1 Satz 1 bezeichneten Personen, soweit sie zur Durchführung des § 342b tätig werden. ²Sie finden Anwendung, soweit die Finanzbehörden die Kenntnisse für die Durchführung eines Verfahrens wegen einer Steuerstraftat sowie eines damit zusammenhängenden Besteuerungsverfahrens benötigen, an deren Verfolgung ein zwingendes öffentliches Interesse besteht, und nicht Tatsachen betroffen sind, die von einer ausländischen Stelle mitgeteilt worden sind, die mit der Prüfung von Rechnungslegungsverstößen betraut ist.

WP/StB Prof. Dr. Bettina Thormann/WP Prof. Dr. Ingo Zempel[1]

Inhaltsübersicht

	Rz
1 Normzweck und Regelungsinhalt	1–2
2 Verschwiegenheitsgebot und Verwertungsverbot	3–8
2.1 Pflichtenkreis	3–5
2.2 Normadressaten	6–8

---

[1] Die Autoren geben ihre persönliche Auffassung wieder.

3 Haftung	9–15
3.1 Schadensersatzpflicht	9–11
3.2 Schadensersatzumfang	12–15
4 Verschwiegenheit gegenüber Finanzbehörden	16–18

1 Normzweck und Regelungsinhalt

Angelehnt an die für die Abschlussprüfung geltenden Regelungen in § 323 Abs. 1 und 2 HGB enthält die Vorschrift als zentrales Normierungsanliegen die Pflicht zur vertraulichen Handhabung von Unternehmensinformationen durch die DPR. Damit wird eines der wesentlichen, geradezu konstitutiven Verfahrensbestandteile des *Enforcement* beschrieben, ohne das die Kooperation der dem *Enforcement* unterliegenden Unt mit der DPR nicht denkbar wäre. Anders als die Überschrift der Vorschrift vermuten lässt, ist neben der Verschwiegenheitspflicht auch ein Verwertungsverbot kodifiziert. Weiterhin sind Regelungen zum Schadensersatz bei entsprechendem Pflichtenverstoß gegen das Verschwiegenheitsgebot bzw. das Verwertungsverbot enthalten.[2] **1**

Zuletzt enthält die Vorschrift eine Sonderregelung hinsichtlich der Weitergabe vertraulicher unternehmensbezogener Informationen durch die DPR an die Finanzbehörden. **2**

2 Verschwiegenheitsgebot und Verwertungsverbot

2.1 Pflichtenkreis

Der Pflichtenkreis bezieht sich nach Abs. 1 Satz 1 gleichrangig auf das Verschwiegenheitsgebot bzw. das Verwertungsverbot hinsichtlich der unternehmensbezogenen Geschäfts- und Betriebsgeheimnisse.[3] **3**

Allerdings erstreckt sich die Verschwiegenheitspflicht nicht auf die Tatsache der Durchführung eines *Enforcement*-Verfahrens selbst, wie der Gesetzesbegründung zu entnehmen ist. Doch geht der Gesetzgeber davon aus, dass die Prüfstelle mit dieser Information behutsam umgeht.[4] Gedacht ist insb. an den Fall, dass in der Öffentlichkeit eine mögliche fehlerhafte Rechnungslegung bereits diskutiert wird, und die Prüfstelle auf Nachfrage darüber Auskunft erteilt, ob ein *Enforcement*-Verfahren eingeleitet wurde, da andernfalls ein Schweigen zu noch größerer Verunsicherung führen könnte. **4**

Keine Geltung erhebt das allgemeine Verschwiegenheitsgebot nach Abs. 1 Satz 1, sofern gesetzlich statuierte Mitteilungspflichten bestehen. Letztere beziehen sich insb. auf § 342b Abs. 6 und 8 HGB. **5**

---

[2] Auf die die zivilrechtliche Haftung ergänzende strafrechtliche Sanktionsmöglichkeit nach § 333 HGB und die dortige Kommentierung wird verwiesen.
[3] Vgl. zur Begriffsbestimmung der Geschäfts- und Betriebsgeheimnisse § 323 Rz 72 ff.
[4] Vgl. BegrRegE BilKoG, BT-Drs. 15/3421 S. 24.

2.2 Normadressaten

6 Adressaten der Vorschrift sind entsprechend dem Wortlaut von Abs. 1 Satz 1 bzw. Satz 3 die „bei der Prüfstelle Beschäftigten". Bezogen auf die DPR sind damit jedenfalls alle diejenigen Personen davon erfasst, die als Mitarbeiter für die DPR auf Basis eines Dienstvertrags tätig sind.[5]

7 Dem Sinn und Zweck der Vorschrift gem. werden wohl auch diejenigen Personen in den Adressatenkreis der Norm eingeschlossen sein, derer sich die DPR nach § 342b Abs. 1 Satz 4 HGB bedient, da auch diese bestimmungsgemäß mit Unternehmensinterna in Berührung kommen. Die Verfahrensordnung der DPR (§ 10 Verfahrensordnung) setzt beide Personengruppen in dieser Hinsicht gleich.

8 Nicht angesprochen als Normadressaten sind die Mitglieder des Vorstands sowie des Nominierungsausschusses des DPR e. V. und ebenfalls nicht die Vereinsmitglieder, da diese nicht in ein *Enforcement*-Verfahren einbezogen bzw. anderweitig mit in einem *Enforcement*-Verfahren gewonnenen vertraulichen Informationen in Berührung gebracht werden dürfen.

3 Haftung

3.1 Schadensersatzpflicht

9 Ein Verstoß gegen die in Abs. 1 Satz 1 und 3 geregelten Pflichten, d.h. das Verschwiegenheitsgebot und das Verwertungsverbot, begründet gem. Abs. 1 Satz 4 eine Schadensersatzpflicht. Anspruchsberechtigt sind sowohl das geschädigte geprüfte Unt selbst als auch ein mit diesem verbundenes Unt, sofern auch bei diesem ein Schaden aus der Pflichtverletzung entstanden ist.

10 Voraussetzung eines Schadensersatzanspruchs ist weiterhin, dass die Pflichtverletzung auch schuldhaft begangen worden ist. Neben Vorsatz ist auch Fahrlässigkeit – und zwar in jeder Abstufung – ausreichend.[6] Im Übrigen gelten die allgemeinen zivilrechtlichen Voraussetzungen in Hinblick auf die Kausalität.

11 Ersatzpflichtige sind die in Abs. 1 Satz 1 bezeichneten Personen, also die bei der DPR auf dienstvertraglicher Basis tätigen Mitarbeiter (Rz 6). Sofern mehrere Personen schadensersatzpflichtig sind, haften diese auf gesamtschuldnerischer Basis (Abs. 1 Satz 4) nach den allgemeinen Bestimmungen der §§ 421 ff. BGB.

3.2 Schadensersatzumfang

12 Die Regelungen von Abs. 2 ähneln denen für den Bereich der Abschlussprüferhaftung (vgl. § 323 Abs. 2 HGB), unterscheiden sich aber in einem wesentlichen Punkt, nämlich der sog. **Serienschadenhaftung** (Rz 14).

13 Zunächst sieht Abs. 3 Satz 1 bei fahrlässiger Pflichtverletzung[7] über den Verweis auf § 323 Abs. 2 Satz 2 HGB eine Haftungssummenbegrenzung auf 4 Mio. EUR vor. Durch Übernahme des Wortlauts von § 323 Abs. 2 Satz 3 HGB gilt dieser

---

[5] Und zwar nach Sinn und Zweck der Vorschrift, obwohl eine dem § 8 Abs. 1 Satz 1 WpHG entsprechende Regelung fehlt, auch unbegrenzt über den Zeitraum ihrer Beschäftigung bei der DPR hinaus; so auch die Gesetzesbegründung, vgl. BegrRegE BilKoG, BT-Drs. 15/3421 S. 16.

[6] Vgl. dagegen die Beschränkung auf die Vorsatzhaftung im Bereich von § 342b Abs. 7 HGB.

[7] Bei vorsätzlicher Pflichtverletzung greift – wie im Bereich der Abschlussprüferhaftung auch – keinerlei Haftungsbegrenzung.

Höchstbetrag nach Abs. 3 Satz 2 insb. für die Fälle, dass an einem *Enforcement*-Verfahren mehrere Personen – und zwar jede für sich – schadenstiftend beteiligt sind oder dass durch eine Person mehrere Pflichtverletzungen begangen wurden. Pro *Enforcement*-Verfahren kann demnach nur einmal die Haftungshöchstsumme vom Geschädigten geltend gemacht werden.

Im Bereich des sog. Serienschadens (Abs. 3 Sätze 3 und 4) tritt insofern eine Haftungsprivilegierung ein, als für den Fall, dass durch eine einzige pflichtverletzende Handlung mehrere Unt gleichzeitig fahrlässig geschädigt werden, diese insgesamt nur höchstens 8 Mio. EUR an Schadensersatz geltend machen können. Übersteigt der Gesamtschaden diesen Betrag, wird der unternehmensindividuelle Schadensersatzanspruch anteilsmäßig gekürzt. 14

Im Übrigen gelten die allgemeinen Regelungen zum Mitverschulden nach § 254 BGB, sodass die Schadensersatzpflicht ggf. entsprechend gemindert wird. 15

4 Verschwiegenheit gegenüber Finanzbehörden

Im Gleichklang mit der entsprechenden Regelung nach § 8 Abs. 2 WpHG sind die Beschäftigten der Prüfstelle gem. Abs. 3 Satz 1 aus dem Geltungsbereich der §§ 93, 97 AO ausgenommen, sodass sie nicht den dort geregelten Auskunfts- und Vorlagepflichten gegenüber den Finanzbehörden unterliegen, soweit sie im Rahmen eines *Enforcement*-Verfahrens tätig sind. 16

Dieser Regelfall des Verschwiegenheitsgebots gilt nach Abs. 3 Satz 2 jedoch ausnahmsweise dann nicht, wenn es sich um Informationen handelt, die von der FinVerw für ein Steuerstrafverfahren und ein damit zusammenhängendes Besteuerungsverfahren benötigt werden, an dessen Verfolgung ein zwingendes öffentliches Interesse besteht. 17

Allerdings ist bei dieser Ausnahme wiederum eine Rückausnahme bei Informationen vorgesehen, die die DPR von einer im Ausland ansässigen *Enforcement*-Institution erfahren hat (Abs. 3 Satz 2 a. E.). Dadurch soll dem Vertrauen ausländischer *Enforcement*-Institutionen an der Nichtweiterleitung vertraulicher Unternehmensinformationen der Vorrang gegenüber den nationalen Sanktionsinteressen eingeräumt werden. 18

§ 342d Finanzierung der Prüfstelle

¹Die Prüfstelle hat über die zur Finanzierung der Erfüllung ihrer Aufgaben erforderlichen Mittel einen Wirtschaftsplan für das Folgejahr im Einvernehmen mit der Bundesanstalt für Finanzdienstleistungsaufsicht aufzustellen. ²Der Wirtschaftsplan ist dem Bundesministerium der Justiz und für Verbraucherschutz und dem Bundesministerium der Finanzen zur Genehmigung vorzulegen. ³Die Bundesanstalt für Finanzdienstleistungsaufsicht schießt der Prüfstelle die dieser nach dem Wirtschaftsplan voraussichtlich entstehenden Kosten aus der gem. § 17d Abs. 1 Satz 3 des Finanzdienstleistungsaufsichtsgesetzes eingezogenen Umlagevorauszahlung vor, wobei etwaige Fehlbeträge und nicht eingegangene Beträge nach dem Verhältnis von Wirtschaftsplan zu dem betreffenden Teil des Haushaltsplanes der Bundesanstalt für Finanzdienstleistungsaufsicht anteilig zu berücksichtigen sind. ⁴Nach Ende des Haushaltsjahres hat die Prüfstelle ihren Jahresabschluss aufzustellen. ⁵Die Entlastung erteilt das zuständige Organ der Prüfstelle mit Zustimmung des Bundesministeriums der Justiz und für Verbraucherschutz und des Bundesministeriums der Finanzen.

WP/StB Prof. Dr. Bettina Thormann/WP Prof. Dr. Ingo Zempel[1]

Inhaltsübersicht	Rz
1 Normzweck und Regelungsinhalt	1–2
2 Bedeutung	3–6
3 Wirtschaftsplan	7–8
4 Umlageverfahren	9–11
5 Entlastung	12–13

1 Normzweck und Regelungsinhalt

1 Die Vorschrift dient dazu, eine ausreichende und angemessene Finanzausstattung der Prüfstelle für das jeweilige Folgejahr in Abstimmung mit der BaFin, dem BMJV und dem BMF planerisch festzusetzen und die entsprechenden Finanzmittel durch die BaFin über eine Umlage von den dem *Enforcement* unterliegenden Unt beizutreiben und an die Prüfstelle weiterzuleiten.

2 Entsprechend sind in dieser Vorschrift phasenorientiert aufeinander aufbauende Einzelregelungen zu dem von der Prüfstelle aufzustellenden Wirtschaftsplan, dem Verfahren über die Erhebung der Umlagevorauszahlung und dem Entlastungsverfahren kodifiziert. Die Vorschrift wird ergänzt durch korrespondierende Regelungen im FinDAG und in der BilKoUmV.

---

[1] Die Autoren geben ihre persönliche Auffassung wieder.

2 Bedeutung

Die generelle Bedeutung leitet sich daraus ab, dass die Finanzierung der jährlich zu deckenden Ausgaben für das *Enforcement* bei der DPR und des bei der BaFin zuständigen Organisationsbereichs von sämtlichen dem *Enforcement* unterliegenden Unt zwangsweise über eine **Umlagevorauszahlung** zu tragen ist.

Im Gegensatz zur Abschlussprüfung nach §§ 316ff. HGB werden daher nicht nur die im jeweiligen Jahr einem *Enforcement*-Verfahren unterzogenen Unt zur Finanzierung herangezogen. Aufgrund der Zwangsumlage bedarf es daher insb. auch keiner entsprechenden Honorarvereinbarungen.

Der Haupteffekt liegt darin, dass damit von vornherein ein möglicher Honorardruck vermieden wird, der sich **nachteilig** auf eine gewissenhafte und unabhängige Aufgabenwahrnehmung seitens der DPR und der BaFin **auswirken könnte**.

Aus Sicht speziell der DPR zeigt sich die Bedeutung der **Finanzierungsregelung** in Hinblick auf ihren privatrechtlichen Charakter und dem mit der Zweistufigkeit des *Enforcement*-Verfahrens verfolgten gesetzgeberischen Ziel. Denn zum einen sichert das Verfahren die finanzielle Eigenständigkeit der DPR, was auch in der Gesetzesbegründung ausdrücklich betont wird.[2] Zum anderen ermöglicht es der DPR, frei von den Beschränkungen des öffentlichen Haushalts- und Tarifrechts mit marktüblichen Konditionen hochqualifizierte Mitarbeiter zu gewinnen und damit die wesentliche Voraussetzung für die bestmögliche Erfüllung ihrer Aufgabe nachhaltig zu sichern.

3 Wirtschaftsplan

Der Wirtschaftsplan nach Satz 1 ist das **zentrale Rechenwerk** für die Finanzierung der *Enforcement*-Tätigkeit der Prüfstelle. Aufzustellen ist der Wirtschaftsplan jeweils im Voraus für das jeweilige Folgejahr. Der Wirtschaftsplan selbst ist eine nach **kameralistischem Charakter** aufgebaute Einnahmen-/Ausgabenrechnung, aus dem sich der Finanzbedarf der DPR ableitet, der über die Umlagevorauszahlung zu decken ist.

Zuständig für die Aufstellung des Wirtschaftsplans bei der DPR als Prüfstelle i.S. dieser Vorschrift sind der Vereinsvorstand und die Mitgliederversammlung. Gem. § 7 Abs. 4 Buchst. b Vereinssatzung wird der Wirtschaftsplan vom Vereinsvorstand aufgestellt und der Mitgliederversammlung zur Verabschiedung vorgelegt (§ 12 Buchst. d Vereinssatzung). Bei diesem Verfahren stimmt sich die DPR entsprechend der gesetzlichen Regelung von Satz 1 mit der BaFin ab. Daran knüpft nach Maßgabe von Satz 2 das Genehmigungsverfahren durch das BMJV und das BMF an.

4 Umlageverfahren

Entsprechend der Regelung in Satz 3 leitet die BaFin die von den Unt aus der Umlage erhobenen Finanzmittel i.H.d. im Wirtschaftsplan der DPR festgelegten Finanzbedarfs an die DPR weiter. Satz 3 regelt weiterhin, dass der im Wege der Umlagevorauszahlung – aufgrund von Fehlbeträgen – nicht gedeckte Finanzbe-

---

2 So ausdrücklich BegrRegE BilKoG, BT-Drs. 15/3421 S. 16.

darf von beiden *Enforcement*-Institutionen zu tragen ist, und zwar proportional zum jeweiligen Finanzbedarf.

10 Detaillierte verwaltungstechnische Vorschriften für das von der BaFin mit hoheitlichen Befugnissen betriebene Umlageverfahren sind im Sechsten Abschnitt des FinDAG (§§ 17a–d) und der BilKoUmV[3] niedergelegt, deren Ermächtigungsgrundlage § 17d Abs. 3 FinDAG enthält.

11 Im Wesentlichen ist in diesen Vorschriften geregelt, dass die BaFin aus dem Finanzbedarf der DPR und dem Finanzbedarf des bei der BaFin für *Enforcement*-Tätigkeit zuständigen Organisationsbereichs einen Gesamtumlagebetrag ermittelt. Der unternehmensindividuelle Umlagebetrag bemisst sich nach den inländischen Börsenumsätzen im Verhältnis zu den inländischen Börsenumsätzen sämtlicher umlagepflichtiger Unt, der allerdings mindestens 250 EUR und höchstens 40.000 EUR beträgt. Überzahlungen werden den Unt nach Rechnungsabschluss zurückerstattet.

5 Entlastung

12 Im Rahmen des **Entlastungsverfahrens** verpflichtet der Gesetzgeber in Satz 4 die DPR, nach Ende des Haushaltsjahres, das nach § 3 Vereinssatzung dem Kalenderjahr entspricht, einen – an kaufmännischen Grundsätzen orientierten – Jahresabschluss aufzustellen. Ergänzend ist in § 1 Abs. 4 des Anerkennungsvertrags zwischen dem BMJV und der DPR geregelt, dass die DPR, soweit erforderlich, ergänzend auch eine – an kameralistischen Grundsätzen orientierte – Aufstellung über die in dem betreffenden Jahr tatsächlich angefallenen Einnahmen und Ausgaben vorzulegen hat.[4]

13 Die Entlastung ist gem. Satz 5 vom zuständigen Vereinsorgan der DPR und damit gem. § 12 Buchst. c Vereinssatzung von der Mitgliederversammlung zu erteilen, der wiederum das BMJV und das BMF zuzustimmen haben.

---

[3] BilKoUmV v. 9.5.2005, BGBl I S. 2159, zuletzt geändert durch das Gesetz zur Umsetzung der Transparenzrichtlinie-Änderungsrichtlinie v. 20.11.2015, BGBl I Nr. 46 S. 2029.
[4] Das Ausgabenvolumen im Jahr 2016 betrug 5,1 Mio. EUR. Vgl. DPR, Tätigkeitsbericht 2016, S. 2.

§ 342e Bußgeldvorschriften

(1) Ordnungswidrig handelt, wer vorsätzlich oder fahrlässig entgegen § 342b Abs. 4 Satz 1 der Prüfstelle eine Auskunft nicht richtig oder nicht vollständig erteilt oder eine Unterlage nicht richtig oder nicht vollständig vorlegt.
(2) Die Ordnungswidrigkeit kann mit einer Geldbuße bis zu fünfzigtausend Euro geahndet werden.
(3) Verwaltungsbehörde i. S. d. § 36 Abs. 1 Nr. 1 des Gesetzes über Ordnungswidrigkeiten ist bei Ordnungswidrigkeiten nach Absatz 1 die Bundesanstalt für Finanzdienstleistungsaufsicht.

WP/StB Prof. Dr. Bettina Thormann/WP Prof. Dr. Ingo Zempel[1]

Inhaltsübersicht

		Rz
1	Normzweck und Regelungsinhalt	1
2	Tatbestand	2–4
3	Sanktion	5–6
4	Zuständigkeit	7
5	Zeitlicher Anwendungsbereich	8–10

1 Normzweck und Regelungsinhalt

Ausweislich der Gesetzesbegründung dient die Vorschrift dazu, die Pflicht des Unt durchzusetzen, die Prüfstelle mit richtigen und vollständigen Informationen zu versorgen, sofern das Unt freiwillig am *Enforcement*-Verfahren mitwirkt (vgl. § 342b Rz 76 ff.). Verstöße dagegen sollen als eine mit **Bußgeld** bewehrte Ordnungswidrigkeit geahndet werden können. 1

2 Tatbestand

Das als Ordnungswidrigkeit definierte Handeln greift den Verstoß gegen die in § 342b Abs. 4 Satz 1 HGB normierten Pflichten auf. Insofern gehören zum Täterkreis sowohl die gesetzlichen Vertreter des im *Enforcement*-Verfahren befindlichen Unt als auch die sonstigen Personen, derer sich die gesetzlichen Vertreter bei der Mitwirkung bedienen. Die Tathandlung selbst liegt darin, dass die Erteilung einer Auskunft oder die Vorlage einer Unterlage jeweils unrichtig oder unvollständig erfolgt. 2

Mangels ausdrücklicher Regelung ist für die Verwirklichung des objektiven Tatbestands der Eintritt eines bestimmten Erfolgs, etwa ein bei der Prüfstelle dadurch bewirktes **Prüfungshemmnis**, nicht erforderlich. Die Tat ist damit durch das oben beschriebene Handeln als solche vollendet. 3

Sämtliche vier Tatbestandskonstellationen setzen im **subjektiven Tatbestand** Vorsatz oder Fahrlässigkeit voraus. Da hinsichtlich der Verschuldensform der 4

---

[1] Die Autoren geben ihre persönliche Auffassung wieder.

Fahrlässigkeit keine Einschränkungen bestehen, ist demnach bereits auch der Verschuldensgrad der leichten Fahrlässigkeit ausreichend für die Tatbestandsverwirklichung.

3 Sanktion

5 Als Sanktion für die Ordnungswidrigkeit wird ein **Bußgeldrahmen** ausgespannt, dessen Höchstmaß 50.000 EUR beträgt. Diese Geldbuße kann nach Maßgabe der Bestimmungen des allgemeinen Ordnungswidrigkeitenrechts (§ 30 Abs. 1 OWiG) auch gegen die vertretene juristische Person verhängt werden, bezogen auf das *Enforcement*-Verfahren mithin das zu prüfende Unt.

6 Das angedrohte Höchstmaß der Geldbuße findet sich auch bei den entsprechenden Ordnungswidrigkeitstatbeständen auf der zweiten Stufe des *Enforcement*-Verfahrens wieder (§ 39 Abs. 3 Nr. 1 Buchst. d i. V. m. Abs. 4 WpHG).

4 Zuständigkeit

7 Der Gesetzgeber macht mit dieser Vorschrift davon Gebrauch, die **sachliche Zuständigkeit** in Hinblick auf die Regelung des § 36 Abs. 1 OWiG ausdrücklich gesetzlich zu bestimmen. Zuständige Verwaltungsbehörde ist demnach ausschließlich die BaFin.

5 Zeitlicher Anwendungsbereich

8 Der zeitliche Anwendungsbereich der Norm dürfte nach dem Sinn und Zweck der Norm nur bis zum Abschluss des Prüfverfahrens bei der Prüfstelle reichen, d. h. bis zu dem Zeitpunkt, an dem das Prüfergebnis feststeht.

9 Sofern das Unt im Fall der Feststellung einer fehlerhaften Rechnungslegung die entsprechende Erklärung nach § 342b Abs. 5 Satz 2 HGB nicht abgibt, dürfte die Bußgeldvorschrift nicht mehr greifen können, da das gesetzgeberische Ziel, die Prüfstelle für die Entscheidungsfindung mit richtigen und vollständigen Informationen zu versorgen, bereits erfüllt ist.

10 Allerdings wird das *Enforcement*-Verfahren auch in diesem Fall nicht gehemmt, da die fehlende Abgabe der Erklärung von der Prüfstelle als Mitwirkungsverweigerung des Unt qualifiziert und das Verfahren dann gem. § 342b Abs. 6 Satz 1 Nr. 2 HGB an die BaFin abgegeben werden würde.

STICHWORTVERZEICHNIS

Fett gesetzte Ziffern verweisen auf Paragrafen, magere auf die zugehörigen Randziffern.

A

Abbruchkosten
–, Rückstellung **249** 193
Abfallbeseitigung
–, Rückstellung **249** 194
Abfindung
–, Arbeitslohn **275** 107
–, Kündigung **275** 107
–, Rückstellung **249** 195
–, Schadensersatz **275** 107
–, Urlaubsabgeltung **325** 107
Abfindung scheidender Gesellschafter
–, Neubewertungsmethode **307** 42
Abführungssperre
–, Organschaft **274** 81
Abgang
–, Anlagespiegel **284** 67
Abgang Vermögensgegenstand
–, Verlust **275** 134
Abhängigkeitsbericht
–, Ausgleichspflicht **289** 120
–, Benachteiligungsverbot **289** 112
–, Berichterstattungsform **289** 112
–, Offenlegung **325** 70
Abkaufverpflichtung
–, Vermerkpflicht **251** 30
Abkühlungsphase 319a 22
Abrechnungsverpflichtung
–, Rückstellung **249** 196
Absatzgeschäft
–, Rückstellung **249** 154
Absatzmarkt 253 288
Abschlussprüfer
–, Arbeitnehmereigenschaft **319** 45
–, Aufstellung Vorjahresabschluss **319** 54
–, Ausnahmegenehmigung Qualitätskontrolle **319** 20
–, Ausschlussgrund **319** 36
–, Ausschlusstatbestand **319** 9
–, Ausschreibungsverfahren **318** 7
–, Auswahl **319** 1
–, Befangenheit **319** 22
–, Berufsregister **319** 19
–, Besorgnis der Befangenheit **319** 9
–, Bestellung **317** 135, **318** 20
–, Bestellung für IFRS-EA **324a** 12
–, Bestellungsverfahren **318** 7

–, Bewertungsleistung **319a** 18
–, Einrichtung Rechnungslegungsinformationssystem **319** 55
–, Erläuterungsrecht **321a** 34
–, Finanzdienstleistung **319** 60
–, finanzielles Eigeninteresse **319** 27
–, Gewissenhaftigkeit **323** 26
–, Haftung **323** 77
–, Honorar **285** 117, **314** 57
–, independence in appearance **319** 23
–, Interessenvertretung **319** 30
–, interne Revision **319** 57
–, interne Rotation **319a** 22
–, Konzernabschlussprüfer **319** 79
–, Konzernanhang **314** 57
–, Lebenspartner **319** 72
–, Mitteilungspflicht **317** 127
–, mittelbare Beteiligung **319** 43
–, Ordnungswidrigkeit **334** 26
–, Organzugehörigkeit **319** 45
–, persönliche Vertrautheit **319** 31
–, Prüfungshonorar **317** 124
–, Qualitätskontrolle **319** 19
–, Rechtsberatung **319a** 11
–, Richtlinie **264b** 19, **333a** 1
–, Rotation **317** 136
–, Selbstprüfungsverbot **319** 29
–, Sozietät **319** 17
–, Sozietätsklausel **319** 36, **319a** 27
–, Steuerberatung **319a** 11
–, stille Beteiligung **319** 41
–, Strafverfolgung **333a** 12
–, Treuhänder **319** 42
–, Übergabeakte **317** 137
–, Übermittlungsbefugnis **320** 63
–, Umsatzabhängigkeit **319a** 10
–, Unabhängigkeit **319** 6 45
–, Unabhängigkeitserklärung **317** 126
–, Unabhängigkeitsgrundsatz **319** 10
–, Unternehmensleitungsfunktion **319** 59
–, Unternehmen von öffentlichem Interesse **319a** 1
–, verbundenes Unternehmen **319** 74, **319a** 21
–, Verletzung der Berichtspflicht **332** 1
–, Verschweigen erheblicher Umstände **332** 23

2657

–, Verschwiegenheitspflicht 321a 44, 323 45
–, versicherungsmathematische Leistung 319 61
–, zugelassener Personenkreis 319 13
Abschlussprüfergehilfe
–, Pflichtverletzung 332 13
Abschlussprüfung
–, AAB 323 105
–, Bestätigungsvermerk 317 130
–, Blacklist 317 125
–, Einzelabschluss 324a 1
–, EU-VO Nr. 537/2014 317 123
–, Folgeprüfung 318 33
–, freiwillige Prüfung 316 47
–, gerichtliche Bestellung 318 65
–, kapitalmarktorientiertes Unternehmen 317 123
–, Nichtprüfungsleistung 317 125
–, Pflichtprüfung 316 3
–, Prüfungsvertrag 318 6
–, PublG 316 50
–, Qualitätssicherung 317 128
–, Reform der Prüfung 318 3
Abschreibung
–, Abschreibungsplan 253 161
–, außerplanmäßige Abschreibung 253 20
–, Einbeziehung in die Herstellungskosten 255 130
–, Firmenwert 253 206
–, geringwertiges Wirtschaftsgut 253 202
–, Geschäftswert 253 206
–, Nutzungsdauer 253 168
–, Restwert 253 165
Abschreibung
–, Finanzanlagen 275 171
–, immaterielle VG 275 120
–, Sachanlagen 275 120
–, Umlaufvermögen 275 124
Abzinsung
–, Altersversorgungsverpflichtung 253 143
–, Bruttomethode 253 138
–, Duration 253 137
–, Nettomethode 253 138
Abzinsungsgebot 253 127
Abzugsteuern
–, einbehaltene Abzugsteuern 264c 26
Aktienanleihe 246 77
Aktienbasierte Vergütung
–, Anhang 285 59
Aktiengattungen 272 23
Aktiengesellschaft
–, Eigenkapital 272 4
–, Gezeichnetes Kapital 272 22
Aktionärsbrief
–, Offenlegung 325 70
aktive latente Steuern
–, latente Steuern 266 100, 274 28 110

aktiver Markt
–, beizulegender Zeitwert 255 228
–, organisierter Markt 255 230
–, passiver Markt 255 233
aktiver Unterschiedsbetrag 301 105, 312 27
aktivierte Zinsen
–, Anhangangabe 284 83
Aktivierungspflicht
–, Firmenwert 246 86
Aktivierungswahlrecht
–, immaterieller Vermögensgegenstand 248 37
–, latente Steuern 274 25
Aktivüberhang
–, latente Steuern 274 28
allgemeiner Berichtsgrundsatz
–, Prüfungsbericht 321 24
Altauto
–, Rückstellung 249 199
Altbatterie
–, Rückstellung 249 199
Altersfreizeit
–, Rückstellung 249 200
Altersgrenze 253 80
Altersgrenzenanpassung 249 56
Altersmehrurlaub
–, Rückstellung 249 200
Altersteilzeit
–, Rückstellung 249 201
Altersteilzeitverpflichtung 249 201, 253 114
Altersversorgungsverpflichtung 253 75, 274 148
–, Anwartschaftsbarwertverfahren 253 83
–, biometrische Wahrscheinlichkeit 253 77
–, Durchbuchungsmethode 253 112
–, Fluktuation 253 79
–, Fremdwährung 253 147
Altlastensanierungspflicht
–, Rückstellung 249 117
Analyse
–, Ertragslage 264 76
Analyse Geschäftsverlauf und Lage
–, klassische Jahresabschlussanalyse 289 30
–, Lagebericht 289 30
–, qualitative Analyse 289 30
andere Gewinnrücklagen 266 118
Anerkennungsvertrag
–, DPR 342b 21
Angaben zu Gesamtbezügen
–, Schutzbedürftigkeit 286 17
Angaben zum Anteilsbesitz
–, Voraussetzung für die Inanspruchnahme 286 14
–, wirtschaftlicher Nachteil 286 12
Angaben zur Vorstandsvergütung
–, Pflicht zur Angabe 286 19

Stichwortverzeichnis

Angaben zu Umsatzerlösen
–, Befreiung von der Angabe **286** 8
Angabepflicht im Anhang
–, Umsatzkostenverfahren **275** 19
Angabepflicht KapCoGes
–, erweiterte **264b** 13
angemessene Zeit 238 42
Anhang
–, Aktienbasierte Vergütung **285** 59
–, Anforderungen **284** 10
–, Angaben über Mutterunternehmen **285** 100
–, Angaben zur Vorstandsvergütung **286** 19
–, Angabe von Abweichungen **284** 42
–, Anreizwirkung **285** 75
–, Arbeitnehmer, Pflichtangaben **285** 36
–, Aufgliederung **284** 10
–, Aufsichtsratsvergütung, Pflichtangaben **285** 63
–, Ausschüttungssperre, Pflichtangaben **285** 170
–, Ausweis von Unterschiedsbeträgen **284** 49
–, Befreiung von der Berichterstattung **288** 1
–, Begründung **284** 10
–, beizulegender Zeitwert **255** 221
–, Bewertungseinheiten, Pflichtangaben **285** 148
–, Bezüge der Organvertreter, Begriff **285** 55
–, Bezüge der Organvertreter, Pflichtangaben **285** 48
–, Bilanzierungsmethode **284** 26
–, Darstellung **284** 10
–, derivative Finanzinstrumente, Pflichtangaben **285** 127
–, eingeschränkte Berichterstattung **286** 1
–, Entlastungsfunktion **264** 24, **284** 6
–, Entsprechenserklärung, Pflichtangaben **285** 115
–, Ergänzungsfunktion **264** 25
–, Ergebnisverwendung **285** 180
–, Erläuterung **284** 10
–, Erläuterungsfunktion **264** 22, **284** 6
–, Erleichterungen für kleine KapG **288** 4
–, Erleichterungen für mittelgroße KapG **288** 6
–, Eventualverbindlichkeit, Pflichtangaben **285** 165
–, Finanzinstrumente, Pflichtangaben **285** 123 125 129
–, Forschungs- und Entwicklungskosten, Pflichtangaben **285** 145
–, Genussrechte **285** 114
–, Geschäfts- oder Firmenwert, Pflichtangaben **285** 98
–, Gliederung **284** 12
–, größenabhängige Erleichterungen **288** 1, **326** 19

–, Gruppenbewertung **284** 49
–, Investmentvermögen, Pflichtangaben **285** 160
–, Jahresabschluss **264** 22, **317** 28
–, Klarheit und Übersichtlichkeit **284** 13
–, KleinstKapG **264** 45
–, Konzernanhang, Pflichtangaben **313** 27
–, Konzernlagebericht **315** 19
–, Korrekturfunktion **264** 26, **284** 6
–, Kredit **285** 71
–, latente Steuern **274** 121
–, latente Steuern, Pflichtangaben **285** 171
–, Materialaufwand, Pflichtangaben **285** 45
–, Mezzanines Kapital **285** 114
–, nahestehende Unternehmen und Personen **285** 136
–, nicht ausschüttbare Beträge, Pflichtangaben **285** 170
–, nicht in der Bilanz enthaltene Geschäfte, Pflichtangaben **285** 15
–, öffentliches Interesse **286** 4
–, Offenlegung **284** 5
–, Ordnungswidrigkeit **334** 15
–, Organvertreter, Pflichtangaben **285** 78
–, Pensionsrückstellung, Pflichtangaben **285** 157
–, persönlich haftende Gesellschafter, Pflichtangaben **285** 111
–, Rechtsfolgen bei Pflichtverletzung **284** 16
–, Risiken, Pflichtangaben **285** 165
–, Schutzklausel **286** 4
–, sonstige finanzielle Verpflichtungen, Pflichtangaben **285** 20
–, sonstige Pflichtangabe **285** 1
–, Stetigkeit **284** 14
–, Steuern, Pflichtangaben **285** 35
–, Struktur **284** 11
–, Umsatzerlöse, Pflichtangaben **285** 28 32
–, Unterlassen von Angaben **286** 1
–, Unternehmensbeteiligungen, Pflichtangaben **285** 89
–, Verbindlichkeiten, Pflichtangaben **285** 7 12
–, Verbindlichkeiten, Verbindlichkeitsspiegel **285** 13
–, Verbrauchsfolgeverfahren **284** 49
–, Verrechnung von Vermögensgegenständen und Schulden, Pflichtangaben **285** 158
–, Vorschuss **285** 70
–, Vorstandsvergütung, Pflichtangaben **285** 52
–, Wesentlichkeit **322** 66
–, Wirtschaftsprüferhonorar, Pflichtangaben **285** 117
–, Zusagen **285** 57
Anlagen im Bau 266 49
Anlagespiegel 284 53
–, Anlagegitter **268** 13

2659

–, Befreiung kleine KapG **274a** 3
–, Konzernabschluss **298** 20 45
–, kumulierte Abschreibung **284** 54
Anlagevermögen 247 17
–, Abgrenzung Anlage- und Umlaufvermögen **247** 17
–, abnutzbare und nicht abnutzbare Anlagen **266** 19
–, Definition **247** 20
–, sonstige Ausleihungen **266** 62
–, Umbuchung **247** 41
–, Umgliederung **247** 40
–, Zweckbestimmung **247** 39
–, Zwischenergebniseliminierung **304** 36
Anlassprüfung
–, DPR **342b** 59 64
Anpassungsverpflichtung
–, Rückstellung **249** 205
Ansammlungsrückstellung 249 193, **253** 66
Ansatzfälle
–, latente Steuern **274** 33
Ansatzgebot, Vollständigkeitsgebot
–, Konsolidierung **300** 27
Ansatzverbot
–, Börseneinführungskosten **248** 45
–, Drucktitel **248** 50
–, Emissionskosten **248** 45
–, Gründungsaufwand **248** 42
–, Konsolidierung **300** 26
–, Kundenliste **248** 52
–, Marke **248** 49
–, Verlagsrecht **248** 51
Anschaffungskosten
–, Begriff **255** 1
–, Tauschgeschäft **255** 29
–, unentgeltlicher Erwerb **255** 34
–, Versteigerungsverfahren **255** 49
Anschaffungskostenmethode
–, Equity-Methode **312** 63
Anschaffungskostenminderung
–, Investitionszuschuss **255** 72
Anschaffungskostenrestriktion 301 23
Anschaffungspreis
–, Umsatzsteuer **255** 18
Anschaffungs- und Herstellungskosten
–, fortgeführte **253** 2
–, Rückstellung **249** 206
Anteil 264c 32
–, Anteile an Kommanditisten **264c** 32
Anteile anderer Gesellschafter
–, Abgrenzung **307** 11
–, anteiliger Gewinn, Ausweis **307** 52
–, Ausweis **264b** 8, **307** 59
–, Begriff **307** 11 59
–, Ermittlung, Aufwand **307** 40
–, Kommanditist **264b** 8
–, Konzernabschluss, Ausweis **307** 2

Anteile an verbundenen Unternehmen
–, Ausweispflicht **266** 90
anteiliger Gewinn, Ausweis
–, Anteile anderer Gesellschafter **307** 52
–, dauerhafte Beteiligung **266** 53
Anteilsaufstockung
–, Konzernbilanzierung **301** 184
Anteilsbesitz
–, Unabhängigkeit **319** 40
–, Unterlassen von Angaben **286** 12
Anteilserwerb
–, Einlagenrückgewähr **264c** 36
anteilsmäßig einbezogene Unternehmen, Angaben
–, Konzernanhang **313** 88
Anteilsreduktion
–, Konzernbilanzierung **301** 184
antizipative Verbindlichkeiten 268 37
Anwartschaft 249 52
Anzahlung 249 128
aperiodische Aufwendungen und Erträge 285 178
Arbeitnehmer
–, Informationsrecht **267a** 13
–, Rückstellung **249** 207
Arbeitnehmereigenschaft 285 37
Arbeitnehmervertreter 285 54
Arbeitslosengeld nach § 147a SGB II
–, Rückstellung **249** 208
Asset Backed Securities
–, Begriff **246** 63
asset deal
–, Geschäfts- oder Firmenwert **306** 23
–, latente Steuern **274** 91, **306** 23
assoziierte Unternehmen 294 16, **311** 37, **320** 48, **334** 21
–, Begriff **294** 16
–, Equity-Methode **320** 48
assoziiertes Unternehmen, Beteiligung
–, maßgeblicher Einfluss **312** 118
–, Veräußerung von Anteilen **312** 116
Aufbewahrung
–, Dauer **257** 27
–, Fristen **257** 27
–, Original **257** 18
Aufbewahrungsfrist
–, Fristberechnung **257** 30
Aufbewahrungspflicht
–, Rückstellung **249** 210
Aufgliederung
–, Anhang **284** 10
–, Davon-Vermerk **264b** 10
Aufgliederunge und Erläuterung
–, Prüfungsbericht **321** 130
Aufnahme
–, Vollhafter **264a** 8 10
Aufrechnung
–, Lohnpfändung **247** 128
–, Schadensersatz **247** 128

Aufsichtsrat
–, Bericht 325 59
–, Prüfungsausschuss 324 12
Aufsichtsratsvergütung
–, Anhang, Pflichtangaben 285 63
–, Rückstellung 249 211
Aufstellung
–, befreiender Konzernabschluss 291 15
–, Bilanz 270 4
Aufstellungsfrist 264 43
Aufstellungspflicht
–, Jahresabschluss 264 38
–, Konzernabschluss 290 25
auftragsbegleitende Qualitätssicherung 319a 26
Aufwendungen
–, sonstige betriebliche (UKV) 275 250
Aufwendungen aus der Abzinsung 277 15
Aufzinsung
–, langfristige Ausleihungen 275 157
Ausbau- und Abbaukosten 275 84
Ausfallbürgschaft 251 16
Ausgabeaufschlag 272 124
Ausgleichsposten
–, Ausweis innerhalb des Eigenkapitals 307 48
–, Sonderposten 264c 30
Ausgleichszahlung
–, Begriff 307 56
–, Rückstellung 249 328
Ausgliederung 264b 10
Ausgliederungswahlrecht
–, Erklärung zur Unternehmensführung 315d 5
Auskünfte und Nachweise
–, Prüfungsbericht 321 92
Auskunftspflicht
–, Enforcement 342b 75 81, 342e 2
Auskunftsrecht 320 14 43
–, Mutterunternehmen 294 34
Auskunftsrecht des Abschlussprüfers 320 1
–, Anwendungsbereich 320 7
–, assoziiertes Unternehmen 320 48
–, Aufklärung 320 22
–, Aufsichtsrat 320 52
–, Aufstellung nicht korrigierter Prüfungsdifferenzen 320 29
–, Durchsetzung 320 50
–, Festsetzung von Zwangsgeld 320 53
–, Gemeinschaftsunternehmen 320 48
–, Grenzen 320 55
–, Handelsbilanz II 320 39
–, Handelsbilanz III 320 39
–, Konzern-Package 320 39
–, Kündigung des Prüfungsauftrags 320 54
–, Nachweis 320 22
–, Prüfungshemmnis 320 51

–, Rechte gegenüber Mutter- und Tochterunternehmen 320 32
–, Schlussbesprechung 320 30
–, Vollständigkeitserklärung 320 24
–, Vorprüfung 320 23
–, Zwischenprüfung 320 23
ausländische Betriebsstätte
–, latente Steuern 274 92
ausländische Hauptniederlassung 324a 1 f.
ausländisches Unternehmen
–, Enforcement 342b f. 44
Ausleihung 275 155
Ausnahmen der Bewertungsvereinheitlichung 308 4
Ausnahmen vom Anwendungsbereich
–, Prüfungsausschuss 324 16
Ausschluss
–, Geschäftsführung 264a 9
–, Vertretung 264a 9
Ausschlussgrund
–, Konzernabschlussprüfung 319a 29
Ausschüttungssperre
–, Anhang, Pflichtangaben 285 170
–, beizulegender Zeitwert 255 222
–, Bilanzvermerk 268 50
–, Rücklage 272 199
Außenverpflichtung
–, Rückstellung 249 9
außerbilanzielle Geschäfte 285 15
–, sonstige Pflichtangaben im Anhang 314 10
außergewöhnliche Aufwendungen und Erträge 285 175
außerplanmäßige Abschreibung 253 219
–, Abbildung in der Finanzbuchhaltung 253 298
–, Ausweispflicht 275 121
–, beizulegender Wert 253 223
–, Emissionsberechtigung 253 297
–, Festwert 253 256
–, Finanzanlage 253 260
–, Firmenwert 309 21
–, Geschäfts- oder Firmenwert 253 247, 309 17 21
–, Handelsware 253 305
–, immaterielles Anlagevermögen 253 242
–, Sachanlage 253 248
–, unfertige Erzeugnisse und Leistungen 253 300
–, Wertpapiere des Anlagevermögens 253 269
–, Wertpapiere des Umlaufvermögens 253 322
ausstehende Einlagen
–, Bewertung 272 76
–, Eigenkapital 247 93
Ausstrahlungswirkung
–, Risikofrüherkennungssystem 317 141

Ausweis
–, Anhang 284 10
–, Anteile anderer Gesellschafter 307 59
–, Beteiligung 271 1 4
–, Genossenschaftsanteil 271 29
–, Haftungsverhältnis 251 49
–, latente Steuern 274 116
–, passiver Unterschiedsbetrag aus der KapKons 301 135
–, Privatvermögen 264c 26
–, Steueraufwand KapCoGes 264c 27
Ausweis von Unterschiedsbeträgen
–, Anhang 284 49
Ausweiswahlrecht
–, Disagio 268 40
–, Ergebnisverwendung 268 5

B

Badwill
–, passiver Unterschiedsbetrag aus der KapKons 301 157
BaFin
–, Enforcement 342b 14 65
Bankguthaben
–, Saldierung 266 97
Bareinlage 272 35
Bar- und Verrechnungsschecks 266 98
Baulast
–, Rückstellung 249 217
bedingte Rückgriffsforderung
–, Verbindlichkeit 251 2
befreiender Konzernabschluss
–, Aufstellung 291 15
–, Konzernabschluss 264b 1
befreiende Wirkung
–, Nichtmutterunternehmen 264b 11
Befreiung
–, Konzernanhang 313 103
–, Konzernlagebericht 315 94
Befreiung kleine KapG
–, Anlagegitter 274a 3
–, latente Steuern 274a 3
Befreiungsmöglichkeiten
–, Nichtfinanzielle Konzernerklärung 315c 2
Befreiung von der Berichterstattung
–, Anhang 288 1
Begründung
–, Anhang 284 10
–, Konzernanhang 313 31
beherrschender Einfluss
–, maßgeblicher Einfluss 311 10 13
–, Negativabgrenzung 311 10
Beherrschungskonzept
–, Control-Konzept 290 18
Beherrschungsvertrag
–, verbundene Unternehmen 271 33

Beihilfe
–, Rückstellung 249 219
beitragsorientierte Leistungszusage
–, Pensionsrückstellung 249 48
Beitragszusage mit Mindestleistung
–, Pensionsrückstellung 249 48
beizulegender Zeitwert 253 223 285
–, Anschaffungs- und Herstellungskosten, Fortführung 255 255
–, Ermittlung, aktiver Markt 255 226 228
Bekanntmachung
–, Offenlegung 325 5
Belegbuchführung
–, Buchführungsform 239 37
Belehrungspflicht
–, DPR 342b 83
Benford-Gesetz
–, Prüfverfahren 239 19
Berechtigung
–, Geschäftsführung 264a 9
–, Vertretung 264a 9
Bereicherungsabsicht 332 39
Berichterstattung
–, Bestätigungsvermerk 317 151
–, Folgeprüfer 320 58
–, Grundsatz der Wesentlichkeit 289 83
–, Risikofrüherkennungssystem 317 140
–, Umfang und Form 320 60
–, unrichtige Berichterstattung 332 19
–, Verschwiegenheitspflicht 286 5
Berufsausbildung
–, Rückstellung 249 221
Beschaffungsmarkt 253 287
Beschränkung
–, Haftung 264a 2
Beschränkung bei Übertragung von Aktien und Stimmrechtsausübung
–, Konzernlagebericht, Pflichtangaben 315a 7
Beschränkung der Rechtsausübung 296 12
besondere Bestimmungen für PersG i. S. d. § 264a HGB
–, Konzernabschluss 298 63
Besorgnis der Befangenheit
–, Abschlussprüfer 319 22
–, Ausschussgrund 319b 11
Besserungsschein
–, aufschiebend bedingte Verbindlichkeit 247 120
–, Rückstellung 249 223
Bestätigungsvermerk
–, Adressierung 322 172
–, Art und Umfang der Abschlussprüfung 322 36
–, Bedingung 322 142
–, Berichterstattung 317 151
–, Einschränkung 316 38
–, going concern 322 57

2662

–, Hinweis auf Bestandsgefährdung 322 108
–, Inhalt und Regelungszweck 328 3
–, Offenlegung 322 207, 325 59 71 ff., 328 ff. 28
Bestandserhöhung
–, GKV 275 15
–, UKV 275 230
Bestandsgefährdung
–, Prüfungsbericht 321 59
Bestandsmehrung
–, GKV 275 70
Bestandsminderung 275 70
–, UKV 275 229
Bestandsveränderung 305 10
–, fertige und unfertige 277 1
Beteiligung
–, Anlagespiegel 284 80
–, außerplanmäßige Abschreibung 253 264
–, Ausweis 271 1 4
–, Begriff 271 5
–, Berechnung des Anteils 271 23
–, Beteiligungsabsicht 266 57
–, Beteiligungsquote 266 57
–, Bilanzgliederung 271 4
–, dauernde Verbindung 271 12
–, Förderung des eigenen Geschäftsbetriebs 271 15
–, Genossenschaftsanteil 271 28
–, indirekte Beteiligung 264a 13
–, Konzernabschluss 298 49
–, Mitzugehörigkeitsvermerk 271 27
–, Vermutung 271 1 19
Beteiligung, Aktiengesellschaft
–, Konzernlagebericht, Pflichtangaben 315a 11 13
Beteiligung an assoziiertem Unternehmen
–, Bewertung 312 12
–, maßgeblicher Einfluss, Wegfall durch Verkauf 312 118 f.
Beteiligungsaufstockung
–, Eigenkapitaltransaktion 301 f. 206, 307 41
–, Erwerbsvorgang 301 194
Beteiligungsbewertung 253 264
Beteiligungsbuchwert
–, Änderung 301 208
–, Equity-Methode, Ausweis 312 71
–, Fortschreibung, Folgejahre 312 53 f.
–, Kapitalerhöhung 312 f. 64
–, Kapitalherabsetzung 312 69
Beteiligungsertrag 275 145
Beteiligungsgewinne
–, Realisationszeitpunkt 252 116
Beteiligungsidentität
–, KapCoGes 264b 9
Beteiligungskette 264a 13
Beteiligungsquote
–, Angaben 285 87
–, assoziiertes Unternehmen, KapG 312 19

Beteiligungsvermutung 271 1
–, Widerlegung 271 20
betriebliche Altersversorgung 255 142
Betriebsausstattung 266 47
Betriebsprüfung
–, Rückstellung 249 225
Betriebsübergang
–, Pensionsverpflichtung 249 57
Betriebs- und Geschäftsausstattung
–, andere Anlagen 266 47
Beweiserhebung in Rechtsstreitigkeiten 258 1
Bewertung
–, beizulegender Zeitwert 255 209 211 ff.
–, going-concern-Prämisse 252 ff. 35
–, Grundsatz der einheitlichen Bewertung 308 10
–, latente Steuern 274 103, 306 29
Bewertung
–, Grundsatz der Stetigkeit 308 31
Bewertungseinheit
–, Absatzgeschäft 254 60
–, absicherungsfähiges Risiko 254 11
–, Arten 254 8
–, Betragsidentität 254 34
–, Bilanzierung 254 53
–, Crititcal Term Match 254 39
–, Dokumentation 254 47
–, Dollar-Offset-Methode 254 40
–, Durchbuchungsmethode 254 55 1
–, Einfrierungsmethode 254 1 55
–, erwartete Transaktion 254 12
–, Grundgeschäft 254 1 11
–, hypothetische Derivatemethode 254 40
–, Inflationsrisiko 254 15
–, Macro-Hedging 254 8
–, Micro-Hedging 254 8
–, negative Zinsen 254 30
–, Portfolio-Hedging 254 8
–, prospektive Effektivität 254 37
–, Regressionsanalyse 254 41
–, retrospektive Effektivität 254 44
–, Risikoausgleich 254 31
–, Rückstellung 249 226
–, Sensitivitätsanalyse 254 42
–, Sicherungsinstrument 254 1 19
–, vergleichbares Risiko 254 13 33
–, Wahlrecht 254 7
–, Warentermingeschäft 254 21
Bewertungsgrundsatz 252 1
–, Abweichungen 252 142
Bewertungsstetigkeit
–, Festwertverfahren 240 65
–, Grundsatz 256 15
Bewertungsvereinfachungsverfahren
–, Festbewertung 256 5
–, Gruppenbewertung 256 5
–, Konzernabschluss 298 29
–, Verbrauchsfolgeverfahren 256 5

2663

Bezüge Organvertreter
–, Anhang 285 55
Bezugsanteile
–, Ausgabe 272 126
Bezugsrecht
–, Mittelbar 272 125
BFH-Formel 249 45
Bilanz
–, Aufstellung 270 4
–, Aufstellungsfrist 243 34
–, Bundesbankguthaben 247 73
–, Cash Pool 247 74
–, Eigenkapital 247 79
–, Erstausstattung an Ersatzteilen 247 28
–, Guthaben bei Kreditinstituten 247 73
–, Informationsbedürfnis der Adressaten 247 8
–, Jahresabschluss 317 28
–, Kassenbestand 247 72
–, Leerposten 247 12
–, Mindestgliederung 247 2 11
–, Ordnungswidrigkeit 334 15
–, Rechnungsabgrenzungsposten 247 78
–, Roh-, Hilfs- und Betriebsstoffe 247 53
–, Scheck 247 77
–, Staffelform 243 24, 247 10
–, Umlaufvermögen 247 52
Bilanzaufstellung
–, Bilanzaufstellung vor Ergebnisverwendung 275 262
–, Ergebnisverwendung 268 5
–, teilweise Ergebnisverwendung 268 8
–, vollständige Ergebnisverwendung 268 10
Bilanzeid 264 11 88
–, Konzernabschluss 297 90
–, Offenlegung 325 103
–, Sarbenes-Oxley Act 264 90
–, unrichtige Versicherung 331 59
Bilanzeid, Formulierung
–, Konzernabschluss 297 92
Bilanzgewinn 266 124, 272 226
Bilanzgliederung
–, Form 266 1
–, Inhalt 266 1
–, Kontoform 266 6
Bilanzidentität 252 24
Bilanzierung von Leasingverträgen
–, Leasing 246 47
Bilanzpolitik
–, Offenlegung 325 205
Bilanzposten
–, Zusammenfassung 265 26
Bilanzverlust 266 124, 272 226
Bilanzvermerk
–, Informationsfunktion 251 5
Bilanz von KleinstKapG
–, Hinterlegung 326 24
BilKoG
–, DPR 342b 22 68

Billigung
–, Bilanz 270 4
–, IFRS-EA 324a 9
biometrische Wahrscheinlichkeit 253 77
Blockmodell 253 115
Börseneinführung
–, Enforcement 342b 43
Börsen- oder Marktpreis 253 282
Börsensegmente 264 18
Bonitätsrisiko 246 64
Bonus 255 69
Briefkurs 255 241
Bruttomethode 268 13, 275 78
–, Befreiung Konzernrechnungslegung 293 15
Buchführung
–, Befreiung von der Buchführungspflicht 241a 11
–, Gegenstand der Jahresabschlussprüfung 317 25
–, Prüfungsbericht 321 95
–, Sprache 239 10
–, Verfügbarkeit 239 55
Buchführungsform 239 36
–, Datenträger 239 38
–, EDV-Buchführung 239 40
Buchwertmethode
–, Equity-Methode 312 25
–, Konzernabschluss 312 2
–, Konzernbilanzierung 301 123
Bürgschaft 251 15
–, Rückstellung 249 228
Bürogemeinschaft 319 37
Bundesamt für Justiz
–, Ordnungsgeld 335 6, 335a 3
Bundesanzeiger
–, Befreiung KapCoGes 264b 23
–, Einreichung KapCoGes 264b 25
–, Mitteilungspflicht in Zweifelsfällen 329 13
–, Offenlegung 325 5
–, Offenlegung des Konzernabschlusses KapCoGes 264b 25
–, Prüfungspflicht 329 10
–, Übersetzung bei Zweigniederlassungen 329 18
–, Unterrichtungspflicht 329 1
Bundesbankguthaben 266 96
–, Bilanz 247 73
Bußgeld
–, Rückstellung 249 229

C

Cashflow, Ermittlung
–, Kapitalflussrechnung 297 23
Cash Pool
–, Bilanz 247 74
Cash Pooling 297 20

CESR
–, DPR 342b 68
Chartervertrag
–, Rückstellung 249 230
Chi-Quadrat-Test
–, Prüfverfahren 239 19
Cloud-Lösung
–, DV-System 239 45
comply or explain
–, Corporate Governance Kodex 289f 8
Comply or Explain
–, Nichtfinanzielle Erklärung 289c 7
Control-Konzept
–, Beherrschungskonzept 290 18
–, verbundene Unternehmen 271 40
Controlling
–, handelsrechtliche Abschlussprüfung 289 63
Corporate Governance 289 5
–, comply or explain 289f 8
CSR-Richtlinie
–, Aufstellungspflicht nichtfinanzieller Konzernbericht 290 26
–, Auslagerung Erklärung 315b 9
–, Bilanzeid 264 88
–, Bußgeld 334 1
–, Entfallen der Gründe für Nichtaufnahme 289e 3
–, Erklärung zur Unternehmensführung 315d 1
–, Konzernlagebericht 315 15
–, Lagebericht 264 7
–, nachteilige Angaben 289e 2
–, nichtfinanzielle Erklärung 289c 1
–, nichtfinanzielle Erklärung 315b 4
–, Nichtfinanzielle Konzernerklärung 315c 1
–, Offenlegung 325 7, 329 6
–, Rahmenwerke 289d 1
–, spezielle Offenlegungspflichten 325 26
–, Wesentlichkeitsgrundsatz 252 21
CTA 253 125

D

Darstellungsstetigkeit
–, Konzernabschluss 298 32
Datenbereinigung
–, Rückstellung 249 231
Datenschutz
–, Rückstellung 249 232
Datenzugriff der Finanzverwaltung
–, Rückstellung 249 233
dauerhafte Beherrschungsmöglichkeit 290 20
dauerhafte Beteiligung
–, Anteile an verbundenen Unternehmen 266 53

Dauerhaftigkeit
–, faktische Stimmrechtsmehrheit 290 31
Dauerhalteabsicht 271 14
dauernde Verbindung
–, Beteiligung 271 12
–, objektive Komponente 271 12
–, subjektive Komponente 271 12
Dauerschuldverhältnis 251 45
–, Haftungsverhältnis 251 45
–, Rückstellung 249 158
Dauerschuldverhältnis
–, Realisationszeitpunkt 252 109
Davon-Vermerk 264b 10, 264c 12
–, Gliederung der Gewinn- und Verlustrechnung 275 32
DCGK 289f 3
–, Prüfungsausschuss 324 5
Deckungsbeitragsrechnung
–, Deckungsbeitrag 255 105
Deckungslücke
–, Pensionsverpflichtung 249 66
Deckungsrückstellung 249 104
deferred compensation
–, Pensionsrückstellung 249 48
Delisting
–, Enforcement 342b 42
Delkredere-Risiko
–, Vermerkpflicht 251 29
Depotwechsel 266 159
Deputatverpflichtung
–, Rückstellung 249 235
Derivat 254 20
–, strukturiertes Finanzinstrument 246 76
Devisenkassamittelkurs 255 21
Devisentermingeschäft
–, Rückstellung 249 236
Dienstleistung
–, Realisationszeitpunkt 252 106
Dienstvertrag
–, Prüfstelle 342c 6
Differenzhaftung 272 29
Direktversicherung
–, Pensionsverpflichtung 249 65
Disagio
–, Ausweis in der Bilanz 268 41
–, Fälligkeitswert 275 178
–, Genussrechtskapital 266 129
–, Rechnungsabgrenzungsposten 250 18
Diversitätsangaben
–, Erklärung zur Unternehmensführung 315d 4
Dividende
–, Zinseinnahme und Dividende 308 41
Dollar-Offset-Methode 254 45
Doppeldatum
–, Bestätigungsvermerk 322 156
DPR 342b 22
–, Anerkennungsvertrag 342b 21
–, Anlassprüfung 342b 59 64

–, Belehrungspflicht **342b** 83
–, BilKoG **342b** 22 68
–, Bußgeld **342e** 1
–, CESR **342b** 68
–, Enforcement **342b** 20
–, fehlerhafte Rechnungslegung **342b** 87 90
–, Fehlerkorrektur **342b** 11
–, Finanzausstattung **342d** 1
–, Haftung **342b** 103
–, Mitgliederversammlung **342b** 25
–, Mitwirkungsverweigerung **342b** 83 85
–, Nichtmitwirkung **342b** 85
–, Nominierungsausschuss **342b** 25 30, **342c** 8
–, öffentliches Interesse **342b** 11
–, Ordnungswidrigkeit **342e** 1
–, Prüfstelle **342d** 13
–, Prüfungseinteilung **342b** 64
–, Prüfungsergebnis **342b** 87 90 98
–, Prüfungshemmnis **342e** 3
–, Prüfungsturnus **342b** 70
–, Prüfverfahren **342e** 9
–, Sachverständigkeit **342b** 30
–, Sonderprüfung **342b** 96
–, Stichprobengrundsatz **342b** 68
–, Straftat **342b** 105
–, Trägerverein **342b** 25
–, Unabhängigkeit **342b** 29
–, Vertraulichkeit **342c** 8
–, Vorprüfungsausschuss **342b** 64
–, Vorstand **342b** 25, **342c** 8
–, Wirtschaftsplan **342d** 7 9
–, Zustimmung **342b** 98
–, zweistufiges Enforcement-Verfahren **342b** 6
Dritthaftung 323 86
Drittstaat
–, Übermittlungsbefugnis 320 65
Drohverlustrückstellung 249 148
–, Abgrenzung zu Verbindlichkeitsrückstellung 249 132
–, Vorrang von Abschreibungen 249 135
DRS 317 52
–, GoB-Vermutung 297 8
DRSC
–, Bekanntmachung der Standards durch das BMJ **342** 12
–, Fachausschuss **342** 4
Druckbeihilfe
–, Rückstellung 249 237
Drucktitel
–, Ansatzverbot 248 50
Duration 253 137
Durchbuchungsmethode 253 112
Durchgriffshaftung 264a 13
durchschnittlicher Konzernsteuersatz 306 30
Durchschnittsbewertung 256 19 32

DV-System
–, Cloud-Lösung 239 45
–, GoBD 239 43
–, Verfahrensdokumentation 239 44

E

EG-Richtlinie
–, erste EG-Richtlinie 325 2
EHUG
–, Offenlegung 325 5
Eigene Anteile
–, Anschaffungsnebenkosten 272 89
–, Gewinnabführungsvertrag 272 87
Eigenherstellung 255 84
Eigenkapital 272 1
–, Ausgleichsposten, Ausweis 307 48
–, ausstehende Einlage 247 93
–, bedungene Einlage 247 87
–, Bilanz 247 79
–, Ergänzende Vorschriften AG 272 4
–, Ergänzende Vorschriften GmbH 272 8
–, Ergänzende Vorschriften KapG 272 11
–, Ergänzende Vorschriften KGaA 272 7
–, Ergänzende Vorschriften UG 272 8
–, Genussrechtskapital 247 81
–, Gliederung der Bilanz 266 105
–, stiller Gesellschafter 247 82
–, Verlustanteil bei PersG 247 102
–, Verlustdeckungspotenzial 247 86
–, Verlustsonderkonto 247 103
Eigenkapitalspiegel
–, Darstellung 297 50 f.
–, Jahresabschluss 264 f. 32
Eigenkapitalveränderungsrechnung
–, Jahresabschluss 264 32
Einbeziehungspflicht
–, Konsolidierung 300 10
Einbeziehungsverbot
–, Konzernabschluss 294 18
Einbeziehungswahlrecht
–, Wahlrecht 296 1
Einbringungsbilanz
–, Offenlegung 325 70
Einfügung neuer Posten
–, Gliederung der Gewinn- und Verlustrechnung 275 32
Einheitstheorie 290 5, 301 1
–, Begriff 308 1
–, Konsolidierung 300 14
–, Konzernabschluss 297 95
Einheitsthese
–, Jahresabschluss 264 34
Einkaufskommission
–, wirtschaftliche Zurechnung 246 57
Einlage 247 107
–, ausstehende 264c 17
–, Eigenkapital 247 92

Einlagenrückgewähr
–, Anteilserwerb 264c 36
Einlage stiller Gesellschafter 266 130
Einnahmenüberschussrechnung 238 47, 241a 11
Einschränkung des Bestätigungsvermerks
–, Begründung 322 72
–, Gesetzmäßigkeit 322 76
–, Konzern 322 135
–, Lagebericht 322 79
–, Prüfungshemmnis 322 82
–, Tragweite 322 75
–, Wesentlichkeitskriterium 322 63
Einsichtnahme
–, Prüfungsbericht 321a 5
Einstandspflicht
–, Zeitraum 264 112
Einstandsverpflichtung
–, KapCoGes 264b 1
Eintragung
–, Handelsregister 264a 12
–, Kapitalerhöhung 272 45
Eintritt
–, Vollhafter 264a 10
Einzelbewertungsgrundsatz 252 72, 256 1 9
Einzelkaufmann 241a 6
–, Eigenkapital 247 83
Einzelrechtsnachfolge
–, Pensionsverpflichtung 249 57
Einzelwertberichtigung 253 315
elektronische Aktenführung 335 30
elektronische Kassenführung
–, Unveränderbarkeit der Daten 239 35
elektronischer Bundesanzeiger 264b 22
Eliminierung
–, Zwischenergebnis, Konzern 312 82
eliminierungspflichtig
–, Zwischengewinn 304 28
Emissionsberechtigung 248 36, 253 297
Enforcement
–, Auskunftspflicht 342b 75 81, 342e 2
Enforcement
–, ausländisches Unternehmen 342b 44
–, BaFin 342b 14 65
–, Beschwerde 342b 14
–, Börseneinführung 342b 43
–, Bußgeld 342e 6
–, Delisting 342b 42
–, DPR 342b 20
–, Ermessen 342b 54
–, Fehlerkorrektur 342b 11
–, Fehlerveröffentlichung 342b 8
–, Finanzierung 342d 3
–, Freiverkehr 342b 46
–, Gesellschaftsvertrag 342b 47
–, Gewissenhaftigkeit 342b 100
–, Hinderungsgrund 342b 71
–, Jahresabschluss 342b 39

–, Kosten 342b 91
–, materiality 342b 49
–, Mitwirkung 342b 75
Enforcement
–, nemo-tenetur-Grundsatz 342b 84
Enforcement
–, Nichtigkeitsklage 342b 72
–, öffentliches Interesse 342b 11
–, Offenlegungspflicht 342b 75 81
–, Ordnungswidrigkeit 342e 2
–, Pre-Clearance 342b 9
–, privatrechtlich organisierte Institution 342b 17
–, Prüfung auf Verlangen 342b 65
–, Prüfungsaktivitäten der BaFin 342b 7
–, Prüfungsergebnis 342b 57 99
–, Prüfungsergebnis DPR 342b 91
–, Prüfungsfunktion 342b 66
–, Prüfungsgegenstand 342b 39
–, Prüfungshemmnis 342b 84
–, Prüfungsmaßstab 342b 47
–, Prüfungsumfang 342b 57
–, Rechtsmittel 342b 99
–, Regierungskommission Corporate Governance 342b 1
–, Satzung 342b 47
–, Schadensersatz 342b 100
–, Sonderprüfung 342b 73
–, Stichprobenprüfung 342b 66
–, TUG 342b 39
–, Umlage 342d 3
–, Unparteilichkeit 342b 100
–, Verwaltungsakt 342b 14
–, Verwaltungsverfahren 342b 99
–, Vorlagepflicht 342e 2
–, Widerspruch 342b 14
–, Zustimmung der Fehlerfeststellung 342b 91
–, Zustimmungsquote 342b 91
–, zweistufiges Verfahren 342b 17
Entgeltumwandlung
–, Pensionsrückstellung 249 48
Entkonsolidierung 301 210
Entnahme
–, Eigenkapital 247 88 106
–, Kapitalbetrag 264c 15
Entschädigungsvereinbarung, Übernahmeangebot
–, Konzernlagebericht, Pflichtangaben 315a 34
Entsorgungsverpflichtung
–, Rückstellung 249 240
Entsprechenserklärung
–, Anhang, Pflichtangaben 285 115
–, Corporate Governance Statements 289f 8
–, Offenlegung 325 89
Entwicklungskosten 248 26, 255 120
Equity-Methode
–, Anschaffungskostenmethode 312 63

2667

–, Buchwertmethode 312 24 f.
–, Kapitalanteilsmethode 312 f. 124
–, Kapitalaufrechnung 312 24 37
–, Konzernabschluss 312 1
ERA-Anpassungsfonds
–, Rückstellung 249 241
Erbbaurecht
–, Rückstellung 249 242
Ereignisse nach dem Stichtag 285 180
Erfolgsermittlung
–, latente Steuern 266 100
–, Rechnungsabgrenzungsposten 266 99
erfolgsneutrale Behandlung 255 32
erfolgsneutrale Eliminierung 305 4
Erfolgsprämie
–, Rückstellung 249 243
erfolgswirksame Eliminierung 305 4
Erfüllungsbetrag 246 115, 253 21 33
Ergänzungsbilanz
–, latente Steuern 274 68, 306 21
–, Personenhandelsgesellschaften 306 21
Ergebnisabführungsvertrag
–, Gewinnabführungsvertrag 305 15
Ergebnisübernahme
–, innerkonzernliche 305 14
Ergebnisverwendung 268 5, 270 19
–, Angabe 285 180
Ergebnisverwendungsbeschluss 328 38
Erhaltungsaufwand 255 66
Erklärung der Unabhängigkeit
–, Prüfungsbericht 321 45
Erklärung zur Unternehmensführung
–, Anwendung 315d 2
–, Anwendungsbereich 289f 5
–, Ausgestaltung 315d 3
–, Ausgliederungswahlrecht 315d 5
–, Bestätigungsvermerk 322 30
–, CSR-Richtlinie 315d 1
–, Diversitätsangaben 315d 4
–, Form 289f 25
–, Frauenanteil 315d 3
–, Lagebericht 289f 25
–, Pflichten des Abschlussprüfers 289f 28
–, Prüfung 317 117
Erleichterungen für kleine KapG
–, Anhang 288 4
Erleichterungen für mittelgroße KapG
–, Anhang 288 6
–, eingeschränkter Umfang der Berichterstattung 288 7
Ermessen
–, Enforcement 342b 54
Ermessensspielraum 246 134
Erneuerungsverpflichtung
–, Rückstellung 249 244
Eröffnungsbilanz
–, Eröffnungsinventar 240 3
–, Gründungsaufwand 248 43

–, Offenlegung 325 70
–, Pflicht zur Aufstellung 242 1
Erstattungskasse
–, Kassenführung 239 23
Erstausstattung an Ersatzteilen
–, Bilanz 247 28
Erstellung
–, Bilanz 270 4
–, Konzernlagebericht 315 3
Erstkonsolidierung 301 123
–, Kapitalkonsolidierung 307 20
erstmaliger Ansatz
–, Geschäfts- oder Firmenwert 306 22
Erstprüfung
–, Prüfungsbericht 321 202
Erträge
–, sonstige betriebliche (UKV) 275 248
Erträge aus der Abzinsung 275 170, 277 15
Erträge und Aufwendungen
–, Endkonsolidierung 299 8
Ertragslage 264 74
–, Analyse 264 76
–, Konzernlagebericht 315 33
Ertragswertverfahren 255 253
Erwartungslücke
–, Bestätigungsvermerk 322 16
Erweiterung des Prüfungsauftrags
–, Prüfungsbericht 321 141
Erwerbsmethode Konzernbilanzierung 301 123
Erwerbsverpflichtung
–, Vermerkpflicht 251 30
Erwerb weiterer Anteile
–, Beteiligungen an assoziierten Unternehmen 312 113
EUR
–, Pflicht zur Aufstellung des Jahresabschlusses in EUR 244 1
8. EU-Richtlinie 319 6

F

fachliche Prüfungsgrundsätze 317 43, 323 29
Factoring
–, echtes Factoring 246 50
–, stilles Verfahren 246 52
–, unechtes Factoring 246 51
Fahrlässigkeit
–, Pflichtverletzung 323 79
fast close
–, Jahresabschluss 320 12
–, Vorlagepflicht 320 12
Fehlbetrag
–, nicht durch Eigenkapital gedeckter 268 14
fehlerhafte Rechnungslegung
–, DPR 342b 87 90

Gesellschaftskonstellation
–, mehrstöckige Gesellschaftskonstellation 264a 13
Gesellschaftsvertrag
–, Enforcement 342b 47
–, Rückstellung 249 121
gesetzliche Rücklage
–, Gewinnrücklage 266 114, 272 103
Gewährleistung
–, Haftung 251 22
Gewährleistungsvertrag
–, Haftung 251 21
–, Haftungsverhältnis 251 1
Gewerbesteuer
–, Rückstellung 249 250
gewerbliche Schutzrechte 266 28
Gewinnabführungsvertrag 275 200
–, Ergebnisabführungsvertrag 275 210
–, Realisationszeitpunkt 252 118
Gewinngemeinschaft 275 200
Gewinnrücklage
–, Begriff 270 1
–, Ergebnis 270 17, 272 151
–, gesetzliche Rücklage 266 114
–, PersG 264c 20
–, Satzungsgemäße Rücklagen 272 155
Gewinn- und Verlustrechnung
–, Ausweis von Leerposten 275 41
–, Grundstruktur 247 135
–, Jahresabschluss 317 28
–, Kontoform 243 24, 275 7
–, latente Steuern 274 119
–, Mindestgliederung 247 132, 275 1
–, Staffelform 243 24, 275 1 7
–, stromgrößenorientierte Erfolgsermittlung 275 5
–, Umsatzerlös 277 1
–, Vergleichbarkeit 275 40
–, verkürzte GuV 276 1
–, Vollständigkeitsgebot 246 95
–, Zeitraumrechnung 275 3
–, Zusammenfassung 265 26
Gewinnveränderungsbeschluss
–, Bilanzidentität 252 27
Gewinnverwendung
–, Bilanzgewinn-/verlust 266 122
–, Jahresüberschuss/-fehlbetrag 266 122
–, Offenlegung 325 58
Gewinnverwendungsrechnung 275 259
Gewinnverwendungsvorschlag
–, Gliederung 325 101
–, Offenlegung 325 58 92
Gewinnvortrag
–, Ausweis 272 219
gewissenhafte Berufsausübung 317 41
Gewissenhaftigkeit
–, Abschlussprüfer 323 26
–, Enforcement 342b 100

gewogener Durchschnitt 240 74
–, einfach 240 74
–, gleitend 240 74
gezeichnetes Kapital 272 18
–, Begriff 272 18
–, Eigenkapitalspiegel 297 53
–, Grundkapital 266 108
–, Konzernlagebericht, Pflichtangaben 315a 5
–, Stammkapital 266 108
GKV 275 9
Gläubigerschutz 325 2
Gleichartigkeit 256 10
Gleichordnungskonzern 290 22
Gleichwertigkeit 256 10
Gleitzeitguthaben
–, Rückstellung 249 252
Gliederung
–, Änderung 265 24
–, Anhang 284 12
–, Jahresabschluss 242 10
–, Konzernlagebericht 315 16
–, Ordnungswidrigkeit 334 14
–, Verbindlichkeit 266 143
–, zusammengefasster Ausweis 265 26
Gliederung der Bilanz
–, Eigenkapital 266 105
–, Nichtigkeit 266 169
–, Ordnungswidrigkeit 266 171
–, Passivseite 266 104
–, Schadensersatzforderung 266 171
Gliederung der Gewinn- und Verlustrechnung
–, Einfügung neuer Posten 275 32
Gliederungsstetigkeit 252 25
GmbH
–, Eigenkapital 272 8
–, Gezeichnetes Kapital 272 28
GoA 317 42 84
GoB 256 13
–, Aufstellungsgrundsatz 243 1
–, Aufstellungspflicht 264 79
–, Bewertungsgrundsatz 252 1
–, Bewertungsvereinfachungsverfahren 256 1
–, Sprache 239 4
GoBD
–, DV-System 239 43
–, Verfahrensdokumentation 239 42
GoB-konforme Wahlrechte 274 129
going concern
–, Bestätigungsvermerk 322 57
going-concern-Prämisse 252 35
Gratifikation
–, Rückstellung 249 243 253
größenabhängige Erleichterungen
–, Anhang 288 1, 326 19
–, Offenlegung 327 1

Größenklasse
–, KleinstKapG 267a 7
–, Kriterium 267 12
–, Umschreibung 267
Gründung KapG 272 20
Gründungsaufwand
–, Ansatzverbot 248 42
Gründungsbilanz
–, Offenlegung 325 70
Gründungstheorie 324a 13
Grundbuch 238 50
Grunddienstbarkeit 266 40
Grundkapital 266 108
Grundlagenforschung 255 185
Grundsätze ordnungsmäßiger Buchführung
–, Begriff 243 3
–, Bewertungsgrundsätze 252 1
–, Buchführungspflicht 238 34
–, deduktive Methode 243 5
–, hermeneutische Methode 243 5
–, induktive Methode 243 5
–, Klarheit 275 25
–, Korrekturvorschrift 264 82
–, Realisationsprinzip 243 18
–, Übersichtlichkeit 275 25
–, Verrechnungsverbot 243 26
–, Vollständigkeit 275 25
Grundsatz der Bilanzkontinuität und der Vergleichbarkeit 243 13
Grundsatz der einheitlichen Bewertung
–, Bewertung 308 10
–, Generalnorm 308 8
–, Rechtsfolgen bei Pflichtverletzung 308 58
Grundsatz der Stetigkeit
–, Bewertung, Ausnahmen 308 31
Grundsatz der Wahrheit
–, willkürfreie Berichterstattung 289 20
Grundsatz der Wesentlichkeit 296 42
–, untergeordnete Bedeutung 308 50
Grundsteuer 275 194
grundstücksgleiche Rechte 266 40
Gruppenbewertung
–, Bewertungsvereinfachungsverfahren 256 5
Gruppenbewertungsverfahren
–, Bewertungsstetigkeit 240 75
–, Bewertungsvereinfachungsverfahren 240 79
–, Gleichartigkeit und annähernde Gleichwertigkeit 240 68
Guthaben bei Kreditinstituten
–, Begriff 266 96
–, Bilanz 247 73
GuV
–, KleinstKapG 275 265

H

Hafteinlage
–, Anmeldung 264c 23
–, Handelsregister 264c 23
–, Pflichteinlage 264c 21
–, Rückzahlung 264c 35
–, Schutzvorschrift 264c 35
Haftpflicht
–, Rückstellung 249 255
Haftung 325 3
–, Abschlussprüfer 323 77
–, Beschränkung 264a 2
–, Darlegungs- und Beweislast 323 81
–, DPR 342b 103
–, freiwillige Abschlussprüfung 323 103
–, verbundene Unternehmen 323 85
–, Verjährung 323 102
Haftungsbegrenzung
–, Abschlussprüfer 323 100
–, geregelter Markt 323 93
Haftungsvergütung
–, Komplementär 264c 8
Haftungsverhältnis
–, aufschiebend bedingtes 251 10
–, Ausweis 251 49
–, Begriff 251 1
–, Bewertung 251 43
–, Bilanzvermerke 268 42
–, Patronatserklärung 251 32
–, Stichtagsprinzip 251 8
–, Vorjahresbetrag 251 50
Halbjahresfinanzbericht
–, unterjährige Berichterstattung 264 13
–, verkürzter Abschluss 264 13
–, Zwischenbericht 264 13
Handeln nach bestem Wissen und Gewissen 323 26
Handelsbilanz
–, Abweichung Steuerbilanz 274 132
–, Aufstellungsfrist 243 35
Handelsbilanz II
–, Konsolidierung 300 20
–, Vorlagepflicht 320 39
Handelsbilanz III
–, Begriff 307 20
–, Handelsbilanz II, Abgrenzung 307 20
–, Vorlagepflicht 320 39
Handelsbilanz II und III
–, Offenlegung 325 70
Handelsbuch 238 49, 239 1
–, Aufbewahrungspflicht 257 10
–, Buchführung 239 1
–, Sprache 239 1
–, Unveränderlichkeit 239 1 30
–, Vollständigkeit 239 15
–, Zeitgerechtigkeit 239 22
handelsrechtliches Gliederungsprinzip
–, Liquidierbarkeit 266 7

Handelsregister
–, Eintragung **264a** 12
–, Hafteinlage **264c** 23
–, Offenlegung **325** 42
–, unterjährige Veränderung **264c** 23
Hauptniederlassung
–, Begriff **324a** 15
–, EU/EWR **324a** 11
–, Vertreter **324a** 22
Hauptversammlung
–, Rückstellung **249** 257
Herstellungsbeginn 255 94
Herstellungsende 255 99
Herstellungskosten
–, Begriff **255** 80
–, Ermittlung **255** 77
–, Folgebewertung **255** 193
–, Konzern **304** 19
–, Wertuntergrenze **255** 78
Herstellungskostenobergrenze 255 103
Herstellungskostenuntergrenze 255 101
Hifo
–, Verbrauchsfolgeverfahren **256** 1
Hinderungsgrund
–, Enforcement **342b** 71
Hinterlegung
–, KleinstKapG **326** 24
Honorar Abschlussprüfer
–, Anhang, Pflichtangaben **285** 117

I

IFRS
–, Anwendungspflicht **315e** 2
–, Einfluss auf GoB **243** 6
–, nichtfinanzielle Erklärung **325** 136
–, Offenlegung **325** 23
–, Wesentlichkeit **342b** 50
IFRS-EA
–, Billigung **324a** 9
–, Lagebericht **324a** 17
–, Prüfungsbericht **321** 149, **324a** 16
IFRS-Umstellung
–, Rückstellung **249** 262
IFRS-Verordnung
–, Gleichstellung Antragsteller/Pflichtanwender **315e** 19
–, internationale Rechnungslegungsstandards **315e** 2
–, Konzernabschluss **315e** 2
immaterieller Vermögensgegenstand
–, Aktivierungswahlrecht **248** 37
–, Bewertungsverfahren und -methoden **253** 246
–, Kategorisierung **248** 11
–, nachträgliche Herstellungskosten **248** 24
–, Prototyp **248** 23
–, selbstständige Verwertbarkeit **248** 13
–, Stetigkeitsgebot **248** 37

–, Stetigkeitsgebot für Ansatzmethoden **274** 29
–, unentgeltlicher Erwerb **248** 3
Immaterielles Anlagevermögen
–, Anlagespiegel **284** 75
Immobilienleasing
–, Teilamortisationserlass **246** 45
Imparitätsprinzip 252 89
Informationsfunktion
–, Bilanzvermerk **251** 5
inländischer Teilkonzern
–, Konzernrechnungslegung **291** 12
inländische Zweigniederlassung 324a 1 6
Insidergeschäft 323 73
Insolvenz
–, Eröffnungsgrund **252** 46
–, Offenlegung **325** 18, **335** 65
Insolvenzschutz
–, Voraussetzung für Verrechnung mit Planvermögen **246** 105
Insolvenzverfahren
–, Einsichtnahme Prüfungsbericht **321a** 10
–, Nullbilanz **335** 70
–, Publizitätsverpflichtung **335** 66
Insolvenzverwalter 321a 18
Instandhaltung
–, Rückstellung **249** 263
internationale Rechnungslegungsstandards
–, Aufstellungswahlrecht bei Konzernabschluss **315e** 9 21
–, befreiende Wirkung des Konzernabschlusses **315e** 6
–, erweiterte Konzernrechnungslegungspflicht **315e** 19
–, Konsolidierungskreis **315e** 8
–, Konzernabschluss **315e** 1
–, Mutterunternehmen **315e** 10
–, Pflicht zur Aufstellung eines Konzernabschlusses **315e** 9 f.
–, Umfang der Konzernrechnungslegungspflicht **315e** f. 16 18
interne Nachschau
–, Verschwiegenheitspflicht **323** 56
interne Rotation 319a 22
internes Kontrollsystem
–, Verfahrensdokumentation **239** 45 f.
Internetseite
–, Form der Erklärung zur Unternehmensführung **289f** f. 26
Inventar
–, Aufstellungsfrist **240** 36
–, Gegenstand der Jahresabschlussprüfung **317** 27
–, Inventurpflicht **240** 1
–, Offenlegung **325** 70
Inventur
–, Eröffnungsinventur **240** 3, **241a** 22
–, GoI **240** 9

2673

–, Inventurbeobachtung durch den Abschlussprüfer 240 29
–, Inventurdurchführung 240 25
–, Inventurpflicht 240 1
–, Inventurstichtag 240 16
–, Inventurvereinfachungsverfahren 241 1
–, Inventurverfahren 240 18
–, nachverlegt 241 28
–, nachverlegte Stichtagsinventur 241 1
–, permanente Inventur 241 18
–, Stichprobeninventur 241 1
Inventurverfahren
–, Buchinventur 240 22
–, Festwertverfahren 240 50
–, Gruppenbewertungsverfahren 240 50
Investitionszulage 255 76
Investitionszuschuss
–, Anschaffungskostenminderung 255 72
Investmentvermögen
–, Anhang, Pflichtangaben 285 160
ISA
–, Anwendung 317 154
–, Bestätigungsvermerk 322 200, 323 33
–, carve-outs 317 164
–, Clarity Project 317 155
–, Erstanwendungszeitpunkt 317 163
–, freiwillige Abschlussprüfung 317 162
–, Prüfungsbericht 321 226
–, Rechtsverordnung 317 164
–, Struktur 317 163

J

Jahresabschluss
–, Adressat 247 8
–, Anhang 264 22, 317 28
–, Aufstellungsfrist 264 43
–, Aufstellungspflicht 264 38
–, Begriff 316 1
–, Bilanz 317 28
–, Eigenkapitalspiegel 264 32
–, Eigenkapitalveränderungsrechnung 264 32
–, Einheitsthese 264 34
–, Enforcement 342b 39
–, fast close 320 12
–, Generalnorm 264 50
–, GuV 317 28
–, KapCoGes, Aufstellung 264b 1
–, KapCoGes, Offenlegung 264b 1
–, KapCoGes, Prüfung 264b 1
–, Kapitalgesellschaft 264 1
–, KG 264c 1
–, Offenlegung 264a 10, 325 59 65 f. 69
–, OHG 264c 1
–, Prüfungspflicht 316 1
–, Rückstellung 249 266
–, Segmentberichterstattung 264 33
–, true and fair view 264 51

–, Unterzeichnung 245 1
–, Vergleichbarkeit 284 44
–, Vollständigkeitsgebot 246 5
–, Vorlagepflicht 320 11
Jahresergebnis
–, Jahresüberschuss/-fehlbetrag 266 122
–, Verwendungsrechnung bei PersG 247 139
Jahresfehlbetrag 266 122, 272 223, 275 209
Jahresüberschuss 266 122, 272 223, 275 209
Jahresüberschuss KapCoGes
–, Verwendung 264c 24
joint audit
–, Bestätigungsvermerk 322 197
–, gerichtliche Ersetzung 324a 14
–, IFRS-EA 324a 15
–, Prüfungsbericht 321 220
Joint Ventures
–, Unternehmereigenschaft 271 6
Journal 238 50
Jubiläum
–, Rückstellung 249 267
Justizverwaltungsverfahren 264a 10

K

KapCoGes
–, Einstandsverpflichtung 264b 1
–, Equity-Bewertung 264b 16
–, Konsolidierungsmethode 264b 7
–, Konzernrechnungslegung 290 8
–, Prüfungspflicht 316 6
–, Quotenkonsolidierung 264b 16
–, Steueraufwand 264c 27
Kapitalanteil
–, negativer Kapitalanteil 264c 16
–, persönlich haftender Gesellschafter 272 26
–, Rücklagenverrechnung 264c 24
–, Verlustkürzung 264c 24
–, Zusammenfassung 264c 15
Kapitalanteilsmethode
–, Equity-Methode 312 124
Kapitalerhaltung 264 81
Kapitalerhaltungskonzeption 272 18
Kapitalerhöhung
–, bedingte 272 40
–, Gesellschaftsmittel 270 12
–, ordentliche 272 33
Kapitalerhöhungsbilanz
–, Offenlegung 325 70
Kapitalertragsteuer 275 185
Kapitalflussrechnung
–, derivativ abgeleitete 264 29
–, direkte Methode 297 27 30
–, indirekte Methode 297 27 31
–, Periodenbetrachtung 264 28

Kapitalgesellschaft
–, Eigenkapital **272** 11
–, Generalnorm **264c** 11
–, Gründung **272** 20
–, Jahresabschluss **264** 1
–, kapitalmarktorientierte Kapitalgesellschaft **264d** 1
–, Konzernrechnungslegung **290** 8
Kapitalgliederung
–, PersG **264c** 13
Kapitalherabsetzung **272** 61 66
Kapitalkonsolidierung **301** 123
–, Abschreibung stiller Reserven **301** 159
–, Anschaffungskostenrestriktion **301** 23
–, Auflösung stiller Reserven **301** 159
–, Aufrechnungszeitpunkt **301** 75
–, beizulegender Wert **301** 61
–, Einheitstheorie **301** 1
–, Endkonsolidierung **301** 13
–, Erstkonsolidierung **301** 75, **307** 20
–, Erwerbsmethode **301** 49
–, Folgekonsolidierung **301** 13
–, Interessenzusammenführungsmethode **301** 4
–, Jahresfenster **301** 94
–, Kaufpreisallokation **301** 59
–, Kettenkonsolidierung **301** 227
–, Methodenüberblick **301** 7
–, Neubewertungsmethode **306** 9, **307** 20
–, passiver Unterschiedsbetrag **301** 88
–, sukzessiver Anteilserwerb **301** 87
–, Übergangskonsolidierung **301** 13
–, Währungsumrechnung **308a** 30
Kapitalkonto
–, Gesellschafter **264c** 14
kapitalmarktorientiertes Unternehmen
–, Abschlussprüfung **317** 123
Kapitalrücklage **270** 1 10, **272** 101
–, Auflösung **272** 110
–, Ausweis **272** 117
–, Begriff **266** 112
–, Eigenkapital **272** 104
–, GmbH **272** 112
–, Kapitalerhöhung aus Gesellschaftermitteln **272** 113
–, KG **264c** 19
–, Konzernabschluss **298** 47
–, OHG **264c** 19
–, PersG **264c** 20
Kapitalüberlassung
–, Gesellschafterverbindlichkeit **264c** 8
Kassenbestand
–, Bilanz **247** 72
Kaufmann
–, Buchführungspflicht **238** 2
–, Einzelkaufmann **241a** 6
–, freiwillige Eintragung im Handelsregister **241a** 9

Kaufpreisallokation
–, beizulegender Wert **301** 61
–, latente Steuern **301** 72
Kautionswechsel **266** 159
Kettenkonsolidierung
–, hierarchische Konsolidierung **301** 227
–, mehrstufiger Konzern **307** 28
KG
–, besondere Bestimmungen **264a** 5
–, Jahresabschluss **264c** 1
KGaA
–, Eigenkapital **272** 7
–, Gewinnrücklage **272** 177
–, Gezeichnetes Kapital **272** 25
Kifo
–, Verbrauchsfolgeverfahren **256** 1
Kilo
–, Verbrauchsfolgeverfahren **256** 1
Klarheit
–, Prüfungsbericht **321** 29
Klarheitsgrundsatz
–, Begriff **243** 21
Klarheit und Übersichtlichkeit
–, Anhang **284** 13
kleine Kapitalgesellschaft
–, Offenlegung **326** 1
–, passive latente Steuern **274a** 11
–, verkürzte GuV **276** 1
Kleinstkapitalgesellschaft
–, Anhang **264** 45
–, Begriff **267a** 1
–, Erleichterung **264** 45
–, GuV **275** 265
–, Hinterlegung Bilanz **326** 24
–, Offenlegung **326** 24
Körperschaftsteuer
–, fiktive Körperschaftsteuer **264c** 28
–, Gesellschaft **264c** 26
–, Rückstellung **249** 268
–, Steuern vom Einkommen und Ertrag **275** 185
Kommanditist
–, Privatkonto **264c** 24
Kommissionär
–, Vermerkpflicht **251** 29
Kommissionsgeschäft
–, wirtschaftliche Zurechnung **246** 55
Komplementär
–, Haftungsvergütung **264c** 8
Komponentenansatz
–, Abschreibung **253** 194
–, Vermögensgegenstand **252** 79
Konsolidierung
–, Begriff **300** 17
–, Beteiligungserträge **305** 6
–, Einbeziehungspflicht **300** 10
–, Einheitstheorie **300** 14
–, Generalnorm **300** 33, **308** 16
–, Handelsbilanz II **300** 20

2675

–, Kapitalkonsolidierung 301 1
–, Konzernrechnungslegung 290 5
–, Kreditinstitut, Sondervorschriften 300 36
–, Versicherungsunternehmen, Sondervorschriften 300 36
–, Zusammenfassung von Jahresabschlüssen 300 10
–, Zweck 300 17
Konsolidierungskreis
–, Änderung 294 20
–, Bestimmung 290 13, 294 1
–, Ordnungswidrigkeit 334 17
–, Prüfungsbericht 321 177
–, Weltabschluss 294 8
Konsolidierungsmethode
–, KapCoGes 264b 7
Konsolidierungswahlrecht 294 18, 303 6
Kontenplan
–, Konsolidierung, Organisation 300 12
Konzeption
–, Nichtfinanzielle Erklärung 289c 5
Konzern
–, Anschaffungskosten 304 16
–, mehrstufiger Konzern 301 224
–, Prüfungsbericht 321 165
–, Prüfungspflicht 316 10
–, Unternehmensfortführung 252 35
–, Vereinheitlichung der Bewertung 308 1 3
–, Zahlungsbericht 264 149
Konzernabschluss
–, abweichender Abschlussstichtag 299 6
–, Anlagenspiegel 298 20 45
–, Aufstellung, Grundsätze 297 82
–, Aufstellungspflicht 290 25
–, befreiender 264b 1
–, befreiende Wirkung nach IAS 315e 6
–, Befreiung, Überblick 291 3
–, Bilanz, Inhalt 298 12
–, Erklärung der gesetzlichen Vertreter 297 90
–, Kapitalrücklage 298 47
–, Konzernanhang 297 11 f.
–, Konzernbilanz 297 f. 9
–, Konzernbilanz, Gliederung 298 42
–, Konzern-GuV 297 10, 298 54
–, Offenlegung 325 144
–, Offenlegungsfrist 290 25
–, Rechnungsabgrenzungsposten 298 16
–, verbundene Unternehmen 298 49
–, Vermögens-, Finanz- und Ertragslage, Darstellung 297 2 85
–, Vorjahresbeträge, Darstellung 298 35
Konzernabschlussbefreiungsverordnung
–, Bedeutung und Inhalt 292 1
–, Einbeziehung in den Konzernabschluss 292 6
Konzernabschluss KapCoGes
–, befreiender 264b 17
–, Ordnungsmäßigkeit 264b 19

Konzernabschluss nach § 315e HGB
–, Bestätigungsvermerk 322 138
Konzernabschlussprüfer
–, Drittstaat 320 63
–, Unabhängigkeit 319 79
Konzernabschlussprüfung
–, abweichender Abschlussstichtag von TU 317 75
–, bedeutsame Teileinheit 317 57
–, Bestätigungsvermerk 322 124
–, DRS 317 52
–, Endkonsolidierung 317 80
–, Feststellung der fachlichen Kompetenz und beruflichen Qualifikation 317 59
–, GoB 317 52
–, Kaufpreisallokation 317 80
–, Kommunikation mit den anderen Abschlussprüfern 317 61
–, Konzernbilanzrichtlinie 317 73
–, Konzernbuchführung 317 47
–, Konzern-Package 317 77
–, Prüfungshandlungen in den Teileinheiten des Konzerns 317 62
–, Überprüfung der Arbeit eines anderen externen Abschlussprüfers 317 56
–, Umfang 317 49
–, Unterlagen von externen Prüfern aus Drittstaaten 317 68
–, Vollständigkeitserklärung 317 71
–, Zwischenabschluss von Tochterunternehmen 317 75
Konzernanhang
–, assoziiertes Unternehmen, Angabe 313 81
–, Aufbau 297 83
–, Aufgabe 313 3
–, Befreiungsmöglichkeit 313 7
–, Begründungspflicht 296 47
–, Kapitalflussrechnung 297 49
–, Konzernabschluss, Bestandteil 297 11
–, Ordnungswidrigkeit 334 22
–, Schutzklausel 313 105
–, Segmentberichterstattung 297 80
–, Vorgänge von besonderer Bedeutung 299 29
–, Währungsumrechnung, Angaben 308a 42
–, zeitlicher Anwendungsbereich 313 12
Konzernbilanz
–, Konzernabschluss, Bestandteil 297 6 9
–, Konzernanhang 313 34
Konzernbilanzierung
–, Beteiligungsaufstockung als Eigenkapitaltransaktion 307 41
–, Konzernrechnungslegung 301 134 184
Konzernbilanzrichtlinie 317 73
Konzernbuchführung
–, Prüfung 317 47
–, Prüfungsbericht 321 184

konzerneinheitliche Bewertung
–, Zwischenergebniseliminierung 304 25
Konzernerklärung
–, nichtfinanzielle 315b 4
Konzernerklärung zur Unternehmensführung 315d 1
Konzernhaftung
–, Rückstellung 249 269
konzerninterne Lieferung und Leistung 305 4
konzerninterne Umwandlung 301 223
Konzernklausel
–, Haftungsverhältnis 251 39
Konzernlagebericht
–, Aktiengesellschaft, Aktien mit Sonderrechten 315a 16
–, Aktiengesellschaft, Beschränkungen 315a 7
–, Aktiengesellschaft, Beteiligung 315a 12 f.
–, Aktiengesellschaft, gezeichnetes Kapital 315a 5
–, Aktiengesellschaft, Stimmrechtskontrolle bei Arbeitnehmerbeteiligungen 315a 18
–, Befreiung, Aufstellung 315 94
–, Einklangprüfung 317 83
–, Einzelabschluss, Zusammenlegung 315 91
–, Entschädigungsvereinbarung, Übernahmeangebot 315a 34
–, Erstellung 315 3
–, Ertragslage 315 33
–, Finanzlage 315 37
–, Gliederung 315 16
–, Lagebericht 328 37
–, Ordnungswidrigkeit 334 23
–, Prognosebericht 315 47 58
–, Prüfung 317 114
–, Risikobericht 315 60
–, Sanktionen, Verstoß gegen Pflichten 315 98
–, Schutzklausel 315 95
–, Vermögenslage 315 35
–, Vorstand, Befugnisse 315a 23
–, wesentliche Vereinbarungen, Übernahmeangebot 315a 26
–, Zusammenfassung mit Lagebericht 317 96
Konzernlagebericht, Sollangaben
–, Forschung und Entwicklung 315 72
–, Kontroll- und Risikomanagementsystem 315 84
–, Vergütungssystem, Organmitglieder 315a 41
Konzern-Package 317 77, 320 39
Konzernrechnungslegung
–, Änderung des Beteiligungsbuchwertes 301 208
–, Anteile anderer Gesellschafter 301 145

–, Auflösung passivischer Unterschiedsbetrag 301 177
–, Badwill 301 134
–, Befreiung 290 67, 291 2
–, Befreiung, Inhalt 292 1
–, Befreiung, internationale Rechnungslegungsstandards 291 7
–, Beteiligungsaufstockung als Eigenkapitaltransaktion 301 206
–, Beteiligungsaufstockung als Erwerbsvorgang 301 194
–, Buchwertmethode 301 123
–, Erwerbsmethode 301 123
–, Geschäfts- oder Firmenwert 301 131
–, Handelsbilanz III 301 126
–, indirekte Rechte 290 57
–, KapCoGes 290 8
–, KapG 290 8
–, Kapitalkonsolidierung Minderheitsanteile 301 144
–, kapitalmarktorientierte Gesellschaft 290 15
–, Konsolidierung 290 5
–, latente Steuern KapKons 301 139
–, lucky buy 301 134
–, Minderheitsgesellschafter 301 147
–, Neubewertungsmethode 301 123
–, Neubewertung Tochterunternehmen 301 126
–, passiver Unterschiedsbetrag aus der KapKons 301 134 151
–, PersG 290 10
–, Pflicht 290 1, 291 7
–, Rechtzurechnung 290 54
–, Rückbeteiligung 301 120
–, Steuersatz latente Abgrenzung 301 139
–, Stimmrechtsmehrheit 290 63
Konzernrechnungslegung, Befreiung
–, ausländischer Konzernabschluss 292 18
–, Ermittlung, Bruttomethode 293 15
–, Ermittlung, Nettomethode 293 15
–, Konzernbefreiungs-VO 292 3
–, Nicht-EU-/EWR-Staaten 292 1
–, Wegfall 293 37
Konzernrechnungslegungsbefreiungsverordnung
–, Aufstellung nach dem Recht eines EU-/EWR-Staates 292 10
–, Einbeziehung in den Konzernabschluss 292 6
–, Gleichwertigkeitserfordernis 292 6
–, Offenlegung 292 6
Konzernsichtweise
–, Nichtfinanzielle Konzernerklärung 315c 5
Konzernverrechnungsklausel
–, Vermerkpflicht 251 31
Korrektur Jahresabschluss
–, Bilanzidentität 252 31

2677

Kostenerstattung 275 65
Kostenrechnung
–, Gegenstand der Jahresabschlussprüfung 317 26
Kostenstellenrechnung 255 160
Kostenträgerrechnung 255 164
Kredit
–, Anhang 285 71
Kreditbürgschaft 251 16
Kreditinstitut
–, Konsolidierung, Sondervorschriften 300 36
–, Konzernrechnungslegung, Befreiung 291 18
–, Pflichtangabe 285 4
–, Prüfung 317 14
Kreditlinie 266 96
Kündigung aus wichtigem Grund
–, Bestätigungsvermerk 322 10
Kündigung des Prüfungsauftrags
–, Prüfungsbericht 321 232
Kulanzleistung
–, Rückstellung 249 191
Kundenliste
–, Ansatzverbot 248 52
Kuppelprodukt 275 61
Kursgarantie 251 26

L

Lagebericht
–, Analyse Geschäftsverlauf und Lage 289 30
–, Branchenzugehörigkeit 289 90
–, Chancen und Risiken der künftigen Entwicklung 317 98
–, CSR-Richtlinie 264 7
–, Disclaimer 289 58
–, Einklang mit IFRS-EA 317 97
–, Erklärung zur Unternehmensführung 289f 2 25
–, Forschungs- und Entwicklungsbericht 289 90
–, Fortführung 289 19
–, Gegenstand der Prüfung 317 81
–, IFRS-EA 324a 17
–, Informationsfunktion 289 10
–, Klarheit 289 22
–, Konzernlagebericht 328 37
–, Krise 289 19
–, Mindestumfang 289 11
–, nichtfinanzielle Erklärung 289b 1, 289d 1, 315b 11
–, Offenlegung 325 59 82
–, Ordnungswidrigkeit 334 23
–, Pflicht zur Aufstellung 264 35
–, Prognosebericht 289 43
–, Prüfungsbericht 321 110
–, Prüfungsdurchführung 317 87

–, Prüfungsplanung 317 85
–, Rahmenwerk 289d 2
–, Risiko 289 47
–, Umfang der Prüfung 317 81
–, Vermögens-, Finanz- und Ertragslage 289 23
–, Versicherung der gesetzlichen Vertreter 289 77
–, Vollständigkeit 289 21
–, Wesentlichkeit 289 21
Langfristige Auftragsfertigung 252 103
langfristig gestundete Verbindlichkeiten 266 156
latente Steuern
–, Abzinsung 274 108
–, aktive latente Steuern 266 100
–, Aktivierungswahlrecht 274 25
–, Aktivüberhang 274 28
–, Anhang, Pflichtangaben 285 171
–, Ansatz 274 25, 306 4
–, Ansatzfalle 274 33
–, asset deal 274 91, 306 23
–, ausländische Betriebsstätte 274 92
–, Ausweis 274 116
–, Befreiung kleine KapG 274a 3
–, beizulegender Zeitwert 255 216
–, Bewertung 274 103, 306 29
–, Bewertungsdifferenz 274 21
–, bilanzpostenbezogene Betrachtung 274 45
–, Erfolgsermittlung 266 100
–, Ergänzungsbilanz 274 68, 306 21
–, Ermittlungsschema 274 36
–, Erstkonsolidierung 308 40
–, Geschäfts- oder Firmenwert 306 22
–, GuV 274 119
–, Mindestbesteuerung 274 52
–, Mitunternehmerschaft 274 62
–, Mitzugehörigkeitsvermerk 274 117
–, Organschaft 274 73
–, Passivierungspflicht 274 34
–, permanente Differenz 274 16
–, quasi-permanente Differenz 274 16
–, Rückstellung 249 42
–, share deal 306 23
–, Steuerlatenz 274 2
–, steuerlicher Verlustvortrag 274 47, 306 19
–, Steuerplanungsrechnung 274 115
–, Steuersatz 306 29
–, Steuerwert 274 18
–, Temporary Konzept 274 2
–, unsaldierter Ausweis 274 43
–, Währungsumrechnung 256a 16
–, Zinsvortrag 274 59
–, zusammengefasster Steuersatz 274 105
latente Steuern im Konzernabschluss
–, Kaufpreisallokation 301 72

2678

Layer
–, Lifo 256 30
Leasing
–, Aufwand Leasingnehmer 275 181
–, Begriff 246 28
–, Bilanzierung von Leasingverträgen 246 47
–, Immobilienleasing 246 43
–, Leasingraten, Barwert 255 42
–, Mobilienleasing 246 39
–, operating-Leasing 246 31
–, sale and lease back 246 46
–, Spezialleasing 246 38
–, Teilamortisation 246 41
–, Vollamortisation 246 40
Leasingvertrag
–, Rückstellung 249 272
lebende Sprache 239 9
Leerposten
–, Ausweis 265 29
–, Bilanz 247 12
Leibrente 255 47
Leistungsabschreibung 253 185
letter of intent
–, Rückstellung 249 126
Lieferketten
–, Nichtfinanzielle Konzernerklärung 315c 6
Lieferungs- und Leistungsverflechtung 290 4
Lifo-Verfahren
–, Layer 256 30
–, periodisch 256 28
–, permanent 256 27
–, Verbrauchsfolgeverfahren 256 1 17 21 25
Liquidationsbilanz
–, Offenlegung 325 70
Liquidierbarkeit
–, handelsrechtliches Gliederungsprinzip 266 7
Lizenz 266 31
Löhne und Gehälter 275 102 f.
Lofo-Verfahren
–, Verbrauchsfolgeverfahren 256 f. 1
Lohnfortzahlung
–, Rückstellung 249 275
Lohnsteuer
–, Rückstellung 249 276
lucky buy
–, bargain purchase 301 114

M

Management Letter
–, Prüfungsbericht 321 40
Manipulation
–, Betriebsprüfung 239 19

Marke
–, Ansatzverbot 248 49
–, Netzwerk 319b 9
Marktpreis
–, beizulegender 255 210
–, beizulegender Zeitwert 255 243
–, Handelsplatz 253 283
–, öffentlich notierter Marktpreis 255 237
Marktübliche Verzinsung 272 135
maßgeblicher Einfluss
–, assoziierte Unternehmen 311 2
–, Assoziierungsvermutung 311 23 29
–, beherrschender Einfluss 311 10
–, Einfluss auf die Geschäftspolitik 311 13
–, Nachweis 311 31
–, tatsächliche Ausübung 311 15
maßgeblicher Einfluss, Wegfall durch Verkauf
–, Beteiligungen an assoziierten Unternehmen 312 118 f.
Maßgeblichkeitsgrundsatz
–, Grundsatz der Klarheit und Übersichtlichkeit 243 f. 33
Materialaufwand
–, Anhang, Pflichtangaben 285 45
–, Begriff 275 90
Materialeinzelkosten 255 110 126
Materialgemeinkosten 255 125
materiality
–, Enforcement 342b 49
materielle Maßgeblichkeit 274 127
mehrstufiger Konzern
–, Ausweis der Anteile anderer Gesellschafter 307 14
–, KapKons 301 224
–, Kettenkonsolidierung 307 28
–, Simultankonsolidierung 307 28
Methodenbestimmtheit 252 150
Mezzanines Kapital
–, Anhang 285 114
Mietgarantie 251 26
Mietverhältnis
–, Gesellschafterverbindlichkeit 264c 8
Mietvertrag
–, Rückstellung 249 278
Minderheitsgesellschafter
–, Eigenkapital, Eigenkapitalspiegel 297 61
–, Kommanditisten 264b 2
Mindestaspekte
–, Konkretisierung 289c 3
–, Nichtfinanzielle Erklärung 289c 3
Mindestbesteuerung
–, latente Steuern 274 52
Mindestgliederung
–, Gewinn- und Verlustrechnung 275 1
Mindestversicherungssumme
–, Haftpflichtversicherung 323 98

Mitarbeiterzahl
–, Anhang, Pflichtangaben **285** 36
–, Konzernanhang, sonstige Pflichtangaben **314** 26
Mitbürgschaft **251** 16
Mittelbare Bezugsrechte **272** 125
Mittelkurs **255** 241
Mitunternehmerschaft
–, latente Steuern **274** 62
Mitwirkung
–, Enforcement **342b** 75
Mitwirkungsverweigerung
–, DPR **342b** 83 85
Mitzugehörigkeitsvermerk
–, Beteiligung **271** 27
–, Konzernabschluss **298** 39
–, latente Steuern **274** 117
Modell
–, immaterieller Vermögensgegenstand **248** 23
Modifikation **248** 24
MoMiG **266** 87
Mutterschutz
–, Rückstellung **249** 280
Mutter-Tochter-Verhältnis **290** 7 18
Mutterunternehmen
–, Auskunftsrecht **294** 34
–, Beherrschungskriterien nach § 290 Abs. 2 HGB **271** 36
Mutterunternehmen mit Konzernabschluss, Angaben
–, Anhang, Pflichtangaben **285** 100

N

Nachbetreuungsleistung
–, Rückstellung **249** 281
Nachbürgschaft **251** 16
Nachhaftungsfrist **264a** 12
Nachhaltigkeit
–, Gewerbebetrieb **238** 21
Nachlaufkosten
–, Rückstellung **249** 282
Nachreichungspflicht
–, gemeinsame Offenlegung **325** 107
nachteilige Angaben
–, Entfallen der Gründe **289e** 3
nachteiliger Angaben
–, Voraussetzungen **289e** 2
nachträgliche Anschaffungskosten
–, nachträgliche Änderungen Kaufpreis **255** 64
nachträgliche Offenlegung **328** 41
Nachtragsprüfung
–, Begriff **316** 15
–, Berichterstattung **316** 20
–, Bestätigungsvermerk **316** 23, **322** 150
–, Hauptversammlung **316** 25
–, Konzernabschluss **325** 74

–, Prüfungsbericht **321** 211
–, Tatbestand **316** 16
–, Umfang **316** 18
Nachtragsprüfungsbericht **321** 212
nahestehende Unternehmen und Personen
–, Anhang **285** 136
Nebenbezüge **275** 105
Nebenbuch **238** 52
Nebenkosten des Erwerbs **255** 58
Nebenpflichten und Nebenleistung
–, Rückstellung **249** 32
negativer Inhalt
–, Prüfungsbericht **321** 38
Negativerklärung **251** 24
negativer Unterschiedsbetrag
–, Auflösung **309** 26
–, Einstellung in die Rücklagen **309** 32
nemo-tenetur-Grundsatz
–, Enforcement **342b** 84
Nennbetrag **266** 109
net of tax **306** 25
Nettoausweis
–, Eigenkapital **264c** 17
–, gezeichnetes Kapital **266** 110
Nettomethode
–, Befreiung Konzernrechnungslegung **293** 15
–, erhaltene Anzahlungen auf Bestellungen **266** 153
–, selbst erstellte Vermögensgegenstände **275** 78
Netzwerk
–, Definition **319b** 4 8
–, gemeinsame Berufsausübung **319b** 6
–, Marke **319b** 9
–, Mitgliedschaft **319** 38
–, Verfolgung gemeinsamer wirtschaftlicher Interessen **319b** 8
Neubewertungsmethode
–, Abfindung der scheidenden Gesellschafter **307** 42
–, Anteil anderer Gesellschafter **307** 20
–, Erstkonsolidierung **307** 20
–, Folgekonsolidierung **307** 24
–, Kapitalkonsolidierung **301** 23, **306** 9
–, Konzernbilanzierung **301** 123
–, Quotenkonsolidierung **310** 22
Neubewertungsrücklage **301** 139
nicht ausschüttbare Beträge
–, Anhang, Pflichtangaben **285** 170
Nicht durch EK gedeckter Fehlbetrag **272** 227
Nichterteilungsvermerk
–, Bestätigungsvermerk **322** 46
nichtfinanzielle Erklärung **289b** 1
–, Auslagerung aus Konzernlagebericht **315b** 9
–, Befreiung **315b** 7
–, Beschreibung Geschäftsmodell **289c** 2

–, Bußgeld 334 1
–, Comply or Explain 289c 7
–, CSR-Richtlinie 289c 1
–, Erforderlich für Verständnis und Auswirkungen 289c 4
–, IFRS 325 136
–, Konzeption 289c 5
–, Mindestaspekte 289c 3
–, nachteilige Angaben 289e 2
–, Nichtfinanzielle Konzernerklärung 315c 3
–, Offenlegung Ergebnis 315b 11
–, Ordnungswidrigkeit 334 23
–, Rahmenwerke 289d 1
–, Unrichtigkeit und Verstoß 331 4
–, Verpflichtung 315b 4
nichtfinanzielle Konzernerklärung
–, Anwendung 315c 2
–, Aufstellungspflicht 290 26
–, Befreiungsmöglichkeiten 315c 2
–, CSR-Richtlinie 315c 1
–, doppelter Wesentlichkeitsvorbehalt 315c 5
–, Inhalt 315c 4
–, internationale Rahmenwerke 315c 8
–, Konzernsichtweise 315c 5
–, Lieferketten 315c 6
–, Rahmenwerke 315c 7
–, Verweis 315c 3
–, Ziel 315c 1
nichtfinanzieller Bericht
–, Wesentlichkeitsgrundsatz 252 21
Nichtigkeitsklage
–, DPR 342b 95
–, Enforcement 342b 72
–, Sperrwirkung 342b 74
Nichtmitwirkung
–, DPR 342b 85
Nichtmutterunternehmen
–, befreiende Wirkung 264b 11
–, Konzernabschluss 264b 11
Niederstwertprinzip
–, außerplanmäßige Abschreibung 253 219
–, Bewertungsvereinfachungsverfahren 256 16
–, gemildertes 253 219
Niederstwerttest 241 40
Nießbrauch
–, Bilanzierung 246 81
Nießbrauchrecht 266 40
Nominierungsausschuss
–, DPR 342b 30, 342c 8
Normalauslastung 253 302
Normalbeschäftigung
–, Rückstellung 249 171
Normenzusammenhang 310 4
–, Gliederungsvorschriften 275 2
–, Zwischenergebniseliminierung 304 9

notwendiger Erfüllungsbetrag 253 33
–, Schätzung 253 44
Novation 247 46 129
Nutzbarkeit
–, Wirtschaftlich selbstständige 252 74
Nutzungsdauer 253 168
–, Geschäfts- oder Firmenwert 309 14

O

öffentliches Interesse
–, Anhang 286 4
–, Enforcement 342b 11
öffentlich notierter Marktpreis 255 237
öffentlich-rechtliche Verpflichtung
–, Rückstellung 249 28 112
offene Handelsgesellschaft 264a 3
Offenkundigkeit 333 15
Offenlegung
–, Abhängigkeitsbericht 325 70
–, Abschreibungsplan 325 70
–, Aktionärsbrief 325 70
–, Anforderungen an den internationalen Konzernabschluss 325 122
–, Anhang 284 5
–, befreiende Wirkung des IFRS-Abschlusses 325 120
–, Begrenzung der Offenlegungspflicht 325 176
–, Bekanntmachung 325 5 159
–, Bericht des Aufsichtsrats 325 59 83
–, Bestätigungsvermerk 325 59 71, 328 28
–, Betriebsabrechnungsbogen 325 70
–, Bilanz, Mindestumfang 327 13
–, Bilanzeid 325 103
–, Bilanzpolitik 325 205
–, CSR-Richtlinie 325 7, 329 6
–, Definition 325 5
–, eBAnZ 325 5 32
–, EHUG 325 5
–, Einbringungsbilanz 325 70
–, Einreichungspflicht 325 31
–, Entsprechenserklärung 325 89
–, Erklärung nach § 161 AktG 325 59
–, Erleichterung 325 8
–, Eröffnungsbilanz 325 70
–, Feststellungs- und Billigungsdatum 328 27
–, Finanzplan 325 70
–, Form und Inhalt 328 1
–, Frist 325 156
–, Fristberechnung 325 157
–, Fristverlängerung 325 157
–, Fristwahrung 325 106
–, Geschäftsführer 325 33 99
–, Gesellschafter 325 33
–, Gesellschafterliste 325 99

–, Gesellschafterversammlung 325 25
–, Gewinnverwendung 325 58
–, Gewinnverwendungsvorschlag 325 58 92
–, GmbH 325 33
–, Gründungsbilanz 325 70
–, Haftungsbegrenzung 325 188
–, Handelsbilanz II und III 325 70
–, IFRS 325 23
–, inländische Zweigniederlassung 325 31
–, Insolvenz 325 18, 335 65
–, Insolvenzverfahren 325 38
–, Insolvenzverwalter 325 38
–, Inventar 325 70
–, Jahresabschluss 264a 10, 325 59
–, Kapitalerhöhung 325 53
–, Kapitalerhöhungsbilanz 325 70
–, KG 325 33
–, kleine KapG 326 1
–, Komplementär 325 33
–, Konzernlagebericht 325 144
–, Kreditinstitute 325 26
–, Lagebericht 325 59 81
–, Liquidationsbilanz 325 70
–, Mindestumfang Bilanz 326 15
–, mittelgroße KapG 327 1
–, Nachreichungspflicht 325 105
–, nachträgliche Prüfung 325 111
–, natürliche Person 325 100
–, Negativbericht 325 64
–, OHG 325 33
–, Ordnungswidrigkeit 334 24
–, Organ 325 35
–, Pflicht 264a 10
–, Probebilanz 325 70
–, Prüfungsbericht 321a 1
–, Quartalsbericht 325 70
–, Rückstellung 249 283
–, Sanierungsbilanz 325 70
–, Schutz persönlicher Daten 325 98
–, Serviceplattform 325 41
–, Sonderbilanz 325 70
–, Spaltungsbilanz 325 70
–, Sprache 325 165
–, steuerliche Ergänzungsbilanz 325 70
–, steuerliche Sonderbilanz 325 70
–, Überschuldungsstatus 325 70
–, Umfang 325 19
–, Umwandlungsbilanz 325 70
–, Unterschrift 325 114
–, Veranlassung der Bekanntmachung 325 5
–, vereinfachte Kapitalherabsetzung 325 53
–, verkürzte Einreichung 325 105
–, Verkürzung des Anhangs 327 17
–, Verlustübernahme 325 11
–, Vermögensaufstellung 325 70
–, Veröffentlichung und Vervielfältigung 328 16
–, Versagungsvermerk 325 59
–, Verschmelzungsbilanz 325 70

–, Verstoß 325 35
–, Vollständigkeit/Richtigkeit 328 22
–, Vorbelastungsbilanz 325 70
–, Vorlage an die Gesellschafter 325 47
–, Wechsel der Rechtsform 325 179
–, Widerruf des Bestätigungsvermerks 325 112
–, Zeitpunkt 324a 37, 325 43
–, Zeitpunkt der Offenlegung 325 51
–, Zustimmung zur Befreiung 325 11
–, Zwischenberichterstattung 325 70
Offenlegung des Konzernabschlusses KapCoGes
–, Bundesanzeiger 264b 25
Offenlegungsfrist
–, Erleichterungen 327a 4
–, Konzernabschluss 290 25
Offenlegungspflicht
–, Annexfunktion 335 66
–, Befreiung 335 66
–, Enforcement 342b 75 81
–, kleine KapG 326 11
Offenlegungsversäumnis
–, Ordnungsgeldverfahren 329 19
Offenlegungsverstoß 335 1, 335a 1
OHG
–, Jahresabschluss 264c 1
one-line consolidation 312 1
Option 254 20
Optionsanleihe 272 128
Optionsgeschäft
–, Rückstellung 249 284
Optionsrecht 272 128
Ordnungsgeld
–, Adressat 335 7
–, Androhung 335 31
–, betragsmäßige Angabe 335 35
–, Bundesamt für Justiz 335 6, 335a 3
–, Empfänger 335 22
–, Festsetzung 335 41
–, Höhe 335 26
–, Verfahren 335 41
–, Verschulden 335 19
Ordnungsgeldverfahren
–, Durchführung 335 23
–, Einspruch 335 37
–, Offenlegungsversäumnis 329 19
–, Rechtsschutz 335 37
–, sofortige Beschwerde 335a 4
Ordnungsmäßigkeit der Rechnungslegung
–, Prüfungsbericht 321 95
Ordnungswidrigkeit
–, Abschlussprüfer 334 26
–, Pflichtverletzung 328 15 47
–, Verjährung 334 51
organisierter Markt
–, Begriff 291 21

–, Definition 319a 3
–, geregelter Markt 291 21
Organschaft
–, Abführungssperre 274 81
–, Beendigung 274 83
–, formale Betrachtungsweise 274 76
–, latente Steuern 274 73
–, push-down accounting 274 77
–, Steuerumlage 274 74
–, wirtschaftliche Betrachtungsweise 274 77
Organträger 275 191
Organvertreter
–, Bezüge 285 48 55
–, Personalien 285 78
Ort, Aufbewahrung
–, Aufbewahrungspflicht 257 24 27
outside basis differences
–, latente Steuern 274 92, 306 26

P

Pachterneuerungsverpflichtung
–, Rückstellung 249 285
pagatorische Kosten 255 81
partielle Endkonsolidierung 307 43
Parzellierung 247 47
passive latente Steuern
–, Angabe 285 173
–, Bilanzposten 266 166
–, kleine KapG 274a 11
–, Rückstellung 274a 11
passiver Markt
–, aktiver Markt 255 233
passiver Unterschiedsbetrag
–, Auflösung 301 177
–, Ausweis 309 23
–, Entstehungsursache 309 23
–, Kapitalaufrechnung 312 35
–, Kapitalkonsolidierung 301 114, 309 1
passiver Unterschiedsbetrag aus KapKons
–, Ausweis 301 135
–, Badwill 301 157
Passivierungspflicht
–, Steuerlatenz 274 34
passivischer Unterschiedsbetrag
–, Geschäfts- oder Firmenwert 306 22
Passivseite
–, Gliederung der Bilanz 266 104
Patentverletzung
–, Rückstellung 249 286
Patronatserklärung
–, Haftungsverhältnis 251 32 f.
Pauschalwertberichtigung 253 f. 317, 275 172
PCAOB
–, Verschwiegenheitspflicht 323 63
pdf-Datei
–, Prüfungsbericht 321 27

Pensionen und ähnliche Verpflichtungen
–, Pensionsrückstellung 249 48
Pensionsfonds
–, Pensionsverpflichtung 249 68
Pensionsgeschäft
–, Begriff 246 59
Pensionsrückstellung
–, beitragsorientierte Leistungszusage 249 48
–, Beitragszusage mit Mindestleistung 249 48
–, Bilanzposten 266 135
–, deferred compensation 249 48
–, Entgeltumwandlung 249 48
–, leistungsorientierte Zusage 249 48
–, Pensionen und ähnliche Verpflichtungen 249 48
Pensionsrückstellung, Berechnung
–, Anhang, Pflichtangaben 285 157
Pensionssicherungsverein 249 101
–, Rückstellung 249 287
Pensionsverpflichtung
–, Abgrenzung zwischen Alt- und Neuzusagen 249 78
–, Altersgrenzenanpassung 249 56
–, Betriebsübergang 249 57
–, Blankettzusage 249 56
–, buchhalterische Methode 249 109
–, Deckungslücke 249 66
–, Einzelrechtsnachfolge 249 57
–, Erfüllungsübernahme 249 58
–, Fehlbetrag 249 88 91
–, Gesamtrechtsnachfolge 249 57
–, Gesellschafter-Geschäftsführer 249 98
–, Insolvenzsicherung 249 100
–, Konzernanhang, sonstige Pflichtangaben 314 100
–, mündliche Zusage 249 54
–, Nichtarbeitnehmer 249 95
–, Pensionsfonds 249 68
–, Plan Assets 246 108
–, schriftliche Zusage 249 54
–, Schuldbeitritt 249 58
–, Unterstützungskasse 249 71
–, Verrechnungsgebot 246 111
–, versicherungsmathematische Methode 249 108
–, Verwaltungskosten 249 102
–, Zeitpunkt der Entstehung 249 55
–, Zusatzversorgungskasse 249 70
periodenfremde Aufwendungen und Erträge 285 178
periodengerechte Gewinnermittlung 252 24
Periodengleiche Gewinnvereinnahmung 252 116
permanente Differenz
–, latente Steuern 274 16

permanente Inventur
–, Inventur 241 18
persönlich haftender Gesellschafter (phG) 264a 6
–, Beteiligung 264b 4
–, Einzahlungsverpflichtung 264c 16
–, Konzernabschluss 264b 3
–, Rechtsform 264b 6
Personalaufwand
–, Anhang, Pflichtangaben 285 46
–, Bilanzposten 275 102
Personengesellschaft
–, Anteil 264c 29
–, Gewinnrücklage 264c 20
–, Kapitalgliederung 264c 13
–, Kapitalrücklage 264c 20
–, KG 264a 1, 264c 1
–, Konzernrechnungslegung 290 10
–, OHG 264a 1, 264c 1
–, Steueraufwand 264c 26
–, unterlassene Pflichtprüfung 316 31
Personenhandelsgesellschaft
–, Befreiung 264b 1
–, Eigenkapital 247 86
–, JA-Aufstellungspflicht 264b 1
Personenhandelsgesellschaften
–, Ergänzungsbilanz 306 21
–, Sonderbetriebsvermögen 306 21
Pfand
–, Rückstellung 249 289
Pflicht
–, Publizität 264a 1
Pflichtangabe, Anhang
–, Abschlussprüferhonorar 285 117
–, AG 284 21
–, Anhang 284 15 20
–, Arbeitnehmeranzahl 285 36
–, Ausschüttungssperre 285 170
–, Entsprechenserklärung 285 115
–, Forschungs- und Entwicklungskosten 285 145
–, Geschäfte mit Nahestehenden 285 133
–, Geschäfts- oder Firmenwert 285 98
–, Investmentvermögen 285 160
–, KapCoGes 284 21
–, latente Steuern 285 171
–, Materialaufwand 285 45
–, Mutterunternehmen mit Konzernabschluss 285 100
–, nicht in der Bilanz enthaltene Geschäfte 285 15
–, Organvertreter, Personalien 285 78
–, Pensionsrückstellung 285 157
–, persönlich haftender Gesellschafter 285 111
–, Personalaufwand 285 46
–, Risikoabsicherung 285 147
–, Steuern 285 35

–, Verrechnung von Vermögensgegenständen und Schulden 285 158
Pflichten des Abschlussprüfers
–, Erklärung zur Unternehmensführung 289f 28
Pflichtenrahmen
–, Abschlussprüfer 323 1
Pflichtverletzung
–, berufsgerichtliche Maßnahme 323 16
–, Fahrlässigkeit 323 79
–, Ordnungswidrigkeit 328 15 47
–, Prüfstelle 342c 9
–, Vorsatz 323 79
Pilotanlage
–, immaterieller Vermögensgegenstand 248 23
planmäßige Abschreibung
–, abzuschreibende VG 253 156
–, Geschäfts- oder Firmenwert 309 13
–, Unterschiedsbetrag 309 13
Planungssystem
–, Prüfung 317 109
Planvermögen 253 118
–, Konzernanhang, sonstige Pflichtangaben 314 101
Planvermögen (Pensionsverpflichtungen)
–, Anhang, Pflichtangaben 285 158
Posten
–, Zusammenfassung 265 26
Postenzuordnung
–, Mitzugehörigkeit 265 14
Prämiensparvertrag
–, Rückstellung 249 290
Präsenzmehrheit 290 30
Pre-Clearance
–, Enforcement 342b 9
Preisnachlass
–, Rückstellung 249 291
private Einkommensteuer
–, Gesellschaft 264c 26
Privatkonto
–, Kommanditist 264c 24
privatrechtlich organisierte Institution
–, Enforcement 342b 17
Privatvermögen
–, Ausweis 264c 26
Produkthaftung
–, Rückstellung 249 292
Produktionsaufwand 275 14
Produktverantwortung
–, Rückstellung 249 293
Produzentenhaftung
–, Rückstellung 249 294
Prognose
–, hinreichend sicher 252 38
Prognosebericht
–, Konzernlagebericht 315 47 58
–, Prüfung 317 105

Prognosezeitraum
–, Lagebericht 289 59
Prototyp
–, Bewertungsmaßstab 255 121 185
–, immaterieller Vermögensgegenstand 248 23
Provision
–, Rückstellung 249 295
Prozessrisiko
–, Rückstellung 249 296
Prüfstelle
–, Delegationskompetenz 342b 20
–, Dienstvertrag 342c 6
–, DPR 342d 13
–, Finanzbehörde 342c 2
–, Geheimhaltungspflicht 333 10
–, Mitarbeiter 342c 6
–, Mitteilungspflicht 342c 5
–, Pflichtverletzung 342c 9
–, Schadensersatz 342c 1 9
–, Serienschadenhaftung 342c 12
–, Unterstützung durch externe Personen 342c 7
–, Verfahrensordnung 342c 7
–, Verschwiegenheitsgebot 342c 1
–, Vertraulichkeit 342c 1 f.
–, Verwertungsverbot 342c f. 1
Prüfung
–, Beobachtung 317 149
–, Bestellung 318 6
–, Durchsicht 317 149
–, ergänzende Bestimmungen GesV/Satzung 317 39
–, Erklärung zur Unternehmensführung 317 117
–, fachliche Prüfungsgrundsätze 317 43
–, Gegenstand 317 25
–, gewissenhafte Berufsausübung 317 41
–, HGB-Vorschriften, Überblick 317 12
–, Konzernlagebericht 317 114
–, Kündigung 318 74
–, Nachtragsbericht 317 99
–, Problemorientierung 317 40
–, Risikobericht 317 105
–, risikoorientierter Prüfungsansatz 317 44
–, Umfang 317 41
–, Versicherung 317 14
–, Zwischenabschluss 299 18
Prüfung auf 2. Stufe
–, Enforcement 342b 91
Prüfung auf Verlangen
–, Enforcement 342b 65
Prüfung der Jahresabschlüsse
–, Konzernabschlussprüfung 317 55
Prüfungsaktivitäten der BaFin
–, Enforcement 342b 7
Prüfungsauftrag
–, Annahme 318 17
–, Begriff 318 23

–, Erteilung 318 16
–, Erweiterung 317 30
–, Widerruf 318 21
Prüfungsausschuss
–, Abschlussprüferrichtlinie 324 9
–, AktG 324 11
–, Anwendungsbereich 324 16
–, Ausnahmen vom Anwendungsbereich 324 16
–, DCGK 324 5
–, Sachverstand 324 15
–, Unabhängigkeit 324 15
–, Zusammensetzung 324 23
Prüfungsbericht
–, Adressat 321 10
–, Adressatenbezug 321 36
–, allgemeine Berichtsgrundsätze 321 24
–, analysierende Darstellung 321 52
–, Anhang 321 107
–, Art und Umfang der Abschlussprüfung 321 88
–, Aufbewahrungspflicht 321a 21
–, Aufgliederungen und Erläuterungen 321 130
–, ausgeweitete Berichterstattung 321 204
–, Auskunft und Nachweis 321 92
–, Berichtspflicht 321 176
–, Bestandsgefährdung 321 59
–, Bilanzierungs- und Bewertungswahlrechte 321 119
–, Buchführung 321 95
–, Dokumentations- und Nachweisfunktion 321 20
–, Durchbrechung der Bewertungsstetigkeit 321 124
–, eindeutige Berichterstattung 321 31
–, Einheitlichkeit 321 39
–, Einsichtnahme 321a 5
–, einsichtnahmeberechtigter Personenkreis 321a 5
–, Einsichtnahmerecht 321a 5
–, Einsichtsrecht 321a 5
–, Entwicklungsbeeinträchtigung 321 61
–, Erklärung der Unabhängigkeit 321 45
–, Erstprüfung 321 202
–, Erweiterung des Prüfungsauftrags 321 141
–, freiwillige Abschlussprüfung 321 191
–, fremde Sprache 321 221
–, Gebot der Wesentlichkeit 321 73
–, Gegenstand, Art und Umfang 321 81
–, Gegenstand der Abschlussprüfung 321 81
–, Gemeinschaftsprüfung 321 220
–, Gesamtaussage 321 114
–, grundsätzliche Feststellungen 321 47
–, Hervorhebung 321 52
–, IFRS-Abschluss 321 205
–, IFRS-EA 321 149, 324a 16
–, ISA 321 226

2685

–, IT-System 321 97
–, Jahresabschluss 321 104
–, Klarheit 321 29
–, Konsolidierungskreis 321 177
–, Konzern 321 165
–, Konzernbuchführung 321 170 184
–, Kündigung des Prüfungsauftrags 321 232
–, Lagebericht 321 110
–, Leseexemplar 321 159
–, Mängel des IKS 321 99
–, Management Letter 321 40
–, Nachtragsprüfung 321 211, 321a 24
–, negativer Inhalt 321 38, 321a 47
–, Offenlegung 321a 1
–, Ordnungsmäßigkeit der Rechnungslegung 321 95
–, organisatorische Schwächen 321 98
–, Papierform 321 26
–, pdf-Datei 321 27
–, Prüfungsauftrag 321 42
–, Prüfungsstrategie 321 89
–, Rechnungslegung 321 94
–, Risikofrüherkennungssystem 321 134
–, Schriftlichkeit 321 25
–, sonstige Unregelmäßigkeiten 321 77
–, Stellungnahme zur Lagebeurteilung 321 49
–, Teilbericht 321 60 198
–, Testatsexemplar 321 145
–, Unparteilichkeit 321 41
–, Unterrichtungsfunktion 321 20
–, Unterstützungsfunktion 321 20
–, Unterzeichnung 321 150
–, Vollständigkeit 321 35
–, Vollständigkeitserklärung 321 92
–, Vorabexemplar 321 159
–, Vorwegberichterstattung 321 47
–, Wahrheit 321 33
–, Wiedergabe des Bestätigungsvermerks 321 145
–, Wirtschaftsausschuss 321 19
–, Zusammenfassung 321 229, 324a 16
Prüfungsdurchführung
–, Lagebericht 317 87
Prüfungseinteilung
–, DPR 342b 64
Prüfungsergebnis
–, DPR 342b 87 90 98
–, Enforcement 342b 57 99
Prüfungsfunktion
–, Enforcement 342b 66
Prüfungsgegenstand
–, Bestätigungsvermerk 322 27
–, CSR-Richtlinie 342b 39
–, Enforcement 342b 39
Prüfungshemmnis 320 51
–, Bestätigungsvermerk 322 59 82

–, DPR 342e 3
–, Einschränkung des Bestätigungsvermerks 322 82
–, Enforcement 342b 84
–, Konzernabschlussprüfung 317 64
Prüfungsmaßstab
–, Enforcement 342b 47
Prüfungsobjekt
–, Risikomanagementsystem 317 142
Prüfungspflicht
–, Jahresabschluss 316 1
–, KapCoGes 316 6
–, Kapitalgesellschaft 316 3
–, Risikofrüherkennungssystem 317 138
–, unterlassene Pflichtprüfung 316 24
Prüfungsrecht 320 14
Prüfungsrisikomodell
–, Prüfungsansatz 317 44
Prüfungsstrategie
–, Prüfungsbericht 321 89
Prüfungsteam
–, Verschwiegenheitspflicht 323 52
Prüfungsturnus
–, DPR 342b 70
Prüfungsumfang
–, Enforcement 342b 57
Prüfungsvertrag
–, Sondervertragsrecht 323 5
Prüfverfahren
–, Benford-Gesetz 239 19
–, Betriebsprüfung 239 19
–, Chi-Quadrat-Test 239 19
–, DPR 342e 9
Publizitätsgesetz (PublG) 264a 2
push-down accounting
–, Organschaft 274 77

Q

Quartalsabschluss
–, Enforcement 342b 39
quasi-permanente Differenz
–, latente Steuern 274 16
quotale Eliminierung
–, Zwischenergebnis 310 30
Quote für die Einbeziehung 310 24
Quotenkonsolidierung
–, Begriff 311 11
–, Durchführung 310 21
–, Equity-Methode, Übergang 312 121
–, Gemeinschaftsunternehmen 303 3, 305 8, 310 2 14, 312 17
–, KapCoGes 264b 16
–, Neubewertungsmethode 310 22

R

Rabatt
–, Belegschaftsrabatt **255** 69
Rahmenwerke
–, Nichtfinanzielle Konzernerklärung **315c** 7
Rangrücktritt 247 123
Realisationsprinzip
–, beizulegender Zeitwert **255** 213
–, Regelungsinhalt **252** 96
Rechnungsabgrenzungsposten
–, Abweichung Handels- und Steuerbilanz **274** 145
–, Auflösung **250** 5
–, Begriff **246** 7
–, Bilanz **247** 78
–, Disagio **250** 18
–, Konzernabschluss **298** 16
–, Rückzahlungsdisagio **250** 19
Rechnungslegung
–, Einsicht **325** 2
Rechnungslegungsbeirat 342a 2
Rechtsfolgen bei Pflichtverletzung
–, Grundsatz der einheitlichen Bewertung **308** 58
Rechtsmittel
–, Enforcement **342b** 99
Rechtsstreit
–, gerichtliche Einsichtsrechte **258** 1
–, Rückstellung **249** 297 f.
Rechtswirksamkeit 328 f. 15 45
Regierungskommission Corporate Governance
–, Enforcement **342b** 1
Registereintragung 264a 10
regulierter Markt 317 139, **323** 95
Reinvermögen
–, Eigenkapital **247** 80
Rentabilitätsgarantie 251 38
Rentengarantie 251 38
Rentenschuld 253 150
Rentenverpflichtung 253 151, **255** 46
Restrukturierungsrückstellung 301 66
Restwert
–, Abschreibung **253** 165
Richtigkeit 239 18
Richtlinie
–, Zweigniederlassung **324a** 6
Richtlinienkonformität 264b 19
Risiken, Aufschlüsselung
–, Anhang, Pflichtangaben **285** 165
Risiko
–, Begriff **289** 47
–, Bewertungsgrundsatz **252** 91
–, Lagebericht **289** 47
Risiko, Absicherung
–, Anhang, Pflichtangaben **285** 147

Risikobericht
–, Konzernlagebericht **315** 60
Risikofrüherkennungssystem
–, Ausstrahlungswirkung **317** 141, **321** 140
–, Berichterstattung **317** 140
–, Berichterstattung im Rahmen der Prüfung **317** 150
–, Dokumentation **317** 147
–, Mindestrahmen **317** 144
–, Prüfungsbericht **321** 134
–, Prüfungsdurchführung **317** 142
–, Prüfungspflicht **317** 138
–, Risikohandbuch **317** 147
Risikoinventur
–, Rückstellung **249** 10
Risikomanagement
–, Anhang, Pflichtangaben **285** 152
–, Lagebericht **289** 84
risikoorientierter Prüfungsansatz
–, Risikomodell **317** 44
Roh-, Hilfs- und Betriebsstoffe
–, Bilanz **247** 53
–, Gängigkeitsabschlag **253** 295
Rohergebnis
–, GKV **276** 8
–, größenabhängige Erleichterungen **276** 4
–, Saldierungsverbot **275** 26
–, UKV **276** 8
Rückbauverpflichtung
–, Rückstellung **249** 300
Rückbeteiligung
–, Bilanzierungspflicht **272** 200
–, Konzernbilanzierung **301** 120
Rückdeckungsversicherung
–, Altersversorgungsverpflichtung **253** 103
–, Bewertung **253** 121
Rückgewähranspruch 272 30
Rückgriffsanspruch
–, Rückstellung **249** 249
Rückgriffsforderung
–, Haftungsverhältnis **251** 43
Rücklagen
–, Anteile **266** 116
–, gesetzliche **272** 103
–, satzungsmäßige Rücklage **272** 103
–, stille **272** 102
–, Umwandlungsfähig **272** 48
Rücknahmeverpflichtung
–, Rückstellung **249** 301
Rückstellung
–, Abbruchkosten **249** 193
–, ABC **249** 193
–, Abfindung **249** 195, **253** 73
–, Abraumbeseitigung **249** 186
–, Abrechnungsverpflichtung **249** 196
–, Absatzgeschäft **249** 154
–, Abzinsungsgebot **253** 3 127
–, Abzinsungssatz **253** 129

Stichwortverzeichnis

–, Altauto **249** 199
–, Altersfreizeit **249** 200
–, Altersgrenze **253** 80
–, Altersteilzeit **249** 201
–, Altersversorgungsverpflichtung **253** 70 75
–, Altlastensanierungspflicht **249** 117
–, Anpassungsverpflichtung **249** 205
–, Anschaffungs- und Herstellungskosten **249** 206
–, Anwartschaftsbarwertverfahren **253** 83
–, Arbeitnehmer **249** 207
–, Arbeitslosengeld nach § 147a SGB II **249** 208
–, Aufbewahrungspflicht **249** 210
–, Auflösung **249** 22
–, aufschiebende Bedingung **249** 123
–, Aufsichtsratsvergütung **249** 211
–, Ausgleichsanspruch des Handelsvertreters **249** 212
–, Ausgleichszahlung **249** 328
–, Auslandszuschlag **253** 73
–, Außenverpflichtung **249** 9 24
–, Baulast **249** 217
–, Beihilfe **249** 219
–, Berufsausbildung **249** 221
–, Besserungsschein **249** 223
–, Bestandspflege **249** 224
–, Betriebsprüfung **249** 225
–, Bewertung **253** 33
–, Bewertungseinheit **249** 145 226
–, Bilanzposten **266** 134
–, biometrische Wahrscheinlichkeit **253** 77
–, Buchführung **249** 227
–, Bürgschaft **249** 228
–, Bußgeld **249** 229
–, Chartervertrag **249** 230
–, Datenbereinigung **249** 231
–, Datenschutz **249** 232
–, Datenzugriff der Finanzverwaltung **249** 233
–, Dauerschuldverhältnis **249** 158
–, Deputatverpflichtung **249** 235
–, Devisentermingeschäft **249** 236
–, Druckbeihilfe **249** 237
–, Einkaufskontrakt **249** 238
–, Einzelbewertungsgrundsatz **253** 35
–, Entfernungsverpflichtung **249** 239
–, Entsorgungsverpflichtung **249** 240
–, ERA-Anpassungsfonds **249** 241
–, Erbbaurecht **249** 242
–, Erfolgsprämie **249** 243
–, Erfüllungsrückstand **249** 33
–, Erneuerungsverpflichtung **249** 244
–, Erträge aus dem Verbrauch **249** 21
–, Erwartungswert **253** 57
–, faktische Verpflichtung **249** 30 116
–, Fehlmaßnahme **249** 153 163
–, Fluktuation **253** 79

–, Fortführungsverbot **249** 182
–, Garantie **249** 245
–, Geschäftsbericht **249** 246
–, Gesellschaftsvertrag **249** 121
–, Gewährleistung **249** 191 249
–, Gewerbesteuer **249** 250
–, Gleitzeitguthaben **249** 252
–, Gratifikation **249** 253
–, Haftpflicht **249** 255
–, Hauptversammlung **249** 257
–, Heimfall **249** 258
–, Höchstwertprinzip **253** 60
–, IFRS-Umstellung **249** 262
–, Innenverpflichtung **249** 9
–, Instandhaltung **249** 263
–, Jahresabschluss **249** 266
–, Jubiläum **249** 267
–, Körperschaftsteuer **249** 268
–, kompensierender Anspruch **253** 38
–, Kontamination **249** 118
–, Konzernabschluss **298** 14
–, Konzernhaftung **249** 269
–, Kulanzleistung **249** 191
–, latente Steuern **249** 42
–, Leasingvertrag **249** 272
–, Leergut **249** 273
–, Leerkosten **249** 171, **253** 47
–, Lohnfortzahlung **249** 275
–, Lohnsteuer **249** 276
–, Mietvertrag **249** 278
–, Mutterschutz **249** 280
–, Nachbetreuungsleistung **249** 281
–, Nachlaufkosten **249** 282
–, Nebenpflichten und Nebenleistung **249** 32
–, Normalbeschäftigung **249** 171
–, öffentlich-rechtliche Verpflichtung **249** 112
–, Offenlegung **249** 283
–, Optionsgeschäft **249** 284
–, Pachterneuerungsverpflichtung **249** 285
–, passive latente Steuern **274a** 11
–, Patentverletzung **249** 286
–, Pensionssicherungsverein **249** 287
–, Pfand **249** 289
–, planmäßige Erfüllung **253** 44
–, Prämiensparvertrag **249** 290
–, Preisnachlass **249** 291
–, Preisverhältnisse im Erfüllungszeitpunkt **253** 48
–, privatrechtliche Verpflichtung **249** 28
–, Produkthaftung **249** 292
–, Produktverantwortung **249** 293
–, Produzentenhaftung **249** 294
–, Provision **249** 295
–, Prozessrisiko **249** 296
–, rechtliche Entstehung **249** 35
–, Rechtsstreit **249** 297 f.
–, Risikoinventur **249** f. 10

–, Rückbauverpflichtung 249 300
–, Rückgriffsanspruch 249 249, 253 37
–, Rücknahmeverpflichtung 249 301
–, Rückstellungsspiegel 253 142
–, Rückverkaufsoption 249 302
–, Sachleistungsverpflichtung 249 303, 253 45
–, Sammelbewertung 253 36
–, Schadensersatz 249 304
–, Schadensrückstellung 249 305
–, Schätzung Restlaufzeit 253 141
–, Schulden 247 117
–, Schutzrechtsverletzung 249 306
–, Schwerbehinderte 249 308
–, Serienaufträge 249 310
–, Sicherheitsinspektion 249 311
–, Sozialplan 249 313
–, statistische Bilanzauffassung 249 7
–, Steuererklärung 249 314
–, Strafe 249 315
–, Strafverteidiger 249 316
–, Substanzerhaltung 249 317
–, Swapgeschäft 249 318
–, Tantieme 249 319
–, teilweiser Verbrauch 253 141
–, Termingeschäft 249 320
–, typisierende Betrachtungsweise 249 47
–, Überbrückungsgeld 253 73
–, Übergangsbezüge 253 73
–, Umweltschutzverpflichtung 249 111 323
–, Unentziehbarkeitstheorem 249 47
–, ungewisse Verbindlichkeit 249 23
–, unterlassene Instandhaltung 249 175
–, Urheberrechtverletzung 249 325
–, Urlaub 249 324
–, Verbot 249 339
–, Verbrauch 249 19
–, Verdienstsicherung 249 326
–, Verlustausgleichsverpflichtung 249 144 327
–, Verlustübernahmeverpflichtung 249 328
–, Verpflichtungsüberschuss 249 130 164
–, Verteilungsrückstellung 253 66
–, Wahrscheinlichkeit der Inanspruchnahme 249 43
–, Wechseloblige 249 332
–, Werkzeugkostenzuschuss 249 333
–, wertbegründende Tatsache 249 341
–, werterhellende Tatsache 249 14 341
–, Wesentlichkeitsgrundsatz 249 13
–, wirtschaftliche Verursachung 249 35 38
–, Zinssatzänderung 253 141
–, Zinsswap 249 335
–, Zulassungskosten 249 336
–, Zuwendung 249 338
Rückstellungsabzinsungsverordnung 253 131
Rückstellungsverbot 249 339

Rückzahlung
–, Hafteinlage 264c 35
Rückzahlungsagio 253 24
Rumpfgeschäftsjahr 241a 14

S

Sachanlage
–, außerplanmäßige Abschreibung 253 248
Sacheinlage
–, verdeckte 272 38
Sachleistungsverbindlichkeit 253 30
Sachleistungsverpflichtung
–, Rückstellung 249 303
Sachverständigkeit
–, DPR 342b 30
Saldierung
–, Deckungsvermögen 246 115
–, Unterschiedsbetrag 309 33
Saldierungsverbot
–, Haftungsverhältnis 251 43
–, Saldierung 246 100, 275 26 163
–, Verbindlichkeiten aus Lieferungen und Leistungen 266 155
Saldierung von Vermögensgegenständen und Schulden
–, Anhang, Pflichtangaben 285 158
sale and lease back
–, Zurechnungsfrage 246 46
Sanktionen, Verstoß gegen Pflichten
–, Konzernlagebericht 315 98
Sarbanes-Oxley Act 289 69
Satzung 290 44
–, Enforcement 342b 47
Satzungsmäßige Rücklagen
–, gesetzlich vorgeschriebene Rücklagen 272 103
–, Gewinnrücklage 272 181
–, GmbH 272 190
–, KGaA 272 189
Schadensersatz
–, Enforcement 342b 100
–, Prüfstelle 342c 1 9
–, Rückstellung 249 304
Schadensrückstellung 249 305
Schädigungsabsicht 332 40
Scheck 266 98
–, Bilanz 247 77
Scheingewinn 256 22 26
Schenkung
–, Rückstellung 249 121
–, Sachzuschuss 248 5
–, Sachzuzahlung 248 3
Schlussbesprechung 320 30
Schlusserklärung 289 112
Schuldbeitritt 247 131, 251 28
Schulden
–, Abzinsung 253 127

2689

–, Rückstellung 247 117
–, Verbindlichkeit 247 118
Schuldenkonsolidierung
–, Beteiligungsverhältnis 310 27
–, Drittschuldverbindlichkeit 297 96
–, Gemeinschaftsunternehmen 310 27
–, Konzernabschluss 303 1
–, latente Steuern 306 11
–, Zwischenabschluss 299 24
Schuldmitübernahme
–, Bilanzierung 246 85
schuldrechtliche Vertragsverhältnisse
–, Ausleihungen an verbundene Unternehmen 266 54
Schuldübernahme 247 131, 251 28
Schutzbedürftigkeit
–, Angaben zu Gesamtbezügen 286 17
Schutzklausel
–, Anhang 286 4
–, Konzernanhang 313 105
–, Konzernanhang, sonstige Pflichtangaben 314 137
–, Konzernlagebericht 315 95
Schutzrechtsverletzung
–, Rückstellung 249 306
Schwellenwert
–, KleinstKapG 267a 7
Schwerbehinderte
–, Rückstellung 249 308
Segmentberichterstattung
–, Funktion 297 65
–, Jahresabschluss 264 33
–, Konzernabschluss, Bestandteil 297 6 65
–, Stetigkeit 297 79
selbst erstellte immaterielle Vermögensgegenstände
–, ABC 248 30
–, Abschreibung 253 213
–, außerplanmäßige Abschreibung 253 245
–, Kundengewinnungskosten 248 31
–, Profisportler 248 32
–, Website 248 35
Selbstkontrolle 325 4
Serienschadenhaftung
–, Prüfstelle 342c 12
Serviceplattform
–, Offenlegung 325 41
share deal
–, Geschäfts- oder Firmenwert 306 23
–, latente Steuern 306 23
–, Unternehmenserwerb 246 91
Sicherheitsinspektion
–, Rückstellung 249 311
Sicherungswechsel 266 159
Sichteinlage 266 96
Simultankonsolidierung
–, Begriff 301 225
–, mehrstufiger Konzern 307 28
site visits 317 62

Sitztheorie 324a 13
Skonto 255 69
Software
–, selbst erstellte 248 28
Solidaritätszuschlag 275 185
Sonderausweis 264c 7
Sonderbetriebsvermögen
–, Personenhandelsgesellschaften 306 21
Sonderbilanz
–, latente Steuern 274 69
Sondereinzelkosten
–, Vertrieb 275 241
Sondereinzelkosten der Fertigung 255 117
Sonderposten
–, Ausgleichsposten 264c 30
–, Bilanzposten 266 133
–, Bildung 264c 33
Sonderprüfung
–, Bilanzidentität 252 34
–, DPR 342b 96
–, Enforcement 342b 73
–, Sperrwirkung 342b 74
Sonderrücklage 266 168, 272 119
sonstige Ausleihungen
–, Anlagevermögen 266 62
sonstige betriebliche Aufwendung 275 132
sonstige Rückstellungen 266 140
Sonstige Zuzahlungen
–, Kapitalrücklage 272 144
Sorgfalt 323 26
soziale Einrichtungen des Betriebs 255 138
Sozialplan
–, Rückstellung 249 313
Spaltprodukt 275 61
Spaltung
–, latente Steuer 274 102
Sperrwirkung
–, Nichtigkeitsklage 342b 74
–, Sonderprüfung 342b 74
Spezialfonds 290 45
Sprache
–, Offenlegung 325 165
Staatsangehörigkeit 264a 9
Staatsanwaltschaft
–, DPR 342b 105
Staffelform
–, Bilanz 243 24
–, Gewinn- und Verlustrechnung 243 24, 275 1 7
–, Kontoform 328 43
Stammkapital
–, gezeichnetes Kapital 266 108
–, Unternehmergesellschaft 272 32
Standardsoftware
–, Verfahrensdokumentation 239 45 f.
Stellungnahme zur Lagebeurteilung
–, Prüfungsbericht 321 f. 49
Stetigkeit
–, Anhang 284 14

–, Bewertungsstetigkeit 246 3
–, Darstellung 265 5
Stetigkeitsgebot
–, immaterieller Vermögensgegenstand 248 37
Stetigkeitsgrundsatz 274 42
Steueraufwand
–, Anhang 264c 27
–, PersG 264c 26
Steueraufwand KapCoGes
–, Ausweis 264c 27
Steuerbilanz
–, Abweichung Handelsbilanz 274 131
–, Aufstellungsfrist 243 37
–, Ergänzungsbilanz 274 64
–, Gesamthand 274 63
–, Sonderbilanz 274 64
–, Überleitung 274 127
–, Wahlrechtsausübung 274 129
Steuerbilanzkorrekturen
–, Bilanzidentität 252 33
Steuererklärung
–, Rückstellung 249 314
Steuergutschrift
–, latente Steuern 274 61
steuerlicher Verlustvortrag 274 24
–, Gesellschafterwechsel 274 55
–, latente Steuern 274 47, 306 19
–, Verlustverrechnungszeitraum 306 19
–, zeitlicher Verfall 274 54
steuerliche Wahlrechte 274 130
Steuern
–, Anhang, Pflichtangaben 285 35
Steuerplanungsrechnung
–, latente Steuern 274 115
Steuerrecht
–, Aufbewahrungspflicht 257 9
Steuersatz
–, latente Steuern 306 29
Steuersatz latente Abgrenzung
–, Konzernbilanzierung 301 139
Steuerumlage
–, Organschaft 274 74
Steuerwert
–, latente Steuern 274 18
Stichprobengrundsatz
–, DPR 342b 68
Stichprobeninventur
–, anerkanntes mathematisch-statistisches Verfahren 241 3
–, Inventurvereinfachungsverfahren 241 1
Stichtagskursmethode
–, Eigenkapitaldifferenz 266 125
Stichtagsprinzip
–, latente Steuern 274 56
–, Regelungsinhalt 252 57
stiller Gesellschafter
–, Eigenkapital 247 82
–, Einlagen 266 130

stille Rücklagen 272 102
Stimmrechtsanteil 319 73
Stimmrechtskontrolle bei Arbeitnehmerbeteiligungen, Aktiengesellschaft
–, Konzernlagebericht, Pflichtangaben 315a 18
Stimmrechtsmehrheit
–, Gesellschafterstellung 290 28
–, Konzernbilanzierung 290 63
Strafe
–, Rückstellung 249 315
Straftat
–, DPR 342b 105
Strafverteidiger
–, Rückstellung 249 316
strenges Niederstwertprinzip 253 277
Strohmann
–, Offenlegung 325 188
stromgrößenorientierte Erfolgsermittlung
–, Gewinn- und Verlustrechnung 275 5
Struktur
–, Anhang 284 11
Strukturierte Geschäfte
–, Realisationszeitpunkt 252 112
Stückaktie 272 99
Stufenkonzept
–, Konsolidierung 310 1
–, Konzernabschluss 294 13
subsidiäre Maßgeblichkeit 274 128
Substanzerhaltung
–, Rückstellung 249 317
sukzessiver Beteiligungserwerb 301 184
Summenabschluss 303 8
Summenbilanz 301 130
Summen-GuV 305 1
Swapgeschäft
–, Rückstellung 249 318

T

Täterkreis 331 9
Tannenbaumprinzip 291 1, 292 1
Tantieme
–, Rückstellung 249 319
Tatbestandsirrtum
–, Geheimhaltungspflicht 333 36
Tauschgeschäft
–, Anschaffungskosten 255 29
technische Anlagen und Maschinen
–, Leistungserstellung 266 45
Teilbericht
–, Prüfungsbericht 321 60
Teileinheit, bedeutsame
–, Konzern-Abschlussprüfer 317 57
Teilgewinnabführungsvertrag
–, Gewinnrücklage 272 158 162
Teilrealisation 252 105
temporäre Differenz 274 23

Temporary-Konzept
–, latente Steuern 274 17
Termingeschäft 254 20
–, Swapsatz 254 26
Testat 322 12
Testatsexemplar
–, Bestätigungsvermerk 322 121
–, Prüfungsbericht 321 145
Timing-Konzept
–, latente Steuern 274 14
Tochterunternehmen
–, Begriff 294 10
–, Erleichterung 264 92
–, Veränderung Kapitalanteil 301 184
Transaktion zwischen Gesellschaftergruppen
–, Konzernbilanzierung 301 206, 307 41
Transparenzbericht 317 132
Transparenzrichtlinie-Umsetzungsgesetz
–, Enforcement 342b 39
true and fair view
–, Jahresabschluss 264 51
typisch stiller Gesellschafter 266 130

U

Übergangskonsolidierung
–, Abstockung 301 13
–, Abwärtskonsolidierung 301 13
–, Aufstockung 301 13
–, Aufwärtskonsolidierung 301 13
–, Konzernbilanzierung 301 214
Überleitung der HB I zur HB II 317 73
übernahmerechtliche Angaben 315a 2
Über-/Unterordnungsverhältnis 290 22
UKV
–, andere aktivierte Eigenleistungen 275 235
–, Umsatzkostenverfahren 275 9
Umbuchung
–, Anlagespiegel 284 68
–, Anlagevermögen 247 41
Umfang
–, Konzernabschlussprüfung 317 49
–, Offenlegung 325 19
Umfang der Jahresabschlussprüfung
–, Unrichtigkeiten und Verstöße 317 40
umfassende Darstellung des wirtschaftlichen Handelns
–, Quotenkonsolidierung 310 19
umgekehrte Maßgeblichkeit 274 127
Umgliederung 247 40
Umlage
–, Enforcement 342d 3
Umlaufvermögen
–, Abgrenzung/Begriff 266 63
–, Bilanz 247 52
–, Vorrat 247 52
Umsatzabhängigkeit 319 69
Umsatzaufwand 275 17 20

Umsatzerlös 275 45, 277 1
–, innerkonzernlich 305 10
Umsatzerlöse, Aufgliederung
–, Konzernanhang, sonstige Pflichtangaben 314 20
Umsatzkostenverfahren 275 17, 305 4 10
–, Angabepflicht im Anhang 275 19
–, Aufwandsart 275 212
–, UKV 275 9
Umwandlung
–, formwechselnde Umwandlung 255 55
–, Grundformen 255 54
–, übertragende Umwandlung 255 55
Umwandlung
–, Bilanzidentität 252 28
Umwandlung Rücklage
–, Rücklage 272 47
Umweltschutzverpflichtung
–, Rückstellung 249 111 323
Unabhängigkeit
–, Abkühlungsphase 319a 22
–, Abschlussprüfer 319 6
–, Anteilsbesitz 319 40
–, Aufstellung des Jahresabschlusses 319b 15
–, auftragsbegleitende Qualitätssicherung 319a 26
–, Ausschlussgründe bei Prüfungsgesellschaft 319 73, 319a 28
–, bedeutendes Tochterunternehmen 319a 30
–, besondere Ausschlussgründe bei Unternehmen von öffentl. Interesse 319a 10
–, Buchführung 319b 15
–, DCGK 319 2
–, DPR 342b 29
–, Ehegatten und Lebenspartner 319b 11
–, interne Revision 319b 15
–, interne Rotation 319a 22
–, Konzernabschlussprüfer 319 79
–, Organzugehörigkeit 319b 11
–, Rechnungslegungsinformationssystem 319a 10
–, Rechtsberatung 319a 11, 319b 15
–, Rechtsfolgen bei Verstoß 319 82, 319a 31
–, Schutzmaßnahme 319 34
–, Sozietätsklausel 319a 27
–, Steuerberatung 319 56, 319a 11, 319b 15
–, Stimmrechtsanteil Prüfungsgesellschaft 319 73
–, Umsatzabhängigkeit 319 69, 319a 10
–, Unabhängigkeit in verantw. Position beschäftigter Gesellschafter 319 75
–, verantwortlicher Prüfungspartner 319a 23
–, verbundenes Unternehmen des Abschlussprüfers 319a 21
–, versicherungsmathematische oder Bewertungsleistungen 319b 15

Unparteilichkeit
–, Enforcement **342b** 100
–, Prüfungsbericht **321** 41
Unregelmäßigkeit
–, Prüfungsbericht **321** 67
unrichtige Berichterstattung 332 19
unrichtige Darstellung
–, Einzelabschluss **331** 31
–, Konzernabschluss **331** 51
–, Rechtsfolge **331** 100
–, subjektiver Tatbestand **331** 70
–, Tatbestandsirrtum **331** 81
–, Verbotsirrtum **331** 81
–, Verjährung **331** 102
unrichtige Offenlegung
–, Einzelabschluss **331** 46
–, Konzernabschluss **331** 55
unrichtiger Bestätigungsvermerk 332 26
Unrichtigkeit und Verstoß
–, Umfang der Jahresabschlussprüfung **317** 40
Unrichtigkeit und Verstoß
–, nichtfinanzielle Erklärung **331** 4
untergeordnete Bedeutung
–, Einbeziehungswahlrecht Konzernabschluss **296** 42
–, Grundsatz der Wesentlichkeit **308** 50
unterjährige Berichtspflicht 264 12
unterlassene Instandhaltung
–, Rückstellung **249** 175
unterlassene Pflichtprüfung
–, Folgeabschluss **316** 35
–, KapG **316** 27
–, Konzern **316** 44
–, Nichtigkeit **316** 24
–, PersG **316** 31
–, Rechtsfolge **316** 24
–, Vorjahresabschluss **316** 35
Unterlassen von Angaben
–, Anteilsbesitz **286** 12
–, erheblicher Nachteil **286** 15
–, individuelle Angabe Vorstandsbezüge **286** 19
Unternehmensfortführung
–, Konzern **252** 35
Unternehmensfortführungsprämisse
–, Wegfall **252** 48
Unternehmensführung
–, Erklärung **289f** 2
Unternehmensleitungs- und Finanzdienstleistung 319b 15
Unternehmensregister
–, Bundesanzeiger **264b** 22
Unternehmensumstrukturierungen 255 54
Unternehmensvertrag
–, Ergebnis aus **275** 200
Unternehmereigenschaft
–, Joint Ventures **271** 6

Unterschiedsbetrag
–, Definition **309** 10
–, Fortschreibung **312** 45
Unterstützungskasse
–, Pensionsverpflichtung **249** 71
Unterzeichnung
–, Jahresabschluss **245** 1
–, Konzernabschluss **298** 8
–, Prüfungsbericht **321** 150
–, Zeitpunkt **245** 13
Unveränderbarkeit der Daten
–, elektronische Kassenführung **239** 35
upstream
–, Zwischenergebniseliminierung **312** 85
upstream-Lieferung 304 45
Urheberrechtsverletzung
–, Rückstellung **249** 325
Urlaub
–, Rückstellung **249** 324

V

Veränderung Kapitalanteil
–, Tochterunternehmen **301** 184
Veräußerung von Anteilen
–, Beteiligungen an assoziierten Unternehmen **312** 116
Verbindlichkeit
–, Abgrenzung zu Rückstellung **253** 31
–, Anhang, Aufgliederung **285** 12
–, Anhang, Pflichtangaben **285** 7
–, Anhang, Verbindlichkeitenspiegel **285** 13
–, antizipative Verbindlichkeit **274a** 9
–, auflösend bedingte **247** 121
–, Aufrechnung **247** 128
–, aufschiebend bedingte **247** 120
–, Auszahlungsagio **253** 25
–, bedingte Rückgriffsforderung **251** 2
–, bestrittene **247** 125
–, Betriebsverpachtung **253** 30
–, Bewertung **253** 21
–, Erfüllung **247** 127
–, Erfüllungsbetrag **253** 21, **274** 151
–, Erlass **247** 130
–, Fremdwährung **253** 28
–, Gliederung **266** 143
–, Konzernanhang, sonstige Pflichtangaben **314** 6
–, Rückzahlungsagio **253** 24
–, Sachleistung **253** 30
–, Schulden **247** 118
–, Skonto **253** 23
–, soziale Sicherheit **266** 164
–, Tauschgeschäft **253** 30
–, Umsatzsteuer **253** 22
–, Unternehmen, mit denen ein Beteiligungsverhältnis besteht **266** 162
–, verbundene Unternehmen **266** 161
–, Verjährung **247** 122

2693

–, Wertsicherungsklausel 253 32
–, Zerobond 253 26
Verbindlichkeiten aus Lieferungen und Leistungen
–, Saldierungsverbot 266 155
Verbindlichkeiten gegenüber Kreditinstituten
–, Saldierungsverbot 266 150
Verbindlichkeitenspiegel
–, Anhang, Darstellung 285 13
Verbrauchsfolgeverfahren
–, Bewertungsvereinfachungsverfahren 256 5
–, Durchschnittspreisverfahren 256 17
–, Fifo 256 1 17 21
–, Lifo 256 1 17 21 25
verbundene Unternehmen
–, Anteile an verbundenen Unternehmen 266 51
–, Banken und Versicherungen 290 12
–, Befreiungswirkung nach §§ 291 f. HGB 271 41
–, Begriffsauslegung 271 42
–, Beherrschungsvertrag 271 33
–, Control-Konzept 271 40
–, Definition 271 2
–, Einbeziehungspflicht nach § 296 HGB 271 39
–, Konzernabschluss 298 49
–, Mutterunternehmen 271 35
–, Tochterunternehmen 271 35
verdeckte Sacheinlage 272 29
Verdienstsicherung
–, Rückstellung 249 326
Vereinheitlichung
–, Bewertung 308 1 16
Vereinheitlichung der Ansätze
–, Konzernabschluss 300 23
Verfahrensdokumentatioin
–, DV-System 239 44
Verfahrensdokumentation 239 42
–, Bestandteile 239 43
–, GoBD 239 42
–, internes Kontrollsystem 239 45 f.
Verfahrensordnung
–, Prüfstelle 342c f. 7
Verfügungsbefugnis 246 64
Vergleichbarkeit
–, Jahresabschluss 284 44
–, Rumpfgeschäftsjahr 299 3
Vergütungssystem, Organmitglieder
–, Konzernlagebericht, Sollangaben 315a 41
Verjährung
–, Ordnungswidrigkeit 334 51
–, Verbindlichkeit 247 122
Verkaufserlös
–, Gegenstände des Anlagevermögens 275 65

Verkaufsgeschäft
–, Realisationszeitpunkt 252 99
Verkaufskommission
–, wirtschaftliche Zurechnung 246 56
verkürzte GuV 276 1
Verkürzung des Anhangs
–, Offenlegung 327 17
Verlängerungsrechnung 272 63
Verlagsrecht
–, Ansatzverbot 248 51
Verletzung der Berichtspflicht
–, Abschlussprüfer 332 1
–, subjektiver Tatbestand 332 29
–, Tatbestandsirrtum 332 33
–, Verjährung 332 45
verlorene Zuschüsse 272 148
Verlust
–, Begriff 252 91
Verlustanteil KapCoGes
–, Abzug 264c 15
Verlustausgleichsverpflichtung
–, Rückstellung 249 144 327
Verlustübernahme 264a 8
Verlustübernahmeerklärung 264b 1
Verlustübernahmeverpflichtung
–, Befreiung JA-Aufstellungspflicht 264b 1
–, Rückstellung 249 121 328
Verlustverdoppelung 272 201
Verlustverrechnungszeitraum
–, steuerlicher Verlustvortrag 306 19
Verlustvortrag
–, Ausweis in der Bilanz 272 219
Verlustzurechnung 264c 16
Vermerk 322 13
Vermerkpflicht
–, Delkredere-Risiko 251 29
Vermögen
–, Folgebewertung 253 4
Vermögens-, Finanz- und Ertragslage
–, Erläuterung 284 48
–, Konzernabschluss 297 85
–, Lagebericht 289 23
Vermögensgegenstand
–, Begriff 246 5
–, Bewertung 253 18
–, Bilanzierungsverbote und -wahlrechte 248 13
Vermögenslage
–, Bewertungsregel 264 66
–, Konzernlagebericht 315 35
Veröffentlichungspflicht
–, Verstoß 335 13
Veröffentlichung und Vervielfältigung
–, Offenlegung, Vervielfältigung 328 16
Verpflichtungen, sonstige finanzielle
–, Konzernanhang, sonstige Pflichtangaben 314 15
Verpflichtungsüberschuss 249 164
–, Rückstellung 249 130

2694

verrechenbare Verluste
–, Steuerlatenzierung 274 71
Verrechnungsgebot 246 101
Verrechnungstechnik
–, Zwischenergebniseliminierung 312 88
Verrechnungsverbot
–, Begriff 246 2 100
–, Grundsätze ordnungsmäßiger Buchführung 243 26
–, Konzernabschluss 298 11
Verrechnung von Aufwendungen und Erträgen 246 119
Verrechnung von Vermögensgegenständen und Schulden
–, Anhang, Pflichtangaben 285 158
Versagungsvermerk
–, negative Gesamtaussage 322 90
–, Offenlegung 325 59 71 ff.
–, Prüfungshemmnis 322 ff. 96
Verschleiern
–, Einzelabschluss 331 41
–, Konzernabschluss 331 52
Verschmelzung
–, latente Steuern 274 99
Verschweigen erheblicher Umstände
–, Abschlussprüfer 332 23
Verschwiegenheitsgebot
–, Prüfstelle 342c 1
Verschwiegenheitspflicht
–, Abschlussprüfer 321a 44
–, Aufsichtsrat der WPG 323 58
–, Berichterstattung 286 5
–, Einsichtnehmender 321a 45
–, Entbindung 321a 34, 323 68
–, externe Qualitätskontrolle 323 62
–, gesetzliche Ausnahme 323 61
–, interne Nachschau 323 56
–, Konsultation 323 53
–, Prüfungsteam 323 52
–, Public Company Accounting Oversight Board 323 63
–, Reichweite 323 45
–, Zeugnisverweigerungsrecht 323 66
Versendungsverkauf
–, Realisationszeitpunkt 252 100
Versicherung
–, Prüfung 317 14
Versicherungsunternehmen
–, Konsolidierung, Sondervorschriften 300 36
–, Konzernrechnungslegung, Befreiung 291 18
Versicherungsunternehmen, Anhang
–, Angaben, sonstige Pflichtangaben 285 4
Verstoß
–, Konzernanhang, sonstige Pflichtangaben 314 140
–, Offenlegung 325 35

Verstoß, Rechtsfolgen
–, Grundsatz der Klarheit und Übersichtlichkeit 243 32
Verteilungsrückstellung
–, Begriff 249 329, 253 66
–, Gleichverteilungsverfahren 253 67
Vertrag mit Schutzwirkung zugunsten Dritter
–, Haftung 323 88
Vertraulichkeit
–, DPR 342c 8
–, Prüfstelle 342c 1 f.
Vertretung
–, Ausschluss 264a f. 9
–, Berechtigung 264a 9
vertretungsberechtigter Gesellschafter 331 29
Vertriebseinzelkosten 275 240
Vertriebsgemeinkosten 275 240
Vertriebskosten 255 147, 275 227 239
Verwaltungskosten 275 245
–, allgemeine Verwaltungskosten 255 134
Verwaltungskraft 319 67
Verwaltungsverfahren
–, Enforcement 342b 99
Verweigerungsrecht 264b 1
Verwendung des Jahresergebnisses 266 120
Verwendungsfiktion 256 1
Verwertung
–, Geschäfts- und Betriebsgeheimnis 323 75
Verwertungsverbot
–, Prüfstelle 342c 1
Verzicht von Angaben
–, Konzernanhang 313 105
Verzinsung
–, Marktüblich 272 135
VFE-Lage 284 48
Vollhafter
–, Eintritt 264a 10
–, natürliche Person 264a 6
Vollhaftung
–, mittelbare Vollhaftung 264a 13
Vollkonsolidierung
–, Equity-Methode, Übergang 312 120
–, Problem der Doppelerfassung 300 15
–, Schuldenkonsolidierung 303 3
Vollkonsolidierung, Verzicht
–, Zwischenergebniseliminierung 312 91
Vollkonsolidierungsgebot
–, Gebot 294 8
–, Kreis 294 8
Vollkosten
–, Rückstellung 253 45
–, Zugang- und Folgebewertung 253 302
Vollkostenansatz
–, Gewinn- und Verlustrechnung 275 221
–, Zugang- und Folgebewertung 253 45

Vollständigkeit
–, Handelsbuch 239 15
–, Konzernabschluss 298 11
–, Prüfungsbericht 321 35
–, wirtschaftliche Zurechnung 246 1
Vollständigkeit/Richtigkeit
–, Richtigkeit/Offenlegung 328 22
Vollständigkeitserklärung
–, Abschlussprüfer 320 24
–, Konzernabschlussprüfung 317 71
–, Prüfungsbericht 321 92
–, Tochterunternehmen 320 46
Vollständigkeitsgebot
–, Ansatzgebote, Konsolidierung 300 27
–, Begriff 246 5
–, Haftungsverhältnis 251 9
Voraussetzung für die Inanspruchnahme
–, Angaben zum Anteilsbesitz 286 14
–, Anwendung der Ausnahmevorschrift 286 14
Vorauszahlung 249 128
Vorführwagen
–, Bilanz 247 31
Vorgänge von besonderer Bedeutung
–, Konzernanhang, Angaben 299 29
Vorjahresangabe
–, Kapitalflussrechnung 297 46
Vorjahresbeträge, Darstellung
–, Konzernabschluss 298 35
Vorlagepflicht
–, Anwendungsbereich 320 7
–, Enforcement 342e 2
–, fast close 320 12
–, Folgeprüfer 320 2
–, Jahresabschluss 320 11
–, Konzernabschluss 320 37
Vorprüfungsausschuss
–, DPR 342b 2
Vorratsvermögen 256 1
–, außerplanmäßige Abschreibung 253 291
–, Zwischenergebniseliminierung 304 38
Vorsatz
–, Pflichtverletzung 323 79
Vorschaltzeit 249 78
Vorschuss
–, Anhang 285 70
Vorschuss- und Abschlagszahlungen
–, Löhne und Gehälter 275 104
Vorsichtsprinzip
–, Einzelbewertung 252 72
–, Haftungsverhältnis 251 7
–, Marktpreis 255 236
Vorstand
–, DPR 342c 2
Vorstand, Befugnisse
–, Konzernlagebericht, Pflichtangaben 315a 2
Vorstandsvergütung
–, Anhang, Pflichtangaben 285 52

vorverlegte Stichtagsinventur 241 40
Vorwegberichterstattung
–, Prüfungsbericht 321 47
Vorzugsrechte 272 141

W

Währungseinheit
–, Konzernabschluss 298 7
Währungsumrechnung 274 144, 303 24
–, Absatzgeschäfte 256a 9
–, Angaben im Anhang 256a 37
–, Angaben im Lagebericht 256a 39
–, Femdwährungsgeschäfte 255 21
–, Folgebewertung 256a 17
–, Konzernabschluss 298 31, 308a 1
–, latente Steuern 256a 16 41
–, Umrechnungserfolge in der Bilanz 256a 32
–, Umrechnungserfolge in der GuV 256a 33
Währungsumrechnung im Konzernabschluss
–, Anhangangaben 308a 42
–, Aufwands- und Ertragseliminierung 308a 39
–, Aufwand- und Ertragseliminierung 308a 39
–, Equity Methode 308a 5
–, Equity-Methode 308a 34
–, Kapitalkonsolidierung 308a 30
–, Latente Steuern 308a 4
–, mehrstufiger Konzern 308a 26
–, Minderheitsgesellschafter 308a 18
Währungsumrechnungsdifferenz 308a 16
Währungsumstellung im Jahresabschluss
–, Anzahlungen (u. U.) 256a 28
–, latente Steuern 256a 24
–, nicht-monetäre Posten 256a 29
–, RAP (u. U.) 256a 27
–, Rückstellungen 256a 24
–, Sorten 256a 26
Wandelschuldverschreibung 272 129
Wechsel
–, Depotwechsel 251 14
–, Kautionswechsel 251 14
–, Mobilisierungswechsel 251 14
Wechselbürgschaft 251 19
Wechsel der Rechtsform
–, Offenlegung 325 179
Wechseloblige
–, Haftung 251 12
–, Rückstellung 249 332
Wegfall Unternehmensfortführungsprämisse 252 48
Weltabschluss
–, Konsolidierungskreis 294 8
Werbekatalog 248 36

Werkzeugkostenzuschuss
–, Rechnungsabgrenzungsposten 250 2
–, Rückstellung 249 333
Wertaufhellung
–, Begriff 242 8
Wertaufhellungsprinzip 252 60
Wertaufholung 253 327
Wertaufholungsgebot 253 327
Wertaufholungsrücklage 266 168
Wertaufholungsverbot
–, Geschäfts- oder Firmenwert 309 22
wertbegründende Tatsache
–, Rückstellung 249 14
Wertbegründung
–, Begriff 242 8
Wertberichtigung
–, pauschalierte Verfahren 253 314
werterhellende Tatsache
–, Rückstellung 249 14
Wertgarantien bei Veräußerungsgeschäften
–, Bilanzierung 246 79
Wertminderung
–, voraussichtlich dauernde 253 232
Wertobergrenze 253 18
Wertpapier
–, Anlagevermögen 247 69
–, Umlaufvermögen 247 69
Wertpapiere
–, außerplanmäßige Abschreibung 253 322
Wertpapierertrag 275 155
Wertsicherungsklausel
–, Verbindlichkeit 253 32
Wertuntergrenze 253 19
Wesensänderung 248 24
wesentliche Verbesserung 255 89
Wesentlichkeit
–, Aufwands- und Ertragseliminierung 305 7
–, Grundsatz 252 158
–, HGB 342b 50
–, IFRS 342b 50
–, Kriterium der Erheblichkeit 286 10
Wesentlichkeitsgrundsatz
–, Rückstellung 249 13
–, Schuldenkonsolidierung 303 6
Widerlegungsklausel 296 1
Widerruf
–, Bestätigungsvermerk 322 160
Widerspruchspflicht
–, Einsichtsrecht Prüfungsbericht 321a 39
Widerspruchsrecht
–, Einsichtsrecht Prüfungsbericht 321a 39
Wiederbeschaffungskosten
–, Roh-, Hilfs- und Betriebsstoffe 253 291
Willkürverbot 252 151
wirtschaftlicher Nachteil
–, Angaben zum Anteilsbesitz 286 12

wirtschaftliches Eigentum
–, Begriff 246 16
–, dingliche Sicherungsrechte 246 54
–, Gesamtbild der Verhältnisse 246 18
–, Kommissionsgeschäft 246 55
–, Nießbrauch 246 81
–, Pensionsgeschäft 246 59
–, tatsächliche Sachherrschaft 246 17
wirtschaftliche Verursachung
–, Rückstellung 249 35 38
wirtschaftliche Zurechnung
–, Vollständigkeit 246 1
Wirtschaftlichkeit 252 153
Wirtschaftlich selbstständige Nutzbarkeit 252 74
Wirtschaftsplan
–, DPR 342d 7 9
Wirtschaftsprüfer, Gesamthonorar
–, Anhang, Pflichtangaben 285 117
working paper review 317 62, 320 45

Z

Zahlungsbericht
–, Gliederung 264 145
–, Holzindustrie 264 128
–, Konzern 264 135
–, Offenlegung 264 132
Zeitraumrechnung
–, Gewinn- und Verlustrechnung 275 3
Zeitrente 255 47
zeitversetzte Offenlegung 328 41
Zerobond 253 26
Zeugnisverweigerungsrecht
–, Gehilfe des Abschlussprüfers 323 22
–, Verschwiegenheitspflicht 323 66
Zinsaufwand 275 176
Zinsaufwendungen und betriebliche Steuern 275 224
Zinsen
–, Einbeziehung in die Herstellungskosten 255 201
–, Sonstige 275 163
Zinsen und ähnliche Aufwendungen (UKV) 275 256
Zinsschranke 274 59
Zinsvortrag
–, latente Steuern 274 59
Zugang
–, Anlagespiegel 284 63
Zurechnung
–, quoad sortem 246 13
–, Schulden 246 82
Zurechnungsfrage
–, sale and lease back 246 46
Zusagen
–, Anhang 285 57

Stichwortverzeichnis

Zusammenfassung
–, Bilanzposten 265 26
–, GuV 265 26
Zusammenfassung von Jahresabschlüssen
–, Konsolidierung 300 10
zusammengefasster Ausweis
–, Gliederung 265 26
zusammengefasster Steuersatz
–, latente Steuern 274 105
Zusammensetzung
–, Prüfungsausschuss 324 23
Zusatzversorgungskasse
–, Pensionsverpflichtung 249 70
Zuschreibung
–, Anlagespiegel 284 69
Zuschreibungsverbot 253 332
Zustimmung
–, DPR 342b 98
Zustimmung der Fehlerfeststellung
–, Enforcement 342b 91
Zustimmungsquote
–, Enforcement 342b 91
zu versteuernde temporäre Differenz 274 23
Zuwendung
–, Rückstellung 249 338
Zwangsversteigerung 255 49
Zweckforschung 255 185
Zweckgesellschaft
–, Konsolidierungspflicht 290 47
Zweigniederlassung
–, Anmeldung 324a 21
–, Betriebsstätte 324a 9
–, EU/EWR 324a 25
–, Insolvenzverfahren 324a 24
–, Offenlegung 324a 20 29

–, Prüfungspflicht 324a 20
–, Währungsumrechnung 324a 39
Zweigniederlassungsbericht
–, Konzernlagebericht 315 75
zweistufiges Verfahren
–, Enforcement 342b 17
Zwischenabschluss
–, Abgrenzung Ertragsteuern 299 17
–, Abgrenzung Tantieme 299 17
–, antizipative Ergebnisteile 299 16
–, Aufwands- und Ertragskonsolidierung 299 24
–, Inventur 240 5
–, Schuldenkonsolidierung 299 24
–, Verzicht auf Aufstellung 299 23
Zwischenerfolgseliminierung
–, Zwischenergebnis 304 2
Zwischenergebnis
–, Bewertungsvorschrift 304 2
Zwischenergebnis, Konzern
–, Eliminierung 312 82
Zwischenergebniseliminierung
–, Anlagevermögen 304 36
–, konzerneinheitliche Bewertung 304 25
–, latente Steuerabgrenzung 304 4
–, latente Steuern 306 12
–, upstream 312 85
–, upstream Geschäft 312 87
–, Vollkonsolidierung, Verzicht 312 91
–, Vorratsvermögen 304 38
–, Währungsumrechnung 308a 35 f.
Zwischengesellschaft 264a f. 13
Zwischengewinn
–, eliminierungsfähig 304 28
–, eliminierungspflichtig 304 28

Notizen

Notizen

Notizen

Notizen

Notizen

Notizen

Notizen

Notizen

Notizen

Notizen

Notizen

Notizen

Notizen